『十三五』國家重點圖書出版規劃項目
2011—2020年國家古籍整理出版規劃項目
國家古籍整理出版專項經費資助項目
教育部人文社會科學研究規劃基金一般項目（11YJA730007）

敦煌本古佚與疑僞經校注

以《大正藏》第八十五册爲中心

1

于淑健　黄征　整理

鳳凰出版社

圖書在版編目（CIP）數據

敦煌本古佚與疑僞經校注 ： 以《大正藏》第八十五册爲中心 / 于淑健， 黄征整理. -- 南京 ： 鳳凰出版社， 2017.12

ISBN 978-7-5506-2726-0

Ⅰ. ①敦… Ⅱ. ①于… ②黄… Ⅲ. ①佛經－校勘 Ⅳ. ①B942.1②G256.3

中國版本圖書館CIP數據核字(2017)第329782號

書　　名	敦煌本古佚與疑僞經校注 ——以《大正藏》八十五册爲中心
著　　者	于淑健　黄　征　整理
責任編輯	郭馨馨
出版發行	鳳凰出版社(原江蘇古籍出版社) 發行部電話025-83223462
出版社地址	江蘇省南京市中央路165號，郵編：210009
出版社網址	http://www.fhcbs.com
照　　排	南京凱建文化發展有限公司
印　　刷	蘇州市越洋印刷有限公司 江蘇省蘇州市吴中區南官渡路20號，郵編：215104
開　　本	652毫米×960毫米　1/16
印　　張	274
字　　數	4068千字
版　　次	2017年12月第1版
印　　次	2017年12月第1次印刷
標準書號	ISBN 978-7-5506-2726-0
定　　價	1600.00圓（全8册）

（本書凡印裝錯誤可向承印廠調換，電話：0512-68180638）

一、《大正藏》監修高楠順次郎
（1866～1945）

二、第八十五册搜集編纂者矢吹慶輝
（1879～1936）

三、1934年日本大塚巧藝社
初版《大正新修大藏經》原貌

四、臺灣新文豐公司版

五、臺灣白馬書局版
《大正新修大藏經》

六、河北佛教協會版
《大正新修大藏經》

七、臺灣新文豐公司版
《大正藏》第八十五册封面

八、臺灣新文豐公司版
《大正藏》第八十五册扉頁

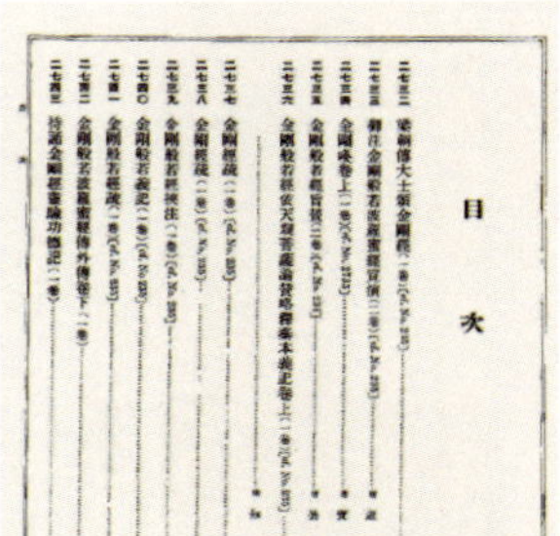

九、第八十五册目録

十、第八十五册
古佚部部分録文

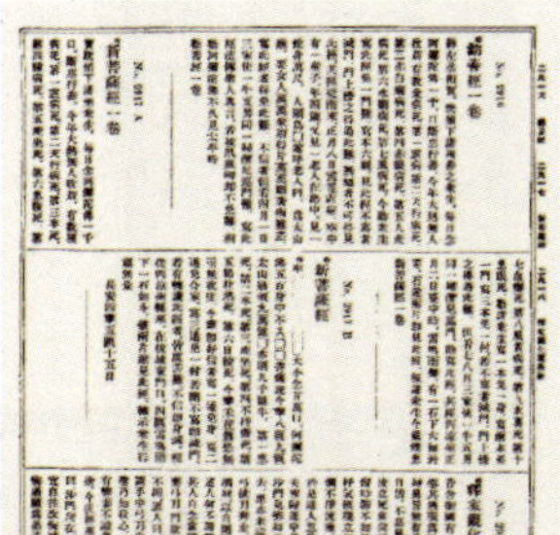

十一、第八十五册
疑似部部分録文

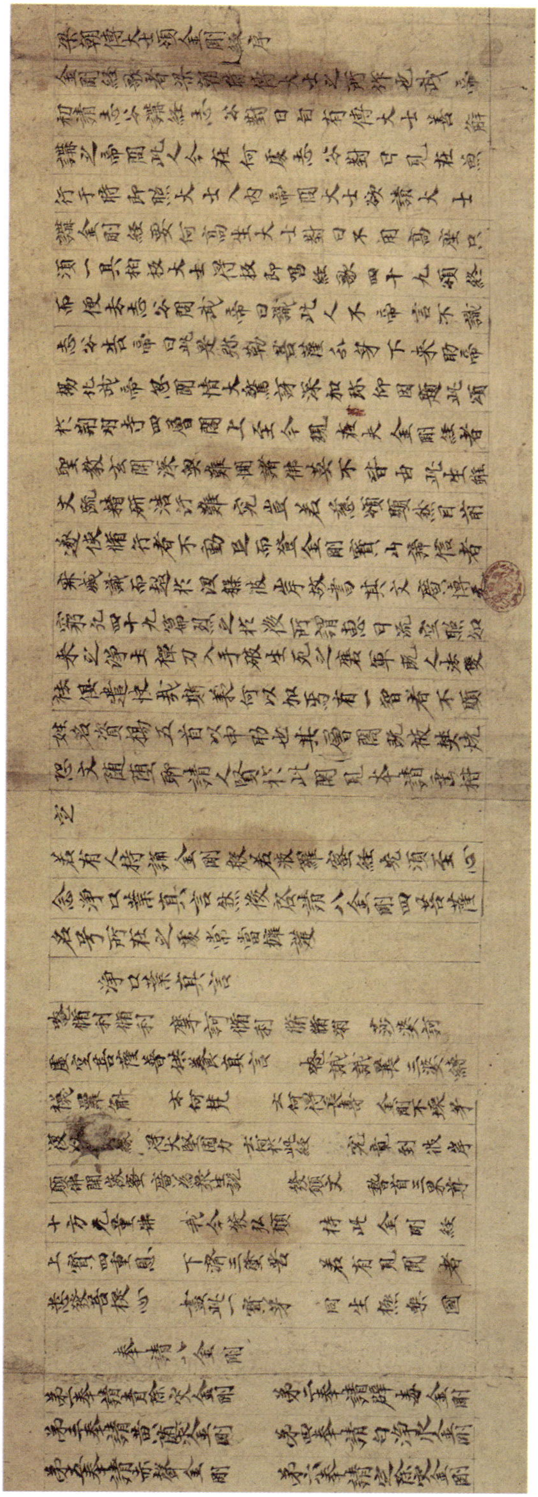

十二、斯1846號梁朝傅大士頌《金剛經》卷首

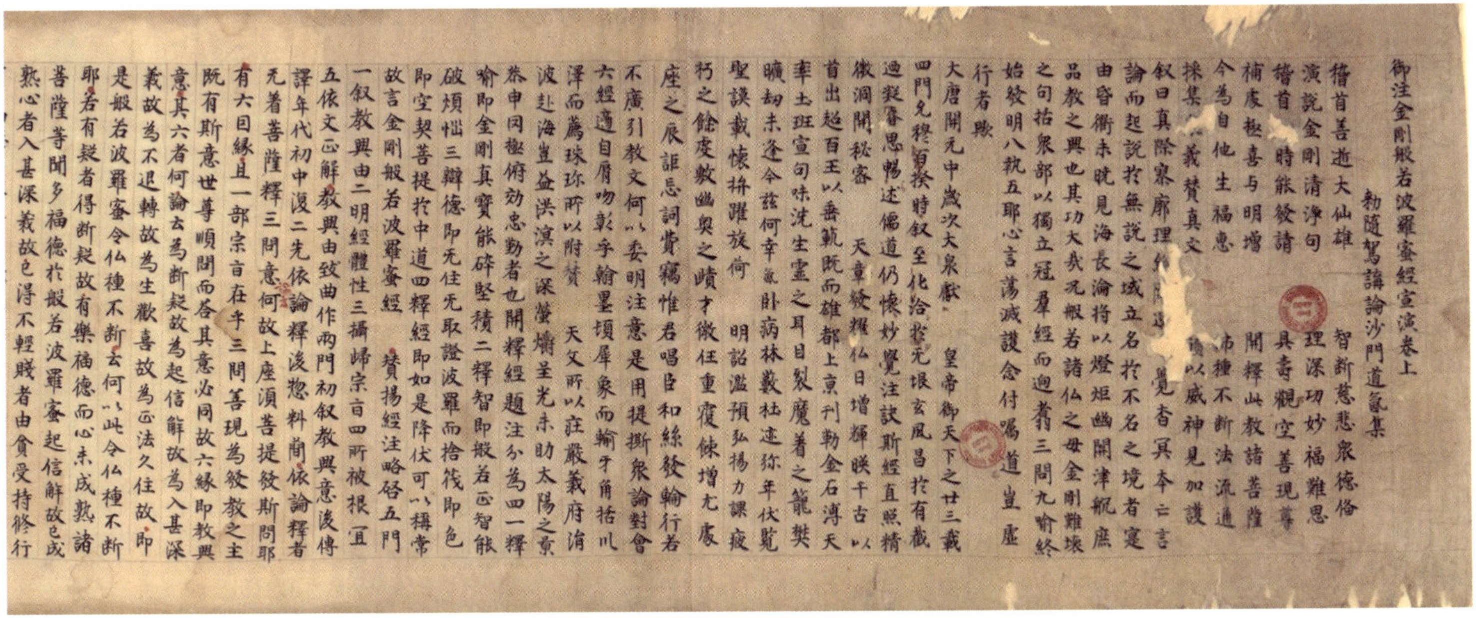

十三、伯2173號《御注〈金剛般若波羅蜜經〉宣演》卷上部分圖版

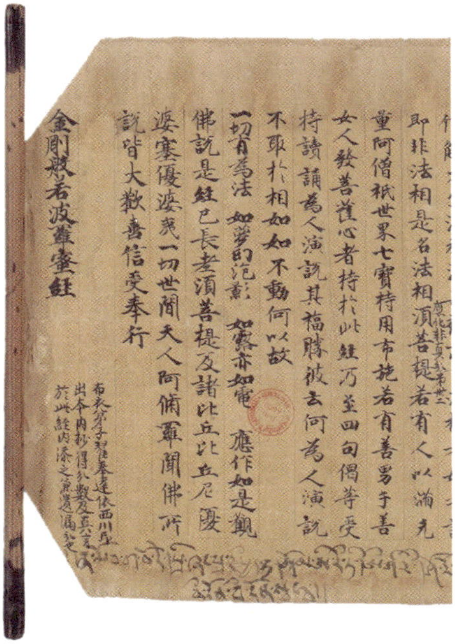

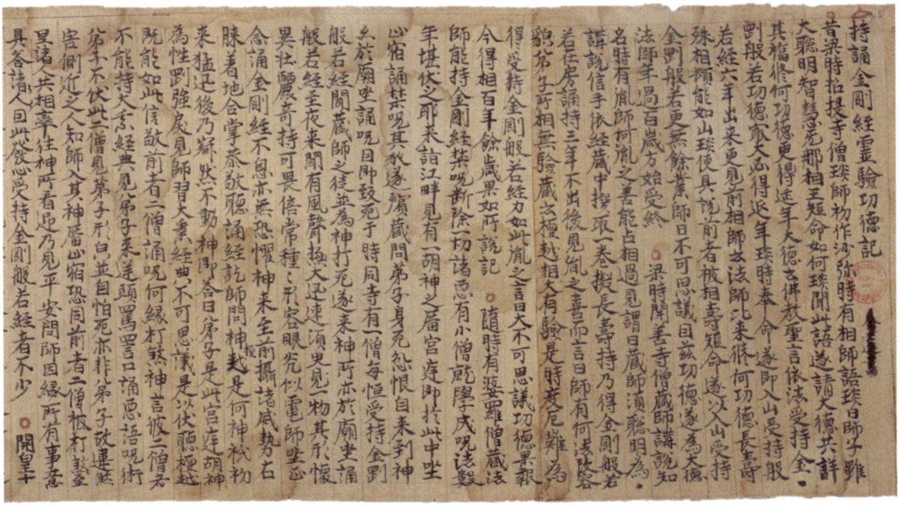

十四、伯2094a號《持誦〈金剛經〉靈驗功德記》封題、尾記及卷首

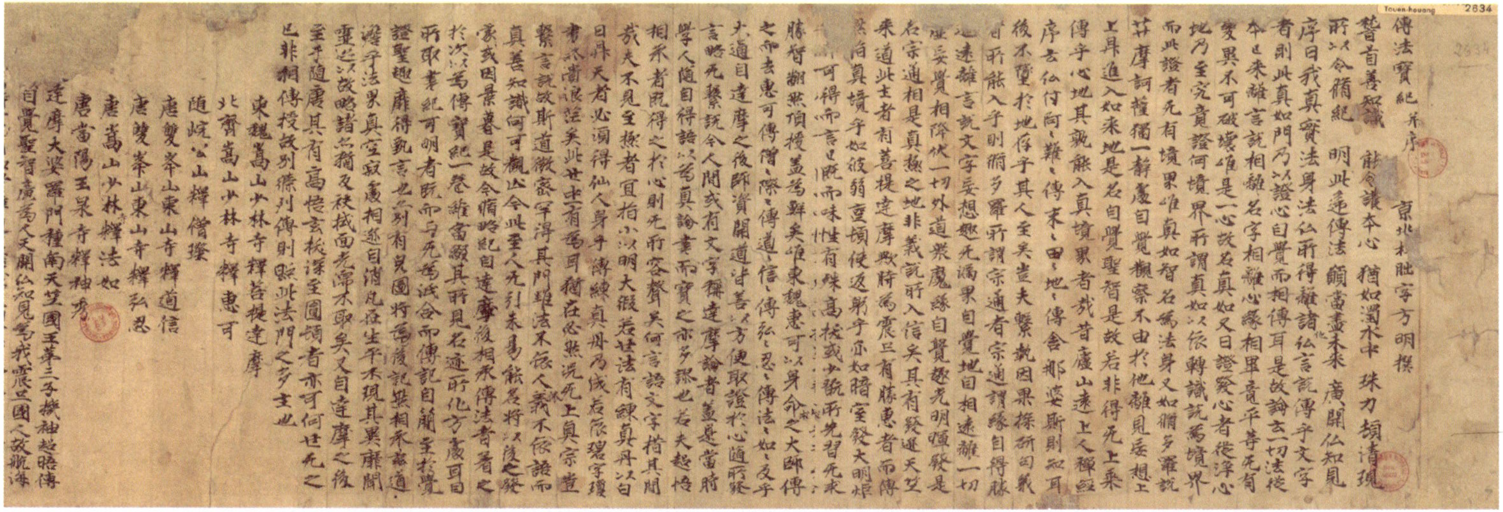

十五、伯2634號唐杜朏《傳法寶紀(并)序》卷首

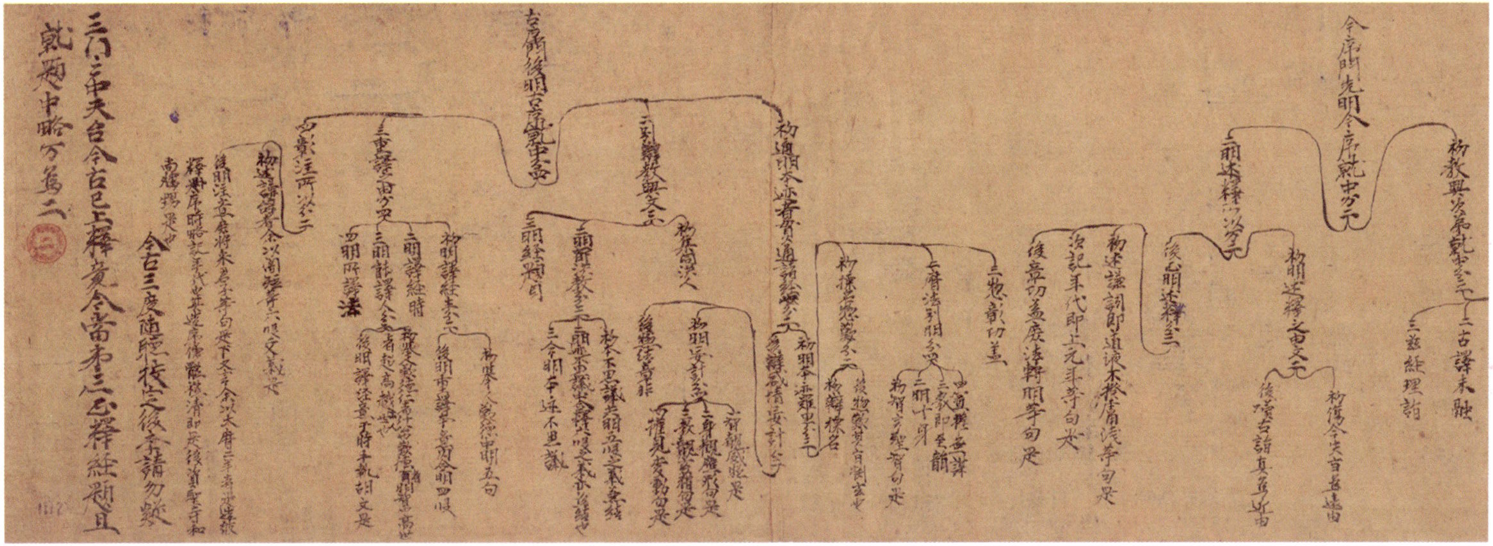

十六、伯2131號《天台分門圖》卷末

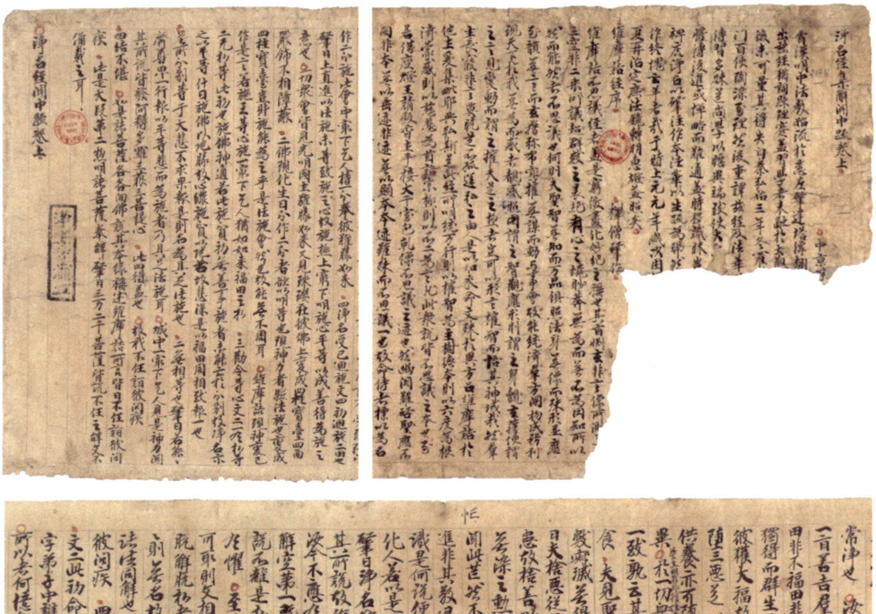

十七、伯2188號《〈淨名經〉集解關中疏》卷上部分圖版

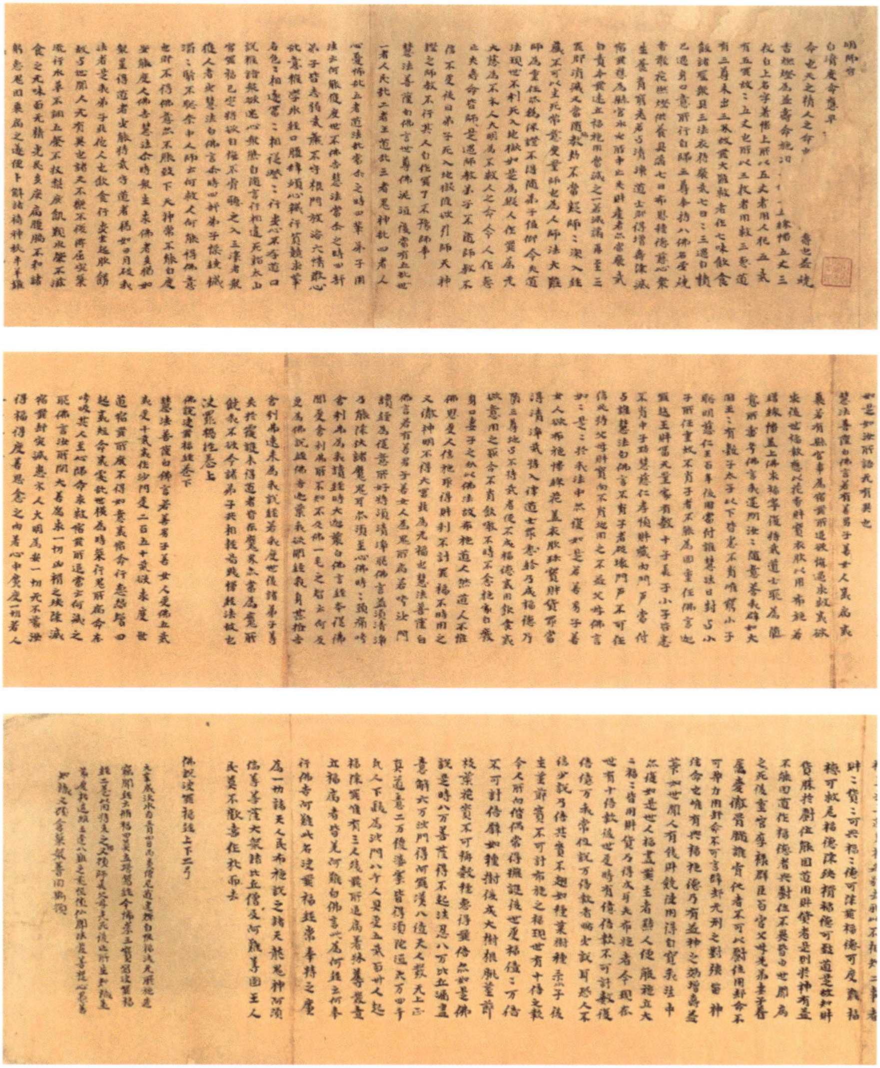

十八、中村不折舊藏144號《佛説波(決)罪福經》部分圖版

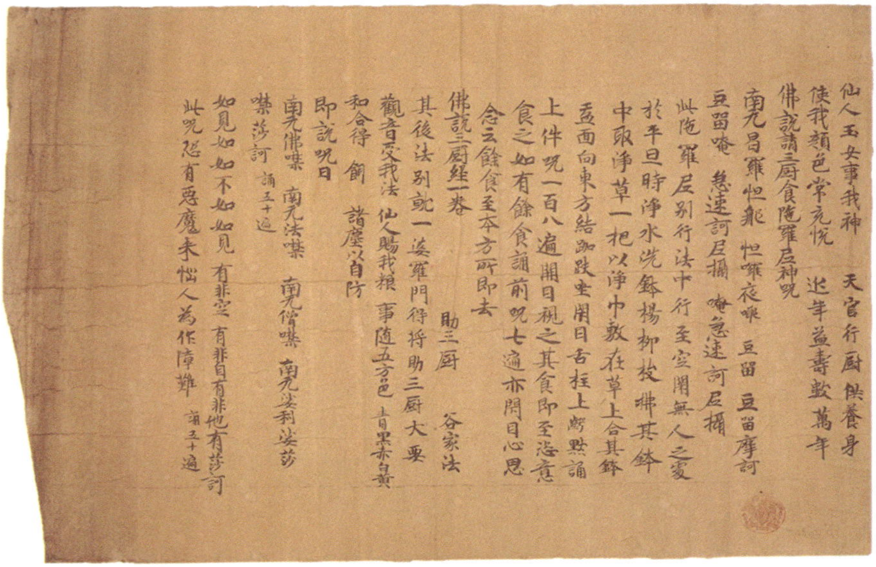

仙人玉女事我神　天官行厨供養身
使我顔色常充悦　延年益壽數萬年
佛說請三厨食隨羅尼神呪
南无呾羅怛䭾　怛姪夜他　豆留　豆留摩訶
豆留唵　急速訶尼攝　唵急速訶尼攝
此陁羅尼別行法中行至空閑無人之處
於平旦時淨水洗鉢楊柳枝拂其鉢
中取淨草一把以淨巾敷在草上合其鉢
盂面向東方結跏趺坐閉目舌拄上齶默誦
上件呪一百八遍開目視之其食即至恣意
食之如有餘食誦前呪七遍亦閉目心思
念云餘食至本方所即去
佛說三厨經一卷　助三厨　谷家法
其後法別說一婆羅門得將助三厨大要
觀音受我法　仙人賜我粮　事隨五方色　青黑赤白黄
和合得　飼　諸塵以自防
即說呪曰
南无佛喋　南无法喋　南无僧喋　南无娑利娑莎
喋莎訶　誦五十遍
如見如如不如如見　有非空　有非自有非他有莎訶
此呪恐有惡魔來惱人為作障難　誦五十遍

十九、斯2680號《佛説三厨經》部分圖版

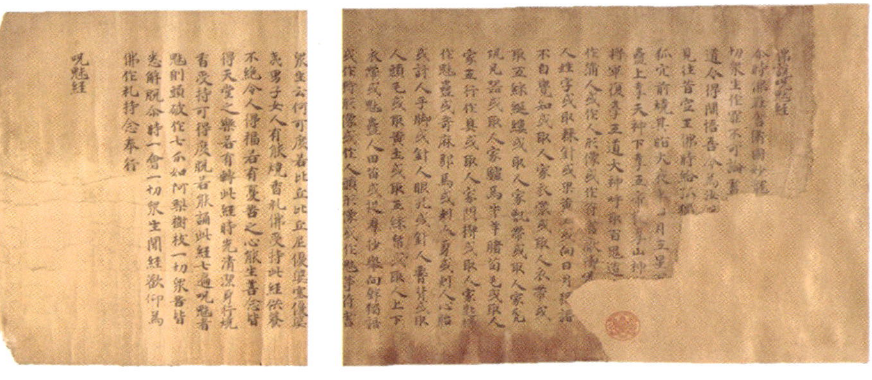

二十、斯418號《佛説呪魅經》卷首、尾題

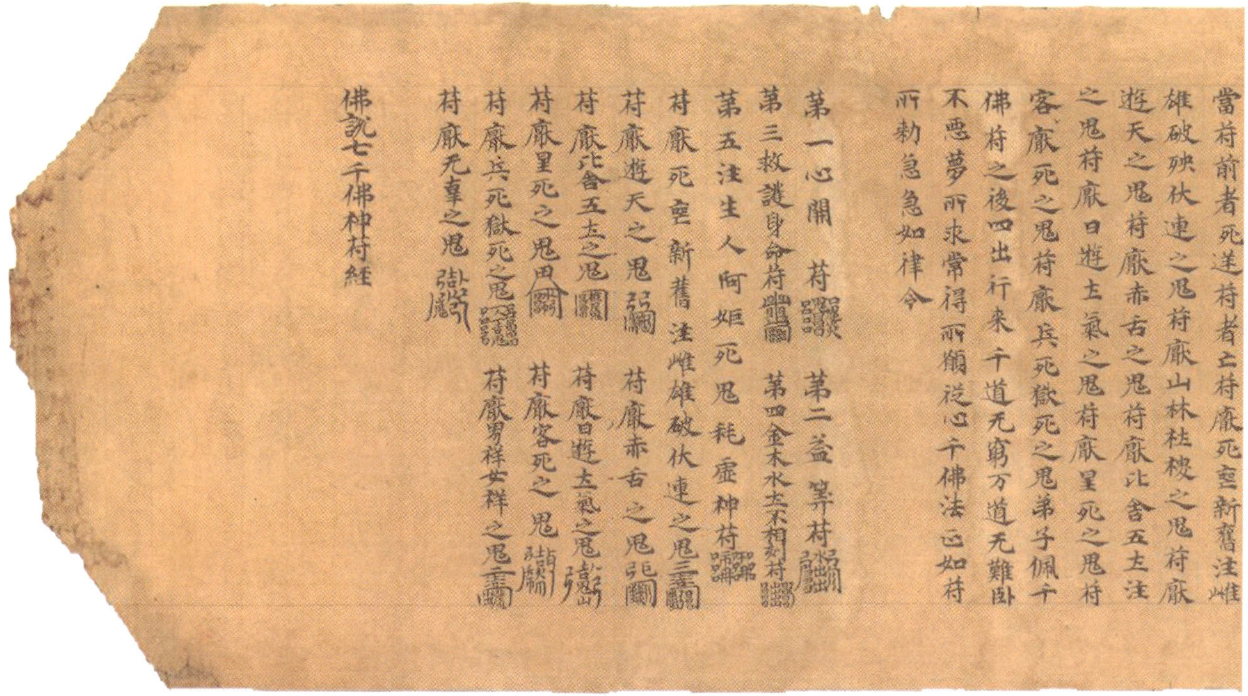

二十一、斯2708號《佛說七千佛神符經》卷末

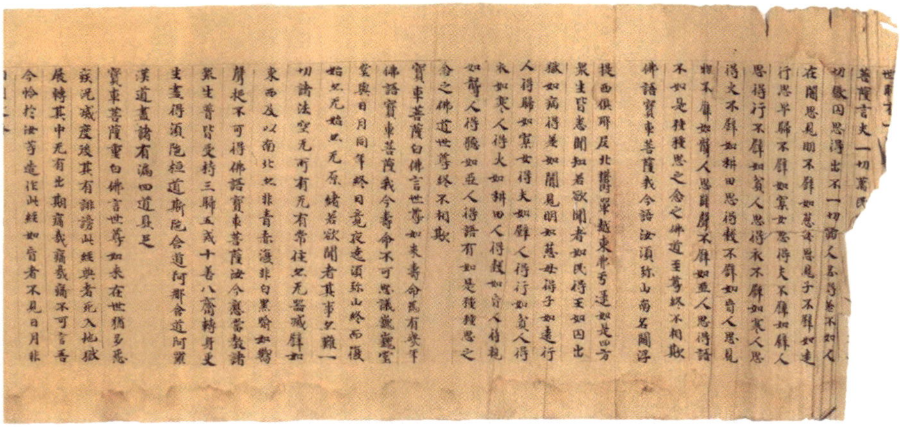

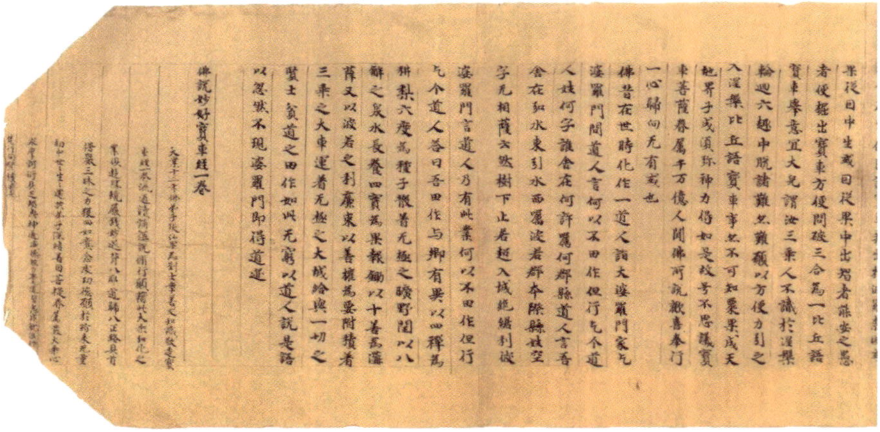

二十二、中村不折舊藏060號《佛説妙好寶車經》部分圖版

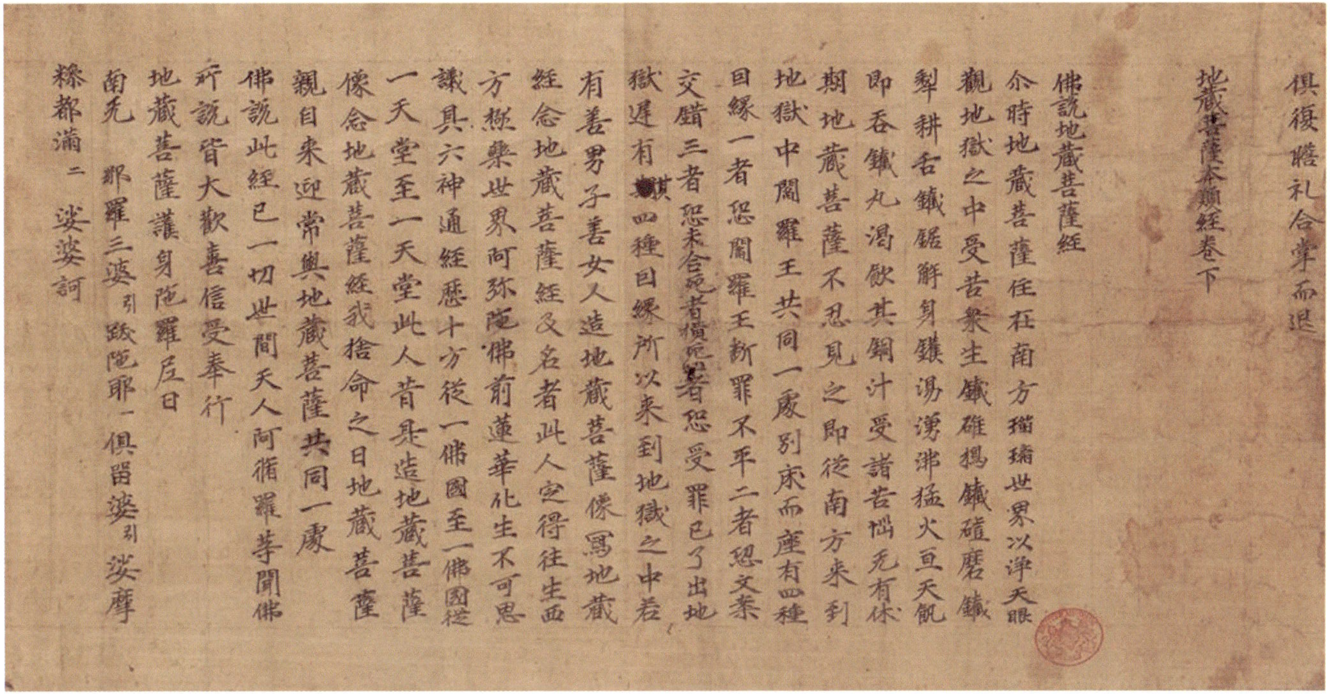

二十三、斯431號《佛說地藏菩薩經》

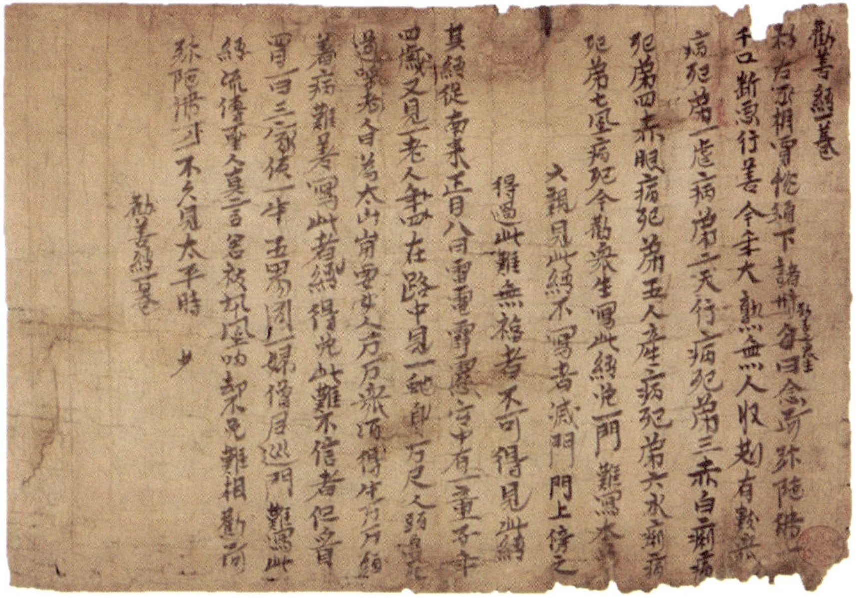
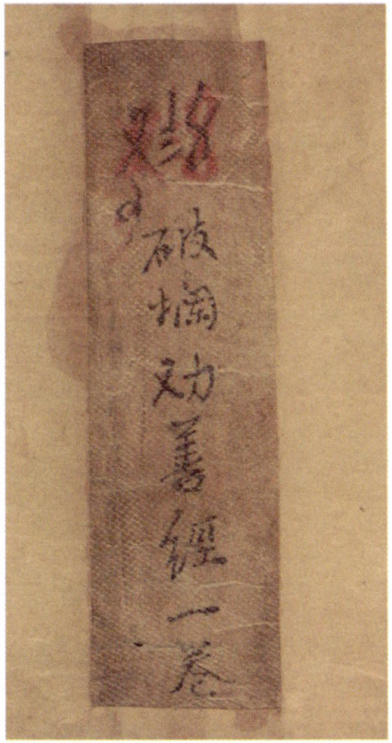

二十四、斯417號《勸善經》一卷

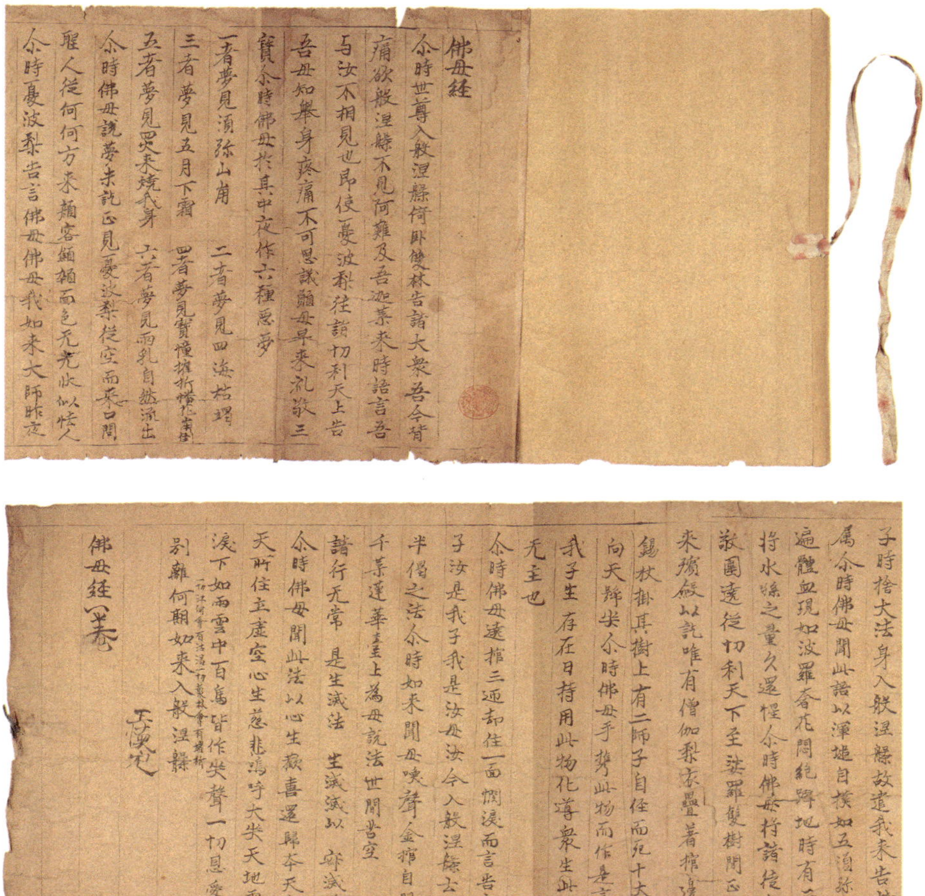

二十五、斯1371號《佛母經》

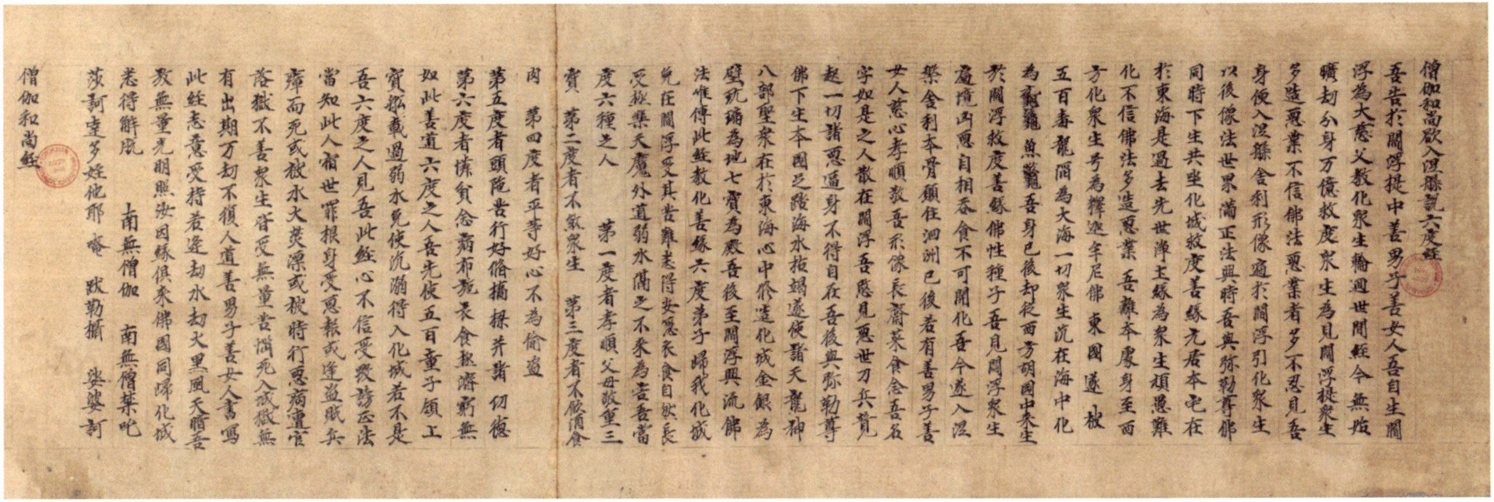
僧伽和尚欲入涅槃說六度經
吾告於閻浮提中善男子善女人吾自生閻
浮為大慈父教化眾生輪迴世間經今無始
曠劫分身万億救度眾生為見閻浮提眾生
多造惡業不信佛法惡業者多不忍見吾
身便入涅槃舍利形像遍於閻浮引化眾生
以後像法世界滿正法興時吾與彌勒尊佛
同時下生共坐化城救度善緣元居本宅在
於東海是過去先世淨土緣為眾生頑愚難
化不信佛法多造惡業吾離本處身至西
方化眾生号為釋迦牟尼佛東國遂被
五百毒龍陷為大海一切眾生沉在海中化
為黿鼉魚鱉吾身已後却從西方胡國中來生
於閻浮救度善緣佛性種子吾見閻浮眾生
遍境凶惡自相吞食不可開化吾今遂入涅
槃舍利本骨願在泗洲已後若有善男子善
女人慈心孝順敬吾形像長齋菜食念吾名
字如是之人散在閻浮吾愍見惡世刀兵競
起一切諸惡逼身不得自在吾後與彌勒尊
佛下生本國足踏海水枯竭遂使諸天龍神
八部聖眾在於東海心中修造化城金銀為
壁琉璃為地七寶為殿吾後至閻浮興流佛
法唯傳此經教化善緣六度弟子歸我化城
免在閻浮受其苦難悲得安穩衣食自然長
受極樂天魔外道弱水隔之不來為害吾當
度六種之人 第一度者孝順父母敬重三
寶 第二度者不殺眾生 第三度者不飲酒食
肉 第四度者平等好心不為偷盗
第五度者頭陀苦行好修橋梁并諸功德
第六度者憐貧念病布施衣食極濟窮無
如此善道六度之人吾先使五百童子領上
寶船載過弱水免使沉溺得入化城若不是
吾六度之人見吾此經心不信受毀謗正法
當知此人宿世罪根身受惡報或逢盜賊兵
瘴而死或被水火焚漂或被時行惡病遭官
落獄不善眾生皆受無量苦惱死入地獄無
有出期万劫不復人道善男子善女人書寫
此經志意受持若逢劫水劫火黑風天暗吾
放無量光明照汝因緣俱來佛國同歸化城
悉得解脫 南無僧伽 南無僧葉吒
莎訶 埵多姪他耶 唵 跋勒攝 娑婆訶
僧伽和尚經

二十六、伯2217號《僧伽和尚欲入涅槃說六度經》

作者簡介

于淑健，男，漢族，1965年生於江蘇漣水，2020年卒於江蘇南京。文學博士，中國敦煌吐魯番學會暨中國訓詁學研究會會員，江蘇經貿職業技術學院教授，致力於佛教文獻的整理及漢語文字學、敦煌學研究。近年來，先後在《古漢語研究》、《南京師大學報》、《敦煌研究》、《文獻》、《語言研究》、《中山大學學報》（社科版）、《宗教學研究》、《新疆大學學報》（人文社會科學版）等期刊上發表論文近30篇，主持中國博士後基金會面上基金一等資助項目、國家社科基金一般項目、教育部人文社科規劃基金項目、江蘇省教育廳哲學社會科學研究項目各一項，先後參與國家社科基金項目《敦煌大字典》、教育部人文社科重大項目《敦煌文獻語言大典》及國家新聞出版重大科技工程“中華字庫”子項目的課題研究。曾獲教育部全國高校古委會所頒中國古文獻學獎學金博士生三等獎、“江蘇省語言學會首屆青年學者優秀論文獎”二等獎等。2008年，入選江蘇省高校“青藍工程”中青年學術帶頭人；2014年，近40萬字的專著《敦煌佛典語詞和俗字研究——以敦煌古佚和疑僞經爲中心》獲江蘇省哲學社會科學優秀成果獎三等獎。2017年5月，歷時十七年所完成的400餘萬字書稿《敦煌本古佚和疑僞經校注——以〈大正藏〉第八十五册爲中心》獲國家古籍整理出版專項經費重點資助。

作者簡介

黄征，1958年生，又名黄徵，號江浙散人。祖籍江蘇淮陰，生於浙江江山，主要從事中國古典文獻學、漢語史詞彙學、敦煌語言文字學、中國美術史、文字與書法的研究，尤致力於漢魏六朝隋唐五代宋初俗字、俗音、俗語詞的研究和敦煌變文、敦煌歌辭、敦煌願文、王梵志詩等敦煌俗文學作品、敦煌文字與書法的研究。曾任浙江大學人文學院中國古典文獻學專業教授，南京師範大學文學院中國古典文獻學、漢語言文字學專業教授；現任南京師範大學美術學院美術史專業教授，兼任南師大敦煌學研究中心主任、九三學社江蘇省委常委、政協江蘇省委委員。有《敦煌俗字典》、《敦煌變文校注》、《敦煌願文集》、《陝西神德寺塔出土文獻》、《浙藏敦煌文獻校録整理》、《劫塵遺珠》、《敦煌語言文字學研究》、《敦煌語文叢説》、《敦煌語言文獻研究》等專著或合著，曾獲教育部二等獎、江蘇省政府二等獎、中國青年語言學家獎一等獎、王力語言學獎二等獎、中國圖書獎、中國出版圖書獎提名獎、全國古籍出版優秀圖書獎一等獎等獎項。

序　言

黄　征

2000 年 9 月，于淑健考取我在南京師範大學文學院漢語文字學專業漢語史方向招收的碩士生，三年畢業後又直接考取我的中國古典文獻學專業博士生。研究生入學，照例都是導師給學生建議選題，由學生去思考落實。我給于淑健出的題目是：《大正藏》第八十五册校録整理。這個題目包含兩項内容：一、以此爲資料基礎，完成一篇研究性的畢業論文；二、校録整理全部文字，加上標點和校注，將來我們合作出版一本書。十七年過去了，碩、博論文完成了，他在浙大的博士后出站了，專著也出版了，教授也當上了，現在總算到達了終極目標——《敦煌本古佚與疑僞經校注——以〈大正藏〉第八十五册爲中心》的出版。我當初的一句話，于淑健用了十七年去踐行。我們在玄武湖最近一次聚會時，于淑健感慨地説，如果當時知道這個任務那麽艱難，真不知道敢不敢接。真所謂初生牛犢不怕虎，無知者無畏。事實上許多事情都是在無知無畏情況下做成的，過於處心積慮，往往積久淹年而不能成。我自己就是，好幾部書都還是半成品。所以我經常對學生説，做學問既要有小聰明，又要有大智慧。小聰明，就是智商較高，時常會有靈感。如今智商最高的都去掙錢了，或者出國深造拜拜了，不像清代最聰明的人是做小學的人。所以我們帶的學生能够有中等智力的就是最好不過的了。太笨的人做不了文史考證功夫。大智慧，就是目標選定之後，板凳甘坐十年冷，有所爲而有所不爲，勇猛精進，鍥而不捨，直指雲端。于淑健可以説是既有小聰明，又有大智慧，所以能有今日之成就。説起來我與于淑健還有一些共同之處：我們都是蘇北老鄉，我淮陰，他漣水；我們都在中學當過語文教師，最熟悉的是那些古文選篇;我們都是蹉跎多年之後纔考研讀書,奮力追趕,終有所成;我們攻讀的都是中國古典文獻學、漢語史,最終落腳在敦煌學;我們的主要著作都是在評上了教授之後纔出版。雖然如此,我們還是按既定方針辦事,一往無前,以至於今。

《敦煌本古佚與疑僞經校注——以〈大正藏〉第八十五册爲中心》的出版,經歷了不少曲折。畢竟四百萬字左右的書稿,作者無力提供出版資助,哪家出版社願意做虧本生意呢!幸虧江蘇鳳凰出版社不以有無出版資助爲前提就接受了這部書稿,當然令人欣慰的是後來又獲得了國家重點出版資助,使得出版社與作者雙方皆大歡喜。之所以國家願意重點資助這部書的出版,我想是與書的内容和成就有關。

首先,《大正藏》的特殊價值與地位決定了對它的研究具有重要意義。2000年的時候,台灣白雲山的一位出家人若雍法師來訪,好奇地問我,《大藏經》有好幾種都非常好,例如《乾隆大藏經》,你爲什麽偏偏看重《大正藏》?我告訴她,《大正藏》雖然晚出,但是收録内容超越前代各種《大藏經》版本,尤其是收録了敦煌西域出土的大量古佚佛教經籍,而且目前《大正藏》是唯一全套録入電腦、全球免費發行的《大藏經》,所有佛學、古典文獻學和漢語史研究者無不争相安裝《大正藏》軟件,其影響力遠遠超越其它任何版本的《大藏經》。

其次,《大正藏》第八十五册是敦煌西域出土古佚佛典的專册,與其它各册相對獨立,没有標點,校勘簡單,錯漏疏誤,在所難免,現在不要説一般的僧侣閱讀困難,就是專業從事敦煌文獻研究的專家學者,又有多少人能够真正讀通讀懂呢?有鑒於此,認認真真、全文校録整理,做一本校勘精良並且適當加注的《大正藏》第八十五册標點本,具有重要的學術研究意義。

第三,找準一批有價值、有分量而相對獨立的研究文獻,從微觀入手,逐字逐句對校原卷真跡,這是我們進入敦煌文獻研究的最快途徑,能够沿此途徑不斷前進,就一定會有所收穫,不僅寫出論著,還在研究手段、研究方法上進入一種模式,使初學者能够快速進入高難度學術研究而不至於浮於表面。事實證明,凡是沿此途徑前進者,都取得了不俗的成就,而且永久立於不敗之地。就我指導過的研究生而言,沈澍農、趙紅、趙鑫曄、劉顯、周慧等,都是應用了這個模式而取得了成績的。因此,《大正藏》第八十五册的校録整理與研究,是培養實事求是型文史考證研究者的一種成功模式,值得肯定與推廣。

至於書中的成就與不足,讀者自能辨别,我就不在短序中臚列了。鴻篇巨製,神駿超邁。附驥得名,亦足榮焉。是爲之序。

丁酉荷月寫於杭州星橋　江浙散人黄征

緒　論

一、《大正藏》第八十五册的編撰緣起及主要内容

《大正藏》是《大正新修大藏經》的簡稱，又名《大正一切經》、《新修大正一切經》等，是日本大正年間(1912—1925)由高楠順次郎、渡邊海旭等日本佛教界、學術界一大批學者組成“大正一切經刊行會”所編印的一部規模空前的大藏經。先後參與人員約300人，相關人員達45萬之多。從大正十一年(1922)着手籌劃，至昭和九年(1934)最後完成，前後共用了十三年時間。全藏100卷，計正藏55卷、續藏30卷、圖像部12卷、昭和法寶總目録3卷。收録各種典籍、圖像3360部，13520卷，是當時收録佛教資料最多的一部大叢書。1960年，日本“大正新修大藏經刊行會”發起重印，重印時對初印本的若干錯誤作了校正修訂。方廣錩認爲：“半個多世紀以來，這部大藏經對世界佛教研究的普及與深入貢獻之大，實在無與倫比。堪稱佛教文獻學史上一座前所未有的里程碑。”①

在煌煌百册《大正藏》中，以收録敦煌古佚和疑僞文獻爲主的即是其第八十五册，而此部分則是由高楠順次郎的學生矢吹慶輝負責編輯的。1913年(大正二年)秋至1916年冬，矢吹慶輝作爲净土宗外國留學僧第一次遊學歐美，先後入美國哈佛大學、英國曼徹斯特大學就讀。矢吹慶輝通過考察研

① 參方廣錩《略談漢文大藏經的編藏理路及其演變》，《世界宗教研究》2012年第1期。

究,充分認識到敦煌佛典中最有價值的部分,即爲其中未見於傳世的珍稀部分。因而他將考察重点放在敦煌遺書中未見於正、續《大藏經》的古佚部分上。1916 年 6 月,矢吹慶輝於倫敦結識了在英國皇家地理學會作《1913 年至 1916 年在中亞進行的第三次考察旅行》演講的斯坦因,在斯坦因及其助手等人的幫助下,於同年 6 月上旬至 11 月上旬間,比較順利地調查了大英博物院藏敦煌文獻,同時有選擇地對其中的古佚佛教典籍拍攝了照片。1919 年 6 月,矢吹慶輝的"大英博物院所藏中國古寫本的研究資助"的申請獲得了日本財團法人啓明會的批准。他開始計劃對大英博物院所藏敦煌佛典中的全部佚書進行無底版黑白照片的拍攝。隨後的 1922 年 12 月至 1923 年 7 月間,矢吹慶輝在英國倫敦拍攝大英博物院藏敦煌漢文佛典的照片,直到 1925 年 1 月最後完成攝影工作,他一共爲大約 700 件寫本拍攝了 6042 幅無底版黑白照片。

1924 年 11 月 7 日,在大藏會於東京帝國大學佛教青年會館主辦的第十届展覽會上,展出了《大正新修大藏經》收録的一批由矢吹慶輝拍攝回來的無底版黑白照片。當時的展覽目録中,將這些展品編在"新編入藏敦煌寫經"、"大正新修一切經對校並參考資料"項目下。

1930—1934 年間,矢吹慶輝將其從倫敦拍攝回的斯坦因所獲、大英博物館所藏的未傳世敦煌佛典照片編成一套著作,計兩種。第一種是刊行照片集《鳴沙餘韻——敦煌出土未傳古佚佛典開寶》,1930 年 10 月 25 日由東京岩波書店出版。這部照片集印刷在 104 張紙頁上,包括 446 幅照片,其内容分爲"正篇"和"篇外"兩大部分。"正篇"包括:(一)經部(第 1—37 頁);(二)戒律部(第 38—46 頁);(三)論部(第 47—67 頁);(四)雜經僞疑部(第 68—74 頁);(五)史傳禮贊雜部(第 75—87 頁)。"篇外"包括:(一)古經題跋(第 88—99 頁);(二)稀覯殘卷(第 100—104 頁)。由於矢吹慶輝在英國拍攝回的無底版黑白照片非常清晰,其清晰程度幾乎和原卷一樣;東京岩波書店在精選刊布這些照片時,使用了先進的印刷技術,所以圖版照片非常精美,使得這一照片集在當時顯得極爲珍貴。作爲珍藏版,這部照片集限定印數爲 250 部,發行的每一部都有不同的編號。第二種編著的是《鳴沙餘韻解説——敦煌出土未傳古佚佛典開寶》,於 1933 年 4 月 10 日由東京岩波書店刊行，出版時也得到了財團法人啓明會的補助。這部著作實際上是對上述照片集解説和文字研究部分，正文共 560 頁。此二種資料即成爲《大正藏》第八十五册録文的最主要部分。①

除矢吹氏的照片録文外，第八十五册還收入了一些赤松秀景、山田龍城在法國巴黎調查所得敦煌遺書的録文。另有少量録文所依據底本分别來自於北京圖書館所藏、日本大谷探險隊所得、杏雨書屋收藏和中村不折、松本文三郎、山本悌二郎氏及大屋德城氏等私人收藏家所藏敦煌寫本。同時也有個别録文來自於如《大日本續藏經》、村山龍平藏本、寛文十年寫本、石山寺藏寫本等日本藏經以及朝鮮桐花寺藏刊本。

從構成來看，《大正藏》第八十五册包括古佚部(No. 2732—No. 2864)與疑似部(No. 2865—No. 2920)兩個部分。其中，古佚部又分爲經疏部(No. 2732—No. 2786)、律疏部(No. 2787—No. 2798)、論疏部(No. 2799—No. 2816)、史傳禮贊雜類(No. 2817—No. 2864)四類；疑似部則收録了當時編纂者所認定的 57 部疑僞經，其中有一部分後經考證有明確的撰、譯人，歸入疑似部並不的當。

二、《大正藏》第八十五册的價值、缺陷及重新校理的必要性

(一) 文獻價值

第八十五册所收的這些古佚、疑似部文獻的刊布，給佛學及語言學等相關領域的研究提供了新的材料，具有彌補空白的獨特價值。其主要體現在幾個方面：

1. 所收的敦煌文獻絶大部分爲未見於正、續《大藏經》的古佚、疑僞經，可以補宋代以後各藏的不足，爲佛經、佛教史的研究提供了全新的材料。

第八十五册所收的敦煌古佚經多爲歷代《大藏經》中未收佛典，很多文

① 參王冀青《矢吹慶輝與英藏敦煌文獻攝影》，選自國家圖書館善本特藏部敦煌吐魯番學資料研究中心編《敦煌學國際研討會論文集》第 296—319 頁，北京圖書館出版社 2005 年 3 月第 1 版。

獻係僅存於敦煌寫卷中且首次面世。正如王重民在《記敦煌寫本的佛經》一文中所指出："一八八種(按：應是一九二種。下同)古逸經[1]，編入《大正新修大藏經》內，成爲第八十五卷的《古逸部》和《疑似部》。這應該説是一個很大的貢獻，給佛經研究提供了大量新材料，引起了佛學研究者很大的注意。在《大正新修大藏經》的所校印的這一八八種古逸經和疑似經中，有很多北朝時期的佛經解義，如《法華義記》卷第三，《維摩經義記》卷第四，《華嚴經義記》卷第一，《涅槃經義記》、《勝鬘義記》、《十地論義疏》第一、第二殘卷。唐代的逸經逸注就更多了，最重要的如道氤撰的《御注〈金剛般若波羅蜜經〉宣演》二卷。關於法成的講解，有《大乘稻芉經隨聽疏》、《大乘稻芉經隨聽疏決》、《瑜伽師地論分門記》和《瑜伽論手記》等，還有關於禪宗的一些經論。"[2]這些逸經逸注的刊布不僅可補宋代以來各版大藏經的不足，爲佛經的研究打開了新的門徑，並可藉以解決佛教史上一些懸而未決的問題。

第八十五册所收的敦煌疑僞經有很多本身亦是佚典。我們知道，自東晋道安首次提出了"疑僞經"的概念以來，歷代的《大藏經》編纂者對疑僞經都採取"不聽入藏"的態度，因而在傳世的佛典中幾乎看不到疑僞經的蹤影。特别是唐武宗會昌年間(841—846)的滅佛事件，佛教典籍受到了毁滅性的破壞，疑僞經的大部分更成爲佚典。而敦煌因地處西陲，當時又值吐蕃統治時期，有幸躲過了這場劫難。因而在敦煌佛教文獻中，除了收藏傳世的漢譯佛典以外，還保存了大量的疑僞經。許多以前認爲已佚的疑僞經都保存在敦煌文獻中。《大正藏》第八十五册收録了敦煌遺書中的疑僞經五十餘種。矢吹慶輝在編纂過程中對這些疑僞經分别進行解題，記録了其經録著録情況、當時掌握的現存狀況，有些經典則附有關於其形成的簡略考證，在原始文獻的披露、總論和個别經典的研究上都有很高的價值。

2.《大正藏》第八十五册所涉敦煌文獻對於研究俗字、疑難語詞、西北方音以及從事文獻校理都具有重要的參考價值。

---

① 逸，亦作"佚"。爲保持體例統一，除引文外，本書"古逸經"皆作"古佚經"。

② 王重民《記敦煌寫本的佛經》，載自楊曾文、杜斗城主編《中國敦煌學百年文庫宗教卷(二)》第106頁，甘肅文化出版社1999年第1版。

首先，該册所據敦煌文獻爲我們提供了豐富的近代漢字字形資料。《大正藏》第八十五册大部分録文所據底本爲敦煌寫卷，作爲敦煌文獻的一部分，原汁原味地保留了魏晋直至唐五代宋初的原始風貌，能够比較真實地反映當時語言及文字的使用狀况。以第 2917B 號《新菩薩經》爲例："菩薩説今秊八�九匨太山崩，須九萬億□，亦須九萬億牛。""今秊禾豆熟，恐無𤯔收。"兩句中"秊"斯 662 號原卷實作"秊"，乃"年"字異體。又"匨"、"𤯔"乃武周新字"月"、"人"二字。(《龍龕手鏡·匚部》："匨，古文月字。"《字彙補·匚部》："匨，與月同，武則天制。見《大周泰山碑》。"《集韻·真韻》："人，《説文》：'天地之性最貴者也，'唐武后作𤯔。"又如第 2880 號《究竟大悲經卷》所據録敦煌原卷中，同一經文中出現的俗字即有"𧢲(觸)"、"㫁(斷)"、"𢬵(備)"、"奪(奪)"、"𥥈(突)"、"翳(翳)"、"淚(淚)"、"豁(豁)"、"栰(伐)"、"𤰃(象)"、"磨(磨)"、"𤝔(虎)"、"牽(牽)"、"𩂣(霑)"、"違(違)"、"𠷎(喪)"、"𡓳墎(羅郭)"、"耴(取)"、"局(局)"、"埊(地)"、"皃(貌)"、"佞(佞)"、"耀(糶)"、"軆(體)"、"関(關)"、"兆(兆)"、"臣(臣)"、"圀(國)"、"𥘉(初)"、"乖(乖)"、"穏(穩)等。其他諸如"躰(體)"、"囙(因)"、"斈(學)"、"匃(丐)"、"寂(寂)"等常見俗字在第八十五册所涉敦煌寫卷中更是隨處可見。

其次，《大正藏》第八十五册所録敦煌文獻爲中古、近代漢語的詞彙研究提供了寶貴的語料。《大正藏》第八十五册收入了許多比較通俗、生活氣息較濃的佛典和非佛典文獻，諸如迴向文、祈願文、禮懺文、諷誦文、押座文、印沙佛文、布薩文、入布薩堂偈文、和菩薩戒文、王梵志詩等等。這些文獻中有不少"口語中新産生的"和"雖早已有之但意義有變化的詞語"。如第 2847 號《祈願文》："諸幼郎君□□孝而許國，小娘子姊妹丞妙治而居閨，合宅枝羅保歡顔而納慶。"第 2848 號《迴向文》："□于親族成□□潔，遠□枝羅俱霑潤益。"第 2857 號《索法號義辯諷誦文》："親羅喜門風之望，鄉鄰歎巷陌之珍。"三文中的"枝羅"、"親羅"均當爲當時的俗語詞，亦即我們今俗所謂"瓜蘿親戚"之義。其他如"貌哨"、"掣浚"、"瞋重"、"俠泄"、"樓櫓"、"羅拽"、"卻敵"、"懇額"、"指撝"、"唐作"、"屋搏"、"眝瞎"、"穩約"、"粥畫"、"趔趄"、"藏不"、

“迍厄”、“蹇哆”、“嘶嗟”、“猛狼”、“治治”、“異愕異翔”等,或字面普通而義别,或字面生澀而義晦,在第八十五卷中亦觸處可見。所有這些,爲考察某個詞語出現的上限或下限,進而探討從魏晋至宋初漢語詞彙語義的發展變化具有彌補空白、彌足珍貴的重要學術價值。

再次,就語音而言,《大正藏》第八十五卷所涉敦煌文獻保存了許多唐五代河西方音語料。鄧文寬先生曾把敦煌文獻裏發現的方音替代字大致分爲五個大類,其中之一即是遇攝字與止攝字混同互通。① 這在《大正藏》第八十五卷中所涉敦煌文獻中亦同樣存在。以第 2851 號《和菩薩戒文》爲例,録文所據斯 1073 卷“舉身遍體皆紅爛”一句,載有同文的斯 4301 號“舉”字即作“奇”,此即是敦煌寫卷遇攝字與止攝字不分的一個例證。其他諸如“端”“定”、“青”“齊”等語音相互通假現象在《大正藏》第八十五册所涉敦煌文獻中亦可找到大量例證。通過《大正藏》第八十五册所涉敦煌文獻中的别字異文材料、韻文押韻材料的研究,可以進一步瞭解當時的口語語音重唇音開始分化,濁音開始清化、韻母系統簡化、入聲韻尾弱化、濁上變去形成等漢語語音演變發展的過程。

另外,從校勘的角度而言,《大正藏》第八十五卷録文訛誤極多,通過對其録文的重新核校,我們可以對其錯誤進行初步的歸類,爲今後文獻的校理提供有益的借鑒。

3. 題記信息豐富,不少文獻附有彌足珍貴的撰、抄時間。

《大藏經》第八十五册所録古佚和疑僞經許多都附有題記,不少題記中都有具體的撰、抄人和精確的傳抄時間。如 No. 2733《御注〈金剛般若波羅蜜經〉宣演》卷下尾題:“建中四年(783)正月二十日,僧義琳寫勘記。”又朱筆記云:“貞元十九年(803)聽得一遍。又至癸未年(803)十二月一日,聽第二遍訖。庚寅年(810)十一月二十八日,聽第三遍了。義琳聽。常大德法師説。”No. 2735《〈金剛般若經〉旨贊》卷下後記:“廣德二年(764)六月五日,釋普遵於沙洲龍興寺寫□。”No. 2743《持誦金剛經靈驗功德記》後記:“於唐天

① 鄧文寬《敦煌本〈六祖壇經〉整理與研究》,國家圖書館善本特藏部敦煌吐魯番學資料中心編《敦煌與絲路文化學術講座》第 1 輯,2003 年 9 月。

復八載(908),歲在戊辰四月九日,布衣翟奉達寫。"No. 2745《仁王經疏》後記:"開皇十九年(599)六月二日抄寫訖。"No. 2748《法華義記》卷第三於"安樂行品"前題記:"正始五年(508)五月十日釋道周所集在中原廣德寺寫訖。"No. 2761《〈勝鬘〉義記》尾有題記:"正始元年(504)二月十四日寫訖。用紙十一張。……寶獻共玄濟上人校了。"No. 2762《〈勝鬘經〉疏》卷末有題記云:"一校竟。䟦有照法師疏。延昌四年(515)五月二十三日於京承明寺寫《勝鬘疏》一部,高昌客道人得受所供養,記了。"No. 2764B《〈大涅槃經〉義記》卷第四尾題:"大統五年(539)六月十三日寫訖,流通末代也。"No. 2769《〈維摩經〉義記》卷第四尾題:"龍華二儒共校定也。更比字一校也。大統五年(539)四月十二日比丘惠龍寫記流通。""保定二年(562),歲次壬午,於爾綿公齋上榆樹下大聽(廳),僧稚講《維摩經》一遍,私記。"No. 2788《小乘戒律注疏》尾題:"大統七年(541),歲次辛酉七月一日,於瓜州城西大法師倚勸化告招提禪□,比丘曇遠所供養。"No. 2789《玄覺抄律戒本疏》後記:"保定元年(561),歲次辛巳三月丁未朔八日,玄覺抄記。"No. 2794《律抄》後記:"熙平元年(516)七月十三日於昌梨寺寫訖,故記之。道人僧誕記了。"No. 2799《〈十地論〉義疏》卷第三後記:"保定五年(565),歲次乙酉,比丘智辯爲法界衆生敬寫大乘《〈十地〉義記》。……庚辰年五月二十八日翟家寫經,記之耳也。"No. 2800《〈廣百論〉疏》卷第一後記:"神龍三年(707)三月僧隆晃寫。"No. 2808《〈攝大乘論〉義章》卷第一尾署:"仁壽元年(601)八月二十八日,瓜州崇教寺沙彌善藏在京辯才寺寫《〈攝論〉疏》,流通末代。"No. 2811《〈大乘百法明門論〉開宗義記序釋》文中有"辛酉年(841)十二月十二日了竟"題記。No. 2814《〈大乘起信論〉廣釋》卷第五尾署:"大曆八年(773)六月十七日,齊奉道寫。"No. 2833《觀心論》尾署:"庚申年(780?)五月二十三記。"No. 2839《北宗禪籍(附〈讚禪門詩一首〉)》尾署:"丁卯年(847)二月二十三日,沙彌明慧記。"No. 2846《祈願文》尾署:"長興二年(931)十二月二十六日,我河西歸義等軍□□□"No. 2851《和菩薩戒文一本》尾署:"乾符肆年(877)四月,報恩寺寫記。"No. 2854《禮懺文一本》尾署:"顯德二年(955)乙卯歲四月二十二日,大玄寺僧辛願進記。"No. 2857《索法號義辯諷誦文》尾署:"大唐元和七年(812)六月,慰言語間時再查。"No. 2858《大目乾連冥間救母變文(並)圖一卷(並序)》尾署:"貞明柒年(921)辛巳歲四月十六日,净土寺學郎薛安俊寫。張保達文書。"No. 2859《惠遠外傳》尾署:"開寶五年(972)張長繼書記。"No. 2860《府君存惠傳》尾有題記:"於時太平興國五[年](980)庚辰歲二月三日題起(記)。"No. 2761《〈勝鬘〉義記》尾題:"正始元年(504)二月十四日寫訖,用紙十一張。……寶獻共玄濟上人校了。"No. 2762《〈勝鬘經〉疏》尾題:"延昌四年(515)五月二十三日,於京承明寺寫《〈勝鬘〉疏》一部,高昌客道人得受所供養,記了。"No. 2866《護身命經》尾題:"正光二年(521)十二月十五日,信士張阿宜寫《護身命經》,受持讀誦供養,上及七世父母,下及己身,皆誠(成)善(菩)啼(提)之道。"No. 2869《佛説妙好寶車經》尾題:"大業十三年(617),佛弟子張佛果爲劉士章善友知識敬造《寶車經》一卷。"No. 2880《究竟大悲經》卷第四題下署名爲"端供二年"(按:"供"當爲"拱"之同音借字,宋太宗"端拱二年"即 989 年)。No. 2885《佛性海藏智慧解脱破心相經》卷下尾題:"大唐寶應元年(762)六月二十九日,中京延興寺沙門常會因受請往此燉煌城西塞亭供養,忽遇此經,無頭,名目不全,遂將至宋渠東支白佛圖,别得上卷,合成一部。"No. 2896《示所犯者瑜伽法鏡經》尾題:"景龍元年歲次景午(707)十二月二十三日,三藏法師室利末多(唐云"妙惠")於崇福寺翻譯,大興善寺翻經大德沙門師利筆受綴文,大慈恩寺翻經大德沙門道安等證義,大首領安達摩譯語,至景雲奉敕,太中大夫昭文館學士鄭喜王詳定。……延和元年(712)六月二十日,大興善寺翻經沙門師利檢校寫。"No. 2917B《新菩薩經》尾題:"長安四季(年)(704)五𠕋(月)十五日。"等等。在第八十五卷 192 號録文所涉敦煌文獻中,有傳抄時間的寫卷達 40 餘號。時間跨度從魏晋南北朝直至宋初。這些題記中所提供的撰、抄人和傳抄時間及其它相關信息,對瞭解特定歷史時期的佛教生態,瞭解佛經特别是古佚和疑僞經的産生和流布狀況,考察從中古至近代漢字字形的演變,考察某個詞語出現的上限或下限,進而探討從魏晋至宋初漢語詞彙語義的發展變化具有彌足珍貴的參考價值。

(二)所存缺陷及重新校理的必要性

《大正藏》是目前世界上流通最廣的大藏經傳本,爲國際學術界普遍使用。日本人亦一向引以爲自豪。矢吹慶輝據兩次在倫敦所拍攝的大英博物院藏敦煌漢文古佚和疑僞經的照片刊行照片集《鳴沙餘韻》及其解説，並以此爲主要部分編入第八十五册，給佛經特别是古佚和疑僞經的研究提供了新的材料，在三十年代的日本佛教界引起了很大的關注，矢吹氏也因此贏得了很多榮譽。但由於對中國文化特别是漢字文化的隔膜，加之校録的粗疏，《大正藏》第八十五卷有諸多不盡如人意的地方。王重民在《記敦煌寫本的佛經》一文中云："《大正新修大藏經》的《古逸部》和《疑似編》雖説已有很大的貢獻，但編校的工作還有欠缺，利用的材料也不完備。以致有許多佛經、佛文，有頭無尾，或有尾缺頭，有前一卷缺後一卷，或有後一卷缺前卷，這些情况還是不少的。"[①]旅法學者左景權曾提醒"讀者之使用此卷，特宜慎重"，並評述該卷有七個方面的"可議之處"："曰有不當收録而見收者；曰有不當專立一目者；曰有序次失當者；曰有補加題目而失之輕率者；曰有撰譯人名可考而忽略者；曰有迻録錯誤或排印校對欠精者；曰有標點句讀不慎害於文理者。"進而指出其"誤字滿紙，句讀不成文理"，"錯亂文義之處豈可勝道也哉！"[②]讀者衹要隨手翻開其中的一篇，就會發現"此卷之多誤，觸目驚心"，左氏所言誠非故作聳聽之語。方廣錩亦列舉過該册在體例編排上存在的缺陷："有些典籍不應收而收入，有些應收入而未收。如第 2913 號《七女觀經》，係歷代大藏經已經收入之小乘佛教經典，此次誤作疑僞經收入；第 2770 號《維摩經疏》，實際爲隋慧遠撰《維摩義記》，已收入《大正藏》第三十八卷。有些典籍因鑒定有誤而重複收入，如第 2741 號《金剛般若經疏》實際是第 2733 號《御注〈金剛般若波羅蜜經〉宣演》的另一個抄本。有的如第 2775 號《維摩疏釋前小序抄》與第 2776 號《釋肇序》本爲一卷，卻分爲兩種文獻録文，且《釋肇序》的正確名稱應爲《釋肇序抄義》。有些典籍如《父母恩重經》、《佛母經》、《新菩薩經》等有多種異本，但《大正藏》第八十五卷則收入其中一種。"[③]筆者在對該册進行重新校理的過程中，深感《大正藏》原録本從

① 王重民《記敦煌寫本的佛經》，載自楊曾文、杜斗城主編《中國敦煌學百年文庫宗教卷(二)》第 106 頁，甘肅文化出版社 1999 年第 1 版。

② 左景權《敦煌文史學術》第 59—66 頁，載自林聰明主編《敦煌叢刊二集》之⑭，臺北新文豐出版股份有限公司，2000 年 8 月臺一版。

③ 方廣錩《〈大正新修大藏經〉評述》，載《聞思》，華文出版社，1997 年 3 月。

體例、題名、字詞、句讀到校勘記均存在着大量訛誤，有的一篇即達七八百條之多。令人遺憾的是，該册自刊布八十餘年來，儘管有爲數不少的單篇文獻的整理和研究，但尚無人對該册 192 號録文進行完整系統的校理。因此，充分利用現今世界各地已公布的敦煌遺書並結合傳世佛典對第八十五卷的這批録文重新進行系統的考訂和全面的整理，盡最大努力將錯謬減少到最低限度、還原每篇佛典的原貌，爲研究者提供一個較爲精審、可資信賴的校注本，就顯得刻不容緩。

三、《大正藏》第八十五册的研究狀況

1932 年 2 月，東京大藏出版社出版了《大正藏》第八十五册。八十餘年來，該册所涉的敦煌文獻，引起了衆多中外學者的關注和研究。需要説明的是，學者們的研究有的依據《大正藏》本，有的直接依據敦煌寫卷。從目前所搜集到的材料來看，主要體現在以下兩個方面：

（一）對《大正藏》第八十五册所涉敦煌文獻單篇的研究

1. 對《大正藏》八十五册所涉古佚部研究的著作

1933 年，矢吹慶輝出版了《鳴沙餘韻・解説篇》，提出《傅大士頌》並非傅大士所作，而是相宗學人所爲，但没有提出具體的論據①。1935 年至 1945 年之際，周叔迦曾對《傅大士頌》進行研究，認爲此《傅大士頌》是唐人附會梁朝傅大士而作②。陳祚龍的《敦煌古抄〈梁朝傅大士頌金剛經〉之考證和校訂》，亦提出《傅大士頌》是相宗學人僞託傅大士所作③。1982 年，日本松崎清浩發表《傅大士和金剛經》一文，进一步認爲敦煌遺書《傅大士頌》應創作于初唐或隋朝④。1994 年，香港衍空法師撰《〈梁朝傅大士頌金剛經〉概述及

① 矢吹慶輝《鳴沙餘韻・解説篇》，岩波書店，昭和八年(1933)四月十日初版；臨川書店，昭和十一年(1936)再版。

② 見《周叔迦佛學論著集》第 986 頁，中華書局，1991 年出版。

③ 陳祚龍《敦煌古抄〈梁朝傅大士頌金剛經〉之考證和校訂》，載自《國際漢學會議論文集》，1981 年 10 月，臺北。

④ [日]松崎清浩《傅大士和金剛經》，載《宗學研究》第 24 號，1982 年 3 月。

頌文英譯》,他對所搜集到各種傳本的《傅大士頌》進行了校勘,提出《傅大士頌》的創作時間很可能在645—867年之間,認爲作者是一位"無名菩薩"而非相宗學人,因爲作者不想暴露其個人的身份,於是就假借一個很受尊重的人物(傅大士)來代替了[①]。1995年至2012年,張勇多次發表有關《傅大士頌》的論著[②]。其《傅大士研究》第八章爲《敦煌遺書〈梁朝傅大士頌金剛經〉》,對《傅大士頌》諸傳本進行校訂、歸類、研究,提出"《梁朝傅大士頌金剛經》應創撰於唐穆宗長慶二年(822)至文宗大和五年(831)之間",並主張它是佛窟遺則晚年受本門尊崇《金剛經》的影響,因景仰傅大士而撰。自1973年起,平井宥慶以《敦煌本·道氤集〈御注金剛經宣演〉考》[③]爲開端,發表了一系列有關《宣演》的研究論文。定源調查出《宣演》的寫本計46號,並擇取其中的12號對《宣演》卷上進行了整理[④]。鄭阿財的《敦煌本〈持誦金剛經靈驗功德記〉綜論》[⑤]《敦煌靈驗小説的佛教史學價值——以〈持誦金剛經靈驗功德記〉爲例》[⑥]等系列論文,對敦煌文獻中所存《持誦金剛經靈驗功德記》進行了調查,並透過敦煌文獻所保存靈應故事的分析,結合譯經、講習、信奉三

① 衍空《〈梁朝傅大士頌金剛經〉概述及頌文英譯》,係衍空法師1994年之"倫敦大學碩士學位論文",未見出版。

② 《論〈傅大士金剛經頌〉》,署名張子開,《原學》,1995年第3期;《〈梁朝傅大士頌金剛經〉版本源流考述》,署名張勇,《敦煌文學論集》(第403—426頁),1997年12月;《傅大士研究》第八章《敦煌寫本〈梁朝傅大士頌金剛經〉》(第249—293頁),署名張勇,臺北法鼓文化事業股份有限公司,1999年1月;《傅大士研究》(再版)第八章《敦煌寫本〈梁朝傅大士頌金剛經〉》(第255—301頁),署名張勇,成都巴蜀書社,2000年7月;《傅大士研究》(修訂增補本)第八章《敦煌寫本〈梁朝傅大士頌金剛經〉》(第189—227頁),署名張子開,上海人民出版社,2012年7月版。

③ 平井宥慶《敦煌本·道氤集〈御注金剛經宣演〉考》,載自《印度學佛學研究》卷二十二·一,1973年12月版。

④ 見定源整理本《御注〈金剛般若波羅蜜經〉宣演》卷上,載自方廣錩主編《藏外佛教文獻》第十五輯,第32—195頁,中國人民大學出版社2010年8月版。

⑤ 鄭阿財《敦煌本〈持誦金剛經靈驗功德記〉綜論》第119—146頁,《敦煌學》第20輯,1995年版。

⑥ 見《當代敦煌學者自選集·鄭阿財敦煌佛教文獻與文學研究》第400—418頁,上海古籍出版社,2011年10月版。

者的相互參照，探討其對於上承六朝，下啓宋、元的中國佛經流通與民間信仰發展脉絡的研究價值。楊寶玉以伯 2094a 號爲底本，參酌其餘諸卷對《持誦〈金剛經〉靈驗功德記》進行了校録[①]。李小榮《S. 2512 及 S. 2551〈藥師經疏〉簡介》一文曾對《大正藏》中 No. 2766、No. 2767 兩號《〈藥師經〉疏》分别重新進行録文和校勘，糾正了《大正藏》録文的一些失誤；關於斯 2512 號，李文認爲它的創作年代或在隋末唐初，而抄寫年代當在唐貞觀年間，此疏很有可能用於講經的場合，也有可能是藥師齋懺會上的講經實録[②]；關於斯 2551 號，李文認爲與斯 2512 號相比，在義理的闡釋方面更勝一籌[③]。後伍小劼在《大正藏》本和李小榮校訂的基礎上以斯 2551 爲底本、俄 Дx. 1881 爲甲本、北敦 09798＋北敦 09834 爲乙本、北敦 03577 爲丙本對 No. 2767《〈藥師經〉疏》進行再次校録；伍小劼認爲斯 2551 原稿多硃筆、墨筆修訂，很可能是慧觀的手稿[④]。黎明先以斯 2702 號＋伯 2188 號爲底本，參酌其他諸本對 No. 2777《〈净名經〉集解關中疏》卷上進行了整理[⑤]；後又以北新 0293 號爲底本，參酌其他諸本對卷下進行了整理[⑥]。李際寧曾以北新 316 號爲底本、參酌伯 2135、北 6662（黄 19）及《大正藏》第十五册《天請問經》對《〈天請問經〉疏》進行解題和録校[⑦]。釋依昱《曇曠與敦煌寫本〈大乘百法明門論開宗義記〉的研究》一文據斯 1313 號《〈大乘百法明門論開宗義記〉序釋》文末"辛酉年十二月十五日了"字樣，認爲此"辛酉年"爲唐德宗建中二年（781），"由此推知曇

① 見楊寶玉《敦煌本佛教靈驗記校注並研究》，第 244—257 頁，甘肅人民出版社 2009 年 8 月版。

② 見李小榮《S. 2512 及 S. 2551〈藥師經疏〉簡介》，《敦煌密教文獻論稿》，第 207—228 頁，人民文學出版社 2003 年版。

③ 同上，第 221—224 頁。

④ 伍小劼《藥師如來本願經疏》，方廣錩主編《藏外佛教文獻》第 16 輯，第 176—254 頁，宗教文化出版社 2011 年 11 月版。

⑤ 見方廣錩主編《藏外佛教文獻》第二輯，第 175—292 頁，宗教文化出版社 1996 年 8 月版。

⑥ 見方廣錩主編《藏外佛教文獻》第三輯，第 70—214 頁，宗教文化出版社 1997 年 3 月版。

⑦ 見方廣錩主編《藏外佛教文獻》第一輯，第 64—100 頁，宗教文化出版社 1995 年 12 月版。

曠撰此《論》是 781 年左右，用干支紀年而不用唐德宗的年號，又可推知，敦煌在 781 年時已被吐蕃統治”①。蕭基平曾以伯 3229 號爲底本，參酌其餘六號寫卷對《宗四分比丘隨門要略行儀》進行了録文②。徐紹强曾以伯 2035 號爲底本，參酌《瑜伽師地論釋》和《瑜伽師地論》二種著作的録本對《瑜伽師地開釋分門記》進行了整理③。黄征《敦煌草書寫卷〈大乘起信論略述卷上〉考訂》一文比較伯 2141、斯 2436 二卷的筆跡，注意其草法上的特徵，認爲這兩個寫本出於一人之手，並據伯 2141 卷及傳世經文對《大正藏》第 2813 號《〈大乘起信論〉略述》卷上部分的録文加以訂補④。華方田曾對《〈因緣心釋論〉開决記一卷》加以考察並進行了校録⑤。關於《大目乾連冥間救母變文》，先後有王重民、蔣禮鴻、郭在貽、張涌泉、黄征、周紹良、徐復、王慶菽、徐震堮、袁賓、項楚、顔廷亮等諸家對該文進行過整理研究。較有代表性的論著如郭在貽、張涌泉、黄征的《〈大目乾連冥間救母變文〉校議》⑥、項楚《關於〈大目乾連冥間救母變文〉一段唱詞的校釋》⑦、顔廷亮的《〈大目乾連冥間救母變文並圖一卷並序〉的一個未見著録的節抄卷》⑧、王繼如《别本〈大目乾連冥間

---

① 釋依昱《曇曠與敦煌寫本〈大乘百法明門論開宗義記〉的研究》，載自楊曾文、杜斗城主編《中國敦煌學百年文庫宗教卷(二)》，第 400 頁，甘肅文化出版社 1999 年第 1 版。

② 見方廣錩主編《藏外佛教文獻》第十六輯，第 257—288 頁，中國人民大學出版社 2011 年 11 月版。

③ 見方廣錩主編《藏外佛教文獻》第五輯，第 203—396 頁，宗教文化出版社 1998 年 9 月版。

④ 黄征《敦煌草書寫卷〈大乘起信論略述卷上〉考訂》，《南京師範大學文學院學報》，2003 年第 2 期。

⑤ 見方廣錩主編《藏外佛教文獻》第三輯，第 224—258 頁，宗教文化出版社 1997 年 3 月版。

⑥ 郭在貽、張涌泉、黄征《〈大目乾連冥間救母變文〉校議》，《安徽師範大學學報(人文社會科學版)》，1989 年第 1 期。

⑦ 項楚《關於〈大目乾連冥間救母變文〉一段唱詞的校釋》，《敦煌研究》，1992 年第 4 期。

⑧ 顔廷亮《〈大目乾連冥間救母變文並圖一卷並序〉的一個未見著録的節抄卷》，《社科纵横》，1994 年第 4 期。

救母變文〉研究》[①]等。而黄征、張涌泉的《敦煌變文校注·大目乾連冥間救母變文》則最爲周詳,堪稱集大成者[②]。朱鳳玉《敦煌文獻中的佛教勸善詩》一文則據伯2963v1號及北敦7676號對《道安法師念佛讚》進行了録文。朱鳳玉認爲,唐代佛教諸宗興起,而禪宗、净土宗最盛。其中,净土念佛法門尤爲民間普遍傳誦。道安弟子慧遠爲净土宗之初祖。敦煌寫本"念佛讚文"前冠有"道安法師"名號,顯係後人託名,旨在凸顯"勸善念佛讚文"蓋出自净土宗教徒之手。[③] 1931年,朝鮮學者金九經據胡適從倫敦、巴黎影印的兩號敦煌卷子將《楞伽師資記》校寫爲定本,用活字印刷。胡適應邀爲之校勘並作了一篇《〈楞伽師資記〉序》,考訂《楞伽師資記》當作於唐開元年間[④]。日本學者白石虎月曾對《傳法寶記》進行過校訂[⑤]。楊曾文綜合敦煌發現的伯2634、伯3559c、伯3858三件寫本,對《傳法寶記》進行了校録,在此基礎上對該書的作者、成書年代及主要内容加以研究[⑥]。王書慶、楊富學的《〈傳法寶記〉的作者及其禪學思想》一文通過研究認爲《傳法寶記》反映了唐代禪宗北宗的基本禪學思想[⑦]。法國學者蘇遠鳴《敦煌寫本中的〈地藏菩薩十齋日〉》結合敦煌寫本中的漢文和藏文文獻和後世的刊本對《地藏菩薩十齋日》内容及根源作較爲詳盡的考察[⑧]。張總亦曾對敦煌本《地藏菩薩十齋

---

① 王繼如《别本〈大目乾連冥間救母變文〉研究》,《敦煌研究》,1998年第3期。

② 黄征、張涌泉《敦煌變文校注》,第1024—1070頁,中華書局1997年5月版。

③ 朱鳳玉《敦煌文獻中的佛教勸善詩》,載自白化文主編《周紹良先生紀念文集》,第509—511頁,北京圖書館出版社2006年8月第一版。

④ 胡適《〈楞伽師資記〉序》,載自楊曾文、杜斗城主編《中國敦煌學百年文庫宗教卷(四)》,第170—171頁,甘肅文化出版社1999年第1版。

⑤ 白石虎月《續禪宗編年史》,酒井本店1943年版。

⑥ 楊曾文《敦煌新本六祖壇經》,第174—175頁,江蘇古籍出版社1993年版;另見作者《唐五代禪宗史》,第141—142頁,中國社會科學出版社1999年版。

⑦ 王書慶、楊富學的《〈傳法寶記〉的作者及其禪學思想》,見《敦煌研究》2006年第5期。

⑧ 蘇遠鳴《敦煌寫本中的〈地藏菩薩十齋日〉》,載自《法國敦煌學精粹》(2),第390—423頁,甘肅人民出版社2011年4月版。

日》作過解題和録校整理[①]。陳祚龍據斯 1073b、斯 6631v、伯 2921、伯 3185、伯 3241、伯 3826 號六個卷子對《和菩薩戒文》進行了重新校訂[②]。于淑健的《〈和菩薩戒文〉考論》對敦煌文獻中存有此讚文的諸寫卷進行了初步調查和重新録校，進而嘗試探討《菩薩和戒文》與菩薩戒授受之間的關係，並對《和菩薩戒文》的傳抄及其流布情況做了簡要分析[③]。左景權《敦煌寫本斯二八九號二三事》一文曾對《府君存惠傳》進行過録校和較爲詳盡的考證[④]。李玉昆《敦煌遺書〈泉州千佛新著諸祖師頌〉研究》一文對千佛禪師的生平、《諸祖師頌》與慧觀之序及道真抄録的年代、《諸祖師頌》的歷史價值作了較爲詳盡的研究，並對《泉州千佛新著〈諸祖師頌〉》全文進行了校録[⑤]。關於王梵志詩，張錫厚、戴密微、朱鳳玉、項楚、張涌泉等諸家都進行過整理、研究。其中，張錫厚的《王梵志詩校輯》是較早問世的成果。全書共收詩三百四十八首，是第一部系統地從敦煌遺書中整理編輯出的王梵志詩歌的“全集本”[⑥]。項楚的《王梵志詩校注》充分吸收了諸家最新研究成果，校録的王梵志詩總數達三百九十首之多，成了《王梵志詩集》自流散域外以來的真正的“全輯本”，是目前《王梵志詩集》校訂與注釋的集大成之作[⑦]。

2. 對《大正藏》之八十五册所涉疑僞部研究的單篇論文

胡適的《佛説妙好寶車經》一文專門對《妙好寶車經》進行了研究。[⑧] 蔡榮婷的《敦煌本〈佛説妙好寶車經研究〉》，回顧了歷代經録對該經的著録情

---

① 張總整理本《地藏菩薩十齋日》，方廣錩主編《藏外佛教文獻》第 7 輯，第 348—371 頁，宗教文化出版社 2000 年 6 月版。

② 陳祚龍《新校重訂敦煌古抄〈和菩薩戒文〉》，見《敦煌學園零拾》下册，第 666—679 頁，臺灣商務印書館印行 1986 年 5 月初版。

③ 于淑健《〈和菩薩戒文〉考論》，《敦煌研究》2008 年第 1 期。

④ 左景權《敦煌文史學術》，第 29—43 頁，載自林聰明主編《敦煌叢刊二集》之⑭，臺北新文豐出版股份有限公司，2000 年 8 月臺一版。

⑤ 李玉昆《敦煌遺書〈泉州千佛新著諸祖師頌〉研究》，《敦煌學輯刊》1995 年第 1 期。

⑥ 張錫厚《王梵志詩校輯》，中華書局 1983 年 10 月版。

⑦ 項楚《王梵志詩校注》增訂本，上海古籍出版社，2010 年 6 月版。

⑧ 胡適《佛説妙好寶車經》，載自楊曾文、杜斗城主編《中國敦煌學百年文庫宗教卷（二）》，第 37—38 頁，甘肅文化出版社 1999 年第 1 版。

況，對四件敦煌《寶車經》殘卷進行了校録、考釋，並對其内容與文學表現手法進行了探討[①]。湯用彤《漢魏兩晋南北朝佛教史》之第十五章《南北朝釋教撰述》就六朝僞經出現的背景及原因作了説明，該書第十九章《北方之禪法、净土與戒律》對《佛説决罪福經》、《提謂波利經》等部分疑僞經和三階教的情况進行了簡單的考察。[②] 僧人綏遠、智興曾對《妙法蓮花經・度量天地品》加以解題考證並擇取其中的 22 個寫本對該經的兩個異本進行了録文[③]。白化文《〈首羅比丘見五百仙人並見月光童子經〉校録》一文以北敦 5926（北 8274，重 26）爲底本，北敦 687（北 8275）、斯 1811、斯 2697、斯 6881、伯 2464、北敦 8341（北 8661）、北大 D099 爲校本對此經進行了録校[④]。温玉成對此經進行了較爲詳盡的考析，認爲此經實包括《首羅比丘經》、《五百仙人在太寧山中並見月光童子經》兩個部分："《首羅比丘經》是北齊僧人所造，其造出的年代約當 6 世紀 70 年代前半葉，下限是周武帝去世之前（578 年 6 月）；《五百仙人在太寧山中並見月光童子經》是北齊邑師對《首羅比丘經》的發揮，其造出的年代約當 6 世紀 80 年代初，其上限是周武帝去世，其下限是戊申、己酉年（588—589）。該經若不是僧慶所造，也是僧慶所集。兩經的造作地域，似以太寧山（今河北省高陽縣北，巨馬河南）爲中心。"[⑤]楊梅《敦煌本〈首羅比丘經〉文本内容及創作時代考》從文本和内容的角度分析敦煌本《首羅比丘經》的結構及成立時代，認爲該經事實上包括三個獨立的部分：A 部乃首羅比丘與五百仙人的對話，應題爲《首羅比丘見五百仙人經》或《五百仙人在太寧山中經》；B 部則是仙人帶君子國君臣向月光童子問法，應題爲《見月光童子經》；C 部没有出現首

① 蔡榮婷《敦煌本〈佛説妙好寶車經研究〉》，項楚、鄭阿財主編《新世紀敦煌學論集》，巴蜀書社，2003 年 3 月版。

② 湯用彤《漢魏兩晋南北朝佛教史》增訂本，第 446—447 頁，北京大學出版社 2001 年 1 月版。

③ 見方廣錩主編《藏外佛教文獻》第十六輯，第 309—367 頁，中國人民大學出版社 2011 年 11 月版。

④ 白化文《〈首羅比丘見五百仙人並見月光童子經〉校録》，中國敦煌・吐魯番學會第三次年會論文，1998 年 8 月，北京。

⑤ 温玉成《〈首羅比丘經〉若干問題探索》，見《佛學研究》，第 205—209 頁，1999 年第 8 期。

羅比丘與仙人的形象,内容非常雜亂,間有咒語、秘密手勢、口語等内容,重點在於宣揚以上兩經的神力及菩薩、維摩等在人間度化衆生的思想,創作時間大概與A、B兩部同時或稍後。從内容和結構來看,A部是B、C兩部的母本或者是原型。通過對"古月"之讖的進一步考察,楊梅認爲《首羅比丘經》的創作年限可上溯到石趙晚期。楊文還進一步對《首羅比丘經》全文作了校録[①]。蕭登福則謂符合和"古月"政權有關的,除北齊、北周外,更有可能是指二者之前的北魏政權,因而《首羅比丘經》更有可能和北魏末延昌四年(515)冀州沙門法慶的謀反有關,是法慶於北魏末延昌四年(515)前所杜撰的經典,借預言明王的出世,百姓將由此解脱劫難,來聚衆對抗胡人統治下的北方政權[②]。陳星宇以敦煌本《首羅比丘經》爲底本,通過梳理月光童子在佛、道文獻中的形象流變,來解釋此經的佛道淵源[③]。李静杰的《六世紀的僞經與僧團整頓》一文,以六世紀僞經《大方廣華嚴十惡品經》、《佛在金棺上囑累經》、《佛説像法決疑經》爲例,對其中的去惡揚善等積極性内容加以考察。[④] 張總曾結合碑刻、寫本及石刻圖本對《大方廣華嚴十惡品經》加以考察研究[⑤]。徐紹强曾以北76號(柰59)爲底本,北77號(洪47)、北78號(芥45)、北79號(河48)、斯1320號、斯6790號、斯5612v號爲校本對《大方廣華嚴十惡品經》重新進行了整理[⑥]。方廣錩曾對《佛説天公經》加以考察,並對三個異本分别進行了校録[⑦]。侯旭東曾以隋開皇九年碑刻本爲底本,對《囑累經》進行了整理;另以房

① 楊梅《敦煌本〈首羅比丘經〉文本内容及創作時代考》,見於"人文學術的中國語境"學術研討會論文集,2006年9月版。

② 蕭登福《月光明王出世信仰及敦煌寫卷〈首羅比丘經〉借明王以聚衆抗胡的思想研究》,見《敦煌學》第27輯,第347—366頁,2008年2月版。

③ 陳星宇《〈首羅比丘經〉中月光童子形象的佛道淵源》,見《學理論》2014年第18期,第145—146、153頁。

④ 李静杰《六世紀的僞經與僧團整頓》,《敦煌學輯刊》1997年第1期。

⑤ 張總《疑僞經典和佛教藝術探例》,見敦煌研究院編《2000年敦煌學國際學術討論會文集——紀念敦煌藏經洞發現暨敦煌學百年·石窟藝術卷》,第256—259頁,甘肅民族出版社2003年9月版。

⑥ 見方廣錩主編《藏外佛教文獻》第一輯,第359—368頁,宗教文化出版社1995年12月版。

⑦ 同上,第369—373頁。

山石經本爲底本,陝西麟游慈善寺石刻本、斯 208 號爲校本對《敬福經》重新進行了整理;同時對《敬福經》的産生、發展、諸經録中流傳情況及該經主旨、産生背景和意義等作了綜合考察[①]。何慧麗的《敦煌佛經感應記研究:以〈普賢菩薩説證明經〉、〈金光明經〉、〈金剛經〉爲研究範圍》則對包括《普賢菩薩説證明經》在内的三篇敦煌佛經感應記加以研究[②]。鄭阿財的《敦煌疑僞經的語言問題———以〈普賢菩薩説證明經〉爲例》一文,以疑僞經《普賢菩薩説證明經》作爲個案研究,從語言學角度對佛教疑僞經作了研究[③]。陳寅恪《敦煌本〈心王投陀經〉及〈法句經〉跋尾》一文曾對《佛爲心王菩薩説投陀經》作簡略介紹[④]。方廣錩以北敦 15639(北新 1569)爲底本、參校其餘諸本對《佛爲心王菩薩説投陀經》重新進行了録文[⑤]。馬世長的《〈佛説父母恩重經〉寫本與變相》,對敦煌卷子中的《佛説父母恩重經》進行了初步的整理,並對敦煌石窟中的父母恩重經變相進行了考察[⑥]。張涌泉的《敦煌本〈佛説父母恩重經〉研究》,將敦煌文獻中所存 52 件《佛説父母恩重經》分歸四個系統,並進行了詳盡的校録整理[⑦];其隨後所撰的《關於〈佛説父母恩重經〉的幾個新本子》一文又對新發現的俄 TK119 等五號文獻作了較詳盡的介紹和研究[⑧]。

---

① 見方廣錩主編《藏外佛教文獻》第四輯,第 373—393 頁,宗教文化出版社 1998 年 9 月版。

② 何慧麗《敦煌佛經感應記研究:以〈普賢菩薩説證明經〉、〈金光明經〉、〈金剛經〉爲研究範圍》,臺灣"國立"政治大學,中國文學系,1985 年度,碩士學位論文。

③ 鄭阿財《敦煌疑僞經的語言問題——以〈普賢菩薩説證明經〉爲例》,《敦煌吐魯番研究》第 8 卷,中華書局 2005 年版。

④ 原刊於 1939 年《歷史語言研究所集刊》,後載自楊曾文、杜斗城主編《中國敦煌學百年文庫宗教卷(四)》,第 9 頁,甘肅文化出版社 1999 年第 1 版。

⑤ 見方廣錩主編《藏外佛教文獻》第一輯,第 251—328 頁,宗教文化出版社 1995 年 12 月版。

⑥ 馬世長《〈佛説父母恩重經〉寫本與變相》,引自《敦煌石窟研究國際討論會文集·石窟考古》,遼寧美術出版社 1990 年 10 月版。

⑦ 張涌泉《敦煌本〈佛説父母恩重經〉研究》,《文史》第 49 輯,中華書局 1999 年版;修訂本收入其《敦煌文獻論叢》,第 260—297 頁,上海古籍出版社 2011 年 8 月版。

⑧ 張涌泉《關於〈佛説父母恩重經〉的幾個新本子》,收入其《敦煌文獻論叢》,第 298—307 頁,上海古籍出版社 2011 年 8 月版。

張小豔在前人整理、研究、綴合基礎上，通過殘字拼接、内容連續、行款相同、字跡書風近似等不同角度的比較分析，將敦煌本《父母恩重經》的 24 號殘卷(片)綴合爲七組，並對相關寫卷的傳本進行討論。① 李文潔、林世田《〈佛説如來成道經〉與〈降魔變文〉關係之研究》一文以斯 5649a 號爲底本，参以斯 1032 號、俄 Дх. 2510a—2 號＋北敦 9145—1 號對《佛説如來成道經》進行了録文②。釋長梵對以斯 2076 號为底本，参酌《大正藏》本对《佛説現報當受經》進行了録文，並將該經與《大方便佛報恩經・慈品》、《賢愚經・微妙比丘尼品》、《根本説一切有部毗奈耶雜事》、南傳的《長老尼的譬喻》加以比較，指出此五部經的整體情境架構及所要傳達的意旨内涵，其基本上是一致的，"判斷本寫卷是僞造經典的可能性比較低"③。李小榮《敦煌僞經〈佛説三厨經〉研究》據斯 2673、斯 2680、伯 2637 對此經作了録文，對敦煌僞經《佛説三厨經》的相關問題進行了考察④。曹凌對該經作了較爲詳盡的解題並據現存敦煌卷子及日本古寫經對四個異本逐一進行了録校⑤。日本學者牧田諦亮，臺灣學者王文顔、劉淑芬，大陸學者方廣錩及其弟子曹凌等均從不同的角度對《佛説要行捨身經》進行過研究⑥。于淑健的《敦煌僞經〈佛説要行捨身經〉考略——兼及與三階教的關聯》一文在前人研究的基礎上，通過對目前所存與《佛説要行捨身經》

① 張小豔《敦煌本〈父母恩重經〉殘卷綴合研究》，《安徽大學學報》(哲學社會科學版)2015 年第 3 期。

② 李文潔、林世田《〈佛説如來成道經〉與〈降魔變文〉關係之研究》，《敦煌學輯刊》2005 年第 4 期。

③ 釋長梵《敦煌寫本〈佛説現報當受經〉初探》，《正觀雜誌》第十九期，2001 年 12 月 25 日。

④ 李小榮《敦煌僞經〈佛説三厨經〉研究》，《戒幢佛學》2005 年第 1 期。

⑤ 見方廣錩主編《藏外佛教文獻》第十四輯，第 229—256 頁，中國人民大學出版社 2010 年 8 月版。

⑥ 參牧田諦亮《敦煌出土〈要行捨身經〉》，收入西域文化研究會編《西域文化研究》第六，京都：法藏館，1963 年版，第 187 頁；王文顔《佛典疑僞經研究與考録》，臺北：文津出版社，1997 年 4 月版，第 60—61 頁；劉淑芬《中古的佛教與社會》，上海：上海古籍出版社，2008 年 1 月版，第 297 頁；方廣錩《中國寫本大藏經研究》，上海：上海古籍出版社，2006 年 12 月版，第 449 頁；曹凌《中國佛教疑僞經綜録》，上海：上海古籍出版社，2011 年 12 月版，第 452 頁。

相關的敦煌文獻的調查,對該經的産生及其與三階教的關聯、所附願文的性質、該經在中原及敦煌地區的流布狀況作進一步的探討[①]。其《敦煌本〈道安法師念佛讚文〉探賾》一文在前人研究基礎上,通過對敦煌寫卷中相關文獻的調查分析指出此讚文乃净土宗信徒所撰戒殺生食肉及勸布施行善之作,大抵是8世紀後半葉的作品,而與生活在4世紀的道安無涉。此讚文最早似出現於五臺山一帶,其嚴格的用韻及宣講的内容與净土宗四祖法照及其門徒創作的讚文多有相同或相通之處。此讚文的産生或與法照於大曆五年(770)之後北上五臺山一帶的布教活動時間相當甚至更晚。其作者或爲法照弟子,或爲受法照净土宗影響的中下層信徒。直至10世紀中葉的曹元忠政權時期,該讚文仍在敦煌地區流布[②]。鄭朝通的《敦煌寫本〈佛説八陽神咒經〉之疑僞析論》一文,對敦煌寫本的書寫手法與思想内涵做了探討,探究該寫本和真經之間經文内容與思想内涵的差異處,以及該經卷造僞的時代意義與所反映的社會文化現象等等[③]。李小榮《〈高王觀世音經〉考析》利用敦煌本、房山石經本、《大正藏》本對疑僞經《高王觀世音經》進行了校録,然後分析了該經形成的歷史背景與編撰依據[④]。陳祚龍曾對《佛説齋法清净經》加以簡要的考察並對其全文進行了録校[⑤]。陳寅恪《敦煌本〈心王投陀經〉及〈法句經〉跋尾》一文曾對《法句經》作簡略介紹[⑥]。左景權《〈大正新修大藏經〉第85卷——舊刊新評》一文認爲,第八十五册第2907號《普賢菩薩行願

① 于淑健《敦煌僞經〈佛説要行捨身經〉考略——兼及與三階教的關聯》,《宗教學研究》2015年第1期。

② 于淑健《敦煌本〈道安法師念佛讚文〉探賾》,《新疆大學學報(哲學·人文社會科學版)》2016年第5期。

③ 鄭朝通《敦煌寫本〈佛説八陽神咒經〉之疑僞析論》,《東方人文雜誌》2005年第3期。

④ 李小榮《〈高王觀世音經〉考析》,《敦煌研究》2003年第1期。

⑤ 陳祚龍《關於日本龍谷大學所藏的敦煌本〈佛説齋法清净經〉》,《海潮音》1984年第65卷4月號。

⑥ 陳寅恪《敦煌本〈心王投陀經〉及〈法句經〉跋尾》,原刊於1939年《歷史語言研究所集刊》,後載自楊曾文、杜斗城主編《中國敦煌學百年文庫宗教卷(四)》,第9頁,甘肅文化出版社1999年第1版。

王經》和第 2908 號《大方廣佛華嚴經普賢菩薩行願王品》"或爲《華嚴經》之一品，或别出單行"，此二篇"收入《古逸》則可，收入《疑似》則大有可商。"[①]圓空的《〈新菩薩經〉、〈勸善經〉、〈救諸衆生一切苦難經〉校録及流傳背景之探討》對敦煌卷子中上述三經進行了考察及校録。[②] 張子開、張琦以俄 Дx. 4401 號爲底本，對《救諸衆生一切苦難經》進行了重新録校，並作了較爲深入的探析，認爲："天台山中有一老師"乃託辭，真實作者爲惠通；該經誕生於相州和魏州一帶，時當安史之亂初期，即叛軍即將攻佔相州和魏州的唐天寶十五年(756)農曆正月、二月之交；據斯 4924 號卷末題記"貞元九年正月廿三日下"，則至少在公元 793 年此經就已傳至敦煌地區[③]。張秀清對《新菩薩經》、《勸善經》、《救諸衆生一切苦難經》三經的紀年進行過研究[④]。于賡哲的《〈新菩薩經〉〈勸善經〉背後的疾病恐慌——試論唐五代主要疾病種類》是唯一一篇集中討論疑僞經所體現疾病思想的文章，該文探討了敦煌寫本"僞經"《新菩薩經》、《勸善經》中有關唐五代時期主要疾病種類以及這些病種與自然環境及唐五代歷史進程的關係[⑤]。《大正藏》第八十五册第 2918 號乃晋沙門法炬、法立合譯《法句譬喻經・多聞品第三》的第一則譬喻故事（該品涵蓋四則譬喻故事），與《大正藏》第四册據《高麗藏》本排印之第 211 號《法句譬喻經・多聞品第三》基本相同。該號所據本乃斯 1638 卷，《大正藏》誤收入第八十五册"疑似"部，且誤題作"釋家觀化還愚經"；該卷背有"釋家勸化愚頑經"字樣，《敦煌寶藏》即據以爲題，《大正藏》編纂者則誤作"釋家觀化還愚經"。《敦煌遺書總目索引》題爲"釋家勸化愚頑經"，並説明："此爲晋法

---

① 左景權《敦煌文史學術》，第 62 頁，見林聰明主編《敦煌叢刊二集》之⑭，臺北新文豐出版股份有限公司，2000 年 8 月臺一版。

② 圓空《〈新菩薩經〉、〈勸善經〉、〈救諸衆生一切苦難經〉校録及流傳背景之探討》，《敦煌研究》1992 年 1 月版。

③ 張子開、張琦《映照安史之亂的唐代民間彌勒信仰實物——敦煌寫本〈救諸衆生一切苦難經〉新探》，《西南民族大學學報》人文社科版，2009 年第 1 期。

④ 張秀清《〈新菩薩經〉〈勸善經〉〈救諸衆生一切苦難經〉的紀年分布考察——以敦煌寫經爲例》，《黑龍江史志》，2010 年第 18 期。

⑤ 于賡哲《〈新菩薩經〉〈勸善經〉背後的疾病恐慌——試論唐五代主要疾病種類》，《南開學報》2006 年第 5 期。

炬、法立合譯之《法句譬喻經》第一卷一品之别行單出者。"《敦煌遺書總目索引新編》訛作"釋迦勸化愚頑經(首題)"。據張涌泉師考證,斯1638卷背"釋家勸化愚頑經"七字乃斯坦因的中國助手蔣孝琬翻檢藏經洞藏卷時倉促所擬,不足爲憑;且該卷乃《法句譬喻經》古抄本的散頁,而非"别行單出者"[①]。陳祚龍指出了第八十五册該文原題的不當,並對其全文加以校訂[②]。然陳氏仍襲以蔣孝琬"釋家勸化愚頑經"爲題,亦非允當。李際寧的《敦煌疑僞經〈佛母經〉考察》一文認爲,《佛母經》的内容主要來源於《摩訶摩耶經》等涅槃類經典,並受到中亞傳統祭祀儀禮的影響,它在爲亡者祈福超度净土的儀式中,把佛教世界觀與中國孝道報恩思想結合起來[③]。羅世平的《敦煌泗州僧伽經像與泗州和尚信仰》一文對僧伽和尚的生平、自唐以降僧伽經像的流傳作了詳盡的考察,指出:"敦煌寫本《僧伽和尚經》則以佛經的形式,將民間對僧伽的信仰熱忱更推進一步,爲崇祀僧伽提供依據。……這部僞經的流傳,對唐宋及後代的宗教生活起着不可低估的作用。"[④]孫曉崗的《僧伽和尚及遺書〈僧伽欲入涅槃説六度經〉有關問題考》以敦煌石窟圖像、文獻資料爲基礎,通過考證,揭示唐僧伽和尚取代釋迦牟尼成爲中國佛教中最高神祇的歷史進程[⑤]。張淼的《百年佛教疑僞經研究略述——以經録爲中心的考察》對百年以來包括敦煌疑僞經在内的佛教疑僞經研究狀況作了回顧。[⑥] 張小豔《敦煌疑僞經四種殘卷綴合研究》一文通過内容接續、殘字拼合、行款相同、字跡書風相近等角度的比較分析,將《無量大慈教經》、《要行捨身經》、《贊僧功德經》、《佛母經》4種疑僞經中的26號殘卷(片)綴合爲12組(4+4+2+

① 張涌泉《敦煌寫本文獻學》,第573—574頁,甘肅教育出版社2013年12月版。

② 陳祚龍《籀讀敦煌古抄〈釋家勸化愚頑經〉以後》,《海潮音》1984年第65卷4月號。

③ 李際寧《敦煌疑僞經〈佛母經〉考察》,《北京圖書館館刊》1996年第4期。

④ 羅世平的《敦煌泗州僧伽經像與泗州和尚信仰》,載自楊曾文、杜斗城主編《中國敦煌學百年文庫宗教卷(一)》,第360頁,甘肅文化出版社1999年第1版。

⑤ 孫曉崗《僧伽和尚及遺書〈僧伽欲入涅槃説六度經〉有關問題考》,《西北民族研究》1998年第2期。

⑥ 張淼《百年佛教疑僞經研究略述——以經録爲中心的考察》,《敦煌學輯刊》2008年第1期。

2)，對其形制、内容與性質等方面進行了深入研究。①

對第八十五册所涉疑僞經進行綜合研究的專著，如1997年，臺灣學者王文顔撰《佛典疑僞經研究與考録》一文，考録道安《綜理衆經目録》、僧祐《出三藏記集》、法經《衆經目録》、費長房《歷代三寶記》、彦琮《衆經目録》、静泰《衆經目録》、道宣《大唐内典録》、明佺《大周刊定衆經目録》、智昇《開元釋教録》及圓照《貞元新定釋教目録》等歷代經録所載疑僞經423部，發現現存者43部(内有5部非疑僞經)②。曹凌的《中國佛教疑僞經綜録》一文通過對中國佛教史上以佛經目録編撰者爲主的佛教學者的疑僞經觀進行考察，展現古代佛教學者對疑僞經認識及其變化過程，試圖對"疑僞經"這個概念的變遷史、佛教經録中疑僞經録的發展史以及古代僧人對疑僞經的評判標準等問題進行探討；同時回顧了近百年來中國佛教疑僞經的研究歷史，並以傳世經典的記録結合出土文物和石刻文獻等，對歷代經録中所著録的疑僞經(計290篇)逐一進行著録，注明存逸情況，勾稽逸文，並對包括敦煌疑僞經在内的現存經典進行了力所能及的解題。③

(二) 對《大正藏》第八十五册專書所涉敦煌文獻綜合性的研究

以《大正藏》第八十五册專書爲對象所作綜合性研究的論著不多。迄今爲止，筆者所見到的專文評述的文章有左景權的《〈大正新修大藏經〉第85卷——舊刊新評——〈敦煌文書發凡〉之一章》。左文首先肯定了"矢吹慶輝既刊行其《鳴沙餘韻》圖録及解説二巨册，復以同一資料，編成日藏之第八十五卷，此即《古逸部》與《疑似部》，誠爲空前未有之製作矣。馴至今日，猶未見有足以替代此書之新刊"，接着指出"然而筆者終不能無言者，非在苛責前賢，特欲藉此以告讀者之使用此卷，特宜慎重；或亦可供繼起增補者之參考"，然後逐一例舉了該册七個方面的"可議之處"："曰有不當收録而見收者；曰有不當專立一目者；曰有序次失當者；曰有補加題目而失之輕率者；曰有撰譯人名可考而忽略者；曰有迻録錯誤或排印校對欠精者；曰有標點句讀

① 張小豔《敦煌疑僞經四種殘卷綴合研究》，《敦煌研究》2016年第1期。

② 王文顔《佛典疑僞經研究與考録》，臺北：文津出版社，1997年版。

③ 曹凌《中國佛教疑僞經綜録》，上海古籍出版社，2011年12月版。

不慎害於文理者。"進而指出其"誤字滿紙，句讀不成文理"，"錯亂文義之處豈可勝道也哉！"[①]王重民的《記敦煌寫本的佛經》一文對該卷亦有集中的介紹和評論："一八八種古逸經，編入《大正新修大藏經》内，成爲第八十五卷的《古逸部》和《疑似部》。這應該説是一個很大的貢獻，給佛經研究提供了大量新材料，引起了佛學研究者很大的注意……《古逸部》和《疑似部》雖説已有很大的貢獻，但編校的工作還有欠缺，利用的材料也不完備。以致有許多佛經、佛文，有頭無尾，或有尾缺頭，有前一卷缺後一卷，或有後一卷缺前卷，這些情况還是不少的。"並舉例説明《大正藏》第八十五册所存在的一系列問題。[②] 于淑健於 2000 年起，就持續以第八十五册爲研究對象，先後完成了碩士論文《〈大正藏〉第八十五卷録文考訂及語言研究》[③]、博士論文《〈大正藏〉第八十五卷（敦煌卷）研究》[④]，發表了《〈大正藏〉第八十五卷詞語輯釋》[⑤]《〈大正藏〉第八十五卷（敦煌卷）誤例淺析》[⑥]《〈大正藏〉第八十五卷字詞考辨》[⑦]《〈大正藏〉第八十五卷俗字誤校示例》[⑧]《從漢語文字學的角度看〈大正藏〉第八十五卷的研究價值》[⑨]《〈大正藏〉第八十五册注文舉誤》[⑩]、《敦煌佛

① 左景權《敦煌文史學術》，第 59—66 頁，載自林聰明主編《敦煌叢刊二集》之⑭，臺北新文豐出版股份有限公司，2000 年 8 月臺一版。

② 王重民《記敦煌寫本的佛經》，載自楊曾文、杜斗城主編《中國敦煌學百年文庫宗教卷（二）》，第 106 頁，甘肅文化出版社 1999 年第 1 版。

③ 于淑健《〈大正藏〉第八十五卷録文考訂及語言研究》，南京師範大學碩士論文，2003 年 6 月。

④ 于淑健《〈大正藏〉第八十五卷（敦煌卷）研究》，南京師範大學博士論文，2006 年 6 月。

⑤ 于淑健《〈大正藏〉第八十五卷詞語輯釋》，《敦煌研究》2004 年第 6 期。

⑥ 于淑健《〈大正藏〉第八十五卷（敦煌卷）誤例淺析》，《南京師大學報》2005 年第 2 期。

⑦ 于淑健《〈大正藏〉第八十五卷字詞考辨》，《哈爾濱工業大學學報》2005 年第 6 期。

⑧ 于淑健《〈大正藏〉第八十五卷俗字誤校示例》，《敦煌學研究》，首爾出版社 2006 年 4 月版。

⑨ 于淑健《從漢語文字學的角度看〈大正藏〉第八十五卷的研究價值》，《魯東大學學報》2006 年第 1 期。

⑩ 于淑健《〈大正藏〉第八十五册注文舉誤》，《説文學研究》第四輯，綫裝書局 2010 年 1 月版。

教疑僞經語言研究的價值》[①]等系列論文，出版了近 40 萬字的專著《敦煌佛典語詞和俗字研究——以敦煌古佚和疑僞經爲中心》[②]，對《大正藏》第八十五册從字詞、原校勘記的考訂，到句讀分析、單篇文獻的考察與校理等諸方面作了長時間的專書研究。

四、《大正藏》第八十五册校注的基本情况

（一）基本内容

筆者以《大正藏》古佚和疑僞經爲研究對象，通過坐冷板凳的方式，對其原録文逐字、逐句、逐篇地進行校理已陸續有十餘年時間，且所做的這一系列工作以前都是在未獲任何立項、克服諸多困難的情况下比較艱難地完成的。本校注在全面調查第八十五册所據敦煌原卷及相關寫卷、充分借鑒前賢時俊至目前爲止最新研究成果的基礎上，採用對校、本校、他校、理校等不同方法，從字詞考訂、句讀分析、原始注文的整理諸方面對該册録文重新進行全面的點校和研究。總體來説，主要做了以下幾個方面的工作：

1. 對每號録文從主要内容、作者（或編者）、産生時間、流布情况、敦煌文獻中存留卷號和相關寫卷的品相以及在房山石經、黑水城文獻中的保存情况等幾個方面作了詳盡的調查和解題。

2. 爲保持第八十五册原録本的基本面貌，本校注基本以録本所據敦煌原卷爲底本，同時在釐清各異本的淵源遞嬗關係的基礎上，按照寫卷的完好情况及字體、品相的優劣，擇優作爲對校本，對原録本文字的衍、脱、訛、倒，逐字、逐句、逐篇地加以校理；對於底本無可查考或無法見到原卷的録文，則採用他校、本校、理校的方法加以重新校理，糾正了《大正藏》原録本的大量訛誤，有的一篇校記即達七八百條之多；在重新核校的基礎上，對該册語料中的疑難字詞特别是前人未甚措意的俗字、語詞進行了考釋。

---

① 于淑健《敦煌佛教疑僞經語言研究的價值》，《藝術百家》2010 年 5 期。

② 于淑健《敦煌佛典語詞和俗字研究——以敦煌古佚和疑僞經爲中心》，上海古籍出版社，2012 年 4 月版。

3. 方廣錩指出:“《大正藏》的斷句,可謂錯誤百出。如果用朱筆校改,想必會滿篇皆紅。”[①]其第八十五册亦同樣如此。本校注在重新對該册加以整理時一律採用新式標點,並對原録本句讀的諸多錯謬加以校訂。

4. 對《大正藏》第八十五册原校勘記的訛誤加以考訂。該册所收佛典各頁分爲上、中、下三段,標有頁碼,校勘注記置於頁下。這些原始注文,對於瞭解每篇録文所據底本及參校本,瞭解當時佛典異本的流通狀況,通過比勘訂正録文甚至所據原卷書手的訛誤,進而正確解讀原著等方面都具有重要的作用。可以説,没有最初的這些校記,我們今天的閲讀、校勘都會遇到很多困難。但是,左景權所言的“可議之處”在注文中亦同樣存在。對注文訛誤的考訂是重新核校該卷工作的一個重要内容。筆者在核校録文的同時對第八十五卷的這些原始注文的訛誤亦進行了全面的核校。

總之,本課題首次對第八十五册從 No. 2732 到 No. 2920 所收的古佚和疑似部 192 號録文逐字逐句地重新進行全面的校理和研究,已完成《大正藏》第八十五册全部録文的校理工作,最終成果字數 400 餘萬字。

(二) 研究方法

在進程安排上,本校注的前期工作首先是對《大正藏》第八十五册近 1500 頁録文逐篇進行調查、掃描、複印,在此基礎上對録文所據敦煌寫本進行調查,除充分利用南京本地所藏敦煌文獻外,還先後前往浙江、上海、北京、重慶、成都、昆明、甘肅等全國各地的敦煌學研究中心及高校圖書館、博物館,搜集、掃描、複印了大量與本校注相關的敦煌卷子及研究論著,在充分調查第八十五册所據敦煌原卷及相關寫卷、充分借鑒前賢時俊至目前爲止最新研究成果的基礎上,採用前述的不同方法,對《大正藏》第八十五册 192 號録文進行了全面校理。

在校注手法上,本校注以中土文獻、傳世佛典與敦煌佛經相互證發,在充分調查該册所據敦煌原卷及相關寫卷、充分借鑒前賢時俊至目前爲止最新研究成果的基礎上,借助於佛典電子版本的電腦檢索,將傳統音韻學、文字學、訓詁學的知識與校勘學等手段結合起來,根據每篇録文的不同情況,

---

① 方廣錩《〈大正新修大藏經〉評述》,載《聞思》,華文出版社 1997 年 3 月版。

綜合採用不同校録方法，力求能將原録文的訛誤減少到最低限度，還原每篇佛典的原貌。每篇録文統一採用章節附注形式將校勘記附於每篇録文之後，利用 WORD 插入功能使每條校記正文中標注的序號與章節附注内容自動對應，避免造成新的訛誤。在校録序次安排上，採用先易後難，先篇幅短後篇幅長的方法，在本課題獲批教育部規劃基金項目後用了近四年的時間完成了《大正藏》第八十五册全部録文的校理工作，努力爲讀者提供一部較爲精審的校注本。

(三) 努力目標

董乃斌曾指出："豐富翔實的資料和在此基礎上作出的嚴密細緻的論析，從來就是學術論著價值的保證。在這裏，資料的可靠與充分無疑是首要的，没有這個前提，任何高論只是無根之遊談。"①如前所述，囿於當時諸多主、客觀條件，第八十五册録文有許多不盡如人意的地方。令人遺憾的是，該册自刊布八十餘年來，僅有爲數不多的單篇録文的整理和研究，尚無人對該卷 192 號録文進行全面系統地校理。本課題研究者克服重重困難，在充分調查第八十五册録文所據敦煌原卷及相關寫卷、充分借鑒前賢時俊至目前爲止最新研究成果的基礎上，採用前述的對校、本校、他校、理校等不同方法，首次從佛教史、校勘學、語言學研究的角度對該册録文重新進行全面的點校整理和研究，對該册所涉敦煌古佚和疑僞部有價值的俗字和特殊語詞加以考釋，對其古佚和疑僞經經文内容及流布狀況作全面考察。

筆者深知，校勘如掃落葉。佛典的校勘則既需要深厚的佛學修養和扎實的文字、訓詁學功底，更需要極大的勇氣、恒心和毅力。由於第八十五册録文所據敦煌原卷部分圖版（特别是《敦煌寶藏》中的部分圖版）不够清晰，加之佛教義理艱深，文意、句讀需反復揣摩，不易準確把握，致使《大正藏》原録文的個别字詞、標點尚有待於進一步考證、推敲；有部分録文所依據底本分别來自於松本文三郎、山本悌二郎氏及大屋德城氏等私人收藏家所藏敦煌寫本，同時也有個别録文來自於如村山龍平藏本、寬文十年寫本、石山寺藏寫本等日本藏經以及朝鮮桐花寺藏刊本，或無法看到所據敦煌原卷，或底

① 董乃斌《出土文獻和學術方略》，《文藝研究》2001 年第 3 期。

本無可查考，只能採用他校、本校、理校等方法加以重新校理。所有這些，都客觀上給校注工作高質量的完成帶來了很大的挑戰。儘管如此，本校注仍致力於踐行左景權所呼籲的“爲大於細，圖難於易”①，盡最大努力將錯謬減少到最低限度，力求還原每篇佛典的原貌。迄今爲止，每篇文獻至少經過六次核校，已完成全部録文的校注工作。囿於個人的學力和各種客觀因素，本書的校理肯定有諸多不足之處，但若能爲佛學及漢語史研究者提供一個還算精審、可資勘用的古佚和疑僞經校注本，使矢吹慶輝氏八十多年前輯入《大正藏》的這批珍稀佛典能够最大限度地發揮其應有的價值，則筆者十六年來孜孜以求、坐冷板凳所付出的辛勞總算没有白費。倘能如此，於願足矣！

于淑健

二〇一五年十一月三十日午夜初稿撰於南京寓所

二〇一七年十一月十七日夜再次修訂

① 左景權《敦煌文史學術》，第66頁，載自林聰明主編《敦煌叢刊二集》之⑭，臺北新文豐出版股份有限公司，2000年8月臺一版。

凡 例

一、《大正藏》是《大正新修大藏經》的簡稱。整部《大正藏》所據底本主要爲高麗海印寺本(簡稱"麗")。校勘别本主要有:南宋思溪藏(簡稱"宋")、元大普寧寺藏(簡稱"元")、明嘉興藏(簡稱"明")、麗本别刷(簡稱"麗乙")、正藏院聖語藏本(簡稱"聖")、正藏院聖語藏本别寫(簡稱"聖乙")、宫内省圖書寮本(簡稱"宫")、大德寺本(簡稱"德")、萬德寺本(簡稱"萬")、石山寺本(簡稱"石")、知恩院本(簡稱"知")、醍醐寺本(簡稱"醍")、仁和寺本(簡稱"和")、東大寺本(簡稱"東")、久原文庫本(簡稱"久")等。"T"表示《大正新脩大藏經(TaishoTripitaka)》經文代碼,n/p/abc分别表示所引佛經資料在《大正藏》中的編號(n)、頁碼(p)和每頁的上中下三欄(abc),各符號後的阿拉伯數字則分别表示具體的册數、號數、頁數及在所在欄中的行數。如"[T23n212p466c18]"即表明該引文在《大正藏》第23册第212號第466頁下欄第18行。爲使校注表述簡潔,《大正藏》本使用了一系列具有特定含義的省略符號。例如:"="號表示異文,如表示"得"字元本、明本俱作"相",即注:"得=相㊄㊊。""+"號表示底本無異本有,如表示"我"字下甲、乙二本俱有"時於彼遇值世尊",即注:"我+(時於彼遇值世尊)㊙㊀。""-"號表示底本有異本無,如表示甲、乙二本俱無底本"心"字,即注:"心-㊙㊀。"等等。"X"爲新增經文《卍新纂大日本續藏經》(新纂卍續藏)代碼,如"[X62n1660p326a5-6]"則表示《卍新纂大日本續藏經》第62册第1660號326頁上欄第5-6行。

二、本校注對像"敦煌本古佚與疑僞經"指矢吹慶輝録入《大正藏》第八十五册古佚部與疑似部之192篇文獻,所據底本以敦煌本古佚與疑僞經爲主。其中雖有部分篇目後經考證並非古佚經和疑僞經，或非出自敦煌文獻，但爲保持原書的完整性，對這部分文獻一併加以校理，並在題記中對文獻的性質加以考證説明。在重新校理時，《大正藏》第八十五册原録文圖版簡稱“録本”，該册録本所據之敦煌遺書、日本私人及寺院藏經、朝鮮桐花寺藏刊本等簡稱“底本”。爲保持第八十五册原録本的基本面貌，本校注一般以該册録文所據敦煌原卷爲底本，同時參校現已面世且可查考的所有敦煌本古佚與疑僞經卷子。如個别録文所據圖版過於殘缺模糊，且現存卷子中有更爲完整清晰者，則擇最優者作爲底本，並在校記中加以注明。對於底本外數量衆多的異本，則在理清各本淵源遞嬗關係的基礎上，按照寫卷的完好情況及字體、品相的優劣，擇優作爲對校本。對於底本無可查考或無法見到原卷的《大正藏》録文，則採用他校、本校、理校的方法加以重新校理。對於《大正藏》第八十五册中部分擬題不當、“補加題目而失之輕率者”，則根據文獻内容重新擬題。

三、文中所引敦煌文獻，除特别注明外，一般據《敦煌寶藏》（140 册，臺北新文豐出版公司 1981—1986 年版）、《英藏敦煌文獻（漢文佛經以外部分）》（14 册，四川人民出版社 1990—1995 年版）、《英國國家圖書館藏敦煌遺書》（40 册，廣西師範大學出版社 2011—2014 年版）、《法藏敦煌西域文獻》（34 册，上海古籍出版社 1995—2005 年版）、《俄藏敦煌文獻》（17 册，上海古籍出版社 1992—2001 年版）、《上海博物館藏敦煌吐魯番文獻》（2 册，上海古籍出版社 1993 年版）、《上海圖書館藏敦煌吐魯番文獻》（4 册，上海古籍出版社 1999 年版）、《北京大學藏敦煌文獻》（2 册，上海古籍出版社 1995 年版）、《天津藝術博物館藏敦煌文獻》（6 册，上海古籍出版社 1996—1997 年版）、《天津文物公司藏敦煌寫經》（1 册，文物出版社 1998 年版）、天津圖書館藏敦煌文獻（均爲殘片，貼爲六册頁，括《唐人寫經殘卷》三册、《唐人寫經册》〔殘頁〕一册、《唐人寫經真本》一册、《敦煌石室寫經殘字》一册）、《浙藏敦煌文獻》（1 册，浙江教育出版社 2000 年版）、重慶博物館藏敦煌文獻、山東省博物館藏敦煌文獻、《甘肅藏敦煌文獻》（6 册，甘肅人民出版社 1999 年版）、《中國國家圖書館藏敦煌遺書》（7 册，江蘇古籍出版社 1999—2001 年版）、《國家圖書館藏敦煌遺書》（146 册，北京圖書館出版社 2005—

2011年版）、《中國書店藏敦煌文獻》（1册，中國書店2007年版）、《旅順博物館藏敦煌本六祖壇經》（1册，上海古籍出版社2011年版）、《中國歷史博物館藏法書大觀》（第11卷《晋唐寫經・晋唐文書》，楊文和主編，東京柳原書店、上海教育出版社1999年1月版）、《濱田德海搜藏敦煌遺書》（1册，方廣錩編著，國家圖書館出版社2016年9月版）、《魏晋隋唐殘墨》（1册，安徽美術出版社1992年版）、《敦煌寫經殘片》（1册，北京師範大學出版社2006年版）、《王重民向達先生所攝敦煌西域文獻舊照片合集》（30册，國家圖書館出版社2008年版）、《敦煌卷子》（3册，臺北石門圖書公司1976年影印臺灣"中央圖書館"藏敦煌寫卷）、《"中央研究院"歷史語言研究所傅斯年圖書館藏敦煌遺書》（1册，臺北"中央研究院"歷史語言研究所2013年12月版）、《台東區立書道博物館所藏中村不折舊藏禹域墨書集成》（3册，日本文部科學省科學研究費特定領域研究〈東ァジア出版文化の研究〉総括班2005年發行）、《敦煌秘笈》（9册，日本武田科學振興財團影印杏雨書屋藏〈原羽田亨藏〉敦煌文獻，大阪，2009年起陸續出版）、《三井文庫別館藏品圖録敦煌寫經——北三井家》（1册，便利堂2004年版）、《臺東區立書道博物館圖録》（1册，二玄社2000年版）、《大谷大學所藏敦煌古寫經》（2册，大谷大學1965—1972年版）、《大谷文書集成》（4册，龍谷大學佛教文化研究所小田義久主編，京都：法藏館，1984—2010年版）、日京都藤井有鄰館藏敦煌古寫經、日唐招提寺藏敦煌古寫經、日本國會圖書館藏敦煌寫經、東京大學東洋文化研究所藏敦煌寫經、《敦煌莫高窟北區石窟》（3册，文物出版社2004年版）等圖録及國際敦煌項目（IDP）網站上公布的彩色圖版。另，本校注開頭部分所附部分圖版，如《大正藏》監修高楠順次郎、第八十五册搜集編纂者矢吹慶輝及《大正藏》不同版本的圖片因取自網絡，清晰度不高，特此説明。

四、爲行文簡潔，所引敦煌文獻各藏家使用簡稱漢字。學術界通行的簡稱如下：

"寶藏"指《敦煌寶藏》編號。"斯"指倫敦不列顛博物館藏敦煌卷子斯坦因（M. A. Stein）編號，"斯刻"指英國國家圖書館藏敦煌文獻木刻本斯坦因編號，"《英圖》"指《英國國家圖書館藏敦煌遺書》編號。"伯"指巴黎國家圖書館藏敦煌卷子伯希和（P. Pelliot）編號（據法國國家圖書館公布的彩色照片或《法藏敦煌西域文獻》)。“俄Дx.”指俄羅斯科學院東方研究所聖彼德堡分所藏敦煌卷子編號,“俄ф.”爲俄藏敦煌文獻中的弗魯格編號。“上博”指《上海博物館藏敦煌吐魯番文獻》敦煌寫卷編號,“上圖”指《上海圖書館藏敦煌吐魯番文獻》敦煌寫卷編號。“北大D”指《北京大學藏敦煌文獻》敦煌寫卷編號。“津藝”指《天津市藝術博物館藏敦煌文獻》敦煌寫卷編號,“津文”指《天津文物公司藏敦煌寫經》敦煌寫卷編號,“津圖”指天津圖書館藏敦煌文獻編號。“浙藏”指《浙藏敦煌文獻》敦煌寫卷編號。“渝博”指重慶博物館藏敦煌文獻。“魯博”指山東省博物館藏敦煌文獻。《甘肅藏敦煌文獻》中,“敦研”指敦煌研究院藏敦煌文獻編號,“甘圖”指甘肅省圖書館藏敦煌文獻編號,“甘博”指甘肅省博物館藏敦煌文獻編號,“甘中”指甘肅中醫學院藏敦煌文獻編號,“敦博”指敦煌市博物館藏敦煌文獻編號,“酒博”指酒泉市博物館藏敦煌文獻編號,“永博”指永登縣博物館藏敦煌文獻編號,“定博”指定西縣博物館藏敦煌文獻編號,“高博”指高臺縣博物館藏敦煌文獻編號,“西北師大”指西北師範大學所藏敦煌文獻編號。“北”指中國國家圖書館(原名“北京圖書館”)藏敦煌文獻原編號,“北新”指中國國家圖書館藏敦煌文獻新編號,“北臨”指中國國家圖書館藏敦煌文獻臨編號,“北敦”(或用漢語拼音字頭簡寫爲“BD”)指中國國家圖書館藏敦煌文獻統編號。“中國書店”指《中國書店藏敦煌文獻》編號。“國博”指《中國歷史博物館藏法書大觀》敦煌寫卷編號。“伍倫”指北京伍倫國際拍賣有限公司2016年9月拍賣的《濱田德海搜藏敦煌遺書》敦煌寫卷編號。“石谷風”指《魏晋隋唐殘墨》編號。“啓功”指《敦煌寫經殘片》編號。“舊照”指《王重民向達先生所攝敦煌西域文獻舊照片合集》編號。“臺圖”指臺北石門圖書公司《敦煌卷子》編號。“傅圖”指臺北《“中央研究院”歷史語言研究所傅斯年圖書館藏敦煌遺書》編號。“中村”指《台東區立書道博物館所藏中村不折舊藏禹域墨書集成》編號。“羽”指《敦煌秘笈》影印日本杏雨書屋藏敦煌文獻羽田亨編號。“三井”指《三井文庫别館藏品圖録敦煌寫經——北三井家》編號。“書道”指《臺東區立書道博物館圖録》編號。“大谷”指《大谷大學所藏敦煌古寫經》編號。“龍谷”龍谷大學佛教文化研究所小田義久主編《大谷文書集成》編號。“藤井”指日京都藤井有鄰館藏敦煌古寫經編號。“招提”指日唐招提寺藏敦煌古寫經編號。"國圖 WB32",指日本國會圖書館藏敦煌寫經編號。"東大",指東京大學東洋文化研究所藏敦煌寫經編號。"北區"指《敦煌莫高窟北區石窟》所收文獻編號。

五、引録敦煌文獻時,缺字用"□"號表示,缺幾字用幾個"□"。缺字據上下文文意或異本補出時在缺字標記後用圓括號注明;模糊不清無法録出或殘存偏旁者用"※"號表示,缺幾字用幾個"※"號;如原卷本身有脱字,則加"[□]"號表示之,脱字據上下文或文義補出時外加[]號。假借字、訛字在原字後用"( )"注出本字或正字。引例中的重文符號或省代符號一般回改爲原字,有必要保留時一般用"="形符號代替。原卷或所整理文獻文字疑有訛誤而又没有確鑿證據的用"(?)"表出之;疑作某字的於括弧内注明並加問號,如入(人?)即表明該"入"字疑當爲"人"字之訛。首殘且字數不詳的用"＿＿＿」"表示,尾殘且不清所缺字數的用"「￣￣￣"表示,中殘且字數不詳的用"▭"表示。文中引用前人整理過的敦煌文獻,其中校録符號與此有異者,也一律依原卷實際情況改用上揭符號。

六、引用敦煌文獻資料標明卷號,具體編號用阿拉伯數字。若爲正面文書,則徑以卷號表示;若爲背面文書,則以卷號加英文字母 V(Verso)表示。若同一寫卷上抄有不同内容的文書,則在卷號後注明其在卷中次序。如:伯 3919A/2《佛説父母恩重經》(10－4),"A/"後的"2",表明此佛經在該卷號中居於 A 部分第"2"的次序;"(10－4)"則説明此經内容計 10 頁,引文部分在第 4 頁。

七、文中常用書名使用簡稱,如《漢語大詞典》簡稱作《大詞典》,《漢語大字典》簡稱作《大字典》。徵引同一文獻,除首次外,以後引文僅標注頁碼,不再出注著者、書名及出版時間。文中稱引前賢時彦之説,皆直書其名,不贅"先生"字樣,尚請諒解。

八、根據校勘的通例,對於古今字,諸如"弟"與"第"、"牙"與"芽"、"差"與"瘥"、"猒"與"厭"、"然"與"燃"、"般"與"搬"之屬,本校注於《大正藏》録本所據底本中的古字予以照録,並於首次出現時出校,再次出現時括注標明其今字。對於後世已演變爲正字的俗字,原文照録;對於今已成異體字的底本中的俗字及古今一致的俗字,校録時改爲規範的繁體字。底本中的通假字校録時予以保留;其中,對於書手不知本字而用音同或音近字代替的通假字及師承或習慣以借字代本字的通假字,在校録中括注本字;對於因本字過簡、過繁或表意偏旁與詞義不甚密合,書手出於某種習慣或目的有意使用的假借字在第一次出現是出校略加説明。對於譯音字與後世固定譯法不一致的,在首見時出校加以説明。錯别字中,凡底本不誤而他本誤者,一般不出校記;底本有明顯訛誤的,或直接改訂原文,或括注正字,並出校説明所據及理由;對於底本一般的手寫之異,諸如偏旁俗寫相亂或筆劃增減的,徑加録正,不出校記;對於義可兩通,推斷正字無把握者,在校記中加以説明。

九、本校注録校時一律採用新式標點。除個别字詞外,引文能查核出處且與原文基本一致者加引號,意引或無法查考出處者不加引號。

十、基於本文所研究對象的特點,爲保持所録校文獻原貌,本書用通行的繁體排版。

目　録

第一册

第二册

第三册

第四册

第五册

第六册

第七册

第八册

一、古佚部

（No.2732—No.2864）

(一) 經疏部(No. 2732—No. 2786)

No. 2732 梁朝傅大士頌《金剛經》

[題解]

中國人假託彌勒化身所撰經典,一卷。逐段引用後秦鳩摩羅什譯《金剛經》經文,每段用一首偈頌總結其主旨。據此文之序,謂梁武帝請志公講經,志公薦傅大士。傅大士唱經歌四十九首,終而便去。志公謂梁武帝:"此是彌勒菩薩分身,下來助帝弘化。"傅大士所唱此四十九頌,相當於兜率天四十九院。還附有"净口業真言"、"發願文"、"啓請四金剛八菩薩文"、"三性頌"、"大身真言"、"隨心真言"、"心中心真言"等。敦煌文獻中存有此經的有斯 110v(首全尾殘)、斯 1846(首全尾全)、斯 3373(首全尾脱)、斯 3906(首殘尾殘)、斯 4105(首殘尾殘)、斯 4732(首殘尾殘)、斯 5499+斯 5699(兩號係同一卷割裂,首殘尾殘),伯 2277(首殘尾殘)、伯 2286va(首全尾殘)、伯 2756(首全尾殘)、伯 2997a(首全尾殘)、伯 3094va(僅存一行)、伯 3325(首全尾全)、伯 4823(首殘尾殘),俄 Дx. 00120(首全尾殘)、俄 Дx. 00253(首殘尾殘)、俄 Дx. 00253v(首殘尾殘)、俄 Дx. 01446(首殘尾殘)、俄 Дx. 02520—1(首全尾全)、俄 д×18912(殘片),上圖 004(795017)—1(首全尾全),中村 106(首全尾脱),計 23 號。另有房山石經本 1 號。二者總計 24 號。其中伯 3325 號尾題:"廣順三年(953)癸丑歲八月二十一日畢手。"背署"顯德寺龍"。説明此文五代時仍在流傳。1933 年,矢吹慶輝出版了《鳴沙餘韻・解説篇》,提出《傅大士頌》並非傅大士所作,而是相宗學人所爲,但没有提出具體的論據(矢吹慶輝《鳴沙餘韻・解説篇》,岩波書店,1933 年 4 月 5 日版)。1935 年至 1945 年之際,周叔迦曾對《傅大士頌》進行研究，認爲此《傅大士頌》是唐人附會梁朝傅大士而作(見《周叔迦佛學論著集》，中華書局，1991年出版，第986頁)。陳祚龍的《敦煌古抄〈梁朝傅大士頌金剛經〉之考證和校訂》，亦提出《傅大士頌》是相宗學人僞託傅大士所作(載自《國際漢學會議論文集》，1981年10月，臺北)。1982年，日本松崎清浩發表《傅大士和金剛經》一文，进一步認爲敦煌遺書《傅大士頌》應創作於初唐或隋朝(松崎清浩《傅大士和金剛經》，載《宗學研究》第24號，1982年3月)。1994年，香港衍空法師撰《〈梁朝傅大士頌金剛經〉概述及頌文英譯》，他對所收到各種傳本的《傅大士頌》進行了校勘，提出《傅大士頌》的創作時間很可能在645—867年，認爲作者是一位"無名菩薩"而非相宗學人，因爲作者不想暴露其個人的身份，於是就假借一個很受尊重的人物(傅大士)來代替了(衍空《〈梁朝傅大士頌金剛經〉概述及頌文英譯》，係衍空法師1994年之"倫敦大學碩士學位論文")。僧人達照研究後發現，《梁朝傅大士頌〈金剛經〉》和敦煌遺書中的《金剛經讚》實屬同類文獻的異本。達照對八種異本發展的内在邏輯聯繫加以考察，同時對每一種異本逐一加以校録(見方廣錩主編《藏外佛教文獻》第九輯，宗教文化出版社，2003年6月版，第38—195頁)。1995年至1997年，張勇多次發表有關《傅大士頌》的論著(張子開《論〈傅大士金剛經頌〉》，《原學》，1995年第3期；張勇《〈梁朝傅大士頌金剛經〉版本源流考述》，《敦煌文學論集》，1997年12月，第403—426頁)。其《傅大士研究》(修訂增補本，上海人民出版社2012年7月版)第八章專門對敦煌本該經的版本源流、創作年代及作者加以考辨，認爲此經大致創撰於唐穆宗長慶二年(822)至文宗大和五年(831)，應是佛窟遺則晚年受本門尊崇《金剛經》的影響，因景仰大士所撰，並以之託名"傅翕"。此文歷代經録未見著録，歷代大藏經亦未收，《大正藏》據斯1846號録入其第八十五册，題作"梁朝傅大士頌《金剛經》序"，不確(序文僅爲全篇之開頭部分)。本校注據内容重新擬題，仍以《大正藏》所據卷斯1846號爲底本。新增校本：甲本，斯110v號；乙本，斯3373號；丙本，伯2997a號；丁本，伯3325號；戊本，中村106號。

梁朝傅大士頌《金剛經》序

《金剛經歌》者，梁朝時傅大士之所作也。武帝初請志公講經，志公對曰:“自有傅大士善解講之。”帝問:“此人今在何處?”志公對曰:“見在魚行。”于時即照(詔)[①]大士入内。帝問大士:“欲請大士講《金剛經》,要何高坐(座)?”大士對曰:“不用高坐(座)[②],只須一具柏(拍)[③]板。”大士得板,即唱經歌四十九頌,終而便去。志公問武帝曰:“識此人不?”帝言:“不識。”志公告帝曰:“此是彌勒菩薩分身,下來助帝楊(揚)化。”武帝忽聞,情大驚訝,深加珍仰,因題此頌於荆州寺四層閣上,至今現在。

夫《金剛經》者,聖教玄關,深奥難惻(測)[④],諸佛莫不皆由此生。雖文疏精研,浩汗難究。豈若慈(兹)[⑤]頌,顯然目前。遂使修行者不動足而登金剛寶山,諦信者寂滅識而超於涅槃彼岸。故書其文,廣博無窮,凡四十九篇,烈(列)[⑥]之於後。所謂惠(慧)[⑦]日流空,照如來之净土;禪刀入手,破生死之魔軍。既人、法雙祛,[□□][有、無][⑧]俱遣,快哉斯義,何以加焉! 有一智者,不顯姓名,資楊(揚)五首,以申助也。其層閣既被焚燒,恐文随(隳)墮[⑨],聊請人賢於此閣見本,請垂楷定。

若有人持誦《金剛般若波羅蜜經》,先須至心念净口業真言,然後啓請八

① 照,甲、戊二本均作“詔”。“照”此處乃“詔”之同音借字(“照”字音之少切,與“詔”同)。

② 坐,後作“座”。“坐”、“座”乃古今字。《字彙補·土部》:“坐,與‘床座’之‘座’通。”下同“座”之“坐”徑括注其今字,不復校。

③ 敦煌卷子“木”旁“扌”旁相亂,“柏”此當爲“拍”之换旁俗字。

④ 惻,此處當爲“測”之同音借字(二字《廣韻》皆初力切,初母,職韻,入聲)。甲本此字作“側”,亦當爲“測”之通假。“側”“測”互通,典籍中早有用例。《詩·大雅·常武》:“緜緜翼翼,不測不克。”馬瑞辰《通釋》:“‘測’當爲‘側’之叚借。”下讀如“測”之“惻”“側”徑括注其本字,不復出注。

⑤ 慈,甲、戊二本均作“兹”。底本“慈”當爲“兹”字之訛。

⑥ 烈,甲、戊二本均作“列”。清朱駿聲《説文通訓定聲·泰部》:“烈,叚借爲列。”

⑦ 惠,此乃“慧”之常見借字,典籍中用例頗夥,不贅舉。本校注下文讀作“慧”之“惠”徑用括弧注其本字,不復校。

⑧ “有無”二字,録本及底本無,據甲、戊二本補。

⑨ 随,録本作“隋”,據底本改。“随墮”二字甲、乙、丁、戊四本均作“隳墮”。“随”當爲“隳”字之訛。明陶宗儀編《説郛》卷八十五下《護法論》:“隳,音輝,毁也;墮,音隋,亦作隳,墜落。”是則“隳墮”同義連文,典籍中用例頗夥,不贅。

金剛、四菩薩名號,所在之處常當擁護。

净口業真言:

“唵,修利修利,摩訶修利,修修利,莎婆訶。”

虛空[□][藏][1]菩薩普供養真言[2]:

“唵,誐誐曩,三婆縛,襪日[3]羅,斛。”

云何梵:

“云何得長壽,金剛不壞身?復以何因緣,得大堅固力?

云何於此經,究竟到彼岸?願佛開微蜜,廣爲衆生説。”

發願文:

“稽首三界尊,十方無量佛。我今發弘願,持此金剛經。

上寶(報)[4]四重恩,下濟三塗苦。若有見聞者,悉發菩提心。

盡此一寶(報)[5]身,同生極樂國。”

奉請八金剛:

第一奉請青除災金剛,第二奉請辟毒金剛,第三奉請黄隨求金剛,第四奉請白净水金剛,第五奉請赤聲金剛,第六奉請定除災金剛,第七奉請紫賢金剛,第八奉請大神金剛。

奉請[□□□][四菩萨][6]:

第一奉請金剛羂菩薩,第二奉請金剛索菩薩,第三奉請金剛愛菩薩,第四奉請金剛語菩薩。

《金剛般若波羅蜜經》法會因由分第一

如來涅槃日[7],娑羅雙樹間。阿難没憂海,悲慟不能前。

---

① 藏,録本及底本無,據甲本補。

② 甲本至此止。

③⑦ 日,録本誤作“曰”,據底本改。

④ 寶,此當爲“報”之音近借字。下文“盡此一寶身”之“寶”乙本即作“報”。

⑤ 寶,乙本作“報”。

⑥ “四菩薩”三字,底本無,據文意補。

優婆初請問，經首立何言。佛教如是著，万[①]代古今傳。

如是我聞：一時佛在舍衛國祇樹給孤獨園，與大比丘衆千二百五十人俱。爾時，世尊食時著衣持鉢，入舍衛大城乞食。於其城中，次第乞已，還至本處。飯食訖，收衣鉢，洗足已，敷座而坐。

善現起請分第二

時長老須菩提！在大衆中即從坐起，偏袒右肩，右膝著地，合掌恭敬而白佛言："希有世尊！如來善護念諸菩薩，善付囑諸菩薩。世尊！善男子、善女人發阿耨多羅三藐三菩提心，應云何住？云何降伏其心？"

佛言："善哉！善哉！須菩提！如汝所説：'如來善護念諸菩薩，善付囑諸菩薩。'汝今諦聽，當爲汝説。善男子、善女人發阿耨多羅三藐三菩提心，應如是住，如是降伏其心。"

"唯然！世尊！願樂欲聞。"

大乘正宗分第三

佛告須菩提："諸菩薩摩訶薩應如是降伏其心：所有一切衆生之類，若卵生、若胎生、若濕生、若化生、若有色、若無色、若有想、若無想、若非有想、若非無想，我皆令入無餘涅槃而滅度之。如是滅度無量無數無邊衆生，實無衆生得滅度者。何以故？須菩提！若菩薩有我相、人相、衆生相、壽者相，即非菩薩。"

彌勒頌曰：

"空生初請問，善逝應機詶，先答云何住，次教如是修。

胎生、卵、濕、化，咸令悲智收。若起衆生見，還同著相求。"

妙行無住分第四

"復次，須菩提！[□□][菩薩][②]於法應無所住。行於布施，所謂不住色

① 万，録本回改爲繁體"萬"。按："万"爲古通行異體字，不宜徑改。下"萬"字均照底本實録爲"万"，不復出校。

② "菩薩"二字，底本及録本無，結合文意，據乙、戊二本補。

布施，不住聲、香、味、觸、法布施。須菩提！菩薩應如是布施，不住於相。何以故？若菩薩不住相布施，其福德不可思量。”

檀波羅蜜（布施）

彌勒頌曰：

“施門通六行，六行束三檀。資生无[①]畏地，聲色勿相干。

二邊純莫立，中道不須安。欲覓无生處，背境向心觀。”

尸波羅蜜（持戒）

彌勒頌曰：

“尸羅得清净，无量劫來因。妄想如怨賊，貪愛若參辰。

在欲而无欲，居塵不染塵。權於離垢地，當證法王身。”

羼提波羅蜜（忍辱）

彌勒頌曰：

“忍心如幻夢，辱境若龜毛。常能修此觀，逢難轉堅牢。

无非亦无是，无下亦无高。欲滅貪瞋賊，須行智慧刀。”

毘離耶波羅蜜（精進）

彌勒頌曰：

“進修名焰地，良爲慧光舒。二智心中遣，三空境上祛。

无明念念滅，高下執情除[②]。觀心如不間，何啻至无爲（餘）[③]。”

禪波羅蜜（禪定）

彌勒頌曰：

“禪河隨浪净，定水逐波清。澄神生覺性，息慮滅迷情。

遍計虚分别，由來假立名。若了依他起，无别有圓成。”

般若波羅蜜（智慧）

彌勒頌曰：

---

① 无，録本回改爲繁體“無”。按：“无”爲古通行異體字，不宜徑改。下文“无”録本皆回改爲繁體“無”。現一律照録底本，不復出校。

② 除，底本及録本作“知”，據乙、戊二本改。“除”和上句末字“滅”互文。又下文净心行善分第二十三：“自他分别遣，高下執情除”，可資參證。

③ 爲，戊本作“餘”。唐五代西北方音中的“止”“遇”二攝混同，此“爲”乃“餘”之借字。

“慧燈如朗日，蘊界若乾城。明來闇便謝，无暇暫時停。

妄心猶未滅，乃見我人形。妙智圓光照，唯得一空名。

三大僧祇劫，万行具齊修。既悟无人我，長依聖道流。

二空方漸證，三昧任遨遊。創居歡喜地，常樂逐（遂）[①]忘憂。”

“須菩提！於意云何？東方虚空可思量不？”

“不也，世尊！”

“須菩提！南、西、北方，四維上下，虚空可思量不？”

“不也，世尊！”

“須菩提！菩薩无住相布施福德，亦復如是，不可思量。須菩提！菩薩但應如所教住。”

彌勒頌曰：

“若論无相施，功德極難量。行悲濟貧乏，果報不須望。

凡夫情行劣，初且略稱揚。欲知檀貌狀，如空遍十方。”

如理實見分第五

“須菩提！於意云何？可以身相[得]見如來不？”

“不也，世尊！不可以身相得見如來。何以故？如來所説身相即非身相。”

佛告須菩提：“凡所有相皆是虚妄。若見諸相非相，則見如來。”

彌勒頌曰：

“如來舉身相，爲順世間情。恐人生斷見，權且立虚名。

假言三十二，八十也空聲。有身非覺體，无相乃真形。”

正信希有分第六

須菩提白佛言：“世尊！頗有衆生得聞如是言説章句，生實[□]

---

① “逐”當爲“遂”之形訛，戊本正作“遂”。

[信]①不?"

佛告須菩提:"莫作是説。如來滅後後五百歲,有持戒修福者,於此章句能生信心,以此爲實。"

彌勒頌曰:

"因深果亦深,理密奥難尋。當來末法世,唯慮法將沈。

空生情未達,聞義恐難任。如能信此法,定是覺人心。"

"當知是人,不於一佛二佛三四五佛而種善根,已於无量千万佛所種諸善根。聞是章句乃至一念生净信者,須菩提,如來悉知悉見是諸衆生,得如是无量福德。"

彌勒頌曰:

"信根生一念,諸佛盡能知。生因於此日,證果未來時。

三代經多劫,六度久安施。薰成无漏種,方號不思議。"

"何以故?是知(諸)②衆生无復我相、人相、衆生相、壽者相,无法相,亦无非法相。何以故?是諸衆生,若心取相,則著我、人、衆生、壽者;若取法相,即著我、人、衆生、壽者。何以故?若取非法相,即著我、人、衆生、壽者。"

彌勒頌曰:

"人空法亦空,二相本來同。遍計虚分别,依他礙不通③。

圓成説識海,流轉若飄蓬。欲識无生忍④,心外斷行蹤。"

是故不應取法,不應取非法。

彌勒頌曰:

"有因名假號,无相乃馳名。有无无别體,无有有无形。

有无无自性,妄起有无情。有无如谷響,勿著有无聲。"

以是義故,如來常説:"汝等比丘知我説法,如筏喻者。法尚應捨,何况

① 信,底本及録本無,據乙、戊二本補。又下文"有持戒修福者,於此章句能生信心,以此爲實",可資互勘。

② 知,乙、戊二本作"諸"。唐五代西北方音中的"止""遇"二攝混同,此"知"乃"諸"之借字。下文"是諸衆生,若心取相,則著我人衆生壽者",可資互勘。

③ "礙不通"三字底本及録本作"不礙通",據乙、戊二本改。

④ 忍,乙、戊二本作"性"。

非法？”

彌勒頌曰：

“渡河須用筏，到岸不須船。人法知无我，悟理詎勞筌。

中流仍被溺，誰論在二邊。有无如取一，即被污心田。”

无得无説分第七

“須菩提！於意云何？如來得阿耨多羅三藐三菩提耶？如來有所説法耶？”

須菩提言：“如我解佛所説義，无有定法名‘阿耨多羅三藐三菩提’，亦无有定法如來可説。何以故？如來所説法皆不可取，不可説，非法非非法。”

彌勒頌曰：

“菩提離言説，從來无得人。須依二空理，當證法王身。

有心俱是妄，无執乃名真。若悟非非法，逍遥出六塵。”

所以者何？一切賢聖皆以无爲法而有差別。

彌勒頌曰：

“人法俱名執，了即二无爲。菩薩能齊證，聲聞離一非。

所知煩惱障，空中无所依。常能作此觀，得聖定无疑。”

依法出生分第八

“須菩提！於意云何？若人滿三千大千世界七寶以用布施，是人所得福德寧爲多不？”

須菩提言：“甚多，世尊！何以故？是福德即非福德性，是故如來説福德多。”

“若復有人於此經中受持乃至四句偈等，爲他人説，其福勝彼。何以故？須菩提！一切諸佛及諸佛阿耨多羅三藐三菩提法皆從此經出。須菩提！所謂佛法者即非佛法。”

彌勒頌曰：

“寶滿三千界，齎持作福田。唯成有漏業，終不離人天。

持經取四句，與聖作良緣。欲入无爲海，須乘般若船。”

一切无相分第九

“須菩提！於意云何？須陀洹能作是念，我得須陀洹果不？”

須菩提言：“不也，世尊！何以故？須陀洹名爲‘入流’而无所入，不入色聲香味觸法，是名‘須陀洹’。”

“須菩提！於意云何？斯陀含能作是念‘我得斯陀含果’不？”

須菩提言：“不也，世尊！何以故？斯陀含名‘一往來’而實无往來，是名‘斯陀含’。”

“須菩提！於意云何？阿那含能作是念‘我得阿那含果’不？”

須菩提言：“不也，世尊！何以故？阿那含名爲‘不來’而實无來，是故名‘阿那含’。”

彌勒頌曰：

“捨凡初至聖，煩惱漸輕微。斷除人我執，創始至无爲。

緣塵及身見，今者乃知非。七返人天後，趣寂不知歸。”

“須菩提！於意云何？阿羅漢能作是念‘我得阿羅漢道’不？”

須菩提言：“不也，世尊！何以故？實无有法名‘阿羅漢’。世尊！若阿羅漢作是念‘我得阿羅漢道’，即爲著我、人、衆生、壽者。世尊！佛說我得无諍三昧，人中最爲第一，是第一離欲阿羅漢。我不作是念，我得阿羅漢道。世尊！則不說‘須菩提是樂阿蘭那行’者，以須菩提實无所行，而名‘須菩提是樂阿蘭那行’。”

彌勒頌曰：

“无生即无滅，无我復无人。永除煩惱障，長辭後有身。

境亡心亦滅，无復起貪瞋。无悲空有智，蕭[①]然獨任真。”

---

① 蕭，底本及録本作“業”，然“業然”難以解讀。該字，丙本作“萧”，戊本作“**蕭**”。“**蕭**”、“萧”實皆爲“蕭”之俗體。“蕭”字，《宋元以來俗字譜·艹部》所引《三國志平話》作“萧”、所引《古今雜劇》“**蕭**”、“蕭”。明焦竑撰《俗書刊誤》：“蕭，俗作**蕭**，非。”“**蕭**”、“蕭”則當爲“**蕭**”進一步訛省而成的俗體。上揭“**蕭**”乃“蕭”形體之小變，“萧”則應爲在“蕭”基礎上省去“艹”頭下的筆劃“冂”而成俗字。底本及《大正藏》本録本“業”當爲“蕭”字傳抄之訛。“蕭然”此乃空寂義。“蕭然獨任真”與前句“無悲空有智”語義密合。逯欽立校注引《莊子·齊物論》郭象注：“任自然而忘是非者，其體中獨任天真而已。”即其義。

莊嚴净土分第十

佛告須菩提:"於意云何? 如來昔在然(燃)[1]燈佛所,於法有所得不?"

"世尊! 如來在然(燃)燈佛所,於法實无所得。"

彌勒頌曰:

"昔時稱善慧,今日號能人。看緣緣是妄,識體體非真。

法性非因果,如理不從因。謂得然(燃)燈記,寧知是舊身。"

"須菩提! 於意云何? 菩薩莊嚴佛土不?"

"不也,世尊! 何以故? 莊嚴佛土者則非莊嚴,是名'莊嚴'。"

"是故,須菩提! 諸菩薩摩訶薩應如是生清净心,不應住色生心,不應住聲香味觸法生心,應无所住而生其心。"

彌勒頌曰:

"掃除心意地,名爲净土因。无論福與智,先且離貪瞋。

莊嚴絶能所,无我亦无人。斷常俱不染,穎脱出囂塵。"

"須菩提! 譬如有人身如須彌山王,於意云何? 是身爲大不?"

須菩提言:"甚大,世尊! 何以故? 佛説非身,是名'大身'。"

彌勒頌曰:

"須彌高且大,將喻法王身。七寶齊圍遶,六度次相隣。

四色成山相,慈悲作佛因。有形終不大,无相乃爲真。"

无爲福勝分第十一

"須菩提! 如恒河中所有沙數,如是沙等恒河,於意云何? 是諸恒河沙寧爲多不?"

須菩提言:"甚多,世尊! 但諸恒河尚多无數,何況其沙。"

"須菩提! 我今實言告汝,若有善男子、善女人以七寶滿爾所恒河沙數三千大千世界以用布施,得福多不?"

須菩提言:"甚多,世尊!"

---

① 《説文·火部》:"然,燒也。"徐鉉注:"然,今俗别作燃。"下後作"燃"之"然"字徑括注其今字,不復出注。

佛告須菩提:"若善男子、善女人於此經中乃至受持四句偈等,爲他人説,而此福德勝前福德。"

尊重正教分第十二

"復次,須菩提。隨説是經乃至四句偈等,當知此處一切世間、天、人、阿修羅皆應供養,如佛塔廟。何况有人盡能受持讀誦? 須菩提! 當知是人成就最上第一希有之法,若是經典所在之處,則爲有佛,若尊重弟子。"

彌勒頌曰:

"恒沙爲比量,分爲六種多。持經取四句,七寶詎能過。

法門遊歷處,供養感修羅。經中稱最勝,尊高似佛陀。"

如法受持分第十三

爾時須菩提白佛言:"世尊! 當何名此經? 我等云何奉持?"

佛告須菩提:"是經名爲'金剛般若波羅蜜',以是名字,汝當奉持。所以者何? 須菩提! 佛説般若波羅蜜,則非般若波羅蜜。須菩提! 於意云何? 如來有所説法不?"

須菩提白佛言:"世尊! 如來无所説。"

彌勒頌曰:

"名中无有義,義上復无名。金剛喻真智,能破惡堅貞。

若到波羅岸,入理出迷情。智人心自覺,愚者外求聲。"

"須菩提! 於意云何? 三千大千世界所有微塵,是爲多不?"

須菩提言:"甚多,世尊!"

"須菩提! 諸微塵如來説非微塵,是名'微塵'。如來説世界非世界,是名'世界'。"

彌勒頌曰:

"積塵成世界,析界作微塵。界喻人天果,塵爲有漏因。

塵因因不實,界果果非真。果因知是幻,逍遥自在人。"

"須菩提! 於意云何? 可以三十二相見如來不?"

"不也,世尊! 不可以三十二相得見如來。何以故? 如來説三十二相即是非相，是名‘三十二相’。”

“須菩提！若有善男子、善女人，以恒河沙等身命布施。”

彌勒頌曰：

“施命如沙數，人天業轉深。既掩菩提相，能障涅槃心。

猨猴探水月，莨菪拾花針。愛河浮更没，苦海出還沈。”

“若復有人於此經中乃至受持四句偈等，爲他人説，其福甚多。”

彌勒頌曰：

“經中持四句，應當不離身。愚人看似妄，智者見唯真。

法性无前後，无中非故新。藴空无實法，憑何見有人。”

離相寂滅分第十四

爾時須菩提聞説是經深解義趣，涕淚悲泣，而白佛言：“希有世尊！佛説如是甚深經典。我從昔來所得慧眼，未曾得聞如是之經。”

彌勒頌曰：

“聞經深解義，心中喜且悲。昔除煩惱障，今能離所知。

遍計於先了，圓成證此時。宿乘无礙慧，方便勸人持。”①

“世尊！若復有人得聞是經，信心清浄，則生實相。當知是人，成就第一希有功德。世尊！是實相者則是非相，是故如來説名‘實相’。”

彌勒頌曰：

“未有无心境，曾无无境心。境忘心自滅，心滅无境心②。

經中稱實相，語妙理能深。證知唯有佛，小聖詎堪任。”

“世尊！我今得聞如是經典，信解受持，不足爲難。若當來世後五百歲，其有衆生得聞是經，信解受持，是人則爲第一希有。何以故？此人无我相、人相、衆生相、壽者相。所以者何？我相即是非相，人相、衆生相、壽者相即

① 乙本至此止。

② “無境心”三字戊本作“境無侵”。

是非相。何以故？離一[□][切]①諸相，則名‘諸佛’。”

彌勒頌曰：

“空生聞妙理，如蓬植在麻。凡流信此法，同火出蓮華。

恐人生斷見，大聖預開遮。如能離諸相，定入法王家。”

佛告須菩提：“如是！如是！若復有人得聞是經，不驚不怖不畏，當知是人甚爲希有。”

彌勒頌曰：

“如能發心者，應當了二邊。涅槃无有相，菩提離所緣。

无乘及乘者，人法兩俱捐。欲達真如理，應當識本源。”

“何以故？須菩提！如來説‘第一波羅蜜非第一波羅蜜’，是名‘第一波羅蜜’。”

彌勒頌曰：

“波羅稱彼岸，於中十種名。高卑緣妄識，次第爲迷情。

焰裏尋求水，空中覓響聲。真如何得失，今始號圓成。”

“須菩提！忍辱波羅蜜，如來説‘非忍辱波羅蜜’，何以故？須菩提！如我昔爲歌利王，割截身體。我於爾時，无我相，无人相，无衆生相，无壽者相。何以故？我於往昔節節支解時，若有我相、人相、衆生相、壽者相，應生瞋恨。須菩提！又念過去於五百世作忍辱仙人，於爾世无我相，无人相，无衆生相，无壽者相。”

彌勒頌曰：

“暴虎唯无道，時稱歌利王。逢君出遊獵，仙人横被傷。

頻經五百代，前後極時長。承仙忍辱力，今乃證真常。”

“是故，須菩提！菩薩應離一切相發阿耨多羅三藐三菩提心，不應住色生心，不應住聲、香、味、觸、法生心，應生无所住心。若心有住，則爲非住。是故佛説‘菩薩心不應住色布施’。須菩提！菩薩爲利益一切衆生，應如是布施。”

① 切，底本無，據文意補。《大正藏》本出校：“一＋（切）？”意即疑“一”字下脱一“切”字。

彌勒頌曰：

“菩薩懷深智，何時不帶悲。投身憂虎餓，割肉恐鷹飢。

精勤三大劫，曾无一念疲。如能同此行，皆得作天師。”

“如來說：‘一切諸相，即是非相。’又說：‘一切衆生，則非衆生。’須菩提！如來是真語者、實語者、如語者、不誑語者、不異語者。”

彌勒頌曰：

“衆生與蘊界，名別體非殊。了知心似幻，迷情見有餘。

真言言不妄，實語語非空[1]。始終无變異，性相本來如。”

“須菩提！如來所得法，此法无實无虛。須菩提！若菩薩心住於法而行布施，如人入闇，則无所見。若菩薩心不住法而行布施，如人有目，日光明照，見種種色。須菩提！當來之世，若有善男子、善女人能於此經受持讀誦，則爲如來以佛智慧悉知是人，悉見是人，皆得成就无量无邊功德。”

彌勒頌曰：

“證空便爲實，執我乃成虛。非空亦非有，誰有復誰无。

對病應施藥，无病藥還袪。須依二空理，穎脱入无餘。”

持經功德分第十五

“須菩提！若有善男子、善女人，初日分以恒河沙等身布施，中日分復以恒河沙等身布施，後日分亦以恒河沙等身布施，如是无量百千万億劫以身布施。若復有人聞此經典，信心不逆，其福勝彼。何況書寫、受持、讀誦、爲人解說？”

彌勒頌曰：

“衆生及壽者，蘊上假虛名。如龜毛不實，似兔角无形。

捨身由妄識，施命爲迷情。詳論福比智，不及受持經。”

“須菩提！以要言之，是經有不可思議、不可稱量、无邊功德。如來爲發大乘者說，爲發最上乘者說。若有人能受持讀誦，廣爲人說，如來悉知是人、悉見是人，皆得成就不可量、不可稱、无有邊、不可思議功德。如是人等，則爲荷擔如來阿耨多羅三藐三菩提。何以故？須菩提！若樂小法者著我見、

① 空，戊本作“虛”。

人見、衆生見、壽者見，則於此經不能聽受讀誦，爲人解説。須菩提！在在處處，若有此經，一切世間、天、人、阿修羅所應供養。當知此處則爲是塔，皆應恭敬作禮圍繞，以諸華香而散其處。”

彌勒頌曰：

“所作依他性，修成功德林。終无趣寂意，唯有濟群心。

行悲悲廣大，用智智能深。利他兼自利，小聖詎能任。”

能净業障分第十六

“復次，須菩提！善男子、善女人受持讀誦此經，若爲人輕賤，是人先世罪業應墮惡道，以今世人輕賤故，先世罪業則爲消滅，當得阿耨多羅三藐三菩提。須菩提！我念過去无量阿僧祇劫，於然（燃）燈佛前得值八百四千万億那由他諸佛，悉皆供養承事，无空過者。若復有人於後末世能受持讀誦此經，所得功德於我所供養諸佛功德，百分不及一，千万億分乃至算數譬喻所不能及。須菩提！若善男子、善女人於後末世有受持讀誦此經，所得功德我若具説者，或有人聞，心則狂亂，狐疑不信。須菩提！當知是經義不可思議，果報亦不可思議。”

彌勒頌曰：

“先身有報障，今日受持經。暫被人輕賤，轉重復還輕。

若了依他起，能除遍計情。常依般若觀，何慮不圓成。”

究竟无我分第十七

爾時須菩提白佛言：“世尊！若善男子、善女人發阿耨多羅三藐三菩提心，云何應住？云何降伏其心？”

佛告須菩提：“善男子、善女人發阿耨多羅三藐三菩提心者，當生如是心：‘我應滅度一切衆生。’滅度一切衆生已，而無有一衆生實滅度者。何以故？若菩薩有我相、人相、衆生相、壽者相，則非菩薩。所以者何？須菩提！實無有法發阿耨多羅三藐三菩提心者。”

彌勒頌曰：

“空生重請問，無心爲自别。欲發菩提者，當了現前因。

行悲疑似妄，用智最言真。度生權立我，證理即无人。”

“須菩提！於意云何？如來於然(燃)燈佛所，有法得阿耨多羅三藐三菩提不？”

“不也，世尊！如我解佛所説義，佛於然(燃)燈佛所，无有法得阿耨多羅三藐三菩提。”

佛言：“如是！如是！須菩提！實無有法如來得阿耨多羅三藐三菩提。須菩提！若有法如來得阿耨多羅三藐三菩提者，然(燃)燈佛則不與我受記：‘汝於來世當得作佛，號釋迦牟尼。’以實无有法得阿耨多羅三藐三菩提，是故然(燃)燈佛與我受記，作是言：‘汝於來世當得作佛，號釋迦牟尼。’何以故？‘如來’者即‘諸法如’義。若有人言：‘如來得阿耨多羅三藐三菩提。’須菩提！實无有法佛得阿耨多羅三藐三菩提。須菩提！如來所得阿耨多羅三藐三菩提，於是中无實无虚，是故如來説‘一切法皆是佛法’。須菩提！所言‘一切法’者，即非一切法，是故名‘一切法’。須菩提！譬如人身長大。”

須菩提言：“世尊！如來説‘人身長大’，則爲非大，是名‘大身’。”

“須菩提！菩薩亦如是。若作是言：‘我當滅度无量衆生’，則不名‘菩薩’。何以[□](故)[①]？須菩提！實无有法名爲‘菩薩’，是故佛説‘一切法无我、无人、无衆生、无壽’者。須菩提！若菩薩作是念：‘我當莊嚴佛土’，是不名‘菩薩’。何以故？如來説‘莊嚴佛土’者，即非莊嚴，是名‘莊嚴’。須菩提！若菩薩通達无我法者，如來説名‘真是菩薩’。”

彌勒頌曰：

“人與法相待，二相本來如。法空人是妄，人空法亦袪。

人法兩俱實，受記可非虚。一切皆如幻，誰言得有无。”

一體同觀分第十八

“須菩提！於意云何？如來有肉眼不？”

“如是，世尊！如來有肉眼。”

---

① 故，底本無，録本出注：“以十(故)?”按：聯繫文意，“故”字當爲底本書手所脱，今據戊本補。

“須菩提！於意云何？如來有天眼不？”

“如是，世尊！如來有天眼。”

“須菩提！於意云何？如來有惠(慧)眼不？”

“如是，世尊！如來有慧眼。”

“須菩提！於意云何？如來有法眼不？”

“如是，世尊！如來有法眼。”

“須菩提！於意云何？如來有佛眼不？”

“如是，世尊！如來有佛眼。”

彌勒頌曰：

“天眼通非礙，肉眼礙非通。法眼唯觀俗，慧眼直緣空。

佛眼如千日，照異體還同。圓明法界内，无處不含[1]容。”

“須菩提！於意云何？恒河中所有沙，佛説是沙不？”

“如是，世尊！如來説是沙。”

“須菩提！於意云何？如一恒河中所有沙，有如是等恒河，是諸恒河所有沙數佛世界，如是寧爲多不？”

“甚多，世尊！”

佛告須菩提：“爾所國土中所有衆生，若干種心如來悉知。何以故？如來説諸心皆爲非心，是名爲心。所以者何？須菩提！過去心不可得，現在心不可得，未來心不可得。”

彌勒頌曰：

“依他一念起，俱爲妄所行。便分六十二，九百亂縱横。

過去滅无滅，當來生不生。常能作此觀，真妄坦然平。”

法界通化分第十九

“須菩提！於意云何？若有人滿三千大千世界七寶以用布施，是人以是因緣，得福多不？”

“如是，世尊！此人以是因緣，得福甚多。”

---

① 含，戊本作“鑒”。

"須菩提！若福得[①]有實，如來不説'得福德多'。以福德无故，如來説'得福德多'。"

離色離相分第二十

"須菩提！於意云何？佛可以具足色身見不？"

"不也，世尊！如來不應以具足色身見。何以故？如來説'具足色身'，即非具足色身，是名'具足色身'。"

"須菩提！於意云何？如來可以具足諸相見不？"

"不也，世尊！如來不應以具足諸相見。何以故？如來説'諸相具足'，即非具足，是名'諸相具足'。"

彌勒頌曰：

"八十隨形好，相分三十二。應物万般形，理中非一異。

人法兩俱遣，色心齊一棄。所以證菩提，寔由諸相離。"

非説所説分第二十一

"須菩提！汝勿謂如來作是念：'我當有所説法。'莫作是念，何以故？若人言如來有所説法，即爲謗佛，不能解我所説故。須菩提！説法者无法可説，是名'説法'。"

爾時慧命須菩提白佛言："世尊！頗有衆生於未來世聞説是法，生信心不？"

佛言："須菩提！彼非衆生，非不衆生。何以故？須菩提！衆生者，如來説非衆生，是名'衆生'。"

无法可得分第二十二

須菩提白佛言："世尊！佛得阿耨多羅三藐三菩提，爲无所得耶？"

"如是！如是！須菩提！我於阿耨多羅三藐三菩提乃至无有少法可得，

---

① 《大正藏》本出校："得＝德？"按："得"、"德"古字通。《荀子・解蔽》："宋子蔽於欲而不知得。"俞樾平議："古得、德字通用。"

是名‘阿耨多羅三藐三菩提’。”

净心行善分第二十三

“復次，須菩提！是法平等，无有高下，是名‘阿耨多羅三藐三菩提’。以无我、无人、无衆生、无壽者，修一切善法，則得阿耨多羅三藐三菩提。須菩提！所言‘善法’者，如來説非善法，是名‘善法’。”

彌勒頌曰：

“水陸同真際，飛行體一如。法中无彼此，理上豈親疏。

自他分别遣，高下執情除。了斯平等性，咸共入无餘。”

福智无比分第二十四

“須菩提！若三千大千世界中所有諸須彌山王如是等七寶聚，有人持用布施；若人以此般若波羅蜜經乃至四句偈等受持讀誦、爲他人説，於前福德百分不及一，百千万億分乃至算數譬喻所不能及。”

彌勒頌曰：

“施寶如沙數，唯成有漏因。不如无我觀，了妄乃名真。

欲證无生忍，要假離貪瞋。人法知无我，逍遥出六塵。”

化无所化分第二十五

“須菩提！於意云何？汝等勿謂如來作是念：‘我當度衆生。’須菩提！莫作是念。何以故？實无有衆生如來度者。若有衆生如來度者，則有我人、衆生、壽者。須菩提！如來説‘有我’者，則非有我，而凡夫之人以爲有我。須菩提！‘凡夫’者，如來説則非凡夫，是名‘凡夫’。”

法身非相分第二十六

“須菩提！於意云何？可以三十二相觀如來不？”

須菩提言：“如是！如是！以三十二相觀如來者。”

佛言：“須菩提！若以三十二相觀如來者，轉輪聖王則是如來。”

須菩提白佛言：“世尊！如我解佛所説義，不應以三十二相觀如來。”

爾時世尊而説偈言：

“若以色見我，以音聲求我，是人行邪道，不能見如來。”

彌勒頌曰：

“涅槃含四德，唯我契真常。齊名八自在，獨我最虛長。

非色非聲相，心識豈能量。看時不可見，悟理即形彰。”

无斷无滅分第二十七

“須菩提！汝若作是念：‘如來以具足相故得阿耨多羅三藐三菩提。’須菩提！莫作是念。如來不以具足相故得阿耨多羅三藐三菩提。須菩提！汝若作是念：‘發阿耨多羅三藐三菩提心者，説諸法斷滅相。’莫作是念。何以故？發阿耨多羅三藐三菩提心者，於法不説斷滅相。”

不受不貪分第二十八

“須菩提！若菩薩以滿恒河沙等世界七寶布施，若復有人知一切法无我，得成於忍。此菩薩勝前菩薩所得功德。須菩提！以諸菩薩不受福德。”

須菩提白佛言：“世尊！云何菩薩不受福德？”

“須菩提！菩薩所作福德不應貪著，是故説‘不受福得’。”

威儀寂静分第二十九

“須菩提！若有人言如來若來、若去、若坐、若卧，是人不解我所説義。何以故？如來者无所從來，亦无所去，故名‘如來’。”

一合相理[①]分第三十

“須菩提！若善男子、善女人以三千大千世界碎爲微塵，於意云何？是

① 按：“相理”二字録本誤作“理相”，據底本及戊本改。“一合相”指由衆緣和合而成之一件事物。以佛教之觀點言之，世間之一切法，皆爲一合相。鳩摩羅什譯《金剛般若波羅蜜經》：“若世界實有者，則是一合相；如來説一合相則非一合相，是名一合相。”［T8n235p752b12－13］

微塵衆寧爲多不?”

“甚多,世尊!何以故?若是微塵衆實有者,佛則不説是微塵衆。所以者何?佛説‘微塵衆’,則非微塵衆,是名‘微塵衆’。世尊!如來所説‘三千大千世界’則非世界,是名‘世界’。何以故?若世界實有者,則是一合相。如來説‘一合相’,則非一合相,是名‘一合相’。須菩提!一合相者,則是不可説,但凡夫之人貪著其事。”

彌勒頌曰:

“界塵何一異,報應亦同然。非因亦非果,誰後復誰先。

事中通一合,理則兩俱捐。欲達无生路,應當識本源。”

知見不生分第三十一

“須菩提!若人言:‘佛説我見,人見,衆生見,壽者見。’須菩提!於意云何?是人解我所説義不?”

“世尊!是人不解如來所説義。何以故?世尊説‘我見、人見、衆生見、壽者見’,即非我見、人見、衆生見、壽者見,是名‘我見、人見、衆生見、壽者見’。”

“須菩提!發阿耨多羅三藐三菩提心者,於一切法應如是知,如是見,如是信解,不生法相。須菩提!所言‘法相’者,如來説即非法相,是名‘法相’。”

應化非真分第三十二

“須菩提!若有人以滿无量阿僧祇世界七寶持用布施,若有善男子、善女人發菩提[①]心者,持於此經乃至四句偈等受持讀誦,爲人演説,其福勝彼。云何爲人演説,不取於相,如如不動?何以故?一切有爲法,如夢幻泡影,如露亦如電。應作如是觀。”

彌勒頌曰:

“如星翳燈幻,皆爲喻无常。漏識修因果,誰言得久長。危脆同泡露,如雲影電光。饒經八万劫,終是落空亡。”

佛説是經已,長老須菩提及諸比丘、比丘尼、優婆塞、優婆夷、一切世間

① 提,戊本作“薩”。

天人阿修羅，聞佛所説，皆大歡喜，信受奉行。

金剛般若波羅蜜經。

頌遍計：

“妄計因成執[①]，迷繩爲是蛇。心疑生闇鬼，眼病見空花。

一境雖无異，三人乃見差。了兹名不實，長馭白牛車。”

頌依他：

“依他非自立，必假衆緣成。日謝[②]樹无影，燈來室乃明。

名因共業變，万像積微生。若悟真空色，翛然去有情。”

頌圓成：

“相寂名亦遣，心融境亦亡。去來終莫見，語默永无方。

知入圓成理，身同法性常。證真還了俗，不廢亦(示)[③]津梁。”

大身真言：

那謨薄伽跋帝，鉢喇壤，鉢羅弭多曳，唵，伊利底，伊室利，輸盧馱，毘舍耶，毘舍耶，娑婆訶。

隨心真言：

那謨婆伽筏帝，鉢囒惹，波羅蜜多曳，怛姪他，唵，吽，筏折羅，韈麗，娑婆訶。

心中心真言：

唵，烏倫泥沙，娑婆訶。

[金剛經一卷][④]。

---

① 以下内容戊本脱。

② 謝，録本訛作“樹”，據底本改。

③ 亦，戊本作“示”。

④ 此句録本脱，據底本補。

No. 2733《御注〈金剛般若波羅蜜經〉》宣演

[題解]

佛經《御注〈金剛般若波羅蜜經〉》注疏，[唐]唐道氤集，又名《御注〈金剛經〉宣演》、《〈金剛般若經〉宣演》、《〈金剛〉宣演疏》、《註〈金剛經〉疏》、《〈金剛般若經〉疏》等。原著三卷，或六卷。道氤從開元十八年到入寂前的開元二十八年，主要居住在長安青龍寺，專志撰述，《宣演》即是他晚年的作品之一。故此疏又因其撰述地稱《青龍疏》，或因其集撰人稱《道氤疏》。作者在序内自稱，唐開元二十三年(735)玄宗御注《金剛經》，爲此，寫作此《宣演》。《宣演》分爲五門：(1)叙教興由，謂《金剛經》爲“除疑斷障，生信起行，識真俗理，攝福惠德，證法身果，佛種不斷，斯經起也”。(2)明經體性，從唯識思想的立場，主張此經以“識心”爲體。(3)攝歸宗旨，辨《金剛經》藏、分、乘、時、會之歸屬。(4)所被根宜，論述《金剛經》對那些人適用。(5)依文正解，逐一引用經文，進行解説。敦煌、吐魯番文獻中存有此經 47 號。卷上有：斯 2738(首殘尾殘)、斯 771(首殘尾殘)、斯 2671(首殘尾殘)，以上 3 號原爲同一寫卷所裂，可依序綴接；另有斯 1389(首殘尾殘)、斯 5905(首殘尾殘)、斯 8078(首殘尾殘)、斯 8166(首殘尾殘，存 32 行)、伯 2173(首全尾殘)、伯 2174(首殘尾殘)、伯 2182(首殘尾殘)、伯 2330(首殘尾殘)、北大 D022《金剛般若經疏》(首殘尾殘)、北敦 07387v(北 1319v，鳥 87，首殘尾殘)，計 10 號。卷中有：伯 2084(首殘尾全)、伯 2113(首全尾殘)、伯 3080(首殘尾殘)，計 3 號；卷下有伯 2132(首全尾全)，計 1 號。另據僧人定源調查，旅順博物館藏吐魯番遺書殘片 1 號，龍谷大學圖書館藏吐魯番遺書殘片 19 號，德國圖書館藏吐魯番遺書殘片 9 號，俄羅斯科學院東方研究所藏敦煌遺書殘片 1 號。以上 30 號情況不詳。伯 2132 尾題：“建中四年(783)正月二十日，僧義琳寫勘記。”又朱筆記云：“貞元十九年(803)聽得一遍。又至癸未年(803)十二月一日，聽第二遍訖。庚寅年(810)十一月二十八日，聽第三遍了。義琳聽。常大德法師説。"説明《宣演》在敦煌較爲流傳,僧團曾反復講説。《宣演》爲《趙城金藏》所收,原著的三卷本在後代已演變爲六卷本,現殘存第五卷。《大正藏》據伯2173、伯2132二號分别將上、下二卷録入其第八十五册。《大正藏》本僅題作"御注金剛般若波羅蜜經宣演卷上",不確。矢吹慶輝在《鳴沙餘韻》中對《宣演》曾有解題論述,此爲《宣演》研究之嚆矢。自1973年起,平井宥慶以《敦煌本・道氤集〈御注金剛經宣演〉考》(載自《印度學佛學研究》卷二十二・一,1973年12月)爲開端,發表了一系列有關《宣演》的研究論文。定源以伯2173號爲底本,並擇取其中的斯1389、斯8078、伯2330、北大D022、斯2738+斯771+斯2671、伯2182、斯5905、北敦07387v、伯3080等11號爲參校本對《宣演》卷上進行了整理(見定源整理本《御注〈金剛般若波羅蜜經〉宣演》卷上,載自方廣錩主編《藏外佛教文獻》第十五輯,第32—195頁,中國人民大學出版社,2010年8月版)。黄征《P.2173〈御注金剛般若波羅蜜經宣演〉卷上校録》(未刊載,上傳於2017年6月3日微信群"敦煌聯誼群")亦據伯2173號對《宣演》卷上進行了録校。

《御注〈金剛般若波羅蜜經〉》宣演卷上[①]

敕隨駕講論沙門道氤[②]集

稽首善逝[③]大仙雄,智斷慈悲衆德備,演説《金剛》清净句,理深功妙福

---

① 卷上今仍以《大正藏》録文所據卷伯2173號爲底本。參校本:甲本,伯2330號;乙本,斯2671號;丙本,伯3080號;丁本,斯1389號;戊本,北大D022號;己本,伯2182號;庚本,斯5905號;辛本,定源整理本;壬本,黄征校録本。

② 壬本注:"道氤(668—740),俗姓長孫,今陝西高陵縣人。自幼聰敏好學,應進士科一舉擢第,榮耀親里。後遇梵僧相談,乃入長安招福寺出家,受慎言律師剃度。受大興善寺復禮法師之囑,寫《西方贊》一本,稱爲'奇才秀句'之作。唐玄宗時受請在天宫寺開講所著《净業障經疏》,一行禪師在洛陽福先寺奏建論場,道氤首登講座,對《瑜伽》、《因明》、《唯識》、《百法》等論,俱有獨見,衆師驚服,令東宫(太子)以下,京官九品以上,在藍田原設齋講經,宰相筆録成《導文》一本,流行天下。開元十八年,玄宗在興慶宫花蕚樓召集佛、道二教辯論二教優劣。道氤'雄論奮發,河傾海注',道士尹謙'對答失次,理屈辭單'。玄宗嘆羡,賜絹五百匹。將言論集成《對御論衡》一本,盛傳於世。後又撰《大乘法寶五門啓教》、《信法儀》各1卷,《唯識疏》6卷、《法華經疏》6卷、《御注金剛經疏》6卷,並於青龍寺講新疏,聽者常達千人。又在西明、崇福二寺講經説法,盛况爲最。開元二十八年十月六日病卒,終年73歲,葬於終南山陰逍遥園側,造白塔以示敕尊。"

③ 壬本注:"善逝,梵語sugata的意譯。又譯'好去'。諸佛十號之一。十號第一曰'如來',第五曰'善逝',善逝有逝去彼岸而不再退没生死海之義。"

難思。

稽首□[①]時能發請,具壽觀空善現尊,補處極喜與[②]明增,開釋此教諸菩薩。

今爲自他生福惠(慧),佛種不斷法流通,採集□(衆)[③]義贊真文,願以威神見加護。

叙曰:真際寥廓,理□(絶)[④]□□[⑤];□(妙)[⑥]覺杳冥,本亡言論;而起説於無説之域、立名於不名之境者,寔由昏衢未曉、見海長淪[⑦],將以燈炬幽關、津航庶品。教之興也,其功大哉!况《般若》,諸佛之母;《金剛》,難壞之句;括衆部以獨立,冠群經而逈翥。三問九喻,終始發明;八執五耶(邪)[⑧],心言蕩滅。護念付囑,道豈虚行者歟?

大唐開元中,歲次大泉獻[⑨],皇帝御天下之二十三載[⑩]。四門允穆,百揆

① 壬本注:"原卷破損一字,疑爲'禮'或'拜'字。"

② 與,底本作"与",録本失真。《説文解字》:"与,賜予也。一勺爲与。此與'與'同。"《玉篇·勺部》:"与,賜也,許也,予也。亦作'與'。"

③ 辛本注:"衆,底本殘,據殘痕及文意補。"

④ 絶,録本作缺文,據底本補。此字辛本訛作"終"。

⑤ 細勘原卷,"絶"後兩字右半殘,前一殘字底本不清晰,待考;後一殘字底本左半作"辶",似爲"迎"字。

⑥ 壬本注:"闕文應是'妙'字。下文'仍懷妙覺,注訣斯《經》',亦有'妙覺'之詞。"此説是,兹據補。

⑦ 淪,録本訛作"論",據底本改。

⑧ 壬本注:"耶,同'邪'。二字在敦煌寫本中多混而爲一。"按:《字彙·耳部》:"耶,與'邪'同。"下用同"邪"之"耶"徑括注其本字,不復校。

⑨ 壬本注:"大泉獻,本作'大淵獻',因避唐高祖李淵的名諱而改'淵'爲'泉'('淵'、'泉'近義詞替代)。'大淵獻'爲亥年的别稱。古星歲紀年法以太歲在天官運轉的方向紀年。太歲指向亥宫之年稱大淵獻。《爾雅·釋天》:'〔太歲〕在亥曰大淵獻。'郝懿行義疏:'大淵獻者,《占經》引李巡云:"言萬物落於亥,大小深藏屈近陽,故曰淵獻。淵,藏也;獻,近也。"按:"近"當作"迎"。'"

⑩ 壬本注:"原卷'皇帝'上敬空。開元,唐玄宗李隆基在位時年號,公元713—741年。唐玄宗於先天元年即位,即公元713年,次年改元爲開元。'皇帝御天下之二十三載'本應是開元二十二載,但作者又説'歲次大泉(淵)獻',即亥年,查開元二十三載爲乙亥年,公元735年,故先天元年未被計入。這時道氤68歲。"

時叙。至化洽於無垠,玄風昌於有截(載)①。迺凝睿思,暢述儒、道;仍懷妙覺,注訣斯經;直照精微,洞開祕密;天②章發耀,佛日增輝。映千古以首出,超百王以垂範。既而雄都上京,刊勒金石,溥天率土,班宣句味。洗生靈之耳目,裂魔著之籠樊。曠劫未逢,今兹何幸!

氤③卧病林藪,杜迹彌年,伏覽聖謨,載懷拚(抃)躍④。旋荷明詔,濫預弘揚。力課疲朽之餘,虔敷幽奧之蹟⑤。才微任重,覆餗增尤;處座之辰,詎忘⑥詞費?竊惟君唱臣和,絲發輪(綸)⑦行,若不廣引教文,何以委明注意?是用⑧提撕衆論,對會六經;適自脣吻,彰乎翰墨。頓犀象而輸牙角,括川澤而薦珠珍。所以附贊天⑨文,所以莊嚴義府。涓波赴海,豈益洪溟之深?螢爝呈光,未助太陽之景。恭申罔極,俯效忠勤者也。

---

① 截,辛本據文意改作“載”。此“截”當爲“載”之形訛字。

② 壬本注:“原卷‘天’上敬空。”

③ 壬本注:“‘氤’字原卷小字寫,蓋作者自謙也。”

④ 《説文·手部》:“拚,拊手也。”段玉裁注:“言拊手者,謂兩手相拍也。”意即兩手相擊,拍掌表示歡欣。拚躍,猶言手舞足蹈。表示歡欣鼓舞。“弁”與“卞”來源不同,“卞”字來源於“叏”,“弁”字則另有來源,但因讀音相同可以通用,後世遂誤爲一字(見梁春勝《楷書部件演變研究》,第190—191頁,綫裝書局2012年12月版)。以“便”字爲例,早期西周金文《𠑇匜》中字形作“[illegible]”,從人,右旁上“弁”下“攴”,從“弁”得聲。上博楚簡(四)《曹沫之陳》簡17—18作“[illegible]”,又簡35同。清華簡(六)《管仲》簡9省作“[illegible]”。説明戰國時“弁”、“卞”已經相混了。與此相類,“拚”字亦多俗謌作“抃”。《集韻·綫韻》:“拚,《説文》:‘拊手也。’或從卞。”[清]雷浚《説文外編》卷十二:“抃爲拚之俗。”《吕氏春秋·古樂》:“帝嚳乃令人抃。”高誘注:“兩手相擊曰抃。”“拚躍”後世多作“抃躍”。[梁]江淹《爲蕭驃騎讓太尉表》:“雖蹈疵戾,猶深抃躍。”[唐]義净譯《根本説一切有部毘奈耶雜事》卷第三十八:“於時善賢聞佛世尊慈悲容許,心生歡喜,不勝抃躍。”[T24n1451p396b25—26]均其例。

⑤ 蹟,底本作“𨅖”。健按:斯388號《正名要録》:“埽正,𨽥相承用。”《説文·止部》:“歸,女嫁也。從止,從婦省,𠂤聲。婦,籀文,省。”與此相類,“𨅖”字亦可省作“蹟”。《正字通·止部》:“蹟,爲蹟字訛省。”故“𨅖”乃“蹟”之訛俗字。《字彙·足部》:“蹟,與迹同。”

⑥ 忘,録本訛作“忌”,據底本改。

⑦ 輪,此當爲“綸”之借字。《説文·糸部》:“綸,青絲綬也。”此字辛本據文意改作“綸”。

⑧ 壬本注:“是用,即‘用是’之倒裝,意義同‘因此’。”

⑨ 壬本注:“‘天’字上原卷敬空。‘天’指代皇帝。”

開釋經題，注分爲四：一、釋喻，即金剛真實，能碎堅積。二、釋智，即般若正智，能破煩惱。三、辯德，即無住無取，證波羅而捨筏；即色即空，契菩提於中道。四、釋經，即如是降伏，可以稱"常"。故言"金剛般若波羅蜜經"。[①]

贊揚經注，略啓五門：一、叙教興由；二、明經體性；三、攝歸宗旨；四、所被根宜；五、依文正解。

教興由致，曲作兩門：初叙教興意，後傳譯年代。

初中復二：先依論釋，後總料簡。依論釋者，無著菩薩釋三問意。

《論》云：何故上座須菩提發斯問耶？

有六因緣。且一部宗旨，在[②]乎三問。善現爲發教之主，既有斯意，世尊順問而答，其意必同。故六緣即教興意。

其六者何？

《論》云："爲斷疑故，爲起信解故，爲入甚深義故，爲不退轉故，爲生歡喜故，爲正法久住故，即是般若波羅蜜，令佛種不斷。云何以此令佛種不斷耶？若有疑者，得斷疑故；有樂福德而心未成熟諸菩薩等，聞多福德，於般若波羅蜜起信解故；已成熟心者，入甚深義故；已得不輕賤者，由貪受持修行，有多功德不復退轉故；已得順攝及净心者，於法自入及見生歡喜故；能令未來世大乘教久住者故。"

演曰：初五爲利樂衆生，後一爲正法久住。前五之中，初二佛法外人以有疑惑，不生定信；次二已入佛法者，雖欣正法，未解進修；後一已進修者，未能證達。由教但爲未解者解、未度者度，若已證悟，言教都亡，是故此中爲令衆生不信者信、未修者修、未達者達。然此六因，攝爲三對：初二除疑起信對，次二生智攝福對，後二悟理興教對。又，前前因能引後後由。疑斷，故信解生；信解生，故入深法；入深法，故不退轉；不退轉，故生歡喜；[生][③]歡喜，故法久住。其配位地，至文當釋。

① 壬本注："原卷本段連上抄，未作分隔。這一段是對'金剛般若波羅蜜經'標題字面含義的解釋。"

② 此處録本另衍一"在"字，據底本删。

③ 生，録本脱。按：上句"生歡喜"三字後底本各施一重文號。兹據補。

又,依《功德施菩薩論》云:“佛所説法,咸歸二諦:一者[①]俗諦,二者真諦。俗諦者,謂諸凡夫、聲聞、獨覺、菩薩、如來乃至名義智境,業、果相屬。”

演曰:俗諦之中,人、法不同;人中凡聖,聖中三乘。大乘因果,如是差别法中,能詮所詮,能緣所緣,能感所感,各相繫屬,是謂“俗諦”。

《論》又云:“真諦者,謂即於此都無所得。如説第一義,非智之所行,何況文字?乃至無業、無業果,[□][是][②]諸聖種性。”

論釋二諦,已次屬當。

《經》云:“是故此般若[□□□][波羅蜜][③]中説不住相布施。一切法無相,不可取、不可説,生法無我、無所得、無能證、無成就、無來無去等,此釋真諦。又説内、外、世間、出世間一切法相及諸功德,此建立俗諦。如是應知。”

演曰:六塵外,五眼内;色外,心内;衆生器爲世間,無漏無爲爲出世間。總説此等,名一切法相。所有校量,身命資財,持經福等,及諸功德。論意衆生不識二諦,常處沈淪,爲令衆生識達二諦,發生勝智,當得解脱。如有頌言:

“非不見真如,而能了諸行。皆如幻士(事)[④]等,雖有而非真。”

由觀勝義,而生正智,以悟真空;由達世俗,發生後得,而知緣起。略有六對:理智,事智;一切智,一切種智;如睡夢覺智,如蓮花開智;空智,有智;自利智,利他智;如所有智,盡所有智。諸佛菩薩無量功德,二智爲本;因識真、俗,有此智生;是故説經,令悟二諦。又由證真故,生智而不住生死;由悟俗故,興慈而不住涅槃。成[⑤]無住處涅槃資糧,永出二乘,利樂無盡,故説經也。

上依論釋,次總料簡者。無著菩薩依教起行,功德施《論》依境生智,各

---

① “一者”二字録本訛作“著”,據底本改。

② 是,底本、録本無,今據功德施菩薩造《金剛般若波羅蜜經破取著不壞假名論》卷上[T25n1515p887a19]補。

③ “波羅蜜”三字底本、録本無,今據功德施菩薩造《金剛般若波羅蜜經破取著不壞假名論》卷上[T25n1515p887a19—a20]補。

④ 士,此當爲“事”之借字。[清]朱駿聲《説文通訓定聲·頤部》:“士,叚借爲事。”此字窺基撰《般若波羅蜜多心經幽贊》卷上[T33n1710p527c2—3]正作“事”。

⑤ 成,録本訛作“或”,據底本改。

據一義，亦不相違，然總參詳，經之與論，起一至六，攝意周盡。

言一意者，爲令佛種不斷絶故。無著菩薩總結六因云：即是般若波羅蜜，令佛[□][種][1]不斷。此意若翻六因，疑不信[2]等，勝智不生，如理不顯，佛種永斷；由説經故，除疑生信，入法不退，歡喜弘通，當成正覺，故云“佛種不斷”。

言二意者，即向論説二諦者是。開爲三者：一爲悟教理之深微，二爲起斷修之妙行，三爲識果德之真化。

初門復二：初教深，後理妙。言教深者，佛説般若波羅蜜即非般若波羅蜜，一切諸佛從此經生。須菩提深解義趣，涕淚悲泣：“我從昔[3]來所得惠(慧)眼，未曾得聞如是之經。”無著《論》云：令大乘教久住於世，由斯廣讚持説功德，勝以無量身、財布施，令知教深，其福勝大，專心受學。言理妙者，爲顯真如無相法身究竟之理，雖説真理，不壞俗諦。故功德施《論》，依經製名；由破取著，得入真諦；不壞假名，悟達俗諦。《廣百論》第十云：然佛所説，無不甚深。二諦法門，最爲難測。《唯識論》云：“撥無二諦，是惡取空，諸佛説爲不可治者。”由此有云“《般若經》説一切空”者，非盡理也。

一、起斷修之妙行，亦爲二：初[□][明][4]所斷，後[□][明][5]所修。

言所斷者，欲入佛法，以信爲先；猶預懷疑，障生浄信。依初入法，論説斷疑，理實此經兼斷餘障。障有二種：煩惱，所知。尋其根源，二執爲本。此經正除我、法二執。根本既盡，支末隨亡。如經“若有我人衆生壽者相，即非菩薩”等，是除我執；“無法相，亦無非法相”等，是除法執。又障有三，即三雜染。“我於往昔節節支解時，若有我相、人相、衆生相、壽者相，應生嗔恨”等，除煩惱障；“善男子、善女人，受持讀誦此經，爲人輕賤，先世罪業即爲消滅”等，除其業障；“當知是經義不可思議，果報亦不可思議”等，是除報障。又准

---

① 種，底本、録本無，今結合文意，據乙、丁二本補。

② 信，底本、録本作“住”，當爲“信”之形訛。下文“除疑生信”，可互勘。此字丁本正作“信”。玆據正。

③ “從”後底本誤寫一“者”字，書手發覺後旋即接寫正字“昔”，而前誤字並未塗去，《大正藏》録本據文意删。丁本亦無“者”字。

④⑤ 明，底本、録本無，今據丁本補。

《寶性論》,障有四種:一、闡提不信;二、外道著我;三、聲聞畏苦;四、緣覺捨心。今於經中,隨文取義,具除四障。如經“一念净信,曾於多佛久種善根;信心清净,則生實相”等,皆[□][除][1]初障。是故《論》云:“有樂福德而心未成熟諸菩薩等,聞多福德,於般若波羅蜜起信解故。”上、下經文説“無我”等,除第二障。“忍辱波羅蜜,即非忍辱波羅蜜”等,論中判爲忍苦住處,除第三障。“廣大第一常,其心不顛倒”等四恩之心,除第四障。“若樂小法者……則於經不能受讀誦、爲人解説”等及“無住涅槃”文,通除後二。又依無著菩薩,八住處中,攝彼十二,爲離障礙,一一對除,謂少聞等故,爲除障而説斯經。

二、所修者,萬行雖殊,不過六度。世親《論》云:“檀度攝於[□][六][2],資生無畏法。此中一二三,名爲‘修行住’。”又,“捨身、財”等爲檀,“後五百歲持戒修福”等爲戒。又,“離一切相”等爲攝律儀戒,“修一切善法,得阿耨菩提”等爲攝善法戒,“爲利益一切衆生”等爲攝衆生戒。是三聚净戒,亦[□][即][3]《瑜伽》厭有爲等三種發心,爲三德因,是名爲“戒”,忍辱可知。五百世中,長時修習,是爲“精進”。前後諸文,所修觀行,論判以爲三摩跋提、毘鉢舍那等,是爲“空惠(慧)”。六度圓滿,《大經》最後六明度。此略舉標[4],明無相修引生後故。

三、爲識果德之真化者,善現三問,雖在因中,因必有趣,[□][謂][5]無上果。色、聲求我,不見如來是真法身,行、住、坐、卧是應化身。“應化非真佛,亦非説法者”,令識化身,求趣真佛。又,功德施《論》釋:“‘云何住’者,於何相果心住願求。‘云何修行’者,當修何行而得其果。‘云何降伏’者,降何[6]等心,使因清净?諸法先因而後果,何故先説果?先讚果德,令彼欣求而修因故。”

---

① 除,底本、録本無,結合文意,據丁本補。下文“除第二障”、“除第三障”、“除第四障”,皆可助勘。

② 六,底本、録本無,今據丁本及天親菩薩造《金剛般若波羅蜜經論》卷上[T25n1511p782a29]補。

③ 即,底本、録本無,結合文意,據丁本補。

④ “舉標”二字丁本作“標舉名”。

⑤ 謂,底本、録本無,結合文意,據丁本補。

⑥ 何,底本、録本訛作“伏”,今結合文意,據丁本及功德施菩薩造《金剛般若波羅蜜經破取著不壞假名論》卷上[T25n1515p887b18]改。

無著菩薩,中開三因,理包行果。其二諦境,通在果因。上三意訖。

開爲四者:一、爲令聞無説至教;二、爲令知無生勝理;三、爲令修無得妙行;四、爲令得無爲極果。具如經[□][説][1],應尋引之。

若開五意,前四更加爲令攝得無相妙福。

言"六意"者,即論六因。惑(或)[2]即於前三意之中,各開爲二:一者教,二理,三斷,四修,五真,六化。故依經、論,總意欲令除疑斷障,生信起行,識真、俗理,攝福惠(慧)德,證法身果。佛種不斷,斯經起也。

明傳譯年代者,自漢明感夢、摩騰[3]振錫、世高[4]赴洛之後,僧會[5]遊吴之

① 説,底本、録本無,結合文意,據丁本補。

② 惑,此乃"或"之借字。丁本即作"或"。下讀如"或"之"惑"徑括注其本字,不復注。

③ 騰,底本作"藤"。壬本注:"藤,为'騰'字之借。"[梁]釋慧皎撰《高僧傳》卷一:"攝摩騰,本中天竺人,善風儀,解大小乘經,常遊化爲任。昔經往天竺附庸小國講《金光明經》,會敵國侵境。騰惟曰:'經云:能説此經法,爲地神所護,使所居安樂。今鋒鏑方始,曾是爲益乎?'乃誓以忘身,躬往和勸。遂二國交歡,由是顯達。漢永平中,明皇帝夜夢金人飛空而至,乃大集群臣,以占所夢。通人傅毅奉答:'臣聞西域有神,其名曰"佛"。陛下所夢,將必是乎?'帝以爲然,即遣郎中蔡愔博士、弟子秦景等使往天竺,尋訪佛法。愔等於彼遇見摩騰,乃要還漢地。騰誓志弘通,不憚疲苦,冒涉流沙,至乎雒邑。明帝甚加賞接,於城西門外立精舍以處之。漢地有沙門之始也。但大法初傳,未有歸信。故蘊其深解,無所宣述。後少時,卒於雒陽。有記云:騰譯《四十二章經》一卷,初緘在蘭臺石室第十四間中。騰所住處,今雒陽城西雍門外白馬寺是也。相傳云:外國國王嘗毁破諸寺,唯招提寺未及毁壞。夜有一白馬,繞塔悲鳴。即以啓王。王即停壞諸寺,因改招提以爲白馬。故諸寺立名,多取則焉。"[T50n2059p322c15—p323a7]

④ [梁]釋慧皎撰《高僧傳》卷一:"安清,字世高,安息國王正后之太子也。幼以孝行見稱,加又志業聰敏,剋意好學,外國典籍及七曜五行、醫方異術,乃至鳥獸之聲,無不綜達。嘗行見群燕,忽謂伴曰:'燕云應有送食者。'頃之果有致焉。衆咸奇之。故儁異之聲,早被西域。高雖在居家,而奉戒精峻。王薨,便嗣大位。乃深惟苦空,厭離形器,行服既畢,遂讓國與叔,出家修道。博曉經藏,尤精阿毘曇學,諷持禪經,略盡其妙。既而遊方弘化,遍歷諸國。以漢桓之初,始到中夏。才悟機敏,一聞能達。至止未久,即通習華言。於是宣譯衆經,改胡爲漢。"[T50n2059p323a24—b6]

⑤ [梁]釋慧皎撰《高僧傳》卷一:"康僧會,其先康居人,世居天竺。其父因商賈,移於交趾。會年十餘歲,二親並終。至孝服畢,出家,勵行甚峻。爲人弘雅有識量,篤至好學,明解三藏,博覽六經,天文圖緯,多所綜涉,辯於樞機,頗屬文翰。……時吴地初染大法,風化未全。僧會欲使道振江左、興立圖寺,乃杖錫東遊,以吴赤烏十年,初達建鄴,營立茅茨,設像行道。"[T50n2059p325a13—b7]

前，微言雖被於中州，玆典未流於震域。始從符秦之日，暨乎皇運之年，通應有期，凡經六譯：

第一，後秦弘始四年，鳩摩羅什法師於長安草堂寺譯（十一紙），名《舍衛國》。

第二，元魏天平二年，菩提流支三藏於洛陽譯（十四紙），名《婆伽婆》；于時並譯《天親菩薩論》三卷，《金剛仙記》十卷。

第三，陳太康元年，真諦三藏於南朝譯（十五紙），名《祇陀樹林》，並出本記四卷。

第四，隋開皇十年，達摩笈多譯（十六紙），名《剛斷割》，並譯《無著菩薩論》兩卷。

第五，大唐三藏玄奘法師，貞觀年於玉華宮譯（十八紙），名《能斷金剛》。又有三藏"地婆訶羅"，此云"日照"，譯《功德施菩薩論》兩卷。

第六，大周義净三藏，聖曆二年於佛授記寺譯（十二紙），亦云《能斷金剛》，文云"薄伽梵在名稱大城戰勝林"等，並再譯《世親菩薩論》三卷。

前後傳燈，異代俱美。文雖少別，法寶無差。良由所得梵本互有不同，或翻之人廣、略有異；遞相參照，理義思圓。若乃經、論合舉，則周、魏各分；唐、梵不虧，則貞觀最備。至於文約義著、當根赴緣、書寫盛於寰區、持誦周於道俗者，期惟（其唯）[1]《舍衛國》乎？聖札光輝，諒在玆矣！故今用隋、魏之論，附姚秦之經。

問："經本可知諸家，論請申作者？"

答："佛滅度後九百年中，無著初地之聖人，世親煗[2]頂之高士；俗則昆季，法乃師資。各製論文，讚弘此典。然《金剛仙記》判世親《論》云長行是彌勒菩薩爲無障礙菩薩説，無障礙轉授世親，世親後尋經論意更作偈頌、廣興問答、以釋此經者，不然。衆論之作，偈頌爲主，長行釋之，豈有先釋後偈，亦猶子先父後？又尋長行，屢牒偈文，豈補處慈尊引地前菩薩偈頌爲證？故不

---

① 期惟，當讀作"其唯"。此二字辛本據文意改作"其唯"，壬本亦括注作"其唯"。

② 《説文·火部》："煗，温也。"段玉裁注："今通用煖。"《集韻·緩韻》："煗，或作煖、暖。"

可依。今據慈恩三藏等所傳八十行，誦是彌勒菩薩造。西方具有傳記。”

“若爾，何故[□][義][1]净三藏譯《論》題云：‘無著造頌，世親作釋’？”

答：“偈頌定是慈尊所說，以授無著。無著傳授世親。世親得之，造長行釋。故彼《論》初《歸敬頌》云：‘大智通達教我等，歸命無量功德身。應當敬彼如是等，頭面禮足而頂戴。’即是通敬本論大師及傳授者。而後論本題云‘無著造’者，據傳授說，亦不相違。”

問：“慈尊造頌，理爲准的。因何無著更自造論，別起異端？”

答：“法歸分別，理有多途。前論所無，更補其闕。尋文雖異，據理不差。待至釋文，一一通會。若唯依無著，斷疑之旨未明；必獨天親，行位之門蓋闕。兼而雙辨，類曦舒之合耀；或乃偏棄，惜珠寶之不全。勿怖廣聞，當勤勉勵。其《功德施論》，依附天親，時有異釋，不乖於本。”總是第一教興門訖。[2]

第二明經體性者，先體後性。出諸教體，凡有五重：

一、能詮性用體。名詮自性，句詮差別；文即是字，爲二所依；此三依聲，假、實合明；聲、名、句、文，四法爲體。《十地論》說：“說者、聽者，皆以二事而得究竟：一者善聲，二者善字（字爲所依，亦攝名句）。”《成唯識》云：“此三離聲，雖無別體，而假實異，亦不即聲。由此法詞，二無礙解，境有差別。”法緣名等，詞緣於聲。

二、隱假談實體。雖名、句、文，約用假立，然無別體，不離於聲，但說聖教聲爲體性，故對法有成所引聲，不說名等爲成所引。《唯識》亦云：“若名、句、文，離聲實有，應如色等，非實能詮。”

三、能所詮顯體。《瑜伽》八十一出《契經》體，略有二種：一文，二義。由能詮文，義得顯等。此體合取能詮、所詮，聖教必有所詮義故。

---

① 辛本注：“義，底本無，據文意補。”兹從之。

② 壬本注：“原卷段末施墨點，並空一格，以表示段落結束。”

四、攝法從心體。《花(華)[①]嚴》等説:三界唯心。又《契經》説:諸識所緣,唯識所現。論説心、心所、色、不相應行及諸無爲,皆不離心;故唯識心,爲此教體。若就根本,能説者心;若取於末,亦能聞者,識心爲體。故《二十唯識》[□][云][②]:"展轉增上力,二識成决定。"謂餘相續識差别故,令餘相續差别識生,展轉互爲增上緣故。

五、攝事歸如體。《净名經》云"一切法皆如也,衆聖賢亦如也"等,又云"文字性離[③],無有文字,是則解脱",又云"法非見、聞、覺、知"等,處處非一。事相如波,理性如水,波不離水,事法皆如,故教唯以真如爲體。

上來出體,從末[④]向本,從淺至深,但説所不違餘義。

後明性者,復有三門:一、圓成等性;二、漏、無漏性;三、善等三性。

圓成等者,攝事歸如,即圓成性,攝法從心,亦依他性。其前二門,亦即依他。若第三門,通屬三性。由計所執,雖無實體,亦所詮故。

漏、無漏者,據本質教,如來所説"一切無漏"、言"十五界是有漏"者,隨小乘宗,非大乘義,大乘佛身十八界等皆無漏故。十地菩薩及二乘人説聽教者,應須分别:菩薩第八有漏性收,所變聲等,亦唯有漏;若於無漏心中説聽,通第六、七,此影像教亦唯無漏,由見相分性類同故。二乘雖有遊觀無漏入滅定等,少不足言,説聽法時,唯是有漏,異生可知。

善等三性者,無漏所變,一向善性。其有漏心,所説聽者,所變聲等,皆唯無記,是性境故。

---

① 辛本注:"'華',底本作'花',據文意改。"按:《廣韻·麻韻》:"花,(華)俗,今通用。"《廣雅·釋草》:"花,華也。"王念孫疏證:"顧炎武《唐韻正》云:'考花字自南北朝以上,不見於書。……唯《後魏書·李諧傳》載其《述身賦》曰:"樹先春而動色,艸迎歲而發花。"又曰:"肆雕章之腴旨,咀文苑之英華。"花字與華並用。而五經、楚辭、諸子、先秦、兩漢之書,皆古本相傳,凡華字未有改爲花者。'……引之按:《廣雅》釋花爲華,《字詁》又云'蘤,古花字。'則魏時已行此字,不始於後魏也。"下"花"字同,不復注。

② 《二十唯識》此指世親菩薩造《唯識二十論一卷》。"云"字底本、録本無,據文意補。

③ 離,録本訛作"雖",據底本及姚秦鳩摩羅什譯《維摩詰所説經·弟子品第三》[T14n475p540c19]改。

④ 末,録本訛作"未",據底本改。

問:“第八所變,可唯無記。若約六識善等位中,所變如何?”

答:“見分善等,所變無記,以許見相離引生故。論説色聲非善惡性,隨能發心,假説善惡。”

問:“聲唯無記,名等如何?”

答:“若隨所詮,假通三性。隨所依聲,亦唯無記。”

“若爾,何故世親《論》云‘我法是善,汝唯無記’?”

答:“汝小乘師,聲界有漏,名唯無記。我大乘宗,佛聲無漏,故唯是善。”

第三、攝歸宗旨者,初辨攝歸,後明宗旨。

攝歸有五:一、歸藏;二、歸分;三、歸乘;四、歸時;五、歸會。

初、歸藏者:藏有二種:一、聲聞藏;二、菩薩藏。獨覺教少,入聲聞中。此經即菩薩[藏][1]攝。由滿字教,被大根性。又藏有三,謂奈耶、素呾纜、阿毘達磨。如次詮於戒、定、惠(慧)學,各據增説。不爾三藏,俱詮三故。今此經是素呾纜藏。又准十二分,有“論”、“議”、“經”等,可通三攝,非別部袟。

第二、歸分者:十二分義,具如別章。今應列名,略配經説。

一、契經。相有通有別,通即十二俱名“契經”;別謂長行綴緝[2],略所應説義。此經俱通。

二、應頌。應重述頌,謂長行已説,後重頌明,如下《經》云“若色見我”等。

三、記別。此有三相:一、記大人當成佛;第二、記弟子死此生彼;三、爲記諸法之義。今經可通第三記別,雖“釋迦,汝當成佛”談往佛事,非今記他,故非彼。又但經詮,即彼分故,今非要佛。

四、諷訟。謂前未説,直以偈明可諷誦故。最後偈是。

五、自説。謂不待請,觀機即説,令法久住,惑(或)顯悲深。今此經中,令生企敬,故無自説。

---

① 藏,録本脱,據底本補。

② 壬本注:“緝,原卷作絹,《大正藏》録作‘絹’,誤。長行,指的是書寫成長條的散文,與整齊排列的偈頌相對。‘綴緝’就是連屬成文的意思。”按:所校釋是,兹從之。

六、緣起。此有三相：一、因[①]犯制戒；二、因事説法；三、因請説法。此通第三。

七、譬喻。謂以喻况曉所説義，如説虚空喻施福等。

八、本事。謂除自身，説於過去弟子及法名本事。今經無此。

九、本生。説佛自身在過去世方彼所，若死若生，行菩薩行等，即説過去作忍辱仙等。

十、方廣。此有二相：一、説行菩薩道；二、法廣多、極高大故。此經具有。

十一、希法。謂説八衆所有共、不共德，及餘最勝、殊特、驚異之法，如説日捨三恒河沙身命不及信經。

十二、論義。謂諸經典循環研覈磨怛理迦，一切了義經皆名“磨怛理迦”。今者此經雖無顯文，准天親《論》，乘前起後，所有疑請，佛爲斷除，循環而説，亦是論議。即通十分，唯無自説及本事經。

三、歸乘者：或唯一乘，如《法花》言：唯有一乘法，無二亦無三；或立二乘，如《攝論》云：上乘下乘，有差别故；或立三乘，如《法花》云“爲求聲聞者，説應四諦法”等；如是乃至立五乘等，如常具辯。今此經者，即一乘故。下文云爲發大乘者説。《勝鬘經》云：“一乘即大乘。”故二、三乘中，上乘所攝，爲發最上乘者説故。

四、歸時者：古立教時，多少不定，皆無憑據。廣如慈恩法師法苑叙破。今者唯叙正義，釋云：慈恩三藏依《解深密經》，立教三時。彼經廣爲勝義生菩薩説三無性，皆依遍計所執。以勝義生菩薩深生領解，世尊讚嘆善解所説。勝義生菩薩白佛言：“世尊！初於一時[□][在][②]波羅痆斯仙人墮處施鹿林中，唯爲發趣聲聞乘者，以四諦相，轉正法輪。雖是甚奇，甚爲希有。一切世間諸天、人等先無有能如法轉者。而於彼時所轉法輪，有

① “一因”二字底本及録本作“因一”，據文意改。下文“二因事説法，三因請説法”可資比勘。

② 辛本注：“‘在’，底本無，據《解深密經》原文補。”按：所校是，兹據［唐］玄奘譯《解深密經・無自性相品第五》［T16n676p697a24］補。

上有容，是未了義，是諸諍論安足處所。世尊在昔第二時中，唯爲發趣修大乘者依一切法無自性、無生無滅、本來寂静、自性真如，以隱密相，轉正法輪。雖更甚奇，甚爲希有。而於彼時所轉法輪，亦是有上，有所容受，猶未了義，是諸諍論安足處所。世尊於今第三時中，普爲發趣一切乘者，依一切法皆無自性、無生無滅、本來寂静、自性涅槃、無自性性，以顯了相，轉正法輪。第一甚奇，最爲希有。於今世尊所轉法輪，無上無容，是真了義，非諸諍論安足處所。”此同《涅槃經》，初教服乳，次教總斷，後教有服、有不服者。亦同《金光明經》所説，轉照持三種法輪。《法花經・信解品》亦有明説，大意論之，對不定性。大由小起，漸次而被，可有三時。《解深密》等，約此而説。若唯頓悟，大不由小，則無三時前後次第，亦非年月定制後先，但以義類相從而説。若不爾者，《華嚴經》等最初宣説，豈即初時？遺教最後，第三時？

問：“若爾，何故《法花經》唯説二時？彼云‘昔於波羅奈，轉四諦法輪’，乃至‘今復轉[①]最妙，無上大法輪’。”

答：“彼以大、小相對，隱第二時，但説前、後，實即三時。今者此經，隨頓發性，總不立時。若約漸根，第二時攝。以初時教，唯説於有。此不唯有，故非彼時。若第三時，顯説空有，普爲發趣一切乘者。此經下云：唯爲發趣最上乘者，故第二時。又無著釋‘不驚不怖’等，約三無性。然三無性是佛密意，説諸法空。”

問：“《解深密經》雖説三時，文中不説第二時教。是般若等，准何得知？”

答：“即彼《經》云‘唯爲發趣修大乘’者，此經亦云‘如來爲發大乘説，爲最上乘者説’等，其文正同。若不爾者，更有何經？唯爲發趣修大乘者，隱密相轉，况《大般若》數處有文。如來説已，諸天喜讚，皆云：‘我今見世尊第二轉法輪’等。”

問：“准《深密經》説，第二時隱密相轉。若爾，此經非了義耶？又准此

① 辛本注：“‘轉’，底本作‘輪’，據《法华經》原文改。”按：所校是。兹據辛本及[隋]闍那崛多共笈多譯《添品妙法蓮華經卷第二・譬喻品第三》[T9n264p145a8]改。

經，持説修行，其福無量，不可思議。而《解深密》以不了義持説讀誦，所有功德，如牛跡中水比大海水等，勝劣懸殊。既爾，此福即應狹劣？”

答：“河南法師釋云：據乘以辨，名爲了義，非約顯密。又彼約漸悟，當隱密門。此約頓悟，即成顯了。又復具説五位修習，豈唯空也。”

演曰：《深密經》中説“第二時隱密”等者，以隨漸悟，多分布而説。以多覆相，説皆空故。理實般若，亦以有義。何以知者？准此二論，釋經文中，皆約中道。離空離有，非一向空，至下當悉。又，准唐《攝論》、《辨（辯）[①]中邊論》，皆引《般若》證彼三性，通有及無，非一向空。况説諸佛從此經生究竟法身，離一切相，寧非了義？而《深密經》校量福德有勝劣者，若隨多分，執空爲了，而持説等功德爲劣；若解空有離相契真而受持者，與彼《深密》福德是同。於此義中，當審思察。

五、歸會者：《大般若經》總依四處、十六會説。言“四處”者：一、王舍城鷲峰山；二、室羅筏給孤獨園；三、他化天宫摩尼寶藏殿；四、王舍城竹林園白鷺池側。其十六會，初之五分，更無别名，但以標其分目；第六最勝天王分，第七曼殊室利分，第八那伽室利分。此之三分，從請主爲名；下八分名，隨所詮立，謂第九能斷金剛分，第十般若理趣分，及後六分。如此六度，以題分名。此經即是第九分攝。四處之中，給孤園説，准據梵本，有三百頌，《大經》部中第五百七十七卷也。然古説有八部《般若》，謂《大品》、《小品》、《放光》、《光贊》、《道行》、《勝天王》、《文殊》、《金剛》。由各異譯，未見廣本，故云“八部”。今即不然，若約部帙，六百卷經唯是部；若依部分，乃有十六。况復八部多是重譯，如《放光》、《光贊》合入大品，《道行》、《般若》即是小品，故言“八部”，未可爲依。此在諸分處中而説。

---

① 辛本注：“‘辯’，底本作‘辨’，據《辯中邊論》原題改。”兹括注其正字。

蓋《般若》之鈐鍵①,《大經》之開(關)軸②,文句盤錯,意象精微,包真俗,攝行位,有慢斯遣,無執不除,破相忘③情,修心之極,銷④災拯⑤厄,攝福之最。是以西方造論二十餘家,此地弘宣不可稱數,雖窮劫讚美,碎身護持,豈是荷難思之力,報莫大之恩歟?

上攝歸訖。

明宗旨者,先通,後別。

且通辯宗。此方先德總攝諸教,以立四宗:一、立性宗,安立五蘊、界、處有體,如《婆沙雜心迦延論》等;二、破性宗,破彼三科所有實性,而言諸法但有於相,如《成實論》等;三、破相宗,言一切法非但性無,相亦非有,如《般若》等;四、顯實宗,明一切法真實道理,隨其所應,若空若有,如《花嚴》、《涅槃》等。准彼所判,此經即是破相宗收。

然立四宗,攝藏非盡。如一説部,世、出世間但有言説,都無性相。其説假部,立蘊是實,處、界門中法皆是假,不唯立性,復非皆相。説出世部,世間非實,皆虚妄故。出世可實,非虚妄故。凡此等類,四内何收?又復小乘二十部,計宗類不同,計法各殊,豈唯性相?故分四宗,未爲准的。

又有法師立三宗義:一、法相宗;二、破相宗;三、法性宗。謂《深密》、《佛

---

① 鈐,録本訛作"鈴",據底本改。"鈐鍵"本指鎖鑰,後比喻事物的核心、關鍵。[晋]郭璞《〈爾雅〉序》:"誠九流之津涉,六藝之鈐鍵。"邢昺疏:"《説文》云:'鈐,鏁也。'《方言》云:'户鑰,自關而東,陳、楚之間謂之鍵。'《小爾雅》云:'鍵謂之鑰,言此書爲六藝鏁鑰,必開通之,然後得其微旨也。'"

② 開,此當爲"關"之訛字。《左傳·襄公二十三年》:"臧孫斬鹿門之關以出奔邾。"楊伯峻注:"關爲横木,故可枕,今謂之門栓。""軸"本指貫於轂中持輪旋轉的圓柱形長杆。《周禮·考工記·輈人》:"輈有三度,軸有三理。"《管子·輕重丁》:"上斲輪軸,下采杼栗,田獵而爲食。"後喻指樞要之地位。《漢書·公孫劉田王等傳贊》:"當軸處中,括囊不言。"[晋]干寶《〈晋紀〉總論》:"而秉鈞當軸之士,身兼官以十數。""關軸"比喻事物的關鍵。[西晋]竺法護譯《正法華經七·寶塔品第十一》:"佛以手指開七寶寺講堂之户,亘然通徹,晃若日出,譬如開於大國城門,而以管籥去其關軸,内外無礙。"[T9n263p103c28—p104a1]即其例。

③ 忘,録本訛作"忌",據底本改。

④ 銷,録本訛作"鎖",據底本改。

⑤ 拯,録本訛作"極",據底本改。

地》等經,《瑜伽》等論,皆法相宗,依三性門,建立諸法爲究竟故。《大般若》等經,《智度》、《中》、《百》等論,皆破相宗,依勝義門,破遣諸法爲究竟故。《花嚴》、《涅槃》、《楞伽》等經,《寶性》、《起信》等論,皆法性宗,彼依法性如來藏門,融會諸法爲究竟故。乃至立一味之理,非言不顯;顯理之言,不能稱實,由斯皆墮[1]空、有等邊。始自諸佛,下至凡夫,所設言教,無有異也。

是故諸教有此三别者,法師所[□][以][2]雄名絶代,英識邁時,學富五乘,理高千葉[3]。艤惠(慧)舟於法海,桂掉(棹)[4]翻波;揮智劍於義山,霜鋒切玉。判斯宗旨,誠可軌摸(模)[5]。有所未明,聊爲質問。何者?法雖離言,本無名相,然假詮召,許得法體。不爾,聖教應非定量,表藴等法遮勝性等。又諸凡夫,盲無惠(慧)目[6],説不稱法,可墮諸邊。諸佛聖智,親證法體,如其所證,無倒宣説,説空定空,説有亦爾,契會中道,豈可同凡?若不爾者,如何得有稱教生解、發真勝智而得解脱?若以不稱實故,隨所發言,墮空有等,是則應有八萬四千無量諸宗,何唯有三?又分三宗,無教空説,如何自意分判聖教?

又云:法相存依,圓破相被,三性法或存破,各[7]爲究竟樂了。不了者,便令教理遞相乖違,亦違究竟一實中道。以許佛説三種究竟,猶豫多端,若爲證會?又依《深密》,佛自會釋諸説空教,唯依遍計,説諸法空,如何可言"破相宗中,三性俱遣"?餘一一義,有多妨礙,略舉可知,不能繁廣。當知《瑜

---

① 墮,録本訛作"隨",據底本改。

② "以"字底本、録本無,據文意補。

③ 千,録本訛作"于",據底本改。"千葉"此指佛所坐之蓮台。《大乘本生心地觀經》卷二(大三・二九八下):"第一佛身坐百葉蓮華,爲初地菩薩説百法明門。……第二佛身坐千葉蓮華,爲二地菩薩説千法明門。"另據《梵網經》載,盧舍那佛所坐之蓮華台,周圍遍生千華葉,示現千釋迦,其一一華葉皆有百億之國,一國示現一釋迦,皆坐於菩提樹下,一時成道。天台宗以《梵網經》所説千華葉爲四教中别教之佛所坐之蓮華台。

④ 敦煌寫本中"扌"部和"木"部常混,結合文意,"掉"此處當爲"棹"之俗體。

⑤ 結合文意,"摸"當爲"模"之俗體。"軌模"即"法式楷模"。[漢]張衡《歸田賦》:"揮翰墨以奮藻,陳三皇之軌模。"柳宗元《文武百官請復尊號表》之二:"聳遠方之觀聽,兼前代之軌模。"皆其用例。此處"軌模"當爲動詞,指效法、模仿。

⑥ 目,録本訛作"日",據底本改。

⑦ "各"字前文字甲本殘。

伽》補處宣説，乃通解釋一切諸經，勿謂但釋《深密》等教。故彼《論釋・歸敬頌》云：

“此《論》殊勝若蓮花，猶如寶藏如大海，具顯諸乘廣大義，善釋其文無有遺。”

又云：“今説此《論》，所因云何？謂諸有情無始時來，於一切法處中實相，無知疑惑，顛倒僻執。”乃至：“如來出世，隨其所宜，方便爲説種種妙法處中實相，令諸有情知一切法[1]如是如是空故非[□][有][2]，如是如是有故非空。了達諸法非空非有，遠離疑惑顛倒僻執……修行滅障，得三菩提，證寂滅樂。佛涅槃後，魔事紛起，部執竟興，多著‘有’見。龍猛菩薩，證極喜地，採集大乘無相空教，造《中論》等，究暢真要，除彼‘有’見。聖提婆等諸大論師，造《百論》等，弘闡大義，由是衆生復著‘空’見。無著菩薩位登初地，證法光[3]定，得大神通，事大慈尊，請説此《論》，理無不窮，事無不盡，文無不釋，義無不詮，疑無不遣，執無不破，行無不修，果無不證。正爲菩薩令於諸乘境行果等，皆得善巧，勤修大乘，證大菩提，廣爲有情，常無倒説，兼爲餘乘，令依自法，修自分行，得自果證。如是略説此《論》所由。”

故知通釋一切聖教，除空、有見，起處中行，寧説《瑜伽》唯法相宗？

問：“豈不諸經多説法相？或多破相，或復融會，寧不分宗？”

答：“准[4]言諸教，無此三義，但説定判如是如是經與論，彼彼宗攝，即爲不可，皆不空故。是故應説大乘妙[5]理隨何等經皆有法相。破相、融會，雖有偏明，一義多處，理實此三，不相捨離，以辯法體除執會通義皆遍故。”

問：“若爾，何故於大乘中，中宗、邊宗，清辨、護法，無相、法相，諸宗各别？”

答：“但由釋者製作不同，隨能釋意説宗有異，非是佛語墮諸邊故。先别立宗，由此應説於大乘中宗分有二：一、勝義皆空宗；二、應理圓實宗。初宗

① 法，底本作“法法”，今據文意删一“法”字。

② 有，底本無，今據甲本補。

③ 光，底本、録本訛作“先”，結合文意，據甲本改。

④ 准，録本訛作“誰”，據底本、甲本改。

⑤ 妙，録本訛作“如”，據底本及甲本改。

即是龍猛菩薩，下至清辯論師，依無相教，説勝義中一切皆空、世俗是有。《掌珍頌》云：

‘真性有爲空，如幻緣生故。無爲無有實，不起似空花。’

乃至不立三性、唯識等後宗，即是慈氏如來乃至護法菩薩依《深密》等，顯了言教，説勝義諦非空、非不空。《辯中邊論・慈尊頌》云：

‘虛妄分别有，於此二都無。此中唯有空，於彼亦有此。

故説一切法，非空非不空。有無及有故，是則契中道。’

三性之中，遍計性無，依圓是有，故[①]二宗别。”

問：“所言勝義及世俗諦，其相如何？”

答：“還依二宗，所説有異。且勝空宗，真勝義諦，一切都空。世俗諦中，可有色心修斷等法。如經説云‘凡所有相，皆是虛妄’，此世俗諦；‘諸相非相，則見如來’，此勝義諦。‘四生三界，所有衆生’，是世俗諦；‘實無衆生得滅度者’，是勝義諦。應理宗説，真、俗二諦，二義不同：一、依人辯諦；二、約法辯諦。二種二諦，俱通空有。且依人者，《涅槃經》云：‘上智所知名“勝義”，中智所知名“世俗”。二智所知通空有，故知二諦空有俱。’通言依法者，法有勝劣，互相形待而爲真俗。此有四重：一、虛實二諦，瓶軍林等虛爲世俗，蘊、處、界等實爲勝義；二、理事二諦，蘊等事法麁爲世俗，四諦道理細爲勝義；三、淺深二諦，四諦安立淺爲世俗，二空真如深爲勝義；四、詮旨二諦，二空真如帶詮世俗，一真法界亡詮勝義。總有五法：初軍林等俗而非真，後真法界真而非俗，中間三法亦真亦俗，互相形[□][待][②]故，廣如《唯識》第九、《顯揚》第六、《大論》等説。然初一種，世間菩薩[③]執以爲實有我法性，故空而非有；餘之四法，通是依他圓成性，故有而非空；故説二諦，體通空有，非如前説，勝義皆空。”

既知二宗所説二諦，次應徵問空有所由。

勝空者曰：“《大經》説云：‘設有一法過涅槃者，我亦説爲如幻如化。’《般

① “故”和前“有”字録本誤倒，今據底本改。

② 辛本注：“‘待’，底、丙（按：此指伯 2330 號）本無，據文意補。”所校是，兹據補。

③ “菩薩”二字録本訛作“共”，底本實作“卄”，乃“菩薩”之合文俗體。

若》云：‘色即是空，空即是色。受相行識，亦復如是。’此經亦云‘般若波羅蜜，即非般若波羅蜜’乃至‘無法可説’等。准此等教，諸法皆空。又立理云：‘法若有體，自可能生。既藉衆緣，明知非有。如結手巾爲兔等像，無兔等性。’”

應理者曰：“即准此經，福聚無量，如何非有？又説‘如來有五眼’等。又‘發阿耨菩提者，於法不説斷滅相’等。又復《經》云：‘有爲、無爲名爲“有”，我及我所名爲“無”。’又云‘無我無造受者，善惡之業亦不亡’等。雖説藉緣，豈幻化體都無所有？由應理者亦以幻化喻依他故，星翳燈幻喻有爲故。又説衆生‘我皆令入無餘涅槃①滅度’。若皆空者，何假令空花而般於涅槃？”

勝空者云：“此等諸文皆據俗諦，非真空中有造修等。”

應理難曰：“汝之俗諦，與勝義諦，爲一爲異？若言‘一’者，有空相違，不見苦樂及冷熱等得爲一故；若言‘異’者，二諦本俱，如何一有而一非有？”

彼答：“二諦其體無别，俗諦體有可苦樂等，非同體過。二諦相對，妄情是有，真理皆空。今隨妄情，説俗諦有；就實而談，俗諦亦空。”

難曰：“世俗妄故，令捨俗諦入真空者，豈無諸法斷滅相過？”

答：“體既是無，[□][無]②可斷滅，故言不説法斷滅相。此與應理，解釋全别。”

問：“依勝空説，妄有真無，二諦體一。未審應理所説二諦，爲一爲異？”

答：“應理所説，非一非異。何以故？義用别故非一，無别體故非異。即如瓶軍林等，五法相望，展轉皆爾。既非一異，翻此即説或異或一，皆無有妨。《仁王經》云：

‘有無本自二，譬如牛二角。照解見無二，二諦常不即。

解心見無二，求二不可得。非謂二諦一，非二何可得？

於解常自一，於諦常自二。通達此無二，入真第一義。’

頌意：真如爲‘勝義諦’，依他徧計爲‘世俗諦’。二智境，故名爲‘諦’；異

① “涅槃”二字底本作“[illegible]”，乃“涅槃”之俗體。下“涅槃”二字底本同，不復校。

② 無，底本無，今據甲本補。

唯約真，智即稱解，或異或一，皆無有違。《唯識》亦云：

‘故此與依他，非異非不異。如無常等性，非不見此彼。’

《瑜伽》七十五云：‘於大乘中，或有一類惡取[□][空][1]故，作如是言：“由世俗故，一切皆有；由勝義故，一切皆無。”應告彼言：“何者‘世俗’？何者‘勝義’？”彼若答言：“若一切法皆無自性，是名‘勝義’；若於諸法無自性中自性可得，是名‘世俗’。何以故？無所有中，建立世俗，假名言而起説故。”應告彼云：“汝何所欲名言‘世俗’？爲從因有自性可得？爲唯名言世俗説有？若名言世俗從因有者，名言世俗從因而生，[□][而][2]非是有，不應道理。”又應告言：“長老，何緣諸可得者此無自性？”（此難俗有，勝義即無。）彼若答言：“顛倒事故。”（謂心顛倒，於无[3]謂有，如見空花。）復應告言：“汝何所欲？此顛倒事爲有爲無？若言有者，説一切法由義故，皆無自性，不應道理；若言無者，顛倒事故，諸可得者，此無自性，不應道理。”’（既無顛倒，從何起執而言顛倒事？故諸可得者此自性。）”

勝空者曰：“《大菩薩藏經》第二卷云：‘空與菩提[4]性無有二。由無二故，不可言説。’又云：‘遠離取執，勝義諦中，無法可得。由性無故，説名爲“空”；由此説“空”爲“極了”義。’”

應理者曰：“此亦非證爲依。瞬若遍計無，故與覺無二。又瞬若多空性真如、與覺無二，不言菩提，體即空無。若實皆空，何空何覺？若云隨破妄情、空覺無二，據勝義諦，無覺無空，即應分別兔角長短。此既不爾，彼云何然？”

又云：“遠離取執，勝義諦中，無法可得，不言非執[5]。勝義諦中，亦空無法。又若二諦體性是一而非有者，應無凡聖、染凈作業、人天五趣，即無三惡。悲所度生菩薩，徒自行於勤苦。以空無故，誰爲誰説，何法何求？

---

① 空，底本、録本無，今據甲本補。

② 而，底本、録本無，今據甲本補。

③ 无，録本訛作“天”，據底本改。

④ “菩提”二字録本訛作“菩薩”，底本作“𦬇”，乃“菩提”之俗體。《大正藏》原校録者不察，致與“井”相混爾。

⑤ 執，録本訛作“報”，據底本改。

不應智者爲除幻敵，求石女兒用爲軍旅。又，凡夫妄倒，可有世俗色心等法，諸佛如來妄倒已斷，何有色身净妙土等？若言以佛悲心，爲衆生故，示現身土，衆生妄倒若已斷盡，諸佛身土，亦[1]不立者。勝義既空，悲智之心，亦應非有，誰爲能度衆生之本？故言空者是密意説。教理既然，故與前説《掌珍》比量，作聖教相違過。以違法教不空義故，《唯識》亦云：'彼特違害前所引經。'"

勝空者曰："我亦有教，引前所説《大般若》等，爲證成故。"

應理者曰："教有顯了及不了義，違顯了教，故汝爲過。謂《深密經》説第二時，以隱密相轉正法輪，説一切空非真了義；又云：

'相生勝義無自性，如是我皆已顯示。若不知佛此密意，失壞正道不能往。'

經既自説諸法無性，是隱密相，非真了義，今判説空爲第一説，是故爲過。"

問曰："龍猛、無著，俱登極喜，同證法性，智見不殊，因何二宗所説有異?"

答："據其至理，平等無差。佛對根宜，顯密異説。菩薩亦爾，對根宜聞，所弘各異。由著有見，龍猛菩薩，密弘於空。空見若生，亦成其病，故須雙説非有非空，遠離二邊，契會中道，如向《瑜伽》釋論等説。又復大乘無相空教，依真智境，遣一切相，密説皆空。諸大菩薩對著有病，弘斯密教，非於中道而不證悟。末葉不悟，廣興乖諍，豈大菩薩有所相違?"上通辯宗，隨其勝空及應理者，所弘二諦並此經明。如《功德論》，咸歸二諦，通二宗解，智者當悉。

别明宗者，題名"般若"，故即爲宗。般若有三：實相、觀照及與文字。慈恩三藏依諸經論更加二種：謂即境界及以眷屬。通有五種：一、般若性；二、般若相；三、般若因；四、般若境；五、般若伴。剋性相從，俱名"般若"。有義

---

[1] 亦，録本訛作"無"，據底本改。

此經觀照爲宗,説能斷故。如《大經》説六度之中,其般若度爲洲、爲渚[①]、爲道[②]、爲目[③]、爲燈炬等。故此唯以惠(慧)相爲宗,即無分别本、後二智,通生法空;或取加行,亦不違理,由十八住通攝地前、地上住[④]故。有義亦以實相般若爲經所宗,能斷性故。真理爲本,智方生故,金寶亦喻如來藏故。經中廣明無相真[⑤]理法身極果,是無相智正所觀故。若[⑥]辯如體,諸釋不同,如《净業障經》疏述。

問:"何故不取文字等三?"

答:"非經正明,彼是末故,此二本故,菩薩、涅槃二種故,即五法性攝三身故,能緣[□□□□][所緣、能依][⑦]所依、若性若相功德本故。"

第三門[⑧]訖。

第四、所被根宜者,初辨根性,後以教被。且初根性,差别不同。一乘五性,自故[⑨]紛諍。今略叙之,三説不同。

一云衆生皆有佛性,决定無有定性二乘,及無性者。《涅槃經》第二十七云:"師子吼者,是决定説。一切衆生,悉有佛性。"又云:"一切衆生,悉皆有心。凡有心者,悉當得阿耨多羅三藐三菩提。是故我説一切衆生悉有佛性。"又第三十七云:"爲非佛性説於佛性。……非佛性者,所謂墻壁、瓦石無情之物。離如是等無情之物,是名'佛性'"。准此經文,非是唯理,有情五藴

① 渚,録本訛作"諸",據底本改。

② 道,甲本作"遵"。按:遵是"導"形譌。《家語·致思》"導之以禮樂。"導,《御覽》卷445引作"道",《類聚》卷26引誤作"遵"。道,此與"導"同。《左傳·隱公五年》:"請君釋憾於宋,敝邑爲道。"陸德明釋文:"道音導,本亦作導。"《楚辭·離騷》:"乘騏驥以馳騁兮,來吾道夫先路。"王逸注:"言己如得任用,將驅先行,願來隨我,遂爲君導入聖王之道也。"

③ 目,甲本作"首"。"首"字義長。

④ 住,甲本作"位"。

⑤ 真,録本訛作"直",據底本改。

⑥ 若,録本訛作"答",據底本改。

⑦ "所緣能依"四字底本無,今據甲本補。

⑧ 門,底本、録本作"問",結合文意,據甲、乙二本改。上文:"贊揚經注,略啓五門:一、叙教興由;二、明經體性;三、攝歸宗旨;四、所被根宜;五、依文正解。"可助勘。

⑨ 故,戊本作"古"。

不被簡故；亦非少分，離無情是佛性故。豈可爲非佛性説於佛性，佛性之中有[□][非][1]佛性？如説離有爲法，説於無爲，無爲之中有有爲耶？又《涅槃》云：一切衆生皆有三定，謂上、中、下。上者佛性，中者初禪，下者大地。中定數，下、中二定，非是少分，故知上定亦是，一切同一文故。既云是"定"，故非唯理，説《首楞嚴》定爲佛性故。《法花經》云"一大事因緣，出現於世，欲令衆生開佛知見，使得清浄"等。又云：

"十方佛土中，唯有一乘法。無二亦無三，除佛方便説。但以假名字，引道於衆生。"

《佛性論》云：二空真如，名"應得因"，以應得佛果，故名"應得因"。故知有理性者，定有行果。理既一切皆有行果，故非少分。若謂《法花》，二乘無滅，悉當成佛。此説不定，二乘非是定性者，不然，不定亦成佛。教起，初轉法輪，今説與昔説若同，何故殷勤三請許説？增上慢人起誑驚怖，舍利弗等疑佛爲魔，良由今昔懸殊，有斯疑謗。故《經》云：

"所以未曾説，説時未至故。今正是其時，決定説大乘。"

故知今説非先説也。

又云種性有五：一、聲聞性；二、緣覺性；三、如來性；四、不定性；五、無種性。

問："云何得知有無種性？"

答："四卷、八卷二《楞伽經》皆云：大悲菩薩，一闡提人，畢竟不成正覺。若[□][皆][2]有性，衆生即應有成佛盡。如何大悲，畢竟不作？又《勝鬘經》云：'離善知識，無聞非法衆生以人天善根而成熟之。'《善戒經》云：'無種性人無種性故，雖復發心勤行精進，終不能得無上菩提。'《地持》、《瑜伽》，亦同此説。又《涅槃經》：三種病人，第三若遇、不遇一[3]良醫，決定不差[4]。若是

① 非，底本、録本無，據戊本補。甲本《御注〈金剛般若波羅蜜經〉宣演》："豈可爲作非佛性説，於佛性之中有非佛性？如説離有爲法説於無爲，無爲之中有爲耶？"亦可助勘。

② 皆，底本、録本無，今據甲、戊二本補。

③ 一，甲、戊二本無。

④ 差，録本訛作"善"，據底本改。

有性，如何不差？又，恒河七人，第一常[①]没。七人各一，即無種性。《大莊嚴論》第一説闡提有二種：一、時邊；二、畢竟。時邊有四：一者，一向行惡；二者，普斷諸善法；三者，無解説分善根；四者，善根不具足。畢竟無涅槃法者，無因故彼無般若涅槃性，謂但求生死，不樂涅槃。然有釋云：畢竟者：一、約所斷，兼善生得善，斷三世因盡，名爲'畢竟無涅槃法'；二[②]、約時以有鈍根，長時流轉，不能生信，名爲'畢竟無涅槃法'，不言盡未來際、决定無性名爲'畢竟'。此釋不然。諸斷善根，但斷生得[③]，非方便善。又伏現行，非無種子，如何無因？又與時邊普斷善法，應無差別。又斷善根，大小經論俱是利根，[□□□][非鈍根][④]者。'畢竟'之與'盡未來際'，文别義同。若不爾者，究竟如虚空，應非遍法界。又《瑜伽》第六十七更有五難、六答，廣成無性，此應撿叙。

上來無性，次成定性。依《大般若》五百九十三，善勇猛請言：'唯願世尊哀愍我等，爲具宣説如來境智。若有情類於聲聞乘性決定者，聞此法已，速能證得[⑤]自無漏地；於獨覺乘性决定者，聞此法已，速於自乘而得出離。'乃至云：'若有情類，雖未已入，正性離生，而於三乘性不定者，聞此法已，速證無上正等覺心。'既决定外别説不定，明知别有决定聲聞。

又《瑜伽》七十六、《解深密》第二皆説一向趣寂聲聞，《華嚴》第四十説定性緣覺，《大莊嚴經》第一亦爾。《涅槃》第三十言：'我於經中，爲諸比丘説一乘、一道、一行、一緣。'乃至：'我諸弟子聞是説已，不解我意，唱言："如來説須陀洹乃至阿羅漢皆得作佛。"'若皆作佛，無决定性，是解佛意，何須此説？"

"若爾，如何《法華經》中唯説一乘而爲究竟？"

答："如《攝論》中以十義會《深密》，亦有會一乘文[⑥]。總依經論，佛性有三，聲聞有四，闡提有三。佛性三者：一理性，謂真如；二行性，謂無漏種子；三隱密性，即塵勞之疇。聲聞四者：一、應化；二、退菩提心；三、增上慢；

① 常，甲本作"當"。
② 二，底本、録本作"兩"，今結合文意，據甲、戊二本改。
③ 得，底本、録本作"約"，今結合文意，據甲、戊二本改。
④ "非鈍根"三字底本、録本無，今結合文意，據甲、戊二本補。
⑤ 得，底本、録本作"問"，今結合文意，據甲、戊二本改。
⑥ 文，録本訛作"父"，據底本改。

四、趣寂。闡提三者：一、大悲；二、斷善；三、無種性。上來兩家所引教文，並有明說。其[□][互]①釋難及會違文②，一一研究，廣如别記。樂廣言論、勤説法者，皆應叙之。”

三云：“此有種性及無種性，乃是如來祕密境界，散在諸經，佛不定説。如何前釋欲定是非？”

“此十力中，種種界力之所知故。唯佛與佛，乃能證了。《涅槃》第十七云：‘三乘之法，説言一乘；一乘之法，隨宜説三。’乃至：‘如來明見衆生根故’、‘終無虚妄斷罪過故’。雖無虚妄，若知衆生因虚妄説得法利者，隨宜方便，則爲説之。是則諸佛甚深境界，非二乘知。准此經文，豈可下凡謬爲商略？又彼三十四云：‘善男子！如來世尊爲衆生故，廣中説略，略中説廣。’乃至云：‘是故隨人、隨意、隨時，故名“如來知諸根力”。善男子！我若當於如是等義作定説者，則不得稱我爲“如來具知根力”。’三十五云：‘善男子！如是諍訟，是佛境界，非諸聲聞緣覺所知。若人於是生疑心者，猶能摧壞無量煩惱，如須彌山。若於是中生决定者，是名執著。’乃至：‘善男子！如是執著不名爲“善”。何以故？不能摧壞諸疑網故。迦葉復言：“世尊，如是人者，本自不疑。云何説言不壞疑網？”“善男子！其不疑者，即是疑也。”’三十六云：‘善男子！我雖説言一切衆生悉有佛性，衆生不解佛如是等，隨自意語。善男子！如是語者，後身菩薩尚不能知，况於二乘其餘菩薩？’又復文云：‘若有説言一切衆生定有佛性、定無佛性，是人皆名“謗佛、法、僧”。’准此等文，推功歸佛，謹述而以。故於諸釋隨所愛樂，任情取捨，以有教理各齊均故，不應於中起朋執③心，强生偏見，謂契佛

① 互，底本、録本無，今結合文意，據甲、戊二本補。

② 文，録本訛作“父”，據底本改。

③ 朋，底本、録本作“用”，今結合文意，據甲本改。“朋執”者，朋友、執友也。[隋]盧思道《盧紀室誄》：“爰在弱齡，孤根(迥)立，内無怙恃，外寡朋執。”《隋書・辛德源傳》：“恭慎表於閨門，謙撝著於朋執。”[唐]李邕《臧公神道碑》：“朋執義之，昆弟友之。”引申爲主觀上的親近、偏愛。沙門釋光述《俱舍論記卷第一・分别界品第一之一》：“論師據理爲宗，非存朋執，遂使九十六道同翫斯文，十八異部俱欣祕典。”[T41n1821p001a17—19]沙門法寶撰《俱舍論疏》卷第一：“世親《論》主，意無朋執，依第一時制造此《論》，同第一時；依第二時造《般若論》説諸法皆空。同第二時意。”[T41n1822p001a16—18]皆其例。本文中的“起朋執心”即起親近之心。

言，無有是處。然應具叙諸家教理，欲令學者知所在故。”

問：“理有一長，不應俱示(是)①。開釋教藏，須定指歸。今但和光，作不定説，將令後學何所承稟?”

答：“義有可定、不可定者，不決定義理通多解，豈可一向要令定釋? 佛尚不定，誰敢定乎?”

問：“祕密難知，誠如所道。此土衆生樂聞佛性，何故如來不作定説?”

答：“誰言一向樂聞説有? 然諸衆生自有二類：一聞佛性，欣樂有憑，勇猛進趣；若聞無性，無所因託，息進求心。二者若聞一分無性，恐墮此流，加功進習；若聞皆有，恃此佛性，卻生怠墮。由對機異，教不定明，但應精勤，堅集行願，面奉金顔，當自知矣。”

上來解釋根性不同。以經被者，若依初釋，更無異論。五性之家，應須料簡。約正所被，唯是上乘。《經》云爲發大乘者説故，即餘經云爲諸菩薩説，應六波羅蜜，令得一切種智。若約兼被，通諸二乘及以無性，下列四衆及於八部無所簡故。《大般若》云般若波羅蜜多能辯聲聞及獨覺地，即前所引善勇猛文，亦被二乘。此下菩薩廣大之心，三界四生，俱令滅度。

無著菩薩問云：“何故願[□□□□□□□□□□□□□□□□□□□□□□□□□]［此不可得義?”

答：“生所攝，故無過。至下當知。

第五依文正解者］②，釋者有二：初釋題目，後解經文。

釋經題者，秦、魏、梁本俱題“金剛般若”；唐、周兩本，同號“能斷金剛”；隨(隋)朝③所翻，准彼《論》後，乃名“金剛斷割”。前三本略，後三具足。舉體攝用，但標法喻之名；體用雙彰，兼陳能斷之因。廣略雖異，義則無違。初離釋，後合釋。梵云“跋闍羅”，此云“金剛”，寶中最勝，體類多種。《正理論》

① 示，此當讀如“是”。此字甲本作“是”。

② “此不可得義……第五依文正解者”二十三字底本、録本無，結合文意，據甲本《御注〈金剛般若波羅蜜經〉宣演》補。

③ 隨，録本作“隋”，據底本改。“隨朝”之“隨”後作“隋”。大定元年(581)，北周静帝禪帝位於楊堅，楊堅改元開皇，建立隋朝。因楊堅原爲隨國公，但“隨”字的“辶”意爲“忽走忽停(不穩定)”，於是楊堅便棄了“辶”，創了“隋”這個新字作爲王朝之名。

云:“帝釋有寶,名爲‘金剛’,不爲餘衆生見。”《真諦記》云:“有六種寶,皆名‘金剛’:一、青色,能除一切災厄;二、黄色,能隨人所須出種種物;三、赤色,能令人遊行空中;四、白色,能出水,亦能清濁水;五、空色,能出火;六、碧色,能消諸毒。”

上釋喻體,次舉義用。先依諸教,後據此《論》。

先[□][依][①]諸教。如《涅槃》第二十四廣讃金剛三昧:“譬如金剛所擬之處,無不碎壞,而是金剛無所折損。”又云:“如諸寶中,金剛最勝。”依梁《攝論》,天親菩薩釋金剛定,四義爲喻:一、能破煩惱;二、能引無餘功德;三、堅實不可破;四、利用通達一切法。定既如是,准智亦然。《對法論》第十二釋“金剛定”有四義:一、無間,非世間行所間缺故;二、堅固,能壞一切障、非障所壞故;三、一味,無分别性、純一味故;四、遍滿,緣一切法、共相真如爲境界故。金剛亦四:一、體無間隙,非沙石所雜;二、可知;三、純一類,不變不異;四、遍滿世界,如金剛山、金剛杵等。總攬諸文,“金剛”十義:一、最勝;二、難見;三、除災;四、堅實;五、稱求;六、能引;七、利用;八、無間;九、一味;十、遍滿。此經文義亦有十種:最上第一希有法故,義及果報不思議故,罪業障惱爲消滅故,能破堅執非彼破故,利生嚴土得菩提故,能生諸佛集善法故,通達無我智見净故,非住相心之所[②][□][雜][③]故,諸法如義體無爲故,福惠(慧)如空叵思量故。對前十喻,如此配釋。此雖義具,非本論意。

本論四義:一、細;二、罕;三、能斷;四、相似。初三共義,觀照實相,遍在諸教;後一不共文[④]字般若,唯在此經。《論》先標云:“金剛能斷者,此名有二義相應應知,如説入正見行,入邪見行。”然釋此文,諸説不同。慈恩解云:“二義相應”者,此顯金剛通能、所治。“如説”已下是舉例釋。“正見”謂“正定聚”,“邪見”謂“邪定聚”。行善惡行,能入彼聚,名彼二行。或汎指言,如説善、惡二人行善、惡行,此行入正見聚類,此行入邪見聚類,邪正雖殊,俱名

① 依,底本、録本無,據文意補。

② 所,録本訛作“取”,據底本改。

③ 雜,底本、録本無,據甲、戊二本及《御注〈金剛般若波羅蜜經〉宣演》[T85n2741p145a3]補。

④ 文,録本訛作“父”,據底本改。

“見行”。今者能治[①]三惠(慧)所治[②]二障,染善雖殊,俱名“金剛”。如《涅槃經》云:金剛極堅,萬物不能壞,除白羊角[□][及][③]以龜甲。意以二障隨其所應,凡夫二乘所不能斷,唯發大菩提心三惠(慧)方能折伏或(惑)[④]斷。此以所斷喻於金剛如入邪見行。又如玉石性極堅牢,非物所壞,唯有金剛能摧破之。二障亦爾,非凡夫俗智、二乘真知之所摧壞,二乘不斷惑障習故。大乘三惠(慧),如彼金剛,方能伏斷。究竟斷位,金剛修惠(慧),故經唯説金剛喻定,即此能斷,喻金剛如入正見行。故言二義:一、所破義;二、能破義。若唯能破邪、正二見,喻不相應。然論文略,不解出所治金剛,於能斷中,庵含方顯。

何(河)[⑤]南又釋:金剛但喻三惠(慧)及教。所以然者,《涅槃經》云:喻如金剛極堅,無能損壞,除龜甲等。彼經亦爾,唯除闡提,不能令立菩提之因。既羊角等以喻闡提,明非所斷名爲“金剛”。而言“二義”者:一、證真如理,如入正見行;二、斷諸惑,如入邪見行。此金剛智能破大乘有善根人根熟之者二重障或(惑)[⑥],不能除彼斷善根人身中惑故。又有釋云:准此《論》,初金剛難壞句義聚,明非所斷。雖有别處説煩惱難斷,猶若金剛,此處説其可斷,不合以金剛爲喻。如説闡提難化,以燋穀爲喻;若説闡提可治,即不用此喻。而言“二義相應”者,金剛能斷堅、不堅物,名爲“二義”。

演曰:初釋爲勝,順論文故。正以金剛喻能智,兼喻所斷障,顯智功能。《十輪經》第二云:“云何破相續,如金剛煩惱?”理有多途,喻亦何定?如説虚空,以喻佛性,亦有以喻二障麁重[⑦]。如正理門,門通理智,舉障難斷,猶若金剛,以表智能殊勝超絶,非喻所喻。誰要令觀煩惱堅硬起觀行耶?

---

①② 治,録本作“持”,據底本改。

③ 及,底本、録本無,據甲本《御注〈金剛般若波羅蜜經〉宣演》補。

④ 或,後作“惑”。《漢書·霍去病傳》:“青之與單於會也,而前將軍廣,右將軍食其軍别從東道,或失道。”顔師古注:“或,迷也。”下後作“惑”之“或”徑括注其今字,不復出注。

⑤ 何,此當爲“河”之借字,亦或形訛字。甲、戊二本正作“河”。

⑥ 或,録本徑作“惑”,據底本改。

⑦ 重,録本訛作“金”,據底本改。

“若爾,《涅槃經》曰羊角等喻不相應,當云何通?”

答:“《涅槃》文意,非釋此經。今借彼喻以顯金剛是彼二物[□][所][1]對所礙,而喻所治,非謂涅槃障喻金剛。”

上解金剛,通能、所斷。論下别釋,唯就能斷,乃有四義,如前所列。

《論》云:“細者智因故,牢者不可壞故。”隋朝諱“堅”,故翻爲“細”,取堅密義。智因即種子,不可壞即現行。智超惑除,明暗不並,故不可壞。又釋:智能證如,了因性故,名爲“智因”。以無間隙,非世間行所相雜,故名之“細密”。又以細妙,非二乘等麁所緣,故二名“細密”。言“不可壞”者,顯所治障性堅難壞。若依此釋,論中四義,通能、所斷。

《論》又云:“能斷者般若波羅蜜中聞、思、修,所斷如金剛斷處而斷。”故此以智如金剛可斷二障,如玉石等,名爲“斷處”。即舉所斷,以顯能斷。若作二障喻金剛解者,此舉能斷,以顯所斷。猶若金剛,謂聞、思、修所斷之障,乃如金剛斷處而斷。然准論意,即釋題名“金剛能斷般若”。以初標之“金剛能斷”者,後又結云“是名‘金剛能斷’”。釋中亦爾。先釋“金剛”,後“斷”釋“能斷”,此順西域語;若言“能斷金剛”,則順此方語;皆不相違。總以能詮之教,所詮之理智及所斷障,喻於金剛。論釋第四義云:“又如畫金剛形,初後闊,中則狹。如是般若波羅蜜,‘中狹’者謂净心地,‘初、後闊’者謂信行地、如來地。此顯示不共義也。”

演曰:依此經教,文字般若初後廣明,中間即狹,不同餘經,名“不共”義。是故此經獨名“金剛”,亦即餘分不同。所以一如畫金剛神,髆跨則闊,在腰則狹,有動作故,喻令進趣;亦如畫金剛杵,兩頭闊,中腰狹,極堅勝故,令知深妙。

問:“何故廣明信行佛地略净心耶?”

答:“此經意令發心修行,佛種不斷,廣談果德,勸彼欣樂,而能發心。地前初修有退轉,故廣示行相,令其進入;初地已去,自證得故,非退轉故,不假多陳,故初後廣,中間略説。又從凡位紹繼佛種,爰生佛果,‘不斷’義成。中間可知,何煩廣説?故經文義,闊、狹不同。雖如來地,釋者即是十地位收,

[1] 所,底本、録本無,據甲本《御注〈金剛般若波羅蜜經〉宣演》補。

然經不明十地行相，還指佛果所有功德名‘如來地’，故作是釋。至下當知。”

問：“《勝天王般若》云：‘般若波羅蜜，無有一法可爲譬喻。’如何今説智喻金剛？”

答：“彼顯智勝，超過萬法，無可全分相比况者。比約少分，義用相似，故譬金剛。諸有智者，以喻解故。法藉喻明，徵由顯著。舉已見邊，證未見邊，和合一處，令義平等。所有政（正）[①]説，名之爲‘喻’，即以顯了分顯未顯了分也。‘般若’梵音，此云‘智慧’，總有五種：文字，即是能詮教法，觀照惠（慧）體實相真性；境界，即是空有二諦、三無性等；‘眷屬’者，相應四藴性，助伴五藴性；隨其所應，即定道共二種戒故。然此‘般若’名‘寬通’，故理該五種。就勝唯取實相觀照，如宗中辯釋此智慧，初别後通。言‘别相’者，具足梵音，應言‘波羅胥若’，此翻爲‘惠（慧）’。梵云‘若那’，此翻爲‘智’。體雖是同，俱别境惠（慧）。義用有異，故得名殊。擇法决斷，二種異故。即准《大品》、《涅槃經》等，若字通目[②]‘智慧’二義，此[□][是][③]‘智慧’二字界故。‘般那’兩字，是其自（字）緣[④]，以‘般’助‘若’爲‘慧’，以‘那’助‘若’爲‘智’。由是諸經十度之中，‘智’‘慧’二别。《勝天王般若》云：‘菩薩具足般若，具足闍那。’又云：‘得闍那門，能入衆生諸根利鈍，得般若門，分别句義。’言‘通相’者，由體同故。智處説慧，慧處説智，一切無違，即説第六名‘智度’等。”

問：“題名‘般若’，何故行中乃明布施？”

答：“約前引後，即檀度收；後凈於前，即智度攝；互舉一種，理實相似。又立名據勝，修行約初，故檀、智二，所舉各别。言‘波羅’者，此云‘彼岸’。法有四種，理教行果。但取於果，菩提涅槃，以爲彼岸。教理通因果，行唯在因故。未起苦集，以爲河流；現起集苦，以爲此岸。六度爲舟船，即以行人五藴假者而爲度。‘蜜多’者，‘離’義、‘到’義，由修施等，離出生死，達到彼岸。《唯識》第九：要七最勝之所攝受，方可建立波羅蜜多：一、安住最勝，謂要安

① 政，甲本作“正”。

② 目，録本訛作“回”（“因”之俗體），又回改爲“因”。今據底本改。

③ “是”字底本、録本無，據甲本補。

④ 自，當爲“字”之借音字，甲本《御注〈金剛般若波羅蜜經〉宣演》即作“字”，可參。“字緣”，術語，悉曇之阿等十二摩多或十六摩多，是助成字義者，故謂之“字緣”。

住菩薩種性;二、依正最勝,謂要依止大菩提心;三、意樂最勝,謂要悲愍一切有情;四、事業最勝,謂要具行一切事業;五、巧便最勝,謂要無相智所攝受;六、迴向最勝,謂要迴向無上菩提;七、清净最勝,謂要不爲二障間雜。若非此七所攝,受者所行施等,非到彼岸。由斯施等,對波羅蜜多,一一皆應,四句分別。《辯中邊論》第二有十二最勝,是故皆得到彼岸名。《對法論》第十一有五義,《解深密經》由五因緣。此等相攝,如别章辯。'經'者,梵音'修多羅''修妬路'皆訛也,正云'素怛攬',乃目四義:'衣綖''席經',猶如'瞿名''仙陀婆'等,今[①]取'經'義,亦取'綖'義。何者?《四分律》云:如種種花置於案上,風吹散落。以綖速持,則不散失。衆生根性如案,佛説教義如花,若不連持,邪見異風,惑(或)當颺散。今結集家連綴佛語,如綖貫花,如經持緯。《佛地論》云:以聖教貫穿攝持所應説義及所化生,如次可配'綖'、'經'二義。然其'經'字,即與此方'經誥'名同。此方俗釋'經'者,'常'也,'法'也,'經'也。故今不易爲'常',揩定是非爲'法',律通物理爲'經'。佛教同之,亦無有失。小乘論中,雜心五義,謂湧泉等,義如常説。經雖在教,依《瑜伽論》,出經體中。通取所詮,故總言'經'。通教及理,般若波羅蜜多亦通理教。由此對經,綺互相望,總有四句,謂金剛般若波羅蜜多即經等,持業、依主,隨應解釋。

解經文中先科判,後解釋。依無著菩薩判釋,此經有十義句、十八住處。餘二論釋無别科判。真諦三藏正宗分中分四:一、護念付囑;二、住;三、修;四、斷疑。兼序流通,爲[□][其][②]六分。菩提流支《金剛仙記》判爲十二,一一廣多。既非論意,今並不取。然晋朝道安法師,時人稱爲'寶印手菩薩',科判諸經以爲三分:序分,正宗,流通。後譯《佛地論》,親光[③]菩薩釋《佛地經》,三分正同。是知妙理潜通,惠(慧)心玄合;彌天之稱,豈虚也哉?言'三分'者:一、教起因緣分;二、聖教所説分;三、依教奉行分。名雖少差,義理無别。即依此判,經文有三:始從'如是'至'敷坐而坐'爲序分,'時長老須菩提

① 今,底本、録本作"令",今結合文意,據甲本改。

② 其,底本、録本無,據甲本補。

③ 光,録本訛作"先",據底本、甲本改。

在大衆中'至'應作如是觀'爲正宗分,餘名'流通'。序分又二:初通序,即'如是'等;後別叙,'爾時世尊'以下文是。經此二序,有五對名:一、通別對,諸經共有,當部別緣故;二、證信、發起對,初傳法者引證令信,後説法者別緣發起;三、經後序、經前序對,經後教置、經前自有故;四、阿難序、如來序對,從請得名、爲説方便故;五、未來序、現在序對,阿難後請、當時緣起故。雖有多名,初二對名,義理周盡①,然各隨勝,以立二名。不爾,證起豈不遍也?

將釋通序證信,先以三門分別:一、起之因由;二、建立所以;三、開合不同。

起之因由者,《摩訶摩耶經》、《大悲經》、《智度論》等具述其事。然《大悲經》優波離教、阿難問,《大術經》等阿泥樓豆教,二人共教,互舉其一。'請問四事'者:一、佛滅度後諸比丘等以誰爲師?二、依何住?三、惡性比丘如何調伏?四、一切經首當置何言?佛教之云:'我滅度後,以波羅提木叉爲汝大師;依四念處住;惡性比丘梵檀治之、梵默然故,不應打罵、但擯默故;一切經首當置"如是我聞"等言。'"

問:"何故阿難但申四問,不增減耶?"

答:"戒能止惡,可以爲師;念處破倒,依之修學;梵法默然,能伏惡人。初明正行,次明正解,次明除障。此之三門,必依聖教。由斯所問,不增不減。又,破生死病,要具四事:一須名醫,二求妙藥,三識觸犯,四善經方。[□][四]②義如次。佛大醫王滅度之後,此四爲要,是故問之。又③此即是三寶不斷。以戒爲師,即當佛寶不斷;惡性比丘既調伏已,衆得和合,即僧寶不斷;餘二法寶,念住即通理行二法。結集教法,理等不斷,果法自是。故四義更無增減。後結集時,阿難依命置'如是'等。"

"建立所以"者,立"如是"等,自有四意:一、爲除疑;二、爲生信;三、爲簡邪;四、爲顯正。

言"除疑"者,真諦引微細律,阿難昇高座,衆有三疑:一疑佛大悲從涅槃

① "盡"後録本有一"能"字。按:底本此處先書一"能"字,旋塗去。今據删。
② 四,底本、録本無,據甲本補。
③ 又,甲本作"有"。

起，二疑更有佛從他方來，三疑阿難轉身成佛、爲衆説法。[□][説][1]“如是”等，三疑併斷。

二“生信”者，《智度論》云：説時方令人生信，故“信爲能入，智能度故”。

問：“信何功能，最初令生？”

答：“夫信體者，心净爲性。如水清珠，能清濁水，能與一切善而爲根本。故《花嚴》云：‘信爲道元功德母。’且如發心趣向三乘，有善法欲。信爲欲依，故初令生於大乘位。聖胎三十[□][人][2]，以信爲首。五根、五力及七聖財，皆信爲初。入聖即證四不壞信。信三寶故，能越惡道；由信戒故，離貧賤因。故論亦説有信現觀。又《婆沙論》説：學佛法者，如大龍象，以信爲首，以捨爲牙，以念爲頸，以惠(慧)爲頭，於其兩肩擔集善法。象所飲噉，以鼻爲手，故學法者最初令生。又拔衆生，出生死泥，須舉信首。後陳正宗，爲佛教手；序令生信，爲衆生手；兩手相接，出淤泥故。《智度論》云：‘如人有手至於寶山，隨意所取；若其無手，空無所得。有信心人，入佛法寶，能證道果；若無信心，雖解文義，空無所得。是故經初，令生净信。’”

三“簡邪”者，外道教初皆置“阿漚”二字，云梵王[3]有七十二字，以訓於世。衆生轉薄，梵王嗔怒，吞噉諸字，唯此二字，在口兩角。“阿”表於“無”，“漚”表於“有”，置彼教初，令置六句。爲簡於彼，故《智論》云：“一切經首當置何言，簡異外道？”

四“顯正”者，三寶最吉祥故。我經初説佛[4]爲佛寶，“我聞比丘”爲僧寶，“如是一時”及處爲法寶。“法寶三”者：一、所説法；二、説時；三、説處故。

“第三開合”者，《真諦記》中開爲七事：一、“如是”者，標所聞法；二、“我”者，辯能聞人；三、“聞”者，親承音；四、“一時”者，顯所聞法善合時宜；五、“佛”者，明能説主；六、“住處”者，顯説有處；七、“大比丘”等，顯非獨聞。《智

---

① 説，底本、録本無，據甲、戊二本補。

② 人，底本、録本無，據戊本補。

③ 王，録本訛作“玉”，據底本改。下句：“梵王嗔怒，吞噉諸字。唯此二字，在口兩角。”可助互勘。梵王，天名，“大梵天王”之異稱。大梵天爲初禪天之王，故曰“大梵天王”，略曰“大梵王”，亦曰“梵王”。

④ 佛，底本作“化”，疑當爲佛之俗體“仏”字之訛。今結合文意，據甲本改。

度論》中,合“我”“聞”爲一,總説六義:一、信;二、聞;三、時;四、主;五、處;六、衆。世親菩薩《般若燈論》亦有六義。故彼頌云:

“前三明弟子,後三證師説。一切修多羅,其事皆如是。”

有引《法華論》云:“證信序中分六成就者,謬也。”或總分五,如《佛地論》:一、總顯又[①]聞;二、説經時分;三、明説經主;四、説經處;五、同聞衆,即合“如是”、“我聞”爲一。今又助釋,可分爲五,謂能説爲一。然佛説法,離四種失:一、無非法,即“如是”;二、無非根,即“我聞比丘”;三、無非時,即“一時”;四、無非處,“在舍衛”等。或總爲四,《真諦三藏》所釋七事總唯有四。初“如是”者,明所聞法;次“我聞”者,辨能聞人;次二證所聞法,後二證能聞人。今又解云:能説能受,所學[□][所][②]依,故分爲四。佛爲能説主,“我聞比丘”爲受教人,“如是”爲所學法,“一時及處”爲説所,能依受弟子有衆别故,説法所依有時處故。或合爲三,即前三寶。又依《佛地》,義可分三:一、總顯已聞及説教時;二、别顯教主及説教處;三、教所被根。或合爲三[③]人[□][三][④]法,人稟法以成得,法藉人以弘宣,兩相資成,互爲因果:一、佛;二、我聞;三、比丘衆;此三屬人。一、如是;二、時;三、處,此三屬法。人有師資,資中傳證;法有假實,假中時處。故總爲二,成合爲一,即證信通序。

經:“如是。”

演曰:自古多釋,今叙三門:一、别解“如是”;二、合解“如是”;三、帶“我聞”解。初即“如是”兩字,各别訓釋;次即總申二字之意;後將“如是”二字連“我聞”解,非釋“我聞”。

初别解者,唐梵道俗,總有九釋:一、安法師云:“有無不二爲‘如’,如非有無爲‘是’。‘如’無所‘如’,‘是’無所‘是’,故云‘如是’。”二、支[⑤]公云:“教能顯理爲‘如’,智能照理爲‘是’。”三、智者禪師云:“以文爲‘如’,以理爲‘是’。文以巧詮爲‘如’,理以無非爲‘是’。”四、《注法華》云:“‘如是’者感應

① 又,甲本《御注〈金剛般若波羅蜜經〉宣演》作“已”。

② 所,底本及録本無,據甲、戊二本補。

③ 三,底本作“二一”,當爲豎排“三”字之訛。今結合文意,據甲本改。

④ 三,底本及録本無,據文意補。

⑤ 支,録本訛作“友”,據底本改。

之端,‘如’以順根受名,‘是’以無非立稱。衆生以無非爲感,如來以順根爲應。傳法者欲顯名教,出於感應,故建言‘如是’。”五、《注無量義經》云:“至人説法,但爲顯‘如’。唯‘如’爲‘是’,故言‘如是’。”六、澤州法師云:“所説之法,如於前事,故云[□][爲][1]‘如’。説事如事,説理如理,因果亦爾。此所説言,皆當道理,故稱‘如是’。乖法爲‘非’,如法爲‘是’。此約法解,又約人解。阿難道佛所説之法,如過去佛所説不異,故名爲‘如’;正而非邪,故稱爲‘是’。”七、梁武帝云:“‘如’即指法,‘是’即定詞。如斯之言,是佛所説,故言‘如是’。”八、長耳三藏云:“‘如是’有三:一、就佛。三世諸佛,共説不異,名‘如’;是以同説,故稱‘是’。二、就法。諸法實相,古今不異,故名爲‘如’;如‘如’而説,故稱爲‘是’。三、就僧。以阿難聞望佛本教,所傳不異爲‘如’,永離過非爲‘是’。由此同説,稱理無謬,故經可信。”九、相傳釋“真不違俗爲‘如’,俗不違真爲‘是’”“順理爲‘如’,遮妄爲‘是’”“攝福爲‘如’,生惠(慧)爲‘是’”“教順於理爲‘如’,依教起行爲‘是’”“境如智是”等,歷法廣説,義乃無窮。

次合解“如是”,復有六釋:一、肇法師:“‘如是’者,信順之詞。信則所言之理順,順則師資資道成。詞無繁約,非信不傳。是故經初建言‘如是’。”二、《真諦記》云:“‘如是’者決定義。決定有二:一、文;二、理。”三、興[2]皇法師云:“‘如是’者,無差異義。”四、法智《注涅槃》云:“‘如是’者,阿難自明之詞也。金口所説,旨深意遠,非所仰側(測)。而章句始末[3]正自如是也。”五、瑶公云:“以離五謗名爲‘如是’:第一句‘如是’,此經離執有增益謗;第二句‘如是’,此經離執無損減謗;第三句‘如是’,此經離執亦有亦無相違謗;第四句‘如是’,此經離執非有非無愚癡謗;第五句‘如是’,此經離執非非有、非非無戲論謗。”六、《智度論》第一云:“如是義者,即是信也。不信者,言是事不如是。後帶‘我聞’,以帶釋‘如是’。”

復有五釋:一、光宅法師云:“‘如是’者將傳聞前,題[4]舉一部。‘如是’一

① 爲,底本、録本無,據甲本補。

② “興”前底本、録本有一“理”字,當涉上文而衍,今結合文意據甲本删。

③ 末,録本訛作“未”,據底本改。

④ 題,底本、録本作“顯”,今結合文意,據甲、戊二本改。

部我親從佛聞,即爲‘我聞’,作呼輒耳。”二、惠(慧)朗云:“‘如是’者直指之詞,謂如是之經,我從佛聞,非自造也。”三、功德施《論》云:“‘如是我聞’者,顯示此經是世尊現覺而説,非自所作。”四、《佛地論》云:“‘如是’總言,依四義轉:一、依譬喻,謂當所説如是文句[□][如][1]我昔聞。二、依教誨,謂告時衆如是當聽,我昔所聞。三、依問答,謂有問言:‘汝當所謂説,昔定聞耶?’故此答言:‘如是我聞。’四、依許可,結集時諸菩薩衆咸共請言:‘如汝所聞,當如是説。’傳法菩薩便許彼言:‘如是當説,如我所聞。’又‘如是’言可審定,謂如是法我昔曾聞。此事如是,齊此當説,定無有異。”五、菩提流支依《金剛仙論》:一、發心如是;二、教化如是;三、譬喻如是;四、決定如是。“發心如是”者,自念我當如是發菩提心,修諸善行。“教化如是”者,教示人言:“汝當如是發菩提心,修諸善行。”“譬喻如是”者,是人如是威德熾盛,如日光明;智惠(慧)深廣,猶如大海。“決定如是”者,我如是見、我如是聞等。今言“如是”但取第四“決定如是”。

演曰:此之四種,如次即當《佛地》所説,許可教誨,譬喻問答,思准(維)[2]可知。總、别凡有二十家釋。

《經》:“我聞。”

演曰:第二能聞。傳法菩薩自指己身,言如是法親從佛聞,故名“我聞”,非爲“我”者定屬一人。所言“聞”者,且小乘宗薩婆多師耳聞非識,經部翻此,譬喻師説:心、心所法,和合能聞;依大乘宗,根識心所,和合爲聞。《雜集》第二[□][云][3]:“問:‘爲眼見色,爲識等耶?’答:‘非眼見色,亦非識等。以一切法無作用故。’”由[□][有][4]和合,假立爲見,耳等亦爾。然諸聖教,就勝所依,或説根聞;以能分别,或説識聞;具前二義,説根、識聞,皆不相違。又依世俗,耳等能聞;依勝義理,耳非能聞,亦非識等。《瑜伽》五十六説:“法自性衆緣生故,刹那滅故,無作用故。”《智度》亦云:非耳及識意等能聞,從多

① 如,底本無,此據《佛地經論》[T26n1530p291a23]補。
② 准,甲本作“唯”。“准”乃“唯”之形訛字,“唯”此當爲“維”之借字。
③ 云,底本及録本無,據甲、戊二本補。
④ 有,底本、録本無,據甲本補。

緣[□□][和合]①,故得聲聞,乃②至云"佛法中無有一法能作能見能知"等。又耳根識,唯聞於聲,而不聞教;若約名句,唯意識聞。故《瑜伽》言:"聞謂比量。"然由耳識親聞於聲,與意爲問,意方得聞。耳意爲緣,熏習在識,因聞所成,總説名"聞"。廢别耳等,總名"我聞"。故《佛地論》云:"'我'謂諸蘊世俗假者,'聞'謂耳根發識聽受。廢别就總,故説'我聞'。"

一問:"何須廢别而就於總?"

答:"若不言'我',不顯自、他,耳通一切,是誰耳聞?又復聞時,非唯耳等,待緣極多。若一一陳,遂成煩廣。若唯説一,義用不周。顯和合聞,總標假者。然'我'有三:一、妄所執我,謂外道等所横計我;二、假施設我,謂大涅槃樂净常我,除二乘倒、强施設故;三、世流布我,謂世共傳、天授祠授等。今傳法者,隨順世間,自指稱'我',不同前二,即是無'我'之大'我'也。遍計無體,圓成無相,不③可説聞,然就依他,亦無[□][實]④聞。因緣和合,假説名'聞'。"

二問:"諸佛説法,本除'我'執。何故不稱'無我',乃言'我聞'?"

答:"《瑜伽》第六四義釋之:一、言説異故。若説'無我',通蘊處界,知此説誰?二、順世間故。三、除無我怖故。言'無我'者,爲誰修學?四、爲宣説自他染净因果事業、令生决定信解心故,所以稱'我'。《智論》第一:四悉檀中,依世界悉檀,説我無過,即當《瑜伽》順世間故。又云世間語言有三⑤根本:[□][一]⑥、見;二、慢;三、名字。前二不净,後一通净。一切凡夫三種語言,見道學人二種除見。今依第三,説我無失。"

三問:"既依名字,何故不言'阿難聞'?"

答:"有五義:一、示不乖俗宗,雖顯真序⑦,不乖俗理;雖顯妙言,不乖麁

---

① "和合"二字底本、録本無,據甲本補。
② 乃,底本誤作"及",録本據文意録正。甲本亦作"乃",可參。
③ "不"字前書手誤增一"無"字,今結合文意,據甲本删。
④ 實,底本、録本無,今結合文意,據甲本補。
⑤ 三,録本訛作"之",據底本改。
⑥ 一,底本及録本無,據甲、戊二本補。
⑦ 序,録本訛作"諦",據底本改。

欲;顯真諦不離俗故。二、‘我[①]’者,主宰自在之義。《佛地論》云:‘顯示聞者,有所堪能。’《集法傳》云有三‘阿難’:一、‘阿難’,此云‘慶喜’,持聲聞藏;二、‘阿難跋陀’,此云‘喜賢’,持獨覺藏;三、‘阿難伽羅’,此云‘喜海’,持菩薩藏;但爾一人,隨得名別。阿難於教,總持自在。若稱名字,雖順正理,無於諸法得自在義。由斯稱‘我’,不道‘阿難’。三、表親聞。世間共言‘我見’‘我聞’,此將爲親證。若言‘阿難聞’,或非親聞,[□□□□□□□□][從他傳受。今顯親聞][②],以破疑網。四、不識阿難者,謂言:‘誰聞?’五、有同名者,爲言彼聞。”

四問:“慶喜于時[□][亦][③]親見覺,何唯説聞?”

答:“有四義:一、名等詮義,非色等故,欲證深理要聞法故;二、此界以聲而爲佛事,聲爲所依名等有故;三、希證菩提要聞熏習,由聞熏習、成出世故;四、顯非現證故。有釋云:諮承有所,無自信之過,即推功歸佛,表已因位。未現見法,但聞而已。若言見覺,謂言同佛。”

五問:“爲佛説法,言‘我能聞’;爲佛不説,言‘我聞’耶?”

答:“有二解:一者,龍軍無性等説諸佛唯有三法,謂大定、智、悲,久離戲論,曾不説法。由佛慈悲本願緣力,衆生識上文義相生,雖親依自善根力起,而就强緣名‘佛説’。譬如天等增上力故,令於夢中得呪論等。《佛地》一師,亦同此解。二者,親光等言佛身具有蘊、處、界等,由[□][離][④]分別,名‘無戲論’;[□□□□□□□□][豈不説法,名‘無戲論’][⑤]?謂疑[⑥]聞者善根本願緣力,如來識上文義相生,是佛利他,善根所起,名爲‘佛説’。聞者識心,雖不親得,然似彼相分以顯現,故名‘我聞’。應智説此‘如是我聞’,意避增

① “我”下底本、録本有一“聞”字,當係衍文,今結合文意據甲、戊二本删。

② “從他傳受今顯親聞”八字底本、録本無,今結合文意,據甲本補。

③ 亦,底本及録本無,據甲、戊二本補。

④ 離,底本、録本無,今結合文意,據甲本補。

⑤ “豈不説法名‘無戲論’”八字底本及録本無,據《〈妙法蓮華經〉玄贊》[T34n1723 p663c21—22]補。

⑥ 疑,録本作“從”,據底本改。此字甲、戊二本作“宜”。

減異分過失，謂如是法我從佛聞，非他展轉顯是（示）[①]，聞者有所堪能。諸有所聞皆離增減異分過失，爲令衆生恭敬信受，文義決定無所增減，是故聞者應正聞已，如理思惟，當勤修學。"

六問："阿難是佛成道日生，二十年後方爲侍者，已前諸教何得親聞？"

答："有六義：一、本願力故。過去作長[□][者][②]供養誦經沙彌，今得總持。《龍樹讚》云：'面如浄滿月，眼如青蓮花。佛法大海水，流入阿難心。'二、展轉聞[□][故][③]。《智度論》第二説：'佛初轉法輪，爾時我不見。如是展轉聞。'三、佛加持故。《報恩經》云：'佛入世俗心，令阿難知。'四、佛爲略説故。亦出《報恩經》。佛粗舉其端，而能盡解。五、三昧力故。《金剛花經》説阿難得法性，覺性自在。六、聞法力故。《觀佛三昧海經》第五：阿難見佛聞法，説菩薩行，即憶過去九十億佛所説經藏。《法花經》第四云自聞[④]受記等，即時憶念過去無量千萬億諸佛法藏，通達無礙，而説偈言'世尊甚希有'等。上來六緣，由本願力，得成後五。"

七問："有無量[□□□□][大菩薩，何][⑤]故唯付阿難持法？"

答："諸菩薩等，各各忽務，莊嚴眷屬，調伏自身，不能宣通。阿難寫瓶有寄，所以傳燈是屬。又復阿難常隨如來，人天所識，傳必生信。諸菩薩等形異處疏，非衆皆識，或容不信。"

八問："諸經皆'如是我聞'，何故《温室經》云阿難曰'吾從佛聞'、《藥師經》云'聞如是'等？"

答："隨方置言，其意無別。如阿難昇座説經已，大衆欲[⑥]言：'無常力大，無常力大！如此等法，我於佛所親自聽聞。'今者乃言'我聞如是'。"

《經》："一時。"

---

① 是，甲本作"示"。

② 者，底本、録本無，今結合文意，據甲本補。

③ 故，底本、録本、甲本無，今據上下文意補。

④ 聞，底本訛作"開"，録本據文意録正。甲本亦作"聞"，可參。

⑤ "大菩薩何"四字底本、録本無，今結合文意，據甲本補。

⑥ 欲，甲本作"難"。

演曰：第三時成就，無非時失。初明如實義，次汎叙[□][異]①解，後問答分別。明實義者，佛説衆經，前後多時，今者正指説此部時，於一時中在其處説，如《涅槃經》云"我於一時在尸國""我於一時在恒河岸尸首林"等。《功德論》云："'一時'者，説此經時。餘時復説無量經故。"《金剛仙論》，意同此説。

問："字、名、句等，説聽多時，如何言'一'？"

答："《佛地論》云：'此就刹那相續無斷，説聽究竟，總名"一時"。若不爾者，字名句等，説聽時異，云何言"一"？'彼《論》意説無問時之長短，總説一部，説聽究竟，名爲'一時'。以有勝人得陀羅尼，或净耳根，於刹那頃②能説能受，亦名爲'一'，非唯相續。論又釋云：或相會遇，時分無别，故名'一時'，即説、聽共相會遇同一時義。"

演曰：彼《論》二義：一、説、聽究竟爲"一時"；二、説聽會遇爲"一時"。前簡説餘部時，後簡説聽前後時。次叙異釋者，長耳三藏解有三種：一、分段流③轉時。二、④不思議變易時。上二即二種生死。三、假名[□][時]⑤。假名時有三：一、伽羅時；二、三摩時；三、世流布時。"伽羅時"者，此云"别相時"。如制戒律，大戒時聞，小戒時不聞；出家時聞，在家時不聞；國王⑥得[□][聞]⑦，餘人不得聞。"三摩耶時"者，此云"破邪見時"，謂五部阿含、九分達摩，不簡白黑，一切得聞。此二與《智論》同。"世流布時"者，即是世人語法，如言"一時在恒河岸"等，令⑧依破邪見及世流布時，故⑨名"一時"。真諦三藏説"時"有十義：一、佛出世時；二、説正法時；三、聽正法時；四、持正法

① 異，底本及録本無，據甲、戊二本補。

② 頃，録本訛作"須"，據底本改。據《大般若經》卷三四七所説，一刹那大約相當於一食頃（一前食之間，即早食之前或早食之間）之時間。

③ "流"字前書手誤增一"二"字，今結合文意，據甲本删。

④ 二，録本訛作"三"，據底本改。

⑤ 時，底本、録本無，今結合文意，據甲、戊二本補。

⑥ 王，録本訛作"三"，據底本改。

⑦ 聞，底本及録本無，據文意補。

⑧ 令，底本、録本作"今"，今結合文意，據甲本改。

⑨ 故，底本、録本作"改"，今結合文意，據甲本改。

時;五、思正法時;六、修正法時;七、下善種時;八、成熟善根時,謂生國中①修四念處;九、解脱善根時,爲聽法、説法、思法、静心、修習,具此五事,得入解脱;十、心平等時。若下若高,聽法不入;若作棄捨正法心,此是無明②不平等心,聽亦不入。若能拔沈抑浮,念捨平等,得入正法,故名"平等捨心時"。具此十義,故名"一時"。

後問答辨者。

一問:"'一'之與'時',何法爲體?"

答:"皆是假法,不相應行,依色心立,即數與時,二種爲體。[□□][法界]③、法處亦即數識、世識所收。"

二問:"大乘過未既非實有,於三世中如何立時?"

答:"'時'有二義:一道理[□][時]④,即約法體,五蘊諸行,刹那生滅,唯有一念現在之法。然有酬前、引後之義,即以所酬,假名'過去';即以所引,假名'未來';對此二種,説爲'現在'。今説聽者,五蘊之法,刹那生滅,前後相續,事緒究竟,假立三世,總名'一時',非一生滅之'一時'也。二唯識心之上,變作三時,相狀而起,理實唯有,現一念心,令⑤説聽者,隨心分限,變作短長,事緒終説,總名'一時'。如夢所見,謂有多生,覺位唯心,都無實境。"

三問:"説聽一念,生已即滅。如何識上聚集解生?"

答:"雖唯一念,然前⑥聞者熏習成種,後識心上連帶解生,是故文義聚集顯現。如言'諸惡者莫作',至作字時,前之四字一時聚集,乃至一偈一章一品連帶亦爾。雖無過未,而説受義成因。此應明五心之義,如别章説。"

四問:"如何不言四、八等時?"

答:"一日一月,照四天下,長短暄寒,遠近晝夜,諸方不定。恒二天下,

① "國中"二字底本、録本作"中國",今結合文意,據甲本改。
② 明,底本、録本作"時",今結合文意,據甲本改。
③ "法界"二字底本、録本無,今結合文意,據甲本補。
④ 時,底本、録本無,今結合文意,據甲、戊二本補。
⑤ 令,底本、録本作"今",今結合文意,據甲本改。
⑥ 此處底本、録本另衍一"前"字,據文意删。

同起用故。又除[□□][四天]①已下,上諸天等,無此四時及八時等。經擬上地,諸方流通。若説四時,流行不遍,故亦不定。約成道已後,年數時節,由三乘凡聖所見不同、佛身報化年與歲短長、成道已來近遠各不同故。經擬三乘,凡聖同聞,故不定説。成道已後,若干年歲,雖諸經典下别文中有説'四時''十二時'等,即此經'食時,著衣持鉢'乃至'敷坐而坐,日正午時',或説'成道近遠時'等,皆隨一方衆生聞見結集之家②,且作是説,然非一部,初總明時。今[□][初]③總明,故但言'一'。"

五問:"時中凡聖殊,今但總言'一'。處中净穢别,如何説定方?"

答:"處中唯净、穢,標處可定知。時中萬品差,不准唯言'一'。一念④根宜,凡聖、勝劣、利鈍、長短,有多差别,不可定准。故處可定説,而時但總言'一'。"

《經》:"佛。"

演曰:第四化主成就。《智度論》第二,五種能説:一、佛;二、聖弟子;三、諸天;四、神仙;五、變化。今明佛説,表可崇信。魏本名"婆伽婆",梁本言"佛婆伽婆",隋言"世尊",貞觀名"薄伽梵",周云"佛婆伽梵",此但言"佛"。准經梵本,皆稱大師名"薄伽梵",即十號中第十號也。《佛地論》云:"[□][佛]⑤具十種功德名號。何故如來教傳法者一切經[□][首]⑥但置如是'薄伽梵'名?謂此一名,世咸尊重。故諸外道稱本師名'薄伽梵'。又此一名,總攝衆德,餘名不爾。"此故置此名。准梁、周⑦本,加似(以)⑧"佛"名,爲簡外道,餘本略也。今翻譯者更存省略,隨方生善,但標"佛"名。

---

① "四天"二字底本、録本無,今結合文意,據己、庚二本補。
② 家,底本作"象",今結合文意,據甲本改。
③ 初,底本、録本無,今結合文意,據甲、己、庚三本補。
④ 念,底本、録本作"會",今結合文意,據甲、己、庚三本改。
⑤ 佛,底本、録本無,今結合文意,據甲、己二本補。
⑥ 首,底本、録本無,此據甲、己、庚三本及《佛地經論》[T26n1530p292b12]補。
⑦ "周"前"梁"字底本置於該字後作"周梁",今據甲本改。
⑧ 似,此讀如"以"。此字甲、己、庚三本正作"以"。

梵云"陀",此名"覺"。"覺"者具有三義:一、自覺,簡凡[□][夫][1];二、覺他,簡二乘;三、覺滿,簡菩薩。

《佛地論》云:具一切智、一切種智,能自開覺,復能開覺一切有情,如睡夢覺,如蓮花開,故稱爲"佛"。"一切智"者,能自開智,如睡夢覺智,觀於空智、理智、真智、無分别智,如所有也;總相而言,斷煩惱障。"得一切種智"者,覺有情智,如蓮花開智,觀於有智、事智、俗智、後所得智,盡所有也;總相而言,斷所知障得。又,《成實論》十義釋"覺",《大般若》七義,應檢叙之。"薄伽梵"者,准[2]《佛地論》,以二義釋:一、成德義;二、破魔義。就"成德"中,復有六義:一、自在;二、熾盛;三、端嚴;四、名稱;五、吉祥;六、尊貴。其義云何?謂諸如來,永不繫屬諸煩惱故,炎猛智火所燒練故,三十二大士相等所莊飾故,殊勝功德圓滿無不知故,一切世間親近供養咸稱讚故,具一切德、常起方便、利益安樂一切有情無懈廢故。初得(德)、後得(德)、四恩德[3]如次配釋。

二"破魔義"者,彼《論》又云:或能破壞四魔怨,故名"薄伽梵"。《攝大乘論》云:"能破四種大魔怨,故名'薄伽梵'。""又自在等功德相應,是故説佛名'薄伽梵'。"二義正同。《涅槃經》第十八,有七復次釋"婆伽婆"云:"'婆伽'名'破','婆'名'煩惱',能破煩惱,故名'婆伽婆';又能成就諸善法故;又能善解諸法義故;有大功德無能勝故;有大名聞遍十方故;又能種種大惠施故;又於無量阿僧祇劫吐女根故。"初一離障,後六成德。如次配前《佛地》六義。《瑜伽》八十三云:"'薄伽梵'者,坦然安座妙菩提座,任運摧滅一切魔軍大勢力故。"

演曰:《佛地》、《攝論》及《涅槃經》,皆約二義;《瑜伽論》中,唯約破魔;廣略異故,由能離障、德自成故。涅槃離障,唯約煩惱。舉因攝果,即破四魔。

問:"佛有三身,此説何者?"

答:"據標穢土,爲聲聞説,即是化身。論其實義,具足三佛,由空無相真

---

① 夫,底本、録本無,今結合文意,據甲、己、庚三本補。

② 准,底本、録本作"唯",今結合文意,據甲、己二本改。

③ "初得後得四恩德"七字甲本作"初一斷德,次一智德,後四恩德"。

如妙理生智解故，名法身説。應化非真佛，亦非説法者，推功歸本，即真報身，若約十地菩薩[①]，所[②]見即他受用。《佛地論》云：'如實義者，釋迦牟尼説此經時，地前大衆見變化身居此穢土爲其説法，地上大衆見受用身居佛净土爲其説法。所聞雖同，所見各别。雖俱歡喜信受奉行，解有淺深，所行各異。'准彼《論》意，隨對根宜，所見有[③]别，理實三身，體示相離。"

《經》："在舍衛國祇樹給孤獨園。"

演曰：第五處成就，無非處失。《佛地論》云：若不説處及能説者，不知此法何處、誰説，一切生疑，故須具説。"舍衛"譯[④]云"聞物"，國以多出勝大寶物，名流遠方。又有於此修學得仙，諸方知聞故。周本云"名稱大城"，正梵音云"室羅筏悉底"。此云"豐德"：一具財寶，二妙欲境，三饒多聞，四豐解脱，故以名焉。今言"舍衛"，或"舍婆提"，皆訛略耳。河南釋云：此中印度境憍薩國之都城名，爲别南憍薩羅，故以都城爲國之稱。今檢《西域記》，有兩憍薩羅國。《智度論》云："憍薩羅國主波斯匿王，住舍婆提大城中。"《如來示教勝軍王經》亦云"憍薩羅主勝軍大王"。《仁王經》第一云"舍衛國主波[⑤]斯匿王"。國城之名，隨舉其一。

問："據此土境名'憍薩羅'，城名'舍衛'，即體是一。若爾，何故《仁王經》列十六大國第一憍薩羅[□][國][⑥]、第二舍衛國？"

答："彼是南憍薩羅，去此懸遠，故不相違。有人釋云：波斯匿王是兩國主。又云：憍薩、舍衛，本是兩國。合爲一國者，皆爲謬釋。由不能了南北二處憍薩羅故。"

問："准《智論》云：'復次，憍薩羅國佛生身地，欲報地恩，多住舍婆提城。'准此，故知舍衛城在憍薩羅國。若爾，佛生迦毘羅國，何故乃言此

---

① 卷上以下内容原底本伯 2173 號殘，録本無，轉以乙本作底本，甲、丙、己、辛四本爲參校本補録之。

② 所，甲本作"可"。

③ 有，甲本作"居"。

④ 譯，底本訛作"澤"，辛本據己本校改，兹據正。

⑤ 波，底本訛作"婆"，辛本據甲、己二本校改，兹據正。

⑥ 國，底本、己本無，據甲本補。

國生？”

答：“准《西域記》，迦毘羅國與舍衛相隣，同中印度境。隨隣近説，言此佛生。《仙記》云：‘昔劫初有仙兄弟，弟名“舍婆”，魏云“幼小”；兄名“阿婆提”，魏云“不可害”。此二人住彼處求道，即國爲名。弟略去“婆”，兄略去“阿”，二名雙存，故曰“舍婆提城”。’非但豐德，亦約仙名。城南五六里有逝多林（此云‘戰勝林’，舊云‘祇陀’訛也。），是給孤獨園勝軍王之大臣，號蘇達多（此云‘善施’。），爲佛建精舍。善施長者，仁而聰[①]敏，積而能散，施乏施貧，哀孤恤老，時美其德，號‘給孤獨’焉。尊重如來，願建精舍。佛命舍利子隨處瞻揆，唯太子逝多林園地爽塏，尋白太子。太子戲言：‘金遍乃賣。’善施豁然，即出藏金，隨言布地，有少未滿。太子請[②]留曰：‘佛誠良田，宜植善種。’即於空地，建立精舍。世尊即之[③]告阿難曰：‘園地善施所買，林樹逝多所施。二人同心，式崇功業。自今已往，應謂此地爲“逝多樹給孤獨園”。’此舉化佛所居之土，由對聲聞，化彼地前，發心修行，種姓[④]不斷，故偏舉之。理實亦有報身净土，劫盡火燒，常安隱故。”

問：“何故居此而説般若？”

答：“般若佛母，一切諸法從此經生故，《智論》云‘佛生身地，欲報[□][地][⑤]恩，多住舍婆提城’等，故於此説。又復般若通貫五門。此舍衛城，豐其四德，風俗淳質，篤學好福，人土俱勝，故就此説。鷺池鷲嶺，其義又殊。隨對根宜，不可一准。”

---

① 聰，底本作“聽”，今結合文意，據斯 2782 號《金剛般若經旨贊》卷上改。

② 請，底本訛作“清”。辛本據甲、己二本校改作“請”，兹據正。

③ 之，甲、己二本作“云”。

④ 種姓乃古印度一種世襲的社會等級，分爲四等，即婆羅門（僧侶和學者）、刹帝利（武士和貴族）、吠舍（手工業者和商人）和首陀羅（農民、僕役）。彌勒菩薩説、玄奘譯《瑜伽師地論》卷第三十五：“云何種姓？謂略有二種：一、本性住種姓；二、習所成種姓。本性住種姓者，謂諸菩薩六處殊勝，有如是相，從無始世展轉傳來，法爾所得，是名‘本性住種姓’。習所成種姓者，謂先串習善根所得，是名‘習所成種姓’。此中義意二種皆取。又此‘種姓’亦名‘種子’，亦名爲‘界’，亦名爲‘性’。”[T30n1579p478c12—18]

⑤ 地，底本無，據甲、己二本補。

問:"但舉城園,隨一即得①,何須雙舉?"

答:"《真諦記》云:'住處爲二:一、境界處;二、依止處。住境界處,爲化在俗之徒;住依止②處,爲説出家之衆。'是故雙舉。又《善見婆沙》云:"先舉舍衛國爲遠人,令知國城境界住處;後舉其(祇)③園爲近人,令知依止别處故。'又傳中説:於此城邊有二精舍,一是摩伽羅小堂,二是給孤獨。恐濫小堂,故標國處。今總八義:一、化淄(緇)④素二衆;二、爲遠近二人;三、爲簡濫;四、爲誼⑤寂兩忘;五、爲悲智二事;六、爲道⑥體道緣;七、爲利他、自利;八、爲城(成)⑦無住道。隨其所應,故舉二處。遊化居止,目之爲'在'。遊化在城,居止在園。'在'之與'住',其義是一。因此應釋:聖、天、梵、佛等住。恐煩不述,樂者叙焉。"

《經》:"與大比丘千二百五十人俱。"

演曰:第六同聞衆成就。唯魏、周本流通分中有菩薩摩訶薩,餘四本經並唯四衆、八部。初不列者,欲令聲聞、大乘中生疑者除彼疑故。又解:不定種姓菩薩生定信故。又復聲聞形同如來,常隨於佛,是故偏列。流通分中列菩薩者,欲顯回心畢竟趣大,佛種不斷。其不列者,自是文略。諸經列衆,四句不同:一、唯小非大,如此經等;二、唯大非小,如《華嚴》;三、大小俱列,《法華經》等;四、二俱不列,如《勝鬘經》、《[□][金]⑧光明經》等。此等不同,或隨廣略,或對所爲,或實有無,理非一例。《智度論》云:聲聞⑨藏中唯⑩列聲

---

① 得,底本訛作"問",辛本據己本校改,兹據正。

② 止,底本訛作"上",辛本據甲、己二本校改,兹據正。

③ 其,甲、己二本作"祇"。"其"當爲"祇"之借字。此字辛本據甲、己二本校改作"祇"。

④ 淄,此當爲"緇"之借字。《史記·孔子世家》:"不曰堅乎,磨而不磷;不曰白乎,涅而不淄。"今本《論語·陽貨》作"緇"。

⑤ 誼,底本訛作"詮",辛本據己本校改,兹據正。

⑥ "爲道"二字底本作"道爲",今結合文意,據己本及《佛頂尊勝陀羅尼經教跡義記》[T39n1803p1020b24]改。

⑦ 城,此當爲"成"之借字(二字《廣韻》均可音是征切)。此字甲本作"成"。

⑧ 金,底本無,據甲、己二本補。

⑨ "聲聞"下底本衍"菩薩"二字,據己本删。

⑩ 唯,底本訛作"准",辛本據己本校改。兹據正。

聞,菩薩藏中小大兼列者,且隨多分。大能兼小,小不兼大。作如是説,理實不定,《華嚴經》等不列小故,即此大乘□(唯)[①]列小故。釋來意有五:一爲證信,助成阿難聞同可信;二爲顯德,如帝釋梵王諸天圍繞,顯佛諸王諸聖圍繞;三爲啓請,善現在衆起請問故;四爲當根,令彼聲聞回心趣大故;五爲引攝,若無勝侣,净位不生,引攝現、當[②],令[③]同信學。所言"與"者,"兼""並""共""及"之義。《智論》七義,謂與世尊一處、一時、一心、一戒、一見、一道,同一解脱,故名爲"共"義。

次言"大"者[④],有三説不同:

一者,《真諦記》釋有三義:一、數大,如言大軍;二者、量大,如言大山;三者、勝大,如言大王。比丘亦爾。衆非一故,即是數大;德難測故,則當量大;修菩提道,高極無上,即是勝大。

二者,《佛地論》四義釋"大":一者、利根波羅蜜多種姓聲聞故;二者、無學果[⑤]故;三、不定種姓回心向大故;四、衆數多故。

三者,《智度論》五義:一切衆中最爲上故,諸障斷故,王等敬故,數甚多故,能破九十六種外道論故。

雖有三説,今者詳之,總有八義:一、數大,千二百等故;二、名大,名稱遠聞故;三、位大,大阿羅漢故;四、離大,大[⑥]障礙斷故;五、德大,功德智慧波羅蜜多種性故;六、識大,大人所識故;七、趣大,迴向大菩提故;八、敵大,能破外道故。

梵云"苾蒭",訛云"比丘"。由具五義,所以不譯:一曰"怖魔",初出家時魔宫動故;二云"乞士",既出家已,乞食自濟故;三名"净持戒",漸入僧數,應持[□][净][⑦]戒故;四云"净命",既受得戒,所起三業,以無貪發,不依於貪邪

---

① 唯,底本殘,辛本據甲、己二本補。

② 當,底本作"常",今據己本及《仁王護國般若波羅蜜多經疏》[T33n1709p439b13]改。

③ 令,底本訛作"今",辛本據甲本校改。兹據正。

④ 者,底本訛作"有",辛本據己本校改。兹據正。

⑤ 果,底本訛作"乘",辛本據己本校改。兹據正。

⑥ 大,底本訛作"天",辛本據甲、己本校改。兹據正。

⑦ 净,底本無,今據《仁王護國般若波羅蜜多經疏》[T33n1709p439c5]補。

活命故；五曰“破[①]惡”，漸依聖道，滅煩惱故。“衆”者，僧也，理事二和，得“衆”名也。三人已上，得名“[□][衆][②]僧”故。“千二百五十人”者，律及《因果經》等説：佛初成道，度憍陳如等五人，次度優樓頻螺迦葉衆五百人，次[□][度][③]伽耶迦葉、那提迦葉二衆各二百五十人，次度舍利弗、目乾連二衆各一百人，次度耶舍長者子等五十人，總有一千二百五十五人。今舉大數，故唯爾所。

問：“何不標餘，但舉此等耶？”

答：“名德高故，常[④]隨佛故，皆先外道捨耶歸政（正）[⑤]故。《毘尼婆沙》四義故説：一、以皆是婆羅門種[□][性][⑥]，净行出家故；二、以皆是上上，善來得戒故；三、以皆是大阿羅漢故；四、以皆是五師大門徒故。又准《賢劫定意經》，説釋迦初會[⑦]説經，千二百五十比丘皆得道證。經中且標‘初會所度’，故無餘也。‘俱’者，‘同[□][一][⑧]時’‘同一處’義。”

“若爾，對前‘與’字，應重言失。”

答：“以此兼彼爲‘與’，將彼就此爲‘俱’。又將此對彼，名之爲‘與’；彼、自同時，名之爲‘俱’。”

問：“此等聲聞爲權爲實？”

答：“准《智論》、《攝論》、《寶性論》，此等聲聞皆是應化，常隨如來影嚮（響）[⑨]正法。”

《經》：“爾時世尊”至“大城乞食”。

---

① “破”下底本衍“隱”字，據己本删。

② 衆，底本無，據文意補。

③ 度，底本無，據己本補。

④ 常，底本訛作“當”，辛本據己本校改。兹據正。

⑤ 政，此讀如“正”。此字辛本據文意校改作“正”。

⑥ 性，底本無，據己本補。

⑦ “會”字後底本有一“求”字，今結合文意，據己本及《佛頂尊勝陀羅尼經教跡義記》[T39n1803p1021a14]删。

⑧ 一，底本無，據己本補。

⑨ 嚮，此讀如“響”。《易·系辭上》：“其受命也如嚮。”陸德明釋文：“嚮，又作響。”此字辛本據文意校改作“響”。

演曰：下明發起别序。諸經發起，隨事不同。入定放光，雨花動地。《涅槃》四[1]門以舒照，維摩合益以現奇。各有表彰，由來遠矣。今此乞食，還歸入定，顯修般若，增長法身。文分爲二：初外化表戒，後“收衣鉢”下内静入定。所以然者，發起正宗般若義故。云何發斯乞食威儀？離於邪命故，爲持戒尸羅不清净三昧不現前故，定爲所衣（依）[2]方生正慧爲智慧水修堤塘故。由斯次第，戒、定爲序，慧爲正宗，三學備矣。又解：此經無相福知（智）[3]，爲正所宗。序中二文，初以事化，爲世[4]福田；後以理化，心凝如定。如其次第，發生正宗，福知（智）二種。又釋：初乞食資身，即表身戒；後依定攝心，即彰心慧；欲明正宗，施正法食，資於慧命。以無生心，明無相理，故爲二也。

前文有五：一、化主；二、化時；三、化儀；四、化處；五、化事。

“爾時世尊”者，明化主也。《成實論》説：具上九號，三德備足矣，爲物欽重，故曰“世尊”。即六義中“尊貴”一義。

言“爾時”者，第二化時。

問：“今言‘爾時’，與此何别？”

答：“前總控引，此别指陳，故無有失。梁本云‘於日前分’，唐、周云‘於日初分’，隋云‘前分時’，唯秦、魏云‘食時’。且一日之中，寅、卯、辰是初分，巳、午、未爲中分，申、酉、戌爲後分。食時有二：一、出家人法，寅後、午前總爲‘食時’，以後非時，故諸本云‘初分’‘前分’。二、依俗法，唯别取辰，以爲‘食時’。今言‘食時’，意含總、别。初成正食，求易得故，不惱自他故。此時乞食，還至本處，辰後、午前，不失時也。‘著衣持鉢’，隋云‘此顯化儀’，唐云‘整理常服，執持衣鉢’，隋云‘上裙著已，著上絡衣持’，餘本並云‘著衣持

[1] 四，底本訛作“面”，兹據己本校改。

[2] 衣，此當讀如“依”。《書·康誥》。《書·康誥》：“今民將在祗遹乃文考，紹聞衣德言。”孔傳：“繼其所聞，服行其德言，以爲政教。”孫星衍疏：“衣同依……言今之人將在敬述之王，繼其是聞，依其德言。”

[3] 知，此乃“智”之古字。《集韻·寘韻》：“知，或作智。”辛本據甲、己二本作“智”。下後作“智”之“知”徑括注其今字，不復出注。

[4] 世，底本訛作“悲”，兹據甲、己二本校改。

鉢’。如來三衣：一者安多會，五條衣，是下品服；亦名‘行道作①務衣’，亦名‘儭身衣’；真諦云今在彌提羅國。二者欝多羅僧，七條，是中品服；又名‘入衆衣’，亦名‘説法服’；今在半遮羅國。三者僧伽梨，謂九條、十五條、二十五條，是上品服；亦名‘入王宫聚落衣’，亦名‘福田衣’，並鉢、錫杖；在罽賓國。總名‘袈裟’，亦云‘無垢穢’，或云‘忍辱衣’等、‘消瘦衣’等。今入王城，即著‘僧伽梨’。唐言‘常服’者，即是入王城之常服也。真諦云：著初出家净居所奉袈裟。有云：此衣未有田相，後方制三衣。豈佛入城不著田衣？今釋[□□][不然]②。真諦説：是如白净尼衣，變成袈裟。況佛神力，變成田相，於理何失？如四天王鉢，按成一故。不爾，如來不畜(蓄)③長衣，豈净居衣三衣不攝？梵云‘鉢多羅’，此云‘應量器’，即初成道四天王所奉獻者，青石爲之。然[□][諸]④在家華衣寶器，增長放逸，太著樂邊；出家外道，裸形無服，以手捧飡，致招訶醜，太著苦邊；佛處中行，故持衣鉢。《仙記》云：‘表出家人知足之相，唯三衣鉢，更無餘長出入隨身。猶如飛鳥，不捨二翼，去住隨意，情無繫戀。’又爲入城，故著衣；爲乞食，故持鉢。”

《經》：“入舍衛大城。”

演曰：第四化處。准⑤梁本云“入舍衛大國”，餘並云“城”，已如前釋。園⑥在城南，自外之内爲“入”，處廣人多爲“大”。《西域記》云：“國周六千餘里，内城故堦周二十餘里。”《智度論》云：“居家九億”。然《仙記》云“城之縱廣十二由旬，居人凡有十八億家”者，謬也。“由旬”，舊釋，是四十里城之縱廣，大爲遼闊。

《經》：“乞食。”

演曰：第五化事。於中有四：一爲世福田，二示平等，三明歸本，四顯事

---

① 作，底本訛作“化”，兹據甲、己二本校改。

② “不然”二字底本無，據甲本補。

③ 畜，後作“蓄”。《易・序卦》：“比必有所畜，故受之乙《小畜》。”陸德明釋文：“畜，本亦作蓄。”

④ “諸”字底本無，據甲、己二本補。

⑤ 准，甲、己二本作“唯”。

⑥ 園，底本、甲本作“國”，今結合文意，據己本改。

終。此即初也。佛不假食，爲世福田，故須乞食耳。《維摩經》云："爲不食故，應受彼食；爲懷[□][和][1]合相故，應取揣食。"此於假(段)[2]、觸、思、識四食之中，乞其段食，由其相故，可分段故，是以客乞。後三體是心心所法，各自内有不可乞故。《瓔珞女經》等説：化佛身如全段金剛，無生熟藏等，豈資於食？而今乞者，即《對法論》四種依止食中，示現依止住食。《唯識》亦云："説爲有情依食住者，當知皆依[3]示現而説。"

依諸經論，乞食法有十三種事：一、住正戒；二、住正威儀；三、住正命；四、住正見；五、依法；六、依[□□□][時；七、依][4]處；八、依次；九、離貪；十、離瞋；十一、離取著；十二、離麁獷；十三、離憍慢。此中初四住正乞食，次四住軌則，後五捨煩惱。依《瑜伽論》八十六説："由十因緣，如來入於聚落乞[5]食。"《瓔珞女經》："佛爲成就廿[6]事無過爲(違)[7]故，而行乞食。"隨應叙之。

《經》："於其城中，次第乞已。"

演曰：第二示[8]平等也。[□□][有七][9]：一、由内證平等理故；二、外不現貧富、貴賤等相故；三、内心離貪慢故，不貪美好，不慢麁鄙；四、慈悲普等，

---

① "和"字底本無，據甲本補。

② 假，此當爲"段"之形誤字。施護譯《佛説大集法門經》卷上："復次，四食，是佛所説。謂段食、觸食、思食、識食。"[T01n012p229c15]普潤大師法雲編《翻譯名義集》七："言'段食'者，'段'謂形段，以香、味、觸三塵爲體，入腹變壞，資益諸根，故言'段食'。(《起世經》云"麤段微細食"。閻浮提人飯麨豆肉等名"麤段食"，按摩澡浴拭膏等名"微細食"。古譯經律皆名"摶食"。《説文》："摶，圜也。"《禮》云："無摶食。"《通俗文》："手團曰'摶'。"《熏聞》云："其義則局，如漿飲等不可摶故。"於是後譯皆云"段食"。)"[T54n2131p1172b24—27]可助勘。

③ 依，底本作"衣"，據護法等菩薩造、玄奘譯《成唯識論》卷第四[T31n1585p17c22—23]改。

④ "時；七依"三字底本無，據己本補。

⑤ 以上内容丙本殘。

⑥ 廿，底本訛作"共"，今據甲、己二本改。姚秦曇摩耶舍譯《樂瓔珞莊嚴方便品經》："佛見成就於二十事無過患故，而行乞食。"[T14n566p933b14—15]可助勘。

⑦ 爲，此當爲"違"之借字。此字丙本正作"違"。此字姚秦曇摩耶舍譯《樂瓔珞莊嚴方便品經》作"患"[T14n566p933b14]。

⑧ 示，底本訛作"不"，兹據丙本校改。

⑨ "有七"二字底本、丙本無，據甲、己二本補。

無偏利故;五、表大威神,不懼惡象、沽酒女等家故;六、息外猜嫌,若有所簡,外道惡人謂佛愛憎,有所親疏,便生猜毁;七、破二乘故,即除[①]迦葉、善現[②]貧富之偏。

經:"還至本處。"

演曰:第三歸本。趣得支身,不令過分。又由知足故,乞不過量;知時故,還至本處。又如來食有二種:一、受請;二、不受請。今不受請,故須還歸。又表還源返本,歸真住寂,將説般若深妙理故。又釋國城,雙舉因緣,即是此中往還所以。

《經》:"飯食訖。"

演曰:第四事終。本行乞食,爲生福田。今若不食,施福未滿,故須飯食。《寶云經》説:"隨所乞得,分爲四分:一分擬施同梵行者,一分擬施貧下乞人,一分以施水陸衆生,一分自食。"然以食供養諸佛及衆賢聖,然後自食,當壞食想。如食曠野子肉等,願得法身,離諸過失,念報施主恩,如是想食。今者,如來畢竟不食,常有大威德天,隱其形相,代佛受食,將詣餘方,如香積飯,施作佛事。

《經》:"收衣鉢。"

演曰:大段第二内静[③]。内静入定,理化心慧。文分有三:一、攝資緣;二、净身業;三、入寂定。此即初也。將欲入定,須息攀緣。衣鉢不收,必增勞慮。爲後模軌,故須收置。即疊僧伽梨,還著欝多羅僧。隋本云"器",亦絡[④]衣收攝。《仙記》云:"洗[□][鉢][⑤]已,著常處也。"

《經》:"洗足已。"

演曰:第二净身業也。《仙記》云:"諸佛常法,受步行法。"然如來行時,離地四指,下生蓮華,豈有塵垢?而言"洗足",示出家人威儀嚴净、有可敬之

---

① "除"字底本訛作"降",兹據丙本校改。

② "現"字底本訛作"見",兹據丙本校改。

③ "静"下底本衍一"二"字,兹據己、壬二本删。

④ 絡,底本作"樂",今結合文意,據己、壬二本改。

⑤ 鉢,底本無,今據丙本及《金剛仙論》[T25n1512p802b25]補。

相也。[□□][有六][1]:一者、隨順世俗,以表從穢得浄、顯法身故。二、表戒足清浄、引生定故。三、爲敬定故[2]。四、爲敬法故,將言[3]説法諸佛師故。五、令人於己增敬生福故。六、作軌範故。律中先洗足,後食。今此食後重洗足者,由前義故。

《經》:"敷座而坐。"

演曰:第三入寂定也。爲敬法故,自敷坐具。魏本云[4]:"如常敷座,結伽(跏)[5]趺坐,端身而住,正念不動。"唐[□][本][6]云:"敷如常座,結跏趺坐,端身正願,住對面念。"餘文大同。此本最略。

《仙記》云:如來説餘般若,常自敷座具,敬佛母故。今[7]説此經,亦如常式。自敷法座,故言"如常",即尼師檀。隋本亦云:"坐具世尊施設。"

"加"者,重也。《婆沙論》云:"以兩足趺加其兩髀,名'結跏趺'。"本無"跏"字,傳寫謬也。《瑜伽》第三十:"由五因緣,結跏趺坐:一、由身攝斂,速發輕安;二、能經久時,不速疲倦;三、是不共法外道、他論皆無有故;四、刑(形)[8]相端嚴,令他見已極信敬故;五、佛、佛弟子共所開許,一切賢聖同稱讚故。"

無著《菩薩論》云:"世尊何故以寂静者威儀而坐耶?顯示唯寂静者於法能覺、能説故。"由身端故,心離沉掉,正念不動,正住於定。心安真境,離邪分別,故名"正念"。念與定俱,故言"不動"。唐本云"端身正願,住對面念"者,"正願"即是定前加行,"住對面念",正在定心。面爲定境,即是真如,順向緣故,名爲"對面"。若望生死,亦名"背面"。雖復如來無不定心,示現審法,作後軌模,故須入定。《瑜伽》八十六:由八因緣,如來入定,此應具叙。餘本更有:"爾時諸比丘"至"退坐一面"。今略無此,釋序分訖。

---

① "有六"二字底本無,今據丙本補。
② "定故"二字底本作"故定",今據丙本改。
③ 言,底本作"欲",今結合文意,據丙本改。
④ 云,底本作"王",今結合文意,據己、壬二本改。
⑤ 伽,此當讀如"跏",此字丙本作"跏"。
⑥ 本,底本無,據文意補。
⑦ 今,底本訛作"令",今結合文意,據丙本改。
⑧ 刑,此當讀如"形",此字己、壬二本作"形"。

《經》:“時長老須菩提”至“而白[①]佛言”。

演曰:自下第二聖教所説分,是爲正宗。無著菩薩以七義句科釋經旨:一、種姓不斷;二、發起行相;三、行所住處;四、對治;五、不失;六、地;七、立名。前六義句,顯示菩薩所作究竟;第七義句,顯示成立此法門故。

演曰:前六正所明宗,後一釋經名字。就前六中,初三别配經文。後三住處通義。“義”爲所詮,“句”爲能詮,合名“義句”。何故不言“字”名而[②]言“句”者,“字”非能詮,名局自性,今以“句”寬,顯義周圓,能詮差别,故但言“句”義。

“若爾,何故不言七句義?”

答:“若言七句[③]義,恐句有七。今顯義七句,乃無量義之句,故依主釋也。而兩論初頌皆言‘句義’者,以教詮義,總相而談[④],非顯七義,故無有失。有云‘七句義’者,謬也。”

就後三中,對治是所斷邊執,不失是所修中道地。是此二法之别位,總名爲“住處”。是發大乘者所依[□][住][⑤]處,故别名爲“地”。彼位有漏、無漏諸法,順生勝法,能持、能長,故名爲“地”。總法所依,名爲“住處”。是二差别,經文有三:一、此文以去,種姓不斷。二、“世尊!善男子”下,發起行相。三、“佛告”下,行所住處。初明讚佛,爲請説之;而次問修行,爲趣大之本;後佛廣説,辨修伏之宗。然種姓不斷,自是一部宗竟,故《論》云:此般若波羅蜜爲佛種事不斷,故流行於世。下六因中,亦有此言。今以經初護念付囑,其文顯明不斷義勝,故偏得名,理實通也。由此善現,偏歎此德,[⑥]以生問端。若不爾者,何[⑦]不别歎餘一切德?

《論》主亦云“爲顯示此當得佛種不斷義故,上座須菩提最初説言”等。

---

① 白,底本訛作“自”,今結合文意,據丙本改。

② 而,底本訛作“句”,今結合文意,據己、壬二本改。

③ “七句”下底本、録本衍一“當”字,今結合文意,據己、壬二本删。

④ 談,底本訛作“淡”,今結合文意,據己、壬二本改。

⑤ 住,底本無,據丙本補。

⑥ 甲本以下殘。

⑦ 何,底本訛作“事”,今結合文意,據己、壬二本改。

若依天親,亦爲三段:初,護念付囑;次“世尊,善男子”下,於大乘中,發行斷障;三,“可以身相見如來不”下,明教於理,隨斷所疑。

古判此經,兩同[①]説者,雙違二論,不可依據。今者先依無著科判,餘遂[②]便[③]明,不假預科。初佛種不斷中分二:初善現請儀,後正申不斷。此初也。梵云“須部吼底”,亦云“蘇補底”。“蘇”者,善妙之義;“補底”,現也。初生之際,有善相現,相師瞻之,因以標號。周云“妙生”。隋云“善實”,以實吉故。又云“空生”,以初生時室皆空故。舊云“善吉”,初生,父母以問相師,相師答云:“唯善唯吉”,古(故)名“善吉”。梵音含多義,各隨翻耳。真諦記云:是東方世界青龍陀[④]佛於此影響。准《入大乘論》、《攝論》偈中等,皆證應化。

言“長老”者,是歎長壽之詞。亦云“净命”“慧命”,是彰戒[⑤]慧之德。唐云“具壽”,福、慧之命雙圓。“在大衆中”者,明混跡於聲聞。“即從座起”者,彰顯拔於群輩,將申啓請,故易常[⑥]儀;表聞法而信悟,趣大行以剋成,革彼先心,故從座起。袒肩以下,表敬相也。通肩披衣,不敬之相。袒其一膊,驅策之儀,表作大乘吉祥事故。“右膝著地”者,表降昔執情。“合掌”者,表心冥妙理。“恭敬”者,遠離法慢,將發疑問,敬重法師。若不避席虔恭,卑躬屈己,何以表身心之俯順,明信向之深誠?故盡敬儀,然申所請,啓詞道義,而白佛言。

《經》:“希(稀)[⑦]有”至[⑧]“菩薩”。

演曰:此正申不斷。有二:初總歎希(稀)有,後别歎勝能。希(稀)有有四:一、時希(稀)有,曠劫難逢故;二、處希(稀)有,三千世界唯有一故;三、德希(稀)有,福慧超絶勝無上故;四、事希(稀)有,神用慈悲極巧便故。雖有四

---

① 同,底本訛作“周”,今結合文意,據丙本改。

② 遂,辛本訛作“逐”。

③ 辛本校:“便,底本訛作‘更’,據已、壬二本改。”按:辛本誤,底本本作“便”。

④ 辛本校:“化,底、已本同,丙本作‘陀’。”按:辛本誤,底本亦作“陀”。

⑤ 辛本校:“戒,底、已本作‘於’,據丙本改。”按:辛本誤,底本亦作“戒”。

⑥ 常,底本似作“當”,辛本據已、壬二本録作“常”。兹從之。

⑦ 《論語·先進》:“鼓瑟希,鏗爾,舍瑟而作。”皇侃義疏:“希,疏也……彈瑟手遲而聲希也。”《文選·曹植〈朔風詩〉》:“昔我初遷,朱華未希;今我旋止,素雪雲飛。”李善注:“希,與‘稀’同。”下用同“稀”之“希”徑括注其今字,不復出注。

⑧ 至,底本作“希有”,據已本改。

種，經意唯在事之希(稀)有。此爲總攝，下別釋故。

又即述中，即釋文故。於十號中，"如來"爲初，"世尊"爲後，標陳後稱，釋舉初名，即舉初、後，括中間也。故貞觀《經》云：乃至即從於後，乃至於前。魏本等云"如來、應供、正遍知"，即貞觀云"如來、應、正等覺"。諸經多皆舉此三號：一、"多陀阿伽度"，"如來"也；二、"阿羅訶"，"應供"也；三、"三藐三佛陀"，"正等覺"也。由此三號，如其次第，彰佛法身，變化受用。

又表三種斷恩智德，故偏舉之。應具三義：一、應害煩惱；二、應不受生；三、應受供養。舊云"應供"，唯得一義。釋中魏本同此。梁云："善護念諸菩薩摩訶薩，由無上利益故；善付囑諸菩薩摩訶薩，由無上教故。"貞觀云："能以最勝攝受，攝受諸菩薩"等，"能以最勝付囑，付囑諸菩薩"等。隋、周兩本，大同貞觀。論文遂開第一及善二義，有異最勝之言，含第一、善二種義故。然論牒《經》云"云何如來以第一善攝"等，"云何"之言，經本皆無。又此嘆佛希(稀)有善攝，乃言"云何"，翻成問佛，非是嘆詞，甚爲乖角。今釋：假令論本加"云何"言，乃是嗟呀之詞，非爲啓請之語。此中應釋"菩薩摩訶薩"名，廣如常說，講者叙之。

"攝付"義以七門分別：一、釋名；二、能攝付人；三、所攝付者；四、攝付之時；五、所攝付法；六、攝付行相；七、問答釋疑。

第一釋名者，如漸覆攝，是"護念"義。餘名"攝受"，名別義同。委託授予，是"付囑"義；委大訓小，託深化淺。"善"者，巧也，能也，故天親《論》名爲"巧護"。由多方便，慈悲攝付，勝上順益，故稱爲"善"。又護□(念)①得所，付囑有方，故名爲"善"。亦名"最勝"，亦名"第一"，意義是同，總是成熟有情行(門)②攝，無著菩薩總名"建立"。

二、能攝付人者，經說如來唯在果位。依《瑜伽》三十七云，能成熟有六：一、勝解行地菩薩；二、净勝意樂地；三、行正行[□][地]③；四、隨④決定

① 念，底本殘，據己、壬二本補。

② 行，丙本作"門"。

③ 地，底本無，據己、壬二本補。

④ 隨，辛本訛作"墮"。此字窺基撰《金剛般若論會釋》卷第一[T40n1816p719c16]亦作"隨"。

地；五、決定行地；六、到究竟地菩薩。此依最勝能善攝付唯在法王，説一切位極深妙法非餘能故。彼據因位佛在世時及佛無後隨分成熟，亦能攝付，故不相違。

三、所攝付者，謂佛、菩薩所成熟中，通有四乘，然行二利，通化三乘；餘乘不能成就勝故，唯言“攝付菩薩”。如《涅盤(槃)①經》三子、三田等。又此經宗，爲大乘説，明紹佛種，唯就菩薩，實通餘乘。

問：“菩薩既多，攝付何者？”

答：“《論》云：‘於中善攝者，謂已熟菩薩，於佛證正覺轉法輪時，以五種義中菩薩法而建立故；付囑者，彼已得攝受菩薩等，於佛[□][般]②涅槃時，亦以彼五義如是建立故。’天親《論》云：‘善護念者，依根熟菩薩説。善付囑者，依根未熟菩薩説。’”

問：“[□][上]③二論文，何者名爲‘根熟’‘未熟’？與‘退’‘不退’復有何别？”

答：“《善戒經》第五説：性調伏者，能壞二障，如癰已熟，必得除愈。杯器任用，果堪食噉，並名爲‘熟’。准彼經説，隨何位地，彼善根種緣合變異，堪生勝果，名之爲‘熟’，翻此‘未熟’。又云：‘懼其退失，付授智者。’明知未熟，即是退者；返顯根熟，即是不退。故未熟與熟，即退、不退；隨何行位，根熟生果，名爲‘不退’；未熟不生，即名爲‘退’。然諸聖教，大位而論，不退有四：

一、信不退。十信初心，入僧祇數，不退墮惡道。《仁王經》云：習忍以前十千劫等，十善菩薩，有退、有進，譬如輕毛，隨風東西。《大品》第三十八云：初發意菩薩，名爲‘畢竟空’。從初發意以來，行布施等，乃至斷一切不善業，若墮惡道，若生長壽天，邊國邪見家，無三寶名，無有是處。《起信論》云：修行信心，經一萬劫。信心成就故，入正定聚，畢竟不退，名住如來種中。其一萬劫，即《仁王[□][經]④》云：‘十善菩薩發大心，長别三界苦輪海。’然有

① 盤，此當讀如“槃”，辛本據文意校録作“槃”，是。

② 般，底本無，據無著菩薩造、[隋]達磨笈多譯《金剛般若論》卷上[T25n1510ap757a24]補。

③ 上，底本無，據己、壬二本補。

④ 經，底本無，據己、壬二本補。

進退，入正定聚。習忍已去，方名‘不退’。此等皆是十信初心。

二、位不退。謂定求佛果，不墮二乘。即十住中第七住已去。《本業瓔珞經》云：諸善男子！若一劫、二劫，乃至十劫，修行十信，得入十住。從初住至第六住中，若修般若正觀，現前諸佛、菩薩、善知識所護故，出到第七住，常住不退。自此以前，名爲‘退分’。如净目[①]天子、法財王子、舍利弗等，欲入第七住，惡因緣故，退入凡夫不善法中。即《大品》第十三：發心已去，遠離般若方便力故，若一、若二，住阿毗跋致，多墮聲聞、辟支佛地。此等並是七住以前。

三、證不退，在於初地；所證真理，永得不失。

四、行不退，在第八地；相用煩惱，所不能動，刹那刹那，萬行增進，廣如經論。”

問：“《大品經》云：墮頂菩薩，名之爲‘退’；住頂菩薩，名爲‘不退’。《智論》釋云：頂前[②]未伏順道法愛[③]，有‘退’義故，名‘生’。此之不退，四中[④]何攝？”

答：“非四所攝。彼以不伏順道法愛、不進修故，名之爲‘退’。故彼《論》云：有‘退’義故，名之爲‘生’，非謂實退。故依顯文，唯四不退，隨其所應，辨熟、未熟。雖所護念通一切位，付囑亦遍一切位中，上化下故，下禀上故。或復十地以前、望後皆爲上、下，隨應護念及以付囑。《攝大乘》云：‘異類菩薩，攝受[□□][付囑][⑤]，展轉相續，無間而轉。’譬如一燈傳然（燃）百千燈[⑥]。今《論》主多約地前凡住菩薩，明其攝付，所以然者，地上無漏二利行强，親證法性，悲智雙運，自能行故。‘攝付’義徵。故有頌言：‘菩薩在法流，前後見諸佛，已知菩提[⑦]近，無難易得故。’地前障重，修習是難。若不殷勤攝付，懼

① 目，底本訛作“自”，結合文意，據己、壬二本改。

② “頂前”二字底本訛作“前頂”，結合文意，據己本改。

③ 愛，底本訛作“受”，結合文意，據丙本改。

④ “四中”二字底本訛作“中四”，結合文意，據己本改。

⑤ “付囑”二字底本無，據己、壬二本補。

⑥ “燈”後底本衍一“然”字，據文意删。

⑦ “菩提”二字辛本誤録作“菩薩”。按：此二字底本實作“**卄**”，辛本誤與“菩薩”二字的合文“**卄**”相混爾。

其退而不進。如父愛子，非不平等，□(其)[1]病重者，吾則偏憂。是以十八住處，前之十六總屬地前；余二地上，天親菩薩護念依根熟，付囑依未熟。乍觀無著，護念、付囑俱約根熟已，言付囑者彼已得攝受菩薩等故。委細尋之，二[2]論無別。何者？以'付囑'中含有二義：一、能化，即受付囑人；二、所化，即被付囑者。具此二事，'付囑'義成。天親唯約被付囑者，故言'未熟'。無著亦約受付囑人，總言'已得攝受菩薩等'，即等取被付囑人，故護念中，無其'等'字。若不爾者，天親未熟付囑何人？二論相成，義方具足。"

四、攝付時者，準論：護念在佛证正覺轉法論時，付囑在佛涅槃時。此中意說根熟菩薩，佛初成道，佛自攝受，令依教行，稟於佛訓。佛入滅時，佛化既無，但以佛法付根已熟，令根未熟於彼受化。其根熟者，佛在所化，當來之世，成能化故。雖根未熟，佛在之時，亦有付囑，少故隱之。依於滅後"付囑"義增，作如是說。

又解：遇佛蒙度，皆名"已熟"。滅後令度，是名"未熟"。此釋乃約逢佛、不逢，名"熟""未熟"。梁本《經》云："善攝受者，由無上利益故；善付囑者，由無上教故。"《遺教經》云："所應度者，皆已度訖。""其未度者，皆亦已[3]作得[4]度因緣。"《法華經・壽量品》說醫師喻：其諸子中，不失心者，即當根熟，見此良藥色香俱好，即便服之，病盡除愈；當佛在時"蒙護念"義。其失心者，皆不肯服藥，即根未熟，留藥令服，遣使還告"汝父已死"，乃肯服藥；當涅槃時"善付囑"義。《涅槃經》中，臨般涅槃，以大乘教，付囑菩薩，不付聲聞，皆同於此。

五、明攝付法者，《論》云"五種義中菩薩法而建立故"。此有多解：

一云即下諸住處中所說五義，依義說相，攝持安立，顯現即是經中所明理事二行、善惡二門菩薩修斷之法，是佛二時所攝付法。此解不然，無文

① 其，底、己二本殘，據丙本補。

② 二，底、壬二本訛作"亦"，結合文意，據己本改。

③ "亦已"二字底本作"與"。據天親菩薩造、真諦三藏譯《遺教經論一卷》[T26n1529 p150b25]改。

④ 辛本注："'作得'，底、丙本作'得作'，據己本改。"按：底本"得作"二字間實有一乙鈎號。

證故。

二云即論所辯[□][也][1]。七義句中，後五義句所明菩薩行法。前二門問，後五佛答，是正所明能攝付法。此亦不然，第六義句無別體故。第七釋名亦非行體。又無文證，故不可依。

三云以五乘法中菩薩法而建立。若直指五法，何須言中者？此亦云不可。《論》言：[□□][此亦][2]五義，乃引五乘，名體全乖，非爲解釋。

四云即《大莊嚴論》第十二頌云：

“心説行聚果，五各下中上[3]。依此三品異，建立有三乘。”

釋云：若聲聞，五事俱下。心下者，自求解脱；説下者，説自利法；行下者，行自利行；聚下者，福智狹小；果下[4]者，得聲聞果。緣覺五事俱中，菩薩五事俱上，今謂以菩薩五事而建立也。

“若爾，大乘具有五義，即應五義俱取，何故言‘五義中’？”

答：“以三乘法皆有五義，今取菩薩五義，故云‘五義中[□][取][5]菩薩法’。又彼《論》云心上者，謂四恩心，如《金剛般若經》説。此由兩論，同一人造，並引爲證。此釋不然。此《論》上下，無有説處，如何闇指《[□][莊][6]嚴論》文？製作之端，無如此例。又言彼《論》引《金□(剛)[7]經》者，此不同例：彼有明文引此經説，此無顯證引彼《論》談，何不顯云如《莊嚴論》説？五義既[□][無][8]，此文憑何作證？豈有《論》主迷謬後人？又復造論可引經證，此《論》釋經引自論證，深成可怪！

更有異釋：別指經論，皆同此破。應知此《論》自有明文，棄而不衣

① 也，底、己二本無，據丙本補。

② “此亦”二字底、己二本無，據丙本補。

③ “下中上”三字底本作“上中下”，據無著菩薩造、[唐]波羅頗蜜多羅譯《大乘莊嚴經論》卷第十二[T31n1604p653b18]改。

④ 丙本自此止。

⑤ 取，底本無，據己本補。

⑥ 莊，底本無，據己本補。

⑦ 剛，底本殘，據己本補。

⑧ 無，底本無，據己本補。

(依)[①],一何疏略!隨下論文,配七義已,重料簡云:彼五種義句,上上依止。應知彼等皆依止地故,上上依止是從劣向勝義,即從信行至净心地,從净心地至如來地,名爲'上上'。然尋論意,三處不同:一者,文義具説有七義句。二者,就此七中,名義差别,所釋有異;是故《論》云:'於中,前六義句顯示菩薩所作究竟,第七義句顯示成立此法門故。'三者,就前六中,五句正是所修行體,地是修行所依之位,而無别體。故□(地)[②]與名,此中不取,彼所依位及與(以)釋名非正行故;由是五義,即七句中前之五義,正所修行攝付法故。

若爾,有難:'護念、付囑,通其餘經;前之五義,唯此經有。'應詰彼言:'且種性不斷,爲局此經,爲餘經有?若唯此經,不應《華嚴經》等明三寶不斷;若余亦有,何得説言"唯在此經"?不斷既然,行所住等,其例皆爾。'"

"若爾,五義唯是大乘,既無餘乘,何用'中'字?"

答:"五種乃是《論》主所判,經中義門,其中别詮菩薩行等,總中之别,何廢言'中'?離此五門中,更無菩薩法故。"

問:"准經前□(二)[③],即是問詞。既非正明,如何建立?"

答:"若如所難,論不應言前六義句□(顯)[④]示菩薩所作究竟,以彼前二是問詞故。既問及答合名'所作',明以建立正契深宗。"

問:"種性不斷,即攝付文。今釋攝付引初句義,豈非能釋[□□□][即所釋][⑤]耶?"

答:"不斷是意,攝付是事。舉意證事,無同體失。"

六、攝付行相者,論牒《經》云"善攝第一"。"善攝"者,於諸菩薩所,何者善攝?何者第一耶?

演曰:秦、魏、梁本但有"善"字,無"第一"言。餘之三本,皆云"最勝"。前論牒《經》云"云何如來以第一善攝,攝受所有菩薩"等下開爲二,准第一善,即是諸本"最勝"之義,以"最勝"言含第一善兩種義故。《論》又云:"利樂

---

① 衣,此當讀如"依"。該字辛本據己本校改作"依"。

② 地,底本殘,據己本補。

③ 二,底本殘,據己本補。

④ 顯,底本殘,據己本補。

⑤ "即所釋"三字底本無,據己本補。

相應爲善攝第一，有六種。”准此，“善”是總釋之詞，“第一”乃是别釋□(其)[①]義。故付囑中，唯解“第一”；“善”義通故，更不别釋。

六種者何？一者、時，謂現見法及未來。故彼菩薩善攝中，樂者是現見法，利者是未來。此謂通於菩[②]提因。二者、差别，於世間三摩鉢帝及出世聖者，聲聞、獨覺等，善攝中差别故。三者、高大，[□][以][③]此善攝中無有上故。四者、牢固，謂畢竟故。五者、普遍，自然於自他身善攝故。六者、異相，于未净菩薩善攝中勝上故。

演曰：第一由與二世益故勝；第二由[④]出世故勝；第三位最上故名“高”，德最廣故名“大”；第四若與世間二乘等樂，後皆可捨，與菩薩法畢竟不捨，名“牢固”；第五既與最上之法，自然能行二利；第六未净菩薩謂勝解行□□(位，未)[⑤]得净勝意樂故。此意今與初地等净勝之法，前第二義對凡□(夫)[⑥]、二乘，爲[□][事][⑦]差别。今就大乘中對未净菩薩爲異相，是故不同。

《論》又云：“□(何)[⑧]者第一付囑？有六種因緣：一、入處；二、法爾得；三、轉教；四、不失；五、大悲；□(六)[⑨]、尊重。何者‘入處’？於善友所，善付囑故。(謂將入涅槃時，根熟菩薩爲所入處，與根未熟作善友故。)[⑩]何者‘法爾得’？已得善攝菩薩，於他所法爾善攝故。何者‘轉教’？汝等於餘菩薩應當善攝，是名‘轉教’。(謂佛教根熟，汝既得已，可轉教他。)[⑪]此等三種，如其

① 其，底本殘，據己本補。

② “菩”下底、己二本衍一“薩”字，據文意删。

③ 以，底本無，據己本補。

④ 由，底本作“與”，結合文意，據己本改。

⑤ “位未”二字底本殘，據己本補。

⑥ 夫，底本殘，據己本補。

⑦ 事，底本無，據己本補。

⑧ 何，底本殘，據己本補。

⑨ 六，底本殘，據己本補。

⑩ “謂將入涅槃時，根熟菩薩爲所入處，與根未熟作善友故”二十二字無著《金剛般若波羅蜜經論》無，此處當爲《宣演》作者所加的對“入處”的解釋之語。

⑪ “謂佛教根熟，汝既得已，可轉教他”十三字無著《金剛般若波羅蜜經論》無，此處當爲《宣演》作者所加的對“轉教”的解釋之語。

次第，即是不失，及悲、尊重。”

演曰：由此未熟，不失善友所入之處根熟法爾。悲根未熟，佛令轉教，令根已熟，轉生尊重，弘佛教故。又解：由入處故，令彼所化不失大乘。或由根熟化入處故，不失所化，應時攝引。復由悲故，法爾攝受。由尊重教，得已輾轉，教化衆生。上依此《論》釋訖。

彼天親《論》頌云：

“巧護義應知，加彼身同行。不退得未得，是名‘善付囑’。”

演曰：上半護念。長行釋云：“云何加彼身同行？謂與菩薩身中，與智慧力，令成就佛法故。又彼菩薩攝取衆生，與教化力，是名‘善護念’。”“加”者，“護”義，加被彼身，令同佛行。與智慧力及教化力，是加[□][被][1]彼身；令成佛法，攝取衆生，是同佛行。“教化力”者，總即大悲，別即三輪及四攝等。言“三輪”者：一、神通輪，轉變能令捨邪歸正；二、記心輪，說實能令除疑生信；三、教誡輪，示理能令斷惡修善。上總說成悲、智二利，名爲“護念”。

下半付囑。釋云：謂於得、未得功德中，懼其退失，付授智者。此總申意。又云：得不退者，不捨大乘故；未得不退者，於大乘中欲令勝進故。且如根熟菩薩在七住後不退位中，即是此中所善攝者；未熟菩薩在六住前可退位内，即是此中所付囑者。其六住前，所得行願，名爲“大乘”；由有位退，令其不捨。其七位後，所有功德，彼未得者，令其進求，故以未熟付根熟者，名“不退”。得、未得，其信不退，證行□□(不退)[2]。亦有護念，及以付囑，退與不退，得、未得等，隨應准知。

前來具依四種不退大位而說，理實地前及於地上，隨一一位，根熟、未熟，退與不退，得、未得等，護念、付囑皆應准說，上化下故，劣稟勝故。若不爾者，如何得有能成熟人、通勝解行六種菩薩？

又，《菩薩地》說：“已成熟有三品：初劫名‘下品’，第二劫名‘中品’，第三

① 被，底本無，據己本補。

② “不退”二字底本殘，據己本補。

劫名‘上品’。唯三品前[1]，名爲‘未熟’。”准此，乃是入劫已去，總名“根熟”。即順於前，信不退解。所望義別，俱不相違。

第七、问答分别者。

一問：“種性有多，不斷何者？如《瑜伽論》有二種性：一、本；二、習。《仁王》有四：一、習種性；二、性種性；三、道種性；四、聖種性。據何者説？”

答：“除本性住以有恒故，餘一切性皆令不斷。若不攝付，既不進趣，習種已去，一切皆□(斷)[2]。由善攝付，輾轉相續，進成上位，佛種不斷。又‘不斷’者，‘相繼’之義。佛教根熟，能紹佛位。根未熟者，繼嗣根熟，如世子孫，紹繼不絶。又解：本性，若佛不説，人不知有，亦名爲‘斷’。故經説有，開佛知見。若人不信，譭謗此經，即斷一切世間佛種。”

二問：“天親菩薩二種力中，何無福耶？”

答：“就勝偏明悲、智兩種，令利自、他，理實與福。又，福資於智，即是智攝。”

三問：“何故二論能成熟佛法？各説不同，彼教化力等，此五法等。”

答：“彼此無别，以菩薩法俱含二利故。”

四問：“何故彼《論》付囑之中□(以)[3]根未熟付囑根熟，此《論》但云以五種法而建立之？”

答：“彼《論》約人，此《論》約法，各據一説，理皆未盡；合二論者，義意方周。”

五問：“如諸經中皆約教法以明囑累，何故此中不約法付、而唯約人付囑菩薩？”

答：“理實‘付囑’有其二義：一、付囑教，謂佛世尊入涅槃時，以此教法付根熟者，令爲未熟宣揚顯説，即轉教是。二、付囑人，以未熟人付大菩薩。然據大悲，本爲衆生，故説付人，以明不斷；人不孤立，必有法付。意含兩種。”

---

① 前，底本不清晰，結合文意，據己本及窺基撰《金剛般若論會釋》卷第一[T40n1816p720c9]録。

② 斷，底本殘，據己本補。

③ 以，底本殘，據己本補。

經:“世尊！善男子”[□][至][1]“降伏其心”。

演曰:第二發起行相。言“行相”者,“行”謂般若,即是慧體;無相爲“相”,非爲相狀。

又釋[2]:有爲、無爲俱名“行相”,慧性、慧相俱名爲“慧”。如十六行,通能、所觀。慧勝得名,此亦如是。准下論説,欲、願、定等,非唯慧故。“有爲行相”,持業得名;“無爲行相,行之□□(相故)[3]”,依主釋也。三問皆唯因慧行相,佛所廣答,通因及果,乘便明故,以其善現自分所行而爲問故。佛答乘便,令修因行,上求佛果,爲處因位仰求佛位諸功德故。佛舉彼果,令如法求。

又解:發起行相,但是總發行之相狀,何必唯囑無分别智？謂云何“住心行相”？云何“修行行相”？云何“降伏行相”？啓發求趣大乘行相,名“發起行相”。故下《論》云:行所住處,即彼發起行相所住處也,即是發心修行降伏之所、住道理處也。

所言“發起”有其二種:一、請問發起,即善現問是;二、許説發起,即如來許宣是。若唯取初名“發起”者,如來許宣是何文收？不應説爲行所住處,以論牒指發心住、等取下文故。釋“應住”等,謂欲願等正釋如來許説文故。

問:“及許俱名‘發起’,若爾,所發行相與行所住處爲别爲同？若言别者,如何前説佛廣答中有無爲等皆是行相？又如何言‘願樂欲聞’？佛已説訖,何言‘願欲’？若言同者,不應分之爲兩義句。又復《論》云‘彼所住處’者,謂彼發起行相所住處也。准此應别,其義如何？”

答:“應説言同,分兩義者,謂許正説,略廣異故。如《法華經》,初歎,二[4]略談疑起,後三請已,方便廣説,開示悟入。今此亦爾。即如種性不斷,唯初得名,豈不通後？而言謂彼發起行相所住處者,是别般若之總住處。‘處’謂道理,能、所緣等展轉相依,廣爲住處,實無别體。由斯故説‘願樂欲聞’。”

---

① 至,底本無,據己本補。

② “釋”下底本衍一“以”字,據己本删。

③ “相故”二字底本殘,據己本補。

④ “二”下底本衍一“深”字,據己本删。

文分爲三：初、善現發問；二、如來印發；三、善現敬承。此即初也。文中有三：初、標所爲，即善男子、善女人；二、彰其問本，即發無上心；三、正申所請。彰問本者，如《華嚴經》善財童子問善知識，皆云："我已發阿耨菩提心，未知菩薩云何學菩薩行?"此亦如是。此言發心，明是入十信人欲明"種性不斷"義故。若未發心，非此所問。

《論》云"何故唯問發行菩薩乘"者，"爲三種菩提差别故"。一云：三乘皆有住、行及以攝伏，大乘勝故，不同餘二。二云：大乘中有三種菩提，謂化、報、法，即如次配住、修、□(攝)①伏，故約發趣菩薩乘問。然此欲明佛種不斷，就正所被，是故唯約菩薩乘問。若約兼説，亦被餘乘。《大般若》五百九十三善勇猛文，即是其證發菩提心義。應依别章，如餘處辯。

三、正申所請，即是三問。餘本具三：謂云何住？云何修行？云何降伏？於此住中攝初二故，亦即三問。所以唯此三問者，意問發趣大乘菩薩於一切時安住何心？修習何行？若有障垢如何降伏？修學所要，不過此三，故爲三問。

略有十意：

一，初恩德因，次智德因，後斷德因。

二，爲三身因，如次化、報、法。

三，即逆□(次)②斷惡修善，度脱衆生。

四，即三聚浄戒，初攝衆生，次攝善法，□(後)③攝□(律)④儀。

五，依三種持：一⑤、堪任持，即本種性；二、加行持，即發菩提心能與□□(加行)⑥作依持故；三、圓滿持，謂即萬行與圓滿果作持因故。今此由有堪任持，故問云何住、住於何心。由有加行持，故問修行；既得勝心，須起行

① 攝，底本殘，據己本補。

② 次，底本殘，據己本補。

③ 後，底本殘，據己本補。

④ 律，底本殘，據己本補。

⑤ 一，底本作"三"，結合文意，據己本改。

⑥ "加行"二字底本殘，據己本補。

故。由有圓滿大菩提[①]持,故問降伏;以圓滿持即是萬行,若不降障,行不可成,故爲問也。

六,發菩提心,有三妙觀:一、厭離有爲心;二、求菩提心;三、悲愍有情心。具此三事,名爲"發心"。發心已去,三念常起,故此逆次,即彼三心。雖彰問本,言已發心,未解廣修,故須申問。

七,《論》云:彼應住者,謂欲願等。又別解云:"欲者,正求也;願者,爲所求故,作心思念也。"故最初發心,□(入)[②]諸善法,欲爲根本,論名"正求",爲簡邪故;或正悕求,以欲爲先,方起□(願)[③]故。願於百法,無別體性,此云"思念"。《莊嚴論》頌云:"思欲共爲體。"依《唯識論》,信、欲、勝解,三法爲體。總三論文,五法爲體。謂思、念、欲、信、勝解。

《論》云:"三摩鉢帝者,無分別三摩提也。"梵云"三摩鉢底",此云"等至"。唯定非散,通有、無心及分別、無分別。梵云"三摩地",此云"等持",通定、散地。唯有心,非無心,通分別、無分別。今此"等至",簡取定及有心,諸無分別,正修慧位,故言"三摩提"也。

《論》云:"折伏散亂[④]者,若彼三摩鉢底,心散,制令還住也。"若有放逸及分別生,如實覺悟,令不得起。雖住散心,非無分別,尋常攝念,亦不生執。此通等持及等至位,名"降伏心"。初[□][一][⑤]聞、思,次一修慧,後一若放逸生,尋還入定,制之一處,無事不辦故。

然約初修及七地前,可作是釋;八地已去,則不如是,唯在定故。住等三種,皆唯修慧。或初是加行道,次是無間道,後是勝進道,但在因中,非佛位有。信行地中,皆有三漏。七地以前,通有、無漏。八地已去,純是無漏,無

① "大菩提"三字底本作"菩提大",結合文意,據己本改。

② 入,底本殘,據良賁述《仁王護國般若波羅蜜多經疏卷上二·觀如來品第二》[T33n1709p452b23]補。

③ 願,底本殘,據良賁述《仁王護國般若波羅蜜多經疏卷上二·觀如來品第二》[T33n1709p452b24]補。

④ 亂,底、己二本作"時",結合文意,據無著菩薩造、[隋]達磨笈多譯《金剛般若論》卷上[T25n1510ap757b2]改。

⑤ 一,底本無,據己本補。

勉勵加行，有任運加行，即於一念外起身語，一向勝進，而無散動，故此具三。或一刹那，真俗雙運，刹那刹那，皆具三種，任運進趣，内平等觀，外起化故。故此問意：住何欲樂？修何等至？攝伏何障？

八，此《論》又云顯示三道：一、攝道，謂攝最（?）[①]衆生，攝欲願；二、成熟道，謂修佛法，即釋修行；三、不失道，折伏散亂，不起過故。釋降伏心，與天親合。

九，初二問能治道，第三問斷所除障。治道之中，初、後住别，所依、能依，如次住、修故。此經文唯二，云何住及修行？同治道故，合爲文也。

十，《功德施論》："'云何住'者，於何相果心住願求。'云何修行'者，當修何行而得其果。'云何降伏'者，降何等心，使因清净？"彼《論》住心，約所求果；此《論》能求，故明欲願。各據一義，皆不相違。

十義頌云："德身斷於持，發慧道除果。"

問："宗明般若，前釋行相，智勝得名，何故論解欲願等法皆不據智？"

答："如言念、住，體皆是慧。故《論》云：'應修行者，謂相應三摩鉢帝故。'言'相應'者，與慧相應也。"

《論》云："何故上座須菩提作此問耶？"

答有六因[②]緣，如前所列。然六種因所配位地，自古諸師異釋云云。論□（意）[③]難知，今叙兩解：

一云：若有初疑者，得斷疑故。此令未入法人入十善位。次"有樂福德而心未成熟諸菩薩等，聞多福德等，於般若波羅蜜起信解故"者，此令十善菩薩得入十信。次"已成熟心者入甚深義故"者，此[④]令十信得入六住以前。《本業瓔珞經》釋"十住心"：心住空理，名之爲"住"。由此故名"入甚深義"。次"已得不輕賤者，由貪受持修行、有多功德、不復退轉故"者，此令得入七住以去；不復退轉入二乘故，由入甚深位不退故，名"不輕賤"。次"已得順攝及

① 此字底本不清晰，辛本録作"最"。待考。

② "有六因"三字底本作"意六"，結合文意，據己本改。

③ 意，底本殘，據己本補。

④ 此，底本作"次"，結合文意，據己本改。

净心者,於法自入及見生歡喜[①]故"者,此令地前得入初地;"已得順攝"是加行位,加行名爲"順决擇[②]"故;"及净心者"即入道分别二障、永清净故。故此《論》中净心地者,謂即初地。言"於法自入"者,謂入證真如。言"及見"者,謂得聖智。既得聖智,親證真性,生如來家,住極喜地,得法平等,自知不久得大菩提,故生歡喜。後能令未來世大乘教久住者,得聖已去,盡未來際,弘益自他,宣傳教理,永不斷絶。

論又略釋六因爲四,謂於六中除最後因——傳教未來,略而不取;合第二、三,同名"攝受"。心未熟者,聞多福德,攝受於教;已成熟者,入甚深義,攝受於理。故合二種,同爲"攝受"。是爲論中略説之意。

二云:初住法外,令信入法。次在六住以前,令入七住。次在地前,令入初地。次在七地以前,令入八地。後在因中,令入佛地。名隨彼位,以釋其相。"已得順攝"即是七地以前,"及净心者"即是八地已去。法久住故,衆生可得入於五因;由生得入前五因故,法成久住。

故發問者,廣爲六因,略可爲二。然論但於前六因結略爲四、不説第六者,由前五因所學教理即法久住,故不説之。其法外人疑者,令見因果等理,發生信心,入佛法内。如已發心而樂福德,信未定者,能攝受信及勝解定。已信解定成就之人,攝受信定,入甚深義故。今此二名爲"攝受",攝受信定及證定故,得入初地,知紹佛位,名"得不輕賤"。欣八地後勝品妙行,令精勤心不生行退。八地以後,無漏觀心,念念相續,名爲"净心",得入佛位,令生歡喜。此結次第,依行位説,但説净心,生大歡喜。前廣釋中,並説順攝,令生大喜,即入初地,順可世尊[③],善攝受故。總令作佛,故二合説。若説次第,應依結略,爲四因中,初一因爲法外入法,第二爲内凡入聖,第三爲七地前入八地[④],第四爲八地後入佛位。尋此二釋,俱有行相;然據經論,佛種不斷,多

① 已本至此止。

② 辛本校:"'擇',底本作'釋',據文意改。"按:辛本誤,底本本作"擇"。

③ "世尊"二字底本訛作"土等",結合文意,據窺基撰《金剛般若論會釋》卷第一[T40n1816p726a5]改。

④ "前入八地"下底本復衍"前入八地"四字,結合文意,據窺基撰《金剛般若論會釋》卷第一[T40n1816p726a8]删。

約地前，意如前説。若修此經理，初[①]釋爲長。

《經》："佛言'善哉'"至"囑諸菩薩"。

演曰：第二如來印發。有三：初明贊印，次敕聽許宣説，後正發起。

此初之中，先贊後印。依此《論》云："以善問[□][故][②]，於上座須菩提所，應稱：'善哉！'"有□(二)[③]：一、所贊稱德，護念付囑稱德故。"印"即印可，種性不斷，意趣玄遠。二、所請稱之根，由發三問，攝諸行盡，稱大根性，所應希學，即是印可發趣行相。《論》主唯約善問者，據本意説，以因發請贊佛德故。若依《智論》，此顯佛喜之極也。可别釋云：初一"善哉"，□□菩提，智慧甚深，不壞假名，而談實相；次一"善哉"，令衆生信，受□□□，所請、所説，依天親釋。《文殊師利問發菩提心經》論及十□□□，有釋"善哉"文。

《經》："汝今諦聽，當爲汝説。"

演曰：第二敕聽□□□(許宣也)[④]。《□(瑜)[⑤]伽論》云："樂聽法者，聆音囑耳，掃滌攝持。"《智度論》偈□(云)[⑥]：

"□(聽)[⑦]者端視如飢渴，一心入於語義中，踊躍聞法心悲喜，如是之人應爲説。"

依《真諦記》，釋三種聽，離三過失，生三功德。言三聽者，由彼經本云"汝今一心諦聽"，次"恭[□][敬][⑧]"，後"善思念之"，故爲三種。離三失者，謂散亂、輕慢、顛倒；三障如次，猶如覆器、漏器、穢器。三功德者，如次能生聞、思、修慧。"當爲汝説"正是許宣。善現本請，非獨爲汝説，即爲一切。

---

① 初，辛本録作"功"，且出校："'功'，本注疏卷三中有'後釋爲長'，故疑此字爲'初'字之誤。"按：所校是，兹從正。

② 故，底本脱，據無著菩薩造、[隋]達磨笈多譯《金剛般若論》卷上[T25n1510ap759b26]補。

③ 二，底本殘，從所存右半尚可辨此字爲"二"字。下文"一所贊稱德……二所請稱之根"，亦可助勘。

④ "許宣也"三字底本殘，據斯2744號《〈金剛般若經〉旨贊》卷上補。

⑤ 瑜，底本殘，據文意補。

⑥ 云，底本殘，據文意補。

⑦ 聽，底本殘，據龍樹菩薩造、鳩摩羅什譯《大智度論》[T25n1509p63b26]補。

⑧ 敬，底本無，據[元魏]留支譯《金剛般若波羅蜜經》[T8n236bp757b15]補。

《經》:“善男子”至“如是降伏其心”。

演曰:三正發趣,如前已釋;言“如是”者,指陳控引,我當爲汝如此如此委細宣説。

《經》:“□□(唯然)[①],世尊!願樂欲聞。”

演曰:第三善現敬承。“唯然”者,敬諾之詞;“樂欲”者,喜承之意。依《十地經》頌曰:

“如渴思冷水,如飢思美食,如病思良藥,如衆蜂依蜜,我等亦如是,願聞甘露法。”

此喻四義:一、受持;二、助力;三、遠離;四、安樂行。前三[□][喻][②]因,後一喻果。因中如次,即喻三慧。如水不嚼,隨得而飲;聞慧亦爾,初聞即受,隨聞受持。如食咀嚼,身力助成;思慧亦爾,嚼所聞法,智力助成。如服良藥,藥所病除;修慧亦爾,隨順正義,如法修行,遠離煩惱。如蜜能爲衆蜂所依,樂行住處,其三慧果,聖所依處,現法受樂行故。善現亦爾,願生三慧,趣大乘果,是故希聞甘露妙法。

《經》:“佛告須菩提”至“降伏其心”。

□□□□(演曰:次下?)[③]第三行所住處。《論》云:“謂彼發起行相所住處也。”彼謂三□□□□住處,謂即所依止處别修行相之所依止道理處所,總□□□□(依此中歷?)[④]行别名,廣分十八;文義相攝,勒爲八種;以行就位,略束爲三。言□□□(十八者?)[⑤],此等經文,即是第一發心住處。

《經》:“復次,須菩提![□□][菩薩][⑥]於法,應無所住,行[□][於][⑦]布

① “唯然”二字底本殘,據鳩摩羅什譯《金剛般若波羅蜜經》[T8n235p749a4]補。

② 喻,底本無,據文意補。

③ 辛本校:“‘□□□□’四字,底本殘,曇曠《〈金剛般若經〉旨贊》與此相應文字作‘贊曰次下’,故此四字疑爲‘演曰:次下’。”

④ 辛本校:“‘□□□□’四字,底本殘,曇曠《〈金剛般若經〉旨贊》與此相應文字作‘依此中歷’。”

⑤ 辛本校:“‘□□□’三字,底本殘,曇曠《〈金剛般若經〉旨贊》與此相應文字作‘十八者’。”

⑥ “菩薩”二字底本脱,據鳩摩羅什譯《金剛般若波羅蜜經》[T8n235p749a12]補。

⑦ 於,底本脱,據鳩摩羅什譯《金剛般若波羅蜜經》[T8n235p749a12]補。

施”等。

第二、《[□□□□][金剛般若][1]波羅蜜經》相應行住處。

《經》:“‘須菩提！於意云何？可以身相見如來不?’‘不也,世尊!’”

第三、欲得色身。

《經》:“須菩提白佛言:‘世尊！頗有衆生得聞如是言説章句,生實信[□][不][2]’”等。

第四、欲得法身中第一欲行言説法身。

《經》:“須菩提！於意云何？如來得阿耨多羅三藐三菩提□□(耶?如)[3]來有所説法[□][耶][4]”等。

[□□□□□□□][欲得法身中第二][5]欲得智相法身。

《經》:“須菩提！於意云何？若人□□□(滿三千)[6]大千世界七寶以用布施,是人所得福德寧爲多[□][不][7]”等。

□□□□□□,第四處竟。

《經》:“須菩提！於意云何？須陀洹能作是念”等。

[□][第][8]五、□□(於修)[9]道德(得)[10]勝中無慢。

---

① “金剛般若”四字底本脱,據文意補。

② 不,底本脱,據鳩摩羅什譯《金剛般若波羅蜜經》[T8n235p749a26]補。

③ “耶如”二字底本殘,據鳩摩羅什譯《金剛般若波羅蜜經》[T8n235p749b12]補。

④ 耶,底本脱,據鳩摩羅什譯《金剛般若波羅蜜經》[T8n235p749b12]補。

⑤ “欲得法身中第二”七字底本無,據上下文意補。

⑥ “滿三千”三字底本殘,據鳩摩羅什譯《金剛般若波羅蜜經》[T8n235p749b18]補。

⑦ 不,底本脱,據鳩摩羅什譯《金剛般若波羅蜜經》[T8n235p749b19]補。

⑧ 第,底本無,據文意補。

⑨ “於修”二字底本殘,據無著菩薩造、[隋]達磨笈多譯《金剛般若論》卷上[T25n1510ap757b7]補。

⑩ 德,此當讀如“得”。此字無著菩薩造、[隋]達磨笈多譯《金剛般若論》卷上[T25n1510ap757b7]正作“得”。“德”“得”互通,先秦已然。《老子》:“聖人無常心,以百姓心爲心。善者吾善之,不善者吾亦善之,德善;信者吾信之,不信者吾亦信之,德信。”朱謙之校釋:“嚴、傅、遂州本及顧本引《節解》,强本成疏及榮注引《經》文,亦均作‘得’。”《荀子·解蔽》:“德道之人,亂國之君非之上,亂家之人非之下,豈不哀哉!”王念孫《讀書雜志·荀子七》:“德道,即得道也。”下讀如“得”之“德”徑括注其本字,不復校。

《經》:“須[1]菩提！於意云何？如來昔在然(燃)燈佛所,於□□(法有)[2]所得不”等。

第六、不離佛生時。

《經》:“須菩提！於意云何？菩薩莊嚴□□□(佛土不)[3]?”

第七、愿净佛土。

《經》:“須菩提！譬如有人,身如須彌山王,於意云□(何)[4]？是身爲大[□][不][5]”等。

第八、成熟衆生。

《經》:“須菩提！如恒河中所□□□□□(有沙數,如是)[6]沙等恒[□][河][7]”等。

第九、遠離隨順外論散亂。

《經》:“須菩□□□□□(提！於意云何)[8]？三千大千世界所有微塵是爲多[□][不][9]”等。

第十、色及□□□□□□(衆生身摶取中)[10]觀,破相應行。

《經》:“須菩提！於意云何？可以三十二相見□□□(如來不)[11]?”

---

① 須,底本讹作“佛”,據鳩摩羅什譯《金剛般若波羅蜜經》[T8n235p749c16]改。

② “法有”二字底本殘,據鳩摩羅什譯《金剛般若波羅蜜經》[T8n235p749c16]補。

③ “佛土不”三字底本殘,據鳩摩羅什譯《金剛般若波羅蜜經》[T8n235p749c18]補。

④ “何”字底本殘,據鳩摩羅什譯《金剛般若波羅蜜經》[T8n235p749c23]補。

⑤ “不”字底本無,據鳩摩羅什譯《金剛般若波羅蜜經》[T8n235p749c23]補。

⑥ “有沙數,如是”五字底本殘,據鳩摩羅什譯《金剛般若波羅蜜經》[T8n235p749c26]補。

⑦ “河”字底本無,據鳩摩羅什譯《金剛般若波羅蜜經》[T8n235p749c26]補。

⑧ “提於意云何”五字底本殘,據鳩摩羅什譯《金剛般若波羅蜜經》[T8n235p750a16—17]補。

⑨ “不”字底本無,據鳩摩羅什譯《金剛般若波羅蜜經》[T8n235p750a16—17]補。

⑩ “衆生身摶取中”六字底本殘,據無著菩薩造、[隋]達磨笈多譯《金剛般若論》卷上[T25n1510bp766c12]補。

⑪ “如來不”三字底本殘,據鳩摩羅什譯《金剛般若波羅蜜經》[T8n235p750a20]補。

□□(十一)[①]、供養如來,給伺如來。

《經》:"須菩提!若善男子、善女人,□□□□□(以恒河沙等)[②]身命布施。若復有人,於此经中乃至受持[□□□][四句偈][③]"等。

第□□□□□(十二、遠離利)[④]養及疲乏[⑤]熱惱故,不起精進及退失。

《經》:"須菩提!忍□□□□(辱波羅蜜)[⑥]……"

第十三、忍苦。

《經》:"當來之世,若有善男子、善女人,能於□□□□□□(此經受持讀誦)[⑦],則爲如來以佛智慧,悉知[□□□][是人,悉][⑧]見[□□][是人][⑨]"等。

第十四、離寂滅。

《經》:"爾時,□□□(須菩提)[⑩]白佛言:'世尊!善男子、善女人發阿耨[□□□□□][多羅三藐三][⑪]菩提心,[□□□□][云何應住][⑫]?云何降伏其心'"等。

[□□□□□□□□□□□□□□□□□□□□□□□□□□□□□]

[第十五、於證道時遠離喜動。

---

① "十一"二字底本殘,據無著菩薩造、[隋]達磨笈多譯《金剛般若論》卷上[T25n1510bp766c14]補。

② "以恒河沙等"五字底本殘,據鳩摩羅什譯《金剛般若波羅蜜經》[T8n235p750a24]補。

③ "四句偈"三字底本無,據鳩摩羅什譯《金剛般若波羅蜜經》[T8n235p750a25]補。

④ "十二、遠離利"五字底本殘,據無著菩薩造、[隋]達磨笈多譯《金剛般若論》卷上[T25n1510bp766c16]補。

⑤ 乏,底本作"之",乃敦煌寫本中常見的"乏"之省筆俗體。

⑥ "辱波羅蜜"四字底本殘,據鳩摩羅什譯《金剛般若波羅蜜經》[T8n235p750b13]補。

⑦ "此經受持讀誦"六字底本殘,據鳩摩羅什譯《金剛般若波羅蜜經》[T8n235p750c4]補。

⑧ "是人悉"三字底本無,據鳩摩羅什譯《金剛般若波羅蜜經》[T8n235p750c5]補。

⑨ "是人"二字底本無,據鳩摩羅什譯《金剛般若波羅蜜經》[T8n235p750c5]補。

⑩ "須菩提"三字底本殘,據鳩摩羅什譯《金剛般若波羅蜜經》[T8n235p751a8]補。

⑪ "多羅三藐三"五字底本無,據鳩摩羅什譯《金剛般若波羅蜜經》[T8n235p751a9]補。

⑫ "云何應住"四字底本無,據鳩摩羅什譯《金剛般若波羅蜜經》[T8n235p751a9]補。

《經》:“於燃燈佛所,有法得菩提不”等。][1]

第十六、求教授。

《經》:“須菩提！譬如人身長大”等。

第十七、證道。

《□(經)[2]》:“□□(須菩)[3]提！若[4]菩薩作是言:‘我當莊嚴佛土。’是不名‘菩薩’”等。

□□□住處。六具足中,國土净具足。

《經》:“如來有肉眼”等。

第□□(十八?)[5]□□□□净。

《經》:“菩提！於意云何？佛可以具足色身見□(不)[6]?”

□□□□□□奴(好?)[7]身具足。

《經》:“須菩提！於意云何？如來可以具足諸□□□(相見不)[8]?”

□□相身具足。

《經》:“汝勿謂如來作是念:‘[□][我][9]當有所説法’”等。

第□□□□。

自此以下,明心具足。

有六種心:

一者、念處。經缺此文,謂“彼非□□□□(衆生,非不)[10]衆生”等,魏本具有,至文當知。

---

① “第十五、於證道時遠離喜動。《經》:‘於燃燈佛所,有法得菩提不’等”二十四字底本脱,結合文意,據宗密述《〈金剛般若經〉疏論纂要》卷上[T33n1701p157b8—11]補。

② 經,底本殘,據文意補。

③ “須菩”二字底本殘,據鳩摩羅什譯《金剛般若波羅蜜經》[T8n235p751b9]補。

④ “若”下底本增一“有”字,據鳩摩羅什譯《金剛般若波羅蜜經》[T8n235p751b9]删。

⑤ 此前二殘字據上文疑當作“十八”,待考。

⑥ “不”字底本殘,據鳩摩羅什譯《金剛般若波羅蜜經》[T8n235p751c5]補。

⑦ 辛本校:“‘奴’,形似‘好’字。”

⑧ “相見不”三字底本殘,據鳩摩羅什譯《金剛般若波羅蜜經》[T8n235p751c8]補。

⑨ 我,底本無,據鳩摩羅什譯《金剛般若波羅蜜經》[T8n235p751c12]補。

⑩ “衆生非不”四字底本殘,據鳩摩羅什譯《金剛般若波羅蜜經》[T8n235p751c18]補。

《經》:"須菩提白佛言:'世尊!□□□□□□□□□□□(佛得阿耨多羅三藐三菩提)①,爲無所得□(耶)②'"等。

第二、正覺。

《經》:"須菩提!於意云何?若三千大□□□□(千世界中)③所有諸須彌山王,如是等七寶聚,有人持"等。

第三、施□□□□(設大法利)④。

《經》:"須菩提!於意云何?可以三十二相觀如來"等。

第四、□□□□(攝取法身)⑤。

《經》:"須菩提!汝若作是念:'發阿耨多羅三藐三菩提者,説諸法斷滅□(相)⑥'"□(等)⑦。

□□□□住生死涅槃中,不住涅槃。

《經》:"須菩提!若菩薩以滿恒河沙□□□□(等世界七)⑧寶布施;若復有[□][人]⑨知一切法無我"等。

第五⑩、不住生死,合□五义。

《□(經)⑪》:"□(若)⑫有人言:'如來若來若去、□(若)⑬坐□(若)⑭

---

① "佛得阿耨多羅三藐三菩提"十一字底本殘,據鳩摩羅什譯《金剛般若波羅蜜經》[T8n235p751c20—21]補。

② 耶,底本殘,據鳩摩羅什譯《金剛般若波羅蜜經》[T8n235p751c21]補。

③ "千世界中"四字底本殘,據鳩摩羅什譯《金剛般若波羅蜜經》[T8n235p751c29]補。

④ 辛本校:"'□□□□'四字,底本殘,疑爲'設大法利'四字。"按:斯2744號《〈金剛般若經〉旨贊》卷上:"於中復開有六種心:一、念處。……二、正覺。……三、施設大利法。……四、攝取法身。……五、不住生死涅槃。……六、行住净。……"兹據補。

⑤ 辛本校:"'□□□□'四字,底本殘,疑爲'攝取法身'四字。"按:斯2744號《〈金剛般若經〉旨贊》卷上此四字正作"攝取法身",兹據補。

⑥ 相,底本殘,據鳩摩羅什譯《金剛般若波羅蜜經》[T8n235p752a23]補。

⑦ 等,底本殘,據文意補。

⑧ "等世界七"四字底本殘,據鳩摩羅什譯《金剛般若波羅蜜經》[T8n235p752a26]補。

⑨ 人,底本無,據鳩摩羅什譯《金剛般若波羅蜜經》[T8n235p752a26]補。

⑩ 辛本校:"'五',底本作'二',據文意改。"

⑪ 經,底本殘,據文意補。

⑫⑬⑭ 若,底本殘,據鳩摩羅什譯《金剛般若波羅蜜經》[T8n235p752b3]補。

卧’”等。

第六、行住净中,第二□□□。

《□(經)[①]》:“□(須)[②]菩提! 若善男子、善女[③]人,以三千大千世界碎[④]爲□□□□□□(微塵,於意云何)[⑤]”□(等)[⑥]。

□□□□觀破自在。

《經》:“須菩提! 若有人以滿無量阿[□][僧][⑦]祇世□□□□□□□(界七寶持用布施)[⑧],若有善男子、善女人,發菩提心者,持於此經,乃至四句偈□□□□□(等,受持讀誦)[⑨],爲人演説,其福勝彼”等。

第七、不染。行住净中,説法□□□□故不染,一切法相等流轉不染。文義相攝。

勒爲八種者,《論》云:“□□(彼住)[⑩]處等,略爲八種,亦得滿足。”

一、攝住處。

二、波羅蜜净住處。

此二如次配,故二處。

三、欲住處,合前三、四色身、法身爲欲住處。

---

① 經,底本殘,據文意補。

② 須,底本殘,據鳩摩羅什譯《金剛般若波羅蜜經》[T8n235p752b6]補。

③ “善女”二字底本作“若女善”,據鳩摩羅什譯《金剛般若波羅蜜經》[T8n235p752b6]改。

④ 碎,底本作“破”,據鳩摩羅什譯《金剛般若波羅蜜經》[T8n235p752b7]改。

⑤ “微塵,於意云何”六字底本殘,據鳩摩羅什譯《金剛殷若波羅蜜經》[T8n235p752b7]補。

⑥ 等,底本殘,據文意補。

⑦ 僧,底本無,據鳩摩羅什譯《金剛般若波羅蜜經》[T8n235p752b23]補。

⑧ “界七寶持用布施”七字底本殘,據鳩摩羅什譯《金剛般若波羅蜜經》[T8n235p752b23]補。

⑨ “等,受持讀誦”五字底本殘,據鳩摩羅什譯《金剛殷若波羅蜜經》[T8n235p752b25]補。

⑩ “彼住”二字底本殘,據無著菩薩造、[隋]達磨笈多譯《金剛般若論》卷上[T25n1510ap758b27]補。

四、離障礙住處，謂次□十二種住處，即從第五得勝□(中)①無慢乃至十六等求教□(授)②□□□，十二種對除慢等。十二種障，合爲第四離障住處。

□(五)③、□□□□净心住處，即第十七證道住處。

六、究竟住處，即第□□□□。

七、廣大。

八、甚深。此二住處，是故通義，故以行就住，略成□□□。二信行地，攝十六住處；二净心地，即第十七證地道住處；三□□地，即第十八。

然今且依三地科判，信行地中，復□□□□□□□。初之四住，發心修行，求果離障，故有四▭知。此即初段。准無著《論》，十八住處，皆答▭。依彼《論》科者，從"□(佛)④告"至"即非菩薩"，答初住問。▭若無所住"下，答修行問。"須菩提！菩薩應如是布▭身相見如來不"下，迄至經終，皆斷疑重▭伽婆藪，昆季師資，如何二論互相乖返？▭是慈尊造。而無量□，但述自見，豈合違▭□(天)⑤親所釋，□□元是無著禀口授與天親，令⑥▭

金剛般若經宣演卷下⑦

敕隨駕講論沙門道氤集

《經》："須菩提忍辱"至"説非忍辱波羅蜜"。

演曰：第九爲離不忍苦障，即第十法界無量迴向，第十三忍苦住處。前

① 中，底本殘，據無著菩薩造、[隋]達磨笈多譯《金剛般若論》卷上[T25n1510ap757b7]補。

② 授，底本殘，據無著菩薩造、[隋]達磨笈多譯《金剛般若論》卷上[T25n1510ap757b13]補。

③ 五，底本殘，據文意補。

④ 佛，底本殘，據鳩摩羅什譯《金剛般若波羅蜜經》[T8n235p749a5]補。

⑤ 天，底本殘，據文意補。

⑥ 尾殘，底本斯 2671 號至此止。

⑦ 卷下今以《大正藏》所據伯 2132 號爲底本。

希當福,以修勝因。勸勵雖成,須能忍苦。若修道時不耐他害,不能安受寒熱疲乏生老等苦,雖勤修道,便捨衆生,又無福果,亦不長時,便同二乘,早入寂滅。若無諦察法忍,於無相理不能證悟,亦無前二,以諦察法與前二忍作依止故。又若不能忍流轉苦,便樂涅槃,不發大意。若不能忍衆生相違苦,便生恚心,不能攝化,亦無相好。四衆八部一切眷屬,若不能耐乏受用苦,不能精進,數生退敗,於無上果如何克成?今爲對除,有此文起。其不能忍,即是嗔恚。懈怠愚癡,通二障攝。能忍即是無嗔,精進審惠(慧)。三種忍流轉苦及乏受用皆精進故,修勝福因之良助也。前約能忍,名"忍苦住";今約斷障,離不忍苦。准前通釋,彼《論》爲斷第八經成苦果疑。

《論》云:"向説彼身苦,以彼捨身,苦身果報,而彼福是劣。若爾,依此法門,受持演説,諸菩薩行彼苦行,行彼苦行即是苦果。云何此法門不成苦果?"

演曰:前説苦身,以得苦果,故福是劣。依經苦行,亦是苦果。

若爾,此《經》應成苦果。如何福勝耶?

下文意説。前捨身命,有我法相,或有嗔恚不能忍苦,有疲懈故,感於生死,而福是劣。今有忍度及以慈悲,能趣菩提,故福爲勝。舉彼能治不忍正行以答前疑,不連此《論》。依此《論》判,文則有四:一如所能忍即是忍體,二明忍相及生忍處,三如忍差别即種類忍,四對治不忍因緣。此初也。《論》云:"何者能忍,謂達法無我故。"此《論》問略,意言何者?如所證境而爲能忍,謂如其所證真境之能忍體,即無瞋勤惠(慧),無嗔勤惠(慧),如其所證法,無我理境,而方能忍境;既無我忍心,如何有我?故無瞋等得彼無我如所境也。又解,如所對境之所行能忍,思對能行名"所",對諸境界名"能"。是修行者如所對境之所行能忍,即忍體也。《經》言説"忍辱波羅蜜"者,正明此體。又言"非波羅蜜"等者,以無我等想及不著度想,於非度中不住無想;如是行忍,即安立第一義,故名"非波羅蜜"。貞觀有結,是故如來説名"忍度",餘本皆無。彼《論》頌云:

"能忍於苦行,以苦行有善。彼福不可量,如是最[1]勝義。

[1] 最,録本訛作"寂",底本實作"冣",乃"最"之俗體。

離我及恚想，實無於苦惱。共[①]樂有慈悲，如是苦行果。”

釋云：雖此苦行同於苦果，而此苦行不疲倦，以有忍度名爲“第一”故。“彼岸”有二種義：一者，波羅清净善根體；二者，彼岸功德不可量，如經即“非波羅蜜”故。“非波羅蜜”者，無人知彼功德岸故。

演曰：《經》言“如來説忍辱波羅蜜”者，以有清净善根體故。又言“非”者，不可量故。由此二義，名“第一”。餘意可知。

《經》：“何以故？”

演曰：自下第二明忍相及生忍處。初徵後辨。此初也。以何等處故能生忍。又行忍度而復言“非何所以故”。

《經》：“須菩提”至“割截身體”。

演曰：下辨分二：初明生忍處，後正明忍相。此初也。即此他處忍度非度及餘一切法而爲生處，謂於他處生耐怨害，忍即無嗔。於忍度及諸法中不生有无想，即諦察法忍，是審惠（慧）故，略無安受苦。忍生處此即耐怨害忍生處。言“歌利”者，此云“忍害”，以能安忍行損惱事，故名“忍害”。《西域傳》云“鬪諍王”。餘本音殊，而名不異。説此因緣，廣如餘處。

《經》：“我於爾時”至“壽者想”。

演曰：正明忍相有二：初順釋，後返顯。順釋有三：初、他害不瞋，無人我想；二、精勤行忍，不著有想；三、於非度等，不著無想。初一耐怨。後二諦察法，略無安受苦，或非勝不辨，或初中攝。此文初也。《論》云：“云何應知忍相？若他於己起惡等時，由無有我等想，故不生嗔想。”《菩薩地》説：“若遇他害，應作是思：‘此我先業，應合他害。今若不忍，更增苦因。便非愛己，成自苦縛。又自他身，性皆行苦。彼無知故，增害我身。我既有知，寧增彼苦？二乘自利，尚不苦他，我既利他，應忍他害。’作是思已，應修五想：一、親善想；二、唯法想；三、無常想；四、有苦想；五、攝受想。此於他害不生我想，即五想中唯法想也。由修無我唯有法故，不報彼怨，生初忍也。唯此餘忍應有起緣，略故不辨。”又解：即前割截及耐怨忍是餘二種之所起處，不離此故。由斯貞觀我於爾時都無有想，亦非無想。此本經中，闕無此文。准論釋者，

① 共，録本訛作“苦”，據底本改。

亦不於羼提波羅蜜中生有想，於非波羅蜜中生無想。

演曰：即餘二想於忍度中不執法有，及非忍中不起無執，而常修習，合是諦察法忍想。若執法無，總撥無體，不斷不修，不欣不厭，不欲利樂，是故復令不住無想。《維摩經》云："但除其病，而不除法。"又，"非度"者，即前非忍辱波羅蜜，非有別法。

彼《論》云："此苦行勝彼捨身，何况離我相嗔恚想故。又，此行無苦。不但無苦及有樂，以有慈悲故。如經'我於爾時無我想乃至無想亦非無相（想）'故。此明慈悲心相應，故如是説。"

演曰：彼"離我相嗔恚相"釋經"無我相"等。又，"此行無苦"等釋經"無相"。雖爲苦行，不見苦相。"不但無苦及有樂"等者，釋經非無相，以有慈悲共樂和合，故與此《論》別。又解：彼文不於忍度生有苦想，故言"無想"。不於非波羅蜜外衆生中起於無想，不救不化。由見生苦而行拔濟與樂想，應而起慈悲。云"非無想"，正當此同。又此三想如次能生彼三種忍。無相者安受苦忍，以不見苦有寒熱等想苦故。又此三相，初一離我執，後二離法執之中有無别故，皆令離之，非全執無即爲真忍，故言"亦非無想"。

《經》："何以故"至"應生嗔恨"。

演曰：返顯也。先徵後釋。何所以故？知於彼時無有我等想耶？具徵三[①]想，釋但顯初，以影略故。嗔由我見生。若有我見，應生嗔恨。恨依嗔立，懷惡不捨。結怨爲性，即隨煩惱嗔恨。既無明無我想，由如是故，行忍度時，無我想等。

《經》："須菩提又念"至"無壽者相"。

演曰：第三明如忍差别，即種類忍。《論》云："何者種類忍？謂極苦忍，相續苦忍。"此意"極苦忍"者，謂割截身分；"相續忍"者，謂於五百世作忍辱仙等。非唯一忍，名爲"差别"；生生常行，前後相似，名"種類忍"。論中欲辨忍差别故，更舉割截，理實屬前。言"忍辱仙"者，慈悲人也。

《經》："是故須菩提"至"三菩提心"。

演曰：第四對治，示忍因緣由三想生：一、住流轉苦想；二、住衆生相違苦

① 三，録本訛作"之"，據底本改。

想;三、住乏受用苦想。由初想故,不發菩提心,即不能忍生死流轉,不起安受苦忍及諦察法忍;住衆生相違想故,見怨害苦,不起耐怨害忍;住乏受用苦想,亦不能起安受苦忍,不能忍受寒熱飢乏等故。今爲對治此三想故,令生勝忍。初流轉苦通三界,是行苦。後二苦唯欲界,色界已上無寒熱乏少等故。然依相增,衆生相違是苦苦,乏受用是壞苦。又,流轉攝五苦,謂生老病死五陰盛苦。衆生相違攝怨憎會苦、愛别離苦,乏受用攝求不得苦。前明忍相中,論解有二:耐怨,諦察;今明對治不忍因緣,方解安受苦忍。或初流轉苦相,雖亦不能起安受忍,而今意即不起諦察法忍;由不諦察二空道理,住流轉想。或一向厭求自滅度,或由住著,流轉苦生,皆障菩提。故正對治,令不住著。以下第三,别解對治之受用因安受苦故。

問:"准論下解明暗喻中,唯據當果,名'乏受用',亦無安受苦忍之相,如何説是安受苦忍?"

答:"下有二意:一、令當果不乏;二、雖乏受用,而不生苦,不住相故。故論説爲忍苦住,攝對治。此三即爲三段。初對流轉苦因緣中分四:初、總標;二、别釋;三、重成;四、結勸。此初也。

《論》云:"'發菩提心'者,以三種苦想故,則不欲發心,故説'應離一切相'等。此中一切想者,爲顯如是等三苦想也。"

演曰:大發大心,要起慈悲,救濟含識,觀諸法空,解苦無苦,方於生死長時救度,共證菩提,永出流轉。若見三苦起逼迫想,如人畏時,非人得便,如是菩薩畏生死故。六塵得便,自受流轉,安能救人?或見苦想,自求涅槃,不能息他流轉之苦;或見苦相,相縛縛深,復增麁重;或全誹撥,邪見流迷,常處生死,不能自息流轉之苦。是故發心,不起三想,免受流轉,名爲"對治"。其不發心,是流轉苦之因緣也。

問:"此言邪三苦相,障發大心,勸離三相,發菩提心。若爾,應是三苦對治。如何唯説對治流轉苦因緣耶?"

答:"理實發心能治三苦。由發心者起三妙觀:一、厭生死,即除流轉;二、愍衆生,即除相違;三、求菩提,即除乏受用。況此説爲離三想故,應治三苦。而言唯治流轉苦者,總别異故,謂發心是總離一切相、餘二是别各離相故。所治亦然。流轉是總,餘二苦别。以總除别,故不相違。"

問："不發心障，以何爲體？"

答："即法執三想及癡貪等一切二障以爲體性，近流轉因，正是無明。無明緣行，故受流轉。癡之根本，即是智障。三相心是。由此離相，發菩提心，癡等自滅。無明滅故，乃至老死亦復隨滅，流轉自息故。彼《論》云：'若有菩薩不離我相等，彼菩薩見苦行苦，亦欲捨菩提心。'爲彼故説應離一切相發心等。"

偈言："爲不捨心起，修行及堅固。爲忍波羅蜜，習彼能學心。"

演曰：准長行釋上二句問，下二句答。一問爲何等故心得不捨菩提相，二問爲何起行相而修行。下二句答"爲忍"等者，謂以無我等相而發心修行也。然准彼《論》，初地以去證第一義。所得忍度名"不住心"。舉此爲證，勸彼地前菩薩發心，亦離一切相，故云"未生"。"第一菩提心"者，有如是過，爲防此過等。

《經》："不應住色"至"味觸法生心"。

演曰：二别釋不住於相，令離相縛及麁重縛。由執相故，使爲境相之所拘礙，於生死中生麁重縛。"麁重縛"者，不安隱性，不調柔性，無堪任性，身心勞倦疲乏[1]性故。有經頌云："相縛縛衆生，亦由麁重縛。善雙修止觀，方乃得解脱。"如觀戲調，境相拘心，耽嗜不已，便生勞倦。後休息已，方覺疲乏。此想拘心生乏亦爾。此"相縛"者，體通一切三世三性有漏境相，所生麁重亦通一切有漏之性，故説三界皆是行苦。或此文意，由執色等，以爲實有，便起希求，追戀慳惜，於流轉苦，更憎疲乏，永處生死，安能發心？爲遮此等，故勸不住色等生心。《論》云："若著色等，則於流轉苦中疲乏，故菩提心不生。"釋文如前，願净土解。論文云"'不住非法'者，謂非法無我也，於非法及法無我中皆不住故。"

演曰：貞觀不住六塵及非六塵。梁本及此《論》但有不住前五塵，無不住非五塵。其法非法，即皆不住。故論逐難，先解非法。然准論意，《經》言"法"者謂法無我；言"非法"者謂非法無我，即有法我故。總結云：於非法及法無我中皆不住故，謂於法無我及非法無我中皆不住也。

---

① 乏，録本訛作"之"，底本實作"乏"，乃"乏"之俗體。

《經》:“應生無所住心。”

演曰:第三重成。《論》云:“爲成就彼諸不住故,説遮餘事。”如經:“應生無所住心。”何以故?“若心有住,則爲非住”等。此意遮餘事者遮心有住也。文分爲二:初順成,後返遮。此初也。上説不住色非色我無我等生心,爲成此義,住空住有皆不應故。故云“應生無所住心”。

《經》:“若心有住,即爲非住。”

演曰:返遮也。餘本先徵無住所以。若心有住,便是執著,非爲真住,真如理中,無所住故。發心亦應順理,無住故住。《净名經》云“無住即無本”,“從無住本立一切法”。彼《論》云:“示不住生心義故。若心住於色等法,彼心不住佛菩提。”“佛菩提”者,即真理也。

《經》:“是故佛説”至“不應住色布施”。

演曰:第四結勸。引前所説諸菩薩心不住布施,此及魏經,略舉於色;貞觀六塵,皆稱不住。此舉經中初不住心,起行方便,以勸久學。或舉十地真行方便不住布施,以勸地前不住修行。如勸離相,發菩提心。

問:“何故引施證忍勸發心耶?”

答:“彼《論》釋云:‘以檀波羅蜜攝六波羅蜜故。’”

《經》:“須菩提菩薩”至“應如是布施。”

演曰:第二對除衆生相違苦因緣。雖復發心,不住流轉。若爲衆生相違之時,便起勞倦,不能濟度,而生退轉,故爲除此。

問:“准此,應言‘流轉苦因緣對治’等,或應言‘流轉苦不忍因緣對治’等。如何《論》言‘流轉苦忍因緣對治’乃至‘乏受用苦忍因緣對治’等?以忍非所治故。又《論》第二云‘顯示對治衆生相違苦忍’,即似以忍爲所對治,其義如何?”

答:“論總説此,爲對治不忍因緣故,非以忍爲所對治。然總相言此忍因緣之中而爲對治,謂於此忍種種因緣而不能忍,故對除之。文分有三:初正對除,次[①]令信受,後遣執著。初中復二:初總標對除,後别釋所以。此初也。”

《論》云:“既爲一切衆生而行於捨,云何於彼應生嗔也?”捨即布施。菩

① 次,録本訛作“以”,據底本改。

薩發心及行施等,本爲衆生。既爲利樂,應當如是不住衆生相違苦想,不生瞋恚,而行布施。彼《論》疑云:“云何爲利[□][益][1]衆生修行,而不名住於衆生事?”疑意修行利生,應住生想,如何不住?

偈云:“修行利衆生,如是因當識。衆生及事相,遠離亦應知。”

演曰:初二句修因所爲,下兩句令除我法執。彼意只由不住能利衆生,故除二執。衆生相違時便能忍受,正與此同。彼曲生疑,屬第八攝,更不別開。

《經》:“如來説”至“即非衆生”。

演曰:别釋所以。初“法無我“,後“人無我”。《論》云:“由不能無衆生想,以此因緣,故衆生相違時即生疲乏,故顯示‘人無我’‘法無我’。”此意既無實法及實衆生,何故於無妄生有想而行布施? 又亦不應起相違想而生疲乏。故應不住而修布施。魏云:“一切衆生相即是非相,一切衆生即非衆生。”梁、隋、唐、周並“初衆生想,後但衆生”,唯此本中初無衆生,但言“想即非相”。

彼《論》頌云:“假名及陰事,如來離彼相。諸佛無彼二,以見實法故。”

演曰:准彼釋意,衆生事有二:一、衆生名;二、五陰事。即彼衆生能詮名相非實體相,以名自在、無實體故,由是一切衆生相即非相。衆生名相無實體相,故能詮名,成“法無我”。餘本云“想”者,由想起名,即顯名相。又以五陰假名衆生,於五陰中無衆生體,以無實故,由是一切衆生即非衆生,明“人無我”。故《論》結云:“如是明‘法無我’‘人無我’。”若依此經,初“法”後“我”,文更明顯。梁、周二本,此下云“何以故”者,諸佛如來遠離一切相故。餘本並闕。准彼《論》引,應合有之。

《論》云:“此句明彼二相不實。若彼二實有者,諸佛如來應有彼二相。何以故? 諸佛如來實見故。”

演曰:顯佛説無,由自内證,如證而説。或前二無,佛自證達,令爲汝説,勸彼發心修行之時,有衆生相違,觀二我無,勿生嗔恨。

《經》:“須菩提如來”至“不異語者”。

---

① 益,底本無,此據《金剛般若波羅蜜經論》[T25n1511p788b25]補。

演曰：次令信受而行於忍。世善賢良猶無諸誑，况乎大聖對誘天龍有四諦語而爲詭説？

《論》云："真語者，爲顯世諦相故；實語者，爲顯世諦修行有煩惱及清净相故；於中實者，此行煩惱、此行清净故；如語者，爲第一義諦相故；不異語者，爲第一義諦修行有煩惱及清净相故。"

演曰：初、總説俗諦；二、别説俗諦；三、總説真諦；四、别説真諦。"别説俗"中，此有爲行煩惱，此有爲行清净；或此行生煩惱如爲名利行，此行增清净如捨名利行。"别説真"中，依真修行，有所斷煩惱，有能斷清净；或依真諦而修行時，此行生煩惱如有住心施，此行增清净如無住心施。今勸菩薩依真諦修，應信生忍。此不誑語者，即屬不異。約口名"誑"，約心名"異"。彼《論》自下爲斷第九道非作因疑①。

《論》云："此中有疑於證果中無道，云何彼於果能作因？"

頌云："果雖不住道，而道能爲因。以諸佛實語，彼智有四種。"此有二釋。一云：謂諸聖人以無爲法而有差别，即無聖道。云何觀二無我利益衆生道能爲彼因？爲破此疑，故説四語。以佛真智，證理無言。後得如證，而起言説，真無取得。俗諦離妄，方便因緣，修二無我，非不爲因得佛果也。顯佛能知彼道爲因，故説四語，以斷情疑，即令生信，順修無我，果之因道而生，於忍與此同也。二云：證無爲時，但用真智，不用言説之道，即謂佛説持經功德爲法身因，是其虚妄，故説四語，除彼疑謗。前解疑從忍起，後解疑從經起。觀彼《論》意，後釋爲長。此由境四，故有四智。由智有四，故起四語。頌云："實智及小乘，説摩訶衍法。及一切受記，以不虚説故。"一、實智，即菩提；二、小乘；三、大乘；四、受記。如次四境，皆不妄説，以配四語。除此已外，或假設説。於小乘等説"苦諦"等，大乘中説"法無我"，如受記即是説"三世事"，決定無謬。如彼義而説，不顛倒故。今説菩提及以大乘，勸信佛語。

《經》："須菩提"至"無實無虚"。

演曰：後遣執著。《論》云："説此真語等已，於此中如言説性起執著，爲遣此故。"《經》言："如來正覺法及説，於中無實無妄。""無實"者，如言説性非

① 疑，録本訛作"段"，據底本改。

有故，“無妄”者不如言説自性有故。此意以見佛證二無我理，説二諦語，便執此言，詮著彼法，定實相屬，故今破之。可言之法無，故名“無實”；離言智證，不可名法有，故名“無虚”。魏云“所得法”“所説法”。貞觀有二：所證，所説；所思智，所契證。言所詮説，心所思慮。此中總云“所得”，即“所得法”，名爲“此法”。

彼《論》頌云：“隨順彼實智，説不實不虚。如聞聲取證，對治如是説。”

演曰：上二句正釋經文，下二句明遣執著。“准彼釋”者，以所説法不能得彼證法，故“無實”；以所説法隨順彼證法，故“無虚”。説此意者，不應如所聞聲而取證法，又亦不應離所説法而求證法，以隨順故。

《經》：“須菩提若菩薩”至“則無所見”。

演曰：大段第三，對治乏受用苦因緣，由著未來果事行施、心有相故。果有限量，受用便乏，即心住著是乏受用因緣，所乏受用是外資具增上果攝。依此《論》解，前不住於事行施是布施度，今於未來果説不依彼《論》自身名事，此中説是乏受用故。若不住施，外資不就。外資不就，因之[1]與果，翻前可知。故爲對除，有此文起。彼《論》自下爲斷第十證如不證。疑《論》云：“若聖人以無爲真如得名，彼真如一切時一切處有，云何不住心？得佛菩提，佛菩提則非不住。若一切時一切處實有真如，何故有人能得、有不得者？”此中“得佛菩提”四字，通上下用。依彼新《論》云：“如何佛果以無住心方能證得非有住心也？”此有二問：一、問有得不得；二、問不住心得住心不得。總舉一頌，以答二疑。云：“時及處實有，而不得真如。無智以住法，餘者有智得。”彼釋意云：真如雖復遍於時處，無智者住法故不得，有智者不住法故得。此答初問。又，心住法者不清净故不得，不住法者清净故得；此答後問。彼總結云：“以是義故，諸佛如來清净真如得名，是故住心不得佛菩提。”彼破疑心以生文，此約修行以起説。既以不住得彼真如，當果無限，不乏受用。二論無違。文中有二：初法喻明無智不得，後法喻明有智證得。若依此《論》，初明有相，著果報施即是所治乏受用因；後明無相，不著事施即能治行。此初也。初法後喻。《論》云：“若爲果報布施便著於事而行捨施，彼於異施欲

① 之，録本訛作“乏”，據底本改。

樂苦受中不解出離。猶如入闇不知我何所趣。彼欣樂欲樂亦爾。"

演曰:欲樂苦受是當來果,與施異時,名爲"異施";彼當欲樂是勝義苦,有漏皆苦,故名"苦受",非是三受之"苦受"也。《經》言如人喻無智者,由無智故,著果行施,名爲"入闇"。"無所見"者,喻不見真理,故不求出離,如在闇室無所見,故盤旋在中,莫知所趣。無智亦爾,由著相施,當果有限,受用匱乏。

《經》:"若菩薩心不住法"至"見種種色"。

演曰:有智證如,不著事施,即能治行。初法後喻。《論》云:"彼無明夜過,惠(慧)日出已,種種爾炎[①]如實見之。"喻言如人,即有智者。言"有目"者,惠(慧)俱心等日光明照,即喻智惠(慧)。"種種色"者,喻真如等種種理事。所除闇相,即前無智。餘本説爲夜分已盡,由不住絶,得無限果,受用無乏。又釋,若住於事,執有實境,不見過患而受用之,於中生忍,如人入闇。若不住法,不執境有,於中行忍,如目得自見種種物。由見過患生知,是故雖乏不苦,故能對治乏受用苦,起安受苦忍。前釋據當果,受用不乏;此解據現,雖乏不苦。彼《論》頌云:"暗明愚無智,明者如有智。對法及對治,得滅法如是。"頌初二字,總舉明暗喻也。故長行云:"彼暗明喻者,相似法故。"已下別釋。闇喻無智,明喻有智,對法即是能對除。惠(慧)日喻惠(慧)體,日喻惠(慧)用,雖俱是惠(慧),體用不同。分爲二喻。頌言"對治"及"滅法"者,即所對治闇相滅也。故云:"夜分已盡者,如所對闇法盡故。"

《經》:"須菩提當來之世"至"受持讀誦"。

演曰:第十爲離闕少智資糧障,即第十四離寂静味住處。前福資糧有三住處:初親近佛行供養因,次修因時少欲勸進,後勸行忍。所以然者,由供養等故,值佛聞法,當得净土,珍饒樂備;由少欲等故,麾空出寶,果報不斷,所作究竟,好爲勝事;由諦察忍故,爲他説法,所言誠諦,他皆信受;由耐他害故,眷屬圍繞,相好莊嚴;由安受忍故,生死不拘,隨類化物,無苦逼惱,皆福德相[②]。故有三文。下修智因,亦三住處:初、捨定味;次、離喜動;三、求教

① 炎,録本訛作"涅槃",據底本改。

② 相,録本訛作"明",據底本改。

授。初勸[①]依經而捨静味，持[②]讀爲因，發生修惠(慧)。前資糧道雖復總爲無相理觀而修，等至由耽定味，尚未别修。從此已下，是加行道，别修理觀。初得修惠(慧)，在煖位中；次由得智，名位既高，我慢便增，遂生喜動。爲離此故，有第二文。喜動除已，入於頂位，後爲得入忍第一法。然外求良緣，以希教授。此後隣近，即入初地證道住處，非求第一法。後更求教授，唯一刹那即入見故。故求教授在見位，前煖、頂兩位，[□][學][③]觀所取、無初作難故。今至忍位，即所取無順觀能取[④]。世第一法二空雙印，因成滿故，前修福德在四位。前諸迴向位，今修惠(慧)正入四位，即是第十迴向未心。由此准前，文亦三段。初文之中大分爲二：初明五種殊勝功德，勸捨味定，以修修惠(慧)；後"我念過去"下重釋，五中第二福聚前，離少聞多。是聞思障雖已令離，猶有分别。二障微起，俱生二障。多數現行未能别修無相修惠(慧)，由闕此故，不得證真。今爲令於修惠(慧)位中别觀真理，令分别障一向不行，俱生二障亦能漸伏，速入見道，故有此文。前言"寂静味"者，愛味禪定，體即是貪，由愛定故，不肯修惠(慧)。此名"智障"，即彼貪也。或此正邪所知障體，名爲"智障"。前煩惱障，故此所除，通二障攝。彼《論》爲斷第十疑中，大分有二：初正斷疑，後挍量顯勝。前斷疑訖，自下挍量。

彼先問起頌云："於何法修行，得何等福德。復成就何業，如是説修行。"

演曰：初句問修法，次句修益，次句修用，後句總結。即於此經讀誦受持，以生修惠(慧)。修惠(慧)功德所作，勝業而生。下文正與此同。

先依此《論》總申經意云："此中爲離三摩提攀緣，顯示與法相應有五種勝功德。"

演曰："三摩提"者，"等持"義；"攀緣"者，"作意"義。《對法論》云："得定心者名'得'。作意與法相應者，法謂'經教'。"此中令離不順教法，一向專修，等持作意。貪著禪味，是菩薩縛，故勸令離之。與經相順，而修作意，能

① 勸，録本訛作"勤"，據底本改。
② 持，録本訛作"特"，據底本改。
③ 學，底本無，此據《〈金剛般若論〉會釋》[T40n1816p754a11]補。
④ 取，録本訛作"耶"，據底本改。

除亂障，有五功德，發生修惠（慧）。以愚斷癡，非是總令不修於定，意欲令其順法修定，定生修惠（慧）故，行者必須止觀雙運故。五功德者，《論》云：“一、如來憶念親近；二、攝福德；三、讚歎法及修行；四、天供養；五、滅罪。”明此五種，即分爲五。初中分二：初所修法行，後佛念親近。此初也。彼《論》於何法修行，即此如來憶念；次得何等福德，即此攝福德；後成就何業，即此歎法修行乃至重解前福德文，皆屬第三。彼先答於何法修行。

頌云：“名字三種法，受持聞廣説。修從他及内，得聞是修智。”

謂於此經名字教中，三種修行，得成聞惠（慧）：一、受；二、持；三、讀誦，即頌中受持聞廣説。如次配之。三皆聞惠（慧），前二聞惠（慧）依總持生，第三聞惠（慧）依廣聞生。彼云“廣多讀習，亦名聞惠（慧）”。此簡有部。彼宗讀誦三部經，是生得惠（慧）。大乘異彼，故言“亦名聞惠（慧）”，即[①]顯少讀，不解義理，生得惠（慧）攝。雖依名字，而生三行。復問“修行云何而得”，即頌下二句答，謂外從他聞，内持不忘，數數思惟，便生修惠（慧）。此中具足三惠（慧）四親近行。依《中邊論》，十法行中開讀誦爲二，合受持爲一，與彼《論》不同者。彼《論》云：受持修行，依總持法故；讀誦修行，依廣聞故。意以受持之行，體即總持。初受後持，故開爲一；讀之與誦，但一廣聞，故合爲一。《中邊》約總持爲依，故合爲一。對文皆句，讀誦分二。又依此《論》，法行者四：一、受；二、持；三、讀；四、攝。

《論》云：“受者習誦故，持者不忘故。若讀若攝者，此説受持因故。爲欲受故讀，爲欲持故攝。又復讀者習誦故，攝者總攬義故。”

演曰：此《論》前文釋受者受文字、攝者攝義也。准釋此者，於文字中先讀次誦後受，於義中初攝、後持。三[②]論不同，各據義别。彼又頌云：“此爲自淳熟，餘者化衆生。以事及時大，福中勝福德。”上之二句釋前修行爲自他利。《論》云：“此義云何？彼名字聞惠（慧）修行，爲自身淳熟故。餘者化衆生，廣説法故。”下之二句釋得何等福德。

《經》：“則爲如來”至“悉見是人”。

① 即，録本訛作“切”，據底本改。
② 三，録本訛作“之”，據底本改。

演曰：後佛念親近，文如前釋。

《經》："皆得成就無量無邊功德。"

演曰：第二攝福德分二。初標多[福][1]，後校量顯勝。此初也。以此持經之福在於地前，有漏熏習，資無漏種，遠與佛果四智而爲疏緣，近與十地無漏亦爲增上緣，與十地位、十王果報爲異熟因故。彼《論》下解何福業中云"所謂攝受四天王釋提桓因等成就勢力故"，中應叙十王果報所生之處，故言"功德無量無邊"。

《經》："須菩提，若有善男子"至"恒河沙等身布施"。

演曰：下校量顯勝。於中有二：初舉捨身多，後校聞經福。初中復二：初施廣，後時長。此初也。彼《論》"得何等福德"，示現勝挍量故。頌云"以事及時大"，此即事大，以一日中捨多身故。

《經》："如是"至"以身布施"。

演曰：時長即彼《論》時大也。

《經》："若復有人"至"其福勝彼"。

演曰：校聞經福。有二：初舉劣校量，後况福勝行。此初也。於拾法行各起四行：一、自作；二、教他；三、讚勵；四、慶慰。"慶慰"即隨喜，即是此中信心不逆。"逆"者，"謗"也。餘本有"勝彼無量無數"。釋云：以第一百六數名無量數數。一百四又解，但言無量無數，何必即是彼之數也。上來至此，四重校量。如彼《論》説，漸化義故；直聞説多，或生不信故；彼《論》云漸化衆生，令生信心上妙義故；依此《論》中所對位地轉勝轉上故。校量福漸以深勝，是故已下不約身財，但依然(燃)燈行等而爲校量。

《經》："何况"至"爲人解説"。

演曰：况福勝行也。由此勝故，不可將彼捨身功德用爲校量故，舉信心不謗，少福彼尚不如，况心正法行。

《經》："須菩提以要言之"至"無邊功德"。

演曰：第三讚嘆法及修行。初讚嘆法勝，後讚修行人。初中復二：初正讚，後重成。此初也。《論》云"不可思議"者，唯自覺故；"不可稱"者，無有等

---

[1] 福，録本脱，據底本補。

及勝故。此非十地菩薩所思，即《法花經》"唯佛與佛乃能究盡"，彼經論云等現難思故。"思"謂世間尋伺心等法，非彼境名不可思議。今經更加"無邊功德"，即通兩處爲"不可思議無邊功德"，"不可稱量無邊功德"。彼《論》自下釋"復成就何業"。

頌云："非餘者境界，唯依大人説。及希聞信法，滿足無上界。

受持真妙法，尊重身德福。及遠離諸障，復能速證法。

成種種勢力，得大妙果報。如是等勝業，於法修行知。"

兩行半頌有九種義，備在經文。下二句結。此即第一非餘者境界。彼云："'不可思議'者，示不可思議境界故；'不可稱量'者，謂唯獨大人，不共聲聞等。"亦同此《論》。

《經》："如來爲發"至"最上乘者説"。

演曰：此重成也。

《論》云："此成就不可稱義，於中餘乘不及故。最上煩惱障所知障净，故名爲'最勝'。"此經名爲"大乘"，簡小爲稱，小乘不能净二障故。

問："何須説二？"

答："雖體無别，此中意説爲頓悟大乘根性所説之法，名'最上乘'。希求此人名'發趣最上乘'者，爲不定姓(性)[①]中大乘根性所説之法，名'最勝乘'，離二障故。若離惑障，未離智障，名爲'劣乘'；今學一乘，離二障盡，名'最勝乘'。希求此人名'趣最勝乘'者，體雖無别，依所被根分爲二種。此約正被，不爲二乘，兼亦無失。《解深密經》第二時中，唯爲發趣大乘者説，亦同此會。今釋大乘及最上乘，但是義分，未必對根分爲二種。不爾，一乘更無上乘等種種多名，更對何根？由是依論，餘乘不及故，最上二障净故。最勝不煩異解，彼《論》不可稱量，及此唯爲大乘者説，並是第二唯依大人説也。第三及希聞信法。《論》云：'以信小乘等則不能聞此，示希聞而能信法。'又云：'希聞者，謂"不可思議"等文句新論説爲"難可得聞"。'"

《經》："若有人能"至"不可思議功德"。

① ［清］朱駿聲《説文通訓定聲·鼎部》："姓，叚借爲性。"下用同"性"之"姓"字徑括注其本字，不復出注。

演曰：讚修行人。有四：一、舉修行；二、成勝德；三、荷正法；四、簡非根。此初二也。"如來悉知"已下是第二文。問："前説佛知，與此何别？"答："前約憶念親近，如説記念如此人等；今約唯佛能知行法行人所成福等，餘不能知。故二意别。"釋文如前，即是彼《論》第四句滿足無上界。"界"者，"因"義。

《經》："如是人等"至"三菩提"。

演曰：三荷正法無上菩提，不過理智。以此教法詮菩提故，亦名"菩提"。今持妙法，藴積在心，即爲以肩荷擔菩提，或以念惠(慧)而爲兩肩總持體故。令經文義集之於彼。此爲如來二種菩提生了因故，亦名"菩提"，以念惠(慧)二荷佛菩提。彼《論》第五句受持真妙法。

《經》："何以故？須菩提，若樂小法"至"爲人解説"。

演曰：四簡非根。先徵後簡，總徵前意。何所以故法行可歎成大福聚爲荷菩提？答中有二：一樂小乘法者，謂二乘人唯信人空，不信法空，有法執故，志意狹劣，不堪聞大。《論》云：不能聞者，"謂聲聞獨覺乘者故"。二著"我見"等外道凡夫，先執"有我"，自謂"菩薩"，人法執縛，不求二空，亦不能受。返顯能受，是大乘人無人我者，故能成就如前功德。彼《論》不釋此段文者，以前釋最上乘中，因解信小乘等，則不能聞。前已釋訖，故不重釋，理必如是。不爾，此文何故不解？

《經》："須菩提在在處處"至"而散其處。"

演曰：第四天等供養。《論》云於中以花鬘等供養，恭敬禮拜右繞，故名"支提"。舉此意者，説聽之處，他尚可尊，况持經者，必成勝德。彼《論》第六句尊重身德福。釋云："在在處處供養"者，當知是人必定成就無量功德。

《經》："復次"至"若爲人輕賤"。

演曰：第五滅罪。初標輕毁，後釋所由。此初也。言"輕賤"者，謂陵辱毁駡。餘本更有極輕毁，謂拘執朽縛。《論》云："此毁辱事有無量門，爲顯示此，故復言甚輕賤。"

《經》："是人先世"至"則爲消滅"。

演曰：釋所由中，餘本有徵。説經之處，八部尚且虔恭；持讀之人，理應凡聖稱讚；返被輕毁，有何所由？釋中文二：初明滅罪，後得菩提。此初也。

彼《論》第七及遠離諸障。釋云:“何故爲人輕賤而離諸障? 以有大功德故。”

演曰:《經》言“先世”則過去世:一、過去世生;二、讀誦經前,亦名“先世”。依前“先世”,轉後報業;依後“先世”,通轉生後及現報業。於此諸業之中,由持經力,轉不定業,輕罪皆滅,重罪令輕。被人罵等,便爲先當三惡重苦。業有四種:順現生後,第四不定。不定有三:謂時定報不定,報定時不定,時報俱不定。此中所轉是第二句。所以者何? 由報定故,轉重令輕;由時不定,墮惡道業,人間受故。其餘二句一切都滅。《對法論》云:若作不增長,不必受異熟,乃至業有五種:一、他所教敕;二、他所勸請;三、無所了知。此之三業,持經力故,一切都滅,以業非是受報定故;四、根本執著;五、顛倒分別。此二業重,作必增長,定受異熟,由持經力,轉此二業,令成輕受。

問:“現後生業,時報俱定者得轉以不?”

答:“由持經故,一切皆轉。不爾,如何速證菩提?”

“若爾,既皆得轉,何故名‘定’?”

答:“據不發心,若發不定。故《涅槃經》云:‘未入我法,名決定業。若入我法,則不決定。’又解,准闍王造五逆罪,時報俱定,見佛懺悔;聞小乘經,初懺悔故,應入拍毬地獄,轉重令輕;後聞大乘,至誠懇悔,逆罪消滅,故入佛法,名‘不定業’。若准此義,此中且說中庸受持,轉重輕受。若心精懇,一切都滅。”

問:“准《大般若》,唯除決定惡業應熟,如何今言‘定業亦轉’等?”

答:“彼據定受,受有輕重。此轉令輕,非全不受。與彼無違,與《涅槃經》亦無乖返,持經即是入佛法故。此依前解。若依後解,彼亦據其中庸受持,任意取捨。”

問:“注云‘業若先定,應墮惡道’,即是鈍根,聞必驚怖,安能信奉而讀誦此經耶? 若後五百歲聞是章句能生信心者,此人已於千萬佛所種諸善根,復若爲人輕賤乎? 如何會釋?”

答:“遽旨天懇,叵難云興。自非聖心玄鑒,何以發斯幽賾? 有難而無釋者,蓋欲推功歸論,表佛意之深微耳。今依論宗,奉宣其趣。此《論》五種殊勝功德,即當第五滅罪所收。彼《論》九種成就業因,即當第七遠離諸障故。《長行》云:‘示現遠離一切諸障故。何故爲人輕賤而離諸障? 以有大功德故。'《周本經》云:'此爲善事。'新《論》云:'"此爲善事"者,謂遭輕辱時,顯被辱之人有福德性,故言"此爲善事"。'准此罪福,各别有種。由福德故,能信此經,令罪業滅。自下經文,不但罪滅,亦得菩提。"

《經》:"當得"至"菩提"。

演曰:此得菩提。《論》云:"'當得菩提'者,顯示罪滅故。由前罪滅,故得菩提。"

《經》:"須菩提,我念過去"至"無空過者"。

演曰:上來别釋五種功德訖,自下大段重釋前第二攝福聚。於中准論,分之爲三:初、顯經威力;次、辨福德多;三、何人能説。初中復二:初舉餘福德,後校量顯勝。此初也。

《論》初標云:"'應知威力'者成熟熾然故,'多'者具足勝大故。"配釋此文,"即是福聚威力以彼所有福聚遠絶高勝故。此中'阿僧祇劫'者,乃至燃燈佛故。'應知過阿僧祇'者,更過前故"。

演曰:明經威力,所有福聚遠絶高勝。言"過去無數劫"者,謂金剛定乃至七地滿心爲一阿僧祇。逢燃燈佛,非此所論。今取燃燈佛以前二僧祇劫所修供養,除持經外,以用校量故。餘本經皆有兩重僧祇:燃燈前爲一重,燃燈佛後爲一重故。貞觀本云先復過先,此言"無量阿僧祇劫",是總言也,以有經言未逢燃燈佛,心有所得,不蒙受記,將入八地,逢燃燈佛,得無生忍,無所得心,方蒙受記。是故不以燃燈佛後功德校量,以無相修即惠(慧)度故。以前雖有學無相時而不相續,猶有加行,故功德劣。故有《論》言入第八地一刹那中所有功德,勝前兩劫,正同於此。又説兩劫所修供佛色相功德,不如其中持經勝福。彼順世間有爲之相,還招色身,故福爲劣。此生三惠(慧),斷惑證理,速證法身,故福爲勝。然彼劣福,皆七地前。八地已去,純無相修,福惠(慧)通故。所逢佛數經本不同,數有大小,不相違也。"那由他"者,准《法花經》,即是該(垓)[1]數,依此方數億兆,京該(垓)十二而數,即爲極少;

[1] 該,録本訛作"諺",據底本改。"該"此讀如"垓"(二字均音古哀切),乃古數名。萬萬爲垓。《太平御覽》卷七五〇引漢應劭《風俗通》:"十萬謂之億,十億謂之兆,十兆謂之經,十經謂之垓。"下"該"字録本亦訛作"諺",徑改之,並括住正字,不復注。

依《華嚴經》，從一百洛叉爲一俱胝，俱胝俱胝爲一阿庾多，阿庾多阿庾多爲一那由他。而《法花經》以此方大數目那由他，理實應依《華嚴經》數。然此佛數，且舉一位。所逢之佛，據二僧祇，非唯爾所。此古釋云通舉因位三僧祇劫，以用校量。若爾，即但應云"我念過去無量劫"等，何須別舉燃燈佛前？亦有釋云由供養佛，但是福因，持經智因，故不爲比者。不然，若但智而[1]非福者，何故持經？二論解爲攝福德聚，故知持經福智俱生，但順無相法身，故爲殊勝。

"若爾，何故頌云'福不趣菩提'？"

答："以施等有相福不趣菩提，非爲持經無相不趣，以福智二菩提正行感法身故。"

問："餘本燃燈皆言前先，何故梁經乃言佛後？"

答："彼譯經主取意有殊。以在過去，故名爲'後'。如説未來，名之爲'前'。約向背説'未來'，向前背過去故。《論》云：'"親近"者，供養故；"不空過"者，常不離供養故。'即以常供養釋不空過。"

《經》："若復有人"至"所不能及"。

演曰：校量顯勝。下位有情惡世持説勝佛兩劫。修因勝福，顯經威力。所以如前彼《論》第八，復能速證法。釋云：此是速證菩提法故。以多福德莊嚴，速疾滿足，故與此意同。

經："須菩提若善男子"至"狐疑不信"。

演曰：第二辨福德多。以福廣多，非情計境。若具説者，新學菩薩、二乘凡夫即便迷悶，心發狂亂。《論》云："此顯示多故。或爲狂因，或得亂心果。應知。"一爲狂因生狂病故，二設不狂亦生亂心果，故不具説。彼《論》可解。

《經》："須菩提當知"至"不可思議"。

演曰：第三何人能説。《論》云"此之[2]威力及彼多等何人能説？是故經言"等，此顯示彼福體及果不可測量故。此意是經文義。福因之體及所得果，皆離心言，不可思議，難可了解，誰能演説？唯佛能知，非餘所測勸。但

---

① "而"字前録本衍一"因"字，據底本删。

② 之，録本訛作"三"，據底本改。

持宣布當勝果。彼《論》第九成種種勢力,得大妙果報。釋云:"所謂'攝受四天王釋提桓因梵天王'等,成就勢力故。"總是復成就何業訖。由如是事,故持經勝。

問:"前説經力能斷有漏,感得法身。如何今説得人天果?"

答:"如無漏業,資變易生,爲斷於彼,號斷有漏。據究竟説,何妨疏緣能感世果?"

《經》:"爾時"至"降伏其心"。

演曰:下第十一遠離自取障,第十五遠離喜動住處。煗頂二位觀所取無作,四尋思觀時節稍長。前文爲入煗位人説。彼位依修已得,修惠(慧)觀所取,無安立有情而作利益。分别二執雖皆折伏,俱生二執猶有少起。我能住心,修行伏障,度衆生等,名爲"自取"。今爲治此,故有斯文。

《論》云:"何故復發起此初時問耶?將入證道,菩薩自見得勝處,作是念:'我如是住,如是修行,如是降伏。我滅度衆生。'爲對治此故。須菩提問:'當於彼時如所應住,如所修行,如所應降伏及其心?'世尊答:'應生如是心等。'"

演曰:所住所行所降者是所取,及心者是能[取][1];所取未全除,能取全未伏。於執心中,二取皆起有我能等。前卷名爲"於證道時喜動"者,由能修惠(慧)。下品尋思,觀無所取,遂生"我能""我得"之慢。自恃高舉,喜躍掉動,正在煗位。斷此喜動,即入頂位。此卷初名離不自攝,以煩惱生放逸,其心不自修攝。攝持謹攝,令入頂位。重觀所取,無能作上品尋思觀,即名"自攝"。

彼《論》云:"何故前説三種修行,今復重説此有何勝?"

頌曰:

"於内心修行,存我爲菩薩。此則障於心,違於不住道。"

釋意菩薩於自身修行生如是心:"我住大乘等有此分别,障於菩提行。"又云:"障何等心?"偈言"違於不住道"故。近違頂位,遠違初地。不住之道即由煗位猶存我心,生如是慢,障入聖道,故今破之。故論偏指,實無有法名

① 取,録本脱,據底本補。《大正藏》録本出校:"能十(取)?"意即是否脱一"取"字。按:底本"能"後本有一"耴"字,乃"取"字俗體。校録者失察。

爲"菩薩發阿耨菩提"等。此文正破"我能如是",與此《論》同。然彼略無,别起疑文,謂有疑云:"前説菩薩都無所住修行施等。若爾,則應一切無住。如何初説應如是住,如是修行,如是降伏爲斷?"此疑再興三問答,以雖説"住",不言"我住",即是爲斷。第十一應無住修疑,而有此文。

問:"觀此下經問之與答,一同前文。既爾,即應是兩周説。如何前云非兩周耶?"

答:"文雖似重,所爲對治,其意全别。且如三問,依此《論》説,通凡聖位,答亦如之。文皆有不名重説,所爲别故。又如於十行位多行勝行,遂有動生。我能如是,故將入十迴向。先除彼慢,爲説修道,得勝無慢,令其進入,令得煗位,亦復生慢,故令除之,而進入頂。以此唯知經初問者未入佛法,先有慢等。我能如是,住作業等故。初問答勸發勝心,先教無相,令其發趣。今將入聖,彼得勝道,斯慢更生。將欲革凡,爲障既重,故再興問,令斷進修。彼《論》初問除其所度中慢見及所度無同己樂非恒救濟,今問除其我能度心。又前於所住所修所伏中不住,今於能住能修能伏中不住。故文似重,意義全别。若謂彼《論》判二周者,何故經文唯有答'住'而無修行降伏。答處又准兩論,皆唯問此一段經文,再説所由。答云'以除我能住修'等,兩論相似。若從此去迄至經終爲第二周,即應總相生起第二周意,何故唯問此一段文?是故經文非兩周説。"

文分有二:初問,後答。此問也。《論》云:"將入證道,菩薩自見得勝處,更作是念:'我如是住,如是修行,如是降伏心,我滅度衆生。'"准此應問:"云何能滅度衆生?"若别開者,三爲自利,一爲利他。若合説之,三種俱通二利。所攝經據合説,論據别開。此中問意,菩薩住修,降伏三心。既能如是,爲作"我能住"等修?爲不作"我能住"等修?以居煗位,尚有二取。今令除之,故發此問。彼《論》意同。

《經》:"佛告須菩提"至"滅度一切衆生"。

演曰:下答分二:初答所住等三,對治所取;後辨能行者無正治能取,待所立能[□][立?][1]、所亡能滅故。初中答三,即爲三段。此初答住佛引十地

[1] 結合文意,此處底本疑脱一"立"字。

菩薩勝行,爲欲除破彼能所執,令進入頂,故以爲答也。

《經》:"滅度一切"至"實滅度者"。

演曰:答修行問,即不見有所度衆生。所取既無,能取寧有?

《經》:"何以故"至"則非菩薩"。

演曰:答降伏問。若住真道,得無所得,則無我人衆生等相,是真菩薩。今勸地前,既欲趣證彼真無住,應當如彼真無住者,不有此想而爲降伏。《論》云:"若菩薩衆生等想轉者,爲顯我執取或隨眠故。"此意衆生想轉者,顯是我執分别現行。設無現行,由有種子,亦名"我執"。二乘無學,至此位中,雖無"人我",而有"法我"。現行種子由此等故,非真住道,故應降伏而入真住。

《經》:"所以者何"至"三菩提者"。

演曰:此正對治能取心也。真住菩薩不見有少法,是能行者亦不見有少法,而是可取,生於喜動。我爲能得,彼爲所得故。若有此能住所得心等現前,應觀無有少法可名"能發趣"者,故此對治"我是能住""我能修伏"等而生喜動。

《經》:"須菩提於意云何"至"三菩提不"。

演曰:下第十二離無教授障第十六,求教授住處。既住頂位,觀所取無,將起忍及世第一法中,即無所取。觀能取無及單雙印,入於真聖證道之位。若無教授,不能進成。故引燃燈以顯教授。我住八地尚遇燃燈以求教授進入上位,况猶住頂不求教授規上法耶?不求教授,是所知障。爲離此障,説此《經》文。前據正行名"求教授",今約所除,離無教授。互舉能所,亦不相違。彼《論》斷第十二菩薩修因疑。《論》云:"此中有疑:若無菩薩,云何釋迦如來於燃燈佛所行菩薩行?"爲斷此疑,以次前文實無有法發菩提心者。若實無菩薩,云何於燃燈如來所昔修因行?明燃燈所亦無有法,以答此疑。此《論》令求能教授人,以希教授引生勝智。彼《論》約明教授之法無少可得,以破前疑。各據一義,文分爲三:初問,次答,後佛印成。此初也。於彼佛時,實道理中頗有少法爲勝修行而能所證佛菩提不?

《經》:"不也"至"三菩提"。

演曰:答准問可知。

《經》:"佛言如是"至"菩提"。

演曰：下佛印成，文二：初總印，後別成。此初也。

《經》："須菩提"至"牟尼"。

演曰：下別成中，依此《論》科，展轉釋疑。文分有六：初、無法得授記；二、真如不可説；三、佛不得菩提；四、遮止增減執；五、真如遍諸法；六、安立第一義。初中有二：返釋，順成。此初也。依彼《論》科有二。初法説斷疑，後"譬如人身長大"下喻説斷疑。初中有六，即前六段，其有異同，至文對辨。《論》云："此有何意？若正覺法可説，如彼燃燈如來所説者，我於彼時便得正覺，燃燈如來則不授記，言'汝當得'等。以彼法不可説故，我於彼時不得正覺。是故與我授記。"

演曰：若正覺法，如言可説有實體者，我於彼時有實勝行，何故不得良爲正覺？無如言體，我於彼時無實勝行，是故彼時不得正覺。但與我記，當得菩提。

彼《論》亦同。

彼頌曰：

"以後時授記，燃燈行非上。菩提彼行等，非實有爲相。"

釋云："此義云何於燃燈佛時非第一菩薩行？何以故？我於彼時所修諸行，無有一法得阿耨菩提。若我於彼佛所已證菩提，則後時諸佛不授我記。是故我於彼時行未成佛。"

演曰：意同此《論》。然釋中云"則後時諸佛不授我記"者，譯家倒錯，應言"則不與我授後時記"。故新《論》頌云："授後時記故，燃燈行非勝。"

問："前言八地無所得故，蒙佛授記。如何今言行非勝上不得菩提？"

答："所望義别。前以八地得無生忍，相續現前無所得故，而蒙授記。今據無生真實理中無勝上行。若實有者，何故當時不得菩提而蒙遠記，即是釋通前所疑問，以不得菩提故，明非第一菩薩行也。"

《經》："以實無有法"至"號釋迦牟尼"。

演曰：順成此有二意：一者、以實無有執著心，故行順於理，故蒙授記；二者、以實無勝行，無實菩提可證得故，但蒙遠記。言"釋迦牟尼"，此云"能寂"，餘本有"如來"。此中文闕。又餘本呼"摩納婆"，此云"儒童"，梁本云"婆羅門"，此云"净行"，據姓呼耳。

《經》:“何以故? 如來者即諸法如義。”

演曰:第二真如不可説。

《論》云:“又何故彼法不可説。如《經》:‘須菩提,如來者即是真如故,如清净故,名爲“如來”。以“如”不可説,故作此説。清净者,“如”名爲“真如”,猶如真金。’”

演曰:先徵意者,何故當授記時無法而言不可説耶? 答:“意所授如來記者,如來[記者][1]即是法身真[如][2],真如清净而不可説,是故彼時無法可得。表如清净,無有垢染,是故諸教多以真如喻如真金,以性净故。”

彼《論》云“若無菩提,即無諸佛如來。有如是謗,謂一向無佛。爲斷此疑,如經”言等,“實者非顛倒義故,真如者不異不變故”。

演曰:若准彼徵,何故菩提無實法耶? 若無菩提,佛亦非有。意云既無能證之行,所證菩提亦無耶?

經答:由離相執,稱之爲“無”。不可如言,即撥非有。所以然者,“實”者非顛倒義。此簡所執人法二我,彼顛倒故。“真如”者,不異簡無漏有爲,彼生滅故,此即“如”義;不變簡有漏有爲,可對除故,此即“真”義。此《經》云“諸法如義”者,謂真如性遍一切,故名“諸法如義”。“義”謂義理。此《論》明“如”不可説,彼《論》明“如”不倒變等。非一向無,各辨一義。

《經》:“若有人言”至“三菩提”。

演曰:第三佛不得菩提。《論》云“或言燃燈如來所於法不得正覺,世尊後時自得正覺。爲離此取,故經言”等,或者以法不可説故。燃燈佛時不證菩提、唯得遠記者,後成佛時,既證菩提,應有實法得正覺耶? 故破此疑,得後菩提亦無有法。彼《論》頌云“菩提彼行等”,此義云何? 彼菩薩行,若人言“有實”者,此則虚妄;如是如來阿耨菩提,若人言“得”者,此亦虚妄。故言“菩提彼行”等。

演曰:前説“無實菩薩能行行”者,今菩提亦然,無有實法,故言“菩提與彼行等正同”。此《論》以有難言:因非勝上不得菩提,果位殊勝得菩提耶?

① “記者”二字録本脱,據底本補。

② 如,録本脱,據底本補。

故有此文。又由次前云真如非一向無故。若爾,佛有得耶?有此文起。

《經》:“須菩提如來所得”至“無實無虚”。

演曰:第四遮止增減執。

《論》云:“顯示真如無二故。云何不實,謂言説故。‘不妄’者謂彼正覺,不無世間言説故。”

演曰:言“無二”者,謂虚實二也。於真如中無實言説,遮增益執;不無隨順世間言教,遮損減執。此由前説“佛得菩提”爲不實語,即執一切言皆是妄,故有此文,亦非虚説。

彼《論》云“若如是有人謗言‘如來不得阿耨菩提’,爲斷此疑,如經”言等,此義云何?以如來得彼菩提故。

演曰:此之謗言,乘前文起。以前文言若得菩提不實語故,便謂“如來不得菩提”。故有此文,亦同此《論》。彼又成立“佛得菩提”。

頌云:“非實有爲相故。有爲相者謂五陰相,彼菩提法無色等相故。此復云何?”

頌云:“彼即非相相,以不虚妄説。是法諸佛法,一切自體相。”

上之二句正明菩提雖非色等五陰之相,而有實相,故不虚説,明得菩提。言“非實有爲相”者釋非實,“彼即非相相”等釋非虚。

《經》:“是故如來”至“皆是佛法”。

演曰:第五真如遍諸法。《論》云:“顯一切法,法如清净故。‘如’者遍一切法故。”由前文云“佛得菩提”,文外有疑佛修滿故能證法身,餘無勝道不得正覺,便謂佛法唯在佛身,故此釋云“真如遍有”。由前菩提是真如故有,是故言真如之體既遍一切,故一切法皆是佛法,欲令衆生知有佛性而進修習。

彼《論》云:“以如來得如是法,偈言‘是法諸佛法,一切自體相’故。‘自體相’者,非體自體故。此明何義?一切法真如體故。彼法如來所證,是故言‘一切法佛法故。’”

演曰:“非體自體”者,如言“非相爲相”,此顯如來能遍知法,以一切法即真如故。

《經》:“須菩提所言”至“名一切法”。

演曰:第六安立第一義。《論》云:“又彼一切法,法體不成就,爲安立第一義。”前説一切皆是佛法,真如遍彼,恐存一切法體實有,故今遣之體不成就,破相證真,安立勝義。所言“一切法”者,謂俗諦法;“即非一切法”者,約真而談。“無實體法是名一切法”者,卻結俗諦。

彼《論》云:“彼處色等相不住故。彼一切色等諸法非法,如是諸法非法即是諸法法,以無彼法相、常不住持彼法相故。”

演曰:彼真如處無色等相,故彼色等非常住法。此解即非一切法。言“如是諸法非法即是諸法法”者,此解是名一切法,如是諸法非常住法故,即顯真如是諸法家之常住法,餘本雙牒一切法。“一切法”者,一謂世間妄取一切法,一謂如來所證一切法也。上依此《論》,明求教受,説八地行及佛果中菩提無得;真如離相,遮增减執,無能所得,令從頂位修無相觀,引生忍及世第一法,雙印二空,趣見道智。若依彼《論》,法説斷疑。

問:“前後三處説燃燈佛,有何差別?又,唯説燃燈,不説餘佛,有何所以?”

答初問者,依此《論》釋,初説燃燈在不離佛出時住處離少聞障爲第二迴向人説,次説燃燈在離寂静味住處除智不具障爲煖位菩薩説,今説燃燈在求教授住處除不求教授障爲頂位菩薩説。若依彼《論》,初在斷第五佛有説受疑中。佛於燃燈語不取理實智,以是真實義成彼“無取”説;次在第十證如不證疑中,復能速證法校量福勝;復在第十二菩薩修因疑中,法説斷疑,以後時授記燃燈行非上,是故不同。答後問者,此經多説無相無生勝義之法,佛於燃燈任運相續,以得此道,布髮散花,超於八劫,掩埿髮迹,今現由存。生信既多,故唯稱説。上來已説信行地中,合十六處。八住處中,束[①]之爲四:一、攝住處即是發心;二、波羅蜜净;三、欲住處;四、離障住處。合十二種,以爲第四。若據位地,總爲三文:初攝住處是十住位,次波羅蜜及欲住處是十行位,離障住處是迴向位。行相配屬,如前應知。

《經》:“須菩提,譬如人身長大。”

演曰:下第十七證道住處。三地之中,是净心地已於地前無生而不願度,無行而不遍修;復以難得福身智身,故伏二障,俱生漸除,分别頓盡,於煖

① 束,録本訛作“來”,據底本改。下文:“然唯論中,束五爲四:謂色攝,第一義諦攝,世諦攝,一切種一切應知攝。”可助互勘。

頂位，希求教授，觀無二取，作安非安、二諦無相唯識等觀，資糧加行，二因具足。今爲辨説初地之理，令求證道，入真聖位，發無漏智，斷分别障，親證二空，得無住道。故此文來彼《論》喻顯於前，真如法身亦不違此。此《論》文二：初明證道得智，後明證道離慢。《論》云如是"顯示入證道時得智慧，故離慢"。前中有二：初如來喻告，後善現答成。此初也。真如妙理，唯内證知，非其言相，即稱彼體。然諸智者，因喻得明，故况大身，以通玄旨。譬如人身洪滿端偉，而無實體假名爲"身"。所成理智，攝領成就，故名爲"身"，如彼俗身然。在纏名"如來藏"。出纏已去，與其"法身"名，仍寄喻顯。魏云"其身妙大"。貞觀云"具身大身"。周及此云"長大"，長即具妙。梁云"遍身大身"。依此《論》説，得智之中，别釋"妙大"分爲兩義。

《論》云："云何得智？有二種智故，謂攝種性智及平等智。若得智已，得生如來家，得決定紹佛種；此爲攝種性智。得此智已，能得妙身。若於此家長夜願生，既得生以，便得彼身，是名'妙身'。"

演曰：此有二義：一、得智；二、證理。"若得智已"至"能得妙身"已來，是爲得智，顯智功能。"若於此家"已下爲證理。理爲"妙身"，智能得故，亦名"妙身"。"如來家"者，謂即真如畢竟空寂以爲舍故，於中證會，名之爲"生"。未證如時，長夜願證；既得智已，便得真如，是名"妙身"。雖身與家同是真如，而法性身依法性土，故有差别，謂真見道。正智起時，能證真如，名爲"得已"。若細分别，無間解脱，正得已得。上解妙身。

《論》又云："平等智復有五種平等因緣：謂麁惡平等，法無我平等，斷相應平等，無悕望心相應平等，一切菩薩證道平等。得此等故，得爲大身，攝一切衆生大身故。"

演曰：此釋大身，以智能證五平等理。五平等理，遍攝一切，故名"大身"。"理"即"真如"。"平等分五"者，從詮以辨。《大莊嚴論》亦説平等有五，而名稍異：一、無我平等；二、有苦平等；三、所作平等；四、不求平等；五、同得平等。此中第一、麁惡平等，真如遍在善惡之法故。無自他别，即彼第二，以於自他身所有諸苦無差别故。二、無我平等。諸法無我性，即彼第一。三、斷相應平等，離二取故。又斷自他如如無二。"相應"者，"相似"義。他性相應，非自性故。今斷自他，故名"平等"，即彼第三。四、無悕望心相應平等。“悕望”者,“攀緣”義。行利他時,不求返報,相應同前,即彼第四。五、一切菩薩證道平等,共所證故,即彼第五。

《佛地論》説,十地菩薩證得十種平等性理,名“平等性智”。與此相攝,思唯可知。若依此《論》,前卷科釋證道住處中云:“‘妙身’者,謂‘至得身’、‘成就身’,得畢竟轉依故。‘大身’者,‘一切衆生身’‘攝身’故。”

演曰:由修二智乃至十地,所應證理皆悉圓證,能得法身,名“至得身”。報化二身,名“成就身”。或自受用及真如理,合名“至得”。依《金光明經》,俱名“法身”故。他受變化,名“成就身”,即攝四佛,總名“妙身”。言“大身”者,由得五平等故,攝一切生,與己無别,以己自體,能攝一切,故名“大身”。妙身通攝理智二種大身,唯在平等真理,然非圓滿,滿在佛地。此説分得能畢竟得,非是已滿。

彼《論》頌云:

“依彼法身佛,故説大身喻。身離一切障,及遍一切境。

功德及大體,故即説大身。非身即是身,是故説非身。”

演曰:已前説言一切諸法即是佛法,彼真如體如來所證;今顯如體即是法身,譬如有人其身妙大,即彰果位所證法身。此《論》證道能分得故,亦通因位,兼能證智,名“妙大身”。具義而論,因果理智俱法身故。彼《論》因前諸佛能證而有,此喻唯説果位真如法身,各據義明,不相違也。其釋頌文如彼。長行文易可解。上二句説喻之意,下六句正釋經文。於中分二:初四句釋“大身”。“大身”有二義:一者、遍一切處;二者、功德大。此二種義由離障證。後二句釋“非身”。“非身”者,無有諸相。“大”者,有真如體。

《經》:“須菩提言世尊”至“是名‘大身’”。

演曰:善現答成。《論》云:“於彼身中安立,非自非他故。”此意據相而説,唯是菩薩所得之妙大身,非餘能得此妙大身,然於真理,不可説是菩薩之身非餘人身,以真如理遍一切故。言“非身”者,非自他身故。故《論》云:“於彼身中安立,非自非他故。”上釋非身。言“是名‘大身’”者,以隨順世間,施設言説,名“妙大身”。彼《論》云:“‘非身’者,無有諸相,是名‘非身’。有真如體如是,即名‘妙大身’。”

問:“此與山王何别?”

答:"依此《論》,前約報化,成熟衆生;此約證道,通明理智。彼《論》前約報身,明無取説;今依法身,喻顯真如。"

《經》:"須菩提菩薩亦如是"至"不名菩薩"。

演曰:自下"離慢非證真"者,當隨於真,無有能所。"有能所"者,即障證真得;聖證真理,應隨真不起"我能行菩薩行及度生"等。若起此者,必不見真如。以顛倒故,障後真理。由彼菩薩得真理已,於後散心起,俱生慢云:"我能行得證真理。"今爲斷故,有此文生。然此慢者,是所知障。以煩惱名,説第六識俱。八地以上,方永不起。"第七俱者"至"金剛",喻方永不行。此所説慢,且約第六起"我能"等,非七行相。故前七地起慢之時,必不證真。自謂證真,爲非菩薩。非不起時,亦非菩薩。《唯識論》等皆説十地斷所知障,不斷煩惱故。彼《論》自下爲斷第十三行,願不成疑。《論》云:"若無菩薩者,諸佛亦不成大菩提,衆生亦不入大涅槃,亦無清净佛國土。若如是,爲何義故諸菩薩發心欲令衆生入涅槃、起心修行净佛國土?"明雖修行,而無顛倒。以釋前疑,故有此文。此約除慢,彼除顛倒。"倒"即"想倒",亦所知障。既除慢倒,以破疑情,同是一義。文分有四:初告,二徵,三釋,四結。此初也。前説如來能證真如,具妙大身,非身名"身"。菩薩亦應稱彼真如,不起慢倒,故言"亦如是"。若言"我能滅度衆生",不稱真理,非菩薩也。

《經》:"何以故?"

演曰:徵非所由。

《經》:"須菩提,實無有法名'爲菩薩'。"

演曰:釋云:以"菩薩"名,聖教假説,無有一法,别名"菩薩",欖(攬)[①]五蘊成。又真如理中,無菩薩相,恃何起慢?

《經》:"是故佛説至無壽者。"

演曰:結。非但菩薩無其實法,乘明一切諸法亦然,人、法二我二俱無故。《論》云:"若菩薩有衆生念,則不得妙身大身故。"彼《論》頌云:"不達真法界,起度衆生意。及净佛國土,此[②]心即是倒。"

① 敦煌寫本"扌"旁"木"旁相亂,此"欖"當爲"攬"之换旁俗字。

② 此,録本訛作"生",據底本改。

演曰：由起倒故，非真菩薩。此頌通釋净國土文。

問："上依此《論》，證道住處訖。其此證道，定是何位？"

答："此有二釋：一云此通十地，説妙大身通十地故，其所離慢諸地所斷所知障故；又，五平等與十相攝，非唯初地有此行相，平等遍在十地中故。"

"若爾，如何前説净心地狹，初後闊耶？"

答："地前行願弘廣，佛果亦爾。十地位中，近求後地，有分齊修，一如一行。分分修證，故名爲'狹'。其究竟地，唯在佛果。一云净心唯是見道，如來地者是修道。從果爲名，名'究竟地'。如圓滿持爲證道故，起加行資糧爲究竟故。修六具足，如見修俱見理見道，得見名'十地皆净心'。唯初净心地。"

"若十地皆是净心，净心地後更何所作？"

"又應净心，闊信行地，净心二劫信解一劫故。三地闊狹，非唯説教，亦兼行故。評曰：後釋爲勝。以究竟地净佛國土等，多約菩薩，以顯其行。"

"若唯佛果，何論菩薩？又，既名爲'上求佛地'，如何説是'佛果位收'？又准三問，唯在因中，不應答中。爾許經文，唯在佛果。佛果圓滿，非所勸化。因何廣説？故廣説者，對誘十地，雖談果德，約所被人，乃居因位。若不對因，唯談果者，起懸崖想，何所造修？若爾，平等通諸地有及説離慢如何通會？"

答："以初所證與後體同，言'得平等'，非净心地可通於後。其所離慢，在見位中，理然非有。經文指説見道無慢，令前後位諸菩薩等同證真位，不起於慢。故文但是見道位收。"

問："何故此經廣明地前及以佛果？既對十地，何不廣明十地行耶？"

答："經宗爲明種性不斷，果是所紹，發心已去，是能紹繼。舉果令求，地前難修。廣辨令學，不斷義成。故修十地，而不廣辨。由此名爲'金剛般若'，以初後中闊狹異故。"

《經》："須菩提，若菩薩"至"不名菩薩"。

演曰：自下第十八上求佛地住處，八中究竟三地之中是如來地。上明地前及净心地，今辨果德，令欣求趣。十八之中據能行人，名爲"上求"。八及三中，據所求果，名爲"究竟"及"如來地"。唯論下文有六具足：一、國土净具足，此等文是。二、明五眼等爲無上見智净具足。三、“佛可以具足色身見”等名“隨形好身具足”。四、“如來可以具足諸相見不”等爲相身具足。五、“勿謂如來作是念，我當有所説”等爲語具足。六、“佛得阿耨菩提，爲無所得耶”等訖至經終，爲心具足。以此六種，攝佛身中轉依具足，自利利他，無不皆盡。將欲求佛，先嚴净心；嚴净心故，則佛土净；佛土净故，則智見净。境能生心，故先明土；心爲土本，故次明心；由心内净，外嚴色身，得好及相。此四自利，自利德圓，方[1]可利他。利他之中，先麁後細，語先心後。又解此六，皆爲利他，即由利他，還成自利。此釋爲勝。理應先辨佛之身心，方明净土。先明土者，以諸菩薩多欣净土、願求生故。最初明之，爲衆生故。願取佛國，依境令生能見之智。見智既滿，現妙色身，身不徒然。爲生説法，爲他演説，須運慈心，攝取法身，施設大利，還令有情展轉證悟，種姓不斷，義在於斯。是故佛地分之爲六，如是次第。上求之中，應辨離障。少故不明，但明於行。又六具足，初一依報，後五正報。正報之中三業隨智惠(慧)行，故以見智爲先，即所隨智惠(慧)，後四如次身語意業，即是能隨相好，二具同身業故。有義雖此，所被通於十地。然六具足對八地已去，三地以明。所以然者，純無相修，順經宗趣。是故前舉燃燈佛等正對三地，令七地前趣向修證，即有兩重：一對三地，令學佛地；二令已前，學彼三地。若不爾者，果德極多，何故偏明六種具足？謂前四具足對第八地，相土自在在此地故；其見智净是能受用語，對第九地，具四無礙法師位故；心對第十地，大法智云金剛心故。初國土净文分有四：初舉執顯非，二徵非所以，三正釋嚴土，四結真菩薩。此初也。

《論》云“爲净國土三摩帝故，經言”乃至“則非菩薩，此義爲於共見正行中轉故，爲斷彼故”。

演曰：即是正修無分别智相應等，至除彼二執而作真嚴。言“我當”者是人我執，莊嚴佛土是法我執。二執既起，不證於真，則非心净，豈能嚴土？故非菩薩。依貞觀本，此云“菩薩亦如是”，謂既一切法無我，故菩薩亦如是，應無我相也。

《經》：“何以故”至“是名莊嚴”。

---

① 方，録本訛作“云”，據底本改。

演曰：第二徵。何所以故非菩薩耶？第三正釋嚴土。貞觀雙牒，單非雙結。魏本雙牒，單非單結。此三皆單。其雙舉者，謂有相無相二嚴，或能所嚴。故佛重牒，無相爲真，有相爲妄。故佛單非於無相中言説“安立”，令莊嚴故，雙牒結之。《論》云安立第一義，俗諦可嚴。真中無嚴名“第一義”，是名“莊嚴”，卻結俗諦。此中通嚴四身净土名“具足”。故前净土文爲“因位”，不名“具足”。故前願净佛土，爲地前故説。除小攀緣，作念修道。是今在地上，前障已除，但有俱生我法二執，復令除斷而求佛地，故與前别。

《經》：“若菩薩通達”至“真是菩薩”。

演曰：四結。真菩薩不言“我能，是達生空；無土可嚴，是達法空”，如來説爲“是真菩薩”。返顯有執不達二空，非真菩薩。依餘本經，有二無我及二菩薩。准此《論》釋者：一者、“人無我”；二、“法無我”；即由“二無我”，故顯二菩薩。今但總舉彼《論》云“生心即是倒”“非菩薩者，起何等心名爲菩薩”，即指此文。

又頌言：“衆生及菩薩，知諸法無我。非聖自智信，及聖以有智。”

演曰：詳新舊論釋此意者，一知所度衆生無我，二知能度菩薩自無我，故言“無我”。無我聖及非聖二種菩薩，以有智故，能以自智信解於彼二無我，故名“二菩薩”；即彼“凡夫[①]”亦名“世諦菩薩”，聖人亦名“出世諦菩薩”，是故重説“菩薩菩薩”。

問：“彼《論》前説嚴净佛土，亦是斷疑。今亦斷疑。二文何别？”

答：“前除無所取净土疑，今除無能嚴净土者疑。此等諸文，由聞前説無菩薩，故應無利生嚴土等事，即執有能行，返疑説無能行。今答令知實我是無，假我修行，緣和方便。此即是有。然不見身土爲能所嚴，以順無相，當成佛果。真嚴净土與求佛地，亦不相違。”

《經》：“須菩提”乃至“如來有佛眼”。

演曰：下第二無上見智净具足，前求佛土。佛土體通情與非情，如説衆生之類是菩薩，净土七珍八寶是所受用，其中衆生是所化度。若無智見，誰能受用及能化度？故净智見爲能受化，由達一切色與非色理事等法，亦能了

---

① 夫，録本訛作“天”，據底本改。

知净非净土所有衆生八萬四千心行差別而爲濟利，故有此文。見即五眼，智即六通。

《論》云："如來不唯有惠(慧)眼，爲令智見净勝故，顯示有五種眼。若異此，則唯求惠(慧)眼見净故。"

演曰：令其求佛見及智净，即是四智一切妙用。略舉照境及他心智，利他中勝，所以偏舉。其福自在具足，雖非是智，因智所成，與智爲依，明智必有所依之福，故合福惠(慧)，名"智見净"。又佛三身具攝福智，故前令種福智資糧，今説果圓，令欣求趣。彼《論》爲斷第十四"佛非能見"疑，《論》云前説菩薩不見"彼是衆生""我爲菩薩""净佛國土"，"以不見諸法，名爲'諸佛'"，若如是者，"或謂諸佛如來不見諸法"。自下經文，爲斷此疑，故説五種眼。此《論》意説净土之中有能受化，令起欣求。彼《論》有此能知見故，勿謂諸佛都無所見，以遣疑意。疑除智有，即是上求。二論無違，文分爲三：初明見净具足，次明智净具足，三明福身具足。鑒照名"見"，决斷名"智"，可受名"福"。離障圓明，名"净具足"。見净五眼，即分爲五。一段中先問後答。

初中問云："頗同凡下見障内故有肉眼不？"

答："言有者，雖以肉眼通見一切，且順淺知，故答言'有'。又即諸佛利他德中亦有化身，父母所生清净四大，報得肉眼。其天眼中，准例可知。二並色質，《涅槃經》云'捨無常色，獲得常色'者是。"

問："肉、天二體爲同爲別？"

答："在因有別，處果無差。皆唯無漏，非實業感及修生別不可。佛身有麁細眼，照理名'惠(慧)'，觀教名'法'。緣真緣俗，一智義分。或時別起佛眼，即前四眼爲體，遍緣一切，總名'佛眼'。然《唯論》中，束五爲四：謂色攝，第一義諦攝，世諦攝，一切種一切應知攝。色攝復有二種：謂法果修果。此爲五眼，麁境界故，是初色攝。"

演曰：此四皆從所緣得名，以有難言："如來五眼得一切境，如何此中但言色攝？"故論釋言此五眼中，具依麁顯同類境説。言初色攝，理實亦能取非色境。由是業感，故名"法果"，由彼業體是法塵故。法名雖通，此肉別稱。如言色處別得，總名"天眼"，依定起故名"修果"，因修得故如言"修惠(慧)"。

"若爾，如何得有報得天眼？"

答:“阿那律等名爲‘修得’。設生彼王,報所得眼,因中亦由修定而得,總名‘修得’。論又釋惠(慧)、法二眼次第,云第一義中智力故,世智不顛倒轉。是故第一義諦攝在法先,非不見如,了諸行故。論又釋法佛二眼行相,如文可解。准論下釋智净中云:‘於此智净中,説心住即非心住。如是見净中,何故不説眼即非眼?以一住處故。見智净後,安立第一義故。初亦得成就。’”

演曰:以後例前應言:“如來説:‘肉眼即非肉眼,是名肉眼。’”由安立第一義故,彼法無實體故,無如其名有自體故,名之爲“非隨順世間”。爲令修證,强立其名,是名“肉眼”。餘四准此而不説者,同一住處最後説故。例前亦爾。彼《論》頌云:“雖不見諸法,非無了境眼。諸佛五種實,以見彼顛倒。”釋意以見顛倒,故名“非顛倒”。何者顛倒?

偈言:“種種顛倒識,以離於實念。不住彼實智,是故説顛倒。”

《經》:“須菩提”至“如來説是沙”。

演曰:下明智净。前之見净,鑒照於境;此隨彼起,决擇有情。心行差别,染與非染,倒與非倒,皆悉了知。令彼彼心,離諸散亂,證真境故,名“智净住”。

《論》云:“爲應知中證,故安立見;爲教彼彼衆生寂静心,故安立智。”

演曰:見爲令知,智爲利益,故彼《論》不分見與智别,但由五眼見彼衆生種種心住,即是前明能見之智,後明所見之境。是故頌云:“諸佛五種實,以見彼顛倒。”餘同此《論》。文分爲三:初舉智所緣境,次明佛能知,後徵釋。所以初中有四:初因河辨沙,二依沙數界,三因界説生,四依生説心。此初也。先問後答。如來依俗有此言説,故説是沙;善現知心,故説“如是”。

《經》:“須菩提,於意云何?如一恒河”至“甚多世尊”。

演曰:依沙數界。

經:”佛告須菩提”至“若干種心”。

演曰:第三因界説生,第四依生説心。

《經》:“如來悉知。”

演曰:大文第二,明佛能知。一則數多,二心法難見。佛智明了,悉能知之。

《經》:“何以故”至“是名心住”。

演曰:第三徵釋所以。於中有四:問,答,徵,釋。此初徵問:“多心難見,而悉知者有何所以?”答中魏本云:“如來説諸心住,皆爲非心住,是名爲‘心住’。”貞觀云:“心流注。‘心流注’者如來説非流注,是故如來説名‘心流注’。”《心流注論》云:“‘心流注’者,謂三世心。‘若干種心’者,應知有二種爲染及净,即是共欲心、離欲心等。‘世’者謂過去等分,於此二中安立第一義故。”

《經》:“言心住者即爲非住”乃至“過去心不可得”等。

演曰:此初所知心通染及净。染心共欲,與欲俱故;净心離欲,言“非心住”等。以住三世,住染及净,名之爲“住”。據第一義,説爲“非住”,真勝義中無有染净心住相故。此意由佛見心非心,得真實理故,故能遍知。若取心相,觸途生礙,不能遍知衆生心也。是答前問。不爾,疏略無所結歸。彼《論》重約,能知染心,説顛倒故。何所以者?以彼染心能爲障礙,正是所度。是故偏説,不違此《論》。

彼云“如來説諸心住皆爲非心住”者,此句示現遠離四念處故。“此以何義心住”者,住彼念處,以離彼念處,故云“不住”。

演曰:泛論心住,自有二義:一者愚夫於境染著名“住”,二者賢聖觀四念處住,亦名爲“住”。今説染心,離彼念住,故云“不住”。“是名爲心住”者,總結凡愚住於顛倒也。

彼又云:“又住不動根本,名異義一。”《金剛仙》釋云以四念處栖心真如理中,故名爲“住”。不爲五欲所壞,又不爲二乘所壞,故曰“不動”。能與菩提爲基,故名“根本”。

演曰:三名雖異,然其所詮,同目念住,故云“名異義一”。此即汎解念住異名也。新《論》稍别,應勘彼文。

《經》:“所以者何?”

演曰:第三徵。既名“心住”,復名“非住”,有何所以?

《經》:“過去心”至“不可得”。

演曰:第四釋。《論》云“過去心不可得”者,以滅故;“未來”者,未有故;“現在”者,第一義故。彼《論》大同。然云:“現在心虚妄分别,故不可得。如是示彼心住顛倒,諸識虚妄,以無世觀故。"此《論》現在,真無分别;彼《論》現在,妄有分别;皆不可得。言"無世觀"者,以彼妄心無三世法爲所觀境,故能取心,成虚妄性。

新《論》云:"此顯流轉之心是虚妄識性所緣,無有三世性故。"

演曰:非但心於三世不可得,其三世境亦不可得。

《經》:"須菩提"至"以是因緣得福多不?"

演曰:智見净中第三福自在具足。所以"智後明福身"者,"智"爲能導,"福"爲所導。"福"爲能資,"智"爲所資。以二相須,故次明之。又,顯見智别,有總依福;若不具見智,無總所依處;故有以此文屬下好身相身者。不然,以前卷科配無上見智净,云乃至"若此三千大千世界如是"等。又科"隨形好身具足",但牒"應以色身成就見如來"等文論自配屬,故知此文,定屬智見。彼《論》自下爲斷第十五福,得非善疑。

《論》云:"向説心住顛倒。若如是,福德亦是顛倒。若是顛倒,何名善法? 爲斷此疑,示現心住雖顛倒,福德非顛倒。"

頌云:"佛智惠(慧)根本,非顛倒功德。以是福德相,故重説譬喻。"

演曰:意明有漏福聚,有所住故,可是顛倒;無相福聚,唯住念處,不住染相,能與佛智作根本,故非爲顛倒,不違[①]此《論》。文中有三:初問,次答,後佛釋成。問:"以寶供佛,生無量福,當得成佛,福身自在。可爲多不?"貞觀云:"奉施如來。"

《經》:"如是"至"甚多"。

演曰:答也。問既總問,通真俗諦,答亦如之。

《經》:"須菩提"至"福德多"。

演曰:如來釋成。魏及貞觀但有上返,釋文無。以福德無故,下順結文。《論》云:"於中亦安立第一義故。《經》言'須菩提若福聚有實'等。"此意三輪體空,不見實故,説"福德多"。若住三輪,見實施等有限量故,不説[②]福多。如是名爲"安立勝義"。彼《論》意説有漏福聚是其顛倒,由住三輪,得有漏

① 違,録本訛作"遣",據底本改。

② 説,録本訛作"福",據底本改。

果，但積聚義，而非進趣。是故如來不説彼是“進趣福聚”。其無相福以是諸佛智慧根本，故説彼爲“進趣福聚”。依彼釋經，如文可解。

《經》：“須菩提”至“具足身見不？”

演曰：第三隨形好身具足。前來既説有净見智及無相福，必有所變所生圓滿相好之身，故此明之。又前嚴土學佛見智求福身已，此須嚴佛所有形相。然雖上求，不能稱實除彼局執，但謂佛有八十隨好、三十二相即爲圓滿。然法身體具恒沙德，報佛相好，如所證性，無量無邊，不可形相求，不可執心取。故有《經》云［□□］［佛告］[1]文殊師利菩薩云：“如來相好無窮無邊，説不可盡。順世間法，是以略説三十二相、八十種好。”是故今者欲令真嚴及以真觀須無分别，稱實相嚴，意如嚴土，故有此文。彼《論》謂斷第十六相好非佛疑——若諸佛以無爲法得名，云何諸佛成就八十種好、三十二相而名爲“佛”，是故説非成就色身、非成就諸相得見如來。此《論》觀無相以上求，彼《論》中即法身，而是佛二論俱明法報二身，義不相違。文分爲四：問，答，徵，釋。此問也——可以色身即究竟圓實觀如來不？准上諸文，皆説真如以爲如來。以相求真，失真而不得。故舉爲問，欲令斷執，稱實求也。

問：“若爾，云何名‘好身具足’？”

答：“由内真圓、外好自滿故也。又欲令其即色觀空。若也，唯見色身，執形相而不融真理；唯觀空理，住寂滅而闕利衆生。除其執情，獲彼常色。此如欲得色身，住處中解。”

問：“地前化身相好可樂爲化地上，何唯爾所？”

答：“正爲地上，兼爲地前，隨麁且爾。”又解：“經、論總言相好，不顯别説。隨其位地，應見不同。然依彼《論》，説八十等，隨淺識疑，故無有失。”

《經》：“不也，世尊”至“色身見”。

演曰：善現據真理以答。

《經》：“何以故”至“具足色身”。

演曰：徵及釋也。言“即非”者，非稱執情而是實有，據真理中無色相故。

---

① “佛告”二字底本、録本無，此據《勝天王般若波羅蜜經》卷第七［T8n231p723a9］補。

《論》云:“亦以安立第一義故。”此言色身,雖通相好,而論以好别屬色身。猶如色處故。

彼《論》云“色身攝得八十種好、三十二相,如經”等。偈言:“法身畢竟體,非彼相好身。以非相成就,非彼法身故。不離於法身,彼二非不佛。故重説成就,亦無二及有。”

演曰:初二句顯法身非相好身,次二句顯相好身非是法身,次三句顯相好身不離法身,亦得名“佛”。言“彼二”者,一色身即隨好,二諸相具足。言“重説”者,謂色身成就諸相成就。後一句顯相及好,亦有亦無。尋彼釋意,色身相好,報化成就,不離法身,亦得名“佛”。若推入真,爲真如觀,二亦非有,性相别觀,可有相好,故云“亦無二及有”。法身不爾,一向無相。故《論》云:“而法身不如是説,以[□][法][1]身非彼體故。”

《經》:“須菩提”至“是名諸相具足”。

演曰:第四相身具足。問、答、徵、釋,一准於前。但相好别,分之爲二。若依彼《論》,同是一文,釋前疑故。

《經》:“須菩提”至“莫作是念”。

演曰:第五語具足。前明相好,求佛身業。依身説法,次明語業。既離執以,求身亦亡。銓而學説,故有此文。彼《論》斷第十七佛有所説疑。

疑云:“若如來色身相好不可得見,云何言‘如來説法’?”

演曰:以情見佛宣説於法,謂有所説法義離如今聞所緣相好,不離法身,不可得見。

“若爾,所説文義不離法身,不可得聞。既現可聞文義之相,明有所説,故有此疑?”

答:“意相好不離,如俗見真無見;文義不離,如俗説真無説。故約無説,以斷疑情。彼約無説以破疑,此據上求而遣執。”

問:“與前如來有所説法耶何别?”

答:“此《論》前爲地前約智相法身,明無得説。今爲地上上求佛語,離執而求。彼《論》前約能説生疑,故論答言‘應化非真佛,亦非説法者’等。今約所

① 法,底本、録本無,此據《金剛般若波羅蜜經論》[T25n1511p793a19]補。

説法疑，故論答言‘所説二差别，不離於法界’等。文分有五門，遮徵釋成。此初二也。初言‘物(勿)謂’，又言‘莫作是念’，文言似重，尋義不爾。以准餘本，上是問辭，‘勿’應是‘頗’：‘汝頗謂如來作是念——我當有所説法耶？此《論》問意，謂我真中及以俗諦有實説耶？彼《論》問意，我有離如所説法耶？’言‘莫作是念’者，第二遮心，以真無説，俗諦假説，離如無法故。遮莫作有實説念。”

《經》：“何以故。”

演曰：徵。

《經》：“若人言”至“所説故”。

演曰：釋以真中絶相，俗幻非實。若言如來於真有説實能所詮，如言爲實，即爲謗佛，增益謗也。

依彼《論》頌，釋此文云：“如佛法亦然，所説二差别，不離於法界，説法無自相。”

演曰：以佛法身體即真如，法亦如是，不離真如，故言“亦然”。二謂文義以所説法離於真法界，不可得自相見故，故言説“法無自相”，釋經文云“若言‘如來有離真如所説法’者，亦增益謗，不解我義”。

《經》：“須菩提説法者”至“是名説法”。

演曰：第五成餘言説法。説法依彼《論》釋，即由所説二差别故。重言“説法無法可説”者，以真中無可説法，俗中無實有法，無名義定相屬法，無離真如可説法。二論隨應，釋此文意。是名“説法”者，俗有説故。此《論》自下，明心具足，是第六文。於中分六：一念處，二正覺，三施設大利法，四攝取法身，五不住生死涅槃，六行住凈。然此《經》中闕念處文，餘本皆有。魏云：“爾時惠(慧)命須菩提白佛言：‘世尊，頗有衆生於未來世聞説是法，生信心不？’佛言：‘須菩提，彼非衆生，非不衆生。何以故？須菩提，衆生衆生者，如來説非衆生，是名衆生。’”

《論》云：“此處於諸衆中顯示如世尊念處故，‘彼非衆生’者第一義故，‘非不衆生’者世諦故。”

演曰：此顯衆生是佛慈悲所念之處，故名“念處”。如三念住，對衆生立。然佛常緣衆生之時，依真俗理，非有非無，勸諸菩薩亦如是觀，故言“如世尊念處故”。

問:“此中善現問:‘有衆生生信心不?’應答‘有’‘無’? 何故乃言‘非衆生’等? 乍似問答,兩不相應。”

答:“准離懈怠中云:‘後五百歲衆生信持,是人則爲第一希有。’此中亦應作如是説。由前既説,今但約真諦,顯非衆生,是不共義。又約俗諦,非不衆生,是相應義。是故《論》云:‘此文如前説。’指離懈怠中説也,即顯能如佛念處者,信受此經。”

問:“欲得言説中亦明後世能信,離懈怠中亦明,今此又説。三文何别?”

答:“初顯言説法身,次勸發精進,此令求佛地,故有差别。若依彼《論》,初破能説八不説法疑,次挍(校)量經勝堅實解深義,後破無能信人疑。是故此文爲斷第十八何人能信疑。”《論》云:“復有疑:若言‘諸佛説’者,是無所説法不離於法身,亦是其無有何等人能信如是甚深法界。”偈曰:“所説説者深,非無能信者。非衆生衆生,非聖非不聖。”准彼《論》釋意,能説所説雖復甚深,亦有大乘種性能信。“非衆生”者,非凡夫體故。“非不衆生”者,以有聖性故。彼人非凡夫衆生,非不是聖體衆生。此《論》約真俗諦釋,彼《論》據凡聖釋,地上菩薩能深信故。所望義别,或約無性有性以解。言“聖體”者,通種及現。或約發心未發,釋以發心者六名聖胎故。

《經》:“須菩提白佛”至“爲無所得耶”。

演曰:心具足中,第二正覺。所以明此者,前明念處,大悲爲首,愍念衆生,故先明之;欲得利生,次自成覺,故次明。又此前净土智見身相語等,若非行圓果滿,必無斯德,故具明佛行無上行,證無上果。言“正覺”者,法報二佛覺性覺相俱名“正覺”,能所覺故。欲令菩薩覺佛具因及圓於果,故有此文。彼《論》爲斷第十九有得證果疑。

《論》云:“若如來不得一法得阿耨菩提者,云何離於上上證,轉轉得阿耨菩提?”

演曰:以前聞説然(燃)燈佛等無得證等,遂執於中無有一法可得,而無一行可修,能得菩提。復見如來三劫修因,不無得行,遂復疑云:“云何如來離無所得無所行?”此上上證取於菩提,而依展轉行有得行而證正覺。下顯真理雖無一法可得可修,若離俗諦,修行方便,無由獲證,明佛方便修行具足,證彼平等無上之法。方便善法即報身圓滿,無上平等即法身圓滿,即是顯佛行圓果滿，意令知已隨佛求證，與此無違。准餘本經，下文分四：一佛問善現："頗有少法得菩提不？"二善現答："無少法得。"三如來印言："如是！如是！"四佛廣釋。此經乃二：初善現問，後"如是"，"如是"下如來印答。梵本不同，廣略故爾。此初問也。依此《論》問，所成正覺爲有所得，爲無所得？彼《論》意問三劫修因所得菩提，豈無得耶？准論此中，雙問因果，謂佛行因得果之時，爲以有所得因得有所得果，爲以無所得因得無所得果？下答因果俱無有得。《論》云："'於中無有法'者，爲離有見過已，顯示菩提及菩提道故。"論先總標菩提及菩提道。又下釋文果配菩提，因配於道，故知此中總問因果。

《經》："如是如是"至"乃至無有少法可得"。

演曰：下答有二：初明菩提果無所得，二修一切善法；下明菩提道因無所得。初中復二：初法身果，後復次下明報身果。

《論》云："彼復顯示菩提有二種因緣，謂阿耨多羅語故，三藐三佛陀語故。於中《經》言'微塵許法不可得不可有'者，此爲阿耨多羅語故，此顯示菩提自相故，菩提解脱相故。"

演曰：二種因緣如次法報二菩提也。所言"語"者明法離言，非上無上，約於別義，言假安立，故名爲"語"。如言增語，此中二佛俱名"菩提"，菩提斷俱名"菩提"；説智及智處，皆名爲"般若"。雖此二語通法報身，然隨相增，各配其[一][①]。此文即是阿耨多羅語法身菩提。於中復三：初印，次釋無得，後結名。此初二也。乘前問詞："無所得耶？"故今印言："如是！如是！實無所得。"釋文可知。此《論》云："彼中無微塵許法有體，是故亦無可得，亦無所有。"

《經》："是名阿耨"至"菩提"。

演曰：後結也。由證真理無所得法，障盡理圓，名得"菩提"。若有所得，不名"證得"。若依彼《論》，如來答中大分有二：初標法身無得無證，後"一切善法"下明報身方便修生。初中復二：初明法身無得，以釋前疑；後釋成前無上之義。此等初也。

---

① 一，録本無，據底本補。

《經》:“復次須菩提”至“三菩提”。

演曰:下報身果。《論》云“爲三藐三佛陀語故,顯示菩提者人平等相”者,謂假者即報佛也。於中有二:初明菩提平等,後釋平等所由。此初也。

《論》云“於中平等”者,以菩提法故,得知是佛。此中《經》言“無有高下”者,顯示一切諸佛第一義中,壽命等無高下故。

演曰:若凡若聖,無我真如平等之理雖皆齊有,由佛能證此平等理故名,爲佛故名。以菩提法故,得知是佛。又由同證平等理,故諸佛平等,是故説爲人平等相。又由諸佛證此平等無高下理第一義故,得壽命等亦無高下,雖他受化身壽等不齊,據自受用真佛而説,故無高下。或攝化歸真,他受變化亦無高下。

彼《論》頌云:

“彼處無少法,知菩提無上。法界不增減,凈平等自相。

有無上方便,及離於漏法。是故非凈法,即是清凈法。”

演曰:初頌法身非證而證,後頌報身修生。初中上之二句,解前經標無所得文。下二句釋成前無上之義。於中法界不增減句正釋此文。彼長行云“不增減”者,是法平等,是故名“無上”。以更無上上故,此以法界中功德起非增,煩惱滅非減,更無有法能過此,故名爲“無上”。若有增減,即“非無上”。彼《論》攝相歸性,故屬法身;此《論》性相别論,故屬報身。亦不相違。

《經》:“以無我無人無衆生無壽者。”

演曰:此釋平等所由。准餘經本及論,應言:“以無我、人、衆生、壽者得平等阿耨多羅三藐三菩提。”此文中略此。《論》云:“顯示菩提於生死法中平等相故。”

演曰:所證真如,具恒沙德。在經[1]名“如來藏”,出經名“法身”。位别名殊,體無差異。“我人衆生是生死法無彼我”等,是名“法身”,故云“於生死法中平等相”也。彼頌:“凈平等自相。”釋意:由法無我清凈平等,真實自體無有勝者,故名“無上”。

① 經,録本訛作“纏”,據底本改。下句“出經名‘法身’”中“經”字亦録本訛作“纏”,徑改之,不復校。

《經》:"修一切善法"至"三菩提"。

演曰:下第二明菩提道,即因無所得。若依彼《論》,下明報身方便修生。釋曰有二:初直明,後料簡。此初也。一切善法六度萬行。若望法身,能爲了因;若望報身,即爲生因;故此《論》云"顯示菩提道"也。此明具修一切善法方證菩提,非如二乘少修善法故。貞觀能斷云:"一切善法無不現證,一切善法無不妙覺。"

彼《論》唯約報身,明方便修生。彼云:"又彼法有無上方便。以一切善根滿,是故説阿耨菩提者。餘菩提善法不滿足,更有上方便。"

演曰:明佛報身。因無上故,果成無上。又釋彼《論》,唯明法身。頌初二句總標無上,下釋無上别有之義:一不增減,二净平等,三無上因。由此六句三種義故,得成無上。此釋爲優。以彼長行初總釋云"示現非證法,名爲'得阿耨菩提'。後釋因中,猶解無上,亦無分明,釋報身文故。唯法身於理爲勝。若依此判,如來答中大分有二:初總標無上,即當此《論》法身菩提三段文是;二别釋無上,後諸文是。於中有三:一、不增減;二、净自相;三、無上因。前二當體無上,後一由因無上,果亦無上。隨應配頌,文易可知。"

《經》:"須菩提所言善法"至"是名善法"。

演曰:下料簡。貞觀雙牒,單非雙結。魏本雙牒,單非單結。此三俱單。其"雙牒"者,福智二因,事理二智,隨應爲二。言"非善法"者,真勝義中無實法故。是名"善法"者,於方便道寄言安立、令證得故。故《論》云:"安立第一義故。"彼《論》下三句釋此經文。長行云:"偈言及離於漏法。"是故彼漏非是净法故,此即是清净法故。依彼釋經善法,善法者雙牒有漏無漏善法,即非善法者非有漏善。彼有漏法望無上果,不能爲因,故此不取。雖爲遠緣,非親證故。是名"善法"者,結無漏[①]善故。《論》云:"以决定無漏善法故。""貞觀雙結"者,以福智理事二門别故。此約同善,故合爲一。

《經》:"須菩提若三千"至"持用布施"。

演曰:下第三施設大利法。前已學佛,證得正覺法報二身;次當學佛,以所得法施與群生,設大福利。前語具足,但令於語不執定能詮著,於法未教

① 漏,録本訛作"結",據底本改。

被生。今此令自得勝覺已，廣爲餘生施大法利，故有此文。彼《論》爲斷第二十無記非因疑。

疑云："若一切善法滿足得阿耨菩提者，則所説法不能得大菩提。何以故？以所説法無記法故。"

演曰：小乘師等執名句等性無記故，故有此疑："云何修學無記教法得大菩提？"頌曰："雖言無記法，而説是彼因。是故一法寶，勝無量珍寶。"准釋上二句，隨他義答。雖是無記，而能爲彼大菩提因，以遠離所説法，不能得大菩提故。下二句據自義[1]答："汝小乘等教法無而記我大乘性是其善故。"一法寶勝無量寶，令知教善爲菩提因，成大勝利，亦與此同。此文分二：初施設法利，後安立第一義教授。初中分三：初舉劣，次明勝，後校量。意明持經既有勝福，應將此法以利群生。此初也。

問："何故地前四重校量捨身命等所況極多，此中唯説三千須彌所校卻劣？有何所以？"

答："有三釋：一云對所化生，隨舉爾所。地前難化，不舉勝福而作校量，難以發心希求持學；地上根勝，少聞即悟，知經福勝，而行法施。是故不同。二云前後文中，隨舉勝劣；爲顯經福非彼世福，所能校量故。彼偈言：'一切世間法，不可得爲喻。'下更校量，皆應准知。三云承前校量，不分經福以爲多分。此分經福，故與前文亦無勝劣。"

《經》："若人以此"至"爲他人説"。

演曰：次明勝文，准前釋。

《經》："於前福德百分"至"所不能及"。

演曰：此正校量。分持經福以爲百分，全舉施福不及其一。千等亦爾。此中文略。魏本云："百分、千分、百千萬分、歌羅分、數分、憂波尼沙陀分乃至算數譬喻所不能及。"貞觀等本廣略有異，教法不同，不可一准。

彼《論》偈云："數力無似勝，無似因亦然。一切世間法，不可得爲喻。"准彼釋意，上之二句明四種勝，下之兩句由四勝故，非喻所喻。

一者數勝，"如經百分不及一、乃至算數譬喻所不能及故，以數無限齊

---

① 義，録本訛作"我"，據底本改。

故，攝得餘數應知”。

演曰：由無漏福無盡法故，數亦無限。論以譬喻等數文同，所以合舉。理實譬喻，非數勝攝。此乃百千萬億等數不及，是爲數勝也。

二者力勝，“如經不及一歌羅分故”。流支釋云：“梵音‘歌羅’，如折一毛以爲百分，一分名[1]‘一歌羅’。此義[2]翻爲‘力勝’。新《論》名‘勢勝’，‘勢’即‘力’義。以無漏善斷或證理，非有漏善力所比並，故云‘力勝’。”

三者無似勝，論指“如經數不能及”“以此福德不可數故”。

演曰：准此數字，應上聲呼。故新《論》云：“由品類別，言此福類元不比數前之福類，如貴賤人不相比數。”故梁本經説爲品類，此言無似，即品類勝。四者因勝，《論》云：“因果不相似，以此因果勝彼因果故，如經‘乃至憂波尼沙陀分不及一’故。”梵云“鄔波尼殺曇”，義譯爲“因”。舉因攝果，施因能招三界果報，因果俱劣。經福出世，因果俱勝，故言“因勝”。《論》云：“因果不相似。此因果勝彼因果故。”

問：“力類及因，此三種勝。何故經中皆言‘不及一’耶？”

答：“謂以初百千等數數彼勢力品類及因以爲多分施福勢等，不如持經一分勢等也。論釋譬喻，文易可知。梁本《經》云：‘窮於算數乃至威力品類相應譬喻所不能及。’言‘相應’者，謂因果也。”

《經》云：“須菩提”至“我當度衆生”。

演曰：下安立第一義教授，謂設法利度衆生時勿起生見。依第一義教授，地上諸菩薩類應如如來度諸衆生，無實生想，故有此文。彼《論》爲斷第二十一佛能度生疑。疑云：“若是法平等相無有高下者，云何如來名爲‘度衆生’？”疑意佛及衆生不離真如，真如平等説無高下，如何説佛度彼下類諸衆生耶？頌云：“平等真法界，佛不度衆生。以名共彼陰，不離於法界。”釋意：衆生假名與五陰共，謂於五陰共立假名。一名爲衆生名及五陰，不離法界故。法界中無生可度。此依久機以教授，彼約初根以斷疑。此《論》二諦，彼唯真諦，皆不相違。文分爲四：問，遮，徵，釋。此問也。

---

① 名，録本訛作“分”，據底本改。

② 義，録本訛作“我”，據底本改。

《經》:"須菩提!莫作是念。"

演曰:"遮止。"

《經》:"何以故"至"如來度者"。

演曰:三徵,四釋。釋中有三:初順成,次返顯,後簡異。此初也。真如理中,一相不存。若依俗諦,但有五蘊,無實衆生。以無[①]我故,無實可度。依彼《論》解,如次前引。問:"設謂實有而生度想,有何過失而遮止耶?"

《經》:"若有衆生"至"我人衆生壽者"。

演曰:返顯也。此中雖無"執"字,意顯則有我人等執。

故《論》云:"如來如爾炎而知。是故若有衆生如來,則爲有我取[②]。"此意佛一切智稱理而知,無中謂有,即爲妄執,違爾炎境。既無妄執,是故不見有少衆生如來度者。彼偈云:"取我度爲過,以取彼法是。取度衆生故,不取取應知。"

演曰:上之三句,正釋此文。初句"五陰中有衆生可度"者,此是取相過;次句以取五陰是衆生故;次句欲令衆生得解脱,有如是相。即初句標,餘二句釋。故爲過也。

《經》:"須菩提"至"爲有我"。

演曰:第三簡異。有三:初佛知無,次凡執有,後破凡愚。此初二也。言"有我"者,即是有我執。如來説爲"非執"者,若實有"我",可有執取。"我"體既無,故非實執,即是我無之執,名爲"非執"。而諸凡愚見道以前,起分别見,妄謂爲"有",横生實執。故貞觀云:"善現,'我等執'者,如來説爲'非執',故名'我等執'。而諸愚夫强有此執。"此《論》云:"若實無'我'而言有'我取'。爲離此著,故《經》言:'須菩提,"我取"者即爲"非取"。'如是等。"

彼《論》:"偈言不取,取應知故。此以何義?以彼不實義,是故彼不取,以不取者即是毛道凡夫,取而即是不取,故言'不取取故'。"

演曰:無實可取,名爲"不取",即當非執。又言"取"者,凡愚取故。二論意同。

① 無,底本作簡體"无",録本訛作"天",據底本改。

② 取,録本訛作"耶",據底本改。

《經》:“須菩提! 凡夫者,如來説即非凡夫。”

演曰:此破凡愚因辨妄執,勿謂實有起執之人,故便破之。真諦無生,何凡之有? 俗諦幻有,亦非實故,名非“凡夫”。此略無結。餘本結云:“是名‘凡夫’。”魏、唐本云:“如來説爲‘非生’。”彼《論》釋云:“不生聖人法,故言‘非生’。”若依彼釋,即非凡夫者即是非生聖法之凡夫也。梁經、此《論》俱云“小兒凡夫”,魏本云“毛道凡夫生”。流支釋云:毛道領法,心小如毛孔道,即“愚小”義。此譯者謬。梵云“縛(去聲)羅”,此云“愚”,以二聲相近,遂錯云“毛”,正應云“婆羅畢栗託(魚訖反)那”。“婆羅”云“愚”,“畢栗託”云“異”,“仡那”云“生”,總云“愚夫異生”。此言“凡夫”,順方俗耳。問:“此‘非凡夫’與前‘衆生即非衆生’何别?”答:“前是能信經人,此是法利所化。破執義同。”

《經》:“須菩提”至“觀如來不?”

演曰:第四攝取法身。前正覺處雖相法身而非正明,具顯報佛是無上覺,因顯無上,故明法身。又前雙明法報二身,以法身是本;今令攝取正觀正證,故此明之。其欲得色身,住中雖明法身,因求色身,令欣真理,而不取相説。是欲得色身住處,非欲法身。其欲得法身中所明三種言説及福,與此懸殊。智相法身爲明智相,兼辨無爲,非正明理。其供養給侍如來住處,雖明無相;彼約所供佛身而説,非明自得。今明自得,亦明上求佛地法身,令自攝取及明法身非以相比知,非相福因得,故有此文。彼《論》意同。爲斷第二十二比知法體疑及斷第二十三相福成因疑。

《論》云:“復有疑:雖相成就,不可得見如來。以非彼體,以如來法身爲體。而如來法身以見相成就比知,則知如來法身爲福相成就。自下經文爲斷此疑。”

演曰:此叙二疑:一者、如來法身雖不可以相成就,現證應言“可以相成就比知”;二者、如來法身應由福相成就所得。此下論文有三行偈:初、後兩偈答第一疑,中間一偈答第二疑。然中一偈及諸長行應在後明,以此偈文釋經頌後可以相成就得阿耨菩提文故。而作論者以此二疑義相連帶,故前叙疑合一處問,逐便釋之。後引經文,遂更不釋,前已釋故。又轉輪王爲例相似,故一處明。古今諸德謂翻譯錯,理未必然,以前後譯次第皆示菩提流支譯文依《論》、《論》主意,然何謂翻譯錯?如下文中真化一異,疑長行及頌隔越而解,至下當知。此亦如是。文中有二:初明觀相不可識真,後明相因非得真體,即是如次答前二疑。初文又二:長行及頌。故長行文四問答質領,此即佛問:"可以三十二相比知如來法性身不?"

《經》:"須菩提"至"觀如來"。

演曰:第二答。然准供侍如來住中,善現答言"不應相見",何故此答與前不同?又餘五本經皆言"不應以諸相觀如來",何故此文獨異餘本?答:"梵本有别,義則無違。何者?前實理答,今假設答,顯發如來真妙義故。又理有二:一、俗;二、真。真雖無相,於俗諦中可以分明三十二相觀如來故。佛依真問,此據俗答。"

《經》:"佛言須菩提"至"則是如來"。

演曰:第三質由轉輪王亦具相故。彼《論》頌云:"非是色身相,可比知如來。諸佛唯法身,轉輪王非佛。"彼《論》長行但釋頌意,不釋其文,相易故,意謂約果而説,既不可以色相比知如來;約因而談,亦不可以福相因得菩提果。若以感相福因得菩提者,轉輪聖王亦有相福,能感相好,即彼輪王應是如來。因果雖殊,爲難相似。細尋論文,其意彌遠。

《經》:"須菩提白佛"至"觀如來"。

演曰:第四領悟。

《經》:"爾時世尊"至"不能見如來"。

演曰:偈頌重成。此中文略。貞觀云:"諸以色觀我,以音聲求我。彼生履邪斷,不能當見我。應觀佛法性,即導師法身。法性非所識,故彼不能了。"魏經初頌即此經文。後頌云:"彼如來妙體,即法身諸佛。法體不可見,彼識不能知。"

《論》云:"初偈顯示如所不應見不可見。"

演曰:謂若求見法身而尋色聲,乃是"所不應見"。依彼色聲求見法身不可得。故《論》云:"第二偈顯示如彼不應見及不見因緣:謂初分、次分。"

演曰:後偈之中上二句爲初分,"如彼不應見"謂是彼前行偈之"所不應見","法"即"法身"是也。下二句爲次分,即不見因緣。由以麁識不見細境,是爲因緣。"因緣"者,"所以"也。由此依論,分之爲三:一如所不應見不可見,二如彼不應見,三不見因緣。初中《論》云:"云何不可見?諸見世諦故。"謂見色力,聞説法聲,是見俗諦;法身真諦,故不得見。"履"謂"遊履",即此"行"義;"斷"謂"禪定",即此"道"義。依其事定見色聞聲之時,非緣於理,故不見我真實法身,名之爲"邪",非同外道所有邪定。《論》云"是人行邪静者,'定'名爲'静',以得禪者説名'寂静者'故,又復禪名①思惟修故。"於中思者意所攝,修者識所攝。言"寂静"者,即説意及識。此意明依世間禪定以思量分别,故名之爲"意";了别麁境,故名之爲"識"。但依世俗,見色聞聲,不能見真。或可斷者,即有漏觀,以有漏中,定彊慧劣。此《論》云"定",理實有智。故秦、魏、梁本總名爲"道",周本名"勤",隋名"邪解脱",名别義同。彼《論》云"不能見"者,謂凡夫人,即地前菩薩、小乘異生,皆此所攝。言"應觀佛法性即導師法身"者,此如彼不應見也。觀色聲心所不得見者,即法身是謂。

有問言:"既色聲心不能見,我如何可見?"是故此中令起真觀,應觀法性,法性即真如,真如即是導師法身。何以故?以真如體衆德所依,即是出纏清净法身故,佛真身不可相見故。《論》云:"以如爲緣,故出生諸佛净身。此不可見,但應見法。"故言法性非所識故。彼不能了者,此第三不見因緣也。

《論》云:"彼不應見,復何因緣故不可見?以彼法真如相故。非如言説而知,唯自證知故。'不如言説'者,非見實不能知故。"

演曰:以彼真如非是分别思量識之所了,非言説説,唯内證知。故彼緣色等,識不能解了。彼偈云:"唯見色聞聲,是人不知佛。以真如法身,非是識境故。"長行云:"以何等人不能見?謂凡夫不能見故。"

《經》:"須菩提,汝若作是念"至"莫作是念"。

演曰:上明觀相不可識真訖。不明相因,非得真體。彼斷福相,成因疑也。《論》結前云:"於此住處中得②顯示以法身應見如來,非以相具足故。"

又,生起此文云"若爾,如來雖不應以相具足見,應以相具足爲因,得阿

① 名,録本訛作"力",據底本改。

② 得,録本訛作"約",據底本改。

耨菩提。爲離此著,故經言”等。彼《論》引經文雖在後,義屬於前。然准餘本,“須菩提,於意云何?可以相成就得阿耨菩提耶?須菩提,莫作是念,不以相成就得阿耨菩提”等。諸本經文雖少有異,大意皆遮以相成就,得彼菩提。唯此經文加其“不”字,乃遮“不以相成就得”,便與二論意不符會。故初文中剩一“不”字,譯家誤耳。或可此中意言“不以”者,謂“豈不以具足相得菩提”?即“以相得菩提”。“莫作是念”,亦不須除“不”字。文中有三:初問,次遮,後結示正義。此初二也。論初卷釋攝取法身中指此。

文云:“此義明相具足體非菩提,亦不以相具足爲因也。以相是色自性故。”

演曰:相爲色性,自招色身相好之報。法身菩提體性非色,如何乃以相爲因也?

彼《論》頌云:“非相好果報,依福德成就。而得真法身,方便異相故。”釋云:此明何義?“法身”者是智相身,“福德”者是異相身故。

演曰:智爲了因,得法身果;福爲生因,成相好報。故説相好爲異相身。佛問善現:“汝作是念‘如來豈不以相具足得阿耨菩提’耶?”謂以具足福相而得,次遮止云“莫作是念”,約情破也。此中亦應云:“若以相具足因故得無上覺,轉輪聖王亦應得證,以具相故。”以前影後,經不重言。彼《論》因解轉輪聖王在前文釋,此亦不解。

《經》:“如來不以”至“三菩提”。

演曰:第三結示正義。但由具無相智現證菩提,不以福相具足爲因證無上覺。梁本云如來不由具相得阿耨菩提。雖彼福業,爲證疏緣,非親了因,故不説“得”。

《經》:“須菩提若”至“説諸法斷滅”。

演曰:心具足中。自下第五不住生死涅槃,即無住涅槃也。向説法身非福因得,便捨於福,而求涅槃。若爾,便同二乘寂滅。或樂取福,不求涅槃,便於生死受諸苦惱。爲除此著,令成佛德,無住涅槃,故此文起。《論》云“此中爲遮一向寂静,故顯示不住涅槃。若不住涅槃,應受生死苦。爲離此著”等。彼《論》爲斷第二十四失福及果疑。《論》云:“有人起如是心:若不依福德得大菩提,如是諸菩薩則失福德及失果報。”此意既以福一相非法身之因,則證法身時福德應失。福德既失，應無所感果報之身，故成斷滅。尋彼釋意，雖不得法身菩提，而亦不失福德及彼果報，以能成就智慧莊嚴、功德莊嚴、得報身菩提故。由有報身，非同二乘，一向寂滅，即不住涅槃；由受無漏福，不取有漏福，故不住生死。彼因斷疑，亦顯不住，與此無違。文分爲二：初不住涅槃，後不住流轉。初文有四：問，遮，徵，釋。此問也。此雖教誡十地菩薩，令求佛果，無住涅槃。然説一切發趣大乘初心菩薩尚不欲住生死涅槃，況於如來？故令菩薩知佛果德，而以願求。然諸菩薩意願虚空法界等盡，我願方盡，故不可説。同於二乘，有其斷盡。況同外道撥無因果，起於斷見空見等耶？

《經》："莫作是念。"

演曰：第二遮止。莫作是念，趣菩薩乘無餘涅槃，得真法身。諸勝無漏，一切皆滅。

《論》云："於法不説斷滅者，謂如所住法而通達，不斷一切生死影像法，於涅槃自在行利益衆生事。此中爲遮一向寂静故，顯示不住涅槃。"

演曰："所住法"者謂即"真如"。真如雖在生死，不爲苦逼；雖處涅槃，不同惑斷；故云"如所住法而通達"也。"不斷一切生死法"者，非如二乘厭苦欣滅。從初發心，多劫生死，廣行妙行。若至佛果示現生死以利群生，即是不住無爲，不盡有爲。此應料簡："無住涅槃，菩薩得不？"

《經》："何以故"至"不説斷滅相"。

演曰：徵及解釋。"相"謂狀貌體相行相，餘如上釋。彼《論》頌云："不失功德因，及彼勝果報。得勝忍不失，以得無垢果。示勝福德相，是故説譬喻。是福德無報，如是受不取。"初頌説斷疑，即當此《論》"不住涅槃"；後頌廣釋所以，即當此《論》"不住生死"。彼初長行，文易可解。此《論》生下云："若不住涅槃，應受生死苦惱，爲離此著故。"

《經》："須菩提若菩薩"至"七寶布施"。

演曰：下明不住流轉。文分有二：初明受福德非苦所惱，次明受報而不住著。初中又二：初舉劣，後顯勝。此初也。貞觀云"奉施如來應正等覺"，明凡夫人施佛勝因、感得輪王釋梵等報尚非苦逼，況佛菩薩勝福德耶？《净名經》云"轉輪聖王以少福故，尚無病"等。

《經》:"若復有人"至"所得功德"。

演曰:顯勝也。

《論》云:"'無我無生法忍'者何義?如來於有爲法得自在故。無彼生死法,我又非業煩惱力生,故名'無我';'無生'者,此中云何得顯示?如説攝取餘福、尚於生死中不受苦惱,何況菩薩?於無我無生法中得忍已,所生福德勝多於彼。"

演曰:此中且以菩薩校量,意顯佛果所受福報定無有苦,勸令攝取。彼《論》釋"無我得無生",云有三種:無我不生者,謂本性無生忍,自然無生忍,惑苦無生忍;言二種無我相者,謂"人無我""法無我"也。

問:"若福田不滅,雖感果報,不受苦迫。如梵釋等,應處生死,不住涅槃?"

《經》:"須菩提"至"不受福德故"。

演曰:此明受報而不住著也。雖福因不滅,由不取著,不住生死。若取著福,住生死故;亦是釋前福勝所由。只緣不著,所以成勝。文分爲三:初標,次問,後釋。此初也。

《經》:"須菩提白佛"至"不受福德"。

演曰:正申問也。善現以佛前説求福資糧,次前復言"福勝於前",今後説言"不受福德",故問所以。《論》云:"以世尊於餘處説應受福聚故。"

《經》:"須菩提,菩薩所作福德"至"不受福德"。

演曰:第三爲釋。魏本云言:"須菩提,菩薩受福德,不取福德,是故菩薩取福德。"

《論》云:"以方便故,應受而不應取。""受"之與"取",通名相似。若依别義,"受"謂"領受","取"謂"貪著"。故經、論中隨舉"取""受",或别或通故。貞觀云:"所應攝受不應攝受,是故説名'所應攝受'。"

演曰:與魏本經文别義同。雖受福德,而不取著。取著福德,即同有漏,沈淪生死故。受福德故,不住涅槃。非如二乘,永寂滅故。不取福德,不住生死,不同凡夫增染著故。

前卷論釋此云:"'受'者説有故,'取'者修彼道故。如福聚及果中皆不應著。"更勘餘論,彼《論》頌文:"是福德無報,如是受不取。""取"者彼福德得有漏果報,以有漏果故,彼福德可訶。如是"取"者,名之爲"取"。如取非道故,此福德無報。"無報"者,無彼有漏報。是故此福德受而不取。

演曰:因取福德而生有漏故。是可訶無漏福德,不招漏果。是故可受。大意同此。

《經》:"須菩提,若有人"至"不解我所説義"。

演曰:心具足中第六行住净,爲化有情往來行住神通,方便説法,流轉有爲之事。此勝惠(慧)行,名之爲"行";安處如是,名之爲"住";而無諸染,故復名"净"。前第五心,總明不住生死涅槃,而未别明方便化用。今爲明之,有此文起。於中有三:一、威儀行住;二、破名、色身,自在行住;三、不染行住。明隨感應,似有往來。往來之中,觀性不執,成大神通,復於説法及生死法而無染著。今具足説,令諸菩薩上求學故。次第如是。初文"來"者,以諸菩薩上求佛地所有事業化衆生等,乃謂"如來實有來去"而生習學故。今爲説"實無去來",令知修學,故有此文。彼《論》爲釋第二十五化無受用疑。疑云:"若諸如來不受彼果報,云何諸菩薩福德衆生受用?"疑意既云是福德無報,無有漏報,云何得於十方世界出没往來、現身説法、令生覩見而受用耶?既爾,法身應有來去。由不悟化,而迷於真也。文言"菩薩",意説如來,從因爲名;解中云"佛",就果爲語。不爾,問答文不相應。釋此疑者,化有來去,不妨受用。然據真理,本無去來。此《論》除報已,上求彼《論》,遣疑而識化,亦不相違。文分爲三:初牒報顯非,次徵非所以,後釋義所由。此初也。先牒後非。此《論》但云:"於中'行'者謂去來,'住'者餘威儀。""餘威儀"者攝餘三種,謂住、坐、卧。餘本有"住"。此中略無。彼《論》偈云:"是福德應報,爲化諸衆生。自然如是業,諸佛現十方。"釋云:明諸佛化身有用,彼法身諸佛不去不來故。依彼釋經,若言"真身如來有來去"等,彼不解我所説義也。而化有用,不妨往來衆生受用,以釋前疑。

《經》:"何以故"至"故名'如來'"。

演曰:徵及釋也。何故説爲"不解我意"?以真法身無所從來,無所至去,湛然常住,故説"來去不解我意"。

彼頌云:"去來化身佛,如來常不動。於彼法界處,非一亦非異。"釋云:若如來有去來差别,即不得言"常如是住"。"常如是住"者,不變不異義故。

演曰：頌初句化有去來，次句真無去來。後之二句明化，與真不一不異。性相別論故不一，攝相歸性故不異。

問："自受用身由遍滿故，亦無來去。何故不約自受用説，唯據法身？"

答："彼《論》前後多依法身，具約真如，説無來去，不障自受，亦無來去，又無去來。約法報化因緣，唯識無相真如。此等觀門皆來去。經中且依法身真如，理實報化。《唯識》等門，皆可通説。"

《經》："須菩提，若善男子"至"寧爲多不"。

演曰：下第二"破名色身自在行住"。以諸菩薩見佛化身有去來像，執爲實有；前且約真，言"無來去"，於形相身來得自在惠（慧）行而住，離真見有去來之相；今令觀折諸佛相身五藴無實，故無所見。所見者妄謂有來去。除所見已，即證於真。真無去來，故於名色得自在惠（慧）行住。今爲明此，故斯文起。又前明威儀實無去來，以顯法身常住不動，而未廣顯神通化用、巧便自在；今令學佛，觀彼五陰，細末不念，空無所得，發起神通，所化自在。故有此文。

問："前第十住處色及衆生身搏[①]取中觀，破相應行，與此何別？"

答："前化地前，令除法執，自不造業及生死輪回；今化地上，令求佛地，利他事中神通作用，故有差別。若依彼《論》，前明施福生染如塵，以辯校量；今斷第二十六真化一異疑，謂聞前説化有去來及説法等，真無此事，有二疑生：一、疑真化爲一爲異；二、疑化佛非真，所説之法應不得益。論無疑詞，准釋合有。爲斷初疑，有此文來。以見有化，不了相無，方疑一異。説塵界喻，曉法無我，悟證於真，不見實相，何有一異？故於名色得自在行住與此不異。人界喻法性，塵喻化身。喻中塵界既非一異，法中真化亦非一異。此《論》據法以生智，彼《論》約喻以除疑，不相違也。依此《論》科，文分爲六：一、無所見方便；二、如所不分別，即無能見；三、何人無分別；四、於何法不分別；五、何方便不分別，即何智證；六、云何不分別，即何行相。初一總明破折方便，後五別釋意義所由。初中有二：初明藴非實，後約二諦辨。初中復三：初破色，二破名，後雙破。依彼《論》科，大分爲二：初舉喻，後'須菩提，若人言'下

① 搏，無著菩薩造、［隋］達磨笈多譯《金剛般若論》卷上［T25n1510bp766c12］作"摶"。

法合。喻中復二：初如來以微塵喻告，後善現以世界喻領。初文即此折破色身。就中有六：一、問；二、答；三、徵；四、釋；五、難；六、通。此初佛問，但以三千世界碎爲微塵。依魏本經，乃有兩重，復以示許微塵世界碎爲微塵阿[①]僧祇。貞觀亦爾[②]。自餘四經皆唯一重。其兩重者，顯折塵多，更無别義。《論》云於中'細末方便''無所得方便'，'無所得'如前説，此即'細末方便'。《成唯識》云：'於麄色相，漸次除折，至不可折，假立極微。'梁本微塵亦名'隣虚'，即極微也。

彼《論》云：'碎微塵喻，示現何義？'偈言：'世界作微塵，此喻示彼義。微塵碎爲末，示現煩惱盡。'釋意'示彼義'者，示彼前偈於是法界處非一亦非異義故。彼諸佛如來，於真如法界中非一處住，亦非異處位。爲示此義故。"

演曰："微塵碎爲末"者，即是碎末爲微塵，謂破麄色以作細塵，非謂折塵以成其末。塵不可折，如何成末[③]？此之喻意，總聚麄色，以況真如；折爲細塵，以喻化相。法身一而喻總，化身多而比塵。起化之能，要由障盡，故云"微塵碎爲末，示現煩惱盡"也。文言"煩惱"，亦攝所知。新《論》云："應知諸佛世尊於法界中煩惱障盡，非一處性，亦作異性。"此問善現："數量多不？"

《經》："甚多！世尊！"

演曰：第二答多。准餘本經，自下三段並善現説，成佛塵喻。此《論》既有多塵，何有其實色身之體？彼《論》由煩惱盡，證真如理，故起化彌多。然此名"衆"，餘本名"聚"。故貞觀云："彼微塵聚甚多，世尊！"此及魏經"聚"名爲"衆"，餘四本經"衆"名爲"聚"，明知"衆""聚"，其義是同。

《經》："何以故？"

演曰：第三徵。云微塵若實有，便同外道。既無實體，何故言多？

《經》："若是微塵衆"至"佛則不説是微塵衆"。

演曰：第四釋也。

《論》指此文："是爲無所見方便。此説有何義？若微塵聚第一義是有

① 阿，録本訛作"何"，據底本改。
② 爾，録本訛作"示"，據底本改。
③ 末，録本訛作"示"，據底本改。

者，世尊即不說‘非聚’。世尊說‘微塵聚非聚，是名微塵聚’者，以此聚體不成就故。若異此者，雖不說亦自知，是聚何義須說？”

演曰：此明佛說微塵與外道異。若同外道是實有者，不說自知，何須佛說？今既佛說，明微無體，但令折觀，非實故也。故《唯識》云：“爲執麁色有實體者，佛說極微，令其除折，非謂諸色實有極微。”彼即正釋此等文意。此約觀行勝道理故，名“第一義”，非據真諦。又解，依真名“第一義”，以彼極微、依俗觀察入真無故。若依此解，便與《唯識》意稍不同，思之可解。

彼《論》釋云：“若實有一物聚集，如來則不說微塵聚集。”

演曰：釋喻同此法，合意者化身，假相非真佛，故還同假塵。

《經》：“所以者何？”

演曰：第五難：“微若實，佛何故說之？所以者，何謂也？”

《經》：“佛說微塵”至“是名微塵衆”。

演曰：第六通。佛雖說塵，但假非實。非實之理，依俗依真，已如前解。結假名“微”。

彼《論》頌云：“非聚集故集，非唯是一喻。聚集處非彼，非是差別喻。”上二句喻“非一”義，下二句喻“非異”義。彼長行釋“非一”云：“如微塵碎爲末[1]，非一處住，以無有聚集物故。”

演曰：麁聚體無而微是有，各各別住，故望總聚名爲“不一”。

又釋“非異”義云：“以聚集微塵差別不可得故，以差別不住故。”

演曰：即攬極微，以爲總聚。離微無聚，故不可說異處而住名爲“不異”。餘文可知。

《經》：“世尊！如來所說”至“是名世界”。

演曰：下破名身，如前文釋。言“世界”者，亦是爲明衆生世故。彼《論》自下善現以世界喻領。於中有二：初善現說喻，後如來釋成。前文有四：一、標；二、徵；三、破實；四、存假。此初標也。前說微塵喻以化對真，辨非一異；今說世界喻以真對化，辨非一異。言“三千大千世界”者，謂總聚世界，積微所成。言“即非世界”者，以彼所成無實體故。言“是名世界”者，結成如來假

[1] 末，録本訛作“未”，據底本改。

説相也。

故彼《論》云:“如是三千世界一合相喻,非聚集故。”新《論》亦云:“此即兼述三千大千世界不是聚性及是聚性,其喻亦同。”

演曰:由所成無體,望彼極微。非一非異,即喻真如。望彼化身,非一異耳。

問:“准彼《論》世界喻法身,此《論》此文世界乃是名身所攝。而經前文以三千界折爲微塵,豈以心法折爲色耶?”

答:“不爾。前‘世界’者,器及衆生總在其内,謂取其中根塵色蘊而破折之。此文‘世界’唯是名身。其下雙破名色之中云:‘若世界實有,則是一合相。’亦是名色。兩種總名‘世界總相’,爲破色及名相實。”

《經》:“何以故?”

演曰:此《論》自下,雙破名色。先徵,後釋。此即雙徵。色及名身皆説無實,有何所以? 彼《論》徵云:“世界無實,何所以故?”

《經》:“若世界實有者,則是一合相。”

演曰:雙釋所由。

《論》云若世界是實有者,“即爲有摶取者。於中爲並説若世界、若微塵界故,有二種摶取:謂一摶取及差別摶取。‘衆生類衆生世界有’者,此爲一摶取。‘微塵有’者,此爲差別摶取,以取微塵聚集故”。

演曰:四藴無形,執爲是實。冥然一故,但名“一摶”。微塵衆多,執爲“一摶”,實有差别,故名“差别摶取”。“一”及“差别”,此中總名爲“一合相”。《經》言“世界”,似唯名身;其一合相,即兼微塵。是故雙破。問:“執彼五蘊爲一合相,有何過耶?”答:“便同外道《數勝論》等,執器身等積微所成而是實有;亦同小乘,心心所實皆是法執;是故爲過。彼《論》第三破界實有故。”《論》云:“若實有一世界,如來則不説三千大千世界。”問:“彼以世界喻真法身。今説界無,有何所以?”答:“法身無相,總界亦無,法喻相似。又界若實有,可喻塵異。今既非實,便成與塵非一非異。”

《經》:“如來説一合相”至“是名一合相”。

演曰:此《論》第二約二諦辨。初善現辨,後佛重成。此初也。梁、唐本名“一合執據能執心”,此但言“相依所執境”。言“如來説一合相”者,於俗諦中有言説故，即説彼情，名“一合執”，情所執境，名“一合相”。又釋此執行相，相執無别。言即“非一合相”者，以勝義中情有理無，成真諦中情亦非有。故《論》云：“此上座須菩提安立第一義故。”結文可知。彼《論》第四存假，謂顯如來説一合相大千界等非有實體，但相無差，名“一合”耳。

《經》：“佛言：‘須菩提，一合相者即是不可説。’”

演曰：後佛重成。有二：初明勝義無，後明俗諦有。此即初也，謂佛了達色及名身搏取之相，勝義中無，不可以言説説及分别戲論心之所分别，以心言路絶故。貞觀云：“不可言説，不可戲論。”此《論》云：“世尊成就如是義故，説‘搏取’者，即是‘不可以言説説’等。此何所顯示？世諦言説故。有彼搏取第一義，故不可説。”彼《論》第二如來釋成，有二：初體實無，後妄執有。此初也。以聚集相無實體性，故不可説。

《經》：“但凡夫之人貪著其事。”

演曰：明俗諦有。凡夫不了法體無故，妄生法執；法執起故，我執亦生，增愛貪等。《論》云：“彼小兒凡夫如言説取，非第一義。”彼《論》妄執，意亦同此。頌云：“但隨於音聲，凡夫取顛倒。”釋意以彼聚集，無物可取，但隨於聲，虚妄分别，故是顛倒。若有實者，即是正見。上來彼《論》非但喻顯真化一異，亦是因破我法二見。所緣境無，即同此《論》。此《論》第一無所見方便訖。

《經》：“須菩提！若人言”至“所説義不”。

演曰：下第二明如所不分别即無能見。前破我法所緣之境，令知不實；今破能緣我法見心，見心乃是所起分别。今翻令作無分别心，故言“如所不分别”也。

《論》云：“已説無所見方便破義，未説無所見等入相應三昧時不分别，謂如所不分别等，云何得顯示如外道説我如來説爲我見故，安置人無我；又爲説有此我見故，安置法無我。若有彼我見，是見所攝。如是觀察，菩薩入相應三昧時不復分别，即此觀察爲入方便。”

演曰：由執我者，説彼爲見；明人無我，名“無我見”也。執有此見，名爲“法執”，明見亦是“法無我”。彼《論》自下明其法合，文亦爲二：初離我執，後離法執。所以然者。前喻中云:“微塵碎爲末,示現煩惱盡。”雖言煩惱,亦[言][1]兼所知二障乃以二執爲本。今明斷執,障盡理圓,證真起化,非一非異。故説此文名爲“法合”。頌云:“非無二得道,遠離於我法。”釋云:非無我無法,離此二事而得菩提。云何得菩提?遠離彼二見故。偈言“遠離於我法”者,意令不起我法見也。又復此經承前,唯破“我法”等想,息我等見,令起正見,未明我見體非實有。今經將終,明起邪見,亦非實見,於真理中無邪無正。此文有四:問,答,徵,釋。此初也。餘本此上徵云:何以故?若一合執云“不可説”,凡夫妄者何所以故如來説“有我見”等耶?然佛爲遮外道我故,説“有我見”等。佛亦不説“我見實有”。故佛卻問:“有人謂‘佛説實我見’,解我意不?”

《經》:“世尊是人”至“所説義”。

演曰:第二答。佛爲利生,説假我見,非如凡夫説有實真。故説“實見”名“不解意”。

《經》:“所以者何?”

演曰:徵意。無實我見,有何所以而佛説耶?

《經》:“佛説我見、人見”至“壽者見”。

演曰:釋也。此文有三:初牒,次非,後結。初牒“佛説我見”等者,隨順世俗,爲欲對除,令息虚妄,是故説也。次文“非”者,非如外道及諸凡夫説“有實我”而起實見,亦異小乘雖無有我而有實見。今大乘宗説我等見,無始世界虚妄分別,於真理中本無實見,是故非也。後結可知。

彼《論》頌云:“見我即不見,無實虚妄見。此是微細障,見真如遠離。”釋云:是故如來説“彼我見即是不見”,以其無實,無實者即是無物。以是義故,説“我見”即是“虚妄見”。

演曰:准彼釋,經説“我見”等者,説“虚妄見即非”等者,非實見也。“是名”等者,結虚妄見。上依此《論》,以彼我見,是人無我;即我見體,虚妄不實,是法無我。一我見言,具含二義。今者非之,明二我見,一切都妄,令息分别,即是如所不分别,破能見心。然《論》説此,名“入方便”。因觀二妄,能

① 言,録本脱,據底本補。

證真理，故名“方便”。以證如時不作、我無我解故。彼《論》上來唯破人我見，下破法我見。

《經》：“發阿耨多羅三藐三菩提心者。”

演曰：此《論》第三何人無分別。此簡凡夫外道、二乘有學我法二見俱是實有。二乘無學，雖無我見，法見未亡，不能悟入二空之理。唯菩薩者有勝智，能欲趣大覺、斷二障故。

《經》：“於一切法。”

演曰：此《論》第四於何法無分別。二乘之人非於一切而求遍智。菩薩異彼，於一切法觀無我法，以除二見。

《經》：“應如是知”至“如是信解”。

演曰：第五何方便不分別，即何智定。前第二文翻彼能見，總無分別；今此別明所有智定。

《論》云：“若智依止奢摩他故知，依止毘鉢舍那故見，此二依止三摩提故勝解，以三摩提自在故。解内攀緣影像，彼名‘勝解’。”

演曰：因止生智名“知”，因觀生智名“見”。如次即本後智。止之與觀，皆依等持。由智離障，觀彼影像有勝惠（慧）解，定爲此依，故名“勝解”。故《論》云“以三摩地自在故，解内攀緣影像，彼名‘勝解’。”

彼《論》云“如是示現我見不見，故見法者亦是不見，如經發菩薩心”等者，乃至“不住法相故。此復何義？以見法相即不見相，如彼我見即非見故。何故此二見説名‘不見’？偈云：‘此是微細障，見真如遠離’故。此復云何？彼見我見法，此是微細障，以不見彼二故，是以見法而得遠離。偈言‘見真如遠離’故”。

演曰：言“不見彼二”者，以於無我法處妄起其見，是以見真而得遠離。彼《論》又釋知見信三[①]偈云：“二智及三昧，如是得遠離。”長行云：“示現世智第一義智及依止三昧得遠離彼障，與此《論》同。”

《經》：“不生法相。”

演曰：第六云何不分別，即何行解。《論》云：“‘而不住法相’者，此正顯

① 三，録本訛作“之”，據底本改。

示無分别。”彼《論》意説若生法相，亦是見真所遠離法。文分有二：謂標及釋。此初也。

《經》：“須菩提！所言法相”至“是名法相”。

演曰：釋也。有牒非結。《論》云：“此顯示法相中不共義及相應義，如前已説。”法即是境，相即是心。雙牒能所緣。説“非相”者，於勝義中説爲“非相”。“是名”等者，於俗諦中説有能所相也。彼《論》：“以見法相即不見相，如彼我見即非見故。”法合已訖。

《經》：“須菩提！若有人以滿”至“持用布施”。

演曰：下明不染行住。於中復二：初説法不染，復流轉不染。此初也。前語具足，不取言説。所詮體義與名相屬，真俗雙明，明所取無。今此處明不取教法。取教法者，即爲“法取”。法取即染，此能取心令不染彼體故。又，不令求供養信敬等，復云不染。其施設大利法，總明法施，未明不染。今此明之，故與前别。文分爲二：初校量説勝，二正明不染。前文又二：初舉施福，後正校量。彼《論》爲斷第二十七化説無量福疑。疑云：“前説化身有去來故，既非真佛。又前頌言非説法者。既爾，化佛所説之經持説無福故。”爲斷此疑，而有斯文，明化雖示現所説之法，持説經等非無盡福，故重以喻而爲校量。論雖不敘，疑起所由。准頌及釋，當知定爾。故頌云：“化身示現福，非無無盡福。”何故得福？以得二智三昧，能遠離障而起化身，是故獲福。文乘前起有，是故言而别破疑，説非無福。於中有二：初示現有福，後明有敬信。既由敬信，是故福生。此初舉劣。

《經》：“若有善男子”至“其福勝彼”。

演曰：正校量。《論》云：“以有如是大利益故，決定應演説。如是演説而無所染。”彼《論》云：“雖諸佛自然化身作業，而彼諸佛化身説法，有無量無盡無漏功德故。”

《經》：“云何爲人演説？”

演曰：正明不染。一、問；二、答。問：“如何演説而得生福？”彼《論》自下明有敬信。問意既是化説，非正實故。無人敬信，何能生福？

《經》：“不取於相，如如不動。”

演曰：此答也。准餘經本云：“而不名‘説’，是名爲‘説’。”貞觀云：“如不爲他宣説開示，故名‘爲他宣説開示’。”此經無結，“不取於相”，即是餘本“不宣説”義；更加“如如不動”，釋此所由。

《論》云：“此有何義？顯示不可言説，故不演説。彼法有可[1]説體，應如是演説。若異此者，則爲染説，以顛倒義故。又，如是説時不求信敬等，亦爲無染説法。”

演曰：一無可言説體，故名“不演説”。二不求信敬等無染説，故亦名“不説”。

彼《論》頌云：

“諸佛説法時，不言是化身。以不如是説，是故彼説正。”

釋云：若化身諸佛説法時不言“我是化身”，是故彼所説是正説。若不如是説者，可化衆生不生敬心。何以故？不能利益衆生故，即説彼是不正説，是故不説“我是化佛”。

演曰：釋經意不言“我是化佛”，故名而不演説。是故彼説正故，是名爲“説”。問曰：“諸小乘經不説‘是化’。然大乘經佛皆自説‘我是化佛’。如何不言？”答：“雖説‘是化’，不言‘離真’。迢然别有，皆是真説，是故爲正。又解，對不生敬信者，言‘非化身’。若生敬信，亦説‘我化’。梁本亦有‘如如不動’，謂不取實，能所詮相，心如真如而不動故。名爲不染，而是正説。”

《經》：“何以故”至“應作如是觀”。

演曰：言“何以故”者，准此《論》生下經文何以説法。“能不染”者，以諸有爲如幻等故，非如所見有自性故。故説法時能不染也。非但説法不染，亦即是流轉不染。彼《論》答徵，意以諸有爲如幻等故，即真而説，不言化相離真而有也。准彼《論》疑，即“何以故”釋九喻，略以七門分别：一、説意；二、開合；三、次第；四、屬當法喻；五、建立；六、問答；七、説喻勝益。初“説意”者，此論流轉不染，明佛示現受於生死，常在三界化利衆生，以了有爲如幻等故，不爲所染，故有此文。彼《論》爲斷二十八佛涅槃疑。《論》云：“若諸佛如來常爲衆生説法，云何言‘如來入涅槃’？”爲斷此疑，是故説彼偈。此義云何？偈言：“非有爲非離，諸如來涅槃。九種有爲法，妙智正觀故。”上二句明無住

[1] 可，底本、録本作“何”，此據《金剛般若波羅蜜經論》[T25n1511p780c18]補。

道,以答前疑;下二句釋此所由正觀,故示初文。《論》云:“以諸佛得涅槃,化身説法,示現世間行,爲利益衆生故。此明諸佛以不住涅槃、不住世間故。”此意非有爲,故不住生死;不離有爲,故不住涅槃。何故能示耶?以觀有爲如幻等故。疑意以佛受生説法,應拘生死,云何言“佛入涅槃”耶?若入涅槃,應同二乘,如何復言“受生説法”?答:“以佛般涅槃非有爲法,亦不離有爲法。何故能然?得無住道。由何得無住道?以正觀有爲故。”“二開合”者,總名“有爲”。由滯三相,表是有爲緣起之法。此《論》爲四:一、自性相,謂初三喻;二、著所住味相,謂次一喻;三、隨順過失相,謂露、泡二喻;四、隨順出離相,謂後三喻。彼《論》爲三:一、觀相,謂初三;二、觀受用,謂次三;三、觀三世事,謂後三。故頌云:“觀相及受用,觀於三世事。”合此第二、第三爲觀受用。彼以能受身及能受用並所用境,能受所受,同名“受”故。此以能所性别,故離爲二,亦不相違故。彼長行云:“一者、觀有爲法,以觀見相識;二者、觀受用,以觀器世間等以何處住、以何等身、受用何等;三者、觀有爲行,以何等法三世差别轉。”“三次第”者,且自性相總談世間外道邪妄所執能執一切自性及二所依,次明由有自性而生味著,次明由味著故過失隨起,後明除彼過失而修出離。彼《論》爲三,開合雖異,義與此同。就初自性相中有其三喻:一、星;二、翳;三、燈。此《論》初相如星,次見如翳。彼《論》初見,次喻於相。何故爾耶?法喻義多,而作論者所取意别,謂此《論》中境心次第,先相後見,是故第二著所住味以境爲初,方説能受。彼《論》生起次第,見爲根本,依心變境,故相爲後。問:“法中可爾。在喻如何?”答:“喻亦多義。且星在夜中,爲他所見,亦能明照,晝則俱無。此《論》取爲他所見義,彼《論》取能照明義,俱有隱顯。‘翳’有二義:一者、由翳體故,實無見有,此喻於見;二者、由翳見毛輪等,彼喻於相。”

“若爾,彼相應喻毛輪?”

答:“毛輪無體,不離於翳,故但喻翳。”

“四屬當法喻”者,《論》云:“於中自性相者共相見識。”

演曰:此爲總標三喻所喻:一、共相;二、見;三、識。

一、星。《論》云:“此相如星,無智闇中有彼光故,有智明中無彼光故。”

演曰:未見真如,彼相可有;真智既起,都不現前。彼《論》云:“譬如星宿爲日所映有而不現，能見心法亦復如是。”

二、翳。此《論》云：“人法我見如翳，以取無義故。”彼《論》云：“如目有翳，則見毛輪等色，觀有爲法亦復如是，以顛倒見故。”

三、燈。此《論》云：“識如燈，以渴愛潤取緣故熾然。”彼《論》亦云：“依止貪愛法住故。”演曰：此明報識由業所引，愛潤熾然而生。

四、幻。此《論》云：“於中著所住味者，味著顛倒境界故，以顛倒見故。”彼《論》云：“又如幻所住處亦復如是，以器世間種種差别，無一體實故。”

問：“彼《論》如幻，唯器世間。此《論》境界與相何别？”

答：“相通一切染净俱論。此中境界唯顛倒境。”

五、露。此《論》云：“於中隨順過失相者，無常等隨順故。彼露譬喻者，顯示相體無有，以隨順無常故。”

彼《論》云：“又如露身亦如是，以少時住故。”

演曰：彼《論》唯身，此《論》通喻有爲無常。

六、泡。

此云：“顯示隨順苦體，以受如泡故。若有受皆是苦故。隨有應知彼苦生故是苦苦，破滅故是壞苦，不相捨離故是行苦。復於第四禪及無色中，立不苦不樂受以勝故。”

演曰：彼釋行苦，由與生滅不相離故。又依捨立四禪以上，依增勝故。理實捨受，亦通下有。

問：“若爾，無漏智應名‘行苦’，由有生滅及捨受故。”

答：“性非順染，故不立苦。由有生滅，有漏性者順於染著，方立苦故。”

彼《論》云：“又如泡所受用事亦如是，以受想因三法不定故。”

演曰：以假者能受，故説受體名“所受事”。所言三法謂根境識，由三易脱，速起速滅，受亦如是。

七、夢。

此《論》云：“於中隨順出離相者，隨順人法無我以攀緣，故得其出離，故説無我以爲出離。”

演曰：“攀緣”者“作意義”者，此言屬下，意觀三世遷流不定，除人法執，而得出離。此總釋也。

《論》又[①]云："彼過去行，以所念處故如夢。"

演曰：過去無體，如夢所見。唯有其念，而無實法。唯自心故。

八、電。《論》云："現在者，不久時住故。"

九、雲。《論》云："未來者，彼麁惡種子似虛空引心出故如雲。"

演曰：種子在識，但是功能而無體相，故喻虛空；所生現行即有相狀，故喻於雲。彼《論》云："以於子時阿梨耶識與一切法爲種子根本故。"亦與此同。空本無雲，雲在[未][②]來。設至現在，須臾變滅。觀未來法，亦復如是。有云"雲能含雨，雨在未來"者，若爾，即應舉雨爲喻，故爲不可。

五、建立者。

問："何故唯立九種譬喻，不減不增？"

答："由法有九，故唯九喻。何者？依此《論》説，自性有三：謂相見識。著所住味有一，謂顛倒境界；隨順過失有二，謂無常苦隨順；出離有三，謂即三世。是爲九法。若依彼《論》，觀相有三，謂見相識。受用有三：一、器；二、身；三、能受用。約世有三。論總名爲'九種境界'。"

頌云：

"見相及於識，器身受用事。過去現在法，亦觀未來世。"

功德施《論》："觀察有爲九種體相。"

頌云：

"觀自在境物，遷動及體性。少盛壽作者，觀心並有無。"

觀察自在，譬如星等，著像於空，隨方運行，光色熾盛，假令久住，終隨劫盡。如是人天，受諸福報，豐財重位，衆所瞻仰，雖久自在，會亦歸空。觀察境物如翳，譬如翳目於净空中見有毛輪、飛花二月；無明翳識亦復如是，於真實理無物之處，而見内外世、出世間種種諸法。觀察遷動如燈，譬如燈焰，即生處滅，不至餘處，然因此焰，餘處焰生，如有遷動；諸蘊亦爾。觀察體性如幻，變作女人容貌，可觀體性非有，不了之者，取爲真實；諸法亦爾。觀察少盛如露，露見日晞，盛年容色，一遇無常，已從遷謝。觀察壽如泡，譬如水泡，

---

① 又，録本訛作"文"，據底本改。

② 未，録本脱，據底本補。

或有始生、未成體相，或纔生已、或暫停住即歸壞滅；壽生亦爾，始生胎藏，及[1]至衰老，歸於滅壞。觀作者如夢，夢中隨先見聞憶念分别熏習住故；雖無作者，諸境現前，無始時來諸煩惱業熏習住故；雖無有我是能作者，而現無涯生死等事。觀心如電，生時即滅，刹那必謝。觀有無如雲，如空中雲，先無後有，須臾變滅。有爲亦爾。體性本空，從妄緣有，有緣既散，還復歸無。功德更有多復次釋，煩不具引。

六、問答者。

問："遍計等三性之中，此喻何性？"

答："此喻依他言有爲故，由觀依他如幻等故，能除遍計執實有心、所顯真理即圓成實故。由此觀悟，入三無性。"

問："亦有經中色如聚沫及[2]至識如幻化，與此何殊？"

答："法有多途，喻亦多義。隨舉爲喻，不可一准。亦有水月光影谷響變化，或總喻有爲，或别喻諸法。此中所舉，是其别喻。然據二論，説九喻爲正。此經闕四。星翳燈雲而加影喻，梁本闕星而加於暗，彼以星光暗中現故。或譯者意别，或梵本殊，不可和會。"

七、説喻勝益者。依此《論》説作是觀，故於有爲流轉生死而無染著，故得出離。

"若爾，九觀皆得出離。何故後三獨名'出離'？"

答："理實俱能得於出離，然於前喻，别顯餘義。此無人法，出離義增。又順滅諦，即彼所觀出離相故。是故言之。"

彼《論》頌云：

"觀相及受用，觀於三世事。於有爲法中，得無垢自在。"

上料簡訖。"次釋經文"者，初一句法，次二句喻，後一句勸。

《經》："佛説是經已"至"信受奉行"。

演曰：流通分有三：初標佛化畢，次明衆同聞，後歡喜信奉。優婆塞等義如常説，准魏、周經，有菩薩摩訶薩。貞觀具引八部。此中文略。

此《論》頌云："若聞如是法，於大乘無覺。我念過於石，究竟無因故。下

[1][2] 及，録本訛作"乃"，據底本改。

人於此深大法，不能覺知及信向。世間衆生多如此，是以此法成荒廢。”

演曰：初偈明不悟解者無菩提因，後偈明不信向故法成湮滅。前令人發心，後希法久住。彼《論》頌云：“諸佛希有總持法，不可稱量深句義。從尊者聞及廣説，回此福德施群生。”上二句歎佛法殊妙，次一句繼軌傳燈，下一句發願回施。“歡喜奉行”者，《智度論》云：“爲生智也。”《文殊師利所問經》云：“有三種義，歡喜奉行。”有云《伽耶山頂經》亦同。此説應檢之。一説者清净，以於諸法得自在故，意明不爲取執利養所染。二所説清净，以如實知清净法體故，意明説彼所證實理、離虚妄執、説教理根性皆相應故；又初、中、後善等十種净勝故。三得清净果，意明受者隨所聞説境行果三，起行得果，證彼境故，所以歡喜。以其聽者根器宜聞，佛正爲説，無不信悟，領納在心，敬順修學。由斯故説“歡喜奉行”。

妙理非愚測，憑論略敷宣。福善共含生，速證無所證。

建中四年[①]正月二十日僧義琳寫勘記。

《金剛般若》宣演卷下。

(朱)貞元十九年聽得一遍。

又至癸未年十二月一日聽第二遍訖。

庚寅年十一月二十八日聽第三遍了。

義琳聽，常大德法師説。

① 此處録本另衍一“年”字，據底本删。

No. 2734《金剛》暎卷上

京地清發道場沙門寶達集

[題解]

佛典《御注〈金剛般若波羅蜜經〉宣演》注疏,又名《〈金剛經〉映》、《〈金剛經〉義映》,[唐]寶達集。原著卷數不詳,據《東域傳燈録》載,當爲三卷。日本村山龍平藏本係卷上,首尾齊全。敦煌卷子中另有伯 4748(存 11 行,每行下半殘)、斯 6537(首殘)二號,乃《〈金剛〉映序》,而非此疏内容。此文是對道氤《御注〈金剛般若波羅蜜經〉宣演》的注釋,目的是對《宣演》中一些不太明瞭的地方進行疏釋。文内保存了許多資料,如對於八部《般若》的介紹。文後録有曇無讖、玄奘、龍樹、鳩摩羅什傳記及《瑜珈》十支論名目等。釋義以唯識思想爲基礎,行文較爲繁瑣、雜亂。清代以前歷代大藏經未收,後被日本《大正藏》據村山龍平藏本收入其第八十五册。《大正藏》所據村山龍平藏本無法看到底本,今參敦煌本及傳世相關典籍校理。參校甲本:伯 2173 號《御注〈金剛般若波羅蜜經〉宣演》卷上。

"贊揚經注,略啓五門"者,此疏宣演□《御注般若》,故之(云?)[①]"經"。"啓"者,開也。"略"則"簡要"之義也。五門生起,次第可知。於中前四懸談經義,第五正釋經文。准疏中各開爲二,則爲十門,亦得。

第一、漸教興由門。先依論釋者,疏中依兩論明教意,雖各不同牒,是宣明此經之興也。簡要故爾。然准諸家,疏牒有總、别之意。總者即明如來出現、一代説法之大意也。則如《法華經》"唯以一大事因緣故,出現於世",

---

① 結合文意,此"之"似爲"云"之訛字。待考。

謂令衆生開佛知見使得清净故、示佛知見故、□(悟)[①]佛知見故、入佛知見道故等。准《法華》,論自釋之(云?)[②]:“開”者,“無上”義,除一切智智□(更?)[③]無餘事故。“示”者,“同”義。“悟”者,“不知”義。“入”者,爲令證得不退轉地,示現與無量智業故。

慈恩釋云:“‘一切智’者,佛也。又云智者根本後得知也。此二是智用。此二智性即是真如。若用若性,合名爲‘智’。一切智人之[④]智,故名‘一切智智’。又‘一切智’者,根本智。重言‘智’者,後得智。舉此二智,攝於智性真如妙理。又‘一切智’者,智用菩提。重言‘智’者,[□][智][⑤]性、涅槃[□□□□□][二種如來藏][⑥]。今顯此二悉皆‘無上’。”此即雙開“菩提”“涅槃”名二“無上”。除此二種,更無餘事勝過二法,故名“無上”也。

二、“示”者,别開涅槃也。以聲聞、辟支佛、佛三乘法身平等。法身平等[⑦]者,佛性法身無差别故。此意説言三乘法身本來平等,衆生無智,不肯修證法身圓滿。諸佛出世,欲示衆生此佛知見之性,三乘同有,平等無二,令[⑧]同證滿如來法身,故名“同”義也。

---

① 此缺字當作“悟”。《妙法蓮華經》卷第一:“何名‘諸佛世尊唯以一大事因緣故出現於世’? 諸佛世尊,欲令衆生開佛知見,使得清净故,出現於世;欲示衆生佛之知見故,出現於世;欲令衆生悟佛知見故,出現於世;欲令衆生入佛知見道故,出現於世。”[T26n1520p16a22—a27]可助勘。

② 結合文意,此“之”似爲“云”之訛字。待考。

③ 此缺字似作“更”。《妙法蓮華經論優波提舍》:“一者‘無上’義。除一切智智,更無餘事。”[T26n1520p16b22]可助勘。

④ 之,録本訛作“云”,據文意改。《妙法蓮華經玄贊》卷第三:“一切智人之智名‘一切智智’。”[T34n1723p710b9]可助勘。

⑤ 智,録本無,據文意補。《妙法蓮華經玄贊》卷第三:“又言‘智’者,智性、涅槃二種如來藏。”[T34n1723p710b12—b13]可助勘。

⑥ “二種如來藏”五字録本無,據文意補。參前注。

⑦ “法身平等法身平等”八字底本當係“法身平等”旁施重文號,録本訛作“法身法身平等平等”。《妙法蓮華經玄贊》卷第三:“以聲聞、辟支佛、佛三乘法身平等。法身平等者,佛性法身無差别故。”[T34n1723p710c24—c26]兹據改。

⑧ 令,録本訛作“會”。《妙法蓮華經玄贊》卷第三:“諸佛出世,欲示衆生此佛知見之性,三乘同有,平等無二,令同證滿,以成法身。”[T34n1723p711a1—a3]兹據改。

三、“悟”者，别開菩提也。以一切聲聞辟支佛不知彼真實處故，不知真實處者不知究竟唯一佛乘故，欲令衆生悟於究竟唯[□][此]①一乘佛菩提智令修生長，故云“不知”義也。

四、“入”者，上三總别雖顯佛果菩提、涅槃，未知如何可能獲證，今顯能證之因，故名爲“入”也。

總而言之，諸佛出世，轉於法輪，雖即大、小徵謂不同，其本意也，皆欲普令一切衆生悉當成佛，故説法也。二别意中，亦有通、别。通者則明説諸部般若之意。如《解深密經》説，謂欲令於生無自姓(性)姓(性)等中，如實了知相無自性性及勝義無自性性等，所以説般若。廣如彼説，恐繁不録。

“無著菩薩釋三問意”等者，問曰：“得六因緣”者，乃釋善現問意，何以將明佛説意耶？答如疏。“且一部宗旨”已下，釋通此意也。故知問意有六，依問而答，佛意必同也。“其六者何”已下，並除論文。“則是般若波羅蜜令佛種不斷”者，總結六因意也。别雖有六，總令佛種不斷也。“云何以此”已下，論自徵釋“不斷”所以。則前五因，始從斷疑，至於歡喜，利益有情，令行增進。後一則令正教久住，行進則必證於果，教住則真理恒明，由此能令佛種不斷。然隨此《論》文，謂依位地。疏中自指下文，故此無勞繁述。

初“佛法外人”等者，准下配位地中，疏有兩釋。此依前解意也。則十信已前，未入三僧祇數，名“佛法外人”也。“以有疑或(惑)，不生定信”者，則所爲二類人也。有疑或(惑)者，是未發心人，令其斷疑，入十善位。則是第一爲斷疑故，而説此經。“不生定信”者，即是十善菩薩。意云既已斷疑，即必生信，然信未定，故此第二令生信者，則令入十信位、生决定信也。生定信已，則名“佛法内人”，入三劫數也。

“次二”乃至“未解進修”者，則是爲令入佛法者解進修故。入甚深者，令入六住已來；不退轉者，令入七住已去。故此二種，皆名“進修”。“後一已進修者，未能證達”者，即地前人令入初地已去，親證法性，生如來家，住極喜地，名“證達”也。故第五云爲“生歡喜故”。此則雖有五因，束爲三位也。

---

① 此，録本無，據文意補。《妙法蓮華經玄贊》卷第三：“佛出世者，欲令衆生悟於究竟唯此一乘佛菩提智令修生長。”[T34n1723p711a8—a10]可助勘。

“由教但爲”已下，釋三位所以，尋之可知。

“若已證悟，言教都亡”者，問：若入初地名爲“證達”，豈不藉教而言都亡耶？答：據增勝説，由在地前，未證於理，必由信教，方能入證。若入初地，親證真如，依理觀證真如，依理觀修，非全漸教，故下疏釋攝付中言，多依地前，以明攝付，初地已去，親證法性二利行强等。故有頌云“菩薩在法流，前後見諸佛。已知[①]菩提近，無難易得故”等。此中之意，當知亦然。

“生智攝福對”者，入甚深是生智也。“攝福”者，《論》云：“由貪受持修行，有多功德，不復退轉故。”故是“攝福”也。

“其配位地，至文當釋”者，即此卷末釋三問中説也。

“佛所説法，咸歸二諦”者，准此説意，雖通諸教論，而但配説此經，意則是以通釋别也。

“謂即於此，都無所得”者，即此前所説俗諦之中，離能所相，不見差别，終於真性第一義理，名“無所得”。

是“諸聖種性”者，一切聖人，皆由證此真諦無相之理而成於聖也。

“如有頌言”等者，《成唯識論》引經頌也。初句明真諦，下三句明俗諦。意云要由證真，方能了俗，諸行者則有爲法也，非是不證真者而能了俗如幻等也。證成上説二諦意也。

“略有六對”者，則真、俗二智有六對差名也。第一對：證理之智真，勝事之智俗。第二對：知一切法真性，故名“一切智”；知一切法差别相，故名“一切種智”。則種類差别而知，故以種言而簡别也。第三對：從喻爲名，如蓮花開敷，衆見咸悦，喻後得説法令生喜也。“如所有智”者，真如所有智也。故《對法論》云：如所有者，三脱、四諦、十六行等也。“盡所有”者，謂後得智中遍緣諸境也。故《對法論》云：盡所有者，蘊處界等攝事盡故。

“次總料簡”者，有其二意：一、料簡兩論不同所以；二、總對經文及論，以明説意多少不同，如疏可知。

“依教起行”者，由説教故，除疑生信等，即是起進修行也。

---

① 知，録本訛作“去”。《攝大乘論》卷中：“菩薩在法流，前後見諸佛。已知菩提近，無難易得故。”[T31n1593p124b13—b14]兹據改。

“依境生智”者，“境”即二諦，由依二諦生真俗等六對之智，如上疏説。

“悟教理之深微”者，令悟大乘教深理妙也。不同外道二乘等教，從我、法二執分别所起，不勉生死。二乘教等，雖斷我執、法執，仍存住著涅槃，闕利他行等，皆不名“深妙”也。

“佛説般若波羅蜜”等者，准無著《論釋》意，即雖説無説，離執正者，名“非般若”，故《論》云顯法門第一義也。若准天親《論》意：“説般若”者，諸佛真實之惠(慧)也；“即非般若”者，即非二乘等所得般若也。已上兩論釋意，皆顯教深之義也。故爲令悟教深，而説此經。此教興門一一義中，皆須結歸。説經之意，下皆准知。

“未曾得聞如是之經”者，善現惠(慧)眼得之既久，當未曾聞，故知大乘教法深也。

“持説功德，勝以無量身財布施”等者，則受持四句爲他演説所得功德。下經文中，以“財”及“身”各兩重，教量不如持説之福。初則福相法身中，舉一三千大千世界七寶布施不如持説四句之福。第二離外論散亂中，舉多恒河沙等三千大千世界七寶布施亦不如四句持説之福。第三遠離懈怠住處中，舉恒河沙等身命布施不如四句持説之福。第四離寂静味住，舉於一日中分爲三分，各捨恒河沙命，如是無量爲千萬億劫以身布施，不如聞經信心不逆。所得功德不逆者，不謗也。

故功德布施，論依經判名等者，“功德施”者，《論》主名也。彼《論》題云“金剛般若”，破取著不壞假名“論”，破取著是真諦，不壞假名名是俗諦。今意云：由經、論二諦故，所以能釋之論，經立名也。

“依初入法[①]，論説斷疑”等者，意云此《論》六因中，初一爲斷疑故，即是“所斷”之障；後四生信等，並是“所修”攝也。釋其所以，如疏應知。

“障有二種，煩惱所知”者，“障”者，“覆”義、“礙”義名之“障”。故《成唯識論》第九云：“‘煩惱障’者，謂執遍計所執實我薩迦耶見而爲上首，百二十八根本煩惱，及彼等流諸隨煩惱。此皆憂惱有情身心，能障涅槃，名‘煩惱障’。‘所知障’者，謂執遍計所執實法薩迦耶見而爲上首，見、疑、無明、愛、

① 法，録本訛作“位”，據甲本改。

恚、慢等，覆所知境無顛倒性，能障菩提，名‘所知障’。”

“尋其根源，二執爲本”者，即上論文遍計所執實我、法二見，及相應法邪、惠(慧)爲二執體性。此界與二障爲本也。

問:“若爾，二障、二執爲同爲異?”

答:“總相而談，二障必以二執爲本。然細分別，則有寬狹。且《護法論》師釋云:煩惱障中，相應我見，亦執亦障，障涅槃故，計我執故;獨超貪等、不計我故，障而非執。又障通前七識，唯除第八;執唯六、七，除五、八也。所知障中，亦有差別。障通前七，執唯六、七等，則障寬執狹也。若據安惠(慧)師釋，煩惱障通前七識，唯除第八;我執唯六、七也。所知障與法執體無寬狹，總通前六識及第八識，除佛已外，菩薩已還，諸識自體不證實故。通三性心，皆有法執，唯除末那，《論》説但與四或相應，故無法執也。”

“又障有三”等者，即煩惱、業報等障，亦名“三雜染”，如常所説。

“果報亦不可思議等，是除報障”者，依天親《論釋》云:得釋梵等，即感十王果報，離三惡趣，是除報障也。又《寶性論》四障中，前二是煩惱障攝，後二是所知障攝。若約轉行位明伏斷者，河南釋云:十信第六心，伏初障，信不退故。十住第四住，伏第二障，分别我見，不共無明，龕此伏故。《華嚴經》説:“第四[①]生貴真佛子，從諸賢聖正法生，有無諸法無所著，捨離生死出三界。”故分别我、彼位能伏此二種子，入初地斷。第三所知障在五地斷，障於下乘般涅槃障五地斷故。緣覺捨心所知障七地方斷，六地猶觀十二因緣故。

“四恩之心”者，是梁《攝論》説，即天親《論》所説廣大等四心之文。如其次第，名“平等恩”“不施恩”“善意恩”“真實恩”也。釋其名字，至下當知。

“及無住涅槃文”者，准無著《論釋》下經文，心具足中有六種心，第五名爲“不住生死真心”。即下經文“須菩提！汝若作是念:‘發阿耨多羅三藐者，説諸法斷滅相。’莫作是念”等文是也。即不住涅槃，故通除聲聞、緣覺二障也。標六度、攝戒六等者，意顯答修行中具説六度所修之行也。

“又捨身財”等已下，散指經文别配六度也。

---

① 四，録本訛作“一”。《大方廣佛華嚴經》卷第八:“第四生貴真佛子，從諸賢聖正法生，有無諸法無所著，捨離生死出三界。”[T9n278p448a10]兹據改。

“又離一切相等，爲攝律儀戒”者，三聚净戒中，離一切惡名“攝律儀戒”。凡是所斷，皆此中收。今《經》云“離一切相，發菩提心”等，即所離相等皆是所斷之法，所以名“攝律儀戒”也。

“是三聚净戒”乃至“三種發心”等者：一、厭離有爲心，即諸有漏法是勤斷諸惡。勤斷諸惡者，即別解脱戒乃（及?）[①]定道律儀戒等，是攝律儀戒也。二、求菩提心，即普修諸善。普修諸善者，二空真智，及於二乘生空之智，乃至凡夫所能隨大乘有漏善心身語等業。若不爾者，地前一劫純有漏修及七地前有漏者應非大行，即是攝善法戒。三、悲愍有情心，謂於晝夜十二時中，普觀三界法有情類，深心非（悲?）[②]愍、思求濟拔等。此即攝衆生戒。如其次第，即爲斷德、智德、恩德三種之因。又智、斷二德是自利行，恩德是利他行。此之三種，若在地前，名“信行地”；若在地上，名“净心地”；若在果位，名“如來地”。皆此三攝故，十八住處束爲三地等不離此故。論判以爲三摩跋帝等者，無著菩薩《論釋》下經文：“應如是知，如是見”等云“智”，“依止奢摩他故知，依止毘鉢舍那故見，此二依三摩提故信解”。又云“如是一切住處中，相應三摩提方便亦爾。應知”等，即諸住處中，釋“顯現”義，皆是止觀爲定惠（慧）二度也。

《大經》最後六分明摩者，即《大般若經》十六會中最後六會。如其次第，廣説六波羅蜜相分者，即六會也。即以六度，因標會名。今意云此經是第九會説，且略標舉六度之義，明無相修引生後六會“廣説”義也。

三“識果德之真化”者，即佛三身等名“果位”也。豈令識果位者，故知説此經。

“若爾，此經之奥，在乎三問。三問既置問戒因，如何爲果而説經也?”

答：“如疏云‘善現三問，雖在因中’等已下，即釋此妨也。然准兩論意，於果位中但説真、非真二種佛也。即法身及自受用身合爲真佛，他受用身及變化身合非真佛。雖隨地上十地所感各應不同，名爲‘應身’；地前三乘所見麁身及隨類身，名爲‘化身’。然對真身，此之兩種皆名爲‘化’，故真化言攝

① 結合文意，此“乃”似爲“及”之訛字。待考。

② 結合文意，此“非”似爲“悲”之訛字。待考。

四佛盡也。”

“諸法先因而後果”等者，彼《論》自徵釋也。

“中間三因，理包行果”等者，即前利樂有情中除斷疑一是所斷故，第五歡喜唯是果故。此依下配位地中第二解歡喜在於佛果，故生信等三通行果也。

“具如經説，應尋引之”者，如下文云“‘説法’者，無法可説，是名‘説法’”“若有人言‘如來説法’，即爲謗佛”等，是無説至教也。一切賢聖，皆以無爲法而有。“若別菩薩通達無我法者，如來説名‘真是菩薩’”等，即是無生勝理也。“若有法得阿耨菩提，然（燃）燈佛即不與我授記”等，又“我於阿耨菩提乃至無爲小法可得”，即是無得妙行也。“若以色見我”等及“若見法相非相，則見如來”等，是無爲極果也。更爲同別，隨應准説。

“自漢明感夢，摩騰振錫”者等，後漢明帝永平二年代□歲即位。至永平五年夜，夢丈六金人。至十年丁卯之歲，爲西域僧迦葉摩騰遊化至於漢地。又至十一年，歲次戊辰，後有比丘竹法蘭，來至此土也。

“世高赴洛之後”者，即後漢桓帝時，有三藏安世高，於洛陽翻譯也。

“僧會遊吴之前”者，有康居國丞相長子棄俗出家，厥[①]名“僧會”，神儀剛正，遊化爲任，吴主孫權（權漢末魏初，是白[自?][②]去也）赤烏四年，至於吴國。於時三國鼎立（魏曹操等，蜀劉備，吴孫權等也）。自明帝永平十年佛法至漢，至吴赤烏四年，凡經一百七十年。佛法東至江表者，爲永平十四年。五岳道士與摩騰較力不如。南岳道士褚[③]善信、費叔[④]才等，在舍自感而死，不預出家，無人流通。復遭漢正陵遲，兵戎不息，遂經多載，佛法未行。今以四年，初達南國。營立茅茨，設像行道。吴人初見，謂爲妖異。有司聞奏。

① 厥，録本訛作“殿”。《廣弘明》卷第一：“孫權赤烏四年，有康居國大承相長子，棄俗出家爲沙門，厥名‘僧會’，姓康氏，神儀剛正，遊化爲任。”[T52n2103p52c14—c16]兹據改。

② 白，此疑爲“自”之訛字，待考。

③ 褚，録本訛作“結”。《佛祖統紀》卷第三十五：“永明十四年，五嶽道士褚善信、費叔才等與西僧角法。費叔才自感而死。”[T49n2035p331c25—c27]兹據改。

④ 叔，録本訛作“升”。兹據《佛祖統紀》卷第三十五[T49n2035p331c25—c27]改。

吴主曰:"佛有何靈驗耶?"會曰:"佛晦靈迹[①],出餘千載。置骨舍利,應現無方。"吴主曰:"若得舍利,當爲起塔。"經三七日,遂獲舍利,五色曜天,剖之逾堅,燒之不燋,光明出炎作大蓮花,照曜宫殿。吴主驚嗟希有瑞也,信情大發,因爲造塔,度人立寺。以其所住爲佛陀里[②],又以教法初興,故名"建初寺"也。舉此三人者,並是漢吴國初傳佛法之導首也,故偏舉之。已上即是明佛法來時也。

"微[③]言雖備於中洲"已下,明此經初來時也。然約計從孫權至苻秦時,經一百三十餘年,並前晋一百七十年,即佛法至漢三百餘年,方有此經也。

"震域"者,即是梵語,呼此漢國爲"震旦國"也。正梵音云"支那摩訶",義翻云"大漢國"也。

"鳩摩羅什法師"者,此是譯此經主,應略徵因由。然《晋書》第九[④]十五、費長房《三寶記》第八及《高僧傳》等,具説所由,大意相似,廣略有殊。今且依《三寶記》説。彼云:沙門鳩摩羅什婆,此云"童壽",本印度人,父以[⑤]聰慜(敏)[⑥]見稱。龜兹王[⑦]聞,以女妻之,而生於什(《晋書》及《傳》云:"父鳩摩羅炎,聰惠(慧)有大志節,將嗣相位,乃辭避出家,東度葱嶺。龜兹王帛純聞其名,郊迎之,請爲國師。王有妹,年二十,才[⑧]悟明敏,體有赤黶,後生智子,諸

---

① 迹,録本訛作"立"。《廣弘明》卷第一:"會曰:'佛晦靈迹,垂餘千載。遺骨舍利,應現無方。'"[T52n2103p52c19—c20]兹據改。

② 里,録本訛作"果"。《廣弘明》卷第一:"以其所住爲佛陀里,又以教法初興,故名'建初寺'焉。"[T52n2103p52c24—c25]兹據改。

③ 微,録本訛作"徵",據甲本改。

④ 九,録本訛作"六",據唐房玄齡等撰《晋書》第八册(第2499頁,中華書局1974年11月第1版)改。

⑤ "父以"二字録本訛作"公明"。《翻譯名義集》:"鳩摩羅什婆,此云'童壽',祖印度人,父以聰敏見稱。龜兹王聞,以女妻之,而生於什。"[T54n2131p1069a27]兹據改。

⑥ 慜,此讀作"敏"(二字均音眉殞切)。此字《翻譯名義集》正作"敏"[T54n2131p1069a27]。

⑦ 王,録本訛作"干",據[唐]房玄齡等撰《晋書》第八册(第2499頁,中華書局1974年11月第1版)改。

⑧ 才,録本訛作"方",據[唐]房玄齡等撰《晋書》第八册(第2499頁,中華書局1974年11月第1版)改。

國交娉[①]，並不許之，及見炎，心欲當之，王乃逼而妻焉。"餘文大同也）。法師居胎之日，母增辨惠（慧）。七歲出家，日誦千偈，義旨亦通。至年九歲，與外道論義，失邪止解，感聞愧伏。年十二，有羅漢奇之，謂其母曰："常守護之。若年三十五不破戒者，當大興佛法，度無數人。"又習五明論、四韋陀典，陰陽星算，必窮其妙。後傳習大乘，數破外道，遠近諸國，咸[②]謂神異。母生法師之後，亦即出家，聰拔衆尼，得第三果。法師受具，母謂之曰[③]："方等深教，應大闡秦都。於汝自身，無利如何？"法師曰："菩薩之行，利物亡軀。大化[④]必行，鑪鑊[⑤]無恨[⑥]。"從此已後，廣誦大乘，洞其祕典。西域諸王，每請法師講説，必長跪座側，命法師蹹[⑦]而登焉。苻堅建元九年，歲在丁丑，太史[⑧]奏云："有星現外國，當有大德智人入輔中國。"堅曰："朕聞西有羅什，襄陽有道安，將非此耶？"復遣將軍吕光等承兵七萬，西伐龜兹。光與羅什同來。法師在道，數言應變[⑨]，光盡用之。光於是即據西涼，亦請師留（《晋書》云："光還至涼州，聞符堅已死，爲姚長所害，於是竊號河右[⑩]也"）。至姚秦弘始三年，興滅西吕，方入長安。秦主興厚[⑪]加禮之，延入西明閣及逍遥園，别館安置，敕僧砮（肇？）[⑫]等八百沙門，以受法師義旨。興卑萬乘之心，尊三寶之教，於草

① 娉，録本訛作"嫂"，據[唐]房玄齡等撰《晋書》第八册（第 2499 頁，中華書局 1974 年 11 月第 1 版）改。

② 咸，録本訛作"威"，兹據《翻譯名義集》[T54n2131p1069b5]改。

③ 曰，録本訛作"日"，兹據《翻譯名義集》[T54n2131p1069b7]改。

④ 化，録本訛作"作"，兹據《翻譯名義集》[T54n2131p1069b9]改。

⑤ 鑊，録本訛作"鑻"，兹據《翻譯名義集》[T54n2131p1069b9]改。

⑥ 恨，録本訛作"垠"，兹據《翻譯名義集》[T54n2131p1069b9]改。

⑦ 蹹，録本訛作"瑜"，兹據《翻譯名義集》[T54n2131p1069b11]改。

⑧ "太史"二字録本訛作"七處"，兹據《翻譯名義集》[T54n2131p1069b11]改。

⑨ 變，録本訛作"受"，兹據《翻譯名義集》[T54n2131p1069b15]改。

⑩ 右，録本訛作"石"，據《晋書》第八册（第 2500 頁，中華書局 1974 年 11 月第 1 版）改。

⑪ 厚，録本訛作"存"，兹據《翻譯名義集》[T54n2131p1069b17]改。

⑫ **砮**，此疑爲"肇"之訛字。《晋書》："於是興使沙門僧睿、僧肇等八百餘人傳受其旨。"（第 2501 頁，中華書局 1974 年 11 月第 1 版）可助勘。

堂寺共三千僧手執舊經而纂定之。上莫不精究,洞其深旨。時有僧叡,興甚[①]加焉。法師所譯經,叡並參正。法師以姚秦弘始四年,歲次辛丑,起譯經論也。然前云與秦之曰□,據法師初至以説,亦不相違。《晋書》云:法師臨終,覺四大不愈,乃誦出三番神呪,令外國弟子誦之以自救,未及致力,轉覺危殆,於是力疾,與衆僧告别曰[②]:"因法相遇,殊未盡心,方後没世,慚愧何言?"死於長安。姚興於逍遥園依外國法以火焚尸,薪滅形碎,唯舌不爛也。

"草堂寺"者,今在覇縣東南終南山陰是也。准《三寶記》云:先是[③]長安自前漢廢到[④]苻秦興,其間三百三十一載,曠絶都市,民俗荒蕪。雖數伽藍,歸信尠寡[⑤]。三千德僧,同止一處,共受姚秦天王供養。世稱"大寺",非是本名。中構一堂,權[⑥]以草苫,即於其内及逍遥園二處翻譯。魏末周初,衢街[⑦]稍整,大寺因爾成四伽藍。草堂本名,[□][即][⑧]爲一寺。草堂東常住[□][寺][⑨],南京兆[⑩]王寺,復改爲安定國寺。安定國寺西爲大乘寺。邊安定即天街東畔八隅[⑪]大井,即舊大寺之東厨供三千僧之甘泉也(今此非現在)。

"元魏"等者,是後魏,本姓"託跋",後改爲"元"也。意骨前魏,故以姓標别也。

"菩提留支"者。魏云"道希",新云"覺愛"也。

"名'婆伽婆'"等者,是名隨經初時俗呼名,非謂是經題目名也。下皆准知。

---

① 甚,録本訛作"聞",兹據《翻譯名義集》[T54n2131p1069b21]改。

② 曰,録本訛作"由",據《晋書》第八册(第2502頁,中華書局1974年11月第1版)改。

③ 是,録本訛作"吴",兹據《歷代三寶紀》卷第八[T49n2304p75a14]改。

④ 到,録本訛作"改",兹據《歷代三寶紀》卷第八[T49n2304p75a15]改。

⑤ "尠寡"二字録本訛作"斷寮",兹據《歷代三寶紀》卷第八[T49n2304p75a16]改。

⑥ 權,録本訛作"摧",兹據《歷代三寶紀》卷第八[T49n2304p75a18]改。

⑦ "衢街"二字録本訛作"微漸",兹據《歷代三寶紀》卷第八[T49n2304p75a21]改。

⑧ 即,録本無,兹據《歷代三寶紀》卷第八[T49n2304p75a22]補。

⑨ 寺,録本無,兹據《歷代三寶紀》卷第八[T49n2304p75a22]補。

⑩ 兆,録本訛作"地",兹據《歷代三寶紀》卷第八[T49n2304p75a23]改。

⑪ 隅,録本訛作"偶",兹據《歷代三寶紀》卷第八[T49n2304p75a24]改。

“陳太康”等者，即上表陳羅時也。

問：“若爾，何故下六(云?)[①]‘梁經’?”

答：“准《譯經圖録》等，‘真諦三藏’者，梵云‘波羅末陀’，梁云‘真諦’，本西印度優禪國人，風神英拔，悠然自遠，群藉廣部，罔不精通。以梁太清二年閏八月届於梁部(都)[②]。武帝面[③]申禮敬，安置於寶雲殿，令翻譯經論。未久之肯(頃?)[④]，屬國喪亂，至陳初復出經論。所以或言‘陳本’，或説‘梁經’，皆不相違。”

“俗則昆季”等者，《世親本傳》云：“世親”梵名“婆藪盤豆”，本北天竺富婁沙富羅國人，此云“丈夫國”也。具(俱)爲國師，姓“憍尸迦”。兄弟三人，無著處長，世親第二，佛滅度後九百年中出也。又云：無著得神通，往兜率天，以問彌勒，請説大乘。世親初習小乘，後因無著教化，方始發心歸大，廣讚大乘等。廣如彼説，恐繁不録。

“大智通達教我等”者，“大智”者即是彌勒菩薩也。“無量功德身”亦是讚彌勒也。“應當敬彼如是等”者，即等取無著菩薩。問：彼《論》歸敬，何不説教主？答：彼意開釋經義，且敬釋義之勝，具略不論説教之主也。故彼頌初云：“法門句義及次第，世間不解離明惠(慧)，大智通達教我等”等，意云“大智通達法門”句義，明是但説釋義之主也。此即録主本釋，如有人釋通佛者，恐非録意，故録自結云“即是通敬本論大師”等。

“法歸分別”者，如有頌言“獸歸林藪，鳥歸於空，聖歸涅槃，法歸分別”，羲(曦)舒[⑤]去日月也。

第二明經體性門。“先體後性”者，汎明體性有通有别，通者“體”即“性”，别者“性”“體”各殊。如《慈恩》總章中約通義説，如言此人體性善惡等體無别也。今此録中約别義説，體即五重名句等不同，性即圓成三門、辨别五種之性也，即體麁性細義各細也。

---

① 六，此疑當爲“云”之訛字。待考。

② 此“部”疑當爲“都”之訛字。録本出校：“部＝都?”

③ 面，録本訛作“西”，兹據《開元釋教録》卷第六[T55n2154p538c3]改。

④ 肯，此疑爲“頃”之訛字。待考。

⑤ 羲，此當爲“曦”之訛字。“曦舒”即日月也。

"能詮性用體"者,聲是能詮性,名、句、文三是能詮用。

"假實合明"者,名等三是假,聲是實,以名、句等依聲上屈曲假立,離聲無體。其猶忿等依嗔假立,即嗔爲體。此二亦如是,即聲爲體。此依大乘宗説也。若准小乘薩婆多宗,即名、句、文三離聲實有也。

"亦不即聲"者,以假實別論名、句、文三,知聲有别,所以名等是行蘊法處法界所收,聲是色蘊聲處聲界所攝,各不同也。

"由此法詞"乃至"詞緣於聲"等者,四無礙解今依《識論》略列名義:一、義無礙解。《論》云:"即於所詮總持自在,於一義中現一切義故。"二、法無礙解,"即於能詮總持自在,於一名句字中現一切名句字故"。此即緣名、句、文身爲境。三、詞無礙解,"即於言音展轉訓釋總持自在,於一音聲現一切音聲故"。此即緣聲而爲境也(已上兩釋,配録可知)。四、辨無礙解,"善達機宜,巧[1]爲説故"。

(述曰):既聲與名等别爲法、詞二境,明知名等非無體也。

"二、隱假談實體"者,即攝假歸實,離聲之外,無别"名"等也。

"故《對法》有成所引聲"者,《對法論》聲有十一種:一、因執受大種聲,藉能覺受執四大種之所發故。二、因不執受大種聲,即外風鈴等聲。三、因俱聲,即内外合發,如擊鼓、吹貝等。四、可意聲。五、不可意聲。六、順相違聲。此三但約順違俱非説故,即好惡、非好、非惡三種也。七、世所共成聲。"世"謂世間,世間成立言教之聲也。八、成所引聲,謂諸聖者成就無漏所引[2]之聲。此聲成立聖教道理,即三藏教是(此即録中所引也。意云:但説成所引聲爲教體,不説成所引名等爲體,故知位用聲爲教體也)。九、遍計所起聲,即諸外道等妄情計度,成即矯言所起之聲也。十、聖言所攝聲,即見言"見"、不見言"不見"等八種净語。十一、非聖言所攝聲,即見言"不見"、不見言"見"等八非净語是也。

"應如色等,非實能詮"者,等取香、味、觸也,以聞是離聲實有體故。此意破《薩婆多》名、句、文三離聲實有。若是實有,應非能詮。比量云:汝實名

① 巧,録本訛作"次",兹據《成唯識論》卷第九[T31n1585p53c10]改。

② 此處《大正藏》本另衍"成就無漏所引"六字,兹據文意删。

等，應非能詮，是宗中法，因云“離聲實有”。故同喻云“猶如色等”，並例准知。

“三、能、所詮顯體”者，能詮是文所顯是義。故録云：“由能詮文，義得顯等。”此示舉一色象，理實能詮所詮、能顯所顯。如次是文義兩種合爲教體也。前二、後二，此之四法約能詮以明教體。今此一門，兼説所詮義等爲體。故彼《論》云：“謂《契經》體略有二種：一、文；二、義。文是所依，義是能依。如是二種，總名‘一切所知境界’。”由文顯義，方能解生。生解究竟，必由文義，故説二法合爲經體。又云然文差别，略有六種：“一、名身；二[①]、句身；三、文身；四、語；五、行相；六、機請。”此與《唯識》説文不同可知。義差别者，乃至無窮。略説十種：一、“地”義；二、“相”義；三、“作意”義；四、“依處”義；五、“過違”義；六、“勝利”義；七、“所對治”義；八、“能對治”義；九、“略”義；十、“廣”義。一一指文，恐繁且止。

“四、攝法從心體”者，即攝境歸心也。“法”者即且(上?)[②]聲、名、句、文等能詮之法，若假若實，皆不離心。

“三界唯心”者，彼云三界虚妄，唯心所現；又云“諸佛常身(了?)[③]知，一切從心轉。若人如是解，是人真見佛”等。

“又《契經》説”等者，即《密嚴經》云：“我説識所緣，唯識所現故。”《楞伽》亦云一切諸法皆是自心現量所作等。論説“心心”乃至“皆不離心”等者，《瑜伽》、《成唯識》等皆作此説，以色、心等五位法即是大乘百法，皆唯識攝也。如其次第，是識自體門、識相應門、識所變門、識差别門、識實性門故，攝五位皆唯一心故。此教體不離心也。

“《二十唯識》”者，是天親所造，有二十行頌，名《二十行頌》，名《二十唯識論》也。

“二識成決定”者，准彼《論》文，有其兩義：一、自、他爲二；二、善、惡爲

---

① 二，録本訛作“一”，兹據《顯揚聖教論》卷第十二[T31n1602p535c15]改。

② 且，此疑爲“上”訛字。本録本中常訛“上”爲“且”。下文“是摩揭陀國正中，古先君王所都之處，出勝上吉祥茅草，謂之‘茅城’。”中“上”字《大正藏》亦訛爲“且”。

③ 身，此疑爲“了”之訛字。《大方廣佛華嚴經》卷第十：“諸佛悉了知，一切從心轉，若能如是解，彼人見真佛。”[T9n0278p466a1—a2]可助勘。

二。今取自、他二也。

“相續”者，即是“身”之異名也。

“五、攝事歸如”者，即攝相歸性也。慈恩釋云：諸教廣説雖復不同，以類而言，不出四種：一、約緣論實性，以妄詈（辯）[①]真，於際法中有其情，如人言“冰有”等。二、□□論實性，直談真如性非染净。三、以實從緣性，即此真性由隨染、净二緣，即能成彼生死涅槃。其猶冰體水自性不殊，由遇炎凉、冰水成異故。《涅槃經》云：佛性一味，以煩惱故，出種種味。四、以緣從實性，即染净法體即真如。今此録中依第四義，即攝末歸本，唯以真如爲體。猶百川之趣海，同一味鹹；萬法歸於一如，並皆真性。

“無有文字”者，文字即真如故。

“圓成等”者三性義，略以二門辨釋：一、列數、釋名；二、出體性。

就初門中，先列，次釋。言“列數”者：一、遍計所執性；二、依他起性；三、圓成實性。次“釋名”者，周通計度，故名“邊（遍）計[②]”。“性”者，體也。此邊計以所執“實我實法”即“空性”故，持業釋也。依他因緣之生起性名“依他起性”，依主釋也。“圓”謂圓滿，“成”即成就。“實”者，諸法實性，故名“圓成實性”。圓成實性，圓成即真如性，持業釋也。

二、出體遍計所執性。據護法師義，即有漏六、七二識所執藴等，起自心相，計爲“實我實法”。如兔角等，其體即空爲體性也。問：體既空無，如何立性？答：情有理無，隨彼妄情教所詮故，立爲性也。問：有漏第六通緣諸法可名“遍計”，有漏第七唯緣第八如何名“遍”？答：是此類故，且名“遍計”。理實言之，“計”而非“遍”。由此應作四句分别：有“遍”非“計”，謂無漏識、有漏善識等能遍廣緣，而非計執也。有“計”非“遍”，謂有漏第七。有亦“遍”亦“計”，謂有漏第六我、法二執。有非“遍”非“計”，謂有漏五識及賴耶識也。

“依他起性”者，即衆緣所生心心所體，及見相分有漏、無漏諸有爲而爲體也。

---

① 《玉篇·言部》：“詈，俗辯字。”《正字通·言部》：“辯，俗作詈，訛從功。”

② 邊，此當爲“遍”之音近借字。上文“遍計所執性”可資比勘。

“圓成實性”者，謂依他起，且彼妄執“實我實法”二空所顯真如爲體故。《唯識》云：“二空所顯圓滿成就諸法實性，名‘圓成實’”也。

“攝事歸如，即圓成”等者，此下約上五重教體以辨性也。第五門是真如故，是圓成性攝也。

“亦依他性”者，亦圓成故。意云攝法從心門中有其“圓成”，兼亦有“依他”。以是因緣法故，據性相二種爲二性所收也。下皆准知。

“據本質教”者，如來所説聲、名、句、文，名之爲“本”。聞者識變，名之爲“影”。謂由聞者善根增上緣力引佛利他無漏種子，於佛識且文義相生等，名“本質教”。此唯無漏，聞者識變，通有漏無漏，是影像教也。

“隨小乘宗”者，以薩婆多宗説佛身十八界中唯意界、意識界、法界此三通無漏，餘並唯有漏。然大乘宗中《對法論》説十五界有漏者，是且隨小乘宗義。《佛地論》、《成唯識》等皆説十八唯無漏故，聲、名、句、文皆無漏也。

“菩薩第八有漏性收”者，即第八識也。一切菩薩要至金剛喻定爲菩提時，方轉第八異熟識成大圓鏡智故。十地已還，一切菩薩生第八識皆是有漏故。所變相分五塵等亦是有漏。

“若於無漏心説聽[①]，通第六、七”者，即六、七二識也。准《成唯識論》等説，菩薩八地見道已去，即許轉六、七二識成妙觀察智平等性智，故通無漏。

“此影[②]像教，亦[③]唯無漏”等者，即六、[□][七][④]二識所變相分聲、名、句等，名“影像教”也。以六、七二識見分是無漏故，所變相分必無漏也。以唯識道理諸識起時，必自實相而緣，即能變爲見分，所變爲相分。其見分是無漏，所變相分亦是無漏。有漏亦然。故録云“由見相分性類同故”，即漏、無漏性也。問：何故不言前五識耶？答：轉前五識，諸論有二師釋：一云：菩薩修道位中，後得智引眼等諸識得成無漏，故成事智，亦得初起。一師云：要成佛位，方得現起，以十地中眼等五識依異熟根，彼根即是異熟識變，非無漏

① 聽，録本訛作“神”，據甲本改。
② 影，録本訛作“顯”，據甲本改。
③ 亦，録本訛作“之”，據甲本改。
④ 七，録本脱，茲據文意補。

故;依有漏根發無漏識,不應理故。故《攝大乘論》云:平等[①]性智、妙觀察智,於初現觀最初現行修道位中,縛後清净大圓鏡智成所作智。佛果始證,一得已後,無有增減。諸論皆取後師爲定,皆至佛果,方縛五識,故説菩薩無漏唯通六、七也。

"二乘[②]雖有遊觀無漏入滅盡定等"者,以二乘人入滅盡定時,要依遊觀無漏爲加行入。言"遊觀"者,意簡根本無分别智,顯是後得智所攝,即取"遊履觀察"之義也。故《唯識論》云:"此定初起,必依有頂遊觀無漏爲加行入,次第定中最居後故。"下文又云"隨應後得所引發故"等。今此意顯二乘人後得所攝無,唯有此入滅定時加行左(方?)[③]有,餘位即無,故云"少不足言"也。以力劣故,法智、類智等但能斷或(惑)證理,不能緣事以説,謂教時是緣事知後得所攝,故二乘無。若准小乘,滅定是有漏所攝,不同大乘也。

"是性境故"者,慈恩《樞要》[④]總攝諸境有其三類:一者性境。諸真法體,名爲"性境"。"色"是真色,"心"實是心。真實法不定隨心,三性不定。如實五塵,唯無記性,不隨能緣五識通三性故等。此即見、相二分各别種生也。二者獨影之境。唯從見分,性繫種子皆定自(同?)[⑤]故。如第六識,緣亂色空花、石女兒等,皆定隨心,無别體用,假境攝故,名爲"獨影"。三者帶質之境。謂此影像有實本質,如因中第七所變相分,得從本質是無記等,亦從見分,是有覆所攝,亦得説言從本質種生,亦得説言從見分種生,義不定故等。如彼頌曰:"性境不隨心,獨影唯從見。帶質通情、本,性、種等隨應。"("性"謂三性,"種"謂種子等,即界繫等隨應者是"不定"義也。)

"以許見相雜引生故"者,《識論》第十云:"善等識相不必皆同,三性因緣雜引生故。"

(述曰):此約有漏位説見分識等,雖是其善,所變相分聲等是無記也。

---

① 等,録本訛作"寺",兹據《攝大乘論釋》卷第九[T31n1597p372a13]改。

② 乘,録本訛作"我",據甲本改。

③ 左,此疑當爲"方"之訛字。待考。

④ 樞,録本訛作"極",兹據大慈恩寺沙門釋基撰《成唯識論掌中樞要卷上》卷第九[T41n1831p607a1]改。

⑤ 此"自"疑當爲"同"之訛字。録本出校:"自=同?"

"《論》説色聲非善惡性"等者,《顯揚論》第十八説也。即大乘五塵皆唯無記,經部亦體。薩婆多宗色聲通善惡,餘三唯無記。由大乘等以思爲業體,故色聲無記;薩婆多以色聲爲業體,故通善惡;宗不同也。

"名等如何"者等,句文也。此已下唯問名、句、文三也。

"汝小乘師,聲界有漏"等者,汝薩婆多宗執佛聲是有漏,雖通善惡名、句、文三,離聲實有,唯是無記。我大乘宗佛聲無漏,名等三種依聲假立,攝假歸實,名等即聲,故唯是善也。

第三攝歸宗旨門。"藏有二[1]種"者,"藏"者是"攝持"義,以教攝義,或攝於人,皆名"藏"也。二藏約人以立。言"聲聞"者,因聲悟道,名曰"聲聞"。故《法花》云"從佛世尊聞法信受,慇[2]勤精進,欲速出三界,自求涅槃,是名'聲聞乘'"也。釋菩薩名,如下所説。此之二藏,皆依主釋。

"獨覺教少"者,唯觀十二因緣,不假多説也。

"又藏有三"者,約能詮教分爲三也。"毘奈耶"者,或云"毘尼那耶",皆梵音梵發也。此或翻爲"滅"。《母論》第一云:毘尼名"滅",滅諸惡法故。"滅"翻"調伏"。天親《攝論》第一云:"調者和御,伏者制滅,調和控御身語等業,制伏除滅諸惡行故。"此通調伏身等三業,離三惡行。即"調伏"是所詮行調伏之藏,依主釋也。"素怛纜"者,或云"修多羅""修妬路"等,亦梵音不同也。此云"契經"。釋此名者,如下釋題目中説,"契經即藏",持業釋也。"阿毘達摩"者,或云"阿[3]毘曇"等,此云"對法藏"也。"法"謂涅槃,或四聖諦。"對"謂浄惠(慧),或隨行等。以無漏惠(慧),對向涅槃,對觀四諦,故名"對法"。此是勝義對法也。又能詮無漏惠(慧)等所有教法,亦名"對法"。故《俱舍》云及能得此法惠(慧)論等也。釋"藏"名可知。

"各據增説"等者,《婆沙》第一廣説其相。今略説者,彼云:"如是三藏有何差别?或有説者無有差别,所以者何?一切佛教從一智海之所生故,隨一

① 二,録本訛作"三",據甲本改。

② 慇,録本訛作"經",兹據《妙法蓮華經》卷第二[T09n262p19b19]改。

③ 阿,録本訛作"何",兹據文意改。

覺池之所出故，等力無畏所攝受故，同[□][一]①大悲所等起故。復有説者亦有差别，且名即差别，謂此名'素怛纜'等。復②次，依處亦有差别，謂若依增上心論道是'素怛纜'。"(餘二准説。)問：於一切中一切可得，謂於經中亦詮戒惠(慧)(餘二准説)，如是三藏應無差别？答：依增勝説，謂於經中雖詮戒惠(慧)，唯詮心勝故，但名"契經"(餘二准説)。録中所説，同此義也。

又"[□][雖]③十二分，有論、義、[□][經]④"等者，等取《因緣經》也。意云：論、議是論藏，因緣者即因事制等，是律藏也。十二分經既無别部帙，故知三藏非必别卷也。此義即同《婆沙》第二師説故。彼⑤《論》云："有作是説：素怛纜中依增上心論道是素怛纜，依增上戒是毘奈耶等。"(餘二准説。)此意隨經、律、論中，但詮心處即是經藏，詮制處即是律藏，詮惠(慧)處即是論等，非要别部帙也。

"十二分義⑥，具如[□][别]⑦章"者，今依主位章門等略以五門分别：一、釋名辨相；二、總明體性；三、相攝有無；四、大小具不具；五、配入藏。

就初門中，先釋名，次隨配辨相。釋名中先總，後别釋。總名者舊譯名"十二部經"。"部"有二義：一、"部類"義；二、"部帙"義。今取"部類"，即所説法義類差别，有其十二，名"十二部"也。此濫"部帙"之義故。大唐三藏法師譯爲"十二分教"，"分"即於十二不同，"教"謂能詮，"十二"通自，即帶數釋也。次别名者，隨録便釋：

一、"契經"者，梵云"修多羅"，義翻"契經"也。如下釋題目中廣釋："能契即經"，持業釋也；或"契物之經"，亦依主釋也。"通即十二俱名'契經'"者，如《涅槃經》云從"如是我聞"至"歡喜奉行"，如是一切名"修多羅"。"别謂長行"等者，此《雜集論》文也。

① 一，録本無，兹據文意補。録本出校："同十(一)？"意即疑"同"下應有"一"字。
② 復，録本訛作"後"，兹據《阿毘達磨大毘婆沙論》卷第一[T27n1545p0001c2]改。
③ 雖，録本脱，兹據《仁王護國般若波羅蜜多經疏》第一上[T33n1709P0433a8]補。
④ 經，録本脱，兹據甲本補。
⑤ 彼，録本訛作"波"，兹據文意改。
⑥ 義，録本訛作"教"，據甲本改。
⑦ 别，録本脱，兹據甲本補。

二、“應頌”者，梵云“祇夜”，舊名“重誦偈”。此有二義：一、爲利益後成之説應爲重頌。二、爲長行義不了，故應更頌釋“應”字（並平聲）；或爲後成應物之頌，去聲亦得。《瑜伽》、《雜集》並顯兩義，録中總相説也。故《雜集論》云：即法中或後以頌重頌（述曰：爲“後成”）。又，不了義經，應更頌釋（述曰：此即長行不了，應更頌釋也）。英法師云“應云頌故”，唯依主釋。後有釋者“應有彼頌”，即有義釋也。

三、“記别”者，梵云“和羅那”。“記别即經”、“記别之經”，通二釋也。“一、記大人當成佛事”者，如《涅槃》云：“何等名爲‘授記經’？如爲經律如來説時，爲諸人天授佛記别。汝阿逸多未來爲王，名曰‘穰佉’，當於是[1]世而成佛道，號曰‘彌勒’。是名‘授記經’。”“二、記弟子”等者，《雜集論》云“謂於是[□][處][2]聖弟子等謝往過去，記别得失[3]生處差[4]别”也。三、記别諸法者，《雜集》云：“又了義經説名‘記别’，記别開示深密意故。”

四、“諷頌”者，梵云“伽他”，舊云“不重誦偈”。“結頌諷誦，故名‘諷頌’”，唯依主釋。此唯有一相。《顯揚論》云“謂諸經中非長行直説，然以句結成”，“或二句”乃至“六句”等，名“諷誦”經也。

五、“自説”者，梵云“直（憂）[5]陀那”。“自説之經”，唯依主釋。此唯有一相。如《涅槃》云：“如來明旦從禪定起，無有人問……即自説言：‘比丘當知：一切諸天壽命極長。汝等比丘，善哉，爲他不求自利！善哉，少欲！善哉，知足！善哉，寂静！’如是諸經，無問自説。”

六、“緣起”者，梵云“尼陀那”，亦名“因緣”。“因緣之經”，依主釋也。“此有三相”者，《瑜伽論》云：“謂依有請而説法[6]，如經説言：世尊一時依黑鹿

---

① 是，録本訛作“時”，兹據《大般涅槃經》卷第十五[T12n374p451c7]改。

② 處，録本脱，兹據《大乘阿毘達磨雜集論》卷第十一[T31n1606p743c6]補。

③ 失，録本訛作“涅槃”，兹據《大乘阿毘達磨雜集論》卷第十一[T31n1606p743c7]改。

④ 差，録本訛作“無”，兹據《大乘阿毘達磨雜集論》卷第十一[T31n1606p743c7]改。

⑤ 録本出校：“直＝憂？”按：所疑是。此“直”當爲“憂”之訛字。《翻梵語》卷第九：“憂陀那風（譯曰“自説”）。”[T54n2130p1046a3]

⑥ 法，録本作“法法”，兹據文意删一“法”字。

子[①]爲諸比丘宣説諸要(述曰:此即依請説)。又依别解脱因起之道,毘奈耶攝所有言説(述曰:此即因犯戒也)。又於是處,依如是如是因緣,依如是如是事,説如是如是語(述曰:此即因事説法)。"

七、"譬喻"者,梵云"阿波陀耶"。釋名可知。《雜集》云"謂諸經中有比况[②]説"等也。

八、"本事"者,梵云"伊希(帝)[③]曰多伽"。"本體即事"、"本世之[④]事",通二釋也。"謂除自身"者,除佛自身本生攝故。故《瑜伽》云"謂除佛本生,宣説前際若人若法諸所有事"也。

九、"本生"者,梵云"闍陀伽"。"本體即生"、"本世之生",亦通二釋也。此有二相:一、説過去受生死身;二、説佛過去行難行[⑤]。録中所説,即《顯揚論》文也。

十、"方廣",梵云"毘佛略"。西明法師釋云:理正名"方",廣陳名"廣"。"方理之廣",依主釋也。

"二、法廣多"者,《瑜伽論》云:"又復此法廣故(述曰:唯爲大乘極廣甚深),多故(無邊法門,無有盡也),極高[⑥]大故(果超衆聖,非二乘及也),時長遠故(經三無數劫長時修)……名爲'方廣'。"

十一、"希法",梵云"阿浮陀達磨",舊名"未曾有經"。"希有之法名爲'希法'",依主釋也。"謂説八衆"者,即佛及比丘等七衆爲"八"也。此出《顯

① "黑鹿子"三字録本訛作"鹿子五",兹據《瑜伽師地論》卷第八十一[T30n1579p753a22]改。

② "有比况"三字録本訛作"作以",兹據《大乘阿毘達磨雜集論》卷第十一[T31n1606p743c17]改。

③ 録本出校:"希=帝?"按:所疑是。此"希"當爲"帝"之訛字。慧琳《一切經音義》卷第二十六之《大般涅槃經》第十五卷音義:"八、伊帝曰多伽經(此云'本事經')。"[T54n2128p0474a20]

④ 之,録本訛作"云"。伯2077《〈大乘百法明門論〉開宗義决》:"八者'本事',梵云'伊帝曰多伽'。謂除自身,説於過去弟子及法,名爲'本事'。'本體即事''本世之事',持業、依主,二釋皆通。"兹據改。

⑤ 行,録本作"行行",兹據文意删一"行"字。

⑥ 高,録本訛作"齊",兹據《瑜伽師地論》卷第八十一[T30n1579p753b5]改。

揚論》文故。彼第六云:"'未曾有法[①]'者,謂諸經中宣説諸佛及諸弟子比丘、比丘尼、式叉摩那、沙彌、沙彌尼、鄔波素迦、鄔波利迦等共、不共功德,及餘最勝、殊特、驚異、甚深之法,是爲'未曾有[□][法][②]'。"(已上《論》也。)《涅槃》云:"如彼菩薩初生之時,無人扶持[③],即行七步,放大光明,遍照十方。亦如彌猴手捧蜜[④]器,以獻如來。如白項[⑤]狗佛邊請法。如魔波旬變爲青牛行瓦[⑥]鉢間,令諸瓦鉢互相棠(撐)[⑦]觸,無所傷損。如佛初生入天廟時,天像禮敬"等,名"未曾有經"也。

"十二、論議"者,梵云"優波提舍",談論□(評)[⑧]議,故名"論議"。英法師云"論體即議",唯持業釋也。此有二相者:一者佛自説,如録所釋,即《瑜伽論》文也。二、弟子何(所?)[⑨]説。如《瑜伽》云"又,聖弟子已見諦"者,"依自所證無倒分別諸法體性",亦名"摩怛理迦"也。已亦隨録釋名辨相訖。

第二、總明體性者,即如上明經體性中所説無異。

第三、明相攝有無者,謂十二分展轉五(互?)[⑩]相攝也。今略示法隅,不可繁廣。且"契經"中,若據通相,即攝十二,如《涅槃》説,皆名"契經"。若據別相,唯除二頌,以長行偈頌相差別故。二頌之中,亦無"契經",義准可知。又二頌相望,亦互無也,以重、不重別。本事之中,定無本生;本生之中,定無本事;以師資別故。由此義准,總分爲二[⑪],謂契經、應頌。此二[⑫]皆容攝十

① 法,録本訛作"經",兹據《顯揚聖教論》卷第六[T31n1602p509a19]改。

② 法,録本脱,兹據《顯揚聖教論》卷第六[T31n1602p509a22]補。

③ 持,録本作"恃",兹據《大般涅槃經》卷第十五[T12n374p452a10]改。

④ 蜜,録本作"聲",兹據《大般涅槃經》卷第十五[T12n374p452a11]改。

⑤ 項,録本作"頭",兹據《大般涅槃經》卷第十五[T12n374p452a11]改。

⑥ "行瓦"二字録本作"以凡",兹據《大般涅槃經》卷第十五[T12n374p452a12]改。

⑦ "令諸瓦鉢互相棠"七字録本作"今在棠",兹據《大般涅槃經》卷第十五[T12n374p452a13]改。録本出校:"棠=撐【明】。"按:"棠"有支柱、支撐義。《集韻·庚韻》:"樘,《説文》:'衺柱也。'或作棠。"又《玉篇·木部》:"撐",同"樘"。

⑧ "評"字録本作闕文。《〈四分律疏〉飾宗義記》卷第三:"談論評議,故名'論議'。"[X42n0733p53a]兹據補。

⑨ 何,此疑當爲"所"之訛字。待考。

⑩ 五,此疑當爲"互"之訛字。待考。

⑪⑫ 二,録本訛作"三",兹據文意改。

部。本事、本生此二名攝士（十一?）[1]部。餘之七部，皆具十二也。

第四、大小隱顯者，若就顯説，大、小乘各有九部，無三部也。小乘説九帶三三者，如《法花》云"我此九部法，隨順衆生説"等。釋云：以小乘中未求佛果，故無授記。又小乘人根性狹劣，必待請説，無自説也。又小乘中理義廣、無身廣也。故除此三。大乘説九、三者，如《涅槃》云："護大乘者，受持九部。"釋云：菩提上根，多不犯戒，又不待請，故無因緣。經又不假譬喻，能曉於法，故無譬喻。又，非徵詰身，方生惠（慧）心，故無論議。故無此三，具餘九部。若據隱顯通論，盡理而説，即大小皆具十二分也。具十二，諸經皆説，不言可知。小乘具十二。如《瑜伽》二十一云"哀愍一切諸[2]聲聞故，依四聖諦宣説真實苦、集[3]、滅、道，所謂《契經》"，乃至"《方廣》"。又，《四分律》等皆説十二。故並通也。

第五、配入三藏者，諸論所説，有少不同。今且依《顯揚》第六、《瑜伽》二十五。十二分中，緣起一部，因事制戒，毘奈耶攝；論議一部，徵詰深義，阿毘達磨攝；餘之十部，皆修多羅藏收。

"乃至立五乘"等者，有立四等，即三乘外加人天乘，爲四也。故《勝鬘經》云"無[4][□][聞][5]非法衆生，以人天善根而成熟之。求聲聞者授聲聞乘，求緣覺者授緣覺乘，求大乘者授以大乘"也。"五乘"者，《智度論》中開人天爲二、加三乘爲五也。又《楞伽經》等合人天爲一，開不定種性爲一，並三乘，定性爲五。通別異故，種異故，爲五乘也。

"古[6]立教時，多少不定"等者，自空諸位，有五説不同。初略制其義，後明破意。

第一，後魏菩提留支三藏立一時教。意云：諸佛聖教，但唯一時，無有世

---

① 士，此疑當爲竪排"十一"二字之訛。待考。

② 諸，録本訛作"法"，兹據《瑜伽師地論》卷第二十一[T30n1579p396c20]改。

③ "苦集"二字録本訛作"者舉"，兹據《瑜伽師地論》卷第二十一[T30n1579p396c21]改。

④ "無"字前録本衍一"既"字，兹據《勝鬘師子吼一乘大方便方廣經》[T12n0353p218b11]删。

⑤ 聞，録本脱，兹據《勝鬘師子吼一乘大方便方廣經》[T12n0353p218b11]補。

⑥ 古，録本訛作"十八"，據甲本改。

間大、小乘别，亦無半、滿、頓、漸等異。所以然者，由佛本願欲令有情證大果故，道成正覺，轉正法輪，曾不起心説有大、小。隨所演説究竟大乘，隨諸衆生根性有異、禀教不同，教成差别。故《經》云“佛以一音演説法[①]，衆生隨類各得解”等。《法華經》云：“佛平等説，如一味雨；隨衆生性，所受不同。”《華嚴經》云：“如來微妙音，如空無有異。隨應受化者，所聞各不同。”此即教唯有一，實由能聞者隨受不同而成差别。即同《法華》“一地所生，一雨所潤，三草二木，生長不同”也。

二，宋朝北凉曇無讖三藏立教二時，依《楞伽經》等以立。一者頓教，即爲諸菩薩上根種性説二空智，證二空如大小，由小稱爲頓也。二者漸教，始從“道樹”，終至“雙[②]林”，從淺至深，漸次演説，名爲“漸教”。初説人天施戒等法，令離惡趣，以於爾時未有出世善根器故，即《提謂》等經是也。次説生空無我之教，令出生死，即《阿含》等經是也。次説法空之教，破有疑故，即《般若經》等。次説一乘無二之教，令知佛法唯一無二，即《法華經》等。最後宣説諸佛法身常樂我净、佛性體常、一切有情皆當作佛，令欣大果，即《大涅槃經》也。此等諸教，藉淺至深，名爲“漸教”。又依《涅槃》亦有二，謂“半”、“滿”二教也。彼云“云何‘半’字及與‘滿’字義”等。

三，依梁朝真諦三藏立三時教。第一，如來成道七年已還，唯説四諦法輪，名“轉法輪”，即四《阿含》等也。第二時者，即七年已後[③]、三十八年已前，説《般若》等，顯法空理，照破前有，名“照法輪”。三時，三十八年已後、未涅槃前，説《深密》等，餘遣邊疑，住持中道，不失自相，名“持法輪”也。

四，隋朝笈多三藏立四時經。一者四諦教，即小乘經。二者無相大乘，即般若教。三者法相大乘，即《楞伽經》。四者觀行大乘，即《華嚴經》。廣明三十二賢聖行位等也。

---

① 法，録本訛作“此”，兹據《大寶積經》卷第六十二[T11n0310p396b10]改。

② 雙，録本訛作“鶴”。《出三藏記集序》卷第八[T55n2145p54a11]：“始於道樹，終於雙林，初、中、後時常説智慧復何可得，名爲‘漸教’。”兹據改。

③ “後”字前録本衍一“前”字，據文意删。

五，南齊①居士劉虬②立五時教。第一時者，佛初成道三、七日中，爲提謂波利等五百賈③人但説三歸、五戒，以彼未有出世器故。第二時者，三七日外、十二年中，唯説三乘有行之教，未爲説空，即《阿含》等。第三時者，十二年後、三十年中，説彼三乘同行空教，即《般若》等。第四者，即三十年後、四十年前，破權顯實，唯説一乘以爲究竟，亦未顯説常住佛性，當説無常佛性，明一乘佛果，以爲真實，即《法華》等。第五時者，四十年後、未涅槃前，顯説常住佛性、"常"等四德，即《涅槃經》等。

略明破意者：且（上？）④第一師一時教者，若癈事談理，及同一會有大、小機別，可如所説。若通一切，即爲不可。如《勝鬘經》等，唯被"大"故。《遺教經》等，唯被"不（小？）⑤"故。又違《解深密經》三時文也。破第二師意説有，於理雖可，然定制諸經爲漸頓者，義即難解，皆不定故等。第三師説三時教者，義即可然；約年數定，即爲不可，如《華嚴經》等最初説故等。破第四師意，觀行無想，貫通諸經，義即可爾；局定於教，理即不然等。第五立五時義，亦約年數，准同前破。又無文説，故義不可依等，恐繁不録。判正義中，録有二：初、總立教時；二、"今⑥者此經"已下，別名此經何時中攝。立教時中，初引文，後釋義，即録可知。

"波羅痆斯"者，即波羅奈國也。《婆沙》一百八十三釋云：是河名。去此不遠，造立王城，因以爲名也。

"仙人墮處"者，昔有一王將諸婇⑦女在園遊戲，有五百仙，乘空欲度，見

---

① 齊，録本訛作"二向"。慧琳《一切經音義》卷第八十之《大唐内典録》第四卷"劉虬"條："齊荆州隱士名也。"[T54n2128p823a21]玆據改。

② 虬，録本訛作"亂"。《天台四教儀註彙輔宏記》："古有齊朝隱士劉虬，立五時教。"[X57n0980p681a11]玆據改。

③ 賈，録本訛作"價"。《大乘法苑義林章》卷第一："第一時者，佛初成道爲提謂波利等五百賈人，但説三歸、五戒。"[T45n1861p247b25]玆據改。

④ 且，此疑爲"上"訛字。

⑤ 不，此疑當爲"小"之訛字。待考。

⑥ 今，録本訛作"合"，據甲本改。

⑦ 婇，録本訛作"採"，玆據《大乘入道次》第一卷[T45n1845p459c29]改。

[□][已][①]生染，並失神通，一時墮落。

從此爲名“施鹿林”者，《智度論》云：波羅奈國梵摩達王遊獵於林，見二群鹿，各有一王：一是提婆達，一釋迦菩薩。鹿王身七寶色，見彼人王大衆殺其部黨，起大悲心，直往王前。諸人恣射，飛矢如雨。王見此鹿直進於前，敕諸從人，令攝弓箭。鹿王既進，跪白[②]人王：“王以遊嬉逸樂小事，群鹿一時皆受死苦。若以供膳，當自差[③]次，日送[④]一鹿，以供王厨。”王遂然許。乃至後時，於提婆達多群中有一白鹿，次當送王，腹中有兒。訴云：“兒不合死，請且差替。”彼王不許。鹿母來白[⑤]菩薩鹿王。菩薩鹿王言：“汝雖有理，越行差他，又爲不可。我自替汝去。”既至王所，人王怪問鹿王何得自來，遂具陳其事。人王聞已，大生慚愧，而説偈言：“我實是畜獸，名曰‘人頭鹿’；汝雖是鹿身，名曰‘鹿頭人’！以理而言之，非以形爲人；若能有慈惠(慧)，雖獸實是人。我從今日始，不食一切肉；我以無畏施，且可安汝意！”遂將此林以施群[□][鹿][⑥]，因事名焉。

“是諸諍論安足處所”者，即諍起處也。第一時唯爲小乘説四諦有，言遍計是空，意在依圓密談於有。既非至極，名“有上[□][有][⑦]容”。是未了義，故諍興也。第二時中，唯爲大乘除其有，廣説遍計所執是空，不言依圓是有、相密説空，亦爲未了。第三時中，普爲一切乘者，通大、小也。説遍計爲空，依圓是有；顯説性遍計空故，不著於有；依圓有故，不著於空。遠離二邊，契合中道，是真了義，故“無上無容”也。

---

① 已，録本脱，兹據《大乘入道次》第一卷[T45n1845p460a1]補。

② 白，録本訛作“向”，兹據《大智度論釋初品中毘梨耶波羅蜜義》第二十七[T25n1509p178b17]改。

③ 差，録本訛作“著”，兹據《大智度論釋初品中毘梨耶波羅蜜義》第二十七[T25n1509p178b18]改。

④ 送，録本訛作“旦”，兹據《大智度論釋初品中毘梨耶波羅蜜義》第二十七[T25n1509p178b18]改。

⑤ 白，録本訛作“向”，兹據《大智度論釋初品中毘梨耶波羅蜜義》第二十七[T25n1509p178b27]改。

⑥ 鹿，録本脱，兹據文意補。

⑦ 有，録本脱，兹據甲本補。

"《涅槃》,初教服乳"等者,彼經第二,初喻外道,説一切有我;如愚醫師,但教服乳。意云:雖説"我"名,如虫食木偶成字等,非常"我"也。二總教斷乳,即是相望喻佛總説"無我"教也。第三隨病論執,有服、不服。即《涅槃》等教分説也。"無我"者名爲"生死",或(惑)業在、不自在故。"我"者名爲"如來",有大智惠(慧)、得自在故等。彼文本意雖不説三時教,今據義取文,即彼初執"一切有",第二説"一切空",第三分别即同有、無□説,是"三時"義也。雖外道所説不同小乘,然且據執"有"義邊相似而説。是慈恩意,非謂奘引也。

"三[①]種法輪"者,如上真諦所立三時教中釋也。

"《信解品》亦有明説"者,彼云"我等内滅,自謂爲足。唯了此事,更無事",初時教也。"我等若聞,净佛國土,教化[②]衆生,都無欣樂",第二時也。"佛亦如是,現希有事,知樂小者,以方便力,調伏其心,乃教大智。我等今日,得未曾有,非先所望,而今自得"等,第三時也。

"若唯頓悟、大不由小"者,謂定性大乘、或不定種性,始從凡位員(?)義(?)[③]發大心、修行大行,名爲"頓"也。問:此立三時,知上真諦三時何别?答:即由約"漸""頓"二義及云"亦非年月定制後先"等,此即正簡不同真諦三時之所以也。

"釋不驚[□][不][④]怖等,約三無性"者,聞相無自性性不驚,聞生無自性性不怖,聞勝義無自性性不畏,皆爲希有也。意云:説三無性是第二時教也。故約此義,以釋經文。

"河南法師"者,淄州法師也。

"據乘[⑤]以辨,名爲'了'義"等者,河南總以四重簡"了""不了":一、法印、非印門。即小乘經説諸行無常、諸法無我、涅槃寂静。有此三印,名之爲"了";無者,"不了"。二、説佛身常、無常門。即大乘説常,名爲"了"義;小乘

---

① 三,録本訛作"二",據甲本改。

② 化,録本訛作"作",兹據《妙法蓮華經》卷第二[T09n262p18b26]改。

③ "員義"二字費解,疑有誤,待考。

④ 不,録本脱,兹據甲本補。

⑤ "據乘"二字録本訛作"標我",據甲本改。

説無常,名“不了”義。三、顯“了”、非顯“了”門。即隱密、顯“了”二相説也。四、言廣語略門。即廣、略二説爲“了”“不了”也。如其次第,初簡外道,次簡小乘,次簡第二時,後簡略説義。録中所引,當第二義也,即約大乘名“了”,義“了”也。《涅槃經》第六云:“聲聞乘法,猶如初耕①未得果實,是故不應依聲聞乘”,“如[□][是]②名爲‘不了’義”。“大乘之法,即應依止……是名‘了’義。”故知大乘皆名“了”義也。

“又彼約漸悟”者,彼《深密經》也。安國法師釋云:由二乘人不能了此經,名爲“不了”,非謂此經於義不了也。

“五位修習”者,即資糧加行見道究竟位也。無著論三科制等,應知其相。

“王舍[□][城]③鷲峰山”者,據《西域記》云“是摩揭陀國正中,古④先君王所都之處,出勝上⑤吉祥茅草,謂之‘茅城’。崇山四周,以爲外廓”等,云云。鷲止(山?)⑥在城之正北十四五里,接北山之陽也。山頂形如鷲鳥,故爲名。

“竹林⑦園”者,即迦蘭陀竹園,在城北門可一里餘也。

“白鷺池”者,多居此鳥,故以爲名。

“那伽室利”者,此云“龍吉祥⑧”也。

又舉四處攝十六會者,初之六會及第十五會,此七並在鷲峰山説;從第七會至第十四會,餘十會,此亦有七,並在給園説;第十會在他化天宫,第十六會即鷺池説也。

經十八“説有八部般若”等者,十八論相傳有兩種八部:一、此土深行八

① 耕,録本訛作“科”,兹據《大般涅槃經》卷第六[T12n374p402a22]改。

② 是,録本脱,兹據《大般涅槃經》卷第六[T12n374p402a22]補。

③ 城,録本脱,兹據甲本補。

④ 古,録本訛作“十八”,兹據《大般涅槃經》卷第六[T51n2087p920c7]改。

⑤ 上,録本訛作“且”,兹據《大唐西域記》卷第九[T51n2087p920c7]改。

⑥ 止,此疑當爲“山”之訛字。待考。

⑦ 林,録本訛作“佛”,據甲本改。

⑧ “吉祥”二字録本訛作“志譯”。《大方廣佛華嚴經隨疏演義鈔》卷第三十:“‘那伽’云‘龍’,即龍吉祥菩薩。”[T36n1736p231a21]兹據改。

部,即録中所列者是。二、菩提留支《金剛仙論》所説八部:一、十萬偈部。二、二萬五千偈部。已上二部,此方未有。三、一萬八千偈部,即大品是。四、八千偈部,即小品是。五、四千偈部,此方未有。六、二千五百偈部,即天王問般若。七、六百偈部,即文殊問是。八、三百偈部,即《金剛般若》也。真諦《般若記》中亦説八部,與上並同,然云第六部此方未有。西明法師云:問日[①]照三藏、□(于)[②]闐三藏,皆云彼方未聞八部之名。又,慈恩三藏亦云西方不限八部。是以録中不記也。

"鍵"者"鍵(楗?)[③]"字(奇謇[④]反也)。《字書》云:鍵牡,管[⑤]鑰牡也者。所以關司,□(令)[⑥]不可開也。揚雄《方言》云:"關東謂之'鍵',關西謂之'鑰'也。"

通辨宗中,分録爲二:一、判昔辨非;二、"同[⑦]此説應"已下,述今正義。判昔中遠述二師别也。

"一、立性宗"者,"性"者,"體"也,即薩婆多宗立一切法皆有實體,即色、心、心所、有不相應及無爲,此五位法皆有實體也。

"破彼三科所有實性"者,即前藴界處是三科諸門也。彼宗藴等,但是假相,無其實性故。《成實論》中立五種假:一、相待假,如長餘等;二、相續假,如色業等;三、因成假,如從因生法等;四、緣成假,如待緣成位,即瓶盌等。所以皆是假法,無有實性,名"破性宗"也。[⑧]

---

① 日,録本訛作"曰",據文意改。

② 此缺字當爲"于"字,玆據文意補。

③ 此"鍵"疑當爲"楗"之訛字,待考。

④ 謇,録本訛作"寒"。玄應《一切經音義》卷第四十八之《瑜伽師地論》第三十四卷"關鍵"條:"奇謇反。鍵壯、管鑰壯也"[T54n2128p629c11]玆據改。

⑤ 管,録本訛作"簡",據玄應《一切經音義》卷第四十八之《瑜伽師地論》第三十四卷[T54n2128p629c11]改。

⑥ 令,録本作缺文。慧琳《一切經音義》卷第六十五之《鼻柰耶律》第三卷"鑰牡"條:"所以封固關閉,令不可開也。"[T54n2128p737c18]玆據補。

⑦ 同,録本訛作"由",據伯 2132 號《御注〈金剛般若波羅蜜經〉宣演》卷下改。

⑧ "五種假"此處僅述了四種,似有脱文。

“非但性無，相亦非有”者，依勝義門性、相俱遣改(故?)。①《仁王般若》云：相、非相皆遣，法、非法皆空，用心乘於群方②之方③，淡泊④住於無住之住，是般若宗也。問：若般若宗名“破相”者，何故《大品經》及《智論》等立三種假：一、法假，謂即所依五蘊等法；二、受假，謂能依假依者；三、名假，謂能詮教法。既存假法，何名“俱遣”？答：據世諦門，安立三假。據勝義門，假立非有，故皆破也。

“明一切法真實道理”者，即有、空二理變説也。

“然立四宗攝藏⑤非盡”等者，四宗中前二是小乘，後二是大乘。已下是就小乘中别指出三部，計宗不同，非前所攝，以明收宗不盡。

“又復⑥小乘二十部計”已下，類准諸部，宗計既多，明收不盡也。故慈恩法師總立二十二宗，謂小乘有二十部，别大乘有二宗不同，即中宗、邊宗、清辨、護法等也。又十八論又别義類同邊束二十部，總有六宗，恐繁不述，然應略判二十部名。如《宗輪》云：佛涅槃後百有餘年，去⑦聖時淹，如日久没。摩揭陀國俱蘇摩城王號“無憂”，統攝贍部，感一⑧白蓋，化洽人神。是時佛法大衆初破，謂因四衆共議大天五事不同，分爲兩部：一、大衆部。二、上座部。後⑨即於此第二⑩百年，大衆部中流出三部：一、一説部(此部所計，如録所説)。二、説出世部(亦如録説)。三、鷄胤部(上十八有仙染鷄生子，是此之

① 此“改”疑當爲“故”之訛字，待考。

② 方，録本訛作“身”。《佛説仁王般若波羅蜜經》卷下：“復次，等覺者，住無生忍中，觀心心寂滅而無相相、無身身、無知知，而用心乘於群方之方，憺怕住於無住之住。”[T8n245p832a22]兹據改。

③ 方，録本訛作“身”。兹據《佛説仁王般若波羅蜜經》卷下[T8n245p832a22]改。

④ “淡泊”二字録本訛作“滋涌”。兹據《佛説仁王般若波羅蜜經》卷下[T8n245p832a23]改。

⑤ 藏，録本訛作“義”，據甲本改。

⑥ 復，録本訛作“後”，據甲本改。

⑦ 去，録本訛作“立”。兹據《異部宗輪論卷》[T49n2031p15a17]改。

⑧ “一”字前録本衍一“二”字，兹據《異部宗輪論卷》[T49n2031p15a19]删。

⑨ 後，録本訛作“彼”。兹據《異部宗輪論卷》[T49n2031p15a26]改。

⑩ 二，録本訛作“三”。兹據《異部宗輪論卷》[T49n2031p15a26]改。

族)。次後[①]大衆部中復[②]出一部,名“多聞部”(多弘深義,稍以大乘《成實論》等從此出也)。次後[③]更出一部,名“説假部”(所計如録)。第二百年滿時,又分出三部:一、制多山部(此云“靈廟山”也);二、西山住部;三、北山住部(制多山西及北從此爲名。此三皆部之所在)。如是大衆部四破或[④]五破(後根本四義、根本五也),本末别説,合成九部:一、大衆部;二、一説部;三、説出世部;四、鷄胤;五、多聞;六、説假;七、制多山;八、西山住;九、北山住部也。其上座部,經爾所時,一味和合。三百年初,分爲兩部:一、説一切有部,亦名“説因部”;二、即本上座部,轉名“雪山部”(謂因從居雪山、從處爲名也)。後[⑤]即於此第三百年,説一切有部流出一部[⑥],名“犢子部”(上十人有仙染犢出子)。次後[⑦]於此犢子部中流出四部:一、法上部(有□〈法〉[⑧]可上,故以爲名焉也)。二、賢胄部(謂部主是賢徒胄。“胄”者,“苗”也)。三、正量部(刊正無語)。四、密林山部(山有密林,部主居之)。次後[⑨]於説一切有部後出一部,名“化[⑩]地部”(部主曾化國已,化行承出,後捨出家,從本爲名也)。次後[⑪]於此化部流出一部,名“法藏”,或云“法密”。(慈恩云:是部主名“福”,先云是法名)。次至三百年末,從説一切有部流出一部,名“飲光部”(上十八有仙身光捨成一,是此云同也。或云此部主身光飲餘光也)。至第四百年初,從一切有部復出一部,名“經量部”,亦名“説轉部”(立名依經故。又執有種子,墮在相續,轉至後世,故名“説轉”也)。如是上座部,或七破,或八破,

---

① 後,録本訛作“復”。兹據《異部宗輪論卷》[T49n2031p15a27]改。

② 復,録本訛作“後”。兹據《異部宗輪論卷》[T49n2031p15a28]改。

③ 後,録本訛作“復”。兹據《異部宗輪論卷》[T49n2031p15a28]改。

④ 或,録本訛作“戒”。兹據《異部宗輪論卷》[T49n2031p15b5]改。

⑤ 後,録本訛作“復”。兹據《異部宗輪論卷》[T49n2031p15b11]改。

⑥ “部”字後録本衍“流出一部”四字,兹據《異部宗輪論卷》[T49n2031p15b12]删。

⑦ 後,録本訛作“復”。兹據《異部宗輪論卷》[T49n2031p15b12]改。

⑧ 結合文意,此缺字當爲“法”字。斯 2674 號《大乘二十二問本》:“一謂部主有法可上,法在人上,名‘法上部’。”可資比勘。

⑨ 後,録本訛作“復”。兹據《異部宗輪論卷》[T49n2031p15b14]改。

⑩ 化,録本訛作“作”。兹據《異部宗輪論卷》[T49n2031p15b15]改。

⑪ 後,録本訛作“復”。兹據《異部宗輪論卷》[T49n2031p15b15]改。

本末别説，成十一部：一、説一切有部；二、雪山；三、犢子；四、法上；五、賢胄；六、正量；七、密林山；八、化地；九、法藏；十、飲光；十一、經量也。

“又有法師立三宗義”者，崇聖法師義也。彼以八門分别（一、列名；二、辨相；三、立[□][門?][1]；四、指教；五、本末；六、同異；七、了不了；八、問答）。録中所判，略要而述也。

“一、法相宗”者，後列名門也。

“謂《深密》等經”已下，彼第四指教門也。

“乃至立一味之理”等者，是彼第三建立門也。彼云：諸法實相，本唯一味，如何聖教得有三别？答：諸法實相，本唯一味。一味之理，非言不顯等。如録所引，即除彼第三門録文盡也。

“艤”者，正船向岸曰“艤”也。

“聊爲質問”等者，此已下録中出其七妨，以質難也：一、聖言非量妨；二、諸佛同凡妨；三、宗不盡妨；四、無久孤立妨；五、教理互違妨；六、違一中道妨；七、制教違文妨。約尋録文，其相皆顯。

“不爾，聖教應非定量”者，是初妨也。總有三量：一、比量；二、現量；三、聖言量。諸大乘經是真教量。今意云：若言諸佛下至凡夫言教無異、皆墮二邊，則諸教何成定量也？“表藴等法”等者，是《唯識論》第三文也。彼云：“諸大乘經皆順無我，違數取趣，棄背流轉，趣向還滅，贊佛、法、僧，毁諸外道，表藴等法，遮勝性等。樂大乘者，許能顯示無顛倒理，契經攝故[2]。”（述曰：）言“表藴”等者，等處界也，即表詮門顯三科爲有也。“遮勝性等”者，遮外道所立冥性神我等爲無，即遮詮門也。表有定有，遮無定無，依言生解，誦凡成聖，豈同凡説也？

“又諸凡夫”等者，第二妨也。“説空定空”者，遍計所執也。“説有亦爾”者，依圓二性也。

“若以不稱實故”已下，第三妨也。

---

① 此處疑脱一“門”字，下文：“‘乃至立一味之理’等者，是彼第三建立門也。”可助比勘。

② 故，録本訛作“曰”，兹據《成唯識論》卷第三[T31n1585p14c24]改。

“又分三宗”已下，第四妨也。

“又云法相存依圓”已下，第五妨也。於中先明義，後出妨。乃至“了不了者”，明彼第六、第七三義也。彼設第六門，皆約勝義門中辨三宗不同也。法性或存破者。彼云：“若就相空，三性俱遣？”釋云：三性皆是如來藏假相，故須遣也。“若就性空，二俱不遣？”釋云：三性皆以法爲性，從本已來性自空寂故，無可遣故。《起信論》云：“此真如體無有可遣，以一切法悉皆真故。”云“了”、“不了”者，彼第七門云：三宗相對，一一之有“了”、“不了”義。且法相宗以三性門分别諸法名爲“了”義，以餘二門名爲“不了”。餘二宗義，准此應知。“便令教理遞[1]相乖違”者，正出妨也。各爲究竟，即理相違，云“了”、“不了”，則相違也。

“亦違究竟”已下，第六妨也。

“又依《深密》”已下，第七妨也。

“餘一一義，有多妨”者，且依彼云，門中□申七妨，餘門義中一有多妨，不能繁舉。

“故彼《論釋・歸敬頌》云”等者，謂《瑜伽論釋》，有一卷，是最勝子等菩薩造，是彼釋中歸敬偈及判造論之意也。“證法光定”者，無性釋云：謂於此中證希有定能發智光照了法故。或云“日光明定”等，從喻爲名也。“得三菩提”者，乘菩提也。

“由此應説”已下，明正義也。録中有二：初、明二宗不同；二、問答和合。明二宗中有二：初略標二宗空二有不同，次問答漸詰，定其優劣，尋録可見。

“於大乘中宗分有二”者，簡小乘也。以小乘部計，多種不同。今明大乘，故略不説。然就大乘中，諸菩薩等解釋不同，有兩宗别，如録所引。

“真性有爲空”等者，約真勝義性説一切空也。簡於世諦，亦兩句比量，破依他性也。“有爲”是宗法，“真性故空”是宗中法，因云“似從緣生”故。同法喻云：“猶如解作，順結頌法故。”因喻不次，下兩句破圓成性。“無爲”是宗法，“無有實”是宗中法，因云“似不起”故。“起”者，“生”也。同法喻云：“猶如空花，遍計是無。”兩宗共許，故不破也。

[1] 遞，録本訛作“違”，據甲本改。

“虚妄分别有”者，即是有三界虚妄心也，即能分别，分别境故，能起執故。《唯識論》云：“即現識等，總名‘分别’，虚妄分[□][别][1]爲自性故。”此即除分依他有也。

“於此二都[2]無”者，此依也。此依他且無能取所取二、或我法二，即“遍計所執無”也。

“此中唯有空”者，此依他中唯有空性真如，如依空門顯名爲空也，即有圓成性也。

“於彼亦有此”者，彼空性中亦有此依妄分别也，法性不相離故。

“故説一切法”者，即有爲、無爲此二攝法盡故。有爲即虚妄分别，無爲即性空也。

“非空非不空”者，依圓有故“非空”，遍計無故“非不空”也。

“有無及有故”者，“有”謂妄分别有故，“無”謂二取我法無故。“及有”者，謂於妄分别中有真空故，於真空中亦有妄分别故。此中應有三“故”字結頌，云法有略言也。

“是則[3]契中道”者可知。

“所言勝義及世俗諦，其相如何”者，二諦深妙，非可盡言。今是略釋總名，次隨録辨相。言“勝義”者，“勝”謂殊勝，“義”有二種：一、境界名“義”。即依圓二性，隨其應根本後得二智境故。“勝”之“義”故，名爲“勝義”，依主釋也。此即前三勝義。二、道理名“義”。即第四勝義，廢詮談旨，非境界故。“勝”即是“義”，持業釋也。“諦”者，“實”義。理事不謬，名之爲“諦”。“勝義”即“諦”、“勝義”之“諦”，持業、依主，兩釋皆通。此約應理宗釋也。若約勝空宗釋，真性名“勝”，“勝”即“義”故，名爲“勝義”。“諦”義同前。言“世俗”者，護法釋云：“‘世’謂‘隱覆可毁壞[4]’義，‘俗’謂‘顯現隨世流[5]’義。”此

---

① 别，録本脱，兹據《成唯識論》卷第七[T31n1585p40a15]補。

② 都，録本訛作“部”，據甲本改。

③ 則，録本訛作“界”，據甲本改。

④ 壞，録本訛作“從”，兹據《仁王護國般若波羅蜜多經疏》[T33n1709p482b29]改。

⑤ 流，録本訛作“録”，兹據《仁王護國般若波羅蜜多經疏》[T33n1709p482c1]改。

諦理應名“隱顯諦”。隱覆空理，有相顯現。如結手巾爲菟等物，隱本[①]手巾，菟相現故。此亦如是。今隨古名，名爲“世俗”。又復性墮起盡，名之爲“世”；體相顯現，目之爲“俗”；“世”即是“俗”。

“曇[②]無讖”，此云“法豐”，天竺人也。六歲丁巳夏，隨母傭織[③]，見沙門達摩耶舍，道俗宗教，豐於利養。其母羡之，遂以讖爲弟子。十年而同學，教人誦呪，聰慜出群，誦經日得萬言。初學小乘，兼攬五明諸論，講[□][説][④]精妙，莫能酬對。後遇白頭禪師，共[⑤]讖論義，習業既異，交争十旬。讖雖攻難鋒起，而禪師終不肯屈。讖[□□][伏其][⑥]精理，乃謂禪師曰：“頗有經典可得見不？”禪師即授以樹皮《涅槃經》。無讖尋讀驚悟，方自慚伏，恨以坎井之識，久迷大方。於是集衆悔過，遂專大乘。年二十，所誦大小乘經二百餘萬言。讖從兄善調象，騎殺王所乘白耳[⑦]大象。王怒誅之，令曰：“敢有視者，夷三族！”親屬莫敢往，讖哭而葬之。王怒欲誅讖。讖曰：“王以法故殺人，我以親而葬之。不違大義也。何爲見責？”傍人謂(爲)[⑧][□][之][⑨]寒心。其神色自若。王奇其志氣，留供養焉。讖明解神呪，所向皆驗，西域呼之爲“大呪師”。後隨王入山，王渴乏，須[⑩]水不得。讖乃密呪山出水。因讚曰：“大王惠澤所感，遂使枯[⑪]石生泉。隣國聞者，皆歎王德。於時雨澤甚調。”王悦其道術，深加優寵。頃之，王意稍歇，待之漸薄。讖怒曰：“當以瓶水詣[⑫]龍，呪

① 本，録本訛作“不”，兹據《仁王護國般若波羅蜜多經疏》[T33n1709p482]注⑪改。

② “曇”字前録本出校：“已下裹書。”

③ “傭織”二字録本訛作“庸讖”，兹據《高僧傳》卷第二[T50n2059p335c18]改。

④ 説，録本脱，兹據《高僧傳》卷第二[T50n2059p335c22]補。

⑤ 共，録本訛作“而”，兹據《高僧傳》卷第二[T50n2059p335c23]改。

⑥ “伏其”二字録本脱，兹據《高僧傳》卷第二[T50n2059p335c24]補。

⑦ “耳”字前録本衍一“象”字，兹據《高僧傳》卷第二之《曇無讖》第七[T50n2059p335c29]删。

⑧ 謂，此當爲“爲”之借字。《高僧傳》卷第二[T50n2059p336a4]即作“爲”，可助勘。

⑨ 之，録本脱，兹據《高僧傳》卷第二[T50n2059p336a4]補。

⑩ “乏須”二字録本訛作“三從求”，兹據《出三藏記集傳》中卷第十四[T55n2145p103a9—a10]改。

⑪ 枯，録本訛作“祜”，兹據《出三藏記集傳》中卷第十四[T55n2145p103a11]改。

⑫ 詣，録本訛作“諸”，兹據《出三藏記集傳》中卷第十四[T55n2145p103a14]改。

令入瓶,令天下大旱。王必請呪,然後放龍降雨。”有人密告於王,王怒捕讖。讖懼,乃齎《大涅槃經》前分十二卷並《菩薩戒》奔龜兹國。龜兹國多信小乘,不信大乘。遂至姑臧,止於傳舍,恐失經本,枕之而寢。有人牽之在地。讖驚[□][覺][①],謂是盜賊。如是再三。乃聞空語曰:“此是如來解脱之藏,何以枕之?”讖乃慚[②]悟,别置高處。夜有盜者,舉不能昇。明日讖持經去,不以爲重。盜者見之,謂是聖人,悉來拜謝。北凉王蒙遜聞名,召其相見,接待皆厚。素奉遵大法,志在弘通,請出經本。讖以未參土言,恐乖於理,於是學語三年,方共翻譯。是時沙門惠(慧)嵩、道朗,獨步河西。值其宣出,深相推重。[□□□□][轉易梵文][③],嵩公筆授,道俗數百人,疑難縱横。讖臨機釋滯,未曾留礙。更出大乘《菩薩戒經》二十餘部。讖以《涅槃經》本品數未足,還國尋求,值其母亡,遂留歲餘。於于闐更得經本,還復姑臧譯之,續爲三十六卷。嘗告蒙遜曰:“有鬼入聚落,必多災疫。”遜不信,欲躬見爲驗。即以術加遜,遜見而驚怖。讖曰:“宜潔誠齋戒,神呪驅之。”乃誦呪五日,謂遜曰:“鬼北[④]去矣。”既而北境之外,疫死百餘萬。遜益敬讖,禮遇珍重。□(會)[⑤]魏主託跋聞其道術,遣使迎請。且造遜曰:“若不遣,便即加兵。”遜自揆[⑥]國弱,難以拒命,兼慮讖多術[⑦],或爲魏謀,乃密計除之。初讖出《涅槃》,卷數已定。有沙門云:“此經品未足。”讖常慨然,誓必重尋。蒙遜因其行志,乃僞資發[□][遣][⑧],厚贈寶貨。未發數日,乃流涕告衆曰:“讖業對將至,衆聖不能救焉。”以本誓心,義不可停。行四十里,遜遣刺客害之,時年四十九。衆咸慟惜焉。

(重答三問。)

---

① 覺,録本脱,兹據《出三藏記集傳》中卷第十四[T55n2145p103a20]補。

② 慚,録本訛作“漸”,兹據《出三藏記集傳》中卷第十四[T55n2145p103a21]改。

③ “轉易梵文”四字録本脱,兹據《出三藏記集傳》中卷第十四[T55n2145p103a29]補。

④ “北”字前録本衍一“貝”字,兹據《出三藏記集傳》中卷第十四[T55n2145p103b11]删。

⑤ 會,録本作缺文,兹據《出三藏記集傳》中卷第十四[T55n2145p103b12]補。

⑥ 揆,録本訛作“撥”,兹據《出三藏記集傳》中卷第十四[T55n2145p103b14]改。

⑦ 術,録本訛作“述”,兹據《出三藏記集傳》中卷第十四[T55n2145p103b14]改。

⑧ 遣,録本脱,兹據《出三藏記集傳》中卷第十四[T55n2145p103b18]補。

依無著十八住、八住處、三地，仍橫三問，多是定位文隱。或重天親堅(豎?)[①]答三問，亦名“單答三問”。天親文顯，顯答仍斷疑。

“波羅呢斯”者，即“波羅柰”也。梵語輕重不同。此是河神名之也。

有王遊獵原藪十支：一、略録名數支，即《百法論》是。二、粗釋體支，《五蘊論》是。三、總句衆義支，即《顯揚論》是。(上三論世親造。)四、總攝大義支，《攝大乘論》是(無著造，無性菩薩及世親各造釋十卷)。五、分別名數支，《集論》是，慈氏釋。六、離僻彰中支，《辨中邊論》是，慈氏釋。七、指破耶山支，《二十唯識》，世親是。八、高建法幢支，《三十唯識》是，世親護法等。九[②]、莊嚴體義支，《大莊嚴論》，慈氏造。十、攝數歸覲支，《分别瑜伽論》是，慈氏造(此云十支，淄州沼法師造)。

沙門玄奘法師，河南洛陽人，俗姓陳氏，穎□(川)[③]陳仲弓之後，鳩車之年落綵，竹馬之齒通玄，墻刃(仞)[④]干[⑤]霄，風神朗月，京落(洛)[⑥]名德，咸用器之。但以隨歷云湮，四郊多壘，碩德高僧，第如西蜀。三藏以志學之歲即□(焉)[⑦]問道，至止未久，半、滿洞徹，二江鑒徒，莫不驚駭。戒具云畢，偏

---

① 此“堅”疑當爲“豎”之訛字，待考。

② 九，録本訛作“七”，茲據《翻譯名義集·宗翻譯主篇第十一》[T54n2131p1114a8]改。

③ 川，録本作缺文，茲據《翻譯名義集·宗翻譯主篇第十一》[T54n2131p1071b4]補。

④ 刃，此當爲“仞”之借字。[清]朱駿聲《説文通訓定聲·屯部》：“刃，叚借爲仞。”載有同文的《古今譯經圖紀》卷第四於“刃”字[T55n2151p366c14]下出注：“刃＝仞【宋】【元】【明】。”而法雲編《翻譯名義集·宗翻譯主篇第十一》此字正作“仞”字[T54n2131p1071b5]“墻仞”本指房屋圍墻的高度，後喻賢者之門。《論語·子張》：“夫子之墻數仞，不得其門而入，不見宗廟之美，百官之富。”意謂孔子之才德不可企及。[唐]劉禹錫《上中書李相公絳啓》：“伏自不窺墻仞，九年於茲。”[唐]釋道宣撰《續高僧傳》卷第十六：“璀出曰：‘餘遊名山，上德多矣。善友高尚者十有八人，分得其門，頗經趣入。而墻仞高遠、奇唱難階者，斯人在斯。’”[T50n2060p557a9—12]皆其例。

⑤ “干”字録本訛作“千”，茲據唐釋靖邁撰《古今譯經圖紀》卷第四[T55n2151p366c14]改。

⑥ 録本出校：“落＝洛?”按：所疑是。此“落”當爲“洛”之訛字，“京洛”即指東都洛陽。

⑦ 焉，録本作缺文，茲據《古今譯經圖紀》卷第四[T55n2151p366c16]補。

肆[1]毘尼，儀止祥寂，妙式群範。洎武德定鼎，文軌攸同，沿江徇友，途經鄢郢。於時漢陽王以盤石之寄蕃鎮荆楚，先聞高譽，殷請敷揚，爰於荊府天皇寺講攝大乘及《阿毘曇》等論。江淮名僧，欽風雲萃。王及公卿，親詣法筵[2]。三藏析[3]微通質，妙盡理源。王公碩學，得未曾有。其時大德智琰等並江下英靈，解窮三藏，既覩妙辯，泣而歎曰："豈期以桑榆末光，得遇太陽初耀。"遂以縱[4]心之[5]年師之卒禮。三藏自是厥後，閱筌蹄於九丘，探幽旨於八藏，常慨教缺傳受、理昧[6]譯者，以如意寶寶不全，雪山之偈猶半，遂杖錫西域，履險[7]若夷。既學盡五明，解窮三藏。然彼小乘及外道各構[8]異論，誹毀大乘。因造《制惡見論》，制十八部小乘，破九十五種外道。並造《會中論》，融會《瑜伽》、《中論》之微旨，以静大乘之紕紛。于時中印度戒日王總領五印度諸國，内外博綜，才[9]藝俊越，觀乎斯《論》，歎而泣曰："雖有顯大摧邪之殊益，然彰我大夏之蔑人。吾方九旬大施，可因此會，定其臧否。"遂散馳衆，傳告萬里，令論者畢萃，大衆咸集。召以所造二論六千[10]餘頌，書於大施場門，云："其有能破[11]一偈，當截舌謝之。"日日捊（桴）[12]鼓命之，凡一十八日，莫敢當者。于時戒日王等，内外莫不駭忸。在彼一十七年，遊攬百有餘國，以貞觀十九年回見帝於洛陽。帝大悦，即命所司將梵本六百五十七部，敕於西京弘福寺翻

① "肆"字前録本衍一"賜"字，兹據《古今譯經圖紀》卷第四[T55n2151p366c18]删。

② 筵，録本訛作"莚"，兹據《古今譯經圖紀》卷第四[T55n2151p366c22]改。

③ 析，録本訛作"折"，兹據《古今譯經圖紀》卷第四[T55n2151p366c23]改。

④ 縱，録本訛作"從"，兹據《古今譯經圖紀》卷第四[T55n2151p366c26]改。

⑤ 之，録本訛作"三"，兹據《古今譯經圖紀》卷第四[T55n2151p366c26]改。

⑥ 昧，録本訛作"味"，兹據文意改。該字《古今譯經圖紀》卷第四[T55n2151p366c28]作"翳"。

⑦ 險，録本訛作"陰"，兹據《古今譯經圖紀》卷第四[T55n2151p367a1]改。

⑧ 構，録本訛作"搆"，兹據《古今譯經圖紀》卷第四[T55n2151p367a4]改。

⑨ 才，録本訛作"十"，兹據《古今譯經圖紀》卷第四[T55n2151p367a8]改。

⑩ 千，録本訛作"十"，兹據《古今譯經圖紀》卷第四[T55n2151p367a12]改。

⑪ 破，録本訛作"碎"，兹據《古今譯經圖紀》卷第四[T55n2151p367a13]改。

⑫ 捊，此乃"桴"之换旁俗字。"桴"字讀若"枹"，指以鼓槌擊鼓。《關尹子·八籌》："鼓不桴則不鳴。"

之。仍敕左①僕射房②玄齡並碩學沙門惠(慧)明等五十餘人助光法化。至二十二年已譯之經聞奏。太宗以悟達之懷而爲聖教序。天文絢發,冠日月而揚輝。又爲文德皇后敬造大慈恩寺,東、西兩宫,大出幡像。敕九部樂、京城諸寺奇妙幡花、寶③車衆伎,送所將經、像至慈恩寺。

四百年後,八百年來,諸衆生等著有非空,不達無相。時有菩薩,名爲"龍樹",出興於世。初時同伴總有四人,唯龍樹天聰,事不再告。在乳餔之中,聞諸④梵志誦⑤韋陀典各四萬偈,偈三十二字,皆諷其文而領其義。弱冠馳名,獨步諸國,天文地理及諸道術,無不該綜。[□□□□][契友三人]⑥,亦是一時之傑也。相與議曰:"天下義理可以開神明悟深旨者,吾等知之矣。亦若恣極情欲,最爲一生之樂。"遂至術師宗,求隱人云(之?)⑦法。術師念曰:"此四人者,擅名一代,草介群生,今以賤術,屈辱就我。今若與三(之?)⑧,即不渡來也。且與⑨其藥,而祕其方,使日用而⑩不知其味,即永以我[□][爲]⑪師也。"遂各與青藥一丸,而告之曰:"汝可於静處以水磨之,用塗眼瞼,汝形必隱。"龍⑫樹摩藥,聞其氣,即皆識之數分多少。還告師曰:"向所得藥有七十種。"分數多少,皆如其方。師聞驚歎:"何以知之?"答曰:"藥必有氣,如何不知?"師曰:"若斯人者,聞之尚難,况乃相遇會?我[□][之]⑬賤術,何足惜之?"乃與其方。四人得之,縱意自在,隱身入宫。數月之後,宫女

① 左,録本訛作"尼",兹據《古今譯經圖紀》卷第四[T55n2151p367a19]改。

② 房,録本訛作"方",兹據《古今譯經圖紀》卷第四[T55n2151p367a19]改。

③ 寶,録本訛作"寛",兹據《古今譯經圖紀》卷第四[T55n2151p367b1]改。

④ 諸,録本訛作"法",兹據《龍樹菩薩傳》[T50n2047ap184a20]改。

⑤ "誦"字前録本衍一"一"字,兹據《龍樹菩薩傳》[T50n2047ap184a20]删。

⑥ "契友三人"四字録本脱,兹據《龍樹菩薩傳》[T50n2047ap184a23]補。

⑦ 此"云"疑當爲"之"之訛字,待考。

⑧ 此"三"疑當爲"之"之訛字。《龍樹菩薩傳》:"我若授之,得必棄我,不可復屈。"[T50n2047ap184b2]可助勘。

⑨ 與,録本訛作"去",兹據《龍樹菩薩傳》[T50n2047ap184b2]改。

⑩ "使日用而"四字録本訛作"便而用之",兹據《龍樹菩薩傳》[T50n2047bp185b27]改。

⑪ 爲,録本無,兹據文意補。

⑫ "龍"字前録本衍一"世尊能見"四字,兹據《龍樹菩薩傳》[T50n2047bp185c1]删。

⑬ 之,録本脱,兹據《龍樹菩薩傳》[T50n2047ap184b10]補。

有娠。王遂問臣。臣曰:"請於宮門置以細灰。若有是迹,即是妖人。若無是迹,即是鬼。鬼媚可以呪力遣之,妖人可以利劍除之。"王如其言,果有人迹。王令壯士揮刀遍宮亂斫,餘之三人無智,並被刀損。唯龍樹有智,當隨王後一步之内,免被損傷。即便發心出家,入於深山。隱九十日中,誦三藏盡[①],自是一切智人。西方諸寺,例有三門:兩邊門者,比丘出入;其中門者,唯以往來。自佛滅度後,中門常同。龍樹息具(其?)[②]一切智,開門出入,因被神打,悶絶而死。亦(久?)[③]得蘇息,遂往名室。於彼不久,恐門大怪,變石室皆作琉璃,仍謂解佛法總畫(盡?)[④]。龍王知已,化作僧人,即請龍樹就□□(龍宮?)[⑤]供養。既至龍宮,於九十日讀釋迦所説經教目録,不畫(盡?)[⑥]。龍王更引示過去三世佛經藏,龍樹□□涯際。龍生(王?)[⑦]曰:"今我宮中□分天,一帝釋宮中有過去七佛經藏,數若塵沙。"龍樹得生慚愧,指(捐?)[⑧]我慢心,遂造《智度論》、《中》、《百》、《十二門論》等。更有餘義,不繁廣叙。

鳩摩羅什法師,此云"童壽",後秦姚興時至長安。什天竺人也。王聞其棄榮位,自出郊迎之。家[□][世][⑨]國相。什祖父達多,倜儻不群,名重於國。父鳩摩羅炎,聰惠(慧)有懿節,將嗣國相,乃辭出家,[□][東][⑩]度葱嶺。龜兹王聞其棄榮□(位?)[⑪],自出郊迎,請爲國師。王有妹,年始二十,才識明慜,過目必能(解)[⑫],一聞則[⑬]誦。體有赤黶,法生智子。諸國娉之,並誓而

---

① "誦三藏盡"四字録本訛作"備用三藏",兹據《龍樹菩薩傳》[T50n2047ap184b24]改。

② 結合文意,此"具"似爲"其"之形訛。待考。

③ 結合文意,此"亦"似爲"久"之形訛。待考。

④ 結合文意,此"畫"似爲"盡"之形訛。待考。

⑤ 此缺文疑當爲"龍宮"二字。下文:"既至龍宮,於九十日讀釋迦所説經教目録。"可助勘。

⑥ 結合文意,此"畫"似爲"盡"之形訛。待考。

⑦ 結合文意,此"生"似爲"王"之形訛。待考。

⑧ 指,此似爲"捐"之形訛。得考。

⑨ 世,録本脱,兹據《高僧傳》卷第二[T50n2059p330a11]補。

⑩ 東,録本脱,兹據《高僧傳》卷第二[T50n2059p330a13]補。

⑪ 結合文意,此缺字似當爲"位"字。待考。

⑫ 録本出校:"能＝解【明】。"

⑬ 則,録本訛作"召",兹據《高僧傳》卷第二[T50n2059p330a16]改。

不許。及見炎,欲當之。王聞大喜,逼炎妻之,遂生什。什之在胎,其母惠(慧)解倍常。往寺誦經,忽自通天竺語,衆咸敬異。有羅漢僧記之:“必懷智子。”以舍利弗之事證之。既而生什,岐嶷若神。什生之後,還忘前語。頃之,其母出家,遂證初果。什年七歲,[□□][亦俱][1]出家。[□□□□][從師受經][2],口授日誦千偈,偈有三十二字,凡三萬二千言。誦毘曇,師授其義,即自通解,無幽不暢。時國[□][人][3]以其母王女,利養甚多,携什避之。什年九歲,至罽賓國,遇師受業。其師即罽賓王之從弟也,亦日誦千偈。什誦雜藏中《長阿含》,凡四百萬言。其師與什論議,[□][與][4]推服之,聲徹於王。王召請入,集外道[5]諸師卒共攻難,輕其幼稚,言頗不順。什乘[6]其隙而挫之,莫不愧伏無言。王益敬異,日給鵝腊[7]一雙,粳米及麵各三升,蘇六升。此外國之上供也。所住[8]寺差大僧五人、沙彌十人,以爲給侍。至年十二,其母將什還龜兹[9]。次至沙勒國,頂戴佛鉢,以自念言:“鉢形皆大,何其輕也?”即[10]覺皆重不可勝,失聲下之。母問其故。答曰:“我心有分別,故鉢有輕重

---

① “亦俱”二字録本脱,兹據《出三藏記集傳中卷第十四·鳩摩羅什傳第一》[T55n2145p100b7]補。

② “從師受經”四字録本脱,兹據《出三藏記集傳中卷第十四·鳩摩羅什傳第一》[T55n2145p100b7]補。

③ 人,録本脱,兹據《出三藏記集傳中卷第十四·鳩摩羅什傳第一》[T55n2145p100b10]補。

④ 與,録本脱,兹據《出三藏記集傳中卷第十四·鳩摩羅什傳第一》[T55n2145p100b15]補。

⑤ “外道”二字録本作“外道外道”,兹據文意删。

⑥ 乘,録本訛作“果”,兹據《出三藏記集傳中卷第十四·鳩摩羅什傳第一》[T55n2145p100b17]改。

⑦ 腊,録本訛作“橙”,兹據《出三藏記集傳中卷第十四·鳩摩羅什傳第一》[T55n2145p100b18]改。

⑧ 住,録本訛作“經”,兹據《出三藏記集傳中卷第十四·鳩摩羅什傳第一》[T55n2145p100b19]改。

⑨ 兹,録本訛作“滋”,兹據《出三藏記集傳中卷第十四·鳩摩羅什傳第一》[T55n2145p100b22]改。

⑩ 即,録本訛作“召”,兹據《出三藏記集傳中卷第十四·鳩摩羅什傳第一》[T55n2145p100b27]改。

耳。”什於是誦阿毘曇六足[□][諸][1]論、《增一阿含》等。及還,名蓋諸[2]國。時龜兹僧一萬餘人,疑其非凡,莫敢居其上。由是不預[3]燒香之次。遂博覽[4]四韋陀、五明論。外道經書、陰陽星算,莫不究達。妙辨吉凶,[□□□□][言若符契][5]。於是更求要義,誦《中》、《百》論。又得《放光般若》,始欲披讀,魔弊其文,唯見空牒。什知魔作,誓心逾固,魔去字顯,習之不已。後讀大乘經,忽空中有言曰:“汝是智人,何以讀此?”什曰:“汝是小魔,宜時遠去。我心如地,不可轉也。”後往其師所,説一乘妙義。師感悟,心伏其神俊。每至講説,諸王長跪高座之側,令什踐其膝以登。什道振西域,聲被東國。符氏建元十三[6]年丁丑之歲正月,太史奏曰:“有星見外國。”吕光西伐。謂光曰:“帝王應天而治,以子愛蒼生爲本,豈[7]貪其土地而伐之,正以懷道之人故也。賢哲[□][者][8],國之大寶,卿宜必得什遇(還?)[9]。”光軍未至,什謂其王帛純曰:“小國運衰矣!當有日下人來。其鋒不可當,勿抗之。”純不從而戰,敗績。光破歸兹,殺純得什。以其年少,不甚珍之,乃妻以龜兹王女。什拒而不受,辭理甚切。光曰:“道士之賢,不逾先父。”乃閉之以密室,飲之醇酒。什被逼,既納之。初,其母試(誡?)[10]之曰:“汝若不毁净戒,當

① 諸,録本脱,兹據《出三藏記集傳中卷第十四·鳩摩羅什傳第一》[T55n2145p100b29]補。

② 諸,録本訛作“滯”,兹據《出三藏記集傳中卷第十四·鳩摩羅什傳第一》[T55n2145p100c1]改。

③ 預,録本訛作“説”,兹據《出三藏記集傳中卷第十四·鳩摩羅什傳第一》[T55n2145p100c2]改。

④ 覽,録本訛作“攬”,兹據《出三藏記集傳中卷第十四·鳩摩羅什傳第一》[T55n2145p100c3]改。

⑤ “言若符契”四字録本脱,兹據《出三藏記集傳中卷第十四·鳩摩羅什傳第一》[T55n2145p100c3]補。

⑥ 三,録本訛作“二”,兹據《出三藏記集傳中卷第十四·鳩摩羅什傳第一》[T55n2145p100c20]改。

⑦ 豈,録本訛作“常”,兹據《高僧傳》卷第二[T50n2059p331b25]改。

⑧ 者,録本脱,兹據《高僧傳》卷第二[T50n2059p331b27]補。

⑨ 結合文意,此“遇”似當爲“還”之訛字。待考。

⑩ 結合文意,此“試”似當爲“誡”之訛字。待考。

作辟支佛。”至是，什歎曰：“今遭此人，宜非緣也。”光聞符氏已斃，有欲留之意。什曰：“此凶亡之地，不可久居，宜還東中路，自有福地。”遂還。光既至凉州，或飲之以醇酒，令倒騎牛，以捶打三(之?)①。或令乘馬，鞭三(之?)③墮落。或裸其形，染其頭，無理戲論之。什怡然自若，曾無異色。光慚而止。至[□][光]④龍飛⑤二年，張掖盧水人沮渠南成⑥及從弟蒙遜反，推建康太守段業爲主。光令其子太原公纂率⑦衆五萬討之。光以問什。什⑧曰：“令(今?)⑨觀此行，未見其利，宜且止之。”光不從。既而纂遂敗債(績)⑩，僅以身免。光中書監張資，文雅之士也，寢疾⑪彌篤。有外道國道人羅叉云：“我能治之。”光喜，給賜甚豐。什謂資曰：“叉⑫不能差(瘥)⑬疾耳。[□□□□□□□□□][冥運雖隱，可以事試也]⑭。乃以五色絲作繩結，燒爲灰，投水中。灰若出水還爲繩者，病亦不可[□][愈]⑮。”須臾，灰聚浮出，

①③ 結合文意，此“三”似當爲“之”之訛字。待考。

④ 光，録本脱，兹據《高僧傳》卷第二[T50n2059p331c18]補。

⑤ 飛，録本訛作“朔”，兹據《高僧傳》卷第二[T50n2059p331c18]改。

⑥ 成，録本訛作“城”，兹據《高僧傳》卷第二[T50n2059p331c19]改。

⑦ 率，録本訛作“卒”，兹據《高僧傳》卷第二[T50n2059p331c21]改。

⑧ 什，録本訛作“之”，兹據《高僧傳》卷第二[T50n2059p331c23]改。

⑨ 結合文意，此“令”似當爲“今”之訛字。待考。

⑩ 債，此當爲“績”之形訛字。《書·湯誓》：“夏師、版績，湯遂從之。”孔傳：“大崩曰敗績。”

⑪ 疾，録本訛作“痰”，兹據《出三藏記集傳中卷第十四·鳩摩羅什傳第一》[T55n2145p101a20]改。

⑫ 叉，録本訛作“又”，兹據《出三藏記集傳中卷第十四·鳩摩羅什傳第一》[T55n2145p101a22]改。

⑬ “差”“瘥”古今字。《廣運·卦韻》：“差，病除也。”下後作“瘥”之“差”徑括注其今字，不復出注。

⑭ “冥運雖隱，可以事試也”九字録本脱，兹據《出三藏記集傳中卷第十四·鳩摩羅什傳第一》[T55n2145p101a22—a23]補。

⑮ 愈，録本脱，兹據《出三藏記集傳中卷第十四·鳩摩羅什傳第一》[T55n2145p101a24]補。

復[①]繩。又[②]治無效,少日資亡。光斃,子纂襲以爲位。有猪生子,一身三頭。龍出東厢井中,殿前蟠卧,比旦[③]失之。纂以[□][爲][④]美[□][瑞][⑤],號[□□][大殿][⑥]爲“龍翔殿”。又有龍升於當陽九宫門,纂改爲“龍興門”。什奏曰:“潛龍出遊,豕妖表異。必有下人謀上之心。宜剋己修德,以答天誡。”纂不納,與什博戲殺[□][棊][⑦]。纂曰:“斫胡奴頭!”什答曰:“人不能斫胡奴頭,胡奴斬人頭。”此言有意,修不能悟。後纂弟超,小名“胡奴[⑧]”,果斬纂頭。言未然之事,皆此類也。至弘始三年,姚興遣使迎什至長安,待以國師之禮。乃考挍先所譯經,與梵本不同者皆正之。什嘗歎曰:“吾若著《大乘論》,非迦旃延之所比也。今在此地,深識[□][者][⑨]寡。折翮於秦,[□□□□][將何所論][⑩]!”什爲人神情[⑪]映徹,傲岸出群,亦任縱誕,不以小

① 復,録本訛作“後”,兹據《出三藏記集傳中卷第十四·鳩摩羅什傳第一》[T55n2145p101a25]改。

② 叉,録本訛作“又”,兹據《出三藏記集傳中卷第十四·鳩摩羅什傳第一》[T55n2145p101a25]改。

③ 旦,録本訛作“且”,兹據《出三藏記集傳中卷第十四·鳩摩羅什傳第一》[T55n2145p101a28]改。

④ 爲,録本脱,兹據《出三藏記集傳中卷第十四·鳩摩羅什傳第一》[T55n2145p101a28]補。

⑤ 瑞,録本脱,兹據《出三藏記集傳中卷第十四·鳩摩羅什傳第一》[T55n2145p101a28]補。

⑥ “大殿”二字,録本脱,兹據《出三藏記集傳中卷第十四·鳩摩羅什傳第一》[T55n2145p101a28]補。

⑦ 棊,録本脱,兹據《出三藏記集傳中卷第十四·鳩摩羅什傳第一》[T55n2145p101b4]補。

⑧ “胡奴”二字録本訛作“奴胡”,兹據《出三藏記集傳中卷第十四·鳩摩羅什傳第一》[T55n2145p101b6]改。

⑨ 者,録本脱,兹據《出三藏記集傳中卷第十四·鳩摩羅什傳第一》[T55n2145p101c17]補。

⑩ “將何所論”四字録本脱,兹據《出三藏記集傳中卷第十四·鳩摩羅什傳第一》[T55n2145p101c18]補。

⑪ “什爲人神情”五字録本訛作“可然而爲神人”,兹據《出三藏記集傳中卷第十四·鳩摩羅什傳第一》[T55n2145p1010]改。

節自拘，修行者頗復(腹?)[①]非之。什自得於心，不以介慮。然其性仁厚，汎[②]愛爲心，虚己善誘，終日忘倦。又杯[③]度比丘在彭城[④]，聞什居長安，乃歎曰："吾與此子戲别三百餘年，杳然無期，[□][遲][⑤]有遇於來生[□][耳][⑥]!"什臨終力疾，别衆曰："因法相遇，未盡伊心。方趣異世，惻愴何言!自以闇昧，謬充傳譯。若所譯不虚，焚身之後，以舌不燋爲驗也。"既卒於長安，依外國法逍遥園以火焚之。薪滅，形化爲灰，唯舌不變耳!

① 結合文意，此"復"似當爲"腹"之訛字。待考。

② 汎，録本訛作"任"，兹據《出三藏記集傳中卷第十四·鳩摩羅什傳第一》[T55n2145p101c21]改。

③ 杯，録本訛作"坏"，兹據《出三藏記集傳中卷第十四·鳩摩羅什傳第一》[T55n2145p102a3]改。

④ "在彭城"三字録本訛作"彭在城"，兹據《出三藏記集傳中卷第十四·鳩摩羅什傳第一》[T55n2145p102a3]改。

⑤ 遲，録本脱，兹據《出三藏記集傳中卷第十四·鳩摩羅什傳第一》[T55n2145p102a5]補。

⑥ 耳，録本脱，兹據《出三藏記集傳中卷第十四·鳩摩羅什傳第一》[T55n2145p102a5]補。

No. 2735《金剛般若經》旨贊

[題解]

佛典《金剛般若波羅蜜經》注疏，[唐]曇曠撰，二卷。敦煌卷子中卷上3號：斯2744(首殘尾殘)，斯2782(首全尾全)，伯2034(首殘尾全)；卷下11號：斯721(首殘尾全)，斯2437v(首殘尾殘)，斯2597v(首殘尾殘)，斯7911v(首殘尾殘，存9行)，伯2082v(首殘尾全)，伯2493a(首殘尾殘)，伯2493v(首殘尾殘)，伯2627v(首殘尾殘)，BD15354v(北新1554v首殘尾全)，臺圖140號(首殘尾殘)，傅圖33號背(首全尾殘)；總計14號。斯721、BD15354V二號分别有廣德二年(764)六月釋普遵與客僧法澄在沙州龍興寺的寫經題記。作者在序中謂《金剛經》“爲《方廣》之關樞，《大經》之鈐鍵。言約而義遠，文密而理該”，但“開闡者莫得其宗源，誦持者但修其章句”，故作此《旨贊》。全文共分爲五門：(1)叙教興由，謂佛説此經，爲令衆生拔苦得樂，悟二諦，得無住涅槃。(2)顯宗趣，謂宗有三：實相，觀照，文字；趣有四：教，理，行，果。(3)言威力，謂此經有十大威力。(4)明經所被，謂此經對一切衆生有效。(5)贊經本文，引經正文，逐段贊述。清代以前歷代大藏經未收，《大正藏》第八十五册以斯2744號爲底本、斯2782號爲甲本收入卷上，以斯2437v號爲底本、斯721號爲甲本收入卷下。

《金剛般若經》旨贊卷上[①]

京西明道場沙門曇曠撰

夫[②]實際無言，必即言以辨實；真宗匪相，要假相以顯真。言即實，故雖説而無説；相即真，故現形而無形。無説而説，何言説而不盡？無相之相，何形相而不周？故説非□(具)[③]□□□名具□；無法可説，是説法焉。斯乃般若之真宗、覺者之師母也。故使四生□(無)[④]□，□□積之有惑；二乘漸悟，斷深密之無明；諸佛體會，成不壞之四身；菩薩契修，□□斷之三慧。顯斯妙用，逈拔群經。假喻金剛，以彰妙智。既前佛、後佛由如是住，大聖、小聖應如是修，故善現啓迪於真筌，如來式揚於奥旨，三問九喻，終始發明，八執五邪，心言蕩或(惑)[⑤]，乃真護念付囑佛種不斷者歟！既爲《方廣》之關樞，《大經》之鉗鍵，言約而義遠，文密而理該，開闡者莫得其宗源，誦持者但修其章句，故我補處慈氏，創釋頌以贊幽，作宣唱之指歸，爲論者之規矩，乃使初聖無著列諸住於行一，隣地天親遣群疑於真際，《金剛仙記》會一實於有、空，功德施《論》生二智於真、俗。各申雅趣，共釋兹文。雖曰異端，咸階至妙。若不會融諸説，何以委贊幽宗耶？纂殊途，□遵同。□(發)[⑥]用通理，以闢玄關。題言"金剛般若波羅蜜經"者，即到彼岸，能斷慧教。融理事於行位，故稱"智慧"；碎堅積之疑執，假喻"金剛"；出生死而至涅槃，云"到彼岸"；貫法義而攝群品，目以爲"經"；故言"金剛般若波羅蜜經"。

贊釋此經，五門分别：一、叙教興由；二、述經宗趣；三、顯經威力；四、明經所被；五、贊經本文。

初叙教興，依經及論，總開四義：一、爲拔苦；二、爲與樂；三、令起行；

---

① 《〈金剛般若經〉旨贊》卷上今仍以《大正藏》録本所據底本斯 2744 號爲底本。校本：甲本，斯 2782 號；乙本，斯 216 號《大乘四法經論廣釋開决記》。

② 文首迄至下文"故《法華》云諸佛唯一大事故出現"底本缺，據甲本補。

③ 此字録本作缺文。按：甲本"具"字尚可辨。兹據補。

④ 此字録本作缺文。按：甲本"無"字尚可辨。兹據補。

⑤ 或，録本訛作"成"，據甲本改。

⑥ 此字録本訛作缺文，據甲本補。

四、令得果。言"拔苦"者,爲除衆生老病死苦無常。《經》云由此三事,應正等覺出現於世,爲諸衆生説證法等。此雖總言,於别亦轉。佛所證法,唯真般若。故除三事而説此經,令四生等皆入無餘,但滅其生,無老等故,不住色等而生。其心心念不生,離生因故。言"與樂"者,謂衆生佛知見樂,知見即是菩提涅槃,在果在因,能所知見,爲開示故,而説此經。故《法華》云諸佛唯(爲)一大事故出現[①]於世、開示悟入佛知見等。諸佛及法,從經出生。如來即是諸法如義,見[②]相非相,即見如來;離一切相,即名"諸佛"。如次即爲開示悟入。經文非一,應尋引之。言"起行"者,隨其所應法外人等起行位故。故無著《論》説六因云:爲斷疑故,爲起信解故,爲入甚深義故,爲不退轉故,爲生歡喜故,爲正法久住故,即是般若波羅蜜,令佛種不斷。云何以此種不斷耶?斷二乘等自無分疑,令入大法,故名"斷疑"。初入取相,而心未定。生定信故,名"起信解"。云"定信"者,令入二空無爲理故,名"入甚深";謂得勝處,便樂住寂,令進修故,名"不退轉";既進修已,無得而得,自慶悦故,名"生歡喜";聞法慶慰,轉爲他説,遍流通故,名"法久住"。由此法故,益遍自他,故説般若佛種不斷。隨所引文,釋廣論義。言"得果"者,爲依二諦,得無住果。故《功德施菩薩論》云佛所説法咸歸二諦:一者俗諦,即人及法差别假相;二者真諦,即此人法,無自性空。此真及俗,體不相離。俗即真故,有而不有;真即俗故,空而不空。非有非空,是中道理。得中道故,不住二邊。由此不住,流轉寂滅,成無住處大般涅槃。故佛説經,令悟二諦。即俗觀真,離諸相故,有正智起;即真觀俗,無不達故,有後智生。由後智而興悲故,四生三界皆令滅度。由真智而無住故,實無衆生得滅度者。生智而無住,故不住生死;興悲而度生,故不住涅槃;即成無住大涅槃果。下文皆爾,應尋引之。叙興由竟。

"顯宗趣"者,復分爲二:初顯所宗,後明所趣。所宗有三,即三般若。雖餘處説有其五種,令順智論及論喻故。一者實相,即是真如無相妙理;二者觀照,依真所起無相妙智;三者文字,即能筌此名句文等。初即是性,次即是

---

① 以上文字底本缺,據甲本補。

② 見,録本訛作"是",據底本改。

相,後即是因。説智及智處,皆名"般若"故。更加境界,眷屬[①]有[②]五。既非經宗,如餘處説雖有三種,今所宗者正唯前二,兼通文字。非實相,觀照之智不生;無觀照,實相之理不顯;是故境智爲正所宗。其"文字"者,但是假筌,得證亡教,非正明故。既爲證因,兼所宗也。所趣有四:一、教般若,謂説無説,能筌名等,是實巧筌契真實故;二、理般若,謂得無得,所筌妙理,如能筌證無倒相故。三、行般若,謂行無行,無相六度,能感能證無上因故;四、果般若,無得而得,菩提涅槃,是所筌證無上果故。如是四種所趣般若,教淺理深,行分果滿。此所説者,正唯理果,是所筌趣深圓法故。兼通教行,雖云淺分,亦是假者所歸趣故。顯宗趣竟。

言"威力"者,略顯此經有十威力,猶如金剛,故得此名。一、最勝威力。最上第一希有之法,所在之處皆應敬故,如彼金剛,勝諸寶物。故《涅槃》云:"如諸寶中,金剛最勝。"隨彼寶暎[③],成彼寶故。二、難見威力。經義果報皆不思議,樂小法者不能受故,如彼金剛,非餘能見,故《正理》云帝釋頂寶名曰"金剛",非餘能見,光赫奪故。三、除災威力。下品持經,爲人輕賤,先世罪業,尚消滅故,如彼金剛,能消災毒。如《真諦記》有六種寶皆名"金剛",青碧二色,除災毒故。四、稱求威力。有目能見,普利衆生,能嚴净土,得菩提故,如彼金剛,滿人所願,如六寶中其餘四色,黄赤白空,隨須遊空,出水火故。五、堅實威力。能摧我人衆生壽者,法非法相,非彼破故,如彼金剛,非彼物所壞故。《涅槃》云:金剛擬處,物無不碎[④],而是金剛無折損故。六、利用威力。通達無我,得成於忍,以佛眼等悉知見故,如彼金剛,穿通諸物故。梁《攝》云:譬如金剛,其體鋒利,悉能穿割一切物故。七、無間威力。不住行施,生無住心,相即非相,無所得故,如彼金剛,非物所[⑤]雜。故《對法》云:譬如金剛,體無間隙,非沙石等所相雜故。八、一味威力。皆以無爲而有差別,諸法如義,皆佛法故,如彼金剛,其體純一。故《對法》云:譬如金剛,其體一

① 屬,録本脱,且於"眷"字下出校"(眷)十眷㊙",意即甲本"眷"前有一"眷"字。
② 有,録本訛作"爲",據底本改。
③ 暎,録本訛作"膜",據底本改。此字甲本亦作"暎"。
④ 碎,録本訛作"破",據底本改。
⑤ 所,録本訛作"不",據底本改。

類，純一無雜，不變異故。九、能引威力。諸佛及法，從此出生，成不思議無邊福故，如彼金剛能引諸實故。梁《攝》云：金剛能招一切寶物，有金剛處寶物[①]集故。十、遍滿威力。福廣如空，利益一切，離一切相，度一切故，如彼金剛，遍滿一切故。《對法》云譬如金剛遍一切處，金[②]剛輪等遍世間[③]故。更有諸文，隨應引説。顯威力竟。

所被根宜，於中有二：初辨根性，後明教被。辨根性中，復分爲二：一者、正因究竟遠性；二者、緣因差別近性。所言"正因究竟遠性"者，即是豎[④]通真如本覺。凡聖本來實無二體，衆生及佛平等一因。由此實無種性差别，但由無明厚薄不同，所聞教法邪正有異，佛法因緣大小頓漸，故説衆生有種種界。由其一體，正因佛性内外因緣薰習力故，究竟皆得無上菩提，故説衆生皆有佛性。所言"緣因近别性"者，即是横剋近薰五性：一、無種性。謂有無明厚重之類染邪教等因緣力故，誹謗正法，撥無因果，焚燒一切善根種子，未可記彼出世時，故謂阿闡提名"無[⑤]種姓"；二、聲聞性。謂曾聞説四諦之教，欣樂力故，薰成識種，因種力故，深厭生死，求自解脱，不顧利他，由此當得聲聞小果，即説此種爲[⑥]聲聞性。三、緣覺性。謂曾聞説十二緣教，欣樂力故，薰成種子，由種力故，樂自寂静，觀緣起理，捨説聽心，由此當成緣覺中果，即説此種名"緣覺性"。四、菩薩性。謂曾聞説同體真如、悲利自他大乘滿教，欣樂力故，薰成種子，因緣力故，能發大心，由此當成究竟佛果，即説此種名"菩薩性"。五、不定性。謂聞三乘出世正教，於三乘出世正教、於三乘果俱有欣求，於三乘法悉樂修習，於三乘果不定[⑦]趣求，由此應得三乘聖果，即説此種名"不定性"。明種性竟。次"教被[⑧]"者，若據正因，究竟遠性，此經通被一切

---

① 物，録本訛作"自"，據底本改。
② "故對法云譬如金剛遍一切處金"十三字底本無，録本據甲本補。
③ 間，録本訛作"界"，據底本改。
④ 豎，録本訛作"樹"，據底本改。
⑤ 無，底本無，録本據甲本補。
⑥ 爲，録本訛作"名"，據底本改。
⑦ "果不定"三字底本無，録本據甲本補。
⑧ 被，録本訛作"彼"，據底本改。

衆生,用大外緣薫内體相,令從無明而顯出故。無云信謗皆使得聞,豈間(簡)[①]五乘有無定性? 大悲依體,無別異故。若據因緣[②]差別近性,此經正爲大乘者説,由[③]滿字教被大性故,令起大行成大果故,樂小法者不能受故,佛所説法無虚設故。若約兼被,亦通四乘,般若能辨二乘地故,感不思議人天果故,令不定性回趣大故,初後別衆非唯大故。依兼正通被五乘,明教所被。

次下"第五解經文"者,於中有二:先釋題目,後釋經文。釋題有五:一、解"金剛";二、明"般若";三、明"波羅";四、顯"蜜多";五、辨"經"字。言"金剛"者,有總別釋。總言"金剛",顯"能斷"義。然斷二障,要具理智。謂若無理,智必不生;因理生智,方能斷惑。是故《論》言"二義相應",恐謂能斷唯屬於智,故言二義,顯兼於理。如彼邪正,二行雖殊,既俱名"見",故此理智、性相雖異,皆如金剛。既許所宗通於實相,不應金剛唯喻觀照,故通理智,稍近論宗。所言"別"者,有其三義:一者"細牢",二者"能斷",三者"相似"。如次即喻實相觀照文字般若。言"細牢"者,所喻實相而爲智因不可壞故,謂此實相其體真實,因證能生真實正智,故説實相名爲"智因",非有爲相之所間雜。如彼金剛,非沙石等所相雜,故名之爲"細";又非二障所能損壞,如彼金剛,其體堅硬,非物所壞,故名爲"牢"。論以"細""牢"義殊,故各別釋。今以所喻體同,故合爲一;是則深契論之本意。言"能斷"者,謂即般若波羅蜜[多][④]中聞、思、修慧所斷之障,乃如金剛斷處而斷,即此觀照聞等三惠(慧)所斷之障,如彼玉石,即是金剛之所斷處,而爲觀照智所斷故,故説觀照名爲"能斷"。言"相似"者,謂即如彼,盡金剛像:若金剛杵,兩頭則闊,在中即狹,有堅勝用;若金剛神,膊胯[⑤]即闊,在腰乃狹,有"動作"義。文字般若,亦復如是;前後即闊,在中乃狹。前後闊者,信行佛地;中間狹者,謂浄心地。是所[⑥]

① 間,甲本作"簡","間"當爲"簡"之借字。
② "因緣"二字録本訛作"緣因",據底本改。
③ "由"和前"説"字録本訛倒作"由説",據底本改。
④ 多,録本脱,據底本補。
⑤ 胯,録本訛作"脍",據底本、甲本改。
⑥ "所"字前録本衍一"勝",據底本删。

依進趣處，故此顯示“不共”義也。謂前二義名“金剛”者，即餘般若皆得此名，實相觀照，通諸部故。若依後義，唯在此經；文字闊狹，非餘經故。不同餘經，名“不共”義；是故此經獨名“金剛”。言“般若”者，即是梵音，華言譯云“無分別慧”。此有二種，謂生法空皆通加行，根本後得，隨其所應，有漏無漏。然慧與智而有通别。通謂智慧其體無别，皆别境中慧數攝故，故説第六名“智慧度”；别謂智慧其體[1]不一，擇法决斷，用各異故，故説十度智與慧别。前以相從通三五種，今據剋性麤爲“智慧”，以能斷伏二重障故，故以金剛而爲喻也。

問：“題稱‘般若’，既曰‘所宗’，何故行中乃舉其施？”

答：“約前引後，即檀度收。以後净前，即智度攝。互[2]舉其一，理實皆齊。”

“若爾，應名‘金剛布施’。”

答：“施爲萬仁[3]之初，麁而易習；智爲百法之極，勝而難成。題令企敬，標‘般若’之勝名；行引初機。舉‘檀那’之首號。故題與行，所舉有殊，皆喻金剛，無理乖返。言‘波羅’者，此云‘彼岸’，即是佛果菩提涅槃，由對此岸得彼名故，即已起苦集名[4]中流；六度妙行爲舟船，佛菩薩等是能度，修行人是所度者。既超生死，得至菩提，故説佛果名爲‘彼岸’。言‘蜜多’者，‘離’義、‘到’義，要由修習最勝施等，離出生死此岸中流，達至菩提涅槃彼岸，故説施等爲‘離到’焉。今此所説，無住六度。故《深密》云施等一無染著故，無顧戀故，無罪過故，無分别故，正迴向故，由斯方得‘到彼岸’名。所言‘經’者，梵云‘素怛攬’，乃目四義，謂衣、綖、席、經。今取‘綖’義及取‘經’義。如綖穿花，風不能散；以教貫義，邪不能除。如經持緯，方織物成；以教攝生，令得聖果；故以教法目乎‘[綖][5]’。‘經’，若《真實論》，説有五種[6]：一曰涌泉，二稱

① 體，録本訛作“用”，據底本改。

② 互，録本訛作“五”，據底本改。

③ 仁，録本訛作“行”，據底本改。

④ “名”字前録本衍“爲此岸當起苦集”七字，據底本删。

⑤ 綖，録本脱，據底本補。

⑥ 種，録本訛作“義”，據底本改。

繩墨，三名結鬘，四謂出生，五號顯示。若准此，‘經[①]’者，常也，法也，逕也，古今不易故，揩定正邪故，津通物理故。佛教同之，亦無有失。總云：今此所筌，如金剛智慧，能斷二障，達到彼岸。以其教法貫穿攝持，是其凡聖常行之道，故云‘金剛般若波羅蜜經’。”

《經》：“如是我聞”至“五十人俱”。

贊曰：上釋題目，次解經文。依《佛地論》，彌天法師大判經文，以爲三分：初從“如是我聞”至“敷座而坐”，教起因緣，説經由致，名爲“序分”；次從“時長者須菩提”至“應作如是觀”，聖教所説，正談經體，名“正宗分”；後從“佛説是經已”訖至經“依教奉行”，歡喜弘通，名“流通分”。序中文二：此段經文，諸經共有，故名“通序”；“爾時”已下，當部别緣，名爲“别序”。初傳法者，引證令信，亦名“證信序”；後説法[②]者，别緣發起，亦名“發起序”。

釋此三門分别：一、起之因由；二、説之所以；三、正釋其文。

起因由者，佛化緣畢，將歸涅槃，侍者阿難，親愛未除，悶絶擗地，不能自醒。時阿那律，以水灑面，而語之曰：“佛付汝法，今迷悶失所受時事，豈得名爲‘護正法者’？大師世尊，今日則在，明日則無，設有疑者，當於何問？汝依我語，當問於佛：‘如來在世，以佛爲師；世尊滅後，以何爲師？如來在世，依佛而住；世尊滅後，依何而住？世尊在世，自調惡人；滅度之後，云何共住？如來在日，自能説經；滅度之後，一切經首，安置何言，令衆生信’？”爾時阿難，如從夢覺，既問如來。世尊告曰：“我涅槃後，以戒爲師，斷一切惡，修一切善，設我在世，無異此故。依四念處，專心而住，觀身不净，觀受是苦，觀心無常，觀法無我，由此能除常等四倒。既出生死，得成聖道，是故常應依之而住。諸惡比丘，梵檀治之，但莫與語，自當調伏。一切經首，當置‘如是我聞’等語，則衆生信。”因阿難請，而置此文，即是此中起因由也。

明所以者，略有四義：一、爲除疑；二、令信起[③]；三、爲簡邪；四、爲顯

① “經”字前録本衍一“方”，據底本删。

② 法，録本訛作“位”，據底本改。

③ “信起”二字録本訛作“起信”，據底本改。

[示][1]正。言“除疑”者,《微細律》云:“於結集時,阿難昇座,以法威力,形忽如佛。衆起三疑:一、疑大悲從涅槃起;二、疑别佛從他方來;三、疑阿難轉身成佛。説如是等,三疑併斷。”

言“生信”者,《智度論》云:説時、方、人,令生信故。佛法大海,信爲能入,又是道源[2]、功德母故。又拔衆生,出生死泥,須舉信手,授於教手。序生信手,正宗教手,兩[3]手相接,出於泥故。如人有手,至山取寶;若無手者,空無所得。有信心人,入法得證;无信心者[4],雖解無益;是故經初,令生净信。

言“簡邪”者,但無如是六句經文,當知皆是外道教收。如有外道,一切教初皆必安置“阿漚”二字,“阿”表於“無”,“漚”表於“有”,言其教旨,不離“有”“無”。今置六句,爲簡於彼。故《智度》云:“一切經首,當置何言,簡異外道?”言“顯正”者,《真實論》云三寶最吉祥,故我經初説佛爲“佛寶”,我聞阿難及比丘衆名爲“僧寶”,如是一時舍衛國等所説時處皆爲“法寶”。以兹四義,置如是等。立所以竟。

釋正[5]文者,准《智度論》,分六成就:一、信;二、聞;三、時;四、主;五、處;六、衆。

言“如是”者,舉所聞法,令衆生信,名“信成就”。今括諸説,以三義釋:初以二字各别訓釋,次乃總申二字之意,後帶“我聞”以解“如是”。言“别釋”者,自古多解,大意不離教、理、行、果,故今依此四義釋之。教能顯理爲“如”,文不乖義稱“是”;理順教顯爲“如”,義不差文爲[6]“是”;依教起行爲“如”,順理亡相爲“是”;依願得果爲“如”,果稱於因爲“是”。言“總申”者,顯説此經,離四種過,故言“如是”:一、離自説,佛所説法正如是故;二、離差異,文義决定皆如是故;三、離不信,若有信者言如是故;四、離非法,若正法者稱“如是”故。後帶“我聞”釋“如是”者,依《佛地論》及諸釋意,如是總言,依四

① 示,録本脱,據底本補。
② 源,録本訛作“元”,據底本改。“源”乃表水本原之“原”的後起字。
③ 兩,録本訛作“雨”,據底本改。
④ “無信心者”四字録本訛作“若無者”,據底本改。
⑤ “釋正”二字録本訛作“正釋”,據底本改。
⑥ 爲,録本訛作“稱”,據底本改。

義轉:一、依問答,顯離自①説傳聞過失。謂結集時衆咸問言:“汝當所説,昔定聞耶?”故即答言:“如是我聞。”二、依譬喻,顯離增減異分過失。謂當所説如是文句:“如我昔聞,齊此當説,定無有異。”三、依許可,顯有自在堪能功德。衆咸請言:“如汝所聞,當如是説。”便許彼言:“如是當説,如我所聞。”四、依教誨,顯起恭敬信受功德。謂告結集諸時衆言:“如是當聽,如我所聞。”應正聞已,如理修行功德施等。所説諸義,應知皆是此四義攝。

言“我聞”者,舉能聞人,顯自親聞,名“聞成就”,謂傳法者自指己身,言“如是法,我自親聞”。“我”謂諸蘊和合,假有②主宰用,故稱爲“我”;“聞”謂耳根發識聽聲,意隨耳識而取於聲,所發名等,薰習在識,聚集顯現,總説名“聞”;癈别就總,故名③“我聞”。

問:“何須如是癈别就總?”

答:“顯藉衆緣故。謂聞法時,要具八緣,若一一陳,遂成繁廣;但舉其一,義用不周;顯假具緣,言‘我聞’矣。”

“若爾,何不言‘無我聞’?”

答:“除怖畏心故。恐諸外道及凡夫等聞‘無我’聲。既言‘無我’,誰聞誰學?怖畏佛法,不肯入故。”

“若爾,何不言‘阿難聞’?”

答:“顯自在德故。‘我’爲④主宰自在之義,顯傳法者有所堪能,總持三乘廣大教法。若稱名字,無是義故。”

“若爾⑤,何異凡愚妄執?”

答:“隨世流布故。世間皆説自他彼我,染净因果,所作事業。今傳法者,雖無妄執,隨順世間,令生决定信解之心,入正法故,而順世俗,假稱‘我’焉。”

---

① “自”下書手涉上衍一“離”字,兹據文意删。

② “有”字前録本衍一“者”,據底本删。

③ 底本“故”字前尚有“答顯藉衆緣故謂聞法要”十字,當係書手誤衍,今結合文意,據甲本改。

④ 爲,録本訛作“謂”,據底本改。

⑤ “若爾”二字録本訛作“爾若”,據底本改。

"若爾,何獨指阿難邪?"

答:"是傳法者故。過去供養誦經沙彌,今得多聞總持第一佛法海藏流入其心,如彼寫瓶,無有遺失。又親侍佛二十餘年,人天所識,傳必生信,故佛以法而付囑之。既傳教主,自指己身,故'我聞'者囑阿難矣。"

"若爾,亦有傳聞之失。"

答:"佛爲重説故。阿難請佛説已前經。然諸聖者,理無重語。佛粗舉其端,則悉通一切,况聞授記菩薩所行,得覺法性自在三昧。諸佛法藏,尚能憶持,况已前經,而不通悟?雖二十年後方侍佛聞經,稱'我聞'者,理亦無違。"

"若爾,應言'我見覺'?"

答:"推功歸佛故。此所傳教,屬佛世尊,是諸如來現覺而説。阿難因位,覺道未圓,若稱知見,謂言自説,恐餘不信,故但言'聞'。况乎此界,聲爲佛事,名等詮法,不依色香,希證菩提,要聞深法,多聞薰習,爲出世因。故但言'聞',不云'見覺'。"

更有問答,如餘處明。

言"一時"者,顯所聞法善合時宜,無非時失時成就也;謂明説此一部經時,於一時聞[①],在某處説,則顯説此一部經時[②],餘時復説無量經故;衆生根熟,爲感如來,逗機而應,藥病相應,隨言得益,説者聽者,時分無差,共相會遇,名"一時"矣;外道世典無如是[③]能,故我佛教名"一時"也。前簡説聽餘部經時,後簡説聽前後之時,顯佛教勝,令生信也。

"若爾,諸法應非唯識,説'一'及'時',心外法故。"

答:"雖言'一時',不離心識,謂此識心,隨色分齊,妄相建立'一'之與'時'。若離色心,則不可得。故不[□][相][④]應,行蘊所[⑤]攝。《攝論》説爲

① 聞,録本訛作"間",據底本改。
② "此一部經時"五字底本缺,録本據甲本補。
③ "是"字下底本有一"名"字,今結合文意,據甲本删。
④ 相,底本、録本無,據乙本補。
⑤ 所,録本訛作"取",據底本改。

世識數識所聞之法尚不離心[①],況‘一’及‘時’而別有也。”

“若爾,三世應皆是有。説‘一時’者,對過未故。”

答:“五蘊諸法,生已即滅。生則酬前,滅而引後。所酬爲過去,所引爲未來。已滅未生,雖不可得,假對此二,説現在焉。如知往因,應觀現果,知未來果,當觀現在[②]因。豈則一人有三身也?但是現在一念妄心。今説聽者,隨心分限,變作短長,事緒終訖,總名‘一時’。如夢所見,謂有多生,覺後唯心,都無實竟。”

“若爾,何不同下經等言‘四、八時’‘十二時’等?”

答[③]:“顯佛教勝,簡外道故。如諸外道,皆是凡愚,所説諸法,悉是顛倒虚妄。説者聽者,根緣不同。雖有教旨,不成藥石,徒增惡業,虚長邪心。既無證悟,寧階聖道?故彼教首不言‘一時’。今欲[④]簡邪,言‘一時’矣。若言四、八,何異邪經?不言‘四時’‘十二時’等。”

更有問答,非要不明。

所言“佛”者,顯説經主,是最勝尊,表經可信,無非主失,“主成就”也。若不言“佛”,不知此經是誰所説,一切生疑。又,《智度論》説“能説”有五:一、佛世尊;二、聖弟子;三、天龍等;四、神仙等;五、變化等。若不言“佛”,恐謂餘説。今言“佛”説,表可崇信。“佛”者,梵語應言“勃陀”,自覺、覺他、覺行圓滿,具三覺人,故名“覺者”;謂從煩惱,而得開覺,具一切智,永出生死,如從夢寤,故名“自覺”;斷所知障,而得種智,説自覺法,令他開覺,如蓮華開[⑤],故名“覺他”;諸障遍斷,諸行遍修,諸境遍知,諸果遍證,出過衆聖,故名“覺滿”。初勝人覺賊異凡夫,次覺勝天鼓異聲聞,後覺勝千日異菩薩,三者備矣,受“佛”名焉。然佛世尊,有其三身。今此經者,是何身説?若對地前,則化身説。若[⑥]對地上,即應身説。若法報身,亦無説法,自受法樂不説法

① “不離心”三字底本無,録本據甲本補。
② 在,甲本無。
③ 答,底本無,録本據甲本補。
④ 欲,録本訛作“言”,據底本改。
⑤ 開,底本無,録本據甲本補。
⑥ 若,録本訛作“如”,據底本改。

故，佛不相爲説法故，非諸菩薩所見身故。既三身者其體不殊，是則三身無説不説。諸經有言“薄伽梵”等，依梵本譯。今言“佛”者，隨方生善。亦有經説“佛婆伽婆”，爲簡辟支及外道故。

言“在舍衛國祇樹”等者，是説經處，顯説此經必有其處，無非處失，“處成就”也。若不説處，未知此經何處而説，一切生疑。爲令生信，故説其處。“舍衛”梵音，此云“豐德”，謂豐財寶女色，多聞解脱四德，故名“豐德”；亦名“聞物”，以多寶物及以人物，諸方聞故；正云“室羅筏”，謬云“舍婆提”，是憍薩羅國之都城名，以是王都，而言“國”也。“祇”謂“祇陀”，此云“戰勝”，即勝軍王之太子也。太子生日，王破敵軍，因而立名謂之“戰勝”。祇陀有園，地周十里，在於城南，五、六里餘，花卉滋繁，泉池交影，於園囿中，特爲殊勝。“給孤獨”者，國之大臣，本名“須①達多”，此云“善施②”，仁而聰敏，積而能散，拯乏濟貧，哀孤恤老，時美其德，號“給孤獨”焉。有七子男，六已婚娶。因爲小兒耽(聘)③室，遂至王舍大城。佛初成道，正在彼國。見佛聞法，果證預流，遂請世尊降臨舍衛。如來既許，願造僧坊。佛命鶖子隨而瞻揆，唯有此處，堪造僧坊，遂詣太子，殷求貨買。太子戲言：“金遍乃賣。”須達聞之，心豁如也，即出藏金，隨言布地。太子感念而告之曰：“若佛非是良田，寧使輕金貴土？我植善種，今④是其時。地任卿收，樹當自施。”須達得地，大建僧坊。崇飾已周，遥請佛降。大⑤聖懸監，乘通而來。既至伽藍，謂大衆曰：“林樹祇陀自施，園地須達買施。二人同心，式崇功業。君上臣下，世典格言。自今已後，應謂此地爲‘祇陀樹給孤獨園’。”遊化居止⑥，目之爲“在”。遊化在城，居止⑦在園；雙舉城、園，顯斯二義。二義雖異，俱名“在”焉。故名“在舍衛國”等。此舉化佛所居化土，爲對小根，令生信故；顯佛慈悲，救重障故；

① 須，録本、甲本作“藉”，今結合文意，據底本改。

② “施”字前底本、録本有一“德”字，今結合文意，據甲本删。

③ 耽，此當爲“聘”之訛字。斯216號《〈大乘四法經論〉廣釋開决記》：“有七男子，六已婚聚，因爲小兒聘室，遂至王舍大城。”可助勘。

④ 今，録本訛作“亦”，據底本改。

⑤ “大”字下底本、録本有一“悲”字，今結合文意，據甲本删。

⑥⑦ 止，録本訛作“心”，據底本改。

理實亦有二身實土,净穢之方無別質故。

言"與大"等,舉同聞衆,顯説此經必稱根宜,無非衆失衆成就也。若不列衆,不知此經與誰同聞,一切生疑。爲生信故,舉同聞衆。"與"者,"兼"、"並"、"共"、"及"之義,謂與阿難同[①]在一時,同一集會,同無漏心,同離諸惡,同無學見,同我空道,同斷煩惱;具此七義,故名爲"與"。此同聞衆。而言"大"者,衆數多故,名稱高[②]故,皆羅漢故,離重障故,德難測故,王等敬故,向佛果故,破外道故。總參[③]諸釋,有斯"大"義。"比丘"梵言,具含多義:一、曰"怖魔",初出家時魔宫動故;二、稱"乞士",乞食及法資身心故;三、謂"净戒",離身語意諸過惡故;四、名"净命",離五邪求惡活命故;五、云"破惡",能破見修薰煩惱故。言含五義,無以譯之,但存梵語,顯斯五義。由此五義,故曰"比丘"。"衆"者:"僧"也,四人已上,理、事二和,得"僧"名故;同戒見等,名曰[④]"理和";同布薩等,名曰"事和";以和合故,名之"衆"也。"千二百五十人"者,即優樓頻[□][螺][⑤]迦葉[⑥]五百弟子,伽耶迦攝、那提迦攝各有二百五十門徒,舍利弗、目乾連共有二百五十弟子。此等五師外道門徒,共有一千二百五十人[⑦]。佛初成道,初會度之,常隨如來,影響正法,故諸經律,多皆舉也。理實亦有餘比丘衆,以此皆是净行出家故,五師門徒故,邪捨歸正故,初會所度故,善來得戒故,得二解脱故,人天所識故。具斯七義,故偏舉之。"俱"者,"同時"、"一處"義。前以阿難對彼,名之爲"與";此以自同時處,名之爲"俱";故與前説,無重言失。故總説言"千二百"等。佛説經時,應有菩薩,而今但列聲聞衆者,總依經論,略顯二義:一、令餘聲聞趣大果故。見爲聲聞[⑧]説如是法,便生念言:"彼尚聞此,求無上果。我亦應然。"已回心者,更

① 同,録本訛作"問",據底本改。

② 高,底本缺,録本據甲本補。

③ 參,底本無,録本作缺文,據甲本及載有同句的乙本補。

④ 曰,甲本無。

⑤ 螺,底本缺,今結合文意,據甲本補。

⑥ 葉,録本作"攝",據底本改。葉、攝一音之轉。《家語·辨樂解》:"師襄子避席葉拱而對曰。"《御覽》卷五七七引作"攝拱"。是其例。然録本失真。

⑦ 人,甲本無。

⑧ "聲聞"二字底本作"聞聲",今結合文意,據甲本改。

不退轉；未回心者，亦發心故。二、令小菩薩不退轉故。彼見聲聞尚能聽此[①]、求無[②]上果故，便生念言："彼小乘人尚發勝進，况我今者，而生退耶?"便勵其心，不退轉故。由斯二義，但列聲聞。

《經》："爾時世尊"至"敷座而坐"。

贊曰：上明證信，下顯發起。言"發起"者，即表彰也。言明内真，先與外化，表正宗之意義，行發起之事相。然釋此文，總分二義：先别明化相，後總顯其意。於中則顯十種化相。"爾時世尊"者，即化主也。指陳控引，名曰"爾時"，當爾世尊説經時也；具足六義，備有三德，更無與等，世所欽重，名曰"世尊"，即十號中第十號也。故《佛地論·六義頌》云："自在熾盛與端嚴，名稱吉祥及尊貴。"具此六種最勝義，成薄伽梵功德名。"婆伽婆"名，與此無别。言"食時"者，即化時也，謂即辰時，以此時中人家饌食，或即初熟，或當正飯，求之易得，不惱自他。若乞得已，還至本處，正時齋前，不失時節。若過於此，即是外道諸惡鬼神畜生食時。今顯出家清净勝法，故於此時而行乞也。言"著衣"等，顯化具也，著初三衣[③]。出家净居之衣，初無田相，後變成故。然出家法，皆畜三衣：若於行道作務之時，著安多會五條之衣；若於大衆及説法時，著欝多羅僧七條之衣；若入王宫乞食等時，僧伽梨九條等衣。總名"袈裟"。依色立稱，亦名"功德衣"，成勝功德故；亦名"消瘦衣"，衰損諸障故；亦名"福田衣"，是世福田故；亦名"涅槃印"，要服得度故；亦名"佛標相"，諸佛儀服故。持四天王所舉石鉢及三衣並錫杖等，各有所在。如來懸記，展轉隨緣，至於漢地，非如儒道，唯有虚名。此即爲入城故著衣，爲乞食故持鉢。言"入舍衛大城"者，顯化處也。城過十延，居家九億。處廣人多名"大"，自外之内名"入"。言"乞食"者，顯化緣也。然佛身者，金剛爲體，豈資於食而行乞耶? 有多因緣，示行乞[④]食。《瓔珞女經》説二十益，《瑜伽論》説由十因緣。今總參揉，有其十意：一、爲引攝已乞未乞，令住頭陀功德法故；

① "聽此"二字底本無，録本據甲本補。

② 無，底本無，録本據甲本補。

③ "三衣"二字甲本無。

④ 乞，録本訛作"求"，據底本改。

二、爲未來作大照明故[①]，免生譏毁乞食事故；三、爲救引麄弊外道，既不歸伏因行化故；四、爲正彼承聲起謗，現妙相儀、令驚信故；五、爲處中未信衆生以功德[②]獲多福故；六、爲雖信放逸衆生令生愧耻而修行故；七、爲六根不具衆生種種災患皆静息故；八、爲六種有障苦人見佛植福離苦障故；九、以八部導從世尊，令世間人深歸學故；十、令八部羨仰、世人勤加護故[③]，賓衛無災害故。"於其"等者，明化等也，謂由内證平等理故，慈悲之心無偏濟故，不簡貧富貴賤人故，而於美惡無愛憎故，具大威德無所懼故，永離諸過無猜謗故，降二乘人之偏濟故，止外道之嫌疑故。具斯八義，故於城中次第乞已，還至本處，明化終也。前已知足，乞不過量；次[④]□(以)[⑤]少欲，顯其樂静。本自祇園，入城乞食。既等乞已，故還本處。"飯食訖"者，顯化滿也。本言利生，入城乞食。今若不食，事涉憑虚。爲滿福田，故示飯食。雖金剛身實無食事，爲成滿福，故"食訖"焉。"收衣鉢"者，顯化息也。本以入城乞食，故藉著衣持鉢。今既事終食訖，迺須併攝資緣。衣鉢不收，攀緣心起，既增勞慮，豈得安禪？雖復佛無散心，爲後軌模，故須收置，即疊僧伽梨大衣，還著欝多羅僧七條，洗滌其鉢，著常著處，故言"收衣鉢"也。"洗足已"者，顯化净也。由諸如來受步行法，途跣而行，故須洗足。然佛行時，下生蓮華，豈有塵垢而須洗邪？表清净義，故言"洗足"。"敷座而坐"，顯化儀也，謂將説法，自施座具，敬佛母故，不使人敷，即於此座，結跏趺坐，端其身，正其念，一心不亂，對真境也。雖四威儀，佛常在定，爲後軌摸，故敷座而坐。前來已顯發起事相，既發起者，表彰之義，即表衆生本净而後染，因説經故，返動而歸寂，謂衆生心，本來清净，具恒沙德，是真法身。無明覆染，遂入生死，味著五欲，輪轉四生，六道巡環，八苦更受。因佛説經，返照心本，永離貪著，除滅無明，顯净法身，常住安樂。"爾時世尊"者，即表衆生真法身也。"食時著衣持鉢"者，即爲無明覆染時也。"入舍衛大城"者，入於生死大苦趣也。言"乞食"者，染著世間

① 故，甲本無。

② "功德"前録本衍"其少"二字，據底本删。又，"德"字録本脱，據底本補。

③ "護故"二字甲本無。

④ 次，録本訛作"此"，據底本改。

⑤ 以，底本無，録本作缺文，據甲本補。

六塵境也。“於其城中次第乞已”者,於六道中備受輪轉也。“還至本處”者,由般若力照心本也。“飯食訖”者,永離貪著也。“收衣鉢”者,除滅無明也。“洗足已”者,顯净法身也。“敷座而坐”者,安樂無爲也。從始至終,表彰斯意。是故現此,發起事焉。

《經》:“時長者”至“而白佛言”。

贊曰:上明序分,下顯正宗。准無著《論》,有七義句:一、種姓不斷;二、發起行相;三、行所住處;四、對治;五、不失;六、地;七、立名。應知前六句①[是]②正所明宗,第七義句釋經名字。就前六中,初三③别配經文,後三住處通義。既前三句,别配經文。後正宗分,分之爲三:初從“時長者”至“善付囑諸菩薩”,名“種姓不斷”;次“世尊,善男子”至“願樂欲④聞”,名“發起行相”;後從“佛告須菩提”至“應作如是觀”,名“行所住處”。即初明讚佛,爲請説之由;次問修行,爲趣大之本;後佛廣説,辨修伏之宗。天親等論,既無科文,但逐便明,不假預述。初“種姓不斷”中分二:初善現請儀,後正申不斷。此文初也。將申請⑤問,先整儀形。若處座居,然匪諮承⑥之禮,故表虔奉而現敬儀。“須菩提”者,梵語訛也,梵語典音云“蘇步位”,此云“善現”,或云“善吉”。以初生時家物皆空,父母驚怪,以問相師。相師答言:“善相現耳,唯善唯吉,因斯瑞相,而以名焉。十弟子中,解空第一。”言“長老”者,歎其德命,故有釋云:德長年老故。餘經本名爲“具壽”,謂即具與福惠(慧)命故。此即東方青龍陀佛,爲弘般若正法⑦,影響正法,是⑧處下乘,爲佛弟子。“在大衆中”者,明混迹於聲聞。“即從坐起”者,彰穎拔於群輩。通肩披衣,示敬之

① “句”前録本衍“義”字,據底本删。
② 是,録本脱,據底本補。
③ 三,甲本脱。
④ 欲,録本訛作“言”,據底本改。
⑤ 請,録本訛作“讚”,據底本改。
⑥ 承,録本訛作“諮”,據底本、甲本改。
⑦ “正法”二字甲本無。
⑧ 是,甲本作“示”。

相，袒其一膊，驅策[①]之容。左膝著地，降今昔之執情。合掌恭敬奉，冥合於妙理。將發疑問，敬法重師，若不避㢋虔恭，卑[②]躬屈己，何以表身心之府（俯）順，明信向之深城？故盡敬儀，方申請問，啓辭道意，而白佛言。

《經》："希有世尊"至"付囑諸菩薩"。

贊曰：此正申不斷也。［自］[③]前以身行肅敬，表自恭勤；此乃語盡虔誠，述其尊德。"希有世尊"者，總談妙德；"善護念"等者，别嘆勝能。希有有四：一、時希有，曠劫難逢故；二、處希有，大千唯一故；三、德希有，福惠（慧）起絶故；四、事希有[④]，救護巧便故。雖有四種，今者唯取事之希有。此爲總標。"善護念"等，是别釋故，護念付囑巧便事故。由能護念付囑，菩薩未成熟者而成熟之，已成熟者轉復增進，當成正覺，紹佛菩提，展轉相續，佛種不斷。故"護念"等，是佛勝能。善現欲表佛説此經能令衆生佛種不斷，偏舉此德，以歎如來，即因讚佛顯經意也，故説此經名"種姓不斷"。加衛覆攝，是名"護念"；加被擁衛，覆陰攝受，即是此中"護念"義故。委託授與，是名"付囑"故；委大訓小，託深化淺，委杖憑託，是"付囑"故，謂佛世尊，斷一切障，心歸本源，名曰"如來"，由此方能護念付囑。雖菩薩等亦能攝付，今就最勝，唯説如來，乘如實道，來成正覺，説一切位極深妙法，能遍攝付，非餘能故，故説"如來善護念"等，如彼師父勝昆友等。雖佛大悲，普皆饒益，然行二利，求三菩提，餘乘不能，唯大乘者。故菩提者，智所求果；言薩埵者，悲所度生；具此智悲，名爲"菩薩"。由此能勝，而偏攝付，猶如三子及三田等。然"菩薩"者，有大有小，根熟未熟，可退不退。若佛在世，轉法輪時，以菩薩法，而爲護念；若入滅時，以菩薩法，及未熟者，付大菩薩；如父在日，悉陰諸子；及臨終時，而付囑故。菩薩法者，即下所説，依等五義，於中别詮菩薩所行，名"菩薩法"。以是菩薩三種轉道，斷惑證理，生智義故。是故《論》言[⑤]其五義中菩薩法而

① 策，録本訛作"筞"，底本作"筞"，甲本亦同。《龍龕手鑑·竹部》："筞"，"策"的俗字。兹據正。

② 卑，録本訛作"早"，據底本改。

③ 自，録本脱，據底本補。

④ 有，底本無，録本據甲本補。

⑤ 言，甲本無。

建立故等。雖所攝付皆菩薩法，然其行相各有差别，謂各六種第一義故。且"護念"中六種義者：一、時；二、差别；三、高大；四、牢固；五、普遍；六、異相。所言"時"者，顯菩薩法是①二世勝，得現世②安樂、當來③利益故。言"差别"者，顯菩薩法是超過④勝，不同世間二乘法故。言"高大"者，顯菩薩法是最上勝，非餘護念所能及故。言"牢固"者，顯護念法是究竟勝，乃至成佛非可捨故。言"普遍"者，顯護念法是廣大勝，得⑤護念者誠二利故。言"異相"者，顯護念法是清净勝，異於地處未净法故。言"付囑"中六種義者：一、入處；二、法爾得；三、轉教；四、不失；五、大悲；六、尊重。云何"入處"？爲佛以法付囑，根熟與未熟作入處⑥故。云何"法爾得"？謂根熟者得佛付囑，於未熟者法爾攝故。云何"轉教"？謂現以法付囑根熟，令其轉教根未熟故。此三如次，即是後三。云何入處而名"不失"？謂前根熟，作入處故；不失而化，應時攝引，令根未熟，不失行故。云何法爾得名爲"大悲"？得付囑者，於未熟人法爾生悲；又由悲故，於未熟人法爾攝故。云何轉教而名"尊重"？謂佛付囑，令其轉教，由尊重佛及尊重教，於未熟人能轉教故。由佛最勝護念力故，乃令根熟諸菩薩等得智惠（慧）力，成就佛法；得教化力，成熟衆生。初即大智，後即大悲。得此二身，固於佛行，故佛護念⑦，名爲⑧"善巧"。由其最勝付囑力故，令根未熟諸菩薩等於已修得大乘行願而不退失，於未修得大乘行願而能進求，故佛付囑，亦名"善巧"。故天親《論⑨》頌此義云：

"巧護義應知，加彼身同行。不退得未得，是名善付囑。"

《經》："世尊"至"降伏其心"。

贊曰：次下第二發起行相。於中有三：初善現發問，次如來印發，三善現

---

① 是，底本無，録本據甲本補。
② 世，甲本無。
③ 來，甲本無。
④ 過，甲本無。
⑤ 得，録本訛作"問"，據底本改。
⑥ 處，甲本作"學"。
⑦ "護念"二字録本訛作"付囑"，據底本改。
⑧ 爲，録本訛作"故"，據底本改。
⑨ 論，甲本無。

敬承。此初也。言“行相”者,謂即般若。“行”謂行解所修行法,“相”謂體相所行相狀,即行所住,其所修行能住修伏般若行相。善現創爲啓發,如來重垂印發,由斯廣説行所住中所修智惠(慧),名“發起行相”,即因“問”而許宣,亦因“許”而廣説,故“問”及“許”俱發起焉。此文三節:初標所爲,善現所問,非自有疑,爲善男子善女人故。次彰問本,謂因發心而爲發問,若不發心不爲問故。“阿”之言“無”,“耨多羅”云[①]“上”,“三藐”言“正”,“三”者言“等”,“菩提”云“覺”,總云“無上正等覺”,謂顯諸佛三身覺智。起因三乘,故言“無上”;離二邪障,故謂之“正”;遍達真俗,故稱爲“等”。“成無上覺”,二處明之:“無上正覺”即正體智,“無上遍覺”即後得智。諸釋有此開合異故。若人發心,求此菩提,故言“發阿耨多羅三藐三菩提心”。後正申所問,即“應住”等。此問意云:善男子等發心求此最勝菩提,必有所修及有所斷。安住何行而成修行?降伏何障使行清净?由斯當得所求菩提。修覺所要,故申二問。然修行中,有初後位:初住加行,後正修行。故餘本經,開爲三問,謂:云何住?云何修行?云何降伏?即發心者求佛果時,安住何心?修行何行?若有障垢,云何降伏?餘經以其初後位,别開“住”爲二,即有三問。此經以其同所修故,合爲一住,故唯二問。故此彼本亦不相違。由此諸論,依三問解。故無著《論釋》三問[②]云:“彼應住者”,“謂欲願”也。“欲”謂“希求”,“願”謂“思念”,凡欲修行,先住欲願,希求思念,方修得故;即發心者欲修行時,云何住於欲願心也?彼“應修行者”,“相應三摩鉢帝”時也。“三摩鉢帝”,此云“等至”,即無分别,等持真定,由修此定,發生般若;即發心者正修行時,云何修行?此三昧也。“云何降伏”者,折伏散時也。若有散亂,執著心生,如實覺悟,令不得起,即伏執著散亂之心,令還入定,名“降伏心”;即發心者若時散亂執著心生,云何降伏?即由三問,顯發三道:初成攝道,攝取衆生,誡加行持,成攝生戒,攝取化身,恩德因故;次成熟道,修成佛法,大圓滿持,成善法戒,及成報身,智德因故;後不失道,折伏煩惱,不起諸通,使行清净,爲律儀戒,成其法身,斷德因故。修學所要,不過此三。故爲三問,不增不减。其

① 云,録本訛作“言”,據底本改。

② “解故無著《論》釋三問”八字甲本無。

功德施《論》所釋三問意，乃令經意問答乖違。既非應理，此中不叙。問："般若深宗，正被菩薩，何故大人緘默而小聖問耶？由此《論》云，何故上座須菩提問耶？"答："般若以無相爲宗，善現以解空成德。既[①]冥至理，可以對揚，將欲引攝聲聞，及以進持菩薩。由斯善現而發問焉。如衆成就所説之相。是故《論》云'有六因緣'。若二乘者，於大乘中恐自無分，懷猶豫者[②]便得斷疑、向大乘故。初心菩薩，樂著福德，於無相教，心未成熟[③]，聞多福德，起信解故。雖得[④]定[⑤]信，心得成熟，然於二執，未入二空，便勵其心，住真理故。雖得勝理，能不自輕，而樂住寂，便能受持，有勝福資，不退轉故。雖已進修，順佛攝受，然未真證，尚取相者，便能證悟，極慶慰故。雖能證悟，樂觀法流，弘教利生，未能發起，便於現當，能久傳故。然此六因，或略爲四。合第[⑥]六因入前五中，即是前五所學法故。合第[⑦]二三，同名攝受，信解甚深，皆稱理故。是故《論》言：疑者令見樂福，已熟而攝受故，得不輕賤者令精勤心故，已净心者令歡喜故。"

《經》："佛言善哉"至"囑諸菩薩"。

贊曰：次下如來印發。於中有三：初明證印，次敕聽許宣，後正發起。此初也，重言"善哉！"《智度論》云：此顯佛喜之極甚也。善現所陳，有其二意：一、所讚稱德，護念付囑，稱佛德故。既因歎佛，兼顯經宗，種姓不斷，意趣玄遠，實爲"善哉"。二、所問稱根，住[⑧]修降伏，攝諸行盡，稱大根姓（性），所應希學發起行[⑨]之相狀，故亦爲"善哉"。由所讚問，稱德稱根，深善其辭，故重贊印。印述等文，文易可解。

《經》："汝今諦聽，當爲汝説。"

---

① 既，録本訛作"現"，據底本改。

② "者"字前底本有一"故"字，今結合文意，據甲本删。

③ "熟"字後甲本有"然於二執，未入二空，便勵其心，住真理故。雖已定信，得成熟"二十三字。

④ 得，甲本無。

⑤ "定"前録本衍"已"字，據底本删。

⑥⑦ 第，底本作"爲"，今結合文意，據甲本改。

⑧ 住，録本訛作"位"，據底本改。

⑨ "行"字底本作"行行"，今結合文意，據甲本删。

贊曰：此敕聽許宣也。“汝今諦聽”，即是敕聽；“當爲汝説”，即是許宣。“諦”謂審諦，顯離三失，謂即散亂、輕慢、顛倒，如次猶如覆漏穢器，而即能生三種功德，謂聞、思、修，勝三慧也。由此方堪聽受正法。故《智度論》所説偈云：“聽者端示[1]如飢渴，一心入於語義中。聞法踊躍心悲喜，如是之人可爲説。”故先敕聽，方復許宣。

《經》：“善男子”至“降伏其心”。

贊曰：此正發起也。言“如是”者，指陳控引：“我當爲汝委細宣説，如是注心，修行降伏。”既爲控引行所住文，故説此文爲“正發起”。

《經》：“唯然世尊，願樂欲聞。”

贊曰：此善現敬承也。“唯然”者，敬諾之辭；“願樂”者，喜承之意。既蒙敕聽，未可安然；况復許宣，寧得緘默？故申唯諾，承奉尊言。故《十地論》樂説[2]偈云：“如渴思冷水，如飢思美食，如病思良藥，如衆蜂依蜜。我等亦如是，願聞甘露法。”善現亦爾，言“願樂”等。

《經》：“佛告須菩提”至“降伏其心”。

贊曰：次下第三行所住處。是前所發住心修行降伏三種別修行相，云總所依道理處所名“行所住處”。謂依此中歷行，别明廣分十八所應住法，文義相攝，勒爲八種，以行就位，略束爲三。言“十八”者：一、發心。如經“佛告須菩提”至[3]“即非菩薩”。二、波羅相應行。如經“復次，須菩提”至“如所教住”。三、欲得色身。如經“須菩提，於意云何”至“即非菩薩[4]見如來”。四、欲得法身。曲分爲三：初言説法身，如經“須菩提白佛言世尊”至“何况非法”；次智相法身，如經“須菩提於意云何”至“而有差别”；後福相法身，如經“須菩提於意云何”至“即非佛法”。五、修德勝中無慢。如經“須菩提須陀桓”至“阿蘭那行”。六、不離佛出時。如經“佛告須菩提”至“無所得”。七、願净佛土。如經“須菩提，於意云何”至“而生其心”。八、成熟衆生。如

① 結合文意，此處“示”當爲“視”之借字。
② 説，録本訛作“法”，據底本改。
③ “至”字前底本尚有“至即非菩提”五字，當係書手誤書。今結合文意，據甲本删。
④ “非菩薩”三字甲本無。

經“須菩提,譬如”至“是名大身”。九、遠離隨順外道[①]論散亂。如經“須菩提,如恒河中”至“如來無所説”。十、色及衆生身搏[②]取中觀,破相應行。如經“須菩提,於意云何”至“是名世界”。十一、供養給侍如來。如經“須菩提,可以三十二相”至“是名三十二相”。十二、遠離利養及疲乏熱惱故,不起精進及退失。如經“須菩提,若善男子”至“是名第一波羅蜜”。十三、忍苦。如經“須菩提,忍辱波羅蜜”至“見種種色”。十四、離寂静味。如經“須菩提,當來之世”至“執果亦不可思議”。十五、於證道時離喜動。如經“爾時,須菩提”至“三菩提者”。十六、求教授。如經“須菩提,於意云何”至“是名一切佛[③]法”。十七、證道。如經“須菩提,譬如人身長大”至“無衆生無壽者”。十八、上求佛地。已下文是。於中分爲六種具足:一、國土净。如經“須菩提,若菩薩作是言”至“説名真實菩薩”。二、無上見智净。如經“須菩提,於意云何”至“如來説得福[德][④]多”。三、隨形好身。如經“須菩提,佛可以具足色身見不”至“是名具足色身”。四、相身[⑤]。如經“須菩提,如來可以具足諸相見不[⑥]”至“是名諸相具足”。五、語語[⑦]具足。如經“須菩提,汝勿謂如來[⑧]”至“是名説法”。六、種心具足。已下文是。於中復開有六種心:一、念處。經闕此文,餘本即有謂“彼非衆生非不衆生”等,至下當知。二、正覺。如經“須菩提白佛言”至“名善法”。三、施設大利法。如經“須菩提,若三千大千”至“即非凡夫”。四、攝取法身。如經“須菩提,於意云何”至“不可以具足相故得阿耨菩提”。五、不住生死涅槃。如經“須菩提,汝若作是念”至“説不受福德”。六、行住净。已下文是。於中顯有三行住净:一、威儀。如經“須菩提,若有人”至“故名如來”。二、破名色身自在。如經“須菩提,若有善男子”

① 道,甲本無。

② 搏,無著菩薩造、[隋]達磨笈多譯《金剛般若論》卷上[T25n1510bp766c12]作“摶”。

③ 佛,甲本無。

④ 德,録本脱,據底本補。

⑤ 身,甲本作“者”。

⑥ 不,甲本無。

⑦ 語,甲本無。

⑧ “如來”二字甲本無。

至“是名法相”。三、不染。已下文是。於中顯有二種不染:一、說法。如經“須菩提,若有人”至“如如不動”。二、流轉。如經“何以故”至“應作如是觀”。文義相攝,勒爲八者:一、攝住處。即前發心,於此文中,攝取菩提心,攝取衆生故。二、波羅蜜净。即前波羅蜜相應行,由無相智,與行相應,得清净故。三、欲住處。合前三四色身法身,皆是所求佛果身故。四、離障礙。合前十二,總爲一住。始從第五修道得勝乃至十六求教授,文皆能離彼所除障故。五、净心。即前證道,由證道時净心故。六、究竟。即前上求,是所上求究竟果故。第七、廣大。第八、甚深。是前十八住處通義皆有廣大甚深行故。以行就位,束[①]爲三者:一、信行地。即十八中前十六住皆是地前所依行故。二、净心地。即第十七證道住處是無漏[②]心所依位故。三、如來地。即第十八上求佛地,求如來果所依地故。雖以廣略三種料經,然今且依三地料判,依位起行,寬攝狹故。行所住總分三地。信行地中,分之爲四,即八住中前四住處,以信行地三十心中,皆有發心,修行求果,離障四行,無不起故。若依無著,十八住處,住處文中,皆答三問。若依天親,别以三文,單答三問,餘皆斷疑。經文是一而論異者,一會之中,根有利鈍,樂有廣略,行有定散,障有執疑,是故聖教文[③]有單重,義有横竪,理有隱顯,治有破遣。由斯二論,各據一明,具顯深宗,不相乖背。無著第一發心住處,即是天親答住問。文顯以四心而明所住:一、廣大利益心。謂能遍緣一切衆生而起悲心,思拔其苦,由無所簡,名“平等恩”。二、第一利益心。謂起慈心,恩與其樂,令得涅槃第一樂果,由唯與此,名“不施恩”。三、常利益心。離衆生相,不取度相,而常喜慶一切衆生,由心無著,名“善意恩”。四、不顛倒利益心。不見我、人、壽者等相,無心住相,平等捨相,由無妄取,名“真實恩”。正是菩薩所應[④]住處,故明四心而答住問。若依無著,此及諸住皆顯三義,而答三問[⑤]。言三義者:一、七義句;二、八住處;三、即五義。七義句者,文如前列。前六正所

① 束,甲本無。
② 漏,録本訛作“滿”,據底本改。
③ 文,録本訛作“云”,據底本改。
④ 應,甲本無。
⑤ 問,録本訛作“義”,據底本改。

明宗，第七[①]釋經名字，此一義句題中已顯。就前六中，初三別配經文，其義句相，已隨文釋；後三住處，通義諸住，皆有能治能證所依地故。就後三中，對治顯行相爲能治，不失顯行相爲能證，正是諸住所應住[②]修降伏之法地。是此二法之別位，而無別體，不離此故。對治有二：一、邪行；二、共見正行。若生起心"我能如是行如是行"，是[③]名爲"邪行"，菩薩雖行不生心故。若謂對治此邪行故[④]，雖行諸行，不作行相，此即名爲"邪行對治"。雖名正行，仍猶二見，謂"能如是不住行"，不住行與見俱，名"共見正行"。爲離此見，行不行相皆應不住，即名"共見正行對治"。若有二見障無相心，雖行諸行，不稱般若。故諸住處皆應住修此對治道而降伏之。不失是離增損二邊，謂一切法皆歸二諦：一者俗諦，因緣假有；二者真諦，無自性故空。如是二諦，其體不異。俗即真故，有而非有；真即俗故，空而不空；非有非空，是中道理。若執法有，是增益邊；若執法無，是損減邊；離此二邊，是真般若。故諸住處皆應住修降二邊，心不失中道。次八處住者，有文有義，已如前列。前六別配經文，後二住處通義，廣大甚深，通是諸住，住心修行降伏處故。度一切衆生，修一切[⑤]善法，離一切諸相，名"廣大行"。雖行廣大之行，不見能行之相，由證真空甚深理故，行亦甚深，名"甚深行"。後五義者：一、依義。即諸住處所對治法，謂不住修降伏等障，依此所斷，方説能治，住心修行降伏行，故所治者名爲"依義"。二、説相。即一住處，能所斷證，依義攝持，安立顯現所有文義，名"所説相"。三、攝持。即諸住處，欲[⑥]願住心；凡欲修行，初生欲願，修行降伏，勝行方成；即攝後行以令生，持後行令不退，故説"欲願"亦爲"攝持"。四、安立。即諸住處第一義諦，内證真理，名非"安立"；今以言説而施説故，故説真如名爲"安立"。五、顯現。即諸住處所修無相，相應定惠(慧)現量顯了，證真如故，名爲"顯了"；折伏散心，亦是此攝；如爾焰境，制令住

① 七，甲本脱。
② 住，甲本脱。
③ 是，甲本脱。
④ 故，甲本脱。
⑤ 切，甲本無。
⑥ 欲，甲本無。

故;即初依義,是所斷障。第四安立是所證理,攝持顯現是能[①]治行。前之三問,但問能治,就勝問故,影略問故,須佛廣答,具明三種。欲顯斷障,證理能[②]習。若有一時,必有餘故。前七義句及八住處,通顯住修降伏之處。今則別顯斷修證法,故説五義而答三問。如是三義既遍諸住,此亦三義而答三問。於中有二:初總標,後別顯。此文初也。此中應言:"諸菩薩等應如是住,降伏其心。"舉終括始,但言"降伏",謂"應如是住其心"等,即五義中初依義也,顯示所治不降等故。

《經》:"所有一切衆生之類。"

贊曰:次下别顯。准天親《論》,别顯[③]四心,即分爲四:"所有"已下,名"廣大心";"我皆"等者,名"第一心";"如是"等者,名爲"常心";"何以故"下,"不顛倒心"。若依無著,顯答三問,即分爲三:初答住問,即前二心;次答修行,即前"常心";後答降伏,即"不顛倒心"。初答住問,復分爲二:初欲[④]願所度之生,即"廣大心";後欲願令生所得之果,即"第一心"。初中復二:初標舉,後差别。此初也。所言"衆生"有其三義:一、衆多念生,謂本一心,實[⑤]無動念,而爲無明所薰染故,五意意識、衆多妄念而[⑥]生起故,名曰"衆生";即此依於《起信》意解。二、衆多緣生,謂因五蘊及十二處、十八行等衆多因緣而生起故,名曰"衆生";此即依於《智度論》解。三、衆多類生,謂有四生三界五趣多生類故,名曰"衆生";此即依於無著意解。由初種種妄念生故,即有蘊等衆多緣生,遂受趣等衆多生類,始終[⑦]三義,名曰"衆生"。今言"一切",遍舉此等。"復言"之類,意簡非情,謂外道等邪教邪思亦[⑧]説草木名爲"衆生",

① 能,甲本無。
② 能,録本訛作"修",據底本改。
③ "别顯"二字録本訛作"顯别"按:底本"顯别"二字間實有乙鈎號,兹據乙正。
④ 欲,録本訛作"名",據底本改。
⑤ 實,録本訛作"言",據底本改。
⑥ "而"前録本衍"生"字,據底本删。
⑦ 終,甲本無。
⑧ 亦,録本訛作"念",據底本改。

而佛教中[①]不同於彼。具前三義有情識者，方是佛教“衆生”之類。

《經》:“若卵生”至“非無相[②]”。

贊曰:次辨差別也。謂以三類，顯生差別。“卵生”等者，受生別故；“若有色”等，依正別故；“若有相”等，境界別故；“受生別”者，卵等異故。五蘊初起，名之爲“生”；依鷇[③]方出，名爲[④]“卵生”；含藏而起，名曰“胎生”；假潤而興，曰“濕生”；無而忽有，稱“化生”。由内思業、外[⑤]鷇[⑥]胎藏濕潤四[⑦]緣，而蘊生起。於四緣中，卵生具四，胎生具三，濕生具二，化生唯一，謂内思業，藉緣多少，如是次第。以此四生攝五趣者。如《俱舍論》頌此義云:“人傍生具四，地獄及諸天，中有唯化生，鬼通胎化二。”多少勝劣，如餘處明。依止差別，即身異也。身通五蘊及四蘊成。若具五蘊而成身者，名爲“有色”，即欲界[⑧]二十處、色界十七處，皆有形質故。若唯四蘊而成身者，名爲“無色”，則空處等無色四天厭色生彼，無形質故。雖有定果色，而無業果色，由此但名“無色界”耳。境界差別，即心異也。若有分別境界相者，名爲“有相”，即欲界地。除睡悶位，下三静慮。第四静慮除無想天，三無色全，並無麁境，心相分明。故約有境，名爲“有想”。若都無境，名爲“無想”，即第四禪無想一天，諸外道等計爲“涅槃”。修行無想定，生彼天中，於五百劫，全無心相，不緣境界，故名爲“無想”。若雖有境，而不分明，則彼心想，亦復昧劣，名“非有想非無想”也；謂有頂地，以次下地，心心所法，而爲所緣，境既微細，心亦闇劣，不同於前諸有想地心想分明，名“非有想”；亦不同前無想有情全無心想，名“非無想”；謂此一天，雖無明想，而有闇想，是故雙“非”。如是遍舉三類生者，意顯普攝衆生界盡，並是欲願所度之生，菩薩皆以大慈之心而當濟度，無所簡故，名“廣大心”。

---

① 中，録本訛作“等”，據底本改。
② 相，録本訛作“想”，據底本改。
③⑥ 鷇，録本訛作“聲”，據底本改。
④ 爲，甲本無。
⑤ 外，甲本無。
⑦ 四，甲本似作“化”，待考。
⑧ 界，甲本脱。

《經》:“我皆令[①]人”至“滅度之”。

贊曰:此欲願令生所得之果,即“第一心”。如前所説,三類衆生爲生死苦之所煎迫,菩薩發心,希求思念,皆願度脱,與第一樂。第一樂者,即是涅槃,寂静殊勝,名爲“第一”。希願彼故,名“第一心[②]”。“涅槃”梵音,此云“圓寂”。“圓”謂圓滿,具足三德故;“寂”謂寂静,異生死喧故。涅槃不同,有其四種:一、自性清凈。謂諸衆生本静心體,此體即是諸法真如,具恒沙德,常恒安樂,雖爲二障之所覆染,在二生死處於輪迴,而亦不失本清凈性,其體本寂,故名“涅槃”。二、有餘依。謂即真如,出煩惱障;此有二[③]種:若二乘人,雖斷煩惱,餘苦依身,猶未棄捨;若諸如來,雖無煩惱所感苦身,而有無漏[④]功德依身,雖實無苦,而有示現苦,所依[⑤]身皆名“有餘”,而障永寂,故名“涅槃”。三、無餘依。謂即真如,出生死苦;此有二種:若二乘人,先斷煩惱,令捨分段麁苦之身;若諸如來,永離生死,是故皆得名“無餘依”,而苦永寂,故名爲[⑥]“涅槃”。四、無住處。謂即真如,出所知障;大悲般若常所輔翼,由斯不住生死涅槃,利樂有情,窮未來際,用而常寂,故名“涅槃”。一切有情,皆有初一;二乘無學,容有前三;唯我世尊,可言具四。今“無餘”者,即前第三,離生死苦,永安樂故。言“滅度”者,滅障度苦,即滅二障,度二死苦,寂静安樂,故[⑦]名爲“滅度”。唯得無餘,滅障度苦,故入無餘而滅度之。

問:“衆生既廣[⑧],六道類多,亦五乘性别,有緣無緣,可不可度。若一人而能遍救,則諸聖何置劬勞,故令皆入涅槃? 此乃非所應[得][⑨]。何[⑩]故而願此不可得義耶?”

---

① “令”前録本衍一“度”字。按:底本“度”旁有一廢棄號。兹據删。

② 心,甲本無。

③ 二,録本訛作“三”,據底本改。

④ 漏,録本訛作“滿”,據底本改。

⑤ “所依”前底本尚有“所依”二字,今結合文意,據甲本删。

⑥ 爲,甲本無。

⑦ 故,甲本無。

⑧ 廣,甲本脱。

⑨ 得,録本脱,據底本補。

⑩ “何”前録本衍“問”字,據底本删。

答:“菩薩發心,希成佛果,資乎福智,本乎慈悲。願行之興,依生①以立。若有所棄,豈曰‘弘慈’。凡起大心,皆無所簡。生所攝者,我皆度之。性類雖多,皆是生攝。但念普救,勝行剋成。度生無多,速自成佛。覩斯妙益,勸發其心。是故《經》言:‘我皆令入。’”

“若爾,則願②弘通,故知實理非皆度盡。然應度者,亦通四生。其胎化生,多天人③攝,有色有想,或具身心,既非難處,可容滅度。卵濕二類,固則不然,既居難處,又未成熟,如何亦使入涅槃耶?”

答:“若在難處,要待其時。若未成熟,而令成熟。已成熟者,而解脱之。皆入涅槃,亦何疑難?”

“若爾,涅槃言該④四種,足令滅苦。樂果昭宣,長言無餘,起(豈)⑤非煩迂?”

答:“但言涅槃,恐濫方便。凡夫外道,六行所成,未免輪⑥迴,尚拘苦網。爲簡於彼,要舉無餘。是故不但言‘涅槃’矣。”

“若爾,有餘亦能滅障。既非方便,聖者方成,何故不言餘滅也?”

答:“由三義故,不言有餘:一、是共果故。有苦無苦所依身者皆共所得解脱果故。二、宿業得故。謂二乘者要依故業分限之身而證得故。三、佛説得故。謂近聞法修行所得苦依未滅、非究竟故。非如無餘,是其究竟。要無苦依,故業身盡,任運謝滅,而方證得。是故不説‘令得有餘’。”

“若爾,自性即是真如,諸佛所師,衆聖所趣。何不令入自性涅槃?”

答:“自性涅槃,衆生本有。但未離障,尚處輪⑦迴。衆生無明,不能契悟。真樂本有,失而不知。妄苦本空,得而不覺。拔苦與樂,是曰‘慈悲’。願與本性,何所利益?况皆本有,豈願與之?是故不願與其自性。”

“若爾,菩薩有大悲心,應願與其最勝之果。何不願與無住涅槃?”

---

① 生,録本訛作“坐”,據底本改。

② “願”前録本衍“是意”二字,據底本删。

③ “天人”二字甲本作“人天”。

④ 該,録本訛作“諺”,據底本改。

⑤ 起,甲本作“豈”,此處“起”當爲“豈”之借字。

⑥⑦ 輪,甲本作“淪”。

答:“無住涅槃,唯大乘有。而今般若,通被三乘,能辨聲聞獨覺佛地,故舉三乘通得之果。是故但説無餘涅槃,故亦不是佛無餘涅槃也。”

“若爾,不應爲[①]‘第一心’,二乘無餘非第一故。”

答:“對生死苦,亦名‘第一’。希願此故,名‘第一心’。如摩訶薩初發心位,亦得此名。此亦爾故。即此無餘,是第一果,是諸衆生,皆所應得。是故菩薩發大慈悲,四生三界一切衆生皆以無餘而令滅度。正是菩薩廣大之行令一切生得滅度故,亦是菩薩離損減邊、能度衆生不執空故,亦是欲願能攝持心、攝持修伏度生行故。既是應住願樂之心,故説此文名‘答住問’。”

《經》:“如是滅度”至“得滅度者”。

贊曰:此常利益心,答修行問也。“如是滅度”者,牒前“第一心”。“無量”等者,牒前“廣大心”。三世言之則無量,十方求之乃無邊,種類言之即無數,故言“無數無量無邊”等也。“實無”等者,釋成常義。二論意云:由依無相相應定慧,觀一切法,平等真如,生死涅槃,本來不異,衆生諸佛,性自無差。由妄想故,菩提爲煩惱;若了悟也,生死即涅槃。由此言之,凡聖一如,衆生我身實無别體,豈我身外别有衆生?由得如是同體大悲,他縛即我縛,他度即我度。由無彼此,不生勞倦,故能常度一切衆生。如是皆因得無相定慧,悟無相理。此即菩薩[②]邪行對治,遠離執著“我能度”故;亦是遠離增益之邊,不執[③]“實有衆生度”故;亦名安立第一義諦,第一義中無生度故;亦則名爲“甚深之行”,廣度衆生、無度相故;亦名“顯現”,二量顯了、證真如理、無度相故。既爲菩薩常利益心,亦即名爲“大喜無量無相定慧”。既有此能,是故菩薩應如是修相應定慧無相之行。

《經》:“何以故”至“即非菩薩”。

贊曰:此不顛倒利益心,答降伏問。前令修行無相定慧,起同體相,而常度生;此恐散亂,起顛倒心,取自他相,故爲[④]遮止。於此文中,有徵有釋。徵

---

① 爲,録本訛作“名”,據底本改。

② “菩薩”前底本尚有“菩薩”二字,今結合文意,據甲本删。

③ 執,甲本脱。

④ “爲”前録本衍“相”字,據底本删。

之意者：何所以故滅度衆生、不取度相？釋之意云：若有自、他二相不亡，則於自[①]身而起我相，亦於他身起人等相。是有顛倒之心，寧得名爲“菩薩”？既無同體悲智，豈能常度衆生？且身本無我，孰爲“能度”？衆生本空，曷爲所度？妄生取相，見自他耶？故《净名》云譬如幻士爲幻人説法，當達是意。夫“真菩薩”者，一於自身無其我相，二者於衆生離其法相，故能常度一切衆生。汝今發心，欲度衆生，故應不起自身我相，亦不於他起人等相。若能如是，名“真菩薩”，方能濟度一切衆生，則是共見正行，對治遠離“我能不住相”故，亦即同前是顯現心、除自他相、了真如故，亦是所住不顛倒心、遠離“我”等顛倒相故，又是菩薩大捨無量、能離自他、住平等故，離自他相。既有此能，菩薩應當如是降伏，勿起妄念而見[②]自他。若能如是，菩薩則能攝菩提心，攝取衆生。正是菩薩四利益心，别修行相之總住處。豈唯别[③]答前之三問，及是總答“云何住”義。故天親《論》頌此義云：“廣大第一常，其心不顛倒。利益深心住，此乘功德滿。”

《經》：“復次，須菩提”至“行[④]於布施”。

贊曰：次下第二明其修行八住處中波羅蜜净，即十八中波羅蜜相應行住處。前令發心，以希佛果；次令修行，爲菩提因；行若不修，果不成故。故説萬行爲圓滿持，能持佛地圓滿果故。

“若爾，妙業八萬四千，何故此中但言其施？”

答：“以施爲萬行之初，且麁而易習。況言包於六度，亦舉此而統餘。其義者何？施有三種：一、資生施，謂以資財資彼生故；二、無畏施，謂以慈愛令彼安故；三者、法施，謂以善法濟其苦故。以此三施，攝彼六度：初資生施，攝初施度，施彼資財、資益彼故。次無畏施，攝彼戒忍；由持戒故，不損惱他，於菩薩所，未加惡者，知不行惡，不生怖故；由忍辱故，能忍他害，二菩薩者，知能忍耐，終無返報，亦不怖故。後善法施，攝進定慧；若爲衆生説法之時，由

① “自”下底本、録本衍一“他”字，今結合文意，據甲本删。

② 見，録本訛作“是”，據底本改。

③ 别，甲本作“則”。

④ 行，甲本無。

精進故，不憚寒熱，不告勞倦，常勤説法；由禪定故，不貪敬養，能善知心，稱根説法；由智慧故，解了於法，無有倒錯，如實而説。既以三施，具包六度，施言通三，即六度也。故《天親論》頌此義云：'檀義攝於六，資生無畏法。此中一二三，是名修行住。'由行如是六度行故，一一皆得二世果報。現在報恩，恭敬供養，當謂六度諸別異果，施得大財富，戒成大尊貴，忍招善眷屬，進獲果不絶，定感身無損，慧根利悦樂。然其修行，有其二種：若求此果，名'住相行'；不求此果，名'不住行'。若不求報而行施者，便與七種最勝相應，既皆得彼'到彼[1]岸'名，近成此報，遠成佛果。若求果報而行，行者心有垢故，行不精淳，既不得'到彼岸'名焉。感菩提極果，爲遮住相之施，故令不住其心。又[2]，文中分二：初明不住行施，以答三問；後釋此疑難，勸勉令修。初文復二：初明三不住施，答其住問；後令不住於相，合答[3]修伏問。初中復二[4]：初不住於法施，後不住六塵施。此初也。准餘本經，有三不住，是故諸論依三以解。三不住者：不住於事施，都無所住施，不住六塵施。初中'事'者，有其三義：謂於現生，自身體事；於彼資生，所施物事；於當來世，施物果事。若於現在，愛著自身，爲存己故，起不行障，設不獲已而行施時，或復生苦，或復追悔，或由住著求當來[5]果，由此不成所求勝體。設得當果，而不圓常。爲遮此故，是故《經》言'不住於事，應行布施'。既離三事説此經文，是故三論各明一義。下二'不住'亦准此知。次下所住，有其二義：初住現在，報恩供養，成僻行障，爲邪僻因；後住當來，邪僻之果。此復有二：或無畏施，戒忍二果；或除財施[6]，餘五度果；皆是通别當來果故。若求此等，心既邪僻，名'求異事'，勝果不成。爲遮此等，是故《經》言"都無所住，應行布施"。戒忍等果，不可别分，故總説言'都無住'也。財及五果，皆當果法；自身報恩，皆現在法；資生無畏，皆世道法。是故此經總合兩文，名爲'住法'。既皆不住，故總説云

---

① 彼，甲本無。
② 又，甲本無。
③ 答，甲本脱。
④ 二，甲本脱。
⑤ 來，録本訛作"物"，據底本改。
⑥ 施，甲本無。

‘於法無住’。雖與此本作此道理，終成譯主成①文妄耳。”

《經》：“所謂不住”至“觸法布施”。

贊曰：此不住六塵施也。文言所謂，似釋前標三不住施。文義既殊，前文非標，此亦非釋，又是譯者妄加文耳。此文亦通，或總或別。六度所得二世果報，二世之果皆有二種：現二報者，外得供養世間②五塵樂，内成適悦現法③涅槃；當二報者，近得美妙五欲之樂，遠得法身萬德之果。此二世果，或通六度，或別法施之所成就。若求現當五塵果者，名“住色等而行布施”；求現涅槃當法身者，名爲“住法而行布施”。若住此等而行施者，心不順故，名“倒行障”；不契菩提，名“求異事”。爲遮此等，是故《經》言“不住色聲香味觸法布施”。經以麁細有殊，別開其色；論以寬狹有異，別釋其法。經論開合，理不相乖。爲顯如此三不住義，故天親《論④》而説頌云：

“自身及報恩，果報斯不著。護存已不施，防求於異事。”

如是於三不住行施，正是菩薩邪行對治，以無所住治住著故；亦是不失中道正行，不住於相，而行布⑤施故；亦是廣大甚深二行，以無住心行大行故；亦名“依”義，依所住著，顯示無住能持⑥法故；亦名“説相”，説一住處，所治能⑦治所⑧證相故；亦是欲願能攝持行，攝持無住清净行故；亦名“安立第一義諦”，順第一義無所住故。菩薩若時在散位中，應觀如是殊勝道理，應行如是三不住施。故天親説“答修行問”，即是無相定前加行。菩薩欲入無相定慧、得成真實無相施者，應如是住欲願心也。故無著判爲“答住問”。經有二意，論隨一明。所顯似殊，理極相順。

《經》：“須菩提”至“不住於相”。

---

① 成，録本訛作“咸”，據底本改。
② 間，甲本無。
③ 法，甲本無。
④ 論，甲本無。
⑤ 布，甲本脱。
⑥ 持，録本訛作“治”，據底本改。
⑦ 能，録本訛作“階”，據底本改。
⑧ 所，録本訛作“而”，據底本改。

贊曰:此即合答修伏問也。一切諸法,其體皆空,何有施者受者財物?不應於中强生分别,起住著心而行布施。若能離相而行布①施,行既清净,心又稱理,乃是共見正行對治離住、不住取相心故,又是顯現不住於相、現量顯了、證真如故。既達彼岸,當感菩提,故諸菩薩應修無相相應定慧而行布施,勿起散心而住於相。由修定慧,能不住相,故無著説"答修行問"。若心散亂,取相心生,亦應如是而爲降伏。如爾涅槃境,不取於相,由於散住,有取相心,應可降伏。是故兩論亦説此文"答降伏問"。故天親《論》障伏頌云:"調伏彼事中,遠離取相心,及斷種種疑,亦防生成心。"上半顯降伏義,釋此經文;下半明斷諸疑,釋徵已下文。然准無著,乃至下文,皆答三問;若天親《論》,略答三問,下皆斷疑。所以如是兩論異者,修行之人,有二種障。既生取相,或復懷疑。由有疑故,不肯修行;由取相故,行非稱實。然經爲斷,而起勝行,略答問而多斷疑,令離執而行稱真,廣答問而明正行。經文既有二意,論者各據一明,同契至真,共彰妙旨。天親前來已答問訖,下净前義而斷諸②疑。

《經》:"何以故?"

贊曰:此下第二釋此疑難,勸勉令修。於中有③二:先徵,後釋。此徵也。以諸菩薩心有相故,貪於福德,疑無相施功德是無,於無相行心不堪樂。今佛將欲斷彼疑心,堪樂修行無相行故,以彼疑情而徵問之④云:"夫行施行,爲住福田。今令不住,何所以也?不存施相,豈有福乎?"

《經》:"若菩薩"至"不可思量"。

贊曰:下釋疑情。於中分三:初標福廣,次喻校量,後勸修住。此初也。夫善以順理爲義,若取相則乖背於真乘,必能離相而修行,乃玄⑤契於"如"義。法性之體,既自⑥無邊,順性而修,福乃無限,亦何必取相而有大福耶?

---

① 布,録本訛作"於",據底本改。
② 諸,録本訛作"法",據底本改。
③ 有,甲本無。
④ 之,甲本無。
⑤ 玄,甲本作"至"。
⑥ 自,甲本無。

故應捨儒末(濡沫)[1]之小心,從江海之大志,勿謂無福,固滯相迷。是答前徵,是斷疑意也。故下半頌釋此經文,謂於此中非但降伏,及下諸文斷種種疑。下文所斷二十九疑,疑非一故,故云"種種"。其下諸文,亦如此中。防其初後取相之心,故言:"及斷種種疑,亦防生成心。"

《經》:"須菩提"至"可思量不"。

贊曰:此下喻顯校量。於中有二:初舉喻問答,後正顯校量。前中有二:初舉東方,後例九方。初中復二:初如來問,後善現答。此初也。虛空無像,其際叵量。施而不住,其福無限。故以施福,借喻虛空。西國尊人,坐皆東面,且隨所向,偏指東方。故問善現:"於汝之謂爲云何耶? 東方虛空應可以意思慮度量[2]得邊際不?"

《經》:"不也,世尊!"

贊曰:此善現答也。虛空之體,無際無涯,不可以意思慮度量得其邊也。

《經》:"須菩提"至"可思量不"。

贊曰:此下重例餘九。文亦分二。此初佛問也。前舉東方,足彰福廣;重問餘九,顯利尤多。然"虛空"者,無礙爲名,實不可說有其方所,且隨色相假說十方。若無其色,無虛空故。言"四維"者,即四隅也。餘文易解,不繁廣釋。

《經》:"不也,世尊!"

贊曰:此重答也。文准前知。

《經》:"須菩提"至"不可思量"。

贊曰:此正顯校量也。然以"虛空"總有三義,故無著說有三因緣。若具而言,有其六義,與無相福,正爲校量:一、周遍礙、非礙無住施福,通感色法有相、無相二身果故。二、含容色、非色無住施福,所有因果含有爲[3]、無爲一切德故。三、該通情、非情無住施福,所有因果通於凡聖染净心故。四、不爲

---

① "儒末"二字當讀作"濡沫"。伯 2188 號《〈净名經〉集解關中疏卷上》:"曷爲存濡沫之小惠,捨夫江海之大益,置一時之法養,而設前後之俗施乎?"可資參校。

② 量,甲本無。

③ 爲,甲本無。

塵垢染無住施福,所有因果淳净無有業惑染故。五、畢竟無變異無相施福,所有因果究竟常住、無變異故。六、無有窮盡時無住施福,所有因果,所[①]成利樂無盡期故。論以義類同故,合之爲三。此以具義别故,開之爲六。由此諸義,猶如虚空,亦復不可意思量得邊際也。故《勝天般若經》云若此福德有形相者,空界不受。且以虚空爲少分喻,然無住福出過虚空,不舉虚空,無所喻故。

《經》:“須菩提”至“如所教住”。

贊曰:此勸修住也。無住布施,順法性修。既如虚空,其福無限。因之與果,福德如斯。是故菩薩作應如我所説之教,於無相施住心修行,勿疑無福。

《經》:“須菩提”至“見如來不”。

贊曰:次下第三明其求果,即八住中欲住處也。前既發心,次修諸行。若不求果,心行無依。顯行所依,故明求果。然果有二,謂色、非色。色相果者,即相妙身;非色果者,即真法身。故於此中,分之爲二:初欲色身,後欲法身。初“欲色身”,即十八中第三欲得色身住處[②],斷其第一求佛住[③]相疑,令修稱真求色身行,謂佛色身依真而起,欲成色果,要見法身。若執色相爲真,迷法身而不成色果;若能不報色相,得真體而成色身。故欲求佛色身[④],先觀無相法體。然初學菩薩未悟真身,執化相身,爲真究竟,既懷慢執,遂有疑生,寧求有相佛菩提,令行無住[⑤]之施。由執故不成所求之果,由[⑥]疑故不修感果之因。故執與疑,爲果之障。今佛欲斷疑執之心,令成所求色身之果,故顯佛體非相好身。既爲二意而説此文,是故兩論各明其義。無著約其破執,判爲“欲得色身”;天親就其斷疑,名“斷求佛住相”。文分爲二:問答如來法身非相。後結成前義,以答三問。初中又四:問,答,徵,釋。此初也。將

① 所,甲本無。
② 處,録本訛作“度”,據底本改。
③ 住,録本訛作“作”,據底本改。
④ “故欲求佛色身”六字甲本無。
⑤ 住,甲本無。
⑥ 由,甲本無。

欲斷彼疑執之心，令其離相而觀法體，故寄與問起："此義云何？以有爲生住異滅三十二相觀爲如來真法身不？"

《經》："不也，世尊"至"得見如來"。

贊曰：此答也。以須菩提懸解佛意，答言："不也，不可以有爲生住異滅三十二相觀爲如來真法身也。"

《經》："何以故？"

贊曰：此徵也。何所以故不以有爲生住異滅三十二相觀見如來真法身耶？

《經》："如來所説"至"即非身相"。

贊曰：此釋也。如來所説有爲諸相，非是法身真實之相，以"法身"者即是無爲無相、爲相非有爲故。是故化身有爲身相，即非法身真實相也。若能如是觀於如來，是①即名爲"邪行對治"，離執有爲邪行心故，亦是遠離增益之邊、不執化身爲實相故，亦是依義以依所治色身之慢、顯能治故；亦名"説相"，顯説②欲得③色身住處文義相故，亦是安立第一義諦、第一義中無色相故。由是義故，菩薩但行先住之施，得無相果，勿執化身爲真佛體、返疑所修無相之行。

《經》："佛告須菩提"至"皆是虚妄"。

贊曰：下顯結成前義，以答前三問。於中有二④：初答"住心問"，後答"修伏問"。此初也，將欲成滿善現所言，令於無相而住修伏故，復遍遣一切相也。非但在佛諸相非真，若凡若聖，情與非情，有之與空，相與非相，凡所有相皆是虚妄焉。由達諸相皆虚妄故，即是欲願能攝持心，攝持⑤離相觀真行故。諸菩薩應如是住。

《經》："若見諸相非相則見如來。"

贊曰：此答"修伏問"也。既執諸相，是其虚妄，不見如來；明知離相，是

① 是，甲本無。

② 説，甲本無。

③ 得，甲本無。

④ 二，甲本脱。

⑤ "心攝持"三字甲本無。

其真實，則見如來。故天親《論》頌此義云："分別有爲體，防彼成就得。三相果體故，離彼是如來。"既能觀相皆是非相，即是共見正行對治，非相相見相皆遠離故，亦是不失所修中道、離虚妄相、見真佛故，亦是廣大甚深二行觀相非相、見如來故，亦是顯現離相觀佛、現量顯了、見真理故。由如是義故，諸菩薩應修無相相應定慧，離一切相而觀法身。若心散亂，執相復生，還應如是降伏其心，亦拘執相而爲真佛。若能如是見真如來法身，既成色果，亦備依體起相理恒數故。

問："諸佛身相，悲智所成。豈得爲説虚妄相也？"

答："佛之色相，圓智所成，既遍十方，亦無分限，隨其根性，所見不同，然非是佛本真實體。若執爲實，自爲虚妄，豈於佛相有虚妄耶？但除其病，非除法故。"

《經》："須菩提"至"生實信不"。

贊曰：下明法身，即十八中第四欲得法身住處。於中顯有三種法身：謂即言説、智相、福相。欲三法身，即分別爲三。第一欲得言説法身，當斷第二不信空説疑，令修稱實持説之行。前文既言欲得如來色身果者當觀法身，故此令其欲得法身。然夫法身有其二種：謂佛、菩薩福之與智。此福及智是功德[①]法及依止故，皆名"法身"。此依言説教法而生，故此言説亦名"法身"，由能生詮福智身故。猶如實相，觀照二種，正名"般若"，能詮文字，能生詮故，亦名"般若"，故此文字亦名"法身"。既此言説是法身因，若欲希求福智身者，應先欲得言説法身，現在當來，俱流行世。若欲流行，不應取爲法非法相而爲持説。既令希願當現流通，故即於此而生疑念：向法無相，行於布施，是因深義；又説如來非有爲相，是果深義。因深果遠，邃旨難知。佛在之時，尚難信解，況佛滅後，時惡根微，豈更離相而爲信解？云何令我當現流通？既無信者，寧非空説？此即由先欲得，有此疑生。疑念既興，便不希願。今者欲斷彼疑念心，令其希求現當持説，故説惡時有信持者。既爲二意説此經文，由此兩論各明一義。無著約令希願名"欲得言説法身"，天親就[②]斷疑心

① 德，甲本脱。
② 就，甲本脱。

名“斷不信空説”。文中有二:初善現發問,後如來爲説。此初也。善現意欲斷彼疑心,令希求故。而發問云:“於當後世,豈有衆生聞此言説法身章句而生真實信解以不?”

《經》:“佛告須菩提”至“莫作是説”。

贊曰:以下如來爲説。於中有二:初正答前問,後明法身要義。初中復二:初止説無,後正答有。此初也:勿謂當來無信受者,而作是説。

《經》:“如來滅後後五百歲。”

贊曰:下正答“有”。然此答“有”,有其二意:近答“生實相問”,遠答“住修伏問”。於中有二:初明生實相因,以答“住問”;後明能生實相,答“修伏問”。初中有二[①]:初有時,後有因。此初也,即佛滅後五五百歲。《大集經》説:佛滅度後第一五百年解脱牢固,樂行聖行、多得聖果故;第二五百年禪定牢固,雖不得聖、深樂禪定故;第三五百年多聞牢固,不習禪定、多持文義故;第四五百年福德牢固,又捨多聞、樂修塔寺故;第五五百年鬪諍牢固,又捨福德[②]業、多樂忿諍故。如是五種牢固之時,出家之人於彼行增多少[③]而説,非越此時不修餘行。如初五百解脱堅固,然亦有人修餘四行,如阿育王廣造塔等。故於後後時,亦有前前行。但約多少[④],而作是説。此望佛在,皆名爲“後”。故經説言“後五百歲”,皆佛滅後惡世代故;或可偏指第五五百,以是極惡鬪諍時故,明於彼時有信經人,况餘好時而不信也?

《經》:“有持戒”至“以此爲實”。

贊曰:次明有因。於中有四:一、久修三學行;二、遇佛集妙因;三、爲佛所攝受;四、離障得勝報。由此四因,故能信受。此初因也。言“三學”者,謂戒、定、慧。以此三學,備攝諸行。具三學者,知教順理。故具三學,能信此經,以此經爲真實稱理。既有信者,亦不空説。故天親《論》頌此義云:“説因果深義,於彼惡世時。不空以有實,菩薩三德備。”言“三德”者,即三學也。

① “初中有二”四字甲本無。

② 德,甲本脱。

③④ 少,録本訛作“分”,據底本改。

然此文中，闕其智慧。若准餘本，應合有之，以譯經者隨此[①]義云，謂信經者有教理别。此戒定因，但信於教。下由智因[②]，而信於理。故天親《論》隱智不論，離我相中，方明智慧，故於此中隱智不舉。雖有此理，終譯者失。佛豈不解而説之耶？持戒二學，修福定學，謂有持戒修定慧者，以此經爲實而生信心也。

《經》："當知是人"至"而種善根"。

贊曰：次遇佛集妙因。於中有三：初非供少佛，次久事多尊，後舉劣況勝。此初也。言"善根"者，即前戒定，謂非少佛修戒定慧，非謂財供而種善根。財供養時，不以爲喜。正行供養，方歡喜故。

《經》："已於無量"至"種諸善根"。

贊曰：此久事多尊也。顯於多佛，具修三學，故言無量千萬佛所種諸善根。故《論》頌云："修戒於過去，及種諸善根。戒具於諸佛，亦説功德滿。"

《經》："聞是章句"至"生[③]净信者"。

贊曰：此舉劣況勝也，意説一念生净信者，尚於多佛久種善根，況不取相而爲持説？當知必有廣大功德。是故菩薩[④]應住欲願之心，而爲攝持持説之行，故諸菩薩應如是住。

《經》："須菩提"至"是諸衆生"。

贊曰：次爲佛所攝受也。此顯信經是根熟者，佛所記録而攝受之，故能於經而生實相。言"悉知"者知其心，言"悉見"者見其身，顯佛世尊以其願智三昧之力，於一切時，現知現見，非比智知，非肉眼見，是故雙説"悉知悉見"。如來知見有五勝益，不爲魔惱壞其道行，修斷事中有勇猛力，不敢懈慢作諸非法，常自慶慰、修行不倦，雖入三空門、不墮二乘地。由此不敢自説已德、求於供養及求恭敬，便能清净信受持説，勤於斷修，喜無倦等。故天親《論》頌此義云：

① 此，甲本無。
② "智因"二字甲本脱。
③ 生，甲本脱。
④ "菩薩"二字甲本脱。

“佛非見果知,願智力現見。求[①]供養恭敬,彼人不能説。”

《經》:“得如是無量福德。”

贊曰:此離障得勝報也。顯持經人,雖無如前戒定慧等三種勝因緣[②],但由過去無法障故,得是無量福報之身。故能不謗而信持説,即復由此持説經故,當得如是無量福德。顯斯二意,總説得言,非准信經當生福也。

《經》:“何以故?”

贊曰:上明生實相因,答“□(住)[③]問”竟;次明能生實相,答“修伏問”。於中分五:問,答,徵,釋,結。此初也。此問意云:“何以要由修三學等前四種因,方能於經生實相耶?”

《經》:“是諸衆生”至[④]“非法相”。

贊曰:此第二答也。文中二節,初“我”後“法”。然初“我相”,有總有别。總謂四種,皆名爲“我”,皆執諸蘊有主宰故;别謂四蘊,於三世蘊總别分别,執“我”等故。若扵[⑤]三世差别五蘊總執主宰,名爲“我相”;執過去我是今世我、多生不斷,名“衆生相”;執現在我一期命住、是我之壽,是[⑥]名“壽者相”;執我當來復生異道、數取趣故,名爲“人相”。以梵語云“補特伽羅”,俗語曰[⑦]“人”,典[□][曰][⑧]“數取趣”。經依俗譯,論依典文,故“生異道”以釋“人相”。故《論釋》此四相頌云:“差别相續體,不斷至命住。復取於異道,是‘我相’四種。”如是“我相”,若隨總别行相不同,乃有四種;若隨能起此“我相”人,合四總名“外道耶(邪)[⑨]取”,多是外道妄所起故。然其法相,亦有總别。總則四句皆名“法相”,皆是迷真四種謗故。别謂四種所[⑩]執有殊,法、非法等

---

① 求,甲本脱。

② 緣,甲本脱。

③ 住,底本無,録本作缺文,今結合文意,據甲本補。

④ 至,甲本脱。

⑤ 扵,“於”之或體,甲本、録本作“約”,據底本改。

⑥ 是,甲本無。

⑦ 曰,甲本、録本作“目”,據底本改。

⑧ 曰,底本無,今據文意補。

⑨ 耶,甲本作“邪”。

⑩ 所,録本訛作“不”,據底本改。

四種别故。一者、法相。即諸聲聞及大乘中内法凡夫，由處下位，不了法空，執有二取實法相體，即增益謗。經隨執[1]相，名之“法相”；論依起執人，名“聲聞内法邪取”。二者、非法相。即增上慢菩薩聞遣相空，便撥真如及諸功德皆是空無究竟理，此即損滅謗。經隨執著[2]相，名“非法相”；論依起執人，名“增上慢菩薩邪取[3]”。三者、相。即外道等聞非有無，便執諸法亦有亦無、二相違相，即相違謗。由此執故，迷真滅理，執有想定，爲勝涅槃。經隨執行，故名爲“相”；論隨執[4]心所求之境，亦名“世間共相[5]邪取”。四者、非相。即二乘等不了諸法非非有無，便執諸法定非有無取[6]。既非遮表，言成戲論，即戲論謗。既執諸法非有、非無，便樂滅心，離有[7]、無相，執滅定等爲勝果等。經隨執行，名爲“非相”；論約執心所求之果，名爲“無想定邪取”。此依人境，或合爲五，故無著《論》名“五邪取”。若依行相，乃有八種，故天親《論》開爲“八執”。若以類分，總爲二種，所謂我相、法相異故。由依執八，有能離八。是[8]故《經》言“無我相”等。故天親《論》總别頌云：

“彼壽者及法，遠離於取相，亦説知彼相，依八八義别。”

初句總顯“我法”二相，壽者亦是“我”總名故。次句顯離“我法”二相。其第三句，明能離心，即釋《經》言“無我相”等。其第四句，釋八所以，由依執八，能離[9]八故。“無我相”者，謂無我性，以三世蘊皆無實體、非主宰故。“無人相”者，其未來蘊，未生無體，非今至後可當得故。“無壽者相”者，現在諸蘊，念念不住，無有壽命性可得故。“無衆生相”者，其過去蘊，已滅無體，無有自性可至今故。“無法相”者，謂真如上遠離能取、所取二相，以真空無一切物故。“亦無非法相”者，謂真如理雖無二取而體不無，真如實有功德體

---

① 底本“執”字後似有一重文號，録本録作“執”。今結合文意，據甲本删。
② 著，甲本無。
③ 取，底本似作“故”，録本作“趣故”。今結合文意，據甲本改。
④ 執，甲本脱。
⑤ 相，甲本、録本作“想定”。
⑥ 取，甲本無。
⑦ 有，甲本脱。
⑧ “是”字前底本、録本有“一”字，今結合文意，據甲本删。
⑨ 離，甲本脱。

故。言"無相"者,謂真如理性離言説,非有非無,不可説爲有空相故。"亦非無相"者,謂真如理雖不可説,而[①]爲迷者以依言辭而演説故。而此本經但有二者,合彼無相入無法相,同遣相故。合亦非無相,入亦無非法相,同遣無相故。是故二句能攝四種。雖有此理,終譯者失。無著具釋"我法"二相,而不别顯"無我相"等。天親但顯四種"我相",不顯"無我"及"四法相",而但解釋"無法相"等,皆是彰[②]略互顯其義。故天親《論》法空頌云:"一切空無物,實有不可説。依言辭而説,是法相四種。"然諸外道内法凡夫及二乘等,無戒定故,隨應不離五邪八執。既無智慧,不生實相。今此菩薩,由前四因,能離我法,有智慧故,故能於經而生實相。是故要由三學行等,方能於經而生信解。故以此文,答前問也。

《經》:"何以故?"

贊曰:此第三徵也。"我相"多是外道所起虚妄執故,故信經者,可無外道所起"我"等,然此經教法體無[③]。於經生信,應有法體。無法等者,何以故耶?

《經》:"是諸衆生"至"衆生壽者"。

贊曰:次第四釋。於中有二:初總明取相我執不亡,後别顯取於法、非法相[④]。此初也。然諸我執,依法執生,如要迷杌,方謂人等。若取教法,既爲法執,由此亦生我人等相。二執既起,實相是迷。由如[⑤]迷净空,過由翳目。既有法相,即"我"等生,故雖信經,而亦不取。以取經時暫伏我相,由有法執、我執種存,根本不亡,枝葉當起。是故《經》言"若心取相"即"著我"等。

《經》:"若取法相"至"衆生壽者"。

贊曰:次下别顯。於中有二:初明取法相,後顯取非法相。此初也。然前總云"若心取相",即前所説四種法,明四種不離法與非法,故此别明法非法相。若執教法,既爲法執,由此便生"我"等相也。

---

① 而,甲本無。

② 彰,録本訛作"影",據底本改。

③ 無,前底本、録本有"不"字,今結合文意,據甲本删。

④ 相,甲本無。

⑤ 如,甲本無。

《經》:“何以故”至“衆生壽者”。

贊曰:此顯取非法相也。“何以故”者,曲問辭也。執教爲有,是法執故,可有“我”生;撥教爲無,既稱“實相”,應無“我”等。而前所言,無非法相,何以故耶? 故即答云:夫“實相”者,離有離空。若執法無,不稱“實相”。既爲法執,我執亦生。故取非法相,亦即著我等。

《經》:“是故不應”至“取非法”。

贊曰:此第五結也。是前取於法非法相,皆是法執著“我”等故,不應於經取法非法。然夫信經,有其二種:一者、信教。謂雖無智而有戒定,以恭敬心而生實相,即前所説“一念浄信”。二者、解理。即因智慧,不如言聲而取於法,亦不撥教,能順於[①]理,即是不取法、非法相,契證於真,而生實相。故《天親論》頌此義云:

“彼人依信心,恭敬生實相。聞聲不正取,正説如是取。”

上半顯由戒定信教,下半明由智慧解理。若離信教而不悟理,由[②]此不能廣大持説。諸菩薩等若欲得此言説法身,現當流轉,應亦於理而生實相,是解理者故。不如聲取法,爲有法離言故;亦不棄撥法,順真故。不如聲取法,故能離法相;順教而修,故離非法相。離相非相,契證於真,由此便能現當持説。故諸菩薩應如是修離相非相持説之行。若心散亂、取相復生,亦應如是降伏其心,如前不起法、非法相。

《經》:“以是義故”至“何况非法”。

贊曰:上來總名,正答前問。此即第二法身要義,欲令遠離前法非法。故引昔説筏喻之義,令於教法雜有無相,如於船筏離取捨心:如已到岸捨筏,故知當可捨,不應先著;未到彼岸取筏,故知憑而渡,不應捨棄;教亦如是,不應取捨。知法離言,但假詮故,當得證智;既捨不住,故雖未證,亦不執著。順第一義之正説故,必因此法而得證智。故未證者,依之而修。故於教法,不應取捨。然佛所説,皆離有無。執法非法,不契中道。執法爲有,尚應捨之;况執非法而不捨也? 故天親《論》頌此義云:

---

① 於,甲本無。

② 由,甲本無。

“彼不住隨順，於法中證智。如人捨船筏[①]，法中義亦然。”

若能了達筏喻之義，離法、非法[②]，契證於真，便能［□］［於］[③]經廣大持説。故判此文法身要義，其依義等三種大義。文[④]中既皆具有，如前應知，不能煩述。但約答三問義，解經文義耳。

《經》："須菩提”至“有所説法耶”。

贊曰：次下第二“欲得智相至得法身住處”，斷彼第三佛有得説疑，修無得説真智相行。前明欲得言説法身，以爲證得法身之因，此明證得法身之果。然所證果，通福及智，皆因果位所證。法身智爲福，依福田智起，是故先辨智相法身。然智智性相，理事雖殊，對福相故，總名“智相”。理智無至，是功德法及依止故，皆名“法身”。言“至得”者，即“證得”義，是修行人不證得故。得此身故，便得佛果，説法度生；希求此故，故言“欲得智相至得法身”。雖於俗諦，有德有説。據勝義諦，得説皆無。由達勝義無得説故，方於俗諦能有得説。然諸菩薩，未達勝義，執有得説，求智相身。既有執心，便生疑念，義如前説，不可以身相得見如來。如來非有爲相者，何故釋迦證得菩提而名爲“佛”？云何説法，以度群生？有得有説，非無爲故。由執故迷智相之正行，由疑故不修智相之行因。今欲令得智相法身，故説佛身無得無説。既以此文斷其疑執，是故兩論各明一義：無著約遣執而修正行，名“欲得智相法身”；天親就斷疑而修行因，名“斷佛有得説”。文分爲二：初問，後答。此初也：“真實理中，可有少法是能證得有所説邪？”

《經》："須菩提”至“如來可説”。

贊曰：下答有三：初正答，次徵起，後釋成。此初也。然佛説法，常依二諦：一者、俗諦有法，諸法緣生故；二者、真諦空法，緣生無性故。如是二諦，既不相離，空而不空，有而不有，故佛不説“遠離二邊”。今於此中，顯斯中

① “筏”字後底本有一“喻”字，甲本無。今據天親菩薩造《金剛般若波羅蜜經論》［T25n1511p784a29］删。

② 法，甲本無。

③ 於，底本、録本無，今結合文意，據甲本補。

④ “文”字前録本有“住”字。按：底本該字旁尚有一廢棄號，《大正藏》録本失察，茲據底本删。

道。若約俗諦,有應化身,有得菩提,有可説法;義就真諦,應化非真,非得菩提,非説法者。既彼真俗,自性無差,得而無得,説而無説。爲顯是義,故言:"如我解佛,不説無定法"等。論依是義,而説頌云:"應化非真佛,亦非説法者。説法不二取,無説離言相。"上半釋此經文,下半釋徵,已下文則謂佛果無得而得,無説而説,是智相身。真實得説,正是菩薩所應希願故。諸菩薩欲成如是智相法身,真實得説,於無得説應如是住。

《經》:"何以故?"

贊曰:此徵起也。有何所以不得菩提、不説法耶?

《經》:"如來所説"至"非非法"。

贊曰:次下釋成。於中有二:初依徵釋,後轉徵釋。此初也。分别性非有,故非法;法無我性真實,故非非法。既所説法離有無相,非法非非法,故説者不可以言顯示法非法相,聽者不可如言執取法非法相。故前半頌顯此義云:"説法不二取,無説離言相。"此即顯説内證之法,不可取説非法非非法,以成於前無得説也。

《經》:"所以者何?"

贊曰:下轉徵釋。於中[1]有二:初轉徵,後轉釋。此初也。此有二意。前徵意云:"以何義故,不可得説?"而經答云:"以何説法?"依彼内證,不可取説非法非非法,故今轉徵云:"此所説法,得如是者,何所以耶?"又前所徵,無得無説,而但答云:"如來所説。"不言所得,所以者何?

《經》:"一切賢聖"至"而有差别"。

贊曰:此轉釋也。由能内證無爲法故,得名"聖人"及能説法。然無爲法既不可取説非法、非非法,故所説法亦不可取説非法、非非法[2]也。又彼無爲是能説因,由證此故,方能説法。故雖但言説,亦顯其證得。若不證者,不能説故。然"無爲"者,真如理也。由證此理,得成聖人。隨證滿分,聖有因果。諸佛圓證,無學智成。餘證隨分,名爲[3]"有學聖"。既因轉釋,兼顯無爲非獨

① 中,甲本脱。

② "故所説法亦不可取説非法、非非法"十四字甲本無。

③ 爲,甲本無。

佛證,故言"一切賢聖皆以無爲而有差别"。既由内證無爲,方得成於聖智。故諸菩薩應如是修無分别定,以證無爲。若分别生,亦應降伏,順於智相,以住無爲。是釋前徵,答修伏問。

《經》:"須菩提"至"寧爲多不"。

贊曰:次下第三"福相至得法身住處",斷彼第四持説無福疑,令依經修勝福身行。前令修證無爲,當成智相之果。智不孤立,必假福資,故次相明其福相之果。然其福身,通因果位。果謂所感萬德佛身,因爲所修持經之福。因中少持四句,福尚多而難量,况廣持説此經,當感法身福果,故應希求當果,而專持説此經。然諸菩薩未悟深宗,聞前所説不可取説非法非非法故,遂疑無福,不能持經。今者將斷彼疑惑心,令持此經,希當福相。故以施福,校量持經。既爲二意説此經文,是故兩論各明一義。無著約令希願,名"欲得福相法身";天親就斷疑情,名"斷持説無福"。文分爲三:初問,次答,後校量顯勝。此初也。此舉不爲七種最勝所攝受施,而爲校量。若七最勝所攝受施,與持經福差别故。

《經》:"須菩提"至"甚多世尊"。

贊曰:次答有三:初標,次徵,後釋。此初也。餘本更有甚多,善逝《論釋》顯示攝心持心,謂經福中有其二行:一者受持,二者顯説。今自令他攝心持心,不外散亂,成勝福聚,故於此中預舉二相①。

《經》:"何以故?"

贊曰:此徵也。據真諦理,物我皆空,施尚不存,寧有其福?設就俗諦,施福不亡,但招生死,不趣菩提。而言"福多",何以故也?

《經》:"是福德"至"説福德多"。

贊曰:此釋也。若就真諦,法皆空故,不可分别執有福德。况此不能招感菩提,非如收質進趣福德,説福德②性即非福德。今於俗諦,施福不亡,又能感招多生死果,是如擔重押溺福德,是故如來説"福德多"。

《經》:"若復有人"至"其福勝彼"。

---

① 相,甲本無。

② 德,甲本脱。

贊曰：次顯校量。於中有三：初明福勝，次詰所由，後釋所以。此初也。以彼施福，但招生死，不趣菩提，故福爲劣。若於此經受持演説，當感菩提，其福勝彼。是故菩薩應斷疑情，勿謂無福而不持説[①]。故天親《論》斷疑頌云：

"受持法及説，不空於福德。福不趣菩提，二能趣菩提。"

所言"偈"者，梵云"伽他"。"伽他"不同，有二種戍路迦。"戍路迦"者，此云"數字"，不約顯義，但數八字，數八字爲句，四句爲偈，即如此方數紙言等。"嗢陀南"者，此云"攝散"，不限字數，但依顯義。顯義周圓，即名爲"句"。四句成偈，如詩頌等。今四句偈，但取前義。異此云云，皆爲謬説。言"乃至"者，顯就少説，極少受持一四句偈，福尚勝彼，況能盡持所成佛果福相法身？故於福相應如是住。

《經》："何以故？"

贊曰：此詰所由也。文字之法，非是法身。況所説法不可取，説受持福勝，何以故耶？

《經》："一切諸佛"至"皆從此出"。

贊曰：下釋所以。於中復二：初正釋，後轉釋。此初也，謂即正釋福勝所由，以能爲彼二種佛因故。持經福，勝福也。一切諸佛，即報化身佛也，由報化身各自差別、無數量故，故言"諸佛"。"及諸佛阿耨菩提法"者，即報化佛所依法身。法身是彼二佛所依無上正等菩提法故，故言"諸佛阿耨"等也。故天親《論》頌此義云："於實爲了因，亦爲餘生因。唯獨諸佛法，福成第一體。"上之二句，釋此經文。以持此經，福相殊勝；於實法身，而爲了因；於餘化報，而爲生因；是故皆言"從此經出"。

《經》："所謂佛法者即非佛法。"

贊曰：此則轉釋，通外難也。何故？佛法從經出生，是則應[②]説經。先佛、後佛既未有，誰説此經？如何乃言"佛從經出，故餘經本有"，何以故？顯通此難，故有斯文，兼顯出生佛之所以。言"佛法"者，即佛三身，報化名

① 説，甲本無。

② "應"字下録本衍一"經"字。按：録本於所衍"經"字下出注："經一甲。"意即此"經"字甲本無。經核，底本於此"經"旁已加一廢棄號"卜"，校録者失察。

“佛”,法身名“法”。約俗有故,假名“佛法”;就真空故,佛法則無。既此真俗,自體無差,空而不空,有而不有。空而不空,故所謂“佛法”;有而不有①,故即“非佛法”;非有非空,是真佛法。此理深妙,性相常存。要證此理,方得成佛。既成佛已,皆發大悲,爲未悟者,如證而説②。此所證説,並得名“經”。故説教理,俱爲經體。若約理經,經先佛後,故説“佛師所謂法”也;佛從經出,所謂“佛法”。若論教經,佛先經後,故説③“佛出方轉法輪”;佛非經出,即“非佛法”。理既無始,佛亦無初。依證而説,教亦無始。依教悟理,亦得成佛。教理相應,亦名“佛法”。唯獨佛説不共二乘,顯“不共”義,即“非佛法”。既説理教皆能出生,故説諸佛從此經出。由能爲彼第一法因,故福德中此福爲勝。故下半頌顯此義云:“唯獨諸佛法,福成第一體。”故諸菩薩於此佛法應如是修。若有疑惑,執著心生,亦應降伏。

《經》:“須菩提”至“須陀洹果不”。

贊曰:上明求果,下明離障。八中第④四,離障礙處。十八之中,十二住處,謂從第五至第十六,於中修行十二種行,對治“慢”等十二種障,故合名爲“離障礙住”。“十二障”者:一、慢;二、少聞;三、少念攀緣修道;四、捨衆生;五、樂隨外論散動;六、於影像相自在中無巧便;七、福資糧不具⑤;八、於懈怠等樂味;九、不⑥忍苦;十、闕少智資糧;十一、喜動;十二、無教授。離十二障,即分十二。第一離慢,即是第五修道得勝中無慢住處,斷其第五諸聖得説疑,令修無慢真實勝行。前既發心,普攝衆生;次能修行,遍起諸行;後求佛果,希色法身;由此便生得勝之慢。既懷高舉,爲障已深,更迷無相⑦,返生疑念:若説聖人,無爲得名,無爲之法,無取無説,何故四果皆能自知?我得彼果,如證而説⑧。若無取説,何要修行?由慢故雖修而不進趣,由疑故復不欲修行。今者將斷疑慢之心,令修得勝無慢之行。故説小果智德至微,尚於

① “有而不有”四字甲本脱。

②③⑧ 説,甲本無。

④ 第,甲本脱。

⑤ “具”字後底本、録本有一“於”字,今結合文意,據甲本删。

⑥ 不,甲本無。

⑦ 相,甲本無。

證時無取無説,況爾菩薩而懷慢心,返疑聖人有得有説。既以二意而有此文,是故兩論各舉其一。無著約除其障,名“離慢住處”;天親就斷疑情,名“斷諸聖得説”。文分爲二:初問答四果,欲明離慢;後尊者善現引己爲證。初問答四果,即分爲四。四[①]文皆四:問,答,徵,釋。所“問”意者,正證果時,叵作是念:“我能證得預流等不?”“答”之意云:“正證果時,不作念也。”“徵”之意曰:“不作證念,何以故邪?”所“釋”意云:“梵云‘須陀洹’,此云‘入流’,亦名‘預流’,能除見惑,而證無爲,得成初果。預入聖人之流類故,名爲‘預流’。既證無爲,離一切相,於内不見入流之相,於外不受六塵之境。由亡内外,復離能所,故正證時不作是念。‘斯陀含’者,云‘一往來’,謂斷欲界修惑六品,而證無爲,成第二果。由下三品令其聖者於其欲界一往天上、一來人間而般涅槃,名‘一往來’。‘阿那含’者,此云‘不來’,亦名‘不還’,謂斷欲界九品惑盡,以證無爲,成第三果。生上二界便般涅槃、更不還來欲界生故,故説此果名‘不來’等。‘阿羅漢’者,此云‘無生’,謂斷三界見修惑盡,而證無爲,成第四果。更不復受三界之生,故第四果名曰‘無生’。此文有二:同前順釋,影前返顯,實無有法名‘羅漢’者。此順釋也。雖得聖果名‘羅漢’等,於正證時,離一切相,實不有彼無生等念,故言‘實無有法’等也。‘阿那含’中,應言‘而實無不來’,但言‘而實無來’者,少其‘不’字,譯者忤耳,非經意也。要由無得,乃證無爲,是故得名‘阿羅漢’等。‘世尊’等者,是返顯也。若正證時,有‘我得’念,即同凡夫。未證真者,著‘我見’等,豈名‘聖人’?既無如是‘我人’等見,故得果時不作念也。此於羅漢,有返顯文,影前三果,有此義也。此約入觀正證時説。若出觀時,前三果人,尚有俱生,‘我’見未盡;第四果人,‘法’見猶存。既有‘我生已盡’等語,亦應作彼我得果解。今就正證,故不作念。故天親《論》頌此義云:

‘不可取及説,自果不取故。依彼善吉者,説離二種障。’

上之二句,釋前經文,即顯聖人正證之時,不取無爲法,以不取自果故。”

《經》:“世尊,佛説”至[②]“阿羅漢”。

---

① 四,甲本無。

② 至,甲本脱。

贊曰：上舉四果，以明離慢。下顯善現引己爲證。於中有四：一、明佛印許；二、表自無心；三、卻釋佛言；四、順成前義。此初也。於中顯得二種功德：一、不共有無諍三昧，唯俱解脱方能得故；二、共有離欲羅漢，雖慧解脱亦成就故。然“諍”與“欲”，皆煩惱名。於生貪勝，故偏舉“欲”。“諍”因惑起，舉果顯因。若得第四静慮邊際勝定，觀他惑諍，令不得生，名“無諍三昧”。由得金剛喻定，斷諸惑盡，得無生果，更不受生，名“離欲阿羅漢”。善現既是利根無學，能得如是共不共德，而所得中行增於人。故我世尊於諸經中，偏説須菩提得無諍三昧及是離欲阿羅漢矣。

《經》：“我[①]不作是念”至“阿羅漢”。

贊曰：此表自無心也。由離煩惱，内證[②]無爲，不作是念“我能得相”，欲令他人信“無得”説，故舉自身不作念也。

《經》：“世尊”至“阿蘭那行者”。

贊曰：此卻釋佛言也。若有取相我得之心，内有惑纏，外起他諍，佛即不説“我是能行無諍行者”。

《經》：“以須菩提”至“阿蘭那行”。

贊曰：此順成前義也。以無起念“我得羅漢”及無諍行、離煩惱障及三昧障，故我世尊名須菩提是“樂修行無諍行者”，故下半頌顯此義云：“依彼善吉者，説離二種障。”離煩惱障，故説爲“離欲阿羅漢”；離三昧障，故説“得無諍三昧”。善現雖得，既無得相，故四果人亦無取説，故汝諸菩薩不應妄生得勝之慢，返於聖人所證無爲疑有取説。

《經》：“佛告須菩提”至“有所得不”。

贊曰：次下第二離少聞障。十八之中不離佛出時住處，斷其第六佛有説受疑，令修圓滿真多聞行。然諸菩薩，信行地中，既未親證，應學多聞。然其多聞，總有二種：外求[③]善友，數聞正法[④]；内自思惟，離所得相。要具二種，

① 我，甲本脱。

② 證，甲本脱。

③ “外求”二字底本作“求外”，今結合文意，據甲本改。

④ 法，甲本脱。

是真多聞。故《涅槃》云：聞《涅槃經》，“不作字相，不作句相”。若各偏住，非真多聞。是故《花嚴》及《本事經》，皆以偈頌而爲呵責。此二相即是四親近行。近善知識，聽聞正法，如理思惟，如法修行，由此便能薰出世種，常不離佛，近大涅槃。前雖令離我得之慢，若不能修二多聞行，由此便成少聞之障。由少聞故，便生疑念：若説無爲無取無説，何故過去然（燃）燈佛所，釋迦有受燃燈有説？既有説受，寧説聖人由無爲故無取説耶？既由疑故，不修多聞，由此便成少聞之障。今欲斷彼疑執之心，故説過去然（燃）燈佛邊，雖住八地，都無所得法。駛流中任運而轉，相用煩惱，都不現行，尚近然（燃）燈，聽受正法；況信行地諸小菩薩不近善友，聞正法耶？然所聞法，本自無相。然（燃）燈雖説，無説無示；釋迦雖受，無聞無得。寧不思惟，而執文字，不如法修，乃取相乎？返疑如來有於説受。既以二意而説此文，由是論者各明一義：無著約其除障，名“離少聞住處”；天親就其遣疑，名“斷佛有説受”。文中有二：初問，後答。此初也：“我於往昔然（燃）燈佛所，於真實法有所得耶？”

《經》：“世尊”至“實無①所得”。

贊曰：此答也。以真實法，無得無説。以真實智證此理時，既不見有所得説相，故於法昔然（燃）燈語下，於真實法實無得説。故天親《論》頌此義云：“佛於然（燃）燈語，不取理實智。以是真實義，成彼無得説。”此頌意密，今略釋云：佛於昔日然（燃）燈語下，不取證理，有實智故。以是理智平等離相真實義故，成彼前説無爲之法、無得説義。

《經》：“須菩提”至“莊嚴佛土不②”？

贊曰：次下第三離小念攀緣修道障，即十八中第七願净佛土住處，斷其第七嚴土取相疑，令修無相真净土行。前令多聞，生出世果，當果必有所依净土故；次令修願净土行。然其净土，有其二種：一、真净土，嚴飾無涯，即以智如爲其自體；二、應化土，净穢有限，隨彼根宜，依真變起。若修無相，隨順無爲，此即名爲“真嚴净土”。真土既成，化土亦就。是故《經》

① 無，甲本脱。

② 不，甲本無。

言:欲得净土,當净其心,乃至廣説。然諸菩薩,未識真嚴,希求色聲,以爲净土,行有相行,小念攀緣,既懵真嚴,返生疑念:若如前説無爲得名,無爲之法無取説者,云何菩薩莊嚴佛土?由執故設修不成真土,由疑故復不欲修行。今説此文,斷其疑執,令修無相真嚴净土,故説應生清净心等。既以二意而説此文,是故兩論各明一義。無著約其除障,名"離小念攀緣";天親就彼遣疑,名"斷嚴土取相"。文中有二:初興問答,令捨有相莊嚴;後勸生心,當修無相清净。初中有四:問,答,徵,釋。

此初也:"久修菩薩於真理中見有莊嚴有相土不?"

《經》:"不也[①],世尊!"

贊曰:此答也。久修菩薩證第一義,不以形相而莊嚴也。

《經》:"何以故?"

贊曰:此徵也:"何故不嚴有土相耶?"

《經》:"莊嚴佛土"至"是名莊嚴"。

贊曰:此釋也。清净土者,智如爲體。但習真識,通達真如。真土既成,相土自得。豈執色聲爲實,而嚴形相土耶?是故形相莊嚴者,即非真實莊嚴。若能離相,自净其心,是名"第一莊嚴佛土"。故天親《論》頌此義云:"智習唯識通,如是取净土。非形第一體,非嚴莊嚴意。"言"嚴"意者,即净心也,即以形嚴非第一,意嚴爲第一。

《經》:"是故"至"生清净心"。

贊曰:下勸生心,當修無相清净。於中有三:初總令發意,次不住六塵,後結都無住。此初也。既其有相是爲雜染、非真莊嚴,則知無相是清净行,爲真莊嚴,是故菩薩應生如是清净心也。

《經》:"不應住色"至"味觸法生心"。

贊曰:此不住六塵也。既以形相非真嚴土,不應著於六塵境界,生有相心,求净土也。

《經》:"應無所住而生其心。"

贊曰:此結都無住也。既其取相,非真莊嚴,故於無住真如理中應生無

---

① 也,甲本脱。

住，契證心也。雖復無住，何有生心？乃是净心，不取相也。

《經》："須菩提"至"是身爲大不？"

贊曰：次下第四離捨衆生障，即十八中成熟衆生住處，斷其第八法王取身疑，令修成熟衆生妙行。前令遠離小念修道，隨順無爲，修净土行；土不虚設，必有衆生故。次令離捨衆生障，而修成熟衆生真行。然雖度生[1]，應觀空理，離衆生相，而成熟之。故《大品》云：不見生相，方於衆生常利益。縱於欲界成熟衆生，大如修羅，量如須彌，尚不分[2]别爲大身相，由證無爲、無取説故。何況其餘一切衆生？而諸菩薩不順無爲，執實身相，返疑：報佛有其自取，若順無爲，無取無説，不見衆生大身相者，何故受樂？報佛取自法王身，世間復取彼，是法王身既見能化報身，應見所度生相。云何不見所度生耶？既因執著，而起疑心，由此便是捨衆生障。今欲斷彼疑執之心，故説大身如山王喻。既以二意而説此文，由是論者各明一義。無著約除所度之執，名"離捨衆生障"；天親就遣能度之疑，名"斷法王取身"。文中有四：問，答，徵，釋。

此初也："所化身如修羅，其量如彼高山王，是身爲大不？"

《經》："須菩提言：'甚大，世尊！'"

贊曰：此答也。能化所化，身如山王，其量甚大。

《經》："何以故？"

贊曰：此徵也：能化所化，俱離分别。而言甚大，何以故耶？

《經》："佛説非身，是名'大身'。"

贊曰：此釋也。然能所化，俱離空有。雖緣生故，約俗假有；而無性故，就真是空。若就緣生，世情所見。假若義説，可是大身。若約性空真理而説，無實身相即是非身。如彼山王，其體性空，又不自取"我是山王"，世人妄取是實山王。况佛報身非可分别，有漏自取身故，而乃自取"我是法王"。既於自體尚無取心，况於所化了達空，可取爲大身相也？《經》言"非身"，非有實體，有爲有漏分别身故。言"大身"者，是其假有，無爲無漏，離取身故。而佛所問"身大不"者，説彼妄情所取身相。我隨所問，答言"甚大"；若據實理，

---

① 生，甲本脱。

② 録本出校："以下原本闕，今依甲本補載之。"

悉是非身，即説“非身”爲“大身”耳。若能了達身非身相，即能成熟一切衆生。故諸菩薩應知報身無爲無漏，不自取故，亦於所化，不應取爲大身相也。故天親《論》頌此義云：“如山王無取，受報亦復然。遠離於諸漏，及有爲法故。”

《金剛般若波羅蜜經》旨贊卷上。

《金剛般若經》旨贊卷下[①]

京西明□□□□□□□□(道場沙門曇曠撰)[②]

□□□□□□□□□□(《經》：“須菩提”至“宁爲多不”?)[③]

贊曰：次下第□□□□□□□□□□□□□□□□□(五，離棄隨順外論動障，即十八中第九)[④]，遠離隨順外論散亂住處。□□□□□□□□□(天親自下以其令其重)[⑤]校量，顯經福勝，攝屬第八斷疑□□□□(分中，即攬)[⑥]□□[⑦]住處文以爲[⑧]一段，令知教勝起於離亂，觀□□□□(行供養精)[⑨]進行故。初財校量，顯四勝德，起前三行；後身校量，□□□□□□□□(顯七勝因，起後一行)[⑩]。初顯依經成二勝德、起離亂□□□□□□□□□□□□□□□□□□(行，謂前令離捨衆生，障成熟也。生化衆生)[⑪]時，□□□□□□□□

① 《〈金剛般若經〉旨贊》卷下今仍以《大正藏》録本所據原卷斯 2437v 號爲底本。校本：甲本，斯 721 號；乙本，斯 2744 號《〈金剛般若經〉旨贊》卷上；丙本，伯 2132 號《〈金剛般若經〉宣演》卷下；丁本，傅圖 33v 號；戊本，台圖 140 號。

② “道場沙門曇曠撰”七字底本、甲本殘，録本作缺文，據乙、丁二本補。

③ “《經》：‘須菩提’至‘宁爲多不’”九字底本殘，録本作缺文，據丁本補。

④ “五，離棄隨順外論動障，即十八中第九”十五字底本殘，録本作缺文，據丁本補。

⑤ “天親自下以其令其重”九字底本殘，録本作缺文，據丁本補。

⑥ “分中，即攬”四字底本殘，録本作缺文，據丁本補。

⑦ 此二字底本殘，録本作缺文，丁本不清晰，待考。

⑧ 爲，録本訛作“義”，據底本、丁本改。

⑨ “行供養精”四字底本殘，録本作缺文，據丁本補。

⑩ “顯七勝因，起後一行”八字底本殘，録本作缺文，據丁本補。

⑪ “行，謂前令離捨衆生，障成熟也。生化衆生”十六字底本殘，録本作缺文，據丁本補。

□□□□□□□□□□□□□□□□□□□□□□(須明内外所有教法,故《瑜伽》云菩薩當於五明處求。既爲化生)[①],時[②]□□□□□□□□□□□□□□□□□□□□(尋外論,便爲耽樂,散亂心生,障持此經出生二佛)[③]。令□□□□□□□□□□□□□□□□□□□□□□□□□□□□□(捨離外論散動,令持此經,出生二佛世福,故重舉喻,而)[④]爲□□□□□□□□□□(校量。文分爲二:初明離亂)[⑤]障,後破如言執。初中又二:初布施福多,後持經福勝。初中□二:初施福多,後持經福勝。[⑥] 初中有二:問答沙[⑦]數,欲□(以)[⑧]定界;後以界持財,正爲[⑨]行施。初中復二:初問,後答。此初也。言"恒河"者,即四大河之一數也,本出阿耨達池南面,深而且闊,細沙□(随)[⑩]流布,佛常近[□][住][⑪],故偏舉也。文相當知,無□□(煩重)[⑫]解。

《經》:"須菩提□□(言'甚……')[⑬]"至"何況其沙"?

贊曰:此答也。

《經》:"須菩提□□□□□(言:'甚多,世尊!'")[⑭]

---

① "須明内外所有教法。故《瑜伽》云菩薩當於五明處求。既爲化生"二十四字底本殘,録本作缺文,據丁本補。

② 時,底本不清晰,録本作"日",結合文意,據丁本改。

③ "尋外論,便爲耽樂,散亂心生,障持此經出生二佛"十九字底本殘,録本作缺文,據丁本補。

④ "捨離外論散動,令持此經,出生二佛世福,故重舉喻,而"二十一字底本殘,録本作缺文,據丁本補。

⑤ "校量。文分爲二:初明離亂"十字底本殘,録本作缺文,據丁本補。

⑥ 此句後底本及録本尚有"初中□二:初施福多,後持經福勝"一句,録本出校:"〔初中……勝〕十三字一?"意即疑此十三字爲衍文。按:此十三字與前句重複,當爲書手涉上誤衍。丁本無此句。兹據丁本刪。

⑦ 沙,録本訛作"少",據底本、丁本改。

⑧ 以,底本殘,録本作缺文,據丁本補。

⑨ 爲,丁本作"明"。

⑩ 随,底本殘,録本作缺文,據丁本補。

⑪ 住,底本、録本無,據丁本補。

⑫ "煩重"二字底本殘,録本作缺文,據丁本補。

⑬ "言甚"二字底本殘,録本作缺文,據丁本補。

⑭ "言:'甚多,世尊!'"五字底本殘,録本作缺文,據丁本補。

□□□□□□□□□□□□(贊曰:此以界持財,正明)①行施。文□□□□□□□□□□□□□□□□□(中三段:初明行廣施,次問福多少,後善)②現□□□□□□□□□□□□□□□□□□□□□(答多。"實言告汝"者,將明施多,顯經福勝,恐)③起□□□□□□□□□□□(疑惑,勸生信也。然前已)④説多福□□□□□□(校量,今復過)⑤前重□□□□□□□□(校量者,謂有二種)⑥差别義故:一、"漸化"義,欲令衆生漸次信解入上妙義,故復漸以勝福校量;二、成勝德,前説此經能爲佛因,未顯有何殊勝功德,今爲明此,故重校量。故天親《論》頌此義云:"説多義差别,亦成勝□□(校量)⑦,後福過於前,故重説勝喻。"

《經》:"佛告"至□□□□□□□□□□□□□□□□□□□("勝前福德"。

贊曰:下持經勝。於中有四)⑧:一、攝□□□□□□□□□□□□□□□□□□□□□□□□□(經福德;二、天等供養;三、難作能作;四、起佛等念。此)⑨初□□□□□□□□□□□□□□□□□□□□□□□□□□□□□(也。以其法施有五殊勝,故雖四句,勝捨多財。如《金光)⑩明》□□□□□□□□□□□□□□(五種意云:施無窮盡故,能利)⑪自他故,能出三界故,能斷無明故,能净法身故,福不然故,

① "贊曰:此以界持財,正明"九字底本殘,録本作缺文,據丁本補。

② "中三段:初明行廣施,次問福多少,後善"十五字底本殘,録本作缺文,據丁本補。

③ "答多。'實言告汝'者,將明施多,顯經福勝,恐"十六字底本殘,録本作缺文,據丁本補。

④ "疑惑,勸生信也。然前已"九字底本殘,録本作缺文,據丁本補。

⑤ "校量,今復過"五字底本殘,録本作缺文,據丁本補。

⑥ "校量者,謂有二種"七字底本殘,録本作缺文,據丁本補。

⑦ "校量"二字底本殘,録本作缺文,今據天親菩薩造《金剛般若波羅蜜經論》[T25n1511p786c8]補。

⑧ "'勝前福德'。贊曰:下持經勝。於中有四"十四字底本殘,録本作缺文,今據天親菩薩造《金剛般若波羅蜜經論》[T25n1511p786c8]補。

⑨ "經福德;二、天等供養;三、難作能作;四、起佛等念。此"十九字底本殘,録本作缺文,據丁本補。

⑩ "也。以其法施有五殊勝,故雖四句,勝捨多財。如《金光"二十字底本殘,録本作缺文,據丁本補。

⑪ "五種意云:施無窮盡故,能利"十一字底本殘,録本作缺文,據丁本補。

福爲劣故。《迦葉[①]經》而説頌言:"若恒沙世界,珍寶滿其中,以施諸如來,不如一法施[②]。"寶雖無量,不如一法施。一偈福尚勝,況多難思議? 既攝勝福,故持四句,所生福德勝施福也。

《經》:"復次"至"如佛塔廟"。

贊曰:此天等供養也。"塔"者,梵□□□□(語,是"高顯")[③]義,"廟"□□□□(即唐言,是)[④]"形貌"義,即高[⑤]□(顯)[⑥]處置佛□□□(像也。天)[⑦]龍□□□□□□□□(八部,所應恭敬,以經)[⑧]乃是法身舍利,三世諸佛[□][從][⑨]此[□][經][⑩]出□□□□□□□(生,故説此經隨於)[⑪]何處,即是諸佛舍利塔廟[⑫],天、人、修羅三種勝趣有智惠(慧)故[⑬],應供養也。既説經處是[⑭]可尊崇,故持經福勝施福也。

《經》:"何況有人"至"希有之法"。

贊曰:[□][此][⑮]難作能作也。乃至一偈,福尚勝前,況盡受持? 實爲希有。四句受持,尚不可得。若盡能持,頌爲"難作"。既於難作而能作之,當知是人能顯法身,成就報身,得起化身。以得如是三身果法,故言成就最上

---

① 葉,底本、録本均作"攝",今結合文意,據《諸經要集》卷第二[T54n2123p9b27]改。

② "不如一法施"五字底本、録本均作"不然如一法",今結合文意,據丁本及《諸經要集》卷第二[T54n2123p9c7]改。

③ "語,是'高顯'"四字底本殘,録本作缺文,據丁本補。

④ "即唐言,是"四字底本殘,録本作缺文,據丁本補。

⑤ 高,録本訛作"齊",據丁本改。

⑥ 顯,底本殘,録本作缺文,據丁本補。

⑦ "像也。天"三字底本殘,録本作缺文,據丁本補。

⑧ "八部,所應恭敬,以經"八字底本殘,録本作缺文,據丁本補。

⑨ 從,底本無,據文意補。

⑩ 經,底本無,據文意補。

⑪ "生,故説此經隨於"七字底本殘,録本作缺文,據丁本補。

⑫ 廟,底本殘,録本作"應",據丁本改。

⑬ 録本出校:"〔三種……故〕八字—【甲】"意即"三種勝趣有智惠故"八字甲本無。

⑭ 録本出校:"〔經處是〕—【甲】。"意即"經處是"三字甲本無。

⑮ 此,底本無,據甲本補。録本出校:"(此)+難【甲】。意即"難"字前甲本有一"此"字。

第一希有之法。既受持人是可尊崇,故持經福勝施福也。

《經》:"若是經典"至"尊重弟子"。

贊曰:此第四起"如來"爲念。若有持説此經典處則是大師是法身在,皆報化身,於此説法,故於此處起"有如來菩薩"等念。既説受持,憶念解説,當知是人行普賢行,故於是人起"佛菩薩聲聞"等念。既施財處,無如是德,故持經福勝施福也。故天親《論》頌此義云:"尊重於二處,因習證大體。彼因習煩惱,此降伏染福。"

初句釋"復次隨説是經",已下諸文總别,顯其二處尊重,餘三句釋如來無所説。已下經文皆是校量,顯經福勝。内經既有如是勝德,非彼外論而相此對,從長散亂,爲障極多,是故菩薩不應樂著,但應依經修行,離障住處之行。

《經》:"爾時須菩提"至"云何奉持"。

贊曰:次下第二,破如言執。於中有三:初問名請[①]持,次告示令學[②],後正破彼執。此初也。既聞勝福,生希有□(心)[③],未□(暇)[④]經終,且申啓問:"既有斯德,當是何名?"又恐聞福多而隨言執實,言[⑤]令知説而無説。離執而依受持,生福方多。故勝外論,顯斯二意特異諸經,是故居中而請問也。

《經》:"佛告"至"汝當奉持"。

贊曰:此告示令學也。金剛妙惠(慧)能到彼岸,依此名字,當勤奉持。

《經》:"所以者何?"

贊曰:下正破執。於中有三:初徵,次破,後問答重成。此初也。然佛常説"不應如名取著於法",而今乃言"以是名字,汝當奉持",何所以耶?

《經》:"須菩提[⑥]! 佛告"至"波羅蜜"。

贊曰:此破也。佛説般若,破迷假説,即非所證真實般若,以真理中離言

---

① 請,底本殘,録本訛作"體",結合文意,據丁本改。

② 學,録本訛作"舉",結合文意,據底本、丁本改。

③ 心,底本殘,録本作缺文,據丁本補。

④ 暇,底本殘,録本作缺文,據丁本補。

⑤ 言,丁本作"欲"。

⑥ 録本出校:"〔須菩提〕—【甲】。"意即"須菩提"三字甲本無。

説故。故雖説而無説,但是假詮般若,是故不應如言執實。

《經》:"須菩提"至"説法不[①]"。

贊曰:下問答成。先問,後答。此初也:"爲但此經真實般若,離言相故,説而無説。真勝義中更有餘法是可説不?"

《經》:"須菩提"至"無所説"。

贊曰:此答也。非但般若是無所説,亦無餘法是佛説者,以一切法,其體平等,無非般若第一義故,故一切法亦無所説。此平等理,諸佛同證,如證而説,亦説般若。既非此佛獨説之法,是故亦言"如來無説"。既同證説[②],故法可尊。施福不然,不可爲比。是故前頌第二句云"因習證大體"也,因習般若,而成大體,同證同説,而福勝也。然《楞伽經》"佛不説法"有其二義:一、内證之[③]法離言説故;二、本住之[④]法諸佛同故。既有二意,兩論各明[⑤],同契至真,因無乖返。

《經》:"須菩提"至"是爲多不?"

贊曰:次下第六離影像相自在中無巧便障,即十八中第十色及衆生身搏[⑥]取中觀、破相應行住處。財[⑦]施校量[⑧]、顯經勝中,第三明經能離煩惱,令其依[⑨]經起觀破行。前令遠離樂外論障,依經受持,發生勝福。然應契證二空真如,發起神通,化導群品。若欲發起殊勝神通,應觀五藴爲空非有。既無罣礙,便能發通,以五藴身是心影像、雖有假相、體非真故。然諸菩薩不了藴空,執爲實有,藴和合相。法執既起,煩惱隨生,造種種業,受諸苦果。由此拘礙,不能發通。既由此執不得巧便,即是無恵(慧)巧方便障。今爲破此

① 不,甲本作"耶"。

② "同證説"三字甲本作"佛同證"。

③④ 之,甲本無。

⑤ "明"後録本衍一"同"字,據底本删。

⑥ 搏,無著菩薩造、[隋]達磨笈多譯《金剛般若論》卷上[T25n1510bp766c12]作"摶"。

⑦ "財"字前甲本有"天親"二字。

⑧ "量"字後甲本有"之中"二字。

⑨ 依,甲本作"法"。

無方便障，令其折觀五蘊摶相，故説世界所有微塵[五][1]蘊假合。如界假塵，塵界既空，蘊相寧有？故舉塵界以況内身，破彼五蘊摶取相也。既依經故，能離煩惱。故前頌云"彼因習煩惱"，經能離障，福爲勝故。故諸菩薩應依此經發巧便惠(慧)，觀破五蘊摶取之相而發神通。然"世界"言惠(慧)内及外，内謂衆生五蘊身相，外謂山河器世界相。《經》言"世界所有微塵"有其二意：一、喻顯施福，能生多染，如界起塵；二、爲觀破衆生内蘊和合身相。既有二意而説此文，是故論者[2]各明一義。天親就喻以顯經名，彼《論》因習煩惱；無著約法而起行名，離無巧便障。文中分三：初問，次答，後告。此初也："色身世界所有微塵施如世界所生染塵，此二界塵寧爲多不？"

《經》："須菩提言：'甚多，世尊！'"

贊曰：此答也。折觀身界以爲微塵，施如世界所生染塵，此二界塵皆甚多也。

《經》："須菩提"至"是名微塵"。

贊曰：下告有二：初告令觀色身非實，後告觀名身亦復。此初也。然其内蘊總有二類：一者是色，即初色蘊，以有形質可表示故。二者是名，即餘四蘊，以皆是心法、不可表示故。此名及色似爲一摶，和合身相，愚夫不了，執爲實有。一合相故，二執便生。今欲破彼摶執，故顯色及名皆不可得。是故此初破色身也。然破色身有二方便：一、分折(析)方便，即折麄色以爲細塵；二、不念方便，即説微塵亦不可得。前言"三千世界所有微塵"者，即是第一分折(析)方便，明此身此界用多微塵，成虚假不實，令悟我空也。此文所言"微塵即非微塵"等者，是其第二不念方便，令觀微塵於心内外皆非實有，念悟法空也。佛令折(析)觀彼麄色，故假説微塵衆。但是觀者心量所現即非實有，心外微塵但是假名"微塵衆"矣。能成微塵既不可得，故所成身爲非實有，即是破其色身相也。故《瑜伽》説佛説微塵有五勝利，應撿敘之。

《經》："如來所説"至"是名世界"。

贊曰：此後告，令觀名身亦假也。言"名身"者，即餘四蘊：受、想、行、識，

---

① 五，録本脱，據底本補。

② "論者"二字甲本作"二論"。

非可表示，皆但名顯，故總云“名”。《經》言“世界”，即此名身。雖“世界”言通色非色，今此但取名身四蘊，以彼色蘊前已破故。然此“名身”，皆非實有，四緣假合，三相遷流，過、現、未來皆不可得，故知無實四蘊名身。今佛所說“衆生界”者，爲破衆生虛妄執故，隨世流布而說“世界”，即非實有“名身世界”，但是假名“名身世界”。此即以其不念方便，破彼“名身”，爲非實有。前三色身可分折（析），故具二方便；今此名身不可分折（析），故唯不念。既以依經，修二方便，破彼五蘊和合，摶取發巧便智，契證二空，起勝神通，化導群品[1]，正是修行離障之法，故名“色及衆生身摶[2]取中觀、破相應行住處”，故亦說經能離煩惱，非如施福能生煩惱。如彼世界，能起微塵，亦以界塵，喻施因果。又界起塵，不生煩惱，塵但坌色，不汙法身。施福因果尚劣界塵，何況得比持經功能？勝福有斯別義，言即非等。以此釋經，義可知也。

《經》："須菩提"至"見如來不"。

贊曰：次下第七離福資糧不具障，即第十一供養給侍如來住處，財校量中，當其第四降伏染福，修真供養福資糧行。諸菩薩等，爲趣菩提，信行地中修二資糧。鳥翼車輪，闕一不可。若欲成就福德資糧，無過供養給侍於佛，以福田中爲最勝故。若行供養，應觀法身，是無限礙真實體故。故行給侍，成福資糧。前雖令離蘊識影中無巧便障，發起神通，而猶未離法執，貪著取色，分齋供養如來，故不能具廣大福德，即是不具福資糧障；今佛欲令觀於法身而行給事侍，破其執障，故說如來非以相見。既因經故，成福資糧，當感法身無相真體。故持經福，勝布施福。顯斯二意，說此一文。是故兩論各以有約一義，無著約其離障，名“離不具福資糧障”；天親就其校量，名爲“持經得浄勝報”。文分爲四：問，答，徵，釋。此初也，法身無相真體故。問：“善現可以色身三十二相觀爲如來真法身不？”

《經》：“不也，世尊！”

贊曰：此答也。不以色身三十二相觀爲如來真法身也。

《經》：“何以故？”

---

① 品，録本訛作“而”，據底本改。

② 摶，無著菩薩造、隋達磨笈多譯《金剛般若論》卷上[T25n1510bp766c12]作“摶”。

贊曰:此徵也。不以色相見如來者,何以故耶?

《經》:"如來所説"至"三十二相"。

贊曰:此釋也。如來説彼三十二相即是非真化身假相,以佛真體即是法身,法身乃是無相故相,故三十二即是非相,是名應化假身相也。然相好果别,福因招真佛法身持經福感。既以約果而談法身真佛色相非真,即知約因而説持經之福勝相因福。其布施福感有漏報,尚不如彼色相福因,何況得此持經功德?故《論》頌云:"此降伏染福。"是故菩薩應當受持,成福資糧,感法身果。

《經》:"須菩提"至"其福甚多"。

贊曰:次下第八爲離懈怠利養等樂味障,即第十二遠離利養疲乏熱惱、於精進若退若不發住處,於彼第八斷疑分中,内財校量,顯經福勝,令其依經發起精進。前爲令其福資糧故,依經修學,供養如來,修福因時,應須捨離懈怠利養,而常修行持説等行;若[①]修行時愛味利養,身有疲乏,心有熱惱,故生懈怠,不發精進,即便不能行勝持説,不得近供養如來,資糧不具,菩提難滿。今爲對持此諸過障,令勤依經修勝福行,故舉内財而爲校量。既由經故,能離此障,是故兩論各明一義。無著約所除之障,名"離懈怠利養";天親就能除勝教,名"内財校量"。文分有五:一、對捨身福、破著身懈怠;二、破聞福已生如義相執;三、令小菩薩生慚愧策勤;四、破二乘人驚怖不精進;五、令生不放逸。第二慚愧處。初中又二:初如來校量,後善現悲對。此初也。此中意云:捨身命雖復勝前施,實功德不及持經四句偈福,以現捨身、苦身心故。何況更求當苦法果而行捨施,因果俱苦,而得比於持經勝福?以此經有七種勝能,持説經時,因果俱樂,是故勝彼捨身功德。故天親《論》頌此義云:"苦身勝於彼,希有及上義。彼智岸難量,亦不同餘法。堅實解深義,勝餘修多羅。大因及清净,福中勝福德。"初一句釋此經文,明經福勝;次六句釋下經文,舉七種因,釋勝所以;後一句總結福勝。

《經》:"爾時"至"如是之經"。

贊曰:此善現悲對也。聞捨多身,不如經福,領解此經爲菩提因,深妙理

① 若,録本訛作"答",據底本改。該字丁本亦作"若",可資比勘。

趣,法喜之極,感激生悲,謂我昔得見道真智,契證無爲,雖名"惠(慧)眼",未曾聞是希有之法,即義中法門希有。准餘本經,此下更有"何以故?佛說般若波羅蜜即非般若波羅蜜",即七義中法門第一,頌中上義智岸難量,釋此文也。"何以故"者,徵不聞之所以;"佛説已下"釋不聞之所以。此智岸有二種義,故雖惠(慧)眼,而未聞也。一是智岸勝上義故,故云"佛説般若波羅蜜";二以智岸難測量故,故云"即非般若波羅蜜"。由斯二義,特異餘經,故總説爲"法門第一"。

《經》:"世尊"至"希有功德"。

贊曰:次破聞福已生如義想執。於中有二:初總標勝能,後拂彼情想。此初也,爲欲破彼懈怠利養,令發精進,故説持經勝捨身福,不應如言執實功德。若能依此實相之經生實相智而發精勤,當知是人爲第一希有也。

《經》:"世尊"至"説名實相"。

贊曰:此拂情想也。言"實相"者,無相爲相,爲令離於虚妄執故,非謂即有此實相也。若離虚妄,契乎無相,是故佛説爲"實相"耳。既於此經詮實相理,餘經未説,不同餘經,即頌七義中,亦不同餘法。

《經》:"世尊"至"不足爲難"。

贊曰:次令小菩薩生慚愧策勤。於中有二:初今逢佛説,信受不難;後未來信持,方是希有。此初也。一類菩薩而懷懈怠、令生慚愧而策勤故,故説惡時尚有持説,況佛在好世而不發精勤?將欲激令慚愧,發生勉勵之心,故言"我今信解受持,不足爲難"。

《經》:"若當來世"至"第一希有"。

贊曰:未來信持,方是希有。於中有二:初標,後釋。此初也。多障難世土劣機微,若但生信心,或深解義理,領文在口,攝義在心,當知是人第一希有。

《經》:"何以故"至"壽者相"。

贊曰:下釋所以。文復分三:初達我空,次悟法空,後順諸佛。然其三文皆有徵釋。此"達我空"也。何所以故信解受持、是人則爲第一希有?以能斷伏人我相故。

《經》:"所以者何"至"即是非相"。

贊曰:此悟法空也。"無我"等者,何所以耶? 以能依經悟法空故。由彼我執,依法執生,法執尚除,我見寧有? 諸相非相,是法空故。

《經》:"何以故"至"即名諸佛"。

贊曰:此順諸佛也。何故能離我法見耶? 以持經人順諸佛故。佛離妄相,其智堅實,能契深妙而説此經,故經所詮,堅實深妙。而受持者順佛而行,發堅妙智,能除二執,故當來世信解受持,第一希有,即頌七義中堅實解深妙也。

《經》:"佛告"至"甚爲希有"。

贊曰:次破二乘人驚怖不精進。如來昔於二乘教中説有諸法即藴處等及説空法即無我等。有爲無爲,皆説爲"有"。今説此經有空發遣,於聽聞時乍聞有法是無,恐謂此經爲非正道,如坑谷等非處行故,遂生驚懼;又聞空法亦無,其心猶豫,不能斷疑,故爲恐怖。後思惟已,驚怖轉深,一向不迴,總生畏憚。今此經者兼被二乘,令其迴心,趣無上覺。既由驚等,不能策勤,故今破之,令發精進,謂真實理遠離二邊。若執有空,不契中道,爲破執相,故説二無,非謂都無有空等法。故二乘等能悟此理、不驚怖等爲希有也。又復此經顯三無性,爲破遍計,空有執心,非謂撥無,依圓二經。故二乘等聞相無自性性故不驚聞、生無自性性故不怖聞、勝義無自性性故不畏,皆爲希有也。

《經》:"何以故"至"波羅蜜"。

贊曰:次生不放逸第二慚愧處。文中徵釋有何所以不驚怖等即説此人爲希有耶,謂由此經有三勝上故,使聞者不驚怖等爲希有也。一、勝餘契經故,謂於六度所詮義中,唯詮慧度爲導等故,即頌七義中勝餘修多羅。二、能爲大因故,"大"謂佛果菩提涅槃,由此所詮無分别慧,以能出生法報佛故,即七義中大因義也。依斯二義,故經説言如來説第一波羅蜜等能詮所詮、皆殊勝故,言即非者破取相心。三、諸佛同説故,即餘本言彼無量諸佛亦説第一波羅蜜,即七義中清浄義也。由佛同證此清浄理,如其同證亦同説故,此經即有如是勝上二乘。今能不驚怖等而爲信持,汝等菩薩云何放逸不勤修也? 前第二文已勸味著利養懈怠諸菩薩等生慚愧已,今此復令不起精進放逸菩薩生於慚愧,名"第二處"。既説此經有七種因勝捨身福,是故菩薩應當捨離懈怠利養而常精勤修勝因經。

《經》:“須菩提”至“忍辱波羅蜜”。

贊曰:次下第九離不忍苦障,即第十三忍苦住處,斷其第八經成苦果等,斷三種疑心,依經修行忍辱之行。前供養處令依此經而行供養,成福資糧,離懈怠處,令起精進。舉經勝益,而爲勸勉。勸勵雖成,須能忍苦。若修行時不能忍苦,即有退轉,便成障礙。忍有三種,能除三苦:一、諦察法忍,於二空理審觀察故,不見生死流轉苦相,能發大心,求無上果。二、安受苦忍,由能安受寒熱等故,不見疲乏老病等等苦,能發精勤,剋成上果。三、耐怨害忍,由能忍耐他怨害故,不捨慈悲,無苦惱相,能廣攝化,速成大果。即由初忍,能起後二,由察空理無怨等故。若心起於“我法”等相,見有苦想。不起此者,便樂流轉。或樂住寂,不發大心,不耐疲乏,不起精進,見怨害苦,而生退心,便於佛果而成障礙。而諸菩薩不能依經離我人相、起三忍故,返疑此經能招苦果。若謂捨身苦身心故,因果俱苦故,福劣者依經行,行遭寒熱等,亦苦身心,云何福勝?由執故不能依經而起忍,由疑故不樂起忍之經。今欲斷彼疑執之心,令其依經成忍行故,故説割截無我人等。無著約除執障,名“離不忍苦障”;天親就斷初疑,名“斷經成苦果”。故依無著離不忍中,文分爲四:一、如所能忍即是忍體;二、明忍相及生忍處;三、如忍差别即種類忍;四、明對治不忍因緣。此初也。文中二句,初句令如所證真境而行能忍,謂如所證法,無我理起,前所説三種忍度皆依真境而能起故。忍體即是無嗔勤惠(慧),如所證境無嗔等故。故前標云:如所能忍由依真境而行真忍,即是波羅蜜清净善根體,是故《經》云“忍辱波羅蜜”。後句令如所證真境,離其忍相,由離相故,即是彼岸,德不可量,是最勝義,能離我相及嗔恚相、無苦惱相,不但無苦,並有慈悲,共樂和合,由是等故,《經》言“即非忍辱”等也。既如所證,行離相忍,是故《論》云“如所能忍”。既由有此離相忍故,依經苦行,而是其善。故天親《論》頌此義云:“能忍於苦行,以苦行有善,彼福不可量。如是最勝義,離我及恚相,實無於苦惱。共樂有慈悲,如是苦行果。”

如前“彼福不可量”等等,皆是此中依經苦行所得苦果故。故雖行忍,而有忍度,不同捨身,而有苦果。

《經》:“何以故?”

贊曰:下明忍相及生忍處。於中有二:初徵,後釋。此初也:“於何處故而生忍相？既令生忍，而復言非，何以故也？”

《經》：“須菩提”至“割截身體”。

贊曰：下釋有二：初明生忍處，後正明忍相。此初也。然生忍處有其三種：謂於他處起怨害忍，於寒熱等起安受忍，於法我等起諦察忍。此中應明三忍生處，下忍相中應明三忍。而能所起唯耐怨者，以文略故，舉初顯後，顯於昔時作忍辱仙，被鬪諍王割截身體，能忍此苦，不生嗔心，故但他人所怨害處，即耐怨忍所生處也。

《經》：“我於爾時”至“壽者相”。

贊曰：下明忍相。於中有二：初順釋，後返顯。此初也。由於彼時無我等故，身相既離，他相亦無，不見苦惱而可嗔恚，故能起彼耐怨害忍。如《瑜伽論·菩薩地》云：“若遇他害，應作是思：此我先業，應合他害。今若不忍，更增苦因。既爲苦縛，豈成自愛？作是思已，應修五想：一、攝受想；二、親善想；三、唯法想；四、有苦想；五、無常想。此於他害不生我相，即五相中唯法相也。由修無我唯法相故，不報彼怨，生初忍也。”

《經》：“何以故？”

贊曰：下返顯中，文復分二：初徵，後釋。此初也：“何所以故[①]知於彼時無我等相？”

《經》：“我於往昔”至“應生嗔恨”。

贊曰：此釋也：“嗔由我生，若有我見，應生嗔恨。恨依嗔立，懷惡不捨，結怨爲性。嗔恨既無，明無我相，故行忍時無我等相。”

《經》：“須菩提”至“壽者相”。

贊曰：下明忍差別，即種類忍。言“種類忍”者，此五百世相續苦忍，是前割截極苦忍類，或五百世生生常行，前後相似，故名“種類忍”。非一，故名爲“差別”。忍辱仙人者，即慈悲仙人也。

《經》：“是故”至“三菩提心”。

贊曰：下顯對治不忍因緣。不忍因者，即三苦想，由有苦想，便不忍故。三苦想者，一住流轉苦想，二住衆生相違苦想，三住乏受用苦想。由初想故，

---

① 以上戊本殘。

見流轉苦,不忍生死,不發大心,便不能起諦察法忍;由次相故,見怨害苦,不能忍耐衆生違,便不能起耐怨害忍;由後想故,見有所乏,不能忍受寒熱等等,便不能起安受苦忍。今爲對治此三想故,生諦察等三種勝忍。對治三想,即分爲三。初治流轉苦因緣中,文復分四:總標,别釋,重成,結勸。此初也。然三苦忍,有總有别。總苦謂初流轉苦想,由不諦察二空理故,見生死苦,見相違害,見乏受用,由此不能發菩提心,常處生死,忍流轉苦。故彼《論》云"未生第一菩提心者有是過"等。總忍謂初諦察法忍,由能諦察二空理故,不見生死,不見疲乏,不見他害,由此乃能發菩提心,共證菩提,同出流轉。故彼《論》云"以無我相而能發心修忍行"等。别苦忍者,謂即此餘二想二忍,各依境生,各離相故。今此欲令離總苦想,故以總忍而爲對治,故説應離一切諸相,發菩提心,即以諦察無我理故,能離我等三種苦想,發心修行忍波羅蜜。故天親《論》而作頌云:"爲不捨心起,修行及堅固。爲忍波羅蜜,習彼能學心。"上二句問,下二句答。"爲"者,依也。依[①]何等故,心不捨菩提想?依何等起行相而修行?依無我等忍波羅蜜而能發心,亦以無我而能修行,行得堅固。是釋《經》言"離一切相發心"義也。

《經》:"不應住色"至"觸法生心"。

贊曰:此别釋也。若執色等以爲實有,便起希求,追戀慳惜,更增流轉,永處生死,安能離相而發菩提?爲遮此等,故勸不住色等生心。

《經》:"應生無所住心。"

贊曰:次重成中,文復分二:初順成,後返遮。此初也。既住色等而生其心,增流轉苦,不能發心。若欲發心,出生死者。是故應生無所住心。

《經》:"若心有住,即爲非住。"

贊曰:此返遮也。前令不生色等心故,故勸應生無所住心,非謂更住無住心相。若有住無住相者,亦是生心,即爲非住,以真住者都無住故。若無住者,契真理故,即此真理,是佛菩提。若心住於色等相者,彼心不住佛菩提也。

《經》:"是故"至"色等布施"。

① 以下丁本殘。

贊曰:此結勸也。是有住者,即非忍故,故佛前説諸菩薩心不應住色而行布施。既住色等非真布施,故住色等亦非真忍,是故其心應無所住。

《經》:“須菩提”至“如是布施”。

贊曰:次顯對治。衆生相違苦因緣中,文有其三:初正對治,次令信受,後遣執著。初中復二:初總標對治,後別釋所以。此初也。雖復發心不住流轉,若有衆生相違苦想,强生忍時,便起勞倦,而生退轉,不能常度。菩薩發心行施等行,本爲利益一切衆生,應當如是不住衆生相違苦想而行施行。生相違時,勿生嗔恨。而强行忍,當生退轉。只因不住,能利衆生。故於此事相,皆應遠離。故《論》依此而作頌云:“修行利益生,如是因應識。衆生及事相,遠離亦應知。”

《經》:“如來説”至“即非衆生”。

贊曰:此別釋所以也。文中四句:初二句明無我相,後二句明無法相。由諸菩薩不了衆生實無我法見相違害。今欲治彼,故説二無。既無相違,寧生苦相?《論》依此義而作頌云:“假名及陰事,如來離彼相。諸佛無彼二,以見實法故。”言“假名”者,即是“我相”,衆生“我相”,但假名故。言“陰事”者,即是“法相”,五陰體事,爲“法相”故。由佛證實,故説二無。無我相,故説一切相即是非相;無法相,故一切衆生即非衆生。如此釋經,順論意故。

《經》:“如來”至“不異語者”。

贊曰:此令信受也,即斷第九道非作因疑,令信此經,依而行忍。前令作依經修供養行,當成福果,持説經時,應離懈怠及須忍苦。以是佛因,應勤受持,速成佛故,故説應無我法等相、忍彼衆生相違苦等。而諸菩薩,未離執心,不堪依經行忍行故,不欲信受,離相違行,返疑此經非爲佛因:“若證果中有言説道可説此經爲佛正因,令我忍苦而持行之,既證果時,離言説道,云何令我忍受勤苦而爲持説非因經耶?”今爲令知經是佛因,斷彼疑心,令修忍行,故説四語,令其信受。《論》依此義而説頌云:“果雖不住道,而道能爲因,以諸佛實語,彼智有四種。”謂證果時雖復不住言説之道,而言説道亦能爲因,得佛果也。則以諸佛有四實智,依實而語,無虚妄故。言“真語”者,總説俗諦,爲顯世諦是虚妄相、唯修實智是真實故。言“實語”者,别説俗諦,謂説小乘四諦之行、此苦集是煩惱行、此滅道行是清净故。言“如語”者,總説真諦，謂法無我第一義諦是説大乘平等法故。言“不異語”者，别説真諦，授記三世，依真修行，所得之果，記住、無住行及當果净非净故。不作是釋，兩《論》相違，名有義者，寧成會釋？其不誑語，譯者妄加，論及餘經皆不舉故。故天親《論》而説頌云：“實智及小乘，説摩訶衍法，及一切受記，以不虚説故。”既於四境如義而説，不顛倒故，應信修行。

《經》：“須菩提”至“實無虚”。

贊曰：此遣執著也。聞前所説真語等故，雖生信受，而名爲“得”，如言執故，返成其失，顯佛所説，雖無虚妄，而亦不可如言執取。爲遮顯此，説“無實”等，謂“言説”者，但是假詮，法本離言，言非是法，但是隨順彼證實智。如言可取法非有故無實，離言智證法不無故無虚，法既離言言非法故無實，而能隨順得證智故無虚。《論》依此義而作頌云：“隨順彼實智，説不實不虚。如聞聲取證，對治如是説。”

《經》：“須菩提”至“則無所見”。

贊曰：次顯對治之受用苦因緣，即斷第十證如不證疑，令作經起安受苦忍。前雖令離相違苦相，若心住於乏受用想，亦不精勤，數生退轉。而諸菩薩心有所住，不契真如，有苦想故，返疑真如不遍時處：“聖人若以‘真如’得名，此一切時、一切處有，而人何故有得不得？而證真者如何要以不住心得、住者不得？”由住，故雖修而契證；由疑，故不修無苦之因。今欲斷彼疑住之心，令具證如而起真忍，故説心住爲入闇等。無著約令不住，名“治乏受用苦想”；天親就斷疑情，名“證如不證”。疑文中有二：初法喻明無智妄住，後法喻明有智不住。此初也，謂真如理，萬德皆圓，無住内證，則無所少，有住外念，即爲所乏[①]。由諸菩薩心有所住、無明染故，不見真如，由此便於現在世中見乏受用而生苦想，凡所修行，求當樂果。若爾，豈唯現乏生苦，當果亦乏，苦想不亡。真如既實遍於時處，智人不住，心净故得；愚者住法，染故不得。如人入闇，則無所見，不見真故，而見現乏，設於當果，寧免苦耶？如彼愚人，投闇覓物，無所見得，始終乏故。故心住著，即是所治乏受用因，應離之。

① 乏，録本訛作“之”，據底本改。

故天親《論》遣疑頌云：

"時及處實有，而不得真如。無智以住法，餘者無智得。"

《經》："若菩薩"至"見種種色"。

贊曰：此有智證如不住於相，即能治行。若諸菩薩不住於相，出無明夜，心清净故，便證真如種種德用。既於現在無乏苦相，所行施等不求當果，當果不乏，何所苦耶？如有智人而有惠（慧）目，智日光照，見種種物，隨見而用，始終何乏？即心無住，是能對治。故諸菩薩應無所住，而能發生真安受忍，勿於受用生乏苦想，所行施等求當樂果。《論》依此義，故説頌云："闇明愚無智，明者如有智。對法及對治，得滅法如是。"頌初二字，總舉二喻。"對法"即是能對治惠（慧），如目及日。"對治"即是所對治障，如所入闇。"得滅法"者，證真如理，如破闇已，見種種色。餘文可解。

《經》："須菩提"至"受持讀誦"①。

贊曰：次下第十爲離闕少智資糧，即第十四離寂静味住處，斷第十疑中校量經勝，令持生惠（慧），勸捨味定。前三住處，滿福資糧：初行供養，正修福因；次修因時，少欲勤進；後精勤時，忍而無退；故前三文，成其福行。下修智因，亦三住處：初離静處，勸捨定味，持續爲因，發生三惠（慧）；次離動處，恐證道時，生喜動慢，而爲智障；後教授處，外求良緣，除所得心，得成證智。由此，准②前文亦三段③。信行地中，多修禪定，恐生味著成所傳故，而不能修智惠（慧）資糧，如何剋成無上大果？故爲除此寂静味，故而顯持經殊勝功德，令其修行，離味著障。無著約其所除障，名"離寂静味"；天親就能除法，名"校量顯勝"。文分有二：初明五種殊勝功德，以生三惠（慧）；後"我念過去"下重釋五中第二福聚。初中有五：一、佛念親近；二、攝取福德；三、歎法修行；四、天等供養；五、能滅罪障。初中復二：初所修法行，後歎佛憶念。此初也，謂有菩薩一向專修等持作意，不欲持經，返疑持經得何福德，本就何業。故《論》依此疑起頌云：

① "至受持讀誦"五字甲本作"當成至悉見是人"。

② 准，録本訛作"唯"，據底本改。

③ 段，録本訛作"假"，據底本改。

“於何法修行？得何等福德？復成就何業？如是説修行。”

前三句問，後一句結。爲答初問，故經説云當來之世，於此經等法行有十①。此略舉五：一、受；二、持；三、讀；四、誦；五、爲人説。謂文字中，以其總持，初受後持；於義理中，以其廣聞，初讀次誦。爲持故受，爲誦故②讀。然讀與誦，二論開合，對文背向。無著分二，俱廣聞故；天親合一，此前四法行爲自淳熟故。外從他聞，便生聞惠（慧）；内持不妄，得生思惠（慧）；數數思惟，乃至③修惠（慧）。第五法行，爲化衆生。《論》頌云：

“文字三種法，受持聞廣説。修從他及内，得④聞是修智。

此爲自淳熟，餘者化衆生。”

《經》：“則爲如來”至“悉見是人”。

贊曰：此蒙佛憶⑤念也。若能捨離，樂味禪定，能於此經具修三惠（慧）、四親近行、自他利者，佛知見之，常親近也。

《經》：“皆得成就”至⑥“無邊功德”。

贊曰：次攝福[□][德]⑦。於中有二：初標福德多，後校量顯勝。此初也。以信行他（地？）⑧持説經福，雖是有漏，聞熏習故，而能資長。本[□][是]⑨無漏，遠與佛果圓滿四智而爲疏緣，近與十地二無漏智亦爲增上，亦與十地十王果報爲異熟因。能成此因，得此等果，故言“成就無邊功德”。

《經》：“須菩提”至“身命布施”。

贊曰：下校量顯[□][勝]⑩。於中有二：初舉捨身多，後校聞經福。初中復二：初施廣，後時長。此初施廣，即天親《論》明事大也。

---

① “法行有十”四字甲本作“合十法行”。

② “誦故”二字底本、録本衍作“誦故誦故”，今結合文意，據甲本删。

③ 至，甲本作“生”。

④ 得，甲本作“後”。

⑤ 憶，甲本作“後”。

⑥ 至，後甲本有“無量”二字。

⑦ 德，底本無，今結合文意，據甲本補。

⑧ 他，此疑爲“地”之形誤字。待考。

⑨ 是，底本、録本無，今據文意補。

⑩ 勝，底本、録本無，今據文意補。

《經》:“如是無量”至“以身布施”。

贊曰:此顯時長,即天親《論》顯時大也。

《經》:“若復有人”至“其福勝彼”。

贊曰:下校量經福。於中有二:初舉劣校量,後况復勝行。此初也。於中法行各起四行,自作教他,讚勵慶慰。其慶慰者是隨喜,由隨喜故,信心不迷。迷者即是不隨喜義。既能隨喜,故心不迷。

《經》:“何况有人”至“爲人解說”。

贊曰:此况復勝行也。不謗少福彼尚不如,况盡受持、行五法行?不可將彼事大時大捨身功德用爲校量,即是答前“得何福”問。《論》依此義而作[①]頌云:

“以事及時大,福中勝福德。”

《經》:“須菩提”至“無邊功德”。

贊曰:次歎法修行。於中有二:初讚歎法勝,後歎修行人勝。初中復二:初正讚,後重成。此初也。天親自下顯九種義,答前“成就何業”。頌云:

“非餘者境界,唯依大人說。及希聞信法,滿足無上界。

受持真妙法,尊重身得福。及遠離諸障[②],復能速證法。

成種種勢力,得大妙果報。如是等勝業,於法修行智。”

頌初十句,顯九種義釋經文;其後二句,總結勸智。前中初句,釋此經文。此勝功德,唯佛[③]與佛乃能自覺,云不可思,無可及勝,非彼聲聞菩薩所測,名不可稱,以此功德無邊際故。是故偈言“非餘者境界”。

《經》:“如來爲發”至“上乘者說”。

贊曰:此重成也。爲成此前“不可稱”義,故說“爲發大乘者說”、“上乘者說”。此二空是菩薩,體雖無別,約義下二,能净二障,故名“大乘”。餘乘不及,復名“最上希求”。此人名爲“發”者。“大心”者,《論》名“大人”,是前頌

① “論依此義而作”六字甲本作“故論”。

② 障,底本、録本訛作“法”,今結合文意據甲本改。天親菩薩《金剛般若波羅蜜經論》此處[T25n1511p790a24]正作“障”。

③ 以下底本缺,録本依甲本補。

“唯依大人説”。爲大人説，故不可稱。

《經》：“若有人能”至“思議功德”。

贊曰：次讚修行人。於中有三：一、歎行德；二、荷正法；三、簡非相。此初也。此法行人所得功德，唯有如來能悉知見，餘不能知，以是能成極果因故，即前滿足無上果也。

《經》：“如是人等”至“三菩提”。

贊曰：此荷正法也。無上菩提不過理智，此經詮亦名“菩提”。今以念惠（慧）蘊持在心，即是以肩荷擔何種菩提法也，即前受持妙法也。

《經》：“何以故”至“聽受讀誦”。

贊曰：此簡非相也。先徵，後釋。何以故？法行可難[①]，成大福聚，爲荷菩提。答中有二：樂不法者，謂二乘人唯信人空，不信法空，有法執故，志意狹劣，不皆聞故。著我見等，即諸外道未離我執，同謂有智，人法執縛，不求二空，不能受故，返顯能受。是大乘人離土者，故能成就如前功德，即前及希聞信法，與爲大乘者義相違帶，故在第二而義樂此。

《經》：“須菩提”至“而散其處”。

贊曰：此天等供養，以花鬘等恭敬供養，右繞禮拜，故名是“塔”。説經之處，地當可尊。次持經人，身可重生無量殊勝福德，即前尊重身得福也。

《經》：“復次須菩提”至“爲人輕賤”。

贊曰：此顯滅罪。於中有三：初明於賤，次彰滅罪，復得菩提。此初也。輕賤有二：一謂罵辱，二謂打縛。無著云“輕賤其輕賤（善事）[②]”。

《經》：“是人先世”至“則爲消滅”。

贊曰：此彰滅罪也。餘本此文即“何以故”。

贊曰：先世有二：一過去生，二持經前罪。經被輕所以，即以滅罪釋其所由。業有四：一順現受，二順生受，三順後受，四不定受。若前先世，有順後

---

① 難，丙本作“歎”。

② 此句甲本字跡模糊，録本費解，當有訛誤。聯繫無著《金剛般若波羅蜜經論》“是人先世罪業應墮惡道，以今世人輕賤故，先世罪業則爲消滅，當得阿耨多羅三藐三菩提”[T25n1511p775a6—9]及甲本下文“故説輕賤是其善事”，疑此句當爲：“無著云‘輕賤其善事’”。

受及不定受;若後先世,惠(慧)現生後,不定四業。罪業既爾,福業亦然。除謗正法,顯善報人及登地上諸聖菩薩,餘説一向偏善惡者。具二業者,隨其善惡有勝劣故,受罪福報。彼業盡已,受彼業果。而持經人具二業者,由福勝故,得持此經;有罪業故,被人輕賤。若不持經,善業勢盡,惡業不亡,當隨惡道。由持經故,輕受毁辱,罪業消滅。故説輕賤是其善事。若唯一向有癡業者,當隨惡道,豈合聞經?若唯一向有福業者,受極樂果,豈被輕賤?妄興色難,未融妙趣,妨而不通。若作斯,何或(惑)不遣?此中且據中處受持,令持經人遇難勿退。若心邈到淳至持者,雖無輕賤,重罪亦除。

《經》:"當得阿耨三菩提。"

贊曰:此得菩提也。得菩提者,顯乎罪滅,由前罪滅,故得菩提,即前頌云:"及遠離諸障。"

《經》:"須菩提"至"無空過者"。

贊曰:上明五種殊勝功德捨静味,次下重釋五中第二攝福德聚。於中唯論下三爲三:初顯經滅力,次闕福德多,後何人能説。初中復二:初舉餘福德,後校量顯勝。此初也。"我曾過去阿僧祇"者,謂成佛前從金剛定七時滿心、然(燃)燈佛後爲一僧祇,非此所論。今取已前二僧祇劫所修供養、餘持經外有所得行以用校量,故言"過去阿僧祇劫"。然(燃)燈佛前、然(燃)燈佛後,能無相修,福惠(慧)廣大,不可校量,一刹那福實勝前故。所言"八百四千"等者[①],此順西方,倒陳其福;順此方者,即那由他億萬四千八百諸佛。西方數法與此不同,亦餘諸經數各差異,但可總言"然(燃)燈佛前供諸佛福不如於此",不所(應?)[②]於中强生下(分?)[③]别。二祇逢佛,非佛爾故;經中隨舉,顯校量故。

《經》:"若復有人"至"所不能及"。

贊曰:此校量顯勝也。下位有情惡世持説勝佛二祇,修因勝福顯然(燃)燈前。雖行供養,心有所得,未蒙授記,是故不如持説經福無所得因速成佛

① 録本此處衍一"者",據甲本删。

② 所,甲本字跡模糊,録本費解,疑爲"應"字。

③ 下,甲本字跡模糊,録本費解,疑爲"分"字。

故，即前復能速證法也。

《經》："須菩提"至"狐疑不信"。

贊曰：此闕福德多也，以福廣多，非情計境①。若今説者新學菩薩、二乘凡夫即便迷悶，心發狂亂，返生狐疑，而不信受，故但略説，不具言耳。

《經》："須菩提"至"不可思議"。

贊曰：此何人能説也。是經文字②，福因之體③及所得果，皆④離心言，不可思議，難可解了。雖人能説⑤，唯佛能知⑥，非餘所測，但勸持宜，希當勝果。故前《論》頌顯此義云⑦："成種種勢力，得大妙果報。"由是菩薩應懃受持，勿耽定味，而爲智障。

《經》："爾時須菩提"至"降伏其心"。

贊曰：次第十五歡喜勸住處，顯第十一應非無住疑，令修真實無住無道，謂信行地雖未證得真無住道，而於比觀證無住道，亦得相應數修此故，能離二取，證真見道，斷伏二障。由證以觀，以證道故，自見得勝，起"我"而生喜躍掉動之心，當不能處證無住道、次復得入真無住道，故自取心，深成障礙。故《論》頌云："於内心修行，厚我爲菩薩。此即障於心，違於不住道。"由住自取，返疑無住："若説菩薩，都無所住而生其心，若爾，則應一切無住，如何前云'應如是住亦是降伏'?"既勸住伏，非不住故，由自取故，雖修而不契真住。由生疑故，復不修無住之道。今言顯彼疑取之心，令其微契無住之道。是故善現再興前日，日雖以重，所爲立别。是故此文，非二固説。無著約餘住障名"離喜勸住處"，天親就顯住疑應非無住疑。文下爲二：初問，後答。此初也："菩薩約前住心降伏爲道，我能自取之心，爲復不起我能心耶?"是故問言"云何住"等。

---

① 境，録本訛作"壞"，據甲本改。
② 字，戊本作"義"。
③ 體，録本訛作"能"，據戊本改。
④ 皆，録本訛作"不"，據戊本改。
⑤ 説，録本訛作"壞"，據甲本改。
⑥ 知，録本訛作"生"，據戊本改。
⑦ 以下戊本殘。

《經》:"佛告須菩提"至"實滅度者"。

贊曰:下答上二。初明無所住,後明無所伏。此初也。菩薩所住爲度,衆生妄心取相,謂有所度,及其度已,實無衆生如界生齊,覺乃無故。

《經》:"何以故"至"則非菩薩"。

贊曰:此顯無所伏也。先徵,後釋。所住若無,妄心寧有?若亦無妄,所伏亦無。既有所伏,妄心明有所相,而言"無所度"者,何以故耶?故即答云:"亦無所伏。"若諸菩薩謂有我等是所伏者,則非菩薩,見有我等,則不能伏,不伏我等是凡夫故。

《經》:"所以者何"至"三菩提者"。

贊曰:此約無能取也。先徵意云:"既有發趣菩提心人,明意應有。所住所伏,無所住伏。之所以者,爲何謂耶?"故即答云:"勿謂實有,能發趣者能發趣心本無起故。"依所住伏,説能發趣,所取本無、能取無故。二取既無,都無所得,云何菩薩智自取心,而乃障於真無住義?然宣演中强以此文配樂頂德,深成不可,頂德未離能取心故。

《經》:"須菩提"至"三菩提不"。

贊曰:次下第十二離無教授障,即第十六求教授住處次第十二菩薩修因疑,令修勝進、求教授行。前雖令離自取之障,依無二取,住無住道,而諸菩薩謂爲究竟,不欲離此處求勝進,豈求教授觀上法取?由自不能求教授故,返疑釋迦妄有所行:"既其實理都無所得,無發趣人,亦無菩薩。云何釋迦於然(燃)燈所布髮敬花而求教授,妄有所作,何所益耶?既爾,彼時應有所得。"既由疑執,不求教授,由此便是無教授障。將欲斷彼執疑之心,故舉昔於然(燃)燈佛惠(慧)求教授行,我於彼略得住八地,至無功用,能無相修。雖都無得,當相然(燃)燈以求教授,進成上位。况信八地,未得真住,不求教授,觀上法耶?既顯疑執而説此文,是故兩《論》各明一義。無著約除其執,名"離不求教授障";天親就顯疑念,名"顯菩薩修因疑"。文分爲三:問,答,印[1]成。此問也:"於彼佛時真實理中頗有取證佛菩薩不?"

《經》:"不也,世尊"至"三菩提"。

---

① 印,録本訛作"即",據甲本改。

贊曰:此答也,准問應知。

《經》:"佛言如是"至"三菩提"。

贊曰:下佛印成。於中有二:初總印,後别成。此初也。

《經》:"須菩提"至"釋迦牟尼"。

贊曰:下别成中展轉釋疑。文下有六:一、無法得受記;二、真如不可説;三、佛不得菩提;四、遮正增减執;五、真如惠(慧)信法;六、安立第一義。初中又二:初返釋,後順成。此初也:"菩提若實是可得者,我於彼時實行勝行,應於彼時便得正覺,然(燃)燈便不與我授記,以於彼時便應得故。'釋迦牟尼'此云'能寧'。既自能寧,能寧他故。"

《經》:"以實無有"至"釋迦牟尼"。

贊曰:此所成也。良以實無勝行可行,亦無如言菩提可證。復於彼時心無所得,行順於理。既無退轉,是故然(燃)燈授我當記。故《論》頌云:"以授後時記,然(燃)燈行非上。菩提彼行等,非實有爲相。"

《經》:"何以故"至"諸法如義"。

贊曰:此真如不可説。文中徵釋:"何故菩提無有實法?若無菩提,佛亦非有。言於彼時無可得者,何以故耶?"彼時所授如來記者,如來即是諸法真如,而此真如實不可説,以離戲論煩動心故,非有爲漏實異性故,故於彼時無説無得。

《經》:"若有人言"至"三菩提"。

贊曰:此佛不得菩提也。文中二答,舉執遮遣。若有人言:"然(燃)燈佛時因行非上,不得菩提,後成佛時,果德殊勝,應有實法得正覺耶?"故遮正云:"非但彼時不得菩提,後成佛時亦如因行,實無所得。"故前頌云"菩提彼行"等。

《經》:"須菩提"至"無實無虚"。

贊曰:此遮正增减執也,恐聞因果信無所得,便謗如來都無菩提,謂"菩提"者言皆虚妄。爲遮此故,言無實虚。"佛菩提"者,即是真如。真如無有虚實、一實二相,以實無"有"、"有"爲五陰言説相故,故言"無實",故前頌云"非實有爲相";"不無"證修,"世間"言道,真實相故,故説"無虚",故後頌云"彼即非相相,以不虚妄説"。

《經》:"是故如來"至"皆是佛法"。

贊曰：此真如遍諸法，由前菩提是真如故。真如即尊佛自體法，亦是諸佛所證之法。真如遍爲一切法性，是法諸佛法一切自體相。佛無所得，能得是法，菩薩亦應無得而得。

《經》："須菩提"至"是名一切法"。

贊曰：此安第一義。前以真如遍諸法，故一切法皆是佛法，恐彼妄執能所下别色等諸法以爲佛法，故今遣之、言即"非等"。所言"一切是佛法"者，以無所得，契證真如，能見色等，而不下别，故説一切皆是佛法，即非妄起有所得心、下别一切名爲"佛法"；若離能所下别之心，即色觀真，即真觀色，故一切法是名"佛法"。我於彼時蒙佛教授，知一切法皆佛法故，故授我記，當得作佛。故諸菩薩亦求教授，悟諸佛法，速成佛果。釋迦過去亦逢諸佛，而經[1]三文舉然(燃)燈者，此經正以無相爲宗，然(燃)燈佛時萬方契證，功德八劫，行入三祇，是故此中句偏舉也。

《經》："須菩提！譬如人身長大。"

贊曰：已顯地前信解八地，次下第二明净心地，即第十七證道住處。天親《論釋》，喻説顯疑，同入真見，前爲信行。三災菩薩則説地前四種妙行：無生而不遍度，無行而不遍修，無果而不遍相，無障而不遍顯。四弘所行，已備於前；二真見道，將開於後。今爲闕説，故此文生，則爲闕説法身理智，令此菩薩顯下别障，發無漏心，親證體會。而諸菩薩不離所得下别心故，雖聞前説，以無所得證真法身，仍未顯疑，恐謂法身亦有所得，遂以喻顯而顯所疑，故説"譬如身長大"等。無著約所喻之理智，故説"净心證道"；天親就舉喻而顯前疑，故名"喻説顯疑"。文下爲二：初得智令顯，後離慢令證。前中又二：初如來喻教，後善現答成。此初也。真如理智，唯内證真，非其言相可稱彼體。然諸智者，因喻得明，故次大身，以通玄旨。譬如人身，讚滿端緯，攝彼德貌，總名"大身"；所成理智，名之爲"法"；攝領成就，故謂之"身"。而此"法身"名"長大"者，謂入證道，所顯法身以得二智而顯證故。所言"證得二種智"者，一攝種姓智，始從初地得此智已，生如來家，定殖佛種。先於此家長夜所生，既得生已，畢竟縛依，便能得彼至得成就。三功德相，妙身相故，名

---

[1] 經，録本訛作"缚"，據甲本改。

爲"長身"。"三功德"者,即報、應、化三妙果也。二樂直有,始從初地能證五種平等理,故成平等智。五平等者:一、斷惡平等,證智不見苦樂異故;二、無我業等,證智不見有我異故;三、顯相應平等,證智不見自他異故;四、無希望心相應平等,證智利他無求報故;五、一切菩薩證道平等,證此能發同體智故。得此智已,普攝衆生,是攝身故,名爲"大身"。既從證道得此智故,下顯法身,當名"長大";况至果德所顯法身,離一切境,遍一切境,大功德體,最名"長大"。故《論》約果法身頌云:"依彼法身佛,故説大身喻。身離一切障,及遍一切境。功德及大體,故即説大身。非身即是身①,故即説非身。"上之二句説喻之意,下之二句釋次經文,中間四句正明此義。

《經》:"須菩提言"至"是名大身"。

贊曰:此蘊現答成也。"如來説身爲長大"者,安立非自非他相故。若有自他異身相者,即爲"非大身";若離異相、有彼真如同體相者,是名"大身"。故前頌云:"非身即是身,故即説非身。"於彼身中安立非自非他相故。

《經》:"須菩提菩薩"至"不名菩薩"。

贊曰:次下離慢令證,顯第十三疑。由從初地離"我得"慢、得二智故,乃至成佛,能顯清凈妙大法身,欲令信行終滿菩薩速入證道而證會故,説長大身,令離自他我慢相心而爲體證。而諸菩薩不能離慢而證道故,返疑:"無我則無菩薩。若無菩薩,則亦無佛。雖度衆生嚴凈國土,若如是者,何要發心修行行法而求法身?"由慢故無智而不證道,由疑故有慢而不契真。今欲顯彼疑慢之心,故説應如凈心菩薩,離煩倒慢,成妙大身。無著約障慢執,名"離慢令證";天親約遣疑情,名"顯行佛不成疑"。文下爲四:告,徵,釋,結。此初也。由必不遍真如法界、妄懷慢故,謂度生等聞説實無有菩薩故,返疑行耶,都無所成。疑慢若生,豈成行耶?如諸佛等,得智離慢,無我能等,成長大身,嚴土度生,自然成就,故則菩薩亦如佛等離慢證真,成身長大,故言"菩薩亦如是"。若欲我當度衆生者,由知我故,是自慢倒,如何能得攝種姓智?見衆生故,於他妄倒,如何能得平等姓(性)智?既由慢等不得智故,無妙大身,何名"菩薩"?故《論》頌云:"不達真法界,起度衆生意。及凈佛國

① 身,録本訛作"心",據甲本改。

土，生心即是倒。”

《經》：“何以故？”

贊曰：“此徵非所以也。”

《經》：“須菩提”至“名爲菩薩”。

贊曰：此釋義所由也。以於俗諦攬五蘊成，若於真諦都無名相，若俗若真，何有一法名“菩薩”者？恃何起慢言“我度”耶？

《經》：“是故佛説”至“無壽者”。

贊曰：此結會諸法。非但菩薩無差實法，我明一切諸法亦然，人、法二乘二俱無故。人法既空，不應生會。若不盡此，起衆生會，則不得成妙身大身，是故不得名“菩薩”也。即由初地入見道時，離上别慢，名爲“净心”。心净得智，名爲“證道”。而經廣明信行佛地、略説初地見道净心、不明十地證净心者，經宗爲明佛種不顯，佛果菩提，是其所紹，發心已知，是能紹繼，舉果令求，廣明佛地，地前雖修，廣身令學，若入見道，十地自成，剋紹佛果，成種不顯，故略十地而不廣明。由此名爲“金剛般若”，以初後中闊狹異故。

《經》：“須菩提”至“不名菩薩”。

贊曰：上明第二净心地竟，次下第三顯如來地，即十八中上求佛地八中第六究竟住處。前明地前及後心地，今辨果德令欣求趣，即舉佛身六種具足，令十地位菩薩上求。據能求人，名爲“上求佛地住處”；約所求果，名爲“究竟”及“如來地”。六具足名，如前配列，總顯佛果依正二執，佛果必有依正報故。初一依報，後五正報。爲成依報，先明净土。正報之中，三業必以知爲導，故先明知見；三業之中，身爲所依，故先明其相好。二具相爲表德，令人敬德而會。佛好爲嚴身，令人愛慕。而親近利他中，勝先明好身相，爲好依故；後顯相語，利他勝故。先明之心，爲益本故爲後辨，且初第一國土净具足，即在顯前行何不成疑中令修佛果圓滿土行。文中分四：一、舉執顯非；二、徵非所以；三、正顯嚴土；四、結真菩薩。此初也。菩薩若求佛果，依報應正修行無相定慧，除彼二執而作真嚴。若言“我當”，是“人我”執；莊嚴佛土，是“法我”執。二執既起，不證於真，即非心净，何能嚴土？言“我嚴”者，非菩薩也。故前頌云：“及净佛國土，生心即是倒。”

《經》：“何以故？”

贊曰：此徵非所以也。

《經》："莊嚴佛土"至"是名莊嚴"。

贊曰：此正顯嚴土也。此中若欲真嚴土者，即非有相能所莊嚴。若離能所、無相嚴者，是名"莊嚴"。是真嚴故，便能具足四身浄土，是故此文名"土具足"。前餘地前，小念修道；今令地十，等以具足。故文似重，與前別也。

《經》："若菩薩通達"至"真是菩薩"。

贊曰：此結。真菩薩不言"我能"，是達生空；無所嚴相，是達法空；如來説爲"是真菩薩"。故《論》頌云："衆生及菩薩，知諸法無我。非聖自知信，及聖以有知。"真菩薩者，能知自身及衆生身，皆無有我。非聖菩薩，當以自智，信"無我"法。次及聖位，以有聖知。不通達耶，即顯有執，不達二空，非真菩薩。

《經》："須菩提"至"有肉眼不"。

贊曰：次下第二無上見智浄具足，顯第十四佛無能見，令稱實求具足知見。前令求佛依報浄土，土體通情與非情，即是菩薩所用所化七珍爲實(寶?)①，是所受用。其中衆生是所化利。若無知見，誰受化耶？是故云由見浄五修、智浄六通及所依福，方能了達色非色等而爲受用，亦知衆生心行差別而爲濟利，亦能無盡，令他愛樂常寧化導。而諸菩薩志樂求佛無上見智，聞前所説不見諸法名爲"諸佛"，遂疑如來恐無見智。今説佛有見智具足，下彼疑心，令②欣求趣。無著約有所求之果若見智得具足，天親約顯疑令③求名"説佛無能見疑"。文下爲三：初明見浄具足，次明智浄具足，後顯福德具足。鑒照名"見"，既顯名"智"，可愛名"福"。離障圓明，名"浄具足"。見浄五眼即下爲五，一一又二。初問，後答。此初也，問肉眼。破膚四塵，名之爲"肉"；清浄五報，依照名"眼"。若諸願共未得通者，除轉輪王，唯見近處欲相無明障内之色，離業報障，方能成就。若諸菩薩自爲導此身心故見衆生者，生怜愍故，初修成之，然隨大小，見百由旬乃至三千大千世界，由有障故，不見他方。若在佛身，色即是智，理即是事，一即一切，見因法界無障礙故，以

① 實，甲本似作"寶"，待考。

②③ 令，録本訛作"今"，據甲本改。

是清净無漏色報，利他善報之所。見障肉邊，亦名“肉眼”。今欲顯佛具此見净，故問善現：“如來有不？”

《經》：“如是世尊，如來有肉眼。”

贊曰：此答也。佛離諸障，能益自他，平同凡夫。亦五義，五所生净色無漏肉眼。若無此者，非具足故。

《經》：“須菩提”至“有天眼不”。

贊曰：此問天眼也。先舉净慮，名之爲“天”。因天而照，故名“天眼”。然此天眼有報、修得。若順静慮，引色界中所盡净色，名爲“修得”；若生天中，業因所生法净色報，名爲“報得”。此二天眼，聞能徹見，欲約外色，而其塵近，即有差别。若願所得，見四天下羅漢、辟支，小大漸次，見小、中、大三千界色。菩薩爲離前肉眼過，欲惠（慧）知彼六趣。諸本論修天眼，其最小者見百由旬，乃至最大見十方界諸天二乘所不見色及見三世染净因果。若在佛身，是真天眼，以無二相見一切故。今欲顯佛具此見净，故問善現：“如來有不？”

《經》：“如是世尊，如來有天眼。”

贊曰：此答也。以佛過去具足離修，於現果德常在三昧，能利自他，觀無盡境，有報、修得真天眼也。

“須菩提”至“有惠（慧）眼不”。

贊曰：此問惠（慧）眼也。簡釋染净，名之爲“惠（慧）”；能照真理，即名爲“眼”。三乘聖者，隨證二空，解真之智，以爲惠（慧）眼。前之天眼，未離虚妄。菩薩欲知諸法實性、成就真故，出生死道；及欲今生離虚妄者爲救濟故，次修惠（慧）眼。若至佛身，一即一切，障以一智，見通理事，約照理邊，亦名“惠（慧）眼”。今將顯[①]此，故問“有不”。

《經》：“如是世尊，如來有惠（慧）眼。”

贊曰：此答也。由佛離相，即色觀雲，遍證諸法真如理性，故佛世尊有惠（慧）眼也。

《經》：“須菩提”至“有法眼不”。

---

① “顯”後承上文衍一“今”字，兹據文意删。

贊曰:此問法眼也。衆生報性名等稱“法”,後智照達名之爲“眼”。大乘因果,照二空如。由此復能發俗後智,能知衆生報性差别及能照解名句等法。逆所觀法,名爲“法眼”。若唯惠(慧)眼,於法無知,便同二乘,不能普利菩薩。爲知衆生報欲及度生法,故修法眼。若至佛身,雖即照理,約達俗邊,亦得名“有”。將顯今此,故爲問起。

《經》:“如是世尊,如來有法眼。”

贊曰:此答也。佛既體真,通達諸法,何報欲而不了,何名句而不知?利他之最,是法眼也。

《經》:“須菩提”至“有佛眼不”。

贊曰:此問佛眼也。覺道圓滿,故稱爲“佛”;普觀理事,故名爲“眼”。佛眼有二:一、總;二、别。“總”謂攬前四眼所成,如四河流總聚名“海”;“别”謂佛身,以一切種無功用智而爲體性。前之四眼名“别”,因位未通,離障見境未周,自利利他,尚猶賤劣,等令圓勝,故修“佛眼”。今將顯佛,令此見净,故先問起:“如來有不?”

《經》:“如是世尊,如來有佛眼。”

贊曰:此答也。超前因位,通顯無知,理事雙融,故有佛眼。前諸住文不立勝義,此皆言“有”不言“非”者,此與智净既同住處,以後彰前,亦同解也。

《經》:“須菩提”至“説是沙”。

贊曰:下明智净。前之見净能照惠(慧)體,此之智净能照智用,體用别故。無著下二,用不離體。天親合一,即由見净能發净智。既釋衆生心行差别,令彼之心離諸散亂,證真境故,名“智净住”。文下爲三:初舉智所能,次明佛能知,後徵釋所以。初中復四:一、因河辨沙;二、因沙數界;三、因果説生;四、因生説心。此初也。如來依俗,欲顯數多,事理智心,故説如是。此如《起信》,空無邊報。

《經》:“須菩提”至“寧爲多不”。

贊曰:此因沙數界也。如《起信論》,空無邊故,界無邊也。

《經》:“佛告須菩提”至“所有衆生”。

贊曰:此因果説生也。亦如《起信》,世界無邊,故衆生無邊也。

《經》:“若干種心。”

贊曰：此因生説心，亦如《起信》，衆生無邊，故心行差别亦復無邊。若干種者，重知二種：一者染心，即是凡夫共欲之心，不能修初四念處故，於常樂我净體上而妄執爲常樂我常而生愛護。二者净心，即二我者離欲之心，不能修真四念處故，於自佛性常樂我净真實體上而倒執爲非常樂等，以求出離。故天親《論》法真念處更名"常住不動根本"，名異義□[一][①]，皆法真説。故四念處有其二種。

《經》："如來悉知。"

贊曰：上明所境，此顯能知。知有二：一、於染净而悉知之；二、於染净悉知是倒。故《論》頌云："雖不見諸法，非無了境眼。以見彼顛倒，種種顛倒識。以離於實念，不住彼實智，是故説顛倒。"

《經》："何以故。"

贊曰：下釋所以。於中有四：問，答，徵，釋。此初也："非但境多，而心難見，能悉知者，何以故也？"

《經》："如來説諸心"至"是名爲心"。

贊曰：此答也。如來説此染净諸心，於俗諦門，少爲非住四念處心；於真諦門，住非住心不可得故。但是俗諦，假名染净。顛倒之心，若取心相，獨□生礙，於一心念尚不能知。由見諸心不爲非心，得真理故，能通知也。此同《起信》，應引説之。

《經》："所以者何？"

贊曰：此徵也。既説爲心，復説非心，何所以者？

《經》："過去心"至"不可得"。

贊曰：此釋也。然心能變境，境復生心，心境相因，而成緣相。若緣過境，名"過去心"；若慮來境，名"未來心"；若取現境，名"現在心"。三世之境，既離心無，已滅未生，妄無住故。故三世心，已滅未生，亦妄無住，皆不可得。故説諸心爲非心□。

《經》："須菩提"至"得福多不"。

贊曰：智見净中福德具足，顯第十五福德非善疑，令修佛身，具足福德，

---

① 一，底本、録本無，今據文意補。

智爲能導引生福故，福爲所依能資智故。若無福者，知見何依？既不能居前之净土，亦不能感後相兩身，爲成前後假真福。而諸菩薩不能了心，皆爲非心離顛倒故，返疑福德亦是離倒，作是疑云："若説染净心皆倒者，依心修福亦是離倒。既非善，何要修行？"由執故不離顛倒之因，由疑故不修離倒之福。今欲顯彼疑執之心，令其修行離倒之福，故顯離相福德甚多。無著約離執而修福，名"福德具足"；天親遣疑而知善，名"顯福德非善疑"。文下爲三：問，答，於（釋？）成[1]。此初也："以離顛倒無住之心而以七寶奉施如來，當得佛身福德自在。以是因緣，福寧多不？"

《經》："如是世尊"至"得福甚多"。

贊曰：此答。以如是等無住施緣，當感佛身，其福甚多。

《經》："須菩提"至"得福德多"。

贊曰：此釋成也。若住三輪，執實有福，心既顛倒，福有限量。不説福多，以無相心所修福德，能與佛智而爲根本，非是有住顛倒福故，我如來福德多故。《論》頌云："佛智惠（慧）根本，非顛倒功德。以是福德相，故重説譬喻。"

《經》："須菩提"至"具足色身"。

贊曰：次下第三隨形好身具足，顯第十六相好順佛疑，令修佛身圓滿身業。前既學佛嚴净佛土，修勝智見，鑒照理事。次便嚴佛所有相好。然佛相好從法身起，真德無限，相好無邊，皆如真體，周遍法界，由此名爲"相好具足"，故説身有無量。"色等不成就"者，應觀法身。法體若成，相好亦就。然諸菩薩於出觀時有執心故，隨其行位，所見相好，執爲定實。既示體真，返生疑念："既説佛以無爲得名，云何諸佛成就相好？既成相好，應非無爲。佛若無爲，相好非佛。寧求相好觀法身耶？"不觀真故，雖修而不具足；由懷疑故，後不修相好。今欲顯彼疑執之心，令觀法身，成相好體。得真體已，相好自顯，故[2]不以相好見佛。無著約體真而修學，名"相好具足"；天親就遣疑而上求，名"顯相好非佛"。天親以同是身業故，合説顯疑；無著以相好有殊，乃開二具足。此隨好中，文分爲四：問，答，徵，釋。初問意者，欲具隨好，應觀法

① 於，此疑爲"釋"之訛字。下文"此釋成也"，可互勘。

② 故，底本、録本置於"顯"字前，當係誤倒，今據文意改。

身。法身心隨從應化具足，隨好色身見不？答、徵“可見”，不煩再舉。釋之意云：“如來所説應化隨好，以爲具足。佛道身者，但隨彼位。散心所見，即非法身。恒沙性德所起隨好，具足色身。若能離相觀佛法身，所成圓滿真隨好者，是則名爲‘具足色身’。雖相及好皆是色身，而以隨好配色身者，别德總名，猶如色處，以非秉著，但名爲‘色’。如彼四蘊，非表示故，但總稱名，此亦應爾。”

《經》：“須菩提”至“諸相具足”。

贊曰：次顯第四相身具足，故非秉著，但名“色身”。相既秉著，故别標舉，生起義意，顯彼疑情。問、答、徵、釋，一准隨好，但相好殊，而文别耳。此相及好既依真起，雖不離真，非即真體。性相别觀，不可爲無；即性而觀，不可爲有。以離法身既無相好，故此相好非不是佛。既對法身非無非有，是故不應定執求也。《論》依此義而説頌云：“法身畢竟體，非彼相好身，以相好成就，非是法身故。不離於法身，彼二非不佛，故重説成就，亦無二及有。”

《經》：“須菩提”至“莫作是念”。

贊曰：次下第五明語具足，顯第十八佛有所説疑，令修佛身。圓滿語業，前明相好；求佛身業，身不徒然。爲生説法，既離執以；求身之方，具足亦已。詮而學説，説法方圓。若執有説，而求具足，有所説故，有所不説，何能圓滿佛之語業？由佛無説，無所不説，故説於一語言中，“演説無邊契經海”，“一切衆生語言法，一言演説盡無餘”。衆生所有諸言音，莫非如來説輪攝。能如是者，名語“具足”，皆由了説而無説故。而諸菩薩於散位中不能契真無説而説，返疑如來有實説法。不契真故，雖學而不具足；由有疑故，不觀無説之理。今欲顯彼疑執之心，令知無説而求具足，故言“説法者無法可説”等。無著約令順無説而上求人語具足，天親就顯義而契理名“顯佛有所説疑”。中下五句，遮徵釋成。此初二也。如頗謂佛若真若俗，即如離如，有所説解，便遮止云：“莫作如來五所説念。”

《經》：“何以故？”

贊曰：此徵也。

《經》：“若人言”至“我所説故”。

贊曰：此釋也。若言如來於真於俗，即如離如；而有所説，即言離言；能詮所詮，實體法者。有所說故，有所不說，是即如來語不具足。不解義故，豈非謗佛？

《經》："須菩提"至"是名說法"。

贊曰：此成也。以所說法，不過文義；離法界外，即無自求。如前求佛即相無相，說法亦能說而無說。無所說，故無不說。能以一言，盡說諸法。離所說外，更無可說。語具足故，是名"說法"。故《論》頌云："如佛法亦然，所說二差別。不離於法界，說法無自相。"次下第六明心具足。於中准《論》，有六種心：一、念處；二、正覺心；三、施設大利法；四、攝取法身；五、不住生死大心；六、行住净心。於中第一念處心，經顯第十八何人能信疑，而斯經亦闕此經文。餘本即有，故《論》列之。如魏本云："爾時須菩提白佛言：'世尊，頗有衆生於未來世聞說是法，生信心不？'佛言：'須菩提，彼非衆生，非不衆生。何以故？衆生者，如來說非衆生，是名'衆生'。"此中意者，菩薩如佛，常念衆生，若善不善，若信不信，常應利益，而不捨離。而諸菩薩不能如佛起樂等念，恐諸衆生有惡不信，難可悲念，便生疑云："既此前言能說所說皆是其無，有何等人信是深法？於無信者，如何悲念不已、相而興悲？"由疑故不以法。而後欲顯彼疑執之心，令起無解大悲念處，故說衆生若真若俗、非有非無、若信不信、非凡非聖，於中不可定執是非，但樂等念。如三念更不捨衆生。無著約等念而令悲名"念處心"，天親約有信而令名"顯何人能信疑"。故《論》頌云："所說說者深，非無能信者。非衆生衆生，非聖非不聖。"

《經》："須菩提"至"爲無所得耶"。

贊曰：次下第二明正覺心，顯第十九有得證果疑，修菩提勝因果行。前明念處，大悲爲首。大悲之智，必由果圓。果滿滿來，順成正覺。欲成正覺，即令修行有爲無爲無上妙行。而諸菩薩不離我法，不能如佛具此二行，返疑佛行非無上行，作是疑云："何故如來離無所得及無所行？此上上證依展轉行，有得行□證菩提，而今令我行二行耶？"由執故雖行而乖正覺，由疑故復不欲修行。今欲顯彼疑執之心，故說真理雖無一法可修，若離俗諦，修行方便，無由彼證。無著約除執而令學名"正覺心"，天親就顯疑而令修名"顯有得證果疑"。文下爲二：初善現發問，後如來即答。此初也："三僧祇劫，二諦雙修，所成正覺，若因若果。豈非爲彼無所得耶？"

《經》:“如是如是,須菩提!”

贊曰:下答有二:初明菩提果無所得,後明覺道因無所得。初中復二:初法身果,後報身果。初中復三:初即[□][答][1],次釋,後結。此初也,承前問辭:“若因若果無所得耶?”故今即言“如是如是,須[2]菩提”也。

《經》:“我於阿耨”至“少法可得”。

贊曰:此釋也:“我觀菩提,若因若果,無微塵許所取法體。無少法故,心無可得。”

《經》:“是名阿耨”至“三菩提”。

贊曰:此結也。由證真如無所得理,無有少法是可得故,障盡理圓,而成法身,是名“阿耨無上菩提”,是故《論》言“阿耨多羅”,語故復説。頌云:“彼處無少法,知菩提無上。法界不增減,净平等自相。有無上方便,及離於漏法。是故非净法,即是清净法。”前之二句釋此三文:彼法身處,無少可得。故知即是菩提無上。

《經》:“復次須菩提”至“三菩提”。

贊曰:下報身果。於中有二:初明菩提平等,後釋平等所由。此初也。若凡若聖,無我真如。平等之理,雖皆齊有,由佛能證此平等理,得成報身,名“正等覺”。故《論》説爲“三藐三佛陀語故”。顯身菩提者,人平等相。相謂假者,即報佛也。以法界中功德起而非增,煩惱滅而非減,由非增減,即名“平等”。由佛同證此平等理,故得壽命功德身相,悉皆齊等,名“無齊下”。由證平等,成無齊下,是故説爲“人平等相”,即是前頌“法界不增減”也。

《經》:“以無我無人”至“無壽者”。

贊曰:此釋平等所由也。餘本及論,此下皆有“得者”等阿耨多羅三藐三菩提,此文闕者,譯者慢耳。所證真如,具恒沙德,在經名“如來藏”,出經名“法身”,位别名殊,體無差别。我人衆生是生死法無彼我等,是名“法身”,故《論》説爲“於生死法中平等相”也,即是前顯净平等自相,由法無我、清净平等自體相故,顯其報身平等相也。

---

① 答,甲本、録本無,據文意補。

② 須,録本訛作“所”,據甲本改。

《經》:“修一切善”至“三菩提”。

贊曰:下顯菩提道。因無所得,於中有二:初旨明,後料簡。此初也。一切善法,六度萬行,若望法身能爲了因,若望報身即爲生因,故《論》説爲“菩提道”也,即明令修一切善法,方得菩提,非如二乘少修善法,即是前頌“有無上方便”。“餘菩提”者,善法不滿足,更有上方便故。

《經》:“須菩提”至“是名善法”。

贊曰:此料簡也。所言“善法”者,即彼無漏福德智惠(慧)理事等行。“即非善法”者,非是有漏世諦善法。“是名善法”者,即是隨順第一義諦無漏善法。故前頌云“及離於漏法。是故非净法,即是清净法。”如顯釋經,彼非結也。雖法報身互通□義,皆名“無上正等菩提”,性相别觀,隨義增勝。法身菩提,得名“無上”;報身菩提,名“正等覺”;攝相歸性,總名“法身”,皆名“無上”。“不增減”等,是釋法身“無上”所以。由斯兩論,各依一釋。

《經》:“須菩提”至“持用布施”。

贊曰:次下第三施設大利法心,顯第二十無記非因疑及二十二佛能度生疑,令眼如佛,大法利行。前已學佛,證得正覺;次當學佛,法施群生;以所得法,施大福利。施福利時,不應見“有”,我謂能説,彼謂能受,以法及人皆非有故。而諸菩薩不能學佛無所得心施法利故,返疑:所施文字教法是無記故,非菩提因,何要施設?由執故雖施而不廣大,由疑故復不欲信施。今[①]欲顯彼疑執之心,令其學佛,設大法利,故説“受持得無量福”、“實無衆生如來度”等。無著約除執而廣利生,名“施設大利法”;天親就顯義而行廣利,名“顯二種疑”。文分爲二:初施設法利,即顯無記非因疑;後安立第一義教授,即顯佛能度生疑。顯初疑故,《論》頌云:“雖言無記法,而實是彼因。是故一法寶,勝無量殊寶。”上之二句,假設問答。雖是無記,且爲佛因。以離所説,不成佛故。下之二句,據實理答。言“無記”者,是小乘義。豈大乘者執無記耶?以所説法,從前流故。衆生但聞成出世故,故一法寶勝無量寶,令知教善爲菩提因。顯彼疑心行法利故,故以財施而爲較量。此文後三:初舉劣,次明勝,後校量。此初也。地前持説,功德應少;所舉較量,財命極多。地上

① 今,録本訛作“令”,據甲本改。

持説，功德應廣；所校財施，都少者何？以施多少，皆劣持經；地前難化，多以勤勉；地上易知，少之自達；隨舉並得，據理皆齊；地上縱多，無所喻故。

《經》："若人以此"至"爲他人説"。

贊曰：此明勝也，文准前釋。

《經》："於前福德"至"所不能及"。

贊曰：此正校量也。下持經福以爲多。下全舉施福不及其一。"千萬億"下，亦復如是。"算數譬喻所不及"，此中准《論》，有四勝故，所不能及：一者數勝，即是此中算數不及。經福雖少，性無限故，數亦無限，非彼施福有限數法所能及故。二者力勝，即餘本言"歌羅分"也。如折一毛百分之心，一名爲"歌羅"，義釋爲"力"，以無漏福少分力勢非即漏善力所及故。三無似勝，即餘本言"數不能及"，以持經福全不比數施福類故，如貴賤人不相以數。四者因勝，即餘本言"鄔波尼殺曇"，此譯爲"因"。舉因攝果，施福招苦，因果俱劣；經因雖少，福成佛果，因果勝故。由四勝故，譬喻不及。故《論》頌云：

"數力無似勝，無似因亦然。一切世間法，不可得爲喻。"

《經》："須菩提"至"我當度衆生"。

贊曰：此下安立第一義教授，顯第三十一佛能度生疑，令其行真利樂行，謂設法利度衆生時而起生凡。依第一義教授，地上諸菩薩類，應如如來度諸衆生，無實生相。而諸菩薩不能學佛依第一義而度生故，返疑：如來有實度生，非是依於第一義諦。若説真如是法平等，諸[佛][1]何更有度衆生？既有度生，明非平等。由迷故雖度而不成真利，由疑故總不欲度生。今欲顯彼疑執之心，令其依真而度生故，故説"無實衆生可度"。無著約遣迷而真度，名"第一義教授"；天親就顯疑而體真，名"顯佛能度生疑"。文下有四：問，遮，徵，釋。此初也："作念於真，理有度生耶？"

《經》："須菩提莫作是念。"

贊曰：此遮止也。

《經》："何以故？"

贊曰：此徵也。

① 佛，録本脱，據甲本補。

《經》:“實無有衆生如來度者。”

贊曰:下釋有三:初順成,次返顯,後簡異。此初也。真法界中,一相不存。若依俗諦,但有五藴。即於藴體,假名“衆生”。名及五藴,不離法界。故法界中,無生別度。故《論》頌云:“平等真法界,佛不度衆生。以名共彼陰,不離於法界。”

《經》:“若有衆生”至“衆生壽者”。

贊曰:此返顯也。佛一切智,稱理而知。無中謂有,即爲妄執。既無妄執,是故不見有少衆生如來度者。故無著云如來如爾[炎]①,而不知故。天親頌云:“取我度爲過,以取彼法是。取度衆生故,不取取應知。”於中三句,釋此經文。初“五陰中有生度”者是取相過,次顯以取五陰之法是衆生故,後令衆生而得解脱有度生相。即初句標,下二句釋。

《經》:“須菩提”至“即非有我”。

贊曰:下簡異中復有三:初佛知無,次凡疑有,後破凡愚。此初也。言“有我”者,是有我執。非“有我”者,是無我執。有所執“我”,可有我執。所“我”既無,何有所執?即本無我,而妄生執,名爲“我執”。既無我執,佛何故説?

《經》:“而凡夫之人以爲有我。”

贊曰:此凡執“有”也。佛知“我”無,都無我執。而諸凡愚,起心别見,妄説爲有,横生實執。如來欲顯無所取”我”,但妄執故,説爲“我執”,於無所取而妄執故。故前頌云:“不取取應知。”

《經》:“凡夫者”至“即非凡夫”。

贊曰:此破凡愚也。豈唯無彼所起之“我”,勿謂實有能起執人。真諦無生,何凡之有?俗諦約化,亦非是真。故凡夫者,即非凡夫。餘本有言“愚夫異生”,即禀異見而更生故。

《經》:“須菩提”至“觀如來不”。

贊曰:次下第四攝取法身心,顯第二十三比知法體疑及二十四相福成因疑,令離相修,攝法身行。前來諸文雖明法身,未顯攝取,故與前别。而諸菩薩法執未亡,不能離相攝法身故,返於法身而生疑念:“法身雖非相成就見,

① 炎,録本脱,據甲本補。

應以見相而得比知。既爾,法身應以所修相好福因而能證得。"由執故雖修而不能攝取,由疑故不修能攝之因。今欲顯彼疑執之心,令離執相而觀法體,修離相行,攝取法身,故説"不以相觀佛"等。無著約離執而自契證,名"攝取法身";天親就顯疑而修正因,名"顯比知相因疑"。文分爲二:初明觀相不可識真,即顯比知法體疑;後明相因非得真體,即顯相福成因疑。初中後二,長行頌故。長行文四:問,答,覓,領。此初也:"可以觀見三十二相比知如來法性身不?"

《經》:"須菩提言"至"觀如來"。

贊曰:此答也。須菩提將導佛覓,故以菩薩執疑之心答言"如是",以觀諸相以知如來真法身也。

《經》:"佛言須菩提"至"即是如來"。

贊曰:此覓也。由轉輪王亦今相故,故《論》頌云:"非是色身相,可顯知如來。諸佛唯法身,轉輪王非佛。"

《經》:"須菩提白佛"至"觀如來"。

贊曰:此領也。如我先來解佛所説,應不可以觀見諸相比知如來、覓真法身也。

《經》:"爾時世尊"至"不能見如來"。

贊曰:此顯成也。餘本此後更一頌云:"應觀佛法性,即導師法身。法性非所識,故彼不能了。"廣而頌顯示如來所不應見,謂若求見真佛法身,而尋色聲,行耶(邪)定故,但見世諦,非契於理,則不能見如來法身。如此法身所不應見,故色聲心不可見也。既爾,法身如何可見?故次半頌答此義云:應觀佛體真如法性。[□□□][真如法]①性即是導師法身。報化德法,名曰"導師",導引凡聖於真理故。導師應以法性爲德,是彼色聲心所不應見也。何故色聲心而不能見?色聲者是②分別識,以此法性,唯内證知,非是心別識所識,故彼色聲心不能見也。故《論》頌云:"唯見色聞聲,是人不知佛。以真如法身,非是識境故。"

① "真如法"三字甲本、録本無,今據文意補。

② 是,甲本、録本置於"者"字前,當係誤倒,今據文意改。

《經》:“須菩提”至“莫作是念”。

贊曰:下明相因非得真體,次第二十三相福成因疑。文中有三:問,遮,身正。此初二也。恐諸菩薩復作是執:“若不以相以見如來,寧以相因得法身果? 説相兩因得作佛故。”爲離此著,故復答言也。更作念:“如來豈不以相具足?”爲因證得,便遮止云:“莫作是念。若以相因得菩提者,轉輪聖王亦應證得。”此中亦應作是例難,以前影後,經不重言。

《經》:“如來”至“三菩提”。

贊曰:此經示正義也,謂佛身者理智爲體,但由發起真無相智,觀證法性,名“得菩提”,不以具足福相爲因,而能證得無上正覺,方便因相各差别故。《論》依此義而説頌云:“非相好果報,依福德成就。而得真法身,方便異相故。”

《經》:“須菩提”至“莫作是念”。

贊曰:次下第五不住生死涅槃心,斷第二十五失福及果疑,令其學佛無住妙行。故令學佛以無相智正觀正證,攝取法身,非得法身,便永寂滅。次令學佛,起報化身,不顯福業,不住涅槃,不著物福業,不住生死。而諸菩薩不能學佛行無住道、契大涅槃,返疑福業有捨有取,作是疑云:“既説如來唯智、如來非福因得,則應證得法身之時所修相好福德應失。福德失故,無所感果,豈非證寂爲斷滅? 般若非斷滅,不住涅槃,則取福德,應住生死。若證寂滅,便同二乘。住生死故,則同凡數。如何能得無住涅槃?”由執故不契無住之理,由疑故不修無住之因。今欲斷彼疑執之心,令成無住大涅槃果,故説發心,不説斷滅。所作福德,不應貪著。無著約除執而成無住,名“不住生死涅槃心”;天親就遣疑而修行因,名“斷失福及果疑”。文分爲二:初不住涅槃,後不住流轉。初文後四:問,遮,徵,釋。此初二也。發趣大乘,初心菩薩尚不欲住寂滅涅槃,況我如來得無住道? 故令菩薩知佛果德而以行求,速成大果。然諸菩薩意行虚空,法界等盡,我行方盡,故不可説同於二乘捨大悲心而求斷滅,便遮止云:“莫作是念。”

《經》:“何以故?”

贊曰:此徵也。

《經》:“發阿耨”至“斷滅相”。

贊曰：此釋也。發菩提者能住真如。真如在纏，不爲苦逼。雖處涅槃，不同惑斷。故發心者得勝忍智，如所住法而能通達，不厭生死，不欣涅槃。説初發心，多劫生死，廣行妙行。若至佛果，示現生死，以利群生。利衆生時，必憑勝福。福於佛果，雖非親因，於能證智，而有助力。故得法身，不失福業。由是亦説斷滅相狀。《論》假此義而作頌云："不失功德因，及彼勝果報。得勝忍不失，以得無垢果。"

《經》："須菩提"至"七寶布施"。

贊曰：下明不住流轉。文分爲二：初明有福非苦所惱，後明受報而不住著。初中復二：初舉劣，後顯勝。此初也。恐諸菩薩生如是心：若不住涅槃，應生死苦逼。爲離執著疑惑之心，説有福德而無苦惱，故舉凡人施寶福因，感得輪王釋梵等報，尚非圓勝，尚無苦逼，况佛菩薩勝福德耶？如經説云"轉輪聖王以少福故，當得無病"等。

《經》："若復有人"至"所得功德"。

贊曰：此顯勝也。如前凡人，施寶功德，雖在生死，當非苦逼，况若復有佛殊勝人知一切法，無彼二我，得成三忍，於有爲法而得自在，非業煩惱力所生起，所有福德勝過於前，而更有苦所逼惱耶？"二無我"者：一、人無我；二、法無我。言"三忍"者，由知二種無我理故，能於三性如次起於苦性無生忍，自然無生忍，惑苦無生忍。

《經》："須菩提以諸"至"不受福德故"。

贊曰：下明受報而不住著。於中有三：初標，次問，後釋。此初也，即是釋前福勝所由。由知無我，得成於忍，於所作福而不受故。

《經》："須菩提白佛"至"不受福德"。

贊曰：此中問也："以前佛説求福資糧，次前復云'福勝於前'，即是菩薩應受福德，云何復云'不受福德'？"

《經》："須菩提菩薩"至"不受福德"。

贊曰：此爲釋也。受有二種：一者、無貪領受；二者、貪著取受。若是無貪，無漏福德即應領受，不住涅槃；若是貪著，有漏福德則應不受，不住生死。故令領受，故説菩薩求福資糧福勝於前。今説所作，不應貪著，故説菩薩不受福德，非是總令棄捨於福。故《論》頌云："身勝福德相，故重説譬喻。是福德無報,如是受不取。”

《經》:“須菩提”至“我所説義”。

贊曰:次下第六行住净心,爲化衆生集行住神通方便説法流轉所作殊勝有爲之事。此勝惠(慧)行,名之爲“行”;安處如是,名之爲“住”;而無諸染,故復名“净”。前雖總明無住寂用,而未别明方便作用。今爲明之,有下文起。於中有三:一、威儀行住净;二、破名色身自在行住净;三、不染行住净。緣隨感應,似有來者,觀語不執,成大神通,於説法等,而無染著。今具足説,令其上求。所學之求,如是次第。初威儀行住净,即次第二十六化無受用疑,令修佛果净。以諸威儀行菩薩上求佛地所有事業化衆生等未亡執故,乃謂如來實有知來而生習學。由不語□□迷真,故返疑法身有知來相,作是疑云:“既如前説,是福德無報。無有漏報,云何得於十方世界出没往來現身説法令生覩見而受用耶?有往來故,即是漏果,又如何得無苦惱耶?”由執故雖求而不成就,由疑故不修成就因。今欲斷彼疑執之心,令其欣樂勝感應用,故説實無來去之相。無著約除執而上求,名“威儀行住净”;天親就斷疑而識化,名“斷化無受用疑”。文下有三:初牒執顯非,次徵非所,次後釋義所由。此初也。先修後非。此中應有四種威儀,言“來知”即謂“行”也。餘本有“住”,此中略無此四威儀,但隨感應不化所作意任運而成。若化若真,皆無來去。若言“實有四威儀”者,當知是人不解我意。故《論》此義而説頌云:“是福德應報,爲化諸衆生。自然如是業,諸佛現世間。”

《經》:“何以故?”

贊曰:此徵非所以也。

《經》:“如來者”至“故名‘如來’”。

贊曰:此釋義所由也,謂智如如義、如如智。真如來者,湛然常住。其應化身,與真法界,非一非異。若隨感應非一門説雖似去來,攝相福性非異門説則無來去。况是如來大悲願力,但法心現,是净威儀,豈得説有去來之相?故應契理,稱實而求。故《論》頌云:“去來化身佛,如來常不動。於彼法界處,非一亦非異。”

《經》:“須菩提”至“寧爲多不?”

贊曰:次下第二破名色身自在行住净,斷第二十七真化一異疑。前明依真，隨感而應，離往來相而現威儀，而未廣顯神通化用、巧便自在諸勝惠(慧)行。若無此者，亦不能起諸净威儀。而諸菩薩未離執心，不能學佛起發惠(慧)行，返疑：“化身所有神通，與真法界爲一爲異？若是異者，真既無動，離真起惠(慧)，即應是妄，如外諸惠(慧)，不應發起；若是一者，此即‘真如’，不應離真别有動用，如何令我强發起耶？”由執故雖修而不能發起，由疑故不修發起之因。今欲斷彼疑執之心，令其依真發無相惠(慧)，故説世界作微塵喻，舉界與塵非一異義，顯化與真亦非一異。無著約除執而能起，名“破名色身自在行住净”；天親就斷疑而修一因，名“斷真化一異疑”。文分爲六：一、無所見方便；二、如所不分别；三、所心不分别；四、於何法不分别；五、何方便不分别；六、云何不分别。初中二：初如來以微塵喻告，令析[①]觀蘊相；後善現以世界喻顯，令知蘊相是空。初中又六：一、問；二、答；三、徵；四、釋；五、難；六、通。此初也。然“世界”言，通喻二義：一、喻真如總體法身；二、喻所執諸蘊總相。其“微塵衆”亦喻二義：一、喻所起無數化身；二、喻分析[②]蘊和合相。由執蘊相不分析[③]故，不能契真，而起於化，因以世界喻其蘊相，令其觀破碎如塵衆。法執煩惱皆斷盡故，便能證真，依真起化。真之與化，非一非異，如碎世界而起多塵。總界與塵，非一非異。顯斯二義，故問：“善現，三千世界破爲微塵，其微塵衆寧爲多不？”《論》云：“世界作微塵，此喻示彼義。微塵碎爲末，示現煩惱盡。”

《經》：“甚多，世尊！”

贊曰：此答也。既有多塵，何有實界甚多？寧有實身？觀外了内，無身相故，執惑都盡，證真法身，即依真身而能起化。化别真相，真化非一；化不離真，真化非異。如外境塵，非一無别，體故非異。顯斯喻義，故言“甚多”。故《論》頌云：“非聚集故集，非唯是一喻。聚集處非彼，非是差别喻。”“非聚集”者，顯所集塵體各别故；言“故集”者，顯多别塵集成總界，總别既異，是非一喻；“聚集處”者，顯微聚處即是總界；言“非彼”者，非離總界而有界塵，總别無差，是非異喻。

《經》：“何以故？”

---

①②③ 析，録本訛作“拆”，玆據甲本改。

贊曰:此徵也。徵若實有,便執求塵;若無實,不應言"多"。言"甚多"者,何以故耶?

《經》:"若是微塵"至"是微塵衆"。

贊曰:此釋也,明佛説塵,非謂實有。若是實者,佛雖不説,世情自知。佛何論説?

《經》:"所以者何?"

贊曰:此難也。塵若無實,佛何故説?説之所以者,爲何謂耶?

《經》:"佛説微塵"至"名'微塵衆'"。

贊曰:此通也。佛説微塵,以喻析[①]身,相不見色,心和合相,故能離惑執,依真起化。如界起塵,非一非異。顯如是義,假説"微塵",即非實有内外塵衆,但是假報。下析[②]遮蘊色心心所,假名"微塵",以喻化身依真而起,非一異義,而乃説是"微塵衆"耳。

《經》:"世尊如來"至"是名'世界'"。

贊曰:此下善現以世界喻顯,令知總蘊是空。於中分三:初標舉,次徵起,後解釋。此初也。如來所説"三千界"者,總聚世界積微所成,喻彼内身衆生世界,總攬五蘊多分所成。"即非世界"者,以彼所成無實體故,内亦無自體。"是名'世界'"者,但假名"世界";假名故由以外界喻觀内身無實相故,能離執惑;又如外界攬衆微成,無有體相,但能起彼微塵衆,故名"世界"。所顯法身攬萬德成,無有諸相,以能起名"化身"耳。

《經》:"何以故?"

贊曰:此徵起也。外界内身及與法身皆無相者,何以故耶?

《經》:"若世界"至"則是一合相"。

贊曰:下釋所由也。於中有二:初正破,後顯空。此初也:"若説外界内身實者是一合相,相者執也,謂執内外都無體相,假聚集物爲一轉合,既有執心,便生煩惱,如何能顯無相法身?"

《經》:"如來説'一合'"至"名'一合相'"。

---

①② 析,録本訛作"拆",兹據甲本改。

贊曰：下顯空中，文復分二：初善現□(答)[①]，後如來成。此初也。如來常説外界内身一合相者，其體都空，以於勝義情有理無，而真諦中情亦非有，但順彼情，名“一合”耳。

《經》：“佛言須菩提”至“是不可説”。

贊曰：下佛重成。於中又二：初體實無，後妄執有。此初也，謂佛了知外界内身無實自體是可説者。

《經》：“但凡夫之人貪著其事。”

贊曰：此妄執有也。凡夫不了體空無故，但隨音聲妄生法執，法執起故，我執亦生，增貪愛等諸煩惱也。故《論》頌云：

“但隨於音聲，凡夫取顛倒。”

《經》：“須菩提”至“所説義不”。

贊曰：下明如所不分别，即無能見。前破我法所緣之境，今破能緣我法見心。見心乃是所起分别。今翻令作無分别心，故言“如所不分别”也。文中分四：問，答，徵，釋。此初也：“佛説我見，有其二空：一爲安置人無我理，謂顯無有所執我相，但有虚妄我見心故；二爲安置法無我理，謂我見體亦非實法，所見既無，能見無故。”如是觀察，實無二見。能取心者，即是相應三摩鉢底之方便也，非謂知無所取我法爲能見心，爲入方便。故《論》頌云：“非無二得道，遠離於我法。”佛欲破彼有我見疑，故問善現：“有人爲佛説‘實我見’，永(乖?)[②]‘我空’不?”

《經》：“世尊”至“所説義”。

贊曰：此答也：爲破二執，假説“我見”，非謂實有此“我見”體。若言“佛説實我見”者，則是彼人不解佛空。

《經》：“何以故?”

贊曰：此徵也：既無實見，佛何故説？説“我見”者，何以故耶?

《經》：“世尊”至“壽者見”。

贊曰：此釋也。文中有三：謂牒非結。世尊説“有我見”等者，爲欲除彼

① 答，甲本、録本作缺文，今據文意補。

② 結合文意，“永”似爲“乖”字之訛，待考。

我法執障，令息虚妄而假説也，即非（非即?）[1]實有此“我見”等。以無所“我”，豈有“能見”？無始熏習，妄分別起，於真理中，本無見故。是名“細障”，令見真如二無我理、得遠離故，而假説爲“我見”等也。《論》明此義而説頌云：“見我則不見，無實虚妄見。此是微細障，見真如遠離。”

《經》：“發阿耨”至“菩提者”。

贊曰：此顯何人不分別也。此所簡者，凡夫外道及二乘者有學無學，隨應二見但是實有，未能悟入二空之理；唯菩薩者有勝智能，欲趣菩提，斷二障故，是可名爲“不分別”者。

《經》：“於一切法。”

贊曰：此明於何法不分別。二乘之人不求遍者，非於一切而不分別；菩薩異彼，於一切法觀無我法而不分別。

《經》：“應如是”至“信解”。

贊曰：此顯何方便不分別，即何定智必以此，緣無分別故。然此方便總別有三：若依止寂諸境義邊名“奢摩他”，是爲止品；若依鑒照諸境義邊名“毘鉢舍那”，是爲觀品；若此二品齊均之位名“三摩提”，是爲等持。體雖無別，而義有異。依止生智，即是根本第一義智，名之爲“知”；依觀生智，即是後得世俗智故，名之爲“見”；若依等持所生之智融照真俗，名爲“信解”。由此知見信解三種，總別寂照，無分別智，能離我法分別之心，即無分別之方便也。《論》彰此義而作頌云：“二智及三昧，如是得遠離。”

《經》：“不生法相。”

贊曰：此顯云何不分別，即何行相。於中有二：初標，後釋。此初也。法即是境，相即是心。依真定智，離能所相，即無分別之行相也。

《經》：“須菩提”至“是名‘法相’”。

贊曰：此釋也，有牒，非結。言“法相”者，但是虚妄，能取所取分別之心，即非有此虚妄法相，如彼見我即不見故，但欲破彼虚妄分別，假説妄情，名“法相”耳。

《經》：“須菩提”至“布施”。

---

[1] 結合文意，“即非”似爲“非即”字之誤倒。

贊曰：次三明不染行住净。於中復二：初説法不染，後流轉不染。初説法不染，即斷第二十八化説無福疑，令學清净説法之行。前令觀察五蘊體空，發起神通，利濟群品。若不説法，利濟不成，必欲利生，應無染説，謂於文義無取著染，亦於説時無名利染。菩薩不能學無染説，返疑："佛化所説之法，非真説故，無所利益。若謂去來説法等事皆是化現，非真法身，既非真實，何能益物？人知化説，不生信心，設我持説，豈成我益？"由染故雖説而不成勝利，由疑故不佛説而被生。今欲斷彼疑執之心，顯雖化説，亦是真説，能爲衆生廣大利益，謂佛法者自真而流，能成衆生出世之種，不信聞者尚爲佛因，若信者聞寧非大益？況無染説，與佛齊功，但當精勤，勿疑真化。顯斯妙趣，啓發其心，故重舉施，校量經論。無著約持説而離著名"説法染"，天親就斷疑而勸持名"斷化説無福"。文分爲二：初校量顯勝，後正明不染。前文復二：初舉財福，後正校量。此初也。將顯持説經福廣多，是故先舉多財施也。

《經》："若有"至"福勝彼"。

贊曰：此正校量也，以得二智及正三昧能遠離障而起化身，化身所説即是真説，故所説法功德無邊，能令聞者獲大勝福。《論》明此義而説頌云："化身示現福，非無無盡福。"

《經》："云何爲人演説。"

贊曰：正明不染。於中有二：初問起，後釋顯。此初也："既是化佛所説之法非真實故，無人信敬，云何演説而成勝益？既令説法應取文義，不取文義説法不成，云何爲人不染説法？"

《經》："不取於相，如如不動。"

贊曰：此釋也。化身所説，不説於相，如所證如，無動念故。既不取相，不言是"化"，但依正證正念而説，則所説法而名爲"正"，故能普遍利衆生。汝諸菩薩亦應如是，不取佛身化非化相，不取於法説非説相，不取聽者信非信相，但如所證，無動真如，其心湛然，無所動念。取相動心，即是染故。《論》明此義而説頌云：

"諸佛説法時，不言是化身。以不如是説，是故彼説正。"

《經》："何以故"至"如是觀"。

贊曰：次下顯其流轉不染，斷第二十九佛入涅槃疑，令修流轉不染之行。

前令學佛無染説法，次令學佛常在世間示現流轉，世法不染。而諸菩薩未盡執心，執實有爲，生厭離故，便欣寂滅，不樂世間，不能如佛處世説法，由此返疑佛入涅槃，作是疑云："若説諸佛常在世間説法利者，云何説言'佛入涅槃'？若常處世，應流轉故。"由執故雖處世而染著，由疑故復不樂處世。今欲斷彼疑之心，令常處世而不染著，説"觀有爲如星幻"等。無著約除疑而不著，名"流轉不染"；天親就遣疑而住世，名"斷入涅槃疑"。文中徵釋。徵之意者：若説諸佛常在世間説法利者，何所以故云"般涅槃"？若般涅槃，則不處世，而言諸佛"常住涅槃"復"常處世"，何以故耶？以彼疑執而作此徵，故以斯偈遣彼疑執。佛涅槃者，非同二乘，以非即有爲、非離有爲故。非有爲，故不住世間；非離有爲，故不住寂滅；始可名爲"佛涅槃"。真(其?)[1]何故能爾耶？得無住道故。如何能得無住道耶？以了有爲如幻等故。佛説由此得無住道，雖處流轉而能不染，故諸菩薩應於有爲如星翳等如是觀察。《論》明此義故説頌云："非有爲非離，諸如來涅槃。九種有爲相，妙智正觀故。"言"有爲"者，謂餘起法由帶四相之所表示，顯是遷流造作法故。然有總别開合之相。總合相者或總爲三，謂初三喻顯自性相，即見相識有爲、自一切有爲不離此故；其次三喻顯受用相，即器身受能所用，器爲所受，身受是能，必以此三，成受用故。其後三喻顯三世相，即過、現、未三世之事必以此三來世法故。或總爲四：一、自性相，即前初三，義如前釋。二、著所住味相，即前所受器世界相，於中境界是所住味顛倒境故。三、隨順過去相，謂前能用身受二法，身是無常過去隨逐，受爲苦過所隨順故；前同受用，故合爲一；今能所别，故開爲二。四、隨順離相，謂前三世，由觀三世遷流不定成出離故。《論》依前義而説頌云："觀相及受用，觀於三世事。於有爲法中，得無垢自在。"言"别釋相"者，别以九喻喻九有爲：一、觀相如星，星在夜有，晝日則無；相分亦爾，無明夜有，智日無故。二、觀見如翳，翳於净空，妄見毛等；二見亦爾，妄於真理見我法故。三、觀識如燈，燈以油注，潤而得住；報識亦爾，由業所引，愛潤住故。四、觀器如幻，幻以倒見，妄生味著；器境亦爾，無實體妄著用故。五、觀身如露，露少時住，不得久停；身亦如是，無常過去常隨逐故。六、親受

[1] 真，甲本字跡模糊，似作"其"，待考。

如泡，泡起滅是；不安隱受亦如是，隨順三苦故。七、觀過去如夢，夢唯是念，都無實體；過境亦爾，唯是心念無實體故。八、觀現在如電，電忽有無，非久時住；現法亦爾，適生即滅，不暫停故。九、觀未來如雲，於凈空無而忽有；未法於種，本無相狀，忽生起故。功德施《論》觀察九爲九種體相，如星翳等，與此異同，而義無越。彼《論》所喻觀察頌云："觀自在境物，遷動及體性。少盛壽作者，觀心兼有無。"彼《論》長行，廣釋頌意，恐繁不叙。樂者述之，謂以妙智觀諸有爲如星等，故於有爲法得無垢深自在而住，故前半頌顯此義云：

"於有爲法中，得無垢自在。"

然經偈中有其三節：即初一句舉所喻法，其次二句舉能喻相，其後一句總結勸觀。餘本論皆有九喻。此本唯六，仍加影喻次第。又前後者，不知什（?）[①]别有何意而譯此文？深成可怪。加減佛言，極過失耳。

《經》："佛説"至"信受奉行"。

贊曰：上來已釋正宗分竟，此即第三流通分也。文中三節：初標佛化畢，次明衆同聞，後仰受遵奉。"須菩提"等義如前釋。"優婆塞"等此云"近事"，謂授五戒，近事三寶，並前比丘尼者，以男女聲别四衆矣。"天人""修羅"如常所明。《智廣論》云："'如是我聞'者，令真法也。信□行爲生智也。"由佛所説有三凈勝故，使[②]聞者歡喜奉行。一、説共清凈，以於諸法得自在故，顯無取執妄相愚癡□（之）[③]所覆障，不爲名譽利養我慢之所染[④]故。二、所説清凈，如以實知諸法體故，謂即説彼所證實理根性皆得相應，初中善等不凈勝故。三、得果清凈，以離諸障、成法器故，謂彼受者隨所宜聞境行果三，遠離疑謗，起行得果，證彼境故。以其聽者根器宜聞，佛正爲説，無不信□，□□（領納）[⑤]在心，敬順修學，由□故説"歡喜奉行"。若聞此法[⑥]，不生歡喜，不樂奉行，當人如無情，物則無種性。故無著《論》流通頌云："若聞如是

① 此字疑有誤，待考。
② 使，録本訛作"便"，據甲本改。
③ 之，録本作缺文，據甲本補。
④ 染，録本訛作"深"，據甲本改。
⑤ "領納"二字録本作缺文，據甲本補。
⑥ 法，録本訛作"德"，據甲本改。

義,於大乘[①]無覺。我念[②]過於石,究竟無因故。"由法深廣,信受□□,故使[③]此德不能流布,既(即?)[④]無著《論》後□頌云:

"下人於此深大法,不能覺知及[⑤]信向。世間衆生多如此,是以此法成荒廢。"

《金剛般若經》旨贊卷下。

廣德二年六月五日釋普遵於沙州龍興寺寫□。

① 乘,録本訛作"來",據甲本改。
② 念,録本訛作"名",據無著《金剛般若波羅蜜經論》卷下[T25n1510bp781a21]改。
③ 使,録本訛作"便",據甲本改。
④ 既,疑爲"即"字之訛,待考。
⑤ 及,録本訛作"反",據甲本改。

No. 2736《金剛般若經》依《天親菩薩論》贊略釋秦本義記

西京崇聖寺沙門知恩集

［題解］

佛典《金剛般若波羅蜜經》注疏，［唐］知恩集。原著二卷或三卷。敦煌卷子中有伯 2159 一號，首尾俱存，係卷上。如標題所示，是依據北魏菩提流支所譯《金剛般若波羅蜜經論》來疏釋後秦鳩摩羅什所譯之《金剛般若波羅蜜經》。全文共分爲五門：(1)辨教因緣，論述佛説《金剛經》的原因，共十條。(2)定經宗旨，謂《金剛經》以般若爲宗。(3)明處會，明此經在《大般若經》中四處十六會中之所屬。(4)叙翻譯，追述《金剛經》的歷代異本。(5)正釋文意，逐段引用經文，進行疏釋。清代以前歷代大藏經未收，後被《大正藏》據伯 2159 號收入其第八十五册。本校注仍《大正藏》所據原卷伯 2159 號爲底本。

將釋此《經》，五門分别：一、辨教因緣；二、定經宗旨；三、明處會；四、叙翻譯；五、正釋文義。

第一、辨教因緣者，於中有十：一、爲宣説菩薩行故。如《經》“汝今諦聽，當爲汝説。善男子、善女人發阿耨多羅三藐三菩提心，應如是住，如是降伏其心”等。二、隨順諸佛法故。如《經》：“須菩提！於意云何？如來有所説法不？”須菩提言：“世尊！如來無所説。”解云：諸佛説同，名爲“無説”。三、爲對除我法執故。如《經》“若當來世，後五百歲，其有衆生得聞是經，信解受持，是人即爲第一希有。何以故？此人無我相、人相、衆生相、壽者相。所以者何？我相即是非相，人相、衆生相、壽者相即是非相”等。解云：此文初“何以故”對除我執，後“所以者何”對除法執也。四、爲遮斷種現疑故。言“種疑”者謂遮彼未來,如《經》“不可以身相得見如來”乃至下文“莫作是念”等。言“現疑”者,爲防其已起,如《經》“佛告須菩提:‘莫作是説’”等。五、爲發生比證信故。言“比信”者,如《經》“當知是人不於一佛二佛三四五佛而種善根,已於無量千萬佛所種諸善根。聞是章句,乃至一念生净信”等者。言“證信”者,如《經》“何以故?是諸衆生無復我相、人相、衆生相、壽者相,無法相,亦無非法相”等。六、爲成就自利、利他故。言“自利”者,如《經》“須菩提!菩薩應離一切相,發阿耨多羅三藐三菩提心”乃至“佛説菩薩心不應住色布施”等。言“利他”者,如《經》“須菩提!菩薩爲利益一切衆生應如是布施”乃至“如來説一切衆生即非衆生”等。七、爲轉滅輕重業故。如《經》:“須菩提!若善男子、善女人受持讀誦此經,若爲人輕賤,是人先世罪業應墮惡道,以今世人輕賤故,先世罪業則爲消滅,當得阿耨多羅三藐三菩提。”八、爲解脱見修惑故。如《經》“我於爾時無我相,無人相、衆生相、壽者相”乃至“我於往昔節節支解時,若有我相、人相、衆生相、壽者相,應生瞋恨”等。九、爲顯示福慧因故。如《經》:“善男子、善女人以滿恒河沙等世界七寶布施,若復有人知一切法無我得成於忍,此菩薩勝前菩薩所得功德。”解云:“知一切法無我得成於忍”者,即是智度名爲“慧因”顯法身故;“此菩薩勝前菩薩所得功德”者,即是五度名爲“福因”生報化故。十、爲發明真應果故。如《經》:“若有人言:‘如來若來若去,若坐若卧。’是人不解我所説義。何以故?‘如來’者,無所從來,亦無所去,故名‘如來’。”解云:“若來若去”等相明應身果,“亦無所去”等明真身也。

第二、定經宗旨者,此經上明智慧,即以般若爲宗。然般若不同,有其三異:一、實相;二、觀照;三、文字。如是三種,義該諸慧。實相顯般若之境,觀照彰般若之體,文字即般若之詮。無詮不可以會旨,故文字得“智慧”之名;無境不可以標真,故實相同“般若”之位。是知相從而説,慧包文理;剋實而言,宗唯觀照。觀照即此經之義。金剛有斷割之功,法喻相明,宗斯在矣。然觀照般若,依《莊嚴論》,以六義釋:一、以慧爲性,以能正擇諸法故;二、以定爲因,依定生故;三、以解脱爲果,於染污法得解脱故;四、以命説爲業,菩薩以智慧爲命、以正説爲業故;五、以上首爲相應,於一切法爲上首故;六、以三種爲品,謂世間出世間大出世間故。

第三、明處會者，依《大般若經》，總有四處、十六會説。言“四處”者：一、在王舍城鷲峰山中；二、在室羅筏城給孤獨園；三、在他化自在天摩尼寶藏殿；四、在王舍城竹林園白鷺池側。言“十六會”者，具如彼説。問：“此經四處之中，當何處説？十六會中於何會説？”答：“四處之中，當在給孤獨園説；十六會中，第九説也。”

第四、叙翻譯者，此經前後凡經六譯：第一、後秦時鳩摩羅什法師於長安譯，文云“舍衛國”。第二、後魏時三藏法師菩提流支於洛陽譯，文云“婆伽婆”，並譯天親《菩薩論》三卷、《金剛仙記》十卷。第三、陳、梁間真諦三藏於廣州譯，文云“祇樹林”，並出本記四卷。第四、隋大業中笈多三藏所譯《金剛能斷》，並譯無著《論》兩卷。第五、大唐三藏玄奘法師所譯，名“能斷金剛”；又有日照三藏功德施《論》兩卷。第六、周義浄三藏所譯，文云“佛、薄伽梵在名稱大城”，並重譯天親《論》三卷。如上諸本，大况相同，於中文質，遂成廣略，故使讀持之者偏仰秦經，義學之徒多從魏本。今所釋之者，即當羅什法師所譯秦本經也。

第五、正釋文義者，於中有二：一、釋經題目；二、科文解義。

初釋題目者，《經》“金剛”者，舉能喻之寶也。金中之剛，故名“金剛”。此寶殊勝，體類衆多，今略取其“堅”、“利”二義。“堅”即就體，“利”即就用。體“堅”故物不能壞，用“利”故能摧萬物。“般若”者，即所喻法也。梵音“般若”，此名“净慧”，亦云“無相智”。以三種智，即名“慧”。如是智慧，同彼金剛。“波羅”者梵語，此翻云“岸”。“岸”有二種：一、此岸；二、彼岸。“蜜多”者梵語，此云“能到”，亦云“能離”，即以三界生死爲此岸，菩提涅槃爲彼岸，二障煩惱爲中流，妙用般若爲船筏；故發心者乘妙用船，捨生死岸，度煩惱海，登涅槃山，是故名爲“波羅蜜”也。“經”者，以貫穿攝持所義，即貫穿所應説義，攝持所化衆生。上之七字所詮，下之一字能詮。能詮、所詮及法喻等，是故題曰“金剛般若波羅蜜經”。已上釋題目訖，自此已下科斷經文。

《經》：“如是我聞，一時佛在舍衛國祇樹給孤獨園與大比丘衆千二百五十人俱。”

依道安法師，經無大小，例開三分，謂序、正、流通。今判此經，亦爲三分。初名“序分”。“時長老須菩提”下至“應作如是觀”即正宗分。後“佛説此經已”下至“信受奉行”是流通分。就初序分中，復分爲二：初名“證信序分”，後“爾時世尊”下名“發起序”。前證信序中，依真諦三藏《般若記》中開爲七事：一、“如是”者，標所聞法。阿難云：“佛所説經如於諸法，故名爲‘如’。如諸法言，契理非謬，稱之爲‘是’。”二、“我”者，辨能聞人。傳法弟子阿難比丘，五藴假者，稱之爲“我”。三、“聞”者，即親承音言。謂耳根發識聽受曰“聞”。四、“一時”者，明所聞法善合時機。謂説者、聽者共相會遇，非前非後，名曰“一時”。五、“佛”者，彰能説師。梵音“佛陀”，此名“覺者”，具真俗智，自、他覺滿，故名爲“佛”。六、“在舍衛國”等者，顯説有處也。遊化所居，目之爲“在”。“舍衛國”者，此云“聞物”也。“祇樹”者，謂祇陀太子所施樹也。[□□][“祇陀”][①]此云“戰勝”，即波斯匿王之太子也。“給孤獨園”者，須達長者所買園也。[□□□□][“給孤獨”者][②]，此云“善施”，其人内慈外富，賑貧恤寡，鄉人美之，號“給孤獨”也。須達布金買園，祇陀施樹，共立精舍，故於此處雙舉二人之名，以辨伽藍之目矣，故曰“祇陀樹給孤獨園”也。七、“與大比丘衆”等者，明非獨聞也。“與”者，共也；“大”也（者？）[③]，勝也，此諸比丘皆是大阿羅漢，勝前有學，故名爲“大”；言“比丘”者，此云“乞士”，清凈活命故；“衆”者，四人已上和合名“衆”。“千二百五十人俱”者，《智度論》云優樓頻螺迦葉並門徒五百人，伽耶迦葉、那提迦葉並門徒各二百五十人，舍利弗、目犍連並門徒共二百五十人，此等多是應化聲聞，常隨逐佛，是故經中往往別列。“俱”者“同處、同時”之義，即是阿難或是如來與諸比丘及四部衆同在給孤獨園時也。

《經》：“爾時，世尊食時，著衣持鉢，入舍衛國大城乞食，於其城中次第乞已，還至本處。”

自下明第三發起序也。“發起”之義，多種不同，廣如諸經，而今此經偏明智慧，故以戒定而爲發起。發起序中，文分爲三：初示以戒化，明三昧有因；後示以定攝，明智慧爲果。此文初也。文中有七句：第一“爾時世尊”者，

① “祇陀”二字底本及録本無，據文意補。

② “給孤獨者”四字底本及録本無，據文意補。

③ 也，此似爲涉上“也”而誤的“者”之訛字。

明化主也。《成實論》云:"具上九號,故曰'世尊'。""食時"者,第二明化晨也。寅、卯所營未辨,巳、午飯食已終,辰時行乞,故曰"食時"。"著衣持鉢"者,第三明化儀也。言"著衣"者,入王宫聚落僧伽梨等是也,亦云"降伏外道衣";"持鉢"者,即持菩提樹下四天王所獻石鉢,如是四鉢,佛神力故,按之爲一,名"應量器"。世尊爲破裸形外道故,所以著衣;爲破手捧食故,所以持鉢。"入舍衛大城"者,第四明化處也。准《西域記》,園在城南五、六里。今自外適内,名之爲"入"。《智度論》云此城縱廣十二由旬,居家九億,故名爲"大"。"乞食"者,第五明化事也。依《轉女身經》云如來化身全段金剛,無生熟二藏,今示有"乞食"者,有衆多利益生彼福田也。如大迦葉捨富從貧,益貧不益富。須菩提捨貧從富,益富不益貧。佛等利益,故次第行乞也。"還至本處"者,第七明化終也。如來食處有二:一者受請,在白衣家;二者不受,乞食事訖還所住。今卻至祇園,義當第二,總以知足故、乞不過量故、知時故,還至本處也。

《經》:"飯食訖收衣鉢"者,第二示以定攝,明智慧爲果也。文中有三:一、併資緣;二、清净業;三、正明入定。此文初也。外化必資於衣鉢,故先明著持衣;内静要併於資緣,故今收置。

《經》"洗足已"者,第二清身業也。《仙記》云如來行時,地神化花,以承其足,離地四指。爲衆生故途行,示污足故教入定,示清身業也。

《經》:"敷座而坐"者,第三正明入定方便。先敷座具,即尼師檀,此云"敷具"也。言"而坐"者,正明入定也。已上明序分訖。

《經》:"時長老須菩提在大衆中,即從座起,偏袒右肩,右膝著地,合掌恭敬。"

自下第二,明正宗分也。此中人多麁判,分爲二周:初明地前,後第二"云何"下明其地上。今詳文理,將爲不然。斷疑中論自釋云"自此已下",明"一切修多羅示現斷生疑心"。既云"一切",明知非别。今就正宗之中,文分爲四:一、善現申請;二、如來讚許;三、善現樂聞;四、如來正答。

此文初也。文復有三:一、標列請人;二、讚佛化德;三、正宣請詞。

此文初也。所言"時"者,問法時也。言"長老"者,是尊之稱也,謂有長者老年之德。言"須菩提"者,請法人也。"須菩提"聲含三義:謂生時室空,現空善相,父母問師——唯善唯吉,故名"善吉";亦云"善現",亦曰"空生",隨舉無失。"在大衆中即從座起"者,問法之義也。"偏袒右肩"者,敬師之相也。"右膝著地"者,發問之端也。"合掌恭敬"者,斂容專念也。

《經》:"而白佛言:'希有! 世尊!'"

第二,嘆佛化德也。文中有二:一、總嘆;二、別嘆。此文總也。《十住婆沙論》云:一者、現通希有;二者、逆説彼心希有;三者、教化希有。今言"希有"者,即當第三教化希有也。言"世尊"者,第十號也。

《經》:"如來善護念諸菩薩,善付囑諸菩薩"者,第二別嘆德也。言"如來"舉佛第一號也,"如"者所證之法,"來"者能證之智,智證真如,來成正覺,故曰"如來"。言"善護念諸菩薩"者,根熟菩薩佛自護念,令成就佛功德法,同佛自利行,及化衆生法,同佛利他行。言"付囑"者,根未熟菩薩佛將付與根熟菩薩,囑令教受,令於已得大乘不退、未得大乘進修也。種性已去菩薩名爲"根熟",種性已前菩薩名"根未熟"也。

《經》:"世尊! 善男子、善女人發阿耨多羅三藐三菩提心,應云何住? 云何降伏其心?"

第三,正宣請詞也。言"世尊"者,標能答人也。"善男子、善女人"者,明所爲人也。具信等根,名爲"善"也。"發阿耨多羅三藐三菩提心"者,標所起心也。"阿"之言"無","耨多羅"者"上","三"名"正","藐"名"遍",後"三"名"知","菩提"名"覺",總曰"無上正遍知覺"。"正"是如理智,"遍"是如量智,"知"是無分別智,"覺"是後得智。如理智緣真故言"正",如量智緣俗故言"遍",無分別智斷二無知故言"知",後得智出過眼夢之表故言"覺"。此之四智,即佛果正體。若人發心遠求此果,名"發菩提心"也。"應云何住? 云何降伏其心"者,明所請行也。准魏本經及無著、天親等論,合有三問,今闕第二修行問也。言"應云何住"者,問發趣大乘菩薩,於一切時住何等心。次問"云何修行"者,問發趣大乘菩薩,於一切時修何等行。後問"云何降伏"者,問發趣大乘菩薩,於一切時降伏何想。

《經》:"佛言:'善哉! 善哉! 須菩提! 如汝所説:如來善護念諸菩薩,善付囑諸菩薩。'"

自下第三明如來讚許也。於中有三:一、讚述;二、敕聽;三、許説。

此文初也。言“善哉！善哉”者，讚之極也。所以重讚者，以須菩提讚問兩所契故：一、契所化者心；二、契能化者德。“如汝所説”等，述也。

《經》：“汝今諦聽。”

第二，敕聽也。“諦”謂審實，欲令須菩提以實信深慧，樂聞觀察，故言“諦聽”。

《經》：“當爲汝説。善男子、善女人，發阿耨多羅三藐三菩提心，應如是住，如是降伏其心。”

第三，許説也。以將説故，名之爲“當”。言“應如是住，如是降伏其心”者，謂如來許可説也，謂隨二問，我當分别教示，令汝等如是住、如是修行、如是降伏其心也。

《經》：“唯然。世尊！願樂欲聞。”

第三，善現樂聞也。既承印述，又蒙敕聽，一心渴仰，故曰“樂聞”。

《經》：“佛告須菩提：‘諸菩薩摩訶薩應如是降伏其心。’”

自下第四如來正答也。於中有二：初答問，後“可以身相”下斷疑。前中有三：第一、答前“云何住”問。第二、“復次，須菩提！菩薩於法”下，答前所闕“云何修行”問。第三、“須菩提！菩薩應如是布施”下，答前“云何降伏其心”問。此文第一答前“住”問也。准魏本經：“此中云何菩薩生如是心？”此本云“降伏”者，准梵本，但能生能度衆生之心，即有降伏不度衆生之義，故此就“降伏”義譯也。文中有二：初總令降伏，示起廣大等四心；後别教生四心行相。此文初也。言“菩薩”者，“菩”謂菩提，即所求佛果；“薩”謂薩埵，即所化衆生；良以此人有智故能上求佛果，有悲故能下化衆生；“菩”下去“提”，“薩”下去“埵”，故云“菩薩”。“應如是降伏其心”者，謂降伏凡夫二乘不度衆生心也，即是生起菩薩度衆生心也。

《經》：“所有一切衆生之類”者，第二别教生起四心行相也。文别有四：一、明廣大心；二、明第一心；三、明常心；四、明不顛倒心。就“廣大心”中，文别有二：初總舉，後别顯。此總舉也。言“廣大”者，即是約境以顯心也，由境寬遍心名“廣大”。言“所有一切衆生之類”者，總舉四生三界等所有衆生也。故無著《論》云此總相説也。言“衆生”者，《智度論》云五蔭和合中生名“衆生”也。

《經》:“若卵生,若胎生,若濕生,若化生。”

後文顯也。依無著《論》,分爲三攝:一、受生攝;二、依止攝;三、境界攝。

此即第一,受生攝也。受生不同,有其四種:依㲉而生曰“卵”,含藏而出曰“胎”,假潤而興稱“濕”,無而忽有名“化”。如是四種,稱一切衆生盡,是故菩薩總之爲願。

《經》:“若有色,若無色。”

第二,稱依止是身也。“若有色”者,謂欲色二界有色身故;“若無色”者,謂上四空衆生無形色故。此二亦攝一切衆生,是故菩薩總令衆生出離三界也。

《經》:“若有想,若無想,若非有想,若非無想。”

第三,境界稱也。“想”是能取,“境”是所取,就想明境,故云“境界攝”也。“若有想”者,謂無所有處已下衆生除無想一天,餘皆有麁想,取麁境界故。“若無想”者,謂四禪中無想一天都無想心取境界故。“若非有想、若非無想”者,謂有頂一地無麁想,故名“非有想”,故名“非無想”。此中言“若非有想、若非無想”者,賸[①]一“若”字,若存下“若”字,即非一地。此三亦攝一切衆生盡。

《經》:“我皆令入無餘涅槃而滅度之。”

第二,明第一心也,謂令衆生得大涅槃第一樂故。然彼菩薩所起如上廣大願者,定也,爲與衆生究竟常樂,名“第一心”。“我皆令入”者,舉菩薩之大慈也。“無餘涅槃”者,明所得之圓寂也。永盡三火,名之爲“滅”;高昇彼岸,目之爲“度”;以斯證入,名“滅度之”。言“無餘涅槃”者,離二生死,故名“無餘”也。

《經》:“如是滅度無量無數無邊衆生,實無衆生得滅度者。”

第三,明心常也。然此菩薩遠離分別見,成就同體悲。此悲所成,由智所立。智通一想,悲即無二,即無疲厭,通一想故,常自涅槃。是故《論》云菩薩取一切衆生由如己身,以此義故,菩薩自滅度無異衆生滅度也。

《經》“何以故”者,第四明不顛倒心也。文中有二:初徵起,後釋成。此

---

① 賸,底本及録本作“賸”,乃“賸”之或體。

文初也。徵之意者:"菩薩設見衆生,是己所度,有何過耶?"

《經》:"須菩提!若菩薩有我相、人相、衆生相、壽者相,即非菩薩。"

後文釋成也。今泛明顛倒有其三種:一、見倒;二、想倒;三、心倒。此中離想倒,故名爲"不顛倒"。如是想倒依身見起,是故菩薩起如是想,失菩薩名。若翻於此,即順正慧,不起如是,名"不顛倒心"也。

《經》:"復次,須菩提!菩薩於法,應無所住,行於布施。"

自下第二,答前所闕"云何修行"也。文中有三:一、教菩薩不著自身修行;二、教菩薩不住報恩修行;三、教菩薩不住果報修行。此中闕初段文也。所以答修行問先明布施者,以菩薩萬行,六度爲願源,波羅蜜中檀義通攝,是故舉斯一號該彼六門,即檀波羅蜜名"資生施"。尸波羅蜜羼提波羅蜜名"無畏施",謂持戒忍辱施人無畏故。毘離耶禪那般若等名爲"法施"。由精進故,説"不疲惓";由禪定故,能知物心;由智慧故,能如實説也。言於法"應無所住,行於布施"者,不著果報恩修行也,不應求彼供養恭敬讚嘆等報也。

《經》:"所謂不住色布施,不住聲香味觸法布施。"

第三,明不住果報修行也,謂不求未來人天等果。此果酬因,故名"果報",即六塵等是當果體。爲此行施,名"著果報";菩薩遠離,名"不住色"等。

《經》:"須菩提!菩薩應如是布施,不住於相。"

第三,答降伏心問也。准魏《經》云:"不住於相想。"此中略"想"字。文中有六:一、標;二、徵;三、釋;四、喻;五、合;六、勸。此文初也。若起相想,二取未亡;欲求真空,還成有漏;是故菩薩除滅妄想,清净三輪,故於施門更彰降伏。言"不於相想"者,謂不見施物受者及施者故。

《經》"何以故"者,第二明徵起也。此之徵意,謂拂疑心。所以然者,凡施等福,從心想生。想既不存,福憑何起?

《經》:"若菩薩不住相布施,其福德不可思量。"

第三,釋也。住相有漏,果報有邊,不住無漏,故福聚無量也。

《經》:"須菩提!於意云何?東方虚空可思量不?"

第四,喻也。喻中有二:一、略舉東方;二、廣引九方。就初喻中文復有二:一、如來問;二、善現問答。

此即問也。虚空界非十方。方是不相應行法色上假立。今以方辨空,故名“東方虛空”耳。

《經》:“不也,世尊!”

第二,善現答也。“不”者,“非”義也。“者”,助詞。虛空無邊,故非思量矣。

《經》:“須菩提! 南西北方、四維上下,虛空可思量不?”

第二,廣引九方也。文復有二,名義如上。

此即第一如來問也。言“四維”者,“不正”之義也。

《經》:“不也,世尊!”

第二,善現答也。

《經》:“須菩提! 菩薩無住相布施,福德亦復如是,不可思量。”

第五,合也,謂無住施福如十方虛空不可思量也。

《經》:“須菩提! 菩薩但應如所教住。”

第六,勸也。此中“勸”意,義合六度,准知萬行,例亦應然。

《經》:“須菩提! 於意云何? 可以身相見如來不?”

自下大文第二,明斷疑也。准下《論》云,疑有總、别,總即二十七段,别有三十二疑。《論》雖不叙,而無别目;今取《論》意,略爲立名。此即第一名“不住爲佛疑”也。《論》叙疑云:“若不住於法行於布施,云何爲佛菩提行於布施?”爲斷此疑,《經》文有六:一、問;二、答;三、徵;四、釋;五、述;六、成。此即第一問也,謂可以得生、住、異、滅三(四?)[1]種有爲色身之相,得見真法身以不?

《經》:“不也,世尊! 不可以身相得見如來。”

第二,答也。爲防疑者妄起分别,執有爲相,言見“法身”,是故答中總言“不可”。

《經》:“何以故?”

第三,徵也:“現見如來王宮生,雙林滅,八十年住世,三十二相成身,何故言‘不可以身相見’也?”

《經》:“如來所説身相即非身相。”

第四,釋也。身相是妄相,法身名“實相”。妄相非法身,名“相”即非相。

① 三,以疑爲“四”字之訛,待考。

《經》"佛告須菩提:'凡所有相,皆是虚妄'"者,第五,述也。有相虚誑,而不稱真,故言"凡所有相,皆是虚妄"。

《經》:"若見諸相非相,即見如來。"

第六,成也。若見有爲虚妄之相,非是無爲真實之相,即是了悟法身,名爲"見佛",故言"即見如來"。

《經》:"須菩提白佛言:'世尊! 頗有衆生得聞如是言説章句,生實信不?'"

自下斷第三疑,此名"因果難信疑"。《論》叙疑云:"向依波羅蜜説不住行於布施,説因深義。向依如來非有爲體,説果深義。若爾,未來惡世人不生信心,云何不空説耶?"爲斷此疑,《經》文有二:一、須菩提疑問;二、如來正答。此初問也。言"頗"者,"能"也,如是深經現在正法有能信者,未來惡世人能生實信也耶。

《經》:"佛告須菩提:'莫作是説。'"

第二,如來正答也。文中有二:先呵,後教。此初呵也。所以呵者,止其疑耳。

《經》:"如來滅後後五百歲。"

後文教也。文復有二:初總教,後别教。總中有三:一、明信時;二、明信德;三、明信相。此初明信時也。准《大集經》説五種堅固:初五百年解脱堅固,次五百年禪定堅固,次五百年多聞堅固,次五百年福德堅固,次五百年鬪諍堅固。今言"後五百歲"者,即當第五五百年也,於此惡世時有能生信者也。

《經》:"持戒修福者。"

第二,明信德也。准魏本經加其"智慧",此本略也。言"持戒"者謂息滅諸惡,"福德"者謂修諸三昧,"智慧"者謂隨順二空。要當具此三學,方能生其實信。問:"前之五度,總名'福德',焉知此義偏受定門?"答:"通而論之,即該前五。剋取殊勝,定學偏優,以定善中能集福德,引諸神通安樂事故。"

《經》"於此章句能生信心,以此爲實"者,第三,明信相也。"於此章句"者,謂因果深教也;"能生信心"者,謂德備人也;"以此爲實"者,正明信相也。信既備矣,説豈徒然?

《經》"當知是人不於一佛、二佛、三、四、五佛而種善根,已於無量百千萬佛所種諸善根"者,後文别教也。於中有二:初明修福,後明修智。此文初也。於中有四：一、明信因；二、明信體；三、明信緣；四、明集果。此即第一信因也。言“不於一佛、二佛、三、四、五佛”者，明其不少，簡異初心。“已於無量千萬佛所”者，彰其已多，記明根熟。“種諸善根”者，謂於佛田燒香散花，稱名讚德，種無貪等三種善根也。

《經》：“聞是章句”乃至”由一念生净信”者，第二明信體也。“乃至一念生净信者”，“一念”即一刹那心净意樂也。信以心净爲性，故言“净信”矣。

《經》：“須菩提！如來悉知悉見是諸衆生。”

第三，明信緣也。爲佛知見，故信心不退。問：“知見二種有何别耶？”答：“肉眼是見而非知，比智是知而非見，願智亦知亦見。異肉眼故言‘知’，異比智故言‘見’。故曰‘悉知悉見’，由佛知見故。若有人欲得供養恭敬，自嘆已有持戒等功德，彼人不能説，是人自知故。”

《經》：“得如是無量福德。”

第四，明信果也。信雖一念，福即無量。《莊嚴論》云謂有智人於大乘勝法而生大信，得三種果：一、得大勝果，信增長故；二、得大福果，福增長故；三、得大菩提果，功德無等及佛大體故。

《經》：“何以故？”

自下後文明修智也。文中有三：初正釋，次重成，後辨别異。初中復二：先徵，後釋。此文徵也。徵之意者：修習成福，已生净信，復説修智，有何意耶？

《經》：“是諸衆生無復我相、人相、衆生相、壽者相。”

後文釋也。此復有二：先釋離我相，後釋離法相。此文初也。問：“我等四相，通名‘我執’。有何差别，建立四名？”答：“不觀三世差别之異，總執爲‘我’，名爲‘我相’。計現在蕴，有續前義，名‘衆生相’。計現在藴，一期住因，名‘壽者相’。計現在藴，趣後六通，名‘爲人相’。由斯差别，故名四種。”

《經》：“無法相亦無非法相。”

後文别釋離法相也。准魏經有四句，此中但有兩句。“無法相”者，離增益過；“亦無非法相”者，離損减執。

《經》：“何以故？”

自下第二，重成也。文中有二：先徵，後釋。此初徵也。徵之意者：“先離我相，已成證净。更離法相，其故何耶？”

《經》:“是諸衆生若心取相,即爲著我、人、衆生、壽者。”

後文釋也。文復有二;先總,後别。此文初也。通舉有無二執,故言“總”也。夫法執爲因,我執爲果,不斷法執,我執還生。故云“若心取相”,取有無二種相也。“即爲著我、人”等者,我執因之而起。

《經》:“若取法相,即著我、人、衆生、壽者。”

後别釋也。於中有二:一、明離我相;二、明離法相。此文初也。“若取法相”者,謂妄執諸法,實有體故。“即爲著我、人”等者,法執爲因,我執還生也。

《經》:“何以故?”

第二釋無法相也。文中有二:先徵,後釋。此初徵也:“前離法相已,我執不生;更離非法相,其故何耶?”

《經》:“若取非法相,即著我、人、衆生、壽者。”

後文釋也。雖離法相,不起我執。若取非法相,還成法執。法執爲因,人執還生。故云:“若取非法相,即著我、人、衆生、壽者。”

《經》:“是故不應取法,不應取非法。”

後文辨異也。文中有二:初正簡,後引證。此文初也。此中文意,欲明證信。離法非法,不同向前所説此信。“不應取法”者,不應如聲取法也。“不應取非法”者,隨順第一義智正説如是取也。

《經》:“以是義故,如來常説:‘汝等比丘,知我説法,如筏喻者,法尚應捨,何况非法?’”

後文引證也。得旨忘詮,法尚應捨,憑詮會旨,何况取爲“非法”?此意明證信,於言教上不得作有無信也。

《經》:“須菩提!於意云何?如來得阿耨多羅三藐三菩提耶?如來有所説法耶?”

自下斷第三疑也。此名“化佛證説疑”。《論》叙疑云:“向説不可以身相成就得見如來。何以故?如來非有爲相得名故。若如是,云何釋迦牟尼佛得阿耨多羅三藐三菩提,説名爲‘佛’?云何爲人説法?”爲斷此疑,經文有二:一、問答斷疑;二、校量顯勝。前中有六:一、問;二、答;三、徵;四、釋;五、重徵;六、重釋。此初問也:“汝意可謂化身如來所得菩提是真得耶?説四諦法是真説耶?”

《經》:"須菩提言:'如我解佛所説義,無有定法名"阿耨多羅三藐三菩提",亦無有定法如來可説。'"

第二,答也。言"如來"者,三身之中是化身也。此佛於金剛座上示得菩提,不依法空,非真證故。鹿野苑中十二行相,現轉法輪,但説小乘,非真説故。由斯善現答此二相,無有定法名爲"證説"矣。

《經》:"何以故?"

第三,徵也:"豈得如來都不説耶?"是故《論》云"有人謗言如來一向不説法"故。

《經》:"如來所説法皆不可取、不可説、非法、非非法。"

第四,釋也。此中但説言化説非真,非謂都無言説。是故《經》言"如來所説法皆不可取、不可説"也。聽者不可作有無相取,説者不可作有無相説。何以故?非法、非非法故。言"非法"者妄法無體故,非非法者真如實有故。

《經》:"所以者何?"

第五,重徵也:"何故但言如來所説法耶?不言如來所證法耶?"

《經》:"一切賢聖皆以無爲法而有差别。"

第六,重釋也。一切聖人皆證真如無爲,爲此立三乘賢聖等差别名也。以下智證故得聲聞菩提,以中智證故得緣覺菩提,以上智證故得無上菩提,故言"而有差别"也。

《經》:"須菩提!於意云何?若人滿三千大千世界七寶以用布施,是人所得福德寧爲多不?"

第二,較量顯勝也。文别有二:初舉劣,後辨勝。初中復四:一、問;二、答;三、徵;四、釋。此初問也。所以斷疑之後有較量者,當知疑生即理惑,疑斷即福增。福增既在於能詮,故彰施福之非福。而今返問善現者,寶豐而福勝,故曰"甚多"。

《經》:"何以故?"

第三,徵也。以多爲"聚","聚"有二義:一、"積聚"義;二、"進趣"義。義既有兩,今但言"多",爲目何等,故須徵矣。

《經》:"是福德即非福德性,是故如來説福德多。"

第四,釋也。言"福德"者,謂施等積聚之福也;"即非福德性"者,謂非持經説法進取之福也;“是故如來説福德多”者,是積聚多也。

《經》:“若復有人於此經中受持,乃至四句偈等,爲他人説,其福勝彼。”

第二,辨勝也。文中有四:一、標;二、徵;三、釋;四、結。此初也。施寶雖滿於大千,總以積聚之福,故多爲劣。“持經”下至於四句爲是進取之福,故名爲“勝”。言“受持”者,“受”謂領納聽聞,“持”謂任持不忘。受持者令自成佛,爲他説者令他成佛。自利利他,皆菩提業。是故此福勝彼難量矣。

《經》:“何以故?”

第二,徵也。怪其福勝,所以返徵。是故《論》云:“云何此二能大得菩提耶?”

《經》:“須菩提! 一切諸佛及諸佛阿耨多羅三藐三菩提法,皆從此經出。”

第三,釋也。“一切諸佛”者,所謂法身諸佛也。“及諸佛阿耨多羅三藐三菩提”者,謂報化身也;“皆從此經出”者,法身從此經顯出,報化二身從此經生出也。

《經》:“須菩提! 所謂佛法者即非佛法。”

第四,結也。此明生了二因,得三身果,總名“佛法”。“佛”謂覺者,即能覺爲智身;“法”謂所證,即所覺爲法身;能覺所覺,合而稱之,故名“佛法”。“即非佛法”者,謂如來所得佛法非二乘等共佛法矣。

《經》:“須菩提! 於意云何? 須陀洹能作是念‘我得須陀洹果’不?”

自下斷第四疑。此名“聲聞得果疑”。論叙疑云:“何説聖人以無爲法得名? 以是義故,彼法不可取、不可説。若爾,須陀洹等聖人取自果,云何言‘彼法不可取、不可説’? 既如證如説,云何成不可取説?”爲斷此疑,經文有三:一、總約四果以顯其得;二、别約羅漢以顯其失;三、引己證成種彰其事。前中有四,所謂四果,一一果中皆有問、答、徵、釋。此即初果之中第一問也。“須陀洹”者名合二義:一名“預流”,創預出世聖果流故;二名“逆流”,已逆世間生死流故。此人永斷三界見惑,我執已亡。以須菩提證無學道,能知是事。爲欲成其無取説義,是故問言:“須陀洹人已斷我執,作是念言‘我得果’以不?”

《經》:“須菩提言:‘不也,世尊!’”

第二,答也。善現了知須陀洹人我執已亡,離分別見,故答言"不也"。

《經》:"何以故?"

第三,徵也。

《經》:"須陀洹名爲'入流'而無所入,不入色、聲、香、味、觸、法,是名'須陀洹'。"

第四,釋也。"名爲'入流'"者,義如上解。"而無所入"者,以無"我"故,而不見有"我"。是入流者"不入色、聲、香"等者,以無"我"故,不見六塵境界以爲"我"所,故言"不入"也。

《經》:"須菩提!於意云何?斯陀含能作是念'我得斯陀含果'不?"

第二果中初問也。

《經》:"須菩提言:'不也,世尊!'"

第二,答也。

《經》:"何以故?"

第三,徵也。

《經》:"斯陀含名'一往來',而實無往來,是名'斯陀含'。"

第四,釋也。"斯陀含"者名"一往來"。人中得果,一往天上,一來人間,便得滅度。天中亦然。如是之人,同證我空,亦無所得。

《經》:"須菩提!於意云何?阿那含能作是念'我得阿那含果'不?"

第三果中初問也。

《經》:"須菩提言:'不也,世尊!'"

第二,答也。

《經》:"何以故?"

第三,徵也。

《經》:"阿[①]那含名爲'不來',而實無來,是故名'阿那含'。"

第四,釋也。"阿那含"者,此云"不來",亦曰"不還",已盡欲界漏故,非數數來,又不還來二十五有此等所斷我執。前亦同前,故無所得。

《經》:"須菩提!於意云何?阿羅漢能作是念'我得阿羅漢道'不?"

---

① 阿,録本訛作"何",據底本改。

第四果中初問也。

《經》:“須菩提言:‘不也,世尊!’”

第二,答也。

《經》:“何以故?”

第三,徵也。

《經》:“實無有法名‘阿羅漢’。”

第四,釋也。“阿羅漢”者名曰“不生”,已盡三有業煩惱故。獲得盡智無生智,深證我空,故無所得。

《經》:“世尊!若阿羅漢作是念‘我得阿羅漢道’,即爲著我、人、衆生、壽者。”

大文第二,别約羅漢以顯其失也。若阿羅漢起得果之念,即有著我、人等過也。

《經》:“世尊!佛説我得無諍三昧,人中最爲第一,是第一離欲阿羅漢。”

第三引己證成,重彰其事。文復有四:一、明佛先記;二、彰己不取;三、返釋;四、順成。

此即第一,明佛先記也。言“無諍”者,“定”之别名;“三昧”者,“定”之總稱。此定具足慈悲,能護彼我,遠離惑諍,有勝功德。俱解脱中,離空障者,善現最勝,故稱“第一”。言“離欲”者,“欲”即是貪,貪於諸惑,過失偏重。今舉重以攝輕,即是離煩惱障也。

《經》:“我不作是念‘我是離欲阿羅漢’。”

第二,彰己不取也。

《經》:“世尊,我若作是念‘我得阿羅漢道’,世尊即不説須菩提是樂阿蘭那行者。”

第三,返釋也。若有我見,即有彼諍;諍若不亡,佛不應記;記必不妄,當知無我。“阿蘭那”者,此云“無諍”也。

《經》:“以須菩提實無所行,而名‘須菩提是樂阿蘭那行’。”

第四,順成也。“實無所行”者,謂心善解脱,於二障中不復行故;“而名‘須菩提是樂阿蘭那行’”者,由斷二障,故樂行也。

《經》:“佛告須菩提:‘於意云何?如來昔在燃燈佛所,於法有所得不?’”

自下斷第五疑也。此名“菩薩得法疑”。論叙疑云:“釋迦如來昔於燃燈佛所授法,彼佛爲此佛説法。若如是,云何彼法不可取、不可説?”爲斷此疑,經文有二:先問,後答。此初問也。如來所以反問須菩提者,欲明佛及菩薩已證真如。真如法中豈取説耶?

《經》:“世尊!如來在燃燈佛所,於法實無所得。”

第二,答也。善現所以有此答者,正顯燃燈如來已證菩提法故。離名言即佛無説示之相。復明釋迦菩薩已登受記之位,位證無生,即知無聞無得之取,故曰“於法實無所得”也。

《經》:“須菩提!於意云何?菩薩莊嚴佛土不?”

自下斷第六疑也。此名“菩薩莊嚴土疑”。論叙疑云:“若聖人以無爲法得名,是法不可取、不可説。云何諸菩薩取莊嚴净佛國土?”爲斷此疑,經文有五:一、問;二、答;三、徵;四、釋;五、勸。此初問也:“如來所以反問須菩提者,爲明菩薩必不以取相之心莊嚴佛土不?”

《經》:“不也,世尊!”

第二,答也。

《經》:“何以故?”

第三,徵也:“何故菩薩非莊嚴佛土不耶?”

《經》:“莊嚴佛土者,即非莊嚴,是名‘莊嚴’。”

第四,釋也。“莊嚴”者有二:一、取識外净土爲所莊嚴,此是取想莊嚴也;二、了知净土不離自心,此是離想莊嚴。今言“莊嚴”者,是離想莊嚴也。“即非莊嚴”,非取心外形相莊嚴也。“是名‘莊嚴’”者,是第一義諦離想莊嚴也。

《經》:“是故,須菩提!諸菩薩摩訶薩應如是生清净心,不應住色生心,不應住聲、香、味、觸、法生心,應無所住而生其心。”

第五,勸也。如來所以誡勸者,欲令衆生不住心外形相莊嚴成就,唯識第一義諦莊嚴也。“不應住色生心”者,以彼六塵即形相莊嚴,若住於此,便失於彼,是故重言“應無所住而生其心”。

《經》:“須菩提!譬如有人,身如須彌山王,於意云何?是身爲大不?”

自下斷第七疑也。此“報佛有取疑”。論叙疑云:“若聖人以無爲法得名，彼法不可取、不可説，云何受樂報佛自取法王身？云何餘世間人復取彼是法王身？”爲斷此疑，經文有二：初問答斷疑，後校量顯勝。前中有四：一、問；二、答；三、徵；四、釋。此初問也。言“譬如有人”，舉報佛之身也。“如須彌山王”者，顯身勝大也。“是身爲大不”者，問佛大身有分别心，取大相不？“須彌山”者，此云“妙高”，四寶合成，六萬諸山而爲眷屬。然今此中以彼山王喻報佛身，如須彌山王出過衆山，故名爲“大”，而不自取“我是山王”；受樂報佛出過衆聖勝，故名“大”，而不自取“我是法王”。其義相似，故引爲喻。

《經》：“須菩提言：‘甚大，世尊！’”

第二，答也。答意是身雖大，以無分别，不取大相。

《經》：“何以故？”

第三，徵也：“其無分别，其故何耶？”

《經》：“佛説非身，是名‘大身’。”

第四，釋也。“佛説非身”者，非有漏有爲身也；“是名大身”者，是無漏無爲身也。

《經》：“須菩提！如恒河中所有沙數，如是沙等恒河，於意云何？是諸恒河沙寧爲多不？”

第二，校量顯勝也。文中有二：先約外財，後約内財。前中復二：一、舉劣勝；二、釋勝所以。前中復二：初舉劣，後顯勝。前中又四：一、問沙；二、答沙；三、問福；四、答福。此即第一問沙也。此下所以重校量者，爲破疑情。外人疑曰：“前説持經四句，過於三千世界七寶布施；今説無量恒河沙世界七寶，亦過三千世界七寶布施。二義俱勝，何等勝功德而能得大菩提？”今斷此疑，顯此持經功德非但過於三千世界七寶布施，亦勝捨無量恒河沙世界七寶布施。由此持福，能得大菩提。非由施福，故重校量，顯其勝劣。言“如恒河中所有沙數”者，第一重略明沙無量也。“如是恒河沙”者，第二重總明河無量也。“於意云何？是諸恒河沙寧爲多不”者，第二廣明沙無量也。寧之言能總問：“爾許河沙能爲多不？”

《經》：“須菩提言：‘甚多，世尊！但諸恒河尚多無數，何况其沙？’”

第二，答沙也。獨舉沙河尚多無量，況説河沙？此非甚多耶[①]？

《經》："須菩提！我今實言告汝：'若有善男子、善女人，以七寶滿爾所恒河沙數三千大千世界，以用布施，得福多不？'"

第三，問福也。"我今實言告汝"者，爲欲校量先顯如來口無失故。"若善男子"等者，兼明能之心也。"以七寶"者，正明所施之量也。"滿爾所恒河沙數世界"者，總顯施實量也。

《經》："須菩提言：'甚多，世尊！'"

第四，答福也。

《經》："佛告須菩提：'若善男子、善女人於此經中，乃至受持四句偈等，爲他人説，而此福德勝前福德。'"

第二，顯勝也。此中施多而福劣者，以有漏因、違涅槃故。持經至少而福增者，以無漏因、破生死故。

《經》："復次，須菩提！隨説是經，乃至四句偈等。當知此處，一切世間天、人、阿修羅皆應供養，如佛塔廟。"

大文第二，釋勝所以也。文總有四：一、尊處故勝；二、同説故勝；三、降染故勝；四、超凈故勝。就中第一尊處故勝中，文復有四：一、辨處尊；二、明人勝；三、雙釋；四、問答。此即第一辨處尊也。如王所居，非説多少，乃至暫時一切見者，悉皆恭敬。説此經處，亦復如是，非論多少，下至一偈，應當供養。所以然者，此大乘法諸經王故。天人阿修羅者，六趣之中略舉三也。此三福業供養義增，是故偏述餘三罪報多諸障礙，雖有少分，略而不論。

《經》："何況有人盡能受持讀誦？須菩提！當知是人成就最上第一希有之法。"

第二，明人勝也。説一偈處，處是非情，猶應供養，義同塔廟；何況盡能受持之人，人成勝慧，得非尊重？言"何況"者，一、以無情況有情，謂次處況人。二、以少説多，即一偈況於盡受。"當知是人成就最上第一希有之法"者，總明持經菩薩成無住行，近超地上諸果，具多百法明門，遠趣無上菩提，成一切種智。總以佛之果體無勝，故名爲"最上"；超過諸地，名爲"第一"；世

① "多耶"二字録本訛作"耶多"，據底本改。

間所無，名爲“希有”。

《經》：“若是經典所在之處，即爲有佛，若尊重弟子。”

第三，雙釋也。今言“經典所在之處”者，義含説經人及説經處，以處及人皆所依故。“即爲有佛”者，爲顯説經處開示法身如塔廟故。“若尊重弟子”者，爲敬持經人，如弟子重佛相似也，故魏本云“尊重似佛”也。

《經》：“爾時，須菩提白佛言：‘世尊，當何名此經？我等云何奉持？’”

第四，問答也。文復有四：一、問；二、答；三、徵；四、釋。此初也。此中所以問答經名及受持者，以佛世尊嘆二處勝故。今明受持者應先知名字及受持方法，是故於此尊處文中便申問答。“當何名此經”者，問經名也。“我等云何奉持”，問受持方法也。

《經》：“佛告須菩提：‘是經名爲“金剛般若波羅蜜”，以是名字，汝當奉持。’”

第二，答也。“金剛”者，喻也，即堅利寶。“般若”者，法也，即無分別智。“波羅蜜”者，名“到彼岸”，顯此真智極究竟故。“以是名字汝當奉持”者，“以”猶“用”也，“是”由“此”也。用此能詮之名，詮彼所詮之理。理爲義持，名爲“文持”；文義恭受，總名爲“奉持”。

《經》：“所以者何？”

第三，徵也：徵經名義是何意也？

《經》：“須菩提！佛説般若波羅蜜，即非般若波羅蜜。”

第四，釋也。言“佛説般若波羅蜜”者，謂觀照等真實慧也。“即非般若波羅蜜”者，謂非二乘等相似慧也。

《經》：“須菩提！於意云何？如來有所説法不？”

總中第二同説故勝也。文復有二：一、問；二、答。此初問也。此中問意，明釋迦如來離諸佛所説法外别有一法，是佛所説不？

《經》：“須菩提白佛言：‘世尊！’如來無所説。”

第二，答也。總言“如來無所説”者，爲顯説同，非謂世尊都無言説也。

《經》：“須菩提！於意云何？三千大千世界所有微塵，是爲多不？”

總中第三降染故勝也。將明此義，先辨因果有其三種：一、布施因果，因謂布施，果謂煩惱，由取相施增煩惱故；二、世界因果，因謂世界，果謂微塵，由界聚相散爲塵故；三、持經因果，因謂持經，果謂法身，由能持説證法身故。今此文中校量前二以顯後一。然經舉諸微塵等者，即世界因果。此之微塵，名爲“色塵”。體是無記，但坋色身，不坋法身，非如布施所生煩惱名爲“法塵”，能坋净心及以法身故。今將此無記因果對彼布施染污因果，彼尚不及無記塵因，何能更方持説之福？故知施福增有，因經滅惑也。今釋此文，復分爲二：初舉劣顯勝，後辨勝過劣。前中有二：一、問；二、答。此初問也。“三千大千世界”者，舉其因也。所有微塵者，顯其果也。“是爲多不”者，問其量也。所以問此微塵多少者，將顯染塵過於此故。

《經》：“須菩提言：‘甚多，世尊！’”

第二，答也。此中所言“甚”者，即以世界至大，微塵極少，破麁爲細塵，即無邊多，義難量故言“甚”也。

《經》：“須菩提！諸微塵，如來説非微塵，是名‘微塵’。”

第二，辨勝過劣也。文復有二：初約果辨，後約因辨。此即初也。“諸微塵”者，謂世界無記塵也。“如來説非微塵”者，謂非如施福所生染煩惱塵也。“是名微塵”者，是地等之微塵也。

《經》：“如來説世界非世界，是名‘世界’。”

第二，約因辨也。“如來説世界”者，謂微塵之因器世界也。“非世界”者，謂非染塵之因施福之世界也。“是名世界”者，是無記塵因器世界也。此中文意，爲明施福是染煩惱因，尚劣世界無記塵因，何能比此持經功德也。

《經》：“須菩提！於意云何？可以三十二相見如來不？”

總中第四，超净故勝。文復有四：一、問；二、答；三、徵；四、釋。此初問也。將釋此義，先明因果有其三種：一、布施因果，因謂布施，果即依報。二、持戒因果，因謂持戒，果即正報。三、持經因果，因謂持説，果即法身。今明三十二相者，此乃偏舉中間持戒因果，對量前後之優劣耳。總以持戒爲正報之因，已勝布施依報之業，何況布施爲取相之福，而能比持經離相之福耶？此中文意，舉果顯因，故問：“持戒所感三十二相之身，爲是持經所顯法身以不？”

《經》：“不也，世尊！不可以三十二相得見如來。”

第二，答也。若以相見同法身者，義不然也。

《經》:"何以故?"

第三,徵也:何故持戒福所感之身非法身也?

《經》:"如來説三十二相即是非相,是名'三十二相'。"

第四,釋也。言"如來説三十二相"者,謂持戒福所感色身之相也。"即是非相",謂非持經智慧所得法身之相也。"是名三十二相"者,結成初句也。此中文意,明其持戒不及持經,故名"超浄"也。戒福能生浄報,尚自不及持經;施福能生染因,豈比持經功德?

《經》:"須菩提!若有善男子、善女人以恒河沙等身命布施。"

第二,内財校量也。文復有二:一、舉劣顯勝;二、釋勝所以。前中有三:一、舉劣;二、顯勝;三、領解。此初舉劣也。前雖捨無量珍寶,爲是外財,猶疑輕尠;今舉恒沙身命,爲是内財,恐將殊勝;有斯疑惑,故重校量。言"善男子"等者,兼舉無貪心也。"以恒河沙等身命布施"者,正明無量福也。

《經》:"若復有人,於此經中,乃至受持四句偈等,爲他人説,其福甚多。"

第二,顯勝也。取相布施,雖捨多身,終成有漏;離相持經,縱傳一偈,已過無量。所以然者,世間、出世間因非□(匹)[1]故。

《經》:"爾時,須菩提聞説是經,深解義趣,涕淚悲泣。"

第三,領解也。文復有二:一、領解;二、歎勝。此文初也。言"涕淚悲泣"者,"涕"者,落也;"淚"者,目津也;神慟謂之"悲",無聲淚下謂之"泣"。彼須菩提聞能詮深教,解所詮深義。又聞捨恒河沙身命,不如持經一偈。所以念彼捨身之苦,欻爾增悲;敦敬法之誠,零然下淚。問:"聞經悟解應喜,何以悲泣?"答:"有悟解生悲,如須菩提聞此《經》;有悟解生喜,如舍利弗聞《法華經》;有悟解生悲喜,如善集王聞《金光明經》,悲喜交集。今須菩提所以悲泣者,謂耳飡正説,慧鑑真如,一即愍彼捨身之苦,二即忻今所説,三即恨不早聞,四傷不聞之者,所以有此悲泣也。"

《經》:"而白佛言:'希有,世尊!佛説如是甚深經典。'"

此下第二,嘆勝也。而"白佛言"者,啓告之詞也。"希有,世尊"者,總嘆勝也。"佛説如是甚深經典"者,别舉所嘆希有法也。

---

① 匹,録本作缺文,據底本補。

《經》:“我從昔來所得慧眼,未曾得聞如是之經。”

大文第二,釋勝所以也。文别有四:一、希有故勝;二、不同餘法故勝;三、堅實故[□][勝][1];四、勝餘修多羅故勝。

此文初也,所謂昔得慧眼,開人空目,出煩惱障,見無我理。其“所得”者,謂是化城,非究竟故。今聞此經,聞法空目,破所知障。見法空如其所得者,即真實所,乃名“希有”也。

《經》:“世尊!若復有人得聞是經,信心清净,即生實相。當知是人成就第一希有功德。”

第二,不同餘法故勝。文復有二:初標舉,後釋成。此文標舉也。此經不同餘教,詮佛所得甚深法故。

《經》:“世尊!是實相者,則是非相。是故如來説名‘實相’。”

第二,釋成也。言“實相”者,謂依此經,生如實信。“即是非相”者,謂不同世間虚妄信也。“是故如來説名實相”者,引教證成.結初句也。

《經》:“世尊!我今得聞如是經典,信解受持不足爲難。若當來世,後五百歲,其有衆生,得聞是經[2],信解受持,是人即爲第一希有。”

第三,堅實故勝也。文復有三:一、總舉;二、别釋;三、述讚。此總舉也。爲此法門智體堅實,猶若金剛,慧用深入,能除惑障,故令持者處下惡之世,成第一之功。今總以須菩提成就五義故,聞經信解不足爲難:一、非難時故,謂得值如來;二、佛攝授故,謂具信出家;三、得無學果故,謂辦諸功德;四、蒙佛加持故,謂速令開解;五、成就變化,謂實是菩薩。由斯道理,不名“希有”。彼未來者無是五義,具多障難,能受持者故稱“第一”也。

《經》:“何以故?”第二别釋也。

文中有三:一、明我空;二、明法空;三、明俱空。就我空中,先徵,後釋。此即初也,總問未來受持之人,何以獨成第一希有也。

《經》:“此人無我相、人相、衆生相、壽者相。”

第二,釋也。此中“相”字並從“想”義,由持經人了我空故,不復能起我、

---

① 勝,底本、録本無,據文意補。

② “是經”二字底本作“如是”,據《金剛般若波羅蜜經》[T8n235p750b6]改。

人等想故。

《經》:“所以者何?”

第二,明法空也。先徵,後釋。此初徵也:“但説我空,想應有耶?”

《經》:“我相即是非相,人相、衆生相、壽者相即是非相。”

後文釋也。“我相”等者,謂能取“我”等之心也。“即是非相”者,謂此執心當體故。

《經》:“何以故?”

第二,明俱空也。先徵,後釋。此初徵也:“一切諸法不離能取所取,今總言空,其意何也耶?”

《經》:“離一切諸相,即名‘諸佛’。”

後文釋也。相若不空,佛不應離。離得覺者即是“空”。

《經》:“佛告須菩提:‘如是,如是! 若復有人得聞是經,不驚,不怖,不畏,當知是人甚爲希有。’”

第三,述讚也。言“如是,如是”者,謂上所説正是其義,故名“如是,如是”,即印可之詞也。“得聞是經,不驚,不怖,不畏”者,謂成就信解也。《論》云:“驚者謂非處生懼,是故名‘驚’。以可呵故,如非道行故,怖者心體怖故,已起不能斷疑心故[①],畏者一向怖故,其心必竟驚怖墮故。”離此三種,聞經信解,故名“希有”。

《經》:“何以故?”

第四,勝餘修多羅故“勝”也。文復有二:先徵,後釋。此初徵也:“不驚等者,有何奇特名‘希有’也。”

《經》:“須菩提! 如來説第一波羅蜜,非第一波羅蜜,是名‘第一波羅蜜’。”

後文釋也,謂顯此經於一切波羅蜜教中是最妙故。由此世間難生信解,多起疑謗。是故若聞不生驚等,即爲希有。“如來説第一波羅蜜”者,即是此經所詮第一波羅蜜也。“非第一波羅蜜”者,謂非是餘經所詮第一波羅蜜也。“是名‘第一波羅蜜’”者,結成初句也。

《金剛經》疏卷上。

---

① 故,底本作“者”,據《金剛般若波羅蜜經論》卷中[T25n1511p787c25]改。

No. 2737《金剛經》疏

［題解］

佛典《金剛經》注疏，現存斯 2047 一號，作者不詳，原著卷數不詳。首殘尾全，但無尾題，今據内容擬題。所疏乃後秦鳩摩羅什譯《金剛經》，現存部分相當於傳世羅什本第九分至第三十二分。但此疏原文未作如此分段。疏文在結束一段疏釋時，常結一偈頌。這些偈頌與經文大抵無直接關係，相當於“勸善詩”之類，爲其他經疏所未見。又，疏文中有：“已前上、中兩卷了，從此以後入[下]卷”之語，則原著或爲三卷。清代以前歷代大藏經未收，後被《大正藏》據斯 2047 號録入其第八十五册。今校注仍以《大正藏》所據卷斯 2047 號爲底本。

▭①□□(了。須陀)②▭念無。舉：“須菩提！於意云何？‘斯陀含’[□□□□][能作是念]③：‘我得斯陀含果’不？”是第二問也。須陀洹人尚不生念，斯陀含人豈敢生念？斯陀含人進斷六品煩惱，生□二家，即證得二果。我得斯陀含果無？問竟也。答舉須菩提言：“不也，世尊！”是直答也，不能生念。“何以故”，徵，徵以何故。

從“斯陀④含⑤”以下，[分]⑥疏。舉：“斯陀含名‘一往來’，而實無往來，

---

① 首缺。

② “了須陀”三字録本作缺文，今據底本補。

③ “能作是念”四字底本無，今據《金剛般若波羅蜜經》[T8n235p749b29]補。

④ “斯陀”二字底本、録本誤置“以下”下，今據文意乙正。

⑤ 含，底本脱，録本據文意補。

⑥ 分，録本脱，今據底本補。

是名‘斯陀含’。”“斯陀含”者，是此西音，此名“往來”，亦名“薄貪嗔”。貪嗔邪見賊庵你[①]也，故薄貪嗔；欲似如來大圓鏡智，名“一反[②]往來”，得無餘故。喻趙老停查[③]，合家總滅門。趙老兒從西征迴，改業治畜生。其大富後，有查[④]還來。趙云：“且脱庵你也。”斯陀含名，結得成名。上來諸文不同斯陀含。斯陀含了。

既不生念，問：“陀那含人生念無？”舉“須菩提！於意云何？阿那含能作是念‘我得阿那含果’不”者，是第三問也。若一來，若一間(?)[⑤]，總名“斯陀含”。修斷九品，名“阿那含”。

問竟也，須菩提答。舉：“須菩提言：‘不也，世尊！’”是正答也：不能生念。“何以故”，徵，徵以“何故”。

從此以下，釋看(者?)[⑥]。舉“‘阿那含’名爲‘不來’，而實無來，是名‘阿那含’”者，譯語釋也。“臭身”者，漏身也。“虫身”者，一切虫身也。“食身”者，阿那含人不食五穀之類也。“毒身”者，龍、蛇、蝎等也。更不還來欲界受身，欲界攝不得，故名“不來”。《經》云：“不來相而來，不見相而見。”若來以更不來，若去以更不去，西方名“阿那含”，此名“不來”。是名“阿那含”，從實立名，名“阿那含”。

阿那含人既不生念，問阿羅漢人生念無。舉：“須菩提！於意云何？阿羅漢能作是念‘我得阿羅漢道’不?”是第四問也。

問竟，舉：“須菩提言：‘不也，世尊！’”是直答也：不能生念。

“何以故”，釋看(者?)。舉：“實無有法名‘阿羅漢’。”西方名“阿羅漢”，此名“無生”，亦名“無著”。我生以盡，不受後有。誦曰：

---

① 你，録本作“儞”，今據底本改。下“你”字録本皆作“儞”，徑改之，不復出校。

② “反”字似係書手誤增。

③④ 查，録本訛作“實”，今據底本改。“查”字費解，待考。

⑤ 間，底本不清晰，待考。

⑥ “釋看”費解。該字底本作“看”，頗疑爲“者”之增筆訛俗字。“者”字作句末助詞，可表示曉示、祈使等語氣。[唐]陸贄《收河中後請罷兵狀》：“令欽漵奏來者。”《宣和遺事》前集：“官人，你坐麽，我説與你，休心困者！”即其例。本篇下文“引證看”“證成看”“釋答看”“教量看”等“看”字均疑爲“者”字之訛，徑括注其疑似正字，不復出注。

“無量劫來爲恩愛,不能割捨離舉緣,還復將身歸惡趣,貪財競色受諸愆。”

“阿羅漢”三名“無賊”。“賊”有三義:一、密入人家;二、偷人財物;三、共主啾唧。

從此以下,番釋“阿羅漢”,分疏者。舉:“世尊!若羅漢作是念,即著我相、人相、衆生相。”受者相者,此番顯也。總名“離一切相”,故名“羅漢”。

從此以下,引證。看舉“世尊!佛説我得無諍三昧,人中最爲第一,是第一離欲阿羅漢”者,用已證成過去諸佛、未來諸佛、現在諸佛,入無諍三昧,是羅漢引證成。“諍”者“啾唧”義。羅漢人故名“無諍三昧”者,西方音,此名“等持”,平等持心,一境性故。欲界煩惱,故名爲“諍”。沙彌愛味,被海龍之災;比丘愛花,被河神之所罵。五欲者,色,聲,香,味,觸。非唯離欲欲,而得離欲名。

從此下引成。舉“我不作是念‘[□][我][①]是離欲阿羅漢’”、“世尊”者,稱佛所説也。但有證智,無妄念故。

從此以下,證成看(者?)舉:“若我作是念:‘我得阿羅漢道。’世尊則不説。”佛如實知,無妄語故。

從此已下,釋成是羅漢無。舉:“須菩提是樂阿蘭那行者,以須菩提實無所行,而名‘須菩提是樂阿蘭那行’。”自念我得阿羅漢道,即未離欲。“非阿蘭那行”者,是此西音,此名“寂静行”也。上來諸文不同。四沙門果並了。從此以下,降伏正報。相依報相,事在明朝。

從此以下,説然(燃)燈佛,以廣所聞。於中有二:先舉初文。舉:“佛告須菩提:‘如來昔在燃燈佛所,於法有所得不?’”問所解也。如來昔在然(燃)燈佛所,有法得無法得?仰答也。

從此以下,止陳實狀,須菩提分疏。舉:“世尊!如來在燃燈佛所,於法實無所得。”以解仰答也。釋迦曾供養百萬恒沙諸佛,不得佛。何以故?以有所得故,所以不得佛。後於然(燃)燈佛,乃蒙受記。何以故?以無所得

① 我,底本無,今據《金剛般若波羅蜜經》[T8n235p749c12]補。

故。此名“真得”。喻有一小兒覓度,處處求阿師。處處求索,即敬(更)[1]不得度。何以故?以有覓心。於後自讀經即得。然(燃)燈者會須自然,即得成佛。摩納仙人者,然(燃)燈佛與受記,今釋迦者是也。四緣者:一、因緣;二、無上緣;三、等無間緣;四、所緣緣。一切法具此四緣,然可成佛。言“於”者,於自身中、十八界中,求其定主,竟不可得,然可得記。

上來諸不同,降伏正報相了。從此以下,降伏依報相。於中有三問答。先舉初文。舉:“須菩提!於意云何?菩薩莊嚴佛土不?”問所解也。菩薩莊嚴佛土無?問竟也。答:“不也,世尊!”以意正答也。“何以故”者,自徵自釋。若也不莊嚴如得净土。

從此以下,釋看(者?)。舉“莊嚴佛土”者,增益心謗;“則非莊嚴”,損陷心謗,“是名莊嚴”者,離有離無,啓會中道[2],謂取形相,計爲清净。“則非莊嚴”,取於妄説實嚴,故此莊嚴。“是名莊嚴”,不依形相,但依實體,名“真莊嚴”。《維摩經》云:以其心净,佛土净故,此名“真莊嚴”。所見有四,各見不同。且如諸天,見水唤作瑠璃。餘者三種,以廣所聞。

從此以下釋迦一一教真莊嚴。舉:“是故,須菩提!菩薩摩訶薩應如是生清净心。”教真莊嚴也。以“我”生清净心,即得成佛,須三業清净。“一切”者,總名“菩薩”,大者是“摩訶薩”,小者是“菩薩”。

衆生有疑:若爲生清净心?舉:“不應住色生心,不應住聲、香、味、觸、法生心。”若住諸塵,非净心故。“不應住色生心”者,有外界内界,内外俱捨,故名“不住色生心”。聲、香、味、觸、法生心,於六塵境界元無染著,若住諸塵,非净心故。

從以下結勸修學。舉:“應無所住而生其心。”即得解脱,不取下塵界。“無所住”者,心自净也。上來諸文不同。降伏依報相了。

從此以下,第六降伏勝身相。佛爲末代衆生妄情執著,富者陵貧,故須降伏。爲遣此疑,依喻審問。於中有兩問答。先舉初文。舉:“須菩提,譬如人身,如須彌山王。於意云何?是大不?”問所解也。於諸山中最大,故名

---

① 敬,此當讀作“更”(“更”字一音見母映韻去聲,與“敬”同)。

② 道,底本脱,録本據文意補。

“山王”。爲遣此疑,依喻審問。

問竟也,答。舉:“須菩提言:‘甚大,世尊!’”是領答也。須彌山縱廣八萬四千由旬,故以爲喻。“須菩提言:‘甚大,世尊!’何以故”,徵。

從此以下,釋成“大”義。舉“佛説[□][非]①大身,是名‘大身’”者,須彌山雖高,心無分別。佛身亦爾,不分别衆生佛身,世間八法,所不能動。“八法”者,生,老,病,死,地,水,火,風。故名“世間八法”。衢師羅長者見三尺身,應持菩薩見千尺身,阿修羅大身無智慧,舍利弗身子小、智慧大,可向身量理。看“須菩提! 上來諸佛不同”,第六降伏勝身相了。

從[□][此]②以下,第七降伏染福相,於中有三、四、五禮。先舉初文。舉:“須菩提! 如恒河中所有沙數,如是沙等恒河,於意云何? 是諸恒河沙寧爲多不?”“於意云何”者,問彼所解。“是諸恒河”者,因神立稱,故名“恒河”,東面流出,遶阿耨大池,流入東海。京州真諦法師[□][云]③:其河初④水出處,闊一由旬,滿中細沙,與水同流。取一河内所有諸沙,以沙計河,一沙一河爲甚多。如是諸河沙,可説爲多不? 釋迦問敬也。

須菩提答,舉:“須菩提言:‘甚多,世尊!’”是略答也:爲多。須菩提兩迴答。前略答,後釋答。

釋答看(者?)。舉:“但諸恒河⑤尚多無數,何況其沙?”是釋答也。

從此以下,釋迦實答。舉“須菩提! 我今實言告汝”者,合信也。“若有善男子、善女人,以七寶滿”,貴財多也。“爾所恒河沙數三千世界,以用布施”,起行勝也。“得福多不”,問彼所解也。“得福多”,釋迦問須菩提多少。舉:“須菩提言:‘甚多,世尊!’”是領答也。

從此以下,釋迦教量看(者?)。舉“佛告須菩提:‘若善男子、善女人’”者,亦取發心向大乘也。“於此經中,乃至受持四句偈等,爲他人説”,事業勝也。“而此福德勝前福德”,“勝前福德”者,正校量也。勝有四種:一、攝授勝

① 非,底本無,今據《金剛般若波羅蜜經》[T8n235p751b4]補。
② 此,底本、録本無,今據文意補。
③ 云,底本、録本無,今據文意補。
④ 底本此處衍一“初”字,今據文意删。
⑤ 河,底本誤作“沙”,今據《金剛般若波羅蜜經》[T8n235p749c27]改。

福,持經勝布施;二、堪受敬養;三、難作能作;四、能生勝想。聽《金剛經》者,得此四個勝。“勝前福德”者,攝授福勝也。誦曰:“表知持經四句偈,勝施恒沙七寶因。是故顯示諸衆生,普令勸知實相義。”施非菩提因,法得菩提故。

從此以下,説校量。舉“復次,須菩提!隨説是經乃至四句偈等,當知此處,一切世間天、人、阿脩羅,皆應供養”者,“隨説是經”者,不簡取衆生諸勝劣也,即與隨説。“一切世間”者,俱是衆生類也;“間”者,輪迴六趣也。

“皆應供養”者,堪受敬養也。爲勿(物)[①]事天人供養[②]。舉:“如佛塔廟。”“如佛塔廟”者,類令解也。西方本音名“窣堵波”,傳者訛略,而云“塔”也。譯就中言,名“高勝處”。三界不能動得。“廟”者,貌也,是此中言;“塔”者,勝者所居;皆應供養。

從此難作能作。舉“何况有人盡能授持讀誦?須菩提!當知是人成就最上第一希有之法”者,又般若勝相前之五度,故名“第一希有之法”。

總授持、讀誦得何勿(物)。舉:“若是經典所在之處,則爲有佛。若尊重弟子。”“尊重弟子”者,真菩薩也。三乘弟子,菩薩爲尊。此名結文。“外器”者,天親釋也,故名“外器”也。上來諸文不同。是第二讚深生信,並降伏七個相並了。

從此第三,當立名勸學。於中有二問答。先舉初文。舉“須菩提白佛言‘世尊!當何名此經?我等云何奉持’”者:“當何名此經”者,問前所説經之總名。“我等云何奉持”者,問得名已,受持軌範,“範”是“則”也。此是須菩提索經名。須菩提言:我所得惠(慧)眼,未曾得聞如是深經。敬法希奇,伏望世尊與我説名。喻隱士撫琴,整半道索名。爲此希奇,所以半道問名。其琴所撫,曲名“青碶”,幽澗嚮山,石一非泉。

須菩提請問,敬釋迦答。舉“佛告須菩提:‘是經名“金剛般若波羅蜜”’”,答前問也;“以是名字,汝當奉持”,答後問也。此是略答答敬。

“所以者何”者,徵問廣釋。舉“須菩提!佛説般若波羅蜜(名句味也,是

① 勿,此當爲“物”之同音借字(勿字一音文弗切,與“物”同)。下“勿”字同,徑括注其本字,不復校。

② 養,録本訛作“應”,今據底本改。

智慧)則非般若波羅蜜”者,遮取著也。依名言取非實故,所以不言“是名般若波羅蜜”、“是到彼岸”也。喻昏定晨省,即是孝養。“於意云何”下四問,顯示是金剛義即般若波羅蜜故。第一“於意云何”,破説法相。第二“於意云何”,破世間微塵相。第三“於意云何”,破三十二見如來相。“若善男子、善女人”,破有身命懈怠相。“無説法”者,空斷相。

從此以下,第一破説法相。舉“須菩提！於意云何”,問何解也。“如來有所説法不”,是第一問問敬也。

答舉“須菩提白佛言:‘世尊！如來無所説’”者,是第一答,正説法時,無能所故。夫説法者無説無示,其聽法者無聞無得,但以方便,曉悟衆生,實無有法如來可説。此破説聽能行等相故名“金剛”。

從此以下,第二破世間微塵。舉:“須菩提！於意云何?”問所解也。三千大千世界名“一佛刹”。所有微塵,凡夫妄計,喻煩惱。“是爲多不”,是第二問問敬也。

答舉:“須菩提言:‘甚多,世尊！’”是第二答。然是失旨,故須如來重自正説。

從此以下,釋迦正釋。舉“須菩提！諸微塵”,取彼所解。“如來説非微塵”,示現正義。“是名‘微塵’”,貪嗔等相乃是實塵。

從此以下,破世界。舉“如來説世界,非世界”,凡夫妄計。“是名世界”,此破微塵及世界名相。“世界”總是喻也。

從此以下,第三破三十二相。舉“須菩提！於意云何”,問所解也。“可[①]以三十二相,得見如來不”,是第三問。最可敬者,所謂“如來”。觀如來者,多觀妙相,能破此相,故問:可以見如來不?“不也,世尊”,是真答也。

“何以故”,徵。不敢自決,引佛言成。舉“如來説三十二相”,是隨俗相,即非三十二相。能破此相,故名“金剛”。

從此以下,破我我等相。舉“須菩提！若善男子、善女人,以恒河沙等身命布施”者,破我我所。身命上(尚)捨,知復何慳?知身非身,命是假命,放捨身命,施與衆生,破無説法,空斷相也。舉“若復有人於此經中,乃至受持

① “可”字前底本、録本誤增一“不”,今據《金剛般若波羅蜜經》[T8n235p750a20]删。

四句偈等，爲他人説，其福甚多"者，破無説法空斷相也。此是結文。前頭破空取有，後破有取空。

上來諸文不同。立名勸學了，明朝領解修行。此下第四領解修行。於中有二：先舉初文。舉"爾時須菩提聞説[□][是][1]經"者，簡昔曾聞，顯希有也。"深解義趣"者，善相句義、得意趣也。對除無失，向大乘故。"涕淚悲泣"者，喜極曰"悲"，自鼻曰"涕"，自目曰"淚"，含啼曰"泣"。舍利不聞説法經，懽喜勇躍。"而白佛言：'希有，世尊'"者，從佛説。"如是甚深經典"者，是希有也，從甚深智之所發故。"我從昔來，所得惠(慧)眼，未曾得聞如是之經"者，未聞而聞，成希有也。聞、思、修惠(慧)，俱名"惠(慧)眼"。此是須菩提領解修行文。

從此以下，須菩提勸修。舉"世尊！若復有人"者，不簡貴賤。"得聞是經"者，勸當時也。"信心清净"者，於正聞時信無疑故。"則生實相"者，於思修時，如實解故。"當知是人成就第一希有功德"者，得法利也。三惠(慧)所成，皆名"功德"。依難聞法，得"希有"名。喻如意珠，所求皆得。衆生不免落地獄。此般若經，能究衆生地獄苦。

此下教實相。舉"世尊！是實相"者，信心清净之所生也。"則非實相"者，無相實相，非言説等所有相故。"是故如來説名'實相'"者，有巧方便，顯示衆生。

從此以下，須菩提著哭。舉"世尊！我今得聞如是經典，信解受持，不足爲難"者，判令爲易也。已得惠(慧)眼，親從佛聞，理在不疑，有何難處？

此以下説愁意看(者？)。舉"若當來世"者，現前無佛也。"後五百歲，其有衆生"者，謂有持戒及修福也。"得聞是經"者，展轉傳聞也。"信解受持"者，信文解義、得念總持也。"是人則爲第一希有"者，斷後爲難也，於難信解處時難信解故，故名"希有"。"何以故"，此釋迦徵。

以下有三徵釋。先舉初文。舉從以下須菩提分疏。"此人無我相、人相、衆生相、壽者相"，極顛倒時，能離四倒故。喻畫師修壁，不久即有形像，此名"第一希有"。"所以者何"，第二徵也，徵：何所以無我等相故，名"第一希有"？

[1] 是，底本、録本無，今據《金剛般若波羅蜜經》[T8n235p750a27]補。

緣何勿(物)事無顛倒？舉"我相即是非相，人相、衆生相、受(壽)者相[1]即是非相"者，以彼到(倒)相非真實故，無無相倒。

"何以故"者，第三徵也，徵敬也。舉"離一切諸相"者，想(相)[2]不現也。"則名諸佛"者，離諸到(倒)相，即實相故。是故説言"離一切相，則名諸佛"。總是須菩提勸修了。

從此以述勸，文有三節。先舉初文。舉"若復有人，得聞是經，不驚、不怖、不畏，當知是人甚爲希有"者，驚怖五，不驚怖有五。當知是人，甚爲希有。

"何以故"者，徵：緣何勿(物)事不驚怖？舉"須菩提！如來説第一波羅蜜，非第一波羅蜜，是名'第一波羅蜜'"者，顯示此法門爲大波羅蜜因故。喻第一邪郎賣奴，更喻饆[3]羅，更喻嫁女媒人，更喻靴楦。尋文得義，是第一故。上來諸文不同。離著教果了。

從此以下，第三於修行時離嗔慳過。舉"須菩提！忍辱波羅蜜"者，衆所謂也。"如來説非忍辱波羅蜜"者，欲斷所疑也。此於修行時離嗔慳過也。從此證成。

"何以故"，徵其義也。何勿(物)是真辱？舉"須菩提！如我昔爲哥利王"者，事證也。"割截身體，我於爾時"者，世流布語。"無我相、人相"者，離報著言，照見五蘊皆空，一一無我。"無衆生相，無受(壽)者相"者，不見嗔怒害我者相，故言無衆生、無受(壽)者相。此引事證成。哥利羅王者，是烏桀(傑)利城[4]人也。"爲"者，作也；"爲"者，被也。以空無相，故無嗔害。

"何以故"下，重徵番釋看(者?)。舉"我於往昔節節支解時"者，刖足截手，各於節節分四支故。"若有我相、人相、衆生相、受(壽)者相，應生嗔恨。"無我相，無人相。多少時去來。

從此以下結者，止陳實狀。舉"須菩提！又念過去於五百世作忍辱仙人，於爾所世，無我相，無人相，無衆生相，無受者相"，爲明爲劫。久聞此經，

---

① "者相"二字録本誤作"相者"，今據底本改。

② 想，此當爲"相"字之訛。

③ 饆，録本訛作"繻"，今據底本改。

④ 桀，當是"傑"的俗寫變體。"烏傑利城"經文多作"曹揭釐城"，是佛在昔作忍辱仙，於此爲羯利王(唐言"鬭諍"，舊云"哥利")割截支體之處。

以曾多劫，堪忍衆苦，即得成佛。但須修已，無嗔恨心。故列此文，以爲永施。釋迦成道，先度驕（憍）陳如，是釋迦大善知識，前文以釋。

以上三果並了。第四於傳法時，離取相過。舉"是故須菩提！菩薩應離一切相，發阿耨多羅三藐三菩提心"者，於傳法時離取相過也。前文以（已）説離一切相，則名"諸佛"。此文又説離一切相，發菩提心，即是"菩薩"。轉相勸發，因果相承，即得解脱。滅度一切衆生，是佛大事。

作勿生離一切相？舉"不應住色生心，不應住色生心，不應住聲香味觸法生心"者，皆是生死故説。"不應住色生心"者，五蘊空寂。"不應住聲、香、味、觸、法生心"者，不染六塵境界，住六塵者起或（惑）業故，有或（惑）業者當受苦故。

作勿生住心即得成佛？舉'應生無所住心"者，一切諸法，性無住住，乃是真住。是真住者，即心自住，實無所住，即得涅槃，離一切相，即名"真住"。離有[□][離][1]無，啓會中道，即得成佛。

住少許得無。舉"若心有住，則爲非住"者，不知外性非性，不是自覺聖智，住故不得。

從此以下引證。看舉"是故佛説：'菩薩心不應住色布施。'須菩提！菩薩爲利益一切衆生，應如是布施"者，此引佛正言以爲法也。凡"一切"者，總名"菩薩"。作如是見，即解此經。上求菩提，下化薩埵。此西音譯，就中言故名"道心衆生"。

誦曰："菩提子由如□（腳？）[2]底垽，從他踏納心頭念。"

念低緣何勿（物）事？舉"如來説：'一切諸相即是非相。'又説：'一切衆生則非衆生'"者，所執我、人相無性故，但隨妄情而施設故。不知實恒遍不離者是正趣生，不知如來施設依者是二無我。

次下第五，於佛所説，離不信過。舉："須菩提！如來是真語者、實語者、如語者、不誑語者、不異語者。"第五於佛所説，離不信過也。如來昔説小乘，且令脱苦；今説大乘，乃令得樂。

---

① 離，底本、録本無，今據文意補。底本上文："離有離無，啓會中[道]"，可資比勘。

② 此字底本不清晰，似作"脚"，待考。

從此以下，釋迦得佛。用何勿(物)法得佛？舉"須菩提！如來所得法，此法無實無虛"者，善分別相，自心現知外性非性，於法實無所得，故名"無實"。

次下第六，於行施時離道過。舉"須菩提！若菩薩心住於法而行布施，如人入闇，則無所見"者，第六於行施時離障道過。誦曰：

"身雖處世明，足仍闇中行。直知檐外事，豈憶禘(害)[1]來迎。

參差神貌朽，恍惚夢還驚。但令善根熾，示死亦如生。"

從此出能斷道。看舉"若菩薩心不住法而行布施，如人有目，日光明照，見種種色"者，出能斷道也，明闇不相捨離。前頭六段，總是祇樹給孤獨園勸當座下徒衆，後勸末代。

已上六文，教利六道。從此以下，喻勸末代弘經。舉"須菩提！當來之世，若有善男子、善女人，能於此經受持讀誦，則爲如來以佛智慧悉知是人，悉見是人"者，出弘經者，攝授正法，成熟衆生，乃可名爲"善男子、善女人"。佛慧悉知悉見者，佛無礙智慧攝授也。

佛知見德(得)何功德？舉"皆德(得)成就無量無邊功德"者，以利誘也。長短言之，則無量佛智不能知分劑故。上來諸文不同。利過勸並了。

次下第二，得勸。舉"須菩提！若有善男子、善女人，初日分以恒河沙等身布施，中日分復以恒河沙等身布施，後日分亦以恒河沙等身布施"者，一一九時教[2]捨身命布施，夜三時不論。

各"以恒沙身命布施"者，其數多也。經多少時布施？舉"如是無量百千萬億劫以身布施"者，時分長也。此樂福宜多。問："何處得有爾所身命布施？"答："假設爲言，示應語也。喻孝順兒孝養阿孃，頂戴母遶須彌山千匝，由無足日。菩薩亦然。"

何勿(物)定得？舉"若復有人聞此經典，信心不逆，其福勝彼。何況書寫、受持、讀誦、爲人解説[3]"者，依本宣傳曰"説"，開闡意義曰"解"。[□]

---

① 禘，此當是"害"的增旁字。此字録本訛作"禘"，今據底本改。

② 教，録本訛作"放"，今據底本改。

③ 説，録本訛作"脱"，今據底本改。

［解］[①]功德多少，説相貌將來。舉："須菩提！以要言之，是經有不可思議、不可稱量、無邊功德"者，若廣别説，窮劫不盡，故巧方便，略要言之。

何誰合聞？此第二向勝乘。舉"如來爲發大［□］［乘］[②]者説，爲發最上乘者説"者，向勝乘也。聲聞緣覺是小乘者，不聞此經。有漸悟者，迴心向大，是發大［□］［乘］[③]者，佛乃爲説。漸悟者，一千二百阿羅漢是也。

阿誰悉知悉見？舉"若復有人，能受持讀誦，廣爲人説。如來悉知是人，悉見是人，皆成就不可量、不可稱、無有邊、不可思議功德"者，即以上利勸行法行。悉知見等，義同前釋。

緣何勿(物)事合得聞？舉"如是人等，則爲荷擔如來阿耨多羅三藐三菩提"者，當重住(任?)[④]也。如理天下是天子事，委任大臣，臣荷重住(任?)[⑤]。阿耨菩提是如來事，付囑菩薩，即荷如來重擔。[⑥]

"何以故?"釋者[⑦]。舉"須菩提！若樂小法者著我見、人見、衆生見、受者見，則於此經不能聽受讀誦、爲人解脱"者，謂二乘人則此經不能聽受及自讀誦，三昧樂不樂言説故。小乘者縱聞此經，亦不得成佛。

［□］［若］[⑧]得成佛，敬一切皆應供養無？舉"須菩提！在在處處，若有此經，一切世間天、人、阿修羅，所應供養"者，得尊貴也。隨何時分，説爲"在在"？持此經者，故名"在在"。

緣何勿(物)事得供養？舉"當知此處，則爲是塔，皆應恭敬，作禮圍遶，以諸花香而散其處"者，花則光色鮮榮，見者悦預；香則美氣氲馥，聞者安樂；以財表敬，莫此爲先。

上來諸文不同。得利勸了。次下釋滅罪勸。先勸即會，次勸末代。於中有兩段經文。先舉初文。舉"復次，須菩提！若善男子、善女人受持讀誦

① 解，底本、録本無，今據文意補。
② 乘，底本、録本無，今據《金剛般若波羅蜜經》［T8n235p750c13］補。
③ 乘，底本、録本無，今據文意補。
④⑤ 住，此似當爲"任"字之訛。
⑥ 此處録本衍"即荷如來重擔菩薩"八字，據文意删。
⑦ 者，録本作"看"，今據底本改。
⑧ 若，底本、録本無，今據文意補。

此經,若爲人輕賤,是人先世罪業,應墮惡道。以今世人輕賤故,先世罪業則爲消滅,當得阿耨多羅三藐三菩提”者,滅業過。何徒滅罪,亦能善。諸所作業,略有二種:一者定受,二者不定受。不定受中,有業時定而時不定、業前方便及業後起。

此之一段,勸即會。後勸末代,有四句經。先舉初文。舉:“須菩提!我念過去無量阿僧祇劫,於燃燈佛前,得值八百四千萬億那由他諸佛,悉皆供養承事,無空過者。”精懃無間,不虚度也。此問文念昔多福也。會自然(燃)燈照,故名“然(燃)燈佛”。

從此以下,以經校量。舉“若復有人,於[□][後][1]末世,能受持讀誦此經,所得功德,於我所供養諸佛功德,百分不及一,千萬億分乃至算數譬喻所不能及”者,以經校量也。無勝多法,可爲喻故。

從此以下,將護彼意。舉“須菩提!若善男子、善女人,於後末世,有受持讀誦此經,所得功德,我若具説者,或有人聞,心則狂亂,狐疑不信”者,將護彼意也。佛若具説末世受持所得功德,唯佛與佛乃能具知,亦能具説。狐疑則不能趣入,不信則起穢濁心。

從此以下,勸彼令知。結者[2]。舉“須菩提,當知是經義不可思議,果報亦不可思議”者,勸彼令知也。佛説此經,欲以一切諸佛功德,施與一切學法衆生。如是深經,時乃説之,甚爲難得,名“不可思議”。一切諸佛[3]。喻興易廣得錢財,後與子孫,還得富貴。菩薩教衆生,亦復如是,令佛種不斷故。上來諸文不同。念昔多福四句經並了。誦曰:“佛常在世間,不染世間法。不分別世故,敬禮無所觀。”又曰:“著你世間衣,喫你世間食,共你和光塵,你見自不識。”已前上、中兩卷了,從此以後入[口][下?]卷[4]。

次下當釋趣究竟地無住般若如來功德。於此分中,初善現略問,次如來廣説。於中有二。先舉初文。舉“爾時須菩提白佛言:‘世尊!善男子、善女

① 後,底本、録本無,今據《金剛般若波羅蜜經》[T8n235p751a1]補。

② 者,録本作“看”,今據底本改。

③ “一切諸佛”四字與前後文意不相關聯,疑係書手誤增。

④ 《大正藏》本出校:“(下)十卷?”意即疑“卷”前脱一“下”字。

人,發阿耨多羅三藐三菩提心,云何應住?云何降伏其心”者,初略問也。“善男子”者,是發心人。“發阿耨多羅三藐三菩提”者,是發大心。此爲依也。發心有四:一、發信心;二、發解心;三、發行心;四、發證心。前三發心,前文以(已)説。從此入證,釋迦答。舉“佛告須菩提:‘善男子、善女人,發阿耨多羅三藐三菩提者,當生如是心:‘我應滅度一切衆生’”者,衆生不能自滅度故,菩薩應作。滅度衆生,是佛大事,是故菩薩應住此心。

如來廣説作何等度?若爲度脱?舉“滅度一切衆已,而無有一衆生實滅度”者,答降伏心也。於中有三:一、行菩薩行降伏我相,心入無我故。二、於如來地降伏法相,心入於法空故。三、於生死涅槃地降伏有住,心得無住故;證了我空,如來不滅故。“何以故”,徵,於徵隱文,未得義故。

據何事不得名衆生?舉“若菩薩有我相、人相、衆生相、受(壽)者相,則非菩薩”者,是可滅度非實衆生也。“所以者何”者,以未證真,不了俗故。

從此示現證義。舉:“須菩提!實無有法發阿耨多羅三藐三菩提者”,無一衆實滅度故。十八界聚,名“一衆生”。十八界中,無一定主,不可謂有一衆生故。十八界法,無一獨用,不可説有實法發心。説有衆生及發心者,皆是方便隨俗説也。上來諸文不同。降伏我相,心入於我空智了。

從此以下,降伏法相。於中三段經文,先舉初文。舉:“須菩提!於意云何?如來於然(燃)燈佛所,有法得阿耨多羅三藐三菩提不?”爲表聖賢知證同故,“有法得不”言,言無實法也。有法得?無法得?“不也,世尊”,善現此答,爲成佛義,故言“不”也。

從此須菩提釋答。看舉:“如我解佛所説義,佛於然(燃)燈佛所,無有法得阿耨多羅三藐三菩提。”“阿耨多羅三藐三菩提”者,一切法性無住。住尚不自得,何能得餘?况然(燃)燈佛時,釋迦未有。既無所得,能得亦無,爲釋迦時,然(燃)燈已滅。能得已無,所得寧有?不道法都無,但無能所得。

從此釋迦聊述。舉“佛言:‘如是,如是!須菩提!實無有法如來得阿耨多羅三藐三菩提”者,實無有法如來得菩提者,述彼所説,言當義故。

從此以下,辨。看舉:“須菩提,若有如來得阿耨多羅三藐三菩提者,然(燃)燈佛則不與我受記:‘汝於來世,當得作佛,號‘釋迦牟尼’’”者,辨也。先番,後順。此即番也。若有法得菩提者,即應與“法”記,不合與

"我"記。"我"謂世俗假者,如終一性,故[□][不][1]得與記;"法"謂執持,念念不住,無受記者,故名"與記"。"釋迦"是性(姓)[2],釋之爲"能",上代先祖能爲王故,又明現在能化衆生、善療衆病、得已[3]利故;"牟尼"者,"寂滿"義,身口意滿大寂静故。"釋迦牟尼佛"是西音譯,就中言"能人寂滿覺"。"釋迦"者,"能人"也,種種捨施,故名"能人"。"現在"者,所以不能人捨施,故名"不能人"。

從此順釋看(者?)。舉"以實無有法得阿耨多羅三藐三菩提,[□□][是故][4]然(燃)燈佛與我受記,作是言:'汝於來世,當得作佛,號"釋迦牟尼"'"者,順辨也。十八界中無得記者,是故然(燃)燈不受法記,佛語無有不如我故。"是故然(燃)燈與我受記"者,知有假者無斷滅故,諸有所説皆如實故。"汝於來世"者,以非常故,雖念念滅無失懷故。"當作佛"者,於受記時,未得作故;所化根機,當成覺道,後當滿故。"號'釋迦牟尼'"者,佛眼明見無錯謬故,會須自然(燃)燈即得成佛;看他然(燃)燈,無有是處,會須自照。"何以故"者,徵也。若全無佛,落斷滅見,未曾審"如來"是義。故"如來"者,"如諸法"義,即"如來"故。

是何勿(物)義?舉"'如來'者,即'諸法如'義"者,釋也。十號號人,而不號法。法無名號,不可與記。"即'諸法如'義"者,是"'如諸法'義"。西方語法,與此不同,遂令譯者到(倒)智(知)其義。"法"有何義?令如來如應知諸法有"不動"義。喻草束,取亦不生嗔,不取亦不生喜。若如是見解,即得成佛。

得作心覓佛得無?舉"若有人言'如來得阿耨多羅三藐三菩提'"者,斥妄也,言有所得非如來故。

從此以下,顯真看(者?)。舉"須菩提!實無有法,佛得阿耨多羅三藐三菩提"者,顯真也。知無所得,即如法故。

---

① 不,底本、録本無,今據文意補。

② 結合文意,此"性"當爲"姓"之借字(二字均爲息正切)。下用同"姓"之"性"徑括注其本字,不復出注。

③ 己,録本訛作"已",據底本改。

④ "是故"二字底本、録本無,今據《金剛般若波羅蜜經》[T8n235p751a25]補。

如來有法得？無法得？舉“須菩提！如來所得阿耨多羅三藐三菩提，於是中無實無虚”者，令住也。於所得中，離二障故；法則無實，不可得故；智乃無虚，稱法知故。此結人如法。

一切法是佛法不是？舉“是故如來説：‘一切法皆是佛法’”者，攝法屬人也。一切衆生，三乘聖者，但有法忍，未有法智，所以不成佛，實知諸法非彼有故。唯諸如來，住成自性，同有法智，已超法忍，有如實智法。是佛有知一切法無實，即得成佛。恐衆生一切法理，覓佛去遮卻。舉“須菩提！所言‘一切法’者，即非一切法，是故名‘一切法’”者，遮也。言“所言”者，非佛法也。不依言而取法故，知一切法離言性故，是故名“一切法”，所言“一切法”是言一切故。離言非一切，是施設處。“施設處”者，一法即是一切法故。此第一菩提果了。誦曰：“或復曾修戒定惠（慧），不知諸法本元由。妄執我見以爲真，所作違於無我理。以違利故名‘顛倒’，還被業知之所牽。常生三界牢獄中，縱得生天不脱苦。”

從此第二法身果。文有三句。先舉初文。舉“須菩提！譬如人身長大”者，如來密言也。

從此善現説看（者?）。舉“須菩提言：‘世尊！如來説人身長大，則爲非大身，是名‘大身’”者，入真也。不被三界纏縛，解脱是如來身，智惠（慧）是如來身，具一切智是如來身。

從此以下，菩薩證得大身無？舉“須菩提！菩薩亦如是”者，如來類明也。菩薩亦爾，證得大身。

菩薩若爲化衆生？舉“若作是言：‘我當滅度無量衆生。’則不名‘菩薩’”者，菩薩有此相者，非净果也。菩薩雖度衆生，不立衆生相。菩薩説法，不立説法相。喻女官著衣，女官立少許相得無？“何以故”者，如來自徵也。

從此以下，釋看（者?）。舉“須菩提！實無有法名爲‘菩薩’”者，義釋也，無一定法名“菩薩”故；但豈方便，教化衆生，故名“菩薩”。

據何勿（物）道理，不立衆生相？舉：“是故佛説：‘一切法無我、無人、無衆生、無受（壽）者。’”法自無我，何得名“人”？

上來諸文不同。法身果了。次釋净土果。文有四句，謂立、徵、釋、結。先舉初文。舉：“須菩提！若菩薩作是言：‘我當莊嚴佛土。’是不名菩薩”者，立也。或(惑)者疑云:"菩薩有此二相,非真菩薩。若菩薩莊嚴佛土在,[□□□][何以故][1]?"何以故"者,是徵句也。徵竟也。

釋看(者?)。舉"如來説莊嚴佛土者,即非莊嚴,是名'莊嚴'"者,即是釋句,遮增益也。"是名'莊嚴'",遮損滅也。心净則佛净土净。妙境者,净土是也。但修菩提,即得於此生長。

從此以下,結看(者?)。舉"須菩提!若菩薩通達無我法者,如來説名'真是菩薩'"者,結也。離妄想相,得真知故。《瑜伽論》説:菩薩有五功德,又五希奇。疏文廣釋。上來諸文不同。净土果了。

以下當釋功德清净。於中有四,先舉初文。舉:"須菩提,於意云何?如來有肉眼不?"於功德清净中有四:一、眼智清净;二、身相清净;三、境界清净;四、心行清净。此四清净攝一切净。是第一問也,問敬也。舉"如是,世尊!如來有肉眼"者,是[□][須][2]菩提隨俗答也。如來有肉眼,無障隔處。見者,是肉眼見。此言見者,非正見也,是第六意識生分别故。第六識者,心是也。《法花經》云應以種種身得度者,即現種種身而爲説法。

此下第二,問如來有天眼無。舉:"須菩提!於意云何?如來有天眼不?"天眼[3]有二,具在疏中。問敬也。舉:"如是,世尊!如來有天眼。"是第二答也。第四禪者,五净居天是也。"天眼"者,亦以肉團爲體,發光見色。《法花經》云若能受持讀誦,見障外色,此名"現世見"。

從此第三,問有惠(慧)眼無。舉:"須菩提!於意云何?如來有惠(慧)眼不?"是第三問敬也。舉:"如是,世尊!如來有惠(慧)眼。"是第三答也。《維摩經》云:"佛以一音演説法,衆生隨類各得解。"觀察决擇,稱之爲"惠(慧)"。喻大圓鏡智,種種皆見。

從此以下,第四,問有法眼無。舉:"須菩提!於意云何?如來有法眼不?"是第四問,問[4]敬也。舉:"如是,世尊!如來有法眼。"是第四答。"眼"

---

① "何以故"三字底本、録本無,今據文意補。

② 須,底本、録本無,今據文意補。

③ "天眼"二字底本、録本誤置於上句"如來有天眼不"中"不"字前,今據文意乙正。

④ 底本"問"字前尚有一"敬"字,今據文意删。

者是勇(湧)泉義。證濟一切,故名“勇(湧)泉”。泉水不分別,一切衆生自分別泉水。喻海水盤理(裏)著盤理(裏),海水椀理(裏)著椀理(裏),海水水皆一等。器有差別不同,水皆一等。

從此以下,第五,問有佛眼無。舉:“須菩提! 於意云何? 如來有佛眼不?”是第五問,問敬也。舉:“如是,世尊! 如來有佛眼。”是第五答也。以前諸文,皆有遮立,何爲此文,何不遮邪? 此文是第一義諦。所以不遮。

從此以下,釋智清净有三。先舉初文。舉:“須菩提! 於意云何? 恒河中所有沙,佛説是沙不?”

從此以下,須菩提答。舉:“如是,世尊! 如來説是沙。”

此[1][□][下][2]第三,問恒河中有多少沙。舉:“須菩提! 於意云何? 如恒河中所有沙,[□][有][3]如是等恒河。是諸恒河所有沙數,佛世界如是,寧爲多不?”

從[4]此第四,答看(者?)。舉:“甚多,世尊!”此[5]須菩提問,釋迦答看(者?)。舉:“佛告須菩提:‘爾所土中,所有衆生,若干種心’”者,種難計,故名“若干”。

從此以下,顯能知。舉“如來悉知”者,此顯能知也。此下兩徵兩釋,作何勿(物)心想。“何以故”,是初徵也。

從此以下,釋迦分疏知衆生心無。舉“如來説諸心,皆爲非心,是名‘爲心’”者,貪嗔邪見心取作罪者、發者,不簡不信者。簡卻爲勿(物),妄相顛倒。“所以者何”,是第二徵也。

第二釋看(者?)。舉“須菩提! 過去心不可得,現在心不可得,未來心不可得”者,三心之中,是何心造罪? 過去心已過,未來心未到,現在心不住。

---

① “此”字前録本有缺文“□□□□”,底本實無字。

② 下,底本、録本無,今據文意補。

③ 有,底本、録本無,今據《金剛般若波羅蜜經》[T8n235p751b22]補。

④ “從”字前録本有缺文“□□□□□□□□”,底本實無字。

⑤ “此”字前録本有缺文“□□□□□□”,底本實無字。

何須一一妄豈(起)[①]執著?

第三讚染生信相中有三。先舉初文。舉:"須菩提!於意云何?若有人滿三千大千世界七寶以用布施。是[□][人][②]以是因緣,得福多不?"

從此須菩提述答看(者?)。舉"如是,世尊!此人以是因緣,得福甚多"者,第二述答也。

何勿(物)是多?舉"須菩提!若福德有實,如來不説得福德多;以福德無故,如來説得福德多"者,此釋成也。三事不空者,見乞人,見財勿(物),見自身施。此不空三事。體空者,不見乞人,不見財勿(物),不見自身施者。此三事體空。

從此眼智,有兩問答。先舉初文。舉:"須菩提!於意云何?佛可以具足色身見不?"問敬也。答看(者?)。舉:"不也,[□][世][③]尊!如來不應以具足色身見。"色身不是如來。"何以故"者,欲明義也。

從此明看(者?)。舉"如來具足色身,即非具足色身,是名'具足色身'"者,由身不具,令身闕故。

第二,如來可以諸相無?舉:"須菩提!於意云何?如來可以具足諸相見不?"是第二問也。如來不可諸相見。"不也,世尊",以理正答,"如來不應以具足諸相見"。

"何以故",徵,徵敬也。舉"如來説諸相具足,即非具足,是名'諸相具足'"者,文勢同前,義准可知,無勞廣釋。

上來諸文不同,身相清浄了。次下釋境。清净相中,有兩三個徵詰。先舉初文。舉"須菩提!汝勿謂如來作念:'我當有所説法'"者,遮彼所有,佛無此念,不應謂故。"當有所説法""莫作是念"者,莫作謂如來作是念也。"何以故",徵其遮意。

---

① 豈,此當爲"起"之借字。[唐]杜甫《九日》詩之五:"重陽獨酌杯中酒,抱病起登江上臺。"一本作"豈"。蔣禮鴻《杜詩釋詞》三四:"此當從别本作少飲,作豈。抱病爲少飲之因,登臺非抱病所堪,故曰少飲,曰豈登……然起字卻非誤字,乃唐人寫本通用。敦煌《浣溪沙》:'幽境不曾凡客到,起尋常?'即豈尋常也。"

② 人,底本、録本無,今據《金剛般若波羅蜜經》[T8n235p751c1]補。

③ 世,底本、録本無,今據《金剛般若波羅蜜經》[T8n235p751c6]補。

從此以下，徵遮意看(者?)。舉:“若人言:‘如來有所説法。’即爲謗佛，不能解我所説故。”釋遮意也。謗佛即有罪，不解即無利。已遮妄計，須教實解。解即有益，無謗罪故。

從此以下，示現正義看(者?)。舉“須菩提！説法者，無法可説，是名‘説法’”者，法不受教，衆生受教，佛爲衆生，隨根異説，根有種種，説亦如之。

上來諸文不同。境界清净了。次釋心行清净。文有四，先舉初文。舉“須菩提白佛言:‘世尊！佛得阿耨多羅三藐三菩提，爲無所得邪’”者，如來顯説。中有四字句:一、印成;二、出體;三、立法;四、遮。

從此無印看(者?)。舉“如是如是”者，即也，印敬也。

從此成看(者?)。舉“須菩提！我相阿耨多羅三藐三菩提，乃至無有少法可得，是名‘阿耨多羅三藐三菩提’”者，成也。不可以身得，不可以心得。

從此出體看(者?)。舉“復次，須菩提！是法平等，無有高下，是名‘阿耨多羅三藐三菩提’”者，出體也。

“是法平等”有三:一者，事平等;二者，相平等;三者，性平等。

從此第三法。舉“以無我、無人、無衆生、無受(壽)者”，立也。法有我、衆生，是修皆到，縱有善法，則分别俱行，所以不得。無人無受(壽)者，所修皆正。不與分别俱，所以别得。

從此以下，何勿(物)名“善法”？舉“修一切善”者，“如來説‘非善法’”者，遮也。

作勿生名“善”？舉“則得阿耨多羅三藐三菩提”者，修一切善，則得阿耨多羅三藐三菩提。

太[1]寛遮卻。舉“須菩提！所言善[□][法][2]者，如來説則非善法，是名‘善法’”者，遮也，意令離文字故。喻女兒作莊，空説不得莊，會須開鏡合，然始得莊。

次施大利，以法教量。舉:“須菩提！若三千大千世界中所有諸須彌山王，如是等七寶聚，有人持用布施。”以俗譬喻，方便顯多。須彌山王最大，故

① 太，録本訛作“大”，今據底本改。

② 法，底本、録本無，今據《金剛般若波羅蜜經》[T8n235p751c27]補。

名“山王”。其山縱横八萬四千由旬，因《[佛][1]地論》説一四天下有一須彌山，須彌山外有七重金山，金山之中有七由[□][旬][2]海水，水皆八得(德)。八得(德)者：一、輕；二、冷；三、軟；四、美；五、清浄；六、不臭；七、飲時條(調)[3]適；八、飲以無患。是中輕、冷、軟三種是觸塵，美一種是味塵，清浄一種是色塵，不臭一種是香塵。條適、無患，是具世力。是八和合，假名爲“水”。故知諸大，亦是假名。

從此以下，教量看(者?)。舉“若人以此般若波羅蜜經，乃至四句偈等，受持讀誦、爲他人説，於[4]前福德百分不及一，百千萬億分，乃至算數譬喻所不能及”者，是謂此經爲利大也。

從此以下，釋第三無妄失念。舉“須菩提！於意云何？汝等勿謂如來作是念：‘我當度衆生’”者，顯佛無此念也。

釋迦遮須菩提。舉“須菩提！莫作是念”者，正遮疑者之所疑也。“何以故”，自徵遮意。

緣何勿(物)事不念？舉：“實無有衆生如來度者。”佛以平[□][等][5]智知平等法，平等法界中無實衆生故，意不立衆生相。

設使有衆生度無？舉：“若有衆生如來度者，如來則有我、人、衆生、受(壽)者。”就彼解也。

據佛法，有衆生無？舉“須菩提！如來説：‘有我者，則非有我’”者，但有“我”相，非實“我”故。

何誰有“我”？舉“而凡夫之人以爲有我”者，是彼外道到(倒)見，雖有“我”見，不見“我”有，不見佛性，無般若故。誦曰：“凡夫人妄相起貪嗔，日日憂他死，寧愁自己身。”又曰：“衆生福業薄，不堪受法藥，破袋盛真珠，出門還漏卻。”

凡夫有無？舉“須菩提！凡夫者，如來説則非凡夫”者，是佛真智也。以凡夫見如來亦凡夫，謂佛爲惡人，共佛事利故。誦曰：

---

① 佛，録本脱，今據底本補。

② 旬，底本、録本無，今據文意補。

③ 條，此當讀如“調”(“調”一音徒聊切，與“條”同)。

④ 於，底本、録本訛作“相”，今據《金剛般若波羅蜜經》[T8n235p752a3]改。

⑤ 等，底本、録本無，今據文意補。

“凡夫相何似,總是净虚無。識心除妄想,捨報利凡夫。”

次釋現見法身,有六字句。先舉初文。舉“須菩提! 於意云何? 可以三十二相觀如來不”者,審問也。妙相者,即智深;智深者,四智菩提也。

審問竟,舉“須菩提言:‘如是,如是! 以三十二相觀如來’”者,誤答也。餘類無此相,是不共法。

從此以下,釋迦呵須菩提。舉“佛言:‘須菩提! 若以三十二相觀如來者,轉輪聖王則是如來’”者,阿(呵?)[1][□□][捨邪?][2]難也,呵令捨邪難,令入正。此相望例,出不定過。

從此以下,正解看(者?)。舉“須菩提白佛言:世尊! 如我[3]解佛所説義,不應以三十二相觀如來”者,正解也,得正難已,正解生故。從此須菩提伏也。相貌理無如來。

從此第五示現令見。舉:“爾時世尊而説偈言:‘若以色見我,以音聲求我,是人行邪道,不能見如來。’”偈言者,示現令見也。“色見我”者,相好觀也;“音聲求我”者,説法觀也;“行邪道”者,相非如來,生如來想,此妄想心,非正見故。“不能見如來”者,如[4]來妙法身故。觀有二種:一、正觀;二、邪觀。正觀有五:一、色藴如聚末;二、受藴如浮泡;三、相藴如陽焰;四、行藴如巴(芭)椒(蕉);五、識藴如幻化。

從此以下,拔彼疑心看(者?)。舉“須菩提! 汝[5]若作是念:‘如來不以具足相故,得阿耨多羅三藐三菩提’”者,拔彼疑心也。語稍難解者,以相言中少一“豈”字,又相語末少一“邪”字,實生如是疑。舉“須菩提! 莫作是念”者,遮彼疑也。

從此以下,示現正義看(者?)。舉“如來不以具足相故,得阿耨多羅三藐三菩提”者,教令解也。阿耨菩提,當不可得。云何修具,能爲得因? 次下當釋生死涅槃地,降伏有住心,得無住處。相中有二:先説不住無爲,後説不住

---

① 結合文意,此“阿”字似當爲“呵”之訛,待考。

② 結合文意,此處似脱“捨邪”二字,待考。

③ 我,底本、録本訛作“來”,今據《金剛般若波羅蜜經》[T8n235p752a15]改。

④ “如”字前録本有一“不”字。按:底本“不”字旁實有一廢棄號,今據删。

⑤ 汝,底本、録本訛作“須”,今據《金剛般若波羅蜜經》[T8n235p752a19]改。

有爲。不住有爲,文有一訟不住染。五欣佛妙智,六熾然精進。

相中有二。先舉初文。舉"須菩提!汝若作是念:'發阿耨多羅三藐三菩提者,説[□][諸][1]法斷滅[□][相][2]'"者,呵也。

説諸法斷滅無?舉"莫作是念"者,教也,除相取故,莫立相趣。"何以故",徵也,求正義故。

從此以下,釋迦分疏。舉"發阿耨多羅三藐三菩提者,於[3]法不説斷[□][滅][4]相"者,釋迦也。一切總是法身作,如何簡辨?須菩提不捨生死,不入涅槃。衆生界無盡,菩薩願亦然。

從此以下,第二了知諸行。舉"須菩提!若菩薩以滿恒河沙等界七寶布施"者,第二了知諸行也。

從此以下,功德大小。舉"若復有人知一切法無我,得成於忍。此菩薩勝前菩薩所得功德"者,了知諸行無染著故。從此釋勝所由。

緣何勿(物)事勝?舉:"須菩提!以諸菩薩不受福德故。"釋知勝所由也。知無我以,不受福德故。菩薩行有二:一、自利行;二、利他行。故云"菩薩不受福德"。受敬不受,是菩薩行,不受非菩薩行;受敬不捨,非菩薩行。菩薩行行由如大地,故名"不受福德"。

從此善現生疑:菩薩不受福得(德)?舉"須菩提白佛言:'世尊!云何菩薩不受福德'"者,善現生疑也,未能了達"不受"義故。

從此釋看(者?)。爲何勿(物)不受福得(德)?舉:"須菩提!菩薩所作福德,不應貪著,是故説'不受福德'。"如來重釋也。知法無我者,不著我所故。菩薩退果不退行,凡夫人行果俱退,聲聞人行果俱不退。

從此第三,入佛威儀。舉:"須菩提!若有人言:'如來若來若去,若坐若卧。'是人不解我所説義。"第三入佛威儀也。闕住威儀,所以大人不合住威儀。立亦如之。不解如來所説義,何以故者?如來自徵。

---

① 諸,底本、録本無,今據《金剛般若波羅蜜經》[T8n235p752a23]補。

② 相,底本、録本無,今據《金剛般若波羅蜜經》[T8n235p752a23]補。

③ 於,底本、録本訛作"相",今據《金剛般若波羅蜜經》[T8n235p752a25]改。

④ 滅,底本、録本無,今據《金剛般若波羅蜜經》[T8n235p752a25]補。

現見威儀,云何不解?舉"如來者,無所從來,亦無所去,故名'如來'"者,佛還自解。坐不離行,行不離坐,意諸法無定相。

從此以下,第四輪回不染相中有二,先舉初文。舉:"須菩提!若善男子、善女人,以三千大千世界碎爲微塵,於意云何?是微塵衆寧爲多不?"第四輪回不染也。相中有二:先遣細相,無塵即不染;後遣麁相,無麁即不著。問:微塵衆寧爲多不?"甚多,世尊",是略答。

"何以故",釋。舉"若是微塵衆實有者,佛則不説是微塵衆"者,先自是塵,不須拆故;實塵能染,不可離故。既無實塵,所以者何?更重徵起。

釋迦分疏。舉"佛説微塵衆,則非微塵衆"者,假想分析[①],無實塵故。

從此破相看(者?)。舉"世尊!如來所説三千大千世界,則非世界,是名'世界'"者,遣麁相也。先遣,次釋,後印。初破微塵,喻無所蕴;次破世界,喻無思蕴。初破微塵,喻器不實;次破世界,喻無衆生。初破微塵,喻無煩惱;次破世界,喻無身心。初説微塵,喻佛化身,遍周法界,教化衆生;次説世界,喻諸衆生,得聞佛法,苦身以盡。總"不實"。何以故?從此以下番釋。舉"若世界實有者,則是一合相",番釋也,意一切勿(物)無實,"世界"者亦復如是。從此引佛言成。舉"如來説一合相,則非一合相,是名'一合相'"者,引佛所説,成己[②]所解。一切物無不是[③]不實。

從此以下,明一合相。舉"須菩提!一合相者,則是不可説。但凡夫之人貪著其事"者,如來印也。一切物皆不可説,即得成佛。所以一切相是不可説。恒沙諸佛,參羅萬象,一法印也。皆到不可説,即得成佛。

上來諸文不同,總是輪回不染了。次下第五,欣佛妙智。文有三句。先舉初聞。舉:"須菩提!若人言:'佛説我見、人見、衆生見、受(壽)者見。'須菩提!於意云何?是人解我所説義[□][不][④]?"是初審問也。喻父設客,不共家内平章,直唤客來。大兒少多解,以下小者總不解父意。亦如須菩提,

---

① 析,録本訛作"拆",今據底本改。

② 己,録本訛作"已",今據底本改。

③ "無不是"之"無"字底本、録本誤置於"不是"後,今據文意乙。

④ 不,底本、録本無,今據《金剛般若波羅蜜經》[T8n235p752b17]補。

須菩提喻大兒，小者喻末代凡品。問敬也。

須菩提答。舉“世尊！是人不解如來所説義”者，正答也，爲成如來智深妙故。[①] “何以故”，釋。

從此以下，須菩提分疏。舉“世尊説我見、人見、衆生見、受(壽)者見，即非我見、人見、衆生見、受(壽)者見，是名‘我見、人見、衆生見、受(壽)者見’”者，彼但有見，無我等故；所見既無，能非見故；意不生法相，生法相不可成佛。

從此以下，第三如來仰勸。舉“須菩提！發阿耨多羅三藐三菩提心者，於一切法，應如是知，如是見，如是信解，不生法相”者，□(仰)[②]勸也。知從無始，法相如是。見遣未來，法亦如是。信解現在，法皆如是。立少法相得無？

舉“須菩提！所言‘法相’”者，凡所有相也；“如來説即非法相”者，知彼諸相皆虚妄也；“是名‘法相’”者，若見諸相非相，即見如來無相之相，是實也。此一段便消文卻，請勿怪之。

從此以下，釋第六識然精進。舉“須菩提！若有人以滿無量阿僧祇世界七寶持用布施”者，第六熾然精進也。財法二種，攝養衆生，勸一不可。此則財攝也。

從此法攝看(者?)。舉“若有善男子、善女人，發菩提心者，持於此經，乃[③]至四句偈等，受持讀誦，爲人演説，其福勝彼”者，此則法攝也。法攝勝財攝，財攝生[福][④]勝法攝生智，生智即解脱，生福有染故。

釋迦牟尼佛若爲爲人演説？舉“云何爲人演説”者，請説法儀。

從此以下，釋迦示傳法軌則。舉“不取於相[⑤]，如如不動”者，亦傳法無説，説無聽，無聽同説同能善分諸[⑥]法，於相第一義而不動故。放捨身命，任

---

① 底本此處尚有“爲成如來智深妙故”八字，與前句重復，今據文意删。

② 仰，録本作缺文，底本僅存一“亻”旁，據文意可斷此字當爲“仰”字。上文“第三如來仰勸”，可助比勘。

③ 乃，底本、録本訛作“及”，今據《金剛般若波羅蜜經》[T8n235p752b24]改。

④ 福，録本脱，今據底本補。

⑤ “於相”二字底本、録本訛作“相於”，今據《金剛般若波羅蜜經》[T8n235p752b26]改。

⑥ “諸”字前録本有一“數”字。按：底本“數”字旁實有一廢棄號，今據删。

衆生用，即是如如不動、不取於相。如如不動，何以故者？乘前問起。此經六義，以如前釋。後有一訟，此即當宗。舉若爲："一切有爲法，如夢幻泡影，如露亦如電，應作如是觀。""一切有爲法"，是所觀境；"如夢亦如電"，喻示境相；"應作如是觀"，結勸修學。然依《論釋》，訟有九喻，如星、翳、燈、幻、露、泡、夢、電、雲。誦曰：

"親同宿林鳥，曉即隨緣去。恩愛當頭栖，相看如陌路。合殺父將知，妻奴子非君。"

己[①]有萬貨，豈我常珍？自非十善菩提，自外蓋非身寶。所恨生生貪悋，不以善善爲懷，一旦墮落三塗，臨急將何憑託？後悔悔之不及，更求求亦無由。自然甘羅，其中進退，欲何遊越？此經一部，約有三文：一、經前由叙分；二、當根正説分；三、受流行分。此文當宗，即其是也。舉若爲："佛説是經已，長老須菩提及諸比丘、比丘尼、優婆塞、優婆夷，一切世間天、人、阿修羅，聞佛所説，皆大歡喜，信受奉行。"文相皎然，無勞廣説。

① 己，録本訛作"已"，據底本改。

No. 2738《金剛經》疏

［題解］

佛典《金剛經》注疏，作者不詳，原著卷數不詳。敦煌卷子中存有斯 2050A 一號，首尾皆殘，據内容擬題。所疏乃後秦鳩摩羅什譯《金剛經》，現存殘卷所疏經文自"何以故，此人無我相、人相、衆生相、壽者相"至"當來之世……受持讀誦"。其形式一般是先引經文，然後以"無著云"，引用無著的《金剛般若論》；或以"《論》曰"，引用世親的《金剛般若波羅蜜經論》。疏内並引用世親《經論》中的無著頌而説明之。疏文中還引用了《遺教經》、《攝大乘論》、《往生論》等多種經典，其中以真諦言論爲最多。清代以前歷代大藏經未收，後被日本《大正藏》據斯 2050A 號收入其第八十五册。今校注仍以《大正藏》所據原卷斯 2050A 號爲底本。

□[1]故女人以嗔爲力，欲有所索，必先嗔故。國王以嬌豪爲力，羅漢以精進爲力，諸佛以大悲爲力，比丘以忍爲力。故《遺教經》云："能行忍者，乃可名爲'有力大人'。"七佛偈云：

"忍辱第一道，佛説無爲最。出家惱他人，不名爲'沙門'。"

忍雖有三，今此中取無生法忍。何以故？依經起行，無人、法二執故。文中有三：一、能忍；二、無苦；三、有樂。此明能忍也。無生法忍，唯諸佛之所窮故，名"如來忍辱波羅蜜"；非餘人之能究故，説"非波羅蜜"。今言"忍辱波羅蜜"者，是如來清净善根；"非波羅蜜"者，非二乘人善根。若然者，依經

① 首缺。

起行,既生無生之勝忍,豈見苦受之所倦哉? 故偈曰:“能忍於苦行,以苦行有善。彼福不可量,如是最勝義。”“能忍於苦行”者,依經起苦行能忍也;“以苦行有善”者,由此苦行以清净忍善根爲體,故言“有善”也;“彼福不可量”者,彼忍善根非餘人所惻(測)量也;“如是最勝義”者,唯如來之所量也。故曰忍辱波羅蜜“説非忍辱波羅蜜”。

《經》曰“何以故”至“無壽者相”者,自下明無苦:一、立無苦;二、證無苦。此立也。前明有苦[①]而能忍,此明有忍故無苦。何者? 若見自我、他我之異,便見能害、所害之殊。我於爾時依經修行,既無兩我之執,則不見歌利爲能害、我身爲所害。既無兩害之體,苦受從誰而[②]生?《論》、《經》云:“無我相、人相、衆生相、壽者相。”“無相亦非無相。”真諦云“無我等相”者,無自相也;“無相”者,無他也;“亦非無相”者,非不有悲智相也。無著云“能忍”者,謂達法無我故,如經“如來説羼提波羅蜜”。案:此謂無生法忍也。又云:云何知忍相? 若他於己[③]起惡等時無有“我”等相,不生嗔想,亦不於羼提波羅蜜中生有想、於非波羅蜜中生無想。案:此解稍異。今明於忍度上不作法想,於非忍上不作非法想,故曰“無相亦非無相”也。此等雖有不饒益事,而是法思惟忍攝也。歌利王事,此中應廣説。

《經》曰“何以故? 我於往昔”至“應生嗔恨”者,證也,更曉“無苦”義。“節節支解”,害事極也;“不生嗔恨”,忍力猛也。嗔恨因我執而生。我執既無,嗔恨從誰而作? 然嗔是大惑,恨是小纏。大惑即可報之以殺心,小纏但可加之以楚毒。由嗔具五義故名“大”,恨不具故名“小”。如心説。[④]

《經》曰“須菩提! 又念過去”至“無壽者相”者,明有樂也。前明有忍故無苦,此明無苦故有樂。何者? 作忍仙人顯有慈悲,無我等相明無嗔恨。無嗔恨故無苦,有慈悲故有樂。偈曰:

“離我及恚相,實無於苦惱。苦樂有慈悲,如是苦行果。”

① 苦,録本訛作“若”,今據底本改。
② 而,録本作“兩”,並於“兩”字下出校:“兩=而?”按:此字底本本作“而”,兹據正。
③ 己,録本訛作“已”,今據底本改。
④ “如心説”三字費解,疑有誤,待考。

案:上半明無苦,無自他相故;下半明有樂,有悲智相故。由悲有樂,由智無苦,悲智和合,故名“共”也。

《經》曰“是故須菩提”至“三菩提心”者,自下第二更防其過也。夫見苦而行苦者,則心疲而退没;忘苦而行苦者,則心輕而進昇。爲防退没之行,所以教發無住之心也。文中有四:一、示無住心;二、示無住境;三、示無住障;四、示無住行。此明無住心也。夫菩提以無住爲體,若能忘相發心,心即泯同無住,所以離相發心,即無住之體也。無著云:爲顯示流轉苦對治,故説應離一切想等。案:流轉者,謂生死流轉。若著相行施,則於流轉中有疲乏之苦。今爲對治,言離一切相也。偈曰:

“爲不捨心起,修行及堅固。爲忍波羅蜜,習彼能學心。”

“爲不捨心起”者有二:一、不捨菩提心;二、不捨無相心也。故言“應離一切相,發阿耨菩提心。”此則不捨心也。“修行”者,謂不住色、聲、香、味、觸而修行也。“堅固”者,若離於相,修行堅固也。論釋發心修行何所爲,爲忍波羅蜜,習彼能學心。案:“忍波羅蜜”者,如來忍度也。“能學心”者,初地心也。今爲求如來忍度,發心修行,求初地能學之心也。又“忍波羅蜜”者,初地心也。“能學心”者,地前心也。故習地前無住心也,故曰“習彼能學心”。故《論》曰:入初地羼提波羅蜜,此名“不住心”。案:“不住”者,不住法非法也。故無著云:“於非法及法無我中皆不住故。”

《經》曰“不應住色生心”至“應生無所住心”者,此示無住境也。不住色生心,令離報恩障;不住聲香味觸法生心,令離果報障;應生無所住也,令離相疑障也。真諦云此中應具離三障:一、己身;二、報恩;三、果報。“己身”者,若著己身,即起二見——謂常見、斷見。由“常”,故不求未來;由“斷”,故不見未來。故障修行也。餘二可見。

《經》曰“若心有住,則爲非住”者,此示無住障也。若心有住,住前二境,則爲非住,不住菩提。若有此心,便成障也。真諦云:“若心有住”者,住三執也。“三執”者:一、常見;二、斷見;三、有無見。爲離常見,故不令住法;爲離斷見,故不令住非法;爲離有無見,故即令住中道。前一破凡夫執分别性爲有,次一破凡夫執依他性爲無,後一破二乘執真實性亦有亦無。若不離此三執,即不與菩提相應,故言“非住”也。

《經》曰“是故佛説”至“布施”者，此示無住行。夫昇高者必自迩[①]，涉深者必自淺，是故欲入無住之心位者，應修無住之行也。無住心位，初地已上。無住行位，道種已還。故《攝論》云：願樂位六波羅蜜，雖是世間法，能引出世心。真諦云：“無住心”者，即真心。若與忍辱相應，位在三地；若與施相應，位在初地；若與戒相應，位在二地。四地已上，精進、禪定、智慧、方便、願、力、智隨義應知，爲不捨此真心，故離一切相，發心修行也。通論地上，束爲四僧，俱修六度：一、無羞僧，謂破戒人；二、啞羊僧，謂凡夫持戒；三、有羞僧，謂二乘人；四、第一義僧，謂真菩薩。初三地修世間行，相同凡夫，不堪斷決，譬之啞羊；次四地修出世行，相同二乘，不復作惡，譬之有羞；後三地修出出世行，是菩薩自位，不離雜道，故稱第一義。一切凈土中有凡夫二乘者，悉須作此判之。若就實爲論，則凈土中無復凡夫二乘，故《往生論》曰“女人及根缺，二乘種不生”也，寄相則有故。觀經明三輩九品，則凡夫二乘亦往生也。波頗云：應佛凈土有凡夫二乘，報佛凈土則無。真諦云：凡夫二乘於穢土中見阿彌陀佛，諸菩薩於凈土中見阿彌陀佛。案此二説，報土則一向純凈，應土則有染有凈。

《經》曰“須菩提菩薩”至“應如是布施”者，自下約無住，斷疑兩重：一、約斷疑；二、約自行斷。外化者疑曰：若其無住，爲誰修行？若見衆生可爲，應名“住著衆生”。今明約俗可言“有爲”，約真即“無所爲”故。偈曰：

“修行爲衆生，如是因當識。衆生及彼事，遠離亦應知。”

上半明俗，下半明真。文有兩重：一、約俗；二、約真。此約俗也。“爲利益一切衆生應如是布施”者，明約俗有衆生可言“有爲”，故言“爲利益一切衆生應如是布施”。何以故？由約俗諦陰界入等有故。言“利益”者，三檀分别，即登衆生，捨三種苦，得三種樂。由資生檀故，令捨貧窮苦，得巨富樂；由無畏檀故，令捨怖畏苦，得安穩樂；由法檀故，令捨生死苦，得涅槃樂。菩薩所以能三檀利益衆生者，六真七似，故能利益衆生。“六真”者，謂以六度利益衆生也，以施令成善器，以戒令其禁守，以忍耐與違惡，以進助其順善，以

---

① 迩，録本誤作“述”，據底本改。

定化令人法，以智斷其疑網。如偈説："令器及[□][令][1]禁，耐惡與助善，人法亦斷疑，六行饒益事。""七似"者：一、似母；二、似父；三、似善友；四、似同侶；五、似健奴；六[2]、似闍梨；七、似和上。此七各有五業，合三十五種饒益。如《法華》讚述中説，由菩薩能具六真七似，能利益衆生，故言"爲利益一切衆生應如是布施"也。

《經》曰："如來説一切諸相"至"則非衆生"。此約真也，意明約真，得言"無住"。何者？"諸相"是衆生之體，"衆生"即衆生之名。諸相非相，體空而非實。衆生非生名"空"，而是假名"體空"矣。何所住哉？故偈曰："假名及陰事，如來離彼相。諸佛無彼二，以見實法故。"案：初二句約真無住，後兩句證無住意。"無彼二"者，無名及體也。餘可見。無著云：由不無衆生故，衆生相違時生疲乏故，顯示人無我、法無我等。案此即約真無住也。真諦云：假名者有二：一、通名，謂六道名；二、别名，謂父母所立名。此二名若離六根，六識名則不可得，故名是"假"；若離名色，根識亦不可得；若離四大，色亦不可得。不可即得是境無，境無故識無，識無故衆生名、體並皆無也。名色無者，分别無也。識無者，依他無也。二既空矣，何所度哉？故言約真即無所爲也。

《經》曰"須菩提！如來是真語者"至"不異語者"者，前約外化明無住，此約自所明無住。疑曰：道若無住，不應與果爲因。若住果者，何得復名"無住"？今明道雖不住，而能爲因。此乃證真者云所通非理，外者云能達，但可依我語以取信，憑聖教修行耳。文有二重：一、勸信；二、防過。此勸信也。五語爲顯四意：真語説真智，如語説真如，實語説四諦之理，不誑語記三世之事，不異一語總定前四回不可迴也。故偈曰：

"果雖不住道，而道能爲因。以諸佛實語，彼智有四種。"

然初兩句明因果俱無住，果由離相故不住因中，因由離相故不住於果，雖各不住，而因果相承。此則無住之中住也。

問："無住之住豈非住耶？"

---

① 令，底本、録本無，據無著菩薩《大乘莊嚴經論》卷第十二[T31n1604p650c8]補。

② 底本"六"字前誤增一"五"字，今據文意删。

答:“約俗則有因果,得論有住非住;約真明無因果,不得論有住不住也。故無著云:俗諦故有因果及菩提。”

次兩句總標五語。偈曰:

“實智及小乘,説摩訶衍法,及一切受記,以不虚説故。”

“實智”者,謂真語也;“小乘”者,實語也;“摩訶衍”者,如語也;“一切受記”者,不誑語也;“以不虚説”者,不異語也。無著云:“‘真語’者爲顯世諦相故,‘實語’者爲顯世諦修行有煩惱及清净故……‘如語’者爲第一義諦相故,‘不異語’者爲第一義修行有煩惱及清净故。”案:前二語明説俗爲實,後二語明説真不虚。真諦云真語謂如來自誓。自誓有二:一、明如來所轉法輪,一切世間波羅門天魔等,無能翻我所説。二、明如來立十號名,一切世間波羅門天魔等,無能破壞此名。由説真故,名“真語”也。“實語”者,約小乘説四諦三解脱門,一切諸法無自性空,空故無相,無相故無願。此但約人空説也,雖有三名,總同一體。此説實故,名“實語”也。“如語”者,約大乘説三性三無性,即法空真如,謂三解脱門。此等三門,能離三障,故《佛性論》云:“知分别性,[□][能][1]通達空解脱門,能除肉煩惱;知依他性,通達無願解脱門,能除皮煩惱;知真實性,[□][能][2]通達無相解脱門,能除心煩惱。[□][又][3]初解脱障,次禪定障,後一切智障。”離此三障,悟於如如,説如如故,名“如語”也。“不誑語”者,記三世事必無錯謬,不同餘人有著不著。此四語皆從境得名也。

《經》曰“須菩提!如來所得法,此法無實無虚”者,防過也。前既舉言以勸信,或畏守言而失道,爲防彼故,今對治之。“此法”者即目如來言教之法,此法是佛法辨之所通,是佛辭辨之所説,與佛相應故,是如來所得法。夫道處無言,守言則失道,所以“此法無實”;然言能示道,離言不見道,所以“此法無虚”。言能示道,故指月之譬與;道處無言,故捨船之喻作也。偈曰:

---

① 能,底本、録本無,據天親菩薩《佛性論》卷第二[T31n1610p795a6]補。

② 能,底本、録本無,據天親菩薩《佛性論》卷第二[T31n1610p795a8]補。

③ 又,底本、録本無,據天親菩薩《佛性論》卷第二[T31n1610p795a9]補。

“隨順彼實智，説不實不虚。如聞聲取證，對治如是説。”

上半立義，下半釋義。由如來言説，隨順實智故“不虚”，證理無言故“不實”。“如聞聲取證，對治如是説”者，謂聽法之時，離於二取，爲破執言是道非道，故言“對治如是説”也。故無著云：“如來正覺法及説於中無實無妄。‘無實’者如言説性非有故。”案：言説體虚，自性空也。“無妄者不如言説，自性有故。”案：言説雖空，所顯之理自性有也。真諦云：非實非虚者凡有三意：一、了，不了；二、至，不至；三、顯實事。初意者，依了文，取理即非虚；依不了文，取理則非實。次意者，尋言能至，道則非虚；道處離言，故則非實。後意者，言非實者，實是非實；言非虚者，實是非虚。虚實既實，即顯□□（如來？）[①]實語也。然如來説法有實有虚，由四意、四依。《□□□（大乘莊？）[②]嚴論》説：一、平等意。如説昔毘婆尸佛□□□如是等。案：約法身因果平等，作如是説。二、别義意。如説一切諸法無自性無生等。案：前爲二乘説“人無我”，今爲菩薩説“法無我”。然前説“人無我”者，意在别義“法無我”也。三、别時意。如説若人願見阿彌陀佛皆得往生、此由别時得生故如是等。四、别欲意。彼人有如是善根，如來或讚或□□彼少□□是故如是等。然此四□意者，事或實虚，同以□□□意，故名“意”也。立□□者，爲破八障。平等意者，破輕佛障。有人云：“爲之□□爾生滅，生即有滅，佛與我同。”遂生輕慢。爲破此□（障）[③]，□平等意。過去毘婆尸佛即是我身，豈同汝生滅也？立别義意者，破輕法障。有人云：“乃至嬰兒亦能見色聞聲、解人意義，法有何難？”破此障故，説三無性法入地方悟也。立别時意，破懈怠障。有人聞長時起行，方生净土，聞此即生懈怠。爲破此障，故言□□□生不退也。立别欲意，破後五障：一、破少欲障，□（謂）[④]□已不持戒，故須毁施讚戒也。二、破貪行障，謂貪□□境讚净土也。三、破慢行障，謂執自土爲勝，故須□□妙净土也。四、破悔行障，謂推山壓佛，不見臭□□生惱，故須説於佛

① 此二缺文從底本所存偏旁來看，似爲“如來”二字。待考。

② 此處缺文似爲“大乘莊”三字。待考。

③ 聯繫上下文，此缺文當爲“障”字。

④ 聯繫上下文，此缺文當爲“謂”字。

起不饒益事，得生善道。文□□佛事，此中應廣説。五、爲破不定障，有執二乘不定作佛。爲破此障，須説受記及一乘也。於此五中，皆先□讚後毁，故言“樂欲意”也。

“四依”者，《莊嚴論》名“四節”：一、令□節。教諸聲聞入於法義，令不怖色等有故。案：令悟人無我也。二、相節。於分别等三性無體無起，自性清凈，説一切法故。案：令菩薩悟法無我也。三、對治節。依斷諸過，對治障故。案：通爲前二人也。爲小乘説□門，令離四例；爲大乘説如如，令離八例。四、祕密節。依□深語迴語，方得義故。案：爲破外道▭不堅堅固，解善住於顛倒，①爲▭。不堅者，本主煩惱，今乃目▭能於不堅中堅固，即不出▭謂解也。顛倒者，謂常樂▭即成聖者，良以“善住”之名，通▭，若執例則名“凡”，解例則成“聖”▭煩惱所惱者，煩惱之名，目人法▭惱所惱故，不出生死。菩薩爲▭相，名爲“受用”，受用法樂故。故真諦云：▭實有，不達是真無，由執著虚妄▭見故，心有住著，以住著故，不能得無▭遍不遍也。而言“闇”者有三：一、闇；二、▭闇，日光能破大闇者，二世▭謂生盲人曾有目者屬大▭皮肉心，皮惑世間道，能暫□故。但如闇▭滅故，如大闇心惑。准菩薩登地，方能除▭闇也。若菩薩心有住時，則墮十想，不能證十七空□盲闇也。十想十七空，如《中邊論》説。

《經》曰“須菩提！當來之世”至“受持讀誦”者，從上初恒已來大意，主明經□。自此訖於後問義，旨爲顯修行。修行兩重：一、□修；二、美業勸修。四重：一、教因；二、示果；三、舉劣；四、顯勝。此教因也，能於此經修行處也，受持讀誦修行事也。修行有二種：一、文；二、義。文有三種：一、受；二、持；三、讀誦。義亦有三：一、從他聽聞；二、内自思惟；三、如説修行。由此義故，復成二德：一、爲説者能利他故；二、爲行者能自利故。由自利、利他，能顯法有二種、人有三種。法二者：一顯能詮，謂十二部經，即是文字；二顯所詮，謂道及果，即修行義。人三者：一、能持；二、能説；三、能行。能行者自利，成熟一自善根故；能説者利他，成熟他善根故；能持者利自他，由自憶持，爲他説

① “倒”後録本有一缺文，底本實無字。兹據删。

故。然約文及義，合有十種正行：一、書寫；二、供養；三、傳流；四、諦[□][聽?][①]；五、自讀；六、憶持；七、自誦；八、廣説；九、思惟；十、□□(修習)[②]。

① 結合文意，此處似脱一"聽"字。此二字《大乘莊嚴經論》卷第十三作"聽受"[T31n1604p659c14]。

② "修習"二字底本殘，録本作缺文，據《大乘莊嚴經論》卷第十三[T31n1604p659c15]補。

No. 2739《金剛般若經》挾註

［題解］

佛典注疏，又名《挾註〈金剛經〉》，作者不詳，原著卷數不詳。敦煌卷子中存有斯 2068 一號，首尾皆殘，存 304 行，前 28 行下半残缺，其书写年代约爲盛唐时期。底本失題，據内容擬題。所疏乃後秦鳩摩羅什譯《金剛經》，自“見諸相非相，即見如來”，至“須菩提，若菩薩以滿恒河沙等世界七寶布施……勝前菩薩所得功德。須菩提，以諸菩……”經文以大字抄寫，注釋附於經文下，作雙行小字。文字簡練，釋義甚精。清代以前歷代大藏經未收，後被日本《大正藏》據斯 2068 號收入其第八十五册。日本學者衣川賢次考訂後發現，該注疏實爲唐玄宗《御注〈金剛經〉》之一部分（見方廣錩主編《藏外佛教文獻》第十輯，第 41—42 頁，中國人民大學出版社 2008 年 7 月版）。今校注仍以《大正藏》所據原卷斯 2068 號爲底本。

▭[1]□□□□□□□□□□□□□□（佛告須菩提：“凡所有相，皆是虛妄。若）[2]見諸相非相，即見如來。”（如來□□□□□□法空□□□□□□，離相而見矣也。）

須菩提白佛言：“世尊！□□□□□□□□□□□（頗有衆生，得聞如是

① 首缺。

② “佛告須菩提凡所有相皆是虛妄若”十四字底本残，録本作缺文，今據《金剛般若波羅蜜經》[T8n235p749a23—25]補。

言説章)[①]句，生實信不?”(凡夫心信，因取相生，恐聞是理，無處寄心。)

□□□□□□(佛告須菩提:“莫)[②]作是説。(般若深宗，爲最上乘者説，聞□即悟，不應不信，故莫作此問也。)□□□□□□□□□□(如來滅後，後五百歲，有持)[③]戒修福者，於此章句能生信□□□□□(心，以此爲實)[④]，(况今正法流通，而無信耶?)當知是人不於一佛、二佛、□□□□□□□□□□□(三四五佛而種善根，已於)[⑤]無量千萬佛所，種諸善根(能▭之▭)，□□(聞是)[⑥]章句乃至一念生净信者(不見▭能生▭)，□□□□(須菩提！如)[⑦]來悉知悉見，是諸衆生得□□□□□□(如是無量福德)[⑧]。(具佛法眼，故能悉見，知見是净信衆生得如是無量福德。)何以故?是諸□□□□□□□□□(衆生無復我相、人相、衆)[⑨]生相、壽者相，無法相，亦無非□□(法相)[⑩]。(一念净，三空頓解。若計諸相，則不名“净信”。能信般若，知達法空，故知是衆生無復諸相。)□□□□□□□□□□□□(何以故?

① “頗有衆生得聞如是言説章”十一字底本殘，録本作缺文，今據《金剛般若波羅蜜經》[T8n235p749a26]補。

② “佛告須菩提莫”六字底本殘，録本作缺文，今據《金剛般若波羅蜜經》[T8n235p749a27]補。

③ “如來滅後後五百歲有持”十字底本殘，録本作缺文，今據《金剛般若波羅蜜經》[T8n235p749a28]補。

④ “心以此爲實”五字底本殘，録本作缺文，今據《金剛般若波羅蜜經》[T8n235p749a29]補。

⑤ “三四五佛而種善根已於”十字底本殘，録本作缺文，今據《金剛般若波羅蜜經》[T8n235p749b1]補。

⑥ “聞是”二字底本殘，録本作缺文，今據《金剛般若波羅蜜經》[T8n235p749b2]補。

⑦ “須菩提如”四字底本殘，録本作缺文，今據《金剛般若波羅蜜經》[T8n235p749b3]補。

⑧ “如是無量福德”六字底本殘，録本作缺文，今據《金剛般若波羅蜜經》[T8n235p749b4]補。

⑨ “衆生無復我相人相衆”九字底本殘，録本作缺文，今據《金剛般若波羅蜜經》[T8n235p749b5]補。

⑩ “法相”二字底本殘，録本作缺文，今據《金剛般若波羅蜜經》[T8n235p749b6]補。

是諸衆生若心取相)①,則爲著我、人、衆生、壽者。(何以▭相,即▭,生净信也。)若取法相,即著我、人、衆生、□□□(壽者。何)②以故?若取非法相,即著我、人、衆□□□□□□□□(生、壽者,是故不應取)③法,不應取非法。(不取法相,以空破有。若滯空不空,還著有相。)□□□□(以是義故)④,如來常説:‘汝等比丘,知我説□□□□□□□□□□(法,如筏喻者,法尚應捨,何)⑤况非法?’(以是不取於相,故如來常説,説無▭法,本破於有。若知有不有,遂悟▭岸,筌以取魚。得魚忘筌,到岸捨筏。故大聖▭諸見。諸見既除,空法亦盡,况非空法?其可▭。)□□□□□□(須菩提!於意云)⑥何?如來得阿耨多羅三藐三□□□□□□□□□(菩提耶?如來有所説法)⑦耶?”(前令捨法,遣彼兩偏,則佛於菩提如何獨得而爲人説法耶?)

須菩□□□□□□□□□(提言:“如我解佛所説義)⑧,無有定法名‘阿耨多羅三□□□□□□□□□(藐三菩提’,亦無有定法)⑨如來可説。(無上正道,寂然無體。無相▭悟佛得菩提已,悟則無佛▭。)□(何)⑩以

---

① “何以故是諸衆生若心取相”十一字底本殘,録本作缺文,今據《金剛般若波羅蜜經》[T8n235p749b6—7]補。

② “壽者何”三字底本殘,録本作缺文,今據《金剛般若波羅蜜經》[T8n235p749b8]補。

③ “生壽者是故不應取”八字底本殘,録本作缺文,今據《金剛般若波羅蜜經》[T8n235p749b9]補。

④ “以是義故”四字底本殘,録本作缺文,今據《金剛般若波羅蜜經》[T8n235p749b10]補。

⑤ “法如筏喻者法尚應捨何”十字底本殘,録本作缺文,今據《金剛般若波羅蜜經》[T8n235p749b11]補。

⑥ “須菩提於意云”六字底本殘,録本作缺文,今據《金剛般若波羅蜜經》[T8n235p749b12]補。

⑦ “菩提耶如來有所説法”九字底本殘,録本作缺文,今據《金剛般若波羅蜜經》[T8n235p749b12—13]補。

⑧ “提言如我解佛所説義”九字底本殘,録本作缺文,今據《金剛般若波羅蜜經》[T8n235p749b13—14]補。

⑨ “藐三菩提亦無有定法”九字底本殘,録本作缺文,今據《金剛般若波羅蜜經》[T8n235p749b14—15]補。

⑩ 何,底本殘,録本作缺文,今據《金剛般若波羅蜜經》[T8n235p749b15]補。

故？如來所說法，皆不可取，不□□□□□□□（可說，非法、非非法）[1]。（衆生離相故不可取，離言故"不可說"。而妙□□不有，非非則不無。不有不無，離諸言相，故□□。）所以者何？（所以佛當說法而無定法可說者何？）一切賢聖，皆以無爲法而有差别。"（無爲法中，本無差别。三乘賢聖，根識不同。一音演說，淺深隨□。未悟則量病授藥，故常說法；已悟則藥病皆除，無法可說。）

"須菩提！於意云何？若人滿三千大千世界七寶以用布施，（□□若人財寶之施，以明章句理實非虚。）是人所得福德，寧爲多不？"

須菩提言："甚多，世尊！（七寶珍異。三千皆滿。無性之福施廣增多。）何以故？是福德即非福德性，是故如來說福德多。"（所以施廣而福多，由非福德性故。若是福德性，則不應寶□而福多。只由無性之福假外緣，是故如來說福德也。）

"若復有人於此經中受持，乃至四句偈等，爲他人說，其福勝彼。（財施之福，非福德性，福雖因施，不趣菩提。持經之功，句偈雖少，能令衆生除煩惱障，是真福德，故勝於彼。）何以故？須菩提！一切諸佛及諸佛阿耨多羅三藐三菩提法，皆從此經出。（般若正智，圓照無礙。無上正道，因是發明。諸佛始則自修，終以化物。利濟弘遠，何莫由斯！）須菩提！所謂佛法，即非佛法。（法無自性，證則彌同。因教悟空故稱"佛"。法由教立，悟不滯空。直論無法可非，豈但即非佛法？）須菩提！於意云何？須陀洹能作是念：'我得須陀洹果'不？"（修習無漏，證無漏果。悟無所得，名"須陀洹"。借小乘之"無我"，明般若之"忘相"。）

須菩提言："不也，世尊！（是人不起得果之念。）何以故？須陀洹名爲'入流'，而無所入。不入色、聲、香、味、觸、法，是名'須陀洹'。"（習無漏果，則名"入道流"。不取果相，故無流可入。豈以忘相而無道流可入、復於有我而入聲色六塵耶？）

"須菩提！於意云何？斯陀含能作是念：'我得斯陀含果'不？"（斷欲界

---

[1] "可說非法非非法"七字底本残，録本作缺文，今據《金剛般若波羅蜜經》[T8n235p749b16]補。

思惟,得人我空相。證果之時,有斯念不?)

須菩提言:"不也,世尊!(是人不起得果之念。)何以故?斯陀含名'一往來',而實無往來,是名'斯陀含'。"(盡天人趣,獲往來生。一斯往來,則明所得果。不取果相,故實無往來。若見一往來果,是生我慢,則非斯陀含。)

"須菩提!於意云何?阿那含能作是念:'我得阿那含果'不?"(斷欲界思盡,更不復來。證果之時,有斯念不?)

須菩提言:"不也,世尊!(是人不起得果之念。)何以故?阿那含名爲'不來',而實無來,是故名'阿那含'。"(達無人我,不復還來,故名"不來"。人、法二空,無取住相,故實無來,即"阿那含"而具斯義。)

"須菩提!於意云何?阿羅漢能作是念:'我得阿羅漢道'不?"(修習智慧,斷除煩惱。證果之時,有是念不也?)

須菩提言:"不也,世尊!(是人不起得果之念。)何以故?實無有法名'阿羅漢'。(以斷煩惱,名"阿羅漢"。煩惱性空,斷無所斷。悟無所斷,豈復別有阿羅漢耶?)世尊!若阿羅漢作是念:'我得阿羅漢道。'即爲著我、人、衆生、壽者。(若取果相,即計有我。於我不忘諸相,咸著相受報,衆惱皆生。取相受生,豈名"羅漢"?)世尊!佛説我得無諍三昧,人中最爲第一,是第一離欲阿羅漢。(善吉樂阿蘭行,得三昧定,深入觀不相違諍,凡諸人中,最爲超勝,故云"第一"。三界煩惱,逐境愛累,是名爲"欲"。如是悉離,故亦云"第一"。)我不作是念:'我是離欲阿羅漢。'(我於爾時,曾不起念云"有欲可離,有果可得"。)世尊!我若作是念:'我得阿羅漢道',世尊則不説'須菩提是樂阿蘭那行'者!(我若起念,計有得果,獲離欲道,即成著我,違無諍行,則世尊不應説我是樂阿蘭那也。)以須菩提實無所行,而名'須菩提是樂阿蘭那行'。"(於行無行,是了空相。)

佛告須菩提:"於意云何?如來昔在然(燃)燈佛所,於法有所得不?"(將明菩薩亦悟於空,故卻問我昔爲菩薩,於然(燃)燈佛所受記菩提,當爾之時,見有菩提法可得不?)

"世尊!如來昔在然(燃)燈佛所,於法實無所得。"(悟法性空,得無生忍。勤行般若,勝果則曰"菩提"。深入正觀,諸佛由之授記。)

"須菩提!於意云何?菩薩莊嚴佛土不?"(菩薩修持净土行業,見有净土可莊嚴不?)

“不也,世尊!何以故?莊嚴佛土者,即非莊嚴,是名‘莊嚴’。”(萬行不常,畢竟空寂。亦有修習,假名“莊嚴”。國土本空,無莊嚴相。能了無相,即以是莊嚴故,是名“莊嚴”也。)

“是故,須菩提!菩薩摩訶薩應如是生清净心,不應住色生心,不應住聲、香、味、觸、法生心,(是以修習者故,不取莊嚴之相,應如是生畢境空寂心。是心清净故,不住於色及聲香等。若於是法而生心者,即非清净心所證之果。非畢境果故,不應如是也。)應無所住而生其心。(知色相空,心無所住故。於無所住,生清净心。雖假“生心”之名,而無住心之相。無住正觀,慧照湛然。是則以不住法,住般若中也。)須菩提!譬如有人,身如須彌山王,於意云何?是身爲大不?”(身相空假,如須彌山,雖有“大”名,皆非實體,不應起心取相,以爲大身。破前取色之心,故起大身之問。)

須菩提言:“甚大,世尊!何以故?佛説非身,是名‘大身’。”(觀乎泰山,木石同壇。和合衆材,假名爲“大”。本無自性,何定“大”耶?所以佛説非身,是名“大身”。不應生心,以取身相。如色聲等不可取。)

“須菩提!如恒河中所有沙數,如是沙等恒河,於意云何?是諸恒河沙,寧爲多不?”(以一恒河沙而數,於河河中之沙亦復如彼。如此之數,爲多不耶?)

須菩提言:“甚多,世尊!但諸恒河尚多無數,何况其沙?”(以沙數河,河尚無數,况復於沙?實爲甚多。)

“須菩提!我今實言告汝:‘若善男子、善女人,以七寶滿爾所恒河沙數三千大千世界以用布施,得福多不?”

須菩提言:“甚多,世尊!”(無性之福,施廣福多。沙河大千,其數無量。故知所得福至於甚多。)

佛告須菩提:“若善男子、善女人,於此經中,乃至受持四句偈等,爲他人説,而此福德勝前福德。(財施雖多,無益慧解。章句雖少,必趣菩提。以此校量,故無等級。)復次,須菩提!隨説是經,乃至四句偈等,當知此處一切世間天、人、阿修羅,皆應供養,如佛塔廟(更標勝義,以勸修行。佛滅度後,有塔廟遺像。若復有人,隨説是經兼持句偈,則天人等輩,皆當供養,如彼塔廟),何況有人盡能受持讀誦? 須菩提! 當知是人成就最上第一希有之法(般若正智,能趣菩提。若人受持,必生信解,即知是人能成就無上菩提,故云"最上第一希有之法"也)。若是經典所在之處,則爲有佛,若尊重弟子。"(此云"經典所在之處",則上成就希有之人。勝法在人,則爲有佛。少有差降,猶如尊重弟子。)

爾時須菩提白佛言:"世尊! 當何名此經? 我等云何奉持?"(前來所明,皆無定法。法雖無定,教必有宗。欲宣是義,故起斯問。)

佛告須菩提:"此經名爲'金剛般若波羅蜜'。以是名字,汝當奉持。(般若正智,喻如"金剛"。破煩惱障,了出中道,渡貪愛流,超到彼岸故。以是名字,無量勝義。汝當循名責實,依是奉持。)所以者何? 須菩提! 佛説般若波羅蜜,則非般若波羅蜜。(説般若法,差煩惱病。煩惱是妄,由執見生。妄病既除,真法應捨。若執持般若,不解空義,惟此般若,亦成煩惱。故佛説般若波羅蜜則無定法名"般若"。)須菩提! 於意云何? 如來有所説法不?"(前云"則非般若",未明所以"則非"。故卻質此疑,以通前義。)

須菩提白佛言:"世尊! 如來無所説。"(於言無滯,終身言而未嘗言;於法無取,終身説而未嘗説。如我所説,則法尚應捨;昧於斯道,則言者不知。故於此二夜□,我都無所説。)

"須菩提! 於意云何? 三千大千世界所有微塵,是爲多不?"

須菩提言:"甚多,世尊!"(前明理教無取,此明境界亦空。)"須菩提! 諸微塵,如來説非微塵,是名'微塵'。如來説世界,非世界,是名'世界'。"(散彼世界,以爲微塵;於彼塵中,本無自性。積彼微塵,以成世界;於此世界,豈有性耶? 本無自性,故非微塵;爲是假緣,是名"世界"。)

"須菩提! 於意云何? 可以三十二相見如來不?"

"不也,世尊! (法本無言,因言立教。身本非相,因相見身。因言立教,既不可執言而求理;因相見身,故不可取相而見佛。)何以故? 如來説三十二相,即是非相,是名'三十二相'。"(假立身相,以表法王。諸法本空,身相非有。能知諸相非相,色相皆空,即此妙身,是名"三十二相"。)

"須菩提! 若善男子、善女人,以恒河沙等身命布施;若復有人,於此經中,乃至受持四句偈等,爲他人説,其福甚多。"(多以身命布施,勝報尚有輪回；少能受持是經，累盡自無生滅。校量其福，持經甚多。）

爾時須菩提，聞説是經，深解義趣，涕淚悲泣，而白佛言："希有，世尊！佛説如是甚深經典。我從昔來所得慧眼，未曾得聞如是之經。（昔得慧眼，於有見空；今聞是經，於空亦遣；是名"中道"，故未曾聞。善吉解空，久得深趣。將欲起教，以示未來，故涕淚悲泣，歎其希有。）世尊！若復有人得聞是經，信心清净，則生實相，當知是人，成就第一希有功德。（信不著相，是清净心。得清净心，則能照般若真實之相。得兹實相，必趣菩提。菩提果成，即名"第一希有功德"。）世尊！是實相者，則是非相，是故如來説名'實相'。（以般若智，趣真實相。夫實相者，豈有相哉？則妙色法身，真空無礙，非假有相，離空無相，即此之相，非實相耶也。）世尊！我今得聞如是經典，信解受持不足爲難。（親承受記，久誤空法。今復聞説，信解非難。）若當來世，後五百歲，其有衆生得聞是經，信解受持，是人則爲第一希有。（像法之中，去聖逾遠。但聞遺教，便解奉持。則知是人，了甚深義。無出其右，故云"第一"。）何以故？此人無我相、人相、衆生相、壽者相。（何以故此人得名"第一希有"者？爲不著如是等相故，能信解是經，得爲"第一"。）所以者何？我相即是非相，人相、衆生相、壽者相即是非相。（於我無相，妄計有我。了我、了我相非相，即不著人、衆生、壽者矣。）何以故？離一切諸相，則名'諸佛'。"（何以故？此人無我，則爲希有者；能離諸相，即是菩提；故爲"希有"。）

佛告須菩提："如是，如是！（印可其説。）若復有人，得聞是經，不驚、不怖、不畏，當知是人甚爲希有。（於無爲法，而有差別。如是賢聖，優劣不同。也〔大？〕[①]小二乘，係執因果。福德報應，聞是深義，必當驚怖。能不怖畏，已是希有；况能信解而受持耶也？）何以故？須菩提！如來説第一波羅蜜，非第一波羅蜜，是名'第一波羅蜜'。（諸法莫二，故云"第一"。"到彼岸"者，爲對此流。此流已盡，彼岸何有？是知諸法，但亦假名。累盡名去，故非"第一"。於斯了義，能入深門，故是名"第一波羅蜜"。）須菩提！忍辱波羅蜜，如來説非忍辱波羅蜜。（"忍辱"者，明無我也。人辱我忍，以爲勝行。本無人我，誰辱忍耶？）何以故？須菩提！如我昔爲歌利王割截身體，我於爾時，無我相，

① 此字底本不清晰，録本作"也"，不可解，結合文意，似爲"大"字之訛，待考。

無人相，無衆生相，無壽者相。(無我無人，誰忍誰辱?)何以故？我於往昔節節支解時，若有我相、人相、衆生相、壽者相，應生嗔恨。(前舉割截無我，以明無忍；今舉不生嗔恨，復明無我。小乘計執我相，則多起貪嗔。今臏裂支體、不生嗔恨者，則復何外相預其間乎？知無我矣。)須菩提！又念過去於五百世作忍辱仙人，於爾所世，無我相、無人相、無衆生相、無壽者相。(了無我相，非止此生。當於爾時，已達斯趣。)是故，須菩提！菩薩應離一切相，發阿耨多羅三藐三菩提心(從前已來，明"無相降住"之義。今明離相無性，乃是菩薩發心。況於菩提，且無定法，發心取相，不亦難乎)，不應住色生心，不應住聲、香、味、觸、法生心(菩提無定相可取，况六塵乎？是假合相，不應生心住於此)，應生無所住心(以有所住，即著諸相，故勸於無所住而生其心。斯對辯也。夫無所住，豈生心哉？若於無所住而生心，是未免於有所住也。但於一切法無所住，以此爲生心爾，非謂別生無所住心也。故下文云)，若心有住，則爲非住。(此又遣無所住也。言若心於無所住有住，則爲非住，無所住也。)是故佛說:'菩薩心不應住色布施。(引前佛說，以證今義。)須菩提！菩薩爲利益一切衆生，應如是布施。(菩薩住相布施，未名懸解衆生，欲求利益，不亦難乎？故菩薩用心，應如是不住相布施也。)如來說:'一切諸相，即是非相。'(如來所説福德因果報應等一切諸相，皆因衆生妄心起念爾。於法性本空，是故非相。)又說:'一切衆生，即非衆生。'(若住相布施，則見有施者、受者；今不住相，則無我相、人相。生性空故，即非衆生。)須菩提！如來是真語者、實語者、如語者、不誑語者、不異語者。(夫無我、人相及無住布施，此甚深般若中道義門，恐二乘之人不生信實，故因五語以示真如，善吉當知不誑、不異。)須菩提！如來所得法，此法無實無虛。(有虛有實，約教以示人。無實無虛，兩忘而自化。故如來說法，寄實以遣虛。虛法既忘，實法亦盡。故於是法，無實無虛。)須菩提！若菩薩心住於法而行布施，如人入闇，則無所見。(存受施法，計報應果，則不了般若無相之義，是無明慧故，如入闇無所見也。)若菩薩心不住法而行布施，如人有目，日光明照，見種種色。(太陽朝昇，有目者見諸色象。般若圓就，無住者了諸法空。爲利衆生故，行不捨之檀。不住諸相，則未嘗生心布施也。)須菩提！當來之世，若有善男子、善女人，能於此經受持讀誦，則爲如來以佛智慧，悉知是人，悉見是人，皆得成就無量無邊功德。(印可勸修如上深義。)須菩提！若有善男子、善女人,初日分以恒河沙等身布施,中日分復以恒河沙等身布施,後日分亦以恒河沙等身布施,如是無量百千萬億劫以身布施;(分日三時,以內財施。如是億劫,計福德多。)若復有人,聞此經典,信心不逆,其福勝彼。(聞前不住之施,即順無相之心。唯此信心,可名'達解'。則達解之福,勝彼施身。)何況書寫、受持、□(讀)[①]誦、爲人解説？(信心不逆,其福已多。況能書誦而爲人解説？弘益之利,其可量乎？)須菩提！以□□□(要言之)[②],是經有不可思議、不可稱量、無邊功德。(以要▭大▭與真如等故,非思議得其淺深、稱量得其輕重。如是功德,豈有邊際耶？)如來爲發大乘者□□□(説,爲發)[③]最上乘者説。(上品利根,了真實相,是名"大乘";得無生觀,深入祕藏,加"最上"之號。非如來聊簡二乘而不爲説,但二乘之人未[④]能解了爾。)若有人能受持讀誦,廣爲人説,如來悉知是人,悉見是人,皆得成就不可量、不可稱、無有邊、不可思議功德。(大乘最上之人能以般若自利利他者,佛心悉知,佛眼悉見,皆知是人成就無相勝義。是法離一切相,無斷常邊,故其功德不可稱量、思議知也。)如是人等,則爲荷擔如來阿耨多羅三藐三菩提。(是人深達般若,廣爲人説,即是荷負正法,擔運勝義,令諸衆生,成就功德。)何以故？須菩提！若樂小法者,著我見、人見、衆生見、壽者見,則於此經不能聽受讀誦、爲他人説。(小乘著相,於此深義,不能信奉也。)須菩提！在在處處,若有此經,一切世間天、人、阿修羅所應供養;當知此處,則爲是塔,皆應恭敬,作禮圍繞,以諸華香,而散其處。(此經出人諸佛無上正遍知道。塔者,諸佛遺像之所在也。了義當趣菩提,聞經即如見佛。故是經所在之處,同於塔廟遺像。故天、人、修羅所應供養。作禮圍繞,示尊敬之意;華香散灑,表清净信之心。非謂求悟於香華,解空於磬折[析][⑤]也。)復次,須菩提！若善男子、善女人,受持讀誦此經,若爲人輕賤,是人先世罪業,應墮惡道,以

① 讀,底本殘,録本作缺文,今據《金剛般若波羅蜜經》[T8n235p50c11]補。

② "要言之"三字底本殘,録本作缺文,今據《金剛般若波羅蜜經》[T8n235p50c12]補。

③ "説爲發"三字底本殘,録本作缺文,今據《金剛般若波羅蜜經》[T8n235p50c14]補。

④ 未,録本訛作"來",今據底本改。

⑤ 折,此乃"析"之换旁俗體。

今世人輕賤故,先世罪業則爲消滅,當得阿耨多羅三藐三菩提。(以此敦勸持經之人爾。夫業若先定,應墮惡道,即鈍根聞必驚怖,安能信奉而讀誦此經耶?若後五百歲聞是章句、能生信心者,此人已於千萬佛所種諸善根,復若爲人輕賤乎?况此經佛爲大乘、最上乘者説,皆真實不誑,不應苟勸愚人崇信而發菩提取相之言。將如來别有深意乎?爲譯經之人失其旨?)須菩提!我念過去無量阿僧祇劫,於然(燃)燈佛前,得值八百四千萬億那由他諸佛,悉皆供養承事,無空過者。(明我今日[①]所證菩提,亦由昔來功德所到也。)若復有人,於後末世,能受持讀誦此經,所德(得)功德,於我所供養諸佛功德,百分不及一,千萬億分、乃至算數譬喻所不能及。(末世人訛,勝心難發,故於此時能持經者,功德甚多。以我昔供養校量,百分不及其一,乃至千萬億分功歷不知。)須菩提!若善男子、善女人,於後末世,有受持讀誦此經,所得功德,我若具説者,或有人聞,心則狂亂,狐疑不信。(報施之福,人皆取相。章句功德,所趣無爲。菩提勝因是而悟,悟則獲證,卒難詳説。小乘執滯謂無,是以狂亂狐疑,不能實信。)須菩提!當知是經義不可思議,果報亦不可思議。"(深奥祕藏,歸趣菩提。以供養百千萬佛,猶不若持經功德,故無相勝義非思議,及至於果報亦復如之。)

爾時須菩提白佛言:"世尊!若善男子、善女人,發阿耨多羅三藐三菩提心,云何應住?云何降伏其心?"(首章此問,以明發心降住之義。今恐菩薩存我發心能作如是降住,則障解空不住之道,故於此重破實無菩薩發心。來問雖同,往明則異。)

佛告須菩提:"善男子!善女人!發阿耨多羅三藐三菩提者,當生如是心:'我應滅度一切衆生(衆因緣生,本非有法。妄心執著,起衆生相。今悟性空,則衆緣自滅。菩提中道,應發是心也),滅度一切衆生已,而無有一衆生實滅度者。'(但滅妄想爾。若計滅此妄,未離妄心。今有妄既滅,無空亦捨,反照於性,不住於常。及吾無身,誰受滅度?)何以故?若菩薩有我相、人相、衆生相、壽者相,即非菩薩。(離彼四相,是名"無我"。於"我"無矣,誰當滅耶也?)所以者何?須菩提!實無有法發阿耨多羅三藐三菩提心者。(菩

---

① 日,録本訛作"月",今據底本改。

提無定法,法空也;實無發心者,生空也。法空無所住,生空無降伏。正觀如此,是名“菩薩”。豈復別有一“我”云“度衆生我”?)須菩提!於意云何?如來於然(燃)燈佛所有法得阿耨多羅三藐三菩提不?”(若前云無法,發菩提心,則不應於然(燃)燈佛所受菩提記。欲斷此疑,故卻問善吉云:“於汝意以爲云何?如來於昔時有方法得菩提不?”)

“不也,世尊!如我解佛所説義,佛於然(燃)燈佛所,無有法得阿耨多羅三藐三菩提。”(推解於佛,以明勝義。以無所得故,故受菩提記。豈有發心者而得菩提耶?欲明不發得法心,乃真發心爾。)

佛言:“如是!如是!須菩提!實無有法如來得阿耨多羅三藐三菩提。(許善吉之言,是成前問之無得。)須菩提!若有法如來得阿耨多羅三藐三菩提,然(燃)燈佛則不與我授記:‘汝於來世,當得作佛,號“釋迦牟尼”。’(於菩提中,爲有法可得。發如是心,則不證斯果定光[无?][1],不應授記。)以實無有法得阿耨多羅三藐三菩提,是故然(燃)燈佛與我授記,作是言:‘汝於來世,當得作佛,號“釋迦牟尼”。’(以般若智,了諸法如。悟生法空,離斷常見。豈別有法得菩提耶?以是無得之故,故然[燃]燈佛知我修行、與我授記爾也。)何以故?‘如來’者,即諸法如義。(“如”者,法性也。是性清净,無有定相,遂通於感,物得皆如,既如陰如陽,亦不皦[曒][2]不昧。悟斯“如”義,來成佛果。了此空相,寂然無體。豈於有法而得是耶?)若有人言:‘如來得阿耨多羅三藐三菩提。’(若有此言,即非“如”義。)須菩提!實無有法佛得阿耨多羅三藐三菩提。(約諸法“如”義,則如來必不於有得法中得菩提也。)須菩提!如來所得阿耨多羅三藐三菩提,於是中無實無虛。(此又雙遺(遣)[3]也。前云以有法得者,虛妄也;以無法證者,真實也。此乃寄無以遣有,假實以明虛。虛有之妄既除,實無之法亦無,但約邊以趣中道爾。於是中豈有虛實耶?)是故如來説一切法皆是佛法。([一][4]切法中,皆有中義。能超中道,即

① 結合文意,此“光”字似當爲“无”字之訛,待考。

② 皦,此乃“曒”字之訛。《道德經》第十四章:“其上不皦,其下不昧。”《玉篇·日部》:“曒,明也。”

③ 遺,此當爲“遣”之訛字。下文“此乃寄無以遣有”,可助勘。

④ 一,録本脱,今據底本補。

會於“如”。故諸法得中皆佛法。)須菩提！所言一切法者，即非一切法，是故名‘一切法’。(因緣生法，本無自性；無性非有，故即“非一切法”也。爲因緣故，有假名生；假名非無，是故名“一切法”也。)須菩提！譬如人身長大。”(一切法假因緣生，如人身長大，亦資百骸九竅以賅而存爾。)

須菩提言：“世尊！如來説人身長大，則爲非大身，是名‘大身’。”(人身長大，假合衆緣。分分不同，則爲“非大”。而身相具足，是名“大身”。則知不離假合之身而有大身，不離因緣生法而有佛法。煩惱之外，豈復别有涅槃耶?)

“須菩提！菩薩亦如是。(勸菩薩亦當作如是解，行於中道。)若作是言：‘我當滅度無量衆生。’則不名‘菩薩’。(以計有衆生故，則著於相；不取中道故，不得名“道心衆生”。)何以故？須菩提！實無有法名爲‘菩薩’。(於五聚蔭中，實無有一法名爲“菩薩”。)是故佛説：‘一切法無我、無人、無衆生、無壽者。’(以結前無有法名“菩薩”故，不著此四相。無是等相，則不應别有菩薩度衆生。)須菩提！若菩薩作是言：‘我當莊嚴佛土。’是不名‘菩薩’。(於内無相，不應言“我度衆生”；於外無相，不應莊嚴於佛土。)何以故？如來説莊嚴佛土者，即非莊嚴，是名‘莊嚴’。(無相莊嚴佛土，即非有相莊嚴之法。能了無相，是名“莊嚴”。故菩薩不應計“我能莊嚴佛土”也。)須菩提！若菩薩通達無我法者，如來説言真是菩薩。(於人無我，於法無我，忘於四相，不取六塵。能如此者，則不應計有衆生可滅度、有净度、可莊嚴。通達若斯，是真道心衆生矣也。)須菩提！於意云何？如來有肉眼不?”

“如是，世尊！如來有肉眼。”(色相同衆生，即肉爲“眼”，故云“肉眼”也。)

“須菩提！於意云何？如來有天眼不?”

“如是，世尊！如來有天眼。”(於眼净根，普照一切，故云“天眼”。)

“須菩提！於意云何？如來有慧眼不?”

“如是，世尊！如來有慧眼。”(依定發慧，了一切相，故云“慧眼”。)

“須菩提！於意云何？如來有法眼不?”

“如是，世尊！如來有法眼。”(了一切法，於法無滯，故云“法眼”。)

“須菩提！於意云何？如來有佛眼不?”

"如是，世尊！如來有佛眼。"（然彼衆相，成我妙身。圓對無礙，故云"佛眼"。是五眼者，約事爲名，以所觀之境，因能觀之用，如彼摸象，生[斯]①異號，於我佛身，故爲同體。若別爲階級次第，或云修證不同，此則以色見如來，非謂通於無相也。）

"須菩提！於意云何？如恒河中所有沙，佛説是沙不？"

"如是，世尊！如來説是沙。"（如來説法，常以河沙爲喻。）

"須菩提！於意云何？如一恒河中所有沙，有如是等恒河，是諸恒河所有沙數，佛世界如是，寧爲多不？"

"甚多，世尊！"（一河之沙，數等諸河。諸河之沙，有如世界。如此世界，實爲甚多。）

佛告須菩提："爾所國土中，所有衆生，若干種心，如來悉知。（世界已多，是中衆生，心心攀緣，數不能舉。如是心等，如來悉知。）何以故？如來説諸心，皆爲非心，是名爲'心'。（何以故如來悉知？謂此諸心，皆由妄起，與物相力，逐境交馳，如是等是生知見。妄法非有，異境皆空，唯净信心，如所教住，證達本末，是名爲"心"。）所以者何？須菩提！過去心不可得，見（現）在心不可得，未來心不可得。（以三世法，求生知心。是心無常，求不可得。前云非心名"心"，借常心以破妄。此云求不可得，又遣破妄之常。然不將不迎，應而無主。萬境咸入，我用不疲。千相取容，其求皆給。不唯般若之藴乎？）須菩提！於意云何？若人滿三千大千世界七寶以用布施，是人以是因緣，得福多不？"

"如是，世尊！此人以是因緣，得福甚多。"（施寶求福，以果酬因，故知福德甚多。）

"須菩提！若福德有實，如來不説得福德多；以福德無故，如來説得福德多。（寶施求福，非福德性。未絶因地，故説果多。七寶既盡，假名所獲，亦非有實。非有實故，故不取相。是以如來應緣而説，云"得福多"。若行深般若，歸趣中道，罪既不至，福亦不來，心如教住。法尚應捨，有何福德於其間哉？）須菩提！於意云何？佛可以具足色身見不？"

① 斯，録本脱，今據底本補。

“不也，世尊！如來不應以具足色身見。(色爲有分，身假緣成。凡是色身，皆非妙相。故不應以此見如來也。)何以故？如來説具足色身，即非具足色身。”(具足色身，分分假合，故即非具足色身。離假合身，別無真身，故是名“具足色身”。當試論之，夫無色之色，見一切色；非身之身，見一切身。若以色色空，縱妙身而有我；以空空色，雖色身而見佛。豈復捨此而別有色身妙身耶？)

“須菩提！於意云何？如來可以具足諸相見不？”

“不也，世尊！如來不應以具足諸相見。何以故？如來説諸相具足，即非具足，是名‘諸相具足’。”(以一色身，不應見佛，今就諸相得見不耶？則一一相中同一色相，故不應以此得見如來也。)

“須菩提！汝勿謂如來作是念：‘我當有所説法。’莫作是念。(爲衆生説，如彼筏喻故。如來無説之念，汝不應作是思惟。)何以故？若人言：‘如來有所説法。’即爲謗佛，不能解我所説故。(法無定法，説豈説耶？若人以我有法可説，是人不解般若空義，與我説法之謗爾。)須菩提！説法者無法可説，是名‘説法’。”(言者在意，得意而忘言；法者辯空，悟空而無法。空本無法，故云“無法可説”。了是義者，得法甚深，故云“是名‘説法’”。)

須菩提白佛言：“世尊！佛得阿耨多羅三藐三菩提，爲無所得耶？”(前云“無法可説”，善吉啓問，欲明無法所由。故云：“若無法可説者，則佛於菩提無所得耶？”)

“如是，如是！須菩提！我於阿耨多羅三藐三菩提乃至無有少法可得，是名‘阿耨多羅三藐三菩提’。(於菩提中，無有少法。若有少法，不名“菩提”。爲無法可得而能感而遂通，故名“菩提”也。)復次，須菩提！是法平等，無有高下，是名‘阿耨多羅三藐三菩提’。(於菩提道，本無異門。泯彼色空，離於常斷。一相無二，是無爲法。適使萬殊，咸其自己。涅槃煩惱，究竟無餘。只於是中，名“菩提”義。)以無我、無人、無衆生、無壽者，修一切善法，則得阿耨多羅三藐三菩提。(無彼四相，明己悟空。習此中道，云“修善法”。不滯無有，名“得菩提”。)須菩提！所言‘善法’者，如來説非善法，是名‘善法’。(稱中道者，因邊獲稱。若存中法，不異於邊。故聖人説空，以破於有，云善法有法既盡，亦無空法，故非善法。能遣斯遣，深入菩提，是名“善法”。)

須菩提！若三千大千世界中所有諸須彌山王，如是等七寶聚，有人持用布施；若有人以此般若波羅蜜經，乃至四句偈等，受持□□(讀誦)[①]，爲他人説，於前福德百分不及一，百千萬億分，乃至算數譬喻所不能及。(如此校量，前來已説。於所明義，一一不同。前云是法平等，不應經優而寶劣，故自宣此義，將遣是疑，只爲般若平等，故勝如山之寶爾。)須菩提！於意云何？汝等勿謂如來作是念：'我當度衆生。'須菩提！莫作是念。(如來無是念故，汝莫作是思惟。)何以故？實無有衆生如來度者。(衆生正性，本來清净。六根起想，煩惱病生。觀生本空，有何可度？)若有衆生如來度者，如來則有我人、衆生、壽者。(般若中觀，離諸名相。若見衆生可度者，則於法如中不了空義。)須菩提！如來説：'有我者，則非有我，而凡夫之人以爲有我。'(前云我於然(燃)燈佛所，則是説"有我"也。然但曉凡順俗，非係"有我"，不同凡夫，執著我相。)須菩提！凡夫者，如來説即非凡夫。(未達中道，是名"凡夫"。了般若空，則證等覺，故即"非凡夫"。)須菩提！於意云何？可以三十二相觀如來不？"(乘如證覺，既非有我，故不應以三十二相觀。)

須菩提言："如是，如是！以三十二相觀如來。"(凡夫之人，以相求佛。)

佛言："須菩提！若以三十二相觀如來者，轉輪聖王則是如來。"(汝若以相見如來者，轉輪聖王亦具是相，則應是如來。輪王既非如來，故如來不應以三十二相見。)

須菩提白佛言："世尊！如我解佛所説義，不應以三十二相觀如來。"(善吉深達法性，故不作凡夫解。)

爾時世尊而説偈言：(以偈如頌，非四句義。)"若以色見我，以音聲求我，是人行邪道，不能見如來。"(無色見色，不可以色見；非聲應聲，不可以聲求。將令深趣涅槃，必依聲色之外；故以色聲求佛，是人甚好住，焉[②]得見如來也？)

"須菩提，汝若作是念：'如來不以具足相故，得阿耨多羅三藐三菩提。'須菩提！莫作是念。如來不以具足相故，得阿耨多羅三藐三菩提。(前破有

① "讀誦"二字底本残，録本作缺文，今據《金剛般若波羅蜜經》[T8n235p752a2]補。
② 焉，録本訛作"烏"，今據底本改。

相不見如來，恐衆生即作無相求佛，故此破云："汝勿謂無相可得菩提。菩提非有無故。以有無求，皆不得也。"《論》曰："大聖説空法，爲破諸見故。若復見有空，諸佛所不化。"今者捨有而滯無，亦由避溺而投火也。）須菩提！汝若作是念：'發阿耨多羅三藐三菩提者，説諸法斷滅。'莫作是念。（汝若作無相而發道心者，是斷一切行，滅一切法，不得中道也。是故"莫作是念"也。）何以故？發阿耨多羅三藐三菩提者，於法不説斷滅相。（菩提中道，不有不無。若作有念者，則墮於諸法常，諸法實非常；若作無念者，則墮諸法斷，諸法實非斷。故於菩提中，不得生有無見，亦不得作常斷説。）須菩提！若菩薩以滿恒河沙等世界七寶布施，若復有人知一切法無我，得成於忍，此菩薩勝前菩薩所得功德。（離居兩邊，契於中道。悟無生，勝福甚多。財校量非及也。□〔知?〕[①]無一我，亦無無我，遣之有遣，深入菩提，故知一切法無我。）須菩提！以諸菩[②]□

① 此缺字底本右半"口"尚存，似爲"知"字。待考。

② 底本、録本以下缺。

No. 2740《金剛般若》義記一卷上

［題解］

佛典《金剛經》注疏，敦煌卷子中存有斯 1087v 一號，作者不詳，原著卷數不詳。首全尾殘。首題："《〈金剛般若〉義記》一卷上。"所疏乃北魏菩提流支譯《金剛經》，但僅存卷首證信序。序中謂：所有教典可分爲大乘滿字法門與小乘半字法門等二門，《金剛經》乃大乘滿字法門所攝。在科分方面，本文反對採用傳統的序、正、流通三分法，而採用十二分法：序分，護念護囑分，住分，如實修行分，如來非有爲相分，信者分，較量分，顯性分，利益分，斷疑分，不住道分，流通分。此《義記》屬北方系統。清代以前歷代大藏經未收，《大正藏》據斯 1087v 號録入其第八十五册。今校注仍以《大正藏》所據原卷斯 1087v 號爲底本。

然真宗虛寂，妙絶言像。言像既絶，豈容名數於其間者？但衆生居見聞之境，處視聽之域，自非垂影像之迹，布聲言之教，無以引之以歸宗，延之以入軼。是以大聖如來將欲曜真儀於净土、垂應形於娑婆，故能降神兜率，誕應王宫，降魔成道，處世垂化。形、言之迹，自兹而興。但群生根有利、鈍不同，心有廣、狹之異，致使一味聖典，無量軀分。教雖軀分，大判唯二：一曰"大乘滿字法門"，二曰"小乘半字法門"。"大乘滿字法"者：如來始從得道，終至涅日[1]，大行之徒、諸菩薩等，説《華嚴》、《十地》、《大雲》、《法鼓》、《摩訶般若》、《大集》、《涅槃》，如是無量諸修多羅海；是等諸經，皆辨生、法二空，無

① 日，録本訛作"曰"，今據底本改。

作四諦，説應大機，進成大行；運物中極，故曰“大乘[①]”；言周義足，稱曰“滿字”。小乘半字教者：如來始欲鹿苑，終至娑婆羅，爲聲聞、緣覺小行之徒説戒律《毘曇》、《阿含》、雜藏，如是無量小乘契經；是等諸經，但明生空及有作四諦，説應小機，進成小行；運物未極，稱曰“小乘”；言局義隱，名爲“半字”。故《經》云：“如是苦等，我於彼經，竟不説之。”今此經乃是大乘滿字所攝。

就大乘滿字教中，如來一代，凡説八部般若，利益當時。何者爲八？初部十萬偈，第二部二萬五千偈，此之二部，猶在西國，此土所無。第三部一萬八千偈，此中名爲“大品般若”。第四部八千偈，此中名爲“小品般若”。第五部四千偈，第六部二千五百偈，此之二部，由在胡本，未曾幡譯。第七部六百偈，此中名爲“文殊般若”。第八部三百偈，而此名“金剛般若”。然數雖有八，得名唯二：前之七部，同名“摩訶般若”；第八一部，名“金剛般若”。然名既唯二、所以有八部者，此乃時會不同，廣略有以，故有八部之數。前七摩訶，對小彰大，以法爲名，非無“金剛”之義；第八金剛，此乃寄喻明法，顯其治或(惑)之功，非無“摩訶”之義；且倚互彰名。又《人王》、《光讚》、《大空》、《道行》等，流支三藏云，此皆十萬偈般若中一品，非是别部。八部大宗，莫不皆名窮衆典之要義，盡萬法之剛，顯明常佛果，至極圓報。佛性正因，十地了因，二種智慧，顯性之解。解滿性顯，則證於常果，於菩薩所行，其德具足。若談其體，則古今清净，離有離無，言語道斷，心行處滅；若辯其用，則無相未常不相，大用無方，曠周法界。此是八部大宗。今言“金剛”者，此借喻之名。然世間金剛，有其多義。“金”略明三種：一、寶中最精，希有難得；若人得者，則除貧得福。二、體性堅實，能壞萬物，不爲萬物所沮。三、隨寶住處，能辟毒氣。喻般若亦爾。[□][一][②]、明般若妙慧，萬行中主，若人得者，則離生死貧窮，證涅槃福樂之果。二、明般若智慧以此法性爲體，能彌或(惑)盡原，不爲煩或(惑)所沮。三、明般若住處不爲邪魔所繞。有此相似，借之爲况，故云“金剛”。“般若”者，是中國語音，此方云“智慧”；能照盡空原，窮監萬

① “大乘”二字録本作“大乘滿字”。按：底本先書“滿字”，發覺有誤後旋於此二字旁注“大乘”。今據底本改。

② 一，底本、録本無，今據文意補。

有,故云“智慧”;仍彼語音,稱曰“般若”。“波羅蜜”者,亦是西音,此方名“度”,亦言“到彼岸”,明大涅槃,清昇累表,名爲“彼岸”;若人修學般若,則能超度生死,到大涅槃;存彼語音,名“波羅蜜”。“經”者,中國名“修多羅”,此方名爲“本”,明聖人言語,能與衆生生善滅惡,修道之本。又,理教相望,互爲“本”義。明理不自顯,由教故彰,若不得言,無以得證故。《論》云:“果雖不住道,而道能爲因。”此明教爲理本,然教不自發,由理故生故。《論》云:“若不證者,則不能説。”此明理爲教本。具此二義,故名爲“本”。今言“經”者,乃是此方五經之名,鬚(須?)①其字當“修多羅”,非正相幡。所以得用“經”字相鬚(須?)②者,凡有三義:一、説人相似;二、常義是同;三、所隨人情所貴。具此義故,以“經”代之。“經”者,常也。雖復先賢、後聖代謝不同,而君子風禮始終常定,故名爲“常”。明佛法亦爾,然三世諸佛,雖復隨滅去留,而教軌常定,故名爲“經”。“論”者,佛去世後,像運③之中,北天笠有大乘開士名“和修槃陀”,亦名“婆藪豆”,此方云“天方菩薩”,亦名“天親菩薩”,付法藏中,是第二十人,實是高行大士,妙辯超群,遍見如來大小教意,常以此經文約義隱、理教玄密,恐末代衆生尋此略文,取悟莫由,故能仰依聖典,圓制兹論,廣釋實相,敷宣玄要,欲今(令?)④顯剛(綱)⑤中舉、大道再興,然(燃)⑥無盡法燈,庚暉長夜,問答解釋,目之名“論”。故名此《經》云“金剛般若波羅蜜經”。然聖人出世,正爲利益衆生。但利道多途,化門非一化,意業冥加,與念增道。然能化有三,爲化衆生亦有三種:一、邪歸依;二、未知法;三、禪默衆生。邪歸依者,此人有心求出,但所憑非正,故曰“邪歸依”。如來爲此衆生,故以身業神通,顯佛法勝事,轉彼邪心,回令入正。此是身業益利邪歸衆生。未知者,此人敬信佛法,但於法未解,故以口業辨才廣説三乘教門、修道方軌,令使得知。此是口業教化未知法衆生。禪默者,此人唯樂獨静,厭

①② 結合文意,此“鬚”字當爲“須”之借字。

③ 運,録本訛作“連”,今據底本改。

④ 今,底本不清晰,結合文意,似當爲“令”之訛字。待考。

⑤ 剛,此當爲“綱”之借字。

⑥ 然,此爲“燃”之古字。

於憒閙，宜以意業冥加，使增道位。此是[□][意]①業利益禪默衆生。此泛舉三人，彰三業不同。若就一人始終，亦須三業。何者？此人雖有心求道，而歸不②得方，故先示身業神通，令生正信。雖得正信，猶未知法，次以口業就法，令使得解。雖復生信得解，猶未得證，故以意業與念，令使得證。今此經乃是三業中口業利益，爲未知法衆生轉法輪，令使得知。如是已下，終盡奉行。是經之大體，若依此方舊解，不問廣略，皆爲三分：謂序、正、流通。依外國法師，就此經中，分開爲十二分：第一序分，第二護念付囑分，第三住分，第四如實修行分，第五如來非有爲相分，第六信者分，第七校量分，第八顯性分，第九利益分，第十斷疑分，第十一不住道分，第十二流通分。若以三分相收，初明加其序，復帖流通，中間十分，還是正説。然十二分，釋名生起，具作疑情，至時當解。今略以義次，令文勢相連。所以十二分中先明序者，但如來曠劫積德，證法在己，欲以己之所得，説示衆生；而衆生未知如來得是不思議法，是故先假時託處，發起群機，藉此由致，下正説得起；是故第一別明其序。序義已彰，宜應即説；但法須人請，若不請而説，則聞法之徒不生難遭之相；是故須菩提將請先歎，歎如來善能護念、付囑，二種菩薩即以歎爲名，是故第二次明護念付囑分。讚歎於前，即便請問住地方軌；如來依請而答，廣明住地法用；是故第三次明住分。然住德雖滿，勝進宜行；若不更修萬行，則佛果路遥，無以速證；是故第四次明如實修行分。然勝行既成，則因道圓備；但因不妄施，理招勝報，無相因成，無爲果就；是故第五次明如來非有爲相分。然因深果妙，聖不虚辨，第六信者分既當機而説。必有信受深經，其福彌多；自非假近相比，無以顯持經福大；是故第七次明校量勝分。然持經獲福，則能資發妙解，顯本真無，證爲己③用，是故第八次明顯性分。然性理既顯，則慧觀轉明，能令行人近除罪障，當獲妙果，未成佛已來人天勝報，莫不備受，故第九明利益分。然人天近報河(何)④爾？而招菩提大果，寧可即得？

① 意，底本、録本無，今據文意補。

② “歸不”二字録本訛作“不歸”，今據底本改。

③ 己，録本訛作“已”，今據底本改。

④ 河，此乃“何”之借字。然録本徑作“何”，與底本不合。又，“河”前底本、録本原有一“可”字，與語意無涉，似爲抄手誤書，發現後接抄正字而誤字並未除去。兹據文意删。

自非備斷衆疑，無以可證。是故第十次明斷疑分。然疑網既消，則能甄除生死，故與世同居；復能具大慈悲，鬧悼三有，不住涅槃；故次明第十一明不住道分。然上來所説，皆是利益當時；而如來大悲，復欲以此勝法，澤沾遐代；是故第十二分次明流通分。

初明序分。言“序”者，説前由致，發起所説，目之爲“序”。序有二種：一是證信，二是發起。證信序者，就所爲作名。發起序者，當體爲目。就二序中，解有三幡：一、明立二序意；二、釋二序名有與、奪；三、判二序經文通、局。

初明序意。凡言“序”者，與經作序。經既無二，何意序便有二？解云：經若唯一，序亦無殊。但今一經爲二經，故須立二序。何者一經爲二？然法出佛口，是佛所説經；轉付阿難，是阿難所傳經。但阿難所傳，書之竹帛，利益未來；如來所説，利益現在。正以人有上、下傳不同，益有現、未二時之異。以斯義故，一經爲二。對此二經，須立二序。對現在如來説，須立發起序；對未來阿難傳，須立證信序。

第二、次辨二序名有與、奪。然二序大意，都爲生信。若無信器，法則不傳。是故如來將欲説法，先現瑞相，發起净信。以此發起，令物生信，即是證信序。然阿難所引，發起所傳，亦是發起序。

“若爾，二序皆通，何意阿難經初名‘證信序’，如來經初立‘發起序’？”

釋云：佛是大聖，理合可信，故就序爲名，名“發起序”；阿難是不足之人，恐未來不信，故就證信事爲名，故名“證信序”。

第三、次解二序，經文前卻“如是我聞”兩句，望現在如來經，一向無發起；望未來阿難經，一向是證信。“一時”已下，望如來現在，皆發起義。何以得知？然時處及人[1]，是起説中要，故知有發起。“爾時世尊”已下，阿難引來，亦成證信義。但經初六句，是佛教阿難置在一切經首，故判爲證信序；“爾時世尊”已下，明發起事别，不同餘經，故判爲“發起序”也。

就證信序中有六句：一、“如是”；二、“我聞”；三、“一時”；四、“婆伽婆”；五、“住處”；六、“同聞”。然六句大意，皆爲生信，亦得義兼，表異外道，阿陀爲吉等證生信。所以先標“如是”者，若不先標法體在初，則信無所歸，是故

① 人，録本訛作“八”，今據底本改。

先明“如是”。“我聞”者，出能聞人。既舉法在初，聞必有人，故次明“我聞”。“一時”者，明聞經時節。既有能聞之人，聞必有時，故次明“一時”。“婆伽婆”者，辨能説人。難云：聞有時，未知從誰而聞？故次明佛“婆伽婆”。雖辨説人，然説必有處，故次云“在舍婆提城”。雖知處所，猶未知與誰共聞，故次云“與大比丘衆千二百五十人俱”。文義相乘，皆爲成信也。“如是”者，是信順之辭。然佛法大海，以信故入，以智故度，信者當言“是事如是”，不信者當言“是事不如是”。有信之人，入佛法中，多所利益，是故佛法初首先唱“如是”。未期信相，釋論廣説。此但釋大意，猶未消文。今信“如是”者，解有二種：一、就佛；二、就理。就佛解者，明三世諸佛所説不異，故名爲“如”；以同説故，得名爲“是”；正以諸佛同説，是故可信。就理者，明諸法實相，古今不異，故名爲“如”，如説故得名爲“是”；既是如理之言，不增不減，決定可信，故言“如是”。“我聞”者，次解能聞人。應問：是中言“我”者誰？又佛法無我，何故稱“我”？又復正應耳聞，何故言“我聞”？釋云：是中言“我”者，若就别傳，則是須菩提；若據通而言，是阿難云“我聞”。然如來所説，有三乘法藏。傳持法人，亦有三種：一名“阿難陀”，此方名“歡喜”，持小乘法藏。二名“阿難陀拔陀”，此方名“歡喜賢”，持中乘法藏。三名“阿難陀婆伽羅”，此方名“歡喜海”，持大乘法藏。三名雖殊，正是一人。如舍利□□(弗問)[①]天[②]女：“汝於三乘當何志[③]求?”天曰[④]“若以小乘化，我即爲聲聞”等。此亦如是。以法不同，故作三名。此義出《闍王懺悔經》。此三人中，前二人有親聞者，有傳聞故。千結集中，阿難昇坐説偈云：“佛初説法時，爾時我不見。”如是展轉聞，佛遊彼羅奈，爲五比丘説四諦之法輪，不得皆云“親聞”。第三阿難得言“常聞”。故《涅槃》云：“阿難多聞士，自然能解了，是常及無常。”或云得覺性三昧，一切常聞，故知是阿難稱“我”也。然一切諸經，皆總□，有别傳者。此經别傳，是須菩提。何以得知？下經中須菩提聞名請受，故知是也。

① “弗問”二字底本殘，録本作缺文，今據支謙譯《維摩詰經》卷下[T14n474p528c17]補。
② 天，録本訛作“大”，今據底本改。
③ 志，底本、録本作“悉”，今據支謙譯《維摩詰經》卷下[T14n474p528c17]改。
④ 曰，録本訛作“日”，今據底本改。

又復依文殊結集中，明如來在此世間，外不至彼世界。諸佛集説法，即名“諸佛集會經”，亦名“諸佛諮經”。文殊後時結集大乘，召諸菩薩及大羅漢，無量無邊。各各稱：“某甲經，我從佛聞。”須菩提云：“金剛般若，我從佛聞。”以此文證，故知是也。然佛法無“我”，何故稱“我”？釋云：理雖無“我”，而不壞假名。若不言“我”，則亦無聞，化道則絶。是故▭“我”而得説“我”。如人以金易銅賣買法爾，人無笑者；世俗帝（諦）中，假名説“我”，智者不怪也。“聞”者耳根不壞，聲在可聞境，意欲作聞相，因緣和合，應言“耳聞”。云何言“我聞”？釋云：雖無神主，而不無假名綰御。以別歸總，故稱“我聞”也。“一時”者，辨説經時節。如《人王經》中，明如來昔二十九年，説《摩訶般若》、《天王聞（問）[1]般若》、《光讚般若》、《金剛般若》。以此文證，是知時節。而解者不以爲定，未能▭以説此一部經竟，故總云“一時”也。“婆伽婆”者，是能説人。正以從佛邊聞，是故可信。然“婆伽婆”是中國語音，諸佛無量名中謂此名“最勝”。統合多義，或言“解空”義，復能分別諸法總相，或言“有人名聲”，或言“能破煩惱”，或言是“大丈夫”義。既衆多不可定釋，故存胡本名“婆伽婆”也。“在舍婆提城”者，辨其住處。然法身無像，不假方土所居，或言如來常在聖行中住。而言“在舍婆城”者，何也？釋云：佛有二種：一、父母生身，□□□□身佛。今就父母生身，隨化所居，故言“在”也。“舍婆提”者，是中國語音。昔兄弟二人，弟名“舍婆”，此云“幼少”；兄名“婆提”，此云“不可害”，於此處學仙道。後人於中立城，即因人以爲名，弟略去“婆”，兄略去“阿”，故云“舍婆提城”也。釋論中廣解住城因緣、如來所以多住二城：爲報生身恩，多住舍婆提；爲報法身恩，多住王舍城。又此二城多有聰明利智諸大論師，如來如師子王；又有邪見重病，如來如藥對[2]□（治?）[3]。又此二城，恒常豐樂。又爲護釋種弟子□□□□量因緣，是故在舍婆提城也。“祇樹給孤獨薗”者，共其別處。但彼城是寬廣，有二精舍：一摩伽羅母堂，二祇陀精

① 結合文意，此“聞”字當爲“問”之借字。

② 對，録本作缺文。按：底本所存部分“對”字尚可辨，兹據補。

③ 此字底本殘，録本作缺文，據文意似應爲“治”字。待考。

舍，故須曲指住處。“祇”者，是波斯匿[①]王太子，名“祇陀”。“給孤獨”者，是須達長者。此人好濟孤貧，因人即號“給孤獨氏”。但祇陀先有此薗，須達後時布金買得。因相爾歡□□□精舍。祇陀因樹爲名，須達從薗▭。“比丘”者，是外國語音，此方無名▭是出家名字，或言“怖魔”。是人▭唱言：“某長者子，今日出家，虚▭。”魔王聞之，即大驚怖，故云“怖□(魔)[②]”。▭月天女問舍利弗四種食法，舍▭歷星月因得食名爲“仰口”，▭而得利者名爲“下口”，憐(鄰)[③]國聘使通▭名爲“方口”，和合湯藥，行醫▭食，名“净乞士”。大者皆是無學▭大人恭敬。或言徒衆大，故名“大比丘”也。▭伽，此云“和合衆”。四人已上，終至百千，同一▭名“和合衆”。“千二百五十人”者，舉其大數▭人有千眷屬，沙(?)[④]然道有二百五十弟子▭度，故云“千二百五十人俱”也。然是等諸▭以常隨佛者。釋云：爲報佛恩，常隨▭嚴徒衆益，佛德轉尊。又爲聽法▭云無求，何故聽法？佛尚聽法堂▭釋論説。上來六句，明證信▭已下，明發起序。但發起不▭地，廣集有緣，或自時▭使物致疑。或入三昧▭食，由緣昇坐，入[⑤]▭

① 此字底本、録本均作“揠”，乃“匿”之增旁俗字。

② 魔，底本殘，録本作缺文，今據文意補。

③ 憐，此當讀如“鄰”。[清]朱駿聲《説文通訓定聲·坤部》：“憐，叚借爲鄰。”

④ “沙”字費解，疑有誤，待考。

⑤ 底本以下缺。

No. 2741《金剛般若經》疏

[題解]

佛典《御注金剛般若波羅蜜經》注疏，原著卷數不詳。敦煌卷子中存有斯2738＋斯771＋斯2671、伯2173、伯2182、伯2330、伯3080七號。伯2173號首題下署："敕隨駕講論沙門道氤集。"起自"名爲究竟▭相乖違"，終至"今以經初▭實通也。由此善現，偏歎此德……"方廣錩認爲，該疏實際上是No. 2733《〈御注金剛般若波羅蜜經〉宣演》的另一抄本（見《日本對敦煌佛教文獻之研究（1909—1954）》，收入《方廣錩敦煌遺書散論》，上海古籍出版社2010年12月版）。清代以前歷代大藏經未收，《大正藏》據伯2330號録入其第八十五册。今校注仍以《大正藏》所據卷伯2330號爲底本。參校甲本：伯2173號；乙本：斯2738＋斯771＋斯2671號《〈御注金剛般若波羅蜜經〉宣演》；丙本：伯2182號《〈御注金剛般若波羅蜜經〉宣演》卷上；丁本：伯3080號《御注金剛般若波羅蜜經宣演殘卷》。

▭[①]名[②]爲"究竟□□□□□□□□□□□（樂"。了不了者，便令教理遞）[③]相乖違，亦違究竟一實中道。□□（以許）[④]佛説三種究竟，猶豫多端，若爲證會？又依《深密》，佛自會釋諸説空教，唯依遍計，説諸法空，□（如）[⑤]

---

① 首殘。

② 名，甲本作"各"。

③ "樂了不了者便令教理遞"十字底本殘，今據甲本補。

④ "以許"二字底本殘，今據甲本補。

⑤ 如，底本殘，今據甲本補。

何可言[1]"破相宗中，三性俱遣"？餘一一義，有多妨礙，□(略)[2]舉可知，不能繁廣。當知《瑜伽》補處宣說，乃□(通)[3]解釋一切諸經，勿謂但釋《深密》等教。故彼《論釋·□□□(歸敬頌)[4]》云：

"此《論》殊勝若蓮華，猶如寶藏如大海。具□(顯)[5]諸□(乘)[6]廣大義，善釋其文無有遺。"

又云："今説此《論》，所因云何？謂諸有情無始時來於一切法處中實相，無知疑惑，顛倒僻執。"乃至："□□□□(如來出世)[7]，隨其所宜，方便爲説種種妙法處□□(中實)[8]相，令諸有情知一切[□][法][9]如是如是空故非有，如是如是有故非空。□□□(了達諸)[10]法非空非有，遠離疑惑顛倒僻執……修行滅障，證三菩提，證寂滅樂。佛涅槃後，魔事紛起，部執競起，多著'有'見。龍猛菩薩證極喜地，採集衆義無相空教，造《中論》等，究暢真要，除彼'有'見。暨提婆等諸大論師，造《百論》等，弘闡大義，由是衆生後著'空[11]'見。無著菩薩位登初地，證法光定，得大神通，□□(事大)[12]慈尊，請説此《論》，理無不窮，事無不盡，文無不釋，義無不諭，疑無不遣，執無不破，行無不修，果無不證。正爲菩薩令□(於)[13]諸乘境行果等皆得善巧，勤修大乘，證大菩提，廣爲有情常無倒説，兼爲餘乘，令依自法，修自分行，得自果證。如是略説此《論》所由。"

---

① "何可言"三字録本訛作"如可寧"，今據底本改。
② 略，底本殘，今據甲本補。
③ 通，底本殘，今據甲本補。
④ "歸敬頌"三字底本殘，今據甲本補。
⑤ 顯，底本殘，今據甲本補。
⑥ 乘，底本殘，今據甲本補。
⑦ "如來出世"四字底本殘，今據甲本補。
⑧ "中實"二字底本殘，今據甲本補。
⑨ 法，底本無，今據甲本補。
⑩ "了達諸"三字底本殘，今據甲本補。
⑪ 空，底本作"無"，今結合文意，據甲本改。
⑫ "事大"二字底本殘，今據甲本補。
⑬ 於，底本殘，今據甲本補。

故知通釋一切聖教，除空有見，起處中行，寧説《瑜伽》唯法相宗？

問："豈不諸經多説法相？或多破相，或復融會，寧不分宗？"

答："准言諸教，無此三義，但説定判如是如是經之與論，破彼宗攝，即爲不可，皆□(不)[①]□(空)[②]故。是故應説大乘妙理隨何等經皆有法相。破□□(相融)[③]會，□(雖)[④]有偏明，一義多處，理實此三，不相捨離，以辨法體除執會通義皆遍故。"

問："若爾，何故於大乘中，中宗、邊宗，清辨、護法，無相、法相，諸宗各別？"

答："但由釋者製作不同，隨能釋意説宗有異，非是佛語墮諸邊故。先別立宗，由此應説於大乘中宗分有二：一、勝義皆空□(宗)[⑤]；□(二)[⑥]、應理圓實宗。□□(初宗)[⑦]即是龍猛菩薩，下至清辨論師，依無相教，説勝義中一切皆空、世俗是有。

《掌珍頌》云：

'真證有爲空，如幻緣生故。無爲無有實，不起似空花。'

乃至不立三性、唯識等後宗，即是慈是(氏)[⑧]如來乃至護法菩薩依《深密》等顯了言教，説勝義諦，非空非不空。《辨中邊論·慈尊頌》曰：

'虚妄分別有，於此二都無。此中唯有空，於彼亦有此。

故説一切法，非空非不空。有無及有故，是即契中道。'

三性之中，遍計性無，依圓是有，故二乘別。"

問："所言'勝'義及世俗諦，其相如何？"

答："還依二宗，所説有異。且勝空宗，[□][真][⑨]勝義諦，一切教都空，

---

① 不，底本殘，今據甲本補。

② 空，底本殘，録本訛作"是"，今據甲本改。

③ "相融"二字底本殘，今據甲本補。

④ 雖，底本殘，今據甲本補。

⑤ 宗，底本殘，今據甲本補。

⑥ 二，底本殘，録本訛作"如"，今據甲本改。

⑦ "初宗"二字底本無，今結合文意，據甲本補。

⑧ 是，甲本作"氏"。此"是"乃"氏"之同音借字(二字均可音承紙切)。

⑨ 真，底本脱，今結合文意，據甲本補。

世俗諦中可有色心修斷等法。如經說云'凡所有相,皆是虛妄',此世俗諦;'諸相非相,則見如來',此勝義諦。'四生三界,所有衆生',是世俗諦;'實無衆生得滅度者',是勝義諦。應理宗說,真俗二諦,二義不同:一、依人辨諦;二、約法辨諦。二種二諦,俱通空有。且依人者,《涅槃經》云:'上智所知名"勝義",中智所知名"世俗"。二智所知皆通有,故知二諦空有俱通。'言依法者,法有勝劣,互相形待而爲真俗。此有四重:一、虛實二諦,瓶軍林等虛爲世俗,蘊處界等實爲勝義;二、理事二諦,蘊等事法麁爲世俗,四諦道理細爲勝義;三、淺深二諦,四諦安立淺爲世俗,二空真如深爲勝義;四、詮旨二諦,二空真如帶詮世俗,一真法界之詮勝義。總有五法:初軍林等俗而非真,後一真法界真而非俗,中間三法亦真亦俗、互相形[□][待][1]故。廣如《唯識》第九、《顯揚》第六、《大論》等說。然初一種,世間菩薩[2]執以爲實有我法性,故空而非有;餘之四法,通是依他圓成性,故有而非空;故說二諦,體通空有,非如前說,勝義皆空。"既知二宗所說二諦,次應徵問空有所由。勝空者曰:"《大經》說云:'設有一法過[□][涅][3]盤(槃)者,我亦說爲如幻如化。'《般若心》云:'色即是空,空即是色。受相行識,亦復如是。'此經亦云'般若波羅蜜,即非般若波羅蜜'乃至'無法可說'等。准此等教,諸法皆空。又立理[4]云:'法若有體,自可能生。既藉衆緣,明知非有,如結手巾爲兔等像,無兔等性。'"應理者曰:"即准此經,福聚無量,如何非有?又說'如來有五眼'等。又發阿耨菩提者,於法不說斷滅相等。又復《經》云:'有爲無爲名爲"有",我及我所名爲"無"。'又云'無我無造無受者,善惡之法亦不亡'等。雖說藉緣,豈[5]幻化體都無所有?由應理者亦以幻化喻依他故,星翳燈幻喻有爲故。又說衆生'我皆令入無餘滅度'。若皆空者,何假令空花而□(般)[6]於涅槃?"

---

① 待,底本無,據文意補。

② "菩薩"二字底本、録本作"共",結合文意,據甲本改(甲本作"𦬇",乃"菩薩"之合文俗體)。

③ 涅,底本無,今據甲本補。

④ "立理"二字録本訛作"五蘊",今據底本、甲本改。

⑤ 豈,底本不清晰,《大正藏》本録作"是",今結合文意,據甲本改。

⑥ 般,録本作缺文,今據底本、甲本補。

勝空者云:"此等諸法文,皆據俗諦,非真空中有造修等。"

應理難曰:"如(汝)[1]之俗諦,與勝義諦,爲一爲異?若言'一'者,有空相違,不見苦樂及冷熱等得[2]爲一故。若言'異'者,二諦本俱,如何一有而一非有?"

彼答:"二諦其體無别,俗諦體有可苦樂等,非[□][同][3]體過[4]。二諦相對,妄情是有,真理皆空。今隨妄情,説俗諦有;就實而談,俗諦亦空。"

難曰:"世俗妄故,令捨俗諦入真空者,豈[5]無諸法斷滅相過?"

答:"體既是無,無可斷滅,故言不説法斷滅相。此與應理解釋全别。"

問曰:"依勝空説,妄有真無,二諦體一。未審應理所説二諦,爲一爲異?"

答:"應理所説,非一非異。何以故?義用别故非一,無别體故非異。即如瓶軍林等,五法相望,展轉皆爾。既非一異,翻此即説或異或一,皆無有妨。《仁王經》云:

'有無本自二,譬如牛二角。照見解無二,二諦常不即。

解心見無二,求二不可得。非謂二諦一,非二何可得?

於解當自一,於諦當自二。通達此無二,入真第一義。'

頌意:真如爲'勝義諦',依他遍計爲'世俗諦'。二智境,故名爲'諦';異唯約真,智即稱'解'。或一或異[6],皆無有違。《唯識》亦云:

'故此與依他,非異非不異。如無常等性,非不見此彼。'

《瑜伽》七十五云:'於大乘中,或有一類惡取空故,作如是言:"由世俗故,一切皆有;由勝義故,一切皆無。"

應告彼言:"何者世俗?何者勝義?"

---

① 此"如"當爲"汝"之借字,甲本即作"汝"。

② 得,底本不清晰,《大正藏》本録作"問",今結合文意,據甲本改。

③ 同,底本、録本無,今據甲本補。

④ 過,底本、録本作"通",今結合文意,據甲本改。

⑤ 豈,底本不清晰,《大正藏》本録作"是",今結合文意,據甲本改。

⑥ "或異"二字底本、録本作"異或",今結合文意,據甲本改。

彼若答[①]言："若[②]一切法皆無自性，是名'勝義'；若於諸法無自性中自性可得，是名'世俗'。何以[□][故][③]？無所有中，建立世俗，經假設名言而起説故。"

應告彼曰："汝何所欲名言'世俗'？爲從因有自性可得？爲唯名言世俗説有？若名言世俗從因有者，名言世俗從因而生，而非是有，不應道理。"

又應告言："長老，何緣諸可得者此無自性？"（此難俗有，勝義即無。）

彼答言："顛倒事故。"（謂心顛倒，於無謂有，如見空花。）

復應告言："汝何所欲？此顛倒事爲有？爲無？若言'有'者，説一切法由勝義故，皆無自性，不應道理；若言'無'者，顛倒事故，諸可得者，此無自性，不應道理。"'"

勝空者[④]曰："《大菩薩藏經》第二卷云：'空與菩薩，性無有二。由無二故，不可言説。'又云：'遠離取執，勝義諦中，無法可得。由性無故，説名爲"空"。由此説"空"爲"□(極)[⑤]了"義。'"

應理者[□][曰][⑥]："此亦非證謂依，瞬若遍計無，故與覺無二。又瞬若多空性真如、與覺無二，不言菩提，體即空無。若實皆空，何空何覺？若云隨破妄情、空覺無二，據勝義諦，無覺無空，即應分别兔角長短。此既不爾，彼云何[□][然][⑦]？"

又云："遠離取執，勝義諦中，無法可得，不言非執。勝義諦中，亦空無法。又若二諦體性是一而非有者，應無凡聖、染净作業、人天五趣，即無三惡。悲所度生菩薩，徒[⑧]自行於勤苦。以空無故，誰爲誰説，何法何求？不應智者爲除幻敵，求石女兒用爲軍旅。又凡夫妄倒，可有世俗色心等法，諸佛

① 答，底本、録本作"本"，今結合文意，據甲本改。
② 若，底本不清晰，《大正藏》本録作"義"，今結合文意，據甲本改。
③ 故，底本、録本無，今據甲本補。
④ "勝空者"三字底本、録本作"空者者"，今結合文意，據甲本改。
⑤ 極，録本作缺文，今據底本、甲本補。
⑥ 曰，底本、録本無，今結合文意，據甲本補。
⑦ 然，録本脱，底本不清晰。今結合文意，據甲本補。
⑧ 徒，録本訛作"德"，今據底本改。

如來妄倒已斷,何有色身净妙土等?若言以佛悲心,爲衆生故,未現身土,衆生妄倒若已斷盡,諸佛身土亦不立者。勝義既空,悲智之心亦應非有,誰爲能度衆生之本?故言空者是密意説。教理既然,故與前説《掌珍》比量,作聖教相違過。以違法教不空義故,《唯識》亦云:'彼特違害前所引經。'"

勝空者曰:"我亦有教,引前所説《大般若》等,爲證成故。"

應理者曰:"教有顯了及不可義,違顯了教,故汝爲過。謂《深密經》説第二時,以隱密相轉正法輪,説一切空非真了義;又云:

'相生勝義無自性,如是我皆已顯示[①]。若不知佛此密意,失壞正道不能往。'

經既自説諸法無性,是[②]隱密相非真了義,今判説空爲第一説,是故爲過。"

問曰:"龍猛、無著俱登極喜,同證法性,智見不殊,因何二宗所説有異?"

答:"據其至理,平等無差。佛對根宜,顯密異説。菩薩亦爾,對根宜聞,所弘各異。由著有見,龍猛菩薩密弘於空。空見若生,亦成其病,故須雙説非有非空,遠離二邊,契會中道,如向《瑜伽》釋論等説。又復大乘無相空教,依真智境,遣一切相,密説皆空。諸大菩薩對著有病,弘斯密教,非於中道而不證悟。未□(葉)[③]不悟,廣與乖諍[④],豈[□][大][⑤]菩薩有所相違?"

上通辨宗,隨其勝空及應理者,所弘二諦並此經明。如《功德論》,咸歸[二諦][⑥],通二宗解,智者當悉。别明宗者,題名"般若",故即爲宗。般若有三:實相、觀照及與文字。慈恩三藏依諸經論,更加二種:謂即境界及以眷屬。通有五法:一、般若性;二、般若相;三、般若因;四、般若境;五、般若伴。刻性相從,俱名"般若"。有義此經觀照爲宗,説能斷故。如《大經》説,六度

---

① 示,底本、録本作"不",今結合文意,據甲本改。

② 是,録本訛作"無量",今據底本、甲本改。

③ 葉,録本作缺文,今據底本、甲本補。

④ 諍,録本訛作"净",今據底本改。

⑤ 大,底本、録本無,今結合文意,據甲本補。

⑥ "二諦"二字録本脱,今據底本、甲本補。

之中,其般若度爲州(洲)①、爲渚②、爲遵、爲首、爲燈炬等。故此唯以惠(慧)相爲宗,即無分別本、後二智,通生法空;或取加行,亦不違理,由十八住通攝[□□][地前]③、地上位故,有義亦以實相般若爲經所宗能斷性故,真理爲本智方生故,金實亦喻如來藏故。經中廣明無相真理法身極果,是無相智正所觀故。若辨如體,諸釋不同,如《凈業障經》疏述。

問:"何不取文字等三?"

答:"非經正明彼□(是)④末故,此二本故,菩提、涅槃二爲體故,即五法性攝三身故,能緣所緣、能依所依、若性若相功德本故。"

第三門訖。

第四所被根宜者,初辨根性,後以教被。□(且)⑤初根性,差别不同。一乘五性,自古紛諍。今略叙之,三説不同。一云衆生皆有佛性,決定無有定性二乘及無性者。《涅槃經》第二十七云:"師子吼者,是決定説一切衆生悉有佛性。"又云:"一切衆生,悉皆有心。凡有心者,悉皆當得阿耨菩提。是故我説一切衆生悉有佛性。"又第三十七云:"爲非佛性説於佛性。……非佛性者,所謂墻壁瓦石無情之物。離如是等無情之物,是名'佛性'。"准此經文,非是唯⑥理,有情五藴不被簡故;亦非少分,離無情物是佛性故。豈可爲作非佛性説,於佛性之中有非佛性?如説離有爲法説於無爲,無爲之中有爲耶?又《涅槃》云:一切衆生皆有三定,謂上、中、下。上者佛性,中者初禪,下者大地。[□][下]⑦、中[□][二]⑧定,非是少分,故知如上定亦是,一切同一文故。既云是定,故非唯⑨理,説《首楞嚴》定爲佛性故。《法華經》云"一大事因

---

① 州,此當讀如"洲",此字甲本作"洲"。
② 渚,底本、録本作"諸",據甲本改。
③ "地前"二字底本、録本無,今結合文意,據甲本補。
④ 是,底本不清晰,録本作缺文,今結合文意,據甲本補。
⑤ 且,録本作缺文,今據底本、甲本補。
⑥ 唯,底本不清晰,録本"准",今結合文意,據甲本改。
⑦ 下,底本、録本無,今結合文意,據甲本補。
⑧ 二,底本、録本無,今結合文意,據甲本補。
⑨ 唯,底本不清晰,録本"准",今結合文意,據甲本改。

緣出現世，於欲令衆生開佛知見，使得清净”等。又云：“十方佛土中，唯有一乘位。無二亦無三，除佛方便説。但以假名字，引導於衆生。”《佛性論》云：二空真如名“應得因”，以應得佛果，故名“應得［□］［因］①”。故知②有理性者，定有行果。理既一切皆有，行果故非少分。若謂《法華》，二乘無滅，悉當成佛。此説不同定，二乘非是定性者，不然不定亦成。佛教起，初轉法輪，今③説與昔④説若同，何爲慇懃三請許説？增上慢人起誑驚怖，舍利弗等疑佛爲魔，良由今昔懸殊，有斯疑謗⑤。故《經》云：“所以未曾説，説時未生故。令正是其時，决定説大乘。”故知合説非先説也。

二⑥云：“種姓有五：一、聲聞姓；二、緣覺姓；三、如來姓；四、不定性（姓）；五、無種性（姓）。”

問：“云何得知有無種姓？”

答：“四卷、八卷二《楞伽經》皆云：大悲菩薩一闡提人，畢竟不成［□］［正］⑦覺。若皆有姓，衆生即應有成佛盡，如何大悲畢竟不作？又《勝鬘經》云：‘離善知識，無聞非法衆生以人天善根而成熟之。’《善戒經》云：‘無種姓人無種姓故，雖復發心勤行精進，終不能得無菩提。’《地持》、《瑜伽》，亦同此説。又《涅槃經》：三種病人第三，若遇不遇良醫，决定不差。若是有姓，如何不差？又，恒河七人，第一當没⑧。七人各一，即無種姓。《大莊嚴論》第一説闡提有二種：一、時邊；二、畢竟。時邊有四：一者、一向行惡；二者、普斷諸善法；三者、無解脱分善根；四者、善根不具足。畢竟無涅槃法者，無因故彼無般涅槃姓，謂但求生死，不樂涅⑨槃。然有釋云，畢竟者：一約所斷善、兼生得善，斷三世因盡，名爲‘畢竟無涅槃性’；二約時以有鈍根，長時流轉，不能生，

① 因，底本、録本無，今結合文意，據甲本補。
② “故知”二字底本、録本作“知故”，今結合文意，據甲本改。
③ 今，録本訛作“令”，兹據底本改。
④ 昔，録本訛作“等”，今據底本改。
⑤ 謗，底本、録本作“訪”，今結合文意，據甲本改。
⑥ 二，甲本作“又”。
⑦ 正，底本、録本無，今結合文意，據甲本補。
⑧ 没，録本訛作“設”，今據底本改。
⑨ 底本“涅槃”前有一“但”字，今結合文意，據甲本删。

名爲'畢竟無涅槃法';不言盡未來際、決定無性名爲'畢竟'。此釋不然。諸斷善根,但斷生得非方便善。又伏現行,非無種子,如何無因?又與時邊普斷善法,應無差別。又斷善根,大小經論俱是利根,非鈍根者。'畢竟'之與'盡未來際',文别義同。若不爾者,究竟如虚空,應非遍法界。又《瑜伽論》第六十七更有五難、六答,廣成無姓,此應捨叙。"

"上來無姓(性),次成定姓(性)。依《大般若》五百九十三,善勇猛請言:'唯願世尊哀慜我等,爲具宣説如來境智。若有情類於聲聞乘姓(性)决定者,聞此法已,速能證得自無漏[1]地;於獨覺乘姓(性)决定者,聞此法已,速依自乘而得出離。'乃至云:'若有情類,雖未已入,正性離生,而於三乘姓(性)不定者,聞此法已,速發無上正等覺心。'既决定外别説不定,明知别有决定聲聞。又《瑜伽》七十六、《解深密》第二皆説一向趣寂聲聞,《華嚴》第四十説定性緣覺,《大經》第一亦爾。《涅槃》第三十言[2]:'我於[3]經中,爲諸比丘説一乘道、一行一緣。'乃至:'我諸弟子聞我是説已,不解我意,唱言:"如來説須陀洹乃至羅漢皆得作佛。"'若皆作佛,無决定姓(性),是解佛意,何須此説?"

"若爾,如何《法華經》中唯説一乘而爲究竟?"

答:"如《攝論》中以十義會,《深密》亦有會一乘文。總依經論,佛性有三,聲聞有四,闡提有三。佛性三者:一、理性,謂真如;二、行性,謂無漏種子;三、隱密姓(性),即塵[4]勞之疇[5]。聲聞四者:一、應化;二、退菩提心;三、增上慢;四、趣寂。闡提三者:一、大乘;二、斷善;三、無種性。上來兩家所[6]引教文,並有明説。其五釋難及會違文,一一研究,廣如别記。樂廣言論,勤説法者,皆應叙之。"

三云:"此有種姓及無種姓,乃是如來教密境界,散在諸經,佛不定説。如何前釋欲定是非?"

① 漏,底本、録本作"諦",今結合文意,據甲本改。
② 言,底本、録本作"無",今結合文意,據甲本改。
③ 於,底本、録本作"相",今結合文意,據甲本改。
④ 塵,底本、録本作"慶慶",今結合文意,據甲本改。
⑤ 疇,録本訛作"時",今據底本改。
⑥ 所,底本不清晰,録本"頌",今結合文意,據甲本改。

"此十力中，種種界力之所知故。唯佛與佛，乃[①]能知之證了[②]。《涅槃》第十七云：'三乘之法[③]，説言一乘；[□□][一乘][④]之法，隨宜説三。'乃至'如來明見衆生根故'、'終無虚妄斷罪過故'。雖無虚妄，若知衆生因虚妄説得法利者，隨宜方便，則爲説之。是則諸佛甚深境界，非二乘知。准此經文，豈可下凡謬爲商略？又彼三十四云：'善男子！如來世尊爲衆生故，廣中説略，略中説廣。'乃至云：'是故隨人、隨意、隨時，故名"如來知諸根力"。善男子！我若當於如是等義作定説者，則不得稱我爲"如來具[⑤]知根力"。'三十五云：'善男子！如是[⑥]諍訟是佛境界，非諸聲聞緣覺所知。若人於是生疑心者，猶能摧壞無量煩惱，[□][如][⑦]須彌山。若於是中生决定者，是名"執著"。'乃至：'善男子！如是執著不名爲"善"。何以[⑧]故？不能摧壞諸疑網故。伽葉復言："世尊！如是人者，本自不疑。云何説言不壞疑網？""善男子！其[□][不][⑨]疑者，即是疑也。"'三十六云：'善男子！我雖説言一切衆生悉有佛姓(性)，衆生不解佛如來等隨自意語。善男子！如是語者，後身菩薩尚不能解，况於二乘其餘菩薩？'又後文云：'若有説言一切衆生定[□][有][⑩]佛性、定無佛性，是人皆名"謗佛法僧"。'准此等文[⑪]，推功歸佛，謹述而已。故於諸釋，隨所愛樂，任情取捨，以有教理各齊均故，不應於中起朋[⑫]執心，强生偏見，謂契佛言，無有是處。然應是具叙諸家教理，欲令學者知所在故。"

---

① 乃，録本訛作"爲"，今據底本改。
② 了，録本訛作"一一"，今據底本改。
③ 法，録本訛作"諸"，今據底本改。
④ "一乘"二字底本、録本無，今結合文意，據甲本補。
⑤ 具，底本不清晰，録本作"且"，今結合文意，據甲本改。
⑥ "是"字前底本有一"來"字，當係書手誤增，今結合文意，據甲本删。
⑦ 如，底本、録本無，今結合文意，據甲本補。
⑧ 以，底本、録本作"如"，今結合文意，據甲本改。
⑨ 不，底本、録本無，今結合文意，據甲本補。
⑩ 有，底本、録本無，今結合文意，據甲本補。
⑪ 文，底本、録本作"又"，今結合文意，據甲本改。
⑫ 朋，甲本作"用"。

問:"理有一長,不應俱是。開釋教藏,須定指歸。今但和光,作不定説,將令後學何所承稟?"

答:"義有可定不可定者,不決定義理通[①]多解,豈[②]其一向要令定釋?佛尚不定,誰敢定乎?"

問:"祕密難知,誠如所道[③]。此土衆生樂聞佛性,何故如來不作定説?"

答:"誰言一向樂聞説有?然諸佛衆生,自有二類:一、聞佛性,欣樂有憑,勇猛進趣;若聞無性,無所因託[④],息進求[⑤]心。二者、若聞一分無性,恐墮此緣[⑥],加功德進習;若聞皆有,恃[⑦]此佛性,卻生怠墮。由對機異,教不定明,但應精勤,堅集行願,面奉金顔,當自知矣。"

上來解釋根性不同。以經被者,若依初釋,更無異論。五性之家,應須料簡。約正所被,唯是上乘。《經》云爲發大乘説故,即餘經云爲諸菩薩説,應六波羅蜜,令[⑧]得一切種智。若約兼被,通諸二乘及以無姓(性),下列四衆及於八部,無所簡故。《大般若》云般若波羅蜜多,能辨聲聞獨覺地,即前所引善[⑨]勇猛文,亦被二乘。此下菩薩廣大之心,三界四生俱令滅度。

無著菩薩問云:"何故願此不可得義?"

答:"生所攝,故無過。至下當知。"

第五依文正解者,[□□][釋者][⑩]有二:初釋題目,後解經文。釋經題者,秦、魏、梁本俱題"金剛般若";唐、周[⑪]兩本,同號"能斷金[□][剛][⑫]";隋

① 通,底本似作"道",録本作"過",今結合文意,據甲本改。
② 豈,底本、録本作"是",今結合文意,據甲本改。
③ 道,録本訛作"過",今據底本改。
④ 託,底本、録本作"説",今結合文意,據甲本改。
⑤ "息進求"三字録本訛作"恩迢等",今據底本改。
⑥ 緣,甲本作"流"。
⑦ 恃,録本訛作"情",今據底本改。
⑧ 令,録本訛作"今",今據底本改。
⑨ 善,録本訛作"若",今據底本改。
⑩ "釋者"二字底本、録本無,今結合文意,據甲本補。
⑪ 周,底本、録本作"國",今結合文意,據甲本改。
⑫ 剛,底本、録本無,今結合文意,據甲本補。

朝所翻，准彼《論》，後乃名“金剛斷割”。前三[①]本略，後三具足。舉體攝用，但標法喻之名；體用雙彰，兼陳[□][能][②]斷之因。廣略雖異，義則無違。初離釋，後合[③]釋。梵云“跋闍羅”，此云“金剛”，寶中最勝，體類多種。《正理論》云：“帝釋有寶，名爲‘金剛’，不爲餘衆生見。”《真諦記》云：“有六種寶，皆名‘金剛’：一、青色[④]，能除一切災厄；二、黄色，能隨人所須、出種種物；三、赤色，能令人遊行空中；四、白色，能出水清濁水；五、空色，能出火；六、碧色，能消諸毒。”

上釋喻體，次舉義用。先依諸教，後據此《論》。諸教如《涅槃》第二十四，廣讚金剛三昧：“譬如金剛所擬之處，無不碎壞，而是金剛無有折損。”又云：“如諸寶中，金剛最勝。”依梁《攝論》，天親菩薩釋金剛定，四義爲喻：一、能破煩惱；二、能引無餘功德；三、堅實不可破；四、利用通達一切法。定既如是，准智亦然。《對法論》第十二釋“金剛定”四義：一、無間，非世間行所間缺故；二、堅固，能壞一切障、非所壞故；三、一味，無分別性、純一味故；四、遍滿，緣一切法、共相真如爲境界故。“金剛”亦四：一、體無間隙，非沙石所難；二、可知；三、純一類，不變不異；四、遍滿世界，如金剛輪、金剛山、金剛座、金剛杵等。總攬諸文，“金剛”十義：一、最勝；二、難見；三、除災；四、堅實；五、稱求；六、能引；七、利用；八、無間；九、一味；十、遍滿。此經文義，亦有十種：最上第一希有法故，義及果報不思議故，罪業障惱爲消滅故，能破堅執非彼故，利生嚴土得菩提故，能生諸佛集善法故，通達無我智見净故，非相心之所雜故，諸法如義體無爲故，福惠(慧)如空叵思量故。對前喻十，如次配釋。此雖義具，非本論意。

本論四義：一、細；二、牢；三、能斷；四、相似。初三共義，觀照實相，遍在諸教；後一不共，文字般若，唯在此經。《論》先標云：“金剛能斷者，此名有二義相應應知，如説入正見行，入邪見行。”然釋此文，法説不同。慈恩解云：

---

① 三，録本訛作“二”，今據底本改。

② 能，底本、録本無，今結合文意，據甲本補。

③ 合，底本、録本作“令”，今結合文意，據甲本改。

④ 色，底本、録本作“多”，今結合文意，據甲本改。

“二義相應”者，此顯金剛通能、所治。“如説”已下，是舉例釋。“正見”謂“正定聚”，“邪見”謂“邪定聚”。行善惡行，能入彼聚，名彼二行。或汎指言，如説善、惡二人行善、惡行，此行入正見聚類，此行入邪見聚類，邪正雖殊，俱名“見行”。今者能治三惠（慧）所治二障，染善雖殊，俱名“金剛”。如《涅槃經》云：金剛極堅，萬物不能壞，除白羊角及以龜甲。意以二[1]障，隨其所應，凡夫二乘，所不能斷，唯發大菩提心三惠（慧）方能折伏[2]或（惑）斷。此以所斷，喻於金剛，如入邪見行。又如玉石，性極堅牢，非物所壞，唯有金剛能摧破之。二障亦爾。非凡夫俗智二乘真智之所摧壞，二乘不斷惑障習故。大乘三惠（慧）如彼金剛方能伏斷，究竟斷位，金剛修惠（慧）。故經唯説金剛喻定，此即能斷喻金剛如入正見行，故言二義：一、所破義；二、能破義。若唯能破邪、正二見，喻不相應。然論文略，不解出所治金剛，於能斷中，庵含方顯。

河南又釋：金剛但喻三惠（慧）及教。所以然者，《涅槃經》喻如金剛極堅，無能摧壞，除龜甲等。彼經亦爾，唯除闡提，不能令立菩提之因。既羊角等以喻闡提，明非所斷名爲“金剛”。而言“二義”者，一、證真如理，如入正見行；二、斷諸惑，如入邪見行。此金剛智能破大乘有善根人根熟之者二重障惑，不能除彼斷善根人身中或（惑）。故又有釋云：准此《論》，初金剛難壞句義聚，明非所斷。雖有别處説煩惱難斷，猶若金剛；此處説其可斷，不合以金剛爲喻。如説闡提難化，以燋穀爲喻；若説闡提可治，即不用此喻。而言“二義相應”者，金剛能斷堅、不堅物，名爲“二義”。

演曰：初釋爲勝，順論文故，正以金剛喻能斷智，兼喻所斷，顯智功能。《十論經》第二云：“云何破相續，如金剛煩惱？”理有多途，喻亦何定？如説虚空，以喻佛性，亦有以喻二障麁重。如正理門，[□][門][3]通理智，舉障難斷，猶[4]若金剛，以表智能殊勝超絶，非喻所喻。誰要令[5]觀煩惱堅硬起觀行耶？

“若爾，《涅槃經》白羊等喻不相應，當云何通？”

---

① 二，底本不清晰，録本作“土”，今結合文意，據甲本改。

② “折伏”後底本、録本衍“或斷折”三字，今結合文意，據甲本删。

③ 門，底本、録本無，今結合文意，據甲本補。

④ 猶，底本、録本作“從”，今結合文意，據甲本改。

⑤ 令，底本、録本作“今”，今結合文意，據甲本改。

答:“《涅槃》文意,非釋此經。今借彼喻以顯金剛是彼二物所對所礙,而喻所治,非謂涅槃障喻金剛。”

上解金剛,通能、所斷。論下别釋,唯就能斷,乃有四義,如前所列[①]。《論》云:“細者智因故,牢者不可壞故。”隋朝諱“堅”,故翻爲“細”,取[②]“堅密”義。智因即種子,不可壞即現行。智起惑除,明暗不並,故不可壞。又釋:智能證如,了因性故,名爲“智因”。以無間隙,非世間行所相雜故,名之“細密”。又以細妙非二業等麁所緣故,亦名“細密”。言“不可壞”者,顯所治障性堅難壞。若依此釋,論中四義,通能所斷。

《論》又云:“能斷者般若波羅蜜中聞、思、修,所斷如金剛斷處而斷。”故此以智金剛可斷二障如玉石等,名爲“斷處”,即舉所斷,以顯能斷。别作二障喻金剛解者,此舉能斷,以顯所斷,猶若金剛,謂聞、思、修所斷之障,乃如金剛處而斷。然准《論》意,即釋題名“金剛能斷般若”。以初標云“金剛能斷”者,後又結云“是名‘金剛能斷’”。釋中亦爾。先釋“金剛”,後釋“能斷”,此順西域語;若言“能斷金剛”,則順此語;皆不相違。總以能詮之教,所詮理智及所斷障,喻於金剛。《論釋》第四義云:“又如畫金剛形,初後闊,中則狹。如是般若波羅蜜,‘中狹’者謂净心地,‘初、後闊’者謂信行地、如來地。此顯示不共義也。”

演曰:依此經教,文字般若,初、後廣明,中間即狹,不同餘經,名“不共”義。是故此經獨名“金剛”,亦即餘分不同。所以一如畫金剛神,膊跨則闊,在腰則狹,有動作[③]故,喻令進趣。二如畫金剛杵,兩頭闊,中腰狹,極堅勝故,令知深妙。

問:“何故廣明信行佛地略净心耶?”

答:“此經意令發心修行,佛種不斷,廣談果德,勸彼欣樂,而能發心。地前初修者退轉,故廣示行相,令其進入;初地已去,自證得故,非退轉故,不假多陳,故初後廣,中間略説。又從凡位紹繼佛種,爰至佛果,‘不斷’義成。中

① 列,録本訛作“引”,今據底本改。

② 取,録本訛作“邪”,今據底本改。

③ 作,録本訛作“位”,今據底本改。

間可知，何煩廣説？故經文義，闊狹不同。雖如來地釋者即是十地位收，然經不明十地何相，還指佛果所有功德名‘如來地’。故作是釋，至下當知。”

問：“《勝天王般若》云：‘般若波羅蜜，無[①]有一法可爲譬喻。’如何今説智喻金剛？”

答：“彼顯智勝，超過萬法，無可全分相比況者。此約少分，義用相似，故譬金剛。諸有智者，以喻解故。法藉喻明，徵由顯著。舉已見邊，證未見邊。和會一處，合義平等。所有正説，名之爲‘喻’。即以顯了分顯未顯了分也[②]。‘般若’梵音，此云‘智慧’，總有五種：文字，即是能詮教法；觀照惠（慧）體；實相真性；境界，即是空有二諦、三無性等；‘眷屬’者，相應四蘊性，助伴五蘊性，隨其所應，即定道共二種戒故。然此‘般若’名‘寬通[③]’，故理該[④]五種。就勝唯取實相觀照，如宗中辨釋此智慧，初别後通。言‘别相’者，具足梵音，應言‘般羅腎若’，此翻爲‘惠（慧）’；梵云‘若那’，此翻爲‘智’。體雖是同，俱别境惠（慧）。義用有異，故得名殊。擇法决斷，二種異故。即准《大品》、《涅槃經》等。若字通目‘智慧’二義，此是‘智慧’二字界故；‘般那’兩字是其字緣，以‘般’助‘若’爲‘慧’，以‘那’助‘若’爲‘智’。由是諸經十度之[□][中][⑤]，‘智’‘慧’二别。《勝天王般若》云：‘菩薩具足般若，具足闍那。’[□□□□□][又云：‘得闍那][⑥]門，能入衆生諸根利鈍；得般若門，分别句義。’言‘通相’者，由體同故。智處説慧，慧處説智。一切無違，即説第六名‘智度’等。”

問：“題名‘般若’，何故行中乃明布施？”

答：“約前引後，即檀度收；後净於前，即智度攝。互舉一種，理實相似。又立名據勝，修行約[□][初][⑦]，故檀、智二，所舉各别。言‘波羅’者，此云

① “無”字底本誤訛作“無”，今結合文意，據甲本改。
② 也，底本、録本作“地”，今結合文意，據甲本改。
③ 通，録本訛作“道”，今據底本改。
④ 該，録本訛作“諺”，據底本改。
⑤ 中，底本、録本無，今結合文意，據甲本補。
⑥ “又云得闍那”五字底本、録本無，今結合文意，據甲本補。
⑦ 初，底本、録本無，今結合文意，據甲本補。

‘彼岸’。法有四種，理、教、行、果。但取於果，菩提涅槃，以爲彼岸。教理通因果，行唯在因故。未起苦集爲河流[①]，現起集苦爲此岸。六度爲舟船，即以行人五藴假者而爲所度。‘蜜多’者，‘離’義、‘到’義，由修施等，離[□][出][②]生死，達至彼岸。《唯識》第九：要七最勝之所攝受，方可建立波羅蜜多：一、安住最勝，謂要安住菩薩種姓；二、依止最勝，謂要依止大菩提心；三、意樂最勝，[□□□□□□□□□□□□□][謂要悲滑一切有情；四、事業最勝][③]，謂要具行一切事業；五、巧便最勝，謂要無相智所攝受；六、迴向最勝，謂要迴向無上菩提；七、清净最勝，謂要不爲二障間雜。若非此七所攝受者，所行施等，非到彼岸。由斯施等對波羅蜜多，一一皆應四句分别。《辨中邊論》第二有十二最勝，是故皆得‘到彼岸’名。《對法論》第十一有五義，《解深密經》由五因緣。此等相攝，如别章辨。‘經’者，梵音‘修多羅’、‘修姤路’，皆訛也。正云‘素呾纜’，乃因四義：衣、綖、席、經，猶如‘瞿名’、‘仙陀婆’等。今取‘經’義，亦取‘綖’義。何者？《四分律》云：如種種花置於案上，風吹散落[④]，以綖連持，則不散失。衆生根姓(性)如案，佛説教義如花。若不連持，邪見異[⑤]風，或當飄散。今結集連綴佛語，如綖貫花，如經持[□][緯][⑥]。《佛地論》云：以佛聖教貫穿攝持所應説義及所化生，如次可配[⑦]‘綖’、‘經’二義。然其‘經’字，即與此方‘經誥[⑧]’名同。此方俗釋‘經’者，‘常’也，‘法’也。古今不易爲‘常’，揩(楷)定是非爲‘法’，津道(導)物理爲‘經’。佛教同之，亦無有失。小乘論中，雜心五義，謂湧泉等，義如常所説。經雖在教，依《瑜伽論》，出經體中。通取所詮，故總言‘經’。通教及理，金剛般若波羅蜜多上通理教。由此對經，□(綺)[⑨]互相望，總有四句，謂金剛波若

① 流，底本、録本作“深”，今結合文意，據甲本改。
② 出，底本、録本無，今結合文意，據甲本補。
③ “謂要悲滑一切有情四事業最勝”十三字底本、録本無，今結合文意，據甲本補。
④ “散落”二字底本、録本作“教若”，今結合文意，據甲本改。
⑤ 異，底本、録本作“暴”，今結合文意，據甲本改。
⑥ 緯，底本、録本無，今結合文意，據甲本補。
⑦ 配，録本訛作“取”，今據底本改。
⑧ 誥，録本訛作“結”，今據底本改。
⑨ 綺，録本作缺文，據底本補。

波羅蜜多即經等。持業、依主，隨應解釋。

解經文中，先科判，後解釋。依無著菩薩科釋此經，有七義句、十八住處。餘二論釋無别科判。真諦三藏正宗分中分四：一、護念付囑；二、住；三、修；四、斷疑。兼序、流通，爲其六分。菩提留支依《金剛仙記》判爲十二分，一一廣多，既非論意，今是不取。然晋朝道安法師，時人稱爲'寶印手菩薩'，科判諸經，以[①]爲三分：序分，正宗，流通。後譯《佛地論》，親光菩薩釋《佛地論經》，三分正同。是知妙理潛通，慧心玄合；彌天之稱，豈虚也哉？言'三分'者：一、教起因緣分；二、聖教所説分；三、德教奉行分。名雖少差，義理無别。即依[②]此判，經文有三：始從'如是'至'敷座而坐'爲序分，'時長老須菩提在大衆中'至'應作如是觀'爲正宗，餘名'流[通][③]'。序分又二：初通序，即'如是'等；後别序，'爾時世尊'已下文是。然此二序，有五對名：一、通、别對，諸經共有，當部别緣故；二、證信序、發起序對，初傳法者引證合住，後説法者别緣發起；三、經後序、經前序對，經後教置、經前自有故；四、阿難序、如來序對，從請得名、説方便故；五、未來序、現在序對，阿難後請、當時緣起故。雖有多[名][④]，初二對名義理周盡，然各隨勝，以立二名。不爾，證起豈不遍也？將釋通序證信，先以三門分别：一、起之因由；二、建立所以；三、開合不同。起因由者，《摩訶摩耶經》、《大悲經》、《智度論》等具述其事。然《大悲經》優波離教、阿難問，《大術經》等阿泥樓豆教者，二人共教，互舉其一。'請問[⑤]四事'者：一、佛滅度後，諸比丘等以誰爲師？二、依何處住？三、惡性比丘如何調伏？四、[□][一][⑥]切經首當置何言？佛教之云：'我滅度後，以波羅提木叉爲汝大師；依四念處住；惡[⑦]性比丘梵檀治之、梵默然故，不應打罵、

① 以，底本、録本作"八"，今結合文意，據甲本改。

② 依，底本、録本作"德"，今結合文意，據甲本改。

③ 通，録本脱，據底本補。

④ 名，録本脱，據底本補。

⑤ 問，録本訛作"又"，今據底本改。

⑥ 一，底本、録本無，今結合文意，據甲本補。

⑦ "惡"字前書手誤增"惡性比丘如何調伏四切經首當置何言佛教之云我滅度後以波羅提木叉爲汝大師依四念處住"三十九字，與前文重復，今結合文意，據甲本删。

任擯默故;一切經首當置"如是我聞[①]"等言。'"

問:"[□□][何故][②]阿難但申四問,不增减耶?"

答:"戒能上進,可以爲師;念處破倒[③],依之[④]修學;梵法默然,能伏惡人。初明正行,次明正解,次明除障。此之三門,必依聖教。由斯所問,不减不增。又,破生死病,要具四事:一、須名醫;二、求妙藥;三、識觸犯;四、善經方。四義如次。佛大醫王滅度之後,此四爲要,是故問之。有此即是三寶不斷。以戒爲師,即當佛寶;惡性比丘既調伏已,衆得和合,即僧寶不斷;餘二法寶,念住即通理行二法,結集教法,理等不斷,果法自成。是故四義更無增减。後結集時,阿難依命置'如是'等。"

"建立所以"者,立"如是"等自有四意:一、爲除疑;二、爲生信;三、爲簡邪;四、爲顯正。言"除疑"者,真諦引微細律,阿難昇座,衆有三疑:一、佛大悲從涅槃起;二、更有佛從他方來;三、疑阿難轉身成佛爲衆説法。説"如是"等,三疑併斷。

二"生信"者,《智度論》云:説時方令人[⑤]生信故,"信爲能入,智[□][能][⑥]度故"。

問:"信何功能,最初令生?"

答:"夫信體者,心净爲性。如水清珠,能清濁水,與一切善而爲根本。故《華嚴》云:'信爲道元[⑦]功德母。'且如發心趣向三乘,有善法欲信,爲欲依[□][故][⑧],初令[⑨]生於大乘位。聖胎三十,以信爲首。五根、五力及七聖財,皆信爲初。入聖即證四不壞信。信三寶故,能越惡道;由信戒故,離貧賤

---

① 聞,録本訛作"問",今據底本改。
② "何故"二字底本、録本無,今結合文意,據甲本補。
③ 倒,録本訛作"例",今據底本改。
④ 之,録本訛作"主",今據底本改。
⑤ "令人"二字底本、録本作"人令",今結合文意,據甲本改。
⑥ 能,底本、録本無,今結合文意,據甲本補。
⑦ 元,録本訛作"无",又繁化作"無",今據底本改。
⑧ 故,底本、録本無,今結合文意,據甲本補。
⑨ 令,録本訛作"今",今據底本改。

因。故論亦説有信現觀。《婆沙論》説：學佛法者，如大龍象，以信爲手，以捨爲牙，以念爲頸，以慧爲頭，於兩肩擔集善法。象所飲噉，以鼻爲手，故學法者最初令生。又拔衆生，出生死逕，須舉信手。後陳正宗，爲佛教手；序令生信，爲衆生手；兩手相接，出淤逕故。《智度論》云：'如人有手，至於寶山，隨意所取；若其無手，空無所得。有信心人，入佛法寶，能證道果；若無信心，雖解文義，空無所得。是故經初令生净信。'"

三"簡邪"者，外道教初皆置"阿漚"二字，云梵王有七十二字，以訓於世。衆生轉薄，梵王瞋怒，吞噉諸[①]字，唯此二字，在口兩角。"阿"表於"無"，"漚"表於"有"，置彼教初，令[②]置六句。爲簡於彼，故《智論》云："一切經首當置何[③]言，簡異外道？"

四"顯正"者，三寶最吉祥故。我經初説佛爲佛寶，"我聞比丘"爲衆僧寶，"如是一時及處"爲法寶。法寶三者，一所説法，二説時，三説處故。

第三開合者，《真諦記》中開爲七事：一、"如是"者，標所聞法；二、"我"者，辨能聞人；三、"聞"者，親承音旨；四、"一時"者，顯所聞法者善合時宜；五、"佛"者，明能説主；六、"住處"者，顯説有處；七、"大比丘"等，顯非獨聞。《智度論》中，[□][合][④]"我""聞"爲一，總説六義：一、信；二、聞；三、時；四、主；五、處；六、衆。世親菩薩《般若燈論》亦有六義。故彼頌云："前三明弟子，後三證師説。一切修多羅，其事皆如是。"有引《法華論》云："證信序中分六成就者，謬也。"或總分五，如《佛地論》：一、總顯已聞；二、説經時分；三、明説經主；四、説經處；五、同聞衆，即合"如是""我聞"爲一。今又助釋，可分爲五，謂能説爲一。然佛説法，離四種失：一、無非法，即"如是"；二、無非根，即"我聞此比丘"；三、無非時，即"一時"；四、無非處，"在舍衛"等。或總爲四，真諦三藏所釋七事，總唯有四。初"如是"者，明所聞法；次"我聞"者，辨能聞人；次二證所聞法，後二證能聞人。又解云：能説，能受，所學，所

① 諸，録本訛作"佉"，今據底本改。
② 令，底本、録本作"今"，今結合文意，據甲本改。
③ "何"字前書手誤增"信"字，今結合文意，據甲本删。
④ 合，底本、録本無，今結合文意，據甲本補。

依，故分爲四。佛爲能説主，"我聞比丘"爲受教人，"如是"爲所學法，"一時及處"爲説所，能依[①]受弟子有衆别故，説法所依有時處故。或合爲三，即前三寶。又依《佛地》，義可分三：一、總顯已聞及説教時；二、别顯教主及説教處；三、教所被根。或合爲三人二(三?)[②]法，人稟法以成德，法藉人以弘宣，兩相資成，互爲因果：一、佛；二、我聞；三、比丘衆；此三屬人。一、如是；二、時；三、處；此三屬法。人有師資，資中傳證；法有假實，假中時處。故總爲二，或合爲一，即證信通序。

《經》："如是。"

演曰：自古多釋，今叙三門：一、别解"如是"；二、合解"如是"；三、帶"我聞"解。初即"如是"兩字各别訓釋，次即總申二字之意，後"如是"兩字連"我聞"解，非釋"我聞"。

初别解者，唐梵道俗，總有九釋：一[③]、安法師云："有無不二爲'如'，如非有無爲'是'。'如'無所'如'，'是'無所'是'，故云'如是'。"二、支公云："教能顯理爲'如'，智能照理爲'是'。"三、智者禪師云："以文爲'如'，以理爲'是'。文以□(巧)[④]詮爲'如'，理以無非爲'是'。"四、《注法華》云："'如是'者感應之端，'如'以順根受名，'是'以無非立稱。衆生以無非爲感，如來以順根爲應。傳法者欲顯名教，出於感應，故建言'如是'。"[□][五][⑤]、《注[⑥]無量義經》云："至人説法，但爲顯'如'。唯'如'爲'是'，故言'如是'。"六、□(澤)[⑦]州法師云："所説之法，如於前事，故云爲'如'。説事如事，説理如是理。因[□][果][⑧]亦爾。此所説言，皆當道理，故稱爲'是'。乖法爲'非'，如法爲'是'。此約法解，又約人解。阿難道佛所説之法，如過去佛所

---

① "能依"二字底本、録本作"依能"，今結合文意，據甲本改。

② 結合下文，此處"二"當爲"三"字之訛。

③ 此處書手復衍一"一"字，今結合文意，據甲本删。

④ 巧，録本作缺文，據底本補。

⑤ 五，底本、録本無，今結合文意，據甲本補。

⑥ 注，底本、録本作"信"，今結合文意，據甲本改。

⑦ 澤，録本作缺文，據底本補。

⑧ 果，底本、録本無，今結合文意，據甲本補。

説不異,故名[□][爲][1]'如';正而非邪,故稱爲'是'。"七、梁武帝云:"'如'即指法,'是'即定詞。如斯之言,是佛所説,故言'如是'。"八、長耳三藏云:"'如是'有三:一、就佛,三世諸佛,共説不異,名'如';以同[2]説,故稱'是'。二、就法,諸法實相,古今不異,故名爲'如';如'如'而[3]説,故稱爲'是'。三、就僧,以阿難聞望佛本教、所傳不異爲'如',永離過非爲'是'。由此同説,稱理無謬,故經可信。"九、又相傳釋"真不違俗爲'如',俗不違真爲'是'""順理爲'如',是以遮妄爲'是'"、"攝福爲'如',生慧爲'是'""教順於理爲'如',依教起行爲'是'"、"境如智是"等,歷法廣説,義乃無窮。

次合解"如是",復有六釋:一、肇法師云:"'如是'者,信順之詞。信則所言理順,順則師資[4]道成。詞無繁約,非信不傳。是故經初[5]建言'如是'。"二、《真諦記》云:"'如是'者決定義。決定有二:一、文;二、理。"三、興皇法師云:"'如是'者,是'無差異'義。"四、法智《注[6]涅槃》云:"'如是'者,阿難自明之詞也。金口所説,旨深意遠,非所仰側(測)。而章句始末[7]正自如是也。"五、瑶[8]公云:"以離五謗名爲'如是':第一句'如是',此經離執有增益[□][謗][9];第二句'如是',此經離執無損减謗;第三句'如是',此經離執亦有亦無相違謗;第四句'如是',此經離執非有非無愚癡謗;第五句'如是',此經離執非非有[10]、非非無戲論謗。"六、《智[□][度][11]論》第一云:"如是義者,即是信也。不信者,言是事不如是。後帶'我聞',以釋'如是'。"

復有五釋:一、光宅法師云:"'如是'者將傳聞前,顯舉一部。'如是'一

---

① 爲,底本、録本無,今結合文意,據甲本補。
② 同,底本、録本作"用",今結合文意,據甲本改。
③ "如而"二字底本、録本作"爲",今結合文意,據甲本改。
④ 此處書手復衍一"資"字,今據文意删。
⑤ "是故經初"四字底本、録本作"則經别",今結合文意,據甲本改。
⑥ 注,底本、録本作"信",今結合文意,據甲本改。
⑦ 末,録本訛作"未",今據底本改。
⑧ 瑶,録本訛作"淫",今據底本改。
⑨ 謗,底本、録本無,今結合文意,據甲本補。
⑩ 有,底本、録本作"者",今結合文意,據甲本改。
⑪ 度,底本、録本無,今結合文意,據甲本補。

部我親從佛聞，即爲'我聞'，作呼輒耳。"二、惠(慧)朗[①]云："'如是'者直指之詞，謂如是之經，我從佛聞，非自造也。"三、功德施《論》云："'如是我聞'者，顯示此經是世[②]尊現覺而說，非自所作。"四、《佛地論》云："如是總言，依四義轉：一、依譬喻，謂當所說如是文句如我[③]昔聞。二、依教誨[④]，謂告時衆如是當聽，我昔所聞。三、依問答，謂有問言：'汝當所說，昔定聞耶？'故此答言：'如是我聞。'四、依許可，結集時諸菩薩衆咸共請言：'如汝所聞，當如是說。'傳法菩薩便許彼言：'如是當說，如我所聞。'又'如是'言信可審定，謂如是法我昔曾聞。此事如是，齊此當說，定無有異。"五、菩提流支依《金剛仙論》：一、發心如是；二、教化如是；三、譬喻如是；四、决定如是。"發心如是"者，自念我當如是發菩提心，修諸善行。[□□□□□][“教化如是”者][⑤]，教示[□][人][⑥]言："汝當如是發菩提[□][心][⑦]，修諸善行。""譬喻如是"[□][者][⑧]，[□][是][⑨]人如是威德熾盛，如日光明；智惠(慧)深[⑩]廣，猶如大海。"决定如是"者，我如是見、我如是聞等。今言"如是"但取第四"决定如是"。

演曰：此之四種，如次即當《佛地》所說，許可教誨，譬喻問答，思唯[⑪](維)可智(知)。總、别凡有二十家釋。

《經》："我聞。"

演曰：第二能聞。傳法菩薩自指己身[⑫]，言如是法親從佛聞，故名"我

---

① 朗，底本、録本作"明"，今結合文意，據甲本改。
② "世"字前書手誤增"也"字，今結合文意，據甲本删。
③ "我"字前書手誤增"是"字，今結合文意，據《佛地經論》[T26n1530p291a23]删。
④ 誨，底本、録本作"海"，今結合文意，據甲本改。
⑤ "教化如是者"五字底本、録本無，今結合文意，據甲本補。
⑥ 人，底本、録本無，今結合文意，據甲本補。
⑦ 心，底本、録本無，今結合文意，據甲本補。
⑧ 者，底本、録本無，今結合文意，據甲本補。
⑨ 是，底本、録本無，今結合文意，據甲本補。
⑩ 深，底本、録本作"流"，今結合文意，據甲本改。
⑪ 唯，録本訛作"准"，今據底本改。
⑫ 身，底本、録本作"牙"，今結合文意，據甲本改。

聞”,非[1]爲“我”者定屬一人。所言“聞”者,且小乘宗薩婆多師耳聞非識,經部翻此,譬喻師説心心所法、和[□][合][2]能聞;依大乘宗,根識心所和合爲聞。《雜集》第二云:“問:‘爲眼見色?爲識等耶?’答:‘非眼見色,亦非識等,以一切法無作用故。’”由有和合,假立爲見。耳等亦爾。然諸聖教,就勝所依,或説根聞;以能分别,或説識聞;具前二義,説根識聞,皆不相違。又依世俗,耳等能聞;依勝義理,耳非能聞,亦非識等。《瑜伽》五十六説:“法自性衆緣生故,刹那滅故,無作用故。”《智論》亦云:非耳及識意等能聞、從多緣和合,故得聲聞,乃至云“佛法中無有一法能作[□□][能見][3]能知”等。又耳根識,唯聞於聲,而不[4]聞教;若約名句,唯意識聞。故《瑜伽》言:“聞謂比量。”然由耳識親聞於聲,與意爲問,意[5]方得聞。[□][耳][6]意爲緣,熏習在識,因聞所成,總説名“聞”。廢别“耳”等,總名“我聞”。故《佛地[□][論][7]》云:“‘我’謂諸蘊世俗假者,‘聞’謂耳根發識聽受。廢别就總,故説‘我聞’。”

一問:“何須廢别而説於總?”

答:“若不言‘我’,不顯自、他。耳通一切,是誰耳聞?又復聞時,非唯耳等,待緣極多。若一一陳,遂成煩廣。若唯説一,義用不周。顯和合聞,總標假者。然‘我’有三:一、妄所執[□][我][8],謂外道等所横計我;二、假施設我,謂大涅槃樂净常我,除二乘倒[9]、强施設故;三、世[10]流布我,謂世共傳、天授詞[□][授][11]等。今傳法者,隨順世間,自指稱‘我’,不同前[□][二][12],

① “非”字前書手誤增“非謂我聞”四字,今結合文意,據甲本删。
② 合,底本、録本無,今結合文意,據甲本補。
③ “能見”二字底本、録本無,今結合文意,據甲本補。
④ 不,底本、録本訛作“示”,今結合文意,據甲本改。
⑤ “意”字前“問”字底本訛作“門”,且與“意”字誤倒,今結合文意,據甲本改。
⑥ 耳,底本、録本無,今結合文意,據甲本補。
⑦ 論,底本、録本無,今結合文意,據甲本補。
⑧ 我,底本、録本無,今結合文意,據甲本補。
⑨ 倒,底本、録本訛作“例”,今結合文意,據甲本改。
⑩ “三世”二字底本、録本訛作“世三”,今結合文意,據甲本改。
⑪ 授,底本、録本無,今結合文意,據甲本補。
⑫ 二,底本、録本無,今結合文意,據甲本補。

即是無'我'之大'我'也。遍計無體,圓成無相,不可説聞,然就依他,亦無實聞。因緣和合,假説名'聞'。"

二問:"諸佛説法,本除'我'執。何故不稱'無我',爲言'我聞'?"

答:"《瑜伽》第六四義釋之:一、言説易(異)[①]故。若説'無我',通蘊處界,知此説誰?二、順世間故。三、除無我怖故。言'無我'者,爲誰修學?四爲宣説自他染净因果事業、令生決定信解心故,所以稱'我'。《智論》第一四悉檀中,依世界悉檀,説'我'無過,即當《瑜伽》順世間故。又云世間語言有三根本:一、見;二、慢;三、名字。前二不净,後一通净。一切凡夫三種語言,見道學人二種除見。今依第三,説我無失。"

三問:"既依名字,何故不言'阿難聞'?"

答:"有五義:一、示不乖俗宗,雖顯真序,不乖俗理,雖顯妙言,不乖麁欲,顯真諦不離俗故。二、'我[□][聞][②]'者,主宰自在之義。《佛地論》云:'顯示[③]聞者,有所堪能。'《集法傳》云有三'阿難':一、'阿難',此云'慶喜',持聲聞藏;二、'阿難跋陀',此云'喜賢',持獨覺藏;三、'阿難伽羅',此云'喜海',持菩薩藏;但是一人,隨德(得)名别。阿難於教,總持自在。若稱名字,雖順正理,無於諸法得自在義。由斯稱'我',不道[④]阿難。三表親聞。世間共言'我'見聞,此將爲親證。若言'阿難聞',或非親聞,從他傳受。今顯親聞,以破疑網。四不識阿難者,謂言:'誰聞?'五有同名者,謂言彼聞。"

四問:"慶喜于時親亦見覺,何唯説聞?"

答:"有四義:一、名等詮義,非色等故,欲證深理要聞法故;二、此界以聲而爲佛事,聲爲所依名等有故;三、希證菩提要聞熏習,由聞熏習、[□][成][⑤]出世故;四、顯非現證故。有釋云:諮承有[□][所][⑥],無自信之過,即推功歸

---

① 易,甲本作"異"。此"易"當爲"異"之借字。

② 聞,底本、録本無,今結合文意,據甲本補。

③ 示,底本、録本作"不",今結合文意,據甲本改。

④ 道,録本訛作"通",今據底本改。

⑤ 成,底本、録本無,今結合文意,據甲本補。

⑥ 所,底本、録本無,今結合文意,據甲本補。

佛,表己[①]因位。未現見法,但聞而已。若言見覺,謂言同佛。”

五問:“爲佛説法,言‘我能聞’;爲佛不説,言‘我聞’耶?”

答:“有二解:一者、龍軍無性等説諸佛唯有三法,謂大定智悲,久離戲論,曾不説法。由佛慈悲本願緣力,衆生識上文義相生,雖親依自善根力起,而就强緣名‘佛説’。譬如天等增上力故,令於夢中得呪論等。佛地一師,亦同此解。二者、親光等言佛身具有蘊處界等,由離分别名“無戲[②]論”,豈[③]不説法名“無戲論”?謂宜聞者善根,本願緣力,如來識上,[□][文][④]義相生,是佛利他,善根所起,名爲‘佛説’。聞者識心,雖不親得,然似彼相分以顯現,故名‘我聞’。應智[⑤]説此‘如是我聞’,意避增減異分過失,謂如是法我從佛聞,非他展轉顯示,聞者有所堪能。諸有所聞皆離增減異分過失,爲令衆生恭敬信受,文義决定無所增減,是故問(聞)者應正聞已,如理思惟,當勤修學。”

六問:“阿難是[⑥]佛成道日生,二十年後方爲侍者,已前諸教何得親聞?”

答:“有六義:一、本願力故。[□][過][⑦]去作長者供養誦經沙彌,今[⑧]得總持。《龍樹讚》云:‘面如净滿月,眼如青蓮花。佛法大海水,流入阿難心。’二、展轉聞。《智論》第二説:‘佛初轉法輪,爾時我不見。如是展轉聞。’三、佛加持故。《報恩經》云:‘佛入世俗心,令阿難知。’四、佛爲略説故,亦出《報恩經》。佛粗舉其端,而能盡解。五、三昧力故。《金剛花經》説阿難得法性,覺性自在。六[⑨]、聞法力故。《觀佛三昧海經》第五:阿難見佛聞法,説菩薩行,即憶過去九十億佛所説經藏。《法華》第四云自聞受記等,即時憶念過

---

① 己,録本訛作“已”,今據底本改。
② “戲”字前書手誤增一“盡”字,今結合文意,據甲本删。
③ 豈,底本、録本訛作“是”,今據《妙法蓮華經玄贊》[T34n1723p663c21]改。
④ 文,底本、録本無,今結合文意,據甲本補。
⑤ 智,底本、録本作“如説此如是”,今結合文意,據甲本改。
⑥ “是”前書手誤增一“成”字,今結合文意,據甲本删。
⑦ 過,底本、録本無,今結合文意,據甲本補。
⑧ 今,底本、録本作“令”,今結合文意,據甲本改。
⑨ “六”前書手誤增“王三昧能憶天”六字,今結合文意,據甲本删。

去無量千萬億諸佛法[①]藏，通達無礙，而説偈言‘世尊甚希有’等。上來六緣，由本願力，得成後五。”

七問：“有無量大菩薩，何故唯付阿難持法？”

答：“諸菩薩等，各[□][各][②]怱務，莊嚴眷屬，調伏自身，不能宣通。阿難寫瓶有寄，所以傳燈是屬。又復[③]阿難常隨如來，人天所識，傳必生信。諸菩薩等形異處疏，非衆皆識，或容不信[④]。”

[□][八][⑤]問：“諸經皆云‘如是我聞’，何故《温室經》云阿難曰‘吾從佛聞’、《藥師經》云‘聞如是’等？”

答：“隨方置言，其意無別。如阿難昇座説經已，大衆難言：‘無常力大！無常力大！無常力大！’如此等法，我於佛所親自聽聞，今者乃言‘我聞如是’。”

《經》：“一時。”

演曰：第三時成，無非時失。初明如實義，次□(泛)[⑥]叙異解，後問答分别。明實義者，佛説衆經，前後多時，今者正指説此部時，於一時中在某處説，如《涅[⑦]槃經》云“我於一時在尸國”、“我於一時在恒河[□][岸][⑧]尸首林”等。《功德論》云：“‘一時’者，説此經時。餘時復説無量經故。”《金剛仙[⑨]論》，意同此説。

問：“字名句等，説聽多時，如何言‘一’？”

答：“《佛地論》云：‘此就刹那相續無斷，説聽究竟，總名“一時”。若不爾者，字名句等，説聽時異，云何言“一”？’彼《論》意説無問時之長短，總説一

① “諸佛法”三字底本、録本作“法諸”，今結合文意，據甲本改。
② 各，底本、録本無，今結合文意，據甲本補。
③ 復，録本訛作“後”，今據底本改。
④ “不信”二字底本、録本作“住一”，今結合文意，據甲本改。
⑤ 八，底本、録本無，今結合文意，據甲本補。
⑥ 泛，録本作缺文，今據底本補。
⑦ “涅”字前底本有一“是”字，今結合文意，據甲本删。
⑧ 岸，底本、録本無，今結合文意，據甲本補。
⑨ 仙，底本、録本作“佛”，今結合文意，據甲本改。

部[①],説聽究竟,名爲‘一時’。以有[②]勝[③]人得陀羅尼,或净耳根,於刹那頃[④]能説能受,亦名爲‘一’。非唯相續。論又釋云:或相會遇,時分無别,故名‘一時’,即是説聽共相會遇同‘一時’義。”

演曰:彼《論》二義:一、説聽究竟爲“一時”;二、説聽會遇爲“一時”。前簡説餘部時,後簡説聽前後時。次叙異釋者,長耳三藏解有三種:一、分段流轉時;二、不思議變易時。上二即二種生死;三、假名時。假名時有三:一、伽羅時;二、三摩耶時;三、世流[⑤]布時。“伽羅時”者,此云“别相時”。如制戒律,大戒時聞,小[⑥]戒時不聞;出家時聞,在家時不聞;國王[⑦]得聞,餘人不得聞。“三摩耶時”者,此云“破邪見時”,謂五部阿含、九分達摩,不簡白黑,一切得問(聞)。此二與《智論》同。“世流布[□][時][⑧]”者,即是世人語法,如言“一時在恒河岸”等。令依破邪見及世流布時,故名“一時”。真諦三藏説“時”有十義:一、佛出世時;二、説正法時;三、聽正法時;四、持正法[□][時][⑤];五、思正法時;六、修正法時;七、下善種時;八、成熟善根時,謂生國中修[⑥]四念處;九、解脱善根時,謂聽法、説法、思法,静心修習,具此五事,得入解脱;十、心平等時,若下若高,聽法不入;若作棄捨正法心,此是無明不平等心,聽亦不入;若能拔沈□(抑)[⑦]浮,念捨平等,得入正法;故名“平等捨心時”。具此十義,故名“一時”。

後問答辨者,一問:“‘一’之與‘時’,何法爲體?”

答:“皆是假法,不相應行,依色心立,即數與時,二種爲體。法界、法處亦即數識、世識所收。”

---

① 部,底本、録本作“期”,今結合文意,據甲本改。

② 有,録本訛作“爲”,今據底本改。

③ 勝,底本、録本作“騰”,今結合文意,據甲本改。

④ 頃,底本、録本訛作“須”,今結合文意,據甲本改。

⑤ 流,底本、録本訛作“依”,今結合文意,據甲本改。

⑥ 小,録本訛作“不”,今據底本改。

⑦ 王,底本、録本作“之”,今結合文意,據甲本改。

⑧⑤ 時,底本、録本無,今結合文意,據甲本補。

⑥ 修,録本訛作“猶”,今據底本改。

⑦ 抑,録本作缺文,今據底本補。

二問:"大乘過未既非實有,於三世中如何立時?"

答:"'時'有二義:一道理時,即約法體,五蘊諸行刹那生滅,唯有一念現在之法,然有酬前引後之義,即以所酬假名過去,即以所引假名未[□][來][1],對此二種,説爲現在。今説聽者,五蘊諸法,刹那生滅,前後相續,事緒[2]究竟,假立三世,總名'一時',非一生滅之'一時'也。二唯識心之上,變作三時,相狀而起,理實唯有,現一念心,令説聽者,隨心分限,變作短長,事緒[3]終説,總名'一時'。如夢所見,謂有多生,覺位唯心,都無實境。"

三問:"説聽一念,生已即滅。如何識上聚集解生?"

答:"雖唯一念,然前[4]聞者熏習成種,後識心上連帶解生,是故文義聚集顯現。如言'諸惡者莫作',至作字時,前之四字一時聚集,乃至一偈一章一品連帶亦爾。故雖無過未而説受義成因。此應明五心之義,如别章説。"

四問:"如何不言四八等時?"

答:"一日一月照四天下,長短喧寒,近遠晝夜,諸方不定,恒二天下同起用故。又漏已下、上諸天等,無此四時及八時業,經擬上地諸方流通。若説四時,流行不遍,故亦不定。約成道已後年數時節,由三乘凡聖所見不同、佛身報化年與歲短長、成道已來近遠各不同故。經擬三乘,凡聖同聞,故不定説。成道已後,若干年歲,雖諸經典下别文中有説'四時''十二時'等,即此經'食時著衣持鉢'乃至'敷坐而坐,日正午時',或説'成道[5]近遠時'等,皆隨一方衆生聞見結集之家,且作是説,然非一部。初總明時,今初總明,故但言一。"

五問:"時中凡聖殊,今但總言一。處中净穢别,如何説定方?"答:"處中唯净穢,標處可定知。時中萬品差不准,唯言一一會[6]根宜。凡聖勝劣、利

---

① 來,底本、録本無,今結合文意,據甲本補。
② 緒,底本、録本作"諸",今結合文意,據甲本改。
③ 緒,録本訛作"結",今據底本改。
④ 前,底本、録本衍作"前前",茲據文意删。
⑤ 道,底本、録本作"是",今結合文意,據甲本改。
⑥ 會,底本、録本作"念",今結合文意,據甲本改。

鈍、長短有多差别,不可定准。故處可定説,而時但總言‘[□][一]’[①]。”

《經》:“佛。”

演曰:第四化主成就[②]。《智度論》第二:五種能説:一、佛;二、聖弟子[③];三、諸天;四、神仙;五、變化。今明佛説,表可崇信。魏本名“婆伽婆”,梁本言“佛婆伽[□][婆][④]”,隋言“世尊”,貞觀名“薄伽梵”,周云“佛薄伽梵”,此但言“佛”。准經梵本,皆稱大師名“薄伽梵”,即十號中第十號也。《佛地論》云:“佛具十種功德名號,何故如來教傳法者一切經首但置如是‘薄伽梵’?爲此一名,世咸尊重,故諸外道皆稱本師名‘薄伽梵’。又此一名,總攝衆德,餘名不爾。”此故置此名。准梁、周本,加似“佛”名,爲簡外道,餘本略也。今翻譯者更存省略,隨方生善,但標“佛”名。梵云“佛”名云“佛陀”。此云“覺者”,具有三義:一、自覺,簡凡夫;二、覺他,簡二乘;三、覺滿,簡菩薩。《佛地論》云:具一切智、一切種智,能自開覺,復能開覺一切有情,如睡夢覺,如蓮花開,故稱爲“佛”。“一切智”者,能自開智,如睡夢覺智;觀於空智、理[□][智][⑤]、真智、無分别智,如所有也;總相而言,斷煩惱[□][障][⑥]、得一切種智者覺有情智、如蓮花開智、觀於有智、事智、俗智、後所得智,盡所有也;總相而言,斷所智知障得。”又《真[⑦]實論》十義釋覺,《大般若》七義,應檢叙之。“薄伽梵”者,准《佛地論》,以二義釋:一、成德義;二、德破魔義。就“成德”中,復有六義:一、自在;二、熾盛;三、端嚴;四、名稱;五、吉祥;六、尊貴。其義云何?謂諸如來永不繫屬諸煩惱故,炎猛智火所燒練故,三十二大士相等所莊飾故,殊勝功德圓滿無不知故,一切世間親近供養咸稱讚故,具一切德、常起方便、利益安樂一切有情無懈廢故。初一斷德,次一智德,後四恩德,如次配釋。

---

① 一,底本、録本無,今結合文意,據甲本補。

② “主成就”三字底本、録本作“生成”,今結合文意,據甲本改。

③ 子,底本、録本作“果”,今結合文意,據甲本改。

④ 婆,底本、録本無,今結合文意,據甲本補。

⑤ 智,底本、録本無,今結合文意,據甲本補。

⑥ 障,底本、録本無,今結合文意,據甲本補。

⑦ 真,甲本作“成”。

二“破魔義”者，彼《論》又云或能破壞四魔怨，故名“薄伽梵”。《攝大乘論》云：“能破四種大魔怨，故名‘薄伽梵’。”“又自在等功德相應，是故説佛名‘薄伽梵’。”二義正同。《涅槃經》第十八有七，復次釋“婆伽婆”云：“‘婆伽’名‘破’，‘婆’名‘煩惱’，能破煩惱，故名‘婆伽婆’。又能成就諸善法故，又能善解諸法義故，有大功德無能勝故，有大名聞遍十方故，又能種種大惠施故，又於無量阿僧衹劫吐女[①]根故。”初一離障，後六成德。如次配前佛地六義。《瑜伽》八十三云：“‘薄伽梵’者，坦然安座妙菩提座，任運摧滅一切魔軍大勢力故。”

演曰：《佛地攝論》及《涅槃經》皆約二義，《瑜伽論》中，唯約破魔，廣略異故，由能離障、德自成故。涅槃離障，唯約煩惱。舉因攝果，即破四魔。

問：“佛有三身，此説何者？”

答：“據標穢土爲聲果，即破四聞説，即是‘化身’。論其實義，具足三佛，由空無相真如妙理生智解，故名‘法身’。説應化非真[□][佛][②]，[□][亦][③]非説法者。推功歸佛本，即真報身，若約十地菩薩，[④]可見即他受用。”

《佛地論》云：“如實義者，釋迦牟尼説此經時，地前大衆見變化身居此穢土爲其説法，地上大衆見受□□(用身)[⑤]居佛净土爲其説法。所聞雖同，所見各别。雖俱歡喜信受奉行，解有淺深，所行各異。”准彼《論》意，隨對根宜，所見居别，理實三身，體示相離。

《經》：“在舍衛國衹樹給孤獨園。”

演曰：第五處成無非處失。《佛地論》云：若不[⑥]説處及能説者，不[⑦]知此法何處、誰説，一切生疑，故須具説。“舍衛”澤(譯)[⑧]云“聞拘(物)[⑨]”，國以

---

① 女，底本、録本作“安”，今結合文意，據甲本改。

② 佛，底本、録本無，今結合文意，據甲本補。

③ 亦，底本、録本無，今結合文意，據甲本補。

④ 以下甲本缺。

⑤ “用身”二字底本殘，據《佛地經論》[T26n1530p293a5]補。

⑥⑦ 不，底本、録本訛作“示”，結合文意，據乙、丙二本改。

⑧ 澤，此當爲“譯”之訛字。

⑨ 拘，此當爲“物”之訛字。

多出勝大寶拘(物)[①],名流遠方。又有於此修學得仙,諸方知聞,故周本云"名稱大城",正梵音云"室羅筏悉底"。此云"豐德":一具財寶,二妙欲境,三饒多聞,四豐解脱,故以名焉。今言"舍衛",或"舍婆提",皆訛略耳。河南釋云:"此中印度境憍薩國云都城名,爲別南憍薩羅,故以都城爲國之稱。檢《西域記》,有兩憍薩羅國。《智度論》云:"憍薩羅國主波斯匿王,住舍婆提大城中。"《如來示教勝軍王經》亦[②]云"憍薩羅主勝軍大王"。《仁王經》第一云"舍衛國主婆斯匿王"。國城之名,隨舉其一。

問:"據此土境名'憍薩羅',城名'舍衛',即體是一。若爾,何故《仁王經》列十六大國第一憍薩羅國、第二舍衛國?"

答:"彼是南憍薩羅,去此懸遠,故不[③]相違。有人釋云:波斯匿王是兩國主。又云:憍薩、舍衛,本是兩國。合爲一國者,皆爲謬釋。由不[④]能了南北二處憍薩羅故。"

問:"准《智論》云:'復次,憍薩羅國佛生身地,欲報地恩,多住舍婆提城。'准此,故知舍衛城在憍薩羅國。若爾,佛生迦毘羅國。何故乃言此國生?"

答:"准《西域記》,迦毘羅國與舍衛相隣,同中印度境。隨隣近説,言此佛生。《仙記》云:'昔劫初有仙兄弟,弟名"舍婆",魏云"幼小";兄名"阿婆提",魏云"不可害"。此二人住彼處求道,即國爲名。弟略去"婆",兄略去"阿",二名雙存,故曰"舍婆提城"。'非但豐德,亦約仙名。城南五六里有逝多林(此云'[□][戰][⑤]勝林[⑥]'。舊云'祇陀',訛也)。是給孤獨園勝軍[□][王][⑦]之大臣,[□][號][⑧]'蘇達多'(此云'善施'),爲佛建精舍,善施長者,仁而聰[⑨]敏,

---

① 拘,此當爲"物"之訛字。

② 亦,録本訛作"之",今據底本改。

③④ 不,底本、録本訛作"示",結合文意,據乙、丙二本改。

⑤ 戰,底本、録本無,結合文意,據乙、丙二本補。

⑥ 林,底本、録本訛作"木",結合文意,據乙、丙二本改。

⑦ 王,底本、録本無,結合文意,據乙、丙二本補。

⑧ 號,底本、録本無,結合文意,據乙、丙二本補。

⑨ 聰,底本、録本作"聽",今結合文意,據斯 2782《金剛般若經旨贊》卷上改。

積而能散,施乏施貧,哀孤恤老,時美其德,號'給孤獨'焉。尊重如來,願建精舍。佛命舍利子隨處瞻揆,唯太子逝多[□][林][1]園地爽塏[2],□(樂)[3]白太子。太子戲言:'金遍乃賣。'善施豁然,即出藏金,隨言布地,有少未滿。太子請留曰:'佛誠良田,宜植善種。'即於空地,建立精舍。世尊即云告阿難曰:'園地善施所買,林樹逝多所施。二人同心,式崇功業。自今已往,應謂此地爲"逝多樹給孤獨園"。'此舉化佛所居之土,由對聲聞,化彼地前,發心修行,種姓不斷,故偏氣(舉)[4]之。理實亦有報身净土,劫盡火燒,當[5]安隱故。"

問:"何故居此而説般若?"

答:"般若佛母,一切諸法從此經生故,《智論》云'佛生身地,欲報地恩,多住舍婆提城'等,故於此説;又復般若通貫五門。此舍衛城豐其四德,風俗淳質,篤學好福,人土俱勝,故就此説。鷺池鷲嶺,其義又殊。隨對根宜,不可一准。"

問:"但舉城園,隨一即得[6],何須雙舉?"

答:"《真諦記》云:'住處爲二:一、境界處;二、依止處。住境界處爲化在俗之徒,住依止處爲説家之衆。'是故雙氣(舉)。又《善見婆沙》云:'先舉舍衛國爲遠人,令知國城境界住處;後舉祇園爲近人,令知依止别處故。'又傳中説於此城邊有二精舍:一、是摩伽羅小堂;二、是給孤獨。恐[7]濫小堂,故標國處。今[8]總八義:一、化淄(緇)[9]素二衆;二、爲遠近二人;三、爲簡濫;

① 林,底本、録本無,結合文意,據乙本補。
② 塏,録本訛作"愷",今據底本改。
③ 樂,録本作缺文,今據底本補。此字甲、丙二本作"尋"。
④ 氣,此乃"舉"之俗體"𢁁"字之草書。下"氣"字同,徑括注其正字,不復校。
⑤ 當,乙、丙二本作"常"。
⑥ 得,底本訛作"問",兹據丙本校改。
⑦ 恐,録本訛作"思",今據底本改。
⑧ 今,底本訛作"令",兹據乙本校改。
⑨ 淄,此讀如"緇"。

四、爲諠①寂兩忘；五、□□(爲悲)②智二事；六、爲道③體道緣；七、爲利他、自利；八、爲成無住道。隨其所應，故舉二處。遊化居止，目之爲'在'。遊化在城，居止在園。'在'之與[□][‘住’]④，其義是一。因此應釋：聖、天、梵、佛等住。恐⑤煩不述，樂者叙焉。"

《經》："與大比丘千二百五十人俱。"

演曰：第六同聞衆成就。唯魏、周本流通分中有菩薩摩訶薩，餘四本經並唯四衆八部。初不同⑥者，欲令聲聞大乘中生疑者除彼[□][疑]⑦故；又解，不定種姓菩薩生定[信]⑧故。又復聲聞形同如來，常隨於佛，是故偏列。流通分中列菩薩者，欲顯回心畢竟趣大，佛種不斷。其不列者，自是文略。諸經列衆，四句不同：一、唯小非大，如此經等；二、唯大非小，如《華嚴》；三、大小俱列，《法華經》等；四、二俱不列，如《勝鬘》、《金光明》等。此等不同，或隨廣略，或對所爲，或實有□(無)⑨，理非一例。《智度論》云：聲聞菩薩藏中，准列聲聞。菩薩藏中小大兼列者，隨多分，大能兼小，小不兼大。作如是説，理實不定，《華嚴經》等不列小故，即此大乘唯列小故。釋來意有五：一、爲證信，助成阿難聞同可信；二、爲顯德，如帝釋梵王諸天圍繞，顯佛諸王諸聖圍繞；三、爲啓請，善現在衆起請問故；四、爲當根，令彼聲聞迴趣大故；五、爲引

① 諠，底本訛作"詮"，據丙本改。

② "爲悲"二字底本殘，録本作缺文，今據《佛頂尊勝陀羅尼經教跡義記》[T39n1803p1020b24]補。

③ "爲道"二字底本、録本作"道爲"，今結合文意，據《佛頂尊勝陀羅尼經教跡義記》(T39n1803p1020b24)改。

④ 住，録本無，今據底本補。

⑤ 恐，録本訛作"思"，今據底本改。

⑥ 同，録本訛作"列"，今據底本改。

⑦ 疑，底本無，據文意補。

⑧ 信，録本脱，今據底本補。

⑨ 無，録本作缺文，今據底本補。

攝，□□□□（若無勝侶）①，若净位不生，引攝現當②，令同信③學。所言“與”者，“兼”、“並”、“共”、“及”之義。《智論》七義，謂與世尊一處、一時、一心、一□（戒）④、一□（見）⑤、一道，同一解脱，故名爲“共”。

次言“大”，有三説不同：

一者，《真諦記》釋有三義：一、“數大”，如言大軍；二者、“量大”，如言大[山]⑥；[□][三]⑦者、“勝大”，如言大王。比丘亦爾。衆非一故，即是“數大”；德難測故，則當“量大”；修善菩提道高極无⑧上，即是“勝大”。

二者，《佛地論》四義釋“大”：一者、利根波羅蜜多種姓聲聞故；二者、無學乘故；三、不定種姓迴心向大故；四、衆數多故。

三者，《智度論》五義：一切衆中最爲上故，諸障斷故，□（王）⑨等敬故，數甚多故，能破九十六種外道論故。

雖有三説，今者詳之，總有八義：一、“數大”，千二百等故；二、“名大”，名稱遠聞故；三、“位大”，大阿⑩羅漢故；四、“離大”，大障礙斷故；五、“德大”，功德智慧波羅蜜多種性故；六、“識大”，大人所識故；七、“趣大”，迴向大菩提故；八、“敵大”，能破外道故。梵云“苾芻”，訛云“比丘”。由具五義，所以不譯：一曰“怖魔”，初出家時魔宫動故；二云“乞士”，既⑪出家已，[□][乞]⑫食

---

① “若無勝侶”四字録本作缺文，今據《仁王護國般若波羅蜜多經疏》[T33n1709p439b12]補。

② 當，底本殘，録本作“常”，今據《仁王護國般若波羅蜜多經疏》[T33n1709p439b13]改。

③ 信，録本訛作“位”，今據底本改。

④ “戒”字録本作缺文，今據《仁王護國般若波羅蜜多經疏》[T33n1709p439b17]補（底本無“一心一戒”四字）。

⑤ 見，録本作缺文，今據《仁王護國般若波羅蜜多經疏》[T33n1709p439b17]補（底本無“一見”二字）。

⑥ 山，録本脱，今據底本補。

⑦ 三，底本無，據文意補。

⑧ 无，録本訛作“元”，今據底本改。

⑨ 王，録本作缺文，今據底本補。

⑩ “阿”字後底本、録本衍一“難”字，今結合文意，據乙本删。

⑪ 既，底本作“故”，今據《仁王護國般若波羅蜜多經疏》[T33n1709p439c4]改。

⑫ 乞，底本、録本無，今據《仁王護國般若波羅蜜多經疏》[T33n1709p439c5]補。

自濟故；三名“净持戒”，漸入僧[□][數][1]，應持[□][净][2]戒故；四云“净命”，既受得戒，所起三業以無貪發[3]、不依於貪邪活命故；五曰“破惡”，漸依□□□(伏斷諸)[4]煩惱故。“衆”者，僧也，理事二和，得“衆”名也。三人已上，得名“[□][衆][5]僧”故。“千二百五十人”者，律及《因果經》等説，佛初成道度憍陳如等五人，次度優樓頻螺迦葉衆五百人，次伽耶迦葉、那提迦葉二衆各二百五十人，次度舍利弗、目乾連二衆各一百人，次度耶舍長者子等五十人，總有一千二百五十五人。今舉大數，故唯爾所。

問：“何不標餘，但舉此等耶？”

答：“名德高故，當隨佛故，皆先外道捨耶歸政(正)故。[□][准][6]《毘尼婆沙》，四義故説：一以皆是婆羅門種净行出家故，二以皆是上上善來得戒故，三以皆是大阿羅漢故，四以皆是五師大門徒故。又准《賢劫定意經》，説釋迦初會説[7]經，千二百五十比丘皆得道證。經中且標‘初會所度’，故無餘也。‘俱’者，‘同時’、‘一處’義。”

“若爾，對前‘與’字，應重言失。”

答：“以此兼彼爲‘與’，將彼就此爲‘俱’。又將此對彼，名之爲‘與’；彼、自同時，名之爲‘俱’。”

問：“此等聲聞爲權、爲實？”

答：“准《智論》、《攝論》、《寳性論》，此等聲聞皆是應化，常隨如來影嚮(響)[8]正法。”

《經》：“爾時世尊”至“大城乞食”。

---

① 數，底本、録本無，今據《仁王護國般若波羅蜜多經疏》[T33n1709p439c5]補。

② 净，底本、録本無，今據《仁王護國般若波羅蜜多經疏》[T33n1709p439c5]補。

③ “以無貪發”四字《仁王護國般若波羅蜜多經疏》作“無貪相應”[T33n1709p439c6]。

④ “伏斷諸”三字底本殘，録本作缺文，今據《仁王護國般若波羅蜜多經疏》[T33n1709p439c6]補。

⑤ 衆，底本無，據文意補。

⑥ 准，底本無，據文意補。

⑦ “説”字前底本有一“求”字，今結合文意，據《佛頂尊勝陀羅尼經教跡義記》[T39n1803p1021a14]删。

⑧ 嚮，此讀如“響”。《易・系辭上》：“其受命也如嚮。”陸德明釋文：“嚮，又作響。”

演曰：下明發起别序。諸經發起，隨事不同。入定放光，雨花動地。涅槃四門以舒照，維摩□□（合益）[①]以現奇。各有表彰，由來遠矣。今此乞食，還歸入定，顯修般若，□□（增長）[②]法身[③]。文分爲二：初外化表[④]戒[⑤]，後“收衣鉢”下内静入定。所以然者，發起正宗般若義故。云何發斯乞食威儀？離於邪命故，爲持戒尸羅不清净三昧不現前故，定爲所衣、方生正慧、爲智慧水修堤塘[⑥]故。由斯次第，戒定爲序，慧爲正宗，三學備矣。又解此經無相福智，爲正所宗。序中二文，初以事化，爲世福田；後以理化，心凝如定。如其次第，發生正宗，福智二種。又釋，初乞食資身，即表身戒；後依定攝心，即彰[⑦]心慧；欲明正宗，施正法食，資於慧命。以無生心，明無相理，故爲二也。前文有五：一、化主；二、化時；三、化儀；四、化處；五、化事。“爾時世尊”者，明化主也。《成實論》説：具上九號，三德備足，爲物欽重，故曰“世尊”，即六義中“尊貴”一義。言“爾時”者，第二化時。問：“言‘爾時’與此何别？”答：“前總控引，此别指陳，故無有失。梁本云‘於日前分’，唐、周云‘於日初分’，隋云‘前分時’，唯秦、魏云‘食時’。且[⑧]一日之中，寅、卯、辰是初分，巳、午、未爲中分，申、酉、戌爲後分。食時有二：一、出家人法，□□□□（寅後、午前）[⑨]總爲‘食時’，以後非時，故諸本云‘初分’、‘前分’。□□□□（二、依俗法）[⑩]，唯别[⑪]取辰，以爲‘食時’。今言‘食時’，意含總别。初成正食，求易得故，不惱自他故。此時乞食還至本處，辰後、午前，不失時也。‘著衣持鉢’，隋云‘此顯化儀’，唐云‘整理常服，執持衣鉢’，隋云‘上裙著已，著上絡衣

---

① “合益”二字底本、録本作缺文，結合文意，據乙本補。
② “增長”二字底本、録本作缺文，結合文意，據乙本補。
③ 身，底本、録本訛作“有”，結合文意，據乙本改。
④ 表，底本、録本訛作“遠”，結合文意，據乙本改。
⑤ 戒，録本訛作“步”，今據底本改。
⑥ 塘，録本訛作“增”，今據底本及乙本改。
⑦ 彰，録本訛作“影”，今據底本及乙本改。
⑧ 且，底本、録本訛作“旦”，據乙本改。
⑨ “寅後、午前”四字底本殘，録本作缺文，據乙本補。
⑩ “二依俗法”四字底本殘，録本作缺文，據乙本補。
⑪ 别，底本、録本訛作“引”，結合文意，據乙本改。

持’。餘本並云‘著衣持鉢’。如來三衣：一者‘安多會’，五條衣，是下品服；亦名‘行道作務衣’，亦名‘儭身衣’。真諦云今在彌提羅國。二者欝多羅僧，七條，是中品服；又名‘入衆衣’，亦名‘説法服’，今在半遮羅國。三者僧伽梨，謂九條、十五條、二十五條，是上品服；亦名‘入王宮聚落衣’，亦名‘福田衣’□(並)[①]鉢錫杖，在罽賓國。總名‘袈裟’，亦云‘無垢穢’，或云‘忍辱衣’等、‘□(消)[②]瘦衣’等。今入王城，即著‘僧伽梨’。唐言‘常服’者，即是入王城之常服也。真諦云：著初出家凈居所奉袈裟。有云：此衣未有田相，後方制三衣。豈佛入城不著田衣？今釋不然。真諦説：是如白凈尼衣，變成袈裟。况佛神力，變成田相，於理何失？如四天王鉢，按成一故。不爾[③]，如來不畜(蓄)[④]長衣，岂[⑤]凈居衣三衣不攝？梵云‘鉢多羅’，此云‘應量器’，即初成道四天王所奉獻者，□□□□□(青石爲之。然)[⑥]諸在家，華衣寶器，增長放逸，太著樂邊；出家外道，裸形無服，以手捧飡[⑦]，致招訶醜，太著苦邊；佛處中行，故持衣鉢。《仙記》云：‘表出家人知足[⑧]之相，唯三衣鉢，更無餘長出入隨身。猶如飛[⑨]鳥，不捨二翼，去住隨意，情無繫戀。’又爲入城，故著衣；爲乞食，故持鉢。”

《經》：“入舍衛大城。”

演曰：第四化處。唯梁本云“入舍衛大國”，餘並云“城”，已如前釋。園[⑩]

① 並，底本、録本作缺文，結合文意，據乙本補。

② 消，録本作缺文，今據底本補。

③ “不爾”下底本衍“如來不爾”四字，結合文意，據乙本删。

④ 畜，後作“蓄”。《易·序卦》：“比必有所畜，故受之乙《小畜》。”陸德明釋文：“畜，本亦作蓄。”

⑤ 岂，底本訛作“是”，據乙本改。

⑥ “青石爲之。然”五字底本殘，録本作缺文，據乙本補。

⑦ 飡，録本訛作“碚”，據底本改。《正字通·食部》：“飡，食也。”《妙法蓮華經玄贊》：“出家外道苦行尼乾裸形，手捧飯食，致招訶醜，太著苦邊。”[T33n1702p189c7—8]可助勘。

⑧ 足，録本訛作“是”，今據底本改。

⑨ 飛，底本、録本訛作“死”，結合文意，據乙本改。

⑩ 園，底本、録本作“國”，今結合文意，據丙本改。

在城南，自外之内爲“入”，處廣人[①]多爲“大”。《西域記》云：“國周六十餘里，内城故堉周二十餘里。”《智度論》云：“居家九億。”然《仙記》云“城縱廣十二由旬，居人凡有十八億家”者，謬也。“由旬”，舊釋，是四十里城之縱廣，大爲遼闊。

《經》：“乞食。”

演曰：第五化事。於中有四：一、爲世福田；二、示平等；三、明歸本；四、顯事終。此即初也。佛不[②]假食，爲世福田，故須乞食耳。《維摩經》云：“爲不食故，應受彼食；爲懷[③]和合相故，應取揣食。”此於假、觸、思、識四食之中，乞其段食，由其相故，可分段故，是以客乞。後三體是心、心所法，各自内有，不可乞故。《瓔珞女經》等說：化佛身如全段金剛，無生熟藏等，豈[④]資於食？而今乞者，即《對法論》四種依止食中，示現依止住食。《唯[⑤]識》亦云：“説爲有情依食住者，當[⑥]知皆依[⑦]示現而説。”

依諸經論，乞食□□□□□(法有十三種)[⑧]：一、住正戒；二、住正威儀；三、住正命；四、住正見；五、依法；六、□□□(依時；七)[⑨]、依處；八、依□(次)[⑩]；九、離貪；十、離瞋；十一、離取著；十二、離麁□(礦)[⑪]；十三、離憍慢。此中初四住正乞食，次四住軌則，後五捨煩惱。依《瑜伽論》八十六説：

① 人，底本、録本訛作“入”，結合文意，據乙本改。

② 不，底本、録本訛作“示”，結合文意，據乙本改。

③ 懷，録本訛作“壞”，據底本改。

④ 豈，底本、録本訛作“是”，結合文意，據乙本改。

⑤ 唯，底本、録本訛作“住”，結合文意，據乙本改。

⑥ 當，底本、録本訛作“常”，結合文意，據乙本改。

⑦ 依，底本、録本訛作“衣”，據護法等菩薩造、玄奘譯《成唯識論》卷第四[T31n1585p17c22—23]改。

⑧ “法有十三種”五字底本殘，録本作缺文，今據《妙法蓮華經玄贊》[T34n1723p822c17]補。

⑨ “依時，七”三字底本殘，録本脱，今據《妙法蓮華經玄贊》[T34n1723p822c19]補。

⑩ 次，底本殘，録本作缺文，今據《妙法蓮華經玄贊》[T34n1723p822c18]補。

⑪ 礦，底本殘，録本作缺文，今據《妙法蓮華經玄贊》[T34n1723p822c20]補。

“由十因緣,如來入於聚落乞[1]食。”《瓔珞女經》:“佛爲成就廿[2]事,無過患[3]故,而行乞食。”隨應叙之。

《經》:“於其城中,次第乞已。”

演曰:第二[4]示[5]平等。有七:一、由内證平等理故;二、外不[6]現貧富、貴賤等相故;三、内心離貪慢故,不貪美好,不慢麁鄙;四、慈悲普等,無偏理故;五、表大威神,不懼惡象、沽酒女等家故;六、息外猜嫌,若有所簡,外道惡人謂佛愛憎[7],有所親疏,便生猜毁;七、破二乘故,即除[8]迦葉、善現[9]貧富之偏。

經:“還至本處。”

演曰:第三歸本,趣得支身,不令過分。又由知足故,乞不過量;知時故,還至本處。又[10]如來食有[□][二][11]種:一、受請;二、不受請。今不受請,故須還歸。又表還源返本,歸真住寂,將説般若深妙理故。又釋國城,雙舉因緣,即是此中往還所以。

《經》:“飯食訖。”

演曰:第四事終。本行乞食,爲生福田。今若不食,施福未滿,故須飯食。《寶雲經》説:“隨所乞得,分爲四分:一分擬與同梵行者,一分擬施貧下乞人,一分以施水陸衆生,一分自食。”然以食供養諸佛及衆賢聖,然後自食,

---

① 丁本自此起。

② 廿,録本訛作“共”,今據底本改。姚秦曇摩耶舍譯《樂瓔珞莊嚴方便品經》:“佛見成就於二十事無過患故,而行乞食。”[T14n566p933b14—15]可助勘。

③ 患,底本殘,録本作“爲”,今結合文意,據《樂瓔珞莊嚴方便品經》[T14n0566p933b14]改。

④ 二,底本、録本訛作“三”,結合文意,兹據乙、丁二本校改。

⑤ 示,底本、録本訛作“不”,兹據丁本校改。

⑥ 不,底本、録本訛作“示”,結合文意,兹據乙本校改。

⑦ “愛憎”二字底本、録本訛作“受僧”,兹據乙、丁二本校改。

⑧ “除”字底本、録本訛作“降”,兹據丁本校改。

⑨ “現”字底本、録本訛作“見”,兹據丁本校改。

⑩ “又”字底本、録本訛作“及”,兹據乙、丁二本校改。

⑪ 二,底本、録本無,據乙、丁二本補。

當壞食想①。如食曠野子肉等，願得法身，離諸過失，念報施主恩，如是想②食。今③者，如來畢竟不食，常有[□□□□□□][大威德天，隱其]④形相，代⑤佛受食，將詣餘方，如香積飯，施作佛事。

《經》："收衣鉢。"

演曰：□□□□□(大段第二，内)⑥静⑦。内静入定，理化心慧。文分有三：一、攝資緣；二、浄身業；三、入寂定。此即初也。將欲入定，須息攀緣。衣鉢不收，必增勞慮。爲後摸(模)軌，故須收置。即疊僧伽梨，還著欝多羅僧。隋本云"器"，亦⑧[□][絡]⑨衣收攝。《仙記》云："洗[□][鉢]⑩已，著常處也。"

《經》："洗足已。"

演曰：第二浄身業也。《仙記》云："諸佛常法，受步行法。"然如來行時，離地四指，下生蓮華，豈有塵垢？而言"洗足"，示出⑪家人威儀嚴浄、有可敬之相也。[□□][有六]⑫：一者、隨順世俗，以表從穢得浄、顯法身故。二、表戒足清浄、引生定故。三、爲敬定故⑬。四、爲敬法故，將言⑭説法諸佛師故。五、令人於己⑮增敬生福故。六、作⑯軌範故；律中先洗足，後食，今⑰此食後

①② 想，録本訛作"總"，今據底本改。

③ "今"字、録本底本訛作"食"，茲據乙本校改。

④ "大威德天，隱其"六字底本殘，録本作缺文，茲據乙、丁二本補。

⑤ 代，底本、録本訛作"伐"，茲據乙、丁二本校改。

⑥ "大段第二内"五字底本殘，録本作缺文，茲據乙本補。

⑦ "静"字底本、録本作"寂静二"，今結合文意，據丁本校改。

⑧ 亦，底本、録本訛作"上"，録本校是。此字乙本亦作"亦"。

⑨ 絡，底本、録本無，據丁本補。

⑩ 鉢，底本、録本無，今據《金剛仙論》[T25n1512p802b25]補。

⑪ 出，底本、録本作"生"，今結合文意，據乙、丁二本及《金剛仙論》[T25n1512p802b29]改。

⑫ "有六"二字底本、録本無，今據丁本補。

⑬ "定故"二字底本、録本作"故定"，今據丁本改。

⑭ 言，底本、録本作"欲"，今結合文意，據丁本改。

⑮ 己，録本訛作"已"，今據底本改。

⑯ 作，底本、録本作"住"，今結合文意，據乙、丁二本改。

⑰ 今，録本訛作"令"，今據底本改。

重洗足者，由前義故。

《經》："敷座而坐。"

演曰：第三入寂定也。爲敬法故，自敷坐具。魏本云："如常敷座，結伽趺坐，端身而住，正念不動。"唐［□］［本］[①]云："敷如常座，結跏趺坐，端身正願，住對面念。"餘文大同。此本最略。

《仙記[②]》云：如來説餘般若，常自敷座具，敬佛母［□］［故］[③]，今[④]説此經，亦如常式。自敷法座，故言"如[⑤]常"，即尼師檀。隋本亦云："坐具世尊施設。"

"加"者，重也。《婆沙論》云："以兩足趺加其兩髀，名'結跏趺'。"本無"跏"字，傳寫謬也。《瑜伽》第三十："由五因緣，結跏趺坐：一、由身攝斂，速發輕安；二、能經久時，不速疲倦；三、是不共法外道、他論皆無有故；四、形相端嚴，令他見已極信敬故；五、佛、佛弟子共所開許，一切賢聖同稱讚故。"

無著《菩薩論》云："世尊何故以寂静者威儀而坐耶？顯示唯寂静者，於法能學□□□（能説故）[⑥]。"□□□□□□□（由身端故，心離沉）[⑦]掉，正念不動，正住於定。心安真境，離邪分別，故□□□□□□□□□□□（名"正念"。念與定俱，故言"不動"。）[⑧]唐本云"端身正願，住對面念"者，"正願"即是定前加行，"住對□□□□□□□（面念"，正在定心。面）[⑨]爲定境，即是真如。順向緣故，名爲"對面"。若望生死，亦名"背面"。雖復如來無不定心，

① 本，底本、録本無，據文意補。

② "仙記"二字底本、録本作"佛説"，今結合文意，據乙、丁二本改。

③ 故，底本、録本無，據乙本補。

④ 今，底本、録本訛作"令"，今結合文意，據丁本改。

⑤ 如，底本、録本作"法座故言"，今結合文意，據乙、丁二本改。

⑥ "能説故"三字底本殘，録本作缺文，今據《金剛般若波羅蜜經論》［T25n1510p767c11］補。

⑦ "由身端故，心離沉"七字底本殘，録本作缺文，兹據乙本補。

⑧ "名正念念與定俱故言不動"十一字底本殘，録本作缺文，兹據乙本補。

⑨ "面念正在定心面"七字底本殘，録本作缺文，兹據乙本補。

示現審法，作後軌摸(模)[①]，故須入定。《瑜伽》八十六：由八因緣，如來入定，此應具叙。餘本更[②]有："爾時諸比丘"至"退坐一面"。今略無此，釋序分訖[③]。

《經》："時長老須菩提"至"而白佛言"。

演曰：自下第二聖教所説分。是爲[□][正][④]宗。無著菩薩以七義句科釋經旨：一、種姓不斷；二、發起行相；三、行所住處；四、對治；五、不失；六、地；七、立名。前六義句，顯示菩薩所作究竟；第七義句，顯示成立此法門故。

演曰：前六正所明宗，後一釋經名字。就前六中，初三别配經文。後[□][三][⑤]住處通義。"義"爲所詮，"句"爲能詮，合名"義句"。何故不言"字"名而言"句"者，"字"非能詮，名局自性，今以"句"寬，顯義周圓，能詮差别，故但言"句"。

"若爾，何故不言七句義？"

答："若言七句[⑥]義，恐句有七。今顯義七句，乃無量義之句，故依主[⑦]釋也。而兩論初頌皆言'句義'者，以教詮義，總相而談[⑧]，非顯七義，故無有失。有云'七句義'者，謬也。就後三中，對治是所斷邊執[⑨]，不失是所修中道地。是此二法之别位，總名爲'住處'。是發大乘者所依處，故别名爲'地'。彼位有漏無漏□(法)[⑩]，順生(世？)[⑪]勝法，能持、能長，□□□□(故名爲'地')[⑫]。

① 敦煌寫本"扌"旁"木"旁相亂，此"摸"當爲"模"之换旁俗字。此字乙、丁二本正作"模"。

② 更，底本、録本訛作"是"，今結合文意，據甲、丁二本改。

③ 訖，底本、録本訛作"説"，今結合文意，據甲、丁二本改。

④ 正，底本、録本無，今結合文意，據甲、丁二本補。

⑤ 三，底本無，據斯 2732 號《金剛般若經旨贊》補。

⑥ "七句"二字底本、録本作"當"字，今結合文意，據丁本改。

⑦ 主，底本、録本作"言"字，今結合文意，據甲、丁二本改。

⑧ 談，底本、録本訛作"淡"，今結合文意，據甲、丁二本改。

⑨ 執，底本、録本訛作"報"，今結合文意，據甲、丁二本改。

⑩ 法，録本作缺文，今據底本補。

⑪ 生，底本似作"世"，待考。

⑫ "故名爲地"四字底本殘，録本作缺文，今據乙本補。

總法所依,名爲'住處'。是二差别,經文有三:一、此文以去,種姓不斷。二、'世尊!善男子'下發起行相。三、'佛告'下,行所住處。初明讚佛,爲請説之;而次問修行,爲趣大之本;後佛廣説,辨修伏之宗。然種姓不斷,自是一部宗意[①],故□□□□□□□□□(《論》云:此般若波羅蜜爲)[②]佛種不[③]斷,故流行□□(於世)[④]。下六因中,亦有此言。今以經初□□□□□□□□□□□□□□□□□□(護念付囑,其文顯明不斷義勝,故偏得名,理)[⑤]實通也。由此善現,偏歎此德,[⑥]□

① 意,底本、録本訛作"竟",今結合文意,據甲、丁二本改。

② "論云:此般若波羅蜜爲"九字底本殘,録本作缺文,兹據乙本補。

③ 不,底本、録本訛作"分",今結合文意,據甲、丁二本改。

④ "於世"二字底本殘,録本作缺文,兹據乙本補。

⑤ "護念付囑,其文顯明不斷義勝,故偏得名,理"十七字底本殘,録本作缺文,兹據乙本補。

⑥ 底本以下殘。

No. 2742《金剛般若波羅蜜經》傳外傳卷下

[題解]

佛典《金剛般若波羅蜜經》注疏，作者不詳。原著當爲三卷：(1)斯 2670 號，首殘尾全，存一百四十二行，係卷下。(2)斯 6877 號，首殘尾全，存五百七十三行，尾題："《金剛般若波羅蜜經》傳外傳卷下"。(3)羽 141 號，首殘尾全，尾題："《金剛般若波羅蜜經》傳外傳中"。此疏依據無著《金剛般若論》、世親《金剛般若波羅蜜經論》、《楞伽經》等，就《金剛經》的一些主要問題進行深入闡述。文中有"具如傳譯"、"具在傳文"云云，則似另有《金剛般若波羅蜜經》傳世。此文係據該《傳》而作。清代以前歷代大藏經未收，《大正藏》據斯 2670 號録入其第八十五册。今校注仍以《大正藏》所據卷斯 2670 號爲底本。

□[1]法無我。若有彼、我見，是見所攝菩薩入相應三昧時不復分别。即此觀察，爲入方便，菩薩則人無分别也，一切法則法無分别也。欲願及攝散二種，則一切住方便也。"不住法想"，則顯示不分别也。此則與《傳》總結，勸修法空而不住法空。略符同然，知見信不明。何者？彼云："顯示增上心、增上智故，於無分别中知見勝解。"按："知"者，依止奢摩他也；"見"者，依止毘鉢舍那。此二勝解者，依止三摩提，"勝解"即如是信也，"奢摩他"即增上心也，"毘鉢舍那"即增上惠(慧)也，"三摩提"即止觀自在也。按：此三但是直往者也，修伏大乘也。不是頓悟者，住最上乘也。彼於三僧祇難解難入，此於一刹那易證易得。具如《傳》"我皆令入"中廣釋。天親以爲"知"是

---

① 首殘。

世智，“見”是第一義智，“信”是三昧，此則失經之□旨，以見法見我不見真如故。按：見法尚不見真如，何况見我？然則世智爲知有知無，第一義智爲見真見俗，三昧爲信住信離。若無有無，何名世智？若無真俗，何有第一義？若非住離，誰入三昧？原夫因定發惠（慧），三藏通門。若以此言，即合“信”在前而“見知”爲後，不得言“知見信”也。差別之名，且如上例。按：此經文宣常住智果之體，真化二身之極。六喻三義，現觀皎然。十聖三賢，自修明白。所以如來舉兹正入，勸彼真乘，不是别明定惠（慧）也。斯則唯用三無專除自性。雖云二“我”，終是一空。然則遍計“我”相妄有，妄故但知也。依他“我”見假有，假故須見也。真實“我”性證有，證故方信也。如是不住，無相見性。此是法相對能悟入，總爲相分。此相即無自性，故曰“則非”。猶是“我”之習氣，故曰“是名‘此則不住法空’”也。具如《傳》釋。若諸佛説法不言化身者，則釋迦如來誰説是化？按：佛身既是福感而現説法，何關佛身？此則常住本法也，緣自得法也。然則化身是影，像增上緣，何嘗成道？何嘗言説？假令有法，亦不能詮，以法性不可言故。是則勸持經者演説，勿生“我説”想，勿生詮義相。如彼迷南爲北，謂之“非北”，彼終不悟。若自覺了，亦不由他，無説明矣。且如來演説，向是衆心菩薩宣傳，寧容己[1]力？何况能説能聽俱是自心所行所證，悉無自性，如虚空無世界微塵自性也。故云：“我坐道場時，智慧不可得。空拳誑小兒，以度於一切。”按：此即菩提之初鑒無性之後心，或演俗諦法門，或説真如理觀，皆緣彼識實無自心。此則無染也。此不名“説”也。如此説者，是名“真説”也。所以持一四句偈，菩薩檀度非疋，良由此焉。無著云：“於生死不染。”天親云：“不住涅槃。”此則更相表裏，同爲除疑。按：此偈四句，文即三重：一、指法；□（二）[2]、舉喻；三、勸修。彌勒云：“非有爲非離，諸如來涅槃。”此斷疑也。何者？若常説法，誰入涅槃？故云“佛得涅槃，化身説法”。“化身説法”，此非無爲也。“佛得涅槃”，非有爲也。且有無不住，是盡法門菩薩一别行耳，不可用釋如來也。然則報佛有始無終，若入涅槃，與化何異？則如來不來不説，具如上《傳》。豈可以菩薩

① 己，録文訛作“已”，今據原卷改。

② 二，録文作缺文，今據原卷補。

心量而言“佛不住有爲無爲”乎？至若須陀洹果尚離有無品，况佛智乎？《浄名》云“我觀如來，前際不來，中際不住，後際不去”，乃至“不此岸，不彼岸，非中流”，“非有爲，非無爲，不可以識識，不可以智知”，此名“正觀”，此名“見佛”。故知對機演説，則云“不住生死涅槃”，以彼二性不可得故；自言觀佛，則云“離於有爲無爲”，以彼二爲是心量心故。前後既無來去，中間説者是誰？而乃以“微塵世界”解“清浄虚空”，豈非至惑也？若如彼釋，即應云“一菩薩涅槃非有爲非離”。何者？盡、無盡是應香積菩薩言“非諸菩薩”故。按：“涅槃”此云“静息”，豈可有無而不静息乎？然則法無我智中，已離真如無爲自性，何况最清浄覺又離法無我智而存不住有無乎？如上《傳》，彼果斷中，正釋彌勒，以九事喻九法，合之爲三：一、體；二、用；三、行識。塵根是“體”也，器身受是“用”也，過現未是“行”也。《論》云“見相識”者，“見”是見分能受識，“相”是相分所受識，“識”是身身者受者識。亦不相違。然則“識”是了别。星有光輝，若滿月澂明，則小星晦色，太陽曜景，則大星不現。故聞思惠(慧)起，分别則微；正惠(慧)若生，彼識則滅。此對除同也。且六塵相現，六識見生；空花在矚，眼翳能起；此相由見同也。六根成就，是地水火風和合；燈景照燭，因油盞炷火共明；此緣假同也。“器”是依報，從他受用生；“幻”是妄境，依他藥草起；此不自生同也。“身”是正報，從業種成；“露”是氣積，因夜凉有；此依他起同也。“受”謂三受，由依正而領納；“泡”因水激，從風雨而生成；此由觸有同也。過去業緣，現在思念；夢中妄境，寤已覺知；此卻緣同也。現在假有，念念不停；電光纔現，新新謝滅；此勢速同也。以種約報，報在當生；以雲約雨，雨即未有；此後有同也。由此九觀，故於有爲法中能得自在。故偈云：“觀相及受用，觀於三世事。於有爲法中，得無垢自在。”

按：此於有爲得自在，於無爲則不然。何者？以此九種，唯觀有爲故。前偈云“妙智正觀故”，未審此智爲是菩薩？爲囑如來？若是菩薩者，不得言“諸如來涅槃”也；是如來者，不可云“應作如是觀”也。師資猶自未明，文義如何得曉？若此九喻不通顯三無性、是别明九種觀者，未知若爲作“如星”觀？如星闇中有光，明處不現，爲起闇相？爲起明心？若起惠(慧)明者，此則“除星”觀，不得云“如星”也。又如翳觀，則境從翳生，知生不除，則翳境恒起。若除翳境，即是“除翳”觀，不可云“如翳”也。又如燈觀，燈從衆緣生，根從四大起。若知從緣生,有何所得?若緣生故,無燈自性者,此則是"除燈"觀,不得云"如燈"也。自後六喻,皆同此破。故知勸修法空,喻顯無性,此爲實論。然此九種,皆是十八界受用及行業,無八心及心法。假令觀九種成就,只是人空,以唯除有爲故,攝一切法不盡故,由一切法中有六無爲故,此一切者總於百法、成二"無我"故。無著云:"顯示四種有爲相:一、自性相;二、著所住味相;三、隨順過失相;四、隨順出離相。"此則四、九之名[1]雖别,有爲之目不殊。然則以人、法、我見如翳爲當也。不通諸喻還非,又隨順人法無我,以攀緣故,得出離故,是知三世行轉生已,則通達無我。此顯示隨順出離相也。餘釋與天親略同。按此出離中,則無人無法;總名"有爲",則乖"百法無我"也。何者?如自性相是共相見識,真如亦是一切法共相所顯,豈無彼自性耶?若無自性者,不得言六種無爲。既差别不同,各有自性明矣。是則自性相中具有有無自[2]性,何得唯言"有爲相"也。又出離相,是二無我。此則出離於有爲、無爲之外,不是有爲、無爲之間也。無爲尚自出離,何得入四有爲乎?奚名義之乖繆若此?故知計著四相所爲,四相皆無自性。具在《傳》文。故能斷本云:"諸和合所爲,則爲有爲?爲無爲也?"諸大乘經多説此喻,或一,或二,或七,或九,或十,或廣如《净名》,以一切喻喻身妙德,以喻衆生,曇無竭以喻如來。豈可星翳定喻相見乎?故知用易解空,况難解空,是則空中塵界真應二身尚無自性,何况諸法?所以用兹九喻,通顯三無,皆非有性,此爲正釋。

問:"心及心法已聞。於五眼境中,六種無爲聞之;於四果論内,十一色解之。於八識圖中,二十四不相應請爲出之?"

答:"不相應行法略有二十四種:一、得;二、命根;三、衆同分;四、異生性;五、無想定;六、滅盡定;七、無想事;八、名身;九、句身;十、文身;十一、生;十二、老;十三、住;十四、無常;十五、流轉;十六、定異;十七、相應;十八、勢速;十九、次第;二十、方;二十一、時;二十二、數;二十三、和合性;二十四、不和合性。"

---

① 名,録文訛作"各",今據原卷改。
② 自,録文訛作"句",今據原卷改。

問:“若説法時,出諸經中相違過失及惡心論義,墮四惡道。佛有明言。何得斥諸經論及無著、天親所解,自稱其傳?誹謗聖人,將墜大坑,如何自曉?”

答:“按:《法華經》云:‘衆生諸根鈍,著樂癡所盲。如斯之等類,云何而可度?……我寧不説法,疾入於涅槃。尋念過去佛,所行方便力。我今所得道,亦應説三乘。’爰夫有情善種成熟智慧利根,佛則不説三乘,唯宣一實。所云‘諸法寂滅相,不可以言宣’,此則所則所知相,自性寂滅,一實之理也,言語道斷也。故知不但對彼三機,人天亦須接引,故説五戒、十善、四禪、四空。然有厭俗之情雖勵,入真之志未深,所以遍説無生,對除人我,是則涅槃佛、法、僧之差别也。如摩尼珠,雖無心施,各允[1]所求。如有病者乞藥即遂,分外希望,終不可得。佛説亦然。他皆放此。《楞伽經》云:‘若彼心滅盡,無乘及乘者,無有乘建立,我説爲一乘。’故知無彼五機,則一乘不建,亦既宣説深淺有殊,是則後一唯是佛乘,前四並非佛法。或者乃以人法疑於天乘,或以前四而疑後一,或以後一而疑前四,乃至五五相疑,成二十五重違滯。此則對機無礙,何有相違?且一一乘中,自有深淺。於此生惑,疑網增多。豈誠言之足深,但識照之自淺也。且如不净,小觀即有正邪想。不净時乃見佛相,境觀相違,則爲邪觀;何况觀佛見不净相而得爲正觀者乎?如小乘機人,若爲説大乘,則誹謗不受,墮於大坑;所以三七日中思惟,不説一乘,良爲此也。况正説佛乘,而乃雜以獨舉聲聞、人天之法,豈非惑乎?然有解説者,或以聲法而解佛法,或以佛法而解人天法,或以初地法而解十地法,對彼本乘,雖爲正法,將詮此道,正是邪言,况乎悟入真宗?清净妙覺,無性無得,在五乘之表,雜以無相無生,猶甚不可,况以俗中苦空、無常無我、有爲無爲釋成現觀者乎?悲夫!悲夫!何迷繆之甚也?何以知其然?按《攝論》云:‘其有未得真智覺者,於唯識中由教及理應可比知。’無性釋云:‘由至教量及由比量,雖未證得唯識真知,應可比知。’故知至教即了義經也,非至教即不了義也。且如度量權衡,一於天下,格律令式,四海不殊。然而狹幅大尺,越於程

① 允,録文訛作“充”,今據原卷改。

章，誤出故違，乖於彝則。自不遵奉，自不較量，既受其辜[①]，兼累良善。知而故縱，豈曰存公？至若四量四依，爲未證者之准的，通一切義理，格一切經論，安可不從之？安可故違之？豈可以己[②]□（不）[③]遵奉、以己[④]不較量而責於遵奉乎？而責於較量乎？故知對機正説，本不相違；妄程邪愚，解釋乖繆。是則出諸經中相違過失，魔得其便，自取三塗。故云好心論義，生五净居；惡心論義，墮四惡道。此《傳》唯明悟入，成乎正覺，苟違此觀，咸所不依。且智覺真詮，猶爲增語，況自心現量而爲至實者乎？所以有同、不同，良爲此也。故知一宣净覺，則福智無窮，以能斥諸邪妄故；一從菩薩，則罪業無量，以毀殁圓照故。非但自身留滯，抑[⑤]亦迷誤群生。所以無著云：'下人於此深大法，不能覺知及信向。世間衆人多如此，是以此法成荒廢。'"

原夫諸佛降靈，懸遠難遇；設使逢遇，聞法更難；設得聞法，聞深又難；設聞深法，信解彌難；設能信解，悟入最難。此則悟入、不悟入在於精懃、不精懃，不在聞説也。願同修住者無自輕焉[⑥]，無自棄焉[⑦]。如頌云：

"集求諸欲無厭足，集欲未足而命終。妻、子、珍寶及名位，臨命終時無隨者。唯有施戒不放逸，今身後身爲伴侶。"

《金剛般若波羅蜜經》傳外傳卷下。

---

① 辜，録文訛作"事"，原卷實作"辜"，乃"辜"之俗體。

②③ 己，録文訛作"已"，今據原卷改。

④ 不，録文作缺文，今據原卷補。

⑤ 抑，録文訛作"柳"，今據原卷改。

⑥⑦ 焉，録文訛作"烏"，今據原卷改。

No. 2743 持誦《金剛經》靈驗功德記

[題解]

靈驗記類佛教文獻。敦煌卷子中存有計 6 號：伯 2094a，首全尾全，共 156 行，每行約 20 字，文内叙述持誦《金剛經》之靈驗功德十九則。伯 4025，正面 17 行，内容涉及《持誦金剛經靈驗功德記・朱士衡》，有 4 行，起自“朱士衡，爲性麁惡”，迄至“於佛前懺悔”，字跡潦草，不易辨認；該卷背面抄 5 行，内容爲《持誦金剛經靈驗功德記・陳昭》，起自“漢州孔目典陳昭”，迄至“判官曰：‘有何功德’”，後未抄完，字跡潦草。斯 4037vc，首殘尾殘。俄 Дх. 00138，首殘尾殘。俄 Дх. 00296，首、尾均題作“金剛經讚一本”，僅抄録《持誦金剛經靈驗功德記》中開元皇帝讚《金剛經》功德部分。俄 Дх. 00514，存 13 行，首殘尾殘。伯 2094a 號十九則靈驗記中，有九則與初唐人撰述相同，故本文約作於初唐或中唐之時。據伯 2094a 卷末題記，此件係敦煌翟奉達於唐天復八年（908，天復僅四年，時唐已滅，應爲後梁開平二年）四月九日寫。六朝已降，此類功德記甚爲流行，往往將靈驗功德的見證抄撮安置於經前以流通散布，其明顯現實的利益，極具勸誘作用，爲研究佛教民間化、俗信化之重要資料。清代以前歷代大藏經未收，日本《大正藏》將伯 2094a 號收入其第八十五册。矢吹慶輝、王重民、鄭阿財、王書慶、許絹惠、楊寶玉等中外學者先後都對該功德記作過相關研究。楊寶玉以伯 2094a 號爲底本，參酌其餘諸卷對該文進行了校録（見楊寶玉《敦煌本佛教靈驗記校注並研究》，第 244—257 頁，甘肅人民出版社 2009 年 8 月版）。竇懷永、張涌泉的《敦煌小説合集》以伯 2094a 號爲底卷，斯 4037vc 號（甲卷）、伯 4025 號（乙卷）、俄 Дх. 00514 號（丙卷）爲參校卷對《持誦金剛經靈驗功德記》進行了詳細的解題並校録（《敦煌小説合集》，竇懷永、張涌泉著，浙江文藝出版社 2010 年 2 月版）。今校注仍以《大正藏》所據底本伯 2094a 號爲底本。校本：甲本，斯 4037vc 號；乙本，俄 Дх. 00296 號；丙本，俄 Дх. 00514

號；丁本，楊寶玉校注本；戊本，伯 4025 號；戊本，竇懷永、張涌泉録校本。

昔梁時招提寺僧琰師初作沙彌時[①]，有相師語琰曰："師子雖大聰明智慧，無那[②]相王短命，如何？"琰聞此語，遂請大德共詳[③]其福："修何功德，更得延年？"大德云："佛教聖言：依法受持《金剛般若》，功德最大，必得延年。"琰時奉命，遂即入山受持《般若經》。六年，出來，更見前相師。云："法師比來修何功德？長壽殊相，頓能如山。"琰便具説："前者被相壽短命，遂以入山受持《金剛般若》，更無餘業。"師曰："不可思議！"因玆功德，遂爲大德法師，年過百歲，方始受（壽）終[④]。

梁時開善寺僧藏師講説知名[⑤]。時有胤（相）師何胤之善能占相[⑥]，過見，謂曰："藏師須聰明。"[⑦]爲講説[⑧]。信手依經藏中撰取一卷[⑨]，擬長壽（常

① 戊本注："本則故事亦見於唐道世《法苑珠林》卷六二《占相篇・感應緣》引《梁高僧傳》，題作'梁沙門釋琰'；唐孟獻忠《金剛般若波羅蜜經感應傳》引《感應記》，題作'琰法師'；明《永樂大典》卷七五四三引《金剛感應事迹》及所引《金剛證驗賦》'洪範五福，其一曰壽，堅持之者，偏承靈佑'句之注文，皆無題，前者並注出《感應記》；清周克復《金剛經持驗紀》（《新編卍續藏經》第一四九册，新文豐出版公司 1993 年版，下同）上卷引《金剛證果》題作'梁釋琰法師'。又《金剛般若經集驗記》謂僧琰爲隋人。"

② 丁本："無那：無奈，無可奈何。"

③ 丁本："詳：揣摩，推斷。"

④ 受，在敦煌寫本中爲"壽"字常見借字。"受終"猶"壽終"。

⑤ 戊本注："本則故事亦見於《金剛般若經集驗記》卷上《延壽篇》引蕭瑀《金剛般若經靈驗記》，無題。"

⑥ 戊本校："胤師，不辭。疑'胤'字蓋涉下'何胤之'之名而誤書，玆據文義校改作'相師'。"按：所校是，玆從之。

⑦ 戊本校："此處何胤師之言義似費解，疑有訛誤；《金剛般若經集驗記》載相師言作：'雖作法師，全無年壽'，義理明晰。"

⑧ 丁本："此處文義不甚明，或有脱文，《法苑珠林》、《續高僧傳》等文中尚有相師相藏師短命，藏師遂停止講經，擬專心持經等文句。"戊本校："此處義甚費解，疑有脱訛；《金剛般若經集驗記》相關文句作：'藏聞惶懼，遂廢講説'，言藏師放棄講説而持經。"

⑨ 戊本校："撰取，選取；'撰'可用同'選'，《周禮・夏官・大司馬》：'群吏撰車徒，讀書契。'陸德明釋文：'撰，息轉反。'賈公彦疏：'擇取其善者。'"按：《説文》無"撰"字。《集韻・獮韻》："選，擇也。或從手。"

受)持,乃得《金剛般若》①。在②房誦持,三年不出。後見胤之,[□□][胤之]③喜而言曰:"師有何法改容貌,弟子所相無驗?"藏云:"檀越相大有驗。是時度厄難,爲得受持《金剛般若》,經力如此。"胤之言曰:"大不可思議!功德果報,今得相百年餘歲。"果如所説記。

隨(隋)④時有婆羅[□][門]⑤僧藏法師⑥,能持《金剛經》禁呪,斷除一切諸惡。有小僧就學,成呪法,數年,堪伏之耶(諸邪)⑦。來詣江畔,見有一胡神之廟⑧宫庭,即於此中坐,止⑨宿,誦禁呪。其犯⑩,遂殯。藏問(聞)⑪弟子身死,忿恨,自來到神[□][所]⑫,亦於廟坐誦呪,因即致死。于時同寺有一

---

① 戍本校:"此三句《金剛般若經集驗記》相關文字作'于經藏中信手探取一卷,專欲受持,乃得《金剛般若經》',句義明晰,兹據校讀'長壽'作'常受'。"按:所校是,兹從之。

② "在"字前底本及録本有一"若"字,當係涉上字而衍,今據文義删。

③ "胤之"二字底本、録本無,今結合文意,據戍本補。

④ 隨,録本作"隋",據底本改。"隋朝"之"隋"本作"隨",因楊堅原爲隨國公,但"隨"字的"辶"意爲"忽走忽停(不穩定)",於是楊堅便棄了"辶",創了"隋"這個新字作爲王朝之名。

⑤ 門,底本及録本無,據文意補。

⑥ 戍本校:"本則故事亦見於《法苑珠林》卷八五《智慧部》引《侯君素集》,題作'晋亭湖神廟經驗';《金剛般若經集驗記》卷中《神力篇》引蕭瑀《金剛般若經靈驗記》,無題;明《永樂大典》卷七五四三引《金剛證驗賦》'湖神歸命,受浄戒而挫兇暴之威'句注文,無題;又'門'據《法苑珠林》、《金剛般若經集驗記》、《永樂大典》校補。"按:所校是,兹從之。

⑦ 戍本校:"之耶,當讀作'諸邪';《法苑珠林》此句作'亦能降伏諸邪毒惡',《金剛般若經集驗記》作'堪伏邪魅',可資比勘。"兹從之。

⑧ 廟,底本作"**庿**",當爲"庿"之俗體。《説文・廣部》:"廟,尊先祖皃也。庿,古文。"《儀禮・士冠禮》:"士冠禮,筮於庿門。"

⑨ 止,録本訛作"心",據底本改。

⑩ 犯,戍本訛作"夜"。

⑪ 問,此處當爲"聞"字同音借字。(聞,《廣韻》一音亡運切,與"問"音同。)

⑫ 所,底本及録本無,今結合文意,據戍本補。下句:"於時同寺有一僧,每恒受持《金剛般若經》,聞藏師師徒並爲神打死,遂來神所,亦於廟坐誦《般若經》。"可助比勘。

僧，每恒受持《金剛般若經》，聞藏師師徒並爲神打死[①]，遂來神所，亦於廟坐，誦《般若經》。至夜來，聞有風聲，極大迅速。須臾見一物，其形懷（瓌）異[②]，壯麗奇特[③]，可畏倍常，種種形容，眼光似電。師坐，正念，誦《金剛經》不息，亦無恐懼。神來至前，攝（慑）[④]諸威勢，右膝著地，合掌恭敬。聽誦經訖，師問神："檀越是何神祇，初來猛迅，後乃寂然不動？"神即答曰："弟子是此宫庭胡神，爲性剛强戾，見師習大乘經典，不可思議，是以伏聽。""檀越既能如此信敬，前者二僧誦呪，何緣打殺？"神言："彼二僧者不能持大乘經典，見弟子來，逆頭罵詈，口誦惡語呪術。弟子不伏。此二僧見弟子形貌，並自怕死，亦非弟子故違殺害。"側近之人知師入其神廟止宿，恐同前者二僧被打殺。至旦，諸人共相率往神所看迎，乃見平安。問師因緣，所有事意[⑤]，具答諸人。諸人因此發心受持《金剛般若經》者不少。

開皇十一年，太府寺丞[⑥]趙文昌身死[⑦]，唯一上願[⑧]，家人不敢即斂[⑨]。然

① 此句後一"師"字底本及録本作"之"。戌本校："藏師之徒，'之'字或爲'師'之重文符號之訛誤，'藏師師徒'指僧藏法師師徒二人；《法苑珠林》此句作'聞師徒並亡'，《金剛般若經集驗記》作'聞藏師徒並爲神殺死'，《永樂大典》作'見二客僧俱死'，可資比勘。"按：所校是，兹據正。

② 懷，丁本即括注作"怪"。戌本校："懷異，疑當作'瓌異'，'懷''瓌'形音並近，'瓌異'亦作'瑰異'，指卓異、奇特；《金剛般若經集驗記》正作'瑰異'。"按：戌本校是。

③ 特，底本作"持"，當爲"特"之形訛。《大正藏》録本校是。

④ 戌本校："攝，通'慑'，畏懼，被震慑。"

⑤ 戌本校："事意，事情、情况。"

⑥ 丞，録本訛作"承"，據底本改。

⑦ 戌本校："本則亦見於《法苑珠林》卷七九《邪見部・感應緣》引《冥報記》，題作'周武帝'；《金剛般若經集驗記》卷下《功德篇》引蕭瑀《金剛般若經靈驗記》，無題；《太平廣記》卷一〇二引《法苑珠林》，題作'趙文昌'；明《永樂大典》卷七五四三引《金剛證驗賦》'法力難思，不墮刀鋒之所'句注文，無題，人名作'趙昌'；清周克復《金剛經持驗紀》上卷引《法苑珠林》，題作'隋寺丞趙文昌'。"

⑧ 戌本校："上願，最大願望。"此句《金剛般若經集驗記》卷下作："隋開皇十一年，太府丞趙文昌身死，唯於心上氣暖。時昌家人未敢入斂。"[X87n1629p461b12]

⑨ 斂，丁本括注作"殮"。按："斂"本有"殯殮"義。《釋名・釋喪葬》："衣屍棺曰'斂'。"《正字通・攴部》："斂，殯也。俗作'殮'。"

昌遂至閻羅王[□][所][①]。問昌曰:“從生已來,作何福業?”昌曰:“更無餘功德,唯常誦持《金剛般若經》。”王聞,合掌恭敬,讚言:“善哉!受持《金剛般若》,功德最大,不可思議!”即語執人曰:“汝更勘案,勿錯將來不?”“其人實錯將來,不聞[②]。”[□][王][③]即語昌曰:“可向經藏中取《金剛般若經》來。”令一人引昌西南下,至經藏所,見大舍數十餘間,甚精麗。其中經滿,並金軸寶袟,廣嚴妙好,華飾不復可言。昌乃一心閉[④]目,[□□□□□□][信手抽得一卷。][⑤]。[□□][使人][⑥]云:“大[□][功][⑦]德,最爲弟[⑧]一經。”昌怕懼此非《般若》,求其使人請换,不肯。昌即開看,乃是《金剛般若》。將至王所,令執人在西,昌在東立,誦《金剛般若經》一遍,並得通利。王即放還,約束[⑨]昌[⑩]受持此經,實莫廢忘。仍令一人引昌,送出門。便見周武帝禁在門東房内,唤言:“汝是我國人也,暫來至此,須共語。”昌即便見武帝,再拜。武帝[□][曰][⑪]:“汝識我以不?”昌言:“臣昔曾任伏事[⑫],衛陛下。”武帝喜云:“卿乃是

---

① 所,底本、録本無,結合文意,兹據戍本補。

② 戍本校:“其人實錯將來,底本於‘來’後有‘不’字,與義扞格,兹據删。”按:底本不誤。下“聞”字應屬上讀,“不聞”即未聽説有此人,與上“其人實錯將來”呼應。

③ 王,底本、録本無,兹據文意補。

④ 閉,底本作“閟”,當爲“閉”之形訛字,《大正藏》録本校是。此處戍本校:“《金剛般若經集驗記》作‘昌乃一心合掌閉目,信手抽得一卷,大小還似舊誦《般若》者,其題目“功德最爲第一”’,《太平廣記》作‘文昌合掌閉目,信手抽取一卷開看,乃是《金剛般若》。’”可資比勘。

⑤ “信手抽得一卷”六字底本、録本無,兹據《金剛般若經集驗記》卷下[X87n1629p461b]補。

⑥ “使人”二字底本、録本無,兹據上下文意補。

⑦ 功,底本、録本無,兹據上下文意補。

⑧ “弟”字下録本有一“子”字。按:底本該字旁施一廢棄號,兹據删。

⑨ 戍本校:“約束,叮囑、囑咐。”

⑩ 昌,録本訛作“星”,據底本改。

⑪ 曰,底本及録本無,據文義補。

⑫ 戍本校:“此句略顯不順,或有脱誤。”按:底本不誤。“伏事”指在朝廷或官員屬下任職。[南朝·宋]鮑照《謝上除啓》:“臣伏事日淺,蒙荷已豐。”《文選·陸機〈吴王郎中時從梁陳作〉詩》:“誰謂伏事淺,契闊踰三年。”李善注:“《周禮·大司徒》:‘頒職事,十有二曰服事。’鄭司農曰:‘服事,謂爲公家服事也。’‘服’與‘伏’同,古字通。”

我故舊也。汝可還家,爲我向今帝論説,道我諸罪並了,爲(唯)有滅佛法事未了,當時爲衛元嵩讒言,不得①。久禁在此,未知了其(期)②。”昌問[　　　]③。武帝[□][曰]④:“衛元嵩是三界外人,非閻羅王所管攝,爲此不能追得。汝還家,爲我從今帝乞少許功德,救拔苦難,始敢望了。”昌還家,更得甦⑤活,已經五日,其患漸損,具以此事奏聞。文帝知⑥,即爲出敕,國内諸寺師僧爲周武帝三日持齋行道,轉誦《金剛般若經》。亦録入史記。

遂州有人⑦貞觀元年死,經三日得活⑧。説言:“初死之時,被人遮逐,同伴數人至閻羅王所。中有一僧,王見先唤:‘師來!一生已來,修何功德?’師答言:‘唯誦《金剛般若波羅蜜經》。’王聞即起,合掌讚言:‘善哉!既是受持《金剛般若波羅蜜經》,當得昇天,何因錯將來至此?’王言未訖,即見天衣下來,引師上天去也。王乃覆(復)⑨坐,次問遂州人:‘汝等從昔已來,作何福報?’云:‘一生已來,所誦經典,好習庾信文章、諸子集録。近來學誦《金剛般

---

① 丁本:“據《法苑珠林》等,知此處有脱文。‘不得’當指冥司屢追衛元嵩不得。”戊本校:“此處義似不順,疑有抄脱;武帝之語,《法苑珠林》作‘卿既是我舊臣,汝今還家,爲吾具向隋文皇帝説,吾諸罪並欲辯了,唯滅佛法罪重,未可得竟,當時以衛元嵩教我滅佛法,比來數追元嵩不得,以是不了’,《金剛般若經集驗記》則作‘卿乃是我故舊,汝可還家,爲我具向隋帝論説,道我諸罪並了,唯有滅佛法事未了,當時右衛元嵩教我滅佛法,爲追元嵩至今不得,以是未了’,義理皆明,是故底卷之‘不得’指冥司追索衛元嵩不得。”

② 其,此乃“期”之借字。《字彙補·八部》:“其,借作期。”

③ 戊本校:“此處底卷應抄脱趙文昌問語若干字,《法苑珠林》作‘昌問:“元嵩何處去,王追不得?”’《金剛般若經集驗記》作‘昌問武帝:“元嵩何處,追不可得?”’”

④ 曰,底本無,兹據上下文意補。

⑤ 甦,爲“蘇”之常見俗字。下文“甦”字皆同,不復出校。

⑥ 丙本以上殘。

⑦ “人”字前底本有一“一”字。按:底卷“一”字旁實有一廢棄號,兹據删。

⑧ 戊本校:“本則故事亦見於《法苑珠林》卷一八《敬法篇·感應緣》引《冥報記》,題作‘唐遂州人趙文信’;《金剛般若經集驗記》卷上《延壽篇》引蕭瑀《金剛般若經靈驗記》,無題,然記作‘遂州人魏旻事’;《太平廣記》卷一〇二引《法苑珠林》,題作‘趙文信’;明《永樂大典》卷七五四三引《金剛證驗賦》‘降五色之祥雲,迎歸天上’句注文,無題,人名作‘任善’;清周克復《金剛經持驗紀》上卷引《法苑珠林》,題作‘唐趙文信’。”

⑨ 覆,丁本括注作“復”。此“覆”與“復”同。《易·乾》:“終日乾乾,反復道也。”魏王弼注作“覆”。阮元校勘記:“《釋文》:‘復,本亦作覆’。”

若經》,猶自未得。'王[□][言][1]:'大罪人,汝見識不?'報云:'雖讀庾信文章,實不識面。'王即遣示若[2]人,乃見大龜,一身數頭。人言此是庚(庾)[3]信。龜去少時,王言:'此人學誦《金剛般若》[4],且令放出來。'見一人云:'我是庚(庾)信,生存之日,好引諸經,用作文章,或生誹謗,毀呰經文。今受大罪報,向見龜刑(形)[5]。'是以甦活,説此因緣。"衆人傷悲,悉知是實。其遂州人土地多是移人[6],獵生害命充食。當時知見,共相識斷除殺害,因得發心,悉共受持《金剛般若經》,信受恭[7]敬。

渭州畦彦通,一生已來常誦《金剛般若》[8]。先於李蜜(密)[9]下任武牢縣令,爲賊破城,求覓欲殺。彦通怕急,即踰城東下,投澗取死。其澗深峻百丈有餘,從空而下,如人扶接,不覺到底。大(乃?)在[10]於盤石安然端坐,良久而起,都無損傷。彦通自怪,喜懼非常,歎息不已。從[□][爾][11]已來,自知大

① 言,底本及録本無,今據丙本補。

② 若,録本訛作"苦",據底本改。

③ 庚,此乃"庾"之形訛。下"庚"字同,徑括注其正字,不復校。

④ 丙本以下殘。

⑤ 刑,此乃"形"之借字。

⑥ 戊本校:"移人,即'移民',蓋避唐諱改。"

⑦ "恭"字前録本衍"供人"二字。按:底本本欲書"恭"而誤作"供"字,書手發覺後旋于字旁施一廢棄號"卜"。録本不察,誤作"供人"。玆據底本删。

⑧ 戊本校:"本則故事亦見於《金剛般若經集驗記》卷上《延壽篇》引蕭瑀《金剛般若經靈驗記》,無題;又見《金剛般若經感應傳》,題作'陸彦通';《太平廣記》卷一〇二引《報應記》,題作'畦彦通';明《永樂大典》卷七五四三引《金剛感應事迹》,無題,人名作'畦彦通';清周克復《金剛經持驗紀》上卷引《報應記》,題作'隋邑令畦彦通'。'畦彦通',或作'睦彦通'、'陸彦通',王重民《敦煌古籍敘録》據《晋書·載記》後燕慕榮寶時有中書令畦遂,而以姓畦爲是,則作'睦''陸'者蓋形近致誤。"

⑨ 蜜,此乃"密"之借字。戊本校:"李蜜,《金剛般若經集驗記》、《金剛般若波羅蜜經感應傳》、《太平廣記》、《永樂大典》、《金剛經持驗紀》皆作'李密'。"

⑩ "在"字《大正藏》本作"任",據底本改。結合文意,"在"前"大"字似爲"乃"之訛字。戊本校:"大在於盤石,'大'字疑爲'乃'之誤,《金剛般若經集驗記》此句則作'乃在於盤石上坐',《金剛般若波羅蜜經感應傳》、《永樂大典》僅作'置石上',《太平廣記》、《金剛經持驗紀》作'置盤石上'。"

⑪ 爾,底本及録本無,今據文意補。

德《金剛般若》威力[1]，委知經力極大，不可思議功德，加心信敬，精勤受持，不敢輕慢，常獲果報，得福無量。

鄜州寶臺寺[2]僧法藏，戒行精淳，爲性質直[3]。隋開皇十三年，於洛交縣蔓川城造[□][寺][4]一所，僧房二十餘間，佛堂三口，並[□][七]架[□□][六栿][5]，塼瓦嚴麗，彩飾精茅[6]，丈六素(塑)像，總有部[7]别，各有十一事，等身觀世音石像一軀，千[□][佛][8]屏風像等。至大業年得寺千(遷)[9]時，舍像並令移就州墎伽藍安置，破壞補缺，並得成就。更造一切經，寫得八百餘卷。别造長紙[10]，於京城月愛寺令人抄寫，並檀香爲軸，莊嚴妙好。藏至武德

① 戊本於本句此處出校："爾，兹據義擬補；《金剛般若經集驗記》、《金剛般若波羅蜜經感應傳》、《太平廣記》、《永樂大典》、《金剛經持驗紀》皆無此句。"

② 臺，底本、録本作"室"，當爲"臺"之形訛字。[宋]贊寧《宋高僧傳》有"唐鄜州寶臺寺法藏傳"[T50n2061p882b21]，可參證。

③ 戊本校："本則故事亦見於《法苑珠林》卷一八《敬法篇・感應緣》引《三寶感通記》，題作'隋沙門釋法藏'；《金剛般若經集驗記》卷中《滅罪篇》引蕭瑀《金剛般若經靈驗記》，無題；《金剛般若波羅蜜經感應傳》，題作'法藏'；宋贊寧《宋高僧傳》卷二七，題作'唐鄜州寶臺寺法藏傳'；宋非濁《三寶感應要略録》(《大正藏》本)第五十七則，題作'僧法藏書誦《金剛般若經》滅罪感應'；明《永樂大典》卷七五四三引《金剛感應事迹》及所引《金剛證驗賦》'病者投誠，愈沉痾而軫慈悲之救'句注文，皆無題；清周克復《金剛經持驗紀》上卷引《金剛證果》，題作'隋釋法藏'。其中，以《金剛般若經靈驗記》所引與敦煌本文字契合者最多。"

④ 丁本："[寺]：據《法苑珠林》等補。"此從之。

⑤ 戊本校："此句底卷僅作'並架'二字，義甚費解，當有抄脱；《金剛般若經集驗記》作'並七架六栿'，義長，兹據以校補。"所校是，兹從之。

⑥ 戊本校："茅，底卷作'芧'，俗寫，敦煌寫本中'矛''予'二旁常混用，然'精茅'義甚費解，疑有訛誤；此處相關文句《法苑珠林》作'佛殿精妙，僧房華麗'。"

⑦ 此處底本、録本另衍一"部"字，結合文意，據丁本删。

⑧ 戊本校："佛，底卷無，兹據《金剛般若經集驗記》校補。"此從之。

⑨ 千，此當爲"遷"之音近借字("千"字音蒼先切，清紐先韻平聲；"遷"字音七然切，清紐仙韻平聲；二字聲調全同，韻母相近)。

⑩ 紙，録本訛作"張"，據底本改。

二年四月染[1]患，經二旬，乃見一人，青衣，在高閣上，手把一卷經，告言法師藏[2]："作(你)[3]一生已來，所造功德，悉皆妙好，唯有少(稍)互用三寶物[4]，得罪未除。我手中者，《金剛般若》，最爲第一大乘經典。汝自造一卷，所有諸罪，悉得除滅。"藏聞此教，應聲答言："若得病差(瘥)，即發决定心，造百部《般若》。弟子自省，一生已來，雖修功德，實未寫《金剛般若》。諸佛菩薩，今見學(覺)[5]悟，必不懈怠。弟子唯有三衣瓶鉢，偏袒右肩[6]，時盡將付囑大德、弟子、親知，用造《金剛般若》。"三五日能起，依願即造婆伽娑舍衛國中第一部，寫訖並散付諸人流傳讀誦。深知《金剛般若》大乘經典，威力最大，不可思議。奇(寄)[7]情有緣，遞相勸率。持《金剛般若經》者，見獲果報，功德無量。

隋朝有一僧靈寂，有兩個弟子。僧主忽一日唤此弟子等向前："我聞五臺山中有大文殊師利，每有人禮謁者，現其相貌，接引蒼生。我等三人，往彼禮謁，豈不善意?"將兩頭驢，一馱生絹二百疋，遣弟子等驅，一頭僧自乘騎，便即進發。其僧生(主)[8]一年唯持《金剛般若經》，更無别業。當所之時，柒[9]個篋中只將此經卷去。行經數月，因歇息草澤中，放驢畜。僧即於一樹

① 染，録本訛作"淬"，據底本改。

② 戌本校："告言法師藏，頗疑'師'字因'法師'慣用而誤衍；《法苑珠林》、《金剛般若經集驗記》、《三寶感應要略録》作'告法藏云'，《金剛般若波羅蜜經感應傳》、《永樂大典》引《金剛感應事迹》作'謂法藏曰'，皆可資比勘。"

③ 戌本校："作，當爲'你'之形誤字；《法苑珠林》、《金剛般若經集驗記》、《三寶感應要略録》、《金剛般若波羅蜜經感應傳》、《宋高僧傳》、《永樂大典》引《金剛感應事迹》、《金剛經持驗紀》皆作'汝'，可資比勘。"

④ 戌本校："互用三寶物，意指濫用佛、法、僧三寶之物，即把佛物用於法或僧、法物用於佛或僧、僧物用於佛或法。又'少'字用同'稍'"所校是，兹從之。

⑤ 學，此當爲"覺"之誤字。

⑥ 袒，底本作"**但**"，乃"但"之避唐睿宗諱字形。此"但"又當係"袒"之訛字，《大正藏》本校是。

⑦ 結合文意，此"奇"當爲"寄"之借字。[漢]馬融《長笛賦》："惟鐘籠之奇生兮，于終南之陰崖。"王念孫《讀書雜誌》："奇讀爲寄。奇，托也。"

⑧ 生，此當爲"主"之訛字。丁本括注作"主"。

⑨ 柒，録本訛作"柴"，據底本改。

下歇息,鋪之氈,睡著。其弟子二人平章[①]:"我等擬殺和尚,各取絹一百疋,取驢一頭,入京遊縱,豈不是一生樂矣!"興心既了,一個弟子把刀一口,當腰即斫,已下三刀,至於血下,第四刀便乃各著空中,取刀不得,手[②]亦不離刀上。如兩食頃,其和尚睡覺,見此弟子跪膝,兩手扶刀,默然無對。僧乃問云[③]:"汝等何生惡意?"其弟子雙跪向前,具陳本意。和尚亦可爲過[④],便即索筒[⑤],取經擬讀。其經腰間,有三個刀痕,並被斫斷,直至經軸。僧人腰間令人看時,爲(唯)有三道赤色三笙[⑥],數重衣裳亦不得透過破損,豈非《金剛般若經》神力致也?

昔長安温國寺僧靈幽忽死[⑦],經七日,見平等王。王問和尚曰:"在生有何經業?"靈幽答曰:"持《金剛經》。"王遂合掌請念。須臾念竟。王又問和尚曰:"雖誦得此經,少一偈者何?"靈幽答王曰:"小師只依本念,不知缺何偈。"

---

① 戌本校:"平章,商量、商議。"

② 手,録本訛作"平",據底本改。

③ 云,録本訛作"亦",據底本改。

④ "過"字前録本有一"果"字。按:底本"果"字旁施一廢棄號,兹據删。

⑤ 戌本校:"筒,疑爲'笥'字之形訛;'笥'指一種方形竹器,用以放盛衣物、飯食、書籍等。"

⑥ 戌本校:"三笙,楊校謂'笙'爲表細微義的量詞,近是。"

⑦ 戌本校:"本則故事亦見於《金剛般若波羅蜜經感應傳》,題作'靈幽',文云:'釋靈幽,在京大興善寺出家。長慶二年暴亡,已經七日,體質微暖,而未殯之。自見二使引見閻摩天子,敕問幽:'在世習何行業?'幽對曰:'貧僧一生常持《金剛般若經》。'天子合掌,賜座,命幽朗誦一遍。地獄煎熬捶楚之苦,一時停息。誦經畢,天子再問幽曰:'念此經中而少一章。師壽合終,今加汝壽十年,歸世勸人受持此經。真本在濠州鍾離寺在(右)碑上。'幽既還魂,具録表奏唐天子。奉勑差中使往濠州碑上看此章,在'無法可説,是名説法'後增'爾時惠命須菩提'到'如來説非衆生。是名衆生'是也。又見[宋]贊寧《宋高僧傳》卷二五《唐上都大温國寺靈幽傳》,云:'釋靈幽,不知何許人也。僻静淳直,誦習惟勤。偶疾暴終,杳歸冥府。引之見王,問修何業。答曰:'貧道素持《金剛般若》,已有年矣。王合掌,屢稱'善哉'。俾令諷誦,幽吮唇播舌,章段分明。念畢,王曰:'未盡善矣。何耶?尠少一節文,何貫華之綫斷乎?師壽命雖盡,且放還人間十年,要勸一切人受持斯典。如其真本,即在濠州鍾離寺石碑上。'如是已經七日而蘇。幽遂奏,奉敕令寫此經真本,添其句讀在'無法可説,是名説法'之後是也。"

王曰:“和尚壽命已盡,更放十年活。此經在濠州[①]城西石碑上自有真本,令天下傳。”[②]其僧卻[③]活,具説事由矣。

漢州孔目典陳昭死[④],經兩日再甦,具説云:“初到冥間,判官問:‘汝爲劉尚書事殺牛四十[⑤]七頭,[□□□□□][造脯送行營][⑥],昭何故取他牛一頭?’昭諱不取,[□□□][亦不喫][⑦]。須臾有一人出來,稱甲送牛頭使[⑧],昭即知諱不得,遂諮判官:‘如何得免此罪?’判官問曰:‘在生有何功德?’昭答曰:‘常持《金剛經》。’語未了,其經從空而至,便得放歸。”一十八年活矣。[⑨]

---

① 濠,底本作“濠”。戊本校:“濠州,‘濠’字字書不載,當爲‘濠’之俗字。《金剛般若波羅蜜經感應傳》、《宋高僧傳》、《金剛經持驗紀》及《永樂大典》卷七五四三引《金剛感應事蹟》正作‘濠州’,《永樂大典》同卷《金剛證驗賦》‘陰官歸向’句下注引‘上都大温國寺僧靈幽’故事則作‘豪州’;‘濠州’爲漢九江郡地(今安徽鳳陽),隋曰‘豪州’,唐改曰‘濠州’。”

② 戊本校:“《金剛經》有後秦鳩摩羅什、北魏菩提流支、陳真諦、隋笈多、唐玄奘、義净等不同譯本(前三譯全稱《金剛般若波羅蜜經》,後三譯分别稱《金剛能斷般若波羅蜜經》、《能斷金剛般若波羅蜜多經》、《佛説能斷金剛般若波羅蜜多經》),所謂‘少一偈’的是指鳩譯經。底卷《持誦金剛經靈驗功德記》寫卷後抄有鳩譯《金剛般若波羅蜜經》,經文被後人分爲三十二分,包括‘法會因由分第一’至‘應化非真分第三十二’。在‘非説所説分第廿一’之後、‘無法可得分第廿二’之前,有‘遺漏分添六十字’七字(敦博五三號、津藝二一三號經本作‘加冥司偈六十字’),下爲三行後添的小字,云:‘爾時惠命須菩提白佛言:“世尊,頗有衆生於未來世,説是經法,生信心不?”佛言:“須菩提,彼非衆生,非不衆生。何以故?須菩提,衆生者,如來説非衆生,是名衆生。”’其他敦煌經本或有此六十字者或許即據濠州碑本添補,無此六十字的即所謂‘少一偈’的原本。底卷《金剛般若波羅蜜經》經文末翟奉達題記稱‘依西川印出本’添補‘遺漏分’,即此添補此段文字而言。翟氏添補遺漏分六十字,顯然是受到釋靈幽還魂故事的影響。”

③ 卻,録本訛作“却”,據底本改。

④ 戊本校:“本則故事亦見於唐段成式《金剛經鳩異》、《太平廣記》卷一〇六引《酉陽雜俎》等,皆題作‘陳昭’;此二書所記陳昭匿牛一事較敦煌本爲詳,然文字差異甚大。”

⑤ “四十”二字底本實作“卌”。

⑥ “造脯送行營”五字底本、録本無,據戊本補。

⑦ “亦不喫”三字底本、録本無,據戊本補。

⑧ 戊本校:“稱甲送牛頭使,‘甲’爲代詞,指不欲明言的某人,文中即指前揭的‘一人’。”

⑨ 甲本以上脱。

苟居士樂善[①]，專誦持《金剛經》，乃發心於新繁縣[②]西北村中以筆書空，爲天寫《金剛經》。其處每有雨下不濕。[□][人][③]初不知。村人在彼放牛，復於彼處避雨。後有一胡僧從此過，見，乃告村人曰："此是經壇，空中有經。"齋日，有化（華）寶蓋[④]往往出現爾。此壇者縣城西北三十里，至今見在。[⑤]

昔王陀一生殺害無數[⑥]，乃發心專持《金剛經》一萬遍。誦得五千遍，忽於一日午時，見數十鬼向前來曰："王有牒追汝，汝且莫持經。"陀即告念，使鬼從後。更有鬼使走馬而來，告諭鬼曰："王敕：持經人且放。"王陀遂即免死，壽至九十八終矣。

昔王綽爲天水郡司法，薛舉作亂，殺兵士，次至王綽，刀乃寸折。又使力士宋羅持刀斬之，刀亦寸折。薛舉怪曰："汝有何法？"王綽答曰："幼年持《金剛經》，應是經力。"薛舉遂放。王綽怕懼，入一厠中藏，念此經。厠中有光見，賊衆尋光至厠，見人，問曰："是誰？"厠人答曰："被刀刑不死者王綽。"賊

---

① 戌本校："本則故事亦見於唐道宣《集神州三寶感通録》卷下，無題；《金剛般若波羅蜜經感應傳》，題作'荀氏'；又見《太平廣記》卷一〇二引《三寶感通記》，題作'新繁縣書生'；明《永樂大典》卷七五四三引《金剛感應事蹟》，無題；清周克復《金剛經持驗紀》上卷引《三寶感通記》，題作'隋書生荀氏'。另，《永樂大典》卷七五四三引《金剛證驗賦》'寫在空中點點而雨霑不濕'句下注文亦載一則情節類似的故事，文云：'昔有河北一儒生，因妻病，遂發願許寫一卷《金剛經》，其妻病瘉。後以困乏故，紙墨不辦，常繫是心，心口思維。時不待人，恐違誠願，遂於一日發心於曠野空中，自親手於空中書一卷經文，禮拜發願而去。邇後，於虚空書經處乃至猛雨，其雨不霑，牧童採樵之人皆於此避雨。'"按：戌本中所引《金剛般若波羅蜜經感應傳》、《三寶感通記》中"荀氏"之"荀"底本作"苟"。"荀"、"苟"必有一誤。

② 戌本校："新繁縣在今四川成都西北部，唐時隸屬劍南道西川成都府。"

③ 人，底本無，據甲本補。

④ 戌本校："'化'當是'花'字之省借，而'花'又爲'華'的後起俗字；'花寶蓋'猶言'華蓋'，本指帝王或貴官車上的傘蓋，泛指高貴者所乘之車。"

⑤ 甲本至此止。

⑥ 戌本校："本則故事亦見於《金剛般若經集驗記》卷上《延壽篇》引蕭瑀《金剛般若經靈驗記》，無題；《太平廣記》卷一〇二引《報應記》，題作'王陁'；清周克復《金剛經持驗紀》上卷引《太平廣記》，題作'唐王陁'。"

曰:“汝不須藏,諸軍盡知,但[①]往歸家。”從此得免此難。

昔有朱士衡,爲性麁惡,不敬三寶,爲梁國左僕射。其妻常樂善,專持《金剛經》。其夫不在,正持《金剛經》次,其夫從外而歸。見妻[□□][持經][②],乃於手中奪得經卷,抛入火中,及至火滅,經亦不損。遂夫妻二人卻收經卷,於佛前懺悔。

昔崔善冲爲携(巂)州判官[③],遇反叛次,刺史被殺。善冲領二十餘人,全弓劍,走投昆明城。至夜,不知路處。善冲告兵士曰:“至心念佛。”冲自念《金剛經》,信馬前行。忽見一火炬,前引而行,行至數里,火滅無明,遂得達昆明城。皆是經力者也。

昔唐晏者[④],梓州悽(郪)[⑤]縣吏人也,常持《金剛經》。緣爲事不謹,迴被(背)官中[⑥]。行至遂州路,本縣使人捕捉。晏空中聞有人聲曰:“唐晏,汝急急去!”晏遂舉頭,見有一胡僧。晏即映樹[⑦],至心念經。捕者數十人,對面不見。即獲[□][免][⑧]此難。

魏昫者[⑨],秦人也,常持《金剛經》,冥使三度追,不得。王敕使來報:“且放汝。”

---

① 但,録本訛作“促”,據底本改。

② “持經”二字底本、録本無,據戊本補。

③ 戊本校:“本則故事亦見於《金剛般若經集驗記》卷上《救護篇》,並注云‘獻忠任梓州司馬,崔善冲親説’。又‘携州’,‘携’乃‘攜’之俗寫,‘攜’文中又當‘巂’之誤。古巂州在今四川西昌一帶。”按:“攜”字丁本括注作“巂”。

④ 戊本校:“本則故事亦見於《金剛般若經集驗記》卷上《救護篇》,並注云‘獻忠時任梓州司馬,親問其人’;《太平廣記》卷一一二引《報應記》,題作‘唐晏’。”

⑤ 悽,《〈金剛般若經〉集驗記》卷上[X87n1629p451a23]作“郪”。戊本校:“悽縣,當係‘郪縣’之誤,治所在今四川三台縣,唐時屬梓州。”

⑥ 丁本:“回被(背)官中:謂棄官而逃。背:棄去,離開。”戊本校:“回被官中,或即被人構陷之義。”戊本義長。

⑦ 戊本校:“‘映樹’即隱身樹後,‘映’者隱也。”

⑧ 丁本:“[免]:據文意補。此句《太平廣記》等作‘由是獲免’。”按:所校是,兹據補。

⑨ 戊本校:“本則故事亦見於《太平廣記》卷一〇五引《廣異記》,題作‘魏恂’。”

李延者①,南陽郡人也,爲德州縣尉。一生持《金剛經》。每到持經時,有神光現。

昔竇氏夜患頭痛②,令婢厨中取火。[□][婢]③言"無。"忽見堦(階)④前有一炬火,遂上堦(階)來,如晝日。夫人頭痛便愈,莫不精(驚)心。已(以)此皆是常持《金剛經》力也。

李慶者⑤,唐州人也,好田獵,煞害無數。忽會客事,煞豬雞羊數頭。客散後,卒亡,經三日再生,具説云:"初到冥間,見平等王,王曰:'汝煞生□(何?)⑥甚多,有何功德?'慶答:'解持《金剛經》。'王即合掌,舉經題目,怨家便得生天。王即遣人送歸,至門時復[□(甦?)]⑦。"至八十中(?)歲而終⑧。

更有持《金剛經》得驗者挍(較)⑨多,文繁不具多載者也。

以此前件驗之,假令有人將三千大千世界七寶持用布施者,不如流傳此經功德最勝。若有人書寫《金剛經》,受持讀誦,亦令餘人書寫流布,譬而(如)⑩一燈燃百千萬燈,幽冥皆照,明終不絶。若能抄寫此文牓於寺壁上者,功德無量無邊,不可思議。⑪

開元皇帝讚《金剛經》功德:

---

① 戊本校:"本則故事亦見於《太平廣記》卷一〇六引《報應記》,題作'李延光'。"

② 戊本校:"本則故事亦見於《集神州三寶感通録》卷下,題'陳公太夫人';《法苑珠林》卷一八《敬法篇·感應緣》引《冥報記》,題作'唐夫人豆盧氏';《金剛般若經集驗記》卷上《延壽篇》引唐臨《冥報記》,無題;《太平廣記》卷一〇三引《法苑珠林》,題作'豆盧夫人';明《永樂大典》卷七五四三引《金剛感應事蹟》,無題;清周克復《金剛經持驗紀》上卷引《法苑珠林》,題作'唐竇夫人盧氏'。"

③ 婢,底本及録本無,今據文義補。

④ 《集韻·皆韻》:"階,或從土。"下"堦"字同,不復校。

⑤ 本條《大正藏》本無,兹據甲本並參戊本補録於此。

⑥ 此字甲本不清晰,似作"何"。待考。

⑦ 戊本校:"'復'字後疑脱一字,或係'甦'等字。"。

⑧ 戊本校:"八十中,'中'字疑有誤。"

⑨ 挍,當爲"較"之同音借字。

⑩ "而"乃"如"字一聲之轉。"譬而"即"譬如"也。

⑪ 丁本至此止。

“《金剛》一[①]卷重須彌，所以我皇偏受持，八万法門皆了達，惠(慧)眼他心蹢得知。

比日談歌是舊曲，聽取《金剛般若》詞，開元皇帝親自註[②]，至心頂礼莫生疑。

此經能除一切苦，發心天眼預觀知，莫被無明六賊引，昏昏中(終)[③]日執愚癡。

世尊涅槃無量劫，過去百億阿僧祇，國王大臣傳聖教，我皇敬信世間希。

每月十齋斷宰殺，廣修善業度僧尼，胎生卵生懃念佛，勇猛精進大慈悲。

厭見宫中五欲樂，了知身相是虚危，一國帝主猶覺悟，何况凡俗不思惟?

昔日提娑是國主，爲求妙法捨嬪妃，苦行精懃大乘教，身爲奴僕阿斯仕。

今帝聖明超萬國，舉心動念預觀知，文武聖威遍天下，萬姓安寧定四夷。

自注《金剛》深妙義，蠢動含靈皆受持，護法善[④]神專當應，諸天讚歎不隨宜。

白象馳來敬壽寺，寶車幡蓋數重圍，明僧手執香花引，仙人駕鶴滿空飛。

八難迴生極樂國，五濁翻成七寶池，開元永定恒沙劫，摩(魔)[⑤]王外道總降依。

萬歲千秋傳聖教，猶如劫不(石)[⑥]拂天衣，只是衆生多有福，得逢諸佛重器時。

金剛妙理實難詮，一切經中我總懸，佛布黄金遍地滿，擬買祇陀太子園。

八部鬼神隨從佛，雁塔龍宫滿化天，祇樹引枝承鳥語，下有金砂洗足泉。

食事持鉢舍衛國，廣引衆生作福田，世尊爾時無我相，須菩提瞻仰受斯言。

四果六通爲上品，龍宫受樂是生天，轉輪聖王處仙位，神武皇帝亦如然。

---

① 乙本以上殘。

② 註，乙本作“注”。

③ 中，乙本作“終”。此“中”乃“終”之借字。

④ “善”字録本誤置於下“專”字之後，據底本改。

⑤ 摩，乙本作“魔”。此“摩”乃“魔”之同音借字。

⑥ 不，乙本作“石”。

又說昔爲歌利王，割截身肉得生天，尸毘捨身救鳩鴿，阿羅漢身過及三千。

閻浮衆生戀火宅，我皇引出遣生天，一切有情如赤子，但是百姓悉皆怜。

既得阿耨多羅果，又共諸佛結因緣，百劫千生不退轉，功德無量亦無邊。

非但如影諸寺觀，十方世界亦如然，總是金剛深妙義，弟子豈敢謾虚傳。"[①]

凡欲轉念《金剛般若波羅蜜經》者，先須啓請八大金剛名字，發至誠心，然後轉念經。此八金剛自來，常當擁護持經之人。

第一奉請青除災金剛，能除一切衆生宿災殃咎，悉令消滅。（主大海。）

第二奉請僻毒金剛，能除一切衆生熱毒病苦。（主除災毒）

第三奉請黄隨求金剛，能令一切衆生所求如願，所願皆得。（主堈灑功德。）

第四奉請白净水金剛，能除一切衆生熱惱苦，悉得消除。（主一切寶。）

第五奉請赤聲金剛，能照一切衆生光明，所得見佛。（主能生風。）

第六奉請定災除金剛，能除一切衆生三災八難之苦。（主瑠璃寶。）

第七奉請紫賢金剛，能令一切衆生心開悟解，發菩提心。（主堅牢藏。）

第八奉請大神金剛，能令一切衆生智牙（芽）[②]成就，惠（慧）力增具。（主龍王。）

大身真言：那謨婆伽筏帝[□][（一）][③]鉢羅壤（二）波羅蜜多曳（三）唵（四）伊利底（五）伊室利（六）輸盧馱（七）毘舍耶（八）毘舍耶（九）娑婆訶（十）。

隨心真言：那謨薄迦筏帝（一）鉢喇惹（二）波羅蜜多曳（三）怛姪他（四）唵呼（五）筏折羅（六）盲麗（七）娑婆訶（八）。

心中心真言：唵，嗚倫泥沙，莎婆訶。

---

① 乙本至此止。尾題："金剛經讚一本。"

② 牙，後作"芽"。《説文・艸部》："芽，萌芽也。"清段玉裁注："古多以牙爲芽。"下後作"芽"之"牙"徑括注其今字，不復出注。

③ 一，底本及録本無，今據文義補。

金剛兒呪:南無跋折鳩魔囉迦你度闍,莎訶。

佛母呪:南謨陀舍南,無陀俱南,唵,户嚕户嚕,死陀盧遮儞,薩囉娑囉他,娑達你,莎訶。

文殊菩薩心中真言:阿羅波遮那。

凡人至心誦此真言者,猶誦天下藏經一遍也。

梵音:云何於此經,究竟到彼岸?願佛開微蜜,廣爲衆生説。

轉大法輪。

于唐天復八載,歲在戊辰四月九日,布衣翟奉達寫此經讚驗功德記,添之流布;後爲信士兼往亡靈及見在父母合邑等,福同春草,罪若秋苗,必定當來俱發佛會。

No. 2744《仁王般若實相論》卷第二

[題解]

佛典《仁王般若經》注疏，作者不詳，原著當爲二卷。敦煌卷子中存有中村034號，首殘尾全，尾題：“《仁王般若實相論》卷二。比丘顯秀寫，流通後代，代代不絶。”所疏釋爲鳩摩羅什譯《仁王般若經》之《散花品》第六（首殘）至《囑累品》第八。在《囑累品》品名下有“釋秀許（記了）”數字。因卷一缺，此疏科分不詳。大體是逐句疏釋經文。清代以前歷代大藏經未收，日本《大正藏》據中村034號録入其第八十五册。今校注仍以《大正藏》所據卷中村034號爲底本。

▭①十有三▭衆明▭八修法供▭般若波▭明仁王等觀報佛三□□□（寶修法）②供養行。

▭至成一花臺，明諸王等觀法佛三寶修法供養行▭方佛諸天散花經文所以而來？”

答曰：“明諸王等修▭行訖，更欲興願，是故總舉觀行無障無礙，遍覆大千③，體真▭乃至如雲而下。是以有此經文也。又解：‘歡喜無量’者，明意業供養；‘即散百萬億花’至‘如雲而下’，明身業供養；三從‘願過去佛’至‘般若波羅蜜’，明口業供養。‘神通變化’已下表三種世間：從‘一花入無量花’乃至‘入芥子中’者，明同體净土，是正覺世間；二從‘一佛身入無量

---

① 首缺。

② “寶修法”三字録本作缺文。按：此三字從底本左半殘存部分尚可辨。又，下文“明諸王等觀法佛三寶修法供養行”可助比勘。玆據補。

③ 千，録本訛作“干”，據底本改。

衆生身'乃至'六道身'者,是二十五有衆生世間;'入地水火風'者,明國土世間;'佛身不可思議'者,結上正覺世間;'衆生不可思議'者,結上二十五有衆生世間;'世界不可思議'者,結上國土世間。'爾時十六大國王聞佛説十萬億偈般若波羅蜜歡喜'者,體悦相應,故云'歡喜';'即散百萬億莖花'者,法現在心成'行',行有因義曰'花',行用非一稱'散',故云'即散百萬億花';'於虚空中變成一座'者,顯無障礙行與虚空平等相應也;'十方諸佛共坐説般若'者,明證教二道,無二爲'共',坐爲證道,説爲教道,故云'共坐般若波羅蜜';'無量大衆共一坐'者,雖居學地,體無二也;'金羅花散釋迦'者,顯共因行,自體調柔,雖從緣用而性不改,故云'持金羅花散釋迦牟尼佛上';'復散八萬四千般若波羅蜜花於虚空中變成白雲臺'者,明性清净因行也;'雷吼花'者,先際教行也;'妙覺花'者,後際果行□□行[1]也;'天人花'者,世間報行方便行也;蓋中天人散恒河沙□□前方便雖同世相皆真實般若,故云'而下';'所説般若□□言□'者,自體果實,故云爲'母';'神通生處'者,雖是真實而無相不相,自在無礙,故曰'神通生處';'時佛爲王現五不思議'者,彰如來具足五忍行也;'三種法身'者,爲顯所修之道除三障故顯也;'五種不思議'者,明因道無礙也;'三種身'者,明果道也;'一花入無量花,無量花入一花'者,自利無障礙行也;'一佛土入無量佛土,無量佛土入一佛土'者,直明土體無障礙;'無量佛土入一毛孔土,一毛孔土入無量毛孔土'者,明廣大無障礙也;'無量須彌無量大海入一芥子中'者,明大小無障礙,故云'無量須彌無量大海入芥子中';'一佛身'乃至'入地水火風身'者,明正報也;'佛身不思議'者,不捨生死行也;'衆生身不可思議'者,不捨涅槃行也;'世界不可思議'者,法界無障礙行也。"

受持品

問曰:"散花供養,融相平等。云何起行能流通也?"

答曰:"十三大士習觀發解,成就行德,則能流通。"

---

① 行,録本作"于"。按:該字左半殘,其右半構件實爲"亍",結合文意可斷該字爲"行"字。上句:"'雷吼花'者,先際教行也。"下句:"'天人花'者,世間報行方便行也。"皆可助勘。

就此品中有三分：經文從初至“開空法道”，明月光王發問；二從“大牟尼言”至“受持般若波羅蜜”，明答其所問；三從“時諸大衆”竟品，明諸人悟[①]道。就發問中，有二句經文：從“爾時月光王”至“各各説般若波羅蜜”，明王心中所念諸佛所行甚深妙事；二從“白佛言”至“開空法道”，正發問於口。“爾時月光王心念”者，念前品中三種法身也；“口言”者，正顯實相，先明所念，故云“口言”；“見釋迦”者，顯方便法身不捨世間而證涅槃，故言“見釋迦牟尼”；“現無量神力”者，亦見千花臺上寶滿佛，是一切佛化身主，不捨涅槃而興集[②]用也；“見世界上佛”者，法界身也；“白佛言”即釋“口言”也；“如是般若不可説”者，言語道斷，故言“不可説”；“不可解”者，二乘莫闚，故言“不可解”；“不可以識識[③]”者，凡夫絶分，故云“非識識”。問曰：“般若真性，言語道斷，心行處滅，備云何許德行諸善界(男)[④]子深解此[經][⑤]、如法爲一切衆生開發無相寂滅妙道也?”答曰：“有十三大士備真觀法門，能流通也。”就答中有二句經文：第一略總舉法師息行，勸興供養；二從“善男子”至“般若波羅蜜”，廣辨内護外護二種行意。“但言十三”者，甄如來也。就第二分中有二句經文：“其法師者”至“等[⑥]無有異”，明内護行德。二從“佛告波斯匿王”至“受持般若波羅蜜”，明外護行德。就内護行中有二句經文：一離明十三法師行意成就、能解能説；二從“善男子如是諸菩薩”至“等無有異”，總舉十三法師備上行德，勘能善説。一一門中有二句：從初至“是不定人”，明方便對治修入行；二從“是定人者”至“入僧伽陀位”，明成就行德。“習種法師初觀地水火風空識”者，觀六大不净也。“次觀十四根”者，觀十四根不净也。“唯是有相不彰八無漏，常修三界”乃至“不净觀門”，觀三界有爲滓穢通名“不净”，故云“不

① “人悟”二字録本作“悟人”，且出校：“人＝入?”按：“人”字不必疑，底本“悟人”二字間實有一乙鈎號，兹據正。

② “興集”二字録本訛作“奥集”。録本出校：“奥集＝興悲?”按：録本“奥”字底本實作“興”，後一字底本實作“集”而非“悲”字。兹據正。

③ “識識”二字録本訛作“議議”，據底本改。下文“故云‘非識識’”，亦可助勘。

④ 界，此當爲“男”之訛字。

⑤ 經，録本脱，據底本補。

⑥ 等，録本訛作“滓”，據底本改。

净觀門”。“住在佛家”者，相信心中以真如爲家，故云“住在佛家”。“修六和敬”者，三業行慈同戒同見同。“學行[①]八萬四千般若波羅蜜”者，同修八萬四千行也。“習種性”者，此[②]人創修，入理智微，知身有性，故云“習種性”。“入生空位”者，作人無我觀。“不起五逆”者，《經》云父母是報恩田，羅漢和合僧佛是其福田。於此二田不生逆害，故云“不起五[③]逆”。“不起六重”者，不犯四禁，不沽酒，不説四衆罪過，故云“不起六重”。“二十八輕”者，依《梵網經》有四十八輕，始從欲受國王位、轉輪王位、百官位時，應受菩薩戒，一切鬼神護王身，護百官身，諸佛歡喜，於和上阿闍利大同學不起迎禮拜，不如法供養七寶百味物而供給之。“若不爾者，犯輕垢罪”乃至“皆以信心受戒”者，若國王太子百官四部弟子自侍(恃)[④]高貴，欲滅破佛法，制我弟子，不聽出家行道，亦復不聽造立形像佛塔經律，如是者犯輕垢罪，佛法經書作返逆罪。“言非佛説、無有是處”者，生不傍也。“能以一阿僧祇劫修伏忍”者，明行之階劫也。“始入僧伽陀位”者，此云習種性也。就性種中有二句經文：從初至“念念不去心”，明對治方便行。二從“以二阿僧祇”至“住波羅陀位”，明成就行德。“性種性”者，自[⑤]體能□(解)[⑥]己身中性，故云“種性”；“性”者正因之理，與佛果爲種，不從因生，不爲物壞，故云言“性種性”。“行十惠(慧)[⑦]觀，滅十顛倒”者，四念處觀，除常樂我净倒；慈悲施惠觀，除貪瞋癡；作因緣觀，除斷常樂我患；故云“行十惠(慧)觀，滅十顛倒及我人”乃至“修護空觀”。觀既成就，假相不起，故云“無”也。“亦常行百萬波羅蜜念念不去心”者，發心興行，徹其後際也[⑧]。“二阿僧祇劫行正道法往波羅蜜陀位”者，魏言“性種”，故云“波羅蜜陀位”。“道種性”者，能與初爲道，故云“道種性”。“觀一切法

① 行，録本訛作“業”，據底本改。
② 此，録本訛作“者”，據底本改。
③ 五，録本訛作“立”，據底本改。
④ 侍，此當爲“恃”之形訛字。
⑤ 自，録本訛作“白”，據底本改。
⑥ 解，録本作缺文，據底本補。
⑦ 惠，録本訛作“惡”，據底本改。
⑧ 也，録本訛作“世”，據底本改。

無生住滅”者，明三相空也。“謂五受”者，觀五受陰空也。“從三界”乃至“不可得故”者，明三界二帝皆如也。“常入[①]第一義諦”者，向[②]所觀中，第一是第一義帝(諦)，“心心寂滅、生三界”者，不繫業未已[③]，故云“受生三界”也。“業習果報”者，繫業之餘也。“順道生”者，實以願力故生，故云“順道生”。“三阿僧祇劫修行八萬億般若波羅蜜”乃至“住阿毘跋致位”者，證不退位也。就歡喜地中有二句經文：從初至“一切净土”，明對治方便行；二從“常修捨觀故”至“常授與人[④]”，明成就熟行德。“復[⑤]次善覺摩訶薩住平等忍”者，明初地歡喜大士信忍下品，故言“住平等忍”。“修行四攝法，念念不去心”者，明此菩薩始登無生相真證位中，行四攝行，内外自他備一切德行，故言“修行四攝，念念不去心”。“入無相，捨滅三界貪煩惱”者，明捨攝真行，緣相不染，故云“入無相，捨滅三界貪等煩惱”。“於第一義帝(諦)[⑥]而不二”者，明證平等真空也。“攝衆生法性無爲”者，除自體障礙，顯真實性也。“緣理而滅”乃至“無相無爲”者，除智障。“住初忍時”乃至“非智緣滅無相無爲”者，除煩惱障也。“無自他相、無無相故”者，爲明初地除此三障、具三無爲也。“無量方便皆現前觀”者，起下六種方便行也。“實相方便”者，是實智也。“於第一義”乃至“不顛倒”者，明實智行用也。二、從“遍學”至“一切學”，明遍學方便即是不往道也。三、“迴向方便”者，迴向薩若，故云“迴向方便”。四、“魔自在方便”者，於非道而行佛道，而不爲四魔所動，故《經》云“行於非道而通達佛道”，即是證也。五、“一乘方便”者，於不二相通達法界衆生，無諸罣礙，是故云“一乘方便”。六、“變化方便”者，以願力自在，處處現生，故云“變化方便”。善男子結成六種方便。初“覺觀智”至“實智照”，結上初句實智方便。“巧用不證”者，結上遍學方便。“不次”者，結上迴向方便。“不出”者，結上魔自在方便。“不倒”者，結上第六變化方便。第五一乘方便相同，故不别結

---

① 入，録本訛作“八”，據底本改。
② 向，録本訛作“句”，據底本改。
③ 已，録本訛作“己”，據底本改。
④ 人，録本訛作“七”，據底本改。
⑤ 復，録本訛作“溟”，據底本改。
⑥ 帝，録本徑作“諦”，未契底本。此處“帝”當爲“諦”之記音字。

也。“譬如水之與波不一不異”者，與實智方便作喻也。“入此功德藏門”者，結上六種方便寂用行也。“無三界業習生”乃至“常修捨觀”者，結上入無相。“捨滅三界貪煩惱登鳩摩羅位”者，結上善覺菩薩。“以四大寶藏常授與人”者，明菩薩常以四攝化物無求，故言“四大寶藏常與授人”，結上四攝念念不去心。就離垢地中有二句經文：從初至“住中忍[①]中”，明對治方便行；二從“以五阿僧衹劫”至“化一切衆生”，明成孰行意。復次“德惠（慧）菩薩”者，是離垢菩薩也。“以[②]四無量心”者，自修十善，教人行十善，四等是諸善根本，故言“用四無量心”也。“滅三界瞋等煩惱”者，十惡業中煞[③]業在初，業由或（惑）發，今欲顯以不煞之業對治煞業，故云滅“瞋等煩惱”。“住中忍中”者，信忍中品也。“行一切功德”者，修三業澄潔，德無不備，故“行一切功德”。“大慈觀心、心常現在前”者，結上四無量心也。“入無相闍陀波羅”者，作無相達觀，證離垢地，故云“入無相闍陀波羅”。就第三明地中，從初至“得三明一切功德觀故”，明對治方便行。二“常以六阿僧衹”至“受持一切法”，明成熟行德。“復次明惠（慧）道人[④]”者，明[⑤]第三地菩薩廣博多學，爲衆生説法，能作照明，故名“明惠（慧）道人[⑥]”。“常以無相忍中行三明觀”者，信忍上品智無分別，於中起行，故言“無相忍中”也；善入八禪，遊神四等，五通無滯，朗鑒三世，故言“行三明觀”，知三世法無來去今住處也。“心心寂滅”者，神彌静，照踰明，故云“心心寂滅”。“盡三界癡煩惱”者，無明闇心障智慧目故。“三界癡煩惱得三明一切功德觀故”者，闇相既息，真明照顯，衆德純修，故言“得三明一切功德觀故”，即還成上明觀也。“常以六阿僧衹劫集無量明波羅蜜”者，德行階劫故也，亦云“修行時節”。“入伽羅陀位無相行受持一切法”者，還成上常以無相忍中也。就第四地中明二句經文：從初至“滅三界一切見”，明對治方便行；二從“亦以七阿僧衹劫”至“常不離心”，明成就行德。

---

① 忍，録本訛作“思”，據底本改。

② 以，録本訛作“似”，據底本改。

③ 煞，録本訛作“熟”，據底本改。

④⑥ 人，録本訛作“入”，據底本改。

⑤ “明”字前底本涉上衍一“者”字，書手發現後旋於該字旁施一廢棄號。《大正藏》録本失察，仍照録。今據底本删。

“復次爾炎聖覺達菩薩”者，此四地大士順忍下品，不施持戒，多聞轉增，威德熾盛，名爲“炎地”。“逆五見流”者，四地大士修道品等觀，不存能解能入，諸見不起，故云“逆五見流”。“集無量功德”者，□(此)[①]道品行戒定惠(慧)備成無缺，故云“集無量功德”。“住須陀洹位”者，《經》云“秦言‘觀明炎地’”。“常以天眼”乃至“身通觀”者，五通義如前釋。“滅三界一切見”者，結上逆五見流。“亦以七阿僧祇劫”者，結上集無量功德行。“五神通”乃至“常不離心”，結上五通。就第五[②]地中有二句經文：從初至“即入斯陀含位”，明對治方便行。二從“復集行八阿僧祇劫”至“不去心”，明成熟行德。“復次勝[③]達菩薩於順道忍”者，五地大士順忍中品功德力盛，一切諸魔不能沮壞，故名“難勝[④]地”。“以四無畏”者，用無畏智觀境，故云“以四無畏智觀解那由他帝”。“内論”者，《經》云一者顯示正因果，二者顯示所作不懷，不作不來，故云“内論”。“外道論”者亦有二種：一者能屈他論，二者自申己義，故云“外道論”。“藥方論”者有四種：一者顯示善知病，二者顯示病因，三者顯示能除已起之病，四者顯示已除之病，令不重起，故云“藥方論”。“工巧論”者，顯示種種世業如金鐵師木師等及餘種種明處，故云“[工][⑤]巧論”。“呪術論”者，顯示巧便言辭，故言“呪術”。“我是一切智人”者，如是菩薩求五明處，爲無上菩提大智衆具究竟滿，故名爲“一切智人”，釋一切智無畏。“滅三界癡等煩惱、我相已盡”者，釋漏盡無畏。“智地地中有所出，故名出道”者，名無漏出要道也，釋盡告道無畏。“有所不出，故名障道”者，名煩惱障也，釋障道無畏。“逆三界疑”，欲明五地菩薩煩惱微薄也。“修集無量功德”者，相微行備，能度障難，即[⑥]入難勝地，故云“集無量巧德，入斯陀含位，復行八阿僧祇劫中據行階劫”也。“行諸陀羅尼門”者，用總持行也。“常行無畏，觀不去

① 此，録本作缺文，據底本補。

② “第五”二字録本作“五弟”。按：底本實作“五第”，並於二字間有一倒乙號。兹據正。

③④ 勝，録本訛作“緣”，據底本改。

⑤ 工，録本脱，據底本補。

⑥ 即，録本訛作“早”，據底本改。

心”者,結成上四無畏觀。已化岳①。

就第六地中有二句經文:從初至“一相無相而無二”,明對治方便行。二從“證阿那含”至一“切佛國土”,明成熟行德。“復次常現真實住②順忍中”者,明六地大士證順忍上品,故云“住順忍中”。“現前地”者,《毘婆沙》云:“障魔事以菩薩道法皆現在前,故云‘名現前地’。”“作中道觀”者,法界因緣,寂滅無二,故云“作中道觀”。“盡三界集因集業一切煩惱”者,因緣集故謂之“有”,非曰“有”是“有”;因緣散故謂之“無”,非曰“有”是“無”。無“有”無“無”,故云“盡三界集因集業一切煩惱”。“故觀非有非無、一相無相而不二”者,非有“有”,非無“無”,故云“非有非無”;亦無一相,無異相,故云“一相無相而無二”。“證阿那含位”者,秦言“薄流現前地”也。“復以九阿僧祇劫集照明中道”者,行之階劫,作十種照、十二因緣觀,故云“復以九阿僧祇劫集照明中道”。“故樂力生一切佛國土”者,現無量③身入諸佛土,教化衆生。故言“樂力生一切佛國土”。“故復次玄達菩薩”者,《毘婆沙》云:“去三界遠,近法王位。”故云“玄達菩薩”。“十阿僧祇劫中”者,修道時曷亦可行之階劫也。“修無生法樂忍”者,證無生忍下品故也。“滅三界習因業果”者,無障礙智觀三界二習色身果報盡無遺餘,故云“滅三界習因業果”。“故住最後身”[□][者]④,功用究竟,此身最終,故云“住後身中”。“無量功行皆成就”者,明此菩薩与無功用作其因行,衆德圓備,故云“無量功行皆成就”。“盡智無生智五分法身皆滿足”者,功中用極也。“住第十地”者,前三後七,故云“十地”。“羅漢”者,秦言“過三界遠行地”也。“常行三空門”者,無有十相,名爲“無相”;於二十五有不作願求,故云“無願”;無二十五有,故曰“空”也;“門”者,體通無礙,名之爲“門”。“百千萬億三昧具足”者,功德聚林調直定心,皆悉備滿也。“弘化法藏”者,功用已竟,無相無爲,以真法藏化利無窮,故言“弘

① “已化岳”三字費解,位於此段末句“結成上四無畏觀”下空白處,與前文有間隔,且與前、後文筆跡、墨色均不相類,似爲後人所加,待考。

② 住,録本訛作“往”,據底本改。

③ “量”前底本涉上衍一“現”字,書手發現後旋於該字旁施一廢棄號。《大正藏》録本失察,仍照録。今據底本删。

④ 者,底本及録本無,據文意補。

化法藏”。“復次等覺”者，三道中無學之始[①]，故云“等覺”。“住無生忍中”者，住無生忍中品也。“心心寂滅”者，解脱相也。“而無相”者，體寂滅也。“無身身”者，法身相也。“無知知”，般若相也。“而用心乘於群方之方”者，聖智無智，萬品俱照，釋上“無知知”。“淡泊住於無住之住”者，法身無像，殊形並應，釋上“無身身”。“在有常修空，處空常萬化”者，冥擁無謬，動與事會，釋上“無相相”。“雙照一切法”者，聖心平等，照無二也。“知是處非處”乃至“十力觀”者，“十力”義如前釋。“而能住摩訶羅伽位”者，秦云“變化生不動地”。“化一切國土衆生”者，以無功用心如一切衆生形，故云“化一切國土衆生”。“千阿僧祇劫行十力法”者，行之階劫也。“心心相應，常入見佛三昧”者，運運寂滅，自然流入薩波若海，故云“心心相應，常入見佛三昧”。“復次惠(慧)光神變”者，明九地菩薩，其惠(慧)轉明，調柔增上，故云“惠(慧)光神變”。“住上上無生忍”者，是無生忍上品也。“滅心心相”者，心習已盡，無明亦除，故言“滅心心相”。“法眼見一切法”者，無法不見也。“三眼”者，總舉三眼。“色”者，明無明，見障外色也。“空”者，惠(慧)眼鑒也。“見”者，肉眼障内也。“以大願力”者，佛藏變通藏，以一心中一時行，故言“以大願力”。“常生一切净土”者，明嚴土化物也。“萬阿僧祇劫集無量佛光三昧[②]”，明行之階劫也。“而能現百萬乃至諸佛神力”者，無量大千世界中作佛形也。“住婆伽梵位”者，秦言“惠(慧)光妙善地”。“亦常入佛華三昧”者，結上三昧乃至諸佛神力也。

就十地中，有三句經文。從初至“而未[③]能等無等”者，明法説。二從“譬如有人”至“無不斯了”，明設喻。三從“住理盡三昧”至“佛惠(慧)三昧”，明合喻。就法説中有六子句經文。從初至“金剛臺”，明行相階劫，證後學心；二從“善男子”至“不名爲見”，明照理未周；三從“所謂見者”至“所知見覺”，明佛見理周盡；四從“頂三昧”至“不見不覺”，釋上第二見理未周。五從“唯

① 始，録本訛作“如”，據底本改。

② 昧，録本作“昧昧”。按：底本實於後一“昧”字旁有一廢棄號。《大正藏》録本失察，仍照録。今據底本删。

③ 未，録本訛作“末”，據底本改。

佛頓解不名爲信”，釋成第三見理周盡。第六從“漸漸伏”至“無等等”，釋成初句行之階劫。復次“觀佛菩薩住寂滅忍”者，明佛及菩薩同用此忍也。“從習忍至頂三昧”者，明三賢十聖也。“皆名爲伏一切煩惱”者，明三賢菩薩伏而非斷，從初地至十地亦伏亦斷，唯佛頓斷也。“而無[①]想信”者，是徵名輕毛人也，滅一切煩惱無礙道也。“生解脱智”也者，解脱道也。“照第一義諦”者，舉其境界。“不名爲見”者，見理未周，故“不名爲見”。“所謂見者是薩婆若”者，明種智圓備，見理周盡。“是故我從昔來，常說唯佛所知見覺”者，結上薩若婆也。“惠(慧)雖[②]起滅”者，明緣知也。“以能無生滅”者，真證智也。“此心若滅”者，除煩惱障累。“無不滅”者，除智障也。“入理盡金剛三昧同真際等法性”者，行體固堅一相無相也。“而未能等無等等”者，未能全同佛也。“善男子如是諸菩薩”者，總舉始從習種終至法雲菩薩非一也。“皆能一切十方諸如來國土中教化衆生”者，明十三法師皆能隨力隨分教化衆生。“正説”者，教道清净也。“正義”者，證道清净。“受持讀誦”者，攝法修相，亦清净解達。“實相”者，向明四行理用相應也。結其實用，故云“等無有異”。

就外護行中有六句經文。一、從“佛告波斯匿王”至“解其義理”，明以大法總付諸王，不委凡庶。二、“大王吾今所化”至“七難也”，明勸諸王弘通大法，光揚三法，能除七難，獲得七福德。三、從“大王”至“事帝釋”，明經理深重，説供養法用，勸王受持。四、從“大[③]王五(吾)[④]今五眼”至“七難火(必)[⑤]起”，明國王弘經，咸得賢聖鎮國，七難不起。五、從“大王若未來世”至“而供養之”，明佛使五大菩薩護其國土，勸立形象而供養之。六、明三寶可遵，歷[⑥]

① “而無”二字，録本作“而無而無”。按：底本實於前一“而無”二字旁有一廢棄號。《大正藏》録本失察，仍照録。今據底本刪。

② 雖，録本訛作“離”，據底本改。

③ 大，録本訛作“天”，據底本改。

④ 結合文意，此處“五”當爲“吾”字之訛省。《佛説仁王般若波羅蜜經》卷下：“大王，我今五眼明見三世。”[T8n245p833a5]可助互勘。

⑤ 結合文意，此處“火”乃“必”字之訛。《佛説仁王般若波羅蜜經》卷下：“若一切聖人去時，七難必起。”[T8n245p833a8—a9]可助互勘。

⑥ 歷，録本訛作“應”，據底本改。

别付囑十六國王。“佛告波斯匿王‘我當滅度後，法滅盡時’”者，明其時□(節)[1]，事須□(假)[2]護也。“受持”乃至“皆由此般若波羅蜜”者，明其利益功能。“大作佛事”者，寂而常用，故言“大作佛事”。“是故付囑諸國王”乃至“故不付囑”者，明道託時興，非威不舉，宜憑外護，故付諸王，不付四部衆也。“汝當持讀誦解其義理”者，正勸諸王受持解説，故言“受持讀誦解其義理”。就第二句中有二子句經文。從初至“帝王歡喜”，略總舉滅除諸難，以勸於時。二從“云何爲難”至“爲七難也”，廣明七難，表以事勸。七難中前二天道失度，表現於上；次四地儀殊易，事變於下；後之一難，人情暴亂，傷害於世，特宜受持，以消不詳。“日月失度”者，君臣不和，迭相障閉，君無正化之力，臣無傳正之能，是以應勤講説此經，爲一難也。“二十八宿失度”乃至“各各變現四方諸集所以暴亂”者，良由正教不行於四方也。“大火燒國”已下，明民之失行，同感此難，不得遍在君臣。南方主禮，禮以防姓(性)，姓(性)逸過度，火難起也。北方主智，智能判疑，飲酒過度，水難起也。東方主仁，仁以養生，殺害過度，風難起也。中央是土[3]，土[4]主於信，忘(妄)語過度，木石燋然，五穀不登，地難起也。西方是金，金主於義，取與不節，是以賊難起也。此五其致浩博，且略舉其要，以對七難。是明七要，欲令興護之者識達違順。中若不實，外絶滋茂，是以就般若以彰七要。

第三句中有二子句經文。一、從“大王”至“亦名龍寶神王”，明難般若利益功能。二、從“告大王”至“如事帝釋”，正明所修行法菩薩一切衆生心識之神本。“七要”者，初一明本實，下七(六?)就實彰行。就“七”中，前四自科行，後三利他行。“一切國王之父母”者，明方便妙惠(慧)，故云“父母”。“亦名神符”者，明二智與教道相稱。“亦名壁鬼珠”者，明對治行也。“如意珠”者，欲明由對治故顯實證。“護國珠”者，攝伏行也。“天地鏡”者，示果過行

① 節，録本作缺文。按：底本實爲“莭”，乃“節”之常見俗字。據蕭旭君考證，“莭”字秦簡中已見。

② 假，録本作缺文。按：底本實爲“假”之俗體。

③④ 土，録本訛作“出”，據底本改。

也。“龍寶[①]神王”,利潤成就行也。幡等皆云“九”者,彰其因行也。“七寶案以經置上”者,明七方便行必依教也。“若王時行常放其前”者,明依教修行。前句辨法用,此明真修。如此□(明)[②]異足一百步。“是經常放千光明”者,略舉十地,一地有百,故云“放千光明”。“令千里内七難不起罪過不生”者,明對治行也。“若王住時作七寶帳”者,行成處彰住隨分行圓陰己[③]之能,故曰“帳”也。“七寶高坐”者,與法空相應名爲“坐”。餘句類而可知。“如事父母、如事帝釋”者,一供養行也。“大王我五眼明見三世”乃至“得爲帝王主”者,明佛五眼鑒達因果,善惡達順,歷[④]侍□(多?)[⑤]世,方勘制御綱[⑥],攝伏天下,特勸護持如經,得爲帝王主。“是故[⑦]爲一切聖人”乃至“作大利益”者,明諸仁王等若修至德之行,感聖在於國土,利潤世間,如經作大利故。“若王福盡時”乃至“七難必起”者,明諸國王行乖[⑧]世禮,縱情放逸,不順聖法,故災難必起也。“大王,若未來世”乃至“而供養之”者,明諸王等若能專心擁護三寶,佛之威神令五忍菩薩演化護國,得大利益;如經受持三寶者,我使五大菩薩往護其國故。“大王,五(吾)[⑨]今三寶付囑汝等”乃至“受持般若波羅蜜”者,明如來歷[⑩]别付囑十六國王,勸[⑪]令受持流通行化也[⑫]。

---

① “寶”字前録本有一“實”字。按:底本“實”字係“寶”之誤書,書手發現後於字旁施一廢棄號,接寫正字。《大正藏》録本失察,仍照録。今據底本删。

② 明,録本作缺文,據底本補。

③ 己,録本訛作“已”,據底本改。

④⑩ 歷,録本訛作“應”,據底本改。

⑤ 此缺文底本似作“多”,待考。

⑥ “綱”前底本有一“剛”字,當爲書手本欲書“綱”而誤書,發覺後接書正字,而前“剛”字並未塗去。録本删此字,是。然未出校,失真。

⑦ “是故”二字,底本及録本作“故是”。今結合文意據《佛説仁王般若波羅蜜經》卷下[T8n245p833a6]改。

⑧ 乖,録本訛作“行求”。按:底本此字實作“汖”,乃“乖”之俗字。《大正藏》原校録者誤“汖”上部兩畫爲前一“行”之重文號,又訛其下部構件“水”爲“求”。今據底本改。

⑨ 結合文意,此處“五”當爲“吾”字之訛。《佛説仁王般若波羅蜜經》卷下:“大王,吾今三寶付囑汝等一切諸王。”[T8n245p833a17—a18]可助互勘。

⑪ 勸,録本誤作“觀”,據底本改。

⑫ 也,録本訛作“無”,據底本改。

就第三分中有六子句經文：一、明大衆阿須輪王厭世多難，願不受生；二、明十六國王棄國重位，遵修妙行；三、明十八梵天修三乘同觀，入定發通，散花供養；四、明其餘諸衆既登聖果，深入禪定，用神通花供養於佛；五、明千[①]菩薩興大悲心，救濟三世苦惱衆生，願令同證無邊三昧；六、明復有十億菩薩行登窮學，證真法性，成正覺果。"大衆聞佛説七可畏身毛[②]爲豎"者，明對治交競。"願不生彼國"者，行願既立，捨本所居。"即[③]以國事付弟出家"者，後資於前，故名"付弟"，是利他義也。"更修勝[④]進日出家修道四大四色勝[⑤]出相"者，八勝處觀觀心彰勝，故云"出相"。"四大四色不用識空"者，十一切入也。"三十[⑥]忍初地相"者，伏忍五忍之初，故言"初地相"。"第一義諦九地相"者，六地明般若波羅蜜爲"第一義"；"九地相"者，前三是堅忍，從歡喜地至現前，故言"九地相"也；"捨凡夫身"者，捨忍伏，故言"捨凡夫身"；"入六地身"者，七地身是三界功用相心之身，七地終心，故須捨之。如經"捨七報身，入八法身"，八地至十地，八地九地皆有上中下寂滅忍上下，故言"入八法身"；有(又)解，"入八法身"者，八地以上，清净菩提無功用行，真無學道，故云"入八法身"。"證一切行"者，釋上"入"義。"般若波羅蜜"者，顯究竟道是真證法。"十八梵天阿須輪王得三乘觀同無生境"者，明三乘同觀空無生理也。"如經得三乘觀同無生境，復散花供養"者，色界諸梵等入深妙定，發神通花供養也。"初供養"者，總列革(?)[⑦]下九種花，從入定以彰花名，入空處定通發智，以不思議花供養於佛。下八種花名皆因定發通，現不思議行義，故言"三十七品花而散佛上"。又解。"空花"乃至"三十七品花"者，盡是伏忍中九行，習性道種，一中有三爲九。"及九百億大菩薩衆"者，總舉十地。言"九"言"億"者，彰因義未足。"其餘一切[□][衆][⑧]證道迹果"者，六地已

① 千，録本訛作"干"，據底本改。
② 毛，録本訛作"無"，據底本改。
③ 即，録本訛作"是"，據底本改。
④⑤ 勝，録本訛作"緣"，據底本改。
⑥ "三十"二字録本訛作"世"。按：底本此字實作"卅"，茲據正。
⑦ 革，底本不清晰，疑録有誤，待考。
⑧ 衆，底本、録本無，今結合文意據《佛説仁王般若波羅蜜經》卷下[T8n245p833b4]補。

還，皆是方便，行未具足，故云“道迹”。心空花七地行，心樹下八地行，下二花九地、十地。“而散佛”者，因趣果也。“及一切衆”者，行無不集。“十千菩薩”者，據位彰十，據行彰千。“念來世衆生證覺”者，勝[①]進成就。從“妙覺三昧”至“一切行三昧”，皆是十地以還訖伏忍，攝是因行，故與“三昧”之稱。“復有十億”“現成正覺”者，始彰果德。

囑累品

釋秀許(記了?)[②]

就此品中有五分經文。從初至“化一切衆生”，説流通利益分。二、從“後五濁惡世”至“將滅不久”，明滅法之相。三、從“大王怪亂五道”至“正法不久”，舉七誡觀修，令識患捨離分。四、從“十六大國王”至“當如佛教”，明諸國王奉受持分。五、從“爾時大衆”竟經，明時大衆普持正法分。“佛告波斯匿王我誡敕汝”者，明如來誡敕月光王弘護三寶也。“吾滅度後八十年”者，正法之中四百二十年後八十年也。“八百年”者，像法之中有一千年，後二百年有法滅之相也。“八千年”者，千五百後亦有遺文，在外道典藉中猶有利益也。“無三寶信男信女”者，是千五百年後也。“付囑國王四部弟子”者，事在正像法中也。教能顯理，名“開空法道”。又解，“開空法道”者，性照圓旨，法無不通，故言“開空法道”。“修七賢行”者，習種前七方便是行善，故言“修七方便”。“十善行”者，是集善根衆生，是止[③]善，故言“行十善”。“後五濁惡世”已下明法滅之相。“五濁世”者：一、劫濁；二、煩惱濁；三、見濁；

---

① 勝，録本訛作“緣”，據底本改。

② 許，底本作“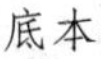”，當爲轉抄過程中它本“記了”二字豎排連筆手體之形訛。“釋秀許”乃“釋秀記了”之誤。下文尾題“比丘顯秀寫”，亦可資比勘。敦煌寫卷中常見某部分内容抄寫完畢後書手題記“記了”二字連筆的情况，如《法華義記卷三》尾題：“比丘惠業許。”[T85n2748p165c15]中“許”字底本斯2733號實作“”，顯爲“記了”二字的豎排連筆。《無量壽經義記下卷》尾題：“比丘洪琇許。”[T85n2759p249a28]中“許”字底本斯2693作“”。《律抄》尾題：“熙平元年七月十三日於昌梨寺寫訖，故記之。道人僧誕許。”[T85n2794p690c26]中“許”字底本中村018號作“”。後二例中“”、“”亦“記了”二字，連筆的意味亦較爲明顯。

③ 止，録本訛作“正”，底本實作“”，乃“止”之俗體。今據底本改。

四、命濁；五、衆生濁。“七衆八部祥共作制”者，正是法滅之相也。“有七惡事”者：一、不聽出家行道；二、不得造立佛象塔形；三、立統官制衆；四、安藉紀僧；五、比丘地立白衣高坐；六、放兵奴爲比丘；七、受别請法。問曰：“佛在世時亦有兵奴出家，何故後世放兵奴出家以爲惡事？”答曰：“一以不識根性，二爲飽煖而已，無心求道。是以滅法，故不聽也。”“知識比丘共爲一心親善”者，吉凶之時，迭相資助，同欣俗禮也。“比丘爲作意會”者，專修世行如似出家人，一生之中方博乞求，造立象塔。“不遵戒定求福如來道法”者，相雖似善，特違佛意。“都非吾法”者，非如來真軌。第三明誡勸。初一、明末世諸王恃己[①]威勢，失御[②]於時，以滅正法，勸應順佛教法，弘顯三寶。二、明下世之中四部弟子諸國王等以非法非律横与三寶作其留難，勸應順法，光揚三寶。三、明未來世中四部弟子、諸小國王、郡官百辟自壞[③]佛法，非是外道，應修和敬，莫相是非。四、明人怪佛教無正信，死入地獄，餘報下劣，應遵重三寶，依法修行。五、明若以俗法禁制衆僧，是滅法之相，不應依俗律治出家人。六、明來世弟子自作罪咎[④]，破國因緣，非三寶也。七、明諸比丘受求名利，向國王王子説破法因緣，是故勸諸比丘不應求名利也。一、從“爾時十六大國王聞佛七誡所説”至“當如佛教”，明諸仁王聞佛誡勸，哀感靈祇，震動大千，自厲[⑤]受持，順佛教法。二、從“爾時大衆”至“是無佛世”，明諸天受持。三、從“爾時無量大衆”至“般若波羅蜜”，明大衆受持。

又解，五（吾）[⑥]滅後八十、八百、八千者，舉未入者入，未熟者熟，未解脱者令解脱。無佛法僧及信男信女時者，將明法由人弘，故先列也。“此經三寶”者，舉真實三修，故云“三寶付諸國王”。“四部弟子”者，欲令内外二修行也。“爲三界衆生”者，利他行中起真實緣集。“五濁惡世訖於王子”者，總舉修相對法，隨分不同也。“自是高貴滅破吾法”者，未證謂證，是增上慢力人

---

① 己，録本訛作“已”，據底本改。
② “御”字前録本衍一“脚”字。今據底本删。
③ 壞，録本訛作“得”，今據底本改。
④ 咎，録本訛作“洽”，底本實作“呇”，乃“咎”之俗體。今據底本改。
⑤ 厲，録本訛作“廣”，今據底本改。
⑥ 結合文意，此處“五”當爲“吾”字之訛。

也。“作法制我弟子”者,見世間之行隨情,己[1]執之爲是。“不聽出家行道”者,見背俗專精,言非出家道,接情以事,唱言好人。“亦[2]不聽造佛象”者,修法身行。“不成佛塔形”者,亦無報身行。“立官制衆”者,各起朋黨稱法主也。“安藉[3]記僧”者,國已習者不明,不問是非,緣在勝位,故云“安藉記僧”。“比丘地立白衣高坐”者,以出道爲劣,世行爲高也。“兵奴爲比丘”者,以諂諂之行出利方便也。“受别請法”者,非是和合有宗行也。“法滅不久”者,非是真修相。“大王怪亂吾道”者,正明外護失宜也。“大王,法末世時”,明修相失宜,皂白交雜,故言“但有修相之名”也。“作非法之行”者,與修法相違也。“横與法佛衆僧作大非法”者,唯有世法相乖[4]出家正軌。“作諸過罪”者,對治道隐[5]也。“繫縛比丘如獄囚”者,雖復觀修,不就出離,亦可竟局品限也。“我滅度”已下[6],正明涅槃行也。

《仁王般若實相論》卷第二。

比[7]丘顯秀寫,流通後代,代代[8]不絶。

① 己,録本訛作“已”,今據底本改。
② 亦,録本訛作“而”,今據底本改。
③ “藉”字前録本衍一“蘇”字。今據底本删。
④ 乖,録本訛作“永”,底本實作“汞”,乃“乖”之俗體。今據底本改。
⑤ 隱,録本訛作“陰”,今據底本改。
⑥ “已下”二字録本訛作“即”,今據底本改。
⑦ “比”字前底本尚有“依本校竟”四字,然墨色較淺,似後人所增。
⑧ “代代”二字録本訛作“化化”,今據底本改。

No. 2745《仁王經》疏

[題解]

佛典注疏，施萍婷編《敦煌遺書總目索引新編》擬題爲“《仁王護國般若波羅蜜經》疏”，並考定爲［隋］智顗説、灌頂記，五卷。敦煌卷子中有斯2502b一號，首殘尾全，存八十一行。尾有題記：“開皇十九年(599)六月二日抄寫訖。”分兩部分：前一部分疏釋“我聞”“一時”四字；後一部分明《仁王經》所宗。抄寫這兩部分時，中間留有一段空白，從抄寫形態來看，兩部分所疏應爲同一經。此疏的作者認爲，《仁王經》以真性爲宗，是如來聖弟子説。在菩薩、聲聞兩藏中，屬菩薩藏收，爲根熟空頓教法輪。比堪内容，敦煌寫本中該疏與［南朝·宋］沙門慧遠撰《維摩義記》卷第一之部分内容完全相同，或爲其節抄。原無題，《敦煌寶藏》擬題“法華論一卷”，不確。《英國國家圖書館藏敦煌遺書》題作“《仁王經》疏”。清代以前歷代大藏經未收，《大正藏》據斯2502b號録入其第八十五册。本校注此疏文題從《英國國家圖書館藏敦煌遺書》擬，仍以《大正藏》所據卷斯2502b號爲底本。參校甲本：斯2551號《藥師經疏》。

_____[1][説如何？昔來□□□□(相傳。傳言)[2]佛説、阿][3]難聞時，更無先後，簡去傳聞，成上我聞，故云“一時”。異説如是。

次辨過非，先以事驗，後引文證。事驗如何，如經中説阿難是佛得道夜生，如小乘中佛成道已，過六、七日，即便説經。阿難爾時猶在懷抱，身不豫

① 首缺。

② “相傳傳言”四字底本殘，録本作缺文，據《維摩義記》卷第一[T38n1776p424c21]補。

③ “説如何？昔來□□□□佛説阿”十二字録本脱，據底本補。

會;佛成道已,過二十年,方始出家;三十年後,方爲侍者。自斯已前,所説諸經,多不親聞。雖不親聞,而所集經亦云"一時",明知"一時"非簡傳之謂。又小乘中,不得説言,阿難是權,何由得言"説聽一時"? 人復反微(徵?)[①]:云何得知阿難是佛得道夜生? 將來破我。爲證此義,須知阿難立字因緣。"阿難陀"者,是外國語,此名"歡喜"之名。三因緣立:一、過去因緣。如經中説釋迦行菩薩時,作一陶師,名曰"大光",值過去世釋迦文佛,父名"净飯",母名"摩耶";侍者弟子,名曰"阿難"。因土眷屬,如今無别,因即發願:"願我當來成得佛道,還如今佛。"由斯本願,今得成佛。故今侍者,還字"阿難"。二、現在因緣。阿難比丘,面貌端正,世人見者,莫不歡喜,是故字"歡喜"。是故經中讚嘆阿難:"面如月,目清蓮,佛法海水阿難心。"三、父母立字。父母何緣與字"歡喜"? 喜時生故。何者喜時? 所謂如來得道夜時。如來十九,踰城出家。既出家已,五年習定,六年自餓,身極羸瘦。父王遣人,恒往瞻伺[②],知極微惙,常恐不全[③]。菩薩後時知餓非道,受食乳糜,欲取正覺。魔作是念:"若佛道成,空我境界。聞道未成,當敗其志。"遂率官屬十八億萬,持諸苦[④]具,來怖[⑤]菩薩。菩薩于時入勝意慈定,令魔眷屬顛倒墮落。魔既被降,便作是念:"菩薩力大,悲(非)[⑥]我能勝,當惱其父。"遂便往詣净飯宫上,唱如是言:"悉達太子昨夜了[⑦]矣。"王時聞已,從牀[⑧]而墮,良久乃蘇,便爲傷嘆:"念子在家,當爲輪王。何期出家空無所獲?"未久之間,菩提樹神以佛道成,復持天化(花)[⑨],慶賀父王。當成佛時,天雨妙花而爲供養,故持慶王。其時

① 微,此字底本似作"徵",待考。

② 瞻,録本訛作"膳",據底本改。《維摩義記》:"既出家已,五年習定,六年自餓,身極羸瘦。父王遣人恒往瞻伺,知極微惙,常恐不全。"[T38n1776p425a14—17]亦可助勘。

③ 全,録本訛作"令",據底本改。

④ 苦,底本、録本訛作"菩",結合文意,據甲本改。

⑤ 怖,底本、録本訛作"悕",結合文意,據甲本改。

⑥ 悲,當爲"非"之訛字。該字甲本作"非"。

⑦ 了,甲本作"死"。

⑧ 牀,録本訛作"林",據底本改。

⑨ 化,此處當爲"花"之訛字。該字甲本正作"花"(《維摩義記》卷第一[T38n1776p425a26]作"華")。

亦往净飯宫上,唱如是言:“大王當知,地天太子昨夜明星出時降魔兵衆,成得佛道。”王時生疑:“向者有天言我子死,今復有天云子成道,何者可信?”菩提神曰:“我言可信。向者是魔,故相惱耳。我是菩提樹神,以佛於我樹下得道,故相慶賀。”王時作念:“我子在家當爲輪王,今日出家爲法輪大王,彼此無失。向者聞死,今忽聞活。[□][一][1]重大喜;復聞道成,兩重大喜。”未久之間,王弟斛飯夜生阿難,寅[2][□][時][3]説(悦)[4]抱詣王:“第(弟)[5]於昨夜生此一男。”王時對曰:“我子成道,汝復生男,衆慶併集,與字‘歡喜’。”以斯驗求,定知阿難得道夜生。阿難既是得道夜生,何由得言“説聽一時”?事驗如此,次以文證。佛初成道,在波羅奈仙人鹿苑,爲五比丘轉四諦法,名“轉法輪經”。佛滅度後,阿難比丘,先集此經。將集此經,先昇高坐,説偈自言:“佛初説法時,爾時我不見。”如時是展轉,聞佛遊波羅奈,爲五比丘衆轉四諦法輪。彼經之中,道已傳聞,復言“一時”,明知“一時”非簡傳之辭。辨非如此,次顯正義。言“一時”者,就佛解釋,爲化之辰,目之爲“時”。於佛一代,化時衆多,爲簡餘時,是故言“一”。“一時”之言,經中大有。如《涅槃》説:“我於一時,在迦尸國。”“我於一時,在恒河岸。”“我於一時,在尸首林。”“我於一時,在王舍城。”如是非一。今言“一時”,共彼相似。云何得知?“一時”從後,非是屬前,准依《地經》,所以得知。《華嚴》大本,《十地品》初,故言“我聞一時”。

聖教雖衆,略要唯二:一、聲聞藏;二、菩薩藏。教聲聞法,名“聲聞藏”;教菩薩法,名“菩薩藏”。聲[□][聞][6]藏中所教有二:一、聲聞聲聞;二、緣覺聲聞。聲聞[□□][聲聞][7]者,是人本來求聲聞道,樂觀四諦,成聲聞性,於最後身值佛欲小,如來爲説四真諦法,而得悟道;本聲聞性,今復聞聲,而得

① 一,底本及録本無,據《維摩義記》卷第一[T38n1776p425b5]補。
② 寅,録本訛作“演”,據底本改。寅時即凌晨三到五時。
③ 時,底本及録本無,據文意補。
④ 説,後作“悦”。
⑤ 第,《維摩義記》卷第一[T38n1776p425b7]作“弟”。此“第”乃“弟”之借字。
⑥ “聞”字底本及録本脱,據《維摩義記》卷第一[T38n1776p421a25]補。
⑦ “聲聞”二字底本及録本脱,據《維摩義記》卷第一[T38n1776p421a26]補。

悟道，是故名爲“聲聞聲聞”。《經》言爲“求聲聞”之者，説四真諦，據斯爲論。“緣覺聲聞”者，是人本來求緣覺道，常樂觀察十二緣法，成緣覺性，於最後身值佛爲説十二緣法，而得悟道；本緣覺性，於最後身聞聲悟道，是故名爲“緣覺聲聞”。《經》言爲“求緣覺之”者，説十二緣。據此爲言，此二雖殊，同期小果，藉教處等。以是義故，齊號“聲聞”。對斯二人所説之法名，聲聞藏菩薩藏中所教亦二：一是漸入，二是頓悟。言“漸入”者，是人過去曾習大法，中聞覺小，後還入大，大從小來，謂之爲“漸”。故經説言：“除先修習，學小乘者，我今亦令入是法中。”此即是其漸入菩薩。言“頓悟”者，有諸衆生，久習大乘，相應善根，今始見佛，即能入大，大不由小，目之爲“頓”。故經説言：“或有衆生，世世已來，常受我化，始見我身，聞我所説，即皆信受，入如來惠（慧）。”此是頓悟。漸入菩薩，藉淺階遠；頓悟菩薩，一越解大。頓漸雖殊，以其當時受大處一，是故對斯二人所説，名“菩薩藏”。聖教雖衆，要不出此。故龍樹云：“佛滅度後，迦葉阿難於王舍城結集三藏爲聲聞藏；文殊阿難在鐵圍山結集摩訶衍，爲菩薩藏。”《地持》亦云：“佛爲聲聞菩薩，行出苦道，説修多羅。結集經者，集爲二藏，以説聲聞所行，爲聲聞藏；説菩薩行，爲菩薩藏。”《地持》復言：“十二部經，唯《方廣》部是菩薩藏，餘十一部是聲聞藏。”故知聖教無出此二，此二亦名大乘、小乘、半滿教等。名雖變改，其義不殊。今此經者，二藏之中，菩薩藏收，爲根熟人，頓教法輪。已知教分齊，次釋其名。今言“佛説仁王護國波若波羅蜜”者，蓋乃欄經部別名也。諸經所以皆首題其名者，爲求所明法。此經以真性爲宗，故始欄舉。但諸經立不同，乃有多種，或就法爲名，如《涅槃經》、《波若經》等；或就人爲目，如《薩和樹》、《須達拏》等；或就事立秤，如《枯樹經》等；或就喻障名，如《大雲經》、《寶[□][篋][1]經》等；或就人法並障，如《勝鬘經》等；或事法雙[2]舉，如彼《方等大集經》等；或法喻但題，如《華嚴經》等；或人事並立，如《舍利弗問病經》等。如是非一。今此經者，人法爲名。如來所説，是其人名；波若波羅蜜，是其法名；法藉人通，故須欄人法。是所須舉法，但諸經首，别人有四：一題説人，如《勝鬘》等；二舉

① 篋，底本、録本無，據《維摩義記》卷第一［T38n1776p421c6］補。

② 雙，録本訛作“覆”，據底本改。

問人，如彼《彌勒所問經》等；三舉所説，如《睒子經》薩和檀等；四舉所化人，如《玉琊經》須摩提女等。今舉所説人。説者不同，有其五種：一、是佛説；二、是聖弟子説；三、諸天説；四、神仙等説；五、變化説。此經如來聖弟子説。

開皇十九年六月二日抄寫訖。

No. 2746《般若波羅蜜多心經》還源述一卷

［題解］

佛典《般若波羅蜜多心經》注疏，又名《心經還源述》，作者不詳。一卷。敦煌卷子中有斯3019一號，首殘尾存。殘存部分自《心經》文句“行深般若波羅蜜多”疏釋至經末，釋文較爲詳盡。卷末有題記：“此經元於《大般若》中疏出，如《法華經普門品》別行之類是也。三藏法師玄奘，每受持而有靈應，是故别譯以流通。若人清心澡浴，著鮮潔衣，端身正坐，一誦五百遍者，除九十五種邪道，善願從心，度一切苦厄。”反映了當時社會對此經之重視。清代以前歷代大藏經未收，亦未爲歷代經録所收録，《大正藏》據斯3019號録入其第八十五册。今校注仍以《大正藏》所據卷斯3019號爲底本。

□□□①［習並］②□□□，對人受稱也。行深般若波羅蜜多□□□法也。“般若”名同，深淺體異。行謂□□□入麁照無相中，知無生妙入無性□□□加意悟入，故云“行”也。“照見五蘊等皆空”者，辯宗也。“照”者，宗也；“空”者，義也。五蘊等境□，境相自空，非由造作。若無□（悟）③入，誰照其□（空）④。所以悟入爲真宗，照空爲實義。五蘊□（本）⑤□非有，諸法由來性空，故言“等”也。“度一切苦厄”者，顯用也。所以有苦，緣爲識心；識心既

① 首缺。

② “習並”二字録本脱，據底本補。

③ 悟，録本作缺文。按：底本左半“忄”部尚存，聯繫下文，當爲“悟”字。

④ 聯繫下文，此缺字當爲“空”字。兹據文意補。

⑤ 本，録本作缺文。按：底本“本”字尚可辨，兹據補。

空，苦厄誰受？斯則擇法之妙用焉。

“舍利子！色不異空，空不異色，色即是空，空即是色；受想行識等，亦復如是”者，約境詮觀也。文別有四：一、觀俗諦虛妄有；二、觀真諦真實有；三、觀第一義諦非真妄有；四、觀非安立諦非非真妄有。

“色不異空”者，觀虛妄有也。言無有俗諦，所取能取。一切法自性，質[①]礙爲色，即有無冷煖性。相反之類是也。按：有無有性，俱是自心。冷煖相形，還緣共結。離唯心而無五蔭，亡自性而空。諸法色空，非礙有無，不拘真俗。性同故云“不異”也。

“空不異色”者，觀真實有也。言“無”，無俗諦有，所取能取，一切法自性，質礙爲空。按：緣有虛妄，故言真實；虛妄若盡，真實寧存？若捨俗諦，妄有無而滯真諦，實無有者，此空則不異於色之拘礙也。

“色即是空”者，觀非真，妄有有也。言無有真諦、無所取能取，一切法自性，質礙爲色。按：俗諦有有有無，真諦無無無有。若見真殊俗，執有異無。此礙之色即空，即空而無有性，就彼心生，假言絶待。對兹緣起，觸類相形。空是色空，色爲空色。色爲空色，故色非色；空爲色空，故空非空。故言“色即是空”也。

“空即是色”者，觀非，非真妄有也；言無，無第一義諦；非有無，所取能取，一切法自性，質礙爲空。按：第一義諦從真俗諦生，離彼俗有真無，是稱第一；若存第一，空性還爲空性所拘。故知空若實空，唯是一空，不可言空色。若實色唯是一色，不可言色。色非實色，所以言空；空非實空，所以言色。是則畢竟空中，建立諸法；但是增語，實無自性。若復滯於心量，此空即爲色也。

“受想行識等亦復如是”者，類顯諸法，同兹四觀，一一如理尋求，自然悟入空無，非不離故。慈氏頌云：“一切空無物，實有不可得，依言詞而説，是法相四種。”

“舍利子！是諸法空相，不生不滅，不垢不净，不增不減”者，證空明相也。文別有二：一、標法空；二、明證相。“是諸法空相”者，標法空也，言諸法

① 質，底本作“貭”，乃“質”字訛俗體。下文該字底本皆類此，徑改之，不復校。

無性，不爲緣生。若從有證空，斯則誹謗，不可言法空也。“不生不滅”等者，明證相也，言諸法從本不生，今亦無滅；若有生滅爲垢，若無生滅爲净；未曾有生滅，故云“無垢净”。若有垢净爲“增”，若無垢净爲“減”。本非垢净，今不空無生滅，自由妄識增減，詎緣實智。舉此以言明悟入《般若》之證相也。故知正慧無相，則無生滅；真智無生，則無垢净；净覺無性，則無增減。此則無始有之初因，無初無之起分也。是故空中無色，無受想行識，無眼耳鼻舌身意，無色聲香味觸法，無眼識界，乃至無意識界，無無明亦無無明盡，乃至無老死，亦無老死盡，無苦集滅道。“無智亦無德”者，被機通釋也。文别有兩：一、通明五乘；二、别顯三聖。通明五乘，文自有四：一、無五蔭；二、無六塵；三、無六根；四、無六識。别顯三聖，文自有三：一、明中乘；二、彰小道；三、詮大法。中乘兩重：一、無中乘境，即無無明，乃至無老死也；二、無中乘觀，即無無明盡，乃至亦無老死盡也。小道兩重：一、無小乘境，即無苦集也；二、無小乘觀，即無滅道也。大法兩重：一、無大乘觀，即無智也；二、無大乘境，即無德也。故《楞伽經》云：

“人天聲聞乘，緣覺如來乘。乃至有心轉，諸乘非究竟。

若彼心滅盡，無乘及乘者。無有乘建立，我説爲一乘。”

按：始于色受，終于智德，並是五乘心量，無非一實理門。所以證空之中，無此所相也。至如釋名出體，别有論門，爲蛇畫足，此無所取。以無所得，故菩提薩埵；依《般若波羅蜜多》，故心無罣礙；無罣礙，故無有恐怖。遠離顛倒夢想、究竟涅槃者，舉行明因也。言“畢竟空中無諸法”者，以無所得故。若有所得，則諸法不空。諸法既空，則於何有得？由無所得，故菩薩依《般若波羅蜜多》也。據宣理合有此文，蓋翻譯漏耳。依《般若波羅蜜多》，故心無罣礙。言正慧擇法，高謝有無，生滅本自。不然，增減於何緣起？故云“心無罣礙”也。無罣礙，故無有恐怖。遠離顛倒夢想，究竟涅槃。言積行有依，心通無住，展轉超越，窮乎實際。達識種而無自性，鑒相見而是唯心。恐怖不由外塵，顛倒還緣内想。想塵寂滅，假號涅槃。恐怖生起，强稱顛倒。若悟生起，從寂滅滅。“寂滅從生起起”者，則夢想與涅槃雙離，顛倒與究竟並亡。斯則最清净覺也。由此三因，故空中不得有諸乘法也。

“三世諸佛依《般若波羅蜜多》，故得阿耨多羅三藐三菩提”者，引證示果也。文别有二：一、引證，即三際諸佛也；二、示果，即三菩提也。三際諸佛者，言净覺也。種智真佛，體絶去來。今衆生妄識，自見生住滅，同彼世識，假言三際也。“阿耨多羅三藐三菩提”者，此云“無上正遍知覺”也。“無上”在五乘之上也，“正”謂如理智人三無性之妙理也，“遍”謂如量智緣三有性之麁相也，“知”謂無分别智、斷二無知也，“覺”謂無分别後智過眂（眠？）[1]夢表也。此爲真佛。故《攝論》云：“如睡夢覺，如蓮花開，染污不[2]染污，二癡睡盡，故名爲‘佛’。”

“故知《般若波羅蜜多》是大神呪，是大明呪，是無上呪，是無等等呪，能除一切苦、真實不虚”者，總結述成也。文别有二：一、總結；二、述成。“是大神呪”等者，總結也。據《大般若經》，别有四呪，皆是梵言。今兹内護，則非言故。按：大神呪，言達唯識也；大明呪，言達唯意也；無上呪，言達唯心也；無等等呪，言達唯智也。若不達唯識，則外境難遍難知；若照唯識，則外境易知易遍，故名爲“大”。然則有無莫測，强謂之神呪，則總持理無不統，故言是“大神呪”也。若不達唯意，則相見無分，思量方曉。若知唯意，則等智恒起，緣觀常明，故云是“大明呪”也。若不達唯心，則識種生滅，還熏習藏；若證唯心，則識種無性，鏡智現前，物莫之染，故言是“無上呪”也。若不達唯智，則因種雖净，畢竟還生；若入唯智，則因性本自，不生智識，由來無起，一圓净覺，永照無餘。堅若金剛，體唯常住，故言是“無等等呪”也。“能除一切苦、真實不虚”者，此述成也。按：正慧擇法，逈跨心源，離有無自體，即悟入現觀。相見從本，非有因性，法爾是無。緣照兩亡，識智俱絶。豈邪妄之能擾，何苦厄之所侵乎？故説般若波羅蜜多呪，即説呪曰：

揭帝揭帝，波羅揭帝，波羅僧揭帝，菩提，娑婆呵。

此外護也。文自兩重：一、控引；二、説呪。其文易了，無勞重釋。按：“呪”者，持也。持有四種：一、法；二、義；三、辭；四、理。内護理總持也，外護辭總持也。但此辭同體大覺，乃能窮盡。十位菩薩，皆所未通，得本行本，不

① 眂，録本作“眠”。此“眂”似爲“眠”之訛字。

② 録本此處誤衍一“不”字，據底本删。

可翻譯。雖然,大意有三:一、詮甚深般若;二、名大力天神;三、斥[①]浮遊鬼魅。諸佛慈善,密意在中。所以誦持必招靈祐,此爲外護也。頌言:"諸佛所師常住法,無有色空真俗性。我今得聞敬奉持,普願有情皆信解。"

此經元於《大般若》中疏出,如《法華經·普門品》别行之類是也。三藏法師玄奘,每受持而有靈應,是故别譯以流通。若人清心澡浴,著鮮潔衣,端身正坐,一誦五百遍者,除九十五種邪道,善願從心,度一切苦厄。

《般若波羅蜜多心經》還源述一卷。

① 斥,録本訛作"片",據底本改。

No. 2747 挾(夾)註《波羅蜜多心經》

[題解]

佛典《般若波羅蜜多心經》注疏,又名《心經注》、《般若波羅蜜多心經注》,佛典注疏,[遼]文沼撰,一卷。敦煌卷子中有斯2421(首殘尾全)、斯5771v(首殘尾殘)兩號,兩號内容可互補。斯5771v號署作者爲"中京招福寺沙門文沼注"。所注之《心經》正文用大字抄寫,疏釋用雙行小字抄寫於所疏正文下。釋文比較簡要,是現存敦煌遺書《心經》注疏中篇幅最少者。清代以前歷代大藏經未收,亦未爲歷代經録所收録,日本《大正藏》將斯2421號(録本標爲斯2121,誤)收入第八十五册。據方廣錩考證,此疏約爲宋景德四年(1007)至天禧四年(1020)傳入敦煌。今校注仍以《大正藏》本録本所據原卷斯2421號爲底本。參校本:甲本,斯5771v號。首題新加,底本無"挾注"二字。

[□](般)①若波羅蜜多心經(“般若波羅▭之一字,此經▭佛同斯[□□也]②。)

觀自在菩薩(“觀自▭,縱無③□□[經别目。經者,常也。所謂三世諸佛□□□□觀世音也。入總持門,縱無礙□。“菩薩”者,道心]④衆生,所

---

① “般”字底本殘,據文意補。

② “□□也”三字録本脱,據底本補。“也”字前二字底本不清晰,待考。

③ 無,録本訛作“者”,據底本改。

④ “經别目……菩薩者道心”三十四字底本殘,據甲本補。

謂持誦講[説]①修②行之人也)。行深《般若波羅蜜多》時(□□□□□□□□□□[“行”者,進修也。“深”者,不測也。]③“般若”者,佛惠(慧)也。“波羅蜜多”者,到彼岸□[也]④。▭自凡夫,終於聖果,以正惠(慧)力,破邪□□)。照見五蘊皆空(“照見”者,思惟也。[“五”者]⑤,▭聚也。菩薩觀此五[蘊]⑥▭)。度一切苦厄(“度”者,越過也。一切苦□(厄)⑦▭衆生執迷,招此患▭)。“舍利子(問答人也。位齊十聖,□□□(妙達六)⑧通,[母]⑨名“舍利”,故云“舍□□(利子)⑩”)!色不異空,空不異色(“色”者,有也。“空”者,無也。色無□□□(空外之)⑪□(色)⑫,空無色外之空,故云“不▭”);色即是空,空即是色(空不離色,色不離空,故▭之則有,以智惠觀之則無。爾乃色空▭即也)。受、想、行、識,亦復如是(“受”者,受納,所謂▭;“想”,思惟,所謂▭;□(行)⑬者,起作,所謂興功運動等;“識”者,内緣所謂藏記事等。此四法與色俱空,故云“亦復如是”也)。舍利子(前説假空,後明真相,故重命舍利子)!是諸法空相,不生不滅(諸法假令皆是生滅,自體空相,不可滅也),不垢不净,不增不減(諸法空體,非染净檢減之所遷動,故云“不”也)。是故空中無色、受、想、行、識(重明五蘊空也),無眼、耳、鼻、舌、身、意(初明六根空也),無色、聲、香、味、觸、法(次明六塵空也),無眼界,乃至無意識界(後明六識空也),無無明,亦無無

① 説,録本脱,據底本補。
② 修,録本訛作“終”,據底本改。
③ “行者進修也深者不測也”十字底本殘,據甲本補。
④ “也”字底本殘,録本作缺文,據文意補。
⑤ “五者”二字録本脱,據底本、甲本補。
⑥ 蘊,録本脱,據底本補。
⑦ “厄”字底本殘,録本作缺文,據甲本補。
⑧ “妙達六”三字底本殘,録本作缺文,據甲本補。
⑨ 母,録本脱,據底本補。
⑩ “利子”二字底本殘,録本作缺文,據文意補。
⑪ “空外之”三字底本殘,録本作缺文,據甲本補。甲本以下殘。
⑫ “色”字底本殘,録本作缺文,據文意補。
⑬ “行”字底本殘,録本作缺文,據文意補。

明盡(無明體是虚妄,不可言"有";與意俱生,不可言"盡"),乃至無老死,亦無老死盡(生、病、老、死從業緣現,無始無終,亦不可得),無苦、集、滅、道(四諦假立,無所執取),無智,亦無得("智"者,發菩提心。"得"者,佛果相貌。菩薩臨證聖位,二事俱空,了無所得)。以無所得故,菩提薩埵依《般若波羅蜜多》(菩薩證聖之時,以智惠[慧]觀察,萬法俱空,無心念喜動之所鈎礙也)故,心無罣礙;無罣礙故,無有恐怖,遠離顛倒夢想(菩薩具生空智,無有恐怖;具法空智,無夢想顛倒),究竟涅槃(畢竟滅法無所得)。三世諸佛依般若波羅蜜多("三世"者,過去、未來、現在,所證菩提皆依妙惠[慧]也)故,得阿耨多羅三藐三菩提(此翻云"無上正遍知覺",以無心故,同日照遐方,朗然大晤也)。故知《般若波羅蜜多》是大神呪,是大明呪,是無等等呪(菩薩證大菩提,永斷生死,顯不思疑,心讚歎般若。"大神呪"者,無量變化真言。"大明呪"者,永斷幽闇真言。"無上呪"者,能成果真言。"無等等呪"者,三界獨尊真言也),能除一切苦,真實不虚(菩薩發心受持、讀誦此《般若波羅蜜》,能斷生無,能除業障,能去雜染,能發正信。故名"持法内護、真實不虚"也)。故説《般若波羅蜜多》呪(菩薩讚説《般若》,勸令修習)。"

即説呪曰:

"羯諦,羯諦,波羅羯諦,波羅僧羯諦,菩提,莎婆訶。"(菩薩誦持此呪,若晝若夜,所在之處十方善神常來守護,一切魔鬼不敢親近,故名"持呪不護"也。)

般若波羅蜜多心經。

敦煌本古佚與疑僞經校注

以《大正藏》第八十五册爲中心

2

于淑健　黄征　整理

鳳凰出版社

No. 2748《〈法華〉義記》卷第三

[題解]

佛典《妙法蓮華經》注疏，敦煌卷存有斯2733、斯4102兩號，作者不詳，卷數不詳。斯2733首殘尾存，從《藥草喻品》（首殘）到《勸持品》，共八品。卷末有題記："比丘惠業記了。正始五年（508）五月十日，釋道周所集，在中原廣德寺寫訖。"乃北魏時期抄本。斯4102號，首殘尾存，疏釋至《從地湧出品》爲止，有尾題與題記："《法華》義記第三。比丘法順寫記也。"疏文所疏爲後秦鳩摩羅什之《妙法華》，此疏之《藥草喻品》疏文中不包括羅什原本所漏之後部分，也無《提婆達多品》，可見所疏爲被後人修訂以前的羅什原本，疏釋簡明。《大正藏》據斯2733號爲底本、斯4102號爲甲本（《大正藏》原標甲本斯37，係已經作廢的舊編號，經重新檢核，其所據甲本實爲斯4102號《〈法華〉義記》第三）録入其第八十五册。今校注仍以《大正藏》本録本所據原卷斯2733號爲底本。參校本：甲本，斯4102號。

_____①不自覺知喻。"佛亦如是"七偈半頌，合云喻。離三塗苦，生於人天，名"世間樂"。修行斷結，名"涅槃樂"。"爲大衆説"八偈頌，合注兩喻，明亡相心中不存彼此，信不信異、利鈍差別，等爲説也，而無解（懈）捲（倦）。"一切衆生"以下，九偈半頌，受潤喻。人天聖王、釋梵諸王，受潤處少，除患復微，益物亦□，□□□（名"下藥）②草"；聲聞二乘，受潤既多，除患亦勝，益

① 首缺。

② 聯繫下文，"草"前缺文當爲"名下藥"三字，與後文"名中藥草"、"名上藥草"互爲呼應。

物處强，名“中藥草”；柱下菩薩，聞説大乘，一□□□，□過聲聞百千劫行，深伏煩惱，識衆生機，隨緣益物，名“上藥草”。初住盡六住，有多**蒯**蔭，名爲“小樹”；七住至十地，廣有利益，名爲“大樹”。“所禀各異”者，明受潤不同。“佛以此喻”一偈半，釋疑，明如來智惠（慧）如大海水，爲人演説，迦葉所知如一渧也。“我雨法雨”八偈半頌，合增長喻。“令諸世間”以下，明凡夫增長。“聲聞緣覺”以下，明二乘增長。“若諸菩薩”以下，明初住以上增長。“復有住禪”以下，明七住以上增長。“如是迦葉”一偈半頌，合不自覺智喻。“迦葉當知”一偈半□，迦葉所［説］①解也。“今爲汝等”二偈，重固四大聲聞也。

受記品

四大聲□（聞）②□□□解，在於譬喻，自陳己③得，略領如來化導之方。如來成其所説。功行既就，是以列記，□□□□受記。“我及汝等”一偈，起下品也。

化城喻品

上來明中上以悟，下根未解，爲引往固因緣，故以化城爲喻，名“化城品”。正欲道我在十六數，曾亦爲汝説，不得直爾而道，要須次第。“昔何由得説”，明大通智勝，入於三昧，所以得説。如來何由入定？明説《法華》緣在後人，所以入定。所由④説《法華》？由十六王子請是，故説也。十六王子所由如（而）請？由衆生有其大機，所以請也。大根機所由？如有聞説四諦、十二因緣，斷除煩□□□大機成也。如來何由説四諦？由王子諸梵請，是故説也。諸梵所由如（而）請？見大道智□□□，坐道場成佛已，召集有緣，所以請也。從是以來，幾時逕塵沙劫數，故須道爾許多文句。大通智勝，本坐道

① 説，録本脱，據底本補。

② 聯繫文意，此缺字當爲“聞”字。

③ 己，録本訛作“已”，據底本改。

④ 本句及下文“十六王子所由如請”“大根機所由”“諸梵所由如請”中之“所由”義皆同“何由”。前文：“如來何由入定?”後文：“如來何由説四諦?”可互參。

場，垂得菩提，乃逕十劫。此與壽量爲由序。過去垂得，由逕十劫；豈况釋迦六年苦行，得一切智？此爲不實也。“佛法不現前”者，未得一切種智，亦可衆生機識①未熟也。自下明諸天雨華供養。“諸比丘”以下，明成佛已，十六王子各捨所珍，來詣佛所，説偈讚歎，請轉法輪。自下明十方諸梵請。就梵請中，皆有五段：第一義光。第二推尋光，本請於佛所。第三散華供養。第四説偈讚歎。第五請轉法輪。東方諸梵，請轉小乘法輪；東南□□□（方諸梵？）②，請小乘無明、人天因果；南方［□］［諸］③梵，請説大乘法輪；西南方乃④至下方，亦請大也。上□□□□，大小兼請。失樂者，五識樂。相者是前樂境，由其罪業因緣，二俱失也。自下明受請，轉四諦法輪。上亦有請其大者，何故不明爲説“大”也？過去亦説大品諸經，同於今者，但於今無益，隱而不道，亦可爲［列］⑤厲（勵）⑥下根親從二乘向於《法華》，故不明也。“三轉十二行法輪”者，初直言，是苦，是集，是滅，是道；第二勸修，苦應知，集應斷，滅應證，道應修；第三引證，苦我以知，集我以斷，滅我以證，道我以修，成無上道。三遍説四諦，名十二也。此是出世之法，世間所不能轉也。自下明因緣之道，次第解釋，明十二也。由有無明，故造其行；□□□□，故行亦滅也；餘者可知。“那由他人不受一切法故”者，不受苦集一切法也。又解：明得道之心，□□□一義空，得無相心，不受相類有爲一切法也。“從是以後諸聲聞不可稱數”者，明在後得道，欲厲（勵）於下根。前者爲高勝，後者爲不如。“皆童子出家”者，聞上説法，增道見機處，明勘爲請主，故請説“大”也。“如來知見、深心所念”者，明心中念，欲修行大乘，自行兼人，天下同行，廣作利益。“故云深心所念、請佛爲證”者，“故云”，佛自識知也，所以道［聖王］⑦出家。

① 識，録本訛作“咸”，據底本改。

② 聯繫文意，此處缺文似應爲“方諸梵”三字。

③ 諸，底本及録本無，據文意補。

④ 乃，録本訛作“九”，據底本改。

⑤ 列，録本脱，據底本補。

⑥ 《大正藏》本出校：“厲＝勵？”按：此“厲”与“勵”同。［清］徐灝《説文解字注箋·厂部》：“因磨厲之義，又爲勉厲、激厲之義。別作勵。”下“厲”字皆同，徑括注其正字，不復校。

⑦ “聖王”二字録本脱，據底本補。“聖”底本作“𦔻”，當爲“聖”字之訛俗體。

聖王所將八萬，見王子出家，亦求出家，明王子本以見機根引爾許多人出家，有大利益。正欲厲(勵)於下根[①]，本見機明子，爲汝等説，到今不解，此爲可耻也。自下爲説"大"也。菩薩久積□□□便信受。聲聞衆中有根者，亦信解也。其餘衆生，皆生疑惑，亦厲(勵)下根聲聞，使□□□是其高勝，疑惑者是其卑劣，欲使下根聲聞自知。"爾時不得高同勝"者，乃下同疑惑也。欲使檢厲(勵)其情，自鞭其後。"説此經已"以下，知緣在後人，所以入定。"是時十六菩薩"以下，明王子同見其機，所以有勝法坐，爲衆説也。"令發無上道意、從大通智勝"以下，明王子説法，善法其所，故出定讚歎、勸人供養也。所以出定讚歎者，時坐生疑，十六菩薩，在其行地，所説未必當理，今者讚歎，欲使時人信伏十六[□□][菩薩][②]所説[□][不][③]虚，應當取信其爲希有；亦可道本菩薩地時，見機分明，爲衆説法，善得其所，況於今日，道成正覺，達□□□汝等説，應當生信也。"世世所生與菩薩俱"者，明自爾以來，高勝之者，隨其生處，則形心俱到。不如之者，但有實(冥)資遠運，與其善俱也。"從其聞法，悉皆信解，于今不盡"者，亦厲(勵)下根之人，使知在前者爲高勝，在後爲卑劣也。"十六沙彌皆得菩提"者，此會師古今，亦可生導師喻。"于今有住聲聞地"者，明其劣者到今住在聲聞位中。"我常教化"者，常以大乘化[④]也。"是諸人等應以是法漸入佛道"者，應以二乘方便，長進其解，漸入大乘佛道也。所以者何？釋如來智惠(慧)大乘之道，深遠彷彿，信之則難，豈况惠(慧)解得入？要先□□□其麁或(惑)[⑤]，方能取信，故言"難信難解"，所以施三方便也。"爾時所化"以下，會第□□□及我滅後聲聞弟子者，亦厲(勵)下根。親自值我在世，應齊同根。"未來世"者是其劣，使彼自生撿厲(勵)。今日時中，應當取信。我滅度後，不聞是經，不知不覺，己[⑥]之所行，正

① "下根"二字底本作"根下"，據文意改。

② "菩薩"二字底本及録本無，據文意補。

③ 不，底本無，《大正藏》録本出校："(不)+虚?"按：聯繫文義，此處當有"不"字。兹據補。

④ "乘化"二字底本作"化乘"，當爲"乘化"之倒。兹據文意改。

⑤ 或，録本訛作"哉"，據底本改。

⑥ 己，録本訛作"已"，據底本改。

是菩薩之道，當入涅槃，明像正得道、得無餘涅槃也。“我於餘國作佛”者，明如來此方緣盡，應在净土；言“餘國作佛”，是人根感於我，同生净土，還求大乘智惠(慧)，始終殖我，明法輪道，同歸於一解，是以今者殖我，在世齊同上根領解，應當生信也；亦是勸厲(勵)之辭也。“如來自知涅槃時到”以下，起下滅化喻。“衆又清净”者，□□□就，除二乘著相，名爲“清净”，便集比丘，遣二假名，歸成一實。“比丘當知”以下何以重明三者？欲作勢向下，以嶮道故，施三乘也。自下還喻上火宅中事，初作[①]嶮道喻，第二作導師喻，第三作化城喻，第四滅化喻。“譬如五百由旬”者，與上宅禮爲喻，五道爲五百。何以知之？下文言“過三百由旬化作一城”，三塗示不受道，得道之來，要在人天，故言“過三百”也。又解：三界爲三百，七住二乘爲四百，八地終至十住爲五百。何以知之？下文言“過三百由旬化作一城”，明二乘無漏，三界所無。二乘涅槃，三界外法，名爲“過”也。“嶮難惡道”者，五道□□□□七住以上。雖無三界分段等苦，由有無常變易生滅，豈非嶮難名“惡道”也？曠□□□□明三界五道，無其聖人也。雖有二乘之人，陋得無漏，不屬三界，名爲“人出”，故言三界哀[②]無聖人也。若就後解，以何爲“人”義？“人”本達古今故[③]，如理周備，“人”義始足。若爾，唯佛是一切智人。降佛以下，“人”義不備，名“無人”也。“怖畏之處”者，生死嶮道，智人之所怖也。“若有多衆”者，六百萬億，修道進德，欲過嶮道，遠詣佛果，爲至珍寶處也。“有一導師”以下，與第一思惟爲喻。昔十六王子釋迦導師，聞不載告名“聰”，快伴法相名“慧”，見之分明了曰“明”，説到法相名“達”也，知機發爲“通”，未發爲“塞”也。“將導衆人欲過此難”，與上第二思惟爲喻，□□成道，執理以擬之。“所將人衆”以下，與上第三思惟爲喻，本發大心，其於佛果暫時廢忘，名“中路退”也。“白導師言”，幾(機)[④]感於佛[⑤]，義同“白”也。小懼其劫，大名“怖畏”。“不能復進”者，明三大阿僧祇劫修行始到在佛地，故名爲“遠”，欲退還

① 此處録本另衍一“作”字，據底本删。
② 哀，録本訛作“衰”，據底本改。
③ “今故”二字録本訛作“故今”，據底本改。
④ 幾，後作“機”。此字録本徑録作“機”，未出校説明，不合原卷。
⑤ 佛，底本作“厶”，當爲“仏”(“佛”的俗體)字的省旁字。

也。“導師多諸方便”以下。與上第四思惟爲喻，捨教馳輪，逕離生死，名“可愍”也。背其大教，名“捨珍寶”。但起小心，義同退還。上來至此，明念欲作化城。“作是念已”下，明思惟理教。“於嶮道中過三百由旬化作一城”者，無而説有，名之爲“化”；防非爲“城”。“告衆人言”以下，爲説化城，安慰其心。“今□□□(此大城)[1]可於中止”者，“有”爲無爲果，防非爲“城”，可於中止也。若入是城，斷除三界生死，有爲□□□□爲大樂故，言快得安穩也。“若能前至寶所，亦可得去”者，若不入城，防城亦得去也。不爾時許，此是理中之言，明道成羅漢，理自向佛，故言“亦可得去”也。“是時疲極之衆”以下，與上諸子修行爲喻，能越度生死，名“生已度想”；無爲寂滅，名“安穩想”也。“爾時，導師知此人衆”以下，作滅化喻，即上等賜大車也。“即滅化城”者，釋二假名也。“寶處在近”者，汝等所行是菩薩道也，我所作者是方便也。“如來亦復如是”以下，合喻。初合導師喻，“知諸生死□□□(煩惱惡)[2]道”喻應去，合第一思惟。通塞之想也，應合第二思惟，若有多衆，欲過此難也。“若衆生但聞一佛乘者”，合第三思惟，所將人衆，中路退還也。即作是念：“佛道長遠，要逕生歷死。久受懃苦，乃可得成。身命不存，萇(長)[3]壽安在？”是故欲退，不復進也。“佛知是心”以下，合第四思惟，導師多諸方便也。“爲下劣”者，明爲懈退者，於三界外爲止息，故説二乘涅槃。“若衆生住於二地”以下，合滅化喻，即上“爾時導師知此人衆既得止息”也。“汝等所作未辨”者，明二涅槃非究竟也，正可近大乘佛惠(慧)，而以非真實也。“如彼導師”，舉喻來帖□□□□第二十劫坐道場，得成於佛。何故不頌初文者？上如來即自説偈頌訖，不須□頌也。彼佛十六子二偈頌，王子請；次十六偈頌，十方諸梵請；次二偈頌，受請已，爲説四諦十二緣也；次三偈頌，諸人得道；次二偈頌，王子請説大乘；次二偈頌，受請爲説《法華》；次一偈頌，入定；次三偈頌，王子説《法華》；次一偈頌，形心俱到；次四偈，會古今，以本説爲因緣，由至今始得説於《法華》也。自下頌喻。初二偈頌，嶮道逈絶多毒獸者，如大澤中，

① “此大城”三字底本殘，録本作缺文，今據《妙法蓮華經卷》[T9n262p26a6]補。
② “煩惱惡”三字底本殘，録本作缺文，今據《妙法蓮華經卷》[T9n262p26a14—15]補。
③ 萇，此當讀如“長”(二字《廣韻》均音直良切)。

無其人民，但有虎狼師子。降佛以還，皆有生死煩惱，無真是法及聖人也。又復無水草，□□□□，是人之所依，明三界無漏水草也。若就後解，唯佛得真無漏。降佛以下，無無漏□□也，爲智人之所怖畏也。“欲過此嶮道”者，欲背於生死、遠其佛果[①]也。“時有一導師”三句，頌導師；次一句，頌第一思惟、第二思惟，即上通塞之相，欲過此難也。次一偈頌，第三思惟，欲退還也。次四[□□□□□□□□□□□□□□□□□][偈頌，第四思維。就中初一偈“念欲作][②]教、尋時思方便”者，明本無其小、暫順小機、權假施設也。二乘無而說有，稱化作城，本防非郭以收人。無爲涅槃，防非語難爲“城”；有爲涅槃，積諸功德名“郭”。有爲涅槃，修諸功德名“莊嚴”，爲行者栖神之處，義同舍宅。□□功德，遮外惡不入，内善不失散，義同爲薗。無漏召（超？）[③]出於三界，名“林渠”。□□□人示看之處，以喻四諦，通其行人觀行之處。八解名“浴池”，四禪爲“重門”，三空觀心爲“樓閣”，善心有貞幹之用、能有所辨名“男”，慈悲有外適之義名“女”。“即作是化”已下已一偈頌，爲說化城；次一偈頌，諸子修行；次二偈半，頌滅化喻。“我亦復如是”，頌合喻；“爲一切導師”，合時有一導師；“見諸求道者”，頌合第一、第二思惟；次三句，頌合第三思惟；次偈半，頌合第四思惟，作化城也；次四偈頌，滅化城喻。

第四、五百弟子受記品

下根之人聞上三說，受解在於化城。功行既就，是以列記方將，故名“受記”。乃與千二百受[□][記][④]、但導五百者，此是師徒眷屬其（共？）[⑤]相屬者，故但言“五百”也。“從佛聞是智惠（慧）[⑥]方便”者，聞上方便品也。又“聞授諸大弟子記”者，“聞受（授）[⑦]”，舍利弗；四大聲聞，“記”也。“復聞宿世因

---

① 以上甲本無。

② “偈頌第四思維就中初一偈念欲作”十四字底本、録本無，據甲本補。

③ 召，此疑爲“超”之訛省誤字。

④ 記，底本、録本無，據甲本補。

⑤ 其，甲本作“供”。揣摩文義，“其”似爲“共”字之訛，而“供”則爲其同音借字。

⑥ “惠”字下底本、録本衍一“者”字，據甲本删。

⑦ 受，甲本作“授”。

緣之事"者,聞化城品也。"復聞諸佛有大自在神通力"者,觀彼久遠、由若今也。自下明歡喜,歎如來化導之方。"汝等見富樓那彌多尼子不"者,不論見刑(形),問識□□(其行)[①]不,實是大行,現居下流,引接未還也。論行既周,次與授記也,千二百念者請其記□□□(也。如來)[②]述彼意,故次第與受之。上利根聲聞,先悔過自責,自陳己德,後方列記。今明下根之人,鈍根因緣,故得記決,然[□][後][③]方能悔過,自陳己解也。"譬如有人"以下,還喻上化城。四段文句。第一作親友喻,喻上道師。"有人"者,六百萬億人也。"至親友家"者,夫爲菩薩,爲衆生作不請之友,衆生有感,詣王子所,名"親友家"也。第二醉酒而卧,喻上嶮道,文少不次。應言具設餚[④]饍,然後醉卧,偈中顯也。捨教馳輪,妄本大解,起惑以自纏,名"醉卧在生死"也。"宫事當行"者,化導方軌,功赫之事非已名"宫事";明十六王子此方感□□□□□□(盡,余方感至,遷)[⑤]影不久,名"當行"。"以無賈寶珠"者,明《法華》大乘,萬善功德,利物顯然,若以寶珠理出量算,名"無賈"也。若暫受永失,非謂"爲繫";今明昔一發之善,寘(冥)[⑥]資遠運,到今由在,始可謂"爲繫"也。衣裏不顯之事,明如來玄知彼人所解不能永固而不語,令汝之所得必還忘失,若似衣裏也;又解:昔説大乘,令其生信,雖復中間妄失,藉本爲機,寘(冥)資遠感,玄見到在,百劫之頭,方始解悟。彼人不知,義同衣裏,亦可繫解心衣裏也。"與之而去"者,説以遷應他[⑦]土也。"其人醉卧、都不覺知"者,起惑彰其惠(慧)目,妄本大解,不□□(知有)[⑧]寘(冥)資遠益,故言其人醉卧不覺知也。"起已遊行"以下,上化城爲喻人天中修善,資其出世機發,名"起已";心無主當,失於本善,名"遊行"。本大乘爲己國,二乘爲"他

① "其行"二字底本、録本作缺文,據甲本補。
② "也如來"三字底本、録本作缺文,據甲本補。
③ 後,底本、録本無,據甲本補。
④ "餚"字前甲本有一"諸"字。
⑤ "盡余方感至遷"六字底本、録本作缺文,據甲本補。
⑥ 寘,此爲"冥"之訛俗字。下"寘"字同,不復校。
⑦ 他,底本及録本作"化",今結合文意,據甲本改。
⑧ "知有"二字底本、録本作缺文,據甲本補。

國。"[□□□][求衣食][1]者,有[□][爲][2]、無爲果,有資神益已名"衣食[3]",苦身行道爲"求索"。菩薩一發心,超過聲聞百千劫行。聲聞心夾(狹)[4]劣,所收亦少,故言"甚大艱難"也。道成羅漢,要求心息名,若少有所得,便以爲足,此是小器易盈[5]也。"於後[□][親][6]友"以下,與上滅化爲喻。"會遇見之"者,今□□(王舍)[7]城中,始得大機也。"咄哉丈夫"者,呵責[8]之辭。何故爲小資神乃失於大利也?我昔教汝□□□□(發大心,欲)[9]今得大乘佛果安樂,義同五欲樂也。"某年日月以無賈寶珠"者,大通智勝王子時爲汝説也。"今故現在"者,昔一發之善,共相資發,到在於今也,而汝不知有[□][寘(冥)][10]資之益也。棄本大解,而取於小,故言"甚爲癡"也。今道成羅漢,[□□□][修菩薩][11]行,遠之[12]佛果,故言"可以此寶貿易所須",亦可以萬善因資大乘佛果也。稱遂本心,名"如意"。"無所乏[13]短"者,得一切智,行備滿足,更何所少也。自下合喻。"爲菩薩時[14]"以下,合親友喻;"而尋廢忘",合醉酒喻;"既得阿羅漢"以下,合起已遊行喻;"一切智願"以下,合會過見之[15]喻。汝等所得,無爲滅諦,非究竟也,但以方便示小乘涅槃也。我今始知昔

---

① "求衣食"三字底本、録本無,據甲本補。
② "爲"字底本、録本無,據甲本補。
③ "食"字前底本有一"裹"字,今結合文意,據甲本删。
④ 結合文意,此處"夾"當爲"狹"之訛字。
⑤ 盈,甲本作"溢"。
⑥ 親,底本、録本無,據甲本補。
⑦ "王舍"二字底本、録本作缺文,據甲本補。
⑧ 責,底本及録本作"積",據甲本改。
⑨ "發大心欲"四字底本、録本作缺文,據甲本補。
⑩ 寘,底本、録本無,據甲本補。
⑪ "修菩薩"三字底本、録本無,據甲本補。
⑫ 之,甲本作"至"。
⑬ 乏,底本及甲本作"之",實乃"乏"之省筆俗體。
⑭ 底本及録本"時"前有"智作知"三字,據甲本删。
⑮ "見之"二字底本作"之見",《大正藏》録本校爲"見之"。按:《大正藏》録本所校是。下文"次二偈,頌會遇見之",可資比勘。

來[□□□][所行,是][1]菩薩道,故生歡喜也。故説偈以重章。初二偈半頌,前悔過自責;次二偈頌,至親友家與珠也。“其家甚大富”者,明大乘之道,萬善備也。“具設諸餚[2]饍”者,稱其大機,備爲説也。[□□□□□□□□□□□□□□□□□□□□□□□□□□□□□][此等雖聞,號“大大解”,心不因尋,妄起惑名,醉卧非以大乘爲酒也。][3]“默與而捨去”者,爲説大乘,必知有忘,不言但有遠益,義同默説竟還,應名“捨去”;起惑曀彰,忘本大解,名“卧不覺”也。“是人既以起”二偈頌,起已遊行喻。次二偈頌,會遇見之,亦復如是。一偈半頌,合爲菩薩時。次半偈頌,合既得阿羅漢道。次一偈頌,合一切智願猶在不失。次一偈頌,合我今乃知實是菩薩[□][也][4]。

授學無學人記品

阿難、羅睺羅所以索記者,若不與我授記,向來得記之者便生其疑:疏者得記,親者不得,此記未必可信。如其與記,遂其索記之願,親疏皆得,信之畢然,故言“衆望亦足”也。自下與其列記。新發意菩薩生其疑念:大行之人,由尚不得如是好記,况其聲聞得如是決?“如來”下釋明阿難是大權之人,修行來久,昔日與我空王佛所同其[5]發心樂多聞者,是一行精進者,不住[6]一行,萬行俱前,名爲“精進”,故在前成佛也。阿難現同侍[7]者護持我法也。功行如是,故獲好記,何怪之有哉?故阿難聞如來説,得宿命通也。羅睺羅者,[□□□][亦非實][8]也,明二千人功行既齊,列記亦等也。此人根鈍,竭力讚嘆,正得一偈[□][也][9]。

---

① “所行是”三字底本、録本無,據甲本補。
② 餚,録本訛作“飯”,據底本及甲本改。
③ “此等雖聞……醉卧非以大乘爲酒也”二十五字底本、録本無,據甲本補。
④ “也”字底本、録本無,據甲本補。
⑤ 其,甲本作“時”。
⑥ 住,録本訛作“注”,甲本作“主”。揣摩文義,“主”當爲“住”之同音借字。
⑦ 侍,底本、録本作“持”,今結合文意,據甲本改。
⑧ “亦非實”三字底本、録本無,據甲本補。
⑨ “也”字底本、録本無,據甲本補。

法師品

上來明萬善同歸，莫二之道，三根齊悟、列記方將。自此以下，流通説也。聖者說法，有二世利益，欲以此法傳通千載，不墜於地，付囑四依之人也。能通大法，名爲“法師”。[□□□□□□□□□□□□□□][從此品中既四安樂，明因中流通也。][①]“因藥王告八萬大士”者，此是四依之人，可付傳大乘，故名“因”也。“汝見是大衆不”者，以現在弟子委付其師，不論見形，同識其心行。“不聞《妙法華》一偈一句、乃至一念”者，不道文句，欲明此人理解處尠，[□][義][②]同一句。以是爲“因”，皆與受記。“如來滅度之後”以下，付囑未來弟子。以一念解因，玄與受佛[□][果][③]記也。此諸人等，要假汝等四依，像正之中流通，爲其[④]匠主，使行得成就。“若復有人”以下，勸二種弟子應識其師。何者是也？人常言有六種法師：一者、受持；二者、讀；三者、誦；四者、解說；五者、書寫。供養上五，復是其一。此六皆有資益，名爲“師”也。先師言此解淺近，不當經旨。“受持解說”者，此是四依之人，末代世中能流通大法，廣作利益，是汝等師。此經中但伴爲二依，住前爲初依，上三[□][爲][⑤]第二。“乃至[□][一][⑥]偈敬視如佛種種供養”者，明敬法之人，畢能流通，勘爲依也。以增(曾)[⑦]供養十萬億佛，明下[□□□□][依人得也][⑧]。語其實行，報生清净土，愍念衆生，故處惡土。《經》云四住菩薩自在生也。初住菩薩，分人[□][爲][⑨]百，動百佛世界，化百佛世界，若以願力，不可思議。若爾，下依菩薩願力因緣，生惡土也。“藥王，設有人問：‘未來世中，何等衆生當得作佛’”者，此覔其師，未來世中何等人是我等師？[□□□□□□□□□□□□□□□□□□□□□□□□□□□□□□□]

① “從此品中既四安樂明因中流通也。”十四字底本、録本無，據甲本補。
② “義”字底本、録本無，據甲本補。
③ “果”字底本、録本無，據甲本補。
④ “爲其”二字甲本無。
⑤⑨ “爲”字底本、録本無，據甲本補。
⑥ “一”字底本、録本無，據甲本補。
⑦ “以增”二字甲本作“以曾”。《大正藏》録本疑應作“已曾”。
⑧ “依人得也”四字底本、録本無，據甲本補。

[言“當作”者，四依未來通大法，與佛無異，故言“作佛”，非謂未來萬行滿得作佛也。][①]汝[②]應示是諸人等：“四依菩薩，紹繫（繼）[③]佛處，未來流通者，是汝師也。”下釋敬法情深，畢是流通人也。“是人一切所應瞻奉”以下，勸人供養。“應以如來供養”，明四依末代益物，功同如來，故言“如來供養而供養之”。“何况[④]盡能受持”以下，明上之三依捨其净土，報生於惡世，廣演此經。“若是善男子”以下，明下依人第二德，行[⑤]無功赫，齊同上依，見幾（機）[⑥]處尠，義同“竊”，利物義少，同於一人，正得八分。若似一句能傳通大教，名“如來使”，勘可聖意，遣在像正，流通大乘法事也。“何况於大衆中廣爲人説”，明上三依第二德，見機處明，益物亦勝也。“若有惡人”以下，讚嘆德（得）福，毀駡得罪。駡佛輕者，佛毀譽不動，如須彌所駡者，得罪輕也。毀呰在家讀誦《法華》者，此是凡夫人，聞其毀駡，則不流通，所以得罪重也。不爾時許駡佛輕者，但駡其人，不欲斷法。毀呰在家、出家者，此是四依，駡者罪同於佛，兼欲謗法[⑦]、斷法之意，罪兼二種，所以重也。“以佛莊嚴”者，佛正以萬善莊嚴此人，流通大乘，自行兼人，萬善□□（俱備）[⑧]，故言“而[⑨]自莊嚴”也。“則爲如來肩所何（荷）[⑩]擔”，以大乘名“肩”，彼人修行大乘，萬善扶疏，理擔其人至無上菩提。“其所至方應隨向禮”者，明四依所在之處應遥加敬也。什公來時，其母語之：“俱摩羅什，汝向東方。漢地有一肉身菩薩，名爲‘道安’。汝於神朝（廟？）[⑪]遥禮敬之，可得度難往到。”此是其事。自下明供養具，人天中勝者，應以奉獻。下釋“是人歡喜説法”者，凡夫法師，得好供養，稱適其

① “言‘當作’者……非謂未來萬行滿得作佛也”三十字底本、録本無，據甲本補。
② 汝，録本作“如”，據底本改。
③ 繫，此讀作“繼”（“繫”字一音古詣切，與“繼”同）。
④ “何况”二字底本、録本作“况何”，結合文意，據甲本改。
⑤ “行”前甲本有“竊者化”三字。
⑥ 幾，後作“機”。下用同“機”之“幾”徑括注之，不復校。
⑦ “謗法”二字底本及録本作“訪經”，結合文意，據甲本改。
⑧ “俱備”二字底本、録本作缺文，據甲本補。
⑨ “而”字甲本無。
⑩ 何，當爲“荷”字同音借字。甲本正作“荷”字，今據改。
⑪ 繫聯文義，此“朝”似當爲“廟”之訛，待考。

心,説法詣理,聞者具足,得菩提也。又解:四依菩薩豈容假供[□][養][1]然後歡喜?但見前人如是捨財[□□][獻供][2],畢是受法之人,所以喜也;亦可獻供善助發道幾(機),勘能受法,故生喜也。説法應幾(機),得理在心,故言即得無上菩提也。初二偈頌,二種弟子。次三偈頌,師。“自在所欲生”者,四住菩薩,名“自在生”,隨欲生處,即得往生[□][也][3]。次三偈頌,勸弟子供養。次一偈頌,如來所遣,行如來事。次四偈頌,毁罵得罪,讚嘆得福。次三偈頌,長行未[4]勸供養。“爾時佛復告藥王”以下,明經深[5]重,已説三乘,當説涅槃,今者説《法華》,何故爲勝?此經偏明一乘,文理周備,勝於涅槃,故言“最爲第一”[□][也][6]。又解:三世説三乘,此經最爲難信難解,明《法華》經理深妙,信之則難,豈況惠(慧)解?故言“難信解”也。[□□][自昔][7]以來,隱而不彰名“祕”。此經即是向佛之要路,故名“要”也。“不可分布,妄受(授)與人”者,末代流通,當相幾(機)説法,不得妄有所作。明出以來,蘊[8]積此理,使外[□][惠(慧)][9]不干,義同守護。但有小幾(機),隱大不説也。如來親自在世,由(猶)[10]多怨嫉,五濁惡世,不得説一,况未來世邪惑競臻?是以應當相幾(機)説法,不得妄有所作,則失幾(機)之辨也。“藥王當知”以下,就人以歎德。“如來則爲[11]以衣覆之”者,明神通衣之所加護。又解:如來正以萬善功德爲衣。此人能流通大乘,萬善具備,覆蓋此人,故言“以衣覆

---

① “養”字底本及録本無,據甲本補。

② “獻供”二字底本及録本作缺文,據甲本補。

③ “也”字底本及録本無,據甲本補。

④ 未,甲本作“者”。

⑤ 深,底本及録本作“染”。繫聯文義,今據甲本改。

⑥ “也”字底本及録本無,據甲本補。

⑦ “自昔”二字底本及録本作缺文,據甲本補。

⑧ 蘊,底本及録本作“温”,結合文意,據甲本改。

⑨ “惠”字底本及録本無,據甲本補。

⑩ 由,甲本作“猶”。

⑪ “如來則爲”四字底本及甲本作“則爲如來”,今據《妙法蓮華經卷》[T9n262p31b21]改。

之"也;修行大乘,諸佛護念也。"有大信力"者,於大乘理中□□(生其)[1]惠(慧)信也。"及志願力",八住菩薩稱願以行,願力成就也。"諸善根力"者,無量善根成就也。"與如來共宿"者,共佛同栖宿大乘理中也,爲如來智手摩其心頭。"藥王在在處處"以下,就處以明經,重明此理,在人則人貴,在地則地尊。經住之處皆應起塔供養、"不須復安舍利"者,明起塔之意,爲安分身舍利;此是弘經之塔,唱説《法華》一乘,明真妙法身,故言"不須"也。正應供養。若有人得見此塔,識知是弘經之塔,萬善同歸一乘之道,而禮拜□□(者得)[2]近無上菩提也。"多有人在家出家"以下,就善行、不善行以明經重,在家出家,發心修行;不聞《法華》在二教中修行者,不善行也。所以然者,二乘文理不備,教詮處夾(狹?)[3],習行之者,[□][名][4]"不善"也;得聞《法華》一乘,明理處曠,萬善具足,大乘道備,是以習行之者,名"善行"也;信解受持者,大行之人,得近菩提也。自下與此三人作喻。"有人"者,二乘人也,渴乏須無上菩提水,二乘中修學,求其佛果,去果遠矣,故言於彼高源(原)[5]求之"知水尚遠"也。"施功不已",與第二人聞經作喻。"遂漸至湿""知水畢近",與第三信解受持人作喻。"菩薩亦復如是"以下,合前第一人。"若得聞解",合第二人"施功不已"也。"思惟、修習",合第三知水畢近人。下釋所以聞解習行之者得近無上菩提、不習之者去遠者何:一切菩薩菩提皆屬此經,不屬餘經;是以習之者,名"善行"也,得近菩提;不習行者,名不"善行"也,去之遠矣。凡有五種菩提:一者住前性地,深伏煩惱,於其勝理未究竟解,名"發心菩提";初住至六住,無漏在懷,伏心於理,名"伏心菩提";七住菩薩,三界惑盡,見理喻明,名"明菩提";八住至十住,永離愛結,入法流水,名"出到菩提";金剛心謝,種知現前,覺□(了)[6]法相,更無所資,名"無上菩提"。此經

① "生其"二字底本及録本作缺文,據甲本補。
② "者得"二字底本及録本作缺文,據甲本補。
③ 此處"夾"似當爲"狹"之訛字。
④ 名,底本及録本無,據甲本補。
⑤ 源,甲本作"原"。此"源"當爲"原"之借字。
⑥ 了,底本及録本作缺文,據甲本補。

備明,故言"皆屬[①]"。"開方便門、示真實相"者,此經釋二假名,歸成一實也。"是《法華》經藏"者,積諸功德名"藏",亦可出生諸佛也。淵玄[②]絶妙名"深"。勿(物)[③]不能岨(阻),非"固"如何?求之蟒(芒)[④]然名"幽"。貪(探)[⑤]賾所不及名"遠"。十住所不逮,名"無人能到"。應迹道中,言教開示也。藥王末代世中菩薩聞之驚疑者,是新發意也。若聲聞人聞之疑者,無其實德,是增上慢也。自下明流通之行,入室著衣,坐如來坐,然後方説。"如來室"者,室有覆蔭之□(功)[⑥],能去寒暑,温凉適身,義同於室。悲本拔苦盡原,慈能與樂至極,覆蔭三有衆生,離苦得樂,[□□□□□□□][是以言如來室者][⑦]大慈悲心[⑧],是汝等未來流通此經,當起慈悲也。[□□□□□□□□][是以"慈悲"義同"所室"。][⑨]"如來衣"者,衣本能弊身醜,名之[□][爲][⑩]"衣"。未來[⑪]世中,如令不忍辱在懷,念加及[⑫]報,則不能流通大法,萬德不備,菩薩行懷,章(彰)[⑬]菩薩之醜;如其忍辱在心,不加及報,則能流通大法,自行兼人,菩薩道備,弊[⑭]其身醜;故言"衣"者忍辱是也。"如來坐"者,坐以安[□]

---

① 屬,底本及録本作"厲",據甲本改。

② 玄,甲本作"深"。

③ 勿,此當爲"物"字同音借字("勿"字《廣韻》一音文弗切,與"物"同)。甲本即作"物"。

④ 蟒,甲本同,此當爲"莽"之借字。鏡水寺沙門栖復集《法華經玄贊要集》卷第三十一:"三事皆空名'莽然'。……莽音摸朗反,廣大貌也。"[X34n638p848b1—2]亦通作"芒"。胡吉藏撰《法華義疏》卷第九:"淵淵難測爲'深',古今不改爲'固'也。求之芒然爲'幽',探賾所不及爲'遠'。"[T34n1721p587a18—20]可助勘。"暗昧"義之"芒"字後作"茫"。

⑤ 貪,此當爲"探"字借字。《释名》:"貪,探也,探入他分也。"此字甲本即作"探"。

⑥ 功,底本作缺文,據甲本補。

⑦ "是以言如來室者"七字底本及録本無,據甲本補。

⑧ 心,甲本無。

⑨ "是以慈悲義同所室"八字底本及録本無,據甲本補。

⑩ 爲,底本及録本無,據甲本補。

⑪ "未來"二字甲本作"末代"。

⑫ 及,甲本作"返"。

⑬ 章,古同"彰"。

⑭ 弊,此當讀如"蔽"。《韓非子·奸劫殺臣》:"爲奸利以弊人主。"王先慎集解:"弊,讀爲'蔽'。"

[身][1]爲義,明觀心在第一義諦,空中忘相,心及緣於有,處有施化,得平等心,不存彼[2]此,安[□][心][3]空理,然後以不懈怠心[4]可得説也。故言"坐(座)者一切法空是"。自下明得果報。初"遣化人""若説法者"以下,遣其實者,爲作聽衆。何故爾者?欲使聽者見衆多,故知其有道、生敬信也。"雖在異國,令説法者得見我身",明還感應佛。"不爾時許",明理中見我,《經》云見法者即見佛也。忘失句讀,非是忘文。理相難知,容[5]可有忘,還應其人聞我所説,令具足也。偈中初偈頌,善行、不善行三人,略不頌前者。又解:上半偈頌喻前三人。下半偈頌,前三説之中最爲難信,乃至人處,頌不次第耳。聲聞之人,不能行於萬行,若以懈怠勸聽此經,明於萬行習之者,得近菩提也。自昔以來但施三乘言教,大法不設,豈非難聞也?亦可無量劫中乃説一乘耳。要積德行,勘聞是經,非近因也。故信受者難。亦可菩薩聞驚,名"新發意";聲聞驚疑,是"增上慢"。能信受者,是其難也。次一偈半,頌喻。次二偈半,頌合喻。次二偈半,頌流通方法。次十一偈頌,得果報。"念佛故應忍"者,如其不忍加毁,不得流通大法;念佛告敕,故能忍加毁,流通大法;亦可由念佛故,神通守護,勘受加毁。又解:流通之時,其於當佛;如其不忍,不得流通此經;萬行不備,念欲作佛,是故忍也。諸佛加護,大衆信伏也。若親近四依法師,爲汝[□][等][6]解釋,習之者,速得道也。

見寶塔品

此塔何時而來?上來明其一乘法師流通已竟,此塔忽然從地而出,證説一乘之果,明其分身是應化果,明其踴出是眷屬果,明其壽量是壽命果。又

① 身,底本及録本無,據甲本補。

② 彼,底本及録本作"被",據甲本改。

③ 心,底本及録本無,據甲本補。

④ "懈怠心"三字底本及録本作"解代",甲本作"解怠心"。按:聯繫語境,"解"當爲"懈"之省旁俗體,"代"當爲"怠"之借字。且底本書手又脱一"心"字。又下文"聲聞之人,不能行於萬行,若以懈怠,勸聽此經。"可資比勘。兹據録正。

⑤ 容,録本訛作"客",據底本及甲本改。

⑥ 等,底本及録本無,據甲本補。

解：寶塔來意，欲證經真實正是三請時來，與三乘作受道之緣。如令一人不集，大法不唱，故知爾時以來，但出緣經者，見下舉偈，來勸時會，故著之在此。若三請中安者，則隔絶爾許多文句，明破三義賖遠，故置之偈前。“從地踴出”者，明生死異路，故從地出，不爾時許將明大乘之道，萬善地中出。“住在空中”者，空是無類，將表明大乘之果獨脱無類也；又解：空本是請(清?)①，將明一乘静理，故住在空也；亦可道因下而果上。自下明莊投寶塔及以供養，塔中所出音聲，讚嘆釋迦能以一乘大惠(慧)，三乘等與，所説不虚，皆真實也。大衆見[□][寶]②塔處空所出音聲，皆得法憘，怪未曾有也。大樂説知四衆心疑，爲設二問。[□□□][第一問]③寶塔出之因緣，第二問其音聲所以。如來先答第二問，明塔中有如來全身，所以有聲，非碎身舍利也。自下答初問。過去有佛，號曰“多寶”，昔有其願：“若我成佛，滅度之後，有説《法華經》處，我之寶塔皆踴現其前，爲作證明，嘆言‘善哉’。”所以有此塔也。不但此中有寶塔，説經之處，皆亦如之。大樂説以如來神力聞欲見佛身者，上明直問塔之因緣，聲之所以，事相是近，不假神力，率己④所見，自能問也。今明因言，以長理明。若欲見[□□][多寶]⑤者，要[□□□□□][放大光明，召]⑥集分身。若[□□□□][集分身，要]⑦三變净土，分身方集。如其一人不集，大法不唱。此亦與三乘作受道之緣，然後開塔，説於《法華》，事相是遠，幾(機)會難識，故假神力問其所以。大樂説即請見分身佛，即放光召也。所以“變土清净”者，有其二意：一、欲明賓主相待；二、欲移三乘之穢，就一乘之净也。何故三變也？一變亦能容受，明移三乘故也。一變爲菩薩，二變爲辟支，三變爲聲聞；亦可三變者，明分身多故也。各將一大⑧弟子者，欲

① 請，此疑爲“清”之形訛字。甲本無此字。
② 寶，底本及録本無，據甲本補。
③ “第一問”三字底本及録本無，據甲本補。
④ 己，録本訛作“已”，據底本及甲本改。
⑤ “多寶”二字底本及録本無，據甲本補。
⑥ “放大光明召”五字底本及録本無，據甲本補。
⑦ “集分身要”四字底本及録本無，據甲本補。
⑧ “一大”二字底本作“大一”，然繫聯文義，當以録本所校爲是。

明表一乘義也。又解:將欲簡麁就細也。所以召十方者,欲以釋迦爲主、十方爲分身;若彼方受道緣至,亦以釋迦爲分身、彼方爲本。此斯皆不實,故知更有真妙法身爲萬應之本,本畢歸浄,而化在於穢,净[①]即法身所統也。此亦與壽量爲由序,諸佛遣使,通其相聞,同於大樂欲開塔也,故言"諸佛遣使亦復如是"。皆欲開塔,顯一乘也。釋迦知諸佛同見,欲開寶塔,知受道時至,從坐而起,住在空中。是以四衆起立加敬,即開塔户,見多寶如來全身不散、如入禪定,發聲讚嘆也;即分半坐,與其釋迦,勸就坐也。"坐其半坐"者,明過佛與今佛同,將明釋迦雙林涅槃之相,不爾時許,欲等生死,明過去來同。今明釋迦雙林滅而不滅。以今同古,明釋迦王宫生,非寶生,故言"等生死"也,由斯得顯壽量也。"佛坐高遠空[②]"者,有殊隔也,唯願如來令我等見輩俱處空也,即以神力接諸大衆,皆在虚空。上來至此,皆方便品中事。"若如是者廣説"以下,皆處空説也。"以大音聲[③]"以下,接次法師品末文句"誰能於此廣説《法華》者"。此句結終開始。結終者,結流通也;開始者,由此一唱,持品得興,他方亦然,佛止"不須",即顯踴出,得明壽量,此爲開始也。佛欲以此大乘之道付囑有在,故舉偈來勸。初三偈半,以多寶來勸,明過佛久成,由(猶)尚爲法,豈况汝等行地不足境中,而不懃求[④]爲法也。次三偈,舉分身來勸。次五偈半,使識變土之意,正爲大法得存也。次一偈半,令發誓。次一偈半,引多寶來證[⑤]爲證。次二偈,明若能受持,得三佛意。次三偈,若能受持,則供養三佛。次一偈,若能流通,則[□][見][⑥]三佛。自下明持之者難,宜發大願。諸餘經典五偈,若説小乘及神通力,亦未爲難;於像正中説《法華》者,是則爲難。次二偈,明書持經難。次二偈,明讀經難。次二偈,持説者難。次三偈,雖持小乘十二部爲人演説,獲六神通,此是小益,非爲難

① 净,甲本作"萬化之身"。

② "空"字録本誤置於"有殊隔也"前,據底本改。

③ "音聲"二字底本、甲本誤作"聲聞者"。今據《妙法蓮華經》卷第四[T9n292p33c12]改。

④ "不懃求"三字甲本作"當不"。

⑤ "來證"二字甲本無。

⑥ 見,底本及録本無,據甲本補。

也；聽受大乘，問其義趣，乃達其佛果，是爲難也。次三偈，明説小乘，獲得四果，亦是小益，非是其難；若能奉持《法華》經典，是爲難也。此經於大乘故稱第一。佛正以萬善爲體，若持大乘，則持[□][善][1]萬，故言"則持佛身"也。自下明能受持者教其發誓。"是則踴猛"，能亡身取法；"是則精進"，萬行俱前；"是名'持戒'"，以大乘防非。"行頭陀者"，能斷諸惡，衆行既備，疾得道也；"是真佛子"，勸能[2]紹繼也；"世間眼"者，能解其義，爲人演説，開導群萠也。下勸人天供養[□][也][3]。

持品[□□□][第十二][4]

因上如來唱務受持，説偈勸人，發誓流通。今者藥王大樂並《法華》坐上，聲聞及小行菩薩應於上言感，發誓流通受持，故名"受持"也。初明大士惡世流通，不惜[5]身命。第二明聲聞流通，唯在净土，不勘處惡也。自下明與比丘尼授記，偈(竭)[6]力讚嘆，正得一偈，亦發誓願，净土流通。"視八十億"者，此是下依菩薩，欲使發誓流通也。是諸人等，敬順佛意，並滿本願。發誓流通、周旋往[7]返者，明小行菩薩，不得高同大士，久處於惡。若一向在净土，耻[8]同聲聞，故言"往返"。"下請佛爲護"者，即時諸菩薩俱同發聲説偈者，此是八十億大菩薩也。偈中廣明惡世之中多有惡人及增上慢，如是衆惡，我皆能忍。復有受持小乘聲聞戒者，去其聚落五百□(弓?)[9]空閑静默，謂是真道

① 善，底本及録本無，據甲本補。

② "勸能"二字甲本作"勘其"。

③ 也，底本及録本無，據甲本補。

④ "第十二"三字底本及録本無，據甲本補。

⑤ 惜，底本作"昔"，録本訛作"借"，據甲本改。

⑥ "偈"，此當讀如"竭"(二字《廣韻》皆可音渠列切)。

⑦ 往，底本及甲本作"住"，乃"往"之省筆俗體。

⑧ 耻，録本訛作"所"，據甲本改。

⑨ 揣摩文義，此處缺文似當爲"弓"字。斯2551《藥師經疏》："《俱舍》十二云：'十二指爲一搩手，二十四指爲一肘，四肘爲一弓，五百弓爲一阿練若'，謂在在處處流布此經、受持如來名號、親近供養者，我等神將並及眷屬爲正法故常護是人，皆便解脱一切苦難。諸有所求，悉令滿足。"

也。“輕賤人間”者，四依菩薩，處俗教化，不順威儀[①]；閑静比丘，不識擁道，而輕賤其人也，謂四依貪利養，故爲白依（衣）説法。“是人懷惡[□][心][②]”者，道像正中阿[③]練，覓流通人過。“常念世俗事”者，惡心慢法，不離生死，名“念俗事”；習行小乘陳惡，非真阿練，名“假名”。要修行大乘，萬行具備，衆惡永忘，乃可謂爲真阿練[④]若。好出我等過，假名“阿練”[□][也][⑤]，好見菩薩過也。謗我所説，言外道經，非是佛説，誑惑求名，分别大小也，常在大衆中及國王大臣説我等過言，是邪見人，我四依敬[□][佛][⑥]敕故，悉忍受之。“汝等皆是佛”，此是善罵。汝説大乘處俗流通、廣作利益者，佛無是語。若説有者，便爲勝佛。如此輕慢，皆忍受之。爲煩惱惡鬼入其身故，是以毁我。敬佛囑故，著忍辱鎧，亦可敬於當佛，修其萬行。如令不忍，萬行不備，當佛不成，故言著忍鎧也。既導[⑦]其忍，何故不輕避走遠住者？釋言：不愛身命，要假此身流通大法，故但言“借無上道”。惡世比丘不知小乘獨剬[⑧]一己[⑨]，是佛方便聞説大乘，見流通之人，惡口頻蹙而賓（擯）[⑩]出之。此等衆惡，念佛敕故，亦忍受之。自下但使有求大乘法者，不遊譏嫌，皆到[⑪]其所而爲説也。“處衆無所畏”者，世尊使我惡世流通，神通力加護，更何所畏？自下請佛爲證也[⑫]。

---

① “威儀”二字底本及録本作“衣議”，今結合文意，據甲本改。

② 心，底本及録本無，據甲本補。

③ 阿，底本及録本作“陣”，不可解，據甲本改。“阿練”即“阿練若”之省稱。

④ 練，底本及録本作“陣”，不可解，據甲本改。

⑤ 也，底本及録本無，據甲本補。

⑥ 佛，底本及録本無，據甲本補。

⑦ 導，底本及録本作“道”，據甲本改。

⑧ 剬，甲本作“制”。按：[唐]張守節《史記正義》：“剬，古制字。”又《正義·論字例》：“史漢文字相承已久，若‘悦’字作‘説’，‘閑’字作‘閒’，‘智’字作‘知’，‘汝’字作‘女’，‘早’字作‘蚤’，‘後’字作‘后’，‘既’字作‘溉’，‘勑’字作‘飭’，‘制’字作‘剬’，此之般流，緣古少字通共用之。”

⑨ 己，録本訛作“已”，據甲本改。

⑩ 賓，此當讀如“擯”。《書·多士》：“今朕作大邑於兹洛，予惟四方罔攸賓。”孫星衍疏：“賓……與擯同。”

⑪ 到，底本及録本作“列”，不可解，據甲本改。

⑫ 也，底本及録本作“者”，據甲本改。

比丘惠(慧)業記了[①]。正始五年五月十日釋道周所集,在中原廣德寺寫訖。[②]

安[③]樂行品

指佛果爲安樂,爲佛果修行,名“安樂行”。又解:文殊師利爲小行菩薩請其四行,若能備此四行,惡世流通,堪受加毁,故名“安樂”。亦可修此四行,外惡不干,泰然怡悦,名“安樂行”也。何異於上者,上爲利根大行,但開其門,彼人已[④]解。今爲小行,曲辨於釋,廣爲四耳:第一、明生法二空;第二、口無其過;第三、内除嫉妒;第四、興大慈悲。若具此四行,堪能惡土流通也。

初明生、法二空各有其二:“行”之以[⑤]“近”處。若觀空理如理知,名爲“行處”;親而近之,名爲“近處”。安心此理,堪爲衆生演説此經也。自下初解行空處。住忍辱地者,要得生空柔伏煩惱,出空處有能忍於苦,是故以忍智生空者。何是忍而云其“地”?忍辱堪受加毁,故得名“地”,地能生爲義。若爾,即忍辱爲“地”,由有忍故,惡土流通,堪受加毁,萬行扶疏增長,功由於忍,故指忍辱爲“地”。又解:生空是忍家地,若觀心在空,見三事俱不可得,不見打者罵者是護,及以刀杖皆不可得,是故處有能忍疲苦者由斯解空故,所以能忍,故指空爲忍辱家地,柔和其言。亦可柔和其意,善順前人,是口忍;“而不卒暴”,是其身忍,見三事是空,不念加報,如其不忍,念加返報,卒暴應至,故言“而不卒暴”;“心[⑥]亦不驚”,是其意忍。上之二行,何以得成?要由内心觀空,故見[⑦]惡來加己[⑧],心不驚懼,所以身口二忍,不卒暴也。上

---

① “記了”二字底本實作“[illegible]”,顯爲“記了”二字的豎排連筆。録本訛作“許”,兹據底本改。

② “比丘惠業記了……中原廣德寺寫訖”二十七字甲本無。

③ 以下至卷末原本無,今依甲本補。

④ “已”前底本書手誤書一“以”字,發現後接書正字,而前字並未除去。録本失校。兹據文意删。

⑤ 結合文意,此“以”猶“與”也。

⑥ 心,録本訛作“也”,據甲本改。

⑦ 見,録本訛作“是”,據甲本改。

⑧ 己,録本訛作“已”,據甲本改。

來明其生空也。又復於法明法空，明五陰諸法緣假而有，求實性畢竟空，故不可得，故"於法所無行"也。觀五陰生，理智常爾。古今定准名"如"，絶於假誑名"實相"。能觀之心，不空觀境，著即是患，故名"不行"。能觀所觀，皆不可得，名"不分別"。觀心調和，名"行處"也。自下更一周明近處也。上直明生法二空，以爲行處近處。今明修行之法，從淺及深。初戒中定，後則從定發慧，觀生法二空。如是次第，"不親近"以下及解將明親近。於戒先列不親近，即是親近戒也。不親近國王王子者，皆是宰民之主，□[①]生卒暴，菩薩若當近之，惱生憤怒，起心則犯菩薩戒故，所以不近也。不親近外道梵志者，彼人習異，何容近之？"讚詠外書"者，其心浮薄，去理遠矣。外道[弟子][②]師難弟子爲及路弟子難師，名爲"逆路"。自餘可知。"不樂畜年少弟子"者，皆是防之，緣自下第二次明定也，菩薩修定，故不畜也。"是名初親近處"，結戒定二行也，觀一切法空。第三明得勝惠（慧）。"如實相"者，此中明假實合觀，觀假體無，是其空境，觀一切假實有境如實相也。"不顛倒"者，明能觀之心，如理而觀，名"不顛倒"。定在於空，名"不動心"；既不動亦不退，失於空境；空既不退，亦不轉入於有也。下明三空觀。"如虚空"者，明空門第一義諦。□[③]然心行處滅，名"言語道斷"也。"不生"以下，明死生空門，亦言無相空門；始有名"生"，增長名"起"，事成名"出"；亦可理非未來名"不生"，非過去名"不出"，非現在始生名"不起"。空理何可表彰名目？明無相空門名相俱報，下實安在？故言"實無所有"。空理出過量算名"無量"。自下亦可明無願空門既無量數，安有邊也。"無礙無彰（障）"者，容理移然，誰能居礙？既無其礙，豈爲物障也？亦可觀心明了，名"無障礙"也。若一向道空，凡夫則生其斷滅，故訛有以進行，但以因緣假會而有也，空是顛倒。又解：業行是顛倒，由過去業行顛倒，見一切法是有。亦可顛倒衆生説"有"是常，樂觀緣假而有、實性則無相也。以戒定爲初，始觀慧心，爲第二近處也。初一偈半，頌前請。次十三偈半，頌離亂行處近處者，明戒定慧皆有行處近處也；亦可二空各有行之近處也。次一偈，頌法空行處。次一偈，頌生空。半偈結句。

①③　此缺字甲本不清晰，待考。

②　"弟子"二字録本脱，據甲本補。

次五偈半，頌二空近處；中間一頌釋定，文少不次；顛倒衆生，著其有無也。次四偈半，明能備此行即得果報。

第二明除[①]其口過。若口有過，常欲是己[②]而非物，何能流通大化也？“不樂説人”者，小乘人如其道彼長短，即與前人隔絶，不得流通大法也。又解：欲流通大法，不樂説前人是非也。“經典過”者，小乘也；經明如來説法，非唯一道，自有隱伏之言；隨緣化物，有益則行，不得以前責後，不得道經過也。“亦不輕慢諸餘法師”者，小乘法師可有進之義，物（勿）輕慢也。“不説他[③]人好惡長短”者，道長必别他短，故不得説也。於聲聞不得説其過惡，佛自説三乘教化，如其道過，即生彼懈怠；欲通大法，不説過惡也。若當讚歎，則著於小乘，應當方便引接，趣向大乘，故言不得“讚歎其美”也。“不生怨慊（嫌）[④]之心”，如令怨慊（嫌），與前人隔絶，不得流通大法也。“不以小乘法答”者，彼有請大之幾（機），不得説小。敢有施言，皆方便接引，趣向大理，故言“但以大乘而爲解説”。初十一偈半，頌説法方軌。次五偈，頌後果報。

第三安樂，明内無嫉妒者。嫉彼所得，妒者妒忌勝尚之心，先己[⑤]而後人。有此在懷，何能流通大化？自行兼人，廣作利益，故其教除其嫉妒也。卑顔綺辭、曲取人情名“諂”，諂心事成名“誑”。如其諂誑在懷，則令人虚墜陷前人，故應除之。“亦勿[⑥]輕駡學佛道者”，三乘之人皆是學佛道者，無得惱之，生其疑悔；欲流通大化，應當方便接引，進其修行，勿輕□（未？）[⑦]學，敬學如佛，故言“亦勿輕駡學佛道者”。求長時許，欲形彼短，皆是其過，安得流通大法？故勿求之。上來明除其嫉妒，方便接引，自下教求法寶義。“又亦不應戲論諸法者”，明理外之心不當法寶、勞而無功名“戲論”。有所諍競者憙生是非。故《經》云：“諸法從緣生，萬法皆無性，遍執有是非，達者無違諍。”世人説“有”，我亦説“有”，故無違諍，故言不應“有所諍競”也。“當於一切衆

---

① 除，録本訛作“際”，據甲本改。

②⑤ 己，録本訛作“已”，據甲本改。

③ 他，甲本訛作“化”，今據《妙法蓮華經》卷第五[T9n292p38a3]改。

④ 慊，與“嫌”同。《説文·心部》：“慊，疑也。”段玉裁注：“今字多作嫌。”

⑥ 勿，甲本、録本作“不”，今據《妙法蓮華經》卷第五[T9n292p38b4]改。

⑦ 此字甲本不清晰，似作“未”，待考。

生起大悲相”，教其接下。“於諸如來”以下，教其奉上。能訓導於我，名之爲“師”，故應加敬。“平等説法”者，明化導之方，當順其幾（機），然後爲説，勿令增減，故言“以順法故，不多不少”也，當相幾（機）説法，勿莫妄作也，乃至深愛法者亦稱幾（機）説法，勿令多少。自下明得果報。初二偈半，頌説法宜軌。次半偈，頌接下。次二偈，頌奉上。次一偈，頌得果報。第四安樂以慈悲爲體，於［□］［在］[①]家、出家人中，是小行菩薩苦處輕微，作與樂之意。於悲苦人中者，凡夫人中，受苦無邊，起其大悲，以大乘被彼，救拔其苦原也。如來方便，隨宜説法。不聞者，不聞一乘之道，破三歸一，故名“大失”也。“我得菩提”者，是得性地以上菩提時，識衆生根隨在何根地中，方便引之，令得住在一乘法中也。又解：我得佛果菩提時，方便始巧，見理同備，以神力引之，令得住是一乘法中也。自下明得果報。“所以者何”，釋弘經之行。得感諸天所護者何？理是深重，乃爲三世諸佛之所護念，故乃能爾也。亦可作勢向下，喻自引於昔以來，化道之方，到今出世，不即説一，施三方便，至今方始得説一乘。如來出世，由尚如是；汝等未來流通，應仿而成願，不得妄有所作、教小行菩薩化道方軌也。“譬如强力［□□］［轉輪］[②]聖［□］［王］[③]”者，喻釋迦如來十六王子也，欲以大乘威勢使六百萬億降伏四魔諸國也。“而諸煩惱小王不順其命……起種種兵”者，六百萬億從王子以來，無量出世，教令發心，修行五戒十善，使其調順，故言“而往討罰”也。“王見兵衆戰有功者”，見其人天中修善，善幾（機）發也，稱遂聖意，即大歡喜，隨感爲説，或與田宅，明二乘理教，生善爲“田”，爲行人栖神名“宅”。“聚落”者，四禪功德解脱，除入無漏等也。有爲果名“城邑”。“或與衣服”者，慚愧忍辱等也。“或與種種珍寶”以下，明有爲功德也。“唯結（髻）中明珠不以與之”者，不得一乘也。下釋明大乘之道唯佛獨究，若爲彼説，諸大菩薩同見此幾（機），未堪受大，故言“若以與之，王諸眷屬必大驚怪”。自下合喻“如來亦復如是”，合轉輪王

① 在，甲本、録本無，今據《妙法蓮華經》卷第五［T9n292p38c5］補。
② “轉輪”二字甲本、録本無，今據《妙法蓮華經》卷第五［T9n292p38c22］補。
③ 王，甲本、録本無，今據《妙法蓮華經》卷第五［T9n292p38c5］補。

喻，以大乘禪定智慧，名得“法國”也。“而諸魔王不[□][肯][①]順伏”者，合諸小王也。“如來賢聖諸將”，合種種兵。“其有功者”，合王見兵衆戰有功者。“爲説諸經”，合隨功償(賞)[②]賜。“賜以禪定”以下，合或[③]與田宅。亦可還合種種珍寶金銀。“又復賜與涅槃之城”，合聚落城邑。“而不爲説是《法華經》”，合獨王頂上有此一珠不得與之。自下作珠喻，出世以來，愠(蘊)[④]積此理，不妄與人，但施三乘言教，長養機根，到今方得説也。“如來亦復如是”以下，合轉輪王喻。“見賢聖軍”以下，合王見其兵衆戰有功者。“賢聖軍”者，道成四果也。“與五陰魔”者，魔名“殺者”，明彼五陰皆傷害善法名爲“魔”也，煩惱擾亂行人、害其善法名爲“魔”也。臨終之日，多生貪瞋，亦能喪滅善法，名“死”爲“魔”；初生之時，亦生貪瞋，何故不名“生”爲“魔”？明生本順情，所以不道；三魔既伏，復能降伏第六天魔也。除瞋癡名“三毒”。“破魔網”者，魔網在於三界，今成羅漢，衆患永除，出於三界，故“破魔網”也。“此《法華經》”以下，合以此難[信][⑤]之珠久在髻中、不妄與人。“而今説之”，即合而今與人。“文殊師利”以下，歎經深重，舉外喻來怊(昭?)[⑥]，明王子以來所施言教，不説一乘，要待大幾(機)，然後得説。汝等未來當防則之，勿莫妄作也。初四偈頌，合三乘。次一偈頌，合與珠。次三偈頌，長行末，勸流通之人，應識宜軌，勿莫作也。次二十一偈半，頌得果報也。

從地踊出品

此品何由而來？上唱慕受持。藥王大樂，順於佛教。他方菩薩，請欲受持。佛止不須：“我下方自有六萬恒河沙菩薩，自然持也。”聞如來此言，忽然從地而出，故名“踊出”。所以“從地出”者，欲彰常住佛果、從無常地出也。就此品中，有其二文：初就汝等，自當因是得聞，明其序説。止他方者，有三

① 肯，甲本、録本無，今據《妙法蓮華經》卷第五[T9n292p39a2]補。

② 償，此当爲“賞”之增旁誤字。

③ 或，甲本、録本訛作“式”，今據《妙法蓮華經》卷第五[T9n292p38c25]改。

④ 愠，此当爲“蘊”之借字。

⑤ 信，甲本、録本無，今據《妙法蓮華經》卷第五[T9n292p39a7]補。

⑥ 怊，此疑爲“昭”之誤字。

意：一、由止故，得顯踊出；[□][二][1]、時衆生疑，彌勒致問，得明壽量；三[2]、欲使彼具足受持。如其不止，彼人即去，不聞壽量，不得因果具足受持也。有此三義，是故止也。自下明下方菩薩從地而出也。"皆是大衆唱導之首"，列其勝者爲師。"各將"以下，明其弟子初多後少，以况師轉多也。"如是時間逕五十小劫……謂如半日"，事在難智，聖人延促[3]劫數，云何可識？"少病少惱"者，問衆生煩惱厚薄也。應度之者，受教易不？如其難者，即生勞疲，還説偈問。下如來答，明有感衆生易可化度、無勞疲也。下釋明受化來久，華嚴會上始見我身，聞我所説，即便信受。"入如來慧"者，入常住大乘佛慧也。"除先修習、學小乘者"，似若勞吾精神，出世以來，方便誘進，幾(機)根成熟，得聞是經，入於佛慧也。自下師徒迭相讚歎，故使彌勒、大衆生其疑念。彌勒騰衆疑，故説偈而問是從何所而來，問下方國土無量從何方而來。"以何因緣集"者，夫菩薩形無定方，待感則應，緣盡則滅，應遊化十方，度於衆生，廣作利益，修其萬行。有何物因緣，爾許大士位階十地、集在一處？爲誰其説法教化，使得十地行備？"從誰初發心"者，問其始行之處。"乃不識一人"者，彌勒是補處大士，豈可不識？但現疑導惑故。然明大士所爲，實自難知，下明釋迦分身，諸佛弟子各請其師，問踊出因緣也。"且待須臾"，彌勒已問，佛今當答之，何須我也。自下第二略明常住，將欲爲説。先難在前，然後識之。"汝等當共一心，被精進鎧"者，鎧本防身碎陣，明精進本不主一行，萬行俱前，能摧四魔敵陣，防其身也，故言"被精進鎧"。將明常住深理，要三大阿僧祇劫修行，始到在佛地，故應"發堅固意"也。"如來今欲顯發宣示諸佛智慧"者，何異於上方便品中□(明)[4]昔日智慧緣無常理起？今者智慧緣常無常二理而起，是故有異□(也)[5]，即生下如來如實知見三界之相。"諸佛自在神通之力"，明如來生非實生，滅非實滅，達解法相，與法界齊等，豈非自

① 二，甲本及録本無，據文意補。
② 三，甲本作"二"，據文意改。
③ 促，録本訛作"從"，今據甲本改。
④ 明，録本作缺文，據甲本補。
⑤ 也，録本作缺文，據甲本補。

在神通力也？亦可生下我實成佛以來，甚大久遠，常住不滅。“諸佛師子奮①迅之力”者，“奮迅”本使毛尾中申舒去塵之義，明金剛三昧滅一念相，應慧現在，萬累雲除，其心舒太，故言“師子奮迅之力”。亦可本伏今起，明自昔以來，無常隱真而不彰名“伏”；今明丈六方便盡在此經，常果始顯，義同“起”也。亦可生下本行菩薩道時，成所壽命今猶未盡、復位上數也。“諸佛威猛大勢[□][之]②力”者，明一得永固，無常大力所不能動，豈非“威猛大勢之力”也。亦可生下衆生見劫盡大火所燒時，我此土安隱也。故説偈以誡之：勿得疑悔，當生信也。自下答“從誰初發心”者。“我於是婆娑得無上”者，答論行至成佛，語其實處，唯一獨脱靈智十住所不逮；今明菩薩行地發願成佛，要在人天，處空不得化，要在於有也。上言“從誰初發心”，今言“我於净土娑婆得無上菩提”，教化示導，從我發心也。明道場樹下一念相應，慧在前緣，常、無常二理俱備，即上顯發諸佛智慧。自爾以來，滅不能滅，生非實生，即上“自在神[通]③之力”；一得相應，慧在現前，萬累雲除，即是“師子奮迅之力”。自爾以來，無常大力所不能動，豈非“威猛大勢之力”？“此諸菩薩”以下，答問“是從何所來”，明下方空世界中住，若方空中，狀似解（懈）怠之人；今釋於諸經典，讀誦通利，非懈怠也。自下答“以何因緣集”。上問菩薩大[□][士]④待感則現、緣盡則滅所由，有爾多菩薩聚在一處？今答言：“不樂在衆多有所説。士有萬行，各處一行。”亦可大衆是亂，獨處爲静；以洗無常爲亂，常住爲静；是故菩薩不樂處衆，樂静處也。“懃行精進”“常樂深智”，故集在一處也。還説偈以，重彰我於加耶城菩提樹下，得成正覺，爾時令發道意，是故今日位階十地。上來一周略説，利根大士可有彷佛，中下二人未解，生其疑怪，是以彌勒爲衆騰疑，執跡以問：聞導娑婆加耶道場成佛，謂是今日娑婆加耶始成於佛，得道來近，云何化爾許多菩薩位階十地？如此之事，世所難信。自下説喻來請。譬如有人，年二十五，指百歲人言是其父母、“是我

① 奮，録本訛作“奪”，據甲本改。
② 之，甲本、録本無，今據《妙法蓮華經》卷第五[T9n292p41a18]補。
③ “通”字甲本無，今據文意補。
④ “士”字甲本無，今據文意補。

之留裹(?)[①]";其百歲人亦指年少"是我之祖宗"、"生育我等"。豈非難信?如其解者,知年少之時,服其仙藥,得仙之後,乃至十年,童顔不毁,子孫頭白。何怪之有?未達聞之,生其不信。佛亦復如是。合喻義同服藥得仙之人,明知來服常住仙藥,一得永固,無常大力不能毁也。今道生者,現應生也。我等解故,知久成佛。始行之人,不達權道,謂言"近出"。故言"得道以來,其實未久",即合年二十五;"而此大衆"以下,合百歲子;明其老少既是不定,現在未來始行之者聞不能解而起破法,願爲解説,使現在未來不生疑也。初五偈頌,彌勒騰衆疑請。次二偈訟(頌)[②],喻。次七偈頌,合喻矣也。

《法花》義記第三。

比丘法順寫記也。

① 裹,甲本不清晰,待考。

② 訟,後作"頌"。段玉裁《説文解字注》:"訟、頌古今字,古作訟,後人假頌皃字爲之。"

No. 2749《法華經》疏

(《如來壽量品》第十六至《常不輕菩薩品》第二十)

[題解]

佛典《妙法蓮花經》注疏,敦煌卷存有斯 4107 一號。作者不詳。卷數不詳。首尾皆殘。所疏爲後秦鳩摩羅什譯《妙法蓮花經》,自《如來壽量品第十六》(首缺)至《常不輕菩薩品第二十》(尾缺)。《大正藏》本、黄永武《敦煌寶藏》、施萍婷編《敦煌遺書總目索引新編》均擬題爲"《法華經》疏",今題名據内容略作補充。因首殘,故對《法華經》的科分不詳。據研究,其科分似與現存其他《法華經疏》均不相同,而與[唐]窺基之《玄贊》相近。疏文對《法華經》逐句進行疏釋,所引用的經典有《阿含》、《正法華》、《俱舍》、《法華論》、《攝論》、《十地》、《大智度論》等。清代以前歷代大藏經未收,《大正藏》據斯 4107 號(《大正藏》原注妄標爲斯 520,誤)録入其第八十五册。今校注仍以《大正藏》本録本所據原卷斯 4107 號爲底本。

▭[1]□□□□□□□□□□□□(“比丘當知!諸佛出世,難可)[2]值遇”者,標難值也。

“所以者何?諸薄德人過無量劫,或見、不見”者,釋難值也。“以此事故,我言如來難可得見”者,結難值也。

《經》曰“斯衆生等”至“而言滅度”者,此得效也。“斯等聞語,生難遭想”

---

① 首缺。

② “比丘當知!諸佛出世,難可”十字底本殘,録本作缺文,據《妙法蓮華經》[T9n262p42c29]補。

者,内心啓悟也。“心懷戀慕,渴仰於佛”者,外仰至真也。“便種善根”者,發心修行也。爲有此效,故須不滅言“滅”也。

《經》曰“又,善男子”至“皆實不虚”者,此宗益也。“諸佛如來,法皆如是”者,權行同也。“爲度衆生,皆實不虚”者,利物一也。若不權唱涅槃,豈能進彼懈怠? 彼既得進,利益不虚。

《經》曰“譬如良醫”至“善治衆病”者,第二譬説。兩重:一、明不死作住有餘譬;二、明唱死作入無餘譬。不死十重:一、教主譬;二、根緣譬;三、道隱譬;四、或生譬;五、佛興譬;六、機過譬;七、説教譬;八、令修譬;九、利解譬;十、鈍迷譬。此第一教主譬。良,善也。醫,意也。善解四病之原,妙通八術之要,下針定差(瘥),投藥必愈,故曰“良醫”。《阿含經》説良醫有四德:一、知病;二、知病因;三、知治方;四、知差(瘥)已不生。如來亦爾:一、知苦;二、知苦因;三、知苦滅;四、知苦滅道,故名“良醫”。凡夫能治二界煩惱,爲下醫;二乘能治三界煩惱,爲中醫;如來能治四界煩惱,爲上醫。又,外道治病還發,爲下醫;二乘治病或發、不發,爲中醫;如來治病畢竟不發,爲上醫,故曰“良醫”。意無不决爲智,聽無不了爲聰,思無不通爲達。智譬種智,聰譬六通,達譬三達。方以譬教,藥以譬理。審教知理,故曰[①]“明練方藥”。隨授必行,故曰“善治衆病”。

《經》曰“其人多諸”至“乃至百數”者,第二根緣譬。受化爲子,傳化爲息。舊解上根爲十,中根爲二十,下根爲百數——勝人少、劣人多故。

《經》曰“以有事緣,遠至他國”者,第三道隱譬。他方感興爲事緣,此土息化爲遠至。

《經》曰“諸子於後”至“宛轉於地”者,第四或生譬。諸魔外道爲他所立邪道爲藥,能害慧命爲毒,諸子信受爲飲。藥發者見愛互興,悶絶者癡纏,終[②]无出於三界,輪迴於六道,故曰“宛轉於地”。

《經》曰“是時其父還來歸家”者,第五佛興譬。緣盡所以前去,感熟所以還來。來何所歸? 還入火宅。故曰“歸家”。

---

① 曰,録本訛作“日”,據底本改。

② 終,録本訛作“絡”,據底本改。

《經》曰“諸子飲毒”至“更賜壽命”者，第六機過譬。失心者行淺惑深，忘於本見。不失心者行深或淺，猶存舊解。位在暖前，得暖則不受邪教故。“遥見其父”者，未親給侍。“皆大歡喜”者，意已歸心。“禮拜”者，身業崇重。“問訊”者，口言稱嘆。稱嘆之辭，即是“善安隱歸”。“安隱”謂涅槃即是真實，善從真實善道中來，故曰“安隱歸”。“我等愚癡”者，悔受邪教；“誤服毒藥”者，悔行邪道；“願見救療”者，邪病須攻；“更賜壽命”者，正道須得。

《經》曰“父見子等”至“與子令服”者，第七説教譬。“見子苦惱”者，愍彼病機；“依諸經方”者，導行古法；“求好藥草”者，簡僞取真；“色香美味”者，備答三學。“色”以譬戒，“香”以譬定，“味”以譬慧。三學圓滿，故言“具足”。“擣、蓰(篩)①、和合”者，説有□(三)②時，説小爲擣，説大爲蓰(篩)，説一爲合；又，示轉爲擣，勸轉爲蓰(篩)，證轉爲合；又，令下種爲擣，令修行爲蓰(篩)，令解脱爲合。以此授機，故曰“與子令服”。

《經》曰“而作是言”至“無復衆患”者，第八令修譬。“此大良藥，色香美味”者，稱美正教；“汝等可服”者，勸令修行；“速除苦惱”者，必得解脱。除苦苦惱，即於嗔解脱；除壞苦惱，即於貪解脱；除行苦惱，即於癡解脱。於嗔解脱，是解脱欲界；於貪解脱，是解脱色界；於癡解脱，是解脱無色界。故曰“無復衆患”。

《經》曰“其諸子中”至“病盡除愈”者，第九利解譬。“不失心”者，條前利根；“見此良藥”者，明受正法；“即便服之”者，如説修行；“病盡得愈”者，漏盡解脱。

《經》曰“餘失心者”至“而謂不美”者，第十鈍迷譬。“餘失心者”者，條前鈍根；“見其父來”者，明得值佛；“雖亦歡喜”者，明有信心；“求索治病”者，厭苦求樂；“與藥不服”者，彰其懈怠；“失本心故”者，見深慢重；“於此良藥謂爲不美”者，不得法味。

《經》曰“父作是念”至“心皆顛倒”者，次第二唱死作入無餘譬。文亦十

---

① 敦煌寫本中“艹”頭“竹”頭相亂，此“蓰”當爲“篩”之訛俗字。下“蓰”字同，徑括住其正字，不復校。

② 三，録本作缺文，據底本補。

重：一、愍病；二、興嗟；三、變術；四、告期；五、付囑；六、敦勵；七、現滅；八、解生；九、復真；十、除妄。此第一愍病也。邪教居心，四倒競發；封常既重，怠慢更深；故曰"心皆顛倒"。

《經》曰"雖見我喜"至"而不肯服"者，第二興嗟也。雖有信法之心，而無詣理之行，故曰"而不肯服"。

《經》曰"我今當設方便，令服此藥"者，第三變術也。更須權稱滅度，令其心生渴仰，故曰"令服此藥"。

《經》曰"即作是言"至"死時已至"者，第四告期也。如經説"吾年八十，形如故車"，當般涅槃，故曰"死時已至"。

《經》曰"是好良藥，今留在此"者，第五付囑也。三藏法寶，尚傳不滅，汝須記憶，故曰"今留在此"。

《經》曰"汝可取服，勿憂不差（瘥）"者，第六敦厲（勵）[①]也。四倒雖重，行之即除，故曰"勿憂不差（瘥）"。

《經》曰"作是教已"至"汝父已死"者，第七現滅也。"作是教已"者，付囑已周；"復至他國"者，身歸寂滅；"遣使還告"者，碎身布骨；"汝父已死"者，隱智輪[②]光。

《經》曰"是時諸子"至"毒病皆愈"者，第八解生也。"聞父背喪，心大憂惱"者，承凶權慟。"父在慈愍，能見救護"者，追仰深恩。"今者捨我，遠喪他國"者，慈尊永住。"自惟孤露，無所恃怙"者，飄零何託？"常懷悲感，心遂醒悟"者，憶前付囑。"乃知此藥色味香美"者，審教中機。"即取服之，毒病皆愈"者，道修病破。

《經》曰"其父聞子"至"咸使見之"者，第九復真也。權效既彰，真身須現。欲救變易，歸令見之。

《經》曰"諸善男子"至"不也。世尊"者，第十除妄也。不滅唱滅，於言似虚；無益得益，於心即實。故無虚妄之罪也。

---

① 厲，録本徑作"勵"，失真，兹據底本改。［清］徐灝《説文解字注箋·厂部》："因磨厲之義，又爲勉厲、激厲之義。别作勵。"

② 輪，録本作"秧"，據底本改。

《經》曰“佛言我亦”至“阿僧祇劫”者，次第三合説三重：一、合不死譬；二、合唱死譬；三、合無妄譬。此合不死也。

《經》曰“爲衆生故”至“言當滅度”者，此合唱死也。

《經》曰“亦無有能”至“虛妄過者”，此合無妄也。

次偈頌二十五偈半，兩重：初十九偈半，頌菩提無上；後六偈，頌涅槃無上。菩提兩重：初十一偈半，頌前唱久成；後八偈，頌後稱不滅。久成轉勢四節：頌之初一偈標久成，次一偈頌久説，次八偈半拂久疑，後一偈示久所。拂久疑八偈半，四重：初三偈拂自處滅，次兩偈半拂自處生，次一偈半拂他處生，後一偈半拂他處滅。初三偈拂自處滅，約平等意，説他滅爲己①滅。拂此滅有三意：初偈明滅非實滅，破中間不説疑；次偈明不滅能滅，破中間不見疑；後偈明不滅須滅，破中間何益疑。初偈破中間不説疑者。疑曰：“若釋迦久成，而常説者何得於其中間入於涅槃耶？”偈答明涅槃者，方便示之耳。上半明以權示滅，下半明以實破之：既滅非實滅，我所以常説。次偈破中間不見疑者。疑曰：“若言常説不滅，何故中間不見耶？”偈答明不見者，神力隱之耳。上半明我能用神，下半明彼不能見。我既能滅，彼所以不見。後偈破中間何益疑者。疑曰：“若能令他不見，中間有何利益耶？”偈答明令他慕之耳。上半令崇舍利，下半令慕真身。爲有此益，我所以須滅。次兩偈半拂自處生者。疑曰：“一時一處，無有二佛。若釋迦久成不滅，何得中間復有燃燈②出世耶？”今約平等意，説他生爲自生拂。此生有四意：初一偈明有生機，次半偈即呈生相，次半偈拂生非實，後半偈顯生是權。生機一偈，上半明内心柔軟，下半明外求見佛。生相半偈，挺出靈山，令彼得見，此爲生耳。拂生半偈，若前有滅，可今有生。前既不滅，故今不生。顯權半偈，前現涅槃爲滅，此滅既爲非實，今現不滅爲生，此生理即是權。次一偈半拂他處生，明彼處感成，則彼生而此滅。後一偈半拂他處滅，明此處感成，則彼滅而此生。次一偈第四示久所可見。次八偈頌後稱不滅，兩重：初五偈明土不滅，後三偈明身不滅。明土四重：初一偈明土體不滅，次一偈明土相不滅，次一偈明土

① 己，録本訛作“已”，據底本改。

② 燈，録本訛作“燃”，據底本改。

嚴不滅，後兩偈明土障不滅。土體一偈，上半明衆生見滅，下半明土體常存。土障兩偈，初偈明不滅見滅，後偈明應聞不聞。次三偈明身不滅，三重：初一偈爲緣現身，次一偈爲緣説法，後一偈示緣壽量。偈内上半示慧命無盡，下半示身命無盡。次六偈頌涅槃無上，明唱滅非虚，三重：初一偈勸信非虚，次一偈譬説非虚，後四偈合説非虚。合説四意，初一偈合前唱限，次一偈合前指病，次一偈合前説難，後一偈合前宗益。合説難云"行道不行道"者，即有功德人、無功德人。"隨應所可度，爲説種種法"者，爲有功德人説佛不滅，爲無功德人説佛滅度、難可值遇。宗益偈云："以何令衆生，速成就佛法"者，即以不滅唱滅法令不行者得行。

分别功德品第十七

前來十四品廣顯經宗，自下四品廣明經用。故《論》曰勝妙力無上，餘殘修多羅示現。案："餘殘"二義：一、上殘，如前解；二、下殘，即自下四品。初三品明生福勝妙力，常不輕品明進道勝妙力。生福即約多以顯力，進道即約速以顯力。生福有五門示現，故《論》曰法力有五門：一者，證；二者，信；三者，供養；四者，聞；五者，讀、誦、持説。四種門《彌勒品》示現，一法門《常精進品》示現。案：言《彌勒品》，即《攝分别功德品》及《隨喜品》。言《常精進品》，即《法師功德品》也。初三門《分别功德品》示現，第四門《隨喜功德品》示現，第五門《法師功德品》示現。《分别功德品》明聞經得多福，《隨喜功德品》明隨喜得多福，《法師功德品》明修行得多福。聞經得多福是生解益，隨喜得多福是方便益，修行得多福是起行益。今隨品别，即以爲三。初言"分别功德"者，分别聞經得功德，故以爲名。品内三序三頌，即爲三節：第一節明親聞功德；第二節明傳聞功德；第三節明修行功德。初節序説兩重：一、總述；二、别述。

《經》曰"爾時大會"至"得大饒益"者，此總述也。"壽命劫數長遠"者，法身之壽，無始無終，即無長無短；報身之壽，即有始無終，有長無短；應身之壽，則有始有終，有長有短。今明報身之壽，雖復有始而無有終，故曰"劫數長遠"。然當受之壽，巧曆所不知，故言"長"；已受之壽，心計莫測，故言"遠"。時會聞此，深生信仰，故"得大饒益"。

《經》曰“於時世尊”至“得無生法忍”者，次別述也。經文有十三章。《功德論》主總爲三門：一、證；二、信；三、供養。依《論》即爲三別：初十一章明因聞得證，第十二章明因聞生信，第十三章明因聞供養。證是得果，信是發心，供是報德。初章兩重：初六章即現聞現證，後五章即現聞當證。現證即深行入法，當證即淺行受道。現證從淺至深，次第六階；當證從賒至促，次第五階；合十一章。初六者：一、無生；二、聞持；三、樂説；四、捉持；五、不退；六、清浄。無生入見道，聞、樂、捉三入修道，不退、清浄入無功用道。無生忍者，若仁王五忍。地前爲伏，初三地爲信，四、五、六爲順，七、八、九地爲無生，第十地爲寂滅。信者，證信無生；順者，隨順七地，無相無生。七地功用無相，八地、九地無功用無相。此明初地，始證法空無生解行，終心聞説，進入初地無生。聞持者，《攝論》云三地菩薩得不退定大法光明，聞持陀羅尼以爲依止。案三地證見法界勝流，始得聞持。“樂説”者，若約師位在第九，隨分在五六地。“捉持”者，七地證見法界無差别功德功用，心住無相無間，故得義。持八地證見法界不增減無功用，心恒住無相，有相有功用不能退轉。爲他説此九地，轉不退爲勝。從初爲名清浄者，第十地因位究竟名清浄，爲他説此名清浄。《攝論》云初地名得清浄，至第十地究竟清浄。次現聞當證，謂證初無生。

《經》曰“佛説是諸菩薩”至“供養大會”者，自下第三因聞供養。兩重：一、諸天供養；二、菩薩供養。諸天即祥瑞下羅，菩薩即神幡上列。諸天在上，故向下呈祥；菩薩地居，故浮空表瑞。初章天瑞有六：一、雨花；二、雨香；三、鳴鼓；四、雨衣；五、垂瓔；六、燒香。雨花香是見受用，鳴鼓是聞受用，垂瓔是觸受用。

《經》曰“一一佛上”至“至于梵天”者，次菩薩供養。一、財；二、法。此財供養。

《經》曰“是諸菩薩”至“讚歎諸佛”者，此法供養。次頌説十九偈，七重：初一偈頌聞法，次一偈頌總益，次七偈頌得證，次一偈頌得信，次一偈頌量福，次六偈頌供養，後兩偈總結歎。七偈頌得證，兩重：初三偈頌現聞現證，後四偈頌現聞當證。現證三重：初偈頌四證，次偈頌不退，後偈頌清浄當證得信，量福並可解。六偈頌供養，兩重：初四偈頌諸天供養，後兩偈頌菩薩供養。諸天五重：初一偈頌雨華，次一偈頌雨香，次半偈頌鳴鼓，次半偈頌雨衣,後一頌偈燒香。頌菩薩兩重:初一偈半頌財供養,後半偈頌法供養。

《經》曰"爾時佛告"至"無有限量"者,次第二節明傳聞功德。由入道之徒通依五人而受法:一、佛;二、弟子;三、諸天;四、變化;五、神仙。今依後四人,故是傳聞也。序説三重:一、即信明功德;二、對行明功德;三、望果明功德。即信五意:一、信人,即其有衆生;二、信境,即聞佛壽命;三、信時,即乃至一念;四、信體,即是信解;五、信益,即所得無限。此五中三劣而二勝:人劣,時劣,體劣;由境勝,故得福多也。

《經》曰"若有善男子"至"所不能知"者,此對行明功德也。亦五意:一、行人,即善男善女;[□][二][1]、行境,即阿耨菩提;三、行時,即那由他劫;四、行體,即五波羅蜜;五、行果,即得福無邊。此五中三勝而二劣:人勝,時勝,境勝,但由體劣,故得福少也。但明五度者,信解之心即般若也。次頌説十九偈半,四重:初十一偈舉行體,次三偈量信力,次四偈發信願,後一偈半獎信人。行體六重:初一偈頌慧行,次三偈頌檀行,次一偈頌戒行,次兩偈頌忍行,次一偈頌進行,後三偈頌定行。檀行三偈:初一偈頌檀境,次一偈頌檀具,後一偈頌檀心。忍行兩偈:初一偈忍重惡,後一偈忍輕惡頌。定行三偈:初一偈離定障,次一偈出定體,後一偈起定願。次三偈量信力,三重。初一偈牒行體,次一偈量信力,後一偈結信成。次四偈頌信願,四重:一偈歎信壽,一偈歎得壽,一偈歎比壽,一偈歎説壽。

《經》曰"又,阿逸多"至"无[2]上之慧"者,次第三明修行功德。前明信而無行,今明行必有信。有信無行,得益則少;有信有行,得益則多。從少至多,開化漸也。序説兩重:一分别現在修行功德;二分别未來修行功德。現在三重:一、行因,即聞信功德;二、行體,即弘法功德;三、行果,即見佛功德。初即聞惠(慧),次即思惠(慧),後即修惠(慧)。此即行因也。

《經》曰"何況廣聞"至"一切種智"者,此明行體也。

《經》曰"阿逸多"至"圍繞説法"者,次明行果。三重:一、見常身;二、見常土;三、顯見力。此見常身也。

---

① 二,底本及録本無,據上下文義補。

② 无,底本及録本作"天",當爲"无"之訛字。

《經》曰“又見此娑婆”至“咸處其中”者，此見常土也。

《經》曰“若有能如是”至“深信解相”者，此顯見力也。

《經》曰“又復如來”至“深信解”者，自下第二分别未來修行功德。約三行分别，即爲三重：一、單修弘法行；二、兼修六度行；三、兼修供養佛僧行。修一行者得福少，修二行者得福多，修三行者得福極。此即初中後次第也。弘法行中八重：一、本因；二、出體；三、顯力；四、勸省；五、釋意；六、示相；七、兼成；八、結定。此即本因。

《經》曰“何况讀誦受持”者，此出體。

《經》曰“斯人則爲頂戴如來”者，此顯力。

《經》曰“阿逸多”至“供養衆僧”者，此勸省。

《經》曰“所以者何”至“供養衆僧”者，此釋意。

《經》曰“則爲以佛”至“供養是已”者，此示相亦已供養佛。

《經》曰“阿逸多”至“其數無量”者，此兼成亦已供養僧。

《經》曰“以此現前”至“供養衆僧”者，此結定。

《經》曰“况復有人”至“一心智惠(慧)”者，次第二明兼修六度行。三重：一、明行漸多；二、明福漸積；三、明力漸速。此明行漸多也。

《經》曰“其德最勝”至“亦復如是無量無邊”者，此明福漸積。

《經》曰“疾至一切種智”者，此明力漸速也。

《經》曰“若人讀誦”至“若教人書”者，次第三兼修供養行。亦三重：一、明行漸多；二、明福漸積；三、明力漸速。初章復三：一、修弘法行；二、修供養行；三、修六度行。此修弘法行也。

《經》曰“復能起塔”至“菩薩功德”者，此修供養行也。

《經》曰“又爲他人”至“善答問難”者，次修六度行。“解説此經”者，是法檀行；“復能清凈持戒、與柔和者而共止”者，是持戒行。“忍辱無瞋，志念堅固”者，是忍辱行。“常貴坐禪，得諸深定”者，是禪定行。“精進勇猛，攝諸善法”者，是精進行。“利根智惠(慧)，善答問難”者，是智惠(慧)行。

《經》曰“阿逸多”至“諸善功德”者，此明福漸積。

《經》曰“當知是人”至“坐道樹下”者，次明力漸速。兩重：一、令身尊；二、令處貴。此令身尊由成佛故。

《經》曰"阿逸多"至"如佛之塔"者,此令處貴也。次頌説十九偈半,轉勢頌未來功德,三重:初四偈半頌兼修供養舍利行,次四偈頌兼修供養衆僧行,次十一偈頌兼修六波羅蜜行。初二章可解。後章三重:初三偈明修法,次三偈明修度,後五偈明修力。修力三重:初一偈半明得天敬,次一偈明速成道,後兩偈半令處尊。

隨喜功德品第十八

此品第二,明方便益。"隨"以順從爲義,"喜"以慶悦爲名,所謂聞法順從,心生慶悦,故名"隨喜"。"隨喜"有兩:一、自聞生喜;二、勸聞生喜。自聞生喜即受他法施,勸聞生喜即以法施他。受他法施,明生自聞慧;以法施他,令他生聞慧。生自聞慧,即自利行;生他聞惠(慧),即利他行。如是因聞隨喜生聞惠(慧),因聞惠生思惠(慧),因思慧生修惠(慧),因修惠(慧)生證智。聞即熏,思即覺,修即寂,證即通。此四即以隨喜爲本,故名"隨喜品"。品内兩序兩頌,即爲四重:一、序問;二、頌問;三、序答;四、頌答。前二可解。

《經》曰"爾時佛告"至"隨喜已"者,次序答分别五人功德。即爲五重:一、隨喜人;二、往聽人;三、分坐人;四、勸聽人;五、修行人。前後二人明因不明果,中間三人明果不明因,隱顯互論耳。初明隨喜有五十人,即十信、十解、十行、十迴向、十地爲五十。此中從勝向劣而爲次第故,以法雲地爲最初人,信心爲最後人,初隨喜爲最勝,後隨喜爲最劣,是故數至五十,不多不少。文有六重:一、立初;二、總轉;三、條後;四、對田;五、起行;六、量福。立初兩重:一、喜聞;二、喜化。此明喜聞三意:一、喜時,即如來滅後;二、喜人,即道俗四衆;三、喜事,即聞經隨喜。

《經》曰"從法會出"至"隨力演説"者,此喜化三意:一、化處,即僧坊等;二、化境,即父母等;三、化事,即隨力演説。

《經》曰"是諸人等"至"第五十"者,第二總轉也。

《經》曰"阿逸多"至"汝當善聽"者,第三條後也。

《經》曰"若四百萬億"至"衆生數"者,第四對田也。三意:一、器多,即四百萬億阿僧祇世界;二、生多,即五類衆生;三、結多,即"如是等在衆生數"也。五類者:一、道類;二、生類;三、界類;四、體類;五、相類。道類則六趣,如序品解。生類即四生，謂卵胎濕化生者新諸根起也。依㲉而生曰“卵”，含藏而出曰“胎”，假潤而興曰“濕”，欻然而現曰“化”。卵生者孔雀、鸚鵡等，胎生者象、馬、駝、驢等，濕生者蚊蚋、精蛉等，化生者地獄諸天等。於五道中，人畜具四生，地獄諸天但化生，鬼神二種化生、胎生。人卵生者，如世羅、優波世羅二比丘從鶴卵中生。鶴鳥於山中生二卵，卵出兩童子。人奪養之，爲立名字：一名“大山”，二名“小山”。後出家得羅漢，世羅言“山”，優波世羅言“小山”。又如彌伽羅母毘舍佉夫人，一時生三十二卵，卵出三十二子，值佛出家，並得初果。又如般遮羅王生五百子，並是卵生。王及王子，後時並悟緣覺果。人胎生者，如今世人也。人濕生者，如頂生王、遮婁王、優波遮婁王。劫初時布薩王頂生一胞，胞破生頂生王；頂生王膝上生一胞，胞破生遮婁王；遮婁王蹲上生一胞，胞破生優波遮婁王。此三即是祖、父、孫，並登轉輪王位。又如耆婆母，從庵羅樹生，亦是濕生也。人化生者，如劫初時人。一切化生、畜生、四生者，前三可見。唯龍及金翅鳥有化生，不盡皆然。地獄、諸天並中陰，此三處唯化生。鬼神多化生，而亦有胎生者。如女餓鬼白目連云：“我夜生五子，晝時亦生五，生已皆食盡，如此我無飽。”

問：“何生最勝？”

答：“化生。”

問：“若爾，云何最後生菩薩已得生自在，唯受胎生？”

答：“見大利益故。大利益者，由親屬相關，令[①]無量釋迦種得入正法故。此人是轉輪種，但由此名，生他恭敬尊重，背邪歸正，故人道得此勝利。”

起受化者，正勤心故，除世間疑：“此衆生是何幻或(惑)，爲天爲鬼？”

故除外道謗：一百劫盡，幻人[□][現][②]世，噉食世間。故餘師説爲安立舍利，令他供養，得生天解脱。何以故？化生、衆生無外種子，若死，身不得住故。若人信佛，有成願通慧。此救不然，因論起論。

“若化生、衆生，屍骸不可得，經中云何説化生迦婁羅取化生龍爲食？”

答：“不解故無失。‘復有食乃至未死，若死無復飽’，此謂生類也。界類

① 令，録本作“今”，據底本改。

② 現，底本及録本無，據文義補。

者即有形、無形也。界有三:[□][一][1]、欲界;二、色界;三、無色界。《俱舍》云界以'持'爲義,或'性'爲義。案'持'是攝義,'性'是因義。各攝自相,同類相生,故名爲'界'。若法爲欲欲所縛故名'欲界',爲色欲所縛故名'色界',爲無色欲所縛故名'無色界'。三處欲體,是欲亦是界。三處欲外,法是界而非欲。而名'欲界、色界、無色界'者:一、與三處欲相應故;二、能持三處欲故。故《俱舍》明是界與欲欲相應,故名'欲界'。復次,此界是欲界、家界能持欲故。餘二亦爾。"

問:"若三界通有欲,則通是欲界。云何立三界?"

答:"欲界具有四欲:一、色欲;二、心欲;三、食欲;四、淫欲。色界有二欲:色欲,心欲。無色界有一欲,謂心欲。欲界欲滿而色微,色界色滿而欲微,無色界色斷而欲微。欲界欲滿,故名'欲界',色微故不名'色界',有色故非'無色界'。色界色滿故名'色界',欲微故不名'欲界',有欲故非'無欲界'。如是建立三界。"

欲界以二十處爲體,色界或十六處、或十七處爲體,無色界四處爲體。於中若衆生,若器世,若善,若染污,若無記,若中陰,悉爲三界體。由三界貪使所使故,由能持三界欲故,故《俱舍》明有諸界出五道。若善、染污、器世界,中陰爲性,是界非道。五道者是無覆無記、衆生非中陰故。然此三界,欲界其必有色,色界其必無欲,無色一界無色無欲,言有形攝下二界衆生,言無形攝上一界衆生也。體類者即有想、無想、非有想、非無想也。一切衆生以想爲性:一、有想,謂有心而麁;二、無想,謂無心而寂;三、非有想非無想,謂雖有心非麁非寂,非麁故異乎有想,非寂故異乎無想,故曰"非有想非無想"也。言"有想"即攝七有想定及欲界衆生也。言"無想"即攝二無想定及無想天衆生也。言"非有想非無想"即攝非想非非想衆生也。真諦又解:分別衆生,有凡有聖。凡夫二種,謂未成、已成。未成者未成想位,謂從託胎以去乃至愛位,但名得界,未能得想;由未能具足分別是非及安立來世生因,故但名"無想"。已成者已成想位,謂從取至有得名有想,已能分別是非及能安立來世生因故,故名"有想"。聖人但有第三句,謂非想、非非想。非想者,離三界

---

① 一,底本及録本無,據文義補。

想陰故；非非想者，離三界所餘陰故。唯是三無流根，説名爲“覺”。小乘從初果至羅漢，大乘從初地至金剛，皆名“非想非非想”。五方便及四十心並名“相”，似非想非非想。佛果非是菩薩所化，故不論之。相類者，即無足、二足、四足、多足可解。《十地論》云“六趣”者，苦樂差別。“四生”者依止差別，依止業故。“有形、無形”者，色、無色差別。“有想、無想”者，麁細差別。“有足、無足”者，形相差別。“如是等在衆生數”者，總結也。

《經》曰“有人求福”至“滿八十年已”者，此第五起行也。兩重：一、起財施行；二、起法施行。財施三意：一、隨求施；二、勝物施；三、長時施。“隨其所欲皆給與之”者，是隨求施。七珍象馬等是勝物施：與七寶者，生藏攝利益喜；與象馬車乘者，生代步利益喜；與宮殿樓閣等，生受用利益喜。“是大施主。如是布施滿八十年”者，是長時施。佛在時，上壽百二十，中壽百歲，下壽八十。欲顯命難保故，以下壽爲其量。

《經》曰“而作是念”至“而訓導之”者，次起法施行。三重：一、謀化；二、正化；三、受化謀化也。五欲之具雖充，百年之期已及。既與現世之樂，須拔當來之苦，故曰“當以佛法而訓導之”。

《經》曰“即集此衆生示教利喜”者，此正化也。“示教利喜”如上解。

《經》曰“一時皆得”至“具八解脱”者，此受化也。受化之徒並具四沙門果及八解脱。

《經》曰“於意云何”至“寧爲多不”者，第六量福也。四重：一、問多；二、答多；三、比多；四、況多。此問多也。二施既弘，兩福理（種?）[①]積，所生功德可爲多不？

《經》曰“彌勒白佛”至“阿羅漢果”者，此答多也。直施一人之財，福已難測，況施多人之法，福豈可量？

《經》曰“佛告彌勒”至“所不能知”者，此比多也。財施但令得世間樂、離貧窮苦，法施但令得二乘樂、離分段苦，隨喜能令得大乘樂、離變易苦。欲量其勝，算如（而）難知。

---

① 理，底本似作“種”，待考。

《經》曰"阿逸多"至"不可爲比"者，此況多也。最後之[1]喜最劣，其福既已過前；最初之喜最勝，其福理難爲比。

《經》曰"又，阿逸多"至"及乘天宫"者，次明第二往聽人。此中取行詣聽法所故，以乘天宫等爲其報。若以聽法，根亦無邊。然往人三品：下品得乘象馬，中品得乘寶輿，上品得乘天宫。

《經》曰"若復有人"至"所坐之處"者，次明第三分坐人。亦由三心分坐，故得三王坐處：下品得輪王坐處，中品得帝釋坐處，上品得梵王坐處也。

《經》曰"阿逸多"至"利根智惠(慧)"者，次明第四勸聽人。以勸聽義邊[2]得四種勝根：一得勝智；二無惡相；三有善相；四值善緣。此得勝智也。"與陀羅尼菩薩同生一處"者，此是得智緣。前由勸人聽法故，爲他得智緣；今與菩薩同生故，爲自得智緣。"利根智惠(慧)"者，此是得智體，外聞必受爲利根，内思必解爲智惠(慧)。

《經》曰"百千萬世終不瘖瘂"者，次明無惡相也。無八種惡相：一、無聲惡；二、無氣惡；三、無舌惡；四、無口惡；五、無齒惡；六、無脣惡；七、無鼻惡；八、無面惡。此無聲惡。聲惡有二：言不出爲瘖，聲不轉爲瘂。由高聲勸人聽故，無此二惡。

《經》曰"口氣不臭"者，此無氣惡。氣惡有一，即是口臭。實語爲香語。虚語爲臭語。由香語勸人聽故，無此臭惡。

《經》曰"舌無病，口亦無病"者，此二是無惡舌、惡口。口中三等爲舌：人之面門爲口，舌病則噤，口病[□][則][3]爽。由耎語勸人聽故，無舌噤惡；由正語勸人聽故，無口爽惡。

《經》曰"齒不垢黑"至"不差不曲"者，此無齒惡。齒惡有六：薄黧爲黑，微赤爲黄，本闕爲疏，中傷爲缺，差者不正之貌，曲者如鉤之像。由齒發聲勸人聽故，總得無此六惡。

《經》曰"脣不下垂"至"無諸可惡"者，此無脣惡。脣惡有九：下垂者遼悁

① 之，録本訛作"人"，據底本改。

② 邊，底本不清晰，待考。

③ 則，底本及録本無，據文義補。

而不掩，褰縮者編淺而露斷，麄澁者加之以皮皴(皴?)[①]，瘠緊者增之以肉坼，缺壞者體段不足，咼斜者相貌不圓，厚者表裹過肥，大者東西越度，黧黑者自無丹色，可惡者人不喜看。由脣發聲勸人聽故，總得無此九惡。

《經》曰“鼻不匾㔸，亦不曲戾”者，此無鼻惡。鼻惡有二：匾㔸者高下不平，曲戾者東西不正。由鼻發聲勸人聽故，無此二惡。

《經》曰“面色不黑”至“不可喜相”者，此無面惡。面惡有四：面黑者色乏紅顔，狹長者形虧滿月，窪[②]者邊高中下，曲者額亞頤鉤。由含喜正面勸人聽故，無此四惡。

《經》曰“脣舌牙齒”至“人相具足”者，此明有善相。翻前惡即是好。

《經》曰“世世所生”至“信受教誨”者，此明值善緣。“見佛”者是見受用，“聞法”者是聞受用，“信受”者是念受用，“教誨”者顯觸受用。值此善緣，得出世四種受用也。此如序品中解。

《經》曰“阿逸多”至“如説修行”者，此明第五修行人可解。

次偈頌。十八偈頌五人，即五重。此中轉勢從劣至勝，次第頌之。初九偈隨喜人，次五偈頌勸聽人，次兩偈頌往聽人，次一偈頌分坐人，後一偈頌修行人。隨喜四重：初一偈頌立初，次一偈頌條後，次五偈頌起行，後兩偈頌對量。起行兩重：初一偈頌財施，後四偈頌法施。法施三重：初一偈半頌謀化，次一偈半頌正化，後一偈頌受化。對量兩重：初一偈[③]頌比多，後一偈頌況多。次五偈頌勸聽人，三重：初一偈頌能勸，次一偈頌受勸，後三偈頌勸果可解。次兩偈頌往聽人：初一偈頌往聽，後一偈頌往報。頌分坐、修行二人可解。

法師功德品第十九

此品第三分别法師五行，得六根功德，故以爲名。此法師在三賢位，十

① 皴，此似當爲“皴”之换旁俗體，待考。

② 窪，録本訛作“窊”，據底本改。

③ 底本此處作“初一偈初一偈”，《大正藏》校録者疑其中一“初一偈”爲衍文。今據文義删。

信一向弟子故，十地已捨分段故。品内兩重：一、略標；二、廣釋。

《經》曰"爾時佛告"至"皆令清浄"者，略標也。四意：一、扣告；二、指因；三、示果；四、顯勝。"佛告常精進"者，扣告也。欲因名以表義，非常精進者不能行，故告常精進也。

《經》曰"受持法華經"至"若書寫"者，指因也。受持是總相，讀誦説寫是别相。受是信力，持是念力，讀誦書寫是精進力，解説是惠（慧）力，定力一心，通在其間。總别五業，即爲五因也。

《經》曰"是人得八百眼功德"至"千二百意功德"者，亦果也。《正法華》及《莊嚴論》六根各具千二百功德，合有七千二百功德。今經六根二例，三根各八百，三根各千二百。舊解一云：十善爲本，一善以九善莊嚴，十善成百善。自行百、教他百、歎百、法歎行百者，合有四百善。此四百有三品，成千二百。三根持經勝，具三品，故有千二百；三根持經劣，但有中下品，故唯得八百。二云：六根各具百福，一一福以十善莊嚴成一千。一根一千，六根即六千。但三根弘經勝，故增二百；三根弘經劣，故減二百。

《經》曰"以是功德莊嚴六根清浄"者，顯勝也。《論》云此得六根清浄者，謂凡夫人以經力得勝根用，未入初地菩薩。應知。又六根清浄者，於一[□][一][1]根中悉能具足，見色聞聲知香[□][别][2]味觸法等。諸根互用應知。

《經》曰"是善男子"至"清浄肉眼"者，次廣釋。釋六根即六重。六根各有序頌，合十二章。經序眼根六意：一、體類勝；二、照境寬；三、緣悉；四、過地度；五、窮生類；六、委事緒。此明體類勝。眼體有五：肉天惠（慧）法佛，如方便品解。眼類有兩：一果根類，謂宿業所生；二長養類，謂現緣所發。今言"父母所生"者，明是果根也；"清浄肉眼"者，明是浄根體也。以是地前菩薩分段根故。

《經》曰"見於三千世界"者，照境寬也。明此眼力用，與緣覺修得天眼及佛根得天眼見境相似。真諦引《隨實論》云聲聞根得天眼，見小千世界色；修得天眼，見中千世界色。緣覺根天眼，見中千世界色；修得天眼，見大千世界

① "一一"二字底本作"一"，兹據文意補。

② 别，底本、録本無，今據文義補。

色。佛根[①]得天眼，見大千世界色；修得天眼，見無邊世界色。此與雜心同。彼云聲聞不方便見小千世界，方便見二千世界；緣覺不方便見二千世界，方便見三千世界；佛不方便見三千世界，方便見無量無邊億百千三千世界。案：不方便者是用根得天眼，方便者是用修得天眼。真諦明此言報得天眼者，並是欲界業所感。然勝天中，根得天眼。三乘无學，漏若不盡，應用此業，欲界天中受根。由不受後有故，先所有勝業，悉於无學身中受勝天根[②]，在肉眼中隨覺觀所弘。若欲見近色則發肉眼識，若欲見遠名則發天眼識。今明持經力故，肉眼亦見三千明力大也。不見三千外者，《智度論》云三千外有風輪，與眼相違，故不能見也。

《經》曰“内外所有山林河海”者，見緣悉也。前雖見寬，其間或有見大不見小，如遠見大山，不覩細物；或見遠不見近，如遠覩日輪，不見眼睫。今明大小遠近一切悉見。一四天下有八大山，有八大海。如是三千世界有百億八十(大?)[③]山，百億八大海；有千中鐵圍，有一大鐵圍；其中小山小海諸林諸河不可勝數。如是悉見。

《經》曰“下至阿鼻，上至有頂”者，過地度也。地度法上得見下，下不見上。今此眼力亦能見上至有色之頂，故過地度也。

《經》曰“亦見其中一切衆生”者，窮生類也。如上五類衆生悉皆見之，故言“一切”也。

《經》曰“及業因緣，果報[④]生處，悉見悉知”者，委事緒也。四意：一知業體，二知業因，三知業緣，四知業果。“業”者業體，謂身、口、意。身業眼根境，口業耳根境，意業意根境。知身業者自用，知口、意者互用。“因”者業因也。惡業以三惡根爲因，善業以三善根爲因，並是意根境、眼根知者互用。“緣”者業緣。一、人緣，惡業以惡友爲緣，善業以善友爲緣。二、物緣，惡業以刀仗等爲緣，善業以香花等爲緣。此是眼根自境。“果根生處”者，是業果也。知果略有六門：一、知好惡；二、知交賒；三、知多少；四、知生熟；五、知受

①② 根，録本訛作“眼”，據底本改。

③ 十，此疑爲“大”之訛字，待考。

④ 報，録本訛作“根”，據底本改。

處;六、知受心。一、知好惡者,《十住論》云知根者知諸業各各有根,善業或善處生,或得涅槃,惡業惡處生。二、知交賒者,謂知三時根,得現根爲交,得生後爲賒。三、知多少者,感一世爲少,感二世、三世爲多。如是過去業得七根:三單感,三複感,一總感。現在業得三報:二單感,一總感。未來業得一根:一單感合三世業感一根故。《十住論》説佛知衆生過去業根,或業過去根在過去,或業過去根在現在,或業過去根在未來,或業過去根在過去、未來,或業過去根在過去、現在,或業過去根在未來、現在,或業過去根在過去、未來、現在,或業現在、根在現在,或業現在、根在未來,或業現在、根在現在未來,或業未來、根在未來。有如是分别。四、知生熟者,《智度論》云二種業必受根、不必受根。必受者不可離或(惑),待時、待處、待人受根。如人應共輪王受福,待輪王出時,是待時;人即輪王,處即輪王出處。五、知受處者,《智度論》云欲界受三受業根處,色界受二受業根處,無色界受一受業根處。六、知受心者,《智度論》云善心中受善、不善無記根,不善心、無記心亦如是。如是六事一一知,是名知業果。

問:"爲即肉眼知未來耶?爲有别智知未來耶?若即肉眼知者,肉眼見現在色,不應知未來。若有别智知者,云[①]何説父母所生肉眼知耶?"

答:"因肉眼起别智知,故説肉眼知。肉眼見人死時、生時色,意識知未來。如天眼知未來。此亦爾故。"《俱舍》云天眼、天耳以色、聲爲境。

"若爾,死生通惠(慧)。云何知彼衆生與身、口、意邪行相應?誹謗聖人,由此捨命,必受無行惡道,墮負黑闇處生。廣説如經。"

答:"由天眼不得知有别智。是天眼通惠(慧)伴類聖人相續中生,能知如此。"

《解脱道論》亦云:"天眼生四智:未來分智,自作業智,如行業智,果報業智。以未來分智,於未來色當起知之。以自作業智,見他以此業當往彼趣知之。以如行業智,見此人生趣,以此業在先生此知之。以業果報智,至此明,至此煩惱,至此方便,此業應熟,此業不應受,此業應多受,此業應少受知之。"案:今由經力肉眼起,智亦復如是,故云"肉眼知非即肉眼知"也。次偈

① 云,底本及録本作"云云",今據文義删。

頌六(五?)[1]偈,三重:初一偈頌眼因,次一偈頌眼體,後三偈頌眼用。用中云“彌樓山”者,此云高山,亦日光山。“須彌山”者,此云妙高山。

《經》曰“復次常精進”至“得千二百耳功德”者,次明耳根功德。序説四重:一指定因果,二總境寬狹,三委知巨細,四結其力能。此指定因果也。

《經》曰“以是清净耳”至“言語音聲”者,此總境寬狹。

《經》曰“象聲馬聲”至“佛聲”者,此委知巨細也。

《經》曰“以要言之”至“不壞耳根”者,此結其力能也。凡人六根,取塵過度,及塵過强,其根則壞;今由經力,雖過雖强,亦不能壞。次頌十八偈,四重:初一偈總境寬狹,次九偈半能知事類,次四偈半善聽法音,後三偈美其力用。事類六重:初兩偈聞人中事類聲,次一偈聞天中事類聲,次兩偈聞山中事類聲,次兩偈聞海中事類聲,次一偈聞亂鳥事類聲,後一偈半聞净天事類聲。次四偈半聞法音,三重:初一偈半聞聲聞説法聲,次一偈半聞菩薩説法聲,後一偈半聞如來説法聲。次三偈美其力用:初兩偈美能,後一偈美位。

《經》曰“復次常精”至“八百鼻功德”者,次明鼻根。序説四重:一、指定因果;二、總境寬狹;三、委知巨細;四、結其力能。此指定因果也。

《經》曰“以是清净鼻根”至“種種諸香”者,總境寬狹也。

《經》曰“須曼那華”至“悉能分别”者,次委知巨細也。四重:一、聞地居身外香;二、聞地居身内香;三、聞天居身外香;四、聞天居身内香。此聞地居身外香也。“須曼那”者此云“好意”。“闍提”者此云“生”,亦曰“實”。“瞻蔔”者此云“黄華”,亦曰“金色華”。“波羅羅”者此云“重(平聲)”。

《經》曰“又復别知”至“分别不錯”者,此聞地居身内香也。

《經》曰“持是經者”至“無不聞知”者,此聞天居身外香。“波利質多羅”者,此云“護種種”。“拘鞞陀羅”者,此云“大遊戲破地”。

《經》曰“又聞諸天身香”至“皆悉遥聞”者,次聞天居身内香。兩重:一、聞地天身香;二、聞空天身香。此聞地天身香。忉利已下地居故,炎摩已上空居故。

[1] 結合文意,此“六”似爲“五”之訛字,待考。

《經》曰"如是展轉"至"知其所在"者,此聞空天身香,二意:一、聞住空天身香,即生天住空不解空故;二、聞解空天身香,即净天解空不住涅槃故。

《經》曰"雖聞此香"至"憶念不謬"者,此結其力能也。次頌三十偈,三重:初一偈頌總境,次二十八偈頌别用,後一偈頌結力。别用八重:初五偈知人中事,第二四偈知初天事,第三一偈知修羅事,第四一偈知畜生事,第五五偈知未形事,第六五偈知第二天事,第七兩偈知空天事,第八五偈知净天事。人中五得:一偈知花香,一偈知男女,一偈知君臣,一偈知寶物,一偈知内身。第二四偈知初天事:初一偈知遊戲,次一偈知華果,次兩偈知臣人。第三一偈知修羅。第四一偈知畜生可解。第五五偈知未形:一偈知胎男女,一偈知胎成壞,一偈知人善惡,一偈知寶隱伏,一偈知價輕重。第六五偈知第二天事:一偈知華果,一偈知[1]宫殿,一偈知園林,一偈知聽法,一偈知周遊。第七兩偈知空天事:一偈知禪出入,一偈知禪死生。第八五偈知净天事:初兩偈知聲聞事,次一偈知菩薩事,後兩偈知如來事。

《經》曰"復次常精進"至"千二百舌功德"者,次明舌根序説。兩重:一指定因果,二叙其力能。此指定因果也。

《經》曰"若好若醜"至"無不美"者,次叙力能。三重:一、能變塵;二、能善説法;三、善持法。此能變塵也。"變成上味"者,如佛咽喉有甘露泉,和一切食皆成甘露,持經人亦爾。又隨福德力,故變成上味。

《經》曰"若以舌根"至"隨侍供養"者,此明善説。五意:一、悦衆;二、來天;三、來神;四、來人;五、來侍;可解。

《經》曰"又諸聲聞"至"深妙法"音,此明善持。四意:一、聖人樂見;二、諸佛向説;三、聞悉能持;四、誦聲深妙可解。次頌八偈半,兩重:初一偈頌變塵,後七偈半頌善説。善説五重:初一偈半頌悦衆,次三偈頌來聽,次一偈頌來供,後兩偈[□][頌][2]來護。來聽兩重:一偈頌神來聽。二偈頌人來聽。來護兩重:一偈生天來護,一偈净天來護。

《經》曰"復次常精進"至"衆生喜見"者,次明身根。序説兩重:一、指定

① 底本此處作"一偈知一偈知",其中一"一偈知"當爲衍文,今據文義删。

② 頌,底本及録本無,據文義補。

因果;二、鏡朗内外。此指定因果也。

《經》曰“其身净故”至“現其色像”者,鏡朗内外也。三意:一、横鏡三千;二、竪朗二界;三、遠現。四尊可解。次頌七偈半,通爲六重:初一偈頌得體,次一偈半頌明用,次一偈半頌横照,次一偈半頌竪朗,次一偈頌現聖,後一偈頌現力。

《經》曰“復次常精進”至“千二百意功德”者,次明意根。五重:一、指定因果;二、委知法義;三、外引俗論;四、善察他心;五、美其力用。此指定因果也。

《經》曰“以是清净意根”至“不相違背”者,此善知法義也。“聞一偈一句”者,得法辨;“通達無量無邊義”者,得義辨;“演説一句一偈至一月、四月、一歲”者,得辭辨。一月是一時中一月,四月是三時中一時。外國以四月爲時,一歲是三時。十二月所説義趣與實相不違者,得應辨。

次頌十一偈,通爲五重:初一偈頌知法,次一偈頌得辨,次兩偈頌察心,次四偈頌説法,後三偈頌結。能説法四偈:一偈頌受持説,一偈頌不倒説,一偈頌次第説,一偈頌無畏説。次三偈頌結能:一偈結體相,一偈美地位,一偈讚善巧。

常不輕菩薩品第二十

前三品已明生福勝妙力,此一品次明進道勝妙力。前則約多顯力,此則約速顯力。速由菩薩常行不輕行,故以爲名。品内一序一頌。序説三重:一、張速本;二、序速事;三、會速人。

《經》曰“爾時佛告”至“如向所説”者,第一張速本。兩意:一、戒惡,即張增上慢本;二、奬善,即張常不輕本。言“持《法華經》者罵詈、誹謗,獲大罪報,如前所説”者,如譬喻品末所説。言“其所得功德,如向所説”者,如向《法師功德品》所説。

《經》曰“得大勢至阿僧祇劫”者,第二序速事。四重:一、值速緣緣;二、逢速障;三、違速名;四、修速行。值緣兩重:一、值一佛緣;二、值多佛緣。一佛八重:一、時節;二、化主;三、劫名;四、國號;五、立教;六、壽限;七、住持;八、歸寂。

《經》曰“有佛名威音王”至“佛世尊”者,此化主也。

《經》曰“劫名離垢”者，此劫名也。

《經》曰“國名‘大城’”者，此國號也。

《經》曰“其威音王佛”至“究竟清净”者，此立教也。

《經》曰“得大勢至恒河沙[□][劫][1]”□□□（者，此壽）[2]限也。

《經》曰“正法住世”至“四天下微塵”者，此住持也。

《經》曰“其佛饒益”至“然後滅度”者，此歸寂也。

《經》曰“正法像法”至“皆同一號”者，次明叙多佛緣。

《經》曰“最初威音王”至“有大勢力”者，此第二逢速障也。

《經》曰“爾時有一”至“名‘常不輕’”者，此第三違速名，即“名‘常不輕’”。文六重：一、舉名；二、徵義；三、曉意；四、專修；五、受難；六、得名。此舉名也。

《經》曰“得大勢以何因緣名‘常不輕’”者，此徵義也。

《經》曰“是比丘”至“當得作佛”者，此曉意。由行不輕行，故得“不輕”名。言“我深敬[3]汝等，不敢輕慢”者，爲汝本有自性住佛性。言“所以者何？汝等皆行菩薩道”者，爲汝即有引出性。言“當得作佛”者，爲汝當有至得果佛性。

《經》曰“而是比丘”[□][至][4]“皆當作佛”者，此專修故。往禮拜者專修身不輕，讚歎者專修口不輕，“汝當作佛”者，專修意不輕。

《經》曰“四衆之中”至“汝當作佛”者，此受難。先□□（受駡）[5]詈難，後受打擲難。此受駡詈難。

《經》曰“説是語時”至“皆當作佛”者，此受打擲難：杖木以打之，瓦石以擲之。恐其得重罪，所以避走而遠住；恐其不聞記，所以高聲唱是言。

《經》曰“以其常作”至“號之爲不輕”者，此得名。

《經》曰“是比丘臨欲終時”至“悉能受持”者，次第四修速行。四重：一、

---

① 劫，底本及録本無，據文義補。

② “者此壽”三字録本作缺文，據底本補。

③ 敬，録本訛作“教”，據底本改。

④ 至，底本及録本無，據文義補。

⑤ 録本出校：“□□＝受罵？”今核底本，“受罵”二字均可辨，兹據補。

威王佛所行速行；二、燈明佛所行速行；三、雲自在佛所行速行；四、□佛所六重：一、禀速道；二、浄速根；三、增速壽；四、□善。此禀[□][速][1]道也。

《經》曰“即得[2]□

① 速，底本及録本無，據文義補。

② 以下缺。

No. 2750《法華經》疏

(《隨喜功德品》第十八至《普賢菩薩勸發品》第二十八)

[題解]

佛典《妙法蓮花經》注疏,敦煌卷子中存有斯2463b一號,作者不詳,原著卷數不詳,首殘尾全。所疏爲後秦鳩摩羅什譯《妙法蓮花經》,自《隨喜功德品第十八》(首缺)至《普賢菩薩勸發品第二十八》,不是逐句疏釋文句,而是就每一品敘述其大意、要點,釋文簡明扼要。《大正藏》本、黄永武《敦煌寶藏》、施萍婷編《敦煌遺書總目索引新編》均擬題爲"《法華經》疏",今題名據内容略作補充。據研究,此疏《普門品》缺少對隋譯"重頌"的釋文,故可能是隋以前的作品。清代以前歷代大藏經未收,《大正藏》據斯2463b號録入其第八十五册。今校注仍以《大正藏》録本所據卷斯2463b號爲底本。

______[①]華報。"若復有人於講法處坐"至"轉輪王所坐之處",第三分坐人,亦是華報也。"阿逸多!若復有人語餘人言"至"信受教[②]誨",第四勸人聽經。此人相勸之時,和顏悦色,鼓□脣舌,□抒今德。諸根具足,悉皆嚴好也。"何況一心"以下,第五況出初依也。初九偈,頌第一人;"若有勸一人"五偈,先頌第四人;"[□][若][③]故詣僧房"二偈,頌第二人;"若於講法處"一偈,頌第三人;"況復一心聽"一偈,頌第五人也。

---

① 首缺。

② 此處底本書手誤增一"教"字,今據文意删。

③ "若"字底本、録本無,今據《妙法蓮華經》[T9n262p47b23]補。

法師功德品

此品所以而來？上雖明弟子，未明師之現報。今明二依菩薩，未來流通大法，化功歸己①，經力勤修，即得現報，六根清净，所以來也。此品大泮有二段：初總明六根：三根得八百，三根得千二百。耳根生識，能聞十方諸佛所説經法，意地思惟分别，生其惠（慧）解，舌能説法度人。三根入道中勝，偏得千二百；三根發道緣弱，但得八百也。今解：依舊經，六根齊等，鼻、舌、身三根塵到，故知三根遥囑者也，此當是凡夫六根也。今道“六根清净”者，此是性地菩薩，受持此經，經力勤修，盡皆遥囑，故道遥囑者②也。受持得一百，乃至書寫，生五百善；教人復生五百，是一千善；自性隨喜，教人隨喜，復二百；是爲千二③百也。“是善男子”以下，别明六根也。舌根道變者，食體資身，要侍破質，得未成身最勝，故道變也。意根道解偈句，非謂文也。初依人得理尠少，言偈句也。“心之所行”者，識陰也。“心所動作”者，起相受也。“心所戲論”者，行陰也。“雖未得無漏智惠（慧）”者，未得初住無漏也。

常不輕品

此品所以來？上雖復玄談未來之事，現坐未有得者，猶故難信，勿若引成事來證。昔日威音王佛時，窮自受持，即得現報，六根清净。此事以成證，未來若爾，必得不虚。所以來也。就此品中，可有六段：第一、從初至“有大勢力”，出不行行之處獲大罪報者，有如《法師品》中，毁罵持經，重於罵佛。所得功德，如《法師功德品》所説。何故道二萬威音？正欲取最初威音王佛像正法中，不惜身命，修行《法華》。復有一意，若以一佛、兩佛爲證，何必可信？故須多佛爲證。下皆出不輕行行也。第二、“爾時有一菩薩”至名“常不輕”，四衆與作“不輕”名字，流通大乘，行行不同。但見四衆有舉手擡頭暹豪（纖毫）④之善，皆是大乘，故言“皆當作佛”。不專讀誦，但行禮拜也。“避走

① 己，録本訛作“已”，今據底本改。

② 者，録本訛作“香”，今據底本改。

③ 二，録本訛作“一”，今據底本改。

④ 《大正藏》録本出校：“暹豪＝纖毫？”按：“暹”、“纖”《廣韵》均音息廉切；“豪”讀若“毫”，先秦典籍即然；故“暹豪”當讀如“纖毫”。

遠住”者,不輕是初依菩薩,豈可畏加毁惜身身命也? 要藉此身,得通大法,故“避走遠”也。是故《經》言“不愛身命,但昔(惜)[1]無上道”也。第三、“臨欲終時”至“三菩提”,明不輕聞《法華經》,得六根清净現報,更增壽命,廣爲人説。增上慢者,信伏隨從。神通力者,六根現報。樂説辨力者,爲四衆説《法華》。萬善資已[2],名爲“大善寂力”也。菩薩伏化千萬億衆。住菩提者,位皆性地也。第四、“命終之後”至“當得作佛”者,三值佛故,同號“日月燈明”也[3]。無畏者,初依菩薩離五怖畏也。第五、“於意云何”至“不退”者,是會古今。“得大勢彼時四衆”以下,會弟子古今,由輕賤我,故言“二百億劫常[□][不][4]值佛”。“千劫於阿鼻受大苦惱”者,若不值我,受苦無遍,由見我以,受苦有其畔濟,以道聖人不作煩惱因緣。畢是罪已,復遇不輕,得性地解,故道得三菩提,得大勢四衆。“豈異人乎”以下,會弟子名字。第六、“得大勢! 當知是《法華經》大饒諸菩薩”訖長行,勸令受持也,説偈重頌。初一偈半,頌第一不輕行行之處。“是佛滅後”四偈,頌第二四衆與不輕作名字。“時諸四衆計著法”者,學小乘人,可有漸化之理,故言“到其所”也。“其罪畢已”三偈,頌第三六根現報。“不輕命終”一偈半,頌第四值三佛。下五偈半,頌第五會古今。“億億萬劫”以下,頌第六勸人受持也。

如來神力品

此品所以而來? 上雖引證,未能取信,要須廣現神變,表明大法現在、未來皆有實益不虚,須[5]付[6]囑流通,所以來也。“爾時,千世界[□□□□□□□□][微塵等菩薩摩訶薩][7]從地踴出”者,上明聞如來言“我下方自有恒河

---

① 昔,此當爲“惜”之同音借字(“昔”字《廣韵》一音思積切,与“惜”同)。

② 已,録本訛作“已”,今據底本改。

③ 底本“也”字前書手誤增一“心”字,今據文意删。

④ 不,底本、録本無,今結合文意,據《妙法蓮華經》[T9n262p51a28]補。

⑤ 須,録本訛作“欲”,今據底本改。

⑥ 付,録本訛作“不”,今據底本改。

⑦ “微塵等菩薩摩訶薩”八字底本、録本無,今結合文意,據《妙法蓮華經》[T9n262p51c9]補。

沙菩薩，自能受持”，咸皆從地踴出。今者説法既同，欲以此法，末代世中，流通《法華》，自行兼人也。爾時世尊於文殊師利舊住大衆等前現其神力，付囑流通也。此品大泮有七種神力：第一、“出廣長舌”者，表明不談語相；上來明因乘真實，一果長孝（存?）[①]，明師及弟子所得果報，上來所説，皆實不虚，所以出廣長舌；“上至梵世”者，通化之處故也。第二、“一切毛孔放無數色光”者，欲明大乘之道善無不積、德無不備，表明一乘具足之理，欲使四依未來於彼有緣，因經[②]開其惠（慧）目、照事法相已，如似因光照於萬像，故放無數色光也。教化十方人等，故“遍照十方”也。分身諸佛出廣長舌者，證理是一，皆表不望（妄）語相。第三、“一時謦（謦）咳[③]”者，明道自昔以來，但説三乘，一乘離隔，在於凶（匈）衿[④]。今日時中，大理得障（彰）[⑤]，本意得暢也。第四、“俱供（共）彈指”者，明昔日以來，設有所説，皆契當法法相也。“是二音聲遍至十方”者，通化之處也。第五、“動地”者，地本剛鑛難動，欲明像正中人，煩惱剛鑛，喻若於地，欲使二依未作流通，以大乘柔伏，喻除其三毒，故動地應之，豫現柔軟之狀[⑥]也；欲使他方八部，以佛神力，皆使遥見娑婆净土，見諸佛及以四衆也。“即時諸天於虚空中唱言”以下，所以唱告者，今若不使十方衆生識諸佛名字及以國土，二依未來道化，何能取信？故先唱告，使識諸佛名字及以國土，二依未來流通，聞音都障（彰），靡不從順也。“彼諸衆生聞空中聲已，合掌向娑婆”者，明十方頓首，理可欽敬，故重歸命，稱“南無釋迦”也。第六、“所散諸物”以下，“變成寶帳”者，如來遂其人意，蓋合爲一，欲明

① 孝，底本似作“存”，待考。

② “因經”二字録本訛作“經因”，今據底本改。

③ 謦，此讀如“謦”（“謦”字一音棄挺切，與“謦”同）。《説文·言部》：“謦，欬也。”《玉篇·言部》：“謦，欬聲也。”《莊子·徐無鬼》：“夫逃空虚者，藜藋柱乎鼪鼬之逕，踉位其空，聞人足音跫然而喜矣，又况乎昆弟親戚之謦欬其側者乎？”成玄英疏：“况乎兄弟親眷謦欬言笑者乎？”[南朝·梁]簡文帝《六根懺文》：“得彼天聰，聞開塔關鑰之聲，彈指謦咳之響。”

④ 此“凶”當爲“匈”之同音借字（“凶”字音許容切，與“匈”同）。《玉篇·勹部》：“匈，膺也。或作胷。”

⑤ 此“障”當爲“彰”之同音借字（“障”字一音諸良切，與“彰”同）。

⑥ 狀，録本訛作“拔”，今據底本改。

萬善之因歸一果也，亦欲使二依諸人未來弘通大乘、十方同行也。第七、"是時十方世界如一佛土"者，欲明十方諸佛法輪道同、理處唯一也。"爾時佛告上行菩"以下，明經理深重，付囑二依。"若我以是神力，於阿僧衹劫，爲囑累故，説是經功德，曾不能盡明；《法華》大乘，理處無量，何可具説？以要言之"者，文簡而理收，爲"要言"也。"如來所有一切之法"者[①]，自上以來，明破三歸一，萬善同歸，大乘之道也。"自在神通之力"者，即是觀彼久遠，由若今日也。"祕密之藏"者，明此經自昔以來，隱而不彰，名"祕密"；功德積聚，名"[□][藏][②]"。"如來一切甚深之事"者，常住理深，顯在此經，故言"甚深"藏也；亦言"我净土不毁，而衆[③]見燒盡"，皆指此《法華經》宜示顯説。"汝等於如來滅後"以下，勸二依人受持，如説修行。"若其經所住之處……皆應起塔供養"者，明理深故也。"所以者何"下，釋明經理深重。"當知……道場"者，此經是諸佛之母，由之得佛也。"道場"者，是得道之處。由此經故，能斷其惑，得一切智，故言"是處即是道場"。諸佛於此經中修學道、成正覺也。欲以法道照天下，不欲獨善一己[④]，故言"諸[⑤]佛於此，轉於法輪"。緣盡則化滅，故諸佛於此而般涅槃。自下説偈。初四偈，頌七種神力之事。上直明歎經理深重，自下有十二偈，[□][就][⑥]人以歎法。何以得知？經文言："囑累是經故，歎美持經者。"故知就人歎經也。

囑累品

此品所以而來？上明師及弟子所得果報，引證分明，現其神力，明經深重，欲以此法委之二依，摩頂付囑，故所以來也。自下正明付囑二依，末代流通，像正中人，要假二依，己[⑦]爲匠主，行得成就。事相之中，似若供(共)相勞累，故言"囑累"。理而言之，應名"囑利"。所以然者，明二依像正流通，匠

① "者"字前録本衍一"以"字。按：底本於"以"字旁實有一廢棄號，今據删。

② 藏，底本、録本無，今據文意補。

③ 衆，底本、録本訛作"不"，今據《妙法蓮華經》[T9n262p43c12]改。

④⑦ 己，録本訛作"已"，今據底本改。

⑤ 諸，底本、録本訛作"請"，今結合文意，據《妙法蓮華經》[T9n262p52a27]改。

⑥ 就，底本、録本無，今據文意補。

導化物，□（離？）[①]已萬行得成。有此大利，應名“囑利”也。所以然者，二依□□□。“以右手摩無量菩薩頂”者，明理甚深故。如摩頂勸人，如是慇勤至三：“我於無量阿僧祇劫，修集是難得無上菩提法。今以付囑汝等，汝等應末代流通，自行兼人，隨緣施化，廣作利益，令一切衆生普得聞知。”“所以者何”下，釋所勸汝者何，明如來有大慈悲。“慈”本與樂至極，“悲”能拔苦盡原，故言有“大慈悲”。每歎與人無説慳悋，更何所惠（慧）也？能與衆生大乘佛之智惠（慧）也。“如來是一切之大施主”者，施中最極，莫過大乘，故言是“施主”也。汝等亦應隨學如來，勿以慳悋，以法付之，應仿而成，須懃修行之。於未來世，若有善男子等，有大乘幾（機）根，信如[□][來][②]知（智）惠（慧）者，當爲廣説是《法華經》。若衆生不信受者，當於如來餘深法中[□□□□][示教利喜][③]。何者是餘深法？二乘是大乘家餘，爲説二乘，示教利喜也。“汝等若能如是，則已報諸佛之恩也”，明釋迦分身及以多寶三佛之意，正使流通大法。彼能流通，則稱三佛意，故言“則爲已報諸佛之恩”。自下明師□（勸）[④]慇懃，至爲第三；弟子之法，亦須領受至三。“唯然世尊，願[⑤]不有慮”，即受之辭也。上來明因果理周，付囑流通。自下唱隨意，分身諸佛及以多寶大衆，各隨所安。雖唱隨意，由未離坐。《普賢品》末，方去之耳。何以得知？《藥王品》讚嘆宿王，故知未去也。

藥王本事品

此品所以而來？上如來摩頂付囑，四依領受，訖在於上。自下六品，流通方軌。上言因藥王告八萬大士，未知其人有備何德行？所以因之，明藥王昔日有此苦行之德，亡身取法，勘能弘經，是以因之也。自下明藥王本流通之事，故名“本事品”也。此品凡有三意：一者、明藥王上依之人，彌劫苦行，捨身燒臂，弘通大乘，此是流通方軌。二、欲使諸小菩薩，則而行之。三、爲

① 此缺字底本似作“離”，待考。
② 來，底本、録本無，今據文意補。
③ “示教利喜”四字底本、録本無，今據《妙法蓮華經》[T9n262p52c20]補。
④ 勸，録本作缺文，今據底本補。
⑤ 願，録本訛作“則”，今據底本改。

一段，諸人德(得)道也。就此品中，可有十二段經文：第一、明宿王華問藥王苦行之處，欲列八部三乘人也；佛答劫數久近、佛之名號，先明行行之處也。第二、"爾時彼佛"以下，爲説《法華》。第三、既聞法已，於中修行，□德三昧。第四、"即作是念"以下，明欲報經佛恩，即入三昧，雨[①]香華以供養佛。雖以神力供養，未表虔恭之心。單成(誠)之至，以身供養，即服諸香，使内外俱香也。以神通願力而自然(燃)身，不由水火也。光明遍照，諸佛讚歎，是名"真法供養"。"身"者是財，何故名"法"？爲法燒身，故名爲"法供養經"。佛法施無窮，財施有限也。又解，莫問財法，要解名用，得作"法施"之名；若不解名用而施者，由名爲"財"也。第五、喜見菩薩命終之後，净德王家，忽然化生，即爲其父説偈，道昔捨身德報之處，聞《法華經》。甄迦羅，七言偈；頻婆羅，五言偈；阿閦婆等，四言偈。此土方法，西土音異，未必如是也。又此土三句，是國數法。此不得播，還欲供養。白父已，住到佛所，頭面禮足，説偈讚歎，猶故在世者，自慶載遇大聖也。第六、"爾時日月净明德佛"下，明唱告滅度，以佛法委之，使千載不墜[②]；諸菩薩大弟子，付囑於汝，使教令成就，並無上菩提。明法不自顯，弘之由人，故委於汝。七寶世界，及給侍諸天，悉付囑汝。諸天可爾，土田無情，云何委付？解者言：土田何由有？是衆生果報。净穢之來，功由衆生行業所成。今以净土委付汝，使不據**托**(虚耗?)[③]。如若不流通大法，廣作利益，則衆生起惑。若法不行，土由據**托**(虚耗?)，是故委之。舍利者，欲使流通而起塔供養、付囑也。[□][佛][④]入涅槃，喜見菩薩敬順佛語，故起塔供養。第七、"喜見菩薩復自[⑤]念言"以下，上明法界委之，使不據**托**(虚耗?)，令使供養舍利，即於四衆之前然百福莊嚴臂而以供養，令無

① 雨，録本訛作"而"，今據底本改。

② 墜，録本訛作"隧"，今據底本改。

③ "據**托**"一詞，頗爲費解。前"據"字底本似作"攄"，當爲涉下"**托**"字而成的"虚"之增旁類化字。下"**托**"字當爲"秏"之訛俗體。"秏"俗作"**秏**"。俄Дx00506《十二月壬氣》："大**秏**在申，小耗在未。"(《俄藏》6—325—15)俄Дx00506《十二月壬氣》："大**秏**在酉，小耗在申。"(《俄藏》6—325—16)"**托**"此當爲"**秏**"之省笔俗體。《廣韻·號韻》："秏，減也。俗作耗。"故"據**托**"疑即"虚耗"，義指損耗。下"據**托**"同，不復校。

④ 佛，底本、録本無，今據文意補。

⑤ 自，底本、録本訛作"白"，今結合文意，據《妙法蓮華經》[T9n262p53c22]改。

數聲聞阿僧衹人，發三菩提，得色身三昧。四衆見其無臂，其意閔然，故立其誓，願力因緣，還復如故。感其異相，衆生歡喜，即是土田據托（虚耗?）之義顯矣。第八、"宿王華"以下，明會古今，勸令生信。第九、格量功德。若然手指爲菩提者，勝以國城、妻子、諸珍寶物而供養也。第十、"若復有人"以下，明經理深，能受持者，其福最高。以三千世界滿中七寶供養三聖，不如受持此經一四句偈，其福最高。所以爾者，下作喻來，釋明此經最尊第一，故能爾也。"有受持"以下，明勸人流通，滿一切諸渴乏者，除生死渴乏也。如寒者得火，去煩惱冰霜；裸[1]者得衣，法身嚴宜；商人得主，亦以大□路；如子得母，乳養法身；如度（渡）[2]得船，到於彼岸；如病得愈，煩惱患［□］［除］[3]；如闇［□］［得］[4]燈，照了法相；如貧得寶，七財具足；如民得王，里（離）[5]煩惱我（地?）[6]；如賈客得海，得無賈寶珠；如炬除闇者，惠（慧）炬暈世、無幽不朗也。上來明其外喻，今還以法結之。"若人得聞此《法華經》"已下，第十一、勸人受持。就中有六子句：第一、勸下依受持。明流通之人，所得功德，無其遍畔，故言"以佛智惠（慧），籌量多少，不得其邊"也。第二、"若有人聞是《藥王本事品》者"，勸下依弟子，應當隨喜生信，知理是深，要其苦身而流通者，亦得無量無邊功德也。若有女人得聞此經，盡是穢惡之刑（形），後不復受；此是實女也。第三、"若如來滅後［□］［後］[7]五百歲中，有女人聞經修行"者，勸上依受持。此是依現爲女也。"諸佛遥讚歎：'善男子！汝能於釋迦牟尼'"以下，結勸上依受持也。"若有人聞《藥王品》，隨喜讚善"以下，第四、勸上依弟子隨喜生信，能永除三毒。下明聞此品隨喜讚善者，所德（得）功德，如《隨喜品》所明也。"是［□］［故］[8]，宿王華"以下，第五、總勸二依受持：以此品囑

---

① 裸，録本訛作"稞"，今據底本改。

② 度，此乃"渡"之借字（二字均音徒故切，例可通假）。

③ 除，底本、録本無，今據文意補。

④ 得，底本、録本無，今據文意補。

⑤ 里，此當讀如"離"（"里"字音良士切，來紐止韻上聲；"離"字一音輦爾切，來紐紙韻上聲；唐代紙旨止同用，故二字音同）。

⑥ 我，底本似作"地"，待考。

⑦ 後，底本、録本無，今據文意補。

⑧ 故，底本、録本無，今據文意補。

累於汝,當廣流布,勿令斷絶、魔得便也。"汝當以神力守護是經"以下,總結勸二依受持。所以然者,此經即是閻浮提人煩惱病之良藥,若人有煩惱病者,得聞是經,煩惱消滅,得其真常,故言"不老不死"。亦可得聞是經,要滿百年,終不中夭[①],故言"不老不死"也。"宿王華!汝若見有受持是經"以下,第六、總勸二依弟子,隨喜生信,廣興供養也。下勸人供養。何以故?是人當得度脱衆生故。求佛道者,應於是人生供敬心也。第十二、明諸人得道,多寶讚歎也。

妙音菩薩品

此品所以來?[夫][②]欲弘經,要須分身散體,殊刑(形)六道,非行處行,流通大法。故有此品來也。此是藥王一流(?)[③],有三意:一、欲顯德行之方軌;二、爲流通方軌,欲使諸小菩薩則而行之;三、爲一段諸人得道。就中有三段經文:從初[④]訖"故來至此",應在方便品,略説三請中事。"爾時華德白佛"以下至"陀羅尼",在藥王品中來。"還歸本土"以下,應普賢品後也。就中大泮有十二段:第一、放二種光,照净華宿王智佛國,召於妙音。妙音大士何假光召?但此土時會及妙音所得諸小菩薩,要以光爲緣,故以光召也。"放大人想(相)肉結(髻)光明"者,欲顯大乘最上之理也。"眉間白豪(毫)[⑤]"者,欲明中道之義也。第二、"一切净光莊嚴"以下,歎妙音德行。初歎智,後歎定。第三、"釋迦牟尼"以下,明妙音與彼佛辭,兼被戒敕:"莫輕彼國,生下劣想。"釋迦應同丈六,現處苦穢;菩薩衆等,其刑(形)[⑥]亦等。汝身長大端正,是故敕汝:見彼佛菩薩及國土,於此三事,莫生下劣也。師令教至,妙音

---

① 夭,録本訛作"拔",今據底本改。

② 夫,録本脱,據底本補。

③ 此字底本不清晰,待考。

④ "從初"二字底本作"初從",録本訛作"初又從",今據文意改。同卷下文"觀音品"中"第一從初訖……",可助比勘。

⑤ 豪,此乃"毫"之借字(二字均音胡刀切,例可通假)。參前"暹豪"條。下讀如"毫"之"豪"徑括注其正字,不復注。

⑥ 刑,此乃"形"之借字(二字均音户經切,例可通假)。下同,不復校。

即受戒敕也。“我”今詣彼,皆是如來神力智惠(慧)莊嚴故,得住彼土侍衛[①],於上三事,不起下劣想也。又解,妙音法身大士,豈假如來之力?俱爲會中諸小菩薩,現有所假,故道“皆是如來神力”也。第四、妙音如[②]來光現瑞相,欲使[□][彼][③]土衆生豫生渴仰,兼作利益也。第五、“文殊”以下,爲其請。文殊豈容不達?但始行之流,不惻(測)其意,是以文殊爲□之流故,發斯問也。第六、“爾時釋迦”以下,如來答。妙音欲來爲供養聽法故,見(現)[④]瑞相也。第七、“文殊白佛”以下,問彼菩薩修何功德有是神力。神通是果,果不自有,要由於因,故問行何三昧。識名字故,與彼同習,然後乃可得見。如其不見,其身細妙,非“我”境界,何由可見?故言:“願世尊以神通力,彼菩薩來,令我得見。”所以不答,聖者玄鉴,知華得後問。若答華得,即通答也。自下高推多寶,命其人也。所以然者,正欲二佛同心,爲於一理也。第八、“于時妙音菩薩”以下,明妙音發來至此相問,相問訊流通方法,請見多寶也。此問同大樂説,欲見多寶也。上來至此,正[⑤]是方便品中事。第九、“爾時華得”以下,接次藥王品末也。今答華得,即通文殊。亦可前答文殊。但經家見文句相似,不能煩文,隱前而顯後也。下明妙音過去修行來久,有是神力,即會故今也。第十、“佛告華得:‘汝但見妙音’”以下,明妙音符應六道,現刑(形)説法。“於神通、變化、知(智)[⑥]惠(慧),無所損減[⑦]”者,意謂菩薩非行處行謂“損”,菩薩得,故言“無所損減[⑧]”也。若干智惠(慧),即釋迦符應六通,乃至後宫流通大化,廣作利益,道成萬行。斯備智惠(慧),餘[⑨]明何損之有也?第十一、上明現刑(形)非一,即是神通之果。果不自有,要由因得。何以故?如來下答:“三昧名‘現一切色身’。

---

① 衛,録本訛作“樹”,今據底本改。

② 如,録本訛作“欲”,今據底本改。

③ 彼,底本、録本無,今據文意補。

④ 見,録本訛作“先”,今據底本改。

⑤ 正,録本訛作“是”,今據底本改。

⑥ 知,此與“智”同。[清]徐灝《説文解字注箋·矢部》:“知,智慧即知識之引申,故古祇作知。”

⑦⑧ 減,底本、録本作“咸”,此處當爲“減”之省旁訛俗字,今據《妙法蓮華經》[T9n262p56b1]改。

⑨ 此處底本、録本復衍一“餘”字,玆據文意删。

妙音住是三昧,能饒益無量衆生也。”第十二、“説妙音菩薩品時”以下,諸人得道。“爾時妙音菩薩”以下,明供養三佛已,還歸本土。妙音由未去,説普賢竟,爾乃去耳。但出經家見下諸人得道,故置在此也。既到本國,自言“我”娑婆世界,饒益衆生,見其三佛,禮拜供養;又見諸菩薩等,亦命彼菩薩得見一切色身三昧。“來往[①]品時”以下,明後得道人也。

觀音品

此品何由而來?娑婆衆生,道悟不同,宜應普現諸門,救危拔苦,乘音齊物,當如觀世。故有此品來也。亦有三意:一、顯觀世音德行;二、爲流通方軌,欲使諸小菩薩,則而行之;三、諸人德(得)道。就此品中,大泮(判)[②]有六假(段?)[③]:第一、從初訖“常應心念”,明剬(制)“觀音”名,能除内外二患。此是西方菩薩先在此土修行,彼願住生於有緣偏重,故還施化耳。就中無盡意問此菩薩之名所以,“名‘觀世音’”下,答苦惱衆生,稱名念之,必皆得解脱。以是因緣,名“觀世音”。何故問者?欲使衆生識名,以念之故,先列名也,斷其外也。“便得離欲”等者,明除其内患,所以常念供敬,便得離三毒患者。解言:爲念不以(已),精成之至,感觀世音,爲其説法,得生理解,永斷三毒也。第二、“若有女人”以下,明禮拜供敬,必能生福。“捐”之言“棄[④]”,明供敬禮拜者,福不唐捐也。“是故衆生”以下,[□□][第三][⑤]、勸人受持。“正等無異”者,格量功德。一解就前田格量,明觀世音是十住大士,福田是勝,是故供養六十二億恒河沙[⑥]菩薩,與供養觀世音福正等無異。有(又)一解:

---

① 往,録本訛作“住”,今據底本改。

② [清]朱駿聲《説文通訓定聲·乾部》:“泮,叚借爲判。”《廣雅·釋詁一》:“判,分也。”“大泮”即“大判”,義即“大致劃分”。斯 2744 號《〈金剛般若經〉旨讚》卷上:“依《佛地論》,彌天法師大判經文,以爲三分。”“大判經文,以爲三分”即大體上將經文分爲三個部分。

③ 假,此似當爲“段”字之訛。

④ 棄,録本訛作“葉”,今據底本改。

⑤ “第三”二字底本、録本無,今據文意補。

⑥ “恒河沙”三字底本、録本作“及小”,與文意無涉。今據《妙法蓮華經》[T9n262p57a13]改。

觀世音於此土有緣偏强，是以供養者福德處多；六十二億小菩薩於此土緣弱，是故供養六十二億與觀世音正等也。"爾時無盡意"以下，第四、施之方也。從初訖"度脱衆生"，明法身大士普現諸身。無盡意有三句：一問法身大士久絶麁刑(形)，云何遊於娑婆、符應六道？二問既無身口，爲衆生説法，當復云何？三問方便之力，其事云何？"佛告無盡意"以下，答其三問：汝問"云何遊"者，正以衆生應見佛身，現種種刑(形)，所以得遊。汝問説法"云何"，正由現刑(形)故，隨緣爲説也。問"方便之力，其事云何"，正以非刑(形)現刑(形)，非説能説。此是其事。第五、"無盡意"以下，訖"遊於娑婆"，表明法身大士有此高德，是故勸汝供養也。第六、"爾時持地"以下，明諸人得道也。

陀羅尼品

此品所以而興？未來惡世，多諸流(留)難，大法雍塞不通，自非假呪防護，無以得説，故須説就陀羅尼。就此品之中，有三意：一、明格量功德；二、明流通方軌；三、明諸人得道。此中説呪有五：二是聖人説，二是諸天説，一是鬼子母説呪。初明格量功德，二説呪護於法師。初住以上，聖人位中，不復假呪；住下凡夫菩薩，雖伏煩惱，未得無相真解，必有可假；故須説呪，護於法師。"爾時藥王"以下，况説"寧爲多不"，格量福田。"佛告"以下，况出下依法師男子，供養八百萬億恒河沙諸佛，其人所得功德，寧爲多不？供養諸佛，此是福德業，功德由(猶)甚多，豈况理中得真無相解，此是智惠(慧)業，俱然高勝。其人既理在懷，不獨善一己[①]，欲流通大法。第一、藥王説呪，防護其人，使令大法久流。第二、勇世(施)[②]説呪。第三、北方毘沙門説呪。第四、東持國天王説呪。第五、鬼子母説呪。若熱病一日，乃至七日，熱病之鬼，我説呪護之，莫得惱亂，即説偈結罪。從"諸羅刹女説此偈已"以下訖"消衆毒藥"，明以身呪防護下依法師，使[③]得流通。"佛告諸羅刹女：'善哉！'"明

① 己，録本訛作"已"，今據底本改。

② 世，此當讀如"施"。光宅寺沙門法雲撰《妙法蓮華經義記》陀羅尼品第二十五："五人者，第一藥王，第二勇施，第三毘沙門天王，第四持國天王，第五羅刹女。"[T33n1715 p678c29]可助勘。

③ 使，録本訛作"便"，今據底本改。

如來述歎：汝等擁護受持《法華》名者，由（猶）尚福不可量；説呪擁護、具足受持者，功德甚多。更有一解：下依法師，得理尠少，由（猶）尚不可限量；故知上依之人，得理俞（愈）[①]深，具足受持；所以功德，不可稱計。上來明五種説呪，防護二依法師，得流通大法，以明諸人得道也。

妙莊嚴王品

未來世中，柄（獨?）[②]善巧方便，爲物作真善知識，能命迴邪入正，當知浄藏、浄眼，故引妙莊嚴王。此品亦有三意：一、表明二子有六度之德；二、欲使下依菩薩則而行之；三、明諸人得道。就此品中，有十二段經文：第一、從初訖"亦悉通達"，明雲雷王佛國及二子德行，師之眷屬。"爾時彼佛"訖"説是《法華經》"，第二、爲二子説《法華經》。第三、從"浄藏、浄眼"以下，訖"好樂佛法"，明二子爲其父母廣現十八變。"時浄藏、浄眼"訖"宜應聽受"，明二子到其父所，勸母同到佛所。所以勸母親近者何？此佛於一切天人衆中説《法華經》，是以故勸母往到佛所而聽受也。"母告子言"以下，明我久以信竟，汝父雖復染外道邪法，今日根熟時到。但當勸父，與供（共）俱去。"而生此邪見家"者，非是怒辭，我是法王之子，知其根悟時熟，正欲化邪從正，是以應生其中，相順之義也。第四、"於是妙莊嚴王"訖"王大[③]歡悦"，明王眷屬相與往詣佛所，爲期（其）説法，得法歡喜。第五、從"爾時妙莊嚴王"訖"微妙之色"。既到佛所，已蒙法利，捨所珍真珠瓔珞，以供養佛也。第六、"雲雷音"訖"功德如是"，上來得理在懷，所施既重，其解分明，如來即爲受記，號"娑羅樹王"。第七、從"其王即時以國付弟"訖"莊嚴三昧"，明出家修道。第八、從"即遷虚空"訖"來生我家"，明領解得道成聖，功由善知識。第九、從"雲雷音"以下，訖"令住正見"，明如來述歎，近善知識。第十、"妙莊嚴王即從虚空中下"訖"禮佛而出"，歎如來三十二相功德。第十一、"佛告大衆：'於意云何'"以下，訖"亦

① 俞，此當讀如"愈"。《楚辭·東方朔〈七諫·自悲〉》："故人疏而日忘兮，新人近而俞好。"王逸注："俞，一作愈。"

② 柄，底本似作"獨"，待考。

③ "王大"二字底本、録本作"大王"，今據《妙法蓮華經》[T9n262p60b14]改。

應禮拜”,結會古今。第十二、“説是妙莊嚴王”以下,諸得道也。

普賢品

此品所以而來? 大法難聞,遠來聽受,請説四行,兼復説呪防護,當如普賢。故次明普賢品也。此品亦有三意:一、顯普賢一流通之能;二、使下依菩薩則而行之;三、明諸人得道。此品大泮有二種勸發:一、賢(現)[①]在勸發。從初訖“當爲説之”,在方便品中事。第二、“若善男子、善女人”以下,接次在妙莊嚴王品後,明未來勸發。就未來勸發中,可有六句:第一、從“善男子、善女人”以下,至“説此陀羅呪”,明未來世中流通方軌。就第一段,明善男子、明下依菩薩具此四法,未來世中流通大法。何者是? 一者、爲諸佛護念,内有精成(誠)之至,外感諸佛威神加護。二者、殖衆德本。若不殖衆德本,不爲諸佛之所加護[②]。正由其人久殖德本,所以感得諸佛之所加護。三者、入正定聚。若在退位之中,不能殖衆德本。正以得登性地,必定位中,故知得本成就。四者發救一切衆生之心。既具三行,成興大慈悲,普度一切。既具四行,未來世中能流通此經。“爾時普賢五百濁惡世中”以下,訖“即説呪曰”,明普賢擁護二依弟子,得通化也。“妄失句偈”者,非是“妄”,是“忘[③]”。文理相難,知忘[④]失;文理俱時,名“旋陀羅尼”。“下依”至“受持”,第二、説呪防護敕。第三、從“世尊若有菩薩”訖“使不斷絶”,勸二依菩薩受持。就第三假中,從“若有菩薩”以下,訖“威神之力”,歎普賢德能。“若有受持”訖“手摩其頭”,舉二依弟子得行,况出弟子? “若但自書寫”以下,訖“娱樂快樂”,明二依弟子流通得果報。“何况受持”以下,舉二依弟子來勸。自下况出其師。第四、“爾釋迦牟尼”以下,訖“普賢之行”,竟明其述讚歎佛。第五、“普賢若如來滅後”訖“當如敬佛”,明善惡兩相所得果報。第六、“説是普賢品時”,明諸人得道也。

---

① 賢,此當讀如“現”(“賢”字《集韻》一音形甸切,匣母霰韻去聲,與“現”同。)
② 護,録本訛作“援”,今據底本改。
③ 忘,録本訛作“妄”,今據底本改。
④ 忘,録本訛作“容”,今據底本改。

No. 2751《法華經》疏

（《如來神力品》第二十一至《普賢菩薩勸發品》第二十八）

［題解］

佛典《妙法蓮花經》注疏，敦煌卷子中存有斯 2439 一號，作者不詳，卷數不詳，首尾皆殘。所疏爲後秦鳩摩羅什譯《妙法蓮花經》自《如來神力品第二十一》（首缺）至《普賢菩薩勸發品第二十八》（後缺）。黄永武《敦煌寶藏》、施萍婷編《敦煌遺書總目索引新編》均擬題爲“《法華經》疏”，今題名據内容略作補充。此疏並非逐句疏釋文句，重點在闡發每品大意。釋文的最大特點是除《勸發品》引用其他論師的一段論述外，通篇不引用其他論著，均由作者本人敘述。此疏《普門品》缺少對隋譯“重頌”的釋文，不避“世”字諱，應爲南北朝時作品。清代以前歷代大藏經未收，後被《大正藏》據斯 2439 號收入其第八十五册。今校注仍以《大正藏》録本所據原卷斯 2439 號爲底本。

□①究竟，教亦備（隨?）②之。理而言之，不過身爲真應，教爲權實，此經備明，故知理深説不盡也。此長一中，明經功德，説示於盡。下偈中導流通之人功德不盡，綺（倚?）③事説也。“爲乘”爾者，大意正明流通經人德不盡耳。不欲明經，所以舉經者，德備由經，故導也。“以要言［□］［之］④”者，欲明如來德乃無量，爲明四義，故稱“要”也。四者是有“如來一切所有之

---

① 首缺。

② 備，底本似作“隨”，待考。

③ 綺，底本不清晰。結合文意，此字似爲“倚”字之訛，待考。

④ 之，底本、録本無，今據《妙法蓮華經》［T9n262p52a17］補。

[□][法][1]”者，此句欲明舉手低頭皆第一理，此是第一，明其教實。“如來一切自在神力”者，是第二，明形方便，則短顯長，必求應道，即長明短，分傷真極，明自在神力也。“如來一切祕要之藏”者，此是第三，所乘方便，如來爲物分齊亡，不求其一。“如來一切甚深之事”者，至極法身，雖復爲物權生，脱滅真身[□][甚][2]深，無其遷變，此是第四身真實也。此經備明一切言皆於此經宣[3]示顯説。從“是故”已下，品之第四，結勸二人：是以此經理深、益物大故，汝未來不得不説，爾時故言“於如來滅後，應一心受持、讀誦”，勸其弟子。“解説”已下勸其師也。從“所在國土”已下，正舉理深，並勸二[4]人：説經之處，卷所住處，皆應於中起塔供養，重經故也。“所以者何”已下，便持(問?)[5]所以。此中非是生處、得道便轉法輪處、般[□□][涅槃][6]處，而起塔者何？若外識知爲弘一乘、供養《法華》、造此塔者，乘理關心，解生或(惑)滅，萬行滿足，[□][即][7]得道之處；持其經旨，即轉法輪處；知聖應還，即涅槃處。偈中之明不頌品物。第一諸菩薩請求流通，初有三偈，頌上第二五種瑞相。就中但頌舌相，放光謦欬，彈指動地。第五十方欽敬，略而不頌。“身放無數光”者，欲明衆生根感萬差，應亦非一。從“以[□][佛][8]滅度[9]後[10]”已下十一偈半，頌上第三佛告舉經理深，以勸二依。初有三偈，正是頌上持經之人

---

① 法，底本、録本無，今據《妙法蓮華經》[T9n262p52a18]補。

② 甚，底本、録本無，今據文意補。

③ 宣，底本、録本訛作“宜”，後秦鳩摩羅什譯《妙法蓮華經》如來神力品第二十一：“以要言之，如來一切所有之法、如來一切自在神力、如來一切祕要之藏、如來一切甚深之事，皆於此經宣示顯説。”[T9n262p52a17—20]兹據改。

④ 二，録本訛作“之”，今據底本改。

⑤ 持，底本似作“問”，待考。

⑥ “涅槃”二字底本、録本無，今據文意補。

⑦ 即，底本、録本無，今據文意補。

⑧ 佛，底本、録本無，今據《妙法蓮華經》[T9n262p52b6]補。

⑨ 度，底本不清晰，録本作“虔”，當爲“度”字之訛。今據《妙法蓮華經》[T9n262p52b6]改。

⑩ 後，底本不清晰，録本作“緣”，當爲“後”字之訛。今據《妙法蓮華經》[T9n262p52b6]改。

功德彌大。從"能持是經者"已下，廣嘆功德無量，勸令弘經。"則爲[□][已]①見我"欲明三以佛真極理，用之爲體，悟理在心，名"見"也。佛亦可隨，刑(形)不離聖，故恒見也。若能末世通經化物，不但見佛，亦復無順，即法供養。從"於諸法之義"已下，四得。上明自行，從此已下，明其外化。經理資益，乃②曰"無礙"；便能稱根，導利群生，滅惡生善，故云"行世間"。"能滅衆生闇"，即是滅惡。教化已下，明具生善，經既益③人，二依未來不得不懃，宣④通後代。從"是故"已下一偈半，頌上第四結勸二人。

囑累品

從此已下，後世文中第二文也。如來親自口告付囑。此明如來以此大法付諸菩薩，惡世宣通，即是菩薩累重之事；二者欲使二依在於未來宣通此經，使累世不絶；故言"囑累品"。就此品中，凡有四文：第一、從初以下訖"普得聞知"，欲明如來口自慇懃，誡敕二依。第二、從"所以者何"已下訖"諸佛之恩"，欲明如來勸彼二依流通之時，應彼二依通化之時，應□佛成頌。第三、從"時諸菩薩"已下訖"願不有慮"，明諸菩薩敬諾施行也。第四、從"尔⑤時釋迦"已下，訖於長行，明此如來説經也，訖(?)⑥唱散隨意。"以右手摩無量菩薩頂"者，明其一手及於衆頂，亦是神力；隱(?)⑦其神力，存口告之名。"我於無量……修集是難得三菩提"者，欲明如來因地之時修行，曠劫修因，方始剋得法身真⑧果，故云"難得"。如來欲以此之大法與物同證，故付二依，傳化來聞，使千載不墜⑨，故云"汝⑩當一心流布此法，廣令增益"也，令一切

---

① 已，底本、録本無，今據《妙法蓮華經》[T9n262p52b12]補。

② 乃，録本訛作"具"，今據底本改。

③ "既益"二字底本、録本訛作"益既"，今據文意改。

④ 宣，録本訛作"宜"，今據底本改。

⑤ 尔，録本訛作"命"，今據底本改。

⑥ 訖，底本不清晰，待考。

⑦ 隱，底本不清晰，《大正藏》録本作"隱"，姑從之，待考。

⑧ 真，録本訛作"其"，今據底本改。

⑨ 墜，録本訛作"隧"，今據底本改。

⑩ 此處録本誤衍一"汝"字，今據底本删。

衆生普得聞知。從“所以者何”已下，品之第二，勸彼二依，□佛成頌。所以汝等未來之世能流通者何？要當學佛四種之法：一、明如來有大慈悲。二、明如來無諸慳悋。三、明如來應機授法，故云“無所畏”。四、明如來是諸衆生之大施主。若能修持如來四法，便能惡世流通此經，故云“亦應隨學如來之法，勿生慳悋”。從“於未來世，若男子、女人”已下，勸其二依相根授法，有大根者，爲説其一；故云“信如來智慧者，當爲演説此《法華經》”。從“若有衆生”已下，明根小之人，爲説三乘；故云“餘深法中，示教利喜。”經師尋此經文，廣説《法華》，當是空中所，前以得知。從上已來未曾有起，此中始言從法生起，摩頂付囑，以此驗知。

藥王品

襲(?)①

從此已下，訖於經末，後世文中大段第三，教二依未來之世流通法用。然二依大士，豈將聖教方文於流通？欲對二依，該(勸?)②於始學，末③世之中，苦行流通，當如藥王；權道普入，當如妙音觀音；説呪擁護，如陀羅尼；藉善知識，如④妙莊嚴⑤；作善知識，如净藏等也；勸發二人，如似普賢。以此證便(之?)⑥，故引文在此也。若論次第，應在不輕後安。就此品中，凡爲二文：第一、從初已下，訖“聞皆歡喜”，將明藥王本苦行事，故宿王華説請其佛説。第二、從“佛告”已下訖“以爲⑦供養”，明期(其)藥王苦行流通之處。第三、從“爾時彼佛如一切衆生”已下訖“其福最多”，正明藥王現在、未來燒身，辟苦流通，所以乃導。爾時彼佛爲一切衆生説《法華經》者，欲明□(總)⑧見莊嚴

① “襲”字費解，待考。
② 該，底本似作“勸”，待考。
③ 末，録本訛作“乘”，今據底本改。
④ 如，録本訛作“汝”，今據底本改。
⑤ 嚴，録本訛作“敬”，今據底本改。
⑥ 便，底本似作“之”，待考。
⑦ 爲，録本訛作“明”，今據底本改。
⑧ 總，録本作缺文，今據底本補。

法中流通《法華》，蒙經理益，即時獲得色身三昧。荷佛恩重，並袍經澤，故盡財命以供養之。故以此苦行，彰經理深，得弘《法華》，故云“我今當供養日月浄明德佛及《法華經》……不如以身供養”。若欲明此中一段，衆生應見燒身喪命報經發道處多，故言“不如以身供養”也。故[①]明捨身，亦是捨財，云何道言“真法供養”？但自悟道不同，要燒身得解大乘，爲通大法，故便捨身，故言“真法供養”之耳。如似香積，因聞香故，得解大乘也。“第一[□][之][②]施”者，財施養形爲下，因財通小乘爲中，今日因財通大乘法爲上，故言第一千二百歲身乃盡。有衆生滅盡，應身則還。此之燒臂[③]則燒，欲伏(復)還伏(復)。當知大士有物不同，隨根(燒?)[④]隱顯耳。不欲明指福多，欲導燒指傷筋傷骨，難而能爲，其功則大。若能持經，功過於此。以劣形勝心明經深理，勸人流通。第四、從“宿王[□][華][⑤]！譬如一切川流”已下訖“此經能救一切衆生”已來，正明此經理深言遠，益物處多，出過餘經，二依未來應當流通。第五、從“此經能救一切衆生者”已下訖“所得功德亦復無量”，上明理深；“何以得知”下，明此經能除物患，利益無量，證知深理也。第六、從“若有人聞是藥王菩薩本事品”已下，應當如是□□□(生恭敬)[⑥]心，付囑此品，並勸二人在於末代受持流通。從“若有女人聞是品能受持者”，先勸弟子未來應當懃加聽受。從“若如來滅後後[⑦]五[□][百][⑧]歲”以下，勸其法師流通彼物。從初已下，明其滅惡，故云“不復爲貪欲所惱”。從“得菩薩神力”已下，明其生善。從“是時諸佛”已下，廣明諸佛嘆持經人德行深遠。從“是故宿王華”已下，正

① 故，録本訛作“欲”，今據底本改。

② 之，底本、録本無，今據《妙法蓮華經》[T9n262p52b15]補。

③ 臂，録本訛作“辟”，今據底本改。

④ 根，底本似作“燒”，待考。

⑤ 華，底本、録本無，今據《妙法蓮華經》[T9n262p54a19]補。

⑥ 《大正藏》録文出校：“□□□＝生恭敬?”按：今核底本此三字本作“生恭敬”，不必疑。兹據補。

⑦ 後，底本乃前一“後”之重文符，録本訛作“二”，今據底本、《妙法蓮華經》[T9n262p54b29]改。

⑧ 百，底本、録本無，今據《妙法蓮華經》[T9n262p54b29]補。

勸法師當於未來通經益物。從"宿王[□][華]①！汝若見有受持是經"已下，勸彼弟子未來應當供養法師，諸(詣?)②求大法。從"是求佛道者"已下，結勸供養。第七、"從説是藥王品"已下，明當時之益。

妙音品

其人乃法身大士，先應東方。此土有緣放光召之。就此品中，凡有五文：第一、從初已下訖"而爲説法"，明其妙音行之之處。此中放光，在略説後、廣説初也。所以放二光者，放肉結(髻)光者，"結(髻)"本最上，表明一乘最上高勝；放眉間者，表明中道不偏之理也。第二、從"釋"已下，訖亦欲聽是《法華經》故，明其妙音將來之相。第三、從文殊白佛"是菩薩種何善本③"已下，訖"如是饒益無量衆生"，廣明妙音有其德行。第四從"説是妙音品時，與妙音俱來"已下訖"色身三昧"，明來往之益。第五、從"説是來往品"已下，明當益也。就第二段中，久已須衆(種)德本乃至道其恒沙等諸大三昧等，皆是經家嘆妙音德，非是如來解其德行。若當此中已明德者，下復何須更列德行？從"即白④佛净華宿王智佛"已下，欲明妙音將欲發來，仰請彼佛，辭求至此。從"佛告妙音"已下，净華如來言對妙音，意在戒初諸小菩薩。所以誡者，彼小菩薩不側(測)釋迦現居勝化，應形丈六，情生奢敬，是故誡言"汝往莫生下劣想⑤"也。從"妙音菩薩白其佛言"已下，欲明妙音仰稟加被，欲至娑婆。妙音乃是法雲之士，豈待加被方能來？恒爲小行觀言有假，故云皆是如來之□(力)⑥。從"於是妙音菩薩不起"已下，正明妙音將來之相。先觀此瑞相者，使此大衆豫知妙音法身大士，爲聽《法華》，不[□][以]⑦遠而不⑧至，

---

① 華，底本、録本無，今據《妙法蓮華經》[T9n262p54c27]補。
② 諸，底本似作"詣"，待考。
③ 本，底本、録本訛作"根"，今據《妙法蓮華經》[T9n262p55b28]改。
④ 白，録本訛作"自"，今據底本改。
⑤ 想，底本作"相"，今據《妙法蓮華經》[T9n262p55b14]改。
⑥ 力，録本作缺文，今據底本補。
⑦ 以，底本、録本無，今據文意補。
⑧ "而不"二字底本作"不而"，今據文意改。

彰理深玄,生其懃仰並作益也。從“爾時文殊法王子見是蓮華,白佛”已下,明此大衆覩此瑞相,不達何所以,生其疑問。從“佛告”已下,明彼妙音將來,釋其疑句,故云“欲供養,聽《法華經》”,正爲弘經,故來此也。從“文殊師利白佛[□][言][1]:‘是菩薩[□][種][2]何善本[3]’”已下品,第三明其德行。就中有二:第一、文殊發其三問;第二、如來答其問者。“種何善根? 修何功德”,此之兩句,聞(問)其因行;“而能有是大神通力”,此之兩句問其果也,現在德也,前明過去因也。“行何三昧”已下,第二問,問[4]其通因。通不孤起,起必由定(之?)[5],故云“行何[6]三昧? 願爲我説三昧名字[7]”。從“唯願世尊”已下,第三、問其身相。從“佛告”已下,如來答也。從初已下,訖“並見文殊”、故身來至,此是答第三問□(耳)[8]。□(是)[9]以令多寶,命者凡有二義:一、明多寶弘經之首,生緣中最是其上;二、明兩佛心同,爲明理一,一使光召,一則口告,彰意無二。從“時多寶”已下,正明多寶言命妙音。從“于時妙音”已下,正明妙音仰奉聖敕、來至此也;訖到此土,奉施供養,順宜問訊:“我今欲見多寶佛身。”此之請見,在方便品略説,後廣説前事,同大樂説請見莫異,爲證流通,故在此明。“並見文殊”者,見其文殊所爲者也。從“爾時華德白佛言”已下,訖“是妙音菩薩深種善根”,答問。一者[10]問遠,故重舉請,答彼

① 言,底本、録本無,今據《妙法蓮華經》[T9n262p55b28]補。

② 種,底本、録本無,今據《妙法蓮華經》[T9n262p55b28]補。

③ 本,底本、録本訛作“根”,今據《妙法蓮華經》[T9n262p55b28]改。

④ 問,録本訛作“二”,底本實爲前一“問”之重文號,今據改。

⑤ 定,底本似作“之”,待考。

⑥ “行何”二字底本作“何行”,今結合文意,據《妙法蓮華經》[T9n262p55c1]改。

⑦ “名字”二字底本不清晰,《大正藏》録本訛作“若乎”,今據《妙法蓮華經》[T9n262p55c2]改。

⑧ 耳,録本作缺文,今據底本補。

⑨ 是,録本作缺文,今據底本補。

⑩ 者,録本訛作“去”,今據底本改。

上問言:“種何善根,修①何功德,有[□][是]②神力③?”妙音過去以十万④種種伎樂及七寶鉢,是其緣;内之捨⑤以,是其因也;此是其行,果今報生,有是神力,是其德也。從“汝但見妙音其身在此”已下,廣明現在果報德也。從“十萬恒河”已下,欲導妙音,非但此方,亦於餘方,亦於種種施化。“是妙音深種善根”者,此是華德領解之辭。從“世尊!是菩薩住何三昧”者,重舉第二問,以請其答。彼上問言“行何三昧”,今答“名現一切色身”者,此是法華身⑥三昧六根清净也。

觀世音品

此人亦是法身大士。妙音一流,先應西方,此土有緣,私化到此,普應諸門,乘音度物,名“觀音”。世上之妙音,從己⑦音聲化人爲名;此之觀音,從前音聲以得名也。觀前聲而往度之,因此爲名也。就此品中,凡有六文:第一、從初已下,訖“名觀世音”,制其名稱也。第二、從“若復有人”已下,訖“巍巍如是”,欲明觀音於此世界名中,益物最是其大;拔苦濟厄,利中超勝,故下《經》言“巍巍如是”。第三、從“若有衆生”已下,訖“福德之利”,此導觀音,亦名“觀音”,亦名“觀念”,亦名“觀形”。但此土名益處,亦勝其形心。從“是故”已下,結其名勝,勸人受持觀者名也。從“若有人”已下,格量名益,勝於餘者。所以道“受六十二億餘菩薩名不如受持觀世音名”者,欲明觀音此少化緣,勝餘菩薩,即是衆生持人漏盡。第四、從“無盡意白佛言”已下,訖“執金剛神”,解普門義,廣明其德無盡。此中凡作三問:“云何遊於娑婆世界”,問形方便——作何等形,凡(化?)⑧益群生?“云何而爲衆生説法”,問言方

---

① 修,録本訛作“明”,今據底本改。
② 是,底本、録本無,今據《妙法蓮華經》[T9n262p56a2]補。
③ 力,底本作“通”,今據《妙法蓮華經》[T9n262p56a2]改。
④ 万,底本作“方”,今據《妙法蓮華經》[T9n262p56a6]改。
⑤ 捨,録本訛作“拾”,今據底本改。
⑥ “華身”二字底本作“身華”,今結合文意,據《妙法蓮華經》[T9n262p56c1]改。
⑦ 己,録本訛作“已”,今據底本改。
⑧ 凡,底本似作“化”,待考。

便——説何等法,化於衆生?“方便之力,其事云何”者,總舉前二義——形、言方便事竟云何?如來下益(?)[①],應見佛身,而爲得益者現佛身也。欲明聖應殊形六道,隨物感見。若形方便而爲説法者,隨其根性,説法不同;答言方便,通答第二,更無别文。第五、從“無盡意![□][是][②]觀世音成就如是”已下,訖於“遊娑婆世界”,欲明觀音於人有恩,勸人供養。“是故”者,是以觀音垂形六通答無量故,應當盡受與供養也;“能施無畏”者,四種施中,無畏最上。何者爲四?一、是財施;二、施小乘;三、施大乘;四者、無畏。施中最勝,故應供養,故曰五名名“施無畏”者。自此已下,無盡意仰奉佛教與供養也。珍寶是財,云何而言“受此法施”者?欲明無盡意欲使因財以通法也。觀音初時所以不受,凡有二意:一、欲使生慇懃之心;二、表大聖於財無著。後所以受者,知此時會,因受迴奉,便能解一乘法身,故受之。所以分作二[□][分][③]、施二佛者,欲明佛至極之果,正明萬善同歸妙果,理無異趣;此表一乘義。二者,欲明一分施佛,一分施生佛,欲表生滅斯皆是權,唯[④]有法身是其真實,流通《法華》,正在此文。第六、從“爾時持地”已下,訖品當時之益“皆發無等等”者,菩提妙絶,故云“無等”,諸佛有證,名爲“等”也。

陀羅尼品

從此下文,何[⑤]以而與?猶明方軌末代之中多有流礙,若不加護,化道則難;欲令化流,須呪防護,故有此文。二依大士,積德遐劫,其行深高,内外累亡,惡世宣通,何待防護?今[⑥]言“護”者,聽法弟子解不堅信,若不既(見?)[⑦]護,心則須動,化功虚設;由護弟子,化道得宜,即護法師也。就此品中,凡有四文:第一、從初已下,訖“得幾所福”,問弘經人功德多少。第二、從“佛告”

---

① 此字底本不清晰,《大正藏》録本作“益”,姑從之,待考。
② 是,底本、録本無,今據《妙法蓮華經》[T9n262p57b19]補。
③ 分,底本、録本無,今據文意補。
④ 唯,録本訛作“准”,今據底本改。
⑤ 何,録本訛作“所”,今據底本改。
⑥ 今,録本訛作“令”,今據底本改。
⑦ 既,底本似作“見”,待考。

已下，訖“功德甚多”，如來正爲□量，持經之人功德無量。供養諸佛，有□散善，是其福業；豈况持經理中，尊净三相之時解，此是惠（慧）業，俱然高勝。此即出下依功德。所以俱言一四句偈者，具欲彰下依得理處少，不如上依功德，猶常（當?）[①]甚多，况復上依俱然無量？所以出此二依德者，起下况文。第三、從“爾時藥王菩薩白佛言”已下，訖“應當擁護如是法師”，正明諸人説呪加護。就説呪中，第一、藥王；第二、勇施，此之□單以呪護；第三、毘沙門天王，人、呪等護；第四、持國天王，二單呪護；第五、羅刹女，亦身、呪兩護。從“佛告諸羅刹女”已下，如來述嘆護功無量：汝等但護四依弟子使經名者[②][□][福][③]尚無量，何呪擁護具足受持者？呪護法師，今得流通，化功不綴，福德俱然，不可測量。第四、“説此陀羅尼品”已下，明當時之益。

妙莊嚴王品

從已下欲教衆生未來應當藉善知識，應如妙莊嚴王；二依人作善知識，應當如彼净藏净眼净德夫人。就此品中，凡有五文：第一、從初已下訖“劫名喜見”，明妙莊嚴藉善知識處。第二、從“佛法”已下訖“好樂佛法”，正明三聖同化邪王，令生正[④]見，將明化益，先出聽、説兩人字也。從“是二子有大神力”已下，廣嘆二子有其高德，必能化邪，以生正信。文略不嘆夫人德也。從“爾時彼佛欲引導……説《法華經》”，上出其人，今[⑤]出法藥。所以二[⑥]子白汝（母?）[⑦]共詣佛所者，欲同與邪王作其化緣。“應往白[⑧]父，與共[□][俱][⑨]

---

① 結合文意，此“常”字似當爲“當”字之訛，待考。

② 者，録本訛作“指”，今據底本改。

③ 福，底本、録本無，今據文意補。

④ “正”字前録本衍一“令”字。按：底本“令”字旁書手有一廢棄號，《大正藏》校録者失察。玆據删。

⑤ 今，録本訛作“令”，今據底本改。

⑥ 二，録本訛作“上”，今據底本改。

⑦ 此字底本似作“母”，待考。

⑧ 白，録本訛作“任”，今據底本改。

⑨ 俱，底本、録本無，今據《妙法蓮華經》[T9n262p60a1]補。

去”者，明能化之緣，彼(?)[①]及所化人也。“令其父王[②]心净信[□][解][③]”者，既覩神變，背邪歸正，道根感發也。第三、從“於是妙莊嚴王”已下訖“其國平[④]正，功德如是”，明妙莊嚴既蒙三聖方便引化，迴邪入正，諸佛聽法，解生或(惑)滅。如來即爲記其功果。第四、從“其王即時以國付弟”已下，訖“亦應禮拜”，明此邪王既聞授，即便領解，歡喜讚嘆。第五、從“説是妙莊嚴王本事品”已下盡品，明當時之益也。

普賢品

此人乃是身法(法身?)[⑤]大士。妙音一流，奪(?)[⑥]應東方。此去有緣，隨感到此，同與娑婆作受道緣。就此品中，凡有二文：第一、從初已下訖“當爲説之”，此是普賢現在之世仰勸如來説於《法華》。此之勸請[⑦]與身子請一時之事。第二、從“若善男子”已下訖於品末，此明普賢勸其二依及三品弟子，未來應當受持流通。就初段中，復有二文：第一、從初已下訖“右繞七匝[⑧]”，此經家序列普賢將來之相。第二、從“佛言”已下，正明普賢勸如來説。“遥聞……説《法華》”者，聞其略説，唯願説之，召請其廣説。就第二後世勸中復有六文：第一、初已下訖“必得是經”，將明二依未來流通，先出二依體相狀貌[⑨]。此中自出下依體貌[⑩]，略不明其上依相也。第二、從“爾時普賢白佛言：‘世尊！[□][於][⑪]後五百歲”已下，訖“皆是普賢威神之力”，正明普賢勸三品弟子，於未來世堅於信受。第三、從“若有受持、讀誦、正憶念”已下，訖

① 此字底本不清晰，《大正藏》録本作“彼”，不可解，待考。
② “父王”二字録本訛作“文父母”，今據《妙法蓮華經》[T9n262p60a10]改。
③ 解，底本、録本無，今據《妙法蓮華經》[T9n262p60a10]補。
④ 平，録本訛作“手”，今據底本改。
⑤ 結合文意，此處“身法”疑爲“法身”之誤倒。
⑥ 此字底本不清晰，待考。
⑦ 請，録本訛作“諸”，今據底本改。
⑧ “右繞七匝”四字録本訛作“其達已通”，今據底本改。
⑨ “狀貌”二字録本訛作“拔根”，今據底本改。
⑩ 貌，録本訛作“根”，今據底本改。
⑪ 於，底本、録本無，今據《妙法蓮華經》[T9n262p61a22]補。

“使不斷絶”，正明普賢勸上下二依未來若能流通此經，功德於益處大，不得不説。第四、從“爾時釋迦讚言‘善哉’”已下，訖“能修普賢之行”，此明如來述其普賢勸於二依，未來弘經，功德處大。第五、從[□□□□□□□□□□□□□□□□□□□□□□][“普賢！若如來滅後後五百歲”已下，訖“當如敬佛”][1]，普賢勸三品弟子，未來受持，功德處大。第六、從“説是品時”已下訖於品末，來明當時之益。男子、女人如來滅後云何能説於此經者，欲令如來出下依相，普賢先問具何等行而能惡世弘通經也。即請未來流通之行，正應直問：“下依之人有何等相?”如來下答：修其四行，便能流通，即下依相，成就四法。“如來滅後當得是經”者，當流通經也。四行是何? 一者、“爲諸佛護念”者，既連習種，亦爲護念，未得深理，不同佛解，猶有退没，不與護名。性種已上，得理[2]處深，解同如來，必固不退，福與護名。第二、“殖衆德本”者，初依大士五恒行道，廣積萬行，故云“殖衆德本”。亦可能解一乘法身之理，能生萬德，名爲“本”也。又復一解，五恒行道是“本”也，今能流通，即是其“德”。第三、“入正定聚”者，外凡夫人，名爲“邪定”；性種人，名爲“不定”；一得性地，永不退失，名爲“正定”。第四、“發救衆生心”者，初依大士善識機性，慈悲應根，授法必能流通此經也。此總舉結句也。從“爾時普賢”已下，第二文也，勸三品弟子，若能未來從二依所聞法受持者，“我”當護[3]汝。護中有二：一、以神力護之；二、以呪護。從初已下訖“亦爲供養《法華經》故”，明下品弟子能聽受者，我即護之，除其裹患，使得寧心受持經也，故云“令得安穩”。外惡不干，言“無伺求得其[□][便][4]”也。“若魔”已下，出衰[5]想事。“是人”者，下品弟子人也。“乘六牙白象”者，法身大士豈可假運而行? 正欲寄事以明義耳，欲明大士唯有萬行，化物中要，莫通六度，故“乘六牙”；大乘之理，其體光潔，稱之“白”；運物出苦，名爲“象”也。舉剛攝因，就此事以爲況耳。“供養

---

① “‘普賢！若如來滅後後五百歲’已下，訖‘當如敬佛’”十八字底本無，今結合文意，據《妙法蓮華經》[T9n262p62a9—23]補。

② 理，録本訛作“埋”，今據底本改。

③ 護，録本訛作“設”，今據底本改。

④ 便，底本、録本無，今據《妙法蓮華經》[T9n262p61a25]補。

⑤ 衰，録本訛作“裹”，今據底本改。

守護”者，供養三品人也。所以而然，敬法故也。下言亦爲供養，供養經也。此品下品弟子，但生聞惠(慧)。從“是人若坐，思惟”已下，訖“得如是等陀羅尼”，明中品弟子。上明下品，直云“持”；此能思惟，即是思惠(慧)，已勝於前，明知中品。“復乘白象現其前”者，應現故也。“若於《法華[□][經][①]》有[②]所忘失”者，此中品人，推生思解，過緣還退，隨時爲説，使伏本解，故我述爲説，令通利也。大士隨機，形言導益，處沾彌懃，情無有已，故言“得□□□(見我身)[③]，甚大歡喜，轉復精進”也。從“以見我故”已下，出其所得。前下品弟子中，唯[④]明所除，此中恒明所得，故云“即得三昧及陀羅尼”也，綺文説也。“後五百歲[□][濁][⑤]惡世中”已下，訖“我身亦自常護是人”，明上弟子。上之二人，但生聞思；此言修習，即是修惠(慧)。此中亦略，不明所得，但明所除。從“於三七日”已下，欲教行人修行方法。“精進”者，教明修定。若閑房凈室，是下品定；形□心攝，上品定也。從“無有非人”已下，正出所除身護三處皆經文。從“唯[⑥]願世[□][尊][⑦]”已下，説[⑧]呪總護三品弟子。從“有受持、讀誦”已下，第三文勸於二依，未來弘經，果報則大。經益既大，未來何得不説、被於未聞？就中子分，復有四文：第一、從初已下訖“手摩其頭”，正明普賢勸於下依，流通此經，功德彌大。“當知是人行普賢行”者，普賢正以隨根赴感，惡世宣通，光揚大乘，是普賢行。此人流通，功同普賢，故云“何行”也。初依大士，深達乘理，善識群機，故爲如來摩頂付囑。第二、從“若但書寫”已下訖“娱樂快[□][樂][⑨]”，此是習種性中上品人也。所以舉者，正欲況出上依法師，明弟子持經，功德尚多；何況上依，惡世通經？故自已言。是以“命終生忉利天”者，此已□報，驗有内德。第三、從“何況”已下

① 經，底本、録本無，今據《妙法蓮華經》[T9n262p61b4]補。

② 有，底本不清晰，録本訛作“爲”，今據《妙法蓮華經》[T9n262p61b4]改。

③ “見我身”三字底本不清晰，録本作缺文，今據《妙法蓮華經》[T9n262p61b6]補。

④⑥ 唯，録本訛作“准”，今據底本改。

⑤ 濁，底本不清晰，録本作“爲惠”，今據《妙法蓮華經》[T9n262p61b9]補。

⑦ 尊，底本、録本無，今據文意補。

⑧ “説”前底本有一“尊”字，與文意無涉，當係書手誤增，今據語境删。

⑨ 樂，底本、録本無，今據《妙法蓮華經》[T9n262p61c6]補。

訖"功德利益",正勸上依末世弘經,功德無量。既有大益,不得不説。下就應中,明其弘經所感果報。"是人命終"者,感盡故千(十?)[①]遷。前言"命終"者,報盡終也。與彌勒等同生兜率,得豫清□,故知德大。第四、從"是故"已下訖"不斷絶",正明普賢結勸。二依智者若能宣通,功德無量,如上所説也。故云"應當一心自書、[□][若][②]使人書"乃至"如説修行"也。能通化者,我要當以身况(咒?)[③]二力加護於汝,外于(干?)[④]不干,流通大法,令不隧(墜)[⑤]没,故以神通力[⑥]守護是經,閻浮流布,使不斷絶。從"釋迦讚言"已下,大段第四,如來述其普賢上依,未來流通,功德是大。就中復有二文:第一、從初已下訖"守護是經",將述普賢有其高德。第二、從"我當以神通力"已下,正述普賢勸其二依,來[⑦]世弘經,功德甚大。"我當以神通力,守護能持普賢名"者[⑧],如來還題説普賢勸三品弟子之言。下品中導"其有受持是經典者,我當守護,除其衰[⑨]患",乃至上品導"我亦自常護是人"。"受持普賢名"者,其受持《法華》等名也,明弟子持經,功德尚大,况復二依?未述弟子,下别有文。從"若有受持",不題上普賢勸二依之言,汝上導言二依未來流通此經,於[⑩]□

① 千,底本似作"十",待考。
② 若,底本、録本無,今據《妙法蓮華經》[T9n262p61c13]補。
③ 况,底本似作"咒",待考。
④ 于,底本似作"干",待考。
⑤ 隧,此乃"墜"之借字。《荀子·儒效》:"至共頭而山隧。"楊倞注:"隧讀爲墜。"
⑥ "通力"二字底本作"力通",今據文意改。
⑦ "來"前録本有一缺文,底本實無字,今據底本删。
⑧ 者,録本訛作"今",今據底本改。
⑨ 衰,底本不清晰,録本訛作"變",今據《妙法蓮華經》[T9n262p61a24]改。
⑩ 下殘。

No. 2752《法華》問答

[題解]

佛典《妙法蓮花經》注疏，敦煌寫本中存斯 2662 一號，作者不詳，卷數不詳。首尾皆殘，據内容擬題。所疏爲後秦鳩摩羅什譯《妙法蓮花經》，現存問答共一百零三條（首、末兩條殘）。前四十五條按照《法華經》各品的順序，就各品的主旨大意進行問答。後五十八條問答則不管經文順序，專門解釋經内法數及重要的文句。故是一部比較簡明實用的佛典注疏。此疏主要以世親的《法華論》爲依據，此外引用《涅槃》、《楞伽》、《維摩》、《法句》等不少著作。據研究，可能是中唐時期的作品。清代以前歷代大藏經未收，《大正藏》據斯 2662 號録入其第八十五册。今校注仍以《大正藏》本所據原卷斯 2662 號爲底本。

□[①]蓮花，顯教登聞，據顯即異，故説《無量義經》。後方□同，故十七名中，《無量義經》亦[②]《法花》。問："依於三法而説《法花》，云何名'三法'？"

答："論説依於三法者：一、依三昧，謂無量義處三昧；二、依器世間，謂天雨四花，地六振動；三、依衆生世間，謂四衆八部心生歡悦。依此三法而説《法花》。"

問："彌勒文殊，俱當補處，有何勝劣，一疑一決？"

---

① 首缺。

② 亦，録本訛作"且"，今據底本改。

答:“彌勒是次,近當成佛,所[①]以能疑復能問[②];文殊是分遠過去佛,所以能解復答。雖迹同補處,而實次有高下。”

問:“文殊以何智答彌勒問?”

答:“依德以宿命智現見過去二相,謂因相果相。‘因’者謂見自身過去次種種事故,‘果相’者謂見自身過去説種種法故。依此智以答彌勒問也。”

方便品十條

問:“方便品‘五分’、‘破二明一’。云何‘五分’? 云何‘破二明一’?”

答:“‘五分’者:一、歎妙法功德分;二、歎法師功德分;三、疑請分;四、授記分;五、斷疑分。‘破二明一’者,破二乘執,明一乘道。何者? 歎妙法分標所明一,歎師分示能明之人,疑請分即所破之二機,授記分是能破之一道,斷疑分更總定時處。通明機五分略同,一乘義現,故曰‘五分’、‘破二明一’。”

問:“諸佛智慧,甚深無量。何者是智慧? 何者甚深?”

答:“智慧有二種:一、一切諸佛如理智;二、一切種智,謂如無量智。甚深亦二種:一、證甚深,謂理法;二、阿含甚深,謂教法阿含,此翻爲净教。”

問:“證明甚深有五,何者是五?”

答:“一、義甚深;二、實體甚深;三、内證甚深;四、依止甚深;五、無上甚深。”

問:“《論》説法師功德有四種,何者是四?”

答:“一、往成就,謂起衆生機;二、教化成就,謂六通身是;三、功德畢竟成就,謂智定圓滿;四、説成就,謂四辯説法。是名法師四種功德。”

問:“‘止! 止! 不須説’者,如智慧周,萬物慈洽,四生何不當機即説,而便唱‘止’[③]以要請[④]者何?”

答:“洪鐘雖響,必待擊而方鳴;大聖雖慈,亦待請而方説。若請而説,或

① 所,録本訛作“何”,今據底本改。
② 問,録本訛作“何”,今據底本改。
③ 止,録本訛作“土”,今據底本改。
④ 請,録本訛作“諸”,今據底本改。

致自讚之機(譏);有情方便,令生企道之教(敬?)[①]。”

問:“[□][開][②]、示、悟、入,云何著外?”

答[③]:“開是開佛果,謂一切智;示[④]是佛體,謂真如法身;悟[□][是][⑤]佛障,謂無明煩惱;入是佛圓,謂令入不退地;是名開、示、悟、入著外。”

問:“《經》云:‘若比丘實得阿羅漢。若不信此法,無有是處。’若示一切聲聞皆應授記,云何决定性聲聞阿羅漢而不授記作佛?”

答:“依佛教故生信,自未解故不記。故上文言信佛悟故隨順此經,非己智分即其證也。”

問:“‘諸法從本來,常自寂滅相’者,此一偈顯何法體?”

答:“此偈明三種佛性。‘諸法從本來,常自寂滅相’者,自性住佛性;‘佛子行道已’者,是引出佛性;‘來世當作佛’者,是至得果佛性。”

問:“‘是法住法位’一偈顯何義?”

答:“此偈明諸佛三身。‘是法住法位’者,明法身者道前爲法住,在道復爲法住,時滯生死爲世間。在法位時,證涅槃常住。‘於道場知已[⑥]’者,明應身知法身。‘道師方便説’者,是化身爲衆生説法身。”

問:“何故於三七日中思惟而不説法?”

答:“先受三昧樂故,梵王未來請故,衆生根未熟故,所以於三七日中不説法。”

譬喻品二十二條

問:“《論》説十種對治及十種無上名,顯何義並列其名?”

答:“十種對治顯破三義,十種無上顯明一義。十種對治者,七喻、三平等。七譬者:一、火宅譬;二、窮子譬;三、藥草譬;四、化城譬;五、繫珠譬;

① 教,底本似作“敬”,待考。

② 開,底本、録本無,今據文意補。下文“是名開、示、悟、入著外”可助勘。

③ “答”字前録本衍一“示”字,今據底本删。

④ 此處録本復衍一“示”字,今據文意删。

⑤ 是,底本、録本無,今據文意補。

⑥ 已,録本訛作“己”,今據底本改。

[□□□□][六、髻珠譬][1];七、醫師譬。三平等者:一、乘平等;二、世間涅槃平等;三、身平等。七譬對治有煩惱人病,三平等對治無煩惱人顛倒信。用此十對治,破二十障。十無上者:一、種子無上,雲雨示現;二、修行無上,大通智勝如來示現;三、增上無上,商譬示現;四、解無上,繫譬珠示現;五、净土無上,寶塔品示現;六、説無上,解珠譬示現;七、教化力無上,踊出品示現;八、菩提無上,壽量品示現;九、涅槃無上,醫師譬示現;十、勝妙力無上,餘殘修多羅示現。用此十種,顯菩薩道。”

問:“‘國邑聚落,有大長者’,‘國邑聚洛(落)’譬何法?‘有大長者’譬何人?”

答:“‘國邑聚洛(落)’,譬如□(來)[2]境;‘有大長者’,譬如來身。國爲大處,譬如來智慧境,以一切世界爲境故;邑爲中處,譬如來神通境,以十億三千界爲境故;聚落爲小處,譬如來説法境,以三千大千世界爲境。”

問:“‘長者見是大火從四面起’,‘大火’譬何法?‘四面’譬何法?”

答:“‘大火’譬苦體,謂苦苦壞苦;‘四面’譬苦具,謂生老病死。如來以他心智,知衆生三苦之火從生老病死而發,故言‘從四面’起。生爲東面,老爲南面,病爲西面,死爲北面。”

問:“譬如長者有一火宅,譬何法?復以何法爲體?”

答:“‘火宅’譬於三界,以衆[3]生本識爲體;本體者籠括空有,網羅天地,攝搏(縛)[4]色根,含藏識種。時歷三僧祇,位階五十聚,悠悠長道,故謂之‘火宅’。舊翻‘阿賴耶識’爲‘家識’,斯火宅之馳也。”

---

① “六髻珠譬”四字底本、録本無。大乘論師婆藪槃豆釋、菩提留支共沙門曇林等譯《妙法蓮華經憂波提舍》卷下:“六者,實有功德增上慢心,聞大乘法,取非大乘,如是倒取。對治此故,爲説輪王解自髻中明珠與之譬喻應知。”[T26n1519p8b22]兹據補。

② 來,録本作缺文,今據底本補。

③ “以衆”二字底本衍作“以衆以衆”,今據文意删。

④ 搏,此當爲“縛”之訛字。《國語·吴語》:“攝少司馬兹與王士五人,坐於王前。”韋昭注:“攝,執也。”“攝縛”義猶“執縛”,指約束,束縛。伯 2188 號《〈净名經〉集解關中疏》卷上:“菩薩以此爲解脱生死而攝衆生,不同凡夫爲恩愛、名利、王法等相攝縛也。”亦其用例。

問:"何故火宅唯有一門而復狹小?"

答:"唯一佛教能背火宅,諸外道教不能出,故曰'唯有一門'。小乘教中不令①小乘闊度衆生,所以言'狹小'。今小乘求大菩提,何以言'小'? 然則大能權小,所以菩薩從中而出;不心悕②大,所以二乘不問大門。而以是故,窮子門側則悔來至此,長者放命便則外走也。"

問:"是火宅中有五百人,人數何限獨以五百爲數?"

答:"五百人者,喻五道種子,以十業爲因,以十使爲緣。因一使發十使發百業,一道有一百,五道即五百,故以五百人譬五道種子也。"

問:"當以衣裓,若以机案,從舍出之。衣裓、机案各譬何法?"

答:"衣裓譬甚深禪定,机案譬平等大惠(慧)。禪定能起三十二相,令物至信;大惠(慧)能説力所畏,令③物生智。以此二用,從舍出之。"

問:"云何名爲'東西走戲,視父而已'?"

答:"東方爲苦諦,西方爲集諦,北方爲滅諦,南方爲道諦。子證苦即是走戲東西,父證滅道即是往還南北。東能隨逐,但可顧瞻而已,雖未隨父,終有會化之期,故言'視父'。"

問:"云何名'皆[□][於]④四衢道中露地而坐'?"

答:"四衢道中,謂四諦心。見中學地有障可言。覆無學障盡,故言'路(露)⑤'。所作已辨,故言'而坐'。"

問:"門外三車,譬於何法?"

答:"譬三乘。羊車譬小,鹿車譬中乘,牛車譬大乘。羊形小而力小,故譬聲聞小乘;鹿形中而力中,故譬緣覺中乘;牛形大而力大,故譬菩薩乘。"

問:"三車譬智,化城譬何意?"

答:"車是遊戲之具,故以譬智;城是息疲之所,故譬斷。"

---

① 令,録本訛作"人人",今據底本改。

② 悕,録本訛作"怖",今據底本改。

③ 令,録本訛作"今",今據底本改。

④ 於,底本、録本無,今結合文意,據《妙法蓮華經》[T9n262p12c14]補。

⑤ 路,此讀如"露"。《太平廣記》第二五一引五代王定保《唐摭言・張祜》:"但知報道金釵落,髣髴還應路指尖。"中"路"亦"露"之借字。

問:“設車以誘諸子,言[口][二]不言[□][一]①;開門②以出諸子,言一不言三,何也?”

答:“門③可貴賤同行,所以言一不言三。車則尊卑别載,所以言二不言一。”

問:“何故門外引子,智以三車;道中自子,而以一城;何也?”

答:“車是獨載之物,是故言‘三’以外引;城是衆苦之所,是故言[□][‘一’]④以總入。”

問:“諸子出於門外,不見車而索車;諸子苦於道中,不見城何故不索?”

答:“車爲虚指,令取之不得,是以索之。城爲實化,令⑤即是得,何須索之? 既⑥引、息爲虚⑦實兩⑧用,[□][所]⑨以門外有索,道中不索。”

問:“何故火宅之中乃言諸子‘争出火宅’,化城中乃言‘衆人前入化城’?”

答:“諸子在家以生死爲火宅,由求離故,所⑩以争出。衆人在⑪道以涅槃爲化城,由求法⑫故,所以言‘前入’。”

問:“火宅中何故言‘汝等出來’? 化城中何故言‘汝等去來’?”

答:“火宅是舊苦之處,前既⑬未有出,故唤言‘出來’;化城是中息之所,

---

① 此句中“二”“一”二字底本、録本脱,據文意補。下答句:“車則尊卑别載,所以言二不言一。”可互勘。“不言”之“言”録本誤作“其”,兹據底本改。

② 門,録本訛作“問”,今據底本改。

③ 門,録本訛作“問”,兹據底本改。

④ 一,底本、録本脱,據文意補。

⑤ “令”字録本訛作“入入”,兹據底本改。

⑥ 既,録本訛作“説”,據底本改。

⑦ “爲虚”二字録本訛作“有雳”,兹據底本改。

⑧ 兩,録本訛作“雨”,據底本改。

⑨ 所,底本、録本脱,據文意補。

⑩ 所,録本訛作“何”,今據底本改。

⑪ 在,録本訛作“苦”,據底本改。

⑫ 法,録本訛作“諸”,據底本改。

⑬ 既,録本訛作“説”,據底本改。

既[①]息已[②],故唤言‘去來’。”

問:“云何名‘互相推排,競共馳走,争出火宅’?”

答:“‘互相推排’者爲所狹小,‘競共馳走’者譬登八正之路,‘争出火宅’者譬免五痛之災。‘五痛’者破五戒、得五燒爲五痛。出《無量壽經》。”

問:“云何名‘等一大車’復‘駕以白牛’?”

答:“以一切智爲大車。‘駕以白牛’者,以大悲爲白牛。車以‘運載’爲義,悲[□][以][③]拔苦爲能,非(悲?)[④]智運拔衆生,如牛引物,故《涅槃》云:‘是故稱佛爲大覺[⑤]。’”

問:“云名(何?)[⑥]故名‘物(勿)貪麁弊色聲香味觸’?”

答:“色、聲、香、味、觸是五欲之[⑦]界,故言‘麁’;污人稱‘弊’也。”

問。“長者門内許子三車,而門外與一車。於三則許而[⑧]不與,於一則與而不許。此非長者虚妄耶?”

答:“長者全其軀命,利益事實,故非虚妄。”

問:“《經》云如來利益一切人生三界,未審五生中以何生生於三界?”

答:“五生中以最後生而生三界。五生者:一、息苦生;二、隨類生;三、最勝生;四、增上生;五、最後生。”

問:“《經》言‘火宅’,何法是‘宅’,何法是‘火’?”

答:“三界爲‘宅’,三苦爲‘火’。苦受以苦苦爲‘火’,樂受以壞苦爲‘火’,捨受以行苦爲‘火’。欲界具三‘火’,無色界具一‘火’。是故‘火’名‘火宅’。”

---

① 既,録本訛作“説”,據底本改。

② 已,録本訛作“己”,據底本改。

③ 以,底本、録本無,今據文意補。

④ 非,此似爲“悲”之訛省,待考。

⑤ 覺,底本訛作“非牛”,今據《大般涅槃經》[T12n374p560a13]改。

⑥ 名,此似爲“何”之訛,待考。

⑦ “欲之”二字録本訛作“言言”,據底本改。

⑧ 而,録本訛作“當”,據底本改。

信解品三條

問:“窮子五十餘年。何名‘五十年後得一日之價’?”

答:“以五十二賢聖爲五十餘年,所謂十信、十解、十行、十迴向、十地,是名‘五十’。菩薩等覺二位,名曰[①]‘餘年’;小乘示得涅槃,故云‘一日之價’。”

藥草喻品一條

問:“三草、二木各喻何人?”

答:“小草喻凡夫,中草喻二乘,大草喻地前菩薩,大木喻後三地菩薩,小木喻初地至七地菩薩;是名三草二木所譬之人。”

授記品二條

問:“聲聞有幾種授記?何者聲聞作佛?”

答:“授應化聲聞退菩提心。聲聞作佛,以根熟故;决定性及增上慢不授作佛,以根未熟故。”

問:“若前後二俱授記作佛,可使破二明一。後既不授作佛,應非破二明一?”

答:“授通授記,故四種皆破。據外授記,故兩不記。”

問:“菩薩發心,理應進發。有何障礙,退作聲聞?仰[②]顯退由,示其性弱。”

答:“此至本發大心、希大果,中間須行八萬四千波羅蜜行。後經三大阿僧祇時,雖言鼓玄,掉(棹)[③]於法流,怯長波而自息,由是菩薩退作聲聞。故上文言‘佛道長遠,久受勤[□][苦][④]者乃可得成。’我等疲極,今言‘退還’,即自證也。”

---

① 曰,録本訛作“日”,今據底本改。

② 仰,録本訛作“假”,今據底本改。

③ 掉,此當爲“棹”之换旁俗體。

④ 苦,底本、録本無,今結合文意,據《妙法蓮華經》[T9n262p26a17]補。

化城喻品一條

問:“如來初立化①城,引接何人?後滅,引接何人?”

答:“爲引凡夫至聖,故立化②城爲喻;小乘入大乘,故滅爲化③,滅化④差别。”

問:“兵將破敵,應酬重賞,何故不解明珠,乃賜田宅?爲是輪王有愺⑤?爲是將士勳⑥輕?仰頓所由,使無[□][不]監⑦。”

答:“王以⑧神珠價重,唱賞不伐之勳。佛以妙法經擬(疑)⑨,被罰(問討?)⑩群之力。若使勳輕賞重,眷屬必致驚嗟。法大機小,菩薩能無怪或(惑)?所以未解明珠,且賜田宅。”

壽量品一條

問:“時我及衆僧俱出靈鷲山者,爲是報佛?爲是應佛?若是報佛,靈鷲山即是應報土;若是應佛,不應道常在靈鷲山。”

答:“實是報佛故,常在靈鷲山。由現應相故,現有滅不滅。靈鷲山者,約體即法性之山,‘鷲’應説是‘靈鷲山’。故《論》云‘如來净土’,即第一義諦攝。”

---

①②③④ 化,録本訛作“作”,今據底本改。

⑤ 愺,録本訛作“燒”,今據底本改。愺者,吝嗇也。《北史·李穆傳》:“仁壽初,忿筠愺嗇,遣兄子善衡賊之。”《隋書·李穆傳》作“吝嗇”。

⑥ 勳,録本訛作“動”,今據底本改。“勳”下底本有一“一”字,與文意無涉,當爲書手誤增,兹據文意删。

⑦ 不,底本、録本無,據文意補。《莊子·盜蹠》:“名利之實,不順於理,不監於道。”成玄英疏:“監,明也。”“使無不監”義即没有讓人不明白的。

⑧ 以,録本訛作“心”,今據底本改。

⑨ 擬,此當讀如“疑”。《墨子·明鬼下》:“是以莫放(敢)幽閑,擬乎鬼神之(有)。”高亨新箋:“擬借爲疑。”《漢書·揚雄傳上》:“枳棘之榛榛兮,蝯貁擬而不敢下。”顔師古注:“擬,疑也。”

⑩ 罰,此疑爲竪排“問討”二字之訛(此卷“問”之手體與“罰”之上部“罒”相近)。《左傳·宣公十二年》:“楚自克庸以來,其君無日不討國人而訓之。于民生之不易,禍至之無日,戒懼之不可以怠。”杜預注:“討,治也。”[漢]王符《潛夫論·考績》:“三公不以讓州郡,州郡不以討縣邑,是以凶惡狡猾易相冤也。”“討羣之力”即治理衆生之功效。

法師功德品一條

問:"持經人得幾種功德? 仰顯其數。又,得六根清净何故功德多少不同者?"

答:"六根净土,合[①]得[□][六][②]千功德。顯數者,以十善爲本;一善以九善,助成十善;各九即九十善,通其本十,即爲一百。自持經得一百,勸人持經得一百,自勸人、讚嘆持經人得一百。成四百。即此[③]十善,從心所生,生善三心,有其三品,謂上中下。以經力故,上品心中得四百,中品心中得四百,下品心中並得四百,合三令成一千二百功德。眼鼻身三根,以持經功用劣故,唯得中下品,各得八百功德;三八二十四,即二千四百。耳舌意三根,以持經功德能勝故,得具三品心,别各四百;一根一千二百,三根三千六百。帖前二千四百,合成六千功德。"

問:"《經》云'種種諸瓔珞,無能識其價。聞香智(知)貴賤,出處及所在'者,此乃是鼻識所知,應言'嗅[④]',何故言'聞'? 未知所以,仰確(碓)[⑤]各[□][?][⑥]並辯[⑦]其人於何行位[⑧]得此功德能也。"

答:"六根雖殊,心識是一。鼻雖受入分别,是以遥嗅[⑨],故義同於耳,故言'聞'也。'何行位'者,四依法者,若依經文,即有五種。法師受持、讀誦、解説、書寫,即通凡也。故《法花論》云此得六根清净,謂凡夫人以經力故,得勝根用;又云諦根亦互用,一一根中皆得,乃色聞香别味覺觸,故下文言'雖未得菩薩,無漏法生鼻,而是持經者',即其證也。"

---

① 合,録本訛作"令",今據底本改。

② 六,底本、録本無,據文意補。下文:"一根一千二百,三根三千六百。帖前二千四百,合成六千功德。"可互勘。

③ 此,底本、録本衍作"此此",據文意删。

④ 嗅,録本訛作"臭",今據底本改。

⑤ "仰確"二字録本訛作"假碓",今據底本改。

⑥ 此處費解,疑脱一字,待考。

⑦ 辨,録本訛作"辯",今據底本改。

⑧ "行位"二字録本訛作"所任",今據底本改。

⑨ 嗅,録本訛作"臭",今據底本改。

問:"何名'八萬四千波羅蜜'? 具列數[①]名。"

答:"'波羅蜜'名,西域梵音,此翻名'到彼岸'。行此諸行,過生死河[②],登涅槃彼岸也。列數者,佛具三百五度功德。始從放光乃至涅槃,有三百五十度功德。一一功德以六波羅蜜助成,計當二千一百。又云,四大並六塵即爲十,此各具二千一百,計當二萬一千。得四。四別二萬一千,即八萬四千法門也。"

問:"一百[□□][二十][③]八煩惱何者是?"

答:"十使煩惱爲本。十使者,貪、瞋、慢、癡、無明名'鈍使',薩迦耶見、邊見、見取、戒取、邪見名'利使'。此十於三界四諦,四諦各十,下欲界即四十;色、無色界八諦,中各除瞋,即八九七十二;通言四十,即一百一十二;此謂見道也。修道中有貪、瞋、無明、慢、薩迦耶見、邊見,欲界具六色。無色界各除瞋,並有五,即爲十;通下界六,即十六;謂修道煩惱,通凡合一百二十八煩惱。前一百一十二見道所斷,後十六修道所斷。初地各見道二地已者名'修道',此謂大乘見修煩惱。"

問:"信解品中明何義?"

答:"信解品中明窮子譬,對聲聞人一向倒,此即是聲聞種姓人。如來方便,於獲大寶。故《論》云:'聲聞人一向增上慢,[□][謂][④]我乘與如來乘等無差別,……[□][爲][⑤]對此顛倒,故説窮子[□][譬][⑥]喻。'"

問:"信解品中長者是何身? 脱珍御服、著垢衣裳是何? 長者化何等人? 仰[⑦]具釋。"

答:"寂滅道場,無畏之莊嚴,飾華[⑧]麗身盧舍那身;所説之法,是《花羅

---

① "列數"二字底本作"數列",據文意改。下文"列數者……",可助勘。

② 河,録本訛作"何",今據底本改。

③ "二十"二字底本無,今據文意補。下文"通凡合一百二十八煩惱",可助勘。

④ 謂,底本、録本無,今據《法華玄論》[T34n1720p402a2]補。

⑤ 爲,底本、録本無,今據《法華玄論》[T34n1720p402a2]補。

⑥ 譬,底本、録本無,今據《法華玄論》[T34n1720p402a2]補。

⑦ 仰,録本訛作"設",今據底本改。

⑧ 華,録本訛作"革",今據底本改。

(嚴?)[①]》等教;所被之機,純諸菩薩。鹿苑中脱珍御服、著弊垢衣者,是釋迦身;所説之法,是四諦法:苦、集、滅、道。五乘難衆,是人天等乘,機有大小,教有淺深。”

問:“藥草喻品明何義?”

答:“藥草喻品中對治求大乘人,一向到此,是菩薩種性人。教雖一味,等被三。藥草喻中明一味之雨,三草用潤,合知根外,破其迷一。故《論》云:‘大乘人一向增上慢,無別聲聞辟支佛乘。’對治此顛倒,故説藥草喻。”

問:“十二因緣,假釋名出體,一一具釋。”

答:“親生名‘因’,助發爲‘緣’。列不同有其十二者:一、無明;二、行;三、識;四、名色;五、六入;六、觸;七、受;八、愛;九、取;十、有;十一、生;十二、老死。迷心不了,故曰‘無明’;感果遷謝,目之爲‘行’;現心了别,名之爲‘識’;四名‘名色’;陰名‘色根’,心名‘六入’;和會根塵,名之爲‘觸’;領納違順,名[□][之][②]爲‘受’;於境深著,名之爲‘愛’;四方追求,名之爲‘取’;能有當果,名之爲‘有’;未來初起曰‘生’,根德衰變爲‘老’,果根[□][滅?][③]代(化?)[④]曰‘死’。釋名如是。言‘體性’者,無明愛取,以煩惱爲體;行有二種,以業道[□][爲][⑤]體。現在五果,未來生、老、死以苦道爲體。”

問:“五百弟子授記品中明何義?”

答:“對治無定人散亂心,即是菩薩種性人,習道不進,要昔大善,修空邪僻,故名‘散亂’。繫珠譬中,示衣珠令其記憶。故《論》云:‘散亂心人實無有定,過去有大乘善根而不覺知。彼[⑥]不求大乘,於狹劣心中生虚妄解,以爲第一乘。’於治此故,説寶珠譬。妙亦是合,解無上故。《論》云‘示[⑦]現令解無

---

① 羅,底本似作“嚴”,待考。

② 之,底本、録本無,今據文意補。

③ 此處疑脱一“滅”字,待考。

④ 代,此疑爲“化”之形誤字。

⑤ 爲,底本、録本無,今據文意補。

⑥ 彼,録本訛作“被”,今據底本改。

⑦ 示,底本、録本作“亦”,此處當爲“示”之訛,今據《妙法蓮華經論優波提舍》[T26n1520p18b27]改。

上,故說繫珠譬'。"

問:"記云'繫珠',衣喻何法?珠喻何法?何時得珠?何時失珠?"

答:"衣喻阿賴耶識所勳爲因,法珠喻聲聞。《法花》一乘之教,發菩提心,修菩提行,能勳本識,猶若繫珠。何時失珠者,大通[①]晦過[②]之後,沙彌息教之時,背教既遥,又流生死,妄於本解,故曰'失珠'。何時得珠者,釋迦出世,演教靈山,還得本悟,故稱'得珠'。"

問:"授記品中明何義?"

答:"此品明與四大聲聞迦葉、須菩提、迦旋延、目連等授記,亦名'受記'。如來談與記,名之爲'授';弟子領記,名之爲'受'。"

問:"化城喻中明何義?"

答:"明對治有,定之實無,而有增上慢,即凡夫有漏定,實非涅槃,於中妄起,生涅槃相,故名爲'倒'。以權立化城,進近令違。故《論》云:'實無有增上慢人。以有世間三摩拔提實無涅槃,生涅槃相(想)。'對治此故,說化城喻。"

問:"聲聞、緣覺各得涅槃,如何共住化城?"

答:"二涅槃同離一障,謂煩惱障,故曰'一城'。"

問:"云何名大乘?何者爲一乘?"

答:"'一'是攝五之總名,'大'是四三之別稱。故下《經》云:'十方佛土[③]中[④],唯有一乘法……唯此一事實,餘二則非真。'除佛方便說,五乘雖復殊分,究竟同歸一法。言大乘者,爲對三根,故稱'大'也。下文又言:'菩薩求此乘,故名爲"摩[□][訶][⑤]薩"'。言'一'者一味平等理也。"

---

① 通,録本訛作"遍",據底本改。"大通"即"大通智勝如來",乃佛之别稱。後秦鳩摩羅什譯《妙法蓮華經》化城喻品第七:"佛告諸比丘:'乃往過去無量無邊不可思議阿僧祇劫,爾時有佛,名大通智勝如來、應供、正遍知、明行足、善逝、世間解、無上士、調禦丈夫、天人師、佛、世尊。'"[T9n262p22a19—22]

② "過"此乃過世之婉詞。[三國·魏]曹植《贈白馬王彪》詩之五:"存者忽復過,亡没身自衰。""晦過"猶言隱滅也。

③ "佛土"二字底本作"世界",今據《妙法蓮華經》[T9n262p8a17]改。

④ 中,録本訛作"由",據底本改。

⑤ 訶,底本、録本無,今據《妙法蓮華經》[T9n262p13b28]補。

問:“如來功德,超越十方。讀誦之至,未逾三界。云何罵佛尚輕,嗔持經至,得罪乃重?”

答:“若就因爲論,因有厚薄,境有尊卑,則罵佛甚重,毁持經人極輕。今①就違順境中以明輕重。如來心在平等門中,離愛憎出入,到去八風,心行平等,毁譽不動,其罪即輕。始行菩薩代弘經,利益衆生,慈悲攝化,廣度一切物,廢化斷於②佛種。就化爲論,故言‘罪重’。”

壽量品約判三佛菩提。三者,法菩提故。下《經》言釋官託生伽耶來,此是化菩提。又言:“諸善男子!我實成佛以來,經無量無邊那由他劫”,此是根佛菩提。又《經》言“非實非虚,非如非異,不如三界,見於三界”,此是法菩提也。

問:“長短無乖,有無願返。云何六十小劫謂如食頃?理隔言違,若爲分雪?”

答:“六十之與食頃,俱爲時收。雖復長短不同,草不識心變異。若心存分别,則長[□][短]③有殊。若三界唯心,則長短無二。是以須彌納芥子,萬國俱舉毛端。斯乃心長則長,亦非定有長短。”

問:“何因履水躍火,俱稱名而不禮拜?求男請女,則拜而不稱名者何?仰④具釋。”

答:“觀音化物,救難爲懷,既號‘觀音’,理須稱歎。孤獨請求男女,難苦未絶身躬,所以得蜜(密)禮拜;牟過水火之災,交恐命將殞[□][謝]⑤,遂急但得稱名,何假屈身禮拜?”

問:“提婆達多品中明何義?”

答:“品内顯《法花經》有三:一、由達多者説此《法花》故,自致成佛,有成佛力;二、由文殊説此《法花經》故,無邊菩薩悟道,故廣大力;三、由龍女修行現身成佛故,即速疾力。”

---

① 今,録本訛作“令”,今據底本改。

② 於,録本訛作“利”,今據底本改。

③ 短,底本、録本無,據文意補。

④ 仰,録本訛作“設”,今據底本改。

⑤ 謝,底本、録本無,今據文意補。

問:“云何‘藥王! 其有讀誦《法花經》者,當知是人以佛莊嚴,則爲如來肩所荷擔’? 其義云何?”

答:“此是諸品中經文,謂入如來室,著如來衣,坐如來座,故以莊嚴乃至‘肩所荷擔’也。”

問:“此《經》云‘開方便門,示真實相’?”

答:“方便門者,開小乘方便門,入一佛乘是真實。”

問:“見寶塔品中明何義?”

答:“明清净國土無上。故《論》云:‘示現清净國土無上故,示現多寶如來塔。’”

問:“云何名‘有功德人’?”

答:“是有學聲聞人,斷少煩惱,故有功德。解珠譬中,前賜田①宅,明與小果。後賜明珠與大衆,故爲對治。《論》云:‘有功德人説大乘法,而非大乘,對治此説,王解髻中明珠與之。’譬喻亦名‘説無上’。”

問:“從地踊出品中明何義?”

答:“明教化衆生②無上,故《論》云:‘示現教化衆生無上故,説無量菩薩從地踊出。’”

問:“云何對治不舉功德人?”

答:“即三乘種性人,佛説一乘,不肯受持、修習,故醫師譬中,明醫師設增權身,癡子始眼妙藥,佛現滅度鈍性,萬修一乘。故《論》云:‘無功德人於第一乘不舉功德,説第一乘不取[□□□][爲第一]③,對治此故,説醫師譬喻。’應知復是涅槃無上。故《論》云:‘示④現涅槃無上,故説醫師譬。’”

問:“何名陀羅尼? 用何爲體?”

答:“亦以惠(慧)爲體。故《涅槃》云:‘陀羅尼者亦“大念”。’亦名無事惠(慧)念者,定也,定能生惠(慧)故。《維摩經》云念、定、持,即其義也。”

---

① 田,録本訛作“由”,今據底本改。

② 生,録本訛作“衆”,今據底本改。

③ “爲第一”三字底本無,今據《妙法蓮華經論優波提舍》[T26n1520p18c15]補。

④ 示,底本訛作“不”,今據《妙法蓮華經論優波提舍》[T26n1520p9c3]改。

問:“何名呪?”

答:“呪辭不出三義:或説三寶功德,使聞者發心;或説大神力勢,使諸魔驚退;或説甚深法相,使聞者得悟。”

問:“方便品中爲小乘人説九部經,十二部中不説何經?”

答:“无《授記經》,无[①]《自説經》,无《方廣經》。”

問:“《經》云:‘聞[②]有人言:“汝諸子等,先因遊戲,來入此宅[③]。”’‘聞[④]有人言“汝諸子等”’是何人?‘來入此宅’從何處來?”

答:“‘聞有人言’中,十方諸佛言來入此宅者,凡夫人等,行雖未出願門,心[⑤]已出其人,夫本願故,來入此宅。”

問:“汝來説法,必有要歸。未審此經以何爲宗旨?”

答:“諸師辯宗,各各不同。今依[一][⑥]徵,宗有二種:一者、體宗;二者、用宗。非二非一,是其體宗;破三歸一,是其用宗。法無二會,對器得名。會假歸真,形三一立;三名無遣,一號亦三。故《法句經》云:‘一亦不爲一,爲欲破諸數。淺識[⑦]之所聞,見一以爲一。’即其義也。净法師以一乘爲宗。”

問:“佛説《法花經》,何以不入《法花》三昧,乃入《無量義處》三昧?”

答:“《法花論》云此大乘修多羅有十七種名:第一名‘無量義處經’,第十六名‘法花’,故知入《無量義處》三昧即入《法花》三昧。”

問:“何故欲説《法花》在眉間豪相放光,不在餘處放光?”

答:“説此《法花》,欲表一乘中道,故在眉間放光。”

問:“此經既明一乘甚深之行,何故不告菩薩,乃告聲聞?”

答:“《論》明有五義,故不告聲聞:[□][一][⑧]、爲諸聲聞所化事故;二、爲

---

① 底本此處誤增一“无”字,今據文意删。

②④ 聞,録本訛作“中”,今據底本改。

③ 宅,録本訛作“定”,今據底本改。

⑤ 心,録本訛作“門”,今據底本改。

⑥ 一,録本脱,今據底本補。

⑦ 識,斯 2021《法句經》底本實作“智”。

⑧ 一,底本、録本無,今據文意補。

諸聲聞迴取大菩提故；三、爲談[①]諸聲聞恐怖弱故；四、爲令解人善思念故；五、爲諸聲聞不起所作已辯(辦)心故。"

問："法花會上乃有一萬二千聲聞，[何][②]故獨告舍利，不告餘人？"

答："舍剎弗與如來相應，是以獨告舍利，不告餘人。"

問："佛放光明，計應普照，何因唯照有頂已還，不照空處已上？"

答："解有二種：一、二乘先是色法，唯在有頂，不及空處以上。二、就大乘解，如來光者遍一切，無物不照，故經説言：'上到有頂，下至水際。'此就化相説遍通十方，據大乘説。"

問："《經》云：'有比丘實得阿羅漢。若不信此法，無有是處。'其義云何？"

答："謂退菩提心聲聞及應化聲聞得成阿羅漢者，於《法花》一乘之法决定生信。此乘無有是處。"

問："云何名'五濁'？何者是'五濁'？"

答："濁亂不清净，名之爲'濁'。'濁'義不同有其五種[③]：一、劫；二、煩惱；三、衆生；四、見；五、命。劫者，時也；劫中有爲濁，故曰'劫濁'。煩惱者，令四住他門名'煩惱'；煩惱迷心，名爲'煩惱濁'；衆勞亂行人，名爲'煩惱濁'。法成生名'衆生濁'。邪見决斷，名爲'見濁'。違持色以，名之爲'命體'，從名'命濁'。五、何[□□□][者'命濁'][④]？壽命中[⑤]夭，名爲'命濁'。出體者，以衣食等命緣爲劫濁體，以貪、瞋、癡三毒爲煩惱濁體，以命根爲衆生濁體，以五見便爲見濁，以命根爲體。"

問："現瑞何故彌勒生疑，正説之中，申(身)[⑥]子騰請[⑦]？"

---

① 底本"談"字疑爲衍文，待考。

② 何，録本脱，今據底本補。

③ 種，録本訛作"經"，今據底本改。

④ "者命濁"三字底本、録本無，據文意補。

⑤ 中，録本訛作"申"，今據底本改。

⑥ 申，録本訛作"由"，今據底本改。此"申"讀若"身"(二字《廣韻》均可音失人切)。下文"身子是執異之瑞，故生疑致請也"，可助勘。

⑦ 請，底本作"清"，當爲"請"字之訛。下文"故生疑致請也"中"請"字底本同作"清"，亦"請"之訛字。

答："現瑞通表[①]一部經因果之義，唯佛能了，窮子未知。所以彌勒疑也。正説之偏對身子，身子是執異之瑞，故生疑致請也。"

問："既云樂小法者，何故復言'貪著於生死'？"

答："現在機緣於過去久遠，貪著於生死。又解，樂於小法，則是貪著於生死，以小涅槃，即是大乘生死。"

問："人天善根既[□□][是有][②]所德(得)，云何此經此[③]已成[④]佛道？"

答："人天善根此[⑤]是德(得)佛之遠[⑥]緣，故云'成佛'也。"

問："何爲兩足尊？"

答："或以[⑦]定惠(慧)爲兩足，或以權實爲兩足，或以緣行爲兩足，或以人天爲兩足。"

問："故云何名'觀樹亦經行'？"

答："如來在此樹下成道，念於[⑧]樹恩[⑨]故達；行者本爲取道，故坐；今[⑩]得道竟[⑪]，是故'經行'。"

問："佛爲衆生故，出世[⑫]應説法。何事待請耶？"

---

① 表，底本不清晰，録本作"來"，不可解。結合文意，正字當爲"表"。胡吉藏撰《法華義疏》："現瑞通表説一經因果之義，唯佛能了。"[T34n1721p491a5]可助勘。

② "是有"二字底本無，今據文意補。胡吉藏撰《法華義疏》："人天善根既是有所得，云何此經明皆成佛耶？"[T34n1721p505b1]可助勘。

③⑤ 此，録本訛作"比"，今據底本改。

④ 成，録本訛作"來"，今據底本改。

⑥ 遠，録本訛作"達"，今據底本改。

⑦ 以，録本訛作"心"，今據底本改。

⑧ 此字底本作"根"，當爲"於"字之訛。胡吉藏撰《法華義疏》："如來在此樹下成道，念於樹恩，故觀樹也。"[T34n1721p508b1]可助勘。

⑨ 恩，録本訛作"思"，今據底本改。

⑩ 此字底本作"命"，當爲"今"字之訛。胡吉藏撰《法華義疏》："今得道竟，是故經行。"[T34n1721p508b2]可助勘。

⑪ 此字底本不清晰，録本作"意"，不可解。結合文意，正字當爲"竟"。胡吉藏撰《法華義疏》："今得道竟，是故經行。"[T34n1721p508b2]兹據改。

⑫ 此字底本、録本作"計"，當爲"世"字之訛。胡吉藏撰《法華義疏》："佛爲衆生故，出世自應説法。"[T34n1721p508c20]兹據改。

答:“《論》云佛雖不須請,而令請者獲福。”

問:“諸天請,不明人請耶?”

答:“天勝人,故明[□][天][1]請,不明人也。”

問:“譬喻品中明何義?”

答:“品内明初據舍利弗記,後明火宅譬,對治求勢力人倒求增上慢。此是欲界凡夫無勝壞界,理實麁弊,非樂計樂,故名‘倒求’。火宅譬中,光明三車,拔其大苦,緣合入理,與其大乘。《論》云:‘以世間諸煩惱熾然,人天以爲妙境。對治此相,説火宅譬。’”

問:“此經大宗,破三歸一味。知破三、會[□][三][2]云何同異?”

答:“據病爲言,則破三歸[□][一][3];約行爲悟,則會三歸一。病則俱破而不會,行則俱會而不破。”

問:“昔以説諸大乘經爲菩薩行,今何因緣復得[4]菩薩行?仰[5]釋。”

答:“菩薩有二種:一者,直往;二者,迴小入大。直往者,花嚴坐下爲諸菩薩説大乘經名《無量義經》,菩薩法佛所護念等故。下文言除先修習學小乘者,如是[6]之人,今我得聞[7]是經,入於佛惠(慧)。回小入大者,即令法花坐廣説譬喻,心宿草庵漸淺長等事。”

問:“云何是度五百由旬?何者是化來?何者是寶所?”

答:“五百此[8]是要法,三界爲三百,二百喻習二乘涅槃。後一百即四住習,二乘回心,已知初地,已知爲一百即五百。若以二乘爲二百者,有妨以化

① 天,底本、録本無,今據文意補。

② 三,底本無,今據文意補。下文:“約行爲悟,則會三歸一。”可助勘。

③ 一,底本、録本無,今據文意補。

④ 得,底本訛作“後”,今據底本改。

⑤ 仰,録本訛作“假”,今據底本改。

⑥ 是,底本作“來”,不可解,正字當爲“是”。《妙法蓮華經》:“除先修習學小乘者,如是之人,我今亦令得聞是經,入於佛慧。”[T9n262p40b10]可助勘。

⑦ 聞,録本訛作“中”,今據底本改。

⑧ 此,録本訛作“比”,今據底本改。

城是乘[①]果，已度竟故。化城已後，方便度二百。然二乘未過寶所[②]，故須進途二百，二界即五道，故不通爲五百，總爲五百。言'化城'者，無而忽有，名之爲'化'，防非捍敵，目之爲'城'。度三百由旬，衆人度退。商主方便權説二乘滅諦涅槃，解其疲倦，令[③]前進同趣寶所。言'寶'者諸師不同，隨人有異。今案此文，位當種性。羅漢迴心，位當十信。若論斷或(惑)，初地齊功，心位同十信。論其究竟，佛地方息進求。今就大乘果滿，故言'實'。何者？藏法師以三界爲三百，二原爲二，即五百。惠(慧)净法師以五道爲五百。三途爲三百，人天二百，即五百。並此以宗三家[④]不同，地意即同。"

問："如來十八不共法何者是？"

答："一、身無失；二、口無失；[□][三][⑤]、念無失；四、無不定心；五、無異相；六、[□][無][⑥]不知以捨心；七、欲無滅；八、念無滅；九、智無滅；十、[□][精][⑦]進[⑧]無滅；十[□][一][⑨]、解脱無滅；十[□][二][⑩]、解脱知見無滅；十三、身業随[⑪]智慧行；十四、口業随[⑫]智慧行；十五、意業随[⑬]智慧[□][行][⑭]；

---

① 乘，録本訛作"東"，今據底本改。

② 所，録本訛作"何"，今據底本改。

③ 令，録本訛作"今"，今據底本改。

④ 家，録本訛作"類"，今據底本改。

⑤ 三，底本、録本無，今據文意補。

⑥ 無，底本、録本無，今據文意補。

⑦ 精，底本、録本無，今據文意補。

⑧ 此字底本不清晰，録本作"通"，不可解。結合文意，正字當爲"進"。胡吉藏撰《仁王般若經疏》："十八不共者，一身無失，二口無失，三念無失，四無異想，五無不定心，六無不知已捨心，七大欲無減，八精進無滅，九念無滅，十慧無滅，十一解脱無滅，十二解脱知見無滅，十三身業隨智慧行，十四口業隨智慧行，十五意業隨智慧行，十六智慧知過去世無礙，十七智慧知未來世無礙，十八智慧知現在世無礙。"[T33n1707p322a3—9]兹據改。

⑨ 一，底本、録本無，今據文意補。

⑩ 二，底本、録本無，今據文意補。

⑪ 随，底本不清晰，録本作"修"，今據胡吉藏撰《仁王般若經疏》[T33n1707p322a6]改。

⑫⑬ 随，底本不清晰，録本作"修"，今據胡吉藏撰《仁王般若經疏》[T33n1707p322a7]改。

⑭ 行，底本、録本無，今據文意補。

[□□][十六][1]、智慧[2]知過去[3]無障；十七、智慧知未來無障；十八、智慧智見在無障。如業身三、口四[4]、意三，皆悉已離，三業清净，故言‘無失’。乃至智慧懸鑒三世，皆悉通達，故言‘無礙[5]’。此十八者，唯佛獨證，菩薩聲聞皆莫能得，故言‘不共’。疏言‘體’者八法爲體，謂思、相(想)、欲、勝解、念、定、惠(慧)、勤。”

問：“何名‘十力’？”

答：“十力者：一、處非處力；二、業力；三、定力；四、四根力；五、念力；六、性力；七、過處道力；八、宿命力；九、天眼力；十、漏盡力。”

問：“《經》云五衆之生滅未知，何者是五衆？仰[6]出所數，列名釋義。”

答：“五衆者，五陰也。列名者，色、受、相、行、識也。色有青黄赤白，乃至識有八種。五各非一稱爲‘衆’。亦可言此之五陰，乃有衆多生滅故。《涅槃經》云‘五陰名衆生’、‘衆生名五陰’，即其證也。”

問：“《經》云：‘即[□][爲][7]方便説涅槃真實法。’何者是涅槃真實法？”

答：“一切真涅槃，妄相真實，無生無涅槃，是名爲‘究竟’，即是真實也。不滅名爲‘涅槃’，俱爲衆生起或(惑)，不順正理，廣造諸業，流浪生死。對生死故，説有涅槃。若能知生死涅槃本來不二[8]，是真實故。上文言：‘我雖説涅槃，是亦非真滅。’又言：‘諸法從本來，常自寂滅相。’《楞伽》又言：‘我所説者，妄想[9]識滅，名爲“涅槃”。’即其證也。”

問：“此經既云破三歸一味，知三外則有一，三内即有一？”

---

① “十六”二字底本、録本無，今據文意補。

② “智慧”二字底本無，録本據文意補。

③ “知過去”三字録本訛作“者”，今據底本改。

④ “口四”二字底本作“四口”，今據文意改。

⑤ 礙，底本不清晰，録本作“事”，正字當作“礙”。今據胡吉藏撰《仁王般若經疏》[T33n1707p322a8]改。

⑥ 仰，録本訛作“假”，今據底本改。

⑦ 爲，底本、録本無，今據《妙法蓮華經》[T9n262p47b4]補。

⑧ “不二”二字録本訛作“二不”，今據底本改。

⑨ 想，底本作“知”，録本作“智”，今據《楞伽阿跋多羅寶經》[T16n670p496a20]改。

答:"三内即有一,非是三外别有一。[□][何][1]所以得知?初出現道樹,徘徊三七,觀機無堪受大乘者,所[2]以於一開三,分途漸引靈山會上,根器方成。攝彼三權,總歸一處,故知三、一本自無殊。'汝等所行,是菩薩道',即其證也。"

問:"《經》云'道場所得法',未知何者是'道場'?何名'所得法'?"

答:"'道場'者,菩提樹下金剛寶坐得道處中,謂之爲'場'。'所得法'者,三無數修,因成果滿,湛覺真如,是得法故。《涅槃經》云:'諸佛世尊,從六波羅蜜三十七品十一空來[3]至大涅槃。'即其義也。"

問:"《經》云日月燈明佛爲妙光菩薩説《妙法花經》,滿六十劫時,會[□][聽][4]經者乃如食頃。此即多少相違,長短乖反?"

答:"燈明出世救物爲懷,悲願不窮。時經六十,群機慕道,渴仰情[5]深,稟教恬神,説'如食頃'。故下文言:'是時衆中無有一人若身若心而生懈倦。'亦可言燈明神力,長中[□][現][6]短,短中現長,轉彼心識,令如食頃。故下文言釋迦牟尼佛及[7]四衆默然而坐,經五十小劫,佛神力故,令諸大衆謂如半日。"

問:"《經》云:'大通智勝佛,十劫坐道場,佛法不現前,不得成佛道。'何故久坐十劫,不得成佛?何名'法不現前'?"

答:"據論實行因滿名'成'。爲物潛形,示言始就,稟機赴感,延促任情。緣彼群品,經停十劫,化物未暢,法不現前。機教相應,方言'乃現'。故大威德世尊爲度衆生,故於無量億歲爾乃成佛。"

問:"大通智勝佛,即轉十二行法輪。未知何者是十二行法輪?仰[8]出數

---

① 何,底本、録本無,今據文意補。

② 所,録本訛作"何",今據底本改。

③ 來,底本作"求",今據《大般涅槃經》[T12n374p468b3]改。

④ 聽,底本、録本無,今據文意補。

⑤ 情,録本訛作"憶",今據底本改。

⑥ 現,底本、録本無,今據文意補。

⑦ 及,底本訛作"乃",不可解。今結合文意,據《妙法蓮華經》[T9n262p40a20]補。

⑧ 仰,録本訛作"假",今據底本改。

列名解義。”

答：“十二行法輪者，謂三轉四諦謂也。三轉者：一、示相轉；二、勸修；三、引證。示相者，謂此是苦，此是集，此是滅，此是道。勸修者，謂者：‘汝應證道，汝應修。’引證者，謂引己[①]以爲證：‘苦[②]我已知，集我已斷，滅我已證，道我已修。”三四即是十二也。又解四諦各有四行，即十二。苦諦下四行者，謂因舉有緣；滅諦下四行者，謂滅正妙離；道諦下四行者，謂道如我四諦。諦别三轉四行，各有十二行。今言‘十二’者，以四諦俱同三，共十二。舉其通數，言‘十二行法輪’。”

問：“《經》云：‘大聖轉法輪……度苦惱衆生。’未知大聖是□(誰)[③]？轉何法輪？云何名‘轉’？”

答：“大聖者，謂大通智勝佛也。斯乃十方無比，三界獨尊，神化通機，故言‘大聖’。‘轉法輪’者，以己[④]所得，説據群機，法從佛流，謂之爲‘轉’；‘輪’者以‘修環運動’爲義，如來放命，機攝衆生，以機行教，轉凡成聖，故曰‘法輪’。‘轉何輪’者，對彼三根，轉三乘教，謂四諦十二緣六波羅蜜也。總而言之，法輪有三：一、名‘轉法輪’；二、名‘照法輪’；三、名‘持[⑤][□][法][⑥]輪’。三乘於[⑦]機根[⑧]俱淺[⑨]，未得究竟，爲一乘所收，有遷動之名爲‘轉’。爲大菩薩等説諸部波若，顯理途明，照彼大機，名‘照法輪’。大乘頓教，果得圓滿，總苞三乘，衆聖共臻，諸佛護念，名‘持法輪’。今明大通，三輪俱轉，故上文言時三轉十二法輪及廣説十二因緣法、爲十六王子説阿耨菩提法，即其義也。”

問：“《經》言‘百福相莊嚴’，何者是？”

---

①④ 己，録本訛作“已”，今據底本改。
② 苦，録本訛作“者”，今據底本改。
③ 誰，録本作缺文，今據底本補。
⑤ 持，録本訛作“轉”，今據底本改。
⑥ 法，底本、録本無，今據文意補。
⑦ 於，録本訛作“别”，今據底本改。
⑧ 根，録本訛作“教”，今據底本改。
⑨ 淺，録本訛作“識”，今據底本改。

答:"如來具三十二相、一相中皆以百福者,以十善業爲本。十善者始從'不殺'乃至'不邪見',翻其'十惡',即名'十善'。即此十善即五十心,初心猛利,得五十福,後心終成,得五十福,即成百福。"

問:"《經》云:'入邪見稠林,若有若無等……具足六十二。''六十二見'者何?"

答:"'六十二見'者,謂'世間常、無常'、'亦常、亦無常'、'非常、非無常'等四句,'有邊、無邊'、'亦有邊、亦無邊'、'非邊、非非邊'等四句,'如如、不如如'、'非如如、非非如如'等四句,三四十二句,偈述[①]五陰,一一陰中各作十二句,即六十帖。是身命各異,命異二句即成六十二[②]□

① 述,録本訛作"迷",今據底本改。

② 下缺。

No. 2753《華嚴經》章疏釋

［題解］

佛典《華嚴經》章疏，敦煌寫本中存斯 2466 一號，作者不詳，一卷。首殘尾存，首尾均無標題。《大正藏》本、黄永武《敦煌寶藏》、施萍婷編《敦煌遺書總目索引新編》均擬題爲“《華嚴經》章”，今據内容略作補充。略述晋譯《華嚴經》三十四品每品之内容，因卷首殘缺，故疏釋實際上從“四諦品第四”開始。行文言簡意賅，與法藏《華嚴經探玄記》或有不同，頗有參考價值。文末爲《四弘誓文》一篇：一者誓斷一切煩惱，二者誓修一切功德，三者誓度一切衆生，四者誓度一切種智。稱：“菩提難入，以願邀期。是以初發心菩薩將欲斷惡修善，廣化衆生，遠求佛果，要以弘誓爲本。弘誓既立，則願無不從。……菩薩一誓，過於聲聞百千劫行。菩薩行願，乃有無量。略舉此四，總收都盡。”此疏清代以前歷代大藏經未收，歷代經録亦未著録，《大正藏》據斯 2466 號録入其第八十五册。今校注仍以《大正藏》本所據原卷斯 2466 號爲底本。

▭①奥妙。紹(絶?)②名▭無相之相▭並舉名號，以▭起□非在外，所以即▭外故，所以即實，故名“名號品”。

四諦品第四

就此品中，前後▭准後列十方名號，就文可知。其相旨意▭。

① 首缺。

② 此字底本似作“絶”，待考。

光明覺品第五

此品所以興者，上之二品，廣□(彰)[①]□□理旨之相，正明佛果契實妙用，周於法界，但義苞潤囑(?)[②]，諒非玄悟，要由大聖神通道力，微見其像，乃有寄心。是以如來從足下相輪放大光明，現真實相，含零(靈)[③]有心，無不啓悟。以是義故，首欄名曰“光明覺品”。

明難品第六

此品所以興者，上顯光明覺品現證之驗，但前菩提圓寂真際之實，而顯在於法界名品。然“法界名號”者，是無相之相，相即之實。“衆生海”者，亦復如是。此旨沖妙，難中之難，是以文殊師利與諸方大士詳參爾迹，且舉十種諮問[④]，一一隨義説正答，深旨得彰，故曰“明難品”。

净行品第七

此品所以興者，上明圓果微妙，非因不對。因雖無量，無非净行，故次明净行品。

賢首菩薩品第八

此品所以興者，文殊上明行要清净。於中廣大深義，其相未彰，故問賢首，敷演其奥，故次第八明賢首品。

佛昇須彌頂品第九

此品所以興者，上明佛果真實之德，略辨因[⑤]行方便，會果之道。自下復明如來至寂虚凝而用周法界。何以知之然？不起道樹之於六天，乃[□]

① 彰，録本作缺文。按：底本該字左半“章”尚存，結合文意，可斷爲“彰”字。兹據補。

② 囑，底本不清晰，待考。

③ 零，此當讀如“靈”(二字《廣韻》皆可音郎丁切)。

④ 問，録本訛作“門”，今據底本改。

⑤ 因，底本作“囙”，乃“因”之俗字。此字録本訛作“回”，兹據底本改。

[至][1]十方亦復如是。後欲廣辨菩薩行位超昇,有實出要,故次明昇須彌品。

菩薩雲集品第十

此品所以興者,前明十方法界一合之相,此品欲明平等真寂一切皆是。是故大士十菩薩皆據實觀窮玄,乃名"見佛",泯於分别。何故然也?欲明菩薩發菩提心,决定即是與佛無别,故次明雲集品。

菩薩十住品第十一

此品所以興者,前明真寂無相,妙絶分别,爲開大士菩提圓道,是故有心曉達其趣,創發弘誓。心冥大寂,安固不動,謂之爲"住",故次明十住品也。

梵行品第十二

此品所以興者,上明心冥大寂,安固不動,成就"住"義。此明真實證修,决定勝集。初發心時,便成正覺,故次明梵行品。

功德品第十三

此品所以興者,上明梵行是之至寂真實之體,此品明功德是方便莊嚴。前彰行體清净平等,此顯備用殊致,義福塵沙,故次明功德品。

明法品第十四

此品所以興者,上明梵行功德,體義廣大,發與佛同,理宜勝進。是以惠(慧)菩薩問於法惠(慧),廣辨超昇增上之道,其相彰顯,故曰"明法品"也。

昇夜摩天宫自在品第十五

此品所以興者,前明十二種法是勝進之道,欲彰勇猛大士冥心玄會,不由階降,故次明昇夜摩宫自在品也。

---

[1] 至,底本、録本無,今據文意補。

菩薩説偈品第十六

此説偈起意,法用旨況與上相似,但名品行位處别爲異,准上可知。

十行品第十七

此十行品與前十住有何異相?十住明信解發心,决定相應。今此十行明行成建立、往待之義。何故知也?夫解明由行懃,行成由於解悟,解、行相須,理數然矣。此爲發起次第故。又言“解行”者,位也。所謂[□][本][1]性真明,義均[2]齊觀,解、行冥符,同融一揆。於法界海臨玄靡注,故言“解行”,亦名“回向”,非謂先後之異。夫言“行”者,體道歸宗,安心虚寂,土(上?)[3]已懷仁,無不進達。雖復縱電(?)[4]於八荒[5]之野,如不爲非緣所羈,慈光等曜,十方同一,統萬乘於儵[6]忽,總衆相於一念,不動如大山王,而常熾然。特進如斯之義相非量,何以故?前十住初發心諸佛説所不窮,況此行成建立,云何名言“能盡品”?次相接與十住義一,但行位爲異。

十藏品第十八

此品所興者,上辨十行超昇增上,究竟徹到,旨[7]融無礙,冥心真境法界藏海,故明十種無盡之藏。爲成上辨十種之行,是故復明十種“藏”義。十藏者,一曰“信藏”,二曰“戒藏”,三曰“慚藏”,四曰“愧藏”,五曰“受聞藏”,六曰“施藏”,七曰“惠(慧)藏”,八曰“正念藏”,九曰“持藏”,十曰“辨藏”。是爲“十”。夫言“藏”者,蓋是“法海”之名。何故名“藏”?欲明宗無不統,義無不苞,德備衆能,理相恒爾,故名“藏”。故次名“十藏品”。

---

① 本,底本、録本無,今據文意補。

② 均,録本訛作“拘”,今據底本改。

③ 土,此疑爲“上”之形誤字。待考。

④ 此字底本不清晰,疑有誤。待考。

⑤ 荒,底本實作“萇”,此疑爲“荒”之形誤字。

⑥ 儵,録本作“焂”,據底本改。慧琳撰《一切經音義》卷第八:“儵忽:識祝反。王逸注《楚辭》:‘儵忽,急皃也。’又云:‘儵忽如電光也。’《廣雅》:‘儵忽,光,從黑攸聲也。攸音由,或從火作倏,或從足作跾,皆古字也。’”[T54n2128p350a24]然録本失真。

⑦ 旨,録本訛作“至”,今據底本改。

昇兜率天宫品第十九

此品所以興者，上辨十種藏海，明理行始成，勝進轉妙，真解踰明，解行冥符①，方便道備，正證無漏，自然現前。是以寄一生之運，以表其義。故次明也。

十迴向品[第]②二十一並讚歎品義勢相

此品所以興者，上明行成由於理資，真解非行不顯，解行均融，菩提道立，誓與衆生同之佛果，雖未究竟，“不住”意成。是故一豪(毫)之善，自然趣向薩婆若海。故次明迴向品。此十迴向中有三文：初三就法明迴向，次三據道以明向，後三就乘明向。第十“法界無量”者，備上三義，法界海行，具足成就。趣證之義，非言能盡，故云“法界無量迴向”。

十地品第二十二

此品所以興者，前迴向中，明大士解達玄原，無有一法可起忘(妄)③想，行煩虚宗，乃至不見一相可存，是以行滿惠(慧)超，成就實證，理現心用，一切皆是，故次明也。所言“地”者，決定生成，佛知住持。又以常起四種大智□(風)④輪⑤被化衆生，復自建立五種那羅延幢。以是義故，名之爲“地”。故曰“十地品”也。

十明品第二十三

此品所以興[□][者]⑥，上辨十地大士德行彌輪⑦，道無不備，故以法性爲身，圓照爲用，於一切法，皆悉了達。爲彰此義，故次辨十明品。就中大意，不出三明，寄六通，廣之爲十。何以知然？下結云：“菩薩住此知(智)明，悉得三世無閡智明。”於中一一廣解，其義可知。初、名“善知他心知(智)

---

① 按：此字録本訛作“府”，底本實作“苻”，乃“符”之俗體。

② 第，録本脱，今據底本補。

③ 忘，此讀如“妄”。該字録本訛作“志”，兹底本改。

④ 風，録本作缺文，今據底本補。

⑤⑦ 輪，録本訛作“輸”，今據底本改。

⑥ 者，底本、録本無，今據上下文意補。

明”，了達一切衆生心相差别；第二、“無閡天眼智明”，如來境界迴轉，死此生彼，悉能都見；第三、“入過去際無礙宿命智明”，明過[1]去一切衆生、一切事、一切佛坐、菩薩坐、菩提樹乃至成[2]正覺，一切諸佛從初發心修行乃至得無餘涅槃，一切諸事，悉能了知；第[□][四][3]、“深入未來際劫無礙智明”，前但明如來境界迴轉，此云諸事悉能了知，一切未來世中所有事與過去同；第五、“無礙清净天耳知(智)明”，十方一切音聲乃至句味悉能聞知，皆不妄失；第六、“安住無畏神力智明”，此是神通相；第七、“分别一切言音智明”；第八、“出生無量阿僧祇色身莊嚴智明”；第九、“一切諸法真實智明”；第十、“一切諸法定智明”。

十忍品第二十四

此品所以興者，上辨圓照之明，了達諸法，此顯實解平等，正住無生。安心於理，名之爲“忍”。隨相而明，故云“十忍品”。

阿僧祇品第二十五

此品所以興者，上來廣辨諸佛菩薩德行彌博、無量無邊、不可思議，皆云“阿僧祇”，乃至不可説，以示其行况，未釋所以。是故如來敷演此義，故次明也。

壽命品第二十六

此品所以興者，上明德行彌廣，不可稱説，欲明德以行成，人以得立，人法成用，道被無窮。道德既無窮盡，壽命義亦同然，是故次明壽命品也。

菩薩住處品第二十七

此品所以興者，欲明菩薩充滿德行，壽命無中無邊，法身平等，以無住爲

① “明過”二字底本誤倒作“過明”，録本同。今據文意改。
② 成，録本訛作“或”，今據底本改。
③ 四，底本、録本無，今據上下文意補。

住。是以次明菩薩住處品。

佛法不思議品第二十八

此品所以興者，上來廣明菩薩德行既不可思議，而未知諸佛功德義復云何，故次更明不思議品。就中明如來八種離聲者：一曰梵聲；二曰深聲；三曰遠聲。此三是聲體。次三就喻：一如鼓聲，其音洪韻；二如種（鐘）[①]聲，其音響亮；三如金零（鈴）[②]聲，其音清辨。餘有二聲疑：一曰鳥聲，二曰三尺鳥聲。

相海品第二十九

此品一時興者，上辨佛法不思議者，欲明體融無礙；此云"海"者，欲明相無不實。［□］［體］[③]融無礙，故則無體而不義；相無不實，故則無義而不體。體無不義，故則一體一切體；義無不體，故則一義一切義。是以體無體相，義無義相，體、義融於彼此，衆用則無相不相。今據實相，以彰妙德，故云"相海品"。

小相品第三十

此品與上異者[④]，是拔別之名，好則隨緣如是，以表彰曰"相"，情玩曰"如（品？）[⑤]"。准此義，以"小"欄別。故云"小相品"。

普賢菩薩行品第三十一

此品所以興者，上明果德，稱法界海無中無邊，自非圓因，窮於實際，何由能契？是以圓果既彰，圓因須顯，故次明也。亦可言即是果行，寄因彰名。

① 種，此當讀如"鐘"。"種"字《廣韻》之隴切，章紐腫韻上聲；"鐘"字《廣韻》職容切，章紐鍾韻平聲；二字音近通假。

② 零，此當讀如"鈴"（"零"字一音郎丁切，與"鈴"同）。

③ 體，底本、録本無，今據上下文意補。

④ "異者"二字録本訛作"者異"。按：底本"者異"二字間施一乙鈎號，兹據正。

⑤ 如，此疑爲"品"之訛字。待考。

何以故？量周法界，名之爲“普”；至順調柔，謂之爲“賢”；菩提道用，名之爲“行”；故言“普賢菩薩行品”。

寶王如來性起品第三十二

此品所以興者，上來廣辨圓因圓果，圓因稱於理實，圓果等於後際。因果妙絶之旨者，所謂真性也，是故次明“性起”之義。然性用未如如不起，而真性古今恒爾。以性用常起，故即用而彌寂；真性古今恒爾，故即寂而喻彰。寂用既無障礙，寧有染、净之法而可得哉[①]？是故真性爲違順之原、緣集之本，妙用以之而興，妄相[□][以][②]之而息。如興、廢出在妄情，於我未曾而爲，無爲而爲，如無不爲，故言“性起”。“寶王”者，喻況也，如意自在，名曰“寶王”。“真性”亦爾。“如來”者，就圓顯以彰性，故言“如來”。是故名曰“寶王如來性起品”也。

離世間品第三十三

此品所以興者，上辨真性，泯於諸法，一切空寂，萬相歸宗，圓明獨曜。若唯寂無起，便同太虚，云何得爲“性體真明”？是故復明義興後際法界等用。用備衆能，故名“世間”；無相可得，謂之爲“離”；非是有法可離，名爲“離”也。故名“離世間品”。

入法界品第三十四

此品所以興者，上辨法界等用，義興後際。若不在己[③]，雖妙何益？是故次明入法界。義理相統，因[④]名爲“法界”；解融真寂，謂之爲“入”；契用無礙，名之爲“行”。是佛真子，紹三寶種，即成“流通不絶”之義。故名“入法界品”。

---

① 哉，録本訛作“戒”，今據底本改。

② 以，底本無，今據上下文意補。

③ 己，録本訛作“已”，今據底本改。

④ 因，録本訛作“目”，底本作“囙”，乃“因”之俗體。

四弘誓文

菩提難入，以願邀期。是以初發心菩薩將欲断[①]惡修善，廣化衆生，遠求佛果，要以弘誓爲本。弘誓既立，則願無不從。如佛所讚：

"如來大智尊[②]，演説功德證，忍慧福業力，誓願力最勝。"

菩薩一誓，過於聲聞百千劫行。菩薩行願，乃有無量。略舉此四，總收都盡。何等爲四？

一者，我弟子某甲誓斷一切煩惱。佛法甚深，願盡其源底，常住二帝(諦)[③]。理相幽玄，稱爲"甚深"。願窮理源，斷惑斯盡。雖不則斷，弘誓力强，生生之處，一切煩惱自然衰微。是以《經》言修心二常，雖有煩惱，如無煩惱。是第一願。

二者，誓修一切功德。生死可畏，願常樂處中。如世人不入巨[④]海，則不能得如意寶珠；菩薩若不入生死巨[⑤]海，則不能得佛果無假寶珠。是以大士至崇勝果，願出生入死，廣修萬行，不計衆苦；願爲種子，總攝萬行，於所生處一切善根，自然狀(扶)蔬(疏)[⑥]，稱願增長。是第二願。

三者，誓度一切衆生。衆生無邊，願誓令度盡，於怨捨怨，於親捨親，怨親平等，廣行四攝，願與法界衆生一時成佛。既捨怨親，普行大慈，一切怨毒惡心自滅。内善勳修，生在佛家，種性尊貴，無可譏慊(嫌)。是第三願。

四者，誓度一切種智。佛道長遠，其必獲得，終不以[人][⑦]天勝果、二乘涅槃而生足想。三世善根，悉皆迴向。無上菩提，不計劫數，願以成佛爲期。既志願高遠，不期世報，隨所生處，常處豪尊。雖極世榮，不生深著，但願勝中勝道，更無餘念。是第四願。

---

① 斷，録本訛作"逝"，今據底本改。

② 尊，録本訛作"遵"，今據底本改。

③ 《説文·上部》："帝，諦也。"

④⑤ 巨，録本訛作"臣"，今據底本改。

⑥ 狀，録本訛作"收"，今據底本改。此"狀"當爲"扶"之形訛。蔬，此讀如"疏"(二字《廣韻》皆可音所葅切)。"扶疏"乃一常見詞，此不贅。

⑦ 人，録本脱，今據底本補。

No. 2754《華嚴》略疏卷第三

［題解］

佛典《華嚴經》注疏，作者不詳，卷數不詳。本文獻注疏晋譯《華嚴經》，未爲我國歷代大藏經所收。敦煌遺書中現知存有兩件：一、BD1053 號（北 80，辰 53）號，首殘尾存，尾題："華嚴略疏卷第一"。後有題記："比丘法淵供養流通。"卷中有朱筆校改字。所疏自晋譯《華嚴經》的"世間净眼品第一"（首殘）至"賢首品第八"。二、斯 2694 號，首尾俱全。首題"華嚴略疏卷第三"，尾題"略疏卷第三"。有題記："淵許（記了）。"兩件遺書筆跡相同，内容呼應，題記相關，原屬同一部注疏當無疑問。本文獻主要提挈晋譯《華嚴經》的要點，解釋名相，亦含有分析科判的内容。從總體看，較爲簡明扼要，故謂"略疏"。但注疏精要，且多依《十地經論》爲證，應爲地論宗義學高僧所撰。此疏書法簡古，形態同南北朝寫本，題記不避唐高祖李淵之諱，撰寫年代當在北周明帝建國（557）起至武帝建德三年（574）廢佛前。此疏清代以前歷代大藏經未收，日本《大正藏》將斯 2694 號録入其第八十五册。周叔迦於 1960 年在《現代佛學》上發表 BD1053 號的録文並附跋文，於録文中對殘缺的文字及原文的錯誤多有補正，在跋文中則對該文獻之内容、科判、作者多所研究。僧人悟緣曾對卷第一加以解題並進行録校（見方廣錩主編《藏外佛教文獻》第八輯，第 17—52 頁，宗教文化出版社 2003 年 6 月版）。今卷第三校注仍以《大正藏》本所據卷斯 2694 號爲底本。

十地品初記

此品來意有三：一、逐答上問；二、對果之因；三、衆行相資。如《大涅槃經》三十六"云何"下一一具答,乃至一部之大宗。此品亦如是,自前及下皆一一次第而答,亦是一部之本也。如上四十二大問,問因果行教,文自次第。初問因門中云《十住》、《十行》、《十向》、《十藏》、《十地》、《十願》、《十定》、《十自在》、《十頂》,皆答文次第。須彌山頂説《十住》,夜摩天説《十行》,兜率説《十迴向》,他化説《十地》。《梵網》云:五天説《十禪定》。《瓔珞》亦云:"吾在第三禪中集八禪衆,説一生補處三昧百萬億偈,今且説略一偈。"又復第四《釋義品》云:"吾在第四禪中,爲八億梵天説寂照如來無心無色而寂照一切。"若依此義,處多會廣,文有十萬八千偈也。又《梵網經》云:妙光堂説《十世界》,忉利天説《十住》,夜摩天説《十行》,兜率天説《迴向》,化樂天説《十忍》、《十禪》、《十願》、《四禪》,説《盧舍那心地法門品》。其餘千百釋迦,亦復如是。而《四天》、《十藏》、《十自在》、《十頂》及《昇天》、《説偈》、《放光》、《流通》等經無文,故來不盡也。前云"《十藏品》"者,乃是爲成"行"義;如第五《迴向》後明《十藏》,乃是成向之藏,即答上問也。故知非答前問。《十明》即《十金剛》。若此釋《明》、《忍》二品,亦有説處。《僧祇》已下三品,心王爲請主,數量、住處、國土,人間不似天中,應是人間説也。今此《十地》者,約無分濟法以爲"十"數也。廣解在下本分中及八慎、十六分等義,及五忍等。然此之爲義,乃有無量大剛(綱)①,而言不出二智,謂"實智"、"方便智",亦名"證智緣照",亦名"證教二道",亦名"證助不住",亦名"四量智"、"三福慧"。如是等無量無邊德行名位,若從所除之或(惑),亦復無量也。言"實智"者,真證不二、境智俱融爲"實智"。六度四攝,位殊萬品,爲"方便智"也。而此二義,行無不收,德無不積,體、用殊别,總爲"十數"。始從"歡喜",終極"法雲","十[□][地]②"之名也。然體、用義殊,復爲八種:一、從障别;二、以學判;三、以解分;四、以行欄;五、以報示;六、引喻况;七、約之數量;八、夷齊一觀。

初對十障者:一、凡夫我相障;二、邪行於衆生身等障;三、闇相於聞、思、修等諸法妄障;四、解法慢障;五、身净我慢障;六、微煩惱習障;七、細相習

① 剛,此當爲"綱"之同音借字(二字皆爲古郎切)。

② 地,底本、録本無,今據文意補。

障；八、無相有行障；九、不能善利益衆生障；十、於諸法中不得自障。故修十地，對治行之。

或治等“以學判”者，初地判者，初地十大願，二地戒學，三地定學，四地至七地自利惠（慧）學，八地已上利他惠（慧）學。就自利惠（慧）中，道品觀諦緣起觀學真無相觀。五地菩提分四種清净。悕望清净，初地。二增上戒，二地也。三增上心，三地也。四增上惠（慧）清净，四地至七地攝也。利他之中，三業也。中復施戒，忍三是增上戒，學禪是增上意，學惠（慧）學精進，通一切有。三惠（慧）攝十二住，聞攝種性住，思攝解行住，修攝十地前行廣果也。

言“解“者，“分”也[①]。初地名“信”，乃至十地名爲“十種智”。大亦可五忍、十四忍。

見諦修道言“行欄”者，初地名“檀”，乃至十地名“智”也。

四依四果言“報示”者，初地爲閻浮王，乃至十地摩醯首羅天王。

言“喻况”者，初地以火練金，乃至十地爲莊嚴具冠自在天。若頸頂池、山海珠亦爾。

若言“約數量”者，初地得百三昧，乃至十地得十不可説千萬億那由他佛世界塵數三昧。

“夷齊一觀”者，據無分别證智爲言，用而常寂，諸地行皆云“不可數智”。體伏（復）[②]如是，理寂爲一觀也。

今云“地”者，菩薩發心，荷負如“地”。《仁王經》云：“入理般若名爲‘住’，住生功德名[□][爲][③]‘地’。”龍樹解言：“地”者，乃是菩薩階級住處爲“地”也。《瓔珞經》云：“地”者，名“持百萬阿僧祇功德”也，亦生成一切因果功德也。大士之行，淵博難惻（測），如“地”四義：一者、聖行深厚廣大者，堅牢難壞；二者、生長萬物；三、荷負一切如地；四、不存情運物，如地、火、風等喻。菩薩行亦爾。就中依論所釋，初地之中爲八分：一、序分；二、三昧分；

① 也，底本、録本作“者”，今據上下文意改。

② 伏，録本訛作“沃”，今據底本改。伏，此當爲“復”之同音借字（二字均爲房六切）。

③ 爲，底本、録本無，今據《佛説仁王般若波羅蜜經》[T8n245p827b25]補。

三、加[①]分；四、起分；五、本分；六、請分；七、校量勝分。論顯八分者，唯據初地、不通十地也。若准前驗後，有三分：第一、從初訖"申右手摩頂"已來，明序説。第二、從"三昧起"訖"摩尼珠喻"，是第二正説。第三、從"動地雨華"已下，明流通顯證。就中序之，依前三會，應有六段，而此品有三句：謂住列衆入定、略無設供、偈讚放光等爲三。准前會序入加、起、本分，皆總舉人、法十數，與住行向等爲總本。此中已衆總請，直别十名猶十地。總序集已下，始别顯十義也。而《論》云"初地八[分][②]"者，名濫始末，位渾總别。初三爲序，次三總説。前與正説，後二説與教量。始是初地中辨義也。而此於下九地有通有塞，下諸地前别請者不類此也。據今[③]望昔，名"爾時"。具上九德，群賢加敬，名曰"世尊"。"婆伽"義，論具廣釋。《論》云："時、處等校量顯示勝故……在於初時及勝處説此處宫殿等勝，是名'處勝'。何故名'不色界説'？此處説由感果故。[□□][何故]不初七日説？思惟行、因緣行也，本爲利他成道行故。[□□][何故][④]七日思惟不説？顯示因受大法樂故。何故顯己法樂？爲令示衆生於如來所增長愛敬心故。"思惟行、因緣[行][⑤]顯示不共法。學、無學異，名"不共法"也。已顯於"處"，論列"時"者，非唯此一會，前之五會皆有"時"、"處"。不起道樹而六天同時，乃至十方，此"時"同而"處"異也；亦可同"時"同"處"也，"處"同"時"異，"時"異"處"異；四句也。此云"七日不説"者，此語正在始成正覺，其地金剛前應料簡也。諸會皆然，此"時"、"處"勝。顯法勝者，前諸會法豈不勝也？七日不説，前亦皆爾也。或言教量小乘耳，大本經中無此時文也。

就第二列衆中有二：一、先嘆德；二、列衆。嘆德之中有二：初、四周總嘆自行外化德；二、總結二行德。四中初總嘆德者，先嘆此方舊衆自行德也。"此諸菩薩"舉此方，"一切菩薩"舉他方，亦可名"同生、異生衆"也。雙舉二衆，並嘆其自分、他分二行德也。"入"之言"解證"也，即是竭思齊照也。"善

---

① 加，録本訛作"如"，今據底本改。

② 分，録本脱，據底本補。

③ "今"字前録本有一"分"字。按：底本"分"旁前實有一廢棄號，今據删。

④ "何故"二字底本、録本無，今據《十地經論》[T26n1522p124a12—13]補。

⑤ 行，録本脱，據底本補。

能”以下,嘆外化德也。大士所以一自集功德者,爲存外益化物之要,其唯神通,故次明也。

“智慧行處”者,大士萬行,以智慧爲首,故先嘆也。

從“具足所願”已下,第二周,嘆德。上□(修?)[①]障於行,此“行”“願”通嘆,二處皆有“行”、“願”也。菩薩由“願”而成衆“行”,“願”爲“行”本,故明也。“一切世間”,總舉三種世間也。“一切劫”總三世中時節,並是舉時節爲成行也。土亦如是長短劫也,一切國處所王化土也。“常修一切諸菩薩行”者,“世間”與“劫”時無不周,一切國土處無不通,於此時、處修菩薩行,時延處廣,故智行亦無邊也。“福德智慧而無窮盡”者,菩薩所行不過福智惠(慧)故,但明此二。“能爲一切而作饒益”者,外化也。上言“神通”,此言“饒益”,互文興嘆耳。

從“能到”訖“向涅槃門”,是第三周,明自行外化也。“菩薩智惠(慧)方便彼岸[②]”者,緣真爲實惠(慧),取俗爲方便。一説智緣空有,如空而知,名爲“實惠(慧)”;知而不著,名爲“方便”。此二惠(慧)是正覺之父母,衆行之剛要,照得其性,故到彼岸[③]。能令衆生背生死、向涅槃者,外化也。生死至苦,涅槃至樂。令衆生背苦至樂者,化之動、道之與門皆謂“能通”也。

從“不斷”於(訖?)[④]“法輪”,是第四周,明自利、利他行也。“不斷一切菩薩所行”者,總舉衆行也。從“禪定”訖“明惠(慧)”,是别明衆行也。“諸所施爲”已下,明外化也。中有二周明三業,初略“其身”已下,廣“如是”已下,總結。“善能示現”者,以己[⑤]所行,以示衆生。今仿而行之,動成物軌,故云“善能”。“無作神足[⑥]”者,無想而爲“神足[⑦]”,以心冥實相,故能形無不至也。亦云“無作”者,不作心也。如八地已上,任性所爲,不假作心也。能到十方,即念而至;勸請説法,十方蒙益;故外化也。敬法不忘,爲受也。亦云前四對是别嘆。

---

① 此缺文底本似作“修”,待考。

② 岸,録本訛作“圻”,且出校:“圻=岸?”按:底本實作“𡶒”,乃“岸”之俗體。

③ 岸,録本訛作“圻”,底本實作“𡶒”,乃“岸”之俗體。

④ 結合文意,此“於”似爲“訖”之訛字。

⑤ 己,録本訛作“已”,今據底本改。

⑥⑦ 足,録本訛作“是”,今據底本改。

“常以大心[①]”已下，總嘆四對。四者：初、以智惠(慧)爲方便，行始神通，化物之本；“智惠(慧)”、“神通”爲一對也。二、願[②]自内成，律益於外，即是内、外以相對也。三、始由知曉，終到彼岸，故能令衆生始背生死，終歸涅槃；此就始終以相對也。四、修行不斷，請受不廢，故能常行一乘，廣濟群品，即是第四自利益物以相對也。

“如是”已下，第五總結，嘆前四也。

從“金剛藏”已下，“列衆”中第二列名也。此菩薩是第四會請説之首，故列名於先也。《論》云“何故唯金剛藏説”者，釋云：“一切煩惱難壞，此法能破。善根堅實，猶如金剛，故不異名説。何故名‘金剛藏’？‘藏’即名‘堅’，其由樹藏，又如懷孕在藏，是故堅[③]如金剛。……一切[□][餘][④]善根中，其力最上，猶如金剛，[□][亦][⑤]能生成人天道行，[□□][諸餘][⑥]善根所不能壞，故名‘金剛藏’。”自下列三十七菩薩，[□][廣][⑦]大無量，隨德釋名，寄在證説。已説序分。

從“入三昧”已下，即是第二三昧分也，准諸會即是序中第六入定文也。中有二義：一、入定；二、釋入定。釋中有三：一、入定所以，即初句相也。二、“欲宣”已下，明定所爲。三、“辯説”已下，明定所敢，即是第三加分，即名“三業加”也。若依論釋，初入定者，即三昧分也；“即時”已下，加分也。中有三：一、將加相，顯示三業，即向入定所以是。二、何故加，云句自利、利他故，即向之所爲是也。三、云何加，謂口、意、身，即向“辯説”已下四十句是。加相中有五句：初、十方各“過十億佛土”已下，明三業加相：初身業，次口業，次意業。二、十方諸佛威神力故加。三、“本願”已下，明一佛本願力故加。四、“威神”已下，用現神力故加。“汝有”已下，明内因也。前四是緣，第五、是因

① 心，底本作“悲”，今據《大方廣佛華嚴經》[T9n278p542a18]改。
② 願，録本訛作“顯”，今據底本改。
③ “堅”字前底本有一“名”字，當係誤衍，今據《十地經論》[T26n1522p124a21]删。
④ 餘，底本、録本無，今據《十地經論》[T26n1522p124a22]補。
⑤ 亦，底本、録本無，今據《十地經論》[T26n1522p124a23]補。
⑥ “諸餘”二字底本、録本無，今據《十地經論》[T26n1522p124a23]補。
⑦ 廣，底本、録本無，今據文意補。

緣和合,加之相也。

《論》:"多佛加"者,"顯法及法師增長恭敬心故"。直名敬人重法。何故同號"金剛藏"? 加以本願力故。此三昧者是法體,本行菩薩時同説此法,今成正覺,亦名"金剛藏",故不異名"加"也。有(又)此菩薩聞諸如來同己[①]名已,故增悦。"十佛土數"者,爲説十地,故有此多,説"十"數故也。"欲宣一切"已下,《論》云"何故加",即是入定所爲。中有二十句:初十自利,後十利他,故加。"一切菩薩"者,謂住信行地。"不[□][可][②]思議諸佛法"者,是出世間道品。"明"者,見智得證。"入"者,信樂得證。"智慧地"者,謂十地智如本分中説。此一句是根本入總也。若依本,"一切菩薩"是總,"入智慧地"已下句是别。依根本,入有九入别也:一、攝入,聞慧攝一切善根故;二、思義入,思慧於一切道品中善分别一切佛法故;三、法相入,廣法智故;四、教化入,决定説諸法故;五、證入,無分别智;六、不放逸入,世法不能染故;七、地地轉入,無貪善根净故;八、菩薩盡入,得不可思議智力故;九、佛盡入,得一切智人智境界故。又云以此十句配十地也。自行既爾,外化亦然。何故得知? 初十句後云:"所謂如實説菩薩十地差别故。"若依《論釋》,亦作初物總[③],而中配三慧十入,不似配地也。是諸入爲校量智義差别,次第轉勝,非根本入。十句中皆有六種差别相,應知。六者:總相,[□□][别相][④];同相,異相;成相,壞相。總者是根本入,别者餘九入。同相入故,異者增相故,成相者略説、壞相廣説故。如世界成壞,此謂"總别",入增略廣爲異耳。次十句依利他行[⑤]得十地差别故。大本十一句,初句總、後十别也。論經亦十一句:初"十地始終"一句,總十地差别;已下十句,别也;與大本不相當,應解。别中十句,前五自行,後五外化。《論釋》前五所攝利益,後五明能攝利益也。作依《論釋》,得十種始終。《論》云:"'始'者信欲親近等,'終'者念持諸地,復有阿含及證。"信於佛法,相應必然,故名"信"也。"欲"者依信悕須上法,

① 己,録本訛作"已",今據底本改。

② 可,底本、録本無,今據《大方廣佛華嚴經》[T9n278p542b21]補。

③ "初物總"三字費解,疑"總"前"物"字爲誤增,待考。

④ "别相"二字底本、録本無,今據《十地經論》[T26n1522p125a2]補。

⑤ "行"字前録本有一"利"字。按:底本"利"旁前實有一廢棄號,今據删。

故云“欲”。“親近”者，悕須近佛聽法故也。“終”者念持，謂集功德也。“復有阿含及證”者，“阿含”爲始，“證”者爲終；亦可“阿含”爲教，“證”者爲智慧，爲總，餘爲别。十種始終中，經本十一，初二句總，[□][餘][1]九句别。一、攝始終，大本總前二句爲思慧智，隨所聞法受持説故。如經：“如實説菩薩十地差别方便故。”大本云：“菩薩安住十地故。”二者、欲始終，隨順安住十地。三者、行始終，説無漏法故。四者、證始終，無我智大智慧光自在嚴故；“光明”者，對始無明故。五者、修道始終，入具足門故。《論》云：此處菩薩[□□□][於菩提][2]有五種障：一者、不能破諸邪論障；二者、不能答難障；三者、樂著小乘障；四者、化衆生懈怠障；五者、無方便智障。對治是障有五始終：一者、能破邪論障始終，如經“隨所應住次第説故”。二者、能答難始終，得無礙樂説光明故，具足大無礙智地故。三者、樂著小乘對治始終，不失菩薩心故。四者、化衆生對治始終，教化成就一切衆生界故。五者、無方便智對治始終，五明處通達分别，得至一切處决定智故。云何“加”？謂口、意、身加。云何“口加”？以此十地口業説故。詮能顯理，故在初也。大本云“汝當説此法門差别”者，謂“十地差别”者，種種名相故也。依口業根本，辯才有二種：一者、他力辯才，謂承佛神力不闇故。二者、自力辯才，有四：一、有作辯才，自善根清净故；二、無作辯才，清净法界故；三、化衆生辯才，饒益衆生故；四、身净辯才。是“身净”中顯三種盡：一者、菩薩；二者、二乘不同盡；三者、佛盡。菩薩三種，二乘二種，佛一種，合六種。前自他有四種。合爲十種。菩薩三種者：一、菩薩盡者，法身離心，意識唯智，依止法身智身故。二、現報利益，於一切佛得受記故。三、後報利益，得一切世間高大身故。二乘中二者：初、過一切五道世間道故；二、净出世間善根故。“佛盡”一句者，得入一切智、人智滿足故。自力辯才，校量勝上上故。是中“佛盡”一句，大本經無，論本經有。“他力辯才”者有二句：一、諸佛神力故；二、汝能堪受如來智力故。此二句《大本經》有，論本經無，合爲一句。他力一句，自力九句；依大本，他力二句，自力八句。

已説“品”，次説“意加”。《論》云十種意加。“無畏身”者有二種：一、色

① 餘，底本、録本無，今據文意補。

② “於菩提”三字底本、録本無，今據《十地經論》[T26n1522p125a21]補。

身勝;二、名身勝。“色身勝”者,如王處衆真實無上身故。“名身勝”有九種:一者、不著辯才,與無障礙樂説辯才故。二者、堪辯才,四堪智善分别清净智慧故。“四堪”者,一、因緣堪;二、法堪;三、作堪;四、成堪。“因緣”者,知一切因緣有爲緣集、無爲緣集等。“法”者一切法界等。“作”者違順兩用,違則生死,順則涅槃。此二法各有違順二用。兩成辯者,菩提之智不離不脱,乃至一切助菩提法成辨涅槃。三、任放辯才,説不待次,言辭不斷,與善憶念不忘故。四者、能説辯才,與善决定慧故。五、不雜辯才,與遍至一切智處故。六者、教出辯才,與諸佛不壞力故。七者、不畏辯才,與諸佛無所畏故。八、無量辯才,與諸佛無礙智分别諸法善開法門故。九者、同化辯才,與一切諸佛上妙身口意業故。已説“意加”。

“何以故”已下十句,釋可加故加。何故諸佛慈悲以十種無畏身,唯加金剛藏,不加餘者? 釋云:以此菩薩得大乘光明三昧法,餘者不得故。得三昧有二種:一者、本願成就現前故,亦是菩薩本願力故;二、三昧身攝功德故。此三昧身攝功德有八種:依自利利他故。前四自利,後“念持”等四利他故。一者、因净,染心直心清净故;二者、智净,智慧明白故;三者、轉净,善集助道法故;四、心净,善本業故。此四自利。五、聞攝净,念持無量法;六、通净,信解清净光明法故;七、辯才净,善得陀羅尼門不可壞故;八、離慢净。“净”者,智也,法界智印善印故。

已説“可加”,云何“身加”? “申(伸)手”已下,明“身加”相。《論》云“不離本處而摩頂”者,顯示殊勝神力故。此如意通,非餘通也。

已説“加分”,次説“起分”。《論》曰:“即從三昧起者,以三昧事訖故。又得勝力,説時復至定無言説故。”

已説“起分”,次説“本分”。“起分”已下品中,第二正説文也。何故不説? 若不自説,衆則不知爲説不説。又復不知欲説何法也。

就正説之中有五分:第一、總舉法體同三世佛所證法性中生。二、爲約無分齊法,以爲十數,亦嘆同三世。三、列數下之名,亦嘆同三世。四、“厚集善根”已下,别解亦同三世。五、最後,結十義也。“厚集善”已前,准諸會,總厚、總定、總加,乃至總數、總請;“厚集”已下,别説、别加、别請、别顯十地義也。初總舉法體中有六種决定:於中願善决定爲“總”,即是菩提心故;餘是别。同相善决定,異相者别相故。成相是略説,壞相是廣説。故六種决定:一、觀相善决定;二、真實善决定;三、勝善决定;四、因善决定;五、大善决定;六、不怯弱善决定。"無有過"者,即觀相善决定,《論》云真如觀一味相故。"不可壞"者,即真實善决定。《論》云非世間境界[□][出][1]世間[□][故][2]。"廣大如法界"者,即勝善决定,《論》云大法界佛根本故。"究竟如虚空"者,即因善决定,《論》云有二種,一成無常愛果因,是因如虚空,生諸色不可盡故。"盡未來際"者,《論》云常果因、得涅槃道故。大本經中闕此一句。"遍覆一切"已下,即大善决定,《論》云隨順利益他行故。"何以故"以下,即第六不怯善决定,《論》云入三世一切諸佛智地故。

"何等"已下,第二總爲十數。"何等爲十"數已下,第三别列名。《論》云對十障故十名生也。中有二:一、列名;二、"何以故"已下,釋二行成就。初證聖處,故曰"歡喜";離悟(誤)[3]心犯戒,故曰"離垢";三惠(慧)照法顯現,故曰"明地";智火燒煩惱薪,故曰"炎地";出世間智,方便善巧,故曰"難勝地";大智現前,故曰"現前地";無相行究竟,能過二乘地,故曰"遠行地";報行淳熟,無相無間[4],故曰"不動";無礙力説法,故曰"善慧";得大法身,具足自在,故曰"法雲"。

"默然"已下,第四。中有二:初、明金剛藏説已默然,令衆敬人重法。二、"解脱月"已下,正明請説。初默然有四意。《論》云:一、欲令大衆渴仰請説故;二、復令衆敬、人重法故;三、云信解者悕望故,默然不説也;第四、待雲臺加請,勸上祥佛加故也。第二請中,解脱月三請:初一長行五偈,二長行及二偈,三長行及四偈半。金剛藏答:初一長行六偈,次一長行三偈。此二答。解脱月大衆請,一長行五偈半。雲臺加勸,一長行七偈半。金剛藏答解脱月,初一長行及六偈,二長行及偈,後一長行及偈,答總中件(?)[5]答大衆及雲

---

① 出,底本、録本無,今據《十地經論》[T26n1522p126c21]補。

② 故,底本、録本無,今據《十地經論》[T26n1522p126c21]補。

③ 結合文意,此"悟"當爲"誤"之同音借字(二字均音五故切)。《十地經論》"離能起誤心犯戒煩惱垢"[T26n1522p127a19],可參。

④ 間,底本、録本作"簡",結合文意,據《十地經論》[T26n1522p127a26]改。

⑤ 件,底本不清晰,待考。

臺勸請也。解脱月,初長行及五偈。《論》云:初偈顯示説者,净覺無過故。次偈顯聽者,同法决定。次偈示衆樂聞故。次偈示餘衆净心故。次偈顯此衆皆堪斯聞故。是中初偈嘆説者,次二偈顯自生衆净,最後一偈顯二衆清净。疏云:初二偈問何故默然,令[1]衆疑也。後三偈明大衆清净,樂仰慇懃,勘聞深法,故應説也。

"金剛藏"已下長行及偈,仰酬上請。依論釋,下六偈用大本長行作初偈,非經本六偈也。"欲令衆悦"者,總將酬答相。經本六偈中,初明難,次偈明義難。此之二偈,同爲説難,説則迷悶。第三、第四兩偈,明難聞也,持心離我有者[2]乃可得聞。第五偈喻顯成初難。第六一偈明生信者少,成前難聞也。亦可作二:初二偈及第五直道説難,第三、第四直道聞難。解脱重請,還執前二。"佛子"已下,幡上聞難。"承佛神力"已下,幡上説難。"於是深法"已下結成。解脱月[3][請][4]第二請中,還幡上四。"結礙"已來,幡上勘聞。第二難聞。"深心"已下,幡上第四生信者悕。"當承佛神力"已下,幡上第二喻况説難。"於是深法"已下,幡上第一迷悶難説。偈有二行:初一偈直請勘説,幡上説難。下一偈成上勘聞。論經唯有長行,闕無偈誦。次重請者,上言證信者難得示現,此衆有勘能故。"善净深心"者,總"深心"有二種:一、喻阿含净;二、證净。阿含净有五種,證净有四種。五種者:一、欲净;二、求净;三、受持净;四、生得净;[□□□][五、行净][5]。四種者:一、得净;二、不行净;三、無厭足净;四、不隨他教净。此九種阿含與大本經令不相當,故不依阿含釋也。還幡上四,且依此二意也。

第二金剛藏長行及偈,此是大本經。若依《論釋》,雖有長行,闕無重頌三偈也。長行中有二:初領上品不疑惑,容可勘聞。"樂小法"已下,中下疑惑。"惑"者,心迷;"疑"者,猶豫。"我"愍此等,是故默然。偈中初一行半頌領上品,下一行半頌中下疑惑。

---

① 令,底本、録本訛作"今",據文意改。

② "有者"二字底本作"者有",今據上下文意改。

③ 月,録本訛作"日",今據底本改。

④ 請,録本脱,今據底本補。

⑤ "五行净"三字底本、録本無,今據《十地經論》[T26n1522p129b14—15]補。

第三長行及偈解脱月請。偈有四行半,長行有四句。一、勸説之有益,不説有咎。二、從"所以者何"已下,諸佛護念。三、"何以故"已下,明十地根本。四、"是故"已下,結勸。"有益"偈中,初一偈頌上説之有益。次一偈釋上諸佛護念。次一偈頌十地根本。第四結勸,略而不頌。上明解脱月同生衆上首請,此明大衆請。"釋加(迦)"已下,雲臺加勸衆請。請五偈半,論釋有四。初二偈嘆説者,成就證力及阿含力:初一偈嘆證力辯才,第二偈上句嘆阿含力辯才。"十力"已下一偈嘆請覆釋二辨,第二偈嘆衆勘受,阿含及證爲第三。一行以喻顯示,喻大衆求法轉深。最後一行結請。此釋與本不相當,後解初三行嘆説者,德備二慧,故應説。次一偈半,明衆勘受。次一行結請。前嘆中初一行總嘆二慧,次一行别嘆智慧,次第三行嘆福德具足,故勘説也。

雲臺中有二長行及七偈半。長行,身加;偈明口加。"身加"中有二"身"八"業"。初"業"者:一、覺業,相光是;二、因業,阿僧祇是;三、捲舒業,普照是;四、止業,三惡是;五、降伏業,大本中無;六、敬業,"悉照"已下是;七、示現業,遍照是;八、請業,時諸是。二"身"者:一、流星身,悉照一切是;二、日輪身,大光明臺是。先以意加,今已[1]身加。説偈已下,口加也。此正有十一行半,論本有二十行,廣略有異耳。佛不捨本誓,大悲之極,故加勸也。"雲臺"者,表合潤高顯之端也。口加有七偈半。中有五句,初二偈顯能加,次一偈加之所爲,略開三義也。次二偈,聞法有三時利益。次半偈,不聞有損。後二偈,開後三義。前開三義,諸地地體也。所行净地行義差别者,地相也。聞益二行中有三:初半明聞時益,次半行修行時益,次一行轉生時益。開後三義中,入地行勢力者,果也;觀法者,滿也。此略開六義。依論"口加"有四。初一行半顯能加者,謂佛世尊法王成就四種勝故:一、自在勝;二、力勝;三、眷屬勝;四、性勝。"無等等"者,佛法衆生無與等者,故曰"無等等"者,此彼法身等故。二、次有半行,顯加之所爲。三、次有三行,顯説法利他有三時益。次有兩行,明修三漸次:[一、證漸次][2],入勢力是;二、觀漸次,法是;三、

① 已,録本訛作"已",據底本改。

② "一證漸次"四字底本、録本無,今據文意補。《華嚴經探玄記》:"入勢力觀法者是證漸次。"[T35n1733p295a11],可參。

修行漸次,次第修行是也。

“觀察”已下長行及偈,大本經十三行半,論經十一行半,明金剛藏略答。《論》云:“觀察十方”者,“示無我慢、無遍心故,欲令大衆重增勇悦”。大本云:增益信敬,是故説偈,示説正他增益,聞者勘受義故。“勇悦”有二種:一義大勇悦,爲得義故;二説大勇悦,因此説“大”,能得彼義故。大本云“增益信敬”,以信敬當於勇悦處;亦得云“義大信敬”、“説大信敬”。云何“義大”?彼義深故。何者深義?偈云:“諸佛聖主道,微妙甚難解。”就中初七行半明“義大信敬”。初中有二:初五行明“義大”同第一義諦故,難説所照境也;次二行半“義大”同佛慧故,難説能照知也。此同體内證境智故,《論》云依智地故。又論經本云“智起佛境界”故。消文具在。《論》釋已説“義大”,自下六偈明“説大”。就中有二:初有二行半明“説大”。雖同佛慧,而發願行慈,承佛神力故説。後三行半,正開六義,以顯於“説大”。此義説二大,文理皆有,隱顯互彰也。此二義皆以難況難明,依《地論》有三種成就大:一、因成就大,發願行慈悲是。二、因漸成就大,漸次具諸地是。三、教説成就大,有二種:一、滿足修知者,能及是;二、觀修者,“微妙甚難見”已下是。“當承佛力”者,示説者無過;“咸共一心聽”者,示聽者無過;“智慧所隨順”者,此所説法衆生以智隨順。“順”者,入也。“諸地相入行”,是隨順入六義也。“一心恭敬待”有二:一、形敬;二、心敬,示己[①]無慢也。大音唱因喻,義名不相違。“大音唱”者,説法聲也;“因”者,直説於理,理有所以故名;“因喻”,外譬也。“名”者,味也;“義”者,所證旨也;“不相違”者,名義相順也。因説有三:初略説十名,二略開六義,三廣解六義。喻者有五:真金喻地,地別説餘,四池山海珠顯在十地。後説依《論》釋,“大音唱因喻,義名不相違”者有四義:一、示現何事,謂上法也。二、以何事,謂“大音唱”是。三、云何事,因喻相應是。四、依止何字,謂依止“善”字,有二:一、隨方言音,善隨順故;二、字句圓滿,與理相應故。

“佛神力”已下,正承佛神力,欲説地義。上略明十地,自下廣明十地。若依《論》釋,已説請分。自此已後,正説初地。就中有三:一、住;二、釋名;

① 己,録本訛作“已”,今據底本改。

三、安住。初“住”有四十句,“釋名”有三十,“安住”亦有三十句。此一百句總爲説分。初釋“住”中,初十句依何身菩提身,次十句爲何義爲求一切智,次十句以何因大悲,次十句有何相越凡夫地。然初十句者,位判不定,或在于慧,或在聞慧,或爲外凡想信五品,或爲内凡十三依初,或是迴向終心,初地之始入地位故。用多方便,三十行爲入住忍也。故大本經云:“菩薩發是心時,即過凡夫地,入菩薩位。”今依《梵網》、《仁王》、《瓔珞》等經,此三十種即是地前三賢人也。堅信忍十發趣,初十心是堅法忍十長養,次十心是堅修忍十金剛,次十心是堅聖忍中十地,後十心是不名想信也。“十句集”者,初集總,餘九是别集。是中初二顯增上或定學,次四顯增上慧學,後三顯勝二乘。若以“深廣”屬後時,三句爲慧,四句勝二乘。九集一切集:善行集者,眷屬持戒故。二、定集,助道是。三、親近集,供養是。四、聚集,清白是。五、護集,善知是修行實證也,得出世間心智故。六、净心集。七、廣集,深廣是利益衆生故。八、信心集,信樂是求一切智故。九、現集,“多向”是多行慈悲故。“好求佛智慧”者,大本第十句,如是衆生乃發三菩提心,且當十住位也。

已説“依身”,次説“爲何義”。是中依一切智,知斷證修故。此佛智有九種業差别,一切智爲總。九者:一、力佛智;二、無畏佛智;三、平等佛智;四、救佛智;五、净佛智;六、無餘佛智;七、染佛智;八、覺佛地;九、轉法輪佛智。此九種皆云“業力佛”。“佛智”者,十力也。“無畏”者,諸無畏也。“平等”者具足救,救世間也。“净”者,慈悲大也。“無餘”者,無礙智也。“染”者,净佛國也。“覺”者,知三世。“轉法輪”者,神力一切輪故生。“如是心”者,本分中願善决定故。何故唯言“生心”,不言“生智”及餘心數?法心爲本,攝一切智數故。舊解云:始四句爲法身功德,次四句爲外化,次二爲智説。已説“爲何義生如是心”,次説“何因故生如是心”。此十種大悲,總九爲别:一、增上大;二、攝大;三、淳至大;四、無量大;五、决定大;六、隨順大;七、正受大;八、最妙大;九、住盡大。“增上”者,細苦智增上故;“攝”者,方便故;“淳至”者,盡衆生界直心深心淳至故;“無量”者,量同佛力故;“决定大”者,深智善决定衆生力、佛力,趣向無礙智故;“隨順大”者,隨順自然正覺智;“正受大”者,能受一切乃至教化是;“最妙大”者,廣大如法界故;“住盡大”者,無常愛果因盡,“涅槃際究竟”已下至“盡未來際”是。

已説“以何因生如是心”，次説“是心生時有何等相”。上來三十心，六義中初明入地行，二“越凡夫”已下十句明地體，三“多喜”已下三十句明地相，四“大悲”已下三十五句净地行，五“少見諸佛”已下滿地行，六“閻浮王”已下地果也。若依《論》釋，中有八句似用。“過凡夫地”一句爲總，下八句是别，皆釋“過”義。“住如是法”一句釋亦似總結，即第十句也。就中前後二句爲總，中間八句釋“過”。上下八中，初句明入位過，[□□□][二家過][①]，三種性過，四道過，五法體過，[□□□][六處過][②]，七業過，八畢竟定過。[□][初][③]成出世間心，如始住胎，釋“入位過”也。家[□][生][④]相似如彌勒中説，釋“家過”；“生在”已[⑤]下是。子相似法大乘行[□][生][⑥]故，釋“種性[□][過][⑦]”；[□□□□][“種姓尊貴”][⑧]已下是。“道過”，世間、出世間道不攝攝故釋；“過一切”已下是。“法體”者，大悲爲體，他作如己[⑨]作；“住菩薩”已下是。“處”者，不捨世間善巧住故；“在諸”已下是。“業”者，順空聖智生；“入三世”等是。“畢定”者，佛種不斷，究竟涅槃道；“畢定”等是。《論》云：“如是示現凡夫生、菩薩生入胎不相似，有煩惱、無煩惱故。”凡夫不入胎有煩惱，此三位在地前；菩薩入胎無煩惱，此位在地上。故下八句並云“不相似”名曰“過”也。住如是等“過”，法名“歡喜”，汝已得不動法故。

已説“住”義，亦云“體説”；佛子次説“釋名”，亦云“地相”。“釋名”中有二：初説“多歡喜”，有十句。次“何念故歡喜”，有二十句。説十句者，初“歡喜”總，下九句别喜。論經云：“多歡喜”，總；“多信”已下九句，别。其中乘加

---

① “二家過”三字底本、録本無，今據《十地經論》[T26n1522p135c3]補。

② “六處過”三字底本、録本無，今據《十地經論》[T26n1522p135c9]補。

③ 初，底本、録本無，今據《十地經論》[T26n1522p135c1]補。

④ 生，底本、録本無，今據《十地經論》[T26n1522p135c3]補。

⑤ 已，前底本有一“下”字，當係誤增，今據文意，結合《大方廣佛華嚴經》[T9n278p544c19]删。

⑥ 生，底本、録本無，今據《十地經論》[T26n1522p135c4]補。

⑦ 過，底本、録本無，今據《十地經論》[T26n1522p135c4]補。

⑧ “種姓尊貴”四字底本無，今據《大方廣佛華嚴經》[T9n278p544c19]補。

⑨ 己，録本訛作“已”，今據底本改。

一句[□][釋][1]"踴躍",心、體、根三句釋"多喜"。九句者:一、敬歡喜;二、愛;三、慶;四、調柔;五、踴躍;六、勘受;七、不壞;八、不惱;九、不瞋。[□□][“敬”者][2],敬三寶故;"愛"者,樂觀真如,"清净"句是;"慶"者,自覺所證校量勝,"慶悦"句是;"調柔"者,自身遍益成就,"調柔"句是;"踴躍"者,自身心遍益增上故,大本中無;"勘受"者,自見至菩提近,"勘受"句是;"不壞"者,自心調伏,不好鬪是;"不惱"者,慈悲調柔,不好惱亂是;"不瞋"者,忍不瞋故,不好瞋是。舊解云:八中五與喜順,下三無忍不喜事。

已説"多喜",次説"以何念故生歡喜"。念有二種:初十句念當得,後十句念現得。初十句者,"念佛"一句總,餘九句别。《論》云:"如佛所得,我亦當得。"是故歡憙。二、念佛法。三、念菩提。四、念菩薩所行。五、念佛净,波羅蜜是。六、念佛勝。七、念不可壞。八、念佛教化。九、念佛利益。十、念佛入。於中初二念共[□□][念佛][3],如佛所得,我亦當得故,佛、佛法二故。三、四菩薩及行,此二念佛菩薩及菩薩行,如是次第。餘六句皆念佛净。舊解云:初十句明外法緣中生憙,次十自念得勝功德生憙。初有三句,於三寶上生憙。次七,於佛菩薩所行法中生憙。亦云初十得生憙,後十離故生憙。後初之中,有五對十句。[□][一][4]、就世、出世相對;二、凡、聖相對;三、際、礙以相對;四、據現、生二報相對;五、據入、離以相對。《論》釋有十句:一、轉離一切世間;二、近入如來所;三、離凡夫地;四、近到智惠(慧)地;五、斷惡道;六、與衆生作依止;七、見一切佛;八、生諸佛;九、入菩薩真如法;十、捨一切怖畏。此十皆云"轉離"。於中初轉離是總,餘九是别離。"一切凡夫取著事",釋初總轉離。於中"入轉離"者,顯事不相似故。三、遠;四、近;此二轉離示"自身不相似"故。餘有六句,斷依生入捨止。此六轉離如是次第,行不相似故。依止他力,生果成就。此等六句皆云"不相似故",住歡喜地,所有怖畏即皆遠離。第十捨中遂顯離五怖畏,謂不活[5]畏、惡名畏、三

① 釋,底本、録本無,今據文意補。
② "敬者"二字底本、録本無,今據文意補。
③ "念佛"二字底本、録本無,今據《十地經論》[T26n1522p136b5]補。
④ 一,底本、録本無,今據文意補。
⑤ 活,底本、録本作"㤓",今據《十地經論》[T26n1522p136c21]改。

死畏、四墮惡道畏、五大衆威德畏，離如是等一切諸畏。《論》云："此五怖畏是初地障，復説地利益勝。是五怖畏第一、第二、第五依身口意，第三、第四依身。依身者，愛增(憎)善道惡道捨得依身故。何故但説五怖畏？打縛等諸畏皆五所攝故。此五怖畏因略有二種：一、邪智[①]妄取、想見愛著故；二、善根微少故。此對治如經'離我想[②]'故。'尚不貪身'乃至'無有大衆威德畏'[□][故][③]。[□□][怖畏][④]、毛竪等事，何故二處説？前説身怖畏、後説異身怖畏[□][故][⑤]。"上三十五句已顯釋名分大悲爲首，已下三十句釋"第三安住章門"，亦名"第四净地行"也；亦可就中總别三十句。《論》云前總中唯有三句也。别中有三種成就："信成就"總，别顯十句皆云"增上"；次"修行成就"總，别顯九句皆云"集"；次"迴向成就"總，别顯十二句皆云"求一切智"。初十句中"信心"者總，餘九别。九者：一、敬信增上；二、净信增上；三、分别信；四、悲信；五、慈信；六、不疲惓信；七、慚[⑥]愧信；八、安樂信；九、柔和敬順。此九皆云"信增上"。敬信增上，尊敬三寶，多行是；净者，證真如智，如解心清净是；"分别"者，令他證净智，"多以信分别"是；"悲"者，除苦；"慈"者，與樂；"不疲惓"者，久處利益衆生故；"慚[⑦]愧"者，於慳等波羅障深暫愧故；"安樂"者，於同法者不惱亂故；"敬順"者，增益敬信殊勝心故。

已説"信成就"，次説"修行成就"。[□□][集諸][⑧]善根無休息，常修也；大本第二句。一親近集，釋第二智識，大本經初句也。《論》義解釋心喜[⑨]樂法集。多聞、正觀、不著集，此三是聞、思、修惠(慧)。"不貪"者，不求名聞故。不求名，"不著[⑩]利養"句是。"如實心"者，常實故。二經相同。

---

① 智，底本作"見"，今據《十地經論》[T26n1522p137a7]改。
② "我想"二字底本作"相"，今據《十地經論》[T26n1522p137a8]改。
③ 故，底本、録本無，今據《十地經論》[T26n1522p137a9]補。
④ "怖畏"二字底本、録本無，今據《十地經論》[T26n1522p137a9]補。
⑤ 故，底本、録本無，今據《十地經論》[T26n1522p137a11]補。
⑥ 慚，底本作"漸"，今據《十地經論》[T26n1522p137b4]改。
⑦ 慚，底本作"暫"，今據《十地經論》[T26n1522p137b4]改。
⑧ "集諸"二字底本無，今據《十地經論》[T26n1522p137b18]補。
⑨ 喜，底本作"苦"，今據《十地經論》[T26n1522p137b21]改。
⑩ 著，底本作"求"，今據《十地經論》[T26n1522p137b28]改。

已説“修行”，次説“迴向成就”。中有十二句：一、樂求一切智地；二、觀求一切智地；三、無障求一切智地；四、離求；五、如説能行求；六、護；七、不污[①]；八、不捨；九、不動；十、不捨成就；十一、身集；十二、常求。此十二句皆云“求一切智地”，不能具顯耳。此十二句：初、樂；二、觀；三、無障。此三依論是家。“家”者，本也，依家無障求故。云何求？依家本求，依六度故無著法。故《論》云以此九求對十種離求。如説求對檀中二障：一、無心許與；二、[□][許][②]而不與。“無心”者，諂曲；“許不與”者，如説實語，本云“常行實語”，對二地。“不污[③]”者，惱亂他業，污[④]佛家，對三地障，本云“不污”故。“不捨”者，持戒生退，故不捨對也。“不動”者：一者、亂心；二、不能調伏，此五地不動，對治如山王，[□][生][⑤]薩婆若心。文十攝越不捨成就、求集、求常，求此三對三障：一、無善巧[⑥]方便；二、不修出世道；三、於勝上法願欲心薄。此三障同在六地三行對治，即本云“不捨[⑦]”“集助”“常求勝”三文對也。此對行三種成就：初十説增上成就，次十無厭精進日夜是也，次十求一切智方便故。菩薩成就如是净地法，名爲“安住歡喜地”。“説分”訖。

次説“校量勝分”。云何校量？菩薩住此地勝二乘故。校量有三種：一、願；二、修行；三、果；皆云“勝”也。初中有二：一、常修無量行故。二、“十無盡心”已下，與一切衆生同行故。以得十無盡法故，願行亦無盡。願雖無量，約爲十數。十中依疏，初三緣三寶也；次説四願化群生，修净土行；後三於十方世權同益物。一中有三：一、體；二、譬；三、合喻。依論，初二明功德智惠(慧)滿足，次五就外化中辨，後三顯自身同物。初中二者，一、功德滿足，以佛爲頭；二、智惠(慧)成就，以法爲首。初願中有六種大，故名“大願”。一、福田大，亦名“體大”，謂一切無餘有三種：一、一切無餘；二、一切供養無餘；三、一切恭敬無餘。佛有三，謂法、報、應。供養亦三，謂利養、敬、行等。供

① 污，底本訛作“行”，今據《十地經論》[T26n1522p137c16]改。

② 許，底本、録本無，今據文意補。

③④ 污，底本訛作“行”，今據《十地經論》[T26n1522p137b28—138a1]改。

⑤ 生，底本、録本無，今據《十地經論》[T26n1522p138a8]補。

⑥ “善巧”二字底本作“汙”，今據《十地經論》[T26n1522p137138a9]改。

⑦ 捨，底本、録本作“樂”，今據《十地經論》[T26n1522p137138a12]改。

敬亦三,謂供敬、給侍、迎送。二、供事大,謂一切供具,種種隨意,供養勝前故。三、發心中大,謂清净心發是大願故。四、攝功德大,廣大如法界故。五、因大,究竟如虚空故,無常愛果無量因故;此無常愛果因也。六、時大,如經"盡未來際"故,此因得涅槃常果故;此常果因也。"供養一切劫中"者,時也。"所有諸佛"者,化主也。"大供養具"者,三業行願香華等事也。"無有休息"者,常懃二行不斷絶也。説功德滿足,次顯智慧成就。中有五:初明體中三種法,謂教、證、行也。又一切釋教法,攝一切釋證法,一切佛釋行法。此亦名"三種成就"。"發如是大願"已下四句,如初願中也。"一切劫中"者,時也。四句如初,願未無異。第三、願已下,次第五願成就,外化辨也:一、以何身;二、以何心;三、何者是衆生;四、衆生住何處;五、自身住何處。

初"以何身"中,亦有五義:初體中三世間,以身見相有三:初顯世界無邊;二、應佛無邊;三、爾時攝法無邊,從天入胎處初生,出家成道,勸轉法輪,入大涅槃。我於爾時皆攝法爲首,三時轉故。次第解釋,如《離世間品》答後二十句中説。"發如是願"已下乃至"無休息",四義如前。

第二"以何心"中,亦具五義:初體中明心行,中有四種:一、謂種種[①]"菩薩行廣大無量,[□□][不壞][②]不雜"是。"廣"者,從初地是;"大"者,七地;"無量"者,從八地至十地;"不雜"者,法無我平等觀出世間智故。二、"體",謂波羅蜜所攝故。三、"業",謂諸地所净生諸助道法故。四、"方便",謂六種相:總、别、同、異、成、壞等。亦可爲二:初、總舉菩薩行業;二、"總相"已下方便益物也。

第三、"何者衆生",五句如上。初明衆生中,《論》云九句,今總爲二。前六所化,後三明得益也。前六者:一、麁細差别;二、依止差别;三、不净不處;四、苦樂;五、自業;六、自體。此六皆云"差别"。"麁細"者,色、無色等。"生依止"者,四生是化生依業。"不净不處"者,三界所繫。"苦樂"者,入六道是。"自業"者,一切生處是。"自體"者,名色所攝是。"教化"一句,"斷一切"二句,"一切智慧"三句也。

---

① "謂種種"三字底本作"種種謂",今據文意改。

② "不壞"二字底本、録本無,今據《大方廣佛華嚴經》[T10n279p181c24]補。

第四、“衆①生住何處”中，五句如上。初明“處”中，《論》云有三，合之爲二：初、列所住世界相；二、“隨入”已下，能知世間智。《論》云“三”者，一一切相者，廣狹至方圓等是；二、真實義相，謂入世界智等是；三、無量，十方世界等是。自下如前。

第五、“自身住何處”，五句如上。初明處中，《論》云有七，今合爲三：初、國土世間净；二、衆生世間净；三、如來世間净。我净是佛土。《論》云“七”者：一、無休息同體净，入“一佛土”已下是；二、自在净，大本無此句；三、莊嚴净，無量莊嚴是；四、受用净，具足清净是；五、住處净，衆生净等是；六、國土净，常有諸佛是；七、果净，“隨諸”已下是。次下三願，顯自身權益物：一、得地校量勝；二、得菩薩地盡校量勝；三、一切盡究竟故。初中五句如上。初明菩薩行中，依《論》總、别有十一句，合之爲二：初六同修善根，後五明神通力用。《論》“十一”者，初“同心”一句總，後十别：一、共集善根；二、同一境界故；三、常不離故；四、隨其所應故；五、自於心中悉能解知境界神力故；六、得隨意神通；七、悉能遊行世間故；八、一切佛皆現身相故；九、一切處生故；十、如是不可思議大智慧具菩薩行故。於中初句、顯功德行故；第二、住寂静等觀故；第三、聚集解説論佛法故；第四、隨心成佛故；五、自發勝心念佛法身；六、得常不退神通故。餘四以通業得名：一、往餘世界；二、自餘異身示現；三、同生往故；四、入不可思議大乘故。下四句如前。次明得菩薩地校量勝，五義如上。於中有二：初法，後喻。初法中，明三業不空也。自下如上。次明得一切地盡究竟中，五句如上。是中依《論》，作業有七種，今合爲二：前三合爲八相義業，後四合爲説法自在業。《論》“七”：一、示正覺業；二、説實諦；三、證教化；四、種種説法；五、不斷佛種；六、法輪復住；七、自在。此“七”皆云“業”。初、[□□□][示正覺]②業者，“示現入胎”是；二、實諦業者，現大神力是；三、[□□□][證教化]③業者，“知一切法”已下是；四、説法業，“一音

① 衆，底本、録本作“爾”，今據《十地經論》[T26n1522p137141a4]改。
② “示正覺”三字底本、録本無，今據《十地經論》[T26n1522p140c10]補。
③ “證教化”三字底本、録本無，今據《十地經論》[T26n1522p140c11]補。

聲”已下是；五、不斷業，“示大涅槃”已下是；[□][六][①]、法輪業者，“示現衆生”已下是；七、自在業者，“以大智”已下四是。下四如上。自下“發諸大願”，隨心求義故；起“如是大方便”者，[□][成][②]彼所作、方便勇猛故；“如是大行”者，彼所作行成就故，菩薩住此地、漸次久習、起此三行非一時故。何以故？此十大願，一一願中有百千萬阿僧祇大願以爲眷屬故。何故名“大願”？光明善根轉增廣故。自下“十不可盡”，《論》云明“與一切衆生同行故”。大本云：“以十不可盡法而生是願。爲滿是願，懃行精進。”何等爲“十”？中有三轉義：初、轉列十不可盡法，以成十願不可盡；二、“若衆生盡”已下，返釋十不可盡法；第三、“而衆生”已下，還順釋不可盡，以成上願亦不可盡。初“十”者，四據世境不可盡，後六據聖智應用，用同世故，亦不可盡。又解“十”中衆生界是總，餘九是別。衆生界盡故，何處住世界盡故，乃至“智轉”，相釋皆爾。已説願校量勝，次顯行校量勝。中有十句，皆是“行”義。何等爲十？一、信；二、慈；三、悲；四、施；五、無疲惓；六、知諸經書；七、善解世法；八、慚愧；九、勘受，論經名“堅固力”等；[□][十][③]、供養諸佛，如説修行。初信行中有二十句，初十句正明信解體，亦名“因緣方便”也。“則成信者”已下明信解行用。“調順心”者，諸善根中得自在勝故。“承濡心”者得勝樂行故。論文正此二句，餘之八句，論本無文。“信”等十句，從“信諸佛所行道”已下是。十句中前四於菩薩功德生信，後六於佛果功德生信也。又解“信”等十二句，初一總，後一結，中間十句正解信解。論經唯有總、别四句，餘句則隱“信”。“諸佛本行”已下，《論釋》有二：一、菩薩六度是；二、次第成信，善入諸地，得殊勝功德。此是菩提所攝大行。入有六種勝：一、魔道二乘對治勝，“十力”已下至“不可壞”是；二、不思議勝，“不思議”是；[□][三][④]、不離染勝，“無量”已下是；四、一切種智勝，無量行門是；五、離勝，從因緣以成是；六、總説行入勝，“舉要言之”是。信行已説。

---

① 六，底本、録本無，今據《十地經論》[T26n1522p140c12]補。

② 成，底本、録本無，今據《十地經論》[T26n1522p141a9]補。

③ 十，底本、録本無，今據文意補。

④ 三，底本、録本無，今據文意補。

自此已下,顯慈悲境界。中有三:一、遠離最上第一義樂,此是慈緣之境,即"甚深"十句等是;二、遠樂境故,具諸苦聚悲緣拔苦之境,"而諸凡夫"已下二十句是;三、彼二顛倒,"凡夫可愍"已下是。慈樂境中十句者,初一句總,餘九句别。依論消文。

已説"遠離第一義樂",次説第二"具足諸苦顯悲境界",中有二十句是苦因業煩惱等,後十句顯苦果。因、果二句,並是悲境界。是中無我,以教影空。"因"中十句者,一心墮邪見是總,餘九是别:一、弊意邪見,"無明癡冥"是;二、憍慢;三、渴愛;四、諂曲;五、嫉妒;六、集業,"多集"已下是;七、吹罪心火;八、起業邪見,"有所施作"是;九、心、意、識種子邪見欲流。是中初三邪見,依法義妄[①]計,次二諂曲嫉妒。此二邪見,於追求時心行過故。第六已下四種邪見,修行善根等是有漏故。

三界地已下果中十句,有三種:一、自相,從"復有牙生"乃至於"有";二、同相,謂生、老、病、死等;三、顛倒相,"離我我所"等。"自相"者有三種:一者報相,名色[②]共阿梨耶識生;二者彼因相,如經"不離"故;三者彼果相,從"六入"乃至於"有",如經"名色增長已"。從"是中我"已下,空觀也。云何於彼二顛倒?如經"然諸衆生不覺不知而受苦惱故",即釋彼二菩薩。於此已下訖"則生大悲智慧"已來,即釋悲能拔苦,慈應在前,乘勢故即明悲也。"是諸衆生"已下訖"畢竟樂"已來,則釋大慈與樂意。慈悲行已訖。"以深妙心"已下,釋第四施門。是中"一切物"有二:一、外財;二、"顯自"已下,内財。《論》釋八句者,不出此内、外財也。復有二:一、所用;二、貯積,謂一切財穀庫藏等。廣説有八種,從金銀乃至一切所愛事。初捨是總,餘九是别。依二種喜:一、藏攝喜;二、利益喜。"藏攝喜"者,謂金銀等。"利益喜"有八種:一、嚴飾利益,寶莊嚴等;二、代步利益,象、馬等;三、戲樂,謂國土觀;四、代苦,奴婢;五、自在,國土聚落;六、眷屬,妻、子;七、堅著,一切所愛等;八、稱意利益,頭、目、耳、鼻等。上諸句下皆云"利益喜"也。

---

① 妄,底本、録本訛作"妄",據《十地經論》[T26n1522p142a21]改。

② "名色"二字録本訛作"色一名"。按:底本"色"、"名"間實爲倒乙號而非"一"字。《十地經論》:"名色共阿黎耶識生"[T26n1522p142b13],亦可參。

"懃求"已下,第五;心無疲懈於諸經書,第六;"得如是知"已下,第七;善解世法、"知時知量"已下,第八;"慚[①]愧莊嚴功德,如是功德"已下,則是第九,得第九勘受力;已得勘受,第十懃行,供養一切諸佛,如說修行。此十種行,顯二種勝成就:一得心成就,謂信悲慈等;二修行成就,乃至"如說修行"等七。於中[□][依][②]自利行,謂信能信菩薩行及諸佛法,求畢能得故;依利他行,慈悲、捨、不疲惓、經書、解世法[③]。此六已下法攝他行。餘三行:一、不著;二、不動;三、修行。彼垢清净依止。前安住中所説三十句,從"信增上"乃至"常求上上勝道",是清净地法。今此十從"信"等乃至"供養諸佛盡",是障地净法。十大願障,别故不説。

已説"行校量",次顯果利益校量勝。中有四種:一、調柔果;二、發趣果;三、攝報果;四、願智果。"調柔利益勝"者,金相似法,信等善法猶如真金等。中有三:初、法;二、喻;三、合喻。"數數入火"有三:一、功德入,供養佛僧故;二、非心入,教化衆生故;三、無上果入,願迴向大菩提故。"[□][以][④]大神通力見諸佛"[□][者][⑤],以勝神通力見色身佛。"大願力"者,以因内正願力見法身佛。"多百佛"乃至"那由他佛"者,方便見多佛數故。供養三種如上。

初願中已説"調柔",次説"發趣果利益勝"。中三:一、法説;二、喻説;三、合喻。《論》云"相"者,隨諸地中障對治相故;"果"者,得世間、出世間智地故[⑥]。"成地諸法"者,謂信等爲滿足彼故。有五種方便:一、觀方便;二、得方便;三、增上方便;四、不退方便;五、盡至方便。"觀方便"者,對治成壞二句是也。"得"者,行果得諸地清净三句是也。"增上"者,從一地是處轉所住勝,"進業"四句是也。"不退"者,得不退轉是。"盡至"者,知一切菩薩净地法,入如來智地。"商主"已下,喻顯多持人衆向大城者,令得正行也。故"商

① 慚,底本、録本作"暫",今據《十地經論》[T26n1522p143a8]改。

② 依,底本、録本無,今據上下文意補。

③ "世法"二字底本、録本作"法世",今結合文意,據《十地經論》[T26n1522p143a14]改。

④ 以,底本、録本無,今據《十地經論》[T26n1522p143c10]補。

⑤ 者,底本、録本無,今據《十地經論》[T26n1522p143c11]補。

⑥ "故"字録本誤置於下"成"字之後。按:底本"成故"之間有一乙鉤號,兹據正。

主”有二：一、不迷道方便，先問等是；二、資具利益方便，具諸資用等是。三亦復如是，合喻也。

次説攝報，果有二種：一、在家果；二、出家果。在家果復有二：一、上勝身，閻浮王等；二、上勝果，“能以大施”已下是，以四攝法攝取衆生故。“不離念”等八句，示現自利益故。此念略有四種：一、上念，三寶是；二、同法念，菩薩等是；三、功德念，念自身、他身菩薩行自體轉勝故；四、求義念，念諸力無畏不共法至一切智等，此是真實究竟故。爲首有二：謂勝首，大首。“導”者，阿含中分别法義故。諸句如《論》釋。出家勝業有二：一、三昧所作，論文具顯云。次、説願智果，於中總、别有十二句。别句身釋在論文。《論》云：“略説一切諸地，各有因體果相應知。”下偈有四十五行半，二十二行説一分中三義，十一偈頌上“住”義中有四：初二偈頌“依何身”，次四偈“爲仰”義，次二偈頌“以何心”，三偈頌“有何相”。次有五行半頌上“説分”中“釋名”，次有五行半頌上“説分”中“第三安住”，次二十一行半頌“教量分”。就中初五行半頌“願校量”，次六行半頌“行校量”，次有九行半頌“果校量”，最後兩行結成“歡喜”。歡喜地竟。

略疏卷第三。

淵許（記了）①。

---

① 許，底本作“”，當爲傳抄過程中“記了”二字竪排連筆手體之形訛。敦煌寫卷中常見某部分内容抄寫完畢後書手題記“記了”二字連筆的情况，如《法華義記卷三》尾題：“比丘惠業許。”[T85n2748p165c15]中“許”字底本斯 2733 號實作“”，顯爲“記了”二字的竪排連筆。詳見前本書《仁王般若實相論》卷第二：“囑累品。釋秀許。”中“許”字注。

No. 2755《華嚴經》疏

[題解]

佛典《華嚴經》疏釋，敦煌卷子中存有斯2721一號，《敦煌寶藏》擬題："華嚴藏世界品第五疏釋"。作者不詳，卷數不詳。首尾俱殘，起自"……剎准可知，頌中有十，初一頌劫差別"，終至"此地純熟，故名'浄法'也。《論》欲謂怖趣"。清代以前歷代大藏經未收，日本《大正藏》據斯2721號以"華嚴經疏"爲題録入其第八十五册。本校注仍以《大正藏》本所據卷斯2721號爲底本。

□[1]剎准可知。頌中有十：初一頌、劫差別。二、劫長短。三、劫多少。已上通頌前列名。四、劫染浄。五、釋劫浄因。六、顯諸劫名。七、劫中佛出。八、一多劫相入。九、劫内嚴具相入。十、結歸心想。是故得無礙並可知。

第九、明世界海劫轉變，隨所居衆生作業善惡命。一劫中或初染後浄，或初浄後染，如是轉變，塵數多端，略列十種。初一總説，謂世界法爾，隨業轉變也。餘九別顯。一、惡業所感，名"染衆生"。如下文云泉池皆枯槁等。二、修人天大福，令世界亦染亦浄。如下文"大王既[2]興世，粳米自然生"等。三、地前信解菩薩所住，亦令染浄，以未斷障，故非純浄也。四、發地上證位菩提心，故令剎純浄也。上來明染浄轉變。五、如下文菩薩將下生時，先嚴此世界等。六、多菩薩遊，現多嚴等。七、如來入滅，莊嚴隨謝。八、如來出

[1] 首缺。
[2] 既，底本作"出"，今據《大方廣佛華嚴經》[T9n278p744b3]改。

現,嚴净斯出。九、神力無染不净。頌中亦十:一、頌總句;二、頌染衆生;三、頌福衆生;四、頌信解;五、頌發心;六、頌菩薩遊刹;七、頌菩薩雲集;八、頌佛滅;九、頌佛興;十、頌神力。准釋可知。

第十、明世界海無差别。十列名中,一、明一世界海中所含世界數如一世界海塵等,並積在其中,諸世界海皆同此數,故云"一一無[①]差别"。二、佛威力。三、道場處,謂遍微塵中處,故云"法界"也。四、大衆會。五、佛放光。六、現神變。七、圓音遍。八、轉法輪。九、刹入塵。十、塵中佛並諸刹海中,同有此事,故云"無差别"。頌中亦十次第,頌前十法。但前平漫普遍,今塵内重疊。初中明塵内多刹,復互十相[②]而不離亂。二、頌佛興。三、頌道場。四、頌衆會。五、頌佛光。六、頌神變。七、頌法輪。八、頌佛音。九、頌塵中刹,出二因:一、佛力;二、業力。十、頌塵内佛,亦出二因:一、性通;二、願力;並可知。上來明世界海成就品竟。

花嚴藏世界品第五

將釋此品,四門同前。

初、釋名者,梵本具言"花"謂"蓮花","藏"即"含藏";謂花臺之上,積諸世界,布列校飾,名曰"莊嚴";數多繁奥,故稱爲"海";有(又)釋"世界"。"發光地"[□][者][③],世親釋云:由此地中,與三摩地三摩鉢底常不相離,無退轉故,於大乘法能作光明,名"發光地"。無性釋"静慮"名"等持","無色"名"等至"。或"等持"者,心一境相;"等至"[□][者][④],正受現前;"大法光明所依止"者,於大乘教得智光明。此地是彼所依因故,名爲"發光"。解云:地從所發果法爲名。《解深密經》及《瑜伽論》意同《攝論》。《顯揚論》云:"證得静慮三摩地,藴大智光明之所依止"。《智論四十九》名爲"光地"。《十住論》云:"廣博多學,爲衆説法,能作照明,故名'明地'。"《人王經》名"明慧地"。《地論》等並如前辨。

---

① 此處底本尚有一"無"字,當係誤增,今據文意删。
② "十相"二字録本訛作"相十"。按:底本"相""十"二字間有一倒乙號。今據改。
③④ 者,底本、録本無,今據文意補。

第二、"來意"者有三：一、前戒次定義次第故，是故須來。二、前位能持微細戒品，未得圓滿世間等持、等至及圓滿聞法總持，爲令得此，因説此地，令勤修學。此依《深密經》。三者、初之三地，總寄世間施戒修法。前二施戒，今此顯修，是故來耳。

第三、"所離障"者，依《十地論》離闇相，於聞、思、修諸法忘障。解云：此與所得地法敵對相翻，故立斯號。《唯識論》第九名"闇鈍障"，謂"所知障中俱生一分，令聞、思、修法忘失，彼障三地勝定總持及彼所發殊勝三慧，入三地時，便能永斷。由斯三地，説斷二愚及彼麁重：一、欲貪愚，即是此中能障勝定及修慧者。彼昔多[①]與貪欲俱故，名'欲貪愚'。今得勝定及修所成，彼既永斷，欲貪隨伏，此無始來依彼轉故。二、圓滿陀羅尼愚，即是此中能障總持聞思慧者。"解云：此實是所知障，與欲貪同體，故名"欲貪愚"，以貪妙欲掉重散亂，障定發、修慧、聞持等者，從所障因法以立名，以親障聞、思二慧是彼總持所起果故。此是忘念不正知等同體所知障。《解深密經》及《瑜伽》、《金光明經》及梁《攝論》等各有二愚，大同此説。又有離業障及報障，准前知之。

第四、"所證"者，《唯識論》云："勝流真如，謂此真如所流教法於餘教法極爲勝故。"《攝論》第七無性釋云："謂此所流教法最勝故，捨身命求此善説，不以爲難。"梁《論釋》云："從真如流出正體智，正體智流出後諸智，後諸智流出大悲，大悲流出十二部經。是故名爲'勝流法界'。"

第五、"所成行"者，略有三種：一、十度中成忍度行；二、成禪定行；三、成求法行。《莊嚴論》云："第三住能生欲界而不退禪故。"餘行如下辨。

第六、"所得別果"者，亦有三種：一、依梁《論》，通達勝流法界，得無邊法音果。二、當位行果。《金光明》云：三地發心，得難動三昧果。又下文曰無量五神通亦是當位所得之果。三、顯分位果，謂忉利天王等四果，如下文説。

第七、釋文中亦三：初、讚請分；二、正説分；三、重頌分。初中十頌分二：初六度聞前地，餘四請説。後地前中，初一慶聞心喜，次一身業雨[②]花，餘四語業讚述。於中初一總歎，次一別歎説法心，次一別歎所説法，後一歎爲機

① 多，録本訛作"受"，今據底本改。

② 雨，録本訛作"兩"，今據底本改。

結説。就請後四頌中，初三大衆請，後一上首請。前中初一總請三地行，後二别請十度行。

就第二正説中，《論》爲四分：一、起厭行分；二、厭行分；三、厭分；四、厭果分。此地修禪，厭伏煩惱，名爲"厭地"；初入地心，修起彼厭，名爲"厭行"；趣地加行，起彼厭行，名"起厭行分"；所起地初，名"厭行分"；正住地中修八禪等，名爲"厭分"；地滿足故，名"厭果分"。又釋此四分，如其次第，即是加行道、無間道、解脱道、勝進道可知。就初分中三：初、結前起後；二、"何等"下正明十心；三、"菩薩以是"下，結行入地。就十心中，初二一對：一、離過心，謂依前净戒起此深念趣禪净心；二、位善心，謂依自所住大乘之法，堅心不動，故名"猛利"。次三一對，於中初二離過，後一造行。"離過"中，初一、厭當來欲，故名"厭心"；二、捨現在欲，故名"離欲心"。當來未起，但可懸厭，現在交捨，《論》名"不貪"。"造行"中謂不捨前地自分所修，進起此地勝進之行，故名"不退心"。次三一對，於中初一離過，後二成善。"離過"中謂此加行深伏三地所斷煩惱，不令彼惑成於過患。《論釋》云："自地煩惱不能破壞，名爲'堅心'。"遠師釋前二地爲自地，辨師釋四禪、四空爲自地，皆恐不當。後二"成善"中，初成善體，後成善用。體成故出入自在，名"明盛心"，謂净之極也。三摩跋提，此云"等至"，即入定之名後用成故，受生自在。雖生下地，不失定用。由此淳厚，名爲"無足"。此二種心，至下地滿中究竟成就。下云於禪能入能出是"明盛心"，成不隨禪解脱力生即此"淳厚心"也。下《論》云彼淳厚心此處現成故。末後二心爲一對。初一離過，《論》名"依彼生"者，依欲界生也，以大智故，煩惱不污，故名"勝心"。後一利生，以大悲攝化，不斷諸有，故名"大心"。加行分竟。

第二、"厭行分"中，《論》分三：初、明厭離有爲，名"護煩惱行"；二、捨狹劣心，名"護小乘行"；三、上求廣大，名"方便攝行"；又由善巧攝起入禪等行故，名"方便攝行"。就初中有二十句：先十句明無常觀，後十明無有救者，約人顯失。就初中，先一句總，謂"如實相"者，有爲之法，理實無常，故名"實相"。《論》名"命行不住"者，有爲諸法，相續名"命"，遷流稱"行"，即此不住名曰"無常"。别中分二：初云"何此無常"者，問彼有爲所無常法；二"何者是無常"，問彼法上無常之義。前中經有六句，於中初四約内正報，後二約外依報。前中一、約“苦無常”者,《論釋》“依身轉時力生三苦”者,内報遷流名“身轉時”,轉能生苦,説轉爲“力”,苦由轉生,故名爲“依”。又以其苦故,性是無常。二、“無我無常”者,論經無此,謂過違緣而便損壽,不自在故“無我”,無我即無常也。三、“不净無常”者,依於飲食好惡之力,令其形色不净,有增有損,增損不定,是“無常”也。四、“不亦無常”者,論經名“無常”,此乃以麁無常顯細無常,謂“依不護諸惡力”者,履嶮飡毒,名爲“不護”。依此力故,令身夭壽。下二約依報中,初約世界,後約資財。初中“依世成力”者,由依成力,有此滅壞,故名“敗壞無常”。後一由財無定主之力,一處不住,故名“不可信相”。二、“何者是無常”者,明“無常”之義。或以生滅流轉爲“無常”義,通大小乘,如餘處説;或以不生不滅爲“無常”義,此唯大乘,如《維摩》説。或説二種,如此文。或説三種:一、無物無常,約遍計性;二、生滅無常,約依他性;三、離不離無常,約圓成性。以在纏時,名“不離垢”;出障離時,名爲“離垢”;約斯不定,名爲“無常”。具如《中邊論》及《佛性論》等説。上二並大乘終教説。言“少時無常”者,以念念生滅、無暫時停故。此中名“不生不滅”者,謂不定生故“速滅”,不定滅故“還生”,是故約俱不定,亦名“不生滅”也。二、“自性不成實無常”者,謂三世中法無自性故。不從前際中來,名爲“不生”。不去至後際,名爲“不轉”。現在不住。此中三世約相續門説。若約生滅門,則應説當來名“來”,過去稱“去”。由有此二門,故與餘處不相違也。

第二、“無救”者,初牒前無常是實也。“知諸”下正顯無救。初言“知無作無起”者,於無常法中無能爲其起作救護。論經名“無有救”者,此是總句,“言無來“下別辨。於中初四就死明“無救”。一、於少壯時,無常未至,望於後死,無所依告[①]使其得免,故名“無所依止”;此中名“無來無去”者,無有依怙來,能令無常去,故云也。二、於年衰將死,名“無常至時,無能救者”;以無常死臨、多共憂故,名“憂”;謂憂念相續,曰“多”;與心俱起,曰“共”。三、於生蘊壞時,死相現前,中間憂念轉憎,名“悲”。四、於四大分時,生諸苦惱。上四死時無救相顯,故於先辨也。次二句於外受[②]求事中過患無救。初“憎

① 告,《華嚴經探玄記》作“怙”[T35n1733p325b6]。

② 受,《華嚴經探玄記》作“愛”[T35n1733p325b13]。

愛縶"者,謂追求時,謂貪其所欲,增(憎)[①]其不欲,於順違境,愛憎妄想,常縛不捨,對治不入,故名"無救"。二論經名"憂惱轉多"者,於受用時樂少苦多,謂於資財守護致怨,乃至失命,苦惱多於貧窮苦也。此經略無此句。下四句約"身苦無救"。於中初、"無停積"者,明身老時,少壯不可復集,故名"無救"。二、"無定生處"者,明設命盡時,不能定知生於何道。論經略無此句。三、"但爲貪等"者,明少壯時依三受起三毒,自燒善根,亦是衰損自身,故名"無救"。四、"增長後世"者,於年衰時無量病苦不增長也。病通始終,老時多故。又釋,因病造業,增後世苦。無實如幻者,明虚妄也。論中重釋後三句,與初四俱是身患事。何不在初一處同説、示身數數過患事者,顯身患多故。護煩惱行竟。

第二、"護小乘行"中,初十句護小心,後二十句護狹心。前中初總,後别。總中先臨前,謂初觀無常,已生厭心;後觀無救,轉更生厭,故云"轉"。"復厭離"下趣後,謂正護小乘小心,求佛大果,故云"趣"。"佛智慧"下别辨中二:初五句求佛菩提,《論》名"攝功德大";後四求大涅槃,《論》名"清净大"。前中,一、"通力大",知佛神通難測,故云"智不思議","智"即是神通之體。二、"無比大",寄對顯勝,無有敵對,故云"不可稱"。論經名"無等"也。上二明"妙用自在"。三、"大"義:"大"謂義利無量衆生,故云"有大勢力";此利他德。四、"無譏謙大",希有難得,故云"無能勝者",《論》名"難得"也;此自利德。五、"不同大",亦寄對顯勝,理實異外越小,超因顯勝。今《論》主從首而説,故云"不雜外道"也。上三顯德行圓備。第二求涅槃净果中,《論》主初總釋攝爲三義:一、離惑;二、離苦;三、得涅槃。二别中,初離二障及習,故名"無衰";二苦根本盡,憂悲亦亡,故名"無惱"。三"得涅槃"中,經有二句:一、至涅槃安隱大城,名"自利德";二、至"彼不還能廣利益故",云"救苦衆生"也。此是無住涅槃故。

第二、"護狹心"中,初十起悲,後十救度,亦是先悲後慈。初中先牒前起後,舉數總標,謂見佛智勝利傷物,不得觀有爲苦惱,愍物處之,是故轉生殊勝悲心;二"何等"正顯悲行。於中初句爲總,以諸衆生遠佛慈父曰"孤",無

① "增"讀爲"憎"。此字《華嚴經探玄記》卷第十二正作"憎"[T35n1733p325b14]。

智悲男女稱“獨”，由此孤獨，在苦無救，深成可愍。餘九别中，初二依欲求衆生。一、求財無厭，名“貪無依”；二、於他資財非分起惑，求無休息，故云“三毒”等。下三約有求衆生。於中，一、苦果未脱，三界六道，輪轉不絶，故云“閉在”等；二、苦因不除，謂煩惱所覆，是彼苦因，故云“常住”等；三、無對治力，謂生在難處，離善導師，無善根治，故云“無正觀力”。下四約梵行求衆生。初三小乘，後一外道。前中，初、不求大因，名“不起勝念”，故云“於善法心薄”；以唯樂小善，不樂大善，故名“薄”也。二、不求大菩提果，故云“失佛妙法”，謂妄取小果，恃爲究竟，名“懷[①]增上慢”。三、不求大涅槃果，故云“而常隨”等，謂縱得小乘無餘涅槃，常隨變易生死水流。下一外道過，妄行邪道，悕真涅槃。

第二、“正救度”中，初牒前起後。一、發總[②]救心，此是總句。下九别中，初三除三障，顯度處也；次五授三學，明度行也；後一令苦滅，即度果也。初三中應解其業結，净其惑染，脱其苦報，故云也；次五授行中，初二授三學，謂一勸置持戒處，故云“著善處”也；勸住定慧處，故云“令安住”。何故定、慧合爲一句？以前地戒成分戒别辨，後地明慧位未至故，慧從定説，合[③]爲一句。《論》云：“三昧地故，定慧合説。”下三明授法利益。初二句約戒：一、“欲受戒”者，令除戒疑，信進於戒，有大功德，使樂受故，名爲“歡喜”；二、“已受戒”者，示以持犯，及顯戒德，令心樂住，安因不動，故云“令知所宜”。後一約定慧，謂掉没障定，煩惱障慧。滅除此二定、慧成就，故云“令得度”。又釋“掉[④]”是“掉舉”，障於定；“没”是“昏沈”，障於慧；煩惱通障。此是細惑隨逐行人，故名“隨非隨煩惱”也。“以是使故”下，一救度成者，令得餘無餘二種涅槃，故云“使滅苦”。

第三、“修方便攝行”中，先述意，後釋文。初者菩薩因前觀有爲多過，衆生未出，佛智大利，衆生不得，復念衆生墮惑業苦，以何方便拔苦得樂？即知

① 懷，録本訛作“壞”，今據底本改。
② 總，録本訛作“惱”，今據底本改。
③ 合，録本訛作“分”，今據底本改。
④ 掉，録本訛作“棹”，今據底本改。

不離佛無礙智。智由何生？即知不離八地上如實智。實智由何生？即知不離四地已上無行慧。慧由何生？即知不離三地禪定。定由何得？即知不離聞法。是故菩薩先求正法，既聞[□][法][1]已，静處思惟，思已修習，入禪無色，依定觀法，起無生慧，依此漸增生無功用如實智，依此漸增生佛無礙智。得智已，能盡衆生界，拔苦與樂，常化不絶。文意如此，是故名爲“方便攝行”。二釋文者，此文方便，有其五重：一、起觀方便，謂牒上三心，起後觀求；二、“即時欲具”下，標趣方便，謂標其佛慧，彰行所趣；三、“作是思”下，觀求方便，謂觀察推求度衆生法；四、“即時知住”下，正知方便，謂知佛智能救衆生，乃至知由聞法；五、“菩薩如是知”已下，攝修方便，謂修聞法行，攝取正法。初中三：初、牒上護煩惱行，故云“如是厭”等；二、牒上護狹心行，故云“深念衆生”；三、牒上護小心，故云“見一切智”等。《論》主依此三心能起後行，故説此三爲三種因：初一可知。後二“發精進因”者，見佛智有利，能救衆生，是故因此起大精進，修彼因行。《論》云：“能修行彼道故，深念爲因故，能善化衆生也。”二、標趣方便中，《論》云：“依如來智慧，救度衆生。此言示現發起方便攝行。”故名也。三觀求方便中，衆生墮苦等。論經亦有業。問：“前救度十心中，於惑業苦處以三學救度。何故今言‘以何方便而拔濟之’？”答：“前知戒等度法，而未知用何智慧能授此法。”問：“若[2]爾，前‘護小心’中，已知如來智慧有大[□□□][勢力，能救衆生。何故今言‘以何拔濟’？”答：“前雖見佛智能救，佛果在當，未可現用，謂於佛智外更有餘法能救濟不？故云‘以何方便’也。][3]

[□□□][自下“解脱月”第二請中二：先長行，後偈頌。前中三：初、

① 法，底本、録本無，今據文意補。

② 若，録本訛作“答”，今據底本改。

③ “勢力……故云‘以何方便’也”五十字底本無，今結合文意，據《華嚴經探玄記》[T35n1733p326b5—8]補。

總告請。二、"是大菩薩"下，歎衆正請。後"是故"下，結請。就正請中十句，初"直心清净"者是總句，謂正念深法云"直心"，離諸雜穢故云"清]①净"。下九句别：前五是阿含净，後四是證净。謂順教修行名"阿含净"，證理起行名爲"證净"。又，地前所行，名"阿含净"；地上所成，名爲"證净"。

"阿含"五中，初、"欲净隨所念阿含"者，是所求法，非一故名"隨所"也。"得方便"等者，是能求心，經名"善修"。"菩薩道"者，念所聞法，順教修行也。二、是論中，第四"生得净"，謂出世勝報，名"上上生"。地前起於助道之行，願得彼生，名爲"勝念"；故云"善集助道法"。三、是求净，以身口恭敬，起求法行，故名"敬行"。以此隨順諸佛求法，名爲"隨順"；故云"善能恭敬，供養諸佛"。四、"受持"中，先釋"受"，"於無量世"者，聞來久世；"多聞"者，所聞廣也。下釋"持"，"憶持"者，非念忘失；言"不謬"者，非少錯誤。如經"於無量佛多種善根"者，親近多佛種、聞持正法善根也。五、"行净"中，爲求地上真證法故，習行少欲頭陀離著之行，積集成就，多功德故，方能入地，故云"成就無量深厚功德"。

下明證净有四：一、得净者，謂初地證實名"得"，以初見道，真智現觀，決擇正證，故云"現智"，善决定故。又釋，法顯於心，名爲"現智"；心安於法，名爲"决定"；經中離癡是"現智"也，離疑悔是"善决定"。二、不行净，於修道位中，制彼一切大小煩惱，令永不行，故云"無有貪"等。然見道位中，非不斷惑，見理義增。修道位中，重觀真理，除障義增，故偏説也。三、無厭足净中，對下彰出名，不樂小乘，望上顯入，名"得上勝悕望"。重釋中"復念持彼功德故"者，謂念彼佛果功德，憶持不忘，釋經中"安住"也。又念彼能對治功德常現前故。四、不隨他教净，謂位在究竟道中，名"趣盡道"；以菩薩道極，名之爲"盡"；所證自心，開覺顯示，名"自正行"；故云"不隨他教"也。

自下第三結請，於中二句：初請承②佛力説，後歎衆能證知。就第二頌中，初頌舉法請，上半舉法願説，下半明説有益；後頌歎衆生請，上半頌阿含

① "自下解脱月第二請……離諸雜穢故云清"六十九字底本無，今結合文意，據《華嚴經探玄記》[T35n1733p292a5—9]補。

② 承，録本訛作"永"，今據底本改。

净，下半頌證净可知。第三請中二，初明金剛藏舉損以違，後明解脱月歎益重請。前中二：先長行，後偈頌。前中二先領前所歎，舉德兼失，故云“雖”也。二、“其餘樂小”下舉損以違。此中三句：一、改善之損；二、“是人”下，失樂之損，又可前成苦因，後得苦果；三、“我愍”下，結其默意。又指彼餘處後時小衆爲餘，非是會中有此小衆。又是地前不定種姓，不能一向修菩薩道，故云“樂小”也。《論釋》中三句内先釋默意，謂不見樂小衆生有此法器，法器非故，聞增疑惑。二釋前初句，於中疑妨正行，“心迷義”者，惑障解也。次顯過失，謂以有疑故，敗先所修，名“壞善法”；以有惑故，一向不行，名“遠善法”。“如是”下釋第二句，以疑故於正行不受，以惑故於退行而受；以此爲因故，感彼生死，長夜流轉。無樂故衰也，有苦故惱也。二頌中二：初一頌半，頌前領所難，謂隨阿含，信堅若須彌，定心證理，不亂如海。後一頌半，頌前舉損以違。中初四句，頌敗善損。《經》云：“取相名‘識’，不取相[□][名][1]‘智’。”又，分别名“識”，隨言取義故；不分别名“智”，深解言法故。次句頌“衰惱”等，後一句頌“默意”可知。第二“解脱月請”中二，謂長行與頌。前中亦二：先正請，後結請。前中有三：初、“願承力”等總相勸説，翻前默意；二、“佛所護念”下，明以佛力，令人信解，翻前疑惑；三、“一切菩薩”下，明地法要勝，説必多益，翻前衰惱。初中“勸承力説”者，爲明大衆承力堪聞故；“善分别”者，令順理説故；“不思法”者，明此地法縱[2]因謗得，聞猶護利益，故難思也。第二文中二：初標，後釋。標中明此地法雖不思議，佛力加護，必令易信。釋中所以名“此地法”，以爲佛護念事，釋十方世界中俱説十地十方諸佛，法爾護念，如上“加分”等。第三文中有四：初、立宗，謂一切菩薩護持如是十地事故，勤行精進，如下“他方證成”等。二、出因，云何故菩薩同護此法？以“是菩薩最上所行”者。“上”是“首”義，“首”是“初”義。論經名爲“最初所行”，是阿含行故；“得至一切佛法故”者，是證得行故。三、舉喻中初章者，是悉曇章中，初“噁”“阿”等十二音，或“加唎離”等爲十四音，即字緣也，爲字界也，及“迦佉”等三十四字，以音加字，轉成一切諸名句文等故，故云

① 名，底本、録本無，今據文意補。

② 縱，録本訛作“從”，今據《華嚴經探玄記》[T35n1733p292c16]改。

“初章爲本”。然此所成一切諸字，皆即不離本初章故，故云“皆初章所攝”。四、“如是”下合結，謂十地合初章也，一切佛法合一切字也。上來請竟。

“二是故”下，結請可知。《論》中“何故復重請”者，前已重請，今此更重，故名“復重”也。疑惑有二：一、不定者則可避；二、定者不可避。此約定爲言，故云“不可避”也。不説多過者，略有四過：一、不定疑惑衆生不得轉之，以成信解。二、已成信解者，不得成就阿含行故。三、已得成就阿含行者，不得入證故。四、得入證者，不得佛法故。有斯四失，故云“多過”也。“不成一切佛法”者，是上四種皆不成故也。下釋疑中，先問：“諸佛有力，能令生信，何故猶起謗意？”此依前不可避，爲問下釋中以諸衆生有二種定，故不可避也。增已造作决定之業，受報必然，名“感報定”。宿罪熏心，令必造惡，名“作業定”。縱[①]佛自在，於彼二定欲差闕其緣，使不成就，終亦不可。《攝論》云：梵本“嘶”字，似師子蹲[②]踞故也。餘義可知。頌中初一頌半，頌前初段，總勸説文。於中初二句歎説者，次四句頌前善分别不思法等，謂十地行是行也，所入十地法是所入位也。又，地行是加行，智地法是根本智也。又，地行是施戒等智所入地法，是遍滿等十法界。又，初阿含行入證法下二句因圓得果。“所有十方”下頌第二文“諸佛法應護念”等，後之二頌頌前第三文。於中“有法喻合法”中，初二句頌最上所行阿含行，次二句頌得至佛法證得行。餘文可知。解脱月請竟。

第二“大衆同請”中，先序後頌。頌中五頌半分二：初中四半歎人請，後一歎法請。前中二：初二歎説者請，餘歎聽者。前中初五句歎金網(剛)[③]藏具證德、阿含德，後三句歎網(剛)[④]藏能令聽者入證、入阿含。前中初四句歎證力辨才成就，後一句歎阿含力辨[□□□][才成就][⑤]，以此二力方能有説，故偏讚也。故《論》云以證力等，是故讚嘆。初中上者是總，總有二義：一寬，謂該二力顯俱上故。《論》云“‘上’者，是‘總’”也。二狹，謂唯就證力以

① 縱，録本訛作“從”，今據《華嚴經探玄記》[T35n1733p293a18]改。

② 蹲，底本實作“蹄”，乃“蹲”之俗體。《集韻・魂韻》：“蹲，《説文》：‘踞也。’或作蹄。”

③④ 網，此當爲“剛”之形訛字。

⑤ “才成就”三字底本、録本無，今據文意補。

顯勝故。《論》云"又復'上'者顯證力"等。"妙智慧"者,是真實智,即正體智也。"樂説無有量"者,是後得智,與説法爲本,故云"體性"也。"德量如山王"者,顯上二智尊重之相。"哀愍説十地"者,是彼後智對緣巧説,故云"果"也。此三皆依前起後可知。字義有二:一、詮表義;二、莊嚴文辭義。《論》云"字義成就"者,是初義也,釋彼經中真實義相應。"復是滑利"等者是後義,釋彼經中美妙言也;謂言辭流澤,名爲"滑利";言辭巧妙,故曰"勝上"。經"戒念慧清净"者,此一句歎阿含德,謂戒者禁心守念,是論經"念堅"也。能受佛雲雨説法,持之不失,故云"受持"。復爲他説,令分明顯了,故云"顯説"。此釋"念堅"也。"是菩薩於阿含中净慧無疑"者,釋慧清净也。

自下三句能令聽者入教證。於中"説是十地義"者,謂令聽者得阿含行故。下二句:令其入證十力根本者,已入地者令得佛果也;"無礙智本行"者,未入地者,令得入地無礙智故,以十地智能治十障,故云"無礙"也。自下歎衆堪聞。於中初一頌半,歎衆有根;後一頌,歎衆有欲。前中"戒"者,善住外威儀,對治於慢;"定"者,離取執著,内心調伏,對治於我。謂由執我故,於法不恭;由起慢故,於師不敬;戒定除此,堪聞阿含,故云"憍慢已滅"也。"慧"者,"正見善思"義,對治邪見故;"功德"者,正意歡喜,對治疑惱故。由此二行,堪能得證,故云"諸邪見已盡"也,是衆無疑也。然此大衆如此行德,明金剛藏久自先知,故云"集在仁者心",謂仁者是剛藏也。餘句可知。論中"'妄'者,妄想見中同使故"者,此釋彼經中"妄"字,謂"妄"是"妄想"故。上云有二妄想,不堪得證。問:"妄想是想,本非見疑,何得説云有二妄想?"釋:以是倒見中同是使故,攝入見中。論中"深"者,"細"意;"善思惟故"者,觀真如理故,對治前"妄",故云"細意"等也。"譬病思良醫"下一頌,歎衆有求法勝欲。論經四種,此中唯二,具釋如論自顯。但世"甘露"有四義:一、除渴如水;二、遣飢如食;三、療病如藥;四、生樂如蜜。是故况所聞法也。謂聞、思、修證,如論應知。自下一頌,明歎法請。此中"廣大意"者,是論中净慧,此是後得智,是説法所依;下三句是體性,此是所説法之體性。三依此所説,得佛十力菩提,名爲"果"也。經中略無,此句可知。此中三義與前不同,前約本智、後智及所説爲三,此中約後智與所説並依法所成爲三,故不同也。論文可解。第三"佛加請"中有二:先長行明光加,後偈頌明請説。但加、請分别有四句：一、是加非請，如上加分；二、是請非加，如上菩薩請；三、亦加亦請，如此段文；四、非請非加，如餘文。又光明之身是加非請，所出音聲是加是請，若八望聽者是加非請。就長行中，准論經中有五義：一、此佛放光照彼；二、彼佛放光照此；三、此衆尋光見彼；四、彼衆尋光見此；五、光臺説偈。此光臺偈應屬口加。何故在此？以所出聲是口加攝。今取能發聲處制屬身，"眉間放光"表從中道法界流出教道，"白豪"表十地是無漏法故。於此五段内，經中略無三四彼此相見之文。又於此作三門：一、明八業，如論應知。於中略無卷業及降伏業。二、顯二身者，八業中卷舒敬示；三種是光體往來，名"流星身"；第八凝停在空，名爲"日[①]身"。三、業身相對。有四句：一、是業非身，謂覺因伏止；二、是身非業，謂空中光臺；三、亦身亦業，謂卷舒敬示；四、非身非業，謂於前五段中第三、第四段，但令尋光相見，非業非身。餘義如《地論》攝中説。

第二頌中有七頌半，作三門：一、教請分别。前六頌是請爲，彰法是勝，令人敬重。後一頌半是教説，爲顯説真，使衆生深信。二、加請分别。就六頌中，初二頌半望於説者，亦加亦請，謂與力名"加"，勸説稱"請"。後三頌半中，初一"望聽"者，與力堪聞，爲成其請。後二頌半，舉法利益，爲成加請。三、釋文中，初一頌半明能加，次一頌顯加之所爲，次三頌彰法利益，後一頌半明教説分齊。初中作二釋：一、隨經；二、就論。

隨經中，六句，顯佛六種殊勝：一、極位勝，無等等故；二、無染勝，如空無染故；三、威力勝，具十力等故；四、眷屬勝，菩薩爲世間尊、佛爲彼主故；五、會主勝，以釋迦佛爲此會主，諸佛放光，對此佛前助揚化故；六、作加勝，現神力加説聽故。

二就論者，此中神力是彼作加，此中而現者，是能現，即天人上也。又此中"釋迦佛前現"者，"釋迦"是姓，"現"猶"生"也。釋顯如論。又此四義爲法王者，一、自在不爲他屈；二、力勝能摧伏他；三、眷屬輔弼豪强；四、種姓籍胄[②]尊高。初中二句：一、慧無比；二、心無礙，是故二障並習皆永盡也。"何

① 日，録本訛作"曰"，今據底本改。

② 胄，録本訛作"冑"，今據底本改。

故不但説無等，示現等正覺故”者，此有二義：一、以諸賢聖望於下地皆亦無等，然其未必上齊佛果，故須明等以顯上齊。二、明佛無等，則謂餘佛亦非此等故，顯佛佛齊等、無有勝劣，故云“無等”等也。餘義如論應知。二加所爲中“以佛力開”者，令承佛力，除衆謂佛不能説疑。“法王無畏藏”者，文義蕴積，故名爲“藏”；文義稱理，無能破者，故名“無畏”；此藏唯佛自在之處，故云“法王”。此上總顯。下二句别辨中，“説諸[□][地]①所行”者是字藏成就，“諸地義差别”者是義藏成就。下明説法利益，有三時益。“承諸佛神力”下，一頌明聞時益，謂以法勝故，聞時即得諸佛加護，離諸魔事。上半加故能聞，能聞决定，故云“無能壞者”；下半聞故已得，護上解脱月云佛所護念事，令人易信解，是此義也。“漸次”下二句，明修行時益，謂漸次修行，諸地具足，必得成就無上菩提；即上句因圓，下句果滿。自下一頌半，明轉生時益。初一頌正明有益，後半簡餘無益。“若人堪任聞”者，謂有菩薩種姓、曾種此一乘善根者，堪聞此法，能正信受故。雖生在大海龍世界長壽，亦得聞此經。此是惡道難處。“長壽”者，如説右脇著地，未動之間，已逕賢劫千佛出世；更一轉時，復逕爾許時。但暫卧息，有爾許時，况其一生，何可計知？在中不聞佛法，故名“難處”。若是此法器，雖生在彼而亦得聞，爲顯法隨機不捨、不簡難處故。

問：“若堪聞此，何故生彼？”

答：“由餘宿業故，如龍女聞法等。又以龍宫有經故。”

問：“若生彼得聞，何名‘難處’？”

答：“不聞多故，得聞少故，從多名‘難’故。論經云：‘决定信無疑者得聞故。’此《經》云：‘癡疑不得聞故。’”

“及劫盡火中”者，此言順西國語；若順此應云“劫火盡中”，此言不足，若具，應云“劫火盡時在光音中”，以頌迮巧略故也，以光音是第二禪，免火災。論中言“等”者，等取三禪，免水。四禪免風。此並是善道長壽無難處。

問：“通論色界俱是難處，何故不言初禪，直舉二禪等耶？”

答：“以彼初禪有覺觀，故難輕不舉。”

問：“若此色界俱是難處，何故《梵網》等經有彼處説？”

① 地，底本、録本無，今據《大方廣佛華嚴經》[T9n278p544a21]補。

答:“此據聖境,故有説法,令彼法器衆生亦得問經,如此所説。若就實報,則成難攝。又,從多以爲難攝。”

問:“無色亦難,何故不説彼?”

答:“菩薩不生無色天故。又釋,理實亦聞,但隨相彼無形色絶聽受故,不彰聞也。下二句簡非利益,謂雖生在人中無難之處,然無惠(慧)無信,終不能得聞。”

問:“人中不聞,何不難攝?”

答:“亦從多故。由疑故不信,不信故不受也;由癡故不解,不解故輕棄也。自有受而不解,解而不受,是故要須智信。翻此癡疑,故得聞也。”

“是故”下二頌教説中,初一頌教依三漸,次説後一,舉二利勸説。前中“諸地智道”者,此是觀漸;次謂加行智,推求名“觀”,通生入證,故云是諸地智之道。《世論》云:“若觀若依止,能生諸地智。”此釋觀中“漸次”之義,謂“觀”者意言“觀察”,依此增上力,生諸地證智,故云“若依止……能生”等。二“入勢力觀法”者,是證漸次,謂正體智,正證真如。此智能斷惑證理,依起後得,具此三力,故名“漸次”也。“次第而修行”者,是論中漸次也。“得至於餘地”者,是論中上句展轉也。“各得”下二句,明修行漸次,是後得智,更重觀前所證及聞受上地進修之法,成自利行,故云“得利益”;又,爲他宣説等故,“利一切世間”故。《論》云:“此行種種異行境界。”“境界”者,分齊也。此三次第成,故云“漸次”;又此三中,一一各有漸次,故亦名也;又此三隣接漸次,故云“願説勿令斷也。”第二許説分齊中有二:先長行序許説之意,後偈頌顯所説分齊。前中“觀察”等明其説相,“欲令”等明其説意。前中《論》云“何故觀察十方?示無我慢、無偏心故”者,有别有通。别中二:一、觀十方佛,欲承力而説,故云“示無我慢”;二、察十方機,欲令同入地,云“示無偏心”。二、通中有二:初約承力,二約授説。初中“何故觀十方佛”者,欲承其力,故示無慢,隨觀一佛,承力便是。何假十方?示無偏心。二“約授説”中,何故觀方?以示現説相故,謂前已三位五請,備盡慇懃,今若不説,即成“我慢”。是故觀方示説,令衆咸知,顯己①無慢。若爾,觀察一衆,足示説相,何須具觀十方衆

① 己,録本訛作“已”,今據底本改。

邪？示無偏心故。又觀察有二：一、内心照察故；二、舉自眄視故。二"明説意"中，"增益信敬"者，前金剛薩酬解脱月初請之時，已令衆悦，今更使明，故云"益增"也；"信敬"者，有四義故：一、金剛藏示己[1]能説，去衆何因之疑，故令信敬。二、明此剛藏不畏大衆，不堪聞拂，衆何緣之疑？故亦令信。三、顯義大之法，深妙出言，令衆知深，故生信敬。四、許宣説大，令彼衆人得聞在今，故云"敬信"也。

頌中有十三頌半，分二：初七頌半明"義大"，後六頌明"説大"。此二"大"義略作四門：一、定名；二、辨相；三、明可説、不可説；四、釋文。初中所詮故，所以故，名之爲"義"；深故，廣故，名之爲"大"。謂"義"即大，故名爲"義大"；表義故顯境，故名之爲"説"，因於此説得彼義故。教從所詮，亦名爲"大"。此則"大"之説故，名爲"説大"。二"辨相"者，此十地中宗要有六：一、所依果海，如太虚空；二、地智所詮十重法界，如空中所盡之處；三、根本地智能證法界，如能依盡相；四、諸地後得，隨事起行，悲智不住等；五、諸地加行，所起行解，爲趣地方便；六、寄法顯成，諸地差别；如第二地中，唯明十善爲其正地、三地禪支，餘地所寄，如是知可。於此六中，前之三門合爲"義大"，後之三門合爲"説大"。三明"可説不可説"者，先就"義大"，次約"説大"，後辨雙融。義中有三義：一、約果海，可以總標，令人知有，名爲"可説"；不可指斥示人，名"不可説"。二、約證處，既此所證離相離名，還云此法不可説聞，以此遣言之言，當彼法故，名爲"可説"；有言斯遣，故不名"可説"。三、約本智，謂以遮詮令解，故名"可説"；直詮不逮，故"不可説"。《攝論》云：無分别智離五相，謂熟睡、昏醉等。以直詮不到，故約遮詮，以示彼法。二就法二説大中亦三：約後得智，隨事行相，可以言分，是則"可説"；是出世間，故"不可説"。二約加行智，謂是意言觀故，是則"可説"；觀中行相，言不至故，名"不可説"。又，諸法自相，皆"不可説"；法諸共相，皆是"可説"。此一門通，一切法准之。三約所寄法，"可以寄"此表示令人解十地，故名爲"可説"；"不可以"此即爲十地名"不可説"。三就雙融中，此上六中各説即無説，無説即説，無二俱融，准思可見。又果海離緣，故"不可説"；所證就緣，是則"可説"。二所證非修，

[1] 己，録本訛作"已"，今據底本改。

故“不可説”;能證修起,是則“可説”。三正證離相,故“不可説”;後得帶相,是則“可説”。四後得無分别,故“不可説”;加行有意言故,是則“可説”。五加行觀無分别,故“不可説”;寄法表地,是則“可説”。此上“不可説”皆各不異於“可説”,以真理普遍故;“可説”不異“不可説”,以緣修無性故;是故下文雖説一分,義亦不少。故《論》云“如實滿足攝取”故,意在於此,思之可見。四釋文中,就“義大”七頌半中分五:初、一頌半,總顯地微;二、有二頌,别顯微相;三、有一頌半,舉例顯微;四、有一頌半,寄對彰微;五、有一頌,引喻辨微。就初中言“諸佛聖主道”,“道”者正出十地智,謂“道”是“因”義,修行此十地,能到諸佛聖主之處,故云“道”也。《論》云:“此偈依何義説?依智地故。”解云:《論》主何故起此問答?以此頌中所明義理深玄微妙,似是佛果,恐人謬解,謂是佛果非關十地,故起此問答。猶恐未悟,更重引彼前後經文,證成地智,故云上來所説等。“微妙”已下,顯地智微妙。言“微妙甚難解”者,此中“微妙”是總句,“難解”者難知故。别中“微”有六種:一、證微,如經“聖主道”故;二、説時微,如經“甚難解”故;三、離念微,如經“非思量所得”故,此顯自體無念非是意言比觀所得;四、依止微,如[①]經“唯智行處”故。此顯既非比智境,是誰能知證智行?故《論釋》中“自證知”者,釋“智行”義,謂内自證故名“行”,非謂遊故名“行”。“依彼生”者,釋“行處”義,謂此真如是一切依處,復是此智依生之處,是實諦義。“故名‘智’”者,此釋“智”義,謂内照實義故也。“智”中開出三智:一、“善解法”者,是加行勝解故;二、“善寂滅”者,是正體智,令惑永滅、證寂理故;三、世間智,隨聞明了,“知”者是後得智,隨聞上地,勝進明了,無錯謬故。以此三智俱堪趣地,得爲“智”者也。五清净微,如經“其性從本來,寂然”故。言“自性離煩惱”者,解“寂滅”義也。“非先有染[②],後時離”者,解“其性從本來”義。六功德微,如經“無滅故”,謂寂用之功,無住之德。言“無滅”者,非一往滅,爲不捨利益[③]衆生故。言“無

① “如”字前底本有一“止”字,與文意無涉,録本訛作“止如”,今據《華嚴經探玄記》[T35n1733p296a15]删。

② 染,録本訛作“深”,今據底本改。

③ “益”字前底本有一“弗”字,與文意無涉,今據《華嚴經探玄記》[T35n1733p296b1]删。

生”者，出世間故，如是此智不住涅槃世間中故。又釋於此六中，准《論》前三是二種微，謂説時、證時，“非思量”等釋“成”；後三是四種甚微，經中略無“第一觀行甚微”，故唯三耳。

自下第二“别顯微相”中二：初二句明同相，後六句不同相。此二相中略作三門：一、定其文；二、辯相；三、釋文。

一、“定其文”者，有人釋云：此既即是性浄、方便浄二種涅槃，故知前微。此相總明果法。欲説地法。何故明果？以辨甚深果位顯故，舉顯十地甚深之義。因之與果，高下無殊，云何相顯？然此雖復隨人高下，法體不别。其猶虚空，約尺分異，異即是空，地法像此。今明此相，總是地智。《論釋》云“智相有二種”等，“智”即是地智，故不通餘釋。若是智即是因位，如何得有二涅槃邪？釋：此是地中所依果分，如下文云如因大海有十寶山，因於佛智有十地等。如一一山下悉有大海，一一地内[□□][悉有][①]佛果。若約三乘，佛果唯在十地後；若就圓教，佛果通在一一地中。是故一地攝一切地。

問：“若爾，證得一地，已得佛果，何須説十？”

答：“引漸機故，是故十地多就三乘差别位説。”

問：“若就三乘，則無果法？”

答：“以三乘十地就一乘十地説，故有斯趣。”釋文中同相内言“從本已來空”者，此總明同相。

論中先釋相，後釋同前中“云何相”者。

問：“意云色等法空皆名‘同相’，今言‘相’者是何等相？”

答：“‘彼智相故’者，今此所説是地智相，引頌中自體空是智自空故，非餘色等諸法空相。又此是體相，非是標相。下釋同中‘云何同相’者。”

問：“意既唯局在智相，云何名‘同’？”

答：“中‘一切諸法如説自體空’者，以此真空通一切法，故名‘同’也。”

言“滅除諸苦惱”者，此别顯同相。“苦惱”者，惡取空故。“惡取空”者，空亂意故。依《寶性論》，空亂意有三種過。彼《論》云：“起如是心，實有法斷滅，後時得涅槃。”又復有人以空爲有物，我應得空，又生如是心離色等法，别

---

① “悉有”二字底本、録本無，今據文意補。

更有空，我應修行，令得彼空。解云：今此經中“本來空”者，離此三種亂意苦惱，故云“滅除”也。論經名“有不二不盡”者，言别意同。言“不盡”者，離滅色故；“不二”者，離色外故；“有”者，離以空爲有故。此義云何？以若妄謂空爲有物，則令真空於此不有。若真空有，情有則無。是故理有治情有也。彼《論》約色等簡，此《論》就地智明空。下明“不同相”中“净相解脱”者，是總顯示，謂對治離染故。别顯中二：先“何處解脱”者，問所脱之處。“諸道”即六道也。“惑業生”者，煩惱是道緣，業是道因，生是道果，六道不出此三故。“遠離”名“解脱”也。二“云何解脱”者，問解脱體，即五句顯能脱之體一平等相。既言“遠離諸趣”，云何離邪？謂見世間即同涅槃，如是遠離非如二乘有背向故，故云“等同涅槃相”也。“無中亦無後”者，第二斷惑相。論經名“非初非中非後”，謂於三時皆無“斷”義方爲“斷”也。

釋此文有二門：一、約相翻門；二、約相續門。初中謂無間道智正斷惑時，爲智光起惑後滅邪？爲或(惑)先滅智後生邪？爲同時邪？此三時惑智，各有兩失，故不成斷。謂“智”有自成無漏過，不能滅惑過；“煩惱”有自滅過，不障聖道過。於三位中，思之可知。如燈破闇，三時不破，此亦如是。如《雜集論第四》云：“從何而得斷邪？不從過去，已滅無故。不從未來，未生故。不從現在，道不俱故。從諸煩惱麁重而得斷。”乃至廣説。《經》云毘婆舍那不能破煩惱等，皆是此義，故云“非初非中非後”也。

問：“《唯識論》第九中：聖道現前，惑種必滅，‘如秤兩頭低昂時等’。若據此説，即是同時。如何此中三時俱非？”

答：“麁説可爾，細尅實難。何者？若同時者，智自生時，惑自滅時，不相由故，何成對治？如東家男生，西家女死，雖亦同時，然無相由，不成對治。”

問：“若爾，云何斷？”

答：“即此三時，求斷不得，方成‘斷’義。此即‘不斷斷’也。”

“前中後取故”者，謂於前中後三時之中取彼非初中後，非異三時，取彼非也。如於色等處取彼真空，非異色别取斷空。此亦如是，故不[□][失][1]“斷”義。二約相續門者，謂此地智生滅相續，前中後三。何時定能斷煩惱

① 失，底本、録本無，今據《華嚴經探玄記》[T35n1733p297a19]補。

邪？唯前不能斷，以落謝故；唯後不能斷，以未起故；中亦不能斷，以不住故。是故三時皆無"斷"義。若爾，云何斷？《論》云："如燈炎非唯初中後，前中後取故。"此則唯初、唯中等，不可前中後相續取，可有"斷"義。

問："既三時單取，各不成'斷'。從此和合，豈成斷邪？"

答："有人解云：三時別取，各不成'斷'。三時相續，假説爲'斷'。故云'前中後取'也。此麁説可爾，細剋不然；以別就三時，各不成斷；總此三時，豈成斷邪？如一沙無油，多沙亦無。今釋此言'前中後取'者，是簡濫之言。何者？人謂此智前中後位各不能斷，則謂同於無聖智處惡取空也。故今簡云：'此於初上取，非初中上取。非中後亦爾。不同無智，故非惡取。'故云：'非初非中後，前中後取故。'"

問："餘處《論》説聖道初起，則能滅惑。何故此中乃云'非初'？"

答："依《毘曇》，一念有燒，始終方盡，治結同[①]然；依《成實》，一念不燒，相續方盡，治結亦爾。若大乘初教，初念亦斷，中後亦然；若依終教，如緣起性，三時俱不能斷，即由不作，緣起方成，故不無斷也。"

言"非言辭所説"者，第三觀行相，謂此無分別觀智，非同世間言説所及故，又不同小乘從聲得悟故也。

言"出過三世"者，第四轉依相，謂此微智，依止真如，常住法身，以是究竟轉依故，能依所依、俱悉常故，出於三世遷動相也。

問："所依本有可得，是常能依修，智豈無生滅？"

答："初教隨相，修智生滅。終教已去，智如境故。始覺同本覺，故亦非無常。《論》云'非如無常意識'者，簡未轉依時妄念意識是無常，即知轉已去，真智是常。此簡能緣也。'依止無常因緣法'者，簡未轉依時所緣境也。'修多羅中决定説'者，引經證成境智俱常。如處處大乘經中，皆説佛果常住。又如此經十藏品中信藏之内，信佛智無生滅等，具如彼説。"

言"其相如虚空"者，第五解脱相，謂如二乘智，雖離惑障，猶有法執，故其解脱猶有障礙。此則不爾，二障及習一切皆盡，故云"如虚空無障礙"也。又此明自體清净，如虚空無染。又《論》中重結此五種中後三。何故重言者？

① 同，録本訛作"周"，今據底本改。

以後三種皆對妄顯真,故云"如是觀觀"等。

問:"詳此五句,初句了世間即涅槃,明離而無離。二明三時無斷惑義,即斷而不斷,乃至其相如空。准此等義,與上同相何别?"

答:"舉實無别,但約自體處名'同相';約智證入處,名'不同相'。若不同彼'同相',不得成此'不同相'也。是故義説有二法體無别。"

言"諸佛所行處"下一頌半,明第三舉例顯微。於中初三句牒前深妙,下三句類顯地微。前中初二句,舉佛所證二種涅槃。於中"寂"者是同相涅槃,以自性常寂故;"滅"者是不同相涅槃,以智緣滅故;"清净"者顯此二種自性無染及對治離染故;"深"者顯此二種甚深微妙故。此二唯是諸佛所證,故名"佛所行處"也。"言説所難及"者,正顯此二深妙超言。下三句類顯地法同彼玄妙,故云"地行亦如是"。言"地"者,境界。"觀"者,謂照境之智是地正體故。"行者智眷屬"者,檀等諸度與智同行故。"亦如是"者,同二涅槃之深妙故。"説之猶尚難"者,顯教尚難言。"何況以示人"者,况義深玄,何容可示?《論》云"何故不但説'無言'"等者,徵文顯意,謂何不一向説"無言",乃云"言説所難及"?顯示依言以求解故,不説"無言"也。

"諸佛之智慧"下,下一頌半,第四寄對彰微,以此地智是諸佛境,故名"佛之智"。"離諸心數"者,此智不同思慧境故。"離心道"者,不同報生識智,彼二可説。此智非彼境,故云"不可説"也。言"不可得思議"者,以非耳識所知、非意識思量故,此顯不可聞。言"非有陰界入"者,如陰界入有色心根境識等差别,是則可説。證智不爾,無能所平等無分别,故離文字不可説也。是故但可證智内契,不可分别,非染識所能了知,以取相名"識",不取相名"智",故非彼境。《論》云"智"者地智,即根本智也。"起者以何觀"者,以加行觀智起本智故。"以何同行"者,檀等餘行亦資起故。

"言如空迹"下,第五一頌舉喻顯微。上半舉喻,下半顯法。此中喻義略作三門:一對前辨異,謂與前盡空何别。太空喻果海,跡處喻地體,跡相喻地相,鳥足喻言教意,不同者喻地法難説難聞成默不説。今喻地法難説難聞,誡衆捨著,許爲宣説。二顯義意者,如鳥行空,鳥身過後,跡處不可説,相亦不可見。然有鳥行,不可言"無"。非以有鳥行,故令有跡相可取;非以無跡相,故總無鳥行。鳥行喻言教,跡相喻地法。尋鳥求跡,跡不可得;尋言求地，地不可得。但約鳥行十步，説有十跡，實無十跡之異；約言分十地，實無十地之異相。是故十地，如空中十迹，豈有差别？

問：“如空中鳥已行未行及正行處，俱無有跡。豈可十地言下無所詮義？”

答：“有所行空處，故有所詮義。”

問：“鳥足空中，不能現跡；言下既不能顯理，何用斯言？”

答：“鳥行沙土，如足現跡；鳥行空中，足現無跡。小乘言教，顯如言義；大乘言教，顯離言義。若無鳥行，無以得知虚空無跡，故知鳥行能顯無跡，非無能詮所況可知。”三釋文者，論中有二：初三句解喻，後三句合法。喻中“鳥行跡處”是一句，直舉喻體。二、“不可説，相亦不可見”是第二句，顯跡離相，難説難見，謂不可説其跡數多少，不可見其跡相差别。下釋成。“何故問也”釋以空無相，故即空之跡亦不可分别也。三、“非無行跡”是第三句，以有鳥行，故非無跡。又此三中，初、總舉；二、離有；三、離無。下合中三句次第合。“如是鳥跡處”，明前初句名等住處。證智攝者，合之以法。准法驗喻，應言：“如是鳥行跡處，虚空所攝。”文中存略“世名‘句字身’”，合鳥行住處，證攝合跡處。虚空所攝，不可説聞，合第二句，明離有難説聞也。下亦釋成。“非如聲性”者，明此地法出言非如音聲之性是可聞法，又釋明地出言非可如言聲性而執取也。“非無地智名[①]句字身”者，合第三句，顯“不無”義。“非無地智”者，有所詮離相之法。“非無名句字”者，有能詮之教。何故言“有教”？擬欲宣説故。何故言“地”？離相不令如言而取故。云何故“我復説此”？汝等不應隨聲取義。此是《論》主義。作金剛藏語，誡衆離著。五過中前二違行過，次二違人過，後一違法過。[□][一][②]、謂如言之義，都無所有，而謂實有，故“不正信”。二、不能勵心捨相求實，名“退勇猛”。三、法實不然，爲他宣説，云法正爾，故云“誑他”。四、言是佛説，故云“謗佛”。又，佛意正在“離言”之義，而謂佛智緣所執相，故亦“謗”也。五、謂法淺薄，同於世間稱言之事，故云“輕法”。又，佛教指示“離言”義，令諸衆生越凡成聖，今取如言，只是世語，不能令人超凡得聖，故“輕法”之過實爲重也。釋“義大”竟。

---

① 名，底本訛作“多”，今據《十地經論》[T26n1522p133c13—14]改。

② 一，底本、録本無，今據文意補。

自下第二明其“説大”。於中六頌分五：初一頌三句，明所説分齊。二、有三句，彰己[1]無過，誡衆除失。三、有一頌半，顯其所説略而非廣。四、有一頌，勸衆敬聽，彰己[2]善説。五、有一頌，顯己[3]得力，爲生物信。前中初一句是總言。“是事雖爲難”者，“是事”謂牒前“義大”之事。“雖”者是不定之辭，謂此地法有其二分，果分雖不可説，然因分可説，故論經云“我但説一分”，謂因分於果爲一分故。此二“分”義，諸説不同：有説能詮之教爲“因分”，所詮之義爲“果分”，此説甚疏。有説地前因行爲“因分”，地上證智爲“果分”。此品豈説地前法邪？故知不然。若約諸地加行等爲因，正證爲果，亦少分得。有説十地有二種門：一、若約漸增之門，名“因分”，十地是則可説，有分齊故，如月漸增，可説差別。二、若就圓滿時門，名“果分”，十地是不可説，無分齊故，如月滿時無差别故。此二十地，其體無别，但隨分滿，假立二分。此亦未然。豈可未至法雲則歡喜可説，待十圓滿方不可説？若前能起後爲因，後依前起爲果，亦少分可。然猶非文意。有説十地有二種義：一者、教所安立十地法門，在聞者識上似義顯現，名爲“因分”，因此表彼“離言”義故。二者、已詮證入十地正行，離諸言教所安立相，説名“果分”，由彼因分之所表故。是故“因分”可説，“果分”不可説。此説少順文意，猶非正當。今釋有兩重：一此十地有二分：一、就實十地，唯佛所知，佛智所行，名爲“果分”。上《論》云：“此智是誰證？偈言‘佛所行故’。”文上文云：“智起佛境界故。”又上加分中言不思議佛法，又如鳥跡所依太空爲果海等。二、隨相十地，菩薩所知，菩薩所行，名爲“因分”。是則果分玄絶，當不可説；因分約機，是則可説。此義通一部經中大意。

問：“若爾，喜菩薩證智豈可説邪？”

答：“教説修中，滿足修等是也。”

二云十地有二分：一、約妙智，正證智如境故。離相離言，故名“果分”，則不可説；如彼鳥跡同於虚空，不可説也。二、約方便，寄法顯地差别。如下文初、二、三地，寄同世間；四、五、六地，同二乘等。又寄禪支道品，諸諦緣生，以顯地别，令衆因此表解地義，故名“因分”；如空中跡，約鳥説異，名爲

①②③　己，録本訛作“已”，今據底本改。

“因分”,同空無别,名爲“果分”。一跡通二,故爲“二分”。

問:“約鳥約空,跡皆離相。云何有説有不可説?”

答:“跡雖離相,就鳥得説。就鳥得説,所説常離也。跡同虚空,理不可説。所況地智,准此可知。”

此釋局斯地品故,云“雖爲難”即是一分也。此爲總句,下有六句,别顯三大:初一句明“因成就大”,次有一句明“因漸成就大”,餘有四句明“教説修成就大”。釋此三大,略作四門:

一、釋名者,悲願重心爲起行本,名“因成就”,“説大”之中開出此故,名之爲“大”。

二、聞、思、修等次第能生,出世證智,故名“因漸成就”。

三、實智證真,指陳不到,假言寄顯,故名“教説修”。

問:“此三俱是‘説大’中出,何故前不名‘教説’?又俱是‘因分’中出,何故後一不名‘因’邪?”

答:“前二生後功能顯故,同得名‘因’;體非玄妙故,不待言簡,不稱‘教説’。後一證智玄妙,濫同‘果分’,故以言簡,名‘教説修’。

二就處以定,有二:先約假處,寄顯‘因成’在地前種姓位,以彼種子‘因成就’故;‘因漸’寄在解行位,起聞、思等行,趣真證故。‘教説修’寄在初地已上,智證實故。二、約實位,此三俱在地上,但諸地之前加行修中,慈悲願等名爲‘因成’,聞、思、修等名爲‘因漸’,正證後得名‘教説修’。

三、就文辨定者,下説分中,諸地之内皆有此三。何者?且菩薩因何求此地智?有二所因:一、爲救衆生;二、爲求菩提。由上求菩提,下救薩埵,名爲‘菩薩’。故云‘慈悲願’也。二既内有此因,欲趣求諸地,有何漸次?謂修學三慧,漸入諸地。此二同在加行智中。三加行既終,必契真理。前二相麁,直陳可得,故不别寄;證智地體,不可直示,故寄别法用,以顯表示。如二地正地中説十善等,三地正地中説四禪等,四地正地中説道品等,並是如此教説修攝。”

四、釋文中,初句慈悲是利他行,發願是自利行。釋此二文,如論應知。“因漸成就”者,如偈漸次具諸地故,謂三慧次第能生世出智,以是彼因,故名“具諸地”也。“教説修”者有二滿足,“修”者聞、思、慧等,但能爲彼出世智因，不能滿彼智地，要出世净心，方能滿彼，故云“智者所能及”也。下明觀修。於中“如是諸地行”者，牒舉地行也；“微妙甚難見”者，明觀境非餘心所能見也；“不可以心知”者，不可以染心能知。《論》云：“自心清净可知。”此中滿足修據根本智觀修，約後得智及緣觀内，俱不可説，故名“教説修”也。

自下三句是第二，顯己[①]善説，誡衆除失。先顯己[②]離二過：一、離佛不隨喜，故云“當承佛力説”也；二、離不平等説，故云“成聽”也。二誡衆，令離二失：一、於説者不敬，離是過故云“汝等當恭敬”；二、於法見諍，離是過故云“共一心聽”也。

自下一頌半，第三，明所説略而非廣。初二句牒舉地法是智所通達，故云“隨順”也。以此智入彼諸地相中，故云“諸地相入行”。《論》云“如行修故”者，如加行修而得入[□][也][③]。“如行修滿足”者，加行入證，契理圓滿，故云“如實滿足攝取入”。此智入之行無量無邊，故云：“於無量億劫，説之不[□][可][④]盡。”今但略説者，是要略故云“如實”也。雖是略説，而具攝廣義，故云“其義無有餘”。

自下一頌，第四勸衆敬聽，彰己[⑤]善説。“一心恭敬待”者有二：一、身恭敬。“如威儀住”者，釋“敬”也；“堪受説法”者，釋“待”也。二、心恭敬。謂决意求法，故云“如心决定”；此釋“心”敬。“堪能憶持”者，釋“待”也。前則身恭能受，此則心敬能持。“今承佛力説”者，顯非己力，離增上慢故。下半顯所説。謂“以何事”者，以大音喝故；“云何事”者，出因引喻故；“依止何事”者，依止名字不違義故；“示現何事”者，示現地義故。又釋大音唱[⑥]因，喻依證成道理説義，名“不相違”。依法爾道，理説可知。論中“善”字者，是“善巧”之字，故有二義：一、巧同他者；二、詮義周備。如論應知。

自下一頌，第五顯己[⑦]得力，令物生信。初二句明雖得廣多諸佛神力聚

①②⑤⑦　己，録本訛作“已”，今據底本改。

③　也，底本、録本無，今據文意補。

④　可，底本、録本無，今據《大方廣佛華嚴經》[T9n278p544b26]補。

⑥　唱，録本訛作“喝”，今據底本改。

在我身,後二句然顯①己②所説如海一渧,所不説者猶如大海。況無佛力,從此一渧亦不能説。上來至此"請分"竟。

自下第七明"説分",作四門。初、釋名者,演暢宣陳十地差别,故名"説分"。二、來意者,前略請滿,剛藏告衆,許説一分,故次正説,以顯地法。三、説意者,前本請分中已説地體,令彼上機悟解玄旨;今辨地相,令中下之流隨相開解,故明"説"也。又前已略示,令生正解;今更廣陳,令起行修,故明"説"也。四、釋文中,説十地即爲十段。就初地中,略作七門:一、釋名;二、來意;三、斷障;四、證理;五、成行;六、得果;七、釋文。初釋名者,《唯識論》第九云:一極喜地,初獲聖性,具證二空,能益自他,生大喜故。解云:此有三義:一、得位;二、證理;三、成行。皆初獲得,故生歡喜也,《攝論》中唯依第二成行義釋故。無性及世親各第七卷云:"由此最初得,能成辦③自他義利勝功能故。"謂如菩薩入現觀時,得能成辦④自他義利最勝功能,生極歡喜。非聲聞等入現觀時,唯得成辦⑤自利功能,生如是喜,故不説彼名"極喜地"。依《十住毘婆沙論》,唯約證理釋。彼《論》云:"始得法味,生大歡喜。"依《瑜伽》七十八及《解深密經》第四,同約二義釋。彼云:"成就'大'義,得未曾得出世間心,生大歡喜故。"解云:"大"義即是二利行,成出世間心,是得聖位,同《十地論》成就二行及得聖位,如本分中釋。餘義如下釋"名分"辨。

二、次第者,何故最初明此地者?謂先地前加行,功力無間,發起本性無漏功能,令生現行。初無漏智,證見真理,滅惑成行,故先明此三所斷者。《唯識論》第九斷"異生性障":"謂二障中分别起者,依彼種立異生性故。二乘見道現在前時,唯斷一種,名得聖性。菩薩見道現在前時,具斷二種,名得聖性。"解云:"異生"者,執異見而生,故曰⑥"異生",即舊名"凡夫"也;"性"者,即是分别二障,種上假立不相應法,依彼種上立此性故,即説彼種名"異

① 顯,《華嚴經探玄記》[T35n1733p300a4]作"現"。

② 己,録本訛作"已",今據底本改。

③ 辦,底本作"辨",無性《攝大乘論釋》[T31n1598p434a3]及世親《攝大乘論釋》[T31n1597p358c2]均作"辦",今據改。

④⑤ 辦,底本作"辨",今據無性及世親《攝大乘論釋》改。

⑥ 曰,録本訛作"○",今據底本改。

生性障”。此即異生之障，依主釋，梁《論》名“凡夫性”，無明《十地論》名“凡夫我相障”。解云：此約二執，道名“我相”，故不相違。又，此異生性，雖依種立，然見道前現行分別，亦此障攝。故《唯識》云執著我法愚即是此障，故知通現。

問：“若分別二障，現種爲體，如何二愚唯現非種？”

答：“障寬愚狹，故不相違。又此異生性，雖通本隨分別現種。然由執著，云何引發？故貪瞋等攝屬二執。”

問：“聖位翻凡，何故初地聖性唯依種立？”

答：“以現行間斷，故非聖性。”

問：“若爾，地前已有無漏法爾智種，何不於彼立爲聖性？”

答：“以凡聖二性同時相違過失，故雖有種，而非聖性。如滅心定，依種假立微微心時，雖有彼性而非滅定，以有心無心義相違故。[□][此][1]亦同彼。又釋地前未有彼無漏種，故非聖性，法爾種子非所許故。”

問：“既異生性是不相應行攝聖性翻凡，何不亦立不相應邪？”

答：“依大乘宗，聖性亦是不相應攝，即二十四中非得是也，以宗許此通無漏故，不同小乘不通無漏。又釋，異生劣，故別立不相應；聖法力勝，故不別立，亦不相違。又《唯識》云：‘雖初地所斷，實通二障。而異生性障意取所知，説十無明非染污故，無明即是十障品愚。’上來且約斷煩惱説，理實初地亦除惡趣諸業果等，是故要説具斷二愚及彼麁重。一執著我法愚，即是異生性障；二惡趣雜染愚，即是惡趣諸業果等，應知愚品總説爲‘愚’。”

解云：顯上二愚非唯無明，執我法時，所有愚及俱起法説爲“初愚”。愚品類惡趣業果，體雖非愚，愚所發業及所感果總説爲“愚”。彼《論》又説，利鈍障品俱起，以爲“二愚”，即與五見利品俱起同時無明，名爲“初愚”，與貪等鈍品俱起名爲“後愚”。

言“麁重”者，彼《論》二釋。《論》云：“彼麁重言，顯彼二種，或二所起無堪任性。”解云：此初釋麁重，即是二愚種子，惡故名“麁”，沈没稱“重”，故知二愚唯約現行。復釋二愚所引，令身心中無堪任性麁梗沈重，故名“麁重”。

---

① 此，底本、録本無，今據《華嚴經探玄記》[T35n1733p300b27]補。

非現非種，唯此二愚亦通種子。又案此中二愚，或分爲三，謂惑業報；或分爲四，加彼麁重；或分爲五，謂或中分二障故。此等並是此中所除。汎論“斷”義，有其三種：一、自性斷，謂諸煩惱及相應心，心所不善，有覆無記，諸染污法，見修道生，惑種永斷；此中心王遍行別境，性非染污，非可斷法，而煩惱俱名“相應”；得斷煩惱，故説名“斷”。二、種縛斷，謂有漏善，無覆無記，通色心等，非正違道，性非可斷；由斷六識，緣彼煩惱，故説爲“斷”。三、不生斷，謂此見道斷見惑已，捨外道方，所依身無，即無想定及無想報，並永不生。又，招三惡道，總報惡業，皆非擇滅，亦名“不生”。三惡道報，無根二根，欝單越等，亦皆不生。畜生餓鬼，别報善業所依果無，亦不生也。此上且約初教説之。若約終教，初地亦捨三界分段及惑業苦也。地上唯斷彼所知障及變易報，其煩惱障地前漸伏。初地斷盡，所知障地前亦伏。初地斷一分，餘在諸地各斷一分，佛地方盡。此如梁《論》及《寶性》等論説。

四、“所證”者，謂法界真如遍行之義。《唯識論》云：“遍行真如，謂此真如二空所顯，無有一法而不在故。”解云：“行”謂有爲諸行。我法二空所顯真如，遍於一切有爲諸行，故名“遍行”；梁《攝論》中名爲“遍滿”，遍滿一切有爲行故。世親《攝論》第七云：“無有少法非無我，故名‘遍行’。”無性《攝論》第七亦云：“無有少法非是空，故名爲‘遍行’。”理實二空，通餘九地，以初位創證，故以爲名。

五、“所成行”者，略有四種：一、約增勝，修成施行；二、約所成，起十六願；三、約修成，謂信等十行；四、約實行，謂十度等行無不皆修。餘所修行，釋文自顯。

六、“所得果”者，略有四種：一、得當地滿時調柔等四果，如下應知；二、得檀行所成大財等果；三、依《攝論》“通達障空”義，得一切障滅果；四、通論得唯識三性、三無性理智及奢摩他毘鉢舍那等果。餘如文説。

七、“釋文”者，就此地中文别有二：初長行，後偈頌。前中有四：一、始住地分；二、地釋名分；三、安住地分；四、校量勝分。就初分中，《論》分爲四：一、“依何身”者，謂厚集善根爲所依身；二、“爲何義”者，爲求佛果；三、“以何因”者，以大悲爲因；四、“有何相”者，過凡得聖爲相。此四各有十門，别辨名爲“創住菩薩初地”。又此四義，與《瑜伽》四十八住品中極喜住内菩薩發心有其四相，文同，語少别，會意可知。彼云：一、何相菩薩發心；二、發心何所緣慮；三、發心何狀何相；四、發心有何勝利。彼《論》依此經文作彼略釋，不具。初“依何身”中有三：初、結前總告；二、正顯行相；三、“如是衆生”下，結行入位。“正顯行”中初句是總，謂一大僧祇積集勝善，故名“厚集”。“若有衆生”者，是此初入地衆生，非是地前。有人制此十句屬地前發心方入初地者，此不順文，豈可地前屬初地攝？以此文説初地不説地前，故應知此是初住地處，説此所依善根行相别辨中。此集有九種：一、行集，善作眷屬持戒者以慧爲主，戒隨助伴，故云“眷屬”；如經修諸善行，故謂“三聚非一”，故云“諸善行”也。二、定集，謂定助智道，名爲“善作眷屬三昧”，如經“善集助道法故”。三、親近集，謂親近諸佛，供養恭敬，習聞慧智，如經“供養諸佛故”。四、聚集，謂思慧智，善能思量，積集諸度，故云“聚”也，如經“集諸清白法”，故謂“六度治垢”，故云“清白”也。五、護集，謂修慧之行，上順善友，故爲“攝護”；出世真證，修能趣入，故名“修行實證”；行實證故，爲彼善友教授攝護，故云“善知識所護”。六、廣集，謂廣於一切衆生以慇至深心作利益故。七、信心集，謂決定信，樂求大法故。八、現集，謂隨所集善，多向益生，故云“心多向慈悲”。於中“慈念依苦苦、壞苦”者，以慈行麁故；“悲依行苦”者，明是細故。

問：“上文云慈與樂悲拔苦，何故與此不同邪？”

答：“此二有通有别。别如前辨。通論俱有與樂，如三地中慈有廣大無量者，與樂謂廣與欲界樂，大與色界同喜樂，無量與色界不同喜樂，悲喜捨亦爾，故知同與樂也。又如三地，爲苦衆生入慈悲，故知同拔苦也。此文亦是，故知同也。”

九、求集，謂與衆生求一切智，故云“好求佛智慧”。依論經，此句攝在第七信集中。别有第六净心集，謂出世真證，心無垢染，故云“善清净心故”。又此九中，初五護煩惱行，謂一戒學，二定學，餘三慧學，即聞、思、修三慧；依論有四，加净心集出世智故。後四護二乘行。於中初二護二乘心，謂廣護狹心，信護小心；後二護二乘行，謂慈護狹行，求護小行。又此十中，初一總相，謂統括諸行，成一厚集故；餘九皆是集中開出，故是别相。九中皆有集義是同相，或定等别，名爲“異相”。成壞同前可知。依此諸集集成之身，乃能發此真證之心，住於初地，故此諸集總在地中初分所攝，故云“如是衆生乃能發阿耨等心”。此心即是本分中願善決定，彼文指此也。

第二“爲何義生如是心”者，如經“爲得一切種智故”，此顯佛無上智，具知斷證修究竟滿故。此爲總句。佛智業用利益衆生，差别有九，爲求彼故，生如是心。一、力佛智能作同記業，此是如來處非處智，隨諸衆生，同因果等義，悉能記莂，此義廣如餘修羅多説，故云“爲得十力故”。二、無畏佛智能作破邪業，以四無畏破外道，故云“爲得大無畏故”。三、平等佛智能作教授業，謂得二空，具足佛法，轉教衆生，令同證入，故云“爲得具足佛法故”。四、救佛智能作救濟業，謂以四攝巧化衆生，故云“爲救一切世間故”。五、净佛智能作救攝因業，以大慈悲爲救生因，故云“爲净大慈悲心故”。六、無餘智佛智能作普觀之業，謂常以佛眼普觀十方世間衆生，無不窮盡，故云“無向十方無餘無礙智故”。七、無染佛智能作嚴土攝生爲業，謂莊嚴一切世界，令無障礙，無有雜染，不待功力，以土應機，令生信入法，故云“爲净一切佛國令無餘故”。論中“智心無礙”者，“智無礙”顯前無障，“心無礙”顯前無染；又初慧解脱，後是心解脱故也。八、覺佛智，能於一念頓覺三世衆生心數，以爲業用，故云“爲於一念中知三世事故”。九、轉法輪，佛智於諸衆生能令解脱，善巧爲業，故云“爲自在轉乃至佛神力故”。“生如是心”者，即是前發阿耨菩提心也。《論》云“何故唯言生心，不言生智”，爲一問也；“及餘心數法”，謂念定等爲二問也。理實此時諸德皆生，何獨心邪？釋云：心是總主，舉此即攝智等心，故云“心中即攝知斷證修”，答初問也。亦攝“一切助道法”者，答後問也。

第三、“以何因生如是菩提心”者，如經“是心以大悲爲首”故。前説“爲何義”中顯所求果，今此“以何因①”顯能成因，謂以何因求大菩提。以大悲爲首，濟衆生故；求此菩提，非爲自安。何以故？若非如是大菩提法，無以究竟救衆生故，是故諸行，大悲爲首。此“悲大”有九種：

一、增上大。緣微細苦生增上智，故云“智慧增上”。《論》釋“智”與“慧”二差别者，然此“智”“慧”有通有别：通而言之，所知無别。開别有二門：一、“智”知俗諦，“慧”照真諦，如十度中第六名“慧”，以照理故，第十名“智”，

① “何因”二字底本訛作“因何”，録本失校，今據《十地經論》[T26n1522p135b1]改。

以鑒事故。二、“智”能决斷因果逆順染净差别,“慧”能照達諸法假實體性有無。此中約後義辨,又觀衆生十二緣起,前能起後,皆名爲“因”,後依前起,悉名爲“果”。逆順觀之,有染有净。“染逆順”者,無明緣行,乃至老死,是名“順觀”。何緣老死?謂由生故,乃至無明,是名“逆觀”。“净順逆”者,無明滅,故行滅,乃至老死,是名“順觀”。何緣老死滅?由生滅故,乃至無明,是名“逆觀”。是觀名“智”,决斷義故。觀一切法,但名無實,名“自相觀”;觀一切法,真如一味,名“同相觀”。是觀名“慧”,照察義故。

二、攝大。謂前既知苦,今以四攝方便善巧,救苦衆生,故云“方便所攝”。

三、淳至大。“淳”謂淳厚,“至”謂至到。慈悲增上,故曰“淳至”。淳至有二:一、直心淳至,謂向時發心,許盡衆生界作利益,其心一向,無改易故。二、深心淳至,謂愍苦情殷,徹於後際,故云“直心深心淳至故”。又直心令證理,深心令集善故。《起信論》云:“直心”者,正念真如法故;“深心”者,樂集一切諸善行故。

四、無量大。謂攝取如來無量神力,化物生信,故云“量同佛力故”。

五、决定大。“上妙决定信深智勝對治”者,决定信知諸佛深智堪授衆生,令成最勝對治之用,故云“善决定衆生力佛力故”,謂以佛智力授與衆生,益其智力,故云“衆生力”也。

六、隨順大。謂隨順菩提,令得正覺,故云“趣向無礙智,隨順自然智故”。

七、正受大。謂能領受諸佛大勝教法,轉授衆生,故云“能受一切佛法,以智慧教化故”。

八、最妙大。攝受勝妙平等功德,故云“廣大如法界故”。

九、住盡大。謂住是無常愛果之因盡,是涅槃常果之因,故云“究竟如虚空,盡未來際故”。第四“明是心生時有何等相”者,如經“菩薩發如是心,即時過凡夫地”者,以此心即是出世間道,此時捨離凡夫性故,又創得聖位過於地前内凡位故。此是總句。

“過”義有九,下别顯之:

一、入位過。此時初成出世間心,猶如世人初始住胎相似法故,云入菩薩位故，此句約位故。《瑜伽》住品名“入菩薩正性離生”。梁《攝論》第十云：“一入菩薩正定位，以入菩薩初無流地故。”

二、家過。以得佛所證法界之分，故云生在佛家。故梁《論》云：“二生在佛家，如諸菩薩生法王[1]家，具足尊勝故。”解云：前住胎若下賊家，不足爲過，要在王家受生，方顯其勝，故此句約得法爲“家”，《瑜伽》住品云“生如來家。”

三、種姓過。以大行成立，堪紹佛種，故云“種姓尊貴”。“無可譏嫌”者，梁《論》云：“以過二乘及世間種姓故。”解云：良以二乘亦得生空法界，然彼不能紹佛果位，如雖生王家，然或是王之僕隸等，不足爲貴，故今要得王之體分，繼於王位，故子相似也。

四、道過。以非有漏故，世道不攝是無漏故，出世道攝故，云過一切乃至出世間道故。以雖得大乘，在世間，未足爲勝。如雖是王種，若是鬼神之王，不足爲貴，要是人天之王，方顯道過，故云“異道生相法”。故梁《論》云：“四已轉一切世間行，決定不作殺生等邪行故。”

五、法體過。謂菩薩正以大悲爲體，於所作他事即是己[2]事，以爲自身體性相似法，故云“住菩薩法中”。故《瑜伽》云：“設有問言：‘菩薩以何爲體？’當云何答？應正答言：‘大悲爲體。’”此之謂也。前雖道勝，若己身殘闕，未足爲勝，故舉大悲，顯成自體。

六、住處過。以不捨世間，是不住涅槃；方便不染，是不住世間。巧離二邊住，住無住處，故云“在諸菩薩數”，論經名“住在菩薩正處”故也。如王子諸根備具，若住處下劣，亦不足爲勝。菩薩雖有大悲，若著二邊，亦未爲勝。

七、生業過。以順空聖智等入三世真如法中，顯無終極無際限相，生命相似，故云“等入三世”。“等”，如也，論經名“三世真如法中”。是故此中“如”字即是平等法，故名“真如”。兩處用之，應知如彼王子，雖依正俱勝，若壽命短促，不足爲勝。

---

① 王，底本作“二”，今據世親《攝大乘論釋》[T31n1595p225c28]改。

② 己，録本訛作“已”，今據底本改。

八、畢定過。佛種不斷，顯因畢定；究竟涅槃，顯果畢定。“成就相似”者，如似王子，雖依正命勝，若志氣不立，所作不成，不堪紹繼，故云“如來種中畢定究竟阿耨多羅三藐三菩提故”。

“住如是法”等者，牒以總結，謂前四義中，初、明内所依身；二、辨外所求果；三、顯求果所因。此三明發心由致；四、正顯所發心相，此即是初住地相，故云“住如是法名‘住菩薩歡喜地’，以不動法[①]故。”“不動法”者，釋成“住”義，謂一證真理、不復失故，二乘異道所不動故。已説“住”義竟。

第二釋名分中有三：初十句明多喜，次十明念當得生喜，後十念現得生喜。又釋此三中初一明歎喜差别，後二明喜因差别。又前一正是此地行報之喜，後二明於此地舉緣方喜。又初一對前“依何身”生喜，以厚集善根得此位故；次對前“爲何義”生喜，以所求佛果定當得故；後對“有何相”生喜，以現離凡得聖位故。何故“以何因”中不對辨喜？謂悲心惻愴，喜相隱故。初中言“多喜”者，謂適悦衆多故。《論》中三種：一、心喜者，入觀之心心即適悦故；二、體喜者，出觀喜受相應故；三、根喜者，由前心體喜故。令所依身色根調暢，輕安遍悦，故云“多喜”。此是總句。别有九種：一、敬喜，於三寶中得不懷信故，云“多信”故，此如小乘入見道得不壞净相似故。二、愛喜，樂觀離染真如法故，云“多清净”故，《論》經名“愛念”故。上二是心喜。三、慶喜，自覺所證校量勝過於地前故，云“多踊悦”。四、調柔喜，身心安適、遍增益故。五、堪受喜，自見至菩提近者，知己[②]行立取菩提近故，云“多堪受”故。此與念當得何别？謂念當得念果預喜，今此念因能受故喜。上來自行喜，下三明化他喜。六、不壞喜，由於自心先已調伏，是故或他《論》義自解説時，或自《論》義他解説時，皆心調無諍，離諸擾動故，云“不好鬬諍”。七、不惱喜，以心慈悲，身口調柔，設見惡人，以道漸化，不惱他故，云“不好惱亂衆生”。八、不瞋喜，謂見衆生不如説行、心乖法也，威儀不正、身違道也，見之生愍故，忍不嗔故，云“不好嗔恨”。此前二句不惱懷(壞)他，此句能受他惱。又前二不

① 底本“不動法”三字後各施一重文號，今結合文意據《十地經論》[T26n1522p135b28]删。

② 己，録本訛作“已”，今據底本改。

令他惱,此句自不起瞋。第二念當得,故生歡喜中。初句總,此中欲明己[①]當得義。何故乃念他佛邪?《論》釋:"如佛所得,我亦當得。"如是念故,心生歡喜。此即念他成己[②]也。别有九種:一、念佛法者,正是念法,但以總該别。於念佛門開出餘九,是故九種皆名"念佛"。此是念佛所得之法及所説法,己[③]亦當成,故云"念佛法",故生歡喜心。二、念佛菩薩。有人釋云:此念佛過去爲菩薩時,我亦同彼,故生喜。今解念佛成道,有菩薩眷屬,我亦當有,故生歡喜。文意在此,故云"念諸菩薩"等。三、念佛行,此中正是念菩薩行,故名"念佛行"。釋以諸菩薩行佛所行行故,行從佛有故。四、念佛净,謂念佛所有諸度離染故,云"念波羅蜜清净"故。五、念佛勝,謂念佛菩薩勝餘衆故,云"念諸菩薩與衆殊勝"故。六、念佛不退之力,故云"不壞"也。七、念佛教化之法。八、念佛能廣利益衆生。九、念佛所入之門,謂善巧智門也。

問:"看此十句,唯初一句念佛,餘念别事。《論》主何故總稱'念佛'?"

答:"此依一乘無盡緣起,無礙相成,即一一緣中無不皆攝一切諸緣。《論》主依此例故,迴九入一,俱名'念佛'。如初句攝九,餘一一句皆亦如是。此即句句之下,悉皆無盡,以此地法是陀羅尼法故。如上舉悉曇章爲喻,是此義也。依此例故。上十信爲總,乃至十地及佛悉爲别。攝别入總,無不在信中具足,餘位亦然,是此義也。"

又此十句,《論》主更作一翻解釋。《論》云"於中初二念共"者,謂於十中初二念共,同是所念。今還分爲二,謂念佛念佛法故,云"佛""佛法"二故。此意欲簡成同相三寶,言"念佛菩薩二"者,還將念佛簡佛菩薩,故爲二也。言"念諸菩薩故",直舉菩薩,以念佛前簡法處已顯故。是故佛中具足三寶,餘七皆是念佛行攝。此行爲總,餘下六句顯此行故。言"隨所顯彼菩薩行"者,謂此六句隨彼所顯菩薩行故,是故得在行中所攝。言"以何顯"者、"如是諸念"者,謂前言隨所顯,未辨以何法顯,下出能顯行體,故云以"如是諸念"。應知此中菩薩行有二種:一、離染行;二、勝進行。六中初句别顯離染行,故云:"復何顯?彼波羅蜜净顯。"二餘五句别顯勝進行,故云"云何顯?彼菩薩行"乃至"轉去故"。於中初二句勝及不退顯勝轉去,以後地望前,皆名"轉

①②③ 己,録本訛作"已",今據底本改。

勝”；前地望後，趣入不退，皆名“轉去”。後之三句，顯其“盡去”。十地位窮名爲“盡”，上入佛果稱之曰“去”。三句中初二顯盡，謂法雲地中，能受法雨及能注雨，利益群生。後一句受職成佛，故云“上入佛地”。此初念佛行該攝後六，目之爲“總”；歸初念佛，説以爲“别”；故云“亦總亦别”也。第三念現得生歡喜中，初總中離世境，《論》釋離凡夫取著事。此六塵境是世凡所取，又未入初地，所取不亡。如《論》云“現前立少物”等非入地故。今入出世，證真如法，離所取著世間境事，故云：“我轉離一切世間境界，生歡喜心。”此轉離有九種：一入轉離，謂入諸佛所行法中，故云“入一切佛平等中”故。此九種與前八過既少相似，云何取别釋？前中舉此，正顯發心之相。此文念此現得，生於歡喜，理實初住，所得無别。二、遠捨地前凡夫位故。三、近到出世聖智地故。四、斷離分别煩惱惡趣業果故。五、堪與衆生作依止故。六、自念行成趣佛不遥，故云“近見”。七、得生佛諸受用土中净土，是佛分齊境界。八、平等轉離，與諸菩薩同證真如，入在彼數。九、勝報自在，故云“捨離恐怖”。此文有二：初直説，後重分别。又此十中，初二句顯所行，顯事不相似。此以佛法爲所行事，不似凡夫取六塵事。次二句顯自身不相似，謂此以聖慧爲身，不似凡地妄識身故。後六句顯六種不相似：一、斷轉得出世净行，不似凡夫習惡道行，故云“行不相似”。二、菩薩大悲，依衆生起，還爲物依，不似凡夫自不濟，不能作依故。三、菩薩見佛得力助行，不似凡夫非器不得。四、菩薩生於净佛國土，不似凡夫生於五趣，故云“處不似”。五、證如正智以資慧，不似凡夫雜業所生。六、内心純熟，所作無怖，畢定成就，不似凡夫帶障恒怖。由此不似，故名“轉離”也。言“怖畏者不愛”等者，謂“不活”等五，令心憎惡，名爲“不愛”。所畏不定，便疑慮所畏定者，即生憂想，此是心法；與心俱起，故名“想應”，此是畏體。以心畏故，現相捨身，故有毛竪等事也[①]。

第二重分别怖中二：先徵問，標二章門：一、怖；二、離。後釋前二門：先釋怖章，釋此五怖，作六門。

一、出體。有四法：一、疑。二、慮；“慮”猶“思”也。三、憂。四、想。如前可知。

---

① 也，底本作“此”，今結合文意據《華嚴經探玄記》[T35n1733p304c6]改。

二、明説意。“所以者何”，徵其意。理實初斷除煩惱等障，何故此中乃説“離畏”？《論》釋此五怖畏，是初地障故，偏在此説。若爾，何故唯在釋名處説？《論》云“復説地利益勝”故，欲明歡喜利益與怖畏相反，故此舉之。

三、依三業分别者，《論》云“第一、第二、第五依身、口、意”者，此有二義：一、别；二、通。别中不活依身，惡名依口，惡名雖發他口，以性是口業，故衆畏依意，意無智德，故生衆畏。二、通不活依三業，謂衣不蓋形，食不充口，苦困來逼。餘二通可知。四、五唯依身者，善道可愛，捨故生畏，此是死畏；惡道可憎，得故生畏，此隨惡道畏捨得在身，非餘業故。

四、建立者，《論》云：“何故但説五怖畏？打縛等諸畏皆五攝故。”

五、出因者，《論》説二因：一、邪智妄取想見愛著故；二、善根微少故。初爲三畏因，邪智是不活因。由邪智計我，懼己[①]不活，追求資財妄取想，是惡名畏因。以妄想怖取，美名遂起。此畏見愛著，是死畏因。由見我故，愛著自身，懼其死也。此三同是惡法，故合爲一。善根少是餘二因。功德善少，畏墮惡道；智慧善少，畏於大衆。又過去善少，今畏大衆；現在善少，畏當惡道。此二俱是善少，合爲一因。

六、對治者，離此因故，怖畏隨盡，並如經可知。釋“名分”竟。

第三、安住地分中有三：初、總明安住。二、“所謂”下，三十句别辨安住。三、“成就”下，一句總結安住。初中亦三：初大悲爲首，是安住因，菩薩所行，皆爲衆生，悲爲行本，故云“悲首”。二於“衆生心無嫌恨”等，是安住觀。此中有二：一、“於衆生違惱心不嫌恨”者，見非不嫌，觸己[②]無恨，此煩惱不能壞，故名“堅固”。二、“直心”者，深悲愍物，爲求菩提，小乘不能壞，故名“堅固”。此二不壞，故云“自然浄”。三、“轉復勤修一切善根”者，是安住行。如下所説信等善根，一切皆是此地攝，總勤修也。此勤修有三：初、信心，是行所依。二、修行，是依心成行。三、迴向，是迴行成德。初十句明信心成。言“信心增上”者，隨所有事，於中信增上成就。解云：此是總句，隨下别句。所有三寶等境事，於中深信決定，名爲“增上”。别中有九種信增上，於中初六

① 己，録本訛作“已”，今據底本改。

② 己，底本作“已”，今結合文意據《華嚴經探玄記》[T35n1733p305a11]改。

始起信心，後三信增成欲。前中初二自行，後四利他。前中初句，上信三寶净信敬行，故云“多行净心”。下句於理證信，謂真智開神，故云“解心清净”。利他四中，初一化他行，謂説己[①]所證，授與衆生，名“信分别”。後三化他心，謂慈悲是化心大也，不疲化心常也。後三中初於行離過，謂不染著世，是慚愧能也；於慳等下，辨慚愧相，舉慳等取餘五蔽故。由深慚愧，六蔽不行，故云“莊嚴”。二於人將護。三於法敬順。信心竟。

第二、“修行成就”中，論經九句，此中八句。《論》言十句者，授咸數十爲名。初句總集諸善，根無休息，無休息故，故是常修也。一切善根是頓修也。别中八内，初七阿含行，後一證入行。前中初二攝法方便：一、近善友，略無此句。二、愛樂法，謂於直諮直報，爲問答設[②]難，釋通爲論義，分别本文爲解釋，於此三時，稱悦適情，心生喜故，云“常愛樂法”。次三成三慧正行。於中聞思可知，修於定中不味著故。後二是隨緣離著行，於名於利，已得不貪，是知足行也；未得不求，是少欲行。未受戒者，有此貪求不得受故，名“障菩薩戒”也。已受戒者，起此二種，令戒退失。上來阿含行言常寶心等者是證行，證行可貴，從喻名“寶”，證行超出，念念常現，故無厭足。修行竟。

第三、“迴向成就”中，論中作四翻釋：一、顯意釋；二、總别釋；三、隨要釋；四、就行釋。初中先問以發起，此“求一切智”等説何等事。何以有此問者？爲文中無迴向言故。作此問示現迴向成就者，答以顯示也，以求佛果是迴向義故。二總别解釋，如論應知。三隨要分别者，此中分三：初、求何等事？“求一切智地故”者，此是初句所求果法，“求”猶“樂”也。二、以何觀？求觀諸佛力無畏等故，此顯能求觀解，是第二句。三、云何求？求諸波羅密無著法故。此顯以何行求用諸度，離六蔽等著，求此兼攝。後十句總盡。此三求中，“家”者結一切智地是所求處，故云“家”。“依家”者，結能求觀解，謂所觀力無畏等是一切智中别德，故名“依家”也。“無障求”者，結能求行離障蔽故。四就行解釋中，初二句非是此中正所修行，故不别釋。此唯解前能求

① 己，底本作“已”，今結合文意據《華嚴經探玄記》[T35n1733p305a26]改。

② 設，録本訛作“説”，今據底本改。

之行。《論》中"云何求"等總據前第三門爲此總句，下開別故，云"差別異求"。施二垢中，初見乞，"詐設"是語諂也，"無心許與"是心曲也。對治此如經"離諂曲故"。此是一向不許。二"許而不與"有三義：一、先許後不與。二、許多與少。三、許勝與劣，皆是不隨先言對治。此如經"如說能行故"。二戒有一垢。不護實語有二：一、犯戒以違本受時"能持"之言；二、覆藏不露，犯默妄語等。對治此故，如經"常行實語"。《菩提資糧論》頌云："雖由實語死，退失轉輪王，及以諸天王，唯應作實語。"三忍一垢。佛家正以利他爲業，反此惱他，即污佛家。對治此，如經"不污佛家故"。四精進一垢，謂於戒生退。此三種：一、法廣故退，《論》云"菩薩戒無量"；二、時久故退，《論》云"劫數長遠"；三、深細故退，《論》云"難持難行"。以廣故難可具持，時長故難可常持，深細故難可善持。又律儀戒中，惡無不離，故"難持"；餘二聚中，善無不攝，生無不度，故"難行"也。由此便生退墮之心，是此垢也。對治此，如經"不捨菩薩戒故"。由精進策修，能行難行故。五定垢二中，一事中舉緣名"亂心"，内情妄取名"憶想"。又初麁①後細。又初不得止故，後不得觀故。對治中不動治亂，生薩婆若治憶想。六慧有三垢：一、障不住道行。或一向現世間，不現涅槃，同凡夫故；或一向現涅槃，不現世間，同一乘故。此無善巧，是般若垢。對治如經可知。二、障助道行。三、障證道行。並可知□□□。"如是"下總結安住。由此三十句行凈治，此地純熟，故名"凈法也"。《論》▭欲謂怖趣②▭

① 麁，録本訛作"庶"，今據底本改。
② 以下殘。

No. 2756《華嚴經》義記卷第一

大覺寺沙門惠(慧)光述

［題解］

佛典《大方廣佛華嚴經·如來光明覺品》第五的疏釋，文中標爲“大覺寺沙門惠光述”。一卷。清代以前歷代大藏經未收，後被日本《大正藏》據寬文十年寫本收入其第八十五卷。《大正藏》録本所據底本今無法見到。

“如來光明覺品”者，明如來意業教化，智行無礙，如光明也；開曉於緣，故名爲“覺”。就此品中，放相輪光者，乃至十地放眉間光，就如來自體智行，隨修人不同，彰位殊之異也。“菩薩名别”者，彰行業、德位差别也。

就此光所照中，初明世界，實際相顯也。次明佛者，實相内明，故次明佛也。實覺緣起，故明菩薩。此明器世間在初、智正覺世間在中、衆生世間後者，明始顯内集起修相也。次後先明别菩薩、次别世界、後明佛者，此明終集起得實滿足修相也。

就此菩薩中，初明“文殊”者，始證真性波若根本妙惠(慧)故也。次明“覺首”者，内明外朗，故曰“覺首”。既有覺照之明，故能集萬行，有資助之功，故曰“財首”。既有集助之行，故能利潤無窮，出世勝益，故曰“寶首”也。有資潤無窮，故能自利利他、德備具足，故云“德首”也。既有德備，若非方便波若鑒達無遺，無以善了於緣，故次云“目首”也。既有了緣不迷，故能達曰(日?)[①]新之功，故次明“精進首”也。既有曰(日?)[②]新之功，法無不集，故次明“法首”也。既備集諸法，真融暉炎，明照無滯，故次明“智首”也。既有明

①② 結合文意，此“曰”似爲“日”之訛字。待考。

照無滯，故能道備圓滿，善順調柔，故次明“賢首”也。何故皆云“首”者？欲明世間修集中最，故名“首”也。以世間之行，窮滿在兹，故云“首”也。又言修集真道之初，故言“首”也。此中放光始照三千、終至百千億世界者，欲明始發自相，解即相也。又亦以近及遠、復所以皆言“東方”者，義同前釋也。又言一方“各有一大菩薩”者，欲明方便之中自體因行也。各有眷屬菩薩者，明行無不攝也。各來至此者，明圓入自體果行也。文殊爲首者，欲明始發於妙實也。復所以終至賢首者，欲明此行雖復深廣，而成在於世間，故云“賢首”也。然行非孤立，必託境而發，故云始於金色、終至如實色界也。既有實契於心，是以得真覺發中，故言於諸佛所“净修梵行”也。所以初明“不動智”者，明始發真本也。終至“伏怨”者，亦明成在於世，未彰正離，故伏怨也。所以無問而皆文殊自説者，爲欲明妙辯發中、非託外緣，又明不請之友也。若據受益而言，此品明求聞法行，下品明求説法行。若論緣起行集次第，時以妙實應於方便，故言“文殊説”也。既明方便契實，故方便德就是以德熟歸本，還應於實，故下明難品。文殊顯問諸菩薩答、諸菩薩問文殊復答者，欲明德熟歸本，故彰菩薩問也。以本攝衆德，故如實圓彰，名爲“答”也。

No. 2757《華嚴經》疏卷第三

釋元曉述

[題解]

佛典《大方廣佛華嚴經·如來光明覺品》第五的疏釋,文中標爲"釋元曉述",日本藏經,尾題"寬文十年(1670)七月九日,以石水院本寫了",一卷。清代以前歷代大藏經未收,日本《大正藏》據寬文十年寫本收入其第八十五册。《大正藏》録本所據底本今無法見到。

"如來光明覺品",此中如來放光,普照十方,令諸大衆除滅闇障,覺如來身周遍法界,以之故言"光明覺品"。是答二問,義如前説。又此佛光滅諸疑惑,拔衆災難,由是義故,答彼二句,更起元位。信心分内有二之中,舉所得果,起願樂心。既於前此下第二不所修行,生進趣意。此中四品,科爲二分:謂前二品遣諸疑難,以生信解;其後二品,正説行德,而令進修。初中亦二:初品遣疑,次品通難。通難者,於法難解,生諸難故。遣疑者,於佛未信,起諸疑故。此疑因何而得起者?前二品説佛號諦名遍布十方一切世界,於是疑言:爲佛身遍,故名聲隨遍耶?爲身局世,此唯名聲遍耶?若唯名聲遍而身不遍者,如何身業之報狹、口業之果寬?本、修二業皆無量故。若如名遍、身亦遍者,何故但見佛世?此會爲遣是疑,故此品來大意如是。

次釋其文,文中有二:先明光從出處,後顯光所照處。

初中言"從兩足相輪放百億光明","相輪"即是千輻輪相。爲表信行始發起者初起十心,增至百千,止、觀雙運,入賢首位,故從兩足相輪而出也。

"遍照"以下,光所照處,從近至遠,十重漸增,表所爲始發趣者漸修增進必滿位。此中正顯佛身遍然,所以身、口二業果報皆同無邊等周法界。就第一重，即有二分：先序光所照處所見之事，後明濡首菩薩説偈讚佛。初中亦二：先顯光照百億世界，後明普見佛及大衆。後之九重，科文亦爾。讚佛中亦有二：先明一處，後例餘處。頌中有二也：前二頌依東方佛號讚佛不動相，後之八頌寄濡首菩薩名顯無住無得智。

初中亦二：初頌反顯，後頌順明。反顯義者，若知如來脱縛離滿，則謂如來有動有出，既有所得，非净眼故。順明義者，若知如來觀一切法皆無所有，則順如來不動之智，既非有住，疾作佛故。後八頌中，即有四雙：第一雙中，初頌達俗無實，次頌入真無二。第二雙者，先明於人無住，後顯於法久得。第三雙者，先明於法離有無，後顯於佛無減增。第四離雙者，先明人法無所得門，轉化衆生；後顯一多無障礙門，得無所畏。一切法入一法故，一中解無量；一法入一切法故，無量中解一也。所以能得互相入者，展轉互爲鏡影而生；非實而生，故無障礙。是謂"濡首菩薩法門"。

第二頌中，亦有二分：在前二頌，寄南方佛號，歎智惠(慧)火法門；後之八頌，依彼菩薩名，顯"覺首法門"。初中有二：前之一頌，見諸衆生癡闇，令求無上惠(慧)明；後之一頌，内懷不轉智火，外轉無上光輪。後八頌中，亦作四雙：第一雙者，前則弘誓爲首，覺生死眠；後則慈悲爲懷，降衆魔怨。第二雙者，内得深智覺，能害諸煩惱；外擊正法鼓，警覺十方國。第三雙者，下則於一切有而不取著，上則於一切佛而生歡喜念。第四雙者，爲救衆生，長劫受苦；爲護佛法，不惜身命。是爲"覺首菩薩自覺、覺他法門"。

第三頌中，亦有二分：在前一頌，寄西方佛名，歎净智法行。其後九頌，依彼"財首菩薩"之名，明現種種功德之則饒益一切衆生法門。初中有二：上半覺净，下半心净。是謂"净智法行"也。

第四頌中，亦有二分：在前九頌，寄北方佛號，歎具威德智惠(慧)法門；最後一頌，依彼"寶首菩薩"之名，顯如鍊金清净法門。初中亦二：在前一頌，總標内外威德具足。於中上半，内證威德；下之二句，外現威德。其次八頌，别顯四雙威德具足：第一雙者，自覺離塵德，化他普起威；第二雙者，無陰離苦威，内解外脱德；第三雙者，静而恒動威，動而常寂德；第四雙者，善知甚深德，普見廣度威。

第五頌中，亦作二分：在前五頌，依彼第五"德首菩薩"，明其自利、利他功德;其後五頌,寄彼第五明智佛號,歎彼明照不思議境。初中亦二:前之一頌,下化群生慈悲之德;其後四頌,上求佛道進修之德。後之五頌,亦分爲二:在前二頌,明觀身心實相境界;其後三頌,達無量不思議境。

第六頌中,即有二分:七言六頌,五言五頌。七言頌中,亦有二分:在前二頌,依彼第六"目首菩薩",反顯净目所見妙色;其後四頌,寄東南方佛號,嘆究竟智深妙界。五言頌中,亦有二分:在前二頌,依"目首"名,嘆佛净眼自在法門;後之三頌,寄彼佛號,嘆究竟智甚深境界。

第七頌中,亦作二分:在前二頌,寄西南方佛號,讚佛無上智覺;其後八頌,依彼菩薩"進首"之名,顯其進入佛智境界。初中亦二:前嘆自覺、覺他無上之智,後讚無染、無毀無上之德。後八頌中,四雙不現[①]:第一雙者,進入佛智,進入法海;第二雙者,正轉法輪,正思佛道;第三雙者,順佛真教,知佛實德;第四雙者,觀察寂滅,了知平等。是謂"進首進入法門"也。

第八偈中,有二十頌,即爲二分:在前十頌,寄西北方佛號,嘆自在智方便;後十頌依菩薩"法首"之名,嘆於法義隨順智力。初中五雙:第一雙者,大智自在,大德成就;第二雙者,覺性廣觀,離相深樂;第三雙者,於有無礙,於空無著;第四雙者,諦了差别,樂觀平等;第五雙者,攝一切智,成最勝意。如是五雙十門方便,皆是自在智差别也。次嘆法智,亦有五雙:第一雙者,深法順知,至處遍至;第二雙者,隨順一心,能至深境;第三雙者,記念時節,了知成敗;第四雙者,所知差别,能了方便;第五雙者,觀察三世,覺知平等。五雙皆是"法首法門"也。

第九頌中,亦有二分:在前十頌,寄彼下方佛號,嘆梵天智法門;其後十頌,依彼"智首菩薩"之名,嘆其卻闇智燈法門。初中有二:二頌略標,八頌廣釋。標中亦二:前明"梵行",後顯"梵音"。言"梵行"者,梵天現化化人間時,受難行法,形如骨鎖,當知難行即是"梵行"。八頌廣釋,即顯四門:一者,二頌,離高慢法門,除生死苦難;二者,二頌,不放逸法門,除世間放逸;三者,二頌,宣無我教門,滅衆生著我;四者,二頌,弘誓普潤門,滅衆生熾火。此曰皆是"梵天行門"也。後十頌中,亦有二分:在前二頌,略標"智門"。於中前頌,

① 《大正藏》本出校:"〔不現〕一?"意疑"不現"爲衍文。

舉所滅闇；其後七頌，顯能滅燈。八頌釋中，亦有四門：一者，二頌，船渡漂流法門；二者，二頌，橋拯沈没法門；三者，二頌，方便拔苦法門；四者，二頌，實智與樂法門。

第十頌中，亦有二分：在前四頌，寄彼上方佛號，歎"伏怨智法門"。後十六頌，依彼菩薩"賢首"之名，廣説"賢首勝能法門"。初中有二：在前二頌，正顯"伏怨"勝智十力；其次二頌，標示"伏怨"名聲勝德。"普爲衆生"以下，第二"賢首法門"。於中有二：前之四頌，下化衆生勝能；後十二頌，上求佛道勝能。"能問十方佛"以下，第二上求佛道。合十二頌，以爲六雙：一者，問佛、見佛爲雙。二者，能説、能化爲雙。三者，聞佛音、見佛身以爲雙也。四者，著有、無著開以爲雙也。第五雙者，下喻，上法。第六雙者，外譬，内法。此後兩雙，依比量門，證成"佛身周遍"之義。上來十重光明遍照，顯佛色身無所不遍；十重説偈，讚佛功德，明佛内德亦無不周。於中"亦顯菩薩德"者，明諸菩薩隨佛，能適於佛。起疑除遣已盡。

交(校?)[①]了。

寬文十年七月九日，以石水院本寫了。

① 交，此似當爲"校"字之訛。

No. 2758《十地》義記卷第一

［題解］

佛典《十地經》章疏，敦煌卷子中有伯 2048 一號，首殘尾全，起自"……嚴故寄天住以障"，至"故言'金剛藏菩薩而爲上首'也"，爲對《十地經》開頭部分經文的疏釋。尾題："寶藏寫。"作者不詳，卷數不詳。清代以前歷代大藏經未收，《大正藏》據伯 2048 號録入其第八十五册。今校注仍以《大正藏》本所據卷伯 2048 號爲底本。

▭[①]嚴故。寄天住以障▭有去來，引緣以入實故。寄在▭處，染[②]無污境。餘實性實相，亦[③]此處▭即應，以明報身。以法爲體，得知亦有□（法）[④]身，□□□（亦）[⑤]然。"與大菩薩俱"者，證信序中第六句，明同聞衆。就中有二文：初、略嘆其意；第二、從"此諸菩薩"已下，廣嘆其意。

今解廣略有三：一者、教廣略；二者、方便行廣略；三者、自體廣略。

言"教廣略"者，前兩行一注，略舉宗本，略歎其意，故名爲"略"；此已下廣嘆其意，名之爲"廣"。

言"方便行"者，對治顯體，名爲"略"；德□□□，□□□（名之爲）[⑥]"廣"。

① 首缺。

② 染，録本訛作"待"，今據底本改。

③ 亦，録本訛作"品"，今據底本改。

④ 法，録本作缺文，今據底本補。

⑤ 亦，録本作缺文，今據底本補。

⑥ "名之爲"三字底本殘，今據上下文意補。

身體者，方便雖稱“體”，此是對治中自體真行，不□□□名爲“略”，即體外障名爲“廣”也。

就前略嘆中，有其四句：□□（第一）[1]、與大菩薩衆數同會；第二、“不退轉”者，此一句明行堅固；第三、□□者，此一句明行功用；四者、“從他方世界來”者，此一句所從來處。

今言“與”者：一、佛與；二、阿難與。今就佛解“與”，阿難在懷抱中，不得言“與”。就理教解，阿難影嚮大士得言“與”。就行教，“佛與”者自體因名爲“與”。就行教，“阿難與”者，阿難得聞持智，攝自體方便行故。言“與大菩薩衆俱”者有三種：一者、影嚮衆；二者、教所被衆；三者、當幾（機）衆。今問幾（機）衆。所教被衆有差別，今解有異。教可被之人，有於少解可以[2]諮發，故寄問答以[3]辨於教，故言“教所被人”；當幾（機）之人雖有，幾（機）無解發，故言“當幾（機）”。若就位者，“教所被人”在道種終心，初地已上真無漏法影現心原，可有諮發，故寄問答以[4]辨於理；十住、十行未得真無漏相可以諮發，故［□］［言］[5]“當幾（機）”。如是次第。若說在道種，“教所被人”在十行，“當幾（機）”在十住，此可以類知，更不煩文。然此菩薩數所被、影嚮二衆爲是新衆，爲是舊衆？又解云：新、舊俱有，但可有間善根者見佛道起樹，之六天道過；若據無間，善根知不起道樹，遍亦六天。菩薩亦爾，身八處現。然影嚮衆助揚佛法，無現不現，一切皆現，當幾（機）受法。若次第見，即漸教相；若一時見，即頓教相。若據行教，一、自體衆；二、方便行衆。道場會衆，法界法明，滿足無缺，從體起修，寄在方便，方便在緣，緣相是別，故不得俱遊，故言“從他方來”也。若據自體，行道場會，法界法門，體會平等，何會不在也？“大”者出過三乘通教，乃至通宗中對治之上，故言“大”也。“菩薩”者，秦言“道心衆生”，正以此人問意於道，故言“道心”也。亦有大道，二乘之人，生死涅槃，不能寂用俱行，名之爲“小菩薩”；大士寂用俱行，自、他俱利，圓通無

---

① “第一”二字底本殘，今據上下文意補。
② 以，録本訛作“雙”，今據底本改。
③ 以，録本訛作“所”，今據底本改。
④ 以，録本訛作“外”，今據底本改。
⑤ 言，底本、録本無，今據文意補。

礙，名“大道心衆生”也。又，“菩薩”有二種：一、假名；二、真實義。假名菩薩雖有解行取著名，不能圓通，□□□□□(故言“大”也；真)[①]實義菩薩體會法界，圓通無礙，故言“大”也。若□□言，地前阿含教修，如臨鏡觀像，名爲“方便身”；真實身□□(菩薩)[②]離於虚妄，證真法界性，名爲“真身”；假、實二衆集，故言“與大□□(菩薩)[③]衆俱也”。

“一切不退轉”者有二種：一者、一切不退；二者、一切中明。

“一切不□□(退”者)[④]，抱羅無不(分?)[⑤]□，不退他分，不轉自分，既滿起勝進行，欲入他分，喜起餘心。今明菩薩起勝進行，能入他分，名爲“不轉自分”、“不□(退)[⑥]他分”。“不退”者，不轉自分爲下；自分既成，能入勝進，廣而大□，□種不退。又一解，不退始入法界，解徹窮原，堅固不壞，□□□除□障，一切佛法種子在於身中，功意備滿。三解，“□□”者世間道滿，超世道立，解行融同，即以金剛幢爲名。

“羅(聖)[⑦]□□(種不)[⑧]退”者，初地斷除妄想，體會法界，生在佛家，種性尊貴，無可譏嫌，故言“聖種不□(退)[⑨]”。

“□□用不退”者，八地已上，入法流水，念念向薩婆若海。

六、第十地中諸佛法，明雲中雨説法，故名“學中窮滿不退”。“一生”者有四種：一、對治生；二、行生；三、位生；四、應化生。

言“對治生”者：一、分數生；二、變易生；三、自性不成實生。今言“一生”名，分段、變易已除，唯自性不成，實一生在也。

“行一生”者，實生。今言一者三昧樂行意生身，二者覺法自性性意生身，三者種類俱生[⑩]無行作意生身。

---

① “故言大也真”五字底本殘，今據上下文意補。

②③ “菩薩”二字底本殘，今據上下文意補。

④ “退者”二字底本殘，今據上下文意補。

⑤ 此字底本似作“分”，待考。

⑥ “退”字底本殘，今據上下文意補。

⑦ 羅，此疑當爲“聖”字之訛。下文“故言‘聖種不□(退)’”，可互勘。

⑧ “種不”二字底本殘，今據上下文意補。

⑨ 退，底本殘，今據上下文意補。

⑩ 生，録本訛作“住”，且誤增一缺文，今據底本改。

今言“一生”者，無行位中一生者，十一地金剛後[①]一生也。

“應化一生”者，菩薩□淺，善巧方便，受生調伏，故在兜率天生；若下生人中，即得成佛。唯有兜率一生，故言“一生得菩提”。“菩提”者，名爲“無上正真道”。“無上”者，出過三乘通教，故言“無上”。“正”者，理絶□□爲“正”，“真”者，離於虚妄無明垢濁，故言“真”也，“道”者，自體圓通爲“道”也。

“從他方來”者，從體起用，爲他方攝用，從體亦是“他”也。“佛”者，智正覺世間自在行。“世界”者，器世間自在行。“俱”者，三種緣集也。“來”者，顯行無不集，即是衆生世間。“集”者三種圓備，“會”者圓同一味；亦可“集”者行集，“會”者位融也。

“此諸菩薩”已下，第二廣嘆德。就中有四段：初、明菩薩德行。第二、從“其名曰”已下，列德者之名。第三、“如是等”已下，列數。□□（第四）[②]、“金剛藏而爲上首”，明上首之人。

就初段中，有四堅固：初、明位堅固；第二、“善能教化”已下，明行堅固；第三、“常能修集”已下，明業堅固；第四、“如是諸菩薩”已下，明廣堅固也。

初明位堅固者，位不虚成，攬行爲體，行無獨運，託位而進。次辨行也，行無别作，正身、口、意。業爲體故，次辨業也。然行德曠周，窮盡法性，次明廣堅固也。

就位中有二：初、明自分位行相；第二、“一切如來境界”已下，明他分位行相也。

“諸菩薩”者，上一生菩薩也。“一切菩薩”者，始顯於先際自體因一切行也。“智惠（慧）境界”者：體顯外朗，圓照法界，故名爲“智”也；體照内［□］［明?］[③]，平等一味，故稱爲“惠（慧）”也；“境界”者，“分齊”義也，亦可因行分齊也。“自在”者，障盡絶羈，淳熟無礙行也。“一切如來境界”者，他分善成也。“皆悉得入”者，勝分深入體，實覺相應行也。此明解入懃行。“不息”者，熾燃無閒行也。是故《維摩經》云於“一切菩薩法式悉知”，即自分行也。諸佛祕藏

① 後，録本訛作“設”，今據底本改。

② 此二字録本作缺文。按：底本“第四”二字尚可辨，兹據補。

③ 結合文意，此處似脱一“明”字。

無不得入，即[1]是他分行也。“皆據智惠（慧）”者，智惠（慧）是萬行之宗也。

就行堅固中有兩段：初、明自分行相。第二、從“於一念頃”已下，明他分行相也。就自分中，有二子段：初、明始修行相。第二、“如意神足”已下，明終熟行相也。

就始修中有六句：初三句明利他行，次三句明自利行也。然菩薩之行，或先自利，然後利他，如説若人自不行善，教他行善，無有是處。要先自行善，然後爲他説法，斯有是處。此據始行菩薩行未久[2]立，要先修行也。或先行利他、然後自利者，如説若衆生不成佛，我終不取正覺。此據久[3]住行菩薩行已淳熟也；亦可初據智惠（慧）門入，斷煩惱障道攝，自德相應行也。故以自利爲初，後以大悲門入斷智障道攝，緣入實故也。“善能教化”者，此明口業也。“隨時普示”者，明身業也。“於刹那中”者，明意業也。此明三輪行益，能令衆生斷除妄想，盡生死障也。口業能令衆生得決定解也，身業能令衆生得決定信也，意業令衆生成勝進行也。今言“善”者，體順之極也。無障礙德，名爲“能教化”也。“一切世間”者，有爲緣集行、無爲緣集行、自體緣集行三種緣集在相，皆據方便修入言“世間”也。“隨時普示”者，此明身業，隨機攝益，故言“隨時”也；亦可實性法身常與衆生作覺知、無覺知益也。“神通”者，身無不現，是故《經》言若有衆生應見我，爲聲聞者即現聲聞，乃至大乘者我爲大乘。此明無待，對大乘非緣照相應行也。亦可“神通”者，迅疾無礙行也。“等事”者，理融緣起非一也，法界無礙行，故曰“事”也。“於刹那中”者，此明意業；“刹那”者，念念之中斷一切煩惱、成一切行也。亦可實證法性，分分成實，稱緣起道，故言“成辨”也。“具足不捨一切菩薩”者，此明自利行；今“具足”者，菩提是一切行體，得此體者，衆行圓具，盡未來際，故言“具足”也；“不捨”者，是故《經》言菩薩摩訶薩守護一法諸菩提心也。“所起”者，菩薩心爲法性，理爲起者，理事俱融，故曰“起”；故經標之品名爲“寶王如來性起品”；非同相空，一相無相，守一凝然，不爲緣起也。“大願”者，真識體顯根太上期故，稱爲“願”也。“於一切世”者，“世”謂世世也。“一切劫”者，

---

① 即，録本訛作“易”，今據底本改。

②③ 久，録本訛作“又”，今據底本改。

謂時節也。“國土”者,謂處所也。“常修”者,菩薩於世劫國常修一切菩薩行也。若依行詮,法無不契,故曰“世”,即是《壽命品》廣明此義。“劫”者,時無不統,如《阿僧祇品》説。“國土”者,處無不善。“如(知)[①]菩薩行”者,常行頓行,備集無聞也。“具足功德智惠(慧)”者,菩薩之行雖復無量,不出福智,繁興德備,一切隨順,正起薩婆若道,故言“功德福智”也。

“如意神足”者,此第二段,明終熟行相。就中亦有二子句:初有三句明利他行相,後三句明自利行。前明始修利他,亦菩薩力用相;此明與力。若分别者,始修中身業與信,此明實用無盡;前口業與解,此明解徹,能盡一切相,得大涅槃。前意業與八成勝進道,此明行成緣起,能入後際。今言如是者意有三種:一、速疾,一念能至十方;二、遍到,隨意所緣,無不周遍;三、無礙,緣一切法,而無障礙。法身身業,况同於此。“而無窮盡”者,皆是真性緣起而成菩薩法身,何竭之有?此明身業淳熟利他行相。“能到菩薩智惠(慧)”者,深契實性,能盡後際;此明解入也。“方便”者,不捨世間,用而善巧,故言“方便”;此明行用緣起也。“彼岸[②]”者,行滿德窮;此明行徹,明意業淳熟利他行相也。“能令衆生背世間道向涅槃”者,斷三種妄想,故云“背世間”也;三[③]修圓寂,契融法性,正趣大寂,故言[④]“向涅槃門[⑤]”也;此口業淳熟利他行相也。

“不斷菩薩”已下,明自利淳熟行相,世間涅槃無障礙俱興也;此明自利淳熟行成,彰不住道滿也。“善遊”者,明圓得行資,體真法性,故云“善遊”也。“禪”者,四禪也。“定”者,四空定也。“解脱”者,八解脱也。“三昧”者,三三昧也。“神通”者,六通也。“明”者,三明也。一者、宿命明;二者、天眼明;三者、漏盡明。如别章釋也。亦可一者、無明,所謂十一空;二者、菩薩明,所謂“波若波羅蜜”,“波若波羅蜜”者名“不放逸根”;三者、諸佛明,所謂

① 如,當爲“知”之形訛,此乃“諸”之借字。此字《十地經論·初歡喜地第一》正作“諸”(T26n1522p123c6)。

② 岸,録本訛作“折”,今據底本改。

③ 三,録本訛作“云”,今據底本改。

④ 此處底本重復作“故言故言”二字,其中一“故言”當係書手誤衍,録本從之。今據文意删。

⑤ 門,録本訛作“行”,今據底本改。

佛眼也。“諸所”者，圓興也。“施爲”者，德用也。“善能示現”者，體順相無不斑也。此明助道行成也。“無作”者，圓寂證道，即本非今，故曰“無作”也。“自在”者，妙寂無礙行也。此上自利、利他，始修淳熟。一段竟也。

“於一念頃”[□□][已下][①]，第二大段，明他分勝進行相。“他分”者，諸佛行也。修則他分，成則自分。故《涅槃經》云“我昔見諸佛軀身殊大，今見悉爲菩薩摩訶薩”，即是二種行相，欲明菩薩行、佛行無二無差别，但滿、不滿爲異也。就中有三：初明身業。第二“勸發”已下，明其口業。第三“常以大心”已下，明意業。亦可初明集法行；第二“勸發”已下，明護法行。此二是聞惠(慧)中成也。第三“常以大心”已下，明修行趣勝進道也。“於一念頃能至十方”者，會無不在，障法身不動而無所不至，法無彼此，能顯殊方，實無去來，而相無不現，故言“能至十方”也。“勸發諮請”者、“受持”者：正興對治，攝教詮相應也；行攝勝進法在已，永固不還，故曰“受持”也。“法輪”者，實相真詮，顯斑緣因也。“常以大心”者，中實顯用曠周法界也。“供養佛”者，祕密緣起，妙寂解脱，充滿薩婆若海，與圓覺道相應無二，故曰“供養佛”也。此明思、修二惠(慧)也。

“常能修習”者，第三，次明業堅固。就中有三：初、總學三業；第二、從“其身普示”已下，别釋三業；第三、“一切菩薩”已下，總結三業也。“所行事業”者，備集明一也。“其身普示”者，體無不斑也。“其音遍聞[②]”者，教無不障也。“明見三世”者，自體真明無不朗也。“具足修集”者，行無不集，德無不達也。

“如是諸菩薩功德”者，第四，顯明廣堅固。“無量”者，窮深實際也。“無邊”者，曠周法界也。“於無數劫説不能盡”者，菩薩行德廣大，非證能説，故言“説不能盡”也。“其名曰”已下，次解第[二][③]德者之名。有三種釋：

一、依化教，隨衆生宜聞相應、不相應者。如説於正語中，置隨語義。如以想斷結，想實不斷結，要以惠(慧)斷。如佛説但觀想能除貪欲，於正義

① “已下”二字底本無，今據上下文意補。

② “遍聞”二字録本訛作“邊國”，今據底本改。

③ 二，録本脱，今據底本補。

中置隨義語。如惠(慧)斷煩惱,此是正義語也。此菩薩名如是。如觀世音菩薩隨善衆生彰德號,而菩薩實德,不必正此明語中置義也。然即菩薩實德,此明正義語也。

二者、若依理教,依義語也,知味衣(依)[1]味,知義寄事,表義隨相,知實以彰菩薩實德故也。

三者、若依行教,意欲明人顯示於法,聞者解法,亦即知人;意欲明法曉示於人,聞者解人,即亦知法。如似維摩詰名“無垢稱”,即知不思議無障礙解脱法門;但聞“普賢菩薩”,即知法界行法門;“文殊師利”、“天女”等皆是妙惠(慧)行法門。“金剛藏”等亦欲明菩薩之行,皆廣大如法界,究竟如虚空,平等無二,顯自體真實圓奥法門也。故稱“金剛藏”等。

菩薩名别者,解云:大判有五種:一者、因緣立名。如薩[2]陀波論菩薩名爲“常啼菩薩”,本作小兒時常[□][啼][3],父母號之爲“薩陀波論”;今得菩薩,常哀傷衆生,故曰“常啼菩薩”。二者、本修行法門。如彌勒菩薩昔爲國王時,至僧伽藍中,見諸比丘坐禪皆有光明,唯一比丘光明獨勝,即問比丘修何三昧,光明殊勝,踰於比丘。比丘答言:“我修慈三昧藏,是衆善之本,所以殊勝。”王因即發願:“願我未來世中常修慈三昧。”今日得佛,即曰“慈氏”。亦如燃燈佛昔作國王女,在高樓上,見一比丘至於里巷乞油,即問比丘乞油何爲。比丘言:“我供養佛。”因即發願:“願未來常以燈明供養佛。”今日得佛,號曰“定光”;若據本因,名爲“燃燈”也。三者、自利修入,對治不同。四者、德攝益隨化緣差别,如多能何(河?)[4]匠,隨用立名。五者、自體法門皆體會法界,以彰因行不同也。

德窮海奥,名“金剛藏菩薩”也。利潤無窮,名曰“寶藏”,如寶利用也。自體因行入法界,如蓮華藏也。妄想勳修,明其斷離,不名爲“勝”;要不斷煩惱而入涅槃性,離非緣飾,故名“勝藏”。是故《維摩經》云:“譬如勝怨[5],乃可

---

① 衣,此當爲“依”之借字。

② 薩,底本、録本誤作“菩”,今據文意改。下文“父母號之爲‘薩陀波論’”,亦可助勘。

③ 啼,底本、録本無,今據上下文意補。

④ 結合文意,此“何”似爲“河”之借字。

⑤ 怨,底本、録本作“登”,今結合文意,據《維摩詰所説經》[T14n475p545a24]改。

爲勇。如是菩薩兼除一切生老病死,是菩薩之謂。"明此菩薩於一切煩惱違順[1]得無障礙,故曰"爲勝"也。"日[2]藏"者,無爲之行能除生死之闇,故云"日[3]藏"也。"月[4]藏"者,有爲緣集,不捨世間行,即闇之明,故名"月[5]藏"也。"净月[6]藏"者,自體世間即闇而常明,净中勝出,故云"净月[7]藏"也。"照一切世間莊嚴藏"者,自體内明,圓净大智,爾炎殊流,故曰"照一切世間"也;巧妙殊特,故曰"莊嚴"也;德出生故曰"莊嚴"也,故名爲"藏"也;自體因行,名"菩薩"也。"解脱月菩薩"者,是解行終心菩薩,未成實證,是教所被人請發之首,故獨標其名也。

"如是菩薩"者,第三大段,次明德者之數。"無量"者,位窮有際也。"無邊"者,行周法界也。"阿僧祇"者,出於□(頑?)[8]限也。"不可思議"者,明體非分别,離於分别也。"不可稱"者,釋無量深重不可稱也。"不可量"者,釋無邊廣大不可量也。"無有分齊"者,□(釋)[9]"阿僧祇"。"不可説"者,釋"體非分别",非一一也。"不可説"者,釋"離於分别",明非異異也,尋之未必爾。如《華嚴經阿僧祇品》云:爾時心王菩薩問:"云何阿僧祇不可量、無分齊、無周邊、不可數、不可稱量、不可思議、不可説也?"佛告心王菩薩言:"百千百千爲一拘梨,拘梨拘梨爲一不變,不變不變名'一那由他',那[10]由他那由他爲一鞞婆邏,鞞婆邏鞞婆邏[11]名'一作',作作名'一來'[12],來來名'一勝',勝勝名'一復次',復次復次名'一阿婆羅'。"乃至"受受"等有一百重數,然後至阿僧祇,阿僧祇後復有二十四重數。此皆是諸佛菩薩法界行用法門[13],一行曠周,豈可以此相釋無於行數相也?若據起相成義,亦無傷也。故世尊爲心王菩

① 順,録本訛作"煩",今據底本改。
②③ 日,録本訛作"曰",今據底本改。
④⑤⑥⑦ 月,録本訛作"圓",今據底本改。
⑧ 録本缺文底本似爲"頑"字,待考。
⑨ 釋,録本作缺文,今據底本補。
⑩ 那,録本訛作"耶",今據底本改。
⑪ 邏,録本訛作"羅",今據底本改。
⑫ 來,底本、録本作"勝",今結合文意,據《大方廣佛華嚴經》[T9n278p586a16]改。
⑬ 門,録本訛作"乃",今據底本改。

薩以偈頌曰:“不可言説不可説……不可言説諸劫中,説不可説不可盡。”此明自體法門。“不可言説微塵中,悉有衆生不可説。皆共讚嘆普賢德,猶尚不能令窮盡”,此明行用德備法門。“於彼一一毛道中,有不可説净佛刹,以不可説莊嚴具,莊嚴彼彼諸佛刹”,明理融緣起真性集用法門。“於彼一一異色中,放妙光明不可説。於彼一一光明中,出寶蓮華不可説”,[□□][此明][1]智慧法門。“於彼一一寶蓮華,[□□](各有)[2]寶葉不可説。於彼一一寶華葉,有微妙色不可説”,□□(此明?)[3]因行法門。“金剛寶藏如須彌,清净具足而莊嚴。□□(於彼)[4]一一須彌中,有不可説不可説”,明功德法門。“於彼一一梵音中,□□(轉不)[5]可説清净輪。於彼一一法輪中,是不可説修多羅”,明真詮法門。此皆明法界行用差别之相。

上世尊以長行答心王菩薩,據修對治,行集在緣,故分數相差别,故百千等數也。下以偈答,據自體法界,法門行用廣大,曠周法界,故“有不可説不可説”等,豈可以名而俟之?若依三教,此菩薩數者;若據化教,直是其事無所表彰也;若依行教,悉是菩薩自體法門法也。“種種佛國土”者,三種世間來,故言“種種”也。“集”者,菩薩行備,圓德相著,故言“集”也。“金剛藏菩薩而爲上首”者有二義:一者、位窮行欄,德蓋大衆,故爲“首”也。二者、是一切菩薩行德體實,故云爲“首”也。復爲“首”者,宗致興發,事由其人,故欄之説法,顯化益時,彰之在初,故言“金剛藏菩薩而爲上首”也。

寶藏寫。

《十地》義記卷第一。

---

① “此明”二字底本、録本無,今據上下文意補。

② “各有”二字底本殘、録本作缺文,今結合文意,據《大方廣佛華嚴經》[T9n278p587a14]補。

③ 此二缺文底本殘,據上下文意,似當爲“此明”二字,待考。

④ “於彼”二字底本殘、録本作缺文,今結合文意,據《大方廣佛華嚴經》[T9n278p587b1]補。

⑤ “轉不”二字底本殘、録本作缺文,今結合文意,據《大方廣佛華嚴經》[T9n278p587b12]補。

No. 2759《無量壽經》義記下卷

[題解]

佛典《觀無量壽經》注疏，作者不詳。敦煌卷子中存有三號：(1)斯 2158 號，首尾均殘，自《無量壽經》卷上勝果段之“七寶諸樹”疏釋至“其道場樹高四百萬里”；(2)斯 2693 號，首殘尾存，自《無量壽經》卷上勝果段之“七寶浴池”疏釋至下卷卷末。尾題：“《無量壽經義記》下卷。一校竟。比丘洪琇記了。”上兩號筆跡相同，當出於一人之手，内容亦可相補，原本當係同卷。視其文字，當爲六朝寫本；(3)斯 2422 號，首尾均殘，内容係斯 2693 號的一部分。視其文字，亦當爲六朝寫本，但書寫者與前兩號之書手非同一人。内容爲疏釋《無量壽經》正宗分中第三讚歎勸修門，把該門科分爲十種勸修。對後世浄土教徒十分重視的法藏菩薩十八大願，疏釋得十分簡單。但在三段中引用了《觀無量壽經》關於往生九品的論述，反映出把這兩部經聯繫在一起的傾向。有研究者認爲，《無量壽經義記》形態較爲古老，很可能是敦煌當地編撰。清代以前歷代大藏經未收，日本《大正藏》將斯 2693、斯 2422 二號録入其第八十五册。今校注仍以《大正藏》本録本所據原卷斯 2693 號(《大正藏》本標爲斯 91 號，誤)爲底本。參校本：甲本，斯 2422 號。

□□□[1]者乃至七寶□□□，合成池體也。此池體亦□□□。二、明池體以七寶合成也。三、明池體□□□中，辯明法相，説昔空無常，十力四無□□□。第十子段從“其池岸上”訖“彌覆水上”，此□□□。“□(彼)[2]諸菩薩

① 首缺。

② 彼，底本殘，録本作缺文，今據《佛説無量壽經》卷上[T12n360p271b9]補。

及聲聞衆”者，此是信説門中第三段，明無量壽國純大乘學，無三乘差别也。就此章復爲六子段明義。

第一子段，從“若入寶池，意欲令水没足”訖“净若無形”，此明菩薩聲聞有大神力，在寶池中縱任隨意也。“欲令水没足，水即没足”者，此亦寄事以表意。“寶池”總譬三世諸佛教理，明水能洗除塵垢，明教能生解、解能除或(惑)。人一形之中，以足爲卑；衆惑之中，以見諦煩惱最爲下墜。今明初地已上乃至三地皆除見諦煩惱，如水没脚足也。“欲令至膝”者，從四地□(至)[①]六地，斷思惟九品惑盡，如水没膝也。“欲令至腰”者，明七地菩薩斷愛佛功德或(惑)，處二門中間，如水半腰也。“欲令至頸，水即至頸”者，明八地以上乃至九地入無生寂滅，念念增明，斷恒沙等障煩惱盡，唯有一品細無明在，如水没頸，唯有頭在。“欲令灌身”者，明法雲一地斷除無明盡，如水遍洗身净也。“欲令還復”者，息化歸本，故言“還復”也。“調和冷煖”者，調和衆生貪、瞋、癡三不善根，令衆生苦也。“開神悦體”者，應根説法，稱適物情也。“净若無形”者，萬惑斯盡，無復累礙，譬如虚空無有形别也。

第二子段，從“寶沙映徹”訖“名曰‘安樂’”，此明菩薩聲聞隨意欲聞寶池妙音，辯明法相，即自然應之也。“寶沙映徹”者，譬大土金剛，後心照理既周，與佛齊等，故言“無深不照”也。“微蘭迴流”者，應入生死接物也。“轉相灌注”者，傳化小行菩薩，令增進也。“不遲不疾”者，言教接物，從小至大，不得條説也。“波揚[②]無量”者，應化無方，演説諸法。“或聞佛聲”，歎佛寶；“或聞法聲”者，歎法寶也；“或聞僧聲”者，歎僧寶也；“或聞寂滅聲”者，歎涅槃無累爲寂滅也。“無我聲”者，無吾我二十五有也。“大慈悲聲”者，慈欲與樂悲拔苦也。“無所作聲”者，無爲理中無有爲起作也。

第三子段，從“阿難，彼佛國諸往生者”訖“泥洹之道”，明彼土賢聖感得自然果報，欲有所須，七珍寶器森然在前也。“雖有此食實無食”者，明現賢聖感食百味現前，雖不湌[③]味，但以見色聞香，自然飽滿，身心怡悦。謂聖食

---

① 至，録本作缺文，今據底本補。

② 揚，録本作“楊”，今據底本改。

③ 湌，録本作“喰”，今據底本改。《説文·食部》：“餐，或從水。”

不甘汁澤，故言“不食”也。

第四子段，從“其諸聲聞菩薩”訖“無極之體”，此明純大乘學，無三乘差別也。“感同一類”者，明聲聞、菩薩、人天此三大士，智慧高明，同行大乘，萬善同歸，更無異趣，故言“同類”也。“形無異狀”者，同紫磨金容三十二相，相好齊等，長短亦均也，因順餘方，故有“天人”之名者。同修大乘，無有三別，因順娑婆，故有“天人”之名。名雖有三，同行一乘也。“非天非人”者，容根端政，微妙奇特，非人天方類也。“皆受自然虛無之身”者，明此身虛妙，火外映徹，如光如影也。“無極之體”者，身大無量，壽命亦長也。

第五子段，從“譬如世間貧窮乞人”訖“百千萬億不可計倍”，明西方大士容貌端政，世之無雙，今以此土帝王乃至第六他化自在天比於百千萬億倍，不及一分也。故知因曠劫來久，今得妙勝果報也。

第六子段，從“無量壽國其諸天人衣服飲食”訖卷[□][末][1]，明彼土人天所感果報，自然七珍，隨意受用，亦同諸菩薩所得果報不異。總結浄土門果報訖耳，答上四十八願中攝人天願也。

“佛告阿難：‘其有衆生生彼國’”者，此是正説中第三讚歎勸修門也。前章以明彼佛長壽因果，利根之徒即蒙解悟，鈍根之人猶未能了，是以十方諸佛共相影嚮，應機而[2]作讚歎，彼佛壽命長遠及國土純浄，天人妙樂，勸引鈍根懃修妙因，取於妙果也。就勸修門中，凡有十勸修明義：第一勸修，先歎彼佛，然後此土三輩衆生願生彼國也。第二勸修，明十方菩薩往詣西方，讚受妙法流通十方也。第三勸修，明觀世音一生次補佛處，如無量壽無異也。第四勸修，明無量壽佛濟度，爲衆生説法也。第五勸修，廣明衆生有得有失也。第六勸修明簡釋也。第七勸修，明破浄戒也。第八勸修，明誡勸也。第九勸修，明廣現國土也。第十勸修，明解戒也。

第一勸修，從“其有衆生生彼國者”，此土衆生殖因既久，發心往生，因得信首，五根已立，在不退位中假名空成就，是正定聚人，即應前四十八願中“設我得佛國中天人，皆悉於住正定之聚”也。所以者何？釋所以住於正定

---

① 末，底本、録本無，今據文意補。

② “而”字前録本衍一“文”字。按：底本“文”字旁實有一廢棄號，兹據删。

之聚者，皆由修因真正，故墮正定聚也。

"無諸邪聚"者，彼國淳净，無諸邪見造作五逆、謗方等經也。"及不定聚"者，在正行中不退作邪行也。"十方恒沙諸佛如來皆共讚歎無量壽佛"者，明無量壽佛何須此讚歎，爲時情故，令生渴仰情至，修因而取果也。"威神功德"者："威"舉其外德，"神"舉其内德；聖智外被爲"威"，冥來益我内解爲"神"也。"功德"者，修功進行而得此善，故言"功德"也。"諸有衆生聞其名字信心歡喜乃至一念"者，衆生聞歎彼國清净妙樂，皆發至心，念念相續，願生彼國也。

"至心迴向，願生彼國"者，若偏談善體，善有習因相生，自然感果，復無迴向；若就果報，復爲陰身及以財帛所繫，復無"迴"義。所以得有"迴"義者，以我所得果報迴施一切衆生，以迴施之功我善生①。善既增長，所繫果報便斷，麁果報既斷，得受細妙之身，迴麁來作細，故言"迴向"也。"住不退轉"者，迴向心爲因，終得不退轉爲果也。"願生彼國凡有三輩"已下，明十方諸天人民有發心專政，願生彼國。欲生彼者，凡有三輩。三輩之人，上、中、下三品殊别。然此經文雖略辯三品，而義含有九。今就《觀無量壽經》廣明三輩分爲九品，佛自解釋分明歷然矣。其上輩者凡生，方有九品人。上品生者，發三種心即便往生。何等爲三？一者、誠心；二者、深心；三者、迴向發願心。具此三心，必生彼國也。"捨家棄欲而作沙門，發菩提心"者，此是上品之人。"願生彼國"，即棄欲出家，發菩提心，修慈不殺，具諸戒行，讀誦大乘方等經典，修行六念，發願往生。具此功德，從一日乃至七日，精進勇猛，晝夜不息。阿彌陀佛與觀世音大勢至無數化佛、百千比丘、諸天大衆皆乘七寶宫殿。觀世音執金剛臺，與大勢志至其人前。阿彌陀佛放大光明，照其人身，與諸菩薩授手迎接，讚歎行人，勸進其心。行人見已，歡喜踊躍，自見其身乘金剛臺隨從佛後，如彈指頃，往生彼國，見彼佛身及衆菩薩衆相具足，於光明林中演説妙法，聞已即悟無生法忍，遍歷十方供養諸佛，於諸佛前次第受記，還至本國，得無量百千陀羅尼門。是名"上品人"也。

"一向專念無量壽佛"者，此是上輩中品人願生彼國。此人不必受持讀

---

① "善生"二字録本作"生善"。按：底本"生善"二字旁實有一倒乙號，兹據正。

誦方等經典,善解義趣,而於第一義心不驚動,深信因果,不謗大乘,以此功德,願生彼國。臨命終時,阿彌陀佛與觀世音大勢志無量大衆皆持紫金臺現其人前,讚言:"法子! 汝[1]行大乘,解第一義,是我今迎持汝。"與千化佛一時授手。行人自見坐紫金臺中,叉手讚嘆諸佛,如一念頃,即生彼國七寶池中。經一宿,寶蓮華方開。行人身作紫磨金色,足下有七寶蓮華。佛及菩薩俱時放光,照其人身。行人眼目開明,因前宿習,得聞衆聲,純[□][説][2]甚深第一義諦。行人即下金臺,禮佛合掌,讚歎世尊,經於七日,得不退轉,即能飛至十方,供養諸佛,於諸佛所修諸三昧,經一小劫,得無生忍,現前受記。是名"上輩中品人"也。

"修諸功德願生彼國"者,此是上輩下品人願生彼國。此人亦信因果,不謗大乘,但發無上道心,以此功德迴向,願生彼國。行人臨欲終命,阿彌陀佛及觀世音大勢志與諸菩薩持金蓮華,化作五百佛,來迎此行人。五百化佛一時授手,讚言:"法子! 汝今清净發無上道心,我來迎汝。"行人即自見坐蓮華,坐已,華合,即隨佛後,往生彼國七寶池中。經一日一夜,蓮華乃開。七日之中,乃得見佛。雖見佛身,於衆相好心未明了,於三七日後,乃了了見聞,遍至十方,供養諸佛,於諸佛前聞意甚深法。經三小劫,得百法明門,住歡喜地。是名"上輩下品人"也。"此等衆生臨壽終時"訖上輩經文,總舉三品人隨佛往彼,自然化生也。

其中輩者,亦有上、中、下品人也。"雖不能行作沙門[3]大修功德"者,此是中輩在家上品之人,願生彼國,受持五戒八戒齋法,不造五逆,無衆過患,以此善根迴向,願生西方極樂世界。臨命終時,阿彌陀佛與諸比丘眷屬圍遶,放金色光,至其人前,演説苦空無常無我,讚歎出家,得離衆苦。其人見已,心大歡憙,自見己身坐蓮華臺,長跪合掌,爲佛作禮,舉頭之頃,即得往生彼國,蓮華尋開,得聞衆音,讚歎四諦,即得阿羅漢道,三明六通,具八解脱。是名"中輩上品人"也。

---

① 汝,録本訛作"如",今據底本改。

② 説,底本、録本無,今據《佛説觀無量壽佛經》[T12n365p345a16]補。

③ 門,録本訛作"乃",今據底本改。

“一向專念無量壽佛”者，此是中輩中品之人願生彼國。明此行人若一日一夜受持八戒齋，若一日一夜持沙彌戒及具足戒，威儀無缺。以此功德迴向，願求生極樂國，戒香勳修。此行人臨欲終時，見阿彌陀佛與諸眷屬放金色光，持七寶蓮華至其人前。行人自見空中有聲讚言：“善男子！如汝善人隨順三世諸佛教，我來迎汝。”行人即自見身坐蓮華中，蓮華即合，生於西方，在寶池中。經於七日，蓮華乃敷。華既敷已，開目合掌，讚嘆世尊，聞法歡憙，得須陀洹道。經半劫已，成阿羅漢道。是“中輩中品人”也。

“多少修善奉持齋戒”訖“散華燒香”者，此是中輩下品人願生彼國。明此行人孝養父母，行世仁善。此人臨欲終時，遇善知識，爲其廣說阿彌陀佛國土妙樂，亦爲說法藏比丘四十八願。聞此事已，尋即命終，如人屈伸臂[1]頃，即生西方極樂世界。終七日，遇觀世音及大勢志，聞法歡憙，過一小劫，成阿羅漢道。是名“中輩下品人”也。以此迴向，願生彼國，訖如次如上輩者也。此總明中輩三品人願生西方，而彼佛與諸大衆來相迎接也。

佛告阿難：其下輩者，亦有上、中、下品人也。“假使不能作諸功德，當發無上菩提之心”者，此明下品人願生彼國也。或作衆惡業，雖不誹謗方等經典。如此愚人，多造惡法，無有慚愧，命欲終時，遇善知識，爲讚大乘十二部經首題名字，得聞如是諸經名故，除千劫重罪。智者復教合掌叉手，稱“南無阿彌陀佛”名，除五十億劫生死之罪。爾時，彼佛遣化佛、化觀世音、化大勢志至行人前讚言：“善男子！汝稱佛名故，衆罪消滅。我來迎汝。”作是語已，行人即見化佛光明遍滿其室，見已歡喜，即便命終，乘寶華隨化佛，後生七寶池中。經七七日，蓮華乃敷。當華敷時，觀世音放大光明住其人前，爲說甚深十二部經，聞以信解，發無上道心，經十小劫，具百法明門，得入初地。是“下輩上品人”也。

“一向專意乃至十念，念無量壽佛”者，此是下輩中品人也。明此行人或毀犯五戒、八戒及具足戒。如此愚人，偷僧祇物，盗現前僧物，不净説法，無有慚愧，以諸罪而自莊嚴。如此罪人，以惡發故，應墮地獄。命欲終時，地獄衆火一時俱至。遇善知識，爲説阿彌陀佛十力威德，廣説彼佛光明神力，亦

---

① 臂，録本訛作“譬”，今據底本改。

讚戒定慧解解脱知見。此人聞已，得除八十億劫生死之罪，地獄猛火化爲涼風，吹諸天華，華上皆有化佛菩薩迎接此人，如一念頃，即得往生七寶池中。在蓮華中，經六劫蓮華方開。觀世音、大勢志以梵聲音安慰彼人，爲説大乘甚深經典。聞此法已，即發無上道心。是“下輩中品人”也。

“若聞深法歡意信樂，不生疑惑”者，此是下輩下品之人願生彼國也。明此行人先作不善業，五逆、十惡，具諸不善，必墮惡道，經歷多劫，受苦無窮。如此惡人臨命終時，遇善知識種種安慰者説妙法，教令念佛。行人見苦逼切，不暇念佛。善知識語其人言：“若不能默念，但舉聲稱‘無量壽佛’。”如是至心，令聲不絶，具足十念，於念念中除八十億劫生死之罪。命終之後，見金蓮華猶如日輪住其人前，如一念頃，即得往生極樂世界。於蓮華中滿十二大劫，蓮華方開。觀世音、大勢志以大悲音聲，爲其人廣説實相之法，除滅罪法。行人聞已，生歡意，即發無上菩提之心，是名“下輩下品之人”也。

“不生疑惑，乃至一念”者，明一念心没定明了，不生狐疑。若有狐疑無量壽佛眉間白豪苑轉如五須彌山，起心疑言：“爲有此白豪如五須彌？爲當無耶?”起如此心，便墮狐疑城中，十二劫懃苦懺悔行道。滿十二劫，便得出狐疑城，始登不退位也。

“此人臨終夢見彼佛”者，此下總明三品人願生彼國也。

第二勸修，從“無量壽佛威神無極”訖偈歎，十方菩薩往詣西方，聽受妙法，宣通正教也。

“諸佛如來莫不稱歎”者，諸佛所以共讚彼佛，政(正)[①]欲級引凡夫菩薩現同故，往詣彼國，聽受經法，宣布未聞也。

“爾時世尊而説頌曰”者，此下凡有三十偈，悉是釋迦頌彼佛德也。大判此偈，凡作四階明義：第一、有七行，總歎十方菩薩以華香音樂供養彼，願得净土如西方無異也。第二、從“應時無量尊”，此下有八行，明彼佛應其所請，爲説妙行必登净果也。第三、從“諸佛告菩薩”，此下有八行，明十方諸佛歎諸菩薩，令修萬行，往近彼國也。第四、從“聲聞若菩薩”，此下訖偈，明佛智深遠，非二乘十地之所測也。就第一階中，“東方諸佛土”此下二偈，明恒沙

① 政，此當爲“正”之同音借字(二字《廣韻》皆可音之盛切)。

菩薩住至彼土也;"各齎天妙華"此下二偈,明菩薩齎妙華音樂以供養佛也;"究達神通慧"此下二偈,歎佛智慧深遠,無與等者也;"見彼嚴净土"此一偈,明菩薩見西方净土、發心願得净土亦如是也。第二階中"應時無量壽尊"此下二偈,持欲爲説净果、先現客笑及以放光也;"大士觀世音"此一偈,明觀世音因機致請也;"梵音猶雷震"此一偈,明阿彌陀佛將欲説法,先誡敕,令殷重心;"十方來正士"此下四偈,如來爲説一切萬法如幻如夢,若能深達此理,净土即便可階也。就第三階中,"諸佛告菩薩"此二偈,勸人發心往生彼國,明十方佛令菩薩皆得記受、得清净妙土也;"其佛本願力"此一偈,明無量壽佛有昔本願力,往生者有利益也;"菩薩興至願"此下二偈,勸令修净因,必獲於净果,所得果報不異西方也;"若人無善本"此下三偈,明善能修因者得聞彼妙法,不修因者不得聞此法也。第四階從"聲聞或菩薩"勸人莫强思量佛智,明聲聞、菩薩不能測佛智,何况凡夫能測佛智也?已下[①]盲人聲聞智。從"如來智慧海,深廣無崖底"四偈,歎佛智慧難得測量,壽命亦難得辯(辨)[②];不但壽命難得辯(辨),佛出世亦難得值;不但佛出世難值,值佛生信亦難。若有智慧,生信即易,無慧則難也。

第三勸修,從"佛告阿難彼國菩薩"訖"示現同彼如我國也",明觀世音等位階十地、於一生次補佛處、善能往還接引衆生也。"除其本願,爲衆生故"者,明觀世音昔與娑婆衆生結緣,命還來應生。然此菩薩本自無形,應物故形,今除應物之形,故言唯除本願也。以弘誓功德而自莊嚴色身,用化衆生,令脱三界衆苦。何等爲四?一、未解者令解;二、未度者令度;三、未安者令安;四、未得涅槃者令得涅槃也。"有二菩薩最尊第一"者,一是觀世音,二是大勢志,此二菩薩德行高遠,次補佛處,故言"第一"也。"此二菩薩"訖"命終轉化生彼國"者,明觀世音捨此身生西方成佛,是以釋迦讚歎此二菩薩捨命現成佛,所得國土淳净而妙樂也;明此大士本自無形,何所可捨,政(正)欲級引時情,故現命終時;衆見二大士捨命生彼佛,懃心情重,悉願往生彼國也。

---

① 已下,底本、録本誤作"下已",今據文意改。

② 辯,此當爲"辨"之借字。清朱駿聲《説文通訓定聲·坤部》:"辯,叚借爲辨。"下"辯"字同,徑括注其本字,不復校。

"智慧成滿深入諸法,究暢要妙"者,明衆生往彼國,行道積久,入無生平等,智慧成滿,便登初地也。"神通無礙,具六神通"者,飛行自在也。"諸根明利"者,神智洞達,超越無方爲利也。"其鈍根者成就二忍"者,成就信忍、柔順忍,明此人住下三十心,殖因來久,懃修萬行,滿三阿祇劫,願生彼國,經二忍登六地位也。其利根者是住下三十心滿,亦三阿僧祇劫,勤修萬行,情根復利,願生彼國,即登八地之位,得無生法忍,亦經歷下地位過也。從"彼國菩薩承佛威神"訖"還其本國",明菩薩所得神通速疾,欲往十方供養諸佛,不齎香華,於彼佛國憶念則得隨意供養也。

第四勸修,從"無量壽佛爲諸聲聞菩薩"已下,明阿彌陀佛於七寶樹下廣説妙法也,嘆七寶出五音聲,此音聲中辯宫、商、角、徵、羽苦空無常無我之音聲,聞音皆悟道也。從"生彼佛國諸菩薩等"已下,明菩薩内備無盡之法,外能自在爲人説法。就此章有三子段明義。"隨順知慧"者,明菩薩三業:隨佛智行身業,隨佛智慧行口業,隨佛智慧行意業,隨佛智慧行也。"無違無失"者,明身無失、口無失、意無失也。"於其國土所有萬物無我所心"者,此下歎三善根,有四句,明八住無意地貪欲也。照無生理,不見我之可受、我之可取,混然無相,豈有貪欲可得也?"無染著心"者,若内有煩惱見境,是有生著;内既無煩惱,外何所可染也?"去來進止[①]、情[②]無所係"者,内無有貧,外能隨意現化也。"隨意自在、無所適莫"者,有感斯應不偏爲一人,故言"無所適莫"也。"無彼無我"者,此四句明無瞋恚也。"無競無訟"者,第二句,若是凡地,可有諍訟,明此八地菩薩心會無生平等理中,豈有瞋恚在德也?"於諸衆生得大慈悲、饒益之心"者,第三句,明菩薩内德慈悲,救苦衆生,常行利益之心,明知無瞋。"柔軟調伏無忿恨心"者,第四句,若剛强衆生以柔和語調伏,教令入正道,亦無致忿也。"離蓋清净無厭怠"者,此下明無遇癡也,離三界惑蓋,得清净之心,明心精進懃策,故無厭怠心也。"等心"者,平等之心也。"勝心"者,八地無生之心,求於上地,故言"勝"也。"深心"者,入無生寂滅之理,念念增進,爲"深心"也。"定心"者,在境而不散也。"愛法樂法憙法

① 止,録本訛作"心",今據底本改。

② "情"前録本衍一"者"字。按:底本"者"字旁實有一廢棄號,兹據删。

之心”者，始起心觀境爲“愛”，見境應心爲“樂”，混然一相不見，無之別故，“憙法之心”也。“滅諸煩惱離惡趣心”者，滅三界或(惑)累也。“究竟一切菩薩所行”者，究竟十地之行也。“得深禪定”者，不但解四禪而已，乃深入四空定：空處、識處、不用處、非非想處也。“諸通明慧”者，“通”是六神通，此是定家果，明是三明慧能决斷也。“遊志七覺”者，明小乘行七覺，從斯陀含至阿羅漢，斷思惟惑盡。菩薩行七覺，從四地至七地，亦斷思惟惑盡，故判七覺。何等爲七？一、擇法覺者，簡擇諸法，取最勝法也。二、精進覺，就思惟中晝夜懃察不息也。三、憙覺，得正觀在心，欣悦無量也。四、念覺，念念增明也。五、定覺，定是念家果，心緣在境而不亂也。六、猗覺，明受樂唯泰也。七、捨覺，捨於三界，麁細之惑盡也。“肉眼清徹”者，此中凡有五眼：前四眼制因地，後一眼主在佛地。若不判作境、智，唯是一慧眼。若不爾，唯一法眼；境是所照，智是能照，就境①自爲四眼。於法眼中離出三眼，對色者名爲“[肉]②眼”、“天眼”。色有麁妙，肉眼見麁，天眼見妙。十四種色中唯一色法麁，故是肉眼所見。餘有十三種色細妙，故屬天眼所見也。因緣之法，莫過“有”“無”，“有”者是色屬肉眼所見，“無”者是第一義諦。法身佛性是妙有，照於妙有妙無，名爲“慧眼”也。照於四陰，非色非心。心數及無爲法，有漏、無漏行，不同肉眼、天眼之麁，不及慧眼之妙，三眼所不攝，還伏“法眼”名也。肉眼、天眼約根受名，“法眼”從境以立稱，慧眼就慧體以立號。四眼所不周，見色不盡，乃至照空未窮。窮原盡性，其唯是佛，是以迦(加)③之“佛眼”也。“肉眼清徹、靡不分了”者，明肉眼唯見麁色，未及細色也。“天眼通達、無量無限”者，明天眼見細色明了，故言“通達”，非一切處通達也。此二眼從根受名，制在三十心中也。“法眼觀察、究竟諸道”者，此法眼從初地至七地，明此法眼攝一切有爲無爲、數緣非數緣、無作佛性等法也。“慧眼見真、能度彼岸④”者，此慧眼從八地至十地，慧能鑒空，會無生真如之理，與佛果相近，故

① 境，録本訛作“墳”，今據底本改。

② 肉，録本脱，今據底本補。

③ 結合文意，此“迦”當爲“加”之借字。

④ 岸，底本作“垾”，乃“岸”之俗體(《龍龕手鑒·土部》：“垾，音岸。”)。下文“故能度彼岸也”中“岸”字底本亦作“垾”，徑改之，不復校。

能度彼岸也。“佛眼具足、覺了法性”者，此一眼是佛眼，五眼具足，覺了一切有無之法，無不朗然，大明降金剛已下未得此眼，唯成佛當得了。“以無礙智爲人演説”者，如來以四無礙辯——法辯、義辯、辭辯、樂説辯，常爲衆生演説妙法也。“等觀三界、空無所有”者，三界之法，悉爲虚僞，無有一法真實也。“志求佛法、具諸辯才”者，不見三界一法可樂，便求如來真實妙典而具於四辯也。“除滅衆生煩惱之患”者，如來有無量智慧之力，除衆生煩惱之患也。“從如來生”者，八地以上智慧辯才從如來而得，故言“從如來生”也。“解法如如”者，明八地以上解與佛同，善能應現作佛身説法，亦如佛所説，故言“解法如如”也。“善智習滅音聲方便”者，善知三界外習滅、應現音聲以接衆生也。“修諸善本、志崇佛道”者，修念進崇於佛果也。“知一切法皆悉寂滅”者，會無生理，不見有無之相，故言“寂滅”也。“生身煩惱二餘俱盡”者，三界内“生”者是因，“身”者是果，煩惱業爲因，生死五陰身爲果，明八地菩薩除三界内分段報身是一，除三界麁煩惱是二，此二麁報於八地邊成餘；今八地除此二餘麁報，故言“二餘俱盡”也。又一解，“生身煩惱二餘俱盡”者，判此餘[①]細習煩惱在三界外，唯八地菩薩至十地能斷盡，明此細習有二種餘：一者、業餘；二者、是煩惱餘。所以言“餘”者，寔由七地菩薩斷三界麁内麁業麁煩惱盡，未斷三界外無明住地細習，故言“餘”也。今言“生身煩惱二餘俱盡”者，明八地菩薩斷已自分盡，未能斷九地十地分也。“生”者是業，即是因也；“身”者是果，以念念爲身；八地菩薩斷意生身餘業餘煩惱盡，故言“生身煩惱二餘俱盡”也。“聞甚深法，心不疑懼，常能修行”者，明八地菩薩上斷二餘煩惱，唯有念念意生身與無生理，會聞九地、十地甚深妙法，念念修進，何容心德疑懼也？

第二子句歎大乘内德德量高遠。從“其大悲深遠微妙”訖“於世間無污染故”者，歎大乘内德也。悲能拔苦，寔由理深德妙，故能爾也。“靡不覆載”者，内德既[②]備，善能覆載衆生也。“究竟一乘至于彼岸”者，究竟因中一乘便到泥洹之彼岸也。“决斷疑網慧由心出”者，决斷無明細惑之疑網，智慧明鑒

① “此餘”二字録本訛作“餘此”。按：底本“餘此”二字旁實有一倒乙號，今據改。
② “既”前録本衍一“訖”字。按：底本“訖”字旁實有一廢棄號，兹據删。

由心而出也。"於佛教法該羅無外"者,佛教弘廣,該羅萬法,無不悉盡也。"智慧如大海"者,自下有二十三譬,明此大乘内德[①]外化,海水深而能廣,明大乘妙理理深潤曠,舉手低頭之善,悉入大乘海中也。"三昧[②]如山王"者,明須彌山七寶所成,乃是衆山之王,八風所不動,明此三昧[③]定力衆邪所不能干也。從"慧光明净"乃至"等一净故"者,明大乘光明圓滿,清净超於二乘七地也。"猶如大地净穢好惡無異心故"者,地能勝一切好惡之物,明大乘之善平等無二、善能攝生三乘衆生,如地能生一切萬物也。"猶如净水洗除塵勞諸垢深故"者,水能洗垢,大乘能除煩惱之垢深也。"猶如火王燒滅一切煩惱薪故"者,火能焚薪,明大乘之法能焚煩惱之薪也。"猶如大風行諸世界、無障閡故"者,明大乘有自在之力,縱任無方無障礙也。"猶如虚空於一切有無所著故"者,此大乘平等之心應化衆生,雖入五欲而無所著,如虚空無異也。"猶如蓮華於諸世間無染污故"者,蓮華雖處淤泥,不爲淤泥之所染,明大乘雖應在三界五欲中教化,而不著於五欲也。

第三子句明大乘内德滿足善能外化也,從"猶如大乘運載群萠出生死故"訖"百千萬劫不能窮盡"。"猶如大乘運載群萠出生死"者,明八地菩薩所得大乘未及於佛,故言"猶如",明此大士用大法教化衆生,運載令出,脱於衆苦也。"猶如重雲振大法雷覺未覺故"者,雲能覆蔭一切萬物,雷能振聲駭動物情,明菩薩内以慈悲爲覆蔭,外説四辯以引接,譬如若雷音之振聲也。"猶如大雨雨甘露法潤衆生故"者,天雨潤萠芽,菩薩説法,潤益衆生故也。"如金剛山,衆摩外道不能動故"者,明金剛能碎萬物,菩薩金剛之智能碎萬惑也。"如尼拘類樹普覆一切故"者,明大乘平等、普覆一切衆生也。"如金翅鳥威伏外道故"者,譬菩薩威伏外道也。"如諸遊禽無所藏跡故"者,大乘之理平等不偏,如禽獸無有藏跡,若有藏便是偏也。"猶如牛王無能勝故"者,國是菩薩,而八地以上勝於地下也。"象王"者,明菩薩力大也。"如師子王"者,明無畏説也。"曠若虚空"者,明大乘之心運載彌曠如虚空也。"修六和敬"者,身口意念見净,施人衣食,此六是同一意。出家人法,一一共相諮受,

① "内德"二字録本訛作"德内"。按:底本"德内"二字旁實有一倒乙號,今據改。
②③ 昧,録本訛作"味",今據底本改。

心無障隔。若有微富豪障隔六和，敬則不成。“滅三垢障”者，滅貪瞋癡煩惱也。“因力”者，明八地菩薩恒以大乘化接衆生，始開悟物情，逐境立名，故言“因力”也，明大士唯是一慧體，逐境有深淺，判名亦隨境也。“緣力”者，爲作外緣，令衆生神解，漸[①]增長快蔬(樂?)[②]也。“意力”者，明意地恒覓衆生善機，欲接之也。“願力”者，明菩薩爲有重願，願度一切衆生也。“方便之力”者，方便言巧、巧度衆生也。“常力”者，常欲度衆生也。“善力”者，總上來諸力悉是善也。“定力”者，在境而不亂也。“慧力”者，慧以觀照爲義，照於萬境。“多聞之力”者，衆生機緣不一，欲得種種聞法，故從境立名，故多聞之力也。“施戒忍辱行”者，六波羅蜜以化物。“此正念”者，勸作十念、令生彼國也。“止觀”者，始入定寂[③]初門也。“諸通明力”者，“通”是六通，“明”是三明也。“如法調人、伏諸衆生力”者，剛强衆生化也；如是以剛强伏之，然後與正法受之。“柔順”者，以軟語化也。如是等力一切具足，總結諸力，明菩薩悉具也。“常爲諸佛之所稱歎”者，歎此菩薩殖因來久，供養無量諸佛，是以得如此諸力也。“不生不滅諸三昧門”者，無生空理，豈容生滅？心會此理，寂然不亂爲三昧[④]，三昧[⑤]是定也。“成就無量功德”訖“不能窮盡”，上歎大乘内德外化，諸力用既竟，此總結之力也。

第五廣明得失勸修。初修從“佛告彌勒菩薩諸天、人等”訖“如教奉行，不敢有疑”。所以明得失者，對彌勒更舉彼土菩薩、天、人及以妙土，是衆生所應得；而貪著於五欲，鬪諍於錢財，乃以父母兄弟皆無義理，不知棄之以修善，是六失。

就此章中，復有四子句：

第一子句從初訖“男女共憂錢財”也。“功德智慧不可稱説”者，將欲歎其失。先歎其所失之果。“果”者是何？菩薩及以净土是也。“何不力爲善，念道之自然”者，勸令修因取自然佛果也。“著於無上下，洞達無邊際”者，經

① 漸，録本訛作“暫”，今據底本改。
② 蔬，底本不清晰，似當作“樂”，待考。
③ 寂，録本訛作“家”，底本作“㝓”，乃“寂”之俗體。
④⑤ 昧，録本訛作“味”，今據底本改。

文倒[①]，應言"無著於上下"，明自然之體雖復應在人、天六道而不染著，玄鑒未來三世不可窮盡，故言"洞達無邊際"也。然解"著於上下"者，明彼土果報，天之與人無有色欲界之隔，天亦來在下，人亦上至天。國土通同無障隔，上下自在縱任，故言"洞達無邊際"也。"宜各懃精進，努力自求之……住生安養(樂)[②]國"者。勸令懃策修因，必得於妙果。"横截五惡道，[□□][惡道][③]自然閉"者，精進懃策，修善增明，不復五道受生，惡道俱然閉也。"昇道無窮極"者，妙理清昇，其土真净，曠若無邊，故言"無窮極"也。"易往而無人"者，勸修八萬四千諸波羅蜜行便是難，勸修十念力故便是易；於易中修十念，亦不能得一念成就；若修十念乃至一念得成就者，便得往生净國，以其不能成就故；故言"易往而無人"也。"其國不逆違，自然之所牽"者，明彼國净，無有五道之苦違於善心，唯有自然妙善善善資，故言"之所牽"也。"何不棄世事"乃至"受樂無有極"者，勸令修善，得生净國，壽命遐劫也。"然世人薄俗，共諍不急之事"者，明薄俗之人少於道訓，不識有爲無常，唯共諍不急之事，彌增重罪。聖人勸言："何以不共諍修十念？念西方無量壽佛，便得往生妙樂净國也。""無尊無卑"者，在重惑之中，以苦爲樂。既不識苦之可厭，復何由能識菩提之可崇也？

第二子句明有[④]無勸修也，從"有無同然，憂思適等"訖"莫能知者"。所以明有無者，明衆生爲惑所纏，不識有爲無常，但只知有田憂田、有宅憂宅，下悉如此。從初乃至"與痛共[⑤]居"者，明已有田憂之也。從"貧窮下劣，困乏常無"已下，明無有田宅亦憂欲有之也。

第三子句明無義勸修，從"世間人民父子兄弟"訖"欲何樂乎"。"當相敬愛，無相憎嫉"者，勸令修善，學禮義，識尊卑上下，共修善道，生於西方净土之國也。"有所恚怒，今世恨意微相憎嫉，後世轉劇"者，此明無義之人現世

① 倒，録本訛作"衝"，今據底本改。

② 養，[宋][元][明]本作"樂"，當以"樂"字義長。

③ "惡道"二字底本、録本無，今據《佛説無量壽經卷》[T12n360p274b23]補。

④ 有，録本訛作"者"，今據底本改。

⑤ 共，録本訛作"其"，今據底本改。

共相憎嫉，已得無量重罪，未來世轉甚，或[①]入三塗地獄，無有休息也。

第四子句明不信勸修，從“如是世人不信作善得善”訖“痛不可言，甚可哀愍”。“不信人死更生”者，果中不信也。“惠施得福”者，因中不信也。“善惡之事都不信之”者，善惡雙不信也。“然謂之不然”者，然實修善得善，惠施得福，而今不信修善得福，故言“謂之不然”也。“不然”者，只是“不信”之異名也。“終無有是”者，明不信終無有修善得福也。“但坐是故，且自見之”者，但坐先師祖父行不信善惡，致使見行見此法用，依先師行不信也。“更相瞻視，先後同然”者，行不信種類前世後世傳相承受，行惡不異，故言“同然”也。“自不能見無有語”者，不自見己[②]之重惡，復無善知識語令修善也。“吉凶禍福競各作之，無一怪”者，無善知識語其吉凶禍福、懃學修之也。

第六明簡擇勸修，從“佛告彌勒菩薩諸天人等：‘我今語汝’”訖“四教奉行，不敢有疑”。所以明簡擇者，簡去諸惡，擇取妙善也。“擇其善者懃而行之”者，勸令簡惡以修善。世間榮[華][③]之物，皆是無常，不如修一豪（毫）之善，必離生死之苦也。“勿得隨心所欲，虧負經戒，在人後”者，誡敕催學，令離五欲，使善根日夜增長，不得在他人後也。“與佛相值，聽受經法”者，殖因來久，今值遇佛誡令聽法，擊厲時情也。“又復得聞無量壽佛，快哉甚善”者，時衆聞彼佛國土長壽妙樂，快當物情，故言“快哉，甚善”也。“長與道德合[④]明”者，既生净土，以善自居，神解與無生理會爲合明也。“次於泥洹之道”者，此彌勒乃至一生補處之士隣佛之境，故言“次於泥洹之道”也。“無得疑或（惑）中悔”者，無量壽佛眉間白豪宛轉，如五須彌。衆生見此白豪，起於疑言：“此白豪爲是無量壽佛白豪，爲非是作？”如此疑後，生西方落狐疑城中，蓮華合頭不開。在此蓮華中行道懺悔，滿五百歲蓮華方開，見佛聞法。雖見佛聞法，由不明了。雖不明了，已漸悟於道也。“生彼邊地七寶殿堂”者，此由是狐疑城中人雖有此疑，願生彼國，有願力强，得生彼國，以狐疑故，不得近佛，

① 或，録本訛作“惑”，今據底本改。
② 己，録本訛作“已”，今據底本改。
③ 華，録本脱，今據底本補。
④ 合，録本訛作“令”，今據底本改。

唯得始入彼佛境界邊，在蓮華中住，蓮華合頭不開，故言"生在邊地"也。

第七明破五戒勸修，從"佛告彌勒'如(汝)[①]等能於此世'"，特欲明五痛五燒。先廣明五戒十善之相。此五戒十善悉具意地三善根，無貪、癡、瞋也。修十善幡十惡，修五戒幡五惡。此五戒是在家律儀。凡律儀者，詮量輕重也。今言"五戒"者，戒以"止[②]惡"爲義，"止[③]惡"之義即是心善，自心意地惡不起，復能外化，即是行善也。此戒亦言"彼彼解脱"，亦言"事事得解脱"，於不[殺][④]得[⑤]殺邊解脱，乃至不飲酒，於不飲酒邊得解脱也。然衆生欺惑情重，違破五戒，起於五惡乃至五燒也。

就此章中，凡有七段明義：

第一段總明破五戒相，五痛五燒是也。從"如(汝)等能於此世端心正意"訖"長壽泥洹之道"。"如(汝)等能於此世端心正意"者，若能無意地貪瞋癡，便是無衆惡；無衆惡故，内德便生也。"十方世界最無倫匹"者，能無貪瞋癡，是世之所無，故"無倫匹"也。"所以者何"，釋所以意地無貪瞋癡者何：只由修善幡惡，故無貪瞋癡也。"自然作善"者，彼國天人無有三毒，唯有淳善也。"易可開悟"者，入理之人易爲道化也。"今我於此世間作佛，處於五惡"者，釋迦自明所得國土爰是穢惡，衆生洹(須?)[⑥]以三毒四倒以爲過患，是以幡五戒起五惡也。此五惡是起惡之因。何者是五？一者、殺生；二者、偷盜；三者、貪淫；四者、妄語；五者、飲酒。此五惡是過去時因，能成[⑦]現在五痛五燒之果也。五痛者，是現在果，因惡而果痛，煩惱熾然盛，自相燋然，故言"五痛"也。五燒者，是未來果，現在果既不實，未來便應磨滅燒盡也。"教化群生，令捨五惡"者，勸令修善，令幡五惡。惡因既不起，俱然無五痛五燒之果

---

① 如，此處當爲"汝"之借字。《莊子·人間世》："鳳兮鳳兮，何如德之衰也。"聞一多校釋："如讀爲汝。"《集韻·魚韻》："如，古作女。"此字《佛説無量壽經卷》[T12n360p275c17]正作"汝"。下讀如"汝"之"如"字徑括注其本字，不復校。

②③ 止，録本訛作"心"，今據底本改。

④ 殺，録本脱，今據底本補。

⑤ "得"前録本衍一"不"字。按：底本"不"字旁實有一廢棄號，玆據删。

⑥ 洹，底本似作"須"，待考。

⑦ 成，録本訛作"滅"，今據底本改。

也。“降化其意令持五善”者，令持五戒之善也。“度世長壽泥洹之道”者，是無爲之果也。

第二段明殺生破不殺戒，從“其一惡者”訖“是爲一大善”。就此段中，有五子句明義。第一子句明過去造殺生因也，從“其一惡者”訖“犯者不赦[①]”。“蠕動之類欲爲衆惡莫不皆然”者，明過去行惡因，衆生修行殺惡業，現在得短壽六根不具報也。“殘害殺戮”者，不知反流盡源，唯以殺戮爲懷，此造地獄之因也。“惡逆無道，後受殃罰”者，過去有造惡因，現在必受貧賤下劣斯報也。第二子句明現在受餘果報也，從“故有貧窮下賤”訖“不逮之屬”。“貧窮下賤”者，此下八句明現在餘果，定是由前身造殺生惡業，不行布施，只劫奪他物，是以墮地獄。受罪畢已，餘殃不盡。現在受得人身，雖得人身，聾盲瘖啞，六根不具足也。第三子句明修善得果報尊貴也，從“又有尊貴”訖“轉相受身”。“又有尊貴豪富高才明達”者，明行善因得善果也。“皆由宿世慈孝修善[積][②]德所致”者，明過去時行此慈孝善因，現在得尊貴豪富果報也。第四句與上聾盲瘖啞人作譬，受二世果報也，從“譬如王法痛苦極形(刑)[③]”者訖“一痛一燒懃苦如是”。一“譬如王法痛苦極刑[④]”者，明聾盲瘖啞示人現世受極重苦報也。“故有自然三塗無量苦惱”者，現在已受苦、未來世復受三塗之重苦也。“轉貿其身”者，受六道之身非一更，故言“轉貿其身”也。“改刑(形)易道”者，既訖受六道之身，所行惡道亦同也。“所受命或長或短”者，受六道之形，所行造業亦不同，是以壽有長短也。第五子句明勸結也。從“譬如大火焚燒人身”訖“是爲一大善明”，此勸修。若能懃修自策者，便得無爲泥洹之道；若不能修行起惡者，便墮三塗如大火燒人也。

第三段明偷盜破不盜戒也，從“佛言其二惡者”訖“是爲二大善”。就此段中有五子句明義：第一子句段明盜因，從“佛言其二惡者”訖“無所恃怙”。此盜中句明義無異前章也。第二、第三子句雙明也，從“獨來獨去無一隨者”

① 赦，録本訛作“殺”，今據底本改。

② 積，録本脱，今據底本補。

③ 形，此處當爲“刑”之借字，《佛説無量壽經卷》[T12n360p276a4]正作“刑”。

④ “刑”前底本及録本衍“一”字，今據《佛説無量壽經卷》[T12n360p276a4]删。

訖“事至乃悔”。“善惡禍福追命所生”者,善因善果、惡因惡果雙明也。“或在樂處”者,此是善果也。“或入苦毒”者,此是苦果也。第四子句與前行惡人作譬也,從“今世現有王法牢獄”訖“二痛二燒懃苦如是”。此明二世苦:現在受五法之苦,未來世受三塗之苦也。第五子句明勸結,從“譬如大火焚燒人身”訖“二大惡”。

第四段明貪淫破不淫戒,從“佛言其三惡者”訖“是爲三大善”。就此段中有四子句明義:第一子句明貪淫因,從初訖“但欲唐得”。第二子句明行惡因果,從“眄睞細色”[□][訖][①]“患而[②]苦之”也。第三子句明後受三塗苦報,從“亦復不畏五法禁令”訖“三痛三燒懃苦如是”。“如是之惡著於人鬼”者,造如此重[□][惡][③],或注其名字,或在人中六根不具,或在鬼中也。第四子句段明勸結也,從“譬如大火焚燒人身”訖“三大善”。

第五段明妄語破不妄語戒,從“佛言:‘其四惡者’”訖“是爲四大善[□][也][④]”。就此段中有五子句:第一子句明妄語因,從“佛言:‘其四惡者’”訖“難得誠實”。第二子句明惡果,從“尊貴自大”訖“天神記識”。第三子句明修善因也,從“賴其前世頗作[⑤]福德”訖“營護助之”。第四子句明行惡衆生後世受三塗地獄果報,從“今世爲惡,福德自滅”訖“四痛四燒,懃苦如是”。第五子句明勸結,從“譬如大火焚燒人身”訖“四大善”。

第六段明飲酒破不飲酒戒,從“佛言:‘其五惡者’”訖“是爲五大善”。就此段中有六子句明義:第一子句明飲酒方便,從“佛言:‘其五惡者’”訖“用自振給”;特欲飲酒,先起方便,飲酒是正犯戒體也。第二子句明飲酒是惡因也,從“耽酒嗜美”訖“父母兄弟眷屬”。第三子句明行惡果報,從“六親憎惡”訖“無得脱捨”。“如是[世][⑥]人心意俱然”者,明六親及一切世人同心,願令其死,故言“心意俱然”也。第四子句明善因果也。“善人行善”者,明行善因

---

① 訖,底本及録本無,今據文意補。

② 底本及録本“而”前有一“人”字,今據《佛説無量壽經卷》[T12n360p276b28]删。

③ 惡,底本及録本無,今據文意補。

④ 也,底本及録本無,今據《佛説無量壽經卷》[T12n360p276c29]補。

⑤ “作”字前録本衍一“其”字。按:底本“其”旁有一廢棄號,今據删。

⑥ 世,録本脱,今據底本補。

也。“從樂入樂,唯明入明”者,善果也。第五子句明行惡未來世受[1]重苦報也,從“惡人行惡”訖“五痛五燒,懃苦如是”。第六子句明勸結,從“譬如大火焚燒人身”訖“五大善”。“人能於中一心制意”者,此明十善意地貪瞋癡也。“端身正念”者,明身無殺盜淫也。“言行相副”者,不妄語也。“所作至誠”者,不綺語也。“所語如語[2]”者,不兩舌也。“心口不轉”者,不惡口也。此是十善,幡十惡,勸持五戒十善,必得生天也。

第七段明總結五痛五燒勸修,從“佛告彌勒菩薩:‘吾語如(汝)等’”訖“古今有是,痛哉可傷”。總結勸修所以來者,上明五痛五燒違負五戒,起於重惡,現世受報得貧窮下賤六根不具,後世受報必墮三塗地獄之中,是以勸令修善,令免此苦,是以總結勸修來也。

第八明戒敕勸修,從“佛語彌勒:‘世間如是’”訖“受佛重誨,不敢違失”。流通方法所以來者,勸令自策。就此章中有四子句明誡,敕諸弟子。第一從初訖“爲德立善”。第二子句格量功德,從“正心正意”訖“如是忽[3]務,未嘗寧息”。“齋戒清凈一日一夜,勝在無量壽國爲善百歲”者,無量壽國淳善無惡,彼國人修善心,縱容不甚有惡[4];此土衆生淳穢,若能於穢中反流盡源,精懃一日一夜苦行道者,勝在西方爲善百歲;所以然者,明心勇猛處勝也。“彼佛國土無爲自然”者,明彼國淳善,無爲豪毛之惡,常以大乘法樂以自勳心也。第三子句明如來授與經法,勸令修之,從“吾哀如等”訖“昇無爲之安”。隨器開導、授與經法者,隨衆生有授道之器,授己[5]法藥,令悟道也。第四子句明佛滅度後,經法漸滅,勸令懃修善也;從“吾去世後,經道漸滅”訖“受佛重誨,不敢違失”,明佛滅之後,人民諂[6]僞,還起五痛五燒,劇於前世,是以如來誡

① 受,録本訛作“愛”,今據底本改。

② 語,録本訛作“諸”,今據底本改。

③ 忽,底本及録本作“忪”,此處乃“忩”之换位俗體。《字彙·心部》:“忩,與悤同。”《正字通·心部》:“悤,隸作忽。”該字《佛説無量壽經卷》[T12n360p277c10]正作“忽”,今據改。

④ 惡,録本訛作“急”,今據底本改。

⑤ 己,録本訛作“已”,今據底本改。

⑥ 諂,録本訛作“語”,今據底本改。

敕彌勒:我滅度後,懃行正化,度脱衆生,令離三塗也。

第九明現國勸修,從"佛告阿難:'汝起更整衣服'"訖"亦皆自然"。上開宗中願欲得見彼佛壽命長遠,國土清净,眷屬淳黄金色,會釋迦重命阿難:汝起更整衣服,禮西方無量壽佛,乃可得見二聖共相影響。無量壽佛即放大光明,普照諸佛世界。時衆悉見彼佛微妙净土,無不願生彼國也。"普照一切諸世界金剛圍山"者,明彼佛明光淳黄金色,今照十方石沙諸山悉同黄金色也。"譬如劫水彌滿世界,其中萬物沈没不現"者,借譬以明光色,大水彌滿,不見萬物,明此光明照十方世界及以諸山悉作金色,不見石沙之異也。"阿難即見無量壽佛威德巍巍,如須彌山王"者,明阿難見彼佛色身相好,如百千萬億夜摩天宫閻浮檀金色佛身高十六萬億那由他恒河沙由旬也,眉間白豪右旋婉轉如五須彌山也,佛眼如四大海水清白分明也,身諸毛孔演出光明如須彌山,彼佛圓光如百億三千大千世界,於圓光中有百萬億那由他恒河沙佛,一一化佛亦有衆多無數化菩薩以爲侍者;又明無量壽佛"吾八萬四千相,一一相中各有八萬四千隨形好,一一好復有八萬四千光明,一一光明遍照十方世界",明阿難悉見此事也。"如(汝)[1]見彼國從地已上至净居天,其中微妙之物爲悉見不"者,彼間本無净居天,借此間天以况彼國,阿難答言悉見也。"彼國人民有胎生"者,明此土衆生願欲生彼,疑佛智慧爲深爲淺,命終得生彼國,在狐疑城中,方經五百歲,方出狐疑城,見佛爲説法,便得解了。然極鈍根者,經五百歲耳;若利根者,或二百一百歲乃至五三十歲,得出此城,見佛聞法。彼國淳是化生,無有胎生,今言"胎生"者,只猶在狐疑城中,不見佛,不聞法,名"胎生"也。又一解,舊經本解言:在狐疑城中見佛聞法不明了,以不明了,故落不聞中,故言名爲"胎生",其實是化生也。

第十明解或(惑)勸修,從"爾時慈氏菩薩何因何緣"訖"我今略説之耳"也。就此章中有四段明義也。第一章從初訖"謂之胎生"也。"何因何緣彼國人民胎生化生"者,彌勒請問胎生化生之法用也。"願生彼國不了佛智"者,此人願生彼國,唯疑佛智爲深爲淺,有此疑故,命終生在狐疑城中;經五百歲,此是鈍根人也;利根者或一百乃至五、三十歲也。自下釋胎生之所以

---

① 如,載有同文的《佛説無量壽經卷》[T12n360p278a11]作"汝"。

也。第二明化生也。從“若有衆生明信佛智”訖“無有智慧疑惑所致”，明彼國淳是化生，身相光明，智慧如諸菩薩具是(足?)[①]無異也。第三段與(舉)[②]胎生人作譬，從“譬如轉輪聖王别有宫室”訖“無上智慧”。“轉輪聖”者，譬佛也。“若有諸小王子得罪於王”者，與(舉)胎生人作譬，明胎生也。不見佛，不聞法，如王子犯於大王、繫在宫中也。“但種種方便求諸大力，欲自免出”者，明胎生人在狐疑城中，雖復行道懺悔，不樂在此城中，恒欲出此城求至佛邊也。“雖有餘樂，猶不樂彼處”者，在狐疑城中，雖脱此間石沙之苦，猶不樂住在城中，欲求出此城也。“爲失大利”者，若不疑惑佛智，即得生在佛邊，聞法悟道，故爲“大利”，只由狐疑故，失此大利益也。第四段明釋迦引證也，從“於此世界有幾數不退菩薩生彼佛國”訖“略説之耳”。此引證所以來者，寔由上彼佛放光，照十方世界，此土諸菩薩悉見彼佛國土清净，長受妙樂，是以我國土諸菩薩悉往生彼國；何但我諸弟子往生，亦有他方十四佛國土諸菩薩往生彼國，乃至十方世界諸菩薩亦爾；是以引證得知彼土淳净妙樂也。“於此世界六十七億不退菩薩往彼國”者，此是釋迦國土，菩薩位階七地悉往生西方無量壽佛國也。“一一菩薩已曾供養無數諸佛”者，明此菩薩德量甚高，與彌勒同類，位階十地。“諸小行菩薩”者，諸言不一。此小行菩薩是住下三十心人。初十心是習種性人也，初六心有退，至第七心不退，此人作四念處觀，在外凡夫位中也。中十心者，是性種性人也，在軟頂忍位中也。最後三十[③]心者，是解行地人也，在世第一法位中也。“不但我刹土諸菩薩往生彼國，他方佛土亦復如是”者，此是正明引證，由彼佛國土清净妙樂，致使我諸弟子及諸他方諸菩薩悉往生彼土也。“其第一佛名曰‘遠照’，有百八十億菩薩皆當往生”者，所以列他方十四名佛者，欲令出十方諸佛弟子，悉往生彼國，諸佛證明彼土清净妙樂也。自下諸佛弟子類可知也。“十方世界無量佛國，其往生者亦復如是”者，何但十四佛國菩薩往生，乃至十方世界諸菩薩衆

---

① 結合文意，“具”字似爲“足”字之訛，待考。

② 與，此用同“舉”。《墨子·天志中》：“故天下之君子，與謂之不祥者。”畢沅校：“與，同舉。”下“與”字同，徑括注其本字，不復校。

③ 結合文意，底本及録本“三十”似爲“十”字之訛，待考。

皆當往生彼國也。“佛告彌勒:‘其有得聞彼佛名號,歡喜踊躍’”者,此是第三分流通門也。上說序正已竟,次說付囑流通。就流通中有三段明義:第一從“其有得聞彼佛名號”訖“應當信順,如法修行”,明說此經既竟,便付囑流通,令後代使不斷絶也。特留此經止①住百歲者,像法將滅,龍王䑛一切經字悉盡,唯留此無量壽經文字在世,經百年流通後代,受持讀誦也,自得隨意所願度危難也。“如來興世難值難聞”者,此下凡有五難得:聞此經已,乃至信樂受持,此之甚難也。第二從“爾時世尊說此經法,無量衆生皆發無上正覺之心”訖經,明無量衆生諸天人民及諸菩薩聞說經竟,皆悟道得果也;“萬二千那由他人得清净法眼”者,得悟須陀洹果也;“八十萬比丘漏盡意解”者,得阿羅漢道也;“四十億菩薩得不退轉”者,得七地不退也。第三何但有情之類得悟道,亦使無情之物六種震動,降於妙華也。

《無量壽》義記下卷。

一校竟。

比丘洪琇記了②。

---

① 止,録本訛作“正”,今據底本改。

② “記了”二字録本訛作“許”,底本作“[illegible]”,乃“記了”二字的豎排連筆。詳見前《仁王般若實相論》卷第二:“囑累品。釋秀許。”中“許”字注。

No. 2760《無量壽觀經》義記

[題解]

佛典《無量壽觀經》注疏，作者不詳，卷數不詳。敦煌遺書中現存4號：(1)BD7443(北0216，官43)號，首尾均殘，内容係疏釋"日觀"、"水觀"、"地觀"等。(2)斯327號，首殘尾全，自"九品"疏釋至結尾。兩號筆跡相同，當係同一人所書，内容前後相補，原當屬同卷，但中間尚有缺失，無法直接綴合。(3)日本龍谷大學圖書館藏甲本，首尾均殘，内容相當於斯327號之前部。(4)日本龍谷大學圖書館藏之乙本，首殘尾存。有尾題："《無量壽觀經》贊述。"此注疏的撰寫年代，有"六朝"説、"隋唐"説等兩種觀點，對於它的作者也有種種猜測，但一致認爲現存寫本是唐代所寫。清代以前歷代大藏經未收，日本《大正藏》將斯327號録入其第八十五册，擬題作"《無量壽觀經》義記"，今可據其餘諸號補正題目及内容。龍谷大學圖書館藏之乙本有"天寶十三載(754)七月十四日，弟子孔含光寫畢"的題記。所録偈頌多見於敦煌流傳之三階教經典《七階佛名經》，故該《贊述》之流傳與三階教的關係，尚有待於研究。今校注仍以《大正藏》本録本所據原卷斯327號爲底本。

□[1]佛道，又復虚言得道，以是因緣，雖不受生死人苦惱，於菩薩根鈍，不能疾成佛道，不直往菩薩即其義也。

問："若凡夫生净土者，何故《攝大乘論》判爲'别時意'耶？"

答："此據無行人，故云'别時意'。故《論》云由唯發願，於安樂國即得往

---

[1] 首缺。

生，是名‘别時意’。”案：無行之人空發於願，此但爲遠生之因，故云“别時意”。要行、願相□(符)[①]，方得往生。

問：“如凡夫不斷欲界惑，不得生上界；凡夫無斷三界惑者，何由得生净土？”

答：“如凡夫斷欲界惑種不盡，而得生色界；□(復)[②]□伏惑，生上界。此亦如是。由念佛三昧，觀於净土，深伏深厭三界惑，伏修惑麁品，故得生净土。”

問：“菩薩發心救苦，衆生何以願生净土？”

答：“菩薩願生净土，爲供養諸佛；願入惡道，爲救苦衆生；願生净土，爲成就佛法；願入惡道，爲成就衆生。此二行常行，不可闕一。又，凡欲救衆生苦惱，先生净土，自然成就佛法，然後以大悲願力入惡道，利益群生。若未成就佛法，先入惡道，此則自爲苦惱所縛，何由能救衆生？故《智度論》云：先須自利，然後利他。若自未利，先欲利他，如人未善習浮，先欲度彼，相與俱没，此亦如是。”

問：“若地前菩薩生净土者，何故《仁王經》解十迴向云‘觀一切法無生、無住’，乃至‘入第一義諦，心心寂滅而受生三界。何以故？業習果報未壞盡故’？《地持論》云種性菩薩或墮惡道。既云受生三界，云何而言‘生於净土’？”

答：“此據菩薩大悲爲物受生三界由，故業未盡；與之相應，故言受生三界，或墮惡道。今言‘生净土’者，此據自報業成，生於净土也。”

自下次釋其文，依《無量壽經》，唯明三品。此中具論九品，往生之行既有多種，此但廣、略爲異也。文中九品，即爲九分。就上品中文爲四分：一、標品名；二、顯行相；三、明往生相；四、總結。初文可解。行相中言“若有衆生”者，此即往生人位在十迴向終心。所以爾者，以生彼國已即得無生法忍故。“發三種心”者，於此位中餘行已成，發此三心，願往生也。“至誠心”者，離虚誑心也。“深心”者，徹於骨髓也。“迴向發願心”者，以己[③]所修一切善

① 符，録本作缺文，今據底本補。

② 復，録本作缺文。按：此字底本尚可辨，玆據補。

③ 己，録本訛作“已”，今據底本改。

根願往生也。“復有三種”者，自下别明行相。“慈心”者，修慈三昧。“具諸戒行”者，持菩薩三聚戒也。“讀誦大乘”者，《方等經》中明不可思議甚深之法。“讀誦之”者，還得不可思議功德，故得生净土也。故《法華經》説若善男子、善女人聞《妙法華經》净心信敬不生疑惑者，不墮地獄餓鬼畜生，生十方佛前。蓮華化生即其義也。“修行六念”者，所謂念佛法僧施戒天，念佛法僧爲生福德，念施戒爲修行。“念天”者，念一生補處菩薩，爲生兜率陀天，以此三種善根迴向願生也。“一日至七日”者，明行修時分。七日之中，心心相續，具前行業，即得往生。“所以爾”者，由業力不可思議故，如一念起心，誹謗大乘，從一劫至一劫，受十方大地獄苦報，經時雖少，苦報極多；此亦如是，用時雖少，善業力大，故得生彼國。信哉！業力不可思議，須臾之間，昇沈各異。是行者深須自誡，豈非大事者哉！自下次明往生相。初、明宫殿迎接；二、明光照其身；三、讚其行業；四、正明往生；五、明生已悟道。“如彈指頃往生彼國”者，由業力增上，故受生速疾。不同人中業力羸劣，故多時方得受生；如惡業猛利，故刹那即入惡道；此亦如是。“即悟無生法忍”者，初地無生忍也。“歷事諸佛”者，得勝神通，故能遍遊諸佛世界，猶如諸天生已，即能飛行虚空，此亦如是也。“次第受記”者，亦名“授記”。“授”即授與，“彼人受”即彼人納受。依《地持論》，有六事故爲如來授無上菩提記：一、種性未發心；二、種性已發心；三、現前；四、不現前；五、時量定；六、時量不定。此中所明是現前授記也。自下總結可解。

自下次明上品中生。文中有四：一、標品名；二、明行相；三、明往生相；四、總結。此是十解十行已上菩薩，以生彼國一小劫得無生忍故。“不必受持經典”者，簡前異後，此人唯修行大乘，非讀誦之業也。“善解義趣”者，善能分别大乘深義，不壞假名，而説諸法實相也。“於第一義心不驚動”者，大乘甚深空義，諸法相中最勝，故曰“第一”。凡夫聞説諸法皆空，理與情反，故生驚怖。菩薩聞之，妙達心原，不生怖畏也。“深信因果”者，正見成就，如一念起邪見，謗無因果，則斷滅善根，求沈苦海。今由深信，故得生净土也。“不謗大乘”者，大乘之法，其理甚深，其文巧妙。三乘聖人，同共修學，出生一切人天果報，出生三乘聖道。若謗此法，得罪不可稱量。聞之不謗，福德亦不可具説。故《勝天王般若經》云閻浮提縱廣七千由旬，遍滿須陀洹、斯陀含、阿那含、阿羅漢、辟支佛，密如竹麻，中無少空及以間缺，若有善男子、善女人四事供養，畢聖人壽；或復七寶遍滿此洲，積至梵天，一一聖人各施爾所，畢是善男子、善女人壽，日夜三十牟尤多相續不斷。若善男子、善女人不謗此修多羅，功德勝百分不及一，百千萬分不及一，乃至算數譬喻所不能及。由功德無邊，故得生净土也。自下次明往生相：初明世尊迎接，二讚其功德，三正明往生，四明生已悟道。經於七日於菩提得不退轉者，十解已上猶有念退、行退，至彼國已，離此二退，以無退緣故，猶如天中得果，畢竟不退，以無退緣故；此亦如是。經一小劫得無生忍者，證初地無生忍也。若以此方劫數，更經無量大劫。今説彼國劫數，故云“一小劫“也。故《華嚴經》云娑婆世界一劫，於安樂世界爲一日一夜，此之謂也。自下總結可解。

自下次明上品下生人。文中有四：一、標品名；二、顯行相；三、明往生相；四、總結。初文可解。“亦因果”者，此是十信位中信根成就，故不謗大乘，由信大乘，故發無上道心，以此功德迴向，願求生於净土也。自下次明往生相：一、明化佛迎接；二、讚其功德；三、正明往生；四、明悟道。“七日之中乃得見佛”者，由未得無流心，故七日方見佛也。“經三小劫，得百法明門，住歡喜地”者，若以此方劫數，經三大阿僧祇劫，方至初地，今亦以彼國劫量，故經三小劫至初地也。“百法明門”者，如《瓔珞經》説十信有十心所，謂信心，精進心，念心，定心，惠(慧)心，不退心，迴向心，護法心，願心，戒心。此十心中，一一心復有十心，故有百也。自下總結可解。

上來明大乘三賢菩薩爲上品三人，自此已下明小乘方便位人爲中品三人。

先明中品上生。文中有四：一、標品名；二、顯行相；三、明往生相；四、總結。初文可解。“若有衆生受持五戒”者，此明往生人位在煖法頂法，於此位中發菩提心，迴向願生净土，此通在家出家，此明在家人，故云“持五戒八戒”。“修行衆戒”者，此明出家人具受大比丘律儀，故曰“修行諸戒”也。“不造五逆”者，此業極重，造此業已，次生必入地獄，故不得生净土。依小乘，煖位中猶造五逆及斷善根，頂位中造五逆不斷善根，故今除此業也。“迴向願生極樂世界”者，此人修行至煖頂位，小乘根性未决定故，忽遇善知識，發大乘菩提心，以己所修善，迴向願生極樂世界。若至忍位，小乘根性已定及得惡道非滅，更不可轉求大乘也。自下次明往生相：一、明世尊迎接；二、讚歎出家;三、明正往生;四、明生已悟道。"讚歎四諦"者,聞小乘法也,由行者先習小乘重習力故,還聞小乘法也。四諦者:一者、苦諦,以五陰爲體;二者、集諦,以業惑爲體;三者、滅諦,以擇滅無爲爲體;四者、道諦,以無流聖智爲體。"得阿羅漢"者,此是三生利根人故,即得無學果也。"阿羅漢"者,此云"無生",亦名"應供"。"三明"者:一、宿命明;二、天眼明;三、漏盡明。小乘宗初二以等智爲體,第三以無流智爲體。依大乘,初二以後得智爲體,第三以無分別智爲體。"六通"者:一、神足通;二、天眼通;三、天耳通;四、他心通;五、宿命通;六、漏盡通。依小乘宗,神足、天眼、天耳、宿命並以等智爲性;他心通五智性,謂道智、法智、比智、等智、他心智;漏盡通九智性,除等智體是無漏故。大乘宗前五通後智爲體,漏盡通以無分別智爲體。"八解脱"者:一、内有色外觀色;二、内無色外觀色;三、净解脱;四、空處解脱;五、識處解脱;六、無所有處解脱;七、非想非非想解脱;八、滅盡解脱。小乘宗初三解脱以無貪善根爲體,次四解脱以四爲體,滅盡解脱以非色非[□][心][1]爲體。依大乘,十解已上所得前七並以無流惠(慧)爲體,滅盡解脱初地方得,以無分别智爲體,以一切心心數法不行故。自下總結可解。

自下次明中品中生。文中有四:一、標品名;二、顯行相;三、明往生相;四、總結。"若有衆生"者,此明修行人位在總別念處。持八戒者是在家人,沙彌戒、具足戒是出家人。"威儀無缺"者,不犯輕戒也。行者至此位中,忽遇大乘善友,令發大乘菩提心,迴向願生净土也。自下次明往生相:一、明世尊迎接;二、化聲讚歎;三、正明往生;四、明生已悟道。經於七日得須陀洹者,由前修習小乘觀法,故得初果;更經半劫,方成無學也。

問:"彼國土曰此方七劫,此人先已修解脱分善根,何以七劫方得初果耶?"

答:"聲聞根性有三種:一、三生;二、六十劫;三、百劫。此是中根人,故經七劫方得也。"自下總結可解。

自下次明中品下生人。文中有四:一、標品名;二、顯行相;三、明往生相;四、總結。"若善男子、善女人"者,此明往生人位在五停心位。"孝養父

---

① 心,底本、録本無。伯 2040 號《〈維摩經〉疏卷第六》:"滅盡解脱以非色非心不相應法以爲體性。"兹據補。

母”者，此是恩田，供養者得大果報。“行世人善”者，人(仁)[①]義禮讓等，此人臨終，忽遇大乘善友爲説净土樂事及讚世尊因中大願，此人聞已，迴向願生也。自下次明往生相。初明往生，次明生已悟道。此人善根劣故，不感世尊來迎，業力自生也。“過一小劫方成阿羅漢”者，此人初修觀行故，至彼過劫方得無學果也。

問：“生净土已，並修菩薩之道，云何仍得小乘果耶？”

答：“諸佛净土，品類大多。或有净土，無二乘之名，如衆香世界不眴世界等；或有净土，有二乘及人天名，如妙喜世界；或有净土，有二乘無人天，如極樂世界。此人並先於此土修小乘善根，是故生彼國已，依本所習得小乘果。雖得小果，而不取證，即修菩薩道不同。此方得果，住而不進，令存其本名，故名‘阿羅漢’。故《無量壽經》云：‘其諸聲聞、菩薩、人天，智惠(慧)高明，神通洞達，咸同一類，形無異狀，但因順餘方故，有人天之名。’即其義也。”自下總結可解。

上來明中品三人訖，自下次明下品三人。此並是凡夫中發菩提心人也。

先明下品上生。文中有四：一、標品名；二、顯行相；三、明往生；四、總結。“或有衆生作衆惡業”者，此明行相也。此人先發菩提之心，忽遇惡緣，造十不善業。由惡法增長，故心無慚愧也。上來明其過失，自下次明其德，謂命欲終時，善友爲讚大乘經名及稱阿彌陀世尊名號，故能除重罪。所以爾者，由如來福田清净故，稱名獲福，不可思議，故能滅於重罪。如一念起惡，誹謗聖人，則累劫受苦。今由一念信心稱名，故累劫受樂。因果必然爲差失也。故《大品經》云：“佛告諸天子：‘若有天子、天女命欲終時，汝但爲稱般若波羅蜜，以聞般若波羅蜜名號故，諸天子不生惡道，還生天中。’”《大悲經》云：“若有衆生聞佛名者，我説是人畢定當得入涅槃。”若有衆生以念佛故，乃至一華散於空中，如是福德所得果報不可窮盡。若有衆生以至誠心念佛功德，乃至一華散於空中，於未來世當得釋天王、梵天王、轉輪聖王，於其福報亦不能盡。以其善根福報不可盡故，要當入般涅槃。何以故？阿難施佛福

① 人，此讀如“仁”。《吕氏春秋·舉難》：“故君子責人則以人，責已則以義。”俞樾平議：“下‘人’字當讀作‘仁’。”

田，不以有爲果報所能盡邊，我説是人必得涅槃。盡涅槃際，阿難乃至一稱佛名一生信者，所作功德終不虚設。若有净心諸衆生等作是稱名“南無佛”者，阿難彼人以是善根，必定涅槃，得近涅槃，流注相續，入涅槃際，即其義也。自下次明往生相：初、明化佛迎接；二、讚其功德；三、正明往生；四、明上已悟道。“經十小劫得入初地”者，此是凡夫故，所以生彼，經十小劫方得入初地也。“得聞佛法僧名即得往生”者，復有衆生，臨命終時聞三寶名，即得往生。所以爾者？由寶功德不可思議故，能令聞者得生净土。故《大品經》云：“菩薩摩訶薩以神通力飛到十方諸有無三寶名處，爲讚佛法僧功德。衆生聞已，生諸佛前。”《大集經》云：“若有衆生乃至一念深信如來，敬仰尊重，歎未曾有。以敬信故，得作輪王，統四天下，七寶具足，乃至得作帝釋天王，魔王，娑婆世界主，大梵天王。何况常能具信三寶？”即其義也。

自下次明下品中生。文有四：一、標品名；二、顯行相；三、明往生相；四、總結。

“或有衆生毁犯五戒”者，此明往生人，先顯其過，犯五戒、八戒是在家人，犯具足戒是出家人。“偷僧祇物”者，十方常住僧物也。“現前僧物”者，一住處屬現在人物也。“不净説法”者，[□][大][1]乘諸法實相，我心中説，或爲名利，或爲勝他，皆名“不净説法”也。“地獄猛火一時俱至”者，惡因既成，中陰惡相現也。“遇善知識爲説阿彌陀佛十力”者，此明其德也。能摧邪慢，故名爲“力”。“並以智爲體，一智在十處，名爲‘十力名’”者：一、是處非處力；二、業力；三、定力；四、根力；五、欲力；六、性力；七、至處道力；八、宿命力；九、天眼力；十、漏盡力。“威德”者，神通息慢，名爲“威德”。“亦讚戒、定、慧解脱解脱知見”者，此即如來五分法身，戒身以三聚净戒爲體，惠（慧）身以一切智爲體，定身以大乘光明三昧等一切定爲體，解脱身以有爲解脱、無爲解脱爲體，解脱知見身以後得智爲體。自下明説利益，謂聞如來功德除八十億劫生死之罪。所以爾者，如來名號及功德皆不可得聞；若聞其名，獲福無量。故《觀佛三昧經》云：“念佛功德者，所謂戒定惠（慧）解脱解脱知見。金色身三十二相，八十隨形好，十力四無畏，十八不共法，大悲三念處是。若

① 大，底本及録本無，據文意補。

有衆生一聞佛身如上功德相好光明,億億千劫不墮惡道,不生邪見。雜惡之處,常得正見,勤修不息。但聞佛名,獲如是福,何况繫念觀佛三昧?”即其義也。自下次明往生相。初、明中陰相滅,謂地獄猛火化爲凉風;二、明化佛來迎;三、明往生;四、生已獲益。此人由業力劣故,蓮華六劫乃開也。自下總結可解。

自下次明下品下生相。文中有四:一、標品名;二、顯行相;三、明往生相;四、總結。“或有衆生作不善業”者,此明行相也。先明其失。“五逆”者,殺父,害母,殺阿羅漢,出佛身血,破和合僧。

問:“《無量經》云:‘唯除五逆誹謗正法。’何以此中五逆業得生净土耶?”

答:“造五逆者有二種:一謂此人先發菩提心,中間忽造五逆,後時由正念佛名故,伏滅業障,得生净土;此經據此而論。二者此人先無菩提之心,而復造五逆罪,復無念佛功德,此人不生;《無量壽經》據此而説。”

下明其德。“善友爲説妙法”者,説大乘法也,聞大乘經,能除重罪。“教令念佛”者,念佛功德能除業障也。“不遑念佛”者,猶無暇也,此人爲死苦所逼,無暇念佛功德名號也。“具足十念”者,明時分也,十念之業能除重罪,生於净土。故《智度論》云:“有人一生造惡,臨命終時,得生善道;有人一生造善,臨命終時,生於惡道。”此有二義:一、由後報業熟;二、由臨命終時善心心數法生。

問:“此人一生造惡,云何臨終一念心能勝終身行業?”

答:“譬如大將一人能破大敵,臨命終心亦爾。如火如毒,一念之心能勝終身,能勝終身行業,以捨諸根事急故。”即其義也。

自下次明往生相。初、見蓮華;二、正明往生;三、明已獲益。“爲其廣説諸法實相”者,此謂大乘之深極,若思能滅重罪。故《普賢菩薩觀經》云:“其有衆生思第一義甚深空法,一彈指頃除百萬億阿僧祇生死之罪。……是名‘具足菩薩戒者’,不須羯磨,自然成就,應受一切人天供養。”即其義也。自下總結可解。

上來答問示其觀相訖,自下第二明時衆獲益。夫人先是十迴向菩薩聞佛説净土之相,即得觀佛三昧,見極樂世界莊嚴之相及得無生忍。

問:“既是十迴向菩薩,云何上文言‘汝是凡夫,心想羸劣’耶?”

答:"地前菩薩望初地悉名'凡夫',以未證法身故也。"

自下明發願。既聞希有之法,復證法身,故發願生於極樂世界。如龍樹菩薩在此證歡喜地已,發願往生極樂世界。此亦如是。此經説上品上生正爲於此。若言"六地菩薩爲上品上生"者,云何六地菩薩報在穢國,發願生净土耶? 地前菩薩結業未盡,故生在穢國,所以在此發願生於净土。斯即文義昞然,不勞異釋。"生彼國已,得諸佛現前三昧"者,生彼國已,得諸根,常見諸佛,不假修習,方見故曰"現前三昧";侍女諸天既見夫人獲證,所以仰學勝流,並發菩提心也。

自下第三,次明流通分。文中有五:初、大德阿難請問持法;二、如來爲立經名;三、重讚修益;四、時衆歡喜;五、如來還歸。初二文可解。讚修益中,言"現身見佛"者,此明現在之益,由三昧之力,故現身必見佛也。故《華嚴經》云:"念佛三昧必見佛,念終之後生佛前。"此之謂也。下次舉劣顯勝。但聞佛名、二菩薩名,除無量罪,何况繫心憶念也。故《華嚴經》云:"若能須臾念如來,乃至一念功德力,因此永離三惡趣,智慧光明滅癡闇。"又云:"寧於無量劫,具受一切苦,得聞佛名號;不於無量劫,具受一切樂,不聞佛名號。所以無量劫,流轉生死苦,不聞佛名故。"即其義也。下次約喻顯法。"分陀利華"者,白蓮華也,此華世間最勝。念佛行者亦爾,於人中最勝也。復由常念諸佛菩薩故,二菩薩爲其勝友也。下明未來之益。由念佛功德故,未來必得菩提,坐於道場也。"諸佛家"者,佛家有二種:一者、生家,謂十王報;二者、法家,謂真如法身;由行者念佛,故隨念必生佛家,如人念生天中,隨願必得;此亦如是。"世尊足步虚空還耆闍崛山"者,前爲入王宫,故密現神通赴請,今現行威儀,欲令見者獲福。如來凡現行時,足恒離地四寸而輪相現。故《華手經》云:"佛行時,若有衆生觸其足者,七日受樂。如來右迴身時,地深八萬四千由旬,如輪旋轉。"《大集經》云:"如來入出城邑、村落、舍宅,足不蹈地,常行千葉蓮華之上。若有衆生遇觸佛影,七日安樂,無飲食想。捨是身已,生於善有。"此謂如來現行之益也。下明弘宣之益。如來既在王宫説法,所以不及餘人。尊者阿難別更爲衆弘宣。大衆聞之,皆歡喜也。

No. 2761《勝鬘》義記

[題解]

佛典《勝鬘師子吼一乘大方便方廣經》注疏，敦煌卷子中有斯2660一號，作者不詳，一卷。首殘尾存，四百零六行。尾題："《勝鬘》義記一卷。"《義記》將《勝鬘經》分作十五部分，逐章疏釋，分科較爲簡要，以疏釋義理爲主。《義記》中所載章名與《勝鬘經》原文多不一致，反映了古代注疏的自由風格。尾末有題記："正始元年(504)二月十四日寫訖。用紙十一張。《勝鬘師子吼一乘大方便方廣經》。寶獻共玄濟上人校了。"可知是北魏時寫本，屬敦煌寫經中年代較早的珍品。清代以前歷代大藏經未收，後被《大正藏》據斯2660號録入其第八十五册。今校注仍以《大正藏》本所據原卷斯2660號爲底本。

______[1]□□□(如來色)[2]無盡"，明應身無窮。"智□□□□(慧亦復然)[3]"者，明法身無盡也。"一切法常住"者，十力無畏等法也。"心過惡"、"身四種"者，釋所以得常立、心無諸惱、身無生老病死也。"知一切爾炎"者，漢言"境界"。"攝持一切法"者，是萬善也。除衆過惡者，達知法總備諸善法，具此三義，故得常也。"我久安立汝"一偈，是佛説。"我以作功德"，復是

---

① 首缺。

② "如來色"三字底本殘，今結合文意，據《勝鬘師子吼一乘大方便方廣經》[T12n353p217a24]補。

③ "慧亦復然"四字底本殘，今結合文意，據《勝鬘師子吼一乘大方便方廣經》[T12n353p217a24]補。

勝鬘説。前請護身，此護法。“即爲説授記”者，既有敬美之功，又復禮請，是[①]如來欲令修行萬善，故便記之焉。“自在王”者，記其因中之勝果，常作自在天王者也。“無量阿僧祇佛”者，記應待修行也。“號‘普光’”者，記名字也。“如來正遍知”者，記德號也。“無有惡趣”者，記國土弟子也。略記五事。

“受十大受”者，是第二經名也。上受是人，下受是法。人有能受，法有可受，故“受”爲名也。十名攝萬，故名爲“大”也。於萬爲略，於一爲廣也。十受大泮凡有二種：一者、自行；二者、化人。初五受及第十受是自行，中間四受是化人也。復有二義：一別，二總；九别，十總也。“以不愛染心”者，不捨疏逐親。“無厭足心”者，樂常説法。“無礙心”者，有請便説。“彼彼處”者，在在所也。“應折伏”者，威力制之也。“應攝受”者，濡語化之。“令法久住”者，二法調衆生，佛法得久住。“天人充滿”者，善趣增益也，爲此二利，不捨而化之。“忘失法”者，則忘失大乘人法。總以凡有五義：一名“正法欲”，二名“攝受正法”，三名“欲作大乘”，四名“波羅蜜”，五名“大乘”。造善之始，必得好欲之心；有欲心已，便攝受在已；攝在已已，欲持作大乘；作大乘已，知能到果；[□□□□][知能到果][②]已，知有運載。勝鬘自明必能具行成就五義，是以稱言“終不忘失”。欲明行人失善，是故從始失終，從終失始。中間次第，明其失義。忘失法者，明則忘失大乘者，此明失始忘終。所以不言欲者，以攝受之名在十受中故。明已，則舉之。“不決定大乘者則不能得攝受欲”者，此明失終忘始，中間總失。是次第失善五義，則失出世諸聖勝果，隨生入死，永爲凡夫。過之免甚事，若於是也。善是真理，故曰“正法”。可要在已，故曰“攝受”也。“隨所樂入”者，不能反流，隨受三有身曰“樂”。“越凡夫地”者，背聖受生，何能超越、過凡夫地也？“無量大過”者，失聖人之勝利，得凡夫之卑賤，故名“大過”也。“無量福利”者，衆善聖果也。修行十受，則便得之；失十受者，則入凡夫；故兩明也。“現爲我證”者，名雖有十，統攝萬善，女人卑弱，謂不能行，如來雖知，餘人有疑，自非現證，無以云也。“非義

① 是，録本訛作“乞”，今據底本改。

② “知能到果”四字底本、録本無，今據文意補。

饒益”者，惡果報也。“雨衆天華、出妙音聲”者，華、聲二瑞，應其所求[1]，現華明必行十受，現聲必成菩提也。“同其所行”者，斷疑見利，願同勝鬘行十受也。

“發三大願”者，第三經名也。初以十名攝於萬善，此以三名盡攝衆也。將欲歸一，是以損之。求善屬己，始宜言“受”。要期永劫，故名爲“願”也。初是自行，二是外化，三是護法也。“以此善根”者，是十受善也。“得正法智”者，智者知萬善之可崇也。“如一切色悉入空界”者，青黄朱紫，空界所攝；五戒諸善，三願所含；三願如空，諸善如色也。

“承佛威神説調伏大願”者，第四經名也。一名攝萬，須承旨乃曉。名雖無二，猶未即實。將明一乘之道，非易可宣也。常不輕善曰“調”，不生諸惡曰“伏”，一名攝衆曰“大”，永劫不捨曰“願”也。“真實無異”者，所説合理，又能必行也。“所謂攝受正法”者，出經名也。更無别法，故言“所謂”；有始有終，故有“攝受”；願之二名也。“久種善根者乃能解汝所説”者，隱一名而知萬善者，非久殖不悟也。“今説當説”者，三世如來皆説萬善，此明勝鬘説同諸佛，欲令人信，故積美也。“不得邊際”者，善理無窮，説何可盡？“智慧辨才亦無邊際”者，此明如來智能遍知，辨不可盡，非智□(?)[2]解(?)[3]窮也。“有大功德、有大利益”者，善是功德，人是利益也。得道塵數，善縛熾盛，“無邊際”義顯於此矣。

“更復演説”者，上已明體，今欲美況，此果之第二義也。“得一切佛法”者，是果法也。“八萬四千法門”者，是因法也。“雨衆色雨”者，此譬正法能出衆善雨，有青黄之色。善有萬種之異，上雨是法，下雨被人。“及種種寶”者，是果也。“雨無量福報”者，合果也。“及無量善根”者，合因也。“有大水聚”者，此明正法能有成益也。“大千界藏”者，喻大乘也。“四百億”者，喻二因二果也。“大界藏”者，合大千界也。“神通力”者，是無漏因也。“如意自在”者，是有漏善因也，或果之能，非可得亡也。“安隱快樂”者，是有漏果也。

---

① 求，録本訛作“取”，今據底本改。

② 此缺字底本不清晰，待考。

③ 解，底本不清晰，待考。

“出世間安樂”者，是無漏果也，合“四百億”説也。“劫成”訖“皆於中”者，創基有善，皆出正法，五戒十善是别，攝受正法總稱（稱總）[①]，故能出願（?）[②]。“又如大地”者，此喻人也，持法之人，能載負衆生，故如地也。“人天善根”訖“授與大乘”，此明持法之人能与[③]衆生有漏無漏善法因果也。“爲世法母”者，能以諸善生人天聖果也，明教師之能訖之於此。“又如大地有四寶藏”者，此喻明受法人也，一切衆生如大地，四種之人如四藏也。前喻明人有能化之功，此喻明人有能受之義。“如是攝受正法”訖“善男子、善女人”，舉前能化之人。“建立大地”者，舉前負載之人。“能得四種大寶”者，舉前持正法也。“授而與之”者，與三歸五戒乃至菩薩戒及説諸善因果也，如授七寶於藏中者也。“如是得大寶衆生”者，舉受法人也。“皆由攝受正法”訖“男子女人”，舉能化之人也。“得此希有功德”者，結與授法人也，此明法是寶義也。“大寶藏者即是攝受正法”者，此明“人”是“藏”義，應有“人”字，略而不説，明受法弟子義訖此矣。“攝受正法攝受正法”者，此是第三明法法相即。初句是能攝受之心，第二句還舉之。“無異正法”者，此明心不異法；“無異攝受正法”者，此明法不異心；“正法即是攝受正法”者，此明正法即心也。以知不異，故可印可，亦應以心印法，不異既可，印可知矣。“無異波羅蜜”者，出正法也。上雖玄説，未識其體，是故就事更分明之。文不異義，無異於上也。所以就六明其義者，此經大意，明菩薩行六波羅蜜是其所行也。“攝受正法男子女人”者，此明教師也。“應以施成熟”者，見有衆生可教行施也。“以施成熟”者，前者人受行法也，布施法也。“乃至捨身枝節”者，頭目髓腦也。始行之家，從易至難，初捨一糸一縷，中捨衣食國城，後捨妻子身命。越於初、中，故言“乃至”。自下五度，類皆如是。“將護彼意”者，能捨糸縷，教捨糸縷，乃至能捨身命，教命捨之也；若未能捨身之与[④]命，便教捨者，必不能行，無成人之美，不名“將護”也。“彼所成熟衆生建立正法”者，受行捨法也。“是名檀波羅蜜”者，明即義也。能受是心，行捨是法，二義雖異，其體不殊，

① 結合文意，“總稱”二字當是“稱總”之誤倒。

② 願，底本不清晰，録本此字疑有誤，待考。

③④ 与，録本訛作“以”，今據底本改。

即一之義，曉然可知。“一切論”者凡有五義論：一、内明論，善解佛法經論也。二、外明論，善解外道經出記論也。三、因明論，善解諸法相因而有也。四、聲明論，善解諸方言音有異也。五、工巧論，善解機關木人幻化呪術也。“一切工巧”者，知機關幻化也。“乃至諸事”者，善知所作之事好惡之所以也。

“承佛威神更説大義”者，第四明人法相即。人之與法，其體應異，今明即一，要須仰摧也。“攝受正法”，此一句明法也。“攝受正法者”，此一句明人也。“無異攝受正法”，此明人不異法。“無異攝受正法者”，此明法不異人。“攝受正法善男子善女人即是攝受正法”，上句是人，下句是法，以人即法也，亦應以法即人，義同前章。所以人法得相即者，五陰諸入乃至種智一一體别，是爲法也。五陰諸入，總爲人也。總别異故，有人法之殊，以别爲總，故得即一也。“捨三分善男子”者，明行善之人即是法也，故知正法非惡無記也。“生死後際”等者，未來之世，生死無窮，願得聖果與其齊量也。“離[①]老病死”迄[②]“如來法身”者，就極處爲言，佛有聖人之名，故有人義；體是善理，故有法義也。又一解，仰求佛果，能捨三分，是法也。餘二分類如此。“如是捨三[□][分][③]善男子”者，舉上人也。“攝受正法”者，即是法也，結人即法也。

“世尊！又善男子、女人”者，第五明其護法。“朋黨諍訟”者，四衆之人，各隨親舊，更總是非，作諸惡也。“破壞離散”者，不令諍訟也，或以善化，或以威力化之也。“以不諂曲”者，正類用直，何曲之爲？“不欺誑”者，惡則言惡，作善言善，何虚誑之也？“不幻僞”者，引譬况也，不如幻或(惑)，僞而不實也。“愛樂正法”者，欲令正法久住於世。“攝受正法”者，能持之也。“入法朋中”者，化諍訟人也，同行善人也。“之所授記”者，説行善人爲佛所記，諍訟之惡何可不捨也？“亦悉知見”者，略明如來有此五德，應知弟子必能護法也。未足之地，是以求證也。

---

① 離，録本訛作“雖”，今據底本改。

② 迄，録本訛作“記”，今據底本改。

③ 分，底本、録本無，據《勝鬘師子吼一乘大方便方廣經》[T12n353p219a8]補。

“大精進力起隨喜心”者，第六如來成其所説。懃行衆善，復名“精進”；欣其能示，故名“隨喜”也。“如大力士”者，此喻正法有大德力也。“少卑身分”者，用於少力卑人身也，如少善力令魔怖畏也。“我不見餘一善法”者，若以五戒求天人果報，四諦因緣求二乘果，不勉生死，魔所不畏；若知萬善皆歸於佛，懃不自者，此一一善能怖魔也。牛王喻者，以大勝小；山王喻者，以久勝始；亦可不必取於新舊，但能捨三，便勝不捨也。當以攝受三正法開示衆生者，此是如來勸誡勝鬘，從今至佛説法教化，令人修善，應用正法也。“如是大利”者，説益人義，一切衆生皆離諸惡也。“如是大福”者，具足萬善也。“如是大果”者，能成佛果也。所得義利不得邊際者，説便縛(授?)[①]與，行不可盡也。

“汝今更説”者，第五經名也。名真理正非學地所及，要須佛敕，乃敢説之，守體改名，言“更[②]説”也。“攝受正法者[□][是][③]摩訶衍”者，既蒙命旨，豈容不言？今[④]所言者，必願稱理。理廣言大，無所不苞，一乘之義，始得顯矣。“摩訶衍者，出生一切聲聞緣覺[□□][世間][⑤]出世間善法”者，從此訖“受具足故”者，明於因入也。將明於入也，先説於善出，若從此出還入是也。達池如大乘，八河如四因四果也，四人因善皆入大乘也。“正法往(住)[⑥]”者，佛法住世劫數多少也。“正法滅”者，正法滅已至像法也，像法滅已佛法都滅也。“爲大乘故説”者，法住法滅即是大乘，欲令二乘解知不異也。波羅提木叉三法也，比丘四法，義一名異；同能遮惡爲“義一”，比尼木叉爲“異名”也。又一新解，同是大乘名爲“義一”，木叉比尼二乘所行爲“異名”也。“即大乘學”者，明義一也，善理同歸，無大小别法也。依佛出家五法也，而受具足六[⑦]法也。“何以故”者，何以二乘木叉比尼即大乘也。下釋以佛得

① 縛，底本似作“授”，待考。

② 更，録本訛作“受”，今據底本改。

③ 是，底本、録本無，據《勝鬘師子吼一乘大方便方廣經》[T12n353p219b7]補。

④ 今，録本訛作“令”，今據底本改。

⑤ “世間”二字底本、録本無，據《勝鬘師子吼一乘大方便方廣經》[T12n353p219b8]補。

⑥ 《大正藏》出校“往＝住?”疑“往”爲“住”之訛字。按：敦煌寫本中“亻”旁、“彳”旁相亂，此“往”當爲“住”之訛俗體。

⑦ 六，録本訛作“亦”，今據底本改。

成出家，故知木叉即大乘也。次何故者，何以二乘無有别法可依出家也。釋意以依佛法，知無别法。若二乘人别自有法，云何乃依大乘佛法也？“阿羅漢歸依於佛法”訖“去涅槃界遠”，明於果入。昔言二乘有究竟法，考尋其實，方須仰求，廣涉修塗，向佛究竟，是以二果入一乘也。“有恐怖”者，昔言無學[①]，衆惡悉除，猶有怖懼，知惡未盡也。“何以故”者，何以有怖也。“於一切無行”者，釋有怖意也，雖無分段生死惡行，猶住怖地，知未盡也。“如人執劍”者，引事爲况也，天魔如人，生死如劍，二乘如己[②]也。“無究竟樂”者，二乘猶恐怖之苦，所得樂者少分未足也。“何以故”者，何以非是究竟樂者。“世尊依不求依”，釋所以“非是究竟”之意。世尊無畏，以物作依，自不求出依；二乘有畏，求依如來，不能以物作依處也。“如衆生無依，彼彼恐怖”者，引喻以况之也。人不依王，子不依父，人天五道不依於佛，終由[③]有畏，處處無歡也。“有餘生法不盡故有生”者，明二乘四智未是究竟，以不究故入一乘也。變易猶存，云何得言無生智乎？“有餘梵行成故不純”者，未得如來大般涅槃名“餘梵行”，二乘涅槃惡猶未盡，不得名爲“純净法”也，釋非究竟無餘智也。“事[④]不究竟當有所作”者，方須修行，不得名爲“盡智”也。“不度彼故當有所斷”者，無明住地此結須除，不得名爲“無作智”也。阿毘曇人略明二智：盡智，無生智也。此經四智者無有異也。彼以因果合説爲二，此以因果别故爲四也。“不成就一切功德”者，釋有生句。“有量功德”者，釋不純句。“不思議功德”者，釋有所作句。“有餘過”者，釋當有所斷句也。言“阿羅漢辟支佛”訖“第一義乘”，解釋所以入一乘意。文義區别，凡有八種：一、明生死未除；二、明煩惱不盡；三、明受生法異；四、明所知未周；五、明所得未足；六、明所斷不同；七、明二智玄殊；八、明三寶别也。從言“阿羅漢辟支佛”訖“故説不受後有”，明生死未除。二乘之人雖無分段，猶有法身，變易生死，滅此變易，非一乘不能，是故應入一乘中也。從“非盡一切煩惱”訖“最爲大

① 學，録本訛作“舉”，今據底本改。
② 己，録本訛作“已”，今據底本改。
③ 由，録本訛作“曰”，今據底本改。
④ 事，録本訛作“即”，今據底本改。

力”，説煩惱不盡。二乘之人雖斷三界四住煩惱，猶有無明住地煩惱，若欲斷者，功由一乘，有而須除，故知入也。從“世尊又如取緣”訖“即是無明住地”，説受生法。二乘之人雖無四取有漏善業，猶有無明住地爲緣，無漏善業以之爲因，生其法行，變易生死；除此生死，一乘之力，故須①入也。從“世尊，阿羅漢辟支佛最後身菩薩”訖“修有餘道”，説所知不周。二乘之人雖知三界四諦法，總未知三界外四真諦，若知彼諦，一乘乃究，故須② 入③一乘也。從“是名‘得少分涅槃’”訖“一味等味”，謂解脱味所得未足。二乘之人經教言得無餘涅槃，所得實是有餘，少分得無餘者，由行於一乘，故知須④ 入一乘中也。從“世尊，無明住地不斷不究竟”訖“一向記説”，明所斷不同。二乘之人已斷三界四住煩惱，成阿羅漢果；菩薩斷除無明住地永盡，究竟得成佛果。聲聞辟支必趣⑤佛地，故須⑥ 入也。從“世尊不受後有，智有二種”訖“無邊不斷”，説二智玄殊。二乘之智知分段死盡，如來能知變易死盡；分段死盡非“究竟智”，一切死盡名“究竟智”；二人自知修學一乘，仰求佛智，故須⑦ 入也。從“世尊，如來無有限齊時住”訖“第一義”，明三寶各别。二乘所依三寶所體别，復是無常；菩薩所依三寶一體，又復是常。二乘之人必依體一常住寶，修行一乘，求常住體，故須⑧ 入也。“觀察解脱”者，自見勉離四住煩惱，分段死生。“四智究竟”者，我生已盡，行立作辨，不受後有，此四智也，分段死者盡，故得此四名也。“蘇息處”者，無分段死，故曰“蘇息”也。“爲餘不了義説”者，昔言二乘無餘究竟，此是方便引物之釋也。“分段死”者，三界結縛，不得自由，壽命長短界地同也。“不思議”者，法身無縛，隨意住（往）⑨生，變化無方，下愚不惻（測）也。“虚僞衆生”者，不知四諦，無無漏真智也。“意生身”者，知變神化，念念不信也。“以分段死故”者，“以”下應有“無”字也。“我生已盡”者，無分段死，受“四智”名也。明義訖故，是以結之。“煩惱有二種”者，一是四住，二是無明住地煩惱也。“謂住地煩惱及起煩惱”者，自此以下，

①②④⑥⑦⑧ 須，録本訛作“復”，今據底本改。

③ “入”字後底本及録本有一“也”字，當係誤增，今據文意删。

⑤ “必趣”二字録本訛作“趣必”，今據底本改。

⑨ 結合文意，此處“住”當爲“往”之省筆俗體。

字名“煩惱”，義有其五：[□][一][1]名“四住地”，二名“起煩惱”，三名“恒沙”，四名“爲上”，五名“無明住地”。名雖有五，體實有二：四住已起，是名異體一；無明住地，是其二也。“恒沙”以上，二惱[2]通有，體界别故，有其四名。永劫未除，故名爲“住”；能生後心，名之爲“地”；經心現在用，名之爲“起”；體衆念名“恒沙”；能感諸法，名之“爲上”也。非心起故，名“不相應”；尋不覩故，名“無始”；不識真理，稱曰“無明”；曠劫來有，字之爲“住”；能生不絶，故名爲“地”也。亦以體多，名爲“恒沙”；或諸法故，名之“爲上”也。“無明住地”者，是煩惱習也。闇障八地至于十地，名爲“無明”；法身大士，但斷不起，名“不相應”；四住地後斷，名之爲“住”；以微在故，還能生麁，故名爲“地”也。又一解云：是三界四住地結過去世者，不可逕心起現在用也。又復一解言：衆生之始，必有神慮；慮有明昧，法有麁細；麁細之法，悉皆應知；以心昧故，遂得及麁；一切麁法，非心所緣，性[3]此不知，名爲“無明”；不經心慮，名“不相應”也。“最爲大力”者，“大”有二種：一、以難斷；二、是或(惑)本。所以授之，欲令人厭也。“此三地”者，三乘地也。“彼三種意生身”者，未來無量也；過現已有曰“此”，方將未受曰“彼”也；不同以異，明受生前也。“佛[4]地所斷”者，所以説“斷”者，明佛已斷故受生，三人未除故有生死也；晝(?)[5]然無處，“佛地”得名也。“無漏不盡”者，三人雖能無去，結漏未得即盡，故下文出之，即是無明住地也。“於彼彼法”者，是無邊聖諦也，猶在分外，又非是一也。“所應斷者”者，是無明住地也。“名有餘過解脱”者，無分段死，所得之處未能永除也。“有餘清净”者，雖四(?)[6]住，未斷無明住地煩惱也。“成就有餘功德”者，雖得十智諸善功德，未得種智等也。“知有餘苦”乃至“有餘道”者，先明所得三事有，餘次便説其所知不周也。“是名‘得少涅槃’”者，滅除四住，分

---

① 一，底本、録本無，今據文意補。

② 惱，録本訛作“總”，今據底本改。

③ “性”字費解。此字底本不清晰，待考。

④ 佛，底本、録本作“八”，今結合文意，據《勝鬘師子吼一乘大方便方廣經》[T12n353p220a22]改。

⑤ “晝”字費解。此字疑有誤，待考。

⑥ 四，底本不清晰，待考。

段生死，得名“涅槃”；體未滿足，名爲“少分”。“知一切苦”者，麁法苦也。三諦同爾。“所以明知”者，智所周悉，所得涅槃必是滿足也。“無常壞世間”者，生死果報也。“無常病世間”者，生死因也。“得常住涅槃”者，得佛滿足究竟涅槃也。“於無覆護世間”者，不免四魔也。“無依世間”者，生死之人不可依也。“何以故”者，何以如來能護可依也。“法無優劣”者，十力無畏，同無高下。“智慧等”者，種智、無生智、自然智無差别也。“清净等”者，同無煩惱也。“解脱等”者，無生死。“一[①]味等味”者，滿足之地無勝如之異也。“謂解脱味”者，無累處齊，故言“等”也。“若無明住地不斷不究竟者”，將欲明斷，先説其過。“不得一味”者，不得佛解脱味也，是一過也。“應斷不斷”者，無明諸惑未得滅除，是二過也。“應得不得”者，不得萬善也，是三過也。“應證不證”者，不得證成佛法身，是四過也。“是故無明住地積聚”者，集上衆過也；又没無明，體有衆多也。“生一切修道”者，修諸無漏也；此明能斷之智也。“斷煩惱上煩惱”者，此説所斷也。“上煩惱”者，或障神慮，不合明净也。“止”是四依立止觀境之智，“禪”是四禪諸定，“正受”是四正受，“方便”是涉求之智，“智”是實智，“果”是人天三果道果。“得”是人天三乘之因，有成[②]果力，故與“得”名。“力”是十力，“無畏”是四無畏也。“一切皆是無明住地之所建立”者，此明煩惱相生之由。此經大意，以無明住地是衆結之原，凡生之法先細後麁，斷結之道先麁後細，以此二義，得知無明住地生四住地也。“無明住地自相生”者，金剛所斷以之爲細，下至八地所斷爲麁，是以一豪有生下也。“一切上煩惱起，皆因無明住地，緣無明住地”者，上煩惱者通在四住及無明住地，於四住地遠故爲緣，於無明住地近故爲因也。“心不相應無始無明地”者，欲明斷故，稱其名字。“所持所建立”者，稱説其過也，一切煩惱四住恒沙起與無明也。“上煩惱”者，或諸法略説二，除則五悉滅也。“所得諸法通達無閡”者，善解一切諸法理也。“離一切過惡”者，無煩惱生死者也。“得一切功德”者，萬善備具也。“法王法主”者，無明住地既斷滅已，則能具

① 一，底本、録本作“三”，今據《勝鬘師子吼一乘大方便方廣經》[T12n353p220b12]改。

② 成，録本訛作“或”，今據底本改。

備此三種義也;既具三義,即得成佛;絯(晐)[1]法爲王,勝物爲主也。“而得自在”者,獨足超勝,不爲物屈也。“我生已盡”訖“不受後有”,此明如來具足四義,無餘究竟,至極圓滿,非如二乘有餘不足。“是故世尊”訖“一向記説”,結明上來佛是究竟,二乘未足當理,無虚定實之説,始可得稱“無畏之言”也。“不受後有智有二種”者,此明二果,如來之智俱得名爲“不受後有”也。“謂如來以無上調御”者,此下説師子吼、明如來智也,十號之中略説二也。“降伏心過四魔”者,除惡悉盡也。“得如來法身”者,所得滿足也。“一切爾炎”者,是境界也;此明所知諸法因備。“於上更無所作”者,在佛地已,更不修萬善也。“無所得地”者,至足究竟、更無所求也。“無閡智觀”者,是一切智也。“不由於他”者,是法悉知,没何所諮也。“度生死畏”者,明二乘人不受後有智也;除分段生死,故名爲“度”。“不更受生”者,名“不受後有”也。“次第得解脱樂”者,分段除已,次得有餘涅槃也;又一解,二乘微樂,與如來樂作次第也。“得不受後有觀”者,是智人異名也。“第一蘇息”者,始得免難,初分段死,第一少樂未得,常去大樂也;又一解,二乘自謂第一勝法也。“處涅槃地”者,説蘇息處地。“彼先所得地”者,如來初説四諦之時,教二乘斷三界四住結盡,捨後邊身,得無餘涅槃。昔來明此謂爲實,名“先所得地”;及至明處,猶有念念變易生死,便自覺知是有餘地,應當得無上菩提也。“何以故”者,《勝鬘》釋其應解之意:三乘既一,窮自行之,何容不知也。“即是佛乘”者,此明自智得佛之意。“即是涅槃界”者,道尊超勝,名曰“菩提”;衆累悉除,名爲“涅槃”;備應衆求,種曰“法身”;三義雖異,其體一也。“則究竟一乘”者,得佛法身,乘力便息,故知二乘未是極稱也。“無異如來,無異法身”者,此明如來法身一也。“得究竟法身者[□][則][2]究竟一乘”者,舉二句欲明無邊不斷也。佛體常住,應現十方,名曰“無邊”。無念[3]盡滅,故名“不斷”也。“如來無有限齊時,住後際等住”者,此二明法體常。“無限大悲,無限安慰世間”

① “絯”此當讀爲“晐”(二字均音古哀切)。《説文·日部》:“晐,兼晐也。”《廣韻·咍韻》:“晐,備也。”俗借“該”、“賅”爲之,猶言完備地掌握,亦即通曉也。

② 則,底本、録本無,據《勝鬘師子吼一乘大方便方廣經》[T12n353p220c25]補。

③ 録本此處衍一“念”字作“念念”,今據底本删。

者，此二句明化被無窮。“是名善説如來”者，稱説如來化被無窮者，得佛之實，故名爲“善”；若説如來化盡雙樹者，失佛之實，不得名“善”也。“無盡法常住法”者，稱説如來體是常住者，亦得爲佛實，得爲“善”也；若説如來壽盡雙樹丈六身者，不名爲“善”也。“一切世間之所依”者，法身常而能實被知，依此者爲最真實也。二乘昔來歸依丈六，應現化佛，以之爲實；今説法身常住之佛爲大士，故知二乘未歸真佛也。“是故未度世間”者，生死未除也。“無依世間”者，善未滿足，故無依也。“與後際等作無盡歸依”者，如來法身盡未際，常與衆生作歸依處，常住歸依處。“常住歸依”者，謂如來等正覺者是法身佛也，出真依體，明常住佛寶訖於此也。“法者即是説一乘道，僧者是三乘衆”者，此明昔説法僧不真，萬善爲法寶，三乘人以爲僧寶；此明是二乘昔來所依也。“非究竟歸依”者，未乞常住一體法僧也。“名少分”者，雖曰“無常”，是聖故可暫依也。“何以故”者，何以少分者也。“説一乘道法，得究竟法”者，釋法是少分，與究竟作因，故知少分也。“於上更無説一乘道法”“得究竟法事”者，於佛地上更無所求也。“三乘衆者有恐怖”者，釋僧是少分，生死未除，煩惱未盡，求出衆惡，修行萬善，向無上道，故名“少分”也。是故二依境是有限，依辨結法，僧是少分也。可盡之法，可捨之聖，名“有限”也。“若有衆生如來調伏”，明爲二乘説於昔日三歸之如來初現化也，邪衆生令信三寶也。“歸依如來”者，丈六佛也。“得法津澤”者，受行佛教也。“生信樂心”者，信有善法及聖人也。“歸依僧”者，受持二歸也，一乘爲法、三乘聖爲(爲聖?)[①]僧也。“是二[②]歸依”者，稱法僧也，舉此二歸明於歸佛也。“非此二歸依是歸依如來”者，上稱此非者，欲明昔歸法僧之人歸於丈六，不知歸於法身如來也。“歸依第一義者是歸依如來”者，法身常住，名“第一義天”也；若知歸此，真歸佛也。“此二歸依第一義是究竟歸依如來”者，此二歸依法僧之人者，知歸依法身即歸一體佛法僧也。“何以故”者，以歸佛便得法僧也。“無異二歸依”者，體既無別，歸一得二也。“如來即三歸依”者，大覺名“佛”，可軌名“法”，體常和順、故名爲“僧”也。佛地圓滿，故備此三學地，

① 結合文意，“聖爲”二字似爲“爲聖”之誤倒。

② 二，録本訛作“三”，今據底本改。

未足别體受名也。二乘知昧，爲説麁顯體别三歸；菩薩知明，爲説法身體一三寶也。“何以故”者，何以體一而有三名也。“説一乘道法”者，釋所以三意：乘體是一，隨人説三也。所以引此，凡有二意：一、以證義；二、以歸宗也。“如來四無畏”者，此明如來達解無礙，故能隨人於一説三。“若如來隨彼所欲而方便説”者，此明如來不妄説法：人好不同，方便説法；人好不同，方便説三耳①。“即是大乘”者，乘名雖三，體實一大也。“無有二乘”者，無二乘法。“人於一乘”者，既無别法，豈得不入此學②之（而）③稱“無歸”？此文“一乘者即第一義乘”者，唯或法身，更無異趣也。

“聲聞緣覺初觀聖諦”者，第六經名也，聖諦之始也；將明諦有精麁，先辨智有明昧；諦既精麁，學亦有漸；始觀麁諦，名之爲“初”也。“以一智斷諸住地”者，一切斷結智同一無礙，故名“一智”也；又一解，觀一滅諦，斷結智也。“以一智四斷知功德作證”者，一切證結盡智同一解脱名也；又一解，觀一滅諦，證結智也，亦善知也。“此四法義”者，分明了了，見四真諦也；又一解，欲觀滅諦，須先觀四也。“無有出世間上上智，四智漸至及四緣漸至”者，明佛智滿足，無漸增進。“世間”有二：一、分段身；二、變易法。如來已離，名之爲“出大士”；二乘在凡夫上，如來復勝，故名“上上”也。捨苦觀習，乃至捨滅觀道，境智異時，故名爲“漸”。如來一智，圓照諸法，不名“漸至法”。“是出世間上上智”者，前明非漸，此明圓照也。“金剛喻者是第一義智”者，此明斷結，不同二乘，種智大解，滅一切或（惑）。“非聲聞緣覺”訖“第一義智”，此明二乘不斷無明住地煩惱，始觀三界麁四聖諦，不得“第一種智”之名也。“以無二聖諦智斷諸住地”者，此明佛智也；唯觀無作，更不慮作，故言“無二”；四住無明，一切都盡，名“諸住地”也。“非聲聞緣覺境界”者，佛地幽微，非二乘所及也。“不思議空智”者，法身難測，不思議也；衆患悉除，爲“空智”也。“是究竟智”者，累盡智周，寂然無事。二義以訖，是以結之。“初聖諦智”者，

---

① 耳，録本訛作“了”，今據底本改。

② 學，録本訛作“章”。此字底本實作“斈”。《篇海》：“學，俗作斈。”兹據改。

③ 清吴昌瑩《經詞衍釋》卷九：“之，猶而也。”《淮南子·原道》：“待而後生，莫之知德；待之後死，莫之能怨。”前言“待而後生”，後言“待之後死”，“之”即“而”也。

二乘之人見理不周，除患未盡，方須涉求，向無上道，結二乘智也。“聖義者”訖“名之爲聖”，此明二乘聖名未真，功德薄少，故言“有量”“少分”也。“聖諦者非聲聞緣覺諦”者，已明聖名未真，今明知諦未盡也；無作無邊，二乘未解也。“非聲聞功德”者，盡道是善，能生善也。“初始覺知”者，始成佛時方得知盡也。“開示演說”者，爲未知者說使解也。“說甚深義，微細難知”者，有爲諸法，事相衆多，隨類麁細，可有其二：一者麁顯，二者微細。三界結縛，名之爲“麁”。此法受切，名爲“麁苦”，能生名“習”，斷處名“滅”，觀知名“道”。爲二乘人說此四也。不繫三界八住，乘法身以上，至金剛心所觀諸法，名之爲“細”也。此法受切，名爲“細苦”，能生名“習”，斷處名“滅”，觀智名“道”。佛地無爲，亦入滅諦，理深義遠，自非大士，無由得知，不以空無微細也。“非思量境界”者，不以二乘可思議智作境界也。“是智者所知”者，除四住結，智惠(慧)憎(增)①明，乃能解也。“一切世間所不能信”者，轉迴六趣者，不能知有無作諦也。“此說如來甚深之藏”者，佛性之異名；體不改變爲“性”，備含衆德爲“藏”；滅諦所攝，故以釋之也。

“如來藏者是如來境界”者，第七經名也，唯佛明了耳。

“若於無量煩惱”者，第八經始也，諸煩惱積聚爲“藏”也。“所纏如來藏”者，衆生佛性也。“法身亦無疑惑”者，如來佛性者，能信或(惑)累衆生有大明之性者，必能信知無或(惑)之解者有大明也。“於說如來藏”訖“及方便”者，於二性無疑者，必能方便爲人說也。“此則信解，說二聖”者，解有二性，能解二種諦也；知作諦者名“衆生佛性”，解無作諦得“如來佛性”；既知性有二種，必能知諦有二種也。“如是難知難解”者，此下解釋二種諦義也。“作聖諦義”“無作聖諦義”者，可學名“作”，不可學名“無作”，“教無教”之異名。“是說有量四聖諦”者，三界因果各有定期，名爲“有量”也。“非因他能知一切苦”“說一切道”，此一解由於佛②教得知三界少分四諦也，非是自解智慧之力知於一切無作四諦也。“有有爲生死”者、“無爲生死”者，諦既有有，生死亦然；凡夫輪轉，未斷煩惱，名爲“有”也；二乘已斷三界四住，名“無爲”也。

---

① 憎，此處當爲“增”之借字。“智慧增明”乃佛經习语，例不贅舉。
② 此字録本作“教”，底本實作“厶”，乃“仏(佛)”之訛省俗體。玆據正。

涅槃亦二種"有餘及無餘"者,分段生身名"有餘"也。"能以自力知一切受苦"訖"受滅道得法身"者,智慧轉明,自解力多,師承義少,究竟明見四諦理盡也。"如來説四聖諦"者,名同理順,故守其四;隨法麁細,故有其八也。"如來應等正覺事究竟"者,無作之理,唯佛能盡,非是二乘所能究也。"何以故"者,何二乘不於無得究竟也。"非下中上法得涅槃"者,釋所以也。二乘若得無作究竟所得涅槃,應同佛無餘無下中上。若以聲聞爲下,緣覺爲中,佛爲上者,故知二乘不得同佛觀無作諦也。何以如來説事究竟?此明如來何以故能於無作究竟,以一切如來者諸佛也。"知一切未來苦"者,知一切法也。未來難知,二世易解,是以不别一切煩惱。"所攝受一切集"者,四住恒沙起及無明爲"一切"也,一切盡是集諦法也。"滅一切意生身陰,一切苦滅作證"者,意生身盡,分段亦除,在後滅故,就之立言也。"非壞法故,名爲'苦[①]滅'"者,非是分段,意生變易,無常破壞,念念生滅也。"所言苦滅者",是常住滅也。"無始"者,不始生也。"無作"者,非造作也。[②] "無起"者,動也。"無盡"者,無終滅也。"離盡"者,無盡相也。"常住"者,湛然也。"自性清净"者,無諸惡也。"離一切煩惱藏"者,略説一患也。"過於恒沙不離"者,此明佛性也,未免生死也。"不脱"者,未免煩惱也。"不異"者,未與世間超然殊别也。"不思議佛法"者,是佛性也。明佛性訖。"説如來法身"者,行滿惡除,種智現用,此明法身也。"不離煩惱藏,明(名)如來藏"者,此明性也,衆生佛性未是累表也,所以在法身文中説衆生佛性也。欲明衆生佛性如來佛性體同無異,所以衆生當有如來已有,故有種也。"如來藏智"者,如來佛性也。"是如來空智"者,無生生煩惱一切相累,直舉前句,爲明此義。"如來藏者",復舉此句者,欲明三乘行人未見未得也。

"有二種"者,第九經名也。"如來藏"者,衆生佛性,是一種也。"空智"者,如來佛性,是二種也。"空如來藏"者,若離説(脱)[③]一切煩惱藏,此解空

---

① 苦,録本訛作"共",今據底本改。

② 此處底本及録本另有"無作者非造作也"數字,與前句重復,當係誤增,今據文意删。

③ 《大正藏》出校"説=脱?"疑"説"爲"脱"之訛字。今謂"説"一音"他栝切",乃"脱"之常見借字,例不贅舉。

智也。“不空如來”訖“不思議佛性法”，此明衆生佛性也。“此二”者，此上二種性空智。“諸大聲聞”者，無四住分段爲空智也，菩薩有大心聞一乘也。“能信如來”者，大士明智能信佛説二種佛性也。一切阿羅漢説境界轉二乘之人，雖無四住分段生死，於四無作諦未能照了，於二種佛性亦未能解也。“本所不見”者，二乘大殊，能解無作諦二種佛性也。“本所不得”者，無無作在心而行也，未得佛性用在己[1]也。“一切苦滅，唯佛得證”者，衆苦悉除，唯佛能爾也。湛然常存，此可名爲“真滅諦”。“修一切苦道”者，此結道諦也，斷煩惱盡，須具智慧，道諦滿足者無過佛地。

“三是無常一是常”者，第十經名也。“非第一義諦”者，以常住者爲第一義，三諦無常，故言“非”也。

“一苦滅諦離有爲相”者，第十一經名也。“過一切衆生心識所緣”者，凡夫無智，何能得知也？“亦非阿羅漢辟支佛智慧境界”者，二乘智劣，未能解了。“譬如生盲”者，以凡夫作況，未有無漏觀滅智也，不見衆色，青黄赤白如滅諦也。“七日嬰兒”者，唯二乘也，得無漏智如嬰兒之目開也。“不見日輪”者，雖知作滅，未達無作，如盲見無明未分，曰“非”曰“異”。“凡夫識者二見顛倒”者，此明凡夫如盲意也，一計斷常，二有四倒也。“則是清净”者，此明二乘見滅不圓也。“邊見”者，釋二見也，計斷計常，不無中道也。“於五受陰”者，列生見處也。“我見”者，以五陰爲我也，妄相計著，實非真我，妄計爲實也。“生二見”者，於此我上，生二見心。“是名邊見”者，以此二見，名爲“邊見”也。“所謂常見斷見”者，列二見名也。“見諸行無常”者，釋斷見也，見五陰暫死，便謂永滅。“非正見”者，實非寂滅，故言“非”也。“見涅槃常”者，五陰暫有，便謂常存，以爲涅槃也。“非正見”者，無常言“常”，是以言“非”也。“妄相見故”者，皆是虚妄，非真見也。“於身諸根”者，五陰六情也。“分别思惟”者，知是五陰六情也，現在佛見壞也，於現五陰見死壞也。“於有相續”者，此死彼生也。“不見”者，或生他方，或得聖道，不見此故，便言“永滅”也，起斷之由，因於此也。“於心相續”者，欲明常見，先明心體，是無常也；人天六道，心心相續，此滅彼生，念念不住。“愚闇不解”者，無明凡夫，不

[1] 己，録本訛作“已”，據底本改。

知相續也。"不知刹那間意識境界"者,不知心是念念生滅也。"起於常見"者,不知念念計以爲常也。"若過若不及"者,心實無常,便言是"常",過於心實者,心滅更生,不見後續,便謂一心,常存不改,名"不及"也;陰雖未盡,便謂已盡,過陰實也,滅已更生,而不能見,名"不及"也。又一解,心是無常,計爲是常,名爲"過"也;五陰相續,不知更生,名"不及"也。又一解,五陰相續,便謂永滅,過相續理也;心體念念,此滅彼生,不知後念,便謂一常,名爲"不及"也。又一解,計斷常人,皆是過失不及之事也。"顛倒"者,稱名欲釋之經少字。"衆生於五受陰,無常常相"訖"不净净相",倒四倒也。"一切阿羅漢"者,釋二乘人見滅諦不圓也,於一切境界無作滅諦,諦以種智爲境界。"及如來法身"者,法身無爲之入滅諦也。"本所不見"者,二乘昔來始習觀作,未能觀於無作滅也。"或有衆生信佛語故,説净波羅蜜",此明菩薩能信解知無作滅也。"是名正見"者,法身之體,常樂我净。作如是解,可爲真正也。"真子"者,見正理而成聖弟子中真也。"得法餘財"者,於無常三乘言教之中,乃得聞於常住大乘也,將知此經必在《法華》、《涅槃經》前也。"世尊净智"者,此明二乘必能解知無作滅諦,無四住煩惱,得爲净也。"尚非境界"者,二乘始於斷三界四住,猶有結業,後邊身存,爾時未能觀無作諦也。"况四依智"也(者?)[1],觀四作諦生死智也,以上况下耳。"何以故"者,何以作諦智,不智無作諦也。"三乘初業不愚""於彼義當覺當得"者,釋所以不知者也。捨後邊身,得變易法身,便得知生死未盡,觀諦不周,更應觀諦,修諸善行,向佛涅槃。如來方便引至此處,令其生解。昔未來知,今始解悟,故名爲"初";解自在心,名"不愚"也。未則圓解,故言"當覺"。將來必成無爲法身,名"當得"也。"爲彼故世尊説四依"者,爲二乘人解無作諦,是以先爲説作四諦也。"此四依者,是世間法"者,還欲結成常住一依也,四諦有爲不免三世也。此句總漫,未有所執,甄一依也。"一切依上(止?)[2]"者,還昔上句出滅諦也,苦

---

① 結合文意,此處"也"似當爲"者"字之訛。

② 結合文意,此處"上"當爲"止"字之訛。《勝鬘師子吼一乘大方便方廣經》[T12n353p222b2]即作"止"。

習道諦爲一切也，滅諦爲一依也，無作無爲勝三言上也。“一切依上（止？）”[①]者，直舉前句。“出世間上上”者，作滅聖諦，在凡夫上，無作復勝，稱爲“上上”也。“第一義依”者，常住湛然。“所謂滅諦”者，列名也。

“生死者依如來藏”者，第十二經名也。有爲生滅生死也，無爲常存爲藏也。此明衆生俱有二法藏，方明顯生死將除，義不久存，故依藏也。“以如來藏故，説本際不可知”者，非始造終成□知端者也。“有如來藏，故説本生死，是名‘善説’”者，若言衆生有藏生死，此説爲“善”也。“生死生死”者，前列後稱也。“諸受根”者，釋生者死，五陰六情一時滅壞也。“次第不受根起”者，自死之後，未更受生。“是名‘生死’”者，解生者死訖，故結之。“生死”者欲明死者更受後生，故先列也。“此二法是如來藏”者，凡夫衆生有生有死，名爲“顛倒”也。此章之初説諸衆生俱有二法，意在於此。“世間言説故，有死有生”者，言如來藏是生死者，此是世間愚人之言，非是聖語也；又復一義，世間諸法可説生藏，是出世無爲之法，無生死也。“死者諸根壞，生者新諸根”者，還明死者更變後生也。生者之死，死者更生三世，玆云無常之事現也。“非如來藏有生有死”者，藏體湛然，無六情諸根，真實常住，非生死法也。“離有相常住不變”者，藏體如是，故無生死。“是依是持[②]是建立”者，超然像表者如來藏也。如來能以衆生作歸依處，堅持獨立，物不能沮（阻）也。“不離不斷”訖“不思議佛法”，明衆生佛性也。“斷脱異外”訖“是如來藏”，明如來佛性；煩惱爲“斷”，無生死爲“脱”，出三界爲“異”，非念念故非有爲；以上四絶爲“外”也，“外”字應在後。有爲法下一段，藏體真實訖之此也。“若無如來藏者，不得厭苦樂求涅槃”者，此明佛性有益，於人佛性之體常樂我净。生死之法，苦惱衆多，受之既久，生厭患心，求覓樂法，欲以自安，由有佛性，得生此心也。“何以故”者，何以有衆苦也。“於此六識及心法智”者，釋有多苦也；心是主故，名爲“法智”也。“刹那不住”者，念念成形，苦則衆多也。“不種衆苦，不得厭苦，樂求涅槃”者，勢極則反[③]，理數使然，此明佛性能生厭

---

① 結合文意，此處“上”當爲“止”字之訛。參前注。

② 持，録本訛作“時”，今據底本改。

③ 反，録本訛作“及”，今據底本改。

苦心也。如來藏者,無前際不起不滅法也。非三世攝,前際爲未來,不起爲現在,滅爲過去。體是常存,令人樂求。"世尊如來藏者,非我,非衆生,非命,非人"者,此明佛性常寂真實,不如外道所計我人衆生壽命虚妄常也。"如來藏者,墮身見衆生"者,計斷常人也。以五陰爲我,復名"身見"也。"顛倒衆生"者,是四倒人也。"空亂意衆生",是二乘人也,無四住分段爲"空",謂爲小乘涅槃爲"亂"也。"非其境界"者,上三種人或(惑)累未除,不以佛性爲境界也。

"是法界藏"者,是第十三章經名也,十方不共慈悲等也。"法身藏"者,佛性身也。"出世間上上藏"者,無爲常住也。"自性清净藏"者,體非惑累也。"而客塵煩惱上煩惱所染"者,煩惱可盡,故言"言(而)[①]客",障心不明爲"染"也。"刹那善心非煩惱所染"者,煩惱以闇惑爲體,心以慮解爲體,雖曰同處,恒自失承也;又一解,善心以住煩惱始生,初不同時,向得相染也。"然有煩惱,有煩惱染心"者,雖不同時,未能相免,假名之道,故有染也。"自性清净,心而有染"者,迮事既爾,達理可知。衆生雖有清净佛性,未免煩惱,名爲"染"也。"難可了知"者,净不應染,染不應净,説言"清净",有言有染,言隱理玄,非是學地所能解也。"如實知見"者,佛具五眼,一切種智,衆善所歸,達解諸法,乃能知耳。"問於佛時",諮佛取定,以之爲"問"。"如是如是"者,向諮今可,明其不謬也。"唯信佛語"者,大士利智,得後受行;二乘智劣,信而未解。"隨信信增上"者,上品信忍也。"隨順法智"者,順忍人也。"而得究竟"者,具上二忍,信有佛性,不没退轉也;觀察諸法,施六根也。若知學地有此觀智,當知佛地必有佛性大明智也。"觀察業報"者,若知學地有因有果,亦能解知有佛性果萬善因也。"觀察阿羅漢眼"者,小乘經云羅漢無眼,今見有眼,知非究竟,必有佛性常覺不眠也。"觀察心自在樂"者,得自在者,心則受樂,三禪之中亦有樂根,故知必有佛性之樂也。觀察聖自在通者,若三乘聖人學地常有,自在神通,故知佛地必有佛性大神通也。"是究竟者入大乘道",染信佛性不退轉者,則能具修萬善向佛也。"因信如來者,得如是

① 此字底本於前一"言"後施一重文號,録本作"言"。然比勘上文"而客塵煩惱上煩惱所染"一句,此重字當爲"而客"之"而"字。兹據正。

大利益，不謗染義”者，因由信佛語，知有佛性，復得解知大乘之道不没言非也。

“更有餘大利益”者，第十四經名也。佛去世後，降伏惡人，令法等流一切信行也。“離自毁傷”者，不謗大乘也。“生大功德”者，生大乘法也。“自成就甚深法智”者，無生忍人也。“隨順法智”者，順忍人也。“仰惟世尊”“唯佛所知”者，信忍人也，此三忍人聞佛性大乘則能受行也。“諸餘衆生”者，此下明於非法人也。“堅著妄説”者，説有三乘因果各别也。“違背正法”者，不順一乘也。“習諸外道”者，修學外道經記論也。“腐敗種子”者，無力能成佛法身也，其若燋種不能生依也。王力天龍鬼神力者，斯力能剬，假諸國王護法天神摧伏之也。“頂禮佛足”者，諸佛可之也。

第十五經無别文。自總上所説，以爲多也。“過眼境界”者，目不及處也。“具足念佛”者，十力無畏，相好光明，内外諸德也。

慧掌藴

《勝鬘》義記一卷。

正始元年二月十四日寫訖，用紙十一張。

《勝鬘師子吼一乘大方便方廣經》。

寶獻共玄濟上人校了。

No. 2762《勝鬘經》疏

[題解]

佛典《勝鬘夫人經》注疏，敦煌卷子中有斯524一號，毗有照法師撰。原著約一卷，首殘尾存。原無題，據内容及卷末題記擬題。此疏自《勝鬘經》首"勝鬘夫人是我之女"起，至末尾之結勸流通分止，將《勝鬘經》分爲十五章，逐章分科疏釋。體例與敦煌出土的佚名《勝鬘義記》、隋慧遠的《義記》及吉藏的《寶窟》屬同一流派。在疏釋文句時，著意於主要宗義的詮釋疏通，而無後代疏釋常見的旁徵博引、賣弄訓詁之風。卷末有題記云："一校竟。毗有照法師疏。延昌四年(515)五月二十三日於京承明寺寫《勝鬘疏》一部，高昌客道人得受所供養，記了。"據此，此疏抄於高昌麴氏延昌四年，或由高昌人自京師攜至敦煌。清代以前歷代大藏經未收，後被日本《大正藏》據斯524號收入其第八十五册。今校注仍以《大正藏》本所據原卷斯524號爲底本。

______[①]者，必速解真常，八十之壽應物故耳，言"心得無疑"也。"宜時遣信發其道意"者，宜及今時遣信發勝鬘所、爲衆生常解道意也。"今正是時"者，今日正是發勝鬘所爲衆生常解之時也。"□(與)[②]勝鬘書"者，此明遣書也。"略讚如來無量功德"者，文句尠約故名"略"，理通義備言"無量"也。"即遣□□□□□□□□□□□(内人名'旃提羅'，使人奉書"者)[③]，此請於使

---

① 首缺。

② 與，録本作缺文，今據底本補。

③ "内人名旃提羅使人奉書者"十一字底本殘，録本作缺文，今結合文意，據《勝鬘師子吼一乘大方便方廣經》[T12n353p217a12—a13]補。

人奉書感其意也。“阿瑜闍國”者，此是郡邑之名，此言□歡心，秦言“不生”，國[以][1]七歲已上，皆化以大乘，解常關心，因以名焉[2]。“敬授勝鬘”者，書論常住，良可重之，總[3]名之爲“敬”；奉與前人，故言“授”也；亦可有授書之儀，執□(閨)[4]曲躬，上揖[5]下授，此是授書之儀，故言“敬授”也。“歡喜頂受”者，稱内情名爲“歡喜”，拜而領納故言“頂受”；亦可身中之尊，頂爲其勝，受道之中，信心最强，信敬之心，領納此[6]書，故言“頂受”也。“讀誦受持”者，如三復白珪[7]，則知有瑕，得書尋文，解其所表，故言“讀誦”也。亦可披[8]文順句稱“讀”，背[9]文言領名“誦”，納之在懷曰[10]“受”，憶而不忘爲“持”。昔來所無，所以“生希有心”也。

自下偈頌初二句，向旃提羅説。何以而然？旃提貴父母書，勸[□][修][11]勝鬘三業虔敬如來，今敬奉教，故先對説偈也。“我聞佛音聲”者，書傳音聲，故言“我聞”；佛音聲亦可尋書生解，朗然的了，如從父母口中聞説佛常住音聲，故以之言耳。“世所未曾有”者，言自我生世已來，未曾聞有如是人也；亦可明有爲諸法，伐迭生滅，如來常住，凝照萬境，生滅不能加，苦樂莫能異，豈世所曾有者哉？下之二句將欲順教受敕[12]，如書所言，如來常住，離虚曰“真”，絶僞[13]名“實”者，我應修三業供養也。第二偈默感請佛。初二句默

① 以，録本脱，今據底本補。
② 焉，録本訛作“爲”，今據底本改。
③ 總，録本訛作“極”，今據底本改。
④ 閨，録本作缺文，據底本補。此“閨”當爲“圭”之借字(二字同爲古攜切)。《論語·鄉黨》：“執圭，鞠躬如也，如不勝。”
⑤ 揖，録本訛作“拼”，今據底本改。
⑥ “此”字前録本原有“故曰”二字。按：底本“故曰”旁實各有一廢棄號，今據删。
⑦ 珪，録本訛作“强”，今據底本改。
⑧ 披，録本訛作“被”，今據底本改。
⑨ 背，録本訛作“皆”，今據底本改。
⑩ 曰，録本訛作“白”，今據底本改。
⑪ 修，底本及録本無，據文意補。
⑫ 敕，録本訛作“效”，今據底本改。
⑬ 僞，録本訛作“爲”，今據底本改。

感，下二句請佛。“仰”[①]者敬仰，“惟”者思惟。下出思惟之事。正道佛世尊，普爲世間有緣者出，我在有緣之數，亦應哀愍，現於後宫，“必令我得見”也。□□(第三)[②]偈明應其所感。“即生此念時”者，即生仰惟念時也。“佛於宫中現”者，欲表常住，離生死之地，是故空中現也。“普”者光照無私曰“普”，從佛身出名“放”，能滅或(惑)闇曰“净光明”；亦可顯真常之身，除應或(惑)之穢，故名“普放净光明”也。“顯示無比身”者，光照共辨，形體奇絶，衆相莫加，故言“無比身”；亦可三十二相世相不逮，名“無比”也。“勝鬘及眷屬”者，此明三業供養，應於前言也。“頭[③]面接足禮”者，身業虔敬。“清净心”者，意業尊重。“嘆佛功德”，口業讚嘆也。

從“如來妙色身”者以下，大段第二，明經之正體。就中有二段明義。從初訖“第一義乘”，明乘之體行。從“世尊聲聞緣覺”以下，明乘不孤起，起則從緣故。自下八章皆明乘之境也。此則初章。所以十五章首始嘆佛功德者，欲令生三業歸依之善，因之以出世也，亦可乘書致歎者耳。“如來妙色身”者，先歎應身。應身如法佛應現化物而來，釋迦亦爾，故曰“如來”，有異常解；常解：乘常如實來成正覺，故曰“如來”；通教解：乘空如實道成等正覺，以果望因，故曰“如來”也。“妙色身”者，此色從真處而現，故言“妙色”；攬色成體，言“妙色身”也。“世間無與等”者，世間之色繫等所感如來之身應物而有，故言“無與等”也。“無比”者，上言“無與等”，既“無與等”，亦可匹類，故言“無比”也。“不思議”者，隨以現三尺丈六，不見其頂，故言“不可思議”也。“色無盡”者，欲明真本不亡，塵沙竝現，故言“無盡”。此之五句，皆嘆應身所以。首歎應者，將表法身常住，妙絶言境，曉之則難，丈六暉世，生解則易，是以先歎應身。欲使尋跡以推本，是故次明真身。“智慧亦復然”者，亦有五句不異於前經，衆好略故，但云“亦復然”也。“一切法常住”者：萬法盈滿，故言

① “仰”字前底本及録本尚有一“佛”字，當係誤衍，今據文意删。

② “第三”二字録本作缺文，據底本補。

③ 頭，底本先誤書作“顯示”二字，書手發覺後旋於“顯”字左半“㬎”旁及下一字“示”下各施一廢棄號，並於“顯”字右半“頁”之右側補一“豆”旁，乃“頭”之换位俗體。録本失察。該字《勝鬘師子吼一乘大方便方廣經》[T12n353p217a24]正作“頭”。兹據録正。

“一切”;不爲生滅所傾,稱曰“常住”。德邈群賢,是故禮敬也。“降伏心過惡”者,此嘆解脱。上明法身常住,逕劫不謝,而此常果,得必有由。由於果盡,次嘆解脱。“降伏心過惡”者,心患[①]盡也。“身四種”者,明色患[②]亡,心有貪、瞋、癡,身者[③]生、老、病、死,故言“心過”、“身四”也。“已到難伏地”者,正由色心患盡,道成佛果,生滅不能加,苦樂莫能動,故言“難伏地”;亦可以下文驗,煩惱有二,四住無明。三界就業而論,七[④]地就惑説也。降伏心過惡,意地三亡。“及與身”者應言“三[⑤]”,“四”者其口,但經好略,論身缺三,語四默口也。此三界四住地所起業,業斷亦[⑥]由惑亡,故就業以論之。“已到難伏地”者:此語無明惑盡,“到”猶“度”也;自非以金剛心爲無礙,種智爲解脱,此或(惑)無以頊[⑦]落,故名“難伏地”也。“知一切爾炎”者,次明般若。上明累盡,獲彼常果,或(惑)滅有方,非智不惡,故次明之。“爾炎”此方名爲“智母”,亦可“智”即波[⑧]若,“爾”者真諦,“炎”者俗諦。何以智(知)然?夫真諦如爾,古今定准;世諦假誑,拔炎不貪;故智(知)之耳。自下還結上三法。“智慧”者,結“知一切爾炎”。“身”者,結法身。“自在”,結解脱也。“攝持一切法”者,三法既備,萬善圓極,一得永固,劫盡不喪[⑨],故言“攝持一切法”也。“敬禮過稱量”者,所以更來,爲欲拂跡。時衆胃(謂)[⑩]佛地功德理盡,勝鬘所嘆,是以拂去前跡。我今敬禮,過我稱量,獨絶群表,言“無譬類”。佛果萬德,積若(?)[⑪]理道言表,故言“無邊法”。如來所得,非下情所測,故言“難思議”也;亦可上來諸句亦數即禮,是故此偈諦跡。言“我今禮”者,過我所嘆

①② 患,録本訛作“惡”,今據底本改。
③ 者,録本訛作“異”,今據底本改。
④ 七,録本訛作“上”,今據底本改。
⑤ “三”字前録本有一缺文,底本實無字。兹據删。
⑥ 亦,録本訛作“土”,今據底本改。
⑦ 頊,録本訛作“頂”,今據底本改。
⑧ 波,録本訛作“彼”,今據底本改。
⑨ 喪,録本訛作“座”,今據底本改。
⑩ 結合文意,此“胃”乃“謂”之借字(二字同爲於貴切)。
⑪ “若”字底本不清晰,待考。

也。“哀愍”以下,欲明請護,哀憐[①]愍念,覆護於我。今向嘆佛五句之善法速得增長,此善基扵[②]菩提,故云“種”也。“此世今身及後生”者,未來願常攝受在大乘正法中也。“我久安立”以下,如來遂其所請。上來二世爲師,今明三世作護。所以而然,過者若護,現未必然,故舉過護來謹。“久安立”者,前身以來,令免於三途重苦名“安”,令汝善根德成名“立”。前世以開導汝心,憙悟大乘,故言“開覺”也。“今復攝受汝”,現在也。“未來生亦然”者,同汝過現也。“我已作功德”者,以下明乞記,還舉上三世之善。“已作”,明過者;“現在”,今身;“餘世”,未來也。“如是衆善本”,總舉上來三世衆善,能與果作因,名“本”也。“唯願見攝受”者,此正明乞記,唯願見此因所攝受之果,故言“願見攝受”也。不爾,亦欲拂求二世加護,酬三世安立之跡。爾時勝鬘“頭面禮佛”以下,正與受記,遂其所請;亦可此方乞記。所以與記者有其二意:一爲生其下文,二爲發起時衆往生之緣,是故與記也。“汝歎如來真實功德”者,舉上嘆佛功德之善能感佛果,故名“根”也。此明記於近因。“當於無量”以下記於近果。“天人之中爲自在王”者,第六天果。何以[□][故][③]?此處[④]將明居上化下,風下靡草故然也。一切生處拂疑,時衆謂爲第六天王,同彼邪見,耽逸五塵,故言“常得見我現前,讚嘆如今無異”。何邪見逸蕩之有也[⑤]?

“當復”已下,第二段記遠因遠果。果有二種:“總”之與“别”。“普光”,别號;下明總號。第二記其國土。就中有二段明義:從初至“惡業道名”,明其所除;“彼國衆生”以下,出彼所得。“彼佛國土”者,據今現在望於未來,普光爲“彼”也。“無諸惡”者,净土之中無四惡也,唯有天人。就中復無老病衰惱不適意苦等菓也,所以無此苦報。下明無其惡業道名,是故無有老病等苦果也。彼第二“彼國衆生”以下,明其所德。“色力壽命”者,翻上“老病衰惱”也。“五欲快樂”者,翻上“不適意苦”也。“彼諸衆生純一大乘”者,翻上“無

① 憐,録本訛作“讖”,今據底本改。

② 扵,録本訛作“提”。按:底本先誤書“提”字,旋旁以“扵”字正之。兹據改。

③ 結合文意,此處當脱一“故”字。

④ “此處”二字録本作“處此”。按:底本“此”旁施一“、”,當爲乙正號,應據正。

⑤ “之有也”,録本訛作“今有世”,今據底本改。

諸惡趣”,故言“純一”也。“諸有修習善根衆生”者,翻上“亦無不善惡業道名”也。“皆集於彼”,有緣同生浄土也。“願[□][生][1]彼國”者,受記之旨正在於此也。上勝鬘有歎佛功德之善,如來即記,當佛普光,浄土琳琅。而此妙果不可端拱而剋,要須修會果之因。因之萬行,必先於戒。是第二明十大受章也。

此章有三段明義。初受十受方便。第二從“世尊我從今日”訖“十受”,明十受體。第三從“法主世尊”訖章,明證信也。“恭敬”者,正明欲受戒,故身業修敬也。“而立”者,受戒之法,要須檢(斂?)[2]容[3]胡跪,今所以立者,佛住空中,勝鬘在地,若當胡跪,則中間跨周(闊?)[4],言語道絶,音聲隔斷,今欲使言音相及,是故立也;亦可表己[5]必能行之也。“受十大受”者,下受持戒爲“受”。所以然者,欲明戒由受發得,故以“受”目[6]“戒”也。“大”者聲聞受戒,其盡一身,此戒終極佛果也;亦可聲聞但防身口,菩薩三業俱止,故名“大”也。從“世尊”以下正明十受中,有四段明義。初一戒明受之則易,持之則難,故初一受明誓持也。次有四受,明律儀戒。次有四受,明攝衆生戒。最後一受,攝善法戒也。我從今日受戒之始,乃至菩提,誓戒之終也。所以受戒者,於所受下九戒不起犯心。何故但言不起犯心?欲明心[7]犯則易,色犯則難,易者不犯,當知難者亦持也;亦可心爲本根,身口爲末,但言心持,身口可知也。人解此一戒是總,從下九戒上發得,若犯下九戒,此戒則犯,無别惡對總,又無總惡來侵也。又解,此戒别自有體。何以然?如似欲起瞋心,則犯此戒,正起忿怒,罵辱前人,則破第三戒;餘八類爾也。“於諸尊長不起慢心”者,

---

① 生,底本、録本無,今結合文意,據《勝鬘師子吼一乘大方便方廣經》[T12n353p217b21]補。

② 檢,似當爲“斂”之訛,待考。

③ 容,録本訛作“客”,今據底本改。

④ 周,底本似作“闊”,待考。

⑤ 己,録本訛作“已”,今據底本改。

⑥ “目”者,看待也。[唐]白居易《不出門》:“不知天壤内,目我爲何人。”亦其用例。

⑦ “明心”二字録本訛作“心心明”,今據底本改。

此明敬上也。“尊長”者，德高量遠，思得於物，名爲“尊長”，不必者(耆)[①]年也。於此尊長正應修敬奉養，諮啓[②]未聞，日[③]有冥潤[④]。若自舉陵物，法水不沾，譬猶高峰，雨水不鬲(隔)[⑤]，故言“不起慢心”也。“不起恚心”者，此明接下。若瞋於人，則於物有隔，何能以道相及，救[⑥]拔其苦？故言“不起恚心”。前戒明不起慢心，以請法爲[⑦]懷；此明以化物爲行耳。“於[⑧]他身色”者，八尺之體名“身”，形容珪麗曰[⑨]“色”，象[⑩]馬七珍名“外衆具”也。“不起疾(嫉)心”者，夫爲菩薩以慶物爲懷，若於他有疾(嫉)妒，彼所德何能施樂於人？故言“不起疾(嫉)心”。“於内外法”者，頭目支節名“内”，七珍爲“外”。“不起慳心”者，上所由於他實貨不起疾(嫉)[⑪]心者何？今日明自不慳，故能於他不疾(嫉)妒也耳。“世尊，我從今日”以下，第二明攝衆生戒。初二受是攝物之具，下二受所攝衆生也。自道“己受畜財物”者，菩薩積財恒沙，意在爲物，故言“不自爲己”。“凡有所受悉爲成熟”者，明前人乏少食衣，修善莫由，故須成熟也。“不自爲己行四攝法”者，欲明人若有現未之殊，具亦優劣之别，是以前者以擅攝現若衆生，此明化來惡之衆也；菩薩積德利人，故言“不自爲己”也。“不愛染心”者，無貪心也。“無厭足心”者，愛見之悲，化物

---

① 者，底本實作“者”，乃“耆”之訛省。《説文·老部》：“耆，老也。”《釋名·釋長幼》：“六十曰耆。”

② 啓，録本訛作“戲”，今據底本改。

③ 日，録本訛作“曰”，據底本改。

④ 冥，底本作“寘”，乃“冥”之訛俗字，《大正藏》本所校是。然未出注，失真。潤，録本訛作“閏”，據底本改。

⑤ 鬲，録本訛作“高”。此“鬲”乃“隔”之借字。《漢書·武五子傳》：“群邪錯謬，是以親戚之路鬲塞而不通。”顔師古注：“鬲，與隔同。”

⑥ 救，録本訛作“敝”，今據底本改。

⑦ 爲，録本訛作“以”，今據底本改。

⑧ 於，底本書手訛作“總”，録本承謬，今結合文意，據《勝鬘師子吼一乘大方便方廣經》[T12n353p217b29]改。

⑨ 曰，録本訛作“日”，今據底本改。

⑩ 象，録本訛作“鳥”，今據底本改。

⑪ 疾，録本徑作“嫉”。兹據底本改。“疾”乃“嫉”之借字。

不普，上明無愛[1]便能通潤無罣，故言“無厭足心”也。“無礙心”者，斷除瞋恚，和光化物，故言“無礙心攝受衆生”也；亦可不愛染心，不同凡夫無厭足心，不同聲聞、大士兩忘之行，故言“無礙心”也；領納前人，在大乘位，故言“攝受衆生”也。“我從今日”以下，正明攝上所[2]具衆生。“幽繫”者，抲(枷)掠(鎖)[3]拘執等也，不能煩文，略總説之，言種種危難也。“必欲安穩”者，令彼衆生免苦難也。“以義饒益”者，無父者慈悲蔭覆，無子者現爲僮僕資養，幽繫者令脱枷椋(鎖)之苦，疾病者使彼六[4]府(腑)調暢，以此四事益彼，故言“以義饒益”也；亦可以大乘訓導，令脱生死，故言“以義饒益”；此明攝善衆生，救現在也。“我從今日[5]”以下，明惡衆生未來苦也。“捕養”者，羅網飛禽故名爲“捕”也，飲食走獸稱之曰“養”。“衆惡律儀”者，十六惡律儀也。“終不暫捨”者，大士不離群生，教以大乘，故言“不暫捨”也。“我德力時”者，衆生無邊不可盡，故發願得法身力時也。菩薩爲此衆生不一，故言“彼彼”也。“見此衆生”者，若惡人也。惡人降之則難，故言“應折伏者而折伏之”；善人屈之則易，故言“而攝受之”。“何以故”以下，釋正以降惡伏善，故大乘在世；大乘在世，則修善之；修善之者，天人充溢，三途路塞，故言“減少”。此明世間。若值“於如來所轉法輪”以下，明出世行。備見是二稱種妙益，故“故攝不捨”也。從“世尊”以下，第四明攝善法戒。萬行之中，願我在前，故且論願耳。“攝受正法終不忘失”者，六度非躬曰“正”，可爲心軌名“法”，解心相續言“終不忘失”；此明能願之心不忘失也。“何以故”以下，釋不得忘其[□][能][6]願

---

① 愛，録本訛作“受”，今據底本改。

② “上所”二字録本訛作“所上”，今據底本改。

③ 掠，録本訛作“楨”，據底本改。敦煌文獻中“扌”旁“木”旁相亂，此“掠”當爲“椋”之俗體(前一“抲”亦同爲“枷”之换旁俗字)。同卷下文“枷”後正作“椋”，可參證。此“椋”又當爲“鍄”之换旁字，從“木”從“金”只是表義側重點的不同。“鎖”字敦煌卷子中長作“鍄”。俄дх11031號《妙法蓮華經一卷》：“杻械、枷鏁檢繫其身。”(《俄藏》15—135—A15)伯2160號《摩訶摩耶經》卷上：“不以刀兵杻械枷鏁用伏人民。”皆其例。

④ 六，録本訛作“天”，今據底本改。

⑤ 日，録本訛作“曰”，今據底本改。

⑥ 能，底本、録本無，據文意補。下文“若忘其能願之心，則忘所願大乘之法也”，可助勘。

之心，若忘其能願之心，則忘所願大乘之法也。下覆悚相，釋若忘大乘之果，則失波羅蜜妙因勝善也。下言“忘波羅蜜者則不欲大乘”者，前明忘因則喪[①]果，此明失因之無能求之意，故言“不欲大乘”也；亦可正法爲因，大乘爲果是總，波羅蜜是别也。“若菩薩”以下，出彼忘失之人也。“不決定大乘”者，菩薩亡其真解，故言“不決定大乘”也。“則不能得攝正法欲”者，若無大解關心，於彼六度不生悕求之意，故言“不能得攝正法欲”也。下明其過，隨所樂入，縱情造惡，備涉六道，受罪苦歎也，故言“入，永不堪任越凡成聖”，此明失出世勝樂，即名衰也。我見如是惡罪重殊無邊，故言“無量大過”也。“又見未來”以下，出其不忘菩薩也。“無量福”者，翻上“罪苦”，對前衰損，名之爲“利”也。“法主世尊”以下，第三證信也。所以明者，勝鬘受戒，與時衆爲軌，欲使諸人仿[②]而行之，今此時會都無受戒者，故須此文也。“法主世尊現爲我證”者，如來能知勝鬘如受而持，諸衆生惑重垢深，故言“善根微薄”，不能玄鑒事原表，故言“疑網”也。“以十大受”以下，出所疑之事。“極難度故”[□][者][③]，勝鬘跡居凡下，戒行高妙，住極金剛，故言“極難度”也。死生昏闇，慧目不開，故名“癡”。惡積丘陵，慧忍不揮，故言“非義饒益”也。墜墮三途，故“不得安樂[④]”也。“説誠實誓”者，欲明事超意表，必須垂證，言行相稱，故言“誠實”也。“當雨天華，出妙音聲”者，要事須除疑，時衆所解，故誓求此也。“説是語時”者，經衆序列也。“空中雨華”者，欲明勝鬘言行皆實，故神瑞致微，遂其所説也。“彼見妙華”以下，時衆都(覩?)[⑤]瑞生解，故疑心悉除，惑盡心悦，故言“喜踊[⑥]”也。“而發願言”以下，因[⑦]事以生善，故言“同其所行”。“世尊悉記”以下，結句也。

---

① 喪，録本訛作“爲”，今據底本改。

② 仿，録本訛作“防”，今據底本改。

③ 者，底本、録本無，今據文意補。

④ 樂，底本書手訛作“穩”，録本承謬，今結合文意，據《勝鬘師子吼一乘大方便方廣經》[T12n353p217c25]改。

⑤ 結合文意，此“都”似當爲“覩”字之訛，待考。

⑥ 踊，録本訛作“勇”，今據底本改。

⑦ 因，録本訛作“同”，今據底本改。

從“爾時勝鬘”以下，三大願章。所以來者，前明十受止惡之用，今此明三願修善之行，惡止善行，菩薩之常，宜受戒發願，大士之行，則故明之；亦可前明於行，此明發願，行願相資，妙果可會，若但有行，無願行必孤，無行願必虛，故先誓戒行於前，發願於後也。就此章中，有三段明義：初明願方便，第二明願體，第三如來述成。“復於佛前”者，前明止善，今明行善，“善”義是一，其號再章（彰），故言“復”也。此三玄期未來，願此作彼，故言“願”也。“以此實願”者，行願相稱，故名之[①]“實”；亦可前十受不虛，今三願無爲，故云“實”也。“安慰衆生”者，大士修善，爲物離苦，不專[②]一己[③]，故言“安慰衆生”也。“以此善根者”以下，第二段，初願明自行，第二明外化，第三明護法，以此十受三願之善，能與萬善作基，故言“以此善根”也。“於一切生”者，來生不一，受形塵沙，故言“一切生”也；亦可從性今身，終至十住[④]，禀形不一，故言“一切生”也。“得正法智”者，六度之中，獲彼無著勝解，故言“得正法智”。以此法智，外化無罣，而不疲厭，故言“無厭足心”也。“我於攝受正法”以下，明護法之願，捨身命財，暈降（?）[⑤]大乘，自行化人，蒼[⑥]生蒙益也。“爾時世尊”以下，第三述成。三願廣大，備喻來現。“如一切色”，喻恒沙願；“空界”，喻三大願。“如是菩薩恒沙願”者，舍一切色三大願今入空界也。

“爾時勝鬘”以下，第四攝受章。所以來者，前明三願是能求之心，今明所願之法，故次明之；亦可前章住下心弱，三願廣闊[⑦]，乃攝恒沙，今明住上解强，一攝塵沙，生彼萬德，故次之耳。就中凡者八段明義。從初訖“有大利益”，明願攝。第三“承佛威神”以下訖“八萬四千法門”，明行攝。第三雲水二喻，明行願出生。第四從“又如大地”以下地藏二譬，明人能出生也。第五

① 之，録本訛作“三”，今據底本改。

② 專，録本訛作“壽”，今據底本改。

③ 己，録本訛作“已”，今據底本改。

④ “至十住”三字録本訛作“至處住十”。按：底本先誤書“處”，旁以“至”正之，並於下“住十”二字旁施一乙鈎號。兹據改。

⑤ 降，底本不清晰，待考。

⑥ 蒼，録本訛作“惡”，今據底本改。

⑦ 闊，録本訛作“曾”，今據底本改。

從"攝受正法"以下訖"即波羅蜜",明緣攝。第六從"勝鬘白佛"以下訖"之所瞻仰",明因攝。第七從"又,善男子"以下訖"亦悉知見",明護法。第八從"爾時"以下,明述成也。"承佛威神"者,佛意欲使勝鬘宣唱大願,勝鬘應機而説,故"承佛威神"也。空解關心,生善爲"調",滅惡名"伏";亦可住上妙解,不爲相聞,故言"調伏"也。行願相應,故言"真實",亦真實能行。"無異"者,無異口中所説也。

"佛告"以下,上來明願之方便,自此以下正出願體。皆悉入於此一大願中者,此明勢力能生萬行,恒沙諸願皆悉入此願攝生列也,下指本[①]其體也。"佛讚"以下,第三述成。説當理原,善得其宜,故即言"善哉"也。"智慧"者實慧,"方便"者方便慧。實慧鑒遠理原,其體難側(測),故言"甚深";方便巧適,應物而施,故言"微妙"。"汝已長夜"以下釋所以。"二智深妙"者,良由殖因,既案方階,此二非"深妙"如何?生死闇暗故云"長",無明昏暗稱之曰[②]"夜",在生死長夜修彼妙因,故言"殖善本"也;亦可明策[③]方行懃,故云"長夜"也。"來世衆生"以下,上明二慧精妙,曠劫修因方剋,豈淺識所能知解?故言"久種善根者乃能解"也。下明勝鬘所説,同於四佛,故淺識不解;亦可成善之言耳。"如是我説攝受功德無邊際"者,欲明攝受正法,自行無邊,化人無極,理過言表,故"不得邊際"。"如來智慧辨才亦無邊際"者,拂於上言,非是如來智照不周,但以方言究宣[④],莫(?)[⑤]得其極,故先言"不得邊"也;亦可以無邊之慧宣無盡之理,但文不可累書,故云"不盡"。"有大功德"者,自行塵沙也。"有大利益"者,化人道備,故言説"不得邊際"也。

"勝鬘白[⑥]佛"以下,第二,明行攝。一行攝生塵沙諸行,故名"行攝"也。"更説"者,演彼行攝義也。"廣大"者,行能苞含萬德故名"廣",物莫能過稱

① 本,録本訛作"乎",今據底本改。
② 曰,録本訛作"日",今據底本改。
③ 策,録本訛作"榮",今據底本改。
④ 宣,録本訛作"豈",今據底本改。
⑤ 莫,底本不清晰,待考。
⑥ 白,録本訛作"自",今據底本改。

“大”，生善所以曰“義”也。“則是無量”者，横收[1]之善；“得一切佛法”者，縱攝之行也。亦可“則是無量”、“得[2]一切佛法”者，因中行備；“八萬四千法”者，果顯善滿也。“八萬四千”何者是也？佛果有三百五十功德，以六度住幡，一度各有三百五十，如是三六十八，凡有一千八百，下復有五十，六度住分，五六三十，復得三百，通前便有二千一百；復以貪瞋住位、癡等分位之無貪善根，幡此二千一百，作二萬一千；瞋癡等分亦爾；便有八萬四千法門也。

“譬如劫初成時”以下，第三，與行願出生爲喻也。“普興[3]大雲”者，此豈成劫因緣也。雲能出生四種寶藏，以洪(法?)[4]攝受，行願出生四種因果。“雨[5]衆色雨”喻四因，“種種寶”譬四果也。“如是攝受正法”，含雲喻；“雨無量福報”合[6]種種寶；“及無量善根”，合衆色雨也。“又如劫初成時”以下，第二喻。前雲喻因果俱總，此水喻因總而果別也。“時[7]有大水聚”者，此喻攝受行願。“出生三千大千界藏”者，總喻四因。“及四百億類洲”者[8]，此别辟(譬)[9]四果也。“如是攝受正法”者，合前水聚。“出生大乘界藏”者，合三千界藏也。“一切菩薩神通力”者，此别含一百億類州。“一切世間安穩”者，合

① 收，録本訛作“故”，今據底本改。

② 得，録本訛作“明”，今據底本改。

③ 興，録本訛作“異”，今據底本改。

④ “洪”字費解，此似爲“法”之訛字。“以法攝受”一語佛典中用例頗夥。梁扶南三藏僧伽婆羅譯《阿育王經》卷第七：“汝已於世尊法藏作五年功德竟，今日當作以法攝受。”[T50n2043p154b21—22][北凉]中印度三藏曇無讖於姑藏譯《菩薩地持經》卷第八：“或有衆生以財攝受，或有衆生以法攝受，或俱攝受。”[T30n1581p938b10—11][隋]净影寺沙門釋慧遠述《涅槃義記》第三：“‘初請大臣而共食’者，化其弟子。弟子患輕，所以先化。以法攝受，名爲‘請臣’。自行大乘，勸彼同修，名‘共食之’。”[T37n1764p682b11—13]均其例。

⑤ 雨，録本訛作“兩”，今據底本改。

⑥ 合，録本訛作“今”，今據底本改。

⑦ 時，底本書手訛作“此”，今結合文意，據《勝鬘師子吼一乘大方便方廣經》[T12n353p218b3]改。

⑧ 者，録本訛作“名”，今據底本改。

⑨ 辟，録本訛作“喻”，底本實作“辟”，此處乃“譬”之借字。

二百。“一切世間如意自在”者，合三百。“出世間安樂”者，四百億也。自下結句。“劫成”者，此舉外喻之初。“乃至天人本所未得”，此舉所辟（譬）最後。何以知之？上言出世間安樂，下言天人本所未得，故知略舉也。“皆於中出”者，由行願出生也。

“又如大地”以下，第四，與行願菩薩出生爲喻。大地能持四種重擔，菩薩能生四因四果，故得爲喻也。“大海”者，喻菩薩入於生死，功高道遠，如大海也。第二“諸山”喻緣覺，獨善一己[①]，欄心出世，故喻之如山。“三者草木”，喻若聲聞。“四者衆生”，喻人天也。自下合喻。“如是攝受正法善男子、女人”者，合[②]前大地喻。“建立大地”者，此文略，應言“建立正法如大地”也。“堪能荷負”“喻彼大地”者，下文當解也。“何等爲四”以下，合前四重擔喻。所以喻時從深向淺、合時從淺向深者，欲明喻時譬菩薩化主居[③]高化下，如風靡草；合時喻修行之徒初微後著，故以淺向深也。“離善知識者無聞非法衆生”者，合第四喻，欲明修道出世，功由善友[④]；此離善知識，受教莫由，故言“無聞”；造作諸惡，故云“非法衆生”也。此人或（惑）重垢深，不堪頓悟大乘，故以人天善根而授與之。“求聲聞者授聲聞乘”者，此合第四喻也。“緣覺”者，合第二也。諸山喻大乘，合大海喻。“是名‘善男子’”以下，結句也。“世尊”以下，此文所以更來者，前云喻彼大地，今正解喻之方法；亦可上言以天人三乘而授與之，未解授之方法，故言“建立大地”。“普爲衆生”者，感則説名“不請友”也。“大悲安慰”者，菩薩拔苦與樂，故言“安慰”也。能生天道勝善，故言“爲世法母”也。“又如大地”以下，第二喻。上者與化主爲譬，今此寶藏喻弟子得法，功由其師，所以知之。上言普爲衆生作不請之友，故知上喻説師法。此喻下言皆由攝受正法善男子女人得此奇特希有功德，故知喻弟子得法也。此中諸喻，次第相生。初明劫初龍氣普覆三千，故取雲爲譬。第二雲滅雨息，故取水聚爲況。第三大水枯竭，故就大

① 己，録本訛作“已”，今據底本改。
② 合，録本訛作“含”，今據底本改。
③ 居，録本訛作“君”，今據底本改。
④ 友，録本訛作“支”，今據底本改。

地爲譬。第四地中有其金銀,故就寶藏爲喻耳。“又如大地”者,喻行願菩薩也。“種寶藏”者,喻四因果也。“無賈”者喻菩薩乘,“上賈”緣覺,“中賈”聲聞,“下賈”人天乘也。“如是攝受正法善男子女人”以下,合大地喻。“得衆生四種”者,菩薩廣利群生,化物之善,功歸化主,故言“得衆生四種”,實正由化衆生而得也;亦可胡音“到”耳。“無聞非法”以下合下賈,求[1]聲聞乘合中賈,緣覺乘合上賈,菩薩乘合無賈。“如是得大寶衆生”以下,正明弟子得法,功由於[2]師。“世尊”以下結句。“即是攝受正法”者略結本也,應言“即是善男子、女人”也。上來就萬善之中,行願兩分未明,行願生成有其親疏二别故。

從“世尊”以下,第五,名明疏生,名緣就法,法相即中論也。

親生名因,第六,人、法相即中説。前雖明攝受正法,未解其義。今從此以下,正其名,釋其義,使若修行,惡捨離欲。明六度正法之上,雖有“攝受波羅蜜”二名,横生論體,無别狀也。今解師之六度,能生人善,名之爲“攝”;可納之在懷,稱之爲“受”;即體非耶(邪)可軌,目爲正[3]法;生善究竟,即名“波羅蜜”。若爾,名雖有殊,論體無二。故從“世尊”以下,解法、法相即也。此明師之正法能生弟子六度,即是雲、水二譬中明法出生也,遠應三大願中弟(第)二[4]外化願。前明以無戢心爲衆生説,今明由説故[5]能生人善,其義不異也。就此中解凡有五句:第一“世尊攝受正法”,此道攝受也。第二句言“攝受正法者”,此舉“攝受正法”名者,其體爲欲道。第三句無異正法也。第四還以正法不異攝受,欲明六度能生餘善,名曰“攝受”,即攝受不耶(邪),可執爲正法,故言“無異攝受正法”也,“無異正法”也。雖能不異,未釋體無别狀,故第五句言“即是攝受正法”也。

---

① 求,録本訛作“亦”,今據底本改。

② 於,録本訛作“然”,今據底本改。

③ 正,録本訛作“爾”,今據底本改。

④ 《吕氏春秋·原亂》:“亂必有弟。大亂五,小亂三。”高誘注:“弟,次也。”畢沅注:“弟,古第字。”下後作“第”之“弟”徑括注其今字,不復出注。另,“二”字前録本衍一“子”字。按底本“子”旁實有一廢棄號,兹據删。

⑤ “故”字前録本衍一“由”字。按底本“由”旁實有一廢棄號,兹據删。

上來明攝受正法不異,即是未解攝生及事,辯更有異,名體正是一,故言"世尊無異"也。波羅蜜攝事竟。法者當體,非耶(邪)可執,故言"無異攝受正法"。雖言不異,何妨體别,故言"攝受正法即是波羅蜜"也。自下度就六度解不異所由,即是所以。"何以故?攝受正法"乃至"波羅蜜",名異體一也。下言善男子、女人應以菩薩行施而修學成就檀度者,菩薩即以施成熟,此解正法之名也。"捨身身乃至支節"者,此言有間,故言"乃至"。"將護彼意而成熟之"者,此解攝受之因①。"彼所成熟衆生"以下,解"波羅蜜"之稱。"彼"者,單論其師。"所成熟②衆生建立正法"者,獨導(道)③弟子行滿也。"是[□][名]④檀波羅蜜"者,師化功滿足,故結事竟,與師言"波羅蜜"也。餘即可解。

"應以戒成熟"者,此以下解正法。以守護六根不造惡,故三業净身、口;略標最後,故言"乃至正四威儀"也。"將護彼意"以下,解攝受之因⑤。"彼所成熟衆生"以下,釋波羅蜜之稱。"彼"者,單道其師。"所成熟衆生建立正法"者,獨説弟子行滿。"是名尸波羅蜜",結與師。

第三"應以忍成熟"者,此明正法也。"若彼衆生罵詈"者,口業不善。"恐怖"者,身業爲惡也。"以無恚第一忍力"者,無相空解也。"乃至顔色不變",此言有間,故言"乃至",此中將欲明能忍,先解所辱之事。自下可知。

"應以精進"以下,第四度。若彼衆生應見菩薩精進放(仿)⑥而修善者,菩薩廣修衆善,悕求佛果,故言"生大欲心",忘相萬行,故言"第一精進"也。

第五禪度。安心一境,故言"不亂";亦可不爲覺觀動發,名爲"不亂心"也。不馳駛六塵,故言"不外向心"。性定真清,實心一緣,故言"第一正念"。"久時所作"者,身業營爲。口業動發,故言"久時所説"也。

---

①⑤ 因,録本訛作"目",今據底本改。

② 熟,底本書手訛作"就",録本承謬,今結合文意,據《勝鬘師子吼一乘大方便方廣經》[T12n353p218c18]改。

③ 導,録本訛作"導",今據底本改。

④ 名,底本、録本無,今據《勝鬘師子吼一乘大方便方廣經》[T12n353p218c18]補。

⑥ 放,此疑爲"仿"之誤字,待考。

"應以智慧"以下,第六明波若度。前五皆有體貌[①],今此智慧虛[寂][②],非淺情所測,故欲知其體、驗其同也。"若彼衆生得一切義"者,菩薩萬法朗然,敷演其理,故言"無畏心而演説一切論"。五明論也。第一賓主住(往)[③]復,實其佛法,故言"内論"。廣説外道典[④]藉,名"外明論"。二家言下,所以不或(惑)其宗致,故言"因論"。起聲長短,善識其狀,故言"聲明論"。除此以外,醫方鎮戢,乃至日月博蝕,碑文石性等,皆名"功巧"。理極故言"究竟"。解興或(惑)衰[⑤],故言"明處"。自初以來明"正法"。"乃至功巧"以下攝受也。"彼所成熟"以下還解波羅蜜也。以是上來所明義故,世尊"無異波羅蜜"、"無畏攝受正法",乃至"即是波羅蜜"也。

"世尊,我今承佛威神"以下,第六,就人法相即明因攝。此文從前地藏二譬中來。何以知然?前二譬人能生善,長修萬行;今明人爲善成,善外更無别人求善爲人也;亦可明人能益物,名爲"善人",即明人外更無朝(?)[⑥]然别人善也,遠應三願中第一願。前明自行萬善,今明因中行備,護彼常果,其義不殊也。"更説大義"者,因攝所以,理中莫過,故言"大義"也。此中言"攝受正法",第一句但論其法。第二言"攝受正法者",此舉人來欲明第三不異於法也。第四句還以正法無異於人也。"善男子、善女人"以下,還解"即是"之義也。"何以故"以下廣解因攝。但就布施,以明因攝。何以故?前緣攝門中,廣六度事相,外明不畏迷謬,故但就檀度以解因攝也。善男子、女[□][人][⑦]爲攝常住佛果正法,故因中捨三種外也。"何等爲三",别釋其義。解"捨身"者,因中捨此無常之身,濟於窮乏,故未來獲得常住之果也。"生死緣後際"者,金剛三昧能永斷無常窮因之畔,故言"生死後際"也。"等"者,隣於

① 貌,録本訛作"根",今據底本改。
② 寂,録本脱,今據底本補。
③ 敦煌卷子"彳"旁"亻"旁常混,結合文意,此"住"當爲"往"之俗體。
④ 典,録本訛作"興",今據底本改。
⑤ 衰,録本訛作"恶",今據底本改。
⑥ "朝"字費解,待考。
⑦ 人,底本無,今據文意補。

佛果，故言“等”也。“離老、□(病)[①]、死”者，明其所除。“不壞常住”者，出□彼所得也。“無有變易”以下，前明超過分段，此下能越於變易生死也。“得不思議功德”者，前對分段明常，今明對於變易，説其不遷義也。第二“捨命者生死後際畢竟離死”者，明其所除也。“無邊常住”亦解其所得也。“通達一切佛法”對因中之命，故説智慧。所以然者，欲明佛果體無別狀，智慧不斷，説之爲命，故言“通達甚深佛法”也。“捨財”者，因中布施身命以外，自餘萬法皆名爲“財”。“得不共衆生殊勝供養”者，更無别法，正由萬善滿足，果體常住，故言“供養”。自下如是善男子女人攝受正法，功高道備，故上爲諸佛所記，下爲一切衆生瞻仰也。

從“世尊”以下，第七明護法，遠應三願中第三願。前明護法，此明護法時節。護法之功，在於來世。要當大聖隱輝，四依潛没。當爾之時，自行不通，化人道擁，大士忘身捨命，興顯大法[②]，使自行得通，萬善滿足，化人[□][道][③]暢，塵沙蒙益，故言“護法”也。“又，善男子”以下正明護法時節。比丘乃至優婆夷，此是四衆。斯等諸人受行大乘，名爲“法住”。人不流通，名爲“法滅”。“朋[④]黨[⑤]諍訟”者，受行大乘者欲得彌滅於小，修覺小乘者復欲除捨於大，故明大乘黨於常住，明小乘黨於小乘，兩衆忿諍。爾時要須人[⑥]與人[⑦]者敬修[⑧]行善。菩薩爾時破壞朋黨之徒，離散諍訟之衆，使心實常住，無有諂曲諸惡，令有愛樂大乘之心。先明斷惡，後能生善。“不諂曲”者，奸心

① 病，録本作缺文，今據底本及《勝鬘師子吼一乘大方便方廣經》[T12n353p219a2]補。

② “法”字前録本衍一“士”字。按底本“士”旁實有一廢棄號，兹據删。

③ 道，底本、録本無，今據文意補。

④ 朋，録本訛作“明”，今據底本改。

⑤ 黨，底本書手訛作“當”，録本承謬，今結合文意，據《勝鬘師子吼一乘大方便方廣經》[T12n353p219a12]改。

⑥ “人”字前録本衍一“計”字。按底本該字實作“結”，並於字旁施一廢棄號，兹據删。

⑦ “與人”二字録本訛作“多大”，今據底本改。

⑧ “修”字前録本衍一“而”字，今據底本删。

作善，名爲“諂曲”；口與情返，稱曰[1]“欺誑”；誑或(惑)人心，名曰“幻爲”；令彼前人除諂曲虛僞[2]，斷滅欺誑，質(質)[3]直滿故，愛樂正法。爲欲愛正法，故來入大乘衆中，入法朋中，以爲諸佛之所受記。何况菩薩化功彌博？“世尊，我見攝受正法如是大力，佛爲實眼實智”者，觀境明白無染之稱，解之曰“智”；匠化群或(惑)，名爲“法根本”；開悟衆生，令修行善，故言爲“通達法”；慈蔭三有，故云爲“正法依”；“亦悉智見”，攝受正法如此大力也。

從“爾時世尊”以下，第八段。上勝鬘説攝受正法，理由相一，緣之攝行，願出生善，得其宜故，如來述成也。“爾時世尊於勝鬘所説攝受正法”，理因[4]相徵，妙曰“精”，上昇趣於佛果日“進”，隨[5]而生喜躍之心也。“如是勝鬘”以下凡三喻：初越於魔境，第二牛王喻超過二乘，第三須彌山王喻明勝於大乘性也。“如汝所説，攝受正法大精進力，如大力士”者，喻於行願。“少觸身分[6]”者喻一檀度，如彼力士以節少分觸[7]一羸夫分。令彼人“生大苦惱”者，喻彼菩薩一檀之力，能使魔王生大苦痛也。自下合[8]喻。“如是勝鬘”者，合於力士。“少攝受正法”，合“少触[9]身分”。“令魔苦惱”，合前羸夫生大苦惱也。“不見餘一善法”者，少乘無常，是大乘少分，名之爲“餘”。我不見小乘善法令魔憂苦，“如少攝受正法”。何故言“少”？十住之中，但論初住地一行施，萬行之中，略槶其一，故言“少“也。三乘生苦則輕，今令魔苦痛則重。何以而然？小乘中佛雖適魔境，體是無常，魔本樂於生死，邊情處淺，暨其涅槃，泊[10]然無爲，故令魔苦痛則輕。今此大乘常住之佛，超絶魔境，魔體性空，

① 曰，録本訛作“白”，今據底本改。

② 僞，録本訛作“爲”，今據底本改。

③ 質，此乃“質”之俗字。《新集藏經音義隨函録》第五册“質直”條：“上之日反，下持力反，正作質直。”[K34n1257p808c11]

④ 因，録本訛作“由”，今據底本改。

⑤ 隨，録本訛作“殖”，今據底本改。

⑥ “觸身分”三字底本書手訛作“身貧”，録本承謬，今結合文意，據《勝鬘師子吼一乘大方便方廣經》[T12n353p219a20]改。

⑦⑨ 觸，録本訛作“單”，今據底本改。

⑧ 合，録本訛作“舍”，今據底本改。

⑩ 泊，録本訛作“洎”，今據底本改。

佛果妙有，魔身無常，生滅佛果，凝然常住，故令彼衆悽愴情慼，生苦心重，故言“不見餘一善令魔苦惱如少攝受正法”也。“又如牛王”者，譬攝受正法。“形色無比”者，喻其力用。“勝一切牛”者，喻過於二乘也。“如是大乘少攝受正法”者，合[1]前牛王。“勝於一切二乘善根”者，合勝一切牛。何以然者？下言以廣大故也。“如須彌山王”者，譬攝受正法。“端嚴殊特”者，語其力用。“勝於衆山”者，喻過於大乘性地也。“如是大乘”者，合上山王。“捨身命財”者以下，合其力用也。“捨身命”者，修道行攝也。“以攝取心”者，但論願攝也。“攝受正法”，總結行願也。“勝不捨身命財初住大乘”，合上勝於衆山也。性地爲師，二乘是弟子。性地菩薩功德高勝，由苦不如，何況二乘功德尠薄？以攝受正法廣大故也。自下舉勸勝鬘，流通大乘。以是義故，勝鬘黨以攝受正法，開示教化，建立衆生也。一住發唱，名爲“開示”；曲尺辨章，稱爲“教化”；令彼行成，故名“建立”也。自下出其功。“勝鬘，攝受正法如是大利”者，怗（帖）[2]前力士喻；前明出過魔境，衆魔能喪[3]人功德，損[4]人善法，今對彼衰損[5]，故言“如是大利”也。“如是大福”者，怗（帖）前牛王喻；勝於二乘，故言“大福”也。“如是大果”者，怗（帖）前山王喻；前言勝於性地，今住前爲因，初住爲歎，故言“如是大果”也。亦可“如是大利”者，結於外化之功；“如是大福”，結於自行之德；“如是大果”者，總結自行外化之歎。“勝鬘，我於阿僧祇”以下，勸也。

“佛告勝鬘”以下，第五一乘章。所以來者，上明攝受正法，能生四乘因果，時衆胃（謂）[6]爲此四因果，倏[7]然各異，故次論一乘，欲明四乘因果名雖有別，論體正是一乘，是以次明也。“佛告勝鬘”者，如來住（往）[8]昔隱一開

---

① 合，録本訛作“今”，今據底本改。

② 敦煌卷子中“忄”旁“巾”旁相亂，此“怗”乃“帖”之俗體。“帖”即“貼近”、“合”也。下“帖”字同，徑括注其本字，不復校。

③ 喪，録本訛作“爲”，今據底本改。

④⑤ 損，録本訛作“捐”，今據底本改。

⑥ 胃，録本訛作“西”，今據底本改。此“胃”乃“謂”之借字。

⑦ 倏，録本訛作“條”，今據底本改。

⑧ 敦煌卷子中“亻”旁“彳”旁相亂，此“住”乃“往”之俗體。

三,未曾會三歸一,勝鬘若當破三歸説一者,則爲漏照,觸[①]誤(忤)[②]事[③]重,不敢自專,故須待告。"汝今更説一切諸佛"者,返常之説,生信至難,故言"一切"也。"攝受正法"者,略標最後也。上章廣解"攝受正法"之義,何故復言更説"攝受"? 解意言六度一法,有於多[④]義,非邪名"正",可軌曰"法",能生名"攝",領納稱"受"。雖復上來廣解諸義,而六度之體有其運通伐苦,此義來章故言更説攝受運通伐苦也。此言是略,應言"更説攝受正法體運通伐苦"。是以勝鬘言:"善哉,世尊!""唯然受"者,是應敬之辭也。"即白佛言:'攝受正法體運通伐苦者是摩訶衍'","摩訶"言"大","衍"之言"乘",故知上告更説者,欲使廣攝受體,有大乘義也。就此章中,可有兩段明義。從初訖"無邊不斷"以來,明破三歸一。第二從"無限齊時住"[□□□□□□□□□□][訖"一乘者即第一義乘"][⑤],明一乘之果受命常存。就初段中可有四段明義。第一、從初訖"出世間善法",總會因果入於一乘。第二、從"世尊説六處"以下説至"有餘不了義説",别會因果入於一乘。第三、從"何以故? 有二種死"以下訖"一向記説",明釋異。第四、從"世尊,不受[□][後][⑥]有智有二種"以下,雙結二智也。何以故? 六度正法正是大乘,下明由大乘出生四因四果,從大乘出,故不異於大也。如阿耨大池出八大河之水,不異池中水也,直以崖岸隔[⑦]故,有其八河之殊。如是大乘以言教隔故,便有四因四果之别。"如是摩訶衍"者,合上"阿耨達池出生一切聲聞緣覺";以下合"出八大河"。此中明出,爲欲解入不存出也。亦可此中解"出"

① 觸,録本訛作"畢"。該字底本作"𧢲",乃"觸"之古文。兹據改。

② 誤,此當讀如"忤"(二字《廣韻》均音五故切)。

③ 事,録本訛作"争",今據底本改。

④ "多"字録本訛作"名",今據底本改。

⑤ "訖一乘者即第一義乘"九字底本、録本無,結合文意,據《勝鬘師子吼一乘大方便方廣經》[T12n353p221a18]補。

⑥ 後,底本、録本無,結合文意,據《勝鬘師子吼一乘大方便方廣經》[T12n353p220c8]補。

⑦ 隔,底本實作"鬲",乃"隔"之借字。録本徑作"隔",且未出注,失真。下"如是大乘以言教隔故"中"隔"底本亦作"鬲",不復樣。

者，言中道出，前章[①]解“出”，覔[②]有[③]出生，故有異也。“有如一切種子”者，喻四因四果；“皆依於地”者，喻於大乘；欲明種子從地生長、及其壞時還歸於地，以説四乘從大乘而生、如來破時還屬地也。“如是一切聲聞”以下，合前種子喻依於大乘，合依於地而生長也。今解此二喻何以取别？前以出生爲喻，此就增長爲喻譬也，以是從大乘出生增長不以（依?）[④]於大乘義故。“世尊住於大乘、攝受大乘者，即是住於二乘，攝受二乘一切世間、出世間善法，如世尊説六處”以下，第二别會因果。就中可有兩段。從初至“依於如來”，明因入一乘。第二“世尊阿羅漢”以下，别明果入一乘。“如世尊説六處”者，此是指尺如也，論此六處，體正有二，支流爲六處者，此是生善之所，以故言“處”。前二就興滅而論，後二以人爲别中，兩就體名爲異，故有六也。“正法住”者，小乘非耶（邪）可軌，名爲“正法”；流通於世，故名爲“住”；人不受行，名之爲“滅”。“波羅木叉”者，秦言“歎得解脱”，亦言“處處解脱”。“比尼”者，言能除身口麁惡，故名“比尼”也。“出家”者，離俗之美名。“受具足”者，戒律之備稱也。此等六事爲大乘故説，欲明小乘不異於大本，若直説大乘者，衆生不能奉教修行，爲令衆生受學大乘，故説之爲“小”，便能修行，故言“爲大乘故説”也。又解，爲下根之徒説一爲三，説大爲小，彼所修行善，皆學菩薩道，故言“爲大乘故説”也。“何以故”以下别釋。“正法住”者，小乘在世，名“正法住”，爲大乘在世流通不斷，故説小乘正法住也。若爾，大乘正法住者，即正法住者[⑤]即正法住也。“正法滅”者，舉前第二句，道言[□□][佛法][⑥]滅時，欲悕人心速修行善。何者？衆生聞佛法欲滅，則速修行小乘，即是受學大乘故。言“正法滅”者，爲大乘故説也。“波羅提木叉”，第三句。“比尼”是第四句。將欲解其義，先釋體無别狀也。“義一”者應言“體一”，但無作實，莫礙之至，難名“義”也。夫言“義”者，言下所以，名爲“義”，今“礙波

---

① 章，録本訛作“畢”，今據底本改。

② 覔，録本訛作“賓”，今據底本改。

③ 有，録本訛作“者”，今據底本改。

④ “以”字似爲“依”之訛誤，待考。

⑤ 結合文意，“即正法住者”五字似爲書手誤增，待考。

⑥ “佛法”二字底本、録本無，今據文意補。

羅叉"名得此無作礙,"比尼"名亦得此無作,若爾,"無作"是二,名下所以,故之爲"義"。先釋此二名,體正是一無作,故但解一名,餘一可知。"比尼者即大乘學"者,修行小乘,比尼者即是學於大乘也。何以[□][故]①?修行小乘即是受學於大故,下言以依佛出家、依大乘之人出家受具足故,是故説大乘威儀戒作小乘比尼之名,以是故言"比尼者即大乘學"也。"依佛出家"者,應是第五章門。"受具足"者,是第六章門。舉此兩句,爲成無别小比尼也。是比尼者是小乘,正是大乘比尼,乃至説大乘作小乘,出家受具足也,是故羅漢無别小乘出家受具足也。"何以故"者,小乘出家比尼皆是大乘出家比尼,下言阿羅漢依如來大乘人出家受具足故也。"依如來出家",前第五章門;"受具"者,第六章門;應一一指尺,但前以舉,接成無别,比尼事在所知,故此章不作别文也。"阿羅漢歸依於佛"者,此第一章門。"羅漢有恐怖"者,是第二章門。下先釋第二。何以[□][故]②?阿羅漢有恐怖故。下言"於一切無行怖畏想住如人執劍欲來害己③"者,是故恐怖也。"一切無行"者,[□][三]④界之中有對治無漏之道,三界以外未修無漏之道,故言"一切無行"。"怖畏想住"者,果中説因也。"如人"者⑤,譬無明。煩惱劍者,喻受變易生死。"執"者,喻煩惱因,能感生死果也,欲明人執劍,則能傷害於物;因牽⑥苦果,則能遍切羅漢,故言"如人執劍欲來害己⑦"。以是義故,阿羅漢無究竟樂也。"何以故"以下,釋第二章。"依不求依"者,但求歸依於佛,不求與物爲依;亦可佛是不求,依人依佛,故言"依不求依"人也。自下説喻來章。"如衆生無依"者,喻羅漢。"彼彼恐怖"者,喻羅漢有恐怖。"則求歸依"者,譬依不求依。"如是羅"者,合衆生有恐怖,合彼彼恐怖。"以恐怖故,依於如來"者,合處處恐,故則求歸依於佛强力也。

"世尊,阿羅漢辟支佛"以下,第二别會果入於一乘,將欲解非究竟,先言有怖畏也。是阿羅漢"有餘生法不盡"者,煩惱是受生法,雖盡三界生死無明

①② 故,底本、録本無,今據文意補。

③⑦ 己,録本訛作"已",今據底本改。

④ 三,底本、録本無,今據文意補。

⑤ 者,録本訛作"未",今據底本改。

⑥ 牽,録本訛作"章",今據底本改。

住地或(惑),未傾更受[①]身故,還名"三界之身作有餘"也。此解盡智。就盡智離出梵行以立[②],就無生智離出所作已辦[③],故有四智之名,略時即有二智之稱。何以智(知)之?盡智生死或(惑)盡,梵行以立,無漏道窮,正由梵行因立,故生死盡也。就無生智出所作已辦[④],所作已辦[⑤]者無漏滿足,更不起或(惑),故來身不復生也。正由因辦[⑥],故或(惑)盡不生;有餘梵行成,故不純者爲三界。餘未成故,果體不純。此奪第二智也。"事不究竟"者,斷生死事不究竟,更須仰習勝解,故言"當有所作"。此奪第三智也。"不度彼故"者,不遇變易生死,故更須除或(惑)盡結,故言"當有所斷"。此奪第四智也。"以不斷故",略舉最後爲欲,奪第五。無爲非究,故言"去涅槃界遠"也。何以故?第二段前五句是正奪二乘果非究竟,自下形奪佛也。何以故?聲聞四智非極,涅槃非究竟。下明唯有如來得般涅槃,或(惑)亡善備,成就一切功德,故云"盡智究竟滿足"。阿羅漢辟支佛不成就一切功德故,盡智未滿。若爾,何故道言"究竟"?下言説"究竟"者是佛方便,此奪"盡"也。此中奪其四智。何故道"涅槃"?解意言聲聞報翫涅槃情慇,故奪四智皆作"涅槃"名也。"唯有如來"以下,奪第二梵行以立。唯有如來得般涅槃,成就無量功德。羅漢辟支成就有[□][量][⑦]功得,故梵行不立,昔曰言"立"者是佛方便也。"唯有如來"以下,第三奪"所作已辦[⑧]"。如來得般涅槃,成就不思議功德,故所作已辦[⑨]。羅漢辟支成就思議功德,故所作未辦[⑩],昔言"辦[⑪]"者是佛方便也。"唯有如來"以下,第四奪不受後有智。唯有如來得般涅槃,一切生死煩惱所應斷過,皆彌之無餘,成就第二清浄,故不受後有。羅漢辟支有餘過中清浄,故不得不受後有,昔言"不受後有"者,是佛方便也。"唯有如來"以下,第五奪涅槃句。如來涅槃,體極□(靈)[⑫]宗,超絶三乘,故言"爲一切衆生之所瞻仰",過於二乘涅槃。是故知羅漢辟支所得之果者,常住大涅槃界遠,亦應言是佛方便,但闕無此言,故須後文來成此語也。言"阿羅漢辟

① "受"字前録本衍一"黨"字。按:"黨"字旁底本有一廢棄號,兹據删。

② 立,録本訛作"五",今據底本改。

③④⑤⑥⑧⑨⑩⑪ 辦,録本訛作"辨",今據底本改。

⑦ 量,底本、録本無,今據文意補。

⑫ 靈,録本作缺字,據底本補。

支佛觀察”者,舉前四智。“解脱”者,舉第五句。“四智究竟”,成前“觀察”義。“蘇息處”者,接前“解脱”,總環撮[①]四智涅槃,導此二果。“究竟”者,亦是如來方便不了義説,成前第五句涅[②]槃句也;亦可前五句奪四智及有涅槃,從“羅漢辟支佛”以下爲無爲涅槃也。

“何以故”已下,大段第三釋異。就中有兩段明義:一、明二種生死;二、明兩種煩惱。何以涅槃有優劣之殊、二種四智之别? 下言由有二種生死故然也。亦可如來常説聲聞二乘四智涅槃究竟,今勝鬘言導[③]不實,何以故二言相違? 若勝鬘語是,如來則爲虚言。若如來語當,勝鬘便爲浪説。二教相反,不應兩是,故下言由有二種生死。勝鬘通導兩邊,故言“不究竟”;如來但説一□(葙)[④],故言“究竟”。迹似矛楯,實不相違,故言“釋異”也。從“分段死”已下,明如來説究竟所由。“非一切煩惱”以下,别釋勝鬘説不究竟所以,兩邊皆有其義,不失宗旨也。何等爲“二”? 一、是分段死。三界之中上至八萬,下及十歲,各有體殊[⑤]。二者、三界作[⑥]前變最後,故云“變易死”也。生則順情,死則適意,故兩處但論死也。“分段死者胃(謂)虚爲(僞)衆生”者,正出受分段之人。“羅漢”以下説彼變易之者。“乃至究竟菩提”者,解無二種生死之處也。“二種死中”以下,别解如來説究竟所由。以分段死斷故,説阿羅漢辟支佛生死盡;得有餘果證故,説梵行立。凡夫人天不生無漏勝解,故言未辦[⑦]三果四向;七種學[⑧]人或(惑)未盡原,故“先所未作”;唯有羅漢辟支盡三界虚爲(僞)煩惱,故稱“所作已辦[⑨]”;羅漢辟支所斷煩惱,更不能令

① 撮,録本訛作“環”,今據底本改。

② “涅”字前録本原有“也”字。按:底本“也”旁有一廢棄號,今據删。

③ 導,録本訛作“導”,今據底本改。

④ 葙,録本作缺字,據底本補。此“葙”乃“廂”之同音借字(二字同爲息良切)。“廂”者,邊也,與上句“勝鬘通導兩邊”之“邊”字對應。

⑤ “殊”字前録本原有“報”字。按:底本“報”旁有一廢棄號,今據删。

⑥ 作,録本訛作“外”,今據底本改。

⑦⑨ 辦,録本訛作“辨”,今據底本改。

⑧ 學,録本訛作“舉”,今據底本改。

行者受於三界後身,是故説[作][①]"不受後有"。如來説作"究竟",事在[②]於此也。自此下别釋勝鬘不究竟所以。下言"非盡一切煩惱,亦非盡一切受生,故説不受後有"也。"非盡一切煩惱",集諦不亡;"非盡一切受生",苦諦不重也。

"何以故?有煩惱"以下,第二就兩種煩惱,明釋異。就中有五段文句明義。第一、從"何等爲二"以下[訖][③]"無始無明住地",明二種煩惱體貌[④]不同。第二、從"世尊,此四住地"以下,就"最爲大力"明力用各異。第三、從"又如取緣"以下訖"即是無明住地",明二種煩惱潤生有别。第四、從羅漢"最後身菩薩"以下訖"解脱味",正舉二智釋異。第五、從"無明住地不斷"以下訖"智師子吼",明斷結屬如來也。"煩惱有二種"者:一、是四住煩惱;二、是無明之惑。"何等爲二"以下,釋住地爲一,起煩惱爲第二也。始起一念能生名"地",令後或(惑)相續不斷曰"住",與"住"作"地",故名"住地"。如是五處,皆有二種"住"之與"地"。"住地有四種"以下,别解三界煩惱也。三界見諦麁礦,潤生義等。見諦即斷,故束爲一[□][處][⑤]住地;下界麁貪,名爲"欲愛住地";色界愛,便名爲"色愛";無色貪,便説爲"有愛住地"也。從此四煩惱皆上生者,皆名"起[⑥]煩惱"也。四心同緣一境,共成便故言"刹那心相應"也。"世尊心不相應"者,解三界外煩惱。"無始"者,神識不起則已,起則託境,託境不了,名曰"無明";更無有先,故曰"無始"。剋此一念,無明能生後或(惑)名"地",後生煩惱不斷名"住",與"住"爲"地",故曰"無明住地"。後煩惱從此上生,名"起煩[⑦]惱"。如此起者,彰恒沙功德,故名"恒沙煩惱"。如是萬行之上,即名"上煩惱"。如是相續,展轉漸麁,隣近三界,始起非相一念之惑,即以爲有愛住地,後從此一念背上生者,名爲"起煩惱"。如是展轉

① 作,録本脱,據底本補。

② 在,録本訛作"居",今據底本改。

③ 訖,録本脱,今據底本補。

④ 貌,録本訛作"根",今據底本改。

⑤ 處,底本、録本無,今據文意補。

⑥ 起,録本訛作"超",今據底本改。

⑦ "煩"字前録本原有一"爲"字。按:底本"爲"旁有一廢棄號,今據删。

漸麁，隣近色界，種類與四禪煩惱相似，復始起一念色界者即以爲“色愛住地”。後者從此從一念上生作起煩惱，乃至欲界一念者名“欲愛住地”。後從腳上生者，名爲“起煩惱”。如是欲界或[或(惑)][①]麁便能推求覓境，始一念身見，以之爲“見一處住地”，亦以後生者爲“起”。如此便有五住地煩惱。三界之中，四心同緣，故得爲刹那相應。三界之外，前後之心都是不了，無有四心之别，故言“心不相應無始無明住地”也。亦可依經論解義，無住之識，此或(惑)微細，以爲無明住地；想受之心，乃至行陰中睡眠無記，以爲恒沙煩惱；行陰心中，離出一貪，使麁者爲欲界，中者爲色愛，細者爲無色愛，五見利使束作“見一處住地”。若依此解義，行陰貪愛容有重生，故言“刹那相應”；如是報受，剋爲恒沙煩惱；五識不容重起，故言“心不相應無始無明住地”也。

“世尊此四住地力”者以下，第二段明煩惱力用不同。此四住地，舉三界煩惱。上煩惱者，舉恒沙煩惱。以此二種，比格無明住地之或(惑)，算數譬喻所不能及。此明枝條不如本，下界不及上地煩惱也。“世尊，如是無明住地力”者，還以本過末、上勝下也。“譬如惡魔波旬”，喻無明住地煩惱。“他化自在天”者，喻恒沙四住地之或(惑)。“色力壽命”以下，喻其力用自在殊勝也。“如是無明住地”，合前惡魔波旬。“力”者，合前力用。“有愛四住地”者，合自在諸天。“其力最勝”者，合上殊勝也。近與恒沙煩惱作依，亦遠能令三界四種煩惱久住。下言“羅漢辟支不能斷”者，此中未明斷道。“不能斷”者，爲上無明煩惱力强，唯有如來菩提智之所能斷也。“世尊”以下，結成無明力强也。“世尊有如取緣”以下，第三明煩惱潤生有别也。“取[②]緣”者，十二因緣中單舉一取枝也。“有漏業因”者，亦開取十二因緣中有支。“而生三有”者，因緣中生支，欲解三界受身，愛取爲緣，有漏爲因，“而生三有”者，因緣既備，三界受身，故言“而生三有”。此明解四住地受生之方。“如是”以下，解無明潤身之法。論其彼處，智惠(慧)轉明，煩惱漸微，前解感，後解許，

① 或，録本脱，今據底本補。

② 取，録本訛作“外”，今據底本改。

是[①]同伴相始,或(惑)望其智。此是異類相資,故云“無漏業因”,無明住地爲緣也。亦可因三界實空解,故彼處受生,故言“無漏業因”,論其生死,要由煩惱也。“阿羅漢”以下,出其種生死之人。絶於色界,唯有智體代謝,故言“意生身”。“此三地”者分段生死。“彼三種”者三界外。亦可“意[②]生”者還道變易之人中[③]得論分段之者,三界之中,治道無漏,破散生死故;此時不破未潤,彼變易受生故,煩惱時復不攝故。下言“及無漏業生”亦遠依無明住地,緣無明住地而[④]有無漏之解,亦由四住地煩惱潤生受身果上費(覓?)[⑤]得,是故三種意生身及三界無漏,由無明住地於此有緣,非是無緣也。

“世尊,如是有愛住地”以下,得復一周格量。下煩惱不及於上,故言“不與無明業同[⑥]”也。“無明住地異”以下,得説上[⑦]地之惑勝下煩惱。“佛地所斷”者,業未[⑧]明斷,欲明此惑力强也。直[⑨]言佛地所斷未明,以何解滅?故言菩提智之所能斷。何以故?唯菩提智能除,二乘不能滅也。下言羅漢辟支斷四住煩惱無者,惑漏不盡,故不得四智作自在力,亦不得涅槃作證也。“無”者“惑漏不盡”者何者是也?下言即無明住地是也。

“世尊”[⑩]以下,第四段。前文就四緣中解兩種生死,盡煩惱之異,自此以下正釋二種涅槃,由四智故别也。“羅漢辟支最後身菩薩”者,此人是三界中七住地身,故言“最後身”也。爲無明或(惑)覆障,故不能玄鑒事□(者)[⑪],故言“於彼彼法不知不覺”也。“彼彼”者,八住已上,處處四諦不同,故曰“彼

① “是”字録本訛作“具”,今據底本改。

② 意,録本訛作“竟”,今據底本改。

③ 中,録本訛作“身”,今據底本改。

④ 而,録本訛作“四”,今據底本改。

⑤ 費,底本似作“覓”,待考。

⑥ 同,録本訛作“因”,今據底本改。

⑦ 上,録本訛作“亦”,今據底本改。

⑧ 未,録本訛作“或”,今據底本改。

⑨ 直,録本訛作“真”,今據底本改。

⑩ “世尊”二字底本書手訛倒作“尊世”,《大正藏》録本訛“尊”作“導”。今結合文意,據《勝鬘師子吼一乘大方便方廣經》[T12n353p220a25]改。

⑪ 者,録本作缺文,今據底本補。

彼”。故由無明煩惱彰其惡因,故見四諦境界不周,見理不盡,故四智不滿。四智既不滿,涅槃亦不得究竟。如是體不自因,念念無常,故名“生死”也。若解八住已前,容有異心起惑,故潤生可解;今八住已上容有並照,無出入之殊,云何用煩惱潤生也?今解心由煩惱障,故見境不周,觀理不盡,不得涅槃、常住湛然,是以念念無常也。“以不知見”者,不見無作四聖諦故。煩惱所應斷者,不斷不究竟也。以不能斷無明煩惱故,但於三界生死有餘過中得解脱。此明得少分煩惱盡。“非離一切過解脱”者,别明無量生死不生也。此明盡智也。“名有餘清净”已下,解不受後有智。“有餘清净”者,明其得邊。“非一切清净”者,釋彼不得之所以。“成就有餘功德”者,明其得少分梵行已立,所作以辦[①]。“非一[切][②]功德”者,解無量梵行不立所作辦[③]不也。自下總舉四智不滿,爲欲奪第六涅槃也。以成就有餘解脱,舉上盡智。“有餘清净”者,不受後有智,中間兩智同是無漏,故但言“有餘功德”也。是故但知有餘之苦,乃至修有餘道。“是名‘得少分涅槃’”者,明其得邊,名“向涅槃界”,解不得之處。上來解聲聞四智涅槃不究竟所由。從“若知一切苦”以下,釋如來四智涅槃所滿足所以。若能知金剛已還一切苦盡,亦能斷一切集、證一切滅、修一切道者,便能超絶分段生死,故言“於無常壞世間”;亦超變易生死,故言“無常病世間”;過兩處,故得“常住涅槃界”。前聲聞爲惑所障,故不見四諦理周,故無常生滅;如來明見理周,故得涅槃界還,府(俯)應群生,於三界内“無覆護世間”,三界外“無依世間”,於此兩處無護者爲作護,無依者與作依。何以能爾?下言由四智滿足,故得涅槃究竟也。“法無優劣”者,我生已盡智平等;“智慧等故”,梵行理齊;“解脱等故”,所作已辦[④];“清净等故”,不受後有。以是四智究竟故,涅槃一味等味究竟平等味也。

“世尊”以下第五段,將明煩惱若斷,涅槃應得先解;煩惱不斷,故四智不滿,涅槃亦不得;是故無明住地積聚生一切煩惱。從此以下先返解。“若無明住地不斷不究竟”者,還重舉上文,爲明下句明解脱味者。三乘經中涅槃,

---

①③　此字録本訛作“辨”,今據底本改。

②　“切”字底本、録本無,據《勝鬘師子吼一乘大方便方廣經》[T12n353p220b1]補。

④　辦,録本訛作“辨”,今據底本改。

身亡智盡，故不得言明解脱；今常住大涅槃，常住妙有，萬境朗然，故言明解脱也。何以故？無明住地不斷，不得明解脱。下言無明是[①]種惑之本，故云"無明住地不斷不究竟"，過恒沙等[□□□□][所應斷法][②]亦"不斷不究竟"也。何以然者？欲明根本不亡枝條不喪也。下言過恒沙等所斷法不斷，過恒沙等四智法應得不得，涅槃應證不究竟不證也。以是義故，"無明住地積聚生一切修道斷煩惱"。此經明義，三界中惑皆是見諦，三界以外爲修道故，言"生一切修道斷煩惱"也。此惑覆於萬行之上，故言"上"也。直言"上煩惱"，未指其體，故次言"彼生心上煩惱"也；亦可"上"言覆於萬行之上，來心爲其本，故言"彼生心上煩惱"也。心之勝者，不過定惠(慧)，故下言止觀上煩惱也。"止"者定之始，"觀"者惠(慧)之初。上雖分心，作其定惠(慧)，然定惠(慧)中各有上、中、下三品之殊。"禪上煩惱"是定中品，"正受上"者是定上品，"方便"者惠(慧)中品，"智上"者惠(慧)上品也。亦可"止"、"觀"是總，下"禪"與"正受"是事。姓(?)[③]中□[④]，"方便"與"智"是空有兩别也。"果上"者，涅槃爲果。何故不得？由此煩惱覆，故不得也。"得上"者，因能獲果，故名爲"得"。此因何以不得於果？由此覆故也。上雖言其果，未釋其體，故次言"力"。"力"者十力，"無畏"者四無畏也。如是十力無畏何故不現？由此煩惱覆，故言力上、無畏上煩惱也。世尊以解四住地所起之所由，故言"刹那相應"。"心不相應"者，解三界外煩惱起之所以，更總舉此二生起所以，爲欲作譬，本下明斷也。"若過於恒沙菩提智所斷法，一切皆依無明住地所建立"者，此是譬本也。"譬如一切種子"者，喻恒沙煩惱。"皆依於地建立增長"者，喻無明煩惱也。自下與滅壞作喻。"若地壞"者，此喻無明煩惱。"彼亦隨壞"者，喻恒沙或(惑)亦亡。"如是過恒沙菩提智所斷法"者，合前一切種子也。"皆依無明住地建立"者，合"皆依於地建立增長"也。"若無明住地斷"者，合前若地壞喻。"過恒沙所應斷法皆亦隨斷"者，合前"彼亦隨壞"

① 是，底本、録本訛作"是是"，有一"是"字當衍，今據文意删。

② "所應斷法"四字底本、録本無，據《勝鬘師子吼一乘大方便方廣經》[T12n353p220b13]補。

③ 姓，底本不清晰，待考。

④ 録本此缺字底本不清晰，待考。

也。"如是一切煩惱"者,總道五住地也。"上煩惱"者,總舉起煩惱也。"斷"者,一切滅盡。上來反解或(惑)不除故,積聚生死;自下順解或(惑)斷,故涅槃滿足,萬善備也。"通"者六通,"達"者三達,"無礙"者四無礙。涅槃何故滿足?自下明四智滿故。"離一切過惡"者,盡智也。"得一切功德"者,梵行立也。"法王得自在"者,所作辦[①]也。"證一切法自在地"者,不是後有智也。"如來應等正覺"以下,頌説四智體。"依於了義,大乘一向記説"者,决定説也。

"世尊"以下,大段第四,雙結二智也。若就文,名爲"二智各有所得"也。"不受後有智有二種"者,略標最後也。一是如來四智,二是聲聞四智,故曰"二種"也。今先解如來盡智。"以無上調御,降伏四魔",爲欲道第四死魔滅也。生死既除,清昇方外,故言"一切衆生瞻仰"也。"得不思議法身"者,解梵行以立。"於一切爾炎"以下,解所作已辦[②]。"得無礙法"者,種智達觀朗然,故言"無礙自在"。窮果理極,故云"於上更無所作無所得地"。"十力勇猛"以下,解不受後有。生死多恐,名爲"怖畏"。萬善既滿,生滅無餘,故云"昇於第一無畏之地"。"無礙智觀"者,法屬如來,故言"師子吼"也。"世尊,阿羅漢"以下,第二解聲聞四智。"度生死畏"者,三界或(惑)亡,故言"度生死畏"。此明盡智也。"次第得解脱樂"者,解梵行以立。"作是念:'我離生死恐怖'"者,此解所作已辦[③]也。未來之世更不受三界身,故言"不受生死苦"也。此解不受後有智也。"阿羅漢觀察時"以下,結屬聲聞,亦可言"二智各有所得"也。"觀第一蘇息處涅槃"者,昔爲生死漂没,今得涅槃,生死永絶,故言"第一蘇息處"也。"彼先所得"者,四智得之,始言"先所得";能生後解,故曰"地"也。"不愚於法"者,不或(惑)佛果也。此解知佛。"是無餘"下,説自知非極,故言"自知得有餘地"也。何以故?自知非究竟。下言聲聞緣覺乘皆入佛乘,故自知非極也。"大乘者即佛乘,故三乘即一乘",欲明善是大乘,故聲聞之人即是菩薩也。此中言"知"者,推尋理解,《法華經》中但破其教也。自下言一乘者即阿耨三菩提明般若也。"即涅槃界"者,解脱[□][也][④]。"無異"以下,解脱即法身也,故言"究竟法身即究竟一乘"。自

①②③ 辦,録本訛作"辨",今據底本改。

④ 也,底本、録本無,今據文意補。

下明無異，故言“如來即法身”也。佛果善滿行備，故名“究竟”；體極常住，稱曰“無邊”；非念念滅，名曰“不斷”也。

“世尊”已下，大段第二，明一果常存[①]。就中有兩段明義：

第一從初至“有限依”已來，明料簡三寶。“如來無限齊時住”者，解常滿足，來成正覺，故言“如來”；逕劫[②]不遷，故云“無限齊時住”。此明真身，下解應佛。“如來應等正覺”者，汝三世諸佛應化而來，故言“如來”；殊方並現，應跡化物，至於金剛善滿，然後息化，故言“等住”也。此解真應體貌[③]，以爲章門。自下復明真應功能，佛用並説，復以此二爲章門也。真身常住，無相拔苦，故言“無限大悲”；應佛隨感赴救，故言“無限安慰世間”也。自下功能並章，體貌[④]雙釋。“無限大悲”者，真身無相，拔苦理極，故言“無限大悲”。應佛赴救，斷惑斯盡，故言“無限安慰世間”。此人知真，如真而解，論應如應而説，是故説者是名“善説如來”。此釋第二功能也。“若復説言”以下，釋真應體貌[⑤]兩門。“無盡法”者，應身也。“常住法”者，真身也。“能與一切世間作歸依”者，亦名“善説如來”也。“是故”者，以是能生物善義故。於三界中未度世間者，無明住地名“無依世間”。與此兩處應佛作無盡歸依、與三界外作常住歸依者，謂如來應正覺，結屬真本也。自下料簡“法”“僧”。“法”者即一乘道，“僧”者是三乘衆，此之二文，互舉一邊；亦得言“法”者是三乘，昔日衆者是一乘人也。此開雙。自下並非，故言“此二歸依非究竟依名少[⑥]”也。“何以故”下以别釋何以故。昔曰别相法，實[⑦]非究竟也。下言因中一乘道究竟，方得如來法身，故知“非究竟”也。法身在一乘之上，故一乘非極法身，之上更無説一乘之事，是以法身究竟也。自下釋僧不滿足故。言“三乘衆”者，有恐怖求向佛果菩提也；亦應言菩提之上更無法事，故云“佛果究竟”也。“是故二依非究竟”者，還結法僧非究竟，故言“是有限依”。今解應佛是真身功能，是以不“非”；往昔依僧，與真佛無隔，故須“非”也。

---

① 存，録本訛作“孝”，今據底本改。

② 劫，録本訛作“卻”，今據底本改。

③④⑤ 貌，録本訛作“根”，今據底本改。

⑥ 少，録本訛作“聞”，今據底本改。

⑦ 實，録本訛作“寶”，今據底本改。

“若有衆生”以下，第二段。“若有衆生”者，往昔三乘之人也。“如來調伏”者，丈六如來教化也。空解開心，故言“得法津澤，生信樂心”也。“歸依法僧”者，信伏無常之法，隨順三乘之衆也。“非此二歸依是歸依如來”者，非此別體法僧是歸常住如來。若爾，何者爲是？下言歸依涅槃第一義。上法僧者即是歸依如來也。“此二歸依”者，此常住第一義，上“法”之與“僧”也。“第一義”者，法僧之體即是涅槃第一義也，是故此二即是“究竟歸依如來”也。何以故？歸依常住法僧，即是歸依如來。下言無異。法僧無異，如來之體即是三歸依也。“何以故”以下，若一體是實①、别相三歸是虚者，如來往昔何故不説一體三實②也？下以喻來况，如[□][來]③説一乘道作三乘之名，爲鈍根之流，故説别相三實④，故言説一乘道也。“如來四無畏成就”者，明知出要道，善識説彰道，故能隱實説三也。“若如來隨彼”者，稱衆生心之所欲而方便説者，當知此善即是一乘，無有二乘。以下還結一乘也。

“世尊”以下，第二。上明乘理既周，從此以下欲解乘不孤起，起則託境，故下有八章廣明乘之緒也。今解欲論四諦，何以先解於智？欲明聲聞昔來不曾觀此四境，是以無其智。若有於智，可名爲“聖”；既無其智，以何爲“聖”？故次奪聖。若此四境生其正解，名曰“聖諦”；既不生解，故第三亦非聲聞聖諦也。八章之首，何故先明無邊聖諦章？解意言，前明聲聞四智不滿，如來四智究竟圓極，未正釋其[□][所]⑤以⑥；此章明正由不觀無作四聖諦，故四智不足，如來見諦理周，故四智滿足也。“初觀聖諦”者，有作四境瞻察之始，故言“初觀聖諦”也。“以一智”者，三界之中，治道空解，能摧四諦下⑦麁或(惑)，四住地永亡，故言“斷諸住地”。此明斷惡。“以一智”以下，出其生善。“以一智”者，有作四聖諦中無漏空解也。由此空故，四住地衆惑彌滅，故言“四斷智功德作證”。斷由智得，故名“四斷智”；獲彼無爲勝善，故言“功德作證”也。上來至此，明空觀理周。“亦善知”以下，解照有理極；“亦善

①②④ 實，録本訛作“寶”，今據底本改。
③ 來，底本、録本無，今據文意補。
⑤ 所，底本、録本無，今據文意補。
⑥ “其以”二字録本訛作“以其”，今據底本改。
⑦ 下，録本訛作“不”，今據底本改。

智四法義”者,解其緣假;所以言“善知此四法義”也。“世尊,無有出世間”以下,奪上上非上上也。“無有出世間上上智”者,昔日聲聞金剛,窮因之極,名出世間之上,盡無生智,超絶俗表,故名“出世間上上智”;今明聲聞所得非真,故言“無有”也。何以故?下[①]言以“四智漸至及四緣漸至”故。言聲聞解心,不能頓發,故言“四智漸至”;境界漸廣,名“四緣漸至”。以此義故,聲聞無上上智。下解如來所得金剛心謝,種智現前,體極窮原,萬境斯朗,故無漸至,此乃是“出世間上上智”也。下奪金剛非是究竟,亦奪第一非極也。“世尊,金剛喻”者,此是譬;“是第一義智”者,即合喻也;欲明世間金剛能摧萬物、體不可壞,以况種智能滅衆惡、體非可組,故以喻之。此明如來究之,下出聲聞非極。世尊非聲聞緣覺,不斷無明住地之或(惑),初有作四聖智,是第一義智也。下言“以無二聖諦智”者,無第二聖諦智故,但斷四住地煩惱,故非第一也;亦可以無第二作聖諦智,故不能[□][斷][②]諸無明住地,故非第一也。“世尊”以下,明如來金剛究竟也。“如來正覺所得非聲聞境界”者,即不思議空智也。能斷一切煩惱,故金剛滿足也。“若壞一切煩惱”以下,結屬如來。“是第一初聖諦智”以下,結聲聞非第一也。“世尊,聖義者”以下,第二奪“聖”。聲聞於此四境無解,故不名爲“聖”。

若爾,昔何故言“聖”?

下釋言三界少分功德義邊,名之爲“聖“也。

“世尊,聖諦者非聲聞緣覺諦”者,明此四境不資二乘正解,故非彼聖諦。此總論四諦。下言“亦非功德”者,偏[③]章滅道也。“世尊”以下,聖資如來正解,故是佛聖諦也。“如來正覺初始覺知”者,明自覺義也。“然後爲[□][無][④]明觳[⑤]藏”以下,明覺人也。“是故名聖諦”者,結屬佛也。

“聖諦者”以下,第七如來藏章。所以來者,欲遠成上一乘之義。萬善各異,何故同歸佛果?今明正由如來藏是一故耳。亦可證成四諦甚深二乘不

① “下”字前録本原有一“然”字。按:底本“然”旁有一廢棄號,今據删。

② 斷,底本、録本無,今據文意補。

③ 偏,録文訛作“遍”,今據底本改。

④ 無,底本、録本無,據《勝鬘師子吼一乘大方便方廣經》[T12n353p221b6]補。

⑤ 觳,録文訛作“聲”,今據底本改。

達之旨。何者？四諦之上，説如來藏，藏既幽隱，故諦亦甚深。如是五句來證也。"聖諦者説甚深義"者，第一句微妙而細密故。第二句言"微細難智"也，七住二乘所不逮故。第三句言"非思量境界"，唯佛獨究故。第四句言"是智者所知"，十地絶分，二乘莫測故。第五句言"一切世間不能信"也。何以故？"一切世間所不能信"下，言此説甚深如來之藏體。"如來藏者是如來境界"者，釋前"智者所知"也。"非聲聞緣覺所知"者，釋前"非思量境界"也。"如來藏處"以下，説藏爲諦，藏甚深故，帝(諦)亦甚深，還以五句來證無異於前也。

"若於無量煩惱藏"以下，第八法身章。所以次來者，欲明佛性隱在煩惱之中，名之爲"藏"，顯則無方，應用名爲"法身"，故次之也。"無量煩惱藏"者，由此煩惱覆彰，故當常如來，不得現用，故名"煩惱"爲"藏"；佛性温積萬德，亦名爲"如來藏"也。今解若於無量煩惱藏所纏如來藏體生解明白不疑惑者，於出無量煩惱藏法身亦無疑惑也。何以而然？佛性隱在煩惱之下，實莫難知。以能玄解不謬者，出無量煩惱法身萬善昞著，何容不達？故言"法身亦無疑惑"也。此雙開兩章。自下將欲並煩惱，明四諦甚深也。"於説如來藏"，還舉第七章。"如來法身"，舉第八章。"不思議佛境界"者，應身也。"方便説"者，亦可是三乘也。於此四法"心得决定解"者，此人則能"信解説二聖諦"。所以然者，若論如來藏，法身則是無作四聖諦；若解佛境界及方便説，即是有作四聖諦；故能解於四法者，則能知説二聖諦也。"如是難知難解，謂説聖諦"者，無作聖諦名爲"難知"，有作聖諦稱曰"難解"也。"何等爲説"以下，問其名，將欲解其義。下言"謂説作聖諦、無作聖諦義"者，此二以爲章門也。三界之中聲聞修行，觀苦集滅道，盡三界惑，道成無著，以爲至極，自言"所作事辦[①]"，是故如來奪其無作之心，言更有勝妙四諦可造，故名"三界四諦"以爲作也。三界外修行苦集滅道事究竟之時，更無所可行，還彼地以爲無作四聖諦也。"説作聖諦義者"以下，釋前第一章門。"是説有量"者，限齊三界而説，故言"有量四聖諦"也。"何以故"者，釋何以故爲於聲聞限量説四也。下言二乘之人"非是因他能知一切苦"等，故限量説也；亦可因

① 辦，録本訛作"辨"，今據底本改。

他知者，不能知一切苦也。知苦既不周，滅成亦不盡，故言不能斷一切集、證滅、修道也，是故"限量説"也。以是義故，"世尊有有爲生死、無爲生死"，受三界分段生死竟，更當爲變易生死所爲，故還名"分段生死"作"有爲生死"；受變易生死，更不爲生死所爲，是故即名"變易"作"無爲生死"也。"涅槃亦如是"者，得聲聞涅槃竟，更有佛涅槃可得，故名"聲聞所得，作有餘涅槃"也。獲得佛果，竟無可得，故即名"如來所得，作無餘涅槃"。"作説無作聖諦"以下，前第二章門欲明苦集，經通金剛滅道，該羅佛果，當理而説，非是悲情爲物，名爲"無作"也。"是説無量"者，法相塵沙，邊不可得，故言"無量四聖諦義"也。下釋何以故爲菩薩無限量而説。解言"能以自力知一切受苦"等，故無限量説。如是八聖諦，如來住望正是四諦，汝(如?)[①]《涅槃經》言。所未説法，已論之事皆悉洛(落)在四諦聖中，故言"如來説四聖諦"也。如是八聖諦，如來爲小根之人説有作四聖諦也。如是無作聖諦，唯如來窮盡其原，故言"事究竟"。此章門非羅漢等"事究竟"，亦是章何以聲聞辟支事"非究竟"。下言"非下中上法得涅槃"，故聲聞等不究竟；三乘之人所得涅槃有上中下之殊，故於無作四聖諦事非究竟也。下釋前第一章門。何故如來於無作四聖諦事究竟？下言"一切如來……知一切未來苦"，來苦無邊，唯如來知盡，故佛於苦諦事究竟也。"斷一切煩惱"者，總舉五住地惑。"上上煩惱"者，單言恒沙煩惱。"所攝受一切集"者，攝因則得無明住地，收果于得四住地，故言"所攝受一切集"也。自下明如來於滅諦中事究竟，無明[②]或(惑)盡，變易患亡，故言"滅一切意生身陰"也。略結最後或(惑)滅，當知三界分段已亡，故言"一切苦滅作證"也。"世尊"已下，廣明常住，體無或(惑)累，名爲"性滅"。"非壞法故，名爲'苦滅'"者，體無萬相，名之爲"滅"，故非壞法之滅也。"所言苦滅"已下六句，前三明無始，後三明無終。本有故今有，故言"無始"。非工匠所造，名爲"無作"。爲物所爲者可起[於][③]現在，既不可起造，亦不可起在於現在，故言"無起"也。次下三句明"無終"。一有常有，言"無盡"；體絶

① 此"汝"字似爲"如"字之訛，待考。

② "無明"録本訛作"明無"。按：底本"明無"二字間有一乙鈎號，玆據乙正。

③ 於，録本脱，今據底本補。

生滅,名爲"離盡"。何以離盡?下言常住故體寂衆相,故言"自性清净";在於金剛心後,故言"離一切煩惱藏"。自下舉"藏",結於"法身"。上解"法身",開之在後。所以在前結者,欲明"藏"與"法身"體無别狀故也。"世尊,過於恒沙"者,過恒沙劫數,明如來藏常住。"不離"者不可斷離,"不脱"者不可易脱,"不異"者不可變異。"不思議佛法"者,如來藏體隱在煩惱之下,而不爲或(惑)染,故言"不思議佛法"也。此舉"藏"爲結於"法身',故言"成就"。説如來法身成就者,起現爲成就也。"世尊"已下,還舉法身結如來藏。"如是法身不離煩惱藏"者,隱在煩惱之下,名爲"不離";如是之時説作"如來藏"也。

"世尊"以下,第九明空義隱覆真實章。所以來者,上明如來藏法身體極常住,如此之法,從昔以來何故不説也?欲明如來昔説苦空無常義,隱覆常住真實故也。此章明教覆下顛倒真實,偏論解倒也;亦可此欲兼明道諦,故此中開也。

若爾,何故在滅諦中説?

欲明道滅二諦體無别狀故耳。

"世尊,如來藏智是如來空智","如來藏"者有二種藏:一明佛性體備萬德,故名爲"藏"。二者煩惱隱覆當佛,故即名"煩惱藏"也。智者亦有二種:當如來體大照,故名爲"智"。煩惱藏體,體是神解,亦名爲"智"。亦可下地名"煩惱上頭智",故有二種智也。是如來空智者亦有二種空:一者、煩惱藏體是可空之法,故名"藏空";第二、如來藏體,永絶相累,亦名爲"空"。此等皆是章門也。"世尊,如來[□][藏]①者,一切羅漢大力菩薩本所不得"者,亦是章門。"世尊,有二種如來藏",空亦二種,智如之,皆釋上章門。從"世尊"以下,釋上二種藏。"空如來藏"者,煩惱是可空之法,故可名"空如來藏"。煩惱鄙惡可指(捐?)②捨,故名"若離"。可得易脱,故言"若□(脱)"③。可得變異,言"若異"。如此之法,未指其體,故次言"一切煩惱藏"也。從"世尊"以下釋佛性。前言"空"者,但導無其相累而體極妙有故。從此以下,説作

① 藏,底本、録本無,據《勝鬘師子吼一乘大方便方廣經》[T12n353p221c13]補。

② 指,此似爲"捐"之訛字,待考。

③ 脱,録本作缺文,今據底本補。

"不空如來藏過於恒沙"者,逕於劫數,體不可斷離,故云"不離";常住湛然,不可易脱,故言"不脱";"不異"者不可變易。雖言"不異",等指其狀,故次言"不思議佛法是"也。上來廣明二藏,事在可知。從"世尊"以下,以空智怗(帖)之。"此二空智"者,此藏即是二空二智也。"諸大聲聞能信如來"者,今日時中聲聞能信也。"一切羅漢"以下,明昔聲聞不能信解也。"羅漢辟支空智"者,此是可空之法,故言"空智"。"於四不顛倒,常樂我净轉"者,作苦空無常解也。若爾,應是"解倒",但解由教生,故亦名"教覆"也。"是故一切羅漢"以下,還結前第三章門,乃至大力本所得也。"一切苦滅,唯佛得證"者,結於滅諦。"壞一切煩惱藏,修一切滅苦道",結道諦究竟也。

"世尊,此四聖諦"以下,第十一諦章。所以來者,上雖明無邊聖諦,未指其體,今明苦集道諦,盡於金剛,所謂"無邊滅諦"是也。亦可上明空義,隱覆真實而未别其體;今明苦集道諦是能覆滅諦,是所覆之理也。然住滅道,體無别狀,何故但言"一諦"?欲明往昔説"道"爲"無常苦空",名通能覆;昔日説"滅",不説爲"無常苦空",名不濫能覆,故論"一諦"。亦可上章處處言"菩提智所斷",道諦名章,事在可解,滅諦難知,故今但言"一諦"也。"三是無常一是常"以下,若分段解義者,至"苦滅諦"以來是"一諦"章,自下明"一依"也。若不爾者,此文非則雙非,是則並是,不可取别,但解"一諦"竟。下言"是常""是依"者,即以"安穩"二字怗(帖)之,便成安穩。"一依"文句,無多殊别也。

從"是滅諦"以下,第十二章。所以來者,上明如來藏一住諦常住時情意,謂爲即身中有之,故此明是顛倒真實。亦可退(違?)[①]理之解,名爲"顛倒";稱理生知,目曰"真實";"顛倒"、"真實",合爲一章,故名"顛倒真實"也。"是滅諦"者,還舉上章開於此章也。"過一切衆生心所緣"者,欲明常住滅諦,妙絶玄境,故言"過一切衆生"也。時衆謂爲聲聞能解,故言亦非二乘智惠(慧)境界也。"譬如生盲"者,與凡夫爲譬,欲明生盲之不覩青黄,凡夫不見滅諦也。"七日嬰兒不見日輪"者,喻聲聞,欲明嬰兒有目不見日輪,二乘有惠(慧)不觀滅諦。下合喻。言"苦滅諦"者,合色及以日輪。"非凡夫心識

① 退,底本似作"違",待考。

緣”者合生盲,“亦非二乘智惠(慧)境界”者合嬰兒也。上雖言凡夫如生盲,不釋所以;下明二見顛倒故耳。此二是章門。一切羅漢是則清净者,釋如嬰兒所以,亦作章門也。“邊見”以下釋第一章門。上言凡夫二見者,一是常見,二者斷見。此二差違中道,名之爲“遍”。自下三周明斷常:第一明神我上起斷常。二下界起斷,上界起常;亦可身上起斷常,亦可涅槃上起常。第三色上計斷,心上計常。“凡夫於五受陰我見妄相計著,生二見”者,於五陰之中生忘想之心,執有神我。若離陰計者,名爲“常見”,即陰計者作斷見,故言忘相生二見。“是名邊見”者,總結其體也,“所謂”以下别見形二見名也。“見[①]諸行無常”以下,第二起見,六道諸行所得之身生滅無常,謂爲畢竟不續,故起斷見也。“見涅槃常,是常見”者,欲明計上界之身以爲涅槃、畢竟不滅者,此是常見,非[②]正見,以忘相之心作如是見也。“於身諸根”以下,第三也。於其五根不能分别。“現法見壞於有”者,於三有相續更生義邊不見,故起斷也;於心相續滅邊愚闇,故不知刹那遷謝,故起常見也。此明心上計常。“此忘想見”者,總舉三處斷常,故言“此忘想見”也。“於彼義”者,此三見於彼滅諦義。“若過若不及”者,斷見名“過”,常見曰“不及”。所以然者,未來必有常果之理,斷見謂爲捨此身已,永無相續。若爾,滂(?)[③]於常果,是故三處斷見皆名爲“過”。夫常要當或(惑)盡善滿,金剛心彼(後?)[④]湛然不滅,常見之人即於此身以爲神我不遷,不待金剛心後,故言“不及”也。從“顛倒”以下,釋前第二章門。於五受陰無常之中生於常相,生死八苦之中而生樂相,虚假陰無真實我而生我相、煩惱不净相,故名“顛倒”。“一切阿羅漢”以下,釋上第三章門。羅漢、辟支三界或(惑)亡,形於凡夫,故名“清净”,於彼滅諦非其所知也。“於一切智境界”者,應身是真智境界也。“及如來法身本所不見”者,存彼丈六之佛,謂爲王宫始生,雙林實滅,故云“本所不見”也。上來至此,解其“顛倒”。自下次論“真實”也。“或有衆生”者,性地菩薩也。“信

① 見,底本書手訛作“是”,録本承謬。今結合文意,據《勝鬘師子吼一乘大方便方廣經》[T12n353p222a12]改。

② “非”字前録本原有一“者”字。按:底本“者”旁有一廢棄號,今據删。

③ “滂”字費解,待考。

④ 此字底本似作“後”,待考。

佛語故”者，順丈六佛教也。“起常相我樂净相”者，於彼法身之上生如此解，此人解心當理，故名“正見”“非顛倒”也。“何以故”，釋何以於彼法身生此常樂净相非顛倒也。下言“如來法身是常”，樂我净事，究竟於常，我樂净上，如理而知，不違其旨，故名“正”也。於佛法身起正見者，必能紹繼聖蹤，故云“真子”；解常未滿，故云“得餘財”也。“世尊净智”以下，此文何以更來。上文導或有衆生性地菩薩起常樂净相，名曰“正見”，是佛真子，時衆謂爲小乘性地亦是真子，故此中言羅漢净智猶尚不知，何况小乘性地也。亦可上明顛倒衆生不能得知，時衆謂爲小乘性地是真實、便能得解，故從此以下明羅漢净智尚自不知，何説性地而能得解也。“净智”者，羅漢盡無生智，居宗體[①]極，故言“智波羅蜜”也。此净智常，三界或（惑）亡，故名爲“净”。此净智於彼滅諦尚非境界，何况[②]小乘性地四依能得解也？“何以故”以下，釋何以净智不知便使四依智亦不知也。自下以上，説下三乘。“初業[③]”者，無想行也。“不愚於法”者，羅漢人也。此二勝解於彼滅諦當得覺。“當時”者，當來之世乃能覺，未來之世乃能得，現在實若夜。由世尊爲彼故説四依[④]者，上明無相行中勝，人不能得知，爲彼小乘性地人得無相解故，世尊説四依法。若爾者，無想行是勝，乃至羅漢當不知何説性地，依四諦生解者而能得知也。下正四依所在乃至出一依之名，故言“世尊”。此四依者是世間法也。“一依者，一切依上世間上上”者，欲明從其性地乃至十住應身，皆能與物作依。今此滅諦超過如是一切依上，金剛之心是世間之上。今明滅諦在金剛心後，故言“出世間”。“上上”所謂滅諦也。

“世尊，生死者依如來藏，以”已下，第十三章。所以來者，上明衆生顛倒真實時情，謂理可染污，顛倒於理；今明如來藏體性光潔，在於累外，自性清净也。亦可前明違理諸解，名曰“顛倒”，想理生知，故名“真實”；今明此之善惡所以不斷者，依如來藏故；是以次顛倒真實，後明自性清净也。“世尊生死

① 體，録本訛作“幹”，今據底本改。
② 况，録本訛作“説”，今據底本改。
③ 業，録本訛作“樂”，今據底本改。
④ 依，録本訛作“能”，今據底本改。

依如來藏”者，應言“生死相續何故不斷者，以如來藏也”。若無如來藏者，一生一死便盡一化；以有成佛之理，故相續不斷，故云“生死者依如來藏”也。就此章中，可有三段明義：初明生死善惡依如來藏，第二[①]從“如來藏者”以下，正明自性清凈心隱覆，亦可言如來藏不爲煩惱所染。第三從“説是難解之法”以下，明如來述成也。就初段中亦有三文：一明生死依如來藏。第二從“世尊若無如來藏”以下，明善惡依如來藏。第三從“世尊！如來藏者，非我”以下，明釋異不同外道也。“以如來藏故，説本際不可知”者，正以如來藏在金剛心後，故衆生不能現在辨用，是以衆生體不自固，念念生死。如是過去無邊未來無極，故言“本際不可知”也。“世尊，有如來藏故説生死”者，由有如來藏，在當衆生現未克故，有衆多生死。此言當理，故言“善説”。自下解“生死”。第二明如來藏。第三以生死依如來藏。“生死”者此中明前身死，今身生。“次第不受根起諸受”者，此五陰從業稟得，故名“諸受”；五陰敗喪，故名“没”；“次第”者，解今身生。“次第不受根起”者，今身在於過，形之於後，故云“次第”；不從前身隔形業而得，故云“不受根起”。“是名生死”者，今身也。“世尊，生死者此二法是如來藏”者，此生死二法是依如來藏也。“世間言説，故有死有生”以下，明今身死未來生得，故三世明生死，欲明三世相續，故本際不可知。今身死者是諸根壞，後身生者是新諸根起，故言“死者諸根壞，生者新諸根起”也。“非如來藏[②]有死有生”者，欲明如來藏常住體無代謝也，是故有如來藏常住故。“是依”者與生死作依也，“持”者持生死相續不散也，“建立”者不合斷也。“世尊不離”者，藏體常住，不可斷離也。“不脱”者不易脱也。“不異”者不可變易也。如此之法，何者是？下言“不思議佛法”是也。此正明如來藏體，自下生死來依也。“世尊，斷脱”者，生死無常，可斷可脱。“異”者可令變易。“外”者，如來藏體在此斷脱異等有爲法之外也。能與“有爲法作依持建立”者，是如來藏也。“世尊”以下，明善惡依如來藏也，欲明善惡法違如來藏而生死，故輪轉無窮；善法之起順如來藏，故返

---

① 此“二”字底本、録本訛作“三”，今據文意改。

② 底本、録本此處作“非如來藏非如來藏”，中一“非如來藏”當係誤增。今結合文意，據《勝鬘師子吼一乘大方便方廣經》[T12n353p222b10]删。

流盡源也。此中將明有藏故依,無解故不依也。“若無如來藏者,不得厭苦,樂求涅槃。何以故”,釋何以無如來藏不得厭苦求涅槃也。下言於此六識及心法智不種衆苦,以無如來藏故。“六識”者,依六根生心。“及心”者,意根也。“法智”者,意根中空解也。此七法化化自滅,刹那不住,故云六識及心不種衆苦,法智亦不得厭苦樂求涅槃也。此明反解也。“世尊”以下順明也。“如來藏無前際”者不屬未來,“不起”者不屬現在,“不滅”者不在過去,此明如來藏是常故。“法種衆苦”者,六識及心廣起諸惡也。“樂求涅槃”者,法智得厭苦樂求涅槃也。“世尊”以下明異外道外人計身有神我、不遷不滅,今明常住如來藏時,人謂爲同外道,故言“非我[□][非][1]衆生”;在於金剛心後衆累之外,故“非人”境界。“顛倒衆生”者常見苦,“亂意”者斷見也。

“世尊”以下,第二段。“法界藏”者,常住佛果,異於生死,故云“界”也。體備萬善,故名“法身藏”。超過生死,故言“上上”。不爲或(惑)染,其性光潔,故言“自性清净”。“如來藏”者,還舉文欲明隱覆之義也。“而爲客煩惱”者,或(惑)本理外而生,故云“客”也。“上煩惱”者,即此或(惑)在萬行之上也。如來藏爲二種煩惱所染,乃是如來境界,非下人能知也。自下以淺説深。“何以故”者,欲明刹那若在現時,煩惱之心在過去未來,故言“非煩惱所染”。“刹那不善心亦不煩惱染”者,一念不善在,現時善心以謝,故“亦不爲煩惱所染”。“煩惱不觸心”者,煩惱不及善心。“心不觸煩惱”者,善心不及煩惱。“云何不觸法,而能得染心”者,不曾相及,何由相染污也?上明實法空性,當體自滅,都無相染。從“世尊”以下就假名相續,攬之爲一,故有相染,百年相續,應生中上之善,中間生惡心,中上品善不得相續,故名前“善心”,今作惡心,故言“煩惱染心”也;欲明生死之中,當分空性無染,何况出世如來藏自性清净而有染也?“難可了知”者,非下情所惻(測)故。言“唯佛世尊實眼”者,法眼實智。“法智爲法根本”,大乘常住,功由佛説,故言“根本”。感悟衆生,使修行善法,名“通達法”。爲行善衆生作其蔭覆,故名“正法依”。亦悉知見如是不染之理,自性清净也。

“勝鬘夫人”以下,第三段。問於佛時,對佛審理,義同問也。“如是自性

① 非,底本、録本無,據《勝鬘師子吼一乘大方便方廣經》[T12n353p222b19]補。

清净”者，前如來藏也者，還舉前刹那善心也。“而有染污”者上二法也。“難可了知”者二法皆難可了知也。“有二法”者，一是自性清净，二是刹那善心。“謂自性清净心”，還舉如來藏。“彼心爲煩惱所染”，還舉上刹那善心也。如此二法有染者而實不染者，非下情所測，要八住已上成就大法菩薩乃能信解也。

“若我弟子”以下，第十四章。上來明一乘境行既同，從此以下明受行之人能繼承聖縱(蹤)①，故名“真子”。“若我弟子隨信”者，從初住至三住。“信增上”者，四住至七住也。“依明信”者，依八地以上明信，作五種巧便觀。“而得究竟”，明自性清净而有染污也。“隨順法智”以下，出其五種觀行之法。“觀察施設根意解境界”者，此是第一。“施設”者，五根同名，四大所造，故名“施設”。正行修定力，故徹見三千。若爾，爲更修定，應以大清根徹見十方，如此則解自性清净也。云何得知？有染由煩惱障故，如是即解而有染義也。“意解”者，如觀少清，後時滿閻浮大地盡皆是清。若爾，更修諸行，得大意解，徹見十方。大意解者，即如來藏也。何以能知而有染污？往昔不除障故。不解三千者障便得。若爾，大意解者何以不得？亦由障也。如是能知染污。“觀察羅漢眼”者，此第二巧便。昔時常眠②以修行故，今得不眠③。若爾，爲修萬善，應得大不眠④，謂如來藏，即解自性清净。云何能知有染污？以障故不得，斷障則得也。“觀察業報”者，無善之時，則無天身，修善則有。若爾，爲修萬善，應得清净身，謂如來藏，如是則解自性清净。云何而有染污？天身何以不受？正由此身障故。此身若滅，天報則應受之如是大清净身，亦以障故不得，則解有⑤染污。此是第三也。“觀察羅漢大力菩薩自在通”者，第五巧便也。“於我滅後……若我弟子隨信”者，初住至三住。“信增上”者，四住至七住，亦可出所信之事也。“依明信”，八住以上。隨順八地，作此五種觀行，自性清净，彼刹那善心而有染污而得究竟。此解運載行人至

① 縱，此當讀如“蹤”(“縱”一音即容切，與“蹤”同)。聖蹤即佛道也。佛典用例頗夥，不贅舉。

②③④ 眠，録本訛作“眼”，今據底本改。

⑤ 有，録本訛作“者”，今據底本改。

於佛果,故言"入大乘道"也。"爾時勝鬘白佛言:'更有大利益'"者,亦可上求佛説二人,勝鬘更説一人也;亦可勝鬘説其護法,故言"大利益"也。"白佛言:'三種善男子女人於甚深法'"者,如來藏得稱理之解,故言"離目影像"也。"何等爲三"以下,明三種真子。"自成就甚深法智"者,八住以上也。"隨順法智"者,四住以上,作前五種巧便觀是也。"於諸深法不自了知"者,三住至性地也。不能玄鑒常住,故言"仰惟①如來,非我境界"也。除此諸善[□][男]②子、女人,諸餘衆生於此常住如來藏深法妄情取著,故言"習諸外道"。"敗種子"者,當以王力以設法而調伏之,使入性地也。

"爾時,勝鬘"以下,第十五章。有解云:無别勝鬘章文句。何以然者?上來能説之人即是勝鬘故。若爾者,前來聽之人即是真子,亦不應别有文句也。解意言:真子有三人别,故須别也。若爾,上來所説之事即是一乘,何故别出一乘章?若言乘境行之别故須者,人中亦有弟子優劣之異,是故齊此以下克作勝鬘章。"與諸眷屬頂禮足"者,説經既終,將欲取别,故禮前後,凡四禮也。

上來序分既周,時衆取悟。自下欲使大法流通遐代,廣潤蒼生,萬代不隧(墜)③。"放勝光"以下,明流通説也。前放净光以殄④或(惑),今欲爲後流通利益處廣,故顯赫殊常,故言"放勝光明"也。"高七多羅樹"者,一箭道三百步,七多羅樹高二千一百步。"足步虚空"者,使後代受行大乘也。"還入城中"者,攝目在城中,亦可送佛出城,過眼境已,還入城也。"爾時世尊告長老阿難"者,欲使人中流通。"念天帝"者,使天中流通也。乃至執持經名者,四依弟子福多於彼恒沙劫數修行,何況其師廣爲人説?上來將欲使受持流通,先格量勸之也。"當何名此經"者,將欲受持流通,要須體名達義,故問"當何名此經"。此是第一正名。"云何奉持",欲明順其理。"當爲汝略説其名"者,答第二問略其義名。此經"真實功德""如是受持"者,答"云何受持"。

① 惟,録本訛作"推",今據底本改。
② "善男"二字底本、録本誤倒作"男善",今據文意乙正。
③ 隧,此乃"墜"之借字。《集韵·至韻》:"墜,《爾雅》:'落也。'或作隧。"
④ 殄,録本訛作"彌",今據底本改。

“故憍[①]尸迦”以下，答第一問“當何名此經”也。

一校竟。

甝有照法[②]師疏。

延昌四年五月二十三日，於京承明寺寫《〈勝鬘〉疏》一部，高昌客道人得受所供養許(記了)[③]。

---

① “憍”字前録本衍一“次”字，今據底本删。

② 法，録本訛作“江”，今據底本改。

③ 許，底本作“”，當爲傳抄過程中“記了”二字豎排連筆手體之形訛。敦煌寫卷中常見某部分内容抄寫完畢後書手題記“記了”二字連筆的情况，如《法華義記卷三》尾題：“比丘惠業許。”[T85n2748p165c15]中“許”字底本斯 2733 號實作“”，顯爲“記了”二字的豎排連筆。《無量壽經義記下卷》尾題：“比丘洪琇許。”[T85n2759p249a28]中“許”字底本斯 2693 作“”。《律抄》尾題：“熙平元年七月十三日於昌梨寺寫訖，故記之。道人僧誕許。”[T85n2794p690c26]中“許”字底本中村 018 號作“”。後二例中“”、“”亦“記了”二字，連筆的意味亦較爲明顯。

No. 2763 挾注《勝鬘經》

［題解］

佛典《勝鬘夫人經》注疏，敦煌卷子中存有斯1649、斯5858兩號，作者不詳。原注卷數不詳，或爲上、中、下三卷。斯1649號首殘尾全。尾題："《勝鬘夫人經》卷上。弟子曇受可敦所供養。"斯5858號係一小張殘片。兩號原屬同卷，可以拼接。此經自《勝鬘經・攝受章第四》末尾之"［初住大乘］，一切善根，［何況二乘］，以廣大故，是故……"抄至《一乘章》第五之"得少分涅槃者，名'向涅槃界'"。經文用大字抄寫，經文下爲雙行小字挾注。注釋大抵僅爲疏通文義。這種挾注形態的《勝鬘經》前此未爲歷代經録所著録，亦未爲歷代大藏經所收。日本《大正藏》將斯1649號收入其第八十五册。現可據斯5858號補出《大正藏》録本的若干殘缺。今校注仍以《大正藏》本録本所據原卷斯1649號爲底本。

▭[①]法，有無量無邊功德（▭得無□（邊）[②]▭益，同無相▭功德[③]，自此以來，明有大利益。今舉智辯無相，結攝受無邊）。

佛告勝鬘："汝今更説一切諸佛所説，攝受正法。"（得理▭説名"一乘"。將明空解即是出相，故命更説之。）

勝鬘白佛言："善哉，世尊！唯然受教。"（攝受淵曠，求或無崖，命演斯利，得不説乎？）

---

① 首缺。

② 邊，録本作缺文，今據底本補。

③ "功德"二字録本誤置於上文"同無相"前，今據底本乙正。

即白佛言："世尊！攝受正法者是摩訶衍(攝受空解，即大乘出相)。何以故(三乘空解，何以即之一大)？摩訶衍者，出生一切聲聞、緣覺世間、出世間善法。(三乘空解，皆從理出。理出無出，悟即同入。同入無入，故無不入。一、三之義，得不然也？)世尊！如阿耨大池出八大河，如是摩訶衍出生一切聲聞、緣覺世間、出世間善法(泉源淵曠，滿隨通流，流從處異，不異水也；猶空心淵博，得隨修名，名從修異，虛解常同。同從出異，出無不同)。

世尊！又如一切種子皆依於地而得生長，如是一切聲聞、緣覺世間、出世間善法依於大乘而得增長(其生無異，長亦同之)。

是故，世尊！住於大乘、攝受大乘，即住於二乘、攝受二乘一切世間、出世間善法(以理統名，則名"無異"也)。如世尊說六處，何等爲六？謂正法住、正法滅、波羅提木叉、比尼、出家、受具足。爲大乘故，說此六處(夫一極之道，非小心所尋。故以權三之名，密詮一致。是以向說三乘出於一極，今明指大作小，則期通於大。大通非小，乃所謂"大"也)。何以故(大小不同，何以說小爲大)？正法住者，爲大乘故，說'大乘住者即正法住'；正法滅者，爲大乘故，說'大乘滅者即正法滅'(空理湛然，古今不變，顯之爲"住"，隱則爲"滅"。豈離大乘別有"住""滅")。波羅提木叉、比尼，此二法者，義一名異(遮犯爲"木叉"，治犯爲"比尼"。此二俱是大乘之義而施小乘之稱，故曰"名異"。名異理一，是以即之大乘)。比尼者，即大乘學(遮治離相，即大乘學也)。何以故(遮治本出於小，何以即之大也)？以依佛出家而受具足(依大說小，無別小也。捨異爲出家，得理爲具足)，是故說大乘威儀戒是比尼、是出家、是受具足(小無別小，故以大爲小)。是故阿羅漢無別出家受具足。何以故？阿羅漢依如來出家受具足故(因無別從，起則同趣，是以"六處"之義無非大乘)。阿羅漢歸依於佛。阿羅漢有恐怖(上說乘之開合，明理一無殊；下明悟一出相有盡、不盡，盡稱"乘"云"無餘"，不盡名"乘"云"有餘"。"有餘"有四種：一、怖畏；二、生死；三、煩惱；四、所知。此初，明恐怖有餘。夫修一乘出相者，爲求無爲之樂；得之未極，由懷怖心；爲息此心，是以仰依大覺)。何以故(《經》言羅漢已得無爲，有何怖也)？阿羅漢於一切無行怖畏想住，如人執劍欲來害己[①](二乘捨

① 己，錄本訛作"已"，今據底本改。

有未盡，於無未盡無行深所畏也），是故阿羅漢無究竟樂（有無永盡，形心澹泊，無相無爲，乃曰“究竟”。羅漢未然，得不畏也）。何以故（受“究竟”之名，何以無究竟樂也）？

世尊！依不求依，如衆生無依，彼彼恐怖，以恐怖故，則求歸依；如是阿羅漢有怖畏，以怖畏故，依於如來（無所依求，唯佛一人；衆生未悟，是處斯畏；小乘漸無，未令究竟）。

世尊！阿羅漢辟支佛有怖畏（上説“歸大”之義，故遍説聲聞；下明恐怖不盡之行，是以兼及二乘）。是故阿羅漢辟支佛有餘生法不盡，故有生（二乘究竟，雖有四行，名曰“涅槃無行”；是有之餘法，有法有生，生未盡也）；有餘梵行成，故不純（解雖盡有，未盡於無，若盡有無，乃名“純”也）；事不空竟，故當有所作（悟未窮宗、必有方解爲“當作”）；不度彼故，當有所斷（後有相續，必更有斷。此上則四智有餘也。前二明所盡之不盡，後二明無生之更生，不盡而生，故後有不盡）；以不斷故，去涅槃界遠（後有相續，則生死無窮，故去涅槃遠也）。何以故（上五句本是“無餘”之名，何故今言“有餘”）？唯有如來應等正覺，得般涅槃，成就一切功德。故阿羅漢辟支佛不成就一切功德。言‘得涅槃’者是佛方便（顯極以明有餘。夫[①]神冥理極，名爲“等覺”；相滅無滅，名“得涅槃”；涅槃盡有，名爲“一切盡有”；無生，則我生已盡。二乘未能盡有而受“涅槃”名者，以終名引始，遠同無生，即生未盡。釋上“生有餘”也）。唯有如來得般涅槃，成就無量功德，故阿羅漢辟支佛成就有量功德，言‘得涅槃’者是佛方便（窮無爲無量行，能窮無明，梵行已立。釋上“梵行不純”也）。唯有如來得般涅槃，成就不可思議功德，故阿羅漢辟支佛成就思議功德，言‘得涅槃’者是佛方便（“不可思議”者，有無圓通之稱；若行能圓[②]通，即所作已辦[③]。釋上“當有所作”）。唯有如來得般涅槃，一切所應斷過皆悉斷滅，成就第一清净，阿羅漢辟支佛有餘過，非第一清净，言‘得涅槃’者是佛方便（盡一切相，續爲斷滅，即後有無餘。釋上“當有所斷”）。唯有如來得般

① 夫，録本訛作“失”，今據底本改。
② 圓，録本訛作“圖”，今據底本改。
③ 辦，録本訛作“辯”，今據底本改。

涅槃，爲一切衆生之所瞻仰，出過阿羅漢辟支佛菩薩境界，是故阿羅漢辟支佛去涅槃界遠（修前四德，出過三乘、二乘，未能釋上去涅槃界遠；始終既顯，則"有餘"明矣），言'阿羅漢辟支佛觀察解脱四智究竟得蘇息處'者，亦是如來方便。有餘不了義説（此三句先言"究竟"，今將明此三"有餘"，開下三章之義。是以列之觀察解脱，開"煩惱有"。餘四智究竟，開"所知有餘"；得蘇息處，開"死之有餘"也）。何以故（理既未周，何以爲説"究竟"）？有二種死。何等爲二？謂分段死、不思議變易死（下釋離分段爲"蘇息處"，斷四住地爲"解脱"，觀有作四諦爲"四智"。此之三義，於麁中得周。是以方便，盡稱"究竟"。此初即死之有餘。我生已盡，義通四門。是故今者但明死有餘也）。'分段死'者，謂虚僞衆生；'不思議變易死'者，謂阿羅漢辟支佛、大力菩薩意生身（"分段"者，有無差別之相也。夫從因得果，果隨因名，是以妄取有無之因，得差別有無之報，稱"分段生死"；空解無相，得不思議之報，而報未窮宗，故有轉變之理，稱"不思議變易死"；取類於心，是以言"意生身"也），乃至究竟無上菩提（菩提寂滅，永離斯患，故曰"究竟"。降斯以還，從之致變，未能無也）。二種死中，以分段死，故説'阿羅漢辟支佛智我生已盡'（二乘之智已盡妄取之或〔惑〕[①]，故無分段生也）；得有餘果證，故説'梵行已立'（有盡中之悟，説梵行已立）；凡夫、人、天所不能辦[②]，七種學人先所未作，虚僞煩惱斷，故説'所作已辦'[③]（唯有二乘果智能盡虚僞，降此以還，所未辦[④]也）；阿羅漢辟支佛所斷煩惱，更不能受後有，故説'不受後有'（已盡之種，不復得果實於方將，故曰"不受後有"）；非盡一切煩惱，亦非盡一切受生，故説'不受後有'（明盡種子之未周，故令方生之不已，因果相續，結"後有有餘"也）。何以故？有煩惱是阿羅漢辟支佛所不能斷（恐怖生死，起由妄或〔惑〕[⑤]，故次明"煩惱有餘"也。或〔惑〕[⑥]有精、麁二輪，唯大覺所明，非二乘能斷。理雖幽玄，且試言之耳。夫生死幽曠，莫尋其始；常寂虚微，靡識其終。雖始終難明，而趣之有由。生死出於相心，涅槃在於妙悟。悟未窮宗，無非相或〔惑〕[⑦]：一者

① 或，此爲"惑"之借字。

②③④ 辦，録本訛作"辯"，今據底本改。

⑤⑥⑦ 或，此爲"惑"之借字。

妄有，二者妄無。妄有爲“麁”，妄無爲“細”。若悟理除昏，斷麁至細。二乘未盡於無，故有所不斷，即無明住地也）。煩惱有二種。何等爲二？謂住地煩惱及起煩惱（煩惱精麁二種，起、不起亦二也。所以然者？妄執異理爲“見”，隨事染着爲“愛”，不識實相爲“無明”。愛見迷理，兼有所執，故曰“麁重”。“無明”者直不識理，更無所專，故曰“輕微”。輕重二科，各有住地及起煩惱）。住地有四種。何等爲四？謂見一處住地、欲愛住地、色愛住地、有愛住地（夫結累之生，生必從緣，故有四名。一者迷理而生，起則同處，故曰爲“一”。愛隨事起，故逐界受名。是以“見”“愛”通爲四住，此四是緣。各守己[①]分爲“住”，能有所生爲“地”）。此四住地，生一切起煩惱。‘起’者，刹那心刹那相應（從向[②]緣而發爲“起”，寄之暫會爲“刹那”，即昧彼心爲“相應”）。

世尊！心不相應無始無明住地（無明住地亦是或〔惑〕緣，不名“相應”。曠劫有之，故曰“無始”。迷理之緣，故曰“無明”。“不相應”者，前四住地亦不相應，四住地起則相應，無明住地起亦相應。相應有二種：一者心數起滅於緣相應，二者闇或〔惑〕與心相應。今明或〔惑〕與心相應也。三界相緣爲“心識”，三乘體虚爲“心智”。四住相中起故，則與心識相應；微闇遠通，亦昧彼心智，即心智相應。相中障重，四住奪名，去相智心，無明得稱，非識則智，無非相應，是故四住及無明住地盡非相應。二家所起，無不相應；無明無始四住亦然。但四住所起，起不常起；無明迷理，未始不起。起不常起，所以有始；未始不起，所以無始。是故無明住地稱曰“無始無明”。緣起遍在四住。善惡無記，一切心中。從緣爲“住地”，從起名“相應”。微或〔惑〕冥通，無處不有；麁相放名，理亦統細；去麁細顯，始當其名。四住煩惱，遍通識心，不通心智；所起相應，唯在自相，不在餘心。細或〔惑〕[③]深微，緣起斯遍；麁或〔惑〕差別，緣通起異。以此可知，精麁有在）。

世尊！此四住地力，一切上煩惱依種，比無明住地，算數譬喻所不能及（上序煩惱名字不同，下明力之不等。住地所起爲“上”，託緣爲“依”，相似生

---

① 己，録本訛作“已”，今據底本改。

② 向，録本訛作“白”，今據底本改。

③ 或，此爲“惑”之借字。

爲“種”。略舉緣起,故曰“依種”,以比無明之力力所不及。相顯則可算,無明力則難可知。舉“有”比“無”,豈可等也)。

世尊！如是無明住地力,於有愛數四住地,其力最大(上以四住依種比於無明,今以無明力於四住下以喻譬之)。譬如惡魔波旬於他化自在天色力壽命眷屬衆具自在殊勝,如是無明住地力,於有愛數四住地,其力最勝(天魔處尊,率下無明。以本統末,豈四住所能？是以勝也)。恒沙等數上煩惱依,亦令四種煩惱久住(無明住地所起相應煩惱,不可以一統之,故以“恒沙”爲名;或〔惑〕元未[①]終,故令枝條“久住”)。阿羅漢辟支佛智所不能斷,唯如來菩提智之所能斷(夫重冥之闇,非熒燭所明。啓朗幽昏,唯大覺所照)。

如是,世尊！無明住地最爲大力(佛乃斷之,可謂“大”也)。

世尊！又如取緣有漏業因,而生三有(向顯其力,今明其用,亦即釋上“非盡受生”句也)。如是無明住地緣無漏業因,生阿羅漢、辟支佛、大力菩薩三種意生身(四取爲分段之緣,無明爲變易之潤,雖復於麁爲無,於精未極。未極於精,昧彼三地,故令三乘受生不盡,是故無明即意生身及無漏業緣也)。此三地彼三種意生身生及無漏業生,依無明住地,有緣非無緣,是故三種意生身及無漏業緣無明住地(三不自起,起必從緣,無明住地是三緣也)。

世尊！如是有愛住地數四住地,不與無明住地業同(始明潤生之差,今明斷滅之異,所以不同也)。無明住地異離四住地,佛地所斷,佛菩提智所斷(二乘斷四,不斷無明;佛斷無明,無四可斷;所以異也)。何以故？阿羅漢辟支佛斷四種住地,無漏不盡,不得自在力,亦不作證(上來三地,分爲三界四住,妄取於有,於有起漏,名“有漏界”;無明住地,妄取於無,於無起漏,名“無漏界”;佛地有無寂滅,爲“涅槃界”。是以二乘雖斷有漏,未斷無漏,故曰“無漏不盡”者,即無明界也。爲微或〔惑〕所縛,不得自在之悟,悟無明不盡,何所證也)。‘無漏不盡’者,即是無明住地(盡無未盡,即無明不盡)。

世尊！阿羅漢辟支佛最後身菩薩爲無明住地之所覆障,故於彼彼法不知不覺(前大力菩薩,八住以上;今最後身,即法雲之末。前説無明潤生如

---

① 未,録本訛作“末”,今據底本改。

顯，故以大力爲初；今[①]窮無明之末，明後身不盡；故於佛地不得知覺心也）。以不知見故，所應斷者不斷不究竟（不見佛法，應斷不斷，或〔惑〕既不斷，故不究竟），以不斷故，名‘有餘過解脱’。非離一切過解脱（則我生後有[二][②]有餘也），名‘有餘清净’；非一切清净（則梵行有餘也），名‘成就有餘功德’；非一切功德（則所作有餘也），以成就有餘、解脱有餘、清净有餘功德故，知有餘苦，斷有餘集，證有餘滅，修有餘道（以煩惱不盡，令所知有餘），是名‘得少分涅槃’。‘得少分涅槃’者，名‘向涅槃界’（有所通達，得言“少分”；終歸究竟，故言“向”也）。”

勝鬘夫人經卷上。

弟子曇受可敦所供養。

① 今，録本訛作“令”，今據底本改。

② 二，録本脱，今據底本補。

No. 2764A《涅槃經》義記

[題解]

佛典《涅槃經》注疏，敦煌卷子中存有斯 2735 一號，作者不詳，卷數不詳，首尾均殘。《敦煌遺書總目索引新編》擬題作"涅槃經疏"。清代以前歷代大藏經未收，日本《大正藏》據斯 2735 號録入其第八十五册。今校注仍以《大正藏》本録本所據原卷斯 2735 號爲底本。

□□[1]便能處物也。捨是空惠(慧)，衆或(惑)斯除。"以是義故"者，以是對治四品或(惑)故，名"四無量"。"非一"者，非第五一，通第二一；"非二"者，非第四二；"[□][非][2]三"者非第三三，通第一三。"如汝所言"以下，第三先答初難。"恚有二種"者，一、上；二、中。奪命苦麁而是重，鞭撻苦輕而是微。修慈斷奪命者，慈心是微，能斷奪命麁或(惑)。悲斷鞭撻者，悲心是勝，能斷微品之或(惑)。是以下智，斷上煩惱。慈是下下智，斷奪命上上或(惑)。悲是上上智，斷鞭撻下下之或(惑)。下有五，復次廣解。修慈斷上，修悲斷中也。

"伴侣"者，答第二所爲，應一難。伴侣相對有四者，慈、悲、喜有中，三行資成其捨，捨本導成前三有[3]，相資相導，邊名"伴侣"，分别爲四，不從汝上難一非四也。

---

① 首缺。

② 非，底本、録本無，今據文意補。

③ 有，録本訛作"者"，據底本改。

“復以器”者，答第三難。貧窮衆生是慈心家器，大苦衆生是悲心家器，嫉妒衆生是喜心家器，存相人是捨心家器。大士與前人樂時，無後三行；拔前人苦時，無前一，亦無後二；喜心慶前人時，亦無前二；捨心亡相時，復無前三。以是故正應四，不從汝上難應三悲四也。

“以行分别”以下，答第四難。見行人多起大瞋，瞋有上、中，慈斷上，悲斷於中。受行人多起貪愛，亦有上、中，喜斷於上，捨斷於中。故言以行分别，故得有四，汝云何言“應二非四”也？

“以無量故，亦得名四”者，答第五望聲難。慈中無量無量心與樂，悲心中無量無量拔苦，憙心中無量無量心慶物，捨心中無量無量心中亡相。以無量故，故得名“四”，不從上難正有一、不應有四也。

“夫無量則有四種”以下，何以來。上來廣答難竟，明知有四無量；下欲料簡凡夫得無量名而無量無量。習種性人雖有無量，非是畢竟。就第三二乘人正得圭(者?)[①]名“無量”，諸佛菩薩得作無量無量。

“頗有菩薩得慈悲不”以下，第二明修因法用，文次相生。若爲上文中四種都舉來及，下料簡中但言二乘圭(者?)[②]名[□□][“無量”][③]，佛菩薩名“無量無量”，習種性人更不解釋也。時人生疑，意謂初十心人與佛同爲無量無量。將欲使佛拂去此或(惑)，是故先問。二解意性地及佛云何得無量無量、習種性人何以不得無量無量，欲使如來釋其所以，故先發問也。

“若於衆生三品分别”以下，解一親人、二中、三怨。就親中復分爲三品，中人亦作三品，怨中亦作三品，三三有九品。一法慈心修習，前衆生親中同與增上樂。“上怨”者，殺人父母是上怨，違我處多，與微品樂。“中怨”者，殺人兄弟等是中怨，所可處少，得與中品樂。“下怨”最微，同與上樂品轉。“復修習”者，或逕劫數，行道慈心，往修前人。時上怨違我處重，正得與中品樂。中怨所達處少，慈心餘勝，與增上樂轉。修習亦可一劫二劫，行因慈心彌厚，上怨同心與上樂。第三幡上方得九品皆均，猶故不得名“大慈悲”也。“菩薩住初地”者，應當住初依之地，畢竟亡相。是大悲闡提極惡，初依菩薩於闡提

---

①② 圭，底本不清晰，似作“者”，待考。

③ “無量”二字底本、録本無，今據文意補。

上，不見其過，用以爲上福田，是故名“大悲”也。“除無利益”者，無利益是苦，除無利益苦，應名“大悲”。所以名“慈”者，拔苦盡原，始彰我“與樂”義備，名“大慈”也。“與衆生無量利樂名‘大悲’”者，與樂應名“慈”，所以名“悲”者，使衆生得無量樂，方顯我“拔苦”義，是始名“大悲”也。見人得樂，生大歡喜，名“大喜”。施其怨親，名“捨”。不見己身、一切平等名“大捨”者，此是空捨。捨己樂施衆生者，此是有中捨。

“唯四無量”以下，上來宜明慈悲等實未明發生萬行，自此以下明四無量是實所生六度諸行也。“先得世間四無量”者，是習種性中無量。然後乃發菩提者，性種解行，是發心菩提。“方得出世”者，解心增滿，發生初住，名“出世間”也。“因世無量”者，因習種中四無量發生出世無量。“以是故”者，以是因世間積因遠故，名“大無量”也。

迦葉白佛“除無利益”以下，第三證慈悲。是實由上除無利益名“大慈”，與無量樂名“大悲”，是故發問也。若慈悲是實、能[①]生萬行與萬善作根本者，我難如來慈悲是其虛，不能[②]與萬善作根本。何以然知慈悲不實者？譬如比丘觀所著衣悉是皮相而實非皮，觀所食作蟲想其實非蟲。此是虛觀。四無量亦如是，是其虛妄，不能真實利益。雖口與衆主樂，而實不得樂，豈非虛妄也？

“世尊”以下，第二難。若非虛妄、實與樂者，何故不以佛、菩薩威力一切人等受至樂？現見衆生受苦非一，明知慈悲虛妄、不真實也。

“若真實不得樂”者，第三返難。於昔現在人不得樂，以知慈悲是虛妄。佛往昔修一慈善得梵天、生光音天者，言“得”者其實不得。若便一慈已得人天果報是實，云何與今日慈悲不實義相應也？

“善哉”以下説偈明慈是實，未是答問。若於一衆生不起瞋恚，恒慈心與樂，名“慈善”也。種種布施所得果報，不如一慈分作十六分中一分，故知慈悲是實，超於世福。

“夫修慈者諦是真實”以下，答第一問。二乘局志，假觀成就，不能兼物，

---

①② 能，録本訛作“所”，據底本改。

可是不實。欲明諸佛菩薩内解其常,外兼群品,轉變隨心,卑(?)①故利益,證慈悲是實,能與萬善作根本,觀大地爲金銀,海水爲蘇酪,能使前人必固得用,明知慈悲真實。

"斷貪欲"以下,斷除四品或(惑),故知慈悲是實也。

"復次,四無量能②爲一切諸善根本"者,答第三問。慈心功德,豈唯得人、天果報?四無量心能③生萬善,終得常住果。要由慈行,豈是虛妄?自下廣明四等發生、六度諸行,廣明檀行。"譬如有人"者,此云何以來。上來明四無量心能生六度諸行,諸行中廣辨檀行;自此以下欲明是非相形,故興此文。"譬如有人"者,始行菩薩。"身被毒箭"者,分别福田,恪惜不施,敗其檀行,慳貪復害惠(慧)命,喻之毒箭。"眷屬"者,諸佛菩薩是也。欲令安隱者,觀行檀施,清昇彼岸④,名"安隱除毒"也。"即命良醫"者,由有感化之機名"命",總喻受者財物、時節因緣。是時良醫拔箭者,因緣既具,觀行檀施,除内慳心,名"拔箭"。此文以前名内慳心爲"毒箭"。從"我觀如是毒箭從何方來"以下,名前田乞者以爲"毒箭"。當體非毒,能⑤生内心慳毒,故名"毒箭"也。"何方來"者,觀被前田從何方來。"誰所射"者,何誰遣。若佛菩薩遣來者,義同刹利、婆羅門之所射也。若外道六師遣來者,義同毘舍首陀之所射也。"竹耶?柳耶"者:觀前人持戒、破戒,竹⑥性體堅,喻持戒堅固,名爲"竹耶";柳性軟弱,喻破戒人,内無清禁,蹤(縱)⑦情六塵,廣生邪或(惑),名爲"柳"也。其鏃⑧鐵者,觀前人有惠(慧)無惠(慧)。"何治所出"者,經教爲治。若從佛經生其惠(慧)解,必能摧或(惑),其猶剛也;若從外道四圍陀經而生邪惠(慧),增長邪或(惑),名之爲"柔"也。修不觀有定無定,大意觀前

---

① 卑,底本不清晰,待考。

②③ 能,録本訛作"所",據底本改。

④ 岸,録本訛作"坪",據底本改。

⑤ 能,録本訛作"所",據底本改。

⑥ 竹,録本訛作"依",據底本改。

⑦ 蹤,此當讀作"縱"("縱"一音即容切,與"蹤"同)。《前漢書平話》卷上:"周勃阜高處見漢軍大敗,蹤馬來奏高皇。"亦其用例。

⑧ 鏃,録本訛作"鏃",據底本改。

乞者内秉三藏，便欲布施；若無三藏，不肯[1]布施。“其毛羽”者，觀其徒衆威儀等式，好服[2]便欲布施，客服不好，便不布施。“所有毒”者，結上羽相威儀。“從作生”者明有正見，即是上有戒有惠（慧），自然而有；是其邪見即是上無上戒無上惠（慧）。

“一尺六寸”者，身一相有四寸，四四名“尺六”也。一切聲聞、菩薩、諸佛，因中萬善，慈爲根本。“慈即如來”以下，果中萬善，慈爲根本。故知慈是真實也。慈既無常、即聲聞慈以下，以虚形實。“慈若有無，非有非[3]無”以下，以實形虚。菩薩住大涅槃，修是大慈，交現有益，便得卧寤覺安，天護人愛。迦葉白佛“菩薩所有思惟悉是真實”，乃説實不得樂。迦葉此中還舉前第二問使佛答。

“佛言”以下至“極愛”以來，前第二問欲明如來慈悲拔物，畢竟所使，離苦獲安。但自衆生受苦必定，於此人慈無利益；若受苦不定者，於此人慈有利益。是實果報。

“慈有無量門”以下，所以興。上來宜明慈悲實益竟未知得益是誰，自此以下明九種衆生於中獲益，故知慈是實而不虚也。

“菩薩修慈悲喜”以下，第四明三無量家果報。上來明慈悲喜以爲因，得位愛一子之地以爲果，云何名“極愛”，云何名“一子”。下有五喻，前一明極愛，後四喻明一子。“左[4]手捉頭”者[5]，喻前定伏或（惑）。“右手挑出”者，後惠（慧）斷也。

迦葉白佛言“其言祕密”以下，作二難：初一難因，後一難果。

就初因中有三子句：若菩薩住一子地者，如來昔作仙[6]譽國王行菩薩時，若視衆生如一子者，云何斷絶爾許婆羅門命？云何名“慈”也。二、若得一子地，則應護命；以斷五百人命明不得。三、若不得者，若不得一子地斷婆羅門

① 肯，録本訛作“旨”，據底本改。
② 服，録本訛作“眼”，據底本改。
③ 非，録本訛作“悲”，據底本改。
④ 左，録本訛作“在”，據底本改。
⑤ 者，録本訛作“去”，據底本改。
⑥ 仙，録本訛作“化”，據底本改。

命，復何因緣不墮地獄也？

"若使等視"以下，第三難果。若視衆生如一子者，如來何故罵提婆癡人食於涕唾，使生瞋恨、出佛身血，如來復記墮地獄？云何與人作煩惱因緣也？"世尊"以下，引須菩提證成上難。須菩提是小乘人，尚自觀衆生心，不與人作煩惱因緣；如來云何與提婆達多作煩惱因緣？

"假使蚊①嘴"以下，何以來。上來作難竟。"蚊②嘴"以下至"毒蛇"來有七句，總答上二問。從"毒蛇"以下至"不作煩惱因緣"以來有三句，第二誡敕也。"如汝所言"以下，第三提文。别答中先答第一難。中初子句"汝言殺婆羅門，菩薩尚不故殺"者，欲明蟻子果報處卑，尚無利路(終?)③不故殺；况婆羅門者此人果報處勝，豈况無利而殺？但自根性中感我斷命然後大益，是故爲之，不名爲"殺"。"行檀波羅密"以下，廣明昔時行六度以施衆生無量命，云何而復斷命也？向所問得是地不者，稱第二問來答。"我爾時已得"以下，答愛念者。我以大慈悲心中愍傷④衆生故，斷其命有益故，爲"悲(非?)⑤惡心"也。"要當爲之"者，衆生根性不一，自有一人感我鞭靼(韃)⑥治之，後方受道；自有一人感我斷命，然後受化他人。根性感我，正自如此。我有善達根性，方便要當爲之。"即有三念"者，良由我善識根性，十二年中供養，與作益緣，善根將發，感我斷命。斷命之後，覩地獄苦，發生三念善根。乘此三念善根因緣，即生甘露鼓，十劫壽命，次第成聖，有此大益。"云何"言不護念也。殺文竟，人多料簡，生阿鼻獄。"有三念"者，人解不同。今解意此人現在命終，將生地獄。言生猶未入中，是故菩薩爲緣覩地獄苦，懼苦情深，發生三念。以命終者非地獄形，爾時以離人間，復來入地獄。至地獄邊，依貪欲住，此身謝、生甘露時名"命終"也。"掘地刈草"以下，答第三問。以何因緣不墮地獄者，木石無心，死尸無命，斫罰鞭靼(韃)⑦，有惡心故，所以得罪墮地獄；欲明如來本無惡心，所以無罪，不墮地獄也。"迦葉白佛"以下，領解。

①② 蚊，録本訛作"蜜"，據底本改。
③ 路，底本不清晰，似作"終"，待考。
④ 傷，録本訛作"像"，據底本改。
⑤ "悲"似應爲"非"之訛字，待考。
⑥⑦ 靼，録本訛作"靻"，據底本改。此處"靼"當爲"韃"之借字。

佛本無惡心,不墮地獄。"所以者何",所以乃至蟻子憐愍利益心故,正應護念物命,所以斷五百婆羅門命者何?"善知因緣"者,善知婆羅門根性因緣,正宜斷命有益。"諸方便"者,善契於常,化物方便,我以方便心中斷命,令種信常諸善也。"殺蟻子滿十車"以下,明外道義人計罪福開境,不關於心。蟻子虎狼乃至惡鬼殺得福無罪。若殺惡人,有少罪境勝故有罪,欲滅惡之來服風,三日斷食,是懺悔罪之方也。若殺和上阿闍梨,此境最勝,得其大罪。"女人"者能生一切人民,是人根本;若殺女人,即斷天下人種,其罪最大。"及牛"者,牛本耕田種殖,養活人民;若殺牛,天下人都餓死盡,亦得大罪。殺此四人,墮阿鼻地獄,永無出期。

"知殺有三"者,凡有二意故引[①]來:一、佛法義,罪福不但關境,亦由於心,皆得地獄,異外道也。二、上來殺闡提不墮此三種殺中,是故興也。始從蟻子上至龍鳥十惡果報是其下殺,亦墮地獄也。中者從凡夫上至那含以爲中殺,亦墮地獄也。父母生人身,思養處重,師僧訓誨義厚。羅漢辟支習種中得一分理解以上皆名"决定菩薩"。此五品人是上福田,以殺因緣,具受上苦。殺闡提者,斷善永盡,縱使殺害,無有違善之罪。殺畜生,由有違善之罪,是故不墮。三種殺中破樹及以死尸都無違善之罪。一闡提更無善根,如似木石,故言"亦如是"。若使餘人殺闡提,非不有惡心邊得罪。殺闡提無果報者,道如來本知機故,爲畢竟利益,名"無罪報"也。"汝先所言'……何故罵提婆達'"者,舉第二欲使佛答。"凡所發言不思議"者,欲明如來發言有益,非下情所側(測),名"不思議"。或有實語,言不合理趣[②]非時,於衆無益,佛路(露)[③]不説(悦)[④]。或有麁語,言不當時,我亦不説(悦)[⑤]。若有語言不順人情名"麁穬(獷)[⑥]",聞雖不悦,非不籍此入道因緣,要須説之。何以然?衆生悟道不同,羅睺羅濡言悟道,欲明提婆達剛穬(獷)之人,必假剛穬(獷)

① 引,録本訛作"别",據底本改。

② 趣,録本訛作"超",據底本改。

③ 此"路"與"露"同。

④⑤ 此"説"與"悦"同。

⑥ 穬,此讀作"獷"("獷"字一音古猛切,與"穬"同)。下讀如"獷"之"穬"字徑括注其本字,不復校。

之言,於中悟道,是[①]故言“癡人食唾”也。“曠野”以下,廣明如來既剛强伏物,非唯一也。“迦葉白佛”以下,領解也。甘蔗[②]數數煎煮,得多種味。我從佛聞上來説,多得法味:能出生死名“出味”,斷除三界之或名“離欲味”,會常住寂滅理名“寂滅味”,常理通人名“道味”也。“迦葉白佛言:‘若修慈悲喜,得住一子地;修捨心時復得何地’”也者,上來一段,明三行家果,一子地是;捨心爲因,復得何地?“善哉”以下,答也。人解不同。七地以還,三地家果;八住以上,捨心家果。有復一解:一子地是性地解行之心,此十一空夜是初住之心。“善知時”者,知我今説十一空時。“知我欲説,汝諮問”者,我上明三行家果竟,次第應説捨心果,汝則諮問,高合我意也;爲云我將説十一空下十恒河沙人聞法悟解,增其道位,汝豫見此機,則便諮問,其適我心,故嘆“善哉”也。“迦葉白佛言‘云何名空’”者,合爲三問:一問空頭數右機(有幾?)[③],二問去何物法名空,三問一向就生死法中明,亦就常住真帝上明空以不也。“内空”以下,説於大空,答第一頭數右十一也。無父母陰入界等[④],答第二問也。始末[⑤]十空,世帝中辨第十一空。據真諦上明,答第三問也。“内空”者從始婚(昏)[⑥]識上至金剛有情類者名爲“内空”。山河樹木無情之類半[⑦]爲外法空,空中無父母怨親也。“常我净”者,悉横計常我净也。内空解時除此十六神我也。如來法僧,體是真常,内法現見無常,舉來截(截?)卻[⑧];財物是外法,亦截(截?)卻。“性非内非外”者,非已在身中名“非内”,非已有在當名

① 是,録本訛作“定”,據底本改。

② 蔗,録本訛作“遮”,底本實作“遮”,乃“蔗”之增旁俗體。

③ “右機”二字似爲“有幾”之訛,待考。

④ 等,録本訛作“時”,據底本改。

⑤ 末,録本訛作“未”,據底本改。

⑥ 結合文意,此“婚”乃“昏”之借字。

⑦ 半,録本訛作“伴”,據底本改。

⑧ 此處及下文“截卻”一詞不知所云。《爾雅義疏·釋鳥》:“鳶,鳶古字本作‘弋’……隸變作‘鳶’,又變作‘截’。”《漢書·五形志中》:“泰山山桑穀有截,焚其巢。”顏師古注:“截,鴟也。”然作爲鴟鳥義之“截”字施於上二例中卻扞格難通,頗爲費解。《説文·隹部》:“隹,鳥之短尾總名也。”從“鳥”從“隹”表義近同,頗疑上揭“截”乃同義義符替换而成的“截”之俗體,“截卻”即“截卻”,亦即斷除、除去也。下“截”字同,不復校。

"非外"。所以非内外者何？佛性常住，故不在内法也。外空者亦復如是。向明内法體空截(截?)卻外法，今明外空亦截(截?)卻内法，一種亦如是。二向明内法名用，故有實義，故空；此明外法山、何(河)[①]名用，故有實義，故空；亦如内法空，無有内法也。若語空拔(狀?)[②]，本無内外；就内外法上明，名内外空。"内外空亦如是"者，第三始觀則難，内外有别[③]，爲觀不已，勘爲合觀，是故第三明内外空。有一師解：内外空别可無，佛性、法、僧合時直有。時人意如此解，云别時既無蹤，假合亦無，故云"内外空亦如是"。如來佛性，體是常住，不在空者，亦不在第三、二空合中也。"四法不名空"者，佛等四法常而妙有，不名"空"也。"内外俱空"者，内外俱空、無佛性法僧也。"有爲空"者，第四。收前三空所空之法正是一，有爲求體叵得，皆悉是空，謂内空、外空、内外空門來。"常我净"者，出所空之法。常我乃至壽命是妄計法，本來體空；如來、法、僧是當常法，亦空卻也。"第一義空"者，亦可名此法僧作"第一義空"。又云：有爲法性實不可得，名"第一義空"。"是中佛性"者，是有爲法中當常佛姓(性)，體是常住無爲，非有爲法，是佛性常，故有爲空中無佛性，名"有爲空"，結句也。"觀無爲空"者，第五。"無爲法悉皆空"者，三無爲悉皆性空，一虚空對質像，以辯"無"不爲"有"之所爲，名"無爲"。無常苦乃至内外法體是三塗報。伏斷三塗報不起處，名"非數緣無爲"；初住以上永斷之處，名"數緣無爲"。此三無爲相待，故有實義。而望(?)[④]本來無此三無爲。就三無爲辨空，名"無爲空"。"佛等四法非有爲"者，體是妙有，不同生死有爲；"非無爲"者，佛等四法本有而常不同，三無爲待有爲盡處方名"無爲"也。佛性體是其善，無爲法是非善，故言"佛性是善，故非無爲"；性體古今常住，名"非有爲"。名"無爲空"者，空無佛等四法也。"無始空"者，第六。欲明衆生無始以來計有常我，菩薩觀無始以來有衆生皆空，常我等者横計常我，無始來皆悉空也。三寶佛性乃可屬無始衆生本來身中，亦空無佛性。"無爲

① 何，此當爲"河"之借字。

② 拔，底本似作"狀"，待考。

③ "别"字前録本衍一"爲"字，據底本删。

④ 望，底本不清晰，待考。

法”者,無始來亦無數緣無爲。非數緣無爲,是故截(截?)卻,不得無虛空無爲,衆生體中恒有虛空界也。亦可此正解無始空不明三無爲,是故及三無爲亦截(截?)卻。“性空”者,第七。衆生多執性實,去執性名“性空”。又復一解:上來明六空,時人謂去事明空,執爲事空。今釋上六空本來求性,叵得名性,空非事空也。陰入界乃至我、無我衆生妄執謂爲性實,菩薩觀本來性實、不可得名“性空”也。“無所有空”者,第八是總也,廣明内空外空。人情執山、河、樹木及以衆生皆是我之所有,法云何一向空?如來解汝之計,所有法本來無求所有,不可得名“無所有空”。更有一釋:如來上明七空,多就境界上明;此第八從空剬(制)[1]名,無所有者,正是空名,莫問有爲、無爲,皆是無所有,故名總。大士觀無所有時,萬法蕩然,如貧窮人言“一切空”也。“第一義空”者,第九。上明無所有空,絶於假誑。時人執有一,今空法是有而不同柱(於?)[2]有,爲聖心之所矚念。今直遣計情,名空病之[3]空,應名“空空”。賢(?)[4]下第十空空,是故名“第一義空”。先明實法,後明假名。“是眼生時無從來”者,無有一個眼從未來至現在,此明未來空。“及去無所至”者,無其實眼入於過去,此明過去空。緣未會名“本無”,緣會故名“今有”,此釋未來空。現緣會故名“已有”,緣離故無名“還無”,此釋過去空。權實性無眼無主名“現在空”。眼界上三世皆空,餘界同然也。“有業有報”者,假名有;“不見作”者,明假名空。觀行之來,從麁至細,何以先明實法,後明假名者?解云:此説時,非行時也。第十“空空”者,是常住真諦乃是二乘迷没[5]之處。“是有”者是常住妙道,“是無”者是常住妙無,“名空空”者結。何物法相名“空空”?時人聞有[6]謂同生死之有,聞無謂同金剛以還性空之無,執有執無,皆不會理,名“空空”。“是是”者,上“是”是生死之有句,下“是”是性空之無句。“非是是”性空之無句。“非是是”者,雙非也。常住涅槃,體是妙有,非是生

① 此“剬”乃“制”之本字,與“制”同。
② 柱,底本不清晰,似作“於”,待考。
③ 之,録本訛作“亦”,據底本改。
④ 賢,底本不清晰,待考。
⑤ 没,録本訛作“雙□”,據底本改。
⑥ 有,録本訛作“道”,據底本改。

死之有；體是妙無，非是生空之無。絶其有無，是名"空空"也。又師釋："是有是無"者，故是妙有妙無，絶於緣假有，體絶性空無，故名"空空"。"是是"者，雙舉來下欲雙非也。一是稱前妙有來，一是稱前妙無來。人聞有作定有意往取，聞無作定無意往取。"非是是"者，不同如此有，不同如此無；作定有往取亦不得，作定無往取亦不得。體是妙有妙無，何曾同世？心中所執有無絶於執定有無，名"空空"也。"空空三昧"者，不同二乘境智俱空空也。十空是前境，此明内觀心。心爲三相所成，實義而望，體是其空。此觀心照於二諦萬有，蕩然與虚空齊等，名"大空"也。"十大恒"以下，上明十一空，此出得益也。

"亦見亦知"以下，此文何以來。上明菩薩空中得十一空解。時人生疑，意謂空中得十一空解，有中更無所知。如來下解大士不但空中得十一空解，有中更得八知見覺。更有一師解：欲明大士空中得十一空解，空解既分明，必能照有明了，善達於空，兼識於有；識空達有，勘可化人，是故十一空後明八知見覺也。

自此以下，汎明八種知見：第一、就答行緣，總明知見。第二、從"自餓"以下，知行邪因見得其樂果。第三、見諸衆生始行邪因，知其終正也。第四、就常無常法藥，以明知見。第五、從"知是衆生信心"以[□][下][1]，就逆、順流以明知見。第六、從見諸衆生修身、戒[2]、心、惠(慧)以下，就轉業以明知見。第七、"知諸衆生皆有佛性"以下，就佛性明知見。就中有三：初明九住，知而不見；次明十住，知而少見；三明如來，亦知亦見。第八、從"所謂世間文字"以下，就空有二諦以明知見。作發後果名"行"，助報爲緣。内有不改名"性"，外有表彰名"相"。無而辯有爲因，疏故名"緣"。若衆生者，善、不善、無記三種心能生於有名"根"。禪定者知正定、邪定，運載名"乘"。"善知識"者，菩薩是善知識，二乘非真善知識。止惡故名"戒"。"若所施"者，知存相施，於生死知亡相施，感涅槃。第八知見何由生？上十空中，言無知無見。時人生疑，意謂十一空體是有甚深故同如，佛性深故不可見。將去或(惑)情，明佛性妙有是甚深故，九地以還，一向不見。前十一空中體是無故不見，

① 下，底本、録本無，今據文意補。

② 戒，録本訛作"或"，據底本改。

非是深故名"無知見"。是故有第八文生。如似薗林、車乘,名用故有,亦知亦見;實義往望,無有薗林、車乘,空故明"無知無見"。復有"知所惠施",第九。一復次所以生。上明薗林、車乘,是名用有,亦知亦見。時衆復生疑,執定有法,生人知見,還生或(惑)心。是世諦中有惠(慧)、有施、有定者是名用有,非實有也。真諦中無施聞惠(慧)名,還成前第八也。菩薩知有八種,即如來五眼所知者與佛同解,結句也。

"四無礙"以下,大段第三。所以十一空八知見後明者,上辨四無量心以爲因,此四辯爲果。論果千萬,所言四辯者,但論萬行中要者。上直明善識於空,兼識於有。卑勘化物,善化人之來[①]要具四辨。是以迦葉問言:"菩薩如是知十一空、八知見,後更得何利?"

"佛言"以下,答知見後得四無礙化人之利也。就四無礙中,凡有六潘(番)[②]來釋:初一、就一切法以明四無礙。第二、從"菩薩遍知聲聞緣覺"以下,就三乘以明四無礙也。第三、從"無著"以下,就義以明四無礙。第四、從"菩薩善知字持"以下,就譬喻以明四無礙。第五、從"無量阿僧祇劫"以下,明大士殖因來久,具四無礙;脱二乘人無四無礙。第六、"迦葉言:'云何舍利弗知惠(慧)第一'"以下,會通四無礙也。法無礙天下不出非色、非心,有軌用名"法"。於法不著,名"法無礙"。常無常理,性空萬法,所以名"義";於中不著,名"義無礙"。"辭"者能清商菀(婉)巧[③],善聞他方名"辭";於中不著,名"辭無礙"。"樂説"者心有慕崇名"樂",爲前人釋散名"説",於中不著名"樂説無礙"也。

"知一切法及法名字"者,常無常十二部經及以山河[④]杜梁一切皆有軌用名"法";於中不著,名"法無礙"。"知一切法"者,知萬法有所以,如似柱著用爲"義",萬法同然,隨法立名,名"義"也。"辭"者隨字况義,隨音中取義,乃至世辯此四論中多有好言音,大士是中學得辭無礙也。"樂説"者,菩薩凡所

---

① 來,録本訛作"東",據底本改。

② 結合文意,此"潘"當爲"番"之訛字。下應作"潘"之"番"徑括注其正字,不復校。

③ "菀巧"二字録本訛作"苑功",據底本改。"菀"字此當讀如"婉"(二字皆音於阮切)。

④ 河,録本訛作"何",據底本改。

爲人演説，經無量劫，無有病厭心，名"樂"也。

"復次法無礙"以下，第二，遍知二乘法是小乘也。菩薩及佛是大乘，皆有軌用名"法"也。"義"者知乘有三，理處歸一，無三差別，名"義"也。"辭"者菩薩於一法中作無量名字，不留不盡，無有窮竭，名"辭無礙"也；二乘行局，無此辭也。"樂説"者，大士恒沙劫爲衆生説上法義辭，情無厭足，名"樂説"也。

"不取著"以下，第三，知萬法而不取著，名"法無礙"。"迦葉言"者，何以來。時人聞上知法不著者，知前法便是著善，不知著應無知；是故執或（惑）情作難，故興①此文也。"若不取著不知法"者，心不到名"不知"也。"若知法則取著"者，若心到前法中住，則是取著也。"若知"者玄心知前法，便住前法中，即是著不取。著者心竟，不了法相，竟無所解，則無所知也。"云何言知法不取著"者，是結難也。"佛言"以下，答上難。夫取著者是礙法，不名"無礙"也；無著者望相會理，絶於存執，名"無礙"也。若菩薩於法存著者，則無四無礙，不名"菩薩"也。取著者是凡夫自取著六塵，是故無四無礙。"於色不生貪"者，欲明菩薩積因曠劫，明識有無，於六塵中不生執染著，是故具四無礙也。

"復次，善知字持"以下，第四，文所答理，故言字持"如地如山"乃至"如母"，知名字邊名"法無礙"。"義無礙"者，菩薩雖知萬法名字，不知義者，但知法邊，非是義也；知諸法所以得，名"義無礙"。"地持"者，莫問色、心、非色、非心，由地普持，使不傾没，名"地持"也。"山持"者，大地安固，所以不傾動者，由山持故。爾"眼持"者，眼能持光，照前五塵，亦可名識爲光，名"眼持"也。"雲持"者，雲能持水也。"人持"者，人能持常法，"非法"者謂煩惱也，由人故此法住之，名"人持"也。"母持"者，母所持子，合得生長，名"母②持"也。"辭"者，大士以種種辭止③説一義。"亦無義"者，辭淺故無義；亦可但知辭邊，不論義也。猶如男女、衆生等名，但有名字，而無定性義議論。

① 興，録本訛作"舆"，據底本改。
② 母，底本、録本訛作"每"，據文意改。
③ 止，底本訛作"正"，據底本改。

“是菩薩諸佛境界”者，諸論義是深要，聖人方契。“辭是凡夫境界”者，論辭也。大士恒從他方凡夫上得名。“以知義得辭無礙”者，深達其義，方能善同他方，名“得辭”也。“樂説”者，欲明大士無量劫中演説上三，情無已已，名“樂説”也。

“菩薩於無量阿僧祇”以下，第五，明大士積因來，亦有四無礙。二乘行近，奪無四無礙。初一總奪。二乘大士爲化度衆生，修四無礙；二乘局行，不能化物，無四無礙也。“緣覺人”者，第二别奪緣覺，明此人導修寂滅，志崇獨處，少欲化人，但現神通，默無言説，是故緣覺無四無礙也。不能度人得暖法，至羅漢來亦得，得少言不得也。從“菩薩[1]”至“發菩提心”來，此一向不得。“無九部經”者，無大乘九部，非無小乘也。是故無辭、無樂説二無礙也。“雖智（知）[2]法”者，小乘法也。“無法”者，無大乘法無礙。“云何聲聞”以下，第三别奪聲聞也。聲聞無三種語化人令受暖故，無四無礙也。“復次”以下，第四還總奪二乘無自在智，亦無四無礙也。

“迦葉白佛”以下，第六，答。“二乘無四無礙者，云何昔言拘[3]絺羅四無礙第一”者，昔日道有，上文中一句道二乘無，古今教違，故求佛會通也。“佛讚”以下，我意明義將竟，正欲會通，汝今復請，善合我心，故言“善哉”也。下答河海之水雖同無量，然有多少；無礙名同，其實有降。昔爲凡夫説二乘有四無礙，合據理談。是故上來説二乘無也。或有得一得二分中少得彰，不具足邊作一、二之名也。若同大士具足四者，無有是處也。

“迦葉白佛言：‘如佛先説梵行品中’”者，人聞上十一空，後得八知見四無礙利，或者意謂空中得十一空解，復有中不應得八知見四無礙，如其有中得八知見者，復無中不應得十一空解；是以執或（惑）情作問。“善哉”以下，答謂汝十一空解不應有中得八知見者義不然，性空道中得十一空解，不復有中得八知見四無礙利也。論名用道中得八知見，不復[4]無中得十一空解。真

① “薩”字下底本、録本有一“苦”字，當爲衍文，底本先誤書一“苦”字，旋於旁改書“菩薩”二字。《大正藏》校録者不察，乃成其謬。

② 結合文意，此“智”乃“知”之借字。

③ 拘，録本訛作“响”，據底本改。

④ 復，録本訛作“後”，據底本改。

諦中得十一空解，返成有中得八知見。答世諦中得八知見者，始資無中得十一空解，空有相成，理無乖違也。答情存於有者，無得理餘遼餘遠，下舉十對無來遣時衆得著之懷，方會無得之理也。汝所問亦無得者，汝之所問，無聽無問。我説亦[□□][無所][1]得者，我之所説，無示無答；存有問答者，是天魔也；此問答中，修無得也。無量人斷有相心者，如來上因迦葉問廣明無得之義，無量衆生斷有相心，亡相之解，玄會無得之理，爲佛弟子，是故爲上一問也。迦葉所以引偈者，爲成上無得之義，廣明無得，遣其利根已解，中、下未悟。問上十對明無得，時人意謂猶如太虛，行萬善因，都無所得，畢竟如虛空。若會本有今無，即是所得體無三世相，名"無得"，是故興此偈。"本有"者，一切衆生本當有；"今無"者，十地行未備名"今無"。此據衆生也。"本無"者，釋迦自道我本無十地行，故"本時無"；"今有"者緣因既備，今時現有；汝之未得，我便現得。亦有得，亦無得，云何一向同虛空也？"三世有法"者，我本亘有三世。"無有是處"者，名無所得也。"爲化度衆生"以下，迷向者雙林中爲純陀遍語，不但直爲純陀一人，爲一切衆生語"本有今無"，偈亦爲二乘人説也。文殊將欲問我者，上疑心中[2]，文殊本自欲勝爲[3]己[4]疑而問，觀望大衆，根性不感於我，感在純陀，是故文殊軌心，導純陀有疑而問。"我知其心而爲説"者，即上説"本有今無"偈，文殊與純陀疑同，相與俱解也。"文殊等詎有幾人"者，上來略説"本有今無"偈，上根文殊等少解，中、下未悟，爲未解者請如來更廣分别、説"本有今無"義也。"諦聽"以下將説，故先敕聽；下廣引八潘（番）成偈，中義六潘（番）據未成佛時事，最下二潘（番）據成佛時事也。"本有"，有無量煩惱故，現在無大涅槃。本無般若萬善功德，現在具有煩惱結。"有沙門"以下，返解本在因地，可言有生死相；今現成佛竟故，有諸沙門等説"有三世相"者，無有是處；必竟無三世相者，無有是處。必竟無三世相者，無所得也。下句類爾。言"本有"者，初成菩提爲鈍根聲聞，不得

① "無所"二字底本、録本無，今據文意補。

② 中，録本訛作"乎"，據底本改。

③ 爲，録本訛作"烏"，據底本改。

④ 己，録本訛作"已"，據底本改。

説一乘;"本無"者,無利根大菩薩故,方便説於三乘。"若有沙門"者,返解昔日可言"我説三乘",於今雙林説大涅槃時,諸沙門等故導我説昔三乘法,無有是處。我體畢竟無三乘相,名"無所得"也。"雖知諸法説不知",所以興者,人解不同。人問上十一空解,或情謂准空,更無知見;後聞八知見,執定有知見。我雖知説不知,雖見説不見,汝云何執定有知見也?復一師解言:上會本有,故今有即是所得,體絶三世,稱無所得。亦有得,亦無得,汝云何問有得執定有、聞無得執同虚空?我雖知説不知,雖見説不見。我今是佛自在説法也。"有相之法"者,佛有常樂等相。"説無相"者,爲衆生故,説佛身無常苦、無常樂等相也。"無相之法"者,衆生未有常樂等相也。"説[□][言][1]有相"者,説衆生中當有佛性相也。"有無常"者,衆生體實無常。"説有常"者,説有當常也。"有常"者,佛體是常。言"無常"等者,爲斷横常故,佛先説體是無常。三乘説一乘者,根熟因緣,破三歸一。一乘説法三乘者,五濁因緣,隱一説三也。"略相説廣"者,三乘甚俠(狹?)[2]名"略",説三爲一名"廣"。廣説略者,一乘理廣,略説爲三也。四重説偷蘭者,男人摩觸女膝上、肘後,正犯偷蘭也。説四重者,至尼衆中説四重也。犯非犯者,望别剬(制)[3]邊非犯也。"非犯説犯"者,望總剬(制)[4]邊説犯也。"何以故"者,何以上來雖知見説不知見、犯説非犯故?明見人根,如此稱根而説。上有得、無得亦然。"一切世諦"者,何以故興?遠從八知見生上聞空執定無,聞有知見;是以上來廣遣,明亦知亦見。云何有定性知見、我雖知見説[5]不知不見者,時人聞不知不見,時衆奔(莽)然[6],寄心無地,下情生曉,欲寄懷無處,是故舉二諦以安其意,故興也。"一切世諦"者,如來自説己[7]無常苦名"世諦"

---

① 言,底本、録本無,今據文意補。

② 結合文意,此"俠"當爲"狹"之訛字。

③④ 此"剬"乃"制"之本字,與"制"同。

⑤ 此處録本復衍一"説"字作"説説",據底本删。

⑥ 奔,此乃"莽"之省寫。《干禄字書》:"莽","莽"的俗字。"莽"即"芒"之借字("莽"一音謨朗切,與"芒"同),"莽然"即"芒然",此指模糊不清或無所知的樣子。《莊子·盗跖》:"目芒然無見,色若死灰。"後作"茫然"。[北齊]顔之推《顔氏家訓·勉學》:"吾初讀《莊子》'螝二首……'茫然不識此字何音。"

⑦ 己,録本訛作"已",據底本改。

也。"於如來即第一"者，於佛體是真常第一義。説世諦者，爲衆生始終得第一故，説己[①]爲世諦，欲斷衆生横計常樂，亦令衆生在雙林中得常樂第一義也。若使衆生始終不得真常第一義諦，如來終不昔日説無常世諦也。有時説性空是世諦，衆生謂佛畢竟既(即?)[②]第一義諦也。後時説第一義[□][諦][③]、衆生謂佛説世諦者，後時在《維[④]摩》中説法身無爲、不在諸數是真諦，時人意謂説無常世諦也。

"亦名爲道、菩提"以下，助(?)[⑤]四，此文何以興，爲欲成上生下。若會道以菩提涅槃者，成上"本有今無"偈；生下者，生下知見覺，解過世間。就此文中，凡有五段經文：第一、會菩提等果中三法，是知見覺解過世間；第二、就八法，以明[□][知][⑥]見覺解過世間；第三、就戒、定、惠(慧)因中三法，以明知見覺解過世間；第四、會六念生解，亦解過世間；第五、"無上佛法久近住"以下，解經興發。由人不聞於理，是覺知菩薩亦解過世間，常住第一義諦。體能通人，稱之爲"道"。"亦名菩提"者，是無上大道。體備衆德，號曰"涅槃"。答有人言"得道菩提涅槃即無常"者，人解不同，亦有作難者。且就一師作領解。解道菩提涅槃體[是][⑦]真[⑧]常，理絶衆相，正是無得，答有人言"得道菩提涅槃者即是無常"。"何以故"者，何以説得道菩提便是無常者。此三法若常，則不可得；猶如虚空，叵有可得。"道"者非長、非短，衆相永絶，云何有得?"見有二種：一者相貌[⑨]見，二者了了見"者，明上相見非取相也。"初無見相"者，欲明上相之解不存我知見相。"以是因緣"者，以是菩薩終日會道，菩薩初無見相因緣。往昔告舍利弗：世間不知不覺佛性，唯有如來及以菩薩悉知見覺佛性。

---

① 己，録本訛作"已"，據底本改。
② 結合文意，此"既"似爲"即"之訛字，待考。
③ 諦，底本、録本無，今據文意補。
④ 維，録本訛作"雖"，據底本改。
⑤ 助，底本不清晰，待考。
⑥ 知，底本、録本無，今據文意補。
⑦ 是，録本脱，據底本補。
⑧ 真，録本訛作"其"，據底本改。
⑨ 貌，録本訛作"根"，據底本改。

迦葉言“義云何”者，自下第二，就八法以明知見如來。上言“世間知者，菩薩亦知；世間不知，菩薩亦知”者，是何物法菩薩亦知？世間不知者，是何物法大士亦知？故問言“其義云[1]何”。“善男子”以下，答汝向問世間不知、大士悉知者何物法也。所謂佛性十二部經乃至《大涅槃經》，來此八法，世所不知，菩薩能知，故得解過世間。云何世間知見覺者，汝向問世間所知[2]、大士亦知何物法是者，所謂梵天斷常二見，乃至非想。此八法是世人所知，名“世間”也。菩薩大士亦知，不名“世間菩薩”也。若人言無道菩提涅槃者，斷滅善根，成一闡提，爲謗法人。此人“不名世間”者，不名世間修五戒十善人；“非世間”者，非是出世修無相行，正是世間一闡提斷善根人。“大慈愍衆生”者，此偈所以興衆生執有之患。如來説有十一空，遣復著空。第二説八知見，四無礙除。時人聞得四無礙利，情存有得著之懷。第三以十對無，來遣存得之懷。時人聞十無意，謂行萬善都無所得，與虚空莫異；是故第四舉“本有今無”偈來明有其得體，無三世相，名“無所礙”。以是上來四周説法生解、除病義故，故興此文也。初二偈直嘆如來。第三偈喻説。第四一偈合喻。如來大慈平等，與衆生樂故，令我等一切人歸依如來，稱根説法。永斷十使，名“善拔毒箭”。世醫治病，雖[3]暫伏差(瘥)，後必還生。如來以常、無常藥治衆生，三[4]毒等病永除，畢竟不發也。“白佛言”以下，第三欲使如來就戒、定、惠(慧)明知見覺。先作世間不知見者，若菩薩知見者，不言“世間不知，大士悉知”。若爾，此菩薩與世間菩薩行因爲何異相也？“佛言”以下，還答汝言何異者。若有物聞常、終始生信者，是世間菩薩亦同世人，不知佛性也。而是菩薩得知見覺者，修治净戒，無相行因，是知見覺菩薩解過世間。“以是因緣”者，是亡相治净戒因緣，在在生處常净，亡相持戒，戒已清净，終見佛性，名“清净”也。解法身常住，終不説佛入滅涅槃也。次修定者，戒本防非，妙戒之後，次修勝定也。静是理心，正定俱心斷除邪念，故言“正念不忘”。理

① 云，録本訛作“方”，據底本改。
② 知，録本訛作“智”，據底本改。
③ 雖，録本訛作“難”，據底本改。
④ 三，録本訛作“生一”，據底本改。

静心中，恒說"衆生悉有佛性"也。藉定爲因、得十一空者，是真惠(慧)也。"次修惠(慧)"者，以妙定之後，次發理中正觀。"以修惠(慧)"者，理中之解，畢有所除。所除[①]是何？十六神我也。"身中有我"者，身大我小等，燈米豆是也。"我中有身"者，我大身便不遍，神我遍一切處也。"是我"者，即陰計我也。"非身非我"者，離陰計我也。此出所除法。"心無悔恨"以下，六相持戒；次修勝定，萬行相資，終見佛性，明不存相也。後復一解："所受戒牢固不動"以下，上來一周明住下菩提萬行相資，終見佛性，斷世間也；自此以下，明住上菩薩净戒爲因，理發其定，定後自然發惠(慧)，十地行備，明見佛性得大涅槃，是出世間菩薩也。

迦葉言"云何修持净戒"者，問意世間菩薩云何許法用修戒不能資發萬行，出世大士云何許法用修戒資發衆行，得見佛性？二問意世間菩薩修戒始終相資畢見[②]佛性，云何蜀(獨)[③]導出世大士也？"善男子"以下，答意"世間戒"者期三有[④]果報，增長生死，是故不能萬行相資，不見佛性，是名"世間戒"。汝向問云何法用修戒終見佛性者，欲明大士亡相持戒，不期三有果報，萬行相資，終見佛性也。"戒非戒故"者，名用道中，持戒防非名"戒"；性空道中，萬法蕩然，無戒所修，名"非戒"；故可爲相戒。得無相戒時，斷除取相戒，名"戒非戒"。"非有爲"者，不期三有持戒，名"非有爲"也。無相解心，名"畢竟"故。持此净戒，施與衆生，名爲"生"也。"是名菩薩清净戒"者，結句也。菩薩於净戒後不作意亡，生不悔恨，但自亡相持爲因，不悔恨心自然而生。十地金剛心謝，明見佛性，得大涅槃。非世間人。"如人執鏡"者，與持戒作喻。如人執鏡，不其(期)[⑤]見面，面像自現；燃燈不其(期)[⑥]滅闇，闇自然滅。初住不作意我生二住，但使爲初地，故二住自然生。下十地同然也。"端正人自見面像"以下，與持戒、破戒人作喻。"牧牛二女人"者，大涅槃二萬五千偈以

---

① "所除所除"録本訛作"所所除除"，據底本改。

② 見，録本訛作"竟"，據底本改。

③ 蜀，此乃"獨"之記音字。《方言》第十二："一，'蜀'也。南楚謂之'獨'。"郭璞注："蜀，猶'獨'耳。"

④ 有，録本訛作"爲"，據底本改。

⑤⑥ 其，此與"期"同。

爲牛也。持戒、破戒人名"二女"。"一持漿瓶"者,漿喻持戒。"一持酪瓶"者,酪喻破戒也。"俱至城"者,俱至大涅槃城也。"而欲賣"者,修因買果名"賣"。"於路"者,八聖道名"路"也。"腳跌"者,過去業盡名"腳跌"也。"二瓶俱破"者,二人陰身謝也。"一則歡喜"者,喻漿瓶本畜酪時爲欲得蘇以擇,得蘇者後瓶雖破,所爲漿澤不足可惜;喻持戒爲發生真解,此云身謝未足可惜,故言"喜"也。愁者,本畜酪時爲欲求得蘇未得,中間瓶懷(壞)[①],無所剋獲,可惜之甚;喻有相之戒,不能發生聖果,此身已謝,界感三塗,名"愁"也。"持戒、破戒亦如是"者,令喻也。喜樂有何差別者,迦葉問此二數,使別也。端坐不作惡時名"喜",持净戒必清界涅槃,名之爲"樂"。第二觀生死[②],生□(?)[③]名"喜",見大涅槃會證時名"樂"也。第三句下名"喜",上名"樂"。第四離生死共法名"喜",得十八不共法時名"樂"。第五持戒故斷除十惡名"喜",明見佛性證[④]解脱時名"樂"也。"非世間"者,結句也。五法作身者,信、慚、愧、善知識、宗敬戒,此五法諮發涅槃,名"佐[⑤]助"也。"離五蓋"者,會諸法實解,斷除五陰,名"離"也。"五疑"者,三寶中生疑爲有爲無,四疑戒,五疑不放逸,應是初住也;聞常生解,斷向五疑也。"得五根"者,此信能發生涅槃名"根",下四亦[⑥]然。"五種涅槃"者,斷五陰取著,煩惱盡處,名"五種涅槃",非世間戒也。

"若我弟子讀誦涅槃"至"寧不受不持"[□][以][⑦]來,明其無戒。"若我弟子慎莫調戲"以下至"非我弟子"以來,明其無定。"受持是經,莫非時説"以下至"是魔眷屬"以來,即其無惠(慧)如是,不應流布也。若我弟子受持經時,毀犯禁戒,令經無威力,使無量衆生誹謗不信,二令經無威力,三不得使人正寫正畫,四令人墮地獄,五令人不得人天果報,是故不應受持我經。若我弟子受持是經持禁戒者,一令經有威力,二令受持得正寫正畫,三令不誹謗,四令人不

---

① 懷,此當爲"壞"之訛字。
② 死,録本訛作"无",繁化作"無",據底本改。
③ 此字底本不清晰,《大正藏》録本作缺文,待考。
④ 證,録本訛作"澄",據底本改。
⑤ 佐,録本訛作"依",據底本改。
⑥ 亦,録本訛作"之",據底本改。
⑦ 以,底本、録本無,今據文意補。

墮地獄,五令人近得人天果報、遠得常樂。如此之[①]人,受持我法也。欲受持時,要正念在心,不得輕躁也。説法適時,生人正見;若説不當時,便生人邪見;是故言“莫非時説”。“莫非國[②]”者,他國中信小乘處[③]亦不得説常經,若説生他人邪見也。“不請説”者,要慇懃三請,然後爲説,非時不得强[④]爲人説。何以然? 生前薄狹,令經無威力也。下句亦爾。若欲説經時、説佛性時,要持浄戒。心、身、口等名“身浄”。二修定除其輕躁,三時勝惠(慧)除其邪見。若説爲一句一偈,令人發無上菩提心;若爾,此是真善知識,是我弟子也。

“復次,善男子,一切世間不知覺”以下,第四會六念生解,名“知見覺”也。念佛、法[⑤]、僧第一義無此四,是果中事,戒、施是因中行也。

“云何[□][名][⑥]如來”以下,爲三潘(番)來解:過去佛説十二部經化衆生,如來亦爾。説十二部經,如佛所説名“如來”也。二佛本乘六波羅蜜十一空到大涅槃,故名“如來”也。三有過去佛開有三乘以濟物,其壽無量。如來亦爾,如過去佛三乘益物、實壽無量名“如來”也。

“云何爲應”者,凡五潘(番)來解:世間不言法悉怨家,佛應害故,與八假理相應名“應”也。二四魔本牢亂行人,是菩薩恐[⑦]佛因地時應破四魔,故名“應”也。三菩薩時應斷離一切煩惱,故名“應”也。四菩薩因地時無量劫中應爲人受苦,身心常樂,故名“應”也。五佛今現在應受人花香飲食名“應”也。前據真處解,後一就應佛上解也。“云何正遍知”者,凡爲四潘(番)來解:“正”者是常住理,無其邪到名“正”;“遍知”者於常樂苦無常等不顛倒中無不遍達,名“正遍知”也。二、“正名苦行”者,外[⑧]道烏[⑨]苟(狗)[⑩]等戒也。

① 之,録本訛作“三”,據底本改。
② 國,録本訛作“圖”,據底本改。
③ 處,録本訛作“受”,據底本改。
④ 强,録本訛作“獨”,據底本改。
⑤ 法,録本訛作“佉”,據底本改。
⑥ 名,底本、録本無,今據文意補。
⑦ 恐,録本訛作“怒”,據底本改。
⑧ 外,録本訛作“水”,據底本改。
⑨ 烏,録本訛作“馬”,據底本改。
⑩ 苟,此當讀若“狗”(二字皆音古厚切)。

遍知苦行，得三塗果報，遍知苦行因果也。三、“正”名世間中道理也。“知”者，知修集中道，解畢得無上菩提果也。四、“正”者，金剛以還，正自“可數可量”。“遍知”者，知金剛以後不可數、不可量名“正遍知”也。若語二乘，於界入中亦遍知，知理不盡，不與遍知也。

“云何名明行足”者，凡有五潘（番）解：“明”者果中三明；“行”者名因乘戒惠（慧），是會於果名“行足”；後“明行足”是如來體，“行足”者滿足行名“明行足”也。三明者就果解：一“菩薩明“者，是果中大道，心非下地也。二“諸佛明”者，佛明達三世也。“無明明”者，無法無明名“無明明”也。“善逝”者凡有三潘（番）解。“逝”者言者乘大涅槃、化衆生者。二解乘善心入涅槃者，若[①]至涅槃實[②]無下地名相，爲化物故，説有名相也。

“世間解”者，凡有五潘（番）解：善達世間善惡因果，解世間名“世間”也。“無上”者凡有五潘（番）解。人、天是上士，一佛是無上士，更無過者，是故號佛名“無上士”。三世諸佛，體是最上，更無過者，名“無上士”。“調御丈夫”者凡有三潘（番）解：如來自己丈夫，復調御丈夫也。“天人師”者凡有三潘（番）解：師有訓導之恩，弟子有仰諮之義；能化備人天，故名“人天師”。佛與畜生餓鬼作師，但人天受道處獨且語人天也。佛者自覺覺人，故名“佛”也；破煩惱故名“婆伽婆”也。“若男若女”以下，上來明佛竟，自下勸信也。“於無量劫”以下，此文何以來。上來十號之果，何由而得？良由無量劫中供養父母、明四無量心爲因，故得上來十號之果。“出世間心”者，此五十心何以來？良由因地時行五十心爲因，是故上來得十號之果界。“知心”者，知常、無常界别也。“生界知”者，生心在常、無常中也。“住界知心”者，心常止在常、無常界知中也。“自在界知心”者，任放之觀，名“自在”也。“是故”者，是上來供養父母、修四無量五十心故，令得十力、四無所畏、三念處果也。“三念”者，一心聽法，不以爲喜；若不聽法，不以爲憂；二人倣（?）[③]來，常行捨行；此三境生我念處，名“三念處”也。“念法”者，是常住法。“能令衆生得現果”

① 若，録本訛作“答”，據底本改。

② 實，録本訛作“賓”，據底本改。

③ 此字底本不清晰，待考。

者,念法因緣,現在得名聞果,亦可得行地界也。"無有時節"者,以常法化人、無有時節也;亦可常法無於時節也。"常法"者,以法眼所見、非肉眼見也;非本無令有名"不生",非已有還無名"不出",常法無有住滅也。"無舍宅"者,常法無生無舍宅。"爲作舍宅"者,常法能彰行人無常霜露而名"舍宅"。與人作常住師,依衆生無其明解,能與人天作大明之解也,令人到常住彼岸也。與人常住無礙香、斷諸樂者,斷三受中樂受也。其體常□(寂)[①]名"安隱",體絶四趣名"彼岸"。"非色"者,非下地色;斷下地色盡。"而[□][亦][②]是色"者,其體顯現,是其妙色。正得言"非業"、"非結",不得言"而亦業結"者,業、結本是下地法也。"非物"者,非生死物。"斷物"者,斷下地物。"而是"者,常住物也。"非界"者,非下地生死界。"入斷界"者,斷下地諸界。"而是界"者,是法界也。餘句類然。非教者,理處絶言名非教。應形在世非是不教。是師者,能成於聖名"師"也。"非止"者,體絶下地名"非止"。"非不止"者,爲物故現,同下地止,而斷下地一切止。"而是止"者,而是果中妙定也。"云何念僧"者,體是常住,不可受(更?)[③]椅(移?)[④],能生物福田。"雖爲福田"者,雖生衆生内心福而體絶相,名"無受取"也。體絶衆累,名"清净無穢"。理處絶於思量,名"廣無邊"也。"云何念戒"者,思惟有戒,不破是大乘戒體,非色礙名"無別",既能止物惡名"可護持"也。行此戒能得涅槃名"因戒"。能使行人出生死[⑤]海名"船舫",莊嚴行人名"瓔珞",使人得佛名"大性(姓)",潤益於物名"大海",能去人煩惱垢名"灰汁",有遮霜露名"舍宅"也。能割煩惱名"刀劍",能使行人度生死河[⑥]名"橋梁"也。治煩惱病名"良醫",能使行人藉此遠至大果名"脚足",除人闇障、生人惠(慧)明之解名"眼目",除煩惱熱名"蔭凉",能使人登涅槃名"梯橙"。"若住此戒"者,是小乘戒。若住小乘戒,亦得聲聞四果。然我不用,要持大乘戒畢,望得涅槃也。

---

① 寂,録本訛作"家",據底本改。
② 亦,底本、録本無,今據文意補。
③ 受,底本似作"更",待考。
④ 椅,底本似作"移",待考。
⑤ 死,録本訛作"无",繁化作"無",據底本改。
⑥ "死河"二字録本訛作"无何",繁化作"無何",據底本改。

“云何念施”者，大士亡相行施，畢得菩提果；若不行施，畢不得佛。云何未來莊嚴四部衆也？正以亡相行施未來成佛，能莊嚴四部衆也。“若我弟子”者，上來離而言之，便是六念；總而言之，正一法念。若修小乘十二部經與今大涅槃等無差別者，是義不然。道是語時作何意？爲欲鄣(彰)[①]經甚深，昔經不如，今經是勝也。“甚奇甚持”以下，嘆經也。“佛法衆僧不可思議”者，總嘆三寶也。“菩薩無有教”者，於此經中自發菩提心，名“不可思議”。下句可解也。住凡夫菩薩未階初性種不動地，而能於經生信不退、度化前人，名“不思議”。“有身遠離非口”者，此文何以興[②]？聞上來菩薩何由能作不思議化者，切由三業不爲惡，故能作不思議化也。“身遠離”者，斷殺盜邪法也。“口遠離”者，斷妄語、惡口、兩舌、無語。“非身非口”者，斷意地三毒也。“菩薩不見一法，是身是業”者，性空道中不見身，不見業，可以遠離。而云“有離”者，假名道中而有十惡可離名“不思議”也。“實有此惠(慧)，然不能令菩薩遠離”者，假名道中惠(慧)衆曰[③]“斷惑”，實法道中無有一豪斷切，故嘆[④]不可思議，實法道中惠(慧)不破結。“何以故”，何以實法道中惠(慧)不破結故。“有爲法異生異滅”，念念實中有惠(慧)時無結，有結時無惠(慧)，是故惠(慧)不破結也，實中地不能持。“貪不能貪”者，本貪於不貪，貪起時不貪以滅，故言“貪不能貪”。餘句亦然。“我今始知菩薩常住三寶不可思議”以下，領解也。

“世尊，無上佛法當久近[⑤]住”以下，第五文。若解經廢興者，是覺知菩薩解過世間。問意上來有大涅槃法，於中修行便得。上來不思議化無上佛法“幾時[⑥]而滅”者，若無大涅槃法，既無法念處，無法可[⑦]修，云何得成知見覺人？既不成知見覺，云何能作上來不思議道？“若大涅槃乃至有是五行”以

① 結合文意，此“鄣”當爲“彰”之訛字。
② 興，録本訛作“與”，據底本改。
③ 曰，録本訛作“日”，據底本改。
④ 嘆，録本訛作“咲”，據底本改。
⑤ 近，底本、録本訛作“亦”，據文意改。
⑥ 時，録本訛作“昧”，據底本改。
⑦ 可，録本訛作“何”，據底本改。

下，答上向問無常住法念處可修，云何成知見覺者，[□][是][1]義不然。答：我弟子未來世具足五行流通，常住大涅槃經。修此五行時，我佛法不滅。若我弟子多犯禁戒，不修五行，懈怠廢亡，不能流通。當爾之時，佛法則滅。若此經興，事在於人。此經若滅，亦在於人。若語興，紙素經興；若語滅者，此紙素經滅。興廢由人，都不關前理。若語常理，有佛無佛，古今有之，未始不無有[2]。此法念處是菩薩於中修行，得成知見覺人，便能作上來不思議化。“有能受持”以下訖至“具足流布”，未有人行五行故，當知紙素經興。“若我弟子多犯禁戒”至“然後滅盡”，來人不行故，明紙素經滅。若語理，古今是常，未曾有數也。“迦葉白佛言”以下，爲未解者作難，先列過佛。“我親從佛受如是義”者，受如是七日[3]滅義。問如來“迦葉佛時有是經不”者，如其有，不應言滅；如其無者，迦葉佛若無《大涅槃經》，云何言諸佛等有祕密藏？若迦葉一佛有，知諸佛同有，不但諸佛同有，釋迦亦有。我今難迦葉一佛既無，明知諸佛亦無，不但諸佛亦無，類今釋迦亦無。此是類難。

“我先說言，唯有文殊”以下，答。中凡有三答：一、以人來答；二、以理來答；三、提文來答。一、唯有文殊方解是義者，何處說。上本有今無，下說“本有”者，本有佛性。“本無”者，衆生緣因未備，現在無佛性，本有今無；唯有文殊大士方能玄會有，知理有不無也。第二、有二種法者世法可滅者，金剛以還是世法無常，故可滅。“第一義法則不可滅”者，佛性第一義諦古今常住，則不可滅。“復有二種”者，金剛以還體是無我故可滅，涅槃住常樂我净則不可滅也。二乘所持理之及教則有壞滅，大士所持常樂極理則不可滅。一外、二内者，十二部經言經名外則有壞滅，所詮之理名内則不壞滅。一爲、二無爲者，降佛以還，爲三相所爲，則有滅也；法身常住，不爲三相所爲，則不可滅。一者人中，二者天中。十地等伴人中則可壞滅，第一義天理無壞滅。十一部經是無常法，則可壞滅。指(?)[4]佛性理正曰“方”，苞含稱“廣”，此《方廣

① 是，底本、録本無，據文意補。

② 結合文意，“不”“無”二字有一字當衍。

③ “七日”二字録本訛作“盲”，據底本改。

④ 指，底本不清晰，待考。

經》則不可滅。“汝向所問”者,第三提文而答汝向問。迦葉佛有是經不者,汝難一佛已無,諸佛亦無,類今釋迦亦無者,[□][是][1]義不然。此《大涅槃經》是一切諸佛祕密藏者,明迦葉一佛已有,明知諸佛同有,不但諸佛同有,類難今還類答。“何以故”者,何以名“祕密藏”故。一切諸佛雖等有此法、十一部所[□][不][2]説佛性,故名“藏”。如人七實不出,不用名“藏”。問長者寶何以不出不用?爲未來穀貴,賊來侵[3]國,乃至道路澁[4]難,爾時方出七寶用,如來亦爾。所以不説者,亦爲未來四事因緣故,令方出用。“穀貴”者人解不同,且就一師解:正指苦無常無我也[5]。乞之爲“穀”,何時賤[6]今言貴者,初始鹿野爲説苦無常用,此法斷三界或(惑)盡,道成無著,於己有用,稱之爲“賤”;後時以苦無常,曼(漫)[7]加佛地,於己無用,稱“貴”也。“賊來侵[8]國”者,聲聞二乘是“賊”,常住涅槃是“國”,欲明二乘謗無涅槃名“賊侵[9]國”。“惡王”者,二乘人是也。“爲欲贖命”者,欲明二乘説佛無常,似若斷他法身命,如來今在雙林説法身常住,授與聲聞,既聞常住,斷佛上無常,於法身上不作無常見,如來可還自申己[10]常名“贖命”也。“道路澁難”者,苦無常有通人義,名“道路”。何時中滑今道澁者,昔日苦無常法通其行人,出於三界,名“滑二乘”;今者以此無常類著佛地,成其顛倒,名“澁”也。如來今日謂苦無常在於金剛以還,常樂在今;佛地還使二乘得八修之解,除其到或(惑)。“財難得”者,總結前穀貴、賊來侵國、遇惡王、道路澁[11]難,如此因緣,名“財難得時”。“當出用”者,在雙林中顯大涅槃常樂我净名“出用”也。“畜不净物”者,合上穀貴也。“爲四衆説如來畢竟入無滅涅槃”,合上二喻賊來侵[12]國、遇惡王爲贖命也。“讀誦世典”以下,合第四道路[13]澁難。“世典”者,修遍

---

① 是,底本、録本無,據文意補。

② 不,底本、録本無,今據文意補。

③⑧⑨⑫ 侵,録本訛作“浸”,據底本改。

④⑪ 澁,録本訛作“忽”,據底本改。

⑤ 也,録本訛作“以”,據底本改。

⑥ 賤,録本訛作“賊”,據底本改。

⑦ 曼,此當讀如“漫”(“曼”字一音莫半切,與“漫”同)。

⑩ 己,録本訛作“已”,據底本改。

⑬ 路,録本訛作“終”,據底本改。

執無常爲是也。"不敬佛經"者,謗常住涅槃名"不敬"也。人流行文字,經有其隱没,《大涅槃》常不變易,云何難言"迦葉佛有是經不"也?"所有衆生貪欲微薄"以下,解迦葉佛諸興廢所以。欲明迦葉佛時貪欲微薄,知惠(慧)滋多。佛滅後七日,假四依説;過七日後,不假言教,相與□(柄)[1]理在心。是以得理以亡詮[2],不假言説,如是名"滅",此時滅非要也。今世衆生智慧微少,煩惱深[3]厚,愚癡多法,人不能信。爾時法不流行,名之爲"滅"。若語常理,古今湛然,理無滅也。自下廣[4]引事來誡敕,明常法不滅也。"若佛初出"以下訖至"雖復涅槃,當正法久住"以來,汎明一切佛有其興廢也。"我法滅時"以下,明釋迦諸之[5]有其興廢。"或説神空",欲明衆生廣起到(倒)或名"法滅",此是惡滅也。

"爾時王舍[6]城阿闍世王"者,何以來。凡有六意也。一、上來一段[7]直明知見覺行,此明知見覺人。[□][二][8]、上來明四等益物竟,未知得益人是誰,自下出世王是得益人也。三、昔經何以不來、今經方來者,昔經理教不如、不能滅人五逆重罪,欲障今經理教具備、必滅人五逆重罪也。四、經初何以不來、此中方來者,欲明初其病未增,道根未熟,是故不來;今時其病已增,道根已熟,是故此中來也。五、前聖行品中何以不來、梵行中方來者,前明聖者是自正之行,不兼冰外[9]化,故不明也;欲障此品冰(外?)[10]化之行,本自濟物,是故此中來。六、此品初何以不來、品末[11]方來者,欲明品初慈悲之始,未能滅人五逆重罪,故品初不來;此中如來入月愛三昧,慈悲志極,能滅重罪,故品末[13]來也。

---

① 柄,録本作缺文,據底本補。《集韻·梗韻》:"柄,持也。通作秉。"
② 詮,録本訛作"恰",據底本改。
③ 深,録本訛作"梁",據底本改。
④ 廣,録本訛作"度",據底本改。
⑤ 諸,此當讀如"之"。
⑥ 舍,録本訛作"會",據底本改。
⑦ 段,録本訛作"改",據底本改。
⑧ 二,底本、録本無,今據文意補。
⑨⑩ 外,底本訛作"氷",據底本改。
⑪⑫ 末,録本訛作"未",據底本改。

自此以下，凡有八段經文：第一，從初以下，明其王心生悔熱，遍體生瘡，由害父故爾。第二，從"大臣名月稱"以下，此之一段明六臣勸王詣六師治病也。第三，從"耆婆"以下問王得安隱眠不者，勸王向佛，重罪畢除也。"爾時世尊在雙林間[①]"以下，第四，凡有二意：初明應身爲王，住世説法，令王性悟，除罪發心。二説法身常住，令得悟也。"月愛三昧"以下，第五，除王身患。"耆婆答王"以下，第六，譬如渴[②]人速赴清泉，勸王求佛。上來處處勸王詣佛，向王自惟罪深，無有去意，是以此中耆婆重勸。"即命一臣名吉祥"已下，第七，明王受勸，嚴駕車乘，[□][率][③]國人民向佛去也。"佛告大王諦聽諦聽"已下，第八，爲王待從説二諦，除王心中病也，欲明世王爲化物故，現同凡夫，起其逆罪，語其内德實是知見覺人。何以知？昨六臣勸王詣六師除病，世王以知六臣非是知見覺，始知其六師非是知見覺，終不滅人罪逆，故不從六臣之勸也。若論耆婆是知見覺始，若論如來是知見覺終，是故世王從耆婆之勸詣如來所，故知世王見覺人也。

"其性弊惡"至"其心熾盛[④]"來，内有害父之心，口有刑戮之過也。"見在"者，唯見現貪國重位、五欲等樂，故害父也。"不見未來"等，現唯現爲五逆爲因，未來畢得阿鼻地獄爲果，故言"不見未來"也。"純以惡人爲眷屬"者，與提婆爲等侣也。"父王無辜"者，"辜"之言罪。欲明父王於我實無有罪。"因害父訖[⑤]，不可附近"以來，明逆害父已，見受花報，體生其創，臭[⑥]穢位增也。若爾，地獄果報受無疑也。明其母子心重，以種種藥附王瘡也。王白母言：如是從内心生，不從四大起，世間藥草不能治也，以遠彰出世良醫方能治也。"又臣名月稱"已下，第二六臣來問病也。就六臣中，問之以（與）答，各有五句：一、性（往？）[⑦]至王所；二、問病原由；三、答由害父王；四、明無

① 間，録本訛作"問"，據底本改。
② 渴，底本、録本訛作"曷"，據文意改。
③ 率，底本、録本無，今據文意補。
④ "熾盛"二字録本訛作"識滅"，據底本改。
⑤ 訖，録本訛作"説"，據底本改。
⑥ 臭，録本訛作"晃"，據底本改。
⑦ 性，此似爲"往"之誤字，待考。

醫療治；五者、尉(慰)[①]愈王也。

大臣各説有(等?)[②]已，皆有五句：一、説名字；二、歎師德；三、明住處；四、勸王詣師；五、王許往治。六師所計，各不同也。第一師起斷滅見。第二師計身有七分，細者是常不可殺，麁者無常是可殺也。三計萬法皆從自在天生。第六計莫問有罪、無罪，不須修道，八萬劫後，自然得解脱，是大外道也。

“爾時大醫”已下，第三，所以問王“得安隱眠不”者，欲明耆婆大醫明知世王逆父罪重、不得安眠，所以問者，凡欲省病，要問原由，欲使自説病狀[③]，故發問耳。下王以偈來答。初四偈明佛得安隱眠不。“心無取著”已下，有偈半明大士斷除十惡盡，乃得安隱眠。正應明不安眠，所以道餘人等世王意，先明諸佛菩薩得安眠時爲彰已，是人不得安眠也。“誰得安眠”一偈，釋前四偈“佛得安眠”。“誰得安[□][隱][④]眠？所謂慈悲者[⑤]”，釋前五偈半也。“衆生無[□][明][⑥]冥”已下三偈，世王自道己[⑦]害父重罪，具十惡業，不得安眠。“若食過節度”已下三偈，汎明世間心有疑未獲者不得安眠也。耆婆，我今病重，逆害父王，世無良醫治我身心，汝云何問我得安眠也？“如鹿[⑧]在弶[⑨]”者已下，与己[⑩]作喻，我害父王罪重，必感地獄，有無良醫治我身心，云何得安隱眠也？

“答言‘善哉’”已下，凡有七事來勸王。王答言罪重不可除罪者：一、心生重悔；二、漸；三、愧；四、便發露向之；五、便識知因果。王有五種善根，非一闡提，云何不向佛也？一、事竟。第二、汝向言“世無良醫”者，加毘城王子悉達多是大良醫，云何無也？女導無妙藥者，答“自作自受”已下，第三、出妙

① 尉，此乃“慰”之古字，與“慰”同。

② 有，底本似作“等”，待考。

③ 狀，録本訛作“拔”，據底本改。

④ 隱，底本、録本無，今據北凉曇無讖譯《大般涅槃經》卷第十九梵行品第八之五[T12n0374p477b1]補。

⑤ 者，録本訛作“等”，據底本改。

⑥ 明，底本、録本無，今據文意補。

⑦⑩ 己，録本訛作“已”，據底本改。

⑧ 鹿，底本、録本訛作“麁”，據文意改。

⑨ 弶，底本、録本訛作“彊”，據文意改。

藥。釋提洹因已，第四、廣引同類以勸世王。“假使一月，常以布施”下，第五、舉足一步，必備重罪也。“爾時天王答耆婆”已下，第六、臣勸。“爾時空中出聲”已下，第七、父[1]王空中勸子也。

“一念善心彼百種德”者，王有五種善根，云何言罪重不向佛也？三十二相、八十種好是大良醫光明應也。“若色非色”已下，解真身。“若色”者，應同其色；“非色”，不同世間色。“非非色”者，法身常住，不可名“色”，不可說“非色”，非非色都無。下句亦作自作者，金剛已還後受報名“他受”也。造因名“自作自受”者，始終一行者名“自受”也。“自作他受”者，金剛已還名“自作”，金剛已後受報名“他受”也。“無作無受”者，常住第一義諦，名“無作無受”。

第四，釋提恒[2]因諸佛常除五衰没相，王今諸佛而不除逆也，已下十三種得益人來廣勸王也。阿逸多具三逆罪，昔經亦除。何以上言昔經不除世王逆罪今經除者，欲明阿逸多雖具逆過因彊爲緣弱，發昔彊因，故言昔經亦除三逆也；欲明世王過因是弱，昔緣復弱，故言“不除王逆罪”。要今經理勝與作彊緣，便能發過去弱因，滅其重逆，故言“今經除”也。“若信臣語，速往佛所”，信臣上悉達[3]是大良醫、無作無受是妙藥。若信此語詣佛，重罪必除。若不見信者，上有良醫妙藥除人重逆罪。“願善思之”者，願王思上十三種人諸佛蒙益。王今詣佛，亦同得益。諸佛大悲，普覆不限一人。此文何以來者？上來諸人詣佛悔過，疑如來心不平等，餘人雖可除罪，我一人佛何必不除我罪？何以然佛心不必平等？是故興此文也。我上來言語一切有罪詣佛都得除罪，豈可限王一人？

“假使一月”者，第五，導世王害父以來，畏堅地獄，種種布施，望(?)[4]得勉之，是故勸王假使一月常以衣食種種等物供養，一切人所得功德分作十六分，不如舉足向佛一步；若爾，今還速詣佛所也。

“王答耆婆”者，第六，臣勸雖知如來其心平等，不限一人，我自審罪重、

---

① 父，録本訛作“必”，據底本改。

② 恒，録本訛作“洹”，據底本改。

③ 達，録本訛作“多”，據底本改。

④ 此字録本作“湦，底本實作“”，似爲“望”之訛俗體。待考。

不敢去者。所以然，欲明如來永斷生死，故言"其性調柔[①]"、"所有眷屬亦是清净"。我今罪重，非是如來聽衆，繫屬地獄，何由向佛也？"吾今深自[□][鄙][②]悼、[□][都][③]無去心"者，我雖殺父罪重，備爲一國之主，我若詣佛，佛若接叙，共我言説，我意故可；設使我去[④]，恐不接叙語言，我更重加羞[⑤]耻，故言"都無去心"也。

"空中出聲"者，第七，父王所以勸者，見世王臣勸不肯去，是以父王勸也。就中有三：一明佛滅不久，二説地獄來怖，三明父子無絶；導佛法將滅，法船欲沈，汝今日不向於佛，必受地獄也。"王聞是以，悶絶躃[⑥]地"者，我逆其父，父不以爲惡，空中勸我；感父慈恩，悔本惡人，聞父欲去，罪無人救，是以悔心踊怨，名"悶絶"也。二意所爲諸人，道根未熟；兼聞佛去，悲心將發，名"悶絶"也。

"當爲是王住世至無量劫"者，第四文别，凡有二意故也。一、從上願善思之中來，上意佛心不必平等，何必除我罪？此義不然。王今速往佛在雙林之中以，爲王住至無量劫，王可不知定除逆罪也。二、意王上臣勸，自審罪重不肯去，父王空中出聲，導佛必滅，汝後時滅罪無處，是以自投於地，謂佛實滅，是故如來在雙林之中自爲王住至無量劫。我今一日之中爲王説法，使王生解除罪，如似我無量劫爲住不[⑦]異；二應身住世，爲説常住，故今不逸，如似無量劫住不異也。下六復次前四爲不解如來常住者，應身住世，令其得解；後二復次爲説佛性常法也。迦葉白[⑧]佛言如來爲一切衆不入涅槃，無有實滅，所以不導餘人也；爲世王等謂佛永滅，自投於地，是故彰應滅非實滅也。

---

① 柔，録本訛作"争"，據底本改。

② 鄙，底本、録本無，今據北凉曇無讖譯《〈大般涅槃經〉卷第十九・梵行品第八之五》[T12n0374p480a20]補。

③ 都，底本、録本無，今據北凉曇無讖譯《〈大般涅槃經〉卷第十九・梵行品第八之五》[T12n0374p480a20]補。

④ 去，録本訛作"者"，據底本改。

⑤ 羞，録本訛作"著"，據底本改。

⑥ 躃，録本訛作"辟"，據底本改。

⑦ 不，底本、録本作"不不"，中一"不"字當係誤衍，據文意删。

⑧ 白，録本訛作"自"，據底本改。

“我言爲”者，一切具縛凡夫爲説名用，除其空執。“阿耆世[□][者][1]，普及一切造五逆”者，我言爲[2]一切逆罪衆生、普感世王現造逆者，爲此人説法也。後復爲者，爲執有爲衆生久住於世。“不爲無爲”者，達解常住，不待我住也。後爲者即不見佛性衆生，我要住世爲説，使解佛性也。若解佛性者，不假我住，名“不爲”也。後復爲者是阿難、迦葉二衆，云何言獨爲世王也？阿耆世王者即是王後宫婦[3]女也。後復名佛性者，我爲要使生佛性也。“阿耆世”者名“恐”，正以不生佛性故，廣起煩惱怨生也。“如來密語”已下，嘆三寶不可思議也。

“大悲導師”已下，第五，文句何以而來。二意故興也：由上文中世無良醫治我身心者，汝今在家未去，如來以入月愛三昧放神光注照王身，除王刑苦；王若詣佛，重逆必除；是故興此文也。二意上言爲王住至無量劫者，但有爲言，未有爲事，上爲王住世之言未必是實，是故如來放月愛三昧除王刑苦，出其爲士，成上爲王住世之言實人不虚也。所以先言大悲者，爲成慈深極(?)[4]王，除王重逆也。曾聞人説劫盡三月普並現者，欲使耆婆廣解光之所以，是故現疑而問答。言此非劫盡寶珠等光者，重答非世間光也。又問言：“此非三月並照者，非世間光，是何誰能放此光也？”“天王當知：是天中天”者，答汝問。“何誰放光”者，是如來也。“是光無根、無邊量”者，欲明是光從無相智惠(慧)心中來，不可以根量往尋也。“非青非黄”等者，從非青非黄處來也。“亦見念”者，自審罪重，謂佛不在意如向來言，如來慈光照身除苦者，故言“亦見念體[5]”。下以七子來答。從初住至六地以來，是其六子；住前凡夫，復是一子；名“七子”也。王所爲人，是其凡夫廣造逆者。如來大悲，於苦衆生生其上心偏[6]重也。

---

① 者，底本、録本無，今據文意補。

② 爲，底本、録本作“爲爲”，中一“爲”字當係誤衍，據文意删。

③ 婦，録本訛作“娣”，據底本改。

④ 極，底本不清晰，待考。

⑤ 體，底本不清晰，待考。

⑥ 偏，録本作“遍”，據底本改。《説文·彳部》：“偏，帀也。”朱駿聲《説文通訓定聲》：“偏，字亦作‘遍’。”然録本失真。

“譬如月光能令一切”已下，上來一段廣釋月光來之所以，“體相自”已下明其有益。就中有六：初三明生善，後二喻明滅惡，最後一喻剬（制）[①]月愛名字也。

“我聞如來不與[②]惡人同止”者，何以生上來光照身止於麁苦？將欲詣佛者[③]，思量如來經中言語似不除我罪，故興此文。佛家經中明大海不宿死尸，釋提恒[④]因不與鬼住；我今罪重，云何往見於佛？設往見佛者，身將不陷入地獄[□][耶][⑤]？我今不去，故得少時住也。何以然？下王自釋：我觀如來意寧近師子猛火，終不近惡。我等惡人，佛家經中言説是實，是故我不去也。耆婆答王已下，大段第六，重勸王也。明六事來勸王。何等爲六？一、譬如人渴速赴[⑥]清泉[⑦]；二、飢夫求食；三、怖者求救；四、病求良醫；五、熱求蔭凉；六、寒者求火。王今罪重，求佛亦應如是。云何不去也？“常爲闡提”者，何以而[⑧]來？由王上來言大海不宿死尸、釋提桓因不與鬼住者，王謬引也。今日《涅槃經》是無餘説，尚爲闡提説法，豈况非闡提而不蒙慈悲救濟？故舉闡提來勸。世王言：我聞闡提不信因果，不得義理，如來豈可爲説？怨（恐）[⑨]畏不實，是故重審脱（？）[⑩]答。若有實，我去[⑪]亦除我逆也。

“耆婆”已下，廣明闡提行中，凡有三段文。從初至“已病增故”以來，明闡提相。“遣使命醫”已下，第二、“難可療治”以來，明感聖，聖觀根性有具、不具也。“爾時即入病人舍宅”已下，明佛爲説法。“譬如有人”者，闡提人

① 此“剬”乃“制”之本字，與“制”同。
② 與，録本訛作“等”，據底本改。
③ 者，録本訛作“去”，據底本改。
④ 恒，録本訛作“洹”，據底本改。
⑤ 耶，底本、録本無，今據文意補。
⑥ 赴，録本訛作“起”，據底本改。
⑦ 泉，録本訛作“衆”，據底本改。
⑧ 而，録本訛作“向”，據底本改。
⑨ 怨，此似爲“恐”之訛字，待考。
⑩ 脱，底本不清晰，待考。
⑪ 去，録本訛作“云”，據底本改。

也。“遇[1]重病”者，世間重病將死不久，欲明此人將成闡提，名“重病”也。“夜夢”者，苦體見心成名“覺”，未成闡提以來見心未明名“夜”。“一柱[2]殿”者，本有其四柱，任持即彊；三柱既無，唯有一柱崩倒，不久内合。時明欲界爲九品善，以斷八品盡，唯一微品善在，不能不作闡提，昇持處弱，名“一柱”也。“服蘇油脂”者，服邪見蘇油，使信心孔合、外善不入也。“卧灰”者，身倚因果理名“卧灰”。“食”者，以邪斷資神名“食”也。“攀[3]枯樹”者，心無因果樹[4]名，必成闡提也。“與獮猴坐卧”者，明内無正定，馳騁諸塵也，忱（沉）[5]在邪見、來没在五欲塈也。“墮樓殿”者，謗無菩薩乘；“高樹木”，謗無緣覺乘；“馬牛羊”者，謗無聲聞乘。“青黄赤白色衣”者，表闡提賤[6]人作相也。“喜咲”等者，邪觀適心也。“烏鷲”等者，遠况闡提食善法都盡也。“齒髮落”者，謗無實惠（慧）方便智也。“裸形”等，斷慚愧二善，名“無衣服”；“枕狗”者，心没無因果中也；“卧糞穢”者，身具十使也。“復與亡者行住”者，與已成闡提爲等侣也。“携手”者，表不二之意，明與闡提同見也。“毒蛇滿路而[7]從中過”者，斷常諸見名“毒蛇[8]”，十惡通入、至於三有名“路”，從五逆十惡過至何量（阿鼻？）[9]獄中也。“與被髮女人相抱持”者，喻起八倒交横也。“樹葉爲衣服”者，以斷常覆[10]身也。“乘車正南行遊[11]”者，此是指南車，此人謗無因果，君臣父母謂爲指南之解也。“是人夢以”者，上來一段明一闡提相作夢喻，自下明已成闡提作覺喻。“心生愁惱”者，斷九品善盡，已成闡提，應名“歡喜”，義言“愁惱”也。“諸家”已下，第二文句。“諸家”者，遇善爲因名“親

---

① 遇，録本訛作“過”，據底本改。
② 柱，底本、録本訛作“住”，據文意改。
③ 攀，録本訛作“舉”，據底本改。
④ 樹，底本、録本作“樹樹”，中一“樹”字當係誤衍，據文意删。
⑤ 結合文意，此“忱”當爲“沉”之訛字。
⑥ 賤，録本訛作“賊”，據底本改。
⑦ “而”前底本、録本衍一“者”字，據文意删。
⑧ 蛇，録本訛作“馳”，據底本改。
⑨ “何量”二字底本似作“阿鼻”，待考。
⑩ “覆”前録本衍一“身”字。按：底本該字旁實有一廢棄號，今據底本删。
⑪ 此字録本訛作“挺”，底本實作“[illegible]”，乃“遊”之偏旁移位之俗體。兹據正。

屬”也;過去因義不亡,仰感於聖名“命”也。過雖有因,善旨微細,弱名“缺短”;不能資現具足生善,名“根不具足”。此之微善在中名“頭蒙塵”也。被斷之善彰物處微名“壞衣”也。“壞車”者,運物處少,過去微善資發處微,名“壞車”也。感機彰聖名“語醫”也。“速自上車”者,感道時促,名“速上車也”。“即自思惟”已下,將爲説法,先觀其相也。其機是弱,名“見使相貌①不吉”也。現在必作一闡提,名“難可治”。“占日”者,上來使雖不吉,觀其根四日、六日等,此俱雙日,得病難治,觀此人有不善根,無善根也。“占星”者,第二觀性,此一闡提性好作惡,都不好善也。“占時”者,第三欲觀秋時乃至夜半時,此時定得病難治。觀闡提心中,正欲作②惡,不欲作善也。“或定不定”者,斷上品,次斷中品。從中[□][生]③下,從著至微,必斷善根,定作闡提微品之生;從中生上,從微至著,必生善根,名“不定”也。“若有福德”者,過④去供養千佛萬佛,名“福德可療治”也。“若無福德”者,若過去供養一佛二佛以來,冀無福德,雖吉何益?與使俱者,乘感而應,名“與使者俱”。在路復念將來,故導來猶未來也。“長壽”者,過去善感生現在善,現在善復感生未來,如此名“長壽可療治”也。“短壽”者,過去有因,不感於現善,[□][現]⑤善不感未來,善不相續,名“短壽不可療治”也。“二小兒”者,斷、常二見是也;又云善惡爲二小兒,善惡競興,名“相牽⑥”也;善惡相違,名“鬪諍”;善弱惡彊,斷善不生,名“捉頭拔髮”也。“見人持火⑦”[□][者]⑧,火⑨本明性,喻佛寶;闡提無佛寶,名“自滅”也。“斫樹木”者,謗無法寶也。“手曳皮革”者,謗僧寶也。“道路遺落物”者,多是惡物⑩,欲明謗無因果,唯佛法之所遺棄也。執持

① 貌,録本訛作“根”,據底本改。
② 作,底本、録本作“作作”,中一“作”字當係誤衍,據文意删。
③ 生,底本、録本無,今據文意補。
④ 過,底本、録本作“過過”,中一“過”字當係誤衍,據文意删。
⑤ 現,底本、録本無,今據文意補。
⑥ 牽,録本訛作“辜”,據底本改。
⑦⑨ 火,録本訛作“大”,據底本改。
⑧ 者,底本、録本無,今據文意補。
⑩ 物,録本訛作“佛”,據底本改。

空器、器空無物者，欲明闡提廣造諸惡、空無善法也。“獨行無侶”者，均惡人爲侶，無善人善侶，無善也。“我若不往，[□][則][1]非良師”者，世間師本如前人必死，爲現在父母妻子故要往，雖往必不可治；如來亦爾，若不往則不名“佛有大慈悲”，雖不能救，現在不作闡提，爲生後世善，故要爲説法也。南方飛[2]鳥聞者，南方是離地，欲明闡提與善法永離也。“即入病人舍”者，第三經文一往爲説生下品中，品微善，去理[3]遠，名“入舍”也。“數塞數熱”者，初聞法生信，後還起謗、斷常諸見也。“咽喉結痛”者，斷塞善路也。“舌上破裂”[□][者][4]，謗無中道也。“身卒肥大，紅赤異常”者，起大瞋大貪也。“問瞻病”者，指過去爲因，名爲“瞻病”者。藥對其機，名“説法”。後爲當修善，爲當起惡？故言：“意志云何？”“答言大師”已下，理中語也。本敬信三寶、今敬信情息者，本未作闡提時，於三寶所生敬信心；今謗三寶，名“敬信情息”也。“本性弊惡”者，本修善罰惡名“弊”也。“今則和善”者，順境起惡也。本於父母所生慈孝等善，今謗無父母名“無恭敬心”。“即前嗅之”者，第二周爲説□(法)[5]爲生下品中，一品善，臭香不定，必作闡提。即前觸身者，第三周爲説法生下品中上品，可名“觸身”。當聞法時，暫生其信，後還誹謗，名“香臭[6]不定”也。“或靹(硬)[7]如石”者，起我見也。“或冷如氷[8]”者，起大癡也。“或熱如火”等，起大貪也。“或澀[9]如沙”等，起斷見也。“必死不疑”[□][者][10]，現在必成闡提也。“然不[□][定][11]言是人當死”者，現三周説法作

① 則，底本、録本無，今據文意補。
② 飛，底本、録本訛作“非”，據文意改。
③ 理，録本訛作“離”，據底本改。
④ “者”字底本、録本無，今據文意補。
⑤ “法”字録本作缺文，據底本補。
⑥ 臭，底本、録本訛作“嗅”，據文意改。
⑦ 靹，與“硬”同。
⑧ 氷，與“冰”同。
⑨ 澀，録本訛作“忽”，據底本改。
⑩ 者，底本、録本無，今據文意補。
⑪ 定，底本、録本無，今據文意補。

因,未來必生。於"吾今據豫(遽務)[①],明當更來"者,世醫知病者必死,遵來必不來也;内合時務本一日之末,喻如來説法之終,名"據(遽)務",道來[②]必不來也;後云現爲説法爾,名"據(遽)務"也。"明更來"者,後更有勝善感時,更來爲説也。滅應歸本名"還家",亦可攝化不設名"還家"也。"明日使到"者,未來世中更有善感也。"事未訖"者,餘方施化名"未訖"也。"未合藥"者,所感冀微,未來未勘聞法,名"未合藥"。"大王,世尊亦爾"者已下,合喻也。上列喻甚多,合中極少。"世尊亦爾"者,合上良醫喻。"根性"者,合上占星略,不合占時也。"而爲説法"者,合上入舍、臭香、觸身三周説法也。若不爲一闡提説法,凡夫謂佛無大慈悲,息凡夫情,故爲其□(説)[③]法。"大王如來常施諸病"者,醫藥[④]

① "據豫"二字當爲"遽務"之訛。北涼曇無讖譯《大般涅槃經》卷第二十:"爾時良醫見如是等種種相已,定知病者必死不疑,然不定言是人當死,語瞻病者:'吾今劇務,明當更來,隨其所須,恣意勿遮。'"[T12n0374p482a24—26]可助勘。下文"據務"之"據"正亦當作"遽",徑括注其正字,不復校。"遽務"猶"忽務",義指忙於事務。

② 來,底本、録本訛作"未",據文意改。

③ 説,底本殘,録本作缺文,據文意補。

④ 以下缺。

No. 2764B《大涅槃經》義記卷第四

［題解］

佛典《大般涅槃經》章疏，作者不詳，卷數不詳，首殘尾全。録本所據卷爲山本悌二郎氏藏敦煌本，首題新加。所據底本今無法見到，今以《大般涅槃經》爲參校本。

______①性若三世攝，是無常也。

第四從“若斷善根有佛性”者已下，執定有、定無爲問。

從“爲衆生故有四種答”已下，先明昔日四答。所以明者，一爲明由昔顯今，二爲明今異於昔也。

從“如來十力［□］［四］②無［□］［所］③畏”已下，訖“六少見，名‘分别答’”，此將答第一問，先舉緣正於前。

“如汝先問”者，此稱第一問而答。答意斷善根人實當有彼如來後身二種佛性，但現在邪見隔障因緣，是以無也。

“如來佛性非過去”已下，答第三問，明正因是常、非三世也。

“後身佛性現在、未來”已下，答第二問。就中恒兼答第三問。向所以在前答第三問者，爲明正因非三世、後身二世、九住以前三世增一明義故也。“後身二世”者，取初能見之心以爲現在，自後見心束作諦，未來未得菩提時

① 首缺。

② 四，録本無，據《大般涅槃經》卷第三十五［T12n0374p571a22］補。

③ 所，録本無，據《大般涅槃經》卷第三十五［T12n0374p571a22］補。

佛性因故。三世攝者,初住以前有漏位中,是不善五陰佛性因三世所攝。果則不爾,有三世、非三世者:初地以上訖於十地,此善五陰。是不善五陰,果體無常故,三世所攝。佛果五陰是善五陰,果體常住故,非三世攝。十地已下,訖於六住,明佛因故。“過去、現在、未來果亦如是”者,義亦同然。五住至初住▭故,過去、現在、未來果亦如是耳。以義同前故,▭性六種、七種。此□□中明上緣正闡提當有也。

“若□□□□□□□(有說言斷”已下,答)[①]第四問也。“我亦不說”者,亦不偏說“置而不說名‘置答’”也,亦有說“置妄計名爲‘置答’”也。“云何名因[□□][亦是][②]過去、現在、未來”者,將欲配屬於人,是故發問。又云上來廣明因果三世非三世,今問意:因所以三世,果所以有三世、非三世也。答意:因是不善五陰,是以三世攝;果有不善五陰果、有善五陰果,是以有三世、有[□][非][③]三世也。

自下廣明三世、非三世緣之别。“一切無明”已下,凡有三段,廣釋緣因爲世攝、正因不爲世攝。初一段直就道理廣明緣因爲三世攝,正因不爲世攝。□□□(“是故我)[④]於”已下,第二引其成經明于緣正攝以不攝。“須陀恒人”已下,第三就人以明緣正攝以不攝。

“聲聞如乳”者,上如來爲成增一明義故,是以從佛向下而明;此中爲成前微後著,是以從下向上而明也。十住下品爲辟支,上品爲菩薩,五、六、七種未來有者,復明何義?上來但明緣正二種佛性明生善,自下始明生善義也。

未來業未生[⑤]、終不生果者,爲明未來佛性必有,是以能生現在之善,不

① “有説言斷已下答”七字録本作缺文,結合文意,據《大般涅槃經》卷第三十五[T12n0374p571b18]補。

② “亦是”二字録本無,據《大般涅槃經》卷第三十五[T12n0374p571b25]補。

③ 非,録本無,據文意補。

④ “是故我”三字録本作缺文,結合文意,據《大般涅槃經》卷第三十五[T12n0374p571c5]補。

⑤ “生”字前録本衍一“業”字,結合文意,據《大般涅槃經》卷第三十五[T12n0374p571c17]删。

同未來業也。又云:此未來業以未有故,不能生果。現有下品因未來必生中品之業,未來有時必得生果故,名爲"有佛性"。亦以未有故,不名"現有"。以畢有故,名爲"當有"。由當有故,感生現善也。因上未來之業,以未生故,終不生果,即執作難未來佛性即時未有。

"云何生善"下,以二喻喻"有生"義也。

"若言五陰是佛性"者,此下還復宗廣明佛性。非有、非無,中道之理,重答上第四問,明非定有、非定無也。自下將明生善,先執或(惑)以明中道,以是生善之本故也。執現有陰爲性而問,但執舉一執耳,其實廣發衆疑也。執緣爲正,故言"失意"。

"衆生不解,即是中道"者,明不解故現無,佛性是非有;"或時有解",明佛性非是都無;非有非無,爲中道也。

"我爲衆生得開解"者,執内外有無皆不開解。下明"非内非外"。

"虚空"、"兔角"以下,就六種喻明非有非無、令得生解爲開解也。"熱病服乳"者,解云:外國乳冷酪熱,是以服乳,除其熱病,但服之太過,故生冷病;服酪能除冷病,但服之太過,反生熱病。若順此方乳熱酪冷者而言,熱病服乳者,此當以熱治熱;下病服酪者,以冷治冷。"乳生冷病"者,此明其乳非直能治熱病,生則亦能治冷病也。下言"酪生熱病"者,義亦如之。若言五味先有待緣而發,如内大先有待外大增者,義不得然。何故不然?五味前後次第説故,不從多方使,但從二緣乳中得酪生蘇乃至醍醐,一切諸法皆不如是但從二緣得也。"非方便得"者非正從二方便能得,乃從五緣得也。"增外四大[①]亦復如是"者,皆是本無從緣生也。又云:取計而破。外人計乳因之中先有酪果,不由方便,始得生酪;佛性亦爾,身中先有,不由緣得者;是妄計耳。就我正義,生蘇等皆不如是者,皆不先有非方便得,明其本無從方便得也。四大佛性皆亦如是要侍緣也。

"如我所説十二部經"已下至"一向作解",此明偏執爲病,勸信中道而生善也。又復爲明昔經隨自意語説無常法,猶可從之生解,況今隨自意語解説

---

① "增外四大"四字録本作"能增□内外四大者",結合文意,據《大般涅槃經》卷第三十五[T12n0374p573a21]及注③改。

佛性,何得不生解?

"乃至[□][一][①]闡提佛性有無亦[□][復][②]如是"者,明闡提當成佛時,佛性有無同如現佛有無一不異也,亦云闡提現在有惡名"有"、無善爲"無"也。昔共彌勒論于性空,望今是世諦,但空理幽玄,故身子等不能生解。而所以須菩提等能爲諸大士説者,如來加感故也。於性空世諦猶尚不解,況佛性第一而乃率己[③]一向取解、不隨佛語也?又云:舍利弗乃是大權之人,非爲不解,爲取現迹所同實聲聞也。

"如恒河中有七衆生"已下,此品大段第三引喻,喻上生斷之義。明若當於上四句義中不能解者,作前二人;若能解者,次第相續,作後五人。微妙河者,上品中以煩惱爲河,生死爲水;此中以涅槃教爲河,四種佛性爲水。上勸修道見性,以取現果;此中勸解佛性,成後五人。上明不能修道,沈没生死,即亦迷没涅槃之法;此中迷没涅槃理教,即亦迷没生死河中。今且各舉一邊,互明其義也。七人亦爾。今列二種七人,上品不列者,亦是互明耳。

"如上三人"者,不修善等三種人也。

"復有常没,非一闡提"者,此是樂三有人没在三有也。大望就常没中自有是闡提、自有是繫珠人没之三有而非闡提。暫出還没亦爾。亦有常没,非一闡提。下引"善事[④]"等者,此人若能讀誦十二[□□][部經][⑤],修諸禪定,名"樂三有",是第二人;若斷善根,即爲第一人也。從有漏戒生無漏戒,故言"戒戒"。是人未剋,爲"不具"也。能牽果報,名爲"作戒"。不感生死,爲"無作戒"。隨道之戒,背於生死,名爲"捨戒"也。所以不列習種性爲住人者,以

① 一,録本無,據《大般涅槃經》卷第三十六[T12n0374p574b27]補。

② 復,録本無,據《大般涅槃經》卷第三十六[T12n0374p574b28]補。

③ 己,録本作"已",據文意改。"率"猶"以"、"用"也。又,斯 2733 號《〈法華〉義記》卷第三:"上明直問塔之因緣,聲之所以,事相是近,不假神力,率己所見,自能問也。"伯 2269 號《〈盂蘭盆經〉讚述》:"目連率己通力,竪朗三界,横照十方。"皆其用例(後二例"率己"中的"己"字《大正藏》録本均誤作"已")。《漢語大詞典》列宋王君玉《國老談苑》卷二中例:"查道以謹儉率己,爲龍圖閣待制,每食必盡一器,度不勝,則不復下箸,雖蔬茹亦然。"釋"率己"爲律己,是别一義項。

④ 事,録本訛作"星",玆據《大般涅槃經》卷第三十六[T12n0374p575b4]改。

⑤ "部經"二字録本無,據《大般涅槃經》卷第三十六[T12n0374p575c25]補。

於中寬漫有退、不退故不列也。列第三人住竟更不列後五人者，以斯自此以後無非住人可知故也。

“智不具足，凡有五事”，自前已就舍利弗等明今經住人，此下廣明住人昔時之行，故後成也。作不净觀伏貪，慈、悲等觀各伏所患，思覺多人作數息觀，通伏十使。著我多者，分析界入。此等諸人，皆求禪支中作如此觀，情現離惡，近求禪本，遠求期生空。

“是人聞已”者，總上諸人聞斯善反説觀法已，既得根本，作生空觀。初正緣五陰壞苦、壞無常，兼知衆生無性，爲觀不已，正觀生空，兼知衆生爲五所成文。言“如法修行”者，生空觀成也。次得念處者，別入四空也。初正觀色、身作壞苦、壞無常，兼知身無性，爲觀不已，正觀身空，兼知身，是名“用變壞苦無常”。身觀既然，後三亦爾。此是思惠(慧)之始。若鈍人者，次作正懃，後作如意之觀，然後方能總四念處爲一法之境，作行苦行無常，兼知無性，以入於煗。大望聞、思位中趣空之始，要必先作壞苦、壞無常，兼知無性，入斯空觀，向現見之。初訖至羅漢，要作行苦、行無常兼知無性以入空也。

文□次第作十二因緣者，此當是聲聞、緣覺，乃是利根中乘之人作此觀也。然中乘之人直觀因緣，兼因緣無性，以入於空，不同小乘苦觀於前也。但就中有斯三根，今此中從念處後作十二因緣者，是利中、下根也。然生空念處，利、鈍通作，是以利中、下根亦作此觀，但自不作壞苦觀也。若中、上二人不作生空念處之觀，直作三世因緣之觀，以入法空，出法空已，知衆生亦空。斯猶下根，始入生空，出知衆虚，入則無難，利中、下根出念處觀；後逆觀十二，别觀因緣，兼作壞無常，亦兼因緣無性。或正作壞無處常，兼作因緣，及因緣無性，入因緣之空。此猶是思惠(慧)不現之解。從此觀復總觀三世，作□因緣，正作因緣，兼作行無常，亦兼因緣無性。或正作行無常，兼作因緣，亦兼因緣無性，入因緣空，成彼煗頂現見之解。若作四十四智觀者是利之中根，作七十七智觀者是利之上根。而此二人，離想三世因緣之觀，法用如前，而復有異。即向離觀之解有始、末兩品，下品爲聞惠(慧)，上品爲思惠(慧)。總觀入煗，訖于盡智，以爲修惠(慧)；下根之人，生空之解，是其聞惠(慧)；是以不同。外道於十六行中，唯有集四苦二之六行故，故無煗也。

又云“唯觀六行”者，厭下三行無常苦不净，欣上三行常樂清净，是以無煗。

“我弟子具足十六”者，以其外人煗頂忍中用彼等智，始終具作十六行觀；若論正義，煗等四心亦有斯行，故不必[①]也。

煗心“報得色界五陰”者：若作上生解者，由前煗心伏離欲結，出觀心後，起初禪愛，受色地報也。若作不上生解者，由煗爲因，藉四禪定，發其勝煗。然此觀即是彼地第五行陰。若四空發煗，其義亦爾。今且論報，得色界五陰耳。

煗是有法者：若作前解，由煗次第，起初禪愛，受生色有，名“有法”也。次煗起結爲有漏所爲，名“有爲”也。

“還能破壞有爲有漏”者，雖出觀起愛，受報色地，而由前觀，解作因生，後勝觀故，能破壞也。若作後解，煗法爲因，生彼色地第五行煗，故言“有法”也。“有爲”如前。若爾，從前有漏之煗，生後有漏煗法，相續不絶，能生無漏，破壞有漏、有爲之行，下答可知。

“亦愛亦策”者，出觀存陰故“愛”，入觀鑒空名“策”。

“得煗法人七十三種”者，上明煗法，今明行法之人。就欲界煩惱，分爲九品。若伏一品，作一人。伏九品盡，作九人。都未伏者，復作一人，合成十人。從初釋至無所有處，地地之中分結爲九，從伏而立，各有九人。如是七九六十三，通向欲界十人，成七十三人也。所以不論非想地者，外人假上斷下非想以後，更無禪地，以外道不能伏非想結，是故不論也。明此等人皆外凡時修禪伏結，來入内凡，作十六行觀，而入於煗也。

“是人二種”者：是向五事不具者，一人五雖不具，值遇善友，教令觀行，次第入煗，成彼住人，終獲聖果；一人五事不具，復遇惡友，起彼重惡，沈淪四趣，爲還没也。大意廣引昔日五人者，一與今教作基，二遠明昔日五人皆有佛性，但昔不得説耳。頂法雖復性是五陰，而亦能作歷别四諦觀，故言“亦緣四諦”。

“性是五根”者，此字是誤，理亦應言“性是五陰”。所以然者，以此第一法次第能得色地果報，即體復是有漏五陰，是以不應言“性是五陰根”也。

---

① 必，録本訛作“非”，兹據《大般涅槃經》卷第三十六[T12n0374p577a13]改。

“亦緣四諦”者，昔在凡地，未見五陰生滅之時，存法性有，定有是常，則不由因，生此迷苦諦，亦迷集諦；性有是常，則不可滅，即迷滅諦；道於性有無用，即迷道諦；是則四諦俱迷。今修行得在現忍以上，則見五陰生滅因緣體非自性，則達從因有苦、道能滅累，故言“亦緣四諦[①]”也。

所以名爲“苦法忍”者，解云：凡天下斷結，有其三種：一者、從厭伏斷，不從理除，外道是也；二、從厭從理，二乘是也；三者、從理不從厭，菩薩是也。以菩薩人但從理故，故從理作名，名“無生法忍”。聲聞之人從厭苦入空，是以通苦作名，名“苦法忍”也。此苦法忍在無相行中，見四諦平等，故言“忍性是惠(慧)，緣於一諦”。

“此三重”者，與餘或(惑)作本，故言“重”也。文言“亦攝一切……所斷結”者，略解“重”義。我見與邊見作本，戒取與見取爲本，疑與邪見爲本。《成實》中言此三勝者，根本中□也。餘使成在於後，此三起通前後，爲常所起大邪見心，雖不起我見，然小邪見人乃無出世涅槃，情猶執有非想涅槃，故自俠(?)[②]我受生，是爲我見通餘四見，故得名爲“常所起”也。能生餘或(惑)，因義理隱，爲“微難識”。又云“常所起”者，身見、疑、戒取似道，名“微難識”。未麁易除，本細難遣，故“難可斷”也。

“是三對治”者，且名中相對耳，理實十使通覆三藏也。

“名有二種”者，凡夫之時，有順流名，稱爲“舊名”；後成須陀，始得逆流名，以爲“客名”。“以先得故”者，須陀洹[③]得稱“舊名”。“以後得故”者，斯陀含名在後立，故名“客”也。流有二種：一者解脱，是無漏觀解。二者涅槃，是滅結無爲。所以論者，爲明一切聖人皆具此二，得立同名也。

從“‘須陀洹’者亦名‘菩薩’”以下，前明上名得同於下，自此已下復明下名得同於上也。緣有名共鑒空爲“不共”，亦云苦集與凡共滅道名“不共”也。

“十六行”者，苦下有四，所謂苦、無常、空、無我，乃至道下四行，四四合有十六也。《經》言“向果十六”者，總而言之，故有十六；若就人義，分苦乃入

① 諦，録本訛作“帝”，兹據《大般涅槃經》卷第三十六[T12n0374p577b15]改。

② 此“俠”字疑有誤，待考。

③ 洹，録本訛作“覆復”，兹據《大般涅槃經》卷第三十六[T12n0374p577c21]改。

道者，不爲無常等；以無常入道者，不爲苦等。人情所樂，隨觀何也？苦下既然，三諦類爾。通束而言，故有十六；别而言之，見諦道中正有四諦觀，無十二行也。而言“無漏十六行”者，無相行中不爲十六，但總觀十六境空，故言“十六行”也。果中十六，類行中可知也。

“遍觀已行”者，明斯陀含人進修勝觀，斷三微品結，以取上果，名“遍觀已行”也。而有二種：一者、食三果結令盡。二者、修食無漏，令惠（慧）命相續也。斷三微結，成那含果，住在上界，故名爲“住”。

“凡有二種”者，總束那含，判爲二相：現般爲一相，自餘上生總爲一相。中陰雖非色界，以向色界，故盡屬色界也。

“一者現在得那含，進修得羅漢”者，此句是總。就中自有從那含果心入觀，即成無著，自有出入觀空而成羅漢。下言“加現在[□][般][①]涅槃”者，此是從果心入觀即成者也，即亦爲彰五人不同現般也。“加無[□][色][②]界涅槃”者，廣果中生，命終以後，越於五天生無色而般[□□][涅槃][③]，即是樂定人也。亦應言“加五天中般涅槃”者，樂惠（慧）之人以界同故略而不明也。下文自當釋出二人。

“行[□][般][④]涅槃復有二種”者，此是舉行以明“上流”耳。非謂釋前“行般”，“行般”後文自當别釋。今所以舉行明“上流”者，以上言加無界般涅槃，今明無色界者，乃在上流位耳。不作上流，唯取色地二身、四身者也。論中乃不别立上流之人，今此中作五門説法而立之也。四身中受二者利，受三者中，受四者鈍，受一即是生中三人，是故但言“受二”乃至“受四”爲“上流”也。因定自在，發於理觀，名“自在定”也。

“作業”者，明那含乃有凡時無明取緣，造作此業也。“無受生業”者，無有染著色界生處，起其妄愛，潤業受報，以其欲生中陰、不樂上生故也。然此中陰報業是凡夫時造，此人具有生後二業，都得受也。二心在羅漢，始終通

① 般，録本無，據《大般涅槃經》卷第三十六[T12n0374p578b14]補。

② 色，録本無，據《大般涅槃經》卷第三十六[T12n0374p578b15]補。

③ “涅槃”二字録本無，據《大般涅槃經》卷第三十六[T12n0374p578b15]補。

④ 般，録本無，據《大般涅槃經》卷第三十六[T12n0374p578b15]補。

束,故有四心。且就中般上生之始明四心耳。自餘那含皆得明也。今此中但明中陰以後上生之人,故不明轉世,亦可略而不明也。身證信得此之三人,義通餘人,故不論也。

"受身涅槃"已下,釋上生中三人故。是就一生明利、鈍三人,與論經同也。"受身"中言"生業"者,受初禪生報業也。此業故未成聖果、凡時所造。前中陰中言"無受生業"者,明那含身中不造,言"無"。今言"受生業"者,用凡時所造生報之業。初禪受生,業家報各據一邊也。其實受生即能厭苦,入觀斷或(惑),道成羅漢,證有餘涅槃。今言"盡其壽命入[□][於][1]涅槃"者,入無餘也。《論》云"生般"者,就證有餘爲語。此據無餘而言,今昔不同,故致問也。下答意受身已斷三界煩惱,道成羅漢,證有餘涅槃,不乖論經也。

行涅槃中,明能斷煩惱、入涅槃者,證有餘也。無行其實利於行般,與證論經同,今云"壽盡[□□][則得][2]入[□][於][3]涅槃"者,入無餘也。

"上流[□][於][4]涅槃"者已下,正是章門中次第而釋,兼辨厭樂之異。退生或(惑)時,終不越生初禪之愛,要先起四禪,次生三禪,後生二禪,方起初禪。今言"生[□][於][5]初禪愛"者,就齊詣處作語耳。《毘曇》言不煩,此言少廣;彼言色究竟,此云無小;彼從下順明,此中從上逆明也。所以復明"修熏禪"者,上言修第四禪有五階差,今明修之方法,乃是熏修之修,不同《毘曇》别有熏法也。而樂惠(慧)之人志欲修禪發惠(慧),爲論義之本,故修熏禪;樂定之人不欲發惠(慧)論義,直任業受生,故不熏修無色定也。此之二人,在他上流位中,故就上流章門中,辨于二人;故下明二人既竟,還結上流也。樂惠(慧)之人不用生彼,故呵嘖(責)[6]無色定也。若欲入無色,樂定之人,亦應呵責,五净居中略不明也。

"欲界煩惱因緣有二"者,"一者内",意三煩惱;"二者外",身、口七惡也。

---

① 於,録本無,據《大般涅槃經》卷第三十六[T12n0374p578b29]補。

② "則得"二字録本無,據《大般涅槃經》卷第三十六[T12n0374p578c7]補。

③④ 於,録本無,據《大般涅槃經》卷第三十六[T12n0374p578c7]補。

⑤ 於,録本無,據《大般涅槃經》卷第三十六[T12n0374p578c8]補。

⑥ 嘖,此當讀如"責"("嘖"字《廣韻》一音側革切,與"責"同)。《龍龕手鏡》:"嘖,怒也,讓也。"下讀如"責"之"嘖"徑括注其本字,不復校。

上界唯有意三煩惱，無身、口七過，故言“無外”也。又復上界於内己身起結是多、外他身上生患是少故也。

“未離欲界”者，稟壽齊人，故言“未離”。此是利根也。“始離……未至”者，壽命據中。是中根也。“至色界”者，壽命長遠，與色報相似，故言“至邊”。此是鈍根也。

“得食已住”者，自下凡有六種明“得食已住”義：一、明處在三界名“住”，即復是“食”，受身二界，相續受命，故名“食”也。二、明不受欲界五道之身，可謂食盡，五道之身，更不復受，故名爲[①]“住”。“已斷無量煩惱”者，三、明食斷七禪地結盡，唯非想未除，住在不起細中，故名“住”也。四、明食卻共凡夫牽生善、不善業盡，住不造作中，故言“住”也。五、能能(?)[②]自、他生死因果，住在不作二畏之中，故名爲“住”。六、食離二愛，貪、瞋永盡，住在永離，故名爲“住”也。

“不離[□][於][③]佛性水”者，總結二種七人不離正因水也。“是七衆生”已下，總結二種七人不離緣因水也。若有因，則有果。所以問者，因上五不善五陰與善五陰作因，五陰與佛果作因，故生此問。問意：有因必無常，涅槃是常，則必無因，無因故亦無果。若無涅槃果，亦無正因性。

“若爾，那得上言‘不離正因水’也？”

下答：“雖不從生因生，從了因見，是常住果；果既常住，有正因水，故不離也。”

“方便果”者，現在人功，作事方便，而得名“方便果”；果由過去善業而得，名“業行果”，亦云“現在人功作業行”也。下言“是[□][名][④]方便果”者，是略明者耳，亦應言“是名‘業行果’”也。

子能恩養，名“報恩果”。由父母過去善業，名爲“近”也。由孝子之身，而施恩養之事，以爲“遠”也。

---

① 爲，録本衍作“爲爲”，玆據文意删。

② 此“能”字疑有誤，待考。

③ 於，録本無，據《大般涅槃經》卷第三十六[T12n0374p579b17]補。

④ 名，録本無，據《大般涅槃經》卷第三十六[T12n0374p579b29]補。

“餘殘果”者，一不殺戒，相續始末，分爲二品，即爲二報：正因正報，得彼現生之果；第三之身，受後報業，總別二果盡，名“餘殘果”。大判善業餘殘，總報不得三塗中受，别報得受。不善業家餘殘亦爾，人中不得受總，唯正得受别。今言“如因不殺”者，偏論善業餘殘果耳。近是過去三業净十善之因，遠是資身外，如仙藥等爲延年也。

“果報果”者，此現在中品，三業之善；過去下品，因家果報。此中品善能生上品之善，即指此上品善爲果報家果也。此中品善述於往因，故言“果”也。然過去之因，欲使來報無窮，今此中品善，復能生上品之果，酬往善因“無窮”之義，故言“報”也。“近因……現在身口[□][意][1]净”者，現在三業中品之善，望現上品是近，故爲“近因”；過去下品三業之善，望現上品是遠，爲“遠因”也。

“三、解脱……爲一切煩惱作不生、生因”者：能斷煩惱，使永不起，爲“不生”；下言“生”者，能令後解相續而起，故名爲“生”；即有能了出涅槃之用，故稱“因”也。

沙門名“八正道”者，是其了因，因中道也。“何[□][因][2]缘故……名‘沙門那’”者，廣解因沙門那了因義也。若有煩惱，乏無惠（慧）道，名“煩惱”爲“乏”。又復煩惱不能運人遠到佛果，名之爲“乏”。從所斷作名，名“沙門”也。

“阿羅漢”已下，復流明第七人。羅漢等四人俱爲第七，皆不離佛性水。其中有解、不解，有得、不得，未知所以。自下料簡，廣釋明二乘當有佛性，故言“不離”。但偏學不解，佛及菩薩能得解故，故不迷没涅槃理教也。下明羅漢得五分法身及以四智，道出三界，名“到彼岸”耳。不同佛、菩薩究竟之地。言四智照已，生或（惑）業果報盡處，名“我生已盡”。智涅槃名“梵”。阿羅漢果初空觀真解，道出三界，名“梵行已立”。出盡智後，生心緣此，梵行已立，名“梵行已立”。智當道作訖，名“所作已辦[3]”。生心緣當所作已辦[4]道，名

① 意，録本無，據《大般涅槃經》卷第三十六[T12n0374p579c11]補。

② 因，録本無，據《大般涅槃經》卷第三十六[T12n0374p580a3]補。

③④ 辦，録本訛作“辨”，兹據《大般涅槃經》卷第三十六[T12n0374p580a16]改。

"所作[□][已][1]辦[2]"。智當未生，或畢竟更不復受後有之果，生心緣彼，不受後有，名"不受後有智"。初、後二智，緣於滅諦；中間二智，緣於道諦。就昔教中，二乘四智涅槃形凡夫三果，名爲"究竟具足無餘"。就今經而論，唯佛得彰"究竟具足無餘"之稱耳。二乘四智涅槃不名"究竟具足無餘"。然二乘四智真解之體，永無或(惑)穢，不奪"清浄"之名也。

"是七衆生不修身、戒、心、惠(慧)"已下，所以來者，上恒河譬總喻生斷，明若不解我所説中道之理四種佛性者，作前二人；若能解者，成後五人。説喻擬人，結合已竟，今還總舉而勸修也。明若不修身、戒、心、惠(慧)者，則常沈没作二人；若能者，其必次第成後五人也。

"若有説言一闡提"已下，明中道佛性非有非無。若作定有定無執者，皆謗三寶也。若不捨闡提之心即得菩提者，是名"染著"。若言畢竟不得、乖必當得，名"妄語"也。

"是七種人"已下，還成前二執乖理是失也。"一人具七"者，明闡提發心修善，次第相續，逕後五人，終得作佛，成後不得名"虚妄"也。"七人各一"，故闡提之人守在初一，非後六人，未是得佛成前即得菩提，是"染著"也。虚空現有通生之用，佛性未是現有而用，故言"非有如虚空"也。當常佛性可修善而見，不同兔角畢竟是無，故言"非無如兔角"也。

"不名一法"乃至"萬法"者，明佛性真體絶于萬相，不可以其數量注論也。金剛已還，下至闡提，善以不善、無記五陰等緣性無邊，亦不可以數量注局也。

"未得……菩提"已下，釋斯緣性非[3]是數量也。

"衆生佛性猶如虚空"已下，此品大段第四，明佛性與虚空有同有異也。所以發問者，經初已來每明佛性猶如虚空，次前後言佛性非有如虚空，前後相違，不得不會，故迦葉致問，爲彰同異也。"以是因緣"者，以是虚空非三世攝、非内非外、無有罣礙三因緣故，故名"佛性如虚空"也。"無非虚空"者，明

---

① 已，録本無，據《大般涅槃經》卷第三十六[T12n0374p580a16]補。

② 辦，録本訛作"辨"，玆據《大般涅槃經》卷第三十六[T12n0374p580a16]改。

③ 非，録本訛作"兆"，玆據文意改。

世間無有一法是有,如四大非是虚空,而爲虚空之所對治,是故虚空無有對治破物之功,是以得知虚空是無、非是有也。故言“無非虚空對於虚空”也。

涅槃之法破諸煩惱萬行家果,是故名“有”也。或(惑)者執有實是大故,迦葉執或(惑)情而問:世間亦無,非四大對[①]。如虚空等,□(非?)[②]對四大。而是四大得爲實有,虚空無對,何爲不有也?

“是有可見”已下,明涅槃具此十三法故,得名爲“有”;虚空無此,故“無”也。汝意謂若離涅槃十三法外更有法者,正四大是有者,必三世攝,非實有也。虚空若同四大是實有者,是三世攝也。下有二人計虚空:一人計虚空與有並合一而有異,如計結眼著一匹緋。第二人計虚空在物中,下自廣破。

“已合共合”者,因中計果家,計萬物未生之時已有,與虚空合性生時,後與空合,故言“已合共合”也。若使虚空體是其有,而離虚豁虚空、在有中住者,有物亦應離虚豁虚空、在餘有中住。汝以兩有相礙不得相住者,虚空是有,後是無礙,亦不得住有。如今虚空遍一切處,故知是無也。

“風依虚空,空無常故,風亦無常”者,若是有與風作因,應是無常如前。地水是有,與他作因,是無常也。而虚空是常,故知是無也。

“我終不與世間共諍”已下,此品大段第五,明二諦也。此即廣上三解脱門三十七品爲諸煩惱,作不生、生因。下明三漏廣上煩惱,修道廣上三十七品。亦云廣前爲破煩惱非涅槃故,名爲“涅槃”;此下廣明修道,破除三漏煩惱之法,終得涅槃,故得廣之。接次經文,由上如來明隨自意語説於佛性,意謂如來不與物同,故次云“不與世諍”。亦云:因上外人計虚空,爲明如來廣破,明虚空是[□][無?][③],似與世諍;明如來除物横計,爲同其旨,内實無諍,次云“不與世諍”。又復上明佛性妙有常住,不同三世異於虚空,理應修善了之,故下正明修道斷累、顯性之義也。

“云何爲色從煩惱生”者,上言凡夫色從煩惱生,是以無常、苦、無我、不净,

---

① 對,録本訛作“法”,兹據《大般涅槃經》卷第三十七[T12n0374p581a25]改。

② 此缺字似應作“非”,待考。

③ 結合文意,此處似脱一“無”字,待考。

今欲使行者識根除本,故發問言:云何[1]色從許煩惱而生? 下答:從三漏煩惱生也。自下大意,明凡夫從三漏生故無常;當法身不從三漏,是故常樂也。

從"煩惱三種"已下,第一段,略明三漏。就中凡有五段明義:第一、從初已下,此明觀三漏過患。第二、"當觀一切有漏煩惱"已下,此明觀三漏因。第三、從"次觀果報"已下,此明觀三漏果報。第四、從"觀果報已"已下,此明觀三漏輕重。作輕重觀者,爲欲修道滅除之也。第五、從"是人爾時精勤[2]修道"已下,明修道斷煩惱也。

從"云何名爲'欲漏'、'有漏'、'無明漏'"已下,第二、廣明三漏。就中亦有五文,還廣上五。

第一,從初已下,此還廣上三漏過患。"云何名爲'欲漏'、'有漏'、'無明漏'"者,問意得知。凡色從三漏者,問意得知凡色從三漏生故。無常苦未識三漏,復云何得生? 下答:内外因緣,故得生也。"無明即[□][是][3]一切諸漏根本"者,九使前八品無明,能使生九使諸漏之體,名爲"根本"。"何以故"已下,偏明"我見"。前無明能生"我見",成前句"根本"之義,即亦通類諸使前無明能生諸使爲"根本"之義。所以但就"我見"釋者,以是諸見之原故也。於陰界入,謂有衆生因是次第生我見前無明也。"想倒"者,妄情分別,謂實衆生受心起時,亦妄緣實生。"見倒"者,行心之中我見前無明也。"以是因緣"已下,向就"我見"釋竟,今還總結九使前無明生其九使一切漏也。下引經作證。"説無明"者,通舉九使前八品無明也。貪、瞋、癡因者,貪、瞋前無明與上品貪、瞋作因,癡通七使。今言"癡因"者,七使前無明與上品七使作因。何以得知? 癡通七使。論經"三不善"中問:何故不説"慢"等? 答言:以癡攝故。故得知也。然"三不善"中,增微合説。今三毒明義,但取上品,不通無明。若就十惡、十使明義,准取上品貪、瞋邪見也。今言與貪等作因者,作習因也。若隔行而生,爲增上緣生。若過去無生因者,現起中、上容與攝行中、上爲生因,而生因義難;下不能與中、上爲生因,要同類攝行相望,及上

① "云何"二字録本誤置下"色從"之後,兹據文意乙正。

② 勤,録本訛作"進",兹據《大般涅槃經》卷第三十七[T12n0374p582c8]改。

③ 是,録本無,據《大般涅槃經》卷第三十七[T12n0374p583a4]補。

品生中、下品，中品生下品，有生因義也。行心之始，八品之前未成使者，微貪、瞋、癡名“不善思惟”，作次第習因，生於無明，名爲“因”也。“無明……生不善思惟”者，作其生因，生後行之初不善思惟也。“生……煩惱因緣”者，外緣五塵也。“親近……名[□][爲][1]‘無明’”者，此據内心無明作語，不善思惟習生中，近如子生外五塵，遠發如四大也。“是内無明”者，九使前八實通内、外境上而生，今言“内”者，經文略也。此無明使，即亦是漏。“生諸漏”者[2]，生九使體。然九使内外境成，由前無明而生，名“内外因”也。“無明……名‘内倒’”者，通舉九使前無明，此是輕倒。“不識無常”等者，此文是略“亦不識常樂”等，此以到(倒)成其漏義也。

第二，從“世尊！如佛所説，有智之人”已下，此明觀煩惱因也。“造作何行生[□][此][3]煩惱”者，明多瞋人若作不净觀行，必更生瞋，爲生此煩惱也。惰慢時不宜修智，心没不宜修定，必生煩惱，故言“[□□][於何][4]時中生[5][□][此][6]煩惱”也。惡知識等即是“誰”也。共同止住，必生煩惱也。“轉下作中”乃至“中業作上”，此猶明“生煩惱”義耳。但爲明煩惱三品增長生三品業，舉業爲成煩惱增長，故小異也。“衆生一身云何能起種種煩惱”者，此爲欲明現在煩惱皆由過去煩惱爲因，是以今現遇緣而生得生也。

第三，從“世尊！智者云何觀於果報”已下，此次明觀三漏果報也。

依上略門中，第四，明煩惱輕重，此中略而不釋也。

從“智者觀已，爲斷如是煩惱果報”已下，訖至迦葉白佛“云何名爲‘清净梵行’”以來，此還廣上略門，第五，修道斷煩惱也。“衆生皆從煩惱而得果”者，迦葉因上無始終無明相生，復説其斷，即執無始終相生明無窮，故不可得斷無修道義也。

“衆生觀受”已下，卻推漏因，大意欲明受想觸欲是煩惱因，又多過患，故

---

① 爲，録本無，據《大般涅槃經》卷第三十七[T12n0374p583a14]補。

② “者”字下録本衍“生諸漏者”四字，玆據文意删。

③⑥ 此，録本無，據《大般涅槃經》卷第三十七[T12n0374p583a25]補。

④ “於何”二字録本無，據《大般涅槃經》卷第三十七[T12n0374p583a25]補。

⑤ “生”字前録本衍一“時”字，玆據《大般涅槃經》卷第三十七[T12n0374p583a25]删。

須修道而斷除也。又復爲遣衆疑,是以自下廣就受想乃訖業苦離釋,以明“有修道”義。就觀受中,亦有五種觀門。

第一、從初已下,明觀其受體。“爲一切愛[□][而][①]作近因”者,前總明三受生於諸,此下但明樂受,近生其愛。以是受生義强、過患處多,是以偏觀,生其厭離也。明萬境上愛皆由受生,名“與一切作近因”也。亦云五識、五意識、第六意識後所起愛者,皆由受生,名“一切與而作近因”也。餘二受與瞋、癡爲近因也。

第二、從“既觀受已”下,此明觀其受因。其實受由想生,言“不從想生”者,不從神我士夫神我想生也。

第三、從智者觀因已“次觀果報”已下,明觀受果報唯是其苦,故能深厭,除斷受因。“何等受能作愛”者,樂受生愛,名爲“作愛”。“何等愛能作受”者,現受遠從過去愛生也。

第四、從“若能如是深觀愛因”已下,此明斷受也。“深觀愛因”者,受是愛因。“受因”者,過愛與現受爲因。亦云“愛因”者指愛是受因也,受因者指受是愛因也。然斷之有方,要由理觀。

是以第五“知從八正即便修集”已下,明其修道,成向斷義。由起樂受,動發身心,廣爲其惡,名爲“增長”。餘二受亦爾。又云:由樂受故,身心調暢;由苦受故,損於身心;由捨受故,身心調和;皆名“增長”。亦可三受在心,身拔外彰,爲“增長”耳。

想從無明生,復生後或(惑),名“無明觸”。從前解生,復生後解,名爲“明觸”。從善無記生,復生善無記,名“非明非無明觸”。解云:“明觸”者,生空真觀以上,訖盡無生出觀,心後識緣,五塵生想,緣假不著名用之解,名爲“明”也。文言“即八正道”者,由空觀八正導想不著,故言“即”也。“二觸增長”者,次第增長也。

下明想門、欲門、業苦等門,皆有五義,同上受中,尋文可知也。“及觀受時,亦不生貪”者,欲明意地貪不從五識後受生。亦云:此貪何由而生?皆由前適想故起,爲彰想過,故言受下生貪也。就門中明大小無量者,皆是外人

---

① 而,録本無,據《大般涅槃經》卷第三十七[T12n0374p583c27]補。

所計神我。所以皆作"想"名説者,由"想"執實,後計於"我",是故名"我"爲"想"。又云外人貴想,故名"我"爲"想"也。三想滅名"解脱"也。

"智者觀欲"已下,次明欲也。上明"受想",是其漏因;今明"欲"者,是明漏體。又云此明"欲"者,故是上愛,更無别法。所以復明者,爲明愛是受生之本、有多過患,故作異名重彰之也。又復所以更舉來者,爲下生業故也。就欲門中,明欲體、欲因並列合明,無有别文也。"十種想"者,當是十惡也。

煩惱能發生於業,名爲"生業"。業是正業,名爲"受業"。煩惱非正,名爲"不作"也。"與業共行"者,共行一境亦云"俱能感果、共行生死"也。"則有二種"者:"一作生業"者,發業生也。"二作受業"者,潤業受生也。"業因[□][者][1]即無明觸"者,由前想觸及行中無明並行,九使次第發生於業,名爲"因"耳,非生因也。閻浮善業是劣,爲强煩惱作緣而發,故言"上上因緣生閻浮"也。北方善業是勝,爲微煩惱之所發潤,故即"下下因緣生欝單曰"。東、西二方,昇降可知也。

"次觀是二[2]所得果報"以下,次明觀苦。就中明觀三世十二因緣展轉生苦也。從"智者復觀"已下,此明觀過去煩惱因緣,生現衆苦。從"苦因緣故生於煩惱"已下,此明現在業及煩惱生未來苦。從"有因緣生有"已下,此明未來業以煩惱復生來苦,無有窮畔,其猶預還也。從"智者若能"下,此以明若能作向三世十二因緣、總觀三苦者,必新故兩已,不受生死。此是勸觀結句也。

從"有智之人"已下,别觀苦苦。

從"作是觀已,復觀人天"已下,此别觀壞苦。其中亦有苦苦。

從"智者深觀"已下,訖盡"爲苦所壞,亦復如是",此是别觀行苦,亦可總觀三苦也。從"智者若能觀苦八種"盡下"能斷衆苦",此總舉結勸也。

"苦果報"者,苦是果報。文[3]六(又?)[4]名"取"者,是取因果報也。又云"苦果名'取'"者,類下文者,應改"苦"字爲"愛"字,應言"愛果名'取'"也。

---

① 者,録本無,據《大般涅槃經》卷第三十七[T12n0374p585b6]補。

② 二,録本訛作前一"是"之重文符而録作"是",兹據《大般涅槃經》卷第三十七[T12n0374p585c10]改。

③ 文,録本衍作"文文",兹據文意删一"文"字。

④ 結合文意,此"六"似應爲"又"之訛字,待考。

下文更明“愛果名‘取’”者，重舉爲明斷也。“愛因緣取”者，思前八品第九愛名“取”。“取因緣愛”者，思復愛也。

“云何名爲‘清净梵行’”已下，此品大段第六，廣明道體梵行爲宗。上來通明有漏善行以爲梵行，名“衆生中有妙藥王”。此下將欲簡卻有漏善行，唯取初住以上真無漏觀以爲梵行也。就此段中，凡有二段：第一、從初已下，正明真無漏體以爲梵行。第二、從“十想”已下，明住前觀行，得無漏之由。

就前段中，凡有四段：第一、從初已下，此總明初住以上無邊行法以爲梵行。第二、從“如我先説此經雖攝一切諸法”已下，明三十七品以爲梵行。第三從“若有菩薩於三十七品知根知因”已下，就九法以爲梵行。第四從“世尊①！根本因增”已下，就三法以明梵行所以。

初總後别、始廣終略者，當是根有利鈍、宜悟不同故也。濟生死貧苦名“寶”，收理斯盡攝“藏”。從“大海”已下譬“藏”，“猛風”已下譬“寶”。

從“畢竟者即是涅槃”已下，訖至下偈，第二就十想之觀以爲梵行。所以明“十想”者，明上十地中行三十七品無漏真解何由而成，藉此十想始時之觀故得，故次明也。解云：此十想觀，正是住前理觀之智作“想”名而説耳。如上二十五三昧，其實是智作“三昧”名説也。作十想觀，故能成萬行。終得向者，畢竟涅槃，故應修也。具上六想，故能生下七種之心。由六生七，故言即“七想”。因此七種心，猶成六想也。“能呵三界”，即是第七多過罪想，故須呵也。“遠離”者，是第八因果通離也。“滅除”者，是第九想，唯舉十使諸煩惱也。“於三界中不生愛著”，即是第十無愛想，偏明一愛也。

“爾時迦葉即於佛前”已下訖偈，此品大段第七，明迦葉現同始悟、領解歡喜、説偈嘆佛也。就偈中，初二偈，讚嘆如來常住真體；次下四偈，讚嘆如來因時所行；自下竟偈，讚嘆如來能垂大悲，救拔物苦，令其永離也。

憍陳如品

龍記

凡經有三分，序正流通。從《純陀品》已來訖向《迦葉品》，明經之正體，

---

① 尊，録本訛作“劣”，兹據《大般涅槃經卷》第三十八[T12n0374p587c26]改。

以常住因果以爲宗致。然經必流通,曠被一切,是以自此已下訖經,明摧天魔、制外道。明法輪下,無有異見異學。既已,大法得行,即是大段第三流通文。解云:上《大衆問品》,明斯現常;《師子》、《迦葉》,此之二品,明斯常當;今此一品,總結二常。經文接次,上明道行二諦觀解三十七品十想等行,是斯了因;今出果,顯常住五陰所了之果。又解:復常住果現由當性正因,即亦通如常住、當性常住五陰,可謂即是總結二常,故次明也。此中所以對憍陳如者,爲顯如來有斯始終,可爲大人。又後十仙悟機時至,緣在陳如,故對斯人,辯常五陰,欲使領會始終二教,然後得以十仙而付之也。

"憍陳如! 色是無常"已下,解云:此下大望依今經四諦而辯之也。從初已下,對苦諦以明常住五陰。從"色是無明"已下,此對集諦而明常住五陰。明色能緣生集諦之體,故名"集"也。從"色非歸依"已下,訖盡"獲得涅槃寂静之色",此明常樂第一義諦寂滅萬相,爲真滅諦歸依處也。滅、道同體,不更别明也。此明四諦者,爲彰凡夫起彼三漏,造作集因,是以體是苦、空、無常、無我不净;如來三漏久除,塵習永亡,故得真體,常樂我净。一切外道虚假詐稱,所以乃唱此等語者,明諸外道機發時至,故作是説,令懷忿而來、論義生解也。

"於此大衆之中作師子吼"至"汝亦作師子吼",凡"師子吼"法有斯二義:一者欲令同類安隱,二者欲悟長眠之者。汝若能如是,則久始心增,解佛法安隱。又解能使彼長迷得反,是故汝當宣説"常"、"無常"義,令斯聞者得不遍之解。下所以先降伏十仙及諸魔者,恐如來滅後懷亂佛法故也。

"共往……阿闍世所"者,解云:外國論義之法,要先白王,聽許則論,不聽便止。"汝若夢見"者,諸外道等明欲論義,今夕乞夢,夢曰:"塔地斯久致朦。"①夢已遂心,故説此意"未足可信"也。"大王②[□][是]③月增④減"等者,明現可驗實,不應輕夢也。瞿曇直自過有施福,現因呪力,故能如是,實

① 此句疑有誤字,待考。

② 王,録本訛作"三",兹據《大般涅槃經》卷第三十九[T12n0374p592b13]改。

③ "是"字録本無,據《大般涅槃經》卷第三十九[T12n0374p592b13]補。

④ "增"字前録本衍一"可"字,兹據《大般涅槃經》卷第三十九[T12n0374p592b13]删。

無智慧；我等有智，不應見輕也。"王言[①]諸仁者"已下，明往事難信，且驗以今實，玄知有益，是以聽許也。

"從性生大"者，若依《百論》而説者，此中應意"從性生覺"，今云"大"者，即是諸計覺諦也。"從大生慢"者，是即所計我心諦。"從慢生十六法，所謂地、水"等者，好作次第，應言"從慢生五微塵，從五微塵而生五大，從五大生諸根"。若如是布文，乃是次第耳。"心平等根"者，其人意謂心是色法平等，爲彼四大而成，因不偏故，故能遍取色等五塵也。

"是十六法從五法生"者，此文可謂是次第也。下言"塵"字應是"麁"字，瞋麁動故耳。依《百論》者，應有第四對自在，此中略也。

"是二十五法皆因性生"者，正應言"二十四法因性生"，文中小長也。

"如是二語無有二"者，昔説無常，爲表性空；今辨常住，表無萬相；妙無真空，來空無差，爲"無二"也。若人各一"我"、"遍一切處"者，是爲一身中多"我"聚集，是義不然。又復"我"若遍者，一人"我"遍；餘人之"我"無安置處，不同假法，光影同室，故不得遍也。上六城中難者遍則雜合，今難先尼遍應同造，故得異也。下答"遍而不造"何故而然。天德(得)[②]我遍，到佛德(得)所，造善中時；天德(得)我睡眠悶故，神勢不發，故不造善。佛德(得)我亦爾。"非業作"者，法與非法非是我所作業也。

"是燈光明亦[□][在][③]炷邊"者，自下凡作二破計我遍，先作不遍而破，明光在炷邊，炷中則無；我在法、非法邊，法、非法中則無，我無故不遍也。

"汝意若謂"已下，第二作不異而破。向引明異於炷，今明炷增則明盛、炷枯則明滅，故知明不異炷、炷不異明，法、非法、我三事即爲一也。意在理中，不一不異而破，但以先尼執異，故今且作不異而破也。

"是事不吉"者，先尼執其自性，謂己[④]不吉佛亦不吉，何故復説也？如來向者難其炷、明正是一體，於先尼不得成喻，似若成用在佛，故發此言，佛亦

---

① "王言"二字録本訛作"三意"，兹據《大般涅槃經》卷第三十九[T12n0374p592b23]改。

② 德，此當爲"得"之借字。

③ "在"字録本無，據《大般涅槃經》卷第三十九[T12n0374p594c12]補。

④ 己，録本訛作"已"，兹據文意改。

不吉也。

“我所引喻”已下乃訖“今還教汝”，此明如來凡所説法無有定是，故我實無執，以汝執異，我爲説一，以明不異；若執定一，故我説異，以彰不一；教汝離執，我自無執。

“汝意若謂‘若我不吉，汝亦不吉’”已下，此則自作，謂吉於己[①]、非吉[②]在他也。富那執六十二見作□：常、無常，就現在五陰，一陰有四句，通爲二十；見邊、無邊，就未來五陰，亦作二十；如去、不如去，就過去五陰，復作二十；身異、命異，復作二見，此二就衆生上計，並爲六十二見。亦云執十六見：常、無常爲四見，邊、無邊爲四見，身異、命異爲四見，如去、不如去爲四見，通十六見也。

三界爲“大村”，諸賢聖爲“娑羅林”，如來爲“一樹”，行在物前爲“先林”也。假名“行者”，喻如“林主”；亦可通勝定光佛等爲“林主”也。“隨時修治”者，譬自行外化、廣修緣因、萬行修滿也。衆累永亡、妙果常存，譬陳朽脱落、唯真實在也。“故名無明”者，斷過二因，除現五因。“新名取有”者，斷現三因、未來生死也。

犢子梵志凡作三意問於如來，一者爲識同異，二者爲欲惱亂，三爲知解，是故問也。如來以斯爲惱亂故，是以默然。故梵志即念不爲惱亂，爲知故問。如來見意，即勸問也。

納衣梵志計萬法自性，凡作八句。初問之中，凡有三意：一、作煩惱及身，各獨在先，理無因緣，將欲立己[③]自性，是故先難如來“因緣”之義。何意而然？若因緣不破，自性不立，爲成己[④]義，故先難也。二、作身及煩惱，一時亦無因緣。三、“先後一時”已下，明先後一時俱非因緣，結爲自性也。此人所以不斷善根者，乃可計乎自性，不無善惡故也。下所以先就五大[⑤]明自性者，以斯五大是萬法之主善。若五大性實、不從因緣，一切萬法亦同五大自

---

①③ 己，録本訛作“已”，玆據文意改。

② 吉，録本衍作“吉吉”，玆據文意删一“吉”字。

④ 己，録本作“已”，玆據文意改。

⑤ “五大”二字録本訛作“大五”，玆據文意改。

性而有也。

"如汝所言，如五大[□□□][性一切][①]諸法應如[□][是][②]，是義不然"者，上納衣持立自性，先難因緣，今如來亦然，得有因緣，先破自惱性也。

"云何説喻"者，經如引如炎等，皆明諸無常流動，即體空寂，故非自性也。"汝言[③]身爲在先"已下，答初問答意。"若我當説身在先[□][者][④]，汝可難"[□][者][⑤]，意者我若説身及煩惱各獨在先者，汝可作身先、煩惱先難。"汝亦同我身不在先"者，汝納衣亦同我身不在先，何因緣故作身先之難也？"身及煩惱俱無先後"者，答初問中第二意，明身及煩惱雖復俱時得意，煩惱成身而有因果，豈是自性也？"汝意若謂身不在先"已下，答初問中第三意，明理是因、非自性也。

"若以身先無因緣故，名爲'無'者"，名爲"自性無因緣"者。"汝不應説"，現在事中以蒲爲席、從縷出布、從埿出瓶等，一切法有因緣也。若意身先因緣我不見故不説從埿出瓶等、現見事故我説爲因緣者，汝今現見瓶從埿因緣，身先因緣亦爾，何不類解？汝上以五大類萬法皆是自性，今何不以瓶類於身先亦從因緣也？若意"一切法悉有自性，無因緣"者，何因緣説五大者？汝何緣説"大持"名"地"、"大浸潤"名"水"、"火燒"名"火"、"大吹"名"風"。若説"大持"等名"地"、"水"等者，即是因緣也。

"五大因緣雖復如是"者，次正義示之。五大雖後辯，復五大名爲生因緣，生色、心及以無作耳，亦不應説心及無作諸法皆同五大作生因，因緣生也。又云：若意諸法悉是自性者，本是自性，何須以彼五大自性而類諸法？故意何因緣説於五大也？五大即因緣者，即以五大類諸法故，即亦是因緣也；亦可汝以五大自性類諸法是自性，今以諸法因緣緣類五大因是緣也。

既難五大是因緣竟，"五大……雖復"已下解正義。目前"蘇臘胡膠於汝……爲地"者，外人計此爲香，香是地之求那故也。白臘等於我爲火者，外

① "性一切"三字録本無，據《大般涅槃經》卷第四十[T12n0374p599a6]補。
② "是"字録本無，據《大般涅槃經》卷第四十[T12n0374p599a7]補。
③ 言，録本訛作"意"，茲據《大般涅槃經》卷第四十[T12n0374p599b13]改。
④ 者，録本無，據《大般涅槃經》卷第四十[T12n0374p599b14]補。
⑤ 者，録本無，據文意補。

人計白臘等有斯明色，色是火之求那故也。汝以非大水不凍、凍時猶濕(濕)故名“大”者，若爾，汝亦以非風不動、水波動時應名“風”。汝以雖後波動濕多名“水”，若爾，凍時堅多應名“地”也。弘廣乃是大權菩薩晦迹下愚，爲引無智，故之託近念以扣大聖，欲令如來顯斯權道。

“八正道”已下，如來遠其意也。“若[□][有]①問世[□][有]②邊無邊，[□□][如來]③常爾[□□][默然]④不答”者，陳如宣如來意，若有斷或(惑)盡苦，要明八聖。此論解佛意也。有感爲説，令所明道滅苦，名爲“可放”。機感未動，不得設教，令明道滅苦，名爲“可遮”。

“世尊知已”者：一、知阿難此土有緣，有持經之德。二、知阿難不能獨爲諸魔作發心之緣，要假文殊。三、知阿難於須跋有緣，故問所在也。然陳如尚能對佛，彰於阿難不來之由，故知阿難善識魔説，豈爲嬈亂？而所以不來者，示益故也。然爲魔所嬈，可有二意：一、明此諸魔等應以此緣作發心之由。二、明今日常住圓教，必降異學，莫不摧伏故也。原魔嬈亂之意，聞佛後夜入於涅槃，阿難不到，經無所付，頹滅佛法，是故嬈亂，不令詣佛也。變身異説者，魔知阿難姓(性)好多聞，故變身異唱，或(惑)亂其心，令不速到也。解云：魔作此意者，此乃如來玄見諸魔發心時至，故以神力今生此意，使發心有緣也。

“欲起欲語，[□][都]⑤不從意”者，明此衆魔要假阿難及以文殊乃發大志。文殊未至，阿難不能獨爲作發心之緣，欲發起大心之於説法，二皆不稱，故言“不從意”也。爲魔機感大心未發，感事未發，故言“入[□][魔]⑥罥”。阿難獨自不能使前人發心，爲受大苦。雖念如來令遣文殊爲發心之緣耳，文殊未來，無能救者。

---

①② 有，録本無，據《大般涅槃經》卷第四十[T12n0374p600a29]補。

③ “如來”二字録本無，據《大般涅槃經》卷第四十[T12n0374p600b1]補。

④ “默然”二字録本無，據《大般涅槃經》卷第四十[T12n0374p600b1]補。

⑤ 都，録本無，據《大般涅槃經》卷第四十[T12n0374p600c23]補。

⑥ 魔，録本無，據《大般涅槃經》卷第四十[T12n0374p600c23]補。

文殊白佛“此大衆中”已下，此之問者，欲彰阿難有時（持）[①]經之德，遠使人生其深信，是以發問也。從“諦聽”以下，乃訖“我今阿難亦復如是，具足八法”，此是如來顯明阿難有持經之德，以答文殊發問之意。此中言目連入定，見如來心，在於阿難。《賢愚經》云：阿那律入定，見如來心，心在阿難。各據一人也。

“是諸菩薩皆有重任”訖下“不能宣通十二部經”，明菩薩大士隨宜化物，不得專修經教，即是重任。此復寄菩薩重彰阿難有持經之德。“或時能説，人不信受”者，大明菩薩隨緣應接，或側迹下愚，以接不逮，而覩形不及道者，未必信受，是以文言“人不信受”也。此下大意，凡有二事，不付菩薩：一、以隨宜津導，不得專持十二部經。二、以降迹下愚，人不信受。凡有二事，應付阿難：一、是吾弟，人必信敬。二、能專修十二部經，持無漏失，故問其人，欲合（令?）[②]受持也。

文殊亦（一）到，衆魔發心，感機事發，故言“即放阿難”也。“未捨憍慢”者，此是增上慢，自所得非想之定，生涅槃想，恃此涅槃增上之法而生慢也。“其人愛心，習猶未盡”者，解云：須跋得八禪定，伏離欲界七地煩惱。阿難過去作須跋子，亦（一）見來命，即從上次第起亂，還起欲界貪習愛子之結，失禪定也。自下須跋有凡三計：一計報從過業、不由現緣，二計現在苦行能破過業，三計非想以爲涅槃。自下廣破，依文可知耳。若有沙門等作如是言“衆生苦樂，皆由往業”者，此是慢人，不欲受屈，己[③]實懷疑，而乃假稱他人之説以問如來，明失則在他，是欲自攬其人，起意如是，故託他人也。其所計意，若有能於現在持戒受五熱等苦，懃行苦行，償遇（過）[④]業盡，不受苦報，名爲“解脱”；若不能苦行、懷過業盡者，來身復續曾不生信，未來苦、樂由現善、惡，乃言“懷過業不盡，更受來苦”，可謂邪見也。“佛言”以下，如來順其意

---

① 結合文意，此“時”當爲“持”之訛字。同卷下文“此是如來顯明阿難有持經之德”，可助互勘。

② 結合文意，此“合”當爲“令”之訛字。

③ 己，録本訛作“已”，兹據文意改。

④ 結合文意，此“遇”當爲“過”之訛字。同卷下文“若不能苦行懷過業盡者”，可助互勘。

故,亦不欲即相指片(斥?)[1],是故復寄他人而生憐愍,而如來意其實正自憐愍須跋也。所以然者,以其須跋不識因果,又迷解脱,故可憐愍。此漸摧須跋憍慢之心也。"實作如是説不"者,懼假他又恐謬傳故,問以定故也。

"波若見答"已下乃訖"皆由往日[2]本業因緣",此是假彼所執而答也,即是説其須跋所計也。"我復當[3]問[□□][仁者][4]:'實見過[□][去][5]業不'"[□][者][6],若見過去,應見現在,如其不見,不應妄説。此明須跋愚之極也。"若有是業,爲多少"者,汝須跋若當實見過去業者,殺業有幾?溢淫業等各有其幾?何者多,何者少,故言"多少耶"。"能知是業已盡、不盡"者,現在苦行償往殺業、溢淫等業爲盡、不盡耶?償殺等既盡,餘妄語諸業一切盡耶?此之問意,明過去之業不可得以苦行償盡也。"彼若見答'我實不知'"者,此明過業深隱,唯佛乃窮。如是問時,須跋憒然莫識過去業多少、盡以不盡,故言"我實不知"也。

"譬如有人身被毒箭"者,此復引喻以明若不知過業多少、盡以不盡,不應説言"現在苦行能壞過業"也。"毒箭"喻過業,"醫藥"者喻現苦行,"身得安樂"喻得解脱。汝若能識箭、以醫藥知拔方法者,可名爲"知"耳。汝既不識過業多少、對治方法,云何乃言"現在苦行能壞過業、得解脱"耶?若過去有苦,苦本償業,業中之苦,即償業盡,云何得受?今日之身苦,現在苦行復以何破者?現在苦行即是其業,復以何苦而破也?

能令現、生報"作無報不"者,作不定報不?次下二句,皆就"不定報"名"無[7]報"也。"是故先當調伏其心"[□][者][8],明若受五熱等苦、自餓之行,乃是調身耳;若能修道斷除煩惱,是其調心也。心多喻"林"。色陰唯一,故

① 結合文意,此"片"似當爲"斥"之訛字。
② 日,録本訛作"曰",兹據《大般涅槃經》卷第四十[T12n0374p602c3]改。
③ "復當"二字録本訛作"當復",兹據《大般涅槃經》卷第四十[T12n0374p602c4]改。
④ "仁者"二字録本無,據《大般涅槃經》卷第四十[T12n0374p602c4]補。
⑤ 去,録本無,據《大般涅槃經》卷第四十[T12n0374p602c4]補。
⑥ 者,録本無,據文意補。
⑦ 無,録本衍作"無無",兹據文意删一"無"字。
⑧ 者,録本無,據文意補。

喻於"樹"。從心生怖，應先調心也。"汝云何[□][能][1]調伏心耶"[□][者][2]，若能明見真空無我，永斷煩惱，又復能觀金剛已還是苦無常、佛地是常樂者，乃可名爲"調伏心"耳。汝今雖能暫伏麁想，不能伏細，非真調心。汝師不能斷非想處，受於惡身，况其餘者？况復汝也？此句爲證非想之處非是涅槃，破其所計也。

"云何能斷一切諸有"者，明涅槃無爲，無有諸有，聞上已[3]師猶受惡身，知不斷有，非是涅槃。然外道興厭，要假上伏下，而非想以上，更無可假，是故問言"云何能斷一切有"也。"佛言"已下，教作真空之觀，以其外道假上伏結，緣有不觀空，是以勸觀也。言"實想"者，是觀空之惠(慧)。所以云"惠(慧)"者，以外人貴想，故作"想"名説其"惠(慧)"也。鑒空之"惠(慧)"，體非是"想"，以"惠(慧)"爲"想"，故名爲"想"，故言"無想之想"，觀空實而生爲"實想"也。"無自相他"已下，廣明空境也。"隨所滅處，名'真實想'"者，此結空惠(慧)也。"一切諸法皆是[□][虚][4]假"者，明金剛已還，有是虚假，假體即空，可謂假空，故言"一切……皆是虚假"。"隨其滅處"者，此明真諦常住，真諦寂滅，下地有之，以無故言"滅處"也。"是名爲'實'"者，結常住真諦也。"是名'實想'"者，結緣常真解也。

《大涅槃經》義記卷第四。

大統五年六月十三日寫訖，流通末代也。

---

① 能，録本無，據《大般涅槃經》卷第四十[T12n0374p603b14]補。

② 者，録本無，據文意補。

③ 已，録本訛作"己"，兹據文意改。

④ 虚，録本無，據《大般涅槃經》卷第四十[T12n0374p603c5]補。

No. 2765《涅槃經》疏

[題解]

北凉天竺三藏曇無讖譯《涅槃經》注疏，敦煌卷子中存有斯 2430v 一號，作者不詳，卷數不詳。首尾均殘。底本無題名，據内容擬題。此疏所疏釋者爲北本《涅槃經》，現存殘卷係從卷三十八《迦葉菩薩品》第十二之六之結尾部分起，至《憍陳如品》第十三之中部。因首殘，故全疏的科分不清。《大正藏》據斯 2430v 號録入其第八十五册。今校注仍以《大正藏》本録文所據原卷斯 2430v 號(《敦煌寶藏》原題訛作"《勝鬘經》疏")爲底本。

□□□[1]得理踰明，除身、口、意十惡，名"𧣾(觸)[2]"。"三業净得正命"者，除十惡□命相續，名"得正命𧣾(觸)"也。"受名攝取"者，衆生受時，取境苦□有無名"受"。二地智慧踰明，領納二地下功德，故名"受"爲"攝取"也。受，故起煩惱。三十七品能懷三惡道報，故以"受"爲"攝取"。此就所除制名也。思惟是三地。心斷見諦，麁細惑盡，解心勝前二地，名"增得"。"是三十七品破煩惱"者，是四地。心能破修道中上品煩惱，要藉正念，主領功德，□念爲主也。"如世間中"已下以喻來解也。"既入定"者，五地。心修三十七品，能善分别法相，引生後慧，故以主爲導也。"是三十七品"者，六地緣空般若，七地[□][方][3]便般若，能分别法相，智解最勝，以慧爲勝也。若壞煩惱，

① 首缺。

② 觸，底本作"𧣾"。《玉篇・角部》："𧣾"，"觸"的古文。下文"觸"字底本皆作此形，不復校。

③ 比勘下文"七地方便般若"，可知此處脱一"方"字。

去三種□□功德。八地、九地、十地，此三地勝解，乃名爲“實”。“是三十七品雖得四沙門及以解脱”者，須陀洹乃至羅漢，此四果猶不得名“畢竟”；斷除三十七品所行之事，心行處滅，名“大涅槃”。“復次”已下，第四，就因果相發生解。“愛念心是欲”者，念欲得菩提，念欲生二地，名“欲”也。因下品愛念爲“善友①”，生上品□爲“皐(觸)”，是名爲“因”也。前二心發二地，名“受”爲“攝取”。“因近善友”者，因前二地□惟常理，解理踰明，名“增”也。“因是四法”者，藉因前根，因攝增四法，能生長四地；無漏名“念”，定五地；心智是六地，七地則名“主”[爲]②“勝”也。“因是三法”者，因主□智發。後三地名“二解脱”。癡能障慧，愛能縛心。斷愛故心得脱，除癡故慧得明。心慧二解脱，是名爲“實”。如是八法，空解相續，畢竟得果，名“大涅槃”。“欲者是發心”已下，第五，就出家法中深淺解。初地下品心，是初無漏，名初發出家也。“皐(觸)是白四羯磨”者，“皐(觸)”是上心品，如似出家後白四羯磨，名“二地心”，名“攝”。如白四羯磨後發二種戒，增者踰勝，如因二種戒修得四禪定心也。主轉强如似定後發慧，斷見諦結盡，修道中六品結盡，證須陀洹斯陀二果。導者斷三微惑盡，如似阿那含也。“勝”者，二種般若是勝，名“阿羅漢”。“實”者，後三地真心法流，有無雙照，最利，名“辟支”也。“畢竟”者，有遂因義，名“無上大果”也。“欲名爲識”者，九法中欲最是其初，如似一報中識最是初，故言“欲名識”也。“皐(觸)名六入”者，根本皐(觸)對六塵，如似初地上品心，皐(觸)對二地，亦可皐(觸)境生解，故名“皐(觸)六入”。“攝名爲受”者，受本納領苦樂名“受”；攝能領納二地下功德，故言“攝名爲受”也。“增名無明”者，過去無明，生惑中强，如似三地信忍之上品，有强於前，名“增”。“主名名色”者，名色相依，使不壞散相續，受百年一段果報，如似四地下心，無漏相續，故言“主名名色”也。“導名爲愛”者，“愛”本貪染境界，如似五地心，能引生後慧，故言“導名愛”也。“勝爲取”者，染取境界名“取”，如似六地智慧般若、七地方便般若。此之二慧得理踰明，故言“勝”也。“實名有”

---

① 友，録本訛作“发”，又轉録爲繁體“發”，今據底本改。又下文“因近善友者，因前二地□惟常理，解理踰明，名增也。”可資比勘。

② 爲，録本脱，據底本補。

者,含果未吐名“有”,辯生老中强名“有”,欲明八地、九地、十地,此三地心,是大無生忍,功德踰明,辯大果義强,故言“實名爲有”。“畢竟”名“老死”,老死本一報之最終,如似涅槃果,是終極之處,故言“‘畢竟’名‘老死’”。爲前十二因,得如涅槃,爲前八法所得也。

“迦葉言”已下,第四,文略上九法爲三法也。就中亦有六幡明義:初一、直列名;第二、“根即是作”已下,轉名解義;第三、“未來之世”已下,直就當、現二法解;第四、“根即是求”已下,正三法名;第五、“根即見道”已下,就覺無覺明義;第六、“根即正因”已下,就因果相發生解義。根本因增,云何取異?“善男子”已下,答。“初地至七地皆是初發因”者,後三地同在法流位中,不爲相間,故名“相似”;增者滅向者三相似,得果中真相,似未來果報,以未現受,故屬行人名因;萬行備種智,現時名“增”。下文可解也。“迦葉言:‘如是涅槃,云何可得?’”此問所以來由。上言性地心中三十七品,猶故不取爲梵行。要初地以上,終至於佛,空心相續,得作梵行。時人聞以,生其退心。初地已上,始勘爲梵行,地下不階。我今天衆未有地下之因,地上之行何由可階?因行既不成,大涅槃果云何可得也?“善男子”已下,答。四部衆但修十相爲因,次生初地相續,終得大涅槃。汝修十相故便得,何待多行?此是其智,遠從相生,名“相”也。十相義就文易解。

憍陳如品

此品經師解言:前之二品,勸人修道;既有修道,爲畢得果。是故《憍陳如》一品,意在流通,故興品。所以先命“陳如”,欲明“陳如”是衆之上坐,如來滅後,欲使流通,千載不滅,一意故命;二來説經已竟,十仙悟道,緣在陳如,二意故命也;三來初始成道,在於鹿苑,始説四帝(諦),傖(創?)[①]爲陳如;今日垂終之教在於雙林,亦爲陳如,表明如來有始有終也。此中流通因無常色,獲得常色。既名“流通”,與上品明義。何以名“流通”也?如來自言:“我上來説色是無常,汝滅無常色,獲得常色。汝於未來流通我此法,是故此品

① 傖,此似爲“創”之訛字。《广雅·释诂一》:“創,始也。”

由名‘流通’也。”“色”者，常果之體[1]，斷除生死，□著色盡。體明了顯白，義同於色。如來斷下，三受永亡，體是至極。領納真功德名“受”；真照之智達，假名相盡名“想”；行者下地，聚積生死，名之爲“行”；如來斷除衆惡，萬善聚積名“行”；下地識了別青黄名“識”，真智能達實法名“識”。“下地陰”者，“陰”蓋行人恒在生死，名“陰果”；顯陰者能陰覆行人，使道然方外，故名“陰”也。若有人能解上“常”、“無常”義者，是名“沙門真息惡人”，名“婆羅門真净行人”。我佛法中有沙門人。若離佛法，外道有沙門法，有沙門人，無有是處。道有者都是外道也。何以故？興此文者，譏切外道，欲使各立神我，與佛論義，辯其是非。因此言論歸其正化，故興此文也。諸外道言：“瞿曇昔日説苦無常，空無我，集我門徒，由故可忍。與我解異，無智從之，有智歸我，故言可忍。今日在雙林中説‘常樂我净’，所有門徒皆歸化盡，情不能忍，故求論譏。”衆中有婆羅門，如來上十六天國與諸外道論義，皆從正化盡。此中十仙更別有一段外道。今始欲來論義。此十仙中要根機速疾，悟機[2]□

① 體，底本作“躰”。《玉篇·身部》：“躰，俗體字。”下文“體”字底本皆作“躰”。不復校。

② 以下缺。

No. 2766《藥師經》疏

[題解]

佛典《藥師如來本願經》注疏，敦煌卷子中有斯 2512 一號，作者不詳，底本卷數不詳。首尾均殘，據内容擬題。疏文起自文殊請問，終至十二大願，均係邊引經文，邊作疏釋。方廣錩認爲，所引經文與現存的東晋帛屍梨蜜多羅、隋達磨笈多、唐玄奘、義净諸本均不同，或爲僧祐《出三藏記集》卷五所載"宋孝武帝大明元年(457)秣陵鹿野寺比丘慧簡依經抄撰"所成之本。清代以前歷代大藏經未收，後被收入日本《大正藏》第八十五册。李小榮曾對該注疏重新進行録文和校勘，糾正了《大正藏》録文的一些失誤。關於斯 2512 號，李氏認爲它的創作年代或在隋末唐初，而抄寫年代當在唐貞觀年間；此疏很有可能用於講經的場合，也有可能是藥師齋懺會上的講經實録(李小榮《S. 2512 及 S. 2551〈藥師經疏〉簡介》，《敦煌密教文獻論稿》，北京：人民文學出版社 2003 年版，第 207—228 頁)。後伍小劼在《大正藏》本和李小榮校録本基礎上對此疏進行再次校録。伍小劼本今未見原文，今校注仍以《大正藏》録文所據原卷斯 2512 號爲底本。參校甲本：李小榮校録本。

______①，六是五根揵度，七是定揵度，八是見揵度。尋此入②□(門)③是奢摩達多。何以知之？《毘婆沙》云："奢摩達多能知是義。其時入定，不得諮問。入定已後，迦旃延造《論》。"

---

① 首缺。

② 入，録本訛作"人"，據底本改。

③ 門，録本作缺文，據底本補。

第二、是佛滅度後六百年中，有五百羅漢共師迦旃延造《毘婆沙》，有百分。“毘婆沙”，此云“衆説”。五百羅漢大衆共説，此即解八揵度。前廿[①]五分，釋“雜揵度”；次廿[②]五分，釋“使揵度”；次有十分，釋“智揵度”。合有六十分，流傳此土。餘四十分釋後諸揵度。凉州亂，失本不來。復有《鞞婆沙》，有十四分，不出姓名，似是《毘婆沙》抄也。

第三[③]、佛滅度後七百年中，有法勝比丘，造《四分毘曇》，嫌《毘婆沙》廣博難尋，故擇採《毘婆沙》要解二百五十偈，以爲四分，即《阿毘曇心》。此謂爲“無比法”，所明無漏慧解，隔凡成聖，無能比者。王領諸數，明其四分，領諸論也。

第四、佛滅度後八百年中，有達摩多羅，造《雜心》，有十四分，即是《論》主之師。所明衆多，不止一義，故言“雜”也。其謂《毘婆沙》太廣難尋，法勝《四分》略而難見，取《毘婆沙》三百五十偈，足法勝爲六百偈。故其文云：“極略難解知，極廣令智退。我今處中説，廣説義莊嚴。”“略難解知”，非《毘曇》之略；“廣令智退”，斥《婆沙》太廣。

此等四論，皆是薩婆多部，皆明見有得道。次有《成實論》來，有師言是曇無德部論，或言譬喻部。今謂此《論》無的譺，一部遍採衆家之義，釋善者而從之。後佛滅度後五百年中，有人有法，名爲“正法”。六百年去，此爲“像法”，故言“願爲未來像法衆生”也。又，應知五百年後魔王出世，欲壞佛法，於時馬鳴、龍樹及提婆等更造三論，至今三寶不斷。由三大士，魔王不復能壞佛法也。如來滅度千五百年後，即是末法，所有大乘經藏皆龍王持者[④]，五濁興行。五濁者：一、劫濁；二、命濁；三、煩惱濁；四、衆生濁；五、見濁也。濁乃無量，一方化宜，且説五種。劫濁，衆惡紛馳度，虜兵飢餓，大劫捋壞，大生怖畏也。命濁者，保翫此身，謂舉常然，無常忽至，死至無期，迫焉而到，可畏

① “前廿”二字録本訛作“荆女”，據底本改。

② 廿，録本訛作“女”，據底本改。

③ “三”，底本及録本作“二”，繫聯文義，當爲“三”字之誤。上文“第二，是佛滅度後六百年中”及下文“第四，佛滅度後八百年中”可資比勘。

④ 者，録本訛作“去”，據底本改。

怖處。煩惱濁者，煩或(惑)纏結，繫縛行人，排迴(徘徊)[①]色聲，沈流香味，造惡爲盛，不能自改。衆生濁者，各各不同，讒良賢善，有財大慳，貪而求施，行於欲事，不擇親善，非(誹)[②]謗三保(寶)[③]。如是衆惡，亦不可樂，廣在釋論。見濁者，起諸邪見，專事天神，奉養外道，殺生求福，爲惡彌甚，爲痛可愋[④]也。

"此時欲到人應怒力宣揚顯説往[⑤]昔過去諸佛名字"者，此下第二，請問佛名及以國土。"願爲解説，得聞法要"，第三，結請也。

"佛告文殊"，此下第二段，如來答問。就答中，凡有二階。第一欲答，先歎"善哉"。先歎，次敕，後許。宣説嘆中，"善哉"是總嘆也。"善"猶"好"也，所讚事好，故名爲"善"；"哉"是助辭，乃能爲諸菩薩問等，出其善事。"汝大慈無量"者，第二答前"下爲衆生"，上云"願爲未來像法衆生"，今答云"汝所以爲衆生者，乃是汝慈無量，所以歎'善哉'也"。問此往昔諸佛名字，此第三答。第二問宣揚顯説往昔過去諸佛名字及清净國土莊嚴之事，今答云："汝所以問諸佛名字及國土者，乃不自爲，但爲衆生身。"

"汝今諦聽"，此第四前結請。上云："願爲解説，得聞法要。"今答言："汝審須聞者，汝今諦聽"，教其安三慧也。"汝今諦聽"一法，戒其安聞慧也。"善思"，思慧也。今之教安修慧："汝既能安三慧，乃今分別爲汝説之。"

"衆坐諸菩薩"，此下第二，明時衆渴仰也。

"佛告：'東方去此十恒沙'"，此下第二段，正答前問。就正答中，凡有三種段：第一想行，第二單廣願，第三單廣行也。

就初想明行顯中，凡有三階：第一、牒他方佛名，即答其上問諸佛名字。既出佛名已，第二歎彼佛德業，第三略明行願也。"東方去此佛刹十洹沙"，第一明彼佛去近遠也。"有佛名'藥師'"，第二句，牒彼佛名。答文殊："汝問

① "排迴"二字此當爲"徘徊"之形訛。甲本亦括注爲"徘徊"。

② 非，此當爲"誹"之借字。甲本括注爲"誹"。

③ 保，此當爲"寶"之借字。甲本括注爲"寶"。

④ 愋，録本訛作"援"，據底本改。《廣韻・元韻》："愋，恨也。"

⑤ 往，底本作"住"。録本出校："住＝往?"按：敦煌寫本中，"亻"旁"彳"旁相亂，此"住"乃"往"字之省筆俗字。下文"第二問宣揚顯説往昔過去諸佛名字及清净國土莊嚴之事"一語，也可助勘。

我言:'願爲未來像法衆生説諸佛名字。'今正答汝云:'此佛刹十洹河沙有佛名“藥師瑠璃光”。'豈不酬前問耶?”解云:“藥師”者,借譬受名。世之藥師能除人病内病,明如來能除衆生三毒、四到(倒)諸惡重罪,教令修行四等六度,辟(譬)①“藥師”也。“瑠璃光”,世之瑠璃是拘(物?)②所珍,内明明果,體具萬德,譬之“瑠璃”也;“光”者,能除闇冥,欲明佛果具足空、有二解,喻之“光”也。

十號之中第③十號者:一者“多他阿伽度”,此方譯名曰“如來”,亦名“如去”,亦名“如住”。“如來”者,此是應佛,是慈悲,故乘婆若乘來化三界,故云“如來”。故《法華經論》云:“一者,應佛菩提,隨所應見而爲示現故。如經皆謂如來出釋氏宫,去伽耶城不遠,坐於道場,得阿耨菩提故。”“如去”者,此是報佛也。乘如實道,成心覺去,故云“如去”。《法華論》云:“二者,報佛菩提,謂十地行滿足,得常涅槃證故。如經:‘善男子!我實成佛以來,無量無邊,百千萬億那由他劫故。’”“如住”者,此是法[□][身]④佛,古[今]⑤一如,常住不變,故云“如住”。《法華論》云:“三者,法佛菩提,謂如來藏性净涅槃,常恒清净涼,不變易故。如經謂如來實如知見三界之相,乃至不如三界見三界故。”

第二,“阿羅訶”者,此方住譯名爲“應供”,亦云“殺賊”⑥,亦云“不生”。“應供”者,如來堪受世間二乘人天供養,故云“應供”也;能斷五住煩惱及習,故名爲“殺賊”也;無明螌皮脱故,於後世田中更不受生死,名爲“不生”。具此三義,名“阿羅訶”也。

---

① 辟,此乃“譬”之借字。《楚辭·九章·惜往日》:“乘騏驥而馳騁兮,無轡銜而自載。乘氾泭以下流兮,無舟檝而自備。背法度而心治兮,辟與此其無異。”洪興祖補注:“辟,喻也。與‘譬’同。”該字甲本亦括注爲“譬”。

② 拘,底本不清晰,甲本録作“物”。

③ 第,甲本括注“該字衍”。

④ 身,底本、録本無,據甲本補。

⑤ 今,録本脱,據底本補。

⑥ “亦云殺賊”四字底本及録本作“亦殺賊云”,當係誤倒,兹據甲本改。

第三,"三藐三佛陀"者,此方住(往)①譯名爲"正遍知"也。"正"者異外道,"遍知"異二乘。二乘之人俱知有作四諦,不知無作四諦,故不得稱爲"遍知";如來有作、無作但知,故秤(稱)②爲"遍知"也。故云"正遍知"。

第四,"毘侈遮羅那三那"者,此方住(往)譯名爲"明行足"。"明"者,三明也;"行"者,三業也。小乘之人③宿命明過去,但知八萬劫事;天眼明未來,但知八萬劫事;漏盡明現在,但知四住煩惱盡;以不具足,故不稱"明行足";乃至諸菩薩等雖知無量恒河沙劫事,由未窮盡,是故不得言"足";欲明如來達三世窮盡,故稱爲"足"也。"行"者,餘人三業有失,故不得稱"足";唯佛無失,故得稱"足"也。

第五,"修伽陀"者,此方住(往)譯名爲"善誓"。"善"者,名"好";"誓"者,三去名爲"好";説"好去"者,乘如實道,成正覺去,故云"好去";"好説"者,以此實理如實,爲衆生説,故名"好説"。聲聞之人,非究竟去,故不名"好去";不能深達衆生機根爲説法,故不名"好説"。如來一者深達物機,二者去是究竟,故云"好去"、"[□][好]④説"也。

第六,"露(路)⑤加憊⑥",此方住(往)譯名爲"世間"。云何"世間"?有三種:一者、衆生世間;二者、器世間;三者、智正覺世間。"衆生世間"者,正報也;"器世間"者,依報也;智正覺世間,理也。如於此三種世間了了解知,故名"世間解"也。

第七,"阿耨羅"者,此方住(往)譯名"無上士"也。云何名"無上士"?一切衆生中佛爲無上,一切法中涅槃爲無上。佛何故無上?以證無上法故。

---

① 住,此當爲"往"之换旁俗字,結合文義,據甲本改。下"往"之换旁俗字"住"徑括注正字,不復校。

② 秤,録本出校:"秤=稱?"按:結合文義,"秤"此爲"稱"字之同音借字。下文"秤"字皆通"稱",徑括注其本字,不復校。

③ "小乘"後底本、録本有一"者"字,當係衍文,兹據文意删。

④ 好,底本、録本無,據文義補。

⑤ 露,此字録本誤作"靈",據底本改。

⑥ 憊,底本及録本誤作"備心",據文義改。露加憊,即路迦憊。《大智度初品總説如是我聞釋論》第三:"復名'路迦憊':'路迦'秦言'世','憊'名'知'——是名'知世間'。"[T25n1509p072a21]

法既無上，人亦無上，必亦云。法何故無上？以無上人證故。人何故無上？證無上法，故云“無[□][上][1]士”也。

第八，“富樓沙曇藐波羅提”者，此方住（往）譯名爲“調御丈夫”。調御有五種：一者、官法調御民；二者、父調御其子；三者、師調御門徒；四者、閻羅王調御諍罪人之業。[2] 五種調御中，前三種是現在調御，第四是未來世調御，第五以調御者三世俱調御。故《勝鬘經》云：“我久安立。汝前已開覺，今復攝受，汝未來生亦然，是故得知三世俱調御也。”佛以鞞（諦）[3]語濡語，以此三種語調御衆生，令出生死，故云“調御丈夫”也。

第九，“舍多提婆摩嵬舍喃”者，此方住（往）譯名“自天人”。何以旦（但？）[4]明天人師者，欲明如來乃是一切衆生師，但以六道之中天人爲勝，隨勝説故，名“天人師”也。

“佛陀”者，第十號也，此方住（往）譯名爲“覺者”。云何“覺者”？如來於菩提樹下，衆生非衆生數了了覺知，故名爲“佛”。久自覺覺他，故號名“佛”也。

“度脱生老病死”者，明彼佛救利此病。“生”苦者：其在胎之時，去住隨母，東西冥冥，獨苦家人，家人誰能自知？母若飲多，則身浮[5]湧；母若飲少，則飢腸以閉；母若急行，則頸如繩玄（懸）[6]；母若安坐，則身如山壓。無有光明，如黑闇地獄；不得動轉，如鐵網地獄；母若飲熱，如濩湯地獄；母若飲冷，

---

① 上，底本無，録本疑書手抄脱，此據文義補。

② 五種“調御”此處只言了四種。録本出校：“校者曰：‘此下恐有脱字乎？’”甲本按：“此有脱文。”

③ 鞞，此處當爲“諦”字之訛。該字甲本録作“諦”。“諦語”即真實無謬的話。伯2132號《金剛般若經宣演》卷下：“世善賢良猶無諸誑，况乎大聖對誘天龍有四諦語而爲詭説？”

④ 旦，此似爲“但”之借字。

⑤ 浮，録本誤作“俘”，據底本改。

⑥ 結合文義，“玄”當爲“懸”之同音借字。《文选・张衡〈东京赋〉》：“左瞰陽谷，右睨玄圃。”李善注：“《淮南子》曰：‘懸圃在崑崙閶闔之中。’‘玄’與‘懸’古字通。”

則如寒冰地獄。千五百歲，邊(遍)①受諸苦，乃得出生。出生之苦復難思念：當其出生之時，泡(胞)②帶纏身，猶如被縛；血流泛肉，何異剥③皮？當墮草上，如墮刀山；風來吹身，若寒冰切體④；不覺失聲，狀⑤似千錐競琢。神慮蒼芒(茫)⑥，懷⑦抱冥昧，不知有天地，不知有日月，不知有父母，不知有兄姊，痛楚常多，啼叫無息。三兩年中，稍辭乳餔。肌宵(膚)⑧雖長，而心識尚昏：見水便投，死而弗悟；持身赴火，不審誰爲；引刀自刺，痛而啼哭；從高墜下，無有畏心；或匍匐路衢，不知還返；逢狼過虎，不生怖怯。此爲生苦，實亦難處。

老苦者：夫物盛必衰，莊年必老。此事曉然，驗由指掌。是以黑鬢暫留⑨，絡(終)爲空髮所驅⑩；紅顔權寄，必爲霜眉所奪。脉途稍絶，五陰俱空，筋⑪髓漸枯，四支(肢)⑫誰安？遂使目清雙朦，耳開兩塞，鼻不嗅香，舌

---

① 邊，此當讀作“遍”。“邊”字《廣韻》布玄切，幫紐先韻平聲；“遍”字《廣韻》方見切，幫紐綫韻去聲；二字紐同，韻、調相近，應可通假。

② 泡，此當讀作“胞”(“胞”字《廣韻》一音匹交切，與“泡”同)。

③ 剥，録本誤作“刹”，據底本改。

④ 體，底本作“躰”，乃“體”之或體。下文“第二出慈體也，使我來世以善業因緣爲諸惡業無量衆生。第一出慈家境也，講宣妙法；第二慈體，□度脱得實智，入智慧門，得權智也。”中二“體”字，底本亦作“躰”，徑改之，不復校。

⑤ 狀，録本誤作“拔”，據底本改。

⑥ 結合文義，“芒”當爲“茫”之同音借字。該字甲本括注爲“茫”。

⑦ 懷，録本誤作“壞”，據底本改。

⑧ 此字底本、録本作“宵”，當爲“膚(膚)”之訛省俗字。敦煌卷子中“虍”頭俗書多作“戸”形。故宫舊藏裴務齊正字本《刊謬補缺切韻》卷首字樣：“虍戸：荒務[反]。上正下俗。”俄Φ090號《大佛頂如來密因修證了義諸菩薩萬行首楞嚴經卷第二》：“我昔孩孺，膚腠潤澤。”(《俄藏》3—18—B20)俄Дx00512V號《大佛頂經第二卷難字表》：“抵揮朽銷殞齡孺膚。”(《俄藏》6—330—B4)中“膚”“膚”皆“膚”之俗字。文中“肌膚雖長，而心識尚昏”，語意順適。該字甲本亦録作“膚”。

⑨ 暫，録本誤作“輻”。按：此字底本實作“蹔”，乃“暫”字之偏旁移位而成的俗字。“黑鬢暫留”與下文的“紅顔權寄”互文，“暫”即“權”也。

⑩ 絡，此當爲“終”字之形訛。“終爲空髮所驅”和下句的“必爲霜眉所奪”互應。

⑪ 筋，底本作“䈥”，乃“筋”字之换旁俗字。

⑫ 支，後作“肢”。下“支”字徑括注其今字，不復校。

失甘辛，身不覺觸，意識昏癡，髮鬐①齒落，腰曲背膢（瘻）②，舉步寸遲（尺）③，言不可解。而少年雄勇，空道誰知？曩日豪華，今且何在？從使路設高軒，而永絶登；門臨駿馬，終辭跨躍；堂鉗④清罇，而心無希羡；庭[□][陳？]⑤歌舜（舞？）⑥，目豈窺瞻？昔日莊（壯）⑦年縱欲，不修微善；泉路方臨，猶不改悔。一陷泥津，寧希⑧更出？

病苦者：三毒諸殃遍滿世界，四大痛惱偏集閻浮。但業有高低，報亦輕重：或晨旦清强而片時病集，遂使連年抱㢊⑨，歷歲瘻纏；或蟲穿骨畏（胃）⑩，

---

① 此字底本作""，當爲"鬐"之訛俗字，同"鬌"，指頭髮脱落。《集韻·脂韻》："鬌，《説文》：'髮墮也。'或作鬐。"

② 結合文意，此"膢"當爲"瘻"之借字。《廣韻·虞韻》："瘻，瘻痀，曲脊。"

③ 遲，此當爲"尺"之音近借字。"寸尺"此喻（步幅的）微小。北凉法衆譯《大方等陀羅尼經初分餘》卷第二："俗服者，欲令我弟子趣道場時當著一服，常隨逐身，寸尺不離。若離此衣，即得障道罪。"[T21n1339p651a21—23]唐道宣撰《續高僧傳》卷第十六："爾後詔書手敕月别頻至，寸尺小緣必親言及。"[T50n2060p554c3—4]唐道宣撰《廣弘明集·誡功篇序第二十七卷》："第五慚愧弟子既能晨夕依教策修，而反固遮，有違聖説，致使道業寸尺無功，一生空過，無法制奉。顧斯負累，亦可深愧。"[T52n2103p314b18—20]皆其用例。

④ 《集韻·談韻》："鉗，餌也。"

⑤ "庭歌舞"與前文"門臨駿馬"、"堂鉗清罇"不協，且費解，"庭"後疑書手脱一"陳"、"奏"之類動詞。

⑥ 舜，此似爲"舞"之誤字。待考。

⑦ 莊，此乃"壯"之借字。清朱珔《説文叚借義證》："《詩·君子偕老》箋：'顔色之莊與。'《釋文》：'莊，本又作壯。'是壯爲莊之省借。"

⑧ 希，録本誤作"布"，據底本改。

⑨ 《正名要録》"正行者楷註腳稍訛"類"席"下註腳"㢊"。《毛詩音》二："㢊，詳吏[反]。"《干禄字書》："㢊席：上俗下正。"《顔氏家訓·書證》篇謂六朝俗書"席中加帶"，《經典釋文·序録》亦稱"席下爲帶"之類"直是字言爲，不亂餘讀"。上二例皆指俗字"㢊"而言。張涌泉認爲，"席"作"㢊"是字形訛變的結果，而與字音無涉。《漢語大詞典》等書謂"㢊"通"席"，誤。《文選》司馬相如《上林賦》："於是二子愀然改容，超若自失，逡巡避㢊。"李善注："'㢊'與'席'古字通。"其中"通"與《干禄字書》所説"通"相同，謂通俗行用之意，而非指聲音上的通假。下文"㢊非爐炭，願坐無因"中"㢊"亦同，不復校。

⑩ 畏，此當讀如"胃"（"畏"字《廣韻》一音於胃切，與"胃"同）。

白節相通，膿流皮外，四支(肢)參穴；或[1]腹大如鼓，頭尖若錐，叫聲徹路，臭氣填門；或手足臃捲(蜷)[2]；或腰背傴(傴)[3]瘻，舉步如山，身臂如鐵；或冬温夏疫，乍熱乍寒，命危似電，氣喘如截；或值諸毒，筋離肉斷，求生不得，求死無緣；或焦否寒，五藏被離，歷歲飲膿，連年吐血；或瘡癤[4]競生，癰(癰)[5]疽争出，項羸似綖，面腫如囊；或眼裏血流，兩耳膿出，天地雖廣，熟看不見，雷震破山，了然不覺；手(守)[6]床濡(軟)[7]褥，不得安眠，口異飡糜，恒常骨立；或顛狂錯亂，意識昏癡，入水如歸，赴火寧覺？或口閉如鉗，舌强如石，摇頭作語，動眼爲言；或腦裏一蛇，除而復出，心中二鬼，針而更生。如此病苦，不可思議。雖飡[8]天[□][上][9]妙饍，無異鐵丸；地上甘蔗，劇如銅汁；善神不祐，惡鬼競逼；床[无][10]焿火，欲眠不得；席非爐炭，願坐無因。如此諸病，實爲大苦。

死苦者：蓋浮生在世，徒唱百年；長短參差，終成謬説。或胎中墮落、盛年蕩逝，或絶命私門，或爲刀官市，或墜足相(湘?)[11]川，或縊首荒谷，或裂體

① 或，録本訛作“成”，據底本改。

② 結合文意，此“捲”當爲“蜷”之借字。

③ 結合文意，此“傴”當爲“傴”之换旁俗字。《説文·人部》：“傴，僂也。”《禮記·問喪》：“傴者不袒。”鄭玄注：“傴，曲背也。”

④ 癤，録本誤作“廊”。此字底本實作“廊”。俗書“广”部“疒”部常混，該字當是“癤”字之俗體。伯2011《王仁昫刊謬補缺切韻》入聲屑韻“子結反”：“癤，瘡癤。亦作癤、癤。”《龍龕手鏡·疒部》：“癤，今；癤，正；音節，瘡～也。”可謂確證。張涌泉先生認爲《干禄字書》以“節”爲“節”的俗體，故“癤”“癤”又當以前者爲正。“瘡癤”一詞，典籍中常見。《本草綱目》卷九：“久服，悦色，治瘡癤、痔漏，排膿……”《説郛》卷九十八：“乳香……治風冷，止大腸泄僻，療諸瘡癤，令内消。”《宋高僧傳》卷十九：“凡見瘡癤膿流，皆呪之則差。”皆其例。

⑤ 癰，録本誤作“雍”，據底本改。此“癰”乃“癰”之换旁俗字，正當作“癰”。《龍龕手鏡·疒部》：“癰，俗；癰，正。”

⑥ 手，此當爲“守”之借字。該字甲本括注爲“守”。

⑦ 濡，同“軟”。《集韻·獮韻》：“輭，柔也。或從欠，亦作濡。”

⑧ 飡，録本誤作“飡”，據底本改。

⑨ 上，底本、録本無，據文意補。

⑩ 无，録本脱，據底本補。

⑪ 相，甲本括注爲“湘”，似未的當。待考。

五車,或分骸四裔,或入水逢蛟,或遊山遇虎,或蘊中聽火,或懷清受餓,並由因果叢雜,業報参差。雖曰"百年",誰蒙其一?是以笑聲未絶而哭嚮(響)[①]行聞,慶容纔移而哀賓已進。遂使繡幌障塵,彫階積草,歌堂聚狩(兽)[②],儛壂棲禽。顧本室而懷疑,望虛靈而抱畏;鍾心之受(愛)[③],即見怨家;結髮之親,便成讎府。當其平昔之時,或趍鏘[④]朱閤,雍容紫闈,摇玉珮於素裙,照金狢(貂)[⑤]於縣[⑥]首,榮心奪日,宦志陵雲。豈意旦[⑦]發高堂而暮沈丘隴,螻蟻湌其軀骸,地獄收其魂魄。於是刀鋒鏃背,劍刃穿胸,鐵蟒纏腰,銅蛇繞骨,長鉗出舌,利釘刺眼,冷冰徹髓,熱炭煎皮。遂致觔碎鋸齒之間,血流磨床之外。或舒五藏於析(斤?)[⑧]邊,又懸四支於鈎側。牛頭八角,牶(觸)[⑨]肉灰離;獄卒四牙,齒腦糜爛。雖復連年噉鐵,不解長飢;歷劫飲[⑩]銅,寧知救永渴?此爲死[⑪]苦,亦實難當。

"發心自誓行十二願"者,依《地持論》,是發菩提心。發心有四種:一者、大悲發心;二者、護法發心;三者、觀身過患發心;四者、求最勝果發心。

"大悲發心"者,觀六道衆生,俱有纏縛,以是之故,發菩提心。地獄即有受罪之苦,畜生[□□][即有][⑫]相殘食之苦,餓鬼即有飢餓之苦,神有鬭事之

---

① 嚮,此乃"響"之借字。《易·繫辭上》:"受其命也如嚮。"陸德明釋文:"嚮,又作響。"

② 狩,此乃"獸"之借字。《詩·小雅·車攻》作"搏獸于敖。"王念孫《讀書雜志·漢隸拾遺》:"狩與獸同。"兹據甲本改。

③ 受,此當爲"愛"字之形訛。"鍾心之愛"字和下句的"結髮之親"互應。

④ "趍鏘"二字乃"趨蹌"之借字,形容步趨中節。古時朝拜晋謁須依一定的節奏和規則行步,亦指朝拜,進謁。《詩·齊風·猗嗟》:"巧趨蹌兮。"唐孔穎達疏:"禮有徐趨疾趨,爲之有巧有拙,故美其巧趨蹌兮。"

⑤ 狢,乃"貂"之俗體。《正字通·犬部》:"狢,俗貂字。"

⑥ 縣,俗作"懸"。《説文·𥄉部》:"縣,繫也。"

⑦ 旦,録本誤作"且",據底本改。

⑧ 析,此似爲"斤"之增旁訛俗體。待考。

⑨ 牶,乃"觸"之古文。

⑩ 飲,録本誤作"欽",據底本改。

⑪ 死,録本誤作"此",據底本改。

⑫ "即有"二字底本、録本無,據上下文意補。

苦，人中即有求欲之苦，天中有捨報之苦。觀此衆生，俱没苦海；雖欲求利，不知出路。我今發心，盡欲證拔，是名"大悲發心"。

第二、"護法發心"者，法有三種，理、教、行也。"法"者是常，但時有通塞，[□][?][1]人行藏。或值世陵遲，正化漸隱，虚言與實[2]教並流，險逕則與夢途争徹，衆説紛如，異端競作，聖雜逼真，正道殆亂。菩薩作是念："我師釋迦如來於無量阿僧祇劫受諸懃苦，集此法寶，欲使久住於世，道利群生，如何一旦將知沈没？我今爲護法故，發菩提心，不惜身命，欲使大道隱而更彰，[□][?][3]悟昏世，令諸世間得正見眼。"是名"菩薩護法發心。"

第三、"觀身遇患發心"者，菩薩作是念：我此身者乃是生、老、病、死之宅，無常、苦空之藪。身爲受惱之起，心爲覺苦之主。處胎十月，與不浄同居。及其生也，則衆苦所集。或病苦痛切，晝夜無聞；或恩愛别離，怨憎合會；成（或）[4]所求不得，煩琬（冤）[5]懊惱；或衣食不充，兹兹曉夕。略説有八。生、老、病、死，恩愛别離，怨憎合會，求不得苦。五盛陰苦，旋還六道，受此之苦，莫知其齊。若不厭離，何由可以我今發心？此衆苦難離而得離，無上聖道難得而得證，是名"觀身過患發心"。

---

① 甲本按："此當有脱字。"

② 實，録本誤作"賓"，據底本改。

③ 此處底本空，疑脱一字。

④ 成，底本不清晰，此處當爲"或"之訛字。上文"或恩愛别離，怨憎合會"，下文"或衣食不充，兹兹曉夕"，皆可助勘。

⑤ "煩琬"不辭。揣摩文義，"琬"當爲"惌"（或"惋"）之同音借字（"琬""惌"均從"宛"得聲，"惌"字又音於阮切，與"琬"同一小韻）。《干禄字書》："惌寃，上俗下正。"[第23頁]（"寃"即"冤"字之俗體。）張涌泉認爲，"惌"即"怨"字俗體。"怨"從夗得聲，然"夗"字罕見，故俗書改從形近的"宛"。《干禄字書》以"惌"爲"冤"的俗字，恐誤（見張涌泉《敦煌俗字研究》第375頁，上海教育出版社1996年12月版）。是則"煩惌"即"煩怨"。唐釋道世撰《法苑珠林》卷七八："或復潛行毒藥，密遣祝邪，遂使含毒腑藏，鴆裂肝心，令其銜悲長夜，抱痛幽泉，宛轉何辭，煩怨誰訴？"[T53n2122p866c9—11]即其例。然"惌""怨"實皆爲"冤"之借音字（二字《廣韻·元韻》皆可音於袁切[第95頁]，與"冤"音同），佛典中更常見作"煩冤"。慧琳《一切經音義》卷四三引玄應《大方便報恩經》第三卷音義："煩冤，於元反，冤亦煩也，屈也。經文作宛、惋二形，非體也。"[T54n2128p597a15]故"煩琬"實即"煩冤"，乃同義複詞，義即"煩躁憤懣"。

第四、“求最勝果發心”者，諸佛平等，有二種身：一者、生身，具①足三十二相、八十種好，端嚴殊特，世無疇類，能使惡心衆生見即和悦，豈况聽善之人覩而無益？二者、法身，充滿法界，具足十力、四無所畏、四無礙智、十八不共法、大慈大悲一切種智。此者求離生死飢渴寒熱，絶六道之紛羈，辭五住之煩穢，即是學者之所以折（忻?）②仰，發心者之玄期。良由所捨處輕重，是名“求最勝果發心”也。

“令一切衆生所求皆得”，此下第三，雙結行願也。

第一願者，此下正説經③中第二階單廣願，亦是去其未得，義明佛果於己④是未有，所以願求。就理論行願，買是一時，所以人先願後；行者理推願先，行據後者。何以知之？常言：願爲慕廓，行則闐滿，故明願先、行在後也。

就明願中，大分爲二：第一、出願體；第二、結願令買。後就初明願中，凡十二願，今爲六雙：初、上求佛果爲一雙；第二、功德智慧爲一雙；第三、自行化他爲一雙；第四、就慈悲體爲一雙；第五、制大魔化外道爲一雙；第六、就慈悲境爲一雙也。今置後，就初一雙中，不自分别，以爲兩異。何者？初願願作穢土佛身，第二願願作净土佛身。此二願是菩提善⑤報果身。就初求穢土身中復分爲三：第一、標數；第二、[雙]⑥興願；第三、迴施衆生也。

第一願者：“第[□][一]⑦”，標數也；“使我來世”，第二，興願；“令一切衆生如我無異”，第三，迴施衆生也。

第二願者：此一願願作净土佛身。就此願中，凡有三别：第一、標數；第二、興願；第三、施與衆生。第二願者：初、標數；“使我來世”，第[□][二]⑧，興願。就興願中，復分爲二：初第一、求未來報果；第二、求未來習果也。自

① 具，録本誤作“其”，據底本改。
② 結合文意，此“折”似爲“忻”之訛字，待考。
③ 經，録本誤作“段”，據底本改。
④ 己，録本訛作“已”，據底本改。
⑤ 善，録本誤作“善善”，據底本删一“善”字。
⑥ “雙”字録本脱，據底本補。
⑦ 結合文意，此處當脱一“一”字。
⑧ 結合文意，此處當脱一“二”字。

身猶如瑠璃,净無瑕穢,豈非净土身?夫瑠璃之體,净若無形,像净土之身有虚無之身、無極之體也。"功德魏魏",此第二,明菩提善習果也;"如日照世",明智慧習果也。"幽冥衆生,悉蒙開曉",第三,下施衆生也。

第三願者,此一雙明福德莊嚴智慧,是其智慧莊嚴。此二莊嚴,廣如别章,此應具論。然今且可釋其名字。其"功德"者,亦名"福德"。"福"謂福利,善能資閏(潤)[1]、福利行人,故名爲"福";此"福"是其善行處德,故名"福德";如清冷等,是水家德。"功"謂"功能",善有資閏(潤)利益之功,故名爲"功";此功還是善行處德,故名"功德"。言"智慧"者:依如《毘曇》,決斷名"智",對諸忍故;若依《成實》,無着名"智",别想識故;通相以論,知法名"智",觀達秤(稱)"惠(慧)"。此"智"與"慧",通釋一物,隨義别分,非無差異,具相如何?依如《地持》,知世諦者名之爲"智",知第一義記以爲"惠(慧)";故彼之言於一切法部分知者名"智波羅蜜",於第一義開覺名"波若波羅蜜"。《涅槃》亦然。若依《地論》:證第一義,名"隨智"者;了達教法,名"隨惠(慧)"者;皆得無傷。此二經中,名爲"莊嚴",亦名"律儀",亦曰"助法",亦復説之爲"菩提"。具言"莊嚴"者,如《涅槃》説,能嚴行人,故曰"莊嚴"。又復諸行共相莊飾,亦曰"莊嚴"。如莊嚴具,衆寶間錯。言"律儀"者,如《地持》説。此二内調,故名爲"律",合法秤(稱)儀。言"助法"者,望果爲言,資順菩提,故云"助法"。能爲佛因,故復説之爲"菩提",具使我來世佛道成就。第一願求佛道,魏魏堂堂。第二願成佛已,功德智慧之所莊嚴也。云"魏魏堂堂",此明福德莊嚴,明照世界。此四字辯智慧莊[□][嚴][2],行者見道。第三下施衆生也。

第五願者,此下兩段自行、化他,以爲一雙。初先自行,就明自行中但有兩段:第一、標數,第二、興願也。第五願者:第一、標數,發大精進。第二興願精進者:"昔有大林[3]樹,多諸禽獸。野火來燒,三邊俱起,唯有一邊,而隔

① 閏,此當讀如"潤"(二字皆音如順切)。"資潤"一詞,佛典中用例頗夥,不贅舉。下"閏"字徑括注其正字,不復校。

② 結合文意,此處當脱一"嚴"字。此處甲本亦括注一"嚴"字。

③ 林,録本誤作"杯",據底本改。

一水。衆獸窮逼,逃命無地。我爾時爲大身多力鹿,以前脚跨一岸,以後脚距一岸,令衆獸蹈背上而度。皮肉盡壞,以慈愍力,忍之至死。最後一兔來,氣力以竭,自强怒力,令得過之。[□□][過已][1]背折,墮水而死。"就此願中,分爲二别:初明持戒之始,第二明持戒之終。發心自誓,明持戒之始。所以名"戒"爲"地"者,《經》言"或爲平地,能生衆善,經戒不犯",此明持戒之終也。

第六願者,此明外化盲、聾衆生。

盲者,先世重罪,若破衆生眼,若出衆生眼,若破正見眼,故盲;盗塔中珠火燈明,亦盲。

聾者,何因緣故聾?答曰:師文教訓,不受不行,而返瞋恚,故聾。復次,截衆生耳,破衆生耳,若盗佛塔、僧塔中物,及揵、推(椎)[2]、鈴,故得聾。

啞者,先世截他舌,或塞其口,或與惡藥,令不能語,或聞師教父母語而不用,言導非,故啞。

狂者,破他坐禪人,破坐禪人舍[3]。如婆羅門失稻田,其婦復死,即時狂發[4],裸形而走。又如翅舍伽憍曇比丘尼本白衣時,七子皆死,大憂愁故,失心狂發。

裸者,問曰:先言狂者得正,今言裸者得衣除狂,云何更有裸?答曰:狂有二種:一者、人皆知狂;二者、惡邪故自裸,人不知狂。如説南天竺國中有法師高坐説"五戒"義。衆生多有外道來聽。是國王難曰:"若如所説,有人施酒及自飲酒得癡狂愚報,當今世人應狂者多,正者少;而今狂者便少,不狂者多,何以故爾?"是時諸外道輩言:"善哉!斯難甚深!是死秃高坐[5],必不

① "過已"二字底本、録本脱,據《大智度論初品中十八不共法釋論第四十一》[T25n1509p250a21]補。

② 推,此乃"椎"之换旁俗字。該字甲本誤作"錐"。

③ 舍,録本誤作"含",據底本改。

④ 發,底本不清晰,結合文意,據《大智度初品中放光釋論第十四之餘》[T25n1509p118c22]改。録本録作"教",非。

⑤ "坐"字前底本、録本衍一"聲"字,據《大智度初品中放光釋論第十四之餘》[T25n1509p119a17]删。

能答,以王利智故。”是時法師以指指諸外道,而更説餘[①]事。王時即解。諸[②]外道語王言:“王難甚深,是不知答,耻所不知,而但舉指更説餘事。”王語外道:“高坐指答以訖,將[③]護汝故,不以言説。向[④]者指汝,言汝等是狂,狂不少也。汝等以灰塗身,倶(裸)[⑤]形無耻,以人髑(髑)[⑥]髏盛糞而食;拔頭髮,卧刺上,到(倒)[⑦]懸動鼻;冬則入水,夏則火炙。如是種種,所行非道,皆是狂相。即是法師將護汝故,指而不説。”是名爲“裸形狂”。

依如經論,人之所行,一不得少。昔有兄弟二人出家求道,一人持戒、誦經、坐禪,一人廣求檀越、修諸福業。至釋迦牟尼佛出世,一人生長者家,一人作大白象,力能破賊。長者出家學道,得六神通阿羅漢,而以薄福,乞食難得。他日持鉢,[□][入][⑧]城乞食,遍不能得;到白象廄[□][中][⑨],見王供象種種豐足,語此象言:“我之與汝,倶是有罪過[⑩]。”象即感結,三日不食。守象人怖,求覓道人,見而問言:“汝作何術,令王白象病不能食?”答曰:“此像是我先身時弟,共於迦葉佛時出家求道。我但持戒、誦經、坐禪,不行布施;弟但廣求檀越,作諸福業布施,不持戒、不學問。以其不持戒、誦經、坐禪故,今作此象;大修布施故,飲食備具,種種豐足。我但行道,不修布施故,今雖

---

① “餘”字前底本、録本衍一“飾”字,據《大智度初品中放光釋論第十四之餘》[T25n1509p119a19]删。

② “諸”字前底本、録本衍一“諸外道語”四字,據《大智度初品中放光釋論第十四之餘》[T25n1509p119a19]删。

③ 將,録本誤作“持”,據底本改。

④ 向,録本誤作“而”,據底本改。

⑤ 倶,此乃“裸”訛字,《大智度初品中放光釋論第十四之餘》[T25n1509p119a23]正作“裸”。

⑥ 髑,《大智度初品中放光釋論第十四之餘》[T25n1509p119a24]作“髑”。“髑”字義長。

⑦ 到,義爲“顛倒”,同“倒”。清潘奕雋《説文解字通正》:“《太玄經》‘顛衣到裳’,是到正字。倒,新字。”

⑧ 入,底本、録本無,據《大智度初品中放光釋論第十四之餘》[T25n1509p119b21]補。

⑨ 中,底本、録本無,據《大智度初品中放光釋論第十四之餘》[T25n1509p119b22]補。

⑩ 過,底本、録本誤作“逼”,據《大智度初品中放光釋論第十四之餘》[T25n1509p119b24]改。

得道,乞食不能得。”以是事故,因緣不同。

“病得愈”者,病有二:一者、内病,五藏不調,結卧宿疹;二者、外病,奔車[①]逸馬,堆[②]押墮落,兵刃刀杖,種種諸病,亦有先業病者。

問曰:“以何因緣得病?”

答曰:“先世好行鞭杖、考掠、繫閇(閉)[③]種種惱故,今世得病。現世病不知將身,飲食不節,卧起無常。以是事故,得種種病。如是有四百四病,以佛神力故,令病者得愈,形殘者得具足。”

云何名“形殘”?若有人先世破他身,截其頭,截手足,或破佛像及父母像故,形殘不具足,蒙佛大恩,皆得具足。譬如祇桓中奴[④],字“揵抵[⑤]”,秦言是“波斯匿王”,兄子端正勇健,心性和善。王大夫人見之心著,即微唤之,欲令從己。揵抵[⑥]不從,夫人大怒,向王讒之,反狀[⑦]其罪。王聞,即節節解之,棄於塚間;命未絶頃,其夜虎、狼、羅刹來欲食之。是時佛到其邊,光明照之,身即平服(復)[⑧],其心大喜。佛爲説法,則得三道。佛牽[⑨]其手,將至祇桓。

---

① 車,録本誤作“者”,據底本改。

② 堆,録本誤作“推”,據底本改。

③ 閇,底本實作“閇”,乃“閉”字俗體。《玉篇・門部》:閇,俗“閉”字。《干禄字書》:“閇閉,上俗下正。”慧琳《音義》卷二八《薩曇分陀利經》音義:“閉,俗從下作閇。”《大般涅槃經音義》“閉”下註脚“閇”。《舜子至孝變文》:“東院酒席常開,西院書堂常閇。”句中“閇”同爲“閉”之俗體。録本中“閇”亦爲“閉”之俗體,《龍龕手鏡・門部》:“閇”,“閉”的俗字。清段玉裁《説文解字注・門部》:“王逸少書《黄庭經》三用‘閇’字,即今‘閉’也。”然《大正藏》所録失真。

④ 奴,底本、録本訛作“如”,結合文意,據《大智度初品中放光釋論第十四之餘》[T25n1509p120a13]改。

⑤ 抵,底本、録本訛作“極”,結合文意,據《大智度初品中放光釋論第十四之餘》[T25n1509p120a13]改。

⑥ 抵,底本、録本訛作“極”,結合文意,據《大智度初品中放光釋論第十四之餘》[T25n1509p120a15]改。

⑦ 狀,録本訛作“拔”,據底本改。該字《大智度初品中放光釋論第十四之餘》作“被”[T25n1509p120a16],並出注:“被＝狀【元】【明】。”

⑧ 服,此當讀作“復”(“服”字《廣韻》一音房六切,與“復”同)。

⑨ 牽,録本訛作“幸”,據底本改。

是人言:“我身已[①]破、已[②]棄,佛續我身,今當盡此形壽,以身布施佛及比丘僧。”明日[③]波斯匿王聞是事,來至祇桓,語揵抵[④]言:“向[□][汝][⑤]悔過,汝實無罪,枉相形害。今當與汝分國半治。”揵抵[⑥]言:“我亦厭矣,王亦無罪。我宿世殃咎[⑦],罪報應爾。我今已身施佛及僧,不復還也。”如是若有衆生不具足者,蒙佛光明,得具足。就此願中,但有二別:第一標數。二出外化之境,即是盲聾衆生何意無興願?明公何假興願求病。六情不具,所以此中不興也。

第七願者,此下兩願就慈、悲體爲一雙。初一願是悲願。就此中復分爲之(三?)[⑧]:第[□][一][⑨]、標數。第二、興願,即出悲體。第三、下施衆生。第七願:初標數。“使我來世”此下,第二興願。就興願中,復爲三:第一出悲家境,第二[⑩]正明悲體,[□□□□□□][第三迴施衆生][⑪]。“若有苦惱無救護”者,此明悲境;“我爲此等設大法藥”,第二正出悲體;“令諸疾病皆得除愈”,第三迴施衆生。

第八願者,第二明慈體。就明慈體中,亦分爲三:第一、標數;第二、興願,即出慈體;第三、迴施衆生。第八願者:初先標願,使我來世。第二興願。就此中復分爲二:第一、出慈境。第二、出慈體也。“使我來世以善業因緣爲

---

①② 已,録本訛作“己”,據底本改。

③ 日,録本訛作“曰”,據底本改。

④ 抵,底本、録本訛作“極”,結合文意,據《大智度初品中放光釋論第十四之餘》[T25n1509p120a23]改。

⑤ 汝,底本、録本脱,據《大智度初品中放光釋論第十四之餘》[T25n1509p120a23]補。

⑥ 抵,底本、録本訛作“極”,結合文意,據《大智度初品中放光釋論第十四之餘》[T25n1509p120a24]改。

⑦ 咎,底本、録本訛作“各”,結合文意,據《大智度初品中放光釋論第十四之餘》[T25n1509p120a25]改。

⑧ 之,底本似作“三”,待考。

⑨ 一,底本、録本無,據文意補。

⑩ 二,録本訛作“三”,據底本改。

⑪ “第三迴施衆生”六字底本、録本無,據文意補。下文:“‘令諸疾病皆得除愈’,第三迴施衆生。”可助勘。

諸惡業無量衆生”,第一出慈家境也。“講宣妙法”,第二慈體。“□(令)①度脱”,得實智;“入智慧門”,得權智也。“普使明了”,第三迴施衆生也。

第九願者,此是第五制天魔、摧外道,爲一雙,置後。就初制天魔願中,凡有三階:第一、標數。第二、興願,下制天魔。第三、上隆三寶。第九願者:第一,標數。“使我來世摧伏惡魔”,第二,下制天魔。有兩句:初制天魔,下句他外道也。“顯揚清净無上道法”,第三,上隆三寶,即釋上句。云何那(般?)②若使佛興願,但位(使?)③心制天魔及外道? 此心非善。下釋言:所以制天魔,本爲上隆三寶,並無惡④意也。

第十願者,第二化諸外道。何意化外道乃言“王法所加”? 解言:九十六種道,王亦是一道,豈非化道耶? 就此願中,復分爲二(三)⑤:第一、標數;第二、興願;第三、施衆生。第十願者:第一,標數。“使我來世”,此下第二,出願家事也。“如是諸苦惱衆生等,悉令解脱”,第三,下施衆生耶。

第十一願者,此下第六,雙出慈、悲境。此第一,先標悲境。就此中復分爲三:第一、標數;第二、興願;第三、出悲境,即下施衆生。第十一願者:“使我來世”,第二興願者。“若有衆生飢火所惱”,此下第三,出境,即下施衆生也。

第十二願者,此下第二,次出慈境。就此凡有五階:第一、標數;第二、興願;第三、出慈境;第四、與樂;第五、總結。十二願者:第一、標數。“使我來世”,興願。“若有貧凍裸露”⑥□

---

① “令”字録本作缺文,據底本補。
② 那,底本似作“般”,待考。
③ 位,底本似作“使”,待考。
④ 惡,録本訛作“惠”,據底本改。
⑤ 二,此當爲“三”之訛字。
⑥ 以下缺。

No. 2767《藥師經》疏

［題解］

佛典《藥師如來本願經》注疏，唐慧觀撰，一卷。敦煌文獻中存有 5 號：(1)斯 2551 號，首殘尾存（略殘）。末有題記："慧觀昔因問道，得履京華，備踐講筵，十有餘載。遂逢永淳(682—683)飢餒，杖錫旋歸，疑痼膏肓，罔知析滯。每翫味兹典，常諷誦受持。然粗薄通，粗得文意，不量闇短，輙述所聞"云云。(2)BD03577 號（結 77），首尾均殘，僅存二十五行，相當於斯 2551 之第一百二十七行至第一百五十行。(3)BD09798 號（朝 19，殘片）。(4)BD09834 號（朝 55，殘片）。(5)俄 Дx. 1881 號（殘片）。其中 BD09798、BD09834 二號可以綴接。此文疏釋達磨笈多譯《藥師如來本願經》，因兩號首部均殘，故疏文從該經十二大願後藥師如來净土一向清净起至該經結束。全疏約分爲三科，第一科與第二科之前部分已殘，現存爲第二科後部分之"答聞"、"答攝生時節"、"大將解衛"、"慶喜清（請?）持"與第三科"依教奉行分"。文内所引各種經論極多，具有較高的研究與文獻價值。清代以前歷代大藏經未收，日本《大正藏》據斯 2551 號録本收入其第八十五册。李小榮曾對該注疏重新進行校勘，列出了《大正藏》録文的一些失誤，認爲與斯 2512 號相比，該經在義理的闡釋方面更勝一籌（李小榮《S. 2512 及 S. 2551〈藥師經疏〉簡介》，《敦煌密教文獻論稿》，北京：人民文學出版社，2003 年，第 221—224 頁）。後伍小劼在《大正藏》本和李小榮校訂的基礎上以斯 2551 號爲底本、俄 Дx. 1881 號爲甲本、BD09798 號＋BD09834 號爲乙本、BD03577 號爲丙本對此疏進行再次校録（伍小劼《藥師如來本願經疏》，方廣錩主編《藏外佛教文獻》第 16 輯，宗教文化出版社，2011 年第 11 月版，第 176—254 頁）。伍小劼認爲斯 2551 號原稿多硃筆、墨筆修訂，很可能是慧觀的手稿。

今校注仍以録本所據卷斯2551號爲底本。參校甲本:伍小劼録本。

□□(五門)①□□□□□□(分別:一、釋名;二、)②□□(出體)③性;三、主□□□□□□□□(衆差別;四、形量大小)④;五、問答分別。

第一釋名:言“净土”者,“净”謂▭地,謂諸净人所居□(也)⑤,故名爲“净土”;或土⑥即净,故名“净土”。然此净□(法)⑦有其二種:一者色净,所居宫殿衆妙七寶所嚴飾故;二功德净,大念慧行,以爲遊路;大心妙觀,以爲所乘,大空無相無願解脱,爲□入⑧門。如是等德,不可具説。今此“净土”,具説兩法,以爲“净土”。

第二出體:有其二義:一、種數差別;二、依種出體。言“種數”者,如《成唯識》,净土差別,有其四種:一、法體性土,謂二空理是諸法性,法性即土,名“法性土”;二、自受用土,謂遍法界七寶妙色及諸功德,爲“受用土”;三、他用土,謂諸如來爲十地上諸菩薩衆所現色等;四、變化土,謂諸如來爲化地前所變净土。若廣分別,如《成唯識》第十及《佛地論》第七卷説。

言“出體”者:

法性净土,法數門中,真如爲體。三科出體,非蘊所攝,處界門中,法處、法界,以爲自性,唯是意識所緣境故。或可通六種無爲爲性,五種無爲皆依真如,假建立故。

自受用土,百法門中六十法以爲體性,所謂眼等八種净識;相應二十一心所有法,謂五遍行、五各別境及善十一;十一種色及二十種不相應法,除異生性及不和合、無想定、▭⑨天六種無爲。然六無爲有其二種:一、依法

① “五門”二字録本作缺文,據底本補。
② “分別一釋名二”六字底本殘,録本作缺文,甲本據文意補,兹從之。
③ “出體”二字録本作缺文,據底本補。
④ “衆差別四形量大小”八字底本殘,録本作缺文,甲本據文意補,兹從之。
⑤ 也,底本不清晰,録本作缺文,據甲本補。
⑥ 土,録本誤作“出”,據底本改。
⑦ 法,録本作缺文,據底本補。甲本亦作“法”,可參。
⑧ 入,録本誤作“大”,據底本改。
⑨ 甲本出注:“此處文有脱漏。缺少一種不相應法之名稱”。

性建立六種法性土[①]□(攝)[②]。二、净八識所攝六種,六種皆是自受用土。他受用土及變化土,乃法出體,應知亦爾。而"差别"者,自受用土,真實功德爲體;餘之二土,皆是變化。

三科出體,若妙色土,即用色蘊,少色[③]、香、味、觸四處四界,一分爲性。"通攝功德爲净"者,即用五蘊及十二處、十八界法以爲體性,如理應思。

第三主衆差别者,如《成唯識》第十卷説,佛有四種:

一、自性身,謂諸如來真净法界受用變化,平等所依,離相寂然,絶諸戲論,具無邊際真當功德;亦名"法身",大功德法所依止處。故此自性身,依自性土。雖此身、土體無差别,而屬佛法性相異故。此佛身土,俱非色攝[④],唯有其主,而無眷屬。

二、自受用身,謂諸如來三無數劫修集無量福慧資糧,所起無邊真實功德及極圓净常遍色身,相續湛然,盡未來際,恒自受用廣大法樂。此身還依自受用土,謂圓鏡智,相應净識。由昔所修自利無漏純净佛土,因緣成就,從初成佛,盡未來際,相續變爲純净佛土。自受用身,常依此土。亦唯有佛,無諸徒衆,唯佛自利善所生故。

三、他受用身,謂諸如來由平等智示現微妙净功德身,居純净土,爲住十地諸菩薩衆現大神通,轉正法輪,决衆疑網,令彼受用大乘法樂。他受用土以此爲主,十地菩薩以爲眷屬。

四、變化身,謂諸如來由成事智變現無量,隨類化身,居净穢土,爲未登地諸菩薩衆、二乘、異生,稱彼機宜,現通説法,令各獲得諸利樂事。此化净土,以化身佛以爲其主,菩薩、二乘及諸異生以爲眷屬。

第四,形量大小者:

一、自性身土,離色相故,不可説有形量大小,而隨相説無量無邊。故《成唯識》第十卷云:雖不可説形量大小,而隨事相,其量無邊,譬如虚空,遍

① 土,録本誤作"五",據底本改。

② 攝,録本作缺文,據底本補。甲本亦作"攝",可參。

③ 色,甲本改作"聲",未當。

④ 攝,録本誤作"揀",據底本改。

一切處。

二、自受用身及其净土。形量無邊,無邊善根之所生故。是故《經》云:"周[1]圓無際,其量難測。"

三、他受用身及其净土,隨住十地菩薩所宜,變爲身土,或大或小,或勝或劣,前後改轉。若變化身,依變化土,或依穢土,隨其根機,大小不定。

五,問答分别。

問:"異生二乘生净土不?若言'生'者,如何《攝大乘》云若稱佛名生净土者,是别時意?又,《解深密》及《瑜伽論》問何等人不生净土?"

答:"異生、二乘若言'不生'者,如《阿彌陀》等經説:若一日乃至七日,心不亂者,即生净土。解云:此義極難,西國諸師,兩説不同:一云異生及二乘不生净土。故《攝大乘》云:生净土者,約别時意。由此念佛,有初因緣,數數修習,乃至十地,方得生彼。故諸經説:生净土者,約别時説。又《深密》説:二乘、異生,不生净土。又《往生論》云:女人及根缺二乘種不生。一云"净土"有其四種:法性净土是真如故,不可説言生與不生,絶諸相故;自受用土,唯佛與佛乃得生彼;他受用者,唯是十地菩薩生處;其變化土,異生、二乘、地前菩薩,皆能往生。而《攝大乘》及《瑜伽論》説'不生'者,約他受用説,不説化土。"

問:"極樂國土,四種土中何土所攝?"

解云:"西方自有兩釋:一云他受用身,有分限故;一云'極樂',有其二種:一、他受用,唯是地上菩薩生處;二、變化土,即是已生,地前菩薩,皆得往生。"

《經》:"於其國中"至"正法之藏"。

四,明持法。[一名"日光",二名"月[□](光)"。][2]"有二菩薩摩訶薩"者,"菩薩"如前釋;"摩訶薩"者,翻爲"大覺士"。《佛地》第二云:"菩薩有三大士名'摩訶薩'。一者數大,以無量故;二者德大,謂住大乘、遊大乘等;三

---

① 周,底本、録本作"圓",據《解深密經》卷第一[T16n676p688b9]改。甲本亦校作"周",可參。

② 按:"明持法"後録本脱"一名日光二名月"數字,今據底本補。又,"月"後疑書手脱一"光"字,下文"'一名日光、二名月光'者"可資比勘。

者業大，謂息衆生諸苦惱故。利樂有情，是菩薩業。由斯三義，名'摩訶薩'。""一名'日光'、二名'月光'"者，宋本云："一名'日耀'，二名'月净'。"唐本云："一名'日光遍照'，二名'月光遍照'。"是彼國中尊勝上首，猶如□(忍)[①]土慈氏妙吉祥等。

《經》："是故"至"彼佛國土"。

五，勸物願生。"言信心"者，《雜集》第一云："於有體有德有能、忍可清净希望爲體，樂欲所依爲業。謂於實有體，起忍可行信；於實有德，起清净行信；於實有能，起希望行信。謂我有力，能得能成。"云何"善男子"、"善女人"？《照明菩薩方便經》説：能化惡爲[②]善，上下無怨，無彼無此，名"善男子"；若能慈念養育群生，如母養子，貞潔遠色，無男女相，名"善女人"。

《經》："爾時"至"不欲分施"。

第四，答聞經除障。文分爲五：一、治多貪；二、治破戒；三、治妒忌；四、治離隙；五、治不定。

就初文中，文分爲六：一、他求悋惜；二、不濟親因；三、乘業受生；四、聞名往救；五、咸蒙願遂；六、好惠(慧)無疲。

就初文中，文分爲二分：一、辨貪癡；二、辨瞋恚。此則初也。"不識善惡"者，是總；"多貪無厭"者，貪是欲於他財，惜是悋於己物。《四分律》説：有一比丘池邊習定，池龍敬德，以身繞之。比丘心惡，欲令龍去，方便説偈，從索珠云：

"光耀摩尼寶，瓔珞莊嚴身。若能施我者，是名爲'善親'。"

池龍慳惜，説偈答云：

"我愛摩尼寶，過汝比丘身。我終不施汝，任汝不相親。"

佛因此事，復説偈云：

"多貪人所惡，數乞朋友乖。比丘乞龍珠，一去不復迴。"

故知貪惜能捨親友。故《天請問經》云"慳貪捨親友"，即其義也。又由

---

① 忍，録本作缺文，今據底本補。

② 爲，録本誤作"有"，據底本改。

護惜，不行惠施。又由貪故，唯欲他財。所生之處，貧窮之（乏）少[①]，無父無母，無妻無子，無善知識，無親友人。[故《成實論》有其五慳：一、施慳；二、家慳；三、住慳；四、讚慳；五、法慳。][②]又，《莊[③]嚴論》第四卷云：

"賢聖作是説，貪嫉最苦器。見於乞求者，其心則惱濁。

惱濁剎那中，則能作鄙漏。愚癡慳不施，以種貧窮本。"

又"貪"者，《雜集》第一云："謂三界愛爲體，生衆苦爲業。"不知布施者，不識行善因；及施果報者，不識行善因能感善果。愚癡無智者，顯前不識善惡，以愚癡無智故，不識善惡。《雜集論》云："愚癡即是無明。"無明者，三界無智爲體，雜染生起，所[④]依爲業。闕於信根者，顯前不知布施及施果報。不信者，《雜集》云：謂愚分於諸善法，心不忍信，以不清净心不希望爲體，懈怠所依爲業。聚財護惜、不欲分施者，顯前多貪無厭。

《經》："此等衆生"至"如割身肉"。

二，辯瞋恚。設不獲已而行施時，謂諸有力强逼令施，如割身肉，深生痛惜。

《經》："復有無量"至"及餘乞人"。

二，不濟親姻、慳者，《雜集》云：耽著利養，於資生具貪以一分，以悋爲體，不捨所依爲業。不捨者，由慳悋故。非所用具，亦恒積聚。謂自身不受用，不濟親屬及來乞者。

《經》："此等衆生"至"畜生道"。

---

① 結合文意，"之"字當爲"乏"字之訛省。敦煌寫本中"乏"常省筆作"之"形。俄Дх02733＋Дх04335《妙法蓮華經・藥王菩薩本事品第二十三》："如清凉池，能滿一切諸渴之者。"（《俄藏》10—17—B7）BD02982號《摩訶般若波羅蜜經》（四十卷本）卷三八："汝等所欲，從我取之，悉當給汝，令無所之。"（《國圖藏》040—248—B14）皆其例。"乏少"此指缺少。《三國志・魏志・張邈傳》"布自稱徐州刺史"裴松之注引《英雄記》："若兵器戰具，它所乏少，大小唯命。"《北史・隋煬帝紀》："若有糧食乏少，皆賑給之。"《資治通鑒・梁武帝大通二年》："昔高祖昇平之年，無所乏少，猶創置鹽官而加典護。"均其例。

② "故《成實論》有其五慳：一施慳，二家慳，三住慳，四讚慳，五法慳"一句録本脱。

③ 莊，録本誤作"花"，據底本改。

④ 所，録本誤作"不"，據底本改。

三,乘業受生。

問:"人間命終生餓鬼道者有何相貌?"

答:"《大威德陀羅尼經》第二卷云:其人臨終有十種相:一、轉舌向上,及舐下唇;二、身體熱惱,求欲得水;三、論説飲食,而但張口[①];四、眼目青色,如孔雀項[②];五、瞳人乾燥;六、放[③]糞失尿;七、右腳先冷;八、口言'燒我';九、右手作拳;十、如是慳貪、諸遍患故,不捨施故,而取命終生餓鬼道中。"

問:"生畜生道,有何相貌?"

答:"彼經中説有五種相:一、於妻子所,愛心所牽;二、手足指等,悉皆捲縮;三、腹上汗[④]出;四、作白羊鳴;五、口中沫出。臨命終時,此五相現,當知決定生畜生道。"

問:"造何業故,生二趣中?"

答:"以慳貪故,生餓鬼中;以愚癡故,生畜生中。"

問:"何故不生地獄中?"

答:"不起重瞋損惱他,故不生地獄中。"

《經》:"由昔人間"至"暫得現前"。

四,聞名往救。謂昔在人間,曾得暫聞藥師佛號,後遇惡友,造無施業,雖生惡趣,由同佛名種子力故,還得憶念藥師如來。

《經》:"即於"至"人道"。

五,咸蒙願遂。由念佛力故,便捨惡趣,生天人中。

問:"暫念佛名,有何勝利,乃拔如是鬼畜重殃?"

答:"《那先比丘經》説:如人在世,百年爲惡,臨命終時聞佛名者,如放小石,水中即没,若持大石置於船上,即浮不没。雖一生作惡,以一時中聞佛名故,尚不受苦,况當專念,更復受彼餓鬼畜生?"

《經》:"得宿命智"至"况餘財物"。

---

① "張口"二字録本作"口張"。按:底本"口張"二字旁實加倒乙號,今據改。

② 項,録本誤作"頂",據底本改。

③ 放,録本誤作"故",據底本改。

④ 汗,録本誤作"行",據底本改。

六,好惠(慧)無疲。宿命有三:一、修得;二、報得;三、業得。依四根本定發得者,名爲"修得";餘二易了。又《智論》第五云:"本事常憶念日月年歲,乃至胎中及過去世,一世乃至百千萬億世。大羅漢辟支知八萬大劫,大菩薩及佛知無量劫,名'宿命智通'。""好行惠施"者,《大莊嚴論》第二卷説:"能好展手施者,此手名'嚴勝',受者能縮手,嚴勝復遇彼。若人言'施與',是語價難量。受者言'我足',難量復遇彼。""悉能捨"者,《雜集》第一云:"依止正雜染、無怯慮故,最後證得心無功用住性。""以頭"施者,如《報恩經》第五卷説大光明王等。"目[①]"施者,如彼經説忍辱太子等。"手足、血肉、身分"施者,如《智度論》第十二云月光太子等。

問:"檀有何等利益,乃至頭、目、手足、血肉、身分皆與求者?"

答:"《智度論》十一云:'檀爲寶藏,常隨逐人;檀爲破苦,能與人樂;檀爲善御,開示天道;檀爲善府,能攝善人;檀爲安隱,臨命終時心不怖畏;檀爲慈分,能濟一切;檀爲大將,能伏慳敵;檀爲妙果,天人所愛;檀爲净道,賢聖所遊;檀爲積善,福德之門;檀破貧窮,斷三惡道。檀爲涅槃之初緣,入善人中之要法,稱譽讚歎之淵府,入衆無難之功德,心不悔恨之窟宅,善法行道之根本,種種歡樂之林藪,富貴安隱之福田,得道涅槃之津梁,聖人大士智者之所行,餘人儉德宣識之所效。'"

《經》:"復次"至"破於正見"。

二,治破戒。文分爲八:一、常虧清禁;二、不願多聞;三、恃己陵他;四、緣玆遇難;五、殃神長劫;六、由昔聞名;七、願遂應時;八、勤修勝業。

此到初也,謂先於如來法中白四羯磨,受別解脱戒,名"受持學問"。

"破戒"者,新翻名"屍羅",舊譯爲"清凉",謂身語業有缺有穿,名爲"破戒"。

"破行"者,依《瑜伽論》二十二説:"謂[□□□□□][如有一或於][②]威儀

① 目,底本、録本誤作"因",據文意改。失譯人名附在後漢録《大方便佛報恩經》卷第三有忍辱太子舍目救父的故事,可參。

② "如有一或於"五字底本及録本脱,據《瑜伽師地論》卷第二十二[T30n1579p402b2—b3]補。

路，或[①][□][於][②]所作事，或[□][於][③]善品加行處所，不成就軌[④]則，不隨順世間，違越世間，不隨順毘奈耶，違越毘奈耶。”云何名爲“於威儀路不成就軌則”乃至“違越毘奈耶”？謂所不應行。即如是行爲諸世間之所譏毀，亦爲貞良善士謂持律者之所訶責。如行既然，於住[⑤]、坐、卧亦爾。云何名爲“於所作事不成就軌則”乃至“違越毘奈耶”？謂於所作，若衣服事、或盪鉢事等諸所不應作，即如是作，爲諸世間之所譏毀，亦爲貞良善士謂持律者之所訶責。云何名爲“於諸善品加行處所不成就軌則”乃至“違越毘奈耶”？謂受持讀誦，修敬師長，宣白請問，繫念思惟種種善品，非加行中，所不應作，即如是作，爲諸世間之所譏毀，亦爲貞良善士謂持律者之所訶責。如是名爲“而破於行”。

“破於正見”者，謂聞大乘空相應經，不善其義而惡趣空。依《瑜伽論》七十五説：於大乘中或有一類惡趣空故，作如是言：“由世俗故，一切皆有；由勝義故，一切皆有無。”應告彼言：“長老，何者‘世俗’？何者‘勝義’？”如是問已，彼若答言：“若一切法皆無自性，是名‘勝義’；若於諸法無自性中自性可得，是名‘世俗’。何以故？無所有中建立，世俗假設名言而起説故。”應告彼曰：“汝何所欲名言‘世俗’？爲從因有自性可得？爲唯名言，世俗説有？若名言世俗從因有者，名言世俗從因而生，而非是有，不應道理；若唯名言世俗，説有名言世俗，無事而有，不應道理。”又應告言：“長老，何緣諸可得者？此無自性。”如是問已，彼若答言“顛倒事故”，復應告言：“汝何所欲？此顛倒事爲有爲無？若言‘有’者，説一切法由勝義，故皆無自性，不應道理；若言‘無’者，顛倒事故，諸可得者，此無自性，不應道理。”《寶積經》説：“若説諸法皆無性者，我説彼爲不可治者。”如是名爲“而破正見”。

《經》：“或受學句”至“甚深之義”。

二，不願多聞。“護持禁戒”者，謂身、口、意業無缺漏故。如[⑥]《大莊嚴

① 或，録本誤作“戒”，據底本改。

②③ 於，底本及録本脱，據《瑜伽師地論》卷第二十二[T30n1579p402b3]補。

④ 軌，底本作“軏”，乃“軌”字之俗體。《干禄字書》：“軏軌：上通，下正。”

⑤ “住”前録本誤衍一“行”字，據底本删。

⑥ 此處底本、録本誤衍一“如”字作“如如”，據文意删。

論》第十卷說:“有一比丘,次第乞食,至穿珠家,立於門外。時彼珠師,爲於國王,穿摩尼珠。比丘衣色[①],往[②]映彼珠,其色紅赤。彼穿珠師即入其舍,爲比丘取食。時有一鵝,見珠赤色,其狀似肉,即便吞之。珠師持食,以施比丘,尋即覓珠,不知所在。此珠價貴,王之所有。時彼珠師,家既貧窮,失王貴珠,以心急故,語比丘言:‘歸我珠來!’爾時比丘作是思惟:‘今[③]此珠者,鵝所吞食,若語彼人,將必殺鵝,以取其珠。如我今者,苦惱時至,當設何計,得免斯患?’即說偈言:

‘我今護他命,身分受苦惱。更無餘方便,唯以命代彼。

我今捨身命,爲此鵝命故。緣我護戒因,用成解脫道。’

時穿珠師聞斯偈故,語比丘言:‘還我珠來! 若不見還,汝徒受苦,終不相置!’比丘答言:‘誰得汝珠?’默然而立。珠師語言:‘更無餘人,誰偷此珠?’時[④]彼珠師,即閉門户,語比丘言:‘汝於今日,好自堅持!’比丘尋即四向顧望,無可恃怙。如鹿入圍,莫知所趣,比丘無救,亦復如是。爾時比丘即自斂身,端正衣服。彼人又復語比丘言:‘汝今將欲與我鬬耶?’比丘答言:‘不共汝鬬。我自共彼結使賊鬬。所以爾者,恐於打[⑤]時身形現故。我等比丘,設使困苦臨終之時,猶尚以衣用自覆護,不露形體。’爾時珠師執縛比丘,而加打棒,問比丘言:‘珠在何處? 還我珠來!’比丘答言:‘我不得珠。’時穿珠師即便涕泣,頂禮比丘而白之言:‘賜我歡喜! 還與我珠。’比丘答言:‘我實不取。’時彼珠師,復更瞋打。比丘念言:‘生死受苦,皆應如是。應當堅辭,無犯戒律。若當毁戒,受地獄罪,有過今苦。’即說偈言:

---

① “色”字下底本及録本衍一“珠”字,據《大莊嚴論經》卷第十一[T04n0201p319a23]删。

② 往,録本誤爲作“註”,據底本改。

③ 今,録本訛作“令”,據底本改。

④ 時,録本誤作“恃”,據底本改。

⑤ 打,底本作“朾”。《説文》:“朾,撞也。從木,丁聲。”段注:“朾之字,俗作打,音德冷、都挺二切,近代讀德下切,而無語不用此字矣。”據黄征師考證,該字唐代已音“都假切”。下文“朾”字徑改作“打”,不復校。

‘我於過去世,淫盗捨身命。羊鹿及六畜,捨身不可計。

爲戒捨身命,勝於毀禁生。假欲自摧護,會歸終當滅。

不如爲持戒,爲他護身命。捨此危脆身,以求解脱命。’

時穿珠師涕泣懊惱,而説偈言:

‘我雖打撲汝,極大生苦惱,畏王責[①]我珠,復欲苦治汝。

今汝捨是苦,亦使我離惡。汝是出家人,應斷於貪欲。

宜捨貪愛心,還當與我珠。’

比丘微笑,説偈答云:

‘我著糞掃衣,乞食以爲業。住止於樹下,以此我爲足。

於汝摩尼珠,實無貪利心。以何因緣故,乃當作偷賊?’

時穿珠師語比丘言:‘何用多語?’遂加繫縛,倍更搥打。以繩急絞,耳眼口鼻,盡皆血出。時彼鵝者,即來飲血。珠師瞋忿,打鵝即死。比丘問言:‘此鵝死活?’珠師答言:‘鵝今死活,何足故問?’時彼比丘即向鵝所,見鵝既死,涕泣不樂。即説偈言:

‘我受諸苦惱,望便此鵝活。今我命未絶,鵝在我前死。

我望護汝命,受是極奇苦。何意汝先死,我果報不成?’

時穿珠[□][師][②]問比丘言:‘鵝今於汝竟有何親,愁惱乃爾?’比丘答言:‘不滿我願,所以不樂。[③] [□□][我先作心,望代鵝命。今此鵝死,願不滿足。’珠師問言:‘欲作何願?’比丘答言:‘佛作菩薩時,爲衆生故割][④][截手足,不惜身命,我欲學彼][⑤]。’即説偈言:

---

① 責,録本誤作“青”,據底本改。

② 師,底本、録本無,據《大莊嚴論經》卷第十一[T04n0201p320c10]補。

③ “願所以不樂”五字録本誤置於下文“菩薩往昔時”之後,今據底本乙正。

④ “我先作心……爲衆生故割”三十八字底本及録本脱,據《大莊嚴論經》卷第十一[T04n0201p320c11—c14]補。

⑤ “截手足不惜身命我欲學彼”十一字録本脱,據底本補。

‘菩薩往昔時，捨身以貿[①]鴿。我亦作是意，捨命欲代鵝[②]。

我得最勝心，欲全[③]此鵝命。由汝殺鵝故，心願不滿足。’

珠師問言：‘汝作是語，我猶不解。汝當爲我廣説所由。’

爾時比丘説偈答言：

‘我著赤色衣，映珠似肉色，此鵝謂是肉，即便吞食之。

我受是苦惱，爲護彼鵝故，逼切甚苦惱，望彼得全[④]命。’

時彼珠師聞是偈已，即開鵝腹而還得珠，即舉聲哭，語比丘言：‘汝護鵝命，不惜於身，使我[⑤]造此非法之事。’

時彼珠師叉手合掌，求乞歡喜，以偈讚言：

‘南無清净行，南無堅持戒，遭是極苦難，不作毁缺行。

不遇如是惡，持戒非希有；要當值此苦，能持戒者難。’

時穿珠師既懺悔已，即送比丘還歸所止。”

“不求多聞”者，謂於佛所説契經深義，不能解了，棄而不學。

《經》：“或復多聞”至“爲魔伴黨。”

三，恃己陵他。“增上慢”者，謂未得謂“得”，未證謂“證”。依《雜集論》第一卷説：慢者，依止薩迦邪見心高舉爲體，不敬苦生所依爲業。不敬者，謂於師長及有德所而生憍傲。苦生者，謂生後有故。

“自是非他”者，《智度論》第一云：“自法愛染故，毁呰他人法，雖持戒行人，不脱地獄苦。”又《阿含》云：雖復誦禪經，口中刀劍出，好揚他過惡，死[入][⑥]地獄疾。闡提得成佛，斯人由未出。

“嫌謗正法”者，如《法華經》第二卷説：“若人不信，毁謗此經，則斷一切，世間佛種。”乃至下文：“告舍利弗：‘謗斯經者，若説其罪，窮劫不盡。’”廣説

① 貿，底本作“貿”。《干禄字書》：“貿貿：上俗，下正。”《楞嚴經音義》：“貿，莫候反，正作‘貿’，轉易也。”

② 鵝，底本、録本誤作“鴿”，據《大莊嚴論經》卷第十一[T04n0201p320c17]改。

③④ 全，録本誤作“令”，據底本改。

⑤ 我，録本誤作“武”，據底本改。

⑥ 入，録本脱，據底本、甲本補。

如彼。《大般若經》説:佛告須菩提:若破般若波羅蜜多者,則破十方諸佛一切智智;一切智智破,故佛寶破;佛寶破,故法寶破;法寶破,故僧寶破;僧寶破,故則破世間正見等。

《法華經》云:"若於一劫中,常懷不善心,作色而罵佛,獲無量重罪。

其有讀、誦、持,是《法華經》者,須臾加惡言,其罪復過彼。"

《勝天王經》説:若四天下悉爲微塵,一塵爲一佛。若有惡人皆悉殺害爾許多佛,得罪多,不可稱計,不可思量;不若有人障礙此修多羅,毁謗不信,其罪重彼。正使三千大千世界一切衆生悉成佛已,如此罪人由故不出阿鼻地獄。

《經》:"此等"至"當墮地獄"。

四,緣兹過難。"當墮地獄"者,《俱舍》十一云:"梵音'那落迦',此云'不可樂處'。"然以不可樂處即是其獄,在於地下二萬由旬。地獄有三:一、熱;二、寒;三、邊。熱地獄有八:一、等活;二、黑繩;三、衆合;四、叫唤;五、大叫唤;六、燒熱;七、大燒熱;八、無間。此八在贍部州下重累而住。前二有主治,次三少主治,後三無主治。此八爲本,一一各有十六園。一面有四:一、煻煨增。謂此增内,煻煨没膝,有情遊彼,纔下足時,皮肉與血俱焦爛墜;舉足還生,平復如本。二、屍糞增。謂此增内,屍糞泥滿,於中多有娘矩吒蟲,𧊒(觜)[①]利如針,身白頭黑。有情遊彼,皆爲此蟲鑽皮破骨,唼食其髓。三、鋒刃增,謂此增内復有三種:一、刀刃路。謂於此中仰有刀刃,以爲大道。有情遊彼,纔下足時,皮肉與血,俱斷碎墜;舉足還生,平復如本。二、劍葉林。謂此林上,純以銛利劍刃爲葉。有情遊彼,風吹葉墜,斬[②]刺[③]支(肢)體,骨

① 𧊒,録本作"紫",據底本改。《廣韻·紙韻》:"𧊒",同"觜"。

② 斬,底本及録本作"斬",當爲"斬"字之訛。《俱舍論頌疏論本》第十一:"二劍葉林,謂此林上純以銛利劍刃爲葉。有情遊彼,風吹葉墜,斬刺支體,骨肉零落。"(T41n1823p880b27)兹據正。

③ 刺,録本誤作"剌",據底本改。

肉零落。有烏駁[①]狗，攎(摣)[②]掣食之。三、鐵刺林。謂此林上，有利鐵刺[③]，長十六指。有情被逼，上下樹時，其刺銛鋒，下上纔(鑱)[④]刺。有鐵㭰(觜)[⑤]鳥探啄有情眼精心肝，争競而食。刀刃路等三種雖殊，而鐵仗同，故一僧(增)[⑥]攝。四、烈河增。謂此增量廣，滿中熱咸水。有情入中，或浮或没，或逆或順，或横或轉，被蒸[⑦]被煮，骨肉糜爛。如大鑊中滿盛灰汁，置麻、米等，猛火下然(燃)[⑧]，麻等於中上下迴轉，舉體糜爛，有情亦然。設欲逃亡，於兩岸上，有諸獄卒，手執刀槍，禦捍[⑨]令迴，無由得出。此河如塹，前三似園，此

---

① "駁"字底本及録本作"驟"，據《阿毘達磨俱舍論》卷第十一[T29n1558p58c4]改。《古今韻會舉要・覺韻》:"駁，通作駮。"《阿毘達磨順正理論》卷第三十一:"有烏駮狗，撲令僵僕。"[T29n1562p516c27]可助比勘。烏駮，指毛色青白相雜。《一切經音義》卷第七十二:"烏駮……字典説云:駮斑文也。從馬，交聲。"[T29n1558p58c4]

② 攎，此當爲"摣"之訛字。慧琳《一切經音義》"摣掣"條:"上鮓沙反。《考聲》云:'摣，取也。'……《古今正字》云:'爪取也。從手，虘聲。虘音昨何反。'下闡勢反。《考聲》云:'掣，頓拽也。……從手制聲，又作撆。"《阿毘達磨俱舍論》卷第十一:"二、劍葉林，謂此林上純以銛利劍刃爲葉。有情遊彼，風吹葉墜，斬刺肢體，骨肉零落。有烏駁狗，摣掣食之。"[T29n1558p58c4]可助比勘。"摣"本字作"**叡**"。《集韻・麻韻》:"**叡**，《説文》:'叉取也。'或從手。"字亦作"担"。《方言》卷十:"南楚之間，凡取物溝泥中謂之'担'，或謂之'摣'。"

③ 刺，録本誤作"剌"，據底本改。

④ 纔，此當爲"鑱"之訛字，此字《阿毘達磨俱舍論》卷第十一[T29n1558p58c6]正作"鑱"。《玉篇・金部》:"鑱，刺也。"《鶡冠子・世賢》:"若扁鵲者，鑱血脉，投毒藥，副肌膚，間而名出，聞于諸侯。"字亦作"劖"、"攙"。《説文・刀部》:"劖，剽也。"段玉裁注:"砭刺也。"《説文新附・手部》:"攙，刺也。"亦省作"毚"。《韓詩外傳》卷第九:"夫子以織屨爲食，食粥毚履。""毚履"猶言貫刺、修補鞋子。

⑤ 《廣韻・紙韻》:"**㭰**"，同"觜"。

⑥ 僧，此處當爲"增"字之訛。《俱舍論頌疏論本》第十一:"刀刃路等三種雖殊，而鐵杖同，故一增攝。"[T41n1823p880c12]可助比勘。

⑦ 蒸，底本不清晰，録本作"壓"，結合文意，據《阿毘達磨俱舍論》卷第十一[T29n1558p58c10]改。

⑧ 然，後作"燃"。

⑨ 捍，録本誤作"桿"，據底本改。《阿毘達磨藏顯宗論卷》第十六:"設欲逃亡，於兩岸上有諸獄卒，手執刀槍，禦捍令迴，無由得出。"[T29n1563p851c14]可助比勘。禦捍，即防禦，阻拒。《北齊書・王紘傳》:"五年，陳人寇淮南，詔令群官共議禦捍。"亦其例。

是增上被刑害所，故説名“增”。

四面合十六，通本爲十七。八[□][個][①]十七，合有一百三十六所。罪人於中，受熱惱苦。

寒地獄有八：一、頞浮陀，由寒苦所逼，肉生細胞；二、尼剌浮陀，由寒風所吹，通身成胞；三、阿吒吒，由脣不得動，唯舌得動，故作此聲；四、阿波波，由舌不得動，唯脣得動，故作聲；五、[□][嘔][②]喉喉，由脣舌不得動，振氣故作此聲；六、優鉢羅，此是青蓮花，此華[葉][③]佃（細）[④]，由肉細坼[⑤]，似此花開；七、波頭摩，此是赤蓮花，由肉包（胞）[⑥]大坼[⑦]，似此花開；八、忿陀利，此是白蓮花，由彼骨坼[⑧]，似此花開。

前二，從身相受名；次三，從聲相受名；後三，從瘡相受名。又前二，了叫；次三，不了叫；後三，不叫。此八在四洲間，著鐵圍山底，仰向居止。罪人於中，受寒凍苦。

邊地獄有三：一在山間，二在水間，三在曠野。受别業報，寒熱雜受。

《經》：“此等衆生”至“流轉無期”。

五，殃神長劫。謂諸破戒及謗法等，以惡業故，應於地獄受苦無窮。

《經》：“以得”至“名號故”。

六，由昔聞名。由聞藥師如來名，故捨惡行善，不入惡趣。

---

① 個，底本及録本無，結合文意，據《法苑珠林》卷第七[T53n2122p326a17]補。

② 嘔，底本及録本無，據文義補。《天請問經疏一卷》：“五嘔喉喉，由脣舌皆不得動，振氣故作此聲。”[T85n2786p563c1]可助比勘。

③ 葉，録本脱，據底本補。

④ “佃”字費解。比勘《天請問經疏一卷》：“六欝波羅。此是青蓮華。此花葉細，由肉色細坼，似此花開。”[T85n2786p563c3]可知底本及録本訛“細”爲“佃”，兹據正。

⑤ 此字底本作“**坼**”，乃“坼”字俗體。《天請問經疏一卷》[T85n2786p563c3]該字正作“坼”字。《説文・土部》：“坼，裂也。”“坼”，本指裂開、分裂，亦可指植物的種子或花芽綻開。《易・解》：“天地解而雷雨作，雷雨作而百果草木皆甲坼。”唐沈千運《感懷弟妹》詩：“今日春氣暖，東風杏花坼。”皆其用例。録本訛“**坼**”作“岸”，致使文義不可解讀。

⑥ 包，録本作“色”，據底本改。包，後作“胞”。

⑦ 坼，録本訛作“岸”，底本作“**坼**”，乃“坼”字俗體。兹據正。

⑧ 坼，底本不清晰，録本作“岸”，結合文意，據《天請問經疏一卷》[T85n2786p563c5]改。

《經》:“於地獄處”至“還生人道”。

七,願遂應時。以破戒等五種業行輕重異故,謂現在雖聞藥師如來名,不能捨惡行善。由惡業故墮惡趣者,以彼如來增上威力,復由昔在人間聞如來名種子因力,初入惡趣,令其現前,暫聞藥師如來名號,從彼惡趣命終,還生人道。

問:“一種俱聞佛名,何故有墮、不墮?”

答:“業有輕重,根有利鈍。若業輕根利者,現聞佛名即能捨惡行善,不墮惡趣;若業重根鈍者,要初墮惡趣,深生厭離,更聞佛名,方生人道。《涅槃經》云:‘一闡提’等積善根時,有其二種:一者、現在能積善根;二者、死已生地獄中,能積善根。就生地獄積善根時復有二種:一者,入地獄時能積善根;二者,生地獄時能積善根。”

《經》:“正見精進”至“菩薩諸行”。

八,勤修勝業。云何“正見”?依《成實論》第十九云:“正見[1]二種:一、世間;二、出世間。”“世間”者,謂見有罪福等;“出世間”者,謂能通達苦等諸諦。

又如偈說:

“得世上正見,雖往來生死,乃至百千世,常不墮惡道。”

又《瑜伽論》二十一云:“若有世間,上品正見,雖歷千生,不墮惡趣。”又《雜集論》第十三云:“若有具世間,增上品正見,雖經歷千生,而不墮惡趣。”

云何“精進”?《大般若經》說:“勤精進”者,謂於一切諸善法中愛樂欣喜。言“愛法”者,謂於此法起欲悕[2]求。言“樂法”者,謂於此法稱讚功德。言“欣法”者,謂於此法歡喜信受。言“喜法”者,謂於此法樂多修習。《演道俗業經》云:若能精進,即具四法:一者、夙夜奉法,未曾懈廢;二者、寧失身命,不違道教;三者、勤誦經典,不懈惓故;四者、廣欲救濟諸危厄者。《那先比丘經》說:精進能助一切善法,如陣兵弱,强兵助之。又如《論》云:精進遍

① “見”字録本誤作“是”,據底本改。

② 悕,録本誤作“稀”,據底本改。“悕”“希”二字可互通。《北史·高允傳》:“絶悕龍津,止分常科。”《魏書·高允傳》作“希”。故“悕求”即“希求”,指謀求,企求。唐元稹《代諭淮西書》:“吴侍御棄喪背禮,捨父幹君,誘聚師徒,希求爵位。”即其例。

策，諸度法門。《遺教經》説：若精進，則事無難者。依《智度論》第十六云：初發心菩薩，於一切善法中漸漸次第，修菩薩行，是名“精進”。

問：“一切善法中，勤何不名‘精進’？”

答：“二乘及人不具行勤，不名‘精進’。”

問：“二乘及人行勤，何故不名‘精進’？”

答：“無大慈悲，棄捨衆生，不求十力、四無所畏、十八不共法及一切智、無礙解脱、戒、定、智慧諸善法等。菩薩不休不息，一心求佛，不捨衆生。如是行者，名爲‘精進’。如好施菩薩，求如意珠，杼（抒）[①]大海水。正使筋骨枯盡，終不懈廢。得如意珠，以給衆生，濟其身苦。菩薩如是，難爲能爲，是名‘精進’。”

問：“‘精進’有幾？”

答：“‘精進’有二：布施持戒，名‘身精進’；勤定智慧，名‘心精進’。又，外事勤修，名‘身精進’；内自專精，名‘心精進’。又，麁精進名‘身’，細精進名‘心’。又，爲福德精進名‘身’，爲智慧精進名‘心’。又，‘身精進’者，受諸勤苦，終不懈廢。如波羅柰國梵摩達王遊獵於林中，見二鹿群，群各五百。彼兩[②]鹿群，各有一主：一、釋迦菩薩；二、提婆達多菩薩。鹿王身七寶色，見人王衆，於其部黨，起大悲心，逕[③]到王前。王人競射，飛矢如雨。王見此鹿[④]直進趣己[⑤]，無所忌憚，敕諸從人：‘攝汝弓箭！無得斷其來意。’鹿王既至，跪白人王：‘君以嬉遊逸樂，爲小事故，群鹿一時皆受死苦。若以供膳，當自差次，日[⑥]送一鹿，以供王厨。’王善其言，聽如其意。於是二群鹿王共會，次各一日。調達群中，一鹿懷子，次至應送，來白其王：‘我身今日，應當送死。而我懷子，子非次也。乞垂斷理，使死者得次，生者不濫！”鹿王怒之：“誰不惜命！次來但去，何得辭也！’鹿母思惟：‘我王不仁，不以理恕，不察我

① 杼，此乃“抒”之换旁俗字。甲本録作“抒”。

② 兩，録本誤作“雨”，據底本改。

③ 逕，録本誤作“逆”，據底本改。

④ 鹿，録本誤作“庶”，底本實作“[illegible]”，乃“鹿”字俗體。玆據正。

⑤ 己，録本誤作“已”，據底本改。

⑥ 日，録本誤作“曰”，據底本改。

辭，橫見慎怒，不足告也。'即至菩薩鹿王之所，以情具白。王問此鹿：'汝主何言？'母鹿答曰：'我王不仁，不見理斷，而見瞋怒。大王仁及一切，故來歸命。如我今日，天地雖曠，無所控告！'菩薩思惟：'此甚可愍。若我不理，枉殺其子。若非次更差，次未及之，如何可遣？唯我代之。'思惟既定，即自送身，遣鹿母還：'我今代汝，汝勿憂也。'鹿王逕[①]到王門。衆人見之，怪其自來，以事白王。王[②]亦怪之，而命令前，問言：'諸鹿盡邪？汝何以來？'鹿王白言：'大王仁及群鹿，人無犯者。但有孳茂，何有盡時？異部群中，一鹿懷子，以垂産故，身當俎割，子亦併命，歸告於我，我以愍之。非分更差，是亦不可；若歸而不救，無異木石。是身不久，必不免死。慈救苦厄，功德無量。若人無慈，[□][與][③]虎狼無異。'人王聞已，即從坐起，而説偈言：

'我實是畜獸，名曰"人頭鹿"。汝雖是鹿身，名爲"鹿頭人"。

以理而言之，非以形爲人。若能有慈惠，雖獸實是人。

我從今日始，不食一切肉。我以無畏施，且[④]可安汝意。'

諸鹿得安，王得仁信。諸如是等，名'身精進'。

於諸善法，修行信樂，不生疑悔，而不懈怠；從一切賢聖，下至凡人，求法無厭，如海呑流；是爲菩薩'心精進'也。依《華嚴經》説：三業精進：一、身業精進，恭敬供養諸佛菩薩一切福田，中不退故；二、口業精進，聞持一切諸佛正法，未曾忘失，讚歎如來，隨所聞法，廣爲人説，無疲惓故；三、意業精進，善巧方便，入慈悲喜，捨禪定三昧，相續不退故。"

問："净心内發，勝解斯彰，何假捨家而求要道？"

答："雖知淳善久悟，處俗猶似同牢，衆務縈纏，所以捨家學道。故《涅槃經》第十一云：'居家迫迮，猶如牢獄，一切煩惱由之而生。出家寬曠，猶如虚空，一切善法，因之增長。'又《鬱伽長者經》説：'在家下賤，出家尊貴；在家生死際，出家涅槃際。'又，《大方便佛報恩經》第五卷説：時諸釋女，被瑠璃王割

---

① 逕，録本誤作"逆"，據底本改。

② 此字録本誤作"主"，據底本改。

③ 與，底本及録本無，結合文意，據《大智度論釋初品中毘梨耶波羅蜜義》第二十七[T25n1509p178c12]補。

④ 且，録本誤作"旦"，據底本改。

截耳鼻，斷其手足，棄於塚間。蒙佛威力，平復如故。諸女思惟：'我等今者欲報佛恩，當共出家，修持禁戒，護持正法。'思惟是以，即求衣鉢，往諸王園比丘尼精舍，求索出家。

時有六群比丘尼，見諸釋女年時幼稚，美色端正。'今云何能捨此難捨而求出家？我等當爲説世間五欲快樂，待年限過[①]，然後出家，不亦快乎！彼若還俗，必以衣鉢奉施我等。'思惟是已，於釋女前，即以上事向諸女説。

諸女聞已，心懷苦惱：'此安隱處，云何有大恐怖！如是餚饍飲食，和以毒藥。世間五欲，多諸過患，我已具知。云何而更反歎其美？'

作是語已，舉聲大哭，還出僧坊。

有比丘尼，名曰'華色'，即問諸女：'何爲啼哭？'諸女答言：'不果所願。'

比丘尼言：'汝願何等？'

女答尼言：'願欲出家，不蒙聽許。'

時華色尼問言：'諸女欲出家者，我能度汝。'

諸女聞已[②]，心生歡喜，即便隨從，度爲弟子。

時諸釋女，既蒙聽許，悲喜交集，而作是言：'和上！當知我等在家，衆苦非一，親族喪亡，割削耳鼻，截斷手足，禍患滋甚。'

爾時，和上報諸弟子：'汝等辛苦何足言也？我在家時，荷負衆苦，其事衆多。'時諸禪女長跪白師：'願説在家衆苦因緣。'

時華色尼即入三昧，以神通力，放大光明，召集有緣。大衆既集，即自説言：'我在家時，是舍衛國人。父母嫁我與北方人。彼國風俗，其婦有身，垂欲産時，還父母家。如是次第，數年生子。後復有身，垂産之日，皆乘車馬，夫妻相將，歸父母家。中路有河，其水暴涱（漲）[③]，其路曠絶，多諸賊難。既至河已，不能得渡，住宿岸邊。於初夜時，我腹卒痛，即便起坐。未久之間，即便免（娩）[④]身，生一男兒。崖邊草中，有大毒蛇，聞新血香，即來趣我。未

① 過，底本及録本作"遇"，結合文意，據《大方便佛報恩經》卷第五[T03n0156p152c1]改。

② 已，録本誤作"己"，據底本改。

③ 《字彙·水部》："涱，與'漲'同。"

④ 免，後作"**㝃**"，今作"娩"。《正字通·兒部》："生子曰'免'，《説文》作'**㝃**'。"

至我所，我夫及奴眠在道中。蛇至奴所，尋便螫殺。前至夫所，夫眠不覺，復螫殺夫[①]。我時唱喚："蛇來！蛇來！"喚既不應，夫、奴已死。爾時毒蛇復螫牛馬。至曰出已，夫等身體膖脹爛壞[②]，骨已解散，狼藉在地。憂悲恐怖，悶絶躃地，舉聲大哭，以手推（椎）[③]胸，自拔頭髮，塵土坌身，尋復悶絶，舉身投骨。如是憂苦[④]，經留數日，獨在岸邊，其水漸小。荷負小兒，以手牽持，其新産者，以裾盛之，銜著口中，即前入水。正到河[⑤]半，反視大兒，見一猛虎奔走馳逐，開口唱喚，口即失裾，嬰兒没水，以手探捕，而竟不獲。其背上者，失手落水，尋没喪失。其岸上者，爲虎所食。我見是以，心肝分裂，口吐熱血，舉聲大喚："怪哉！怪哉！我今一旦，見此禍酷。"即到岸上，悶絶躃地。未久之間，有大[⑥]伴至。爾時，伴中有一長者，是我父母舊所知識。我即前問父母消息。爾時，長者即答我："汝父母家昨夜失火，所燒蕩[⑦]盡，父母亦喪。"我聞是已，悶絶躃地，良久乃蘇。未久之間，有五百群賊，即壞衆伴。爾時賊主，便將我去，作賊主婦。賊主婦法，常使守門。若有緩[⑧]急，爲人所逐[⑨]，須速開門。後於一時，夫與群賊共行抄劫。爾時，賊主[□][爲][⑩]王及聚落並力馳

---

① "殺夫"二字底本及録本作"夫殺"，結合文意，據《大方便佛報恩經》卷第五[T03n0156p153a2]改。

② 壞，底本，録本作"蟲"，結合文意，據《大方便佛報恩經》卷第五[T03n0156p153a4]改。

③ 敦煌寫本"扌"、"木"二部常混，故"推"字當爲"椎"字之俗體，"推胸"即"椎胸"也。

④ 苦，底本及録本作"故"，結合文意，據《大方便佛報恩經》卷第五[T03n0156p153a7]改。

⑤ 河，録本誤作"何"，據底本改。

⑥ 大，底本、録本作"一"，結合文意，據《大方便佛報恩經》卷第五[T03n0156p153a15]改。

⑦ 蕩，録本誤作"蘊"，據底本改。

⑧ 緩，底本不清晰，録本作"緣"，結合文意，據《大方便佛報恩經》卷第五[T03n0156p153a20]改。

⑨ 逐，録本誤作"遂"，據底本改。

⑩ 爲，底本及録本無，據文義補。又下文"其夫於後續復劫盗，爲王所得，即治其罪。"可資參證。

逐，即遣其家。爾時，其婦在於舍内，免（娩）①身生子。夫在門外，再三喚已，内無人開門。爾時，賊主即作是念：“今此婦者，欲危害我。”思惟是已，即緣墻入，語其婦言：“以何事故，不開門耶？”婦言：“以産生故，而不及耳。”爾時，賊主見是事已，瞋恚小息，語其婦言：“人有身者，便當有子。汝爲産故，危害於我，用是子爲？速往殺之。”爾時，其婦心生憐愍，不忍殺之。爾時，賊主尋拔刀斫，解斷手足，語其婦言：“汝可還噉。若不食者，當斷汝頭。”爾時，其婦以恐怖故，即還食之。既還食已，瞋恚便息。其夫於後續復劫盜，爲王所得，即治其罪。治賊之法，要斷其命，合婦生埋。我時身體著妙瓔珞。爾時，有人貪我瓔珞，於後夜時即便開塚，取我瓔珞，並將我去。復經少時，王家伺官即伺捉得，以法斷之，如治賊罪。治賊之法，即斷其命，合婦生埋。埋之不固，於後夜時，多諸虎狼，把（爬）②發塚開，食噉死屍。我因此故，尋時得出。既得出已，荒錯迷悶，不知東西，即便馳走。路見多人，即便問言：“諸人當知我今苦惱，何處能有忘③憂除患？”時有長老婆羅門等，以憐愍故，即語我言：“曾［□］［聞］④釋迦牟尼佛法之中，多諸安隱，無諸衰惱。”我聞是已，心生歡喜，詣⑤大愛道憍曇彌比丘尼所出家，次第修習，即得道果，三明六通，具八解脱。以是因緣，汝等當知我在家時勤苦如是。以是因緣，自致得道。’

---

① 免，後作“𠈣”，今作“娩”。見前注。

② 把，録本誤作“圯”，底本實作“𢪃”，乃“把”字之省筆俗書。俄Дx01672《黄仕强傳》：“𢪃文書人並三人牽仕强出金城外，傍墻東向。”（《俄藏》8—289—A11）即其例。該字《大方便佛報恩經》卷第五［T03n0156p153b12］正作“把”。“把”字此處又當是“爬”字之義符替换之或體。《敦煌俗字研究》“爬”字條按：“希麟《續音義》卷九《根本説一切有部毗奈耶破僧事》第十卷音義：‘爬，蒲巴反，《切韻》：搔爬也。或作把。’用同‘爬’的‘把’爲‘爬’的换旁字，與‘把握’的‘把’同形異字。”上《大方便佛報恩經》卷第五“把”字下録本出校：“把＝爮【宋】【元】【明】。”按：“爮”當爲“爮”之訛字。《篇海類編·身體類·爪部》：“爮，爮刮。本掊搔字。”與“爬搔”義同。

③ 忘，録本誤作“忌”，據底本改。

④ 聞，底本及録本脱，結合文意，據《大方便佛報恩經》卷第五［T03n0156p153b16］補。

⑤ 詣，録本誤作“諸”，底本實作“詣”，乃“詣”之俗體。“旨”旁俗書作“旨”，手體又變作“自”，故“詣”亦寫作“詣”。“詣……所”即“到……處”之義。斯2454號《五更轉兼十二時》：“毗耶長者半千人，俱持寶蓋來相。”即其用例。

時諸釋女聞是説已,心大歡喜,得法眼净。”

問:“出家學道有何勝利?”

答:“《僧祇律》云:若人百千歲供養及羅漢,不如一日夜出家修梵行。又《智度論》第三卷云:‘孔雀雖有色嚴身,不如鴻雁能遠飛;白衣雖有富貴力,不如出家功德勝。’又《佛本行集經》云:‘假使恩愛久共處,時至命盡會别離,見此無常須臾間,是故我今求解脱。’又《出家功德經》云:假使有人遍閻浮提造舍寶塔,簷簷相次,至於梵天,所獲功德,不如有人放一奴婢出家學道。假使有人放奴婢出家,遍閻浮提,如稻麻竹葦,所獲功德,不如有人放一男女,出家爲道。廣如經説。”

《經》:“復次”至“高輕他故”。

三,治妒忌。

文分爲四:一、順情輕蔑;二、身遇極殃;三、由昔聞名;四、咸蒙願遂。此則初也。以妒忌故者,《雜集》第一云:“耽著利養,不耐他榮。瞋之一分,心妒爲體,令心憂慼、不安隱住爲業。”

《經》:“於三惡道”至“受諸苦毒”。

二,身遇極殃。文分爲三:一、受地獄;二、受畜生;三、受下賤。此則初也。於三惡道受諸苦毒者,此得異熟果;以嫉妒故,當墮地獄中;以自讚毀他故,當墮畜生中。

《經》:“過無量”至“隨路而行”。

二,受畜生。此得餘殘果。以自讚毀他餘殘果,故受牛馬等身;以嫉妒餘殘果故,受鞭杖等苦。

《經》:“若生人道”至“受他驅役”。

三,受下賤。此得增上果。以自讚毀他增上果故,常居下賤,爲人奴婢;以嫉妒增①上果故,受他驅役。

《經》:“若昔人中”至“名號者”。

三,由昔聞名。由聞佛名,熏習善因;雖後遇惡友,造作惡業,還復憶念藥師佛名;佛神力故,非直拔除三種業障,亦復能令三種苦果皆得解脱。

① 此字底本作“憎”,乃“增”字之記音字。

《經》:“以此善根”至“憂悲苦惱”。

四,咸蒙願遂。言“良友”者,唐本云“善友”,宋本云“善知識”,皆不相違。如《涅槃經》三十一云:“善知識者,若有能説信戒、多聞、布施智慧,令人受行,是名‘菩薩善知識’也。”又《智度論》七十一云:“善吉白佛:‘新學菩薩摩訶薩等,云何欲舉六波羅蜜?’佛告善吉:‘新學菩薩摩訶薩等,若欲行學六波羅蜜,先當親近、恭敬、供養彼善知識。’”又《大寶積經》云:“復次,迦葉!菩薩有四善知識:諸來求者,是善知識,佛道因緣故;能説法者,是善知識,生智慧故;能教化人、令出家者,是善知識,增長善法故;諸佛世尊,是善知識,增長一切諸佛法故。”又,《法華經》第七卷説:“善知識者,是大因緣,所謂化導,令得見佛。”《法句經》説:佛言:“一切衆生欲得阿耨多羅三藐三菩提[□][者][1],當親近善知識,請問法要,必聞如斯甚深要句。”普明菩薩白言:“世尊,云何名爲是‘善知識’?”佛告普明:“善知識者,是汝父母,養育汝等菩提身故;善知識者,是汝眼目,視導汝等菩提路故;善知識者,是汝腳足,荷負汝等離生死故;善知識者,是汝梯橙,扶[2]侍(持)[3]汝等至彼岸故;善知識者,是汝飲食,能使汝等長法身故;善知識者,是汝寶衣,覆蓋汝等功德身故;善知識者,是汝橋梁,運載汝等渡有海故;善知識者,是汝財寶,救拔汝等離貧苦故;善知識者,是汝日月,照曜汝等離黑闇故;善知識者,是汝身命,護惜汝等無有時故;善知識者,是汝鎧杖,降伏諸魔得無畏故;善知識者,是汝絙繩,挽拔汝等離地獄故;善知識者,是汝妙藥,療治汝等煩惱病故;善知識者,是汝利刀,割斷汝等諸愛網[4]故;善知識者,是汝時雨,潤漬汝等菩提牙(芽)故;善知識者,是汝明燈,能破汝等五蓋闇故;善知識者,是汝善標,教示汝等趣正覺故;善知識者,是汝薪火,成熟汝等涅槃食故;善知識者,是汝弓箭,射殺汝等煩惱賊故;善知識者,是汝勇將,能破汝等生死軍故;善知識者,是汝如來,破汝煩惱至涅槃故。善男子,善知識有如是等無量功德。我今教汝親近於是。”

---

① 者,底本及録本脱,結合文意,據中村90號《佛説法句經》補。

② 扶,録本誤作“快”,據底本改。

③ 侍,此處當爲“持”之訛字。《勸發菩提心集》卷中:“善知識者,……是汝梯蹬,扶持汝等至彼岸故。”[T45n1862p394a14]可助比勘。

④ 網,底本、録本作“納”,結合文意,據《勸發菩提心集》卷中[T45n1862p394a22]改。

寶明與諸大衆聞佛説此善知識甚深法要，舉聲號哭，淚下如雨，悲啼懊惱，不能自裁。自念："我身從曠劫已來，爲善知識之所守護，是故今日值於如來，得聞深法。如是遇者，善知識力，非我力能。自念我身從本已來，未曾報恩，方便親近。"説是語已，重復舉聲，悲號懊惱，推（椎）[①]胸大哭。譬如有人，新喪父母，號悼（咷）[②]啼泣，死而復蘇。爾時世尊見是事已，生憐愍心，即嘘長歎。以歎息故，振動三千大千世界，一切佛刹亦皆大動。是名"得與良友，常相隨逐"。

"能斷魔羂"者，顯前自讚毁他。由毁他故，不遇良友。由自讚故，必被魔辱。此是天魔。"破無明鷇"，謂破無明住地。"竭煩惱河"者，謂竭四住等煩惱。此之二句，明破煩惱魔。"解脱一切生老病死憂悲苦惱"者，明破蘊魔。"天魔惱"者，《雜集》第一云："忿恨居先，瞋之一分，心戾爲體，高暴麁言，所依爲業，生起非福爲業，不安隱住爲業。""高暴麁言"者，謂語現凶疏，切人心腑。謂聞佛名，增上功德，能令如是生老病死、憂悲苦惱皆得解脱。

《經》："復次"至"更相鬪訟"。

四，治離隙。文分爲四：一、正造乖離；二、起屍厭魅；三、由昔聞名；四、咸蒙願遂。就初文中，文分爲三：一、正造；二、相損；三、憑非。此則初也。

"好喜乖離、更相鬪訟"者，三業之中，口兩舌業。《四分律》説："昔二惡獸，一名'善牙'，二名'善博'，晝夜相隨，伺捕衆鹿。有一野干，逐二獸後，食其殘肉，以自全[③]命。時彼野干竊自生念：'我今不能久與相逐，當何方便，鬪亂二獸，令不相隨？'時彼野干住（往）[④]善牙所，作如是言：'彼善博虎有如是語言："我生處種姓、形色、力勢勝汝，我常日日得好美食，而彼善牙恒隨我

① 敦煌寫本"扌"、"木"二部常混，故"推"字當爲"椎"字之俗體。《集韻・脂韻》："椎，通作槌。"該字中村不折氏藏敦煌本090號《佛説法句經》即作"槌"，可參。

② 悼，此當爲"咷"之音近借字（"悼"字《廣韻》徒到切，"咷"字《廣韻》徒刀切，二字紐同韻近）。

③ 全，録本誤作"令"，據底本改。

④ 敦煌寫本"亻"、"彳"二部相亂，故"住"字當爲"往"字之俗體。該字《四分律》卷第十一[T22n1428p636b5]正作"往"。

後,食我殘肉。以自全[1]命。"'即説偈言:

'形色及所生,大力而復勝。善牙不能善,善博如是説。'

爾時,善牙問野干言:'何以得知?'答言:'共集一處,相見[2]自知。'爾時,野干語善牙已,便語善博:'汝今知不?善牙有語,乃至偈言:

"形色及所生,大力而復勝。善博不能善,善牙如是説。"'

作是語已,時彼二獸共集一處,瞋眼相視。善牙師子便作是念:'不應不問便先下手而打於彼。'即以偈頌向善博説:

'"形色及所生,大力而復勝,善牙不如我。"善博説是耶?'

答曰:

'善博不説是:"形色及所生,大力而復勝,善牙不能善。"

若受無利言,信他彼此語,親厚自破壞,便成於怨家。

若以知真實,當滅除瞋惱。今可至誠説,令身得利益。

今當善降伏,滅除惡知識。可殺此野干,鬬亂我等者。'"

《經》:"此等"至"乃欲相損"。

二,相損。謂由乖離惱亂自、他,起身、口、意三種惡業,展轉常爲,不饒益事。

《經》:"各各常以"至"毒害呪術"。

三,憑非。"各各常以,無益相加",謂互起意業,謀相危害。或告林、樹、山、塚神前而呪咀之,令其衰損。此雖[□][非][3]殺生及書怨[□][人][4]名、作其形像,並是身業。此之身業,但爲表成呪咀語業。

《經》:"厭魅蠱道"至"及壞其身"。

二,起屍厭魅。謂互起身業,更相殺害。此中雖復呪起屍鬼,並是語業。此之語業但爲表成壞身命業。

《經》:"由聞"至"名號故"。

---

① 全,録本誤作"令",據底本改。

② 見,録本誤作"是",據底本改。

③ 非,底本、録本無,甲本據文意補,玆從之。

④ 人,底本、録本無,甲本據文意補,玆從之。

三，由昔聞名。謂聞佛名，便得拔除身、口、意等諸不善業。

《經》："此諸惡事"至"更相攝受"。

四，咸蒙願遂。"慈心"者，如《智度論》："若行慈心，有五利益：一、刀不傷；二、毒不害；三、火不燒；四、水不溺；五、一切瞋怒惡害，衆生見皆歡喜。""益心"者，謂不相損。"無嫌恨心"者，如《涅槃經》三十一云："我念往昔生南天竺富單那城婆羅門家。是時，有王名'迦羅富'，其性暴惡，憍慢自大，年壯色美，耽著五欲。或於爾時，爲度衆生，在彼城外，寂默禪思。爾時彼王，春木花敷，與其眷屬、宫人、婇女出城遊觀，在樹林下，五欲自娱。其諸婇女，捨王遊戲，遂至我所。我時欲爲斷彼貪故，而爲説法。時王尋來，即見我時，便生惡心，而問我言：'汝今已得羅漢果耶？'我言：'不得。'復言：'獲得不還果耶？'我言：'不得。'復作是言；'汝今若未得是二果，則爲具足貪欲煩惱。云何自恣，觀我女人？'我即答言：'大王當知：我今雖未斷貪欲結[①]，然我内心實無貪著。'王言：'癡人！世有諸仙[②]，服氣食菓，見色猶貪。况汝盛年，未斷貪欲，云何見色而當不著？'我言：'大王，見色不著，實不因於服氣食菓，皆由繫[③]心無常、不净。'王言：'若有輕他而生誹謗，云何得名"修治净戒"？'我言：'大王！若有妒心，則有誹謗。我無妒心，云何言"謗"？'王言：'大德，云何名"戒"？''大王，忍名爲"戒"。'王言：'若忍是戒者，當截汝耳。若能忍者，知汝持戒。'即截其耳。時我被截，顔容不變。時王群臣見是事已，即諫王言：'如是大士，不應加害。'王告諸臣：'汝等云何知是大士？'諸臣答言：'見受苦時容色不變。'王復語言：'我當更試，知變不變。'即劓其鼻，刖其手足。爾時，菩薩無量世中修習慈悲，愍苦衆生。時四天王心懷[④]瞋忿，雨沙礫石。王見是已，心大怖畏，復至我所，長跪而言：'唯願哀愍，聽我懺悔。'我言：'大王！我心無瞋，亦如無貪。'王言：'大德！云何得知心無瞋恨？'我即立誓：'我若真實無瞋恨者，令我此身平復如故。'發是願已，身即平復。"是故名爲"無嫌

① 此句底本及録本作："我今雖未雖斷貪欲結"，後一"雖"當係涉上"雖"字而衍。兹據文意删。

② 仙，録本作"佛"，且出校："佛＝仙？"按：該字底本實作"仙"，兹據録正。

③ 繫，録本誤作"繁"，據底本改。

④ 懷，録本誤作"壞"，據底本改。

恨心”。

《經》:“復次”至“憂波私”。

五,治不定。文分爲七:一、機器咸臻;二、戒德資潤;三、隨所願樂;四、由昔聞名;五、聖衆來迎;六、天人受福;七、永離女身。此則初也。“比丘”如前釋。“比丘尼”者,此之乞士女,謂受五百戒者,亦攝戒叉摩那及沙彌尼。

《經》:“及餘信心”至“受持諸戒”。

二、戒德資潤。云何名爲“受八分齋”?《智論》十三云:先受三歸,次爲懺悔,後爲受戒。應云:“如諸佛盡形壽不殺生,我某甲一日夜不殺生,能持不?”如是不盗、不淫、不妄語、不飲酒、不坐高廣大床、不著花香瓔珞、不觀伎樂、過中食等,名“八分齋”。

問:“何以六齋日受於八戒?”

答:“是日惡鬼逐人,欲奪人命。疾病、凶衰,不仁不吉。劫初聖人教人持齋、修善、作福,以避凶衰。是時齋法,不受八戒,直以一日不食爲齋。後佛出世,教言:‘汝當一日一夜如諸佛,持八戒,過中不食。以是功德,將人至涅槃。如《四天王經》中說:四天王等自下觀察四天下人布施、持戒、孝順父母少者,四天王等便上忉利,以啓帝釋。一切諸天心皆不悦,自傷歎言:“修羅種多,諸天種少。’若布施、持戒、孝順多者,帝釋、諸天心皆歡喜,言:‘增益諸天衆,減損阿修羅。’是時帝釋自説偈言:

‘六齋神足月,受持清净戒。是人壽終後,功德必如我。’

佛告帝釋:‘汝三衰、三毒未除,云何妄言“持一日戒,功德、福報必得如我”?’

若受持此戒,必應如佛,諸天歡喜,福德增多。又,此六齋日,惡鬼害人,惱亂一切。若所在國邑有持齋受戒人者,惡鬼遠去,住處安隱。以是義故,六日持齋,得福增多。”

問:“何故諸惡鬼輩,以此六日惱害於人?”

答:“《天地本起經》説:劫初成時,有異梵天王子、諸鬼神父,修梵志苦行,滿天上十二歲。於此六日,割肉出血,以著火中。以是義故,諸惡鬼神,於此六日,輒有勢力。”

問:“諸鬼神父母,何以於此六日割身肉血,以著火中?”

答:"諸天神中,摩醯首羅最爲第一。諸神皆有日分。摩醯首羅一月有四日分:八日、二十三日、十四日、二十九日。餘神一月有二日分:月一日、十六日,月二日、十七日。其十五日、三十日屬一切神。摩醯首羅爲諸天王,又得日多故,數其四日爲齋。二日是一切神日,亦數爲齋。是故諸鬼神,於此六日,輒有勢力。又諸鬼神父,於此六日,割肉出血,以著火中。過十二年已,天王來下,語其子言:'汝求何願?'答言:'我求有子。'天王言:'仙人供養法,以燒香、甘菓、諸清净事。汝云何以肉血著火中?如罪惡法,破善法,樂爲惡事,令汝生惡子,敢(噉)[①]肉飲血。'當説是時,火中有八大鬼出,身黑如墨,髮黄眼赤,有大光明。一切鬼神,皆從此八鬼生。以是義,於六日割身肉血,以著火中,而得勢力。如佛法中,日無好、惡。隨世惡日,教持齋受戒。"

"或[②]復一年"者,謂一年中,月别六日,常持八分齋戒。謂白月八日、十四、十五日,黑月亦爾。

"或復三月"者,謂未能一年常持月六,但經一年,持三長月。謂正月,即春分四月之初月;五月,即夏分四月之初月;九月,即冬分四月之初月。以彼天竺國法,一年但有三時。三時之中,各於初月持齋戒,即表一年常修善也。

《經》:"以此善根"至"如來所者"。

三,隨所願樂。今言"以此善根"者,是前持戒等善根,謂修此善根,願生西方也。云何名爲"極樂世界"?《稱讚經》説:"假使經於百千俱胝那庾多劫,以其無量百千俱胝那庾多舌,一一舌上出無量聲,讚其功德,亦不能盡。是故名爲'極樂世界'."梵音"阿彌陀",此云"無量壽"。

《經》:"由得聞彼"至"名號故"。

四,由昔聞名。由聞藥師如來名故,入正定聚,便得往生。

問:"聚有幾種?"

答:"聚有三種。"

問:"聚既有三,未知位地如何?"

---

① 録本出校:"敢=噉?"按:繫聯文義,"敢"當爲"噉"字之省旁俗字。

② 或,録本誤作"戒",據底本改。該字《四分律》卷第十一[T14n0449p402c19]正作"或"。

答:“依《薩婆多》:五亭(停)[1]心觀已前,名‘邪定聚’;從五亭(停)心觀至煖、頂兩位,名‘不定聚’;忍位已上,名‘正定聚’。若依大乘,無三乘種性者,名‘邪定聚’。有三乘種性,或未發心;雖發心,未是不退;皆名‘不定聚’。若有三乘種性,復已發心,决定不退者,名‘正定聚’。謂前持戒等衆,雖願生極樂,有未入定位者,若後得聞藥師如來名號,便得入正定聚中,終能往生。”

《經》:“於命終時”至“自然化生”。

五,聖衆來迎。“波頭摩花”者,赤蓮花也。

問:“《涅槃》、《智論》、《温室經》等明庵羅女,本花中生,名爲‘濕生’。今净土中亦因花生,乃名‘化生’。竟有何意?”

答:“穢土之中及諸草木人,未託生之前,先自因濕而生,常有濕氣,復得庵羅女等託此濕氣而生,故名‘濕生’。净土蓮花與人同時,無而忽有,若人若花,俱不因濕而起,故名‘化生’。”

《經》:“若復此人”至“如大力士”。

六,天人受福。謂聞藥師如來名,故命終生天。此人雖復未凡生净土,亦是正定聚人,終能往生。故此《經》云:雖生天中,“本昔善[2]根,無有窮盡,不復更生諸餘惡趣。”若是不定聚人,豈得善根無盡,不生惡趣?“本昔善根”者,謂本出世善根,或聞藥師如來名號善根。“轉輪王”者,《俱舍》十二云:“輪王出世,爲在何時?幾種幾俱?何威何相?從此洲人壽無量歲,乃至八萬歲,有轉輪王生。減八萬時,有情富樂,壽量損減,衆惡漸盛,非大人器,故無輪王。此王由輪旋轉,應導威伏一切,名‘轉輪王’。《施設足》中説有四種:金、銀、銅、鐵。如其次第,勝上中下。逆次,能王領一、二、三、四洲:謂鐵輪王,王一洲界;銅輪王,[□][王][3]二;銀輪王,[□][王]三;若金輪王,王四洲界。契經就勝,但説金輪。故契經言:‘若王生在刹帝利種,紹灑頂位,於

① 亭,後作“停”。該字甲本徑録作“停”,未當。下用同“停”之“亭”字徑括注其今字,不復校。

② 善,録本誤作“吾”,據底本改。

③ “王”字底本及録本無,據文義補。下文“銀輪王”後“王”字亦同,不復校。

十五日受齋戒時，沐浴首身，受勝齋戒，升[1]高臺殿，臣僚輔翼。東方忽有金輪寶現，其輪千輻，具足轂輞，衆相圓净，如巧匠成。舒妙光明，來應王所，此王定是金轉輪王。餘轉[2]輪王應知亦爾。’”“如是所説四種輪王，威定諸方，亦有差別。謂‘金輪’者，諸小國王各自來迎，作如是請：‘我等國土寬廣豐饒，安隱富樂，多諸人衆，唯願天尊，親垂教敕，我等皆是天尊翼從。’若銀輪王，自往彼土，威嚴近至，彼方臣伏。若銅輪王，至彼國已，宣威競德，彼方椎勝。若鐵輪王，亦至彼國，現威列陣，剋勝便止。一切輪王，皆無傷害。令伏得勝已，各安其所居，勸化令修十善業道。故輪王死，定得生天。”云何“四洲”？東勝身洲，南贍部洲，西牛貨洲，北俱盧洲。“十善業道”者，廣如《瑜伽》、《雜集論》説。“十惡業道”所有果相，翻彼即是“十善業道”。

《經》：“若有女人”至“永離女身”。

七，永離女身。由聞藥師如來名故，轉女成男，往生净土。以女人及根缺，不生净土。今此段文，明轉不定業，得成正定業。

《經》：“爾時”至“覺悟（寤）[3]其耳”。

五，答攝生時節。文分爲六：一、妙德利物；二、如來述成；三、師資辨益；四、救脱潤生；五、示病救方；六、令延遐壽。

就初文中，文分爲四：一、正明辨利；二、勸物受持；三、四鎮加威；四、益持祛横。

此則初也。“我於後時”者，謂於像法起時，誓以大悲種種方便，令信男女得聞藥師如來名號，乃至睡中亦以佛名覺悟（寤）其耳。

---

① 升，録本誤作“非”。録本出校：“非＝升?”按：底本實作“⿰丬卜”，此即“升”字之俗體，不必疑。伯2011《王仁昫刊謬補缺切韻·蒸韻》：“⿰丬卜，識承反，十合。”伯2069號《俗務要名林》量部：“十勺爲一合，十合爲一⿰丬卜。”如前所舉斯617號《俗務要名林》：“十合爲一⿰丬卜，□□□□□，十⿰丬十爲一（斛）。”其中“⿰丬十”爲“斗”字俗體，“⿰丬卜”則爲“升”字俗書。右下側加點的“⿰丬卜”有區别字形的作用。此處因“升”之俗體“⿰丬卜”與“非”字形似，致使校者録誤。該字《阿毘達磨俱舍論》卷第十二[T29n1558p064c5]作“昇”，乃“升”之另一增旁俗體。

② “餘轉”二字底本作“轉餘”，據文意改。《阿毘達磨俱舍論》卷第十二[T29n1558p064c8]出校：“轉餘＝餘轉【宋】【元】【明】【宫】。”

③ 清朱駿聲《説文通訓定聲·豫部》：“悟，叚借爲‘寤’。”

《經》:"若[□][受][1]持此經"至"而用供養"。

二,勸物受持。言供養者有其二種:一、勝(法)[2];二、財。"法供養"者,謂受持讀誦、宣説開解,名"法供養";"財供養"者,謂種種花香、寶幢幡蓋,名"財供養"。故《智度論》第三十云:"'法供養'者,謂菩薩行六波羅蜜,以法供養。""或[3]時菩薩得無生法忍,自除煩惱及除衆生煩惱。""供養者,隨其所宜:寒時,應以薪火、上衣、温室、被褥及以飲食;謂盛熱時,應以冷水、扇蓋、涼室、生薄之衣、上妙之食;風雨之時,就送供養。"

《經》:"爾時"至"皆詣其所"。

三,四鎮加威。"四大天王與其眷屬"者,依《俱舍論》第十一云:四大天王所部天衆唯住妙高諸層級等,有幾層級?其量云何?何等諸天,住何層級?蘇迷盧山有四層級:始從水際,盡第一層,相去十千踰繕那量。如是乃至盡第四層,亦十千量。此四層級,從妙高山傍出圍繞,盡[4]其下半。最初層級出十六千,第二、第三、第四層級如其次第,八、四、二千。有藥叉神,名爲"堅手",住初層級;有名"持鬘",住第二級;有名"恒憍",住第三級。此三皆是四大天王所部天衆。第四層級,四大天王及諸眷屬共所居止。故經依此説"四大王衆天如妙高山四外層級,四大王衆及眷屬居。如是持雙持軸,乃至七金山上亦有天居。是四大王所部封邑,是名'依地住四大王衆天'。於欲天中,此天最廣。"

《經》:"若此經卷"至"還復如故"。

四,益持祛横。謂若復有人誦持此經、攝心專念如來名故者,《無性論》説:此一念正聞熏習種子,雖在世間有漏心中,剋性而言,是出世無漏心種子。此無漏心雖未生時,以有四種功德:一、已能對治諸煩惱纏不復現行;二、以能對治諸惡險趣而不受報;三、以能與法身而作了因;四、以能與解脱身而作生因。由是持經人處無有横死,及諸惡鬼奪其魂魄。設以奪者,皆以

① 受,底本及録本脱,結合文意,據《藥師如來本願功德經》卷第五[T14n0449p403a8]補。

② 勝,甲本據文意改作"法"。

③ 或,録本誤作"戒",據底本改。

④ 盡,録本誤作"晝",據底本改。

如來威力，還得如故，身心安樂。

《經》："佛言"至"如汝所説"。

二，如來述成。文分爲二：一、印可前言；二、示其軌則。此則初也。

《經》："曼殊"至"右繞佛像"。

二，示其軌則。文分爲八：一、正勸修形；二、勸念昔行；三、如所願樂；四、稱遂所求；五、百怪長蠲；六、衆災永彌；七、毁禁還净；八、臨難蒙恩。

此則初也。"此人應作如來形像"者，造立形像。《福報經》説："時憂填王復白佛言：'人作善者，此之福祐，當何所獲？佛去已後，我恐不復見佛。今欲作佛形像，恭敬承事，得何福報？願佛哀愍，爲我説之。'

佛告王言：

'作佛形像報，父母見歡喜。端政威德重，愛樂終無厭。

作佛形像報，金色身炎光。猶妙師子像，衆生見歡喜。

作佛形像報，閻浮提大姓。刹利婆羅門，福人於中生。

作佛形像報，不生邊地國。不盲不醜陋，六情常完具。

作佛形像報，臨終識宿命。見佛在其前，不覺死苦時。'"

又，《法華經》第一卷説：

"若人爲佛故，建立諸形像，刻彫成衆相，皆已成佛道。

或以七寶成，鍮石赤白銅，白鑞及鉛錫，鐵木及與泥。

或以膠漆布，嚴飾作佛像。如是諸人等，皆已成佛道。

采畫作佛像，百福莊嚴相。自作若使人，皆已成佛道。"

"慈悲喜捨"者，《維摩》第三卷文殊問："云何行慈？"

維摩詰言："菩薩作是念，我當爲衆生説法，是則真實慈也。"

"何謂爲悲？"

答："菩薩所作功德，皆與一切衆生。"

"何謂爲喜？"

答："有所饒益，歡喜無悔。"

"何謂爲捨？"

答："所作福祐，無所希望。"

又《涅槃經》第十五説："夫修慈者，能斷貪欲；修悲心者，能斷瞋恚；修喜心者，能斷不樂；修捨心者，能斷貪欲、瞋恚衆生。"瞋有二種：一者，久於過去修集；二者，於今現在修集。修慈心者，能斷過去；修悲心者，斷於現在。又解，爲諸衆生除無利益，是名"大慈"；欲與衆生無量利樂，是名"大悲"；於諸衆生生歡喜心，是名"大喜"；無所擁護，名爲"大捨"；若不見我、法相、己身，見一切法平等無二，是名"大捨"；自捨己樂，施與他人，是名"大捨"。

問："法有多門，何故唯修慈、悲、喜、捨？"

答："如偈説言：

'若於一衆生，不生瞋恚心，而願與彼樂，是名爲"慈善"。

一切衆生中，若起於悲心，是名"聖種性"，得福報無量。

假使五通仙，悉滿此大地。有大自在王，奉施其所安，

象、馬、種種物，所得福報果，不及修一慈，十六分中一。'

下三亦爾。"

《經》："應念彼如來本昔大願。"

二，勸念昔願。謂憶念彼藥師如來本昔所發殊勝大願。

《經》："並解釋此經，如所思念。"

三，如所思念。

問："解釋此經有何尊勝？"

答："《金剛般若經》説：'隨所有處，説是法門，乃至四句偈等，當知此處，一切世間天、人、阿修羅，皆應供養，如佛塔廟。'"①

《經》："如所願求"至"得男女"。

四，稱遂所求。謂諸有所求，皆得圓滿。

《經》："或復有人"至"皆悉隱没"。

五，百怪長蠲。諸惡夢相、怪鳥，於其住所，百怪出現。若能供養彼如來者，諸不吉祥，由斯隱没。

《經》："或有水怖"至"皆得解脱"。

六，衆災永彌。文分爲二：一、逢自境難；二、逢他國難。

---

① "修羅皆應供養如佛塔廟"録本誤置於下文"經：'如所願求'至'得男女'。四，稱遂所求，謂諸有所求，皆得圓滿。"後，據底本乙正。

此則初也。水火等怖,是非情難。諸惡獸等,是有情難。謂由憶念彼如來故,一切衆難皆得解脱。

《經》:"若他國侵擾"至"恭敬尊重"。

二,逢他國難。謂他邦土諸惡王等貪國位故,侵掠封邑,恐動百姓等,是"他國難"。由念藥師如來名故,他方逆賊不能爲害。"恭敬尊重"者,謙遜畏難言"恭",推其智德言"敬",一切衆中德無過上言"尊",敬畏之心過於父母言"重"。

《經》:"復次"至"五百戒"。

七,毁禁還净。文分爲四:一、持戒;二、毁禁;三、供養;四、蒙救。

此則初也。

問:"衆生何故受三歸依?"

答:"《涅槃》第五云:'一切衆生怖畏生死諸煩惱故,故受三歸。譬如群鹿怖畏獵師,既得免離,若得一跳,則喻一歸;如是三跳,則喻三歸。以三跳故,得受安樂。衆生亦爾,怖四魔、惡獵師故,受三歸依;三歸依故,則得安樂。'"

[□][問]①:"云何不事餘天者?"

[□][答]②:"《智論》第二云:如摩醯首羅天,此云'大自在',八臂三眼,騎白牛;如韋紐天,此云'遍悶',四臂捉貝③、持輪,騎金翅鳥;鳩摩羅天,此云'童子',擎鷄,持鈴,捉赤幡,騎孔雀。皆諸天大將。是三天愛之,令人得如願;是三天惡之,令人七世滅。"

[□][問]④:"既有如此力,云何不事天?"

答:"是天一切常怖畏,不能除卻諸衰苦。有人奉事恭敬者,現世不勉(免)⑤没憂海。有人不敬不供養,現世不妨受富樂。當知虚誑無實事,是故智人不屬天。又《隨願往生經》説:'自作自得,非天與人。'"

---

①④ 問,底本及録本無,據文義補。

② 答,底本及録本無,據文義補。

③ 貝,底本、録本作"具",結合文意,據《大智度初品總説如是我聞釋論》第三[T25n1509p073a7]改。

⑤ 勉,此當爲"免"之借字。《古今韻會舉要·銑韻》:"勉,通作免。"

問:“如受八戒,八種緣具,始成於戒。未知五戒爲總受始成,亦通別受?”

答:“《智論》十三云:‘五戒有五種受,名“五種憂婆塞”:一者,一分行憂婆塞;二者,少分行優婆塞;三者,多分行憂婆塞;四者,滿分行優婆塞;五者,斷淫優婆塞。“一分行”者,唯受一戒。“少分行”者,若受二戒,若受三戒。“多分行”者,謂受四戒。“滿分行”者,盡持五戒。“斷淫”者,受五戒已,師前更作誓言:“我於自婦不復行淫。”’”

[□][問][1]:“云何受持十戒?”

[□][答][2]:“謂男女等發心出家,創初與受。受此戒,唯通沙彌、沙彌尼。”

“受菩薩一百四戒”者,菩薩戒多少,諸經論説,咸悉不同[3]。如宋本云二十四戒,唐本云四百戒,金(今?)[4]此經本一百四戒。《犯(梵)[5]網經》有十重、四十八輕,《瑜伽》、《地持》有四重、二十五輕。此由菩薩戒多,疑心即是如來隨病説藥,多少不同。如聲聞戒中,或五戒、八戒、二百五十戒、五百戒等,以在家、出家及男、女不同,差別非一。如來量根優劣,故制有異數。此亦應爾。梵本不同,有此三別。是故譯經三藏稱本,而翻故有此不同。“二百五十戒”者,此亦不定。若依《瑜伽》,苾蒭有一百五十一戒,合一百衆學,但爲一戒。以衆學隨舉,三業皆是,不可限以百數。“苾蒭尼五百戒”者,此亦不定。如《四分尼律》及《尼戒》不滿四百戒,蓋由開合故爾。

《經》:“於隨所”至“惡道”。

二,毀禁。謂由破諸戒,故墮於惡道。

《經》:“若能”至“如來者”。

三,供養。謂勸諸毀禁者,令修供養藥師如來。

---

① 問,底本及録本無,據文意補。

② 答,底本及録本無,據文義補。

③ 同,録本誤作“問”,據底本改。

④ 金,此當爲“今”之借字。

⑤ 犯,録本出校:“犯=梵?”按:繫聯文義,此處“犯”當爲“梵”字之借字。該字甲本改作“梵”。

《經》:“决定不受三惡道報”。

四,蒙救。謂由供養彼如來,故能令重業,决定不受。

[□][《經》][①]:“或有”至“極苦”。

八,臨難蒙恩。文分爲三:一、遇難;二、稱名;三、遂願。

此則初也。謂諸[②]女人臨難之時,受於極苦,或喪身殞命等。

《經》:“若能”至“如來者”。

二,稱名。謂勸諸女人等,臨危厄者,令至心念藥師如來。

《經》:“速得解脱”至“奪其魂魄”。

三,遂願。由念供養彼如來故,無諸痛惱,速得解脱。所生孩子支(肢)體成滿,色貌端嚴,覩者欽敬,利根聰叡,壽命延長,不爲非人害其魂魄。

《經》:“爾時世尊”至“多生疑或(惑)”。

三,師資辨益。文分爲三:一、佛問慶嘉;二、阿難具陳;三、如來順成。

此則初也。“慧命”者,歎德也。謂無流勝解,順空不斷,以此爲命,故云“慧命”。即離五種邪命。如《無上依經》及諸經論説:若在家人五種不净:一、賣刀仗;二、販魚肉;三、貨生口;四、造毒藥;五、酤諸酒。以斯存命,故非净命。出家離此,以慧爲命。又慧非諸過,亦爲净命。或言“長老”,謂年尊德廣,亦是美行之異名。今言“具壽”,義亦非異。“阿難”者,此云“歡喜”,亦云“慶喜”。“歡喜”之名,三因緣立:一、過去因緣。如經中説釋迦過去行菩薩時,作一陶師,名曰“大光”,值過去世釋迦文佛,父名“净飯”,母曰“摩耶”,侍者弟子名曰“阿難”。國土眷屬,如今無别。因即發願:“願我當來成得佛道,還如今佛。”因斯本願,今得成佛。故令侍者還字“阿難”。二、現在因緣。阿難比丘面貌端政(正)[③],世人見之,莫不歡喜,故字“阿難”。故《智論》中讚歎:“面如净滿月,眼若青蓮花,佛法大海水,流入阿難心。”三、父母立名。父母何緣與字“歡喜”?喜時生故。何者“喜時”?所謂“如來得道夜時”。如來

① 經,底本及録本無,據文義補。

② “謂諸”二字底本及録本作“諸謂”,涵詠文義,當爲“謂諸”二字的誤倒。又,下文“二,稱名,謂勸諸女人等臨危厄者,令至心念藥師如來”,可資互勘。

③ 政,此當爲“正”之借字。《釋名·釋言語》:“政,正也。”

十九，踰城出家。既出家已，六年自餓，身極羸瘦。父王遣人，恒往瞻伺[①]，知極微惙，常恐不全。菩薩後時知餓非道，受食乳糜，欲取正覺。魔作是念："若佛道成，空我境界。曼道未成，當敗其志。"遂率官屬十八億萬，持諸苦具，來怖菩薩。菩薩於時入勝意慈定，令魔眷屬顛墜退落。魔既被降，便作是念："菩薩力大，非我能勝，當惱其父。"遂便往詣净飯宫上，唱[②]如是言："悉達太子昨夜死矣！"王時聞已，從床而墮，良久乃蘇，便爲傷歎。念子在家當爲輪王，何其(期)[③]出家空無所獲？未久之間，菩提樹神以佛道成，復持天花，慶賀父王。當成佛時，天雨妙花而爲供養，故持慶王。其時亦往净飯宫上，唱[④]如是言："大王當知：汝子已得道，魔衆已破散，光明如日出，遍照十方國。"王時生疑："向者有天言我子死，今復有天云子成道。何者可信？"菩提神曰："我言可信。向者是魔，故相惱耳。我是菩提樹神，以佛於我樹下得道，故相慶賀。"王時作念："我子在家當爲輪王，今者出家爲法輪王，彼此無失。向者聞死，今忽聞生，一重大喜；復聞道成，兩重大喜。"未久之間，王弟斛飯夜生阿難，寅抱詣王："弟於昨夜生此一男。"王時對曰："我子成道，汝復生男。衆喜併集，與字'歡喜'。"《智度論》説："昔有日[⑤]種王，名'師子頰'。王有[⑥]四子：一名'净飯'，二名'白飯'，三名'斛飯'，四[□][名][⑦]'甘露飯'。净飯二子：一'悉達多'，二名'難陀'。白飯二子：一名'跋提'，二名'提沙'。斛飯二子：一名'調達'，二曰'阿難'。甘露飯二子：一'摩訶男'，二'阿泥盧豆'。"今此阿難，是佛昆季。

---

① 瞻，底本不清晰，録本作"睦"，據文意改。斯 2502b 號《〈仁王經〉疏》："父王遣人，恒往瞻伺，知極微惙，常恐不全。"《維摩義記》："既出家已，五年習定，六年自餓，身極羸瘦。父王遣人恒往瞻伺，知極微惙，常恐不全。"[T38n1776p425a14—17]皆可助勘。

② 按："上"、"唱"二字録本訛作"且"、"喝"，據底本改。

③ 其，此當爲"期"之借字。《字彙補·八部》："其，借作期。"斯 2502b 號《〈仁王經〉疏》："王時聞已，從牀而墮，良久乃蘇，便爲傷嘆：'念子在家，當爲輪王。何期出家空無所獲？'"正作"期"字。

④ 唱，録本誤作"喝"，據底本改。

⑤ 日，録本誤作"白"，據底本改。

⑥ "有"字前底本及録本衍一"名"字，據《大智度論》卷第三[T25n1509p083b27]删。

⑦ 名，底本及録本脱，據《大智度論》卷第三[T25n1509p083b28]補。

《經》:"時慧命"至"無復疑惑"。

二,阿難具陳。文分爲三:一、彰己諦誠;二、懼他不信;三、生誹墜苦。

就初文中,文分爲四:一、述;二、徵;三、釋;四、合。此則初也。今此阿難,彰己自信,故無疑惑。

《經》:"何以故?"

二,徵。何所以故,不生疑惑?

《經》:"一切"至"清净"。

三,釋。"身、口、意行,無不清净"者,夫煩惱未盡,三業有漏,所見不明,所說不定,可生疑惑。如來煩惱習盡,三業清净,所見分明,說必楷定,是故不疑。

《經》:"世尊"至"無有差異"。

四,合。如日月輪、妙高山王,不墮不傾。佛言無異,亦復如是。

《經》:"大德"至"爾許功德"。

二,懼他不信。或有衆生,無明所覆,信根殘缺,昏醉瞢瞢[①],於佛深妙境中作無利語:"云何但念一如來名,便獲無邊殊勝功德?"由此疑惑,而自毁傷。

《經》:"心不信受"至"當墮苦趣"。

三,生誹墜苦。生於誹謗,得三惡果,輪轉無際,猶長生死,昏冥如夜。"饒"者,利也;"益"者,樂也。故唐本云"失大利樂",即其義也。"利"謂世間善果,"樂"謂出世涅槃。計聞藥師佛名,信受恭敬,近得世間善果之利,遠獲出世涅槃之樂。金(今)[②]爲不信,生誹謗故,既墮惡趣,所以失大利樂。

《經》:"佛言"至"無有是處"。

三,如來順成。文分爲六:一、正明順成;二、甚爲難諒[③];三、信微加力;四、非諦小機;五、受質誠難;六、劫窮盡讚。

此則初也,謂聞藥師佛名,至心受持,不生疑惑。墮惡趣者,無有是處。

---

① 慧琳《一切經音義》"瞢瞢"條:"徒登反,下莫登反,昏昧也。"[T54n2128p0472b07]

② 金,此當爲"今"之借字。甲本據文意改作"今",是。

③ 《說文·言部》:"諒,信也。"甲本徑改作"信",不必。

《經》:“阿難”至“難信”。

二,甚爲難諒。謂藥師如來名號功德,是無分别,智證如如成故,諸佛境界,誠爲難信。

《經》:“汝令”至“威力”。

三,信微加力。阿難信受是佛威力。

《經》:“非一切”至“摩訶薩”。

四,非諦小機。舉二乘人不能信解。故《法華》第二云:“一切聲聞及辟支佛,於此經中,力所不及。”“唯除一生補處“者,如彌勒等是道理通論。初地已上菩薩各得無分别智,地地證得真如法界,於佛所成,名稱功德,隨分信解。“今言唯除一生補處“者,據因位之中信極者爲言。以此菩薩因中見性分明,故作此説,非謂一生已外,皆不信解。[“摩訶薩”如前釋。][①]

《經》:“阿難”至“倍[②]難於此”。

五,受質誠難。“人身難得”者,《涅槃》三十四云:“佛於一時取地少土置於爪上,問迦葉曰:‘我此土多? 一切十方大地土多?’迦葉菩薩而白佛言:‘一切十方大地土多。如來爪上少不足言。’佛言:‘迦葉! 捨於人身還得人身者,如爪上土;捨於人身得三惡身,如一切十方大地土也。’”“三寶中信敬尊重,亦難可得”者,即爲三難。“佛寶難得”者,《涅槃》第二云:“芥子投針鋒,佛出難於是。”又《法華經》第一卷云:“諸佛與出世,懸遠值遇難。”“法寶難得”者,彼《經》云:“正使出於世,説是法復難。無量無數劫,聞是法亦難。能聽是法者,斯人亦復難。”“僧寶難得”者,如此中説。“聞彼藥師如來名號復難於是”者,雖舉六難,意明第六聞藥師如來名難。今既得聞,正應信受。

《經》:“阿難”至“亦不究盡”。

六,劫窮盡。讚舉藥師如來利他行願,説難可盡,勸物定信。“無量菩薩行”者,謂彼如來本昔行無量利他菩薩行。“無量諸巧便”者,謂今得佛已後,以無量後得慈悲方便,利益三乘。“無量曠大願”者,謂彼如來非唯有十二大願,乃有無量曠大願,利益衆生,故應專信。

① 此句録本脱,據底本補。

② 倍,録本誤作“信”,據底本改。

《經》:“爾時衆中”至“合掌曲躬”。

四,救脱閏生。文分爲四:一、明清人;二、明正清;三、勸病修供;四、結勸供養。

此則初也。“救脱”者,標請也。斯人悲纏蠢類[①],慈被含[②]靈。“救”見厄頃及恒沙,“脱”當難念過塵劫,故名“救脱”。“即從等”者,如前辨也。

《經》:“白言”至“啼泣圍繞”。

二,明正請。文分爲四:一、躬纏嬰疾;二、使者追魂;三、染浄授王;四、隨業處斷。

此則初也。

《經》:“其人”至“法王之前”。

二,使者追魂。“閻摩”者,唐本云“琰魔”,宋本名“閻羅”,音有輕重。此云“静息”,以静息罪人,令後過不起,前過易滅,故名“静息”。如將罪人至彼王前,恐其拒諱,更增忘(妄)[③]語,罪無由息,便以神力,化作罪人,本昔爲罪,處所相狀,令其即伏。由伏罪故,不起拒諱忘語之罪。静息後過,令不滋蔓,故名“静息”。又以正法勸諸罪人,令於前罪生重慚愧,罪得易滅,故稱“法王[④]”。是鬼趣攝,在於地下五百踰繕那,别有住處,廣如《瑜伽俱舍論》説:諸鬼本處琰魔王國。於此贍部洲下過五百踰繕那,有琰魔王國,縱[⑤]廣量等,從此展轉,散居餘處。或有端嚴,具大威德,受諸富樂,如自在天;或有飢羸,顔貌醜陋。如是等類,廣説如經。“引其神識,置於閻摩法王之前”者,若有患人,决定便死,則受鬼身,容可閻王别遣兒爲使而引取之。如[其][⑥]未定死,則不受鬼身,何有鬼身得引生人之識?不可人之識在别鬼身中。若不在鬼使身中,識心既不孤遊,云何引得至閻摩王前?當知此是藥師如來及經之威

① 類,録本誤作“熲”,據底本改。

② 含,録本誤作“合”,據底本改。

③ 忘,此當爲“妄”之借字。甲本據文意改作“妄”,是。

④ 王,録本訛作“主”,據底本改。

⑤ 縱,底本、録本作“從”,結合文意,據《阿毘達磨俱舍論》卷第十一[T29n1558p059a14]改。

⑥ 其,録本脱,據底本補。

力，令彼患人第六意識見分之上，起此三種解行相分：一爲閻摩王，二爲王使，三爲己身，爲自神識所依，隨使而行，至閻王前，其實神識未曾離身。若是本識隨所[①]捨處，則成死屍，不可説離身。若是六、七等識，依本識故，而得現起。若離本識，無種子故，無由得生。是故八識俱無離身孤行之理。如人夢中，師僧父母遣使來喚，夢見己身隨使而行，達至師僧或父母前。當知師僧、或復父母、使人、己身，皆是第六意識見[②]分之上，現此三種相分。似有去來，實無去來。所以然者，以一切心及心所取境之時，非如燈明，舒光照物，但如明鏡遠照，影現鏡中。如人在地，遠見日月，此亦如是。藥師如來及經威力，令彼患人見如此相，似有往來，實無往來。故《涅槃經》第九卷云："若有聞是《大涅槃經》，言：'我不用發菩提心'，誹謗正法，是人夢中見羅刹像，心中怖懅。羅刹語言：'咄！善男子！汝今若不發菩提心，當斷汝命。'是人惶怖，覺已，即發菩提之心。是人命終，若在三惡及在人、天，續復憶念菩提之心。以是義故，是《大涅槃》威神力故，能令未發菩提心者，作菩提因。"

《經》："此人"至"閻摩法王"。

三，染净授王。"同生神"者，若約實而言，"神"即"識"也。"同生神"者，即阿賴耶識。以賴耶識是壽生之主[③]，與身同時而生，故名"同生"。"隨其所作，[□□][若罪][④]若福一切皆書"者，謂隨諸衆生所生罪福，皆悉熏在阿賴耶識中。或是閻摩王爲令罪人無有忘，伏本所作故，作同生神，從生已來，害其罪福。或是藥師如來及經威力，現作同生神，書其罪福。"盡持授與閻摩法王"者，謂由阿賴耶識中，具有罪福種子爲因緣，藥師如來及經之威力爲增上緣，令罪福相各現於患人第六意識之上，令閻摩王他心智盡見患人罪福之相。或閻摩化作同生。或佛及經現同生神。

《經》："時閻摩"至"處分之"。

---

① 所，録本訛作"行"。按：底本實爲"所"字手體。

② 見，録本訛作"是"，據底本改。

③ 主，録本訛作"意"，據底本改。

④ "若罪"二字底本及録本脱，結合文意，據《藥師如來本願功德經》卷第五[T14n0449p403c21]補。

四,隨業處斷。謂閻摩王推問其人,取其口實,算計所作。若[1]罪若福,隨其罪福或多或少而處斷之。謂罪多者,處入三惡趣;若福多者,斷令往人天。

《經》:"若能"至"供養"。

三,勸病修供。文分爲四:一、正爲修供;二、緣此魂歸;三、剋日定生;四、親經過息。

此則初也,謂有"若然爲此病人歸依彼佛,如法供養"者,必當稱遂也。

《經》:"即得"至"憶知"。

二,緣此魂歸。"即得還復"者,謂有實死,雖復修福,識不得還。或有因修福故,彼白王使,所引之識,得還身中。二理不定。"如從夢覺"者,如在夢中,明瞭自見。此亦即是以夢類夢,故稱爲"如"。

《經》:"或經"至"四十九日"。

三,剋日定生,謂病人神識得迴還時,或經七日,或復乃至四十九日。

《經》:"神識還已"至"不造惡業"。

四,親經過息。謂識還之時,皆自憶知善、不善業所得果報。由自證見業果報故,"乃至失命,不造惡業"。

《經》:"是故"至"如來"。

四,結勸供養。謂勸一切信男女等,乃至盡形,應當供養藥師如來。

《經》:"爾時"至"如來也"。

五,示病救方。文[2]分爲二:一、阿難問;二、救脱答。

此則初也。

《經》:"救脱"至"重病"。

二,救脱答。文分爲二:一、明脱病;二、明除難。

就初文中,文分爲六:一、脱苦;二、持齋;三、修功;四、造像;五、續明;六、造幡。

此則初也。

---

① 若,録本誤作"答",據底本改。

② 文,録本誤作"丈",據底本改。

《經》:"當爲"至"八分齋"。

二,持齋。謂七日夜,爲於患人修行八禁。

《經》:"當以飲食"至"比丘僧"。

三,爲修功。文分爲三:一、教供養;二、教禮懺;三、教諷誦。

此則初也。"當以飲食供養比丘"者,是供僧寶。

《經》:"晝夜"至"如來"。

二,教禮懺。"六時禮拜"者,是供佛寶。

《經》:"四十九遍讀誦此經。"

三,教諷誦讀。"誦此經'者,是供法寶。

《經》:"然(燃)四十九燈"至"大如車輪"。

四,然(燃)燈。"四十九"者,總舉大數故。《隨願往生經》云:"燃四十九,照諸幽冥。苦痛衆生,蒙此光明,皆得相見。緣此福德,拔彼衆生,悉得休[①]息。"造像七軀,明置像、安燈方法,謂造七軀像,像别自處一座。又造七輪燈,其輪形量,大如車輪。一一像座前各置一輪燈,一一輪上各置七盞燈。如此供養已,依《然(燃)燈功德經》,得四種利益:一、獲福無量;二[②]、臨終明耀;三、死得生天;四、當成正覺。

"獲福無量"者,若有四衆發清净心,爲求福故,"或於塔廟諸形像前而設供養,奉施燈明,乃至以少燈炷,或膏油塗然,持以奉施,其明唯照道之一階。舍利弗!如此福德,非是一切聲聞緣覺所能了知,唯佛如來乃能知也。……舍利弗!照道一階福德尚爾,何況全照一階道也?或二、三、四階道,或及塔身,一級、二級,乃至多級,一面、二面,乃至四面,及佛刑(形)[③]像。舍利弗!彼所然(燃)燈,或時速滅,或風吹滅,或油盡滅,或炷盡滅,或俱盡滅。譬如諸龍,以瞋恚故,出云垂布,於中起電,起已尋滅。如是少時,於佛塔廟,奉施

① 底本此字右半"木"下有一横,底本所書字當爲"休"字添筆俗字。

② 二,底本作"二二",録本於後一"二"字出校:"[二]—?"按:繫聯文義,後一"二"字當涉上而衍。兹據删。

③ 刑,當爲"形"字同音借字。該字《佛説施燈功德經》[T16n0702p804b1]正作"形"。

燈明，所得果報，福德之聚，唯[①]佛能知。”

“臨終明耀”者，謂信男女等“於佛塔廟施燈明已，臨命終時，得三種明。……彼善男子、善女人等臨命終時，先所作福，悉皆現前，憶念善法，而不忘失。是爲一明。因此便能念知自己先於佛所值[②]諸善業。又於命終時得如是念：‘我於佛像塔廟等前，已曾供養。’作是念已，心生踴悦。是爲二明。因此便能起念佛覺，又於命終時，見餘衆生奉行布施。見[③]他作已，起如是念：‘我亦曾於佛支提所奉施燈明，我今[④]亦當復行布施。’得欣喜心已，無有死苦。是爲三明。因此便得念法之心。”

“死得生天”者，謂信男女等“於佛塔廟施燈明已，死便生於三十三天。生彼天已，於五種事而得清净：一者，得身清净；二者，於諸天中得殊勝威德；三者，常得清净念慧；四者，常得聞於稱意之聲；五者，所得眷屬常稱彼意，心得欣喜。”

“得成正覺”者，如偈説言：

“牟尼牛王清净眼，以好燈明照彼塔。得於無漏無上道，其身光明照十方。

見四真諦具十力，不共之法亦究竟。得遍見眼成善逝，此果皆由布施燈。”

《經》：“或復”至“不絶”。

五，續明。謂經七七日也。

《經》：“當造”至“四十九尺”。

六，造幡。謂造五色續命神幡，長四十九尺。故《隨願往生經》云：“幡蓋供養已，隨心所願，至成菩提。幡隨風轉，破碎都盡，至成微塵。風吹幡塵，其福無量。幡一轉時，轉輪王位，乃至吹塵小王之位，其福無量。”

問：“唐、宋二本，明放四十九生。何獨隨文闕而不載？”

① 唯，底本、録本誤作“准”，據《佛説施燈功德經》[T16n0702p804b8]改。

② 值，録本誤作“殖”，據底本改。

③ 見，録本誤作“是”，據底本改。

④ 今，録本誤作“令”，據底本改。

答:“此文在於譯家,義准合有。”

《經》:“復次”至“王等”。

二,明除難。文分爲六:一、災興王境;二、七難侵民;三、皇帝垂慈;四、宜修上供;五、肅清役勵;六、帝壽遐延。

此則初也。言“灌頂”者,謂最大國太子初登位時,諸小國王及諸群臣各取四大海水灌其頭頂,名“灌頂王”。

《經》:“若災難起時”至“不雨難”。

二,七難侵民。

問:“何故七難俱時出現?”

答:“《金光明經》第六卷説:‘由王暴虐,不修善事,諸天即便捨離是王,令其國敗,生大愁惱。兄弟姊妹,眷屬妻子,孤迸流離,身亦亡滅。流星數墮,二日並現。他方惡賊,侵掠其土。人民飢餓,多諸疾疫。所重大臣,捨離薨亡。象馬車乘,一念喪滅。諸家財産,國土所有,互相劫奪,刀兵而死。五星諸宿,違失常度。諸惡疾疫,流遍其國。諸受寵録(禄)[①]所任大臣及諸群僚,專行非法。如是行惡,偏受恩遇。修善法者,日日衰滅。於行惡者,而生恭敬。見修善者,心不顧録。惡星變動,羅刹亂行。’三災並現,七難便起。今此七難,配爲三災:初一難是疾疫,次四難是刀兵,後二難是飢饉。”

《經》:“爾時”至“諸繫閉”。

三,皇帝垂慈。謂刹利大王應於一切起慈悲心,放諸囚禁。

《經》:“依前”至“如來”。

四,宜修上供。謂依前法,七日七夜自受齋戒等。

《經》:“時灌頂”至“即得安隱”。

五,肅清役勵(疫癘)[②]。文分爲四:一、除他方反逆難;二、除非時風雲難;三、除人民疾疫難;四、除惡星變怪難。

---

① 録,此當讀如“禄”(“録”字《廣韻》一音力玉切,來母燭韻入聲;“禄”字《廣韻》音盧穀切,來母屋韻入聲;二字紐同韻近)。

② “役勵”此當讀若“疫癘”(“役”、“疫”二字《廣韻》均音營隻切,“勵”、“癘”二字《廣韻》均音力制切)。

此則初也。“其王境界即得安隱”者，明他方侵逼難、自界反逆難得除之相。

《經》：“風雨”至“豐熟”。

二，除非時風雨難。“風雨以時，禾稼成就，國土豐熟”者，明非時風雨難、過時不雨難得除之相。

《經》：“一切國界”至“擾亂衆生”。

三，除人民疾疫難。“一切國界所有衆生，無病安樂，多生歡喜。於其國界，亦無夜叉、羅刹、毘舍闍等諸惡鬼神擾亂衆生”者，明人民疾疫難得除之相。

《經》：“所有惡相皆即不現。”

四，除惡星變怪難。“所有惡相皆即不現”者，明星宿變怪難、日月薄蝕難得除之相。

《經》：“彼灌頂“至“並得增益”。

六，帝壽遐延，謂帝王自身壽命、色力等，皆得增益。

《經》：“爾時慧命”至“而可更延”。

六，令延遐壽。文分爲三：一、難；二、通；三、辨。

此則初也。明阿難設難。前救脱云：“於未來世，當有衆生身嬰重病。”乃至“此人神識得迴還時。”既言“死相現前”，則是壽命已盡。復言親屬爲歸三寶等，即得還復，壽命更增。故令(今)[①]難言：“云何已盡之命而可更延？”

《經》：“救脱”至“九横死耶？”

二，通。文分爲二：一、返質；二、順成。

此則初也。語阿難言：“汝豈不聞如來所説九横死耶？”

《經》：“是故”至“方便”。

二，順成。是故教以呪藥方便，是除横法故。唐本云：“是故勸造續命幡燈，修諸福德。以修福故，盡其壽命，不經苦患。”宋本復云：“我聞世尊説有諸横，勸造幡燈，令其修福。”又言：“昔沙彌救蟻，已修福故，盡其壽命，不更苦患，身體安寧。福德力强使之然也。”此答意云何？夫横死者，皆是不定

① 令，此當爲“今”之訛字。甲本據文意改作“今”，是。

業。此業若有順緣資助，則得延長；若無順緣資助，則便短促。是故勸造幡燈，修敬三寶等福德，以修福德爲資助順緣故，遂使是人盡彼先業所感壽命，終不中逢、更經枉横苦患也。

《經》："或有衆生"至"是爲初横"。

三，辨。文分爲二：一、徵；二、結。

就初文中，文分爲九：一、醫治失御；二、枉被王刑；三、放逸亡魂；四、火來焚燒；五、津流所溺；六、逢獸亡生；七、飢餒受終；八、起屍相損；九、山崖墜落。

此則初也。"得病非重等"者，以無資緣故，而便致死。"或後醫人療治失所"者，依《金光明經》第七卷説：流水問父："云何當知四大諸根衰損代謝而得諸病？"時父持水而答其子："三月是夏，三月是秋，三月是冬，三月是春。是十二月，三月而説。從如是數，一歲四時。若二二説，足滿六時。三三本攝，二二現時。隨是時節，消息飲食，是能益身，醫方所説。隨是歲中，諸根四大，代謝增損，令身得病。有善醫師，隨順四時，三月將養，調和六大，隨病飲食，及以湯藥。"

問："如是諸病，何時當發？"

答："多風病者，夏[①]則發動；其熱病者，秋則發動；等分病者，冬則發動；其肺病者，春則增劇。"

問："諸病苦[②]增，云何對治？"

答："有風病者，夏[③]則應服肥膩醎酢及以熱食；有熱病者，秋服冷甜；等分冬[④]服甜酢肥膩；肺病春服肥膩辛熱。"

問："諸病源由，因何而起？"

答："飽食然後則發肺病，於食消時則發熱病，食消已後則發風病。如是

---

① 夏，録本誤作"憂"，據底本改。又前句"有熱病者，秋服冷甜"，後句"肺病春服肥膩辛熱"，可資比勘。

② 苦，録本誤作"若"，據底本改。

③ 夏，録本誤作"憂"，據底本改。

④ "等分冬服甜酢肥膩"中"冬"字底本及録本作"分"，據文意改。繫聯文意，當爲寫卷書手本欲寫"冬"而涉前一個"分"字而誤書，《大正藏》校録者不察，仍承其謬。

四大隨三時發。”

問:“諸病相多食復當云何?”

答:“風病羸損,補以蘇膩;熱病下藥,服呵梨勒;等分應服三種妙藥,所謂甜辛及以蘇膩;肺病應服隨能吐藥。”

問:“若風熱病、肺病、等分違時而發,當何療治?”

答:“應當任師籌量,隨病飲食湯藥。由師失疫、不順醫方、遇違緣故,非時而死。故宋本云:‘有病不治,又不修福,湯藥不順,針灸失疫,不值良醫,爲病所困,於是滅亡。’又《法華經》第二卷説:‘若修醫道,順方治病,更增他疾,或復致死。若自有病,無人救療,設服良藥,而復增劇。所患雖輕,實不應死而便横死,是爲初横。’”

《經》:“第二横者王法所殺。”

二,枉被王刑。此人壽命是不定業,亦是殺生增上果故。《涅槃經》云:“殺生之人,得兩種報:一者短命,二者多病。若遇順緣修福等資助,不受王戮,得壽命長。若不修福,曩昔殺緣,則被王害,不得長壽,故名‘横死’。”

《經》:“第三”至“害其魂魄”。

三,放逸亡魂。言“放逸”者,依《涅槃經》第八卷説:“謹慎無放逸,是處名‘甘露’;放逸不謹慎,是名爲‘死句’;若不放逸者,則得不死處;如其放逸者,常趣於死路。若放逸者,名爲‘有法’;是有爲法,爲第一苦。不放逸者,則名‘涅槃’;彼‘涅槃’者,名爲‘甘露’,第一最樂。若趣諸行,是名‘死處’。”

“淫無度”者,雖復自妻,須避三長月、六及八王日,謂立春、春分、立夏、夏至、立秋、秋分、立冬、冬至,亦名“八節日[①]”。臨産一月,産後一月,及三明下。若有犯者,名爲“邪淫”。

問:“人守人瞋,法守破法,應名‘邪淫’。人自有妻,何以爲邪?”

答:“既聽受一日一夜戒,墮於法中。本雖是婦,今不自在。過受戒時,則非法守,又爲傷身。乳兒時淫,母乳則竭。又以心著淫欲,不復護兒。非道之處,故名‘邪淫’。”

“醉無度”者,如鴦崛魔羅飲酒荒亂,淫匿其母。其母復與外人交通,持

① 日,録本誤作“曰”,據底本改。

刀殺之,[由淫罪無度,惱亂衆生爲][1]。如《智度論》:"佛語難提迦優婆塞:'酒有三十五失。何等三十五?一者,現世財物虚[2]竭。何以故?人飲酒醉,心無節限,用費無度故。二者,衆病之門。三者,鬪諍之本。四者,裸露無耻。五者,醜名惡聲,人所不敬。六者,覆智慧。七者,應所得物而不得,已所得物而散失。八者,伏匿之事,盡爲人説。九者,種種事業,廢不成辯(辨)[3]。十者,醉爲態本。何以故?醉時多失,醉已慚愧憂愁。十一者,身力轉少。十二者,身色壞。十三者,不知敬父。十四者,不知敬母。十五者,不敬沙門。十六者,不敬婆羅門。十七者,不敬伯叔及尊長;何以故?醉悶恍忽,無所别故。十八者,不尊敬佛[4]。十九者,不敬法。二十者,不敬僧。二十一者,朋黨惡人。二十二者,疏遠賢善。二十三者,作破戒人。二十四者,無慚[無][5]愧。二十五者,不守六情。二十六者,縱[6]色放逸。二十七者,人所憎惡,不喜見之。二十八者,貴重親屬及知識所共儐(擯)[7]棄。二十九者,行不善法。三十者,棄捨善法。三十一者,明智人士所不信用。何以故?酒放逸故。三十二者,遠離涅槃。三十三者,種狂癡因緣。三十四者,身壞命終,墮惡涅梨中。三十五者,若得爲人所生之處,常當狂騃。由淫醉無度,惱亂衆生,爲諸非人害其魂魄,不得長壽,故爲横死。'"

《經》:"第四横者爲火所燒"。

四,火來焚燒。此人不定壽業,是焚燒衆生增上果。若遇順緣資助,則不爲火焚,壽命延長。如其不爾,則爲火燒,壽命短促,故爲横死。

---

① "由淫罪無度,惱亂衆生爲"數字録本脱,據底本補。

② 虚,録本誤作"産",據底本改。該字甲本亦録作"虚",可參。

③ 辯,録本誤作"辨",據底本改。聯繫文義,此"辯"當爲"辦"字之形訛,甲本據文意改作"辦",是。

④ 佛,録本誤作"仙",據底本改。

⑤ 無,録本脱,據底本補。

⑥ 縱,底本及録本訛作"從",結合文意,據《大智度初品總説如是我聞釋論》第十三[T25n1509p158b23]改。

⑦ 儐,此讀如"擯"("儐"字《廣韻》一音必刃切,與"擯"同)。《後漢書·張衡傳》:"哀二妃之未從兮,翩儐處彼湘瀕。"李賢注:"儐,棄也。"下讀如"擯"之"儐"字皆括注其本字,不復出校。

《經》:“第五横者爲水所溺”。

五,津流所溺。此人不定壽業,是沈溺衆生增上果。若遇順緣修福等資助,則不爲水溺,壽命延長;如其不爾,則爲水溺,壽命短促,故爲横死。

[□][《經》][①]:“第六横者,入師子、虎、豹諸惡獸中”。

六,逢獸亡[②]生。此人不定壽業,是食肉害衆生增上果。若遇順緣、修福等資助,不爲惡獸等所噉,壽命延長。如其不爾,則爲獸所噉,壽命短促,故爲横死。

《經》:“第七横者”至“因此致死”。

七,飢餒受終。此人不定壽業,是奪衆生食增上果。若遇順緣、修福等資助,飲食豐足,壽命延長。如其不爾,則飲食困[③]乏[④],壽命短促,故爲横死。

《經》:“第八横者”至“之所損害”。

八,起屍相損。此人不定壽業,是行毒藥、厭呪增上果。若遇順緣、修福等資助,則不爲毒藥厭呪中害,壽命延長;如其不爾,則爲毒藥、厭呪中害,壽命短促,故爲横死。

《經》:“第九横者投巖取死”。

九,山崖墜落。此人不定壽業,是陷墜衆生增上果。若遇順緣、修福等資助,則不墜巖,壽命延長;如其不爾,則壽命短促,故爲横死。

《經》:“是名如來”至“無量諸横”。

二,結。以不定業既多,修福又少,是故諸横實爲難可具盡宣説。

《經》:“爾時”至“會坐”。

第五,大將解衛。文分爲三:一、明大將;二、明擁護;三、明讚勸。

就初文中,文分爲三:一、總標大將;二、别列其名;三、明其眷屬。

此則初也。能大將領鬼神,故名“大將”。

---

① “經”字底本、録本無,據文義補。

② 亡,録本誤作“六”,據底本改。

③ 困,録本誤作“因”,據底本改。

④ 乏,録本作“之”,乃“乏”字省筆俗體,敦煌寫本中經見。

《經》:“所謂”至“鼻羯羅大將”。

二,别列其名。此鬼神名,是鬼神語,天竺諸人亦自不解。此三譯家皆悉不翻。其中少小不同者,諸來三藏,音有楚夏。

《經》:“此等”至“以爲眷屬”。

三,明其眷屬,謂此諸大將各有七千夜叉,以爲眷屬。

《經》:“皆同一聲”至“惡道之怖”。

二,明擁護。文分爲三:一、荷恩;二、歸敬;三、願護。此則初也。

《經》:“我今”至“歸依僧”。

二,歸敬。此三歸依,如前已辨。

《經》:“皆當”至“安樂”。

三,願護。文分爲二:一、發願;二、弘護。

此則初也。“爲作義利”者,依《佛地論》第一卷云:“現益名‘義’,後益名‘利’。世間名‘義’,出世名‘利’。福德名‘義’,智慧名‘利’。”

《經》:“隨於何等”至“悉令滿足”。

二,弘護。“阿蘭拏處”者,亦名“阿蘭若”,或“阿練若”,皆同也。《瑜伽》二十五說:“云何名爲‘住阿練若’? 謂住空閑、山林、坰野,受用邊際所有卧具,遠離一切村邑聚落,如是名爲‘住阿練若’。”

問:“幾許名‘一阿練若’?”

[□][答][1]:“《俱舍》十二云:‘十二指爲一搩手,二十四指爲一肘,四肘爲一弓,五百弓[2]爲一阿練若,謂在在處處流布此經、受持如來名號、親近供養者,我等神將並及眷屬爲正法故常護是人,皆便解脱一切苦難。諸有所

① 答,底本及録本無,據文義補。

② 弓,《大正藏》校録者誤以爲是“卷”字俗體而校作“卷”。“弓”和“弓”“弓”“弓”“弓”作同一字的變體,確可爲“卷”字省文。張涌泉《俗字研究與敦煌文獻的校理》一文對此考證甚詳,此不贅述。然此字此處卻是表距離的“弓”之本字。《大正藏·有部毗奈耶》卷二十四:“在阿蘭若住處者,去村五百弓,有一拘盧舍名阿蘭若處。”(拘盧舍譯曰“聲”或“鳴唤”,指牛之鳴唤聲或鼓聲可聽聞之距離。)《俱舍論光記》卷十三載:“阿”言無,“練若”名喧雜。《玄應音義》卷二十三謂:“阿,此云‘無’。‘練若’有兩義:一曰‘聲’,謂無人聲及無鼓噪等聲;二曰‘斫’,謂無斫伐等諠鬧。雖言去聚落一俱盧舍爲阿練若處,亦須離斫伐處也。”録本中“五百卷爲一阿練若”當爲“五百弓爲一阿練若”之誤。兹據正。

求,悉令滿足。”

《經》:“爾時世尊”至“一切衆生”。

三,明讚勸。時佛讚勸諸大將言[1]:“汝等若念如來恩者,當念饒益一切衆生。”

《經》:“爾時慧命”至“云何奉持”。

第六,慶喜请[2]持。文分爲二:一、阿難問名;二、如來酬答。

就初文中,文分爲二:一、問經名;二、問受持。

此則初也[3]。“此經何名”者,是問名;“云何[4]奉持”者,是問持。

《經》:“佛言”至“當如是持”。

二,如來酬答。文分爲二:一、答問名;二、答受持。

[此則初也][5]。“爲藥師瑠璃光如來本昔所發殊勝大願”,是答名;“當如是持”,是答持。

《經》:“時婆伽婆”至“歡喜奉行”。

自下第三,明依教奉行分。“聞佛所説,歡喜奉行”者,依《伽耶山頂經論》云:“天親菩薩明三種清净,所以歡喜。一、説者净,明如來是一切智人,普爲衆生盡説、頓説無有藏法之垢,故説者清净。二、所説法净,明所説經教與理相應,隨順善導,句義美妙,故所説清净。三、受法者净,明聽法之時,一心正信,不相是非,聞即受行,故受者清净。”具三清净,所以歡喜。

慧觀昔因問道,得履京華。備踐講筵,十有餘載。遂逢永淳飢餒,杖錫旋歸。疑痼膏肓,罔知析滯。每翫味兹典,常諷誦受持。然粗薄通,麁得文意,不量闇短,輒述所聞,捃摭群□,□□疏例。豈敢傳諸學,私將□披尋時聞,示過[6]□

① 言,録本誤作“害”,據底本改。

② 請,録本誤作“清”,據底本改。

③ “此則初也”四字録本誤作“雙問也”,據底本改。

④ 何,底本無,録本據文意補。

⑤ “此則初也。”四字録本脱,據底本補。

⑥ 以下缺。

No. 2768《維摩》義記

［題解］

佛典《維摩詰所説經》注疏，作者不詳，一卷。敦煌卷子中有斯 2106 一號，首殘尾全。尾題："景明原年(500)二月二十二日比丘曇興於定州豐樂寺寫訖。"自《弟子品第三》阿那律問疾起注疏至全經結束，注疏簡練，行文古樸。全經科分如下：(1)序分，自起始至《佛國品》七言偈，分作三科：遺教序、説法序、獻蓋序。(2)正宗分，分作兩科：略開經宗與廣演其義。(3)流通分，分作兩科：明法供養，即《法供養品》；明囑累，即《囑累品》。這種科分的方式爲其特有。《〈維摩〉義記》將其科分大綱書於全卷之末，亦爲傳統經疏之未見。清代以前歷代大藏經未收，後被《大正藏》據斯 2106 號收入其第八十五册。今校注仍以録本所據卷斯 2106 號爲底本。

□①律不通便生□慶悦。那律天眼第一，□相天眼。我等欲聞，是以歡②喜也。"悉見諸佛國"者，向見三千，今覩我佛國□不能緣有，在有不能觀空，明如來亡有、無二相，方真見萬法也。所□波離者，謂持律者，堪爲問疾，是以命也。是人致幾(譏)③在於不善除罪之方，所以呵也。"不敢問佛"者，如來在世，赧情慚懼，不敢問佛，來問憂波。"如法説"

① 首缺。

② 歡，録本訛作"觀"，據底本改。

③ 幾，此當讀如"譏"。清潘奕雋《説文通正》："《荀子・王制篇》：'關市幾而不征。'注：幾，呵察也。《禮記》'幾'作'譏'，是譏、幾通。"《周禮・地官・司關》："國凶劄，則無關門之征，猶幾。"鄭玄注："猶幾，謂無租税猶苛察不令奸人出入也。"

者,我心中所解者,説罪所由,未來果報,除滅之方,如此狀貌[①]爲其説也。“當直除滅,勿擾其心”者,爲説罪相,“除”是曲除,增其迷或(惑),直説其空,得除其罪,故言“當直除滅,勿擾其心”也。“所以者何”者,所以直觀其空便得除罪者何?下明罪空,故得除也。“不在内”者,罪不在己身;“不在外”者,前衆生;“不[□][在][②]中間”者,刀杖等。不在三處,故知無罪。下列四陰空,故證空也。“心垢”者,心是實法衆生得垢之名,故知垢法不定,明心亦然。“心亦不[□][在][③]内”者,明識陰空,在諸根爲内,不在前塵爲外,不在空有爲中間。“如其心然,罪垢亦然”者,明心不在三處故空。罪不離心,心體既空,焉得有罪?罪體即空,故言“罪垢亦然”。“諸法亦然”者,類同諸法空。“寧有垢不”者,反質憂波,盡皆心相空,不見其垢。“一切衆生心相無垢,亦復如是”者,結成識陰空也。“妄想是垢”者,妄想多起見,故言“垢”也。此明想陰空。“顛倒是垢”者,此受能生煩惱,故言“垢”,明受陰空。“取我是垢”[□][者][④],此明行陰空正是垢體,前三能生垢名爲“垢”也。“一切法生滅”以下,廣釋罪及四陰空。所以知空,以生滅不住,如幻化等,故知空。“是名奉律”者,若能如上來所解,真是奉律。善解亦然也。

所以命羅睺者,謂持戒第一者堪爲問疾,是以命也。羅睺失幾(機),在於道根。前人應聞無相出家。“即爲説出家功德之利”者,有説有相之利也。“不應説出家功德之利”者,不應説有相利也。“所以者何”者,所以不應説有相利者何?“是爲出家”者,明前人應聞無相出家。無相之中無有相利、無有功德,故言“無功德”也。“夫出家”者,凡夫此人之心應聞無利、無功德出家也。文言無彼、此、中間者,此文所以興,欲明空是萬有之原,能達空旨,萬有得成。《中觀》云:“以有空義故,一切法得成。”《十二門》云:“由大分深義故,得成六波羅蜜。”故空是萬有之本。“無彼”者,無涅槃;“無此”者,無生死;“[□][無][⑤]中間”者,無八聖道。此三既無,故萬法斯空,空是萬法原也。

① “狀貌”二字録本訛作“杖狼”,據底本改。

② 在,底本無,今據《維摩詰所説經》卷第二十二[T14n0475p541b18]補。

③ 在,底本無,今據《維摩詰所説經》卷第二十二[T14n0475p541b19]補。

④ 者,底本、録本無,據上下文意補。

⑤ 無,底本、録本無,今據《維摩詰所説經》卷第二十二[T14n0475p541c17]補。

“離六十二見”以下，明空廣有所成。“離”者，明無此故，得離諸見。“處[□][於]①涅槃”者，明無彼故得涅槃。“智者所受”[□][者]②，明無中間，故得智者受也。“降伏衆魔”者，將魔出家。魔得五眼等，魔本彼惱雜惡，今離煩惱惡也。“摧伏外道”[□][者]③，將外道出家。“超[□][越]④假名”者，化彼得衆生空。衆生既空，於假名不染，故言“出淤泥”也。既出淤埿，不爲假名所縛，故言“無繫著”也。“無我所”以下，明法空。不存五陰言“無我所”，不納於境言“無所受”也。“隨禪定，離衆惡”者，上離惡明一切惡，此離惡者明障空惡也。

所以命阿難者，時情謂多聞者能爲問疾，是以命也。其人失在於不達應道，謂真極而有疾。此中凡三段，明法身之無疾。“止，止”以下至“得聞斯語”，斷衆惡盡，萬善備足，何有疾也？此中“止”以前有二意：前言身小⑤者有疾當用牛乳，今者還以二“止”止之也。“嘿(默)⑥往”者，嘿(默)⑦往如來有疾之言。“轉輪”以下，第二明以下况上，明如來法身之無疾。“行矣，阿難”者，速行矣而去。“當知”以下，上明斷惡善足，明法身之無疾；自下明如來不墮法數，明無疾。“行矣，阿難”者，行矣而取乳也。

菩薩品

彌勒補處之士，豈容有其屈？現受不足彰維摩之高德。爲兜率天王説不退轉行者，明彼天聞彌勒當生於彼，欣情内著，是故問十住不退之行。净名呵之，遣諸天封著。所以爲説不退行者，明彼天欣於此行，得於菩提涅槃。由於其記，[記]⑧得此果，得果由行發心，是以净名一一非其五事。“爲用何

---

① 於，底本、録本無，今據《維摩詰所説經》卷第二十二[T14n0475p541c17]補。

②③ 者，底本、録本無，據上下文意補。

④ 越，底本、録本無，今據《維摩詰所説經》卷第二十二[T14n0475p541c20]補。

⑤ 小，底本、録本訛作“少”，據《維摩詰所説經》卷第二十二[T14n0475p542a3]改。

⑥ 嘿，録本訛作“哩”，據底本改。《玉篇·口部》：“嘿，與默同。”

⑦ 嘿，録本訛作“哩”，據底本改。

⑧ 記，録本脱，今據底本補。

生”者，明心甚多，且[①]捉一心，難不得記。“過、未、現在耶”者，明捉[②]一念之心以爲三，擬在三世，故定言“過去、未來、現在耶”。“過去生已滅”者，過去之心已滅，不得記耶。“未來生未至”者，未至是未來無法，不得記也。“現在不住”者，念爲三相成，念念不住，不得記也。三處心無，其記安在？“即時亦生、亦老、亦滅”者，引佛語爲證一念有三相，相分在三世，不得□□(記也?)[③]。“生”者是生相，“老”者是住相，“滅”者是滅相。文言“若以無生”至“三菩提”，上▭空中，亦不得記。不破菩提但破記者，記於菩提，是以合▭。“□□(若以)[④]如生得受記者”，上明空位中不得其記，此從[⑤]空中得記，空應是□，□□得記。今明如空中無生滅故，何有記也？“所以者何”者，所以彌勒得記便衆生同得者何？“夫如者不二不異”者，衆生彌勒同如不二，亦無彌勒得記衆生不得之異；空既無異，應同得也。第二從“若彌勒得菩提”至“即菩提相”，破菩提相也。第三“若彌勒滅度”以下至“誘諸天子”，破涅槃。第四“實無發心”者，破發心。“亦無退者”[□][者][⑥]，破不退轉行也。“捨於分別菩提之見”以下，重破菩提。所以而然，明諸天子欣心菩提著相心多，是故重破。自下明菩提空。不論菩提，無性故空。但明菩提妙絶塵境，體無衆相，故言爲“空”，非謂無也。自下明破菩提，凡有其三。從至無生住滅，故菩提體空。“捨分別菩提之見”者，明菩提妙絶不可見也。“所以者何”[□][者][⑦]，所以捨菩提見者何？“不以身心得”者，明菩提妙絶，絶於身心，體非身心，何其見也？

“寂滅”以下，凡有六段釋。初、“寂滅是菩提，滅諸相故”者，總明非身心得，是寂滅相也。第二、從“不觀是菩提”至“無憶念故”，明菩提不觀於境、不念境也。第三、“斷是菩提”以下至“無貪著故”，明菩提斷於煩或(惑)，捨諸見、離妄想故，明斷諸見，障諸願，無貪著，斷五鈍。“願”者，愛分別願。第

---

① 且，録本訛作“耳”，據底本改。

② 捉，録本訛作“提”，據底本改。

③ 比勘上下文意，此二缺字似當爲“記也”。

④ “若以”二字底本殘，今據《維摩詰所説經》卷第二十二[T14n0475p542b10]補。

⑤ 從，録本訛作“蹤”，據底本改。

⑥⑦ 者，底本、録本無，今據上下文意補。

四、從"順是菩提"至"實際故",明菩提無衆相,體同三空。第五、"不二是菩提"一句,釋疑。上明順於三空謂爲菩提,緣於三空故言爲"順";今言"離意法故",無菩提爲意,三空爲法,故言"離意法故"也。下二句皆明菩提之體。第二"知是菩提,知衆生心行故"者,上明菩提體空,時望心没,還明菩提是有,了衆生心行。第三"不會是菩提"以下,上明菩提了於心行時,情作有意而取,自下還明菩提之無相也。

光嚴所以言"不堪"者,與居士問答理乖,屈於幾(機)會。居士言"道場來",不達萬行亦是道場,這謂佛[①]得道處爲"道場",來問居士趣諸道場,得三菩提,可得言"從道場"。怪來其所以,故言"道場者何所是"。佛[②]果言"道場"者:可乘之化物,故有"道"義;能去衆生虚僞煩惱,生其實解,喻之如"場[③]";萬行可履之向佛,故有"道"義;萬行能去其惡,生其妙解,故有"場"義。從"直心"至"諦是道場",從因説道場。從"四諦"訖[④]"無所畏故",外境緣中説道場。"力、無畏"以下,亦是行中説,仰學果行爲異。若與諸波羅蜜行相應者,教化所有,未始不與萬行俱來向果,故言"皆從道場來",即時住佛所乘也。今明"舉足下足"者:無相之善爲"舉足",有相之慶爲"下[⑤]足";亦可自行爲"舉足",化人爲"下足"也。

持世失幾(機),在於不識真僞[⑥],不能應幾(機)弘法,故不堪問疾。魔知不達,以女色施之,直欲[⑦]壞其道意。持世謂爲帝釋,作身、命、財三常呵之。釋謂身、命、財常,是以今言"當觀無常"。"以求善本"者,明三不堅法。得三堅法,即指不堅爲善本。"此[⑧]非我宜"者,二種非宜:一者、以女色是在家所通,非出家人宜;二者、此諸女等道根將熟,在於維摩,復非我宜。"嬈固"者,固猶漏也,欲令其人生諸漏失。"如我應受"者,有二種應受:一者、色欲是我

①② 佛,底本作"厶",乃"仏(佛)"之省旁俗體。
③ 場,録本訛作"道",據底本改。
④ 訖,録本訛作"説",據底本改。
⑤ 下,録本訛作"不",據底本改。
⑥ 僞,録本訛作"爲",據底本改。
⑦ 欲,録本訛作"破",據底本改。
⑧ 此,録本訛作"沈",據底本改。

在家所通，故言“應受”；二者、其人幾（機）悟[1]，必受我法，復言“應受”。

“即[2]隨所應而爲説法”，剬（制）[3]魔令其從己受化。“有法樂”以下，明以法自娱，移其先好；心解則神悦，故名“法樂”。下明智惠（慧）善根皆是法樂體。“樂常信佛”至“廣行施”，明住前法樂體。從“行施”至“廣菩提心”，次第明六住中法樂體相。七住始得無生忍，能降魔，斷二種煩惱，修浄土。八住所行，成就相好。九住所行，樂嚴道場。十住所行，樂聞深法。“不畏”以下，通明三乘智惠（慧）善根。“不樂非時[4]”者：明衆生應聞定得悟時，以惠（慧）爲“非時[5]”；又解，道根將熟時，不樂衆生根未熟時。“樂近同學”者，大乘之理，彼我俱學，故稱“同學”。“心無恚礙”者，於小乘學中化令從大，有恚在心，不能如是。不護惡人害我道根，將護惡人道外[6]慈茂，所存處大，故須護也。

善友是佛，近則生善，化轉其志，不樂本習，故言“不樂五欲樂”也。“我已捨矣”者，本意欲令發心，今以發矣，令修習受行，化緣須息，故言“捨矣”，願所化之人“法願具足”；亦可諸女轉教一切衆生，使得法具足也。不復念本所習，領其微誡，重啓其師：更以何行自防，道心永固？“有法[□][門][7]名‘無盡’”者：即向法樂，能轉化通人爲門，如以一燈傳暈千炷；法利亦然，然（燃）[8]百千燈，本明不盡。夫一菩薩轉化無窮，令使發心，而道意不滅。然化功歸已，增益功德有異，於喻以化人，言自防處塵不染，亦實稱佛心，名爲“報恩”也。後復重解“我已捨矣”者，受必有益，捨亦蒙利，欲令諸天女等轉教無

① “幾悟”猶“機悟”，義即機敏穎悟。[南朝·宋]劉義慶《世説新語·捷悟》：“王導須臾至，徒跣下地謝曰：‘天威在顔，遂使温嶠不容得謝。’嶠於是下謝，帝乃釋然。諸公共歎王機悟名言。”即其例。

② 底本“即”與前文“受”字誤倒，抄手旋於二字旁施一鈎乙符，《大正藏》校録者訛作重文符録爲“即即受”，今據底本改。

③ 剬，後作“制”。《史記·五帝本紀》：“（顓頊）依鬼神以剬義。”張守節正義：“剬，古制字。”

④⑤ 時，録本訛作“財”，據底本改。

⑥ 録本出校：“道外＝外道?”意疑“道外”爲“外道”之訛。

⑦ 門，底本、録本無，今據《維摩詰所説經》卷第二十二[T14n0475p543b18]補。

⑧ 然，録本徑作“燃”。底本實作“然”，乃“燃”之本字。兹據改。

數，令得發心，自亦蒙潤；彼此獲慶，故言“具足”也。“我等云何”者，返請維摩以何行爲先。下答當已化物爲首，使群生普行，亦[①]自歸已。此即教其作行之方也。下發心之流是其利也。“諸姊”者：前二種被[②]法而言，以前曾爲先；據人而言，以起爲前；今解天女言“姊”者，以其不行，始學前法，故言“姊”也。

次命善德而問疾者，明其德高，斯是其權，現受其屈，不達於法。“會不當如汝所設”者，明財施不當於道根。“當爲法施之會”者，明法施以稱根。法施所以勝者：明財施養形，法施養神；財施有竭，法施無盡；財施有前後，法施無前後；是故法施勝財施也。“無前無後”、“一時”者，明衆生玄幾（機）[③]冥感，法身嚮應，根藥不差（瘥），同時養神，故言“一時供養一切衆生”也。“何謂也”以下，説法施體。“謂以菩提，起於慈心”者，解“慈”義。以㰚菩提樂，以解“慈”義，爲令離苦，得無上果。興於慈心，爲得正法；起於智惠（慧），爲得智惠（慧）；起於檀波羅蜜，爲除慳貪也。“以無[④]我法”者，有我心在，瞋恚必起，得無我空，乃能忍辱。“以離身心相”者，“離”之[⑤]言“空”，能解身心相空，方能有中翹懃也。“以菩提相”者，菩提體絶於衆相，能如此解一切法無性，方能有中行禪也。又解，㰚菩提集禪定法以求菩提也。解空故能有中施化。“無相”者，何由能不捨有爲法，正以深解無相故也。得無作空門，能示現受生。“護持正法”者，弘理不絶，稱曰“護持”也。所以化物不捲（倦？）[⑥]，須有中方便，能通正法，行四攝不捨，能度衆生。自下隨情消息也。又解“何謂法施之會”，問“法施”之義也。何以名“法施勝”？自下解法施普同故，所以勝也。下“何謂也”，問法施體。“起喜心”者，喜對於瞋得邪果，今除其瞋，獲得正果也。“六念”者，念三寶天戒施也。若六念成必由於思者，善思惟也。“六和敬”者，三業無違，戒見施同，慕從隨順，故言“和”也。敬行此六，

① 亦，録本訛作“五”，據底本改。
② 録本出校：“被＝依？”意疑“被”爲“依”之訛字。
③ 録本出校：“幾＝機？”意疑“幾”爲“機”之借字。按：“幾”乃“機”之本字。
④ 此處録本衍一“無”字，今據底本删。
⑤ 之，録本訛作“云”，且出校：“云＝之？”按：底本本作“之”，兹據改。
⑥ 捲，底本似作“倦”，待考。

必以真心爲本;敬行邪曲,莫能成記也。諂[①]心濟己爲邪命,質直養形爲正命;直心爲命,必招正善之果也。“大施主”者,説大乘法爲“大”,説三乘法爲“中”,財施爲“下”。今云“大”者,説大乘法施也。善德所以解瓔以奉維摩者,有二意:一、明[②]上來善德設財施,意欲弘其法施之會;維摩應幾(機)[③]以弘法施,使二百人皆發菩提之心也。然時坐未知善德法施之意,是以解瓔以奉維摩,表己意在法施也。二、欲勵乞人之流發菩提心也。所以而然者,明維摩受瓔,以一分奉難勝如來,表己受敬之心;一分與乞人,表悲拔苦之極;是爲敬上接下,其功齊矣。若其心平等,我等何爲不發菩提心也?施一最下乞人,猶如如來福田之相,以下齊上,無所分别。“等於大悲”者,以上齊下。“不望果報”者,釋維摩法施以下准上、以上齊下者,明於彼上下皆不望果報,故能爾也。“皆發菩提心”者,明不但乞人發心,諸人皆發,故言“皆發菩提心”也。

文殊品

所以此品興者,明净名垂跡患流,别悟癡愛,德能致問,故名爲“品”也。群生根感時至,故命文殊以問疾。二士對談揚化,津澤非一,是故如來命文殊以問疾也。初明來去之相,次辨病之所由,後明三惠(慧)化疾無方。初至“且置是事”,此即三章之初明也,亦是遍嘆維摩之高德,夷蕩群情,計來去之相也。

“即以神力空其室内”者,空去父母、妻、子,一切床坐、侍者悉除,生下諸品之論端也。“除去所有及諸侍者”[□][者][④],遍論除床坐弟子也。“唯置一床,以疾而卧”者,生下借坐燈王之論也。“既[⑤]入[□][其][⑥]舍,見其室空”者,上侍者以列空其室,除侍者等,所以復明文殊見室内空者,明下夷去

① 諂,録本訛作“謟”,據底本改。
② “一明”二字録本訛作“所”,據底本改。
③ 録本出校:“幾=機?”意疑“幾”爲“機”之借字。按:“时機”之“機”本作“幾”。
④ 者,底本、録本無,據上下文意補。
⑤ 既,録本訛作“即”,據底本改。
⑥ 其,底本、録本無,今據文意補。

其患，正除文殊共來之者，是以别列見也。文言“善來”者，必有其益，故言“善來”。“不來”以下，正夷去[①]來之心。“不來相而來”者，來者當運自滅言“不來”，假名相續、至於毘耶言其“來”。不見而見，義同之也。“若來已，更不來”者，述維摩來去義同而[②]望爲異。文殊增其去，述前二種。毘耶望庵羅爲“來”，庵羅發向毘耶言“去”。“若來已”者，已者滅也。“更不來”者，第二運言更當運自滅言“不來”。去、見亦同之。“所以者何”[□][者][③]，釋時情疑；時情謂雖實中無於去來之者，何防定有所從來處，定有所至之處，是以今釋所以，釋無决定來去之處者。“無所從來”者，破定庵羅去。“無所至”者，破定毘耶所。“可見”者，隨來也。“且置是事”者，遣來去之病，其義粗同，故言“且置是事”也。“是疾寧可忍不”以下，凡有三門。文殊但受其使，不受言有所敕，文殊玄騰聖意而問訊也。“寧可忍不”者，衆生煩惱之病寧可忍不？第二問“療治有損”者，明煩惱之病可療治不也。第三問“不至增乎”者，明煩惱之病不大熾盛不也。下净名所以不答者，非佛之辭，故不答也。“慇懃致問無量”者，略[④]有三問，廣便應多，故言“致問無量”也。“是疾何所因起”以下，明文殊傳佛語而問。“從癡有愛，則我病生”者，答第二問。“其生久如”者，今明從衆生有癡愛病根感我來，莫問遠近，隨感則病生也。“一切衆生得病不[⑤]”以下，明感盡則病滅，答第三問“當云何滅”。“以大悲起”者，答第一問“何所因起”，明由大悲，故能現其病，故言“因大悲起”也。

“此室何以空”以下，非是論病之次第，應取下文所疾爲何等相接此文也。所以中起此文者，由上佛國品中現於净土，其土之中唯有大菩薩爲侍者，時坐而復著此二事，其心介然，則受法不濃，是以欲去此二患，故起此文也。“空何以空”者，明净土空無待者，問待者諸菩薩何以空無也。“諸佛國土亦復皆空”者，正明國土空，以遣封情也。“又以何爲空”者，國土爲當本來無性故空，爲當强用智觀作空也。答曰“以空空”者，明本來空故空也。又問

① 此處録本衍一“去”字，今據底本删。

② 而，録本訛作“兩”，據底本改。

③ 者，底本、録本無，據上下文意補。

④ 略，録本訛作“毘”，據底本改。

⑤ “病不”二字底本、録本訛作“不病”，據文意改。

“空何用空”者，但説一空，何用“空空”之名也？“答曰：‘以無分別空故空。’”者，以衆生著空，故我説空復空，故有二空之名也。“又問‘空可分別耶’”[□][者][1]，空體無殊，何得分別後空異前空耶？“答曰‘分別亦空’”者，明後空遣前空，故言“空”；此空亦無，故言“分別亦空”也。又問“空當於何求”者，上來明色陰空，自下明四陰空。空有其三：初明諸見空，次明佛解脱皆空，後明中間一切心行空也。“[□][空][2]當於何求”者，問求空之處在何，答曰以“六十二見中”也。又問諸見體空何處中求，答以解脱體上本來無諸[3]見，故言“解脱中求”也。“何無侍”以下，遣著菩薩之空。“一切衆魔皆吾侍”者，明衆魔體空，能達其空，便能因緣之中化魔從教爲弟子，即其侍者，何獨菩薩貴也；得遣著心，外道亦然也。“此病爲何等相”以下，除其封著已竟，今還論其病空也。“我病無形”者，明病體空。身、心合者，上雖言病無其形，可不與身、心合也。答非身心合者，明身心空，其病安在也。“又問地大水大[4]”以下，上明五陰無病故空，自[5]下偏就四大色陰，以明即離無病故空也。“非地大”者，明地大緣假無性故空，空故非即地大也。聞言非即便謂離大調然，更有病體亦不離者，破其計異也。“而衆生病從四大起，是故我病”者，明衆生從四大有煩惱病，根感於我，是故我病也。

“云何慰喻有疾菩薩”者，明文殊是問疾之人，所以返問維摩者，而上維摩言從衆生有癡愛，根感於我，故則病生，是爲無病而現病，善達於病原，故返問也。

“説身無常”以下，教菩薩慰喻之方。觀望此中教慰喻，唯性地以上。何以知然？下經文言“當識宿世無數劫苦果”，當識苦有限者，明知不退菩薩知其有限也。若論習種性者，猶是其退，其苦無邊，何能識苦有邊也？“説身無常”以下四句，皆教彼菩薩作中道之觀，不同凡夫聲聞也。“説悔先罪，而不

① 者，底本、録本無，據上下文意補。
② 空，底本、録本無，今據文意補。
③ 諸，録本訛作“請”，據底本改。
④ 大，底本、録本訛作“火”，據文意改。
⑤ 自，録本訛作“身”，據底本改。

説入於過[□][去][①]”者，明先作其罪感於當果，果未現故，言“悔先罪”；“而不説入過去”者，明過去已滅，非今猶在而悔滅也。“當識無數劫苦”“愍於彼病”者，明教實病菩薩愍一切衆生煩惱之病也。“當識無數劫苦”者，識苦有限，以化衆生也。

文言“云何調伏其心”以下，明教習種菩薩作調伏之觀，猶是慰喻之人。但始者爲慰喻轉明爲調伏也。就此中大略有二：從初盡不“取證也”，明自行調伏。第二從“設身有苦”以下，明外化調伏。就初段中有三：從初盡“不言我滅，當起法相”，第一，明衆生空。第二，從“爲滅法相，應作是念”以下，盡得是平等，明法空。第三，從“無餘病”以下，明去相善，亦除空智也。就前衆生空中有二義：一、從過去煩惱得身，初至“身亦無我”是。第二、從“又此病起”以下，明現在起我之或[②]復得未來之身，應當斷也。又一家解，就調伏有二：從初盡“不言我滅”，亦明衆生空。現在、過去二義，感果亦同，但此中破即離我異。從初至“當起法相”，破離陰我。“應作是念”以下，明去即陰我。何以知之？起唯五陰，滅唯五陰，是生滅法，有何我也？“各不相知”以下，猶是破即陰我，但以各不相知爲異。“爲滅法想[③]”以下，破法空中患人常解得衆生空，去我不盡，復觀法遣之，名爲“法空”。此亦可爾。又時人解計五陰法爲決定神我，亦是顛倒；今觀此法作空，去法上或(惑)心，故言“法空”；非謂去衆生、我不盡，復觀法遣之，名爲“法空”。離我所者，正應明我所空。所以言“我空”者，要得法空，我患斯盡，是故明也。“謂離二法”者，非“我”之與“所”二法，横計神我及出世涅槃，此爲二法。如此二法，無决定性，所以空也。“不念内外”者，三界身爲“内”，出世涅槃爲“外”。“但以名字”者，但有計實之名字，推體無真實，故言空有此言也。“無有餘病”者，計法空患是衆生之餘，今此二患俱亡故，故言“無餘”也。“唯有空病，空病亦空”者，空能生病，名“空”爲“病”，此病亦空，故言“空病亦空”。又解：計空之心爲空病，所

---

① 去，底本、録本無，今據《維摩詰所説經》卷第二十二[T14n0475p544c22]補。
② 或，録本訛作“惑”，據底本改。
③ 想，底本、録本訛作“相”，據文意改。

緣之空亦是空病，此空亦空也。“以無所受[①]”者，依前科判此，猶在自行中；依於後解，自此以下盡“菩薩之謂”，明調伏菩薩，教彼外化，調伏於後也。“以無所受”者，明得三種空，故言“無所受”。“而受諸受”者，明有中施化。所以爾者，明此菩薩未具佛法，必索空解乃能成就萬行；不如聲聞直[②]取滅度證。

“設身有苦”者，教實菩薩，化前衆生；設身有苦，亦悲愍衆生；我自除病，亦除衆生也。“但除其病”者，除衆生或（惑）[③]心。“而不除法”者，本來我無其或（惑）[④]心，下實法可除。我心爲病本，有我心故，能爲攀緣。“謂之三界”者，明攀緣之心亦在三界外，但三界喜心起故，謂之“三界”也。三界内起爲“内見”，計神我如來出三界者爲“外見”。此二體空，故言“無所得”也。“爲斷老病”者，爲教衆生，令斷老病，自亦能斷。“是菩提”者，亦可是前所化菩薩菩提，亦可由教化衆生，功來歸亡，是化生[⑤]菩提。若不能化物，但自爲己修治功德，爲無惠利於衆生，亦無功來鍾己[⑥]。“勝怨”者，自患能除，復除他患，乃名爲“勇”。菩薩亦爾，自除老死，亦爲衆生也。

“復作是念”以下，上來總明生、法二空，此中明相善亦除，猶是外化調伏中事。“如我此病，非真[⑦]非有”者，明調伏菩薩病體空，非真非有。“衆生病亦非真非有”者，所化衆生病體亦空。“即應捨離”者，明著之善應捨離也。“所以者何”者，所以捨愛見悲者何？“斷客塵煩惱”者，有二義：一明愛見悲從客塵而生，二明愛見能生煩惱。有此二義，愛見悲即是客塵煩惱，是以應捨愛見悲也。亦可所以應捨愛見悲者何？菩薩斷客煩惱時，欲起無相大悲，故言“而起大悲”也。下釋愛見有疲厭也。無相厭[⑧]故，則處處無帶（滞？）[⑨]，

---

① 受，録本訛作“愛”，據底本改。

② 直，録本訛作“宜”，據底本改。

③ 或，録本徑作“惑”，不合原卷，據底本改。

④ 或，録本徑作“惑”，據底本改。

⑤ 生，底本、録本訛作“主”，據文意改。

⑥ 己，録本訛作“已”，據底本改。

⑦ 真，録本訛作“實”，據底本改。

⑧ 此處底本、録本衍“無相厭”三字，今據文意删。

⑨ 結合文意，此“帶”當爲“滞”之訛字。胡吉藏撰《維摩經義疏》第四：“夫有所見，必有所滞。”[T38n1781p959c23]可參。

故言“不爲覆”也。文言“何謂縛？何謂解”者，含有多義，一意正是愛見不解，於空有中生著，更有生著者。“何謂是”以下，出禪中生著，净土中生著，空中生著，非一[①]。下有四句，大判住前菩薩以爲“縛”，初住以上名爲“解”。所以住前爲“縛”者，明此菩薩具煩惱性，未得無始，能伏斷，未能永斷，名“世間道”，是故於空有觀行不能不著，著故名“縛”。所以名初住以上爲“解”者，《十住經》云是人能永斷煩惱，已得無漏，捨世間道，入出世間道，生在佛家，名“空理”爲“佛家種性”，無可幾（譏）[②]嫌，是故於空有不著，得名爲“解”。“無方便”者，無初住無相方便。“有方便”者，據初住語。“無惠（慧）方便縛”者，無初住觀空惠（慧）。言“有”者，亦據初住語，正以有中不亡相，於空亦有著。若存著空緣，有亦不亡於有；若亡於空緣，有亦不存。所以爾者，空有相資故也。若爾，以住二縛據性種解行，二解在於初住以上也。又一家解，無方便、有方便、有惠（慧）、無惠（慧）皆是性，種性有資、不資。若菩薩於有中生著，不能亡相，後入於空，依然生著。何以而然？别無有中方便資也。若能於有中不存其著，後入於空亦不生著。何以而然？由前有中方便資，故得其爾。“無惠（慧）方便縛”者，明彼菩薩雖住於空，而於空惠（慧）不成就也。不斷貪欲，故言“住貪欲”。後至有中，無此空惠（慧），資有中而生於著，縛於行者，故言“無惠（慧）方便縛”。“有惠（慧）方便解”者，能於空中不存於著，斷貪欲後，至有中而不生著，不縛行者，故言“有惠（慧）方便解”。此中言“無方便惠（慧）”者，皆無亡相者，言無亦有，不亡相者觀身無常，以下必也。正其名上雖言“惠（慧）”，以方便未有旨，當今明觀空者爲“惠（慧）”，觀有者爲“方便”。“身不離病”者，身外實無病。“病不離身”〔□〕〔者〕[③]，病外更無身。“是病是身，非新非故”者，明其身病皆空也。

文言“有疾菩薩如是調伏其心”者，在空調伏心。“不住其中”者，還遣聞言在調伏，謂常在於空，同於聲聞，是故言“不在其中”也。“亦復不住不調伏

---

① “非一”二字録本訛作“悲”，據底本改。

② 録本出校：“幾＝譏？”按：此“幾”乃“譏”之借字。《太玄·斂》：“斂於時，奚可幾也。”司馬光注：“幾，當作譏。”亦其例。

③ 者，底本、録本無，據上下文意補。

心”[□][者]①,不同凡夫。自下廣明夷(異?)②此二家,行於中道也。

不思議品

“當於何坐”者,因空室生上問何以空,爲除分别之見,令空得顯,空理獲利,於上聖益有由,寄心近事,身子生念,因念呵之。言違而理順,因其空旨下,諸天子發心即其事也。“爲法來也”者,欲使移心在法,得明法相,理是無求,遣其求著之情;身子知識難因床坐生念,意在求法,故言“爲法”。“不貪軀命”者,不貪生死軀命,何况安軀命之處?“夫求法者”以下,廣釋不貪求軀命意也。不應計有色乃至界入成就,由是求生死,非是真求之謂也。不應計有三界容身之處然後求法,又不應計三寶定實之性求學之處,亦不應念四諦是定性空,是所解之境。所以者何?[所]③以不得存有而求法者何?亦應所以不存三寶、三界、陰入界等,此所以者何?盡釋上六法,但文略不能具安也。若存定有無,即是戲論,與法相理乖,何名求法?凡言“戲論”者,躁動不定,無所專執,所論無當。若著有無,即是戲心,隨執心定,必論在言。若爾,何關於法?“法名寂滅”以下,還播上所存有名“求法”。“法名寂滅”者,真④諦理是寂滅之法,若謂五陰是生滅,是求生滅,非求寂滅真法。法名無染,若染於十二,是求十二,非求無染之法。真法無行處,若存十八,是求行法,非求無行之法。“法無取捨”者,業感三界報身爲“取”,背下生上爲“捨”。下生亦然。若存三界可取可捨,是求取捨之法,非真净無取捨之法。法無處所,若存三寶,是求處所之法,非真求無處所之法。法名無相,若存苦,是求苦相,非求真法。法名無住,若存滅是住,是名“求住”,非求真諦無住之法。法無見聞覺知,若存道體,是見聞覺知,是名“求道”,非求真法。法名無爲,若存集是有爲,是名“求集”,非求真法。若求真法,於一切法應無所求。

居士問文殊何處國土有好上妙之坐者,上違(遣?)⑤身子爲欲益物,五百

① 者,底本、録本無,據上下文意補。
② 夷,此似爲“異”之誤字,待考。
③ 所,録本脱,據底本補。
④ 真,録本訛作“冥”,據底本改。
⑤ 録本出校:“違=遣?”按:此“違”似爲“遣”之訛字,待考。

天子得法眼净，是上違(遣?)身子之意也；今順文殊得顯不思議之迹，下天子發心，是順益也。今取坐乃問文殊者，至欲彰文殊無方，所逕事遠，静形入定妙坐，自應本迹事彰，故言“現神通力”，正明維摩不思議大士之心，見法無定性，隨心所成，去來無閡，即是解脱妙智之能。降已以還，觀迹不測其本，故曰“不思議”。坐既高廣，内相合容，外不迫迮，亦是“不思議”之迹。當建立汝身與坐像等，明彼佛身長八萬四千由旬；坐亦如之，坐則四萬二千由旬，故言“如彼坐像”。又言“如彼坐”者，借彼土菩薩之坐。何以得知？維摩借坐，欲安大衆，佛坐高廣，乃[八][①]萬四千，是以知也。“像”者，導彼佛坐像也，故言如坐像。由福薄感見，而不從心用，言“不能昇“。爲燈王作禮乃可坐者，法身妙應，致敬必濃，還藉此一福可爲身用。身子覩大士所爲，妙出二乘，所以加嘆。小室容大，乃至四天，都爲“不思議”也。

“有解脱”以下，廣明一切不思議事。或[②]就四大轉變，迭相容納；或就形聲時節，皆不思議也。有衆生應有七日壽命，心樂久住，菩薩稱其心願，演(延)[③]七日爲一劫；應有一劫壽命，不樂久住，即促一劫爲七日。皆未覺之者，大士所爲，己[④]所不逮，如盲不矚萬像，嗟嘆深矣。勸知發心習大，有可悕[⑤]之理。自恨習小，爲教所局，於大乘絶分，其猶敗種。“皆應號泣，聲振三千”[□][者][⑥]，聲不必至三千，但求大涅槃，悲嘆情重，痛甚割膚，應至三千。菩薩大欣慶，是己之分勸。若能發心、得解不思議者，魔王外道不能加害。不列魔王者，上明魔所不加，小菩薩未能深解，大士現爲魔王乞士，逼試菩薩，令其堅固，恐不識真僞，至欲安慰其懷也。此品中未科格，大判不過二種：從初至“得法眼净”，明第一義諦不思議；第二從“爾時長者”以下訖品，明世諦不思議也。

---

① 八，録本脱，據底本補。

② 或，録本訛作“成”，據底本改。

③ 演，《維摩詰所説經》作“延”[T14n475p546c10]，且出校勘記曰：“延＝演【宋】【元】【明】。”“演”、“延”二字古通。《釋名》：“演，延也，言蔓延而廣也。”

④ 己，録本訛作“已”，據底本改。

⑤ 悕，録本訛作“怖”，據底本改。

⑥ 者，底本、録本無，據上下文意補。

觀衆生品

觀衆生所以興者，因前章末天子等發心即爲菩薩必入生死施化，云何觀前衆生？見衆生體性空寂，假名故有，正以假名，衆生不定，故可化令從正，故以觀衆生爲名也。此品大判，凡有二段：從始至“立一切法”，明觀衆生；二明大菩薩現爲天女，對身子論議，廣明不二之道。

初至“云何觀衆生”者，爲小菩薩問答，言如幻師見幻識無實之甚，菩薩觀衆生空應如是。凡夫見水中月謂爲實月，小菩薩應同。大菩薩智者知萬法如水影之不實。諸句類爾。通明即離我，就文難可取别。文殊問若無衆生，云何有益？爲假名衆生説其空法，明知空無其實，生非無假名者，爲説其空，令其契解此理，永得涅槃，畢竟離苦，乃是與樂之極，得名“真實慈”。就中凡三文。從初至“如虚空故”，就理以名“慈”；從“羅漢”以下，就人以名“慈”；從“菩提”以下，就衆行以名“慈”。所以名“理”爲“慈”者，從理得樂，緣中説“慈”也。“行寂滅慈”者，慈心中教前衆生修行寂滅，解理之心是樂，即名“寂滅”爲“慈”。“無所生”者，釋上寂滅句。“行不熱慈”者，空理能除煩惱熱。“行無諍慈”者，亦以理能除諍也。諸句義類相似，盡如虚空故，皆是緣中説盡，取説者内心爲“慈”。“行羅漢慈”者，教前衆生修行斷煩惱，得作羅漢人；此人盡苦得樂，名“人”爲“慈”。論慈正是菩薩内心，就所化人名。“行菩薩慈”者，教前衆生修行，作菩薩人，曠劫積德，在苦不染，壞樂自居，故名“人”爲“慈”。“安衆生”者，釋菩薩之行，正以安人爲先，教前衆生修行，未來得作如來人，畢竟離苦，受樂之極，故名“人”爲“慈”。下句皆釋上句。“行佛慈”亦就“人”名“慈”。前衆生修行成自然智，即是果爲“慈”。“無因得”者，種智果生時，累外而來，無相似因得，故言“自然”。“行菩提慈”，亦就果明“慈”。“無等”亦爾。“行大悲慈”者，教前衆生修行得菩薩地中大悲行，此心能拔苦盡爾，即是至樂，名“大悲心”爲“慈”。因中説“慈”，自下諸句類爾。

次問“悲”。

答：“菩薩所作功德，皆與一切衆生，令使離苦，真名‘大悲’。”

又問：“生死有畏，何所依杖？用慈心化物，當依如來功德之力。若欲依之，當先作何法行？”

[□][答][①]:"修習功德行者依之。若能兼彼我,化善歸焉,故言之'當住度脱一切衆生'。若内慈未消,遇緣斯閲(?)[②]。若得妙悟在心,有惑斯盡,應感從緣,見聞蒙益,[□][故][③]答言'欲度衆生,當除煩惱'。生福藉於有心,滅惑要由冥解,故答言'當修行空之正念'。"

問:"云何得此空解正念?"

答:"心行性空,故無性可生,無法可滅。"

問:"何法無此生滅之性?"

[□][答][④]:"不善業假名因緣而有,無實性可生;善業假緣而有,無性可滅。互舉一邊,至欲明煩惱無定性,所以可除。"

問:"善惡業體誰爲因?"

[□][答][⑤]:"所以本其次第,欲明從緣生法,無性故空;並列五陰生或(惑),次第善惡,由作起故。以身爲本,身從貪欲生,即以爲本。"

問:"貪欲諸行誰爲本?"

[□][答][⑥]:"虚妄分别,受心爲本。"

問:"受以誰爲本?"

[□][答][⑦]:"顛倒想爲本。"

問:"想以誰爲本?"

[□][答][⑧]:"無住識爲本。識是攀緣,之初無本,從識立四陰一切法也。"

華著身不墮者,將對身子生論,欲除時坐分别之心,道素位成,塵滓事隔,故欲去之。凡遺飾在心,不在於事。

問:"何故去華?"

[□][答][⑨]:"染生於心,亦由於緣。無心之境,而有分别之狀[⑩]。出家之法,實絶容飾。華在於己,則同塵染,是以去之。勿謂此華分别之異。所

① 答,底本及録本無,據文義補。

② 此字底本不清晰,待考。

③ 故,底本、録本無,今據文意補。

④⑤⑥⑦⑧⑨ 答,底本、録本無,今據文意補。

⑩ 状,録本訛作"拔",據底本改。

以無之者何？分别是心，無心之華，何所分别？謂華有分别者，即是分别之心，故言'仁者自生分别想'耳。爲行佛所得寂滅涅槃真法，然後出家，應以無相爲懷。心有分别，真不如法。若亡分别，冥契寂滅。如是如法大士，華所不著，已斷分别故爾。内懷[①]真解，萬相不染，故言'已斷一切分别相故'。未能如此，華則隨著。内有分别，色香隨著。止此久如，其德若此。"

[□][問][②]："如耆年得解脱理時，豈見有久近之相？"

答："空故無久近。身子謬取，乃得解脱以來久近，故言'久'也。"

天曰：耆年得解脱，空[③]有久近耶？方悟空中無久近，亦無所説，故默不答。若知解脱性空，言語性亦空；假言説空，何所防也？豈離文字未解脱相？所以文字性空、同解脱性空者何？以多釋少，一切諸法皆無性故空解脱，亦以性不可得説解脱空。身子作難：若萬方法皆無實故空，佛何故説斷淫怒癡而得解脱？應當無法，何以得離？佛爲淫怒癡人説斷淫怒癡方得解脱，亡詮之人契淫怒癡空，即是解脱心。身子實欲作難，言嘆"善哉"，譏辨超於人，必有妙德所。

問："何得何證？有得是著，乖[④]上所説。"

答："有爲是可得，無爲果可證。得證在心，觸事斯滯，即增上慢。能作無得證之解，所習必勝。"

於三乘中志求何乘[□][者][⑤]，有求存勝，亦乖[⑥]所説；以小乘法化衆生故，求聲聞乘；乃至以大悲化衆生故，我爲大乘；爲物故求，實自無求無乘也。乘無存勝之心。"如人入瞻蔔林"以下，雖無著於勝求，大乘理中亦勝勸一切衆生，宜應修習，故加嘆大乘；理無二乘，故但聞佛功德之香，止逕十二年，順答。身子言："有此妙德。何以不轉女身？似若形不免累。"天曰："受此一化以來，不見女像定性，何所轉也？"自化人無實，以喻女人無實。萬法亦然。

① 懷，録本訛作"壞"，據底本改。
② 問，底本、録本無，今據文意補。
③ "空"前録本衍一"時"字。按：底本於"時"字旁施一廢棄號，兹據删。
④ 乖，録本訛作"永"，據底本改。
⑤ 者，底本、録本無，據上下文意補。
⑥ 乖，録本訛作"求"，據底本改。

轉身子形，欲令受解。天自改質，證其無性。問“何不轉女身”者，頗有定女可轉作，不方（妨）[①]悟之也。若性是定，不應可轉；轉爲女形，應以無性故變。疑於二邊，故言“不知何轉變爲女身”。天答：“無其定性可轉，故言女定性可轉，一切女人亦應有定性可轉。如舍利弗無性故可轉，一切女人及萬法亦無性故可轉。”引[②]佛説一切諸法非男女定性，故定。“女身色相今何所在”者，反問身子令解。答：“今是男形，無向女形。”女身相空，空亦空，故言“不在”；述其所解以當理，故引萬法亦“無在無不在”。佛所説猶是作難，既有如此妙德，生處必妙，故問“當生何處”。引化答之：“化雖生而非生。如化之不生，我亦不生，衆生同我亦無實生。”引高則大乘可階，故問“久[③]如得菩提”。[□][答][④]：“汝還爲凡夫，吾實得菩提。”

復問：“若無實得菩提，今諸佛得菩提，已得當得。此言何乎[⑤]？”

答：“皆是世俗文字數，故假名爲得，無實得者，同汝之無得。何以知？前文言菩提無住處，無法可得。無有得者，無人能得，故知無實得者。維摩彰其遠德，令身子止論，亦有心欣仰。”

了。[⑥]

佛道品

文殊菩薩處生死化物，善惡斯涉，煩修可知，在惡事返，故問“云何得通達佛道”。維摩答：“同事爲惡，行於非道。内無塵染，導之以正。即名‘通達佛道’。”

問：“同塵便應有染，云何行於非道而無其惡？”

答：“惡從心生，不在事理。雖同無間，内無惱恚之心，所以不同塵染。”

化物故生三趣，非重所招。現修色、無色善業，軌物故行，不以勝故修

① 方，此當讀如“妨”（“方”字一音符方切，與“妨”音同）。
② 引，録本訛作“哉”，據底本改。
③ 久，録本訛作“之”，據底本改。
④ 答，底本、録本無，今據文意補。
⑤ 乎，録本訛作“號”，據底本改。
⑥ 此“了”字當爲書手所加，意即此品抄寫完畢。

行。現行三毒而内備三德，示行六弊而内明六波羅蜜。從“示現諂僞”，説大悲教化，示行邪法；小乘於大乘絶分，亦名爲“邪”。從“示入貧窮”以下，示同善、惡二果，實所不爲邪濟，應是説邪涅槃而已。佛説涅槃，以化衆生。上明無能通達佛道，要由善惡俱涉，化善衆生，令修大乘，能生妙果，是如來種。若與彼同[1]，即是行於非道而通達佛道者種種别名。

今問：“五逆十惡邪見之人昔來無善，以何等爲如來種？”

文殊答：“有身爲種者，即以身見爲種，乃至六十二見一切煩惱皆是佛種。”

凡言種子，要種體壞，其果方生。要壞煩惱，大乘之心得生佛種，緣中説種，故名“煩惱”。

諸見爲種何謂也？疑其重惑心後，何由能發大乘心？通疑二乘是出世善，何由不發？義解煩惱既重，遭彌劫之苦，欣樂情深，背苦餘甚。聞談大乘，得至極之樂，即便發心，願獲斯果。二乘麁惑永亡，三界苦盡，寂滅自安，不能發方外之心。“若見無爲空理入小乘位者，不能發菩提心”下，三譬：初二與凡夫作喻，後一與二乘作喻。高原不生蓮花，卑濕[2]淤埿，乃生此花。二乘見第一義空、入小乘正位者，畢竟不能發心。至欲形取凡夫，煩惱埿中能生大乘心花。又如殖種於空，終不得生；糞壤[3]之地，乃能玆茂。入無爲空理證小乘正位者，不生大乘佛法。凡夫起我見如須彌，猶發心名佛法矣。是二乘不發，凡夫能發，故一切煩惱爲如來種。不下巨海，不能得無價寶；二乘不能發菩提心，故不能得如來大果之寶。故迦葉致嘆：“善哉！快説斯語！實[4]如所言。”煩惱及業，惡中之尤，爲如來種。而我聲聞，不任發心。根敗之士，絶於五欲；我等亦爾。文殊師利，凡夫常有反復，而聲聞無也。所以知凡夫有反復、聲聞無者何？廣劫以來，逕涉生死，無不值聖説法，曾發大乘菩提之心，但中間忘本所習，今遇發心，還順大乘，故言“反復”；聲聞得出世，於大乘

① “彼同”二字底本、録本訛作“同彼”，據文意改。
② 濕，録本訛作“澋”，據底本改。
③ 壤，録本訛作“壞”，據底本改。
④ “實”字前録本有“所如”二字。按：底本於“所如”旁各施一廢棄號，玆據删。

絶分，不歸本習，故言“無反復”也。

普現色身問居士[□][者][1]，室内無父母妻子乃至童僕故，由上空室而有象馬等，因問。廣及説偈：智度爲母，方便等爲父。何以名此二惠(慧)爲父母？三世導師皆從二惠(慧)生，一切種智得爲父母之義。喜心順己若妻，慈悲外向爲女，善心幹正爲男，心安寂滅理爲舍。塵勞衆生從己，爲轉名弟子。智識成人，由道品成佛六度行俱爲侶。四攝人爲伎，頌法音爲歌詠。都是所問事。“總持”以下訖“勝幡建道場”，多是所不問[2]事。“雖知無起滅”以下，廣上方便惠(慧)，非不有空智，意在成方便惠(慧)也。

入不二法門品

此品廣上實知不二是第一義，空理能通十地行，到寂滅菩提，故名“不二法門”。亦可以生滅等法爲入不二法門。又明甚深之理，自非詳辨，無以得顯，欲令隨緣説之生滅二性，解生滅無決定性，得無生法忍，是爲“入不二法門”。“入”者，解也。但執情不同[3]，所明理一。德首所計，妙主常我，身及萬法我所。我既無性，其所安在？“受、不受”者，取相、不取相，亦如毘曇受心、不受心。“無取無捨”者，無取捨之定性。“無作”者，無受起作之性。“無行”，無受心之行。若悟法本空，二俱無性，無得無行，是爲入不二法門。德頂計“垢、净爲二”者，有爲穢等爲“垢”，穢滅事盡，名“盡”爲“净”。垢性既無，净性安在？一順於不二之滅，是爲入不二法門。“動、念爲二”者，惑心微起名“動”，是識陰想染著名“念”，是想陰爲“二”。無動無識，在於根無念，無一相念。假名法無分別者，無識想分別假實之法，解二性空，即入不二法門。計一相是有，無相爲無。或者聞一取一空相，聞無則著無相，故爲二也。二俱無性，故言“一相即無相”。計罪福果爲二：罪果名“縛”，福果名“解”。計世間三界是有漏也，出世間是無漏法也。出本由於入生死，無生死之入故無出也。潘胡本名“流”，亦名“聚”，生死流聚之法，亦無無漏能散滅之法。計

① 者，底本、録本無，據上下文意補。
② 問，録本訛作“同”，據底本改。
③ 同，録本訛作“聞”，據底本改。

生死涅槃果爲二:"縛"與"解","生""死"之别名;"滅"與"解脱","涅槃"之異稱。此二無性,故空。計"盡、不盡爲二"者,解云"有"爲"空","有法"名"盡",實相空法,湛然不盡;以盡爲盡相,不盡爲不盡相,是爲二。若悟盡不盡俱盡,即不二法門。萬善所持,衆聖所護名"著守"。妄見有我,解則無我,非别有無我法,我本無決定性,豈況有我無我法也?計無明癡明解爲二:無明性空,與明不異;空平等中,不見明可取;取捨兩亡,是名"不二"之謂也。計色、空爲二:色即空,不待色滅然後復空,見色異空者爲"二"。計佛法中四大對外道中五大爲二:作中最勝名"大"。所以但言空種明種類,有此五衆生之所由生名"種"。三際中求其二性不可得,即入不[□][二][1]法門。計眼、色爲二:解眼性空,亦知色無定性;若悟六情空,六塵亦空,三毒亦無。計布施心、迴此布施向佛之心爲二,遍對六度皆二。計三空性對、相對爲二:其三性空,即一解脱;俱是無緣,名"一解脱";亦無能緣之識言。計三寶解云:無相真知[□][爲][2]"佛寶"也,實相法爲"法寶"也;修無爲道爲"僧寶"者,品相雖異,皆無爲相也。計身、滅爲二:身是五受陰,滅身是涅槃。又云:身生時空,身滅時空;存亡無性,何所懼[3]也?計三業異、空異爲二:其三雖殊,無作一也。諸法之主,本於三業;三業既無,誰作諸法?計三行業:欲界善業,能得樂果;行十不善道,能得苦報[4];色、無色界行,名"不動行"。計我有所起爲二:因有我故有彼法,見我實性不可得,我之所作、所識、所起無由而生。計有能得是我所得相是法爲二:今明無我得,於相誰取誰捨?計晝夜爲二:今明解晝夜性空,如二乘入滅定,六根都癡。雖逕晝夜,不覺[5]晦明之異。計樂涅槃心、不樂世間心爲二:世間是縛,涅槃是解。世間性空故無縛,何所厭?涅槃空故無解,何所樂?明知樂、厭之心亦空。計真諦是實、世諦不實爲二:實見即是見實者,言見實諦,正以無爲見,尚無見實之心,何況非實法中有可見之性?所以是實見而云不見者何?亦得言所以不見此非實法者何?無明

① 二,底本、録本無,今據文意補。

② 爲,底本、録本無,今據文意補。

③ 懼,録本訛作"擢",據底本改。

④ 報,録本訛作"敟",據底本改。

⑤ 覺,録本訛作"竟",據底本改。

實性是惠(慧)眼之境,非肉眼所見,明惠(慧)照無爲見故,雖見而不存見,故言惠(慧)眼不見不實之境名"不見";無此不實之性可得,故言"無不見"。文殊言無言無辨、無説無示、無異相説善、不善。又云上諸人所得雖同,而所因異,且宣明法相,不明無言。今文殊總衆家以開二法之門,宣言法相不惜言於法,斯之爲言宣也。方之静默,跡[①]亦有焉。維摩默然,真會其宗矣。有言於無言,未若無言矣。上諸菩薩唱於法相,文殊言宣,净名無言。此三明宗雖同,精麁有異,是以後於無言也。

香積佛品

此品因香飯明道。上明其空,今明其有也,亦由空室中生。上方菩薩問香積佛,凡有三:一問從何人邊來,第二問娑婆世界爲在何許,第三問云何名作樂小法者。下一一答三問也。從"剛强"至結戒,切勵凡夫愚人,示其十惡,教滿十善。結戒以下,多明學二乘人。隨事而制名"結戒",制已故作者是"犯戒"。應奉行不應違,至故作故。犯則障道名"礙",持則是得聖之因名"不礙"。犯重墮惡名"罪果",得道品及涅槃是"福果",故言"離罪"。不犯行善,此善是"净";犯而行善名"垢"。善能修何等勝行?行無創尤(疣)[②],得生净土。維摩言,八行成就無創尤(疣)[③],得生净土。從"饒益"以下,第一、明代苦義。第二、從"等心"以下,明奉上接下。第三、明解理不遍,聞經不疑。第四、解人不遍,不與小乘違背。第五、不嫉。第六、不高。第七、常省。第八、不訟也。

菩薩行品

辨菩薩行,即以爲品。凡有六段:第一、從初至非度所惻(測)[④],明大士知時,現無病之狀,運以神通之車,到於佛所,欲令群生取悟於大聖。第二、從"白佛"以下至"能作佛事",明香有利益,以香爲緣,得作佛事。七日然後

① 跡,録本訛作"踰",據底本改。

②③ 尤,録本徑作"疣"。按:底本實作"尤",乃"疣"之借字。

④ 惻,《維摩詰所説經》作"測"[T14n475p546b27]。

消者，明衆生感道緣足，然後消也。就小乘益中，文外應有一句："外凡夫食之，入内凡夫，然後乃消。"就中言，未入正位以久習小乘性成食飯，乃得入正位之益。始發大乘之心，未入性地食之，得發大乘性地心乃消。昇降可知。第三、從"或有佛土"訖入諸法門，廣明萬法皆爲修道之緣。就緣而辨，故以光明等是佛事。第四、從"入此門者"訖"所不能作"，譏切他方，處浄不欣，涉穢不威（戚？）[①]，不恃已德，謙下接引[②]。知大覺等均，其土不異，方便不同，菩薩之道成。第五、從"衆香"訖"現佛國異"，上明戒敕諸人，應無彼此；此明自責悔過，懺悔除罪。大士内實無累，爲引未來不退之流。第六、從"願賜少法"訖品，請法還國，憶念如來。此言稱揚，皆是益物之道。佛答有盡、不盡法門。上言以收萬行，名爲"少法"。有爲之法，虚僞生滅，假名爲"盡"。無爲之法，寂滅無性，假名爲"不盡"。著之則縛於二，不著名"解脱"。與二解之，心爲軌名"法"；能通妙智，故名爲"門"；汝等當學。此理何謂？盡名"有爲"，不盡名"無爲"。開章門如菩薩所行者，不應盡有爲。所以爾者，若盡有爲，則萬行不成，不能資空不著；若住無爲，不能資成萬行，故不得住二邊。就不盡有爲中，大泮有三段：第一從"不離大悲"以下至"無有疲厭"，就惡國明菩薩不盡有爲，所以名"惡國"。猶有三界因果之患，故言"惡國"。"志常安住"以下至"無有齊限"，明雜惡國菩薩不盡有爲。所以名"雜惡"者，第七地明非有煩惱，非有者無三界之麁，非無者有三種愛心，故言"雜"也。"以諸浄國"以下，明浄國菩薩不盡有爲義：不得捨有爲身，守静不化。何[③]以然？若離大悲，則功德不滿，無資成義。智若不成，於法相有滯，何能導成萬行功德？智惠（慧）不備，大果理隔，故不捨大悲等行。自下解不盡有爲義：慈悲行備，自能發菩提之心，畢竟不忘，化衆生時心無厭倦。若欲接無私，要以四攝方盡，修護法行，不惜身命，懃種善根，應无[④]疲厭。此二句似已自修行。"安住方便"以下，似雜惡國外化，就外化少有内行，曾發大心，忘（妄？）[⑤]而起

① 威，底本似作"戚"，待考。
② 引，録本訛作"哉"，據底本改。
③ 何，録本訛作"仰"，據底本改。
④ 无，録本訛作"死"，據底本改。
⑤ 忘，似當爲"妄"之借字，待考。

或(惑)名“墮”。還教大乘、小乘貴於遠離,大士處亂化物不欣爲義,不染諸禪爲樂;如遊地獄,不生著心,樂處地獄教化,如遊薗苑之無礙。見有求法,生我福處,即是我善師,行施時願未來成一切智,發八萬善,無其時限,至果方捨。見一切净國,願未來成已佛土亦然。憶生死無量劫來,苦而懃化衆生,故名“勇”。聞説無量德行,志修不惓,用智斷生死若劍,已無患累。能濟有心,拔苦盡原,故言“永使解脱”。精進有中摧魔,亦求解無之智,是名“不盡有爲”。何謂“不住無爲”者,雖修三空之解,有中之心不證空,而不化小乘修空,謂萬法空故,無其一實,勝如優劣,進修之者何所化也。菩薩雖知無,實解緣假不無,懃化不息,觀無起無常空,而順有中修善,故言“不厭善本”。常觀苦而不惡生死,在中施化。雖觀無我空,而誨假名行人不惓。觀空寂理,不同[1]小乘永寂涅槃。諸句類爾。本願欲作佛,未成終不虚。發誓而不爲福,反空化有,豈著向者空,故言“不住無爲”。互舉欲具爲福德,不住無爲,空要須涉有。總舉上不住無爲,具智惠(慧)要善修,於空無著,故不得盡有爲,[亦總上有盡有爲][2]。别明爲成大慈悲行,故不住無爲空;爲滿本願令不虚,故有中修福,不得盡有爲;欲集萬善法藥,故豈住空不化;欲知根授藥,故不得盡有爲。下問可知也。

見阿閦佛品

就胡本故言“見阿閦品”。向二大士與衆俱到佛所,見於如來,存見有實,如來可見,是以遣之。問“汝作何等觀”,不敢直指大聖,先觀已身,以類佛身。乃至萬法前際不來者,外道計有神我、道場成大覺之我,今明衆生中無神我成佛,故言“前際不來”;計成佛已未來壽命逕無量劫,今明無實如來壽命逕無量劫,故言“後際不去”。現在無實如來住現在世,不觀色有實,不觀色如性,不觀有定性異[3]於心。餘句可知。次明法身妙有,非緣假故無。“非四大起”者,法身妙出,不爲四大所成,無“四大”義,同虚空亦不積。六入

① 同,録本訛作“聞”,據底本改。
② “亦總上有盡有爲”七字録本脱,今據底本補。
③ 異,録本訛作“類”,據底本改。

成妙過諸根，亦非三界垢因所成，故“不在三界”。向明如來法身不爲色所成，次明如來妙解順於三空解，明無明等空。“不一”“不異”以下明法身妙有，百非之表，像不可尋，無相可説，故寄妙應以辨之。有本則垂迹，萬差無定一也；迹不殊本，言“不異”。無心於感，物見利生，言非自法身；物無不濟，故非他妙有，不同太虚，非無相；法身絶於有心，故不取相。法身不在此生死中，不在彼無爲涅槃中也。“不中流”者，不同衆聖賢，雖絶於三非，如妙應不絶。向是妙有湛然常静，而影現萬方。今明觀於寂滅，而垂迹於邦。此語妙應之體，又明妙身心不在此方，不在彼方，小異上也；而未始不此彼。若作此彼，定心而緣，永乖其旨。智所不能知，豈是識之所及也？妙智幽鑒故“無晦”，現爲不達故“無明”。名所不加，體相亦夷齊。現[□][同][1]嬰弱，故“無强”；生老不俎(沮)[2]，故“非弱”。現有恚礙[□][名][3]“非净”，永拂塵累曰“非穢”。高栖環中，不在方；像無不則，不離方。真體淡泊，故“非有爲”；飛馳六道，故“非無爲”。從“无[4]示”以下，明絶衆相盡，言語道斷也。冥於名相，豈言所能名？定求則乖其妙體，非福田；契福，非不福田。既無定作，福田之者何有實？應供生敬，則福生焉，得言“應供”。無應供者可取，不應供可捨，相無兩冥，所以“同真際，等法性”。非曰“空”同“不爲”，金剛以還，心所稱量，過稱量境。細入故“非大”，彌淪故“非小”。體絶諸塵之數，所以有而不同塵者，永斷結縛，故能然也。等三乘法，現同一切衆生人間也。“法無分別”者，現同萬法，雖等三乘、同衆生、均萬法，而不實同。“一切無失”以下至“顯示”，復明絶於衆相。如來應身妙絶，即法身之相。應作如是觀。若異此觀，即是邪觀也。

---

① 同，底本、録本無，今據文意補。斯 2732 號《維摩經義記卷第四》：“無强者，現同嬰弱。無弱者，生老不加也。”可助勘。

② 俎，録本訛作“組”，據底本改。俎，此當讀如“沮”。清朱駿聲《説文通訓定聲·豫部》：“沮，叚借爲俎。”《廣韻·語韻》：“沮，止也。”

③ 名，底本、録本無，今據文意補。

④ 无，録本訛作“天”，據底本改。

法供養品

此品由是前品四依流通，但流通三時稱於佛心，言“法供養”也。此品大泮，凡有二段：第一、明現在法供養；第二、明引住證。今第一從初始至“福不可量”，明今日也，故言“不可思議”。“自在神通”者，明二諦之理，亡於思量，觸[①]事無滯，言“自在神通”也。“决定實相經典”者，明第一義諦，此理分明，故言“决定實相[□][經][②]典”也。“我解佛”以下至“必得不疑”，明四依弟子信解。“受持不疑”，明弟子法供養。“何况如説修行”以下，明四依法養。第二從引藥王以下盡品，證明法供養。“諸佛所説深經”者，明第一義諦幽而難測，故言“深經”。“難信難受”者，此理既深，明信受者難也。理既幽深言“微妙”，契之者希言“難見”。其體激然，言“清净無染”。此理絶想，故言“非思量分别所得”也。二諦之理，出生萬善，言“法藏”。“陀羅尼”者，萬法無非是“總”，萬法皆空是“爲”，無法不攝言“陀羅尼”也。“印之”者，世印印物以文生，此空理印物則萬物空理文生。“至不退轉”者，此理能使人得不退之解。“成就六度”者，明以空義故，成就六度也。“善分别義”者，明由有空故，萬善各分而生。“順菩提法”[□][者][③]，順無相之解。第一義諦於俗爲上，[□][所][④]以言“衆經之上”也。由空故“慈悲”成，廣離諸惡見也。“順因緣法”者，明緣假故有，無性故言“順因緣”。“無我”“無衆生”“無壽命”者，明衆生空。“空、無相”等者，明法空。“能令衆生坐於道場”以下，還明空有相成。“又於諸法”以下，由是法供養，但自轉明利。“依於義”者，明四依不次，依義在前。何以而然義便故爾？前明無生忍是第一義，此便故先明依義也。下皆爾。

囑累品

上依未來以弘通，故言“囑累”。初至“而爲廣説”，委上依以弘通。從

---

① 觸，録本訛作“卑”。按：底本實作“𢀳”，乃“觸”之俗體。
② 經，底本、録本無，今據文意補。
③ 者，底本、録本無，據上下文意補。
④ 所，底本、録本無，今據文意補。

"彌勒當知"以下，示上依之人未來弘通經時識其惡也。"如汝所説，吾助爾喜"者，一明上依能離其惡，二明未來能弘通經。有二義稱聖心，所以喜。"於是一切菩薩"以下，明下依以流通。"爾時四天王"以下，明四天王擁護持經人。有二義，如前佛喜也。"告阿難"以下，勸上四依未來弘通其經。"佛告阿難"，通其文。"已受持要"者，受持二諦之要者。"當何名斯經"者，問其名目以受持也。

景明原年二月二十二日，比丘曇興於定州豐樂寺寫訖。

《維摩》義記

詮文始終，凡有三段明義：一、明序説；二、明正説；三、明流通説。序爲興致之由，正宗爲於現在，流通爲於未來，故有三焉。從始訖七言偈，此即序也。從偈後盡《阿閦[□][品][①]》，即正宗也。後二品即流通也。序中有三義：一、明遺教序，從品始盡"俱來坐"是。二、明説法序，次下至"獻蓋"是。三、明獻供序，自下訖偈是。正宗中有二文：一、略開經宗；二、廣演其義。從偈後訖《方便品》，即開宗也。此中凡開四義：一、開净土，從初訖品是。二、開舊方便，從品始至"以有疾"是。三、開新方便，次下至"此可患厭"是。四、開法身，次下訖品是。所以開此四者，以新、舊二智，明化接下流。身、土二果，是順化所剋；"所剋果"盡"環中"，接下明慈無不被。故明四也。從《弟子品》訖《阿閦[②]品》，即第二，廣前四也。於中《弟子》、《菩薩》二品廣前舊方便。言"舊"者，病前時施爲也。從《文殊品》訖《菩薩行》，廣前新方便。言"新"者，託疾弘化也。從《阿閦品》始，訖"名爲'邪觀'"，廣前法身也。從"汝於何没"訖品，廣前净土也。此廣者更明異土也。流通中有二義：一、明法供養；二、明囑累耳。"維摩"者人得名，"不思議"者法名也。言"不思議"者，以權道萬差，出群有之表，覩之則與世同流，尋之則三有分絶，故名"不思議"也。

---

① 品，底本、録本無，今據文意補。

② 閦，底本不清晰，録本訛作"問"，據文意改。

No. 2769《維摩經》義記卷第四

［題解］

佛典注疏，作者不詳，四卷。敦煌卷子中有斯 2732、北 1305（辰 32）二號。其中，北 1305 號首殘尾全，存七百五十二行，尾題："一校流通。釋瓊許，大統三年（537）正月十九日寫訖。"斯 2732 號首殘尾全，尾題："龍華二儒共校定也。更比字一校也。大統五年（539）四月十二日比丘惠龍寫記流通。""保定二年，歲次壬午，於爾綿公齋上榆樹下大聽（廳），僧稚講《維摩經》一遍，私記。"兩號所疏均爲後秦鳩摩羅什譯三卷本《維摩詰所説經》。北 1305 號自《文殊師利問疾品第五》疏至《觀衆生品第七》，斯 2732 號自《佛道品第八》疏至《囑累品第十四》，首尾恰好相接。因卷一不存，科分綱要不清。但知科分頗紐，每品一般分爲大段、段、子段。注疏也較詳盡。北周建德二年（573）周武帝滅法，毁像焚經，上距題記所叙保定二年僅十二年。此《義記》得以保存，良可珍貴。清代以前歷代大藏經未收，日本《大正藏》將斯 2732 號録入第八十五册，題名爲"《維摩經》義記卷四"。今校注仍以《大正藏》録本所據原卷斯 2732 號爲底本。

□□□[①]中聞，是故在後而明也。又解：正在此中明，亦是次第□□□□□□能現女像，亦能行於非道，以通正道。佛者，圓極之果。與□□□□道者，能通人至佛，故目此品爲佛道品。又解：行於非道，爲令寶凡終□佛□，遠則彰菩薩有兼物之德，形奪二乘獨善之道。就此品中，開爲兩别：始從品初訖"永不能發無上道心"，正明通達佛道義；後從"普現色身"已下，是因室

① 録本出校："首闕，佛道品也。"

空生問,但不别立品名,寄此明也。就佛道中,開爲三段:第一、從品初訖菩薩能如是"行於非道,是爲通達佛道",直明"行[於][1]非□(道)[2]"之義。第二、從維摩問文殊"何等爲如來種"訖"不入煩惱大海,則不能得一切智寶",明就緣説於佛□□臣所以□□生死煩惱之中[3],有如來種能發心也。第三、從"爾時大迦葉歎言"已下,迦葉讚述文殊之言,兼復自慨現分。

就第一段通達佛道中,維摩言"菩薩行於非道,是爲通達佛道"者,今云非道,唯除菩薩正道,自餘悉爲非道也;明菩薩和光以同□(塵?)[4]爲功,謂行於非道,内心無染,道之以正,即通達佛道;爲行之□,□藉非道,然後正道得通,物我之行俱申,是故言"菩薩行非道,是爲通達佛道"也。又問言何"行於非道"者,菩薩同其塵,便應有染,云何同非而無其惡?答曰:行五無間而無惱恚者,惡從心生,不在事理;示行五逆,内心無瞋,故不同其惡。就中開爲四子段:

第一,"行五無間"訖"至於餓鬼而具足功德",就惡因惡德果,明行於非道。"行五無間而無惱恚"者,即惡中重因。凡夫多以惱恚心切,造於五逆,欲□(明?)[5]□□□(菩薩雖)[6]現行五逆,而無惱恚也。地獄、畜生、餓鬼,即是□□□(惡因惡)[7]果也。凡墮地獄,罪垢故墮;大士雖現處之,實無罪垢故也。□□(癡慢?)[8]多故,墮於畜生,欲明菩薩雖現畜生而癡慢久斷也。慳貪薄福,無諸功德,故墮餓鬼;大士雖處其中而功德具[9]足也。

第二子段,行[10]"色界道、不以爲勝"者,就善因善果明行於非道。色、無

---

① 於,録本脱,據底本補。

② 道,録本作缺文,據底本補。

③ 中,録本訛作"印",據底本改。

④ 録本出校:"□=塵?"疑此缺字爲"塵"字。

⑤ 此缺字似當作"明",待考。

⑥ "菩薩雖"三字録本作缺文,據底本補。

⑦ "恶因恶"三字録本作缺文,據文意補。

⑧ 録本出校:"□□=癡慢?"疑此二缺文爲"癡慢"二字。按:底本"癡慢"二字尚可辨,兹據補。

⑨ 具,録本訛作"是",據底本改。

⑩ 行,録本訛作"引",據底本改。

色界即是善果，道者善因也，欲明大士雖現處之而不可爲勝也。

第三子段，“示行貪欲”訖“示行諸煩惱，而心常清净”，總就一切煩惱因，明行於非道。“示行貪欲，離諸染著”者，明菩薩雖示同貪欲之行，而無染著之過。自下諸句，類在（比?）[①]可知也。“示行諸煩惱，而心常清净”者，總舉一切煩惱。煩惱因不可道盡，故總舉結之，欲明大士煩惱□（顯）[②]於外，心净著於内。

第四子段，“示入於魔”已下訖“不斷生死”，就□諸果報明行於非道。“示入於魔，而隨佛智慧，不隨他教”者，欲明菩薩外同衆魔，内順正惠（慧），不隨魔之教也。已下類可知。“現遍入諸道”者，果報不可導盡，故總舉果報結之。“現於涅槃”，涅槃是果報之外，故别出之。“文殊師利！菩薩能爲是”已下，總結行於非道、通達佛道義。

“於是維摩問文殊”已下第二大段，就緣説種。所以問文殊者，欲明二聖互相顯揚。就中開爲三子段：

第一，從“於是維摩”已下訖“一切煩惱皆是佛種”，明就諸惡説種。煩惱所以爲如來種者，若論道理，萬行爲佛種，今指煩惱爲種，若無煩惱，不能發心，緣有煩惱，發菩提心，此緣中説種也。又解：所以指煩惱爲種，今明法起不定，從緣而發，或反邪從正，或改惡修善，是則正由邪起，善因惡生，故就緣[③]辨種[④]。上明非道爲道，師之功也；今明非種爲種，弟子德也。是爲二乘獨善，闕師之功；無煩惱種，失弟子之德。“有身”者，身見爲萬戒之本。“無明有[⑤]愛”已下，廣就諸煩惱增一明義也。“七識住”者，欲界人天是一，三禪，三空，爲七。所以不取三塗者，但三塗是重苦之處，識不樂住，所以不取。第四禪，但四禪心無想，是滅心定，識不樂住，所以不取。非想者，但非想爲滅盡定所懷，是故識不樂住也。

---

① 録本出校：“在＝比?”疑此“在”爲“比”之訛字。

② 顯，録本作作缺文。按：底本“顯”字左半尚存，兹據補。

③ “就緣”二字録本作“緣能”，底本實作“緣就”，並於二字間實施一乙鈎號，兹據正。

④ “辨種”二字録本作“種辨”。按：底本“種辨”二字間實施一乙鈎號，兹據正。

⑤ 有，録本訛作“欲”，據底本改。

第二子段,"曰:'何謂也'"已下訖"是故當知一切煩惱爲如來種",明於釋疑。"何謂也"是致疑之辭,至極妙果應藉勝因而以爲種,今言煩惱爲種,竟[1]何所謂?"答曰:'若見無爲'"者,空觀也。入正位不能發心者,無相行[2]□(以)[3]上,名爲"正位",明二乘之人勉於塵勞,心栖寂怕(泊)[4]之理,無爲自安,絶於方外之志也。凡夫煩惱既重,遭苦彌重,聞説至樂,能發方外之志,發心住(往?)[5]取。苟據理而言,二乘之人俱然在先成佛,但今所以作此語者,爲令二乘明切嗟(磋)[6]之美,凡夫起於勝求之心。譬如高原不生蓮華者,此下有三譬:前二譬凡夫、聖[7][□][人][8]通作[9]譬,後一譬偏與二乘爲譬。高原不生蓮華,與二乘爲喻也。"卑濕淤逕"者,與凡夫爲喻。"如是見無爲"已下,合上高原陸地;"煩惱淤逕中"已下,合上卑濕淤逕也。"又如殖種於空"已下,亦與凡、聖兩人爲喻。但前者據五鈍使爲言,此就五利使爲語,故得爲異也。"又如殖種於空"者,與二乘爲譬。"糞壤[10]之地",與凡夫爲譬。見無爲者,合上殖種於空。起我見畢,合糞壤[11]之地。"起我見如須彌山"者,明凡夫我心自高,唯勝是從,故聞佛果極樂,仰而慕之。"是故當知"已下,總結一切悉如來種。

第三子段,"譬如不下[巨海"已下][12],偏與二乘爲譬。前二譬明二乘無

---

① 竟,録本訛作"意",據底本改。

② 行,録本訛作"引",據底本改。

③ 以,録本作缺文,據底本補。

④ 怕,此讀如"泊"。《説文·心部》:"怕,無爲也。"《廣雅·釋詁四》:"怕,静也。"《文選·司馬相如〈子虚賦〉》:"怕乎無爲,憺乎自持。"李善注:"'憺'與'澹'同,'怕'與'泊'同。"《史記》、《漢書》作"泊乎無爲"。《隸釋·漢山陽太守祝睦后碑》:"淵然深識,怕然執守。"《法苑珠林》卷七引《法句喻經》:"當求寂滅,攝心守正,怕然無想,可得泥洹。"後二例"怕"亦同"泊"。下讀如"泊"之"怕"皆括注其本字,不復出注。

⑤ 敦煌寫本中"彳""亻"常混,此"住"似爲"往"之訛俗字。

⑥ 嗟,録本訛作"瑳",據底本改。此"嗟"當爲"磋"之訛字。

⑦ 聖,録本訛作"羅",據底本改。

⑧ 人,底本、録本無,據文意補。

⑨ 作,録本訛作"佐",據底本改。

⑩⑪ 壤,録本訛作"壞",據底本改。

⑫ "巨海已下"四字録本脱,據底本補。

弟子之德，後一譬明無師之功。凡欲取珠，要須躬身跋涉大海，聲聞不入生□□□□□□□□□□□□□寶，菩薩入生死□□獲於佛果，故言得無上智寶也。

“爾時大迦葉歎言‘善哉’”已下，第三大段。“善哉”已下，明讚述文殊之言，塵勞等侶實能發心爲佛種也。“我等今者不復堪任”已下，明二乘自慨絶分，不能發心，歎凡夫能發心也。是故，文殊！凡夫於佛法有返復，而聲聞無也。“凡夫於佛法有返復”，佛本正以救苦爲懷，凡夫能發無上之心，廣化衆生，稱佛本意，報恩義足，故言“有返復”也。而聲聞亦稟教修行，但斷三界惑盡，取證涅槃，不能行化於物，乖於佛意，故言“無返復”之義也。又一解：莫問[①]凡、聖，無始已來皆曾發大心，中間廢忘。今凡夫還發大心，稱本舊解，故言“返復”。二乘之人於大乘絶分，不歸本習，故言“無返復”也。“所以者何”以下，釋凡、聖兩人有無之意，所以凡夫有返復而聲聞無返復者何？釋云：凡夫聞佛法，能起無上道意，發心成佛，傳教不絶，悟者常續，三寶不斷，有報恩之義，故有“返復”；正使聲聞聞佛法，終不能發無上道意，故“無返復”。

“爾時會中有菩薩名‘普現色身’”以下訖“入不二法門品”，□□□（空）室[②]生第四論。因室空故，普現致問。凡人室家，應有父母、妻子、眷屬、取與資生，居士此事如何所在？净名答明大[③]士與世有異，世人以生死爲父母，妻子、眷屬、有爲法爲資生，大士權實二智爲父母，功德以爲妻子、眷屬及與資生。“雖知無起滅”，辨明方便，廣上“父”義；不二法門品，廣上“母”義。後五千菩薩得無生忍，此皆由空室而來。普現色身問遠從空室，近因此品。初區（迹？）[④]同非道，無惡不兼；今明佛之正道，無德不備；德備於内，故能外同非道。

就此中開爲四段：第一、從初説“皆何所在”，明由室空，故普現色身生問

① 問，録本訛作“兩”，據底本改。

② 室，録本訛作“空”，據底本改。結合文意，“室”前缺字當爲“空”字。

③ 此處録本作“大大”。按：底本前一“大”字旁施一廢棄號，今據删。

④ 區，底本似作“迹”，待考。

也。第二、從“於是維摩以偈答曰”以下訖“降伏四種魔，勝幡建道場”，明□□□父母、眷屬、資生，與世有異。第三、從“雖知無起滅，示彼故有生”以下訖品，明方便智，廣上“父”義。第四、《入不二法門品》，明於實智，廣上“母”義也。

第一段普現色身所以致問者，夫爲室宅之内，應有父母、眷屬及以資生什物，而今悉無，是故問言“父母妻子悉爲是誰？象馬車乘皆何所在”也。

就第二“净名以偈答曰”中，開爲三子段：

第一，從“智度”以下訖“以此爲音樂”，有四行偈，就人眷屬爲語。“智度菩薩母，方便以爲父”者，母本明緝[①]家事，在於室内，欲明實智，據在理内，故以爲母；父本當賓客，匡正於外，方便外化，其猶如父。“一切衆道師，無不由是生”者，此二智長養法身，萬行之本，豈直是菩薩父母，一切諸佛亦從是生也。“法喜以爲妻”者，妻本適志，法喜適悦，故以爲妻。又一解：世人納妻者爲求子胤，紹繼家宗，喻如道從歡喜生，以歡喜故，則佛種相續，法身不斷，其由納妻、子胤不絶也。“慈悲心以爲女”者，女人有外出之義，慈悲外被，故言“爲女”也。又一解：女人性多慈悲爲懷，慈悲之心像女之性，故以况之。“善心誠實男”者，男性貞幹、能辨家事爲義，欲明誠實之善必[②]有貞幹之用，能辨佛果菩提家事。“畢竟空寂舍”者，舍以安身爲義，空是栖神之宅，其猶如舍。又一解：舍本遮止風霜，掩於雨露；明此空理能遮煩惱風霜，掩諸漏雨露也。“弟子衆塵勞，隨意之所轉”者，弟子本以禀承師訓爲義，明塵勞衆生從我受化，即有弟子之義也。又一解：“弟子”者，敬順孝養，資益於我，明化塵勞衆生，功來資己[③]，故爲有弟子也。“道品善知識，由是成正覺”者，善知識能以善相益，正由道品資益成佛，故言“知識”也。“諸度法等侣”者，世人遊江越塞，必須結疇敦侣，然後得去；欲明大士若遊生死江河，越煩惱之關塞，若不與六度共俱，無由得去，故説爲“等侣”也。“四攝爲伎女”者，四攝順物，以悦

① 緝，録本訛作“緝”，據底本改。《字彙補·糸部》：“緝，同緝。”伯 3697《捉季布傳文》：“母解緝麻居村墅，父能牧放住鄉村。”即其例。

② 必，録本訛作“既”，據底本改。

③ 己，録本訛作“已”，據底本改。

衆情，故言"伎女"。又解：伎女本以音聲爲義，必多來人衆，四攝化物，稱適物情，衆必歸從也。"歌詠誦法言，以此爲音樂"者，世人音樂，以自慰悦，菩薩以法音自娱。

第二子段，"總持之薗苑"以下訖"净心以澡浴，戒品爲塗香"，七偈明資生有異。"總持之園苑"者，薗本遮援林果，不令遺失，欲明陀羅尼總持音聲，法相不失也。"無漏法林樹"者，見諦無漏樹木，根深難拔，故得枝條兹茂，明無漏深固難傾，萬善枝條，故得①扶疏，其②猶樹也。又一解③：樹木能遮蔽日光，則有蔭凉之義，明此無漏之體能障邪見煩惱日光，獲得涅槃清凉妙樂也。"覺意净妙華，解脱智惠(慧)果"者，華本由樹而生，能得於果，以見諦無漏爲樹，能生思惟七覺之華，獲盡無生智解脱之果也。"八解之浴池，定水湛然滿"者，八解脱背捨下惡，其猶浴池除垢也。夫欲修八解脱，觀事須遊心定水，若修定圓備，則八解池滿，故言"定水湛然滿"也。"布以七净花，浴④此無垢人"者，此七净者，戒净、心净、見净、度疑净、道非道净、行净、行斷知見净，謂之"七净"也。華本芬香鮮净爲義，明七净備戒定芬香，智慧鮮净，其猶華也。羅漢法身大士，遊心此理，故言"浴此無垢人"。又解：華本由水而出，即能莊嚴於木；此七净由定而生，即莊嚴於定。"象馬五通馳"者，菩薩以五通飛馳，處處行化，其猶象馬馳驟也。"大乘以爲車"者，大乘有運載之義，其若車也。"調御以一心，遊於八正路"者，八正之道雖復平坦，若無調御大乘之車，則有越轍之義也。"一心"者，捨心也。心有三相：一者發動，二者斂攝，三者捨心。若心發動太過，則應修定；若心沈没太過，則應修精進；若動静調適任之，令進容豫之中，是名爲"捨"。捨則調停，猶如善仰之者，牛遲則策之，疾則制之，遲疾得所，則縱涉⑤夷途，無有留難也。"[相]⑥具以嚴容，衆

① 得，録本訛作"净"，據底本改。
② 其，録本訛作"舌"，據底本改。
③ 解，録本訛作"體"，據底本改。
④ 浴，録本訛作"俗"，據底本改。
⑤ "涉"前録本衍一"漸"字，據底本删。
⑥ 相，録本脱，據底本補。

好飾其姿”者，以三十二相莊嚴其容，八十種好光飾姿顔也。“慚[①]愧之上服”者，世間上服以障弊爲義，欲明菩薩慚[②]愧自法爲上服，以彰無慚[③]無愧、黑弊鄙立也。“深心爲華鬘”者，世人華鬘首之飾，欲明深心行之上，其猶如鬘也。又解：世人雜綖貫宗衆華，以爲首飾，欲明菩薩以深心之解貫宗諸行，終成莊嚴智慧之首。“富有七財寶”者，信、戒、聞、惠（慧）、布施、慚、愧謂七財，世人豐七珍爲富也，大士積此七法爲富也。“教授以滋息”者，以七財教化於人，人復化彼，化化相傳，非滋息如何？“如所説修行，迴向爲大利”者，如説能行，迴所修善，共成無上道，功來歸己，其猶大利也。“四禪爲床坐，從於净命生”者，床坐寢卧安身；四禪者，安静義，同床坐也。又解：世之床坐，避毒螫下濕，明菩薩修四禪，爲除下地卑穢之患也。夫造床座，要須運動斤斧，然後得成；今朝若不修净命爲因，禪定無由可剋，言“從净命生”也。“多聞增智慧，以爲自覺音”者，外國諸王，寢睡過多，故作糸竹之音，奏其耳道，令彼覺悟；欲明菩薩寢在禪定之床太沈，則以多聞增智慧，除無明之昏睡也。“甘露法之食，解脱味爲漿”者，食以資身養命，漿以息渴，如理無漏甘露資法身，養惠（慧）命，解[④]脱除生死之渴愛也。“净心以澡浴，戒品爲塗香”者，心净故則持戒除垢，猶澡浴除垢穢也。世人浴竟，恐直（？）[⑤]風入體，以香塗之，戒防非法，能障惡法，其猶塗香也。

第三子段，“摧滅煩惱賊”一偈，明舉勇健，能伏怨敵，結上兩段。世人身健，多有謀略，故眷屬資生，所以得立；身羸怯㥦（弱），則爲他人侵奪，資生眷屬不得存在；欲明菩薩正以智慧法身强故，煩惱四魔不能侵毁也。“摧滅煩惱賊，勇健無能踰”者，世人除怨，得稱爲“勇健”；明菩薩能滅煩惱，智慧勇猛。“降伏四種魔，勝幡建道場”者[⑥]，世人破陣，勝幡樹勝相，明菩薩［欲］[⑦]

---

①②③　此字底本作“暫”，乃“慚”之訛字。

④　解，録本訛作“經”，據底本改。

⑤　直，底本不清晰。録本出校：“直＝惡？”意即疑此“直”爲“惡”之訛字。

⑥　者，録本訛作“太”，據底本改。

⑦　欲，録本脱，據底本補。

破[①]四魔□(事?)[②],正以坐道場爲勝幡也。

從"雖知無起滅"已下,第三大段廣於"父"義。所以父母偏廣者,惟尊唯重,生育之本,不過父母也;菩薩二智,衆德之宗,萬行之本,故偏廣之。就中開爲四子段:第一"雖知無起滅"以下三偈,總明外化物示現不同,上供諸佛,下化衆生也。第二從"諸有衆生類"以下訖"以善方便力,皆能給足之"二十四偈,雖明外化非一也。第三"如是道無量"兩偈,總舉結上。"如是道無量"者,内德無量也。"所行無有崖"者,正由内行無量,故能方便無量也。"智慧無邊際"者,釋上道無量,正由智慧無邊,故内德無量也。"度脱無數衆"者,釋上"所行[③]無有崖"也,正以能度無數衆,故行化無崖。"假令一切佛"一偈,明德量淵曠,談不能盡。佛嘆菩薩之德,豈可不盡?此言"不盡"者,但言不可累書,事不可疊道,故言"窮劫不能盡"也。第四"誰聞如是法"一偈,勸發心也。

入不二法門品

此品所以來者,上明佛道品,即是明中方便;今明自非照真諦之境、窮達無生之理,無由能涉明施化;故次佛道品,復明不二法門品。此品是第四大段,廣上"母"義。空理一相,故言"不二";能軌曰"法",通智爲"門";善契此理,所以稱"入"。從始以來,唯二人相對,餘皆默然,今欲各顯其德,故問衆人也。又一解:至理幽玄,隱而難測,自非衆聖詳辨,無由可究;且時人寄悟不同,應見衆菩薩説,然後獲悟。

就此品中,開爲三段:從初以下訖"隨所樂説之",明净名命衆菩薩説。第二從"法自在"以下訖"净名默然",正明不二法門義。第三從就"説是語時五千菩薩"以下訖品,明説法利益,時人悟道。

就第二段中復開爲三段:第一諸菩薩以言遣法,第二文殊以言遣諸人之言,第三净名以不言遣文殊之言。就諸菩薩名中各有三句:第一以事相爲二,第二明據理無不二,第三明智會不二之理。下一一菩薩中皆如此,類可

---

① 破,録本訛作"歎",據底本改。

② 此缺文底本似作"事",待考。

③ 行,録本訛作"引",據底本改。

知。法自在菩薩曰以“生滅爲二”者“生”名起成,“滅”者緣離曰“滅”,法相理中不見始起之生,亦不見今離散爲滅,得此無生忍者即是會“不二”理也。德身首曰“我、我所爲二”者,計身有神我,自身之外,悉爲我所也;既無神我,亦無身外之所也。不眴曰“受、不受爲二”者,受、不受相對爲二,受以取相爲義,不受者心無存執。“若法不受,則不可得”者,若法相理中不見有取相是“受”,亦不見心無存執是爲“不受”;正以受、不受不可得,故無受心;是取不受心爲捨,亦無作起受行[①]等相也。德頂曰“垢、净爲二”者,煩惱黠污爲“垢”,智慧鮮潔爲“净”。若“見垢實性,則無净相”者,若見煩惱實性體空,則無智慧净相也。“順於滅相”者,順於空如滅相也。善宿曰“是動、是念”者,紛亂爲“動”,澄静爲“念”,静亂相對爲“二”也。又一解:微起爲“動”,取相染著爲“念”,始終爲“二”也;亦得六識爲“動”,想受行爲“念”也。“不動則無念”者,法相理中無六識之“動”,亦無想等之“念”。“無念則無分别”者,既無想等之念,故無六識心是“分别”。“通達此”者,智會於理也。善眼曰“一相、無相”者,追二爲“一相”,除有爲“無相”,逐事明空,人計云“召”,緣[②]有異故,一相、無相相對爲二。“若知一相即是無相”者,若知一相體空即是無相空也。“亦不取無相,入於平等”者,亦不見無相可取,解平等空也。妙臂曰“菩薩心、聲聞心爲二”者,二乘自度,心智則狹;菩薩兼濟,心則曠大;計大小心爲二。若觀心相體空如幻[③]者,則無大小之别也。弗沙曰“善、不善爲二”者,順理益物爲“善”,違理損物爲“不善”;若起心順理爲“善”,違理爲“不善”。入無相空際者,則無二也。師子曰“罪、福爲二”者,上云“善”“不善”,就因爲語;此語則據果爲因,言三塗苦果爲“罪”,人天樂報爲“福”。又解:是因中之名,因招苦果爲“罪”,感樂名“福”。若達罪體性空,則與福無異。以金剛惠(慧)决了此空相,則無罪是縛,無福是解也。師子意曰“有漏、無漏爲二”者,苦集爲“有漏”,滅道爲“無漏”也。“若得諸法等,則不起漏、不漏相”者,若得諸法體空平等,則無苦集有漏,滅道爲無漏。“不著於相,亦不住無相”者,不

① 行,録本訛作“引”,據底本改。
② 緣,録本訛作“然”,據底本改。
③ 幻,録本訛作“到”,據底本改。

著有漏之相，亦不住無相一無漏之無相也。净解曰“有爲、無爲爲二”者，萬像森羅是“有爲”，太虚空寂爲“無爲”，此空、有相對爲二。“若離一切數則心如虚空”者，若知有爲數空，則心如虚空，求虚空亦不可得也。那羅延曰“世間、出世”者，從外凡夫迄世第一法已來名“世間心”，無相已上得真無漏名“出世間心”。“世間性空，即是出世間”者，若解世間實性證空，即是出世間無相也。於其中不入、出、溢、散者，於空理之中，不見世間心入於生死，出世間心，出於生死，亦不見世間心流溢生死，出世間心，散滅生死也。善意曰“生死、涅槃”者，“縛”、“解”爲二，生死是“縛”，涅槃爲“解”。“若見生死性，則無生死”者，若解生死體空，即是涅槃、無生死也。“無縛無解，不然(燃)不滅”者，亦無生死爲“縛”、涅槃是“解”，亦無生死煩惱熾然，無涅槃寂滅也。現見曰“盡、不盡”者，煩惱爲“盡”，滅結無爲名“不盡”。“若究竟，盡若不盡，皆是無盡相”者，法相理中觀盡與不盡，二俱是空不可得，故言“不盡”[1]也。普守曰“我、無我”者，計有神我爲“我”，計定實無我爲“無我”。“我尚不可得，非我何可得”者，法相理中神我尚無，豈有定實無我可得？見實性體空者，不復起於我與無我也。電天曰“明、無明爲二”者，智慧是“明”，煩惱爲“無明”也。“無明實性即是明”者，無明實性體空，故即是明也。“明亦不可取，離一切數”者，明體性空，離一切心數，故亦不可得取也。喜見曰“色、空爲二”者，計五陰定有爲“色”，定無爲“空”。“色即是空”者，色體性無，故色是空也。“非色滅空，色性自空”者，非是色滅方空，色體本來自空。受想行識，亦皆爾也。明相曰“四種異、空種異爲二”者，四大對空大也。“四種性即是空種性”者，四大性空即是空大，對此五大成身，故言“種”也。“如前際、後際空，故中際亦空”者，人計現在，五大成身，故舉過去、未來破於現在也。妙意曰“眼、色”者，根塵相對爲二也。“若知眼性，於色不貪、不恚、不癡”者，若解眼性體空，則於色不生貪、瞋、癡，是名寂滅，即體空也。耳等亦然。“安住”者，不見根塵可得也。無盡意曰“布施、回向一切智”者，六度是已之行體，迴向者以我之行迴向薩婆若。“布施性即是迴向一切智性”者，明布施空即是一切智性也。持戒亦然。“於中入一相”者，會空不二也。深惠(慧)曰

① “不盡”二字底本、録本作“盡不”，據文意改。

“是[□][空][1]、無相、無作”者，空是根本，無相、無作是其[2]枝條。又解：未必[3]皆二，或可三、四，但是二增數之初，故言“二”也。“空即無相，無相即無作”者，觀假實無性爲空，正以空故，無於衆相，亦無造作。“若空、無相、無作，即無心意識”者，悉皆空也。寂根曰“佛、法、衆”者，佛、僧是人，法則法體；此人法相對也。佛即法、法即衆者，體空不異，故得相即也。“是三皆無爲相，與虛空等”者，將事無况性空也。“一切法亦爾”，類萬法斯空也。心無礙曰“身”、“[□][身][4]滅”者，五陰緣聚爲“身”，緣散爲“滅”，此計存亡爲“二”。“身即是身滅”者，見實相體空者不見有身及與滅身，存亡體空，故無二也。上善曰“身、口、意善”者，身、口爲外，意爲内，此内、外相對爲二。“是三業無作相”，身、口、意體空，皆無造作也。福田曰“福行、罪行、不動行”者，能得三塗苦果爲“罪行”，從欲界人天迄三禪謂“福行”，第四禪已上至非想爲“不動行”。罪福據苦樂之境，因爲麁境；四禪已上不苦不樂，名爲“不動”，是其細境。此麁、細相對也。三行實性即是體空，空則無有罪福之别也。華嚴曰“從我起爲二”者，據計心爲二也。上“我、我所”者，直就前境；此明計我之心、計所之心也。“見我實相者，不起二法”，若解我體空，則不計我、我所之心，故無二法。“若不住二法，則無有識”者，若無二法可住，則無我可識，亦無我所可識也。德藏曰“有所得相”者，情存有得，不存無得，取捨爲二。又解：以能得對所得也。“若無所得，則無取捨”，若解性空，空[5]則情無所存，無有取捨爲别也。月上曰“闇與明”者，月晦爲“闇”，月光曰“明”。“無闇無明，則無爲二”者，若觀明、闇體空，故無其二。“如入滅受想定”，舉證喻無明闇可得也。寶印手曰“樂涅槃、不樂世間”者，樂、厭相對。“不樂涅槃、不厭世間，則無有二”者，若不見涅槃可樂、世間可厭，則無樂厭之心。所以無樂、厭者何？若有生死之縛，則有涅槃之解。空理之中本來無生死之縛，其誰求涅槃解脱？無縛無解，會於不二也。珠頂王曰“正道、邪道”者，據理爲“正”，背

① 空，底本、録本無，據文意補。
② 其，録本訛作“者”，據底本改。
③ “未必”二字録本作“必未”。按：底本“必未”二字間實施一乙鈎號，兹據正。
④ 身，底本、録本無，據文意補。
⑤ 録本出校：“〔空〕—?”意即疑此“空”爲衍文。

理爲“邪”。“住正道者，則不分別是邪是正”者，若然真空正道，則無邪、正之別也。樂實曰“實、不實”者，第一義諦絶於虛假，稱之爲“實”；世諦但名但字，緣用非真，名爲“不盡實”，此虛實相對。“實見者尚不見實，何況非實”者，法相理中尚無第一義諦實之可見，何況世諦非實而可得見也。“所以者何”以下，釋上義。先釋“實見”義。所以名爲“實見”者何？今云“非肉眼見所見，惠（慧）眼乃能見”，故云“實”也。“而此惠（慧）眼，無見無不見”者，所以尚無實之可見，何況非實者？何釋云“無見”？無實之可見，亦無非實不可見，故云“無見無不見”。又一解：“而此惠（慧）眼，無見無不見”者，雖曰“不見”而無不見，此是惠（慧）眼之體也。

“如是諸菩薩各各説”已下，第二段，明文殊以言遣諸人之言也。

“於是文殊問維摩”已下，第三段，明净名以無言遣文殊之言。文殊歎言“善哉”者，嘆於净名無言會理。上身子默然而被呵詰，今净名無言，何故致嘆？但身子不能即言以會空理，故在空妨言，所以被呵詰；而净名解言説體空即是無言，雖復默然，不妨言説，稱理之解，所以致歎。宜以默然遣文殊之言，事須默然。

第三大段，“説是不二法門”已下，明説法有益，是故五千菩薩會於不二之理，得無生法忍也。

香積佛品

此品因空室而生第五事，正以室中無物，故身子生須食之念。净名遣化菩薩，請飯香積，於此娑婆，廣明[①]利益。得飯之來，出自彼佛，故云“香積佛品”也。大意由空室而來何？意在不二法門品。後明上不二法門，辨明真諦之體。言語道斷、心行處滅時，情莫知所寄，事須明有因，食以入道，引級物情也。

就此品中開爲九大段。第一、從初訖[②]“當於何食”，明身子生念，即爲取

① 録本出校：“明＝爲？”意即疑此“明”爲“爲”之訛字。

② 訖，録本訛作“説”，據底本改。

飯之端也。第二、從“維摩詰[①]知其意”已下訖“當令汝得未曾有食”，明净名譏舍利弗結業生身，不能無待，即懸[②]許其所須。第三、“維摩詰即入三昧”訖“此諸大衆莫不目見”，明將欲取飯，先現上方世界，示取飯之端，使此時衆生於欽待之心。第四、從時維摩詰問衆菩薩“誰能致彼佛飯”已[③]下訖“亦如衆香國土諸樹之香”，正明净名取飯，於此娑婆廣明利益。第五、從“爾時維摩問衆香菩薩‘香積如來以何説法’”以下訖“故以一切苦切之言，乃可入律”，明二國交利。第六、從“彼諸菩薩聞説是已，皆曰‘未曾有也’”訖“以無量大悲，生是佛土”，明彼菩薩讚釋迦如來，並歎此方菩薩。第七、從“維摩詰言‘此土菩薩於諸衆生大悲堅固’”已下訖“常以四攝成就衆生，是爲十”，明净名述，成其所歎。第八、彼菩薩“成就幾法”以下訖“恒以一心，求諸功德，是爲八”，明香積菩薩爲此小行之流請净等之行。第九、“維摩文殊於大衆中”已下，明説法利益發心也。

第一子段，舍利弗心念“此諸菩薩當於何食”，明聲聞非不須食，但食自導則難，導他則易，故云菩薩。

“時維摩詰”已下，第二大段。“維摩知其意”者，知其非直爲菩薩，亦自爲己須食之意。就中開爲二句：第一句譏其結業生身，不能無待。“佛説八解[□][脱][④]，仁者受行，豈雜欲食而聞法乎”者，佛説八解脱，仁者受行斯法，正應遊心八解，以法食爲先，豈得雜須欲食之意而聞正法乎？又解：揣食有色香味觸，是即五欲雜穢之食也。又解：譏身子爲法來，不爲食[⑤]來。八解本能除患，即是法食。今聽法除患，亦是病之良藥。今存食不爲法，似若昔八解不除患，今法亦非良藥，故執今昔以呵之。

---

① 詰，録本訛作“諸”，據底本改。該字《維摩詰所説經》[T14n475p552a07]正作“詰”。

② 懸，底本、録本作“縣”，據文意改。下文：“身子報身，果累未亡，猶須食以療之，故懸許其所須。”可助比勘。

③ “飯已”二字録本作“已飯”。按：底本“已飯”二字間實施一乙鈎號，兹據正。

④ 脱，底本、録本無，據文意補。

⑤ “爲食”二字底本、録本作“食爲”，據文意改。

第二句"當令汝得[①]未曾有食"已下,即玄許其所須非常之食。此食凡有三義:一者食之能使身適神悦,二者香味異常,三者食之令人悟道。不准常類,故名"未曾有"也。又解:雖然昔八解,今法但除因累,身子報身,果累未亡,猶須食以療之,故懸許其所須。

"維摩詰即入三昧"已下,第三大段。何故先現上方世界者?持欲取飯,先現彼國,令此時衆生欽待之心。

"時維摩詰問衆菩薩"已下,第四大段,正明取飯於此娑婆,廣明利益。就中開爲五子段:

第一子段,從"時維摩詰問"已下,訖"如佛所言,勿輕未[②]學",明韸厲[③]新學,進於始行。"咸皆默然"者,欲使净名發言自取,故默然也。"仁此大衆,無乃可耻"者,此韸厲新學,仁此大衆之中,無能致彼佛飯,乃是可耻之事。"文殊師利曰'如佛所言,勿輕未學'"者,進於始行,學則便得,故不可輕也。又解:上以文殊威神力故皆默然者,設飯之來,事在主人,故默然也。今言"勿輕未學"者,未學猶尚難輕,而况此坐皆是久習高行之人?非是不能,但設飯之來,事在主人,理不關客,所以默然也。

第二子段,"於是維摩不起於坐"已下訖"亦使如來名聲普聞",正明遣化取飯。

第三子段,"時化菩薩即於會前"已下訖"佛爲欲化樂小法者,不盡現其清净土耳",明化傳净名之意,上方取飯也。"令彼樂小法者得弘大道"者,明外凡夫之人未上性地,容得棄小向大,故言"得弘大道"。"亦使如來名聲普聞"者,自此以前未聞香積之名,因此廣彰,故言"普聞"也。"彼諸大士見化

① 得,底本、録本訛作"等",據《維摩詰所説經》[T14n475p552a07]改。

② 未,底本、録本訛作"勿",據《維摩詰所説經》[T14n475p552a22]改。

③ 《集韻·江韻》:"韄,擊也。或作**韸**。"然無考。"厲"字底本、録本作"厲",乃"厲"之换旁俗體。"**韸**厲"費解,待考。今頗疑"**韸**"爲"擊"字之訛。斯2693號《〈無量壽經〉義記下卷》:"'與佛相值,聽受經法'者,殖因來久,今值遇佛誡令聽法,擊厲時情也。"是其例。"擊厲"當讀如"激厲"("擊""激"二字均可音古歷切),今多作"激勵"。清徐灝《説文解字注箋·厂部》"厲"字條:"因磨厲之義,又爲勉厲、激厲之義。别作勵。"下"**韸**厲"亦同,不復校。

菩薩”已下,明香積菩薩見化人即發三問[①],問於彼佛。第一問言:“今此上人從何來也?”第二問:“娑婆世界爲在何許?”第三問:“云何名爲樂小法者?”“佛告之曰‘下方’”已下訖“釋迦牟尼今現在”,答其第二問娑婆之處也。“於五濁惡世,爲樂小法衆生敷演道教”,答第三問樂小法者。“彼有菩薩名‘維摩結’”已下訖“增益功德”,答上第一問問其來處。净名遣化來因,答第一問。復生兩問。第一問“其人何如,乃作是化”,問人大小許人,乃作是化也。“德力無畏,神足若斯”,第二問德量多少,有此神力。“佛言‘甚大’”者,答其初問[②],是爲大人。“一切十方,皆遣化往”,答其後問[③],器量甚豐,德行充備。“於是香積如來”已下,明香積佛與飯已,而誡[④]約之。“攝汝身香”已下,誡[⑤]約有三:敕身有二,心有一。“攝汝身香,無令彼諸衆生起惑著心”者,敕身香有二種,報應兩殊。報香起著,應香增道。今云“攝”者,攝其報香也。“又當捨汝本形,勿使彼國求菩薩者,而自鄙耻”,敕身。上方大士,形則在(至?)[⑥]妙。下方菩薩,身則劣小。故宜誡約,息於始行自鄙之心。“又汝於彼莫懷輕賤,而作礙想”已下,敕心。若心生礙,受道則難,是故有此言耳[⑦]。

第四子段,“時化菩薩既受鉢飯”已下訖“欲色諸天,聞此香氣,亦皆來入維摩詰舍”,明因請香飯,更招後[⑧]來。“聞此香氣,身意快然,歎未曾有”者,妙香充軀,身心悦適,故曰“未曾有”也。

第五子段,時維摩詰語舍利弗等“可食”已下訖“亦如諸樹之香”,明香飯此土有利益也。“無以限意食之,使不消”者,明如來慈念蒼生,故有斯飯;悲心無窮,亦飯無盡;若能體之,稱大悲意;若作局限心,不稱大悲,則不消也。又解:食此飯者,應發大心,能建大業,報恩義足,名爲“消”也;二乘之人,不能發心,無報恩之義,故言“不消”。“有異聲聞念此飯少”者,相傳解言:二乘

---

① “問”前底本、録本衍一“發”字,據文意删。

②③ 問,録本訛作“門”,據底本改。

④⑤ 誡,録本訛作“試”,據底本改。

⑥ 録本出校:“在=至?”意即疑此“在”爲“至”之訛字。

⑦ 耳,録本訛作“耶”,據底本改。

⑧ 後,録本訛作“渡”,據底本改。

之人,情既局俠,有其限心,不同大士,位懷彌博;故聲聞異於菩薩,故言“又異聲聞”。又一解:聲聞生於異念,故名“聲聞異於菩薩”也。四海有爲有相,故宜可竭;此飯大悲所勳,應化之食,是故無盡也。

“爾時維摩問衆香菩薩”已下,第五大段,明二國交利,明上方菩薩聞此言教,故能化導無方。此飡香味知佛事不同,兩邊有益,故云“交利”也。從“維摩問衆香菩薩”已下訖“所有功德,皆悉具足”,明香[1]國佛事。“彼菩薩曰‘我土如來無文字説,但以衆香,得入律行’”者,香積如來豈直唯[2]以香爲佛事,而不爲説法?但就勝爲緣,語彼國入道,多藉香爲緣,故記“但以衆香”也。所以知然,品初言大菩薩衆佛爲説法,是故得知非無文字也。又一解[3],此方因於取識,發聞思之解;上方香積鼻識,後起意地聞思慧解。此亦可從多論門也。

“彼菩薩問維摩結”以下,明釋迦説法。就中開爲三段:第一、從“維摩”以下訖“剛强之語,以調伏之”,直明□□(衆生)[4]麁鑛,故須剛强之説[5]。第二、從“言[6]是地獄”以下訖“是世間,是涅槃”,明亦剛强法體。第三、從“以難化之人,心如猨猴”訖“以苦切之言,乃可入律行”,明舉二譬結事,須剛强之言如此。第一子段,“此土衆生,剛强難化”以下,直明衆生梁强[7],故須剛鑛之言折伏也。就第二子段中,剛强法體中開[8]爲二門:初從“言是地獄”以下訖“是愚癡報”,明不期因果,理數自至。第二從“是結戒”已下訖“是涅槃”,有明[9]藉教有違順,順即爲善,違則爲惡也。就初不期中開爲二意:第一意是地獄既愚人生處,直總明惡果。第二意“是身邪行”已下,因果雙明。就雙明

① 録本出校:“(衆)十香?”意即疑此“香”前脱一“衆”字。

② 唯,録本訛作“雖”,據底本改。

③ 解,録本訛作“體”,據底本改。

④ “衆生”二字録本作缺文,據底本補。

⑤ 説,録本訛作“况”,據底本改。

⑥ 言,録本訛作“六”,據底本及《維摩詰所説經》[T14n475p552c28]改。

⑦ “梁强”不辭。“梁”字底本不清晰,待考。

⑧ 開,録本訛作“明”,據底本改。

⑨ “明”字録本作“有”,且出校:“有=明?”意即疑此“有”爲“明”之訛字。按:底本實作“明”。兹據録正。

因果中,復有三幡:第一幡,總明三業——身、口及意也。第二幡,雖明十惡,殺生正報,墮三塗。餘習氣人中得二種果報:一者,短命;二者,多病。劫盗亦二果:一者,貧窮;二者,共他財不得自在而用。邪淫二果:一者,婦不貞良;二者,不得隨意眷屬。妄語二果:一者,多被誹謗;二者,恒爲他人所誑。兩舌二果者:一者,得弊惡眷屬;二者,得不和眷屬。惡口二果:一者、常聞惡音;二者、有所言説,常如鬪諍。綺語二果:一者,有所言語[①],人不信受;二者,有所言説,不能分了。貪欲二果:一者,多欲;二者,無厭足。瞋恚二果:一者,常爲他人求其長短;二者,恒爲他所惱害。邪見二果:一者,常生邪見家;二者,心有諂曲。第三幡,"是慳悋,是慳悋報"訖"是愚癡",明六弊對六度爲語。第二段藉教行中,"是結戒"者,檀場白四羯磨,始初得戒時,稱云"結戒"。"持戒"者,德行無缺,皆順教也。"犯戒"者,毁破所持,皆違教。"是應作,是不應作"者,若順教爲善,是則應作;若違教造惡,是不應作。自此已下,類爾可知。"以難化人"已下,釋迦説法中,第三大段,舉二譬結事,須剛强之言。猨猴躁擾,喻心萬端。象馬㦎悷[②],喻身、口、形、色剛强也。

"彼菩薩聞説是已"已下,品中大段第六,上方大士嘆佛及菩薩皆曰"未曾有也"。嘆釋迦如來平等空慧,而能隱於無量方便之力,逐物所感[③],種種説法,隨天人所樂,實爲希有。斯諸菩薩復能謙下,謙下不辭劬勞,不擇净穢,生於此土也。

從"維摩言"已下,大段第七,述成其言。嘆此土菩薩大悲堅固,誠如所説,述成其言也。"然其一世"已下,明穢土修行勝於净國。然智藉癡生,善由惡發。惡豐故發善則濃,愚多故生智則厚。此皆藉外爲强緣,然後得發内解之堅固,故言此間一世修行踰於净土彌劫之行也。"所以者何"以下,釋穢土修行勝净之意。而以穢土修行而勝净國者何?明娑婆穢土略有十事善法,净土所無。"以布施攝貧窮"者,出十事之體,穢土由有貧窮,故得行檀度

① 録本出校:"語=説?"意即疑此"語"爲"説"之訛字。

② **㦎**,録本訛作"塩",據底本改。慧琳《一切經音義》卷第四十五《文殊悔過經》音義:"㦎悷者,剛强不伏也。"[T54n2128p609b6]

③ 感,録本訛作"威",據底本改。

具足;浄國無諸貧乏,闕[①]於此行,故明穢勝浄也。猶如[②]良醫在役(疫)[③]病劫中,醫術得通,施病良藥,患者皆除;欲明菩薩處不浄國土化物亦復如是。衆行兹繁,得弘十法,爲大藥王濟度衆生,故能超於萬劫,去煩惱生死之病也。此言皆爲穢土始行之流,欲令自竭其志也。

"彼菩薩曰'菩薩成就幾法'"以下,第八大段,明上方大士爲此土新學[④][□□][請修?][⑤]清浄國之行。明始行之徒功行未成,未能自拔;譬如羸人入水,救彼溺人,未能修兼,與彼俱没。廣此土新學菩薩,令修浄國之行,故發斯問。又一解:始行之流聞其向言"一[⑥]世饒益衆生,多於彼國百千劫行",便謂菩薩應[⑦]在穢土,一向不修浄行,則滯於穢國,故爲請浄土之行,級行其情,菩薩復應修浄土之行也。"行無瘡疣,生于浄土"者,善行鮮潔,如究浄膚體;起[⑧]惡懷善,其猶瘡疣。就此八法,四段明義。第一段敬上接下相對:"饒益衆生,而不望報"訖"謙下無礙",明第一,接下句;"於諸菩薩,視之如佛",第二,敬上句。第二段人法相對:"前未聞經,聞之不疑",第三,於法中無乖違;"不與聲聞而相違背",第四,明[⑨]小乘人中不相違背。第三段得失相對:"不嫉彼供",第五,見他得供養,於[我][⑩]是失,不起嫉心;"不高己利",第六,於我是得,不以爲高;"而於其中調伏其心",結成上"得失亡[⑪]懷"義。第四段自

① "闕"字前録本衍一"鬪"字。按:底本"鬪"字旁施一廢棄號,今據删。

② 如,録本訛作"世",據底本改。

③ 役,録本訛作"假",據底本改。此"役"又當爲"疫"之借字(二字《廣韻》均音營隻切)。

④ 學,録本訛作"舉",底本實作"斈",乃"學"之俗體。敦博072《妙法蓮花經》卷第四:"得好同斈共讀誦是經。"亦其例。

⑤ 結合文意,此處似脱"請修"二字。同卷下文:"又一解:始行之流聞其向言'一世饒益衆生,多於彼國百千劫行',便謂菩薩應在穢土,一向不修浄行,則滯於穢國,故爲請浄土之行,級行其情,菩薩復應修浄土之行也。"可助勘。

⑥ 一,録本録作"也",並出校云:"也=一?"今按底本實作"一"字,不必疑。下文"第一段敬上接下"中"一"字書手同作此形,可助勘。

⑦ 應,録本訛作"慈",據底本改。

⑧ 起,録本訛作"記",據底本改。

⑨ 明,録本訛作"相",據底本改。

⑩ 我,録本脱,據底本補。

⑪ 亡,録本訛作"正",據底本改。

他相對:"常省己過",第七,自有過,内自省;第八句,見他過,不訟也。"恒以一心,求諸功德",成上"自他"義。

文殊師利解大段第九,明説法利益,諸人悟道也。

菩薩行品

此品所以來?上方菩薩始行之流於此土生下劣想,如來廣明十方世界佛事不同,諸佛如來功德平等,言對阿難輇[①]切上方菩薩、上方大士,自求悔過,請法還土。如來爲説有盡無盡解脱法門,即是菩薩行燈,故菩薩品所以來。

就此品中有八段明義:

第一、從佛爲"説法於庵羅樹薗"已下訖"是維摩詰……欲來[②],故先現此瑞應",明將詣佛所,印封所説,先現光明,表其相來,令庵羅諸人豫生欽仰。

第二、從"於是維摩詰語文殊言'可共見佛'"以下訖"非意所圖,非度所測",正明維摩將諸大衆詣於庵羅,禮事供養如來。

第三、從"爾時阿難白佛'今所聞香,自昔未有'"以下訖"此飯如是,滅除一切諸煩惱毒然後乃消也",廣明香飯利益差别。

第四、從"阿難白佛'未曾有也'"以下訖"是名'入一切諸佛法門'",明佛事不同,證上香飯有其實益。

第五、從"菩薩入此門[③]者,若見浄好佛土,不以爲喜"已下訖"盡力變化,所不能作",明言對阿難輇切上方菩薩。

第六、從"爾時衆香世界菩薩來者,合掌白佛"以下訖"唯然世尊,願少賜法,還於彼土,當念如來",明上方菩薩既被譏切,悔過自責,請法還土。

第七、從"佛告諸菩薩"已下訖"是名'有盡無盡解脱法門'",明佛爲説有盡無盡解脱法門,即菩薩行體。

---

① 《集韻·江韻》:"轒,擊也。或作輇。"然"輇切"費解,待考。頗疑"輇爲"譏"之訛字。"切"有譴責義。《古今韻會舉要·屑韻》:"切,譏切也。""譏切"義即嘲諷譴責。下"輇切"亦同,不復校。

② 來,録本訛作"求",據底本改。

③ 門,録本訛作"行",據底本改。

第八、從“爾時彼諸菩薩聞説是法”已下訖品，明上方菩薩香華種種供養，表其慶情。

“於是維摩詰文殊”已下，第二段。文殊言“今正是時”，今若詣佛，正是利益之時也。因詣佛故，有七事利益：第一、因詣佛故，得與大衆禮事供養，表病非實；第二、因詣佛故，明佛事無方，成上香飯實益；第三、因詣佛故，得明上方菩薩請佛爲説有盡無盡解脱法門；第四、因詣佛故，得明法身出百非之表，以遣諸人執實之心；第五、因詣佛故，得顯净名生處，見妙喜國不動如來；第六、因詣佛故，得明法供養，即是封印净名之所説；第七、因詣[①]佛故，得明屬累彌勒委付阿難流通此經，千載之下，流傳不絶。“於意云何”者，汝爲當目見而已，亦在意地，解其所以。“世尊！我覩其爲非意所圖，非度所測”者，我目覩其事，非是意地所量，亦非忖度之所能測也。

“爾時阿難白佛：‘今所聞香，自昔未有’”，是第三段。因問香氣，廣明香飯利益差别。問“香是彼菩薩毛孔香”者，欲令舍利弗發言自答也。“如是香氣住當久如”者，問香氣住久近。“此飯勢力至于七日”，未必限於七日；但閻浮提人不食，唯得七日，故就一方爲語，故云七日也。又解：法爾七日，“未入正位”者，是聲聞性地人；“得入正位”者，無相以上；“得心[②]解脱”者，證於第四果也；“未發大乘意[③]”者，凡夫之人；“已發意”者，住前之心；“得無生忍”者，七地以還。亦[④]可初地一生補處者，十地菩薩。然香飯雖是下地得道之緣，初地以上豈藉此[⑤]入道？爲欲成香飯有始終之益，故云“乃至十地”。小乘亦應云初果、二、三乃至四果，但文略耳。菩薩中亦應從初地、二地乃至十[⑥]地之階級，但文中略。廣明十方世界佛事不同，入道多端，自有由鼻識得道，亦有由眼識而受益。此方由其耳識以獲悟。“滅除一切諸煩惱毒”者，少

① 詣，録本訛作“諸”，據底本改。

② 心，底本、録本訛作“正”，據《維摩詰所説經》[T14n475p553c9]改。

③ 意，底本、録本訛作“心”，據《維摩詰所説經》[T14n475p553c10]改。

④ 亦，録本訛作“又”，據底本改。

⑤ “藉此”二字底本原作“蘇此藉”，並於“蘇”旁加點，當爲書手誤書“藉此”作“蘇此”，發現後旋於“蘇”旁施一廢棄號，並於“此”後補書正字。玆據文義改。

⑥ 十，録本訛作“一”，據底本改。

分一切,唯斷當地之分也。

"阿難白佛"以下,第四段,明佛事不同,證香飯有實益。"以佛光明而作佛事"者,自有見光而獲利[①],是故助以爲佛事也。又"以菩薩而作佛事"者,如大通智勝如來[②]入定之後,以十六王子菩薩度六百萬億恒河沙等人也。又"以佛所化人"者,以須扇多佛滅度,留一化身,住世說法。"以菩提[③]樹"者,光無所不照,香無不普薰;形色微妙,隨所好而見;出妙音聲,隨所好而聞;衆生過者,無不入道。又"以佛衣服"者,如閻浮提王以世疾疫請佛,得佛僧加梨,禮拜生善,病得除瘉。又"以飯食"者,香作樓閣,苑薗皆香也。"三十二相、八十種好"者,一一相隨應所現,令其入道也。"佛身"者,應形妙體上[④]好,論別佛身,總語故有異也。"虛空"者,匝(憒?)[⑤]鬧之處,爲現虛空。又解:文殊師利滅衆色像,以化阿闍世王。"衆生應以此緣"者,應以上來因緣得入正行也。"夢、幻"者,說此六喻令人得悟也。又解:隨所應見而現,如夢覩羅刹。若爾,何故云喻?但經中每以此六爲喻故也。音聲語言說法,此等多以聲教爲佛事。"清净佛土、寂寞無言"乃[至][⑥]無爲者,猶如《法華[⑦]》所明下方菩薩不樂處衆,多有所(?)[⑧]衆說寂怕(泊)[⑨]無爲,以作佛事。清净佛土内[⑩]無情慮[⑪]來無言說,寂怕(泊)無爲,以自然進道。"如是,阿難!諸佛威儀進止,諸所施爲"者,明大聖舉動,皆有利益,是故"無非佛事"也。"有此四魔諸煩惱"乃[□][至][⑫]"而[⑬]諸衆生爲之疲勞,諸佛即以此法而爲佛事"

① 利,録本訛作"秒",據底本改。
② 來,録本訛作"是",據底本改。
③ 提,録本訛作"薩",據底本改。
④ 上,録本訛作"正",據底本改。
⑤ 此"匝"字費解,疑爲"憒"字之訛,底本不清晰,待考。
⑥ 至,録本脱,據底本補。
⑦ 華,録本訛作"如來",據底本改。
⑧ 所,底本不清晰,待考。
⑨ "怕"字録本訛作"順",據底本改。怕,此讀如"泊"。
⑩ 内,録本訛作"炳",據底本改。
⑪ 慮,録本訛作"處",據底本改。
⑫ 至,底本、録本無,據文意補。
⑬ "而"前録本衍一"門"字,據底本删。

者，必[①]能降毒龍，勢極嗔息，先以欲拘牽[②]，卻以法語人也。此之例皆是佛事，即以此法，令其入道。"是名'入一切諸佛法門'"者，總結於上，此等佛事軌則曰[③]"法"，能通解爲"門"[④]也。

"菩薩入此門"者已下，第五段，明言對阿難，輅切[⑤]上方菩薩。"菩薩入此門"者，若所解[⑥]佛事不同。"若見一切净好佛土，不以爲喜，不貪不高"者，既解[⑦]佛事不同，故雖見净好，情不生喜，亦無貪著，不以高勝。"若見不净，不[⑧]以爲憂[⑨]，不礙不没"者，上見净妙既不生喜，故覩穢不憂；上净既無貪，今穢則不生瞋礙；既不以净爲高勝，故於穢不生下没也。但於諸佛心生歡喜恭敬，作未曾有想也。"如來功德平等，爲欲化衆生而現佛土不同"者，明諸佛道同，無有優劣，但隨衆生應見，示現差别也。"阿難！汝見諸佛國土"以下，舉譬以明真應。"地有若干"者，明國土參差，則有數量；以喻如來應身有其差别。"若干"者，數量之異名。"而虚空無若干"者，明虚空盪（蕩）然[⑩]，絶於數量；以喻如來智惠（慧）平等，無有高下别也。如是[⑪]"色身有若干"者，喻合上地有若干。"其無礙惠（慧）"者，合上虚空。"諸佛色身、威相"以下，明功德平等、悉無差别也。"是故名'三藐'"以下，明[⑫]十是同等，略舉其三。"三藐三佛陀"者，正遍知正覺。"多陀阿伽度"者，如來也。"佛陀"，覺者。"阿難！若我廣説此三句義，汝以劫壽，不能盡受"以下，明廣演三句，尚自難窮，况於無量功德也！上方菩薩於此土如來菩薩及以净名三處悉生下劣之

① 必，録本訛作"多"，據底本改。
② 牽，録本訛作"事"，據底本改。
③ 曰，録本訛作"日"，據底本改。
④ "解爲門"三字録本訛作"爲體法"，據底本改。
⑤ 輅，録本訛作"幹"，據底本改。"輅切"疑當作"譏切"。參前注。
⑥ "所解"二字録本訛作"然"，據底本改。
⑦ 解，録本訛作"然"，據底本改。
⑧ 不，録本訛作"亦"，據底本改。
⑨ "憂"字前底本、録本衍一"喜"字，據《維摩詰所説經》[T14n475p554a4]删。
⑩ 此"盪"乃"蕩"之古體。蕩然，空寂貌。
⑪ "如是"二字録本作"是如"。按：底本"是如"二字間實施一乙鈎號，兹據正。
⑫ 明，録本訛作"如"，據底本改。

心，故今共對阿難，軿切上方小行，明諸佛不可惻(測)量，是故不應生下劣之心。"且止阿難"以下，複言[①]在菩薩，明菩薩不可惻(測)限度，四海有爲有相，尚可惻(測)量度，菩薩功德不可量也。"阿難！汝等捨置菩薩"以下，故複言在净□(名)[②]，明菩薩始終之行故宜難測。净名一時之益，二乘百千劫所不能得知。净名身處白衣，故生劣想。今明净名一時變現神通之力，二乘之人百千萬劫所不能盡，豈可思議也？

"爾時衆香世界菩薩來者"已下，第六段，明上方菩薩既被軿切，於兹受悟，故悔過自責，請法還土。開爲二問：從初訖"現佛國異"，明悔過自責也。"唯然"已下，第二問，請法還土。"願賜少法，還於彼土，當念如來"者，當念傳心如來之法也。又解：上已聞説佛事不可思議，將請[③]法還土，意欲宣揚如來不思議道，令本國衆生念佛功德也。

"佛告諸菩薩"已下，第七段。就中開爲三段：第一、"有盡無盡"訖至"如菩薩者，不盡有爲，不住無爲"，二，雙舉有爲、無爲，以爲章門。第二、"何謂不盡有爲"已下訖"不虚福德……是名'菩薩不住無爲'"，明釋不盡有爲、不住無爲也。第三、從"又具福德故，不住無爲"訖"是名盡、無盡解脱法門，汝等當學"八句，雙結有爲無爲也。有盡法門者何諦？謂虚僞可盡可滅，謂之爲"盡"；性空真實，不可盡滅，謂之"無盡"。凡夫執有爲即是具縛，二乘著空亦是具縛。菩薩處有爲不著，故脱凡夫之縛；不證空而住，故脱二乘之縛；故得解脱。能軌曰"法"，通智爲"門"。有經文云："無礙"者除凡夫礙，勉二乘等也。"何謂爲盡？謂有爲法"者，無虚僞是[有][④]爲之法。"何謂[⑤]無盡[⑥]？謂無爲法"者，無性空不可盡滅，是無爲法也。"如菩薩者，不盡有爲，不住無爲"者，有爲雖僞，盡之則大業不成；無爲雖實，住之則空觀不明。

① "複言"二字録本訛作"移共"，據底本改。
② 此缺文底本不清晰，今據文意補。
③ "請"前録本衍一"欲"字，據底本删。
④ 有，録本脱，據底本補。
⑤ "何謂"下底本、録本衍一"爲"字，據《維摩詰所説經》[T14n475p554b5]删。
⑥ "無盡"二字底本、録本作"盡無"，據《維摩詰所説經》[T14n475p554b5]改。

“何謂不盡有爲”，第二偏[①]釋有爲。就中開爲五子段：

第一，從“不離大慈，不捨大悲”以下訖“發行善根，無有齊限[②]”以來，亂明自行外化。“不離大[③]慈，不捨大悲”者，慈悲是入有之基，樹德之本，故在先明；菩薩化物，恒以大悲爲首，常以與樂濟苦爲懷，心無捨離。“深發一切智心，而不忽忘”者，自行之體，明仰要佛果，一切智惠(慧)心不忘失也。“教化衆生而不厭倦”者，外化之德，明處生死化物，情無厭怠。此之二句，明上仰要佛果，下變衆生。“於四攝法，常念順行”者，成上外化正由備於四攝，故能化物無惓(倦)[④]；四攝物攝物無不從，故言“常念順行”也。“護持正法，不惜軀命”者，成上自行外化。體[⑤]若自行外化，擁隔不通，將護法來通，故能亡身空命。“種諸善根，無有疲厭”者，亦是自行廣殖衆善，能與菩提爲根，故無厭倦。“志常安住，方便迴向”者，若欲化於衆生，事須善巧不著，以己功德，迴向薩婆若。“求法不懈[⑥]”者，亦是自行，仰請諸佛深奥之法，情無懈慳。“説法不悋”者，外化之行，正由自能求法，以己所得化物，無有悋惜也。“懃供諸佛”者，成上求法正由翹懃供養諸佛，能求法不懈[⑦]也。“故入生死而無所畏”者，成上説法無悋，正由生死無畏，故能説法無悋也。“於諸榮辱，心無憂喜”，凡夫得榮辱心動，菩薩離世八法，於中不生憂喜。“不輕末學，敬學如佛”者，學則便得，故不可輕；已學必成佛，應敬如佛。“墮煩惱者，令發正念”者，本自未出，何故名“墮”？但修行伏煩惱，作出離之意，遇緣行退，方名“墮”也，方宜教化，令發正念。“於遠離樂，不以爲貴[⑧]”者，二乘之人身遠離憒閙，心離煩惱，無爲自安；菩薩雖復身遠離憒閙，心離煩惱，假以通道，不以爲貴。“不著己樂，慶於彼樂”者，凡夫見他得樂生嫉妒，自得樂則情著，見他

---

① 偏，録本訛作“遍”，據底本改。

② “齊限”二字録本作“限齊”。按：底本“限齊”二字間實施一乙鈎號，兹據正。

③ “大”前底本、録本衍一“不”字，據《維摩詰所説經》[T14n475p554b7]删。

④ 惓，同“倦”。《太玄·玄文》：“仰天而天不惓，俯地而地不怠。”司馬光集注：“惓，與倦同。”

⑤ 體，録本訛作“讚”，據底本改。

⑥⑦ 懈，録本訛作“解”，據底本改。

⑧ 貴，録本訛作“煮”，據底本改。

受苦則心安，自苦則情動；菩薩不爾，不存己樂，聞他有樂，心生慶悦。“在諸禪定，如地獄想”者，禪定雖樂，安之則大道不成；情無樂著，如地獄想。“於生死中，如薗觀想”者，生死雖苦，大道因之而生；菩薩好遊其中，如似薗觀想。“見來求者，爲善師想”者，見來求我，與其作善師想，内心歡喜，方便勸化，令入正法。又解：見來求財請法，爲善師想，師本“資益我”義，前人來有所成，化功歸己[①]有，即“資益”之義，故爲善師想也。“捨諸所有，具一切智想”者，知行此施具一切智，明見因果，施而無悔也。“見毀戒人起救護想”者，見造惡毀梵之人起方宜救接之想。“諸波羅蜜，爲父母想”者，欲明菩薩諸度能生成法身如父母也。又解：子有所須，資之於父母；明菩薩所須，求之於六度也。“道品[□][之][②]法，爲眷屬想”者，道品令我尊勝，其由世人有眷屬，益我尊貴。“發行善根，無有齊限”者，上亂明自行外化，今總結也。一切善法皆能行之。

第二段，“以諸净國嚴飾之事”以下訖“聞佛無量德，志而不捲(倦)”，明舉佛果，顯三種勝事，樹出其行。上既明自行外化必得佛果，故次舉佛果三事樹出其行。“以諸净國嚴飾之事成己[③]佛土”者，是爲一事，明以佛果净國嚴飾故，修行住要，成己佛土也。“開門大施，具足相好”者，此爲第二事，施本能資於刑(形)，是故因中行施，能具佛果三十二相、八十種好也。自有施心少，財物多；自施心多，財物少。此二不備，不能應無方之求；此二兼備，恣其所須。“除一切惡，净身口意。生死無數劫，意而有勇”者，成上第二事，明因净則果妙，正以能除諸惡，净於三業[④]，處生死化物無畏，故得净土法身也。“聞佛無量德，志而不惓(倦)[⑤]”者，此是第三事，明聞佛無量功德，修行住取，志願無捲(倦)[⑥]”也。

第三，“以惠(慧)智劍”以下訖“以大精進，摧諸魔軍”，明有所除。上既

---

①③ 己，録本訛作“已”，據底本改。

② 之，底本、録本無，據文意補。

④ 業，録本訛作“等”，據底本改。

⑤ 惓，同“倦”。《集韻·綫韻》：“倦，《説文》：‘罷也。’或作惓。”

⑥ 捲，此當讀如“倦”(“捲”字《廣韻》一音居倦切，見紐綫韻去聲；“倦”字《廣韻》渠卷切，群紐綫韻去聲)。下“捲”同，徑括注其本字，不復校。

辨果，顯三種勝事，自非除因果二累，無以可獲，故次明之也。“以智惠（慧）劍，破煩惱賊”者，此即因累。煩惱能劫人善財，其猶如賊；空觀智惠（慧）能摧煩惱，故云如劍。“出陰界入”者，除陰死二魔，即是果累。“荷負衆生，永使解脱”者，自既勉（免）[1]累，復能荷負衆生，於因果二累中永使解脱。“以大精進，摧伏魔軍”者，天魔是起惡之緣，故以精進之行而能降伏也。

第四段，“常求無念”以下訖“修四無量”，明空、有二行。上既明所除，自非觀達[2]空境，無以能除煩惱、陰、死三魔。若無有智備足，何能降天魔？故次明之。“常求無念實相智惠（慧）”者，守境爲“念”，空理無物當心，故名“無念”。空理絶於假誑爲“實”，表異於有故云“相”。“智惠（慧）”者，此諸觀智行。“少欲知足，而不捨世間”已下，明有中智，自非有中智備，無以降天魔；内心常行少欲知足之法，而示同世間多欲之道。又解：聲聞行少欲知足，捨世間入涅槃；菩薩行少欲知足，不捨世間入涅槃。“不壞威儀而能隨俗”者，不壞正法威儀而能同俗，有感現種種威儀。“起神通惠（慧），引道衆生”者，常以五通化引衆生，五通即禪定果，由定得總持。“得所念總持，所聞不忘”者，得陀羅尼總持，音聲法相，則無遺失。“善别諸根，斷衆生疑”已下，正由内秉陀羅尼，外能辨才，爲物説法，但欲説法，要須識根故知藥，故先明識根知藥。“差别諸根，斷衆生疑”者，此明識病，若知衆生根性差别，善能應機授法，斷其疑或（惑）。“以樂説辨，演法無礙”，正以得辨説無滯，故能斷衆生疑也。“净十善道，受人、天福”者，正由十善之行，故能示在人天受福教化。“修四無量，開梵天道”者，内修四等之行，故能示生四禪，四禪謂四梵天。又一解[3]：就菩薩求生梵天，爲欲作諸法之主。

第五段，“勸請説法”以下訖“不失品善法”，明三業清净，結上四段，正由身、口、意净，故備上來四段之法。“勸請説法，隨喜讚善，得佛音聲”者，明口業清净，故得佛梵音微妙也。“身口意善，得佛威儀”者，明身業清净，得佛象王視觀、行住、坐卧、舉動威儀，正應道身所修業口、意相逐來。“深修善法”

① 録本出校：“勉＝免？”按：此“勉”乃“免”之借字。
② 達，録本訛作“違”，據底本改。
③ 解，録本訛作“體”，據底本改。

以下，明意業。“深修善法，所行轉勝”者，意地修善增然，乃有日新之美，故云“轉勝”。“以大乘教，成菩薩僧”者，正以問解增明，故能備説大乘，心(化?)[①]人成於菩薩僧。此成上意也。“心[②]無放逸，不失衆善”者，意不生放逸，故衆善無失。“行如此法”以下，結上來諸行也。

“何謂菩薩不住無爲”以下，偏[③]釋無爲。菩薩空前有願[④]心，必須涉有施行，不得證空，故知人空不住；聲聞不爾。“謂修學[⑤]空，不以空爲證”[□][者][⑥]，二乘修空，證空而住；菩薩雖復修空而能在有施化，不證空而住。“修學無相、無作，不以無相、無作爲證”者，明菩薩雖修學空無相等，而能在有化物，不同二乘證空而住。“雖學無起，不以無起爲證”者，菩薩雖觀空理，絶於起動，而能在有化物，不同聲聞證空而住。“觀於無常，而不厭善本”者，二乘觀無常空，而證取涅槃，絶於化道；菩薩雖觀無常體空，而能在有化物，不厭善本，證於涅槃也。“觀世間苦，而不惡生死”[□][者][⑦]，聲聞[觀][⑧]苦[⑨]，體空在有中，惡生死；菩薩觀苦，體空而處生死以化物也。“觀於遠離，而身心修善”者，二乘之人，觀身心遠離，體空而證滅盡涅槃，不能修善；菩薩雖觀身心遠離，體空而在有中，身心修善以化物。“觀無所歸，而歸趣善法”者，菩薩雖觀空理，無物可歸，而於有中歸向善法。“觀於無生，而以生法荷負一切”者，雖觀空理，無其生滅，而在有中現於生法，荷負衆生也。“觀於無漏，而不斷諸漏”者，聲聞觀無漏空，斷諸漏盡；菩薩雖斷觀無漏體空，而能化物，示同有漏也。“觀無所行，而以行法教化衆生”者，雖觀空理無法可行，而於有中行法，教化衆生。“觀於空無，而不捨大悲”者，雖觀空理是無，而能在於生死拔苦，不捨大悲也。“觀正法位，而不隨小乘”者，雖觀性空而處有施化，不同聲聞小乘絶於化導也。

---

① 心，底本似作“化”，待考。
② 心，録本訛作“以”，據底本改。
③ 偏，録本訛作“遍”，據底本改。
④ 願，録本訛作“顛”，據底本改。
⑤ 學，録本訛作“夢”，據底本改。
⑥ 者，底本、録本無，據文意補。
⑦ 者，底本、録本無，據文意補。
⑧ 觀，録本脱，據底本補。
⑨ 苦，録本訛作“若”，據底本改。

“觀諸法虚妄”者，觀萬法體空非實，妄計者爲實。無堅牢，又無我人，亦無主宰，此即是假名空也。“無相”者，明五陰體空，絶於生滅相也。“本願未滿，而不虚福德、禪定、智惠(慧)”者，菩薩空前願有，願中有化物修福德業，藉此之行，至於佛果；本願未滿，可虚設此願，證空而住，應當有中修福德禪定，化衆生行也。“修如此法，是名不住無爲”，總結上“不住無爲”也。

“又具福德”以下，大段第三，舉八句雙結上“有爲”“無爲”也。“具福德故，不住無爲”者，正以不住著無爲，有勝導故，於不盡有爲中能修福德之行也。“具智惠(慧)故，不盡有爲”者，正以不盡有爲中有勝資故，便能於不[①]住無爲中修其智惠(慧)。此兩句是總，下有六句爲别。“大慈悲故，不住無爲”者，此舉“不盡有爲”中初句“不離大慈，不捨大悲”，正以不住無爲空觀明故，於不盡有爲中能修慈悲之行。“滿本願故，不盡有爲”者，此舉“不住無爲”中最後句“本願未滿，而不虚福德、禪定、智惠(慧)”句，正以不盡有爲有其勝行故，於不住無爲中能滿本願也。“集法藥故，不住無爲”者，此舉“不盡有爲”中“求法不懈”，正以不住無爲空觀明故，於不盡有爲中能集法藥也。“隨授藥故，不盡有爲”者，此舉“不住無爲”中“觀無所行，而以行法教化衆生”，正以不盡有爲有具勝行故，於不住無爲中能隨授衆生法藥。“知衆生病故，不住無爲”者，此舉“不盡有爲”中差别諸根，正以不住無爲空觀明故，於不盡有爲中知衆生病也。“滅衆生病故，不盡有爲”者，此舉“不住無爲”中“觀於無我，而誨人不捲(倦)”，正以不盡有爲有勝行故，於不住無爲中能滅衆生病也。“諸正士”以下，總結勸修之。

“爾時彼諸菩薩”以下，大段第八段，明此諸菩薩得法情欣，香華供養禮拜，表其慶情也。

見阿閦佛品

就此品中有兩段明義：初明應身體空，後明法身出百非之表。别出净名生處，應有見如來身品，文句少[②]故，寄他品明，不别立品目。若爾釋迦無動

① “不”字前録本衍一“也”字。按：底本“也”字旁施一廢棄號，今據删。

② 少，録本訛作“小”，據底本改。

等是如來，何故"阿閦"得於品名而不去《法身品》者？但此經宗旨原爲維摩，今欲顯净名生處，故存品名。"阿"者言"無"，"閦"之言"動"，下現無動佛教，云"見《阿閦佛品》"也。初明丈六體空，後辨真極法身，此即除惑情二種執患。由上净名云何共見佛，將諸大衆禮事如來，時情便謂有定佛可見；今明丈六性空，以遣時情執有之患。又由時衆不達[①]法身，執應爲至極真身；今明法身妙體出過百非之表，去其執應之患。時人便謂釋迦可爾，他方諸佛何必同然？辨明妙喜世界無動如來，法身亦是百非之表，故能處净而入穢。不可作净穢住取，故現妙喜世界無動如來。

就此品中有二段明義：第一、從初訖"若他觀者，名爲邪觀"，明觀如來之身。第二、從"爾時舍利問維摩詰'汝於何没'"以下訖"已還置本處"，出净名生處。

就初段中復開爲三段：

第一，從"爾時世尊問維摩結"以下[□][訖][②]"不觀識如，不觀識性"，明應身體空。"汝欲見如來，爲以何等觀如來乎"者，如向云"欲見於佛，爲作何等相根觀如來乎"。"維摩詰言：'如自觀身實相，觀佛亦然'"者，如來大聖尊重，不敢直爾而觀，要自觀已身性空，然後仰類於佛。"我觀如來前際不來，後際不去，今則不住"者，外人計有神我，從冥初來至現在，住世説法，從現在謝在過去，欲明性空理中不見如來從於未來來至現在，故云"前際不來向現在"；亦不見從現在謝於過去，故云"後際不去"；亦不見住世説法，故云"今則無住"。又一解：以前際爲過去，後際爲未來；"前際不去"者，不見如來謝於過去；"後際不來"者，不見如來在未來；"今則[③]不住"[□][者][④]，不見如來在現在住世。"不觀色性"已下，就五論(陰?)[⑤]明空。"不觀色"者，無定色可

① 此字録本訛作"違"，且出校："違＝達?"意即疑此"違"爲"達"之訛字。按：底本實作"達"，不必疑。兹據録正。

② 訖，底本、録本無，據文意補。

③ 則，録本作"得"，底本不清晰，據《維摩詰所説經》[T14n475p555a2]改。

④ 者，底本、録本無，據文意補。

⑤ 論，底本不清晰。録本出校："論＝陰?"意即疑此"論"爲"陰"之訛字。

得。"不觀色如"者①,無色空可得也②。"不觀色性"者③,亦不見色有定性可得也。受相行識行亦然也。

第二,從"非四大起"以下,明至極法身出於百非之表也。"非四大起,同於虚空"者,明法身不爲四大所成,借虚空以況真極,若作常住法身者,即略明常。又解:别有一法身,明相續常,即是壽命七百阿僧祇劫也。"六入無積"[□][者]④,身心已過,法身不爲,無入積聚,已過身心之表也。"不在三界"[□][者]⑤,出於三界。"三垢離"者,三界之業久已永除。"順三脱門"者,智惠(慧)與三空門相順也。"三明與無明等"者,觀三空門,明⑥闇齊觀,故云"等⑦"也。"不一相"者,垂迹萬差。"不異相"[□][者]⑧,知語本唯一。"不自相"[□][者]⑨,知隨感則起⑩,亦能現於他形。"不他"者,唯是自體,不曾有他。"非無相"者,法身妙有,不同虚空相。"非取相"者,雖非無相,復不可以相貌⑪住取也。"不此岸⑫"者,不在生死而未常(嘗)不在彼⑬。"不彼⑭"者,不在涅槃而未常(嘗)不在此。"不中流"者,不在道品中間而未常(嘗)不在彼此。"而化衆生"者,雖非彼此中間,而在生死以化衆生也。"觀於寂滅,亦不永滅"者,智照性空寂滅之理,而不永入寂滅,亦復處有,不同二乘永寂。"不此不彼"[□][者]⑮,知隨感則起⑯,故不在此間、彼間也。"不以此,不以彼"[□][者]⑰,知隨感則起⑱,既非彼此,不可以彼此住取也。"不可以智知,不可以識識"者,非滅智所知,非凡識所識。""無晦無明"者,朗達三世故"無晦",體非役慮故"無明"。又解:現同闇昧,故言"無明"也。"無名無相"者,法身之體,絶於名相也。"無强"者,現同嬰弱。"無弱"者,生老

①③ 者,録本訛作"故",據底本改。

② 也,録本訛作"人",據底本改。

④⑤⑧⑨⑮⑰ 者,底本、録本無,據文意補。

⑥ 明,録本訛作"時",據底本改。

⑦ 等,録本訛作"學",據底本改。

⑩⑯⑱ 起,録本訛作"赴",據底本改。

⑪ 貌,録本訛作"根",據底本改。

⑫⑭ 岸,底本作"圻",乃"塄(岸)"之俗體,録本訛作"不彼",今據底本改。

⑬ "常不在彼"四字録本訛作"出世",據底本改。

不加也。"非净"者,示居塵穢。"[非穢][10]"者,煩累永除也。"不在方"者,高栖環中。"不離方"者,像無不現。"非有爲"者,法身惔怕(泊)。"非無爲"者,不同六道。"非示"者,體非色故"非示"。"無説"者,體非聲故"無説"。"不施"[□][者][11],現同慳恪。"不慳"者,檀度備足。"不戒"者,現有所犯。"不犯"者,惡法永息。"不忍"者,示同惱恚。"不恚"者,瞋忿永除。"不進"者,現同懶墮。"不怠"者,懈怠永盡。"不定"者,現同散亂。"不亂"者,囂喧永離。"不智",現同愚闇。"不愚"者,癡闇悉除。"不誠"者,現同誑僞。"不欺"者,虚誑永滅。"不來"者,從毘耶離向王舍城爲"來",還從王舍城向毘耶離爲"去",法身亦不見背此爲來、向彼爲去。"不出不入"者,亦不見託生王宫爲"出",雙樹滅跡爲"入"。以"一切言語道斷"者,廢應論真,故云"言語道絶,心行處滅"也。"非福田,非不福田"者,慢之得罪,故非福田;敬則得福,非[不][11]福田。又解:現造衆惡,非福田;衆惡永除,非不福田也。"非應供"者,非福田,故非應供。"非不應供養"者,是福田,故應供養也。"非取"者,非供養故不可取也。"非捨"者,是應供養,故不可捨。"非有相"者,不可作相貌[12]住[13]取。"非無相"者,不同虚空,故非無相。"又同真際"者,同第一義諦真際之理,與真理齊。"等法性"者,與性法冥符。"不可稱,不可量"者,體絶稱量。"過稱量"者,金剛已還形奪之境,稱量之内;法身出過名數之表,稱量之外。"非大"者,細入無間故"非大"。"非小"者,彌倫(淪)[14]太虚故"非小"。"非見"者,體非色故"非見"。"非聞"者,體非聲香故"非聞"。"非覺"者,體非觸故"非覺"。"非知"者,體非味故"非知"。又一解:非可現見,亦不可以非現見,故言"非聞"也。亦"非覺",察後非此知也。"離衆結縛"者,纏累永亡也。"等諸智"者,上齊諸佛,下同衆生。"於諸法無分別"者,前同假

---

[10] "非穢"二字録本脱,據底本補。

[11] 不,録本脱,據底本補。

[12] 貌,録本訛作"根",據底本改。

[13] 住,録本訛作"往",據底本改。

[14] 倫,録本訛作"淪",據底本改。"倫"此當讀如"淪"(二字《廣韻》皆可音力迍切),然録本失真。

名衆生，今同衆生所引之法，無分别。“一切無[□][失][1]”已下明雖同衆生法而無煩惱等過。“無失”者，無過失也。“無濁”者，無塵濁也。“無惱”[□][者][2]，無煩惱。“無作無起”者，上明無煩惱，此明無業體。“無生無滅”者，既無煩惱結業，生據者始，死據者終，明無生死也。“無畏，無憂，無喜”者，凡夫欣生惡死，若有其死，可有憂畏；空理之中，無死可得，故無憂畏；若有其生，可有喜；生既不可得，故亦無喜。“無厭”者，無死之可厭，無生之可著也。無“已有”、“今有”、“當有”者，此乃常住體，非三世攝。“不可一切言説分别顯示”者，體絶百非衆相之表，故非言説可得分别顯示。

“世尊！如來[□][身][3]爲若此”已下，第三，舉邪正來結上兩段。“若以此觀”者，作丈六身空，法身百非之表，是名“正觀”。“若他觀者，是名‘邪觀’”[□][者][4]，若計丈六是實，若謂丈六以爲至極之佛，是名“邪觀”。

“爾時舍利弗”已下，第二大段出净名生處。就中開爲五段：

第一，從“爾時”已下訖“云何乃問‘汝於何没[5]而來生此’”，明理中無其没生，將欲出其生處，恐時情計其定實生處，故明無没生。又解：上明觀身實相，實相無生，今現有生，將成上自觀之義，明無没生。“汝所得法有没生”者，將明據理，無其没生，故就舍利弗所得爲言耳。

第二，從“舍利弗！没者爲虚誑法”以下訖“雖生不長諸惡”，明就世諦相續，故有没生。若一向無生，如來則無由得顯净名生處，故就世諦名用道中有生，令如來出其生處也。“没者爲虚誑法，敗壞之相”者，明没者俗諦離散，虚誑敗壞之法也。“生者爲虚誑法，相續之相”者，明生是假有虚誑，相續不斷也。“菩薩雖没，不盡善本；雖生，不長諸惡”者，明二乘人涅槃之没，盡於善本；凡夫生世，廣造諸惡；菩薩現同其滅，不盡善本；應生，不起諸惡。又一解：凡夫福盡命終，菩薩示有終没，非是福盡也。

第三，從“是時佛告舍利弗‘有國名妙喜’”已下，説但滅衆生煩惱闇耳，

---

① 失，底本、録本無，據文意補。

②④ 者，底本、録本無，據文意補。

③ 身，底本、録本無，據文意補。

⑤ 没，録本訛作“獲”，據底本改。

正明出浄名生處。若不出浄名生處，無以生時衆渴仰之心，故出生處。“舍利弗言‘未曾有也’”已下，明舍利弗凡有二意：一者穢土之中多有怒害艱嶮，不辭艱嶮之深累而能處之，亦爲希有。二者歎捨浄之穢，實是良難，自非所爲處大，何由[①]能爾？“維摩語舍利弗‘於意云何’”已下，舉二譬還答其兩意，兼成上“生[②]不長惡，滅不盡善”義。“日光出時與冥合乎”[□][者][③]，答其初意，明雖生穢土而不爲衆穢之所染累。維摩言“夫日何故行閻浮提”已下答上第二意，明捨浄之穢者，爲除物病。“雖生不浄佛土，爲化衆生，不與愚闇而共合”者，合上日光出時則無衆冥也。“但滅衆生煩惱闇”者，合上欲以明照爲之除冥者也。

第四，從“是時大衆渴仰，欲見妙喜”已下訖於“是世界亦不迫隘，如本無異”，明大衆渴仰，欲見妙音世界，是以浄名承如來之重命，接妙喜世界來[④]置此土也。

第五，“爾時釋迦告大衆‘汝且觀’”已下訖“其事訖已，還現本處”，明勸時衆發心修行。下有十四那由他人發菩提心。

“佛告舍利弗‘汝見妙喜世界及無動佛’”已下，大段第三，明流通説。所以問身子見者，令其因見，慶所聞歎經重，伋(仍?)[⑤]明流通聞經之力。雖不覩今事，聞經之功，同眼見之利。就中開爲三段：第一、從此以下訖《法供養品》，明將欲付囑，先明經重，在人則人尊，在地則地貴。第二、《法供養品》，明如來述成天帝釋歎經重人重，校[⑥]量財供養不如法供養，即封印浄名之所説。第三、《囑累》一品正明付囑彌勒阿難，使流傳萬世不絶。從“佛告舍利”已下訖品，明舍利弗出家之人，説三惠(慧)流通。從品初訖“其已信者當爲作護”者，明天帝在家白衣，亦説三惠(慧)流通。第一段中“我等快得善利，

① 由，録本訛作“申”，據底本改。
② 此處底本、録本衍一“生”字作“生生”，據文意删。
③ 者，底本、録本無，據文意補。
④ 來，録本訛作“未”，據底本改。
⑤ 録本此字底本不清晰，似作“仍”，待考。
⑥ 校，録本訛作“拔”，據底本改。

得見是人親近供養”者，將明三惠(慧)流通，先自導己[①]得見净名，獲於善利。“其諸衆生，若今現在，若佛滅後，聞此經者，亦得善利”[□][者][②]，出於聞惠(慧)。“況復聞以信解，受持讀誦”者，出其思惠(慧)。“如説修行”者，明於修惠(慧)也。“若有手得是經，便爲已得法寶之藏”者，經卷是聞惠(慧)之證[③]，成上聞惠(慧)可重(垂?)[④]手得者尚獲寶藏，而況聞已，領在胸衿。“若有讀誦，解釋其義，如説修行”者，此舉讃誦取修惠(慧)之人。“則爲諸佛之所護念”[□][者][⑤]，正明修惠(慧)果報，流通此法，則爲如來威神加護故言“護”，在心不忘曰“念”也。“其有供養如是人者，當知即爲供養於佛”者，明在人則人尊，供養持經之人，與供養佛無異，此人流通須[⑥]佛處也。“其有書持此經卷者，當知其室則有如來”者，此是在地則地貴，此經廣明如來法身，故云“其室則有如來”；地尚可貴，何况持經之人，理是可尊也。“若聞是經，能隨喜者，斯人則爲取一切智”[□][者][⑦]，明聞惠(慧)果報，藉此聞惠(慧)之解，終感佛果一切智也。“若有信”已下，明思惠(慧)果報，此人則爲諸佛之所記別，爲得無上菩提也。

法供養品

“法供養”者，夫言“供養”，資身養命，明此法資法身，養惠(慧)命。又解：供養者稱可前人之意，若依經修行，稱可聖心，故目此品爲“法供養品”。

“爾時釋提桓因”以下，明天帝辯三惠(慧)流通。“我雖從佛聞百千經”“未曾聞此决定實相”[□][者][⑧]，能除疑惑，謂之“决定”；亦可理相明白謂“决定”也。“如我解佛所説義趣”[□][者][⑨]，知其深遠。若有衆生聞經，流通此理[□][者][⑩]，明知亦得是深遠之法不疑。“聞是經法”者，明於聞惠(慧)。“信解受持讀誦”者，思惠(慧)也。“何况如説修行”者，明修惠(慧)也。“斯人”已下，總明三惠(慧)果報。“閉衆惡趣”者，因惡不生三趣也。

---

① 己，録本訛作“已”，據底本改。

②⑤⑦⑧⑨⑩ 者，底本、録本無，據文意補。

③ 證，録本訛作“詅”，據底本改。

④ 重，底本不清晰，似作“垂”，待考。

⑥ 須，録本訛作“頓”，據底本改。

“開諸善門”者，依經修行，能通行人，近至人天，遠至之妙果，故言“門”也。“常爲諸佛之所護念”者，持經之人恒爲衆聖加護，故言“護念”。“降伏外道，摧滅魔怨”者，能降外道，改邪從正，滅摧天魔，棄惡從善。“修持菩提，安處道場”者，明修於國中萬行，感於道場之果。“履踐如來所行之迹”[□][者][1]，從初地終於法雲，皆是諸佛所行之跡。其一“聽法”者以下明天帝擁護弟子，使外惡不干，内生善法。

“佛言‘善哉’”以下，第二大段，述成天帝之言，即明經重人重，封印净名之所說。就中開爲四段也：

第一大段，從“佛言”以下訖“若善男子、善女人受持、供養是經者，則爲供養去、來、今佛”者，此經明三世諸佛菩提，若受持者是則供養三世諸佛。

第二大段，從“天帝！正使三千世界如來滿中”以下訖“菩提之相不可限量，以是因緣福不可量”，明校量財供養不如法供養。所以勝者，財供不能令人得道，要須解望(聖?)[2]悟道。第三從“過去有佛號曰‘藥王如來’”已下訖“最後如來名曰‘樓至[3]’”，此明引過去爲證。第四“是故，天帝！當知此要”以下，明結勸。

就第三大段，引過去爲證中開爲五段：第一、從“過去有佛號‘藥王如來’”已下，將欲校量財供養不如法供養，先列藥王如來國土名號、壽命劫數多少，就藥王如來行此二施，是故須列。第二、從“爾時轉輪聖王名曰‘寶蓋’”已下，明於藥王如來所設財供養。第三、“時王子月蓋，獨坐思惟”已下，列法供養。就中復開爲二：第一、“時王月蓋獨坐思惟”，明法供養端序也。“寧有供養殊過此者”[□][者][4]，盡財竭寶，豈能更有過此者？有一解：雖盡天下華飾、名衣、上服，故應更有過此者，意謂未盡其極。第二、從“佛言‘善男子！法供養者，諸佛所說深經’”已下，正明法供養體。就中分爲二子段：第一、從“諸佛所説深經”訖“將護法故，是名‘法之供養’”，明聞、思二惠(慧)，人法供養。第二、從“有於諸法，如説修行”已下，明修惠(慧)人上法供養。

---

①④ 者，底本、録本無，據文意補。

② 望，底本不清晰，似作“聖”，待考。

③ 至，録本訛作“王”，據底本改。

就初聞、思①二惠(慧)中復開爲四意:

第一意,"諸佛所説深經"已下訖"菩薩法藏所攝",歎經理深。"諸佛所説深經"者,經理幽邃,故言"深"。"一切世間難信受"者,此理深遠,凡夫所不能安心,故言"難信難受"。"微妙難見"者,體絶群②麁曰"微",微中之極曰"妙",唯佛能知,非聖不達,故曰"難見"。"清净無染"者,體無塵累曰"清净",不可點污曰"無染"。"非但分别思惟之所能得"者,"但"者"單獨"之稱,非直以智慧分别能知,要須功德諸行相助得此理也。"菩薩法藏所攝"者,此經明大乘理,故"菩薩法藏所攝"也。

第二意,"陀羅尼印印之"者已下訖"能令衆生入佛法藏",明經來益人,人得經爲用。"陀羅尼印印之"者,無相總持印之,以無相印印行者胸衿,世間持印即能遊江越塞,處處無礙,欲明行者柄(秉)③此無相之解理,能越煩惱之江河,遊生死之關塞,則無留礙也。"至不退轉"[□][者]④,此理至竟,不復退轉。"成就六度"者,能令行者□(六)⑤度備足。"善分别義"者,能令行者分别萬法之義。"順菩提法"者,此理則與菩提相應。"衆經之上"者,正由此法深妙最上,故令行者成就六度分别諸義也。"入大慈悲"者,能令行者入大慈悲行也。"離衆魔事及諸邪見"者,能令行者改惡從善、背邪歸正也。行人解無性,與因緣相順。"無我,無衆生,無壽命"者,能令行人得假名"空"。"空、無相、無作、無起"者,得實法空也。"能令衆生坐於道場而轉法輪"者,明能令行者修因得果,成佛説法也。"諸天、龍神所共歎譽"者,行人成佛,諸天恭敬歎譽也。"能令衆生入佛法藏"者,能令行者入佛果功德之法藏也。

第三意,"攝衆賢聖"已下訖"十方諸佛所説",明三業通説。"攝諸賢聖一切智慧"者,總論三乘賢聖。"説衆菩薩所行之道"已下,雖明三乘,"説於菩薩所行之此道"一句,明三中獨大,自行外化。"依於諸法實相之義"者,自行之體觀達諸法體空實相也。"明宣無常、苦、空、無我、寂滅"者,出於實相

① 此處底本、録本衍一"惠"字,據文意删。
② 群,録本訛作"羣",據底本改。
③ 柄,此讀若"秉"。《集韻·梗韻》:"抦,持也。或作'柄'。通作'秉'。"
④ 者,底本、録本無,據文意補。
⑤ 六,録本作缺文,據底本補。

體。“能救一切毀禁衆生”已下，明於外化。“能救一切毀禁衆生”者，能善方便濟度犯戒衆生也。“諸魔外道及貪著者能使怖畏”[□][者][1]，魔本繫屬生死，樂於五欲；外道執著己道，計有神我；凡夫貪著財物，謂爲實有；既聞説空，故生怖也。“諸佛賢聖所共歎譽”者，既修自行外化，則爲賢聖所歎。“背生死苦，得涅槃”者，此明二乘之行，厭背生死，求涅槃之樂。“十方三世諸佛所説”者，非直藥王所談，乃是過去、未來、現在諸佛皆同説也。

第四意，“若聞如是等經”已下，舉聞、思惠(慧)出法供養人。“又於諸法”已下，第二子段，明修惠(慧)上法供養。就中開爲三句：第一句明修惠(慧)解理除惑。“隨順十二因緣，離諸邪見，得無生忍”者，明觀達因緣之理，斷五邪諸見，得無生之解。第二句“决定無我，無衆生”已下，言依法不依人，明修惠(慧)人得假實之解，備有四依之德。以用心物“無我無衆生”者，假名空。“而於因緣果報無違諍”者，正以無性故空，緣和故有，則與因緣相順無違諍也。“離諸我所”者，解實法空。“依於義”已下，明備四依之德。若論次第，先明依法不依人。人則有善惡無記，不可總依。法有定揩(楷)[2]，應依法不依人。依法中則語今有了、不了，故今就法中依了義法，莫依不了義法。了義法中有理有教，凡情執言喪義，不能亡言取旨，故第三依義莫依語也。既聞依義，便謂實有此義，不能虚心會理，故次第四依智，莫衣(依)[3]執著識也。第三句“隨順法相”以下訖“是名最上法之供養”，明舉解理除惑，結出修惠(慧)之人上供養也。“隨順法相，無所歸”者，外道計五微塵成五大，五大成五根，有始入終歸；法相理中不見始來生死謂“入”，離相散還，本謂“終歸”，入生死歸終。又解：十二因緣不入生死，歸於五道。“無明畢竟滅故……老死亦畢竟滅”[□][者][4]，明因緣體空。“作如是觀，十二因緣體空，無有盡相，不復起見”者，既觀因緣體空，無有盡滅，則不復起五邪諸見。“是名法之供養”者，出修惠(慧)人是上供養也。

“佛告天帝‘王子月蓋’”已下，引過去中第四段，以諸人悟道，證法供養

①④　者，底本、録本無，據文意補。

②　敦煌寫本中“扌”部“木”部常混，此“揩”乃“楷”之换旁俗體。

③　衣，後作“依”。《説文·衣部》：“衣，依也。”

是勝，自得柔順忍，復化人得發心，證上法供養勝。

“天帝！時王寶蓋現在得佛”已下，[□][引][1]過去中，第五，結會古今，迦羅鳩村馱訖最後如來名曰“樓至”。

從“如是天帝當知”以下，如來述成中第四段結勸。“如是天帝當知”已下明結。“如是”者，如上所明。供養此經，則供養三世佛，校量財供養不如法供養，引過去爲證正如是。當知此要，以法供養爲上爲最。“是故天帝”已下，勸爲法供養也。是法供養爲上，第一無比，故勸當以法供養，供養於佛也。

囑累品

流通中第三《囑累品》所以來？付囑彌勒、阿難，令末代流通，故有《囑累品》來。此法是佛之憂累，今以“我”之累，付囑於汝。又一解：以此經法付囑彌勒，即是彌勒之憂累。彌勒自憂當此事，故云“囑累”也。就中有二段：第一、從初已下訖“無令伺求得其便”者，委付彌勒。第二、“是時佛告阿難”已下，付囑阿難。

就彌勒中復開爲兩段：第一、從初訖“而取相分别，是爲二法”，正明如來付囑。第二、“彌勒聞説是以，白佛”已下，明彌勒受付囑。第一佛付囑中有三子段：第一、從初訖“如是，無令斷絶”，明如來所得處爲重法，委付彌勒，使流傳不絶。第二、從“所以者何”已下訖“隨諸衆生所應得利而爲廣説”，明於得失也。衆生不聞爲“失”，聞者爲“得”，所以慇懃付囑，爲有得失也。第三、從“彌勒當知菩薩有二相”已下，明流通人應除過。就中亦三播（番？）[2]明儀：第一播（番？）、明捨華崇實。一者、“雜句文飾之事”是世間華飾，乖於正典，故應捨離也。二者、“不畏深義，如實能入”，此是實理，故宜遵崇修學也。“若好雜句文飾，當知是爲新學菩薩”者，情存文飾清華，此即始行之人也。“若於如是無深無著甚深經典，如説修行”者，此則積來因久，即是崇實人也。第二播（番？）“彌勒復有二法”已下，於人法生過，此似外、凡之人。一者、所

---

① 引，底本、録本無，據文意補。

② “播”字費解，此疑爲“番”字之訛，待考。下“播”字同，不復校。

未聞經,懷疑生怖。“我初不聞,從何處來”者,此是於法生過也。二者、若[□][有]①護持是經“或時於中説其過惡”者,此於人上生過也。“有此二法”已下,明既有此二過,當知是新學。凡夫未解深法,其心麁鑛,不能調伏也。第三播(番?),“彌勒復有二法”已下,亦於法生過,此應是住前習種性人。“雖解深法,猶自毁傷”者,以解法未深,猶故起過。既言“不能得無生忍”,故知應是住前人,未得性地無生也。“一者輕慢新學,不能教誨”者,化物不普,於人有過也。“二者雖解深法,而取相分别”者,明於深法中未亡其執,是故於法有取相之過。

“彌勒聞説是以,白佛”已下,第二段,明彌勒受如來付囑也。“我當遠離如斯之惡”[□][者]②,彌勒豈有此過?但爲於末代持經之人應離此過,故作斯言耳③。

“是時佛告阿難”已下,第二大段,付囑阿難受持。亦有二段:初明佛付囑,使流傳受持;後明阿難受佛所付,敬順受持,請説經名也。一切大衆聞佛所説,得法心悦,歡喜奉行。

《維摩經》義記卷第四。

龍華二儒共校定也。更比字一校也。

大統五年四月十二日比丘惠龍寫記流通。

保定二年,歲次壬午,於尔綿公齋上榆樹下大聽(廳)④,僧稚⑤講《維摩經》一遍,私記。

---

① 有,底本、録本無,據文意補。

② 者,底本、録本無,據文意補。

③ 耳,録本訛作“耶”,據底本改。

④ 聽,此讀若“廳”(二字皆可音他丁切)。《資治通鑒·晋湣帝建興二年》:“勒升其聽事,浚乃走出堂皇,勒衆執之。”胡三省注:“中庭曰聽事,言受事察訟於是。漢晋皆作聽事,六朝以來乃始加‘广’作‘廳’。”

⑤ 稚,録本訛作“雖”,據底本改。

No. 2770《維摩詰所説經・佛國品第一》疏

［題解］

佛典《維摩詰所説經・佛國品第一》之注疏，隋慧遠撰。原有八卷，又名《〈維摩經〉義記》、《〈維摩〉義疏》、《注〈維摩經〉》、《〈維摩詰所説經〉注》。敦煌卷子中所存爲斯 2688 號，首尾均殘，屬卷一本之後部分及卷一末之前部分，所釋爲鳩摩羅什譯《維摩詰所説經・佛國品第一》。慧遠原著中國歷代大藏經均未收入，後被收入日本《卍字續藏》，但其本脱誤尤多。敦煌本出土後，斯 2688 號誤被收入《大正藏》第八十五卷古佚部，擬名《〈維摩經〉疏》。今據所疏内容重新擬題。本校注仍以《大正藏》録本所據卷斯 2688 號爲底本。

［　　］[①]故，若在果中，自［　　］，□□（能降）[②]伏故，降魔如是。今就利他□□□魔，菩薩自降，多用神通，下制外道。法外妄計，斯稱"外道"。此亦妨於自行外化，並須制伏。但隨行别，用法不同。自行因中，正見降伏，正見道理不從邪故。自行果中，無畏降伏，外道邪智難佛無德，如來有德，於彼不怯、能降伏故，自行如是。化他純用四辨降伏，四無礙辨，廣知法義，能難論故。今就化他四辨摧邪，名"制外道"。

上來利他，下明自利。於中初先明其斷德，"心常安"下，明其行德。前斷德中"悉已清净"，明其攝治；"永離蓋"等，彰其離障。又，"悉清净"，明離惡業，正習斯亡，名悉己净；"永離蓋纏"，明無煩惱。"蓋"謂五蓋：貪欲、嗔

---

① 首殘。

② "能降"二字録本作缺文，據底本補。

恚、睡眠、悼悔及疑是也;廣如别章。亦可一切諸煩惱結通名爲“蓋”,蓋衆生故,蓋浄心故。“纏”謂十纏,無慚[①]、無愧、睡、悔、慳、嫉、悼、眠、忿及覆是其十也;亦如别章。亦可一切諸煩惱結通名爲“纏”,纏衆生故,纏縛心故。於此蓋纏,止習斯亡,故云“永離”。

下行德中文别有二:一、隨德别歎;二、“布施”下,隨位别嘆。

前隨德中,“心常安住,無礙解脱”,空解脱也。亦可安住一切法界,無礙解脱,此即十地解脱大也。“念”謂正念。念門不同,或説三種念:佛、法、僧;或説四種:身、受、心、法。又如《地論》上念,同法功德求義,亦是四也。或説六種念:佛、法、僧、戒、施及天,如《涅槃》釋。或説八種,如龍樹説,前六種上更加二種:一、念出入息,繫心住於數息法門;二者、念死,常修死相。或説十種,如《大智論・摩訶衍品》説,前八種上更加二種:一者、念滅,念彼涅槃無爲寂滅,起意趣求;二者、念身,自念己身無常苦空,無我不浄,修行厭離。或説十一,如《地經》説,念菩薩行,念波羅蜜,念十地,念不懷(壞)[②]力,念無畏,念不共法乃至不離,念一切智,廣則無量菩薩悉念。“定”者,所謂九次第定,八禪滅盡是九定也。亦可一切所得三昧悉名爲“定”,此即十地三昧大也。言“總持”者,陀羅尼大,此即十地陀羅尼大。言“辨才”者,四無礙辨,知法辨了,名之爲“辨”;又説辨了,亦名爲“辨”。言辭才巧,故名爲“才”。念念常現,故云“不斷”;又説無間亦云“不斷”。上來第一隨德别嘆,人言此嘆地前功德,當應不然。嘆地前行,多不舉此勝上功德。

自下第二,隨位别嘆,謂嘆初地至十地德。何故須然?菩薩住於一地之中,普攝一切諸地功德,故歷諸位而以歎之。言“布施”者,初地功德。言“持戒”者,二地功德。言“忍辱”者,三地功德。言“精進”者,四地功德。言“禪定”者,五地功德。言“智慧”者,六地功德。六度之義,廣如别章,此應具論,今且釋名。言“布施”者,以己[③]財事分布與他,名之爲“布”;惙(輟)[④]

① 慚,録本訛作“漸”,據底本改。

② 懷,此當讀如“壞”(二字皆可音乎乖切,例可通假)。

③ 己,底本、録本作“已”,據文意改。

④ 惙,此當讀如“輟”,義指讓出。清朱駿聲《説文通訓定聲・泰部》:“惙,叚借爲輟”。唐康駢《劇談録・韋顗梟鳴》:“有韋光者,待以宗黨,輟居所外舍館之。”是其例。

己①惠人，目之爲“施”。言“持戒”者，胡語“尸羅”，此方正翻名曰“清凉”；三業炎非焚燒，行人事等如熱，戒能防息，故號此“清凉”；行有能防止、禁思之義，故復名“戒”；堅守曰“持”。言“忍辱”者，他人加惡，名之爲“辱”。於［辱］②能安，説之爲“忍”。言“精進”者，練心於法，名之爲“精”；精心務達，説以爲“進”。言“禪定”者，禪那，胡語，此翻名爲“思惟修”；習上界静法，審觀方成，名“思惟修”。又亦名爲“功德叢林”，此乃從其所生爲名，能生多德，是故名爲“功德叢林”。言“智慧”者，照見名“智”，觀達稱“慧”，此六經中名“波羅蜜”，是外國語，此翻名“度”，又亦翻之名“到彼岸”。所言“度”者，《地持論》中説有三義：一者、“時度”，此之六行種性已上，度三阿僧祇，方始成滿。二者、“果度”，此六能得大菩提果。三、“自性清净度”，此六能得破捨情相，到法實際。具此三義，故名爲“度”。言“到岸”者，如龍樹説，解有三義：一、能捨離生死此岸，到於無上涅槃彼岸，同前“果度”。二、能捨離生死涅槃有相此岸，到於平等無相彼岸，與前“自性度”義相似。三、能捨離六弊此岸，到於六度究竟彼岸，名“到彼岸”；因修至成，故名“始修”爲“能到”矣。具此三義，名“到彼岸”。此六同時，隨位且分。檀③寄初地，乃至波④若在第六地，如《地經》説。“及方便力，無不具足”［□］［者］⑤，七地功德。七地修習十方便慧，發起勝行，名“方便力無不具足”。“逮無所得，不起法忍”［□］［者］⑥，八地功德。“逮”謂“及”也，亦曰“至”也。“無所得”者，無生理中無净可得；此諸菩薩破去情相，到無得處，是故名爲“逮無所得”。“不起法忍”［□］［者］⑦，猶是經中無生法忍，由逮無得，是故便成“不起法忍”，不見净法可生起故。“已能隨”等，九地功德。“已能隨順，轉不退輪”［□］［者］⑧，是九地中説成就矣，謂能隨生轉妙法輪。文堪化益，名曰“已能”；化順物機，名爲“隨順”；説授名“轉”。“不退輪”者，經中或説三業爲輪，或復宣説佛法爲輪。今此所論，名“法”爲“輪”。如彼轉輪聖王輪寳，能摧剛彊，轉下衆生，上昇虚

① 己，底本、録本作“已”，據文意改。

② 辱，録本脱，據底本補。

③ 檀，録本訛作“壇”，據底本改。

④ 波，録本訛作“彼”，據底本改。

⑤⑥⑦⑧ 者，底本、録本無，據文意補。

空;佛法如是,能摧衆生惡不善法,轉下衆生,上入佛道,故名爲"轉"。一得永住,故云"不退"。"善解法相"[□][者][①],是九地中智成就也。"知衆生根"[□][者][②],是九地中入行成就。

"蓋諸大衆得無畏"下,十地功德。"蓋諸大衆得無所畏"[□][者][③],利他功德,十地學窮故,蓋大衆起説不怯故。"得無畏功德"已下,自利功德。"功德智慧,以修其心"[□][者][④],妙德嚴心。"功"者是其功德莊嚴,"智"者是其智慧莊嚴。此二莊嚴,廣如别章。此應具論,然今且可釋其名字。具功德者,亦名"福德"。"福"謂福利,善能資大福利行人,故名爲"福";此福是其善行家德,故名"福德";如清冷等,是水家德。"功"謂功能,善有資大利益之功,故名爲"功";此功還是善行家德,故名"功德"。言"智慧"者,依如《毘曇》,决斷名"智",對諸忍故。若依《成實》,無著名"智",想别識故。通相以論,知法名"智",觀達稱"惠(慧)"。此"智"與"惠(慧)",通釋一物,隨義别分,非無差異。異相如何?依如《地持》,知世諦者,名之爲"智";知第一義,説以爲"惠(慧)"。故彼文言:"於一切法部分知者名'智波羅蜜',於第一義開覺名'波若波羅蜜'。"《涅槃》亦然。若依《地論》,證第一義,名"隨智[者][⑤]";了達教法,名"隨惠(慧)者";皆得無傷。此二經中[名][⑥]爲"莊嚴",亦名"律儀",亦曰"助法",亦復説之爲"菩提具"。言"莊嚴"者,如《涅槃》説:能嚴行人,故曰"莊嚴";又復諸行共相莊飾,亦曰"莊嚴",如莊嚴具,衆寶間錯。言"律儀"者,如《地持》説:此二内調,故名爲"律",合法稱"儀"。言"助法"者,望果爲言,資順菩提,故云"助法"。能爲佛因,故復説之爲"菩提具"。依此二行,修練己心,故曰"修心"。"相好"已下,勝相莊身,表德名"相",帷情稱"好",用此莊形,故曰"嚴身"。相好嚴身,過餘世報,名"色第一"。不假餘營,故"捨世間所有飾好"。

自下第三,彰德殊勝,故名"高遠"。於中先舉"名稱高遠",顯德殊勝。名聞上徹,名爲"高遠"。如何"踰於須彌"?"踰"謂過也。"須彌"胡語,此名

①②③④ 者,底本、録本無,據文意補。

⑤ 者,録本脱,據底本補。

⑥ 名,録本脱,據底本補。

“好高山”，亦名“安明山”，舉高三百三十六萬里，縱廣亦然，四寶所成，六萬諸山而爲眷屬。

“深信堅”下，辨德顯名。於中有三：一、明其信；二、“深入緣”下，彰其解；三、“無有量”下，顯其行。此三分中，皆自利利他。就初分中，“深信堅固，猶若金剛”是其自利。決定名“信”。信門不同，或説爲二，如《地經》説，信菩薩行及諸佛法。或分爲三，信佛、法、僧。或説四種，信佛、法、僧及與信戒，如《成實》説。或説八種，如《地持》説，信佛、法、僧，即以爲三；信佛菩薩神通之力，通前爲四；信種種因果是其世諦，信真實義是其真諦，通前爲六；得義爲七，得方便八。無上菩薩名爲“得”義，一切菩薩所修學道名“得方便”。隨別細分，亦可無量。慇厚曰“深”，難壞稱“堅”。此是法説，猶若金剛，喻以顯之。下明利他。“法寶普照，而雨甘露”，明其能益。“法寶普照”，惠(慧)法教人。聞、思、修等三惠(慧)之法名之爲“法”；此法可珍，又能照曜，故説爲“寶”；隨機等示，故名爲“普”；開曉物心，除其闇障，説之爲“照”。“而雨甘露”，功德教人。世間甘露，能除燋[①]渴；功德善法，能閏(潤)[②]行人，故名“甘露”。授人稱“雨”。此明能益。“於衆言音，微妙第一”，彰其能説，説前法時能宣吐也，謂於世俗言音之中最爲第一。

第二解中，“深入緣起，斷邪見”等，是其自利。入深緣起，明能攝治。觀窮曰“深”，解順名“入”。言“緣起”者，謂十二緣。經名“因緣”，亦稱“緣起”，亦曰“緣集”。籍因託緣，諸法得生，故名“因緣”；法籍緣起，故曰“緣起”；法從緣集，故稱“緣集”。名字是何？謂從無明乃至老死。云何深入因緣之法？唯真不生，單妄不成；真妄和合，方得集起。於中開合，廣略不定。或分爲二，唯真與妄。據妄統攝十二因緣，皆妄心起，名之爲“妄”；據真統收，皆真心起，説以爲“真”。或以爲三：一、事緣起，十二因緣皆是六種事識所爲；二、妄緣起，據妄統攝十二因緣，皆是七識妄想心作，如夢[③]所見，故經説言“三界虚妄，皆一心作”，妄心作矣；三、真緣起，據真統攝十二因緣，皆真心作，如波

① 燋，録本訛作“憔”，據底本改。
② 閏，此“閏”乃“潤”之借字(二字皆音如順切，例可通假)。
③ 夢，録本訛作“蔑”，據底本改。

水作。此如《地經》六地中説。故彼《經》言“十二因緣，皆一心作”，謂阿①黎耶真心作矣。細分有六：於前事識因緣之中義别有二：一、事相因緣，三世流轉，非我、我所，如《毘曇》説；二、虚假因緣，十二因緣皆是名用虚假之有，無有自性，如《成實》説。於前妄識因緣之中義别亦二：一、妄相因緣，十二因緣實是虚幻②，妄相有之，如化如炎，無相爲相，相即無相，不但無性，相亦叵得；二、妄想因緣，十二因緣皆妄心起，心外無法，如夢③所覩，但是心見，心外無法。於前真識因緣之中義别亦二：一、真用因緣，如來藏性，不染而染，起十二緣，故經説言如來藏性是其一切善不善因，能遍興造一切趣生，猶如彼見變現衆趣；又經亦言即此法界輪轉五道名曰“衆生”；此等皆是真用因緣。二、真體因緣，如來藏性是因緣體，名曰“因緣”。而此體中無因緣相，良以真實如來藏性是緣體故，經中宣説十二因緣以爲佛性。見十二緣，名爲“見佛見法見僧因緣”。如是此諸④菩薩皆能窮達，故曰“深入”。

此明攝治，下明離障。“斷諸邪見”[□][者]⑤，正使永亡五(也?)⑥。“見”非一説，以爲諸法外推求，名爲“邪見”；見實除捨，目之爲“斷”。“有無二邊⑦，無復餘習”[□][者]⑧，殘氣亦盡，由證因緣非有無性故，使⑨有無二邊之見永無餘習。

下明利他。“演法無畏，如師子吼”[□][者]⑩，自心不怯。“其所講説，乃如雷震”[□][者]⑪，説能⑫益物，又演⑬無畏説□□□(能摧邪)⑭，講如雷

① 阿，録本訛作“何”，據底本改。
② “實是虚幻”四字録本訛作“是實幻虚”，據底本改。
③ 夢，録本訛作“蔑”，據底本改。
④ 録本此處復衍一“諸”字，據底本删。
⑤⑧⑩⑪ 者，底本、録本無，據文意補。
⑥ 五，底本不清晰，似作“也”，待考。
⑦ 邊，録本訛作“遍”，據底本改。
⑨ 使，録本訛作“便”，據底本改。
⑫ 能，録本訛作“我”，據底本改。
⑬ 演，録本訛作“冥”，據底本改。
⑭ “能摧邪”三字底本不清晰，録本作缺文，據《維摩義記》卷第一[T38n1776p430a4]補。

震，語能生善。前中初言演法無畏，法説利他。依《大智論》，菩薩别有四種無畏：一、總持無畏，於法廣知，不畏屈短[①]；二、知根無畏，明了諸根，隨而授化，不懼違失；三、斷疑無畏，隨問能决，不懼不堪；四、答難無畏，隨難能通，不懼屈滯。“如師子吼”[□][者][②]，喻以顯之，後中講説法説利他。“如雷”喻顯，天雷一動，卉蓺[③]生牙(芽)[④]；法音一闡，道根競長；故取爲喻。

第三行中，初“無有量，已過量”者，明其自行。行德深廣，無有分限，故曰“無量”；非是世人算數能及，故曰“過量”。又非世人算數能及，名爲“無量”；超出世人算數之限，故曰“過量”。“集衆法”下，明其利他。“集衆法寶，如海導[⑤]師”[□][者][⑥]，攝化方便，法如珍寶，門别非一，名“衆法寶”；道(導)[⑦]人趣求，名“集法寶”；如海導[⑧]師，喻以顯之，海中導[⑨]師道(導)人採寶，菩薩如是道(導)人[⑩]求法，故取爲喻。“了達”已下，化德成就，先知法藥，後知衆生。知法藥中，“了達諸法”，知世諦也；了達深法，知真諦也。知衆生中，“善知衆生往來所趣”，知過未也。知過去因，名爲“知往”；知未來果，名“來所趣”；“及心所行”，知現在也，知其現在心行善惡而教化之。

上嘆自分，下嘆勝進。於中先明修法身行，“無[⑪]量功德皆成就”下修净土行。此二之中，各自利他。修法身中，先明自利。“關[⑫]閉”已下明其利他。前自利中，“近無等等”，明修至果。佛比餘生，名爲“無等”；佛佛道齊，故復言“等”；剋證不遥，故名爲“近”。“佛自在惠(慧)”，辨出無等。佛智無礙，故

---

① 短，録本作“桓”，底本不清晰，據《維摩義記》卷第一[T38n1776p430a7]改。

② 者，底本、録本無，據文意補。

③ 蓺，録本作“蟄”，底本不清晰，據《維摩義記》卷第一[T38n1776p430a11]改。《説文·艸部》：“蓺，茅芽。”

④ 牙，録本作“永”，底本不清晰，據《維摩義記》卷第一[T38n1776p430a11]改。

⑤ 導，録本作“道”，據底本及《維摩義記》卷第一[T38n1776p430a16]改。

⑥ 者，底本、録本無，據文意補。

⑦ “道”有引導義，此與“導”同。《楚辭·離騷》：“乘騏驥以馳騁兮，來吾道夫先路。”王夫之通繹：“道，引導之也。”下文“道人採寶”“道(導)人求法”中“道”亦同，不復校。

⑧⑨ 導，底本作“𨗴”，乃“導”之訛俗體。

⑩ 此處録本衍一“人”字，據底本删。

⑪ “無”字前録本衍一“先”字。按：此字底本已塗去，兹據删。

⑫ 關，録本訛作“開”，據底本改。

曰“自在”。“十力、無畏、十八不共”,顯自在惠(慧)。言“十力”者,一、是處、非處力;二、業力;三、定力;四、根力;五、欲力;六、性力;七、至處道力;八、宿命力;九、天眼力;十、漏盡力。義如別章,此應具論。“四無畏”者,一、一切智無畏;二、漏盡無畏;三、能説障道;四、能説盡善道。備如後釋。所言“十八不共法”者,《毘曇》宣説十力、四無畏、大非(悲)[①]、三念處以爲“十八”;依《大品經》,別有名字。三業無失,無異相,無不定心,無不知已捨,是其初六;欲無減,精進無減,念無減,智慧無減,解脱無減,解脱知見無減,是其中六;三業隨智慧行,了達三世,是其後六。亦如後解。

下利他中,“關[②]閉一切諸惡趣門”[□][者][③],自無惡因,三途修羅是其“惡趣”;諸業煩惱通人趣入,名“惡趣門”;聖道遮防,稱曰“關[④]閉”。“而生五道以現其身”[□][者][⑤],隨物現授,三塗人天,是其五道;若分修羅,道別有六,初入名“生”,終出名“現”。“爲大醫”下,隨生攝益。“爲大醫王,療治衆病”[□][者][⑥],總明化益,能治曰“醫”,自在稱“王”,醫王中勝,故名爲“大”。下別顯之。“應病與藥”[□][者][⑦],量宜授法,貪教不浄,瞋教慈心,如是等也。“令得服行”[□][者][⑧],勸物修習。“令得服”者,教起聞思攝受法也;“令得行”者,教使依法起修行也。

下“浄土”中,先明自利。“無量功德皆悉成就”[□][者][⑨],浄土因成,如下文説。“無量佛土,皆已嚴浄”[□][者][⑩],浄土果就自報離染,名之爲“浄”,又用自在,亦名爲“浄”;浄滿法界,故曰“無量”。下明利他。“其見聞者,無不蒙益”,親近益也,見形聞名皆得益矣。“諸有所作,亦不唐捐”,順行益也。“捐”謂捐棄,無有順行,虚然唐棄,名“不唐捐”。上來別嘆。

“如是一切功德,[□□][皆悉][⑪]具足”[□][者][⑫],總以結嘆。言“皆”“具”者,解有兩義:一、就人以論,所列菩薩齊具前德,故云“皆”“具”;二、就德而辨,於前德中無德不備,故云“皆”“具”。

---

① 結合文意,此“非”乃“悲”字之訛,據《維摩義記》卷第一[T38n1776p430b8]改。

②④ 關,録本訛作“開”,據底本改。

③⑤⑥⑦⑧⑨⑩⑫ 者,底本、録本無,據文意補。

⑪ “皆悉”二字底本、録本無,據《維摩詰所説經》[T14n475p537a29]補。

次列其名。菩薩衆多，文中且列五十二人，菩薩之名皆依德立。言“等觀”者。多觀真諦平等法也。“不等觀”者，多觀世諦差别法也。“等不等”者，二諦通觀，此約惠(慧)别。“定自在王”[□][者]①，依定立稱，此前約行。其“法自在”及與“法相”約法以别，如是等也。如是菩薩三萬二千。

第五總結。上列聖衆，下列凡衆。於中初先列其天衆，次列鬼神，後列人衆。鬼神是其天之輔從，次天以列。天中初先列其梵衆，次列帝釋，後列餘天。梵中初言“萬梵天王”，列數辨衆。此皆應是初禪梵王。“尸棄”列名，此云“頂髻蓋”，乃是其編髮梵王。下言“螺髮”，應是其人。“從餘天下”，辨其來處。此言稍略，若具應言“從餘四天下。”上②“來詣③佛所”至“聽法所作”，就帝釋中復萬二千，舉其數也。天帝辨衆，帝猶主矣。刀利天主，名爲“天帝”。“亦從餘[四]④天”，還彰來處。“[來]⑤在會所(至?)⑥”至下列餘天，通言“並餘大威力”者，辨前兼後，故説爲“並”，謂欲界中餘天也。次列鬼神。龍是畜生，於中具有四生差别，有大神德，能來聽法，故今列之。“夜叉”是其輕健鬼也。“乾闥婆”者，是天樂神，亦鬼道攝。“阿修羅”者，人傳釋言名“不酒神”，不知是非；或云“劣天”。依如《毘曇》，修羅唯鬼。依《法念經》，有鬼有畜，如彼羅睺阿修羅王是師子兒，體是畜生。依《伽那經》，有天、鬼、畜三種差别。“修羅”凡有五地之别：一、在地上衆相山中，如《地經》説，勢力最下；二、須彌山北大海之下二萬一千由旬有修羅王，名曰“羅睺”，統領無量阿修羅衆；三、羅睺下復過二萬一千由旬有修羅王，名曰“勇健”；四、勇健下復過二萬五千由旬有修羅王，名曰“華鬘”；五、華鬘下復過二萬一千由旬修羅王，名“毘摩質多”，亦⑦領無量阿修羅衆。毘摩之母本從天生，故名“劣

① 者，底本、録本無，據文意補。

② 前“下”字録本誤置“上”字之後，據底本改。

③ “詣”前底本、録本衍一“也”字，據《維摩詰所説經》[T14n475p537b17]删。

④ 四，録本脱，據底本補。

⑤ 來，録本無，底本不清晰，據《維摩詰所説經》[T14n475p537b19]補。

⑥ 據《維摩詰所説經》[T14n475p537b19]，此“所”似應作“至”。

⑦ 亦，録本訛作“之”，據底本改。

天”。劫初成時,有諸天女來海中洗,水觸其身,遂失精氣,流在水中,成一肉[①]卵,逕八千歲,乃生一女,有九百九十九頭,頭有千眼,有九百九十九口,口有四牙[②],牙上出火,猶如霹靂,二十四手,九百九十九腳。此女後時在海浮戲,水精入體,生一肉[③]卵,逕八千歲生毘摩質多,有九頭,頭有千眼,口中出火,有九百九十九手,腳唯有八,其形四倍大於須彌,純食淤埿及與藕根,多與天諍,如《法念》説。“迦樓羅”者,是其鳥神,於中有其金翅之鳥,純食諸龍,有四生别:其化生者,食四生龍;其胎生者,食三生龍,除其化生;其卵生者,食二生龍,除化,除胎;其濕生者,唯食濕生。此四天下有一化生加[④]樓羅王,名曰“正音”,壽八千歲,日别噉食天龍王五百小龍,遶四天下,周而復始,次第食之;命欲終時,諸龍吐毒,不復能食;飢火所燒,聳翅直下,至風輪際,爲風所吹,而復上來,往還七返,無處停足,遂至金剛輪山頂上命終;以食諸龍,身肉[⑤]毒氣,遂發猛火。其難陀龍王及跋難陀恐燒寶山,遂降大雨,渧如車軸,以滅其火。身肉[⑥]消散,唯有心在,大如人髀[⑦],純青瑠璃[⑧]。輪王得之,用爲珠寶;帝釋得之,爲髻中珠。“緊那羅”者,此名“疑神”,體是畜生,形狀似人,面極端正,頂有一角;人見生疑,不知爲人,爲鬼,爲畜,故名“疑神”。此二是其天之樂神,摩睺羅伽是腹行神,世人相傳是“奔神”也。下列人衆。“比丘”如上,“尼”猶女也。“憂婆塞”者,名爲“善宿”,懷善宿德;亦云“近住“,近善而住;亦名“清信士”。“優婆姨”者,“優婆”如前,“姨”猶女也。上來第二,列其徒衆。

“彼時佛”下,第三大段,明其佛衆雲集所爲。於中初明佛與諸衆圍遶説法。説何等法?文中不辨,不知説何。下明如來於衆獨勝。“譬如須彌顯于大

---

①⑤⑥　肉,底本作“宍”,與“肉”同。《干禄字書·入聲》:“宍、肉,上俗下正。”

②　牙,録本訛作“爪”,據底本及《維摩義記》卷第一[T38n1776p431a10]改。下一“牙”字録本亦訛作“爪”,徑改之,不復校。

③　肉,底本作“宍”,與“肉”同。

④　加,録本訛作“如”,據底本改。

⑦　髀,録本訛作“膝”,據底本改。

⑧　“青瑠璃”三字底本、録本作“清流離”,結合文意,據《維摩義記》卷第一[T38n1776p431a28]改。

海”，喻説顯勝。高顯獨出，在於大海名“顯”；千[①]海弊於諸衆，合以顯“勝”也。

上來由序，自下約對不思議德悉爲正宗，如《勝鬘經》嘆佛功德正宗所收，此亦應然，無勞致疑。此正宗中，文别有二：一、因寶積獻蓋如來，顯示不思議德，令人願求。二、“寶積説已，白佛”已下，因寶積啓請如來，宣説净土因果，令人習學。前即是其法身因果，後即是其净土因果。初之一段，望前爲正，望後仍有“起發”之義，故亦名“序”。由其蓋中現十方國，起後所説净土因果，故得名“序”。於中有三：一、寶積等獻蓋爲由；二、如來合蓋現變；三、寶積等觀之敬嘆，以顯願求。初中“爾時”，獻蓋時也，當爾佛在庵羅薗時。次舉獻人。“毘耶離城”，出其生處；“有長者子”，標别其人；“名曰寶積”，俾其名諱；“與五百等”，兼列其衆。下明獻蓋。持[②]蓋詣[③]佛，獻奉方便；“共[④]供養佛”，正明獻蓋。

第二如來現變之中，先[⑤]合爲一，次廣令大，後於蓋中廣有所現。前合一中，“佛之威神”，明合所由。此不思議解脱之力，説爲“威神”。約通而辨，是幻通力，非餘通等。通有幾種，而言非餘。通有四種：一、如意通，運變自身，大音普遍；二、幻通，轉變外事；三、法智通，通達諸法；四、聖自在通，能於苦中生其樂相，於樂法中生於苦想，苦樂法中生不苦、不樂想。如是一切，不隨緣變，名“聖自在”。今轉外事，故是幻通。何故悉受，合之爲一？爲令施者衆望滿足，故悉受之；爲成一用，故合爲一。佛初成道，受四王鉢，合之爲一，又爲顯示不思議力，故合爲一。次廣令大，遍覆三千大千世界。如經中説，一四天下，有一須彌，四大海水，鐵圍圍遶，以爲一界；數之至千，名“小千世界”；小千爲一，數復至千，名“中千界”；中千爲一，數復至千，名爲“三千大千世界”。此三千界，同時成壞，故合爲一，名“世界刹”；數此至於恒河沙數，名“世界性”；此性爲一，數復至於恒河沙數，名“世界海”；海復爲一，數之至恒河沙數，名“世界種”；種復爲一，數之至恒河沙數，名“一佛界”。依如《華

---

① 千，録本訛作“于”，據底本改。

② 持，録本訛作“時”，據底本改。

③ 詣，録本訛作“諸”，據底本改。

④ 前“便”字録本誤置“共”字之後，據底本改。

⑤ 先，録本訛作“光”，據底本改。

嚴》,如是轉增,凡有十重,最後名爲“世界須彌”。今言“三千”,“一刹”爲言。下明所現。所現有二:一、現此界。二、“又十方”下,現他方事;現此之穢,令人同厭;現他方净,使人同欣。現此界中,事别有五:一、現地相,廣長悉現;二、現諸山;三、現衆水;四、現日月星辰等事;五、現諸天龍神宫等事。現他方事,言少可知。

自下第三,明寶積等覩前神變,敬嘆發心。於中初先明諸大衆讚嘆禮敬。“爾時一切大衆”,舉敬嘆人。“覩佛神力”,敬嘆所由。“嘆未曾有”,口業嘆也。合多爲一,廣小令大,蓋中普現諸事,昔所未見,名爲“未有”。“合掌禮佛”,身業敬也。觀佛無厭,故曰“不捨”。下明寶積説偈廣嘆。先舉嘆人。“佛前”,嘆處;“偈訟[1]”,嘆相。何故偈嘆?解有兩義:一偈言要略,少字之中能攝多義,寶積令欲以其略言廣攝佛德,故須偈訟;二偈言美妙,諸讚嘆者多以偈訟,寶積今欲讚美佛德,故須偈訟。

下出嘆辭。辭中合有三十六行,四句爲偈,有十八偈。人科種種,合判爲五:初有兩行,以爲初段,嘆美佛德;次有兩行,爲第二段,訟嘆向前所現之事;“法王法力超群生”下有十三行,爲第三段,重嘆餘德;“今奉世尊此微蓋”下有四行偈,爲第四段,訟嘆向前所現之事;“大聖法王衆所歸”下有十五行,爲第五段,廣嘆餘德。

就初段中初先正嘆,後故稽首,總以結敬。就正嘆中分别不同,乃有三種:一、嘆身、嘆德二門分别,初句嘆身,餘文嘆德。就嘆身中遍嘆佛眼。何故而然?六根身中,眼根爲首,就始遍嘆,餘略不論;又人身中,頭最爲上,頭中眼勝,就勝遍嘆;又人相見,先目相覩,隨見先嘆,故遍嘆眼。言“目净”者,嘆其眼净。净有二種:一、青白分明,色無闇濁,名之爲“净”;二、照矚分明,説之爲“净”。言“修廣”者,嘆其眼相,修謂長也,“廣”猶闊也。“如青蓮”者,類以嘆之。“如”有二種:一、净如清蓮,喻前净也;二、形如青蓮,喻前修廣。下嘆德中,嘆三學行。“心净已度諸禪定”者,嘆佛定行;如來定心,畢竟離染,名之爲“净”;超出餘人一切正受,名“度諸禪”。“久積净業稱無量”者,嘆

[1] 訟,後作“頌”。《説文·言部》:“訟,謌訟。”段玉裁注:“訟、頌古今字,古作訟,後人假頌皃字爲之。”

佛戒行；戒名"净業"；佛修曩劫，故云"久積"；以佛久積純净業故，名"稱無量"；舉"稱無量"，彰業净矣。"道（導）衆以寂"，嘆佛惠（慧）行，由惠（慧）明勝，故能利人；舉能利他，彰惠（慧）勝矣。由前見佛爲衆説法，故嘆"導[1]衆"。"寂"是涅槃，導衆入中；又"寂"是真諦，導人趣入。故經説言："一切世諦若於如來悉名第一義，爲令衆生得第一義説世諦故。"

第二、約就身、戒、心、惠（慧）四門分别。"目净"一句嘆佛身净，"心净"一句嘆佛心净；此二一對，身、心分别。"久積净業"，依身嘆戒；"導衆以寂"，依心嘆惠（慧）；此二一對，福、智分别。此則涅槃修身、修戒、修心、修惠（慧）四種果也。

第三、約就嘆身、嘆德、嘆名、嘆德四門分别。"目净"一句讚嘆佛身，"心净已度""久積净業"嘆佛行德。心净行體，净業行德；此二自德。"稱無量"者嘆佛名稱，"導衆以寂"重嘆佛德；此二化德。下總結敬。佛備前德，故我稽首。此初段竟。

下次訟前所現神變。"既見大聖以神變"者，訟嘆向前合蓋之事。"既"謂"已"也，"以"猶"用"也。前已見佛用神通力合蓋爲一，故云"既見""以神變"矣。"普現"已下，訟前蓋中所現事也。向前蓋中通現此土及他方事，今此遍訟他方之事，此土之事，在後别訟。"普現十方無量土"者，現其化處。"其中諸佛"，現其化主；"演説法"者，現其化相。"於是一切悉見聞"者，由佛普現，於是會中一切大衆悉見十方無量佛土及見彼佛，聞其説也。

自下第三重嘆餘德，有十三行，相從爲三。初有五行，嘆佛説巧；次有六行，嘆佛化能；下有兩行，嘆佛心等。就初段中，前之三行，嘆説世諦不違第一；後之兩偈，嘆説第一不違世諦。前中初行，明説益人；中間一行，明説合法；末後一行，牒以結敬。就初行中，"法王法力超[2]群生"者，嘆佛説德，殊勝過人；佛於諸法德勝自在，故名"法王"；知法有餘，稱曰"法力"；此德過人，名"超群生"。"常以法財施一切"者，説能益物；法能資潤，名爲"法財"；"常以

① 導，録本作"道"，底本實作"導"，乃"導"之訛俗體。

② 超，録本訛作"起"，據底本改。

法財”，能常説也；言“施一切”，能廣益也。第二行中“能善分别諸法相”者，巧説世諦。“於第一義而不動”者，不違真諦。第三行中“以於諸法得自在”者，牒初行中“法王法力”，“自在”猶是“王”之義也。“是故稽首此法王”者，就之結敬。就下兩行，明説真諦不違世諦。於中初行説真不違有果，後行説真不違有因。“説法不有亦不無”者，能説真諦，此明法空爲真諦矣。真諦離相，亦復離性，名爲“不有”；而有實性，故曰“不無”；如《地持》説。又復真諦約對名“有”，約對名“無”①；就實亡對，名“非有無”。“以因緣故諸法生”者，不違世諦，就真雖説“非有非無”，隨世恒説從因得果，故云“以因諸法生”矣，所謂以其善惡因緣苦樂法生。“無我無造”及“無受者”，能説真諦，此明生空爲真諦矣。真中無有我人可得，名爲“無我”；以無我故，無人作因，名爲“無造”；無人受果，名“無受者”。“善惡諸業亦不亡”者，真中雖無世諦，恒有用之牽果，故曰“不亡”。自下第二，嘆其化能。初先别嘆當禮法海，總以結敬。前中初先嘆其化始，“以斯妙法濟群生”下，嘆其化終。又復前嘆小乘法化，後則嘆其大乘法化。復就前中，初先别嘆三寶，於下總以結之。别中初明佛寶現世。“始在佛樹力降魔”者，成佛方便，佛依樹成，所依之樹，或名“佛樹”，或稱“道樹”，或復説之爲“菩提樹”。樹下成佛，名爲“佛樹”；樹下得道，説爲“道樹”；樹下證得菩提之果，是故亦名爲“菩提樹”；將成託此，故云“始在”。魔於爾時恐佛道成而來惱亂，菩薩即入勝意慈定，神力伏魔，名“力降魔”；又以慈力令魔摧伏，名“力降魔”。“得甘露滅覺道成”者，正明成佛。“得甘露滅”，明證滅諦；世間甘露能除燋渴，滅諦涅槃能除渴愛，是故約喻名“甘露滅”；隨化現證，故名爲“得”。言“覺道成”，明得道諦；“覺”者是佛，“道”是菩提，剋就云“成”，前得此成，言左右耳。

次明法寶。法中有二：一、摧邪法；二、“三轉”下，明化正法。摧邪法②中，“以無心意無受行”者，自無所著，“以”謂“由”也，由無心意無受行等，便能滅邪③，

① 無，録本誤置“約對名”三字前，據底本改。

② “邪法”二字録本訛作“耶邪”，據底本改。

③ 邪，録本訛作“配”，據底本改。

故[①]説爲“與(以)”[②]。言“無心意”,無妄心體。此言略少,若具應言“無心意識”。心意識等有何差别?依如《昆曇》,就一事識,隨義以分,義别五門。所謂“名義”,業世施設;“名”者,名心名意名識;“義”者,集起是其心義。思量是“意”,别知是“識”。業者遠知,名之爲“心”;知未來法,説之爲“遠”;從來未起,與身俱故。前知是“意”,知過去法;續知是“識”,知現在法。此乃約對三世境界,以别其業。“世”者,約就三世心體,以别三種:未來説“心”,過去説“意”,現在説“識”。言“施設”者,界施設心,謂“七心界”;入施設意,所謂“意入”;陰施設識,[□□□][謂“識陰”][③]。若依《楞[④]伽》,七識名“心”,集起本故;意識名“意”,司諸塵故;五識名“識”,了現境故。今依後門,“識”之一字,偈迮不論,證實除捨,是以言“無”。“無受行”者,無妄心用,謂無受果行因心也。亦可初言“無心意”者,無識陰也;言“無受”者,無受陰也;言“無行”者,無行陰也。略不説“想”,以偈迮故。此句明其自無所著。“而悉摧伏諸外道”者,能破邪執;伏外之相,廣如經説。

下明化正。“三轉法輪”,正明所説。此名四諦以爲法輪,從喻名之。如轉輪王所有輪寶能[⑤]摧剛彊,轉下衆生,上昇虚空;四諦如是,能摧衆生惡不善法,轉下衆生,上入聖道,故説爲“輪”。聖説授人,目之爲“轉”。轉别有三:一者、示相轉,如説三苦及八苦等是其“苦諦”,業煩惱等是其“集諦”,苦集盡處名爲“滅諦”,戒定惠(慧)等是其“道諦”;如是一切。二者、勸轉,苦汝當知,集汝當斷,滅汝當證,道汝當修。三者、證轉,苦我已知,集我已斷,滅我已證,道我已修。三轉如是。初轉何處?波羅捺[⑥]國仙人鹿苑。本爲誰轉?憍陳如等。“於大千”者,出其説處,於大千界百億閻浮同時轉也。

---

① 故,録本訛作“能”,據底本改。

② 與,録本訛作“異”,據底本改。結合文意,此“與”與“以”同,《維摩義記》卷第一[T38n1776p433a16]即作“以”。

③ “謂識陰”三字底本、録本無,結合文意,據《維摩義記》卷第一[T38n1776p433a26]補。

④ 楞,録本訛作“慢”,據底本改。

⑤ 此處底本、録本衍一“能”字作“能能”,據文意删。

⑥ 捺,録本訛作“榛”,據底本改。

“其輪本來常清净”者,嘆其所説;不同情取,故言“常净”。問曰:“滅道常净可爾,苦集染法云何言‘净’?”觀此破染能净名“净”。又此法相不同情取,故亦名“净”。

下明僧寶。“天人得道此爲證”者,約人顯法。六道俱益,至論得聖,唯天與人,故遍舉之。尋説悟聖,名爲“得道”;以此證成佛説不虚,名此爲“證”。又證如來所説清净,亦名爲“證”。上來别舉三寶。“於是現世間”者,總以結之。上明化始,下明化終。又復前明小乘法化,下明大乘。於中三句,前二教人,令得涅槃;後一化人,令出生死。前兩句中“以斯妙法濟群生”者,用法教人,所謂以此大乘妙法濟度衆生。“一受不退常寂然”者,明受有益;一約在心,名爲“一受”;道行堅固,稱曰“不退”;永證涅槃,名“常寂然”。“度老病死大醫王”者,嘆佛化人、出生死也;教斷集因,不受來苦,是故名爲“度老病死”,亦教度生,偈[①]迮不説,以老病死苦遇奄重,爲是偏舉;佛能教人除斯苦患,名“大醫王”。上來别嘆。“當禮法海得無邊”者,總以結敬;佛具多法,名爲“法海”;化德廣多,名“德無邊”。

自下第三,嘆佛心等。初先正嘆。“孰聞”已下,結成可敬。前正嘆中先嘆如來不爲緣動,“於善”已下讚嘆如來於緣平等。此二之中,各有法喻。前中初言“毁譽不動”,法説以嘆。緣有違順,“毁”違“譽”順;佛心平等,不爲其動。此言略少,若具論之,緣有八種:利、衰、毁、譽、稱、譏、苦、樂,是其八也。利、衰二種,約身以説;財榮潤已,名之爲“利”;殺縛事等,説以爲“衰”。毁、譽、稱、譏,就口而辨;遇惡罵辱,名之爲“毁”;過善談讚,目之爲“譽”;當惡而道,名之曰“譏”;當善而論,謂之爲“稱”。苦、樂就心。此之八種,名“世八法”,在世同有,亦名“八風”,能動人心。如來於此,悉皆不動。偈言要迮,且舉毁、譽。“如須彌”者,喻顯不動。後中初言“於善、不善等以慈”者,法説以嘆;順已名“善”,違已“不善”;佛皆慈之,心等如空,喻説明等。上來别嘆,下結可敬。“孰”謂“誰”也。[誰][②]聞如是人中之寶而不尊敬,而不歸承?

---

① 偈,録本訛作“遏”,據底本改。

② 誰,録本脱,據底本補。

次下四行，是第四段，重訟前事。“今奉世尊此微[①]蓋”者，訟已[②]向前蓋中事也。“於中現我三千界”者，訟前遍覆三千世界，廣長悉現。“諸天龍神所居宫”者，訟前天宫龍神等宫悉現蓋中。“悉現世間諸所有”者，訟前須彌鐵圍山等。“十力哀現是化變”者，頌[③]荷佛恩；佛具十力，由十力尊，哀愍我等，現此化變。“衆覩希有皆嘆佛”者，訟前大衆覩佛神力，嘆未曾有。“我今稽首三界尊”者，結已[④]歸敬。

自下第五，廣嘆餘德，行别十五，相從爲三段：初有兩行嘆佛身業，中間六行嘆佛口業，後之七行嘆佛意業。就身業中，“大聖法王衆所歸”者，嘆佛人高；“净心觀佛靡不欣”者，嘆佛身妙，“靡”猶“無”也；“以佛身妙净心觀”者，無不欣慶，除邪謗人；“各見世尊在其前”者，嘆佛化巧，以化巧故，有感斯現，佛以過去業得此妙身相，無心於彼此而能應一切；“斯則神力不共法”者，結嘆顯勝，亦得名爲“結嘆顯異”，他無此力，故云“不共法”。

就嘆口中，初有兩行，讚嘆如來隨音異説。“佛以一音演説法”者，發言不異；“衆生隨類各得解”者，悟解不同。汎解有二：一、約真説一。如來真實常法螺聲相名爲“一音”，衆生於中種種異解，如一真身種種異現；如來真實常寂之聲，名“法螺音”；恒有恒無，名”常寂聲”；於净耳者無時不聞，名爲“恒有”，有非新發；無净耳[⑤]者無時暫聞，名爲“恒無”，無非始性。二、就應説一，於中有二：一、約方言以説一音，如來[⑥]或時作一胡音，衆生於中解種種語，餘亦如是；二、約法説一，如來或時説一布施名爲“一音”，衆生於中解種種法，餘亦如是。今此所論就應辨一等。就應中此偈約就方言以説“一音”，衆生於中解種種語，故云“隨類各得解”矣。“皆謂世尊同其語”者，謂偏同已。斯則神力，結嘆顯勝。次有兩行，讚嘆如來隨法異説。“佛以一音演説法”者，發言不異；“衆生各各隨所解”者，悟解不同。如來或時對一衆生説一種法名“一音説”，衆生於中解種種義，名“各各解”。“普得受行獲其利”者，起行異

① 微，録本訛作“徵”，據底本改。

②④ 已，録本訛作“巳”，據底本改。

③ 頌，録本訛作“須”，據底本改。

⑤ 耳，録本訛作“身”，據底本改。

⑥ 來，録本訛作“未”，據底本改。

也。斯則神力，結嘆顯勝。下有兩行，讚嘆如來隨心異説。“佛以一音演説法”者，發言不殊，此亦是其隨法一矣。或有恐怖、或歡喜等生心，各以取説一法。有人專謂説己罪過，當墮惡道，所以恐怖；有人專謂説己善業，當生善處，所以歡喜；有人專謂呵己過非，所以厭離；有人專謂教己善義，聞法生信，所以斷疑。斯則神力，結嘆顯勝。

下嘆意中，初四行偈嘆佛德備，後三行偈嘆佛解具。前四行中，初兩行偈嘆佛智德，後兩行偈嘆佛斷德。此二之中，各自利、利他之別。前智德中，“稽首十力大精進”者，嘆佛十力，力由懃成，故“歎精進”。“稽首已得無所畏”者，嘆佛四無畏，先成在己，故云“已得”。“稽首住於不共”者，歎佛十八不共法也。此歎自德。向前文中先舉其德，後結稽首；今此文中先彰稽首，後出其德；文之左右。“稽首一切大道（導）師”者，歎其利他。下斷德中，先歎自德。“稽首能斷衆結縛”者，除其滅障；“稽首已到於彼岸”者，明證滅果，涅槃彼岸隨證名“到”；亦可前言能斷結縛，離生死因，能到彼岸，出生死果。下明利他。“稽首能度諸世間”者，謂能度於衆生世間，出生死因，離生死果，能教衆生出生死果，度生死因，得有餘滅。“稽首永離生死道”者，得無餘滅。上明得（德）[①]備，下明解具。“悉知衆生來去相”者，明能知人；“來”謂未來，“去”是過去；以偈迮故，不説現在。下明知法。“善於諸法得解脱”者，總明知法，於諸法中心無偏著，名“得解脱”。下别顯之。“不著世間如蓮華”者，於“有”不染，此明離愛；“常善入於空寂行”者，於空能解，此明離見；“達諸法相無罣礙”者，於法能知，此明離癡；“稽首如空無所依”者，於空能證，明離妄相，如空平等，更無所依；佛亦如是，證心平等，無所取著，故“無所依”。獻蓋至此望，前爲正望，後仍有起發之義，故亦名“序”。

自下一段，唯是正宗。因寶積請如來，正顯净土因果。於中有二：從初乃至“隨其心净，則佛土净”，以爲初段；“爾時舍利承佛威神”下，爲第二段。此二段中，總相麁分。初段偏明净土之因，設使舉果，對以顯因；後段偏明净土之果。以實細論，初段因於寶積啓請，具明净土因之與果；後段因於舍利疑念，拂疑顯净，以成前義。前中有四：一、寶積等啓請爲由；二、如來讚歎、

① 結合文意，此“得”乃“德”之借字。

敕聽許説;三、寶積等奉教聽受;四、佛廣爲説。初中寶積標列請人,説此偈已,結前起後。白佛世尊,啓告所請。皆已發心,由己所願。前覩如來合蓋現變,顯不思議,生心願求,名爲“發心”。諸人齊發,故云“皆發”;發之已意,故言“已發”。“阿耨菩提”是外國語,此名“無上正真正道”。“阿”之言“無”,“耨多羅”名“上”,“三”名爲“正[①]”,“藐”之言“真”。“三”復名“正”,“菩提”稱“道”。懃求此道,名爲“發心”。菩提心義,後當具論。何故道此心爲行本?明已有本,唯須修行,生後請也。“願聞得”下,正宣請辭。“願聞得佛國土清净”,彰己所求,求聞當果。願聞得佛,求聞正果;願聞土净,求聞依果。此求[②]依果,約[正][③]以辨。“唯願世尊説諸菩薩净佛土行”者,請[④]説土因;“唯”是敬辭,亦是“專”義,專求如來説净土行,故言“唯願”。前就果德彰己願聞,略不請説;此就行中唯明請説,不彰願聞。言之隱顯,道理齊通。

自下第二,如來歎問,敕聽許説。先歎,次敕,後許宣説。歎中“善哉”是總歎也。“善”猶“好”也,所請事好,故名爲“善”。“哉”是助辭。“乃能爲諸菩薩問於如來净土之行”,出其善事。“乃”者是其□(希)[⑤]越之辭。無量衆生皆不能問,至汝方堪,故曰“乃能”。前兩句中據後以歎,是故偏言“爲諸菩薩問净土行”。若就前句,應言“乃能願聞得佛國土清净”,略不云耳。“諦聽！善思”,敕誡辭,“諦”謂“審諦”,“善”謂“委善”,諦聽得[聞][⑥],善思得義,故並敕之。念能堅持,文義不失,故復教念。

“‘當爲汝説!’於是寶積及五百”等是第三段,奉教聽受。

自下第四,佛爲廣説。於中應先解“净土”義,然後釋文,義如别章。文中有二:一、約大悲隨有之行,宣説衆生以爲佛土;二、直心不約,就出世恒菩提行説直心等而爲佛土。前中有三段:一、總説衆生以爲佛土。二、“所以”下,釋前衆生爲佛土義:取土爲生,故名“衆生以爲佛土”。三、“所以”下,轉

① 正,録本訛作“王”,據底本改。
② 求,録本訛作“成”,據底本改。
③ 正,録本脱,底本不清晰,據《維摩義記》卷第一[T38n1776p434c27]補。
④ 請,録本訛作“諸”,據底本改。
⑤ 希,録本作缺文,據底本補。
⑥ 聞,録本脱,據底本補。

釋爲衆生取佛土義。初中衆生是佛土者，緣中説土；土因悲得，悲由生起，以有衆生菩薩起悲，悲故得土，故名"衆生爲佛土"耳。無限大悲等衆生界，情無分限，故名一切衆生之類悉爲佛土。第二釋中"所以者何"，問前起後。土是己報，所以乃説他衆生類爲我佛土。下對釋之，釋意如何。菩薩取土，原爲衆生，得土由生[①]，故名"衆生而爲佛土"。文中四句，前二爲於地前衆生，後二爲於地上衆生。前兩句中，化始調終。"化"者，化於種性已前，令生信解；"調"者調於種性已上，令起行修。亦可"化"者化令生善，善心先無，今忽令有，故名爲"化"；言"調伏"者，調令離過，離過順法，故名"調伏"。"菩薩隨所化生而取[②]佛土"者，爲依净土，化人生善，故"取佛土"；如彌陀界，一生其中，永善不退。"隨所調伏衆生而取佛土"者，爲依净土，調人離惡，故取佛土；如彌陀界，一生其中，永離諸過。後兩句中，"入佛惠(慧)"者，趣入佛果，起菩薩根，修起行因；亦可入惠(慧)是[③]惠(慧)莊嚴，起菩薩根是福莊嚴。文中初言"隨諸衆生應以何國入佛惠(慧)"者，隨物所宜，故言"應以"；爲依净土攝諸菩薩修惠(慧)莊嚴，故"取佛土"；初地已上，皆入三世諸佛智地，爲教衆生入是智地，故"取佛土"。"應以何國起菩薩根而取佛土"者，應以如前爲依净土攝諸菩薩修福莊嚴，故"取净土"。菩薩所行，能爲佛本，就人以彰，名"菩薩根"；亦可菩薩行中相起，初爲後本，名"菩薩根"。但諸衆生藉處不同，起道各異，是故並言"應以何國菩薩爲之取種種土"。問曰："所取爲真，爲應?"體即是真，用相是應；應必依真，故現應而取真土。

自下第三，轉釋"爲衆生取佛土"義。先問，後解。"所以者何"，問也。問有兩意：一問菩薩得土自安，所以偏言爲衆生者何？二問觀空破相之惠(慧)能治染過，可得净土爲衆生，是其取有之心，所以能得净土者何？下對釋之，兩意别解。"菩薩取於净國[④]，皆爲饒益諸衆生故"，解初意也。雖得自安，取土之意原爲益生，故説爲生而取土耳。"譬如有人"下，釋後意也。釋

① "由生"二字録本訛作"生由"，據底本改。
② 取，録本訛作"耳"，據底本改。
③ 是，録本訛作"定"，據底本改。
④ 國，録本訛作"因"，據底本改。

意如何？净土是其功德之果，唯空不成，故爲衆生能得净土。先喻，後合。喻中“譬如有人，欲於空地，造立宫室，隨意無礙”，順舉其得人；喻菩薩修起净土，名“造宫室”；依空修惠(慧)，依有起悲，名爲“空地”；用此求土，得變不難，名爲“無礙”。“若於虚空，終不能成”，舉失顯得，捨有純空，無得土義，終不能成。下合顯法。先合前得，“菩薩”合人，辨法同喻，故曰“如是”；“爲成就衆生故”，合於地也。“空”略不合。“願取佛國”，合造宫室。“隨意無礙”，略而不合。“願取佛國者，非於空也”，合後失也。純空不成，故言“非”矣也。

自下第二，明其出世，順菩提行，爲净土因。於中有二：一、明行體。二、“如是，寶積！隨其直心則能發”下，明其行修，次第成義。就前段中，有十七句。一一句中皆先舉因，對上請[①]中“願説菩薩净土之行”；後舉其果，對上請中“願聞得佛國土清净”。文中皆言菩薩成佛，對前請中“願聞得佛”。“不諂衆生來生國”等，對前“願聞得佛國土清净”。此義須知。文中有二：一、修善法，起净土行；二、“説除難”下，明離惡法，捨穢土行。前修善中三句分别：一、約因分别，相從爲三：一、起行心；二、“布施”下，明所起行；三、“迴向”下，明轉行心。二、就果分别，汎論土果有三莊嚴：一、事莊嚴，謂衆寶等；二、法莊嚴，風鈴樹等皆宣法音；三、人莊嚴，勝善衆生居住其中。今此文中從初乃至“三十七品”是净土來，明人莊嚴。皆説善人“來生其國，迴向”一句，明事莊嚴及法莊嚴。故下文言“得一切具足功德國土”。理實齊通，語之隱顯。三隨文釋。就因土中，先解初段起行之心。心行别有三：一是直心，二是深心，三大乘心。此大乘心下，光嚴中名“菩提心”；下光嚴中，更有一種名“發行心”。此中略無起行之意，名“發行心”。初言“寶積當知！直心是菩薩净土”者，對果辨因，對前唯願説净土行净妙之果，虚心不得，故須宣説。直心爲因。直心有二：如《涅槃》説，一、自行直，起行不虚；二、化他直，利物不曲[②]。由此能得净土之果。世尊因中而與果名，故説直心以爲净土；其猶世人説食爲命，餘行皆爾。“菩薩成佛時，不諂衆生來生其國”，明因得果，亦得名爲“舉果顯因”。此即對上“願聞得佛國土清净”。菩薩成佛，是“得佛”也。

① 請，録本訛作“諸”，據底本改。
② 曲，録本訛作“圍”，據底本改。

不諂來生，是“净土”也。“不諂”猶是“直心”别稱。菩薩自直，安能使他直心衆生來生其國？解有四義：一、以直心净業之力，自然感彼不諂衆生來生其國，如屠殺人自然還感屠殺衆生來生其家；二、由自直心令他直心衆生樂見、愛好、親近，故令不諂衆生來生；三、自直，教他所敬，衆生還來歸從，故令不諂衆生來生；四、由直心得妙净土，以土妙故，物皆樂往，修直往生，故令不諂衆生來生。餘行悉爾。第二、深心對果辨因。信樂慇至，名曰“深心”；故《地論》言其“深心”者謂信樂等，菩薩成等，明因得果。言“具足功德衆生來生”者，深心是其諸行之因，能生諸德，以是力故，還令具足功德衆生來生其國。發言“大乘心是菩薩净土”者，對果辨因。此乃是其求佛之心，名“大乘心”。行能運通，目之爲“乘”；乘中莫加，謂之爲“大”；諸佛菩薩，名爲“大人”；大人所乘，名爲“大乘”；求此之意，名“大乘心”。有經亦言名“菩提心”，皆得無傷。由是得土，故名净土；得果可知。上來明其起行之心。

下次明其心所起行。於中有二：一、明行體；二、“三十七”下，行熟成道。前行體中，六度自利；“四無量”下，明其利他。就自利中，“布施是菩薩净土”舉因，“菩薩成佛時”明因得果，“一切能捨”猶是布施，由自施故，感彼衆生來生其國。“持戒”舉因，“菩薩成”下明因得果。“行十善道滿願衆生來生其國”者，“十善”是戒，“行十善道”戒行具也，言“滿願”者戒心極也；以自持戒，故令十善道滿願衆生來生其國。“忍辱”舉因，“菩薩成”下明因得果。經文不同，有經直言“三十二相莊嚴衆生來生其國”，此直舉果。是義云何？修忍離瞋，得端政報；菩薩自修忍辱之行，得相好果；未來還有修行忍辱得相衆生來生其國。有經説言“三十二相柔和衆生來生其國”，此通因説。“柔和”猶是“忍”之别稱。菩薩自修忍辱柔和，得相好果，未來還有如是衆生來生其國。“三十二相”如《涅槃》説，《地持》亦有，諸行皆得，且就“忍”論。“精進”舉因，“菩薩成”下明因得果，“懃修一切”猶是精進。“禪定”舉因，“菩薩成”下明因得果，攝心不亂，猶是禪定。“智惠(慧)”舉因，“菩薩成”下明因得果；“正定衆生來生國”者，種性已上，名“正定聚”，惠(慧)行成者住正定聚，住正定聚者惠(慧)行成就，由自修惠(慧)，正定不退，還令如是衆生來生。

下利他中，初“四無量”明利他心，第二“四攝”明利他行，第三“方便”明利他智。就利他心中，“四無量心是菩薩土”，對果辨因；“慈悲喜捨”是四無量，義如後釋；"菩薩成"下明因得果；愛憐名"慈"，惻愴曰"悲"，慶悦名"喜"，亡懷稱"捨"，心無存著，故曰"亡懷"。利他行中，"四攝"舉因，布施、愛語、利益、同事是其四也。義如别[①]章。此應具論，今且釋名。"布施"如上，因其布施録物，初從道名"布施攝"。此與檀度有何差别？同[②]體義分。直爾與財，名爲"檀度"；因其與財[③]，録人從道，名"布施攝"。美辭可翫，名爲"愛語"；因其愛言，録物從道，名"愛語攝"。言"利益"者，經論之中亦名"利行"，通釋一物，於中别分。事中饒潤，名爲"利益"；化之起道，説爲"利行"；因其利行，録人道從，名"利益攝"。言"同事"者，經論之中亦名"同事"，亦名"同行"，亦名"同利"，通釋是一，於中别分。事中共同，名爲"同事"；行中同修，名爲"同行"；成德共同，名爲"同利"。初下，次中，第三是上。因同録生，名爲"事攝"、"同行攝"等。"菩薩成"下，明因得果。"解脱所攝衆生生"者，自以四攝攝取衆生，令解脱故，未來成時，還有出世解脱所攝衆生來生。利他智中，"方便是菩薩"舉因，化智善巧，名爲"方便"；菩薩成[④]方便無量，此應宣説"四無礙惠(慧)爲方便"矣；故下宣説"於一切法無礙衆生來生其國"，得果可知。上來明行，下次明其道行成熟，虚通説爲道矣。道行衆多，今此略舉三十七品。"三十七品是菩薩[⑤]净土"者，對果辨因，義如後釋；"菩薩成"下，明因得果；"念處、正懃、神足、根、力、覺、道衆生來生國"者，還是具[⑥]道衆生來生。"念"謂四念，身、受、心、法是其四也。"懃"謂四懃，未生諸惡，令其不生，已生令滅；未生諸善，令其得生，已生令其廣；是其四也。言"神足"者，四如意足，欲定、精進定、念定、惠(慧)定是其四也。"根"謂五根，信、進、念、定、惠(慧)是其五也。"力"謂五力，名同"五根"。"覺"謂七覺，念、擇、精進、猗、喜、定、捨是其七也。"道"謂八道，正見、正思惟、正語、正業、正命、正精進、正念、正定是其八也。以自修故，令此衆生來生其國。上來明行，下明迴向

① "别"前録本衍一"别"字，據底本删。

② "同"前録本衍一"用"字，據底本删。

③ 財，録本訛作"則"，據底本改。

④ "菩薩成"三字録本誤置前"名爲"之後，據底本改。

⑤ "是菩薩"三字録本誤置下"净土者"字之後，據底本改。

⑥ 具，録本訛作"其"，據底本改。

轉行之心。以迴向力，令前諸行捨遠諸有，趣向涅槃，故名“轉行”。“迴向”舉因，迴己[①]善法，有所趣向，故名“迴向”。迴向有三：一、菩提迴向，用己善根成大菩提；二、衆生迴向，[用][②]己善根迴施衆生；三、實際迴向，用己善根迴求實際。廣如別章，此應具論。“菩薩成時”，明因得果，亦得名爲“舉果顯因”。言“得具足功德國”者，上來諸句明人莊嚴，故説“善人來生其國”；此句明事及法莊嚴，故説“具足功德國土”；衆寶莊嚴及諸佛法名爲具足功德因矣。

上來修善，起浄土行；下明離過，捨穢土行。所得國土，無諸穢惡。於中三句[③]，初説除難，教他離過；後二自離。前教他中，“説除八難是[④]浄土”者，對果辨因，教他除難爲土因矣。何者八難？三塗爲“三”。人中有四：一、是生盲生聾等難；二、是世智辨聰之難，謂惡邪見；三、是佛前佛後之難，無佛法時；四、欝單越難。四中初一就苦説難，第二就惡。此二當體。第三就時，[□][第][⑤]四□□□□□□□(就處，通前爲七)[⑥]。八、長壽天難，謂色、無色界。在此無有初入聖□□□□□□□□□□□□□(入聖道，故名爲“難”。除辟支佛教)[⑦]人修治，捨離此難，故名“説除”。修[⑧]□

① “己”前録本涉下“菩提迴向，用己善根，成大菩提”誤增“向用”二字，結合文意，據底本及《維摩義記》卷第一[T38n1776p436c29]删。

② 用，録本脱，據底本補。

③ 句，録本訛作“旬”，據底本改。

④ “是”字前録本誤衍“已下”二字，據底本删。

⑤ 第，底本、録本無，據文意補。

⑥ “就處通前爲七”六字底本殘，據《維摩義記》卷第一[T38n1776p437a16]補。

⑦ “入聖道故名爲難除辟支佛教”十二字底本殘，據《維摩義記》卷第一[T38n1776p437a17—18]補。

⑧ 以下殘。

No. 2771《維摩經》疏

［題解］

佛典《維摩詰所説經》注疏，《大正藏》本標注爲“敦煌本”，作者不详，卷號不明，首題新加。今校注以《大正藏》本《維摩詰所説經》卷中爲參校本。

▭①論其空室，與▭十問。“七”之與“十”，後當自説。自▭解。

上來序分訖，自下正宗。就正宗▭分別。二、癈人論法，隨義分別。“顯德”者，顯維▭義者，隨因果義，攝法從人。“顯德分別”者，一、《方便品》▭養無量佛等，直歎顯德，《方便品》未寄。凡顯德▭顯德。寄對之中，先對聲聞，明其德過聲聞；次對菩薩，顯□□超菩薩。對菩薩中，初對不堪，顯出維摩辨才難敵，彰□智□。“□□此”已下，約對所堪，顯出維摩神變難思，□其通勝。就此□□，有六品經，攝爲四對。初《問疾品》與《不思□□（議品）②》□□□□（爲第一對）③。《□□□（觀衆生）④品》爲第二對。《佛道品》爲第三對。《不二法□□（門品）⑤》□□（爲第）⑥四對。此之四對，對對之中，先明所修，次明▭議行成者，成不思議德。

---

① 録本出校：“首缺，問疾品。”

② “議品”二字録本作缺文，據上下文意補。

③ “爲第一對”四字録本作缺文，據上下文意補。

④ “觀衆生”三字録本作缺文，據上下文意補。

⑤ “門品”二字録本作缺文，據上下文意補。

⑥ “爲第”二字録本作缺文，據上下文意補。

問曰：此之四對□維摩修不可思議相以□可思議性中，以明所修，而有所□前之三對，復有何别？答曰：前三中□明所修，而有所成。後之一對，依寂起用□。問曰：前兩對中，復有何别？答曰：前兩對中，□成後對，明集善行中所修所成，修成□。此即第一攝法從人。顯德分别，義在於此。

第二、"癈人論法、□□（隨義）①分别"者，"法"謂因之與果，因即法身、净土兩因，果即法身、□□（净土）②二果。始從《方便品》盡《不二法門品》來，明法身因果。《香積□（品）③》□□净土因果。法身因果中，隨人分三：初《方便品》爲教凡夫法身□□（因果）④，《□□（弟子）⑤品》爲教聲聞法身因果，《菩薩品》已下爲教菩薩法身□□（因果）⑥。《菩薩》中文即有二：《菩薩》一品，出其因果體。從此向下，廣明修成之相。就此修成相中，更以二門分别：一、破相分别。二、顯德分别。從此已下盡《不二門品》來，所明諸義齊爲此二也。[□][一]⑦、爲破相故來。二、爲□（顯?）⑧德故至。論其破相，無一法而可存；語其顯德，無一法而可遣。

言"破相"者，從此已下盡《觀衆生品》來，破遣凡夫著有之相。《佛道》一品，破遣二乘樂空之相。《不二法門》，破遣菩薩有、無二邊微細法相。

破相如是，顯德如何？就顯德中，大分爲二：初從此已下盡《佛道品》來，明教諸菩薩約就維摩不思議相修於教道。次《不二法門》，明教諸菩薩□（約）⑨就維摩不思議性修於證道。教必依證□□□。就□□□之中，攝爲

① "隨義"二字録本作缺文，據上下文意補。同卷上文"二、癈人論法，隨義分别"，下文"合名第二'癈人論法，隨義分别'也"，皆可互勘。

② "净土"二字録本作缺文，據上下文意補。

③ 品，録本作缺文，據上下文意補。

④⑥ "因果"二字録本作缺文，據上下文意補。

⑤ "弟子"二字録本作缺文，據上下文意補。

⑦ 一，録本無，據上下文意補。

⑧ 録本出校："□＝顯?"按：結合文意，此缺字似當作"顯"，待考。

⑨ 約，録本作缺文，據上下文意補。同卷上文"明教諸菩薩約就維摩不思議相修於教道"，可資比勘。

三對:此品與《不思議品》爲第一對。《觀□□(衆生)[①]品》爲第二對。《佛道品》爲第三對。此之三對,還對對□□悉,先明所修,次明所成。如初對中,此《問疾品》明修智修悲即是所修;《不思議品》芥約須彌、小室容廣,顯不思議德即是所成。第二對,《觀衆生品》初修四無量十二觀門,即是所修;室現天女八未曾有,即是所成。第三對,《佛道品》初行於非道,通達佛道,即是所修;普現色身,問其眷屬,出維摩一切種德,即□□(是所)[②]成。

問曰:此之三對,復有何别?

答曰:前之兩對,明自分行中所修[③]所成;後之一對,明勝進行中所修所成。上入《佛道》,是勝進文。

問□□(曰:前?)[④]之兩對,復有何别?

答曰:前兩對中,初對還明離過□□□(行中所?)[⑤]修所成,後對還明集善行中所修所成。顯德如是,合名第二"癈人論法,隨義分别"也。

今就文中盡此品來明其所修,《不思議品》明其所成。就所修中,又復有二:第一、正明問答,拂遣來去之相。第二、"且置"已下,明問答辨法。何故須拂來去之相?解有多義:一云來去覆真,故須拂遣;二者爲欲解□□□,□(故)[⑥]須拂遣;三者爲下説由,故須拂遣;四者爲顯中道,故須□□(拂遣)[⑦];五者爲顯實恵(慧)方便,故須拂遣;六者大人相見法作大言,故是拂遣。

論意如此,文中如何?初維摩先言,文殊述後。維摩詰言"善來,文殊師利"者,慶其來好,故言"善來";亦可文殊在道而來,安善以不,故言"善來"。

---

① "衆生"二字録本作缺文,據上下文意補。同卷下文"第二對《觀衆生品》初修四無量十二觀門,即是所修;室現天女八未曾有,即是所成",可資比勘。

② "是所"二字録本作缺文,據上下文意補。同卷上文"初修四無量十二觀門,即是所修;室現天女八未曾有,即是所成",可資比勘。

③ "所修"二字録本訛作"修所",據文意改。同卷下文"後之一對,明勝進行中所修所成",可資比勘。

④ 録本出校:"□□=曰前?"按:結合文意,此二缺字似當作"曰前",待考。

⑤ 録本出校:"□□□=行中所?"按:結合文意,此三缺字似當作"行中所",待考。

⑥ 故,録本作缺文,據上下文意補。

⑦ 録本出校:"□□=拂遣?"按:結合文意,此二缺字當作"拂遣"。

下拂其相。“不來相而來,□□□(不見相)[①]而見”者,解有多義,略作四門:一、約事無性解;二、約理無性釋;三、真、俗二諦;四、真、應兩身。第一約事無性者,約就三世,破其來相。今言“來”者,爲是來竟時名“來”,爲是未來時説“來”,爲是正來時説“來”? 於此三世求其來相既不可得,故知來者個是無來,故言“不來相”。此即破其來相。“而來”者,破“不來相”,本説“不來”,爲欲破“來”,“來”既不有,“不來”亦無,故言“而來”。又“不來”者,來家之“不來”;來家之“不來”故,那得定“不來”? 故不來相不可得。“來”者,不來家之“來”;“不來”之“來”故,那得定“來”? 故來相亦不可得。第二、理無性者,緣和故有,是以説“來”;無性故空,故説“不來”。即是諸法不自來,亦不從他來,亦不共因來,亦不□□(無因?)[②]來。互相破遣,義如上説。第三、真、俗二諦分別,真諦凝□(寂)[③],故説“不來”;俗諦隨化,是以説“來”。然真諦“不來”者,俗諦來家之“不來”;俗諦“來”者,真諦不來家之“來”;故知真、俗二諦“來”與“不來”,並不可得。第四、真、應兩身分别者,真身平等,不可説“來”及以“不來”。應身隨物,示有去來。此即述文殊訖。“不見相而見”者,述彼文殊入舍見空。文殊見我室中空者,斯乃“不見”也。見既是不見,見空亦是不空。空廣欲解釋,不異前來不來中説也。

上來維摩先言訖,自下文殊後述。述中有二:先正述所以,下釋。正述之中,前維摩但言“來”,今文殊更帖“去”。何故如此? 所望不同。維摩望文殊,但見文殊來向我家,故唯説“來”;文殊望維摩,即來向維摩家,二即背彼庵羅去故,兼説“去”也。“文殊師利言‘如是! 居士! 若來已,更不來;若去已,更不去’”,述上來也。前者維摩先説“不來”後説“來”,今者文殊先説“來”,後説“不來”。何意如此? 一解言:此乃隨其語便即説,何定所以? 第二義者:維摩是俗,文殊是道。維摩俗故,顯即真以明俗,所以先説“不來”,後説“來”。文殊道故,欲明攝俗以歸真,所以先説“來”,後説“不來”。又復

① “不見相”三字録本作缺文,據《維摩詰所説經》卷中[T14n0475p544b13—b14]補。

② 録本出校:“□□=無因?”按:結合文意,此二缺字似當作“無因”,待考。

③ 寂,録本作缺文,據上下文意補。伯 2275 號《維摩經抄》:“真諦凝寂,故云‘不來’。俗諦隨相,是以有‘來’。”可資比勘。

維摩先言"不來",後明"來",欲明"不來來";文殊先言"來",後"不來",欲明"來不來"。故知"來"與"不來"並皆無相。去亦如是。此中釋者,不異前四門也。

自下釋。"所以者何",徵問。我見文殊背彼庵羅去,來向維摩家,所以言"來不來、去不去□(者?)[①]何"。自下對問解釋:"來者無所從來,去者無所至。"前際空故,來無所從;後際空故,去無所至。又庵羅薗空故,來無所從;維摩室空故,去無所至。此則述上"來"訖。"所可見者,更不可見",此述上"見"。夫論"見"者,如眼見色,要具五緣:一、根不壞;二、識不辭;三、有可見之境;四、無隔障;五、起覺觀。具此五緣,方能見色。五緣闕一,色不可見。今者嘖(責)之:此見爲在何緣中?若隨在一緣中,應不藉餘四。若五緣各非見、和合方能見者,五盲不見色,和合應得見。若使五中各有見,豈可刹那得生五自性?故知"見者更不見"者,更不可見。餘義如上。

上來問答拂遣來去相訖,自下第二問答辨法。先置前言,次□□疾。"且置是事"者,置前言也。

問曰:何須置前言?

答曰:世尊遣來,之欲問疾,未宣佛教,乃事餘言,於禮有乖,是故須置。又復如此義者,言中尋究,終不可盡,準是證者,方能了知,是故須置。

自下正明問疾顯法。從此已下,所辨法相莫不皆用現疾空室以爲發起,論其空室,興後十事;語其現病空室以爲發起,論其空室,興後十事;語其現病,興後十問。

現病十者,即如文辨:"居士!是[②]疾寧可忍不",一;"療治有損,不至增乎",二;"何所因起",三;"其生久如",四;"當云何滅",五;"所疾爲何等相",六;身、心合耶,七;四大之中,"何大之病",八;"云何慰喻",九;"云何調伏",十。此之十問,並由現病故興。

空室十者,如經文中:"此室何以空",一;"何以無侍",二;身子念座,三;

---

① 録本出校:"□=者?"按:結合文意,此缺字似當作"者",待考。

② 是,録本訛"所",據《維摩詰所説經》卷中[T14n0475p544b17]改。

室中天女，四；“八未曾有”，五；普現色身，問諸眷屬，六；身子念食作九[①]，七。疏家但説有此七事。今更添三：維摩命衆取食，八；化作菩薩，九；化作九百萬師子座，十。此後三事，亦由空室故興，是故空室，興此十事。

今就文中通問現病及以空室，有十二問。次第一處前有二問，是世尊問；後有十問，是文殊自問。先明文殊通世尊二問：“居士！是疾寧可忍不？”此即第一問，問病輕重。“療治有損，不至增乎？”此是第二，問病差（瘥）劇。世尊慇懃致問無量者，通其問人。自下文殊自問，問中有十。前有八問，問彼維摩當身□□（之事？）[②]；後之二問，問彼維摩所化衆生。

問曰：文殊來意，但爲問彼維摩之病，何不直問維摩身事及問衆生？

答曰：由維摩言“從癡[□][有][③]愛，則我病生；以[□□][一切][④]衆生病，故我現病”，是故文殊問彼維摩：爲現病者，實病衆生，云何慰喻其心？云何調伏其病？

就前八問之中，分爲三别。前有三問，明其大悲方便。中間兩問，明其大悲所依。悲依空成，故問“室空”。悲依有就，故問“無侍”。後之三問，正明病應非真。復次，前之三問，唯明方便。中間二問，通明實惠（慧）及以方便。問其“室空”，即是實惠（慧）。問其“無侍”，即是方便。後之三問，唯明實惠（慧）也。

就前三問之中，先明文殊問，次明維摩答。問言：“居士是疾，何所因起？”第一問，[□][問][⑤]其病因。“其生久如”，第二問，問病久近。“當云何滅”，第三問，問療病法。自下明維摩答。答中先答後兩問。“又言”已下，卻答第一問。就前兩中問，文别有四：第一、正答。第二、“所以”已下，釋答。第三、“譬如”已下，喻況。第四、“菩薩如是”已下，合喻。就前正答之中，先答其生如。“若一切衆生”已下，答“當云何滅”。“維摩詰言：‘從癡有愛，則

---

① 録本出校：“〔作九〕一？”按：結合文意，“作九”二字似爲衍文，待考。

② 結合文意，此二缺字似當作“之事”。同卷下文“何不直問維摩身事及問衆生”，可資比勘。

③ 有，録本脱，據《維摩詰所説經》卷中[T14n0475p544b20]補。

④ “一切”二字録本脱，據《維摩詰所説經》卷中[T14n0475p544b21]補。

⑤ 問，録本脱，據上下文意補。

我病生'"者:"癡"者,界内見道所斷煩惱發業惑也;"愛"者,界内修道所斷煩惱潤生惑也。何故唯舉此二者?此發業、潤生二種煩攝彼界内一切惑盡,是故舉之。維摩詰言:一切衆生從有癡愛煩惱已來,我之大悲,常爲現病,説法教化,故言:"從癡有愛,則我病生。"

問曰:衆生癡愛幾時來有?

答曰:無始來有。

[□□][問曰][1]若如此者,一切衆生癡愛煩惱有來無始,維摩大悲初地方得,何故乃言從有癡愛煩惱已來,維摩大悲,常爲現病?

答曰:此據分分衆生爲論。如有衆生由癡愛故,造諸惡業,招感生死,維摩大悲,即隨逐之,爲其現病,説法教化。隨分説故,言"從[□][癡][2]有愛,則我病生"。然衆生病有三種:一者病因,癡愛煩惱;二者病果,五陰報身;三者病事,頭痛腹痛。菩薩病亦有三:一者病因,所謂"大悲";二者病果,六道化身;三者病事,亦有頭痛腹痛。今言"從癡有愛"者,由彼衆生有此病因,能招病果及以病事。"則我病生"者,菩薩大悲,爲現病果及以病事而教化之。"以一切衆生病,是故我病"者,義如上説。

上來答上第二問"其生久如"訖,自下答第三問"當云何滅"。"若一切衆生病滅則我病"者,正答也。若一切衆生斷卻癡病因,不起病果、病事,維摩大悲,不復現病,故言"則我病滅"。問曰:衆生之病,何時可滅?答曰:若約小乘,得苦法忍時,漸斷病因;至無學位,究竟方盡;病因既盡,果亦不生。若約大乘,十解初心,斷發業惑;欲入初地,斷潤生惑;此時病因,永滅不起;因既永滅,果更不生。據此衆生一分病滅,菩薩大悲,不復隨逐爲之現病,故言"則我病滅"。且據分段爲論,變易准知。

上來正答訖,自下釋譬合譬,文相易解,並悉先明病生,後明病滅。先明病生,答上"其生久如";後明病滅,答上"當云何滅"也。"又言:'是病何所因起'"者,卻答第一問。去問辭稍遠,是故維摩重牒將來,牒上文殊言"居士是病,何所因起",問其病因。下出答其"菩薩病者,以大悲起",此明答大悲爲

① "問曰"二字録本無,據文意補。

② 癡,録本脱,據《維摩詰所説經》卷中[T14n0475p544b20]補。

因，是以現病。

上來三問，顯維摩大悲方便；自下兩問，顯出維摩大悲所依。悲依空成，故問"室空"；悲隨有生，故問"無侍"。亦可上來三問，單明方便；自下兩問，雙明實惠(慧)、方便。問其"室空"，即顯實惠(慧)；"無侍"，即顯方便。文中先明文殊問，第二維摩答。"文殊師利言：'居士此室，何以空無侍者？'"問也。"何以空"，一問，問其"室空"。"何以無侍"，兩問，問其"無侍"。自下維摩答□□，先答"室空"，後答"無侍"。"維摩詰言[1]：'諸佛國土，亦復皆空'"者，此正答也。一切十方諸佛國土悉皆是空，我今此室國土之例，是故亦空。自下文殊進問，維摩重答。"又問：'以何[2]爲空'"者，文殊進問也。空有兩種：一者、理空；二者、事空。理空者，法界真如理體自空。事空者，除去所有事中作空。問言：居士室空，爲是理空，爲是事空？故言"以何爲空"。自下維摩答："以空空。"我今室空，是其理空，理體非一，遍一切處，故言"空空"。又復理空，空卻事空，故言"空空"。又復理空之中，有其二種：一者、生空；二者、法空。有二空故，故言"空空"。又復理中空之體自不可得，空亦空故，故言"空空"。

自下文殊設兩關難：第一、文殊執理徵事難，維摩舉事顯理答。第二、文殊執理窮詮難，維摩拂詮顯理答。先明第一執理徵事難："又問：'空何用空？'"又問：空執理[3]，何用空徵事？若使理體不是空，可許卻物作事空。此室理體自是空，何須除去室中物？自下明舉事顯理答："答曰：'以無分別空故空。'""以無分別空"者，衆生不解理空故。言"無分別空故空"者，故作事空，用顯理空，令彼衆生尋事悟理。又復理空冥莫難知，非詮不顯，故將事空爲筌，用顯理空，是故除去室中物作事空也。自下第二執理窮筌難，維摩拂筌顯理答。先明執理窮筌："又問：'空可分別耶？'"又問：空執理可分別窮筌耶[4]？又問：理空可得以事空分別理空耶？若使理空之外有事空，可許將事分別理空；理空之外本無事，云何以事顯理空？自下拂筌顯理："答曰：'分別

① 言，録本訛作"云"，據《維摩詰所説經》卷中[T14n0475p544b29]改。

② "以何"二字録本訛作"何以"，據《維摩詰所説經》卷中[T14n0475p544c1]改。

③ 録本出校："又問空執理＝執理又問空?"按：結合文意，似應作"又執理問空"，待考。

④ 録本原作"耶窮筌"，出校："耶窮筌＝窮筌耶?"今據文意乙正。

亦空。’”能分別之事空,亦是理空。衆生未解理空時,作彼事空,分別理空。若也解彼理空竟,即知分別亦理空。

上來難訖,自下尋其空處。“又問:‘空當於何求’”者,問此理何處求證。“答曰:‘當於六十二見中求’”者,六十二見迷真,故起尋彼能迷,得彼所迷,故於見中求其空也。又復六十二見體即是空,以不離真、妄辯真故也。餘又例此可解。“又仁所問:‘何無侍者’”,答上第二問“無侍”者,去問遠故,重牒將來。下明答辭:“一切衆魔及諸外道,皆吾侍也。”此明直答。自下徵問解釋。“所以者何”,徵問也。菩薩侍者應是大童天子,所以乃說“衆魔外道爲侍者”何?下明解釋:“衆魔者樂生死,菩薩於生死而不捨;外道者樂諸見,菩薩於諸見而不動”者,解有兩義:第一義者,夫論“侍者”之法,“侍養師、僧,令師身體康利”爲義;菩薩法身所以康盛,由此天魔及諸外道;良以菩薩起大悲,慈化此衆魔及以外道,令其斷惡行善;菩薩大悲行成,大悲成故,法身休泰,故說“衆魔及諸外道皆吾侍”也。第二義者,夫論“侍者”,“隨逐師僧不離”爲義;今此衆魔及以外道常爲菩薩大慈悲心緣之攝化,不相捨離,是故說之以爲“侍者”。問曰:菩薩大悲,緣念一切六道衆生。何故唯說天魔、外道?答曰:解有兩義:第一義者,如《涅槃經》說:譬如長者生育七子,七子之中一子得病;長者於子非不平等,然於病者心則偏憐。菩薩如是,慈念衆生,平等如子;造過多者,大悲偏緣;造過最多,莫過此二,是故說以爲“侍者”。第二義者,今言“魔”及“外道”者,唯取彼別行天魔、別行外道,通取一切衆生爲論。一切凡夫約惑收之,莫過二種:一者愛,二者見。愛惑多者,攝爲“天魔”。見惑多者,攝爲“外道”。是故說此天魔及以外道攝彼衆生,無不皆盡。故此文言“衆魔者樂生死”、“外道者樂諸見”,蓋應據此爲義也。“不捨”者,不捨生死,常隨教化。“不動”者,悲心堅固,故言“不動”。

上來兩問答,顯彼維摩大悲所依,亦即雙明實惠(慧)方便;自下三問,顯彼維摩病應非真,亦可得言單明實惠(慧)。文中先問病相,次問所在,後問病體。“文殊師利言:‘居士所疾,爲何等相’”者,問也。居士所病,軀狀如何?故言“何相”。自下維摩答言:“我病無形,不[□][可][1]見。”釋有二意:

---

① 可,録本脱,據《維摩詰所説經》卷中[T14n0475p544c11]補。

一者、若彰病應有，言："我本無病，爲衆生故，假現有病。"假病之病，有何形相？二者、若彰病實無，言："我病本空，何相可見也？"自下文殊問病所在。"又問：'此病身合耶？心合耶'"者，爲身痛耶？爲心痛乎？問曰：維摩已言"我病無形，不可見"，何須更問身合、心合？答曰：利根雖能解[①]，鈍根未悟。又復雖説無形，何妨與身、心合？故須更問。下亦例知。維摩答曰："非身合，身相離故；亦非心合，心如幻故。""離"者，空也。身相本空，何有病合？此以無相性答也。心本不有，似幻而生，何有病合？此以依他性答也。前言"相離"、後言"如幻"者，互爲文也。亦可身是分別性，是故一向言"離"；心是他依性，是以説如"幻"。故《攝論》云："'幻'等顯依他，説'無'顯分別。"此即彰病實無也。復次，亦明病應有。"非身合，身相離故"者，身相理空，病體應有，故"非身合"。"亦非心合，心如幻"者，心同幻無，病隨應有，故"非心合"。此彰病有。自下問其病體。"又問：'地大、水大、火大、風大，於此四大，何大之病'"者，自下維摩答言："非地大，亦不離地大；水、火、風大，亦復如是。"約"理無性"解者，"非地大"，明即大無病；"亦不離地大"者，明離大亦無病。約"應有"解者，"非地大"，明病實無；"亦不離地大"，彰病應有。"水、火、風大，亦復如是。而衆生病，從四大起，以其有病，是故我病。"解亦有二：約"理無"解者，衆生之病從四大起，以衆生病，故我現病。我應病故，即大亦無，離大亦無。約"應有"解者，衆生之病從四大起，我爲衆生，所以現病，是故我病亦不離大也。

上來八問，問彼維摩身上事訖；自下兩問，問彼維摩所化衆生。前問慰喻，後問調伏。問曰：此之兩問，有何差別？答：前問慰喻，問彼十信已還成就有漏、聞動習已去、個中有疾實病菩薩：維摩大悲，既爲現病，云何安慰其心，令其修道除病？後問調伏者，問彼十解初心已去、迴向終心已還實病菩薩，並問初地已上、金剛已還個中菩薩：云何調伏其生，斷惡修善，行菩薩行？道理言之，維摩現病，但爲教化地前已還有疾菩薩；初地已上，不須現病。今約調伏爲言，是故通説。前之慰喻，即是《波若經》中善付囑菩薩；後之調伏，即是《波若經》中善護念菩薩也。問差別，義應如此。

---

① 録本原作"解能"，出校："解能＝能解？"今據文意乙正。

文中先明慰喻。就慰喻中，初問，次答，後結。“爾時，文殊師利問維摩詰言：‘菩薩[□][應][1]云何慰喻有疾[2]菩薩’”者，問也。菩薩維摩詰等諸大菩薩云何慰喻有疾菩薩？此有菩薩者，即是十住中實病菩薩。明維摩大悲，既爲現病，云何説法安慰其心？合其修行，證理除病。問曰：維摩現病，通爲教化凡夫小乘。云何此中唯問菩薩？答曰：現云意通爲凡夫，然今維摩意欲令人宗趣大乘故，是以今時就勝處説。

上來文殊問訖，自下維摩答。答中説菩薩行，安慰其心。“菩薩行”者，廣即無邊，要唯有二：一者、自利；二者、利他。論其自利，即自療病；語其利他，即療他病。爲説此法，合成有漏，聞勳習斷，塞四惡道生，引善道生，趣入無漏，究竟除病。論意如此。文中三對，明自利、利他。初有六問，約就觀解，以明自利、利他。次有兩句，約就善心，以明自利、利他。後有三句，約就行修，以明自利、利他。就前第一觀解之中，初有五句，明其自利；末後一句，顯其利他。前五句中，初四句教觀煩惱，明異聲聞；第五句教其觀業，明異凡夫。前四句中，初之三句，教生空觀；後之一句，教法空觀。前生空觀中，教其破有爲四倒，並亦遮防無爲四倒。文中但舉三觀，不净事觀，故略不説也。“維摩詰言：‘説身無常，不説厭離於身’”者，無常觀也。“説身無常”者，破其常倒。“不説厭離於身”者，教異聲聞。聲聞之人，雖知無常，而厭離[3]身；今教菩薩知身無常，不須厭離，即是遮其無爲倒也。餘句例然。“説身有苦，不説樂於涅槃”者，明苦觀也。“説身有苦”者，破其樂倒也。“不説樂於涅槃”者，異聲聞也。聲聞之人，見身有苦，遂求涅槃，不能外化，故教異之。“説身無我，而説教導衆生”者，無我觀也。“説身無我”者，破其我倒。“而説教道衆生”，異聲聞。聲聞之人，知無我故，捨化衆生，故教異之。上來三句，教生空觀訖。“説身空寂，不説畢竟寂滅”者，此之一句，教法空觀。説身空寂，正明理無，陰體非有，故身空寂。“不説畢竟寂滅”者，還異聲聞。聲聞之人，身入涅槃，謂爲“永滅”。今教菩薩雖得涅槃，不永滅度，常隨三有，教化衆生。

---

① 應，録本脱，據《維摩詰所説經》卷中[T14n0475p544c17]補。

② 疾，録本訛作“病”，據《維摩詰所説經》卷中[T14n0475p544c17]改。

③ “離”字前衍一“而”字，兹據文意删。

上來四句觀煩惱訖，自下一句，教其觀業，明異凡夫。“説悔先罪，而不説入於過去罪”者，摧也。摧滅善法，故名爲“罪”。已作之愆，稱曰“先罪”。追改不爲，故言説“誨(悔)”[①]。“而説入於過去”者，明異凡夫。凡夫之人雖亦懺悔，見有罪體落謝過去，今教異彼，故言“不説入於過去”。上來自利，自下一句明其利他。“以己[②]之疾，愍於彼疾”者，明利他也。總名第一，約就觀解，明慰喻訖。

自下第二，約就善心，以明慰喻。文有兩句：初明自利，後明利他。“當識宿世無數劫苦”，明自利也。“當念饒益一切衆生”，明利他。

自下第三，約就行修，以明慰喻。文中三句：前二自利，後一利他。前二自利者，“憶所修福，念於净命”，即是以作之善，教其念將迴向。“勿生憂惱，常起精進”者，即是未作之善，教其忍苦更修。自下一句，教其利他。“當作醫王，療治衆病”者，明利他也，義在可解。上來三對自利、利他，合名“第二”，維摩答訖；自下第三，結勸修學。“菩薩應如是慰喻有疾菩薩，令其歡喜[③]”者，維摩詰等諸大菩薩應當如是依前所説慰喻彼實病諸小菩薩，使稱其心，故令歡喜。上來慰喻訖，即是教彼十信位中實病菩薩爲其説法，令成有漏聞薰習，教學生、法兩空觀，厭伏人、法二我執，令其心喜，故名“慰喻”。

自下次問調伏。文中有三：第一、文殊問；第二、維摩答；第三、明説利益。“文殊師利言：‘居士！有疾菩薩云何調伏其心’”者，第一問也。“有疾菩薩”者，問彼十解初心已去乃至金剛已還，個中菩薩，通名“有疾”。道理而言，地前菩薩直來之者，受分段報，有病事故，名爲“有疾”。初地已上，實非有疾。然今約就煩惱以爲疾故，初地已上有彼法執無明住地故，是以通名“有疾菩薩”也。“云何調伏其心”者：“調”者，調令離過；“伏”者，伏令修善。今時問彼十解已去菩薩云何修觀、斷除煩惱、令得身中究竟無病，故言“云何調伏其心”也。自下維摩答。答意者：教彼地前菩薩修加行智，證取生空，斷除人我；亦復教學法空之觀，厭伏法我。初地已上，教修根本無分別智，證入

---

① 誨，此當爲“悔”字之訛。

② 己，録本訛作“已”，兹據《維摩詰所説經》卷中[T14n0475p544c22]改。

③ “喜”字下録本衍“菩薩”二字，兹據《維摩詰所説經》卷中[T14n0475p544c26]删。

本有法空真如,斷除法我。證二空故,永除"二我"。"[□][二][1]我"不生,是名"調伏"。既□自調伏,復須利他,故亦教之修起大悲,隨有攝化。論其答意,義在於此。文中有二:第一、明其所修。第二、"不住其中"已下,顯其所成。所修者,修智修悲。所成者,成不住道行也。就前所修中,文復有二:第一、正明所修;第二、結成調伏。就前第一正明所修中,文有三對,修智修悲。始從初文乃至"應如是觀諸"已來,爲第一對修智修悲。"又復觀身無常"已下,爲第二對修智修悲。後云"又復觀身,身不離病"已下,爲第三對修智修悲。問曰:此之三對,有何差别?答曰:若依疏釋,四義明異,不能繁述,略舉一義。前第一對,約就甚深空理修智修悲。次第二對,約就苦無常理明修智修悲。後第三對,約身病事明修智悲。復次,更依别釋者,初對爲上根人説,次對爲中根人説,後對爲下根人説。就第一對中,文有其二:第一、正教智悲;第二、結勸修學。就前正教智悲中,麁科有二,細分有四。麁科二者:第一、明其修智。第二、"是有疾菩薩以無所受"已下,明其修悲。細分四者,前修[□][智][2]中修小智及大智,後修悲中修小悲及大悲,故成四也。道理言之,修小智時即修小悲,修大智時即修大悲。然説法家欲令智悲相異,是故别説。此乃説之次第,非行之次第也。就前修智之中,文有兩分:第一、明修小智。第二、"得是平等"已下,明修大智。修小智者,即當地前。修大智者,即在地上。就前修小智中,文更有二:第一、教生空觀。第二、"彼有疾菩薩爲滅法想"已下,教作法空觀。問曰:地前菩薩修彼小智,只可作生空觀,云何亦作法空觀?答曰:地前菩薩十解初心,斷彼見一處住地,人我執盡,證得生空。三愛住地,但斷現行,論其種子,留而不斷。從十解第二念已去,學法空觀,伏彼界外無明種子法執之心。是即生空,證得成就。若也法空,修學未證。故《地持論》云:種性菩薩,二障清浄。若煩惱障斷,故[□][名][3]"清浄";一切智障者伏,故名"清浄"。故知地前菩薩學法空觀、伏法執也。

就前生空觀中,第一、就四大上破人我,顯生空。第二、"又此病起,皆由

① 二,録本脱,據上下文意補。
② 智,録本脱,據上下文意補。
③ 名,録本脱,據上下文意補。

著我”已下，就五陰上破人我，顯生空。問曰：何故約此兩處而説？答曰：良以衆生所計不同，自有衆生就四大上以起人我，自有衆生就五陰上起此人我，乃至十二入、十八界亦如是如是。是故今時且約兩處破其别計，及至得彼無我觀時，於四大上得知無我，不須觀陰；於五陰上得知無我，不須觀四大。又復前四大破其我相，後五陰上破其我見。就前四大上作無我觀中，初作無相性觀；次“所以者何”已下，明作依他性觀。就前無相性觀中，先明推因，後正破我。“維摩詰言：‘有疾菩薩應作是念：“今我此病，皆從前世妄想顛倒諸煩惱生”’”者，此明推因也。“有疾菩薩”者，取十信末後心正欲入十解初心個中菩薩。“應作是念”者，推因之心，不云“念相”。“今我此病，皆從前世妄想顛倒諸煩惱生”：“今我此病”者，我此病果及以病事；“從前世”者，界内修道所斷煩惱，名“想倒”也。“顛倒”者，界内見道所斷煩惱，名爲“見倒”也。由此過去二輪煩惱，發業潤生，感我現在病果病事。此即推因訖。問曰：本欲破我，何不直破，乃須推因？答曰：夫論斷病果者，要須斷因。其因既無，果自不起。現在果法，不可説斷。故下文言：“但除其病，而不除法。”今計我者，於彼四大果報之上計爲有我。果報之法既不可斷，故須推因。第二義者，今明菩薩欲作空觀，從因故當知是空。故《論》中云：“因緣所生法，我説即是空。”故須推因也。

自下正明作無相性觀，破其我相。“無有實法，誰受病者”：“實法”者，凡夫計我言：自實是我體、自在是我用。今明破其我體。果報身者，從彼過去煩惱因生，何處得有自實之我，故言“無有實法”。實我既無，誰當受病？故言“誰受病者”。

自下明作依他性觀。先徵，後釋。“所以者何”，徵[①]也。凡夫言現見有我，青黄赤白、麻麥母指所以言“無”者何？自下釋。釋中舉彼四大示之，令知無我，即是舉依他性，遣分别性也。問曰：夫論遣分别性，要須是緣空。無漏之觀，方能破我。依他性者，乃是緣有，即是有漏，云何破我？答曰：今言“以依他性破其我”者，此是觀前方便。未入觀前，緣此四大，得知無我。正入觀時，但緣於空，不緣四大。藤蛇之喻，可以准知。“四大合故，假名爲

① 徵，録本訛作“微”，兹據文意改。前文“先徵，後釋”，可資比勘。

‘身’”者，觀别成總，明身假有。“四大無主，身亦[□][無][1]我”者，觀别破總，彰我實無。攬彼四大，以成此身。四大之中，既無主宰，身何有我？

上來約就四大作生空觀，破人我相訖；自下約就五陰作生空觀，破其我見。文中先明舉障，後明翻障顯斷。

“又此病起，皆由著我”者，舉障也，亦是推因。前約四大已觀無我，今就五陰復觀無我。是故言“又此病起”者，五陰病果也；“皆由著我”者，明推因也。由我見故，發業招生，感此病果五陰身也。故《十地經》云：以著我故，世間受身處生。若離著我，則不世間受身生處生也。“是故於我，不應生著”者，舉觀勸厭。是前病起由著我故，應當於我不生計著。

上來舉障訖，自下翻障顯斷。文中有二：初明無相性觀。“當起法想”已下，次明依他性觀。“既知病本，即除我想及衆生想”者，明無性觀。“既知病本”者，知前著我爲起病之本。“即除我想及衆生想”者，觀過斷除。我與衆生能招病果，故名爲“本”。教令斷卻，故言“即除”。於五陰上别計神主，名之爲“我”。於五陰上和合計我，名曰“衆生”。總别雖殊，同是我見，故齊名“想”。自下明作依他性觀。“當起法想”者，此句是總。上無想性觀直於陰上破其我執，不示陰體；此依他性觀，舉陰示之，令捨我執。但是五陰果報之法，何處有彼本住神我？勸捨我見之心，教起陰法之想，故言“當起法想”。自下明别。别中初觀察五陰，除其總我，破衆生想。次“又此法者”已下，觀察五陰，除其别我，破其我想。就前文中，“應作是念：‘但以衆法，合成此身’”者，觀别成總，明身假有。“起唯法起，滅唯法滅”者，觀别破總，明我實無。“應作是念”者，教其依法起於觀心，故言“應作是念”。“但”之言“單”。“以”之言“用”。陰體非一，故名“衆法”。五陰衆法，和合成身，推其體性，不離五陰，是故生滅唯是陰法。陰法之上，何處更有和合衆生説起説滅也？

自下觀察五陰，除其别我，破其我相。“又此法者，各不相知”者，觀察五陰也。前已破總，此更破别，是故言“又此法”者，五陰法也。“各不相知”者，計我之家，謂彼神我體，是神知名爲“知”者。五陰之法，從色至識，次第觀

---

[1] 無，録本脱，據《維摩詰所説經》卷中[T14n0475p545a1]補。

之,□□□□,故言“各[①]不相知”。自下正明,除其别我。“起時不言‘我起’,滅時不言‘我滅’”者:計我之人於五陰中别執爲我,五陰生時,亦言“我生”;五陰滅時,亦言“我滅”。今觀陰法本無我故,亦非知者。我與知者既其本無,誰分别言“我生”、“我滅”也?

上來約就五陰作生空觀,破遣人我,合名“第一作生空觀”訖,即是十解初心直來菩薩四住之中斷見一處住地也。自下第二,明法空觀,即是十解第二刹那已去菩薩學伏界外有所得心加行智中學法空觀也。文有二别:初明舉障顯過。“我應離之”已下,次明翻障顯斷。前舉障中,初正明舉障,次明顯過。

“彼有疾菩薩爲滅法想,當作是念:‘此法想者,亦是顛’”者,此明障也。“彼有疾菩薩”者,彼取十解第二念已去菩薩。“爲滅法想”者,前生空觀,緣法遣生,不破法體;今法空中,破其法體亦不可得。緣法之心,名爲“法想”。菩薩欲除,故言爲“滅”。境界之法,從心而生,但使斷心,法自不起,故言爲“滅法想”。“當作是念‘此法想者,亦是顛倒’”者:前人我執,已是見倒;今法我執,復是心倒;倒義同前,故言“亦是”;執五陰法爲有定性,翻彼法空無所得理,故名“顛倒”。下明顯過。“顛倒者是即大患”者,此之心倒爲過處[□][大][②],故名“大患”。解有多義:是大障故,故名“大患”。感大生死,故名“大患”。障大智故,障大理故,障大位故,障大果故,大人斷故,具如此等大過患故,故名“大患”。

上來舉障訖,自下翻障顯斷。文中初句,正明翻障顯斷。第二問答伏斷方法。“我應離之”者,是初句也。“云何爲離”者,既欲教我伏離法想,云何方法而得離之?此即問訖。“離我、我所”者,明其答也。法執之相,莫過二種:一者是“我”,二者“我所”。計法有體,名之爲“我”。計法有用,名[□□][之爲][③]“我所”。教其伏斷,是故言“離”。“云何離我、我所”者,此更進問“我”與“我所”無始執著,云何可離?答云:“謂離二法。”“我”與“我所”,二法

---

① 各,録本訛作“若”,據《維摩詰所説經》卷中[T14n0475p545a5]改。

② 録本出校:“處十(大)?”應補一“大”字。按:結合文意,此“處”下似應有一“大”字。

③ “之爲”二字録本脱,據上下文意補。

上生，但離二法，“我”自不起。“云何離二法”者，此即進問二法之相。“謂不念内、外諸法，行於平等”者，此明答也。一者内法，二者外法。外者生死，内者涅槃。故《攝論》云：“若應此法，自性善故成内。若外此法，雖復相應，則成轂。”復次内者是根，外者是塵。於此内外執有定性及以作用，是故起彼“我”與“[□][我][①]所”。觀此内外，寂静無二，不起體、用，故言“平等”。“云何[②]平等”者，更問平等之觀何處行之？“謂我等、涅槃等”者，答也。“我”者生死，猶是前外。“涅槃”者，猶是前内。於此生死、涅槃之上觀之不二，名“行平等”。“所以者何”，徵問。生死、涅槃，凡、聖路隔，約何道理而言“平等”？自下釋之。“我及涅槃，此二皆空”者：“我”謂生死，生死空故，上等涅槃；涅槃空故，下齊生死；約此空理，故言“平等”。“以何爲空”者，進問空體。此中菩薩得其空者，爲是實性真如之空，爲是假名緣和之空？答言“但以名字故空”者，得彼緣和空也。地前菩薩於彼一僧祇劫中聞佛言教，説一切法空，耳識聞聲，引意識起，引多道理，恒思量，數數習之生乃(功?)[③]能，遂薰本識成空種子。無漏意識欲現行時，此空種子流入意識，於意識中有空境界。當識心起，知一切法緣和故有，無性故空。緣彼名字，成此空故，故言“但以名字故空”。然此空境，三性往收，義通三性：從心變異，是分别性；屬種子故，是依他性；無相真故，是真實性也。“如此二法，無决定性”者，生死、涅槃，如此二法，緣和故有，無故空無定性。

上來明法空觀訖，合名“第一修小智”竟，自下第二，明修大智。上修小智，斷其惑障；下修大智，斷其智障；二障不生，是真調伏。又上修小智，除分段生死；下修大智，除變易生死；二死不起，是真療病。又上修小智，即是地前證生空觀；下修大智，即是初地證法空觀；顯二空故，究竟調伏。就修大智之中，文有二分：初明舉障，次明顯斷。

“得是平等，無有餘病，唯有空病”者，舉障也。地前菩薩假教之中，於一切法得，彼緣和故有，無性故空，不見生死、涅槃差别，故言“得是平等”。唯

---

① 我，録本脱，據上下文意補。

② “何”字下録本衍“行行”二字，兹據《維摩詰所説經》卷中[T14n0475p545a10]删。

③ 乃，此似爲“功”之訛字。待考。

只緣空，不復著有，有病永忘，故言“無有餘病”。説此空法，爲破有病，有病雖除，執空不捨，空不捨故，空還成病，故言“唯有空病”。問曰：爲當唯緣空之心是病，爲當所緣空境亦是病？答曰：兩釋不同。若依南道師解：空心、空境悉皆是病。所以然者，境由心變，境不離心。心既是病，境亦是病。若也斷時，唯斷其心，境自不起。若依北道師釋：緣空之心是病，空境不病。所以然者，空境真法，何得是病？心緣於境，横起執著，故心是病。是故斷時，唯斷其心，不斷其境。雖有兩家，今依前義。上來明舉障訖。道理爲言，此迴向終欲入初地大有諸障，所謂界内見惑習氣、三愛隨眠、正之與習及以界外最初無明住地漏業等。此中文略，故不備□。今“空病”者，緣空之心無漏業也。“空病亦空”者，此明翻障顯斷。本期説空，爲彼有病。有病既遣，空亦須除。故《論》云：“大聖説空法，爲離諸見故。若人著於空，諸佛所不化。”故言“空病亦空”。上來明修大智訖，即是從初地已去乃至金剛已還總是修大智位，然今就難處作法，故復且説初地心也。合名“第一修智”已了。

自下第二，明其修悲。問曰：衆行之中，何故獨修智、悲兩行？答：智、悲兩行，攝衆行盡，是故偏明。論其修智，即是自調；語其修悲，即是調他。論其修[□][智][①]，不住生死，即異凡夫；語其修悲，不住涅槃，即異聲聞。論其修智，得“菩薩”名；語其修悲，得“摩訶薩”稱。論其修智，依厭離九（有？）[②]爲心，求一切智心；語其修悲，依深念衆生心成。論其修智，依律儀戒，攝善法戒成；語其修悲，依攝衆生戒成。論其修智，成智德、共斷德；語其修悲，即成恩德。論其修智，得法身共報身；語其修悲，得化身。是故智、悲遍攝衆行。

就此修悲，文中還兩分：

第一、明修小悲，即是地前。第二、“彼有疾菩薩應[□□□][復作是][③]念：‘[□][如][④]我[□][此][⑤]病，非真非有’”已下，明修大悲，即是地上。就前小悲中，先論其意，後釋其文。論其意者，地前菩薩直來之人，修其小悲。

① 智，録本脱，據上下文意補。

② 録本出校：“九＝有?”按：結合文意，此“九”似應爲“有”之訛字。

③ “復作是”三字録本脱，據《維摩詰所説經》卷中[T14n0475p545a25]補。

④ 如，録本脱，據《維摩詰所説經》卷中[T14n0475p545a26]補。

⑤ 此，録本脱，據《維摩詰所説經》卷中[T14n0475p545a26]補。

小悲體相，即是衆生緣及以法緣。悲以（心？）[①]緣彼所化衆生，名“衆生緣”。悲心緣彼化衆生法，名爲“法緣”。然凡欲教化罪衆生，須要同彼六道衆生，受六道身，方能攝化。若是地上諸大菩薩，神力大故，遂能變化作六道身，隨有攝化。地前菩薩神力小故，不能化身；若不教化，復成破菩薩戒。然今菩薩即須用彼實惑業，受六道身。

問曰：地前菩薩何處有惑？

答曰：四住煩惱據彼地前菩薩神力並能斷盡，欲將此惑潤業受生，故有斷、不斷。論其見一處住地，地前菩薩並患悉斷盡，更無遺餘。三愛住地，留而不斷。三受現行，亦斷不留。斷現行故，異彼凡夫。留住地故，異聲聞也。將此三受、隨眠煩惱潤彼無始已來六道之業，更加悲願之力，爲此義故[②]，方得受生六道教化。然此菩薩因實惑業以受生故，入地獄中，亦受輕苦；以受苦故，速生厭離；悲願力故，還復入中。此即地前菩薩悲相如是。

雖（唯？）[③]經文中分爲兩別：第一、正明修悲。第二、“文殊師利是爲”已下，明結歎顯勝。就前第一正［□］［明］[④]修悲中，文次相生，有其五。後“是有疾菩薩以無所受”者，此即第一，明自□（所？）[⑤]受。“有疾菩薩”者，十解第二刹那已迴向終心，已還個中菩薩。此諸菩薩計其功能，並能斷彼六道果報有受之身，故言“以無所受”。“而受諸受”者，此即第二，明爲物現受。以慈悲故，欲化衆生，是故現起六道受身，故言“而受諸受”也。“未具佛法，亦不滅受而取證”，此即第三，明受不息。未具初地已上佛法，終不滅此三有受身，因於聲聞中道證滅也。“設身有苦，念惡趣衆生，起大悲心”者，此即第四，明依受生悲。明諸菩薩在地獄中，雖受輕苦，念衆生故，起大悲心，不生厭離。言“大悲”者，實是小悲，通名“大”也。“我既調伏，亦當調伏一切衆生”者，此即第五，明依悲起化。文中次第，别有三分。此即第一，明起化心。

① 結合文意，此“以”字似當作“心”，待考。

② 録本出校：“〔方爲此義故〕—？”按：結合文意，“故”字下録本復有“方爲此義故”五字，當係衍文，兹據文意删。

③ 結合文意，此“雖”字似當作“唯”，待考。

④ 明，録本脱，據前文“第一正明修悲”補。

⑤ 結合文意，此缺字似當作“所”，待考。

菩薩念言：我修智故，自利調伏，更須修悲，亦當調伏一切衆生也。“但除其病，而不除法”者，此即第二，明知化宜。“病”者是心，“法”者是境。境有其妄，論其妄境從心而生，但斷其心，境自不起，故“不除法”。語其真境，本不可斷，豈得言“除”？故《佛性論》云：“‘三性幾應知？幾不應知？’答曰：‘一切皆應知。’”[□□][問曰][①]：幾應斷？幾不應斷？答曰：二性不可斷，一性可斷：分别性本無，故不可斷；真實性實有，故不可斷；依他性緣和有故，是以可斷。問曰：依他緣和有，可許觀之得無生；分别一向無，不應觀得無相？答曰：觀法異、斷法異，義如别解。“爲斷病本，而教導之”者，此即第三，明其化相。自下進問：“何謂病本？”“謂有攀緣”，此答。病本攀緣者，心心取前境，名作“攀緣”。“從有攀緣，則爲病本”，但使有心，則能起病，故名爲“本”。下問攀緣之處。“何所攀”者，於何處所起此“攀緣”者煩惱病？“謂之三界”者，答也。於三界中有攀緣者，能起□□。自下欲斷攀緣，問取其法。“云何斷攀緣”者，問也。“以無所得，若無所得，則無攀緣”者，答也。“無所得”者，空也。教其□作無相、無生觀，觀心體空，名“無所得”。心既無得，即無攀緣。攀緣既無，何有病本？“何謂無所得”者，所得者進問無所得觀依何而成。下答：“謂二見。”亦有本[②]作：“謂離二見。”義只相似。此明答也。不起二見，名“無所得“。“何謂二見”者，進問二見之相。答言“謂内見外見，是無所”者，“内”者是根，“外”者是塵，心緣此二，名爲“二見”。又“内”者涅槃，“外”者生死，緣此二故，名爲“二見”。教諸衆生觀法無相、觀相無生，是故名爲“無所得”也。

上來修小悲訖，自下結歎顯勝。先結，後歎。“文殊師利！是爲有疾[③]菩薩調伏其心”，此明結也。自下歎修顯勝。先結説須譬喻，後合譬。“爲斷老病死苦，是菩薩菩提”者，爲斷衆生老病死苦是菩薩道也。此即順彰有益。“若不如是，已所修治，爲無惠(慧)利”者，若不如是兼斷衆生者病死者，菩薩

① “問曰”二字録本無，據上下文意補。

② “本”字前録本衍一“作”字，兹據文意删。

③ 疾，録本訛作“病”，據《維摩詰所説經》卷中[T14n0475p545a22]改。

所行則無施惠衆之利，□□□(此即逆?)[①]彰有損。自下譬喻。“譬如勝怨，乃可爲勇”者，如人自除□□(怨敵?)[②]，復能爲他降伏怨敵，此名“勝怨”，謂之爲“勇”也。自下□□：“□□(如是)[③]兼除老病死者，菩薩之謂也。”如是菩薩自除老死，兼□□□(除衆生?)[④]老病死，方是菩薩之稱謂也。

上來明修小悲，自下明修大悲。“大悲“者，即是無緣悲也。文中有二：第一、牒取無分别觀爲修悲之所依。第二、“作是觀時”已下，明依觀修悲。前牒無分别觀者，猶是前大智也。“彼有疾菩薩應復[⑤]作是念：‘如我此病非真[□][非][⑥]有，衆生病亦非真非有’”者，“有疾菩薩”即是初地已上菩薩。有法執故，通名“有疾”。教發起觀之心，故言“應復[⑦]作是念”。自下正明依心起觀。“如我此病，非真非有”：法執煩惱，名爲“此病”；“非真”者有，“非有”者空；觀此病因，非空非有。“衆病亦非真非有”：我病既然，衆生亦爾，不定是空，不定是有。又，“非真[⑧]”者病相非真，“非有”者病體非有。問曰：何故牒此無分别觀，來有何意？答曰：欲修大悲，要須得此無分别□(觀?)[⑨]。□(若?)[⑩]無此觀，悲心緣有，或生深著。由此觀故，大悲隨有常化衆生，而無深著。

上來牒取大智無分别觀，以爲修悲之所依訖。自下第二，正明依觀修悲。文復有二：第一、明捨小悲。第二、“若能離此”已下，明修大悲。捨小悲中，初正捨，次徵[⑪]問解釋。“作是觀時，於諸衆生若起愛見大悲，即應捨離”者，正明捨小悲也。作前真觀已，當身及衆生病非真非有之時，若更衆生愛

---

① 結合文意，此處缺文似當作“此即逆”三字，待考。

② 結合文意，此處缺文似當作“怨敵”二字，待考。

③ “如是”二字録本作缺文，據《維摩詰所説經》卷中[T14n0475p545a24]補。

④ 結合文意，此處缺文似當作“除衆生”三字，待考。

⑤⑦ 復，録本訛作“須”，據《維摩詰所説經》卷中[T14n0475p545a25]改。

⑥ 非，録本脱，據《維摩詰所説經》卷中[T14n0475p545a26]補。

⑧ “非真”二字録本訛作“真非”，兹據文意乙正。

⑨ 結合文意，此缺字似當作“觀”，待考。

⑩ 結合文意，此缺字似當作“若”等表假設的字，待考。

⑪ 徵，録本訛作“微”，兹據文意改。下文：“自下徵問解釋。”可助互勘。

之欲度者，如此大悲即應捨離也。自下徵問解釋。“所以者何”，徵[①]問也。見有衆生愛之欲度，此是好行，所以“即應捨離”者何？下明解釋。論其意者，爲彼地前愛見小悲有兩過失，是故須捨。若不捨者，則不得彼無緣大悲。若無大悲，於彼衆生不能常化、[□][不][②]能離縛。爲此義故，是以須捨。文中爲彼小悲出兩過失：初句明其小悲有不能離縛之過，次句顯彼小悲有不能常化之失。“菩薩斷除客塵煩惱，而起大悲”者，此明小悲不能離縛。“菩薩”者初地已上□□(菩薩?)[③]。此中斷客塵煩惱，得無緣大悲。然愛見悲乃是□□(客塵?)[④]煩惱所攝，以是縛故，是故須捨。“客塵”者所謂九種客□□(塵：一)[⑤]、随眠貪。二、随眠嗔。[□□][三、随][⑥]眠癡。四、極重上心貪瞋癡。五、無明□□(住地)[⑦]。六、見道。七、修道。八、不净地惑。[□□□□][九、净地惑][⑧]。此之九種净心後起，依他□心，是故名“客”；塵坌净故，名之曰“塵”。此九之中，六個是界内惑，三個是界外惑。道理爲言，唯言前五攝惑品盡，但説後四攝惑品盡[⑨]，但説後四攝惑品周。爲分惑體及斷處差别，故説九種。九種之中，愛見大悲即通四種，謂随眠貪、随眠嗔、随眠癡、修道斷。爲此義故，愛見大悲不能離縛。自下明彼愛見大悲不能常化。“愛見悲者，則於生死有疲厭心”者，愛見之悲，用彼惑業愛身教化，惑業受生故，身有輕苦，則生疲厭；生疲厭故，於生死中不能常化。爲此義故，所

---

① 徵，録本訛作“微”，兹據文意改。參前注。

② 不，録本脱，據上下文意補。

③ 録本出校：“□□＝菩薩?”

④ 録本出校：“□□＝客塵?”

⑤ 按：陳真諦譯《佛性論》卷第四：“若略説一切煩惱客塵，凡有九種：一者、随眠貪欲煩惱；二、随眠瞋；三、随眠癡；四、貪瞋癡等極重上心惑；五、無明住地；六、見諦所滅；七、修習所滅；八、不净地；九、净地惑。”[T31n1610p806c16—20]兹據補缺文“塵一”二字。

⑥ “三随”二字録本脱，據陳真諦譯《佛性論》卷第四[T31n1610p806c18]補。

⑦ “住地”二字録本作缺文，據陳真諦譯《佛性論》卷第四[T31n1610p806c19]補。

⑧ “九净地惑”四字録本脱，據陳真諦譯《佛性論》卷第四[T31n1610p806c20]補。

⑨ 此句後録本有“但説後四攝惑品盡”八字，且出校：“(但説後四攝惑品盡)一?”按：録本所疑是，此八字當爲書手本欲書“但説後四攝惑品周”而涉上句誤“周”作“盡”，發現後接書正句。兹據删。

以須捨。上來捨小悲訖。

自下正明修大悲。大悲中,文還□□(爲二?)①。初之二句,明無大悲有常化之益。第二句已下,明無大悲有□□(離縛?)②之益。“若能離此,無有疲③厭”者,此明常化□□(之益?)④。若能離此愛見之悲,得彼地無緣大悲,變化受身,隨□(生?)⑤六道,教化衆生,雖在三塗,而無苦觸,常能攝化□□(衆生?)⑥,無疲厭。

自下第二,明無大悲,有離縛之益。文次相□(生?)⑦,有其五段:第一、明自無縛。第二、能解他縛。第三、引説證成。第四、諸勸捨縛。第五、明縛解之相。文相可知,不勞解釋。就第五縛解,於中文别有二:第一、問;第二、答。答中更二:初約定明縛解,次約惠(慧)明縛解。“貪著禪味,是菩薩縛”者,此下約定以明“縛”、“解”,此即明“縛”。得禪樂著故,名“貪著禪味”。隨禪而生,不肯外化,故名爲“縛”。“以方便生,是菩薩解”者,此明其“解”。雖得禪定,不隨禪生,依有攝化,故名爲“解”。

自下第二,即是約惠(慧)以明縛解。文有兩分:初立四章。次“何謂”以[□][下]⑧,次第依章解釋。又,“方便惠(慧)縛”者,一章問;“有方便惠(慧)解”者,兩章問。前約定已明縛解,□□□□□明縛解故,是以無。“又無方便”者,未得地上□□□□□也。“惠(慧)”者,即是地前加行智惠(慧)。“縛”者,此加行智□□□上無緣悲故,於空樂著,爲空所縛。“有方便”者,得彼地上□□□。“惠(慧)”者,即是地上無分别智。解了無分别智,由有無緣□□□□著,常隨三有,教化衆生,不爲空縛,故名爲“解”。問曰:此一對“縛”“解”者,誰是解縛?誰是所縛?誰是解縛人?答曰:空是解縛,惠(慧)

---

① 録本出校:“□□=爲二?”
② 録本出校:“□□=離縛?”
③ “疲”字前録本衍一“二”字,兹據《維摩詰所説經》卷中[T14n0475p545b1]删。
④ 録本出校:“□□=之益?”
⑤ 録本出校:“□=生?”
⑥ 録本出校:“□□=衆生?”
⑦ 結合文意,此缺字似當作“生”,待考。
⑧ 下,録本脱,據上下文意補。

是所縛，方便是解縛人也。

“無惠(慧)方便”者，第三章門。“有惠(慧)方便解”者，第四章門。“無惠(慧)”者，未得地無上分別智。“方便”者，是地前愛見悲也。“縛”者，此愛見悲未得地上根本智故，在生死中，滯著三有，爲有所繫，故名“縛”也。“有惠(慧)”者，得彼地上無分別智。“方便”者，即是地上無緣大悲。“解”者，無緣大悲由得地上根本智故，在三有中，而不滯著，有不能繫，是故名“解”。

問曰：“此‘縛’‘解’一對，誰是能縛？誰是所縛？誰是解縛人？”

答曰：“有是能縛，方便是所縛，惠(慧)是解縛人。復次，惠(慧)有兩種：一、無方便惠(慧)。二、有方便[□□□][惠(慧)。方便？][①]亦有□□□□□(二：一、無惠[慧]方？)[②]便。二、有惠(慧)方便。若無方便，縛於菩薩。若有惠(慧)方便，□□。”

上來立四章門訖，自下次第依章解釋，一一釋中皆有□□。初問，次答，後結。

就釋初章中，“何謂”已下，問也。“謂菩薩以[③]愛□□□□(見心莊嚴)[④]佛土、成就衆生”，釋“無方便”。“[□][空][⑤]、於、無相、無作法中，而自調伏”，釋□□□□以而不解。“是名”下結。

第二章中，“何謂”下，問也。“謂不以愛□□□□(見心莊嚴)[⑥]佛土、成就衆生”，釋“有方便”。“於空、無相、無作法中，以自調伏”，釋“惠(慧)”。“而不疲厭”，釋“解”。以此准前，前縛中亦應釋言“而有疲厭”，所略故也。“是名”下結。

---

① 録本出校：“便十(惠方便)？”按：結合文意，“便”下似當缺“惠方便”三字。兹據補。

② 録本出校：“□□□□＝二一無惠方？”按：結合文意，此五缺字似當作“二一無惠方”。

③ “以”字下録本衍一“謂”字，據《維摩詰所説經》卷中[T14n0475p545b8]删。

④ “見心莊嚴”四字録本作缺文，據《維摩詰所説經》卷中[T14n0475p545b8—b9]補。

⑤ 空，録本脱，據《維摩詰所説經》卷中[T14n0475p545b9]補。

⑥ “見心莊嚴”四字録本作缺文，據《維摩詰所説經》卷中[T14n0475p545b11]補。

第三章中,“[□][何][1]謂[2]”,問也。“謂菩薩住貪欲、嗔恚、邪見等諸煩惱”,釋“無惠(慧)”。“而殖衆德本”,釋“方便”。“縛”者,略而不解。“是名”下結。

第四章中,“何謂”,[□][問][3]也。“謂離諸貪欲、嗔恚、邪見等諸煩惱”,釋“有惠(慧)”。“而殖衆德本”,釋“方便”。“迴向阿耨[□□□□□][多羅三藐三][4]菩提”,釋“解”。以此准前,前縛中亦應言“不解迴向阿耨[□□□□□][多羅三藐三][5]菩提”,前略無也。“是名”下結。上來總名“第一,約就甚深空理以明修智修悲,亦是爲上根人説法”訖。“文殊師利!彼有疾菩薩,應如是觀諸法”者,此一句總結勸修。

自下第二,“又復觀身[6]無常、苦、空、□□(非我)[7]”,□□苦、無常理,以明修智、修悲,亦是爲中根人説。□□(前明?)[8]修智,後明修悲。

第三、云“又復觀身,身不離病”已下,□□□□事等以明修智、修悲,亦是爲下根人説法。先明修智,□□□□(後明修悲?)[9]。文相易見,不具解。合名三對“修智、修悲”。文義□□,□□成調伏。“文殊師利!有疾菩薩應如是調伏其心”者,□□□問言:有疾菩薩云[10]何調伏?如我向説,“修智、修悲”是名“菩薩調伏”義。

上來總名“第一所修”文訖,自下明其所成。由前修智及修悲故,遂得成於不住道行。由修智故,不住生死。由修悲故,不住涅槃。自下文義,亦皆易解。如疏中釋。

“不思議品”者,經中亦名“不可思議”。通而言之,唯是一義;别而言之,

① 何,録本脱,據文意補。
② 謂,録本誤置於下“問”字之後,兹據文意乙正。
③ 問,録本脱,據文意補。
④⑤ “多羅三藐三”五字録本脱,據《維摩詰所説經》卷中[T14n0475p545b17]補。
⑥ 身,録本衍作“身身”,兹據文意删一“身”字。
⑦ “非我”二字録本作缺文,據《維摩詰所説經》卷中[T14n0475p545b19]補。
⑧ 結合文意,此二缺字似當作“前明”,待考。
⑨ 結合文意,此缺文似當作“後明修悲”四字。上文“前明修智,後明修悲”,可助勘。
⑩ 云,録本衍作“云云”,兹據文意删一“云”字。

非不差異。異相者，據真望妄，真外無妄，既不有望，亦無對之，真心言寂，故名“不思議”；據妄望真，妄外有真，妄外之真，情緣叵及，名“不可思”。口(又?)[①]言“靡逮”□(名?)[②]“不可議”。餘義如疏廣說。前《問疾品》離過行中明其所修，《不思議品》離過行中顯其所成。故此品來。就此品中，文有□□□□□(三段：第一、身?)[③]子念座，維摩身現不思議德。第二、舍利言亦□□□□下，因身子讚歎維摩，口宣不思議事。第三、是時大□□迦葉傷歎維摩，辯出不思議人。就初段中，文復有□□□(三：第一?)[④]、明念座。第二、維摩教訶。第三、爲其取座。“爾時，舍利□□□□□□(弗見此室中無)[⑤]有床座，作是念：‘斯諸菩薩、大弟子衆，當於何座’”者，□第一申子念訖。念座者，由前室空故興。若不空室，念此□□燈王妙座無由得至。問曰：何故舍利弗數數生念？答曰：此經陶練聲聞，令其厭小忻大。聲聞之中，舍利弗者智惠(慧)第一。明其念即被訶，知彼聲聞不及。申子智惠(慧)，尚被訶嘖(責)。令其餘者自鄙狹劣，忻求大乘。又復申子聰明第一，不念即已，念必顯法。爲此義故，數數生念。

自下第二明教。文中有二：第一、正舉教訶之辭。第二、“説是”已下，明説利益□舉□訶。“夫求法者”已下，次明教也。訶解就教之中，□一正教。“是故”已下，總結。就正教中，文復有二：第一、□捨相。第二、“所以者何”已下，明有相者非真□中，文復有二：初明捨染相，次“唯舍利□似求”已下，明捨净相。論其意者，法空理□可得。故求法者不得於彼染净中求。是故□解，不容言路。就彼第二明有相者，非求法□徵問。所以求法齊捨染净之相者何？下有十句□釋十句經文，攝爲五對：初有兩句一對，明有净相者非真求法。後有八句四對，明有染相者非真求法。就前净相一對之中，初句明法生情有、情取者非求法，後句明法

① 結合文意，此缺字似當作“又”，待考。

② 結合文意，此缺字似當作“名”，待考。

③ 録本出校：“□□□□□＝三段第一身?”按：結合文意，此五缺字似當作“三段第一身”。

④ 録本出校：“□□□＝三第一?”按：結合文意，此缺文似當作“三第一”三字。

⑤ “弗見此室中無”六字録本作缺文，據《維摩詰所説經》卷中[T14n0475p546a4]補。

出相有心者非真求法。前句即離净心,後句即離相。“法無戲論”者,正明法出情。四智非實,事同戲論,真中離此,是故言“無”。若言“我當見苦斷、集滅、證修道”,是則戲論非求法也。此明有情、取者非真求法。

此之□明離净心訖。自下一句,明離净相。“唯,舍利弗! 法名寂滅”者,此明法離相。安立諦中四諦生滅,名爲“不□□諦”;離此四相,故稱“寂滅”。若行生滅,是求生滅□□。此明有相心者,非真求法。四諦之中,□□諦無爲,稱之爲“滅”。行此生滅,非求□□,明有净相者非真求法。自下八句四對,□□真求法。初有四句兩對,明離數法;次□□□□□□(有四句兩對,明?)[①]離心王。前離數法中,初兩句一對,明離貪□;□□□□□(後兩句一對?)[②],明離惠(慧)數。離貪之中,前句無能緣心,後句□□。“法名無染”者,貪心愛著,名之曰“染”。真中□□無此,明法出情。“若染於法,乃至涅槃,是則染著,非求法也”:“若染於法”,染世諦法。“乃至涅槃”,染真諦法。此明有情取者非真求法。自下一句,明離貪境。“法無取捨”者:貪所緣境,好者取,惡者須捨;真中離此,故“無取捨”。此明法離相,名“取捨法”。“是則取捨,非求法也”,此明有相心者非真求法。自下兩句,明離惠(慧)數。前句明離惠(慧)心,後句離惠(慧)所緣境。“法無行處”者,惠(慧)心取□□處,真中無此,故“無行處”。此明法出情。“若行□□□□(於法,是則)[③]行處,非求法也”,此明有情取者非□□所緣境。“法無處所”者,境界之□□法如理中,離此處所,是以言□□所,是則著處非求法也。此明有心者□□句兩對,明離數法訖;自下四句兩對,明離□□。□□□□□(前兩句一對?)[④],明離七識、八識心王;後兩句一對,明離□□對中,前句離能緣心,後句離所緣境。法名□□那識。依舊來解,是人我相。今時新義,通法我相。阿梨耶識亦通人我、法我之相。法空理中離此識相,故名“無相”。此明法出情。“若隨相識,是則求相、非求法

① 結合文意,此缺文似當作“有四句兩對明”六字。待考。

② 結合文意,此缺文似當作“後兩句一對”五字。待考。

③ “於法是則”四字録本作缺文,據《維摩詰所説經》卷中[T14n0475p546a18]補。

④ 結合文意,此缺文似當作“前兩句一對”五字。待考。

也”，此明有情取者，非真求法。自下一句，離所緣境。“法不可住”者：□□□□，爲識所託，名之爲“住”；真中離此，故云“不可”。此明法出相。“若住於法，是則住法，非求法也”：此明有相心者非真求法。自下兩句一對，明離六識心王。前句離能緣心，後句離所緣境。“法不可見、聞、覺、智”者，眼識隨生見，耳識隨生聞，鼻、舌、身三識隨生覺，意識隨生知。法空理中，此六識相，並非所▭出情。若行見聞覺知，是則見聞覺▭者，非真求法。自下一句，明▭識緣境，四相遷變，名曰▭。“□□□（法名無？）①爲”，此明法出相。“若行有爲，是求有爲，非②求法□（也？）③”：▭，不名“求法”。上來總名教訖。

自下“是故，舍利□□□□□□□（弗！若求法者，於一）④切法應無所求”者，總結勸修。下復明説▭得十解初心，生空法眼净也。

自下第三，明維▭座。

問曰：維摩何不直爲取座，先須教訶？

答曰：燈王▭不思議諸佛境界。若不先訶有所得心，令其捨▭無所得觀，令其行善。自分因立燈王座▭此義故，先須教訶也。

就取座中，文分五别：第一、維摩問文殊座處。第二、文殊言“東方”已下，示其座處。第三、“於是長者[□□□][維摩詰]⑤現神[□][通]⑥力”已下，明取高座來入其小室。第四、“諸菩薩大弟子”已下，明大衆驚訝。五、“爾時維摩詰[□][語]⑦文殊”已下，命衆令坐。文相易見，不勞細解。問曰：十方妙座維摩足知，何不直取，□□文殊？答曰：欲明寄實不思議德▭謂維摩隨近化作。今問文殊，文殊實▭高座極遠，能取將來，故知維

① 結合文意，此缺文似當作“法名無”三字。待考。

② 非，録本訛作“不”，兹據《維摩詰所説經》卷中[T14n0475p546a25]改。

③ 結合文意，此缺文似當作“也”字。待考。

④ “弗若求法者於一”七字録本作缺文，據《維摩詰所説經》卷中[T14n0475p546a25—a26]補。

⑤ “維摩詰”三字録本脱，據《維摩詰所説經》卷中[T14n0475p546b5]補。

⑥ 通，録本脱，據《維摩詰所説經》卷中[T14n0475p546b5]補。

⑦ 語，録本脱，據《維摩詰所説經》卷中[T14n0475p546b11]補。

▭聞説獲利益故。就第五命衆坐中，▭利弗已下，次命聲聞。就命聲聞中，□舍利▭弗不能坐。第三、教其禮佛。第四、明其禮▭利弗大德羅漢，神通具足，何故不能坐？得▭是世間事坐。舍利弗不啻能坐，良以此座燈王如來□願力之所成就，非是小乘神通境界，故不能坐。由禮□□佛神力，方始得坐。

上來因身子念座，維摩▭訖；自下第二，因身子讚歎維摩，口宣不思議事。▭疏科釋。有人作問難言："芥子納須彌，既是不▭芥子，亦是不思議以不？"答言："須彌納芥子，非▭言芥子納須彌，得是不思議。須彌納▭。亦可促一劫爲七日，可是不思議。▭答曰：異法辯"客（容？）[1]納"，以小納大，不▭。即法辯"延促"，是故促長延▭。爲其簡並對者，如芥子納須[2]▭

① 結合文意，此"客"似當爲"容"之訛字。待考。

② 録本出校："已下缺。"

敦煌本古佚與疑僞經校注

以《大正藏》第八十五册爲中心

3

于淑健　黄征　整理

鳳凰出版社

No. 2772《維摩經》疏卷第三、第六

［題解］

佛典《維摩詰所説經》注疏。No. 2772《〈維摩經〉疏》共收卷第三、卷第六兩號。録本僅標作"《維摩經》疏卷第三"，不確。今敦煌遺書中存有三號：伯2049號(《弟子品》第三，首尾俱全)；BD06576號(《〈維摩詰所説經〉疏》[擬]，淡76，異本，《佛國品》第一至《弟子品》第三，首殘尾殘；伯2040號(卷第六，首尾俱全)。

《維摩經》疏卷第三①

弟子品第三②

此品之内，略以三門分别：一、辯來意；二、解品名；三、釋文義。明來意者，然聖人冥通，權道無二，居士爲衆生而現疾，如來亦懷悲而遣問，因共往來，得通化導，利益事廣，故此品來。又前所明般若大悲，與衆德合行，名爲"方便"。此品即彰飛(非)③彼二乘諸小菩薩之所能知，今欲對之，顯其勝德，

① 佛典注疏，研究者或認爲此疏是敦煌著名佛教學者曇曠的著作。敦煌卷子中有伯2049一號，首尾俱全，所釋爲《弟子品》第三。清代以前歷代大藏經未收，後被收入日本《大正藏》據伯2049號録入其第八十五册。今校注仍以《大正藏》録本所據原卷伯2049號爲底本，BD06576號《維摩詰所説經疏》(擬)爲參校甲本。

② "弟子品第三"五字底本在文題"《維摩經》疏"之後、"卷第三"之前，録本據文意乙正。

③ 結合文意，此"飛"乃"非"之記音字。《字彙補·飛部》："飛，借作非。"該字甲本正作"非"。

使其捨劣修勝,故此品來。或可前品之中因凡問疾,明化凡法;此品之内因聖問疾,明化聖法;教聖之中,先教聲聞,故此品[□][來]①也。

第二釋名者:佛具勝德,名"天人師";聲聞等親蒙佛度,稱爲"弟子"。此乃師徒弟子相對得名也。又云:學在佛後,名之爲"弟";從法化生,稱之爲"子";所命之人,是其"弟子";就此題章,名"弟子品"。若依《無垢稱經》云"聲聞品",若言"弟子品"恐同菩薩也。

第三釋文義者,就此文中,三門分别:一、約相顯失分别;二、就行相始終分别;三、隨文釋義。初顯失分别者,此中有五百聲聞行,即五百法門。文中略故,但明其十。此十即是聲聞之人所得之法,今對大乘,並是其失相云何?初、舍利弗聲聞,人中智惠(慧)第一,以其不達常寂三昧,是故致呵。二、目揵連神通第一,以其通不現前,説法不當,故亦被呵。三、大迦葉頭陀第一,以無平等大悲,所以被呵。四、須菩提解空第一,以其不得平等大空,故亦被呵也。五、富樓那辯才第一,以其不達深遠根性,故亦被呵。六、迦旃延解義第一,以其不達實相深義,故亦被呵。七、阿那律天眼第一,不與無相智惠(慧)合行,故亦被呵。八、優波離持律第一,不能觀空滅罪,故亦被呵。九、羅[□□][睺羅]②持戒第一,以其不達無利出家,故亦被呵。十、阿難多聞第一,不了如來法身功德,故亦被呵。此十並彰弟子失也。二、約行相始終分别者,一、舍利弗修不住行,以其此人捨俗歸林,除亂取静,今教不住取捨,行會中道,云"不住行"也;二、目連修入證行,以其目連通不現前,説法不當,教修二空,契證真理,名"入證行"也;三、大迦葉修助道行,以其此人捨富從貧,未會平等,教修等觀,助成菩薩,云"助道行"也;四、須菩提修大空行,以其善吉見有邪正,未解真空,所以教修等觀,不取邪正之相,云"大空行";五、富樓那修説法行,以其此人不觀根欲,説法差機,教知根性,稱其所宜,利無不普,云"説法行"也;六、迦旃延修生解行,以其此人數演五法,乖其實相,教離分别之心,契會無相之行,名"生解行"也;七、阿那律修起通行,以其那律有相天眼,見境未明,教修無相天眼,契悟不二,云"起通行";八、優波離修滅惡

① 來,底本、録本無,據甲本補。

② "睺羅"二字底本、録本脱,據文意補。下文"九、羅睺羅修出家行",亦可互勘。

行，以其此人不能觀空滅罪，教修無相懺悔，罪垢不生，名“滅惡行”也；九、羅睺羅修出家行，以其覆障，不達即相無相真實出家，教修離相平等真實出家，云“出家行”也；十、阿難修法身行，以其歡喜不了如來法身常住，教修出世無爲功德，永離生滅之心，云“法身行”。

第三釋文義者，文别有三：初、明維摩寢疾之意，以爲起問由致。二、“佛知”下，正命問疾。三、“如是五百”已下，總結類顯。前中“爾時維摩詰自念‘寢疾于床’”者，“爾時”者，生念時也；長者維摩結，起念人也；“自念‘寢疾于床’”者，正興念心，然此念意，念待聖問，非念爲病；良以維摩悲物情深，待問若渴，故興此念；維摩現病，專精爲物，心雖爲物，得佛影響，化事方成，故念自已“寢疾于床”；“于”者，“於”也。“世尊大慈，寧不垂愍”者，佛具衆德，爲世欽承，故曰“世尊”；慈中之極，餘莫能加，稱理而成，豈非“大”也？“寧”者，“能”也；“愍”者，“憐”也。維摩自云：“我之小子，悲心尚劣，猶爲物纏痾，况佛高人，能不垂憐而遣問也？”“佛知其意，即告”已下，第二正命問疾。以其時會，得益[①]在今，故令往問而不可止。然下文中，據其正使理歸文殊，而命餘者，略有三意：一、爲彰如來心等不偏，所以通告，與《涅槃》中並告大衆令問相似。第二、爲欲廣寄衆言，顯維摩德尊，故須通告，命不堪彰其德尊，告命堪者，顯其德妙。第三、爲欲廣寄衆言，以顯維摩所説之法，故須通告，故下文中先告不堪，彰昔所説，後告堪者，明今所説，是以通告。就弟子之中，人别有十。先命舍利弗者，以其爲使不易，非通人之不可，身子神惠(慧)超絶，故先命也。《智度論》云：王舍城内有大論師，名“摩陀羅”，王以聰明，封賞一邑，其生一女，眼似舍利鳥，即以爲名，亦名“鶖鷺子”，因鶖鷺鳥，以彰其號。時南天竺國有大論師，名“優婆提舍”，頭戴火盆，謂物愚闇，銅葉葉(鍱鍱)[②]腹，恐詩書溢出。即打論鼓，國人皆集，欲定優劣。摩陀羅路見鬭牛，知彼勝我，於是入衆論難，便墮負處。群臣共議奪其封邑，以賞提舍。摩陀羅語提舍言：“王以汝聰

① 益，録本訛作“蓋”，據底本改。

② “葉葉”二字費解，當爲“鍱鍱”之訛省。伯2049號《〈維摩經〉疏》卷第三：“富樓那以嫉妒心，後割愛入山，誦九十種經。滿二十一年，還王舍城，頭上然(燃)火，以銅鍱鍱腹，唱云：‘我是一切智人。’”可助勘。

明，封賞一邑，我以女爲妻。”後時女有娠，忽然夜夢，夢見一人，身被甲冑，手執金剛杵，摧破一切山，然後在一山邊立。寤已即向夫說。其夫解曰：“汝當有娠，所懷必男。‘身破甲冑’者，此兒必有厚德。‘手執金剛杵’者，此兒聰明，有大智惠（慧）。‘摧破一切山’者，此當作大論師，破一切論義師也。‘然後在一山邊立’者，當伏應一人以爲弟子。”其母從有娠來，神智非常。昔與兄論義，兄恒得勝，自妹有娠，兄便論屈，即知兒智，動母聰叡。年始七歲，十六大國中論義第一；從佛出家，弟子之中智惠（慧）第一；故餘經論中讚嘆舍利弗，唯除佛如來，一切衆生類智慧及多聞欲比舍利弗，於十六分中不能及一。即先告之。何故先告？以其惠（慧）勝，爲是先告。

問曰：“前說聲［□］［聞］①德劣，故佛先告舍利。既是弟子中勝，何故先告？”

解云：“舍利惠（慧）行雖上，餘行劣他，故得先告。”

若如此者，餘之九人德有優劣，亦應先告。如此論量，理即不通。但是大聖導引多方，應告即告，何有先後？文中有四：一、命問疾；二、辭‘不堪’；三、釋所以；四、結‘不堪’。下文例爾。初命可知。第二辭‘不堪’者，皆舉往昔屈辱之事，彰已不堪，非謂此念以有斯耻也。然佛是大人，發言如印，而不可違，何故致辭者？但爲佛使，必須達人，憶昔被呵，默不能報；今懼此失，恐有辱尊之醜②，故下諸人皆致辭也。

第三釋中，義别有二：一、出昔日被呵之事；二、“時維摩”下，明得失教呵之相。呵去其失，教修其德。前中“所以者何”一句，總自徵責：“佛令問疾者何？”若作世尊問意：“汝是弟子，我使汝問疾，所以不去者何？”自徵問下，例皆有二意。“憶念”已下，正出呵事。“曾於林中宴坐樹下”者，聲聞修定，必託静緣，不知寂定離諸緣故；身子雖獲羅漢，法執未亡，見有身意，患身勞煩，故欲隱形於林，見心動亂，復欲藏心於定，以有身意，取捨未融，所以被呵；良由未悟法空，見外六塵爲能擾，執内六根爲所擾，故託林取静，避於外塵。“宴”者，默也。默坐樹下，安心坐禪，故云“宴坐”。第二教呵義中，文分三

① 聞，底本、録本無，據甲本補。

② 以下甲本缺。

節：一、呵；二、教；三、詰。“不必是坐爲宴坐”者，此呵失也。失有六種，下教文中，翻成六德，以其身子樹下坐禪，得身心相，故隱身於林，藏心於定；雖欲隱藏，翻成顯現也。此未全非，故云“不必”。生[①]云：“不言‘非是’，但‘不必是’。”不言“非是”者，二乘坐法乃可體然；但“不必是”者，未是大乘真極坐法也。莊云[②]：必是有所得，住著坐也。身子見有散可辨，見静可欣，故今責云：“不必是坐爲宴坐也。”若約行辯，舍利起不住行，以其此人捨俗歸林，以爲寂定；今教不住取捨，方爲大定。

“不於三界現身意”下，第二翻失顯得，正明教也。教相有六：一、等身心破，得身心相；二、凝静亂破，取静亂相；三、融真俗破，取凡聖相；四、亡内外破，取内外相；五、泯邪正破，取邪正相；六、齊縛解破，取縛解相。前中“不於三界現身意”者，第一等身心也。遠云[③]：“欲、色、無色界是三界。”凡夫於欲、色兩界受色形果，名爲“現身”；在無色界受心法果，稱爲“現意”。菩薩了三界虛妄，但是心作，證實除捨，無處可在，所以不於三界地中而現身意，是爲“宴坐”。滿云[④]：“聲聞得身心相，所以隱身林間，藏心在定。雖欲隱藏，翻成顯現。大士悟三界身意其性本空，不取不捨，不現身意，名‘宴坐’也。”又云：“五根空故，意不現也。身意性空，是真坐禪也。”肇云[⑤]：“法身宴坐，形神俱滅。道絶常境，視聽所不及，豈復現身於三界修意而爲定哉？”身子以猶有世報生身，得其身相，以人間爲煩擾，故隱身於林，藏心於定；雖欲隱藏，以自顯現，未能形神無迹、取捨兩亡，何以走長衢而避影，煎流水以求冰？被呵之由，良爲於此。“不起滅定現威儀”者，第二凝静亂。二乘之人患心勞慮，暫止心想，名爲“滅定”。由本識持，色身不壞；六識滅故，不能起動。所以然

① 此指晋、宋間的義學高僧竺道生，據《出三藏記集》載，其《維摩經疏》較僧肇注更能發明深旨。

② 宗密撰《圓覺經大疏釋義鈔》卷第九(之上)：“疏：‘老云’等者，引諸子書也。‘老云’者是老子也，‘莊云’是莊子，‘文云’是文子，‘列云’是列子，餘類可知。”[X09n0245p668]然本篇此處及下文“莊云”後内容似非莊子所言，待考。

③ “遠云”指東晋釋慧遠所云，下同。

④ 本篇此處及下文“滿云”之“滿”所指不明，待考。

⑤ 此“肇云”指後秦釋僧肇所言，下同。

者，聲聞威儀，意識引起，入滅定時，意識滅故，於四威儀，捨之入定；菩薩不爾，寂而常用，静亂不殊。何以故？以無心故，不起滅定，無心心而現威儀。如如意珠，無心分别，自然能雨一切寶物，但可以神會，難以事求。出入無二，是爲"宴坐"。《智度論》云："普花言：'汝信受一切法常寂滅相否？'舍利弗言：'我信此事。'普花言：'諸法常寂，無有體也。'"或可菩薩入滅定，雖無六識，有平等性智，引起色身，能現威儀；二乘滅定，無平等性智，不能現威儀也。肇云："小乘入定，即形同枯木，無運用之能；大士入實相定，心智永寂，而形充八極。"順機而化，應會無方，舉動進止，不捨威儀，是真宴坐。"不捨道法""現[①]凡夫事"者，第三融真俗。遠云："戒定惠(慧)等是聖道法，貪嗔癡等是凡事。"小乘未證法空，見有或(惑)業，有而可畏，段已入聖，不能現行引導衆生。菩薩了空知有，如幻處而無畏，現行教化，染净無二，是爲"宴坐"。

又由大士具根本智，恒觀真如，名"不捨道法"；後得智中，與物和光，教化衆生，現凡夫也。又云後得智中，心常入定，不捨道法，大悲心中現起煩惱，教化衆生，故云"現凡夫事"也。滿云：聲聞不能即净，有垢障隔生死，不能處中化物。大士善惡齊止，真俗同觀，故能處於中道而現凡夫事也。故下《經》云"示受於五欲"，明現凡夫事；"亦復現行禪"，名"不捨道法"。此化用言也。理實大士不見有道法，異於凡事，一相無相，平等無差別也。"心不住内，亦不在外"者，第四内外。六根是内，六塵爲外；聲聞入定，心即在内，出即在外；内外未均，體非是定；菩薩悟内外本空，相生非有，内外平等，是爲宴坐；故下《經》云不念内外，行於平等。或可真諦是内，俗諦是外；二乘執有真俗，心遊内外；菩薩了真俗俱空，故不住内外也。又云：依他是内，遍計是外；小乘不了能所取空，心遊内外；大士知内外性空，所以不住内外也。"於諸見不動，而修行三十七品"者，第五泯邪正。遠云五見非一，名爲"諸見"：身見，邊見，邪見，戒取，見取。凡夫恒起，不能入正；二乘修正，不能入邪。菩薩現行教化衆生，故無所動，雖現同邪，内心恒正平等，是爲宴坐。故下《經》云："八萬四千諸煩惱門，而諸衆生爲之疲勞，諸佛即以此法而作佛事。"肇云：小乘不能即邪爲正，要須斷見修道；大士通達諸見，與道品無異，故不離見、行

---

① 現，録本訛作"理"，據底本改。

於道品。故下《經》云住正道者，不分别邪正；又云凡夫滯有，二乘樂空，諸見爲纏，捨之方脱；菩薩悟見本無其由，空花水月，見體常空，即道品也。“不斷煩惱而入涅槃”者，第六齊縛解。莊云：二乘要斷煩惱，方入涅槃；菩薩了煩惱性空，本自不生，今何須斷？既無煩惱可斷，亦無涅槃可入，對彼斷入，故云不斷而入，是真宴坐。遠云：“隨化現起貪嗔癡等，故名‘不斷’。内心恒寂，名‘入涅槃’。”智者云此有四句：一、不斷不入，是凡夫人；二、斷而入，是二乘人；三、斷而不入，是通教菩薩；四、不斷而入，是圓教菩薩。今約第四門也。

問：“不斷煩惱，而入涅槃。四種涅槃之中，是何涅槃？”

答：“入無住處涅槃。所以得知，净名以二乘人斷煩惱而入涅槃，即證有餘、無餘二果。今明菩薩不同於此，現起煩惱，利益衆生，内證涅槃，而無所著。故《無垢稱經》云：‘不捨生死而無煩惱，雖證涅槃而無所住，是爲宴坐。’自性涅槃，凡夫亦有，恐同於彼，是以不説；有餘無餘，聲聞亦得，恐濫二乘，亦不説證。又解：前勝益有三義：一自性涅槃，本來清净，不由斷惑等得，所以不斷而入涅槃。第二是無住處，頓悟菩薩留隨眠或(惑)，故云‘不斷’；證無住處，故云‘入涅槃’。第三入有餘涅槃，二乘入有餘，要須斷煩惱；漸悟菩薩了煩惱性空，雖斷煩惱無所斷，不同二乘以斷爲斷，證有餘故，名‘入涅槃’。若能如是坐者，佛所印可者。”

上來教呵訖，此下第三總結。具上六德，平等宴坐，聖共同遵，稱可佛心，故云“印可”。此句結德。“時我世尊”默然、“不能加報”者，上人境界，非己所知，理出情外，故云不能報也。此句結失良由。向來教呵並明，得失俱説；故今雙結者，欲令時衆同其得也。“故我不堪”下，第四結不堪也。

佛告目連者，“目連”是姓字，拘律陀父爲無子，因求拘律陀樹，得生此兒，因以爲名。依《問疾經》，“目連”翻爲“萊菔”，其父好食此物，故以爲名。依《部執論》，翻爲“胡豆”，是王舍城輔相之子，先與舍利弗同事那若，心專求道，而無所得，疑謂無法。那若臨終，病卧微笑。二人請問：“師何笑也？”那若答曰：“五(吾)①念世人恩愛所縛。其南天竺國金地國王身死火殯，夫人戀

① 結合文意，此“五”當爲“吾”之訛省俗字。

憶,投火而死。吾爲是笑之。"二人私記。那若死後,有商人人從金地國來。二人訪問,如那若語。二人便云:"師定得道,但我非是法器。"遂共立契:"若有所得,必相告語爲要。"後佛初出世,頞鞞比丘入城乞食。舍利弗見之進止異常,知有勝師。舍利便問言:"汝師是誰?"頞鞞答言:"是大沙門。"舍利重問:"汝大沙門何所宣説?"頞鞞答言:"諸法因緣生,是大沙門説;諸法因緣滅,是大沙門説。"舍利聞之,豁然悟解,即於言下道證初果,迴至本處;目連聞之,亦悟初果。二人各將二百五十弟子,投佛出家,並得羅漢。弟子之中,神通第一;使不可廢,故命之也。

文四同前。第二辭不堪中,以其目連智障未遣,不能即事無擁,通不現前,説法不稱,是以被呵。

第三釋中"所以"下總徵,憶念下别。别中有三:一、出昔日被呵之事。二、"時維摩"下,明其教呵得失之相。三、明説益。爲諸居士説法者,經雖無文,以理言之,應説施戒修福等事,或説小乘生空法等,小不應大,所以被呵。諺云[①]:白衣居士久發大心,目連不識根機,爲説小法,法藥差故,故被呵也。就下教訶相中,先訶,後教。訶中"不當如仁説"者,居士應聞大乘實相,乃説有相之法,一説不應法,二説不當機。此二不當,具有四失:一、不知根;二、不達深義;三、闕於大悲;四、不報佛恩。若約行辯,目連修入證行,以其此人説施戒等法,不隨真法,今教二空也。

"夫説法者,當如法説"者,第二以理正教。於中有二:初、約所説法體以教。二、"夫説法者,無説無示"下,約就能説儀式以教。前中有三:初總,次别,後以理返責。初云"夫説法[□][者][②],當如法説"者,當如大乘實相法説法。"無衆生"下,第二隨法别教。於中且約五陰、十八界門而演説之,餘類可知。先就五陰,明法離相。"法無我所"下,就十八界明法離相。衆生起計,多執二處。前五陰中,句别有十,約義唯二:前之四句,明"人無我";後之六句,明"法無我"。"人無我"中,四句何别?宣説陰體,以爲神主,名之爲"我";和合之中,計有定實,以此而生,説爲"衆生";相續之中,説有神性,任

① 本篇此處及下文"諺云"之"諺"所指不明,待考。

② 者,底本、録本無,據文意補。

持不段(斷)[①],名爲"壽命";作用之中,立有主宰,説之爲"人"。破相顯實,故無我、人、衆生、壽者。故《勝鬘經》説:"如來藏者,非我,非衆生,非壽命,非人。""法無衆生"者,遠云正明理無,謂於實相法中無有衆生。所無有三:一、無横計神我衆生;二、於假名衆生之中無有定性;三、無假名衆生之相。此等皆是虚妄分别,相有理無,餘門類爾。"離衆生垢"者,破情顯理;取"我"之心,名"衆生垢";真法之中,無此"我"心,名"離衆生垢";以無垢心,故無衆生也。藏云:衆生者陰界入等諸物和合而生,以爲主宰。法者實相,實相之法,本無衆生。若見有衆生,即乖於實相,故稱爲"垢";若悟實相,則其垢自離也。若依《無垢稱經》云,先云"無我",後云"無衆生"。所以然者,外道凡夫先計身中有我,後執有衆生;以此理推,無煩致或(惑),廣如《無垢稱經》説也。"法無有我"者,遠云正明理無,亦真法中無三種我,准前可知。"離我垢"者,破情顯理,義同前解。此兩句中,破情顯理;後兩句中,破相顯理也。肇云:欲明無有我,非謂有無我。又云:"法無我"者,執有主,名之"有我"。然"我"不同,有其二種:一者、分别;二者、俱生。分别我見,有其二種:一、依邪教外道所起;二、依邪思惟内道所起。此二我見,體性不善,亦通隱没無記,唯在第六識中有。俱生我見,亦有二種:一、在意識,性是不善,亦通有覆無記;二、在末那,性唯有覆無記。此二種"我"悟真法時,悉皆求離,故云"無我"也。"法無壽命"者,遠云正明理無,亦真法中無三種壽,准前可知。"離生死"者,破相顯理。若真法中有其生死,故可就之説有壽命。既無生死,就何説壽也?滿云:生居命前,死居命後,中間相續,連持不段(斷),故稱名"命"。百年之期,名之爲"壽";生死性空,則無壽命。"法無有人"者,遠云正明理無,亦真法中無三種人,准前可知。"前後際段(斷)"者,破相顯理。有爲之法,前後相起;前爲前際,後爲後際。若真法中,有此二際,則可就之以説於人。真中無此,就何説人?於情爲有,於理實無。翻情顯理,故稱爲"段(斷)",非有所除也。《釋論》云:不忍作惡,行人法故,名之爲"人"。行因得果,往來生死,永無朽滅,故外道謂之爲"常"。前際既段(斷),無人造因;後

① 結合文意,此"段"當爲"斷"之借字。《説文通訓定聲》:"段,叚借爲斷。"下借作"斷"之"段"字徑用括弧表出所借字,不復出校。

際亦段(斷),無人受果。前後既段(斷),中間亦空,何有人也?《無垢稱經》云“法無補特伽羅”,此云“數取趣”,與“人”義相似也。

“法常寂然”下,第二,有六句,明其法空。初二離相,次二離名,次有一句結前離相,末後一句結上離名。初兩句中,前之一句,正明離相;後之一句,破去心緣,成前離相。就初句中,“法常寂然”者,遠云真性不動,故曰“寂然”。“滅諸相”者,破相障寂,四相五陰等是相也。真中本無名“滅”,諸相有相即“不寂”,相滅即寂矣。其由無法可生,無法可滅,故云“寂滅”也。諺云:真如佛性,如來藏等實相法也。“常寂然”者,是等諸法性出自古體,真無起[①]作,故云“寂”也。“滅諸相”者,本自無相,滅何所滅?正以非相爲相,强稱“滅”也。亦可法者一切法也,法若有相,即非寂滅法,何以寂滅諸相?故法離於相。“無所緣故”者,緣是心緣,相從心生;心若不緣,即相自空;能所俱寂,故離相也。“法離相”者,遠云正明理無,於真法中無五陰相,名“法離相”。“無所緣”者,破相顯理。若真法中有相可緣,不名“離相”;於真法中無相可緣,故法離相;以無所緣,能緣亦無;能、所俱寂,所以離相。又云“法無相”者,無貪著之相;真法之中既無所緣,亦無貪著能緣之相。故《無垢稱》云:法無貪著,無所緣故。次兩句中,前一句破名破説,後一句破去心覺,成前離説。就初句中,“法無名字”者,遠云正明理無,謂真法中無有妄想所立名字。“言語段(斷)”者,破去言説,顯成無名;名是言本,以無名故,言語不生,故云“言語段(斷)”。舉言語段(斷),成名無也。此解不然,何處名爲語本,只可言爲名本也。言語是名字之本,真深離言,豈有名字也?“法無有説”者,正明理無;於真法中,言語不生,故無言説。“離覺觀”者,破情顯理。覺觀言因,以真法中無覺觀故,言語不生,故無言説。麁思名“覺”,細思名“觀”。此皆情相。真法出情,故無覺觀。

問:“初禪有覺有觀,中間禪無覺有觀,二禪已上無覺無觀。與此真法離於覺觀,有何差别?”

答:“真法性滅,本自不生,所以云‘無’。二禪已上,對治不起[②],云‘離覺觀’也。”

---

①② 起,録本訛作“超”,據底本改。

“法無形”者，正辯理無，謂真法中無陰形相。以此結前離相之義，故説無相。“如虚空”者，類以顯之，真法離相，如世虚空，故言如空也。“法無戲論”者，正明理無，理外名言，悉成戲論；真法離此，名“無戲論”；以此結前“離名”之義，故説“無戲論”。“畢竟空”者，釋以顯無，理絶言論，云“畢竟空”也。

上來就陰，明法離相。自下第二，就十八界明法離相。文中一十九句，義分爲二：初有一句，明“人無我”；後十八句，明“法無我”。就初句中，“法無我所”者，正辯理無，謂真法中無“我”及“所”，義如上解。“離我所故”，釋以顯無。下法空中，句雖十八，相從爲三：初有六句，明六根空；“法無動”下五句，明六識空；“法離好醜”下七句，明六塵空。初六句中，前三破相，後三即實。就前三中，初句約識以明根空，第二約塵以彰根空，第三約因以顯根空。

就初句中，“法無分別”者，正辯理無，於真法中無有六根，生識了塵，名“無分別”。“離諸識故”者，釋以顯無，於事分齊，六根生識，真法之中無此識故，名“離諸識”；以離諸識，故無分别也。又云“無分別”者，真法之中，無有三種分別：一者、自性分別；二者、隨念分別；三者、計度分別。自性分別者，謂於現世所緣諸行自相行分別；隨念分別，謂於昔曾所受諸行上追念行分別；[□□□□][計度分別]①，謂於去來今不現前强思構行分別。八識中唯第六意識具上三分別，自餘七識唯有自性分別，以緣現在故。或可第七末那亦有計度分別，計度執我故。若論體性，依《雜心論》，計度分別，以惠(慧)爲體；隨念分別，以念爲性；[□□][自性]②分別，以③覺爲性。真法之中既無虚妄八識，所以無此分别也。“法無有比”者，正辯理無；相塵並對，名之爲“比”；真法無此，稱“法無比”。“無相待”者，釋以顯無，以無根塵相形待故，説爲“無相待”也。或可有無相比，萬法無性，何得有待？故顯無有。既不有無，何所無有？有無並空，故“無相待”。如無名指，形長爲短，望短爲長；性非長短，如是真法體性自空，有無性離，故“無相待”。故《中論》云“若法待因

① “計度分別”四字底本、録本無，據文意補。

② “自性”二字底本、録本無，據文意補。

③ 以，録本訛作“爲”，據底本改。

成，是法[①]還成待，今即無因待，亦無所成法”也。“法不屬因”者，正明理無，於事分齊，果從因起，以因攝果，名爲“屬因”；真法無此，名“不屬因”。不在緣故，釋以顯無。親生名“因”，疏而助發稱“緣”。如世諦法，種子爲因，地水爲緣，芽果得生；有緣可在，即可對之説其屬因；無緣可在，知復對誰説爲屬因？或可“緣”者“因”之别稱，言“不在緣”，當知猶是不在因也。不能重言，彰不在緣。生不離緣，目之爲“在”；真不假緣，故曰“不在”；“緣”故“不屬因”也。

自下三句，約真如、法性、實際三義，以顯即實。此三何異？於真法中，“空”名爲“如”，“有”名“法性”，非有非無，説爲“實際”。真云何空？離相離性。云何不空？具佛法故。《起信論》云：一如實空，以顯法體，空無妄故；二如實不空，次顯法體，具足無漏性功德故。云何復名“非有非無”？有無同體住真實也。又云：法性、真如、實際，此三皆是“實相”異名，如實不變；名如是諸法，因名爲“法性”；窮其際畔，稱“實際”也。初中“法同法性”者，當相正辯；如來藏中，一切佛法，名爲“法性”；所辯真法，與彼一體，一而不異，故説爲“同”。“入諸法故”者，釋以顯同；“入”猶“順”也，由順諸法，故同一性；此諸法等即是無漏性功德法，非是五陰事法也；故《無垢稱》云：“法同法性，入法界故。”

問：“法體既一，云何名‘順’名‘入’耶？”

答：“體性雖一，義門恒别，義别體同，得云‘順入’。下皆同爾。”

“法隨於如”者，遠云當相正辯不異真如義也；法界雖别，空理不殊，故説爲“如”；所辯之法，順彼如理，故名爲“隨”。此與“如”一，何故言“隨”？義如前解，門别體同，故得説“隨”。前同此“隨”，言左右耳也。“無所隨”者，釋成“隨”義，以於有法無所隨故，故隨如也；或可非但不隨於有，亦不隨於無，離有離無，故隨如也。又云：若便如外有法，即有所隨；一切皆如，無所隨也。“法住實際”者，當相正辯。“際”謂“際畔處”之别稱，窮盡之處，名爲“實際”；所辯真法即於實際，名之爲“住”；前隨此住，亦左右耳。諸邊不動，釋成“住”義；不爲有無二邊傾動，故“住實際”也。故《智度論》云：般若波羅蜜猶如大火聚，四邊不可觸，遠離於四句。談云：實外有妄，即是邊是動；即妄恒真，故

① 法，録本訛作“送”，據底本改。

無邊可動也。

自下五句明識空中，前二破相，後三即實。前兩句中，初句約塵以明識空，後句正就識體明空。初句中“法無動摇”者，正明理無；六識之心，往來取塵，名爲“動摇”；真法常住，不同於彼，名“不動摇”。“不依六塵”者，類以顯無；不同六識依六塵生，故“無動摇”；或可妄識取境，爲塵吹心，名爲“動摇”；真心離念，雖緣萬品，緣無所緣，故“無動摇”也。“法無去來”者，正明理無；六識之心，三世流轉，名爲“去來”；“去”是過去，“來”是未來，真法離此，故“無去來”。“常不住”者，釋以顯無；現在名“住”，若便真法曾住現在，故可對之説“去”説“來”；法無現住，知復望何説“來”説“去”？此二遣相，下三即實。“法順空”者，順空門也；“隨無相”，無相門也；“應無作”，無作門也。依《中邊論》，空有三種：一、無體空，即分别性一向無體；二、不如空，即依他性，緣生不實，不同分别一向無也；三、自性空，即真實性，即上二性無相無生，爲“自性空”。無相亦三：一、無人相；二、無法相；三、無執空分别之相。無願亦三，三相空故，故無三願；同一無性，故名“順空”。即隨即應，綺互言爾。類通萬法，悉入三空。

自下七句明塵空中，初有四句，正就塵體以説其空；次有一句，約根辯空；次有一句，約就塵體以明其空；末後一句，約識彰空。就初句中，“法離好醜”者：遠云：“明離相”也，於事分齊，塵有美惡，美名爲“好”，惡稱爲“醜”，真法離此，故無好醜。莊云：善法爲“好”，不善爲“醜”，法無善惡，有何好醜？叡云：實智爲“好”，無明爲“醜”，真法性空，何好何醜也？“法無增損”者：遠云：明離塵用，順益名“增”，違情稱“損”，真法離此，名“無增損”。叡云：若生即“增”，若滅即“損”，法無生滅，故離增損。莊云：無相真法，有佛無佛，其性常住，無有二相；如來説法，普度衆生，滅盡法亦不減，涅槃亦不增也。“法無生滅”、“法無歸”者，明離塵體。六塵之體，有起有盡，説爲“生滅”，屬人曰“歸”；真法離此，故無生滅，亦無所歸。又云：生滅從緣，而無體性；雖生不生，雖滅不滅；法若有生，即歸於滅；以其無生，故無歸滅也。“法過眼耳鼻舌身心”者，約對六根，以明塵空。於事分齊，六塵是其六根所行，二乘不名爲“過”；真中無塵，眼等不及故名“過”。“法無高下，常住不動”者，還就塵體，以辯其空。於事分齊，塵有勝劣，上地塵勝爲高，下地塵劣爲下，三界俱空，真法離此，故無高下；又在聖不高，居凡不下，以法性平等、體無高下也；生死爲下，涅槃爲高，空法之中，無生死故無下，無涅槃故無高也。“常住不動”，釋無高下也。法離觀行者，約識辯空；於事分齊，塵爲識緣，不離觀行，於真法中無塵可緣，是故名“離一切觀行”。

問：“真法既離觀行，無分别智豈不緣如？”

答言：“離觀行者，謂離凡夫二乘有相，觀心緣真，不及所言離；若望真智，緣亦不離行也。或可無分别智雖復緣如，亦離觀行。何以故？智證如時，不取如相，所以言離。或可智雖緣如，緣無所緣，亦離觀行也。”

上來别教也。

“法相如是，豈可説乎”者，以理返責，牒前所辯名法也。是名相俱絶，心行亦無，豈可宣説？

上來約就所説法體以教，自下第二，約能説儀式以教。於中有三：一、説儀；二、離失具德；三、勸説。初説儀有二：一、法；二、喻。法中“無説無示”者，遠云明無説人；將言對法名“説”，宣法對人名“示”，理中無此名“無説示”。“其聽法者，無聞無得”，明無聽人；以耳對言名“聞”，以聞解法名“得”，理中無此，名“無聞得”。諺云“夫説法者”，明法非無；無説無示，彰法非有；非有故離常，非無故離段（斷），非有非無，即離段（斷）常，是名“正説”。“其聽法者”，明法非無；“無聞無得”，彰法非有；非有離常，非無[□][離][1]段（斷），離段（斷）常名曰“正聞”。又云：説時離言，故云“無説”；以法示人，實法性空，示無所示，故云“無示”。“無聞無得”者，常聞正法，以法體空，故曰“無聞”；依聞而證，證得實法，法體性空，得而不得，故名“不得”。測云：實相法體無名故不可説，無相故不可示；不可説故“無聞”，不可示故“無得”也。又云：宣説諸法，無有實説，故稱“不説”；以法示人，無有實示，故云“無示”；耳聞正法，無有實聞，故名“無聞”；解心得法，無有實得，[□][故][2]云“無得”。此離遍計情執也。故《無垢稱經》云：“夫説法者，一切皆是增益損減。

① 離，底本、録本無，據文意補。
② 故，底本、録本無，據文意補。

其聽法者,亦復皆是增益損減。”莊云:論説法之人,多有[□][説][1]示之心;聽法之徒,並有聞得之相。今言説法之者無説無示,終日談論,未曾有説;終日誨導,未曾示人;非是杜口不説不示也。“其聽法者,無聞無得”[□][者][2],終日聽法,而未曾聞,如海吞流,未曾有得,非是塞耳不聽以爲“無聞”,非是都無所獲以爲“無得”,良由聞者畢竟净也。故《思益經》云:“若有菩薩於此衆中作是念:‘今説是法。’當知是人即非聽法。所以者何?不聽法者乃爲聽法”也。“譬如幻士,爲幻人説法,當建是意,[□□][而爲][3]説法”者,此舉喻況;“譬如幻士”,明無説人;“爲幻人説法”,明無聽者;非謂法無名相,即無説聽之者。人我性空,誰爲説聽之者?當建是意,如幻士爲幻人説也。

“當了”已下,第二,明其説法之德,翻前四失,以明四德。當了根者,第一彰説法人知根之德,明了衆生根利鈍故;“善於知見”者,二明證法之德,證深法故;“無所罣礙”“大悲心”者,第三明大悲之德,善爲衆生演大乘故。大乘之法,拔苦盡原,所以成悲也。報佛恩者,四明報恩之德,善教衆生發菩薩心,自致成佛。成佛即有法,有法即化衆生,是其僧寶展轉相教,故名三寶不段(斷)即報佛恩也。

“然後説法”者,第三識儀離失,勸如法説也。“維摩詰説是法時”者,上來第二教教呵竟;此下第三,明八百居士發心,是其教益。

“我無”已下,第四,結“不堪”也。

“佛告迦葉”者,[□□][迦葉][4]是性,翻爲“飲光”。飲光是古仙名,此仙身有光明,能飲諸光,令不現前,故以爲名也。其人是飲光仙人種族,即以爲名。又自身金色亦有光明,是王舍城婆羅門種,其家巨富,婦名“婆仙”。其人昔於迦葉佛時作裝像師時,有一女持一金珠寄此像師,修營佛像,由斯福善,恒相逢遇;今值佛出世,還爲夫妻,身並金色,在俗無欲,同皆出家,齊得

① 説,底本、録本無,據文意補。
② 者,底本、録本無,據文意補。
③ “而爲”二字底本、録本無,據《維摩詰所説經》[T14n475p540a20]補。
④ “迦葉”二字底本、録本無,據文意補。

羅漢。迦葉在日，常與如來對坐説法。佛滅度後，所有法藏悉付迦葉。迦葉後時結集三藏竟，至雞足山入滅心定，全身不散。後彌勒佛出世之時，以足案山而出，在大衆中作十八變，度人無量，然後滅身，未來成佛，號曰“光明”，弟子之中，頭陀第一。以無平等大悲，具有四失，故被呵也。文四同前。

就其第三釋所以中，初徵，後釋。所以言我不堪問疾者何？“憶念”已下，廣釋所以。就中有二：一、出昔被呵之事。二、“時維摩”下，明其教呵得失之相。前中“貧里而行乞”者有四義：一者、迦葉本爲慈心，行於頭陀，福利衆生，以其貧者先不殖福，招此苦報；今從貧乞，令離貧苦。二、迦葉是大聲聞，得滅盡定，供養之者，皆得現報；今愍斯長苦，所以從乞。三、富者嬌[1]奢難化，貧者受導易從。四、若從富乞，即有名利之嫌；今從貧乞，即念少欲之行，故從貧乞。

第二教呵相中，先呵，後教。“時我世尊”已下，迦葉聞法，發心呵中“有悲心而不普”者，捨富從貧，欲使貧者得富，不覺富者還貧，故“非普”也。就正教中，大文有兩：一者、正教翻失顯得。二、“如是食”者已下，以其德故，施受二人，俱獲勝益。前中初先翻彼四失，即成四得。“然後食”下一句，總結。前中言四失者：一、取食相；二、畏境界；三、見邪正；四、心不普。初取食相中自有四失：一、不平等；二、不爲不食；三、不爲壞和合相；四、不爲不受。“住平等法”、“應行乞食”者，翻其初失欲食，令學者爲證清净平等法身而行乞故。“然後可食”下諸句中，類同此釋。或平等有四：一、人平等，衆生普視；二、法平等，真如佛性；三、心平等，須發普心，貴賤等觀；四、行平等，須發普行，貧富同乞。今此文中，約行平等也。“不食故，應行乞食”者，談云：翻第二失，真體離緣，涅槃平等，不假於食，應以此心而行乞食；若然，即終日食，終日涅槃，其道無二也。莊云：舊諸師解不食即涅槃，爲涅槃故行乞食，釋還成他義。小乘人乞食，並爲求涅槃，急如火。若作此呵，未成呵責。今此文意，皆以實相平等折彼執心；今明即食爲不食，汝若能無所食，乃可取食。“爲壞和合相，應取揣食”者，談云：翻第三失，陰界入等名“和合相”，雖取揣食，爲壞生死五陰身故，唯求離相，清净菩薩故行乞也。莊云：三塵假合，成

① 嬌，録本訛作“嫡”，據底本改。

其段食，名爲“和合”。汝能了食無所食，即是“壞和合”也。故《無垢稱》云“爲欲壞彼於食執故，應行乞食”也。“爲不受故，應受彼食”者，談云：翻第四失，法身常住，不受生死身也；應以此心而受彼食，若然，即終日受食而不曾受也。莊云：如受食時了食性空，受無所受也。故《無垢稱》云：“爲欲受他所施食故，應從乞食。”

“以空聚想入聚落”者，第二呵畏境界相，翻失顯得。於中有二：初句總教。“所見色”下，第二别言。“聚落”者，村坊、城邑、白衣住處名爲“聚落”。迦葉乞食，必入聚落，見有貧富，即捨富從貧。今觀聚落性空，衆生非有，何爲捨富從貧、畏而不入？若然，即終日聚落，終日平等也。别中約就根塵等法，以理正教；以聲聞人未證法空，見塵是有，對之起怖，故教令觀空，於乞食時多於六塵而生諸結，故須教觀。此文之中，於六塵境依法各異：於色塵境教觀根空而爲對治，於聲塵境教觀境空而爲對治，於香、味兩塵教觀識空而爲對治，於觸塵境教觀能取、所取性空而爲對治，於法塵境亦教觀境空而爲對治。一相如此，互從皆得。“所見色與盲等”者，夫入聚落，必有見聞。凡夫見聞，即空諸結。二乘見聽，怖以六塵。令(今?)①雙斥②凡小，故辯菩薩法也。盲人無根，於境不著，故不分别色形美惡，故無違順。行者觀眼，從因緣生，無性故空，即識不生，故無分别。故下《經》云若知眼性，於色不貪、不恚、不癡，是即寂滅，安住其中。非是閉目不見名爲“盲人”，常對四色而不取相，故是如盲。譬如五指塗空，空無像現；眼亦如是，雖對色塵，了眼性空，見無所見，故如盲也。若約互從因緣和合，眼能見色，今觀眼空，識亦非有，識性既空，識即不生，三法體空，即無分别，所以如盲也。故《法句經》云“眼不自③見，屬諸因緣；緣非見性，眼即是空；色屬眼時，名‘色’爲‘色’；若眼性空，色亦無實”也。“所聞聲與響等”者，聲從緣生，無有自性，無性即空，與響何

① 令，似爲“今”之訛誤，待考。

② 斥，録本録作“斥”，底本實作“庐”，乃“斥”之俗體。伯 2661 號《爾雅》卷中：“東北之美者有庐山之文皮。”“庐”字宋刊本《爾雅·釋地》作“斥”。“斥”字亦同“斥”。《穀梁傳·僖公五年》：“晋侯殺其世子申生，目晋侯斥殺，惡晋侯也。”范寧注：“斥，指斥。”然此處《大正藏》本迻録失真。

③ “不自”二字底本、録本誤作“自不”，據《佛説法句經》[T85n2901p1433a1]改。

異？“所嗅香與風等”者，香隨風轉，自體不實，既譬如風，不空何也？又云：風行香林，無心分别；行人亦示，了識性空，雖復嗅香，竟無别也。遠云：風事浮麁，人多不著，觀香似彼，故無貪著也。“所食味不分别”者，六味緣生，根非自有，妄識體空，何所分别？遠云：瓢杓無心，雖在諸味，不生分别；行者應爾，當如瓢杓，不生分别。“受諸觸如智證”者，如聖人證果之時，理無能、所；行者亦爾，觀身空故，無其能觸；境空故，無其所觸；能、所雙亡，故如智證也。“知諸法如幻相，無自性，無他性”者，陰界入等，名爲“諸法”；法體性空，故云“如幻”；從緣而生，故“無自性”；無自性故，亦無他性；自、他既無，即不共生。所以“不然”，不無因故，故“不滅”。又云：“不無因”者，有因當不生，無因依何生也？既無有生，亦無有滅。故《中論》云：“諸法不自生，亦不從他生，不共不無因，是故知無生。”又云：無自性者，籍緣生也；無他性者，自因生也；本自不生者，謂無作用也；今即無滅者，緣生似有也。《對法論》云：自種有故，不從他生；待緣生故，非自作；俱無作用，故不共生；有功能故，不無因也。又云釋有三義：一、總；二、即；三、相待。總者諸法當分，無不是自，但言無自，即以總破諸法使無他也；即者舉他望自，自即爲他，今既無自，即亦無他也；相待者自、他相待，既明無自，更待誰說他？故前明無自，此明無他也。法本不然，今無滅者，然（燃）猶生也。解有三義：一、約圓成，二空真如，性無生滅，故云“不然（燃）不滅”；二、依他從緣而生，生即不生；從緣而滅，滅無所滅；故稱“不然（燃）不滅”；三、約遍計，愚夫横計，當情似有，體性本空，實無生滅，故云“不然（燃）不滅”也。

“若能不捨八邪”已下，第三呵取邪正，翻失顯得。遠云：聲聞獨善，故捨八邪，入八解脱；菩薩兼利，隨物視同，故不捨八邪、入八解脱。諺云：言“八解”者，翻八正道以爲八邪，謂邪見、邪思惟、邪語、邪業乃至邪定。入八解脱者遂翻八邪。以爲解脱，謂正見乃至正定。亦可是彼内有色相，外觀色等八解脱也。邪正既異，云何不捨於邪而入正也？是大難解。有人云：謂諸佛菩薩雖自正證，而以大悲應同於邪，故云“不捨”。如此釋者，大成猛狼（孟浪）[1]。既云應

---

[1] “猛狼”二字正當作“孟浪”，義指粗疏、荒誕。《莊子・齊物論》：“夫子以爲孟浪之言，而我以爲妙道之行也。”成玄英疏：“孟浪，猶率略也。”

同，久已捨竟，云何不捨？又此文中呵彼凡小不達法空、心有取捨，呵之欲令學於大乘平等真觀，何得乃就“應同”者釋？都不相應。今解云何净名妙契真如，體非邪正，妄情分别，謬見是非？如此惑與理相違，悲傷不已。今正教之，觀此邪倒從妄心起，心尚非有，妄依何生？達妄體空，即真解脱。理既不居邪正，豈有縛脱之名？今已無邪可捨，名“入解脱”也。又云：二乘捨八邪而入八正，大士識邪性空，與正無異，所以不捨而入，以無可入對彼捨入，故云“不捨入”也。“以邪相入正法”者，遠云：前就因，此約果以教。邪相世間，正法涅槃。聲聞獨善，捨邪入正；菩薩兼利，隨物現同；故不捨邪入正法也。又云：二乘捨邪入正，大士悟邪正俱空，解空不異，故名爲“入”。何爲離邪而求正也？若欲除邪，别覓正者，如第二頭、第三手等，失之遠矣。故下《經》云“住正道者不分别邪正”也。

“以一食施一切”，第四，訶心不普，翻失顯得。凡小之類，闕於大悲；其所得食，不能廣濟，但欲自資，無心爲物；故今教之食無定相，廣狹隨心。心小故但益一身，心大故遍於凡聖。若能普施，即福利弘多，豈得限心而獨食也？莊云：法界之食，一多無二，知一即多，故以一食施一切。“然後可食”者，此之一句總結。向前具四德者可得食之，即顯失者不合食也。

上來教呵竟，下次第二，以其乞者如法食故，能令施、受二人各獲勝益。文中有三：一、明受者離六相故，行於中道。二、“其有施”下，明施人無四别，得平等福。三、“是爲正入”已下，總結顯勝。前中六相者作三對説。初言“非有煩惱，非離煩惱”，是其初對。凡夫有煩惱，二乘離煩惱；菩薩了煩惱性空，非有煩惱，故不同凡夫；非離，故不同二乘。故《無垢稱》云“非有障染，非離障染”也。又云：頓悟菩薩段分别二障，非有煩惱；留俱生惑，助悲願力受生，非離煩惱也。或慚悟菩薩無漏行圓，非有煩惱；隨俗現起，非離煩惱也。若能如上平等食者，即法身食也。故下《經》云“住正道者，不見邪正等”也。“非入定意，非起定意”者，是第二對。諸聲聞等，攝心爲定，起心爲散；菩薩不爾，行中道故，静亂俱融，於一切時無不定也。又云：外利他事，不同二乘，非入定意；心常不亂，不同凡夫，非起定意也。滿云：小乘入定即不食，食即不入定，欲食之前，要先入定，而起方食，食竟還入定，生施主福；大士識定、亂無二，終日食而終日定，故無出入異也。“非住世間，非住涅槃”者，是第三對。凡夫住世間,二乘住涅槃。法身大士了世間空,故不住世間;解涅槃空,故不住涅槃。故下《經》云:"我及涅槃,此二皆空。"又《思益經》云:諸佛如來不得生死,不得涅槃,佛勝弟子得解脱者亦不得生死、不得涅槃也。又云:大智成滿得涅槃,非住世間;大悲已滿常利他,故不住涅槃也。第二施者無四别。"無大福,無小福"者,迦葉意謂施聖人得大福,施凡夫得小福。福者,果也。法身大士不見凡、聖有異,不見因①之優劣,何有福之大小?故云"無大"、"無小",《無垢稱經》云"無大果"、"無小果"也。"不爲益,不爲損"者,理無增損,無大福故不爲益,無小福故不爲損也。第三"是爲正入佛道"者,正顯嘆勝。佛道者,佛所得道,謂正體後得二智。既知受者無六相,施者無四别,豈非入②平等佛道也?"不依聲聞"者,舉劣辯勝,聲聞分别未亡,故不依也。"若如是食,爲不空食"者,結嘆勸修也。上教訶訖。

"時我"已下,是第三迦葉彰己③聞法,發心捨小乘執。於中四句:一、自發大心;二、"復作是念"下,彰净名德;三、"其誰"已下,勸他發心;四、"我從"已下,彰已及他俱捨小行。"是故"已下結不堪也。

"佛告須菩提"者,此云"空生",亦名"善吉"。故《福德經》云:舍衛城中有長者名"拘留"。父爲無子,故祠天求子。空聲應言:"汝福得多,無堪來者。有天王命終,應生君家。"後便誕身。其人初生,舍宅皆空,父母怪之,以問相師。相師告云:"現空唯善,表大解空第一。"故曰"空生"。後長大,請父延佛設食,即隨佛還祇洹精舍作沙門,思念人物俱空,獲阿羅漢果,得無諍三昧,未得大乘究竟平等大空三昧,故今被呵。若就行辯,前大迦葉以無平等大悲捨其大乘,樂於小法,不能貧富平等,闕助成之行,所以捨富從貧乞;今須菩提闕平等空智,欲捨小法,别求大乘,不能以富等貧,謬見邪正,遂捨於貧而從富乞。此並未會不二之真,故被呵也。文四同前。第三釋中,初徵,後釋。釋中有二:一、舉昔日被呵之事;二、"時維摩"下,辯其得失教呵之相。前中入舍從乞食者,須菩提自念若從貧乞,恐成惱亂,令諸衆生得嫌嫉之罪,

① 因,録本訛作"由",據底本改。
② 入,録本訛作"人",據底本改。
③ 己,録本訛作"已",據底本改。

故須捨貧,唯從富乞,故今須入維摩詰舍。

"時維摩"下,廣明得失教呵之相。文中有三:一、明翻失,顯得教呵之相;二、"時我"已下,明須菩提自申己[1]屈,維摩垂教;三、"説是法"下,明教呵益。前中維摩取鉢盛飯者,教呵所由。何故净名取鉢盛飯而不與者? 略有三意:一、取鉢爲盡言論,若不取鉢,彼得切(切?)[2]難,恐怖捨去;二、若不滿施,懼招慳過,廣開施門,彰已無悋;三、寄食以興論端。故先取鉢盛滿飯也。"唯,須菩提"下,正明教呵也。文中有四:一、呵於食不等;二、"不段(斷)淫"下,於縛解不等;三、"不見佛"下,於師法不等;四、"入邪見"下,於一切法不等。翻此四失,教成四德。總呵意返責須菩提:"汝若實得空無諍三昧者,何不於食法乃至縛解諸法一切皆等,莫生分别。既見汝今捨貧從富,除貪[3]取脱,背彼邪師,歸佛正法,正是相違。斯則有見不亡,取捨未息,云何得稱空三昧? 若欲合彼大空平等無諍三昧者,應須不見食之美惡,乃至邪正無二,不生分别,若能如是,然可取食也。"就初於食不等中,句别有三:一、將食類法;二、以法類食;三、結聽取食。"唯,須菩提! 於食等,諸法亦等"者,此即初句:汝今捨貧從富,見食善惡,即知於食不等;萬法同相,以法性爲實,即知汝於法不等。又將食類法,觀食體空,名爲"食等";以此類餘,名爲"法等"也。"諸法等"者,第二句以法類食,觀法性空,無有染净,名爲"法等";以此類食,名"食亦等"。"如是行乞,乃可取食"者,第三句結聽取食。萬法同相,准一可知;若於法食平等者,以此行乞,即是福田,乃可取食也。"可取食"等者,取富人之妙食,等貧舍之穢飡。若能於此麁妙食等,即能於諸法亦等;若達萬法皆等,即能於食亦等;得此等心,是真福田,乃可取食也。

"不斷淫、怒、癡,亦不與俱"者,第二呵須菩提於縛解不等,有其十事。汝若得平等空智者,何故斷三毒、壞[4]身見、滅癡愛、見惡業、存縛解、見四諦、執得果、離凡夫、取聖人、著諸法? 有此十事,知汝於一切法不平等也。就此

① 己,録本訛作"已",據底本改。
② 切,底本似作"功"。待考。
③ 貪,録本訛作"貧",據底本改。
④ 壞,録本訛作"懷",據底本改。

十中，前九是别，後一是總。前九中初七約行以徵，後二約人以責。前中初五斷德，後二智德；亦可前五離染，後二修净。前五中初三煩惱斷，次一業斷，後一苦斷。煩惱中初二見惑，後一修惑。見惑之中，初鈍，後利。“不斷淫怒癡，亦不與俱”者，佛無三毒隨化常現，故云“不斷”；“亦不與俱”者，證實返望，從來非有，故無可俱；非見有法，捨而不俱；以不俱故，不同凡夫；由不斷故，不同二乘；餘别類爾。若約三性釋者，遍計煩惱，本來性空，無惑可斷，故云“不斷”。既無可斷，與誰共俱？二、依他煩惱，斷時不斷，名爲“不斷”；不斷而斷，故云“不俱”。三、圓成真性本净，無惑可斷，故云“不斷”；真外無妄，與誰共俱？故云“不俱”也。若約菩薩，初地已上，現起分别三毒，化衆生，故云“不斷”；據理實無，稱“不俱”也。“不壞於身，而隨一相”者，遠云：現行身見，教化衆生，而不捨離，名“不壞身”；“而隨一相”，理如一相，行證名“隨”，身本自空，即是“一相”也。何須壞身見而隨一相也？諺云：真如平等，名爲“一相”；陰身體空，無法可壞，不壞即真，故名“一相”。何須壞五陰而隨一相？此解不然。身即是身見，非五陰也。又云：聲聞滅身，而得無相；大士知身見性空，即是一相。何須壞身見方隨一相也？故《無垢稱》云：不壞薩[①]迦耶見，而隨一相。“不滅癡愛，起於明脱”者，遠云：修惑，謂“無明使”；起之不了，名“癡”；欲愛、色愛、有愛住地，名“愛”；隨化現行，故曰“不滅”。“起明脱”者，“明”是惠(慧)明，“脱”是心脱。凡夫癡厚，故能障惠(慧)；二乘分除，癡斷惠(慧)明，愛滅心脱；菩薩不爾，了癡愛由來無所有，即是明脱也。肇云：聲聞以癡障智，滅癡方明；以愛繫心，除愛方脱。大士達癡愛性空，即是“明脱”。誰縛於心而滅之也？或可癡愛即是俱生，迷别事起，行相淺近。如來示行，名爲“不滅”；起不障智，名爲“明脱”。“五逆相而得解脱”者，次約業辯，殺父、害母、殺阿羅漢、破和合僧、出佛身血，是其“五逆”。此等背恩及逆福田，故説爲“逆”。殺父母背恩故逆，後三背於福田故逆。隨化現起，名“五逆相”。“而得脱”者，永絶業羈，名“得解脱”也。又云：小乘人以見惡業爲

① 薩，底本、録本訛作“菩”。録本出校：“菩＝薩?”按：所疑是。慧琳《一切經音義》卷第五“薩迦耶見”條：“梵語也，此譯爲身見。迦耶名‘身’，‘薩’曰‘移轉不實’義也。此外道於身起不實之見，見不正故，名‘薩迦耶見’也。”[T54n2128p338c15—c16]兹據文意改。

障，要須斷除，方得解脱；大乘之士知業從緣生，緣性自空，業云何有？空不爲障，故稱“解脱”。此就惡業，業空故脱。又約善明“五逆”者，殺無明父，斷貪愛母，止除覺境妄識之佛，殺結使阿羅漢，破壞陰集和合僧；能行是五逆，即真解脱。“不縛不解”者，此約苦報。遠云：如來不爲生死苦報所纓，名爲“不縛”；隨化現行，稱爲“不解”也。又滿云：二乘人業障以之爲縛，除之得脱；菩薩知法性空，本來無縛，既無有縛，即垂稱解；頓悟菩薩七地已前未捨分段，名爲“不解”；了法性空，稱爲“不縛”。故《涅槃經》云：菩薩非不有苦，解苦無苦，名“苦聖諦”。又下《經》云：“若本無縛，其誰求解？”《大品》云：空故，離故，寂滅故，不生故，無縛解也。或可漸悟菩薩現起分段、化衆生故，名爲“不解”；已捨分段，稱爲“不縛”。或可未捨變易，名爲“不解”；了法性空，云“不縛”也。上來約染，明其斷德，責其不等；次下兩句，約浄明其智德，責其不等。初句約因，第二約果。“非見諦，非不見諦”者，此約因也。如來示起見疑，不觀諦理，名爲“非見”；内實覺了，名“非不見”；斯乃地上通名行相不見諦也。若約漸悟菩薩，初地已上，十地已還，示起見疑，化衆生，故名“不見諦”；内實覺了，名“非不見”。或可直往菩薩七地已來，留隨眠惑，不觀諦理，名爲“不見”；内實覺了，名“非不見”。若約智解，正體智離，能所分别，名爲“不見”；鑒照二空，名“非不見”。或可正智從緣，緣無性故，見無所見，名爲“不見”；無見爲見，名“非不見”也。若後得智離，執著分别，名爲“不見”；鑒照四諦，名“非不見”也。莊云：二乘見諦，凡夫不見。菩薩知四諦性空，入實相理，所以離見非見也。肇云：非如有心之見，非如無心之不見也。“非得果”者，此約果説。遠云：此言略少，准前應言“非得果，非不得果”，且舉一邊。菩提涅槃，名之爲“果”。佛證菩提，卻行因事，不捨一切菩薩所行，故云“非得果”也；實證菩提，故“非不得”，今略不辨。諺云：法離能、所，故云“不得果”；人法不同，“非不得果”也。滿云：凡夫不得果，聲聞得果，菩薩善達果體自空，由來非有，云何言“不得”“非得”也？或可初地已上菩薩證無住處涅槃，名爲“得果”；證智從緣，緣性自空，證無所證，故云“非得果”。或可得時離情，不生分别，云“非得果”，非是不得也。古人彰疏皆云，譯經人脱略下句，理實合有兩句。勘檢《無垢稱》云，唯有“非得果”一句，縱使脱略，自是結集時也。或可梵本無下句也。“非凡夫,[□][非][1]離凡夫法”者,下兩句約人以責。如來[2]内備聖德,故“非凡夫”;現行凡事化衆生,故“非離凡夫”也。又云:頓悟菩薩初地已上、七地已來,已獲聖性,名“非凡夫”;由故意力引起煩惱,助悲願受生,“非離凡[□][夫][3]法”也。若至八地已上,留貪等種,非離凡夫法也。若約漸悟菩薩,初地已上,已證聖性,名“非凡夫”;現起煩惱化衆生故,“非離凡夫法”也。“非聖人,非不聖人”者,如來現爲凡愚,化衆生故,名“非聖人”;隨俗説有,“非不聖人”也。又聲聞未能亡懷,取聖人相;大乘之士了聖人性空,云何取聖相不取非聖相也?上來别徵竟。“雖成就一切法,而離諸法相,乃可取食”者,此之一句,總以結勸,明一切法成時即壞,故稱“離”也。若如上來,唯得無失者乃可取食也。

“若須菩提不見佛”下,第三呵善吉於師法不等,亦云邪正不等。文中有四:一、總徵;二、六師起見不同;三、重徵責;四、結聽取食。初“不見佛,不聞法”者,總徵也。返責善吉:汝若實得空三昧者,何以不同外道六師不見佛、不聞法?見今捨彼外道,見佛爲師,聽佛正法,是則取捨未亡,何得名“空三昧”也?莊云:二乘人謂捨凡得聖,要由見佛聞法,故此泯之。善吉自謂見佛聞法,而言不見聞者,其言似違,其理實相。若有佛可見,即是有見,故不見佛;若有法可聞,即是有聞,故非聞法。今明無佛可見,乃名“見佛”;無法可聞,是名“聞法”。蓋是斥二乘之有,是故説“無”。既知佛非有,即識佛非無。如是五句,無所愛著,始是法身。如斯而悟,名“見佛”也。故《中論》云:“邪見深厚者,即説無如來。如來寂滅相,分别有亦非。”就下别中,初舉外道六師,起見不同。前“富蘭那”是字,“迦葉”是姓。此人起斷見,言一切法空,無君臣父子忠孝之道。“末伽梨”是字,“俱賒梨子”母名。此人起常見,言一切苦樂不由行業,性自有之。“删闍夜”是字,“毘羅胝子”母名。此人起自然見,執道不須修,八萬劫苦盡,即自然解脱;如轉縷丸於高山,綖盡自止;非解脱因,謂之爲“因”,非因計因,是戒取見,撥道不須修道邪見也。“阿耆多”,

① 非,底本、録本無,據《維摩詰所説經》[T14n475p540b27]補。

② 來,底本、録本訛作“来”。録本出校:“来=來?”按:所疑是。兹據文意改。

③ 夫,底本、録本無,據《維摩詰所説經》[T14n475p540b27]補。

字也；“翅舍欽婆羅”，弊惡衣名。是苦行外道，自拔頭髮，五熱炙身，即得解脱，非道計道，亦是戒取也。“迦羅鳩馱”是字，“迦旃延”是姓。此人起邊見，執一切法亦有亦無，不同佛法，因緣故有，無性故無，此即正見，非邊見；由執有即是定性之有，即是常見；言無即是定性之無，即是段（斷）見；段（斷）常乖中，合成邊見也。“尼揵陀”字也，“若提子”母名。此人謂一切苦樂果報皆由過去業，不藉現緣，前世業盡即苦盡，縱現修道，亦不能段（斷）；此人信有前世業爲因，非邪撥無現緣，即是少分邪見，道能盡苦，撥言不能，道計非道，亦是邪見。此等六師，《涅槃經》具説。三、“是汝師”下，就之重徵，翻邪入正。善吉解空平等，即無邪正；二相既無，便同外道不見佛、不聞法，即是受道於邪見之師，因其邪出家也。既彼師墮三惡，不得不隨其墮。若能如是，方應平等現見。汝今背六師，捨邪法，知汝未捨分别，不得平等，何名“解空”？若能不背不捨，於法平等，方是解空也。“乃可食”者，四結聽取食。行合平等，即是福田，乃可取食也。

“入諸邪見，不到彼岸”下，第四，呵善吉於一切法不等，詰之成德。文中十一句，義分爲三：初有一句，明同外道；次有五句，明同凡夫；後有五句，明同衆魔。總呵意者，何容得邪正、得八難、見染净，定不等，取田，偏見罪福、出魔界、與魔異、悲衆生、著三寶乃至第十一證涅槃？現見汝今不能入邪、住八難、同煩惱、等無諍，乃至不取滅，以是義故，知汝未得空無諍三昧；以未知故，返教呵也。

初“入諸邪見，不到彼岸”者，第一明同外道，破善吉取邪正相。“彼岸”者，涅槃也。小乘以邪見爲邪，彼岸爲正，故捨此邪見，還到彼岸。大乘之士知邪見性空，云何出離涅槃寂滅？云何可到？邪見彼岸，本性不殊，何爲捨邪而忻彼岸？是以入邪見不到彼岸也。又云：爲化衆生，入諸邪見，不住涅槃，不到彼岸也。

自下第二明同凡夫，文中有五：一、破得八難相；二、破取垢净相；三、破定心不等；四、破福田相；五、破取罪福相。“住於八難，不得無難”者，第一破取八難相。夫見難爲難者必捨難而求無難，若能不以難爲難者，能住於難，不以爲難，故不得於無難。難性自空，云何捨之方得無難也？又云：爲化處之，住於八難，不著菩提，不住無難也。“同於煩惱，離清净法”者，第二破取垢净相，爲化衆生，同於煩惱，不著涅槃離清净法也。或云：二乘除垢取净，净還成染；菩薩悟垢非垢，即染常净，是以同於煩惱，離清净也。故《思益經》云："或垢法説净，净法説垢。"云何净法説垢？貪著净法故。云何垢法説净？不見垢法故。又下《經》云："見垢實性，則無净相。""汝得無諍三昧，衆生亦得"者，第三破定心不等也。無諍有二：一、事無諍，以三昧力將護衆生，令不起諍故。善吉云：若有嫌我坐者，我即爲立；若嫌我在此，我即遠去；終無起諍。二、理無諍，真如法性，無違無諍，由證理故，方得事無諍。善吉與群生空理平等，何爲善吉獨得無諍而群生不得乎？此明性本平等，故云"衆生亦得"也。"其施汝者，不名福田"者，第四破取福相。善吉意謂：我受彼施，令彼得大福，故名"福"；凡夫受施，不能令彼獲大福，非福田也。汝及凡夫，平等一空，云何凡夫非福田，汝是福田耶？又觀彼我不殊，誰是福者？誰爲田者？故云"其施汝者，不名福田"也。遠云：無善益他，世間罪人，供之無福，供汝似彼，不生功德，名"非福田"耳。諺云：約相行施，不名"平等福田"也。"供養汝""墮三惡"者，第五破見罪福相。滿云：五逆之損，供養之益。善吉意謂：供養我者，得生天中，今返呵彼。性空平等，善惡無二，云何修善獨得生天，作罪入於惡道？若五逆而可墮，供養亦應墮；供養既不墮，五逆亦不墮；可謂善惡兩亡，性空平等。故下《經》云："若達罪性，則與福無異。"諺云：取相供養，雖得少福，終必墮惡道也。

自下第三，明同衆魔。文中五句：一、破出魔界；二、破與魔異；三、破悲衆生；四、破著三寶；五、破得涅槃。前中"與魔作侶"者，第一，破出魔界。善吉意謂：我是聖人，出於魔界，今返令同魔業。"衆魔"者，諸魔王也。魔專懷亂，作業同魔，名"共一手"，如似世人作物相似云是"一手作"也。魔能嬈亂，名之爲"勞"；與彼爲伴，名作"勞侶"。魔性自空，何須捨離而不共住？既得正見，不異於魔所作勞侶也。"汝與衆魔塵勞無異"者，第二，破與魔異。既爲其侶，安得有異？汝與衆魔，平等一空，無有二相，豈不等也？"於一切衆生有怨心"者，第三，破悲衆生。魔能害其惠(慧)命，怨中之甚也。起彼慈心，是親友義。衆生性空，怨親平等，汝於等中既能起慈，何不爲怨也？又小乘人但説生空，教化衆生，損他大乘法身惠(慧)命，名之爲"怨"也。謗佛、毁法、不入衆者，第四，破著三寶。汝須菩提但能讀佛、法、僧，樂在衆數，便是取三寶相。汝於等中既能讀嘆,何不謗也?既不能謗,何能讚嘆也?故《無行經》云:聞讚佛音聲即喜,聞毁呰佛音聲即礙,當知是人不學佛法。《經》云:外道音聲與佛音聲等。又云:佛説及邪説,是皆無分別。又云:謗佛毁法者,以其善吉不達三寶如虚空故,取相讚嘆,違於真體,正是謗佛毁法,不入僧數人也。故《般若經》云:"若以色見我,以音聲求我,是人行邪道,不能見如來。""終不得滅度"者,第五,破證涅槃相。衆生性空,無滅度者,而今取涅槃,但是有相,不得涅槃。故《佛藏經》云:若人見涅槃决定相者,當知是人名爲"外道惡邪見者"。又下《經》云:一切衆生即涅槃相,不復更滅。只爲衆生性空,即是涅槃。豈以涅槃更證涅槃乎?又云:善吉心狹劣,故不能證大涅槃,故不得滅度。又云:善吉意謂我是聖人,證得涅槃。今返呵彼:平等空中,離得不得;若汝得者,亦應不得;既無不得,亦無得者。"乃可取食"者,結勸也。汝今若能亡前得失,虚通其壞者,即是福田,乃可取食。何者?夫捨惡從善,人之常情,然即是非經心,猶未免[①]於累;是以等觀之者,以存善爲患,故捨善以求宗;以捨惡爲累,故即惡而返本。然即惡有亡累之功,善有無染之勳,故知同善未爲得,同惡未爲失。净名言意,似若此乎!

"時我,世尊!聞此忙然,不知以何答,便置鉢欲出其舍"者,第二申己[②]卑屈,彰彼難敵。於中有二:一、障己屈。二、"維摩言"下,净名就喻以理重教。前中"忙然"者,内心不明了也。"不識是何言,不知以何答"者,言即返於經,理即合於義;返於經,故自申不識是何言;合於義,故不知以何答。形下有餘,望上不足,進退失據,思對莫由,所以置鉢,欲出其舍。"置"者,捨也。第二維摩教中,初法,次喻,後合。法中"取鉢勿懼"者,以須菩提因呵增愧,無答而棄鉢,便有著言之失,故今導之,令即言而會旨,故云"取鉢勿懼"也。喻中"如來所作化人,若是事詰,寧有懼不"者,化人雖聞,無心於體,欲令善吉悟己如化,何有懼也?合喻中有二:初合,後釋。一切法如幻,化既無懼,汝亦如幻,何有懼也?"所以者何"下,别釋有五句。初句"一切言説不離是相",明己難辭同幻化相。二、明智者知化不實,故無所懼也。三、"何以

① 免,録本訛作"兑",據底本改。

② 己,底本、録本訛作"巳",據文意改。同篇下句"一障己屈"正作"己"字,可助勘。

故"下，釋前不著、不懼所以，由文字體空，故云"性離"。四、會文即真解脱，夫名出於不足，足則無名，故無有文字即真解脱也。五、類諸法，皆解脱相推類。次解内外皆空，故無所妄。夫名出於法，法出於名，名既解脱，故諸法自然解脱也。教益可知。"故我不堪"下，結不堪也。

"佛告富樓那彌多羅尼子"，"富樓那"者，字也，此云"滿江"。故《福德經》云：王舍城内有婆羅門，夫妻二人，大富無兒。二人往滿江邊，求祠梵天王乞兒，設諸香花，並誦神呪。婦夜感夢，夢見有人[□][持][①]器，盛滿寶物，授與其妻，妻即安置腹前，器遂入腹。寤已説夢，其妻父母爲解曰："必是梵王與汝兒也。若生，當爲寶器。"遂因有娠。此兒生後聰明，論義第一，能伏外道。佛滅度後，誦出《阿毘曇藏》。從江作名，故稱爲"滿江"。亦從願作名，依《未曾有因緣經》云：富樓那以嫉妒心，後割愛入山，誦九十種經。滿二十一年，還王舍城，頭上然(燃)火，以銅鍱鍱腹，唱云："我是一切智人。"後佛降之，即説偈云："若多少有聞，自大以憍人。如是盲執燭，照彼不自明。"以智慧故，投地未起，得阿羅漢果。"彌多羅尼子"者，"彌多羅"是母名，《外道四圍陀論》中有《彌多羅品》，其母誦此一品，從所誦爲名；此云"慈行"，亦云"善知識"。"尼"者，女也，同名既多，故以母别標之。富樓那辯才第一，不達根性，故被呵也。《無垢經》云"滿慈子"也。

文四同前第三，先徵，後釋。釋中即有四：一、舉昔日被呵之事；二、出教呵相；三、"入三昧"下，明其化巧；四、"我念"下，自申卑屈。初中憶念我昔被呵時也。"在一樹下"者，所呵處，此近毘耶離城，有園林，林中有水名曰"獼猴池"，園有僧房，是毘耶離庵羅之側也。"爲諸新學比丘説法"者，明所呵事，以説小乘，不應大機，所以被呵。"時維摩詰來謂我言"等者，第二，出教呵辭。爲益新學比丘，令捨小求大，所以教之。文中有四：一、呵不稱欲；二、"汝不能知"下，呵不知根；三、"欲行"下，重呵不稱欲；四、"久發"下，重呵不知根。前中四句：一、教；二、呵；三、重教；四、重呵。初"入定，觀此人心，然後説法"者，心是樂欲之心；"入定"者，二乘之人，心有限礙，故在定即見，出定不見，設使在定，利聲聞見；衆生根熟，極八萬劫，鈍根定淺，少不足言，故

① 持，底本、録本無，據文意補。

今教之，先當入定，知人心欲，然後説法也。菩薩定者，真心爲體，性常寂照，未曾不知，不同二乘出入異也。第二呵中，小法如穢食，事等稊稗；大心如甘露，事同寶器。第三重教，勸知心念。第四重呵。"琉璃"喻大心，此是大毘琉璃，照見萬像，西國所有，不同此處凡琉璃也；"水精"喻小乘法也。第二不知根中，文有三句：初句呵不知根，第二句呵其授小，第三句明授小之損。爲大説小，恐壞大心，故"勿傷"也。第三重呵欲中，約喻以呵，於中三句：比丘求大名，欲行大道；小法局狹，猶如小逕；求大教小，理所不應，故云"莫示小逕"。"無以大海内於牛跡"者，比丘大心，如似大海；小法微淺，事同牛跡；安心住法，目之爲"内"；此亦不應，故云"無以"。"[□□][無以][①]日光等彼螢火"者，比丘大心，猶如日光；二乘小法，事同螢火；將大同小，理所不應，故稱"無以"也。若依《無垢稱》云，更有兩句："無以妙高山王等于芥子，無[②]以大師子吼同野干鳴。"第四重呵根中，文有三句：初、明比丘久發大心，中忘此意，未證法前，進退不恒故也。二、"如何小乘法"下，呵彼説小有多過失。三、"我觀小乘"下，呵不知根；"智慧微淺，猶如盲人"，明智體劣。二乘唯得生空智，未悟法空，所以智慧微淺；又不知衆生根機，故云"淺"也。不能分别諸根利鈍，智用狹也。此明羅漢於大乘法尚似盲人，況我昏昧凡夫妄生分别者哉？

問："《勝鬘經》云凡夫如生盲，不見衆色；聲聞如七日嬰兒，不見日輪；如何今説聲聞過生盲也？"

答："若見諦理，凡夫不能，故彼經説猶如盲人；聲聞分得，故説'如七日嬰兒，不見日輪'。今説聲聞不識根性，故過生盲，非見諦理也。又云：理實二乘分知衆生根性，但爲抑挫聲聞，故言如盲。故上《經》云：'富樓那！先當入定，觀此人心，然後説法。'"

"時維摩詰即入三昧"等者，此下第三，彰其巧化，令悟大捨小。文有六句。一、浄名默入三昧，由入三昧，令此比丘自識宿命，曾於過去佛所種善發心。依《地持論》，宿命有五：一、自知宿命；二、知他；三、令他知；四、令他自

① "無以"二字底本、録本無，據文意補。

② 無，底本、録本訛作"又"，據《説無垢稱經》卷第二[T14n476p562c23]改。

知；五、自他展轉、互知宿命。今所論者，即是第四令他自知宿命也。

問:“大乘宗過去無法，比丘如何得知?”

答:“由得宿命智，觀現在賴耶識中過去世種，知過去事也。或可緣心上影像相，得知過去事也。”

三、“即時豁然”下，還得本心。由維摩以宿命通力加彼比丘，得見過去所習善根，還得本大乘心也。四、“於是”下，荷恩致敬；得益既深，亡其形相，故謂“禮”也。五、因得發心，更爲説法。六、由爲説法，彼於菩提不復退轉。此諸比丘位在十信，由聞今説，進入十住，第七住中住不退也，永不退作二乘故。非信不退，久以信故；亦非證行二種不退，以初學故。

問:“五種菩提中，此等比丘證何菩提?”

答:“五中但證得伏心菩提。久已信故，非發心也。創初證得，非明心菩提等三也。”

“我念聲聞不觀人根”者，此第四自申卑屈，我念聲聞不觀人根，不應説法也。“是故”已下，結不堪也。

“佛告迦旃延”者，此云“扇繩”，其父早亡，母戀不嫁，如繩連扇，風吹不去，因以爲名；又云“思勝”，是古仙人名，由具聞思勝餘人故，今從彼種以爲名也。是南天竺國大婆羅門種，善分别義，談論第一，故命問疾；然不達實相，所以致呵。若就行解，説法授人，不閑法藥，故進之以深法也。

文四同前。第三釋中初總，徵次，别釋。釋中有三：一、出昔日被呵之事；二、“維摩”下，明教呵相；三、“説是法”下，教呵利益。前中兩句，初明佛昔一時爲諸比丘略説苦空，次明迦旃延爲諸比丘敷演其義。言“略説法要”者，五句不多，故名爲“略”；初四俗諦，後一真諦；攝法周盡，故名爲“要”。又通攝有爲、無[□][爲][①]，二法皆盡，故稱爲“要”。演有爲作四非常，演無爲作一寂滅，故云“要”也。又要略有四句：一、名略義廣，名少、義多説也。二、名廣義略，名教多説、義少也。三、名義俱廣，名教多説、義復多也。四、名義俱略，名教、説義並少也。如總相説苦諦，不多解釋，即是“名略”；若具分别，是名義得廣，一句既知，下三可類。今佛“略説法要”者，多是名、義俱略也。

---

① 爲，底本、録本無，據文意補。

"我即於後敷演其義"至"寂滅義"者，次明迦旃延爲諸比丘敷演妙義。如來了法非常無常，衆生不解，横執爲常，乃至妄執，以爲生滅。佛見此執不稱理故，故即破遣，説五陰性法悉是無常，治彼衆生常見等倒。雖説無常，非謂正法是無常，其義何也？遣常情故説"無常"，非謂是無常；遣樂情故言"苦"，非謂是苦；遣有情故説"空"，非謂是空；遣我情故言"無我"，非謂是無我；遣相情故説"寂滅"，非謂是寂滅。迦旃延不達教旨，於佛説法之後皆以相説，便謂生滅是無常，毁壞是苦，遣有得無是空，滅我爲無我，滅陰爲寂滅。佛既略説於前，迦延敷演於後，取相分别，乖佛教旨，故云"於後敷演其義"也。

第二教呵相中有二：初、呵其所説；二、教實相之法。"無以生滅心行，説實相法"者，正明呵辭。其小乘人聞説無常，不達如來治病義故，便謂一切色心等法唯是無常、以此無常生滅之法爲實相法、觀之悟道、能求聖果，不知實相之理非色非心、不生不滅，故今呵云勿以生滅無常之觀爲實相也。自下文有五句，教人實相。先教無常。"諸法畢竟不生不滅，是無常"者，肇云："畢竟"者，决定辭也。小乘觀法，以生滅爲"無常"義；大乘之士，以不生不滅爲"無常"義。"無常"名同，而幽致殊絶，其道靈微，故非常情之所惻(測)。妙得其旨者，其惟净名乎！遣常情故言"無常"，非謂有無常，常無常故；畢竟不生不滅，是"無常"實義也。遠云：實相理窮，名爲"畢竟"；體寂無爲，名"不生滅"。此不生滅是彼無常真實性，名"無常"義也。基云：小乘以生滅爲無常，謂不生不滅爲常。上折汝心見有不生不滅爲常者，此常還是無常，故云不生滅是無常也。又依《中邊論》，釋三種無常：一、無物無常，謂分别性本來無故，無物可爲常；二、生滅無常，即依他性因緣有故，非是性常；三、有垢無垢無常，即真實性染净不恒，亦非是常。今所論者，總約三性，同一真實，是"無常"義也。五受陰空是"苦"義者，肇云：有漏五陰，受染生死，名爲"受陰"。或可依《俱舍論》，煩惱業因，能招陰報，故云"受陰"。"受"者，取也。如草康(糠)[1]火；或陰屬受，如帝王臣；或陰生受，如花果樹。小乘以受陰起則衆苦生爲"苦"義，大乘之士通達受陰内外常空，本自無起，誰生苦者？遣樂情故名"苦"，非謂有"苦"義也。遠云：窮苦實性，畢竟寂滅，無相無爲。此之真

① 康，此與"糠"同。《説文·禾部》："糠，穀皮也。康，糠或省。"

理,是苦實性,名“苦”義也。基云:小乘人謂五陰是“苦”義,滅五陰得涅槃是“樂”義。今折彼汝定見,五陰無所有爲樂者,此還是苦,故五陰空是“苦”義也。依《中邊論》,苦有三種:一、所取苦,即分別性,爲執心所取;二、相苦,即依他性,三苦、八苦爲苦相故;三、相應苦,即真實性,苦相合故。今推三苦同歸一實,故稱“苦”義也。“諸法究竟無所有,是‘空’義”者,肇云:小乘觀法緣起,内無真主爲“空”義,雖復觀空,而於空未能都泯,故不畢竟;大乘之士在有不有,在空不空。何以故?遣有故言“空”,非謂有是空。有若是有,何由可空?有若非有,空何所空?故無空無不空,即畢竟是空實義。什云:本言“空”者,欲以遣有非有,去而存空。若有去而存空,非謂之“空”也。二法俱盡,乃是“空”義。故《中論》云:“大聖説空法,爲離諸見故。若復著於空,諸佛所不化。”又云:諸法之中,畢竟真如,無其所執,因空所顯,説爲“空性非空”也。依《中邊論》,空有三種:一、本無空,即分別性,本來無故;二、不空,即依他性,有而非實,不同分別,一向無故;三、自性空,即真實性,二空所顯,爲自性故。會上三空,同一真實,是其“空”義。《起信論》云空有二種:一者、如實空,以能究竟顯真實故;二者、如實不空,以有自體具足無漏性功德故也。“於我、無我而不二,是‘無我’義”者,肇云:小乘對我爲累,故尊於“無我”,無我既尊,則我、無我爲二;大乘是非齊旨,二者不殊,乃爲“無我”義。又云:真如本離言説分別之相,“我”與“無我”由來不二,爲遮“我”故,因無“我”顯,故云“無我”。又云:二乘之人知陰無神,名爲“無我”,即“我”“無我”異;菩薩了我性空,即是“無我”,不見“無我”異於“有我”。所以爾者,遣於我故,名爲“無我”,非謂有“無我”,“我”與“無我”俱無所有,是“無我”義。故《中論》云:“或説於有我,或説於無我。諸法實相中,無我無非我。”又依《中邊論》,有三無我:一、無相無我,即分別性,我相無故;二、異相無我,即依他性,與妄所執我相異故;三、自相無我,即真實性,無我所顯爲自相故。會上三種,同一真是“無我”義也。“法本不然,今則無滅,是寂滅”者,肇云:小乘以三界熾然,故滅之以求無爲,夫熾然既形滅,故名“不生”;大乘觀法本自不然,今何所滅?陰界空故,名爲“寂滅”,非謂有所滅,無生無滅即是“寂滅”實義也。又云:破彼生滅,説不生滅,非謂法性是無生滅,以其生滅及不生滅悉皆離故,方得名爲“大寂滅”也。又云:二乘之人,見煩惱生,起無漏諦觀,段

(斷)除煩惱,顯得擇滅無爲,以爲寂滅;此即有餘涅槃,非是真實。大乘之士悟真如法性本來清净,無惑可生,故云“不然”;無惑可滅,故云“不滅”;不生不滅,即寂滅涅槃;此即自性涅槃,非有餘果也。依《中邊論》,滅有三種:一、無體滅,即分别性,自體無故;二、無二滅,即依他性,二取不生故;三、自性滅,即真實性。會上三滅,同一體實,是“寂滅”義也。出體者,此五、六“無爲”中,並以真如無爲爲體;若約五法,依《佛地論》,以清净法界爲體性。若辯離合,開即爲五。如此經説以對常樂我三倒,故立無常等印;對我所倒,故立空印;對妄見生滅等故,立寂滅印。若據《中論》,合爲四印。如《地持論》,雖我與我所分二妄想,約十史論之,合爲一。我見史由所對患一,故合空無我爲一無我印。若略而論,即立三印。如《涅槃》謂一切行無常無我,涅槃寂滅。彼經以行苦入無常門攝,同是“遷流不住”義故。空攝入無我中,義如前辯。第三教可(呵)[①]益中“彼諸比丘心得解脱”者,聞前維摩翻前五非小乘偏執,爲説大乘甚深法,故常、無常等礙心障累悉滅無餘,是故名爲“心得解脱”。此諸比丘位在十迴向,聞説五法,進入初地。或可此諸比丘是小乘學人,聞説五義實相,未能入深,遂證羅漢果也。《無垢稱經》云:説是法時,彼諸苾芻諸漏永盡,必得解脱。“故我”下,結不堪也。

“佛告阿那律”者,亦名“阿泥樓馱”,亦名“阿泥䨮豆”;此方言不同,故有多號;此云“無滅”,亦云“如意”。且言“無滅”者,由八萬劫前曾供辟支佛,所得善根至今不滅。《譬喻經》云:毘婆尸佛入涅槃後,阿那律曾入佛堂以爲劫賊,見燈將滅,遂抽一箭挑燈更明,見佛威光,色相毛竪,念言:“他尚施物求福,我云何盗?”遂捨而去。以此善根,九十一劫常生善處。今值佛出家修道,得羅漢果,天眼第一。稱其願心,云“如意”也。所獲福德,曾無滅盡,故云“無滅”。《增益阿含經》云:是佛堂第(弟)[②]。如來父、叔合有四人,各有二子。佛父最大,名曰“净飯王”,有二子:長者俗名“悉達多”,此云“利成”,即如來;小者名“難陀”。第二叔名“斛飯王”,長子名“提婆達多”,小名“阿難”。

① 結合文意,此“可”當爲“呵”字之訛省。下文“‘時維摩’下,明教呵相”“先發菩提心,後起勝行,斯則教呵之勝益也”,皆可助勘。

② 結合文意,此“第”當爲“弟”之借字。

第三叔名“白飯王”，長子名“阿那律”，小者“摩訶男”。第四叔名“甘露飯王”，長子名“拔提”，小者“提沙”。佛有一阿姑，名“甘露味”，有一子名“尼陀羅”。前諸釋子並皆出家，其那律初生之時，周匝其舍，寶藏自出，後從佛出家，佛邊聽法，不覺眠睡。如來説偈呵之：

“咄咄乎爲寐，蠽蠡蚌蛤類！一壽百千年，輪轉無窮已。”

那律被呵，心懷慚愧，立誓不睡，遂使失眼。後詣耆婆求療，耆婆問其患眼所由，那律具答。耆婆對曰：“睡是眼食，少時不睡，眼便餓死，永不可治。”那律聞之，遂勤修天眼，半頭見物，徹見三千世界，如觀掌中庵摩勒果。雖得天眼，不與無相智慧合行，故被呵也。若約行辯，此人修起通行。以其那律未悟二空，取相分别，所以教修無相天眼。

文四同前。第三釋中，初總徵，次别釋。於中有二：一、舉昔日被呵之事；二、“時維摩”下，明教呵相。前中有三：一、明那律經行之相；二、“時有梵天王”下，彰彼梵王與諸梵衆問見多少；三、“我即答”下，那律以己所見正答。初中“憶念我昔一處經行”者，第一，明經行相。外國之法，坐禪誦經，皆名“經行”。今那律在一静處坐禪默念，名曰“經行”，非謂誦經等也。《增一經》云：若誦，若念，經遊而行，故曰“經行”。有五功德：一、除睡眠；二、除勞氣；三、除宿食；四、除風壅；五、令身心和識。“時有梵王”等者，第二，明梵王問天眼，如那律天眼所見幾何，道理問見遠近，以諸梵衆報得天眼不及那律修得者勝，心生慕仰，故來請問。此語順西方，故問“幾何阿那律天眼所見”；若順此方，應言“那律天眼所見幾何”也。“我即答言”等，第三，明那律正答。“吾見此三千大千世界如庵摩勒果”者，小乘所見，局在一界，故以界别之；如來得遍頭天眼，徹見十方；那律雖不及佛，聲聞中修得半頭天眼，能見三千界也。“庵摩菓”者，其形似桃而非桃，能除風氣。那律于時手執此菓，因以爲喻也。

第二教呵中文開六節：一、呵那律所見之相；二、“我默”下，那律被呵，愧耻而默；三、彼諸梵讚嘆净名，問真天眼；四、維摩下爲説；五、“於是”下，諸梵眷屬聞法發心；六、禮敬而退。就前呵中，文自有三：一、定；二、相；二(三)①、

① 結合文意，此“二”當爲“三”字之訛，待考。

“假使”下，送其兩難。外道之人，修得五通，以分别故，是有作相。汝今見境有色相者，便同外道，云何名“内”？若無作相，即是無爲法中，即無見相，云何復言“見三千”也？如此並難，實亦難通，故下第二那律聞之，無答而默。第三諸梵讚問可知。第四維摩爲説“有佛世尊，得真天眼”。“不以二相”者，莊云：空心常寂，雖復遍緣，無有二相，不見能、所差别相也。故《思益經》云：“悉見十方界，一切群生類；而於眼色中，終不生二相。諸佛所説法，一切能聽受；而於耳聲中，亦不生二相。”又云：二乘天眼在定不見，出定即見；雖見界而取相分别，未能即見無見。如來天眼定惠（慧）平等，而不妨照用；雖見世界而不分别。何以故？了色性空，見無所見，故無有二相差别也。

“五眼”義略，以七門分别：一、釋名得名；二、辯體性；三、修成次第；四、五類差别；五、見境不同；六、約人辯異；七、問答分别。

第一、釋名得名者，初通，次别。通者，“五”即是數，“眼”即是用。照導前境，稱之爲“眼”，此即從數及用爲名也。或可六釋之中帶數釋也。次别者：一者、肉眼。血變凝成，名之爲“肉”；依肉得眼，故名“肉眼”；以眼根無血肉故，清凈四大所成故；此即從所依得名也。又人云：肉即是眼，當體爲名。此釋非也。二、天眼。天眼有二：一、修得；二、報得。修得天眼者，一切禪定，名之爲“天”；依天得眼，故名“天眼”；從所依得名。報得天眼者，報得有二：一、約菩薩；二、約諸天。約菩薩者，諸菩薩等，名爲“凈天”；生在天中，報得眼根；從彼凈天，以立其名；此即凈天之眼，故名“天眼”；從生爲名也。約諸天者，一切天趣，光凈皎潔，名之爲“天”；天趣之眼，名爲“天眼”；從趣得名也。三、惠（慧）眼。入理般若，推求諦理，名之爲“惠（慧）”；以惠（慧）爲眼，名爲“惠（慧）眼”；當體得名。或可六釋中持業釋也。四法眼。一切法有所軌持，名之爲“法”。或可根欲性等，名之爲“法”；照法之眼，名爲“法眼”；從境爲名也。五、佛眼。前之四眼，流至佛果，總名“佛眼”；此即佛身之眼，名爲“佛眼”；從主爲名。或可“佛“是“覺”義，“覺”即是“眼”，名爲“佛眼”；當體爲名。亦可照達佛性，名爲“佛眼”；從境受稱。

第二、出體者，肉眼即以人中凈根四大所造，不可見有，對凈色爲性；惠（慧）眼、法眼、佛眼，此之三眼，心所出體。初通，次别。通者，三眼總以别境中惠（慧）數爲體；别者，惠（慧）眼即以正體智爲性，法眼即以後得智爲性。

或可法眼通以正體智爲性,緣真理法名“法眼”故。若如此者,與惠(慧)眼何別?釋云:得名不同,惠(慧)即爲“眼”,當體得名;照法稱“眼”,從境受稱也。佛眼即以無功用智爲性,或可以圓鏡等四智爲體也。

第三、修成次第者,爲導養色身,先修肉眼,雖見麁色,不見細色,見近不見遠,見明不見暗,見前不見後,見障内不見障外,有如是等衆多障礙。次修天眼,雖見色境,未見真境。次修惠(慧)眼,雖見真境,未達俗境。次修法眼,雖照四境,而未圓滿。次修佛眼也。

第四、五類差别者,《俱舍論》云:“内五有熟養,聲無異熟生。八無礙等流,亦異熟生性。餘三實唯法,刹那唯後三。”肉、天二眼,以色爲性。有其二類:一是異熟,以從異熟因所生故;二是長養,飯食資助、睡眠等持、勝緣所益故。修得天眼,既非宿業所招,但由定力引起,唯有長養,非異熟也。離二性外,無别等流,故無等流;非苦忍故,無刹那性;非無爲故,無實事也。惠(慧)眼若約二乘,苦法忍位初得生,故有刹那;若約菩薩,初地引起,亦有刹那。非無記,故無異熟;非色,故無長養;前無無漏,故無等流。若約本有種子,亦有等流;非無爲,故無實也。法眼從前無漏生,故有等流;非無記,故無異熟;非色,故無長養;非初起,故無刹那;非無爲,無實事也。佛眼,報、化二眼,從前無漏所生起,故有等流,亦有長養;定力引起,故法身佛眼性是無爲,得有實事也。自餘不具,已同前釋也。

第五、見境不同者,其中有四:一、事;二、法;三、理;四、實。陰界入等差别是事,苦無常等衆生根性是法,二空真如是理,如來藏中真常佛性是實。此之四法。五眼所見,肉眼唯見障肉一色塵事;凡夫肉眼,見百由旬;二乘肉眼,同凡夫所見;菩薩肉眼,如《大品》説,極遠見三千世界;如來肉眼,與菩薩同,見境分别。天眼有二:報得,修得。此二天眼,通見障外一切色事。報得者隨報强弱,見境不定;隨身在處,唯見自地;及下,不見上地。若約修得者,凡夫天眼依《智度論》,見一四天下;聲聞天眼,小聲聞見小千世界,大聲聞見中千世界,阿那律修勝故見三千界也。緣覺天眼,小者見中千,大者見大千界。菩薩天眼有二:一修得,二報得。修得者隨人大小,所見不定,遠者見一切世界。故《地持》云菩薩以一切世界爲天眼境也。報得者,《大品經》説,極遠見三千世界。如來天眼見一切無量世界。後之三眼,不可以方便所論,唯得約法深淺分别。二乘惠(慧)眼,唯見生空;菩薩惠(慧)眼,具見二空,而不窮盡;如來惠(慧)眼,見空畢竟。二乘法眼,但見苦無常等諸法總相,麁觀不能微細;若約不知根欲,即無法眼。菩薩法眼了根欲性及一切法,若總若别,麁細悉知,而不窮盡。如來法眼與菩薩同,皆悉窮盡佛眼,二乘全無。菩薩人中,進退不定:地前菩薩聞見佛性,以聞見故,未有佛眼;地上菩薩眼見佛性,以眼見故,説之爲有。若依《涅槃經》,九地已還,聞見佛性;十地眼見,而未明了,但見自身所有佛性,不見衆生所有佛性,於自身中,十分見一。如來佛眼,見性窮盡。此明見實也。

第六、約人辯異者,初凡夫生在人中,未離欲者,但有肉眼;若修得上界定者,有修得天眼也。若生天中,未離欲者,但有肉眼;報得天眼,如欲界天等,已離欲者具肉眼,報得天眼、修得天眼也。須斯二果,天中生者具肉眼,報得天眼未得根本禪定,無修得天眼。若約大乘《佛地論》,須斯二果以有漏惠(慧),伏欲界修,或得根本禪,亦得修天眼,悟生空故有惠(慧)眼,不知根欲無法眼。若約知苦無常法,通有法眼;非佛,故無佛眼也。若那含人中生者有肉眼,有修得天眼,有惠(慧)眼;若生天中,得報得天眼,無餘二眼。如前應知羅漢辟支有肉眼,具修報二種天眼;悟生空故有惠(慧)眼,無餘二眼。如前應知。菩薩位中,地前頓悟菩薩有肉眼、天眼及以法眼;未得無漏,無惠(慧)眼;非佛,故無佛眼也。若至初地已上、七地已來,猶未捨分段身,故有肉眼;修定,故有天眼;得無漏智,故具惠(慧)、法二眼;佛眼可知。若至八地已上,但具三眼,以捨分段,故無肉眼,非佛故無佛眼也。若是地前無學迴心漸悟菩薩,具天眼及以惠(慧)眼、法眼;已捨分段,故無肉眼;佛眼可知。若是有學迴心,具有四眼;未捨分段,故有肉眼。餘三如前所辯。若至八地已上、十地已來,但具三眼,所謂天眼、惠(慧)眼、法眼,無二可知。若至佛位,三身有具、不具:化身具五眼;報身具四眼,以無肉眼故;法身體是真如,不具五眼。若約法性之眼,亦具五眼。

第七、問答分别者,問:"肉、天二眼陰界入中,何法所攝?"

答:"二眼並以不可見有,對浄色爲體,即以色入色界色陰所收也。"

問:"惠(慧)眼五根、五力、七覺、八正門中,何法所攝?"

答:"五根中惠(慧)眼、五力中惠(慧)力、七覺中擇法覺分、八正中正見所攝也。"

問:"法眼三智、四智、十智中,何法所攝?"

答:"三智之中,入加行後得二智;四智緣俗,並通四智;十智之中,以等智、法智、比智、道智、他心智五智所攝也。"

問:"肉眼不見障外,何故見三千界耶?"

答:"菩薩肉眼以天眼導引,得見三千世界。"

難:"肉眼見障内,天眼引故見障外;肉眼見明色,天眼導故見暗色。"

答:"障外有明緣,天眼導故見障外;暗中無明緣,天眼雖引不能見。(云云)"

問:"五眼十眼,如何相攝?"

答:"依《華嚴經》說有十眼:一是肉眼,見一切色;二是天眼,見諸衆生死此生彼;三是惠(慧)眼,見一切諸根差别;四是法眼,見一切真實之相;五是佛眼,見佛十力;六是智眼分别,了知一切種法;七是明眼,謂見一切諸佛光明;八出生死眼,見涅槃法故;九無礙眼,見一切無障礙故;十是普眼,見法界平等法門故。十中初一是前肉眼,亦兼天眼,見細遠近是天眼故;第二天眼,是前天眼;第三惠(慧)眼,第五佛眼,第六智眼,第七明眼,第八出生死眼,第九無礙眼,此之六眼,是前法眼;第四法眼,是前惠(慧)眼,見真諦故;第十普眼,是前佛眼普見平等真法界故。"

第五、諸梵皆發心者,聞前佛眼,在定常明,不生分别,知己所見,於彼非分,咸生慕仰,盡欲勤修。先發菩提心,後起勝行,斯則教呵之勝益也。

第六、禮敬可知。

"故我"已下,結不堪也。

"佛告優波離"者,天竺正音,此云"上首",持律中上。本在家時,是諸釋子剃髮之人。後諸釋子出家之時,波離送去。諸釋子等欲至佛所,脱所著衣、寶冠瓔珞並所乘象與優波離。釋子去後,波離思念:"諸釋子等果報如此,尚捨出家,我住何益?若彼有得,我亦應然。"以所得物,安置樹上,象繫樹下,作如是言:"諸有取者,吾悉施之。"後往佛所,諸釋子見問其來意,波離具答。釋子大喜,即便請佛:"此人先來爲我作使,若後出家,我即輕慢,願佛先度,我當敬事。"佛先度之,即爲受戒,諸釋子等,同爲禮敬。是時大地爲之震動，空聲讚言："諸釋子等，我憍慢山崩。"出家已後，持律第一，以其不能觀空滅罪，所以致呵。就行之義，已如前釋。衆共同遵，故須命也。

文四同前。第三釋中，初總徵，次别釋，後結釋。中文開五節：一、舉昔日被呵之事；二、"時維摩"下，明教呵相；三、"於是二比丘言'上智哉'"下，彰二比丘稱讚維摩；四、"我答"下，明已述嘆；五、"時二比丘疑悔即除"下，明比丘聞法獲益。前中"憶念我昔，有二比丘犯律行，以爲耻，不敢問佛，來問我"者，此即第一呵事也。有二：初問，後答。此初問中，明比丘所犯，耻愧情深，不敢問佛，以優波離持律第一，故來問决，不知輕重，以釋本疑。律云：有一比丘，在阿蘭若眠。有採薪女見之，欲心盛發，盗行非法。比丘寤已，疑犯初偏。後一比丘見此女人，嗔心欲打，女人怖走，墮坑而死。比丘懼犯殺人重戒，爲此每懷耻媿，不敢問佛，向波離處請决所疑，得免斯咎。"我即爲其如法解説"者，第二答。波離依律教相，判决輕重，故云"爲其如法解説"也。

第二、教呵相中，先呵，後教。前中"唯，優波離！無重增此二比丘罪"者，諺云：懺悔之法，以滅罪爲義。今此何故乃云"增"也？比丘起過，元由取相之心；覺已生悔，深懷悕懼。波離爲懺，還説有相之法。聞其罪名，更生熱惱。如是懺者，麁罪雖滅，細想更興，於念念中，薰成識種，相資尤甚，豈非增也？遠云：比丘造罪，元由取相故生。波離爲懺，還説罪相，增其情取，故曰"重增"也。若約行辯，此人起滅惡行，以其不能即相無相、觀罪性空，所以教修無相懺悔也。

"當直除滅"下，第二，正教。就中初總，"所以"下别。"其智此"下，結嘆勸學。總中兩句，初一句就理正教，第二句舉過教離。前中所言"當直除滅"者，云何曲滅？而復云：直説有罪相，方教懺悔，名爲"曲滅"。觀罪性空，罪垢不生，破離罪相，名爲"直滅"。"勿擾其心"者，教離過也。若依向前取捨心中有相懺者，諸見踰增，罪體不滅，徒自紛擾，亂其心耳。就下第二别教中，初徵，後釋。釋中有四：一、就罪性以教；二、"如佛説"下，就心以教；三、"唯，優波離"下，釋疑以教；四、"優波離！一切"下，總就一切法以教。正觀前罪性不在内、外、中間者，凡夫由見彼此自他别故，造諸罪業；今教觀自身，無我無人，即是内空；觀他亦然，復是外空；既非自、他，中間亦空，三處俱空，即無我所，我所既離，無罪可作。罪尚不作，何有性也？又云："不在内"者，六根性空;“不在外”者,六塵相空;“不在中間”者,六識體空。三處既空,罪從何起也?又“不在内”者,不在我;若在我,心不應待别。不在彼事者,若在彼事,不應罪我。“不在中間”者,合我與事,以爲中間;既離於内外,更無有法,故“不在中間”也。又依他無生,故“不在内”;分别無相,故“不在外”;真實無性,故“不在中間”。迷此三處,故有其罪。三性既空,罪自非有,從何生也?

第二、就心,教中有二:初舉佛説,垢净由心,以心空故,罪性亦空。“如優波離”下,第二就優波離證時以教。前中間有四:一、明衆生空,引佛爲證;二、明心相體空;三、舉心類罪;四、明諸法亦空。初中“如佛所説”,聞前罪空,猶未能解,現見衆生修善造惡,云何空也?故舉佛説爲證。垢净隨心,古來相傳。心是六識,由識心分别,起染、净二業,隨業勢力感苦、樂兩報;報起由心,故知無有實衆生也。又云:心者即是第八阿賴耶識,由其識内持染净種子,種子遇緣,即能招苦、樂二果;果起由心,故知無衆生也。心亦不在内、外者,第二破心空也。向前疑有衆生,今乃云無,復謂彼罪,繫屬於心。故今釋云:心亦不在内、外、中間。三處既無,何有心也?“如其心然”者,第三類也。以心空故,類罪亦空。夫執本以知末,守母以見子。佛言:衆生垢净,皆由心起,求之不在三處。心既無在,罪垢安寄?故《普賢觀經》云:“我心自空,罪福無①主②。”如空中風,無依止處也。“不出如”者,第四明法空也。何以前來罪與衆生乃至心性不住三處,皆悉空者?正由諸法不出如故。如之體性,空寂無爲;如外無法,寧非空也?“波離”下,第二就彼證時以教,欲令波離自悟故也。文中有三:初、净名問;次、波離答;三、“維摩言”下,將凡類聖。問中“心相得解脱時,有垢不”者,問彼第九解脱道中正入證時,見自性净心有垢染不。或可是因緣心,緣生之心,性非煩惱,名本性净;今但問彼得解脱時,本性净心曾有染不。答言“不也”者,證時心冥一境,不言有垢染也。大小雖異,無垢是同,故於證時不見垢染。“一切衆生心相無垢,亦復如是”,將凡類聖。若隨相釋,凡、聖兩分;以理而論,凡、聖常一。以其一故,本性净

① “福無”二字底本、録本誤作“無福”,據《佛説觀普賢菩薩行法經》[T9n0277p392c26]改。

② 主,底本、録本誤作“生”,據《佛説觀普賢菩薩行法經》[T9n0277p392c27]改。

心同無垢也。第三釋疑以教。疑云:波離聖人,心净可爾。衆生具足一切煩惱,云何亦言心相無垢也?經即釋云妄想是垢、無妄想是净等也。此明心性本净,妄爲客塵隱覆於真,達悟者元來本净,迷悟雖異,性體常同,故與聖人將爲類也。雖復不異,約相恒分,欲使學人體兹深意。就中三句,即是想、心、見等三倒也。"妄想垢"者,此則想倒。想心計法,虚妄不實,名爲"妄想"。妄想不同,依《地持論》有其八種:一、自性妄想,即執色等法各有自體。二、差别妄想,即執色等有可見、不可見,有對、無對等差别。三、攝受積聚妄想,即於陰中執我、衆生,於軍林等中起定執實;此一分别,即前執於人,後執於法。四、我見妄想,無我執我也。五、我所妄想,即執我有用。六、念妄想,即緣可愛,净境分别。七、不念妄想,即緣可增(憎)①,不净境分别。八、俱相違妄想,即緣中融境分别。此八妄想,前二、後三,法執所攝;第三積聚,通其二執;第四、第五,唯是人執。此之八種,隱覆净心,故名爲"垢",即以遍行中想數爲體也。"無妄想是净"者,無即悟真,所以是净。"顛倒是垢"者,即是心倒。妄心執法,背於真實,名爲"顛倒",即以第六意識爲體。"無顛倒是净"者,無即達悟,所以是净也。"取我是垢"者,是其見倒。邪惠(慧)執我、計我,乖於正理,名之爲"垢",即以根本煩惱中我見爲體。

問:"見倒一種,體是邪惠(慧),性能堅執,可名爲'倒'。心、想二法,性非邪惠(慧),如何成倒?"

答:"隨見倒力,亦立'倒'名,與倒相應、行想同故。或可於非常等起常等見時,必由境中取常等相,能取相者,是想非餘,故立'倒'名。心倒即是見倒所依,心王增見,亦名爲'倒'也。"

"不取我是净",解空離染,所以是净也。

"一切法"下,第四,總就諸法以教。文中有二:初、觀法生滅,類顯性空;二、"法皆妄見"下,觀法無相,類罪相空。前中有三:初法,次喻,後合。初法中"生滅不住"者,妄法虚空忽有名"生",謝往稱"滅"。"不住"者,妄法虚空忽有名"生",謝往稱"滅",生滅推遷,時無暫住。何以故?諸法體空故。"如幻如電"者,第二,舉喻;"如幻"者,顯自性無常;"如電"者,顯念念無常;以幻

① 結合文意,此"增"當爲"憎"之借音字。

塵似有而無，故喻無住；電轉忽有忽無，故譬如念無常也。“諸法不相待乃至一念不住”者，第三，舉法合喻；由前念無常，不待後念；後念無常，不赴前念；刹那不住，故知無常也。

“諸法皆妄見”下，第二，此明相空，還有法、喻、合三。以意思之，此中應問：若使諸法悉非有者，現見衆生苦樂不同，見聞等異，此義何也？經即答云：諸法皆妄見。此明向前垢净等法，隨想而説，説相差別。就實以論，皆是妄見。悟其真理由來平等，何有染净之異？凡所見聞，皆是妄有，非真實也。此云何知？《經》云：如夢無憂喜，妄見有之；現無憂喜，亦復如是。“炎”者，炎中無水，妄謂有之；現見男女等相，亦如是也。“水中月”者，水實無月，妄見有之，觀陰無我，亦如是也。“鏡中像”者，像無去來，妄謂有之；現無生滅，亦如是也。當知皆是妄見，故非有似有，實無體住。無住即空，何有罪垢也？“是名奉”下，結嘆勸學。行順法律，達罪非有，即無犯律之咎，名爲“奉律”之解。相非相即無取相之失，故稱“善解”。如是[①]奉律，行無不妙；如是解法，智無不真。欲使學者慕彼高風，故今净名示兹教也。

“於是二比丘言‘上智哉’”等者，第三，稱讚維摩解勝波離，故云“上智哉”。“所不及”者，明下劣上，顯智不及；持律之上，而不能説，明説不及也。

“答言‘自捨如來，未有聲聞及菩薩能制樂説辯’”者，第四，障（彰）[②]己述嘆，自申己屈。自捨如來，未有二乘及菩薩能勝净名辯者，嘆其辯勝。“智慧……若此”，嘆其智勝也。

“時二比丘疑悔即除……作是願言‘令一切衆生皆得是辯’”者，第五，聞説獲益。益中有三：一、疑悔罪障消除；二、發大心，誓當作佛；三、興廣願，願衆生智辯同已。“故我”下，結不堪也。

“佛告羅睺羅”者，此云“覆障”，亦名“不放”。昔曾爲王，沙門欲見，貪著樂故，六日不看；又塞鼠穴，六日不出，故在胎内，六年方生；故就此義，名爲“覆障”及“不放”也。又云：宫生太子，出家之日，父王恐泯，國嗣段（斷）絶，留連不聽。太子于時手指妃腹而語之言：“卻後六年，汝當生男。”即如其言。

① “是”字前録本衍一“來”字。按：底本“來”字旁實施一廢棄號，今據删。

② 録本出校：“障＝彰？”按：結合文意，此“障”當讀如“彰”。

佛出家後，六年方生。國人及釋種族皆疑：太子既自出家，厭捨五欲，妃在宮内，何得有娠，將不犯邪？净飯王與諸親屬共相議言。謂非太子遺體。王及釋種，皆懷愧耻，遂生嗔心，以大火坑，欲燒耶輸陀羅。耶輸對諸釋種自立誓云："若非太子遺體，願我抱兒，投火而滅。若不爾者，願示清白。"於是立誓竟，抱兒入火，於時母子俱存，火變凉池，蓮花捧出。王與親族臣寮方信是太子兒，故號"宫生"。佛成道已，還宫之時，羅睺始年五六歲。如來將至寺，變千比丘，悉如佛形。羅睺直爾，往至佛邊。佛以手摩頭，將還精舍，敕告舍利弗、目連度之。雖得出家，以恃貴族，慠慢不樂聽法，兼多惡口形名他人。佛於一時以法制約，於斯永段(斷)打辱不嗔。佛嘆其人忍辱持戒，密行第一，不達無利出家，故破(被?)[①]呵也。若約行辯，修出家行，羅睺不了即相無相、真實出家，不稱如來無爲功德，所以教修無相出家行也。

文四同前。第三先徵，後釋。釋中文分爲兩：一、出昔日被呵事；二、"時維摩"下，明教呵相。前中"憶念我昔"至"羅睺[□][羅][②]！汝佛之子，捨輪王位，出家爲道，有何等利"者，此第一舉昔呵事，先問，後答。"昆耶離城諸長者子"等，摽舉問人。"來至我所"，明請方便。"問我"等，請問辭也。"汝佛之子"，所承至高，既捨王位，所捨極重。佛不出家爲金輪王，王四天下；羅睺在家爲鐵輪王，王一天下。諸長者子見捨重位，所希必大。捨素從緇，名爲"出家"；安心慕法，名之爲"道"。"其出家者，有何等利"者，問其所得也。"我即爲説出家功德之利"者，第二答其所問。因行道品，名爲"功德"，涅槃果爲大利。或可善爲"功德"，樂名爲"利"。又云《出家功德經》云：若放男女奴婢出家，其德利益不可思議，最爲第一，勝[③]造寶塔高至梵天。譬如有人殺三千世界一切衆生，或挑其目，得罪無量；若能救得，福亦無量；放人出家，能自出家，福多於彼，應説此利。又《分别功德經》云：若一日一夜出家，除六十劫生死重罪。如是廣引諸經，嘆説出家功德之利不可思議，是名"如法爲説出家功德之利"也。

---

① 結合文意，此"破"似當爲"被"字之訛，待考。

② 羅，底本、録本無，據《維摩詰所説經》[T14n475p541c10]補。

③ 勝，録本訛作"滕"，據底本改。

"時維摩"下,第二,明教呵相。先呵,後教。呵中"唯,羅睺羅! 不應説出家功德之利"者,夫涅槃道品,無爲無相,作有爲有相説,故言"不應"也。"所以者何",下釋也。先徵,後釋。"無利無功德,是出家"者,舉是顯非,出家求滅,修行道品,離相出家,即捨世報利及有相功德,故云"無利無功德"也。或可樂之與苦,因緣相對;利與功德,皆藉因緣;因緣無自性,畢竟體空,利即非利,德即非德,是爲出家。"有爲法者,可説有利有功德"下,明非異是;在家生死繫縛,心有分別,見有報利及諸功德;出家離相,云何乃説俗利功德也?

上來呵説。"夫出家者,爲無爲法"下,第二廣明教相。文中有二:一、教羅睺出家之法,此則體出家,非相出家也。二、"維摩詰語諸長者"下,教諸長者出家儀式。前中有三:初、總略以摽舉,勸應識知。第二、"彼無此"下二十三句,廣明出家之法。第三、"若能如是"下,總以結成。初中"夫出家者",總以摽舉。"爲無爲法……無利無功德"者,"無爲"是涅槃果德之名,爲涅槃修行道品;果既無爲,因離諸相,無爲無相,即絶報利及有相功德也。莊云:又存利者必見有不利,存德者必見有不德。苦法性空,何有捨苦以求樂利? 不善體空,何有亡不善以求善德也? 自下二十三句,廣明教之文。分爲二:初五句修自利;"降魔"以下十八句,次明利他。自利中文有五句:初有兩句,明其所離;次有三句,明其所證。所離中"無彼"、"無此"、"[□][無][1]中間"者,明離三相也。六根爲此六塵,爲彼六識,爲中間三處體空,故無彼、此、中間也。又云:在家爲"此",出家爲"彼",方便求度爲"中間"。三事緣生,無有自性,無性即空,道俗無二,是真出家也。又云:"此"爲生死,"彼"是涅槃,"中間"爲道品;爲出家者惡此生死,遵彼涅槃,故有三處之異。真出家者,解生死非生死故無此,了涅槃非涅槃故無彼。既無彼此,中間安在? 離此三處,則無繫著,是真出家。故《思益經》云:諸佛如來不得生死,不得涅槃。佛聖弟子得解脱者亦不得生死,不得涅槃也。"離六十二見"者,教離情想。執取之心,名之爲"見"。見别不同,有六十二。大士了見性空,不生分别,故稱爲"離";非謂有所離也。故《無行經》云:"若有所盡,不名'漏盡'。知諸漏空相,名爲'漏盡'。""盡"之與"離",其義相似。"處涅槃"者,教其所證。此即

---

① 無,底本、録本無,據《維摩詰所説經》[T14n475p541c17]補。

總明處。“處”之言“證”，謂證法性，無爲寂滅，遠離一切戲論動念分別，名“處涅槃”也。“智者所受，聖所行處”者，别明所證。會法界真如，得無分别智，名爲“智者”；證遍滿如，名爲“所受”；聖心遊履，名[□][爲]①“行處”。亦可地前菩薩依教生解，名爲“智者”；信順此法，是名爲“受”；初地已上，會於正理，稱之爲“聖”；聖心遊履，故云“行”也。上明自利訖，下教利他。於中初教，“降魔”下，教伏外道。前中七句，初句降魔人也。“度五道”等六句，降魔法也。於中有三：初有一句，明其所出教。“度五道”者，所謂地獄、畜生、餓鬼、人、天是五道。“道”者以“到”爲義，謂衆生業所感到處。總以異熟無記五陰或四陰爲體，欲色界者五陰性，無色界者四陰爲性。唯生本死三有所攝，非中有攝，以中有未到故。除因離果，稱之爲“度”。五道是生死之處，所以度之。

問：“五道中四生内，何生所攝？”

答：“依《智度論》，諸天地獄，一向化生，以諸根頓起故。鬼道二種：所謂胎化人、畜兩道，通其四生。卵生人者，如毘舍佉母生三十卵也。濕生人者，庵羅女頂生輪王等。化生人者，如劫初生時人皆化生也。胎生人者，常人也。畜生四生者，人情易知。”

莊云：運大慈悲，濟度五道四生，悉令解脱，而常不得衆生之相，故稱“度五道”。故《般若經》云“我皆令入無餘涅槃”“實無衆生得滅度者”。二有三句，明其所修。“净五眼，得五力，立[□][五]②根”者：一者肉眼，以人中净色爲體，緣障内色，爲所觀境；二者天眼，即以天中净色爲體，緣障外色爲所觀境；三者惠(慧)眼，以如理智爲體，緣真如爲所觀境；四者法眼，以如量智爲體，緣俗諦爲所觀境；五者佛眼，以恒沙功德爲體，緣一切法爲境。或可緣佛性爲佛眼。菩薩先有四眼，佛眼分得，以結使覆，故不得言净。今明八地以上菩薩正智現前，滅諸結使，眼得清净也。又依《無垢稱經》云：“净修五眼。”行人因中，施財、修定惠(慧)等，感得五眼清净。如施燈明，肉眼得净；如修禪定，天眼净也；若修智慧，餘三眼清净也。“得五力，立五根”者，所謂信、進、念、定、惠(慧)也；五眼既净，能破煩惱，名“得五力”；力成由根，故“立五

① 爲，底本、録本無，據文意補。

② 五，底本、録本無，據《維摩詰所説經》[T14n475p541c19]補。

根”；始起曰“根”，終成名“力”。三有二句，明教所離，教遠魔業。“不惱於彼[①]，離衆雜惡”者，若菩薩者慈悲爲源，憐愍衆生，與物無違，故曰“不惱於彼”；止惡生善，不雜漏過，心行純净，故稱“離惡”也。伏外道中，文有十一句。初句摧邪人。“摧諸外道”者，伏邪人也。“超越假名”等十句破邪法。前“外道”中，佛法之外，别立道理，名爲“外道”，以彼邪智、邪辯抗敵；菩薩大士以四辯而令摧伏，云“伏外道”也。又云：心外見法，理外妄計，皆名“外道”。出家修習無念，但念令不起，則邪法自息。故上《經》云：“以無心意無受行，而悉摧伏諸外道”也。破邪法中，亦有其三：初有六句，明其所出；二“内懷喜”下三句，次明所修；三“離衆過”下一句，還彰所離也。前中明出煩惱業句。“超越假名”者，生死苦報，虚假之有，稱曰“假名”；證實除捨，故“超越”也。藏云：“假名”者，經説有四：一、生死是假名，涅槃非假名。生死是浮虚幻爲，所以是假名；涅槃真實，故非假名。二者、涅槃是假，生死非假。涅槃無名，强爲立名，所以是“假”；生死本是名相之法，非强立名，是故“非假”。三者、二俱是假，以生死涅槃是因緣相待，故是假也。四者、二俱非假，廢名就法，法體皆如，如内絶言，所以非假。今就初門，明生死是假名，得涅槃故超出也，明出苦也。次出煩惱。於中四句：初“出淤泥”，教斷愛也。“淤泥”者，愛見煩惱，愛染生死，名曰“淤泥”。了之性空，稱之曰“出”也。“無繫著”者，心無所愛，不著五塵；若有所著，不名“出家”，乃至不爲愛道；不繫不著，名爲“出家”。故《思益經》云：乃至如來尚不貪愛，何况餘法也？“無我所”者[②]，明修除見也。出家之道，本亡我人，故於我所法中一切捨離。故下《經》云：“因有我故，便有我所。若無有我，亦無我所也。”“無所受”者，不受邪法。或可不受一切法。故《花手經》云：眼不受色乃至意不受法，名“無所受”也。下教出業，摧諸外道等。邪法教人，名爲“擾亂”；除滅稱“無”。次明所修。“内懷喜，護彼意”，修利他行；於他所爲，心無疾惡，名“内懷喜”；内心清净，外能隨順衆生，不逆其心，名“護彼意”。“隨禪定”者，修自利行；“隨”者，順

① 彼，録本訛作“波”，據底本改。下文“若菩薩者慈悲爲源，憐湣衆生，與物無違，故曰‘不惱於彼’”，亦可互勘。

② “者”字前録本衍一“著”字。按：底本“著”字旁實施一廢棄號，今據删。

也，不見定亂相，其心常不動，故曰"隨"也；此定學。"離衆過"者，還明所離，離於一切犯戒之垢；此戒學也。"若能"以下，第三結。以其真實出家之法一如上故，依此出家，名"真實"也。

就下第二，教彼長者子等出家儀式。文別有四：一、維摩詰勸諸長者真實出家。二、諸長者不達真實出家意，故以父母致辭。三、明維摩教令發心，即真實出家，亦名"具足"。四、諸長者得真出家。

前中先勸，所以下釋。法身如來無處不在，對目不見，故難值[①]也。"父母不聽，不得出家"者，唯依戒律出家，要須父母開許；若其違命，不合出家。或可無明父、貪愛之母障蔽真相，令不顯現，名曰"不聽"；隱在三界諸煩惱中，名"不得出家"。維摩詰言"汝等發菩提心則出家"者，真心既朗，勝相亦彰；無明貪愛既除，法身獨出無礙；此則名爲"真出家"也。名"具足"者，衆德圓滿，性戒自成，不假師資，畢竟無染，此豈不名"具净戒"也？故《無垢稱》云：是則出家，是即受具戒苾芻性。

問："俗人發心，即得具足戒，與比丘何别?"

答："前戒有二種：一制行，論其制法，如須羯磨，方得論其制行。離過是同，故與俗人同法事。"

四、明長者得真出家。"故我"下，結不堪也。

"佛告阿難"者，此云"歡喜"。依《智度論》，有三因緣立名：一、從本願得名；二、父母立名；三、人見得名。

第一、從本願得名者，即是釋迦牟尼佛田[②]地作窯師時，值遇(過?)[③]去本師釋迦牟尼佛，有聞持傳者名曰"阿難"，即發誓願："願我於未來得佛之時，還名'釋迦'；所有聞持侍者，還同今日阿難。"亦由世世已來發願爲佛侍者，以宿因故，今得爲佛侍者，故名"阿難"爲"歡喜"也。

第二、"父母立名"者，如來將欲成道，魔王忿怒，與十八億鬼兵來惱菩薩；菩薩心正，魔皆退散；便至净飯王所説言："汝子昨夜將欲成道，爲魔所

① 值，底本、録本訛作"墮"，據《維摩詰所説經》[T14n475p541c24]改。

② 田，録本訛作"因"，據底本改。

③ 結合文意，此"遇"似當爲"過"字之訛，待考。

壞,今已死没。"王與眷屬皆生愁苦,不能自勝。净居天子即報王言:"不須懊惱,汝子已成正覺,不須憂苦。"王猶疑惑,即遣使訪問。使還啓王:"太子已成正覺。"王及眷屬、國内臣民皆大歡喜。須臾之傾(頃)[①],斛飯王復更報净飯王云:"夫人生男。"王重歡喜:"世間欣慶,豈過我等?"既值歡喜時生,爲立其名,名之"歡喜"也。

第三、人見得名者,由阿難世世已來慈忍行成,報得相好端嚴色像第一,見者悦神,無不愛敬,故名"歡喜"。故净法師云:"阿難"者是佛昆季,宿著因緣,名標起願之初,生居得道之末,面如滿月,目類青蓮,能令見悦神,亦使父王慶集,具斯三義,故稱"歡喜",弟子中多聞第一。不知如來法身常身,體性無假,故亦被呵。

文四同前。第三釋中,初總徵,次别釋。别中有五:一、出昔日被呵之事。二、"維摩言'止,止'"下,明教呵相。三、"時我,世尊!實懷慚"下,自彰己屈。四、"即聞"下,空聲導引,和諧兩家。五、"世尊,維摩詰"下,阿難比丘嘆維摩德。

前中三句,初明阿難爲佛乞乳。"時維摩"下,净名怪問。"我言"已下,阿難正答。前初句中"世尊身少有疾"者,患風病也。牛乳治風,故須乞也。維摩問者,非時而乞,其必有由,故須問也。答中小乘教内言佛實有生老病死故,故作斯答如是道理;阿難是大菩薩,知佛無病,應同聲聞起化故也。

就下第二教呵相中,文開四節:初句略呵;二、"如來身"下,顯佛真身,金剛不壞;三、"默往"下,重明呵相;四、"當知,阿難!如來身[②]"下,重明佛身體常,不墮諸數。前略呵中,"止,止……莫作是語"者,執應迷真,所傷之甚,重言呵責,故云"止,止"也。如來身金剛體者,第二顯佛真身,佛身無爲,物不能壞,如金剛也。惡盡善滿,何有病也?又云:"金剛之體",明佛體堅難壞也,事同金剛。"諸惡已斷",衆善普會,彰佛德滿,衆惡已斷,斷德圓滿,是攝律儀戒也。"衆善普會",行德具足,是攝善法戒,饒益[③]衆生戒也。此明所

① 録本出校:"傾=頃?"按:《集韻·静韻》:"傾,俄傾,少選也。通作頃。"

② 身,録本訛作"乘",據底本改。

③ 益,録本訛作"蓋",據底本改。

有。“何疾[①]”“何惱”，彰其所無。當有何疾？内無疾苦。當有何惱？外無衰損也。“默往”已下，第三重呵。就中有三：一、呵心（止）[②]其言；二、“行矣”已下，呵去其身；三、“可密去”下，雙呵形、言，欲令永息無常之念。前中有三：一、遣默往；二、呵誡不聽謗佛；三、以理教示。“默往，阿難”是初遣也。口病言，是以須“默”；身遠乞所，爲是須“往”。諺云：阿難小智，不了佛身真常無待，妄言有疾，違失處深，故須“默往”。自此已後，不得更言佛無常也。“勿謗”已下，第二呵也。如來無病而言有病，是則爲“謗”。又垢執實無，亦爲謗佛。“莫使異人聞”者，異學情[③]返（反）[④]，難與理親，脱聞斯語，謂佛實病，即輕佛也。“無令大威德諸天”者，五净居天名“世界頂”，十住菩薩多生是處也。若聞此言，則知人者不達如來方便之意，於汝而生劣想；他方菩薩知佛無病，復輕汝矣。“轉輪王”下，第三以理正教。“轉輪聖王，以少福故，尚得無病”，舉劣况勝。“豈况如來無量福德普勝三界，而有病也”，辯勝過劣。第二呵去其身。於中有二；初、呵令去身；二、明須去所以。“行矣，阿難”者，速捨此去，名爲“行矣”。佛爲世師，舉世共尊，説病他譏，彼此同著，故云“勿使我等受斯耻”也。“外道聞”等者，明可去所由。“外道、梵志”，舉毁謗人。佛法之外别立道理，名爲“外道”。心外别求，理外妄計，生心動念，名爲“外道”。法外求净，名“梵志”。“若聞此語”，明謗所由。“當作是念‘何名爲師’”者，明輕謗心。“自疾不能救，而能救諸疾”者，明出謗語也。第三、雙呵中，“可密”者止其言，“速去”者摧其身。不密他聞，不速他見，故須密速，勿使人聞。或可“速密去”者，摧其身；“勿使人聞”，止其言也。第四、重明佛身性常，成其無病。何須重明者？前雖明佛是金剛身，惡盡善滿，猶濫生身無常。此下四句，明佛惟以法性爲身，不墮諸數，以證如來畢竟無病。文中有三：第一、告語令知；第二、“非思”下，正明四德；第三、“此身當有何病”下，明了知無病。初告語令知。“阿難！諸如來身，即是法身”者，明佛化身即是法

① 疾，底本、録本訛作“病”，據《維摩詰所説經》[T14n475p542a8]改。

② 録本出校：“心＝去?”按：結合文意，底本書手此“心”乃“止”之訛字（“止”字寫本常作“心”，與“心”形近）。兹據文意改。

③ 情，録本訛作“精”，據底本改。

④ 返，此同“反”。

性之身，以化用法爲體故。或可，化身性空，即是法身也。第二、正明四德。“非思欲身”者，法身不從思欲結業而生，故“非思欲身”也。業繫既段（斷），自在無礙，即是“我”義。“過三界”者，生死報土，無復諸苦，即是“樂”義。諸漏已盡，更無垢染，即是“净”義。“不墮諸數”者，佛身無爲，不墮生、住、滅等四相數中，即是“常”義。或可“不墮數”者，出過一切有爲諸數。故《無垢稱經》云：是身無爲，離諸有爲，出過衆數也。莊云：“不墮數”者，不墮衆生數也。遠云：“非思欲身”者，離分段因；“過三界”者，離分段果；“諸漏盡”者，離變易因；“不墮諸數”，離變易果（云云）。“如此之身，當有何病”者，第三結成無病。既具常樂四德，寧有病也？

第三、自障已屈。“實懷慚耻”者，阿難聞上佛身常而無病，自耻愚暗。終日侍佛，不知佛常，妄見有病，乃爲乞乳，非謬何也？

第四、空聲導引者，阿難執應迷真，居士論真失應，今以平等空中出聲導之，和諧兩家，不許偏執。就實以論，勸彼阿難如居士言，了佛無病。“但爲佛出五濁惡”已下，隨化，不違阿難乞乳，故須同病，以止病也。“五濁”者：一、命濁；二、劫濁；三、見濁；四、煩惱濁；五、衆生[□][濁][1]。下劫將末命等五法以成滓故，如油將盡，名“濁”也。命濁者，謂短壽年十歲，以惡劫時命根爲體。劫濁者，謂兵刃疾病飢饉劫起時，以不相應法爲體；或以内外有漏五陰爲體。見濁者，三惡劫時五見爲體。煩惱[□][濁][2]者，三惡劫時五陰[3]見、餘鈍央煩惱爲體。衆生濁者，三惡劫時，無有正念，衆生以第八識爲體；或通取五陰爲性。此五惟在欲界，非上二界也。此五成時，名爲“惡世”。“現行斯法度衆生”者，如來一代，行乞食法，度脱衆生。依《乳光經》云：佛在世時，毘耶離城樂樹下四衆圍繞，共會説法。時佛中風，當須牛乳。毘耶離有梵志名“摩耶利”，爲五百弟子作師，以慳恪故，常持羅網覆其舍宅及以庭中，不令飛鳥侵食米穀，邪見不信。家有乳牛，惡抵踏人，無敢近者。佛爲度此梵志，故示言“有疾，須乳”；爲治風故，遂遣阿難持鉢往乞。至其門下，梵志見怒而問曰：“汝何所須？”阿難對曰：“佛病須乳，故來乞求。”彼聞作念：

①② 濁，底本、録本無，據文意補。

③ “五陰”二字底本、録本誤作“陰五”，據文意改。

"可令自取,使牛踏殺。"即語阿難:"若須,搆[1]取。"阿難即往牛所,牛自開腳,任其搆[2]乳。時牛静住,不復敢動。時諸人衆,咸生驚怪。爾時牛母而説偈言:"此手捫摸我,一何使乃爾。取我兩乳去,餘留與[3]我子。"爾時犢子復白母説偈言:"我乃前身時,生慳貪恒突;復隨惡知識,不信佛經戒;使我作牛身,受苦不可繫;都緣貪嗔癡,至於六十劫;今乃得值佛,如病遇良醫;持我飲乳分,盡用奉上佛;我食草飲水,自可充今日;令我後智慧,得道願如佛。"于時梵志在傍具見,即自悔責:"我不及牛,不識福田,生此惡心。"梵志門徒數百人見此事已,皆得法眼净。梵志復説偈言:"我是人頭畜,汝是畜頭人;汝見生歡喜,我見劫生嗔;共汝諸等輩,相將見世尊。"爾時阿難持乳奉佛,具述上事。佛即記曰:"此牛母子,卻後命終,人間天上,七返往來,終更不生三惡道中。牛母後值彌勒佛,得阿羅漢果;犢子亦爾,過二十劫後,當得成佛,號曰'乳光如來'。"因此事故,摩耶利等即於佛所深生敬信,故曰"現行斯法,度脱"也。"取乳勿慚"者,爲化必然,故無慚也。

第五嘆維摩可知。"是故"已下,結不堪也。"如是五百"已下,第三總結。類顯餘文可解也。

《維摩經》疏卷第三。

《維摩經》疏卷第六[4]

香積佛品第十

就此品中,三門分别:一、辯來意;二、解品名;三、隨文判釋。辯來意者。始從《問疾》至《不二品》,廣明行因。此品之中,寄就香積如來,明因得果,因前果後,義次第也。下文中修十、修八,復是其因。衆香世界莊嚴妙事是净

①② 搆,録本訛作"攝",據底本改。

③ 與,録本訛作"輿",據底本改。

④ 佛典注疏,研究者或認爲此疏是敦煌著名佛教學者曇曠的著作。敦煌卷子中有伯 2040 一號,首尾俱全,係卷六,所釋爲《香積佛品》第十至《囑累品》第十四。清代以前歷代大藏經未收,後被收入日本《大正藏》第八十五册。今校注仍以《大正藏》録本所據原卷伯 2040 號爲底本。

土果，此即明其净土因果。又解，前之四品，明其教行；《入不二品》，次明證行。此《香積品》，不住道行，以不住故，此往於彼，彼亦來此，互相顯發，利益衆生。有玆三意，故須明也。

釋品名者，前來賓主問、答將訖，施設供養，順俗常儀，遂取香飯，以供大衆，因示神變，顯佛事無方，就食主題章名"香積佛品"。

第三釋中，文分爲二：一、問答辯法；二、"維摩文殊説是法"下，結説利益。前中復二：一、就香積明净土果；二、"彼諸菩薩聞説是"下，因彼衆香菩薩讚請，明净土因。前中有三：一、現净土；二、顯勝食；三、明教殊異。

前中有二：一、明舍利見其室空，内心念食，以爲論端；二、明維摩將爲取食，先現净土。前念食中，"日時將至菩薩何食"者，遠云：因上空室，故生此念；良以飯食時中所須，是以念也。又因念食多有開發，所以念食也。藏云：念食有三意：一、身心俱累，凡夫人；二、心雖無累，而形須資待，二乘人；三、身心無待，諸大菩薩也。舍利既受結業之形，心雖無累，而形須資待，於佛道法，齊（齋？）[①]後不食，食時既至，故生念也。二、經初以來，談論菩薩妙法，聲聞不樂，故念食也。三、維摩空室，身子扣關，互相顯發，以爲利物，所以念也。

問曰："空室之中，聲聞五百，何意舍利獨起念耶？"

答："諸弟子中，舍利智慧第一，又是時會之長，然多起發，故偏生念。"

又問："前念床座，通爲二乘；今此念食，偏爲菩薩？"

答："床座大小同須，是故通爲食中；二乘自有乞食法，故不爲也。前念座通爲二乘，而被呵責，故今不爲念也。或可翻譯脱略，非是理無。《無垢稱經》云：'此摩訶薩説法未起，我等聲聞及諸菩薩當於何食也？'"

"時維摩詰知其意"下，將爲取食，先現净土。文中有三：一、呵念穢食；二、"若欲"下，許取妙食；三、"維摩入三昧"下，正爲現土，爲取食緣。初呵中"維摩詰知其意"者，知其念意，維摩以他心通懸鑒彼心，故云"知其意"也。"佛説八解脱，仁者受行"，舉法以呵。八解之中，前二解脱觀不净，汝已受行，云何念不净斷食耶？又解脱即是無欲，法食長養，身之上膳，汝已受行，

① 結合文意，此"齊"當爲"齋"之形訛字。

云何返念不净食耶？

“八解脱”義，七門分别：一、釋名得名；二、出體性；三、辯所緣境；四、明行相；五、所依地；六、明漏無漏；七、問答分别。

第一、釋名得名者，初通，次别。通者：離染棄背，名爲“解脱”；“八”即是數，“解脱”是用，從數及用爲名也，或可帶數釋也。前（别）①者：一、“内有色相觀外色”，“内”者謂自身，言“外色”者欲觀自身青瘀等色；初習難成，先觀外色青瘀之事，比教内身，不久當然，故名“内有色觀外”也。二、“内無色相觀外色”者，已觀自身，不更内觀青瘀等事，唯觀外色若青瘀等，故名“内無色觀外色”也。已上二觀，除變化障。三、“三名净解脱，身作證”者，青黄赤白，鮮潔之色，名之爲“净”；界地窮滿，行者剋獲，名“身作證”。此之一觀，除變化障及煩惱生起障。四、“名空處解脱”者，久觀諸色，身心勞苦，須作破列（裂）②色想，作厭色觀；緣無邊空處而生此定，於空不染，故名“空處解脱”；然成就之時，通觀四陰，從初得名，名曰“空處”。五、“識處解脱”者，又緣空境，患心勞苦，攝境觀心，於心離著，名“識處解脱”。六③、“無所有解脱”者，彼無所有無有麁識故；微細所緣，緣少識爲境，名“無所有”；於此離染，名爲“解脱”。下之二脱，准上應知。七、“非想、非非想解脱”者，此定最細，不同四禪三空，名爲“非想”；雖有心緣，異滅盡定，名“非非想”也。已上四觀，能除受味。八、“滅受想解脱”者，厭心勞慮，止息有緣，除受想等心心數法，名“滅受想”也。此之一觀，除想受心法也。若論得名者，初三解脱，境用立名；空、識二種，方便爲目；［□□］［非想］④、非非想，形對受稱；無所有及滅受想，約所無立名也。

第二、出體性，有二：一、依小乘；二、依大乘。小乘體者，《薩婆多宗》、《雜心論》等。前三解脱以善大地中無貪善根以爲體性，空等四種解脱以當地中善四陰以爲體性，滅盡解脱以非色非心不相應法以爲體性。大乘體者，依《瑜伽》等論有五種：一、剋性體，前七解脱以别境五中惠（慧）數爲體。二、引

---

① 録本出校：“前＝别？”按：結合文意，此“前”當爲“别”字之訛。

② 列，後作“裂”。《荀子·哀公問》：“兩驂列，兩服入廄。”楊倞注：“列與裂同。謂外馬擘裂，中馬牽引而入廄。”

③ “六”字録本訛作“天”，據底本改。

④ “非想”二字底本、録本無，據文意補。

發體，此之七種以定惠(慧)爲體。三、最勝體。若地前菩薩，以加行智爲體。地上菩薩若緣色等事法，以後得智爲體；若緣色等真如，即以正體智爲性。故《瑜伽論》云此七解脱以世、出世智爲體性也。四、相應體，以四陰爲性。五、眷屬體，以五陰爲體也。第八解脱以非想地厭心種子防心功能以爲體性也。

第三、辯所緣境者，初二解脱緣不净色爲境，第三解脱緣净色爲境。若約十二處辯所緣境者，十二處中緣色處爲境也。若約五陰，緣色陰爲境。若約十八界，緣色界爲境也。若約理觀，緣色真如爲境也。空處解脱，方便初起，緣空爲境，觀行成就，通緣四陰，若辯理觀，緣空真如。識處解脱，初起緣識爲境，觀心成就，通緣四陰，理觀還緣識真如。無所有處解脱，方便之時緣無所有爲境，觀行成滿，通緣四陰，若辯理觀，緣無所有真如也。非想解脱，初起緣細想爲境，觀行成就，通緣四陰，理觀緣細相真如也。第八滅盡解脱無心緣故，不論境也。

第四、明行相者，初二解脱作不净行及無相行，第三解脱作净行及無相行，空處解脱既緣空境作空行相及無相行，識處解脱作緣識行及無相行。後二解脱可知。若約寬通，起無常等諸行。第八解脱既無所緣，亦無行相也。

第五、辯所依地者，前二解脱依初二禪，第三解脱依第四禪，空等四解脱各依當地，第八解脱依非想地。欲界散地，不發解脱。中間未至，定惠(慧)不均，亦不發解脱。近分定亦不發，以速疾故也。若約依方，此八解脱唯依三方身起；不依北方，以無説力起故。若約三界身，前三依欲界身，後五通依三界身起也。

第六、明漏無漏者，有其二種：一、約小乘；[□][二][1]、約大乘。初小乘者，[□][依][2]《薩婆多宗》，此之八脱，並是有漏。二大乘中，二乘所得前七解脱，若緣色等，事法體是有漏；若緣色等，真如性是無漏；第八解脱，一向無漏。若菩薩位，地前頓悟菩薩未得第八，前七分得，此是有漏；若至初地已上、七地已來，所得解脱，性是無漏，出觀已後，還即間斷；八地已上，觀心相續，所得八脱，一向無漏，亦無間斷，佛果可知。若是地前漸悟菩薩，緣色等

① 二，底本、録本無，據文意補。

② 依，底本、録本無，據文意補。

事法，前七解脱一向有漏；若緣真如，性是無漏；第八解脱，一向無漏。若至地上，與頓悟同也。若約佛告果，八解脱俱是無漏。

第七、問答分别者，問："八解脱中，何故第三、第八得名'身作證'?"

答："此二最勝，所以得名。第三即於色解脱中障漸無餘，第八即於無色解脱中障漸無餘，是故偏立'身作證'名也。"

問："此八解脱，學人得不?"

答："依小乘，初二果人未離欲界，未得根本四禪，不得八解脱也。若依大乘，前二果人以有漏道伏欲界惑，分得七脱，未得第八；第三果人八脱俱得，仍未圓漏。無學果人，方得清净也。"

問："前二解脱俱緣不净色境，何故分爲二脱?"

答："色有内外不同，是以分爲兩脱。"

[□][問][①]："若如此者，空境亦有内外兩殊，亦應分爲二脱?"

答："緣空之時，不作内外解，所以但合一解脱也。"

問："第三身與第八身何異?"

答："第三約心身以證定，第八約色身以證定。滅盡無心，以身剋證也。"

"若欲食"下，許取妙食。"待須臾"者，得益不遥也。"當令汝得未曾有食"者，該云香積味飯，食之能令長道，斷諸煩惱，世所不行，名"未曾有"也。莊云：今言未曾有食，只食未曾有。未曾有食，豈有可得也?

第三維摩現土之中有二：初以神力現衆香界，後"此諸"下明衆皆見。問曰：何須現彼國者? 解有二義：一者、欲令大衆見彼修因往生，故須現也。二、顯己不思議力，欲令大衆咸仰修習，同己所得，故須現也。前中初言"入三昧"者，化所依也。若就實論，無時不定，今隨化相，示言"入"也。就所現中，文分有五：一、示方所，上方界分；二、明遠近，過四十二恒沙佛土；三、所現國，名曰"衆香"；四、所現佛，名曰"香積"；五、辯彼國人物等相。"過四十二恒沙佛土"者，若隨相解，其義可知；就實而論，即是經中四十二賢聖之位。依《華嚴經》：一、十住；二、十行；三、十迴向，名字如上辯；四、十地。言"十地"者：一、歡喜地；二、離垢地；三、明炎地；四、燒然(燃)地；五、難勝地；六、

① 問，底本、録本無，據文意補。

現前地；七、遠行地；八、不動地；九、善惠（慧）地；十、法雲地。此十地上，復有等覺、妙覺，總爲四十二位。過此已後，無明細礙，盡凈無餘，理證相應，成無上等覺，勝智圓滿，方得號“佛”。故言“過四十二恒沙世界”。有佛名“香積”者，彰化教主；積戒定惠（慧），以成其身，名爲“香積”也。第五明土相中，文有四句：一、土莊嚴，五塵勝妙；二、人莊嚴，唯諸菩薩，無有二乘；三、重嘆土，純以香嚴；四、重嘆人，唯佛菩薩衆，見可知也。

問：“香積如來，三身之中何身所攝？”

答：“報身所攝。所以得知，香積世界唯有菩薩，無有二乘，故知報佛所攝。或可亦通化身所收。所以得知，香積土中既有天子名曰‘香嚴’。諸天凡身，未見報佛。又《經》云：‘此諸大衆，莫不目見。’故知通化身也。佛身既通報、化，所居之土亦通報、化也。”

“此諸衆”下，衆見可知也。

“時維摩問衆”已下，第二顯取勝食。文中有三：一、明維摩爲衆取食；二、明彼佛應即與之；三、得食已，普供大衆。前中有二：一、命衆取食；二、“於是”下，衆默不堪，自遣化取。前中四句：一、維摩詰命衆取食，故問菩薩：“仁者！誰能致彼佛飯？”“致”是“運致擔[①]輦”之義。又云：“致”者，到也，至也，誰能至彼佛所取飯也。二、以文殊威神力故，制衆默然，欲使維摩自往取之，適其化意，非謂大衆力不能也。三、明維摩返繫令取，仁德衆多，不堪取食，可著之甚，故今返繫：“仁此大衆，無乃可耻？”四、文殊爲衆解過，引佛爲證：“如佛所言，勿輕[②]未[③]學。”以衆未學解脱之德，不堪往取，勿輕意也。

二明維摩化取食中，文别有三：一、以神力化爲菩薩；二、“而告”下，教取食儀；三、“時化菩薩”下，承命往取。前中“維摩不起於座，居衆會前”，起化處；“化作菩薩，相好光明，威德勝”等明化所作。維摩大士具有三身：一是法身，二是報身，三是化身。現長者身是化身。“化作菩薩”者，從化起化；二乘

① 擔，録本訛作“簷”，據底本改。

② “輕”字前録本衍一“擊”字。按：底本“擊”字旁實施一廢棄號，今據删。

③ 未，録本訛作“末”，據底本改。下文“以衆未學解脱之德，不堪往取”中“未”字録本亦訛作“末”，徑改之，不復校。

之人不能從化起化，菩薩從化更能起化也。《中論》云："如世尊神通，所作變化人。如是變化人，復變化作人。"准此經文，化人復能起化也。或可從净名報身引起，以其化身無有心故，不能起化。

又問："維摩化作菩薩，現諸光明，依何三昧？依何神通？依何禪定？"

答："依《智度論》，依三昧王三昧，依神足通，依第四禪。"

又："十四變化心中，依何心中起化？"

答："依四禪，欲界化當第十心化也。"

又問："十二處中化幾處？"

答："十一處全，法處一少分，不化無爲。"

所以現菩薩威德勝者，欲使彼國諸菩薩等覩之發心，來此聽法，有大兹益，故須勝也。取食儀中，文分四節：一、示方所；二、明問訊；三、教乞食；四、明乞意。初中"而告之言'汝往上方'"，明示方所。二、到彼維摩、稽首足下者，設敬也。"問訊起居"，通問辭也。"少病少惱"者，問訊事也。而言"少"者，示同世俗也。少病惱者，問身增損。"氣力安不"，問心苦樂。三、"所食餘"者，若不食餘，即不敢乞。乞食意中，有三勝益："作佛事"者，娑婆衆生得道之益；"弘大道"者，小乘衆生悟大之益；"名聞普"者，聞名誦持，成德之益。問曰："舍利前念食中，但爲菩薩；今此維摩取食，何故爲聲聞也？"

答："身子念食，原從自已須食心起；自有所欲，謂他亦須。又身子實謂菩薩，身有所待；維摩達彼諸菩薩等久食深法，於食不須，今取者，唯爲二乘未發心者教令發心，捨小學大，故專爲也。"

三化菩薩，承命取食。文中有二：初化菩薩昇于上方，舉衆皆見。後化菩薩發言求食，令衆同聞，言如前教也。

問："何意取飯遣化菩薩，請座不遣人追？"

答："借座燈王，謂默感不思議。今令請香飯，遣化奇特。又借座示心通，不遣使人往；請飯表身通，故遣化人取。又欲引上方菩薩從彼而來，使此衆覩見暮（慕）①德，進修道行。又欲以此法門利益彼衆故，以是等緣，故遣化往也。"

① 録本出校："暮＝幕?"按：結合文意，"暮""慕"俱音"莫故切"，此"暮"當爲"慕"之借字。

問:“請飯維摩何不自取,乃遣化往?”

答:“維摩即是時會化主,客在其室,無宜捨去。又欲令彼諸菩薩等尋化推本,來此聽法,故身不去。”

“彼諸大士見化菩薩”已下,第二大斷(段)[①],明彼如來應請與食。文别有五:一、明衆香菩薩覩化致問,彼佛具答;二、“菩薩言其人”已下,審問維摩道德何如乃作是化,彼佛具辯;三、“於是香積如來”已下,佛以香飯與化菩薩;四、“時彼九百萬菩薩”下,彼諸菩薩欲來此土,佛便聽許;五、“時化菩薩受鉢飯”下,二因菩薩承力至此,施作佛事。前中初問,後答。問中三句:初、言“彼諸大士”,舉能問人;“見化菩薩”,彰所覩;“嘆未曾有”,彰昔未見。下正爲問:“今此上人從何所來”,問其所從來處;二、“娑婆世界爲在何許”,問其方所;三、“云何名爲‘樂小法者’”,問其所爲。净土中無,怪而問也。下佛答中,“佛告之曰”總舉答詞,“下方度”等隨問别答。於中初至“界名娑婆”,答上問中“娑婆世界爲在何許”。“娑婆”,梵音,此翻名“忍”。《悲花經》云:此土衆生忍受三毒及諸煩惱,土從人稱,故名爲“忍”也。“佛號釋迦……於五濁世,爲樂小法衆生敷演道教”,答上問中“云何名爲‘樂小法者’”。三“彼有菩薩名‘維摩’”下,答上問中“今此上人從何所來”,明此化人净名遣來。先列維摩“住不思議”,辯其所得;“爲菩薩説”,明其所化;“故遣化來”,彰其所遣;“稱揚我名”,並讚此土;“令彼菩薩增益功德”,明遣所[②]爲,使此慕求,名“增功德”。

自下第二,彼諸菩薩審之維摩詰。“其人何如,乃[③]作是化”,問其人也。“德力無畏,神足若斯”,問其德也。下佛具答。“言‘甚大’”,嘆其人勝,對其初問。“一切十方皆遣化往”,嘆其化廣,對其後問。第三彼佛盛滿香飯,授化菩薩,文顯可知也。自下第四,衆香菩薩請佛求來,彼佛聽許。於中先列請人。“俱發聲”等,發言正請。“供養釋迦”、“見維摩”等,彰請所爲。下佛

① 結合文意,此“斷”當爲“段”之借字。《釋名·釋言語》:“斷,段也。分爲異段也。”下借作“段”之“斷”字徑用括弧注出本字,不復出校。

② 所,録本訛作“阿”,據底本改。

③ 乃,底本、録本訛作“及”,據《維摩詰所説經》[T14n475p552b16]改。

聽許"可往"者,聽去也。下明誡約:先誡其身,後誡其心。誡身有二:一、教攝身香,無令衆生起惑著心、生煩惱故。

問:"既攝菩薩身香,云何不攝飯香?"

答:"佛神力故,飯能除惑,發其道意,所以不攝。身香不然,故須攝也。亦可世尊恐彼衆生生諸煩惱,是以勸攝;必其衆生不生貪染,亦不勸攝。故下《經》云佛告阿難:'是彼菩薩毛孔之香。'"二、捨本形,無令彼諸菩薩而生鄙耻、心退勇猛故。就誡心中,"又汝於彼莫懷輕賤,而作礙想",正勸捨過,於人莫輕,於土莫礙。畏而不入,名爲"礙想"。"所以"下釋,先徵,後解。"十方國土皆如空"者,諸佛勝土,性净如空,平等無二,但爲大悲化衆生故,不盡現其清净土耳。自下第五明菩薩承力至中,若就别相,彼九百萬承彼佛力,其化菩薩承維摩力;通則義齊,何有異也?上來第二佛與食竟。

次"維摩即化九百萬"下,第三大斷(段),得彼飯普供大衆。文中二:一、明維摩現不思議力,小室廣容;二、"維摩詰語舍利"下,能以少食充於大衆,正明供養。爲此變者,欲使衆香諸來菩薩深敬故也。前中有四。一以神變,作師子座,安置衆香新來菩薩。

問:"室中先有燈王高座,維摩何故更化高座?"

答:"燈王之座,此方菩薩以(已)昇。香積衆至,所以净名化作高座。"

又問:"舍利念座,維摩何不化作?請座燈王,此有何意?"

答:"舍利既見室空,所以生念。净名若其自化,恐致不實之嫌,是以不化師子座。"

又問:"恐致不實之嫌維摩不化座者,今香積衆至,亦致不實之想,何故維摩化作高座?"

答:"净名化座,欲令衆香菩薩生不思議想,所以净名化作高座。又云:上明借座,今辯化成,彰顯奇特也。二、化菩薩以彼香飯授維摩詰。三、明香飯普勳三千。四、明人天等衆聞香雲集。聞衆有三:一、婆羅門聞香快然者,異香入體,身心欣悦也。二、明長者主[①]月蓋領諸人衆入方丈室,禮敬卻[②]

① 主,録本訛作"至",據底本改。

② 卻,録本訛作"刧",據底本改。

住。後三、諸神及天雲集,文並可知。”

問:“欲界諸天聞香可爾,色界諸天既無鼻識,如何聞香,入方丈室?”

答:“色界雖無鼻識而有鼻根,欲聞香時,借下界識而託上根,所以聞香入室也。如十地菩薩將成佛時,經色界中依第四禪,斷煩惱及習,方成正覺,引起成所作智。第四禪中既無五識,云何引起成所作智?故智借彼下識,依上根生,轉成所作智。彼亦如是。或云香是定心所變,法入所攝,色界諸天[1]意識得緣,所以聞香入方丈也。”

第二以食供養衆中,文分爲二:一、辯香飯無盡;二、“其諸菩薩”下,彰飯殊勝。初辯“飯無盡”中,文有四句:一、命衆食。二、“有異”下,覩飯念少。三、“化菩薩”下,呵其狹心。四、“於是”下,結受用無盡。問曰:前座大小通告,今食何意偏告聲聞?答:有四義:一、聲聞自有乞食,故無心欲食。二、取飯正爲樂著小法者故。三、聲聞小智飯少,大衆都無心食。四、身子念食,唯爲菩薩,不爲聲聞,故偏命食。座即不爾,是以通[2]告。”“可食如來甘露味飯”者,此飯能滅諸煩惱毒,資養惠(慧)命,名“甘露味”。“大悲所勳”者,甘露味飯是大果,又從心所起,故云“大悲勳”也。“無以限意”下,誡捨劣心。取相分别,名爲“限意”;食無大利,名“不消”也。遠云:執爲定少,名爲“限意”;用不應法,名爲“不消”也。莊云:有所得心,名爲“限意”;取於飯相,名“不消”也。第二覩飯念少、有異聲聞者,出不消人。四大弟子外,名“異聲聞”。亦可五百人外,名“異聲聞”。或可二乘人等異諸菩薩,名“異聲聞”。念飯少者,取食少相。“而此大衆”下,取衆多相,不知諸佛不思議德以一微塵納無數世界,微塵不大,世界不小。第三呵狹小心中,文有三句:一、呵。二、“四海”下,彰飯無盡。三、“所以”下,釋勿以遮呵也。“小德小智”,二乘人福惠(慧)少也。“無量福惠(慧)”,佛福惠(慧)多也。“四海有竭”下,明飯無盡,或念不應“四海有竭”。“此飯無盡”者,假舉世間事,彰飯無盡。“一切人食,

---

① “諸天”二字底本作“諸天諸天”。《大正藏》原校録者認爲其中一“諸天”當係誤衍。其説可從,今據删。

② “以通”二字底本、録本誤作“通以”,據上下文意改。

揣若須彌，[□][乃][1]至一劫"亦不盡者，假舉世人，明食無盡。"一切人食"，食人廣也。"揣若須彌"，所食多也。人別須彌。"乃至一劫"，食時久也。假使如此，猶亦不盡。"所以"下釋。初先徵[2]，後解。一鉢之飯，所以言不盡者何？下對釋之。"無盡戒"下，聲聞五分功德，有二種盡：一無常盡；[□][二][3]入無飯(餘?)[4]涅槃時盡。異彼二盡，故言"無盡"。"功德具足"者，不同菩薩。"所食之餘，不可盡"，明佛食身，報用無盡。"於是鉢飯"下，第四正明受用無盡。自下第二飯殊勝中，顯食功能[5]，有三：初明身安樂者，離忘不善名"安"，無苦適悦名"樂"。"譬如"下，欲次以喻顯安樂。後明食者"身出妙香，亦如"下，喻顯香相也。

"爾時維摩問衆香"下，第三大斷(段)，明其教殊異。於中有二：初明他佛，後明此土佛教。前中有二：初净名問，次彼菩薩答。以理言之，教實無別，但以衆生報根性不同，故問也。前中先問，彼具答之。"我土如來無文字説，但以衆香入律行"者，非謂彼土默而不言名"無言説"，但以聖者致化不同，此土衆生必以言教得道，彼國天人多以聞香得入聖位。下《經》云：或以香飯，而作佛事等。"無文字説"者，舉其多耳。彼國以香通道爲宗，非都無言。故上《經》云彼國無有聲聞辟支佛名，唯有菩薩衆，佛爲説法。故知亦有言説。如此土以[□□][言説][6]通道，亦有因神變等事而得悟道也。"德藏三昧"者，聖由定成，獲此定已，菩薩所有一切功德皆悉具足，故云"德藏三昧"也。

自下第二，明彼菩薩問此國土言教施化。於中先問，後答。答中有三：初、總以標舉；二、是"地獄"下別釋；三、結成。"此土衆生剛强難化……爲説剛强語"者，然聖化無方，隨緣而應，此土衆生剛强難化，故佛以麁言而應之也。佛有三種説法：一、軟語説，行善樂果。二、麁言説，行惡苦果。三、雜語

---

① 乃，底本、録本無，據《維摩詰所説經》[T14n475p552c15]補。

② 徵，録本訛作"微"，據底本改。

③ 二，底本、録本無，據上下文意補。

④ 結合文意，此"飯"似爲"餘"之訛字，待考。

⑤ "能"字前録本衍一"德"字。按：底本"德"字旁實施一廢棄號，今據删。

⑥ "言説"二字底本、録本無，據上下文意補。

説，或以苦言呵責，或以軟語開化。雜説二種，方能離過。今三教中，是麁教也。第二別中有三：一、法；二、喻；三、合。法中約就四諦以釋，欲令衆生知小可厭，終趣大乘，故須明也。初明苦諦中，先説三塗極重之苦，怖彼衆生，令捨惡因。“是諸難處”者，即八難也。是中三惡及生盲聾四法是報難，以異熟無記五陰爲體。世智辯聰是煩惱難，以染污邪惠(慧)爲體。北方長壽無此二，是處難，以所居住處世界成難，四塵爲體；以彼天人諸根具足，根性聰惠(慧)，非是難，但處在彼故。亦可身處俱爲難，即以異熟無記五陰爲體。佛前後是時難，以身墮在此時，還以異熟無記五陰爲體。具上八法，不得聖道及聖道方便，名爲“難”也。“是愚人生處”者，謂諸邊地邪見外道無三寶處也。“是身邪”下，次明集諦。文中雖復因果，通舉對果辯因，意明集諦。“是身邪行”、“是口邪行”、“是意邪行”者，此明三業。色形積聚，名之爲“身”。依身起業，不正乖理，稱爲“邪行”。餘二亦然，並以遍行思數爲體。若約勝，依《成實論》，思有三種：一、審慮思；二、決定思；三、動發思。身、口七業，以審慮決定爲加行，以動發思爲體；意三業者，以審、決二思爲體。故《唯識論》云：“審、決二思意相應故，作動意故，名‘意業’也。”“是殺生”下，次明十惡。斷命名“殺”，即是身用。生是前境，殺彼衆生，此即從用及境爲名也。然殺衆生，要具五義：一者謂是“衆生數”；二者“意樂”，謂起害心；三者“方便”，欲爲害故，須執刀杖；四者“煩惱”，謂貪、嗔、癡；五者“究竟”，謂彼衆生或無間死，或後時死。若具五義，即成根本業道。若闕一緣，即成方便業道也。言“殺生報”者，《俱舍論》云不善業感果有三：一、異熟果，隨下、中、上業受畜生、餓鬼、地獄異熟果也。二、等流果，後得人身，壽命短促也。三、增上果，感得外物乏少光澤，所以如此。由殺他故①，令他受苦，故於地獄受異熟果。斷他命故，於人中受命短促，爲等流果。壞他威力，故感外物乏少光澤，爲增上果也。“[□][是]②不與取，是不與取報”者，他物未惠(慧)，名爲“不與”。此即是境。私竊曰“取”，是身用。此即從用及境爲名。得報有三：於地獄中，受異熟果。從彼出已，來生人間，資財乏少，是等流果。於諸外物，多遭

① 故，録本訛作“被”，據底本改。

② 是，底本、録本無，據《維摩詰所説經》[T14n475p553a2]補。

霜雹,是增上果也。"是邪淫,[□][是][1]邪淫報"者,乖於正禮,名曰"邪淫"。此亦從用爲名,還感三果:於三惡趣,受異熟果;在人道中,妻不貞良,受等流果;感外世間,多諸塵垢,增上果也。"是妄語,[□][是][2]妄語報"者,發言不實,名爲"妄語"。此亦從用爲名,得三種果:於地獄等,受異熟果;若生人中,多被誂(誹?)[3]謗,受等流果;外感資具,多諸臭穢,果增上果。"是兩舌報"者,離隔彼此,名爲"兩舌"。此亦從用爲名,還感三果:於惡趣中,受異熟果;後生人中,親友乖離,受等流果;感得外事,高下險曲,是增上果。"是惡口,[□][是][4]惡口報"者,發言麁惡,名爲"惡口"。此亦從用得名,感果有三:一、於下惡趣中,受異熟果;後生人道,恒聞惡聲,受等流果;感器世間,田多荊棘,磽确咸鹵,是增上果也。"是無義語,[□][是][5]無義語報"者,不稱正義,名"無義語"。此亦從用得名,還感三果:於三惡趣,受異熟果;後生人間,言不威肅,受等流果;感外世界,時候變改,是增上果也。"是貪[6]嫉,[□][是][7]貪[8]嫉報"者,於境染多,名爲"貪[9]嫉"。報得三果:於畜生等三惡道,受異熟果;於人道中,其心貪盛[10],受等流果;感外世界,果實尠少,是增上果也。"是嗔惱,[□][是][11]嗔惱報"者,於境損物,名爲"嗔惱"。感果亦三:於下惡趣,受異熟果;在人道中,其心猛盛,恒多嗔怒,受等流果;感外世間,果味辛苦,是增上果也。"是[12]邪見,[□][是][13]邪見報"者,起見不正,名爲"邪見"。還得三果:於三惡趣,受異熟果;後生人中,其心增癡,又多邪見,是等流果;感外世界,無諸果實,是增上果也。

"是慳恪"下,次明六蔽。"慳恪報"者,"慳"即慳纏,由障他施,於下惡趣,受異熟果;後生人間,乏少資財,故得貧報,是等流果;增上如前。"毁戒

①② 是,底本、録本無,據《維摩詰所説經》[T14n475p553a2]補。

③ 録本出校:"誂=誹?"按:結合文意,此"誂"當爲"誹"之借字。

④⑤ 是,底本、録本無,據《維摩詰所説經》[T14n475p553a4]補。

⑥⑧⑨ 貪,録本訛作"貧",據底本改。

⑦⑪ 是,底本、録本無,據《維摩詰所説經》[T14n475p553a5]補。

⑩ 盛,録本訛作"威",據底本改。

⑫ 是,録本訛作"果",據底本改。

⑬ 是,底本、録本無,據《維摩詰所説經》[T14n475p553a6]補。

報”者，由犯戒故，生三惡道，受異熟果；後生人中，常多犯戒，是等流果。“嗔恚報”者，於下惡趣，受異熟果；生在人中，得醜陋報及多嗔恚，是等流果。“是懈怠報”者，由懈怠故，受惡趣身，是異熟果；後生人中，性多懈怠，是等流果。“亂意報”者，由散亂故，生三惡道，受異熟果；生在人間，心多散亂，是等流果；增上亦可智也。“是結戒”下，次明道諦。文中雖復通舉邪正，意欲對邪辯正，故次明也。文中約就三學明義：先戒，次定，後惠(慧)。“是結戒”者，以諸衆生先造惡故，佛爲制戒，令其修善。“是持戒，是犯戒”者，既制戒已來，奉教曰“持”，違則名“犯”。亦可“持”名“止持”，“犯”名“止犯”。莊云：生心動念，名之爲“犯”；不取其相，名之“持戒”。故《法句經》云：“若説諸持戒，無善無威儀；戒性如虚空，持者爲迷倒。”“是應作”者，即作持也。“不應作”者，是作犯也。“是障礙”者，是前二犯，能障聖道。“不障礙”者，是上二持，不礙聖道。“是得罪”者，結上二犯。“是離[①]罪”者，結上二持。“是净垢”者，下次明定學。諺云：正定名“净”，邪定稱“垢”。遠云：净定無漏定是“净”，味相應定稱“垢”。亦可“净”者是無漏定，“垢”一切世俗定也。又云：分别二相，名之爲“垢”；不取二相，云“净定”也。“漏”、“無漏”者，次明惠(慧)學。“有漏”者，三漏也；“無漏”者，除三漏也。或可地前加行，知是“有漏”；地上正體，後得二智，是“無漏”也。或可依《對法論》，有其六義：一、漏自性故；二、漏相屬故；三、漏所縛故；四、漏所隨故；五、漏隨順故；六、漏種類故。言漏自性者，謂諸漏自性；漏性合故，名爲“有漏”。漏相屬者，謂漏共有心等法漏相應故，漏所依故，名“有漏”也。“漏所縛”者，謂有漏善法由漏勢力招後有故。漏所隨者，謂餘地法，亦爲餘地諸漏麁[②]重所隨逐故。漏隨順者，謂順决擇分，爲諸煩惱麁[③]重所隨故。漏種類者，謂阿羅漢有漏諸藴前生煩惱所生起故。具上六義，名爲“有漏”；與上相違，即名“無漏”。“邪道”“正道”者，外道所行名“邪”，内道所修云“正”。亦可二乘所修云“邪”，菩薩修行名“正”。或可取邪正相名“邪”，不見邪正云“正”。“有爲”“無爲”者，次明滅諦。文中是非通舉，意欲對非明是也。分斷變易二種有漏，五陰爲業，

---

① 離，録本訛作“雜”，據底本改。

②③ 麁，録本訛作“廉”，據底本改。

煩惱所爲及四相所遷，名曰“有爲”。或可無漏五陰爲生等，四相遷流，名爲“有爲”；因中永滅，名曰“無爲”也。亦可分段變易二種因果，名爲“有爲”；盡此永滅，故稱“無爲”也。然此“無爲”，有其多種。依《雜心》、《俱舍》、《大品經》等，有其三種：一、虚空；二、擇滅；三、非擇滅。依《掌珍論》及《五藴論》，立四無爲：一、虚空；二、擇滅；三、非擇滅；四、真如。依《百法論》及《唯識》，立六無爲：一、虚空；二、擇滅；三、非擇滅；四、不動；五、想受滅；六、真如。依《瑜伽》、《對法》等論，立八無爲：五種如前，更加善法真如、不善法真如、無記法真如，即爲八種。

問：“何爲諸論不同？”

答：“《百法》、《唯識》於《俱舍》、《掌珍》，擇滅開爲不動及想受滅，故成六種。《瑜伽》、《對法》於《掌珍》等諸論，真如無爲約三住分，立其八種。此等論師，約義不同，開合有異，於理無違也。”

就《唯識》釋六無爲，略有二種：一、依識變，謂曾聞説六無爲，動習力故，心識生時，相分顯現，實是“有爲”；由無變易，前後相似，假説“無爲”也。二、依法性，假立六種：一者、虚空真如，上離色障礙，假説虚空。二者、擇滅真如，上由智簡，擇斷惑證，如假立擇滅。三者、非擇滅，有其二種：一者、本性，謂真如上，本性離染，假説非擇；二者、緣闕，謂真如上，漏無漏法，緣闕不生，假説“非擇滅”。不生有二：一、永不生；二、暫不生。四者、不動，謂真如上，苦樂受滅，假説不動。五者、想受滅，謂真如上，約想受滅，假説“無爲”。六者、真如，約其人法，二空所顯，安立施説，假立真如。所以然者，以真如體非安立諦，離名言相，唯正體證也。

問：“不動等二、三無爲中，何無爲攝？”

答：“依《唯識論》，若暫滅者，非擇滅攝；究竟滅者，擇滅攝。”

“世間”、“涅槃”者，生死因果，名曰“世間”；可破壞故，果上之滅，名曰“涅槃”。然涅槃不同，有其四種：一、自性清净，不爲煩惱所染，有垢真如爲體；二、無住處，悲智不住二邊，因證涅槃，即離所智，知障法空，真如爲體也；三、有餘，障雖永寂，苦①身未捨，以苦②身證涅槃也，即斷煩惱障，真如爲體；

①② 苦，録本訛作“若”，據底本改。

四、無餘，捨生、死二苦報，名曰"無餘"也，即出生死苦[①]，真如爲體也。又云：初一即真如，後三擇滅攝。滅有二：一、滅縛得，謂即煩惱障所得擇滅；二、滅障得，謂即所知障所得擇滅。有餘無餘，滅縛擇滅爲體；無住處，滅障擇滅爲體。或可自性涅槃以非擇滅爲體，不因擇力而得滅故。自性清净，離過爲名；無住處，無他受稱；有餘、無餘，相形立名也。

問："此四涅槃，誰人具有？"

答："一切有情皆有。初一此約體説，不約證也。二乘無學，容有前三；唯佛世尊，獨言具四。"

問："涅槃中涅槃有二：一者、性净；二者、方便净。與四涅槃如何相攝？"

答："四中初一性净攝，後三方便净攝也。"

問："依《涅槃經》，摩訶般若解脱法身名爲'涅槃'；依《善戒經》，'二'即二智，爲菩提體。云何《唯識論》但以真如爲體？"

答："《涅槃經》等，理事相從；《唯識論》中，但約理也。"

問："如何善逝有有餘依？"

答："雖無實依，而現似有也。或苦依盡，説無餘依；非苦依在，説有餘依也。或可依《金光明經》，法身是無餘報、化二身有餘攝也。"

問："所知障亦障涅槃，云何但説障菩提也？"

答："依《唯識論》，理實二障，通障即就勝而言，煩惱障涅槃，所知障菩提也。"

"以難化人"下，結上來法説。次下喻况。"譬如象馬……乃至徹骨"者：調馬有四：一、觸毛；二、觸皮；三、觸肉；四、徹骨；超舉第四，故言"乃至"。"如是"下，合"一切苦切之言"者，略有二種：一、具説四諦。二、就苦諦中具説四苦：一、説生苦，如初觸毛；二、説老苦，如觸皮；三、説病苦，如觸肉；四、説死苦，如觸徹骨也。下根凡夫至此方能發菩提心也。上來第一明净土果訖。

自下第二明土因行。文開兩節：一、因彼菩薩讚嘆維摩，爲説十種增勝，明餘土無。二、"彼菩薩"下，因彼啓請，爲説八種生净土行。此二何别？前十具德，後八離過。初中有三：一、彼讚歎；二、維摩印述；三、正爲説十種增

① 苦，録本訛作"若"，據底本改。

勝。嘆中初總,“世尊”下別。別中先嘆如來慈深。“貧所樂法”者,小乘之法,唯空無我,無德(得)稱“貧”,棄大學小,名之爲“樂”。或可此土衆生無大乘法財名“貧”,俱有小識,希求四諦,名“樂小[①]法”也;佛隱大乘,以小法化生,故云“度衆生”也;次嘆菩薩,悲極言“勞謙”也。第二印述中有三:一、維摩印。二、明勝負。行不在人,貴其有益。彼土雖妙,施德無地;此土菩薩雖生穢國,教化衆生,廣有開發,勝過彼土。故《思益經》云:“若人於浄國,持戒滿一劫。此土須臾間,行慈爲最勝。”三、“所以”下,釋以具十法勝也。第三次明十事。文分爲三:初問,次答,後結。十中前六自行,後四外化。四中前三化法,後一化行。除八難者,小乘法;化度小乘者,大乘法;化濟無德者,人間法;化四攝法者,利他行也。結文可知。

第二因請明浄土行。於中先問,後答,爲請意者欲使衆生修浄土因、往生故也。“瘡疣”者,“煩惱”之異名也。維摩答中有二:初總,後别。别中有三:一、問;二、答;三、結。答中前四化他之心,後四自行。具此八者,即生浄土。初中益生、不望報者,第一句;慈心與樂,而不求報,後生浄土,得果自然。滿云:慈憐心益,故不望報。代受苦者,第二句;並取喜心,合成一句。所以然者,若不生喜,何能拔苦?爲此悲、喜二心合爲一句。故《無垢稱》云:“二者菩薩如是思惟:我應代彼一切有情受諸苦惱,我之所有一切善根悉迴施與故。”故知悲、喜合成第二句也。若依遠法師,“於諸菩薩,視之如佛;所未聞經,聞之不疑”,初句敬人,下句敬法;尊人重法,合爲第五一句。雖有此制,既非聖教,不可依也。代受苦者,悲心愍物,不入涅槃,後生浄土,得自在樂。又云:悲心深厚,故代受諸苦。

問:“苦是衆生報法,云何可代受?”

答:“由其菩薩在苦化生,彼得出離,故云‘代受’。又復鞭杖等苦有可代處,菩薩亦代也。”

功德盡施者,喜心衆生,施彼功德,後生浄土,無我所報。又云:以喜除嫉,故能盡施。“等心”、“謙下”者,是第三句;捨心平等,謙卑接物[②],後生浄

① 小,録本訛作“不”,據底本改。

② 物,録本訛作“昫”,據底本改。

土,得尊勝果。又云:捨除憎愛,名爲“等心”;齊能卑敬,故曰“謙下”;絶離怨親差别之異,故言“無礙”也。下四種中,前三尊敬三寶之行,後一集善離過之行。敬三寶中,視如佛者,第四句;觀諸菩薩,體是佛故,後生净土,常得見佛。莊云:菩薩是衆生橋梁,增己功德,所以視之如佛也。聞不疑者,第五句;於大乘深法之中,聞之不疑。後生净土,常聞大乘不思議法。不違背者,第六句;三乘雖别,歸宗不殊,應物利緣,豈相違也?後生净土,常值聖衆。就其後一自行成中,曲有兩句:初句習善,違、順等觀;後句離惡,自、他俱美。前中“不嫉彼供”者,第七句;見他得利,密與己同,唯可歡心,寧有嫉也?“不高己利”者,自得離樂,觀諸壞緣,唯慮無常,何得高也?如是觀者,名“調伏心”。“常省己過,不訟[①]彼”者,第八;省己過故,惡無不盡;不訟短故,善無不滿。“恒以一心,修諸功德”者,塵垢易增,功德難具,若不以一心專至,何以剋成?具此八法,則無瘡疣,生于净土也。然菩薩之行,行復何窮?如前心是菩薩净土等,豈只八邪?又時言多,又時言一。如《涅槃》云:供養一花,則生不動國。或言十念成就,即得往生。今且舉一數,言八非謂定在八也。雖復言八,八不是多。雖復言多,多不異一;雖復言一,一不異多。故知此八即非八言八,净亦非净言净,生亦非生言生,乃至一切諸法,皆應如是。上來正辯,結益可知也。

菩薩行品第十一

此品之中,三門分别:一、明品來意;二、釋品名;三、分文辯釋。

初來意者,有其四義:一、衆香菩薩欲還本土,請法自資。二、維摩請佛印述,以成經法,流傳後代。三、維摩所現神變,庵羅未覩,化事未周。四、香積之飯,庵羅未知,欲使同知。有此四義,明品來也。

二 釋品者,衆香菩薩請法還國,如來爲説盡、不盡法。問[②]以爲要[③],行即從請,人以題章目,故稱“菩薩行品”也。

---

① 訟,録本訛作“識”,據底本改。

② 問,録本訛作“聞”,據底本改。

③ 此“要”義即邀請。《玉篇·臼部》:“要,今爲要約字。”

三 解文者，大開四節：一、現瑞相，令人發心；[□][二][①]、辯香飯，以爲佛事；三、明諸佛，説法平等；四、明請法還國，作念佛事勝緣。文別可知。

前中有四：一、明維摩欲往佛所，先現神瑞。二、問答辯釋。三、持大衆往詣庵羅。四、明如來敕衆令坐。

前中"佛説法於庵羅園"者，明現相處。"其地忽然"者，現相時速。現三種相：一、"廣博"者，爲受多衆，令處廣博。二、"嚴事"者，爲安勝衆，説上法故，令地嚴净。三、"一切衆會皆作金色"者，爲令大衆咸知進仰，故使衆會皆作金色。

"阿難白佛"下，第二、問答辨釋。大士所爲，非小道能測，又欲令此衆知變所由，故問；下答，下知。

第三、持衆詣佛。文中有三：一、明維摩命彼文殊可共見佛。二、明文殊印言"善哉"。三、"是時"下，維摩持衆詣佛。文中"以神通力"者，即神足通也。世相迎送，必結四輕騎；大士迎送，運以妙通。先净名置座於地，將先致敬故。"繞七匝"者，内心愛重，遍觀佛德，隨順修行，或繞一匝、三匝、七匝，或百千匝，或無量匝。"一心合掌"，明心專也。恭敬如來，故"一面立"。次諸菩薩弟子釋梵四王避座，稽首佛足，以此諸衆前皆在座，净名持來，故須避之。

第四、敕[②]衆令坐。"如法慰問諸菩薩已"者，嘆言善來，教化衆生，不疲勞耶？"即皆受教"者，如教而座也。

"衆坐已定，佛語"下，第二次辯香飯，以爲佛事。文中有三：一、佛問舍利："汝見維摩神變事不？"彼答言"見"。二、阿難白佛"今所聞"下，明彼維摩到佛所已，重辯香飯，以爲佛事。三、阿難白佛"未曾有"下，類顯一切悉爲佛事也。前中兩重問答。初問意者，以其舍利從彼文殊至維摩室具見所爲，故須問也。彼答可知。重問可解。答中"非意所圖，非度測"者，謂非凡夫意識所圖，非身子心計度也，亦非二乘師智所測。

第二辯前香飯，文別有三：一、阿難致問，佛具答之。二、舍利自説身香，

① 二，底本、録本無，據上下文意補。
② 敕，録本訛作"動"，據底本改。

阿難審問，舍利具答。三、阿難問飯消久近，維摩爲辯。初中先問起發。"今所聞香，自昔未有，是爲何香"下，佛爲辯彼菩薩毛孔之香即是衆香菩薩毛孔香也。

問："前去香氣普動三千世界，何故阿難不聞，此中方聞？"

答："非分故雖近不聞。今欲廣明佛事，所以得聞。又云：阿難園中，尋聞此香；今欲顯飯殊勝，廣明佛事，所以重問，不是以前不聞。"

第二初先舍利自説身香，阿難次問此所從來，舍利後辯。長者維摩從衆香國取佛餘飯，於舍食者，一切毛孔皆香若此，故我身香。第三有兩問答。初阿難問香住久[①]如。維摩下答："至此飯消。"阿難重問久[②]如。下答。答中有三：初法，次喻，後合。前中有三：初約凡夫，次約二乘，後約菩薩。"此飯勢力至于七日，然後乃消"者，此約凡説，勢唯七日，其飯即消。又云：香飯三塵爲性，通凡及聖。香飯益身，唯得七日。若凡夫人未起行者食此香飯，七日之内，起人天行，然後乃消。若大、小乘人未發心者食此香飯，七日之内，隨其所應香飯力動，發意乃消。如七生聖人，如七步毒蛇也。藏云：飯勢有三：凡夫福薄，但得七日，所謂"下"也。二乘次中，故得初果正位，羅漢心脱，然後乃消，所謂"中"也。大乘發心，乃至補處，然後乃消，所謂"上"也。以應三品衆生，故初云"七日"。若約位辯，五停心觀七方便也：一、不净觀；二、界分别觀；三、慈悲觀；四、因緣觀；五、數息觀；六、總别相念；七、達分善根。經此七位，食大悲飯，能離煩惱，香飯息用，故云"七日消"也。若依《薩婆多宗》，一、五停心觀；二、别相念；三、總相；四、暖；五、頂；六、忍；七、世第一法；爲"七"也。"正位"者，次爲二乘苦法忍，以去見諦十六心，名入"正位"。若約新經，未離欲者若食此飯，要得離欲，然後乃消。此即第三果。"得心解脱"者，謂阿羅漢果。大乘中三句，"至發心"者，至十信已上發心菩提也；"得無生忍"者，初地已上得無生法忍，理實四忍俱得，從初爲名也。

問："《經》云已發意食此飯者後無生忍、然後乃消者，此從十信至初地，經初僧祇劫。此既長時捨身、受身，不可香飯隔生猶在，云何言得無生忍乃消？"

---

①② 久，録本訛作"文"，據底本改。

答:"有其四義:一、直往菩薩地首,是分斷(段)身;雖復捨生、受生,猶食香飯,起觀心相續不斷;入初地時,引無漏惠(慧)斷惑證如,息其作用,名之爲'消'。二、此諸菩薩復捨生、受身,後身之中,識中有種子,種子遇緣還生,香飯相續不斷;流至初地,發無漏心,斷惑證真,名之爲'消',非是食滅名爲'消'也。三、迴心菩薩十信十住已去,受變易身,相續不斷,猶食香飯,引真見道,雙斷二障,證真擇滅,息其作用,名之爲'消',非是無食也。四、諸小菩薩身雖分斷,猶食不思議飯,攝持此身,相續不斷;入初地時,引正體智,斷惑證如,名之爲'消',非食滅也。故上《經》云'揣若須彌,乃至一劫①,猶不可盡'也。又,上《經》云:'無盡戒定智惠(慧)……功德具足者,所食之餘,終不可盡。'《法華》云:'是時釋迦牟尼佛默然而坐,及諸四衆亦皆默然五十小劫,以佛神力故,令諸大衆謂如半日。'又,《法華》云:日月燈明佛説《法華經》六十小劫時,會聽者謂如半日;理實聽六十小劫,由經勢力,持諸衆生,經六十劫不死;此亦如是。又如大迦葉於鷄足山入滅盡定,留身待彌勒佛,經五十六億萬歲,彌勒下生,與佛相見,中間不死,定力持身。香飯功力亦爾,如《智度論》説也。若約新經,其以證得無生忍者若食此飯,要當安住不退轉位,然後乃消;此即八地位也;得一生補處者,十地後心種智現前,細障斯滅,此飯乃消也。"

"譬如有藥"下,立喻以顯名。曰"上味"者,列藥名。"其有眼"下,明藥功能。"此飯如是"者,合上味。"滅除"下,合身諸毒滅,然後乃消。

問:"香飯既是色法,云何斷惑?"

答:"遠云:由大悲香飯不思議力,所以能斷惑。如輪王有一床寶,聖王居上,即能離欲;逮得四種玉女,雖見如覩佛像,不生欲心,況佛菩薩所受境界?如經中説菩薩有一照法性冠,著此觀時,一切諸法,悉現在心,諸事亦爾。雖有此釋,道理不然。豈有色法性能斷惑?但以香飯資發觀智,能斷煩惱,非是食體即能斷惑。"

第三類顯一切,以爲佛事。文中有三:一、阿難讚嘆,如來述成。二、廣就諸行,以明佛事。三、總以結成。

---

① 劫,底本、録本訛作"切",據《維摩詰所説經》[T14n475p552c15]改。

初、阿難稱嘆，飯本充虚，資養色力，今乃斷惑得道，豈非"未曾有"也。如來印述者，所讚合理，故印云"如是"。

二、廣明佛事中，文有一十五句，義分爲兩：初十四句，順行佛事；後有一句，逆行佛事。前中更分爲二：初十三句，别明佛事；後之一句，總明佛事。初中"或有佛土以佛光明爲佛事"者，即眼識能通道色塵爲佛事，因覩佛光而悟聖道，故云"佛事"。故《涅槃》云遇斯光者，一切煩惱皆悉消除也。"諸菩薩作佛"者，如《華嚴經》[□][云][1]世尊默然，令菩薩説法度人，以爲佛事。"以佛化人"者，佛化爲人，爲生説法，而得悟道。此上二句，耳識能通道聲塵爲佛事。"有以菩提樹作佛事"者，佛於樹下成道，名"菩提樹"。此樹色香微妙，復出諸香，見聞嗅解，皆悟聖道。此即五識能通道五塵爲佛事。"衣服、卧具"，昔閻浮提王得佛袈裟，懸置高幢，以示國人。有病之者，覩見歸命，病皆除愈，發菩提心，因此悟道，名爲"佛事"。此即眼識能道色塵爲佛事。"以香飯"者，因食香飯，得入聖道。此即三識能通道三塵爲佛事也。

"四食"義六門分别：一、釋名得名；二、出體性；三、明建立；四、辯差别；五、界趣有無；六、問答聊簡。

第一、釋名得名者，有其二種：一、通；二、别。初通者，"四"者是數，"食"即是用，從數及用爲名。或可六釋中帶數釋也。二别名者：一、斷食。"斷"謂形斷，即是形相；"食"謂長養，諸根大種；此即形相及用爲名；或可"斷"即佛食，當體得名。二、觸食。觸對前境，名之爲"觸"；觸境益身，故名爲"食"；從用爲名；或可"觸"即是食，當體爲名也。三、思食。有所悕望，名之爲"思"；思能長養，故名爲"食"；從用爲名；或可"思"即是食，當體爲名。四、識食。性能了别，名之爲"識"；"識"即是食，當體爲名；或可第八識任持名"食"，從用爲名也。

第二、出體者，辯體有二：一、小乘；二、大乘。小乘中《薩婆多宗》、《雜心論》等斷食，以香味觸三塵爲體，以是是合中知資養自根，故觸食、思食以通大地中觸、思二數爲體，識食以六識心王爲體也。經部宗《成實論》等斷食，

[1] 云，底本、録本無，據上下文意補。

以色香味觸四塵[□][爲][1]體，食以冷暖等緣成，假觸爲體，思食以思求飯食思心爲體。識食通取五識及五識後意識、獨頭意識爲體。大乘中《瑜伽論》等斷食，以香味觸三塵爲體，食以遍行中觸數爲體，觸雖通七、八，六識相應者，"食"義勝也。思食亦以遍行中思數爲體。此"思"雖與諸識相應，屬意識者，"食"義勝也。識食以阿賴耶識爲體。此識雖通七、八，第八"食"義勝也。

第三、"建立"者，依《瑜伽論》，有其四法：一、氣力；[□][二][2]、喜樂；三、悕望；四、任持。諸根大種，由斷食故，資養色身，有氣力故；由觸食故，攝益喜樂，便能長養，諸根大種；由思食故，專注悕望，令其色根，長養相續；由識食故，執受諸根，大種不斷。對此四義，立四食也。

第四、辯差别者，依無性《攝論》，食有四種：一、不净依止住食。謂欲界凡夫由有煩惱，名爲"不净依止"；即身，謂"不净身"；依此四食得住，故名"不净依止住食"。二、净、不净依止住食。謂有學聖人及色、無色界凡夫。有學聖人斷見惑盡，名"净"；修惑未盡，名爲"不净"；凡夫已得上定，伏斷欲界地惑名"净"；未離上惑，名爲"不净"；由此四食資養得住，故言"净、不净依止住食"也。三、清净依止住食。謂羅漢辟支已斷見修惑盡，名爲"清净"；由此四食得住，故云"清净住食"也。四、示現依止住食。諸佛如來及大威德菩薩不藉食資示現受食，令身得住。言"大威德菩薩"者，謂八地已上，證無功用威德，示現自在。亦可初地已上，得十種自在名"威德"。或可即是二乘迴心向大，受變易報，威德自在。此諸菩薩變易身心，不假食資，但起化身，示現受食。今此香餅即是第四示現依止食也。或可即是法食，性是無漏，非斷等四食攝也。

第五、界趣有無者，欲界具有四食，色界、無色界唯具三食，以其斷食唯在欲界故。若約五趣，人、天可知，下三惡趣亦具四食。《瑜伽》云地獄衆生亦有微細斷食，謂府藏(腑臟)中有微細風。由此因緣，彼得久住也。

第六、問答分别者，問曰：但是斷物，皆成食耶？答：如其所應，當作四句：或有斷物而非是食，謂諸斷物不能長養諸根大種。或有是食而非斷物，

① 爲，底本、録本無，據上下文意補。

② 二，底本、録本無，據上下文意補。

諸餘三食無形斷也。或有亦食亦是斷物,謂諸斷食能令諸根大種長養。或有非斷亦非是食,謂諸觸思識等不能長養諸根大種。如是所餘,隨其所應,皆作四句。

問:“眠夢梵行等持,皆能長養諸根大種。何故不立食耶?”

答:“長養有二:一、攝受別義長養,謂長養諸根,令明盛也;二、令無損害長養,能持諸根大種,無有損壞。夢等具斯長養,於前即無,是故不立。”

問:“心所攝法有五十一種,何故‘觸’、‘思’偏得名‘食’,餘不立耶?”

答:“觸境益身,悕望益心,故二立食,餘不名‘食’也。”

問:“此之四食爲是有漏,爲是無漏?”

答:“唯是有漏。所以然者,由此四食資養有身。無漏之法能破有身,故不名‘食’。若約大乘法味,喜樂所持,故無漏法亦能任持資長惠(慧)命,亦名爲‘食’。大悲香飯亦同於此也。”

問:“斷等四食三性中何性所攝?”

答:“斷、識二食,性唯無記。思、觸二食,理通三性。”

問:“斷食有形容可示現,餘三是心云何示現?”

答:“心亦可現。如《佛地論》説諸佛化身有依他心,無自依心。依他心者,是相分化心也。又,《涅槃經》云化無量衆生,令使有心。故知心亦可示現,良由諸佛菩薩不思議定,皆能化起無形質法也。諸佛若不現起化心,二乘凡夫及畜生等那[①]知佛心?世尊真心十地菩薩尚自不能知也。”

“薗林臺觀”者,因覩臺觀而入聖位也。“三十二相”者,或見一相、二相乃至多相,隨所應現,而爲示現,皆是入道之緣也。“以佛身”者,現金身也。自有衆生見佛色身,發心悟道。此上三句,眼識能通道色塵爲佛事也。虚空佛事者,除去色形,現虚空相,令其心静,結累自消;亦如文殊師利滅衆色像,現虚空相,以化闍王,因此悟道。此即意識通道法塵爲佛事也。下釋“衆生應以此緣得入律行”者,行因雖殊,俱入律行也。“又以夢、幻”者,因喻解法,而得悟道。“以音聲、語言”者,現今言教而得道也。此上二句,耳識能通道聲塵爲佛事。“寂寞無言”者,即是維摩杜默之類。此即意識能通道法塵爲

① 此“那”表疑問,後作“哪”。

佛事。“如是,阿難! 諸佛威儀”者,此句總顯法身無相,應悟合機,無不利益。“威儀”者,行、住、坐、卧身四威儀也。“進止”者,舉動俯仰名“進”,住卧稱“止”。“諸所施爲”者,見聞覺識三業所作也。未曾無益,故言“無非佛事”。此即六識能通道六塵爲佛事也。上來一十四句,順行佛事。

“又此四魔,八萬四千煩惱”下一句,逆行佛事。“八萬四千煩惱門”者,如《賢愚經》説:彼有菩薩,名曰“喜王”。心自思惟:“行何三昧,便速逮得八萬四千諸度法門?”思惟已,請佛。佛遂答之言:“有三昧名‘了法本’。菩薩行之,便速逮得八萬四千諸度法門。”“何者是也?”彼佛具答:“始從光曜無極度,終至分布舍利度,有三百五十種門,一一皆修六度之因,便有二千一百諸度。以此諸度,對治四大、六衰之患,便有二萬一千諸度,正以凡夫用彼四大爲身。聖修諸度,得净法身,捨彼四大,名爲‘對治’。六衰即是六塵大賊,以能衰耗諸善法故。聖修諸度,證入佛境。捨彼六塵,名“治六衰”。用此二萬一千諸度,治四心病,謂貪、嗔、癡及以等分。此四各有二萬一千,都合八萬四千煩惱。”“而諸衆生以爲疲勞”者,凡愚衆生以迷到故,爲“疲勞門”;諸佛了煩惱性空,即以煩惱空性教化衆生,因此得悟,名爲“佛事”。故《無垢稱經》云:“一切如來即以此法,爲諸衆生而作佛事。”故上《經》云:“煩惱是道場,知如實故。”又《仁王經》云:衆生未成佛,菩提爲煩惱。衆生若成佛,煩惱爲菩提。猶如俗醫,有其三品:下醫之流藥成非藥,中品之者以藥成藥,上品良醫用非藥爲藥。佛亦如是,能轉煩惱,總爲涅槃,名爲“佛事”也。遠云:諸佛煩惱久①已遠離,後得智中大悲現起,攝化衆生,因之得悟,名爲“佛事”。即此意識能通道法塵爲佛事故。下第三總結。

自下第三,彰諸法平等。文中有三:一、明菩薩心等;二、明諸佛德等;三、大小乘相對,教量顯勝。

前中“菩薩入此門”者,謂得忍菩薩,證入諸佛平等法門。“若見一切净妙佛土不以爲喜,不貪不高”者,初見不喜,往生不貪,處之不高。“不以爲憂,不礙不没”者,於不净土初見不憂,往生無礙,處之不没。菩薩既入此門,知佛身净土平等,名“生清净心”。而化現萬差,接益群品,故言“歡喜恭敬,

① 久,録本訛作“以”,據底本改。

未曾有”。此即遠擊衆香菩薩也。

第二、明佛德平等中，初明體等，後名等。前中先法，次喻，後合。法中有二：初明諸佛自德平等。“爲化”已下，次明諸佛化相有殊。喻中亦二：“地有若干”，喻前第二化物緣。蓋“虚空無若干”者，喻上自德性平等也。合中有二：初有兩句，别合前喻。“阿難！諸佛色身”下，總合前喻。前别合中，次第而合，義並可知。就總合中，不簡自、他，二種勝德，悉同上空，故名爲“總”。“諸佛色身”者：一、色身等，無漏色陰悉皆平等。二、威等，良以色身有勝威德故。三、相等，以其三十二相故。四、種性等；種性不同，有其二種：一、習種；二、性種。“習種”者，猶聞薰習所得名“習種”。舊釋云所謂真如佛性，法爾本有。若如今釋，即是法爾種子本有功能，謂行佛性也。故無性《攝論》云：無始時來，六處殊勝，展轉相續。法爾所得，以爲性也。或可“種性”者，即是種族也。故《無垢稱經》云族性尊貴也。五、戒定等，即五分功德平等。六、三十二德平等，所謂具足力無畏不共法也。“大慈悲”下，利他德，慈悲意業，威儀身業，説法等口業。“成就衆生”者，利益三乘衆生。“净佛國土”者，無量净土。“具諸佛法”者，三身佛法。“悉皆同等”者，總結平等也。就名等中，略嘆如來三種名號，以彰同等。“三藐三佛馱”者，初嘆“正遍知”號；以如理智，如法而知，名之爲“正”；以如量智，遍通諸法，名曰“遍知”。“多陀阿伽度”者，嘆“如來”號；證真成德，乘如而來，故名“如來”。故《涅槃經》云：乘十八空，來成正覺，名“如來”也。又《金剛經》云：“‘如來’者，無所從來，亦無所去，故名‘如來’。”“佛陀”者，嘆“大覺”號；以其勝智，覺一切法，故名“覺者”。此之三號，依德施名，德同如故，名亦如之也。

第三、教量顯勝之中，文别有二：一、明三句之義，阿難不受。二、維摩智慧，二乘不測。初中三句：一、阿難不受三句之義。二、阿難聞已，便生退屈。三、如來安慰，爲其會通。前中三句：一、明阿難多聞，劫壽不能盡受。二、“正使”下，假説多人盡如阿難，亦不能受。三、“如是，阿難”下，結嘆顯深，釋小不受。“諸佛阿耨”下，正嘆證道深廣。“智慧辯才”下，嘆教道不思。德既無盡，名亦如之。

第二、“阿難白佛”下，審己寡聞，自生退屈。“佛告”已下，第三聖爲會通，於聲聞中得稱“多聞”，非謂“菩薩”，勿生退也。自下第二，大分爲二：初明維摩智德二乘不能度量，後明維摩所有神通二乘不能作。前中初言“且止，阿難”，止其前言，亦可止其測度之心，故曰“且止”。下誡之。“其有智慧者，不應限度諸菩薩也”，明人叵測。“一切海”下，喻顯“不應”。“菩薩禪定”，約喻顯法。定、惠(慧)、持、辯，菩薩一切功德，非下所測，名“不可量”也。下神通不可作中，“捨置菩薩所行”者，捨置一切菩薩行德；“是維摩詰一時所現”者，即向來所現也。一時尚若此，況盡其事？“一切聲聞”下，舉二乘人不能彰净名德勝也。

第四、衆香菩薩請法還國、佛爲説中，文分三節：一、衆香請；二、如來答；三、聞法禮敬辭去。

請中有二：初、明衆香菩薩自知己過，求佛懺悔。二、“願賜少法”，明其正請。“生下劣想”者，發露也。“自悔責”者，分別净穢心也。“初見穢土，生下劣想”，謂佛菩薩亦有昇降，聞此佛事，乃自悔責。所以者何？“諸佛方便，不可思議”者，明己解佛惠(慧)平等，但隨衆生，故土有憂劣。此明嘆之也。“願賜少法”者，下明請法，以有信教清净心故，所以請法。彼雖不藉言教，亦欲通化十方，又欲示遠來不空而返也。

佛告諸菩薩無礙法門者，此下第二，答請。於中有三：初、總舉勸學。二、“何謂無盡”下，標名廣釋。三、“諸正士”已下，總以結勸也。

前中有三：初、略舉勸修；二、出二行體相；三、結法屬人。盡有住無，即爲有礙二乘人也。不盡不住，即爲無礙菩薩行也。有爲有三相，名之爲“盡”。無爲無相，名爲“不盡”。如菩薩不盡有住無者，此結法屬人。盡有住無，雖是一法，就事往分，故爲二也。盡有即無積德之地，住無即絶慈悲化導之能，是故大士並不爲也。肇云：“有爲雖僞，捨之則大業不成；無爲雖實，住之則惠(慧)心不朗。是以菩薩不盡有爲，故德無不就；不住無爲，故道無不覆。若能出生入死，遇物斯乘，在净而净，不以爲欣，處穢而穢，不以爲慼，應彼而動，物我無爲，此悟諸佛平等不思議之道，必出于盡、無盡門。彼菩薩聞佛事平等不可思議，所以請法。故佛聞此二門，示其不思議無礙之道也。”何謂“不盡有爲”者，第二標門解釋。於中總有六十四句，文分爲三：初、有四十五句，釋“不盡有爲”。二、“何爲不住無爲”下有十五句，解“不住無爲”。三、“又具福德”下四句，雙釋“不盡”“不住”之所以。就前“不盡”門中有三：初、標章門。二、“不離大悲”下，釋。三、“是名‘不盡有爲’”者，結也。

第二、廣釋中文有四十五句，義分爲二：初、有二十二句，明地前行。二、“發行善根”下二十三句，明地上行。初地前行中，文分爲三：初有兩句，明根本心。“教化衆生”下中有十三句，明修正行。“在於禪定後”七句下，教修正心。慈、悲二行，是佛道根本。二乘無故，盡有住無，言“不盡有爲”。成就佛道，要由慈悲，故爲行首。肇云：以其慈悲積德之本，住有之因，所以建初先明之也。“深發一切智心，而不忽忘”者，志求大覺，其心深固，名“深發一切智心”；經生不失，歷劫逾明，不暫中忘，名“而不忽忘”也。下十三句修正行中，文分爲二：初五句自分行，“求法不懈”下八勝進行。就自分行中，初二句利他行，後三句自利行。“教化衆生，終不厭倦”者，修道之時，惱之者衆，而能無厭，涉苦彌懃，雖魔怨逼試①，心不生倦也。或可菩薩教化衆生，不雜愛見；以無愛故，化生不厭；爲無見故，所以不倦也。“於四攝法……順②行”者，於衆生界，未發心者行施愛語攝，令發心；已發心者行利他行攝，化令起行；已修行者行同事攝，令得解脱；菩薩録心，修行四攝，故云“順行”。護法不惜身命者，理教行果，軌持不邪，名爲“正法”；行人專守，故云“護持”；自非亡身捨命，則不能便法流行。種善不厭者，“種”者，積也；“善根”者三善根：一、無貪；二、無嗔；三、無癡，或是六波羅蜜。亦可八萬諸善菩薩種積衆善，深生愛樂，故無疲厭也。“志常安住，方便迴向”者，求心不退，名爲“安住”；巧以諸善迴趣菩提，而無求相，故云“方便迴向”也。自下八句勝進行，初明智，後明福。前智中“求法不懈”，是自利行；“説法不悋”，是利他行。菩薩爲得勝果，求法無懈；爲成法施，故無悋也。後修福中，文有七句：初“勤供諸佛……而無所畏”者，是勇猛心。爲供化身佛，入分斷生；爲供報身佛，入變易生。“而無畏”者，不以結生，故“無所畏”也。或可菩薩處在生死，教化衆生，稱順佛心，名“供諸佛”；雖處生死，了生性空，故“無畏”也。“心無憂喜”者，是不動心。凡夫住在生死，多有違順；大士住空平等，心無憂喜。“不輕未學，敬學如佛”者，是離慢心。肇云：“未學當學，所以不輕。已學當成，故敬如佛。”

① 試，録本訛作“誡”，據底本改。

② 順，録本訛作“頓”，據底本改。

“墮煩惱，令發正念”者，是開導心。“墮”者，没也。衆生没溺煩惱，三界輪迴，良由念邪，興業煩惱；若發正念，煩惱自消，故“令發正念”也。“於遠離樂，不以爲貴”者，是隨有心。二乘智慧，背於生死，名“遠離樂”。獨善之樂，破慈悲心，菩薩所以不貴也。六“[□][不][1]著己[2]樂”者，是離著心。菩薩知樂從緣，無有自性，無性即空，所以“不著”。七“慶於彼樂”者，是隨喜心。菩薩見他得樂，心生歡喜，故云“慶彼樂”也，不同凡夫自樂即生著、自苦即心動也。自下第三七句，教修正心。初句不著三昧。第二句不捨生死。次有二句，行施正觀。次更一句，愛語正觀。下次一句，利行施正觀。次更一句，愛語正觀。下次一句，利行正觀。後更一句，同事正觀。在於禪定地獄想者，莊云有二種禪：一、凡夫禪，味著静慮。二、小乘禪，獨善求證，能燒衆善，壞菩提心，於諸菩薩爲惡趣故，想如地獄也。肇云：“禪定雖樂，安之則大道不成。菩薩不樂，故想如地獄。”“於生死中，如薗[3]觀”者，莊云：菩薩了生死性空，猶如幻夢，處之無畏，如薗[4]觀也。肇云：“生死雖苦，大道之所因。菩薩好遊，故想如園觀。”“見來求爲善師想”者，諺云：本無施意，因彼求來，發我施心，破慳成檀，故如師也。肇云：乞者雖欲自資而實益我，故想爲善師也。“捨諸所有，具一切智想”者，内捨身命，外捨國城，給施衆生名“捨諸所有”；行施之時，了知此施必能具足一切智果，不求世報，名“具一切智想”也。“見毁戒人，起救護想”者，莊云：毁戒之人，必墮地獄；救彼沈没，令其護戒，名“救護”也。又云：犯净戒人，輪迴三苦；勸修觀行，息妄歸真，超越生死，云“救護”也。“波羅蜜爲父母想[5]”者，六波羅蜜生成法身，故如父母。上《經》云：“大智菩薩母，方便以爲父。一切衆導師，無不由是生。”“道品……爲眷屬想”者，三十七品，助成聖道，明見佛性，證無上道；猶人有眷屬，益其貴也。

自下第二有二十三句，明地上之行。文中有二：初有四句，[□][明][6]修廣行；二“生死無數”下十九句，明修勝行。“發行善根，無有齊限”者，上就始

① 不，底本、録本無，據《維摩詰所説經》[T14n475p554b14]補。

② 己，底本、録本訛作“已”，據《維摩詰所説經》[T14n475p554b14]改。

③④ 薗，録本訛作“蘭”，據底本改。

⑤ “父母想”三字底本、録本訛作“想父母”，據《維摩詰所説經》[T14n475p554b17]改。

⑥ 明，底本、録本無，據上下文意補。

種善根，今明修習增廣；初地已上，發生廣願，有行皆修，名“發善根”；遍衆生界，萬善斯行，不以劫數爲限，故言“無有齊限”。“以諸净國嚴飾之事，成己佛土”者，觀佛國土嚴[□][飾][①]之事以爲緣因，自修己行以爲正因，因緣具故，感得净土，觀他成己，云成己土也。“開門大施，得相好”者，滿云：開布施門不分别，由好惡及以財物如是施者，即是相好之因，因中説果，故言大施具相好也。復次開四門，恣求者所取無礙。大施有四句：一、心足財少；二、財足心少；三、心財俱少。此之三句，非無礙施。四、心財並足，能無齊[□][限][②]，恣物所求，名“無礙大施”。“具足相好”者，[□][“相”][③]謂三十二相，“好”謂八十種好，由無礙施，招相好果，故云具相好也。“除一切惡，净身口意”者，自非除惡三業，無以清净也。

自下一十九句明修勝行，文中有二：初有二句，立章門；下有(又)十七句，明修勝行。初“生死無數劫，意而有勇”者，生死長遠，苦惱無量，名“無數劫”；自非勇猛之心，何能久處生死、教化衆生也？或可生死無量，若無勇猛之心，那能超越生死？“聞佛無量德，志而不倦”者，佛具衆德云無量德。不以難得而生懈退。決意趣求永故無倦也。此之二句立章門訖。

“智慧”下明修勝行。於中有二：一、依前勇猛，超治過行；二、“不壞威儀”下，依前不倦，修攝善行。前中五句，初三破障，後二攝治。初破煩惱賊，次出生死苦海，後伏魔軍。初先自破煩惱，煩惱侵害如賊，惠(慧)劍斷除，故云“破”也，即是段因也。“出陰界入”，此明離果；漸悟菩薩初地已上得法性生身，捨分斷苦報，云“出陰界入”也。亦可菩薩有變易生死，了之性空，故名爲“涅槃”。《經》云：菩薩非不有苦，解苦無苦，名“苦聖諦”也。或可頓悟菩薩八地已上受變易身，無分斷(段)報，名“出陰界入”也。或可菩薩了陰界入因緣幻有，超過遍計所報陰界入等，故名爲“出”。“荷負衆生解脱”者，自無生死之縛，化諸衆生，令離結縛，故云“解脱”。破魔易知也。“常求無念實相智慧”者，起心無間，名曰“常求”；真智離妄，故云“無念”；正智證真，故

① 飾，底本、録本無，據上下文意補。

② 限，底本、録本無，據上下文意補。

③ 相，底本、録本無，據上下文意補。

云"實相智慧"也。肇云:真智無緣。故名"無念";僞智有緣,故念相以生也。行"少欲知足而不捨世法"者,未得之財,不生追求,名爲"少欲";已得之物,分齊而取,故名"知足";少欲知足,應離世法,以慈悲化生故,所以不捨世法也。

自下依前不倦,修攝善行。文中有三:初五句明三業化他,彰離他行。二"净十善"下七句,明其自得,是自利行。初中"不壞威儀能隨俗"者,是身業化,雖同於俗,俯仰去來,而不壞道之儀式。"起神通惠(慧),引導衆生"者,明意業,化見形不及道者,非通變無以引物,非智慧無以開導也。"得念總持,所聞不忘"者,"念"謂無相正念,得强念力,文義[①]二持,逕生不失,歷劫逾明,故云"不忘"也。"善别諸根,斷衆生疑"者,明口業化,善識物機,斷彼所疑,令生信樂。"以樂説辯,演法無礙"者,四辯中一辯也;雖復演法,不取其相,故無礙也。

自下明自德。文中有三:初二句攝凡夫善,次有二句明攝佛善,後有三句攝菩薩善。"十善""受天人福"者,明攝凡善,此是戒因;"受天人福",明具戒果。於人天中受八勝報,名"天人福"。此欲界善也。"修四無量",明修定因;"開梵王天道",明攝定果。四等之心,能生梵天,名"開梵道"。此上界善也。"勸請説法,隨喜讚善,得佛音聲"者,明攝佛善也,良以菩薩現梵王身,勸佛説法,故得佛音聲報也。又云:見諸衆生所作善業,隨喜讚嘆,故得佛八聲報也。八音聲者:一、微妙;二、柔軟;三、和適;四、諦了;五、不女;六、不誤;七、深遠;八、不竭也。"身口意善,得佛威儀"者,三業之善,得佛威儀勝報;佛四威儀,皆爲佛事,菩薩雖未全具,分入其境,故云"得"也。又云:威儀如佛相似,亦名"得"也。"深修善法,所行轉勝"者,明攝菩薩善也;自行合理,名曰"深修";利他漸增,名"行轉勝"。"以大乘教,成菩薩僧"者,依大乘教而起修行,成菩薩僧也。菩薩僧有二種:一、在家,唯有理和;二、出家,具理、事二和。此二種皆是菩薩僧攝也。聲聞要須出家,具理、事二和,方名爲"僧",在家非僧也。"心無放逸,不失衆善"者,貪著[②]五欲,名爲"放逸";或可

① 義,録本訛作"儀",據底本改。
② 著,録本訛作"者",據底本改。

取相分别，名爲“放逸”；由放逸故，即失衆善；心無放逸，即無善不集也。此三句中，初句修勝，第二法勝，第三心勝。上來廣辯行如此，下總以結也。

“何謂”已下，第二釋上“不住無爲”。於中有三：初牒，次釋，後結。“菩薩不住無爲”者，二乘觀無爲，住無爲樂，云何菩薩觀無爲樂而能不證，永處生死，教化衆生？釋中分三：初有三句，三空觀門；次有四句，四法行門；下八句，歷法觀門。“修學空，不以空爲證”者，滿云：菩薩了諸法無性，名之“修空”；空亦復空，所以不證也。諺云：智力故觀空，悲力故而不取證。弘福云：空有二種：一、所知空，謂人法空；二、能觀智空。觀所智空，名“修學空”；觀智亦空，名“不以空爲證”也。“修無相、無作，不以無作、無相爲證”者，滿云：空故無相，無因可造，名爲“無作”；無相、無作俱不可得，故無證也。諺云：智觀故無相、無作，悲力故不取其相，故不證也。弘福云：無相有二：一、所知無相，謂二無我理；二、觀智無相，觀二無我智無人法相，名“學無相”；觀智無相，名“不以無相爲證”也。修無起以無證者，肇云：諸法緣合而有，緣散而無，何法先有待緣而起乎？此“空觀”之别名，無果可起也。無起性空，無起亦非無起，故云“不以無起爲證”也。又云：無起有二：一所知無起，謂觀因緣法無住；二觀智無起，謂二無我。先觀因緣性空，名“修無起”；觀智亦空，名“不以無起爲證”也。“觀於無常”下，明大乘平等，四法印觀。“觀無常”“不厭善本”者，滿云：二乘以無常爲無常，故厭有爲善法；菩薩不以無常爲無常，知無常性空；然功德未具，故能不厭善本。弘福云：觀於無常，得離常倒，而不厭善本，顯本常性也。又云：大智故見五陰無常，已離常倒；大悲故而常在生死，教化衆生，種諸善根也。“觀世間苦”“不惡生死”者，滿云：二乘以苦爲苦，故惡生死；大士知苦無生，而處苦化物，故不惡生死也。故《涅槃》云：菩薩非不有苦，而解苦故無苦。《思益經》云：知苦無生，名“苦聖諦”。以斯文證，故知菩薩了苦非苦，方能處中化物也。弘福云：觀三界苦，得離樂倒，而不惡生死者，於生死中亦有樂性。“觀於無我，而悔（誨）①人不倦”者，滿云：小乘以無我爲無我，故怠於悔（誨）人；大士知我、無我二法俱空，然衆生未

① 悔，此當讀如“誨”（“悔”字一音荒内切，與“誨”同）。下讀若“誨”之“悔”字徑括注其本字，不復校。

達,所以悔(誨)之不倦。弘福云:"觀無我"者,觀生無我,永離我倒;"而悔(誨)人不倦"者,常勸化生,令悟真我,所謂佛性也。"觀於寂滅"、名"[□][不][1]永滅"者,滿云:聲聞以寂而爲寂,是故證滅;大士觀諸法本來寂滅,非今始滅,所以不證。故上《經》云"法本不然,今即無滅,是'寂滅'義也"。弘福云:"觀於寂滅"者,雖知涅槃無爲常樂,而大悲處中化物,故不滅也。自下有八句歷法明觀。"觀於遠離,而身心修善"者,觀第一義,離身心相,名"觀遠離";爲滿善行,成於菩提,故以身心修善。或可菩薩遠離苦有三:一離苦果,二離煩惱,三離業漆(染?)[2],即空常有,而不乖[3]修善也。"觀無歸"、"趣善法"者,肇云:諸法始無所來,終無所歸,雖知無歸,而常歸善法也。或可觀二空真如,生無所生,滅無所滅,不生不滅,即無所歸,而修順忍,歸趣上地無生,云"趣善"也。"觀於無生,而以生法荷負一切"者,菩薩觀無生有三:一、觀遍計,本性不生;二、觀圓成,不從因緣生;三、觀依他,生無所生。雖知諸法無生,而爲衆生處生,故現生説法,以度一切也。故上《經》云:"雖知無起滅,示彼故有生"也。"觀無漏"、"不斷諸漏"者,初地已上、七地已來頓悟菩薩雙斷分别人、法二執,證真如理,名"觀無漏";留俱生貪種,助願受生,化益衆生,故云"不斷諸漏"也。或可八地已上菩薩證二空理,名"觀無漏";留貪等種,名"不斷漏"也。或可菩薩示處有情有漏土中,化衆生故,云"不斷漏"也。"觀無所行,而以行法化生"者,肇云:"法性無業,何所修行?"雖知無行,而衆生未達,要修妙行,教化衆生也。觀空"不捨大悲"者,觀法性空,空亦復空,衆生不達,所以懷悲不捨也。觀正位"不隨小乘"者,正法位是無爲,觀法性空,名"正法位",於空不著,不同小乘而取證也。"觀法虚妄,無牢無人、無主無相……不虚福德[4]"者,一切諸法因緣所成,無有自性,以何爲牢?以何爲主?雖知如此,然大願未滿,豈以無主人而不修福德[5]也?此等諸句皆成就"不住無爲"也。"修如此法"下,結也。

---

① 不,底本、録本無,據上下文意補。

② 結合文意,此"漆"似爲"染"之訛字,待考。

③ 乖,録本訛作"乘",據底本改。

④⑤ 德,録本訛作"惠",底本實作"悳",乃"德"之俗體。

"又具福"下，次有四對，釋上"不盡""不住"。所以四對何別？初、福智對；二、悲願對；三、教行對；四、障治對。此四對者，破病唯二，所謂盡有、住無。住無則身智俱喪，何有福智之可圓？盡有即滅觀，捨緣即定，無悲願而能具也？亦可初對自行，後三利他。"又具福德"、"不住無爲"者，夫德之積也，必涉有津；若住無爲，功德不具。"智慧故，不盡有爲"者，智之明也，必由廣博；若廢捨有爲，則智慧不具。"大慈悲故，不住無爲"者，慈悲入生，豈住無之所能？"滿本願"、"不盡有爲"者，願由積德，豈捨有爲之所能也？"集法藥故，不住無爲"者，夫採良藥，必在山險，非花堂所出；大士集法藥，必在嶮有，非無爲所生。"隨受藥故，不盡有爲"者，若廢捨有爲，則與群生隔絶，何能隨而受藥也？"知衆生病故，不住無爲"者，若知衆病所由，非住無爲之所能。"滅衆生病故，不盡有爲"者，滅衆生病，必造有治，豈盡有爲之所能也？

自下第三，牒結勸學。"諸正士菩薩已修此法"下，牒前二門。二法雖異，而行必相因，故對而辯之，明行各有，以造用不同也。"是名"下，結勸修學。"不盡有爲"，故無闕德之累；"不住無爲"，故無獨善之礙。此二無礙門是菩薩弘道之要路，佛事無方之所由。勸彼令學，示其佛事不思議道，令必審故，諸佛無若干也。下明菩薩聞法歡喜，敬禮辭去。於中初先三業敬養，後辭還土。前中初言彼諸菩薩聞説皆喜，法喜悦心，意業供養，以衆花等身業供養。於中先以香花等供養，以後爲設敬。前供養中，"以衆妙花""遍散三千"，供養佛寶；"及此經"，云供養法寶；"並諸菩薩"，供養僧寶也。上來供訖，下爲設敬。此身業竟。"嘆未曾有"等，口業供養嘆也。上來敬供訖，言已不現、到本國，辭還土也。

見阿閦佛品第十二

就此品中，文開三節：一、明來意；二、解品名；三、釋文義。

解來意者，前菩薩行品備修勝因，此云見佛，明因得果，因先果後，義次第也。亦可前品化益衆香諸來菩薩，此品化益此方之衆，覩净發心，生不動國；具有斯義，故須明也。

解品名者，"見"有二種：若就時衆，以其肉眼見彼無動如來化身色相佛也；"阿"之言"無"，"閦"之言"動"，"佛"者名"覺"；今存梵本，名"阿閦佛品"。

若約《維摩》解，“見佛”者，“見”是净名如理之智，“佛”即所證平等法身；體無來去，故云“不動”，“佛”如常釋。此明維摩前見釋迦，後見阿閦，從後立名，故稱“見阿閦佛品”也。若依《無垢稱經》，云“觀如來品”也。

三釋文者，文判爲三：一、明正觀；二、不生而生；三、示神通。前中有三：初問，次答，後結。如來問者，欲使維摩顯真見佛，故爲問也。“維摩詰言‘如自觀身實相，觀佛亦然’”者，觀因類果，故云“如自”；觀他同己，故曰“亦然”；“身實相”者，所謂表二空真如遠離衆相，性非虚妄，名曰“實相”，即是法身佛。《中論》云：“諸法實相中，心行言語斷。無生亦無滅，寂滅如涅槃。”觀佛有三：一、觀化身，權應變現；二、觀報身，真常五陰；三、觀法身，二空真如。净名今所見者即是第三法性之身，不同前二，故云“見實相”也。此句總觀。“我觀如來前際”下，别。别中文有一百二句，分爲八觀：一觀如來非三世攝，二觀如來離因緣法，三觀如來不在三界，四觀如來離有無相，五觀無在無不在，六明如來智識所不及，七同真性，八與一切法平等。初云“前不來”、“後不住”者，莊云：法身不生，不從未來來；法身無滅，不從過去去；既無來去，亦不住現在；佛無來去，非三世攝也。肇云：法身超絶三世，非陰界入所攝，不可以生住去來而觀佛也。二觀法身離因緣中，初觀法身體非五陰，次觀非四大，後觀非十二入。此三法門皆是虚妄，不與真實法身相應，故並離也。初中“不觀色”者，諺云：色有形相長短等異，法身中無，故不觀也。“色如”者，色如即空，法身有體，故不同也。“不觀色性”者，色性質礙，無常敗壞；法身性常，即不同此，故不觀也。餘之四陰，准義同前。“不觀”者，謂不見佛也。滿云：“不觀色”者，不見佛身同色有也；“不觀色如”者，不見佛身同色無也；“不觀色性”者，不見佛身同彼色性亦有亦無也。三中既無所見，乃爲見實，以實見爲見，是真見佛。一陰既無，然餘四類爾。既非五陰所生，亦非四大所起，猶如虚空，不從四大成也。故《寶積經》云：正見法身尚不見佛，何况形色？又《般若經》云：“若以色見我，以音聲求我，是人行邪道，不能見如來。”“六入無積……身心已過”者，六入因緣所生，無有自性，無性即空，不成法身也。又云：法身如來不以六入積聚成身。何故無積？明佛法身已過六入也。弘福云：此有二義：一、如來法身由如虚空，故不從六入積或(惑)而生。二、法身六入不同造色八微九微十微積聚以成，名“六入無積”。《雜心論》云：

“極微在四根，十種應當知。身根九餘八，謂是爲香地。”“身心已過”者，超過六入，故名“過”也。三觀法身出三界者，真如法身體性常住，非三界所攝，故云“不在三界”。何故不在？離三垢故。既越三界垢，所以不受三界身也。“三垢已離”者，明不在所以。三垢依《雜心論》，即是九十八使：欲界見修有三十六，上二界見修各三十一，除嗔。故《論》云：“苦下具一切，二行離三見。道除於二見，上界不行恚。”法身既越三界之身，安得有三界垢也？故言“已離”。“順三脱門”、“明與無明”等者，辯離垢所由。法身如來與空無相不異，名之爲“順”。故上《經》云“法隨於如，無所隨”也。良由法身體順三脱，即有三明。言“三明”者：一、天眼明；二、宿命明；三、漏盡明。或可依《涅槃經》，一、菩薩明，謂般若惠（慧）；二、佛明，謂佛眼照見佛性；三、無明明，謂十一空。空非是明，能生智明，亦名“明”也。此之三明真性法身，具三明性空，與無明真性不異，故言“等”也。由其平等，遠離衆相，所以能離垢也。四、離有無相者，諺云：以其法身具衆德，故不一相；無别體，故不異相；以無我，故不自相；無我所，故不他相。萬德殊[①]斑非無相，德體空故非取相。滿云：一、異俱絶，故云“不一相、不異相”。自體空，故“不自相”。離自無他，故“無他相”。無相亦無，故曰“非無相”。相屬於緣，無相可取，故言“非取相”，以其法身離一切相故。《般若經》云：“凡所有相，皆是虚妄。若見諸相非相，即見如來。”五觀無在無不在。“不此岸，不彼岸，不中流”者，以其法身非生死，故“不此岸”；非涅槃，故“不彼岸”；非聖道，故“不中流”也。又云：不捨涅槃，故“不此岸”；常處生死，故“不彼岸”；既不在彼此二邊，亦不處中流也。教化衆生者，法身不在三處，似若不化衆生，今大悲化物，亦無不在。“觀於寂滅，而不永滅”者，既云化生，復似見衆生相，所以法身雖化，常寂則無在也。“而不永滅者”，常化衆生，亦無不在也。“不此不彼”者，同真諦故“不此”，同俗諦故“不彼”。又云：此彼屬緣名相之法，法身離相，故無彼此也。或可不處生死故“不此”，不證涅槃故“不彼”也。“不以此，不以彼”者，既云“不此”，此自非此，不以此而爲此；“不以彼”者，既云“不彼”，彼自非彼，不以彼而爲彼；故言“不以此，不以彼”也。六明知識所不及者，初兩句開章門，下二十句重釋

① 殊，録本訛作“珠”，據底本改。

上義。開章門中,“不可智知”、“不可識識”者,二乘十智不知,凡夫八識不識;凡小知識生於名相之内,法身無相,故知識不及。若約菩薩後得智,緣俗亦不證真,故言不知識也。若約正體知,雖復證見法身,以離能取、所取分别,亦不知識也。“無晦”者,諺云,法身朗照也,成上“不可以識識”;“無明”者,照而常寂也,成上“不可以智知”。此對既爾,下十九對例然,宜准之也。肇云:明逾三光,誰謂之晦?闇逾冥室,誰謂之明?能闇能明者,豈明闇之所能也。滿云:非癡故“無晦”,非智故“無明”。“無名無相”者,諺云:法身名“空”,稱曰“無名”;勝德常寂,名爲“無相”也。肇云:“不可以名名,不可以相相”也。“無强無弱”者,滿云:至柔無逆,誰謂之强?剛無不伏,誰謂之弱。又,運動天地非其强,應盡無常亦非弱;强弱從緣,無性故空,空故無强弱也。諺云:無名無相,故曰“無强”;非無名相,稱爲“無弱”。又云:空無我故,名爲“不强”;體具真我,稱爲“不弱”也。無浄穢者,法身性空,本來無穢,穢相既無,對誰稱浄?無浄無穢,故云“真佛”也。故上《經》云“見垢實性,即無浄相”也。“不在方,不離方”者,肇云:法身無在,而無不在;無在,故“不在方”;無不在,故“不離方”也。諺云:法身非色,故“不在方”;仍是色性,故“不離方”也。非有爲、無爲者,肇云:欲言有爲,無名無相;欲言無爲,應備萬形也。又云:體無生滅,故“非有爲”;既非有爲,知復對誰説無爲也?“無示無説”者,滿云:無相故不可示,無名故不可説也。肇云:非六情所及,豈可説以示人也?“不施不慳”、“不誡不欺”者,六度空故,即無可誡;六蔽亦空,故欺也;此明不可以善善,不可以惡惡也。“不來不去”者,諺云:不從前際來,亦不滅過去也。肇云:寂然而往,泊爾而來,明無動相也。“不出不入”者,不出生死,不入涅槃也。“言語道斷”者,明離四句絶百非。“非福田,非不福田”者,無相之體,莫覩其畔,言語所不及,豈有田、不田哉?或可非有故“非福田”,非無故“非不福田”。又云:性空,故非田;具恒沙德,非不田也。“非應供養,非不應供養”者,非田,故不可言“應供”;非不田,故不可言“不應供”也。“非取非捨”者,非田故“非取”,非不田故“非捨”。“非有相,非無相”者,非田故“非[□][有]①相”,非不田故“非無相”也。或可法身平等非有,故“非[□][有]②相”;非無,故“非無

①② 有,底本、録本無,據上下文意補。

相”也。七“同真”、“等性”中,初二總舉,“不可稱”下諸句重釋。初“同真”者,法身即以真如爲體,如如不異,故曰“同真”;性體不殊,名爲“等性”。下重釋中,不可稱、量者,法身無相,不可以言稱,不可以智量。何以故?過諸稱量境界故也。非大、小者,細入無間,故曰“非大”;量等虚空,不可云“小”;小大從緣,自無體質。何以故?同真性也。非見聞覺知者,非色故“非見”,非聲故“非聞”,非香味觸故“非覺”,非法故“非知”也。故《雜心論》云“眼界隨生見,耳界隨生聞,三界隨生覺,意界隨生知”也。“離衆結縛”者,既無見聞覺知,性自解脱,不生結縛也。八與一切諸法等者,法身等故,在智如智,在生同生,渾然無際,與法性無別,所以不出於諸智,不異於群生,故云“等諸智,同衆生”也。“於諸法無分別”者,法身無相,同諸法空,故無分別情也。“一切無失……無惱”者,空性平等故無得,無得故無失,無失即心無濁,無濁即無性也。“無作無起”者,有濁有惱,便是作業起苦報;無濁惱故,無作無起也。“無生無滅”者,既起苦果,即有生滅之惠(慧);無作無起,故無生滅也。“無畏無憂,無喜無厭”者,若有生滅,是可畏法,便欣生而憂死矣;憂喜已無,故“無厭”也。“無已有,無當有”者,既無憂喜,不復受諸有;“無已有”者,不受過去;“無當有”者,不受未來。“無今有”者,不受現在身也。“不可以一切言説……顯示”者,此明法身離言,不可以文字分別所顯。故《思益經》云實相者不如文字所説也。

三、“身”義六門分別:一、釋名得名;二、出體性;三、明建立;四、辯德相;五、相對四句;六、隨義分別。

第一、釋名得名者,有其二種:一、通;二、別。通者,“三”是數名,“依”義、“體”義、“集”義是“身”義,此即從數及體用爲名;或可帶數釋也。別者,一、自性身亦法身,一味真如,體常不變,名爲“自性”;自性即身,名“自性身”;當體爲名,亦是持業釋也。二、法身,恒沙功德,可軌持義,名之爲“法”;“法”即是“身”,名爲“法身”,當體得名。或可真如與恒沙功德爲所依止,故名“法身”,從用受稱。或可真如與大功德事法爲所依止,亦名“法身”,亦從用得名也。二(三?)①、報身,無漏五陰果起,酬因爲報,報即是身,名“報身”

① 結合文意,此“二”似爲“三”之訛字。

者，當體得名也。或可"聚"義名"身"，從用受稱也。亦名"應身"，内與真如恒相應故，從用爲名。亦名"受用身"，有其二種：一、自受用，如來四智，無漏五陰，自受用法樂净土，自受用即身，當體爲名。或可自受用聚集名"身"，從用爲名也。[□][二][①]、他受用者，佛化細身爲增上緣，令他地上菩薩受用法樂净土，即他受用之身，從果爲名。三、變化身，改易形質名"變"，無而忽有稱"化"，"變化"即"身"，名"變化身"，當體爲名。或可變化積聚名"身"，從用爲名也。亦名"應身"，應現五道化衆生故，從用得名也。

第二、出體者，法身以真如爲體。故《佛地論》云：法身以真如爲性。又上《經》云"衆聖賢至於彌勒皆如"也。若依無性《攝論》，無垢無罣礙智名爲"法身"。《金光明經》以真如及真如智名爲"法身"。此等經論約相從義説，不就性論。若約德中，以斷德爲體也。受用身有二：一、自受用；二、他受用。[□][一][②]、自受用者，無漏五陰爲體。故《涅槃經》云："捨無常色，獲得常色。"受相行識，亦復如是。若約其德，以智德爲體。若約三智，以自利後得智爲體，故無性《攝論》云"受用身即後得智"也。二、他受用身，以化用無漏五陰爲體；若約智，利他後得智爲體。三德中，以恩德爲體，變化身以化用無漏五陰爲體。若約智，以利他後得智爲體，故無性《攝論》云"變化身即後得智之差别"也。若約相，以色爲性，故梁《攝論》云"化身但以色形爲體，就德以恩德爲體"也。

第三、建立者，略有四義：一、約因，由有三戒，立有三身果。梁《攝論》云：攝律儀戒約法身，攝善法戒約應身，饒益衆生戒約化身。二、約德，由佛有三德，所謂斷、智、恩德，約斷德立法身，約智德立受用身，約恩德立變化身。故梁《攝論》云："法身是斷德，應身是智德，化身是恩德。"三、對障，依《金光明經》，智障清净能顯法身，煩惱障清净能顯應身，業障請净能顯化身。由所知障障法空理及一切智，故滅此障，得顯法身；由煩惱障在生死苦，故滅此障，顯變化身，事業自在。又此三障本末不同，滅此三障，得佛三身。四、約轉，依由轉滅三心，故立三身。言"三心"者，有漏八識，總束爲三："賴耶"

① 二，底本、録本無，據上下文意補。

② 一，底本、録本無，據上下文意補。

名"根本心","末那"名"依本心";"六識"名"起事心"。故《金光明經》云:根本心盡顯得法身,依本心盡顯受用身,起事心盡能顯化身相。由此三心本末次第,故轉此三,顯三身果亦有本末。

第四、辯德相。先明德,後顯相。法身具本有四德:以法身體無生滅,有常德;真如離苦,有樂德;性自在故,有我德;真如無染故,有净德。報、化二身有修成四德,以證二空與如合故,性無生滅,有常德。故《涅槃經》云:"諸佛所師所謂法也。"以法常故,諸佛亦常。亦可報、化二身雖從緣生,前後相續,中無間斷,故名爲"常"。無性《攝論》云"如常受樂,如常施①食"也。無漏五陰,性無逼迫,又不違聖人意,有樂德,以自在故,具我德;由離二障,體性無染,有净德也。次辯相。法身有五相:一、轉依相,謂轉惑智二障。二、白净相,以法身體是真實善故。三、無二相,由離有、無二邊故。四、常住相,真如清净故,亦可如體性無生滅故。五、不思議相,以非世間聞、思、修惠(慧)境故。此之五相,前四約德,第五約理。前四之中,初轉染得净,即明净德;二白净相,體用自在,是其我德;三無二相,既離二邊,是其樂德;第四常住,是其常德。報身五相:一、説法相,爲初地已上菩薩説波羅蜜法。二、可見相,以具無量相好爲大地菩薩之所見故。三、諸業無休息相,以益菩薩無休息故。四、隱没相,入涅槃故。五、示現相,現色身故。化身八相:一、兜率天相;二、降神母胎相;三、納妃相;四、出家相;五、苦行相;六、得菩提相;七、轉法論相;八、般涅槃相。此之八相,前五菩薩,後三佛相。五中前三在家相,後二出家相。三中初一天相,後二人相。如前具釋。

第五、相對四句。法身對受用作四句者:一、是法身非是受用身,所謂"自性法身";二、唯受用非是法身,謂"他受用身";三、亦受用亦是法身,謂"正智法身";四、非受用非法身,謂"變化身"。受用對化亦有四句:一、唯受用非變化者,謂"自受用身";二、唯變化非受用者,謂"地前所現化身";三、亦受用亦變化,謂"他受用身";四、非受用非變化,謂"自性法身"也。變化身中,色心相對,但有三句:初、唯心非色,謂能化智爲身體。無性《攝論》云:"即能變化,名'變化身'"。二、唯色非心。如梁《攝論》云:"化身但以色形爲

---

① 施,底本、録本訛作"受",據無著菩薩造《攝大乘論本》卷下[T31n1594p151c27]改。

體。”三、亦色亦如。《佛地論》説後得智上變化，色心爲其體也。

第六、隨義分别者，法身凝然常，受用身相續常，化身不斷常。法身不説法，無言説故；亦説法，生智解故。自[①]受用身是自利德，一向不説法；若與二身爲所依止，亦名爲“説”也。他受用身及變化身是利他德，並皆説法；受用身爲地上菩薩説法，化身爲地前凡夫二乘人等説。又法身斷德，報身是智德，化身是恩德。又法身不可見，以非色故；自受用身亦不可見，以自利故；他受用身及變化身並皆可見，他受用身爲地上菩薩見，變化身爲地前凡夫二乘等見也。

自下結觀邪正。“如來身爲若此”者，結前所觀。“作如是觀”下，辯觀邪正。依前八觀而察者名爲“正觀”，自餘之外名邪觀也。

“汝於何没”已下，第二，明舍利求問維摩没生之相。文中有二：一、維摩辯無生義。二、“佛告”下，如來能化，明其有生。前中先問，後維摩答。舍利所以問者，由見净名神德奇異，辯才無滯，本生之處必應殊勝，今欲求知，故爲問也。答中有三：一、約舍利所得之法，明理無生。二、“於意云何”下，明法虚幻，彰事無生。三、“没者”已下，簡聖異凡，明己[②]無生。前中三句，初、維摩返問“汝所得法，有没生乎”者，净名恐[③]人存前没生，故爲此問，以明無没生也。二、舍利正答“無没生”者，舍利所得空無我理，不同事有，故無没生也。三、維摩約答返呵“若汝所得法無没生者，云何問我何没生也”。

第二段中，句别有五：一、維摩舉喻返問：“於意云何，譬如幻師，幻作男女，寧没生也？”二、舍利正答：“無没生[④]也。”幻無定實，故無没生。三、維摩引經證成：“汝豈不聞佛説？”四、舍利印述如是。五、維摩約答返呵：“若一切法如幻相者，云何問我何没生也？”

自下第三斷（段）中，没者，敗壞相；生[□][者][⑤]，相續相。生死雖爲異相，莫不同是虚誑也。生死不實，何得有生死？此則明凡異聖。“不盡善”、

① 自，録本訛作“身”，據底本改。

② 己，録本訛作“已”，據底本改。

③ 恐，録本訛作“羚”，據底本改。

④ 生，底本、録本訛作“性”，據《維摩詰所説經》[T14n475p555a29]改。

⑤ 者，底本、録本無，據上下文意補。

"不長惡"者,明菩薩不同凡夫盡善故所以死、長惡故所以生,今明菩薩生則長善,盡則滅惡,雖同虛誑,而長盡不同。此則辯聖異凡,明己[1]無生也。"是時舍利"下,如來就化,明其有生。文中有三:一、佛示生處,從無動國而來生此。二、舍利嘆未曾有,捨净遊穢,其事是難,故爲此嘆。三、維摩爲舍利釋會來意。初中"有國名妙喜"者,《法花經》名"歡喜國"。於彼没者,示没彼國應來生此。二"舍利弗言'未曾有也'"者,捨樂處苦,甚爲希有。"是人乃能"下,出希有事。"多怒害處"者,此土方於餘國,怒害最多。

第三、净名釋中,文有五句:一、問曰:"光與闇合乎?"二、答:"不合。""日光出時,則無衆冥"者,釋上不合,喻自體净。三、"夫日[2]何故"下,問日[3]行義。四、"欲以明照"下,解日[4]行義,喻能净他。五、維摩約答,以顯化益。"菩薩如是! 雖生不净佛土,爲化衆生"者,合"日[5]光出時";"不與愚闇而共合"者,合"則無衆冥";"但滅衆生"下,合"欲以明照,爲之除冥"也。

"是時大衆渴仰"下,第三,次明神通變化。就中有五:一、明時衆欲見彼佛及諸大衆。二、明如來告維摩詰,令爲此衆現彼國土及無動佛,普令衆見。三、維摩應命現通,遠接妙喜來安此土。四、"爾時佛告諸衆"已下,大衆皆見,故願往生。五、"佛告舍利"下,佛知而問,欲令身子自慶發願,利益未來。初中大衆見者,聞說妙喜之名,所以生於渴仰也。佛知衆念告現者,有其二義:一、示其本國,欲令大衆發願往生。二、顯大士不思議德。第三、應命接土中,先明内心起念;二、"作是念"下,依念入定,現大神力,欲使時人生信故也。前中"三道寶堦"者,欲天報通,足能陵虛,然彼土以寶堦嚴飾爲遊戲之路。"閻浮提人,亦登其堦"者,嚴净之土,福慶所集,人天之報,相殊未幾,故同路往返,有交遊之歡也。"如陶家輪"者,取彼世界來入此時,輕舉無礙,如陶家輪也。就入三昧起通之中,又別有四:一、依定現通取妙喜界,來入此土。二、明覺衆莫測,所以請佛求救,佛答是維摩所作。三、明愚衆不覺往來。四、明彼此無有增減。初中入三昧、現神力者,明通由定發,非是無因,

① 己,録本訛作"已",據底本改。

②③④⑤ 日,録本訛作"曰",據底本改。

故示入三昧，使人天信不同呪幻所[□][作][1]故。《雜心》云："五通在四禪，根本非餘地。""彼得神通菩薩"者，明大力菩薩得天眼者遂見瑞變，爲衆而問；其餘天人未了、發聲救護者，爲諸小菩薩怖難未除，所請加護也。佛答可知，愚衆不覺可解。四"而無增減……如今不異"者，問曰：彼若不來至此，此可不增，彼亦不減。今此大衆咸見妙喜來入此土，是則此增彼減。何故《經》言"不增減"也？答曰：若隨相釋，既有去來，非無增減。今此就其破相說故，來無來相，故此不增；去無所去，彼亦無減。或可維摩以神通力，妙喜雖入此土，由本如故，此方不增，彼處不減。雖復二界相雜，各見所居與本不異也。

問："此無增減是不思議，與前芥納須彌山王何異？"

答："有四義：一、以大入小，芥納須彌。二、以小充大，請飯香積。三、以大容大，妙喜入忍界。四、以小入可知。今是第三以大入大不思議也。"

大衆見妙喜中，文分有六：一、佛勸觀妙喜。二、明大衆"唯然，已[2]見"。三、佛勸修無動之行。四、明此衆見彼佛也，發心獲益。五、佛記之，當生彼國。六、明彼國化益既周，還於本處，舉衆皆見。此上六斷(段)，文顯易解，更不重釋。自下第五佛知而問，欲令身子自慶發願、益未來中，先[3]問，次答。答中有四：一、答已見。二、發勝願。三、明自慶，得其善利。四、"其諸衆生"已下，利益未來。就中八句：一、明開經之益。二、"況復"下，信解受持修行之益。三、"若有手得"已下，得經之益；如人得寶，雖未受用，已名"富"者，手得經卷，亦如是也。四、"若有讀誦"已下，如說行故，便蒙諸佛護念之益。此由行者內有正解，外感慈悲，蓋是機藥無差，理必然也。五、"其供養"下，明前行人能爲衆生作福田益，供養此人，當如佛也。六、"其有書"下，明書持之益，以此經法出生諸佛，是佛母故也。七、"若聞經"下，隨喜之益，以其隨喜之善能趣一切智故。八、"若能信解與他說"下，得菩提益，能令自他勝行不退，遂致得佛，故佛記也。

---

① 録本出校：録本原校如此，意疑"所"字後脱一"作"字。按：結合文意，"所"下似脱一"作"字。

② 已，録本訛作"己"，據底本改。

③ 先，録本訛作"光"，據底本改。

法供養品第十三

就此品中，三門分别：一、明品來意；二、釋品名；三、分文解釋。

初明來意者，夫説法既周，道無不利，欲使勸勵新學，獎訓未來，校量顯勝，所以明此品來。

二、釋品名者，理教行果，自性軌持，名之爲“法”；行人修習，稱順佛心，名爲“供養”；此品之中，以法供佛，云“法供養品”也。

問：“何不財施，以其法供養耶？”

答：“依《智度論》，有七種勝：一、財施有限，法施無窮。二、財施垢多净少，法施净多垢少。三、財資養色身，法長養法身。四、財有佛無佛法爾常有，法要須佛出方可得有。五、財不能顯義，法能顯義，以修法故，能解義理。六、財不能生法，法能生財，由解法故，能施財也。七、財施若多，必假衆力；法施運心，不假他力也。具上七義，所以行供養也。”

三釋文者，就中有四：一、明天帝嘆經勸學。二、“佛言”下，如來印述。三、“天帝正使”已下，爲明法深淺，挍量顯勝。四、“佛告”下，引昔證成法供養勝也。

前中有三：一、約天帝，爲生物信，嘆經殊勝。二、“如我”下，明信解者有其深益。三、“世尊”下，天帝彰已爲重法故，受持經者爲之作護。前中釋提桓因，舉嘆經人，此乃“天帝”之别名也。於大衆中，明嘆經處。“白佛言”等，彰嘆經辭。“我雖從佛聞百千經”，舉劣顯勝；“未曾聞此不思議”等，對劣顯勝。以此經中廣明不思議神通，復明實相智慧方便權實了，故稱“决定”，所以嘆未曾有也。

二、明益中，自有兩節：一、依教受持益。二、“何況”下，次明依義修行益。初言“何况修行”者，以淺況深。修行益中，約位上、下以分。“閇衆惡趣”者，諺、遠二法師云是十信前善趣人也，依經離過云“閇惡趣門”也，今釋是資粮位也；始從十信，至十迴向，四十心已來諸小菩薩具修福、智二行，伏斷邪教，分别人、法二執，令三惡道業畢竟不生，故云“閇惡趣”也。“開諸善門”者，遠云亦是善趣人也；依經修益，名“開善門”，今釋是加行位也。“諸善”者，見道智也。智有二種：一、無分别智，謂離能、所二取分别。二、後得智，後時得故，名爲“後得”。或可義在後故，名“後得智”，要由證真方了俗故。故《唯識論》云若不證真如，無由了諸行也。"門"者，暖等四心也。由前暖、頂二位觀所取空，作遍計無相觀；次忍一位觀能所空，作依他無後生觀；後之一位，雙印二空。由此四位觀無相無生，引生初地二智，故"開門"也。若依無性《攝論》云，前之三位，觀能取空。由此四位作無相無生，引見道智生，故言"開門"也。"常爲諸佛之所護念"[□][者][①]，諺、遠云是十信人佛種成立，佛護念也。今釋不然，是初地位生在佛家，是佛真子，故佛護念也。"降伏外學"者，諺、遠云此下四句是初地已上位，初二破邪益，後二住正益。今解是二地持三聚净戒，饒益衆生，不簡怨親，使物歸信，降伏外學也。"摧滅魔怨"者，是三地證得四禪，發五神通，摧天魔也。"修菩提"者，即是四、五、六、七地也。四地道品，五地四諦，六地緣生，七地功用滿足。此諸地中，善學佛德，故云"修治菩提"也。"安處道場"[□][者][②]，八地、九地，八地得無功用，九地得四辯方，成就相應，故言"安處道場"也。"履踐如來所行之跡"者，即是十地。通即一切神通三昧皆是佛跡，别即末後金剛三昧是其佛跡。十地順行，故云"履踐如來所行之跡"也。

第三文開兩節：初、明帝釋爲敬法故，供養給事受持經者。二、"所在"已下，明有經處，往彼守護。此明經法深勝難思，能令學者究竟得佛，是以身子自慶於前，帝釋今復嘆美於後，欲使聞者必修故也。

上來天帝嘆經勸學，"佛言"已下，第二如來印述。文中有三：一、嘆"善哉"，汝能護法，吾助汝喜。二、"此經"下，釋其所以，正以此經廣說三世諸佛菩提，是故若人受持經者即爲供養去、來、今佛，故勸一切皆受持此。三"是故"下，結可知也。

第三校量顯勝之中，文别有四：一、廣舉供佛之事；二、返問天帝："此人供養，稱寧多不?"三、天帝正答："甚多無量。"四、取所益，約對持經，明福不及。前中文分爲兩：一、明現前供養；二、明不現前供養。前中有三：初、先法説明多。二、"譬如苷蔗"下，就喻以顯。三、正興供養男子、女人，舉供養人。"或一劫"等，明供時節。下辯供相。"恭敬尊重"，意業；"供養讚嘆"，口業；"奉諸所安"，身業供養也。第二明不現前供中，"至佛滅後"明供時也；言"一

①② 者，底本、録本無，據上下文意補。

一全身舍利”,辯事也。“舍利”梵音,此云名“身”。諸佛或有全身舍利,身形如本;或復爲其分身舍利,如似阿難般涅槃時分身四分如是等也;或復爲其碎身舍利,如此釋迦般涅槃時焚燒身骨,碎如芥子。全身舍利,供之最勝,故偏舉之。“若一劫”,明供久近。上來第一舉供佛事竟。自下第二返問天帝:“其人殖福,寧爲多不?”第三天帝以理正答。第四佛取所益,約對持經,明福不及。於中先明聞是經典,信解受持,讀誦修行,福多前供。“所以者何”下,釋。先徵,後解。“諸佛菩提皆從是生”者,明佛真德由經而起,菩提之相不可限量,以是因緣,福不可量。約佛真德,顯經殊勝,明福多,非彼財供之所能及也。

“佛告”已下,第四引昔證成。於中有三:初、明財供養不及法供。二、“時王寶蓋豈異人”下,通會古今。三、“如是天帝當知此”下,結嘆勸學。初中有二:一、舉財供養。二、“時王子名月蓋”下,約對法供,以顯不及。前財供中,文分爲三:初中先明所供之佛。次“時有輪王寶蓋”下,彰能供人。後“爾時寶蓋與眷屬”下,明供養事。初所供佛,口先明藥王十號具足。次彰世界之名。後明徒衆多少。“過去無量阿僧祇劫”,明時遠近。“時世有佛號藥王”等,正列所供藥王别號。“如來”等十,是佛通稱。佛十號:一、“如來”。依《寶性論》云,從自性來至果性,故名“如來”。《金剛般若》云:“如來者,無所從來,亦無所去,故名‘如來’。”《涅槃經》云,從六波羅蜜三十七品十一空來至涅槃,故名“如來”。《瑜伽論》云,言無虚忘,故名“如來”。《成實論》云:“乘如實道,來成正覺,故言‘如來’也。”[□][二]①、“應供”。智斷具足,爲世間衆生供養也。《涅槃經》[□][云]②,應斷世間之法,悉名怨家,佛應斷除,故名“應”也。又云,“四魔”者是菩薩怨,諸佛如來爲菩薩時能以智慧,能破四魔,故名爲“應”。《瑜伽論》云,以得一切所應得義,故稱“應”也。三、“正遍知”。以正體智證如離相稱“正”,以後得智無事不知故云“遍知”也。依《涅槃經》云,“正”者不顛倒,“遍知”者於四顛倒無不通達也。依《瑜伽論》云“等正覺”,“等”是平等,“正”是正解,“覺”是覺悟,佛於諸法平等覺悟云“等

① 二,底本、録本無,據上下文意補。
② 云,底本、録本無,據上下文意補。

正覺”也。四、“明行足”。“明”是三明，“行”是六度之行，三明六度悉滿足也。依《涅槃經》，“明”者名“得無量善果”，“行”謂“菩提行”，名即是戒惠(慧)，乘戒惠(慧)足，得菩提果，故云“明行足”。依《瑜伽論》，“明”謂三明，“行”即止觀，二品善能圓滿，故云“明行足”。若依《智度論》，“明”是三明，“行”名身口，唯佛身口具足，餘皆有失，故云“足”。五、“善逝”。“善”名“好”，“逝”名“去”，於生死中好去、不來三界也。依《涅槃經》，“善”者名“高”，“逝”名“不高”，“高”即大菩提果，“不高”者謂如來心也。佛若心高，不名“如來”，是故如來名爲“善逝”。六、“世間解”。三種世間：一者、衆生世間；二、器世間；三、正智覺世間。如來智惠(慧)照知世間性空，故云“世間解”也。《瑜伽論》云，如來善知世間及有情界一切品類染净相，故名“世間解”也。依《涅槃經》，東方無量阿僧祇世界，一切聲聞緣覺不知不見不解，諸佛悉知悉見悉解，南西北方、四維上下亦復如是，故爲“世間解”也。七、“無上士調御丈夫”。“士”是士夫。士夫中上，故云“無上士”。依《地持論》，有其七種：一、身無上，具足相好。二、道無上，具自利、利他二道。三、正無上，具足四正明正見正戒正威儀正命。四、智無上，具足四無礙智。五、神力無上，具六神通。六、斷無上，謂煩惱所知二障俱斷。七、住無上，謂梵住、天住、聖住三住中勝住也。具上七義，名“無上士”。如來自調身心，復調丈夫，故言“調御丈夫”也。依《涅槃經》，“上士”者名之爲“斷”，“無所斷”者名爲“無上士”。諸佛如來無有煩惱，故無所斷，是故號爲“無上士”也。八、“天人師”。在天爲天師，在人爲人師，理實世尊非天、非人，人天之上，故稱“天人師”也。佛是六道之師，但以人天益勝，所以得名。九、“佛”。此云“覺”也。自覺，覺他，覺行窮滿，具上三義名“佛”也。十、“世尊”。具上九德，爲世所尊，故名“世尊”也。

二、“世界大莊嚴，‘劫’曰‘莊嚴’”，辯其劫國。“佛壽二十小劫”，明壽長短也。“二十小劫”者，依《俱舍論》，劫有三種：始從八萬歲下至十歲，從十歲漸增還至八萬歲。此一上一下，名爲“小劫”。四十小劫名“中劫”。八十中劫名爲“大劫”。

三、“其聲聞僧三十六那由他”等，明衆多少也。能供人中，“時有輪王”，標其位也。“名曰‘寶蓋’”，列其名辭。“七寶具足”，彰其所有。言“七寶”者,一、是珠寶。[□□□□][二、是輪寶][①]。此二非情。三、是象寶。四、是馬寶。此二畜生。五、主藏臣寶。龍樹説云,是夜神與人交接。六、主兵寶。七、女寶。此三是人。相狀功能,具如經説。

“主四天下”,明其所王。須彌四面大海之中,有四洲渚,名“四天下”。東方有洲,名“弗婆提”,形如半月,人面像之。南方有洲,名“閻浮提”,其形尖邪,人面像之。西方有洲,名“瞿耶尼”,形如滿月,人面像之。北方有洲,名“欝單越”,其形正方,人面像之。此四天下,金輪聖王通皆領之。銀輪王王三天,除欝單越。銅輪王王二天下,除東及北。鐵輪王但王閻浮提。爲簡後三,故説寶蓋“王四天下”。依《仁王經》,四種輪王,鐵輪王位在善趣,或可在十信也;銅輪王位在十解,或云在十信也;銀輪王,位在十行;金輪王,位在十迴向。此之寶蓋,主四天下,是金輪王十迴向菩薩也。故此《經》誦云:“十善菩薩發大心,長别三界苦輪海。中下品善粟散王,上品十善鐵輪王。習種銅輪二天下,銀輪三天性種性。道種堅德金輪王,七寶金光四天下。”“王有千子,端正勇”等,彰其所生。三下明供事。於中初明王自供養藥王如來,至滿五劫;下教王子供養,王先敕告;後明諸子奉命供養。

上來第一明財供養,自下第二約對法供以顯不及。於中有二:一、問答,廣釋法之供養勝前財供。二、“佛告天帝王子月蓋聞是法”下,彰法供養勝財供養[②],有大勝益,悟柔順忍,修行法供。前中别有三番問答。初中兩句:一、王子月蓋獨坐思惟:“寧有供養殊過此者?”二、“以神通”下,以佛神力,空聲引導法供爲勝。第二斷(段)中,句亦有二:一、月蓋王子請問何謂法供。二、空天教問藥王如來。第三斷(段)中,文亦有二:一、王子月蓋行詣藥王,請問法供。二、如來爲説。説中初言“法供養”者,標其所請。下正辯,有二:一、出法體。二、“若聞如是等經”已下,約對前法,以明供養。明法體中,文别有二:一、辯法體相。二、“能令衆生坐道場”下,顯其法勝。

就前中有四:一、嘆法深,以難信故。二、難法大,以菩薩藏攝故。三、嘆法定,以陀羅尼印印之至不退故。四、嘆法勝,成就諸行故。初中“諸佛所説

① “二是輪寶”四字底本、録本無,據上下文意補。

② “供養”下涉上句衍“二佛告天帝王子月蓋聞是法下彰法供養”十七字,兹據文意删。

深經”，總以標舉，顯示實相深義，故曰“深經”也，即是《方廣經》以《方廣》一部顯二空深也；或可修多羅等十二分教是深經，下別顯之。“難信”者，世人取相生著，深經離相，是故“難信”。“難受”者，實相離其四句，難領入心也。故《大智度論》云，般若如大火聚，四邊取不得也。“微妙難見”者，妙絶塵境，六識不得，故曰“難見”。“清浄無染”者，離一切相，故曰“無染”。“非分别所得”者，無知之智，方契無相之理，故“非分别所得”也。又，云“難受”者，明難得决定，難領入心，此二非聞惠(慧)境。“微妙難見”者，此明非思惠(慧)境。“清浄無染”，明緣觀不及，此明非修惠(慧)境也。上來第一，明其法深。自下第二，明其法大，辯前深法是菩薩藏所攝、不同小乘也。自下第三，彰其法定。“陀羅尼”者，是梵語，此翻“總持”，即是文、義二持。論其體性，惟“念”與“智”：記法不忘，是其“念”義；知法不失，是其“智”義。以不忘失，持法不改，故記爲“印”，“印”猶定也，證法不失，欲令行人至不退故。自下第四，明其法勝。文中有二：一、修善行；二、離過行。前修善中有二：初明自利。“入大慈”下，彰其利他。前自利中，“成就六度”，明其因勝；“善分别義”，明其理勝；“順菩提法”，彰其果勝；“衆經之上”，嘆其教勝。二利他者，“入”猶證也，慈能與樂，悲能拔苦，善教菩薩，化益衆生，名“利他”也。上來修善，下明離過。於中初言離魔事及諸邪見，明其離障。“[□][離][1]衆魔事”，除邪業也；“及諸邪見”，滅邪解也。滿云，“魔”謂四魔，“邪見”六十二見。若聽此經，則無取相緣及分别。故《思益經》云，有心分别一切法邪，無心分别一切法正也。肇云，正教既弘，衆邪自息也。下明釋離所由。“順因緣”者，觀因緣故；了達諸法但從緣生，無有自性故。“無人”“無命”，明説生空。“空、無相”等，明説法空。諸無性，名之爲“空”；緣相亦無，故云“無相”。無果可造，故稱“無作”；無因可爲，故云“無起”。凡欲滅邪契理，要須觀十二緣法，無有自性，故約因緣以明離障，方能悟大乘空理也。

上來第一辯法體相，自下第二彰法功能。天中有三：一、令衆生坐於道場，成等正覺，爲多人敬。二、“能令”下，依法起勝行，爲聖所讚。三、“背生死”下，令人發心，得涅槃樂。前中“令坐道場”者，有其二義：一、真；二、應。

① 離，底本、録本無，據上下文意補。

若就應，釋菩提樹下坐金剛座，得成佛道，名“坐道場”。“轉法輪”者，應身爲生諸經法受與前人，令證不退，名“轉法輪”也。若約真辯，菩薩三無數劫具修萬行，至十地終心金剛三昧，親生佛德，名曰“道場”；依之得果，故稱爲“坐”。若其通取，一切萬行能生佛德，悉名“道場”，如上《光嚴章》辯也。菩薩既成佛已，後得智中爲生説法，故云“轉法輪”也。“諸天龍讃嘆”者，以成佛道，故爲衆敬嘆，嘆其法勝，非嘆其人，准後應知。第二能令起勝行中，初起自行。“説衆菩薩”已下，明利他行。自利行中，“令入佛法藏”者，此明教行，一切衆生依教生解，若不因深經，不能令衆生入佛法藏也。肇云，未有捨背深經而能入佛法藏也。“攝衆賢聖一切智惠(慧)”者，成就證行也。“賢”者，善也，即是三賢、十解、十行、十迴向、三十心也。“聖”者，正也，正二空名“聖”，即是十聖始從極喜至法雲地也。三賢證加行，十聖雙證正體，後得二慧，此等賢聖智慧深經能攝也。利他中，先[①]明説“能[②]救”已下，彰説有益[③]。前中“説衆菩薩道”者，能説行法，菩薩所行，其道無方，八萬衆行皆陳深經也。“依諸實相”乃至“苦空義”者，明説理法也。實相二空真如，依實相辯説五法。實相非苦非樂，遣樂情，故名“苦”，非謂有苦；乃至遣有情，故名“寂滅”，非謂有寂滅。就説益中，文分爲二：一、令生捨邪歸正、除障之益。二、“諸佛”下，爲聖攝受稱嘆之益。“救毁禁”者，謂破四禁，犯五逆罪，小乘之法所不能救，能救之者，其唯大乘《方等經》也。若聽深經，即知罪逆性空。已解空故，即出罪逆也。“諸魔外道貪著怖畏”者，聞經無相，則違本心，故怖畏也。二“賢聖稱嘆”者，非佛賢聖不能深悟其理，悟其□(理?)[④]深，所以稱嘆也。自下第三令生發心中，“背生死苦，示涅槃樂”者，自非深經，即不能厭其生死，會涅槃之樂也。“十方三世諸佛説”者，總結前來所説之法。今昔雖異，覺道不殊。萬法同歸，理無二徹。故《究竟大悲經》云：“聖聖言説異，意旨悉皆同。文字即解脱，大小理處同。”嘆美深經，盡於此也。

---

① 先，録本訛作“光”，據底本改。

② “説能”二字底本、録本誤作“能説”，據上下文意改。

③ 益，録本訛作“蓋”，據底本改。

④ 此缺文底本似作“理”，待考。

上來第一總明法體竟，自下第二約對前法，以明供養。文[1]中有二：一、依教詮義，信解受持，爲下供養。二、“又於”下，依其義言，如説修行，解窮真性，爲上供養。前中初明自利，“以方便”下化他行滿，“是名”下結。就其第二如説修行上品供養中，初辯，後結。辯中有四：一、略依四依之行，爲法供養。二、“隨順”下，略依十二因緣觀法，明法供養。三、“依義”下，廣明四依，以申供養。四、“隨順法”下，廣明十二因緣，以申供養。初中“又於諸法如説行”者，順四依之法而修行也。第二略明十二因緣中，言“隨順觀十二緣”者，因緣生法，體自空無，依此而觀，名爲“隨順”。此句是總，“離邪見”下别。别中有二：一、明生空。二、“而於因緣”下，明得法空。前中“離[2]見得無生忍”者，謂得初地無生忍也，正證忍時不見我人及衆生等，名爲“生空”。“而於因緣無違諍”者，次明法空。於中先[3]明因果非無，因能感果，名曰“無違”；果遂往因，故稱“無諍”。或可觀其因緣，體性空寂，空不礙有，名曰“無違”；有不礙空，故云“無諍”也。於法無違，於人無諍。“離我所”者，法我空故，即觀向前；因之與果，體性空寂；以空寂故，則無有我；我尚空無，何有我所之可得也？

第三重廣前四依中三門分别：一、辯名；二、出體；三、明次第。初辯名者，“依義不依語”者，所詮之理，名之爲“義”；憑之起行，故説爲“依”；能詮之教，名之爲“語”；雖依語得義，然語非是義，如因指見月，得月亡指，得理捨詮，所以依義不依語也。依識者，智能入理，決斷解了，所以須依識；但分别起於染著，棄捨不從，故不依也。“依了義經，不依不了義經”者，顯實分明，名“了義經”；憑之取解，故説爲“依”；覆障之言，名“不了經”；棄而不從，故曰“不依”。了、不了義，略有四種：一、法印非印門；二、詮常非常門；三、顯了隱密門；四、言略語廣門。法印非印門者，法印有三：一、諸行無常；二、涅槃寂净；三、諸法無我。若一切教有此三種理印所印等，名爲“了義”；違三法印等，非了義經。由此道理，三藏二乘十二部教無非了義，捨煩惱業及苦故；諸

① 文，録本訛作“之”，據底本改。

② 離，録本訛作“雜”，據底本改。

③ 先，底本、録本誤作“光”，據上下文意改。

外道教非了義經，不能永離惑業苦故。常非常者，如《涅槃》云："又聲聞乘名'不了義'，無上大乘乃名'了義'；若言如來無常變易名'不了義'，若言如來常住不變名爲'了義'。"此經意言，若經中説佛是法身常住不變，是名"了義"；與此相違，名"不了義"，則顯小乘詮非常佛名"非了義"也。顯了隱密門者，《解深密》云："世尊！在昔第二時中，唯爲發趣修大乘者。依一切法皆無自性……以隱密相轉正法輪。雖更希奇……而亦有上……猶未了義。"即説一切性皆是空。三無性教，名"非了義"。《唯識》云，故佛密意説，一切法皆無自性。非性全無，名"了義"也。言略語廣門者，雖是大乘明顯之教，初但略説，談理未周，所明未盡，名爲"不了"。此依説義，言爲廣略，名"了不了"，非約所詮理是究竟，非是究竟名"了不了"。此中第一，爲令衆生捨邪歸正，名"了不了"；一切佛經，皆名"了義"；外道所説，名"不了義"。第二爲令捨小歸大，名"了不了"；一切大乘名爲"了義"，諸小乘教名"不了"。第三爲令捨隱歸顯，名"了不了"；一切大乘，顯了言教，皆名爲"了"；雖是大乘，説法隱密，名爲"不了"。第四爲令如法廣略，名"了不了"；諸重頌經，言略不盡，皆名"不了"；非重頌經，言廣盡故，説名"爲了"。以此四門，攝義稍盡，隨其所應，當廣思擇。今此經中，四義俱有。《方便品》中，净名説五非常法，是法印門；如《弟子品》中净名教阿難佛身無爲、不墮諸數，是常門也；《佛國品》中寶積讚佛"説法不有亦不無，以因緣故諸法生"，即空常有，是顯了門。此經之中長行多，偈頌少，爲是語廣門四義既圓，故是了教，可依受也。"依法、不依人"者，託法起行，名爲"依法"；得法捨人，名爲"不依人"。

問："'依法、不依人'者，未知一切人不可依，亦有可依耶？"

答："可依人法相對，以爲四句：一、法可依，謂大乘法；人不可依，謂小乘人也。二、人可依，謂大乘人，即四依菩薩也；法不依，謂小乘法。三、人、法俱可依，謂大乘人法。四、人、法俱不可依，謂二乘人、法也。語義相對，亦作四句，准前可知。"

二、辯體。義即是理，以真如爲體；智是證智，以正體後得二智爲體；教以音聲名句，文以爲體；性法以六度爲體也。三明次第。義即是理，是智所證，故先明也；智是證智，依理起智，故次明也；了義經教由智而説，故次辯也；法是所詮，即是行法，故後明也。第四廣前十二緣中，文中先辯。"作如是”下，結以顯益。辯中有二：初總，後别。總中“隨順法相、無入無歸”者，法即因緣法也。上順因緣，知法無生；今順因緣，知法無盡。法從緣而有，從緣而無。其有不從未來來，其無不從過去去。故曰“無入無歸”也。下别明中，“無明畢竟滅”等者，泛觀因緣有逆有順。逆、順不同，有其三種：一、就事分别，從前向後、尋因趣果名“順”，從後向前、尋果推因爲“逆”。二、約因緣生滅分别，觀十二支生名“順”，散滅爲“逆”。三、就理分别，觀十二緣假有爲“順”，順法有故；無性空寂爲“逆”，逆於有故。三中前二大小同知，後一唯大。今此所明，義當後門，即是逆觀也。無明過去已滅，未來不生，現在不住，三世空故，即是不滅，所以無盡也。又云，無明從緣生，生即不生；從緣滅，滅即不滅；不生不滅，無明即是畢竟滅；無明既滅，乃至老亦當無盡也。上來别觀訖，下結顯益。“作如是觀，十二因緣”，修前順觀；法本不生，無所滅名“無盡相”；無法可盡，乃是“畢竟滅”也。“不復起見”，正明觀益，一切斷常有無等不復起也。上來别明修行供養，是名“最上法之供養”，總以結嘆。

上來合是第一月蓋請問、如來爲説，自下第二月蓋聞法獲益，修行法供。文中有三：

一、明月蓋以聞法故，得柔順忍。此忍即是四地已上順忍也。此云何知？五忍明義：地前，伏忍；初二、三地，信忍；四、五、六地，順忍；七、八、九地，無生忍；十地及佛，寂滅忍。故知此忍是四地已上柔順忍也。或可是地前順忍，順趣初地已上，所以得知月蓋以信出家，方得五通，故知是地前忍也。

二、“即解衣”下，報恩供養。

三、“白佛”下，正明供養。文中有四：一、自宣己心；二、請佛加威；三、如來爲記；四、月蓋蒙記，正行法供。初、自宣己心，文相可知。二、“加哀建立”者，月蓋自以道行未立，魔邪熾盛，若不加威神力，即爲魔所壞，故請加也；又聞法供，欲行之，經道深遠，非已所弘，故願加力也。三、如來記中，初心知，次口記，即是建立，欲令後人信伏，知其守護法城；法能遮防，故喻“城”也。第四、月蓋行法供中，文别有二：一、於佛現在修行自德，爲法供養。二、“於佛滅”下，明佛滅後以經化他，爲法供養。前中先“聞佛授記，以信出家”；次“修善法，精進不久，得五通”下，明其所得。“得五神通”，行用無礙；“通菩薩道”,行體自在;此二自德。“得陀羅尼”,意業成就;“無斷辯才”,口業成就;此二化德。就佛滅後行法供中,初明月蓋依法趣起説。“月蓋比丘以守護”下,彰説益人。前説中“於佛滅後”,起説時也。“以其所得神通”等,明説德也。“滿十小劫”,彰説遠近。“藥王如來所轉法輪隨而分布”,正明説也。後益人中,“月蓋比丘以守護法,勤行精進”,牒前起後。下正明益。初益菩薩,即身化百億人,於大菩提[①]立不退轉;次益二乘,能令十四那由他人發二乘心;後益凡夫,無量衆生得生天上。

上來第一正引往事,明財供養不及法供;自下第二,合通會古今,明供多益。先會輪王寶炎佛是。次會千子,賢劫中千佛是也。四已成佛,餘在當來。言四佛者:一、鳩留孫;二、俱那含牟尼;三、迦葉;四、釋迦。“賢劫”者,善劫也。净居天劫初成時,見水内有千寶蓮花,即知有千佛出,故名爲“賢劫”也。“樓至佛”此云“涕泣”,出《十地經》。後會月蓋,釋迦佛是。

“天帝! 當知此要,以法供養”下,第三總結,嘆勝勸學,當知法供。“第一無比”,是總也。“是故天帝當知以法供養”,佛勸也。

囑累品第十四

此品之中,三門分别:一、明來意;二、釋品名;三、分文解釋。初來意者,佛及維摩四會説法,爲化既周,後運大悲,益於來代,欲使傳光永夜,照極無邊,故此品來也。二辯品名者,“囑”者付囑,“累”者重累。今以此經法囑累彌勒及阿難等,欲使將化有緣,遍益群品,意寬言局,鄭重慇懃,必須荷擔如來難得之法,應見聞者今得是經,讀誦受持,故言“囑累”。下文之中,具明斯義,故云“囑累品”。

三分文釋者,文中有二:一、佛以正法付之流通。二、“佛説”已下,大衆聞法,歡喜奉行。前中付人唯二,“傳”者有四。付人者,一者、付彌勒;二、付阿難。

問:“賢聖衆多,何故偏付此二?”

答:“維摩非此土菩薩,故不付囑也。文殊遊無定方,故亦不付。付彌勒

① “提”字前底本、録本衍一“薩”字。今據上下文意删。

者，以其當於此界成佛，成熟衆生，今以神力冥加護故，成其功業。阿難是傳法藏人，令使結集，流布通傳，故須付也。”

傳有四者：一、彌勒菩薩奉教流通。二、諸餘菩薩自誓宣通。三、四王自誓護通。四、阿難受教傳通。前中有三：初至“而爲廣説”，明付囑意。二、“彌勒當知！菩薩有二相”下，舉其德失，勸令修捨。三、“彌勒菩薩聞説已”下，嘆所聞法，勸人修學。就前文中，復分爲三：初、以法付囑。二、明通法時節。三、“所以者何”下，釋付囑之意。

初中“無量億劫所集菩提付囑汝”者，正明付囑此經，宣説菩提之真德。約就所説，以名其經，名爲“所集阿耨菩提”。故上《經》云，此經廣説過去、未來、現在諸佛菩提。或可此經能生菩提，所集菩提從是經生，從其所生，名“所集阿耨菩提”。故上《經》云“諸佛菩提皆從是生”也。

二、“如是輩經，於佛滅”下，明通法時節。“如是輩經”，牒前所付。“輩”猶“等”也、“類”也。“於佛滅後末世之中”，流布時也。末世難通，故須勸之。“汝等當以神力流布”，正勸傳通。“於閻浮提”，彰流布處也，閻浮提衆生行法最勝，故偏言之。“無令斷絶”，誡使常通。

三、“所以”下，釋勸之意。初先徵問有何所以勸汝傳通，下對釋之。於中初明不傳之損：“未來當有男子、女人及龍等，發菩提心，樂於大法；若使不聞如是等經，即失善利”，是其損也。下明傳益：“如此輩人，聞是等經，必多信樂”，是其益也。“如是輩人”，牒前未來發心之人。“聞是經典，必多信樂，發希有心，當以頂受”，自行益也。念經希有，隨生得利，而爲廣説，化他益也。

上來如來以法正付，自下第二舉其得失，勸令修捨。於中三對。初之二人，理教相對。次有二人，人法相對。後二自他，兩行相對。前中有四：一、總舉數；二、徵問發起；三、牒名解釋；四、結勸。修捨行之深淺，各有異相，得失兩陳，以勵護法者也。一、好文飾，勸之令捨。“文飾”者何也？飾是妙旨筌蹄，而新學知淺，未能亡言求理，捨本尋末[①]，唯以文飾是好。二、不畏深

① 末，録本訛作“未”，據底本改。

義，當勸以進修。妙旨幽深，微言違俗，自非智通，熟(孰)[①]能深入？若於如是無染著經中以修行、爲久修行者，無染無著，經之深也。自非久行，誰能無畏也？第二對中，亦有四句：一、舉數；二、徵問；三、牒釋；四、結過屬人。將欲令人信樂深經，故廣記新學者過：一者、"聞深經驚怖生疑"，明於法起過。二、"若有護持解脱經者，不肯親近"，明於人起過。始聞則驚，尋之則疑，疑則起謗。此明無信，當教令信。結過中"自毁傷"者，以前邪見之人謗人法故，必墮阿鼻，自損之甚，名爲"毁傷"。何以故？下釋於深義法中不調心故。"不調心"者，於其大乘平等正法偏信尚非，何況起謗，能無損也？第三對中，文分四句：一、舉數彰失；二、徵問起發；三、牒釋；四、總結。釋中一輕新學，而不教誨，外化不善；二取相分别，自行未圓。外化不善者，雖信解深法，而未善通達，是故尊己慢人，不能教誨；此明説者之外患，以未得人空故也。自行未圓者，雖有其所解，而取相分别，雖曰爲"解"，未合真解也；此明説者之内患，以未入生法空故。

自下第三，歎所聞法，勸人修學。文中有六：一、嘆所聞法。二、"我當遠離"者，明已離過。三、"奉持如來無數"下，明受付囑。四、"若未來世"，勸人修學。五、"世尊！若後末世"已下，欲使學者推功有在，離我慢失。六、"佛言'善哉'"已下，明佛讚述。"我當遠離"者，爲未離者，故發此言，以成衆行；彌勒久已離之。"與其念力"，使不忘失，明修行也。"當知彌勒神力"者，欲使學者推功有在、除捨我慢也。"於是一切菩薩"已下，第二明菩薩於一切十方界自誓弘通。就中先明通佛菩提究竟果法。"復[②]當開"下，宣通教法，藉教得果，故須明也。三明四王護法之中，初明城邑有是經處，王及眷屬爲之作護。"面百由旬"已下，彰護益也。

四以法付阿難中，分别有四：一、佛敕阿難，令其宣通。二、阿難奉命受持。三、阿難請問經名。四、佛制經名，普令修學。"此名維摩所説"者，就人立名。道理此經多人共説，而佛偏名維摩説者，機在維摩，故偏言也。"亦名不可思議"者，就法立名也。"如是持"者，總結勸也。大衆歡喜奉行者，此衆

---

① 録本出校："熟＝孰?"按：此"熟"乃"孰"之借字(二字《廣韻》皆音殊六切)，不必疑。

② 復，録本訛作"須"，據底本改。

皆是上來四會諸聞法者，既蒙善利，佩荷實深，自行勸人，奉行斯法，以其能説法人、所説之法及聞法者三皆净故；隨機淺深，悉得道果，勝益内資，故咸喜也。

《維摩經》疏卷第六。

No. 2773《維摩經》抄

[題解]

佛典《維摩詰所説經》注疏，敦煌卷子中有伯 2275 一號，作者不詳，一卷，首尾齊全。自後秦鳩摩羅什譯《維摩經・佛國品第一》疏釋至《見阿閦佛國品》第十二。釋文時並非逐句疏釋，而是有重點地摘抄部分經文加以疏釋，故名"《維摩經》抄"。釋義簡略精要。清代以前歷代大藏經未收，日本《大正藏》據伯 2275 號録入其第八十五册。今校注仍以《大正藏》録本所據原卷伯 2275 號爲底本。

《維摩經》卷第一

佛國品第一

夫佛法大綱，須識宗趣□□□□具陳，且總爲二宗：大乘，小乘。且大乘之中分爲三：一、法相宗，經論之中廣立法□（相?）[1]，無邊無量，五藴、十二處、十八界、十二因緣、六波羅蜜等□□八萬四千門，即《解深密經》、《瑜伽論》等多説法相；但經論之中，説諸相差别名數皆此宗攝。二、破相宗，即諸部《般若經》、《中》、《十二門論》等説一切法性相俱空、有無雙遣。三、法性宗，即《花嚴》、《涅槃》、《維摩》、《楞伽》等經、《起信論》等説一切法非空非有，亦有亦空。所謂迷真起妄，一切皆有；攝妄歸真，一切皆空。就俗諦則有，就真諦則空。睡夢則有，覺悟即空。諸法無我即空，因果不亡還有。空不離

---

① 此處缺一字，底本殘，似應作"相"，待考。

有，有即是空；有不離空，即空是有。如是廣説，空、有無邊。所以諸佛菩薩慈悲故入有，智慧故觀空；觀空故雖入有而不染，慈悲故雖證空而不著。凡夫多著有，二乘多著空。雙離此二，真大乘也。第二小乘有二十部，宗趣不同。□□□□，故略之也。今此《維摩經》，即當第三法性宗所攝，由此經芥子納須彌、方丈容世界皆表法性圓融無礙之義也。若能悟入此第三宗，則於佛法無所滯㝵（礙）①。論［□］［云？］②諸佛説有，有不妨空；③諸佛説空，空不妨有。故《中論》偈云：

"不生亦不滅，不常亦不斷。不一亦不異，不來亦不去。

能説是因緣，善滅諸戲論。我稽首禮佛，諸説中第一。"

自此已下，别就此經，曲明宗意。古來賢聖皆斷此經以不思議解脱爲宗，只緣前説法性無礙、非空非有、亦有亦空、不常不斷等，故名爲"不可思議解脱"。非凡小等之所測量，心言路絶，名"不思議"；不滯空有等，名爲"解脱"。然此經上下總有五種不可思議，攝之略盡。何等爲五？一、理不思議；二、行不思議；三、報不思議；四、用不思議；五、教不思議。第一理不思議者，即非空非有、不常不斷等真如法性、中道之理。《經》云"一切法皆如也"，乃至"彌勒亦如"也、"不來相而來，不見相而見"等，皆是理不思議。第二行不思議者，即説菩薩無住之行。《經》云："在於生死，不爲□（污）④行。住於涅槃，不永滅度，是菩薩行；非凡夫行，非賢聖行，［□］［是］⑤菩薩行；非净行，非垢行，是菩薩行"等，皆是行不思議。第三報不思議，即下經説佛身功德、十方净土等，是報不思議。第四用不思議者，下經説神通變化、合蓋現土、常擎大衆、取飯香積、借座須彌等，皆用不思議。第五教不思議者，即名句文字、巧妙言詞，善能詮顯不思議理，是故《經》云一、四句偈所有功德，無量無邊，是名"教不思議"。此之五種不思議前後次第者，一切諸法，理爲其本，是故

① 礙，録本作"等"，底本實作"㝵"，與"礙"同。茲據底本改。

② 此處似脱一"云"字，待考。

③ 按：此處底本作"諸佛説有，有不妨空。諸佛説有，有不妨空。"書手發覺誤書後，旋於後一句"諸佛説有，有不妨空"八字旁施以廢棄號，《大正藏》本失校。今據底本删。

④ 污，録本作缺文，據底本補。

⑤ 是，録本脱，據底本補。

第一理不思議；欲悟其理，必資起行，是故第二行不思議；行不空備，必能感報，是故第三報不思議；報不徒然，必能起用，是故第四用不思議；用不空設，必能起教，是故第五教不思議。略説如是，餘在經文。

《經》曰："如是。"

述曰：一切經首皆有此之二字，蓋有深意。此之二字亦乃包括一切佛法議理皆盡。略作三釋：第一云：三世諸佛所説不異，名之爲"如"；稱理無非，故稱爲"是"。第二釋云：諸法實相，古今不易，名之爲"如"；如[□][如][1]而説，故稱爲"是"。第三釋云：阿[2]難所傳，與佛無異，故名爲"如"；離諸過失，故稱爲"是"。

《經》曰："佛。"

述曰："佛"者，佛陀，漢翻爲"覺"。覺有二種：一、本覺；二、始覺，即法身佛。真如法性，以爲其體。本性清净，如摩尼珠。一切衆生，悉皆平等，只緣衆生無始已來從真起妄，沿流昧源，逐末失本，垢障蒙覆自性，真佛遂作凡夫，多受苦惱。一念覺時，垢妄斯遣，本性湛然，即名爲"佛"，更無所得。是故《經》言"乃至無有少法可得"、"是法平等無有高下"，是名"阿耨多羅三藐三菩提"。此經亦云：若彌勒得菩提，一切衆生皆亦應得。所以者何？一切衆生亦當滅度。所以者何？諸佛知一切衆生畢竟寂滅，不復更滅，乃至云"寂滅"，是菩提滅諸相故。《花嚴》等經説云：佛及衆生心，如是三種法，不即亦不離，不一亦不二，衆生不離佛，佛不離衆生；如是等文，名"本覺佛"，斷煩惱障得。二始覺佛者，即盧舍那報身如來，以四智爲體；剋性而論，智爲佛體，智爲能證覺之體故；相從而論，即功德相好無漏五藴總名爲"佛"，廣在經論所明；一切菩薩經三大劫，十地滿足，斷所知障，名"始覺佛"。

《經》曰："衆人不請，友而安之。"

述曰：小乘凡夫悲薄智微，要待勤請，方爲説法。菩薩不然，觀見衆生緣合根熟，爲不請之友，能令衆生出生死之危險，與涅槃之安隱。如有影均於湛水，慈母赴於嬰兒。

---

① 如，底本、録本無，據上下文意補。

② 阿，録本訛作"何"，據底本改。

《經》曰:“逮無所得,不起法忍。”

述曰:此明菩薩證無生法忍。“逮”者,及也,至也;“起”者,生也;“忍”者,忍了,亦即“許”之義。此明菩薩位登八地,至無所得無生之位,忍了印證一切諸法本來如如,無生無滅,無法可得;是故作忍辱仙,節節支解,其心不動,亦作摩納仙人,燃燈授記,皆此位也。

《經》曰:“深入緣起,斷諸邪見。有無二邊,無復餘習。”

述曰:佛法大宗,因緣是本,異諸外道,撥無因果,邪僻斷見,故有此文。言“緣起”者,即十二因緣及十因、六因、四緣。一切因緣,莫過此門。若入佛法因緣深理,即名“正見”,故云“斷諸邪見”。言“有無二邊”者,因緣無主則非有,業果不亡則非無;定執有無,皆名“邊見”。故下文云:“無我無造無受者,善惡之業亦不亡。”經之斷字,該於邪見及有[□][無][1]二邊;是則離有無之二邊,契非有非無之中道,菩薩之正見也。净盡不殘,故云“無復餘習”。“習”者,習氣。

《經》曰:“善知衆生往來所趣及心所行。”

述曰:“往”者,過去;“來”者,未來;“及所心行”,現在。菩薩以宿命智知衆生過去之事,善知生也;以死生智知衆生未來之事,善智(知)[2]來也;以他心智知衆生現在,心所行也。緣處故云“心所”。“趣”者,趣向,所謂知三世之事趣向也。

《經》曰:“諸有所作,亦不唐捐。”

述曰:“唐”者,虚也;“捐”者,棄也。菩薩用心,無一念棄也。

《經》曰:“佛之威神,令諸寶蓋合成一蓋,遍覆三千大千世界。”

述曰:此合多爲一,展小爲大也。且合多爲一者,合五百爲一蓋也。此表[3]真如法性圓融[4]無定,無有二相,故能合多爲一,展小爲大,多不定多。

① 無,底本、録本無,據上下文意補。

② 智,此讀若“知”(二字《廣韻》均音知義切)。睡虎地秦墓竹簡《爲吏之道》:“審智民能,善度民力。”例中“智”亦同。

③ 表,録本訛作“來”,據底本改。

④ 此處録本誤衍一“融”字作“融融”。按:底本後一“融”字旁實有一廢棄號,今據删。

菩薩觀乎一蓋,一不定一;凡小觀乎五百雖合爲一,五百宛然。五百宛然,只自爲一。其猶方丈之室,文殊等入中,寬如容十方世界;凡小不及,只自見乎。方丈對凡小而不減,對文殊而不增。圓融法性,其在慈(玆)[①]乎!下諸文理,皆同此。展小爲大,義亦准之。又可更表空、有二門。多表其有,一表其空。空不定空,展一爲多;有不定有,合多爲一。有不離空,即五百而見一;[②]空不離有,不離一而見多。維摩要旨,始終如是。

《經》曰:"能善分别諸法相,於第一義而不動。"

述曰:八萬四千,名"諸法相"。二空真如,名"第一義"。此之二句,有其三門:一、空有門;二、寂用門;三、自他門。第一門者,分别法相有也,第一不動空也。説而不動,有不妨空;不動而説空,不動妨有。異於凡小空而不有,有而不空。第二門者,分别法相用也,第一義不動寂也。寂而常用,雖不動而説;法用而常寂,雖説法而不動。凡夫則動而不寂,小乘則寂而不動。第三門者,自利故證而不動,利他故説而不著。説而"不有亦不無",意亦同此。離有無二邊,行於中道。

《經》曰:"始在佛樹力降魔,得甘露滅覺道成。"

述曰:言"佛樹"者,亦名菩提樹;佛此樹下得菩提果,名"菩提樹";樹下成佛,名爲"佛樹"。言"降魔"者,伏四魔也。菩提佛果,沃[③]潤身心,永除熱惱,名爲"甘露"。生死大息,名之爲"滅";覺即是佛,名爲"成"也。

《經》曰:"以無心意無受行,而悉摧伏諸外道。"

述曰:積集故名"心",思量故名"意",領納故名"受",造作故名"行"。證佛果時,如如不動,此等皆息,故名"無"也。以斯妙理,伏諸外道,豈云竟[④]力而降伏乎?

《經》曰:"毁譽不動如須彌。"

① 慈,此讀若"玆"(二字《廣韻》皆可音疾之切)。"在玆"義即在於此也。

② 按:此處底本作"有不離空,即五百而見一。有不離空,即五百而見一。"書手發覺誤書後,旋於後一句"有不離空,即五百而見一"十字旁施以廢棄號,《大正藏》本失校。今據底本删。

③ 沃,録本訛作"波",據底本改。

④ 竟,録本訛作"覽",據底本改。

述曰：歎佛平等，八風不動，如須彌山。言八風者：一、利；二、衰[①]；三、毁；四、譽；五、稱；六、譏；七、苦；八、樂。此之八法，摇動人心，如世八風，吹動諸物。經中舉二攝餘六也。

《經》曰："孰聞人寶不敬承？"

述曰：佛爲人中之寶，希有難見，故喻之"寶"。"孰"是"誰"也。誰聞人寶之名而不敬重修承？

《經》曰："各見世尊在其前。"

述曰：此歎佛身功德不共凡小。法身圓應猶一月昇天，故云"各見"；佛身平等，不背衆生，故云"在其前"也。一音説法，衆生各解，理亦同此。

《經》曰："不著世間如蓮華，常善入於空寂行。"

述曰：此歎如來即染成浄。此以下句釋上句，常觀諸法，空而且寂，遊世間而不染，處淤泥而恒浄。

《經》曰："達諸法相無罣礙，稽首如空無所依。"

述曰：真俗俱空，故云無得（礙？）[②]。萬物依虚空，虚空無所依。諸法依實相，實性無所依。

《經》曰："衆生之類，是菩薩佛土。"

述曰：衆生是佛土之緣。緣中説土，故以衆生而爲佛土。道理如何？土本由悲，悲由生起；要有衆生，悲心始起；要因悲心，方得浄土。推末就本，衆生是土，不亦宜乎？又因生起，悲得浄土。一向觀空，終不得土。故下喻云："要於空地，造立宫室，隨意無礙；若於虚空，終不能成。""人"喻菩薩，"空"喻二空，"地"喻於有，"造立宫室"，喻於修浄土。是則依空依地，宫室始成；兼有兼空，方修浄土。有悲故涉有，而廣度衆生；有智故觀空，而不著諸有；空有不滯，悲智雙行；契此通途，浄土斯得；乃至直心是浄土等，其理皆然。離空離有，即是直心；著有著空，皆成偏曲；乃至下文云"隨其心浄，則佛土浄"，皆同此義。則知一念直心，十方頓浄；刹那偏曲，垢穢斯興。浄土一章，大綱如是。

---

① 衰，録本訛作"裏"，據底本改。

② 結合文意，底本、録本此"得"似當爲"㝵（礙）"之訛字，待考。

《經》曰:"於是佛以足指按地,即時三千大千世界,若干百千珍寶嚴飾,譬如寶莊嚴佛,無量功德寶莊嚴土。"

述曰:此明净、穢二土非一非二、非即非離,心净故即穢見净,心垢故即净見穢。尅實而論,以佛眼觀,佛土常净;凡夫眼見,佛土恒穢。今欲變穢成净,託以按地爲緣;亦明妄從真生,穢從净起。故下《經》云:"從無住本,立一切法。"

問曰:"净、穢兩土,爲當同體異見,爲當别體異見,爲當無體妄見?"

有古德安法師釋曰:"净、穢二土,一質不成,異質不成。無質不成,故净穢虧盈;異質不成,故披源即冥;無質不成,故緣起不形。"

《經》曰:"譬如諸天共寶器食,隨其福德,飯色有異。"

述曰:飯體是一,諸天福德厚薄不同,所見飯色勝劣不等。佛土亦爾,净穢是一,隨諸衆生垢净不同,所見各異。世尊常説,水體是一,諸天福德見爲瑠璃寶物;人福次勝,見其清水,湛可受用;魚龍等次劣,見是舍屋窟宅;餓鬼惡業,唯見膿血猛火。

方便品第二

《經》曰:"諸仁者!如此身,明智者,所不怙。"此上皆三字爲句。"怙"者,恃怙。此身嫌(廉)人①、明智之人不恃怙也。又《方便》一品,維摩居士多欲教化凡夫衆生、新學菩薩五種觀門:一、觀身是苦;二、觀身空;三、觀身無常;四、觀身無我;五、觀身不净。《經》曰"爲病、爲惱,衆苦所集",苦觀也;"是身如聚沫"已下,空觀也;"是身如浮雲"已下,無常觀也;"是身無主,爲如地"已下,無我觀也;"是身不净,穢惡充滿"已下,不净觀也。此之五觀,大小二乘初修之門,止貪嗔,發智慧也。

弟子品第三

《經》曰:"夫'宴坐'者,不於三界現身意相,是爲'宴坐'。"

---

① 嫌,録本訛作"廉",據底本改。此"嫌"字似爲"廉"之增旁訛字。"廉人"即廉士。晋葛洪《抱樸子·行品》:"識多藏之厚亡,臨禄利而如遺者,廉人也。"

述曰：此净名居士以大呵小也。小乘見定、散之二相，所以捨散而取定；既有定可取，著相分别，還成非定；或閑林净處結跏趺坐，閉目合口，心識不行，出入息斷；此是小乘禪定之相。大乘菩薩則不如是，定散俱泯，出入雙如，真心湛然，是爲真定。豈可以閉目合口、兀坐林中而爲定邪？不妨散走三界以利生散，不妨定凝一如而不動。是故《經》云："不起滅定，而現諸威儀。"

《經》曰："不斷煩惱，而入涅槃。"

述曰：小乘著相，不了煩惱性空，所以有煩惱可斷；不了涅槃性空，有涅槃可入。有斷可斷，雖[□][斷][1]而不斷；有入可入，[□][雖入][2]而不入。大乘菩薩了煩惱性空，無斷可斷；悟涅槃無相，無入可入。無斷可斷，乃爲真斷；無入可入，始爲真入。若能如是，名爲"宴坐"。"宴坐"，定也。

《經》曰："法無有人，前後際斷故。"

述曰："際"者，畔也。前際者，前念也。後際者，後念也。有爲之法，前念後念，相續不斷，名之爲"人"。以理推之，前後兩念，不相趂及，前念已滅，後念方生，中間斷絶，無有真實，故曰"無人"。

《經》曰："法同法性，入諸法故。"

述曰：言"法性"者，即真如也。法之實性，莫過真如。心悟真如，即是入一切法也。

《經》曰："法住實際，諸邊不動故。"

述曰：言"實際"者，即前真如法性。此之法性乃是諸法真實之邊際，更無過此名爲"際"也。言"諸邊"者，即生往異滅四相名"邊"。此之實際，湛然常住，不爲四相之所摇動，故云"諸邊不動"也。

《經》曰："法順空，隨無相，應無作。"

述曰：此上三句，皆三字爲句也。"隨"者，隨逐。"應"字去聲呼之，所謂"應會"也。一切諸法畢竟門中，順於空寂，隨逐無相，應於無作，不生不滅，如如理也。

---

① 斷，底本、録本無，據上下文意補。

② "雖入"二字底本、録本無，據上下文意補。

《經》曰:“爲壞和合相故,應取揣食。”

述曰:夫一切食總有四種:一、段食;二、思食;三、觸食;四、識食。此言“揣食”即段食也,有其形段可揣聚也。此食最麁,以香、味、觸三事爲體。鼻取食中之香,舌取食中之味,身取食中之觸。一切衆生於此三事和合揣食,心生貪著,不得解脱。今教觀此因緣和合,假名爲“食”,因緣性空,不起貪著,爲解脱之初緣。以下因緣,經文①爲不受故應受彼食,意亦同。此爲療身病而受段食,非貪著之受,名爲“不受”。

《經》曰:“知諸法,如幻相;無自性,無他性;本自不然,今則無滅。”

述曰:此言“諸法“者,即有爲法也。從緣而有,無其實性,似有非真,如幻相也;從緣生故,無自性也;因緣亦空,無他性也;如是空故,本無有生,故云“不然”;既無有生,從何有滅?

《經》曰:“無大福,無小福;不爲益,不爲損。”

述曰:凡小著相施,持戒得大福施,破戒得小福施;聖人得大福施,凡夫得小福;乃至廣説得大福則益,得小福則損。大乘無相,則不如是;二福雙泯,三事體空;無大福,故不爲益;無小福,故不爲損。

《經》曰:“非有煩惱,非離煩惱。”

述曰:煩惱性空,故云“非有”;繫縛難解,故云“非離”。

《經》曰:“於食等者,諸法亦等;諸法等者,於食亦等。”

述曰:小乘凡夫食外見法,法外見食,有麁細不同,法有勝劣差別,故云“非等”;大乘妙理,法食皆如,以皆如故,食等於法,法等於食,法食尚等,何有貧富而取捨乎?

《經》曰:“不斷淫怒癡,亦不與俱。”

述曰:煩惱本空,故云“不斷”。心性本净,故“不與俱”。亦可煩惱既空,與何俱也?

《經》曰:“不滅癡愛,起於明脱。”

述曰:癡愛空寂,無癡可滅,了此空寂,惠(慧)眼即明,而得解脱。亦可示行癡愛,故云“不滅”;處之不染,猶如呪藥,何須滅耶?如悉達太子示行五

① “經文”二字録本訛作“文經”。按:底本“文經”二字間有一倒乙號,今據改。

欲，納妃生子，菩提樹下成道，前雖云“未滅”，已是佛身，猶來明脱。

《經》曰：“以五逆相，而得解脱。”

述曰：外相行逆，而内心清清，本來解脱，如提婆達多，即其事也。亦可[了][1]達五逆相滅，而得解脱，如阿闍世王聞法悟道，五逆罪滅而得解脱。

《經》曰：“不見佛，不聞法。”

述曰：法身真佛無形無相，故云“不見”；真如理法言語道斷，故云“不聞”。亦可云相佛法因緣所成，因緣性空；見無所見，聞無所聞；了此法門，然可取食。

《經》曰：“彼外道六師：富蘭那等是汝之師。[□□□□][因其出家][2]，彼師所墮，汝亦[□][隨][3]墮，乃可取食。”

述曰：有相門中，佛法是正，外道是邪。凡夫二乘，捨邪求正，二相分别未亡，而還墮耶(邪)[4]，未契真空，不應取食；大乘真門，離於分别，分别既離，耶(邪)[5]正一如，故無耶(邪)[6]可捨，無正可歸，契此通途，乃可取食。

《經》曰：“同於煩惱，離清净法。”

述曰：示同凡夫，同於煩惱；示入妄想，離清净法。亦可真妄一體，同於煩惱；垢净一如，離清净法。

《經》曰：“其施汝者，不名‘福田’。供養汝者，墮三惡道。”

述曰：有施可施，不了施空，雖施非福；有供可供，不了供空。妄想既興，不出生死；輪迴未休，終墮三惡。若能證悟，罪福俱空，則無福無墮。

《經》曰：“於一切衆生而起怨心。”

述曰：憎愛空也。謗諸佛教，毁於法；不入衆數，讚毁空也。上來多約無相之理，釋此一章；若就有相門釋，即是諸句之中皆翻顯即是。

《經》曰：“如來所作化人，若以是事詰，寧有懼不?”

述曰：言“化人”者，幻化人也。此謂净名語須菩提，如來之身無形無相，

---

① 了，録本脱，據底本補。

② “因其出家”四字底本、録本無，據《維摩詰所説經》[T14n475p540c3—c4]補。

③ “隨”字底本、録本無，據《維摩詰所説經》[T14n475p540c4]補。

④ 耶，此同“邪”。

⑤⑥ 耶，此同“邪”。録本徑作“邪”，不合原卷。

無言無説,從真起化,方便度生。我今與汝,亦復如是,猶如幻化,更相詰問,有何所懼,不取鉢耶?故次《經》云:“一切諸法如幻化相。汝今不應有所懼也。”

《經》曰:“彼自無瘡,勿傷之也。”

述曰:無病之身,莫開破刺之孔;大有之體,勿鑿小乘之瘡。

《經》曰:“我觀小乘智慧微淺,猶如盲人,不能分别一切衆生諸根利鈍。”

述曰:羅漢辟支,小乘極果,少證人空,未證法空,少證真諦,未了俗諦,故有羅漢不識赤鹽白鴿,迷於三藏法門,故喻盲人。又《涅槃經》説,舍利弗前後各觀八萬,不知鴿之近遠;又錯爲金師之子、浣衣之子觀行法門,故云“不了諸根利鈍”。

《經》曰:“迦旃延!諸法畢竟不生不滅,是‘無常’義;五受陰,洞無所起,是‘苦’義;諸法究竟無所有,是‘空’義;於我、無我而不二,是‘無我’義;法本不然,今則無滅,是‘寂滅’義。”

述曰:小乘凡夫,於此無常、苦、空、無我、寂滅五法之體執爲實有,今維摩詰令其破有歸空。此中經文,隱而難解。且無常等五是妄也。只緣妄故,所以無常、苦等。第五寂滅,即是小乘涅槃,猶如化城,權時施設,故亦是妄。真如法界,是其真也。此真法界,體非無常,非苦,非空,非無我,非今寂滅,如如湛然,不增不減。無常等五,本從真起,猶如波浪,從水而生。愚癡之流,見波浪而不見水;凡小之輩,見無常等,不見真如。既不知水爲波浪之實體,焉能悟真如爲無常等之實義?則知述真逐妄,一切皆有;攝妄歸真,萬法俱空;逐妄則無常受苦,歸真乃苦等皆如;《法花》窮子,捨父母則漂流苦惱;《涅槃》貧女,迷伏藏則扗(枉)[1]受貧窮;皆同此意。真如法界,不生不滅,與無常等爲所依之事實義,故云“不生不滅是無常義”。餘苦等四門,義准此釋。悟此一門,諸經通身。

《經》曰:“當直除滅,勿擾其心。”

述曰:夫罪者是有相之法,從妄而生。一念悟空,萬罪皆滅,故云“真”

① 敦煌寫卷中“扌”“木”常混,此“扗”乃“枉”之俗體。

也。豈同凡小，對師偏袒[1]，説諸委曲；此則以相憎相，適足喧擾真心，何能罪滅？

《經》曰："如優波離以心相得解脱時，寧有垢不？"

述曰：清净心相證解脱時，如如不動，何更見於心外之垢不也？

《經》曰："我即如法爲説出家功德之利。"

述曰：小乘出家，剃髮染衣，現世安樂，名聞利養，當得生天，快樂果報，故云"功德之利"。

《經》曰："無常利，無功德，是爲出家。"

述曰：現世安樂，當來快樂，終非究竟，有爲生滅。真出家者，去妄想，悟無爲，不見現世及與當來。如如之心，真出家也。又尋經文，解了法性，饒益衆生，無我無人，無道無俗，真出家也。

《經》曰："我言：'世尊身小有疾，當用牛乳，故來至此。'"

述曰：准小乘宗，如來色身實有生滅，實有病苦，故求牛乳，以療熱也。

《經》曰："維摩詰言：'止！止！阿難！莫作是語！如來身者，金剛之體，當有何疾？'"乃至云："莫使異人聞此麁言，[□□][無令][2]大威德諸天、他方菩薩得聞斯語……勿令我等受斯耻也。"

述曰：疾苦已盡，方得成佛，何有邪疾？外道名"異佛弟子"也。色無色界，名"大威德天"。如來身上發病苦之語，豈非麁也？外道執常，諸天無病；佛過人天，最尊最尊[3]勝；今有言病，豈非耻耶？

《經》曰："時我世尊，實懷慚耻。得無近佛而謬聽耶？"

述曰：阿難聞净名呵責之時，故言"時我"；親爲侍者，故云"近佛"；有病之言，異於净名之責，心生疑怪，故云"謬聽"。

《經》曰："如是五百大弟子各各向佛，説其因緣。皆曰：'不任詣彼問疾。'"

述曰：准此經文，五百弟子皆被呵責。經文具載卷偈，極多結集之家，略

① 袒，録本訛作"但"，據底本改。

② "無令"二字底本、録本無，據《維摩詰所説經》[T14n475p542a10]補。

③ "勝"前録本衍一"尊"字，兹據文意删。

述十人。西方梵文,應有廣本。

菩薩品第四

《經》曰:"爲以何生,得受記乎?過去耶?未來耶?現在耶?過去已滅,未來未至。現在無住,云何受記?"

述曰:准大、小二乘宗,三世有爲,各有一念。時之極促,莫過一念,無前故夫論受記須歷多時説,授記方了。此之三念已滅、未至、無有停住,授記之事,如何得成?

《經》曰"無生即是正位,於正位中,亦無受記"等。

述曰:言"正位"者,即是證果之正位。此中意者,已登正位,何勞受記?又念正位之中,如如不動,言語道斷,心行處滅,何得更有有爲言説領納記耶?

《經》曰:"一切衆生皆如也,一切法亦如也,衆賢聖亦如也,至於彌勒亦如也。"

述曰:衆生如也,無凡夫諸法如也,無授記聖賢亦如也,無聖人彌勒如也。無得記。

《經》曰:"若彌勒得受記者,一切衆生亦應受記。所以者何?不二不異。"

述曰:凡聖同如,故云不實。凡聖一相,故云不二。彌勒如彼,故而得受記。衆生亦如,云何不得?故云"亦應受記"。

《經》曰:"障是菩提,障諸願故。"

述曰:障是障礙,云何菩提?此中意者,有爲法中有願有求菩提,無爲如如不動,豈非障彼分別願耶?

《經》曰:"直心是道場,無虚假故。"

述曰:有相道場有其處所,實有來去。無相道場本無處所,何有去來?今净名居士於無來去中假名來去,故若彼言"從道場來",真如平等,目之爲"場";得道之處,名曰"道場";猶如世聞穀麥場等。於此真如,迷即名"去",悟即是"來";去其糠秕,至真如實,名之爲"場";除卻虚假,留其真心,真心即是道場;道即是場,故曰"道場"。已下諸句,意皆同此。

《經》曰:"菩薩若應諸波羅蜜教化衆生,諸有所作,舉足下足,當知皆從道場來,詣於佛法矣?"

述曰：此言“應”者去聲呼之，所謂應會也。“波羅蜜”者，彼岸也，教化衆生皆與彼岸相應會也。凡小教化，皆與生死相應，不到彼岸，以著相故。出定爲“舉足”，入定爲“下足”；亦可言説爲“舉足”，入證爲“下足”；不離真如，皆從道場也。

《經》曰。“善來憍尸迦！雖福應有，不當自恣。當觀五欲無常，於身命財而修堅法。”

述曰：“憍尸迦”，帝釋名也。前生修福，感得此報，故云“雖福應有”；未出生死，故云“不當自恣”。當觀無常。諸天果報不過三法：一、身；二、命；三、財；身即圓滿端正，命即長時不夭，財即自然豐足；終歸破散，須修堅固法。

《經》曰：“‘正士！受此萬二千天女，可備掃灑。’……持世言：‘此非我宜。’……維摩詰言：‘可以與我，如我當受。’”

述曰：小乘著相，女人共住，壞道生染，故云“此非我宜”；大乘無相，長道增净，故云“如我應受”。

《經》曰：“‘有法樂可以自娱，不應復樂五欲樂也。’天女問曰：‘何謂法樂？’答言‘樂常信佛，樂欲聽法，供養衆’”等。

述曰：夫“五欲樂”者，奔赴六塵，諠煩六識，攀緣動作，惱亂身心，樂少苦多；如犬[①]噛骨，難成易壞，費力傷神；凡夫於中妄生樂想，現世憂惱，當來受殃。法樂翻此，無爲寂然，法味怡神，實爲大樂。已下准此。

《經》曰：“樂聞深法不畏。”

述曰：菩薩聞深法，則樂而忘苦，如《法花》會中六十小劫不起，于座無有一人而生疲倦；小乘聞深法而則驚，故五千比丘等退座而起。

《經》曰：“居士可捨此女？一切有所施於彼者，是爲菩薩。”

述曰：夫論菩薩能捨所有，求者皆與，不違衆生，何况女耶？

《經》曰：“冥者皆明，明終不盡。”

述曰：夫燈光明，照一照多，一無增減。法之光明，亦復如是；一人受持，一人得度；無量衆生而共修持，窮未來際，終無有盡，平等平等。

《經》曰：“當爲法施之會，何用如是財施會爲？”

---

① 犬，録本訛作“友”，據底本改。

述曰：最後“爲”字，平聲呼之。夫“施會”者，有爲功德，不出生死，有其多少好惡差別，有七日[①]等長短時節，不斷妄想，徒費營爲；法施會者，無形無相，教化衆生，起四無量慈悲喜捨，六度圓滿，斷妄入真，超出生死，登乎彼岸，如如不動，名爲“法施”。

《經》曰：“謂以菩提，起於慈心。”

[□□][述曰][②]：此之“以”者，因也；因於菩提，而起慈心；得菩提故，始能慈悲，救度衆生。亦可因菩提故，始起慈心；不求菩提，不起慈心，不得成佛。互釋皆得。已下准此。

《經》曰：“知一切法，不取不捨，入一相門，起於慧業。”

述曰：真如無相，云何可取？證悟不虚，云何可捨？悟斯理者，即一相門。入得此門，慧業即起。

《經》曰：“住是會者，爲大施主，亦爲一切世間福田。”

述曰：清施無盡，普霑法界，名“大施主”。施者受者，俱出生死，涅槃極果，常樂我净，是真福田。

《經》曰：“净名受彼瓔珞，分作二分，一分施最下乞人，一分奉難勝如來。”

述曰：二乘著相，乞人下劣，施之福少；如來高勝，施之福多。此乃常情分別，何足尚耶？净名欲明勝劣平等、凡聖一如，故施乞人，等於佛福。不二之理，斯其見乎？故《經》云：“若施主等心施一乞人，猶如來福田之相，無所分別，等于大悲，不求果報，是則名曰‘具足法施’。”

《[□□][維摩][③]經》卷第二

文殊師利菩薩問疾品第五

《經》曰：“即以神力坐其室内，除去所有及諸侍者；唯置一床，以疾而卧。”

---

① 日，録本訛作“曰”，據底本改。

② “述曰”二字底本、録本無，據上下文意補。

③ “維摩”二字底本、録本無，據上下文意補。

述曰：夫論“室”者，喻乎身也。凡小執相，不了身空；欲令悟空，託彼文殊以興問答。空其室内者，雙明二空；四大五蘊，因緣成身；人法俱無，故云空其室内也。“除去所有”者，别喻法空也；法從緣起，識心變生；因緣性空，識心本寂，故“法空”。“及諸侍”者，别喻人空也；因緣無主，故人空也。“唯置一床”者，喻其真空；如如不二，故云“一”也；人法所依，故云“床”也。故《法花》云法空爲床座。“以疾卧”者，託疾招問，非實病也。有古德諺法師解云：“室”者，即是净心真心。净名初發心時，離諸愛見，名“室不定”；今得聖道，除其妄想煩惱，恬明得真心，名“空室内”。故下《經》云“畢竟空寂舍”也。“除去所有”者，除去一切生死道中無明父母等恩愛眷屬也。去侍者者，去彼空、有二見凡時侍也。故下《經》云外道樂諸見，菩薩於諸見不動。“置一床”者，妄法斯盡，唯處無相禪定床也。故下《經》云“四禪爲床座”也。“以疾而卧”者，依此禪定，起無緣悲，雖復救生，不離空定，悲體常寂，故云“卧”也。

《經》曰：“不來相而來，不見相而見。”

述曰：一、就有爲生滅，明無來無去。見夫去者，是無常法；無常之法，此念中生，此念中滅，本無來去，念念相續，假名來去；見亦如是。二、約心解，真心如如，實無有來；妄心分别，見有來也。三、約二諦，真諦凝寂，故云“不來”；俗諦隨相，是以有來。四、約真、化二身，真身湛然，故云“不來”；化身應現，故云“來”也。下亦皆准此。

《經》曰：“是疾何所因起？”

[□□][述曰][①]：問病因也。

《經》曰：“從癡有愛，則我病生。”

述曰：净名答也。夫論病因，有其二種：一、凡夫病，則癡愛爲因。二、菩薩病，即大悲爲本。且凡夫病，癡愛因者，即是不了，不了即受，受即染著，染著故入生死，生死故何病而不生？故云“則我病生”。此言“我”者，雖即净名，意道衆生。大悲因者，菩薩悲心，不避生死，不避苦惱，假名“癡”也；隨逐衆生，不敢捨離，假名“愛”也；示同凡苦，故云“病”也；苦從悲起，故云“生”也。言其“生久如”者，問近遠也。此之“如”字，多是助詞，其猶乘鳥斑如，泣

① “述曰”二字底本、録本無，據上下文意補。

涕漣也。(亦可"如"者,不定之詞,意云:"其生久耶?")

《經》曰:"諸佛國土,亦復皆空。"

述曰:以勝况劣,故有"亦"聲。非但小室是空,諸佛國土亦復皆空。

問:"佛土何空?"

答曰:"土有二:一、法性真土,即以真如法性而爲其體,無形無相,無有方所。二、有相假土,即碧池蓮金沙寶地等四塵爲體,有其形相,有其處所。十方差別真土即法性本空相土,即因緣無主,所以是空。"

《經》曰:"以何爲空?"

述曰:重問前空:真土湛然,相土宛然,云何空耶?

《經》曰:"以空空。"

述曰:答也。上之"空"字,是能觀空智;下之"空"字,是所觀空境。凡夫小乘未得空智,心外境界皆成實有,不知外境從妄心起,反於其中而生怖畏,猶如驢畜見水中自影,反生驚怖;菩薩大士轉識成智,智無分別,了知心外萬境皆空。"以"者,用也。則用其能觀空智,令彼所觀境空、智空、境空,故云"空空";亦可能、所皆空,故曰"空空"。

《經》曰:"空何用空?"

述曰:此重問前也。法體自空,何須空智觀竟始空?

《經》曰:"以無分別故空。"

述曰:答也。法體雖空,妄心分別,不是知空,要藉空智,斷其分別,方始見空。此乃"分別即有"。"無分別即空"故者,因由之義,因無分別法始空也。已下諸句,義相連帶。六十二見分別妄有,見性本空,故云"於六十二見中求"。解脱生死,皆從心起,故云"解脱心行中求"。一念本心,即成解脱。

《經》曰:"説身無常,不説厭離於身。"

述曰:"説身"此下明慰喻。初發心菩薩,凡夫小乘,而未了悟無常性空,恒爲無常之所迫逼,深生厭畏,速求寂滅,不度衆生。菩薩了知無常性空,日[1]施恒沙身命,不足爲難,所以出生入死,隨形六道,廣度衆生,不欣寂滅。下皆准此。

---

① 日,録本訛作"曰",據底本改。

《經》曰:“説悔先罪,而不説入於過去。”

述曰:罪若有體,滅已入於過去;罪性本空,何物名爲“過去”?

《經》曰:“又此病起,皆由著我。”

述曰:執身有我,我爲身主,身既有主,即受病苦。我空准法,法中無主,誰其病故?故云“當起法想”。但[1]空其我,得人空理,果成羅漢;法之所是空,得法空空理,乃成菩薩。是故《經》云:“此之法想,亦是顛倒。”

《經》曰:“我及涅槃,此二皆空。但以名字故空。”

述曰:“我”體本空,假立“我”名,尋名謂有;涅槃性空,言語斷故,離名字故,假名涅槃,引衆生也。

《經》曰:“唯有空病,空病亦空。”

述曰:執有成病,以空破有。定執其空,空亦是病。有空雙遣,乃真定也。

《經》曰:“内見外見。”

述曰:境外見心,名爲“内見”;心外見境,名爲“外見”。

《經》曰:“菩薩斷除客塵煩惱而起大悲。”

述曰:悲上起愛,名曰“客塵”。寄居悲上,名之爲“客”。塵污真悲,名之曰“塵”。起於悲心,廣度衆生,不了衆生空見可度,名曰“愛見”。

《經》曰:“貪著禪味是菩薩縛。”

述曰:世間八禪,輕安適悦;凡夫耽嗜,故云“禪味”。

《經》曰:“無方便惠(慧)縛,有方便惠(慧)解。”

述曰:出世真智,名之爲“惠(慧)”;世間俗智,名爲“方便”。有真而無俗,闕方便之門,既無方便,觸途罣礙,名之爲“縛”;有俗而無真,觸途染著,亦成[illegible]“縛”;真俗相濟,悲智雙融,方無縛矣。

《經》曰:“身不離病,病不離身,是病是身,非新非故。”

述曰:身從病有,故云“身不離病”;病從身起,故云“病不離身”;異名一[illegible]故云“是病是身”;無始舊有,故曰“非新”;念念續生,故云“非故”。

《經》曰:“住於生死,不爲污行;住於涅槃,不永滅度。”

---

① 但,録本訛作“伹”,據底本改。

述曰：住生死而不染污，異凡夫；住涅槃而不滅，異二乘。凡夫起污，滯生死而不出；二乘住滅，灰身智以長眠。菩薩悟之，乃成大行。

《經》曰："非凡夫行，非賢聖行，是菩薩行。"

述曰：凡夫則造罪而自苦，二乘乃自利而棄衆生，故皆非也。

《經》曰："雖樂遠離，而不依身心盡。"

述曰：二乘以灰身、滅心二皆永盡方爲遠離，故皆非也。

《經》曰："雖行三界，而不壞法性。"

述曰：雖遊三界之妄境，不失真如之法性。

《經》曰："雖行四無量心而不貪著，生於梵世。"

述曰："四無量"者，慈悲喜捨也，爲利生故而行之，非求報故而起之。"梵世"者，色界初禪大梵王之世界，修慈心等，得生彼天，壽命六十劫。

《經》曰："雖行禪定，而不隨禪生。"

述曰：息心湛如，行無漏之禪定，超出三界，不隨禪生。

不思議品第六

《經》曰："夫求法者，非有色、受、想、行、識之求（五蘊空也），非有界、入之求（十二處十八界空也），非有欲、色、無色之求（三界空也）……不著佛求，不著法求，不著衆求（三寶空也）……無見苦求，無斷集求，無造盡證修道之求。"

述曰：此"造"字去聲呼之，"造"猶往也。"盡證"者，涅槃性空，漏盡而證，名爲"盡證"。既無處所，何往之耶？

《經》曰："舍利弗言：'居士！未曾有也，如是小室，乃容受此高廣之座。'"乃至云："舍利弗！諸佛菩薩有解脱名'不可思議'。若菩薩住是解脱者，以須彌之高廣内芥子中亦無增減，須彌山王本相如故，而四天王等不覺不知，唯應度者乃見須彌入芥子中，是名'不可思議解脱法門'。"

述曰：此之一章，正明不可思議。《經》云正宗芥子極小，須彌極大，二俱色法。"須彌山"者，准諸經論，闊狹高下各八萬由旬。此中解釋，自古多門，今宜逐要三二門耳。一、就二諦釋之：俗諦妄想，見其大小；二相懸殊，不相容受。真諦之中，圓融一體；一體故芥子非小，須彌非大；小非定小，大非定大,是故相容。悟斯理者,不可思議。二、就法相、法性二宗以釋:法相宗中,大小相別,不相容受。法性宗中,恒沙萬法,同一真如,不守自性;猶如大海衆水同味,虚通無礙,大得入小,小亦合大,不可思議。三、約空、有二門:妙有門中,大小不無。真空門中,小大非有,互相容受,不可思議;空不離有,大小宛然,有不離空,故相容受。亦可就唯識門更釋:一念净心微細,猶如芥子,參羅萬像,雖復衆多,要從一心變現而起,離心之外,畢竟無法,攝境從心,故相納也。更有古德約三性等諸門解釋,恐煩且止①。已下毛容大海水等數量,大意同此。

《經》曰:"我等何爲永絶其根,於此大乘,已如敗種!"

述曰:此迦葉呵責小乘之語也。夫論大乘菩薩不出生死,不入涅槃,不斷煩惱,不捨衆生,故入三塗,往來三界;大悲之心,爲大乘根。二乘人等已出生死,已證涅槃,已斷煩惱,已捨衆生,悲心已亡,故云"根斷",亦同敗種。

觀衆生品第七

《經》曰:"維摩詰言:'菩薩云何觀於衆生?'"問也。

述曰:幻師了知幻人無實,菩薩了知衆生如幻,於中不著衆生等相。"如第五大"者,三世諸佛只説四大:地、水、火、風,無"第五大"之等,第五實其體。衆生同此。

[□□][《經》曰]②:"如第六陰(只有五蔭,無有第六),如第七情(只有第六根無第七也),如第十三入(只有六根、六識、十二入門,無第十三也),如第十九界(只有六根、六識、六境、三六十八,更無十九),無色界無色,燋穀無芽,如須陀洹身見。"

述曰:"身見"等第五,初入見道,得此初果身第五,永斷不行,故舉此見,彰其無也。

[□□][《經》曰]③:"如阿那含入胎。"

述曰:"阿那含"者,是第三果,已超欲界,更不入胎,羅漢出三界,煩惱都

① "且止"二字録本訛作"止且"。按:底本"止且"二字間有一倒乙號,今據改。

②③ "經曰"二字底本、録本無,據上下文意補。

盡故，更無有貪、嗔、癡三毒。

[□□][《經》曰][①]："如得忍菩薩貪恚毀禁。"

述曰：七方便中，第六忍位修道至此，永斷破戒界。

[□□][《經》曰][②]："如佛煩惱習。"

述曰："習"者習氣，猶如臭氣入衣等中，浴浣之時，垢穢雖净，臭氣猶在。衆生身心亦復如是，煩惱惡氣熏習身心，二乘聖人雖斷煩惱，習氣仍在，唯有如來種習俱盡。石女無兒，夢中所見，寤色即無。定性二乘，灰身滅智，一歸寂滅，更不受身。

《經》曰"行不熱慈"者，煩惱名"熱"，燒衆生故；慈净無惱，故云"不熱"。

《經》曰："從無住本，立一切法。"

述曰："無住"者，即真如也。故知從真起妄，即有顛倒等無量諸法，次第相生，相依而住。攝妄歸真住，萬法依空住。虚空無依，諸法從真起，真如無住處。天女散花，二乘不落、菩薩落者，二乘之人，取相分别，不了花空，是以不落。菩薩之人，分别已亡，不取花相，是以不著。二乘"神力去花、不能令去"者，若不證空，神通何益？此花不如法，是以去之者。肇公云：香花著身，有破戒之相，非沙門法，是以去之。生法師云：花法散身應墮而不墮者，非花法也。

[□□][《經》曰][③]："勿謂此花爲不如法……花無分别，人者自生分别心耳。"

述曰：花是非情，亦無心想，又是無記，何有善、惡二相分别耶？故知如法、不如法自從心起，豈關花事？

《經》曰："佛化所生，吾如彼生。"

述曰：如來現化，雖生不生，雖滅不滅。天女如佛，故云"彼生"。

《經》曰："如舍利弗還爲凡夫，乃成佛。"

述曰：一證聖果，更作凡夫，無有是處。菩提無所得也。證智無取，無能得也。有佛可成，無有是處。

《經》曰："今諸佛於菩提已得當得，云何不得耶？"

---

①②③ "經曰"二字底本、録本無，據上下文意補。

述曰:釋迦已得,彌勒當得也。天女答云此皆世俗文字數故,假名得也,真中無得。

佛道品第八

《經》曰:"菩薩行於非道,通達佛道。"

述曰:六波羅蜜等是道,五逆等名"非道"。菩薩爲方便示現於五逆非道反成佛事,故云"通達"。已下廣明非道之相。

[□□][《經》曰]①:"行五無間,而無惱恚。"

述曰:凡夫五逆要起嗔心,定墮無間,受大苦惱。提婆達多等諸大菩薩助佛揚化,恐怖衆生,示行破僧、殺阿羅漢,皆從悲心,非因惡心。示入阿鼻,如三禪樂。

[□□][《經》曰]②:"至于地獄,無諸罪垢(悲願入中,非因惡藥);至于畜生,無有無明憍慢等過。"

述曰:愚癡憍慢,多墮畜生。菩薩示之,故無此過。至于餓鬼,具足功德(無福功德,生餓鬼中;菩薩示現,不因無福)。已下同此。

《經》曰:"遍入諸道,而斷其因緣。"

述曰:救度衆生,隨形六道,悲願力故,非惡因緣。

《經》曰:"有身爲種。"

述曰:此明佛種。羅什云,有漏五陰,積聚名"身";由此有身,能行諸善,故爲"佛種"。亦可觀身厭患,發菩提心,成其佛種;推末就根,身爲佛種。已下諸句,義皆同此。

《經》曰:"九惱處。"

[□□][述曰]③:一、愛我怨家;二、憎我善友;三、損害自身。各通三世,名爲"九惱"。

《經》曰:"誠如所言,塵勞之疇,爲如來種。"

述曰:"塵勞"者,煩惱之總名。塵污身心,名之爲"塵";能令衆生生死疲

---

①② "經曰"二字底本、録本無,據上下文意補。

③ "述曰"二字底本、録本無,據上下文意補。

倦,名之曰“勞”。菩薩之人留惑潤生,不出生死,救度衆生,當來作佛,故以塵勞而爲佛種。二乘之輩怖畏生死,斷除塵勞,既無煩惱,無物潤生,不得長劫在生死中救度衆生、行菩薩行、當來作佛,佛種已斷,是故《經》言:“我等今者不復堪任發菩提心。”乃至云:“凡夫於佛法有反覆,而聲聞無也。”又云:“乃至五無間罪,猶能發意,生於佛法。而今我等,不復能發。”

《經》曰:“智度菩薩母(智波羅蜜生佛身故),方便以爲父(方便善巧養菩提故)……法喜以爲妻(法味充身悦樂心故),慈悲心爲女(柔和善順隨人意故)……善心成實男(堅固不虚丈夫性故)……弟子衆塵勞,隨意之所轉。”

[□□][述曰][①]:菩薩以“自在”稱師,以“塵勞”而爲弟子。塵勞無量,故云“衆”也。菩薩分形六道,救度衆生,暫用煩惱,潤生受報,用而不染,故云“隨意轉”也。

[□□][《經》曰][②]:“布以七净花,浴此無垢人。”

述曰:禪定爲水,洗身心故;七功德花,嚴净禪池。言“七净”者:一、戒净,不毁犯故;二、心净,不染污故;三、見净,不邪見故;四、疑净,心决定故;五、道净,不行邪道故;六、知見净,證滅修道故;七、涅槃净,生死盡故。無垢所洗,受禪定樂,故云“浴無垢人”,或之因浴得無垢也。

[□□][《經》曰][③]:“象馬五通馳(神通迅速,故云“馳”也)……迴向爲大利(迴施衆生,功德多故),四禪爲床座(安心處故)……除彼不肖人,癡冥無智者。”

述曰:“肖”猶似也,子不似父母,名爲“不肖”。丹朱不肖,不堪紹繼。二乘之人,不堪繼嗣,不似於佛,名爲“不肖”。

入不二法門品第九

《經》曰:垢、净不二者,對垢有净,垢性本空,净亦無體,故云“不二”。維摩默然、以明不二者,恒沙萬法,皆同一如,如體復如,故無一二。言語道斷,唯證相應,證亦如如,心境無二,空可言説而詮得耶?

---

① “述曰”二字底本、録本無,據上下文意補。

②③ “經曰”二字底本、録本無,據上下文意補。

《[□□][維摩][1]經》第三

香積佛品第十

述曰：此“曰”字音從“越”也，舍利發語之詞。

《經》曰：“豈雜欲食而聞法乎？”

述曰：四食之中，欲界段食，名爲“雜欲”，能生貪心、發染欲故。

《經》曰：“十方佛國，皆如虚空。”

述曰：無有垢净，虚通無礙，故如空也。

《經》曰：“佛欲化樂小法者，不盡現其清净土耳！”

述曰：二乘凡夫，名“小衆生”。穢從净起，名之爲“現”；處净難化，故不現也。

《經》曰：“無以限意食之，使不消也。”

述曰：量其多少，名爲“限意”。小不容大，名“不消”也。

《經》曰：“猶故不賜。”

述曰：“賜”猶“盡”也，山東呼“盡”爲“賜”。

《經》曰：“香積如來，無文字説。但以衆香，令[2]諸天人，得入律行。”

述曰：“香”者，五塵之一數，三姓之中，唯無記性，不通善惡，又無詮表；六根之中，鼻根取也。香積世界，衆生利根，不假文字、音聲、言語詮表善惡，但聞香氣，便能入證，即皆獲得德藏三昧。此之三昧，具恒沙功德，名爲“德藏”。《經》曰此土衆生，剛强難化，説苦切之言，方能發心。是地獄、是畜生、是餓鬼（三惡道也），是難處（八難處也），是愚人生處（邊地下賤）。又此土音聲，亦五塵之一數，通其善惡，有其詮表，成其語業。此土鈍根，要須語業，言詞懇切，方能教化。又此土聲香，增染長罪。净土聲香，皆爲佛事，如水鳥樹林皆能説法，入聞香律。

---

① “維摩”二字底本、録本無，據上下文意補。

② 令，底本、録本訛作“今”，據《維摩詰所説經》[T14n475p522c22]改。

《經》曰:"斯諸菩薩亦能勞謙,無量大悲,生是佛土。"

述曰:"勞"者疲勞,"謙"者謙讓。於此土中,行菩薩行,大須疲勞,忍受諸苦。我慢多故,大須謙讓。娑婆世界,此名"忍土"。乃至世尊六年苦行,成佛已後,猶更忍受十種殘報,金鏘馬麥,如餘處説。

菩薩行品第十一

《經》曰:"此飯勢力,至于七日,然後乃消。"

述曰:理而言之,此出世解脱之飯,消之早晚,何有定限?隨順世間,且言"七日"。故次下文云"若聲聞人未入正位,飯即未消;得入正位,然後乃消"等。准此經文,故無定限。言"正位"者,證果之位也。

《經》曰:"或有佛土,以佛光明而作佛事(見光觸身,發心入證),有以菩薩而作佛事(他方净土無聲聞衆見菩薩而能入證),有以佛所化人而作佛事(千佛之中,有一佛與衆生無緣,便入涅槃,留一化身化衆生也)。"

《經》曰:"是故名爲'三藐三佛陀'。"

[□□][述曰][①]:初"三"名"正","藐"之言"遍",後"三"言"知"。"佛陀"言"覺"、"多陀阿伽度",此云"如來"。"佛陀"此云"覺者"。

《經》曰:"如菩薩者,不盡有爲,不住無爲。"

述曰:簡二乘之人,厭出生死,名"盡有爲";樂住寂滅,名"住無爲"。菩薩不然,生死本空,不盡有爲;涅槃性空,不住無爲。亦可處生死而不染,不盡有爲;證涅槃而不著,不住無爲。又云有而非有,不盡有爲;空而不空,不住無爲。在諸禪定,如地獄想(遠離世樂故);於生死中,如薗觀想(怜念衆生不受苦故);見來求者,爲善師想(利益我故);捨諸所有,具一切智想(境界多故);見毁戒人,起救護想(不憎嫌也);諸波羅蜜,爲父母想(生佛身故);於道品法,爲眷屬想(隨逐我身,不相離故);生死無數劫,意而有勇(不怯退故);聞佛無量德,志而不倦(求不足故);具福德故,不住無爲(拔苦與樂,福德滿故);具智慧故,不住有爲(無數不經,智慧滿故)。

① "述曰"二字底本、録本無,據上下文意補。

見阿閦佛品第十二

《經》曰:“如自觀身實相,觀佛亦然。”

述曰:“身實相”者,即真如也。真如無相,佛身亦然,前際不來(已滅故),後際不去(不生故),今則不住(無前後故)。不觀色(有空故),不觀色如(空空故),不觀色性(無定故)。色即是空,空即是色,義與此同。已下准釋。非四大起(離能造也),六入無積(六根空也,因緣積空也,聚無實性也),眼、耳、鼻、舌、身、心已過(超六入也),維摩真身本無生没,隨形化物,不動國來。

《維摩經》抄。

No. 2774《維摩經》疏

［題解］

佛典《維摩經》之注疏，擇要疏釋《維摩經》中文句的意旨。作者不詳，一卷。《大正藏》録文出校："㊊中村不折氏藏敦煌本，首題新加。"按：《大正藏》本所據卷實爲中村173號《龍沙開寶》第四卷之②《維摩經疏》，首尾均殘。今校注仍以中村173號《龍沙開寶》第四卷之②《維摩經疏》爲底本。

□[1]辯才"已下，嘆有中智。"辯才"者，言辭清當，稱之爲"辯"；秀美[2]過物，目曰[3]"才"也。"無礙"者，世人之才有窮有竭，菩薩辯才無有窮竭。"遊戲神通"者，或世人遊戲，或山林池沼，以適其志，明此大士五通化物，適於己心，猶若遊戲也。又解，"遊戲"者，率爾即去，不加心力，明菩薩在通不難、義同遊戲。"逮諸總持"者，得陀羅尼總持，一者，聞持；二者，義持。"聞持"者，一逕於耳，終不妄(忘)[4]失。"義持"者，一領匈(胸)[5]衿，始終不喪。"無所畏"者，内德既豐，故不懼外敵也。又解，菩薩修四無畏：一者、得聞持陀羅尼；二者、善别衆生根性；三者、無有難而不通；四者、善決衆疑。

---

① 首缺。

② 美，録文訛作"覺"，據底本改。

③ "目"有"稱、謂"義。《穀梁傳·隱西元年》："段，鄭伯弟也。何以知其爲弟也？殺世子母弟，目君。以其目君，知其爲弟也。"范寧注："目君，謂稱鄭伯也。"北魏酈道元《水經注·巨洋水》："泉溪之上，源麓之側有一祠，目之爲冶泉祠。""目曰"猶"謂曰"也。

④ 妄，録文徑作"忘"，據底本改。"忘"、"妄"古通，此"妄"乃"忘"之借字。

⑤ 《玉篇·勹部》："匈，膺也。或作肾。"

第四句“降魔勞怨”者，明其所除。上既備空、有二行，自非除於四魔，何能備空有之行？故次明斷除四魔。“煩惱魔”者即爲因累，“陰魔”“死魔”即是果累也，“天魔”起惡之緣，故宜除遣。

第五句“入深法門”訖“決定大乘”，復明空、有二行何以而來。上既明除於四魔，若不觀達空境，則無以除三魔。自非有智備足，何能除於天魔？所以重明也。此理幽邃，稱之爲“深”。能軌曰“法”。通智爲“門”。善契理宗，故言“入”也。此語空境也。“善於智度”者，即是智體正由智波羅蜜備，故能入深法門。“通達方便”已下訖“決定大乘”，明於有行。“通達方便”者：善巧不著，故稱“方便”；事中無擁，稱之爲“通”；能有所到，故稱“達”也。“大願成就”者，菩薩仰要佛果，願度衆生，明了衆生心之所趣者，善識衆生心趣善惡，又能分別諸根利鈍者，上、中、下品機悟萬差悉能了知，即是“識病”。“久於佛道”已下，此明“識藥”。從“初性地”訖于“法雲能通至佛”，稱爲“佛道”。“心已純寂”者，寂之言“善”，明菩薩心栖此法，久已善練也。“決定大乘”者，此語萬行“運[①]載”爲義，明於大乘之理；“決定”明解，解理分明，謂之“決定”。

第六句“諸有所作”已下，明於三業何故而來，明所以備於上德，以三業爲本故。次明諸有所作能善思量，歎於口業，《論》云“思量”。“論”者難勝難壞，意地思量，口業説法，無事不契也。八地以上既備不思議智，故能不思而照，不議而應。何故言“思量”？欲明菩薩於己以下不待思量，若仰側（測）佛地猶須思量，故言“思量”也。又一解，菩薩口業善説稱機，不差所感，動與理冥，義同思量而作。“住佛威儀”者，歎於身業，十地菩薩仰學如來象王視觀威儀舉動行坐住卧也。“心大如海”者，歎於意業。“海”者，淟（淵）[②]而難惻

① 運，録文訛作“連”，據底本改。

② 淟，録文作“溟”，據底本改。此“淟”乃“淵”之形訛俗字。“淵”字南北朝墓誌中多作“淟”、“淟”，梁春勝對此考證甚詳：“《可洪音義》卷五《普曜經》第六卷音義‘淵而’的‘淵’作‘淟’（59/701B），卷二一《佛所行贊》第三卷音義‘淵魚’的‘淵’作‘淟’（60/182C）……‘淵’寫作‘淟’，應當是形近訛混的結果。北魏墓誌中的‘淟’，都應當是‘淵’字，而舊多不識。如魏青州刺史元湛墓誌：‘君奉命鷹闕，載驅猗陌，拯將溺於深淟，救垂炭於猛烈。’（《北圖》5/119）‘淟’顯然是‘淵’字，而《彙編》（255）、《洛陽》（147）（注轉下頁）

(測),流潤無崖;明大士德量渁(淵)[①]曠[②],非下所惻(測),潤流無崖,故喻如“海”也。又一解,“海”者,廣納衆流,故稱爲“大”;欲明菩薩之心一切萬行盡能行之,一切衆生盡欲度之,一切功德盡欲取之,故言“心大如海”也。第七句“諸佛諮嗟”訖“世主所敬”,總結上六句也,明既有如斯之德,故上爲諸佛諮嗟歎美,下爲人天之所欽敬也。“欲度人故居毘耶離”已下,歎外化德中第二段歎化物之德。就中復有二段:第一、從“欲度人故”訖“入諸酒肆能立其志”,明在毘耶施化。第二、從“若在長者”以下訖“饒益衆生”,明天上人中隱顯行化也。就初段中有四幡明義,一一幡皆有六句。第一幡,從“資財無量”已下訖“攝諸無智”,明以六度攝六蔽爲次第也。第二幡,“雖爲白衣”訖“而以禪悦爲味”,明家内所須爲次第也。第三幡,“若至博弈戲處”以下訖“雖獲俗利,不以喜悦”,明遇緣住化不指當處所。第四幡,從“遊諸四衢”已下訖“能立其志”,明指當處所也。

“資財無量攝諸貧民”者,初幡第一句,貧民貧苦所逼,受道莫由,是以大士多畜財物先濟貧苦,救其交急,然後以法語之。第二句攝諸毁禁。衆生自非尸行成就,無由可攝,是以大士先奉禁戒,教令懺悔除罪。餘四度類可知也。

“雖爲白衣”以下,第二幡,家内次第也。第一句“雖爲白衣,奉持沙門清净律行”者,夫爲俗人,多求沙門之禮,而净名外爲俗人,而内懷道風,故能奉持沙門禁戒也。第二句“雖處居家,不著三界”者,既爲俗人,理須屋宇宅舍,世人於居家多生愛戀;於三界猶尚不生于著,况於居家而當愛戀也。第三句

(續上頁注)皆照録原形而不識。魏元維墓誌:‘故宗正丞元維,道業渁曠,文義詳正。’(《北圖》5/118)‘渁’顯然也是‘淵’字。《南齊書》卷二三《王儉傳》:‘(儉)體道秉哲,風宇淵曠,肇自弱齡,清猷自遠。’《魏書》卷五五《劉芳傳附劉懋》:‘性沉雅厚重,善與人交,器宇淵曠,風流甚美,時論高之。’可以比勘。《彙編》照録原形(256),而《洛陽》録作‘渁’,校作‘淹’(146),非也。魏奚智墓誌:‘故徵士奚君諱智字渁籌者,恒州樊氏山郭山渾人也。’(《北圖》3/98)‘渁’亦當是‘淵’字。《彙編》(50)、《洛陽》(15)皆照録原形而不識。”(梁春勝《楷書部件演變研究》,第386頁“渁”字條,綫裝書局2012年12月版。)

① 渁,録文作“溟”,據底本改。此“渁”乃“淵”之形訛字,參前注。

② 曠,底本作“**廣**”,乃“曠”之移位俗體。《字彙補·日部》:“**廣**,音壙。義與曠同。”

“示有妻子，常修梵行”者，既在家白衣，理有妻息，世人妻子多污染净行；净名示有妻子，常以净行自居。第四句“現有眷屬，常樂遠離”者，妻兒之外，悉是婢妾僮僕，謂之“眷屬”；世人於眷屬多起染悋，而净名示現有之常樂遠離，情無所悋。第五句“雖服寶飾，而以相好嚴身”者，俗人既有妻子眷屬，應須服章衣被；雖有服章冠冕[①]，示同寶飾，常以三十二相、八十種好以嚴其容。第六句“雖復飲食，而禪悦爲味”者，上明藉衣嚴形，復須食以養命，雖復飡百味餚饍，而以法喜禪悦食，更無餘食想。

“若至博弈戲輒以度人”以下，第三幡，六句。第一句“若至博弈戲處，輒以度人”者，“博”者，六博；“奕”者，棊也。此非方雅人道之處，故云“輒”也。第二句“受諸異道，不毁正信”者，“異道”者邪見之流，雖復示同邪道，而禀正信，未嘗有毁。第三句“雖明世典，常樂佛法”者，雖外關練[②]五經史藉，而内以十二部經爲栖神之宅。第四句“一切見敬，爲供養中最”者，處處利物，見者敬仰，能生人善，故有福之最也。第五句“執持正法，攝諸長幼”者，外國别立有德者爲斷事人，以息鄉[③]訟；若心有阿黨，則情有所偏；而净名以正法自居，長幼歸從也。第六句“一切治生諧偶雖獲俗利，不以喜悦”者，欲明大士雖復示求商利而不喜悦者，不貴難得之貨，無物而非寶。豈爲貪財同於俗利？何喜悦之有也？稱意曰“諧”，獲利爲“隅”。

“遊諸四衢”以下，第四幡明行化指當處所爲語。就中有六句。第一句“遊以四衢”，六句皆安人，亦應言“入諸四衢”，但“遊”之與“入”義不相背。又解，從家向路，於“遊”義是便也。“四衢”者，路四達[④]云“衢”也。第二句“入治正法，救護一切”者，相傳解五百長者迭知國[⑤]事，次净名入治則慈愍萬

① 冕，底本作“㒬”，乃“冕”之繁化俗字。

② 《後漢書·張升傳》：“升少好學，多關覽，而任情不羈。”李賢注：“關，涉也。”《漢書·薛宣傳》：“（翟方進）薦宣明習文法，練國制度。”顔師古注：“練，猶熟也。言其詳熟。”“關練”義即涉獵熟悉。失譯人名附後漢録《分别功德論》卷第五：“曰有婆羅門名曰‘梵天’，亦名‘世典’。所以名‘世典’者，博覽群籍，圖書秘讖天文地理無不關練，故名‘世典’也。”[T25n1507p52a12—15]“無不關練”義即没有不涉獵詳熟的。

③ 鄉，録文訛作“卿”，據底本改。

④ 達，録文訛作“是”，據底本改。

⑤ 國，録文訛作“同”，據底本改。

民。“救”者,苦已至,須救解;苦未至,与其援護;故言“救護一切”也。第三句“入講論處,導以大乘”者,天竺多諸異學,各言己道爲勝;其國别立論堂,以辯優劣,擊鼓衆集,詣堂求論,勝者爲師,負者爲弟子;净名于時亦昇此堂,摧伏外道,然後導以大乘。第四句“入諸學堂,誘開童矇[①]”者,始學之流稚幼曰“童”,情識猶昧曰“矇[②]”;净名于時入此學堂,將誘開發令悟也。第五句“入諸淫舍,示欲之過”者,先以欲拘[③]牽,卻以法語之;淫欲,生死之本,亡國破家、損敗忠良、亡身殞命皆由於此,故示過令離也。第六句“入諸酒肆,能立其志”者,酒有三十六失,開諸罪門,能使神昏形濁,多有所廢。酒之説過,欲亦立志,互舉一邊。又解,欲過多故,偏彰其過。“若在長者”已下,是歎外化德。中第二段明天上人中隱顯施化,所以每度其事,在上化下,如風之靡草,無事不從。“長者”,國邑有德,能掩鄉望,謂之“長者”。“爲説勝法”,長者多以俗法訓世,故説出世之勝法,爲説佛法中勝事。“居士斷貪”者,天竺之人積財一億謂爲“居士”。若不貪恪在懷,何能財帛巨億?故須斷貪著,令其散財爲福。“刹利教以忍辱”者,“刹利”秦言“田主”。劫初食地肥,人情浮薄。復有自然粳糧,人情轉薄。立封疆,生恪護之心。别立有德,割平處中,相承爲王,領之首謂“刹利種”。其人自恃豪桀,多起暴害,故令斷瞋。“婆羅門”者,秦言“外意”,亦云“净行”,世世相承,多學道術,恃己所得,情慢於物,故除“我慢”。“大臣教以正法”者,現爲輔相秉執國事,不得枉濫於物,故“教以正法”。“王子示以忠孝”者,王位既高,喜起簒逆,爲臣須忠,爲子須孝,王子有兩兼之義,故示忠孝也。“内官化正宫女”者,女人多以耶(邪)[④]態爲事,化令修正直之行。庶民令興福力者,殖因微淺,不勉斯濫,故令興福力也。梵天誨以勝慧者,梵王居禪多喜著定,故誨以勝慧,莫令偏著。帝釋示現無常者,五欲自恣,不慮無常,故説“無常”。又解,示現無常相,令悟無常。若

---

①② 矇,録文作“蒙”,據底本改。《新集藏經音義隨函録》第三册“童矇”條:“音蒙,昧也。”[K34n1257p737B09]

③ 拘,録文訛作“**㹨**”。按:此字底本實作“**㺃**”。敦煌卷子中“扌”部“犭”部常混,故“**㺃**”實爲“拘”之俗體。兹據改。

④ 《字彙·耳部》:“耶,與邪同。”

在護世、護衆生者，四天王典領鬼神，不令侵人。若處其□(悉?)[①]敕諸鬼神擁護爲事，護諸衆生也。如是維摩詰以垂迹萬差，處處示現，爲無量方便慈蔭六道，爲饒益衆生。結[句][②]也。[③] □

① 此缺字底本不清晰，似爲“悉”之手體，俟再考。

② “句”字録本脱，據底本補。

③ 以下缺。

No. 2775《維摩》疏釋前小序抄

［題解］

佛典注疏，所疏爲唐道液撰《〈净名經〉集解關中疏》卷首之道液自序，唐契真法師撰，與《大正藏》No. 2776《〈釋肇序〉抄義》兩者合爲一卷。今敦煌遺書中存有四號：(1)斯 1347 號，首存尾殘，八十八行，所録係《小序抄》之前部分。(2)伯 2149 號，首全尾殘，所録係《小序抄》全文及《〈釋肇序〉抄義》之前部分。(3)斯 2496 號，首殘尾全，存九十二行，内容係《〈釋肇序〉抄義》之後部分。尾題："崇福寺沙門體清記。"上述斯 1347、2496 兩卷字體相同，顯係同卷，但中間尚有殘失，不能直接綴合。(4)北新 1088(BD14888)號，首殘尾全，存二百五十一行，内容係《小序抄》之後部分及《〈釋肇序〉抄義》之全文。《小序抄》卷末謂："余永泰二年(766)時居資聖傳經之暇，命筆直書，自爲補其闕遺，豈敢傳諸好事。資聖寺契真法師作之，用傳後進。"《〈釋肇序〉抄義》卷末云："余以大曆二年(767)正月於資聖傳經之次，記其所聞，以補多忘。"證此文乃體清在資聖寺聽契真講後所作的筆記。清代以前歷代大藏經未收，後被日本《大正藏》分兩卷收入第八十五册，將《〈釋肇序〉抄義》誤定名爲《釋肇序》。今《〈維摩〉疏釋前小序抄》校注仍以《大正藏》所據原卷伯 2149 號爲底本，斯 1347 號爲甲本。新增乙本，北新 1088(BD14888)號。

將釋序文，分爲二：初、明教興次第；二、明述釋所以。初中所以先明次第者，且教起西方既先三後一，法傳東夏亦自淺而深，入海之喻可明，微[1]發

---

① 微，甲本作"明"。

之言斯在。然其次第,文即爲三:初、四句叙教興源起;二、“爰及”下,明古譯未融;三、“自秦”下,顯玆①經理②詣。此初也。

“昔漢明中,法教始流於葱左”者,謂漢明帝永平年中,迦葉摩騰、竺法蘭從月支③國初將經像自彼葱嶺來傳此國,[□][國]④居葱嶺之東⑤,故曰“始流於葱左”。“肇建塔、像,翻[□][譯]⑥尚阻”者:“肇”,始也;“建”,立也;“塔”者,梵音⑦“塔婆”,此云“廟”。《白虎通》云:“廟,貌也,謂安先祖之貌也。”新云“窣堵波”,此云“高勝”。“像”者,“似”也,謂刻錮繪書(畫?)⑧,像佛形儀⑨。“阻”者,“隔”也,蓋取“未通”之義,謂聖教⑩初流,凡情久昧,即傳奧旨,取信誠難,故先⑪建塔、像及譯《四十二章經》,使知因果,修崇有在,爲傳通[□][之]⑫漸也。塔像之始,故云“肇建”;未廣翻傳,故云“尚阻”。故《周書異記》云:世尊出現天竺中天也⑬,生在迦維衛城。降誕之時,地六振動,江河泛漲,井泉皆溢,五色光氣,入貫太微,遍於⑭此土。當周照(昭)王⑮即位至⑯二十四年甲寅之歲,有⑰此瑞相。昭王曰:“於⑱天下如何?”蘇由答曰:

① 玆,録本訛作“慈”,據底本改。

② 理,底本作“里”,乃“理”之借字(二字同爲良士切)。該字甲本正作“理”。

③ 支,底本及録本訛作“處”,結合文意,據甲本改。

④ 國,底本及録本無,甲本上一“國”字後有一重文號。玆結合文意,據甲本補。

⑤ 東,底本及録本訛作“來”,結合文意,據甲本改。

⑥ 譯,底本及録本無,據甲本補。

⑦ 音,甲本作“云”。

⑧ “繪書”不辭,結合文義,此處“書”似爲“畫”之形訛,待考。

⑨ 儀,甲本無。

⑩ 教,甲本無。

⑪ 先,甲本無。

⑫ 之,底本及録本無,據甲本補。

⑬ “中天也”三字甲本無。

⑭⑱ 於,甲本作“相”。

⑮ 照,此讀作“昭”。南朝宋顔延之《宋郊祀歌》之二:“奔精昭夜,高燎煬晨。”一本即作“照”。下文“昭王曰”“昭王崩”皆可互勘。

⑯ 至,甲本無。

⑰ 有,甲本作“爲”。

“即今無他，千載[①]之後[②]，聲教被[③]此。”遂勒石爲銘，埋於[④]南郊天祠之前。又經二十七年，昭王崩，穆王立。即位五十二年壬申之歲，地六振動，諸河返流，黑雲四起，惡獸哮吼，西方有白。穆王怪異，問太吏官。扈多答曰：“此是西方聖人入滅相也。”穆王曰：“常恐此人吞併我國。今已滅矣，朕何憂哉！”昭王二十七年，穆王五十二年，計七十九年，世尊在世，方般涅槃。《大唐内典録》云：“教流源起，寔本姬周。秦正殄之，遺蹤間出。劉向校書，天閣往往見有佛經。”依此校量，不止[⑤]漢明之代。今叙中興之始，起於後漢。[□][至][⑥]孝明帝永平七年，夜夢金人，殿庭集議，傅毅奉對：“臣聞西方有聖，其名爲‘佛’。陛下所見，將必是乎！”遂乃遣使中郎秦景、博士王道等一十一人，往適天竺，於月支國請迦葉摩騰、竺法蘭，寫得經、像，載以白馬，至永平十年還達洛陽，立白馬寺。振旦佛法，從此而興。則摩騰、法蘭二人，漢地僧之首；所將之像，像之初；所譯《四十二章經》，經之祖；立白馬寺，寺之先。及僧會遊吴，祈[⑦]得舍利，因兹建塔，塔之始也。上來所叙教興[⑧]源起竟。

從此第二，明古譯未融。“爰及魏晋，創啓宣傳”者，“爰”，“於”也。魏有四所，謂前、後、東、西。前魏，曹操之子曹丕都洛陽[⑨]；後魏，拓[⑩]拔珪等都平

---

① 載，録本訛作“戴”，據底本改。

② 後，甲本作“外”。

③ 被，底本及録本訛作“彼”，據甲本改。

④ 於，甲本作“相”。

⑤ 止，底本及録本訛作“至”，結合文義，據甲本改。

⑥ “至”字底本及録本無，據載有同文的斯 2584《〈净名經〉關中釋抄》卷上及斯 2739《〈净名經〉關中釋批》卷上二號補。

⑦ 祈，底本及録本訛作“折”，結合文義，據甲本改。

⑧ 興，甲本作“流”。

⑨ “都洛陽”三字前底本及録本有一“覩”字。“覩都”語義費解。“覩”字當是“都”字之誤，書手發現後旋即於誤字後寫出正字，而誤字並未塗去。録本不察，仍承其謬，致使文句無法解讀。又，下文“都平陽”、“都長安”可助比勘。兹據文意删。

⑩ 拓，録本訛作“招”，底本作“柘”，甲本作“拓”。敦煌寫本“木”部“扌”部常混，“柘”當爲“拓”字俗體。兹據甲本改。

陽;東魏,清河王旦之子等[□][都][1]鄴;西魏,宇文泰等都長安。金(今)[2]舉前魏也。晋有二:西晋,司馬炎等都平陽;東晋,王叡等都鄴。今言“西晋”也。“創”者,“初”也。“啓”者,“開”也。“宣”謂[3]“宣説”,“傳”謂[4]“傳通”;所謂願自我口、暢之彼心,爲“宣”;流演圓通,無繫于一人,名“傳通”也。“而[5]所出諸經猶詞疏理蹇(謇)[6]”者,“疏”謂疏遠,“蹇(謇)[7]”,難,如譯《法華[8]》云:“人見天,[□][天][9]見人,理雖詣[10],失於文。”此詞疏也。如譯此經,云“不來相”爲“辱來”,“不見相”爲“相見”,言雖文而失於理,此理建(謇)[11]也。皆詞句疏野,道理蹇(謇)澁,或文或質,未契聖心,故曰也。“蓋習學者未融於大觀”:“蓋”者發[□][語][12]之端,亦云不定之辭;“融”者,會也;“大觀”者,謂[13]大乘正觀也,謂境亡心寂,無相無名。無名故言語道斷,無相故心行處滅。故肇法師云:“口欲言而詞喪,心欲緣而慮亡。”此無常苦空爲小,中道正觀爲大[□][也][14]。傳譯者闕通於方[15]言,梵僧創至,未[□]

---

① 都,底本及録本無,據甲本補。

② 金,甲本作“今”。“金”當爲“今”字之同音借字(二字同爲居吟切)。

③④ 謂,甲本作“爲”。

⑤ “而”字前底本、録本有一“通”字,當爲涉上句誤衍,玆據文意删。

⑥ 蹇,此處當爲“謇”之借字(二字《廣韻》皆可音九輦切)。《玉篇》:“謇,吃也。”《易·蹇》:“往蹇來連。”王弼注:“往來皆難,故曰‘往蹇來連’。”《集解》引虞翻曰:“蹇,難也。”字亦作“謇”、“讓”、“譾”,指言辭之難,故訓“口吃”。此字甲本作“塞”,當爲“謇”之形誤。

⑦ 蹇,此乃“謇”之借字。參前注。

⑧ 華,底本及録本訛作“業”,據文意改。《高僧傳》卷第六:“昔竺法護出《正法華經·受决品》云:‘天見人,人見天。’什譯經至此乃言:‘此語與西域義同,但在言過質。’”[T50n2059p364b2—b4]此字甲本作“花”。

⑨ 天,底本及録本無,據甲本補。

⑩ 詣,録本訛作“諸”,據底本改。

⑪ 建,此乃“謇”之借字。宋婁機撰《班馬字類》卷三:“建,音‘謇’。”此字甲本正作“蹇”,同爲“謇”之借體。

⑫ 語,底本及録本無,結合文義,據甲本補。

⑬ 謂,甲本無。

⑭ 也,底本及録本無,結合文義,據甲本補。

⑮ 方,底本及録本誤衍作“方方”字,結合文義,據甲本删一“方”字。

[善]①方言,致使經文詞疏理滯。此四句譯(釋?)②上"疏"、"蹇"③所以。由闕通方言故,所以詞疏;未融大觀故,所以理蹇(謇)[□][也]④。"既爲大法浸微,未可量其得失"[□][者]⑤:"爲"者,"作"也,作佛法之由,漸如河源之濫觴。又,"爲"者,"以"也;"大法"者,"大乘法"也。理極無上曰"大",軌生初(物)⑥解爲"法"。明此大法能軌物、心生正解也。"浸"⑦者,"浸閏(潤)⑧"也。"微"者,"微淺"[□][也]⑨。此明⑩魏晋之時,教傳未久,其猶⑪甘澤⑫初降,浸閏(潤)⑬猶微。所譯諸⑭經言"得"未爲得,言"失"未爲失,如美玉偏照,若明珠半瑕,故曰"未可量其⑮得失"。

從此第三,顯經理詣。"自秦弘始三年冬羅什入關"者,"自",從也。秦有四:一、亡秦,即秦⑯始皇等,都雍;二、前秦,即苻堅等,都⑰長安;三、後秦,即姚興等,都長安;四、西秦,即乞與⑱伏國人等,都金城。此乃⑲後秦也。前

---

① 善,底本及録本無,據甲本補。

② 譯,甲本作"釋"。"釋"字義長。

③ 蹇,甲本作"塞"。

④⑨ 也,底本及録本無,據甲本補。

⑤ 者,底本及録本無,據甲本補。

⑥ 初,甲本作"物"。"物"字義長。下文:"明此大法能軌物、心生正解也。"可助勘。

⑦ "浸"後底本及録本誤衍一"濫"字,據甲本改。

⑧ 閏,此當爲"潤"之借字。此字甲本正作"潤"。

⑩ 明,甲本無。

⑪ 猶,甲本作"由"。

⑫ 澤,録本訛作"譯",據底本改。

⑬ 閏,此當爲"潤"之借字。《大正藏》本訛作"大",結合文義,據甲本改。

⑭ 諸,甲本無。

⑮ 其,甲本無。

⑯ "即秦"二字甲本無。

⑰ "都"字前底本及録本有一"覩"字。"覩都"語義費解。"覩"字當是"都"字之誤,書手發現後旋即於誤字後寫出正字,而誤字並未塗去。兹據文意删。詳參本文前"都洛陽"三字注。

⑱ 與,甲本無。

⑲ 乃,底本及録本作"及",據甲本改。

秦苻堅立十六年，太史[□][曰][1]："秦有德星現外國分野，當有聖人入輔中國，得之者王。"堅乃遣使苻丕攻襄陽，取釋道安；吕光伐龜兹，取羅什。後道安入秦，堅忻然謂僕射權翼曰："朕不以珠玉[2]爲珍，但以賢哲爲寶。不惜十萬之師攻襄陽，獲一人半耳。"翼曰："誰？"堅曰："安公一人，鑿齒半也。"堅令吕光取羅什，餞送於建章宫。謂光曰："朕聞西國有羅什。夫賢哲，國之[□][大][3]寶。朕甚思之。若剋龜兹，可馳驛送。"後堅伐晋敗軍，爲姚長所戮，即姚長爲後秦也。吕光迴至姑臧，聞主既喪，遂僭號關外，稱爲後凉。萇崩興立。弘始三年春，有樹連李，生於廟庭；逍遥一園，葱變爲薤。咸稱嘉瑞。冬[4]，羅什到雍，興加禮遇，侍（待）[5]以國師，崇敬甚重，大興法化。於草堂寺及逍遥園，三千碩德親自翻譯。至理之興，其在兹矣。傳云："什父天竺輔相之子，名炎，姓鳩摩羅。祖亡，父當襲佐，避之[6]東遊，至龜兹。龜兹王白純妹，體有赤黶，法生智子。諸國娉之，不受。王遂逼妻，炎納生作[7]什。七歲出家，學小乘。十三從師須利耶摩受業。摩爲説阿耨達經。聞陰界入空，怪而問曰："此經何故破壞諸法？"師因爲説諸法因成，故無真實。什遂專務[8]方等，受誦三論。初得《放光經》，魔來蔽文，唯見空紙，發誓誦習，字出如常。復聞空中聲曰："汝是智人，何故誦此？"什遂訶叱令去。又，龜兹北界有一外道，神辨英秀，手擊王鼓："論議勝者，斬手（首）[9]謝之。"什以二義相驗，即迷悶自失。又，母將什至北天竺，有羅漢名"達摩瞿沙"，見而異之。謂[10]其母

---

① 曰，底本及録本無，據文意補。

② 玉，録本訛作"王"，據底本改。

③ 大，底本及録本無，據甲本補。

④ 冬，録本訛作"各"，據底本改。

⑤ 敦煌卷子中"亻"旁"彳"旁相亂，此"侍"當爲"待"之訛俗字。該字甲本正作"待"。

⑥ 之，録本訛作"遊"，據底本改。

⑦ 作，甲本無。

⑧ 乙本此前殘。

⑨ 手，甲、乙二本作"首"。此"手"當爲"首"之借字。《高僧傳》卷第二："時温宿有一道士，神辯英秀，振名諸國，手擊王鼓而自誓言：'論勝我者，斬首謝之！'"[T50n2059p330c26]可資比勘。

⑩ 底本及録本"謂"後有一"誦"字，結合文義，據甲、乙二本删。

曰:“善守護之。若三十五不破戒,度人如優波毱多。如其不然,可才明[①]絶代。蒼生猶藉此人[□][爲][②]津梁。”什欲東遊,母謂什曰:“方等深教,大闡真丹,唯爾之力。但[③]於自身無益[④],其可如何?”什曰:“大士之道,利彼亡軀。若使大教流傳[⑤],能洗晤(晤)[⑥]朦俗,雖復身當鼎[⑦]鑊[⑧],苦而無[⑨]恨。”奇跡盛談,廣如别傳。什公自此方至關中也。“先譯《大品》、《智論》、爰及《中觀》、《門》、《百》”者,“《中觀》”爲《中論》也,“《門》”謂《十二門論》,“《百》”謂《百論》,意明翻傳次第。“便陶染至理、然後重譯兹經及《法華》等”者,釋所以也。“陶”者,合土曰“陶”。《史記》云:“瓦器也。”有釋云:“‘陶’者,‘養’也。‘染’者,‘習’也。”大教創傳,人未信悟,故先譯《大品》、《中》、《百》,長養正惠(慧),染習至理,意令傳譯無昧宗由,故曰也。“重譯兹經”者,此經前後凡有六,謂:一、後漢嚴佛調譯兩卷,名《古維摩經》;[□][二][⑩]、吴朝支謙譯三卷,名《維摩詰所説不思議法門經》;三、西晋竺法護譯一卷,名《維摩詰所説法門經》;四、西晋竺寂蘭譯三卷,名《毘摩羅詰經》;五、秦朝羅什法師[⑪]譯三卷,名《維摩詰所説經》;[□][六][⑫]、唐朝玄奘法師譯六卷,名《無垢稱經》。

---

① 明,録本訛作“取”,據底本改。“才明”,猶才智。《後漢書·何皇后紀》:“美人豐姿色,聰明有才明。”《三國志·魏志·管輅傳》:“輅長歎曰:‘吾自知有分直耳。然天與我才明,不與我年壽,恐四十七八間不見女嫁兒娶婦也。’”皆其用例。

② 爲,底本及録本無,據甲、乙二本補。

③ 但,底本作“**但**”,乃“但”之避睿宗諱缺筆字。録本訛作“伬”,據底本及甲、乙二本改。

④ 益,録本訛作“蓋”,據甲、乙二本改。

⑤ 傳,甲本作“轉”。

⑥ **晤**,此當爲“晤”之訛俗字。《説文·日部》:“晤,明也。”段玉裁注:“晤者,啓之明也。”該字梁釋慧皎撰、湯用彤校注《高僧傳》作“悟”(第48頁)。《玉篇·心部》:“悟,心解也。”“悟”與“晤”同。

⑦ 鼎,底本作“**鼎**”,此乃“**斵**”之移位俗體。《龍龕手鑑·斤部》:“**斵**”,“鼎”的俗字。

⑧ 鑊,録本訛作“鑵”,據底本改。

⑨ 無,録本訛作“芒”,據底本及甲、乙二本改。

⑩ 二,底本及録本脱,結合文意,據甲、乙二本補。

⑪ “法師”二字甲、乙二本無。

⑫ 六,底本及録本脱,結合文意,據甲、乙二本補。

此即第五，秦什本也。前經四譯，什又再翻，故云"重譯"也。"所以文切理詣、無間然矣"者，謂文句婉切，理詣實相。康法師云："文生像外，理在緣中。""詣"者，"至"也。由先陶染至理，妙遊真宗，是以翻譯此經詞精理詣，文同鈎鎖，義等連環，不爲異文隔絶，故云"無間然"矣。深經既演，大觀方傳。諷誦溢於寰區，感應盈於傳記。普賢居誦人之室，文殊入譯者之心。是使微言，利濟多矣。

從此第二，明述釋所以。文則爲二：初明述釋之由，次正明述釋。前中復二：初傷[①]今失旨爲遠由，次歎古詣[②]真爲近由。此初也。"日者傳習多疏道、尚學以瞻異端"者，"道"謂至理，"學"謂[③]傳文，"瞻"者"傳[④]"也，"端"謂"端緒"。義不合理，故云"異端"；意明今者傳經，習聽之徒疏於道理，尚於學問深至理爲真知，繁法相爲博學，故曰"以瞻異端"。《論語》云："攻乎異端，斯害也已。""攻"，"治"也，謂善道有統，故殊途而同歸。異端不同歸，故治之也。[⑤]"致使大宗蕪蔓真極"者，"蕪蔓"，穢草也。"真極"者，真如至極之理也。蕪蔓之草荒穢嘉苗，瑣語繁詞而翳真理也。二、歎古詣真爲近由。"而關中先製言約旨深，將傳後進或憚略而難通"者，什公門徒三千，昇堂八百，入室唯四。生、肇、融、叡，皆精奥真乘，英聲振古。時居秦地，故曰"關中製作"也。言詞簡約，意旨深玄，故曰"言約旨深"。"蓋時移識昧，豈先賢之闕歟"者，近代學徒時澆見薄，忌憚古人語略，而云釋義未周。蓋云聖時遥，識性闇昧，豈先賢製作而有闕遺者[⑥]哉！"歟"者，語助也。

從此第二，正明述釋。文三：初、述謙辭；二、記年號；三、彰功益。"液不揆庸淺，輒[⑦]加裨廣，《净名》以肇注作本，《法華》以生疏爲憑"者："揆"謂揆

---

① 傷，底本不清晰，録本作"復"，結合文意，據甲、乙二本改。

② 詣，録本訛作"諸"，據底本改。該字甲、乙二本亦作"詣"。又，下文："二歎古詣真爲近由。"可資比勘。

③ 謂，甲本作"爲"。

④ 傳，底本、録本訛作"博"，據甲、乙二本改。

⑤ 以下甲本缺。

⑥ "遺者"二字底本不清晰，録本作"遣去"，結合文意，據乙本改。

⑦ 輒，録本訛作"趣"，據底本、乙本改。

度;“庯”者,家語云:“身無愼終之規,口無訓格之語”,故言也;“淺”從識淺,皆謙辭也;“裨”以精巧,“廣”以略言,故云“裨廣”。述《净名》,增肇公之注;釋《法華》,廣生公之文。“庶宿昔之迷一决悟,生肇盛跡,具如抄中;然後傍求諸解,共通妙旨”者,纂天台之住(佳)[1]釋,集關中之微言,採[2]以精華,務存切當也。“雖述而不作”者,《論語》云:“述而不作,信而好古。”意云惟[3]聖作法,餘但依數[4]述緒[5]而已。“終愧亡羊者哉”,解釋既多,深慚失理,如亡羊[6]者,歧[7]路懷疑,即陽朱之事也。又,《莊子》之臧[8]與㲄(獲)[9]牧羊俱失。問臧[10]奚事,挾策[11]讀書;問[□□□][㲄(獲)奚事][12],博塞以遊。事業[13]有異,而亡羊不殊。申釋雖多,恐乖聖旨也。

① 住,乙本作“佳”。“佳”字義長。

② 採,録本訛作“深”,據底本、乙本改。

③ 惟,録本訛作“作”,據底本、乙本改。

④ 數,乙本作“教”。

⑤ 緒,録本訛作“諸”,據底本、乙本改。

⑥ “亡羊”二字録本訛作“三年”,據底本、乙本改。

⑦ 歧,録本訛作“跂”,據底本、乙本改。

⑧ 臧,録本訛作“藏”,底本實爲“臧”字少了左半的“亠”,當爲“臧”字省筆俗體。“臧”爲古代對奴婢的賤稱。揚雄《方言》卷三:“荆、淮、海岱、雜齊之間駡奴曰‘臧’,駡婢曰‘獲’。齊之北鄙,燕之北郊,凡民男而婿婢謂之‘臧’,女而婦奴謂之‘獲’;亡奴謂之‘臧’,亡婢謂之‘獲’。”又,《初學記》卷十九引《風俗通》:“臧者被臧罪,没入爲官奴婢,獲者逃亡獲得爲奴婢。”《漢書·司馬遷傳》注引晋灼曰:“臧獲,敗敵所被俘獲爲奴隸者。”

⑨ 㲄,此乃“獲”之借字。馬叙倫説:“臧㲄即臧獲。㲄,《方言》作‘獲’者,見匣二鈕古皆成喉音也。”下“㲄”字同,徑括注其本字,不復校。

⑩ 臧,録本訛作“咸”,據底本、乙本改。

⑪ 策,録本訛作“榮”,底本作“筞”,乃“策”字隸變俗字。希麟《續音義》卷三《新華嚴經》第二十二卷音義:“策,經文從宋作筞,誤書字也。”《手鏡·竹部》:“筞,俗;策,今。”《顔氏家訓·書證》:“簡策字,竹下施朿,末代隸書,似杞、宋之宋,亦有竹下遂爲夾者,猶如刺字之傍應爲朿,今亦作夾。徐仙民《春秋》、《禮音》遂以筴爲正字。”

⑫ “㲄奚事”三字底本及録本無,據乙本補。又,《莊子·駢拇》:“臧與㲄,二人相與牧羊而俱亡其羊。問臧奚事,則挾筴讀書;問㲄奚事,則博塞以遊。二人者,事業不同,其於亡羊均也。”可助勘。

⑬ 業,録本訛作“葉”,據底本、乙本改。

“上元元年,歲次困頓[①]”者,《爾雅》云:“子年號也。”[□□□□□□][二、明再治定][②]。“永泰初記(紀)[③],又於菩提道場夏再治定。”時居元年,故曰“初記(紀)”。“記(紀)”者,“年”之異稱,殷曰“祀”也。於菩提寺夏中删定,再呈妙曲,和[④]者絶音。其猶龍劍斷物,鸞鏡鑒像,凡諸學者,疑網皆除。“庶法鏡轉明,惠(慧)燈益照者矣”:“庶”者,“望”也。法有應照之能,故況之以“鏡”;教有可傳之義,故喻之於“燈”。故《經》云:“譬如一燈然(燃),百千燈暝者皆明,明終不盡。”所謂修持演説,曠劫傳通;教典有濟物之能,蒼生有返流之分。

余永泰二年,時居資聖,傳經之暇,命筆真書,自爲補其闕遺,豈敢傳諸好[⑤]事?[□□□□□□□□□□□□□□□□][資聖寺契真法師作之,用傳後進。][⑥]

釋肇斷[⑦]序抄義

釋此序,大文分爲四:初、通明本迹;二、别辨教興;三、明重譯之由;四、彰注解所以。初中所以通明本迹者,良以本迹之義貫通衆經,故先明也。就中分二:初、明本迹難思;二[⑧]、辨惑情妄計。初中又三:初、標名總歎;二、歷法别明;三、總彰功益。初中又二:初、標名;二、總歎。

言“維摩詰不思議經”者,初標人、法二名也。標人雖局此經,舉經乃通群典。大乘所顯,文異理同,故不思議,不局一教也。然不思議大略有二:一、本;二、迹。廣如下辨。此標假名,以顯實相也。“蓋窮微盡化妙絶之稱”者,此釋也。“蓋”者,發之諸端也;“窮”者,極也;“微”者,妙也,謂顯此經窮

① 頓,録本訛作“賴”,據底本、乙本改。

② “二明再治定”五字底本及録本無,據乙本補。

③ 結合文義,此處“記”及下文兩個“記”均當爲“紀”之同音借字。《後漢書·郅惲傳》:“顯表紀世。”李賢注:“紀,年也。”

④ 和,録本訛作“私”,據底本、乙本改。

⑤ 好,底本不清晰,録本作“毋”,結合文意,據乙本改。

⑥ “資聖寺契真法師作之,用傳後進。”十三字底本、録本無,據乙本補。

⑦ 斷,乙本無。

⑧ 二,録本訛作“三”,據底本、乙本改。

法身之微妙，盡應迹之神化。如《見阿閦佛品》，前觀如來明本，後取妙喜爲迹。《不二法門》、《本香積品》及《不思議品》明迹，餘品可知。“妙絶之稱”者，“妙”者，微妙；“絶”者，超絶；“稱”者，名稱也；謂微妙之理超絶常境，體既即相無相，名亦即名無名，故云“妙絶之稱”也。“其旨淵玄”者，下總歎也。“旨”，意也；“淵”，深也；“玄”者，遠也；爲明此經意取（趣）[①]深遠也。“非言像所測”者，無像故不可以像測，無名故不可以言詮。故云“法無名字”、“法無形相”也。此亡[②]名絶相，故“非言像所測”也。理既無名，爲物故名，即無定於一名，故不可以言求；法身無像，爲物故像，則無定於一像，故不可以像測。此即好（存）[③]名立相，而不可測。此明理事俱不可思議也。“道越三空，非二乘之所議”者，“道”者，實理也；諸佛菩薩必由此理以道佛果，故云“道”也。“越”者，超也。“三空”者，小乘三解脱門，非大乘也。謂依四諦十六行相，爲三解脱門也；“則以苦諦”下四行相中取空無我二行相，爲空解脱門也；“以滅諦”下四行相，謂滅静妙離，爲無相解脱門；“以苦諦下苦無常”及“集諦下因集緣生”四行相及“道諦”下，“道如行出”等，共十行，爲無作解脱門也。小乘諦異，故三脱門殊；大乘理同，故三空不異。是故大乘一相之理，越二乘三空之境。故二乘不能議也。“超群數之表”者，“群數”者，三科四相等也。“表”者，外也；以法[④]相虚玄，離相無相故[□][也][⑤]。三科所不攝[⑥]，四相所不遷也。“絶有心之境”者，心所緣者，相法無相，故心緣自絶；故肇師云“口欲言而辭喪，心欲緣而慮亡”也。“眇莽無爲而無不爲”者，“眇莽”者，蓋取“無涯”之義也；無爲之理，遍周法界，感而遂通，故無不爲也；無爲即本也，無不爲即迹也；故肇公云“道遠乎哉？觸事而真；聖遠乎哉？體之則神”也。

---

① 取，此與“趣”同。《釋名・釋言語》：“取，趣也。”王先謙《疏證補》引蘇輿曰：“‘趣’、‘取’字同。事之有可取者，人争趣之，故訓‘取’爲‘趣’。‘趣’與‘趨’同。”該字乙本即作“趣”。

② 亡，録本訛作“云”，據底本、乙本改。

③ 好，乙本作“存”。“存”字義長。

④ “以法”二字底本作“法以”，結合文意，據乙本改。

⑤ 也，底本、録本脱，結合文意，據乙本補。

⑥ “不攝”二字底本作“攝不”，結合文意，據乙本改。

從此第二，歷法別明。上雖總歎，理妙難知；今此別明，事彰易見。就中分四，謂智、身、教、權[①]也。初言“然則聖智無知，萬品俱照”者，此明聖心也。“然則”[也][②]者，微起之言也。“聖智”謂聖人之心無分別之智也。凡夫心取相分別，故名“知”；聖智觀真諦無相，故無知。又，凡夫心取相，則唯主一境，不能並慮；聖心無染，而幽鑒逾明，故雖無知而萬品照也。故肇師云：“真諦自無相，聖智何由知?”此顯無知明然也。又云：“真諦無兔馬之遺，般若無不窮之鑑。”此則無所不知，明用也。“法身無像而殊形並應”者，此明聖身無像者，謂法身本也，即十方諸佛同一法身也。“殊形並應”者，應物迹也，則異域如來，形儀各異。故《金光明經》云：“佛真法身，猶若虛空。應物現形如水月，譬猶一月昇天，萬江俱現。”故下偈云：“各見世尊在其前，斯則神力不共法。”又下偈云：“無數億衆生，俱來請菩薩，一時到其舍，化令向佛道。”“至韻無言而玄藉彌布”者，“韻”者，音韻，即教也；“玄”者，妙也；“藉”者，經藉也；“彌”者，大也；“布”者，流布也。至教無言，爲物故言；根緣既殊，教亦隨別；八萬法藏，從此而興，故云“彌布”。此無名相中假名相說，故終日名而無名，終日說而無說。無名而名，謂之“陀羅尼”；即名無名，謂之“實相”；即以此化物，名曰“悉檀”。斯可謂大乘教矣。上句明理本，下句明教迹。“冥權[③]無謀[④]而動與事會”者，潛機默應，故曰“冥權[⑤]”；雖應而亡心，故云“無謀[⑥]”也。其猶明鏡，雖無心形，至必能鑑。聖心雖無慮，應物不失宜也。上句明真，下句明應。

從此第三，總彰功益。“故能統濟群方，開物成務，利現天下，於我無爲”者，“統”者，通也；“群”者，衆也；“方”者，方所也，即通濟十方也。“開物成務”者，即開導衆生，令知修行之務，即如內凡八忍、八智，[□][六][⑦]度萬行，隨機設教，普使受行，獲其勝利。故《經》云：“普使受行，獲其利也。”又可開

① 權，底本、録本訛作“摧”，據乙本改。

② 也，録本脱，據底本補。

③⑤ “冥權”二字録本訛作“置機”，據底本、乙本改。

④⑥ 謀，録本訛作“諆”，據底本、乙本改。

⑦ 六，底本、録本脱，據乙本改。

導群生[①],以成己[②]務。故《法花》云:"常演説法,曾無他事。"又肇云"弘道是務"也。"利現天下,於我無爲"者,利物而現,故云"利現"也;感而後應,故"於我無爲"也。

從次第二,明惑情妄計。就中文二:初、別明妄計;二、總結彰非。初中言而惑者,總舉惑人也,謂二乘凡夫不達真應之理,故執迹迷本,對累彌增。故於此門廣明非[③]相。文即爲四,即前智、身、教、[□][權][④]□

① 生,録本訛作"坐",據底本、乙本改。

② "成已"二字録本訛作"或已",據底本、乙本改。

③ 非,乙本作"二"。

④ "權"字底本殘,據文意補。乙本前文:"就中分四,謂智、身、教、權也。"可助勘。底本此下殘。

No. 2776《釋肇序》抄義

[題解]

佛典注疏，所疏爲僧肇《〈維摩詰經〉序》，似爲契真法師述，體清記[1]，與前《大正藏》No. 2775《〈維摩〉疏釋前小序抄》兩者合爲一卷。今敦煌遺書中存有三號：(1)伯 2149，首全尾殘，所録係《小序抄》全文及《〈釋肇序〉抄義》之前部分。(2)斯 2496 號 1，首殘尾全，存九十二行，内容係《〈釋肇序〉抄義》之後部分。尾題："崇福寺沙門體清記。"(3)北新 1088(BD14888)，首殘尾全，存二百五十一行，内容係《小序抄》之後部分及《〈釋肇序〉抄義》之全文。《小序抄》卷末謂："余永泰二年(766)，時居資聖，傳經之暇，命筆直書，自爲補其闕遺，豈敢傳諸好事。資聖寺契真法師作之，用傳後進。"《〈釋肇序〉抄義》卷末云："余以大曆二年(767)正月於資聖傳經之次，記其所聞，以補多忘。"證此文乃體清在資聖寺聽契真講後所作的筆記。清代以前歷代大藏經未收，後被日本《大正藏》收入其第八十五册，將《〈釋肇序〉抄義》(《敦煌寶藏》原題《〈釋肇斷序〉抄義》)誤定名爲《釋肇序》(左景權《〈大正新修大藏經〉第 85 卷——舊刊新評》一文認爲"以'釋肇序'作全篇之題目，實無當於理。"見林聰明主編《敦煌叢刊二集》之⑭所收左景權《敦煌文史學術》，第 62 頁，臺北新文豐出版股份有限公司 2000 年 8 月臺一版)。今校注仍以《大正藏》録本所據原卷斯 2496 號 1 爲底本(題名參《敦煌寶藏》擬)。新增校本：甲本，北新 1088(BD14888)號；乙本，伯 2149 號。

---

① 伯 2131 號《天臺分門圖》云："其造序僧體清，即是後資聖寺和尚甥是也。"

釋此序,大文分爲四:初、通明本跡;二、别辨教興;三、明重譯之由;四、彰注解所以。

初中所以通明本跡者,良以本跡之義貫通衆經,故先明也。

就中分二:初、明本跡難思;二、辨惑情妄計。

初中又三:初、標名總歎;二、歷法别明;三、總彰功益。

初中又二:初、標名;二、總歎。

言“維摩詰不思議經”者,初標人、法二名也。標人雖局此經,舉法乃通群典。大乘所顯,文異理同,故不思議,不局一教也。然不思議大略有二:一、本;二、跡。廣如下辨。此標假名,以顯實相也。“蓋窮微盡化妙絶之稱”者,此釋也。“蓋”者,發之諸端也;“窮”者,極也;“微”者,妙也;謂顯此經窮法身之微妙,盡應跡之神化。如《見阿閦佛品》,前觀如來明本,後取妙喜爲跡。《不二法門》、《本香積品》及《不思議品》明跡,餘品可知。“妙絶之稱”者:“妙”者,微妙;“絶”者,超絶;“稱”者,名稱也;謂微妙之理超絶常境,體既即相無相,名亦即名無名,故云“妙絶之稱”也。“其旨淵玄”者,下總歎也。“旨”,意也;“淵”,深也;“玄”者,遠也;爲明此經意趣深也。“非言像所測”者,無像故不可以像測,無名故不可以言詮;故云“法無名字”、“法無形相”也。此即亡名絶相,故“非言像所測”也。理既無名,爲物故名,即無定於一名,故不可以言求;法身無像,爲物故像,則無定於一像,故不可以像測。此即存名立相,而不可測。此明理事俱不可思議也。“道越三空,非二乘之所議”者,“道”者,實相理也,諸佛菩薩必由此理以道佛果,故云“道”也;“越”者,超也;“三空”者,小乘三解脱門,非大乘也。謂依四諦十六行相,爲三解脱門也。“則以苦諦”下四行相中取空、無我二行相,爲空解脱門也;“以滅諦”下四行相,謂滅静妙離,爲無相解脱門。“以苦諦”下苦無常及“集諦”下因集緣生四行相及“道諦”下“道如行出”等,共十行,爲無作解脱門也。小乘諦異,故三脱門殊;大乘理同,故三空不異。是故大乘一相之理越二乘三空之境,故二乘不能議。“超群數之表”者,“群數”者,三科四相等也。“表”者,外也;以法相虚玄,離相無相故也。三科所不攝,四相所不遷也。“絶有心之境”,心所緣者,相也,法無相故,心緣自絶;故肇師云“口欲言而辭喪,心欲緣而慮亡”也。“眇莽無爲而無所不爲”者：“眇莽”者，蓋取“[□][無]①涯”之義也；無爲之理，遍[□][周]②法界，感而遂通，故無不爲也；“無爲”即本也，“無不爲”即跡也；故肇公云“道遠乎哉？觸事而真；聖遠乎哉？體之則神”也。

從此第二，歷法别明。上雖總歎，理妙難知；今此别明，事彰易見。就中分四，謂智、身、權、教也。初言“然則聖智無知，萬品俱照”者，此明聖心也。“然則”者，微起之言也。“聖智”謂聖人之心無分别之智也。凡夫心取相分别，故名“知”；聖智觀真諦無相，故無知。又，凡夫心取相，則唯主一境，不能並慮；聖心無染，而幽鑒逾明，故雖無知而萬品照也。故肇師云：“真諦自無相，聖智何由知?”此顯無知明體也。又云：“真諦無兔馬之遺，般若無[□][不]③窮之鑒。”此則無所不知，明用[□][也]④。“法身無像而殊形並應”者，此明聖身無像者，謂法身本也，即十方諸佛同一法身也。“殊形並應”者，應物跡也，則異域如來，形儀各異。故《金光明經》云：“佛真法身，猶若虚空。應物現形，如水[□][中]⑤月，譬猶一月昇天，萬江俱現。”故下偈云：“各見世尊在其前，斯則神力不共法。”又下偈云：“無數億衆生，俱來請菩薩，一時到其舍，化令向佛道。”“至韻無言而玄藉彌布”者：“韻”者，音韻，即至教也；“玄”者，妙也；“藉”者，經藉也；“彌”者，大⑥也；“布”者，流布也。至教無言，爲物故言；根緣既殊，教亦隨别；八萬法藏，從此而興，故云“彌布”。此無名相中假名相説，故終日名而無名，終日説[□□□][而無説]⑦。無名而名，謂之“陀羅尼”；即名無名，謂之“實相”；即以此化物，名曰“悉檀”。斯可謂大乘教矣。上句明理本，下句明教跡。“冥權⑧無謀⑨而動與事會”者，潛機默應，故曰“冥權⑩”；雖應而亡心，故云“無謀⑪”也。其猶明鏡，雖無心形，至必能

① 無，甲本脱，據乙本補。
② 周，甲本脱，據乙本補。
③ 不，甲本脱，據乙本補。
④ 也，甲本脱，據乙本補。
⑤ 中，甲本脱，據乙本補。
⑥ 大，甲本訛作“天”，據乙本改。
⑦ “而無説”三字甲本脱，據乙本補。
⑧⑩ “冥權”二字録本訛作“置機”，據甲、乙二本改。
⑨⑪ 謀，録本訛作“諆”，據甲、乙二本改。

鑒。聖心雖無慮，應物不失宜也。上句明真，下句明應也。

從此第三，總彰功益。“故能統濟群方，開物成務”者：“統”者，通也；“群”者，衆也；“方”者，方所也，即通濟十方也；“開物成務”者，即開導衆生，令知修行之務，即如内凡八忍、八智，六度萬行，隨機設教，普使受行，獲其勝利。故《經》云：“普使受行，獲其利也。”又可開導群生，以成己務。故《法花》云：“常演説法，曾無他事。”又肇云“弘道是務”也。“利現天下，於我無爲”者，利物而現[①]，故云“利現”也；感而後應，故“於我無爲”也。

從次第二，明惑情妄計。就中文二：初、别明妄計；二、總結彰非。初中言“而惑”者，總舉惑人也，謂二乘凡夫不達真應之理，故執跡迷本，對累彌增。故於此門廣明二相。文即爲四，即前智、身、教[②]、權也。“初睹感照，因謂之智”者，衆生心念爲“感”，如來懸鑒爲“照”。故維摩自念寢疾，身子計以丘陵，佛悉知之，皆“感照”義也。而諸聲聞定執如來有他心智，善能分别諸衆生心。此乃無心之心。對緣斯照，豈分别哉？非如二乘先入俗禪，發他心智，然後能知也。是故如來或説一智，即自覺智；或説二智，即權智、實智；或説三智，即一切智、道種智、一切種智；或云四智，即成所作智、妙觀察智、平等性智、大圓鏡智；乃至仁王五忍，瓔珞六惠（慧），謂聞、思、修無相，寂照寂惠（慧）也。小乘十智，一若定，不應至十，既無定數，明智非智也。故《般若》云“無智亦無德”也。“觀應形便謂之身”者，“應”即丈六金容也。小乘見釋迦之身定長丈六，三十二相，八十隨行，四十九年，處丘陵國，化緣既畢，方般涅槃，而不知彌陀八萬四千相好，身量、國土亦復殊勝，壽命住世，倍復增多。豈二佛之優劣，蓋所感之不同耳！故《經》云：“十方諸如來，同共一法身，一心一智惠（慧），力無畏亦然。”猶月現百水，狀各不同，泉澄即明，水濁使闇，竭盡即去，添之復來。蓋所感之異宜，豈一月之多狀？水月不同，非實也。應身既别，豈定身哉？蓋以諸佛德圓，衆生心净，有感則應，應則非真。故《經》云：“菩薩清凉月，遊於畢竟空。”衆生心水净，菩提彰現中。而諸聲聞妄計佛身同于陰界者，不亦違於至理哉？

---

① 現，甲本訛作“理”，據乙本改。

② 乙本此下殘。

"覩玄藉便謂之'言'","覩"者,見也,謂睹聲教,遂執其言。故《俱舍》云"牟尼説法蘊,數有八十千"等,既執爲實,封壘彌增。殊不知理本無名,爲物故説;説本表理,理悟則言亡。故下《經》云:"法無有説。"《金剛》云:"若言如來有所説者,即爲謗佛。"

"見變動便謂之'權'","權"者,謀適時也。謂慈善根力,感而遂通,動必適時,事無虛應。即如念床弟子,都(睹)寶座而發心;執穢聲聞,坐蓮花而獲益。光嚴樂静,示以真場;魔女歸心,授之法樂。淫室酒肆,隨機作化,皆無謀而冥會,豈權巧之應哉?非如二乘,先而後應。

從此第二,總結彰非。"而道之極者,豈可以形言權智而悟神域哉"者,言其不可也,意明耳目麁,不足盡微妙之理也。

從此第二,别辨教興。前呵執跡,令返迷歸悟,以成大智;今明垂跡,從真起應,以顯大悲。文三:初集同弘人,次明所弘教,三明經題目。

初中"然群生長寢,非言莫曉"者:"然"者,然生起之言也;"群生"者,群衆也,謂六道四生,形類不一,故曰"群生"也;無明昏夜,眠醉三届,無始以來,不能自覺,故云"長寢";不因言教,無以啓悟,故云"非言莫曉";"莫"者,無也;"曉"者,悟也。

"道不孤運,弘之由人"者:"孤"者,獨也;"運"者,轉也;"弘"者,傳也;意明法輪不可獨轉,所以召維摩、命妙德也。然法身雖無不在,應跡必有方所,故曰也。

"爰集毘耶,共弘斯典"者:"爰"者,於也,發語之端也;"毘耶"此云"廣嚴",即説此經處也。"維摩"如釋題四釋。"文殊"此云"妙德"。偈云:"了了[①]見佛性,猶如妙德等"也。或云"曼殊室利",此云"妙吉祥"。故偈云:"願我早睹妙吉祥"也。所以偏舉二人者,以是唱道之首,故偏舉也。

從此第二,明所弘法。分三:初、明本不思議;二、明即(跡?)[②]不思議;三、本跡合明。

① "了了"二字甲本作"子子",結合文意,據北凉曇無讖譯《大般涅槃經》卷第二十[T12n374p485b2]改。

② 即,此似爲"跡"之訛字。同卷下文:"三、本跡合明。"可互勘。

初中言“此經統萬行，則以權智爲主”者：“統”者，通也，攝也，謂通攝萬行、不過權智也；“權”爲善巧，即方便也；“智”以照真，即般若也。故偈云“智度菩薩母，方便以爲父，一切衆導師，無不由是生”也。故肇師云：“智無幽而不燭，權無德而不修。”又云：“巧積衆德，謂之方便；直達法相，謂之智惠（慧）。”若有行而無智，愛見行也；無行而唯智，二乘智也；隨愛見則無以超三界，墮二乘則莫能運四生。既乖並之道，豈致難思之果？故以權智爲萬行之主也。此明自行權智也。

“樹德本則以六度爲根”者，非六度無以除六弊，六弊不除，何德之有？故以六度爲萬德之本也。名數如常釋。復次，凡夫居家，以孝爲德本；二乘厭世，以四諦、十二緣爲德本；菩薩以福智雙圓，方階大果，故以六度爲本也。前五是福，後一是智；前五如盲，後一如導；六度相資，方有所至也。

“濟蒙惑即慈悲爲首”者：“濟”謂濟度，“蒙”謂蒙昧，“惑”謂愚惑也。意明利根易化，蒙惑難度，自非悲極，何能濟之？難濟能濟，功莫大焉！故下《經》云：“斯諸菩薩，亦能勞謙，以無量大悲，生是佛土。”又，然其一世饒益衆生，多於彼國百千劫行也。

“語宗極則以不二爲言”，“宗”者，主也，尊也，崇也，族也，意明大教所歸，理極於此，故《法花》明平等大惠（慧），此云“不二法門”，《涅槃》云“共聖行”。衆經互説，文異理同，皆教之宗極也。故《法花》云“又見菩薩，觀諸法性，無有二相”，即其義也。

上別明也。“凡此衆説，皆不思議本也”，此結也。“凡”者，泛也。“衆説”者，指前所列衆行不同皆爲資成不思議本也。

從此第二，明跡不思議。

“至若”者，指事之言；“若”者，如也。

“借座燈王”等者，即下于燈王佛國請三萬二千師子座也。“請飯香土”者，即下衆香國中請佛餘飯等是也。“手執大千”者，即下斷取妙喜世界三千大千入此世界，以一佛土擲過恒沙世界之外等也。

“室包乾像”者，“乾”者，天也；八未曾有室中，諸天宫殿皆現其中也。

“皆不思議跡也”，總結也。

从此第三，合明本迹。“然幽關難啓”者，明理[①]本深也。“啓”者，開也；如世關津[②]，非王印不□□□□□□□□□□□□□（度；實相微密，非佛惠［慧］不開；故以爲）[③]喻也。故《法華經》云：“是《法華》經藏，深固幽遠，無人能到。”□□□□□□□（又云：“是法不可示）[④]，言詞相寂滅。”此《經》云：“法相如是，豈可説乎[⑤]？”此則但可智悟，難□□□□（以示人也）[⑥]。“聖應不同”者，應迹殊也。衆生感異，法、佛應殊。佛身既隨感□□□□□（萬善，國土亦）[⑦]逐[⑧]缘千異，故曰“不同”也。總標本迹，不思議也。“非本無以垂迹，非迹無以顯本”者，此明[⑨]聖人若不住不二之宗本，無以垂千異之殊迹；群生不親千異之殊迹，無以悟不二之宗本。故肇師云“因末[⑩]以示本，託麁以表微”，即其事也。天台弁（辯）[⑪]本迹略有五重：一、真俗；二、理教；三、理行；四、體用；五、權實。皆爲因本垂迹，尋迹得本。本迹雖殊，不思議一也。以本迹相由，故合明耳。故《詩》云：“南有樛木，葛虆縲之。”下盤曰“樛”，上盤曰“句”。若使[⑫]喬[⑬]松擢質於云霄之上，葛虆延蔓於荊蓁之下，則葛蘿雖有攀缘之功，而不離蓬蒿之下。若樛木下[⑭]接，葛蘿仰攀，則雖千尋之榦[⑮]，亦

① 以上底本、録本缺，據甲本補。
② “關津”二字録本誤作“開深”，結合文意，據底本及甲本改。
③ “度實相微密非佛惠不開故以爲”十三字底本殘，録本作缺文，結合文意，據甲本補。
④ “又云是法不可示”七字底本殘，録本作缺文，結合文意，據甲本補。
⑤ 乎，録本誤作“等”，結合文意，據底本及甲本改。
⑥ “以示人也”四字底本殘，録本作缺文，結合文意，據甲本補。
⑦ “萬善國土亦”五字底本殘，録本作缺文，結合文意，據甲本補。
⑧ 逐，録本誤作“遂”，結合文意，據底本及甲本改。
⑨ 明，録本誤作“則”，據底本、甲本改。
⑩ 末，録本誤作“未”，據底本、甲本改。
⑪ 弁，録本作“辯”，據底本、甲本改。“弁”乃“辯”之借字。
⑫ 使，録本誤作“吹”，據底本及甲本改。
⑬ 喬，録本誤作“高”，據底本、甲本改。
⑭ 下，録本誤作“不”，據底本、甲本改。
⑮ 榦，甲本作“幹”。此“榦”當爲“幹”之增旁俗字。

可因依而達矣。法合亦同,使[①]如來栖神於九居之上,蒼生淪没於三塗之下,交感不會,則雖群生有本覺之智,不勉(免)[②]淪迴之苦。若使蒼生深信仰之誠,諸佛垂大悲之迹,則雖十力位尊,三祇劫遠,自强不息,咸可成矣。本迹之義,於兹顯然。

從此第三,明釋題目也。"故命侍者,標以[□][爲][③]名焉"[□][者][④],《囑累品》中佛告阿難:此經名維摩詰所説,亦名"不可思議解脱法門";即命阿難爲侍者。此以本迹俱不思議,故令"不思議"爲名也。

三,明重譯之由。

由前翻譯失旨,故重譯也。文四:初、明譯經主,即秦主姚興也;二、明譯經時,即弘始八年也;三、明能譯人,什法師也;四、明所譯法,即此經也。

前文有二:初、舉人歎德也;二、明重譯之本意。

初中"大秦天王"者,舉人也。"俊[⑤]神"等者,歎德也。"大秦",歎其國大;"天[⑥]王",顯其人尊。聖德普覆,謂之"天";黎人仰歸往,謂之"王"。此孝治之德也(故《孝經》云"昔者,明王之以孝治天下,不敢遺小國之民臣,而況於公、侯、伯、子、男乎[⑦]? 故得萬國之歡心[⑧]"等)。又,可爲民所戴[⑨]謂之

---

① 使,録本誤作"便",據底本、甲本改。

② 勉,此處乃"免"之借字。《國語·晋語八》:"彼若不敢而遠逃,乃厚其外交而勉之,以報其德,不亦可乎?"王引之《經義述聞·國語下》:"勉,當讀如免。古字勉與免通。勉之,謂免其死。"《商君書·墾令》:"奸民無主,則爲奸不勉。"俞樾《諸子平議·商子》:"勉當爲免,言爲奸者不得免也。"皆其例。

③ 爲,底本、録本無,據後秦釋僧肇《注維摩詰經第一並序》[T38n1775p327b5]補。

④ 者,底本、録本無,據文意補。

⑤ 俊,底本爲"**儁**",乃"儁"字常見俗體。《干禄字書》:"**儁**儁:上通下正。亦作'俊'字。"《五經文字》卷上人部:"儁俊:二同。"下文"'俊神'者,俊英亦俊傑也"、"謂俊傑之心"、"則由俊神越世"中"俊"字底本皆作"**儁**",徑改之,不復校。

⑥ 天,録本誤作"王",據底本改。

⑦ 乎,録本誤作"呼",據底本改。

⑧ 心,底本及録本訛作"之",結合文意,據甲本改。《古文孝經·孔氏傳》:"昔者,明王以孝治天下也。不敢遺小國之臣,而況於公侯伯子男乎? 故得萬國之懽心。"可資比勘。

⑨ 戴,録本誤作"載",據底本改。

“天”,於人自在謂之“王”。斯則至尊之稱也。“俊神”者,俊英,亦俊傑也。有釋:才過十人曰“豪”、百人曰“英”、千人曰“俊”、萬人曰“傑”;“神”謂神思也。謂俊傑之心世莫①之等,故云“超世”。此歎治國之智。

“玄心獨悟”者:遊心玄鏡,故曰“玄心”;幽鑒不群,故名“獨悟”。此歎悟理心也。

“弘至理於萬機之上”者:“弘”者,大,敕及萬方,故云“大”也;“至”者,極也;“治”,化[也]②;“萬機”者,萬事之機微也。《尚書》云:“兢兢業業,一日、二日萬機。”此美③秦王善治國政,垂衣端拱,而物自歸;雖處萬機之務,而不失天運之化。

“揚道化於千載之下”者:“揚”謂宣揚;“化”者,法化也;“千載”者,“載”,年也。如來滅後一千三百餘年,大乘至教方傳此土。秦主應兹任④運,故得廣崇法化也。則由“俊神越世”,故能“弘至理於萬機”;由“玄心獨悟”,故能“揚道化於千載”;萬機之先,故云“上”;千年之後,故云“下”也。

從此第二,明重譯之意。

“每尋翫兹典,以爲栖神之宅□□□□□(也”者:“尋”謂披)⑤尋翫習;[□][“兹⑥”]者,此也;“典”者,經典也;“以”者,用也;“爲”者,作也;“栖”者,止息也;“神”□□□□□□□(者,心也;“宅”者,所依)⑦處也。下云“畢竟空寂”,“舍”義同⑧也。此明秦主得古譯經,常披尋□□□□□□(玩味,以爲正心)⑨之所也。

---

① 莫,録本誤作“英”,據底本、甲本改。

② 也,録本脱,據底本、甲本補。

③ 美,録本誤作“爰”,據底本、甲本改。

④ 任,録本誤作“住”,據底本改。

⑤ “也者尋謂披”五底本殘,録本作缺文,據甲本補。

⑥ 兹,底本、録本脱,據甲本補。

⑦ “者心也宅者所依”七字底本殘,録本作缺文,據甲本補。

⑧ 同,録本誤作“因”,據底本、甲本改。

⑨ “玩味,以爲正心”六字底本殘,録本作缺文,據甲本補。

“而恨[①]支、竺所出，理滯於文”者：“支”謂[②]支謙，“竺”謂法護也；“理滯於□□□□(文”者，吴本)[③]經，支謙所出，以“不來相而來”爲“辱來”，“不見相而見”爲“相見”等，此則大乘之理，滯於譯者之文。何者？如什所譯《經》云：“不來相而來，不見相而見。”此則精於至理而應會之義不失。言“辱來”、“相見”，乃涉於浮俗，而理悟之道都捐。如世人云：“不面在昔，辱來相見。”豈法身大士同俗執相見邪？

“常恐玄宗墜於譯人”者，翻譯既乖經旨，故恐玄妙之宗墜於譯人之筆也。

“北天之運，運通有在”者：“北天”者，北天竺國也；“運”者，動也，轉也。如《大品經》云，明佛記此經：“我滅度後，傳於南天，次至西天，後至北天，當没於地。”據運數，南天五百年，西天五百年，方至北天。此國即北天焉，國之東隅。故千年之後，大教合傳於此國。果佛言故，曰“通有在”也。

第二明譯時。

“以弘始八年、歲次鶉火”者：太歲在午，應曰“敦牂[④]”；月在午，方云“鶉火”。此以月號命年故也。此出《爾雅》。

“命大將軍常山公”者，姚嵩也。“安城侯”者，姚顯也。常山、安城，即所封之邑也。“公”之與“侯”、“伯”、“子”、“男”，五等諸侯也。此即舉所封之號也。

“於常安大寺”者：秦主諱“長”，以是姚萇之子故曰“常”，此則譯經處也；“大寺”，别處也，即草堂寺。以草覆堂，故云“草堂”；群僧所集，謂之“大寺”；

① 恨，録本作“攝”，底本實作“报”，乃“恨”之形訛字。該字甲本正作“恨”。又，伯2188號《〈净名經〉集解關中疏》：“而恨支、竺所出，理滯於文，常恐玄宗墜於譯人。”可助互勘。該字[後秦]釋僧肇《注維摩詰經第一並序》[T38n1775p327b8]亦作“恨”，亦可參。

② 謂，底本不清晰，録本誤作“譯”，據甲本改。

③ “文者吴本”四字底本殘，録本作缺文，據甲本補。

④ 牂，録本誤作“狴”，據底本及甲本改。古稱太歲在午之年爲“敦牂”，意爲是年萬物盛壯。《爾雅·釋天》：“〔太歲〕在午曰敦牂。”郝懿行義疏：“《占經》引李巡云：‘言萬物皆茂壯，猗那其枝，故曰敦牂。’”《史記·天官書》：“敦牂歲：歲陰在午，星居酉。”司馬貞索隱引孫炎曰：“敦，盛；牂，壯也。”又，伯2580《净名經關中釋抄》卷上：“弘始八年，太歲在午，應云‘歲次敦祥’，而云‘鶉火’者，以月命年也。”中“祥”字同爲“牂”之形訛。

皆當時之號，非本名也。

“與義學沙門”者，取善理之人，簡餘學也，即生、肇、融、叡、憑、影、嚴、觀等千二百人，皆一時之傑，若有[1]盛迹及西請什公譯經等事，廣如抄及傳述。

從此第三，明能譯人。分二：初舉人歎德，後明譯經之意。初，什公之一字，舉人；“以高世之量”等者，歎德也，即智量高遠、出過於世，故云也。“冥心真境”者，心與理冥也。“既盡環中”者，智窮實相，即《莊子》云：“樞始得其環中，以應[2]乎無窮。”彼以是非爲循環，此絶是非處爲“環中”。今借彼言以明實相也。“又善方言”者，善解梵、漢二國方言也。

從此第二，譯經意。“于時手執胡文、口自宣譯”[□][者][3]：“胡文”者，梵夾也，謂承梵天之餘訓；言“文”者，謬也。故南山尊宿云：“猶是崑之一礫耳。”什法師既閑（嫺）[4]兩國之言，故口自翻譯也。“道俗虔虔”者：“道”謂義學沙門，“俗”謂儒宗詞伯也，皆是因證義人也；“虔虔”者，“虔”者，敬也；再言者，表誠敬之志。“一言三復”者，謂再審定其義也。故《論語》：“南容[5]三復白珪”。故云“白珪之點尚可磨，斯言之點不可爲”。故讀詩至此，皆三復也。今取彼言耳，謂文詮正，理用軌物，心得意則道果由成，失旨則諸見從起，故須三復也。

“陶冶精求，務[6]存聖意”者，合土曰[7]“陶”，鎔金名“冶”，此喻也。如陶師之埏埴[8]，簡除沙鹵；若金師之鎔鑄，直取精純；故能成其器用也。今亦如

① “若有”二字録本誤作“各旨”，據底本、甲本改。

② “以應”二字録本訛作“爲環”，據底本、甲本改。

③ 者，底本、録本無，據甲本補。

④ 清朱駿聲《説文通訓定聲・乾部》：“閑，叚借爲‘嫺’。”《詩・大雅・卷阿》：“君子之馬，既閑且馳。”鄭玄箋：“閑，習也。”

⑤ 容，録本誤作“客”，據底本及甲本改。《論語・先進》：“南容三復白圭，孔子以其兄之子妻之。”可助勘。

⑥ 務，録本誤作“粉”，據底本及甲本改。該字後秦釋僧肇《注維摩詰經第一並序》[T38n1775p327b14]亦作“務”，可參。

⑦ 曰，録本誤作“日”，據底本改。

⑧ 埴，底本、録本訛作“填”，據文意改。慧琳《一切經音義・法句經上卷音義》“埏埴”條：“埏，柔也，和也，擊也。埴，土也，黏土曰‘埴’。”[T54n2128p800a20]

是，簡去繁言，直詮聖旨，以成無上法寶也。此明譯經之意也。

從此第三[①]，[□][明][②]所譯法。

"其文約而詣，其旨婉而彰"者："約"謂省約，"詣"謂至也；此明文雖省約，而理詣實相；"旨婉而彰"者，意也；"婉"，順也；"彰"，明也。即如"智度菩薩母"等，偈意則婉順，理又彰明。前序明古人未融大觀，故"理蹇（謇）"；闕通方言，故"詞疏"。今以什公盡環中，故"旨婉而彰"；善方言，故"文約而詣"。

"故微遠之言於兹顯然"[□][者][③]，"微"，謂幽微也。《老子》云："搏之不得，名曰'微'也。""遠"謂深遠。"顯然"者，明也。此明實相之理雖深固幽遠，然由翻譯得旨，遂使顯然。此爰翻傳之得意也。

從此第四，彰注解所以。翻譯既明，理雖易見，傳之未悟，猶恐難通，故須注解，以開後學。文二：初、述謙辭；二、明注意。

初中"余以闇短"者，"余"，"我"也；"以"，"爲"也；"闇"，謂愚闇；"短"，謂短淺也。

"時預聽次"者，謂參預也；什法師譯經之時，隨講肇公親承德音，故云"時預聽次"也。

"雖思乏參玄"者："思"者，智思也；"乏"者，少也；"參"者，涉也；"玄"者，實相理也；謂心不悟理，故云也。

"然庵得文意"者，言雖非精詣，而粗知指歸耳。

"輒順所聞，爲之注解"者："輒"，謂自專也；"爲"者，作也。

"略記成言，述而不作"者："記"謂記録。"誠言"有二：或作"成"字，成立此注[④]；經之言或作"誠"字者[⑤]，實也，當也，記什公誠當之言以解此經也。"述而無作"者，《論語》云："述而無作，信而好古。"意明唯聖作法，余但述古人之言，非敢自作也。

---

① 三，底本、録本誤作"四"，結合文意，據甲本改。

② 明，底本、録本無，據甲本補。

③ 者，底本、録本無，據甲本補。

④ 注，録本誤作"經"，結合文意，據底本、甲本改。

⑤ "者"字前底本、録本衍一"成"字，結合文意，據甲本删。

二、明注解所意。

“庶將來君子異世同焉”者：“庶”，望也；“將來”，謂當來也；“君子”，簡異小人。《老子》云：“上士聞道，懃而行之；中士聞道，若存若亡；下士聞道，而大笑之。”小人既不能奉行，故但言“君子”。此言不必簡棄，意欲勸勉，令自强耳。“異世同聞”者，雖現世、未來，時移[1]俗易，聞經證悟，獲益不殊，故云也。

余以大歷二年春正月，於資聖寺傳經之次，記其所聞，以補多忘。庶來悟義伯无誚斐然矣。

崇福寺沙門體清[2][□][集][3]記。[4]

《釋肇序》略分四：

初通本迹分二：

初標名總歎：初、標名總歎；二、歷法别明；三、總彰功益。

二、歷法别明：初、明妄計；二、總結彰非。

二、别辨教興分三：

初、集同弘人。

二、明所弘教分三：初、明本不思議；二、明迹不思議；三、明本迹合不思議。

三、明經題目。

三、明重譯之由。分四：

初明譯經主，分二：初、舉人歎德；二、明重譯之意。

二、明譯經時。

三、明能譯人。分二：初、舉人歎德；二、譯經之意。

四、明所譯法。

四、彰注解所以。分二：初、述謙辭；二、明注意。

---

① 移，録本誤作“後”，結合文意，據底本、甲本改。

② 清，録本誤作“請”，據底本、甲本改。

③ 集，底本、録本無，據甲本補。

④ 甲本至此止。

No. 2777《净名經》集解關中疏

[題解]

又名《净名經關中疏》、《净名集解關中疏》、《關中集解》、《净名經疏》,唐中京資聖寺沙門道液集,二卷,或四卷。本疏係道液對僧肇《注維摩詰經》進行删補之作。文中保留了《注維摩詰經》中羅什、僧肇、道生的一部分注解,又增補了《注維摩詰經》中未收的僧叡、天臺湛然之解釋,以及道液自己的注釋與科文,是研究中國佛教思想的重要參考著作。據自序,作者於上元元年(760)撰成此疏,又於永泰元年(765)修正定稿。本疏未爲我國古代經録所收,但曾爲高麗沙門義天的《新編諸宗教藏總録》、日本僧人所作《東域傳燈目録》、《入唐新求聖教目録》等經録所著録。日本《常曉和尚請來目録》中寫道:"是故,每寺講净名典,化度白衣,以液公疏提撕緇徒,皆云:雖有諸師注疏,慧底未足,乍學此文,法鏡轉明,慧燈益照者。"可見道液此疏爲當時諸寺講學《净名經》的首選教本。敦煌文獻中存有上、下兩卷,總計 62 號。卷上:斯 6503,序言、解題至《菩薩品第四》,首全尾全。尾題:"净名經集解關中疏卷上。時蕃中歲次乙酉冬末月下旬二日於報恩寺寫訖,比丘神應記。"以上 1 號,爲首尾完整者。BD414(北 1350,洪 014),《菩薩品第四》,首殘尾殘;BD434(北 1326,洪 034),《弟子品第三》至《菩薩品第四》,首殘尾全;BD1791(北 1334,往 091),《佛國品第一》,首殘尾全;BD1872(北 1327,秋 072),《弟子品第三》至《菩薩品第四》,首殘尾殘;BD2517(北 1340,歲 017),《佛國品第一》,首殘尾殘;BD3271(北 1329,致 071),釋題至《菩薩品第四》,首殘尾全;BD3272(北 1330,致 072),釋題至《菩薩品第四》,首殘尾全;BD3716(北 1342,霜 016),《佛國品第一》至《方便品第二》,首殘尾殘;BD4562(北 1339,岡 062),《佛國品第一》,首殘尾殘;BD5271(北 1344,夜 071),《方便品第二》,首殘尾殘;BD6453(北 1332,河 053),《方便品第二》至《弟子品第三》,首殘尾殘;BD6551(北 1341,淡 051),《佛國品第一》,首殘尾殘;BD7603(北 1345,皇 003),《方便品第二》,首殘尾殘;BD7713(北 1335,始 013),《佛國品第一》,首殘尾全;BD7736(北 1336,始 036),《佛國品第一》,首殘尾殘);BD7832(北 1343,制 032),《佛國品第一》至《方便品第二》,首殘尾殘;BD8053(北 1337,字 053),《佛國品第一》,首殘尾殘;BD8154(北 1338,乃 054),《佛國品第一》,首殘尾殘;BD8473(北 1349,裳 073),《弟子品第三》,首殘尾殘;BD8648 號 2(北 1333,位 048),《佛國品第一》,首殘尾殘;斯 1412,《佛國品第一》,首全尾殘;斯 1482,《佛國品第一》,首殘尾殘;斯 1983,《佛國品第一》至《方便品第二》,首殘尾殘;斯 1985,《佛國品第一》,首殘尾殘;斯 2113,《菩薩品第四》,首殘尾殘;斯 2596,《方便品第二》至《弟子品第三》,首殘尾殘;斯 2701,《弟子品第三》至《菩薩品第四》,首殘尾全;斯 2702,《佛國品第一》至《弟子品第三》,首全尾殘;斯 3475,《方便品第二》至《菩薩品第四》,首殘尾全;斯 3765,解題至《佛國品第一》,首殘尾殘;斯 3770,解題至《佛國品第一》,首全尾殘;斯 3773,《佛國品第一》,首殘尾殘;斯 6391,解題至《佛國品第一》,首殘尾殘;斯 6568,釋題至《菩薩品第四》,首殘尾全;斯 6580,釋題至《菩薩品第四》,首殘尾全;伯 2222d,《菩薩品第四》,首殘尾全,尾題"净名經集解關中疏卷上。歲次庚辰年十月六日,比丘歸真寫並受持記";伯 2188v,釋題至《菩薩品第四》,首殘尾全;俄 Дx. 00016,《弟子品第三》,首殘尾殘,存 10 行;俄 Дx01229,《維摩詰經》序,首全尾殘,存 12 行;羽 422,首脱尾全,《佛國品第一》至《菩薩品第四》,尾題"《净名經》關中疏卷上",後有朱筆題記"大唐咸通八年歲次丁亥三月七日説畢",另起一行注"此是明照本";台圖 121,《弟子品第三》至《菩薩品第四》,首殘尾全,尾題"《净名經》關中疏卷上",下署:"己巳年四月廿三日,京福壽寺沙門維秘於沙州報恩寺,爲僧尼道俗敷演此《净名經》,已傳來學之徒,願秘藏不絶者矣。龍興寺僧明真寫,故記之也。"以上 42 號,爲有殘缺者。卷下有:BD14093(北新 293),《文殊師利品第五》至《囑累品》第十四,首全尾全;斯 6418,《文殊師利品第五》至《囑累品第十四》,首全尾全。以上 2 號,爲首尾完整者。BD5782,(北 1328,奈 082),《文殊師利品第五》至《囑累品第十四》,首殘尾殘;BD5920 號 A(北 1346,重 020),《佛道品第八》,首殘尾殘;BD6170(北 1331,薑 070),《菩薩品第十一》至《見阿閦佛品第十二》,首殘尾殘;BD6194(北 1325,薑 094),《文殊師利品第五》,首全尾殘;BD6798(北 1348,潜 098),《菩薩行品第十一》,首殘尾殘;BD7290(北 1347,帝 090),《佛道品第十二》,首殘尾殘;BD14092(北新 292),《文殊師利品第五》至《囑累品》第十四,首殘尾全;斯 1813,《香積佛品第十》至《菩薩行品第十一》,首殘尾殘;斯 2670v,《文殊師利品第五》,首全尾殘;斯 6458,《文殊師利品第五》至《囑累品第十四》,首殘尾全;斯 6610,《見阿閦佛品第十二》至《囑累品第十四》,首殘尾全;斯 6713,《文殊師利品第五》至《囑累品第十四》,首殘尾全;斯 6810,釋題至《菩薩品第四》,首殘尾全;斯 6870,《文殊師利品第五》至《入不二法門品第九》,首全尾殘;伯 2191,《文殊師利品第五》至《囑累品第十四》,首殘尾全;俄 Дx02224,《見阿閦佛品第十二》,首殘尾殘,存 19 行;津藝 030(60·5·1706),《入不二法門品第九》至《囑累品第十四》,首殘尾全;上圖 130(812580),《文殊師利品第五》,首全尾殘;以上 20 號,爲有殘缺者。本文未爲我國歷代大藏經所收,後被日本《大正藏》據敦煌寫本收入第八十五卷,但經疏文字有大段缺漏,且錯訛較多。二十世紀初,江味農居士曾予以整理,因所用底校本數量有限,文字亦不完整。黎明先以斯 2702 號+伯 2188 號爲底本,參酌其他諸本對卷上進行了整理(見方廣錩主編《藏外佛教文獻》第二輯第 175—292 頁,1996 年 8 月版);後又以北新 0293 號爲底本,參酌其他諸本對卷下進行了整理(《藏外佛教文獻》第三輯第 70—214 頁,1997 年 3 月版)。

《净名經》集解關中疏卷上[①]

中京資聖寺沙門道液集

昔漢明中,法教始流[②]於葱左,肇建塔像,翻譯尚阻。爰及魏晋,創啓[③]

① 卷上今校注仍據《大正藏》以原卷伯 2188 號爲底本。校本:甲本,斯 1412 號;乙本,斯 3475 號;丙本,斯 2702 號(《大正藏》作斯 2071 號,誤);丁本,伯 2222d 號;戊本,斯 6568 號;己本,斯 6503 號;庚本,斯 6580 號。

② 流,甲本無。

③ 啓,録本訛作"硲",底本現殘,結合文意,據甲本改。

宣傳,而所出諸經,猶詞疏理蹇(謇)①。蓋習學者未融於大觀,傳譯者闕通於方言。既爲大法浸微,未可量其得失。自秦弘始三年冬羅什入關,先譯《大品》、《智論》,爰及《中觀》、《門②》、《百》,使陶染至理;然後重譯玆經及《法華》等,所以文切理詣,無間然矣。日③者傳習多疏道尚學,以瞻④異端,致使大宗蕪蔓真極。而關中先製,言約旨深,將傳後進,或憚略而難通。蓋時移識昧,豈先賢之闕歟!道液不揆庸淺,輒加裨廣。《净名》以肇《注》作本,《法華》以生《疏》爲憑。然後傍求諸解,共通妙旨。雖述而不作,終愧亡羊者哉!于時上元元年,歲次困頓。永泰初祀,又於長安菩提道場,夏再治定。庶法鏡轉明,惠(慧)燈益[照]⑤矣。

《維摩詰經》序,釋僧肇作。

《維摩詰不思議經》者,蓋是窮微盡化、妙絶之稱也。其旨淵玄,非言像所測;道越三空,非二乘所議。超群數之表,絶有心之境。眇莽無爲而無不爲,罔知所以然而能然者,不思議也。何則?夫聖智無知,而萬品俱照;法身無像,而殊形並應;至韻無言,而玄藉彌布;冥權無謀,而動與事會。故能統濟群方,開物成務,利現天下,於我無爲。而惑者覩感照因謂之"智",觀應形則謂之"身",覿玄藉便謂之"言",見變動而謂之"權"。夫道之極者,豈可以"形"、"言"、"權"、"智"而悟⑥其神域哉?然群生長⑦寢,非言莫曉;道不孤運,弘之由人。是以如來命文殊於異方,召維摩詰於他⑧土,爰集毘耶,共弘斯道。此經所明,統萬行則以"權"、"智"爲主,樹德本則以六度爲根,濟蒙惑

① 蹇,此處乃"謇"之借字。參本書第2775號《〈維摩〉疏釋前小序抄》"蹇"字注。
② 門,甲本脱。
③ 日,録本訛作"曰",底本現殘,結合文意,據甲本改。
④ 瞻,録本訛作"膽",據底本改。甲本亦作"瞻",可參。
⑤ 照,録本脱,據底本補。
⑥ 悟,甲本作"語"。
⑦ "長"字前庚本殘。
⑧ 他,録本訛作"地",據底本改。

則以慈悲爲首，語宗極則以“不二”爲言。凡此衆説，皆不思議之本也。至若[①]借座燈王，請飯香土，手接大千，室包乾像，不思議之迹也。然幽關難啓，聖應不同。非本無以垂迹，非迹[②]無以顯本。本迹雖殊，而不思議一也。故命侍者標以爲名焉。

大秦天王，儁神超世，玄心獨悟，弘至治於萬機之上，揚道化於千載之下。每尋翫兹典，以爲栖神之宅。而恨支、竺所出理滯於文，常恐玄宗墜於譯人。北天之運，運通有所在也。以弘始八年，歲次鶉火，命大將軍常山公，右將軍安城[③]侯，與義學沙門千二百人，於長安大寺，請羅什法師重譯正本。什以高世之量，冥心真境，既盡環中，又善方言。于時手執胡文，口自宣譯。道俗虔虔，一言三復。陶冶精求，務存聖意。其文約而詣，其旨婉而彰。微遠之言，於兹顯然。余以闇短，時預聽次。雖思乏[④]參玄，然麁得文意。輒順所聞，爲之注解。略記誠言，述而不作。庶將來君子，異世同聞焉。

“維摩詰所説”。

叡曰：夫經或以人爲名，或以法名者，自非佛所説，多隨人爲名；佛之所説，非唯一經，故隨所説法以爲名。此經總人、法二名者，以人爲名，則明法之所由，以法爲名，則略經之大體，所以兩存耳。什曰："維摩詰"，秦言"净名"，即五百童子之一人也。從妙樂國來遊此境，所應既周，將還本土。欲顯其淳德，以澤群生，顯述悟時，要必有由，故令同志詣佛而獨不行，獨不行則知其疾也。何以知之？同志五百，共遵大道，至於進德修善，動静必俱。今净國之會，業之大者，而不同舉，明其有疾。有疾，故有問疾之會。問疾之會由净國之集，净國之集由净名方便。然則此經始終所由，良有在也。若自説而觀，則與聖齊功。推本而尋，功由净名。原其所由，故曰“維摩詰所説”也。肇曰："維摩詰"，秦言“净名”，法身大士也。其權道無方，隱顯殊迹。釋彼妙喜，現此忍土。所以和光塵俗，因通道教。常與寶積俱遊，爲法城之侶。其

① “至若”二字甲本作“若至”。
② “非迹”二字甲本脱。
③ 城，甲本作“成”。
④ 乏，録本訛作“之”，據底本改。

教緣既畢，將返妙喜。故欲顯其神德，以弘如來不思議解脱之道。至令寶積獨詣釋迦，因留現疾，以生問疾之端，建微言之始。妙唱自彼，故稱其説也。生曰："維摩詰"者，梵音"無垢稱"也。其晦迹五欲，超然無染，清名遐布，故致斯號。貴名求實者，必重其説。説本表實，重之則終得所求。因斯近接，有過聖言矣。

"經"。

梵云"修多羅"，此譯云"契"，謂契理之言，當根之教，返迷證實，萬聖同規。亦曰爲"常"。故肇師云："經"，"常"也。古今雖殊，覺道不改。群邪不能沮，衆聖不能異也。

"一名'不可思議解脱'。"

此約法受名也。下文云："佛爲增上慢人説離淫、怒、癡爲解脱。若無增慢者，淫、怒[□][癡][①]性即是解脱。"此談體也。"或就悲願，處染不染，非道通道。"此約用名之。以昔教權引三乘言同解脱，今將返權歸實，故特號"不思議"也。即大經百句解脱、《華嚴》諸善知識解脱，皆同此也。什曰：亦名"三昧"，亦名"神足"。或令脩短改度，或巨細相容，變化隨意，於法自在，解脱於閡，故名"解脱"。能者能然，物不知所以，故曰"不思議"，亦云"法身大士"。念則隨應，不入禪定，然後能也。心得自在，不爲不能所縛，故曰"解脱"也。若直明法空，則乖於常習，無以取信，故現物隨心變，明物無定性。物無定性，則其性虚矣。菩薩得其無定，故令物隨心轉，則不思議乃空之明證。將顯理宗，故以爲經之標也。肇曰：微遠幽深，二乘不能測，"不思議"也；縱任無礙，塵累不能拘，"解脱"也。此經自始于净土，終于法養，其中所明雖殊，然其不思議解脱一也，故總以名焉。上以人名經，此以法名經。以法名經，所以標牓指歸；以人名經，所以因人弘道者也。生曰："無垢"之"稱"，或止形跡，心不安然，故復言其"解脱"，更爲一名。"不可思議"者，凡有二種：一曰"理空"，非惑情所圖；二曰"神奇"，非淺識所量。若體夫空理，則脱思議之惑。惑既脱矣，則所爲難測。維摩詰今動静皆[②]神奇，必脱諸惑。

① 癡，底本、録本脱，據戊本補。

② 皆，録本訛作"背"，據底本改。

脱惑在乎體空，說空是其所體。是以"無垢"之名，信而有徵。名苟有徵，其求愈到。到於求者，何患不悟乎？叡曰：菩薩無心，應物有說。衆生但覩其教，莫測所由，故名所說爲"不思議"。雖說而無心，故不閡於有；雖無心而能說，故不閡於無。空、有所不能累，故名之爲"解脱"。

佛國品第一

什曰：經始終由於净國，故以佛國冠於衆篇也。真、應二土會以平等，廣如下文。然十四品經大分三別：初，此品半，爲未信令信，故名"序分"。次，十一品半，信已令悟，故名"正宗分"。三，後二品盡經，悟已應傳，名"流通分"。初序分中，復有三別：初列時、方、處等，是集經者引事證信；次合蓋現土，是說經者駭物令信；後稱歎讚揚，是問經者使仰德生信也。初文又六：一、信經辭；二、傳經旨；三、聞經時；四、說經者；五、聽經處；六、聞經衆。

"如是"。

此初，信經辭也。肇曰："如是"，信順辭也。夫信則所言之理順，順則師資之道成。經無豐約，非信不傳，故建言"如是"。

"我聞"。

此二，傳經旨也。肇曰："出經者明己親承聖旨，無傳聞之謬也。"

"一時"。

此三，聞經時也。衆生信重爲感，如來悲願爲應，感應[①]道交，故曰"一時"。肇曰：法王啓運，喜集之時也。

"佛"。

此四，說經者。梵音云具言"佛馱"，此翻爲"知者"。《大品》云：知諸法實義故。《大論》云："菩提"名"智"，"佛"名"智者"，是即解圓、德備、言誠、物信也。

"在毘耶離"。

此下五，列聽經處。有通有別。通爲遠者知，別爲近不謬。此初，通處。肇曰："毘耶離"，國名也，秦言"廣嚴"，其土平廣、嚴事，因以爲名。又云"好

① "感應"二字底本、録本脱，據戊本補。

稻”,土之宜也。

“庵羅樹圓”。

别處。肇曰:庵羅,樹名也。其果似桃而非。先言“奈氏”,失也。事在他經。“園”者,住處之通稱,梵云“僧伽藍摩”,此云“衆園”。言“伽藍”者,略也。

“與大比丘衆八千人俱。”

此下六,列同聞經衆,證非己謬傳。衆有三别:初列聲聞,形心俱勝,證信最親,故先列也;次列菩薩,心同形異,證信小疏,故次列也;後列天龍,形心俱乖,證信最疏,故後列也。初列比丘。“與”者,“共”也。“大”,即極果。“比丘”,人名,衆言“和合”。肇曰:“比丘”,秦言或名“净乞食”,或名“破煩惱”,或名“能持戒”,或名“能怖魔”。天竺一名,該此四義。秦無一名以譯之,故存其義名焉。

“菩薩”。

此下二,列菩薩衆。文五:一、舉名;二、辯數;三、歎德;四、列名;五、總結。此初也。肇曰:“菩薩”,正音云“菩提薩埵”。“菩提”,佛道也。“薩埵”,秦言“大心”。衆生有大心入佛道也。謂以大悲智、無邊行願,爲物求道,故以名之。什曰:大士凡有三種:一者出家,二者在家,三者他方來。復次,一者結業身,二者法身也。此中菩薩多是法身,然應感之形,與物同迹。物或齊其所見,而生劣想。故舉大數,然後序德也。

“三萬二千”。

二,辯數也。

“衆所知識”。

此下三,歎德也。文三:初、總歎,次、别歎,後、結歎。總歎又三。此初,歎外化也。聞名欽風爲“知”,覩形飲化爲“識”。肇曰:大士處世猶日月昇天,有目之士誰不知識。

“大智本行,皆悉成就。”

二、自行也。“大智”,歎解;“本行”,歎行。肇曰:大智,一切種智也。此智以六度六通衆行爲本,諸大士已備此本行。

“諸佛威神之所建立。”

三、結釋也。肇曰:天澤無私,不潤枯木。佛威雖普,不立無根。所建立者,道根必深乎。叡曰:凡有二種:或以神化所加,令其暫悟,名爲“建立”;或以妙法啓心,化之同已,亦名“建立”。

“爲護法城,受持正法。”

此下二,明别歎。文三:初、約護法歎;次、約修行歎;後、就近果歎。初文又三:謂護法、護人、結釋。護法復二:此初,歎修因也。肇曰:外爲護法之城,内有受持之固也。什曰:“法城”,即實相法也。使物無異見,故言“護”也。復次,一切經法皆名“法城”,護持宣布,令不壞也。有能持正法,亦兼護之也。叡曰:真理爲“法”,文字爲“城”。城壍固則内不害,文字存則理不虧也。

“能師子吼,名聞十方。”

二、歎功成也。肇曰:“師子吼”,無畏音也。凡所言説,不畏群邪異學,喻“師子吼”。衆獸下之,行滿天下,故“稱無不普”。

“衆人不請,友而安之。”

此二,歎護人。亦二。此先,歎心也。肇曰:真友不待請,譬慈母之赴嬰兒也。

“紹隆三寶,能使不絶。”

二,歎功圓也。肇曰:繼佛種則三寶隆。非直顯明三寶,宣通經法之謂也。謂能積善累功,自致成佛。成佛則有法,有法則有僧。不絶之功,事在來劫。今言“不絶”,則必能也。又於其中間自行化人,人亦化物。物我俱成,三寶彌興。衆生無盡,故寶亦不絶也。

“降伏魔怨,制諸外道。”

此三,釋歎。肇曰:魔,四魔也。外道,九十六種外道也。天台云:禪定伏愛,得通以降衆魔;智惠(慧)破見,發辯以制外道。如《問疾品》明。

“悉以清净。”

此下二,歎修行。文即二别:自行、化他也。前自行復二:初、歎斷德;後、歎智德。斷德文三。此初,總歎也。

“永離蓋纏。”

二,别歎也。肇曰:“蓋”,五蓋。“纏”,十纏,亦有無量纏。身、口、意净,三業悉净，則蓋、纏不能累也。五蓋者，一、貪欲蓋；二、瞋恚蓋；三、睡眠蓋；四、掉悔蓋；五、疑蓋。初二障戒，睡眠障惠（慧），掉悔障定，疑障解脱及知見。十纏者，無慚、無愧、慳、嫉[①]、悔、眠、掉舉、惛沈及忿、覆也。叡曰：凡夫止結，暫滅還生；二乘雖[②]滅，證處由（猶）存；大士了虚，情塵俱寂，滅處盡根，生無所寄，法身居然不論，故云也。

"心常安住，無礙解脱。"

三，結歎也。什曰：不思議解脱，即其類也。於物無礙，故名也。肇曰：七住所得。得此解脱，則於諸法通達無閡，故心常安住。

"念定總持[③]，辯才不斷。"

此下二，歎智德。亦三。此初，總歎也。肇曰："念"，正念。"定"，正定。"總持"，持善不失，持惡不生，無所漏念，謂之"總持"。"辯才"，七辯也。《大論》云："一、捷疾辯；二、利辯；三、無盡辯；四、不斷[□][辯][④]；五、隨應辯；六、義辯；七、世間最上辯。"此四是大士之要用，故常不斷。叡曰：念不忘則惠（慧）逾增，定不捨則心常一，持善不失則强憶識，而惡不生、辯不絶則化無閡。備此四門，可以官府萬行，故曰也。什曰：菩薩得此四法也，深入堅固，經身不失，歷劫逾明，故言"不斷"也。

"布施、持戒、忍辱、精進、禪定、智惠（慧）及方便力，無不具足。"

二，别歎智德。肇曰："具足"，謂無相行也。七住已上，心智寂滅。以心無爲，故無德不爲。是以施極於施而未嘗施，戒極於戒而未嘗戒。七德而殊功，其相不異，乃名"具足"。"方便"者，智之别用耳。智以通幽窮微，决定法相，無知而無不知，謂之"智"也。雖達法相，而能不證，處有不失無，在無不捨有，冥空存德，彼我兩濟，故曰"方便"也。

"逮無所得，不起法忍。"

三，約位結也。肇曰：忍，即無生惠（慧）也。以能堪受實相，故以"忍"爲

---

① 嫉，録本訛作"疾"，據底本改。
② 雖，録本訛作"難"，據底本改。
③ 持，録本訛作"時"，據底本改。
④ 辯，底本、録本脱，據戊本補。

名。得此忍,則於法無取無得,心相永滅。故曰"無所得,不起法忍"也。

"已能隨順,轉不退輪。"

此下二,明化他行。文二:初明内具化行,後明行化利物。内行復三:初明説法德,次明無畏德,後明名聞德。初説法文二:此初,舉堪能轉不退,轉不退輪。肇曰:無生之道,無有得而失者,"不退"也。流演圓通,無繫于一人,名"輪"也。諸佛既轉此輪,諸大士亦能隨轉也。

"善解法相,知衆生根。"

二,釋堪能隨轉。肇曰:諸法殊相無不解,群生異根無不知也。謂由知病識藥,故能隨轉也。

"蓋諸大衆,得無所畏。"

此下二,明蓋衆無畏德。文二。此初,標也。肇曰:菩薩别有四無所畏:一、得聞總持;二、知衆生根;三、不見能難已,使不能答者;四、隨問能答,善决衆疑。有此四德,故能暎蓋大衆。

"功德智惠(慧)以修其心,相好嚴身色像第一,捨諸世間所有飾好。"

此二釋也。什曰:明備此德,所以無畏。肇曰:心以智德爲"嚴",形以相好爲"飾"。嚴心所以進道,飾形所以靡俗。亦爲尊形者示嚴相耳,豈俗飾之在心也?

"名稱高遠,踰於須彌。"

此下三,明具名稱德。是即凡以名壞行,聖以名化物。文二。此初,標也。肇曰:名自有高而不遠,遠而不高。前聞十方取其遠,今踰須彌取高。"高"謂高勝也。

"深信堅固,猶若金剛。"

二,釋名高所以,由信固也。肇曰:七住已上無生,信不壞也。

"法寶普照,而雨甘露。"

此下二,明正化益物。文三:一、明生善益;二、明破惡益;三、明獲果益。生善又三。此初標二喻,况説法應根,普生物善也。肇曰:法寶光無不照,照癡瞑也。澤無不潤,潤生死也。喻海有神寶,能放光除瞑。亦因光能雨甘露,潤枯槁也。

"於衆言音,微妙第一。"

二,法合也。謂出世善言,故稱"第一"。肇曰:殊類異音,既善其言,而復超勝。

"深入緣起,斷諸邪見,有無二邊,無復餘習。"

三,釋也。凡夫不了緣生,故執無因、邪因;二乘不了緣滅,故滯涅槃。皆非深也。菩薩悟生非生,證滅非滅,使、習俱亡,故名"深入"。故《經》云"無無明,亦無無明盡"也。肇曰:"深入"爲智,深解也。解法從緣起,則邪見無由生。有無二見,群迷多惑;大士久盡,故無餘習。

"演法無畏,猶師子吼;其所講説,乃如雷震。"

此下二,明破惡益。文二:初、舉二喻;二、總結。又前喻破見,後喻破愛。見以迷理,愛以滯事。固其見則衆惑無由喪,縶其愛則善牙(芽)莫能發。故什曰:上明一切時無畏,此明説法無畏。上師子吼德音遠振,此明能説實法,衆咸敬順,猶師子吼,威懾群獸也。又肇曰:法音遠震,開導萌牙(芽),猶春雷之動百草。

"無有量,已過量。"

此二,結歎。然智依理發,德與智冥,理智無邊,德何可量?肇曰:既得法身,入無爲境,心不可以智求,形不可以像取,故曰"無量"。六住已下,名"有量"也。

"集衆法寶,如海導師。"

此下三,明獲果益。文二:初,標導師得寶喻也。六師邪導,不獲真果;八正利物,必至涅槃。故借喻焉。肇曰:導衆生入大乘海,採衆法寶,使必獲無難。猶海師善導,商人必獲夜光。

"了達諸法深妙之義,善知衆生往來所趣及心所行。"

此下二,釋能導所以,以具權智故也。智達深義,能住菩提,權悟衆生往來如幻,所以悲利有情,而物不能累。大士之德,其在兹焉。故《楞伽經》云:"智不得有無,而興大悲心。"

"近無等等佛自在慧,十方無畏,十八不共。"

此三,明近果歎德也。文三。此初,明自證也。肇曰:佛道超絶,無與等者,唯佛自等,故言"無等等"。所以辯其等者,明一大道,理無不極,平若虚空,豈昇降之有也?"自在慧"者,十力、四無畏、十八不共即其事也。大士雖未全具佛惠(慧),且以近矣。

“關閉一切諸惡趣門,而生五道,以現其身。”此二,明化益。文二。初,明不生而生;後,明應生利物。此初,證無相故,諸趣自閉,不捨大悲,而現生五道。五道者,三趣、人、天也。肇曰:法身無生而無不生。無生,故惡趣門閉;無不生,故現生五道。

“爲大醫王,善療衆病。應病與藥,令得服行。”

二、明所以應生。非己業繫,但爲利他,作醫王耳。肇曰:法藥善療,喻醫王也。

“無量功德皆成就。”

此三,總結歎也。文四。此初句,正報滿也。肇曰:無德不備。

“無量佛土皆嚴净。”

二,依報滿也。肇曰:群生無量,所好不同。故修無量净土,以應彼殊好也。

“其見聞者,無不蒙益。”

三,利物德滿。肇曰:法身無形聲,應物故形聲耳。豈有見聞而無益哉?叡曰:法身無身,無身故感而後應;感而後應,則無應而不會。故使其見聞者無不蒙益。

“諸有所作,亦不唐捐。”

四,自行德滿。肇曰:功不虚設。叡曰:法身無爲,爲不由己;爲不由己,則動無非時;動無非時,故能“諸有所作,亦不唐捐”。

“如是一切功德,皆悉具足。”

此三,總結也。

“其名曰:‘等觀菩薩’。”此下四,列名。叡曰:此諸菩薩或以功行爲名,亦有因相得稱,非唯一途,亦如今人“字”耳。宜爲可望文消息,無定義也。什曰:等觀四等觀衆生也。

“不等觀菩薩”。智惠(慧)分别諸法也。

“等不等觀菩薩”。兼此二也。

“定自在王菩薩”。什曰:於諸定中自在。

“法自在王菩薩”。什曰:説法中在。

“法相菩薩”。什曰:功德法相現於身也。

“光相菩薩”。什曰:光明之相現於身也。

“光嚴菩薩”。什曰:光明莊嚴身也。

“大嚴菩薩”。什曰:明其身相大莊嚴也。

“寶積菩薩”。什曰:積聚智惠(慧)寶也。

“辯積菩薩”。什曰:積聚四辯也。

“寶手菩薩”。什曰:手中出無量寶也。

“寶印手菩薩”。什曰:“印”者,相也。手有出寶之相,亦云“有寶印”也。

“常舉手菩薩”。什曰:現己[①]大慈之手,撫慰衆生,令不恐畏。是以常舉手,向人唱言“勿怖”。

“常下手菩薩”。什曰:現常垂下其手,現慈心屈下,無傷物之像。

“常慘菩薩”。什曰:悲念衆生也。

“喜根菩薩”。什曰:“喜根”,喜等也。亦於實相法中生喜及隨喜也。

“喜王菩薩”。什曰:喜有二種:一、不净喜,受也;二、清净法喜,故言“王”也。

“辯音菩薩”。什曰:辭辯也。

“虚空藏菩薩”。什曰:實相惠(慧)藏,如虚空也。

“執寶炬菩薩”。什曰:執惠(慧)寶炬,除衆冥也。

“寶勇菩薩”。什曰:勇於德寶,亦得寶,故能勇。

“寶見菩薩”。什曰:以惠(慧)寶見諸法。

“帝網菩薩”。什曰:幻術,經名“帝網”也。此大士神變自在,猶如幻化,故借“帝網”以名之。又曰:大士施化,如帝王法網也。

“明網菩薩”。什曰:明網自説手有網縵,放光明也。

“無緣觀菩薩”。什曰:觀時不取相,故無緣;亦深入觀,莫見其所緣。

“慧積菩薩”。什曰:積聚惠(慧)也。

“寶勝菩薩”。什曰:功德寶超於世也。

“天王菩薩”。什曰:一、假名天,人王名“天”也;二、生天,諸天也;三、賢

① 己,録本訛作“已”,據底本改。

聖天,大士皆現生也。

“壞魔菩薩”。什曰:行壞魔道。

“電得菩薩”。什曰:因事爲名。

“自在王菩薩”。什曰:於諸法自在,如王之於人。

“功德相嚴菩薩”。什曰:功德之相,莊嚴身也。

“師子吼菩薩”。什曰:以大法音,令衆生伏也。

“雷音菩薩”。什曰:所説法能令天人歡喜、群邪振悚,猶若雷音,聞者喜、懼也。

“山相擊音菩薩”。什曰:以大法音,消伏剛强,音聲振擊,若兩山相搏。

“香象菩薩”。什曰:青香象也,身出香風。菩薩身香,亦如此也。

“白香象菩薩”。什曰:其香最勝。大士身香,亦如是。

“常精進菩薩”。什曰:始終不退。

“不休息菩薩”。什曰:求善不止。

“妙生菩薩”。什曰:生時有妙瑞也。又曰:從法化生爲妙。

“華嚴菩薩”。什曰:以三昧力現衆花,遍滿虚空,大莊嚴也。

“觀世音菩薩”。什曰:世有危難,稱名自歸,菩薩觀其音聲,即解脱也。亦名“觀世念”,亦名“觀世自在”。

“得大勢菩薩”。什曰:有大勢力也。以大神力,飛到十方。所至之國,六返振動,惡趣休息。

“梵網菩薩”。什曰:“梵”,四梵行:慈、悲、喜、捨。“網”。言其多。

“寶杖菩薩”。什曰:或物寶,或法寶,以爲杖。

“無勝菩薩”。功德超勝也。

“嚴土菩薩”。什曰:浄國土。

“金髻菩薩”。什曰:金在髻。

“珠髻菩薩”。什曰:如意寶珠,在其髻中,悉見十方世界及衆生行業、果報、因緣。

“彌勒菩薩”。什曰:姓也,此曰“慈氏”。“阿逸多”,字也,此云“無勝”。南天竺婆羅門子也。

“文殊師利法王子菩薩”。什曰：秦言“妙德”。以法身遊方，莫知其所生。又來補佛處，故言“法王子”也。

“如是等三萬二千人”。此五，結衆數。肇曰：歎德列名，所存名以證經也。

“復有萬梵天王尸棄等，從餘四天下來詣佛所而聽法。”此下三，列雜衆。此梵王衆。肇曰：“尸棄”，梵王名，秦言“頂髻”。

“復有萬二千天帝，亦從餘四天下來在會坐。”此帝釋衆，忉利天主也。肇曰：一佛土，百億四天下。一四天下，各有梵釋。故言“餘”。亦或從他佛土來。

“並餘大威力諸天”。此諸天衆。肇曰：除上梵釋，餘大天也。

“龍”。此下八部衆也。肇曰：龍有二種：地龍、虚空龍。種有四生也。

“神”。肇曰：神受善惡雜報，其形勝人劣天，身輕微，難見也。

“夜叉”。肇曰：秦言“輕捷”。有三種：一、在地；二、在虚空；三、天夜叉。居下二天，守天城門閣。

“乾闥婆”。此云“香蔭”。肇曰：天樂神也。居地上寶山中，天須樂時，此神體上有異相現，然後上[□][天][①]也。

“阿修羅”。肇曰：秦言“不飲酒”。此神類，男醜女端正，有大威力，能與天共鬪也。

“迦樓羅”。肇曰：金翅鳥神也。

“緊那羅”。肇曰：秦言“人非人”。其形似人，而頭上有一角，遂稱爲“人非人”。亦天樂神，小不如乾闥婆。

“摩睺羅伽等，悉來會坐。”肇曰：蟒神也。此八神皆有大神力，能自變形，在坐聽法。

“諸比丘、比丘尼。”此下四衆也。肇曰：“比丘”，義同上。“尼”，女名也。上八千比丘，别稱得道者。

“優婆塞”。肇曰：義名“信士”。又曰：五戒爲近事男，八戒爲近住男。

---

① 天，底本、録本無，據《注維摩詰經》[T38n1775p331c20]補。

"優婆夷俱來會坐。""夷"者，女也。准上可知。

"彼時，佛與無量百千之衆恭敬圍繞，而爲説法。"此二，明佛現神變，駭物令信。投人夜光，尠[①]不按劍，況乎深妙，未信而傳。凡物易以相從，難以理悟，故神化無方，使受行也。文有二别：初，明佛現勝身；後，明寶積獻蓋。前文三：法、喻、合也。此即初現勝身也。昔説小乘法微而相劣，今將説大乘法勝而相勝。《法華》云："著弊垢衣，執除糞器。"此表昔説小乘現劣相也。又云："於其門内，踞師子床，羅列寶物。"此表説大乘現勝相也。故下偈文"目净修廣"等，歎勝相；"説法不有不無"等，歎勝法；"始在佛樹"等，歎劣相；"三轉法輪"等，歎權法也。

"譬如須彌山王，顯于大海。安處衆寶師子之座，蔽於一切諸來大衆。"

"須彌山"等，喻也。"安處衆寶"等，合也。肇曰："須彌"，秦言"妙高"，山處大海之中，水上方三百三十六萬里。如來處四部之中，威相超絶，光蔽大衆，猶金山之顯溟海也。

"爾時毘耶離城有長者子，名曰'寶積'，與五百長者子俱持七寶蓋，來詣佛所。頭面禮足，各以其蓋，共供養佛。"此二明獻蓋現瑞，表説净土之相也。文三：初獻蓋，次合蓋，後歸信。此初獻蓋，表大慈蔭物。净土化生，即大慈之事也。肇曰：寶積，亦法身大士也，常與净名俱詣如來，共弘道教。而今獨與里人詣佛者，將生問疾之由，啓兹典之門也。

"佛之威神，令諸寶蓋合成一蓋，遍覆三千大千世界。"此二，合蓋。文二：初、合蓋，表内慈無緣，絶於彼我。二、外現净土，表應物差别，净穢不同。此初也。彼我未亡，寶積等蓋殊而慈局；執亡性一，諸佛所以蓋合而慈覆三千。什曰：現此神變，其旨有二：一者，現神變無量，顯智慧必深；二者，寶積獻其所珍，必獲可珍之果，來世所成，必若此之妙，明因小而果大。

"而此世界廣長之相，悉於中現。又此三千大千世界，諸須彌山、雪山、目真隣陀山、摩訶目真隣陀山、香山、寶山、金山、黑山、鐵圍山、大鐵圍山、大

---

① 尠，録本訛作"尠"，據底本改。

海、江河、川流、泉原(源)[①]及日月、星晨(辰)[②]、天宫、龍宫、諸尊神宫,悉現於寶蓋中。”

二、外現差别。前合蓋既表法身平等,慈覆不殊。此差别者,亦表應身隨緣,國土不一。文二:初、現此界;二、現十方。此中文三:初、十山表陸居衆生住處;二、大海表水族居處;三、日月等表空居住處。然此三類,等以慈覆,故俱現蓋中。肇曰:蓋亦不廣,而彌八極;土亦不狹,而現蓋中。

“又十方諸佛,諸佛説法,亦現於寶蓋中。”二、現十方。吴本云:“十方諸佛,佛國嚴净,及十方佛所在説法,皆現寶蓋中。”此即現相,明宗旨可見矣。肇曰:將顯佛土殊好不同,故通現十方也。諸長者子皆久發道心,而未修净土,欲悦其來供之情,啓净土之志,故因其蓋而現焉。

“爾時一切大衆覩佛神力,歎未曾有。合掌禮佛,瞻仰尊顔,目不暫捨。”此三,覩瑞三業歸信也。什曰:信樂發中,現相於外也。

“長者子寶積,即於佛前,以偈頌曰”。此下三,明問經者,稱揚佛德,使物歸信,爲啓問之由。肇曰:形敬不足以寫心,故復讚之詠之。三十六行偈,述歎。文四:初、歎大乘勝應;二、歎小乘劣應;三、歎現瑞表發;四、歎佛三密功德。前文又三:初、兩行總歎内德;二、兩行明神通;三、五行歎説法。此初也。

“目净修廣如青蓮。”此初四句。此句歎形。肇曰:五情百體,目最爲長,瞻顔而作,故先歎目也。天竺有青蓮花,其葉修而廣,青白分明,有大人目相,故以爲喻也。

“心净已度諸禪定。”此句歎心。肇曰:形長者,目;主德者,心。歎目則攝衆相,歎心則攝萬德。故作者標二爲頌首。禪定之海,深廣無際,自非如來清净真心,無能度者。

“久積净業稱無量。”此句歎因。肇曰:於無數劫,積三净業,故名“稱

① 原,《注維摩詰經》[T38n1775p332b3]作“源”。

② 晨,此讀作“辰”。《集韻·真韻》:“晨,通作辰。”馬王堆漢墓帛書《經法·論約》:“日月星晨有數,天地之紀也。”晋陶潜《祭從弟敬遠文》:“死生異方,存亡有域,候晨永歸,指塗載陟。”南朝宋謝瞻《王撫軍庾西陽集别時爲豫章太守》詩:“來晨無定端,别晷有成速。”“晨”字皆讀如“辰”。

無量”。

“導衆以寂故稽首。”此句歎果。言與衆同遊八正,至寂滅涅槃,故敬禮也。肇曰:“寂”謂無爲,寂滅之道也。

“既見大聖以神變,普現十方無量土。其中諸佛演説法,於是一切悉見聞。”

此二,歎神通也。以見蓋中國土净穢不同,爲下致問之由也。肇曰:既見合蓋之神變,已不可測,方於中現十方國土及諸佛演法,於是忍界一切衆會悉遥見聞,爲希有也。

“法王法力超群生,常以法財施一切。”此三,歎説法。文三。此初,標法施也。肇曰:俗王以俗力勝民,故能澤及一國;法王以法力超衆,故能導濟無疆也。

“能善分別諸法相,於第一義而不動。”此二,兩行歎“法王”義。肇曰:“第一義”爲諸法一相義,雖分別殊相,而不乖一相。此美法王莫易之道,動爲乖矣。

“已於諸法得自在,是故稽首此法王。”肇曰:世王自在於民,法王自在於法。法無定相,隨應而辯。爲好異者辯異而不乖同,爲好同者辯同而不乖異。同異殊辯,而俱適法相,故得自在。

“説法不有亦不無。”此三,釋歎所説大乘二空法也。此初明因緣有故,即有、非有爲法空也。不同小乘捨有證空。此即不亡於空,故名“法執”也。肇曰:欲言其有,有不自生;欲言其無,緣會則形。會形非謂無,非自非謂有。具有有故有無,無有何有無?有無故有有,無無何有有?然則自有則不有,自無則不無。此法王之正説也。

“以因緣故諸法生。”此句釋也。肇曰:有亦不由緣,無亦不由緣。以法非有無,故由因緣生。《論》曰:“法從緣,故不有;緣起,故不無也。”

“無我無造無受者。”此下偈明我本不有,即無無我,入不二門,不同二乘捨我、住無我也。又,我、造、受三,計我之別名。此明由業遷形,豈有常我主其異形哉?肇曰:諸法皆從緣生耳,無別有真宰主之者,故無我也。夫以有我,故能造善惡,受禍福。法既無我,故無造、無受者。

“善惡之業亦不亡。”此句釋也。肇曰:若無造、無受者,則不應有爲善獲福，而爲惡致殃。然衆生心識相傳，美惡由起，報應之道，連鎖相襲，其猶聲和響順，形直影端。此自然之理，無差毫分，復何假常我而主之哉？

“始在佛樹力降魔，得甘露滅覺道成。”此二八偈，歎昔説小乘權現劣身益物也。文四：初兩行明得道，二兩行明轉法輪，三兩行明得益，四兩行怨親平等。此初，光明降魔證滅。謂如來應跡王宫，割愛踰城，歷試邪道，捨邪坐樹，誓取菩提，魔宫振動。先摧[①]色貪，次伏怨敵。外魔既散，方證涅槃；甘露擇滅結習，内魔於兹永盡。“佛樹”者，菩提也。“始”言“初”也。

“已無心意無受行，而悉摧伏諸外道。”此釋伏外也。一解云：昔六行修禪及苦行等，菩薩無心受彼邪法，但爲示同調伏耳。又，肇曰：“心”者何也？染有以生。“受”者何也？苦樂是行。至人冥真體寂，虚空其懷，雖萬法普照而心未嘗有，苦樂是經而不爲受。物我永寂，豈心受之可得？此無心伏於物而，物無不伏。“受”者，受著也。

“三轉法輪於大千，其輪本來常清净。”此二，明詣鹿野苑轉法輪也。道成即化物，故次説法。文二。此先明轉法也。“三轉”者，示相轉、勸修轉、引證轉也。謂初示四諦法相也；次勸修行此四諦也；復言“我已獲證”，令信受也。“大千”者，佛一化境也。肇曰：法輪常净，猶虚空也。雖復古今不同，時移俗易，聖聖相傳，其道不改。

“天人得道此爲證，三寶於是現世間。”此二，明功成。肇曰：初轉法輪時，俱輪等五人、八萬諸天得道。此常清净之明證。覺道既成，佛寶；法輪既轉，法寶；五人出家得道，僧寶。於是言其始也。“五人”者，憍陳如、摩訶男、阿濕卑、婆提、婆敷也。

“以斯妙法濟群生，一受不退常寂然。度老病死大醫王，當禮法海德無邊。”

此三，明得益。明斷見、修惑，得涅槃益也。肇曰：九十六種道，上者亦能斷結，生無色界天。但其道不真，要還墜三途。佛以四諦妙法濟三乘衆生，無有既受還墜生死者，故曰“一受不退”。永畢無爲，故“常寂然”也。又，生、老、病、死，患之重者，濟以法藥，故爲醫王之長也。此則法輪淵曠難測，

① 摧，録本訛作“權”，據底本改。

法海流潤無涯,德無邊也。

“毁譽不動如須彌。”此四,歎平等。文三。此初,八風不動也。肇曰:利、衰、毁、譽、稱、譏、苦、樂,八法之風,不動如來,猶四風之吹須彌也。

“於善不善等以慈。”此二,違順不動。肇曰:截手不慼,捧足不忻。善惡自彼,慈覆不二。又,順法、違法及不違順,心平等也。

“心行平等如虚空,孰聞人寶不敬承。”三、結釋也。肇曰:在天爲天寶,在人爲人寶。寶於人天者,豈天人之所能?故物莫不敬承也。

“今奉世尊此微蓋,於中現我三千界。諸天龍神所居宫,乾闥婆等及夜叉,悉見世間諸所有,十力哀現是化變。衆覩希有皆歎佛,今我稽首三界尊。”

此下四行,頌上獻蓋等三。“奉微蓋”等,獻蓋也。“於中現”等,合蓋也。“衆覩”等,衆歎也。肇曰:“微”,微小也。所奉至微,所見至廣。此是如來哀愍之所現。“十力”者,是如來别稱耳。

“大聖法王衆所歸,净心觀佛靡不欣,各見世尊在其前,斯則神力不共法。”

此下第四,歎佛三密利物功德。此初,身密也。法王慈惠(慧),衆庶懷歸,净信有殊,佛亦隨應。肇曰:法身圓應,猶一月昇天,影現百水,不與二乘共也。

“佛以一音演説法,衆生隨類各得解,皆謂世尊同其語,斯則神力不共法。”

此下六行,歎口密四辯。此初二行,法、詞二辯也。“隨類各解”,諸法名字不同,此法辯也。“皆謂世尊同其言音”,此詞辯也。佛得一切衆生語言陀羅尼,無言之言,不與二乘共也。

“佛以一音演説法,衆生各各隨所解,普得受行獲其利,斯則神力不共法。”

此兩行歎義辯也。凡夫示以因果善惡之義,二乘示以無常寂滅等義,大乘示以不生不滅實相之義。肇曰:好施者聞施,好戒者聞戒。各異受異行,獲其異利:或人天樂異,或二乘涅槃,或究竟菩提。一雨所潤,三草不同,豈二乘共也?

"佛以一音演説法,或有恐畏或歡喜,或生厭離或斷疑,斯則神力不共法。"

此二行樂説辯也。肇曰:衆生聞苦報則恐畏,聞妙果則歡喜,聞不净則厭離,聞法[①]相則斷疑。不知一音何演,而令歡畏異生,此豈二乘所能共也?

"稽首十力大精進,稽首已得無所畏,稽首住於不共法,稽首一切大道師。"

此下七行,歎心密。文三:初兩行歎智德,此兩行明斷德,後三行明恩德也。智與理冥,相如心寂,不可以慮知辯,不可以名數定。言"十力"、"無畏"等者,蓋示物方便耳。智不可屈,力也。不懼外難,無畏也。二乘所無,不共也。名數如别。

"稽首能斷衆結縛,稽首已到於彼岸。"此下斷歎德也。二乘自斷,大聖兼度。此初,自斷結縛。"結"謂九結:愛、恚、慢、無明、疑,此五鈍使;見結,身、邊、邪三見也;取結,戒取、見[取][②]也。此二結,五利使也。慳結、嫉結,十纏中二纏也。"縛"者四縛:貪欲縛、瞋恚縛、戒取縛、見取縛。亦云貪、瞋、癡三縛。又一念取相,頓迷真理,萬惑從起,皆名"結縛"。即一切煩惱皆名爲"結",皆名爲"縛"也。

"稽首能度諸世間,稽首永離生死道。"此明自度結,即能度諸世間,離生死也。

"悉知衆生來去相,善於諸法得解脱。"此下三,明無緣悲化,即恩德也。此行知生去來,於法無著。肇曰:衆生行往來於六趣,心馳騁於是非,悉知之也。又,我染諸法,故諸法縛我。我心無染,則萬縛斯解。

"不著世間如蓮花,常善入於空寂行。"此行知世如幻,而大悲不捨。肇曰:出入自在,而不乖寂,故常善入也。

"達諸法相無罣礙,稽首如空無所依。"此行明解諸法而不取著。肇曰:萬法幽深,誰識其涘[③]?唯佛無閡,故獨稱"達"。而聖心無寄,猶空無依。

---

① "法",録本訛作"法法",中一"法"字當衍,據底本删。

② 取,録本脱,據底本補。

③ 涘,底本、録本訛作"族",據《注維摩詰經》[T38n1775p334a18]改。

"爾時長者子寶積説此偈已,白佛言:'世尊! 是五百長者子,皆已發心阿耨多羅三藐三菩提心。'"

此下明正宗。前序分既合蓋駭心,讚揚信發,故此當根啓悟,證果獲益。文三:初、《佛國》半品,法王命宗;二、《方便》下九品,大士助佛揚化;三、《菩薩行》、《見阿閦》二品,宣揚事訖,還歸印定。如王宣正令,大臣行事,事訖朝尊之類也。初文二:初、寶積請説;二、如來酬答。初請文二。初明發心,即堪聞法之根也。肇曰:"阿耨多羅",秦言"無上"。"三藐三菩提",秦言"正遍知"。道莫之大,無上也。其道真正,無法不知,正遍知也。

"願聞得佛國土清净。"

此請問。文二:先問果,後問因。此初也。佛昔説小乘,以丈六一身爲真身,亦丘陵一國爲真土。今將返小歸大,故於諸方等經,明佛身應物無量,悟丈六之非真。於此經合蓋,見諸佛國殊,亦了丘陵之非實,故因現蓋有此問焉。又,衆生業異,身殊處别;諸佛道一,身土合同。現蓋既國土有殊,故願聞其所以。肇曰:諸長者子久發無上心,而未修净土,所以寶積俱詣、如來現蓋,皆啓其萌[①]也。既於蓋中見諸佛净土殊好不同,志在崇習,故願聞佛所得殊好之事也。

"唯願世尊,説諸菩薩净土之行。"

此二,問因。肇曰:土之所以净,豈校飾之所能? 净之必由行,故請説行。凡行必在學地,故菩薩此問,乃是如來現蓋之微旨、寶積得詣之本意也。

"佛言:'善哉! 寶積! 乃能爲諸菩薩問於如來净土之行。'"

此下二,如來酬答。文四。此初佛讚也。

"諦聽! 諦聽! 善思念之,當爲汝説。"

此二,明誡許也。"諦聽"者,聞惠(慧)也。"善思"者,思惠(慧)也。"念之"者,修惠(慧)也。

"於是寶積及五百長者子,受教而聽。"三,受教也

"佛言:'寶積! 衆生之類,是菩薩佛土。'"此四,明如來答。文四:初、答二問;二、身子疑問;三、指按現净;四、時衆得益。答二問中,佛先答果,有

① 萌,録本訛作"萠",據底本改。"萌"亦作"萠",然録本失真。

法、喻、合。法中又三:標、釋、結也。此初,標章總答。下[①]《經》云:“雖知諸佛國土永寂如空,而現種種清净佛土。”又云:“諸佛如來功德平等,爲教化衆生故,現佛土不同。”明鏡無像,即以所照面爲像;亦法身無處,即以化衆生處爲國土。是以所化衆生之類,是如來應物之國土。肇曰:夫至人空洞無像,應物故形。形無常體,況國土之有恒?[夫][②]以群生萬端,業行不同,殊化異被,至令報應不一。是以净者應之以寶王,穢者應之以石沙。美惡自彼,於我無定。無定之土,乃曰“真土”。然則土之净穢,繫于衆生。故曰:“衆生之類,是菩薩佛土。”惑(或)[③]謂土之净穢繫于衆生者,則是衆生報應之土,非如來土。此蓋未喻報應之殊方耳。嘗試言之,夫如來所修净土以無方爲體,故令雜行衆生同視異見。異見,故净穢所以生;無方,故真土所以形。若夫取其净穢,衆生之報也;本其無方,佛土之真也。豈曰殊域異處,凡聖兩土,然後辯其净穢哉?

“所以者何?菩薩隨所化衆生,而取佛土。”

此二,明列釋四句。文四。此初,明佛國寬狹不同所以。肇曰:此下釋所以衆生即佛土也。“佛土”者,即衆生之影響耳。夫形修影長,形短影促,日月使之然乎?形自然耳。故隨所化衆生之多少,而取佛土之寬狹也。是以佛土,或以四天下,或以三千,或以恒沙爲一國也。

“隨所調伏衆生,而取佛土。”

此二,明佛土净穢不同。肇曰:隨所調伏衆生之深淺,而取佛土之好醜。

“隨諸衆生,應以何國入佛智慧而取佛土?”

此三,明聞法入惠(慧)之差别。如香積根熟,而淳説大乘;娑婆根鈍,乃先三後一之類也。肇曰:衆生自有見净好慕而進修者,亦有見穢惡厭而進修者,所好殊方,而言之耳。所因雖異,然其入佛惠(慧)一也。

“隨諸衆生應以何國起菩薩根,而取佛土。”此下四,明起根不同。如香爲佛事,即於鼻起菩薩根;聲爲佛事,即於耳起根之類也。起根謂信等諸善

① 下,録本訛作“不”,據底本改。

② 夫,録本脱,據底本補。

③ 惑,此當爲“或”之借字。戊本即作“或”,可參。

根,即是發菩提心也。又云:或有忻净起根,厭穢起根。如前。

“所以者何?菩薩取於净國,皆爲饒益諸衆生故。”此三,結釋所以也。肇曰:法身無定,何國之有?美惡斯外,何净可取?取净國者,皆爲彼耳,故隨其所應而取焉。

“譬如有人,欲於空地,造立宫室,隨意無閡。”

此二喻,文二。此初,喻菩薩因化衆生,故有净土。肇曰:净土必因衆生,譬立室必因地。無地無衆生,室土無以成。

“若於虚空,終不能成。”

此喻二乘不化衆生,故無净土也。肇曰:二乘澄神虚無,不因衆生,故無净土也。

“菩薩如是,爲成就衆生故,願取佛國。願取佛國者,非於空也。”

此三,合文可見。

“寶積當知:直①心是菩薩净土。”

此二,答行因也。文二:前横約一十七行,明行净不同,致果各異;後竪約一十三位,明行既從麁階妙,國土亦漸微轉净。此初也。理實萬行,遍是净因。文列十七行者,略標宗旨耳。又此諸行,皆上半明行因;“菩薩成佛”等,皆舉果釋因。復次,自行直心,自招法身正報之果;化人行直心,感善眷屬,得净土之果。又云“自行直心,教人行直心,讚歎直心法,隨喜行直心”者,備此名“净土行”也。准此直心,餘行亦爾。肇曰:土之净也,必在衆生。衆生之净,必因衆行。上直舉衆生以釋土净,今備舉衆行,明其所以净也。夫行净則衆生净,衆生净則佛土净,此必然之數,不可差也。“直心”等者,此約三心明净土。肇曰:土無窪曲,乃出于心直,故曰“直心是菩薩净土”。此即因説果,猶指金爲食也。“直心”者,謂心質直無諂。此心乃萬行之本,故建章有之。

“菩薩成佛時,不諂衆生,來生其國。”

此下舉果釋因。肇曰:化彼同已,自土既成,故令同行斯集。此明化緣相及,故果報相連,“佛土”之義顯也。自下因果相對,或前後異名,或前略後

① 直,底本訛作“真”,録本據文意改,然未出注,失真。

廣,或前因後果,類同行耳。

"深心是菩薩净土。菩薩成佛時,具足功德,衆生來生其國。"

肇曰:樹心衆德,深固難拔,"深心"也。又自心既深,則所化亦深;道因既深,則所感國土自然功德具足也。

"大乘心是菩薩净土。菩薩成佛時,大乘衆生,來生其國。"

《法華》云:"若有衆生,從佛聞法,慇懃精進,求一切智、如來知見、力、無畏等,愍念安樂無量衆生,利益天人,度脱一切,是名'大乘'。"以此化物,成佛之時,國土無二乘之名,香積佛土即其事也。

"布施是菩薩净土。菩薩成佛時,一切能捨衆生,來生其國。"

此下約六度明净土行也。"一切能捨"者,肇曰:外捨國財身命,[内捨]① 貪恚慳嫉,名"一切能捨"也。

"持戒是菩薩净土。菩薩成佛時,行十善道滿願衆生,來生其國。"

肇曰:十善,菩薩戒也。亦有無量戒,略舉十耳。戒具②則無願不[得]③,故言"滿願"也。

"忍辱是菩薩净土。菩薩成佛時,三十二相莊嚴衆生,來生其國。"

肇曰:忍辱顔和,故繫以容相耳,豈直形報而已哉?

"精進是菩薩净土。菩薩成佛時,勤修一切功得(德)④衆生,來生其國。禪定是菩薩净土。菩薩成佛時,攝心不亂衆生,來生其國。智慧是菩薩净土。菩薩成佛時,正定衆生,來生其國。"

肇曰:得正定惠(慧),决定法相,三聚衆生中名"正定聚"也。依《仁王經》,未發菩提心爲邪定聚,十信爲不定聚,十住已去爲正定聚。

"四無量心是菩薩净土。菩薩成佛時,成就慈、悲、喜、捨衆生,來生其國。"

此慈、悲、喜、捨也。肇曰:此四心周被無際,故名"無量"也。此下雜就

---

① "内捨"二字録本脱,據底本補。

② 具,録本訛作"其",據底本改。

③ 得,録本脱,據底本補。

④ 得,此讀如"德"。《荀子·成相》:"舜授禹以天下,尚得推賢不失序。"王先謙集解:"得當爲德。"

萬行明也。

“四攝法是菩薩净土。菩薩成佛時,解脱所攝衆生,來生其國。”

肇曰:以四事攝衆生,爲“四攝”也。一者、惠施財法,隨彼所須;二者、愛心和言,隨彼所適;三者、利行,隨彼所利,方便利之;四者、同事,遇惡同惡而濟惡,遇善同善而進善。菩薩以此爲解脱生死而攝衆生,不同凡夫爲恩愛、名利、王法等相攝縛也。

“方便是菩薩净土。菩薩成佛時,於一切法方便無閡衆生,來生其國。”

肇曰:“方便”,巧惠(慧)也。積小德而獲大功,功雖就而不爲證,無爲而無所不爲,此方便無礙[①]也。復此菩薩自行善巧,不退善根;化他善巧,能進物善。故云“無礙方便”也。

“三十七道品是菩薩净土。菩薩成佛時,念處、正懃、神足、根、力、覺、道衆生,來生其國。”

肇曰:“念處”,四念處。“正懃”,四正懃也。“神足”,四神足。“根”,五根也。“力”,五力也。“覺”,七覺意也。“道”,八正道。菩薩以此正道化物,故成佛時,正修衆生同生其國,外道邪修土所無也。

“迴向心是菩薩净土。菩薩成佛時,得一切具足功德國土。”

迴己功德,普施衆生,同向菩提,不住餘果,此大士迴向也。復次,施等善行,招人天報,若能迴向,俱到菩提,此迴向爲大利也。復次,事即世善,理即菩提,若能即事悟理,此真迴向也。故下文云“布施性即是迴向一切智性”,此之謂歟! 又,迴向菩提,何德不具也?

“説除八難是菩薩净土。菩薩成佛時,國土無有三惡八難。”

“八難”者,三塗、北洲、無想天、世智邪辯、佛前、佛後、生聾、生盲也。有説願生善處輪,除初五難;發正願輪,除世智辯;聰值善人輪,除佛前、佛後;深種善根輪,除生聾、盲也。又,諸經明:或聞佛名、菩薩名、相好名、經名、陀羅尼名、“常住”二字等,皆除三惡八難,見佛聞法也。且,八難,患之極;能除,利之最。行不至艱,功濟甚大。凡諸學者[②],可不勉歟!

---

① 礙,録本訛作“閡”,據底本改。

② 者,録本訛作“去”,據底本改。

“自守戒行,不譏彼闕,是菩薩净土。菩薩成佛時,國土無有犯禁之名。”

肇曰:犯禁惡名,出于譏彼而不自守也。

“十善是菩薩净土。菩薩成佛時,命不中夭、大富、梵行、所言誠諦、常以軟語、眷屬不離、善和[①]諍訟、言必饒益、不嫉、不恚、正見衆生,來生其國。”

肇曰:“不中夭”,不殺報也。“大富”,不盗報也。“梵行”,不淫報也。“誠諦”,不妄語也。“軟語”,不惡口。“不離”、“和諍”,不兩舌也。“饒益”,不綺語也。“不嫉”、“不恚”、“正見”,嫉、恚、邪見,心患之尤者,故别立三善也。

“如是,寶積! 菩薩隨其直心,則能發行。”

此下二,明竪約諸行相資,至極净土也。叡曰:上但廣明衆行因果相對,此明諸行自爲始終,階麁至極,始於菩薩自行直心,終國土衆生一切都净也。肇曰:夫心直則信固,然後能發迹造行。然始於萬行者,其唯直心乎! 此章明行之次漸,微著相因,是以始于直心,終于净土。譬猶殖栽絲髮,其茂百圍。直心樹其萌[②],衆行因而成,故言“隨”。復次,有以位名配此經句,經文雖不明説,理亦無違。則直心配十住,乃至功德净配法雲可知。

“隨其發行,則得深心。”肇曰:既能發行,則道情彌深。

“隨其深心,則意調伏。”肇曰:道情既深,則無麁獷[③]也。

“隨意調伏,則如説行。”肇曰:心既調柔,則聞斯能行也。

“隨如説行,則能迴向。”肇曰:聞既能行,則能迴其所行,標心勝境。

“隨其迴向,則有方便。”肇曰:既迴向大乘,則大方便之所[由][④]生也。

“隨其方便,則成就衆生。”肇曰:方便之所立,期在成衆生也。

“隨成就衆生,則佛土净。”肇曰:衆生既净,則無穢土也。

“隨佛土净,則説法净。”肇曰:既處净土,則有净説。

“隨説法净,則智慧净。”肇曰:既有净説,則有净智慧生。

---

① 和,録本訛作“知”,據底本改。

② 萌,録本訛作“萠”,據底本改。“萌”亦作“萠”,然録本失真。

③ 獷,録本訛作“横”,據底本改。

④ 由,録本脱,據底本補。

“隨智慧净，則其心净。”肇曰：净智既生，則净心轉明也。

“隨其心净，則一切功德净。”肇曰：積德不已者，欲以净心；心既净，則無德不净。

“是故寶積，若菩薩欲得净土，當净其心。隨其心净，則佛土净。”

肇曰：結成“净土”義也。“净土”，蓋是心之影響耳。夫欲響順，必和其聲；欲影端，必[1]正其形。此報應之大數也。

“爾時，舍利弗承佛威神，作是念：‘若菩薩心净則佛土净者，我世尊本爲菩薩時，意豈不净？而是佛土不净若此？’”

上佛答二問，既不悟解，故次第二，託[2]緣生論。文二：初、身子生疑；後、梵王見異。初中又四：一、生疑；二、質[3]問；三、奉對；四、解釋。此初，明聲聞不知真土穢净斯亡[4]，應土穢净隨物，謂佛實報丈六[5]，依報丘陵，故示執果疑因。因若必净，土不應穢；如其穢也，不應成佛。故疑問焉。肇曰：土之净穢，固非二乘之所能及也。如來將明佛土常净，美惡生彼，故以威神發其疑念，以生言端，故言“承”也。

“佛知其念，即告之言：‘於意云何？日月豈不净耶？而盲者不見。’”

此二，舉喻質問。

“對曰：‘不也。世尊！是盲者過[6]，非日月咎。’”此三，對以盲過也。

“舍利弗！衆生罪故，不見如來佛國嚴净，非如來咎。舍利弗！我此土净，而汝不見。”

此下四，明解釋。肇曰：“日月豈不明？不見自由瞽。佛土豈不净？罪穢故不覩。”豈唯凡夫不覩，身子二乘智眼亦不見。

“爾時螺髻梵王語舍利弗：‘勿作是意，謂此佛土以爲不净。所以者何？我見釋迦牟尼佛土清净，譬如自在天宫。’”

---

① 必，録本訛作“正”，據底本改。

② 託，録本訛作“記”，據底本改。

③ 甲本以下殘。

④ 亡，録本訛作“云”，據底本改。

⑤ 六，底本、録本訛作“六六”，中一“六”字當衍，據戊本删。

⑥ 過，底本、録本訛作“過過”，中一“六”字當衍，據戊本删。

此下二，明螺髻見净。文三。此初，梵王同天見净。什曰：佛國清净，階差不同。或如四天乃至如六天，或如梵天乃至净居，或有過净居，唯補處菩薩生此國也。稱適衆心，故現國不同。肇曰：佛土真净，超絶三界，豈直如天宫世净而已哉？此蓋齊其所見而爲言耳！舍利弗在人而見土石，梵王居天而見若天宫。自餘所見，亦各不同。佛土殊應，義存于此也。

"舍利弗言：'我見此土，丘陵坑坎，荆蕀沙礫，土石諸山，穢惡充滿。'"

此二，身子執穢。

"螺髻梵言：'仁者心有高下，不依佛惠(慧)，故見此土爲不净耳。舍利弗！菩薩於一切衆生悉皆平等，深心清净。依佛智慧，則能見此佛土清净。'"

此三，釋二見所以。先明身子，次辨梵王也。下文云："雖知諸佛國及與衆生空，而常修净土，教化於群生。"身子不了净穢隨緣，不依佛惠(慧)，忻净厭穢，心有高下，非真見也。大士了此净穢應現，名"依佛惠(慧)"；知生如幻，故皆平等。既净穢常一，名"真見"也。

"於是佛以足指按地，即時三千大千世界，若干百千珍寶嚴飾，譬如寶莊嚴佛無量功德寶莊嚴土。一切大衆歎未曾有，而皆自見坐寶蓮花。"

此三，明如來現净。文四。此初，指按現净，文有現净、况净、衆見也。前佛答二問，身子生疑。梵王啓論，衆既不悟，故假現變，使知净穢無定，返權悟實矣。生曰：現此變者，示無定相，以遣封穢之情，使取爲净之旨。肇曰：寶莊土，净土之最，故以爲喻也。自見坐花可解。

"佛告舍利弗：'汝且觀是佛土嚴净。'"

此二，勸觀净也。生曰。"且觀"，且寄嚴净，以明無穢，於實乃[□□][現，亦][1]無事净土矣。

"舍利弗言：'唯然世尊！本所不見，本所不聞，今佛國土嚴净悉現。'"

此三，對佛。昔在小乘法會，不見净土，亦不聞説。今屆兹會，方見嚴净。

"佛語舍利弗：'我佛國土，常净若此。爲欲度斯下劣人故，示是衆惡不净土耳。'"

---

① "現亦"二字底本、録本無，據《注維摩詰經》[T38n1775p338a22]補。

此下四，釋今昔浄穢所以也。文三：此初，法説也。肇曰：自佛而言，故常浄若此；外應下劣，故不浄同彼也。

“譬如諸天共寶器食，隨其福德，飯色有異。”

此二喻也。肇曰：飯在器色一，在手[①]不同。飯豈有異？異自天耳。佛土不同，方此可知。故下文云：“諸佛如來功德平等，爲教化衆生故，而現佛土不同。”

“如是，舍利弗！若人心浄，便見此土功德莊嚴。”

三，合文可見。

“當佛現此國土嚴浄之時，寶積所將五百長者子，皆得無生法忍。”

此大段第四，時衆得益。□□(文中)[②]大小二乘，各有深淺二益也。此深悟無生也。《大品》即色明空，悟空色不二，亦證無生法忍。《法花·壽量》即伽耶短壽明長壽，悟法身非長非短，亦悟無生忍。此經即識明浄，□□(寶積)[③]等悟浄穢不二，亦得無生忍。以此而觀，衆經殊唱，會歸同致。肇曰：佛國之興，其正爲□(此)[④]。無生忍，同上“不起法忍”也。

“八萬四千人發阿耨多羅三藐三菩提心。”此淺者發心也。

“佛攝神足，於是世界還復如故。求聲聞乘三萬二千天及人，知有爲法皆悉無常，遠塵離垢，得法眼浄。”

此二，小乘益。既不悟浄穢應緣，故執實有，爲見無常也。肇曰：國土穢而可浄，浄而復穢，因悟無常，故得法眼。“法眼”，名“須陀洹道”也。始見道迹，故得“法眼”名。“塵”、“垢”，八十八結也。

“八千比丘，不受諸法，漏盡意解。”

肇曰：無著之道，於法無受、無染、漏盡。九十八結漏既盡，故意得解脱，成羅漢也。

---

① 手，録本訛作“乎”，據底本改。

② “文中”二字底本殘，録本作缺文，據戊本補。

③ “寶積”二字底本殘，録本作缺文，據戊本補。

④ 此，底本殘，録本作缺文，據戊本補。

方便品第二

此下第二,净名助佛闡揚净土之化。九品經文,大分爲二:初三品室外訶彈,後六品室内攝受。又,先析仕(士)①庶,次訶聲聞,後訶菩薩,三品淺深之次也。此以歎净□(名)②益物方便,□□(故目)③"品"也。

"爾時,毘那耶離大城中,有長者名'維摩詰'。"

肇曰:此經之□(作)④,起于净名。其微言幽唱,亦備之後文。出經者欲遠存其人,以弘其道教,故此一品,全序其德也。品文二:先歎德,次益物。初中歎本、迹二身:法身十德,本也;應身三業,迹也。天台云:西方貴人,稱爲"長者",皆具十德。今净名法身長者,十德亦然。十德如科文。

"已曾供養無量諸佛,深殖善本。"

第一、姓貴者。殖(值)⑤佛聞法,從法化生也。肇曰:樹德先聖,故善本深殖也。

"得無生忍。"

二、證位高也。三賢業生。七地願生。八地已去,法身無生,名"無生忍"。此法身大士,名"龍象"也。

"辯才無閡,遊戲神通,逮諸總持。"

此三、業德藏,名"大富"也。"辯才",口業;"神通",身業;"總持",心業。曠劫積修,三輪德滿,功濟庶物,莫大於兹。

"獲無所畏,降魔勞怨。"

四、威勢。肇曰:菩薩四無畏也。四魔勞我,爲怨也。

"入深法門,善於智度,通達方便,大願成就。明了衆生心之所趣,又能分別諸根利鈍。"

---

① 仕,此讀如"士"。《孟子·公孫丑下》:"有仕於此,而子悦之,不告於王,而私與之吾子之禄爵。"焦循正義:"《論衡·刺孟篇》述此文'仕'作'士'……'仕'與'士'古多通用。"

② 名,録本作缺文,據底本補。

③ "故目"二字録本作缺文,據底本補。

④ 作,録本作缺文,據底本補。

⑤ 殖,此當爲"值"之借字。戊本即作"值",可參。

五、二智深也。實智深入，智度圓滿；權智方便，弘誓成就。此自行二智也。了衆生心，同歸本覺，見真也；分別利鈍，隨根教化，照俗也。此二化他二智也。

“久於佛道，心已純淑，決定大乘。”

六、年耆。百千僧祇，積修妙智；八地法身，決定真僞。此年耆也。

“諸有所作，能善思量。”

七、行無失。肇曰：身口意有所作，智慧恒在前，故所作無失也。

“住佛威儀，心大如海。”

八、禮儀備也。肇曰：舉動進止，不失聖儀。海有五德：一、澄浄不受死屍。二、多出妙寶。三、大龍降雨，渧如車軸，受而不溢。四、風日不能竭。五、淵深難測。大士心浄，不受毁戒之屍，出惠(慧)明之寶；佛大法雨，受而不溢；邪魔風日，不能虧損；其智淵深，莫能測者。故曰“心大如海”。

“諸佛咨嗟。”

九、上人嗟歎。一念浄信，爲佛稱揚，况法身哉？

“弟子、釋、梵、世、主所敬。”

此十、下人歸敬。“弟子”，聲聞也。“釋”，帝釋也。“梵”，梵王也。“世”，護世四王也。“主”，諸國主也。伏其首，則群下從之。

“欲度人故，以善方便，居毘耶離。”

此下第二，歎迹化之德。文三：初標益物處，次列三業益物，後結歎。初標可見。

“資財無量，攝諸貧民；奉戒清浄，攝諸毁禁；以忍調行，攝諸恚怒；以大精進，攝諸懈怠；一心禪寂，攝諸亂意；以決定惠(慧)，攝諸無智。”

此第二，列三業方便。初六度攝物，心密方便；次“白衣”下十八事，身密方便；後“長者中尊”下十一事，口密方便。品目之作，其在兹焉。初“資財”等六度者，肇曰：至人不現行六度。現行六度者，爲攝六蔽耳。此中非慳、非施等，法身本；布施、奉戒等，化物迹。非本不可以證真，非迹不可以化物。此初，六度方便也。

“雖爲白衣，奉持沙門清浄律行。”

此下身密方便。雖現白衣之儀，而不乖法身之本。法身寂滅，即佛所持大沙門律行也。肇曰:秦言義訓“勤行”,勤行趣涅槃也。亦曰“休息”,息生死往來也。

“雖處居家,不著三界。”“三界”,生死之家。知如幻,故“不著”。

“示有妻子,常修梵行。”肇曰:“梵行”,清净無欲行也。又曰:患欲淤泥故。

“現有眷屬,常樂遠離。”肇曰:在衆若野。又曰:覺愛别離故。

“雖服寳飾,而以相好嚴身。”肇曰:外服俗飾,而内修相好也。

“雖服飲食,而以禪悦爲味。”肇曰:外食世饍,而内甘禪悦。

“若至博弈戲處,輒以度人。”傳云:“博弈”,圍碁也。空棄光陰,無裨來業。肇曰:因戲止戲。

“受諸異道,不毁正信。”肇曰:同於異者,欲令異同於我耳。豈正信之可毁?“受”謂受學道法也。

“雖明世典,常樂佛法。”肇曰:世典雖盡明,所樂在真法。

“一切見敬,爲供養中最。”肇曰:含齒無不敬,净養無不供。故曰“爲致養之最”也。

“執持正法,攝諸長幼。”肇曰:外國諸部曲皆立三老,有德者爲執法人,以决鄉[①]訟、攝長幼也。净名現執俗法,因通道法也。

“一切治生諧偶,雖獲俗利,不以喜悦。”

[□□][肇曰][②]:貪生圖業,有身皆患。世利稱心,彌增流浪。大士誡之,不以喜悦。

“遊諸四衢,饒益衆生。”肇曰:四衢要路,人所交集。隨彼所須,而爲益焉。

“入治政法,救護一切。”肇曰:“治政法”,律官也。導以正法,使民無偏枉,救護一切也。

“入講論處,導以大乘。”外道二乘,執見異論。大士攝伏,導以大乘,令其解脱。

---

① 鄉,録本訛作“卿”,據底本改。

② “肇曰”二字底本、録本脱,據己本補。

“入諸學堂，誘開童蒙。”肇曰：“學堂”，童蒙書學堂也。“誘開”，如太子入學現梵書比也。

“入諸淫舍，示欲之過。”肇曰：外國淫人，别立聚落。凡預士流，目不暫顧。大士同其欲，然後示其過。

“入諸酒肆，能立其志。”肇曰：酒致失志，開放逸門也。

“若在長者，長者中尊，爲説勝法。”

此下三，明口密益物。肇曰：凡人易以威順，難以理從。大士每處其尊，以弘風靡之化。長者豪族望重，多以世教自居，不求出世勝法，永處輪迴。

“若在居士，居士中尊，斷其貪著。”肇曰：積財一億，入居士里，寶貨彌殖，貪著自纏，豈思出離？

“若在刹利，刹利中尊，教以忍辱。”肇曰：“刹利”，王者種也，秦言“田主”。劫初人食地味，轉食自然粳米。後人情漸僞，各有封殖，遂立有德，處平分田，此王者之始也。其尊貴自在，多强暴怒，恣意傷害，自取淪（輪）[①]迴，故教以和忍。

“若在婆羅門，婆羅門中尊，除其我慢。”肇曰：秦言“外意”，以道學爲業，或在家，或出家苦行，多恃己[②]道術，我慢自蔽，没生死流。

“若在大臣，大臣中尊，教以正法。”肇曰：“正法”，治正法也。教以正法治國，以道佐[③]時，亦令知身如泡，不保榮禄。

“若在王子，王子中尊，示以忠孝。”爲臣須忠，爲子應孝。肇曰：所承處重，宜以忠孝爲先也。

“若在内官，内官中尊，化正宫女。”什曰：外國法取歷世忠良、耆長有德爲内官，化正宫女。嗜色之業，報以女身。若不正修，豈能出離？

“若在庶民，庶民中尊，令興福力。”肇曰：福力微淺，故生庶民。衣食尚乏，安能進道？

“若在梵天，梵天中尊，誨以勝惠（慧）。”肇曰：梵天多有禪福，不求出世

① 淪，此當爲“輪”之借字（“淪”字《廣韻》一音力迍切，與“輪”同）。

② 己，録本訛作“已”，據底本改。

③ “佐”前録本有一缺文。按：細辨底本此處實無字，結合文意，據底本、戊本删。

勝惠(慧)。

“若在帝釋,帝釋中尊,示現無常。”“無常”者,滌欲愛之神湯。凡未離欲界者,豈不銘心哉! 什曰:“梵”,垢薄而著淺,故爲説勝惠(慧);“釋”,愛重而著深,故現無常也。

“若在護世,[護世][①]中尊,護諸衆生。”“護世”,四天王也。東方持國主,主二部:揵闥婆、毘舍闍;南方增長主,主二部:鳩槃茶、薜荔多;西方雜語主,主二部:龍及富單那;北方多聞主,主二部:夜叉、羅刹。護諸世間也。

“長者維摩詰以如是等無量方便,饒益衆生。”

此第三,結歎也。肇曰:法身圓應,其迹無端,故稱“無量”。上略言之耳。

“其以方便,現身有疾。”

此下第二,現疾益物。文四:一、明方便現疾;二、諸人參問;三、因爲説法;四、聞法得益。此初也。肇曰:雖復變現殊方,妙迹不一,然此經之起,本于現疾,故作者别序其事也。

“以其疾故,國王、大臣、長者、居士、婆羅門等,諸王子並餘官屬,無數千人,皆往問疾。”此下第二,著有衆生因集參問也。

“其往者,維摩詰因以身疾,廣爲説法。”此三,明因疾説法。文二:初、勸厭凡身;二、勸求佛身。前文復二:前明緣理正觀,後辨緣事對治觀。此總標也。肇曰:同我者易信,異我者難[②]順。故因其身疾,明有身之患。什曰:欲明履道之身未免斯患,況於無德而可保耶?

“諸仁者! 是身無常、無强、無力、無堅,速朽之法,不可信也。”此下,次正説無常、苦、空、無我四觀文也。此初,無常觀。夫“無常”者,悟身有爲,體性[生][③]滅,此理無常也,可[④]階道果。若四時代謝,形變色衰,此是事轉,非真悟也。肇曰:身之危脆,强力不能保,孰能信其永固者? 此“無常”義也。

① “護世”二字録本脱,據底本補。
② 難,録本訛作“雖”,據底本改。
③ 生,録本脱,據底本補。
④ 可,録本訛作“阿”,據底本改。

“爲苦爲惱，衆病所集。諸仁者！如此身，明智者所不怙。”

此二，苦觀。法身常樂，無漏因生；則知漏因生身，性本自苦。見此苦理，道果從生。若待鞭撻傷害方見苦者，非苦理也。病惱相仍，明智不怙。“怙”，恃怙也。

“是身如聚沫，不可撮摩。”此下十喻明空觀。“身”者，因是妄惑，果是僞報。觀察此理，名“悟空”也。復次，四大虚僞，不真故空，亦非毁滅代謝之空哉！肇曰：撮摩聚沫之無實，以喻觀身之虚僞。此下至電喻，明“空”義也。

“是身如泡，不得久立。”肇曰：不久似明“無常”義。然水上泡，以虚空中不實，故不久立，猶“空”義也。

“是身如焰，從渴愛生。”肇曰：渴見陽焰，惑以爲水；愛見四大，迷以爲身。

“是身如芭蕉，中無有堅。”芭蕉之草，唯葉無幹。

“是身如幻，從顛倒起。”肇曰：見幻爲人，四大爲身，皆顛倒也。

“是身如夢，爲虚妄見。”妄心所計，虚誑如夢。

“是身如影，從業緣現；是身如響，屬諸因緣。”肇曰：身之起乎業因，猶影響之生形聲。

“是身如浮雲，須臾變滅；是身如電，念念不住。”肇曰：“變滅”、“不住”，似釋“無常”。然皆取其虚僞不真，故速滅不住，猶釋“空”義也。

“是身無主，爲如地。”此下六界觀“無我”也。肇曰：夫萬事萬形，皆四大成。在外則爲土石山河，在内則爲四支百體。聚而爲生，散而爲死。生則爲内，死則爲外。内外雖殊，然其大不異，故以内、外四大類明“無我”也。外地，古[1]今相傳，强者先宅，故“無主”也。身亦尔（爾）[2]，衆緣所成，緣合則起，緣散則離，何有真宰常主之者！主、壽、人即是一“我”，義立四名耳。地性能持，妄計爲主。

“是身無我，爲如火。”火性炎上，妄計爲“我”。肇曰：縱任自由，謂之

① “古”字後録本衍一“故”字。按：底本先誤書“故”字，發覺後於旁注正字“古”。兹據删。

② 尔，録本訛作“示”，據底本改。戊本亦作“尔”，可參。

“我”。而外火起滅由薪，火不自在；不自在，火無我也。外火既無我，内火類可知。

“是身無壽，爲如風。”風息通命，妄計爲壽。肇曰：常存不變，謂之“壽”。而外風積氣飄鼓，動止無常；動止無常，風無壽也。外風既無壽，内風類可知。

“是身無人，爲如水。”水性隨物，妄計爲人。肇曰：貴於萬物，而始終不改，謂之“人”。而外水善利萬形，方圓隨物，窪隆異適[①]，而體無定。若體無定，則水無人也。外水既無人，内水類可知。

“是身不實，四大爲家。”此身骨肉等，地大；血髓等，水大[②]；煖氣等，火大；喘息等，風大。不了四大，妄計爲身，假會爲家，非實身也。

“是身爲空，離我、我所。”此五，空界觀。身之呻吟，猶橐[③]籥哉！聲動因空，空無我所。既無我所，何以外空耶？

“是身無知，如草木瓦礫。”此六，識界觀也。草木隨氣，變化萬形；識身隨業，受報非一。既緣變無常知，何異草木？又，草木隨氣榮枯，識亦隨緣生滅。生滅無定知，何異草木？肇曰：身雖能觸而無知，内識能知而無觸。自性而求，二俱無知。既曰“無知”，何異瓦礫？

“是身無作，風力所轉。”此破作者也。身隨業風，巧拙異動，無作者也。肇曰：舉動事爲，風力使然，誰作之者？

“是身不净，穢惡充滿。”此下明緣事對治觀，破思惟惑也。肇曰：三十六物，充滿其體，此不净想也。

“是身爲虚僞，雖假以澡浴衣食，必歸磨滅。”肇曰：雖復澡以香湯，衣以上服，苟曰非真，豈得久立？此虚僞想也。

“是身爲災，百一病惱。”肇曰：一大增損，百一病生。此災患想也。

“是身如丘井，爲老所逼。”“丘井”者，故破村落丘墟故井也。謂人物宫室，移就新居，井不可改，日見崩壞。人老亦然，盛力少色，皆悉遷移；衰老形

① 適，録本訛作“遍”，據底本改。戊本亦作“適”，可參。

② “大”字前乙本殘。

③ 橐，録本訛作“盗”，據底本改。乙、戊二本亦作“橐”，可參。

骸，留此散壞。此老壞想也。肇曰：神之處身，爲老死所逼；猶危人之在丘井，爲龍蛇所逼也。緣在他經。

“是身無定，爲要當死。”死苦。肇曰：壽夭雖無定，不得不受死。此必死想也。

“是身如毒蛇，如怨賊，如空聚，陰、界、諸入所共合成。”此總明不可樂想也。肇曰：四大喻四蛇，五陰喻五賊，六情喻空聚，皆有成喻在他[1]經。五陰、十八界、十二入，三法假合成身，猶若空聚，無可寄也。

“諸仁者！此可患厭，當樂佛身。”此下第二，勸求佛身。文四：第一舉勸，第二徵勸，第三釋勸，第四結勸。此初，舉厭勸忻。肇曰：吾等同有斯患，可厭久矣，宜共樂求佛身也。

“所以者何？”此二，徵勸意。肇曰：近見者，謂佛身直是形之妙者，未免生死寒暑之患，曷爲而求？將辨法身妙極之體。

“佛身者，即法身也。”

此三，釋勸。文三：初、辨果體；二、明修因；[□□□][三、總結。][2]此初也。肇曰：《經》云“法身”者，虛空身也。無生而無不生，無形而無不形，超三界之表，絶有心之境。陰入所不攝，稱謂所不及。寒暑不能爲其患，生死無以化其體。故其爲物也，微妙無像，不可爲有；備應萬形，不可爲無。彌綸八極，不可爲小；細入無間，不可爲大。故能出生入死，通洞乎無窮之化；變現殊方，應無端之求。此二乘之所不議，補處之所未覿。況凡夫無因，敢措思於其間哉？聊依經誠言，粗標其玄極耳。然則法身在天而天，在人而人，豈復近捨丈六而遠求法身乎？

“從無量功德、智慧生。”此二明修因。肇曰：夫妙極之身，必生乎妙極之因。功德、智慧，大士二業也。此二蓋是萬行之初門，泥洹之關要，故唱言有之。

“從戒、定、惠（慧）、解脱、解脱知見生。”肇曰：五分法身也。

“從慈、悲、喜、捨生。”四等也。

---

① 他，録本訛作“地”，據底本改。乙、戊二本亦作“他”，可參。

② “三總結”三字底本、録本脱，據庚本補。

“從布施、持戒、忍辱、柔和、勤行、精進、禪定、解脱、三昧、多聞、智慧諸波羅蜜生。”肇曰:“禪”,四禪。“定”,四空定。“解脱”,八解脱。“三昧”,三三昧。此皆禪度之别行。

“從方便生。從六通生。”肇曰:自非六通、方便生其無方之化,無以成無極之體。

“從三明生。”肇曰:天眼、宿命智、漏盡通爲“三明”。

“從三十七道品生。從止觀生。”三十七品如下。什曰:始觀時係心[□][一][1]處名“止”,静極則明,明則惠(慧),惠(慧)名“觀”。

“從十力、四無所畏、十八不共法生。”名數如常。自非剋圓勝德,何能證兹法身!

“從斷一切不善法、集一切善法生。”肇曰:必斷之志,必集之情,此二心行之綱目也。

“從真實生。從不放逸生。”肇曰:“真實”,善根所以生;“不放逸”,功業所以成。此二心行之要也。

“從如是無量清净法生如來身。”此總結也。

“諸仁者!欲得佛身、斷一切衆生病者,當發阿耨多羅三藐三菩提心。”此四結勸,起悲願也。肇曰:發無上心,豈唯自除病,亦濟群生病。

“如是,長者維摩詰爲諸問疾者如應説法,令無數千人,皆發阿耨多羅三藐三菩提心。”此四,結益也。

弟子品第三

此二,明弟子因命問疾,寄宣呵辭,挫小進大,故目品焉。

“爾時,長者維摩詰自念寢疾于床。”

品文二:初自念疾,後佛命問疾。此初,先自念也。生曰:“自念寢疾”者,自傷念疾也。夫有身則有疾,此自世之常耳。達者體之,何所傷哉!然毘耶離諸長者子皆覲[2]佛聽法,維摩詰事應是同,而礙疾不預,理在致傷。故

① 一,底本、録本無,據《注維摩詰經》[T38n1775p343b28]補。

② 覲,録本訛作“觀”,據底本改。乙、戊、庚三本亦作“覲”,可參。

託以崇法,招佛問疾也。

“世尊大慈,寧不垂愍?”此念問。肇曰:世尊大慈,必見垂問,因以弘道,所濟良多。此現疾之本意也。

“佛知其意,即告舍利弗:‘汝行詣維摩詰問疾。’”

此二,命問疾人。先別命十人,此初章也。文二:初命,後辭。此初命也。肇曰:至人懸心默通,不先形言,冥機潛應,故先敕也。如其知諸人不堪而猶命者,將顯净名無窮之德,以生衆會悕仰之情耳。“舍利”,此名“身”,其母名也。“弗”,秦言“子”,天竺多以母名名子。

“舍利弗白佛言:‘世尊!我不堪任詣彼問疾。’”此二,辭也。文四:一、奉辭不堪;二、略出所以;三、廣引彈事;四、結辭不堪。此即初也。生曰:有以致辭,非拒命也。託不拒命之辭,以取推[1]維摩詰義。

“所以者何?憶念我昔曾於林中宴坐樹下。”

此二,“所以”下,徵釋不堪所由也。“宴”,安也。禪定安心,故云“宴坐”。聲聞入定,不過八地定及滅盡定,皆是厭下麁動,忻於上定。故示隱身於林,息亂於定,此非真宴寂。

“時維摩詰來謂我言:‘唯!舍利弗!不必是坐爲宴坐也。’”

此三,“時維摩詰”下,引所彈事。文三:總、别、結也。此初,總呵不必此坐爲真坐也。夫心體離念,性本寂滅。體此安住,名“真宴坐”。豈同二乘,厭亂忻定,而爲宴寂哉!

“夫‘宴坐’者,不於三界現身意,是爲‘宴坐’。”

此二。“夫‘宴坐’”下,别訶。文六。此初,訶形神不寂失。夫三界性空,未嘗不寂;身心如幻,何時不定?豈有厭忻哉!肇曰:今舍利弗猶有世報生身及世報意根,故以人間爲煩擾,而宴坐林下,未能形神無迹,故致斯呵。

“不起滅定,而現諸威儀,是爲‘宴坐’。”

二、呵寂用相乖失。小乘滅受想心,名爲“滅定”,故滅而無用也。菩薩體心性常寂滅,名“滅盡定”,故寂而常用。肇曰:小乘人入滅盡定,則形猶枯木,無運用之能。大士入實相定,心智寂滅,而形充八極,順機而作,應會無

---

[1] 推,録本訛作“權”,據底本改。乙、戊、庚三本亦作“推”,可參。

方，舉動進止，不捨威儀。其爲“宴”也，亦以極矣！

“不捨道法，而現凡夫事，是爲‘宴坐’。”

三、訶真俗異緣失。《仁王》云：“雙照二諦平等道。”照真故道法，照俗故凡事。肇曰：小乘障隔生死，故不能和光；大士美惡齊旨，道俗一觀，故終日凡夫，終日道法也。净名之有居家，即其事也。

“心不住内，亦不在外，是爲‘宴坐’。”

四、訶心住内外失。心生則内外相生，心寂則内外相滅，此無住爲住也。肇曰：身爲幻宅，曷爲住内？萬物斯虚，曷爲在外？小乘防念，故繫心於内；凡夫多求，故馳想於外。大士齊觀，故内外無寄也。

“於諸見不動，而修行三十七品，是爲‘宴坐’。”

五、呵乖中起行失。肇曰：“諸見”，六十二諸妄見也。夫以見爲見者，要動捨諸見，以修道品。大士觀諸見真性即是道品，故不近捨妄見而遠修道品也。如小乘觀身不净，破净倒，名“見動”。大士觀身性空，非垢非净，名爲“不動”。念處既爾，餘品例然。

“不斷煩惱，而入涅槃，是爲‘宴坐’。”

六、訶染净未融失。肇曰：七使、九結，惱亂群生，名爲“煩惱”。煩惱真性，即是涅槃。惠（慧）力强者，觀煩惱即是入涅槃，不待斷而後入也。

“若能如是坐者，佛所印可。”

此三，結也。肇曰：此平等法坐，佛所印可。豈若仁者有待之坐乎！

“時我，世尊！聞是語已，默然而止，不能加報。故我不任詣彼問疾。”

此四，結不堪也。肇曰：理出意外，莫知所對。

“佛告大目犍連：‘汝行詣維摩詰問疾。’”

文二。此初，命也。“目連”，此云“採菽”，姓①也，輔相之族。字“拘律陀”，此樹名也。禱樹求之，因以名也。肇曰：弟子中神通第一。生曰：夫人才有長短，所能不同。舍利弗自可不能，餘何必然？故不抑之而不告也。復得因以廣維摩詰之美。

“目連白佛言：‘世尊！我不堪任詣彼問疾。’”

① 姓，録本訛作“性”，據底本改。乙、戊、庚三本亦作“姓”，可參。

二、辭也。文四,如前。此初也。

“所以者何?憶念我昔入毘耶大城,於里巷中,爲諸居士説法。”

此二,不堪之由。此説小乘無常等法也。肇曰:當是説有爲善法,施戒之流也。

“時維摩詰來謂我言:‘唯!大目連!爲白衣居士説法,不當如仁者所説。’”

此三,辨所彈事。文三:初呵僞,次示真,後呵益。此初,總呵。“不當”,此順方言,應云:“仁者所説不當。”法唯一實,餘二非真,故云“不當”。

“夫説法者,當如法説。”

此示是真也。文二:初、理本無説;二、示説方軌。前中又三:標、釋、結也。此初,標也。肇曰:“法”謂一相真實法也。

“法無衆生,離衆生垢故。”

二、釋法。此初,約“無我”明“實相”義。肇曰:自此下辨真法義也。夫存衆生,則垢真法。若悟法無衆生,則其垢自離。又解:此明法性本無衆生,不同二乘斷衆生相也。下三句類然。

“法無有我,離我垢故。”生曰:“我”者,自在言主耳。

“法無壽命,離生死故。”肇曰:“生死”,命之始終耳。始終既離,則壽命斯無。諸言“離”者,皆“空”之别名也。

“法無有人,前後際斷故。”肇曰:天生萬物,以人爲貴。始終不改,謂之“人”。故外道以“人”名“神”,謂始終不變。若法前後際斷,則新新不同。新新不同,則無不變之者。無不變之者,則無復人矣。

“法常寂然,滅諸相故。”此下約“法空”辨“實相”義也。法性常寂,無生滅相也。不同小乘妄執有爲,有生無滅相。

“法離於相,無所緣故。”肇曰:“緣”,心緣也。“相”,心之影響耳。夫有緣故有相,無緣故無相。

“法無名字,言語斷故。”名生於相,相空則名亡。肇曰:名生於言,言斷誰名?

“法無有説,離覺觀故。”執名相説,從覺觀生;假名相説,覺觀自離。肇曰:覺觀麁心,言語之本。真法無相,故覺觀自離。

“法無形相，如虛空故。”肇曰：萬法萬形，萬形萬相。解曰：此明一法萬形，無定形故無形；亦一體多相，無定相故無相。

“法無戲論，畢竟空故。”肇曰：真境無言。凡有言論，皆是虛戲。妙絶言境，畢竟空也。

“法無我所，離我所故。”肇曰：上真明“無我”，此明“無我所”。自我之外，一切諸法，皆名“我所”。

“法無分別，離諸識故。”妄法有相，故識有分別；真法無相，故智無分別。肇曰：分別生于識。

“法無有比，無相待故。”此下約“絶待”辨“實相”義。肇曰：諸法相待生，猶長短比而形。

“法不屬因，不在緣故。”妄法有生，故屬因緣；真法無生，故不屬因緣。肇曰：前後相生，因也；現相助成，緣也。諸法要因緣相假，然後成立。若觀法不在緣，則法不屬因也。

“法同法性，入諸法故。”隨事則相殊，悟理則同性。肇曰：諸法殊相，誰能遍入？遍入諸法者，其唯法性乎！

“法隨於如，無所隨故。”肇曰：法自無法，誰隨如者？以無所隨，故名“隨如”也。

“法住實際，諸邊不動故。”肇曰：有邊故有動，無邊何所動？無邊之邊，謂之“實際”。此真法之所住也。

“法無動摇，不依六塵故。”肇曰：情依六塵，故有奔逸之動；法本無依，故無動摇。

“法無去來，常不住故。”肇曰：法若常住，則從未來到現在，從現在到過去。法一逕三世，則有去來也。以法不常住，故法無去來也。

“法順空，隨無相，應無作。法離好醜。法無增損。法無生滅。法無所歸。”

肇曰：同三空。又解：實相性離，故不違三脱。性無分別，故離好醜、增損、生滅等也。即體自真，故無別歸趣。

“法過眼、耳、鼻、舌、身、心。法無高下。”肇曰：超出常境，非六情之所及。法性平等，故“無高下”。

“法常住不動。”肇曰：真法常定，賢聖不能移。

“法離一切觀行。”肇曰：法本無相，非觀行之所見。見之者，其唯無觀乎！

“唯！大目連！法相如是，豈可説乎？”此三結也。肇曰：心觀不能及，豈况於言乎？

“夫説法者，無説無示。其聽法者，無聞無得。”此下第二，示説方軌。文二：初安住無説，次爲物故説。初文有法、喻、結。能説如幻，故“無説無示”。聽者如幻，故“無聞無得”。肇曰：“無説”豈曰“不言”，謂能無其所説；“無聞”豈曰“不聽”，謂能無其所聞。故終日聞，而未嘗聞也。“示”，謂説法示人；“得”，謂聞法所得。

“譬如幻士，爲幻人説法。”喻也。

“當建是意，而爲説法。”結也。

“當了衆生根有利鈍。”此第二，爲物故説。無名相中，假名相説。文三。此初，了根利鈍，隨病而化。

“善於知見，無所罣礙。”二、了法無相而隨物説相也。肇曰：説有不辨空者，由其於諸法無閡知見未悉善也。無閡知見，即實相智也。

“以大悲心，讚于大乘，念報佛恩，不斷三寶，然後説法。”三、結説益也。肇曰：夫大悲所以建，大乘所以駕，佛恩所以報，三寶所以隆，皆由明了人根，善開實相，而目連備闕斯事，故以誨之。

“維摩詰説是法時，八百居士發阿耨多羅三藐三菩提心。”三、聞呵得益。

“我無此辨，是故不任詣彼問疾。”第四，結成不堪。

“佛告大迦葉：‘汝行詣維摩詰問疾。’”文二，同上。此初命也。“迦葉”，此云“龜”，亦曰“飲[1]光”，皆取其“明”義。肇曰：迦葉，弟子中頭陀苦行第一，出婆羅門種，姓“迦葉”也。

“迦葉白佛言：‘世尊！我不堪任詣彼問疾。’”此下二，奉辭。文四。此初辭也。

“所以者何？憶念我昔於貧里而行乞食。”

---

① 飲，録本訛作“欽”，據底本改。乙、戊、庚三本亦作“飲”，可參。

二、略明所以也。詣貧二意：一、少欲故；二、大悲故。亦以迦葉於弟子中，此二最勝，故呵也。生曰：大迦葉少欲行，頭陀中第一也。得滅盡三昧，亦最勝。凡得滅盡定者，能爲人作現世福田也。其以自業，能使人得現法報。而貧有交切之苦，故以大悲心欲拔之也。“乞食”，是其頭陀之業。又至貧里，有會少欲之迹。

“時維摩詰來謂我言：‘唯！大迦葉！有慈悲心而不能普，捨豪富，從貧乞。’”

此下第三，廣引彈事。文三：初、呵悲劣；二、明頭陀不真；三、捐伏。此初也。迦葉因苦生悲，故不普；菩薩了生如幻，苦樂一如，等起大悲，而無緣念，故能普也。

“迦葉！住平等法，應次行乞食。”

此二，約乞食示真頭陀，明小乘頭陀不真。“頭陀”，此云“抖藪”。小乘抖藪其心，不著房舍、卧具、湯藥四事，名爲“頭陀”。大乘頭陀抖藪其心，一切不著，不著生死，不住涅槃，生滅垢净等，廣如《善住意天[①]子經》明。於中文五：一、欲乞止貪法；二、入聚離染法；三、示正法食；四、結成法食；五、斥二乘也。此初四段，檢乞食心。若爲修定惠(慧)，資長法身，名“真頭陀”。若爲愛養世報而乞食者，非抖藪也。“住平等”者，爲求平等法身。而乞食者應觀無相，貧富一如，次第行乞，不應取貧富相，壞真抖藪也。

“爲不食故，應行乞食。”

法身不食。肇曰：不食即涅槃法。涅槃無生死、寒暑、飢渴之患，其道平等，豈容分别？應以此平等心而行乞食，使因果不殊也。

“爲壞和合相，故應取摶食。”

壞五陰名“法身”。肇曰：五陰、摶食，俱和合相耳。壞五陰，名爲“涅槃”。應以此心而取摶食也。若然，則終日摶食，終日涅槃也。

“爲不受故，應受彼食。”

法身不受生死也。肇曰：不受亦涅槃法也。夫爲涅槃而行乞者，應以無受心而受彼食。若然，則終日受，而未嘗受，是乃“受”也。

---

① 天，録本訛作“大”，據底本改。乙、戊、庚三本亦作“天”，可參。

“以空聚想,入於聚落。”

此二,入聚離染法。既爲法身,不受毒身,而乞食者,聚落六塵[1],能傷正觀;入聚乞食,何以獲全?故示聚落無相,真空抖藪。文三:初觀外聚,次觀内根,三結真頭陀。此初也。肇曰:空聚亦涅槃相也。凡入聚落,宜存此想。若然,則終日聚落,終日空聚也。

“所見色,與盲等。”此二,觀内根頭陀也。見色如盲者,肇曰:二乘惡厭生死,怖畏六塵,故誡以等觀也。“盲”謂不見美惡之異,非謂閉目也。

“所聞聲,與響等。”聲如幻也。肇曰:未有因谷響而致喜怒者也。

“所嗅香,與風等。”香如幻也。肇曰:香臭因風,風無香嗅也。

“所食味,不分别。”味如幻也。什曰:法無定性,由分别取相,謂之爲“味”。若不分别時,則非味也。雖食,當如本相也。

“受諸觸,如智證。”觸如幻也。肇曰:得盡智、無生智,自證成道,舉身柔軟快樂,而不生著。身受諸觸,宜若此也。

“知諸法,如幻相。”法無定想,隨心而變,故云“如幻”也。

“無自性,無他性。本自不然,今則無滅。”

三、結真頭陀。若能知此六塵無自無他,不然不滅,名“真頭陀”也。肇曰:諸法如幻,從因緣生,豈自他之可得也?

“迦葉!若能不捨八邪,入八解脱。”

此下三,示正法食。既得食已,應思禪悦法喜食也。文[2]二:初示法食,後令施食。此初也。小乘捨八邪、入八解脱爲禪悦,大乘不捨而入也。肇曰:八邪、八解,本性常一。善觀八邪,即入八解,曷爲捨邪更求解乎?若能如是者,名“入解”也。

“以邪相入正法。”此法喜食也。小乘捨邪相入無相,大乘相、無相不二。肇曰:若本性常一者,則邪正相入,不乖其相也。

“以一食施一切,供養諸佛及衆賢聖,然後可食。”

此明悲施。肇曰:因誨以無礙施法也。若能等邪正,又能以一食等心施

---

① 塵,録本衍作“塵塵”,中一“塵”字據底本删。

② 文,録本訛作“又”,據底本改。乙、戊、庚三本亦作“文”,可參。

一切,然後自食。若得法身,則能實充足一切,如後"一鉢飯"也。

"如是食者,非有煩惱,非離煩惱;非入定意,非起定意;非住世間,非住涅槃。"

四,明法食已,得法身益。文二。此先明受施益。肇曰:有煩惱食,凡夫也。離煩惱食,二乘也。若能如上平等而食者,則是法身之食:非有煩惱而食,非離煩惱而食也。又定、亂一如,世、出[□][世][1]等,平等法喜,同資法身也。

"其有施者,無大福,無小福;不爲益,不爲損。"

二、能施益。肇曰:若能等心受食,則有等教。既有等教,則施主同獲平等,不計福之大小、己[2]之損益也。

"是爲正入佛道,不依聲聞。迦葉!若如是食,爲不空食人之施也。"

此五、結斥也。肇曰:平等法食,自利利人,故正入佛道,不依聲聞。又名"真應供",故不空施福也。

"時我,世尊[3]!聞説是語,得未曾有,即於一切菩薩深起敬心。"

此三,捐伏。始知菩薩頭陀行勝也。

"復作是念:斯有家名、辨才、智慧乃能如是,其誰不發阿耨多羅三藐三菩提心!"

肇曰:時謂在家大士智辨尚爾,其誰不發無上心也!

"我從是來,不復勸人以聲聞、辟支佛行。"

肇曰:始知二乘之劣,不復以勸人也。

"是故不任詣彼問疾。"

四、結不堪也。

"佛告須菩提:'汝行詣維摩詰問疾。'"肇曰:秦言"善吉",弟子中解空第一。文二。此初命也。

"須菩提白佛言:'世尊!我不堪任詣彼問疾。'"二、辭。文四。此初辭也。

---

① 世,底本、録本脱,據乙、戊、庚三本補。

② 己,録本訛作"已",據底本改。

③ 丙本以下殘。

“所以者何？憶念我昔入其舍，從乞食。”

二、略釋所以。生曰：須菩提得無諍三昧，人中第一也。維摩詰機辯難當，鮮有敢闚其門者。而須菩提既有此定，又獨能詣之，迹入恃定矣。便有恃定之迹，而致詰者，豈不有爲然乎？又若善吉詣貧，貧無物施，心則有諍。今既詣富，爲施不難，故順無諍行也。

“時維摩詰取我鉢，盛滿飯。”

此三，廣引彈事。文五：一、取鉢；二、呵詰；三、置鉢；四、安慰；五、聞益。此初也。生曰：維摩詰迹在居士，有悋惜之嫌。若未與食便詰之者，物或謂之然矣，故先取鉢盛滿飯也。而不授之者，恐須菩提得鉢便去，不盡言論勢也。

“謂我言：‘唯！須菩提！若能於食等者，諸法亦等；諸法等者，於食亦等。如是行乞，乃可取食。’”

此下二，明訶詰。善吉入四禪定，不忤物心，名爲“無諍”；大士入實相定，萬法平等，名爲“無諍”。又，善吉捨有觀空，名爲“解空”；大士有空平等，名爲“解空”。住此平等，名“真福田”，乃可取食。文中有四：一、法食等；二、染净等；三、邪正等；四、損益等。此初也。小乘内心見生死，涅槃苦樂不等，故外行乞食，見於貧富亦不等也。大士内住實相，苦樂平等，故外化無緣，大悲亦平等也。肇曰：萬法同相，准一可知。善於食等者，諸法亦等；諸法等者，於食亦等。以此行乞，乃可取食耳。曷爲捨貧從富，自生異相乎！

“若須菩提不斷淫、怒、癡，亦不與俱。”此下二，明染净等。文三：初、約無生四諦問；二、就人凡聖問；三、結成可食。初文四句。此初，了惑無生爲集諦。肇曰：斷淫、怒、癡，聲聞；淫、怒、癡俱，凡夫。大士觀淫、怒、癡即是涅槃，故不斷不俱。若能如是者，乃可取食也。

“不壞於身，而隨一相。”二、悟陰無相爲苦諦也。肇曰：萬物齊旨，是非同觀，一相也。然則身即“一相”，豈待壞身滅體，然後謂之“一相”乎？“身”，五陰身也。

“不滅癡愛，起於明脱。”三、漏即無漏爲道[1]諦也。肇曰：聲聞以癡曀智，

---

① 道，録本訛作“是”，據底本改。

故滅癡而明；以[①]愛繫心，故愛解而脱。大士觀癡愛真相即是明脱，故不滅癡愛而起明脱。

“以五逆相而得解脱，亦不解不縛。”

四、縛本不生，今則無滅，爲滅諦也。肇曰：五逆真相，即是解脱，豈有縛、脱之異耶？“五逆”，罪之尤者；“解脱”，道之勝者。若能即五逆相而得解脱者，乃可取人之食。

“不見四諦，非不見諦；非得果，非不得果。非凡夫，非離凡夫法；非聖人，非不聖人。”

此下二，就人凡聖問也。凡夫不見四諦。初果見諦。大士無見無不見，見第一義諦也。二乘有證有得，故得果；大士無所得，故非得果也。此則凡聖一如，豈有分别哉！

“雖成就一切法，而離諸法相，乃可取食。”

此三，結真福田可食也。肇曰：不捨惡法而從善，則一切諸法于何不成！諸法雖成，而離其相，以離其相，美惡斯成矣。若能備如上説，乃可取食也。

“若須菩提不見佛，不聞法。”

此下三，明邪正等。文三：初總明背正，次别明同邪，後結令取食。此初也。肇曰：猶誨以平等也。夫願能齊是非、一好醜者，雖復上同如來，不以爲尊；下等六師，不以爲卑。何則？天地一旨[②]，萬物一觀。邪正雖殊，其性不二。豈有如來獨尊，而六師獨卑？若同彼六師，不見佛，不聞法，因其出家，隨其所墮，而不以爲異者，乃可取食也。蓋窮理盡性，極無方之説也。善惡反論而不爲其常，邪正同辯而不衰其真，斯可謂乎平等正化、莫二之[③]道乎！天台意云：已前證真，故可食。此敬田也。此下爲同惡，故食即悲田也。

“彼外道六師：富蘭那迦葉。”此二，明同六師。肇曰：姓“迦葉”，字“富蘭那”。其人起邪見，謂一切法斷滅性空，無君臣、父子忠孝之道。

“末伽梨拘賒梨子。”肇曰：“末伽梨”，字也。“拘賒梨”，其母名也。其人

① 以，録本訛作“師”，結合文意，據底本及乙、戊、庚三本改。

② 旨，録本訛作“指”，據底本改。乙、戊、庚三本亦作“旨”，可參。

③ 之，録本訛作“三”，據底本改。

起邪見,謂衆生苦樂,不因行得,自然爾耳。

“那闍夜毘羅胝子。”肇曰:“那闍夜”,字也。“毘羅胝”,其母名也。其人謂道不須求,經生死劫數,苦盡自得,如轉縷丸於高山,縷盡自止[①],何假求也?

“阿耆多翅舍欽婆羅。”肇曰:“阿耆多”,字也。“翅舍欽婆羅”,麁弊衣名也。其人著弊衣,自拔髮,五熱炙身,以苦行爲道。謂今身併受苦,後身常樂也。

“迦羅鳩馱迦旃延。”肇曰:姓“迦旃延”,字“迦羅鳩馱”。其人謂諸法亦有相亦無相也。

“尼揵陀若提子等,是汝之師。”肇曰:“尼揵陀”,其出家總名也,如佛法出家名“沙門”。“若提”,母名也。其人謂罪福苦樂本有定因,要當必受,非行道所能斷也。此六師,佛未出世時,皆道王天竺也。

“因其出家,彼師所墮,汝亦隨墮,乃可取食。”

此三,結取食也。肇曰:若能同彼六師、不壞異想者,乃可取食。

“若須菩提入諸邪見,不到彼岸。”

此下四,明損益等也。文三:初明損益等,次明福非益性,後明罪非損性。此初也。肇曰:“彼岸”,實相岸也。惑者以邪見爲邪、彼岸爲正,故捨此邪見,適彼彼岸耳。邪見、彼岸,本性不殊,曷爲捨邪而適彼岸乎?是以入諸邪見、不到彼岸者,乃可取食也。自“六師”已下,至乎“不得滅度”,類生逆談,以成大順。庶通心君子,有以標其玄旨,而遺其所以是也。

“住於八難,不得無難。”肇曰:夫見難爲難,必捨難而求無難也。若能不以難爲難,故能住於難;不以無難爲無難,故不得於無難[□][也][②]。

“同於煩惱,離清净法。”

肇曰:夫能悟惱非惱,雖惱而净;若以净爲净,雖净而惱。是以同惱而離净者,乃所以常净也。

“汝得無諍三昧,一切衆生亦得是定。”

---

① 止,録本訛作“心”,據底本改。乙、戊、庚三本亦作“止”,可參。

② 也,底本、録本脱,據乙、戊、庚三本補。

此下明福非益性。法性妙禪，定亂一旨。善吉、群生，不容有二。如不二也，則罪福無主，誰福非福？孰墮不墮？故《經》云：非福田，非不福田；非應供養，非不應供養。肇曰：善吉之與群生，性常自一，曷爲善吉獨得，而群生不得乎？此明本不偏也。

"其汝施者，不名'福田'。"

肇曰：我受彼施，令彼獲大福，故名"福田"耳。由大觀之，彼我不異，誰爲種者？誰爲田者？

"供養汝者，墮三惡道。"

肇曰：五逆之損，供養之益，大觀正齊，未覺其異。若五逆而可墮，供養亦可墮也。

"爲與衆魔共一手，作諸勞侣。汝與衆魔及諸塵勞，等無有異。"

此下三，明罪非損性。魔王者，誘人入生死也；法王者，化人住涅槃也。若生死、涅槃性平等者，魔佛二化，同一手也。既曰爲"同"，等無異也。肇曰：既爲其侣，安得有異？又曰：夫以無異，故[①]能成其異也。

"於一切衆生而有怨心，謗諸佛，毁於法。"

肇曰：怨親之心，毁譽之意，美惡一致，孰云其異？苟曰"不異"，亦何爲同？

"不入衆數，終不得滅度。汝若如是，乃可取食。"

夫見聖諦者，入聖衆數；斷煩惱者，得至滅度。實相無見無不見，故不入衆數；寂滅無得無不得，故不得滅度。若能如是，住真平等，此真應供，乃可取食。肇曰：夫捨惡從善，人之常情耳。然是非經心，猶未免于累，是以等觀者以存善爲患，故捨善以求宗；以捨惡爲累，故即惡而返本。然則即惡有忘累之功，捨善有無染之勳，故知同善未爲得，同惡未爲失。净名言意，似在此也。

"時我，世尊！聞此芒(茫)[②]然，不識是何言，不知以何答。便置鉢，欲出其舍。"

---

① 故，録本訛作"欲"，據底本改。乙、戊、庚三本亦作"故"，可參。

② 芒，乙、戊、庚三本同，此當爲"茫"之借字。

此第三，置鉢也。天台云：進非其敬，退非其悲，故置之也。肇曰：净名言逆而理順，善吉似未思其言，故不識是何説，便置鉢而出也。

"維摩詰言：'唯！須菩提！取鉢勿懼。於意云何，如來所作化人，若以是事詰，寧有懼不？'"

此下四，净名安慰。文三：初慰問，次答，後釋。此初也。肇曰：净名欲令善吉弘平等之道，無心以聽，美惡斯順。而善吉本不思其言，迷其所説，故復引喻以明也。

"我言：'不也。'"

此二，答也。

"維摩詰言：'一切諸法，如幻化相，汝今不應有所懼也。'"

此三，釋也。文三：初標，次釋，後重釋也。肇曰：君於弟子中解空第一，既知化之無心，亦知法之如化。以此而聽，曷爲而懼也？

"所以者何？一切言説，不離是相。"

此二，釋也。肇曰："是相"即幻化相也。言説如化，聽亦如化，以化聽化，豈容有[①]懼？

"至於智者，不著文字，故無所懼。"

肇曰：夫文字之作，生於惑取。法無可取，則文相自離。虚妄假名，智者不著。

"何以故？文字性離，無有文字，是則解脱。解脱相者，則諸法也。"

三、重釋也。肇曰："解脱"，謂無爲真解脱也。夫名生於不足，足則無名，故無有文字，是真解脱也。"則諸法"者。肇曰：名生於法，法生於名。名既解脱，故諸法同解也。

"維摩詰説是法時，二百天子得法眼净。"

此五，得益也。

"故我不任詣彼問疾。"

四，結不堪也。

"佛告富樓那彌多羅尼子：'汝行詣維摩詰問疾。'"

---

① "容有"二字録本訛作"客如"，據底本改。乙、戊、庚三本亦作"容有"，可參。

文二。此初命也。肇曰:“富樓那”,字也,秦言“滿願”。“彌多羅尼”,其母名,秦言“知識”,通[□][母][1]名爲“字”。弟子中辯才第一。

“富樓那白佛言:‘世尊!我不堪任詣彼問疾。’”

此二,辭。文四。此初也。

“所以者何?憶念我昔於大林中,在一樹下,爲諸新學比丘說法。”

二、略釋也。

“時維摩詰來謂我言:‘唯!富樓那!先當入定,觀此人心,然後說法。無以穢食,置於寶器。’”

三、廣引彈事。前訶目連說不稱理,此訶滿願不識根性。文七:一、說法失機;二、結過訶責;三、令識宿命;四、大志開發;五、更爲說法;六、得不退轉;七、尊者敬損。初文四别。此初,勸觀心。[心][2]本性净,不應以小乘穢法污其本也。肇曰:大乘自法身已上,得無礙真心,心智寂然,未嘗不定。以心常定,故能萬事普照,不假推求,然後知也。小乘心有限礙,又不能常定,凡所觀察,在定則見,出定不見。且聲聞定力深者,見衆生根,極八萬劫耳;定力淺者,身數而已。大士所見,[見][3]及無窮。此新學比丘,根在大乘,應聞大道。而爲說小乘法,故誨[4]其入定也。又曰:穢食充飢,小乘法也。盛無上寶,大乘器也。

“當知是比丘心之所念,無以琉璃同彼水精。”

二、勸觀心念。念雖生滅,而性無生滅,此真寶也。說生滅者,僞寶也。肇曰:當識其心念之根本,無令真僞不辨也。

“汝不能知衆生根原,無得發起,以小乘法。彼自無瘡,勿傷之也。”

三、大乘信根,稱本無瘡,示小乘法,名爲“傷”也。肇曰:彼大乘之體,自無瘡疣,無以小乘之刺損傷[5]之也。

“欲行大道,莫示小徑。無以大海内於牛跡,無以日光等彼螢火。”

---

① 母,底本、録本無,據《注維摩詰經》[T38n1775p352c17]補。

② 心,録本脱。按:底本前一“心”後實有一重文號,兹據補。

③ 見,録本脱。按:底本前一“見”後實有一重文號,兹據補。

④ 誨,録本訛作“論”,據底本改。乙、戊、庚三本亦作“誨”,可參。

⑤ 傷,録本訛作“瘡”,據底本改。乙、戊、庚三本亦作“傷”,可參。

四、總舉喻也。肇曰：大物當置大處，曷爲迴龍象於兔徑，注大海於牛跡乎？“日光”者，肇曰：明昧之殊，其喻若此，而欲等之者，何耶？有説大道法性，喻法身也；大海廣納，喻般若也；日光破闇，喻解脱也。

“富樓那！此比丘久發大乘心，中忘此意，如何以小乘法而教道之？我觀小乘智慧微淺，猶如盲人，不能分别一切衆生根之利鈍。”

此二，“富樓那”下，結過訶責也。肇曰：未得無生忍，心皆有退忘。

“時維摩詰即入三昧，令此比丘自識宿命，曾於五百佛所殖衆德本，迴向阿耨多羅三藐三菩提。”

此三，令識宿命。肇曰：净名將開其本意，故以定力令諸比丘暫識宿命，自知曾於五百佛所殖衆得本，曾已迴此功德向無上道。此其本意。

“即時豁然，還得本心。於是諸比丘稽首禮維摩詰足。”

此四，大志開發，感恩致敬也。

“時維摩詰因爲説法。”

此五，更爲説法。定力暫加，事不可久。欲令自悟，要因説法。

“於阿耨多羅三藐三菩提，不復退轉。”

此六，聞法悟理，於無上道獲不退也。

“我念聲聞不觀人根，不應説法。”

此七，自念敬伏也。

“是故不任詣彼問疾。”

此四，結也。

“佛告摩訶迦旃延：‘汝行詣維摩詰問疾。’”

肇曰：“迦旃延”，南天竺婆羅門姓也。以本姓爲名，弟子中解義第一。有説“迦旃延”，此云“文飾”也，又云“剃髮種”也。

“迦旃延白佛言：‘世尊！我不堪任詣彼問[1]疾。’”

二、辭。文四。此初辭也。

“所以者何？憶念昔者，佛爲諸比丘略説法要。”

二、略釋。文二。此初，佛先略説。肇曰：如來常略説有爲法無常、苦、

① 問，録本訛作“門”，據底本改。

空、無我，無爲法寂滅不動。此二言總一切法盡，故言“略”也。生曰：爲悟所津，若出由户也。

“我即於後敷演其義，謂‘無常’義、‘苦’義、‘空’義、‘無我’義、‘寂滅’義。”

二、迦旃延廣演。“義”者，義理。小乘以無常等五爲理，大乘以一實相爲理。由悟此理，證道非餘，故云“要”也。肇曰：如來言説，未常有心，故其所説法未嘗有相。迦旃延不喻玄旨，故於入室之後皆以相説也。何則？如來去常故説“無常”，非謂是無常；去樂故言“苦”，非謂是苦；去實故言“空”，非謂是空；去我故言“無我”，非謂是無我；去相故言“寂滅”，非謂是寂滅。此五者，可謂無言之教、無相之談。而迦旃延造極不同，聽隨心異。聞無常，則取其流動；至聞寂滅，亦取其滅相。此言同旨異，迦旃延所以惑也。生曰：存旨而不在辭，故曰“演其義”也。

“時維摩詰來謂我言：‘唯！迦旃延！無以生滅心行説實相法。’”

此三，廣引彈事。文[①]三：初總呵，次示真，後得益。此初也。是法生滅，小乘義也。悟生滅本不生滅，“實相”義也。肇曰：“心”者何也？惑相所生。“行”者何也？造用之名。夫有形必有影，有相必有心；無形故無[②]影，無相故無心。然則心隨事轉，行因用起。見法生滅，故心有生滅；悟法無生，則心無生滅。迦旃延聞“無常”義，謂法有生滅之相。法有生滅之相，故影響其心，同於生滅也。夫實相幽深，妙絶常境，非有心之所知，非辨者之能言，如何以生滅心行而欲説乎？

“迦旃延！諸法畢竟不生不滅，是‘無常’義。”

此二，示真“實相”義也。此下五義破執，名殊而實相之理一也。肇曰：小乘觀法生滅爲“無常”義，大乘以不生不滅爲“無常”義。“無常”名同，而幽致超絶。生曰：夫言“無常”者，據事滅驗之也。終苟有滅，始無然乎？始若果然，則生非定矣。生不定生，滅熟定哉？

“五受陰洞達，空無所起，是‘苦’義。”

① 文，録本訛作“又”，據底本改。乙、戊、庚三本亦作“文”，可參。

② 無，底本、録本訛作“無”，中一“無”字當衍，據乙、戊、庚三本删。

肇曰:有漏五陰,受染生死,名"受陰"也。小乘取受陰起則衆苦生,爲"苦"義。大乘通達受陰,内外常空,本自無起,誰生"苦"者?此真"苦"義。《大經》云:凡夫有苦無諦,二乘有苦有諦,菩薩解苦無苦而有真諦。餘義例此可見。

"諸法究竟無所有,是'空'義。"

肇曰:小乘觀法緣起,内無真主,爲"空"義;雖能觀空,而於空未能都泯,故不究竟。大乘在有不有,在空不空,理無不極,所以究竟"[□][空]"①義也。

"於我、無我而不二,是'無我'義。"

肇曰:小乘以封我爲累,故尊於無我;無我既尊,則於我爲二。大乘是非齊旨,二者不殊,爲"無我"義也。又曰:諸義例此,亦同不二,爲"實相"也。

"法本不然,今則無滅,是'寂滅'義。"

肇曰:小乘以三界熾然,滅之以求無爲。夫熾然既形,滅名以生。大乘觀法本自不然,今何所滅?不然不滅,乃真"寂滅"也。

"説是法時,彼諸比丘心得解脱。"

此三,得益也。

"故我不任詣彼問疾。"

四,結也。

"佛告阿那律:'汝行詣維摩詰問疾。'"

肇曰:"阿那律",秦言"如意",刹利種也,弟子中天眼第一。又云"無滅",一燈照佛,九十劫來善根不滅。今得天眼第一,又常受如意報,故生刹利種,乃至得道。

"阿那律白佛言:'世尊!我不堪任詣彼問疾。'"

二、辭。文四。此初也。

"所以者何?憶念我昔於一處經行。時有梵王,名曰'嚴浄',與萬梵俱放浄光明,來詣我所,稽首作禮,問我言:'幾何,阿那律!天眼所見?'"

二、略釋。文二。此初,梵王問也。阿那律修證天眼,梵王業報天眼,

① 空,底本、録本脱,據戊本補。

欲比其優劣，故致問也。

“我即答言：‘仁者！吾見此釋迦牟尼佛土三千大千世界，如觀掌中庵摩勒菓。’”

二、阿那律答也。肇曰：時手執此菓故，即以爲喻也。

“時維摩詰來謂我言：‘唯！阿那律！天眼所見爲作相耶？無作相耶？’”

此下三，廣引。文五：一、難僞；二、受屈；三、問真；四、申述；五、發心。初文二：先雙定，後雙難。此初定也。《吴本》云：“爲受相耶，無受相耶？”此難意云：天眼所見爲取相耶，爲不取相耶？小乘依俗禪得天眼，故取相見；大乘依實相定得天眼，故見而不相也。肇曰：三界報身，六情諸根從結業起，名爲“有作相”也。法身出三界，六情諸根不由結業生，名爲“無作相”。夫以有作，故有所不作。以法身無作，故無所不作。

“假使作相，則與外道五通等。”

此二，難也。二乘依四禪得五通，與外道等也。肇曰：外道修俗禪得五通，然不能出凡夫見聞之境也。此有作相也，欲等之乎？

“若無作相，即是無爲，不應有見。若菩薩實相三昧得真天眼，所見十方皆是無爲，不應有分别之見。”

肇曰：若無作相，即是法身無爲之相，豈容見聞近遠之言？天台云：二乘依四禪得五通，則與外道等。若觀四諦斷惑、擇滅無爲，雖異外道，則無有見。

“世尊！我時默然。”

二、受屈也。肇曰：欲言作相，則同外道；欲言無作，則違前見意。故不知所答。

“彼諸梵聞其言，得未曾有，即爲作禮而問曰：‘世孰[①]有真天眼者？’”

此三，梵王歎問。肇曰：諸梵謂天眼，正以徹視遠見爲理；而净名致詰，殊違本途，疑有真異，故致斯問者也。

“維摩詰言：‘有佛世尊得真天眼，常在三昧，悉見諸佛國，不以二相。’”

此四，答真也。肇曰：“真天眼”，謂如來法身無相之目也。幽燭微形，巨

① 孰，録本訛作“執”，據底本改。乙、戊、庚三本亦作“文”，可參。

細兼覩;萬色彌曠,有若目前。未常不見,而未常有見,故無眼、色之二相。二乘在定則見,出定不見;如來未曾不見,故常在三昧也。叡曰:如來天眼,入佛眼中,雖緣無緣,故不以二相。有説不以净、穢二相,有説不以動、寂二相也。

"於是嚴净梵王及其眷屬五百梵天,皆發阿耨多羅三藐三菩提心,禮維摩詰足已,忽然不現。"

此五,最勝發心。肇曰:其所發明,成立若此。

"故我不任詣彼問疾。"

四、結也。

"佛告優波離:'汝行詣維摩詰問疾。'"

秦言"上首",弟子中持律第一。

"優波離白佛言:'世尊!我不堪任詣彼問疾。'"

二、辭。文四。初辭也。

"所以者何?憶念昔者有二比丘犯律行,以爲耻,不敢問佛。來問我言:'唯!優波離!我等犯律,誠以爲耻,不敢問佛。願解疑悔,得免斯咎。'"

二、略釋。文二。初來問,後爲解。此初也。肇曰:愧其所犯,不敢問佛。以優波離持律第一,故從問也。

"我即爲其如法解説。"

二、爲解。持律有二:一、法身性净之律;二、陰身身口之律。今優波離持身口之律,見罪生滅,壞法身無相之律,故爲訶也。肇曰:"如法"謂依戒律,决其罪之輕重,示其悔過法也。

"時維摩詰來謂我言:'唯!優波離!無重增此二比丘罪。當直除滅,勿擾其心。'"

此三,廣引。中文二:初、彈呵;二、二比丘歎伏。初[①]呵文六:初、直呵勸;二、解釋所以;三、引證;四、問答;五、分别;六、結成。此即初呵"無重增",兼勸"直滅"。小乘以犯戒爲罪生,大乘以取相爲罪生。既令見罪懺悔,是名"重增"。又,二比丘迷於實相,妄見罪生;今來懺悔,又見罪滅。重增滅

① "初"前録本衍一"一"字,據底本删。

見，故云“重增”。肇曰：二比丘既犯律行，疑悔情深，方重結其罪，則封累彌厚；封累彌厚，則罪垢彌增。當直説法空，令悟罪不實，封累情除，則罪垢斯滅矣。天台云：懺悔法有三：一者戒門，依律法懺是；二功德門，謂禮佛、誦經、般舟方等道場法是；三無生門，令悟罪性空，若達罪性與福無異是也。今净名示此無生懺也。

“所以者何？彼罪生不在内，不在外，不在中間。”

此二，解釋也。肇曰：夫罪累之生，因緣所成；求其實性，不在三處。如殺因“彼”“我”，“彼”“我”即内外也。自“我”即非殺，自“彼”亦非殺。“彼”“我”既非，豈在中間？衆緣所成，尋之悉虚也。

“如佛所説，心垢故衆生垢，心净故衆生净。心亦不在内，不在外，不在中間。如其心然，罪垢亦然，諸法亦然，不出於如。”

此三，引佛語證。文有引、有釋、有結、有類也。肇曰：逆知其本也。夫執本以知其末，守母以見其子。佛言：衆生垢净，皆由心起。求心之本，不在三處。心既無在，罪垢可知也。“諸法亦然”者，肇曰：“萬法”云云，皆由心起，豈獨垢净之然哉？故諸法亦然，不離於“如”。“如”謂如本相也。

“如優波離以心相得解脱時，寧有垢不？”

此四，問答，比小明大也。文有問、答、釋三。肇曰：“得解脱時”，謂其初成羅漢，得第九解脱。爾時心冥一義，無復心相。欲以其心，類明衆生心，故先定其言也。

“我言：‘不也。’”

二、答也。

“維摩詰言：‘一切衆生心相無垢，亦復如是。’”

三、比釋也。肇曰：群生心相，如心解相。生曰：衆生心相無垢，理不得異，但見與不見爲殊耳。

“唯！優波離！妄想是垢，無妄想是净。”

此五，分别本性無垢。文三：初明妄垢非垢，次明諸法不住，後明内心妄見。此初也。生曰：垢實無也，在妄想中是垢耳。若無妄想，垢即净也。“妄想”者，妄分别之想也。

“顛倒是垢，無顛倒是净。”

倒心見垢，離倒則非垢。生曰：見正轉也。見轉於内，則妄分别外事也。

“取‘我’是垢，不取‘我’是净。”

取“我”即著垢，離“我”則無垢也。肇曰：見罪則存“我”也。

“優波離！一切法生滅不住，如幻、如電。諸法不相待，乃至一念不住。”

二、明諸法不住，故無自性。肇曰：成前“無相常净”義也。諸法如電，新新不停，一起一滅，不相待也。彈指頃有六十念過，諸法乃至[□][無][1]一念頃住，况欲久停？無住則如幻，如幻則不實，不實則爲空，空則常净。然則物物斯净，何有罪累於我哉？

“諸法皆妄見，如夢、如焰、如水中月、如鏡中像，以妄相生。”

此三，明妄見也。肇曰：上明外法不住，此明内心妄見，俱辨“空”義，内外爲異耳。夫以見妄，故所見不實；所見不實，故無相常净也。上二喻取其速滅，此四喻取其妄想也。

“其知此者，是名‘奉律’。其知此者，是名‘善解’。”

此六，結也。若能悟罪無生，知心不住，是名“真解”，奉持法身無相之律也。肇曰：若能知此，乃名“善解”。不知此法而稱“持律第一”者，何耶？今知優波離謬教意也。

“於此二比丘言：‘上智哉！是優波離所不及，持律之上而不能説。’”

此下第二，歎伏。文三：初、比丘歎；二、尊者伏過；三、比丘發心。此初歎也。肇曰：二比丘悟罪常净，無復疑悔，故致斯歎。

“我答言：‘自捨如來，未有聲聞及菩薩能制其樂説之辨。其智慧明達爲若此也！’”

二、歎伏也。自佛已還，無能制其大乘妙辨，况我持律哉？

“時二比丘疑悔即除，發阿耨多羅三藐三菩提心，作是願言：‘令一切衆生皆得是辨。’”

三、明除疑發心。法身妙律，諸佛所持。悟解除疑，因之發趣。什曰：有罪則憂怖自生，罪無則疑悔自滅。

“故我不任詣彼問疾。”

---

① 無，底本、録本脱，結合文意，據戊本補。

此四，結也。

“佛告羅睺羅：‘汝行詣維摩詰問疾。’”

肇曰：“羅睺羅”，秦言“覆障”。六年爲母胎所障，因以爲名。弟子中持戒第一。又云密行第一。故《法華經》云：“羅睺羅密行，唯我能證知。”

“羅睺羅白佛言：‘世尊！我不堪任詣彼問疾。’”

二、辭。文四。此初辭也。

“所以者何？憶念我昔時，毘耶離諸長者子來詣我所，稽首作禮，問我言：‘唯！羅睺羅！汝佛之子，捨轉輪王位，出家爲道。其出家者，有何等利？’”

此下二，略釋。文二。此初問也。諸長者子心慕出家，父母所制。覩羅睺羅捨轉輪王十善之化，而剃落從道，必有大利，勝在家修，故從而問焉。

“我即如法，爲説出家功德之利。”二，答也。出家有二：一者，深厭生死，樂求涅槃，有證有得，有利可説，名爲“小乘”；二者，悟三界如幻，無生無滅，無證無得，無利可説，此名“大乘”。今羅睺羅謬讚小乘涅槃之利，既有利可説，非密行也。未若大乘不取不捨，無得無證，無利可説，真密行也。生曰：世榮雖樂，難可久保。出家之理，長樂無爲。豈可同年悟其優劣哉！

“時維摩詰來爲我言：‘唯！羅睺羅！不應説出家功德之利。’”

此下三，廣引彈事。文五：一、呵不應説；二、解釋所以；三、示真出家；四、結[①]真出家；五、勸修真出家。此初，總呵也。體本法身，三界如幻，不生不滅，名爲“出家”。此則損益兩亡[②]，無利可説，故呵不應也。

“所以者何？無利無功德，是爲出家。”

二、徵釋所以。文二。此初，略釋也。肇曰：夫出家之意，妙存無爲。無爲之道，豈容有功德利乎？

“有爲法者，可説有利、有功德。夫出家者爲無爲法，無爲法中，無利無功德。”

次二，廣釋也。第一義諦名“法性無爲”，森羅萬像，同歸此理。悟此理

① 結，録本訛作“詰”，據底本改。乙、戊、庚三本亦作“結”，可參。

② 亡，録本訛作“云”，據底本改。乙、戊、庚三本亦作“亡”，可參。

者,無得無證,名“真出家”。非二乘擇滅有得證者名“出家”也。肇曰:夫有無爲之果,必有無爲之因。因果同相,自然之道也。出家爲無爲,即無爲之因也。無爲無利、無功德,當知出家亦然矣。

“唯!羅睺羅!夫出家者無彼,無此,亦無中間。”

此三,示真出家。肇曰:上直[①]明“出家”之義,自下明“出家”之事。雖云其事,然是無事事耳。則出家者以去累爲志,無爲無心。以心無爲,故所造衆德皆無爲也。文三。此初,内證德也。肇曰:僞出家者,惡此生死,尊彼涅槃,故有中間三處之異。真出家者,遣萬累,忘彼此,豈有是非三處之殊哉?

“離六十二見,處於涅槃。”

肇曰:既無彼此,則離衆邪見,同涅槃也。“六十二見”者,《大品》云:外道依過去,計神及世間常、無常等四見;依未來世,計神及世間邊、無邊等四見;依涅槃,計有如來、無如來等四見。依此十二見,歷五陰,成六十見。又計身與神一斷見,身與神異常見,爲六十二見也。

“智者所受,聖所行處。”

肇曰:賢智聞之而從,衆聖履之而通,可謂真出家之道乎?

“降伏衆魔。”此二,約降魔顯德。見實相則蕴魔自空,蕴空則諸魔自伏。肇曰:“衆魔”者,四魔也。正道既夷,邪徑自塞。

“度五道。”

肇曰:五道,非無爲之路。又云:生死五道,性是涅槃,故名“度”。

“净五眼,得五力,立五根。”

體實相則垢□(曀)[②]永亡,□(曀)[③]亡則五眼自净,五力、五根亦自然增長。

“不惱於彼。”

肇曰:道超事外,與物無逆,何惱之有?

“離衆雜惡。”

肇曰:俗善雖善,由雜不善。道法真净,故純善不雜也。

---

① 直,録本訛作“真”,據底本改。

②③ 曀,録本作缺文,據底本補。

"摧諸外道。"

三、伏外道也。肇曰:日月不期去闇,而闇自除;出家不期摧外道,外道自消。

"超越假名。"

肇曰:萬事萬名,虚假以生。道在真悟,故超假名。

"出淤泥,無繫著。"

肇曰:出生死愛見之淤泥,無出家受道之繫著。

"無我所,無所受。"

肇曰:出家本乎無我,離著則諸受永亡。

肇曰:無受也,欲受、我受、戒受、見受。

"無擾亂,内懷喜。"

肇曰:夫擾亂出于多求,憂苦生于不足。出家寡[①]欲,擾亂斯無;道法内充,故懷喜有餘。

"護彼意,隨禪定,離衆過。"

住實相,則不忤物心,不違禪定。生滅不起,焉有過患哉?

"若能如是,是真出家。"

此四,結"真出家"。肇曰:若能不違上説,乃應出家之道,非存利之所能也。

"於是維摩詰語諸長者子:'汝等於正法中,宜共出家。'"

此五,形既緣礙,勸心出家也。文四:一、勸;二、辭;三、釋勸意;四、得意出家。此初,勸悟理出家也。

"所以者何?佛世難值。"

肇曰:净名知其不得出家而勸之者,欲發無上道心耳。

"諸長者子言:'居士!我聞佛言:父母不聽,不得出家。'"

二、不悟勸意,辭有礙也。肇曰:非不欲出家,不敢違親耳。

"維摩詰言:'然。汝等便發阿耨多羅三藐三菩提心,是即出家,是即具足。'"

---

① 寡,録本訛作"宣"。按:底本作"寡",乃"寡"之常見俗體。兹據改。

三、釋勸意。肇曰：雖爲白衣，能發無上心者，便爲出家，具足戒行矣。

“爾時，三十二長者子皆發阿耨多羅三藐三菩提心。”

四、得意心發。

“故我不任詣彼問疾。”

此四，結辭也。

“佛告阿難：‘汝行詣維摩詰問疾。’”

肇曰：“阿難”，秦言“歡喜”，弟子中總持第一。

“阿難白佛言：‘世尊！我不堪任詣彼問疾。’”

二、辭。文四。此初辭也。

“所以者何？憶念昔時，世尊身小有疾，當用牛乳。我即持鉢，詣大婆羅門家門下立。”

此二，略釋所以。叡曰：現身有疾者，亦不可一途而論，特以淺識之流取信耳。因於如來身而起劣相，故彰阿難不達，使惑同衆人。净名高呵，以開法身之唱，使見形之徒，悟應感難期，無方莫惻(測)。兼寄迹取乳，除彼貪求；假過阿難，以明小乘之劣。

“時維摩詰來謂我言：‘唯！阿難！何爲晨朝持鉢住此？’”

此三，廣引彈事。文三：初、問乞意；二、呵彈；三、耻媿。初中文二。此初問也。生曰：晨朝非乞食時，必有以也。

“我言：‘居士！世尊身小有疾，當用牛乳，故來至此。’”

二、答。如來爲物受生，有疾用乳。阿難侍佛，故行求乞。

“維摩詰言：‘止！止！阿難！莫作是語。’”

此二，彈呵。文四。初、略止二謗；二、略顯真身；三、廣止二謗；四、廣顯真身。此初，略止二謗也。天台云：無病言“病”，增謗也。德圓言“滅”，損謗也。佛身無生，應物現生，有身則有疾。小乘執實，故云“謗”也。大乘知應，故非謗也。豈復離此現疾，别有不謗之法身哉？

“如來身者，金剛之體，諸惡已斷，衆善普會，當有何疾？當有何惱？”

二、略顯真身。“金剛體”者，喻不生、不滅常住法身也。“諸惡斷”，解脱也。“衆善會”，般若也。肇曰：夫病患之生，行業所爲耳。如來善無不積，惡無不消，體若金剛，何患之有？

“默往，阿難！勿謗如來，莫使異人聞此麁言。”

三、廣止二謗。先止增謗也。文三。初，勸默也。謗佛麁言，異人聞之，必蔓説，故令默往。生曰：苟云是實，爲謗佛也。又曰：病爲常近，麁之極也。不達聞之，必謂然矣。

“無令大威德諸天及他方净土諸來菩薩，得聞斯語。”

二、智聞必哂。威德諸天、净土菩薩，以己[1]福惠（慧），不受疾報，方於如來知應現也。生曰：以彼推己，無疾必達佛矣。而此言實病，不亦哂斯語之不得乎！

“阿難！轉輪聖王以少福故，尚得無病，豈况如來無量福會普勝者哉？”

三、近事驗之。轉輪聖王乃不及欲界諸天，但以人中少福，尚得無病，豈况如來普勝三界而有病哉？

“行矣！阿難！勿使我等受斯耻也。外道梵志若聞此語，當作是念：‘何名爲“師”？自疾不能救，而能救諸疾人？’可密速去，勿使人聞。”

此下二，明損謗也。苟執不去，非徒佛有斯謗，我等亦受其耻。肇曰：正士聞則謂汝不達，邪士聞則謂佛實病，何名爲“法之良醫”？身疾不能救，而欲救人心疾乎？

“當知，阿難！諸如來身即是法身，非思欲身。”

此下四，廣顯真身。

初就四德顯真。此初。無相法身，大悲應現，非思業、貪欲之所牽生，自在應物，是我德也；三界有待之形，名“思欲身”也。生曰：如來身從實理中來，起不由彼，應有何病耶？

“佛爲世尊，過於三界。”

二、明三界受生，苦也；悟界如幻，不受生故，樂也。生曰：既以思欲爲原，便不出三界，三界是病之境也。佛爲悟理之體，超越其域，應有何病也？

“佛身無漏，諸漏已盡。”

三、明惑染生身，漏也；智證法身無漏，無漏即性净也。肇曰：夫法身虚微，妙絶常境，情累不能染，心想不能議，故曰“諸漏已盡”。

---

① 己，録本訛作“已”，據底本改。乙、戊、庚三本亦作“已”，可參。

“佛身無爲，不墮諸數。”

四、明有爲之身，四相所遷，數也；佛身無生，離生滅相，常也。肇曰：法身無爲而無不爲，無不爲故現身有病，無爲故不墮有數也。

“如此之身，當有何疾？”

二、結也。如此常、樂、我、净金剛法身，當有何病？

“時我，世尊！實懷慚愧，得無近佛而謬聽耶？”

此下三，明耻愧。文三。初，阿難慚愧。佛身理然，不合有疾。奉命聞疾，應是謬聞。近佛多聞，以此懷愧。肇曰：受使若此，致譏若彼，進退懷愧，惑謂謬聽也。

“即聞空中聲曰：‘阿難！如居士言。但爲佛出五濁惡世，現行斯法，度脱衆生。’”

二、空聲舉應顯真。疾身，應物也；無爲，本真也。肇曰：以其愧惑，故空聲正之“如居士言”。何有無漏之體嬰世之患？但爲疾五濁群生，故現斯疾，取乳勿慚也。五濁者，劫濁、衆生濁、煩惱濁、見濁、命濁。

“行矣，阿難！取乳勿慚。”

三、若知權化現疾，即非謗佛，取乳勿慚也。

“世尊！維摩詰智慧辨才，爲若此也！是故不任詣彼問疾。”

此四，結辭也。

“如是五百大弟子，各各向佛説其本緣，稱述維摩詰所言，皆曰：‘不任詣彼問疾。’”此二，總述辭也。

菩薩品第四

此三，明折伏方便菩薩，令歸圓妙。前既聲聞致辭，故次命菩薩。然發菩提心，總名“菩薩”。而根有利鈍，教有漸頓。或事修而未悟於理，或悟偏而未進於圓，或漸證而未極於頓。今將迴事以向理，折偏以進圓，斥漸而詣頓，故因命問疾以調伏之。皆菩薩佛事，故名“品”焉。文二。先别明四大士。此初，慈氏也。

“於是佛告彌勒菩薩：‘汝行詣維摩詰問疾。’”

文二，如前。此初，命也。“彌勒”，此云“慈氏”。肇曰：“彌勒”，南天竺婆羅門姓，出此姓，即以爲名。五百弟子皆以不任，故復命菩薩，將備顯净名難酬之德也。

"彌勒白佛言：'世尊！我不堪任詣彼問疾。'"

此二，辭。文四。此初辭也。

"所以者何？憶念我昔爲兜率天王及其眷屬説不退轉地之行。"

此二，略釋所以。什曰：此天以彌勒將上爲天師，預懷宗敬，故常來聽法也。又云。"不退轉地"者，或六度行滿，名爲"不退"；或證初地，名爲"不退"。天王雖已發心，然内有五欲，外有勝境，恐其退轉，因以勸之。肇曰：下呵云："實無發心，亦無退者。"以此推之，似存不退之行，勸發無上心也。雖曰勝期，猶未免乎累，教迹不泯，故致斯呵。然《經》云補處大士心無不一，智無不周，應物而動，何闕之有？是由得失同懷，修短迭應，利彼而動，無計諸己[①]。故彌勒假有以啓始，净名居宗以濟終，互爲郢匠，器彼淳朴。雖復迹同儒墨，致教不一，然相成之美，實存其中矣。

"時維摩詰來謂我言：'彌勒！世尊授仁者記，一生當得阿耨多羅三藐三菩提。'"

此三，廣引彈事。文五：一、先定得記；二、破執授記；三、舉例返破；四、顯菩提相；五、聞真得益。此初定也。生曰："阿耨多羅"者，"無上"也。"三藐三"者，"正遍"也。"菩提"者，彼語有之，此無名也，實即體極居終智慧也。"一生"者，無復無量生，餘一生也。

"爲用何生得授記乎？過去耶？未來耶？現在耶？"

此下二，正破授記。文三：初就生門彈，次就無生門彈，後就平等門彈。初中文三：一、先定三世；二、難破三世；三、引證。此初，定也。肇曰：發無上心，修不退行，授記成道，彌勒致教之本意也。今將明平等大道以無行爲因，無上正覺以無得爲果，故先質彌勒，明無記無得；然後大齊群生，一萬物之致，以弘菩提莫二之道也。夫有生即有記，無生即無記，故推窮三世，以何生而得記乎？

"若過去生，過去生已滅。"

---

① 己，録本訛作"已"，據底本改。乙、戊、庚三本亦作"已"，可參。

二、難破也。肇曰:别推三世,明無生也。過去生已滅法,不可謂之生也。生曰:無復有也。

"若未來生,未來生未至。"

肇曰:未來生未至,未至則無法,無法以何爲生也?生曰:竟未有也。

"若現在生,現在生無住。"

肇曰:現法流速不住,以何爲生耶?若生滅一時,二相俱壞;若生滅異時,即生時無滅。生時無滅,則法無三相;法無三相,即非有爲也。盡有三相,即有"無窮"之名。三世既無生,於何而得記乎?生曰:生時已去,未始暫停,豈可得於中成佛耶?

"如佛所説:'比丘!汝今即時,亦生,亦老,亦滅。'"

三、引證。肇曰:證"無住"義。生曰:新新生滅,交臂已謝,豈待白首然後爲變乎!

"若以無生得授記者,無生即是正位。於正位中亦無授記,亦無得阿耨多羅三藐三菩提,云何彌勒受一生記乎?"

此二,約無生門彈。文二:初、約理破;二、約行破。此初也。肇曰:上推有生無記,此推無生亦無。無生即七住無相真正法位也。此位爲理無記無成,彌勒於何授一生記乎?

"爲從如生得授記耶?爲從如滅得授記耶?"

此二,約行破。文二:此初,雙定。爲見如智生授記,爲見如惑滅授記耶?肇曰:如雖無生滅,而生滅不異如。然記别起于生滅,冥會獨于即真,故假如之生滅,以明記别之不殊也。什曰:夫授記要由得如。本未得而今得,似若有起;如起即累滅,亦似有物於中滅。故先問其起滅,以明無起滅也。

"若以如生得授記者,如無有生。若以如滅得授記者,如無有滅。"

二、明雙破生滅。若見如智生,如體不生,智亦無生。若見如惑滅,如體無滅,惑亦不滅。智無生即本覺,惑無滅即寂滅。此不生不滅,豈有授記哉!肇曰:如非不生滅,非有生滅。非不生滅,故假以言記;非有生滅,以知無記。

"一切衆生皆如也,一切法亦如也,衆聖賢亦如也,至於彌勒亦如也。"

此三，約平等[一][1]如破。文二。初，總舉平等也。“一切衆生”，有情也。“一切法”，無情也。“衆聖賢”，二乘也。“彌勒”，大乘也。肇曰：萬品雖殊，未有不如。“如”者，將齊是非、一愚智，以成“無記無得”義也。

“若彌勒得授記者，一切衆生亦應授記。所以者何？夫‘如’者不二不異。”

此下二，別約三德平等破也。此初，約真如理等法身德破也。彌勒衆生，理如無二，會如授記，豈有“得”、“不得”之二哉？肇曰：凡聖一如，豈有得失之殊哉？生曰：“二”者，直二事也。“異”者，二相殊也。

“若彌勒得阿耨多羅三藐三菩提者，一切衆生皆亦應得。所以者何？一切衆生即菩提相。”

二、約本覺平等智德破也。“菩提”，此云“覺”，亦云“智”，謂無相極智、平等本覺也。若煩惱即菩提，則一切衆生皆菩提相，豈彌勒獨得之耶？肇曰：無相之相，是菩提相。生曰：菩提既是無相理極之惠(慧)，言“得之”者，得是菩提相也。

“若彌勒得滅度者，一切衆生亦當滅度。所以者何？諸佛知一切衆生畢竟寂滅，即涅槃相，不復更滅。”

三、約平等寂滅解脱德破。“涅槃”，此云“滅度”。若法本不生，今即無滅。爲“寂滅”者，即一切衆生本來滅度，豈彌勒獨證之耶？肇曰：本性常滅，今復何滅？生曰：然終既至滅，始滅驗矣。始若果滅，終豈滅哉？然知衆生即涅槃相，不復更滅，是盡爲滅而不滅也。

“是故，彌勒！無以此法誘諸天子。實無發阿耨多羅三藐三菩提心者，亦無退者。”

此下三，舉例返破平等。菩提果尚無記，豈有初心及不退行耶？肇曰：平等之道，實無發心，亦無退者。而[□][以][2]不退之行誘其發心、示其美記者，何耶？

“彌勒！當令此諸天子捨於分別菩提之見。”

四、顯真菩提相。文三。此初，勸捨分別。無相平等，是菩提相。若分

---

① 一，録本脱，據底本補。

② 以，底本、録本脱，結合文意，據乙、戊、己、庚四本補。

别始終，有退、不退，是見分别，非見菩提。肇曰：菩提以寂滅爲相，生死同相，而諸天子卑生死、尊菩提，雖曰[1]勝求，更生塵累。宜開以正路，令捨分别。曷爲示以道記，增其見乎？

“所以者何？菩提者，不可以身得，不可以心得。”

此二，略徵釋。身心無所得相，是菩提相也。肇曰：自此下大明菩提也。道之極者，稱曰“菩提”，秦無言以釋之。“菩提”蓋是正覺、無相之真智乎？其道虚玄，妙絶常境。聽者無以容其聽，智者無以運其智，辨者無以措其言，像者無以狀其儀。故其爲道也，微妙無相，不可爲有；用之彌勤[2]，不可爲無；故能幽鑑萬物而不曜，玄軌超駕而弗夷，大包天地而罔寄，曲濟群惑而無私。至能道達殊方，開物成務，玄機必察，無思無慮。然則無知而無不知、無爲而無不爲[3]不爲者，唯菩提大覺之道也。此無名之法，固[4]非名也。不知所以言，故强名曰“菩提”。斯無爲之道，豈以身心而得乎？

“寂滅是菩提，滅諸相故。”

此三，歷法廣顯菩提相。亦可前是能破，此是能立。又，前破而不斷，此立而不常。又，前破而不滅，此立而不生。又，前會而不一，此别而不異。又，前亡[5]而不去，此存而不來。斯妙道之無方也。觀夫聖人體極，因物立名，所以教名“悉檀”，理窮實相，非夫久殖善本，莫能究其深廣哉！是故，前以無生滅故，無菩提記；此以無生滅故，證寂滅，名“寂滅菩提”。寂滅無緣故不觀，寂滅無念故不行，寂滅無見故斷，寂滅無妄想故離，寂滅無願求故障，寂滅無著故無入，寂滅即真如故順理，寂滅即法性故安住，寂滅返生滅之際故至實際。諸句例然，不復廣説。肇曰：妙會真性，滅諸法相，故菩提之道與法俱寂。

“不觀是菩提，離諸緣故。”

肇曰：觀生於緣，離緣即無觀也。

---

① 曰，録本訛作“白”，據底本改。

② 勤，録本訛作“勒”，據底本改。

③ 此處底本、録本復衍“不爲”二字，兹據文意删。

④ 固，録本訛作“因”，據底本改。乙、戊、己、庚四本亦作“固”，可參。

⑤ 亡，録本訛作“云”，據底本改。

"不行是菩提,無憶念故。"

肇曰:行生於念,無念故無行。

"斷是菩提,捨諸見故。離是菩提,離諸妄想故。"

肇曰:諸見斷,妄想離,乃名"菩提"也。

"障是菩提障諸願故。"

肇曰:真道無欲,障諸願求也。

"不入是菩提,無貪著故。"

肇曰:入,謂受入可欲也。

"順是菩提,順於如故。住是菩提,住法性故。至是菩提,至實際故。"

肇曰:不異三空,"菩提"義也。隨順本相謂之"如",故計之以順。常住不變謂之"性",故計之以住。到實相彼岸謂之"際",故計之以至也。

"不二是菩提,離意法故。"

肇曰:意與法爲二。菩提無心,何法之有也!

"等是菩提,等虚空故。"

肇曰:無心於等而無不等,故謂若"虚空"。

"無爲是菩提,無生、住、滅故;知是菩提,了衆生心行故。"

肇曰:菩提不有,故無生滅;菩提不無,故了知衆生心也。

"不會是菩提,諸入不會故。"

肇曰:諸入,内外六入。俱空,故諸入不會;諸入不會,即菩提相。

"不合是菩提,離煩惱習故。"

肇曰:生死所以合,煩惱之所纏。離惱故無合,無合即菩提也。

"無處是菩提,無形色故。假名是菩提,名字空故。"

肇曰:外無形色之處,内無可名之實。如化是菩提,無取捨故。

肇曰:菩提無取捨,猶化人之無心也。

"無亂是菩提,常自净故。"

肇曰:内心既常静,外亂無由生。

"善[1]寂是菩提,性清净故。"

---

① 善,録本訛作"普",據底本改。

肇曰：性無不净，故寂無不善。[善][1]寂，謂善順寂滅，常净之道也。

“無取是菩提，離攀緣故。”

肇曰：情有所取，故攀於前緣；若離攀緣，即無取也。

“無異是菩提，諸法等故。”

肇曰：萬法同體，是非一致，不異於異者，其唯菩提乎！

“無比是菩提，無可喻故。”

肇曰：第一大道，無有兩正[2]，獨絶群方，故無以喻也。

“微妙是菩提，諸法難知故。”

肇曰：諸[法][3]幽遠難測，非有知之所知；以菩提無知，故無所不知。無知而無不知者，妙微之極也。

“世尊！維摩詰説是法時，二百天子得無生法忍。”

此五，明悟真記不記，真得不得，獲益也。

“故我不任詣彼問疾。”

此四，結也。

“佛告光嚴童子：‘汝行詣維摩詰問疾。’”

文二，如前。此初，命也。

“光嚴童子白佛言：‘世尊！我不堪任詣彼問疾。’”

此二，辭也。文四。此初，辭也。

“所以者何？憶念我昔出毘耶離大城。”

此二，略釋所以也。光嚴接近，故託閑林爲道場。净名詣理，故諠静一如爲道場。出入之迹，其在兹也。生曰：託在常出，實有以也。

“時維摩詰方入城，我即爲作禮而問言：‘居士從何所來？’”

此下三，明廣引彈事。文五：一、禮問；二、略答；三、重問；四、廣答；五、衆益。此初也。生曰：城門是人所湊處，故得因廣化功也。“作禮”者，迹同鄉黨，現修長幼之禮。“而問”，以取其來自有從也。

---

① 善，録本脱，據底本補。

② “兩正”二字録本訛作“正兩”，據底本改。

③ 法，録本脱，據底本補。

"答我言:'吾從道場來。'"

二、略答。肇曰:閑宴修道之處,謂之"道場"也。光嚴志好閑獨,每以静處爲心,故出毘耶,將求道場。净名懸鑒,故現從外來,將示以真場,啓其封累。故逆云"吾從道場來"者,以明道無不亡[①],場無不在。若能懷道場於胸中、遺萬累於身外者,雖復形處憒閙,迹與事隣,乘動所遊,非無道場也。又曰:實相理遍爲"場",萬行通證爲"道"。生曰:得佛之處也。

我問:'道場者,何所是?'"

三、重問。肇曰:會其所求,故尋問也。

"答曰:'直心是道場,無虚假故。'"

此下三十句廣約諸法明道場。此初,約心辨也。肇曰:修心進道,無亂之境,是道場耳[②]。若能標心爲主,萬行爲場,不越方寸,道自修者,乃真道場。曷爲近捨閑境,而遠求空地乎?"直心"者,謂内心真直,外無虚假。斯乃基萬行之本,坦[③]進道之場。自此已下,備列諸行,盡是修心之閑地、弘道之静場也。又解,如世間和䴬(麩)[④]之麥,皆詣場鞭打,䴬(麩)去麥全。修道亦然,佛性精粹,雜煩惱䴬(麩),將修行者正見實相爲場,對治萬行爲鞭打,斷惑證真爲颺篩。如直心以虚假爲糠䴬(麩),布施以慳貪爲糠䴬(麩)。諸句例知。

"發行是道場,能辨事故。"

肇曰:心既真直,則能發迹造行;發迹造行,即事業斯辦[⑤]者也。

"深心是道場,增益功德故。"

肇曰:既能發行,即樹心彌深;樹心彌深,則功德彌增者也。

"菩提心是道場,無錯謬故。"

---

① 亡,録本訛作"之",據底本改。

② 耳,底本作"耳耳"。《大正藏》録本據文意删。乙、戊、己、庚四本亦作"耳",可參。

③ 坦,録本訛作"壇",據底本改。

④ 䴬,乃"麩"之俗體。《龍龕手鑑·疒部》:"䴬","麩"的俗字,指破碎的麥殼。下文"䴬"字皆同,不復出校。

⑤ 辦,録本訛作"辨",據底本改。

肇曰：直心入行，轉深則變爲菩提心也。此心真正，故所見不謬。凡弘[1]道者，要始四心。四心既生，則六度衆行無不成也。

“布施是道場，不望報故。”

此下十六約行，明住實相真場，行皆造極。肇曰：施不望報，無相行也。夫言“有”不失“無”，言“無”不失“有”，“有”“無”異説而不乖其本者，其唯大乘道乎？然即萬行雖殊，以無相爲體，無而不無，故即有爲實；有而不有，故施戒爲一。此經前後，至於辯列衆行，“有”“無”不同，苟能領其所同，則無異而不同也。

“持戒是道場，得願具故。”

肇曰：未有戒具而願不具者。

“忍辱是道場，於諸衆生心無礙故。”

肇曰：懷忿則心礙。

“精進是道場，不懈退故。禪定是道場，心調柔故。智慧是道場，現見諸法故。”

肇曰：萬法彌曠，現若目前，智慧之能也。又曰：即事見理，爲現見也。

“慈是道場，等衆生故。”

肇曰：等心怨親，欲其安樂，慈行也。

“悲是道場，忍疲苦故。”

肇曰：見苦必赴，不避湯炭，悲行也。

“喜是道場，悦樂法故。”

肇曰：以己[2]法樂，樂彼同悦，喜行也。

“捨是道場，憎愛斷故。”

肇曰：人慈生愛，愛生著，著生累；悲生憂，憂生惱，惱生憎。慈悲雖善，而累相已生。故兩捨以平等觀，謂之“捨行”。

“神通是道場，成就六通故。”

---

① 弘，録本訛作“知”，據底本改。

② 己，録本訛作“已”，據底本改。乙、戊、庚三本亦作“己”，可參。

四禪世定,但發五通[①];實相真禪,得漏盡也。

“解脱是道場,能背捨故。”

“解脱”,八解脱。二乘八解,背捨八邪;大乘八解,邪正俱背。深證實相,背捨萬累也。

“方便是道場,教化衆生故。四攝是道場,攝衆生故。”

肇曰:方便起乎弘化,四攝生乎來衆也。

“多聞是道場,如聞行故。”

肇曰:聞不能行,與禽獸同聽也。

“伏心是道場,正觀諸法故。”

木非繩不直,心非理不正。故心之調也,必正觀實相。肇曰:心之性也,强梁即觀邪,調伏即觀正也。

“三十七品是道場,捨有爲法故。”

此下三科,約法明道場。什曰:道品斷受生,故名“捨有爲”。肇曰:三十七品,無爲之因也。又曰:無爲即涅槃也。

“諦是道場,不誑世間故。”

什曰:小乘中説四諦,大乘中説一諦。今言“諦”,是即一諦實相也。

“緣起是道場,無明乃至老死皆無盡故。”

緣起,十二因緣相生起也。小乘觀十二緣,無明滅即行滅,非實相真場。大乘觀因緣不生不滅,無無明,亦無無明盡,此實相真場也。

“諸煩惱是道場,知如實故。衆生是道場,知無我故。一切法是道場,知諸法空故。”

此三科約所治惑明道場,謂迷即衆惑,悟即真場。肇曰:煩惱之實性,衆生之無我,諸法之“空”義,皆道之所由生。

“降魔是道場,不傾動故。三界是道場,無所取故。師子吼是道場,無所畏故。”

此下諸科,約佛果德,明坐菩提樹,住寂滅場,不著三界,不惑四魔,能師子吼也。肇曰:降魔兵而不爲所動,遊歷三界而不隨其趣,演無畏法音而無難。

---

① 通,録本訛作“道”,據底本改。

"力、無畏、不共法是道場,無諸過故。三明是道場,無餘礙故。"

法身無過,即衆德自顯;心無餘翳,則惠(慧)明普照。肇曰:佛具三十二業而無一闕,明通達而無礙,斯皆大道之所由生也。

"一念知一切法是道場,成就一切智故。"

什曰:二乘法以三十四心成道。大乘唯以一念,則確[①]然大悟,具一切智也。肇曰:"一切智"者,智之極也。朗若晨曦,衆冥俱照;澄若静淵,群像並鑒。無知而無所不知者,其唯一切智乎。何則?夫[②]有心則有封,有封則有疆。封疆既形,則其智有涯;其智有涯,則所照不普。至人無心,無心則無封,無封則無疆。封疆既無,則其智無涯;其智無涯,則所照無際。故能以一念一時必知一切法也。一切智雖曰行標,蓋亦萬行之一耳。會萬行之所成者,其唯無上道乎!故所列衆法皆爲道場也。生曰:一念無不知者,始乎大悟時也。以向諸行,終得此事,故以名焉。以"直心"爲"行"初義,極一念知一切法,不亦是得佛之處乎?

"如是,善男子!菩薩若應諸波羅蜜教化衆生,諸有所作,舉足、下足,當知皆從道場來,住於佛法矣。"

此下三,結成。肇曰:若能應上諸度以化天下者,其人行則遊道場,止則住佛法,舉動所之,無非道場。

"説是法時,五百天人皆發阿耨多羅三藐三菩提心。"

此五,明得益也。

"故我不任詣彼問疾。"

四、結也。

"佛告持世菩薩:'汝行詣維摩詰問疾。'"

文二。此初,命也。

"持世白佛言:'世尊!我不堪任詣彼問疾。'"

二、辭。文四。此初也。

"所以者何?憶念我昔住於静室。"

---

① 確,録本訛作"碻",據底本改。

② 夫,録本訛作"天",據底本改。

此下三[①]，略釋。文五：一、住静室；二、魔來；三、不識；四、施女；五、不受。此初，持世避諠住静，捨惡化善，皆迹是方便，軌之初學。

“時魔波旬從萬二千天女，狀如帝釋，鼓樂弦歌，來詣我所，與其眷屬稽首我足，合掌恭敬，於一面立。”

此二，魔作帝釋來也。肇曰：“波旬”，秦名“煞[②]者”，或名“極惡”。斷人善根，因名“煞[③]者”；違佛亂僧，罪莫之大，“極惡”也。什曰：帝釋是佛弟子，知其不疑，故作釋形來也。持世不作意觀他心，故不見也。天台云：方便菩薩不知魔來，有三意：一、未能魔佛二界一如等真，故不知；二、緣觀有出入之間，故不知；三、未能善惡齊化，心有去取，故不知也。

“我意謂是帝釋，而語之言：‘善來，憍尸迦！雖福應有，不當自恣。當觀五欲無常，以求善本，於身命財而修堅法。”

此三，持世不識，謬爲説法，誡之以自恣，厭之以無常，修之以三堅。生曰：從女弦歌，是自恣法也。福有而自恣者，覆爲罪之根者也。五欲者，五情所欲也。用爲自恣，實之必深。覺其無常，然後能以之求善本矣。肇曰：三堅法，身、命、財寶也。若忘身命、棄財寶、去封累而修是者，必獲無極之身、無窮之命、無盡之財。此三天地焚而不燒，劫數終而不盡，故名“堅法”。以天帝樂著五欲，不慮無常，故勸修堅法也。

“即語我言：‘正士受是萬二千天女，可備掃灑。’”

此四，魔更施女爲亂也。生曰：因其説法故，可説以從善，實欲以女亂之矣。

“我言：‘憍尸迦！無以此非法之物，要我沙門釋子，此非我宜。’”

此五，不受。女非順道之緣，故捨而不受。若法身正觀，萬品一如，無非不順。肇曰：持世菩薩時爲比丘也。

“所言未訖，時維摩詰來謂我言：‘非帝釋也。是爲魔來嬈固汝耳！’”

---

① 三，録本訛作“二”，據底本改。

② 煞，録本訛作“刹”，據底本改。

③ 煞，録本訛作“殺”。《廣韻·黠韻》：“煞”，同“殺”。然《大正藏》録本失真，兹據底本改。

此三，廣引彈事。文中有八：一、覺悟；二、乞女；三、欲隱；四、勸捨；五、魔捨；六、説法；七、誘女；八、還女。此初，净名覺悟。肇曰：以持世不覺，故發其狀也。

“即語魔言：‘是諸女等，可以與我，如我應受。’”

此二，净名索女。肇曰：將化諸女，故現從其索。我爲白衣，應受此女，曷爲以與沙門釋子乎？

“魔即驚懼，念：‘維摩詰將無惱我。’欲隱形去，而不能隱；盡其神力，亦不得去。”

此三，魔欲隱去。肇曰：净名神力之所制也。

“即聞空中聲曰：‘波旬！以女與之，乃可得去。’”

四，空聲勸捨女也。肇曰：净名以魔迷固，故化導之也。

“魔以畏故，俛仰而與。”

此五，魔捨女。生曰：推輕重，留女故當勝自不得去也。

“爾時維摩詰語諸女言：‘魔以汝等與我，今汝皆當發阿耨多羅三藐三菩提心。即隨所應而爲説法，令發道意。’”

此六，净名爲女説法也。文二。此初，令發心也。肇曰：在魔故從欲，在我宜從道教。

“復言：‘汝等已發道意，有法樂可以自娱，不應復樂五欲樂也。’”

此下二，勸修行。文三：一、勸；二、問；三、答。此初，勸樂法捨欲也。肇曰：女人之性，唯欲是樂。以其初捨天樂，故示以法樂。夫能以弘道爲美、積德爲忻者，雖復經苦履難，而不改其樂；天地所重，無易其忻。以此自娱，樂之極也，豈五欲之足存！自此已下，備列諸行，以明超世之道，至歡之所由生也。

“天女即問：‘何謂法樂？’”

二，不解故問也。

“答曰：‘樂常信佛，樂欲聽法，樂供養衆，樂離五欲。’”

三，净名答。文四。此初，樂生四信，謂歸三寶及厭欲持戒。肇曰：信而後悦，莫若三寶。“樂離五欲”者，什曰：是信戒也。

“樂觀五陰如怨賊，樂觀四大如毒蛇，樂觀内入如空聚。”

此二，樂厭苦報也。什曰：如《方便品》中說也。肇曰：善惡[①]必察，何樂如之也。

“樂隨護道意，樂饒益衆生，樂敬養師。”

此三，明樂修出道。文三。此初，内護道意，下益衆生，上敬養師，並行本也。肇曰：將護無上道心，令無差失。

“樂廣行施，樂堅持戒，樂忍辱柔和，樂懃集善根，樂禪定不亂，樂離垢明惠（慧）。”

此二，明六度正行也。什曰：世俗惠（慧）中不能生樂，要得無漏惠（慧），離塵垢，即至樂自生也。

“樂廣菩提心。”

此下三，遍修萬行。肇曰：彼我兼得，謂之“廣”也。

“樂降伏衆魔，樂斷諸煩惱。”

魔怨散而惑病消，故樂也。

“樂净佛國土。樂成就相好，故修諸功德。”

依報净而正報圓，何樂如也！

“樂莊嚴道場。”

嚴萬行之因場，詣道樹之果場。

“樂聞深法不畏。”

什曰：心無近著，心不邪疑，又能信諸佛有不思議法，故能聞深法，心不生畏也。肇曰：樂法之情不深者，聞深法必生畏也。

“樂三脱門，不樂非時。”

肇曰：“三脱”，空、無相、無作也。縛以之解謂之“脱”，三乘所由謂之“門”。二乘入三脱門，不盡其極，而中路取證，謂之“非時”。此大士之所不樂也。

“樂近同學。樂於非同學中，心無恚礙。”

肇曰：異我自彼，曷爲生恚？“非同學”，外道黨也。

“樂將護惡知識，樂近善知識。”

---

① 惡，録本訛作“要”。底本實作“悪”。《玉篇·心部》：“悪”，同“惡”。玆據改。

護惡不捨大悲，近善能成大智。

“樂心喜清净。”

肇曰：清净是實相真法喜。

“樂修無量道品之法。”

適化無方，故道品無量。肇曰：法樂無量，上略言之耳。

“是爲菩薩法樂。”

此四，結也。

“於是波旬告諸女言：‘我欲與汝俱還天宫。’”

此下七，波旬誘女也。文二。此初，誘也。肇曰：先聞空中聲，畏而言與，非其真心，故欲俱還也。

“諸女言：‘以我等與此居士，有法樂，我等甚樂，不復樂五欲樂也。’”

二，女辭也。肇曰：已屬人矣，兼有法樂，何由返也？

“魔言：‘居士！可捨此女。一切所有施於彼者，是爲菩薩。’”

此八，還女。文五：一、索女；二、還女；三、請法；四、爲説；五、隨還。此初，索也。肇曰：净名化導既訖，魔知其不恡，故請也。菩薩之道，一切無惜，想能見還也。

“維摩詰言：‘我已捨矣，汝便將去。令一切衆生得法願具足。’”

二，還女也。肇曰：因事興[①]願，菩薩常法也。以女還魔，願具滿故，因以生願。“一切衆生得法願具足”，如魔之願滿也。

“於是諸女問維摩詰：‘我等云何止於魔宫？’”

三，弟子辭師，故請法也。肇曰：昔在魔宫，以五欲爲樂；今在菩薩，以法樂爲樂。復還魔天，當何所業耶？

“維摩詰言：‘諸姊！有法門名“無盡燈”，汝等當學。’”

四，大士爲説無盡燈法。文三。此初，標名“勸”也。肇曰：將遠流大法之明，以照魔宫癡冥之室，故説此門也。

“‘無盡燈’者，譬如一燈然百千燈，冥者皆明，明終不盡。如是，諸姊！夫一菩薩開導百千衆生，令發阿耨多羅三藐三菩提心，於其道意亦不滅盡，

① 興，録本訛作“與”，據底本改。

隨所説法而自增益一切善法,是名'無盡燈'也。"

二,釋勸,法、喻、合可見。肇曰:自行化彼,則功德彌增。法光不絶,名"無盡燈"。

"汝等雖住魔宫,以是無盡燈,令無數天子、天女發阿耨多羅三藐三菩提心者,爲報佛恩,亦大饒益一切衆生。"

三,結勸學也。肇曰:報恩之上,莫先弘道。

"爾時天女頭面禮維摩詰足,隨魔還宫,忽然不現。"

五,致禮辭還。

"世尊!維摩詰有如是自在神力、智慧辯才,故我不任詣彼問疾。"

此四,結辭不堪也。

"佛告長者子善得:'汝行詣維摩詰問疾。'"

文二[①]。此初,命也。梵云"須達多",亦云"善得",亦云"二施",即給孤獨也。因緣如别。

"善得白佛言:'世尊!我不堪任詣彼問疾。'"

二,辭。文四。此初,辭也。

"所以者何?憶念我昔自於父舍設大施會,供養一切沙門、婆羅門及諸外道、貧窮下賤孤獨乞人,期滿七日。"

二,略釋也。在家大士,故於父舍行施化同類也。生曰:婆羅門法,七日祠梵天,行大施,期生彼也。言己[②]承嫡繼業,於父舍然也。寄[③]之可以致,明法施大矣。什曰:所以乃至第七日方來譏者,欲令其功德滿、心淳熟也。

"時維摩詰來入會中,謂我言:'長者子!夫大施會,不當如汝所設。'"

此三,廣引彈事。文六:一、彈呵;二、請説;三、略説;四、重請;五、廣説;六、得益。此初彈也。肇曰:天竺大施會法,於父舍開四門,立高幢告天下,諸有所須,皆詣其舍,於七日中,傾家而施,以求梵福。時净名以其俗施既滿,將進以法施,故先譏其所設,以明爲施之殊也。

---

① 二,録本訛作"善",據底本改。

② 己,録本訛作"已",據底本改。

③ 寄,録本訛作"奇",據底本改。

“當爲法施之會，何用是財施會爲?”

肇曰：夫形必有所礙，財必有所窮。故會人以形者，不可普集；施人以財，不可周給。且施既不普，財不益神，未若會群生於十方而即之本土，懷法施於胸中而惠(慧)無不普。以此而會，會無不均；以此而施，[施][1]不遺人。曷爲置殊方而集近賓，捨心益而獨潤身乎?

“我言：‘居士！何謂法施之會?’”

此二，請問也。

“法施會者，無前無後，一時供養一切衆生，是名‘法施之會’。”

此三，略答也。什曰：若一起慈心，即十方同緣。施中之等，莫先於此，故曰無前後也。肇曰：夫以方會人，不可一息期；以財濟物，不可一時周。是以會通無隅者，彌綸而不漏；法澤冥被[2]者，不易時而同覆。故能即無疆爲一會，而道無不潤；虚心懷德，而物自賓。曷爲存濡沫之小惠，捨夫江海之大益；置一時之法養，而設前後之俗施乎?

“何謂也?”

此四，重問也。肇曰：群生無際，而受化不俱。欲無前無後、一時而養者，何謂也?

“謂以菩提起於慈心。”

此下五，廣就萬行明法施。文五。此初，四等也。肇曰：夫財養養身，法養養神。養神之道，存乎冥益。何則?群生流轉，以無窮爲路，冥冥相承，莫能自返。故大士建德，不自爲身，一念之善，皆爲群生。以爲群生故，願、行俱果。行果則己[3]功立，願果則群生益。己[4]功立，則有濟物之能；群生益，則有返流之分。然則菩薩始建德於内，群生已蒙益於外矣！何必待哺養啓導[5]，然後爲益乎?“菩提”者，弘濟之道也。是以爲菩提而起慈者，一念一時，所益無際矣。

---

① 施，録本脱，據底本補。

② 被，録本訛作“披”，據底本改。

③④ 己，録本訛作“已”，據底本改。

⑤ 導，録本訛作“尊”，據底本改。

"以救衆生起大悲心。"

肇曰:大悲之興[1],救彼而起,所以悲生於我,而天下同益也。

"以持正法,起於喜心。"

肇曰:欲令彼我俱持正法,喜以之生也。

"以攝智慧,行於捨心。"

肇曰:小捨捨怨親,大捨捨萬有。捨萬有者,正智之性也。

"以攝慳貪起檀波羅蜜,以化犯戒起尸波羅蜜,以無我法起羼提波羅蜜。"

此二,明六度法施。大士以一毫之善,普施衆生,永除六蔽,圓滿六度。肇曰:忿生於我,無我即無競。

"以離身心相,起毘離耶波羅蜜。"

肇曰:精進之相,起于身心。而云"離身心"者,其唯無相精進乎?復次,愛著身心,不能精進。能精進者,其在亡身心乎?

"以菩提相,起禪波羅蜜。"

肇曰:菩提之相,無定無亂。以此起禪,亦同相也。

"以一切智,起般若波羅蜜。"

肇曰:在佛名"一切智",在菩薩名"般若",因果異名也。然一切智以無相爲相,以此起般若,般若亦無相。因果雖異名,其相不殊也。

"教化衆生,而起於空。"

此[2]三,約三脱明法施。肇曰:存衆生則乖"空"義,存"空"義則捨衆生。善通法相、虚空其懷者,終日化衆生,終日不乖"空"也。

"不捨有爲法,而起無相。"

肇曰:即有而無,故能起無相;即無而有,故能不捨。不捨故萬法兼備,起無故美惡齊旨。

"示現受生而起無作。"

肇曰:"作"謂造作生死也。爲彼"受生"者,非作生而生也。是以大士受

① 興,録本訛作"典",據底本改。

② 此,底本作"以",録本同。結合文意,據乙、戊、己、庚四本改。

生，常起無作。

“護持正法，起方便力。以度衆生，起四攝法。”

此四，遍約萬行明法施。肇曰：非方便無以護正法，非四攝無以濟群生。

“以敬事一切起除慢法，於身命財起三堅法，於六念中起思念法，於六和敬起質直心。”

息諸慢以修敬，厭三僞而修三堅，内思六念，外順六和，此之謂“法施”。“六念”者，肇曰：念佛、法、僧、施、戒、天，六念也。“六和”者，肇曰：以慈心起身、口、意業，爲三也；四、得重養與人共之；五、持戒净；六、修漏盡惠（慧）。非直心無以具六法，非六法無以和群衆。群衆不和，非敬順之道。

“正行善法，起於净命。”

肇曰：凡所行善，不以邪心爲命也。

“心净歡喜，起近賢聖。不憎惡人，起調伏心。”

“心净”者，信也。信樂賢聖，常近三寶，不憎惡人，能調不善。肇曰：近賢聖，生净喜。見惡，無憎心也。

“以出家法，起於深心。”

厭患三界，誓求菩提。大事因緣，非小志之所爲也。肇曰：出家之法，非淺心所能弘也。

“以如説行，起於多聞。”

肇曰：聞不能行，非多聞也。

“以無諍法，起空閑處。”

法性平等，名爲“無净”。棲心此理，是住空閑。肇曰：忿競生乎衆聚，無諍出乎空閑。

“趣向佛惠（慧），起於宴坐。”

肇曰：佛惠（慧）深遠，非定不趣。

“解衆生縛，起修行地。”

理圓無漸而解縛者，必修之以次位。肇曰：己[①]行不修，安能解彼？

“以具相好及净佛土，起福德業。知一切衆生心念，如應説法，起於

① 己，録本訛作“已”，據底本改。

智業。”

肇曰：大乘萬行，分爲二業：以智爲行標，故別立智業；諸行隨從，故總立德業。凡所修立，非一業所成。而衆經修相好净土，繫以德業；知念説法，繫以智業。此蓋取其功用之所多耳，未始相無也。

“知一切法不取不捨，入一相門起於惠（慧）業。”

肇曰：決定審理謂之智，造心分别謂之惠（慧）。上決衆生念定諸法相，然後説法，故繫之以智；今造心分别法相，令入一門，故繫之以惠（慧）也。

“斷一切煩惱、一切障礙、一切不善法，起一切善業。”

肇曰：無善不修，故無惡不斷。

“以得一切智慧、一切善法，起於一切助佛道法。”

肇曰：“一切智慧”，智業也。“一切善法”，即德業也。助佛道法，大乘諸無漏法也。智、德二業，非有漏之所成。成之者，必由[①]助佛道法。

“如是，善男子！是爲法施之會。若菩薩住是法施會者，爲大施主，亦爲一切世間福田。”

此下五，結成法施。肇曰：若能備上諸法，則冥[②]閏（潤）[③]無涯。其爲會也，不止一方；其爲施也，不止形骸。不止形骸，故妙存濟神；不止一方，故其會彌綸。可謂大施，可謂大會矣。

“世尊！維摩詰説是法時，婆羅門衆中二百人，皆發阿耨多羅三藐三菩提心。”

此六，明時衆得益。文二。此初，婆羅門發心也。

“我時心得清净，歎未曾有，稽首禮維摩詰足，即解瓔珞價直百千，以上之。”

二，明善得心净。肇曰：心累悉除，得清净信也。文四。此初，心悟上瓔珞也。生曰：七日施而此物在者，最所重也。而以上維摩詰者，現崇法施情也。

① 由，底本作“猶”，録本同。結合文意，據乙、戊、己、庚四本改。

② 冥，録本訛作“名”。按：底本先書“名”，旋於字旁注“冥”。兹據改。

③ 閏，此當爲“潤”之借字。結合文意，據乙、戊、己、庚四本改。

"不肯取。"

二,讓不受。什曰:本意爲説法故,亦爲譏財施故。懷此二心,所以不受。

"我言:'居士! 願必納受,隨意所與。'"

三,重請受隨施也。

"維摩詰乃受瓔珞,分作二分,[□□□][持一分][1]施此會中最下乞人,持一分奉彼難勝如來。"

四,浄名受已迴施。文四。初,迴施二田也。肇曰:上直進以法施,未等致施之心,故施極上窮下,明施心平等,以成善得爲施之意也。

"一切衆會,皆見光明國土難勝如來,又見珠瓔在彼佛上變成四柱寶臺,四面嚴飾,不相障蔽。"

二,佛現化。生曰:"分作二分"者,欲以明等也。現神力者,驗法施也。變成四柱寶臺,豈財施能爲之乎? 是法施會然也,故能無不周耳。

"維摩詰現神變已,作是言:'若施主等心施一最下乞人,猶如如來福田之相。'"

三,勸令等心。文二:一、有相等;二、無相等。此初也。施佛神通,若此施貧。初無善事,施者未能亡於分別,故浄名示之以平等。什曰:施佛以地勝,故心濃;施貧以地苦[2],故悲深。是以福田同相,致報一也。

"無所分別,等于大悲,不求果報,是則名爲'具足法施'也。"

二,無相等也。肇曰:若能齊尊卑、一行報、以平等悲而爲施者,乃具足法施耳。

"城中一最下乞人,見是神力,聞其所説,皆發阿耨多羅三藐三菩提心。"

此四,得益也。

"故我不任詣彼問疾。"

四,結不堪。

"如是諸菩薩,各各向佛説其本緣,稱述維摩詰所言,皆曰不任詣彼問疾。"

---

① "持一分"三字底本、録本脱,結合文意,據乙、戊、己、庚四本補。

② 苦,録本訛作"若",據底本改。乙、戊、己、庚四本亦作"苦",可參。

此是大段第二，總明諸菩薩奉辭。肇曰：三萬二千菩薩皆説不任之辭，文不備載之耳。

《净名經》關中疏卷上[①]

《净名經》集解關中疏卷下[②]

資聖寺沙門道液述

文殊師利品第五

前室外三品明呵[③]折[④]，此下六品明攝受。復次，前明不堪，仰德生信。此明堪問，聞[□][法][⑤]悟入。六品經文宗緣問疾，此品居初，故獨得名。下隨別義，受別品目[⑥]。疾有二種：一者衆生實報，二者菩薩權現，如品文明。大文分二：初此品略明二疾，下五品廣明二疾。

"爾時佛告文殊師利：'汝行詣維摩詰問疾。'"

此品受命。文二：一、命；二、恭命。此初，命也[⑦]。肇曰："文殊師利"，秦言"妙德"。《經》云：曾已成佛，名曰"龍種尊"。

"文殊師利白佛言：'世尊！彼上人者，難爲酬對。'"

此二，恭命。文五：一、恭問命疾；二、大衆侍從；三、賓主往復；四、宣旨問疾；五、時衆得益。初中文三：初、總自[⑧]謙；二、陳彼勝德；三、恭旨往問。

---

① 底本尾有"净土寺藏經"印一方。戊本尾題作："净名經疏卷上。丁酉□……□勘定"。己本尾有題記："時蕃中，歲次乙酉冬末月下旬二日，於報恩寺寫訖，比丘神應記。"庚本尾有題記"比丘譚議疏卷記"。

② 卷下今校注仍據《大正藏》以原卷伯 2191 號(《大正藏》注爲"伯 219 號"，誤)爲底本，以斯 2670v 號爲甲本，斯 1813 號爲乙本。另增斯 6418 號爲丙本，BD14093 號爲丁本，《藏外佛教文獻》中黎明所整理本《净名經集解關中疏卷下》爲戊本，BD14092 號爲己本，斯 6870 號爲庚本。底本首缺，據《大正藏》所依甲本并參新增丙、丁二本補。

③ 呵，録本訛作"阿"，結合文意，據甲、丙、丁三本改。

④ 折，録本訛作"祈"，據甲、丙、丁改。

⑤ 法，甲本、録本脱，依丙本補。

⑥ 目，甲本、丙本作"自"，録本同。結合文意，據丁本改。

⑦ 也，録本訛作"世"，結合文意，據甲、丙、丁三本改。

⑧ 自，録本訛作"目"，結合文意，據甲、丙、丁三本改。

此初也。什曰：言乃超出我上，豈直諸賢！此蓋深往者之情耳，豈其實哉！肇曰：三萬二千何必不任，文殊師利何必獨最。意□（謂）[①]至人，變謀無方，隱顯殊迹，故迭爲修短應物之情事，孰[②]敢定其優劣、辯其得失乎？文殊將適群[③]心，而奉使命，故先歎净名之德，以生衆會難遭之想也。其人道尊，難爲酬對，當承佛聖旨，行問疾耳。

"深達實相，善説法要。"

二，陳彼勝德。文三：一、二智深廣；二、因[④]果[□□][德滿][⑤]；三、二利功圓。此初深達歎實，辨才歎權。此初也，内能深達實理，外能談法要旨。肇曰：由實相難測而能深達，善以約言而舉多義，美其善德説法要趣也。

"辨才無滯，智慧無礙。"

此難權智，亦内外[⑥]惠（慧）外辨也。肇曰：詞[⑦]辨圓應而無滯，智慧周通而無礙也。

"一切菩薩法式悉知，諸佛祕藏無不得入。"

此歎[⑧]因果德滿。因知菩薩修行之法式[⑨]，果入諸佛化物之祕藏。三密[⑩]而[⑪]七言偈明。肇曰：諸佛身、口、意祕密之藏。

"降伏衆魔，遊戲神通。"

此歎[⑫]二利功圓。降魔利他，得度自利。此初也。什曰：神通化物非真

---

① 謂，甲本不清晰，録本作缺文，據丙、丁二本補。

② 孰，甲本、丙本作"熟"，録本同。結合文意，據丁本改。

③ 群，甲本不清晰，録本作"肇"，結合文意，據丙、丁二本改。

④ 因，録本訛作"目"。按：甲本實作"囙"，丙、丁二本亦同，乃"因"之常見俗體。兹據改。

⑤ "德滿"二字甲本、録本脱，結合文意，據丙、丁二本補。

⑥ 此"外"字似誤衍，待考。

⑦ 詞，甲本不清晰，録本訛作"訶"，結合文意，據丙、丁二本改。

⑧ 歎，甲本不清晰，録本訛作"難"，結合文意，據丙、丁二本改。

⑨ 式，録本訛作"或"，結合文意，據甲、丙、丁三本改。

⑩ 密，甲本、録本作"蜜"，結合文意，據丙、丁二本改。

⑪ 而，丙、丁二本作"如"。

⑫ 歎，甲本不清晰，録本訛作"難"，結合文意，據丙、丁二本改。

故，名“戲”。復次，神通雖大，於我[①]無難，如戲。復次，善入出住，自在無礙，如戲。肇曰：遊通化人，以之自娱也。

“其智惠（慧）方便，皆以得度。”

此自利得度。肇曰：窮智用，盡權道，故稱“度”。

“雖然，當承佛聖旨，詣彼問疾。”

此三，恭旨往問。肇曰：其德若此，非所堪對，當承[□][佛][②]聖旨，然後行耳。

“於是衆中諸菩薩、大弟子、釋、梵四天王咸作是念：‘今二大士文殊師利、維摩詰共談，必説妙法。’即時八千菩薩、五百聲聞、百千天人皆欲隨從。”

二，大衆侍從。文二：初念，後往。此初念也。肇曰：大士勝集，必有妙説，故率欲同[③]舉。

“於是文殊師利與諸菩薩、大弟子及[④]諸天[⑤]人恭敬圍遶，入毘耶離大城。”

二，文殊與衆同往。肇曰：巷羅薗在城外，净名室在城内也。

“爾時長者維摩詰心念：‘今文殊師利與大衆俱來。’即以神力空其室内，除去所有及諸侍者，唯置一床，以疾而卧。”

此下三，明賓主往復也。文四：一、空室現相；二、見相知表；三、稱難善來；四、述其所歎。此初，净明現相也。此經宗明净土悲化，故[□][現][⑥]三相：一、室空，表文殊問疾[⑦]入室，顯净穢同爲法性之土；二、除侍，表愛見衆生，同歸法身無相；三、一床現疾，表大悲現化。故下文云：“雖知諸佛國，及與衆生空，而常修净土，教化於群生。”

釋曰：國土空即“室空”表知（之）[⑧]，衆生空即“除侍”表之，净土化生即

① 我，甲本、録本作“我我”，結合文意，據丙、丁二本删。

② 佛，甲本、録本脱，結合文意，據丙、丁二本補。

③ 同，甲本不清晰，録本訛作“圓”，結合文意，據丙、丁二本改。

④ 及，甲本不清晰，録本訛作“衆”，結合文意，據丙、丁二本改。

⑤ 天，丙本訛作“大”。

⑥ “現”字甲本、録本脱，結合文意，據丙、丁二本補。

⑦ “問疾”二字丙、丁二本無。

⑧ 知，此當爲“之”之借字，丙、丁二本作“之”。

“現疾”表之。

肇曰：現疾之興，事在今也。空室去侍，以生[□][言][1]端，事證於後。

“文殊師利既入其舍，見其室空，無諸所有，獨寢一床。”

此二，見相，知有表也。生曰：見之者，得其旨也。

“時維摩詰言：‘善來，文殊師利！不來相而來，不見相而見。’”

此三，稱歎。什曰：讚言“善”者，欲明賓來得會、主亦虛受也。又，相見者發彼庵薗，故來；覩斯現疾，故[□][見][2]也。今見法身大士不然[3]也，故善。肇曰：將顯明法身大士舉動進止[4]不違實相，[□][實][5]相不來，以之而來；實相無見，以之相見。不來而能來，不見而能見。[□□][法身][6]若此，何善如之？

“文殊師利言：‘如是，居士！若來已更不來，若去已更不去。’”

此四，文殊述成不來不見。法住本無來，[□□□□□][衆生妄見來][7]，而要因大士應化來已，方悟於無來。生死往來，輪轉無際。若悟無來，法身常住，更不來也。

“所以者何？來者無所從來，去者無所至。所可見者，更不可見。”

釋也[8]。妄相見去來，實無有去來，故能令返悟矣。去見，准釋王宮應來，雙林現去，例可見也。

“且置是事。”

此下四，正宣旨[9]問疾。先宣佛旨[10]，後宣己[11]情。初止[12]傍論，次宣旨[13]

---

① “言”字甲本、録本脱，結合文意，據丙、丁二本補。

② “見”字甲本、録本脱，結合文意，據丙、丁二本補。

③ 然，録本訛作“殺”，結合文意，據甲、丙、丁三本改。

④ 止，録本訛作“心”，結合文意，據甲、丙、丁三本改。

⑤ “實”字甲本、録本脱，結合文意，據丙、丁二本補。

⑥ “法身”二字甲本、録本脱，結合文意，據丙、丁二本補。

⑦ “衆生妄見來”五字甲本、録本脱，結合文意，據丙、丁二本補。

⑧ 也，録本訛作“世”，結合文意，據甲、丙、丁三本改。

⑨⑩⑬ 旨，甲本作“止”，録本訛作“心”，結合文意，據丙、丁二本改。

⑪ 己，録本訛作“已”，據甲本改。

⑫ 止，録本訛作“心”，據甲本改。丙、丁二本亦作“止”。

也。肇曰：雖貪①微言，而使命未宣，故且心宣其論而問疾也。

"'居士！是疾寧可忍不？療治有損？不至增乎？'世尊慇懃，致問無量。"

此下正宣佛旨②。三句：可忍否？有損否？不增否？如下答。疾既緣彼非我，問旨③亦彼損，於我爲痊[□][耳]④。

"居士！是疾何所因起？其生久如？當云何滅？"

此下二，宣己情⑤，問也。文二：先問其化權疾，後問所化實疾。前中復三：一、問現疾因起；二、問室空無侍；三、窮疾本相。初有問答，此問也。肇曰：使命既宣，故復問疾之所由生也。疾因何而起？起未久近？云何而得滅乎？

"維摩詰言：'從癡有愛，則我病生。以一切衆生病，是故我病。若一切衆生病滅，則我病滅。'"

此二，答。先雙答後二問，後卻答初問。前文有三：法、喻、合也。法有標釋。肇曰：答久近。菩薩何疾？悲彼而生疾耳。群生之疾，癡愛爲本；菩薩之疾，大悲爲源。夫高由下⑥起，是因非⑦生。所以悲疾之興，出乎癡愛。而癡愛無緒，莫識其源。吾疾久近，與之同根。此明悲之始，不必就己爲言[□][也]⑧。道融曰：衆生癡故有愛，愛故受，受故身，身則病⑨。以彼病故，則我病生矣。毘摩爲初來久，故知悲不近也。"彼病滅則我病滅"，明起病不齊限衆生也。新學菩薩未能久處生死，爲一切起病，故明大士曠懷⑩處疾。推求前際，以發心爲始；尋求後際，則與衆生俱滅。新學問(聞)⑪之，局心自

① 貪，録本訛作"貧"，據甲本改。丙、丁二本亦作"貧"。

②③ 旨，甲本作"止"，録本訛作"心"，結合文意，據丙、丁二本改。

④ "耳"字甲本、録本脱，結合文意，據丙、丁二本補。

⑤ "己情"二字録本訛作"已倩"，據甲本改。丙、丁二本亦作"已情"。

⑥ 下，甲本、録本訛作"不"，結合文意，據丙、丁二本改。

⑦ 非，甲本、録本訛作"悲"，結合文意，據丙、丁二本改。

⑧ 也，甲本、録本脱，結合文意，據丙、丁二本補。

⑨ "愛故受，受故身，身則病"九字丙、丁二本作"愛故受身，受身則病"。

⑩ 懷，録本訛作"壞"，據甲本改。丙、丁二本亦作"懷"。

⑪ 結合文意，此"問"當爲"聞"之借字。丁本作"聞"，可資比勘。

曠，故但説病生滅，即大悲自顯也。

“所以者何？菩薩爲衆生故入生死，有生死則有病。若衆生得離病者，則菩薩無復病。”

此釋也。肇曰：夫法身無生，況復有形？既無有形，病何由起？然爲彼受生，不得無形。既有形也，不得無患。故隨其久近，與久同病。若彼離病，菩薩無復病也。

“譬如長者唯有一子，其子得病，父母亦病。若子病愈，父母亦愈。”

此二，喻也。

“菩薩如是，於諸衆生，愛之若子。衆生病則菩薩病，衆生病愈，菩薩亦愈。”此三，合也。並在文可見。

“又言：‘是病何所因起？’菩薩病者，以大悲起。”

二，卻答初問。肇曰：菩薩之病，以大悲爲根，因之而起。答初問也。

“文殊師利言：‘居士！此室何以故[□][空][1]無侍者？’”

此下問室空無侍。有身必藉資生，有疾理宜侍奉，何以俱亡[2]？此先問也。

“維摩詰言：‘諸佛國土亦復皆空。’”

此先答室空也。衆生迷則三界[□□□□□□□□□□□□□□□□□□□□□□□□□□□□□□□□□□□][妄起，諸佛悟則净國性空。下文云：“諸佛國土皆如虚空。”净土，經之本宗，故示][3]室空以明之。

“又問：‘以何爲空？’”

肇曰：空以無物爲空，佛土以何爲空？將辨“畢竟空”義。

“答曰：‘以空空。’”

肇曰：夫有由心生，心因有起。是非之滅，妄相所存。故以空智而空於有者，則有而自空矣。豈假[4]屏除，然後爲空乎？生曰：上空惠(慧)空，下空理空。

---

① 空，甲本、録本脱，結合文意，據丁本補。

② 亡，録本訛作“三”，據甲本改。丙、丁二本亦作“亡”。

③ “妄起，諸佛悟則净國性空……故示”二十九字甲本、録本脱，結合文意，據丙、丁二本補。

④ 假，甲本不清晰，録本作“更”，結合文意，據丙、丁二本改。

“又問:‘空何用空?’”

生曰:若理果是空,何用空惠(慧)然後空?肇曰:上空法空,下空智空也。諸法本性自空,何假智空然後空耶?

“答曰:‘以無分别空故空。’”

肇曰:智之生也,起於分别。而諸法無相,故智無分别,[智無分别]①,即智空也。諸法無相,即法空也。智不分别於法,即知法②空也。豈别有智[□][空]③假之以空法乎?

“又問:‘空可分别耶?’”

肇曰:問智空、法空可分别耶?

“答曰:‘分别亦空。’”

肇曰:向之言者,分别於無分别耳。若能無心分别而分别[□□□□][於無分别]④者,雖復終日分别而未嘗分别。

“又問:‘空當於何求?’”

肇曰:上因正智明空,恐或(惑)者將謂“空”義在正不在邪,故問空義之所在,以明邪正之不殊也。

“答曰:‘當於六十二見中求。’”

[□□□][肇曰:夫邪因正生,正因邪起。本其爲性,性無有二。故欲求正智之空者,當於邪見求也。

“又問:‘六十二見當於何求?’”]⑤

生曰:復求何求,得其⑥然耶?

“答曰:‘當於諸佛解脱六十二見中求。’”

① “智無分别”四字録本脱,據甲、丙、丁三本補。
② “知法”二字甲本、録本作“有智”,結合文意,據丙、丁二本改。
③ 空,甲本、録本脱,結合文意,據丙、丁二本補。
④ “於無分别”四字甲本、録本脱,結合文意,據丙、丁二本補。
⑤ “肇曰夫邪因正生……當於何求?”四十三字甲本、録本脱,結合文意,據丁本補。
⑥ 其,甲本、録本作“無”,結合文意,據丙、丁二本改。

肇曰：捨邪見名爲“解脱”，背①解脱名爲“邪見”。然則解邪於靡，熟爲其源？爲無源者，一而已矣。故求諸邪見，當本之解脱也。

“又問：‘諸佛解脱當於何求？’”

生曰：復於何求？

“答曰：‘當於一切衆生心行中求。’”

肇曰：衆生心行，即解脱之所由生也。又，邪正同根，縛脱一門，本其真性，未當有異。故求②佛解脱，當於衆生心行也。

“又，仁所問：‘何無侍者？’”

此二，答無侍。先③牒問也。

“一切衆魔及諸外道皆吾侍也。”

此二，答。先標人也。肇曰：世之侍者，唯恭己④、順命、給侍所須，謂之“侍者”。菩薩侍者，以慢己⑤、違命、違道者，同其大乘，和以冥⑥順，侍養法身，謂之“侍者”。所以衆魔、異學爲給侍之先也。天台云：魔著受惑也，外道執見惑也。禪定伏⑦愛，智惠(慧)⑧破見。既愛、見順真，法身侍者⑨。

“所以者何？衆魔者樂生死，菩薩於生死而不捨。外道者樂諸見，菩薩於諸見而不動。”

此下釋也。什曰：言不見其有異相也。肇曰：魔樂著五欲，不求出世，故繫以生死。異學雖求出世，而執著己⑩道，故繫以邪見。大士觀生死同涅槃，[□][故]⑪不捨；觀邪見同正見，故能不動。不動、不捨，故能即之爲侍者。

---

① 背，録本訛作“皆”，據甲本改。丙、丁二本亦作“背”，可資比勘。

② 求，録本訛作“剩”，據甲本改。丙、丁二本亦作“求”，可資比勘。

③ 先，録本訛作“無”，據甲本改。丙、丁二本亦作“先”，可資比勘。

④⑤⑩ 己，録本訛作“已”，據甲本改。丙、丁二本亦作“己”，可資比勘。

⑥ 冥，甲本、録本作“宜”，結合文意，據丙、丁二本改。

⑦ 伏，甲本、録本作“復”，結合文意，據丙、丁二本改。

⑧ 惠，甲本、録本作“惠惠”，結合文意，據丙、丁二本删。

⑨ 者，丙、丁二本亦作“也”。

⑪ 故，甲本、録本脱，結合文意，據戊本補。

“文殊師利言:‘居士! 是疾[□][爲]①何等相?’”

此下三,約法身問病相也。所以重有此問者,融云:有二門入佛法:一、大悲;二、智慧。階淺至深,弘之有淺,故先説大悲、後説實相也。文中問答三重,此初也。肇曰:既知病起之所由,[□□□][復問由]②生之疾相也。四百四病,各有異相。大悲之疾,以何爲相乎? 將明無[□][相]③。大悲應物生病者,雖終日現疾,終日無相。

“維摩詰言:‘我病無形,不可見。’”

肇曰:大悲無緣,無緣則無相。以此生疾,疾亦④無相。故曰:“我病無形,不可見。”

“又問:‘此病身合耶? 心合耶?’”

二,約身、心問。肇曰:或者聞病不可見,將謂心病無形,故不可見;或謂身病微細,故不可見;爲之生問也。病於身心,與何事合,而云“不可見”?

“答曰:‘非身合,身相離故;亦非心合,心合如幻故。’”

肇曰:身相離則[□][非]⑤身,心如幻則非心。身心既無,病與誰合? 無合故無病,無病故不可見。

“又問:‘地大、水大、火大、風大,於此四大,何大之病?’”

三,約四[□][大]⑥問也。肇曰:身之生也,四大所成。上總推身,今⑦别推四大,曲尋其本。

“答曰:‘是病非地大,亦不離地大。水、火、風大,亦復如是。而衆生病從四大起,以其有病,是故我病。’”

答也。肇曰:四大本無,病亦不有。而衆生虚假之病從四大起,故我以

---

① 爲,甲本、録本脱,結合文意,據戊本補。
② “復問由”三字甲本、録本脱,結合文意,據戊本補。
③ 相,甲本、録本脱,結合文意,據丙、丁二本補。
④ 亦,甲本、録本作“亦亦”,結合文意,據丙、丁二本删。
⑤ 非,甲本、録本脱,結合文意,據丙、丁二本補。
⑥ 大,甲本、録本脱,結合文意,據丙、丁二本補。
⑦ 今,録本訛作“合”,據甲本改。丙、丁二本亦作“今”,可資比勘。

虚假之疾應彼疾身。逆[□][尋][1]其本,彼我無實,而欲觀其相當何耶?

"爾時文殊師利問維摩詰言:'菩薩應云何慰喻有疾菩薩?'"

此二,問所化實疾。文二:前問慰喻[2],後問調伏。所以有此二問者,肇曰:外有善喻,内有善調,則能彌歷生死,與群生同疾。叡曰:凡夫之病,爲憂苦所惱。不安所病,則生愁憂。爲病所逼,則生苦惱。憂心外感,須聞法以自慰[3];苦心内切,宜觀空以自調。肇曰:慰喻有疾,應自文殊,而逆問净名者,以同集諸人,注心有在。又,取證於疾者,乃所以審慰[□][喻][4]之會也。此將明大乘無證之道,以慰始習[5]現疾菩薩,故生此問也。

"維摩詰言:'説身無常,不説厭離於身。説身有苦,不説樂於涅槃。説身無我,而説教導衆生。説身空寂,不説畢竟寂滅。'"

此二,答。文四:初、約理喻;二、約起大悲喻;三、約求大果喻;四、[□][結][6]成。初列無常等四也。肇曰:慰喻之法,應爲病者説身無常,去其貪著;不應説厭離,令取證也。不觀無常不厭離者,凡夫也;觀無常而厭離者,二乘也;觀無常不厭離者,菩薩也。是以應慰喻初學,令安心處疾,以濟群生,不厭生死,不樂涅槃。此大士慰喻之法也。説身有苦等者,肇曰:雖見苦,而不樂涅槃之樂;雖知無我,不以衆生空故闕於教導;雖見身空,而不取涅槃畢竟之道。故能安住生死,與衆生同疾。是以慰喻之家,宜[7]説其所應行;所不應行,不宜[8]説也。

"説悔先罪,而不説入於過去。"

此二,約大悲喻也。文三。此初,勸悔先過。病由先罪,但可責己,不可具(惧)[9]病,癈捨大悲,入過去也。肇曰:教有疾菩薩悔既往之罪。法雖繫

① 尋,甲本、録本脱,結合文意,據丁本補。
② "慰喻"二字後甲本、録本有"慰問"二字,結合文意,據丙、丁二本删。
③ 慰,甲本、録本作"憂",結合文意,據丙、丁二本改。
④ 喻,甲本、録本脱,結合文意,據丙、丁二本補。
⑤ 習,甲本、録本作"集",結合文意,據丙、丁二本改。
⑥ 結,甲本、録本脱,結合文意,據丙、丁二本補。
⑦⑧ 宜,録本訛作"宣",據甲本改。丙、丁二本亦作"宜",可資比勘。
⑨ 具,此當爲"懼"之借字。丙、丁二本即作"懼",可資比勘。

人,不言罪有常性[①],從未來到現在,從現在入過去也。

“以己之疾,愍於彼疾。”

此二,推己興悲以自喻。生曰:我有智慧,由(猶)[②]以疾苦,况乃不達者乎? 推己愍彼,是兼[③]濟之懷[④],豈得自畏死也?

“當識宿世無數劫苦,當念饒益一切衆生。”

此三,追往念益以自喻也。肇曰:當尋宿世,更苦無量。今苦須臾,何足致憂? 但當力疾救彼苦耳。生曰:念欲饒益一切衆生者,方入生死,不得有畏也。

“憶所修福,念於净命。”

此三,約求大果喻也。文三。[□][此][⑤]初,恃福以求大果,勿邪命而苟存。肇曰:恐新學菩薩爲疾所亂,故勸憶所[⑥]修福,悦其情也。生曰:若有福者,所生必勝,何有畏哉?

“勿生憂苦,常起精進。”

此二,息憂以進道也。生曰:因病至懈,懈乃喻生其憂。勤與命競[⑦],恒患不至,豈復容惱哉?

“當作醫王,療治衆病。”

此三,勸求大果以廣濟也。肇曰:當爲大法醫王,療治群生之疾。自疾何[⑧]足憂乎?

“菩薩應如是慰喻有疾菩薩,令其歡喜。”

---

① 性,甲本、録本作“往”,結合文意,據丙、丁二本改。

② 由,此與“猶”同。丙、丁二本即作“猶”。

③ 兼,甲本、録本作“嫌”,結合文意,據丙、丁二本改。

④ 懷,甲本、録本作“壞”,結合文意,據丙、丁二本改。

⑤ 此,甲本、録本脱,結合文意,據丙、丁二本補。

⑥ 所,甲本、録本作“於”,結合文意,據丙、丁二本改。

⑦ 競,甲、丙、丁三本均作“竟”,録本訛作“覺”。《廣韻·映韻》:“竟”,“競”的俗字。兹據改。

⑧ 何,甲本、録本作“可”,結合文意,據丙、丁二本改。

此四,結歡[①]喜也。

"文殊師利言:'居士!有疾菩薩云何調伏其心?'"

此二[②],問内調法也。五蔭患身,但可暫[③]慰;究竟常樂,須住此身。□(故)[④]此勸修無求觀以内調也。五陰患身。肇曰:上問慰[□][喻][⑤]之宜,今問調心之法。此外有善喻,内有善調,則能彌歷生死,與群生同疾;辛酸備經,而不以爲苦。此則净名居疾之所由也。將示初學處疾之道,故生斯問。

"維摩詰言:'有病菩薩應作是念:今我此病,皆從前世妄相顛倒諸煩惱生。無有實法,誰受病者?'"

此二,答也。文三:初明般若正智觀空,次明漚和大悲涉有,三明雙亡[⑥]空有、寂照平等。初文復三:一、明我空;二、明法空;三、明空空。初中有三:一、推病虚實;二、知由著我;三、除我歸真。初推病中二:初、推因[⑦]妄生;二、悟果假合。此初也。肇曰:處疾之法,要先知病本。病之[⑧]生也,皆由前世妄想[⑨]顛倒。[□□][妄想][⑩]顛倒,故煩惱以生。煩惱既生,不得無身。既有身也,不得無患。逆尋其本,虚妄不實。本既不實,誰受病者?此明始行者初習無我觀也。

"所以者何?四大合故,假名爲'身'。四大無主,身亦無我。"

二,悟果假會,識無我也。四大和合,假名爲"身"耳。四大既無主,身我

① 歡,甲、丙、丁三本均作"勸",《大正藏》録本據文意改。己本正作"歡",可資參證。

② 二,録本訛作"一",據甲本改。丙、丁二本亦作"二",可資比勘。

③ "暫"前甲本、録本衍一"漸"字,結合文意,據丙、丁二本删。

④ 故,録本作缺文,據甲本補。

⑤ 喻,甲本、録本脱,結合文意,據庚本補。

⑥ 亡,録本訛作"三",據甲本改。丁本亦作"亡",可資比勘。

⑦ 因,録本訛作"目"。按:甲本實作"𡇡",乃"因"之常見俗體。丙、丁二本正作"因"。兹據改。

⑧ 之,甲本、録本訛作"知",今結合文意,據丙、丁二本改。

⑨ 想,甲本、録本訛作"相",今結合文意,據丙、丁二本改。

⑩ "妄想"二字甲本、録本脱,結合文意,據丙、丁二本補。

何由[□][生][1]？譬一沙無油，聚沙亦[□][無][2]。“主”、“我”一物異名耳。

“又此病起，皆由著我。是故於我不應主著。”

二，推之所由，由著我也。

“既知病本，則除我想及衆生想。”

三，正破我[□][也][3]。肇曰：病本則上妄想也。因[4]妄想故，見我及衆生。若悟妄想之顛[□][倒][5]，則無我、無衆生也。

“當起法想。”

此[□][二][6]，明法空觀也。文三：初、標法；二、分别法相；三、滅除法想。此初也。肇曰：我想，重之患者，故除我想而起法想。法想於空爲病，於我爲藥，卑隆相[7]靡，故假之以治[8]也。

“應作是念：但以此法合成此身。起唯法起，滅唯法滅。”

此二，分别唯法無我。文二：初約因果起滅推，二約諸法互不相知[□][推][9]。此初也。肇曰：五陰諸法，假會成[10]身。起唯諸法共[11]起，滅唯諸法共滅，無别[□][有][12]真宰主其起滅者也。既除我想，唯見缘起諸法，故名“法想”[13]。

“又此法者，各不相知。起時不言‘我起’，滅時不言‘我滅’。”

---

① 生，甲本、録本脱，結合文意，據丙、丁二本補。

② 無，甲本、録本脱，結合文意，據丙、丁二本補。

③ 也，録本無，甲本不清晰，結合文意，據丙、丁二本補。

④ 因，録本訛作“目”。按：甲、丙本實作“囙”，乃“因”之常見俗體。丁本正作“因”。兹據改。

⑤ 倒，甲本、録本無，結合文意，據丙、丁二本補。

⑥ 二，甲本、録本無，結合文意，據丙、丁二本補。

⑦ 相，甲本、録本作“求”，結合文意，據丙、丁二本改。

⑧ “之以治”三字甲本、録本作“知始”，甲本不清晰，結合文意，據丙、丁二本改。

⑨ 推，甲本、録本無，結合文意，據丙、丁二本補。

⑩ 成，録本作“我”，甲本不清晰，結合文意，據丙、丁二本改。

⑪ 共，録本作“若”，甲本不清晰，結合文意，據丙、丁二本改。

⑫ 有，甲本、録本無，結合文意，據丙、丁二本補。

⑬ “名法想”三字録本作“不法相”，甲本不清晰，結合文意，據丙、丁二本改。

此[□][二][1]，推法互不相知也。肇曰：萬物紛[2]紜，聚散誰爲？緣合則起，緣散則離。聚散無先期[3]，故法不[4]相知也。

“彼有疾菩薩爲滅法想，當作是念：‘此法想者，亦是顛倒。顛倒者，即是大患，我應離之。’[5]”

[□□□□□□□□□][“行無邊慈，如虚空故。”][6]

取相故功德有邊，證無相故空無邊也。

“行阿羅漢慈，破結賊故。”

“阿羅漢”，□□□（此云“煞）[7]賊”，得無生忍，賊自喪[8]也。

“行菩薩慈，安衆生故。”

既得無生，行無緣慈能利一切。

“行如來慈，得如相故。”

既□（悟）[9]法身去來相如，今悟如相，名“如來慈”。

“行佛之慈，覺衆生故。”

既自覺[10]無生，必能覺未覺者。

“行自然慈，無因得故。”

法身真常，妄惑所覆。除妄修因，非真要修。

“行菩提慈，等一味故。”

---

① 二，甲本、録本無，結合文意，據丙、丁二本補。

② 紛，甲本、録本訛作“分”，今結合文意，據丙、丁二本改。

③ 期，甲本、録本訛作“其”，今結合文意，據丙、丁二本改。

④ 不，録本訛作“所”，據甲本改。丙、丁二本亦作“不”，可資比勘。

⑤ 甲本以下殘。“顛倒者，即是大患，我應離之”之下，至下文底本開端“取相故功德有邊，證無相故空無邊也”前，《大正藏》脱録“《不思議品》第六”、“《觀衆生品》第七”兩品若干段經文及相應疏文。

⑥ 以上内容底本殘。“行無邊慈如虚空故”八字據丁本補。

⑦ 此三字缺文録本誤爲缺二字，且出校：“□□＝破結？”按：此三缺字底本實作“此云煞”。“阿羅漢”爲小乘極悟之位名。一譯“煞賊”，煞煩惱賊之意。二譯“應供”，當受人天供養之意。三譯“不生”，永入涅槃，不再受生死果報之意。

⑧ 喪，録本訛作“亡”，據底本改。

⑨ 悟，録本作缺文，據丁本補。

⑩ “自覺”二字録本訛作“身得”，據底本改。丁本亦作“自覺”，可資比勘。

菩提無相，怨親平等，故一味也。

“行無等慈，斷諸愛故。”

既證法身，超然絶待[①]，離愛著也。

“行大悲慈，遵以大乘故。”

令[②]悟無生，超度衆生苦，名“大乘”也。

“行無厭慈，觀空無我故。”

既亡彼我，疲厭永絶，與[③]樂濟人，不休息也。

“行法施慈，無遺惜故。”

今悟真空，名爲“法施”。理含万[④]德，故無遺惜。

“行持戒慈，化毁禁故。”

悟空法身，尸羅自净。悲願既滿，能化毁禁。

“行忍辱慈，護彼我故。”

諦見無生，彼我自絶。誰云“彼辱”？孰是“我忍”？

“行精進慈，負荷衆生故。”

有我則疲於化人，無生則荷物不倦也。

“行禪定慈，不受味故。”

攝心住禪，禪悦爲味。悟心無生，味無味也。

“行智惠(慧)慈，無不知時故。”

無生正觀，了本忘(妄)[⑤]除。對病皆藥，悉知時故。

“行方便慈，一切示現故。”

既證無相法身，故能隨物現相也。

“行無隱慈，直心清净故。”

中道正觀，[□□][理無][⑥]曲隱，永離二邊，故云“直心”。

---

① 待，録本訛作“得”，據底本改。

② 令，底本、録本訛作“今”，結合文意，據丙、丁、己、庚四本改。

③ 與，録本訛作“焉”，據底本改。

④ 万，底本、録本訛作“方”，今結合文意，據丙、丁、己、庚四本改。

⑤ 忘，此當爲“妄”之借字。該字，丙、丁、己、庚四本均作“妄”。

⑥ “理無”二字底本、録本脱，今結合文意，據丙、丁、己、庚四本補。

“行深心慈，無雜行故。”

無生正觀，唯取[1]佛行，不離二乘。

“行無誑慈，不虛假故。”

觀空見真，稱理無虛也。

“行安樂慈，令得佛樂故。”

無生正觀，必得佛果。什曰：梵本云“住涅槃樂”也。

“菩薩之慈，爲若此也。”

結也。上慈名雖殊，俱出正觀。《經》云：般若雖空，一心具足萬行。是爲説法空，令悟萬行，得菩提樂，名“菩薩慈”。

“文殊師利又問：‘何謂爲悲？’答曰：‘菩薩所作功德，皆與一切衆生共之。’”

二，問答“悲”也。肇曰：哀彼長苦，不自計身。所積衆德，願[2]與一切。先人後己，大悲之行。

“‘何謂爲喜？’答曰：‘有所饒益，歡喜無悔。’”

三，問答“喜”。肇曰：自得法利，與衆同歡，欣於彼己俱得法悦，謂之“喜”也。

“‘何謂爲捨？’答曰：‘所作福祐，無所希望。’”

四，問答“捨”。肇曰：大悲苦行，憂以之生；慈喜樂行，喜以之生。憂喜既陳，則愛惡微起，是以行者捨苦樂行，平觀衆生。大乘正捨，行報俱亡，故無所希望也。三等俱無相無緣，與慈同行，慈行既備，類之可知。

“文殊師利又問：‘生死有畏，菩薩當何所依？’”

此三，六重問答，本積善之可增。復次，菩薩空行，化物度人，故此問弘誓、令堅故也。四弘誓願，文即爲四。此初，二問答衆生無邊誓願度也。肇曰：生死爲畏，畏莫之大。悲疾大士何所依恃，而能永處生死、不已（以）爲畏乎？

“維摩詰言：‘菩薩於生死畏中，當依如來功德之力。’”

---

① 取，丙、丁、己三本作“趣”。

② “願”前底本、録本衍一“得”字，結合文意，據丙、丁、己、庚四本删。

二,答也。肇曰:生死之畏,二乘所難。自不依如來功德力者,孰[①]能處之? 什曰:亦以念爲依,亦以求趣爲依。又解:上云菩薩行成,皆是諸佛威神之所建立也。

"文殊師利又問:'菩薩欲依如來功德之力,當於何住?'"

二,問[②]也。

"答曰:'菩薩欲依如來功德力者,當住度脱一切衆生。'"

二,答也。肇曰:住化一切,則其心廣大。廣大其心,則所之無難。此住佛功德力之謂也。又解:住大悲心,諸佛護念。

"又問:'欲度衆生,當何所除?'"

二,答也。

"答曰:'欲度衆生,除其煩惱。'"

二,答也。此二,明煩惱無邊誓願斷也。濟物之大,斷惑爲先。惑因既亡,生死自度。

"又問:'欲除煩惱,當何所行?'"

問也。

"答曰:'當行正念。'"

答也[③]。此三,善法無邊誓願學。生曰:夫有煩惱,出於惑情耳,便應觀察法理以[④]遣之也。然始觀之時,見理未明,心不住理,要須念力,然後得觀也。又解:始於正念,終圓萬善。又解,萬善不邪,皆正念也。

"又問:'云何行於正念?'"

問也。

"答曰:'當行不生不滅。'"

答也。此下二問答。無上佛道誓願成也。不善永息,善法圓滿,佛道成也。肇曰:"正念"謂正心念法。審其善惡,善者增而不滅,惡者滅而不生。

---

① 孰,録本訛作"就",據底本改。

② "問"前底本、録本衍一"答"字,結合文意,據丙、丁、己、庚四本删。

③ "也"前録本衍一"曰"字。按:底本"曰"旁實有一廢棄號,兹據删。

④ 以,録本訛作"次",據底本改。

“又問:‘何法不生? 何法不滅?’答曰:‘不善不生,善法不滅。’”

問答成上可見。

“又問:‘善、不善孰爲本?’”

此四,六重問答。窮惑源之本妄,悟妄即自性空矣。不同二乘斷惑證空。惑次第配五住煩惱,理亦可然,隨文亦好。此問也。肇曰:既知善之可生、惡之可滅,將兩捨以求宗,故逆尋其本也。生曰:一善一惡者,迭爲根本,永無制也。要當求其大原而觀之者,然後制矣。

“答曰:‘身爲本。’”

答也。肇曰:善惡之行,非身不生。生曰:所以爲善惡者,爲身故也。又云:見一處住地煩惱也。

“又問:‘身孰爲本?’答曰:‘欲貪爲本。’”

二,問答也。肇曰:愛爲生本,長衆結縛。凡在有身,靡不由之。又云:欲愛住地也。

“又問:‘欲貪孰爲本?’答曰:‘虚妄分别爲本。’”

三,問答也。肇曰:法無美惡,虚妄分别,謂是美是惡;美惡既形,則貪欲是生也。又云:色愛住地也。

“又問:‘虚妄分别孰爲本?’答曰:‘顛倒相爲本。’”

四,問答也。肇曰:法本非有,倒想爲有。既以爲有,然後適其美惡,謂之“分别”。又云:有愛住地也。

“又問:‘顛倒想孰爲本?’答曰:‘無住爲本。’”

此五,問答也。無明住地,妄心構立,無别依住,故名“無住”。肇曰:心猶水也,静則有照,動則無鑒。癡愛所濁,邪風所扇,涌溢波蕩,未始暫住。以此[①]觀法,何住不到(倒)[②]? 譬臨面涌泉而責以本狀者,未之有也。倒想之興,本乎不住,義存於此。

“又問:‘無住孰爲本?’答曰:‘無住則無本。’”

此窮無,明無依本也。肇曰:若以心動爲本,則有有相,理極初動,更無

---

① “以此”二字底本、録本訛作“此以”,結合文意,據丙、丁、己、庚四本改。

② 到,此當爲“倒”之借字。該字,丁本、庚本作“倒”。

本也。若以無法爲本，則有因無生，無不因無，故更無本。

“文殊師利！從無住本立一切法。”

此則一切法妄也。肇曰：無住故到（倒）[①]想，到（倒）[②]想故分別，分別故貪欲，貪欲故有身。既有身也，則善惡並陳。善惡既陳，則萬法斯起，自兹已往，言數不能盡也。若[③]善得本，則衆末[④]可除矣。

“時維摩詰室有一天女，見諸大人，聞所説法，便現其身，即以天花散諸菩薩大弟子上。”

此下第二，明天女、大士、身子。小乘論二種解脱證用不同，委曲料簡，知大小之懸殊，使歸宗矣。大文分七：一、明二種解脱習盡不同。二、“止此室”下，約理明即、不即異。三、“於三乘”下，約教明乘、無乘異。四、“轉女身”下，就相明轉、不轉異。五、“没生”下，就報明生滅、不生滅異。六、“文如”下，就修明得、不得異。七、净名述記其本迹。初文有七：第一散花供養；第二有墮、不墮；三、神力去華；四、天問所以；五、答不如[⑤]法；六、彈呵解釋；七、結惑盡不同。此初也。肇曰：天女即法身大士，常與净名共弘大乘不思議道，故現爲宅神，同處一室。見大衆集，聞所説法，故現身散花，欲以生論也。

“花至諸菩薩，即皆墮落；至大弟子，便著不墮。”

二者，有墮、不墮。生曰：雖天力使然，而招之自[⑥]有在矣。

“一切弟子神力去花，不能令去。”

三，去花也。肇曰：將辯大小之殊，故使花若此。

“爾時天問舍利弗：‘何故去花？’”

四，問去花意。

“答曰：‘此法花不如法，是以去之。’”

---

①② 到，此當爲“倒”之借字。該字，丙、丁、己、庚四本作“倒”。

③ 若，録本訛作“亦不”，據底本改。

④ 末，底本、録本作“本”，丙、丁、己、庚四本亦同。今結合文意，據《注維摩詰經》[T38n1775p386c24]改。

⑤ “不如”二字底本、録本訛作“如不答”，結合文意，據丙、丁、己、庚四本改。

⑥ 自，録本訛作“身”，據底本改。

五，答不如法。肇曰：香花著身，非沙門法，是以去之。生曰：不如律法也。

"天曰：'勿謂此花爲不如法。所以者何？是花無所分別，仁者自生分別想[①]耳。'"

此六[②]，彈呵。文四：初、明花無分別；二、明如法不如法；三、明菩薩不著；四、二乘便著。此初也。什曰：花性本無二，故無分別也。生曰：花性無實，豈有如法、不如法之分別哉？肇曰：花豈有心於墮、不墮乎？分別之想，出自人者耳。

"若於佛法出家有所分別，爲不如法。若無所分別，是則如法。"

二，明如法、不如法。身子以犯戒爲不如法，大士以分別持犯爲不如法。生曰：若體[③]花理無好惡者，乃合律之法耳。

"觀諸菩薩花不著者，已斷一切分別想故。"

三，明菩薩離分別習，故不著。《不二法[門][④]品》明菩薩於漏無漏、爲無爲等皆亡分別，入不二法門，得無生忍，意皆然也。

"譬如人畏時，非人得其便。"

四，明小乘便著。文三。此初，喻也。生曰：恐畏之時，情既怯弱，故得便矣。

"如是弟子畏生死故，色、聲、香、味、觸法得其便也。"

二，合喻也。菩薩生死即涅槃，故大悲無畏；小乘生死異涅槃，故畏生死。又有分別，故習氣不亡，六塵得便也。生曰：苟[曰][⑤]惡之，好得便矣。

"已離畏者，一切五欲無能爲也。"

三，結也。生曰：既已離惡，正使五情所欲陳列於前，不復能使之好矣。

"結習未盡，花著身耳。結習盡者，花不著也。"

此七，結揀。生曰：向惡花去之，雖非結病，然是其習矣。習尚投花著身

① 想，底本、録本訛作"相"，結合文意，據丙、丁、己、庚四本改。
② 六，録本訛作"云"，據底本改。
③ 體，録本訛作"厭"，據底本改。
④ 門，録本脱，據底本補。
⑤ 曰，録本脱，據底本補。

而不可去,况有結乎?

“舍利弗言:‘天止此室,其已久如?’”

此下二,約理體[①]明即、不即揀[②]。文三:初、文字離不離;二、煩惱斷不斷;三、解脱證不證。此初問答,解釋八重分别。此子身問也。肇曰:止净名大乘之室久近,妙辯若此乎!

“答曰:‘我止此室,如耆年解脱。’”

二,天答也。身子以執身止此室問,天以聞法故悟心止解脱答。肇曰:將明第一無久近之義,故以解脱爲喻。解脱即無爲解脱也。

“舍利弗言:‘止此久耶?’”

三,身子喻未答意,故重問也。

“天曰:‘耆年解脱,亦何如久?’”

四,天重答也。肇曰:逆問其所得,令自悟也。耆年所得無爲解脱,寧可稱久乎?

“舍利弗默然不答。”

五,身子自思解脱無久近,故默。

“天曰:‘如何耆舊大智而默?’”

六,天問所以。肇曰:五百弟子,仁者智慧第一,默然何耶?

“答曰:‘解脱者,無所言説,故吾於是不所知云。’”

七,身子已離三界惑,得心解脱,永絶言教,故言“不知所云”。

“天曰:‘言説文字皆解脱相。’”

八,天辯不思議解脱即文字也。文三。此初,標文字即解脱。肇曰:舍利弗以言文爲失,故默然無言。謂順真解,未能語默齊致、觸物無礙,故天説等解,以曉其意。

“所以者何? 解脱者不内、不外、不在兩間,文字亦不内、不外、不在兩間。是故,舍利弗! 無離文字説解脱也。”

此二,解釋所以。肇曰:法之所在,極於三處。三處未文字解脱俱不可

① 體,録本訛作“厭”,據底本改。

② 揀,録本訛作“楝”,據底本改。

得,如何欲離可得文字别説解脱乎?

"所以者何? 一切諸法是解脱相。"

三,明諸法等解。肇曰:萬法雖殊,無非解相,豈文字之獨異也?

"舍利弗言:'不復以離淫怒癡爲解脱乎?'"

此下二,明斷、不斷别。文二。初,問也。肇曰:二乘結盡爲解脱,聞上等解,乖其本趣,故致斯問。

"天曰:'佛爲增上慢人説離淫、怒、癡爲解脱耳。若無增上慢者,佛説淫、怒、癡性即是解脱。'"

二,答也。增上慢者,未得謂得也。身子據小乘所證非增上慢,自謂共佛同坐解脱床名"增上慢"也。既未悟縛脱平等,故爲説離縛爲"脱"。若大士非增上慢者,爲説即縛性脱,入不二門也。

"舍利弗言:'善哉! 善哉! 天女! 汝何所得,以何爲證,辯乃如是?'"

三,明證、不證别。文二。此初,問文也。肇曰:善其所説,非己[①]所及,故問得何道、證何果、辯乃如是乎?

"天曰:'我無得、無證,故辯如是。'"

答文二。此初,正答。二乘捨縛求脱,故有得證。大士悟縛脱平等,非縛非脱,故無得無證。既智窮不二之門,故辯無礙也。

"所以者何? 若有得、有證者,則於佛法爲增上慢。"

二,反斥。肇曰:若見己有得,必見他不得,此[②]於佛平等之法猶爲增上慢人,[□][何][③]能致無礙之辯乎?

"舍利弗問天:'汝於三乘爲何志求?'"

此下三,約教明乘、無乘别也。小乘有法執,故有差别乘;大乘不二平等,故無乘之乘。文二。此初,問也。肇曰:上云無得無證,未知何乘,故復問也。

"天曰:'以聲聞法化衆生故,我爲聲聞。以因緣法化衆生故,我爲辟支

① 己,録本訛作"已",據底本改。

② 此,底本、録本訛作"次",結合文意,據丙、丁、己、庚四本改。

③ 何,底本、録本脱,據丙、丁、己、庚四本補。

佛。以大悲法化衆生故,我爲大乘。'"

二,答。文二:一、總約化緣答;二、别約今緣答。此初也。肇曰:大乘之道,無乘之乘。爲彼而乘,吾何乘也?生曰:隨彼爲之,我無定也。又解,《法花》方便説三,意同此也。

"舍利弗!如人入瞻蔔林,唯嗅瞻蔔,不嗅餘香。如是,若入此室,但聞佛功德之香,不樂聲聞、辟支佛功德香也。"

此二①,約今緣。文四:一、明今緣唯一;二、所化樂大;三、室無小法;四、約室現法。此初也。肇曰:無乘不乘,乃爲大乘。故以香林爲喻,明净名之室不離二乘之香。止此室者,豈他嗅哉?

"舍利弗!其有釋、梵四天王、諸天龍鬼神等入此室者,聞斯上人講説正法,皆樂佛功德之香,發心而出。"

二,明所化皆樂大也。

"舍利弗!吾至此室十有二年,初不聞説聲聞、辟支佛法,但聞菩薩大慈大悲不可思議諸佛之法。"

三,明室無小法。肇曰:大乘之法,皆不可思議。上問止室久近,欲生論端,故答以"解脱"。今言實年,以明所聞之不雜也。生曰:諸天龍神暫入此室,尚無不發大意而出哉!況我久聞妙法乎?然則不能不爲大,非能爲大矣。

"舍利弗!此室常現八未曾有難得之法。"

此四,明未曾有室不説二乘之法也。文三:標、釋、結。此初,[□][標]②也。

"何等爲八?此室常以金色光照,晝夜無異,不以日月所照爲明,是爲一未曾有難得之法。此室入者,不爲諸垢之所惱也,是爲二未曾有難得之法。此室常有釋梵四天王、他方菩薩來會不絶,是爲三未曾有難得之法。此室常説六波羅蜜不退轉法,是爲四未曾有難得之法。此室常作天人第一之樂絃、出無量法化之聲,是爲五未曾有難得之法。此室常有四大寶藏,衆寶積滿,

---

① "此二"二字録本訛作"二此",據底本改。

② 標,底本、録本脱,據丙、丁、己、庚四本補。

周窮濟乏,求得無盡,是爲六未曾有難得之法。此室釋迦牟尼佛、阿彌陀佛、阿閦佛、寶德、寶炎、寶月、寶嚴、難勝、師子響、一切利成,如是等十方諸佛,是上人念時,即皆爲來廣説諸佛秘要法藏,説已還去,是爲七未曾有難得之法。此室一切諸天嚴飾宫殿,諸佛净土皆於中現,是爲八未曾有難得之法。"

此下[①]二,列不思議事,如文可見。大士所陳,必有所表。金色光照晝夜不二,表大乘寂照、無生滅也。二、諸垢不惱,表真空[②]之室入者無垢。三、釋梵常會,表無緣大悲常與物會。四、常説不退,表遊真寂路、萬行無退。五、法化之樂,表住此理者言皆稱法。六、四大寶藏,表住寶藏、慈濟無盡。七、諸佛念來,表佛理在心、念之便至。八、宫殿净土,表凡聖所居不離法性。

"舍利弗!此室常現八未曾有難得之法。誰有見斯不思議事,而復樂於聲聞法乎?"

三,結無小法也。肇曰:顯室奇特之事,以成"香林"之義也。

"舍利弗言:'汝何以不轉女身?'"

此下第四,就相明轉、不轉異。小乘執相,定有所轉;大乘相本無相,故無所轉。此初,問也[③]。肇曰:以無礙之智,[□][受][④]有礙之身,而不轉捨,何耶?

"天曰:'我從十二年來,求女人相,了不可得,當何所轉?'"

二,答。文三:一、明不轉;二、明轉;三、明非轉非不轉。初中有四:一、明無轉;二、反問;三、答;四、呵彈。此初也。肇曰:止此室來所聞正法,未覺女身異於男子,當何所轉?天悟女相,豈十二年而已乎?欲明此室純一等教,無有雜聲,故齊此爲言耳。

"譬如幻師,化作幻女。若有人問:'何以不轉女身?'是人爲正問不?"

二,反問。

"舍利弗言:'不也。幻無定相,當何所轉?'"

---

① 下,録本訛作"不",據底本改。

② 空,録本訛作"室",據底本改。

③ "問也"二字録本訛作"也問",據底本改。

④ 受,底本、録本脱,據丙、丁、己、庚四本補。

三,答不可轉。

“天曰:‘一切諸法亦復如是,無有定相。云何乃問不轉女身?’”

四,呵彈也。肇曰:萬物如幻,無有定相。誰好誰醜,而欲轉之乎?

“即時天女以神通力,變舍利弗,令如天女。天自化身,如舍利弗,而問言:‘何以不轉女身?’”

二,明轉而無轉也。文四:一、問;二、答;三、解釋;四、引證。此初,明轉身而問也。肇曰:將成幻化無定之義,故現變而問,令其自悟也。

“舍利弗以天女像而答言:‘我今不知何轉而變爲女身。’”

二,答也。肇曰:吾不知所以轉而爲此身,如之何復欲轉之乎?

“天曰:‘舍利弗!若能轉此女身,則一切女人亦當能轉。如舍利弗非女而現女身,一切女人亦復如是,雖現女身而非女也。’”

三,解釋。若身子自悟雖神通變女而實性非女,亦悟一切女人雖妄心變女而法性非女,又知天女雖大悲現女而法身非女。若能悟女非女,一切女人亦復如是,名爲“轉”也。肇曰:如舍利弗實非女而今現是女像,實非女也。男[①]無定相,類已可知矣。

“是故佛説諸一切法非男非女。”

四,引證可見。

“即時天女還攝神力,舍利弗身還復如故。天問舍利弗:‘女身色相今何所在?’”

三,明非轉、非不轉。文四。此初[②],問也。肇曰:將推[③]女相之所在,故復身而問也。

“舍利弗言:‘女身色相無在無不在。’”

二,答也。肇曰:欲言其有在,今現無相;欲言無在,向復有相。幻化無定,莫知所在也。

“天曰:‘一切諸法亦復如是,無在無不在。’”

① 男,録本訛作“界”,據底本改。

② “此初”二字底本、録本訛作“初此”,結合文意,據丙、丁、己、庚四本改。

③ 推,底本、録本訛作“權”,結合文意,據丙、丁、己、庚四本改。

三,天印許也。

“夫無在無不在者,佛所説也。”

四,引證。肇曰:豈唯女相無在,諸法皆爾。稱佛説者,以明理不可易。

“舍利弗問天:‘汝於此没,當生何所?’”

此五,就報明生滅、不生滅異。二乘業生,故有生没;菩薩法身,故無生没。文四。此初也。肇曰:既知現相之無在,又問當生之所在。

“天曰:‘佛化所生,吾如彼生。’”

二,答也。法身無生之生,如幻化也。

“曰:‘佛化所生,非没生也?’”

三,難也。

“天曰:‘衆生猶然,無没生也。’”

四,順釋。肇曰:豈我如[1]化、物無非化也?

“舍利弗問天:‘汝久如當得阿耨多羅三藐三菩提?’”

此六,就修明得、不得異。以小乘進修,有斷有得;大乘無相無修,無證無得。文二:初問,二難無得。前中文五。此初,[□][問][2]也。肇曰:身相没生,可如幻化;菩提真道,必應有實;故問久如當成。

“天曰:‘如舍利弗還爲凡夫,我乃當成阿耨多羅三藐三菩提。’”

二,答。肇曰:取其必無也。

“舍利弗言:‘我作凡夫,無有是處。’”

三,非其言也。肇曰:聖人還爲凡夫,何有是處?

“天曰:‘我得阿耨多羅三藐三菩提,亦無是處。’”

四,例也。肇曰:彼聖爲凡夫,我成菩提道,無有一處也。

“所以者何?菩提者無住處,是故無有菩薩得者。”

五,釋無所得故爲“得”。肇曰:菩提之道,無爲無相,自無住處,誰有得者?

“舍利弗言:‘今諸佛得阿耨多羅三藐三菩提,已得當得,如恒河沙,皆謂何乎?’”

---

① 如,録本訛作“知”,據底本改。

② 問,底本、録本脱,據丙、丁、己、庚四本補。

此二，難無得。身子不了無所得故謂“得”，故有此難。文三。此初，據得而難。

“天曰：‘皆已（以）世俗文字數故，説有三世，非謂菩提有去、來、今。’”

三，約理答。肇曰：世俗言數有三世得耳，非菩提第一真道有去、來、今。

“天曰：‘舍利弗！汝得阿羅漢道耶？’”

三，假小况大。文三。此初，問也。肇曰：羅漢入無漏心，不見有得；入有漏心，則見有得。今問：“以第九解脱自證成道時，見有得耶？”欲令自悟“無得”義耳。

“曰：‘無所得故而得。’”

二，答也。謂斷九地惑故無得，得第九解脱故而得。

“天曰：‘諸佛菩薩亦復如是，無所得故而得。’”

三，况大。謂諸佛菩薩悟本無所得故而得。

“爾時維摩詰語舍利弗：‘是天女以曾供養九十二億佛，已能遊戲菩薩神通，所願具足，得無生忍，住不退轉。以本願故，隨意能現，教化衆生。’”

此七，净名述其悲願現生。肇曰：上但即言生論，未知其道深淺。净名傍顯其實，以生衆會敬信之情也。

佛道品第八

此二，廣上大悲權化假也。諸佛以悲化爲道故，六道、二乘皆佛道也。叡曰：上以天[①]女内體妙惠（慧）而託質陋形，未達之流所以生惑，欲因其所惑，廣明大士莫礙之道。品文三：初問通達佛道，次明如來種，後明眷屬家業。初文有五：一、問；二、答；三、徵；四、釋；五、結。

“爾時文殊師利問維摩詰言：‘菩薩云何通達佛道？’”

此初，問也[②]。肇曰：諸佛之道，以無得爲得。其道虚玄，非常行之所通，通之必有以，故問所以通。

“維摩詰言：‘若菩薩行於非道，是爲通達佛道。’”

① 天，録本訛作“示”，據底本改。

② “問也”二字録本訛作“也問”。按：底本“也問”間有一乙鉤號，兹據改。

二,答也。什曰:凡非其實而處之,皆名“非道”。肇曰:以道爲道、非道爲非道者,愛惡並起,垢累滋彰,何能通心妙旨、達平等之道乎?若能不以道爲道、不以非道爲非道者,則是非絶於心,遇物斯可乘矣。所以處是無是是之情,乘非無非非之意,故能美惡齊觀,履逆常順,和光塵勞,愈晦愈明。斯可謂達平等無礙佛道乎?

“又問:‘云何菩薩行於非道?’”

此三,重徵問也。

“答曰:‘菩薩行五無間而無惱恚。’”

此下四,廣釋。文有九類。此初,惡趣非道也。“五無間”者,殺父,殺母,殺阿羅漢,出佛身血,破法輪僧。初二違恩,後三背德,故名“逆”也。叡[①]曰:夫法身大士,内秉[②]沖虚[③],外權道俗,是非俱乘,逆順斯入,善惡反論,靡不通達,和光塵穢,而其心常寂。和光同穢,故能行五無間;真心常寂,故能而無惱恚。乃至不斷生死,是名“和光”;現於涅槃,所謂“常寂”。類皆然也。

“至于地獄,無諸罪垢。”

肇曰:“罪垢”,地獄因[④]也。示受其報,實無其因。

“至于畜生,無有無明憍慢等過。”

肇曰:癡慢偏多,墮畜生也。

“至于餓鬼,而具足功德。”

肇曰:慳貪無福,多墮餓鬼。

“行色無色界道,不以爲勝。”

二,善趣也。無想非想,外道計著,以爲涅槃第一最勝。菩薩和光,知其卑陋。肇曰:上二界道,受有之因,雖同其行,知其卑陋。

“示行貪欲,離法染著。示行嗔恚,於諸衆生無有恚礙。示行惡癡,而以智[⑤]惠(慧)調伏其心。”

---

① 叡,録本作“故”,底本不清晰,結合文意,據丙、丁、己、庚四本改。
② 秉,録本作“裹”,底本不清晰,結合文意,據丙、丁、己、庚四本改。
③ “虚”字下録本衍一“沖”字,據底本删。
④ 因,録本訛作“國”,據底本改。
⑤ 智,録本訛作“皆”,據底本改。

三，三毒也。肇曰：行三毒而不乖三善也。

“示行慳貪，而捨[①]内外所有，不惜身命。示行毀禁，而安住净戒，乃至小罪猶懷大懼。示行嗔恚，而常慈忍。示行懈怠，而勤修功德。示行亂意，而常念定。示行愚癡，而通達[②]世間、出世間慧。”

四，十蔽也。肇曰：示行六蔽，而不乖六度。

“示行諂僞，而善方便，隨諸經義。”

第七[③]方便。肇曰：外現隨俗諂詐，内實隨經方便。

“示行憍慢，而於衆生猶如橋梁。”

八，願度也。肇曰：使物皆蹈我上，取卑下之極也。

“示行諸煩惱，而心常清净。”

九，力度也。肇曰：煩惱顯於外，心净著於内。

“示入於魔，而順[④]佛智惠(慧)，不隨他教。”

十，智度也。肇曰：外同邪教，内順正惠(慧)。

“示入聲聞，而爲衆生説未聞法。”

五，二[⑤]乘。肇曰：聲聞不從人聞不能自悟，况能爲人説所未聞也？

“示入辟支佛，而成就大悲，教化衆生。”

肇曰：大悲，大乘法，非辟支佛所能行也。

“示入貧窮，而有寶手，功德無盡。”

六，雜報也。肇曰：手出自然寶，周窮無盡。

“示入形殘，而具諸相好，以自莊嚴。示入下賤，而生佛種性中，具諸功德。”

外現形殘，内圓法相。外示下賤，内宿殖德本，生佛種性也。

“示入劣羸醜陋，而得那羅延身，一切衆生之所樂見。”

肇曰：“那羅延”，天力士名也。端正殊妙，志力雄猛。

---

① 捨，録本訛作“挨”，據底本改。

② “通達”二字録本訛作“道達”，據底本改。

③ 七，録本訛作“六”，據底本改。

④ 順，録本訛作“傾”，據底本改。

⑤ “二”前底本、録本有一“未”字，結合文意，據丙、丁、已、庚四本删。

“示入老病，而永斷病根，超越死畏。”

肇曰：法身大士生死永盡，況老病乎！

“示有資生，而恒觀無常，實無所貪。示有妻妾婇女，而常遠離五欲淤[1]泥。現於訥鈍，而成就辨才，總持無失。示入邪濟，而以正濟度諸衆生。”

七，異道。肇曰：津河可渡之處名“正濟”，嶮詁處[2]名“邪濟”。佛道名“正濟”，外道名“邪濟”也。

“現遍入諸道，而斷其因緣。”

八，生死六道。肇曰：遍入異道，豈曰“慕求”，欲斷其因緣耳。

“現於涅槃，而不斷生死。”

九，涅槃。肇曰：現身涅槃，而方入生死。自上所列，於菩薩皆爲非道，而處之無礙，乃所以爲道。故曰“通達佛道”。

“文殊師利！菩薩能如是行於非道，是爲通達佛道。”

此亦結也。

“於是維摩詰問文殊師利：‘何等爲如來種？’”

二，問如來種也。文五：一、問；二、答；三、徵；四、釋；五、歎述。此初也。前生死雖非道，菩薩化之爲佛道；今煩惱雖生死種，衆生悟之爲如來種也。

“文殊師利言：‘有身爲種。’”

二，答。文二。初列十法，增數可知。此一法也。肇曰：有身見也。夫心無定所，隨物而變，在邪而邪，在正而正。邪正雖殊，其種不異。何則？變邪而正，改惡而善。豈別有異邪之正，異惡之善，超然無因，忽爾自得乎？然則正因邪起，善因惡生，故生曰衆結煩惱爲如來種也。

“無明有愛爲種。”

二，法門也。什曰。向總説，此開爲二門也。一切結屬二，故偏舉二門也。自下次第廣開。又解文云：無明性即是明。又云：不滅癡愛，起於明脱。

“貪恚癡爲種，四顛倒爲種，五蓋爲種，六入爲種。”

---

① 淤，録本訛作“遊”，據底本改。

② 處，録本訛作“受”，據底本改。

如常數。

“七識處爲種。”

七法也。欲界人天,初識住;劫初初禪,二識住;二禪,三識住;三禪,四識住;空處,五識住;識處,六識住;無所有處,七識住。什曰:“識住”者,識得安住也。識念分明,無有惱患,無壞者,是爲“識住”。惡趣則苦痛壞,四禪無相壞,非想滅定壞,亦彼地心想微昧,念不分明,故識不安住。

“八邪法爲種。”

八法也。謂邪見、邪思惟等。

“九惱處爲種。”

九法也。什曰:愛我怨家,憎我知識,惱我己身。一世則三,三世爲九也。義云:九結也。

“十不善法爲種。”

十法也。謂殺生等,如前。

“以要言之,六十二見及一切煩惱皆是佛種。”

二,總結也。迷理爲見,著事爲煩惱。肇曰:塵勞衆力,即成佛道,故是佛種。生曰:夫大[①]乘之悟,本不近捨生死,遠更求之也。斯爲在生死事中,即用其實爲悟始者,豈非佛之萠芽起於生死事哉!

“曰:‘何謂也?’”

三,徵也。肇曰:夫妙極之道,必有妙極之因,而曰塵勞爲種者,何[②]也?

“答曰:‘若見無爲入正位者,不能復發阿耨多羅三藐三菩提心。’”

四,解釋。文三:初法,次喻,後結。此初也。既煩惱性即菩提性,而二乘斷煩惱見無爲,妄安涅槃之樂,故自絶[③]大心。凡夫爲生死所迫,慕勝心猛,故能發大志也。生曰:以現事明之,見無爲入正位者,苦忍已上,結使已斷,既至其所,始爲見之。以本欲捨生死求悟,悟則在生死外矣。無復不捨,

① 大,底本、録本作“人”,丙、丁、己、庚四本亦同。今結合文意,據《注維摩詰經》[T38n1775p392a17]改。

② “者何”二字底本、録本訛作“何者”,結合文意,據丙、丁、己三本改。

③ 絶,録本訛作“犯”,據底本改。

即“悟”之義。故不能復發菩提心也。

“譬如高原陸地，不生蓮花；卑濕游泥，乃生此花。如是見無爲入正位者，終不能復能生於佛法，煩惱泥中乃有衆生起佛法耳。”

此二，喻也。文二。[□][此][1]初，喻煩惱泥中有菩提蓮花也。二乘捨之證無爲，如高原也。

“又如殖種於空，終不得生；糞壤之地，乃能滋茂。如是入無爲正位者，不生佛法。起於我見，如須彌山，猶能發于阿耨多羅三藐三菩提心，生佛法矣。”此二，喻我見之地，生滋茂恵(慧)芽。二乘斷滅諸見，如空中種也。

“是故當知，一切煩惱爲如來種。譬如不下巨海，則不能得無價寶珠；如是不入煩惱大海，則不能得生一切智寶。”

此下結，文三，可見。若悟煩惱性，得菩提智；如不離大海，得無價珠。二乘捨煩惱求菩提，如人捨大海求無價寶，其可得乎？

“爾時大迦葉歎言：‘善哉！善哉！文殊師利！快説此語！誠如所言，塵勞之疇爲如來種。’”

此下五，迦葉歎述。文四：一、總歎領解；二、述其得失；三、舉諭自傷[2]；四、結無反覆。此初也。文殊呵意，以實相真理，煩惱即菩提，捨之則非正求也。今迦葉領意，夫求菩提三[3]無數劫，久住生死，廣度衆生，滿弘誓願。今阿羅漢已斷煩惱，不受後有，於大悲願永絶因緣，如根敗之士。凡夫業惑猶在，生死未亡，若能發菩提心，即能滿三祇劫，剋終悲願，故不斷三寶，能報佛恩。《法華經》迦葉述云：世尊往昔説法，我時在座，但念空、無想、無作，於菩提[4]法凈佛國土、成就衆生心不喜樂。所以者何？世尊令我等出於三界，得涅槃證。又今我等年已朽邁，故於佛教化菩薩不生好樂之心。今聞授聲聞證，深自慶幸，無量珍寶不求自得。此而推之，往昔説法，於菩薩法生絶分[5]想，即今云此歎也。

---

① 此，底本、録本脱，據丙、丁、己、庚四本補。

② “自傷”二字下底本、録本有一“此語”二字，結合文意，據丙、丁、己、庚四本删。

③ 三，録本訛作“亦”，據底本改。

④ “菩提”二字底本、録本作“菩薩”，結合文意，據丁本改。

⑤ 分，録本作“示”，底本不清晰，結合文意，據丙、丁、己、庚四本改。

“我等今者不復堪任發阿耨多羅三藐三菩提心，乃至五無間罪猶能發意生於佛法，而今我等永不能發。”

此述得失。聲聞結盡不堪，五逆惑在能發也。

“譬如根敗之[①]士，其於五欲不能復利；如是聲聞諸結斷者，於佛法中，無所復益[②]，永不志願。”

三，舉喻自傷。五根若敗，不能欲五塵也。

“是故，文殊師利！凡夫於佛法有反覆，而聲聞無也。所以者何？凡夫聞佛法能起無上道心，不斷三寶。正使聲聞終身聞佛法、力無畏等，永不能發無上道意。”

四，結無反覆。凡夫能成菩提，以報佛恩。二乘息滅，而永斷也。

“爾時會中有菩薩，名‘普現色身’，問維摩詰言：‘居士！父母、妻子、親戚、眷屬、吏民、知識悉爲是誰？奴婢、僮僕、象[③]馬、車乘皆何所在？’”

三，明資生眷屬。無上法身，非一真所成，萬行爲資生，萬德爲眷屬，方能成就。此初，問也。肇曰：净名權道無方，隱顯難測，外現同世家屬，内以法爲家屬。恐惑者見形，不及其道，故斯問也。

“於是維摩詰以偈答曰：‘智度菩薩母，方便以爲父，一切衆道[④]師，無不由是生。’”

[□][二][⑤]，四十二偈答。文四：初、四行明眷屬；二、七行明資生；三、二十八行明業用；四、三行結勸。此初也。内有正智，外有方便，法身生焉。肇曰：智爲内照，權爲外用，萬行之所由生，諸佛之所由出，故菩薩以智爲母，以權爲父。

“法喜以爲妻。”

肇曰：“法喜”，謂見法生内喜也。世人以妻色爲悦，菩薩以法喜爲悦。

“慈悲心爲女。”

① 之，録本訛作“乏”，據底本改。

② “復益”二字録本訛作“益復”。按：底本“益復”間有一乙鈎號，兹據改。

③ 象，録本訛作“爲”，據底本改。

④ 道，丙、丁、己三本作“導”。

⑤ 二，底本、録本脱，據丙、丁、己、庚四本補。

肇曰：慈悲之情，像女人性，故以爲女。生曰：慈悲以外適爲用，有“女”義焉。

“善心誠實男。”

肇曰：誠實真直，男子之性。亦有爲惡實，故標以善心也。

“畢竟空寂舍。”

肇曰：堂宇[□][以]①蔽風霜，空寂以障塵想。什曰：有非真要，時復暫遊；空爲理宗，以爲常宅。

“弟子衆塵勞，隨意之所轉。”

昔無明郎主恩愛魔王，今化令隨道爲弟子也。

“道品善知識，由是成正覺。”

肇曰：成益我者，三十七道品也，可謂善知識乎！

“諸度法等侶。”

肇曰：六度大乘之要[□][行]②，發心爲侶，俱至道場，吾真侶也。

“四攝爲妓女。”

肇曰：四攝悦衆，如當妓女。

“歌詠誦法言，以此爲音樂。”

肇曰：口詠法言，以當音樂。

“總持之園苑，無漏法林樹。覺意浄妙花，解脱智慧果。八解之浴池，定水湛然滿。布以七浄花，浴此無垢人。”

此下明資生也。“總持”，實相理也。“無漏”，萬行林樹也。此樹開七覺之花，結解脱之果。什曰：解脱無爲果，智慧有爲果。此明慧也。八解之池，止禪定之水，敷七浄之花。五欲熱惱，貪愛諸塵，浴此則清凉矣。此行明定也。“七浄”者：一、戒浄；二、心浄；三、見浄；四、度疑浄；五、分别浄；六、行浄；七、涅槃浄。肇曰：總持强記，萬善之苑也。於此苑樹無漏之林，敷七覺之花，結解脱之果，八解之池，積禪定水，湛然充滿。布七浄之花，羅列水上，

① 以，底本、録本脱，據丙、丁、己、庚四本補。
② 行，底本、録本脱，據丙、丁、己、庚四本補。

而復無垢之士遊此林苑[①]花池，閑宴嬉遊，樂之至也。豈等俗林苑之歡乎！

"象馬五通馳，大乘以爲車，調御以一心，遊於八正路。"

肇曰：五通爲象馬，大乘爲上車，一心爲御者，遊於八正道。

"相具以嚴容，衆好飾其姿，慚愧之上服，深心爲花鬘。"

"相具"，三十二相；"衆好"，八十種好；"慚愧"，蔽陋惡；"深心"，飾形服也。

"富有七財寶，教授以滋息，如所説修行，回向爲大利。"

肇曰："七財"，信、戒、聞、捨、惠（慧）、慚、愧等也。世人以玉帛爲饒，菩薩以七財爲富。出入法寶，與人同利，兼示以滋息之法，令如説修行，迴向佛道，此利之大者。

"四禪爲床座，從於净命生。多聞增智慧，以爲自覺音。"

四禪宴息，猶如床座，要從持戒净命所生。離五欲濕[②]散亂毒蟲，猶恐貪著禪味，故令多聞以自覺。

"甘露法之食，解脱味爲漿。净心以澡浴，戒品爲塗香。"

甘露法食，以資惠（慧）解；八解[禪][③]漿，止五欲渴；此二"内資"也。懺悔罪垢，澡浴真身；嚴持戒香，塗熏法體；此云"外嚴"也。此則身戒心惠（慧），方爲[④]修持矣。

"摧滅煩惱賊，勇健無能踰。降伏四衆魔，勝幡建道場。"

此下三，明業用。此行明自業成，下二十七行明濟物[□][用][⑤]，如世人功成禄厚，惠（慧）濟貧窮。此初也。肇曰：外國法戰諍破敵，立幡以表勝。菩薩摧煩惱賊、降四魔怨，乃於道場建勝相也。

"雖知無起滅，示彼故有生。悉現諸國土，如日無不見。"

此下功成則濟物，體真用大。生曰：明其有所云爲也。文七。初三行總

---

① 苑，録本訛作"薨"，據底本改。

② 濕，録本訛作"泥"，據底本改。

③ 禪，録本脱，據底本補。

④ 爲，底本、録本訛作"便"，結合文意，據丙、丁、己三本改。

⑤ 用，底本、録本脱，據丙、丁、己、庚四本補。

明真應自在也。肇曰:知無起滅,則得法身,無復生分[①]。爲彼有生,故無往不見。

"供養於十方,無量億如來。諸佛及己身,無有分别想。"

此行明難供諸佛。肇曰:未嘗覺彼己之異。

"雖知諸佛國,及與衆生空,而常修净土,教化於群生。"

此行明雖知人國空,而修净土以化物。肇曰:知空不捨有,所以常處中。

"諸有衆生類,形聲及威儀[②],無畏力菩薩,一時能盡現。覺知衆魔事,而示隨其行,以善方便智,隨意皆能現。或示老病死,成就諸群生,了知如[③]幻化,通達無有礙。"

二,此三行明知魔了幻而示現誘[④],濟老病死。如太子厭[⑤]欲,净居諸天四城門所現。

"或現劫盡燒,天地皆洞然,衆人有常想,照令知無常。無數億衆生,俱來諸菩薩,一時到其舍,化令而佛道。"

三,二行明大三災。水、風二災文無者,略。初禪内有覺觀,外有火災;二禪内有喜受,外有水災;三禪内有喘息,外有風災;四禪無災,由不動故。什曰:或實燒、或不實燒者,衆生見燒想即悟無常,還攝不燒也。

"經書禁呪術,工巧諸伎藝,盡現行此事,饒益於群生。"

四,三行明世知也。什曰:以同習相感,先同而復[⑥]乖也。

"世間衆道法,悉於中出家,因以解人惑,而不墮邪見。"

肇曰:九十六種皆出家修道,隨其出家,欲解其惑,不同其見。

"或作日月天,梵王世界主,或時作地水,或復作風火。"

肇曰:遇海漂人,則變身爲地。水、火、風皆隨彼所須而自變形。

"劫中有疾疫,現作諸藥草,若有服之者,除病消衆毒。劫中有飢饉,現身

① 分,録本訛作"示",據底本改。

② 儀,録本訛作"議"。按:底本作"儀",乃"儀"之换旁俗字。兹據改。

③ 如,録本訛作"以",據底本改。

④ 誘,録本訛作"謗",據底本改。

⑤ 厭,録本訛作"跋",據底本改。

⑥ 復,丁本作"後"。

作飲食,先救[□][彼][①]飢渴,劫以法語人。劫中有刀兵,爲之起慈悲,化彼諸衆生,令住無諍地。若有大戰陳,立之以等力,菩薩現威勢,降伏使和安。”

五、[□][四][②]行明小三災。肇曰:菩薩法身,于何不爲?或爲藥草,令服者病除;或爲飲食,令飢者得飽。刀兵七日,疾疫[③]七月七日,飢饉七年七月七日。東、西二州,有似非正,謂嗔增盛,身力羸劣,數加飢渴等。北州全[④]無戰陳助,明刀兵可見。

“一切國土中,諸有地獄處,輒往到于彼,勉濟其苦惱。一切國土中,畜生相食噉,皆現生於彼,爲之作利益。”

六,二行明入惡趣救物。合有鬼趣,文[⑤]無者,略也。什曰:如過去世時,人無禮義,欲殘害長老。猴象及鳥推敬長老,令人獸修善,咸相和順,如《大智論》中説。

“示受於五欲,示復現行禪,令魔心憒亂,不能得其便。火中生蓮花,是可爲希有;在欲而行禪,希有亦如是。”

七,[十][⑥]行明同事攝物。肇曰:欲言“行禪”,復受五欲。欲言“受欲”,復現行禪。莫測其變,所以憒亂也。自非净亂齊旨,孰能兩[⑦]之?

“或現作淫女,引諸好色者,先以欲鈎牽,後令入佛智。”

肇曰:反欲以順。

“或爲邑中主,或作商人導,國師及大臣,以祐利衆生。諸有貧窮者,現作無盡藏,因以勸導之,令發菩提心。我心憍慢者,爲現大力士,消伏諸貢高,令住佛上道。其有恐懼衆,居前而慰安,先施以無畏,後令發道心。”

肇曰:慢心自高,如山峰不停水。菩薩現爲力士,服其高心,然後潤以法水。

---

① 彼,底本、録本脱,據丙、丁、己、庚四本補。

② 四,底本、録本脱,據丙、丁、己、庚四本補。

③ 疫,底本、録本訛作“病”,結合文意,據丙、丁、己三本改。

④ 全,録本訛作“金”,據底本改。

⑤ 文,録本訛作“又”,據底本改。

⑥ 十,録本脱,據底本、丙、丁、己、庚四本補。

⑦ 兩,録本訛作“雨”,據底本改。

“或現離淫欲，爲五通仙人，開導諸群生，令住戒忍慈。”

什曰：世無賢聖，衆生下劣，不入深法，故化以戒忍。

“見須供事者，現爲作僮僕，既悦可其意，乃發以道心。隨彼之[①]所須，得入於佛道，以善方便力，皆能給足之。如是道無量，所行無有涯，智慧無邊際，度脱無數衆。假令一切佛，於無數億劫，讚歎其功德，猶上不能盡。”

第四，結勸。此二行結也。生曰：應適無方，皆是佛之道矣。肇曰：其權智之道，無涯無際。雖復衆聖殊辯，猶不能盡。

“誰聞如是法，不發菩提心？除彼不肖人，癡冥無智者。”

此行勸也。“不肖”，二乘也。“癡冥”，凡夫也。肇曰：下士聞道而大笑之。日月雖明，何益瞽者？

入不二法門品第九

此下二品，廣上[②]中道正觀。此品“不二”明體，下品“能二”明用。“入”者，觀照智也。不二法所觀理門者，文字教也。什曰：從始會已來，唯二人相對，餘皆默然。今欲各顯其德，故問，令盡説。亦云：情惑不同，發悟有因。各令説悟，廣釋衆迷。夫勝會明宗，必以令終爲美。今法座將散，欲究其深致，廣説“不二”，乃盡妙也。問曰：亦有三、四[③]乃至無量法門，云何獨説“不二”耶？答：二事少而惑淺，餘事廣而累深。二尚應破，則餘可知矣。復次，萬法之生，必從緣起。緣起生法，多少不同。極其少者，要從二緣。若有一緣生，未之聞也。然則，有之緣起，極於二法。二法既廢，則入於玄境。云何不破一耶？答曰：若名數之，則非一也。若以一爲一，亦未離於二。遣二則一，斯盡矣。復次，無相之[□][一][④]，名假而實立，實立則體與相絶，故直置而自無也。肇曰：言爲世則謂之“法”，衆聖所由爲之“門”。又解，“入”者，悟入也。《法花》棄[⑤]縛得脱，名“出火宅”。此經返迷向悟，名“入不二”。其言

① 之，録本訛作“云”，據底本改。

② 上，録本訛作“示”，據底本改。

③ “三四”二字底本、録本訛作“四三”，結合文意，據丙、丁、己、庚四本改。

④ 一，底本、録本脱，據丙、丁、己、庚四本補。

⑤ 棄，録本訛作“立”，據底本改。

甚異，其旨甚一。

“爾時維摩詰語衆菩薩言：‘諸仁者！云何菩薩入不二法門？各隨所樂説之。’”

品文四：一、諸菩薩説；二、妙德説；三、净名説；四、時衆得益。初文二。[□][此][1]初，净名問[2]也。

“會中有菩薩，名‘法自在’，説言：‘諸仁者！生、滅爲二，法本不生，今則無滅，得此無生法忍，是爲入不二法門。’”

二，諸菩薩答。一切諸法，皆因緣生滅。小乘執實爲二。大乘知法如幻，故無生滅，入不二也。肇曰：“滅”者，滅生耳。若悟無生，滅何所滅？此即無生法忍也。此菩薩因觀生滅以悟道，故説己[3]所解爲“不二法門”也。下[□][皆][4]類尔[5]。萬法云[□][云][6]，離真皆名“二”，故以“不二”爲言也。

“德守菩薩曰：‘我、我所爲二。因有我故，便有我所。若無有我，則無我所。是爲入不二法門。’”

肇曰：妙主常存，“我”也。身及萬物，“我所”也。“我所”，我之所有也。法既無我，誰有之者？

“不眴菩薩曰：‘受、不受爲二。若法不受，則不可得。以不可得故，無取無捨，無作無行。是爲入不二法門。’”

凡夫受著五陰，無學不受。此爲“二”也。肇曰：有心必有所受，有所受必有所不受，此爲“二”也。若悟法本空，二俱不受，則無得無行爲“不二”也。

“德頂菩薩曰：‘垢、净爲二。見垢實性，則無净相順於我滅相，是爲入不二法門。’”

---

① 此，底本、録本脱，據丙、丁、己、庚四本補。

② 問，底本、録本訛作“門”，結合文意，據丙、丁、己、庚四本改。

③ 己，録本訛作“已”，據底本改。

④ 皆，底本、録本及諸本均無。今結合文意，據《注維摩詰經》[T38n1775p397a1]補。

⑤ “類尔”二字録本訛作“顯示”，據底本改。丙、丁、己、庚四本亦作“類尔”，可資比勘。

⑥ 云，底本、録本脱，據丙、丁、己、庚四本補。

凡夫倒心見[1]净，二[2]乘觀身不净，此爲“二”也。肇曰：净生於垢，實性無垢，净何所净？

“善宿菩薩曰：‘是動、是念爲二。不動則無念，無念則無分别。通達此者，是爲入不二法門。’”

肇曰：情發爲“動”，想成爲“念”。又解，安住實性，即性無動，無動即無念。

“善眼菩薩曰：‘一相、無相爲二。若知一相即是無相，亦不取無相，入於平等，是爲入不二法門。’”

《法花》明一實相，《般若經》明無相。肇曰：言“一”欲以去“二”，不言“一”也。言“無”欲以去“有”，不言“無”也。而惑者聞“一”則取一相，聞“無”則取無相，故有二也。

“妙臂菩薩曰：‘菩薩心、聲聞心爲二。觀心相空如幻化者，無菩薩心，無聲聞心，是爲入不二法門。’”

什曰：以施報故，手出無盡寶物，如五河流，故名“妙臂”。又解曰：“自利”，聲聞心也；“利他”，菩薩心也。

“弗沙菩薩曰：‘善、不善爲二。若不起善不善、入無相際而通達者，是爲入不二法門。’”

肇曰：“弗沙”，星名也。什曰：生時所值，因以爲名。“不善”，十惡也。“善”，十善及涅槃也。

“師子吼菩薩曰：‘罪、福爲二。若達罪性與福無異，以金剛惠（慧）決[3]了此相、無縛無解者，是爲入不二法門。’”

“罪”，破戒也。“福”，持戒定惠（慧）也。罪福平等，一相一性，爲“不二”。肇曰：“金剛惠（慧）”，實相惠（慧）也。

“師子意菩薩曰：‘有漏、無漏爲二。若得諸法等，則不起漏、不漏想，不著於相，亦不住無相，是爲入不二法門。’”

---

① 見，底本作“不”，録本訛作“見不”，結合文意，據丙、己、庚三本改。

② 二，録本訛作“三”，據底本改。

③ 決，録本訛作“没”，據底本改。

苦集有漏、滅道無漏爲二。大士平等觀，同一實諦不二。什曰：師子度水，要截流直度，曲則不度。此大士以實相智慧深入諸法，直過彼岸，故借以爲名。

“净解菩薩曰：‘有爲、無爲爲二。若離一切數，則心如虛空。以清净惠(慧)無所閡[①]者，是爲入不二法門。’”

四相有爲也，四相滅無爲也。相本不起，今則無滅，無二也。叡曰：數即有爲、無爲也。

“那羅延菩薩曰：‘世間、出世間爲二。世間性空，即是出世間。於其中不入不出、不溢不散，是爲入不二法門。’”

什曰：“世間”，三界也。“出世間”，解脱也。悟世性空[②]，無入無出，故不二也。

“善意菩薩曰：‘生死、涅槃爲二。若見生死性，則無生死，無縛無解，不然不滅。如是解者，是爲入不二法門。’”

受後有生死也，滅盡後有涅槃也。悟世生死妄，無生死也。肇曰：“縛然”，“生死”之[③]别名；“解滅”，“涅槃”之異稱也。

“現見菩薩曰：‘盡、不盡爲二。法若究竟盡、若不盡，皆是無盡相。無盡相即是空，空則無有盡、不盡相。如是入者，是爲入不二法門。’”

肇曰：有爲虛僞法，無常故名“盡”。實相無爲法，常住故不盡。若以盡爲盡、不盡爲不盡，皆二也。若能悟盡、不盡俱無盡相者，則入空不二門也。

“普守菩薩曰：‘我、無我爲二。我尚不可得，非我何可得？見我實性者，不復起二，是爲入不二法門。’”

肇曰：“非我”出於“我”耳。“見我實性”者，“我”本自無，况於“非我”也？

“電天菩薩曰：‘明、無明爲二。無明實性即是明。明亦不可取，離一切數。於其中平等無二者，是爲入不二法門。’”

肇曰：“明”，惠(慧)明也。“無明”，癡冥也。見無明性，即爲是明。若見

---

① 閡，録本訛作“礙”，據底本改。

② 空，録本訛作“定”，據底本改。

③ 之，録本訛爲前一“死”之重文號而録作“死”，據底本改。

明爲明，即明、無明相待，故不可取。

“喜見菩薩曰：‘色、色空爲二。色即是空，非色滅空，色性自空。如是受、想、行、識。識、空爲二。識即是空，非識滅空，識性自空。於其中通達者，是爲入不二法門。’”

色是礙，滅色是空，二也。若悟色性自空，即空色不二。肇曰：若有不即空，無不夷跡。餘陰准知。

“明相菩薩曰：‘四種異、空種異爲二。四種性即是空種性，如前際、後際空故，中際亦空。若能如是知諸種性者，是爲入不二法門。’”

肇曰：“四種”，四大也。“空種”，空大也。此五衆之所由生，故名“種”。然此四大之性[①]，無前、後、中，無異空大。又解：小乘以四大堅濕煖動[②]，性異空大；大乘《楞伽》以四大是妄想，性妄無自性，故不異空也。

“妙意菩薩曰：‘眼、色爲二。若知眼性於色不貪、不恚、不癡，是名“寂滅”。如是耳聲、鼻香、舌味、身觸、意法爲二。若知意性於法不貪、不恚、不癡，是名“寂滅”。安住其中，是爲入不二法門。’”

肇曰：存[③]於情塵，故三毒以生。若悟六情性，則不起毒。此寂滅之道也。

“無盡意菩薩曰：‘布施、迴向一切智爲二。布施性即是迴向一切智性。如是持戒、忍辱、精進、禪定、智慧，迴向一切智爲二。智慧性即是迴向一切智性，於其中入一相者，是爲入不二法門。’”

肇曰：六度爲妙因，迴向一切智者，二也。若悟因果同性，入于一相，乃應不二。

“深惠(慧)菩薩曰：‘是空、是無相、是無作，爲二。空即無相，無相即無作。若空、無相、無作則無心意識，於一解脱門即是三解脱門者，是爲入不二法門。’”

---

① 性，録本訛作“住”，據底本改。

② 動，底本、録本訛作“種”，結合文意，據丙、丁、己、庚四本改。

③ 存，録本訛作“行”，據底本改。

《大論》云：聲聞經明三三昧，緣四諦十六行；摩訶衍同[①]，緣諸法實相。斯則小乘諦異，故三昧門異；大乘理同，故三昧門不異也。肇曰：三行雖異，然俱是無緣解脱，故無心意識也。緣既是同，則三解不異。

"寂根菩薩曰：'佛、法、衆，爲二。佛即是法，法即是衆。是三寶皆無爲相，與虚空等，一切法亦爾。能隨此行者，是爲入不二法門。'"

丈六身，"佛"也；四諦，"法"也；四道果，"僧"也；此是小乘見跡異也。智無生，"佛"也；理無相，"法"也；行無修，"僧"也；此是大乘理本一也。小乘執跡故異，大乘返本故不異也。

"心無礙菩薩曰[②]：'身、身滅爲二。身即是身滅。所以者何？見身實相者，不起見身及以滅身，身與滅身無二、無分别。於其中不驚不懼者，是爲入不二法門。'"

陰苦聚爲身，患苦故滅身，爲二。若悟陰假會，即身非身，無生無滅，名"見實相"，爲"不二"也。

"上善菩薩曰：'身、口、意善，爲二。是三業皆無作相。身無作相，即口無作相；口無作相，即意無作相；是三業無作相，即一切法無作相。能如是隨無作惠(慧)者，是爲入不二法門。'"

肇曰：三業雖殊，無作一也。諸法之生，本乎三業。三業既無，誰作諸法？

"福田菩薩曰：'福行、罪行、不動行，爲二。三行實性即是空，空則無福行、無罪行、無不動行。於此三行而不起者，是爲入不二法門。'"

肇曰："福"，欲界善行；"罪"，十惡之流也；"不動[③]"，色、無色行。又解：妄動爲行，離動則平等。

"華嚴菩薩曰：'從我起二，爲二。見我實相者，不起二法。若不住二法，則無有識。無所識者，是爲入不二法門。'"

由執我故，所對爲二。肇曰：因"我"故有"彼"，二名所以生。若見"我"

---

① 同，録本訛作"因"，據底本改。

② 曰，録本訛作"大"，據底本改。

③ 動，底本、録本訛作"種"，結合文意，據丙、丁、己、庚四本改。

實相,則"彼""我"之識無由而起。

"德藏菩薩曰:'有所得相,爲二。若無所得,則無取捨。無取捨者,是爲入不二法門。'"

肇曰:得在於"我",相在於"彼"。"我"不得相,誰取誰捨?又解:於法有得,待物爲二;若無所得,則無有二。

"月上菩薩曰:'闇與明,爲二。無闇無明,則無有二。所以者何?如入滅受想行識定[①],無闇無明,一切法相亦復如是。於其中平等者,是爲入不二法門。'"

肇曰:二乘入滅盡定,六根都滅。雖經晝夜,不覺晦明之異,以喻菩薩無心於明闇。

"寶印手菩薩曰:'樂涅槃、不樂世間,爲二。若不樂涅槃,不厭世間,則無有二。所以者何?若有縛[②],則有解。若本無縛,其誰求解?無縛無解,則無樂厭。是爲入不二法門。'"

肇曰:世間無縛,曷爲而厭?涅槃無解,曷爲而樂?

"珠頂王菩薩曰:'正道、邪道,爲二。住正道者,則不分别是邪是正。離此二者,是爲入不二法門。'"

八正、八邪,爲二。若住實相,平等無分别,名爲"不二"。

"樂實菩薩曰:'實、不實,爲二。實見者上不見實,何呪非實?所以者何?非肉眼所見,惠(慧)眼乃能見。而此惠(慧)眼無見、無不見,是爲入不二法門。'"

肇曰:實相,惠(慧)眼之境,非肉眼所見。惠(慧)眼上不見實,而况非實?雖曰"無見",而無所不見,此惠(慧)眼之體也。

"如是諸菩薩各各説已,問文殊師利:'何等是菩薩入不二法門?'"

二,文殊説。此初,問也。

"文殊師利曰:'如我意者,於一切法無言無説,無示無識,離諸問答,是爲入不二法門。'"

---

① "行識定"三字録本訛作"定識空",據底本改。

② 縛,底本、録本訛作"解",結合文意,據丙、己、庚三本改。

此答也。肇曰：上來諸人，所明雖同，所因各異；且直辨法相，不明無言。今文殊總衆家之説，以開不二之門，直言法相不可言。不措言於法相，斯之爲"言"，言之至也。而方於静默，猶亦後焉。

"於是文殊師利問維摩詰：'我等各自説已，仁者當説。何等是菩薩入不二法門？'"

三，净名説。文三：一、問；二、答；三、稱善。此初也。

"時維摩詰默然無言。"

二，答也。肇曰：有言於"無言"，未若無言於"無言"，所以默然也。上諸菩薩措言於法相，文殊有言於"無言"，净名無言於"無言"。此三明宗雖同，而迹有淺深，所以言後於"無言"，知後無知矣。

"文殊師利嘆曰：'善哉！善哉！乃至無有文字語言，是直入不二法門。'"

三，歎也。肇曰：默領者，文殊其人也。爲彼待言，所以稱"善"。生曰：言跡盡於無言，故歎以爲真也。

"説是《入不二法門品》時，於此衆中五千菩薩，皆入不二法門，得無生法忍。"

四，明時衆得益。[1]（第二終。）

香積佛品第十

至人無名，随化[2]緣以作稱；真法無相，逐緣相而目品。本是法身戒定等香，跡現土之香，以化物也。

"於是舍利弗心念：'日時欲至，此諸天子菩薩當於何食？'"

此二，净穢雙遊，明中道用也。香積、釋迦，法身平等，應物緣殊，净穢異也。品文三：一、假緣念飯；二、净穢互遊；三、聞品得益。初文三：初念，次呵，後許。此初，念也。什曰：舍利弗獨發念者，其旨有三：一者，結業之體，未能無資；二，絶意大方，樂法不染；三，推己有待，謂衆亦然。處弟子之上，

① 庚本至此止。

② "化"前録本衍一"緣"字。按：底本"緣"字旁實施一廢棄號，兹據删。

宜爲衆致供也。

“時維摩詰知其意而語言:‘佛説八解脱,仁者受行,豈雜欲食而聞法乎?’”

二,呵也。八解脱禪定悦食,養法身也;雜欲食,資毒蛇身也。人多爲養毒身,廢修法身,故因念以誡之。

“若欲食者,且待須臾,當令汝得未曾有食。”

三,許也。小乘以禪悦法喜爲法食,以五欲段食爲毒食。今香積之飡,食了得道,爲未曾有。

“時維摩詰即入三昧。”

此第二,浄穢互遊。文三:一、明二法互化;二、明二土佛事不同;三、明捨穢生浄。初文中二:初、明從穢遊浄;二、明彼浄來穢。前文中三:初、現浄土;二、求往者;三、現化往。初文三。此初,入三昧。叡曰:“三昧”,秦言“正心”。有二種:一、變修得;二、報得。[□□][報得][1]三昧,都無入出[2]之名,况法身耶? 今言“入”者,豈非所以迹也?

“以神通力示諸大衆:上方界分過四十二恒河沙佛土,有國名‘衆香’,佛號‘香積’。今現在,其國香氣比於十方諸佛世界、人、天之香,最爲第一。彼土無有‘聲聞’、‘辟支佛’名,唯有清浄大菩薩衆,佛爲説法。其界一切皆以香作樓閣,經行香地,薗苑皆香。其食香氣,周流十方無量世界。時彼佛與諸菩薩方共座食,有諸天子,皆號‘香嚴’,悉發阿耨多羅三藐三菩提心,供養彼佛及諸菩薩。”

此二,現浄土衆香。“香積”等示依正報,名無二乘明[3]眷屬浄,“香作樓閣”等依報浄,“坐食”等佛事浄。

“此諸大衆,莫不目見。”

三,明衆見。使覩勝相而生信,飯至方期道也。

“時維摩詰問衆菩薩:‘諸仁者! 誰能致彼佛飯?’”

---

① “報得”二字底本、録本脱,據丙、丁、己三本補。

② “入出”二字底本、録本作“入出入出”字,結合文意,據丙、己二本删。

③ 明,録本訛作“朋”,據底本改。

此二，求往者。文四。此初，求往。肇曰：既現彼國，推有力者令取飯。

“以文殊師利威神力故，咸皆默然。”

二，神力使默。肇曰：文殊師利將顯净名之德，故以神力令衆默然。

“維摩詰言：‘仁者！此大衆無乃可耻。’”

三，呵。肇曰：勵未成。

“文殊師利曰：‘如佛所言，勿輕未學。’”

四，引答。肇曰：進始學也。

“於是維摩詰不起于座，於衆會前化作菩薩，相好光明，威德殊勝，蔽於衆會。”

此下三，明現化往。文三：一、化往；二、問訊；三、衆歎。初中文四。此初，現化使往也。所以化蔽衆會者，欲令彼衆覩勝化而尋本也。

“而告之曰：‘汝往上方界，分度如四十二恒河沙佛土，有國名“衆香”，佛號“香積”，與諸菩薩方共坐食。’”

二，示去處也。

“汝往到彼，如我辭曰：‘維摩詰稽首世尊足下，致敬無量，問訊起居，少病少惱，氣力安不？’”

三，教問訊。肇曰：將示有身不得無患，故致問如來，猶云“少病少惱”。

“願得世尊所食之餘，當於娑婆世界施作佛事，令此樂小法者得弘大道，亦使如來名聲普聞。”

四，陳請飯。肇曰：“餘”，卑遜言也。彼土因香，以通大道。此國衆生者志意狹劣，故請香飯之餘，以弘佛事。

“時化菩薩即於會前，昇于上方。舉衆皆見其去到衆香界，禮彼佛足。”

此二，化到問訊。文三。此初，化到禮足也。

“又聞其言：‘維摩詰稽首世尊足下，致敬無量，問訊起居，少病少惱，氣力安不？’”

此二，問訊起居也。

“願得世尊所食之餘，欲於娑婆世界施作佛事，使此樂小法者得弘大道，亦使如來名聲普聞。”

此三，述其請事，並如文。

“彼諸大士見化菩薩，歎未曾有：‘今此上人從何所來？娑婆世界爲在何許？云何名爲“樂小法者”？’即以問佛。”

此下三，明彼大士驚異。文四。此初，歎問。問中有三：一問“從何所[1]來”，應言“誰所化來”，净名化作也。二問娑婆處。“娑婆”，此云“雜會”，雜惡衆生，共會一處；又云“堪忍”，唯佛釋迦堪忍住故。三問何名“樂小法”者。肇曰：其土純一大乘，不聞樂小法之名，故此問也。

“佛告之曰：‘下方度如四十二恒河沙佛土，有世界名“娑婆”，佛號“釋迦牟尼”，今現在於五濁惡世，爲樂小法衆生敷演道教。彼有菩薩，名“維摩詰”，住不可思議解脱，爲諸菩薩説法，故遣化來，稱揚我名，並讚此土，令彼菩薩增益功德。’”

此二，答三問。“四十二恒訶沙”，超答第二問來處；“今現在五濁”等，答第三問，説小所由；“有菩薩名‘維摩詰’”，卻答第一能化者。“釋迦”，此云“能”，性（姓）[2]也；“牟尼”此云“寂”，名也。

“彼菩薩言：‘其人何如，乃作是化？德力無畏，神足若斯？’”

三，重問化事。既覩所使之威光，明能化之力妙，故再問也。

“佛言：‘甚大！一切十方皆遣化往，施作佛事，饒益衆生。’”

四，重答。令生企慕、來娑婆也。

“於是香積如來以衆香鉢盛滿香飯，與化菩薩。”

此下二，明净土遊穢。文三：初、受飯同來；二、净名賓待；三、飯作佛事。初中文四。一、化受飯，如文。

“時彼九百萬菩薩俱發聲言：‘我欲詣娑婆世界供養釋迦牟尼佛，並欲見維摩詰等諸菩薩衆。’”

二、彼衆欲來。雖禀香國之化，亦與聲聞教有緣，故欲同詣也。

“佛言：‘可往。攝汝身香，無令彼諸衆生起惑著心。’”

三，許往誡敕。誡中文三。此初，攝身香也。什曰：大怒則狂，大喜亦

① 所，録本訛作“焉”，且於“焉”字下出校：“焉＝所㊠。”按：此字底本乃“所”字手體，注文失校。兹據正。

② 性，此當爲“姓”之借字。丙、丁二本作“姓”。

迷。宜攝汝香，防其惑因。

"又當捨汝本形，勿使彼國求菩薩道者而自鄙耻。"

二，攝形也。什曰：耻深則殞，愧淺亦惱，二患交至，去道逾緬。上言"惑著"，此言"鄙耻"，二門互顯，約其文也。

"又汝於彼，莫懷輕賤，而作礙想。所以者何？十方國土皆如虛空。又諸佛爲欲化諸樂小法者，不盡現其清净土耳。"

三，莫輕誡。文有標[①]、徵、釋也。娑婆衆生遇劣則輕，見勝便耻，值好則著，故借彼以誡此也。

"時化菩薩既受鉢飯，與彼九百萬菩薩俱，承佛威神及維摩詰力，於彼世界忽然不現，須臾之間[②]，至維摩詰舍。"

四，化衆同來。

"維摩詰即化作九百萬師子之座，嚴好如前，諸菩薩皆坐其上。"

此[□][二][③]，净名賓持。"如前"，指《不思議品》。

"時化菩薩以滿鉢香飯與維摩詰，飯香普熏毘耶離城及三千大千世界。"

此三，飯作佛事。有二：初香，後味。前中又三。此受香普熏，彼熏十方。此但三千，緣應爾也。

"時毘耶離婆羅門、居士等，聞是香氣，身意快然，歎未曾有。"

二，聞香得益。肇曰：異香入體，身心怡悦。

"於是長者主月蓋，從八萬四千人來入維摩詰舍，見其室中菩薩甚多，諸師子座高廣嚴好，皆大歡喜，禮衆菩薩及大弟子，卻住一面。諸地神、虛空神及欲色界諸天，聞此香氣，亦皆來入維摩詰舍。"

三，有緣斯會。肇曰：毘耶離國無有君主，唯有五百長者共治國事。月蓋衆所推重，故名"主"。"諸地神"下，皆聞香而後集。

"時維摩詰語舍利弗等諸大聲聞：'仁者！可食如來甘露味飯。大悲所

① 標，録本訛作"檩"，據底本改。

② 間，録本訛作"問"，據底本改。

③ 二，底本、録本脱，據丙、丁、己三本補。

熏，無以限意食之，使[1]不消也。’”

此下二，味爲佛事。文四。此初，勸食也。世食資於毒身[2]，此飯成於甘露。生曰：泥洹是甘露之法，而食此食，必以得之，故飯中有甘露味焉。“大悲所熏”者，我心感報，所濟有涯；大悲熏修，福惠（慧）無盡。食者當求佛果，普利群生；若局於己身，自調自度，既背施心，則不消也。

“有異聲聞念：‘是飯少，而此大衆人人當食。’”

二，異念也。肇曰：不思議飯非二乘所及，故生是念。

“化菩薩曰：‘勿以聲聞小德小智稱量如來無量福惠（慧）。四海有竭，此飯無盡。使一切人食，摶[3]若須彌，乃至一劫，猶不能盡。’”

三，化菩薩，呵。文三。此初，呵也。聲聞自調之果，名“小德”。諸佛大悲，福報無量。四海魚龍之報可竭，此飯諸佛之福無盡。故雖多人，長劫摶[4]若須彌，終無盡也。

“所以者何？無盡戒、定、惠（慧）、解脱、解脱知見功德具足者，所食之餘，終不可盡。”

二，舉因釋也。肇曰：如來五分法身無盡，功德報應之飯如何可盡？

“於是鉢飯悉飽衆會，猶故不澌。”

三，食不澌。

“其諸菩薩、聲聞、天人食此飯者，身安快樂，譬如一切樂莊嚴國諸菩薩也。又諸毛孔皆出妙香，亦如衆香國土諸樹之香。”

此四，食已利益。有得樂、出香，如文。

“爾時維摩詰問衆香菩薩：‘香積如來以何説法？’”

此第二，明净、穢二土應緣作化佛事不同。此初，問净土也。

“彼菩薩曰：‘我土如來無文字説，但以衆香令諸天人得入律行。’”

此二，答化緣也。淺者入於律行，深者具足三昧。肇曰：其土非都無言，但以香爲通道之本。如此國因言通道，亦有國神變餘事而得悟者也。

---

① 使，底本、録本訛作“所”，結合文意，據丙、丁、己三本改。

② 身，録本訛作“牙”，據底本改。

③④ 摶，録本訛作“搏”，據底本改。

“菩薩各各坐香樹下，聞斯妙香，即獲一切德藏三昧。得是三昧者，菩薩所有功德皆悉具足。”

“三昧”等也，肇曰：此三昧力，能生諸功德也。

“彼菩薩問維摩詰：‘今世尊釋迦牟尼以何説法？’”

此二，明穢土。文四：一、問；二、答；三、讚；四、述。此初也。

“維摩詰言：‘此土衆生剛强難化，故佛爲説剛强之語，以調伏之。’”

此二，答也。文三：法、喻、合。初法中又三。此初，標也。肇曰：聖化何常，隨物而應耳。此土剛强，故以剛强之教應之。

“言是地獄，是畜生，是餓鬼，是諸難處，是愚人生處。是身邪行，是身邪行報；是口邪行，是口邪行報；是意邪行，是意邪行報。”

此二，列剛强語。《法花》以言通實相爲柔軟音，故此中始於地獄，終至世間、涅槃差别，皆非盡理不二之言，故悉名“剛强語”也。文約五乘明之。此初果離八難，因離三邪。生值佛法，正信修行，名“人乘”也。

“是殺生，是殺報；是不與取，是不與取報；是邪淫，是邪淫報；是妄語，是妄語報；是兩舌，是兩舌報；是惡口，是惡口報；是無義語，是無義語報；是貪嫉，是貪嫉報；是嗔惱，是嗔惱報；是邪見，是邪見報。”

此二，不作十惡，即十善業報，生欲天，名“天乘”也。若增修禪定，生色界天也。“兩舌”者，離間[①]語。“無義語”者，什曰：胡本云“雜説”也。夫不爲善及涅槃而起口業，悉名“雜説”也。

“是慳怯，是慳怯報；是毁戒，是毁戒報；是瞋恚，是瞋恚報；是懈怠，是懈怠報；是亂意，是亂意報；是愚癡，是愚癡報。”

此三，除六弊，修六度，即“菩薩乘”也。

“是結戒，是持戒，是犯戒。是應作，是不應作。是障礙，是不障礙。是得罪，是離罪。”

此下合明二乘。文分三學。此初戒學也。“結戒”者，肇曰：如律藏[②]説，

---

① 間，録本訛作“聞”，據底本改。該字丙、丁、己三本亦作“間”，可資比勘。

② 藏，録本訛作“義”。《大正藏》於“義”字下出校：“義＝如藏㊦。”按：此字原卷伯2191號本作“藏”，注文失校。另，乙本“藏”前“如”字當爲涉上“如律”之“如”而衍。兹據正。

謂因事制戒也。順授名“持”,違故名“犯”。開故應作,制故不應作。性戒障道,遮故不障;或[①]尤重心犯故障,輕心不障。不懺故得罪,懺故離罪。

“是净,是垢。”

此二定學。凡夫以愛心修禪定爲垢,聖人無漏心修爲净也。

“是有漏,是無漏;是邪道,是正道;是有爲,是無爲;是世間,是涅槃。”

此下明惠(慧)學也。七賢有漏,八聖無漏。八正正道,背此名“邪道”。三諦有爲,滅諦無爲。三[界][②]世間,出三界涅槃。

“以難化之人心如猿猴故,以若干種法利御其心,乃可調伏。”

下結文可見。

“譬如象馬,㦛悷不調,加諸楚毒,乃至徹骨,然後調伏。如是剛强難化衆生故,以一切苦切之言,乃可入律。”

此二,喻也。調馬有四:菩薩見鞭,二乘觸皮,人天觸肉。説三惡調,乃爲徹骨也。合文可見。肇曰:非鈎捶,無以調象馬;非苦言,無以伏難化。

“彼諸菩薩聞説是已,皆曰未曾有也。如世尊釋迦牟尼佛,隱其無量自在之力,乃以貧[③]所樂法,度脱衆生。”

此三,讃述。文二。此初,讃佛也。肇曰:諸佛平等,迹有參差。迹有參差,由群生下劣,志願狹小,故佛隱自在力,同其貧陋,順其所樂,而以濟之。應感無方,不擇净穢。此未曾有也。

“斯諸菩薩亦能勞謙,以無量大悲生是佛土。”

下歎菩薩可見。

“維摩詰言:‘此土菩薩,於諸衆生大悲堅固,誠如所言。然其一世饒益衆生,多於彼國百千劫行。’”

此四,述誠。不述佛者,道力圓也。文二。此初,述益深。化善則功少,化惡則功深。叡曰:久而無功,未若近而有益。

“所以者何?此娑婆世界有十事善法,諸餘净土之所無有。何等爲十?

---

① 或,録本作“戒”,底本不清晰,結合文意,據丙、丁、己三本改。

② 界,録本脱,據底本補。

③ 貧,録本訛作“貪”,據底本改。

以布施攝貧窮,以净戒攝毁禁,以忍辱攝瞋恚,以精進攝懈怠,以禪定攝亂意,以智慧攝愚癡,説除難法以度八難者,以大乘法度樂小乘者,以諸善根濟無得者,常以四攝成就衆生。是爲十。”

二,釋所以也,有標數列釋可見。肇曰:夫善因惡起,净因穢增。此土十惡法具,故十德增長;彼土純善,故施德無地;所以百千劫行不如一世也。

“彼菩薩曰:‘菩薩成就幾法,於此世界行无(無)[1]瘡疣,生于净土?’”

此三,明净土之行。文二。此初,問也。肇曰:將勵此土始學菩薩,令生净國,故發斯問。

“維摩詰言:‘菩薩成就八法,於此世界行無瘡疣,生于净土。’”

此二,答。文四,謂標、徵、釋、結。此初,標也。

“何等爲八?”

此二,徵。可見。

“饒益衆生而不望報,代一切衆生受諸苦惱,所有功德盡以施之。”

肇曰:菩薩代彼受苦,不自計身,所有功德盡施衆生,豈以有益而想其報乎?若不爲衆生,應久入涅槃。爲彼受苦,令其先度。彼去我留,非“代”何謂?此饒益之至。一法也。

“等心衆生,謙下無礙。”

肇曰:怨親不殊,卑己後人,等心尊彼,情無分然。二法也。

“於諸菩薩,視之如佛。”

肇曰:菩薩,衆生之橋梁,三寶之[□][所][2]繫。視之如佛,則增己功德。三法也。

“所未聞經,聞之不疑。”

肇曰:佛所説經,聞則信受,不以未聞而生疑惑。四法也。

“不與聲聞地而相違背。”

肇曰:三乘雖異,歸宗不殊,不以大小而相違背。五法也。

“不嫉彼供,不高己利,而於其中調伏其心。”

① 无(無),録本訛作“五”,據底本改。

② 所,底本、録本脱,據丙、丁、己三本補。

肇曰:他種他獲,曷爲而嫉?己種己得,曷爲而高?於是二中,善自調伏。六法也。

"常省己過,不訟彼短。"肇曰:省己過,則過自消;訟彼短,則短在己。七法也。

"恒以一心,求諸功德。"

肇曰:塵垢易增,功德難集;自非一心專求,無以剋成。具此八法,則行無瘡疣,終生净土矣。

"是爲八法。"

結文可見。

"維摩詰、文殊師利於大衆中説是法時,百千天人皆發阿耨多羅三藐三菩提心,十千菩薩得無生法忍。"

三,得益。行深大士悟净穢之隨緣,得無生忍;行淺者聞無疣之行,捨穢慕净,發菩提心。

菩薩行品第十一

此下兩品,大段第三,歸宗印定。前品廣佛事不同,多明净土之宗;後品現净名勝身勝土,多明印定。香積大士悟諸佛之平等,知净穢之隨緣,請法退還,因以目品也。

"是時佛説法於庵羅樹園,其他忽然廣博嚴事,一切衆會皆作金色。"

品文三:初、明事畢歸佛;二、明佛事不同;三、請法還土。初文復四:一、現相;二、詣佛;三、慰問;四、佛讚。初文有三。此初,現相也。肇曰:至人無常所,理會是隣。如來、净名雖服[1]殊處異,妙期有在,所以來往興[2]化,共弘不思議道者也。因遣問疾,所明若上。今將詣如來封印兹典,故先現斯瑞,以啓群心。

"阿難白佛言:'世尊!以何因緣有此瑞應,是處忽然廣博嚴事,一切衆會皆作金色?'"

① 服,録本訛作"眼",據底本改。
② 興,録本訛作"與",據底本改。

二，問緣。身子、迦葉隨文殊以作化，阿難侍者留庵羅以啓導，故因瑞而發端也。

“佛告阿難：‘是維摩詰、文殊師利與諸大衆恭敬圍遶，發意欲來，故先爲此瑞應。’”

三，佛答。彼來令此生信仰也。

“於是維摩詰語文殊師利：‘可共見佛，與諸菩薩禮事供養。’”

此二，詣佛。文四。初唱往也。什曰：維摩詰勸共見佛，旨可尋也：一者，見其誠心，欲遂其本意；二者，欲令證明香飯，多所發悟[①]；三者，以其懷勝遠遊，宜令實返，故共詣佛所，諮請道法也。

“文殊師利言：‘善哉！善哉！行矣。今正是時。’”

二，文殊稱“善”。肇曰：有益時也。

“維摩詰即以神力，持諸大衆並師子座置於右掌，往詣佛所。到已著地，稽首佛足，右遶七匝，一心合掌，在一面立。”

三，明掌擎詣佛也。

其諸菩薩，即皆避座，稽首佛足，亦遶七匝，於一面立。諸大弟子、釋、梵、四天王等，亦皆避座，稽首佛足，在一面立。

四，明次第致敬。什曰：世相迎送，必結四輕騎；大士迎送，則運以妙通。

“於是，世尊如法慰問諸菩薩已，各令復坐，即皆受教。”此三，明佛慰。慰辭文略，有教有奉如文。

“衆生已定，佛語舍利弗：‘汝見菩薩大士之自在神力所爲乎？’”

此四，佛讚。净名神力者，即彼已説，伏彼未聞。文四。此初，問也。

唯然，已見。二，答也。

“於汝意云何？”三，徵也。

“世尊！我覩其爲不可思議，非意所圖，非度所測。”

四，釋也。肇曰：向與文殊俱入不思議室，因借寶座，覩其神力，兼食香飯，乘掌而還。莫測其變，故自絶於圖度。又解，身子自言不測者，將以激勵聲聞迴心向大也。

---

① 悟，録本訛作“語”，據底本改。

“爾時阿難白佛言:‘世尊! 今所聞香,自昔未有,是爲何香?’”

此二,明佛事不同。文二:初因問香,二明佛事。初中文三:一、阿難問;二、身子述;三、净名解。初中文二:一、問;二、佛答。此初也。肇曰:如來將辯香飯之緣,故令阿難問也。

“佛告阿難:‘是彼菩薩毛孔之香。’”

二,佛答。彼大士香也。

“於是,舍利弗語阿難言:‘我等毛孔亦出是香。’”

此二,身子自述。將明食飯之益,以顯净名難思之事。文三。此初,述也。

“阿難言:‘此所從來?’”

二,問也。

“曰:‘是長者維摩詰從衆香國取佛餘飯,於舍食者,一切毛孔皆香若此。’”三,答來處也。

“阿難問維摩詰:‘是香氣當久如。’”

此三,明净名解飯爲佛土。文三:法、喻、合。初文四。此初,問也。

“維摩詰言:‘至此飯消。’”

二,答也。

“曰:‘此飯久如當消。’”

三,重問也。

“曰:‘此飯勢力至于七日,然後乃消。’”

此四,正[□][答][①]。益有三。此初七日消,治四大病也。故律中有七日藥,以藥勢相接七日。可知。

“又,阿難! 若聲聞人未入正位,食此飯者,得入正位,然後乃消。”

此二,小乘益。有二。此初,見道益。

“已入正位,食此飯者,得心解脱,然後乃消。”

此二,無學益也。

“若未發大乘意,食此飯者,至發意乃消。”

此三,大乘益。有三。此初中十信益也。

---

① 答,底本、録本脱,據丙、丁、己三本補。

"已發意,食此飯者,得無生忍,然後乃消。"

此二,七地益也。

"已得無生忍,食此飯者,至一生補處,然後乃消。"

此三,等覺益也。飯有普利之功,而食者心自大小耳。倒此,文字亦然也。

"譬如有藥,名曰'上味',其有服者,身諸毒滅,然後乃消。"

此二,喻也。

"此飯如是,滅除一切諸煩惱毒,然後乃消。"

此三,答也。文並可見。

"阿難白佛言:'未曾有也。世尊!如此香飯,能作佛事?'"

此下第二,廣明佛事。大文有四:一、明佛事隨化不同;二、明佛身應緣故異;三、明阿難伏罪;四、明菩薩悔責。前中文四:一、稱歎;二、廣説;三、密呵;四、解釋。此即初也。小乘唯知娑婆一化音聲爲佛事,未知十方佛化六塵皆爲佛事,故有此歎。肇曰:餘本充體,乃除結縛,未曾聞見也。

"佛言:'如是!如是!阿難!或有佛土以佛光明而作佛事。'"

此下二,廣明佛事。肇曰:阿難見香飯所益,謂佛事理極於此,故廣示其事,令悟佛道之無方也。此土衆生,見佛妙光,自入道檢,亦有餘益,但以光爲主。下類爾也。

"有以諸菩薩而作佛事。"

肇曰:有佛默然居宗,以菩薩爲化主。

"有以佛所化人而作佛事。"

《大論》云:須扇頭佛當日成道,當日入涅槃,留化佛度衆生也。皆此比也。

"有以菩提樹而作佛事。"

肇曰:此樹先無不照,香無不熏。形色微妙,隨所好而見;樹出法音,隨所好而聞。此如來報應之樹也,衆生遇者自然悟道。

"有以佛衣服卧具而作佛事。"

肇曰:昔閻浮提王得佛大衣,時世大疫,王以衣置高表上以示國人。國人歸命,病皆得除,信敬益深。因是悟道也。此其類也。

“有以飯食而作佛事,有以園林臺觀而作佛事。”

肇曰:衆香園即其事也。“園林”,如極樂林樹説法等。一義云,飯食以舌根通道,園林眼根通道。

“有三十二相、八十隨形好而作佛事。”

肇曰:好嚴飾者,示之以相好也。

“有以佛身而作佛事,有以虚空而作佛事,衆生應以此緣得入律行。”

肇曰:好有者存身以示好有,空者滅身以示空。如《密迹經》説也。上相雖在身,而身相不一,所因各異,故佛事不同。

“有以夢幻、影響、鏡中像、水中月、熱時炎如是等喻而作佛事。”

肇曰:自有不悟正言,因喻得解者。

“有以音聲、語言、文字而作佛事。”

肇曰:即娑婆國佛事。

“或有清净佛土寂寞、無言、無説、無示、無識、無作、無爲而作佛事。”

肇曰:有真净土純法身菩薩,外無言説,内無情識,寂寞無爲而超悟事外,非是言情所能稱述。此佛事之上也。

“如是,阿難!諸佛威儀進止,諸所施爲,無①非佛事。”

法身無爲,應物故[□][爲]②,進止威儀皆佛事也。

“阿難!有此四魔八萬四千諸煩惱門,而諸衆生爲之疲勞,諸佛即以此法而作佛事。”

肇曰:三毒、等分,此四③,煩惱之根也。因一根生二萬一千煩惱,合八萬四千。[□□□□□□][因八萬四千]④出無量塵垢,故名“門”也。衆生皆以煩惱爲病,而諸佛以之爲藥。如淫女欲爲患,更極其情欲,然後悟道。毒龍以嗔必爲患,更增其忿恚。此以欲除欲,以瞋除瞋,猶良醫以毒除毒。斯佛事之無方也。

---

① “爲無”二字録本訛作“無爲”。按:底本“無爲”間有一乙鈎號,兹據改。

② 爲,底本、録本脱,據丙、丁、己三本補。

③ “四”下録本衍一“魔”字。按:底本“魔”字旁實施一廢棄號,兹據删。

④ “因八萬四千”五字底本、録本脱,據丙、丁、己三本補。

“是名‘入一切諸佛法門’。”

若能深見實相，善惡兩亡，應物隨化，能善惡俱遊，名“悟入法門”也。是即或語、或默、或净、或穢，皆是諸佛化物之門也。

“菩薩入此門者，若見一切净好佛土，不以爲喜，不貪不高；若見一切不净佛土，不以爲憂，不礙不没。但於諸佛生清净心，歡喜恭敬，歎未曾有也。”

此三，密呵香積等諸菩薩也。真土平等，非净非穢。應物而現，故有净穢。若能悟净非净，故不貪高；悟穢非穢，故不憂没。然净穢不同，俱是佛大悲，故但於諸佛生净信心，歎未曾有也。

“諸佛如來，功德平等，爲化衆生故，而現佛土不同。”

四，解釋。真土平等，化物不等也。

“阿難！汝見諸佛國土，地有若干，如虚空無若干也。如是見諸佛色身有若干耳，其無礙惠(慧)無若干也。”

此下第二，呵庵園聲聞執應身爲實。文三：初、喻顯等、不等；二、明一切平等；三、正折伏。此初也。地有差别，空無差别，喻也。應物色身，故有若干；净惠(慧)法身，一切平等；此法合也。肇曰：佛惠(慧)如空，應形猶地。不以地異而異空，不以空一而釋地也。

“阿難！諸佛色身、威相、種姓、戒、定、智惠(慧)、解脱、解脱知見、力、無所畏、不共之法，大慈、大悲、威儀所行，及其壽命，説法、教化、成就衆生，净佛國土，具諸佛法，悉皆同等。”

此二，明平等。文二。此初，諸[①]佛身土真應，權實皆等有也。生曰：諸佛色身雖復若干，而一佛無不有之，故無不等矣。

“是故名爲‘三藐三佛陀’，名爲‘多陀阿伽度’，名爲‘佛陀’。”

二，明名等。肇曰：秦言“正遍知”。見法無差，謂之“正”；智無不周，謂之“遍”；决定法相，謂之“知”。“多陀”等者，肇曰：秦云“如來”，亦云“如去”；如法如來，如法而去。故(古)[②]今不改，千聖同轍，故名“如來”，亦名“如去”。

---

① 諸，録本訛作“法”，且於“法”字下出校：“法＝諸㊁。”按：此字底本本作“諸”，注文失校。兹據改。

② 故，丙、丁、己三本作“古”。“古”字義長。

“佛陀”者,肇曰:秦言“覺”。生死長寢,莫能自覺。自覺[覺][①]彼,其唯佛也。

“阿難!若我廣説此三句義,汝以劫壽不能盡受。正使三千大千世界滿中衆生,皆如阿難多聞第一,得念總持,此諸人等以劫之壽,亦不能受。如是,阿難!諸佛阿耨多羅三藐三菩提無有限量,智惠(慧)辯才,不可思議!”

此下三,正明折伏阿難。文三。此初,明一人不受,正使三千等多亦不受。“如是,阿難”等,明菩提無邊,故身智、權實、應化、功德不可思議,豈是聲聞所能量也!

“阿難白佛言:‘我從今已往,不敢自謂以爲多聞。’”

此三,阿難伏過以激勸。文四。此初,阿難伏也。肇曰:阿難於五百弟子中多聞[强記][②]第一,今聞佛事,乃自審宜聞。

“佛告阿難:‘勿起退意。所以者何?我説汝於聲聞中爲最多聞,非謂菩薩。’”

二,佛慰也。肇曰:物有於上不足,於下有餘。不可以於下有餘而量[③]於上也。

“且止,阿難!其有智者不應限度諸菩薩也。一切海淵尚可測量,菩薩禪定智惠(慧)、總持辯才、一切功德不可量也。”

三,歎菩薩功德無量。

“阿難!捨置菩薩所行,是維摩詰一時所現神通之力,一切聲聞、辟支佛於百千劫盡力變化所不能作。”

四,結。簡小大。大士不思議,一時所現神通力,非二乘所能爲也。

“爾時衆香世界菩薩來者,合掌白佛言:‘世尊!我等初見此土,生下劣想,今自悔責,捨離是心。所以者何?諸佛方便,不可思議,爲廣衆生故,隨其所應,現佛國異。’”

此四,大士悔責。文有悔有釋。肇曰:初見土穢,生下劣想,謂諸菩薩亦有昇降,聞上佛事,乃自悔責。

---

① 覺,底本、録本脱,據丙、丁、己三本補。

② “强記”二字録本脱,據底本補。

③ 量,録本訛作“置”,據底本改。

“唯然，世尊！願賜少法。還於彼土，當念如來。”

此下第三，請法還國。文三：一、請；二、善，三、稱歎還國。此初，請也。肇曰：既知佛事之難議，故欲請法而返土，將宣揚如來不思議道，令本國衆生念佛功德也。

“佛告諸菩薩：‘有盡、無盡解脱法門，汝等當學。’”

此下二，答。文四：初、標名；二、略釋；三、廣釋；四、結勸。此初也。肇曰：有爲法有三相，故有盡；無爲法無三相，故無盡。

“何謂爲‘盡’？謂有爲法。何謂‘無盡’？謂無爲法。如菩薩者，不盡有爲，不住無爲。”

二，略釋。肇曰：有爲雖僞，捨之則大業不成；無爲雖實，住之則惠（慧）心不明。是以菩薩不盡有爲，故德無不就；不住無爲，故道無不覆。至能出生入死，遇物斯乘。在净而净，不以爲欣；處穢而穢，不以爲戚。應彼而動，於我無爲，此諸佛平等不思議之道也。

“何謂‘不盡有爲’？”

此下三，明廣釋。文三：初釋“不盡”，次釋“不住”，後雙釋也。初中文三。此初，徵也。

“謂不離大慈，不捨大悲。”

此下二，釋也。既雜明萬行，無别科①次。肇曰：慈悲乃入有之基，樹德之本，故發言有之。

“深發一切智心，而不忽忘；教化衆生，終不厭惓；於四攝法，常念順行；護持正法，不惜軀命；種諸善根，無有疲厭；志常安住，方便迴向。”

外化不離慈，内修不忘智，謂求菩提心不蹔②忘也。又外化不厭，内順四攝；外護法橋，内求功德。皆迴向菩提，方便化物，不求二乘三界果也。肇曰：以慈爲根，發心爲心，然後順四攝，化衆生，護正法，種善根。以此衆德，茂其枝條，道樹日滋，不盡有爲也。下諸行願，枝條之流，取其日滋日茂，以成“不盡”義耳。廢捨慈悲，道樹不建，衆德損耗，自隱涅槃，謂“盡有爲”也。

---

① 科，録本訛作“料”，據底本改。該字丙、丁二本亦作“科”，可資比勘。

② 蹔，録本訛作“繫”，據底本改。該字丙、丁二本亦作“科”，可資比勘。

“求法不懈，説法[①]無悋，勤供諸佛，故入生死而無所畏。”

爲法不怠，供佛無畏。肇曰：不以結生，曷爲而畏？

“於諸榮辱，心無憂喜。不輕未學，敬學如佛。”

八風不移志，勸學不輕心。肇曰：未學當學，所以不輕；已學當成，故敬如佛。

“墮煩惱者，令發正念。於遠離樂，不以爲貴。不著己[②]樂，慶於彼樂。”

不樂煩惱，不貴涅槃，大士之化也。肇曰：獨善之道，何足貴也？“不著己[③]樂”，等大士之心也。

“在諸禪定，如地獄想。”

肇曰：禪定雖樂，安之則大道不成。菩薩不樂，故想如地獄。

“於生死中，如園觀想。”

肇曰：生死雖苦，大道之所因。菩薩好遊，故想如園觀也。

“見來求者，爲善師想。”

肇曰：求者雖欲自益，而實益我，故想爲善師。

“捨諸所有，具一切智想；見毁戒人，起救護想；諸波羅蜜，爲父母想；道品之法，爲眷屬想。”

必因此施，成就善根，至一切智。又，不嫌毁戒，但念悲救；想波羅蜜，能生法身；助成菩提，莫過道品；此等是大士之想念也。

“發行善根，無有齊限。以諸净國嚴飾之事，成己[④]佛土。”

增廣萬善，嚴净佛土，依報行也。

“行無限施，具足相好。除一切惡，净身、口、意。”

肇曰：“行無限施”者，開四門施。求者所取，無礙大施法也。又解：除垢惡以净三業，行大施以嚴相好，正報行也。

“生死無數劫，意而有勇；聞佛無量德，志而不惓。以智惠(慧)劍，破煩惱賊，出陰、界、入，荷負衆生，永使解脱。”

大悲不屈於生死，精進不倦於佛德。以智惠(慧)劍，破煩惱因，出法身

---

① “説法”二字録本衍作“説法説法”，兹據底本删。

②③④ 己，録本訛作“已”，據底本改。

果，荷負衆生，此菩提薩埵心也。肇曰：法身越三界，陰、界、入所不攝，故言“出”。若受陰、界、入，身處積塵之内，則自固羈鎖，安能濟彼①？

“以大精進摧伏魔軍，常求無念實相智慧行，少欲知足，而不捨世間法。”

精進以摧魔，無念以證真，少欲而不捨世間，大士之行也。肇曰：真智無緣故“無念”。“不捨世”者，肇曰：和以無念欲而捨世自異。

“不壞威儀，而能隨俗；起神通惠（慧），引導衆生；得念總持，所聞不忘；善别諸根，斷衆生疑；以樂説辨，演法無礙。”

不壞法身，起通道物，身業化也；正念總持，多聞不忘，意業化也；差别衆根，斷疑樂説，口業化也。此大士之三密也。“不壞威儀”者，肇曰：同俗俯仰，不失道儀，天下皆謂我同己②，而我獨異人。“樂説辯”者，四辨也。

“净十善道，受天人福。修四無量，開梵天道。”

“十善”，欲天因；“無量”，梵天因；物無出世之根，故接以人天之善，令離三途，此大士之方便也。

“勸請説法，隨喜讚善，得佛音聲；身、口、意善，得佛威儀。”

此大士之德也。“佛音”者，《經》云八音也：一、徹好；二、柔軟；三、和適；四、諦了；五、不女；六、不誤；七、深遠；八、不竭也。又，《密跡經》云：有無量音也。

“深修善法，所行轉勝。以大乘教，成菩薩僧。心無放逸，不失③衆善。”

自行則深修轉勝，導衆則化以大乘。又，不矜一善以放逸，乃圓萬德以成道。此④大士之進求也。

“行如此法，是名‘菩薩不盡有爲’。”

此三，結也。肇曰：修如上法，自行化彼，功德日茂，不盡有爲也。夫善，有爲法變壞⑤物耳。廢捨不修，則日耗日盡。

“何謂菩薩不住無爲？”

① 彼，録本訛作“波”，據底本改。
② 己，録本訛作“已”，據底本改。
③ 失，録本訛作“共”，據底本改。
④ 此，録本訛作“以”，據底本改。
⑤ 壞，底本、録本訛作“懷”，結合文意，據丙、己二本改。

此下第二，釋“不住無爲”也。文三，如前。此初，標也。

“謂修學空，不以空爲證；修學無相、無作，不以無相、無作爲證；修學無起，不以無起爲證。”

此下二，釋。文三。此初，明三解脱也。二乘觀三脱樂涅槃，故取證；菩薩觀三脱樂大悲，故不證。“無起”者，因緣生法無自性故，不生起也。肇曰：此定觀之别門也。

“觀於無常，而不厭善本；觀世間苦，而不惡生死；觀於無我，而誨人不倦；觀於寂滅，而不永滅。”

此二，四非常觀也。破常倒故，觀無常；以大悲故，不厭善。樂破例故，觀苦；以大悲故，不惡生死。破我倒故，觀無我；以大悲故，常誨人。破喧動故，觀寂滅；以大悲故，不永滅。又，觀無常故，不住生死，不厭善本，不住涅槃。餘例[①]然。

“觀於遠離，而身心修善；觀無所歸，而歸趣善法；觀於無生，而以生法荷負一切；觀於無漏，而不斷諸漏；觀無所行，而以行法教化衆生；於觀空無，而不捨大悲；觀正法位，而不隨小乘。”

此三，雜明諸行也。雖身[②]心離相，而現身心修善；雖法性平等，而現歸善法；雖理本無生，而現生度物；雖漏本清浄，而現行諸漏；雖本覺無行，而現行引物；雖衆生性空，而不捨悲濟。“正位”者，見真入證之地[□][也][③]。以大悲故，不隨小乘而取證也。

“觀諸法虚妄，無牢、無人、無主、無相。本願未滿，而不虚福德、禪定、智慧。”

肇曰：諸法因緣所成，虚假無本，以何爲實？以何爲主？雖[④]知如此，然大願未滿，不以功德定惠(慧)虚假而不修。

“修如是法，是名‘菩薩不住無爲’。”

---

① 例，録本作“倒”，底本不清晰，結合文意，據丙、丁、己三本改。

② “身”前録本衍一“漏”字，結合文意，據底本删。

③ 也，録本無，底本不清晰，結合文意，據丙、丁、己三本補。

④ 雖，録本訛作“誰”，據底本改。

此三,結。肇曰:備修上法,則不證無爲。證,謂觀無爲自證成道。自證成道,即住無爲也。

"又具福德故,不住無爲;具智慧故,不盡有爲。"

此下二,雙[①]釋所以。肇曰:上直明菩薩不盡有爲、不住無爲,未釋所以不盡、所以不住。夫大士之行,行各有以。妙期有在,故復對而明之。夫德之積也,必涉有津;若住無爲,則功德不具。智之明也,必由廣博;若廢捨有爲,則智慧不具。

"大慈悲故,不住無爲;滿本願故,不盡有爲。"

肇曰:慈悲入生死,豈住無爲之所能!滿願由積德,豈捨有爲之所能!

"集法藥故,不住無爲;隨授藥故,不盡有爲。"

肇曰:採良藥必在山嶮,非華堂之所出;集法藥必在嶮有,非無爲之所出也。若癈捨有爲,則與群生隔絶,何能隨而授藥?

"知衆生病,故不住無爲;滅衆生病,故不盡有爲。"

肇曰:習知衆生病,必之病所,豈住無爲之所能!滅衆生病,必造有治,豈盡有爲之所能!

"諸正士菩薩以修此法,不盡有爲,不住無爲,是名'盡、無盡解脱法門'。汝等當學。"

此四,總結勸。肇曰:"不盡有爲",故無闕德之累;"不住無爲",故無獨善之礙。此二無礙門,是菩薩弘道之要路,佛事無方之所由。勸彼令學,示其佛事不思議道,令必審諸佛無若干也。

"爾時,彼諸菩薩聞説是法,皆大歡喜,以衆妙花,若干種色,若干衆香,散遍三千大千世界,供養釋迦牟尼佛及此經法並諸菩薩已,稽首佛足,歎未曾有,言:'釋迦牟尼佛乃能於此善行方便。'言已,忽然不現,還到本彼國。"

此三,聞法歡喜,供養稱述而還國也。

見阿閦佛品第十二

"阿閦",此云"無動",雖復變化萬形,而實相常寂,故名也。將證净名勝

① 雙,録本訛作"質",據底本改。

德以印[①]經，故取佛而現土，因立品名耳。又據前半品，應[□][云][②]“見如來”；以後半品顯跡證經，故從後立名也。

“爾時世尊問維摩詰：‘汝欲見如來，爲以何等觀如來乎？’”

此品第二，顯净名身土以證經。夫人有勝德，説必真當，故印定也。文三：初、明真身真土；二、明應身應土；三、欲聞經云利也。初文二。此初，問也。前文殊入室，論之以無來；身子求經，訓之以無求；今净名見佛，見之於無見。此皆會真則言亡相寂，引物則示有去來耳。又，二乘初心皆見相跡，故因以誨之也。肇曰：向命文殊共來見佛，雖復舉目順俗，而致觀不同。如來逆覩其情，將顯其來觀之旨，以明佛事不可思議，故知而問。

“維摩詰言：‘如自觀身實相，觀佛亦然。’”

二，顯法身。文二：一、正答法身；二、論以生滅。前文三：初、總答實相；二、别揀百非；三、結成正觀。此初也。肇曰：“佛”者，何也？蓋窮理盡性大覺之稱也。其道虚空，固已妙絶常境。心不可以智知，形不可以像測。同萬物之爲，而居不爲之域。處言數之内，而止無言之鄉。非有而不可爲無，非無而不可爲有。寂莫虚曠，物莫能測。不知所以名，故强謂之“覺”。其爲至也，亦以極矣。何則？夫同於得者得亦得之，同於失者失亦得之。是以則真者同真，法僞者同僞。如來虚照冥諧[③]，一彼實相。實相之相，即如來相。故《經》曰：見實相法爲見佛也。净名自觀身實相，以爲如來相義存於是也。

“我觀如來，前際不來，後際不去，今則不住；不觀色，不觀色如，不觀色性，不觀受想行識，不觀識如，不觀識性。”

此下二，明别揀百非，意明諸相非相即實相也。法身非生滅，故非三世；非有，故非色；非空，故非如；無自性，故無性。肇曰：法身超絶三世，非陰、界、入所攝，故不可以生住去來而覩，不可以五蔭如性而觀也。

“非四大起，同於虚空；六入無積，眼、耳、鼻、舌、身、心已過，不在三界；三垢已離，順三脱門，三明與無明等。”

---

① 印，録本訛作“即”，據底本改。

② 云，録本無，底本不清晰，結合文意，據丙、丁、己三本補。

③ 諧，録本訛作“偕”，據底本改。

金剛之體,非四大起。本覺性故,不積六情。法界同真,不在三界。性離三垢,常順三脱。明與無明,其性不二;不二之性,即法身性也。

"不一相,不異相;不自相,不他相;非無相,非取相;不此岸,不彼岸,不中流;而化衆生,觀於寂滅,亦不永滅。"

法身非聚散,故非一、異。亡彼我,故無自、他不同。太虚故"非無相",不受著故"非取相"。生死即涅槃,故無彼、此岸。邪正道不二,故無中流。雖衆相都滅,而不住滅,故教化衆生。是即常寂滅而無滅也。

"不此,不彼;不以此,不以彼;不可以智知,不可以識識。"

法無彼此之相,故不彼、不此。聖無彼此之執,故不以此、不以彼。且二乘智所不測,豈凡識而能識哉?

"無晦,無明;無名,無相;無强,無弱;非净,非穢。"

性不可蔽,故"無晦";離覺所覺,故"無明"。不可以名呼[①],不可以相示,豈强弱净穢而分别哉?

"不在方,不離方;非有爲,非無爲;無示,無説。"

佛身住法性,故"不在方";庵園即法性,故"不離方"。真身不生滅,故"非有爲";丈六即真,故"非無爲"。應物而相非實相,故"不可示";應物而名非真名,故"不可説"。

"不施不慳,不戒不犯,不忍不恚,不進不怠,不定不亂,不智不愚,不誠不欺,不來不去,不出[②]不入,一切言語道斷。"

法身真净,不可以六蔽覆,不可以六度度,不可以善誠,不可以惡欺。感物而來非來,感謝而往非去。既無形於去來,亦無心[□][於][③]出入。斯言經自絶也。

"非福田,非不福田;非應供養,非不應供養;非取,非捨;非有相,非無相;同真際,等法性;不可稱,不可量,過諸稱量。"

無心福物,"非福田";有求見益,"非不福"。無證無得,"非應供";德洽

---

① 呼,録本訛作"乎",據底本改。

② 出,録本訛作"去",據底本改。

③ 於,録本脱,據底本補。

無邊,“非不應”。取之則失真,捨之則乖道。豈有相可相[①]? 無相可相[②],斯同真際、等法性、越稱量之境哉!

“非大非小,非見非聞,非覺非知,離衆結縛,等諸智,同衆生,於諸法無分別。”

不可以世界量,“非大”;不可以微塵比,“非小”。離六塵之境,不可以合覺,不可以離見。無漏之體,體絶結縛。等實相之智,同衆生之性,渾然無際,豈與法有別?

“一切無失,無濁無惱,無作無起,無生無滅,無畏無憂,無喜無厭。”

肇曰:無得故“無失”,無清故“無濁”。事外之體,何可惱亂? 孰能作之令起,生之使滅? 恬淡寂泊,無爲無□(數)[③],豈容憂畏喜厭於其間[④]哉?

“無已有,無當有,無今有。不可以一切言説分別顯示。”

既亡[⑤]三世之有,都絶言説之路。

“世尊! 如來身爲若此也。作如是觀,以斯觀者,名爲‘正觀’。若他觀者,名爲‘邪觀’。”

三,結成觀也。肇曰:窮言盡智,莫能顯示,來觀之旨,爲若是也。又解:“他觀”者,謂二乘、凡夫見生滅憂畏等背理爲“他”。

“爾時,舍利弗問維摩詰:‘汝於何没,而來生此?’”

二,論生滅。文三:[□][一][⑥]、舍利弗[約法][⑦]問。二、浄名約幻況出。三、釋其生滅。前文又四。此初,身子問也。離生滅見不生滅者,二乘之見,非實相義;若即因緣生滅、悟不生滅者,此法身義也。有此差別,故再論焉。上雖具顯百非,今但論於生滅。若悟生則無生,自然無生;無生自然,自然衆非可見矣。肇曰:上云“如自觀身實相”,實相無生,而今現有生,將成其“自

① 相,録本訛作“見”,據底本改。

② 相,底本、録本訛作“無”,結合文意,據丁本改。

③ 數,録本作缺文,據底本補。

④ 間,底本、録本訛作“聞”,結合文意,據丁本改。

⑤ 亡,録本訛作“云”,據底本改。

⑥ 一,底本、録本無,據文意補。

⑦ “約法”二字録本脱,據底本補。

觀”之義，故以没生問也。

“維摩詰言：‘汝所得法有没生乎？’”

二，反質也。肇曰：逆問所得，以證無没生也。“所得法”，即無爲無相法也。

“舍利弗言：‘無没生也。’”

三，答“無没生也”。

“若諸法無没生相，云何問言‘汝於何没，而來生此’？”

四，呵也。若觀諸法因緣生滅本無自性，云何乃問此没生耶？

“於意云何？譬如幻師作男女，寧没生耶？”

二，舉幻况。文五。此初，舉幻問。

“舍利弗言：‘無没生也。’”

二，答也。

“汝豈不聞佛説諸法如幻相乎？”

三，重問。

“答曰：‘如是。’”

四，重答。

“若一切法如幻相者，云何問云‘汝於何没，而來生此’？”

五，呵。若佛説諸法如幻相者，即幻生非生，幻没非没，云何更問此没生也？肇曰：生猶化存，死猶化往，物無不爾，獨問我爲？

“舍利弗！没者爲虚誑法，壞敗之相；生者爲虚誑法，相續之相。菩薩雖没，不盡善本；雖生，不長諸惡。”

三，解釋。妄執虚誑，有没有生；悟法真實，無生無滅。幻滅非滅，故不盡善本；幻生非生，故不貪生長惡。此所以顯即生滅悟無生滅，成“法身”義也。

“是時佛告舍利弗：‘有國名“妙喜”，佛號“無動”。是維摩詰於彼國没，而來生此。’”

此下二，明應身應土。文二：初、論應事；二、現身土。前文又四：一、佛示國名；二、身子生疑；三、約喻質問；四、解釋應事。此初也。上既即生非生是真身，此明不生能生是應身。國土亦然。故佛示其生没也。

“舍利弗言：‘未曾有也。世尊！是人乃能捨清净土，而來樂此多怒害處？’”

二，生疑。但可棄穢生净，曷有捨净來穢耶？肇曰：此土方餘國，怒害最多。

“維摩詰語舍利弗：‘於意云何？日光出時與冥合乎？’答曰：‘不也。日光出時，則無衆冥。’維摩詰言：‘夫日何故行閻浮提？’答：‘欲以明照，爲之除冥。’”

三，質問。初問答，明日[①]光自明，闇不能蔽，喻真身處染不染。後問答，明日[②]光能破彼闇，喻菩薩化生雜染。

“維摩詰言：‘菩薩如是，雖生不净佛土，爲化衆生，不與愚闇而共合也，但滅衆生煩惱闇耳。’”

此四，合喻能釋。二重亦然。

“是時大衆渴仰，欲見妙喜世界不動如來及其菩薩、聲聞之衆。”

此二，正現身土。文六：一、時衆渴仰；二、佛命令現；三、奉命移取；四、勸修行；五、大衆發心；六、利益還本也。此初也。

“佛知一切衆會所念，告維摩詰言：‘善男子！爲此衆會現妙喜國無動如來及諸菩薩、聲聞之衆，衆皆欲見。’”

此二，命令現土。肇曰：既覩大衆渴仰之情，將顯净名不思議德，故告令現本國也。

“於是維摩詰心念：‘吾當不起于座，接妙喜國。鐵圍山川、溪谷江河、大海泉源、須彌諸山，及日月星宿、天龍鬼神、梵天等宫，並諸菩薩、聲聞之衆，城邑聚落、男女大小，乃至無動如來。’”

三，奉命。文六。此初，念取彼佛國土及妙蓮花，寶階嚴飾，盡皆現也。

“及菩提樹諸妙蓮花，能於十方作佛事者。”

肇曰：彼菩提樹及妙蓮華皆能放光明於十方作佛事，及華上化佛菩薩亦於十方作佛事，皆通取來。

“三道寶階，從閻浮提至忉利天。以此寶階，諸天來下，悉爲禮敬無動如

①② 日，録本訛作“曰”，據底本改。

來，聽受經法。”

肇曰：欲天報通，足能陵虛。然彼土以寶階嚴飾，爲戲遊之路，故同以往返也。

“閻浮提人，亦登其階，上昇忉利，見彼諸天。妙喜世界，成就如是無量功德。上至阿迦膩吒天，下至水際，以右手斷取，如陶家輪，入此世界，猶持華鬘示一切衆。”

肇曰：嚴净之土，福慶所集，人天之報，相殊未幾，故同路往返，有交遊之歡娱。又解：“忉利”，此云“三十三”也。“阿迦膩吒”，此云“色究竟”。

“作是念已，入於三昧，現神通力，以其右手斷取妙喜世界，置於此土。”

二，正取。肇曰：重爲輕根，静爲躁君[①]，非三昧之力，無以運神足之動。

“彼得神通菩薩及聲聞衆並餘天人俱發聲言：‘唯然，世尊！唯取我去，願見救護。’”

三，得通驚覺。肇曰：大通菩薩逆覩變瑞，爲衆而問；其餘諸天，未了而問。恐畏未盡，故求救護。

“無動佛言：‘非我所爲，是維摩詰神力所作。’”

四，佛稱净名作也。

“其餘未得神通者，不覺不智（知）己[②]之所往。”

五，明不覺。

“妙喜世界雖入此土而不增減，於是世界亦不迫隘，如本無異。”

六，入不增減。

“爾時釋迦牟尼佛告諸大衆：‘汝等且觀妙喜世界，無動如來，其國嚴飾，菩薩行净，弟子清白。皆曰：‘唯然，已見。’佛言：‘若菩薩若得如是清净佛土，當學無動如來所行之道。’”

此四，勸修行。文三。此初，勸觀也。二，“皆曰唯然”，答見。“佛言”已下，勸修並可見。肇曰：登高必由其本，求果必尋其因。

“現此妙喜國時，娑婆世界十四那由他人發阿耨多羅三藐三菩提心，皆

---

① 君，録本訛作“若”，據底本改。

② 己，録本訛作“已”，據底本改。

願生於妙喜佛土。釋迦牟尼佛即記之曰:‘當生彼國。’”

此五,明衆益。文三:發心、發願、佛記。如文。妙喜現,此二意:一、爲證净名净土;二、爲若干有緣發心。

“時妙喜世界於此國土所應饒益其事訖已,還復本處,舉衆皆見。”

此六,利益已還本。

“佛告舍利弗:‘汝見此妙喜世界及無動佛不?’‘唯然,已見。世尊!願使一切衆生得清净土如無動佛,獲神通力如維摩詰。’”

此下第三,明聞經益。文二:一、身子發願;二、聞經利益。初文又三:一、問;二、答;三、發願。如文。妙喜净土、净名神通[1]不思議事,二乘所無,故啓兹願也。

“世尊!我等快得善利,得見是人親近供養。”

此下二,明聞經得利。文二。此歎聞經益。

“其諸衆生,若今現在,若佛滅後,聞此經者,亦得善利。”

此二,歎諸衆生聞經益。文三。此初歎聞經。

“况復聞已,信解受持,讀誦解説,如法修行。”

二,總歎受持。

“若有手得是經典者,便爲已得法寶之藏。”

三,别歎。有六。此初也。八難衆生,尚不聞名,况乎得哉?深種信根,值佛得經,解脱寶藏,即爲已得。

“若有讀誦,解釋其義,如説修行,即爲諸佛之所護念。”

肇曰:行應於内,護念於外。理會冥感,自然之數。

“其有供養如是人者,當知則爲供養於佛。”

持法藏者,行如來事,故如供佛。

“其有書持此經卷者,當知其室則有如來。”

經是佛母,故經卷住處,佛及弟子、梵、釋、龍、天護如塔廟。

“若聞是經隨喜者,斯人則爲取一切智。”

千里之行,難於發足。一切智果,始於隨喜。既能喜之,必當尅證。

---

① 通,録本訛作“道”,據底本改。

“若能信解此經，乃至一四句偈爲他人説者，當知此人即是受阿耨多羅三藐三菩提記。”

十善、五戒，報在人天。大乘深經，唯果菩提。故始信四句，便記成佛。

法供養品第十三

此下二品，大段第三。證已須傳，流通分也。讀説護持，遠津遐劫，聞經修[證][1]，聖聖不絶，故曰“流通”。文二：此品讚法得益大，後品覩益護持。大乘理教，名之爲“法”。修讀傳通，名爲“供養”。如文。

“爾時，釋提桓因於大衆中白佛言：‘世尊！我雖從佛及文殊師利聞百千經，未曾聞此不可思議、自在神通、决定實相經典。’”

品文二：初、天帝發誓弘經；二、如來述可。初中又三：初歎法勝，次歎人益，三覩益誓傳。此初也。“百千經”，方便教也。“决定實相”，修證理；“自在神通”，所證用。肇曰：此經意雖簡約，而義包群典。坐不踰日，而備覩通變。大乘微遠之言，神通應感之力，一時所遇，理無不盡。

“如我解佛所説義趣，若有衆生聞是經法，信解、受持、讀誦之者，必得是法不疑。”

此二，歎人。文二。此初，歎信解。肇曰：“是法”者，自在神通實相法也。什曰：若累深信薄者，經涉生死，究竟必得。若善積而悟深者，隨願輒成之。

“何況如説修行？斯人則爲閉衆惡趣，開諸善門，常爲諸佛之所護念，降伏外學，摧滅魔怨，修治菩提，安處道場，履踐如來所行之跡。”

此二，歎修行也。一念修行，閉八難惡趣，開五乘善門。行應則諸佛冥[2]護，修正則外魔摧伏。隨順佛理，名“修菩提”。不移此心，必安道樹。無上佛果，信心爲本。萬行菩提，一念爲階。所以始於一念修行，即是履踐如來所行之跡。

“世尊！若有受持、讀誦、如説修行者，我當與諸眷屬供養給事；所在聚

① 證，録本脱，據底本補。

② 冥，底本、録本訛作“宜”，結合文意，據丙、丁二本改。

落、城邑、山林、曠野，有是經處，我亦與諸眷屬聽受法故，共到其所；其未信者，當令生信；其已信[者][1]，當爲作護。”

此三，天帝覩法真益大，發誓弘護。又，護持正法，菩薩行本，所以誓修。

“佛言：‘善哉！善哉！天帝！如汝所説，吾助爾喜。此經廣説過去、未來、現在諸佛不可思議阿耨多羅三藐三菩提。’”

此下二，佛讚天帝所以。文三，如前。[□][此][2]初述歎法也。肇曰：善其護持之意也。三世菩提不思議道皆陳在此經，若受持、護養，則爲供養三世諸佛，故助爾喜。

“是故，天帝！若善男[3]子、善女人受持、讀誦、供養是經者，則爲供養去、來、今佛。”

二，述人益深。文二。此初，正述也。經是三世佛母，供其母則供其子也。又，教能顯理，理能悟佛，故受持讀誦則爲供養三世佛矣。

“天帝！正使三千大千世界如來滿中，譬如甘蔗、竹、葦、稻、麻、叢林，若有善男子、善女人或一劫、或減一劫恭敬、尊重、讚歎、供養，奉諸所安，至諸佛滅後，以一一全身舍利起七寶塔，從廣一四天下，高至梵天，表刹莊嚴，以一切華香、瓔珞、幢、幡、伎樂微妙第一，若一劫、若減一劫而供養之，於天帝意云何？其人殖福，寧爲多不？”

此二，校量。文四。此初，舉況問[4]也。大千諸佛，福田最上，施安起塔，二世供養，是人殖福爲多不耶？

“釋提桓因言：‘多矣，世尊！彼之福德，若以百千億劫，説不能盡。’”

二，答福多。

“佛告天帝：‘當知是善男子、善女人聞是不可思議解脱經典，信解、受持、讀誦、修行，福多於[5]彼。’”

三，正校量勝。生曰：衣食供養，本以施功致福，非求理之法。據此，正

① 者，録本脱，據底本補。

② 此，底本、録本脱，結合文意，據丙、丁、己三本補。

③ 男，録本訛作“界”，據底本改。

④ 問，録本訛作“句”，據底本改。

⑤ 於，録本訛作“求”，據底本改。

可生人天之中，終不得成佛也。供養法身者，以佛所體爲懷，之於大悟智慧而以相比，豈可同年語[□][其][1]優劣哉！

"所以者何？諸佛菩提皆從是生，菩提之相不可限量。以是因緣，福不可量。"

四，釋勝所以。諸佛從經生，供佛福尚多，何況供求經本乎？肇曰：高木必起重壤[2]，瓊[3]瑜必生荊岫。所以無量之果，必由無量之因。諸佛菩提，皆從習此經生。而菩提之道，以無相爲相。無相之相，不可限量；因是生福，福何可量？

"佛告天帝：'過去無量阿僧祇劫，是時有佛，號曰"藥王如來、應供、正遍智、明行足、善逝、世間解、無上士、調御丈夫、天人師、佛、世尊"。世界曰"大莊嚴"。劫曰"莊嚴"。佛壽二十小劫。其聲聞僧三十六億那由他，菩薩僧有十二億。'"

此下三，述弘護之報。我爲月蓋，護法成佛，天帝所願，報可知矣。文四：初、明有佛；二、明供養；三、結會；四、勸修。此初，明時有佛也。藥王別號"如來"等，通號有十：一、"如來"，乘真如理、來成正覺故；二、"應供"，破魔度物、應供養故；三、"正遍智"，正覺諸法、不顛倒故；四、"明行足"，萬行滿足，至三明果故；五、"善逝"，逝往也，直往菩提、不退還故；六、"世間解"，大悲權智、解世間故；七、"無上士"，德業最勝、無能過故；八、"調御丈夫"，受化調伏皆丈夫故；九、"天人師"，雖師範六道、天人益多故；十、"佛"，佛馱，覺也，生死長夜，自覺覺他故。餘劫名"眷屬"等可見。

"天帝！是時有轉輪聖王名曰'寶蓋'，七寶具足，主四天下。王有千子，端正勇健，能伏怨敵。爾時寶蓋與其眷屬供養藥王如來，施諸所安，至滿五劫。"

二，明有王供養。文三。此初，父王供養也。"七寶"者，輪寶、珠寶、女

---

① 其，底本、録本脱，結合文意，據丙、丁、己三本補。

② 壤，録本訛作"壞"，據底本改。

③ 瓊，録本訛作"瑾"，據底本改。

寶、象寶、馬寶、藏寶、臣寶、兵[①]神寶[②]。

“過五劫已,告其千子:汝等亦當如我,以深心供養於佛。於是千子受父王命,供養藥王如來,復滿五劫,一切施安。”

二,千子供養,有告有奉。可見。

“其王一子,名曰‘月蓋’,獨坐思惟:‘寧有供養殊過此者?’”

此三,明月蓋思法供養。文九。此初,獨坐思惟也。肇曰:極世餚珍,無以[攄][③]其至至之情,冀所珍之外,[□][别][④]有妙養,以暢誠心。

“以佛神力,空中有天曰:‘善男子! 法之供養,勝諸供養。’”

二,天告。肇曰:藥王如來知其將化,故變爲空神而告之。

“即問:‘何謂法之供養?’”

三,問天也。

“天曰:‘汝可往問藥王如來,當廣爲汝説法之供養。’”

四,令往問佛也。

“即時月蓋王子行詣藥王如來,稽首佛足,卻[⑤]住一面,白佛言:‘世尊! 諸供養中,法供養勝。云何爲法之供養?’”

五,詣[⑥]佛問。

“佛言:‘善男子! 法供養者,諸佛所説深經,一切世間難信難受,微妙難見,清浄無染,非但分别思惟之所能問。’”

下六,答法供養。文二:一、明法體;二、明供養。法中文五:初、明理法;二、明教法;三、明行勝;四、明果勝;五、總結也。此初,明實相理法也。肇曰:“深經”,謂之方等第一義也。其旨深玄,非有心之所得;微妙無緣,非明

---

① 兵,底本作“丘”,録本訛作“丘寶”,結合文意,據丙、丁、己三本改。

② 戊本出校:“按:臣寶、兵神寶,在七寶中實爲一寶。”按:《中阿含經》卷第四十:“彼七寶者,輪寶、象寶、馬寶、珠寶、女寶、居士寶、主兵臣寶,是謂爲七。”[T1n025p682c16—c17]可參。

③ 攄,録本脱,據底本補。《廣雅·釋詁四》:“攄,舒也。”戊本録作“據”,誤。

④ 别,底本、録本脱,結合文意,據丙、丁、己三本補。

⑤ 卻,録本訛作“劫”,據底本改。

⑥ 詣,録本訛作“諸”,據底本改。

者[□][之][1]所覩。超絶塵境，無染若空。欲以有心有明而信受者，不亦難乎！又解：實相深理，難信難見，性净無染，但[2]可智悟，非分别思惟能得。又解：情與理違，故“難信”；行與理違，故“難受”；惑與理違，故“難見”。

“菩薩法藏所攝，陀羅尼印印之。”

此二，明菩薩法教非小乘也。“陀羅尼印”者，無名相理，假名相説，終日名而無名，終日相而無相，此陀羅尼印也。故《勝天王》云：“總持無文字，文字顯總持，般若大悲力，離言文字説。”又，即名非名，即相非相，亦名“實相印”也。肇曰：菩薩法藏所攝，固非小乘之寶；總持所印，固非域[3]中之道。總持所印，所印[4]必真；法藏所攝，所攝必寶。豈是常人所能開發？以明法寶深[5]固，難可闚闟[6]也。

“至不退轉，成就六度。”

此三，明理深教妙，起行必勝。文四。此初，不退行也。如《彌勒章》明[7]。肇曰：不退所以至，六度所以成，大業之所出，莫由斯典。

“善分别義，順菩提法，衆經之上。”

此二，演説行也。肇曰：善分别實相之義，順菩提無相之法，此經之上也。

“入大慈悲，離衆魔事，及諸邪見。”

此三，離過行也。大悲故超二乘，離著故超諸魔，無邪見故超外道。此皆深經之所能也。

“順因緣法，無我、無人、無衆生、無壽命，空無相，無作無起。”

此四，證真行也，謂順因緣、悟真理也。“無我”等，我空也。“空、無相”等，法空也。肇曰：法從因緣生，生則無自性，無自性則無主，無主則無我、

① 之，底本、録本脱，結合文意，據丁、己二本補。
② 但，録本訛作“促”，據底本改。
③ 域，底本、録本訛作“城”，結合文意，據丁、己二本改。
④ “所印所印”四字録本訛作“所所印印”，結合文意，據底本改。
⑤ 深，録本訛作“除”，據底本改。
⑥ 闟，録本訛作“椿”，據底本改。《玉篇·門部》：“闟，窺也。”
⑦ 明，録本訛作“相”，據底本改。

人、衆生、壽命，唯空無相，無作無起。此深經之所順也。

“能令衆生坐於道場，而轉法輪。諸天、龍神、乾闥婆等，所共歎譽。”

此下四，明理深行妙，得勝果也。文三。初，明證道法身果。既成道樹，必轉法輪，所以天龍預懷忻[1]歎。

“能令衆生入佛法藏，攝諸賢聖一切智惠(慧)，説衆菩薩所行之道。”

此二，明一切智果。既坐道樹，具佛法藏，獲賢聖智，得菩提道，因圓果滿，名“行足”也。

“依於諸法實相之義，明宣無常苦[2]空、無我寂滅之法，能救一切毀禁衆生。諸魔外道及貪著者，能使怖畏。”

此三，明大悲利益果。既坐道場，獲一切智，普雨法雨，利益衆生，令諸菩薩依實相義，權爲二乘宣無常理，聞經隨喜，毀禁罪除。諸魔外道，怖邪歸正。自非深信大乘、堅固悲願，安能致此無邊益哉？

“諸佛賢聖，所共稱歎。背生死苦，示涅槃樂。十方三世，諸佛所説。”

此五，總結理也。肇曰：諸佛共稱，以明共法必真也。生死雖苦，背之至難；涅槃雖樂，識之者寡。自非深經，孰啓其路？諸佛雖殊，其道不二，以明其第一義經常一不差也。美深經訖於是。

“若聞如是等經，信解、受持、讀誦，以方便力，爲諸衆生分別解説，顯示分明。守護法故，是名‘法之供養’。”

此二，明供養。文二。此初，信行讀誦。肇曰：如是等經，盡諸佛法身也。若聞斯經，能信解護持，宣示分明，令大法增廣，名“法之供養”，養成法身也。

“又於諸法，如説修行。”

此二，明法行修行。文三：初、觀除邪報；二、四依簡失；三、順寂滅證。初除執，文三。此初，標也。肇曰：“諸法”，即深經所説六度諸法。

“隨順十二因緣。離諸邪見，得無生忍，决定無我，無有衆生。”

① 忻，録本訛作“所”，據底本改。

② 苦，録本訛作“若”，據底本改。

此二，無我觀[①]也。肇曰：不悟緣起，故有邪見之迷、封我之惑。若如説行，則得明惠(慧)。明見十二因緣根原所由，故能離邪見，得無生忍，無復吾我、衆生之想也。見緣如緣，謂之"隨順"；明白有無，謂之"决定"；皆"智用"之别稱。

"而於因緣果報，無違無諍，離諸我所。"

此三，離我所也。肇曰："無違無諍"，即"隨順"義也。五受陰身及家屬所有因緣果報，即"我所"也。若能照見因緣果報之性，順而無違，"離我所"也。上直明觀因緣，知無造者，故離我見；今觀因緣果報，知無屬者，故離我所見。

"依於義，不依語；依智，不依識；依了義經，不依不了義經；依於法，不依人。"

二、四依簡失。《大集經》云："語"者説生死，"義"者知生死無性；"語[②]"者説涅槃味，"義"者説涅槃無性；"語"者説諸乘隨所安止，"義"者説諸乘入一相智行等。又，"識"者識四大，"智"住四大無性；"識"者識六根六識，"智"者住内外寂滅等。又，"不了義經"説生死苦惱，"了義經"説生死涅槃一相；"不了義經"説我人諸法，"了義經"説三空無我也。又，"人"者攝取人見，"法"者解人無人見；"人"者凡聖三乘人也，"法"者知一切法無别無異、如虚空也。

"隨順法相，無所入，無所歸。"

此三，順法寂滅相而修證。文三。此初，標法體也。肇曰：順因緣，知法無盡。法從緣而有，從緣而無。其有不從未來來，其無不歸入過去去，故曰"無入無歸"。

"無明畢竟滅故，諸行亦畢竟滅；乃至生畢竟滅故，老、死亦畢竟滅。"

二，辯寂滅相也。肇曰："畢竟"謂始終常滅，[始][③]終常滅，不復更滅，乃所以成"無盡"義也。生曰："畢竟"者，終要然也。終既要滅，生豈有哉？生

① 觀，録本訛作"覩"，據底本改。
② 語，録本訛作"悟"，據底本改。
③ 始，録本脱，據底本補。

若不有,其誰有滅耶? 則無入歸矣。

“作如是觀,十二因緣無有盡相,不復起見,是名‘最上法之供養’。”

此三,結供養也。無明本性寂滅,故不生。不生即不滅,不滅即無盡。肇曰:上觀因緣無生,離常、我等諸見;今觀因緣無滅,離斷、滅等諸見。具四依、離諸見者,法供養之上也。

“佛告天帝:‘王子月蓋從藥王佛聞如是法,得柔順忍。”

七,聞法得益也。分二。一,柔順。《仁王》云:四、五、六地得此忍也。肇曰:心柔智順,堪受實相,未及無生,名“柔順忍”。

“即解寶衣嚴身之具,以供養佛。”

二,解衣供養。

“白佛言:‘世尊! 如來滅後,我當行法供養,守護正法。願以威神,加哀建立,令我得降魔怨,修菩薩行。’”

三,請加護也。肇曰:聞法供養,欣欲行之。然經道深遠,非己力所弘,故願加威神也。

“佛知其深心所念,而記之曰:‘汝於末後守護法城。’”

八,明受記。什曰:欲令後人信伏,故記其守護法藏。

“天帝! 時王子月蓋見法清净,聞佛授記,以信出家,修集善法,精進不久,得五神通,通菩薩道,得陀羅尼無斷辯才。”

九,出家護法。文三。此初,出家得道。“神通”,身業;“陀羅尼”,心業;“辯才”,口業也。

“於佛滅後,以其所得神通、總持、辯才之力,滿十小劫,藥王如來所轉法輪隨而分布。”

二,以具三業功德,故弘法也。

“月蓋比丘以守護法,勤行精進,即於此身化百萬億人,於阿耨多羅三藐三菩提立不退轉,十四那由他人深發聲聞辟、支佛心,無量衆生得生天上。”

三,明所化衆數。

“天帝! 時王寶蓋豈異人乎? 今現得佛,號‘寶炎如來’。其王千子,即賢劫中千佛是也。從迦羅鳩孫駄爲始得佛,最後如來號曰‘樓至’。‘月蓋比丘’則我身是。”

三，結會也。故今“迦羅鳩孫馱”，亦曰“俱留孫”。“賢劫”，千佛之首；“樓至”，千佛之終也。

“如是，天帝！當知此要以法供養，於諸供養爲上，爲最第一無比。是故，天帝！當以法之供養供養於佛。”

四，結勸。肇曰：吾成正覺，由法供養，以是可知[①]法養爲上。

囑累品第十四

此品付囑護持。傳法事大，緣累不輕，殷勤付囑，故云“囑累”。又云，殷勤再三，故云“囑累”。

“於是佛告彌勒菩薩言：‘彌勒！我今以是無量億阿僧祇劫所集阿耨多羅三藐三菩提付囑於汝。如是輩經，於佛滅後，末世之中，汝等當以神力，廣宣流布於閻浮提，無令斷絶。”

品文三：一、付囑彌勒等；二、付囑阿難等；三、經畢慶聞。前文又二：初付，後受付。文三。此初，正付也。肇曰：不思議經，即佛無上菩提之道。其道深遠，離可剋成。吾無量劫不惜身命，骨施踰須彌，血施過江海，勤苦積集，今始得就。哀彼長迷，故垂之竹帛。然群生德薄，魔事熾盛[②]。吾道多難，非汝不弘。嗣正之弟，所以重累。又城高衝生，道尊魔盛，自非神力，無以制持，故勸以神力也。

“所以者何？未來世中當有善男子、善女人，及天龍、鬼神、乾闥婆、羅刹等，發阿耨多羅三藐三菩提心，樂于大法。若使不聞如是等經，則失善利。如此輩人聞是等經，必多信樂，發希有心，當以頂受，隨諸衆生所應得利而爲廣説。”

二，釋付所以[③]。緣不感佛，教在當來。不聞則失，聞之必益，故頂受廣説。肇曰：法之通塞損益若此，故勸彌勒頂受廣説也。

① 知，底本、録本訛作“智”，結合文意，據丁、己二本改。

② “熾盛”二字底本、録本訛作“熾熾”。“熾”乃“盛”之增旁俗字。今結合文意，據丙、丁、己三本改。

③ “所以”二字底本作“所”，録本訛作“以所”。今結合文意，據丙、丁、己三本改。

"彌勒當知,菩薩有二相。何謂爲二?一者好於雜句文飾之事,二者不畏深義、如實能入。若好雜句文飾事者,當知是爲新學菩薩。若於如是無染無著甚深經典,無有恐畏,能入其中,聞已心净,受持讀誦,如説修行,當知是爲久修道行。"

此三,簡傳通得失。有三。此初,總簡也。新學好文,久修好義[①]。傳者應善其根緣,學者應鑒其得失。有標、釋、結可見。肇曰:行之深淺,各有異相。得失兩陳,以勵護持法者。

"彌勒!復有二法。名'新學'者,不能决定於甚深法。何等爲二?一者,所未聞深經,聞之驚怖生疑,不能隨順,毀謗不信,而作是言:'我初不聞,從何所來?'二者,若有護持解説如是深經者,不肯親近供養恭敬,或時於中説其過惡。有此二法,當知是新學菩薩,爲自毀傷,不能於深法中調伏其心。"

此二,别簡新學。文三,如前。决定深理,必在積修。敬法重人,方能久學。若謗法毀師,自絶深信,解惠(慧)不明,豈能决定正觀、獲不退轉也?肇曰:一、毀法;二、毀人。

"彌勒!復有二法。菩薩雖信解深法,猶自毀傷,而不能得無生法忍。何等爲二?一者,輕慢新學菩薩,而不教誨;二者,雖解深法,而取相分别。是爲二法。"

三,别簡舊學。"二法"者,一、輕慢新學,自喪大悲;二、樂分别,自壞大智。夫證無生忍,要悲、智雙圓。有兹二患,自毀修證。文三。如[□][前][②]可見。

"彌勒菩薩聞説是已,白佛言:'世尊!未曾有也。如佛所説,我當遠離如斯之惡。'"

此下二,明彌勒四王等受旨。文三。此初,彌勒受旨。文二:初、領旨;二、佛讚。領中先受誡旨。肇曰:一生大士,豈有如斯之惡而復離邪?發言者爲未離者耳。

---

① 義,録本訛作"蒙",據底本改。

② 前,底本、録本脱,結合文意,據丁、己二本補。

“奉持如來無數阿僧祇劫所集阿耨多羅三藐三菩提法。若未來世中善男子、善女人求大乘者,當令手得如是等經,與其念力,使得受持、讀誦、爲他廣説。世尊!若後末世有能受持、讀誦、爲他説者,當知是彌勒神力之所建立。”

此二,領通經旨。如來得法,益通三世。未來有緣,我當令手得心持,自行謙説。“彌勒神力”者,肇曰:定己[①]功於未然,息衆魔之摧斷。

“佛言:‘善哉!善哉!彌勒!如汝所説,佛助爾喜。’”

此二,佛讚。如文可見。

“於是一切菩薩合掌白佛言:‘我等亦於如來滅後,十方國土,廣宣流布阿耨多羅三菩提法;復當開導諸説法者,令得是經。’”

二,諸菩薩受。法燈遍照,故誓宣十方。

“爾時四天王白佛言:‘世尊!在在處處,城邑、聚落、山林、曠野,有是經卷,讀誦解説者,我當率諸官屬,爲聽法故,往訪其所,權護其人,面[②]百由旬,令無伺求得其便者。’”

此下三,四天王受旨。經卷住處,災難自清,况天力護持,彌增法化!

“是時佛告阿難:‘受持是經,廣宣流布。’阿難言:‘唯!我已受持要者。世尊!當何名斯經?’佛言:‘阿難!是經名《維摩詰所説》,亦名《不可思議解脱法門》。如是受持。’”

下二,付囑阿難。付受問答,若令結集之時無所遺漏。

“佛説是經已,長者維摩詰、文殊師利、舍利弗、阿難等,及諸天人、阿修羅等一切大衆,聞佛所説,皆大歡喜。”

已下説付既周,慶聞修奉。

《净名經》關中疏卷下[③]。

---

① 己,録本訛作“已”,據底本改。

② 面,録本訛作“而”,據底本改。

③ 丙本尾題:“乙酉年二月十四日。”丁本尾有題記:“癸卯年三月十日靈圖寺僧苾蒭道廣,故記之耳。癸卯年三月一日曹僧政和尚説經已至四月盡説了。”

No. 2778《净名經》關中釋抄

[題解]

又名《净名經關中釋批》、《關中疏釋批》。佛典注疏，唐道液撰，二卷。敦煌文獻中現存有 26 號。其中卷上：斯 556、斯 1357、斯 2584、斯 2739、斯 6712，伯 2076、伯 2079、伯 2244、伯 2288、伯 2580、伯 3432v，北 1351（生 024）、北 1352（閏 096），台圖 122（首殘尾殘）、台圖 123（首全尾殘）、台圖 124（首全尾脱），計 16 號；卷下：伯 2154、伯 2419v，北 1353（藏 002）、北 1354（洪 011）、北 1355（河 080）、北 1356（崑 099）、北 1357（閏 100）、北 1358（騰 047）、北 1359（致 062）、北 8539（鳥 070），計 10 號。《釋抄》乃以隋智顗所撰六卷本《維摩經玄疏》爲主，吸收各家對《維摩經》注釋並加批釋而成。清代以前歷代大藏經未收，日本《大正藏》後據敦煌本將二卷録入其第八十五册。其中，卷上以伯 2580 號爲底本，斯 2584 號爲甲本，斯 2739 號爲乙本，伯 2079 號爲丙本；卷下以伯 2154 號爲底本。

《净名經》關中釋抄卷上①

沙門道液撰集

天台云：此經理致深遠，言旨淵玄。若但依文帖釋，恐指事數而已。一教宗極，終自難量，猶須略忖幽微，顯不思議旨趣。今輒於文前撰五重玄義：第一、釋名；第二、出體；第三、明宗；第四、辯力用；第五、判教相。

① 卷上今據《大正藏》以原卷伯 2580 號爲底本。參校本：甲本，斯 2584 號；乙本，斯 2739 號；丙本，伯 2079 號。

此經以[①]“不思議人法”是名，不思議真性解脱爲體，不思議佛國因果爲宗，不思議權實折伏爲力用，不思議帶偏顯圓爲教相，故今明此經，始從“如是我聞”，終乎“歡喜奉行”，皆明不思議也。所以五義次第爾者，雖理絶名言，非言無以設教，故於無名之道，假名相説。而名以召法，法以應名，是以經之指歸藴在名内，故先標名。夫尋名得理，理即真性解脱，真性解脱即經之體也，故次出經體。體不孤致，求之有方，涉行修因，然後致果，故用因果爲入理綱宗。行因得果[②]，即能巧用權實，折[③]伏攝受，利益衆生，故次明力用。聖人設教，隨逗根緣，根緣不一，是以教有同異，故次明教相也。

第一“釋名”門中，復有[④]三意：初辯教起所由，次明翻譯帝代，後正釋經題。初教起所由，有通有别。通明諸經者有三意：一、爲滿本願故。一切諸佛行菩薩道，皆發四弘誓願，今爲答初衆生無邊誓願度，故説教也。故肇師云：“結僧那於始心，終大悲以赴難。”如下文云：菩薩取於净國者，皆爲饒益諸衆生故。又《法華經》云：“我本立誓願，欲令一切衆，如我等無異。”二、爲酬請主故。如《法華經》明如來成道，經三七日，梵王帝釋及四天王請佛轉法輪。

問：“梵王等請佛三轉十二行法輪，豈請轉大乘耶？”

答：“《大論》明説《般若》，由是酬[□][梵][⑤]王請，故知亦請大[□][乘][⑥]也。又下經中天帝、四王皆發誓弘經，豈非慶佛酬請故也？”

三、爲赴根緣故。但佛大慈悲，根熟即化，何必要須請也？故文云：“衆人不請，友而安之。”菩薩尚爾，况如來耶？

問：“根緣多種，如何稱會？”

答：“如來以四悉檀赴諸根緣，故能會不失機。然《大經》明生生等不可説，以因緣故，亦可得説。”

---

① “經以”二字底本、録本作“名”，結合文意，據甲、丙二本改。

② 以上乙本殘。

③ 折，録本訛作“析”，結合文意，據底本改。

④ “復有”二字丙本作“有其”。

⑤ 梵，底本、録本脱，據乙本補。

⑥ 乘，底本、録本脱，據上下文意補。

“因緣”者，即悉檀方便也，是生衆教之緣，是起衆行之因。將明此義，三門分別：第一翻名解釋，第二辯其體相，第三明發起教行。

初翻釋者，“悉檀”者，或云有翻，或云無翻，其意如釋經字中明。言有翻者，或云“宗成”，或云“墨”，或云“印”，或云“實”，或云“成就究竟”等。如是對翻非一，難可定存。此[□][是]①隨根說法，離文字之宗印等也。南岳師云：此例如《大涅槃經》梵、漢稱也。“悉”是隨(隋)②音，“檀”是梵語。“悉”之言“遍”，“檀”翻爲“施”。佛以此法遍施衆生，故云也。

第二辯相者：一、世界；二、各各爲人；三、對治；四、第一義。大聖爲破外道邪四悉檀故，説此正四悉檀，起一切大小乘教也。第一“世界悉檀”者，即是衆生五蘊、十二入、十八界一切諸法名相，隔别不同，故名“世界”。外人迷此世界，或計無因緣有世界，或計邪因緣有世界。大聖隨衆生所欲樂聞，爲説正因緣世界之法，令衆生得世間正見，即是世間法施。二、“各各爲人悉檀”者，大聖觀人心而爲説法，人心各各不同，故於一事或聽、不聽。如經所説，雜執業故，雜生世間，雜觸雜受。更有《破群那③經》説：“無人得觸，無人得受。”此意正爲破執生信，增長善根，施諸善法，故名“各各爲人悉檀”。三、“對治悉檀”者：《大智度論》云：有法對治則有、實④性故無有者，即是貪欲多者教修不净觀，瞋恚多者教修慈心觀，愚癡多者教觀因緣觀也；佛説對治之法藥，遍施衆生，爲斷其惡，故名“對治悉檀”也。第四“第一義悉檀”者，《大智論》云：明“第一義”有二種：一、約不可説；二、約可説。初不可説，即是諸佛辟支佛阿羅漢真實法。故《大論》云：言論盡竟，心行亦訖。又如《大經》：説諸行處名“世界”，説不行處名“第一義”。約可説者，如《大論》云：一切法

① 是，底本、録本脱，據甲、乙、丙三本補。

② “隨朝”之“隨”後作“隋”。大定元年(581)，北周静帝禅帝位於楊堅，楊堅改元開皇，建立隋朝。因楊堅原爲隨國公，但“隨”字的“辶”意爲“忽走忽停(不穩定)”，於是楊堅便棄了“辶”，創了“隋”這個新字作爲王朝之名。

③ 那，録本訛作“邪”，據底本改。《大智度初序品中緣起義釋論》第一：“更有《破群那經》中説：‘無人得觸，無人得受。’”[T25n1509p60a7]亦可助勘。

④ 實，録本訛作“寶”，結合文意，據底本改。

實，一切不實，一切[□][法][1]亦實、[□□□][亦不實][2]，一切非實、非不實，皆名“諸法之實相”。佛於如是等處處諸經説第一義悉檀相，此即是一家所明四門入第一義竟。《中論》云：若爲向道之人聞説四句，即能悟入，即是諸法實相。若人聞説四句，心生取著，皆是戲論。此即初隨樂欲，二隨便宜，三隨對治，四[□][隨][3]第一義故。寶積歎佛樂説辯云：“佛以一音演説法，或有恐畏、或歡喜，或生厭離、或斷疑，斯則神力不共法。”“恐畏”者，世界悉檀爲説三界火宅，故恐怖。“歡喜”者，爲人悉檀發本善根、得法喜也。“或生厭離”者，即是厭患煩惱、興對治也。“斷疑”即第一義悉檀初入見道，見諦理分明，故斷疑也。

第三明起一切教行者，《大論》明四悉檀：起十二部經八萬四千法藏，即是世界悉檀；起八萬四千諸塵勞門，各各爲人悉檀；起八萬四千三昧門諸陀羅尼門，對治悉檀；起八萬四千諸對治門，對治八萬四千諸煩惱也。第一義悉檀起八萬四千諸法門，亦名“八萬四千諸波羅蜜門”。乃至大小乘經、漸頓諸教、通别二論、聖説聖默，皆因悉檀方便而建立[□][也][4]。

第二别明此經起緣。其意多途，略述四種，明其大意，餘所委細，隨品分别：一、爲明二[□][種][5]解脱不同；二、爲開净土之宗；三、爲顯净名勝德；四、爲成勝供養。

初爲顯可思議、不可思議二種解脱有異者，諸聲聞等禀昔權説之教，自謂與佛同坐解脱床，無心趣大；故今經簡之，令知有異，厭小求大，成生蘇挊(弄)胤。文有多意，略舉三種：一、約真性解脱簡。如身子云“此座高廣，吾不能昇”，表不思議解脱理深大故，非小乘所入。又云：“佛爲增上慢人説離淫、怒、癡爲解脱。若無增上慢者淫、怒、癡性，即是解脱。”是即思議、[□□□][不思議][6]，離、不離别。二、約實惠(慧)簡者，文云“不滅癡愛，起

① 法，底本、録本無，據甲、乙二本補。

② “亦不實”三字底本、録本無，結合文意，據甲、乙、丙三本補。

③ 隨，底本、録本無，結合文意，據甲、乙、丙三本補。

④ 也，底本、録本無，結合文意，據甲、乙二本補。

⑤ 種，底本、録本無，結合文意，據甲、乙、丙三本補。

⑥ “不思議”三字底本、録本無，結合文意，據甲、乙、丙三本補。

於明脱"，此異二乘，滅惑取證。又云："無得無證，故辯如是"、"塵勞之疇，爲如來種"等是也。三、約方便解脱簡者，《經》云"結習未盡，花著身耳；結習盡者，花不著也。"二乘雖得解脱，未盡惑原（源）[①]，又以小室能藏大座、須彌納[□][在][②]芥子中，本相如故，乃至現作魔王、掌擎大衆等，皆是菩薩方便示現利物故也。

二、爲開净土之宗者，大聖前於普集等經，廣説法身正報，未明净土依報，故於此中合蓋現土，寶積發問，如來酬答。乃至指案現净[□][土][③]，空室侍問，衆香之界遠現上方，妙喜之國來遊斯土。此等種種因緣，使諸菩薩上知諸佛功德平等，爲衆生故，現佛土不同；下能成就衆生，同諸如來净佛國土。廣如下文，不可懸述。

三、爲顯净名勝德。勝德既彰，則前來宣化，咸可宗承，物情信伏。故下文云："汝等捨置菩薩所行，是維摩詰所現神力，汝等聲聞百千億劫盡力變化所不能作也。"又什法師云：維摩詰，秦言"净名"，即五百童子一人也。從妙樂國來遊此土，所應既周，將還本土。欲顯其淳德，以澤群生，顯迹悟時，要必有由，故令同志詣佛，而獨不行，明其有疾。有疾，故有問疾之會。有問疾之會，由净國之集。净國之集，由净名方便。然則此經始終，良有在也。又肇師亦云：教緣既畢，將返妙喜，故欲顯其神德，以弘如來不思議之道。

四、爲成就最勝供養，故説此經。故下文云："若有讀誦、解説其義、如説修行，則爲諸佛之所護念。其有供養如是人者，當知則爲供養於佛。"又云："天帝！若善男子、善女人受持、讀誦、供養是經者，則爲供養去、來、今佛。"况梵天之塔，福未足多。五劫施安，供養非勝。得柔順忍，獲陀羅尼，護法濟人，其唯法供養[□][矣][④]。

---

① 原，甲、丙二本作"源"。

② 在，底本、録本無，結合文意，據甲、乙、丙三本補。

③ 土，底本、録本無，結合文意，據丙本補。

④ 矣，底本、録本無，結合文意，據甲、丙二本補。

第二翻譯帝代者,《大唐内典録》云:教流原(源)[①]起,寔本姬[②]周,秦正殄[③]之,遺蹤間出,劉向校書,天閣往往見有佛經。依此校量,不止漢明之代。今叙中興之始,起於後漢。[□][至][④]孝明帝永平七年夜夢金人,殿庭集議。傅毅奉對:"臣聞昔西方有神,其名爲'佛'。陛下所見,將必是乎?"帝乃遣使中郎秦景、博士王遵等一十七人往適天竺,於月支國請沙門迦葉摩騰、竺法蘭,寫得經像,載以白馬,至永平十年還達雒陽,立白馬寺,譯出四十二章經。此即漢地經之祖也。自尔[⑤]釋教相繼雲興,沙門、信士接踵傳譯,爰至皇朝,時移九代。此經翻傳,總有六譯:第一、後漢劉氏靈帝代,臨淮清信士嚴佛調於雒[⑥]陽白馬寺譯二卷,名"古維摩詰經"。第二、吴朝孫氏太皇帝,月支國優婆塞支謙於武康譯三卷,名"維摩詰所説不思[□][議][⑦]法門經"。第三、西晋司馬氏武帝,沙門竺法護,西域人,解三十六國語,於雒陽譯一卷,名"維摩詰所説法門經"。第四、東晋惠帝,西域沙門竺叔[⑧]蘭元康六年於雒陽譯三卷,名"毘摩羅詰經"。第五、後秦姚興弘始八年,三藏沙門鳩摩羅什於常安大寺譯三卷,名"維摩詰所説經",即今所釋之本是也。第六、唐三藏沙門玄奘,貞觀二十一年於長安大慈恩寺譯六卷,名"無垢稱經"。

第三正釋經題,略分爲二:一、别;二、通。别即《維摩》、《法華》,通即"經"之一字。所以名有通、别者,略爲三義:一、約教。如《華嚴》、《大品》等教異,故立名異,是爲别也;皆是佛説,同名爲"經",故爲通也。二、約行者,如泥洹真法寶,衆生種種門入,入門異爲行别,故須别名;同趣涅槃即一理,故名通也。三、約理者,理是一法,名義即多。故云:如天帝釋有種種名,解

① 原,後作"源"。該字甲、乙、丙三本、《大唐内典録》[T55n2149p220a28]作"源"。

② 姬,録本訛作"姖",據底本改。

③ 殄,録本訛作"彌",結合文意,據底本改。

④ 至,底本、録本無,結合文意,據甲、乙二本補。

⑤ 尔,録本訛作"示",據底本改。

⑥ 雒,録本訛作"離",據底本改。漢光武帝建都洛陽,自以漢爲火德,忌水,改"洛陽"爲"雒陽"。

⑦ 議,底本、録本無,結合文意,據甲、乙、丙三本補。

⑧ 叔,録本訛作"寂",據底本改。

脱亦爾，多諸名字。名字異，故名爲别；同是一理，故名“通”也。從教起行，從行入理，俱有通、别。先明别名，後分人、法。所以雙標者，非人無以弘法，非法無以顯人，是即尊其人、重其法也。

初辯人名，即爲二别：初翻名解釋，後明本迹高下。

初翻譯者，或云“毘摩羅結帝”，此翻“净名無垢稱”；或云“毘摩羅詰”，此翻爲“净名”；或云“毘摩羅詰栗致”，此翻爲“净無垢稱”。此梵語輕重不同，故義亦廣略隨别。次解釋者，初翻似覺爲繁，難爲申釋。次“净名”者，似對真、應二身：“净”即真身，真智無惑，故云爲“净”；“名”者即應身，垂形濟物，名稱普聞也。什云：“五百童子之一人也。”次翻“净無垢稱”者，似對三身：“净”即法身，自性清净，皎然無點，即是性净法身也；“無垢”即報身，報智圓明，無有垢染，即是圓净報身也；“稱”者即是應身，大慈化世，名稱普洽，即是應身也。故《智度論》云：“水銀和真金，能度諸色像。功德和法身，處處應現往。”餘義釋法名中廣辯。

二、明本迹高下者，净名大士補處菩薩，若《阿毘曇》，即以生兜率爲補處；若《大品》，共行十地，即九地菩薩地爲補處；若五十二位，即以等覺爲補處；若寂滅真如有何次，即初心即補處。此既衆教異明，故須辯其本跡。今明此義，略分二意：初正通明“本跡”，後别明名“净名本跡”。初正明者，“本”即所依之理，“跡”者是能依之事，事理合明，故稱“本迹”也。譬如人依住處，則有行往之蹤迹也。將明此義，略爲五意：一、約事理；二、約理教；三、約理行；四、約體用；五、約權實。初、約事理者，理即不可思議真諦之理本，事即不思議俗諦之事跡。由真諦不思議之理本，故有不思議俗諦之事迹。尋俗諦之事跡，得真諦之理本。本迹雖殊，不思議一也。二、約理教者，此《經》云：“三轉法輪於大千，其輪本來常清净。”此即以前不思議二諦爲理本，能詮二諦爲教迹。由理垂教，尋教得理。餘如前。三、約理行者，《法華經》云：“諸法從本來，常自寂滅相。佛子行道已，來世得作佛。”此《經》云“無離文字，説解脱相”，即前理、教並以爲本，不思議觀行爲事跡。餘類前明。四、約體用者，即以法身體爲本，應身用爲迹。故《金光明經》云：“佛真法身，由如虚空，應物現形，如水中月。”餘亦如前。五、約權實者，實即齊位證得真、應二身爲實本，權化方便，現真、應二身或高或下，隨逐物情爲事跡。故《經》

云:"雖復成道轉於法輪,而不捨於菩薩之道也。"餘亦如前。是即理事明,本迹即是理;即理教明,即名字;即理行明,即觀行;即體用明,即真應;即權實明,即究竟,即諸菩薩等。或本高跡下,或本下迹高,或俱高俱下,難可格量。

第二别明净名本迹者,舊云:本是金粟如來,跡居妙喜,爲無動補處。或云:本是八地,跡現毘耶、位居長者。若執[□][此][1]意定判本跡者,爲是何位金粟,何位補處?若妙覺之金粟爲妙喜之補處,此即本高跡下。若初住之金粟現十地之補處,即本下跡高。妙覺現妙覺,則本跡俱高。若初住現小乘補處,本跡俱下。豈别[2]定判其優劣、高下之位也?

所説經者,此第二釋通名。先總辯所説,後釋經字。初所説者,肇曰:"'維摩詰',秦言'净名',法身大士也。其權道無方,隱顯殊迹,釋彼妙喜,現此忍土。所以和光塵俗,因通道教,常與寶積俱遊,爲法城之侶。其教緣既畢,將返妙喜,故欲顯其神德,以弘如來不思議解脱之道,至令寶積獨詣釋迦,因留現疾,以生問疾之端,建微言之始。妙唱自彼,故稱其説。"生曰:"'維摩詰',梵音'無垢稱'也。其人晦迹五欲,超然無染,清名遐布,故致名斯號。貴名求實者必重其説,説本表實,重之則終得所求。因斯近接,有過聖言矣。"有説净名説於佛法、不説自法,説自法即與佛抗行。今解:净名自證之法,即是一切佛法。故下文云:"如自觀身實相,觀佛亦然。"

問:"净名菩薩所説,何得稱經?"

答:"《大論》明佛弟子、化人、諸天、仙人所説,爲佛所印,皆稱經也。"

二、釋"經"字者,依天竺語,佛之教首,通標"修多羅",或云"修妒路",例如此土楚、夏之别。古今諸師,解釋有異,或言有翻,或言無翻。今辯此義,略爲五意:第一無翻,第二有翻,第三會通有無,第四正釋經字,第五歷法明經。

第一、言"無翻"者,外國有多含之語,即見"修多羅"名含五義,豈可但用"經"字翻之?故開善法師云:"'經'非正翻,但以'經'字代處類比此方周、孔聖教,稱之爲'經'。外國聖教類比,應以此'經'字代也。"言五義者,一、"法

① 此,底本、録本無,結合文意,據甲、乙、丙三本補。

② 别,甲、乙、丙三本作"可"。

本”。有三：一、教本，即世界悉檀；二、行本，即對治、爲人二悉檀；三、理本，即第一[□][義]①悉檀。亦云顯示，示真理也，如《彌勒章》示真菩提等也。二、“微發”者，法王起教，巧妙玄深，從微至著，靡所不詮，是則文義漸顯，開發物心，初、中、後善圓滿具足故也。亦云“出生”，謂聞法得道，出生法身。《經》云：“諸佛菩提，皆從此生。”三、“涌泉”義者，此從譬受名，如涌泉流，滔滔無竭。如《彌勒章》得無所得，即“菩提”之義。《無邊觀衆生品》悟生非生，則“慈悲”之名莫竭，故云也。四、“繩墨”義，亦從譬顯也。如世繩墨，能裁邪就正，軌範有度。如不生不滅，萬行不可乖；無常無我，四果不可異。又如六度、四等，名不可易；蘊、界、處等，數不可加。故云也。五、“結鬘義”者，此從譬以顯。如縷穿花，使無零落，大聖説法，貫通理行，亦無漏失。復次，如百花異色，更相輝焕，萬行莊嚴，互爲映飾；如總持園苑、八解浴池、大乘寶車駕以白牛等也。此土既無名含此五之言，故用“經”字代也。

第二、言“有翻”者。有師言：昔佛法初度，梵、漢之語未通，故河西群學謂無翻也。今經論既度，梵、漢之語復通，“修多羅”定有翻也。但諸師各禀異聞，文成非一，略出五家翻釋：一、翻爲“法本”，具如前辯。二、翻爲“契”，即初悉檀契情，二、三悉檀契行，第四悉檀契理也。此則如法相解、如法相説故也。三、翻爲“綖”。此因譬顯義，與前“結鬘”義同。又結成行人三菩提之果也。四、翻爲“善語教”，謂大聖明鑒，慈心順理，復悉檀善巧化、順物情故也。五、翻爲“經”，以類此方極聖所説故也。

第三、會通有無。唯取“經”字爲正者，無翻者，言此無多含之語。此亦未然。如此訓字或一或二，乃至多訓。如“經”訓“法”、訓“常”及“經緯”等，豈非多含義也？又有翻者言今語既通，定有翻者，此亦未然。若定有翻，何故五譯不定？若減而存一，義復不圓。若無名相中假名相説，悉檀方便，起教是一，適其根性，即有翻、無翻皆無滯也。故《經》云“依義不依語”也。又，兩家五義，皆以“經”字標題，不以“契”、“綖”等爲目；今立“經”字，亦是融通無失。

第四、正釋“經”字，略開四義：一者、“經由”義，二意：初云聖言下備，經

① 義，底本、録本無，結合文意，據甲、乙、丙三本補。

由如來心、口故也；二云三代聖人，莫不皆由悉檀之教而致大果。二者、“經緯”義。生法師云：“世之經緯，成自素帛。斯之經緯，顯于行人，真光綵也。”三者、“常”義，有二意：一者、邪不能壞；二者、正不能異。故肇師云：“古今雖殊，覺道不改。群邪不能沮，衆聖不能異。故曰也。”四者、“法”義。安法師曰：“謂體可楷摸，如此土六經顯道德人倫之是非也。”

第五、“歷法”明經。有説三種經：一、聲；二、色；三、法。初聲經者，聲教詮理故。《大品經》云：“若從善知識處聞般若也。”二、色經者，尋文悟理故。《大品》云：“若從經卷中聞般若也。”三、法經者，是法塵，謂心與法合，思惟得證故。《經》云：“修我法者證乃自知故也。”

問：“餘三塵何故非法？”

答：“此土三根鈍故。復次，如《法華[□][經][1]》明六根平等清净。此經下文因食香飯得道，廣明六塵俱爲佛事，不同小乘唯説娑婆音、聲爲佛事。又，《大品》明諸法等故，般若波羅蜜亦等。《金剛》云：‘一切法皆是佛法也。’”

“一名不可思議解脱”者，此是第二大段，從法受名。此經流布既多，申釋亦衆，略開九家，以相比決。初、什曰：亦名“三昧”，亦名“神足”。或令修矩改度，或巨細相容，變化隨意，於法自在，解脱於礙，故名“解脱”。二者，生曰：不思議有二種：一、曰“理空”，非惑情所圖；二、曰“神奇”，非淺識所量。若體夫空理，則脱思議之惑。惑既脱矣，則所爲難測；三、肇曰：微遠幽深，二乘不能測，不思議也。縱任無礙，塵累[2]不能拘，解脱也；四、叡曰：菩薩無心，應物有説，衆生但覩其教，莫測其所由，故名所説爲“不思議”也。雖説而無心，故不礙於有；無心而説，故不礙於空。空、有所不能累，故名之爲“解脱”也；五、關内舊解：六地斷正使，七地侵除習氣，道觀雙流，名“不思議”；正習俱盡，名爲“解脱”。六、《地持論》師云：不真宗緣，修七識智，照佛性真理，斷界内見思、界外無明，是思議解脱。若真宗八識，真修體顯，二障皆融無累，名“不思議解脱”也。七、真諦三藏云：解脱有二種：一、不相離，即是諸法如

① 經，底本、録本無，結合文意，據丙本補。

② 累，底本、録本訛作“畢”，結合文意，據甲、乙二本改。

如本有之理，未與惑離也。二、相離者，得法如如，智斷心障，與惑相離，相離解脱，即"不思議"。八、三論師云：若自他明縛脱，縛是自縛，脱是自脱，即是自性之縛脱。今明縛非自縛，由脱説縛，脱非自脱，由縛得脱。由脱説縛，即是假縛；由縛説脱，即是假脱。假縛非縛，假脱非脱，即是非縛非脱。畢竟清净，而説縛脱者，即是假名"不思議"之解脱也。九、天台疏釋，有三意：第一簡别思議、不思議相；二、别釋"不思議解脱"；三、類通諸法。

初簡别中，略爲七意：一、約理分别者，若見可思議真諦之理而得解脱，即是思議。若見中道實相之理而得解脱，即是不思議也。[□][故]①下文[□][云]②菩薩病非真非有等。二、約智者，若是生滅智照，即是思議；若是無生寂照之智，即不思議也。故下文云有惠(慧)方便解等。三、約斷者，若斷煩惱而解脱者，是思議。若不斷煩惱而入涅槃，即不思議。故文云："不滅癡愛，起於明脱。"四、約界内、外者，若脱界内惑而脱者即思議，若脱界内、外者是不思議也。故《法華》云："但離虚妄，名爲'解脱'，其實未得一切解脱。"又下文云："法名無染，若染於法，乃至涅槃，是則染著，非求法也。"五、約有體、無體者，若思議解脱，即空無色心。若不思議，有不思議實相體也。故《大經》云：解脱有二種：亦色，非色；非色者聲聞、緣覺，亦色者諸佛如來。又云妙色湛然常安住、仁王明法性五陰等。六、約有用、無用。若不思議解脱無，無方大用。若不思議解脱有，無方大用。故下文云不起滅定、現諸威儀③及須彌入芥子等種種大用也。七、約共、不共簡者，若三乘共行侵除習等是"思議"，若别斷五住是"不思議"。復次，緣修與方便共名"思議"，真修非方便共名"不思議"。故《法華》云："正直捨方便也。"復次有師云：下地不思議上地名"不思議"。若爾者，聲聞不知菩薩，外凡不知内凡，乃至世間伎術，如蜂作蜜、蜘蛈結網，亦非愚者所惻(測)，豈名"不思議"？是則下不知上名"[□][不]④思議"，上能知下⑤還成"思議"。今明不共不思議，下地不以思

① 故，底本、録本無，結合文意，據甲、乙、丙三本補。

② 云，底本、録本無，結合文意，據丙本補。

③ 儀，録本訛作"議"，結合文意，據底本改。

④ 不，底本、録本無，結合文意，據甲、乙、丙三本補。

⑤ 下，録本訛作"不"，結合文意，據底本改。

議上地，上地不以思議下地，寂滅真如有何次？又，《華嚴》云："究竟離虚妄，無染如虚空。"又下文云："非但分别思惟之所能得。"

問："上地不思下[□][地][1]，如何得知？"

答："寂而常照，故知雖照而未常不寂也。"

二、别釋"不思議解脱"者，初約四句。今明不從自脱[□][起][2]故，不約自性以立名；不從他縛起故，不約他性以立名；不從自、他縛脱起故，不約共性以立名；不從離脱、離縛起故，不約無因性以立名。從因緣立"解脱"名尚不可得，何况無因緣起以立名？是即不在内、外、兩中間而説解脱者不思議也。是即無離文字説解脱相。解脱者，即諸法也。約此而明"不思議解脱"，即具三義：一、真性解脱；二、實惠(慧)解脱；三、方便解脱。此三如上所由門及《不思議品》廣明。

三、約類通三法者，略有十種：一、三道者，苦道、煩惱道、業道。初即真性，二即實惠(慧)，三即方便，如次配之。下九亦爾。二、三識：一、阿梨耶，即第八；二、阿陀那，即第七；三、波陀那，即六識。三、三佛性：一、正因；二、了因；三、緣因。四、三般若：一、實相；二、觀照；三、方便。五、三種菩提：一、實相；二、實智；三、方便。六、三種大乘：一、性乘；二、得乘；三、隨乘。七、三種法身：一、法性身；二、果報法身；三、應化法身。八、三種涅槃：一、性净涅槃；二、圓净；三、方便净。九、一體三寶：一、真性即法；二、二實惠(慧)即佛；三、方便即僧。十、三德：一、法身；二、般若；三、解脱。如是即真性解脱是净，實惠(慧)解脱是垢，方便解脱是稱。此乃人從法立名，法從人受稱，故得顯發不思議大道也。

大段第二明經體者，略開三意：一、辯體所以；二、正明經體；三、簡僞顯真。

初、所以須明體者，若尋經失旨，事同調達，雖讀八萬法藏，不免墮大地獄；若得意亡言，即槃特一偈，成阿羅漢果。若不識經真性之體，雖復讀誦修行，終不能得無生法忍。故須辯也。

---

① 地，底本、録本無，結合文意，據甲、乙、丙三本補。

② 起，底本、録本無，結合文意，據甲、乙、丙三本補。

第二、正明經體。然此一門，經論異説。今古申釋，復多紊亂。統論其要，不出二種：一、能詮之教；二、所詮之理。故《瑜伽論》云：契經體者，略有二種：一、文；二、義。是即諸明假實音聲、名、句、文等，並能詮教攝，如前釋名門，具以辯訖。若諸明真如性相等，並所詮理攝。今此具明舊釋。此經多用權、實爲體，體即是宗，此釋不然。何則？天無二日，國無二主，豈可權、實具明？又體據理明，宗據行説，偈得宗體同辯也。今但以不思議真性解脱爲體者，此《經》云："淫、怒、癡性，即是解脱。"又云："諸佛菩薩，有解脱，名'不可思議'。"又云："一切法亦如也。"然此真姓（性）實相離四句、絶百非，能軌生行人、正智萬行，故獨名"體"也。故《大論》明小乘經三法印，無常、無我、寂滅涅槃；大乘經一實相印。又，下文云：以陀羅尼印印之，即經之正體也。若得三法印，能入苦忍真明，至無學果。若得實相印，能入無生法忍，得大菩提也。

第三、簡僞顯真。即爲二意：初簡非實相，二顯真實相。初中復三：一、簡世俗經書；二、簡外人經書；三、簡聲聞經。初世俗經書，但明安國治家、償善罰惡、仁義禮智信、攝生養性，乃至梵天説出俗論、五通神仙之論，並屬愛論，破壞惠（慧）眼，不見真實，非實相體。二、外人經書。多起身、邊二見，或計神及世間常是事實、餘妄語，乃至非常、非無常，墮十四難，生六十二見，各謂是實。以有所得，起諸行業，流轉生死，並屬見論，破壞惠（慧）眼，故非實相體也。三、聲聞經。明無常等三法印，厭患三界，盡苦涅槃，不能求諸法實相，亦非實相體也。二、顯真相者，摩訶衍教所明，爲利根菩薩諸法實相，不滯二邊，體用圓備，自利、利他，即真性解脱之體也。此中復有共二乘説、不共乘説。共二乘者，如《大品經》三乘共行十地，聲聞斷正使，緣覺侵習氣，菩薩能窮諸性，習氣都盡。譬如三獸渡河，淺深有異。二、不共二乘者，有漸有圓。漸者，雙斷二障，得實相菩提。圓者，淫、怒、癡性即是解脱。一切法即佛性涅槃如來藏也。或名"一實諦"，或名"自性清浄"，或言"如如實際"、"法性"、"法身"、"中道"、"畢竟空"等。故《大論》云："般若是一法，佛説種種名。"《大經》云："如天帝釋有千種名，解脱亦爾，多諸名字。"此亦得通爲諸大乘經之正體也。

大段第三，佛國因果爲宗者，斯乃衆行之綱要，詣理之關樞。竊尋經論，亦不分宗體之别，但傳經者巧宣行願，開發物心，使有歸趣。前既非因非果，真性爲衆經體；此乃而因而果，爲衆經宗；舉因則攝萬行，舉果則攝萬德；故雙舉因果爲衆經之綱要也。如《大經》明四德涅槃之果，非無五行、十功德之因。《大品》明般若智照之因，非無種智涅槃之果。此經寶積陳請，具問因果，願聞佛國清净之果，説諸菩薩净土之行爲因。如來竪明四句答果，横明衆行答因；乃至入室問權疾果，問實疾因；《不思議品》明果，次下三品明因；香積净土爲果，八無疣行爲因；示阿難佛土不同爲果，請法退還爲因；妙喜來此爲果，發願生彼爲因。是知前普集等明法身正報，此中明净土依報，故如來合蓋現土，使物歸心，正明宗之大意。

大段第四，權、實善巧爲用。既修因得果，故有權、實之妙用，令諸衆生斷疑生信。略爲三意：一、明權、實；二、明折伏攝受；三、明通此經文。

初明權、實者，有人偏用權巧，莫測爲用，此明用偏也，今言權實悉得爲用。

問："若實是體，從體起用，那得實亦是用？"

答："權、實有三種：一、化他權、實。諸佛菩薩無名相中假名相説，種種權、實，皆是隨他意語。二、自行化他權、實。諸佛菩薩自行隨自意語爲實，隨他意語爲權。三、自行權、實者，諸佛菩薩自行所有二諦、三諦之理，以辯權、實也。此中明用，即化他權、實也。

二、明折伏攝受者，如《勝鬘經》云："應折伏者而折伏之，應攝受者而攝受之。以[①]折伏攝受故，令正法久住。"今净名菩薩爲令不思議法得久住故，是以以方便折伏實智攝受，故室外彈呵、室内攝受，使令信受、住不思議解脱也。

三、正通經文。略舉四。例如《方便品》："諸仁者！此可患厭"，即權折伏；"當樂佛身"，即實攝受。如《善吉章》明"於食等者，於法亦等"，是實折伏。又云"如佛所作化人，若以是事詰"，是權攝受。若實折伏、實攝受，如彌勒、身子等；若權折伏、權攝受，如迦旃延等；並至文廣辯。

大段第五，判教相同、異者，前雖廣明"名"等四義，未辯此經與諸經赴緣

① 以，録本訛作"所"，結合文意，據底本改。

同異，略出三意：一、明辯教相意；二、明古今同異；三、正明判此經。

初辯教相意者，尋夫至聖無言，言之者爲物，物情既異，赴緣之教亦多。如《花嚴》獨明大乘，《阿含》偏説小教；或乍開半滿，而同歸佛性；或總會三車，而俱至寶所。故先德諸師，各爲理釋，欲使大小區分、權實有在矣。

二、明今古同異。有三意：一、約義；二、約時；三、别料簡。一、後魏留支三藏立一音教，引此《經》云"佛以一音演説"等。二、北凉曇無讖立二種教：一、半字小乘；二、滿字大乘。三、陳真諦立三種教：一、轉法輪，四諦是；二、照法輪，諸《般若經》是；三、持法輪，《解深密》等是。四、隋笈多三藏立四種教：一、四諦教，小乘經是；二、無相教，《般若經》是；三、法相大乘，《楞伽經》是；四、觀行大乘，《華嚴經》是。又，宋地論師大演法師亦立四宗教：一、因緣宗《毘曇論》等；二、假名宗，《成實論》等；三、不真宗，《般若經》等；四、真宗，如《華嚴》、《涅槃經》等。乃至齊護身法師立五宗教，開前第四《涅槃》，明佛性爲第四真實宗，華嚴法界爲第五法界圓明宗。二、就時者，道場、觀岌二師三時明義：第一時説有相法輪，第二時説無相法輪，第三時説常住法輪。若四時明義者，生法師云：始自道樹，終乎泥洹，凡説四種法輪：一者善净法輪，謂始説一善，乃至四空，令去三塗之穢。二、方便净法輪，謂無漏道品，得二涅槃。三、真實法輪，謂破三之僞，成一之實。四者無餘法輪，斯則會歸之談，乃説常住妙旨。若開善、光宅二法師判三種教：一、頓；二、漸；三、偏方不定。漸中分爲五時：一、頓教，謂《華嚴經》也。二、十二年前説有相教，小乘教也。三、十二年後説無相，般若教。四、抑揚教，此經是。五、同歸教，《法華》、《涅槃》也。三、别簡此經去取者，先半滿明義，此經滿字與《華嚴》等不異。三時明義屬第二無相得道，未明佛性常住。若四宗明義，是真宗大乘及出緣起之教。五時明義是第四抑揚之教，由未會三歸一及明常住佛性也。次詳定者，若言此經未明佛性者，此明真性解脱，豈非佛性耶？下文明如來種，"種"即"性"異名耳。若言未明常住者，下文明金剛之體，"夫如者[□□][不二]①不異"、"如無有生，如無有滅"等，豈非常住耶？若真宗同《法花》者，何得聲聞未受記也？若滿字同涅槃者，彼是醍醐，此乃由是生蘇教也。備如

① "不二"二字底本、録本無，結合文意，據甲、丙二本補。

《法花玄義》,煩不具載。

第三、明近判釋。初、約義及時;二、就乘兼藏。初中經教有四:一者頓,二者漸,三者不定,四者祕密。初頓者,如《華嚴經》云"譬如日出,前照高山"。又如《大經》云"雪山有草,名曰'忍辱'。牛若食者,即得醍醐"等。二漸者,即五味相生,即是從小乘事戒定乳得生滅四諦酪,次方等大乘最初説無生四諦、無量、無作,對破小乘,呵責聲聞、樂小法者,即是從酪出生蘇摩訶般若,亦具説無生、無量、無作,令聲聞轉教,即是從生蘇出熟。如是《法華》説一實無作四諦,爲諸聲聞開佛知見,悉受記莂。乃至《大經》爲諸比丘説圓伊三點佛性涅槃,安置諸字祕密藏中,即是從熟蘇出醍醐。如此明五味之義,與常途一往似同,細心比並,亦大異也。三明不定者,亦不同舊解别有偏方不定之説,今但於前五味教内,利根之人處處悉皆得見佛性,故有"滿字"之義。《大經》云:譬如有人致毒於乳,乃至醍醐亦能殺人。所以梁武、流支、攝山三家明此經、《大品》皆是滿字,明佛性常住,意在此也。四、祕密者,《大論》云:佛初轉法輪,顯露教中明五人得須陀洹果,八萬諸天得法眼浄;祕密教中無量菩薩聞説大乘,得無生忍。又云:從得道夜至泥洹夜,常説般若。又此《經》云:"佛以一音演説法,衆生隨類各得解。"此是祕密之相。今判此經非是頓教,乃是五味漸教生蘇之味。若約不定,即是至生蘇而殺人,入不二法門,住不思議解脱也。若祕密,即不可出也。

"二就乘兼藏"者,先明"乘"者,有説二乘:一、大,謂滿字;二、小,謂半字。有説三乘,謂聲聞、緣覺、菩薩。復次《法華經》於一佛乘分别説三爲權,十方佛土中唯有一乘法是實,即是權、實,具論爲四。故《勝鬘》亦云三乘歸依非究竟歸依故也。復次《婆沙》等論明生滅三乘,《大品經》明無生三乘,《瓔珞》等經次第一乘,《花嚴》等經明圓頓一乘。通明"乘"者,"運載"爲義,此經具權、實,半、滿通論也。二、就"藏"辯者,有説二藏,謂聲聞、菩薩。《婆沙》明三藏,謂素怛攬藏,經也;毘奈耶藏,律也;阿毘達摩藏,論也。《分别功德經》明四藏,三藏外别立雜藏,雜詮戒、定、惠(慧)也。法藏部立五藏,謂四藏外别立菩薩藏。《對法論》立六藏,謂大、小各三。《胎藏經》説八藏,謂大、小乘各四,有經、律、論、雜也。總名"藏"者,梵"比摘迦",此名爲"藏",以"藴積"爲義也。此經就人明藏,即菩薩藏攝;故文云:"菩薩法藏所攝。"就法明藏,即經藏攝;故文云:“我雖從佛聞百千經,未曾聞此決定實相經典也。”

問:“十二部經,此是何部?”

答:“不然。十二部者,非是别有部卷,蓋隨經義類以分别,故今經皆具申明此義。”略開二重:初正明義,後對文。初中三意:一、翻釋名;二、辯體相;三、簡差别。

初釋名有總、别,總者十二部名意,如前略答,故新云“十二分”。釋别名者,“修多羅”如前明。《大經》始終通名也。二、“祇夜”,此云“重誦”,長行未了,偈頌再宣。三、“和伽羅那”,此云“受記”,聖智懸監,記當事故。四、“伽他”,此云“諷誦”,以妙言詞,結句宣唱。五、“優陀那”,此云“無問自説”,聖慈哀愍,不請而宣。六、“尼陀那”,此云“因緣”。《雜集論》云:“又有因緣,制立學處。”七、“阿波陀那”,此云“譬喻”,法説難明,假喻以況。八、“伊帝目多伽”,此云“本生”,自説昔因所生事。九、“闍陀伽”,此云“本事”,宣諸弟子過事故。十、“毘佛略”,此云“方廣”,真理正直遍諸法故。十一、“阿浮陀達摩”,此云“未曾有”,亦云“希法”,神變無方、罕聞見故。十二、“憂婆提舍”,此云“論義”,賓主往來詮正理故。

二、辯出體相。如前分别三,諸門有四。初部藏同異者,統據宗詮,是三藏收;隨分别明,是部分攝。如此經藏唯是經分開十二。又《瑜伽》云:阿毘達摩攝論議,毘奈耶攝因緣,餘並修多羅攝。復次部、藏各有通别。“修多羅”通詮三學,别唯詮定。部中“修多羅”是通,餘皆别故。第二立所以者,《大經》云:以能聽者所宜聞故,又對治十二入、十二因緣故,又三轉十二行法輪故,又諸佛法爾故。

第三大小、多少有四:一、大具小闕。如《法花經》云:“我此九部法,隨順衆生説。”小乘不求大果,故無授記;必藉師資,故無自説;無常理狹,故無方廣。二、小具大闕。《大經》云:“護大乘者,授持九部。”菩薩上根,非藉緣制戒,無因緣;法説即悟,無譬喻;又非詰問,無論議。三、大具十二、小唯十一。《瑜伽》云:方廣唯菩薩藏,所餘諸分聲聞藏。有(又)四、大唯有一、小具十一。《瑜伽》云:除方廣分,餘聲聞藏也。第四相攝者,契經重頌,長行偈誦,二各别故。契經、諷誦亦不相攝,單、重别故。所以此三唯有十部二本不相攝,師資别故。此二唯十一,餘之七部各具十二,可知。

大段第二，明對此經文者，此經方等大乘，理微辭瞻，權實兼備，何所不該？以義對文，顯不煩具。復次《華嚴》初教，依理圓説；三點法界，理深意圓；菩薩獨證，二乘不悟故。次於《阿含經》中權説小乘。《涅槃》言佛與二乘同一解脱，各修證故。次於大乘經癈權示實，故此經示不思議解脱點，明二乘解脱非真。故《經》云："佛爲增上慢人，説離淫、怒、癡爲解脱耳。若無增上慢者，淫、怒、癡性即是解脱。"二乘既知解脱之不真，鄙小慕大，故次於《般若經》中明摩訶般若，點照空色平等、苦樂一如，令知十智之非實。既二乘漸見真智，故於《法華經》等明釋迦多寶不生不滅、非長非短[①]、同一法身，示法身點也。二乘既皆會小歸大，故最後涅槃明三點圓伊不偏不别、不一不異終焉。然今經據理三點常圓，在名偏當解脱，抑小揚大，經之意焉。

釋序文四

初、統明諸經不思議權、實之道。二、就"群生長寢"下，别明此經權實、本迹大體。三、"大秦天王"下，辯譯由始。四、"餘以闇短"下，明注解之意。

"窮微"者，窮實相之幽微實體也。"盡化"者，盡權應之變化權用也。此即名，故云"妙絶之稱"也。此上辯"不思議"之名也[②]。"旨"，意也。"淵"，深也。"玄"，遠也。"言像"，名相也。此句明意趣也。"三空"者，無相無願也。二乘癈有存空，中道空、有不二，故非其所能議也。此句明道理也。"群數"者，森羅萬有。理超事外，故言"表"也。此句明壞三界諸識。取相生心，名"有心"也。真境無相，故有心自絶也。此句明智。"無爲"等者，法身無爲應物，而爲惑者不測，名"不思議"也。已前總明也。

"何則"已下，對緣辯也。"智無知"，體也。"俱照"，用也。此明聖心亦即諸部《般若經》佛智也。"無像"，真身也。"並應"，應身也。如下七言偈云"各見世尊在其前"及《佛道品》"現種種身"，皆是佛一身也。如《法華經》明：昔説佛壽[□□□□□][短，今説佛壽][③]長，是即法身非短長無像也，應身現

① 短，録本訛作"矩"，結合文意，據底本改。

② 也，底本、録本訛作"之"，結合文意，據甲、乙、丙三本改。

③ "短今説佛壽"五字底本、録本無，結合文意，據甲、乙、丙三本補。

短長並應也。如《涅槃》明佛入滅度,又云“而常住不滅”,即是法身非生滅無像也。應身現王宫生,雙林滅,亦並應也。又,彌勒身長二百五十尺,釋迦身長丈六短,亦法身非大小而應物有大小,爾皆並應也。“至韻”者,謂至教起於無言之理也。“玄藉”者,十二分教深玄之典藉。應根施教,故云“彌布”。“彌”即“遍”也。如《法華》明,昔説三乘,[□□□□][今説一乘]①,而至理非三[□][一]②、布教應三一也。是即“至韻無言”,理一也;“玄藉彌布”,教殊也。“冥權”等者,此明感應權、實也。至應無心,故“無謀”也。冥與物合,名“冥權”也。而動即應物,故無事不會也。如一月在天,影現百盆,隨器大小,無不會也。又如一谷在下,隨聲善惡,無不應也。是即幽谷無善惡,喻聖心無謀也。異響隨聲,喻事會也。又小乘菩提樹下得十智爲“智”,大乘了心無生名“智”。小乘王宫生相好身爲“身”,大乘了相無相爲“身”。小乘以鹿苑説法爲“説”,大乘以了言無言爲“説”。小乘以思惟根感應爲“化事”,大乘無緣而應爲“化事”。復次,初句明聖心不思議,第二句明法身不思議,第三句明教不思議,第四明應會不思議也。“開物成務”者,開導三乘爲修行作務,皆獲道果,無虚設故。“惑者”謂惑著之徒,聞智即執心,見形即著身,聞教即滯言,觀權即謂變;此皆在聖不然,惑謂然也。“文殊異方”者,有云寶相佛國來下,注云“遊方菩薩”,不知所之也。“不思議本”者,萬行六度,慈悲宗極,皆内證實相,故名“本”也。借座、請飯等皆外應衆生,故名爲“迹”也。又非迹不可以生物信,非本不可以令物證也。如見蓮華大方、信池水深,要覩神變大方,信所證妙。復次證理無相故“不思”,無名故“不可議”。故《經》云:“言語道斷”,謂名亡也;“心行處滅”,謂相盡也。此釋“本不思議”。又欲言小室能含多座,言其大室相不異,變化萬端,非心所測。此名“迹不思議”也。“乾像”者,乾天也,八未曾有室諸天宫殿常現室中,故云“室苞乾像”也。“幽關”者,實相真筌也。“非本無以垂迹”者,非見聖人内證實相之本,方能外現神變之迹。衆生因覩神變之迹生信,方能修行自證實相之本也。是即本迹内外雖殊,而引物證真、莫測之心一也。天台本迹五重,如前可見。“栖神”

① “今説一乘”四字底本、録本無,結合文意,據甲、乙、丙三本補。

② 一,底本、録本無,結合文意,據甲、乙、丙三本補。

者，言此經是神解所栖託處也。“支、竺”者，支謙、竺寂蘭、竺法護等。“理滯於文”者，謂叡疏序云：既蒙鳩摩羅什法師正玄文、摘幽旨，始悟前譯之傷本，謬文之乖趣耳。至如“不來相爲辱來，不見相爲相見，未緣法爲始神，緣合法爲止心”，諸如此比，無品不有，無章不爾。又云：此土先出諸經，於識神性空，明言處少；存神之文，其處甚多。《中》、《百》二論，文未及此，又無通鑒[①]，誰與正之？先匠所以輟章遐慨思、决言於彌勒者，良有在也。“北天之運”者，《大品經》云：我滅度後般若流南天竺，次至[□□□□□][西天竺，次至][②]北天竺，當没於地。今此國即北天之東隅，羅什至此，大傳《般若》，即佛記北天之運數，法合流行此也。“弘始八年”，姚秦時也。什弘始三年冬到秦，而先譯《大品》、《智度》、《中觀》、《門》、《百》，隨譯隨講。而生、肇諸師皆悉啓悟，生公述頓悟義，肇公述《般若無知》等論。什見妙解，至八年，方重譯兹經及《法華》等，所以理圓意顯[③]，逈超萬古也。“歲次鶉火”者，《爾雅》云：子年困頓，丑年赤奮，若寅年攝提格，卯年單閼，辰年執徐，巳年大荒落，午年敦祥，未年協洽，申年涒灘，酉年作愕[④]，戌年閹茂，亥年大淵獻，正月析木，二月大火，三月壽星，四月鶉尾，五月鶉火，六月鶉首，七月實沈[⑤]，八月大梁，九月降婁，十月陬(娵)[⑥]觜，十一月玄愕[⑦]，十二月星紀。弘始八年太歲在午，應云“歲次敦祥”，而云“鶉火”者，以月命年也。“長安”者，有本云“常安”，以秦王父名“姚萇”，諱故改名“常”也。“既盡環中”者，語出《莊子》，云：“是非相待，猶如循環。至道亡是非，由如環中也。”今借言以表中道也。“陶冶”者，今造化經文，務存聖意，若爐冶之所造也。“文約而詣”者，其文簡約而理詣也。[□□□□□][“旨婉而彰”者][⑧]，其旨趣婉順而彰明也。如《彌勒章》

① 鑒，録本訛作“監”，結合文意，據底本改。

② “西天竺次至”五字底本、録本無，結合文意，據甲、乙、丙三本補。

③ 顯，録本訛作“題”，結合文意，據底本改。

④⑦ 愕，丙本作“噩”。

⑤ 沈，録本訛作“汎”，結合文意，據底本改。

⑥ 陬，此當爲“娵”之形訛。慧琳《一切經音義》卷第四十六：“觜宿：子移反。《爾雅》：‘娵觜之口，營室東壁也。’”[T54n2128p611b10]

⑧ “旨婉而彰者”五字底本、録本無，據文意補。

明菩提等，即“文約而詣”；其《佛道品》答眷屬等，是“旨婉而彰”；諸如此例，講者叙之。“時預聽次”者，什法師隨譯隨講，務傳至妙；肇法師等隨聽隨述，務流大觀。廣如傳述。“述而[□][不]①作”者，論語意云：唯聖作法，餘但依教修述而已。“維摩詰”，廣如玄述。若言“净無垢稱”，“净”即法身性净，“無垢”即報身無漏功德也，“稱”即應物稱根亦名“稱”也。若單云“無垢稱”，亦云“净名”。“無垢”即“净”，“稱”即是“名”。此即二身釋也。謂“净”真身，“稱”即應身。下文云“觀身實相，觀佛亦然”，此净名真身也。“從妙喜國來遊此界”，净名應身也。乃至《方便品》“得無生忍”等，真身也。“雖爲白衣”等，應身也。“顯跡悟時”者，謂顯净名迹，示本法身，以悟時人也。“若自説而觀”等者，“自”，從也，若真從説之功而觀，即净名與文殊等諸聖功齊，不應獨標名也。尋經本原，由於净名，故獨受名也。

什法師者，《高僧傳》云：什父天竺輔相之子，名“炎”，姓“鳩摩羅”。祖亡，次當襲位，避之東遊，至龜兹。龜兹王妹白純②，體有赤黶，法生智子，諸國聘之，不受，及見炎，心欲當之。王遂逼妻，炎納生什。什年七歲出家，學小乘，十三從師須利耶摩受業。摩爲説《阿耨達經》。聞陰界入空無相，怪曰：“何故此經破壞諸法？”摩因爲説諸法因成，故無真實。什遂專務方等，受誦三論。初得《放光經》，魔來蔽文，唯見空紙，因發誓習誦，字出如常。復聞空聲。空聲曰：“汝是智人，何故讀此？”什遂呵叱，令去也。又什母將什至北天竺。有一阿羅漢，名“達摩瞿沙”，見而異之，謂其母曰：“善守護之。若三十五不破戒，度人如優波毱多。如不然，可才明絶代而已。”後欲東化，什母謂曰：“方等深教，大闡真丹，唯爾之力。但於自身無益，其可如何？”什曰：“大士之道，利彼亡軀。若使大教流傳，能洸晤（晤）③蒙俗，雖復身當鼎鑊，苦而無恨。”又録云：前秦苻堅立十六年，有德星現外國分野，當有知（智）④人入

---

① 不，底本、録本無，結合文意，據甲、乙、丙三本補。

② 純，乙本作“唇”。

③ 晤，此當爲“晤”之訛俗字。《説文·日部》：“晤，明也。”段玉裁注：“晤者，啓之明也。”該字梁釋慧皎撰、湯用彤校注《高僧傳》作“悟”（第48頁）。《玉篇·心部》：“悟，心解也。”“悟”與“晤”同。

④ 知，乙本作“智”。

輔中國,得之者王。堅乃使苻丕攻襄陽,取釋道安。吕光求龜兹,取羅什。後堅伐晋敗,爲姚萇所戮,即姚萇立爲“後秦”。吕光迴至姑臧,聞主既喪,遂潛號關外,稱“後凉”。萇崩興立。弘始三年春,有樹連理,生於廟庭,逍遥一園,葱變爲薤,咸稱嘉瑞。冬什到雍,興加禮遇,待以國師,崇敬甚重。大興法化,於大寺草堂及逍遥園,與什及三千碩德親自翻譯,至理之興,其在前矣。什又著《實相論》,注《净名經》,雅好大乘,嘗歎曰:“吾操筆著摩訶衍阿毘曇,非迦旃延子比。”餘廣如傳。

肇法師者,開皇録云:俗姓張氏,長安人也。家素貧乏,以傭書爲業,遂因繕寫,乃得寓心,歷觀經史,備盡墳藉。性好玄微,每以莊、老爲心要。嘗讀《老子》至《道德章》,乃歎曰:“美則美矣,然期神冥累之方猶未盡也。”後因見古《維摩經》,歡喜頂受,披尋翫味,乃言:“今始知所歸矣。”因此出家,學善方等,兼通三藏,乃至冠年,而名振關輔。時競譽之徒,莫不猜其早達,千里負糧,入關抗[①]辯,承機挫鋭,曾不流滯。什至姑臧,肇自遠從之,什嗟賞無極。及什適届[②]常安,肇亦隨返。姚興命肇與叡等助什詳定,因此諮稟所悟更多。因出《大品》,肇便著《般若無知論》呈什。什讀稱善,乃曰:“吾解不謝,子詞當相楫。”什重出此經,肇筆受,因之注解及製序呈什。什又歎曰:“解空第一,肇公其人。”又廬山隱士劉遺氏見《無知論》,乃歎曰:“不意方袍,復有平叔。”因以呈遠。遠乃撫几歎曰:“未嘗有也。”及什亡後,又著《涅槃無名論》,見傳於世。又常州弘善寺宣法師讚曰:“《般若》唯絶鑒,《涅槃》固無名,先賢未始覺,之子唱希聲。秦王嗟理詣,童壽挹詞清,微音聞廬岳,精難動中京。適驗方袍裏,奇才復挺[③]生。”注云:“法身大士”者,地前菩薩結業生身。初地至七地,隨願受生十方净國也。八地已上,了法身無生,應物受生也。今言“法身”,即八地已上,此依《仁王經》分别也。

生法師者,《三藏記集》云:法師彭城人,幼而穎悟。父知非常,將詣法大道人,改服受學,而俊思卓拔。披讀經文,一覽能誦。研味句義,即自解説。

---

① 抗,録本訛作“梚”,結合文意,據底本改。

② 届,甲、乙、丙三本無。

③ 挺,録本訛作“揵”,結合文意,據底本改。甲本亦作“挺”,可參。

是以年未至學，便登講座，吐納奇辯，詞清珠玉。高僧名士，屢挫辭窮。年至具戒，聲遍區夏。初住龍光寺，下帷[①]專業。後移廬岳，幽栖七年。常以爲入道之要，惠(慧)解爲本，故鑚仰群經，斟酌衆論，遂與嚴、觀等同往長安，從什受學。關中僧衆，咸嗟秀晤(悟)[②]。[□□□□□□□□□□□□□□□□□□][義熙五年還都，因停京師，遊學積年，備總經論][③]，妙貫龍樹大乘之原，兼綜提婆小道之要，博以異聞，約以一致，乃喟然歎曰："由自經典東流，譯人重阻，多守滯文，鮮見圖義。若亡筌取魚，則可以言道矣。"乃立"善不受報"及"頓悟"等義。而守文之徒，多生嫉妒，與奪之聲，紛然互起。又，六卷《泥洹》先至京都，剖析[④]佛性，洞入幽微，乃説一切衆生皆有佛性。于時大本未至，孤明先發，獨見迕[⑤]衆，舊學僧[□][衆][⑥]以爲背經邪説，遂被擯逐。生衆中誓曰："若我所説反於經義者，請現身癘疾。若與實相不相違背，願捨壽之時據師子座。"言竟，拂衣而逝，以宋元嘉七年投迹廬山，銷影巖阿，怡然自得。俄而《大經》本至，"佛性"之義，與前説符同。生以元嘉十一年於廬山精舍昇于法座，神色開明，德音駿發，觀聽之衆，莫不悟悦。法音罷唱，麈尾忽墜，端坐正容，隱机而卒。道俗嗟駭，遠近悲悼。京邑僧衆，内慚自疾矣。製十四科《法華》、《涅槃》疏及注此經，顯暢新異，理切詞簡，講學之匠，咸共憲章焉。胡音"云"者，濫也。新云"梵音"，印土正言同梵天音也。終南宣律師云：釋道安儀法盡正，而以梵爲胡，猶崑山之一礫也。"晦迹"者，晦闇也。"貴名求實"等者，若因菩薩勝名以求實法者，則必因净名之嘉名，以重其所説。净名既本表實，證以重名，則令學者因名以重法，故得所求也。"因斯近

① 帷，録本作"惟"。按：敦煌寫本"忄"部"巾"部相亂，底本"惟"乃"帷"之俗體。該字《出三藏記集》[T55n2154p110c23]正作"帷"。玆據改。

② 晤，乙本同，録本訛作"晤"。玆據底本、甲本改。"晤"同"悟"，甲本即作"悟"。

③ "義熙五年還都，因停京師，遊學積年，備總經論"十八字底本、録本無，據《出三藏記集》[T55n2154p110c28—c29]補。

④ 析，録本訛作"拆"，底本作"折"。按：敦煌寫本"忄"部"扌"部相亂，"折"乃"析"之俗體。玆據改。

⑤ 迕，底本、録本訛作"迂"，結合文意，據《出三藏記集》[T55n2154p111a10]改。

⑥ 衆，底本、録本無，結合文意，據甲、乙、丙三本補。

接”者，净名同凡接物也。“有過聖言矣”[□][者][1]，不以文殊等諸聖名“經”，獨以净名名之，故云“過”也。以净名同凡接物，故獨標經名也。“經”義如“玄”也，又“沮壞”也。夫教以陳理，理不可易，故教自常矣。如不净觀以治貪欲，因緣觀以遣邪見等，理不可易也。若外道失理施教，即究竟自壞。如殺羊、事火、求生天等，理必不然也。“亦名‘三昧’”者，證解脱體也。“亦名‘神足’”，明解脱用也。“巨”，大也。“細”，小也。“若直明法空”等下，明外現不思議事，以證理也。“肇曰‘微遠幽深’”者，明中道實相。内證煩惱即菩提，名“不思議”也。外用無礙，爲“解脱”也。生曰“或止形跡，心不安然”者，謂若單言“無垢稱”，或謂應形跡中不染塵累，不委心安何法，故復言一名“不思議解脱”，即是心所住法也。“其求愈到”者，“到”，至到也，徹倒也；若令求者徹到，何患不悟矣？

叡法師者，《高僧傳》云：法師魏郡長樂人，少出家，[□□][至年][2]二十二博通經論。聽僧朗法師講《放光經》，屢有譏難。朗與師僧賢有豪上之契，謂賢曰：“叡比難，吾累思不能通，可謂賢賢弟子。”羅什至秦，命叡入逍遥園詳譯。秦王興問姚嵩曰：“叡公何人？”答曰：“此實鄴衛之松柏。”興敕見之，觀其風韻窪流[3]，含吐彬蔚，乃謂嵩曰：“此乃四[4]海之標領，何獨鄴衛之松柏也！”什出《成實論》，令叡講之。什曰：“此《論》有七處破毘曇，而在言少隱，若能不問而解，可謂英才。”叡啓發幽微，果不諮什而契然玄會。什譯《法花》，至《受决品》。舊本云：“天見人，人見天。”什曰：“此語與西域同，但在言過質。”叡應聲曰：“將非人天交接，兩得相見？”什歎曰：“吾傳譯得子，真無所恨矣！”又佛讚之業，皆願生安養。每行住坐卧，不背西方。臨終合掌，五色光從叡而出。又疏記此經及製序，如别注云。

“菩薩無心”者，非石木之無心也，直以凡夫取相，分别心説，故名“有心”；菩薩常觀無相，無分别心，而方便應物，假名相説，故名“無心”。

---

① 者，底本、録本無，據文意補。

② “至年”二字底本、録本無，據《高僧傳》卷第六[T50n2059p364a16]補。

③ 窪流，低窪處之水流，此引申指聚匯。

④ “四”字前底本、録本有一“及”字，當係誤衍，結合文意，據甲、乙、丙三本删。

“佛國品”者，夫身非身，亦真土非土，而應身在世，示有統御，故各有所化之處，如娑婆、香積，各有疆域也，亦名“佛土所依住”也。“佛刹世界”，釋亦同也。此有二：一者、真土。如《金光明》云：毘盧遮那遍一切處。其佛住處，號“常寂光”。此以真如法身非身爲身，亦真空净土非土爲土。又《花嚴》云：菩薩清凉月智身也，遊於法性空（真如土也）。衆生心水净（土也），菩提[□][影][1]現中（身也）。此皆真身、真土。二、應土者，下文云：“衆生之類，是菩薩佛土。”此明菩薩應衆生之善惡，取佛土之净穢。又下文云：“諸佛如來功德平等，爲度衆生，現佛國異（净穢異也）。”又云：“諸佛國土永寂如空（真土也），而現種種殊勝佛土（應土也）。”又云：“雖知諸佛國，及與衆生空（真土），而常修净土，教化於群生（應土也）。”品文及下自明，故關中諸師不釋也。“三分”者，釋文大體略有二種：一、關中注解，真明理宗諸禪師釋通，但辯觀理，並造文便解，不開科段。又近代諸師[□][知][2]文起盡，各有科酌，而取捨多異。而今講者，必不可偏，然隨文生起，不可遺於科段。而文理相承，正相通會，不可隔以科文，取捨之宜，異在説者。故興皇朗云：“夫適化無方，陶誘非一。考聖心以息患爲主，統教意以開導爲宗。若因開道得悟，則聖教爲之開。若由合而受道，即聖教爲之合。如其兩曉，並爲甘露，必也雙迷，俱成毒藥。”此則開合隨緣，事無恒准。

序分者，或引時、方説處，或神通合蓋，或稱歎讚揚，此皆令物生信故也。“正宗”者，或談真、應二身，或示真、應二土，皆令悟理尅證，故總明“悟”也。“流通”者，或讚法供最勝，或慇懃囑累，此皆委法傳通也。三、序。“一、證信”者，正宗爲智，多明無相，事隨理顯，惑者多疑，故集經者引時及處。化主同聞，既事跡炳然，兼翻傳不謬，則令聽者因事證事，證之不虛，亦信無相之真旨，故言“引事證信”也。即諸師集譯經、圖、紀、傳，助宣法化，意皆爾也。此中有千聖結集，二土傳化，文廣不具也。二、“合蓋現瑞序”者，亦名“表發”。序之正宗，爲悟諸[3]經深旨。凡心信難，故此説者廣現神變，使觀異生

① 影，底本、録本無，據文意補。

② 知，底本、録本無，據文意補。

③ 諸，録本訛作“談”，結合文意，據底本改。

信。又，合蓋現土，表説净土，即“表發序”。如《法華》云放一光以表一乘之旨，《仁王》云現蓮華以表出生諸佛。有所表彰，故言“表發”。善法先兆，故言“現瑞”。由如嘉禾醴泉，孝子之祥兆；河圖洛書，明王之休禎也。三、在“稱歎序”者，正宗多示修門，故行之爲艱。此中廣讚佛果德，使慕果深於信心，即修行之門不倦，故讚之也。又若不仰德無邊，何以申其敬請？故先讚德也。“證信序”，《般若燈論》分七段：我聞分二，“我”爲能聞人，“聞”爲所聞法；餘五同也。《智論》六段如疏。《佛地論》五段，初“如是我聞”合爲一段。此蓋隨時科酌，亦非是義，無勞煩叙。然佛説經，欲令聞者深入實相，返生死流。序分證經，略通文句。正宗至理，須廣申明。所以順佛讚經，不可於此繁重。正宗真觀，便略指點而已。

“如是”，《大論》云：“如是”，善信之辭。不信者，言“是事不如是”。信者，言“是事如是”。佛法大海，信爲能入，智爲能度也。然論及注但以“如是”信辭，故直釋信，不釋“如是”字也。此既非是正宗祕理，不勞廣引繁辭。“我聞”者，注文證經意足，不煩更釋。然欲横叙者，《大論》云：隨俗故説“我”，和合故稱“聞”。謂阿難等雖悟無我，而順俗傳經，故稱“我”也。和合聞者，根、境、識三和合爲“聞”也。若阿難云“我説”，智既未圓，鑒法不深，故不可信。若言傳聞，即或致僞謬故也。今言“我聞”，乃是親聞，而不自説，故可信也。

問：“室中六品，阿難在庵園不聞，何言‘我聞’？”

答：“《報恩經》説：阿難佛命爲侍，乞佛四願：一、不受故衣；二、不隨別請；三、有欲見佛，由我制止；四、所未聞，爲我再説。今室中六品及佛初成道、阿難未侍之前，兼涅槃之時，所未聞經，皆爲他再説也。”

“一時”者，生曰：物機感聖，聖能垂應，凡聖道交，不失良機，謂之“一時”。又云：説聽究竟，故言“一時”。

問：“何不定言春秋等？”

答：“《佛地論》云：‘晝夜時分，諸方不定，不可別説。’”

“佛在”者，此是説經主，證成可信。此有二意：一、戒净故，永離虚妄，所言誠諦，故可信。二、悟圓故，智照無瑕，説必稱理，故可信。文中亦[□][有][1]菩薩、弟子説者，佛所印可，咸得名“經”。如世臣下有事，奏上於君主，依行即名“敕”也。“在”者，住也。《大論》云四種住：一、天住，住施戒善；二者梵住，住四禪、四無量；三、聖住，住三脱門；四者佛住，住佛無量功德、力無畏等。真諦加四：一、境界住，住十六大國；二、依止住，住僧伽藍；三、威儀住，行、住、坐、卧；四、未捨壽命、未般涅槃也。今言“住”，住庵羅園説也。“廣嚴城”者，舊梵云“毘舍離”。《西域記》云：中印土吠舍釐國，周五千里，此云“廣嚴”，説經處也。支道林云：法身雖無不在，應跡必有方所。若不記之説處，由爲猛浪耳。然佛真净法身，住本法性廣嚴之城，大悲應物，住人間廣嚴之城。此即從本垂跡，因跡顯本也。“庵羅園”者，此園是庵羅，樹生一女，國王異之，以園封女。女見佛歡喜，捨作伽藍，故名“園”也。故《西域記》云：吠舍離城南不遠，精舍前有卒堵波，是庵羅女園持以施佛處。“園”者梵曰“僧伽藍摩”，此云“衆園”。非以種菜爲園，但修治道樹爲園也，故云“總持之園苑”，亦如道場是修道之場也。又此“園城”，通指之耳。約[2]辯處者，此經《佛國》、《弟子》、《菩薩》三品及下《菩薩行》、《見阿閦》、《法供養》、《囑累》七品，的在庵園。“問疾”下六品，文殊入室，即在净名室内。《方便》一品，據本化事，還在室中。若寶積對佛宣陳及佛印時，即在庵園。又，《香積品》亦有彼國，問答亦隨品收之，不別論也。“事在他經”者，吴本云“奈氏園”，誤也，謂《奈女經》；有人見經説奈女生，謂即庵羅女是奈女，失正事也。“與大比丘”下，列衆。有云其意有八：一、爲證信助成道，阿難同聞可信；二、爲顯德，釋梵圍繞、顯佛德故；三、爲啓請，問净土故；四、爲發明，净名德故；五、爲當根益故；六、爲同事，引攝有緣故；七、爲成就，修行法供養故；八、爲承受，付囑誓傳經故。“與大比丘”，“與”者，“共”義，謂阿難共聞也。此之一“與”，貫下諸衆。《大論》七義：“共一相”同“無漏相”，“一心”同“無漏定”，“一見”同“正見”，“一道”同“無學道”，“一解脱”同“俱解脱”，“一時”同“聞經時”，“一處”同“庵羅園”也。“大”者，《佛地論》四義釋之者：一、利根波羅蜜種性；二

① 有，底本、録本無，結合文意，據甲、乙、丙三本補。
② 約，底本、録本作“的”，結合文意，據甲本改。

者、無學果；三、不定種性迴心向大；四、衆數多。《大論》五義：一、一切衆中最上故；二、諸障斷故；三、諸王大人敬故；四、數多故；五、破九十六外道論故。“比丘”四義[□][之][1]“净乞食”者，離四邪故：一、下口食，耕田種植故；二、仰口食，仰觀星像等；三、方口食，通致使命故；四、維口食，占卜等。“五邪”者：一、現異改常；二、高聲示威；三、自説功德；四、占相吉凶；五、讚所得利。“薩埵”，秦言“大心”者。《大論》云：“有大誓願（願大名“大”，四弘誓願也），心不可動（心大名“大”，四魔不動），精進不退（能忍難忍）。”初願大，即“成衆生”義。二、心大，即“大心衆生”義。三、精進大，即“勇健”義也。《十地論》有十種：一、菩提薩埵，從菩提智生故。二、摩訶薩埵，住大乘故。三、第一薩埵，證第一法故。四、勝薩埵，覺悟勝法。五、最勝薩埵，智惠（慧）最勝故。六、上薩埵，起上精進故。七、無上薩埵，開示無上法故。八、力薩埵，廣知十力故。九、無比薩埵，世間無比故。十、不思議薩埵，一念成佛故。又如下“不盡有爲”中明“不離大慈，不捨大悲”、“生死無數劫，意而有勇；聞佛無量德，志而不倦”等皆是明薩埵心也。“結業身”者，小乘《俱舍》所明，乃至成佛入涅槃，皆結業身，不明法身應生；大乘所明，法身應生。《仁王》云：地前菩薩三十心結業生。初地至七地，隨願生。八地已去，法身無生，應物現生。此法身也。大智本行。天台云：大智，歎解；本行，歎行。解如於目，行如於足。目、足備者，到清涼池。又有二智，實皆權智。實智是本，故大。又三智：一、一切智，觀空。二、道種智，照假。三、一切種智，照中。智體用圓，故名“大智”。又有四智：一、成所作智。二、妙觀察智。三、平等性智。四、大圓鏡智。此第四爲大。小乘十智，非此明也。“法城”，韋昭釋名云：“‘城’者，‘盛’也，盛人物故。”《博物志》云：夏禹作城，强者攻，敵者戰，弱者守。今佛法亦爾，弱以戒守，敵以定戰，强以惠（慧）攻。故借喻也。《十地經》説四種護：一、護教法，書寫演説故。二、護理法，自證教他故。三、護行法，自行教他故。四、護果法，自成、教他成故也。“悉以清净”者，外道六行斷結，斷已復生。二乘見修，二道斷惑，不了本性寂滅，故皆不名“悉已”；菩薩了本寂滅，故名“悉已”也。“五蓋”、“十纏”如常。無量蓋纏者，圓滿大乘，一切煩惱

[1] 之，底本、録本無，據文意補。

同迷真理，故凡起惑，等名“蓋纏”，以等覆真理故。下文云：“諸煩惱是道場，知如實故。”又云：“一念知一切法是道場，成就一切智故。”准此，或若不等覆真理，豈悟時一念同知一切法也？“七辯”者，《大論》云：[□][一][1]、“捷疾辯”（於法無畏故）。二、利辯，利根深入故。三、無盡辯，實相無盡故。四、不斷辯，無諸戲論故。五、隨應辯，已斷法愛故。六、義辯，得涅槃利故。七、世間最上辯，説大乘事故。“七德”者，七波羅蜜也，治七蔽垢故。一一切殊，如施治慳等，無相不異，故言“其相不異”。“逮無所得”者：“逮”，及也，謂及至第八地，以無所得，名“無生忍”。“不起”，即無生也。“不退轉法輪”者：小乘但名“法輪”，有生滅故；大乘名“不退轉法輪”，理無生滅故。“轉”者，説也。“飾形靡俗”者：“靡”，偃也，謂三十二相説法生善，如風靡草。《書》云：“君子之德，風也；小人之心，草也。”風偃草化，導行也。“深入緣起”等者，謂觀智深也。外道邪因無因，故墮邪見。二乘觀十二因緣生滅無常，故但斷正使。菩薩觀因緣不生不滅，無無明，亦無無明盡，深入達實相故，無復餘習氣也。“近無等等”者，無等等佛也，今大士自在智惠（慧）能近也。天台云：等觀，觀空也。不等觀，假名差别也。“等、不等者”者，中道正觀，體圓故“等”，用異故“不等”。“不净喜”者，喜受也，清净法喜也。“假名天”[□][者][2]，《大論》云：如國王名“天子”也。“生天”者，諸天也。“腎聖天”者，證第一義天也。“妙生”者，亦可從法化生也。“四梵行”者，《思益》云：“慈悲喜捨也。”“天龍雜衆”者，此中有人、有天、有凡、有聖、有本、有跡，故言“雜”。

問：“此等八部，若善業所招，合受人天之報；若是惡業，不合見佛聞法。今形受龍鬼而預會聞法何耶？”

答：“天台云：過去因異。一、若戒急而乘緩者，受人天身，不聞正法。二、若戒緩而乘急者，受龍鬼身而聞正法。三、若乘戒俱急，即受人天身聞法。四、若乘戒緩者，受惡身而不聞法。以斯不同故，形法異緣也。”

“大威力諸天”者，一、欲界六天：一、四天王天，在須彌半腹住。二、忉利（此云“三十三天”），在須彌頂。三、夜摩（此云“妙善”）。四、兜率（此云“妙

① 一，底本、録本無，據文意補。

② 者，底本、録本無，據文意補。

足”,亦云“知足”)。五、須涅密陀,此云“化樂”,自化宫殿而遊樂也。六、波舍跋提,此云“他化”,自在他化宫而遊也。二、色界有十八天:一、初禪三天:梵衆,梵輔,大梵。二、二禪三天:少光,無量光,極光。三、三禪三天:少净,無量净,遍净。四、四禪九天:一、無雲天。二、福生。三、廣果。(已上凡夫三品天也。)四、無相天。(外道天也。)五、無煩。六、無熱。七、善見。八、善現。九、色究竟。(此五那含天也。)無色界有四天:一、空處。二、識處。三、無所有處。四、非想、非非想處。

釋此諸天,五門不同:一、明身量。

《俱舍論》頌云:“贍部洲人量,三肘半四肘(肘尺五寸)。東西北洲人,倍倍增如次。”

釋曰:贍部人身長六尺,東洲倍南,西復倍東,北復倍西也。

“欲天俱盧舍,四分一一增。”

釋曰:俱盧舍二里。四分增一者,初天半里,乃至第六天[□][身][1]長三里。

“色天踰灸那,初四增半半。此上增倍倍,唯無雲減三。”

釋曰:謂梵衆半由旬,梵輔一由旬,梵王一由旬半,少光二由旬。“此上增倍倍”者,無量光四由旬等也。唯無雲天,於增數内減三由旬。

二、明壽量。《論》頌云:“人間五十年,下天一晝夜。乘斯壽五百,上五倍倍增。”“下天”者,謂四天王天。言“倍倍”者,一倍倍日月,一倍倍壽命。

“色無晝夜殊,劫數等身量。”

釋曰:謂梵衆身半由旬,壽命半劫;梵輔身一由旬,壽命一劫。已上准知。

《論》頌云:“無色初二萬,後後二二增。”

釋曰:謂空處二萬,識處四萬等。

三、明初生量。頌曰:“欲初五至十,色圓滿有衣。”

釋曰:謂欲界初天初生如五歲,乃至第六天如十歲。色天初生即圓滿,復身有衣,蓋重慚愧心修因故也。

---

① 身,底本、録本無,據文意補。

四、天宫相去。

《論》頌曰:“如彼去下量,去上數亦然。”

釋曰:謂四天王天去海四萬由旬,去上亦爾。忉利去海八萬,去上亦然。此上准知。又如《論》頌曰:“無色界無處,由生有四種。依同分及命,令[①]心等相續。”又諸部宗及大乘言有色義如别也。又,三趣壽量如何?畜生壽命,多無定限,若壽極長,亦一中劫。鬼以人間一月爲一日,乘斯成歲,壽五百年。地獄壽不定。“八熱地獄”者,等活與四天王壽同;黑繩、衆合、號叫、大號叫、炎熱,此五如次,同欲五天;極熱,半中劫;無間,中劫全。大乘經亦有云八萬四千劫等八寒地獄。《論》頌云:“頞部陀壽量,如[□][一][②]婆訶麻。百年除一盡,後後[③]倍二十。”“婆訶麻”者,如二十斛圖油麻,百年除一麻盡,頞部陀壽亦如是。

五、受生差别者:人傍生具四,地獄及諸天中有唯化生,鬼通胎、化。二、“八寒地獄”者,一、頞部陀(此云“皰裂”)。二、尼剌部陀(亦云“皰裂”)。此二寒,故胞生。三、頞哳吒。四、臛臛婆。五、虎虎婆。此三忍寒聲。六、嗢鉢羅,此云“青蓮”。七、鉢特摩,此云“紅蓮”。八、摩訶鉢特摩,此云“大蓮”。此三寒身也。“四衆”者,理合有七衆:一、比丘。二、比丘尼。三、式叉摩那,此云“正學”。四、沙彌,此云“勤策”。五、沙彌尼。六、優婆塞。此有二:一、受五戒,此云“近事”;二、受八戒,此云“近住”。七、優婆夷。“夷”者,女也。餘上同。

“投人夜光”者,昔隨侯遇傷蛇附藥,蛇銜夜光珠來報。未知報恩,故隨侯按劍相擬。况大乘深旨,若不現通,遣疑生信,孰可傳也?此現瑞别序,諸經不同。如《法華》:放一光,表一乘;在眉間,表中道;照東方,表三乘之上涅槃;於面門放種種光,表異類衆生同有佛性。《大品經》:遍身支節放光,表般若波羅蜜遍法身萬德也。此經合蓋現土,表説此經圓滿法界爲一真净土,復

① “令”前録本衍一“根”字,據底本删。

② 一,底本、録本無,據《阿毘達磨俱舍論》卷第十一[T29n1558p61c9]補。

③ 後,録本作“倍”。按:底本於前一“後”字後施一重文號。該字《阿毘達磨俱舍論》卷第十一[T29n1558p61c10]亦作“後”。兹據改。

於一真净土現十方諸差別應緣佛土也。故此經雖種種異陳，皆以净土爲宗。

“而爲説法”者，昔高齊尚統師問長耳三藏云：[□□□□□□□□□□□□□][“佛時與無量大衆説何等法?”答][①]：“説《普集經》也。”

“蔽於大衆”者，昔説小乘，以法劣故，但現丈六比丘劣身；今説净土大乘，以法勝故，故處實師子座上，現巍巍之身，映蔽衆會。故《法華》云：長者在門内，則寶机承足，威德特尊；出門外，則著蔽垢衣，狀有所畏。門内表大乘實相理内，門外表小乘應跡在外。復次，昔現劣，表小乘可思議解脱；今現勝，表大乘不可思議解脱。復次，昔教佛現劣，故净名亦劣身寢疾；今教現勝，故净名現通坐座、掌擎大衆等。又，下偈歎目净、修、廣，反説法不有不無，即是歎此大乘法會勝身勝法。

“始在佛樹”及“三轉法輪”等，即昔説小乘時劣身權教也。

“獻蓋”、“合蓋”者，“獻蓋”下能奉上，表因必趣果；“合蓋”彼異此一，表在因則是殊，至果則悟一。又“蓋”者，表慈悲也，在因有緣慈即異，在果無緣慈即一。“悉於中現”者，於一蓋現三千，表一法性净土，能現十方應緣净、穢之土。故下文云：諸佛如來，功德平等，爲教化衆生，故現佛土不同。佛土應物有異，佛身亦隨應不同。故《金光明》云：諸佛法身，猶若虚空。應物現形，如水[□][中][②]月。身土既殊，當知説法亦應物差別。然寶積下問，疑生此焉。“歎未曾有”，口業；“合掌禮佛”，身業；“目不暫捨”，心[□][業][③]。信心發於内，故三業現於外。故注云：“現相於外也。”

“心净已度諸禪定”[□][者][④]，梵曰“波羅蜜”，此云“度”，亦云“彼岸”。此歎如來到禪定之際也。“導衆已寂”者，寂滅涅槃也。言佛以八正道導引蒼生到於涅槃，不同六師也。“善分别”者，無名相中應衆生故，假名相分别也。

“於第一義而不動”者，外道執見心説，二乘法執心説，皆名“動”也；如來

① “佛時與無量大衆説何等法答”十二字底本、録本無，據《維摩經略疏》卷第二[T38n1778p583b5—b6]補。

② 中，底本、録本無，據甲、乙、丙三本補。

③ 業，底本、録本無，據甲、乙、丙三本補。

④ 者，底本、録本無，據文意補。

無見無執，故不動也。“辯同不乖異”等者，一乘爲同，三乘爲異；應物説三，故同不乖異；會三爲一，故異不乖同。復次，“於我、無我而不二”，“我”、“無我”實性一，故異不乖同；應物説“我”、“無我”異，故同不乖異。净不净等例然。故《中論》頌云：“諸佛或説我，或説於無我。諸法實相中，無我無非我。”

“有不自生”等者，若法本有生，應不待緣而有，今待緣而有，明非本有；若法定無性，應緣會之時亦無，緣會既有，明非無性也。若定無者，如龜毛、兔角，緣會亦無也。此因成假破也。“有有故有無”者，有無相待，生諸法。正有之時，未有無。既未有無，待誰言有？無亦如是。小乘説有爲法，四相相遷念生滅，即此生滅亦相待生。且生時無滅，待誰説生？滅時無生，待誰説滅？故云“自有即不有，自無即不無”也。

“有亦不由緣”者，已有故不須緣。“無亦不由緣”，如兔角故决定無，何用緣？“《論》曰”者，《大智論》也。“從緣故不有”者，藉他緣有、非他有也。“緣起故不無”者，被他緣生起故，豈名“定無”也？“無我無造”等者，既被善惡業牽，即“我”不自在，“我”不自在，故“無我”也。“自然之理”者，道理必然也，外道自然也，亦云“理其然矣”。“佛樹”者，菩提也，佛於下成道，名爲“佛樹”，亦名“道樹”。《西域記》云：摩竭提國迦耶山東有正覺山，山西南十四五里有菩提樹，畢鉢羅樹也。周垣疊石，中有金剛座。昔賢劫初成，大地俱起，據千界之中，下極金剛輪，上侵地際，金剛所成，周百餘步，賢劫千佛坐而入金剛，故曰“金剛座”焉。此樹冬夏不凋，唯至佛涅槃日凋落，須生如故。佛涅槃後，諸國王等遂以兩軀觀自在像南北標記。傳聞耆舊曰：此像没盡，佛法滅矣。今南隅菩薩没過胸矣。

“力降魔”等者，三義：一、出家。《因果經》云：太子十九，踰城出家。二、習邪壞異。《四分律》云：一、詣羅閲城，同阿藍迦藍修不用處定，知非正道而捨之。二、詣摩竭提界欝頭藍弗，修非非想定，知非，捨。三、至象頭山，同彼外道六年苦行，知非，亦捨。故《經》云：“以無心意無受行，而悉摧伏諸外道也。”三、受食成道。《因果經》云：“今我若復以此羸身而取道者，彼外道當言‘自餓是涅槃因’；我當受食，然後成道。”《婆沙》云：菩薩知苦行非真，遂受難陀、跋難陀二女姊妹所奉具十六德香蜜乳糜，食已，身心安隱有力，從吉祥人邊受吉祥草，詣菩提樹下，手自敷設，結跏趺坐。坐已，便發堅固誓：“我若不得無上菩提，誓當不起。"爾時大地六種震動，魔王驚攝，觀動所因，遂見菩薩誓取菩提，使三魔女，以惑如來。佛化作三老姥，還宫。魔王大怒，遂將欲界鬼兵擊動如來，魔軍敗勣(績)[①]。故《經》云："始在佛樹力降魔。"

"得甘露滅"者，涅槃寂滅也，永息生死，如天甘露。大乘以一念心知一切法，是道場成就一切智故；小乘以三十四心，得非想擇滅爲滅諦涅槃。"三十四心"者，八智、八忍，斷見惑，爲十六心、九無礙、九解脱而下八地修惑，昔修俗禪，六行已斷故，今唯言非想一地十八心也。"六行"者，厭下苦麁障、忻上净妙離也。又，踰城捨受，捨外道棄見，能亡愛見，名"出家"也。"無受行"者，叡曰"無受行(音衡)"，如前引，同外道苦行等，無心受行。彼法但欲摧伏外道，令知邪法無涅槃果，故菩薩不學。即云："我法亦有涅槃，以菩薩學而不得，故知無也。"所以摧伏。肇云"無受行(音幸)"，謂凡夫、二乘取相，故有心受，有心受即著，著即起行；佛智不取相，故無心，無心即不受，不受即不起行也。故注云：心者染有，染有以生，即取相。"苦樂是行"者，謂受著苦樂而造心起行也。"冥真體寂"者，謂境智俱空，故無心。"虚空其壞"者，謂不著苦樂，故無受也。以無取著，即諸見永滅。自見既滅，即能摧伏一切外道諸見也。

"三轉法輪"者：一、示相轉，謂示四諦相：此是苦，此集，此是滅，此是道。二、勸修轉，謂勸令修行也：此是苦，汝須知；此是集，汝須斷；此是滅，汝須證；此是道，汝須修。三、引證轉，謂引己爲證：此是苦，我已知；此是集，我已斷；此是滅，我已證；此是道，我已修。以此名爲"三轉"也。

"天人得道"者，《大論》云：五人證小乘道，八萬諸天發大乘心。"外道上者能斷結"者，即厭下苦麁障，忻上静妙，離六行斷惑，如欝頭藍等也。"等以慈"者，大悲三念也。有二種：一、色三念，謂刀割，塗香，不塗、不割心無二也。二、心三念，謂順法不喜，違法不憂，不違、不順心無二也。"三密"者，謂三業神用難思，如來密示，非心所測，故云"祕密"也。"净心觀佛"者，净信也。"獲其利"者，謂言必有理名"義"，言有義則物解，依解則起修行，修行則獲道利也。"異受"等者，謂三乘教必隨根故，異受異利也。"或有恐畏"者：

① 《集韻·錫韻》："勣，功名。通作績。"

説世界悉檀三界火宅,故恐畏;説爲人悉檀生善,故歡喜;説對治悉檀斷惡,故厭離;説第一義悉檀證真,故斷疑。復次,説苦諦,故恐畏;説滅諦,故歡喜;説集諦,故厭離;説道諦,故斷疑。"稽首"者,鄭玄云:"稽",至也,謂屈身至手而表敬也。

"十力"者,如來十種智力也。一、是處、非是處智力,此知因果決定智,謂因果道理相當名"是處",不相當名"無是處"也。二、業力,知三界六道業差别業智也。三、定力,謂知諸禪定得自在故。四、根力,知諸衆生上、中、下根。五、欲力,知諸衆生樂欲不同。六、性力,亦云"界力",謂知種種性差别也。七、至道處力,道因處果,謂知行因得果也。八、宿命力,知宿生受命差别也。九、天眼力,知生死因果故。十、漏盡力,知無漏法,故通名"力"。《大論》云①:遍知究竟名"力"。《成論》:了知無礙爲"力"。《雜心》:不伏不屈、無勝無動爲"力"也。

"無所畏"者,四無所畏也。一、一切智無畏,自言"具一切智"。二、漏盡無畏,自言"諸煩惱漏盡"。三、障道無畏,自言"我識煩惱貪欲能障聖道"。四、出苦道無畏,自言"我知無漏道,能出生死"。説此四法,於大衆中,心無怯懼,故"無畏"。

二、"明行相"者,如經中説,外道難云:"若具一切智,何故問諸比丘'乞食易得不'等?"佛答:"我非不知,但隨世師弟法故問。"二難云:"若漏盡者,何故呵駡調達、愛語羅云?"佛答:"調物應爾,非煩惱漏也。"三難云:"貪欲障道者,何初、二果人受五欲也?"佛答:"决定能障後二果故。"四難云:"瞿曇説八聖道能出苦,何故羅漢由有寒、熱、飢、渴等?"佛言:"聖道實能盡苦,但羅漢殘報未亡也。"此後二無畏,且隨小乘説,理實無上。大道要離一切惑方證,非二四果知也。又法身真如,性無生滅,非四大起,故出苦也,非二乘結業後邊身爲出苦也。

"十八不共法"[□][者]②:一、身無失;二、口無失;三、意無失;四、無不定心;五、無異相;六、無不知已捨;七、欲無減;八、念無減;九、精進無減;十、

---

① 已下甲本缺。

② 者,底本、録本無,據文意補。

智慧無減；十一、解脱無減；十二、解脱知見無減；十三[①]、身業隨智慧；十四、口業隨[②]智慧；十五、意業隨智慧；十六、智慧知過去；十七、智慧知未來；十八、智慧知現在。此中初六是斷身、口、意，永離過失，常住定心，怨親平等，知而復捨也。次六是德，謂欲念進智解脱，解脱知見圓滿，無闕減也。後六是智慧，謂三業、三世常住正智，無忘失也。總言"不共"者，佛住此法，不與凡夫、二乘共也。又，《寶積》、《大集》二經並云三業無失爲一，加無諍訟爲二，無忘誤爲第三。餘同前。

《佛國品》如王宣正令。《方便品》下九品，如大臣行事。《菩薩行》、《見阿閦》二品事訖朝尊之[③]類也。

"空洞無像"者，法身空洞無形像也。"形無常體"者，或現丈六，或現千尺，長壽、短壽，應物無常空也。應身既大小無常體，應物度[④]亦净穢無恒處。"美惡自彼"等者，衆生住異見，國土[□][見][⑤]美惡；如來住正智，净穢常平等。"於我無定"者，應净即净，應穢品[⑥]即穢，故云"不定"。不定净穢，即净穢無性；净穢無性，即平等真土也。"無方爲體"者，净、穢性空，無方所也。

"或以恒沙爲國"者，《法華經》：富樓那成佛，以恒沙三千爲一國也。"菩薩根"者，或忻净土而生信根，或厭穢土而生信根，隨緣萬差，生信一也。豈言釋能盡？"直心是菩薩净土"者，直心多種，又(有)[⑦]凡夫質直心，有二乘正見四諦直心，有菩薩正觀中道直心，爲諸佛法界一如直心。下諸行類然。"指金爲食"者，化[⑧]金[□][方][⑨]買得食。此喻指因爲果也。"前後異名"者，直心不諂等，前略後廣；《十善道品》等，前因後果。忍辱相[□][好][⑩]等。

---

① 三，録本訛作"二"，結合文意，據底本改。
② "口業隨"三字底本、録本作"業"，結合文意，據丙本改。
③ 之，底本、録本誤置於"朝尊"前，今結合文意，據乙本改。
④ 度，乙、丙二本作"土"。
⑤ 見，底本、録本無，據乙、丙二本補。
⑥ 品，丙本無。
⑦ 又，此乃"有"之借字。乙、丙二本作"有"。
⑧ 化，乙、丙二本作"貨"。
⑨ 方，底本、録本無，據乙、丙二本補。
⑩ 好，底本、録本無，據乙、丙二本補。

“正定衆生”者，有三聚衆生：一、邪定聚；二、定聚；三、不定聚。《俱舍》云：五無間衆生名“邪定聚”，得聖道名“正定聚”，餘衆生名“不定聚”。《仁王經》：十信菩薩“不定聚”，十住已去“正定聚”，十信已前“邪定聚”也。此智鑒邪正，决定去取，名“正定”也。“迴向”者，爲凡修善，皆迴向無上菩提。《瓔珞[□][經][①]》有三種：一、迴事向理；二、迴己功德，普施衆生；三、迴因向果。

“八難或聞佛名”者，如虚空功德等也。《佛名經》云“聞此佛名禮一拜，一切罪障悉皆消滅”等也。《觀佛三昧經海[②]經》：聞白毫相名，滅三劫生死罪。餘相如文。《陀羅尼》：如寶樓閣等。《涅槃經》：聞“常住”二字，不墮惡趣。《提婆達多品》：常生佛前，蓮華化生等。可知。

“十善”有二：一、止，謂止十惡爲十善。二、行十善，爲施[③]生、布施、禮敬、實語、軟語、和合語、饒益語、修不净觀、行慈悲、住正見也。“隨其直心”者，此竪明净土行，即十三位列：直心對十住，發行對十行，深心對十迴向意，調伏對初地，説行對二地，迴向對三地，方便對四地，成就衆生對五地，佛土净對六地，説法净對七地，智慧净對八地，心净對九地，一切功德净對十地。前來一十七行，淺深皆然。謂惑漸漸盡，智漸漸圓，心漸漸增，土漸漸净也。如此，《仁王[□][經][④]》始從鐵輪十信，終至四禪十地。謂惑漸盡而福漸勝、悲漸增而化漸寬。如下十地，佛果衆德皆净，何獨佛土而不净歟？

“舍利弗作念”者，前寶積因果二問，佛答已了，理圓行足，聽者理合證悟。而不悟者，有疑在懷也。故身子託衆疑以申念也。“事净”者，七寶池臺净也。既能執净爲净，豈能了穢非[□][穢][⑤]？故言“昧”也。“螺髻見净”者，身子疑佛答既了，亦合得悟。而不悟者，衆懷疑念也。世尊自云“我此土净”，意：“誰見[□][也][⑥]？”故梵王證見也。“净土如四天”等者，理亦合然。准《仁王經》，地前三十心配四種輪王，是結業生身化物，未有净土化物。初地已去，至十地，配六欲天王及四禪王。既七地已前願生、八地已去應生，即

①④ 經，底本、録本無，據乙、丙二本補。

② “海”前底本、録本衍一“經”字，結合文意，據乙、丙二本删。

③ “爲施”二字乙、丙二本作“謂放”。

⑤ 穢，底本、録本無，據丙本補。

⑥ 也，底本、録本無，據乙、丙二本補。

是遊戲神通，浄佛國土，教化衆生，故有浄土。既諸地王位階差不同，浄土亦合隨位昇降有異也。准配可解。

“心有高下”者，然佛土應浄而浄，應穢而穢①，則知真土本非浄穢，是名“佛惠（慧）”。而身子見浄定浄，勝妙故高；見穢定[□][穢]②，卑劣故下；是名“執見”，非“佛惠（慧）”也。“得無生法忍”者，悟垢浄無性也。若穢定有性，不應被變便亡；若浄定[□□][有性]③，不應待按方現浄。待按方現浄，明浄本無性。被變便亡，明穢亦無定性。故無生空，故無滅。可謂見垢實，則亡浄相，得無生法忍，入不二法門。經雖不言“非浄非穢”，而理自明矣。如《法華・壽量品》，但即伽耶之短壽明長，斯則長短不定，長短不定，[□□][即長]④短亡矣。經雖不明非長非短，而理亦自明。故《分别功德品》：諸菩薩亦證無生法忍。《大品》：即色明空，亦顯色空不異，理可見也。准此，諸大乘經雖同緣事跡不同，會理證真一也。故《不二法門品》：或生、滅兩亡，或罪福一性，或心無所得，或口默不言。此皆事迹不同，非會證異也。“知有爲法皆悉無常”者，若依大乘，悟浄穢皆是應現應物，無[□□□][定即無]⑤自性。今小乘執實，故見事變即無常也。如阿難不了佛身，應執實病也。“八十八使”，此是見道所斷煩惱也，謂迷四諦，起此諸惑也。迷苦起十使，貪、瞋、癡、慢、疑、身見、邊見、[□□][邪見]⑥、戒[□□□][取、見取]⑦也。迷集諦起七使，除身、邊二見及戒取。迷滅諦起七使，亦然。迷道諦起八使，謂除身、邊二見。是此欲界三十二。其上二界無嗔。四諦各除嗔，即各有二十八也。三界具言，有八十八也。“九十八”者，謂前見道八十八上，更加斷十個修道煩惱，故成九十八也。言“十”者，謂貪、嗔、癡、慢，欲界具此四；色界有三，除

① “而穢”二字底本、録本作“穢而”，結合文意，據乙、丙二本改。
② 穢，底本、録本無，據乙、丙二本補。
③ “有性”二字底本、録本無，據乙、丙二本補。
④ “即長”二字底本、録本無，據乙、丙二本補。
⑤ “定即無”三字底本、録本無，今結合文意，據丙本補。
⑥ “邪見”二字底本、録本無，據文意補。
⑦ “取見取”三字底本、録本無，今結合文意，據丙本補。

嗔;無色三,[□][亦][1]然。故三界合論有十也。

“《方便品》”[□][者][2],天台云:此品序净名德,是阿難本願所未聞經,佛爲再説。故此品及室内六品,佛説經訖,再説付囑,故結集時誦出也。“長者具十德”者,天台云:有二:一、世間,如别。二、出世間,净名十德果圓,如經。今且明聞經一念及發心隨喜亦具十德:一、姓貴。此經諸佛菩提皆從是生,即般若佛母種姓中生。二、位高。初發心時,已超二乘法。一念隨喜,超二乘四果。三、大富。《金剛》云:一念净信,勝施三千七寶。四、威勢。下文天帝四王未信生信、已信作護等。五、智深。《大經》云:學大乘者雖有肉眼,即名“佛眼”。六、年耆。不於一佛、二佛種善根。七、行無失。《大經》云:聞“常住”二字,不墮惡趣。《法華》:化生佛前,八禮儀備足。諸相非相,即見佛身威儀。九、上人所歎。《法華》云:“應以天花散”、“生心如佛想”等。十、下人歸敬。《法花》云:天諸童子而有給事。“殖諸善本”者,發大乘心,生在佛家也。“無生忍”者,《仁王》云:地前三賢伏忍,初、二、三地信忍,四、五、六地順忍,七、八、九地無生忍,十地佛果寂滅忍。今不言“寂滅忍”者,天台云:以是佛忍故讓之,但云“無生忍”也。“心之所趣”者,如泉出流必趣大海,凡有心者皆趣佛果也。以無冰[3]不水,亦無迷不悟故也。“資財無量”,本也。“攝諸貧人”,跡也。此從本垂跡也。“雖爲白衣”,亦也。“奉持”,行本也。言“律行”者,實相真戒性净尸羅也。故《羅云章》云:“是即出家,是即具足。”謂發菩提心,出生死涅槃,家受萬行,一心具足戒也。“梵行”謂住真性法身,悟非男、非女無相梵行也。“異道”者,九十六種著見論。“世典”者,安國處家之愛論,以忠則愛主,孝則愛親,各親其[□][親][4],故名“愛論”也。“治生”者,業也。“四衢”者,十字路也。“政法”[□][者][5],杜預曰:在君[□][爲][6]政,在臣爲事。“刹帝利”[□][者][7],此云“田主”。《俱舍論》頌云:“劫初如色天,後漸增貪味。由情貯賊起,爲防雇守田。”謂劫初人,身有光

① 亦,底本、録本無,今結合文意,據丙本補。

②⑤⑦ 者,底本、録本無,據文意補。

③ 冰,録本訛作“水”,據底本改。

④ 親,底本、録本無,據乙、丙二本補。

⑥ 爲,底本、録本無,據乙、丙二本補。

明,食諸地味,貪心生故,地味不生。次食林露,貪又不生。次食自然粳米,身光隱蔽。貪貯既多,遂共分田。爲防諍亂,遂雇有德以爲田主。此刹帝利王之始也。又從此始改姓"瞿曇",新云"喬答摩"(此云"月種",亦云"甘遮種")。《本行集》云:彼大茅草王無子,出家得五通仙。弟子以王仙老,以籠盛之,懸於樹上,出行採藥。有獵師來,謂仙是鳥,遂便射之。血便墮地,生兩甘庶,一出童子,一出女童。復嗣王位,因改爲"甘蔗種"。及日炙[①]生故,亦名"日種"。復從甘蔗,改姓"釋迦",此名"能"也。《五分律》云:欝摩王有四子,神武聰明。寵妃有子,頑薄醜陋。妃念:"我子雖長,才不及物。國祚所鍾,必當四子。"即作方便,令王殯(擯)[②]逐[③]四子。四子去已,從者如雲。到雪山北[④],近迦夷林,築城營邑,衆人[□][熾][⑤]盛[⑥]。王聞三歎:"我子有能。"因稱"釋迦種"也。又,"刹利"、"婆羅門"、"毘舍"、"首陀",天竺四姓。"刹利"如上。"婆羅門",道學爲業。"毘舍"者,此云"坐",謂坐估財貨也。"首陀"者,謂田農官、學者也。"勝惠(慧)"者,觀四聖諦無漏惠(慧)也。梵天愛見心修禪,若無正惠(慧),不免輪迴。"護世"者,四天王也。東方提頭賴吒,此云"國主"。南方毘樓勒叉,此云"增長主"。西方毘樓博,又此云"雜語",亦云"醜眼主"。北方毘沙門,此云"多聞主"。"是身無常"者,有二種無常:一、事無常,謂四時遷變、顔貌衰老等,事物變移爲無常也。二、理無常,謂體有爲之法,刹那刹那性自遷易,豈待葉落白首相異、然後爲無常也?下苦觀亦然。若病發無色[⑦]爲苦者,此事苦也。若知五陰有漏、有爲性本是苦,爲理苦也。第三空觀亦二:若灰身壞色爲空,此是事[□][也][⑧]。若行之五陰有爲,性不堅實,刹那無常,體歸空也;此是理也。又此是半字因緣無常之

① 炙,録本訛作"灸",據底本改。

② 結合文意,此"殯"當爲"擯"之同音借字(二字俱音必刃切)。《玉篇·手部》:"擯,相排斥也。"

③ 逐,録本訛作"遂",結合文意,據底本改。

④ "北"前底本、録本衍一"於"字,結合文意,據乙、丙二本删。

⑤ 熾,底本、録本脱,結合文意,據乙、丙二本補。

⑥ 盛,録本訛作"威",結合文意,據底本改。該字乙、丙二本亦作"盛",可參證。

⑦ "無色"二字乙本作"死",丙本作"死至"。

⑧ 也,底本、録本脱,結合文意,據乙本補。

空，又非滿字緣生之空也。觀此苦理，名爲“苦等諦理之觀”也。“苦”者，三苦也：苦苦，苦受性；二、壞苦，樂受性；三、行苦，捨受性也。欲界具三苦，色界具後二，無色唯行苦。又有八苦，如常。“十喻”者，聚沫、泡、芭蕉、浮雲、電，此上五喻通小乘半字“無常故空”義也。炎、幻、夢、影、響，此五喻通大乘滿字“無性空”義也。

“無生如地”者、“身四大”者，皮肉筋骨爲地，血髓目淚爲水，動轉喘息爲風，遍體煖氣爲火。又，《俱舍》云：堅爲[□][地][1]性，濕爲水性，煖爲火性，動爲風性。又，執地大爲“我”，即“衆生相”。執火大爲“我”，即“我相”；火性炎上，與“我慢”同相。執水大爲“我”，即“人相”；人事隨時，如水之隨器，亦同相也。執風大爲“我”，即“壽者相”。風息不斷，名爲“壽命”。故《大集》云：出入息者，名爲“壽命”。故《金剛經》：若心取相，即著我、人、衆生、壽者。若一取“我相”，即四大齊執也。“無知如草木”者，草木無知，託四氣以生落。識心亦爾，假異境以憂悲。既託緣以分別，即自性而無知。“三十六物”者，外相十二：髮、毛、爪、齒、穴、淚、涎、唾、屎、尿、垢、污也。身器十二：皮、膚、血、肉、筋、[□][脉][2]、骨、髓、方、膏、腦、膜。中合十二：肝、膽、腸、胃、脾、腎、心、肺、生藏、熟藏、赤白淡（痰）[3]飲[□][也][4]。“形之妙”者，謂二乘人不知五陰皆空是佛身，乃取三十二相爲佛身，有金鏘、馬麥之患，何得厭彼忻此也？將示大乘五陰本空，王宫生無生，雙林滅不滅，丈六即真爲佛身也。故云：“‘佛身’者，即法身也。”“超三界”者，謂悟三界如幻也。“陰不攝”者，陰入即空也。“八極”者，八方也。“措思”[者][5]：“措”，投也，置也。“六通”者，一神境通，謂或現大身、小身也。

二、天耳，聞障外聲。三、天眼，見障外事。四、他心，知他故。五、宿命，知宿命事故。六、漏盡，諸煩惱盡故。

---

① 地，底本、録本脱，結合文意，據乙、丙二本補。

② 脉，底本、録本脱，結合文意，據乙、丙二本補。

③ 淡，此爲“痰”之借字。《顯密圓通成佛心要集》：“中有十二：心、肝、膽、腑、脾、腎、腸、胃、生臟、熟臟、赤痰、白痰。”[T46n1955p991b24]可參證。

④ 也，底本、録本脱，結合文意，據乙本補。

⑤ 者，録本脱，結合文意，據底本補。

"三明"者：一、宿命明，知宿命；二、天眼明；三、漏盡明。謂一往知事爲"通"，深監因緣爲"明"[□][也][①]。又，《俱舍》云：宿命明除過去愚，天眼除未來愚，漏盡除三世愚。餘三不爾，故但名"通"、不名"明"也。

《净名關中釋批》卷上。

《净名經》關中釋抄卷下[②]

沙門道□(液)[③]述

弟子品

宣律師云："學在我[④]後，故稱爲'弟[⑤]'；解從我[⑥]□□□□(生，故稱爲)[⑦]'子'。"菩薩外化，不常佛側；五戒暫來，不常侍奉；故第(弟)[⑧]□□□□(子之名，唯)[⑨]在聲聞，非餘二也。天台云：品來五意：一、爲顯净名□□□□(胜德。若十)[⑩]大弟子，稱述不堪，則備[⑪]顯净名之德，信仰生心[⑫]。文殊入□□□□(室，同行聽)[⑬]法。二、令未入正位聲聞，迴心向大。若[□][聞][⑭]不堪之辭，即捨小歸大。三、成净土之行。若聞菩薩權、實難思，即漸識諸佛真、應二土。四、爲已入正位聲聞，成生蘇教。聲聞昔説《花嚴》，如

---

① 也，底本、録本脱，結合文意，據乙本補。

② 卷下今據《大正藏》以原卷伯 2154 號爲底本。參校本：甲本，BD2102(北 1353，藏 002)號；乙本，BD00411(北 1354，洪 011)號；丙本，BD2300(北 1357，閏 100)號。

③ 液，底本殘，録本作缺文，結合文意，據甲本補。

④⑥ 我，録本訛作"戒"，據底本改。該字甲本亦作"我"，可參證。

⑤ 弟，録本訛作"不"，據底本改。該字甲本作"苐"，與"第"同，乃"弟"之借字。

⑦ "生故稱爲"四字底本殘、録本作缺文，結合文意，據甲本補。

⑧ 第，此"弟"之借字。

⑨ "子之名唯"四字底本殘、録本作缺文，結合文意，據甲本補。

⑩ "胜德若十"四字底本殘、録本作缺文，結合文意，據甲本補。

⑪ 備，甲本作"略"。

⑫ "生心"二字甲本作"心生"。

⑬ "室同行聽"四字底本殘、録本作缺文，結合文意，據甲本補。

⑭ 聞，底本、録本脱，結合文意，據甲本補。

聾；凡夫不變色，故於漸次二乘，如乳；次聞阿含得四果，如酪；今[①]聞浄名《□(方)[②]等》，智(知)[③]果不真，如生蘇；次聞《般若》，許傳大乘，未得授記故，如熟蘇；後説《法華》、《涅槃》，同歸佛乘，爲醍醐。此五味教，漸次並對二乘爲言，非菩薩也。[□][五][④]、爲印定成經，昔所説者皆不對佛，今對佛陳述，如來印可，皆成經也。

注云："懸心默通"者，謂聖心懸照前心，默然通見，何待言也？"冥機潛應"者，冥然見機，潛相應會，故相造也。"不於三界"者，身子入小乘八定及滅盡定，皆三界身心得也。菩薩住實相定，即法身真智，證非三界法也。如《大論》云：比丘離諸欲及惡不善法，依未到地，定得初禪：有覺、有觀、喜、樂、一心。離欲火故，謂[⑤]"覺觀"。復作是念：覺觀嬈動禪心，如水中波，如睡中喚。如是種種呵覺觀，覺觀滅，内清浄，繫心一處，無覺無觀，定生喜樂，入第二禪。復次觀喜多過，得喜□(失)[⑥]憂，離喜行捨，念智、受身樂，入第三禪。復次行者觀樂之失，如喜求心，不動、不苦、不樂，捨念清浄，入第四禪。復次觀色多過，觀身中空。外色亦爾，得無邊空處。復次行者觀空無邊，故識緣則多，緣多散故，捨虚空緣，但緣於識，名"識處"。復次是識無邊，識多即散，故呵識讚，無所有處。□(復)[⑦]觀此處，四陰過患，無想如瘫(癰)[⑧]，有想如病[⑨]，入非有想、非無想處(無想定、滅定及無想天名"相"，餘有相也)。此無色皆四陰成故，滅受想等心，入滅盡定也。故皆是三界身心。今菩薩以中道正觀照三界五陰不生、不滅定，此真滅盡定也。"[□][形][⑩]神俱滅"者，謂菩提不可以身得，不可以心得，身即無色無别，心即無根無住，不生不滅，故云

① 今，録本訛作"令"，結合文意，據底本改。該字甲本亦作"今"，可參證。
② 方，底本殘，録本作缺文，結合文意，據甲本補。
③ 智，此當爲"知"之借字。該字甲本作"知"，可參。
④ 五，底本、録本脱，結合文意，據甲本補。
⑤ 謂，甲本作"須"。
⑥ 失，底本無，録本作缺文，結合文意，據甲本補。
⑦ 復，底本不可辨，録本作缺文，結合文意，據甲本補。
⑧ 《龍龕手鑑·疒部》："瘫，俗；癰，正。"
⑨ 病，甲本作"疾"。
⑩ 形，底本、録本脱，結合文意，據甲本補。

“實滅”。大士之滅,定如此也。“道法”者,即陰自空也。“現凡夫事”者,方便涉假也。“心不住内外”者,三處性空,即心實滅,故不住也。“諸見不動”者,執著名爲“見”,二邊名爲“動”。二乘四念處觀身不净,破净倒;觀受是苦,破樂到;觀心無常,破常倒;觀法無我,破我倒。餘品例然。是名“二乘”,類於諸見動,修三十七品也。若大乘四念處,觀身性空,非净、非不净;觀受不在内、外、中間,非苦非樂;觀心但有假名,非常、非無常;觀法如幻化,非我、非無我。餘品例然。此名“大乘”,於諸見不動,修三十七品。廣如《涅槃》及諸法無行明。

“不斷煩惱”者,煩惱性空,故云“不斷”。二乘法執如煩惱爲實有,故斷而入;菩薩悟煩惱性空,故不斷而入也。“七使”者,貪、嗔、癡、慢、疑爲五身見,邊見、邪見爲第六見,戒取、見取爲第七取使。九結如前。

“時我,世尊!默然”者,應呼云“世尊!我時默然”,但以梵語語約故爾。目連章者,梵音也,《部執論》翻爲“胡豆”,《法藴足論》云“没特伽羅子”,此云“緑豆子”,新云“採菽”。又前身子智慧第一,約禪定呵;目連禪定第一,約説法呵。所以以十大弟子此二交絡呵者,以定惠(慧)是萬行之門,故不可偏定,定深必惠(慧)明,惠(慧)明必定深也。“法無有我”等者,小乘觀破我,證無我,唯證初果等。今大乘實相法,即於我、無我而不二。“我”尚不可得,“非我”何可得?是法性實相真“無我”義,證此“無我”,乃得無生忍。七地大士,豈同小乘哉?“離生死”者,若前際有生,後際有死,故中間名“壽命”。今菩薩住法身,實相不生,故無前際;不滅,故無後;無前後故,壽者性空。“滅諸相”者,小乘説有法,有生、住、異、滅四相相遷;今大乘法性性自寂滅,離四相也。“離覺觀”者,取相生心,説有覺觀;離相假名,故無覺觀也。“萬法萬緣”者,萬法無定法,故無法也;緣無定緣,故無緣也。如身是菩提,界多成衆,則無法;如嬰孩、童子、少壯、老年,衆緣爲形,則形無定形也。

“法不屬因”者,妄法有生滅,故屬因緣;生其真法,不生不滅,故不屬因緣也。“諸邊不動”者,離四句故,諸邊不動也。“離觀行”者,妄識緣相起,緣相故言“觀”;真智照無相,無相故“無觀”。又取相心緣生,緣相故“言行”;離相心無生,無生故不行也。“‘迦葉’此云‘龜’”者,蓋取“明”義也,知三世故也。或云“飲光”,亦“明”也。此“呵頭陀”也。小乘以於四事抖擻、不染不著、少欲知足，名爲“頭陀”。今净名大事（士）[①]於三界、五蘊、菩提、涅槃，如《般若波羅蜜》：抖擻，無取無住，名曰“頭陀”。故《法花經》云：是經難持，若能持者，是名“持戒行頭陀者”。又，《善住意天子經》云：“‘頭陀’者，抖擻貪欲、嗔恚、愚癡、三界六入，我説此人能善抖擻。如是抖擻，不取不捨，不修不著，我説此人能善頭陀。”“頭陀”者，此云“抖擻”也。又，行中頭陀有二：一、隨時。如《梵網經》，春、秋爲二月行也；意如冬、夏極寒、熱故安居，春、秋暄凉隨行也。二、“隨行”者，有十二。《四分》云：一、但三衣。二、糞掃衣。三、常乞食。四、不作餘食法。五、一坐。六、一團。七、練若（此云“無聲處”）。八、塚間。九、樹下。十、露坐。十一、隨座。十二、常坐。

“而不能普”者，迦葉諸聲中有二行勝：一、[□□□□□□□□□□□□□□□□□□□□□□□□□□□□□□]［慈悲。二、头陀。此总呵云“有慈悲心”，而不能普呵聲聞有緣之慈］[②]，故不普；菩薩無緣大慈[③]，故能普也。次别呵，云“住平等法，應次行乞食”，呵聲聞頭陀乞食爲養五蔭，但少欲耳；不同菩薩，爲堅住正觀，養法身也。法身即不食，身懷和合法身，不受三界身也。“空聚相”者，聚落有二：一者外聚相，村邑也；二者内聚，六根也。故《金光明》：六根聚落，賊所止也。謂諸外聚，若有人物、士女，則有可觀。若空聚無人，唯有劫賊、虎、狼、死屍、毒蛇，則不可樂也。若菩薩六根，如《法花經》，八百功德威千二百功德[④]，則如聚落有人物也。今凡夫六根空無功德，唯有三受、毒蛇、邪見、劫賊、妄念、死屍，故不可樂也。

“不捨八邪”者，若捨八邪入八解脱，是小乘禪悦食；若不捨八邪入八解脱，爲大乘禪悦食。若捨八邪，入八正道，爲小乘法喜食；若不捨邪相，入正法，爲大乘法喜食。故今净[⑤]名示大乘法喜禪悦，呵迦葉小乘二食也。“非有

---

① 事，此爲“士”之借字。段玉裁《説文解字注·史部》：“事，古假借爲士字。”該字甲本作“士”，可參。

② “慈悲……而不能普呵聲聞有緣之慈”二十四字底本、録本脱，結合文意，據甲本補。

③ 慈，甲本作“悲”。

④ “威千二百功德”六字甲本無。

⑤ 净，底本、録本訛作“後”，結合文意，據甲本改。

煩惱”等者，大乘平等法喜食，本性清净，故非有非無；心性寂滅，平等禪悦食，故定非入出；生死涅槃平等，故二俱不住。

“不空食人之施”者，小乘中犯四重，爲盗食；不懃三業，謂上根不坐禪、中根不讀誦、下根不營理僧事，爲負債食；初果人，爲同意食；阿羅漢，爲自己食，由應供故。今大乘若不發菩提心、住平等觀，非真出家，故皆名“空食人之信施”也。

“須菩提”，云“善吉”，亦曰“空生”，亦曰“善現”。以初生時，屋舍皆空，父母謂其不吉，將問相師。相師占云：“大吉！甚善！”故云“善現”。或曰“空生善相現”，故名“善現”。然此正爲表解空第一，故現空也。如羅云六年住胎，表密行第一。迦葉金色，表頭陀潔行莊嚴。“迦留陀夷”，此云“黑光”，表污净行，爲結之緣。又，善吉於弟子中，解空無諍第一，小乘入第四禪，觀衆生緣，不與物諍，名爲“無諍”；而捨有證空、棄生死、取涅槃等，未免此諍。今净名大乘，住中道觀，非垢非净，不生不滅，“我”與“無我”，其性不二，生死涅槃，本性平等，名“真無諍”，故被呵也。又小乘入觀緣真諦故空，出觀緣俗故有，如是捨有取空，非真解空；今净名大乘，色不異空，空不異色，非有非無，不取不捨，達諸法相無罣礙，稽首如空無所依，名“真解空第一”也，[□][故][①]被呵也。

問：“小乘無諍三昧云何？”

答：“《俱舍論》頌云：‘無諍世俗智，後静慮不動。三洲緣未生，欲界有事惑。’謂十智中世俗八智，定中住第四静慮，六阿羅漢中不動性；四洲中不緣北洲，無我所故，唯緣未來，過、現已滅故也；三界中唯緣欲界，有事惑故。又，《法花》云：十弟子内祕菩薩行，外現示聲聞，是即如來未出時，身子、目連示居外道，優樓那提示居事火，大迦葉示净行婆羅門，羅云阿那律示現王宫，受五欲愛；或身子示聰惠（慧），盤特示訥鈍，目連示尊貴，優波離示下賤，滿願示博學，迦旃延示辯論。如來成道，即爲引其類，得證聲聞。今引小入大，故因問疾，各辭不堪。則令所化，捨小歸大，漸與《法花》作授記之方便也。”

---

① 故，底本、録本脱，結合文意，據甲本補。

"盛滿飯",有云"善吉",持解空故,往令净名,以表妙有相析[①],故示也。

"不壞於身"者,聲聞以身爲苦,故滅身以歸寂。"一相"者,寂滅相也。菩薩觀身從緣,□(緣)[②]無自性,即不待壞身、自然本寂也。

"五逆"者,殺父,殺母,殺阿羅漢,出佛身血,破法輪僧;前二違恩,後三背德,故名爲"逆"。業縛之劇,莫逾於此。無縛不妄,了[③]妄皆真,故即逆縛爲解脱相。

"邪見彼岸本性不殊"者,此三句,關中意以非邪、非正、非難、[□□□][非無難][④]、非惱、非净爲平等,故可取食。天台意以呵善吉:"汝二乘偏空是邪見,非中道;彼岸住化城之難,非無難也。""染著涅槃之惱,遠離法性之净,得化城八難。其狀云何?"答:"《大品》云:寧使衆生落三塗獄,不使衆生入二乘道。即以小乘見修無學道,爲三惡道難;永執'無我',爲此洲難;出觀緣俗,入觀緣真,爲佛前、佛後難。不見法身,不聞中道,爲生聾、生盲;辯説生滅,不了無生,爲世智辯聰;沈空滯寂,爲長壽諸天難。《大經》云'十千劫'等,此是發大之根故也。以此爲難,障真涅槃,有逾凡夫八難之患,可不畏哉?'無净福田'、'墮謗'等言,二家不同,類此可見。"

"等無有異"者:關中以平等一性爲"無異";天台以凡夫滯有,二乘滯空,爲滯雖殊,齊障中道,爲"等無有異"。"置鉢欲出"者,天台云:善吉被難,卒間[⑤]妄(忘)[⑥]拳(詮?)[⑦],解空亦失,故净名返以幻化安之[⑧]也。富樓那前目連呵説法禮不當,此章呵差根之患。有云:"觀人心"句是世界悉檀,"根原"句

① 析,録本訛作"折"。按:敦煌寫本"木"部、"扌"部相亂,底本"折"當爲"析"之换旁俗字。兹據録正。

② 緣,録本作缺文,據底本補。甲本亦有此"緣"字。

③ 了,録本訛作"子",結合文意,據底本改。該字甲本亦作"了",可參。

④ "非無難"三字底本、録本脱,結合文意,據甲本補。

⑤ 間,録本訛作"聞",結合文意,據底本改。該字甲本亦作"間",可參。

⑥ 妄,此當爲"忘"之借字。該字甲本作"忘",可參。

⑦ 拳,録本訛作"捧",據底本改。"拳"與"拳"同。該字甲本作"捲",亦"拳"之借字。而此"拳"、"捲"、"拳"似皆當爲"詮"之借字。

⑧ 之,録本訛作"立",結合文意,據底本改。該字甲本亦作"之",可參證。

是對治悉檀，“行大道”句是第一義悉檀。[□□□][以悉檀][①]故，根性大乘。“四[②]悉檀”者，此法名出《楞伽》。《智論》：梵云“悉檀”，此云“宗成”，亦曰“墨”、“如實”、“相印”之類也。彼印印理，此墨守定教。此有四種：一、世界悉檀，爲[□][未][③]發善根衆生託世名相，今生樂欲，起信心故。二、各各爲人悉檀，爲已種善，各隨根緣，令增長故。三、對治悉檀，爲有衆生雖種善根，爲重惑所障，未得成就，起對治故。四、第一義悉檀，爲久修行衆生攝理而談故。此則前三順根，第四攝理。就前三又二：未信令生信，世界已信令起行，立“爲人”、“對治”。又起行有二：起生善行立“爲人”，起斷惡行立“對治”。由是緣故，如來於無相法中隨理順根，生信起行，生善斷惡，流演八萬四千法，餘教門種種差别同趣大菩提故。

“迦旃延”，此云“剛剩”，有云“文飾”。《施設足論》云“剃髮種”，未詳所以。“生滅心行，説實相法”者，緣生之法，四相所遷，生滅之謂也。生滅之法，從因緣生，緣生之法，體無自性，實相之謂也。又小乘由執生，故有“無常”、“苦”、“空”、“無我”等四義；由執滅有“寂滅”義，前四是厭，後一是忻。今大乘悟不生不滅，故是“實相”義。而迦旃延言“緣生無常”，即是以小乘實相法也。“無常即實相”者，“常”、“無常”不二，即“實相”；離“常”説“常”，即“生滅”。下之四義，准此應知。

“‘苦’義即‘實相’”者，《思益》云：知苦無生，苦聖諦。《大經》云：凡夫有苦無諦，二乘有苦有諦，菩薩解苦無苦，而真諦皆“實相”義也。此大、小五義難明，故略寄一。喻如母養孩子，見啼不止，懼之云：“鬼來！”一歲已下，聞鬼不懼。此喻凡夫聞五陰無等五，心不厭也。二、三歲已去，聞鬼即懼。此喻二乘聞無常等，心厭離也。年至十五，聞説“鬼來”，了鬼本無，但假言説，止[④]兒啼故。此喻菩薩了陰無生，[□□][無常][⑤]苦等，但[□][是][⑥]如來假名

① “以悉檀”三字底本、録本脱，結合文意，據甲本補。
② 四，底本不清晰，録本訛作“問”，結合文意，據甲本改。
③ 未，底本、録本脱，結合文意，據甲本補。
④ 止，底本、録本訛作“至”，結合文意，據甲本改。
⑤ “無常”二字底本、録本脱，結合文意，據甲本補。
⑥ 是，底本、録本脱，結合文意，據甲本補。

方便，引導物故，此真義也。

"阿那律"，秦言"如意"，亦曰"無貧"，或云"無滅"。過去曾施辟支佛一食，九十一劫常在天上，受如意報，故云"如意"。恒無貧乏，故云"無貧"。善根不滅，故云"無滅"。又云：因入佛塔剔燈，照九十一劫，善根不滅，今得天眼報，故云"無滅"也。

"五通等"者，若聲聞依四禪定，起通有功德，作相而見，知外道等。"無爲不應有見"者，若聲聞依惠（慧）斷惑，名"擇滅無爲"，不應有見也。大乘天眼，即中見色，圓觀三諦，權、實雙觀，即寂而照，故無此難。如下文自明也。大小殊途，有此懸别。而或者以近、遠之見約數量而分大小，不亦謬哉！又佛心無不寂，故照無不見；惠（慧）不離定，即寂而照；故見而無二也。

"優波離"，秦[①]言"上首"，[□□□□][亦曰"近執"][②]，亦曰"近取"。以本[□][親][③]近八釋子，執事取與，故云"近執"、"近取"。言"上首"者，以初與八釋子同時出家之時，如來先度爲上座，故云也。

"律行"者，有二：一、本來不犯；二、犯能悔。此波離之律行也。今浄名以法身真性本浄，根[④]智迷以，復悟爲律行也。故《經》云：唯佛一人住戒，餘人皆名污戒者。又下文云"是即具足"，明此經法性尸羅，一心具足萬行，豈二百五十而言"具足"哉？"重增"者，小乘懺法，要深見罪累，起重悔心等言"滅"也。故關中、天台皆云：以背真妄犯，若爲罪垢，志誠悔懼，復名"重增"。今申一釋，罪之自性，不生不滅。昔二人犯罪，不生見生，名"初犯"；今波離爲懺，不滅言"滅"，名"重增"也。若是罪本不生，今悔亦無滅，即去除滅也。《普賢觀經》云：若欲懺悔者，當求真實相。"真實相"者，即是悟罪之與心俱不滅也。此云"持律"，可不妙哉！

"第九解脱"者，斷修惑。九地各有九無礙、九解脱。今非想地中，第九解脱，得無學持心。况衆生心性本浄，妄想若垢者，既妄想見垢，明垢非垢。

① 秦，録本訛作"奏"，結合文意，據底本改。該字甲本亦作"秦"。

② "亦曰近執"四字底本、録本脱，結合文意，據甲本補。

③ 親，底本、録本脱，結合文意，據甲本補。

④ 根，甲本作"報"。

取我顛倒亦然。其猶病眼見花，病痊即知花體本無。故生師云：僧而諦者，明真非諦也。"生滅不住"者，夫爲罪者不可以一念成，若積念而成罪者，即念自生滅，刹那不住，豈可罪哉？復次，念若不積，即一念無因；念若住積，非有爲法。復次，設使一念自成，罪者刹那不住，豈得懺而復滅哉？

"是名'奉律'"者，此法性尸羅即法身自性，菩薩大士如是奉持也。"羅睺羅"，此云"覆障"者，亦表"密行第一"。"捨輪王位"者，輪王治世，舉國皆行十善，豈可捨衆善而尚獨善哉？"出家功德之利"者，有云説"剃[1]落之利"。如《大悲經》云：但使性是沙門、污行沙門、形是沙門披著袈裟者，於彌勒佛乃至樓至佛所得入涅槃，無有遺餘。天台云：羅睺説四果所得十智、三明等利也。

"無利無功德"者，竊尋出家，略有三别：一、捨愛欲眷屬，名爲"出家"。二、斷除見修，出三界獄，名爲"出家"。三、深悟大乘生死涅槃，非縛非解，漏與無漏，不垢不净，不取不捨，無得無證；了法界之如幻，覺真性之亡依；名"究竟大乘"，真出家也。故《經》云："以無所得故，得阿耨多羅三藐三菩提。"此净名大士無利、無功德之出家，豈羅云捨三界之過患、得涅槃之功德名"真出家"？"假名"者，生死涅槃俱假名。故下文云："我及涅槃，此二皆空。以何爲空？但以名自（字）[2]故空。""出淤泥"者，凡夫以五欲爲淤泥，二乘以取證爲淤泥。"四取"者，即四受也。又云不受三界及涅槃也。

"阿難"，此云"歡喜"。佛得道夜，復生阿難，歡喜生故，父王名之也。復次，宿世善根，見者歡喜，故名也。"勿謗如來"者，小乘謂佛是業生身，現身成道；大乘以悟身本無身，爲法身應物，現身爲跡身，是即應物爲疾，非實疾也；今執爲實業所招，豈非謗歟？諸教云金槍馬麥等言，例同斯解。"即是法身"者，小乘以丈六爲生死身，《五分》法爲法身；大乘以即色豈（是？）[3]空，丈六即真，真即法性常住，非思業生，即陰即空，及過三界。空即清净，何漏爲有？四相流動，生滅無性。即遷非遷，故曰"無爲"。"諸數"者，有爲四相數

① 剃，録本訛作"剃"，據底本改。該字甲本亦作"剃"。
② 自，此當爲"字"之借字。該字甲本作"字"，可參。
③ 豈，甲本作"是"。"是"字義長。

也。遠云：非思欲者，斷煩惱障；過三界者，離分段果；無漏者，破所知障；無爲者，離變易果。崇福云：非思欲者，非思業生，生自在故。"是我過三界"者，三界是苦，過三界苦即是樂也。"無漏"者，有漏之(云?)[1]垢，無漏即净也。"無爲"者，有爲法無常，佛身無爲即是常也。"如居士言"者，佛身真常，如前所辨；此顯實也。不生五濁，現病利物，此開權也。不言不現，執病身爲實，聞病是應，明身非我，有此開權也。然身非我有，即爲物故有；爲物有身，即身非身，爲法身也。此亦顯實矣。經文若此，理亦皎然。而惑者乃謂至《法花》方云"開權顯實"、到《涅槃》始辯"當身""法身"者，不亦謬見經文乎？又《法花》亦云：爲五濁故，開一乘爲三乘。此經亦爲五濁故，示法身爲疾身。知三是僞與了病是應，何殊？悟三即一與覺應即真，何别？又《大經》亦云：吾今此身，即是常身法身。此經亦云："'佛身'者，即法身也。"又云："佛身無爲，不墮諸數。"豈可離此丈六而辯無爲哉？而滯教失旨之徒至《法花》執一定一，謂諸經不一；到《涅槃》報佛是常，即言"諸教未常"。豈有不二法門而非一，實相般若而非常？是知窮原造極，理不可殊；隨根互顯，教不可一。名教無定，明理本無名。無名之名，曷可執名而封見矣？

"五濁"者，亦云"五滓"，名異意一：一、劫濁，謂大小三災，時危在險。二、衆生濁，六道雜居，業苦相繫。三、煩惱濁，貪、嗔、癡、慢甚增盛故。四、見濁，身、邊、邪等執不可移。五、命濁，壽命短促，習善無成。《悲花經》明成劫、壞劫、空劫無濁，住劫至二萬歲下方[2]有濁也。《十地經》六濁，《尼乾子經》有十二濁，經數無定。即知劫末聖遥，何者非濁？而"五"、"六"等言，隨根布教耳。

菩薩品

前品既聲聞致辭，理應次命菩薩。所以不先命者，若大士致辭，即聲聞息命。引進之道，豈可無施？天台辯呵菩薩之意，略陳有五：[□][一][3]、顯

---

① 結合文意，此"之"似爲"云"之形訛。該字甲本作"是"。

② "下方"二字底本、録本訛作"六万"，結合文意，據甲本改。

③ 一，底本、録本脱，結合文意，據甲本補。

净名勝德。二、轉方便教。三、快成净土。四、爲入《大品》、《法花》方便挊胤[①]。五、印定成經。

初顯德者，前雖聲聞稱揚，如與小兒捔[②]力，未足爲健。今若菩薩順伏，方表净名德。大人尊爲，則法教可行，豈勝劣於人哉？

二、爲轉稟漸教菩薩入圓妙門者，菩薩同，識深教别。《俱舍》即云：三阿僧祇修行六度，百劫種相好因，兜率下生，八相成道，初坐道樹。由是凡夫三十四心，方成等正覺。此取浅[③]也。二、《大品經》説三乘共行十地，二乘斷而取證，菩薩斷而不證：所謂乾惠（慧）地（外凡）、性地（内凡）、八人地（初果向第八人）、見地（初果）、薄地（二[□][果][④]）、離欲地（三[⑤]果）、已辯地（四果）、辟支佛地、菩薩地、佛地。此即三乘同觀無生，證有淺深。“三獸渡河”“三箭中鍋”皆喻此也。此次深也。由離三乘之見，《仁王》、《瓔珞》五十二位。始初十信修成圓覺。能一大乘更無别類。此更深也。由位行多門，詞殊致别，非即[□][即][⑥]多即一，不思議圓妙之道也。《花嚴》云：如是學者，

① 《龍龕手鑑·手部》：“挊”，同“挵”。《集韻·送韻》：“弄，《説文》：‘玩也。’或從手。”胤，甲本作“亂”，誤。“胤”此讀爲“引”，一聲之轉，指經文的曲調。《文選·馬融〈長笛賦〉》：“乃相與集乎其庭，詳觀夫曲胤之繁會叢雜，何其富也。”唐李善注：“胤，亦曲也。字或爲‘引’。”錢唐沙門釋智圓述《維摩經略疏垂裕記》卷第八：“四爲入《大品》、《法華》弄引。”[T38n1779p809b14—15]字正作“引”。“弄引”猶言前奏、序曲，引申指引發義。宋四明沙門知禮述《觀音玄義記》卷第三：“‘弄引’者，‘引’去聲，謂曲弄之前必有引起。”[T34n1727p912a26—27]也作“哢引”。唐天台沙門湛然述《法華文句記》卷第一（上）：“言‘哢引’者，以譬顯也。講哢家之引，故名‘哢引’。亦可正哢，亦得名‘引’，如歌引舞，‘序’義可知。故正説如哢、二序如引，故引亦歌也。謂譚述也，亦引發義。古人章疏以‘胤’音之，便作‘胤’釋。”[T34n1719p152a27—b2]

② 捔，録本訛作“桷”，結合文意，據底本改。該字甲本亦作“捔”，可參。

③ “取淺”二字底本、録本訛作“最識”，結合文意，據甲本改。下文“此次深也”、“此更深也”，可參。

④ 果，底本、録本脱，結合文意，據甲本補。

⑤ 三，底本、録本訛作“二”，結合文意，據甲本改。

⑥ 即，底本、録本脱，結合文意，據甲本補。

不從一地至一地，[一地]①具[□][足]②一切諸③地。《楞伽》云："寂滅真如，有何次？"《大經》云："雪山有草，名曰'忍辱'。牛若食者，能出醍醐。"非乳酪之漸。此《經》云："一念知一切法，是道場成就一切智故。"一位一切位，一行一切行。一豪之善，發迹駐佛，非圓非偏，而假號"圓頓大乘"也。昔諸大士，隨根禀化，異執成迷。夫佛究竟，圓妙大道。今净名大士，彈呵折伏，皆令釋偏詣④圓，解漸開頓，成不思議解脱之道也。

三、快成如來真净七義者，昔來大士各禀偏淺意，謂娑婆定穢，燈王定净，莫不厭穢忻净，而保著情深，去道彌遠。今净名彈呵，令知即穢即净不二不别，故下阿難之悟佛事、香積之悔見穢，皆其意⑤也。

四、爲入《法花》、《涅槃》方便拚胤者，爲諸大士既不能頓悟圓妙，各禀偏漸，今净名[□][彈]⑥折利根之徒⑦、即座悟入者，前第二[□][門]⑧收也。其鈍根緣異，藉次(此)⑨彈呵。後聞《大品》、《法花》、《涅槃》等，故得悟入者，即因令彈呵折，後方悟也。故《法界性論》云：若利根人，於《摩訶般若》入法界。若中根人，於《法花》入法界。下根人，於《涅槃》入法界。故知《花嚴》初教悟者，乳教中入。次《阿含》中悟，酪教中入。此經及《方等》諸經中悟，生蘇教教入。法障《般若》中悟，熟蘇教入。《法花》、《涅槃》，醍醐入。

五、爲印定成經者，昔日呵詞，未蒙印可，今對佛宣揚，如來印許，便成法教，因流遐遠⑩也。"彌勒"，此云"慈氏"，姓也。名"阿逸多"，此云"無勝"。"不退行"者，兜率欲界之天，著樂⑪故多退轉，故彌勒爲説不退行也。但有進

① "一地"二字録本脱，據底本、甲本補。
② 足，底本、録本脱，據甲本補。
③ 諸，底本、録本訛作"法"，據甲本改。
④ 詣，録本訛作"諸"，據底本改。該字甲本亦作"詣"，可參。
⑤ 意，甲本作"致"。
⑥ 彈，底本、録本脱，據甲本補。
⑦ 徒，底本、録本訛作"法"，據甲本改。
⑧ 門，底本、録本脱，據甲本補。
⑨ 次，甲本作"此"。
⑩ 遠，録本訛作"逮"，據底本改。該字甲本亦作"遠"，可助勘。
⑪ "著樂"二字甲本作"樂著"。

有退,偏教之所厭忻;非進非退,圓妙之所絶待。今净名以絶[①]待之不退破彌勒有待之進退也。若分别明者,"不退"有四:一者理不退,性相常住故。二者位不退,不退入二乘外道故。三者行不退,智證無生故。四者念不退,寂而常用故。《俱舍》種妙相因爲不退者,唯位不退。共行十地,性地爲位不退,見地爲行不退,漸教别具四不退,未發十信前是理不退。十住位不退,初地行不退,八地念不退,圓教方圓具四不退。今大士多用不退難也。

"郢匠"者,事出《莊子》。彼云:郢人以堊漫其鼻,匠石運斲成風,去其堊,而不傷鼻。引此意匠雖能運斲[②],必藉郢人不動之質。今净名雖能彈,亦須彌勒能受也。"交臂"者,《莊子》云:"[□□][孔子][③]謂顔回曰:'我與汝終身交一臂而失[④]之。'"意言無常遷變,念念相失[⑤]。"授記"者,覺性真常,無成無得。言"授記"者,引未悟之流也。若聞記而執著成得,非真得記也;未若悟陰體空,無得爲得,名"真記"也。《金剛》云:我於燃燈佛所無有少法可得,燃燈佛與我授記。若分别者,如《首楞嚴經》説,有四種授記:一、有未發心而與授記。二、密爲授記。三、現前授記。四、見無生授記。前三有得記,後一無得記。今大士呵前三之有得,令[⑥]契後之無得。"捨於分别菩提之見"者,有進有退,有得不得,而取捨交馳,忻厭異志,皆分别菩提之見,非真見也。"不可以身得"者,方便教菩薩以相好之身爲身得菩薩,盡無生智爲心得菩薩。諸數類然。若既[⑦]究竟説者,有相之身非菩提,有智之心非菩提,未若即相無相,即心無生,二俱寂滅,即寂滅是菩提,滅諸相故。"諸相"者,生、住、異、滅等四相也。此下法句皆即破而立也。

"玄軌超駕"者,明玄軌萬行,超然獨駕,至平夷之處,而不見平夷之相也。"光嚴道場"者,林泉幽棲之處,是事跡之道場。覺心即真,是悟理之真場。且一念惡心,頓迷法界;返妄得真,萬行常净。斯即了一心而萬行即真

① 絶,録本訛作"經",結合文意,據底本改。該字甲本亦作"絶",可助勘。

② 斲,底本、録本訛作"斯",結合文意,據甲本改。《説文·斤部》:"斲,斫也。"

③ "孔子"二字底本、録本脱,結合文意,據甲本補。

④⑤ 失,底本、録本訛作"夫",結合文意,據甲本改。

⑥ 令,録本訛作"今",底本不清晰,結合文意,據甲本改。

⑦ 既,甲本無。

道也，覺一塵而法界圓净場也。豈能等閑地而爲道場哉？“智惠（慧）現見諸法”者，妄識取相，失真著僞，不名“現見”；正智照理，返僞得真，名“現見”也。“一念知一切法”者，小乘以四諦真理釋滅異品，有[①]苦可厭，[□][有][②]惑可斷，故三十四心成佛。大乘以一色一香無非中道，一心一智俱含萬行，故即一念而能知也。此乃不思議之智，豈彼三十四心可思議智也？言“三十四心”者，出《俱舍論》，謂[③]如來菩提樹下魔軍退後，以八智、八忍斷見，九無礙、九解脱即修，故云“三十四”也。理實修惑，三界九地。地九品，各有九無礙、九解脱，即九九八十一品無礙、八十一品解脱，今各在一九者，唯□（非）[④]相一地爾。下之八地，有漏法中先以斷故。

“持世住静”者，此爲諸方便教菩薩不修定之方便執也。然捨喧就静，似乖平等之旨，故净名呵也。“魔佛二界一如等真”者：魔界者，俗諦也。佛界者，真諦也。方便菩薩觀未窮中道，適俗背真，緣俗妄照[□][之][⑤]心往來，爲魔所入。圓教菩薩圓照中道，真俗一如，三諦等觀，照無往來，故魔不能入。故《仁王經》云“在[⑥]有常修空，處空常萬化”也，即其意也。

二、緣修觀有出入之間者，此真修緣出梁、齊法師所用，其能深妙也，故天台用之。

三、“緣修”者，智、境異故。境即真諦，智即般若。智緣真諦，斷惑成聖。此智外有境。世言“真修”者，智境一故；真諦常净，即净而照；未常不净，未常不照，如如意珠，珠體圓净，净光恒照，真而且照，塵垢恒袪，故曰“真修”。故方便菩薩，境外有智，作意方照；故有時不照，未作意間，魔所入也。圓頓真修，即境即智，理照不二，理照觀無出入，魔不入也。魔者，四魔也：一、天魔。二、煩惱魔。三、陰魔。四、死魔。今言“魔”者，天魔也。《大經》説：“常樂我净。”魔無樂、無常、無我、無净。魔者，此並煩惱魔也。《大論》

① 以上乙本殘。

② 有，底本、録本脱，結合文意，據甲本補。

③ 謂，底本、録本訛作“俱”，結合文意，據甲本改。

④ 非，録本作缺文，底本無，結合文意，據甲本補。

⑤ 之，底本、録本脱，結合文意，據甲本補。

⑥ 在，底本、録本訛作“世”，結合文意，據甲本改。

云:"除諸法實相,餘皆魔事。"即自出道正觀外,諸妄念皆魔事也。

"身命財修三堅法"者,謂身堅、命財堅。釋此三堅,淺深有四:一、世間三堅。不害他身,救病施食,得身堅;不斷他命,放生止殺,得命堅;不盗他財,惠施無悋,得財堅。二、聲聞三堅。精修無漏,恒觀無常,得五分法身無漏惠(慧)命、七聖法財,無能損壞,故云也。三、方便教菩薩三堅。真如法身,金剛不壞。般若惠(慧)命,觀無斷滅。萬善法財,圓修無缺。此菩薩三堅[①]也。四、圓覺三堅。謂法性真常,即寂滅恒觀,照萬善功德,□(即)[②]事而真。此之三堅,即一而三,即三而一,非三非一,能三能一。故《大經》云:摩訶般若解脱法身,不縱不横,不一不異。"般若"者,惠(慧)命也。"解脱"者,法財也。"法身"者,真身[□][也][③]。此之謂究竟常住三堅也。"非法之物"者,女爲壞道之緣,特爲菩提所忌,故云也。亦表方便教菩薩未能會理,故爲净名所呵。"沙門"者,舊云"□(乘)[④]門",此云"功德多",言"修道勞",又云"勤勞",言"志誠",義名爲"息"。次得無漏,生死休息,或云"净志"也。"俛仰"者:[□][俛][⑤],低頭也;"仰"者,舉首也;言閔默不已,强自與之。"我已捨矣"者,明大士常住捨心。"法願具足"[□][者][⑥],女(汝)[⑦]聞法法足、順魔願願足也。

"云何止於魔宫"者,弟子辞[⑧]師,理宜[⑨]請誨也。示[⑩]以無盡燈門[⑪]者,是明來即法樂以自利者,[□][去][⑫]則無盡燈以化他;是即二利行圓,去、來常

① 堅,録本訛作"坐",據底本改。該字甲本亦作"堅",可助勘。

② 即,録本作缺文,底本無,結合文意,據甲本補。

③ 也,底本、録本脱,結合文意,據甲本補。

④ 乘,録本作缺文,底本無,結合文意,據甲本補。

⑤ 俛,底本、録本脱,結合文意,據甲本補。

⑥ 者,底本、録本脱,結合文意,據甲本補。

⑦ 女,此爲"汝"之借字。

⑧ 辞,底本、録本訛作"解",結合文意,據甲本改。

⑨ 宜,底本、録本訛作"會",結合文意,據甲、乙二本改。

⑩ 示,底本、録本訛作"不",結合文意,據甲本改。

⑪ 門,底本、録本訛作"一",結合文意,據甲本改。

⑫ 去,底本、録本無,結合文意,據乙本補。下句:"是即二利行圓,去、來常益。"可助勘。

益，無礙妙辯，其在兹焉！"'善得'亦云'善施'"者，大士妙證，何行不圓？然隨門引物，故各有所美。善得迹於事施無恪，而未能窮施之原（源）①，妙通萬行，故爲净名開以法[□][施]②也。亦蓋屬③爲唱和，豈曰"必然"？

"設大施會"者，昔父母行施邪祠法，或殺牛、羊、人等，祀天求福。善德詭跡居之，迴邪祠爲正施，而未能即事入理④，行大法施，故净名因呵以通之也。如《俱舍》：小乘明⑤菩薩方便行六度行，皆以不惜財寶、不惜身命爲六度滿。今大乘皆以六度之行與實相相應，同真際，等法性，住大悲願；一毫之善，等施衆生，同證菩提，名"法施圓滿"也。故《俱舍論》頌云："爲由悲普施，被折身無忿。讚歎底沙佛，以無上菩提。"此皆以不惜身命圓滿故也。《金剛》云：不住色布施，乃至割截身體，無我無人。《大般若》云：檀波羅蜜清净，一切智清净，無二無别；乃至般若清净亦然。此以理契實相，功濟含生，稱理行施，隨根起願，故名"圓滿"。今净名呵前事中六度，令人入後實相六度也。

持正法起隨喜心者，此隨喜之喜心，亦法喜之喜，以令彼我持法，皆行隨喜心也。亦以俱持正法故，同得法喜。"大捨捨萬有"者，方便大士捨怨親，亦捨無量心；圓頓大士捨萬有，方名"捨無量"。亦以行窮實相，故云"捨"也。"離身心相，起精進"者，此有二解，一云一心求⑥道，不悟身心，亡身受命，名"精進"。與實相理合，常住實相，身心相空，名"真精進"。有相心生，即名"懈怠"。故云"以離身心相起"也。

問："諸論皆云精進波羅蜜體以心所諸⑦善十一中進數及取隨行三業爲體，乃至檀以捨惠數及身口等隨行三業⑧爲六度本體。此六度大體，未離五陰身心，云何此中乃云精進之相離身心取耶？"

① 原，甲本作"源"。
② 施，底本、録本脱，結合文意，據甲本補。
③ 屬，乙本作"互"。
④ 理，録本訛作"埋"，據底本改。該字甲本亦作"理"，可助勘。
⑤ 明，底本、録本訛作"時"，結合文意，據乙本改。
⑥ 求，底本、録本訛作"非"，結合文意，據甲、乙二本改。
⑦ 諸，底本、録本訛作"法"，結合文意，據乙本改。
⑧ 業，録本訛作"耶"，據底本改。該字甲、乙二本同作"業"，可助勘。

答:“理不然也。何者?大乘深經,須窮實相五陰名數。佛以外道初計邪生,故示陰界名數,正因緣之法,引彼二乘,令除我見。奈何解釋深妙,仍懷偏小之見乎?又佛爲二乘説陰界入,欲令悟法無我,智(知)①有爲無常,亦不欲令於數法多少執計爲實爾。若執爲實,去道愈□(緬)②。復次,大乘説陰界入法,亦不欲③存法。何者?法若定是五陰,不應説十二入。若定十二入,不應説十八界。五、八無定數,當知數非數。陰界無定相,當知相非相。陰界無定名,當知名無名。故上文云‘法無形相,如虚空故’、‘法無名字,言語斷故’。此皆即相爲無相,則名爲無名,是即依經,非有色、受、相、行、識之求,非有界入之求,爲真求法。若此而推,豈可以陰界名數中而辯六度實體耶?若真求者,應離身心相,即實相中求也。幸諸④學者熟詳其致哉!”

教化衆生起空等者,若依小乘及諸論,明三三昧緣四諦、十六行。《摩訶衍經》明三三昧因緣諸法實相者,即與經文甚相符會。何者?大乘四諦即無生四諦,俱以苦集等無生爲諦,不以苦集而爲諦也。若以苦集等無生爲諦,諦即實相緣。此實相起三三昧,即與小乘永(乖?)⑤異也。而經文云教化衆起空等者,實相之照,權實智圓,故即化而空,在空者常化,空、有不二,權實雙照,故云也。不捨有爲起無相者,小乘滅諦滅相爲無相,大乘即相爲無相。即此無相名爲“實相”,故不捨有而自無也。“示現受生,而起無作”者,小乘以息諸求作,名爲“無作”;大乘以體作無作,故終日作而不乖⑥於無作。此不思議實相之無作也。乃至下《不思二法門品》於一解脱門即三解脱皆同。此道會理無二也。

“正行善法,起於净命”者:言“邪命”者,謂邪利活命,若修行之人執陰求善、著見起修、邪心求善、欲活惠(慧)命,皆邪命也。若正觀中道,即法本真,

① 智,此當爲“知”之借字。甲、乙二本即作“知”。

② 緬,底本無,録本作缺文,結合文意,據甲、乙二本補。《廣韻·獮韻》:“緬,遠也。”

③ “不欲”二字底本、録本訛作“欲不”,結合文意,據甲、乙二本改。

④ 諸,底本、録本訛作“請”,結合文意,據乙本改。

⑤ 結合文意,此“永”似爲“乖”之訛俗體。待考。

⑥ 乖,底本、録本訛作“永”,結合文意,據甲、乙二本改。

萬善自圓，功德常净，既不取相，求利資神，故云“净命”。“解衆生縛，起修行地”者，法性常寂，非淺非深，而諸經列行①、位陳淺深者，皆引物方便，起行次第。此雖法性之外事，而是起行之次位也。又云：真理非淺非深，故無修行次位也。以惑是有爲結縛，解之即有次位也。“知一切法，不取不捨”者，而注云“造心分别”者，謂分别相而無相，方入實相，實相之相即是一相；一相無相，假名通物，故名“一”也。“施主等心”者，施佛敬深，施貧悲厚，以淳厚之慈悲，崇重之誠義，俱隳壞生死，到大涅槃，故云“等心②”，福田同相也。“無所分别”者，諸相非相，是如來身；五陰皆空，名“貧士質”。法性無二，施、報俱亡，以此而施，故無分别。

文殊師利問疾品

上既室外三品，破法折伏，此下品主法攝受。故《勝鬘經》云：“應折伏者而折伏之，應攝受者而攝受之。……以折伏、攝受故，令③正法久住。”此下六品經文，天台略用四意通釋：一、明來意。二、明文殊獨堪問疾。三、釋問之疾④。四、將二度通經。初來意有五：一、爲赴時⑤衆渴仰之心。二、明三觀攝受。三、快成如來净土之化。四、爲⑥入《大品》、《法花》方便。五、爲還佛印定。

初赴衆渴仰者，上諸王、士庶、弟子、菩薩稱揚净名勝智勝德，大衆雖生渴仰，未獲見聞。若非文承旨問疾，何以赴彼信心，知權、實二疾，悟不思議解脱之深旨也？二、明三觀攝受引入。上來《方便品》訶王臣滯有之心，《弟子品》呵聲聞[□][滯]⑦空之惑，《菩薩品》呵方便菩薩未圓之行。若不文殊、

---

① “諸經列行”四字底本、録本訛作“經殊行”，結合文意，據乙本改。

② 心，底本、録本訛作“以”，結合文意，據甲、乙二本改。

③ 令，底本、録本訛作“言”，結合文意，據甲、乙二本改。

④ 疾，録本訛作“度”，據底本改。該字甲、乙二本同作“疾”，可助勘。

⑤ “有五一爲赴時”六字録本誤置於“釋問之疾”前，據底本及甲、乙二本乙正。

⑥ “爲”前底本、録本衍一“時”字，結合文意，據甲、乙二本删。

⑦ 滯，底本、録本脱，結合文意，據甲、乙二本補。

净名對揚攝受，如何悟入圓妙之門？所以文殊入[□][室][1]，與净名對揚，宣一心三觀，令悟究竟不思議□(莫)[2]二之道，故有此下諸品來也。三、爲快成如來净土化者，若因文殊問疾，聞不思議解脱之説，剋疑三觀，悟入不二，自曉净穢二皆非垢非净，垢净爲物，非真垢净，得法性之净土也。四、爲入《大品》、《法花》之拤胤者，二乘方便菩薩，利根即座悟者，得無生法忍；鈍根之徒[3]因二大士聲讚圓妙，聲聞號叫自傷，菩薩計滯漸融，至《大品》、《法花》方便，得無生法忍，開佛知見，乃至得常住妙果。五、爲還歸印定者，若因文殊揚六品經文，廣演權實二疾[4]，真應利物即得，净名擎衆歸圓，讚揚印定，辯佛事之不同，見妙喜而利物，成不思議解脱净土之大益也。

文殊獨堪問疾者，其意乃多，唯出五種：一者位高故堪。文殊與諸菩薩雖同居等覺，而初心後位亦有淺深。故《瓔珞經》曰：雖住等覺，住百千萬劫，入重玄門，是即諸入等覺初心，故淺。文殊净名等覺後心，位高故堪。餘人位卑，故不堪也。二、垂跡故堪者，諸人多是實居等覺，文殊净名本是龍種金粟，而跡居等覺；餘人實者不堪，文殊同是垂跡故堪。三、顯圓者，諸大士本跡豈可定測？但諸菩薩輔佛，多示方便教門，故悉爲净名所折。文殊、净名，輔佛顯圓，所顯既同，故獨堪也。四、物情所愜。諸菩薩輔佛行[□][化][5]，何□(得)[6]都不演圓？但化物緣淺，縱往問疾，衆情未愜。文殊化物緣深，往問必忻，慰友獨堪也。五、機緣不同。諸菩薩與净名有折攝之機，如砧槌成物；文殊與净名扣繫之機，如兩槌成物。故文殊入室，互爲賓主，遞相往復[7]，成就利物，所益良多。

三、明所問之疾者，有二種：一者實疾，漏業爲因。二者權疾，大悲所起。净名能化，非疾而疾，故名爲“權”；衆生所化，惑業所招，名“實”。故下

① 室，底本、録本脱，結合文意，據甲、乙二本補。
② 莫，底本脱，録本作缺文，結合文意，據甲、乙二本補。
③ “鈍根之徒”四字底本、録本訛作“觀根之”，結合文意，據甲、乙二本改。
④ 疾，底本、録本訛作“廣”，結合文意，據甲、乙二本改。
⑤ 化，底本、録本脱，結合文意，據甲、乙二本補。
⑥ 得，録本作缺文，據底本、甲、乙二本補。
⑦ “復”字前底本、録本衍一“成”字，結合文意，據甲、乙二本删。

文"菩薩疾者,從大悲起",此即權也。"今我此痛,皆從前世妄相顛倒諸煩惱生",此即實也。釋此二疾,即爲二門:初實,後權。將釋實疾,略作三門:一、因果分别。二、因果相錯。三、輕重相對。

初因果分别者,"三因"者,即是貪、嗔、癡等分,此四煩惱所起業果爲因。故《經》云:"皆從前世妄相顛倒諸煩惱生。"又《大經》云:貪、瞋、癡慢而爲病[①]因也。言果相病[②]者,由彼漏因,感得地、水、火、風四大之身生、老、病、死五盛陰苦之果。相對者,貪對水大。《經》云:[□][愛][③]水[□][潤][④]生。二、瞋對火大。《經》云:瞋燒善根。三、癡對風大。《經》云:"四倒暴風。"四、等分對地大。等分相即三毒等起,地大亦三大必俱。又《瑞應經》云:貪欲致老,瞋恚致病,愚癡致死。准此義推,等分對生。故下文云:有生死即有病。

二、因果相錯者,六根萬境,貪、瞋互起,則有八萬四千煩惱之因病也。四大各起,互相錯摩,一大不調,百一病惱,四百四病,乃[⑤]至萬病之果疾[⑥]也。

三、輕重相對者,順常三毒,兼修歸戒,故名爲輕。十惡、四重、五逆、斷善謗法,此名"增重"。輕因則感四大、四苦、人天之報,名"輕果"也。三塗、無間、四大、四苦,增劇之處。名"重果"也。

第二明權疾者,《大經》明五行,謂聖行、天行、梵行、嬰兒行、病行。此五行前三自利,後二利他。是則同小善邊,名"嬰兒行";同煩惱邊,名"病行"。大慈起嬰兒行,大悲起病行。故下文云:菩薩病[□][者][⑦],以[⑧]大悲起故也。《大經》云:菩薩住三諦三昧,具二十五三昧,破二十五有衆生之疾也。二十五有三昧者,《大經》云:一、無垢三昧,破地獄有。不退三昧,破畜生有。

①② 病,録本訛作"痛",據底本改。該字甲本作"疾"、乙本作"病"。
③ 愛,底本、録本脱,據乙本補。
④ 潤,底本、録本脱,結合文意,據甲、乙二本補。
⑤ 乃,底本、録本訛作"及",結合文意,據甲、乙二本改。
⑥ 疾,録本作"疫",底本不清晰,結合文意,據甲、乙二本改。
⑦ 者,底本、録本脱,結合文意,據甲、乙二本補。
⑧ 以,録本訛作"次",據底本改。該字甲、乙二本同作"以",可助勘。

心樂三[□][昧][1],破餓鬼有。歡喜三昧,破修羅有。如幻三昧,破閻浮有。日光三昧,破東弗婆提有。月光三[2]昧,破西拘耶尼有。熱焰三昧,破北爵單有。不動三昧,破四天王有。難伏三昧,破忉利天有。悦衆三昧,破焰摩有。青色三昧,破兜率有。黄色三昧,破化樂有。赤色三昧,破他化有。白色三昧,破初禪有。種種三昧,破梵王有。雙三昧,破二禪有。雷音三昧,破三禪有。注雨三昧,破四禪有。無礙三昧,破無想有。照鏡三昧,破那含有。如虚空三昧,破空處有。常三昧,破識處有。樂三昧,破無所有處有。我三昧,破非想、非非想處有。

四、以權、實二疾通釋此品及下五品經文。"通此品"者,從"居士是疾,何所因起"已下,至"衆生病從四大起,以其有疾,是故我病"已來,明净名大悲權疾[3]。利物方便,從物慰喻。"調伏"已下,外事慰喻,内觀調伏,爲所化實。文有三疾謂"調伏":文初[4]以"空"調"有"疾。二、"以無所受而受諸受"已下,以大悲入假,以"有"調"空"疾。三、"非真非有"已下,以調未聞之行。是即初"空"調"有",破見思疾。二、以妙有悉空,破塵沙無知疾。三、以中道正觀,遣[5]無明住地之疾也。

通下五品經文者,以《問疾品》略問權、實二疾。垢薄之徒、八千天子發菩提心,其餘大士未即開發,故净名、文殊次下五品廣明二疾。何者?於《不思議品》演大士權假大用,名"廣權疾"也。《觀衆生品》廣明空,《佛道品》廣明假,《不二法門》、《香積品》廣明中道,廣實疾也。詞理寬廣,比喻良多。其所證道得果,所益多矣。故知六品經文[□][詞][6]殊意贍,言異理苻,總是明菩薩病行。

---

① 昧,底本、録本脱,結合文意,據甲、乙二本補。
② 此處録本復衍一"三"字,據底本、甲、乙二本删。
③ 疾,甲、乙二本作"病"。
④ 此處底本、録本衍一"初"字,結合文意,據甲、乙二本删。
⑤ 遣,録本作"遺",底本、甲本不清晰,結合文意,據乙本改。
⑥ 詞,底本、録本脱,結合文意,據甲、乙二本補。

“文殊師[□][利]①”此云“妙德”，新云“妙吉祥”。《首楞嚴經》下卷云②：“曾已作③佛，號‘龍④種上尊’。”深往者之情者，謂歎上净名，令同往諸⑤人，深生信敬⑥，故曰“深”也。“空室”者，此表净土之廣宗也。釋迦將説⑦佛國，現土表於蓋中。净名示不乖宗，空室顯於方丈，故文殊問室空。所以答云：“諸佛國土亦復皆空。”復次，昔衆生迷故，净土變爲三界，法身變爲天魔外道。净名悲化，亦不現。今文殊入室談論，群生剋悟；悟則三界性空，故空室表之；愛見歸道，故無侍表[□][之]⑧；净名悲願，故見度表之。

“不來相而來”，叡云：鳩摩羅什法師正玄文、摘幽旨，始悟前譯之傷本，謬文之乖趣。至如“不來相爲辱來，不見相爲相見，未緣法爲始神，緣合法爲止心”，諸如此比，無品不有，法師並正之。復次，從庵園故，不來而來；見空室故，不見而見。復次，百千天人滯有，故定見五百聲聞；説空，故不見菩薩；處中，故不見而見也。復次，衆生迷生，故見來；迷死，故見去。既復於生死去來莫能自達，要因大士應物來去，方悟於無來去耳。又，見無相理，名“真不見”；取六塵相，非真可見。衆生昔來，妄著僞見。今文殊入室，必令衆生見無相見之可見，妄相見、倒見，自然永⑨斷，更不可見也。

“寧⑩可忍否”者，菩薩自既無疾，何有可忍不可忍？既爲衆生疾，即衆生疾可忍、菩薩疾可忍，衆生疾不可忍、菩薩亦不可忍也。若約衆生論疾，辯忍、不忍者，不墮八難，生值佛法，名爲“可忍”；聞法受行，名“療有損”。一受不退，名“不憎⑪”也。又，五逆斷善，謗《方等經》，不可懺悔除，不可忍；餘非

① 利，底本、録本脱，結合文意，據甲、乙二本補。

② “卷云”二字底本、録本訛作“養之”，結合文意，據甲、乙二本改。

③ 作，録本訛作“化”，據底本改。該字甲、乙二本同作“以”，可助勘。

④ 龍，録本作“就”，底本不清晰，結合文意，據甲、乙二本改。

⑤ 諸，録本訛作“法”，據底本改。該字甲、乙二本同作“諸”，可助勘。

⑥ 敬，底本、録本訛作“義”，結合文意，據甲、乙二本改。

⑦ “將説”二字底本作“明説法”，録本訛作“□明説法”，結合文意，據甲、乙二本改。

⑧ 之，底本、録本脱，結合文意，據甲、乙二本補。

⑨ 永，底本、録本訛作“不”，結合文意，據甲、乙二本改。

⑩ 寧，底本、録本訛作“定”，結合文意，據甲、乙二本改。

⑪ “不憎”二字底本、録本訛作“爲增”，結合文意，據乙本改。

邪定聚，故可忍也。亦可一切犯前，皆墮三惡，是不可忍；三歸五戒，已知修善，根勝故可忍。復，次三界輪迴，皆不可忍；二乘出離，是可忍也。復次，二乘半字，滯彼化城，是不可忍；大乘滿字，方名“可忍”。復次，方便大乘未入圓妙，名“不可忍”；圓頓究竟，方名“可忍”。

“療治有損”者，此亦約衆生，論菩薩損、不損也。大士以法藥療生，有損、不損。應作四句料簡：一、根鈍遮重，善根力微，重業所[□][障][1]，縱施法藥，療不可損。二、根鈍遮輕，如槃特比丘誦一偈得羅漢果。三、根利遮重，如鴦掘魔羅殺人，見佛得悟。四、根利遮輕，如身子、目連聞二諦得道，迦葉自性無是等也。此之四種，初入定不損。二、三人過佛勝緣得損，不過勝緣不損也。第四人過皆損。

“不至增乎”者，此亦以衆生病增、不增，辯增、不增也。如世人病四種：一者從得病漸增，名“增增”。二、初重後逾，名“增損”。三、初損後增，名“損”。四、初輕後損，名“損損”。約此明菩薩度生，亦有四種：一者增增，如善星、調達等破法、壞[2]僧之流也。二、初增後損者，如鴦掘之流，初殺等業甚重，後出家聞法，發悟甚勝。三、初損後增者，如釋論明一比丘修得四禪，謂是四果，臨終見生處，謗無涅槃，便墮地獄；及諸爲法出家、後滯名利、執師謗法之徒，名“損增”也。四、損損者，即身子等聖人是也。

“從癡有愛”者，有師解：“癡”是邪見迷理，“愛”是貪瞋迷事。此之二惑，攝一切惑，生死衆病由此而生也。又云：癡是無明過去因，引生今身愛見現在因，引生未來身。以此癡愛相續十二因緣輪迴不絶，故名“從生”也。此明悲之始。

“不必就己[3]爲言”者，有緣之悲，即從發心起；諸無緣之悲，與諸佛身同體；是即衆生癡愛，與法性同源；無緣大悲，共真如合體。衆生始背法性，即名“癡愛”；菩薩返迷達性，即名“大悲”。故今就悲體爲言，不就發心受稱，故云也。

① 障，底本、録本脱，結合文意，據甲、乙二本補。
② 壞，底本、録本作“懷”，此當爲“壞”之訛字。結合文意，據甲、乙二本改。
③ 己，底本、録本訛作“已”，結合文意，據甲、乙二本改。

"六十二見"者，背理起見，故云"見"。言"六十二"者，《中有論·涅槃品》頌云："滅後有無等，有邊等常等。諸見依涅槃，未來過去世[①]。"

釋曰："滅後有無等"者，謂如來滅後，有如來、無如來、亦有亦無如來、非有非無如來，此四見依涅槃起；神及世間、有邊、無邊等四見，依未來世起；神及世間、常、無常等四見，依過去世起。三四十二見，歷五陰，起成[②]六十見。頌又云："何者[③]爲[④]一異[⑤]。"長行釋云：何者"身"即是"神"？（一義也。此是斷見也。）何者身異於神？（異義也，此是常。）依六十見上，加此根本、斷常二見，名"六十二見"。《大品經·佛母品》云：神及世間常是事實，餘妄語；乃至神及世間、邊、無邊皆如是執見，名"六十二見"。

問："云何離六十二見即諸佛解脱？"

答："《論》頌云：'涅槃之實際，及與世間際，如是十二際者，無毫釐差別。'《論》又頌云：'諸法不可得，滅一切戲論，無人亦無處，佛亦無所論。'即二際平等，離諸戲論，名'法佛解脱'。"

"衆魔外道皆吾侍"者，魔著愛惑也，外道執見惑也，方便教解愛爲禪定，破見爲智慧，此定惠（慧）[⑥]順真，名"有侍"也。今圓妙教，悟愛著即解脱，了邪見即正見。既縛、脱平等，邪、正無二，故無侍也。"慰喻"等者，恐新學菩薩畏懼生死、退失大悲，故安慰之。若悟有爲無常苦等，即不貪世間；既[⑦]不著世間，即能廣積福惠（慧）；福惠（慧）既積，自然生死不能爲患；若能不畏生死，大悲之行成矣。又有罪累，故生死不畏。若[⑧]能一念發菩薩心，一念隨喜大乘，即衆罪自滅，何畏之有？故《寶積經》云：一念發菩薩心，衆罪消滅。《涅槃》云：聞"常住"二字，不墮惡趣。《法花》：聞經净信，常生佛前也。又，

① 世，底本、録本作"也"，結合文意，據《中論觀涅槃品第二十五》[T30n1564p36a15]改。

② 成，底本、録本訛作"來"，結合文意，據甲、乙二本改。

③ "者"前底本、録本衍一"如"字，結合文意，據甲、乙二本删。

④ 爲，底本、録本作"是"，結合文意，據《中論觀涅槃品第二十五》[T30n1564p36a29]改。

⑤ 異，底本、録本訛作"果"，結合文意，據《中論觀涅槃品第二十五》[T30n1564p36a29]改。

⑥ 惠，底本、録本訛作"通"，結合文意，據甲、乙二本改。

⑦ "既"字前底本、録本衍"既不貪世間"五字，結合文意，據甲、乙二本删。

⑧ 若，録本訛作"名"，結合文意，據底本改。該字甲、乙二本同作"若"，可助勘。

愍彼受身，非己業繫，故無累也。又，宿世長劫，無益受生，上不辭勞[①]，今答衆生，何患之有？又，悲心愛生，增福無量，福積報勝，何有畏哉？又，理既如然，即安而無憂，無憂即道利[②]日[③]進，道則必[④]作醫王，果成則能普濟群品。所望如此，[□□□□□□□□□][即生死之患不足畏焉][⑤]。

[□□□□□□□□□□□□□□□□][“當起法想”者，昔外道計身爲我，不受佛化][⑥]，故云佛權説藴界處等。今知藴等法中實無有我，既除我見，得二乘果。二乘我見雖除，不了如來權説藴界，執此爲實，名爲“法執”。故佛次於大乘爲説藴界緣生，生無自性，令悟不生不滅法觀也。是即藴處三法，俱我執也。因成相續、相待三假，俱破法執也。空病亦空前我、法二病。執法定有爲病，悟法本妄，即病除也。今第三執空之病，乃是捨有之無，執言成病。若悟言假，病即自除。故生云：且以言迹除之。此是言迹似有，非言實也。復次，佛以假名[⑦]之空，遣[⑧]凡夫定有之有；則有既不有，空亦不空。而惑者聞空，不能遣[⑨]有，而乃捨有執空。故生云：空以無病，病有空耳。謂即有而空，此空無病；捨有執空，有空爲病耳。故《大論》云：諸説即於空，爲欲破諸有。若有得空者，諸佛所不化[⑩]。肇師亦云：捨有而之空，其猶逃峰而赴谿，俱不免患也。

“以無[□□□][所受而][⑪]受諸受”者，此是大士大悲，入假化物，即《瓔珞經》中第二從空假入觀也。前歎菩薩德，云開閉一切諸惡趣門，而生五道，

① “辭勞”二字底本作“能”，録本訛作“能□”，結合文意，據甲、乙二本改。

② 利，録本訛作“别”，據底本改。該字甲、乙二本同作“利”，可助勘。

③ 日，録本訛作“曰”，據底本改。該字甲、乙二本同作“日”，可助勘。

④ “則必”二字底本作“即”，録本訛作“即□”，結合文意，據甲本改。

⑤ “即生死之患不足畏焉”九字底本、録本脱，結合文意，據乙本補。

⑥ “當起法想者昔外道計身爲我不受佛化”十六字底本、録本脱，結合文意，據乙本補。

⑦ 此處底本、録本復衍一“名”字，結合文意，據甲、乙二本删。

⑧⑨ 遣，底本、録本訛作“遺”，結合文意，據甲、乙二本改。

⑩ 化，底本、録本訛作“作”，結合文意，據乙本改。

⑪ “所受而”三字底本、録本脱，結合文意，據乙本補。

以現其身。《方便品》中,净名居[□][家][1]、淫室、酒肆,及下《佛道品》明行非道爲佛道,皆是菩薩正悟無生。三界六道、二乘涅槃,觀如夢幻,絶[2]其業因,故無受。大悲權迹,同事受生,故云"而受"。三界六道、二乘涅槃,所受不一,故云"諸受"。

"貪著禪味是菩薩縛"者,注云:上界受生,二乘取證,皆由著禪者。又解,上界禪味,前愛見門收。此中言"禪味",唯取二乘住空三昧,沈空滯寂,所以爲縛。故《勝鬘經》云:"二乘持空三昧瓶,醉般若無相酒。"斯之謂歟!

"以方便生"者,注云:"爲物受生,彼我無縛。"所以爲解者,謂隨攝受生,則爲繫縛。以大智慧,了生無生,而方便現生,方[3]名"解"也。"有方便惠(慧)解"者,此四[□][句][4]揀[5]權、實二智,偏有即縛,證圓方解。關中以六住已下,皆偏證未圓;七地已上二知,圓證方解,亦可然矣。又,准《仁王般若經》,登地已上,二智即圓;八地已上,用而常寂。即地前爲縛,登地爲解。又此四章,前二章就化他行明方便,後二章就自行明方便也。

"雖樂遠離,而不依身心盡"者,謂二乘得滅度,化火焚身,名爲"盡";滅智論空,名"心盡"。菩薩法身無身,而身同六道;真心無心,無心而智周萬有;故云"不盡"。"雖行三界,而不壞法性"者,三界緣生,生而無實,即是法性;而惑者六道受生,隨形染著,著形失利,而言"壞法性"也。"三十七品",如前《佛國品》。"行四無量,不貪著,生梵世"者,凡夫依緣根本定,加修無量,爲諸禪王也;菩薩知如幻,故不生著也。"行禪定解脱"者,禪定是色界,四禪[6]定是無色。四空定三昧者,非空無相無願也,乃是有覺有觀等三三昧。謂有覺有觀,初禪也;無覺有觀,中間禪;無覺無觀,二禪已去,此三三昧。凡夫隨禪受生,非菩薩也。若空、無相等三觀四諦,理非受生,法故不同[□][也][7]。

---

① 家,底本、録本脱,結合文意,據甲、乙二本補。

② 絶,底本、録本訛作"泡",結合文意,據甲、乙二本改。

③ "方"字前底本、録本衍"便"字,結合文意,據乙本删。

④ 句,底本、録本脱,結合文意,據甲、乙二本補。

⑤ 揀,底本、録本訛作"楝",結合文意,據甲、乙二本改。

⑥ 禪,底本、録本訛作"攝",結合文意,據甲、乙二本改。

⑦ 也,底本、録本脱,結合文意,據甲、乙二本補。

不思議品

“我爲法來,非爲床坐(座)[①]”者,身子答[②]意云:“我從庵園本爲法來,非爲床坐(座)[③]。而扵[④]此中忽然念床,非本心也。”“非有色、受、相、行、識之[□][求][⑤]”者,此一段文,净名示[⑥]以法性無生,故無法可求也。復次,文殊奉命五百八千爲法隨從。然忻法之情既慇,保著之心亦固。既情慇執固,所已(以)[⑦]前品雖略明三觀,但得天子發心,而未能深悟無生法忍。今將因念座,欲顯不思議品之大用,故先遣滯法之心,忘彼求取之意,諸來隨從自然息機會□(極)[⑧]、遣[⑨][□][封][⑩]喪滯,近即得法眼净,遠能不二法門也。陰界處等名數,廣如林苑明也。“無見苦求”者,四諦[⑪]有二種:小乘以見苦、斷集、證滅、修道爲四,此苦實苦爲深諦,乃至滅道亦然。大乘了苦無生名“苦”,真諦乃至集、滅亦然。此之四諦,即一真諦;此乃名四而體一,不同前小乘名四而體四也。[□][故][⑫]《思益[⑬]》云:知苦無生,名“苦諦”;知集無和合,名“集聖諦”;以不二相觀,名“道聖諦”;法本不生,今則無滅,名“滅聖諦”。此大乘無生四諦也。若《遺教經》云“佛説苦諦,真實是苦,不可令樂[⑭];集真是因”等,此即是小乘四諦也。又《大涅槃經》云:凡夫有苦無諦(生樂想故)。二乘有苦有諦(覺陰苦故)。菩薩解苦無苦,而有真諦(覺陰無生故)。故《迦旃延

① 坐,甲、乙二本作“座”。《字彙補·土部》:“坐,與床座之座通。”

② 答,録本訛作“若”,結合文意,據底本改。該字甲、乙二本同作“答”,可助勘。

③ 坐,甲、乙二本作“座”。

④ 扵,底本、録本訛作“相”,結合文意,據甲、乙二本改。

⑤ 求,底本、録本脱,結合文意,據甲、乙二本補。

⑥ 示,底本、録本訛作“不”,結合文意,據甲、乙二本改。

⑦ 已,甲、乙二本作“以”。

⑧ 極,録本作缺文,據底本補。該字甲、乙二本同作“極”,可助勘。

⑨ 遣,底本、録本訛作“遺”,結合文意,據甲本改。

⑩ 封,底本、録本脱,結合文意,據甲、乙二本補。

⑪ 諦,録本訛作“啼”,據底本改。該字甲、乙二本同作“諦”,可助勘。

⑫ 故,底本、録本脱,結合文意,據甲、乙二本補。

⑬ 益,底本、録本訛作“答”,結合文意,據甲本改。

⑭ 樂,底本、録本訛作“異”,結合文意,據《佛垂般涅槃略説教誡經》[T12n389p1112a26]改。

章》云:“五陰洞[1]達,空無所起,是‘苦’義(此亦覺苦無生名“苦”義也)。”下文又云:“依於‘諸法實相’之義,明宣無常、苦、空、非我(此亦了苦無主名“實相”)。”上來所引,若苦等無生者,即無見苦求,乃至無斷集求等。

“若言‘我當見苦、斷集、證滅、修道’”者,此既不了生,是乖實相,非真言論,名“戲論”也。“由旬”者,或云“踰闍那”,或云“由延俞旬踰繕那”,此云“計合應爾”,謂計度量合爾,同此方驛也。古聖王一日行,《俱舍》十六里,餘經論或三十、六十、八十,無定數也。見應法師經音。

“此座高廣,吾不能昇”者,如來昔日鹿苑説小乘生滅四諦、十二緣,斷三界、九地惑,至非想[2]九解脱,證[3]盡無生智,名“坐解脱床”。如來撫接二乘,乃云:“我與汝等三人同坐解脱床。”此諸聲聞等不了如來隨宜所説,實謂[4]如來同坐此解脱床。故《法花》云:佛説“一解脱”義等,不得此法。二乘既謂佛同坐,豈能進求?今將欲奪小乘解脱,使知非真床,令[5]證不思議解脱之真座。然理不可頓,悟必有漸,故假燈王之床座,因遣權即實也。故《法花》云:“汝等但離虚妄,名爲‘解脱’,其實未得一切解脱。”“何故喻床?”答:“解脱止息,故如床[6]也。”

有神通非不思議者:二乘神通,增小減大。既未證大小之本一,謂物有大小之定相故,作通運用,增減於大小耳。既有作增減,故見大小之異形,故名“思議”也。菩薩知窮中道,權實[7]圓妙,理[□][窮][8]大小之形,智冥妙體之用,如明鏡無心而愛、惡自辨,真通不運而修、短自移。此法身本有之神通,豈二乘約[9]定運力有心之神通哉?

---

① 洞,底本、録本訛作“凋”,結合文意,據甲本改。
② “想”字前底本、録本衍一“相”字,結合文意,據甲、乙二本删。
③ “證”字前底本、録本衍一“床”字,結合文意,據甲、乙二本删。
④ 謂,底本、録本訛作“理”,結合文意,據甲、乙二本改。
⑤ 令,底本、録本訛作“今”,結合文意,據甲本改。
⑥ “床”字前底本、録本衍一“來”字,結合文意,據甲、乙二本删。
⑦ “實”字前底本、録本衍一“觀”字,結合文意,據甲、乙二本删。
⑧ 窮,底本、録本脱,結合文意,據甲、乙二本補。
⑨ 約,底本、録本訛作“初”,結合文意,據甲本改。

問:"二乘有心之通與菩薩本有之通何[□][别][1]?"

答:"[□□][二通][2]懸殊。二乘於有爲報得身[3]心上假定力以現通,心運即有,心亡即無。菩薩悟達法性體、用剋圓。法性體常,用焉生滅?法性本有,用豈修成?復以寂滅而常用,用而常寂,理無異體之用,亦無離用之體。既其即體即用,豈有心於運用哉?此菩薩法性之通,豈二乘定力之通也?"

"我等何爲永絶其根"者,昔聞隨宜所[□][説][4],謂實與佛同座解脱床;今聞别有解脱,名"不思議",量己[5]外用之不如,亦審内證之非實。又惟[6]大士之行,數越三祇。我今斷結,生涯甚近,既無進修之分,故致永絶之哀。又審己[7]證,不與佛同,即名"轉酪,成生蘇教"(《花嚴》:初、二果乘未益名"乳"。《阿含》:轉凡成聖,如轉乳爲酪。昔謂三乘同證第九解脱,今乃知佛不同,悔其取小,名"生蘇"。若至《般若》,佛令聲聞爲菩薩轉教;既教許傳,人未蒙記,會教不教,人爲熟蘇。若至《法花》、《涅槃》,教昔已(以)[8]傳,人今授記,即醍醐教)。又聞聲聞執佛同解脱果理,不進求故;此經偏析[9]解脱不同,遂懷絶分之歎言。若至《法花》、《涅槃》,聞一毫之善,理至佛果;一地所生、一雨所閏(潤)[10]一切衆生,皆有佛性,凡有心者,咸[11]皆作佛;即自悔昔,[□][心][12]忻[13]其同,[□][悟][14]佛子所應得者,我亦得之,何哀[15]歎之有?

① 别,底本、録本脱,結合文意,據甲、乙二本補。

② "二通"二字底本、録本無,據文意補。

③ 身,録本訛作"自",結合文意,據底本改。該字甲、乙二本同作"身",可助勘。

④ 説,底本、録本脱,結合文意,據甲、乙二本補。

⑤⑦ 己,底本、録本訛作"已",結合文意,據甲、乙二本改。

⑥ 惟,底本、録本訛作"增",結合文意,據乙本改。

⑧ 已,底本、録本訛作"己",結合文意,據甲、乙二本改。

⑨ 析,録本訛作"折"。按:敦煌寫本"木"部、"扌"部相亂,底本"折"當爲"析"之換旁俗字。兹據録正。

⑩ 閏,此與"潤"同。甲、乙二本即作"潤"。

⑪ 咸,底本、録本訛作"滅",結合文意,據乙本改。

⑫ 心,底本、録本脱,結合文意,據甲、乙二本補。

⑬ 忻,底本、録本訛作"折",結合文意,據甲、乙二本改。

⑭ 悟,底本、録本脱,結合文意,據甲、乙二本補。

⑮ 哀,底本、録本訛作"念",結合文意,據甲、乙二本改。

[□][且][1]理妙根龕，教不可[2]□(類)[3]，故令一音之教，有不同之解。而法師未能深取經旨，而聞絶分之言，便云[4]定性二乘永無佛性，此蓋未深喻至人權實之説。"凡夫下劣，不能如是逼迫菩薩"者："凡夫"者，凡夫人也。"下劣"者，二乘及地前菩薩名"下劣位人"也。故《無垢稱經》云：凡夫劣位，非其所堪也。

觀衆生品

"衆生"者，《大論經》云：衆緣生故，名爲"衆生"。此緣生無自性釋也。《般若燈論》云：數數生故，名爲"衆生"。即餘經云：補特迦羅，翻名"數取趣"，釋同此也(此受生無自性釋也)。《大品經》云：無有法可名"衆生"，但假名故，號爲"衆生"(此體空無自性釋也)。此上經論三釋言異理同，雖[□][舉][5]"有爲衆生"之名，乃是返悟無生之教。諸釋[6]言"有情"，即似定有衆生，然於簡異無情之門，似精於致教悟理之門，非無小失，幸諸達者深審、詳佛旨焉。

"第五大"等者，前四大實有，故不取爲喻；五大本無，故喻衆生本無生也。第六陰等，准釋亦然。餘教云：第二頭，第三手，龜、毛、兔、角，皆同此喻，本無生也。"行寂滅慈"者：菩薩觀衆生空、入無生觀已，還爲衆生説是無生觀門。衆生得無生忍，即是與衆生無生忍樂，故名"慈"也。已(以)下"寂滅慈"等，諸名雖異，體只是一。今悟無生忍，即此忍上廣依義建立諸名也。何者？只令生悟無生，無生即寂滅。煩惱不生即"不熱"，二世無生即名"等"。無生即無起，無起故無浄法。無生故"内外不合[7]"，不合[8]即"不二"。無生[□□□][故無失][9]，無失[10]故"不壞"，無生信故"無毁"。無生不染，故

① 且，底本、録本脱，結合文意，據甲、乙二本補。
② "可"字前底本、録本衍一"同"字，結合文意，據甲、乙二本删。
③ 類，録本作缺文，底本不清晰，結合文意，據甲、乙二本補。
④ 云，底本、録本訛作"之"，結合文意，據甲、乙二本改。
⑤ 舉，底本、録本脱，結合文意，據甲、乙二本補。
⑥ 釋，甲、乙二本作"譯"。
⑦⑧ 合，底本、録本訛作"會"，結合文意，據甲、乙二本改。
⑨ "故無失"三字底本、録本脱，結合文意，據甲、乙二本補。
⑩ "無失"二字底本、録本訛作"即無盡"，結合文意，據甲本改。

即“性净”。無生本無，故“如虚空”。無生破法，故名“阿羅漢”。無生即至安人，故名“菩薩”。無生即真如，相無去來，故名“如來”。覺法無生，名“佛慈”。無生理常，非因緣生，故“自然”。無生無是非，故菩提一味。無生絶[1]待，故無比。無生大乘救大苦，故“大悲”。無生離彼我，故無厭忻[2]。令悟無生，即萬行並[3]施，名“無惜”。無生毁禁罪滅，悟無生，故忘彼我。無生能忘懈怠惑，故名“精進”。無生即定味不生。無生即二智並明，故知時也。無生即能應物現生，故“示現”。無生即二邊見破，故直心無隱。無生即深入一相，故不雜。無生真鏡，故不假。無生即究竟涅槃，故云“佛樂”。可謂一念無生，萬行剋備，一行一切行，一慈一切慈。故《大品》云：“般若雖空，一心具足萬行。”即其事也。

“室有一天女”者，前净名方丈一室多座，此室何以空？諸佛國土，亦復皆空。即知净名方丈非寬非狹，應物度生，示寬狹爾。今天女法身菩薩，法身非女，而現女身，以表净名非男現男也。故下文云：天女得無生忍，以本願故，隨意能現。復次，衆生空如第五等，而諸聽衆未知何以故空，故因天女現身，廣示天女無相也。“是花無所分别”者，天女法身菩薩，觀花無相，不見著身爲犯、離身爲轉，故云“是花無所分别”。“仁者自生分别”者，身子小乘，不了花性無生，乃見著身爲犯戒、證身爲持戒也。“已斷一切分别相”者，五陰性空，不見著之爲犯、離之爲持也。戒[4]既爾，定、惠(慧)亦然。小乘入定爲定，出定爲亂；大乘定亂一相，亦無分别也。又，小乘入觀緣真名“惠(慧)”，出觀緣俗[5]非“惠(慧)”；大乘觀真、俗[6]不二，即心無生名“惠(慧)”。故無異緣分别也。“結習未盡”者：聲聞餘惑，對小乘教言，正使已斷，但餘習氣；若對大乘，聲聞所餘煩惱，直是結使，非習氣也。何以知之？故《法花經》云：二乘但出火宅，露地而坐，未登寳乘，去道常遠。昔三界本苦，妄[7]謂爲樂。今

① 絶，底本、録本訛作“維”，結合文意，據甲、乙二本改。
② 忻，底本、録本訛作“折”，結合文意，據甲、乙二本改。
③ 並，底本、録本訛作“慈”，結合文意，據甲、乙二本改。
④ 戒，甲本作“於花”。
⑤⑥ 俗，底本、録本訛作“僧”，結合文意，據甲、乙二本改。
⑦ “苦妄”二字底本、録本訛作“者受”，結合文意，據甲、乙二本改。

離虚妄，名爲"解脱"。若發菩薩心，修行十住，乃至妙覺白牛寶乘，始名"一切解脱"。故知聲聞已斷之惑但是離妄，非名"斷是正結"。若得菩薩一切解脱，方始斷正使爾。《仁王》亦云："從習忍至頂三昧，皆名爲'伏一切煩惱'，唯佛頓解。""不名爲'信'，漸漸[①]伏"者，准此十地灌頂上云是"伏"。二乘斷惑，豈使所餘皆習氣乎？將以如來方便，抑遠令近，故説所斷爲使、未斷者習。理實所斷虚妄，其惑甚微；未斷無明，其累至厚。故名"結"也。"解脱者無所言説"者：小乘解脱離俗證真，故名"證者亡言"；大乘即俗而真，故即言無言；故名字言説，皆解脱相也。

"增上慢"者，有七慢。有此一數也：一、慢。於劣計勝，或等計等。二、過慢。於等計勝。三、慢過慢。於勝計勝。四、乘慢。於五取陰執我。五、增上慢。無漏勝法名"增上"，未爲得爲慢。六、卑慢。於多分殊勝，計已少分下劣。七、邪慢。謂實無得計有。故今聲聞解脱，非是諸佛解脱，計[②]已同佛，即是未得，爲增上慢。"一切女人亦當能轉"者，大士法身，非男非女，應物故現女。舍利弗報身本非女，神通所轉乃作女。衆生法性本非女，煩惱妄業變成爲女。身子若了自女即非女，亦了一切女人即女無生，故非女也。故云"非女而現女"也。以此妙悟，説以示人。今悟即女非女，此乃轉爲法身，不同二乘轉女爲男也。"已得當得，如恒河沙"者，當、已二世，不言今世者何？一釋云：小乘唯知一娑婆，不知有十方佛土。當、已相累成佛，可言"恒沙"。今唯一佛，與"恒沙"之文不便，故不舉。一解[③]云：文舉當、已，現在例有，但成[④]有得之難，何要三世之數？

---

① 此後一"漸"字甲、乙二本作重文號，底本、録本訛作"之"，結合文意，據甲、乙二本改。

② 以上丙本殘，以下甲本殘。甲、丙二本前後相接，字體筆法亦同，當由同一寫卷割裂而成。

③ "解"字前底本、録本衍一"脱"字，結合文意，據乙本删。

④ 成，底本、録本訛作"來"，結合文意，據乙、丙二本改。

佛道品①

上《問疾品》云:"以無所受而受諸受。"今此品廣明三界六道、二乘異學皆是無受也。"無間",梵云"阿鼻"。新云"阿鼻"者,此云"無間"。此五種業,有四無間:一、趣報無間。二、身量無間。三、壽命無間。四、苦無間。"地獄"者,梵云"那落迦",此云"苦□(具)②",舊云"泥黎邪",或言"泥羅夜"。此云"非行",爲非法行處。"八邪法"者,謂邪見、邪思惟、邪精進、邪語③、邪業、邪命、邪念、邪定也。

"高原陸地"及"植種於空"者,譬二乘於擇滅無爲中求如來種也。此是捨生死之滅,非不生不滅之寂滅,故不得如來種也。"卑濕淤泥"及"糞壤之地",譬凡夫煩惱。若能聞經④妙悟⑤煩惱即菩提者,得見如來種。"壤"者,《尚書》云:"土無塊曰'壤'。""見無爲"者,取小乘見道十六心已去也。此有二緣不得如來種:一、以斷惑故,無復悟惑,即菩薩也。二、爲捨生死故,不能返入起大悲也。故下文云"如菩薩者,不盡有爲,不住無爲"也。

"不入煩惱大海,即不能得一切寶"者,二乘偏真,捨生死,證涅槃。既能捨此證彼,安能返入生死、大悲廣濟、以無所受而受諸受哉?如是偏悟,即不能得無上菩提。菩提,一切種智也。若菩薩中道,即生死,即涅槃;既不能捨生便證涅槃,亦能不離涅槃便入生死;未嘗不離,未嘗不濟;所以煩惱泥中起佛法身耳。"不絶其根"者,昔者佛爲聲聞説生身佛菩提樹下三十四心成道、雙林涅槃,不説如來常住法身不生不滅、應跡爲人、現其生滅,是以⑥聲聞但知三乘同有生身成道、灰滅涅槃,不知有法身常住、應跡生滅。今此經忽聞大士行非道爲佛道,即惑種爲佛種,謬自思惟煩惱已盡、餘報未機,將欲廣遊非道,漏業已除,即取菩提三祇行缺,復未知法性應生、大悲遊化,所以根敗之歎,由此生焉。若至《法花》,大悟權實,深知真應,故無此歎也。復次,聲

① 乙本以下殘。
② 具,底本無,録本作缺文,結合文意,據丙補。
③ 語,底本、録本訛作"悟",結合文意,據丙本改。
④ 經,底本、録本訛作"種",結合文意,據丙本改。
⑤ 悟,底本、録本訛作"晤",結合文意,據丙本改。
⑥ 以,底本、録本訛作"如",結合文意,據丙本改。

聞滅惑取真，偏悟乖中，以此取於無上佛法，失①之遠矣。凡夫雖具足煩惱，然未曾舍②惑取證。若聞大乘，自然能達③即垢即净，即色即定，圓真佛種由此而生也。或有尋經，未了此意，將[□][謂]④聲聞决定畢竟不得無上菩提，謬之甚矣！何者？若以煩惱爲佛性，二乘有無明住定煩惱，何得此惑獨非佛性乎？若以生死性即涅槃性，二乘有變易生死，何得此生死非涅槃性耶？且如嚴冬之月，水結成冰⑤；仲春之時，冰即爲水。迷時煩惱，覺了菩提。理況若斯⑥，更何惑意？況聲聞即指丈六，爲生死之身。《大經》[□][即]⑦云：吾今此身，即是常身法身。唯此生死即涅槃、煩惱即佛性之理盡矣。

"智度菩薩母"者："智度"者，正見也；"方便"者，萬行也；智而能信，法身始生焉。"法喜"已下至"塗香"等，明修持以增長。"摧滅"一行，明果⑧成。"雖知"已下，明答物也。"女"者，權智大非，曲順物心，如女。"男"者，實智正直，百非俱破，如男子[□][網]⑨發，不受邪諂。弟子塵身者，菩薩昔日⑩[□][倫(輪)]⑪迴，爲無明郎主、恩愛魔王之所策使；今成正覺，智圓惑盡，諸塵勞門皆爲佛事隨意策使，故如弟子也。無漏林樹者，離煩惱熱，如蔭覆於樹，得大清凉。覺意花者，此花結果⑫花也，結惠(慧)果故。下"花鬘之花"，此莊嚴花，非結菓花也。"解脱"者，此是九無礙、九解脱。[□□][解脱]⑬此

---

① 失，底本、録本訛作"夫"，結合文意，據丙本改。

② 舍，丙本作"捨"。

③ "自然能達"四字底本、録本訛作"迷"，結合文意，據丙本改。

④ 謂，底本、録本脱，結合文意，據丙本補。

⑤ 冰，底本、丙本均作"氷"。《字彙·水部》："氷，俗冰字。"下文"冰"字底本均作"氷"，徑録正，不復出校。

⑥ 斯，丙本作"思"。

⑦ 即，底本、録本脱，結合文意，據丙本補。

⑧ 果，底本、録本訛作"閑"，結合文意，據丙本改。

⑨ 網，底本、録本脱，結合文意，據丙本補。

⑩ "日"字前底本、録本衍一"明"字，結合文意，據丙本删。

⑪ 倫，底本、録本脱，結合文意，據丙本補。"倫"此當爲"輪"之借字。

⑫ 果，底本、録本訛作"草"，結合文意，據丙本改。

⑬ "解脱"二字底本、録本脱，結合文意，據丙本補。

已,智慧斷非想地[①]惑,至第九解脱,名“智慧果”也。下云八難解脱者,此是攝定解脱,非智慧法也。“八解脱”者:一、内有色觀外色。二、内無色觀外色。三、净解脱具足,住身作證。四、空處。五、識處。六、無所有處。七、非想非非想處。八、滅盡定解脱。

七净花者:惑、心二净,在七方便位;見净、度疑净、分别道非道净此三,世見道位。離身、邊、邪三見,名“見净”;離疑,名“度疑净”;惑見取、善識取、邪道、正道,名“分别道非道净”。行净在[②]修道位,離九地修惑,名爲“行净”。七、涅槃净,在[③]無學道。“净命生”者:所言“耶(邪)[④]命”者,謂[⑤]現異相等[⑥]邪心活命,名“邪命”也。離此邪命,名“净命”,謂净心活命也。今言“净命生”者:謂凡夫修禪爲貪著,生於梵世,無求出離,如此味禪,名“邪命”也。若求涅槃、厭患三界而修禪者,此之正求惠(慧)命,故云“净命生”也。“食”者,智慧也,資養法身故。“漿”者,禪定也,除欲渴愛故。

“净心澡浴”者,净心有三種:心净已度諸[⑦]禪[□][定][⑧]者,惑盡爲净,一也。净心觀佛靡[⑨]不忻者,信無疑爲净,二也。今净名好澡浴除罪者,懺悔除罪,三也。

“或現劫盡燒”等者,大三災劫也。

沼法師劫頌云:

“論空成、住、壞,皆第二十增,劫將欲壞時,十九壞情類。

唯一增減内,壞破器世間,有情居始壞,無間死不生。

畜鬼東、北、西,次南贍部州,乃至化樂天,時經[⑩]十九咸(減?)[⑪]。

---

① 地,底本、録本訛作“既”,結合文意,據丙本改。

②③ 在,底本、録本訛作“世”,結合文意,據丙本改。

④ 耶,底本、録本訛作“取”,結合文意,據丙本改。

⑤ 謂,底本、録本訛作“詐”,結合文意,據丙本改。

⑥ 等,底本、録本訛作“於”,結合文意,據丙本改。

⑦ “度諸”二字底本、録本訛作“慶法”,結合文意,據丙本改。

⑧ 定,底本、録本脱,結合文意,據丙本補。

⑨ 靡,底本、録本訛作“魔”,結合文意,據丙本改。

⑩ 經,丙本作“住”。

⑪ 咸,丙本作“減”。

怖災不造惡，乃無愛欲心，地空諸有情，並習二禪定。
有情既盡已，日熱四倍常，七日並現時，火災洞然起。
梵衆次梵輔，怖畏生二禪，梵王最後生，爾時名‘劫壞’。
過空十二已，界内風漸生，天人劫欲成，次後大風起。
倍廣量無數，厚十六洛叉，金剛不能壞，此名‘持界風’。
光音金藏輪，布[①]及三千界，如軸雨滿此，風遏不聽流。
深十一洛叉（准此《俱舍》深十一億二萬），風鼓成冰結[②]。
始作金剛輪，厚一億二萬（《俱舍》云：下八洛叉水，凝結成金），
廣十億三千（《俱舍》云：此水金輪，廣結十二洛叉也），四百踰繕那。
次有金剛雲，注雨滿其内，先成梵王界，次第至四天。
隨成有情位，妙高七山等，北、西、東及南，餓鬼及傍生，
乃至地獄界，時經一增減，方名‘器世’立。
二禪福盡者，不生贍部州。身量既倍長，所飡唯地味。
味没食騰露，露隱食粳米。貪生故不消，即有諸便穢。
身光貪故隱，日月由是生。男女形不同，因之起淫欲。
分地護粳米，不[③]與取盗生。立主憍置已[④]，殺罪由斯起。
自護犯他色，因此有邪淫。十惡次第生，隨罪入[⑤]三惡。
一人生無間，是名‘成劫滿’。即[⑥]起善惡報，便有集善人。
先生北、東、西，初天至梵世，如是次第生，時經九十劫。
一人初生梵，初名‘成劫初’。漸次生忉利，乃名‘成劫滿’。
後增減二十，是即名‘住劫’。八十度增減，方名‘一大劫’。
災火次第起，然後一風災。
七七火七水，始有一風災。火先起無間，上壞於初禪。

① 布，録本訛作“有”，結合文意，據底本、丙本改。
② “冰結”二字丙本作“結冰”。
③ 不，録本訛作“示”，結合文意，據底本、丙本改。
④ 已，録本訛作“醫”，結合文意，據底本、丙本改。
⑤ 入，録本訛作“人”，結合文意，據底本、丙本改。
⑥ 即，丙本作“既”。

次七火一水，八劫壞二禪。以彼極光净，壽命量如是。

八七火七水，兼彼一風災。六十四大劫，壞三禪遍净。

小三災起時，八萬百减一。至三十飢饉，年月日各七。

二十劫疫災，日月亦經七。十兵日惟七，從此倍又增。

增至八萬歲，是名爲'增極'。總此增减極，是名'一中劫'。（此小三災已下，頌即曰①釋偈②中"劫有飢饉"等文。）"

入不二法門

釋此品目，略分三别：第一釋"門"，第二釋"不二"，第三釋"入"。

初、言"門"者，能通爲"門"。故《法花經》云："以佛教門，出三界苦。"至理無言，言之者應物。物根不一，教亦多門。今分兩别：一、三乘差别門，三車出火宅是也。二、一乘圓悟門，唯有一門，而復狹小。是今不二法門，即後一乘門。然總言"不二法門"，别即此三十三門，隨教别入，會悟不二。若以理統收，亦可攝爲四門。師子菩薩："若達罪性，與福無異。"此言中存"不二"性，即"有門"也。妙臂菩薩云："觀心相空，如幻化者，無菩薩心，無聲聞心。"此言中是心如幻，二心齊空，即"[□][空]③門"也。電天菩薩曰："無明性即是明（存明即有），[□][明]④亦不可取（遣⑤明即空）。"此言中雙門：亦有、亦無門也。乃至善眼："若知一相是無相，亦不取無相。"亦此門也。普守菩薩曰："我尚不可得"，非有一門也；"非我何可得"，非無門也。此中二言各遣⑥，遣⑦已入真，即非空非有門也。諸門異説類，入此四門，攝之可見。是知"至理亡言"四句、斯"絶言以應物"四句皆門也。理由言顯，顯理之言，名"門"。言跡之興⑧，必有所寄。寄託之要，總此四焉。故《大論》云：般若波羅蜜，猶

① 曰，丙本作"是"。

② 偈，丙本作"偏"。

③ 空，底本、録本脱，結合文意，據丙本補。

④ 明，底本、録本脱，結合文意，據丙本補。

⑤ 遣，底本、録本訛作"遺"，結合文意，據丙本改。

⑥⑦ 遣，底本、録本訛作"遺"，結合文意，據丙本改。

⑧ 興，録本訛作"與"，據底本、丙本改。

如清凉池，四門皆入（此明悟理亡筌）。又云：般若波羅蜜，猶如大火聚，四邊不可取，邪見火燒故（此偈明執文即理也）。復次，亦可託自、他四句宣之。《中論》云："諸法不自生，亦不從他生，不共不無因，是故知無生。"亦是理即絶四也。教四起何者，德頂云："見垢實性，即無净相。"（此自句門。）此言中垢自性净，無别净也。"因有我[①][□][故][②]，便有我[③]所；若無有我，即無我所。"（此他句門。）此言此中假我、遣[④]我所，即他句也。明相云："前際、後際空，故中際亦空。"此前後等空，方得中際空也。珠頂王云："住正道者，即不分别是邪是正。"（此二共句門。）此言中亡即共亡，存[□][即][⑤]共存，故言"共"也。德藏云："有得爲二。若死所得，則無取無捨。"（此無因句門。）此言中更無因起，直云"本無所得"，故云"無因"也。復次，[□□□□□□□□□□□□□□□□□□□□□□□□□□□□□□□][總分二門：前三十一有待門，後二大士絶待門；亦可前三十一一語門，後净名大][⑥]士默然[⑦]門。所以此中人人各説者，明隨悟之門必多，所證之理不異。乃至大佛頂諸菩薩各説之意亦然。《華嚴經》：善等處處求善知識，一一善知識各各言："唯知此法門，而入法界。"亦其意也。故《經》云：泥洹真法寶，衆生以種種門入。

第二、言"不二法"者，萬法云云，其性不二，[□□][法性][⑧]實相即不二法。此法極理，本自亡名[⑨]。諸經立名，亦隨經不一。此言不二，《法花》言一乘。《花嚴》云：法界亦如如，真解脱法性。性空即理明智，亦曰"本覺"。故《大論》云："般[⑩]若是一法，佛説種種名。隨諸衆生類，爲之立異字。"

問："實相一法，何故名多？"

---

①③ 我，底本、録本訛作"乘"，結合文意，據丙本改。

② 故，底本、録本脱，結合文意，據丙本補。

④ 遣，底本、録本訛作"遺"，結合文意，據丙本改。

⑤ 即，底本、録本脱，結合文意，據丙本補。

⑥ "總分二門……後净名大"三十一字底本、録本脱，結合文意，據丙本補。

⑦ "默然"二字底本、録本訛作"黠若"，結合文意，據丙本改。

⑧ "法性"二字底本、録本脱，結合文意，據丙本補。

⑨ 名，底本、録本訛作"各"，結合文意，據丙本改。

⑩ 般，底本、録本訛作"彼"，結合文意，據丙本改。

答："法若有定名，一名不應多。應物有多名，明知法無名也。小乘《阿含》等定二法門，以要斷漏[①]得無漏故，捨垢取净也。《大品經》：三乘共行十地等，雙亡二邊，同證無生，名定不二。漸次大乘，五十二位，歷別修行，内照無生不二，名外涉有，即二名用；是即二名用，是即亦二亦不二。若圓妙大乘，未嘗不滅，未嘗不照，即[□□□□][寂而照，即][②]照而[□][寂][③]，是即即二明不二，即不二明二。此等二、不二，皆不思議也。前諸經論皆是如來方便引物。窮源盡性，此爲極矣。"

第三、釋"入"字。言"入[④]不二門"者，入，悟入，悟解入理，故名"入"也。不悟名"不入"。然論其真悟，了二空，心無所得，名盡相亡[⑤]，何入不入？是悟體無[□][名][⑥]，假名宣悟。既無名[⑦]相等，假名相説。諸經及此本文論"入"不同，亦作四句料簡。《法花》即云"出火宅"、"出化城"，此經即云"入不二門"，亦云"入一切諸佛法門"。言"出"者，迷[□][惑][⑧]繫縛，如囚處獄；若了惑性空，即縛自解，解即名"出"。然雖體本無生，亦可借"出"以名之。此言"入"者，明迷理。失真心，逐妄境，名"出"。若了妄即真，證理名"入"。證雖無入可入，[□][借][⑨]"入"以名之也。是即《法花》以脱惑爲"出"，此經以會理爲"入"。是知二教未嘗同，二理未嘗異。又，《法花》云："其人近出，未久之間。"又云："我於此所燒之門，安隱得出。"亦云："而生三界朽[⑩]故火宅。""此亦"入"亦"出"也。悟理脱縛，"出"也；大悲垂化，"入"也。故《大經》云：來時善逝，去[⑪]時善逝，故名"善逝"。此皆亦入亦出名"入"也。非出非入名

① "斷漏"二字底本、録本訛作"語"，結合文意，據丙本改。
② "寂而照即"四字底本、録本脱，結合文意，據丙本補。
③ 寂，底本、録本脱，結合文意，據丙本補。
④ "言入"二字底本、録本訛作"二云入者"，結合文意，據丙本改。
⑤ 亡，底本、録本訛作"云"，結合文意，據丙本改。
⑥ 名，底本、録本脱，結合文意，據丙本補。
⑦ 名，底本、録本訛作"亦"，結合文意，據丙本改。
⑧ 惑，底本、録本脱，結合文意，據丙本補。
⑨ 借，底本、録本脱，結合文意，據丙本補。
⑩ 朽，底本、録本作"杇"。按：此"杇"乃"朽"之增筆俗體，敦煌寫經中經見。
⑪ 去，底本、録本訛作"知"，結合文意，據丙本改。

"入"者,那羅延云:"世間、出世間爲二。世間性空,即是出世間。於其中不入、不出、不溢、不散,是爲入不二法門。"此非入非出名"入"也。"見垢實性"者,垢性自無,了垢無垢,名"垢實性"。"是動是念"者:"動"者,分别流動也。"念"者,專一不分别也。不動則無念,有動即有念。動若即空,何念之有也?"金剛惠(慧)"者,了達中道無生,則百非自决,縛解永亡,破惑窮源,名"金剛"也,即"無生忍知"之别名也。"有漏無漏"者:迷理滯惑,名之爲"漏";悟理契真,名爲"無漏"。方便教以地前爲"漏",登地已上名"無漏"。小乘《俱舍》即見前名"有漏",見道已者名"無漏"。此皆方便之説,非至説也。今經以萬累即真,理無餘惑,即惑而真,故無有二,故云"若得諸法等,即不起漏、不漏相"也。生公亦云:"萬善理一同無漏。"釋云:夫萬善本有,皆資理發理。既無異善不容二,但隨故[①]惡因,用生異名。論其解體,明鑒而已。始雖未能兼用,終極自冥,爲一解脱。既以故[②]惡爲理,至於始涉一毫,皆是無漏。譬明能除闇,故無闇不除。但明微闇盛,未能頓滅,非明理不足矣。"有爲"者,三界生滅有爲也。"涅槃",寂滅無爲也。"從我起二"者,以我一法爲"能待",即一切法爲"所待"。斯則觸緣對境,"我"皆爲二矣。前諸菩薩能、所皆剋相待,此即能待是剋,所待是慢[③]也。下云有所得爲二,即能、所皆得[④]。斯則趣一法,萬法皆待,故直云"有所得"也。"樂涅槃"等,此樂、厭爲二,不明涅槃[⑤]世間。何以故?前以明訖,不可重也。"非肉眼所見"者,肇公[□][曰][⑥]:"可以神會,難以事求。"此明不可肉眼見,但可惠(慧)眼悟解而已也。

香積佛品

前《不二法門品》雙亡二邊明體,此雙流净穢明用。何者爲雙[□][流][⑦]

①② 故,底本、録本訛作"政",結合文意,據丙本改。

③ 慢,底本、録本訛作"漫",結合文意,據丙本改。

④ 得,底本、録本訛作"漫",結合文意,據丙本改。

⑤ "涅槃"二字底本、録本訛作"夫",結合文意,據丙本改。

⑥ 曰,底本、録本脱,結合文意,據丙本補。

⑦ 流,底本、録本脱,結合文意,據丙本補。

邪？娑婆化菩薩往彼衆香，請佛[①]來化穢土。净土之教，流化穢土也。九百萬菩薩下至娑婆，請有盡、無盡解脱法門。將往香積，當念如來。此即穢土之教遊彼净國也。上來諸大士雖廣明垢、净無二，而惑者未能深信。故此中廣約净土不同，以明理體無二。復次，上《佛國品》隨調伏衆生而取佛國之净穢，故現事以驗之；今尋殊應之跡，會不二之理也。復次，上呵迦葉云："以一食施，一切供養諸佛。"未見其事，惑者寧無疑乎？故此中示一鉢之飯而足衆會。又，《善吉章》："於法等者，於食亦等；於食等者，於法亦等。"聽者皆疑。法有悟道之解，食無契真之分，何故云"等"？此明法、食俱得道也。此不思議之事，豈二乘之所量哉？復次，前空室除有，故此念飯便施不思議法食也。"八解脱"者，禪悦食也。身子受行，豈以雜欲界團食而聞[②]法乎？"未曾有食"者，食飯得道即法，法即食，此大悲勝化之佛事不思議食也（"娑婆"或曰"娑呵"，此云"忍界"。《悲花》云：此土衆生，忍受三毒。又云"雜惡"。亦曰"雜會"，謂雜惡之所會）。"四海有竭[③]"等者，四海龍魚之福，故有"可竭"之義。香飯如來之福，故無盡也。"無盡戒、定，所食之餘"者，明佛修施因時，無限心修，故今感果亦無限也。"一切德藏三[④]昧"者，因香悟理也。中道實相，圓具萬行，故得此"三昧"，德無不具也。即《經》云"王三昧"、"三諦三昧"等，皆異[□][名][⑤]也。又《經》云："般若雖空，一心具足萬行。"又《大經》云："金剛寶藏，無所缺減。"皆此三昧之異名也。然假[⑥]緣雖殊，於法飯而悟理，未易於真如。故雖净國之香，亦以悟圓中道爲三昧也。"是殺生報"者，報有三種。《論》頌云："皆能招異熟（異熟，墮三惡趣，異時而熟也），等流、增上果（等流報、增上報）。此令他受苦（招異熟也），斷命、壞滅故（斷命招等流、壞滅招增上也）。"又，十惡異熟同招三惡報，等流增上不同。

① 佛，底本、録本訛作"飯"，結合文意，據丙本改。
② 聞，丙本作"問"。
③ 竭，底本、録本訛作"渴"，結合文意，據丙本改。
④ 三，底本、録本訛作"之"，結合文意，據丙本改。
⑤ 名，底本、録本脱，結合文意，據丙本補。
⑥ 假，底本、録本訛作"後"，結合文意，據丙本改。

頌曰：

“壽短①先②非潔③，財乏多遭霜。不貞塵染④污，誑語臭非香。

親⑤乖皆險⑥曲，惡嚮棘荊荒。無威時變改，貪盛果非芳。

嗔增味辛苦，癡增果少亡。”

“多於彼國百千劫行”者，娑婆世界貧⑦善者衆，大士少行施，所利無疆，以是諸餘浄土之所不及也。復次，娑婆衆生，鈍根惑重，自非悲深忍大，何以剋濟群生？是即難行能行，難化能化，故一世利益多百千劫也（又，自利即穢土，不如浄土。如穢土利他即浄，不如穢土）。

菩薩行品

此下兩品，來意有多，略出其四：一、辭[□][佛]⑧問疾，廣説六品經文，事訖⑨歸還，因言印定。二者，此經大宗，浄土之化，入室談道，詞理似殊，故歸佛復宗，明所宣無異。三、彼來大士未見至尊，是故掌檠、躬問⑩、禮覲。四、緣在二人，室内度訖。緣在佛者，謂⑪將見佛。“七日乃消”者，肇曰“七[□][日]⑫勢消，飯之常力”者，治常飢渴，兼愈諸疾，故知是治世患也。如《放光》説法，先令聾者得聞，患者得痊，然與三乘道利。今之香飯亦然。故先七日消世患已，然後獲大小乘益也。又，《法花》以五乘善爲藥木治世患，爲乾地普洽。又云：“水灑面，亦是離熱惱也。”“如須扇頭佛”者，《大論》明須

① “壽短”二字底本、録本作“素矩”，結合文意，據丙本改。

② 先，底本、録本訛作“光”，結合文意，據丙本改。

③ 潔，録本訛作“粱”，據底本、丙本改。

④ 染，底本、録本訛作“流”，結合文意，據丙本改。

⑤ 親，底本、録本訛作“視”，結合文意，據丙本改。

⑥ 險，底本、録本訛作“陰”，結合文意，據丙本改。

⑦ 貧，録本訛作“貪”，結合文意，據底本、丙本改。

⑧ 佛，底本、録本脱，結合文意，據丙本補。

⑨ 訖，録本訛作“説”，結合文意，據底本、丙本改。

⑩ 問，底本作“同”，録本訛作“曲”，結合文意，據丙本改。

⑪ 謂，丙本作“須”。

⑫ 日，底本、録本脱，結合文意，據丙本補。

扇頭佛成道一日，[□][即][1]般涅槃，然後留化，化佛度人也。"八萬四千塵勞門即法門"者，諸説乃多，略舉一文，以通經旨。《賢愚經》云：佛始從光耀土，至涅槃夜，其間三百五十度説法，皆説成二千一百。又，以此對治四大六衰，成二萬一千。又，以此對治貪、嗔、癡等，分衆生成八萬四千也。《娑婆正議》云：十種隨眠一一皆已(以)[2]九隨眠爲方便，足成一百；此有前、後分各一百，合成三百。置本一百，就前分一百，一一皆以九隨眠方便成一千；後分一亦以九隨眠爲方便，復一千；兼本一百，成二千一百。已起亦有二千一百，未起亦有二千一百，是滿四千二百。約多貪、嗔、癡著我思覺，此之五人一一有四千二百，成二萬一千。更就三毒等等分四人以配，遂成八萬四千也。此八萬四千，迷即是塵勞門，對治即是法門。故《俱舍》云："有言諸法蘊，量如彼《論》説。或隨蘊等言，如實行對治。"

"是名'入一切諸佛法門'"者，夫至理無言，託群言而爲教；真事無事，即俗事而爲佛事；所以進止威儀、諸煩惱皆佛事也。既其真、俗[3]無二，净、穢一質，故入此門者無貪高與[4]没之見也。"地有若干"者，明釋迦成道，即沙礫爲土；彌勒成道，即七寶爲土；虚空無穢净，故無若干也。"佛身有若干"者，釋迦丈六、彌勒二百五十尺也。"無礙惠(慧)無若干"者，盡無生智慧同也。此皆小乘執事之見，非大乘達理之見，故大士舉平等以破之。復次，前隨文殊入室，聲聞皆以捨小慕大。諸餘園住者，此中寄呵阿難，令伏過，即亦皆捨小慕大。"深發一切智心"者，謂志願深重，不令半路退忘。復次，不令遇欲樂憂患便忽退妄(忘)[5][□][也][6]。"見來求"者，求法即令我法利日滋，求財即令我捨心彌廣，此即進我道利之善師也。"捨諸所有"，注云"妙期有在"者，斯在大涅槃[7]一切智果。"因果之虚"者，審檀度之因，必至一切智果也。

---

① 即，底本、録本脱，結合文意，據丙本補。

② 已，丙本作"以"。

③ "真俗"二字底本作誤"嗔僧"，録本訛作"嗔憎"，結合文意，據丙本改。

④ 與，丙本作"舁"。

⑤ 妄，此讀如"忘"(二字皆可音巫放切)。"退妄"即衰退忘失。佛典中經見。

⑥ 也，底本、録本脱，結合文意，據丙本補。

⑦ "涅槃"二字底本、録本訛作"斯"，結合文意，據丙本改。

“諸波羅蜜”者，前别説施戒，此言諸波羅蜜是餘四度也。“成己佛土”者，謂修彼如來行願之因，即彼如來嚴飾之事亦嚴我土。

見阿閦佛品

《無垢稱》云：見《如來品》，准前半品應云“見如來”，准後半品即云“見阿閦”，亦無異義。“以何等相觀如來乎”者，大乘真宗，遺相離著，而諸聽求，皆取相生信，故上文殊入室，净名空室以待之。《不思議品》身子求床，净名遣求以誨之。今二大士歸園，方將見佛，而諸聽者多著相求真，依身起信，故問其來觀，使陳無[□][相][1]之相，以覺悟故。文殊入室，不來相而來之；净名見佛，不見相而見之；身子求法，絶求心以求之；彌勒得記，離得記而得之。“妙絶常境”者：六塵之境，尋常境也；如來即色非色，故云“妙絶”也。“則真者同真”者：謂净名達悟，遣自相而見佛無相是同；法僞者同僞[2]，謂未悟之流，自執己身相之有實，見如來身有相亦同。斯則兩執，名爲“同失”；兩亡，名之“同得”。“不此不彼”者，此彼體空也。“不以此不以彼”者：“以”，用也，謂其心不執用此彼也。“不在方”者，明法身不偏在方[□][隅][3]也。“不離方”者，遍一切處也。“等諸智”者，上無上也。“同衆生”者，下而無下。“以斯觀”者，離前百非，故明[4]“正見”。“若他觀”者，同前百非，故名“邪”也。“舍利弗問維摩詰”者，身子、迦葉二尊者迹處聲聞，誘小進大，故始會已來，或託迷以陳問，或假悟以悲悔，皆菩薩方便[□][誘][5]勸之至也。其事者何如？《佛國品》未答二問已，衆既未悟，故身子假執果疑因，令衆發悟。文殊師利入室問疾，空室無侍，表諸佛國土亦復皆空。《不思議品》身子假念床以啓無求之緣，因借座以明不思議解脱之用。復次，身子、迦葉領旨自傷，明聲聞皆應號叫，三千菩薩忻慶頂受此法也。

---

① 相，底本、録本脱，結合文意，據丙本補。

② 僞，底本、録本訛作“爲”，結合文意，據丙本改。

③ 隅，底本、録本脱，結合文意，據丙本補。

④ 明，丙本作“名”。

⑤ 誘，底本、録本脱，結合文意，據丙本補。

觀衆生品

二大士論衆生性空即真空，具足慈、悲、喜、捨。因天女散花，身子對揚，廣明可思議解脱、不可思議解脱二種力用不同。《佛道品》二大士廣明非道，行於佛道。身子、迦葉示居不及，自歎領解，云凡夫於佛[□□][有反]①覆、聲聞無也，[□][令]②無數聲聞迴心向大，卑鄙小乘。《香積品》明净、穢二土法門不同，舍利弗食佛餘飯。至《菩薩品》，對佛自云："非意所圖，非度所測。"兼假阿難伏過，從今已往，不敢自謂以爲"多聞"，即令無數聲聞捨小忻大。此中復假問净名"没生"，令④自陳法身應用；非没非生，能示没生，令無數衆生發菩薩心、願生净土。此上諸説，皆文殊、净名示⑤其勝，二大聲聞伏其劣，以此方便引進無數小乘方便行人，或即座悟無生忍，或至《大品》、《法花》、《涅槃》方得無生忍，雖述有優劣，而化功一也。"汝於何没而來至此"者，所以有此問答者，成前"即相無相"義也。惑者謂事外别有理、應身之外别有法身，所以問答者令知即生非生、即相無相也。又，前横破百非名"横遍"，此生即生没明"竪牒"。遍而且深，法身之理圓矣。"日光出時"者，此明應身也。前既即生不生爲真身，此明不生而生辨應身。又，"日光自明，闇⑥不可蔽"，此喻真身本覺，處染不染。"能破諸闇"，此喻化身，應物返迷從悟也。"忉利"者，梵音也，此云"三十三天"也。"阿迦膩吒"者，梵音也，此云"色究竟天"；此色界天頂，故云也。

法供養品

"法"者，大乘中道實相法也。故文云"諸佛所説深經"也。"供養"者，文有二種：一者、讀誦解脱，此名"淺"。二者、如説修行、得無生忍者，此名"深"也。若准《法花》，花香、瓔珞、書寫、隨喜，皆法供養也。

問："爲是供養佛，爲是供養法耶？"

---

① "有反"二字底本、録本脱，結合文意，據丙本補。

② 令，底本、録本脱，結合文意，據丙本補。

④ 令，底本、録本訛作"今"，結合文意，據丙本改。

⑤ 示，底本、録本訛作"亦"，結合文意，據丙本改。

⑥ 闇，録本訛作"闇"，結合文意，據底本、丙本改。

答:"以護持正法之心,以供養佛。故文云'受持讀誦供養是經者,即爲供養去、來、今佛'也。又,品末結勸云:'是故天帝! 當以法之供養,供養於佛。'此流通分兩品,此品先歎法真益大,勸令供養;後品方可殷勤委[□][付][①],令其宣流也。"

"百千經"者,《阿含》小乘經也。"自在神通"者,歎能證力用也。"决定實相"者,歎所證法真也。"舍利"梵音,新云"舍利羅",此云"身骨"。有全,有碎。今言"全"[□][者][②],取功德多也。"寶塔"者,應云"化[③]合"。及諸經論,或作"叔藪彼",或"化塔婆",又云"兜婆",或云"偷婆",或言"蘇偷婆",或言"脂帝浮都",亦云"支提浮圖",新云"窣都波",此譯云"廟"。《白虎通》曰:"廟,貌也,先尊祖貌也。"[□][葛][④]洪《字苑[⑤]》云:"塔,佛堂也。""表刹"者,又作"擦",同音"察",梵音或言"差多羅",此譯云"土田"。或作"刹土"者,存二音也。應云"立竿",以安佛骨,佛骨所依,義同"土田"也。故《經》云:"刹帝利,此云'田主[⑥]'。"亦此義也。所言"表"者,置高顯處、有所表彰,故云也。

"藥王如來、應供"等,十號也。"如來"者,如理修行號。《大經》云:諸世尊從六波羅蜜三十七品十一[□][空][⑦]來至大涅槃,故《論》云:"乘[⑧]如實道,來成正覺"也。二、"應供"者,應行二利號。《大經》云:"應破四魔(即《四分》云"無所著"也)、"應度衆生"、"應受供養",故云也。三、"正遍知",實知窮源號。《大經》云:"正"者,不顛倒;"遍知",於顛倒無不通達;故云也。四、"明行足",修因滿已號。《大經》意云:"明"者,佛果;"行"者戒、定、惠(慧);修行滿足,故云也。五、"善[□][逝][⑨]",直往菩提不退號。《大經》云:"不捨

① 付,底本、録本脱,結合文意,據丙本補。
② 者,底本、録本脱,結合文意,據丙本補。
③ 化,底本、録本作"化化",中有一字當衍,結合文意,據丙本删。
④ 葛,底本、録本脱,結合文意,據丙本補。
⑤ 苑,録本訛作"薨",結合文意,據底本、丙本改。
⑥ "田主"二字録本訛作"黑",結合文意,據底本、丙本改。
⑦ 空,底本、録本脱,結合文意,據丙本補。
⑧ 乘,録本訛作"我",結合文意,據底本、丙本改。
⑨ 逝,底本、録本脱,結合文意,據丙本補。

最初發心，得大涅槃(謂“不退”也)。”六、“世間解”，權智圓明號。《大論》云“知世間”，“解”即“知”也。《瑜伽》云“善知世界及有情界一切品類染、净相”也。七、“無上士”，超諸賢聖號。[□□□□□□□□□□□□□□□□□□□□□□□□□□□□□□□□□□□□□□][《大經》云：“有所斷者名‘有上士’(謂菩薩也)，無斷者名‘無上士’(謂爲佛也)。”八、“調御丈夫”，巧攝有情號。][①]《大經》云：如來實非丈夫、非[□][不][②]丈夫，因調丈夫故名也。此二號准《大經》開二。《瑜伽論》云“無上丈夫”、“[□□□][調御士][③]”。九、“天人師”，善軌衆生號。《大經》云：實法界師，天人益[④]多，故云也。十、“佛”，無師勝覺號。明無師自覺，諸惑不能翳也。“世尊”，准《大論》云十號外號也。

“七寶千子”，金輪王子[□][也][⑤]：一、輪寶。二、珠寶。三、女寶。四、象寶。五、馬寶。六、庫藏臣寶。七、兵臣寶。“陀羅尼印印之”者，《論》云小乘經三法印，謂無常、苦、無我；《摩訶衍》明一實相印印之，即“能善分別諸法相，於第一義而不動”。四句百非[□][所][⑥]不能動，此印所印皆圓頓大乘也。《大寶積經·清净陀羅尼品》云：以虛空印一切法，以無相印能示現彼虛空無相。又偈云：“諸佛無所有。不生亦不起[⑦]，無有[□][無][⑧]可[⑨]取，此云何遍持？……若能如是解，一切[□][法][⑩]如理，彼則無分別，而能得遍持。”“決定無我”者，我空也。“因緣果報離我所”者，法空也。

“四依”者，《大集》三十九品：“語者稱説生死，[□][義][⑪]者知生死無

① “大經云……巧攝有情號”三十六字底本、録本脱，結合文意，據丙本補。
② 不，底本、録本脱，結合文意，據丙本補。
③ “調御士”三字底本、録本脱，結合文意，據丙本補。
④ 益，底本、録本訛作“曾”，結合文意，據丙本改。
⑤ 也，底本、録本脱，結合文意，據丙本補。
⑥ 所，底本、録本脱，結合文意，據丙本補。
⑦ 起，底本、録本訛作“死”，結合文意，據《大寶積經》卷第七[T11n310p40b1]改。
⑧ 無，底本、録本脱，結合文意，據丙本補。
⑨ 可，底本、録本訛作“有”，結合文意，據《大寶積經》卷第七[T11n310p40b2]改。
⑩ 法，底本、録本脱，結合文意，據丙本補。
⑪ 義，底本、録本脱，結合文意，據丙本補。

性①;語者説涅槃味,[□][義]②者知涅槃無[□][性]③;語者説諸乘情所安止,[□][義]④者知諸乘入一相智門;……語者説從發心至坐道場修集廣嚴等功德,[□][義]⑤者[□][以]⑥一念惠(慧)覺一切法。舉要言之,能説八萬四千法聚,是名爲'語';知諸文字不可宣説,是名爲'[□][義]⑦'。"

又,"識"者識四大,"智"者住四大無性;"識"者識六根六識,"智"者内外寂然。生無生等、取不取、有所緣無所緣亦然。又,不了[□][義]⑧經説生死苦惱,[□□□][了義經]⑨説生死涅槃一相;不了[□][義]⑩説我、人、諸法,了[□][義]⑪者説三空無我也。又,"人"者攝取人見,"法"者解無人無見;"人"者凡聖三乘人也;"法"者法性,決定知一切法無别無異如虚空。

"不復起見",注云"上觀因緣無常、無我諸見"者,即指前離諸邪見,得無生忍門也。"得柔順忍"者,《大品》三忍:外凡乾惠(慧)[□][地]⑫,伏忍;内凡性[□][地]⑬,順忍;八人[□][地]⑭、見[□][地]⑮已去,名"無生忍"。雖三乘同行,二乘取證,不得"忍"名;菩薩不證,故受"忍"名。若准《仁王》,五忍法門,地前三十人總名"伏忍";初、二、三地,"信忍";四、五、六地,"順忍";七、八、九地,"無生忍";十地,"佛果寂滅忍"。今准《仁王》,入第四地[□][也]⑯。

得五神通身業用,得陀羅尼意業用,辨才口業用。此三爲化物用之妙門,積善業之真藏,故别標也。"迦羅鳩村馱",亦云"拘留孫",即七佛中第四佛。"賢劫",千佛之首。"樓至",亦云"盧至",此云"渧泣",謂初發千人,皆即成佛度生,樓至最後成佛,乃云:"諸先成道,皆度一切衆生。我後成道,當

---

① 性,録本訛作"住",結合文意,據底本、丙本改。
② 義,底本、録本脱,結合文意,據丙本補。
③ 性,底本、録本脱,結合文意,據丙本補。
④⑤⑦⑧⑩⑪ 義,底本、録本脱,結合文意,據丙本補。
⑥ 以,底本、録本脱,結合文意,據丙本補。
⑨ "了義經"三字底本、録本脱,結合文意,據丙本補。
⑫ 地,底本、録本脱,據文意補。
⑬⑭⑮ 地,底本、録本脱,結合文意,據丙本補。
⑯ 也,底本、録本脱,結合文意,據丙本補。

何所度?”[□][故][①]渧泣耳。

詔法師頌云:

“如今此賢劫,正當第九減[②]。即此增減[③]中,有拘留等四。

六、四、二萬時,百歲牟尼出。減至第三十,飢饉令時興。

二十度十兵,子倍父八萬。彼一增減中,慈氏次當興。

從斯第十減[④],至第十五減[⑤],彼一增減中,九百九十四,大聖次第與。”

言“賢劫”者,此劫初時有千葉蓮華現於水上,諸天皆云“善哉!此劫當有千賢出世”故,因爲名也。

囑累品

前品歎法真益大,故此品慇懃付囑也。新學二法:一、毀法;二[⑥]、[□][毀][⑦]慢師。重師即敬法,尊法即修行。若行,即斷惑成聖。以此而推,雖云“敬師”,乃成自敬矣。而新學者輕師慢法,自塞於進求之路耳。先學二法:一者欺人,二者謟法。盡新學即利他[⑧]之業可成,専政實相即自濟之功剋就。奈何輕人,失於慈惠(慧),謟真滯於諸[⑨]見?然此[□][二][⑩]誡,誡之至也,凡預進求,幸各銘於心腑耳!

《净名經》關中抄第二卷[⑪]。

① 故,底本、録本脱,結合文意,據丙本補。

②③④⑤ 減,録本訛作“滅”,據底本、丙本改。

⑥ 二,底本、録本訛作“一”,結合文意,據丙本改。

⑦ 毀,底本、録本脱,結合文意,據丙本補。

⑧ 他,底本、録本訛作“地”,結合文意,據丙本改。

⑨ 諸,底本、録本訛作“真”,結合文意,據丙本改。

⑩ 二,底本、録本脱,結合文意,據丙本補。

⑪ 丙本尾題:“《净名經關中抄》卷下。”

No. 2779 佛説楞伽經·禪門悉談章(並序)

[題解]

佛教典籍,定慧譯(撰?),一卷,由序言及八段韻文組成。序言稱:"菩提達摩和尚宋家元年從南天竹國將《楞伽經》來至東都,跋陀三藏法師奉詔翻譯。其經總有五卷,合成一部,文字浩翰,意義難知。和上慈悲,廣濟群生,通經問道,識攬懸宗,窮達本原,皆蒙指受。又嵩山會善沙門定慧翻出《悉談章》,廣開禪門,不妨慧學,不著文字,並合秦音。"八段韻文的主旨論述静心禪觀,直進菩提。敦煌卷子中存有伯2204(首全尾全)、伯2212a(首全尾全)、伯3082(首殘尾全)、伯3099(首全尾殘),俄Дx.00492(殘片,存12行),BD00041(1)(首殘尾全),計6號。清代以前歷代大藏經未收,日本《大正藏》以伯2212a號爲底本、伯2204號爲參校甲本録入其第八十五册。今校注仍以《大正藏》録本所據原卷伯2212a號爲底本,伯2204號爲參校甲本。

諸佛子等合掌至心聽,我今欲説大乘《楞伽悉談章》①。《悉談章②》者,昔③大乘在楞伽山,因得菩提達摩和尚宋家元年從南天竹④國將《楞伽經》來

---

① 甲卷"章"後有一"者"字。

② 章,甲卷無。

③ "昔"字前録本衍"悉談"二字,今據底本删。

④ "天竹"二字甲卷作"竺"。

至東都,跋陀[①]三藏法師奉諮翻譯。其經總有五卷,合成一部[②],文字浩涆(汗)[③],意義難知。和上慈悲,廣濟群生[④],通經問道,識攬懸(玄)[⑤]宗,窮達本原,皆蒙指受。又,嵩山會善沙門定慧翻出《悉談章》,廣開禪門,不妨慧學,不著文字,並合秦音。彼[⑥]與鳩摩羅什法師通韻,"魯留盧樓"爲首。

頗邏墮,頗邏墮[⑦],第一捨緣清净座。萬事不起真無我,直進菩提離因果,心心寂滅無殃禍,念念無念當印可。

摩底利摩,魯留盧樓,頗羅墮。諸佛子,莫嬾墮,自勸課!愛河苦海須度過,憶食不喰(餐)[⑧]常被餓,木頭不攢(鑽)[⑨]不出火。耶羅邏[⑩]端坐,娑訶耶莫卧。

只[⑪]領盛,只領盛,第二住心常看净。亦見亦聞無視聽,生滅兩亡由未證,從師授語方顯定,見佛法身無二性。性頂領徑,魯留盧樓,只領盛。諸佛子,莫瞋倿(佞)[⑫]!三毒忽起無佛性,癡狂心亂惱賢聖,眼貪色塵耳慱(博)[⑬]

---

① "跋陀"二字甲卷無。

② "合成一部"四字甲卷無。

③ 涆,與"汗"同。該字甲卷即作"汗"。《可洪音義》卷十四《正法念處經》第三十五卷音義:"流涆,寒岸反。正作汗。"

④ "群生"二字底本作"郡品",今結合文意,據甲卷改。

⑤ 懸,此乃"玄"之借字。甲卷正作"玄"。

⑥ 彼,甲卷作"亦"。

⑦ "頗邏墮,頗邏墮"六字甲卷無。

⑧ 喰,與"餐"同,《龍龕手鑑》以"喰"爲"餐"之俗體。

⑨ 攢,"攢"的俗字。《字彙・手部》:"攢,俗攢字。"然結合文意,此處又當爲"鑽"之借字。《禮記・内則》:"柤梨曰攢之。"陸德明釋文:"再官反,本又作鑽。"孔穎達疏:"恐有蟲,故一一攢看其蟲孔也。"《水經注・温水》引竺芝《扶南記》:"其川浦渚,有水蟲彌微,攢木食船,數十日壞。"皆其用例。

⑩ "羅邏"二字甲卷作"囉羅"。

⑪ 只,甲卷作"質",下"只領盛"中"只"字同。

⑫ 倿,乃"佞"字俗體。《干禄字書》:"倿佞,上俗下正。"《五經文字》卷下女部:"佞,乃定反,從仁,作倿訛。"《唐韻・徑韻》:"倿,諂。一曰'才'。或作'佞'。"

⑬ 慱,録本訛作"縛",據底本改。《正字通・心部》:"慱,俗博字。"此字甲卷作"莫"。

聽,背卻[①]天堂向惡徑。盈令令[②]修定,娑訶耶歸正。

嗄[③]浪養,嗄浪養,第三看心須併儻[④]。掃卻垢穢除災障,即色即空會無想。妄想分别是心量,體上識體實無謗。謗底利謗,魯留盧樓,嗄浪養。諸佛子,莫毁謗!一切皆有罪業障,他家聞聲不相放。三寸舌根作没向,道長説短惱心王,心王不了説短長,來生業道受苦殃。羊良良[⑤]併當,净掃堂中頃供養。

拂粟質[⑥],拂粟質,第四八識合六、七。看心心本是禪室,法身身法智非一。五眼六通光慧日,言下便悟實無密。密底利密,魯留盧樓,拂粟質。諸佛子,莫放逸!无始已來居暗室,生死流轉不得出,只爲愚迷障慧日。逸粟密,逸粟密,娑訶[耶][⑦]直實。

曉燎[⑧]曜,曉燎曜,第五實相門中照。一切名利妄呼召,如已(己?)[⑨]等息貌非貌。非因非果無嗔笑,性上看性妙中妙。要底裹要,魯留盧樓,曉撩曜。諸佛子,莫瞋笑!憂悲瞋笑是障道。於此道門無瞋笑,澄心須看内外照。眼中有翳須磨曜,銅鏡不磨不中照。遥燎料作好,娑訶耶莫惱。

按賴畔,按賴畔,第六心離(裏)[⑩]禪門觀。不來不去無崖畔,覺上看覺除定、亂[⑪]。佛子與衆生同體段,本原清净磨垢散。歎底利歎,魯留盧樓,按賴畔。諸佛子,莫楞看!道上大有羅刹唤,愚人來去常繫絆。染著色塵心僚

---

① "背卻"二字甲卷訛作"皆何"。

② 令,録本訛作"今",據底本改。此字甲卷亦作"令",可參。

③ 嗄,甲卷作"復",下句同。

④ 儻,此乃"當"之訛字。併當即收拾料理。[南朝·宋]劉義慶《世説新語·德行》:"丞相(王導)還臺及行,未嘗不送至車後,恒與曹夫人併當箱篋。"下文"羊良良併當,净掃堂中頃供養",亦可互勘。

⑤ 良,甲卷作"浪"。

⑥ "粟質"二字甲卷作"粟只"。

⑦ 耶,録本脱,據底本補。

⑧ 燎,甲卷作"了"。

⑨ 已,底本、甲卷均似作"己",待考。

⑩ 離,甲卷作"裏"。

⑪ 亂,甲卷誤作"胤"。

亂,行住坐卧無體段。在於衆中漫叫唤,得他勸諫即橛難。耶羅邏荼灌,娑訶耶鈍漢。

普路喻,普路喻,第七圓明大慧悟。四門十八離名數,生滅妙有懸通度。三界大師實難遇,生死涅槃不合渡。愛河逆上不留住,即心非心魔自去。去底利去,魯留盧樓,普路喻。諸佛子,常覺悟!一念净心無染污,一切魔軍自然去。閒閒屢專注,娑訶耶大悟。

嗄略藥,嗄略藥,第八禪門絶針酌。不高不下無樓閣,不出不入無城墎[①]。是想顯[②]聲即初學,生心動念勿令著。久坐用功作非作,無樂可樂是常樂。慧燈一照三千墎,定水常清八萬鑠,十方諸佛同開覺。覺底利博,魯留盧樓,嗄略藥。諸佛子,自在作,莫制約!四維上下不可度,住寂涅槃同門廓。甚安樂無著,娑訶耶等覺。[③]

① 墎,甲卷作"廓"。

② 顯,甲卷作"現"。

③ 甲本尾書曰:"天福陸年(941)辛丑歲十二月十九日,净土寺□比丘僧願宗題,迷頭上小,自後再堪(勘),知燉煌懸(縣?)使(?)公索。"

No. 2780《温室經》疏

[題解]

佛典《温室經》注疏，唐慧净撰，一卷。敦煌文獻中有斯 2497、斯 3047、上圖 068(812510)(2)三號。此疏前有一序，謂"夫《温室經》者，斯乃積净業之善基，蕩塵累之津澤，跨天堂之梯橙，越苦海之舟航，囊括因果，包舉福惠，理豐言約，文遒旨婉。生一念净信，終隔四流；起一支善行，則卒登十地。醫王由是創業，法將所以宣通。庶得異世共觀，津流遠代。"其後逐句疏通經文。此疏曾東傳日本，後亦亡佚。清代以前歷代大藏經未收，日本《大正藏》據斯 2497 號録入其第八十五册。今據《大正藏》以原卷斯 2497 號爲底本。現增校本：甲本，上圖 068(812510)(2)號；甲本題作"《温室經》疏一卷"，下署"慧净法師制"。乙本，斯 3047 號。

《温室》序[①]

夫《温室經》者，斯乃積净業之善基[②]，蕩塵累之津澤，跨天堂之梯橙，越苦海之舟航，囊括因果，包舉福惠(慧)，理豐言約，文遒旨婉。生一念净信，[□][則][③]終隔四流；起一支善行，則卒登十地。醫王由是創業，法將所以室

① "温室序"三字甲本無。

② "善基"二字甲本作"勝因"。

③ 則，底本及録本無，據甲本補。

(宣)[①]通。庶得異世共觀,津流遠代。[②]“佛説温室洗浴衆僧經”者:夫以炬[③]暗生死之中,獨秀昏眠之外,既朗萬法,爰悟四生,覺行圓滿,故稱爲“佛”。暢四辯於舌端,流八音□(於)[④]聽□(表)[⑤],□(開)[⑥]七階之勝福,發四道之良田,班自我口,通之彼心,故稱爲□(“説”)[⑦]。□□(“温”以)[⑧]調神爲趣,“室”用蔽形爲理。外蕩八塵,稱爲“洗浴”。内修[□□][六敬][⑨],名曰“衆僧”。“經”雖五義,略舉[⑩]二條:一曰“涌泉”,二稱“繩墨”。□□(涌泉)[⑪]則注而無竭,此義可以目“常”;“繩墨”乃楷定正耶(邪),兹理□□(即當)[⑫]其“法”;故曰“佛説温室洗浴衆僧經”也。

《經》曰:“阿難曰:‘□□□□(吾從佛聞)[⑬]如是:一時佛在摩竭提國因沙崛山中。’”

通曰:三□(分)[⑭]二序,□□□□(不異常談)[⑮];文勢起盡,臨章别斷。此則證信序也。“阿□□□□□□□□(難”梵音,此云“歡喜”,是)[⑯]佛昆季,宿著[⑰]因緣,名標起願之初,生交[⑱]□□□□□□□□(得道之末,面如滿

① 室,底本不清晰,甲本作“宣”。“室”當爲“宣”之訛字。
② 以上乙本殘。
③ 炬,甲本作“巨”,當爲“炬”之借字。
④ 於,底本殘,録本作缺文,據甲、乙二本補。
⑤ 表,底本殘,録本作缺文,據甲、乙二本補。
⑥ 開,底本殘,録本作缺文,據甲、乙二本補。
⑦ 説,底本殘,録本作缺文,據甲、乙二本補。
⑧ “温以”二字底本殘,録本作缺文,據甲、乙二本補。
⑨ “六敬”二字底本及録本無,據甲、乙二本補。
⑩ “舉”字前底本及録本尚有一“二”字,當爲衍文,據甲、乙二本删。
⑪ “涌泉”二字底本殘,録本作缺文,據甲、乙二本補。
⑫ “即當”二字底本殘,録本作缺文,據甲、乙二本補。
⑬ “吾從佛聞”四字底本殘,録本作缺文,據甲、乙二本補。
⑭ 分,録本作缺文,據底本及甲、乙二本補。
⑮ “不異常談”四字底本殘,録本作缺文,據甲、乙二本補。
⑯ “難梵音此云歡喜是”八字底本殘,録本作缺文,據甲、乙二本補。
⑰ 著,甲、乙二本作“貯”。
⑱ 交,乙本作“逢”。

月)①,目②類青蓮,能令見者悦神,復使父王□□□□□□□□(慶集,具斯三義,故曰)③"阿難"。

"吾從佛聞"者,證聞[□][也]④。親承曰"我聞",傳⑤受□□□□□□□□□□□□□□□□□□□□□□□□□□(曰"所聞"。此言"吾從佛聞",則親承音旨也。"如是"者,信相也,以"决定"爲)⑥義。"决定"有二:一、口;二、心。心决定爲信體,口决□□□□□□□□□□(定爲信相。夫"信"爲入道之)⑦初宗,"智"爲究竟之玄述(術)⑧。初稱"如是",表⑨信□□□□□□□□□□(也。後曰"奉行",示智也。"一時")⑩者,化辰也,即法王啓運之日,大衆嘉[□□][集會]⑪之時□□□□□□□□□□(也。"佛"者,化主也。"大師"之名)⑫,亦以如上釋。"摩竭提國因沙崛山中"者,化□□□□□□(處也。國是遊歷)⑬之境,山是依止之處。住國爲化在俗之徒,住山爲□□□□(統出家之)⑭衆。"摩竭提",此云"善勝國"。"因沙崛山",此云"靈鷲山"。

□□□(《經》曰:"王)⑮舍城内有大長者奈女之子,名曰'祇域',爲大醫

① "得道之末,面如滿月"八字底本殘,録本作缺文,據甲、乙二本補。

② 目,甲本作"眼"。

③ "慶集,具斯三義,故曰"八字底本殘,録本作缺文,據甲、乙二本補。

④ 也,底本及録本無,據甲、乙二本補。

⑤ "傳"字録本訛作"傅",據底本及甲本改。

⑥ "曰所聞此言吾從佛聞則親承音旨也如是者信相也以决定爲"二十五字底本殘,録本作缺文,據甲本補。

⑦ "定爲信相夫信爲入道之"十字底本殘,録本作缺文,據甲本補。

⑧ 述,甲、乙二本作"術","述"當爲"術"之同音借字(二字均爲食聿切)。

⑨ 表,甲本作"示"。

⑩ "也。後曰奉行,示智也。一時"十字底本殘,録本作缺文,據甲本補。

⑪ "集會"二字底本及録本無,據甲本補。

⑫ "也佛者化主也大師之名"十字底本殘,録本作缺文,據甲本補。

⑬ "處也國是遊歷"六字底本殘,録本作缺文,據甲本補。

⑭ "統出家之"四字底本殘,録本作缺文,據甲、乙二本補。

⑮ "經曰王"三字底本殘,録本作缺文,據甲、乙二本補。

王，□□□□（善療衆病）①。"

通曰：下發起序，自有三節：一、序祇域名；二、敘祇域□□□□□（德；三、敘祇域）②事。敘名有五：一、明處勝；二、顯位尊；三、明種貴；四、指□□□□□□（名字；五、稱所以）③。"王舍城"，顯處勝也。人④王於此立舍，法王於中成道，醫王生在其中，處所以爲勝也。"有大長者"，顯位尊也。祇域名高八國，道冠百王，恩洽幼童之下，德秀朋僚之上。既以"長者"爲號，其位所以特尊也。"奈女之子"，明種貴也。"奈女"者，從奈生也。此女禀質異凡，降神亦聖，託鮮花而受氣，拆妙實以呈形，美艷絶倫，瓌姿蓋世。由此義故，稱之"奈女"。祇域既是奈女之子種，所以爲貴也。"祇域"者，指名字也。"祈域"梵音，此云"能活"；善解四病之原，妙通八術之要，下針定差（瘥）⑤，投藥必愈，有此之能，故稱"能活"也。"爲大醫王善療衆病"，釋所以也。藥病縱任，名曰"醫王"。治無不愈，稱爲"善療"。以善療故，名"能活"也。

《經》曰："少小好學，長而彌篤，才藝過通，智達五經，天文地理。"

通曰：次明敘德，自有三意：一、美學功；二、稱治績；三、即總結。此美學功也。"才"謂三才：天、地、人也。"藝"謂六藝：禮、樂、射、御、書、數⑥。"五經"即五明論：内論、因論、聲論、工巧論、醫方論也。"天文"謂星⑦宿。"地理"即山川。然則幼而欽道，故曰"少小好學"；"長而彌篤"，故曰"才藝過通，智達（五）經"，成前好學。"天文地理"，美上過通也。

《經》曰："其所治者，莫不除愈。死者更生，喪車得還。"

---

① "善療衆病"四字底本殘，録本作缺文，據甲、乙二本補。

② "德三敘祇域"五字底本殘，録本作缺文，據甲、乙二本補。

③ "名字五稱所以"六字底本殘，録本作缺文，據甲、乙二本補。

④ "人"字前底本及録本有"'有大長者'，顯位尊也。祇功能變數名稱高八國，□□□□（道冠百王）"十八字，與下文重復，兹據甲本删。

⑤ 差，録本誤作"若"，據底本改。

⑥ 數，底本不清晰，録本作"疏"。結合文意，據甲本改。

⑦ 星，底本不清晰，録本作"景"。結合文意，據甲本改。

通曰：此明治績也。上兩句總歎[□□][其功][1]，下兩句别彰其效。[□□][何者][2]？昔有參差中夭，已登幽路，一逢祇域，再發神明，遂使魂魄寂已還蘇，柩[3]車動而旋駕，翻凶作吉，迴死就生，治驗之靈，莫斯爲大也。

《經》曰："其德多不可具陳，八國宗仰，見者歡喜。"

通曰：此總結也。祇域道超心計，德雜覼縷，故使聞者欽風，見者神悦。

《經》曰："於是祇域夜欻生念，明至佛所，當問我疑。"

通曰：下明叙事，自有七意：一、生心；二、發引；三、達所；四、見佛；五、覩[4]僧；六、聞法；七、作業。此明生心也。祇域以良辰夜静，驚肅神衿。既悟入道之正因，遂結洗僧之念。然則念雖在己[5]，法不自由。所以坐企有明，就佛請决也。"

《經》曰："晨旦，敕家大小眷屬，嚴至佛所。"

通曰：發引也。明星忽已掩耀，旭日復漸舒光。既見指塗之兆，宜敦率旅之誡，所以先標"晨旦"，後即"敕家"也。然此辰問道，匪唯自益，欲使恩沾九族、道洽六親、男女同榮、尊卑並潤，所以臨岐整衆，其從如雲，大小同行，俱遵佛路也。

《經》曰："到精舍門。"

通曰：此明達所也。祇域既問道情深，所以星駕遂得旅神閣，故曰"到精舍門"也。

《經》曰："見佛炳然，光照天地。"

通曰：此明見佛也。如來將然(燃)智炬，先發方光，所以日月潜[6]明，乾川洞耀。

《經》曰："衆坐四輩，數千萬人。"

---

① "其功"二字底本、録本脱。結合文意，據甲本補。

② "何者"二字底本、録本脱。結合文意，據甲本補。

③ 柩，底本、録本誤作"抑"，結合文意，據甲本改。

④ 覩，録本誤作"都"，據底本改。甲本亦作"覩"。《説文・目部》："睹，見也。覩，古文，從見。"

⑤ 己，録本誤作"已"，據底本改。

⑥ 潜，録本誤作"演"，據底本改。甲本亦作"潜"。

通曰：此明覩[1]僧也。如來德雖獨秀，亦因衆仰，所以衆坐四輩數千萬人，如栴檀林、栴檀圍遶也。

《經》曰："佛爲説法，一心静聽。"

通曰：此明聞法也。僧既仰成佛德，佛復扇以玄風。師資之道既顯，聽[□][説][2]之儀亦著也。

《經》曰："祇域眷屬下車直進，爲佛作禮，各坐一面。"

通曰：此明作業也。祇域來因問道，是故"下車"；既和寂爲歸，所以"直進"；將陳啓告，先事虔恭，恐諠囂[3]四部，所以各安(坐?)[4]一面也。

《經》曰："佛慰勞曰：'善來醫王，欲有所問，莫得疑難。'"

通曰：上明序分已訖、興致之由，下明經體，次彰即坐之益。經體自有五種：一、引汲[5]；二、發請；三、讚述；四、答問；五、斷疑。此即引汲也。此教之設事藉醫王，故唱"善來"以慰其心，莫疑以進其問。

《經》曰："祇域長跪，叉手白佛言……"

通曰：下明發請，自有五意：一、表肅；二、自傷；三、請行；四、發願；五、乞恩。此今表肅也。然即事請道理，須更整容儀，所以長跪所方乃發言啓告也。

《經》曰："雖得出世，爲人疏野，隨俗衆流，未曾爲福。"

通曰：自傷也。心遊外物曰"疏"，形落俗中爲"野"。"野"，故"隨俗衆流"；"疏"，故"未曾爲福"也。

《經》曰："今欲請佛及衆僧菩薩大士，入浴室澡[6]洗。"

通曰："請"，引也。衆生身疾，粗得療治；聖人骸垢，未曾請沐。今欲初

① 覩，底本不清晰，録本作"都"，結合文意，據甲本改。

② 説，底本、録本脱。結合文意，據甲本補。

③ "諠囂"二字録本訛作"諠衆"，據底本改。甲本無"囂"字。

④ 安，底本不清晰，似爲"坐"之形訛，待考。

⑤ "引汲"二字甲本作"汲引"。

⑥ 澡，録本作"滲"。底本實作"澯"，乃"澡"字之俗體。俗書"喿"寫作"叅"，《干禄字書》："熂燥，上俗下正。"可資參證。此字甲本正作"澡"。下文"澡"字底本皆作"澯"，徑改之，不復校。

基净業,必假良田,所以奉屈三尊來遊澡室。

《經》曰:"願令衆生長夜清净、垢穢消除、不遭衆患。"

通曰:發願也。引之與願二事相行,猶車之兩輪、鳥之二翼,陸載、空飛闕一不可,所以請行復須發願願行。此願普洽黔黎,長祛垢累之惱,永安輕利之泰。

《經》曰:"唯佛聖旨,不忽所願。"

通曰:此乞恩也。唯佛聖旨照我微心,不忽所願,降躬澡室也。

《經》曰:"佛告醫王:'善哉,妙意!'"

通曰:下明説述。自有四意:一、美心;二、述業;三、示福;四、許宣。此美意心也。祇域既鄙疏野之心,又敦修福之念,故能標心净業、來遊問道。此真妙意,故讚"善哉"也。

《經》曰:"治衆人病,皆蒙除愈。遠近慶賴,莫不歡喜。"

通曰:此述舊業也。預是有身,誰能無患?纔沾有識,誰不畏苦?祇域既能使藥石纔通即轉苦爲樂,針艾亦進即變夭爲修。故已治者即交忻慶賴,未療者亦逆結歡心也。

《經》曰:"今復請佛及衆僧洗浴,願及十方。"

通曰:此述新業也。請僧述行,十方述願。然則行須指事,故但及此方;願得懸標,故傍羅異域;故曰:"願及十方也。"

《經》曰:"衆藥療病,澡浴除垢,其福無量。"

通曰:此示其福也。療疾之心既闊,洗僧之願復廣。既植無限之因,故招無量之報也。

《經》曰:"一心聽法,爲汝先説洗浴衆僧及報之福。"

通曰:此許其宣也。祇域來爲洗僧,所以先説之報。既請不因疾,是故宜停療疾之果也。

《經》曰:"佛告祇域:洗浴之法當用七物,除去七病,得七福報。"

通曰:此下答問自有三節:一、標;二、釋;三、頌。此即標也。一、標七物之體;二、標七物之功;三、標七物之報。

《經》曰:"何謂七物?一者、燃火;二者、净水;三者、澡豆;四者、蘇膏;五者、淳灰;六者、楊枝;七者、内衣。是爲洗浴之法。"

通曰：此列七物體也。燃火即赫以炎爐，絶輕煙而無焰；净水乃澄之似鏡，去穢濁而留清。澡豆既滑而光華，蘇膏亦[1]凝而體潤。淳灰酷烈，燒山桑之勁[2]木；楊枝細軟，折河柳之疏條。至如内衣，則新裂齊紈，皎猶美練，裁縫巧妙，形製新奇。雖人裏之内衣，類天中之上服。七物既精華若此，七報亦佳麗如彼。如彼之功，下文自述。

《經》曰："何謂七物病？一者、四大安穩；二者、除風病；三者、除濕痺；四者、除寒冰；五者、除熱氣；六者、除垢穢；七者、身體輕便、眼目精明。是爲除衆僧之病。"

通曰：此顯七物功也。四大安穩，内衣功能；除風病者，淳灰功能；除濕痺者，蘇膏功能；除寒冰者，燃火功能；除熱氣者，楊枝功能；除垢穢者，澡豆功能；身體輕便、眼目精明者，净水功能。何則？夫以衣蔽形醜，四支所以寧泰；灰除風疾，六根所以安净。摩膏既遣痺以調方，燃火乃卻寒而留煖。來香去臭，莫善於楊枝；光身落垢，寧加於澡豆？至如水含八德，獨擅[3]衆美，洞洗内外，雅暢胸衿，明目輕[4]身，沃燋除濁。七功既如霧氣，七病亦類雲消，故曰"是爲除衆僧七病"也。

《經》曰："如是供養，便得七福。何謂七福？"

通曰：自下明七物報也。自有三節：一、得相似果；二、得果報果；三、得增上果。此明得相似果，故標數以問之。

《經》曰："一者，四大[5]無病，所生常[6]安，勇武丁健，衆人敬仰。"

通曰：此是燃火似果。夫煖氣流形，則舉體平泰；寒風侵骨，則遍身戰悼；燃火以進，煖故攻[7]寒，故得報之身安而勇健。既安且健，則衆人敬仰。

---

① 亦，底本、録本誤作"而"，結合文意，據甲本改。

② 勁，録本誤作"切"，據底本改。

③ 擅，録本誤作"檀"，據底本改。

④ 輕，底本不清晰，録本作"拙"，結合文意，據甲本改。

⑤ "大"字下底本、録本衍一"安"字，結合文意，據甲本删。《佛説温室洗浴衆僧經》："一者、四大無病，所生常安，勇武丁健，衆所敬仰。"[T16n0701p803a7]可助勘。

⑥ 常，底本不清晰，録本作"當"，結合文意，據甲本改。《佛説温室洗浴衆僧經》[T16n0701p803a7]正作"常"，可助勘。

⑦ 攻，録本誤作"故"，據底本改。

《經》曰："二者，所生清净，面目端正，塵水不著，爲人所敬。"

通曰：此是净水似果。夫水者：一、能净他；二、則性潔。净他故"面目端正"，性潔故"塵水不著"。面目端狀如素月。塵水不著，有類紅蓮。既得如月如蓮，見者且愛且敬。

《經》曰："三者，身體常香，衣服净潔，見者歡喜，莫不恭敬。"

通曰：此是澡豆相似果。夫形骸垢膩，則穢惡紛綸；質狀鮮皎，則馨香發越。澡豆之功，次能光身而落垢。所得之報，亦衣潔而身香。既潔且香，則觀者神豫。①

《經》曰："四[□][者]②，肌體濡澤，威光德大，莫不敬歎，獨步無雙。"

通曰：此是蘇膏相似果。夫痺染四支，則皮膚强③；膏流百節，則湊(腠)④理和暢。摩膏既遣痺以調身，故得報亦威光而體潤。既光且潤，則獨步無雙；既獨步無雙，誰不敬歎⑤？

《經》曰："五者，多饒人從，拂拭塵垢，自然受福，常識宿命。"

通曰：此是淳灰相似果。夫塵垢穢身，風便惛識；灰能落垢，故多人爲之拂塵，復可排風，所以常識宿命。

《經》曰："六者，口齒香好，方白齊平，所説教之⑥，莫不肅用。"

通曰：此是楊枝相似果。夫楊枝者，嚼則除熱，口所以發香，楷便瑩朗齒光，所以致白口。既香無臭、齒白，則所言妙而他受也。

《經》曰："七者，所生之處自然衣裳⑦，光餝珍寶，見者悚息。"

通曰：此内衣相似果。夫内衣者，内則蔽醜，外則嚴容。以蔽醜故，生則

---

① 豫，底本不清晰，録本作"賴"，結合文意，據甲本改。《爾雅·釋詁上》："豫，樂也。"

② 者，底本無，據乙卷補。

③ 鞕，録本誤作"韌"，據底本及甲本改。鞕，《龍龕手鑒》爲五孟反，同"硬"。唐慧琳《一切經音義》卷十三："鞕，《韻英》云：'堅也。'俗作硬，或作鞕。"《正法念處經·地獄品二》："其身堅鞕，猶如金剛。"故"鞕强"即"硬强"，亦作"鞕强"，典籍中常見，無須贅述。

④ 湊，此讀如"腠"(二字《廣韻》均音倉奏切)。《韓非子·喻老·扁鵲見齊桓公》："君有疾在腠理，不治將恐深。""腠"指人體肌膚之間的空隙。

⑤ 歎，録本誤作"難"，據底本改。

⑥ 之，録本誤作"教"，底本實作"之"，而非前"教"之重文符。

⑦ 裳，乙本作"服"。乙本至此無。

自然衣服；以嚴容故，更加光餝珍寶。

《經》曰："佛告祇域：'住是澡浴衆僧開士，七福如是。'"

通曰：别叙既周，此更總結。

《經》曰："從此因緣，或爲人臣，或爲帝王，或爲日月四天神王，或爲帝釋轉輪金王，或生梵天、受福無量，或爲菩薩、發意治地，功成志就，遂致作佛。"

通曰：此明得果報也。或爲人臣，則三公、九卿之流；或爲帝王，則三皇、五帝之類；或爲日月、四天神王，則各領一隅；轉輪聖王，則總統於四鎮；或生於梵天，得定之報；或爲菩薩，階出世之果。然則"發意"是願樂住，"治地"是見位，"功來"是修，"志就"是究竟位，"遂致作佛"是解脱位。

《經》曰："斯之因由供養衆僧，無量福田，旱澇不傷。"

通曰：此明得增上果。供僧福田由是下種，旱澇不傷是得報也。縱使流金鑠石之火，不可語其燋；包山上洪陵之水，豈得淪[□][其][①]溺？水火既其不[□][損][②]，旱澇何傷之有？通曰：長行爲解義故，偈頌爲攝持故。頌有二十偈，大開三節：初一偈總標以敕聽，次十八偈隨事以聖宣，後一偈諧田以歡發。總標中云"影福"者，福之隨因，猶影之形也。聖宣中頌前報果，細開九段。初一偈頌人民，第二兩偈頌人臣，第三兩偈頌人王，第四一偈頌四天王，第五一偈頌日月，第六兩偈頌帝釋，第七兩偈頌輪王，第八兩偈頌化應，第九兩偈頌梵天，第十三偈頌菩薩。帝釋名"因"者，帝釋名曰"因提黎"也。"第六化應天"者，第五天自感自化，無外來應，故不名"化應天"；第六天自感他化，爲外來應，故名"化應王(天)[③]"也；"四道良福"者，四沙門道爲良田也。

《經》曰："佛説偈已，金(今)[④]告祇域[⑤]：觀彼三界天人，品類高下長短、福德多少皆由先世用心不等，所以受報各異不同。"

通曰：次明斷疑。一、斷疑行；二、斷疑願。此斷疑行。"曰理而爲因果相"者，既同行一因，應得一果，今既能洗之因是一，云何所得之果大異，遂有

① 其，底本、録本脱。結合文意，據甲本補。

② 損，底本、録本脱。結合文意，據甲本補。

③ 繫聯文意，"王"當爲"天"字之訛。

④ 金，此當爲"今"之同音借字(二字均音居吟切)。

⑤ "祇域"二字録本誤倒作"域祇"，據文意改。

人、天、凡、聖之别，好[惡][①]之心，多少之殊，限□□（壽命）[②]以作短長，分[③]色形而定高下耶？佛爲斷此疑，故曰“皆由先世用心不等”也[④]。何者？行業雖同，而願心有異。行則能去[⑤]，願則能引；行則能令有無，願則能令勝劣。若願心祈乎出世，即得出世之果；若願心求於世間，即得世間之報。由此義故，所受不同。

《經》曰：“如此受法福報，皆從洗浴衆聖僧得之耳。”

通曰：此斷疑願。疑曰：若行雖是一，由願參差，則但應發願，自階勝果，何須修行强致勞苦耶？今明願雖[⑥]能引，去[⑦]由行力，如其無行，則願何所行？所引之行即是洗[□][浴][⑧]僧，故曰“如此福報皆從洗浴聖衆得之耳”。

《經》曰：“佛説經已，阿難白佛：‘當何名此經？以何勸誨之？’”

通曰：此明下，第三明流通。自有二意：先明侍者諸勸誨之法，後明祇域申永奉之旨。此即初章，自有二問：[□□][初問][⑨]約文以求目[⑩]：此文以何爲名？後問約義以聞（問）[⑪]持：此義云何勸誨？

《經》曰：“佛告阿難：‘此經名曰“温室洗浴衆僧經”。’”

通曰：此答初問。此經既以洗僧爲實，即從此實爲名也。

《經》曰：“諸佛所記，非我獨造。行者得度，非神受與。求清净福，自當奉行。”

通曰：此答後問。“諸佛所記”，故可以勸；“行者得度”，故可以誨；可以勸，故同行者必同入；可以[⑫]誨，故自作者還自受；故曰“非神受”也。

---

① “惡”字録本脱，據底本及甲本補。

② “壽命”二字録本作缺文，據底本及甲本補。

③ “分”字録本誤作“不”，據底本及甲本改。

④ “也”字前底本、録本衍“皆由”二字，結合文意，據甲本删。

⑤⑦ 去，録本誤作“者”，據底本改。此字甲本亦作“去”。

⑥ 雖，録本誤作“難”，據底本改。此字甲本亦作“雖”。

⑧ 浴，底本、録本脱，結合文意，據甲本補。

⑨ “初問”二字底本、録本脱，結合文意，據甲本補。

⑩ 目，甲本作“自”。

⑪ 聞，此當爲“問”之借字。《正字通·耳部》：“聞，與問通。”

⑫ 以，録本誤作“斯”，據底本改。

《經》曰："佛説是已，祇域眷屬聞經歡喜，得須陀洹道，禮佛而退，嚴辨洗具。"

通曰：此即祇域申承奉之旨也。祇域道根已來，故聞經護果；然請不虚辭，故求退嚴辨(辧)①。

《經》曰："衆坐大小各得道跡，皆共稽首，作禮而去。"

通曰：請既同來，則果不獨證。故祇域見跡，[□][亦]②爰沾大小。然聽法既竟，獲道復周，事須表肅呈恭、振衣旋讐③，故曰"作禮而去"也。

《温室經》疏。

釋惠(慧)净撰④。

---

① 辨，此乃"辧"之俗字。段玉裁《説文解字注·刀部》："辧，辧從刀，俗作辨。"

② 亦，底本、録本脱，結合文意，據甲本補。

③ 讐，底本不清晰，録本誤作"變"。該字甲本作"[illegible]"，乃"讐"之换旁俗體。兹據改。

④ "《温室經》疏，釋惠净撰"八字甲本作："《〈温室經〉疏》一卷，歲次卯癸四月五日，沙門海德寫記。"

No. 2781《盂蘭盆經》讚述

［題解］

佛典《盂蘭盆經》注疏，又名《〈盂蘭盆經〉疏》，一卷，最早著録於梁僧祐《出三藏記集》卷四，歸在“失譯雜經録”。敦煌文獻中有伯2269、上圖068(812510)(1)二號。清以前歷代大藏經未收，日本《大正藏》據伯2269號録入其第八十五册。此疏將《盂蘭盆經》分作教起因緣分、聖教所説分及依教奉行分三分，亦即傳統的序分、正宗分、流通分。逐句引用經文，加以簡略的解説。强調必須對父母行孝，稱：“育養之恩，號天罔報。縱令從地積聚珍寶上至二十八天，悉以施人，所得功德不如供養父母一分功德也。”“寧於一日受三百鑽以鑽其身，不應起一念惡心向於父母。”伯2269號《贊述》很早就引起了學界的關注。陳祚龍認爲此卷乃初唐紀國寺上座慧净所撰，並將典籍中有關慧净的資料輯爲一編(陳祚龍《釋慧净之生平與著作的參考資料小集——敦煌古抄内典雜記之一》，載《敦煌學園零拾》［下］，臺灣商務印書館1986年版，第608—641頁)。太史文據《大正藏》所載録文，對慧净的生平及其撰《贊述》的時間作了考證，就其内容進行了深入的分析，認爲《盂蘭盆經》現存最早的經疏由長安名僧慧净(578—約645)所著，可能作於636—639年間(［美］太史文著、侯旭東譯《幽靈的節日—— 中國中世紀的信仰與生活》，浙江人民出版社1999年版，第55—57頁)。方廣錩認爲，法藏和上圖二篇疏文内容各異，顯出於不同人之手。據《注進法相宗章疏》、《東域傳燈目録》等所述，唐慧沼、慧净曾各撰《〈盂蘭盆經〉贊述》一卷。而上圖068(812510)(1)號題作：“《盂蘭盆經》贊述，沙門慧净制。”故疑伯2269號《〈盂蘭盆經〉贊述》爲慧沼所作。如此推斷成立，則此卷是關於《盂蘭盆經》的最早注疏(見季羨林主編《敦煌學大辭典》中方廣錩所撰“盂蘭盆經贊述”條，上海辭書出版社,1998年版,第672頁)。荒見泰史則疑上圖本《贊述》不是慧净所作,而是有人假託其名在宗密《盂蘭盆經疏》的基礎上改編而成(荒見泰史《敦煌講唱文學寫本研究》,中華書局,2010年版,第43—48頁)。季愛民通過對敦煌本中現存的兩種《贊述》進行了比較,指出上圖本《贊述》就是慧净對《盂蘭盆經》作的注疏(季愛民《初唐長安宗教宣傳與國家寺觀命名的儒家化趨向》,《古代文明》,2012年第3期,第59—60頁)。張小豔則結合傳世文獻中相關的記載通過對敦煌本兩種《贊述》在結構、内容、用語、風格上特點的分析,認爲"上圖本《贊述》乃慧净所作,而法藏本《贊述》實爲慧沼撰著"(張小豔《敦煌本〈盂蘭盆經贊述〉兩種辨正》,《文獻》,2014年第6期)。今仍據《大正藏》以原卷伯2269號爲底本。

□①讚述自他之□暢八辨而動□聲而流□,言經從教主爲名,故稱"佛説盂□□□(蘭盆經)②"。□炎③流上出,纔連皮骨,命似倒懸。既□發起□稱曰"盂蘭盆"者,即成(盛)④食之器。甘□(餚)⑤百味,□□方此無加,香積名飡,悉爼(俎)⑥在於盆内,奉佛施僧,以救倒懸之苦,故曰"盆"也。"經"者,能詮之教,梵語云"修多羅",新翻云"素呾攬",此云爲"本⑦",亦名爲"綖"。"經"有五義,略據二途:一、曰"勇(湧)⑧泉",即注⑨而無竭;二、稱"繩墨",即契定正邪,詮定無改,故名爲"經"。依《佛地論》,能貫能攝,故名爲"經",以佛聖教貫穿、攝持所應説義,所化生故。應知此中宣説蘭盆拔苦孝行,饒益有情,依所詮義,故名爲"經";如《緣起經》、《集寶論》等,故名爲"經"。

此經三分:一、教起因緣分;二、"目連大叫"下,明聖教所説分;三、"目連

① 首缺。
② "蘭盆經"三字底本殘,録本作缺文,據文意補。
③ 炎,録本訛作"異",據底本改。
④ 成,此當爲"盛"之記音字。《釋名·釋言語》:"成,盛也。"
⑤ 餚,録本作缺文,據底本補。
⑥ 爼,"俎"之訛俗字。《正字通·爻部》:"爼,'俎'字之譌。"
⑦ 此字録本作"經",據底本改。
⑧ 勇,此乃"湧"之借字(二字《廣韻》皆可音餘隴切)。《大正藏》本徑録作"湧",不確。
⑨ 注,録本訛作"住",據底本改。

白佛言”下，明依教奉行分。明教起所因所緣，故釋“教起因緣分”。正顯聖教所説法門品類差别，故云“聖教所説分”。顯彼時衆聞佛所説，歡憙奉行，故名“依教奉行分”。若依舊解，名序正流通與新經論三分不異。初教起分中：一、明證信分；二、明發起分。證信分中，“聞”者出能聞人，亦[①]是傳法之人，即阿難是；“如是”者，出所聞法，表經可信。“聞”者，如來圓音纔振，衆即翹心專注，耳識採攬，故名爲“聞”。餘經具道“我聞”，今此經略去“我”字，故但言“聞”。依《佛地論》，“我”謂諸藴世俗假者，“聞”謂耳根發識聽受；廢别就總，故説“我聞”。又，如來悲願增上緣力，聞者識上文義相生；此文義相雖依衆生自善力起，就佛强緣，名爲“佛説”；由耳根力，自心變現，故名“我聞”。又，聞者善根增上緣力，如來識上文義相生；此文義相是佛利他善根所起，故名“佛説”。聞者識心雖不取得，然似彼相，分明顯現，故曰“我聞”。

《經》曰“如是”者。

述曰：下出所聞法。“如”者稱理之言，“是”者簡非之稱。若“如”不即理，以之爲“非”；“如”即理如，故云爲“是”。亦可是“信相”也。“信”即内心決定，爲習道之基[②]；“相”乃發言印[③]可，勸物同趣；所以口、心決定，即爲“信相”。“信相”既入道之始，“如是”亦經序之初。依《佛地論》：“如是之言，信可審定。謂如是法我昔曾聞，此事如是，齊此當言，定無有異”。又云如是總言，依四義轉：一、依譬喻，謂“當所説如是文句，如我昔聞”，此以今譬古。二、依教誨[④]，謂告時衆：“汝等當聽我昔所聞”。三、依問答，謂有問言：“汝當所説昔定聞耶？”故次答言：“如是我聞。”四、依許可，謂結集之時，諸菩薩衆咸共請言：“如汝所聞，當如是説。”傳法菩薩便許彼言：“如是當説，如我所聞。”具此四義，故曰“我聞”。

上來證信分訖。

《經》曰“一時”者。

---

① 亦，録本作“只”。按：底本實爲“亦”字手體，兹據正。

② 基，録本作“某”，據底本改。

③ 印，録本作“即”，據底本改。

④ 誨，録本作“海”，據底本改。

述曰：下明發起分。有四句：一、明起教；二、明起教主；三、明起教處所；四、明起教人。

"一時"者，起教時，謂説者法義天真、朗然啓悟，聽者即翹心注想、文句無倒，斯即法澤降流之日、德侶蒙賴之辰，故曰"一時"。若不爾者，字、名、句等説聽時異，云何言"一"？或能説者得陀羅尼於一字中，一刹那傾(頃)①能説、能持一切法門；或能聽者得净②耳根，一刹那傾(頃)得一字時，捨③餘一切，皆無障礙，悉能領受，故名"一時"；或相會遇④時分無別，故名"一時"，即是説聽共相會遇，"同一時"義，故名"一時"。

《經》曰"佛"者。

述曰：第二，明起教主。如來迥棄囂塵，獨超臣庭，圓智之猶明鏡，悲願之似摩尼，彼我之化无⑤戲(?)⑥，自他之利不息，故名爲"佛"。依《佛地論》，"佛"者是一切智、一切種智，離煩惱障及所知障，於一切法、一切種相能自開覺，亦能聞覺一切有情，如睡夢覺，如蓮花開，故名爲"佛"。

《經》曰"在舍衛國耆樹給孤獨薗"者。

述曰：此第三，明起教處所也。"舍衛國"者，此云"名物國"，以彼國中積有餘物，多有異珍，既名振遐邦，聲流遠國，即爲名也。"祇樹"者，即"祇陀"也，此云"戰勝"，即太子名也。"給孤獨"者，此云"須達"，即是國臣之號。若依今日三藏法師新經及論，云"室羅伐誓多林給孤獨園"，良以舊來三藏不善方音，遂置訛謬。若見⑦梵本，應言"室羅伐悉底國"，略去"悉底"也。唐云"名聞國"。上古之時，有兄弟二人，居時習仙而獲仙證，而此仙

---

① 傾，録本作"領"，底本該字將"傾"中間的部件"匕"訛作"丨"，乃"傾"字訛俗體。"傾"乃"頃"之借字。《集韻·静韻》："傾，俄傾，少選也。通作頃。"下文"一刹那傾得一字時"中"傾"，録本亦訛作"領"，徑改之，不復校。

② 净，録本訛作"許"，據底本改。

③ 捨，録本訛作"拾"，據底本改。

④ 遇，録本訛作"過"，據底本改。

⑤ 无，録本訛作"天"，據底本改。

⑥ 戲，底本不清晰，待考。

⑦ 見，録本訛作"身"，據底本改。

人名聞第一，爲國之寶。後時於此安國立都①，即以二仙之名爲國城之稱。或曰“多聞國”。此國多有聰明學問，能造論記，九十六種外道師弟此中最多。又，十六大國，而此國中見有四德，普勝餘方：一、財物德；二、欲塵德；三、法德，謂施戒修；四、解脱德，謂出世果。故曰“多聞”。“誓多”者，舊云“祇陀”，語訛也，此云“戰勝”；太子生時，隣國怨至，振而得勝，故云“戰勝”。“林”者，國樹之總名也。園本誓多所有，須達布金買之。地得安（布?）②金，園屬須達；樹妨布價，林歸誓多。“給孤獨”者，即“須達”也。唐言“善興”，即國之大臣也。富財豐德，恒以財物給孤濟窮，時人所重，故云“給孤獨”也。真諦三藏云：須達多爲過去鳩留村馱佛時，已於此地起精舍供養。爾時地廣四十里，佛及人壽四萬歲。須達爾時名“昆沙長者”，以金板布地，寶衣覆之，而爲供養。俱那含牟尼佛時，佛及人壽三萬歲，須達爾時名“大家主長者”，以銀布地而爲供養。爾時此地廣三十里。迦葉波佛［□］［時］③，佛及人壽二萬歲，須達爾時名“大幡相長者”，以七寶布地，地廣二十里。今第七釋迦牟尼佛［□］［時］④，佛及人壽百歲，地廣十里，以金餅布地，周滿其中，皆厚五寸，買園奉佛。後彌勒佛出世時，佛及人壽八萬歲，地廣四十里，以七寶布地，須達爾時名“讓佉”，出家修道，獲羅漢果。

《經》曰“大目健（犍）⑤連始得六通”者。

述曰：此第四，明起教人也。有二：初、［述］⑥德；二、述孝。“大目健（犍）連”者，據起教之人。但如來對人起説不同。或因孝行興起，謂《大方便報恩經》等。彼經中阿難問佛：“佛法之中破（頗）⑦有孝養父母者不?”如來即引須

① 都，録本訛作“堵”，據底本改。

② 安，底本不清晰，似應作“布”，待考。

③④ 時，底本、録本脱，據上下文意補。

⑤ 健，此當爲“犍”字之訛。該字［西晋］竺法護譯《佛説盂蘭盆經》［T16n0685p779a18］作“乾”，【宋】【元】【明】【宫】本作“犍”。下文“健”字亦同，不復校。

⑥ “述”字録本脱，據底本補。

⑦ 破，此當爲“頗”之訛字。《大方便佛報恩經》卷第一［T03n0156p124c13］正作“頗”，可助勘。

闍太子慈孝因緣。引彼經文,出《報恩經》第一卷中。或因惡逆起説,謂《觀無量壽經》等。彼經明闍王殺父害母、造二逆罪,故如來爲説净土之行。今此經者,蓋由目連興起也。然目連即二行第一,所以對之:一、神足第一,謂以天眼通訪覓其母;二、慈孝第一,謂得果已,念報父母乳餔之恩。如似孔氏[①]説孝行,上從天子,下至庶人,皆當行孝。然别對曾子,以説其孝,以曾子有敦孝之性,所以對之。今此亦爾。然一切佛弟子皆當行孝,然别對目連爲起説之由。言"目連"者,"目連"是性(姓);字"俱律陀",以祠俱律陀樹神故,即以爲名;以彼國人貴其姓故,從姓爲名,故曰"目連"。"始得六通"者,嘆其德明。目連超間(聞?)[②]九[③]定,遊神七覺,道除三漏,果獲六通,通現創成,故云"始得"。

問:"何故目連先不度母,得通果遂方救母耶?"

答:"未獲果時,煩惱未盡,即有障礙,不能拔苦。是故《經》云:'若有自縛、能解彼縛,無有是處。'復言辟如不解浮人能救溺者,相共俱没[④],故須具德,方救母苦。"

《經》曰"欲度父母,報乳哺之恩"者。

述曰:第二,明其述孝。有二:一、述孝心;二、述孝事。此述孝心也。哀哉[⑤]我母,生我勞悴,懷恩既重,理須酬報。是以《阿含經》云:"佛告諸比丘:'常念孝順、供養父母。'"《涅槃經》云:寧於一日受三百鑽以鑽其身,不應起一念惡心向於父母。何以故?父母恩重故。依《末羅經》:母懷子十月,如負太山之重;乳哺三年,育養之恩,號天罔報。縱令從地積聚珍寶上至二十八天,悉以施人,所得功德不如供養父母一分功德也。云"乳哺"者,依《智度

① 氏,録本訛作"子",據底本改。

② 間,底本似作"聞",待考。

③ 九,録本訛作"究",據底本改。

④ 没,録本訛作"得",據底本改。

⑤ "哀哉"二字録本訛作"曩栽",據底本改。同卷下文:"哀哉父母!愛育劬勞,一旦永摧,沉淪惡道。""良以目連既泣動寒泉,啼傷隴樹,馳還具告,實可哀哉。"二處中"哀哉"底本同作此形,可資比勘。

論》云:“乳哺三年,諸母養育,漸次長大。”三年之内,在母懷抱,推干①去漯(濕)②,以愛子故,血③變爲乳,而養育之。依《阿含經》:“閻浮提兒生墮地,墮地乃至三歲,母之懷抱爲飲幾乳?”彌勒答曰:“飲乳一百八十斛,除母腹中所食血分。”東弗婆提兒墮已,乃至三歲,飲乳一千八百斛;西拘耶尼兒生墮地已,乃至三歲,飲乳八百八十斛;北欝單越兒生已,坐巷④陌頭,行人授指,唼⑤指七日⑥,便成大人。彼土無乳,故亦云“乳哺之内”也。

《經》曰“即以道眼觀視世界”者。

述曰:此明孝事也。孝事有五:一、追訪;二、得見;三、痛苦;四、往救;五、無益。目連即以天眼仰⑦闚⑧三界,傍觀六趣,盡其神力,追覓其母也。

《經》曰“見其亡母生餓鬼中,不見飲食,皮骨連立”者。

述曰:此第二得見。目連率己⑨通力,竪朗三界,横照十方。追訪既周,顯然得見。既魂[沉]⑩此道,受苦難論。“不見飲食”等者,明見正報。飲食

① 干,録本訛作“于”,據底本改。

② 漯,乃“濕”之形訛字。漢董仲舒《春秋繁露·天地之行》:“是故春襲葛,夏居密陰,秋避沙風,冬避重漯。”俞樾平議:“漯爲‘洓漯’字,《説文》本作濕。而今經傳相承皆以濕爲燥濕之濕。然則此言重漯即重濕也。”按:从“累”从“㬎”形近而譌。郭璞《爾雅音義》卷第二十九:“隰,本或作隰。”《廣韻》、《集韻》、《龍龕手鑑》“漯”或作“濕”,《集韻》“隰”或作“隰”。歐陽修《集古録》卷第三:“後漢《熊君碑》,其書‘顯’字皆爲‘顆’。按《説文》‘顯’從‘㬎’聲,而轉爲‘累’,其失遠矣,莫曉其義也。”“推干就濕”又作“回干就濕”,指母親把干的地方换給孩子,自己躺在濕處,比喻母親養育兒女的辛苦,爲唐時俗語。

③ 血,録本訛作“向”,據底本改。

④ 巷,録本訛作“苍”,據底本改。

⑤ 《集韻·隊韻》:“唼,先嘗也。通作啐。”

⑥ 底本竪排的“七日”,録本訛作“旨”,兹據正。

⑦ 仰,録本誤作“伸”,據底本改。

⑧ 闚,底本、録本作“闚”,爲“闚”之俗字。《龍龕手鑑·門部》:“闚”,“闚”的俗字。慧琳《一切經音義》卷第一百《比丘尼傳》第二卷音義:“闚,犬規反。《集訓》云:門中竊見也。”[T54n2128p931c03]

⑨ 己,録本誤作“已”,據底本改。

⑩ 沉,録本脱,據底本補。

資養其身,即膚色[①]充潔;既絶内資養,唯有皮骨連[②]形。

《經》曰"目連悲哀"者。

述曰:此痛苦也。哀哉父母!愛育劬勞,一旦永摧,沉[③]淪惡道。目連雖不滅姓,痛徹心肝,悲涕横流,哀聲動地,故云"悲哀"也。

《經》曰"即鉢盛飯,往餉其母"者。

述曰:往救也。母既皮骨連立,絶食已經多年。子即感結良深[④],遂將食往救也。

《經》曰"母得鉢飯,便以左手障飯,右手揣食,食未入口,變成火灰"者。

述曰:此無益也,明目連雖復持食往救,無益於母。"左手障飯"者,慳也;"右手揣食"者,明於貪也。其母纔興慳悋,則掩握縱横,鉢内香飡速而變化也。

《經》曰"目連大叫,悲渧(嗁)[⑤]涕泣,馳還白佛,具陳如此"者。

述曰:上來明起教因緣分,此即明聖教所説分。先目連申請,後如來酬答。此申請也。目連果獲六通,轉變自在。雖有迴天動地之力、電速星趣之功,然不能施香飯於炬口、滅炎火於手中。斯即獨救無方,終希報答,所以高聲悲泣,更請救方。馳還白佛,大叫哀號,惻愴響振神祇,故云"大叫"。"悲涕"等者,情酸抆淚,名曰"悲啼(嗁)[⑥]";飲噎吞聲,故云"啼(嗁)泣";覩母劇苦,驟返無賒,故云"馳還白佛"也。

《經》曰"佛言'汝母罪根深結'"者。

述曰:下明如來酬請也。就中有八:第一,斥母罪深也。母之造罪,如《隨願往生[□][經][⑦]》中具説。但"慳"爲漂善之本、滅惡趣之因,稱曰"罪

---

① 色,録本誤作"包",據底本改。

② 連,録本誤作"達",據底本改。

③ 沉,録本誤作"説",據底本改。

④ 深,録本誤作"染",據底本改。

⑤ 渧,此與"嗁"同,啼哭。《集韻·齊韻》:"嗁,《説文》'號'也。或作啼、渧。"

⑥ 啼,録本誤作"咦",據底本改。《集韻·齊韻》:"嗁,或作啼、啼。"

⑦ 經,底本、録本無,據文意補。

根”。汎流不絶，相續受生，故云“深結”。此顯業力雖棐（菲?）[①]，如大山嘆（?）[②]物。

《經》曰“非汝一人力所奈何”者。

述曰：第二，子獨無救也。目連持食往[③]餉，冀[④]得口腹充盈，欲顯“苦報難除，非汝一人能救”也。

《經》曰“汝雖孝順，聲動天地，天神、地神、邪摩外道、道士、四天神王亦不能奈何”者。

述曰：顯投邪無力。此爲除疑。疑云：“一人證聖力少、不能救者，天魔外道邪衆甚多，應能救苦。”故今釋云：“魔邪等類亦不能救。汝雖大叫動於天地，悲泣感於神祇，率邪魔之儻，集外道之衆，總八部以同心，併神功爲一力，共拔汝母，亦不能奈何。”

《經》曰“當須十方衆僧之力乃得解脱”者。

述曰：此第四，依真[⑤]獲利。自恣羯磨，理通十方；和合成僧，不簡凡聖；神如�（巨?）[⑥]海，潤[⑦]澤無方；威若地炎，生福無盡；所以能除貪賊見苦，隨三生天自在應時解脱也。

《經》曰“吾今當説救濟之法，令一切難皆離憂苦”者。

述曰：此第五，評[⑧]説救方。如來何故須評説者？良以目連既泣[⑨]動寒泉，啼傷隴樹，馳還具告，實可哀哉，所以評説於前、救之於後也。

《經》曰“佛告目連十方衆僧七月十五日自恣時”者。

---

① 棐，此似應讀如“菲”。《方言》卷第十三：“菲，薄也。”郭璞注：“謂微薄也。”

② 嘆，底本不清晰，待考。

③ 往，録本誤作“注”，據底本改。

④ 冀，録本誤作“糞”，據底本改。

⑤ 真，録本誤作“貞”，據底本改。

⑥ 叵，底本似作“巨”，待考。

⑦ 潤，録本誤作“洞”，據底本改。

⑧ 評，録本誤作“許”，據底本改。下文“如來何故須評説者”、“所以評説於前，救之於後也”中“評”字録本均誤作“許”，徑改之，不復校。

⑨ 泣，録本誤作“位”，據底本改。

述曰：第六，示[1]真勸修。文有二節：一、教供勝田；二、教受供之儀。前中有五句：一、標時；二、修意；三、示法；四、美田；五、障益。此標時也。"十方"顯境攬（寬）[2]，"僧衆"簡邪儅，"十五"序良時，"自姿（恣）[3]"標捨行。然則三時獲果，必藉良晨；人處爲緣，還資清衆。故德侶晏坐之末，竟歲發露之時，離縛則逆流愛河，流倫則救令速出也。

《經》曰"當爲七世父母及現在父母厄難中"者。

述曰：明修意也。"當爲七世父母"者，酬遠恩也，則七生父母。"現在"者，益近恩也，則親生父母。然親累七世，障覆載之難違；恩及幽衆，顯含育之罔極；所以目連小志，唯請近親；大聖慈寬，愛（爰？）[4]及七世也。

《經》曰"具飯百味五果，汲灌盆器，香油餅（挺）[5]燭，床卧衆具，盡施甘美，貯[6]在盆中"者。

述曰：此第三示法也。"具飯百味五果"者，盡[7]所獻之餚；"汲灌盆器"，

---

① 示，録本誤作"品"，據底本改。

② 攬，録本誤作"攙"，據底本改。此"攬"當爲"寬"之增旁俗字。

③ 姿，此乃"恣"之借字。

④ 愛，底本似作"爰"。待考。

⑤ 餅，録本訛作"錠"，兹據底本改。字一作"鋌"。慧琳撰《一切經音義》卷第七十八《經律異相》第十四卷音義"鋌燭"條："庭鼎反，上聲字，方言'鋌賜'。《字書》云：'進也。'案：鋌燭，蠟燭之屬也。《古今正字》：從金，廷聲。"[T54n2128p815a18]闕譯附東晋録《佛説報恩奉盆經》："佛告目連：'七月十五日當爲七世父母在厄難中者具麨飯五果、汲灌瓫器、香油庭燭、床榻卧具。"[T16n0686p780a17]文中"庭"字【宋】【元】【明】【宫】本均作"鋌"。按："餅"、"鋌"都是分别字，字本當作"挺"，"挺"之言"直"也，直而長的東西也稱作"挺"。又用作量詞。《可洪音義》卷第七："挺燭：與'鋌'同，音'庭'。"充國沙門宗密述《佛説盂蘭盆經疏》（下）："此文云：具飯百味五果汲灌盆器香油錠燭等故。"《大正藏》本出校："錠＝挺【甲】。""錠"乃"鋌"字改易聲符之異體字。然本文"餅"字《大正藏》本徑録作"錠"，且未出校説明，失真。下"餅"字《大正藏》本亦録作"錠"。徑改之，不復校。

⑥ 貯，底本作"䝹"，乃"貯"之俗體。《龍龕手鑑·貝部》："䝹，俗；貯，正。"津藝22號《大般涅槃經》卷第四："爾時復有諸沙門等，䝹聚生穀，受取魚肉，手自作食。"中"䝹"均同爲"貯"之俗體。

⑦ 盡，録本誤作"書"，據底本改。

窮爼(俎)[①]食之神器;"香油艇(挺)燭",擬去暗以留光;"床卧衆具",則止疲以息慮。然則盆由聖制,事藉功成,所以安汲灌於龍門,設[②]燎於雷(?)[③]室。秦銀[④]則皎之於前,趙玉亦佩之於後。神鳳上踴,飛蓋下垂;翻瑛(换?)[⑤]八珍,盆羅百味;檀那既就,福應時聰(臨?)[⑥];庶拔擢於知恩,亦祐利於群品也。

《經》曰"當此之日,一切聖衆或在山間禪定,或得四道果"者。

述曰:第四,美田也。具讚三德,此即定德也。當此之日,即舉滅罪之良晨,一切聖衆乃標證理之明。良匠或在山間禪定,處巖藪以練心;或得四道果,剋無内而取滅。此定得也。

《經》曰"或樹下經行,或六通自在"者。

述曰:智德也。"或樹下經行"者,頭陀自利之背(輩)[⑦],即依問以專修;"或六通自在"者,獲果利他之儻,即起通而益物也。

《經》曰"教化聲聞緣覺或十地菩薩,大士權現,比丘在大衆中"者。

述曰:次明戒也。甫句[⑧]初列三人,則有戒之者;次障三戒,出持犯之儀。此列三人也。聲聞則别脱之戒,緣覺則定隨律儀,菩薩則道共之戒。通即人人具之,别乃各守戒也。

《經》曰"皆同一心,受鉢和羅飯,具清净戒"者。

述曰:此明三戒,出持犯之儀。此别脱戒也。"皆同一心"者,顯無散亂之失;"受鉢和羅飯"者,障無違争之愆;"具清净戒"者,即皎若明珠。夫以信施難消,如毛繩斷骨,故律功一心受食,經制具戒方消;故稱名免難,尚勸一心;爲福利生,亦[⑨]須同意也。

---

① 爼,此爲"俎"之俗字。《篇海類編·通用類·且部》:"爼,同上(俎),俗用。"

② 設,録本誤作"記",據底本改。

③ 雷,底本不清晰,待考。

④ 銀,録本誤作"饒",據底本改。

⑤ 瑛,底本似作"换",待考。

⑥ 聰,底本似作"臨",待考。

⑦ 背,此當爲"輩"之同音借字("背"字一音補妹切,與"輩"同)。

⑧ 甫,録本誤作"南",據底本改。《周禮·春官·小宗伯》:"蔔葬兆,甫竁,亦如之。"鄭玄注:"甫,始也。""甫句"即始句也。

⑨ 亦,録本誤作"圓",據底本改。

《經》曰“聖衆之道”者。

述曰:定隨戒也。然則智依定起,非净戒無以現前;聖託道生,終假人以顯其旨也。

《經》曰“其德汪洋”者。

述曰:道隨戒也。“汪洋”者,盛貌之威儀也。然行則象①王觀視②,取嚴形以降魔;坐若龍③盤,見不動而憚怯④。故門外覩沙門之像,深嗟五欲之怨;城中逢馬宿之客,聞三⑤帝(諦)⑥而獲初果。斯則威儀之益也。

《經》曰“其有此等自恣僧”者。

述曰:第五顯益也。文有二句:一、顯大悲拔苦力;二、顯大慈與樂力。“其有供養”等者,顯大悲力;“其有供養自恣”者,標良田之美也。“現在”等者,出所救之重恩。恩有三品:一、上恩,即現在父母親生育故;二、中恩者,七世父母枝引不絶,遠資潤故;三、下恩,六親眷屬,謂親戚兄弟助力成故,即《大論》云:“離别常人⑦易,離别知識難;離别知識易,離别妻子難;離别妻子易,離别父母難。”此證三品親也。“出三塗”等者,正顯大悲力也。夫以積惡招殃,災及二世;修善置福,度及後⑧混(昆)⑨。今言“出”者,此等應墮三塗,但爲聖力所資,業果消滅。既應墮不墮,即説“不墮”爲“出”也。

《經》曰“若父母在世,福樂百年”等者。

述曰:大慈與樂力也。“福樂百年”即現在樂,“人天花光”即後世樂。

---

① 象,底本及録本作“𠈃”,乃寫本中“象”之常見俗體。“象王”譬喻佛之舉止如象中之王。據《大般若波羅蜜多經》卷三八一載,佛有八十種好,進止如象王,行步如鵝王,容儀如獅子王。又以之譬喻菩薩,《無量壽經》卷下記載,菩薩猶如象王,以其善調伏之故。

② 視,録本誤作“親”,據底本改。

③ 龍,録本誤作“就”,據底本改。

④ 怯,録本誤作“法”,據底本改。

⑤ 三,録本誤作“之”,據底本改。

⑥ 結合文意,此處“帝”當爲“諦”之記音字。《説文·上部》:“帝,諦也。”

⑦ 人,録本誤作“八”,據底本改。

⑧ 後,録本誤作“浚”,據底本改。

⑨ 混,當讀如“昆”。“後昆”亦作“後緄”,指後嗣,子孫。

且[①]閻浮上壽，命惣(總)[②]百年；天内報臨[③]，光花影發也。

《經》曰"佛敕十方衆僧，皆[④]爲施主處[⑤]呪願"者。

述曰：自下明受供之儀也。二句先教受食行，後示受食儀。先呪願者，生口業善；行禪定意者，生意業善；後受食者，生身業善也。夫以願如御者，即有懸標之力；行類牛車，近有滅惡之功；故先遣發願，後行禪也。

《經》曰"光安在佛塔前"者。

述曰：示受食儀也。然三寶次第，雖有三階，就應化門，宜先供佛。何者？且塔安舍利，即神變無窮；多寶靈龕，乃會身分坐。故使藥王燒百福之臂[⑥]，信相□(禮)[⑦]古士[⑧]之骸。合既聖體嶷然，寧不設盆先獻也？

《經》曰"時目連泣聲除滅"等者。

述曰：第七，孝子領悟也。如來德澤，洪流神會，義無不憙，倒懸雪苦，目連於是止悲。大衆則儛[⑨]齊歡，目連則宿除哭泣也。

《經》曰"目連其母即於是日得脱一劫"等者。

述曰：第八，慈母蒙益也。且一人之福，似掬土而遏江河；今既大衆之威，若嵐風類於業嶺也。

《經》曰"目連復白"下，第三流通分。文[⑩]有三句：一、啓請[⑪]；二、蒙讚；三、正答。夫孝之大也，即通於神明，豈可獨敞於當時，而不垂光於來業？所以目連啓請，務屬於兹也。文二句：一、領即坐之益，賀三寶之威；二、爲未戊傳芳，即諮疑審定。

---

① 且，録本誤作"旦"，據底本改。

② 惣，録本誤作"極一"，據底本改。

③ "臨"，録本誤作"官"，據底本改。

④ 皆，底本、録本誤作"當"，據《佛説盂蘭盆經》[T16n0685p779b24]改。

⑤ 處，録本誤作"家"，據底本改。

⑥ 臂，録本誤作"辟"，據底本改。

⑦ 禮，録本作缺文，據底本補。

⑧ 士，録本誤作"土"，據底本改。

⑨ 儛，録本作"舞"。《字彙・人部》："儛，與舞同。"

⑩ 文，録本誤作"反"，據底本改。

⑪ 請，録本誤作"清"，據底本改。下文"所以目連啓請"，亦可互勘。

《經》曰“佛言”等者。

述曰:蒙讚也。如來既降迹投機,惠(慧)雲垂①布,但使來人有苦,即法澤彌流,以彼問②得宜,故云“大善”。然佛猶未説,類即申疑,故云“我正欲説,汝今復問。”

《經》曰“若善男子”等者。

述曰:第三答也。有其五節:一、教獻供;二、教發願;三、教常修;四、教奉持;五、教承命。此初也。惣(總)載③父母恩同天地,從(縱)④使血流滂沛,未足酬恩。所以道門信類、貴徒賤品,但當獻供,即答橫恩。亦⑤有多句:一、標行孝人名;二、示獻供時節。文相可解。

《經》曰“乞願便現在父母”等者。

述曰:教發願也。當願父母近年之命弗窮,資身之具恒逸;既去解支之庸,即留倚樂之安;七世尊靈長辭,百苦永去,殄⑥寒泉於此晨,歸天靈於即日⑦,感兹福樂⑧,亦願無窮。此即教獻供也。

《經》曰“是佛弟子修孝順”等者。

述曰:三勸常修也。若勸慈行,即念念追思;若濟其親,即年年設供。斯即孝盡於始終,亦行極於事親也。然則財於老時無用,措時爲子孫故;盆於孝者無施,子宜午月恒獻故。

《經》曰“若一切佛弟子奉持是經法”者。

述曰:第四教奉持也。“奉”者,信也;“持”者,念也。言信即遣撥正[正]⑨

---

① 垂,録本誤作“乘”,據底本改。

② 問,録本誤作“同”,據底本改。

③ “惣載”二字録本誤作“極哉”,據底本改。

④ 從,此當爲“縱”之借字。《論語·八佾》:“從之純如也。”邢昺注:“從,讀曰縱。”

⑤ 亦,録本誤作“圓”,據底本改。

⑥ 殄,録本誤作“彌”,據底本改。又,“殄”前録本衍一“千”字,據底本删。

⑦ 日,録本誤作“曰”,據底本改。

⑧ 樂,録本誤作“乘”,據底本改。

⑨ 正,録本脱,底本實於前一“正”字後施一重文號,兹據補。

邪，言念則除[1]妄教之失，所以勗其信念，史(使)[2]教流通矣。

《經》曰"目連比丘及四輩弟子奉行"者。

述曰：第五承命也。如來降兹法雨，澤潤含生，散坐將終，傳芳即席。但目連等咸受命頂戴奉行，既荷載聖恩，理懷歡憙也。

《盆經》讚述卷一。

① 除，録本誤作"深"，據底本改。

② 史，此當爲"使"之同音借字(二字均音踈士切)。

No. 2782《大乘稻芊經》隨聽疏

沙門法成集

[題解]

佛典注疏，又名《〈佛説大乘稻芊經〉隨聽手鏡記》，[唐]法成集，一卷。敦煌文獻中有斯1080(首殘尾全)、斯4418(首殘尾殘)、斯4681(首殘尾殘)、斯5835(首殘尾殘)、斯6463(首殘尾全)、斯6616v(首殘尾全)、斯6619(首殘尾全)、斯6829(首殘尾殘)、斯8175(首殘尾殘，存28行)、斯8194(首脱尾殘，存48行)、斯8203(首脱尾殘，存7行)，伯2045(7)(首殘尾殘)、伯2208(首全尾全)、伯2284(首全尾全)、伯2303b(首全尾殘)、伯2304v(首全尾全)、伯2328(1)(首全尾殘)、伯2357v(首殘尾殘)、伯2359v(首殘尾殘)、伯2461va(首全尾殘)、伯2508va(首殘尾殘)、伯2508vb(首殘尾殘)、伯2569vb(首全尾殘)、伯2583(1)(首殘尾全)、伯2639v(首殘尾殘)、伯2912(首殘尾殘)、伯3055(3)(首殘尾殘)、伯3422(首全尾殘)、伯3785v(首殘尾殘)、伯3786v(首殘尾殘)、伯4675(首全尾殘)、伯4965v(首殘尾殘，存3行)，上博43(39645)(首全尾全)，北大D115(首全尾殘)，北0489(調050，首殘尾殘)、北0490(雲018，首殘尾殘)、北0491(陽034，首殘尾殘)、北0492(藏009，首殘尾殘)、北0493(結059，首殘尾殘)、北0494(鹹014，首殘尾殘)、北0495(始062，首殘尾殘)、北0496(文058，首殘尾殘)、北0497(文075，首殘尾殘)、北0498(裳013，首殘尾殘)、北0499(菜089，首殘尾殘)、北0500(鹹059，首殘尾殘)，北新1558(BD15358，首殘尾全)，俄Дx00302(首全尾殘，下部殘缺)，台圖125(首殘尾殘)，羽653R＋V(首全尾殘)，計50號。從一些寫經的題記可知，此疏在吐蕃統治敦煌時期及歸義軍初期一直比較流行。清代以前歷代大藏經未收，日本《大正藏》以伯2284號爲底本，以斯1080號爲甲本、伯2303b號爲乙本録入其第八十五册。今仍以《大正藏》本所據卷伯

2284號爲底本。參校甲本，斯1080（甲本首題爲“大乘稻芉經隨聽手鏡記”）號；乙本，伯2303b號。

將釋此經，總以五門分別：一、立所宗；二、明歸乘；三、明歸分；四、辯歸藏；第五、解釋。如是五義，依大、小[①]乘經及以諸論，今當略釋。

第一、言“立所宗”者，世間宗見，雖有無量，以要言之，不出二種：一、外；二、内。彼外宗見有九十六，束而言之，有十六論。是故《瑜伽論·本地分》中有尋伺[②]等三地，内云嗢柁南曰：

“執因中有果，顯了有去來。我常宿作因，自在等害法。

是無邊憍[③]亂，計無因斷空。最勝凈吉祥，名十六異論。”

彼長行解釋云：“由十六種異論差别，顯不如理，作意應知。何等十六？一、因中有果論；二、從緣顯了論；三、去來實有論；四、計我論；五、計常論；六、宿作因論；七、計自在等爲作者論；八、害爲正法論；九、有邊無邊[④]論；十、不死憍亂論；十一、無因見論；十二、斷見論；十三、空見論；十四、妄計最勝論；十五、妄計清净論；十六、妄計吉祥論。”如是諸論究竟而歸二種之見：一、斷；二、常。此十六論所有立破，文繁不述，如《瑜伽論》一一[⑤]廣明。言“内宗”者，總而言之，有其二種：一、小[⑥]乘宗；二、大乘宗。言“小乘宗”者，大師在[□][日][⑦]，同一師學，無有差别；佛滅度後，爲諸師等情見不同，遂分多部。或有諸論本末合説有二十二，或有論説而本及末有二十部，廣如二種《宗輪論》説。如是小乘，部執雖多，畢竟歸依，皆同一見。何者是一？謂執一切法有實體性。所以者何？彼蘊界處體皆實故。若蘊等體實是無者，世

① 小，乙本無。

② “伺”前乙本有一“有”字。

③ 憍，與“驕”同。《廣韻·宵韻》：“憍，本亦作驕。”下文“憍”字亦同，不復校。

④ “邊”前乙本無“無”字。

⑤ “一一”二字録本訛作“二”，據底本改。又，乙本亦作“一一”。

⑥ “小”前乙本有一“是”字。

⑦ 日，底本、録本無，今結合文意，據乙本補。

尊不説諸大種等自相共相。又若[①]色等法猶如兔角非真實有、唯有識者，爲本無故，内心變現有色等法不應道理，色等諸法若無有因不能生故。又[②]若無因心能現者，龜毛、兔角、石女兒等亦應可得。又破外境故，而[③]析[④]麁法至於極微。又彼極微有方分故，不成實故，言唯識者，不應道理。分析[⑤]識心，前後諸分，不成實有，同一過[⑥]故，不應而作如是之言:“唯有内心，而無外境。”又佛世尊各别而説内外緣起、緣性二種法故，心及外境是真實有。而諸經中“而無外境”、“唯識心”者，彼欲爲遮常見等故，作如是説。中乘宗見與小乘同，二俱合説，總名“小乘”，故不别論。餘有立破，文繁不述。言“大乘宗”者，亦有三别:一、依經中宗，亦名“勝義皆空宗[⑦]”，亦云“破相宗”。二、唯識中宗，亦名“應理圓實宗”，亦云“立相宗”。三、依論中宗，亦名“法性圓融宗”，亦云“法性宗”。言“依經中宗”者，佛滅度後六百歲來，部執競興，多著有見，謗大乘法，毁滅真宗。南天竺國有一菩薩出現於世，號爲“龍猛”，證極喜地，爲破有見，依《大般若》等大乘之經，造《中論》等。後彼師弟子聖提婆等諸大論師[⑧]亦造《百[⑨]論》等，廣闡大義，是故因兹有此宗，起此宗見。云何以三無性爲真了義？説一切法，世俗故有，勝義故空。謂一切法緣生有故，故名“世俗”，即彼緣生。即彼緣生[⑩]、無性空故，故名“勝義”。勝義、世俗，其體不異；體不異故[⑪]，非空非有。非空非有[⑫]，是中道理；得中道[⑬]故，不住二邊。雖依世俗，有所遣修；由觀勝義，而無所得。止觀雙行，成無住道。故依

① 若，乙本無。
② 又，乙本作“有”。
③ 而，乙本無。
④⑤ 析，録本訛作“折”，據底本改。
⑥ 過，録本訛作“遇”，據底本改。
⑦ “空宗”二字録本訛作“宗空”，據底本改。
⑧ 師，録本訛作“抄”，據底本改。
⑨ “百”前乙本有一“五”字。
⑩ “即彼緣生”四字乙本無。
⑪ “體不異故”四字乙本無。
⑫ “非空非有”四字乙本無。
⑬ “得中道”三字乙本無。

世俗，説有三性；若勝義諦，三無[①]性皆無[②]。由執世俗，故説生死；令出離故，説勝義諦。故無三[③]性，名"真了"義。更有立破，文繁不述。言"唯識中宗"者，既有如是前宗起故，由是衆生復著空見。佛涅槃後九百年，初無著菩薩而出於世，位登初地，得法光定，破空見故，造《瑜伽》等論。無著菩薩有異母弟，號爲[④]"世親"，位階加行，亦造《三十論》等，竪立唯識[⑤]，故此宗起。此宗[⑥]見云何？謂色等外法非真實有[⑦]，唯識變現；世間及論所説有我及法，種種皆是内識轉似外境我法分别，重集力故。諸識生時，變[⑧]似我法。此我法相，雖在内識，而由分别，似外境現。諸有情類無始時來，緣此執爲實我實法，是故當知而無有境。所以者何？現見麁相，微塵集成。而彼微塵有六方分，不成彼[□][塵][⑨]，故無外境。如目有翳，於虚空中，見垂髮等。又《十[⑩]地經》云：諸最勝[⑪]子，三界唯心。又，《密嚴經》云："内外一切物，所見唯自心。衆生心二[⑫]性，能取及所取。心體有二門，即心見二[⑬]物。凡夫性迷惑，於自不能了。"是故當知外[⑭]無有物，唯識變現。又彼識心常相續起，是真實有得轉依時；亦有遠離能取，無二正智[⑮]，實有非無。又立三性教爲"真了"義説。一切法由二諦故，非空非有；於三性中，遍計所執，其性都無。依他起性，因緣假有；圓成實性，離妄真實。所執無故，空而非有；依圓存故，有而非

①② 無，乙本無。

③ "無三"二字乙本作"三無"。

④ 爲，乙本作"曰"。

⑤ 識，乙本脱。

⑥ "起此宗"三字乙本無。

⑦ "實有"二字乙本無。

⑧ 變，乙本無。

⑨ 塵，底本、録本無，今結合文意，據乙本補。

⑩ 十，乙本脱。

⑪ "最勝"二字底本作"勝最"，今結合文意，據乙本改。

⑫ "心二"二字乙本作"二心"。

⑬ 二，乙本作"衆"。

⑭ 外，乙本作"外外"。

⑮ 智，乙本作"取"。

空。非有非空[①]，是中道理。由迷圓成，於依他智；成計所執，若我若法。由見圓成，悟依他智如幻非真；離此所執，故知定有依圓二性。爲遣執故，説三無性非[□][依][②]他等；其性都無，故説三性爲"真了"義。餘有立破，如二十、三十等論所明。言"依論中宗"者，爲無著菩薩有一弟子，名曰"那多落尸多"，依於無著所造《瑜伽》，撰中宗《莊嚴》等論，立世俗法，同唯識宗。若第一義，而即同於勝義皆空。何故爾耶？若離[③]識心外有境者，不應道理；識了境時，外境是其識自性故，乃能了别；若不如是，則不能了。若其識心是真實有，不應道理，爲外色等是識性故；即如外境有多[④]種相，心亦同彼有多種故。又如識無形，外境同彼，不可見故。是故當知有此二過，非真實有。更有所立，如餘處説。雖有如是宗見差别，今釋此經，唯依經中宗説，如理應思。立所宗竟。

二言"歸乘"者，若論法體，無乘建立，爲諸有情根器差别，隨機引導，假説種[⑤]多。雖有種[⑥]多，略而言之，不出三種：一、聲聞乘；二、緣覺乘；三、菩薩乘。言"聲聞乘"者，因聲悟道而通達[□][故][⑦]，故名"聲聞"。又有釋曰：言"聲聞"者，從於善友而聽聞已所證果，獲令他聞故，故名"聲聞"。言"乘"者，"運載"之義，如下所明。此乘修證爲根劣[⑧]故，四諦之中，先悟有漏。此五取藴，知是衆苦所依之處，麁而易觀，即"悟苦諦"；而尋苦因，即能了知是業煩惱，名"悟集諦"；捨業煩惱，離五取藴，了知安樂，即"悟滅諦"；了八聖道，是滅方便，是則名爲"而悟道諦"。如是有漏及無漏法，唯有因果，此中無有作者、壽者。如是見故，了人無我，又能了知生死極苦、涅槃净妙，於彼二法捨一取一；厭怖生死，悲智極劣；修六度等所有善法，不爲衆多，獨爲己身；

① 空，乙本脱。
② 依，底本、録本無，今結合文意，據乙本補。
③ 離，乙本作"唯"。
④ 多，底本作"名"，今結合文意，據乙本改。下文"心亦同彼有多種故"，可助勘。
⑤⑥ 種，乙本作"衆"。
⑦ 故，底本、録本無，今結合文意，據乙本補。
⑧ "劣"前乙本有一"下"字。

取涅槃樂[①],證現觀時;若無善友,自不能悟四諦真性;而根鈍故,故名“下乘”。言“緣覺乘”者,是中根故。從於十二緣起門入,了知老死是生死過,而尋[②]此因,從生而有;如是逆尋,至於無明,耳爲因果,唯有緣起、緣性,無我、我所,了人無我。又復了知無明若滅,乃至老死而不生故,則能了知緣起、緣生,順逆染净,厭背生死,欣求净妙,悲智劣故,修六度等所有善法,獨爲己樂[③],不利衆多,故名“緣覺”。言“菩薩乘”者,爲根勝故。於勝義諦,觀一切法,本自空寂,生死涅槃,了無二相。若世俗諦,了知如幻,具大悲智,不捨生死,不取涅槃,爲諸有情,修十度[④]等,自他利滿,以要言知(之)[⑤],地及果證,名“菩薩乘”。有七大義,超過二乘,如下所説。今此經中[⑥]菩薩乘攝,非是二乘所緣境故。明歸乘竟。

三言“歸分”者,一切聖教雖有無量,以類相從,有十二分,謂“契經”、“應頌”、“記別”、“諷頌”、“自説”、“緣起”、“辟喻”、“本事”、“本生”、“方廣”、“未曾有法”、“論議經”也。言“契經”者,謂貫穿義,長行直説多分[⑦]攝受意趣體性。言“應頌”者,謂長行後宣説伽他,又略標所説不了義經。言“記别”者,謂廣分别略所標義及記命過弟子生處。言“諷頌”者,謂[⑧]以句記,或以二句,或以三、四、五、六句説。言“自説”者,謂無請而説,爲令弟子得勝解故,爲令上品所化有情安住勝理,自然而説,如《經》言“世尊今者自然宣説”。言“緣起”者,謂有請而説。如《經》言“世尊一時依黑鹿[⑨]子爲諸苾芻宣説法要”等。言“譬喻”者,謂有譬喻經,由譬喻故,隱義明了。言“本事”者,謂除本生,宣説前際諸所有事。言“本生”者,謂宣説己身於過去世行菩薩行時自本生事。

---

① 樂,乙本作“乘”。

② 尋,乙本無。

③ 樂,乙本作“身”。

④ “修十度”三字乙本作“十及”。

⑤ 知,乙本作“之”。

⑥ 中,乙本作“者”。

⑦ “多分”二字録本作“分多”。録本於此二字下出校:“分多＝多分㉠。”按:經核,底本“分多”二字旁有乙鈎號,校録者失察。

⑧ 謂,録本訛作“涅”,據底本改。

⑨ 鹿,録本訛作“龕”,據底本改。

言“方廣”者，謂說菩薩道及宣諸佛百四十種佛不共法，謂四一切種清净乃至一切種妙智等。言“未曾有法”者，謂諸如來，若諸聲聞，若在家者，説希奇法，如諸經中因希有事起於[①]言說。言“論議”者，謂諸經典修環研竅摩怛[②]理迦，即一切了義經皆名“摩怛[③]理迦”，亦名“阿毘達磨”。今此經者，即十二中自說、論議分攝。明歸分竟。

四言“辯歸藏”者，如是十二分教總束爲三：一、素怛攬藏，此云“契經”，貫穿連綴，所詮定學，契理契機，攝益他故。“藏”者，攝也。二、毘奈耶藏，此云“調伏”，所攝戒學，調和三業，制伏惡行，而攝益故。三、阿毘達磨藏，此云“對法”，所詮惠（慧）學，對向涅槃，對觀四諦而攝益故。云何此三而攝十二？《瑜伽論》云：“如是所説十二分教，三藏所攝。……當知此中若説‘契經’、‘應頌’、‘記別’、‘諷頌’、‘自説’、‘譬喻’、‘本事’、‘本生’、‘方廣’、‘希法’，是名‘素怛攬藏’。若説‘因緣’，是名‘毘奈耶藏’。若説‘論議’，是名‘阿毘達磨藏’。是故如是十二分教，三藏所攝。”又《阿毘達磨雜集論》云：如是契經等三藏所攝，謂“契經”、“應頌”、“記别”、“諷頌”、“自説”，皆是聲聞乘素怛攬藏；“緣起”、“譬喻”、“本事”、“本生”並加眷屬，名“毘奈耶藏”；“方廣”、“希法”，此是菩薩素怛攬藏；“論議經”者，即是彼二阿毘達磨藏。何故如來建立三藏？爲欲對治疑隨煩惱，立素怛攬藏；對墮二邊隨煩惱，故建毘柰耶藏；對治見取隨煩惱，故説阿毘達磨藏。今此經者，即阿毘達磨藏攝。辯歸藏竟。

第五言“解釋”者[④]，經大門分二：初釋題目，二釋本文。

初又分三：一、釋“大乘”義；二、釋“稻芉”；三、釋“經”義。

初言“大乘”者，以七種大超過二乘，故名爲“大”。言“七大”者：一、所緣大[⑤]；二、發心大[⑥]；三、信樂大[⑦]；四、思惟大[⑧]；五、資糧大[⑨]；六、時大[⑩]；七、

① 於，乙本作“諸”。

② 怛，録本訛作“甥”，據底本改。

③ 怛，録本訛作“甥”，據底本改。該字乙本作“呾”。

④ “第五言解釋者”六字乙本作“《大乘稻芉經隨聽手鏡記》，沙門法成譯。將釋此”。

⑤⑥⑦⑧⑨⑩ 大，乙本無。

成就大①。言"所緣大"者,爲②《大般若》、《大集》、《大寶積經》等所③説,諸法皆是菩薩所緣境故。言"發心大"者,爲④發無上菩提心故。言"信樂大"者,爲⑤信⑥樂甚深法故。言"思惟大"者,爲⑦思惟利樂一切諸有情故。言"資糧大"者,爲⑧具福智二種大功德故。言"時大"者,爲⑨三無數劫趣菩提故。言"成就大"者,爲成力無畏等諸大功德故。所言"乘"者,是"運載"義⑩,猶如船筏,運載衆生,出生死海,令至涅槃,到彼岸故。

二、言"稻芉"者,夫一切經皆以四義而立其名。云何爲四?一、處所;二、人;三、法;四、喻。言處所者,如《楞伽經》等;言約人立名者,如《維摩經》等;言從法立名者,如《大般若經》等;言從喻立名者,如《寶雲經》,説彼經時,十方[□□□□][諸佛,諸大]⑪菩薩,譬如大雲,悉皆雲集,故名"寶雲"。此經亦爾,謂佛世尊觀見稻芉説此法故。

三、言"經"者,准諸經論,中釋多途,今略舉二義:一者"常"義,古今不易,故名[爲]⑫"常"。二者遍攝諸法,稱之⑬爲"要"。

二、釋本文者,《瑜伽論·解釋分》云:夫欲解釋一切經者,應以五門通釋諸經。云何爲五?一、總攝門;二、經之所詮;三、釋句義;四、辯次第;五、答難。此經亦爾,亦以五門⑭分别解釋⑮。初門之中,復分爲七:一者、序分;二、發起序;三、所知事;四、所知性;五、所知果;六、云何所知;七、經之所要。

初、言"序"者,[□□]["序"者]⑯因義,謂集經者欲令聽衆生其信故,故

① 大,乙本無。

②④⑤⑦⑧⑨ 爲,乙本作"謂"。

③ 所,乙本無。

⑥ 信,乙本無。

⑩ "義"前乙本有一"之"字。

⑪ "諸佛諸大"四字底本、録本無,今結合文意,據乙本補。

⑫ 録本於"名"字下出校:"名十(爲)㊂。"意即乙卷(伯 2303 號)"名"後有一"爲"字。按:原卷(伯 2284 號)"名"後本有一"爲"字,録本脱。

⑬ 之,録本訛作"云",據底本改。

⑭ 門,録本作"分",且出注:"分=門㊂。"該字底本本作"門",録文訛誤。兹據正。

⑮ 釋,録本作"擇"。按:此字原卷實作"釋",乃"釋"之俗體。兹據正。

⑯ "序者"二字底本、録本無,今結合文意,據乙本補。

列序分。經始從"如是我聞"至"及諸菩薩摩訶薩俱"是也。

二、言"發起序"者,爲聽法故,應時而問,不失所宜,故名"發起序"。經從"爾時具壽舍利子"至"作是語已"。

三、言"所知事"者,所謂因緣之法,順流逆流,是智境故。此則顯其生死、涅槃二種法性。順流法中,復分爲三:一者煩惱;二者是業;三者是苦。故《因緣論》云:"初、八、九[①]煩惱,二及十是業。餘七皆是苦,十二惟三攝。"經從"彌勒菩薩摩訶薩答具壽舍利子"至"如是唯滅純極大苦之聚,此是世尊所説因緣之法"。

四、言"所知性"者,此道能知諸法性故,八聖道法,名"所知性"。經從"何者是法"至"此是八聖道"。

五、言"所知果"者,有其二種:一者有上;二者無上。言"有上"者,謂四沙門果及涅槃是也。言"無上"者,所謂無上菩薩之果。此二顯其所趣方便及所詮之法。經從"果及涅槃"至"學無學法故"。

六、言"云何所知"者,所謂應以二諦觀因緣法。是故《解深密經》云:應以二諦而觀諸法。此是"所知"之義。經從"云何見因緣?如佛所説"至"是故應以五種觀因緣之法"。

七、言"經之所要"者,所謂除二種障及得無住涅槃道者是也。若論無住涅槃,義途無量;略而言之,有其二種。何謂爲二?所謂諸佛菩薩悲智二種是也。何故此二名"無住涅槃"?爲具智惠(慧)故,不墮生死;具大悲故,不住涅槃。若不住生死,不住涅槃,是則名爲"無住涅槃"。言"二障"者:一、煩惱;二、所知。言"煩惱障"者,謂染污無知。言"所知障"者,謂非染污無知。了人空故,斷煩惱障,得有上果。了法空故,斷所知障,得無上果。經從"尊者舍利子"至"信受奉行"。釋總攝門竟。

大門第二言"經之所詮"者,與上所説"經之所要"義同故,更不重釋。

大門第三言"釋句義"者,釋其句義,有無量門,總而言之,不出六種:所謂名身、句身、文身、語、行相、機請。

大門第四言"辯次第"者,有其三種:一、辯圓滿次第;二、辯解釋次第;

① 九,録本訛作"死",據底本改。該字乙本亦作"九",可助勘。

三、辨能成次第。

大門第五言“答難”者，夫難起之因而有五種：一者、不了義故難；二者、語相違故難；三者、與道理相違故難；四者、不决定[①]故難；五者、事不現故難。

上來五門之中，第二、第三、第四、第五，此四門義遍此經，故不可配文，從始至終，以義通辯；第一總攝門[②]中，文有七段。今當第一明其序分，於中文四：一、時成就；二、主成就；三、處所成就；四、衆成就。是故與“何時”“是誰”“何處”“爲何”等言隨類而配。

經：“如是我聞：一時”。此初時成就也。言“如是”者，爲諸菩薩結集之時，啓問文殊師利菩薩等言：“汝云何聞？當如實說。”彼即答言：“如是我聞。”此即能引下諸經文。問曰：“何故集經者不言自説，言‘如是我聞’?”答：“離增益損減謗故。言‘我聞’者，此二顯其親聞，非自證也。爲自親聞，無傳聞過失，所以立‘我’。但聞非證，故立於‘聞’。除佛一人，餘則不能了此義故。若言自證，不生信故。”言“一時”者，即聞經時也。此有二釋：一、與聞相合；二、與住[□][相][③]合。與聞相合者，顯此經寶難得聞故。與住相合者，此顯如來即於餘時爲度衆生住餘處故。

經：“薄伽梵。”此二主成就也。言“薄伽梵”者，此是梵音，此翻云“降伏具足”，謂降四魔、具六功德，故名“薄伽梵”。

經：“住王舍城耆闍崛山。”[④]此三處所成就也。此有通、别。通言王舍城，别即耆闍崛山。言“住”者有其三種：一、威儀住；二、説法住；三、禪定住。[□□□][禪定住][⑤]中復有三種：一、梵住；二、天住；三、佛住。“王舍”者，往昔之時，爲諸非人惱亂國人，毁壞村邑，王敕國人於其門上題“王舍”字，由是非人不能毁壞，故名“王舍城”。“耆闍崛山”者，此翻“鷲峰山”也。此山峰勢狀如鷲鳥，因以爲名。列二處者：一、爲欲利益在家、出家諸人等故；二、爲令

---

① “不决定”三字乙本作“多分”。

② “攝門”二字録本作“門攝”，且於此二字下出校：“門攝＝攝門㊂。”按：經核，底本“門攝”二字旁有乙鉤號，校録者失察。兹據正。

③ 相，底本、録本無，今結合文意，據乙本補。

④ 以上文字甲本缺。

⑤ “禪定住”三字底本、録本無，今結合文意，據乙本補。

自利具足①、他利圓滿故。爲此聚落，諸聚落中最爲尊②貴。此經亦爾，於諸經中最爲第一，故於此説。立"耆闍崛山"者③，此經甚深、難得入故，顯"高勝"義也。

經："與大比丘衆千二百五十人及諸菩薩摩訶薩俱。"此第四衆成就也。文二：一、聲聞；二、菩薩衆成就也。初復有二：一、舉名；二、列數。"與大比丘衆"，此舉名也。言"大"者，一、數大；二、威德大。有千二百五十，故名"數大"；皆是大阿羅漢，故名"威德大"。言"比丘"者有五種：一、名字；二、乞求；三、自稱；四、破結使；五、白四羯磨。得處所雖有五種，今取第四。言"衆"者，"和合"義也。"千二百五十人"者，此二列數也。世尊成等正覺，於王舍城度優樓頻螺迦葉師及弟子五百眷屬，頻螺迦葉師及弟子二百五十，迦耶迦葉亦二百五十，舍利子目連共二百五十，住王舍城説此經故。

問："大乘經中何故列聲聞耶？"

答："有三義故：一、爲集經者欲令於自生信故；二、令諸聲聞入大乘故；三、此因緣法是共有法故。先列聲聞者：一、爲諸聲聞不離於佛、常作侍者故；二、於出家人生恭敬故。"

"及諸菩薩摩訶薩俱"，此二菩薩衆成就也。此是梵音，翻爲"道心"、"大道心"。言"道心"者，修其聖道、趣菩提故。言"大道心"者，簡異二乘下劣心故。有七大義，同前所釋。言"俱"者，"兼"、"並"、"共"、"及"，異名之義。④

次明總攝門中第二發起序，文分爲五：一、往；二、恭敬；三、就坐；四、陳疑；五、徵⑤問。

經："爾時具壽舍利子往彌勒菩薩摩訶薩經行之處。"此初往也。言"爾時"者，佛在王舍聞經時也。言"具壽"者，恭敬之辭，具命根故。"舍利子"者，從母立名也。言"彌勒"者，梵音，此云"慈氏"也。一、從願立名。過去有

① "自利具足"四字録本訛作"自具利足"。按：底本"具利"二字旁實施一乙勾符，今據録正。此二字乙本亦作"利具"，可助勘。

② "尊"字以下乙本缺。

③ "者"前底本、録本有一"中"字，結合文意，據甲本删。

④ "言俱者……異名之義"十一字甲本無。

⑤ 徵，録本訛作"嶽"，據底本改。下文："此五、徵問也。"可互勘。

佛,號爲“慈氏”,於彼發心:“願我當來成佛之時,亦同此號。”故以爲名。二、約行立名,爲此菩薩於四無量偏修慈故。三、從母立名者,過去之時,出家修道,名“最勝尊”,母名“慈氏”,是故言“慈氏”也。言“經行之處”者,謂彌勒菩薩所在①之處,爲諸有情説法地也。

經:“到已,共相慰問。”此二互相恭敬也。爲談妙法,無有嗔容②,言“善來”③等,名爲慰問。二俱尊故,但以慰問,互不禮也。若致禮者,不成恭敬,有過失故。

經:“俱坐盤陀石上。”此三就座。言“俱座”者,彌勒與身子同於一座論妙法故④。不求餘座、就石座者:[□][一]⑤、當爾之時,此石近故;二、樂深法故;是故不求餘座。舍利子是智惠(慧)第一,故能問;彌勒菩薩補處,故能答。

經:“是時具壽舍利子向彌勒菩薩摩訶薩作如是言:‘彌勒!今日世尊觀見稻芊,告諸比丘,作如是説:“諸比丘若見因緣,彼即見法;若見於法,即能見佛。”作是語已,默然無言。彌勒!善逝何故作如是説?其事云何?’”此四陳疑也。觀見稻芊説此法者,爲外因緣法與内因緣二俱無我,假因緣有,無差别故。爲諸比丘説此法者,欲令引小趣大法故。何故世尊説[□][此]⑥法已而默然邪?若論聖旨,微細難測。雖然以比量論,有其三意:一、爲除慢,爲諸聲聞常作是念:“佛雖少説,我能悟大。”除此慢故。二、爲諸菩薩能説如來祕密意趣,嘆彼德故。三、此中具足,更無餘故。言“善逝”者,“善”者,好;“逝”者,去;去已不退,故名“善逝”。言“其事云何”者,如來説法不離四種密語、四種意趣,於八法中,今於⑦何法説此法邪?問此事故,故列斯問。言“四密語”者,一、引入;二、自性;三、對治;四、轉變。引入密語者,如小乘經爲引

① 在,甲本作“行”。
② 容,録本訛作“客”,據底本改。
③ 此處録本衍一“善來”,今據底本删。
④ “故”字下甲本有一“也”字。
⑤ 一,底本、録本無,今結合文意,據甲本補。
⑥ 此,底本、録本無,今結合文意,據甲本補。
⑦ 於,甲本作“依”。

外道令入法故，説有我等；如大乘經欲令引[①]小趣大果故，説蘊界等。自性密語者，依遍計性説一切無依，後二色[②]性説一切有等。對治密語者，爲對法八萬四千諸塵勞故，説諸對治門等。轉變密語者，如《對法論》説："覺不堅爲堅，善住於顛倒。極煩惱所惱，而得無上道。"又云若人能殺於父母、王及二種净行人，能壞國土並眷屬，此人名爲"清净者"等。言"四趣意[③]"者：一、平等；二、别時；三、别義；四、隨人。平等意趣者，如《楞伽經》，爲依身法語字平等故，言"過去諸佛皆是我身"等。别時意趣者，如經"若有善男子聞寶髻佛名者，即成阿耨多羅三藐三菩提"等。别義意趣者，如經所説"若不供養恒沙諸佛，不悟大乘"等。隨人意趣者，如經"爲慳貪者而讚於施，爲惡戒者毁[④]呰布施而嘆於戒"等。

問："見何相違，問密語及意趣邪？"

答："言因緣者是有漏因果，言法者是無漏道及無爲涅槃，言佛者是無漏果力無畏等。此等性相各不相似，云何見[⑤]不相似因緣，而能見法佛耶？若能見者，眼亦聞聲等。有此疑故，故致問也。"

經："何者因緣？何者是法？何者是佛？云何見因緣即能見法？云何見法即能見佛？作是語已。"

此五、徵問也。

此六、答文，如經下釋。

次明總攝門第三所知事。文分爲二：初標，後釋。

經"彌勒菩薩摩訶薩答具壽舍利子言：'今佛法王正遍知告諸比丘："若見因緣，即能見法；若見於法，即能見佛"'"者，此初標也。言"法王"者，於一切法得自在故。若得自在，所説教法堪信受故。言"正遍知"者，此則爲顯法王之因，具四義故，名爲"遍知"：一、無遺知；二、無量知；三、不共知；四、不顛倒知。

---

① "引"下録本衍一"入"字。録本於"入"字下出校："[入]—㊞"意即甲卷無此"入"字。經核，底本於此字旁已加一廢棄號"卜"，校録者失察。兹據删。

② 色，甲本無。

③ "四趣意"三字甲本作"意趣"。

④ 毁，録本訛作"髮"，據底本改。又，乙本亦作"毁"。

⑤ "見"字前甲本有"而能"二字。

二、釋文。分有二:一、流轉;二、非流轉。

初又分三:一、問;二、答;三、結。

經:"此中何者是因緣?"此初問也。上六問中答初問故,故致斯問。

經:"言因緣者,此有故彼有,此生故彼生。所謂無明緣行,行緣識,識緣名色,名色緣六入,六入緣觸,觸緣受,受緣愛,愛緣取,取緣有,有緣生,生緣老死,愁嘆苦憂惱而得生起。"此二答也。言"此有故彼有"者,從不動緣而有故。言"此生故彼生"者,從無常緣而生故。諸餘句義,下經所明,故不重釋。

問:"何故定列十二法耶?"

答:"爲五義故:一、能引支,即無明行識;二、所引支,即名色六入觸受;三、能成支,即愛取有;四、所成支,即生;五、過失支,即老死。能引支者即是遠因,能成支者即是近因;若無此二,生不成故,故説二因。以此五義若少十二,義不具足;若過十二,即無所用,故無加減。"

問:"不説無明因,故生死有始,無明不從無因而生耶?"

答:"無始已來,依自性緣無明生故,故無有始,不成無因。若言非如理作意是無明因者,彼非正因,是助因故。又非如理作意等是無明性故,與理無違。"

經:"如是唯生純極大苦之聚。"此三結也。言"唯"者,離我、我所故。言"純極大苦"者,謂三苦、八苦故。言"大"者,無有始故。二、明非流轉。文三:初列數,次結,後引證。

經:"此中無明滅故行滅,行滅故識滅,識滅故名色滅,名色滅故六入滅,六入滅故觸滅,觸滅故受滅,受滅故愛滅,愛滅故取滅,取滅故有滅,有滅故生滅,生滅故老死愁嘆苦憂惱得滅。"此初也。

問:"何故無明滅等名'緣生法'耶?"

答:"遮有二種:一、遮無;二、遮非。此遮非故。譬如有人服①其仙藥,此亦如是。以修道力不與無明等相應而得轉依、漸令增勝故,無明滅等亦名'緣生'。説二種緣生法者,爲諸有情迷於流轉、非流轉法,捨此迷故,故説二種。"

① 服,録本訛作"眼",據底本改。

經:“如是唯滅純極大苦之聚。”

此二結也。

經:“此是世尊所説因緣之法。”

此三引證也。非自意故,故列引證。總攝門第四,明所知性。文三:初問,次答,後結。

經:“何者是法?”此初也。問文可見。

經:“所謂八聖道支:正見、正思惟、正語、正業、正命、正精進、正念、正定。”此二答也。若論於法,而有三種。今所説者,取其行法,此八聖道是行法故。於如實理無顛倒見者,名爲“正見”;如理籌量,名“正思惟”;如實而説,離於口過,口業清净,名之“正語”;離身三愆[①],身業清净,名爲“正業”;離四邪等,如法而求身口清净,故名“正命”;爲除餘障諸過惡故,而修勇悍,名“正精進”;於所緣境,明記不忘,名爲“正念”;爲求勝德,心注一境,名爲“正定”。此八聖道,分爲六支:一、了别支,即是正見,正了别已、决定取故。二、表示支,即正思惟、正語,所思之事爲人説故。三、信受支,即[②]正語、正業、正命,若有問法如實答故,不作非業、戒清净故,如法而求、常少欲故。四、除障支,即正精進,此則能除聲聞菩薩煩惱所知二種障故。五、捨隨煩惱支,即正念,爲正念故,掉[③]舉惛沈不得便故。六、成功德支,即正定,由定力故,能得三明諸功德故。”

經:“此是八聖道支。”此三結也。次明總攝門第五所知果。文二:一、有上;二、無上。

初復分三:一、有爲;二、無爲;三、引證。

經:“果。”此初也。四沙門果即是有爲是解脱道。

經:“及涅槃。”此二,無爲也。捨煩惱已得涅槃者,是無爲故。論説有爲、無爲皆是四沙門果者,彼通論故。今此經中别説涅槃,故分爲二。又解

① 愆,録本訛作“德”,且出校:“德=愆㊙。”按:該字原卷本作“僁”,乃“愆”字之俗體。唐玄應《一切經音義》卷三:“僁,今作愆。”李白《早春于江夏送蔡十還家雲夢序》:“秋七月,結遊鏡湖,無僁我期。”即其用例。兹據録正。

② 即,甲本無。

③ “掉”字録本訛作“棹”,據底本改。

言:“涅槃”者即是清净真如,彼無煩惱故。

經:“世尊所説,名之爲‘法’。”此三,引證。言“法”者執自性爲義。

二、明無上,文四:一、問;二、答;三、明因;四、辨所緣。

經:“何者是佛?”此初,問也。

經:“所謂知一切法者,名之爲‘佛’。”此二,答也。以無漏惠(慧)如理而知内外一切有爲無爲有漏無漏諸法性相,故名爲“佛”。①

經:“以彼惠(慧)眼及法身。”此三,明因也。能知一切法者,是無漏惠(慧),非肉眼故,故言“[惠(慧)]眼②”。顯惠(慧)眼因,故列法身。言“法身”者,即清净智及真如也。

經:“能見作菩提、學、無學法故。”此四,辨所緣。言“能見”者,以惠(慧)眼及法身能見故也。言“作菩提”者,即是三種菩提之因,所謂三十七品菩提分法及十二分教等是也。言“有學”者,從四加行至第七人名爲“有學”。言“無學”者,第八人也。

問:“何故不説非有學、非無學耶?”

答:“有學、無學尚自能知,豈非非有學、非無學而不能知?故不列也。”

總攝門第六,明云何所知。文分爲二:一、勝義;二、世俗。

初又分三:初觀因緣,次觀於法,後觀於佛。

初又分二:一、問;二、答。

經:“云何見因緣?”此初,問也。

經:“如佛所説,若能見因緣之法,常無壽、離壽、如實性、無錯謬性、無生、無起、無作、無爲、無障礙、無境界、寂静、無畏、無侵奪、不寂静相者是也。”此二,答也。以勝義世俗觀因緣者,爲欲令捨增益損减謗故。若唯勝義觀因緣者,墮於斷見及涅槃故。若唯世俗觀因緣者,即墮增益。以二門觀,則離二謗,處中道故。無明行等,猶如幻化,假因緣有。雖然,而於三世無有生者,即名“勝義”故。《經》云:“無生是實,餘皆虚妄。”

① “此二答也……故名爲佛”三十二字甲本無。

② 《大正藏》録文於“故言眼”之“眼”字下出校:“(慧)+眼㊙。”意即甲卷(斯1080號)“眼”前有一“慧”字。按:原卷(伯2284號)“眼”前本有一“惠”字,録文脱。

問:"勝義諦中無有言説,何故此經説'常無壽'等耶?"

答:"作是説者,皆是世俗,爲欲表示諸有情故,於一切時具無生故,故名爲'常'。此則顯其於第一義三世一如無變異也。若如是者,與説'有我'無有差别。破此疑故,故言'無壽',自性本非時[①]我性故。"

言"離壽"者,無有一物與此差别。"我人壽"者,能動轉故。而此因緣勝義之法,非如常我,横計有故,故言"如實性"。此則顯其非横計也。何故此非横計?示此因故,故列"無錯謬性"。此則顯其無顛倒也。此現有生,何故言"不生"耶?爲除此疑,故言"無生",於第一義無有少法而生故也。故《經》云:"從緣所生彼不生,此則名爲無生法。"雖現不生,於過去世不具生耶?捨此見故,故言"無起",過去之世亦如現在無所生故。雖自不生,故無生無起,爲自在等而不造作耶?爲除此見,故言"無作",無有常因漸頓造作有相違故。此則離其無因、不相似因也。雖非自在等作,爲因緣和合共相作故,此明[②]"有爲"。爲除此見,故言"無爲",以勝義觀因及衆緣不可得故。此因緣法雖於此處而無有生惑,於餘處而則能生。爲捨此見,故言"無障礙",於一切法而此空性無不遍故,是故此無生法於一切處而無所礙。此則顯其往一切處也。若如是者,如上所説有德因緣,一切有情何故而不知耶?爲除此疑,故言"無境界",能取、所取無所有故,是故貪著能取、所取諸有情等而不能知。雖然離諸戲論,出世間智,而能知見,有何勝益而令修此勝義觀耶?爲示勝益,故言"寂静"。若能而修勝義觀者,能離一切諸惡法,故名爲"寂静"。若無我、我所、能取、所取者,無有苦樂等事,超過一切語言境故,誰能樂此法耶?爲捨此見,故言"無畏",於此法中無怖畏故。貪著有境,樂著於我,則有怖畏。若見勝義,捨分别故。是故若能修此法者,離怖畏故。雖證此因緣勝義,後於異時遇惡知識起顛倒故,貪等煩惱而能生起,復爲怖因。爲除此見,故言"無侵奪",見勝義者無能毁壞,故言"無侵奪"也。雖見真實,餘不能壞,爲自隨顛倒故,而不侵奪耶?爲除此疑,故言"不寂静相",於此勝義無生法中無有對治修道之力能除顛倒,本自無生,性明净故。故《因緣論》

① 時,甲本作"是"。

② 明,甲本作"名"。

云:"此中無可遣,亦無少安立。於真以觀真,見真而解脱。"

經:"若能如是,於法亦見常無壽、離壽、如實性、無生、無起、無作、無爲、無障礙、無境界、寂静、無畏、無侵奪、不寂静相者。"此二,觀法也。而此經文同上所釋,故不明也。

經:"得正智故,能悟勝法,以無上法身而見於佛。"此三,觀佛也。言"正智"者,若有能證勝義法者,名爲"正智"。言"勝法"者,即勝義諦也。如上所説,勝義之法名"無上法身"。若具正智,住平等性智故,而觀因緣法及諸佛等無差别,是故佛説:"若見因緣,即能見法。若見於法,即能見佛者。"與理無違,依平等意趣,圓成密語,説此法故。次明第二世俗而觀因緣。文分爲二:初標,後釋。初又分三:一、從有因所生門;二、從種種無常因所生門;三、從無我因所生門。

經:"問曰:'何故名因緣?'"至"不顛倒性等,作如是説。"此初也。文四:一、問;二、答;三、結;四、引證。

經:"問曰:'何故名因緣?'"此初,問也。既前言此因緣法於勝義諦無生無爲,若如是者,何故此法名"因緣"耶?問此事故,故列斯問。

經:"答曰:'有因有緣,名爲"因緣",非無因無緣故。'"此二,答也。此則能除無因之見。此緣生之法,於第一義雖無有生,然約世諦,如幻如化,假因假緣,有施設故,是故諸佛留教於世,與理無違。若世諦門如幻化者,何故説此法耶?雖然,爲捨外道五種見故,所謂無因執常有我不能作者故,佛爲説從有因所生,從種種無常因所生,從無我因所生,從能成因所生,從無作者因所生門也。

經:"是故名爲'因緣之法'。"此三,結也。

經:"世尊略説因緣之相,彼緣生果,如來出現,若不出現,法性常住,乃至法性、法住性、法定性、與因緣相應性、真如性、無錯謬性、無變異性、真實性、實際性、不虚妄性、不顛倒性等,作如是説。"此四,引證也。言"彼緣生果,如來出現,若不出現,法性常住"者,從因生果之法,不假諸佛出現於世及般涅槃,此法爾故也。言"法性"者,是因緣性故。言"法住性"者,因緣之法本自住故。言"法定性"者,依本因故。言"與因緣相應性"者,無有一法不假因緣而能生故。言"真如性"者,若證此法了真如故。言"無錯謬性"者,捨顛倒故。言“無變異性”者，捨邪曲故。言“真實性”者，無虚誑故。言“實際性”者，是聖諦故。言“不虚妄性”者，非顛倒横計故。言“不顛倒性”者，是正智境界故。有師解云：“前文釋後，如理應思。”

次二明從種種無常因所生門。文三：初標，次徵，後答。

經：“此因緣法，以其二種而得生起。”此初，標也。

經：“云何爲二？”此二，徵也。

經：“所爲(謂)[①]因相應、緣相應。”此三，答也。言“因相應”者，此是取因不共有故。言“緣相應”者，此是助因是共有故。

經：“彼復有二，謂外及内。”此第三，從無我因所生門也。言“彼”者，即是與因緣相應法也。爲諸凡愚執内諸入，以爲其我；於外諸入，執爲我取。捨此二故，故説二種内外因緣，同一無我，因緣生故。

第二、此明釋。文二：初外，後内。

初復有二：一、因相應；二、緣相應。

經：“此中何者是外因緣法因相應”至“應如是觀外因緣法因相應義”。此初，因相應也。文二：一、從能成因所生門；二、從無作者所生門。

初又分三：一、問；二、答；三、證成。

經：“此中何者是外因緣法因相應。”此初，問也。

經：“所謂從種生芽，從芽生葉，從葉生莖，從莖生節，從節生穗，從穗生花，從花生實。”此二，答也，爲種等諸法名爲“因”故。此則顯其從一切不生、一切能成之法各各别故。

經：“若無有種，芽即不生，乃至若無有花，實亦不生。有芽種[②]生，如是有花，實亦得生。”此三，證成也。此則示其能成義也。

二、明從無作者因所生門。文四：一、明因無作者；二、果無作者；三、雖無作者，而成其果；四、結。

---

① 結合文意，此“爲”當爲“謂”之借字。《佛説大乘稻芉經》[T16n0712p824a6]即作“謂”字。

② “種芽”二字録本作“芽種”，且出校：“芽種＝種芽㊙。”經核校，原卷伯 2284 號“芽種”二字旁有乙鈎號，校録者失察。兹據録正。

經:"彼種亦不作是念:'我能生芽。'芽亦不作是念:'我從種生。'乃至花亦不作是念:'我能生實。'實亦不作是念:'我從花生。'"此一、二,明因無作者及果無作者也。此則顯其唯有因而無作者。若諸作者是其因者,爲與諸法無有相連,不饒益故。

經:"雖然,有種故而芽得生。如是有花故,實即而能成就。"此三,明雖無作者而成其果也。經文可見,故不明也。

經:"應如是觀外因緣法因相應義。"此四,結也。結文可見。

次明第二緣相應。文三:初從能成緣所生門,次從無作者緣所生門,後遮惡見。

初又分七:一、問;二、答;三、徵;四、答列數;五、結;六、明業用;七、證成。

經:"應云何觀外因緣法緣相應義?"此初,問也。

經:"謂六界和合故。"此二,答。

經:"以何六界和合?"此三,徵也。

經:"所謂地、水、火、風、空、時界等和合,外因緣法而得生起。"此四,答列數也。六界體義,如下經文。

經:"應如是觀外因緣法緣相應義。"此五,結也。

經:"地界者,能持於種;水界者,潤漬於種;火界者,能暖於種;風界者,動摇於種;空界者,不障於種;時則能變種子。"此六,明業用也。言"地界"者,堅强爲性。"水界"者,流濕爲性。"火界"者,温燥爲性。"風界"者,輕等動性。"空界[①]"者,虚通爲性。此復有二,謂明及闇。言"時"者,爲約地等四大而建立也。

經:"若無此衆緣,種則不能而生於芽。若具外地界,無不具足。如是乃至水、火、風、空、時等無不具足,一切和合。種子滅時,而芽得生。"此七,證成也。經文可見。

二、明從無作者緣所生門。文六:一、六緣無作者;二、因無作者;三、果無作者;四、雖無作者,而成其果;五、證成;六、結。

① 界,底本、録本作"風",今結合文意,據甲本改。

經:“此中地界不作是念:‘我能任持種子。’如是水界亦不作是念:‘我能潤漬於種。’火界亦不作是念:‘我能暖於種子。’風界亦不作是念:‘我能動摇於種。’空界亦不作是念:‘我能不障於種。’時亦不作是念:‘我能變於種子。’”此初,明六緣無作者。

經:“種子亦不作是念:‘我能生芽。’”此二,因無作者也。

經:“芽亦不作是念:‘我今從此衆緣而生。’”此三,明果無作者。

經:“雖然,有此衆緣,而種滅時,芽即得生。如是有花之時,實即得生。”此四,雖無作者而成其果也。

經:“彼芽亦非自作,亦非他作,非自他俱作,非自在作,亦非時變,非自性生,亦非無因而生。雖然,地、水、火、風、空、時界等和合,種滅之時,而芽得生。”此五,證成也。言“非自作”者,諸法自性,若有若無,不爲自因,無所施爲不能成故。言“亦非他作”者,無有作者而先起意而造作故,此則顯其一切諸法無有我也。言“非自他俱作”者,自性及餘不造作故。言“非自在作”者,爲諸法因常自在等時時而生,與理相違,因具足故。言“亦非時變”者,諸法假因緣有、不待時故。言“非自性生”者,非是數論所計法故,此則斷除不同因也。言“亦非無因而生”者,諸法假因緣故,此捨無因見也。

經:“是故應如是觀外因緣法緣相應義。”此六,結也。

三、明遮惡見。文五:一、標;二、問;三、答;四、解釋;五、總結。

經:“應以五種觀彼外因緣法。”此初,標也。

經:“何等爲五?”此二,問。

經:“不常,不斷,不移,從於小因而生大果,與彼相似。”此三,答也。

經:“云何不常”至“是故與彼相似”。此四,解釋也。

文五:一、明不常;二、明不斷;三、明不移;四、明小因生大;五、相似。

初又分三:一、問;二、答;三、結。

經:“云何不常?”此初,問也。

經:“爲芽與種,各別異故。彼芽非種,非種壞時而芽得生,亦非不滅而得生起。種壞之時而芽得生。”此二,答也。若是常者,此是因,此是果,不可説故。

經:“是故不常。”此三,結也。

二、明不斷。文三:初問,次答,後結。

經:“云何不斷?”此初,問也。

經:“非過去種壞而生於芽,亦非不滅而得生起。種子亦壞。當爾之時,如秤高下,而芽得生。”此二,答也。因果相續,無有斷絕,故名“不斷”。往文可見。

經:“是故不斷。”此三,結也。

三、明不移。文三:初問,次答,後結。

經:“云何不移?”此初,問也。

經:“芽與種別,芽非種故。”此二,答也。因與種別,故名“不移”。

經:“是故不移。”此三,結也。

四、明小因生大。文三:初問,次答,後結。

經:“云何小因而生大果?”此初,問也。

經:“從小種子而生大果。”此二,答也。如拘律陀樹等。因雖極小,莖葉甚大,故從小因生大果也。

經:“是故從於小因而生大果。”此三,結也。

五、明相似。文三:初問,次答,後結。

經:“云何與彼相似?”此初,問也。

經:“如所植種生彼果故。”此二,答也。如稻種子,即生彼果,不爲餘故,爲果與因,不顛倒故。此顯業用無有失也。有二種法而失業用,一等及小二顛倒生果。

經:“是故與彼相似。”此三,結也。

經:“是以五種觀外因緣之法。”此五,總結也。結文可見。

明外因緣竟。

第二明内因緣法。文分爲二:一、因相應;二、緣相應。

初復分三:一、從種種無常因所生門;二、能成因所生門;三、從無作者因所生門。

經:“如是内因緣法”至“所謂因相應、緣相應。”此初,明從種種無常因所生門。文三:初、標,次、問,後、答。

經:“如是内因緣法亦以二種而得生起。”此初,標也。

經:"云何爲二?"此二,問也。

經:"所謂因相應、緣相應。"此三,答也。

二、明從能成因所生門。文三:初問,次答,後證成。

經:"何者是内因緣法因相應義?"此初,問也。

經:"所謂始從無明緣行,乃至生緣老死。"此二,答也。

經:"若無明不生,行亦不有,乃至若無有生,老死非有。如是有無明故,行乃得生,乃至有生故,老死得有。"此三,證成也。

三、明從無作者因所生門。文[①]四:一、因無作者;二、果無作者;三、雖無作者,而成其果;四、結。

經:"無明亦不作是念:'我能生行。'行亦不作念:'我從無明而生。'乃至生亦不作是念:'我能生於老死。'老死亦不作[□][是][②]念:'我從生有。'"此一、二,明因無作者及果無作者也。經文可見。

經:"雖然,有無明故,行乃得生;如是有生故,老死得有。"此三,雖無作者而成其果也。

經:"是故應如是觀内因緣法因相應義。"此四,結也。

第二、次明緣相應義。文八:一、從種種無常因所生門;二、從能成緣所生門;三、從無作者緣所生門;四、辨體;五、釋名;六、續支;七、離二邊;八、束因。

初門分五:一、問;二、答;三、徵;四、答列數;五、結。

經:"應云何觀内因緣法緣相應事?"此初,問也。

經:"爲六界和合故。"此二,答也。

經:"以何六界和合?"此三,徵也。

經:"所謂地、水、火、風、空、識界等和合故。"此四,答列數也。

經:"應如是觀内因緣法緣相應事。"此五,結也。

二、明從能成緣所生門。文[③]三:初問,次答示相,後證成。

經:"何者是内因緣法地界之相?"此初,問也。

---

①③ 文,録本訛作"又",據底本改。甲本亦作"文"。

② 是,底本、録本無,今結合文意,據甲本補。

經:"爲此身中作堅硬者,名爲'地界'"至"能成就此身名色芽者,名爲'識界'。"此二,[答][1]示相也。文[2]分爲六:一、明地界;二、水界;三、火界;四、風界;五、空界;六、識界。

經:"爲此身中作堅硬者名爲'地界'。"此初,明地界也[3]。

經:"爲令此身而聚集者名爲'水界'。"此二,明水界,若此身中無水界者而教失故。

經:"能消身所食飲嚼噉者,名爲'火界'。"此三,明火界也。言"食"者,謂諸正食。言"飲"者,謂諸漿等。言"嚼"者,即是正食。言"噉"者,謂諸助食。若無火界,不能變故。

經:"爲此身中作内外出入息者,名爲'風界'。"此四,明風界也。經文可見。

經:"爲此身中作虚通者,名爲'空界'。"此五,明空界也。若無空界,爲一合故。

經:"五識身相應及有漏意識,猶如束[4]蘆,能成就此身名色芽者,名爲'識界'。"此六,明識界也。言"五識身"者,謂眼等五識。言"相應"者,與彼五識相應法也。言"有漏意識"者,爲有一分無漏故也。言"束蘆"者,此即[5]顯其緣生之法獨不立也。

經:"若無此衆緣,身則不生。若内地界,無不具足。如是乃至水、火、風、空、識界等無不具足。一切和合,身即得生。"此三,證成也。經文可見。

三、明從無作者緣所生門。文四:一、明六緣無作者;二、果無作者;三、雖無作者,而成其果;四、證成。

經:"彼地界亦不作是念:'我能而作身中堅硬之事。'水界亦不作是念:'我能爲身而作聚集。'火界亦不作是[6]念:'我能而消身所食飲嚼噉之事。'風

---

① 答,録本脱,據底本補。
② 文,録本訛作"又",據底本改。甲本亦作"文"。
③ 也,甲本無。
④ 束,録本訛作"來",據底本改。
⑤ 即,甲本作"則"。
⑥ 是,甲本無。

界亦不作是[①]念:'我能作内外出入息。'空界亦不作是[②]念:'我能而作身中虚通之事。'識界亦不作念:'我能成就此身名色之芽。'"此初,明六緣無作者也。經文自顯。

經:"身亦不作是念:'我從此衆緣而生。'"此二,果無作者也。

經:"雖然,有此衆緣之時,身即得生。"此三,雖無作者而成其果也。

經:"彼地界亦非是我,非是衆生,非命、生者,非儒童,非作者,非男,非女,非黄門,非自在,非我所,亦非餘等。"此四,證成也。何故地等諸界不作是念"我等爲身中堅硬等事"耶? 爲捨此見,故言"彼地界亦非是我"。言"我"者,執我、我所,名之爲"我",爲諸界等性非是我、離我慢故。爲即彼我而於諸趣數受生故,名爲"衆生"。地等諸界離趣生故,非衆生也。爲有我故,盡刑(形)壽生,名之爲"命";諸法刹那,故"非命"者。於諸趣中而能生故,名之爲"生";離生作者,故"非生"者也。言"儒童"者,從作者生地等諸界;離作者,故"非儒童"也。執有能爲,故名"作者";從業生故,"非作者"也。言"非男、非女、非黄門"者,男等諸相,約地界等横計立[③]故。言"非我所"者,爲離横計我、我所故。言"亦非餘等"者,爲無大自在等造作性故。自餘經文,同上所釋。

四、明辨體。文分十七。始從辨無明體義,至明惱之自相。

第一、釋無明體。文三:初問,次答,後結。

經:"何者是無明?"此初,問也。

經:"於此六界起於一想、一合想、常想、堅牢想、不壞想、安樂想、衆生、命者、生者、養育、士夫、儒童、作者、我、我所想等及餘種種無知。"此二,答也。言"六界"者,謂地、水、火、風、空、識界。於六界差别起無異想者,名爲"一想"。極微成身執一見者,名"一合想"。刹那遷變執有[④]常存,名爲"常想"。本無今有、執自然生,名"堅牢想"。起已還無、執過去有,名"不壞想"。

①② 是,甲本無。

③ "計立"二字底本、録本作"立計",結合文意,據甲本改。

④ 有,甲本作"爲"。

於三八[1]苦[2]起安樂者,名“安樂想”。“衆生”、“命”、“生者”,義如前解。爲有“我”故,能生諸趣,養育此身,故名“養育”。執有士夫,有大力用,於内動轉,故名“士夫”。言“人”者,亦云“數取趣”,能往諸趣所受人、天等身,故名“數取趣”。言及“餘種種無知”者,爲取知者、見者、覺者等故也。

經:“此是無明。”此三,結也。

二、明於行。文二:一、釋;二、結。

經:“有無明故,於諸境界起貪嗔癡。於諸境界起貪嗔癡者。”此初,釋也,從貪嗔癡起三行故。

經:“此是無明緣行。”此二,結也。

三、明其識。文二:一、解;二、結。

經:“而於諸事能了别者。”此初,解也。言“諸事”者,謂色聲等。

經:“名之爲識。”此二,結也。

四、明名色。文二:初辨,後結。

經:“與識俱生四取蘊者。”此初,辨也。言“四取蘊”者,色受想行蘊也。

經:“此是名色。”此二,結也。

五、明六入。經:“依名色諸根,名爲‘六入’;若無名色,六入無因故。”

六、明觸。經:“三和合者,名之爲‘觸’。”言三和合者,根境識也。

七、明受。經:“覺受觸者,名之爲‘受’。”從觸有受故也。

八、明愛。經:“於受貪著名‘愛’。”

九、明取。經:“增長愛者,名之爲‘取’。”

十、明有。經:“從取而生,能生業者,名之爲‘有’。”言能生業者爲近因故。

十一、明生。經:“而從彼因所生之蘊,名之爲‘生’。”言“彼因”者,即近因故。

十二、明老死。經:“生已,蘊成熟者,名之爲‘老’;老已,蘊滅壞者,名之爲‘死’。”熟即是老,壞即死故。

---

① “三八”二字録本訛作“八三”。按:底本“八三”二字旁實施一乙勾符,今據録正。

② 苦,録本訛作“若”,據底本改。

十三、明愁。經:"臨終之時,内具貪著及熱惱者,名之爲'愁'。"言"貪著"者,謂男女妻子等也。

十四、明嘆。經:"從愁而生諸言辭者,名之爲'嘆'。"

十五、明苦。經:"五識身受苦者,名之爲'苦'。"言"五識"者,謂眼等五識也。此顯身苦。

十六、明憂。經:"作意意識受諸苦者,名之爲'憂'。"言"作意識"者,第六識也。此顯心苦。

十七、明惱。經:"具如是等及隨煩惱者,名之爲'惱'。"言"等"者,爲王内侍販賣求利等惱身心故。言"隨煩惱"者,謂忿恨等。

第五、釋名。文分十七。始從無明,終至其惱。經文自明。言"大"者無有始故。言"黑闇"者,覆真性故。言"造作"者,造後有故。言"了别"者,了諸境故。言"相依"者,爲識與四蘊而相依故。是故《經》云識依四處,謂隨色識及隨受想行識也。言"爲生門"者,爲與六識爲生門故。言"受"者,爲受先業異熟故。言"渴"者,爲愛貪著後有故也。言"取"者,爲取後有故。彼復有四:謂愛取、見取、禁戒取、我見取也。言"生後有"者,從有而生故。餘文可見。

第六、明續支門。文分十二。始從續無明支,至續老死支。經文自顯。言"不了真性"者,爲不了人、法二無我性故。言"顛倒無知"者,雖是知性,爲顛倒知故。言"有無明故,能成三行"者,爲諸凡愚横執有我,貪現樂故,而作罪行;貪後樂故,而修福行;爲求不苦不樂故,修不動行。爲諸罪行從無明起,名"無明緣"者,與理無違;福及不動,從無貪等善根而生,何故名無明緣耶? 無明有二:一迷因果,二迷真性。福及不動,從迷真性而有故也。言"福行"者,是欲界業。言"罪行"者,是三塗業;與福相違,故名"罪行"。言"不動行"者,上二界業,若准義論,何者是? 行緣識從於福行而生,福行識從於罪行而生,罪行識從於不動行而生。不動行識者,此是八[①]緣識,合有此言。經略不列,以義思之,名色等支,他皆倣此。言"能成事"者,爲[②]見聞等事。言

① 八,甲本作"行"。

② 爲,甲本作"謂"。

“六聚觸”者，謂眼等六聚觸也。言“染愛耽著”者，爲與下中、上上、中上愛隨類而釋。言“好色”者，爲①意所樂。言“安樂”者，謂與自相應。言“願樂”者，於未來好色生貪著也。

七、明離二邊。經：“是故彼因緣十二支法互相爲因，互相爲緣，非常，非無常，非有爲，非無爲，非無因，非無緣，非有受，非盡法，非壞法，非滅法，從無始已來，如暴（瀑）②流水，而無斷絶。”言“互相爲因，互相爲緣”者，爲有衆多相似因及不相似因故，此遮常見及自在等横計因也。言“非常”者，爲生滅故。言“非無常”者，刹那相續故。言“非有爲”者，無有我人而先起意能造作故。言“非無爲”者，猶如幻化，各假因緣和合作故。言“非無因，非無緣”者，各假定因及衆緣故。言“非有受”者，無作者故。言“非盡法”者，因果相稱自不盡故。言“非壞法”者，若緣和合能生果故。言“非滅法”者，無不相應緣自不滅故。言“無始”者，生死無際故。言“無斷絶”者，因壞果生、無間斷故。言“如瀑流”者，涅槃大海是彼岸故。此一門義斷除增益及損減謗，斷常見③也。

八、明束因。文分十一：一、標；二、問；三、答列數；四、作用；五、解釋；六、四法無作者；七、雖無作者，而成其果；八、果無作者；九、證成；十、雖現有多業，一時不受其報；十一、遮惡見。

經：“雖然，此因緣十二支法互相爲因，互相爲緣，非常，非無常，非有爲，非無爲，非無因，非無緣，非有受，非盡法，非壞法，非滅法，從無始已來，如暴（瀑）④流水，而無斷絶。有其四支，能攝十二因緣之法。”此初，標也。若緣生之法如暴（瀑）⑤流水而無斷絶者，捨何等因得涅槃耶？示彼因故，説束因門⑥也。餘文同上所釋。

① 爲，甲本作“謂”。

② 結合文意，此“暴”當爲“瀑”之訛省。下文：“言‘如瀑流’者，涅槃大海是彼岸故。”正作“瀑”字，可資比勘。

③ “斷常見”三字甲本作“見斷常”。

④⑤ 結合文意，此“暴”當爲“瀑”之訛省。見前注。

⑥ “因門”二字録本作“門因”。《大正藏》於“門因”二字下出校：“門因＝因門㊙。”按：經核，底本“門因”二字旁有乙鉤號，校録者失察。

經:"云何爲四?"此二[①],問也。

經:"所謂無明,愛,業,識。"此三,答列數也。緣起初支無明,愛取二法,俱是貪性,以束爲一,説明爲愛。言"業"者行及有也。

經:"識者,以種子性爲因。業者,以田性爲因。無明及愛以煩惱性爲因。"此四,明作用也。言"識者,以種子性爲因"者,爲煩惱及業所熏之識,能爲後有名色等因故也。言"業者,以田性爲因"者,此業能於種子之識而造作故。言"無明及愛以煩惱性爲因"者,雖有其業,若無煩惱,不受後有故。

經:"此中業及煩惱,能生種子之識。業則能作種子識田,愛則能潤種子之識,無明能殖種子之識。若無此衆緣,種子之識而不能成。"此五,解釋也。言"業及煩惱能生種子識"者,若無此二,不成後有名色等故。言"業則能作種子識田"者,依業習氣,種子之識而能生故。言"愛則能潤種子識"者,爲有我愛捨苦取樂潤生故也。言"無明能殖種子識"者,爲顛倒無知而能生於不善處故。

經:"彼業亦不作念:'我今能作種子識田。'愛亦不作念:'我能潤於種子之識。'彼種子識亦不作念:'我今從此衆緣而生。'"此六,明四法無作者也。經文可見。

經:"雖然,種子之識依彼業田及愛所潤,無明糞壤所生之處,入於母胎,能生名色之芽。"此七,雖無作者而成其果也。

經:"彼名色芽,亦非自在(作)[②],亦非他作,亦非自他俱作,非自在化,亦非時變,非自性生,非假作者,亦非無因而生。"此八,明果無作者。經文如上所釋。

經:"雖然,父母和合時及餘緣和合之時,無我之法,無我、我所,猶如虚空,彼諸幻法,因及衆緣無不具足。故依彼生處,入於母胎,則能成就執受種子之識,名色之芽。"此九,明證成也。言"無我法"者,無自在等諸作法故。

① 二,底本、録本訛作"初",結合文意,據甲本改。

② 結合文意,此"在"當爲"作"之訛字。《佛説大乘稻芉經》[T16n0712p825a18]即作"作"字。

言“無我”者，是無[①]性故無我也。言“無我所”者，無有我人先起意故。自此已上，明人無我也。言“猶如虛空”者，自性空故。若如是者，何故此名因緣法耶？故言：“彼諸幻法，因及衆緣無不具足。”譬如幻化，雖無性相，因及衆緣無不具足，而現有生。此亦如是，與理無違。此顯法無我也。

十、明雖現有多業，一時不受其報。文分爲四：一、明現業；二、明生業；三、明後業；四、明不定業。

初又分二：一、喻；二、合。

經：“如眼識生時”[至][②]“乃至諸餘眼（根）[③]等隨類知之[④]。”此初，喻也。文八：一、標；二、問；三、答；四、作用；五、能成；六、因無作者；七、果無作者；八、雖無作者，而成其果。

經：“如眼識生時，若具五緣而則得生。”此初，標也。

經：“云何爲五？”此二，問也。

經：“所謂依[□][眼][⑤]、色、明、空，依作意故，眼識得生。”此三，答也。

經：“此中眼則能作眼色所依，色則能作眼識之境，明則能爲顯現之事，空則能爲不障之事，作意能爲思想之事。”此四，明作用也。

經：“若無此衆緣，眼識不生。若内入眼，無不具足。如是乃至色相空作意，無不具足。一切和合之時，眼識得生。”此五，明能成也。

經：“彼眼亦不作是念：‘我今能爲眼識所依。’色亦不念：‘我今能作眼識之境。’明亦不作念：‘我今能作顯現之事。’作意亦不作念：‘我今能爲眼識所思。’”此六，明因無作者。

經：“彼眼識亦不作念：‘我是從此衆緣而有。’”此七，明果無作者。

經：“雖然，有此衆緣，眼識得生，乃至諸餘眼（根）[⑥]等，隨類知之。”此八，

① “無”字下甲本有一“我”字。

② 至，録本脱，據底本補。

③ 結合文意，此“眼”當爲“根”之訛字。《佛説大乘稻芊經》[T16n0712p825b7]即作“根”字。

④ 之，録本訛作“云”，據底本改。

⑤ 眼，底本、録本脱，據《佛説大乘稻芊經》[T16n0712p825a25]補。

⑥ 結合文意，此“眼”當爲“根”之訛字。參前注。

明雖無作者而成其果也。此眼識喻現報業也。

經:“如是,無有少法而從此世移至他世。雖然,因及衆緣無不具足故,業果亦現。”此二,明合也。經文可見。

二、明生業。文二:初喻,後合。

經:“譬如明鏡之中現其面像,雖彼面像不移鏡中,因及衆緣無不具足,故面像亦現。”此初,喻也。此明鏡喻生報業也。

經:“如是,無少許從於此滅、生其餘處。因及衆緣無不具足故,業果亦現。”此二,合也。

三、明後業。文二:初喻,後合。

經:“譬如月輪,從此四萬二千由旬而行。彼月輪形像,現其有水小器中者,彼月輪亦不從彼移至於有水之器。雖然,因及衆緣無不具足故,月輪亦現。”此初,喻也。此月輪喻後報業也。

經:“如是,無有少許從於此滅而生餘處,因及衆緣無不具足故,業果亦現。”此二,合也。

四、明不定業。文三:初喻,次合,後結。

經:“譬如其火,因及衆緣若不具足而不能燃,因及衆緣具足之時乃可得燃。”此初,喻也。而此火喻不定業也。

經:“如是無我之法,無我我所,猶如虚空,依彼幻法,因及衆緣無不具足故,所生之處入於母胎,則能成就種子之識,業及煩惱所生名色之芽。”此二,合也。

經:“是故應如是觀内因緣法緣相應事。”此三,結也。

十一、遮惡見。文四:一、標;二、問;三、答;四、釋。

經:“應以五種觀内因緣法。”此初標也。經:“云何爲五?”此二,問也。

經:“不常,不斷,不移,從於小因而生大果,與彼相似。”此三,答也。

四、明釋。文分爲五:一、不常;二、不斷;三、不移;四、從小生大;五、相似。

初又分三:一、問;二、答;三、結。

經:“云何不常?”此初,問也。

經:“所謂彼後滅蘊,與彼生分各異,爲後滅蘊非生分故,彼後滅蘊亦滅,生分亦得現故。”此二,答也。爲生死有各差别故,名[□][爲][1]“不常”。

經:“是故不常。”此三,結也。

二、明不斷。文三:初問,次[2]答,後結。

經:“云何不斷?”此初,問也[3]。

經:“非依後滅藴滅壞之時,生分得有,亦非不滅,彼後滅藴亦滅。當爾之時,生分之藴如秤高下而得生故。”此二,答。猶如幻化,約世俗法,與後滅藴同一刹那生分成故。

經:“是故不斷。”此三,結也。

三、明不移。文三:初問,次答,後結。

經:“云何不移?”此初,問也[4]。

經:“爲諸有情從非種(衆)[5]同分處,能生衆同分處故。”此二,答,爲從人等衆同分處而生天等非趣故也。

經:“是故不移。”此三,結也。

四、明從小生大。文三:初問,次答,後結。

經:“云何從於小因而生大果?”此初,問也。

經:“作於小業,感大異熟。”此二,答,爲極净信煩惱之心,而於一念造善惡業,能感善處及三塗故。

經:“是故從於小因而生大果。”此三,結。

五、明相似。文二:一、釋;二、結。

經:“如所作因,感彼果故,與彼相似。”此初,釋也。

經:“是故應以五種觀因緣之法。”此二,結也。

此明大門第七經知(之)[6]所要。文四:一、除三世迷;二、捨諸見;三、明果利;四、聞經信授。

---

① 爲,底本、録本無,今結合文意,據甲本補。

② 次,底本、録本作“此”,結合文意,據甲本改。

③④ 也,甲本無。

⑤ 結合文意,此“種”當爲“衆”之訛字。《佛説大乘稻芉經》[T16n0712p826a2]即作“衆”字。

⑥ 結合文意,此“知”當爲“之”之借字。甲本即作“之”。

初又分二：一、明因；二、明果。

經："尊者舍利子，若復有人①能以正智常觀如來所説因緣之法，無壽、離壽、如實性、無錯謬性、無生、無起、無作、無爲、無障礙、無境界、寂静、無畏、無侵奪、無盡、不寂静相、不有、虚誑、無堅實、如病、如癰、如箭、過失、無常、苦、空、無我者。"此初，明因也。"無壽"等如前所説。言"不有"者，猶如於夢不真實故。言"虚"者，猶如幻化不可觀故。言"誑"者，譬如陽焰諸愛境界無所有故。言"無堅實"者，譬如芭蕉中無堅故。言"病"者，雖受少樂以變苦而逼惱故。言"如癰"者，爲以苦苦猶如其癰而損傷故。言如"箭"者，於一切時爲具苦諸行②聖無所欲故。言"過失③"者，是生死因而應捨故。言"無常"者，生滅法故。言"苦"者，不相應故。言"空"者，無有我人而造作故。言"無我"者，自性非我故。

次④二明果。文三：一、明過去；二、未來；三、現在。

經："我於過去而有生耶？而無生耶？而不分別過去之際。"此初，明過去也，爲不迷有我、無我等而動摇故，爲過去時與此因緣而相應故。

經："於未來世，生於何處？亦不分別未來之際。"此二，明未來也。言"生於何處"者，於五趣之中爲天耶？爲人耶？爲⑤作人天苦樂等，受壽命長遠、名字種性、形狀處所，而於此事不迷故也。

經："此是何耶？此復云何？而作何物？此諸有情，從何而來？從於此滅，而生何處？亦不分別現在之有。"此三，明現在也。言"此是何耶"者，是我耶？非我耶？不分別故。言"此復云何"者，若其有我，是有色耶？是無色耶？不分別故。言"而作何物"者，而從此處於未來世而修善耶？而或作惡？不分別故。言"此諸有情，從何而來"者，一切無我因緣有故。餘文可見。

二、明捨諸見。文二：初標，後釋。

經："復能滅於世間沙門婆羅門不同諸見。"此初，標也。言"沙門"者，出

① 人，録本訛作"八"，據底本改。
② "苦諸行"三字底本、録本作"行苦諸"，結合文意，據甲本改。
③ 失，底本、録本訛作"去"，結合文意，據甲本改。
④ 次，甲本作"此"。
⑤ 爲，甲本作"若"。

家人也。言“婆羅門”者,此云外意,在家人也。言“不同諸見”者,有多種故。

經:“所謂我見、衆生見、壽者見、人見、希有見、吉祥見、開合之見,善了知故。如多羅樹,明了斷除諸根栽已,於未來世,證得無生無滅之法。”此二,釋也。言“希有見”者,若説往昔過去之事及歌舞等,我歡喜故。言“吉祥見”者,卧吉祥草,作三點畫,若見乳酪、衆花、滿瓶、蘇及婆羅門諸最勝等,星宿、時節、日數、澡浴等,以爲清浄,執吉祥故。言“開合見”者,爲心廣大及下劣故。言“明了”者,爲了我等顛倒境界非真實故。言“斷除諸根栽”者,以聖惠(慧)劍而斷習氣、永不起故。言“無生無滅”者,爲斷根栽,若無有生而無滅故。

三、明果利。文三:初明因,次嘆德,後示果。

經:“尊者舍利子,若復有人,具足如是無生法忍,善能了別此因緣法者。”此初,明因也。

經:“如來、應供、正遍知、明行足、善逝、世間解、無上士、調御丈夫、天人師、佛世尊。”此二,嘆德也。此十號義,如餘處明。

經:“即與授阿耨多羅三藐三菩提記。”此三,明示果也。住此道者,名“授記”故。此四,明聞經信授。

經:“爾時彌勒菩薩摩訶薩説是語已,舍利子及一切世間天、人、阿修羅、乾闥婆等,聞彌勒菩薩摩訶薩所説之法,信受奉行。”此四,明聞經信受也。言“世間”者,謂衆生世間,是法器故。

《大乘稻芉經》隨聽手鏡記。

永康寺後輩法律比丘福漸受持並兼通《稻芉》及坐禪並具足義。[①]

① “永康寺後輩……並具足義”二十五字甲本無。

No. 2783《〈大乘稻芊經〉隨聽》疏决

［題解］

佛典《〈佛説大乘稻芊經〉隨聽手鏡記》注疏，敦煌文獻中存有伯2328a、上圖183(827457)va二號。作者不詳，疑爲唐法成撰。一卷。伯2328a號首存尾殘。從現存内容來看，此疏解釋的是《〈佛説大乘稻芊經〉隨聽手鏡記》中的未盡之義。《〈佛説大乘稻芊經〉隨聽手鏡記》第一"立所宗"中指出外道觀點可歸納爲十六種。此疏則正面對這十六論進行論述批駁。因卷後殘缺，現只剩"因中有果論"、"從緣顯了論"、"去來實有論"等三部分，而這些文字實際上又是《瑜珈師地論》卷六有關部分的摘要，故無法對全疏作總體評價。清代以前歷代大藏經未收，日本《大正藏》據伯2328a號録入其第八十五册。今校注仍以《大正藏》録本所據原卷伯2328a號爲底本。現增校本：甲本，上圖183(827457)va號。

稽首恭敬正遍知，及以妙法僧伽衆，所有《稻芊》未决義，今當次第略解釋。

十六論中，第一言："因中有果論者：謂如有一若沙門、若婆羅門，起如是見，立［□□］［如是］①論：'常常時、恒恒時於諸因中具有果性。'"謂雨（兩）②衆外道作如是計。［□］［問］③："何因緣故［□□□□］［彼諸外道］④起如是

① "如是"二字底本及録本脱，據《瑜伽師地論》卷第六［T30n1579p303c9］補。

② 雨，甲本作"兩"。"兩"字義長。

③ 問，底本及録本脱，據《瑜伽師地論》卷第六［T30n1579p303c11］補。

④ "彼諸外道"四字底本及録本脱，據《瑜伽師地論》卷第六［T30n1579p303c11］補。

計、立如是論、顯示因中具有果性?"[□][答][1]:"由教及理故。教者,謂彼先師所造教藏,隨門傳授,傳至于今,顯示因中先有果性;理者,謂即[□][如][2]彼沙門、若婆羅門爲性尋□□□□(思、爲性觀)[3]察,住尋[4]思地,住自辯地,住異生地,住隨思惟觀察行地。"彼作是思:"若從彼性,此性[5]得生。一切世閒共知共立,彼爲此因,非餘。又求果[6]者,惟取[7]此因,非餘。又即於彼加功營構諸所求事,非餘。又若彼果即從彼生,不從餘生,是故彼果因中已有。若不爾者,應立一切是一切因。爲求一果,應[8]取[9]一切,應於一切加功營構,應[10]從[11]一切一切果生。如是由施設故、求所故、所作決定故、生故,彼見因中常有果性。"應[12]審問彼:"汝何所欲?何者因相?何者果相?因、果兩相,爲異、不異?若無異相,便無因、果二種決定,因、果二種無差别故。因中有果,不應[13]道理。若有異相,汝意云何?因中果相爲未生相?爲已生相?

---

① 答,底本及録本脱,據《瑜伽師地論》卷第六[T30n1579p303c12]補。

② 如,底本及録本脱,據《瑜伽師地論》卷第六[T30n1579p303c14]補。

③ "思爲性觀"四字底本及録本殘,據甲本、《瑜伽師地論》卷第六[T30n1579p303c15]補。

④ 尋,録本訛作"即",據底本及甲本改。

⑤ 性,底本不清晰,録本作"住",結合文意,據《瑜伽師地論》卷第六[T30n1579p303c17]改。

⑥ 果,甲本作"過",乃"果"之借字。《戰國策·趙策》:"遇知過轅門之外。"姚宏本注:"知過,一云'知果'。"班彪本注:"過,一作'果'。"

⑦ 取,録本訛作"所",據底本及甲本改。

⑧ 應,底本作"衣"。據羅常培先生考證,在唐五代西北方音中,由於鼻收音的逐漸消失,存有大量青(清)、齊互通用例(參羅常培《唐五代西北方音》,第138頁,商務印書館2012年2月版)。此"衣"當爲"應"之借字。此字甲本、《瑜伽師地論》卷第六[T30n1579p303c22]正作"應",録本所校是。然未出校説明,失真。

⑨ 取,録本訛作"所",據底本及甲本改。

⑩ 應,底本作"衣",乃"應"之借字。此字甲本、《瑜伽師地論》卷第六[T30n1579p303c23]正作"應"。

⑪ 從,録本訛作"取",據底本及甲本改。

⑫ 應,底本作"衣",乃"應"之借字。此字甲本、《瑜伽師地論》卷第六[T30n1579p303c25]正作"應"。

⑬ 應,底本作"衣",乃"應"之借字。此字甲本、《瑜伽師地論》卷第六[T30n1579p303c28]正作"應",録本所校是。

若未生相,便於因中果猶未生而説是有,不應[①]道理。若已生相,即果已生,復從因生,不應道理。是故因中非先有果,然要有因待緣果生。又有相法,於有相法中,由五種相故,方可了知:一、於[②]處所可得,如瓮[③]中水;二、於所依可得,如眼中眼識;三、即自相可得,如因自體,不由比度;四、即由自作業可得;五、由因變異故,[□][果][④]成變異;或由緣變異故,果成變異。是故彼説常常時、恒恒時因中有果,不應[⑤]道理。由此因緣,故所立論非如理説。如是不異相故、異相故、未生相故、已生相故,不應[⑥]道理。"

二、言:"從緣顯了論者,謂[⑦]如有一若沙門、若婆羅門,起如是見,立如是論:'一切諸法本性是有,從衆緣顯,不從緣生。'"謂即因中有果論者及聲相論者作如是計。[□][問][⑧]:"何因緣故,因中有果,論者見諸因中先有果性,從緣顯耶?"[□][答][⑨]:"由教及理故。教如前説。理者,謂如有一爲性尋[⑩]思,爲性觀察,廣説如前。"彼如是思:"果先是有,復從因生,不應[⑪]道理。然非不用功,爲成於果,彼復何緣而作功用?豈非唯爲顯了果耶?彼作如是妄分别已,立顯了論。"應[⑫]審問彼:"汝何所欲?爲無障緣而爲障礙,爲有障

① 應,底本作"衣",乃"應"之借字。此字甲本、《瑜伽師地論》卷第六[T30n1579p304a1]正作"應",録本所校是。

② "一於"二字底本作"於一"。《大正藏》録本出校:"於一=一於?"按:結合文意,"於一"當爲"一於"之訛倒。下句"二於所依可得"可助比勘。

③ 瓮,録本訛作"瓶",底本實作"瓫",乃"瓮"字俗體。

④ 果,底本及録本脱,據甲本、《瑜伽師地論》卷第六[T30n1579p304a8]補。

⑤ 應,底本作"衣",乃"應"之借字。此字甲本、《瑜伽師地論》卷第六[T30n1579p304a10]正作"應",録本所校是。

⑥ 應,底本作"衣",乃"應"之借字。此字甲本、《瑜伽師地論》卷第六[T30n1579p304a12]正作"應",録本所校是。

⑦ 謂,録本訛作"即",據底本、甲本改。

⑧ 問,底本及録本脱,據《瑜伽師地論》卷第六[T30n1579p304a16]補。

⑨ 答,底本及録本脱,據《瑜伽師地論》卷第六[T30n1579p304a17]補。

⑩ 尋,録本訛作"即",據底本、甲本改。

⑪ 應,底本作"衣",乃"應"之借字。此字甲本、《瑜伽師地論》卷第六[T30n1579p304a20]正作"應",録本所校是。

⑫ 應,底本作"衣",乃"應"之借字。此字甲本、《瑜伽師地論》卷第六[T30n1579p304a22]正作"應",録本所校是。

緣耶？若無障緣者，無障礙緣而爲障礙，不應[①]道理；若有障緣者，屬果之因，何故不障？同是有故，不應[②]道理。譬如黑闇障盆中水，亦能障盆。若言障因緣亦能障者，亦應顯因俱被障故。而言但顯因中光有果生、不顯因者，不應道理。復應問彼：爲有性是障緣，爲果[③][性][④]耶？若有性是障緣者，是即有性，常[⑤]不顯了，不應[⑥]道理。因亦是有，何不爲障？若言果性是障緣者，是則一法，亦因亦果；如芽是種子，果是莖等，因是即一法，亦顯不顯，不應[⑦]道理。又今問汝，隨汝意答：本法與顯，爲異、不異？若不異者，法應[⑧]常顯。一已復顯，不應[⑨]道理。若言異者，彼顯爲無因耶？爲有因耶？若言無因，無因而顯，不應[⑩]道理。若有因者，果性可顯，非是因性；以不顯因，能顯於果，不應道理。如是無障緣故，有障緣故，有相故，果相故，顯不異故，顯異故，不應道理。”

三、言：“去來實有論者，謂如有一若沙門、若婆羅門，若在此法者，由不正思惟故，起如是見，立如是論：‘有過去，有未來。其相成就，猶如見在，實

① 應，底本作“衣”，乃“應”之借字。此字甲本、《瑜伽師地論》卷第六[T30n1579p304a24]正作“應”，録本所校是。

② 應，底本作“衣”，乃“應”之借字。此字甲本、《瑜伽師地論》卷第六[T30n1579p304a26]正作“應”，録本所校是。

③ 果，底本及録本作“異”，結合文意，據《瑜伽師地論》卷第六[T30n1579p304b1]改。

④ 性，録本脱，據底本、甲本補。

⑤ “常”前録本衍一“應”字。按：底本“應”字旁有一廢棄號，兹據删。

⑥ 應，底本作“衣”，乃“應”之借字。此字甲本、《瑜伽師地論》卷第六[T30n1579p304b2]正作“應”，録本所校是。

⑦ 應，底本作“衣”，乃“應”之借字。此字甲本、《瑜伽師地論》卷第六[T30n1579p304b5]正作“應”，録本所校是。

⑧ 應，底本作“衣”，乃“應”之借字。此字甲本、《瑜伽師地論》卷第六[T30n1579p304b6]正作“應”，録本所校是。

⑨ 應，底本作“衣”，乃“應”之借字。此字甲本、《瑜伽師地論》卷第六[T30n1579p304b7]正作“應”，録本所校是。

⑩ 應，底本作“衣”，乃“應”之借字。此字甲本、《瑜伽師地論》卷第六[T30n1579p304b8]正作“應”，録本所校是。

有非假。'"[□][問]①:"何因緣故起如[是]②見、立如是論?"[□][答]③:"由教及理。教如前説。又,在此法者,於如來經不如理分别故,謂如《經》言'一切有'者,即十二處。此十二④處實相是有。又,薄伽梵説有過去業,又説有過去色、有未來色,廣説乃至識亦如是。理者,謂如有一爲性尋思、爲性觀察,廣説如前。"彼如是思:"若法自相安住此法,真實是有。此若未來无者,爾時應未受相;此若過去无者,爾時應失自相。若如是者,法法自相,應不成就。由是道理亦非真實故,不應道理。"由是思惟,起如是見,立如是論:"過去、未來,性相實有。"應審問彼:"汝何所欲?去、來二相與現在相,爲一爲異?若言相一,立三世相,不應⑤道理。若相異者,性相實有,不應道理。又汝應説:自意所欲,隨三世法。爲是常耶?爲无常耶?若常相者,墮在三世,不應道理;若無常相,於三世中,恒是實有,不應道理。又今問汝,隨汝意答:爲計未來法至現在世耶?爲彼死已於此生耶?爲即住未來爲緣生現在耶?爲本無業今有業耶?爲本相不圓滿今相圓滿耶?爲本異相今非異相耶?爲於未來有現在分耶?若即未來法⑥來至現在者,此便有方所,後與現在應無差别,復應⑦是常,不應⑧道理。若言未來死已現在生者,是即未來不生,於今現在世法本無今生。又未來未生而言'死殁',不應⑨道理。"

---

① 問,底本及録本脱,據《瑜伽師地論》卷第六[T30n1579p304b27]補。

② 底本於"如""見"之間旁補"是"字,録本脱,兹據補。

③ 答,底本及録本脱,據《瑜伽師地論》卷第六[T30n1579p304b28]補。

④ "十二"二字録本訛作"二十"。按:底本"二十"二子間有一乙鈎號,兹據正。

⑤ 應,底本作"衣",乃"應"之借字。此字《瑜伽師地論》卷第六[T30n1579p304c12]正作"應",録本所校是。

⑥ "來法"二字底本作"法來"。結合文意,"法來"當爲"來法"之誤倒。上文:"爲計未來法至現在世耶?"可資比勘。

⑦⑧ 應,底本作"衣",乃"應"之借字。此字甲本、《瑜伽師地論》卷第六[T30n1579p304c22]正作"應",録本所校是。

⑨ 應,底本作"衣",乃"應"之借字。此字甲本、《瑜伽師地論》卷第六[T30n1579p304c25]正作"應",録本所校是。

No. 2784《大乘四法經》釋抄

［題解］

佛典《大乘四法經》注疏，敦煌卷子中有伯 2461vb 一號，作者不詳，一卷，首尾齊全。清代以前歷代大藏經未收，日本《大正藏》據伯 2461vb 號録入其第八十五册。今校注仍以《大正藏》録本所據原卷伯 2461vb 號爲底本。

大乘四法經。

夫立經名者，皆約四種而立其名：[□][一]①、"人"者，如《維摩經》等是。二、"處"者，如《楞伽經》世尊謂楞伽王名"羅婆②羅王"，就楞伽山説法，遂約□(處)③立其名。三、"法"者，如《大般若經》説蘊界等法内外俱空，不執人、法二我，故名約法立也。四、"喻"者，如《寶雲經》等，説彼經時，十方菩薩悉皆雲集，故立喻爲名。

問："此《經》於此四種約何立名？"

答："今此經者，約法立也。其法云何？爲不捨菩提心及不捨於空閑等是也。"

言"所緣[□□][大"者]④，□□□□□□□□□。

言"修行大"者，廣修自行及他行者(也?)⑤。言"自行"者，修六度等；六

---

① 一，底本無，今據文意補。

② 婆，録本訛作"波"，今據底本改。

③ 處，録本作缺文，今據底本補。

④ "大者"二字底本無，今結合文意，據《大乘四法經釋》[T26n1535p365a18]補。

⑤ 底本此"者"字似當爲"也"字之訛，待考。

度之中，前三是他行，後二是自利行。“精進者行他行”者，若有衆生應以佛身得度者，即現佛身及聲聞、菩薩等是也。以經四法合，能發菩提心，能攝自利、利他行。又釋不捨菩提心、善知諸樂住空閑等是自行，心辱柔和是利他行。

言“智大”者，了人、法俱空，不同聲聞能了人空、不爲法空，是以住於涅槃，無身利他，不同異生俱不能了，被煩惱縛。諸佛、菩薩了人空，故不住生死；了法空，故不住涅槃。

言“精進大”者，三無數劫：一無數劫，修四加行圓滿；二無數劫，從初地至八地，修見道成就；三無數劫，從八地至無學。如舍利弗行菩薩行時，有一婆羅門乞眼，遂施與之。婆羅門得眼，便以腳磋之。舍利弗卻問云：“何故磋之？”答言：“我要其聲。”

言“方便大”，同上“智大”說。

言“業大”者，盡生[①]死際能作諸佛乘者，能發四大願[②]，若有一衆生不成佛者，誓不趣求無上菩提，不同聲聞不發大願。

“成就大”者，而能成就十力、四無畏、十八不共法等大功德故，一一如餘處明。

上來七“大”義者，前六爲因，爲一一不能成十力等，要須修此六大；後一爲果。

言“四法船”者，即不捨菩提心及樂住於空閑者是。

言“列數”者，論中自明。

言“謂出生”者，於此四法修行能出死海。

言“號顯示”者，能顯甚深法性。

言“古今不易”者，合上“常”義，前佛、後佛不曾移益；亦如十二因緣。“法”、“逕”二字，亦如上合。

言“示處”者，“如是我聞”至“菩薩摩[③]訶薩也”是。

---

① 生，底本、録本作“生生”。中有一“生”字當衍，今據文意删。

②、“大願”二字録本訛作“願願大”，今據底本改。

③ 摩，録本訛作“魔”，今據底本改。

言“於相”者，即三相是遍計所執等。

言“法”者，五蘊、十八界等是。

言“義”者，即能詮其五蘊、十八界體性①者是。

言“發起序”者有二：一、因請發起；二、因②識發起。

問：“何不廣釋證信之序？”

答：“證信之序，通諸經共有，不假重釋，雖然今略明矣。”

言“佛化緣畢”者，但度有③緣，不度無緣，故《維摩經》云：“佛威雖普，不度無根。天④澤無□(私)⑤，不潤枯木。”

言“四念⑥處”者、言觀身不净者，此身之上三十六物等種種不净，共成此身，故名“不净”云云⑦。

言“觀受是苦”者，苦受樂受、不苦不樂受並皆是苦，衆生不了，我執爲樂。

“迦葉菩薩”等，等取彌勒、文殊者是。

言“觀心無常”者，此心念念還謝，衆生不了，執爲常相。

言“觀法無我”者，於五蘊、十八界上，本無其我、人、衆生等，衆生不了，横計有我。但不起如上倒見，得成聖道。□(道)⑧者，因也。

言“梵壇”者，此云“默擯⑨”。

言“雜事律”者，即《根本部》中下五十卷中説。

言“結集時”者：佛涅槃後，於王舍城七葉巖窟，集諸五百大阿羅漢衆，請阿難昇座説法，衆起三疑；及乎阿難説“如是我聞”等，佛初成道、鹿野苑中初度五俱輪等，説四諦法、三轉者云云。

---

① 性，録本訛作“住”，今據底本改。

② “因”前録本衍一“不”字。按：底本“不”字旁有一廢棄號，今據删。

③ 有，録本訛作“乃”，今據底本改。

④ 天，録本訛作“无”，今據底本改。

⑤ 私，録本作缺文，今據底本補。

⑥ 念，録本訛作“合”，今據底本改。

⑦ “云云”二字前録本衍一“者”字，今據底本删。

⑧ 道，録本作缺文，今據底本補。

⑨ 擯，録本訛作“檳”，今據底本改。

言“時、方、人”者：[□□][“時”者][1]，即彼經中一時是；“方”者，處也；“人”者，聽法之徒。

言“教”者，即十二分教是。

言“理”者，即是真如之性。

言“行”者，即八聖道。

言“果”者，即“有上果”、“無上果”等云云。

言“依願得果爲‘如’”者，“布施得大福”等云云。

言“廢別就總”者，有二義：一、要假耳根發識；[□][二][2]、意隨分別。

言“一一陳遂成繁廣”者，此是伏難，云：經題之中，但安“根”意，思識則得，何要“我聞”？答：義者安如是，遂成繁廣。何故但不舉一？答：若舉一者，義用不周[3]。又伏難云：若爾，何不經[4]言“無我聞”？爲引外道入法，故遂立“我聞”。如佛方便爲長爪梵志問佛，世尊假立其“我”。

言“善合時宜”者，應食前堪化度者即以度之，若食後堪度者即以度之。

言“機感相應”者，譬如清水，隨器大小，並感月影於中，能現大小之影。

言“相應得益”者，諸佛如來隨衆生三乘根性應時説法，令衆生各獲益；亦如醫人，隨病冷熱，令服其藥，即得疾瘉。

言“外典無如是能”者，無如上應機設教、應病施藥，無“一時”之言。

言“前簡説聽”者，餘部經中簡取四法。

言“後簡説聽”者，則是食前、食後義。

言“若爾，諸法應非唯識”者，伏難云：此《四法經》，若依大乘三宗之中，且是唯識宗之所攝，如上立“一”及“時”，心外法故，此法應非唯識？答辭同决文。

言“世識”者，即是世間、器世間。

言“數識”者，一、二、三、四是。

---

① “時者”二字底本無，今據文意補。

② 二，底本無，今據文意補。

③ 周，録本訛作“用”，今據底本改。

④ 結合文意，此“經”當爲“徑”之借字。

言“最勝尊”者，即是佛也。

言“自在”者，三界、九地見修等煩惱不能繫縛，於煩惱得自在故。

言“炎猛”者，以智慧火燒煩惱薪故。

言“端嚴”者，爲恭敬父母師僧和上，獲得三十二相、八十種好等。

言“吉祥”者，親近恭養，咸稱讚，故具吉祥；譬如“盲者得見，啞者能語”等云云。

言“常起方便利益安樂”者，世間利益、出世間安樂，或增上勝安樂決定生利益翻覆用，名“尊貴”義，亦云“精進”。

言“佛具十德”者，伏難云：何不經初安“正遍知”等，但云“薄伽梵”名？答辭如決中。

言“然佛世尊有三身”者，伏難云：因論生論，因論生語，又問：佛有三者？爲小根人即化身説，化身者，即丈六全身是；應身者，爲地上説；應以佛身得度者，即現佛身而爲説法。

言“報身”者，大圓鏡智爲體，以分别智隱一真如性爲境；約前二身論，法身似有説；若約法身論，無説、不説。

No. 2785《〈大乘四法經論〉廣釋》開決記

［題解］

佛典注疏，作者不詳，一卷。敦煌文獻中有斯 216（首殘尾存）、斯 2817（首全尾脱），伯 2691（首殘尾殘）、伯 2794（首全尾全）、伯 3007（首全尾殘），BD7442（北 7313，官 42，首全尾殘）、BD3530（北 7314，結 30，首全尾殘）、BD7873（北 8683，制 73，首殘尾殘），計 8 號。其中 BD3530（北 7314，結 30）號與斯 216 號首尾相接，恰成全卷。此文是對智威造《〈大乘四法經論〉廣釋》的注疏。伯 2794 號首題下署："大蕃國大德三藏法師沙門法成集。"尾有題記云："癸丑年八月下旬九日，於沙州永康寺集畢記。"説明《大乘四法經》及相關的疏、復疏均出現和流通於吐蕃統治時期。清代以前歷代大藏經未收，日本《大正藏》將斯 216 號録入其第八十五册。今校注仍以《大正藏》録本所據卷斯 216 號爲底本。現增校本：甲本，BD3530（北 7314，結 30）號；乙本，伯 2794 號；丙本，斯 2744 號《金剛般若經旨贊》卷上。

將[①]釋此經，先以五門料簡，然後解釋經之正文。云何爲五？一、明造論所以；二、立所宗；三、解歸乘；四、顯歸分；五、辨歸藏。

初言明造論所以者，問："何故世親菩薩而造其論、釋此經耶？"

答："爲豐饒益他故。謂彼菩薩作是思惟：'云何當令諸有情類於佛聖教

① 本文開端迄至下"如來在世，以佛爲師；世尊滅後，以何爲師？如來在世，依佛而住；世尊既滅"文字部分《大正藏》録本所據卷斯 216 號殘，以甲本爲底卷，並參校乙本、《阿毘達磨大毘婆沙論》、《大乘四法經釋》補。

無倒受持?’精進思維,籌量觀察,由此無量煩惱不現在前,便得悟入甚深法性,故造斯《論》。譬如有人爲饒益他故,于黑闇處燃大明燈,令有目者見種種色。菩薩亦爾,爲饒益他,於佛滅後,製造此《論》,令有智者深入法性。又如諸佛爲饒益他,開示演説十二分教。所以者何?諸有情類雖有因力,若無緣力而覺發者,終不能修勝進之行;要遇緣力,乃能修行。譬如池[□][中][1]雖有種種嗢鉢羅等衆妙蓮花,若日月光不照觸者,則不開發出種種香;要日月光之所照觸,乃得隨類開發出香。又如闇中有種種物,若無燈照,終不可見;要假燈照,乃得見之。有情亦爾,雖有因力,若無緣力,廣説如前。如有頌言:

‘譬如闇室中,雖有種種物,無燈闇所隱,有目不能見。

如是雖有智,不從他聞法,是人終不能,分别善惡義。

譬如有智(目?)[2]者,因燈見種色,有智依多聞,能别善惡義。

多聞能知法,多聞離不善,多聞捨無義,多聞得涅槃。’

又如經説:有二因緣,能生正見:一、外聞他法音;二、内如理作意。又契經説,有四法人多有所作:一、親近善友;二、從他聞法;三、如理作意;四、法隨法行。故如諸佛,善饒益他,説十二分教;如是菩薩,爲饒益他,製造此《論》。

復次,爲破無明闇故。如燈破闇,能發光明;阿毗達磨亦復如是,破無明闇,能智慧明;故使菩薩,製造此《論》。

復次,爲顯無我像故。譬如鏡面極善摩瑩,種種色像,皆於中現;阿毗達磨亦復如是,分别諸法自相、共相,令無我像,分明現顯;故彼菩薩,製造此《論》。

復次,爲度生死河故。如牢船筏,百千衆人無畏,從河此岸,度至彼岸;阿毗達磨亦復如是,無數諸佛及及諸有情,依之無畏,從生死此岸,至涅槃彼岸;故彼菩薩,製造此《論》。

---

① 中,甲本脱,據乙本補。

② 智,此疑爲“目”之訛字。該字《阿毘達磨大毘婆沙論》卷第一[T27n1545p002b6]作“目”。

復次，爲顯阿毗達磨諸大論師不傾[①]動故。如妙高山，踞金輪上，一切猛風摇鼓飄擊，不能傾動；阿毗達磨諸大論師亦復如是，住浄尸羅，諸惡見者輕毀邪論不能摧伏；故彼菩薩，製造此《論》。”

二言立所宗者，世間宗見，總有其二：一、外；二、内。彼外宗見，雖有衆多，不出二種，謂斷及常，廣説如論。内宗見者，大師在世，同一師學，無有差殊；佛滅度後，大小乘宗，分成多部。小乘宗見有二十[□][二][②]，如《宗輪論》一一廣明。大乘宗見，分爲三別：一、勝義皆空；二、唯識中觀；三、法性圓融。此三宗見，一一廣説如《中》、《廣》、《百》、《三十論》等。今此經者，厥有菩薩名爲“世親”，位階加行，造論釋故，是故當知唯識中觀宗之攝也。

三言明歸乘者，如來大悲，引接群迷，隨機設教，有説“三”、“五”。言説“三”者：一、聲聞乘；二、緣覺乘；三、菩薩乘。言有“五”者，更加“天乘”及“人乘”也。如是五乘所有行儀，廣如餘處經論分別。今此經者，一一唯明菩薩行故，是大非小，是故當知大乘宗收。

四言顯歸分者，諸佛菩薩及以聲聞，所説言教，雖有衆多，以類相從，有十二分，謂契經等，一一形相，如餘處明。今此經者，無請説故，自説分攝；不捨無上菩提心等，是其菩薩廣大行故，方廣分攝；有伽他故，應誦分攝；是了義故，論義分攝；具譬喻故，譬喻分攝；是故當知五分攝也。

五言辨歸藏者，如上所説，十二分教，總如(而)[③]言之，歸其三藏：一、素怛攬藏，此云“契經”，貫穿連綴所詮定學，契理契機，攝益他故；“藏”者，攝也。二者、毗奈耶藏，此云“調伏”，所攝戒學調和三業，制伏惡行而攝益故。三、阿毗達磨藏，此云“對法”，所詮惠(慧)學，對向涅槃，對觀四諦而攝益故。契經等分云何三藏而相攝耶？《對法集》云“契經、應誦、記別、諷頌、自説”，此是聲聞素怛攬藏。緣起、譬喻、本事、本[④]生，並加眷屬，名“毗奈耶藏”；方廣、希法，此是“菩薩素怛攬藏”；論議經者，即是彼二阿毗達磨藏。今此經

① 傾，甲本訛爲“愼”，結合文意，據乙本改。該字《阿毘達磨大毘婆沙論》卷第一[T27n1545p002c4]正作“傾”，可參。

② 二，甲本脱，據乙本、《大乘四法經釋》[T26n1535p364c16]補。

③ 如，乙本、《大乘四法經釋》[T26n1535p365a4]作“而”。“如”、“而”乃一聲之轉。

④ 本，甲本訛爲“大”，據乙本、《大乘四法經釋》[T26n1535p365a12]改。

者，即是菩薩素怛攬藏之所攝也。若唯了義，亦可阿毗達磨藏攝，如理應思。

次當解釋經之正文。門分爲二：一、釋經題；二、釋正經。

初釋題者，一切聖教夫立名者，皆約四種而立其名，謂人、處、法、喻。今此經者，約法立也。言“大”者，有七“大”義。一、所緣大，《般若》等經所明，一切難行苦行、廣大[①]境界，是其菩薩所緣境故。二、修行大，廣修自行及他行故；三、智大，能了人、法二無無我故。四、精進大，三無數劫行難行[②]故。五、方便大，不住生死及涅槃故。六、業大，盡生死際、能作諸佛一切業故。七、成就大，而能成就十力無畏不共法等大功德故。以此七大而超二乘，故言“大”也。言“乘”者，“運載”之義；生死爲“[□][此][③]岸”，涅槃爲“彼岸”，有情名“中流”，此經所説四種法船運載有情超生死海，令[□][至][④]涅槃，故名爲“乘”。言“四”者，數也。何故列數？論中自明。言“法”者，“軌持”爲義，下經所説四種行法即是菩薩軌則故也。言“經”者，梵云“素怛攬”，乃因四義，謂依、綖、席、經，今取“綖”義及取“經”義。如綖穿花，風不能散；以教貫義，邪不能除。如經持律，方織物成；以教攝生，令得聖果。故以教法目乎綖、經。若《真實論》，説有五義：一曰“湧泉”，二稱“繩墨”，三名“結鬘”，四謂“出生”，五號“顯示”。若准此方，“經”者，常也，法也，逕也，古今不易故，楷定正邪故，津通物理故。《莊嚴經論》云：“示處及於相法義名爲‘經’。”釋題竟。

第二言釋經正文者，大門分三。初從“如是我聞”至“不顧身命，行此四法”，此則是其教起因緣，説經由致，名爲“序分”。次從“云何爲四”至“降服衆魔”，成等覺聖教所説正談經體，名“正宗分”；後從“爾時薄伽梵説是經已”至“信受奉行”，聽法之衆依教奉行，歡喜弘傳，名“流通分”。且初序分之中，復分爲二：一、證信序，亦云“通序”。此段經文，諸經共有，故名“通序”。二、發起序，亦云“别序”。“爾時薄伽梵”已下，當部别緣，名爲“别序”。

---

① 大，甲本訛爲“説”，據乙本、《大乘四法經釋》[T26n1535p365a19]改。

② “難行”二字甲本訛爲“行難”，據乙本、《大乘四法經釋》[T26n1535p365a22]改。

③ 此，甲本脱，據《大乘四法經釋》[T26n1535p365a26]補。

④ 至，甲本脱，據《大乘四法經釋》[T26n1535p365a28]補。

言“證信序”者，世親造論，智威撰律，但明別序已下，不釋證信。今略明之，三門分別：一、起之因由；二、説之所以；三、正釋其文。

言起之因由者，佛化緣畢，持歸涅槃。迦葉菩薩等啓問佛言：“如來在世，以佛爲師；世尊滅後，以何爲師？如來在世，依佛而住；世尊既滅[①]，依何而住？世尊在世，自調惡人；滅度之後，云何共住？如來在日，佛自説經；滅度之後，一切經首，當置何言，令有情信？”世尊告曰：“我涅槃後，以戒爲師，斷一切惡，生一切善，設我在世，無異此故。依四念處，專心而住，觀身不净，觀受是苦，觀心無常，觀法無我，而除四倒，既出生死，得成聖道，是故常應依之而住。諸惡比丘，梵壇治之，但莫與語，白當調伏。一切經首，當置‘如是我聞’等語，則衆生信。”因迦葉請，而置此文，即是此中起因由也。

言“明所以”者，略有四義：一、爲除疑；二、令起信；三、爲簡邪；四、爲顯正。

言“除疑”者[②]，《雜事律》云：“於結集時，阿難昇座，以法威力[③]，形忽如佛。衆起三疑：一、疑大悲從涅槃起；二、疑别佛從他方來；三、疑阿難轉身成佛。説如是等，三疑併斷。”

言“生信”者，《智度論》云説時、方、人，令生信故；佛法大海，信爲能入，又是道元[④]、功得（德）[⑤]母故。救拔衆生，出生死[□][埿][⑥]，須舉信手，授於教手；序生信手，正宗教手，兩手相接，出淤埿故。如人有手，至山取寶；若無手者，空無所得。有信心人，入法得證；若無信者，雖解無益。是故經初，令生净信。

言“簡邪”者，但無如是六句經文，當知皆是外道教收。如有外道，一切教初皆必安置“阿漚”二字，“阿”表於“無”，“漚”表於“有”，言其教旨不離

---

① 以上底本殘，以甲本爲底卷，以乙本、《阿毘達磨大毘婆沙論》、《大乘四法經釋》爲參校本補。甲本至此止。

② 者，録本訛作“省”，今據底本改。

③ 力，録本訛作“爲”，今據底本改。

④ “元”即本原，後作“原”。丙本作“源”，乃表水本原之“原”的後起字。

⑤ 得，乙、丙二本作“德”。此“得”乃“德”之借字。

⑥ 埿，底本殘，今結合文意，據乙、丙二本補。

“有”“無”。今置六句，爲簡於彼。故《智度》云：“一切經首當置何言簡異外道?”言“顯正”者，《真實論》云三寶最吉祥，故我經初説佛爲“佛寶”，我聞阿難及苾芻菩薩名爲“僧寶”，“如是一時”、“舍衛國”等所説時、處皆爲“法寶”；以玆四義，置“如是”等，立所以竟。

釋“正文”者，准[①]《智度論》，分六成就：一、信；二、聞；三、時；四、主；五、處；六、衆。

言“初信成就”者，《經》曰“如是”，舉所聞法，令有情信，名“信成就”。今括[②]諸説，以三義釋：初以二字各别訓釋，次乃總申二字之意，後帶“我聞”以解如是。初言“别釋”者，自古多解，大意不離教、理、行、果，故今依此四義釋之。教能顯理□(爲)[③]“如”，文不乖[④]義稱“是”；理順教顯爲“如”，義不差文稱“是”；依教起行爲“如”，順理三相爲“是”；依□(願)[⑤]得果爲“如”，稱果於因爲“是”。次言“總申”者，顯説此經離四種過，故言“如是”：一、離自説，佛所説法正如是故；二、離差[⑥]異，文義決定皆如是故；□□(三、離)[⑦]不信，若有信者言如是故；四、離非法，若正法者稱如是故。後言帶“我聞”釋“如是”者，依《佛地論》及諸釋意，如是總言，依四義轉：一、依問答，顯離自説傳聞過失；謂結集時，衆咸[⑧]問言：“□(汝)[⑨]當所説，昔定聞邪?”故即答言：“如是我聞。”二、依譬喻，顯離增□(減)[⑩]異[⑪]分過失；謂當所説如是文句：“如我昔聞，齊此當説，定無有異。”三、依許可，顯有自在堪能功德。衆咸請言：“如汝所聞，當如是説。”便許彼言：“如是當説，如我所聞。”四、依教説，顯起恭

① 准，録本訛作“唯”，今據底本改。
② 括，録本訛作“捨”，今據底本改。該字乙、丙二本亦作“括”。
③ 爲，録本作缺文，今據底本補。
④ 乖，録本訛作“求”，今據底本改。
⑤ 願，録本作缺文，今據底本補。
⑥ 差，録本訛作“老”，今據底本改。
⑦ “三離”二字底本不清晰，録本作缺文，今據丙本補。
⑧ 咸，録本訛作“成”，今據底本改。
⑨ 汝，録本作缺文，今據底本補。
⑩ 減，底本不清晰，録本作缺文，今據乙、丙二本補。
⑪ 異，録本訛作“共”，今據底本改。

敬信受功德。謂告[1]結集諸時衆言:“如是當聽,如我所聞。”應正聞以,如理修行。

二、言“聞成就”者,《經》曰“我聞”,舉能聞人,顯自親聞,名[2]“聞成就”,謂傳法者自指身,言“如是法,我自親聞”。“我”謂諸藴和合,假者有主宰用[3],故稱爲“我”。“聞”謂耳根發識聽聲,意隨耳識而取於聲,所發名等,薰習在識,聚集顯現,總説名“聞”;廢别就總,故名“我聞”。

問:“何須如是廢别就總?”

答:“顯藉衆緣故。謂聞法時,要具心緣,若一一陳,遂成繁廣;但舉其一,義則不周;顯假具緣,言‘我聞’矣。”

“若爾,何不言‘無我聞’?”

答:“除怖畏心。恐諸外道等聞‘無我’聲。既言‘無我’,誰聞誰學?怖畏佛法,不肯[4]入故。”更有問答,如餘處明。

三、言“時成就”者,《經》曰“一時”,顯所聞法,善合時宜,無非時失時成就也;謂明説此一部經時,於一時聞,在某處[5]説,則此顯説一部經時,餘時復説無量經故;衆生根熟,爲感如來,逗[6]機而應,藥病相應,隨言得益,説者聽者,時分無差,共相會過,名“一時”矣[7]。外道世典無如是能,故我佛教名“一時”也。前簡説聽餘部經時,後簡説聽前後之時,□(次)[8]顯佛教勝,令生信也。

“若爾,諸法應非唯識,説‘一’及‘時’,心外法故。”

答:“雖言‘一時’,不離心識,謂此識心,隨色分齊[9],妄相建立‘一’之[10]

---

① 告,録本訛作“吉”,今據底本改。
② 名,録本訛作“者”,今據底本改。
③ 用,底本不清晰,録本作“因”,今結合文意,據乙、丙二本改。
④ 肯,録本訛作“背”,今據底本改。
⑤ 處,録本訛作“家”,今據底本改。
⑥ 逗,録本訛作“逼”,今據底本改。
⑦ 矣,録本訛作“失”,今據底本改。
⑧ 次,録本作缺文,今據底本補。
⑨ 齊,録本訛作“脐”,今據底本改。
⑩ 之,底本、録本作“一”,今結合文意,據乙、丙二本改。

與'時'。若離色心,則不可得,故不相應,行蘊所攝。《攝論》説爲世識、數識所聞之法尚不離心,況'一'及'時'而别有也?"

更有徵答,如餘處明。

四、言"主成就"者,《經》曰"薄伽梵",顯説經主,是最勝尊,表經可信,無非時主失,"主成就"[□][也][①];若不言"薄伽梵",不知此經是誰所説,一切生疑。《智論》説言"能説"有五[②]:一、佛世尊;二、聖弟子;三、天龍等;四、神仙等;五、變化等。若不言"薄伽梵",恐謂餘説;今言"薄伽梵説",表可崇信。"薄伽梵"者,《佛地論》云謂"薄伽",聲依六義轉:一、"自在"義;二、"熾盛"義;三、"端嚴"義;四、"名稱"義;五、"吉祥"義;六、"尊貴"義。如有頌言:

"自在熾盛與端嚴,名稱吉祥及尊貴。如是六種義差别,應知總號名'薄伽'。"

如是一切如來具有於一切種皆不相離,是故如來名"薄伽梵"。其義云何?謂諸如來身,不繫屬諸煩惱,故具"自在"義;炎猛智火所燒練,故具"熾盛"義;妙三十二大士相等所莊飾,故具"端嚴"義;一切殊勝功德圓滿,無不和,故具"名稱"義;一切世間親近供養咸稱讚,故具"吉祥"義;具一切德,常起方便,利益安樂,一切有情無懈廢,故具"尊貴"義。或能破壞四魔怨,故名"薄伽梵"。"四魔怨"者,謂煩惱魔,蘊魔,死魔,自在天魔。佛具十種功德名號,何故如來教傳法者一切經首但置如是"薄伽梵"名?謂此一名,世咸尊重,故諸外道皆稱本師名"薄伽梵";又此一名,總攝衆德,餘名不爾,是故經首皆置此名。然佛世尊,有其三身,今此經者,是應身説;若對地前,即化身説;如對地上,即應身説;若法報身,亦無説法,自受法樂不説法故,佛佛不相爲説法故,非諸菩薩所見身故。既三身者其體不殊,是則三身無説、不説。

五、言"處成就"者,《經》曰住室羅筏城誓多林給孤獨園,是説法處,顯説此經必有其處,無非處失處成就也。此有通别,通言"羅筏城",别言"誓多

---

① 也,底本、録本無,今結合文意,據乙、丙二本補。

② 五,録本訛作"王",今據底本改。

林給孤獨園”也。通別(則?)①令其遠者知聞,別則爲欲近者不謬。若不説處,未知此經何處而説,一切生疑;爲令生信,故説其處。言“住”有其三種:一、威儀住,謂四威儀,是身業也。二、説法住,謂教誡門徒②,是語業也。三、禪定住,是其意業。此復有三:一、梵住,謂四無量;二、無住,謂四静慮及四空處;二(三?)③、佛住,謂三解脱。言“羅筏城”者,梵音,此云“聞有”;昔二仙人,一名爲“聞”,二則名爲“有”,此二仙人置此城故。又有釋云:此名“豐德”,謂豐財寶、女色、多聞、解脱四德,故名“豐德”;亦名“聞物”,以多寶物及以人物諸方聞故。言“誓多”者,此云“戰勝”,即勝軍王之太子也。太子生日,王破敵軍,因而立名,謂之“戰勝”。言“林”者,戰勝有園,地周十里,在於城南五六里餘,花卉兹繁,泉池交④影。於園圃中,特爲殊勝。言“給孤獨”者,國之大臣,本名“蘇達多”,此云“善施”,仁而聰敏,積而能散,極濟貪⑤[乏]⑥,哀孤恤老,時美其德,號“給孤獨”焉。有七男子,六已婚聚,因爲小兒聘室,遂至王舍大城。佛初成道,正在彼國。見佛聞法,果證預流,遂請世尊降臨舍衛。如來既許,願造僧房。佛令鶖子隨而瞻撥,唯有此處堪造僧房。遂詣太子,殷求貨買。太子戲言:“金遍乃賣。”須達聞之,心裕如也,即出藏金,随言布地。太子感念而告之曰:“若佛非是良田,寧[□][使]⑦輕金貴土⑧? 我植善種,正是其時。地⑨任卿⑩收,樹當自施。須達得地,大建僧房。崇飾既周,遥請佛降。大聖懸鑒,乘通如來。既至伽藍,謂大衆曰:“林樹祇

① 別,似應作“則”,待考。
② 徒,録本訛作“從”,今據底本改。
③ 二,此當爲“三”之訛字。
④ 交,録本訛作“文”,今據底本改。
⑤ 貧,録本訛作“貪”,今據底本改。
⑥ 乏,録本脱,據底本補。
⑦ 使,底本、録本無,今結合文意,據乙、丙二本補。
⑧ 土,録本訛作“士”,今據底本改。該字乙、丙二本亦作“土”。
⑨ 地,底本、録本訛作“也”,今結合文意,據乙、丙二本改。
⑩ 卿,録本訛作“鄉”,今據底本改。該字乙、丙二本亦作“卿”。

陀自捨,園地須達買施,二人同心,式[①]崇功業。君上臣下,世典[②]格言。自今已後,應謂此地爲'祇陀樹給孤獨園'。遊化在城,君止在園。雙舉城園,顯斯二義雖異,俱名"住"焉,是故《經》曰"住室羅筏"等。此舉化佛所居[③]化土,爲對小根,令生信故;顯佛慈悲,救重障[④]故。理實亦有二身土,净穢之方無别質故。

六、言"衆成就"者,《經》曰與大苾芻衆千二百五十人及無央數菩薩摩訶薩俱,舉同聞衆,顯説此經必稱根宜,無非衆失衆成就也。若不[列][⑤]衆,不知此經與誰同聞,一切生疑。爲生信故,舉同聞衆。此分爲二:一、聲聞衆成就;二、菩薩衆成就。苾芻菩薩,隨次應知。言"與"者,兼"並""共""從"之義,謂與結集者同在一時,同一集會,同無漏心,同離諸惡,同無學見,同我空道,同斷煩惱;具此七義,故名爲"與"。言"大"者,此同聞衆,衆數多故,名稱高故,皆羅漢故,離重障故,德難測故,王等敬故,向佛果故,破外道故;總參[⑥]諸釋,有斯"大"義。言"苾芻"者,梵音,具含多義:一曰"怖魔",[□][魔][⑦]宫動故;二稱"乞士",乞食及法資身心故;三謂"净戒",離[□][身][⑧]、語、意諸過惡故;四名"净命",離邪求[⑨]惡活命故;五、云"破惡",能破見修重煩惱故。言含五義。[□][無][⑩]以譯之,但存梵語;由此五義,故曰"苾芻"。言"衆"者,僧也,四人已上,理、事二和,得"僧"名故;同戒見等,名曰"理和";同布薩等,名曰"事和";以和合故,名之"衆"也。言"千二百五十人"者,即優樓頻螺

① 式,底本、録本訛作"或",今據文意改。斯 2744 號《〈金剛般若經〉旨贊卷上》:"林樹祇陀自施,園地須達買施,二人同心,式崇功業。"伯 2330 號《〈金剛般若經〉疏》:"園地善施所買,林樹逝多所施,二人同心,式崇功業。"皆可助勘。

② 典,底本、録本訛作"曲",今結合文意,據乙、丙二本改。

③ 居,底本、録本訛作"君",今結合文意,據乙、丙二本改。

④ 障,底本、録本訛作"部",今結合文意,據乙、丙二本改。

⑤ 列,録本脱,今據底本補。

⑥ 參,録本訛作"滲",今據底本改。

⑦ 魔,底本、録本無,今結合文意,據乙、丙二本補。

⑧ 身,底本、録本無,今結合文意,據乙、丙二本補。

⑨ 求,録本訛作"不",今據底本改。

⑩ 無,底本、録本無,今結合文意,據乙、丙二本補。

迦葉五百弟子，伽耶迦葉、那提迦葉各有二百五十門徒，舍利弗、目犍連共有二百五十弟子。此等五師外道門徒，共有一千二百五十。佛初成道，初會度之，常[①]隨如來，故諸經論多皆舉也。理實亦有餘苾芻衆，以此皆是净行出家故，五師門徒故，捨邪歸正故，初會所度故，善來得戒故，得二解脱故，人天所識故；具斯七義，故偏舉之。大乘經中，何故列此聲聞衆耶？有三義故：一爲集經者，欲令於自生正信故。二令諸聲聞入大乘故。三不捨無上菩提心等是共法故。先列聲聞者，爲諸聲聞不離於佛作待者故，於出家人生恭敬故。言“菩薩摩訶薩”者，義如論説，故不明矣。此中菩薩不列其數、但無數者，攝利有情，來往無垣，或增或減，無常准故，故不列也。明證序竟。

次當第二，明發起序。《經》曰：“爾時薄伽梵告諸苾芻言：‘諸苾芻，菩薩摩訶薩盡形壽不顧身命，行此四法。’”此段經文正及釋自委師故。今當但解廣釋之中不決定義。釋言：謂同一所詮、彼二無有差别者，云何忍辱柔和同一所詮？謂忍能安受他所作害，柔和則能不損惱也，是故名爲“同所詮”也。言“不令得此”者，謂欲令和忍辱柔和，是其一數、非二數故也。釋言：菩提薩埵，大薩埵，具足智慧，勝光明，最勝之子，最勝因，最勝萠芽，爲最勝，具足勇猛，及稀有，諸大道師，大名稱，圓滿大悲[②]，大福田，自在，如是具法者。此十六名中，前四之名，初地已上雖然一一悉皆具有，而今且約分位建立。初四之名，與四願樂，明德明增，一邊真如。無間之地，隨次當知。言“菩提薩埵”者，謂緣菩提及緣有情初發心也。言“大薩埵”者，謂欲攝化大有情聚，披弘誓甲，行大行故。言“具足智慧”者，唯思無上廣大智故。言“勝光明”者，具足光能破煩惱所知之障大黑闇故。言“最勝之子、最勝因”者，此二即是極喜地名，從如來所家心生故；因彼勝智，一切最勝乃得生故。言“最[□][勝][③]萠芽”者，即是第二離垢地名，爲因初地、二地萠芽而得生故。言“爲最勝”者，即是第三發光地名，即彼萠芽於此地中無有損傷，漸令增進，趣大果故。言“具足勇猛”者，即是第四炎慧地名，於此地中，而能具足趣求菩提大力用

① 常，底本、録本訛作“當”，今結合文意，據乙、丙二本改。

② 悲，録本訛作“慈”，今據底本改。

③ 勝，底本、録本無，今據乙本補。

故。言“及稀有”者,即是第五難勝地名,爲超二乘最勝地故。言“大道師”者,即是第六現前地名,爲證甚深般若波羅蜜義、而能道利諸群迷故。言“大名稱”者,即是第七遠行地名,爲能到於加行究竟,成就具足大名稱故。言“圓滿大悲”者,即是第八不動地名,從於寂静等持而起、利有情故。言“大福田”者,即是第九善慧地名,爲能具足四礙辯,説法度生得大福故。言“自在”“如是具足法”者,此二即是第十法云地名,而得生於大自在處,及能證得大法智故。已上二門,辯序分竟。

次當大門第二,明正宗分。復分爲二:一、廣;二、略。初言“廣”者,如經“云何爲四”至“不應遠離”。此復分二:一、示相;二、結勸。示相復四:一、對治不勤;二、對治不了方[①]便;三、對治棄皆有情;四、對治樂著於境。此中復有四四異門,論自明故,是故不列四段經文。所有體義,論當具明。今但略解釋中所有未決之義。釋言:“菩提心”者,是所求事者。菩提之心,有其二種:一、勝義諦;二、世[②]俗諦。言“勝義諦”者,謂無分别智緣真如也。“世俗諦”者而有五種:一、自性;二、行相;三、所緣;四、功德;五、超過。言“菩提自性”者,而發願言:“我今爲欲利益安樂一切有情,速成無上正等菩提,度有苦海。”言“菩提行相”者,謂自能行菩提之行,亦能行[③]於他利行也。言“菩提所緣”者,謂緣菩提及有情也。言“菩提功德”者,謂初、中、後善也。言“菩提超過”者,謂超二乘及人天也。釋言:“菩薩善知識”者,謂諸菩薩及諸佛也者。有其五句,明善知識:一、能舉故;二、令憶念故;三、教誡故;四、教授故;五、説法故。今此五句,約其三學而當建立。初二之句,即令顯示增上戒學,若有違化,能舉罪故;若忘違化,令善憶持,一一如法教懺悔故。其次二句,而即顯於增上心學,爲能教誡心地法故;若有疑惑,能善斷除而教授故。從末一句,即當顯現增慧學,爲能决釋,自相共相無倒説故。夫聽法者,善知識所作五種想除。“[五][④]種想應住相”者,寶想,眼想,明想,果想,大果利想;以

① 方,録本訛作“刀”,今據底本改。
② 世,録本訛作“也”,今據底本改。
③ 行,録本訛作“所”,今據底本改。
④ 五,録本脱,今據底本補。

難得想俱生慧故，如實知故，得妙果故，無罪過故。"應捨想"者，毁戒下族，言辭無辯，聲無美妙，於此五事不應見過。釋言："忍辱"者，他所作害安能忍受者。《瑜伽論》云："云何堪忍？謂如有一駡不報駡，嗔不報嗔，打不報打，弄不報弄。又彼尊者堪能忍受寒熱飢渴、蚊虻風日①、蛇蝎②毒觸，又能忍受他所干③犯麁惡語字，又能忍④受身中所有猛利堅勁辛楚切心奪命苦受。爲能堪忍，有所容受，是名'堪忍'。"釋言："柔和"者，不惱於他者。《瑜伽論》云："云何柔和？謂如有一於大師等，具足成就慈愍身業，具足成就慈愍語業，具足成就慈愍意業。與諸有智同梵行者，和同受用應所受用。凡所飲食，無有私密。如法所獲，如法所得。墮⑤在鉢中，爲鉢所攝而爲受[□][用]⑥。同戒同見，成就如是六種可樂可受可重無違諍法，易可共住，性不可惱他。與諸有智同梵行者共住一處，常令歡喜，是名'柔和'。"釋言：爲欲對治樂著於境，是故《經》曰等者。此中云何名爲空閑？《瑜伽論》言："云何名爲'住阿練若'？謂住空閑山林坰⑦野，受用邊際所有卧具，遠⑧離一切村邑聚落，如是名爲'住阿練若'。"釋言：如經説"以十盡句"等者，此文出在《十地經》也。是故最初極喜地云："以十盡句成諸大願。何等爲十？所謂：一、衆生界盡；二、世界盡；三、虚空界盡；四、法界盡；五、涅槃界盡；六、佛出世界盡；七、如來智界盡；八、心所緣界盡；九、佛境界智入界盡；十、世間轉法轉智轉界盡。如來生界盡，我願乃盡。如世界盡，如靈空界盡，如法界盡，如涅槃界盡，如佛出世界盡，如佛智界盡，如心所緣界盡，如佛境界智入界盡，如世間轉法轉智轉界盡。若彼界盡，我願了盡。如是衆生界盡不盡，我此善根亦不可盡。世界盡不盡，虚空界盡不盡。法界盡不盡，涅槃界盡不盡。佛出世

① "風日"二字録本訛作"虱曰"，今據底本改。

② 蝎，録本作"蝟"，底本不清晰。今結合文意，據乙本、《瑜伽師地論》[T30n1579p423a6]改。

③ 干，録本訛作"于"，今據底本改。

④ 忍，録本訛作"思"，今據底本改。

⑤ 墮，録本訛作"隨"，今據底本改。

⑥ 用，底本、録本無，今結合文意，據乙本、《瑜伽師地論》[T30n1579p423a14]補。

⑦ 坰，録本訛作"垌"，今據底本改。

⑧ 遠，録本訛作"述"，今據底本改。

界盡不盡,如來智界盡不盡。心所緣界盡不盡,佛境界智入界盡不盡。世間轉法轉智轉界盡不盡,我此諸願善根亦不可盡。"此段經文,一一解釋,出《十地論》,如理應思。

二、言"結勸"者,《經》曰:"是故諸苾芻菩薩摩訶薩盡形壽不顧身命,而此四法不應遠離。"此段文句,如上所說。明廣文竟。

次當第二明略文。復分爲二:一、明因;二、明果。初言因者,如經"時薄伽梵説是語已,至有智常住於空閑"。後言明果者,如經"若諸智者住此法,降伏諸魔成等覺"。兩段文句,上廣文中已中述故,故不釋也。明正宗竟。大門第三流通分者,復分爲三:初標佛化畢,如經"爾時薄伽梵説是經已"也;次明衆同聞法,如經"諸苾芻衆及諸菩薩摩訶薩"也;後欽受導奉,如經"一切大衆聞佛所説,信受奉行"也。《智度論》云"如是我聞"者,令生信也,信受奉行,爲生智也。由佛所説有三净勝故,使聞者歡喜奉行:一、説者清净,以於諸法得自在故;二、所説清净,明如實智清净法體故;三、得果清净,已離諸障成法器故。佛正爲説,無不信垢(悟?)[①],領納在心,敬順修學。由斯故説,信受奉行。

《〈大乘四法經論〉廣釋》開决記一卷[②]。

① 垢,似爲"悟"字之訛,待考。

② 乙本尾題:"大乘四法經論及廣釋開决記一卷"。接署:"癸丑年八月下旬九日,於沙州永康寺集畢記。"

No. 2786《天請問經》疏一卷

沙[①]門文軌撰

［題解］

佛典注疏，唐沙門文軌撰，一卷。《天請問經》以天與佛問答的形式，論述了佛教“無生第一樂”的基本教義，爲印度佛教的小乘經典。本疏則是文軌對《天請問經》的逐句注疏，釋義精良，有較高的研究價值。敦煌文獻中有斯8085、伯2135、伯2416，BD00119（北6662，黄19）、BD14116（北新316）等五號。其中，BD14116（北新316）號，首尾俱全。斯8085號，首尾均殘，存22行。伯2135號，首尾均殘，從經首句疏至第四問止；BD00119（北6662，黄19）號，首殘尾全，所疏從第四問開始至經末止。伯2416號，首尾皆殘，通卷草書，亦爲對《天請問經》的疏釋，但内容與上疏不同。清代以前歷代大藏經未收，日本《大正藏》據中華民國十四年刊本收入第八十五册，經核該刊本所據卷實爲BD00119（北6662，黄19）號。李際寧曾對該疏進行解題並以BD14116（北新316）號爲底本、參酌其餘寫卷進行了録文（見方廣錩主編《藏外佛教文獻》第一輯，第64—100頁，宗教文化出版社1995年12月版）。今校注以BD14116（北新316）號爲底本。校本：甲本，伯2135號；乙本，BD00119（北6662，黄19）號；丙本，李際寧校録本。

如來大悲，隨機攝誘，兼濟十惡，匪直五乘。所以化創憍陳，道終須跋。文積拒（巨）[②]萬，簡累大千。幽宗妙旨，奚易稱述。或談空空於實際，性相俱

---

① 從“沙門文軌撰”迄“未知法中，誰是常醜陋人”，《大正藏》録文所據乙本殘，今據底本、甲本補。

② 拒，此當爲“巨”之借字（二字均可音其吕切，例可通假）。

亡;或論有有於假名,果因雙備。然則空不離有,悟有即空;有不離空,迷空成有。或談權道之三乘,乃分羊鹿之殊騖(音務,謂馳騖也);或論究竟之一實,復合白牛之同驅。然則,實不離權,因權入實;權不離實,爲實施權。有雖不離空也,然以因果爲宗;權雖不離實也,明是聲聞藏攝。

已知經宗藏攝,次釋經首題名。所言"天請問經"者,因天請問,説此經也。此天知己勝報,由昔勝因,爲令他知,故來請佛。或問罪福,或問犯持,或問苦樂,或問愚智。然爲至理深玄,法門浩瀚,故隨事寄喻,以啓問端。所冀籍淺以涉深,因近以梯遠,即從此"請",以制經名。所言"經"者,貫攝義也。以佛聖教貫穿攝持所説之義,名爲"經"也。故云"天請問經"。

《經》曰:"如是我聞,一時薄伽梵在室羅筏①,住誓多林給孤獨園。"

述曰:經分三分:一、教起因緣分,即序分;二、聖教所説分,即經體;三、依教奉行分,即流通。序分有二:一、通序,爲證信,諸經通有此序故;二、別序,爲發起,唯爲發起此經故。此即通序也,有四句:一、總顯已聞;二、説教時節;三、説教之主;四、説教之處。

"如是我聞"者,此依《佛地論》釋,謂總顯已聞也。傳佛教者,言如是事,我從佛聞,故言"如是我聞"。若別釋"如是",依四義轉:一、依辟(譬)②喻;二、依教誨;三、依問答;四、依許可。今且依許可解釋,謂結集時,諸大聖衆咸共請言:"如汝所聞,當如是説。"傳法之者,便許彼言"如是當説,如我所聞",故言"如是我聞"。"我"謂諸藴世俗假者,"聞"謂耳根發識聽受;廢別就總,故説"我聞"。又釋:如來慈悲本願增上緣力,聞者識上,文義相生。此文義相,雖親依自善根力起,而就强緣,名爲"佛説"。由耳根力,自心變現,故名"我聞"。

"一時"者,説教時節也,謂説此一部經法竟時也。又説者、聽者相遇時等,故名"一時"。

"薄伽梵"③者,説教主也。舊云"婆伽婆",訛也。佛有十號,此第十號

① "室羅筏",底本作"實羅筏",《大正藏》録本作"室羅筏國",據文意改。

② 辟,乃"譬"之借字。清朱駿聲《説文通訓定聲》:"辟,叚借爲'譬'。"

③ 以上甲本殘。

也。諸經之首，皆置此名，以此名中總攝衆德，餘九不爾。又，此之一名，世咸尊重，是故經首皆置此名。然舊譯人初傳佛號，故以佛名替“薄伽梵”也。依《佛地論》，“薄伽”聲中具含六義：一、“自在”義，謂諸如來永不繫屬諸煩惱故；二、“熾盛”義，猛炎智火所燒煉故；三、“端嚴”義，妙三十二大士夫相所莊嚴[①]故；四、“名稱”義，勝德圓滿，無不知故；五、“吉祥”義，世間供養，咸稱贊故；六、“尊貴”義，利樂一切，無懈廢故。“梵”者，“圓滿”義，即是如來圓滿成就如上六義，故名爲“梵”。然舊譯爲“世尊”者，但得第六一義，不得餘五。《智度論》等云能破四魔怨敵名“婆伽婆”者，但得初“自在”義也。又《涅槃》云：“‘婆伽’，名‘破’；‘婆’，名‘煩惱’。”能破煩惱，名“婆伽婆”者，亦當“自在”義也。

“在室羅筏，住誓多林給孤獨園”者，説教處也。舊云“舍衛”，或云“舍婆提”，皆訛也。諸來三藏，音有楚、夏故也。具足應云“室羅筏悉底(丁履反)”，今略去“悉底”也，唐云“好名聞”也。上古之時，有二兄弟於此修學，俱獲仙證，有好名聞，後王於此建立都城，有[②]以仙名爲城之稱。又曰“多聞城”，此城多有聰明學問，能造記論，九十五種外道師弟此中最多。又，十六大國有六大城，此城最勝，有四德故：一、財物德；二、欲塵德；三、善法德，謂施戒修；四、解脱德，謂出世果。故曰“多聞”。此但城名，舊云“國”者，謬也。其國名“憍薩羅”也。或可以城名國，亦名“室羅筏國”也。

“在”者，亦名爲“住”。“住”有八住，如餘處説。又有四住：一、天住，住四静慮；二、梵住，住四無量；三、聖住，住三解脱門；四、佛住，住真法界。今此“住”者，隨諸化緣，義合四住。前受頻婆娑羅王請，故住王舍城；後受須達多長者請，故住室羅筏。又，爲報法身恩，故住王舍城，以於王捨取正覺故；爲報生身恩，故住室羅筏，以始本祖居室羅筏故。

“誓多”者，舊云“祇陀”，訛也。唐云“戰勝”。太子生時，鄰國怨至，戰而得勝，因以名之。

“給孤獨”者，梵云“蘇達多”，此云“善施”，即此國之大臣也。須達内慈

① 嚴，甲本作“飾”。
② 有，甲本作“即”。

外施，賑貧恤寡，國人美之，號爲“給孤獨長者”也。園是須達所買，林是誓多所施，二主齊舉，以目林園。事在别經，不可委録。真諦三藏云：“須達多爲過去鳩留村馱佛，於此地起精舍。”爾時地廣四十里，佛及人衆壽四萬歲，須達①爾時名“毗沙長者”，以金板布地，寶衣覆上，而爲供養。俱那含牟尼佛時，佛及人壽三萬歲，須達爾時名“大家主長者”，以銀布地而爲供養，爾時此地廣三十里。迦葉波佛時，佛及人壽二萬歲，須達爾時名“大幢相長者”，以七寶布地，地廣二十里。今第四②釋迦牟尼佛，[□][佛]③及人壽百歲，地廣十里，以金餅布地，周滿其中，買園奉佛。後彌勒[□][佛]④出時，佛及人壽八萬歲，地廣四十里，以七寶布地，須達爾時名爲“蠰佉”⑤，出家修道，獲阿羅漢果。

《經》曰：“時有一天，顔容殊妙。”

述曰：此下别序。以天來下，發請如來，方始起説，故是發起序也。有五：一、請者；二、請時；三、請處；四、請儀；五、請德。此即請者。“時⑥有一天”者，或是六欲諸天，或是四静慮諸天，或是五净居諸天，或是十王果報菩薩諸天，或是佛所化天，爲物請疑，發起深法也。此天獨來，故言“一”也。“顔”爲姿顔，“容”爲容貌，[□□□□□□□□□□□□□□□□□□□□□□][“殊”謂殊特，“妙”謂微妙。此天昔行戒忍殊妙之因，今得顔容]⑦殊妙之報也。

《經》曰：“過於夜分。”

述曰：此請時也。西國法，晝三時，夜三時，合有六時。天避人喧，又惡人穢，故於静夜詣佛諮疑。言“過於夜分”者，謂過初夜之分，即中夜分，人正

① “爾時地廣四十里，佛及人衆壽四萬歲，須達”十七字甲本無。

② 四，甲本作“七”。

③ 佛，底本、甲本無，據文意補。

④ 佛，底本無，據甲本補。

⑤ “蠰佉”二字甲本作“儴佉”。

⑥ 時，甲本無。

⑦ “殊謂殊勝，妙謂微妙。此天昔行戒忍殊妙之因，今得顔容”二十二字底本無，據甲本補。

寢時。又釋：過中夜分時，故言“過於夜分”。初分，如來教授門徒；中分，如來入諸禪定；後分，如來出已説法。

《經》曰：“來詣佛所。”

述曰：[□][此][1]請處也。如來五眼内觀，四恩外度。凡諮疑請護，孰[2]不投[3]之。故天懷問，詣佛請决也。依《佛地論》，有四義釋“佛”：一、具二智，謂一切智、一切種智；二、斷二障，一煩惱障、二所知障並斷盡故；三、圓二覺，謂自覺、覺他並圓滿故；四、如二喻，謂[□][如][4]睡夢寤、如蓮花開，如睡夢寤是“破障”義，如蓮花開是“顯德”義。故名爲“佛”。

《經》曰：“頂禮佛足，卻住一面。”

述曰：此請儀也。既睹尊顔，理須申敬；將請疑問，故復卻坐。“頂”謂天頂，“足”謂佛足。天以頭頂禮佛腳足，故言“頂禮佛足”。此顯敬之極也。

《經》曰：“是天威光，甚大赫奕，周遍照曜誓多園林。”

述曰：此請德也。《涅槃經》云：多光明故，名之爲“天”。此由前身戒忍光潔，進定明净，故感天報，光明赫然也。

《經》曰“爾時彼天以妙伽他而請佛曰”。

述曰：此下聖教所説分，即經體也。合二十頌，有九重請答。一一請答中[5]，皆先請後答。一一請中，皆先序請，後正請。答亦先序答，後正答。此即第一請答中先序請也。“伽他”者，唐云“諷誦”也，以美妙音詞，吟詠諷誦也；舊譯云“歌經”，或云“詩經”，皆其義也；舊云“伽陀[6]”，或云“偈他”，皆訛也。

《經》曰：“云何利刀劍？云何磣毒藥？云何熾盛火？云何極重闇？”

述曰：此正請也。有四問：一、問利劍；二、問磣毒；三、問熾火；四、問極闇。“云何利刀劍”者，此第一問。此問意云：世間刀劍能傷害人，未知法中，頗更有傷害利過刀劍以不？“云何磣毒藥”者，此第二問。“磣”謂磣刺。此

---

① 此，底本無，據甲本補。
② 孰，底本、甲本作“熟”，據文意改。
③ 投，底本作“捉”，據甲本改。
④ 如，底本無，據甲本補。
⑤ 中，甲本無。
⑥ 陀，底本作“他”，據甲本改。

問意云：世間毒藥能損身害命，未知法中，頗更有損害碜過毒藥以不？“云何熾盛火”者，此第三問。“熾”謂炎熾。此問意[□][云][1]：世間盛火能燒於人，未知法中，頗更有燒人熾於盛火以不？“云何極重闇”者，此第四問。“極”謂過極，“重闇”謂黑，月昏夜闇色，或生盲覆[2]障，名爲“重闇”。此問意云：世間重闇，覆障既然，未知法中，頗更有覆障極過重闇以不？

《經》曰“爾時，世尊亦以伽他告彼天曰”。

述曰：此下答也。初序答，後正答。此序答也。

《經》曰：“粗言利刀劍，貪欲碜毒藥，瞋恚熾盛火，無明極重闇。”

述曰：此正答也。即以惡口及意地三業，次第答前四問。

“粗言利刀劍”者，答第一問也。“粗”謂粗礦，即惡口業道也。世間刀劍，但損害身；粗言惡口，兼害惠（慧）命。

問：“餘三語業亦兼害法身，何故此中但名‘惡口’？”

答：“兼害惠（慧）命，誠如所徵。但交惱前人，非[3]餘三業。謂妄語誑他，他[4]非即惱；兩舌傳鬥，未卒傷人；綺語乖典，交非損物；唯粗言惡口，毁辱前人，發怒生瞋，最爲切害。所以佛答：粗言利過刀劍也。且如釋種，以一句粗言詈[5]琉璃王以爲婢子，琉璃[□][王][6]發怒，株（誅）[7]煞釋種得須陀洹者九十六憶（億）[8]，後墮阿鼻[9]地獄；故知粗言不但能害肉身，亦害法身也。又俗語[10]云：‘一語傷人，痛於劍切（刀？）[11]。’故知粗言利於刀[12]劍也。”

① 云，底本無，據甲本補。

② 覆，甲本作“盲”。

③ 非，甲本無。

④ 他，甲本無。

⑤ 詈，甲本作“駡”。

⑥ 王，底本無，據文意補。

⑦ 結合文意，此“株”當爲“誅”字之記音字（二字《廣韻》均音陟輸切。）。

⑧ 結合文意，此“憶”當爲“億”字之記音字，甲本即作“億”。

⑨ 鼻，甲本作“毗”。

⑩ “俗語”二字甲本作“如諺”。

⑪ “劍切”二字甲本作“斧鉞”。此“切”似爲“刀”之借字（“刀”字一音都勞切，與“切”音同）。

⑫ “於刀”二字底本作“刀於”，今結合文意，據甲本改。

“貪欲磣毒藥”者，此下三句，即貪、瞋[①]、癡三毒也，此[②]通障見、修二[③]斷。見道所斷，[□□□□][盡得初果][④]；得初果已，漸斷修道所斷，至羅漢果，方始斷盡。未得羅漢已來，皆爲三毒所惱也。此答第二問也。“貪”謂貪求，“欲”謂欲染。貪即是欲[⑤]，亦名“渴愛”。如飲咸海，此海有竭，渴愛無盡。於已得、未得五欲塵中，永無厭足。故此貪欲有四：一、色欲；二、心欲；三、食欲；四、淫欲。欲界衆生，俱有四欲；色界衆生，但有色、心二欲；無色界衆生，唯有心之一欲。三界衆生，皆爲貪欲之所害，故不證解脱法身惠(慧)命也。此答意云：世間百味，雜以鴆毒，但害欲界一身之命，不能損三界離食貪者。若[⑥]凡夫欲樂，及以八定，雜以貪欲[⑦]，能害三界多身惠(慧)命。所以佛答：貪欲磣於毒藥也。且如郁頭藍[⑧]子，得非想定，於頻婆娑羅王女生貪染心，退失神足；後修禪定，情忿魚鳥，非想[⑨]報盡，受飛狸身，煞害物命，墮阿鼻[⑩]獄。此由心欲未盡，故[⑪]墮阿鼻。若欲色界衆生，爲於四欲，或爲二欲，輪墮[⑫]三塗，不言可悉，故知貪欲磣過毒藥也。

“瞋恚熾盛火”者，答第三問也。發怒作色爲“瞋”，憤擊擾心爲“恚”。《遺教經》云：“瞋恚之害，破諸善法，壞好名聞。今世後世，人不喜見。”又《經》云：“劫功德賊，無過瞋恚。”又《經》云：“瞋心一起，能障百法明門。”又《經》云：“多瞋業故，所生之處，多受蚖蛇蝮蠍等身。”此答意云：世間盛火，但燒肉身；瞋恚之害，並損惠(慧)命。又，世間之火，但燒一生；瞋恚之害，能損

---

① 瞋，甲本無。

② “也此”二字底本作“此也”，據甲本改。

③ 二，甲本無。

④ “盡得初果”四字底本無，據甲本補。

⑤ 欲，甲本作“欲也”。

⑥ “不能損三界離食貪者若”十字，甲本無。

⑦ 欲，甲本無。

⑧ 藍，底本作“監”，今結合文意，據甲本改。

⑨ 想，底本作“相”，據甲本改。

⑩ 鼻，甲本作“毗”，下同。

⑪ 故，甲本作“猶”。

⑫ 墮，甲本作“墜”。

多世。是故佛答:瞋恚熾於盛[①]火也。且如提婆達多以瞋恚故,造三逆罪,墮阿鼻獄。

又如"無明極重闇"者,答第四問也。自體昏闇,無有惠(慧)明,故名"無明";亦名[②]爲"愚",於境迷故;亦名爲"癡",體昏愁故。故《攝大乘論》云:"於諦、寶、因、果,心迷不解,名曰'無明'。""諦"謂四諦,"寶"謂三寶,"因"謂善、惡二因,"果"謂苦、樂兩果。此之無明,不解四諦之理,不知三寶之尊,不知惡是苦因,不了[③]善招樂果,於此諦、寶、因、果境中,體性癡愁,迷闇不明,故曰"無明"。此之"無明",或與諸使相應,或獨頭而起,與諸煩惱爲根,能令衆生流轉生死。故十二因緣中,無明爲初支也。此答意云:世間重闇,但障肉眼;無明之障,能覆惠(慧)眼。所以佛答:無明之障,極過重闇也。且如鴦崛魔羅,以無明故,煞害千人,取指爲鬘,貫其身首。求望[④]生天,並欲害母煞佛。

《經》曰:"天復請曰:'何人名"得利"? 何人名"失利"? 何者"堅鉀胄"? 何者"利刀仗"?'"

述曰:此下第二請答也。此即先請。此亦有四問:一、問得利;二、問失利;三、問堅鉀;四、問利仗。

"何人名得利,何人名失利"者,此第一、第二問也。"利"謂福利。泛問凡俗之人,未得財寶,求而得之,名爲"得利"。已得財寶,守而失之,名爲"失利"。未知佛法之中,有此得利、失利人耶[⑤]?

"何者堅鉀胄"者,此第三問。此問意云:世間鉀胄能御怨敵,頗更有御怨堅於鉀胄以不?

"何者利刀仗"者,此第四問。此問意云:世間刀仗能煞讎怨[⑥],頗更有煞怨利於刀仗以不?"

---

① 盛,甲本無。
② 名,底本作"明",據甲本改。
③ 了,底本作"乃",據甲本改。
④ 望,底本作"墬",據甲本改。
⑤ 耶,底本作"也",據甲本改。
⑥ "讎怨"二字甲本作"怨讎"。

《經》曰:“世尊告曰:‘施者名“得利”,受者名“失利”。忍爲“堅鉀胄”,惠(慧)爲“利刀杖”。’”

述曰:此答也,亦次第答其四問。

“施者名得利,受者名失利”者,此答第一、第二問也。施有三種:一、財施;二、法施;三、無畏施。今此意明[□□][財施][1]。財施得三果:一、施得相似果;二、物得相似果;三、用[2]得相似果。施得有四:一、自手施,得財能用;二、尊重施,得敬重財;三、不惱施,財不損失;四、應時施,得應時財。物德(得)[3]有四:一、施好色,得可喜色;二、施好香,得好名聞;三、施好味,得美妙身;四、施好觸,得細軟觸,如寶女觸身等。用得有五:由受施食人得色、力、命、樂、辯五事故,施者未來多生之中,得五事果也。然此若施畜生,得百倍報;若施闡提人,得千倍報;若施善人,得萬倍報;施持戒人,得千萬倍報;施離欲人,得百千萬倍報;施諸聖人,得無數倍報。此謂世俗[4],非事倍。如施畜生一口飲食,百生之中,常豐飲食,故言“百倍”也。餘皆准此。若發憎(增)[5]上施心,奉勝福田,即得現報。故《雜心》云:“慈無諍滅定,見道及無學,從彼正受起,施者得即果。”既行少施,受多果報,故言“施者名‘得利’”也。若自不行施,但受他施,新福不生[6],舊福漸盡,故言“受者名‘失利’”也。如有穀種,下在田中,名爲“得利”;若熟而食之,名爲“失利”也。

“忍爲堅鉀胄”者,答第三問。《莊嚴論》説“忍”有三種:一、他毁忍,以不報爲性;二、安苦忍,以耐爲性;三、觀解忍,以智爲性。今此正明他毁辱忍[7]。此忍得起,由三思、五想[8]。三思者:一、思他毁是我自業,若報即[9]重自造

---

① “財施”二字底本無,據甲本補。

② 用,甲本無。

③ 結合文意,此“德”當爲“得”字之記音字。

④ 俗,甲本作“倍”。

⑤ 結合文意,此“憎”當爲“增”字之記音字,甲本即作“增”。

⑥ “新福不生”,甲本作“新福不生,舊福不生”。

⑦ “辱忍”二字底本作“忍辱”,據甲本改。

⑧ 想,底本作“相”,據甲本改。

⑨ 即,甲本作“則”。

苦，不由於他。二、思彼我俱是行苦。彼以無智，於苦加①苦；我今有智，云何復爾！三、思聲聞自利，尚不以苦加②人；菩薩利他，豈得以苦加物？五想者，一、修本親想，捨願想。一切衆生，久來無非親屬故。二、修法想，離生想。罵者、打者不可得故。三、修無常想，離常想。衆生性是死法，尚不應瞋，况加害故。四、修苦想，離樂想。衆生不離三苦，正③應令離，不應加故。五、修攝取想，離他想。本願令樂，不令苦故。由此三思、五想，於他毁辱，便能忍之。《遺教》云："忍之爲德，持戒、苦行所不能及。能行忍者，乃可名爲有力大人。"《阿含經》云有六種力：小兒以啼爲力，欲有所索，必先啼故；女人以瞋爲力，欲有所索，必先瞋故；國王以嬌豪爲力；阿羅漢以精進爲力；諸佛以大悲④爲力；比丘以忍爲力。《大智度論》云："自除瞋恚刀箭，亦除他人瞋恚刀箭。"《法花經》云："柔和忍辱衣。"據此等經論，並將瞋恚以爲刀箭，忍爲衣鉀，以御捍之。且如律中，佛爲比丘鬥諍不止⑤，乃爲廣説梵磨達王煞長生王，長生[□][王]⑥臨死，誡其太子長摩納曰："以怨報怨，怨終不止。唯有無怨，怨乃息耳⑦。"太子於後得讎怨，便欲煞梵磨達王，三思父王遺言，遂放不煞。梵磨慶喜，還以長生本國，策長摩納爲王，兩國和好。佛復爲諸比丘更⑧説偈云："若以諍止諍，諍終不可止。唯有無諍法，此法最尊⑨貴。"比丘聞此，瞋恚⑩休息，更無鬥諍。故知忍力能敵瞋恚。由此忍故，所生端政（正）⑪，乃至作佛，感⑫得三十二相可喜之身。此答意云：世間鉀胄但御一身怨敵，忍力

① 加，底本作"加加"，據甲本删。
② 加，底本作"加行"，"行"字據甲本删。
③ 正，甲本作"止"。
④ 悲，甲本作"慈悲"。
⑤ 止，甲本作"正"。
⑥ 王，底本無，今結合文意，據甲本補。
⑦ 乃，底本作"及"，今結合文意，據甲本改。
⑧ 更，底本作"便"，今結合文意，據甲本改。
⑨ 尊，甲本作"遵"。
⑩ 恚，甲本作"忿"。
⑪ 政，甲本作"正"。
⑫ 感，底本作"咸"，當爲"感"字之訛，今結合文意，據甲本改。

能御多身怨敵。故云[①]“忍爲堅鉀胄”也。

“惠(慧)爲利刀仗”者,答第四問[②]。九十八使能害法身惠(慧)命,故是惡[③]賊。修道之人,初以聞、思二惠(慧),作五停心觀、别相念住[④]、總想[⑤]念處三方便觀;次以修惠(慧),作燸、頂、忍、世第一四達分觀,折伏煩惱,如執利刀,怖擬怨賊;次以四諦無漏聖惠(慧),斬煞見道所斷八十八使,得須陀洹果;次更重用四諦無漏聖惠(慧),斬煞修道所斷十[⑥]使,得第二、第三及阿羅漢果;故“阿羅漢”翻爲“煞賊”。此答意云:世間刀仗但煞一身之怨,無漏聖惠(慧)能煞多身之敵,故言其惠(慧)利於刀仗也。

問:“‘惠(慧)’與‘智’何殊,而[⑦]不言其‘智’?”

答:“觀達稱‘惠(慧)’,决斷名‘智’。此即[⑧]觀中稱‘惠(慧)’,出觀名‘智’也。又十度中,第六名‘惠(慧)’,第十名‘智’。又正體名‘惠(慧)’,後得名‘智’也。今問斷惑,正是觀中,故言其‘惠(慧)’。若通而言之,‘智’即是[⑨]‘惠(慧)’也。”

《經》曰:“天復請曰:‘云何爲盜賊?云何智者財?誰於天世間,説名能劫盜?’”

述曰:此下第三請答。此即請也,此有三問:一、問盜竊;二、問聖財;三、問劫盜。

“云何爲盜賊”者,此第一問。“盜”謂竊盜,“賊”爲殘賊。此問意云:世間盜賊私竊珍財,未知法中盜何名賊?

“云何智者財”者,此第二問也。世間凡人皆畜錢貨,佛法智者,儲何爲財?

① 云,甲本作“言”。
② 問,甲本作“問也”。
③ 惡,甲本作“怨”。
④ 住,甲本作“處”。
⑤ 想,甲本作“相”。
⑥ 十,底本作“十一”,今結合文意,據甲本改。
⑦ 而,底本作“然”,今結合文意,據甲本改。
⑧ 即,甲本作“則”。
⑨ 是,甲本無。

“誰於天世間，説名能劫盜”者，此第三問也。“天”謂二十八天，即欲界六天[1]，色界十八[□][天][2]，無色四天也。“世間”爲四天下人也。此問意云：强奪人財，世名劫盜。未知法中，天上人間誰最强奪，名能劫盜？

《經》曰：“世尊告曰：‘耶(邪)思爲盜賊，尸羅智者財，於諸天世間，犯戒能劫盜。’”

述曰：此答也，即次第答前三問。

“耶(邪)思爲盜賊”者，答第一問。“耶(邪)思”者，謂不正思惟也。由不正思惟發起無明，由無[3]明廣造諸業，由諸業恒受生死，不得解脱，所有功德、聖財，盡皆喪失。此耶(邪)思起時，人皆不覺，故爲私竊、盜賊也。

“尸羅智者財”者，答第二問。“尸羅”，梵音，此云“戒”也。[□][戒][4]有五戒、八戒、十戒、二百五十戒、[□□□][五百戒][5]及菩薩三聚戒等，以能防非，名爲“戒”也。《經》云：“戒如大地，衆善之基，一切功德，因之增長，有智之人，護若明珠。”由此戒故，近得人天福樂勝報，遠得三乘菩提涅槃，故是財也。諸經之中，多明七聖財：一、信；二、戒；三、聞；四、惠(慧)；五、捨；六、慚；七、愧。前五爲財體，後二如守財人，若無慚、愧，失戒等故。今此經中但舉戒者，以有戒者，必有餘六，故略言也。

“於諸天世間，犯戒能劫盜”者，答第三問。謂犯四重禁戒、十三僧殘等，皆名“犯戒”，律中廣明。如斷多羅樹頭，畢竟不生。猶如析石，不可還合。又如死屍，無還生義。《彌勒問論》明犯戒有六事：一、破；二、嘿；三、污；四、屬；五、食；六、呵。破者[□□□][少分，謂][6]少分不修故；嘿者，自不修，教他修故；污者，見他不修，心隨喜故；屬者，依於他人，方能修故；食者，取有資生故；呵者，迴向世間，智者不贊故。由犯戒罪，應得三乘法財盡皆散失，身壞[7]命終，

---

① “六天”二字底本作“天六”，今結合文意，據甲本改。

② 天，底本無，據甲本補。

③ 無，甲本作“無無”。

④ 戒，底本無，據甲本補。

⑤ “五百戒”三字底本無，據甲本補。

⑥ “少分謂”三字底本無，據甲本補。

⑦ 壞，甲本作“懷”。

墮於惡趣[①]。故於天上世間之中，無過犯戒，名“能劫盜”。此中應引諸經律中犯戒之事，廣説其相。

《經》曰：“天復請曰：‘誰爲最安樂？誰爲大富貴？誰爲常[②]端嚴？誰爲常醜陋？’”

述曰：此下第四請答。此先請也。此有四問：一、問最安樂；二、問大富貴；三、問恒端嚴；四、問常醜陋。

“誰爲最安樂”者，此第一問。五欲迷心，四倒亂想，耽淫嗜酒，乘肥衣輕，多欲多求，謂爲“安樂”。未知佛法之中，更有安樂過此以否[③]？

“誰爲大富貴”者，此第二問。財多爲富，體重爲貴。未知佛法之中，頗有富貴過此以不否[④]？

“誰爲恒端嚴”者，此第三問。“端”謂端正，“嚴”謂嚴儀。世間端嚴，老至即皆衰壞，未知法内，誰得始終端嚴？

“誰爲常醜陋”者，此第四問也。“醜”謂醜拙，“陋”謂鄙陋。且如嫫母，醜陋但在一身，未知法中，誰是多身醜陋？又如勝軍王女，名曰“金剛”，容貌醜陋，見佛懺悔，遂得端嚴，此女醜陋，即不恒也。未知法中[⑤]，誰是常醜陋人？[⑥]

《經》曰：“世尊告曰：‘少欲最安樂，知足大富貴。持戒恒端嚴，破戒常醜陋。’”

述曰：此答也，即次第答前四問。“少欲最安樂”者，答第一問。儉約爲“少”，耽嗜名“欲”。世間耽嗜，唯多唯廣。暫隨[⑦]愚情，速即破壞。尋生追戀[⑧]，苦惱切心。佛法反俗，貴尚無爲。少欲少求，最爲安樂。又《經》云：“少

① 趣，甲本作“道”。
② 常，甲本作“恒”。
③ 否，甲本作“不”。
④ 否，甲本作“不”。
⑤ “法中”二字甲本無。
⑥ 以上文字乙本殘。
⑦ 隨，甲本作“遂”。
⑧ 甲本至此止。

欲之人，則無諂曲以求人意。”直爾少欲，尚應修習，何況[1]能生諸善[2]功德。有少欲者，則有涅槃。涅槃之樂，樂中之最。如此最樂，因少欲得。因含果説，故言“少欲最安樂”也。

“知足大富貴”者，答第二問。世間凡愚，雖得富貴，貪求轉甚，常懷不足。知足之人，無爲無事，無可減衰[3]，常自有餘，故大富貴。《經》云：“知足之人，雖卧地上，猶爲安樂。不知足者，雖處天堂，亦不稱意。”如頂生王等，即是其事。又云：“不知足者，雖富而貧；知足之人，雖貧而富。”故言“知足大富貴”也。

“持戒恒端嚴”者，答第三問。持戒之人，尸羅清净，近得人天可喜妙相，遠得三乘端嚴法身，故言“持戒恒端嚴”也。如優陀羡王有相夫人，持一日戒，其夜命終，即生天上，得端正身，依王先契，還下報王，嫌王身臭，卻歸天上。即是其事。

“破戒常醜陋”者，答第四問。破戒之人，罪業增長，墮三惡道，受醜陋身。若生人中，諸根不具，邊地下賤，形儀鄙拙，人不喜見，經百千生。故言：“破戒常醜陋”也。

《經》曰：“天復請曰：‘誰爲善眷屬？誰爲惡心怨？云何極重苦？云何第一樂？”

述曰：此下第五請答。此即請也。亦有四問：一、問善眷屬；二、問惡心怨；三、問極重苦；四、問第一樂。

“誰爲善眷屬”者，此第一問。“眷”[4]謂家眷，“屬”謂親屬。世間眷屬，或父不慈，或子不孝；或兄不順，或弟不恭；或内外諸[5]親，不仁不義。情相乖阻，狀若怨家，雖名眷屬，而非是善。若父慈子孝，兄順弟恭，内外諸親，仁義相向，情無乖阻，水乳和同，如此眷屬，名之爲“善”。未知法中，誰得名爲“純善眷屬”？

---

① 况，底本作“兄”，今結合文意，據乙本改。

② 善，乙本無。

③ 衰，乙本作“奪”。

④ 眷，乙本作“眷屬”。

⑤ 諸，乙本無。

"誰爲[①]惡心怨"者,此第二問。妒賢嫉勝,名爲"惡心";欲相加害,名爲"怨"也。未知法中,誰是行者惡心怨也?

"云何極重苦"者,此第三問。世間煞縛,枷鎖囚禁,怨會愛離,病死所逼,名之爲"苦"。未知法中,更有苦惱過[②]此以否[③]?

"云何第一樂"者,此第四問。世間富貴,乘肥衣輕,目觀美艷,耳聽絲竹,田[④]遊煞獵,耽淫嗜酒,縱恣歡[⑤]娛[⑥],名之爲"樂"。未知法中,更有快樂過此以否[⑦]?

《經》曰:"世尊告曰:'福爲善眷屬,罪爲惡心怨。地獄極重苦,無生第一樂。'"

述曰:此答也,次第答前四問。

"福爲善眷屬"者,答第一問。"福"謂施、戒、修三德。施有三種:一、財施,由無貪善根成;二、無畏施,由無瞋善根成;三、法施,由無癡善根成。戒有三種:一、攝他戒,謂身三,由無貪善根成;二、不嬈他戒,謂口四,由無瞋善根成;三、饒益戒,謂受持。此二福相續生,由無癡善根成。修有三種:一、四静慮,由無貪善根成;二、四無量,由無瞋善根成;三、四無色,由無癡善根成。又六度中,前五亦是福也。如是[⑧]福德,皆以十善業道爲性。若施、戒二福,生生之處,内感欲界人天勝身,外招十善清净眷屬:所謂命不中夭、大富、梵行、所言誠諦、常以軟語、眷屬不離、善和諍訟、言必饒益、不嫉、不恚,正見之人以爲眷屬。若修定福,感得色、無色界殊勝之身。此之三福,乃至遠得三乘聖果也。此[⑨]答意云:世善眷屬,暫會永離,難聚易散,不保終久。未之

① "誰爲"二字乙本作"云何"。

② 過,乙本作"重過"。

③⑦ 否,乙本作"不"。

④ 田,底本訛作"由",結合文意,據乙本改。

⑤ 歡,底本作"觀",今結合文意,據乙本改。

⑥ "耽淫嗜酒,縱姿歡娛"八字,乙本作"淫酒是耽,放縱歡娛"。

⑧ 是,乙本作"此"。

⑨ 此,乙本無。

(知?)[1]法中,三福善業,真實牢固,常資行人,多有利益。諸眷屬中,此爲最善也。

“罪爲[2]惡心怨”者,答第二問。破滅三寶、五逆、十惡,並名爲“罪”。由此[□][罪][3]故,能令諸[4]衆生輪墮[5]三塗,長劫受苦。此答意云:世間惡心,但害一身,尚名爲“怨”;法中罪業,能害多身,豈非大怨?故言“罪爲惡心怨”也。

“地獄極重苦”者,此答第三問。梵云“那落迦”,舊云“泥黎”,訛也。唐云“不可樂[□][處][6]”。然[□][以][7]不可樂處即是其獄,多在地下,故云“地獄[8]”。地獄有三:一、熱;二、寒;三、邊。熱地獄有八:一、等活;二、黑繩;三、衆合;四、叫唤;五、大叫唤;六、燒熱;七、大燒熱;八、無間。此八在贍部洲下,重累而住。前二有主治,次三少主治,後三無主治。然此八爲本,一一各有十六圍。一面有四,四面合十六,通本爲十七;八個十七,合有一百三十六所。罪人於中,受熱惱苦。寒地獄亦八:一、頞浮陀,由寒苦所逼,肉生細皰[9];二、尼頼浮陀,由寒風所吹,遍[10]身成皰;三、阿吒吒,由唇不得動,唯舌得動,故作此聲;四、阿波波,由舌不得動,唯唇得動,故作此聲;五、嘔喉喉,由唇舌皆不得動,振氣故作此聲;六、郁波羅,此是青蓮華,此花葉細,由肉色細坼,似此花開;七、波頭摩,此是赤蓮華,由肉色大坼,似此花開;八、芬陀利,此是白蓮華,由此[11]骨坼,似此花開。前二從身相受名,此[12]三從聲相受

① 之,底本原作“若”,書手旋又改爲“之”,此處當爲“知”之借字,乙本即作“知”。
② “罪爲”二字乙本作“爲罪”。
③ 罪,底本無,據乙本補。
④ 諸,乙本無。
⑤ 墮,乙本作“墜”。
⑥ 處,底本無,據乙本補。
⑦ 以,底本無,據乙本補。
⑧ 獄,乙本作“獄也”。
⑨ 皰,乙本作“胞”。
⑩ 遍,乙本作“通”。
⑪ 此,乙本作“彼”。
⑫ 此,乙本作“次”。

名，後三從瘡相受名。又前二可[①]叫，次三不可叫，後三不叫。此八在四洲間，著鐵圍山底，仰向居止。罪人於中，受寒凍苦。邊地獄有三：一、山間；二、水間；三、曠野。受別業報，寒熱雜受。此答意云：雖有人間煞縛、枷鎖、怨會、愛離、病死等苦，及以畜生、餓鬼之苦，此[②]於地獄，百分不及其一。乃至千萬那由他分，亦不及其一。故言"地獄極重苦"也。

"無生第一樂"者，答第四問。涅槃之體，名曰"無生"。以無生故，畢竟不滅。聖人證此，寂然涅槃，常住安隱，故是極樂。此答意云：世間欲樂，樂極則苦；豈若涅槃，無苦常樂。故《經》云："高者必墮，常者必盡，合者必離，樂者必苦。"此偈明生死妄想[③]，樂極必苦。又云："諸行無常，是[④]生滅法，生滅滅已，寂滅爲樂。"此偈明涅槃無苦，畢竟常樂，故言"無生第一樂"也。

《經》曰："天復請曰：'何者愛非宜？何者宜非愛？何者極熱病？誰是大良醫？'"

述曰：此下第六請答也。此即先請，亦有四問：一、問愛非宜；二、問宜非愛；三、問極熱病；四、問大良醫。

"何者愛非宜，何者宜非愛"者，此第一、第二問。且如甘飯雜毒，雖是所愛，而損身害命，不宜食之。又如良藥苦口，即非所愛，而利於病，所宜服之。又如諂辭順情，雖是所愛，而損於行，不宜聽之；忠言逆耳，雖非所愛，而利於行，所宜聽之。未知法中，何者是情所愛而於身不宜，何者於身有宜而非情所愛也？

"何者極熱病"者，此第三問也。迦摩羅病，世稱熱病。遇此病者，必定當死，世醫拱手。未知法中，頗更有病極過於此熱病以否[⑤]？

"誰是大良醫"者，此第四問。"良"者，善也；"醫"者，意也。善識病源，妙閑藥性，療者必差（瘥），稱曰"良醫"。良[□][醫][⑥]有四義：一、知病；二、

① 可，乙本作"了"。
② 此，乙本作"比"。
③ 想，乙本作"樂"。
④ 是，乙本作"有"。
⑤ 否，乙本作"不"。
⑥ 醫，底本無，據乙本補。

知病因；三、知病[①]瘥；四、知病瘥已不生。未知法中，頗有良醫大過如此良醫以否[②]？

《經》曰：世尊告曰："諸欲愛非宜，解脱宜非愛；貪爲極熱病，佛是大良醫。"

述曰：此答也，次第答前四問。

"諸欲愛非宜"者，答第一問。諸欲謂可愛色、聲、香、味、觸，五欲境也。能生欲心，爲欲所取，故名"欲"也。《經》云："五欲誑人，如蜜塗刀，舐者傷舌。"猶如炙疥，初雖少樂，後即大苦；如逆風執火，如其不放，必定燒手。如國王貪色，遂失其位；仙人愛聲，從空墜林；比丘嗅香，河神責罵；沙彌嘗味，投池作龍；藍弗染觸，退失神足。又此五欲，現受三苦，謂覓時生勤勞苦，守時生怖畏苦，失時生熱惱苦。又爲非法，追求五欲，復墮地獄、餓鬼、畜生，多時受苦，後生人天。貧窮困苦、愛别離苦、怨憎[⑤]會苦，如此等苦，皆爲貪著五欲因緣。故知五欲雖是凡情欲心所愛，而於行者極非所宜，故言"諸欲愛[□][非][⑥]宜"。

"解脱宜非愛"者，答第二問。涅槃無爲，體絶衆縛，故名"解脱"。證解脱者，永離生死，常住湛然。如此[⑦]解脱，資潤行者，極是所宜；而凡夫愚情之所不愛，故言"解脱宜非愛"。故《經》云："凡夫寧樂疥癩野干身，不樂涅槃；野干猶有眼、耳、身、心，涅槃無故。"

"貪爲極熱病"者，答第三問。"貪"是貪使，體通三界，遍障五門[⑧]，六識俱行，六塵齊染，生死脚足，苦惱根源。世間熱病，豈能比此？如《智度論》説："欲火熾發，燒於祆[⑨]祀。"豈非貪愛是極熱病耶？現在尚自火燒，來生寧免湯鑊？故言"貪爲極熱病"也。

---

① 病，乙本無。
② 否，乙本作"不"。
⑤ 憎，乙本作"增"。
⑥ 非，底本無，據乙本補。
⑦ 此，乙本作"其"。
⑧ 門，乙本作"問"。
⑨ 祆，乙本作"天"。

“佛是大良醫”者，答第四問。如來五眼内明，六通外朗，豎觀三際，横睹十方。至於身心病源，對除藥法，悉皆洞照，無非目前；故設教逗機，皆稱根性，隨病授藥，無不獲益；是故號“佛是[1]大良醫”。《阿含經》説佛有四智：一、知苦；二、知苦因；三、知苦滅；四、知苦滅道，故曰“良醫”。又《經》云：“世醫所療治，雖瘥還復生。如來所治者，必竟不復發。”故言“佛是大良醫”也。

《經》曰：“天復請曰：‘誰能覆世間？世間誰所魅？誰令捨親友？誰覆障生天？’”

述曰：此下第七請答。此即先請，亦有四問：一、問覆世；二、問[2]魅世；三、問捨友；四、問障天。

“誰能覆世間”者，此第一問。“覆”謂障蔽。世間眼目爲闇盲覆蔽，不見衆[3]像。未知法中，更有何物覆蔽世間，不識道理？

“世間誰所魅”者，此第二問。如世間魅鬼[4]，魅人令癡，或悲或喜。未知法中，更有何物能魅世間，令其迷亂？

“誰令捨親友”者，此第三問。朋流交密，即爲親友。若因財密，財盡則疏；若因勢親，勢歇便阻。如張、陳兇終，蕭、朱隙末是也。未知法中，誰令衆生捨於親友？

“誰覆障生天”者，此第四問。天之勝報，人皆愛[5]樂，由誰爲障，不得上生？

《經》曰：“世尊告曰：‘無智覆世間，世間癡所魅，慳貪捨親友，染著障生天。’”

述曰：此答也。次第答前四問。

“無智覆世間”者，答第一問。無苦、集、滅、道四諦智，或無真、俗二諦智，名爲“無智”。[□□][無智][6]，即無明使也。由無智故，不知生死苦果集

① 是，乙本作“是極”。
② 問，底本作“問誰所”，“誰所”二字據乙本删。
③ 衆，乙本作“色”。
④ “魅鬼”二字乙本作“鬼魅”。
⑤ 愛，乙本作“受”。
⑥ “無智”二字底本無，據乙本補。

因,不知解脱道因滅果,不知真諦一相無爲,不知俗諦三世因果。此答意云:世間盲闇,但覆肉眼,無智能覆世間慧眼,故言“無智覆世間”也。

“世間癡所魅”者,答第二問。“癡”即“無明”别名也。由癡魅故,於無常見常,於無我見我,於不浄見浄,於苦見樂。所有行解,普①皆顛倒。如此顛倒,並由愚癡。故言“世間癡所魅”也。

“慳貪捨親友”者,答第三問。“慳”是吝於己物;“貪”是欲於他財。如律中説:有一比丘,池邊習定,池龍敬德,以身繞之。比丘心惡,欲令其去,方便説偈,從索珠云:“光耀摩尼寶,纓絡莊嚴身;若能施我者,是名爲‘善親’。”池龍慳惜,説②偈答云:“我愛摩尼寶,過汝比丘身;我終不施汝,任汝不相親。”佛因此事,復説偈云:“多貪人所惡,數乞朋友乖;比丘乞龍珠,一去不復迴。”故知慳貪能捨親友也。又由貪故,唯欲他財;由於慳故,不得③惠施。所生之處,貧窮乏④少,無父無母,無妻無子,無善知識,無親友人,故言“慳貪捨親友”也。《成實論》有五慳:一、施慳;二、家慳;三、處慳;四、讚慳;五、法慳。此之五慳,並捨親友也。

“染著障生天”者,答第四問。“天”謂二十八天,皆須厭下而得上生。若染著下地,不得生上。若染著人中五欲,縱情放逸,不肯厭離,不得上生六欲天中。如⑤佛弟難陀厭孫陀羅,欣於天⑥女,方始持戒,願生天上,如經廣説⑦。若染著六天五欲,不得上生色界天中;若染著色天果報,不得上生無色天中;故言“染著障生天”也。又三乘聖人,名爲“浄天”。若染著三界二十八天有漏果報,不得入彼三乘聖道,故言⑧“染著障生天”也。

《經》曰:“天復請曰:‘誰非火所燒,風亦不能碎;誰非水所爛,能浮持世

① 普,乙本作“並”。
② 説,乙本作“説此”。
③ 得,乙本作“行”。
④ 乏,乙本作“之”,乃“乏”之訛省俗體。
⑤ 如,乙本作“如經廣説”。
⑥ “於天”二字乙本作“天上”。
⑦ “如經廣説”四字乙本無。
⑧ “故言”二字乙本作“亦名”。

間？誰能與王賊，勇猛相抗敵，不爲人非人，之[1]所來侵奪？'"

述曰：此下第八請答也。此即先請，問有兩意：一、問誰無七難；二、問誰有一難[2]。七難者：一、火難；二、風難；三、水難；四、王難；五、賊[□][難][3]；六、人難；七、鬼難。火以燒焦爲難，風以躁動[4]爲難，水以溺爛爲難，王以威力爲難，賊以劫煞爲難，人以侵害爲難，鬼以精[5]魅爲難。世間之人，多不免此七種災難。未知法中，誰能離免此七種災難也？經文可解。一、能者，能浮持世間也。世間有二：一、器世間，即依報；二、衆生世間，即正報。如世水輪，能浮持地輪及衆生類。未知法中，誰能浮持此二世間？此由水有二用：一、能爛物；二、能持地。故問水爛物之次，即問浮持也。

《經》曰："世尊告曰：'福非火所燒，風亦不能碎；福非水所爛，能浮持世間。福能與王賊，勇猛相抗敵，不爲人非人，之所來侵奪。'"

述曰：此答也，答前二問。"福"謂施、戒、修三種福也，如前善眷屬中釋。

答無七難，意云：凡遭七種災難，爲造十惡罪因。既修三種福德，寧羅七種災難？

問："賊行非理，容可槌(拒)[6]之；人法屬王，何得抗敵？"

答："如殷紂暴虐，周武拒之，雖是王人，有相抗敵。又，'王'[□][是][7]總語，兼稱臣屬，銜王命者，並亦名'王'。如此王臣，暴行酷虐，非理同賊，亦得抗之。且如經說：有王責臣，令簿[8]録家財。其臣遂録已修福物，王瞋責言：'已修福物，今並見無，何不録汝家中現物？'臣答王言：'已修福物，是臣之物。家中現物，元屬五(王?)[9]家，非臣獨有，所以不録。'王心開悟，遂亦修

① 之，底本作"誰"，結合文意，據乙本改。下文："福能與王賊，勇猛相抗敵，不爲人非人，之所來侵奪。"亦可互勘。

② 難，乙本作"能"。

③ 難，底本及乙本無，據文意補。

④ "躁動"二字乙本作"飄碎"。

⑤ 精，底本作"情"，今結合文意，據乙本改。

⑥ 槌，乙本作"拒"。"拒"字義長。

⑦ 是，底本無，據乙本補。

⑧ 簿，底本、乙本作"薄"，據文意改。

⑨ 五，似爲"王"字之訛，待考。丙本即作"王"。

福。故知其福，非他能奪。”

答有一能，意云：由三福故，感得人天殊勝正報，兼感器界、屋宇、資緣種種依果，故言“福能浮持世間”。

問：“孔、老等云，從道以生一，從一以生二，從二以生三，從三生萬物。‘道’謂虚通，‘一’謂元氣，‘二’謂陰陽，‘三’謂天地人，‘萬物’謂雜[①]畜草木等。又云：人頭圓像天，足方像地，感天地精靈以成於人。舉(據)[②]此而言，即是外器世界，能持衆生世間；豈非[③]是衆生内福，能持[④]外器世界？”

答：“孔、老所説，則天地生人；釋宗所明，則人生天地。謂由衆生共相業力，外感器界天地依報，若成[⑤]若壞[⑥]，如餘處廣説。故《經》云：‘三界所作，皆是一心。’又《論》云：‘外由内得成。’此則孔、老但觀外相先後，即謂天地生人；如來洞知内體因果，故説人生天地。三教深淺，觀此可知。”

《經》曰：“天復請曰：‘我今猶有疑，願佛[⑦]爲除斷。今世往後世，誰極自欺誑？’”

述曰：此下第九請答也。此則先請，上半叙問，下半正問。

序[⑧]問意云：上蒙廣答，已析諸滯；下情多惑[⑨]，尚有餘疑。願佛慈悲，爲我除斷。

正問中云“今世”謂現在，“後世”謂未來，謂從今身往後身也。

問：“有爲無常，不來不去，又無主宰，説誰往耶？”

答：“前滅後生，不常不斷；因招果續，假説往來。譬如將燈從此至彼，雖念念滅，假説往來也。”

---

① 雜，乙本作“離”。當以“雜”字義長。
② 舉，乙本作“據”。
③ 非，乙本無。
④ 持，乙本作“持水”。
⑤ 成，底本作“成此則”。“此則”二字據乙本删。
⑥ 壞，乙本作“懷”。
⑦ “願佛”二字乙本作“佛應”。
⑧ 序，乙本作“叙”。
⑨ 惑，乙本作“或”。

問:"三世輪環,果因方[①]備,何故偏請現、未,不問過也[②]?"

答:"前事已經,無勞更問;後身未受,故須請之。如諸天禮白骨,餓鬼鞭死屍即是。已經之事,多分自知,故不問也。此問意云:世間欺誑,但欲侵損他人。未知法中,更有從今向後而自侵損極欺誑耶?"

《經》曰:"世尊告曰:'若多有珍財,而不能修福,今世往後世,彼極自欺誑。'"

述曰:此答也。"珍"謂金銀八珍,"財"謂錢絹等物。世人愚惑[③],自謂常存,不識果因,多積財寶。於悲田[④]所,無慧施心;於敬田中,無供養意。忽然命盡,無一福資,輪墜三塗,長時受苦。錢財珍寶,他人用之,己無片善,豈非自負?故云:"若多有珍財,而不能修福,今世往後世,彼極自欺誑。"又如《經》云:"惜財不布施,藏積畏人知,捨身空手去,餓鬼中受饑。"又如《經》云:"親眷皆分離,唯業不相捨,善惡未來世,一切時隨逐。"此中應引畜三妻人爲喻,又應引[⑤]有三子人爲喻。又《經》云:"寧自割身肉而啖[⑥]食之,不肯持錢財布施,求後世之福。此人當墮地獄、畜生、餓鬼等[⑦]。"

《經》曰:"爾時,彼天聞佛世尊説是經已。"

述曰:此下第三,依教奉行分,即是流通。有三:一、問(聞)[⑧]法;二、申敬;三、隱還。此即問(聞)[⑨]法也。

《經》曰:"歡喜踴躍,嘆未曾有,頂禮佛足。"

述曰:此申敬也。既聞妙[⑩]法,不覺欣然,爲申敬德,故復嘆禮。

---

① 方,乙本作"員"。

② 也,乙本作"耶"。

③ 惑,乙本作"或"。

④ 田,底本作"由",今結合文意,據乙本改。

⑤ 引,底本作"分",今結合文意,據乙本改。

⑥ 啖,乙本作"敢"。"敢"此處當爲"噉"之省旁俗體。

⑦ 等,乙本作"等苦"。

⑧⑨ 問,乙本作"聞"。"問"乃"聞"之借字。

⑩ 妙,乙本作"好"。

《經》曰:“即於佛前,欻然不現。”

述曰:此隱還也。來爲諮疑,已蒙析滯,所懷既遂,故隱還宫也。

《天請問經》疏一卷[1]。

① “一卷”二字底本無,據乙本補。底本卷末題記:“此文無一錯謬,刊定了也,善奴佛奴信。”

敦煌本古佚與疑僞經校注

以《大正藏》第八十五册爲中心

4

于淑健　黄征　整理

鳳凰出版社

（二）律疏部（No. 2787—No. 2798）

No. 2787《四分戒本》疏

［題解］

佛教戒律《四分律》注疏，又名《〈四分律戒本〉疏》、《〈四分戒〉疏》，作者不詳。卷第二、卷第三或首題："沙門慧述。"而伯 2245 號卷第三尾署："沙門福慧勘記。"故文中"慧述"當即"福慧述"。四卷。《〈四分戒本〉疏》敦煌文獻中主要有卷第一：斯 2886（首殘）、斯 5986（殘片，前後十一行）、斯 6405（首全尾全）、斯 6604（首全尾全），伯 2064b（首全尾殘），BD2112（北 7032，藏 12，首全尾殘）、BD2065（北 7033，冬 65，首殘尾全）、BD2992（北 7034，陽 92，首全尾殘）、BD0917（北 7035，昃 17，首殘尾殘）、BD2990（北 7036，陽 90，首殘尾殘）、BD0036（北 7037，地 36，首殘尾全）、BD3134（北 7038，騰 34，首殘尾殘）、BD3347（北 7039，雨 47，首殘尾全）、BD8202（北 7040，服 2，首殘尾全），計 14 號；卷第二有：斯 1144（首殘尾全）、斯 1321（首殘尾殘）、斯 2501（首全尾殘）、斯 2663v（首殘尾殘）、斯 4005（首殘尾全）、斯 4092（首全尾殘）、斯 4871（首全尾殘）、斯 6549（首全尾全），BD7220（北 7041，始 20，首全尾殘）、BD1721（北 7042，往 21，首殘尾殘）、BD1253（北 7043，列 53，首殘尾全）、BD6386（北 7044，鹹 86，首殘尾全），計 12 號；卷第三有：斯 405（首殘尾殘）、斯 1481（首殘尾殘）、斯 4004（首全尾殘），伯 2245，BD7573（北 7045，人 73，首殘尾殘）、BD2182（北 7046，藏 82，首全尾殘）、BD2179（北 7047，藏 79，首殘尾全）、BD0548（北 7048，荒 48，首殘尾殘）、BD0464（北 7049，洪 64，首殘尾殘）、BD0590（北 7050，荒 90，首殘尾殘）、BD0727（北 7051，月 27，首殘尾殘）、BD0659（北 7052，日 59，首殘尾殘）、BD0573（北 7053，荒 73，首殘尾殘)、北 BD0569(北 7054,荒 69,首殘尾殘)、BD0599(北 7055,荒 99,首殘尾殘)、BD0741(北 7056,月 41,首殘尾殘)、BD0469(北 7057,洪 69,首殘尾殘)、BD0566(北 7058,荒 66,首殘尾殘)、BD0769(北 7059,月 69,首殘尾殘)、BD0575(北 7060,荒 75,首殘尾殘)、BD0500(北 7061,洪 100,首殘尾殘)、BD0777(北 7062,月 77,首殘尾殘)、BD0501(北 7063,荒 1,首殘尾殘)、BD1062(北 7064,辰 62,首殘尾殘)、BD1061(北 7065,辰 61,首殘尾全)、台圖 128(首殘尾殘),計 26 號;卷第四有:斯 6889(首殘尾全),BD0861(北 7066,盈 61,首殘尾全)、BD6222(北 7067,海 22,首殘尾殘)、BD6880(北 7068,羽 80,首殘尾殘),計 4 號。總計 56 號。從一些寫經的題記可知,本疏在吐蕃統治時期頗受敦煌教團重視,曾多次開講,成爲戒律教育的主要典籍。清代以前歷代大藏經未收,日本《大正藏》第八十五册所收三卷卷第一據伯 2064b 號爲底本,卷第二據斯 2501 號爲底本、斯 1321 號爲甲本,卷第三伯 2245 號爲底本。另,尚可據 BD0861(北 7066,盈 61)等補足卷四。

《四分戒本》疏卷第一[①]

凡欲開發經題,先作三門分別,後乃隨文解釋。言“三門”者,第一、舉宗攝教旨歸;第二、知教旨歸;第三、正釋戒經題目。言“舉宗攝教”者,聖教雖衆,略有三種:一、修多羅藏。二、毘尼藏。三、阿毘達磨藏。言“修陀羅”者,所謂諸經。言“毘尼”者,謂諸戒律。言“阿毘曇”者,即是諸論。今此戒本,三藏之中,乃是第二毘尼藏攝。言“知教旨歸”者,此戒所言,爲以義通論,兼詮定、惠(慧)。故《四分律》云:何名“增戒學”? 所謂增戒、增心、增惠(慧),是名“增戒學”。良以止、作俱戒故爾。今以宗求,唯戒學分別。就此戒學,

① 卷第一今仍以《大正藏》所據原卷伯 2064b 號爲底本。參校本擇取品相較好、首尾完整的斯 6405 號爲甲本,斯 6604 號爲乙本。

兩[□][幡(番)][1]料簡:第一,受戒法門;第[二][2],隨戒行相。言“受戒”者,創發要期,斷惡修善,建志成就,納法在心,目之爲“受”。言“隨戒”者,受興於前,持心後起,義順受體,説之爲“隨”。就“受”、“隨”二門,各開爲兩。

謂“受門二”者,爲障戒法有爲不能孤起,藉因託緣,然後方發,故明能發之緣;既有其緣,必有所得,故次第二所發戒體。言“受緣”者,寔以位階聖凡報殊,男女託緣不同。《四分律》辨五種受戒:一曰“善來”,二稱“上法”,三名“三歸”,四曰“八教”,五曰“羯磨”。斯之五名,備如常釋。第二言“受體”者,撮要而論,不出二種:一、曰“作戒”;二、“無作戒”。言“作戒”者,方便身口,造趣營爲,稱之爲“作”。二“無作”者,一發續現,四心三性,始末恒有,不藉緣辯,字曰“無作”。斯之二種,俱有懸防,同稱爲“戒”。若也“作戒”,以色爲體;言“無作戒”,非色非心。

第二、次辯隨戒二門者:第一、專精不犯;第二、犯已能悔。言“專精”者,上行之流,一往順教,惡離善行,稱曰“專精”。但“持”有二:一、明“止持”;二、明“作持”。言“止持”者,念智捨等謹護身□□(口,不)[3]造諸惡,稱之爲“止”。止而無違,順受光[4]潔,故曰“止持”。言“作持”者,奉順聖教,作法作事,對事作法,稱之爲“作”;作而順受,故號作“持”。第二、“犯已能悔”者,不謹之人,放縱身口,違禁興過,不修善行,污本所受,名之爲“犯”;慚愧追謝,還令復本,亦名爲“持”。雖非一往善成,然亦毀而還復第二白法,故名“犯已,能懺悔持”。然犯有二:一者、“作犯”。現違聖教,廣造諸過,稱爲“作犯”。二者、“止犯”。不准教奉修,止而有違,故名“止犯”。對斯二犯,悔而還復,並稱爲“持”。

上來已辨教之宗旨,其唯受、隨。若無其受,則行無所起;以有受故,衆行得生。若無隨行,便有戒羸等失;以有隨故,令受光潔。故《地持》云:此二種戒攝受無量諸餘浄戒,是故須受、隨二法。

---

① 幡,底本、録本脱。該字,甲、乙二本均作“憣”,在敦煌寫本中乃“幡”之常見俗體。文中“幡”則當爲“番”之借字。兹據補。

② 二,録本脱,據底本補。

③ “口不”二字底本無,録本作缺文,結合文意,據甲、乙二本補。

④ 光,録本訛作“之”,據底本改。該字甲、乙二本亦作“光”,可資比勘。

就受門中，廣釋緣體。先明受緣，後辯受體。言"受緣"者，八門解義：第一、釋名；第二、解義總别；第三、能秉教人師徒位别；第四、教所被者聖、凡不等；第五、藉緣多少；第六、辨此諸緣發戒時節；第七、受持頓漸；第八、校量勝劣。

第一、釋名者：諸部立名，多少不定；或立四受，言"無上法"；或立六受，取律中八比丘内自稱"比丘"，是"自誓受戒不然"之義。今約《四分》，定立五受。言"五受"者，謂善來、上法、三歸、八敬、羯磨等是。言"善來"者，此人宿殖妙因，道根深後(厚)①，聞佛説法，契證②初果，深厭生死，悕求出家。佛言："善來比丘，即發戒品。"故曰"善來"。亦可此等諸人深厭生死，悕求出家，佛命："善來，即發具足。"故曰"善來"。言"上法"者，性定之理，超出相有，物莫能加，故稱"上法"。無欲迦葉，修道進德，惑盡解滿，會增上法，而發具戒，故曰"上法"。亦可盡無生智，起出學表，會而得戒，故曰"上法"。故《母經》③中建立善根，上受具足。言"三歸"者，此等諸人未感如來，玄悟見道，但説託小聖、諸阿羅漢等，以爲良緣，亦④深厭三有，悕求出家。《母》云：諸羅漢等教令剃頭染衣，憑仗三寶，歸依心成，即發具足，故曰"三歸"，亦⑤名"三語"。言"八敬"者，佛抑女人，不聽在道；波闍聞之，[□][時]⑥生厭離，遂自剃頭，倚立祇桓；阿難見已，爲其三請如來，遥宣敬法；阿難傳授，愛道聞之，尊斯八法，作奉行之意，即發具足；故曰"八敬"。言"羯磨"者，斯等人輩，要假强緣，扶彼弱因，方能發戒，緣彼僧衆羯磨言下，而發戒品，隱其能秉，就所秉彰名，故曰"羯磨受戒"。此五受法，得名有四：善、來、體、境。"善"謂行者求戒心。"來"是聖教故。惑(或)⑦可讚嘆受名，有心受戒，佛言"善來"故爾。上法從境，又可當體受⑧名，建立善根，上受具足，故謂盡無生智，歸敬二

---

① 後，此當爲"厚"之借字。該字甲、乙二本即作"厚"，可資比勘。

② 證，底本、録本訛作"謂"，結合文意，據乙本改。

③ 《母經》指《毗尼母經》(失譯人，編於秦録)，又作《毗尼母論》或《毗尼母》，略稱《母經》、《母論》、《母》，是注釋《律藏》(犍度品)的典籍。

④⑤ 亦，底本、録本訛作"之"，結合文意，據乙本改。

⑤ 時，底本、録本脱，結合文意，據甲、乙二本補。

⑦ 惑，此當爲"或"之借字。該字甲、乙二本即作"或"，可資比勘。

③ 受，底本、録本作"受受"。中一"受"字係衍文，結合文意，據甲、乙二本删。

受。約境就心,羯磨從教,亦可功德,謂名辯事故。

第二、總别。四受是别,羯磨是總。以從遠緣彰名,或四、或六,而羯磨統收,故説爲“總”。

問:“羯磨受戒既有四緣,何故獨彰羯磨? 餘不彰名者何?”

一釋云:“從餘緣彰名,乃有多種。今且隱别就通,以彰名‘羯磨’,何足爲妨?”

第三、秉人。《多論》判言:見諦自得,餘六從他,彼對七受釋故。今類彼《論》,以判此五,遠而言之,盡從佛受,以佛出世有是法故。若以義推,上法得戒名爲“自受”,餘之四種是從他得,云何上法名爲“自受”?《論》云:以根本而言,由佛説法,得證無漏,發於具足,名“從佛受”。以義而推,自以盡智,明明現前,而得具戒,又名“自得”,不從他受。故《心論》云:若法者,佛五比丘受師等。

“若爾,何故《論》云從他教得?”

答:“此據遠因而説。善來八敬是佛所秉,名‘從佛受’。三歸羯磨弟子所[□][秉][1]是從弟子,言‘教[2]下得’。”

第四、所被分别。《四分律》辨善來受戒,局在聖位。故律中云:見法得法,得果證已去,得無漏解,厭心出家,至順之極,方應善來,發具足戒。内凡已還,想心所聞,非至順之極,故闕不度。又上法受者,要第四果,以其或(惑)盡、解滿故爾。三歸八敬,内凡已上,是以《多論》此二受法,不羸不捨,故知内凡已去。言“羯磨受”者,始興爲凡,一興已後,三人通被。如《涅槃經》净行梵志得初果已,羯磨爲受。《四分律》中蓮花色尼,亦同此例。

第五、藉緣多少。善來受戒,具四緣得:一、證初果。文言:“見法得法已”。二、内[3]有出家善心。文言:“欲於如來法中修梵行故。”三、假對佛形。文云:“前白佛言。”四、假佛教。謂聖命善來上法受戒,具三緣發:一、假佛教授。如見論説。二、有祈戒心。是以餘文羅漢、沙彌無出家意故,但得其果,

---

① 秉,底本、録本脱,結合文意,據甲、乙二本補。

② 教,底本、録本訛作“敬”,結合文意,據乙本改。

③ “二内”二字録本訛作“前”,據底本改。甲、乙二本亦作“二内”,可資比勘。

明須有心。三、得無漏空解。謂盡智現前,即得具戒。三語受戒,亦具三緣:一、假弟子形,對諸[①]羅漢。二、假弟子教。謂受三歸,言辭無缺。三、歸依心成。領前歸依,故能得戒。八敬受戒,具四緣發:一、假佛八敬之教。二、假弟子形。三、弟子教,謂口宣八敬。四、奉行之意。故愛道自陳:“我等頂受。”羯磨受戒,具足四緣,如律所說:一、僧數滿足緣。二、教法成就緣。三、結界成就緣。四、身無遮難緣。若具此四,是大比丘得成戒本。犯戒之人,四中若闕,非大比丘。[故][②]順此四,方成比丘。

問:“善來等受以心爲緣,羯磨一受何故不爾?”

答:“羯磨非不有心,以假外緣作法,從强以辨,故没因名。又可羯磨四心俱得,恐濫不辨心緣。又准《母論》,[□][前][③]四以心爲緣,羯磨一受,雖文不列,要亦須心,故律文眠、睡、狂等不得戒故。”

第六、得戒時節。善來受者,唱“善來”竟,即發具足。故《律》云乃至“得盡苦[④]原”。上法受戒,盡智現前時得。以小乘分齊,羅漢梵行已立,自然戒净,故更不從他受戒。

問:“此上法得者,得作無作不?”

答:“以非作法,但得無作。”

問:“既非作戒,何因得發無作戒者?”

答:“以非學爲,故無其作。以道力故,得無作戒。三歸受戒,第三語竟,即發具戒。八敬受戒,説第八訖,即得戒品。羯磨一受,羯磨竟,便發具戒。諸論大同。”

第七、受捨漸、頓。先明“受”漸、頓。羯磨一受,亦漸亦頓。餘之四受,頓而非漸。漸、頓如何?羯磨漸、頓,先受五戒,次受十戒,後受具戒,是名爲“漸”。若不受五、十,直受具戒,得三種戒,説之爲“頓”。

問:“若一時受得三種戒者,何須漸受?”

---

① 諸,録本訛作“法”,據底本改。該字甲、乙二本亦作“諸”,可資比勘。

② 故,録本脱,據底本補。

③ 前,底本、録本脱,結合文意,據甲、乙二本補。

④ 苦,底本、録本訛作“若”,結合文意,據乙本改。

答："染習佛法，必須次第。先受五戒，以自調伏。信樂漸增，次受十戒。善心轉深，次受具戒。如是次第，得佛法味。好樂堅固，[□][難][1]可退敗，不失次第，不破威儀。如遊大海，漸漸深入。一時受者，既失次第，又彼威儀，故須漸受。"

問："一時頓受得三戒者，其無作體爲一爲三？"

答："但發具戒一無作體，更無餘二無作之體。"

"若爾，便是一戒，如何言三？"

答："比丘受得，防殺無作，與沙彌俗人同戒者，其實體一。是以《多論》家據其體，望三人始終位別，言得'三戒'，理實無三。"

問："所以知但一無三？"

答："即此《論》文解次第受中，俗人下品五戒，次中品心，受沙彌戒。前五戒仍本下品。五戒外發，方爲中品。上品心受具本前二品，仍猶下、中；五十外發，始爲上品。據斯二驗，次第漸受，三時心別，同戒無作[尚][2]不發三，豈況一人時受者而得有三？故知漸次望位別作三，非體有三。亦可《心論》云：一切因一切支得三戒者，三時漸受。受既時別，重發無作，有三體故。若論頓受，受既一時，方可名爲'望位爲三'，非體有三。"

次解"捨"之漸、頓。若望四受，受捨俱頓。羯磨捨受並含漸、頓。爲但羯磨一受，受制局漸，捨兼漸、頓。

問："羯磨頓受既得三戒，捨時云何？"

答："義含漸、頓。若也要心，三戒俱捨，則頓失三，是名'頓捨'。若言'我作沙彌'，但捨具戒。言'作優婆塞'者，又捨十戒。又言'我三歸人'，方捨五戒，名爲'漸頓'。"

問："'受'之與'捨'，俱頓並漸，或以漸受頓捨，此三可爾。若本頓受，但得具戒，一無作體，云何漸捨？若得漸捨，便成三體，如何言'一'？"

答："比丘一時受，防殺無作，通沙彌俗人，共有防非，是故捨時要心捨具，不捨十戒。若與沙彌戒同，隨心則在，故律文言：'我作沙彌。'以十對五，

---

① 難，底本、録本脱，結合文意，據甲、乙二本補。

② 尚，録本脱，據底本補。

義亦同爾，故言‘我作優婆塞’。是以論説據體通三人，共用義故；望位説三，非體有三。如此釋時，頓受漸捨，義亦無防。故《多[□][論][①]》云[②]：譬如樹葉，夏青[□][秋][③]黄，冬時則白，豈體有殊？隨時異故，樹葉色異，而始終一葉。戒亦如是，常是一戒，隨位異[□][故][④]。是以羯磨一受，受捨俱頓並漸。善來等四，唯頓非漸，以無作法捨故。”

第八、優劣。如《多論》説：若就災患有無，四受是勝，羯磨爲劣；若取任持，佛法利益寬長，羯磨一勝，餘四受劣。言四勝、一劣者：羯磨受[□][一][⑤]者内實凡夫，福得淺薄，感得此戒，多諸災患，容有厭上忻下，奉持心劣，令戒有羸；餘四受法，内凡已去，理解心中，受得斯戒，持心堅固，肥而不羸。二者羯磨凡夫，容有不樂道法，捨本所受；餘四受法，樂道情慇，理無退捨。三者羯磨容有轉爲二形，餘四受法復無此變。四者羯磨受人或起邪見，斷捨善根；餘四理解，不斷善根。羯磨一受，或有上四，故稱爲“劣”；餘四受法，無前過非，是以名“勝”。此對始興，若聖人受，亦是其勝。言一勝、四劣者：羯磨一受，乃具六義：一、是時長，謂通現、未。二、安遍三方，除欝單曰[⑥]。[□][三][⑦]、報兼男女。四、位該凡聖。五、所被無數。六、多坐作法。以斯諸義，佛法始終，以白四羯磨爲宗本，能繼續三寶，作無邊利益，有任持之功，莫大羯磨，故説爲“勝”。餘四受中，善來一受，終盡雙林。自外三受，中間即止，又局閻浮，不該餘二；凡聖位差，報局男女。對前六義，互各闕少，紹繼功徵，故稱“四劣”。發戒緣竟。

第二次辨受體。於中四門料簡：第一釋名、出體，二戒先後。第二“受”、“隨”同異。第三辨發戒緣。第四所發多少。

第一言“釋名”者，戒相雖衆，義要二種：一、曰“作戒”。二、“無作戒”。

---

① 論，底本、録本脱，結合文意，據乙本補。

② 云，底本、録本訛作“六”，結合文意，據甲本改。

③ 秋，底本、録本脱，結合文意，據甲、乙二本補。

④ 故，底本、録本脱，結合文意，據甲、乙二本補。

⑤ 一，底本、録本脱，結合文意，據甲本補。

⑥ 曰，乙本作“越”。

⑦ 三，底本、録本脱，結合文意，據甲、乙二本補。

先釋别名“作”與“無作”,次解通名所目之“戒”。言“作”者,謂方便身口,起動造作,稱之爲“作”。故《心論》云:作者身動方便。言“無作”者,身動滅已,與餘識俱,彼法隨生,名爲“無作”。如善受戒,穢污無記,心現在前,善戒隨生。惡戒亦爾。次釋通名“戒”者,此“作”、“無作”,俱有懸防,咸稱爲“戒”。依《善生經》,通有五名:一名爲“制”,制斷一切諸不善故,名之爲“戒”。又名“迮隘”,雖有諸惡,性不容受,故名“戒”。又名“清凉”,遮熱煩惱,令不入故。又名爲“上”,能上天堂,至無上道。又名“學”,調伏心智,故名“戒”。此之五[□][名][1],咸是義、用釋名,是故從用立名,稱之爲“戒”。然於五中,“迮隘”、“清凉”是義名,餘三用名。

問:“何故得知有作、無作?”

答:“諸論廣明二種戒體:一、如《心論》[□][云][2]:第三羯磨剎那‘作’及‘無作’,根本業道。又云:身、口作,前二有對;身、口無作,俱不可見無對。二、《多論》云:初念戒有身、口教及無教;第二念唯有無教,無有有教。《十住毘婆娑》云:律義善根,有其二種:一者有作,二者無作。‘作’者是色,‘無作’非色非心。以斯文故,明知戒有二種。”

問:“何須‘作’、‘無作’者?”

答:“若無其作,無作無所從生;若無無作,不可一形防非;故須兩戒。此位言耳。如上法得戒,以道力故,得無作戒。”

次辨戒體。若依《多論》,作、無作戒並是色法爲體。此義可謂六種分别:一、有爲、無爲分别。二戒俱是有爲法聚,非三無爲故。第二、有爲中三聚分别。作、無作戒並色法爲體,心及四相不相應法是其戒因故。《論》云:作及無作假色,是分别色陰。第三、色聚中三色分别:一、可見有對色,[□□□□□□□□□□][謂色入。二、不可見有對色][3],謂五根四塵[4]。三、不可見無對色,謂法入中無作。若言“作戒”,前二色收。“無作戒”者,第

① 名,底本、録本脱,結合文意,據甲、乙二本補。

② 云,底本、録本脱,據文意補。

③ “謂色入二不可見有對色”十字底本、録本脱,結合文意,據甲、乙二本補。

④ 塵,底本、録本訛作“坐”。該字甲本作“尘”、乙本作“塵”。“坐”當係“尘”之形訛。兹據改。

三色攝故。《伽》、《心》二論云：身作可見，有對；口作不可見，有對；身、口無作俱不可見，無對。論其身作，前二色中，唯色入攝。口作戒者，是聲入收，非餘八色。其二無作，並法入攝。此“作”、“無作”，俱是色陰。第四、就色聲中，報方便分別。色雖通報及方便，然身作是方便非報。故《心論》云：作者，身動、身方便。口作唯方便，以聲非報法故。身、口二無作，非報非方便。第五、三性分別。身、口、色、聲是善，非餘兩。故《心論》云：以清净心動身、口，名“善作等”。即向初色有二十種，前十二唯無記；後八高、下、長、短、方、圓、正、不正通三性，局取善邊，身作戒體。三聲之中，謂除第二因，不受四大聲，如風零（鈴）[①]等，唯無記故。就初因受四大聲，第三因俱聲。此二通三性中，亦取善聲邊爲口作體。汎論身、口無作，通於二性。今論戒故，是善性攝。第六、始終分別。此善作中，通於終始，[□□][取終][②]不取始，謂始從請師，終至羯磨未竟，要心未熟，善而非戒。第三羯磨一刹那頃[③]，要其心滿思願成就，善而是戒，故局取終。然依得宗，無作之戒，定用非色、非心爲體。作戒者取文不定，或有取文色、心爲體。故論文言：業者非直音聲，要以心力助成。故知身業亦名“以心力助成”，明知二業色入爲體，又引論文，以心爲體。是故《論》言：“離心無思，無身、口業。”故知二業用心爲體，又假色爲身、口業體。故《論》云：身、口業依止四大，意業依心。若身、口業非四大爲體性者，意業依心，亦不應以心爲體。然意業依心，故即説意業用心爲體。故知身業以四大動爲業，業無别體，即用四大作體。口業者，四大相繫，於中出聲，聲成音曲，有所表彰，以爲字句，爲口作業，業無别體，用聲作體。是以《論》云：是法名“聲性”，法入所攝。故以遠從四大即聲成，故用聲爲體。身業近依四大故，即用所依止爲體。

次明二戒先後。依《心論》説，似一時得故。文言：第三一念，作、無作根本業道。又《多》[④]云：初念戒者，教、無教後次第生。第二念戒，但有無教，無

① 結合文意，此“零”當爲“鈴”之借字。該字《四分律疏》[X41n0731p536]即作“鈴”。

② “取終”二字底本、録本脱，結合文意，據《四分律疏》[X41n0731p537]補。

③ 頃，録本訛作“須”，據底本改。

④ 《多》指據稱是三秦（西秦、前秦、後秦）時譯《薩婆多論》（失譯人）。下同。

有有教。故知一時。然無作三時有非戒者:一者因時無作,但是作俱,是非全戒體。二、身是果時無作。無作有二:一是作俱,二是形俱。形俱一種,方是戒體。三、謂果後,唯局形俱。此是戒體,以其果時有形俱故,明一時得。若依此宗,以先後發,故實云。

問:"齊何名爲'無作'?"

答:"第二念頃[①],名爲'無作'。以作戒爲初念故,名'無作'爲'第二念'。唯羯磨竟,所有無作,是兹戒體。前二時中,位是能俱所攝。又,《善生經》:方便心異,作時心異,衆緣和合,得名爲'作',以作因緣,發生無作。作已過去,唯有無作。其心雖在惡無記中,本所作業,不名'漏失'。據斯以辨[②],明先後發。"

第二"受"、"隨"同異,昔解"受"、"隨"義一。譬如一楯,能捍[③]衆敵。爲破斯義,故立此"受"、"隨"二法,並"作"、"無作"。先解"無作",有其七種:一、道共無作。二、定共無作。三、形俱。四、要期,如日夜及處中要期等。五、隨業無作,如隨戒無作及處中隨作業發者是。六、事無作,如塔、寺、橋、船等事,在時念念發無作等。七、隨用無作,即前事在,有人用時復發無作者是。就此七中,形俱定受,要期通二,餘五定隨。

次辨同異。"受"、"隨"無作,同義有三,謂"名"、"體"、"義"。異便有六:

第一、受中無作義均一品,隨中無作,乃有優劣。言受中無作一品者,若本上品心受所發無作,心增上故,戒亦上品。或容犯罪,或終至羅漢,更無增減,以其酬本一品心故。中、下心受,義亦同然。三品各定,故言"義均一品"。隨中無作,多品不定,故[□][爲][④]優劣。對五篇辨此優劣者,若就根條,初勝乃至五劣;若自分勝,進五勝,乃[□][至][⑤]初劣,即應五篇次第之義。又可一一篇一一戒,心有增微;事别不等,即有九品之持;故隨無作,有斯階降。

---

① 頃,録本訛作"須",據底本改。

② "據斯以辨"四字録本訛作"授斯次辨",結合文意,據底本及甲、乙二本改。

③ 捍,録本訛作"擇",據底本改。

④ 爲,底本、録本脱,結合文意,據《四分律疏》[X41n0731p538]補。

⑤ 至,底本、録本脱,據文意補。

第二、總別。受中無作發心，總斷一切惡意，於生非數，頓得律儀，故稱爲“總”；隨行無作，次第漸成，不可頓起，故名爲“別”。

第三、懸對。受中無作，懸有防非，未即有行。隨中無作，對事防非，行成皎潔。

問：“懸未有非，對即隨行，受有何用？”

答：“若無其受，隨不成隨，以共成一治故。”

第四、長短。受是形俱，説以爲長。隨行無作，從修行發，非形俱故，目之爲“短”。

第五、有無者：受中無作，通三體唯善。隨無作者，體非二性，亦不通兩。此據剋性分別。受、隨俱善，餘二並狹。今約有無，[□][有][1]通、不通。受是形具，通在餘二性中，故説爲“寬”。隨是作俱等，局善性中，所以言“狹”。此就一心自作爲言，若先後心及以教人，餘二性中隨亦通有，如教相所詮。犯、不犯中，亦同此狹，故犯行中，無不犯行。若通就先、後心及教人，犯行中亦有不犯行，此即受隨俱寬。作[□][此][2]解者，然須約以爲三。若局善性俱狹，受隨同善性故。若隨人等俱寬，以分通三性故。若以自作隨行，對受分別，方有寬狹。此准《多論》，有四、五不同。若實依論，不別寬狹長短，然後受中無作，定是長、寬。隨無作者，具於二種，以道無作寬長[□][故][3]爾。

第六、受是根本，隨是根條。

次解二作同、異。同義有五，謂名“體”義、寬、狹、長、短等。不同有四：一、一品多品。二、總別。三、亦懸對。四、根條。比説可知。既有此殊，豈同昔解“受”、“隨”義？

第三辨發戒緣者：若依《薩婆多》，別解脱戒，唯約見在，以過、未非衆生故。若准得宗，發戒之時，不在過、未，心得戒以非衆生故。現在相續，心中發戒，以是衆生然受戒時，要須三世境上所有之惡皆作斷意，方能發戒，還防三世境上非。所以然者，過去之境能生惡心故。《論》云：如人供養過去所

---

① 有，底本、録本脱，結合文意，據甲、乙二本補。

② 此，底本、録本脱，結合文意，據甲、乙二本補。

③ 故，底本、録本脱，結合文意，據文意補。

尊,是亦得福。律儀亦爾。未來之境亦生惡心,故須普緣,總作斷意,方能發戒。又若過、未不發戒者,三世諸佛戒不齊等。以其諸佛戒品齊等,故[□][緣]①三世以發戒也。

問:"戒防未非,毘尼殄已起,何故得言'緣三世境發、還防三世非'也?"

答:"境雖過去,非非過去等。以斯義故,猶防未起非。是以須爾。"

第四發戒多少。諸戒雖衆,不過二種,謂作、無作。作已還去,唯有無作一形相續。此無作戒,乃有多品。以所防之惡既有無量,戒寧是一?故《多論》云:於一切衆生數、非衆生數而發律儀。言於"衆生數"者,上至非相,下至阿鼻,可殺、可誑、不可誑等,一一衆生乃至如來,就根本而言,不過有身、口七惡。三因緣故:一、貪故起七;二、嗔故起七;三、癡故起七。三七二十一惡。對防此惡,受戒之時,謂從無貪等三善根心,各得身、口七枝,合二十一種戒善,乃至三千大千一一衆生皆亦如是,若十戒、五戒,得十二種戒。故《心》、《多》二論於一切衆生一切時戒不斷,[□□□□][或十二種]②,或二十一種。故《經》云:衆生無邊,戒亦戒邊。若非衆生數,乃至草木生種,大地非法衣食等,及一一罪處本受戒時,[□□□□□□□□□□□□□][要期不作,還得爾所戒善功德故。]③□

《四分》戒本疏卷第二④

沙門慧述

"諸大德!是十三僧伽婆尸沙法,半月半月説,戒經中來。"

此明第二篇。初□(標)⑤説儀,次陳本戒,後問清净。此句是其標也。

---

① 緣,底本、録本脱,結合文意,據甲、乙二本補。

② "或十二種"四字底本、録本脱,結合文意,據《四分律疏》[X41n0731p539]補。

③ "要期不作還得爾所戒善功德故"十三字底本、録本脱,結合文意,據甲、乙二本補。以下底本缺。

④ 卷第二今仍以《大正藏》本所據原卷斯 2501 號爲底本,斯 1321 號爲甲本(《大正藏》注甲本爲斯 13 號,誤),另擇取卷首較爲清晰的斯 4871 號爲乙本,品相較好、首尾完整的斯 6549 號爲丙本。

⑤ 標,底本殘,録本作缺文,據乙本補。

且就總相，九門分别。後乃别相，□□□□□（各各異陳。言）①“總相”者：一、起由三毒。二、配於身、口。三、自作、教人。四、解遮性。五、初犯種類。六②、持犯方軌。七、二部同異。八、違制不同。九、下衆任運。言“起由三毒”者，初有□□□□（七戒，因三）③事起，貪染心成。次有二戒，瞋心起成。次有二戒，因三事起，癡□□□□□□□（慢心成。次有二戒）④，瞋癡起成。二、“配於身口”者，位以爲四，初二局身，次二麁語。二謗、四諫等八，□□□□□（口爲正犯，身）⑤有助成。次二房戒，身爲正犯，口是助業。次媒嫁一戒，身、口正犯。三、“自作、教人”□□□（者，位分）⑥爲三：一、有五戒，自作成重，教人同、不同。謂二麁語、媒嫁、二房、自作定殘；□□□（教人或）⑦同、不同：若教人作五，於己有潤，故同犯殘；若汎教人，於己無潤，但可[□][犯]⑧蘭。二、次有二戒，自作、教人，一向同犯；謂二謗戒，自作、教人，爲己、不爲己，惱境處齊，暢思不殊，故彼我同犯。三、有六戒，自作犯殘，教人但輕。謂漏失摩觸，自作犯殘；教人偷蘭，以無潤己故。下四諫戒，自違正犯；教人違諫，亦得輕罪。若僧未諫，教言“莫捨”，但得吉羅；以無僧命，衆法可違，過輕微故。若僧諫時，教言“莫捨”，即結蘭罪；以違僧命，情過重故。四、“性遮”者，媒及二房是遮惡；餘之十戒，體是不善，故是性惡。第五、“種類”者，是論分爲四位：初有五戒，咸是愛染；初戒氣分，淫之種類。二、二房兩戒，是盗種類。三、污家惡行，是殺種類。四、餘之戒等，妄語種類。六、持犯。是中二房，具二持犯。然前房半非，除過重故。自餘十一，止持作犯。

---

① “各各異陳，言”五字底本殘，録本作缺文，據乙本補。

② 六，録本訛作“大”，據底本改。

③ “七戒因三”四字底本殘，録本作缺文，據乙本補。

④ “慢心成次有二戒”七字底本殘，録本作缺文，結合文意，據《四分律疏》[X41n0731p586b]補。

⑤ “口爲正犯身”五字底本殘，録本作缺文，據乙、丙二本補。

⑥ “者位分”三字底本殘，録本作缺文，據乙、丙二本補。

⑦ “教人或”三字底本殘，録本作缺文，據乙、丙二本補。

⑧ 犯，底本、録本脱，結合文意，據乙、丙二本補。

亦可[□][止][1]持作犯，通十三戒；作持止犯，前房少分，第[□][二][2]房全品别階降，已如上辨。七、“二部同異”者，媒嫁二謗、四違諫等，此七同犯。而四諫戒得罪雖齊，對境翻到，謂各違當衆諫故。媒、[□][嫁][3]、謗三戒，境罪俱等。自餘六戒，僧、尼不同。漏失，僧重、尼提。《多》云：女人煩惱深重，難拘難[□][制][4]，若制與重，罪惱衆生。又女人要在私屏，多緣多力，苦[5]乃盈流，故輕。男子不爾，隨事能出，故重。又可染患，内外不同，故有輕重。比丘摩觸，力能自固，以限分制，但得僧殘。尼則煩惱厚重，既受摩觸，恐成陵逼，深房[6]中制，故結夷罪。爲四不同，故罪階降：一、死活。二、大小。三、染心有無。四、身輕重。尼懼陵逼，故須活及大等。僧據染患，不簡死及大、小等。二麁惡語，僧重尼輕，以希數故。又尼有趣重方便[7]，故得蘭罪。僧無八事相資，故得僧殘。二房戒者，大僧犯殘，尼作犯蘭。若就過量，大僧得獨行宿，喜獨造房，故制僧殘。尼須伴，假若共造房，自無過義。故律言：多人住屋不犯。

見曰[8]：“二人造房不犯，設令獨造，希故蘭罪。若爾，覆屋過三，何故同犯？”

答：“此據尺量分齊，故二人不犯。下過三節直[9]辨，摧壞招譏，不簡大小，故同僧提。”

問：“尼就有伴，假獨義希，即得蘭者，若爾，尼是有伴，假獨義希，屏露二坐，不應同犯？”

答：“此就損業，損微則輕；又設獨造，希而不數；故得輕罪。坐等就譏，

---

① 止，底本、録本脱，結合文意，據乙、丙二本補。
② 二，底本、録本脱，結合文意，據乙、丙二本補。
③ 嫁，底本、録本脱，結合文意，據乙本補。
④ 制，底本、録本脱，結合文意，據乙、丙二本補。
⑤ 苦，録本訛作“若”，據底本改。該字乙、丙二本亦作“苦”，可資比勘。
⑥ 房，乙、丙二本作“防”。
⑦ 便，録本訛作“爾”，據底本改。該字乙、丙二本亦作“苦”，可資比勘。
⑧ 曰，録本訛作“日”，據底本改。該字乙、丙二本亦作“苦”，可資比勘。
⑨ 直，丙本同，乙本作“真”，《四分律疏》[X41n0731p587a]作“宜”。

事雖希數，齊招譏過，僧、尼同犯。若論不處分者，尼無蘭若，制居聚落；僧儻（黨）[1]無房，故宜須造設；不處分情過輕微，但結蘭罪。比丘大夫得在蘭若、樹下露坐，安身進業，今在聚落營構私房，故須重遮，懲其後犯。"

八、"違制不同"者，前之九戒，違佛制得罪；後四諫戒，違僧制招愆。此僧制者，即是佛制。但僧若不秉，即無違諫之殘，殘由違僧，故此四戒，違僧制犯。九、任運有無。七戒容有任運，二巖、兩房、二謗、媒嫁，得有"遣人爲已[2]作"義，所教事成，三性之中，犯七僧殘。餘無教人，故無任運。就十三中，初之九戒，若持護衆行法，違則壞衆行法；後之四戒，若奉順僧命，息過不爲，顯衆法成就，有被時之益，名"護衆教法"；違則壞衆教法。前中復三：初五内染，以明壞衆行法。次二兩房事和，以明壞衆行法。次二兩謗情和，以明壞衆行法。前五復三：初一壞衆行法，不壞於時。次三壞衆行，壞時。次一壞行義微，壞衆、壞時故。

故漏失戒第一。此戒人之喜犯，故在初也。一、制戒意。欲是惡法，正是生死之原，障道之本，理應禁斷，令梵行清净。《多論》言：三義故，佛制此戒：一、令正法久住故。二、欲正誹謗故。三、欲生天龍善神信敬心故。四部律中，佛並訶責言："云何以此不净手受人信施？"二、"釋名"者：方便動轉，標心究竟，名之爲"故"；體分盈流，名爲"漏失"；故曰"漏失戒"。三、"具緣"者：通緣如上，别緣有三：一、作究竟意；二、方便動轉；三、失即犯。四、闕緣。闕初二無犯，闕三或（惑）重輕蘭。已下正明戒本，文有三段：一、略制。二、隨開。三、滿制。言"略制"者，最初因迦留陀夷比丘起過，佛便略制此戒；後因餘比丘夢中失不净，佛因集僧。本無心故，開除夢中，是名"隨開"。

言"滿足戒本"者："若比丘故弄陰出精，除夢中，僧伽婆尸沙。"此滿足戒本。四句料簡：初略標，次廣釋。言略標者：一、犯人；二、人；三、開；四、結罪。言廣釋者，"若比丘"，八比丘中第八，白四羯磨，如法得處所比丘，是名"若比丘"義。所言"故弄陰出精"者，出其境界，先列六名，二次第解。言"六名"者，《律》云：實心故作，出不净意。前境有六：若於内色、外色、内外色，若

① 儻，此當爲"黨"之借字。以下"儻"字皆通"黨"，不復出校。

② 已，録本訛作"巳"，據底本改。

水，若風，若空，隨任方便，若出則犯。言“内色”者，謂衆生身分，心心領納苦樂，故名“受色”。言“外色”者，謂非衆生色，以無心心法領納，名“不受色”。所言“内外色”者，情、非情合，名“受、不受色”。所言“水”、“風”、“空”者，比類可知。水中，逆水、順水。風中亦爾。空中自空動身。乃至餘境。所言“除夢中”者，《律》云：亂意睡眠有五過失：一者、惡夢；二者、諸天不護；三者、心不入法；四者、不思惟明相；五者、於夢中失精。善意睡眠有五功德，即反上句也。若欲睡時，手捉而睡，意令夢中漏失，睡中若失，即犯。究竟非開限，若本無心，意不欲出，夢中若出，不在犯限，故曰“除夢中”。所言“僧伽婆尸沙”者，此是罪名。《律》云：“僧伽”者，名“衆”。“婆尸沙”者，[□][名][①]“有餘”，已(以)“行法不絶”爲名也。若比丘如上，於六種境作方便出精，後遂本心，皆得殘罪[②]。如《目連罪報經》云：若比丘無慚愧心，輕慢佛謗，犯僧伽婆尸沙罪。如不憍樂，天壽八千歲；人間數二百三十億四十千歲，墮泥梨中。所言“不犯”者，《律》云：若夢中失，覺以，恐污身衣，故以弊物及[手][③]捺棄。[④] 若欲想出，若見好色不觸而出，若行時自觸兩陛(髀)[⑤]而失，若觸衣而失，若浴時失，若手揩摩而失，如是一切不作出精意而自出者無犯。

磨觸女人戒第二。一、制意。《多論》六義，故制此戒。一、出家人飄然無依止，令制此戒，與之作伴，有所依故；二、爲息鬪諍，此是争競根本故；三、爲息疑慊(嫌)，不但謂捉而已，謂作大惡故；四、爲斷大惡之原，禁微防著故；五、爲護正念，若觸女人、必失正念故；六、比丘出家，理應超絶塵染，栖心累外，爲世軌則，若觸女[□][人][⑥]則喪世人宗敬心故。

二、釋名。身相捫摸爲“摩”，二境交對曰“觸”，故曰“摩觸戒”。

三、具緣。通緣如上。別緣有五：一、人女。人簡非天與畜女、異男等；

---

① 名，底本、録本脱，據文意補。

② 乙本至此止。

③ 手，録本脱，據底本補。

④ “若”字前甲本缺。

⑤ 陛，此當爲“髀”之借字，丙本即作“髀”。録本徑作“髀”且未出校，失真。兹據底本改。《字彙補·肉部》：“髀，與‘髀’同，股也。”

⑥ 人，底本、録本脱，結合文意，據丙本補。

女中不簡死活、大小、輕重等。又通道俗親疏，廣説可知。二、人女想。三、染心。四、相觸。五、受樂便犯。

四、闕緣。若闕初緣，有十一蘭。“人境差”中有三句：初句欲捉人女所，前境變爲人男，得前心蘭；或人男來鬚處，作人女想，亦蘭。第二、或變爲二形，或二形鬚。三、或變作男黄門，或黄門鬚處。非畜各四，類前可知。故合十一。闕第二緣，有三十三蘭；想、疑雙闕，各執一。闕第三無罪。闕第四，二俱有衣，五十四吉羅。衣互有無，九十偷蘭。闕第五，蘭。已下正明戒本。

“若比丘淫欲意，與女人身相觸，若捉手，若捉髮，若觸一一身分者，僧伽婆尸沙。”

此滿足戒本。五句料簡。初略辨，後廣釋。略中：一、犯人。二、内有染心。三、所觸境。四、身相觸。五、“若觸一一”下結犯。今廣釋言：“若比丘”者，義如上辨。言“淫欲意”者，愛染污心。所言“女人”者，如上淫戒中説，爲欲通收覺與不覺等四種境故。不以有智未命終釋“女”，真（直?）[①]言如上。所言“身”者從髮至足。《見》[②]云：若髮[髮][③]抓抓（爪爪）[④]相觸，蘭，以無覺故。所言“相觸”者，若捉手至身分已來，九種摩業。初句下一一釋。言“舉”者，若捉摩、重摩，或牽或推，逆摩順摩，或摩，或舉，或捉，或下，或捺，若餘觸方便也。所言“若捉摩”者，摩身前後。“牽”者，牽前。“推”者，推卻。“逆摩”者，從下至上。“順摩”者，從上至下。“舉”者，捉舉上。“下”者，若立，捉令坐。“捉”者，若捉前、捉後、捉乳、捉髀。“捺”者，捺前、捺後，若捺乳、捺脾，皆是摩業。所言“僧伽婆尸沙”，是第五結犯句。於中有三種罪相：初若相觸，二俱無衣，情濃故，著便僧殘。女觸比丘，動身同犯；若不動身，但吉。第二若相觸，互有衣，情淡，著便偷蘭。第三若相觸，俱有衣，情最輕微，著便

---

① 真，甲、丙二本作“直”，《四分律疏》[X41n0731p588b]作“宜”。

② 《見》即《善見》，乃《善見律毘婆沙》之簡稱。下文：“《善見》云：若以髮髮相觸、爪爪相觸，悉皆偷蘭。”可互勘。下同，不復注。

③ 髮，録本脱，結合文意，據底本及甲、丙二本補。

④ “抓抓”當爲“爪爪”之增旁俗體。王筠《説文釋例》：“爪俗作抓。”下文“爪爪相觸”，亦可互勘。

犯。"俱無衣"中,若心境相應,犯殘。若心不當,境疑故輕。如於覺境有此階降,睡死少分壞三境,類亦可知。故《律》云:比丘往觸無衣覺女睡眠新死、少分壞者,但使往觸,著,不問受樂、不受樂,皆犯殘罪。若女來觸比丘,不必須淫心。而比丘要須動身受樂者,犯殘;若不動身而受樂者,吉。若先有染心,雖不動身,而受樂者,有觸意故犯蘭,動則犯殘。若與二形身相觸,偷蘭。《十誦》、《伽論》云:意在女者殘,在男者蘭。《善見》云:若以髮髮相觸、爪爪相觸,悉皆偷蘭。以無覺能觸故根互壞相觸者,皆蘭。若觸畜生女者,一切吉羅。《僧祇》意謂男子黄門而是女人觸者,僧殘,謂前有方便心,後稱本境。《祇》[1]一時觸多女人一殘;一一觸,多殘。比丘知法多詐,捉女共卧,竟夜不移,一殘。若以欲心觸男子身,或衣鉢、坐具,皆吉。

問:"淫戒同犯,此階不同者何?"

答:"良以患興,於内觸境,斯辯正道,暢適耽著。情深不簡,彼此摩觸,非無内染,情悦在境。境殊人畜,形别男女,情即濃淡,故有階降。不犯中,《律》云:若有所取、與相觸,或戲笑、若相解時相觸,一切不犯。非不犯餘罪。《僧祇》:若共女人捉物,呪願捉起,行食捉繩頭尾,捉杖竹木,皆非威儀。有欲心者,犯吉羅。欲心動物及以器繩,或灒水著女,皆偷蘭。若母等近親久别,相見抱捉,比丘者當正念住,不犯。《十誦》:若母女姊妹爲病患及水火、刀兵、深坑、惡獸難救者,無犯。但無染心,若爲所没,開比丘手捉。雖淫心起,但捉一處莫放,到岸不應故觸,觸得淺。若女人瀉水注比丘手,水流不斷,於女生淫心,偷蘭。《僧祇》:若城門道迮,[□□□][逢女人][2][□][憒][3]閙者,要[4]待希已便過。若女人要所須,令净人與,無者、持著机上,語言取之。若物重不舉,請比丘者,傍無净人,比丘爲舉著高處,令自擔重。若乞食時,有端正女人持食來,比丘若起淫心者,放蓋著地,令餘人授受之。准此,若就女人取針、綫、瓶等物,恐裳觸者,當語置地,然後比丘自取。餘並例

① 《祇》此指東晋天竺三藏佛陀跋陀羅共法顯譯《摩訶僧祇律》。下同。
② "逢女人"三字底本、録本脱,結合文意,據甲、丙二本補。
③ 憒,底本、録本無,據文意補。
④ 要,録本訛作"悪",據底本改。該字甲、丙二本亦作"要",可資比勘。

知。《十誦》、《四分》開處猶多。若據《僧祇》，水溺難緣，至死不開。須知急、緩之意，過積集僧，莫不由此。”

與女人麁惡語戒第三。自下[□][二][①]戒，制意同前。凡淫欲之事，其勢[②]鄙穢，故名“麁惡”。今説其伏，表障在口，故“麁惡語”。通緣如上。别緣有七：一、人女。二、人女想。三、有染心。四、麁惡語。五、麁惡語想。六、言障了了。七、前女知解。闕緣准觸戒説。此中但明比丘染心，向女麁語。若前女人向比丘麁語，若染心領解，亦應犯殘。類同前觸，文略不辨。《五分》具有此彼互向麁惡語，同犯。已下正明戒本，亦因迦留陀夷聞佛已制前二戒，便於女説麁惡語；比丘舉過，佛便制戒。

“若比丘淫欲意，與人麁惡、淫欲語，隨麁惡淫欲語，僧伽婆尸沙。”

此滿足戒本。文有五句，初列，後釋。言“五句”者：一、犯人。二、内有染心。三、人女出境界。四、對説麁惡語。五、“隨”已下結犯。次釋。言“若比丘”者，義如上。言“女人”者，有知命根不斷。言“麁惡”者，非梵行也。所言“淫欲語”者，稱説二道好惡也。初列麁惡語有八：若求，若教他求，若問，若答，若解，若説，若教，若駡。言“求”者：“與我二道作如是如是事。”若復作餘語、言“教他求”者：“若天、若梵、水神、摩醯首羅，祐助我共汝作如是如是事。”所言“問”者：“汝大小便何似？汝云何與夫主共事？云何復與外人共通？”言“答”者：“汝大小便道如是，所言説者亦如是。”所言“教”者：“我教汝如是治二道，汝可令夫主、外人敬愛。”所言“駡”，若言“汝破壞、腐爛、燒燋、墮落，與驢作如是。”若復作餘語駡言，若復作餘語者，除二道已外，説餘處支節，及得表麁惡語之言，故曰“若復作餘語”，如消蘇等類。第五“隨”已下結犯者。是僧殘罪，於中輕重有四：一、就本境麁惡語，隨語多少，一一殘罪。二、若前人不了者，一反麁語，一偷蘭。隨語多少，説不了了，一一皆蘭。三、除二道，説餘處支節，亦蘭。四、與非人女、黄門、二形麁語，知者蘭，不知吉。畜生男子，亦吉。若與指印，遣書作想，令彼女知者，如前；不知亦爾。不犯中《律》云：爲女説不净惡露觀：“大妹當知：此身九瘡、九孔漏、九流。”“九孔”

---

① 二，底本、録本脱，結合文意，據甲、丙二本補。

② 勢，録本訛作“熱”，據底本改。該字甲、丙二本亦作“勢”，可資比勘。

者，二眼、二耳、二鼻、口、大小便道。當説此不净時，彼女人説麄惡語。若説毘尼時言此及此彼[①]謂麄惡語。若從受經，若二人同受，若彼問，若同誦，若戲咲語，若獨語，若疾語，若夢中語，欲説此錯説彼，但無欲心，一切無犯。

向女人嘆身、索供養戒第四。言多巧爲，美已之善，招誘其情，説淫欲事，以用自適，故言“嘆身索供養戒”。别緣有七：一、人女。二、人女想。三、染心。四、歎身説麄惡語。五、麄惡語想。六、言辭了了。七、女人知解。此戒闕緣，准觸戒説。已下正明戒本。此戒因迦留陀夷聞佛已制前三戒，遂向女人嘆身索供養；比丘舉過，佛乃制戒。

“若比丘淫欲意於女人前自歎身言：‘大妹！我修梵行，持戒精進，修行善法，可持是淫欲法供養我，如是供養第一最。’僧伽婆尸沙。”

今辨滿足戒本。文有五句，初列，後釋。言“列”者：一、犯人。二、染心。三、境界人女。四、自嘆索供養。五、結犯。言“釋”者，前三句可知。第四“自嘆索供養”，句中有二：一、自嘆五句。二“可持”已下，索供養。言“嘆五句”者：一、自嘆身。二、言“修梵行”。三、持戒。四、精進。五、修善法。釋此五句，以爲四段：一、釋“嘆身”有二：一、色身豐美。二、嘆種性。故《律》云：“嘆身端政好顔色。我是刹帝利、長者、居士、婆羅門大性種。”二、解梵行。以精進解梵行，故曰“勤修離穢濁”。三、解持戒。治犯戒方便之心，名“不缺”；治根本犯戒之罪，名“不穿”；離後眷屬，曰“不染污”。一戒具三，諸戒同爾。故《律》云持戒精進者“不缺、不穿漏、無染污”。四、釋善治，謂十二頭陀及諸善業同。故《律》云：“修善法者，樂閑净處，時到乞食，著糞掃衣，不作餘食法，一坐食，一揣食，塜間坐，露地坐，樹下坐，常坐，隨坐，持三衣，唄匿多聞，能説法，持毘尼坐禪是也。”二、“可持”已下，解“索供養是第一”之義。第五結犯者，此是僧伽婆尸沙。此是結罪句。輕、重有三：一若作如上自譽已，供養我來，即犯殘罪。雖嘆如上事，不説淫欲者，犯蘭。若在人女前一自嘆譽身，一僧伽婆尸沙。隨自嘆身了，了者一一僧殘；言不了，偷蘭。若手印，若遣書信，若遣使，若現知相令彼知者，殘；不知者，蘭。除二道，索餘處供養，蘭。非人女，蘭。不了，吉。畜生，吉。境想如上。不犯中《律》云：

---

① 彼，底本、録本作“彼彼”。中一“彼”字當衍，結合文意，據甲、丙二本删。

若比丘語女人言："此處妙尊最上！此比丘精進持戒修善法！汝等應以身、口、意業供養於彼。"若女意謂"爲我歎身"，若説毘尼言此及此、彼謂歎身，若錯説者，並不犯。

媒嫁戒第五：一、制意。婚娶之禮，和合生死，正違出離，出家所爲，特乖法式；又紛務妨修，相招譏醜，不勉世呵，是以聖制。二、釋名。爲彼男女，往返計謀，以成婚禮，故曰"媒嫁戒"。三、具緣。通緣如上。別緣有六：一、人男女，簡非畜。而於人中貴賤親疏，並是犯限。《伽論》云：指腹媒嫁犯蘭。二、人男女想。三、爲媒嫁事。四、媒嫁想。五、顯事了了。六、受彼語等還報。四、闕緣，比説可知。已下正明戒本。此戒因迦羅比丘起過，佛便制戒。

"若比丘往來彼此媒嫁，持男意語女，持女意語男，若爲成婦事，若爲私通事，乃至須臾頃，僧伽婆尸沙。"

此滿足戒本。文有五句。初列，後釋。言"初列"者：一、犯人。二、往來者。三、彼此所媒境界。四、正作媒嫁事。五、結罪。所言"釋"者：初句可知。言"往來"者，可得和合是。言"彼此謂媒境界"，男女互爲"彼此"。先舉數列名：女有二十種：母護，父護，父母護，兄護，姊護，兄姊護，自護，法護，姓護，宗親護，自樂婢，與衣婢，與財婢，同作業婢，水所漂[1]婢，不輸税婢，放去婢，容作婢，他護婢，邊方得婢是。次釋名義。"母護"者，母所保。"父護"者，父所保。"父母護"、"兄護"、"姊護"、"兄姊護"亦如是。"自護"者，身得自在。"法護"者，修梵行。"姓護"者，不與卑下姓。"宗親護"者，爲宗親所保。"自樂爲婢"者，樂爲他作婢。"與衣"者與衣爲價。"與財"者乃至與一錢爲價。"同業"者同供作業。"水所漂"者水中救得。"不輸税"者若不取輸税。"放去婢"者若買得若家生。"客作"者雇錢使。"他護"者受他華鬘爲要。"邊方得"者抄[2]劫得。後結是爲二十。男亦如是。第四句"正作媒嫁事"者，父有二：初媒業亦成婦等，是所傳之意。二、"乃至須臾頃"者，謂暫時交會亦得僧殘。二十念爲一瞬頃，二十瞬爲一彈指頃，二十彈指頃爲一羅

① 漂，底本、録本作"標"，結合文意，據甲、丙二本改。又，下文："水所漂者，水中救得。"可資互勘。

② 抄，底本、録本作"杪"，乃"抄"之换旁俗字。甲、丙二本正"抄"。兹據録正。

頃,二十羅頃爲一須臾。日極長時十八須臾,夜[□□□][極短時][①]十二須臾。夜極長十八須臾,晝[□][極][②]短[□][時][③]十二須臾。言"僧殘"者,是結犯句。輕重有三:初使義具三,犯殘。二、自受語往彼不報,具二闕、一犯蘭。三、受語不往彼,具一闕、二犯吉。故《律》云:若初語,吉羅;往説不報,偷蘭;若還報者,僧殘。若使,若遣書、指印現相,隨媒多少説而了了,隨其往返,一一僧殘;若不了者,偷蘭。《五分》:受男語,吉;語彼不許還報,蘭;許還報,殘。不同《四分》,但具三時殘:一、受語。二、往彼陳。三、還報。除二道已,媒餘身分者,蘭。若諸比丘白二羯磨,差人媒嫁,一切僧殘。今知事白僧,媒嫁净人,供給婚具,問僧同和,一切僧殘。若用僧物,犯重。《十誦》、《伽論》云:若指腹爲媒及自媒者,偷蘭。若不能男女,若道合一,道女、石女等,一切偷蘭。若媒人男、畜生等,並吉。《僧祇》:爲他求好馬種和合故,偷蘭;餘畜吉羅。不犯中,律:若男女先已通,後離[④]别,還和合者,開不犯。又云:不得爲白衣作使。不得持他書往而不看。若爲報恩,若生善,若滅惡及佛、法、僧事,一切看書持往不犯。

無主自爲過量僧不處分造房戒六。一、開制意。初辨制意,後明開意。言"制意"者,然上行之士,報力資强,堪耐惱緣,不廢正[□][脩][⑤],是以大聖制依塚間樹下省緣修道,不畜房捨(舍)[⑥]。而中行之輩,資報力劣,不堪寒苦,制同上士,交妨正修,乃是彼[⑦]人壞道之緣,故開畜小房。比丘因開,廣作營構,紛預妨修,長己貪結,壞知足行,違法造房,情過不輕,隨開還制。二、釋名。專任自由,不蒙指示,名"僧不處分";大不依[□][限][⑧],稱爲"過量";

① "極短時"三字録本底本、録本脱,結合文意,據《摩訶僧祇律》卷第十七[T22n1425p360a14]改。

② 極,底本、録本脱,結合文意,據《摩訶僧祇律》卷第十七[T22n1425p360a15]改。

③ 時,底本、録本脱,結合文意,據《摩訶僧祇律》卷第十七[T22n1425p360a15]改。

④ 離,録本訛作"雜",據底本及甲、丙二本改。

⑤ 脩,底本、録本脱,結合文意,據甲、丙二本補。

⑥ 捨,此當爲"舍"之借字。甲、丙二本作"舍"。

⑦ 彼,録本訛作"被",據底本改。該字甲、丙二本亦作"彼",可資比勘。

⑧ 限,底本、録本脱,結合文意,據甲、丙二本補。

故云“僧不處分過量造房戒”。三、具緣。通緣如上。别緣有六:一、無主。二、爲己。三、自乞求。四、過量不處分。五、過量不處分想。六、房成便犯。四、闕緣。若闕初緣,犯後戒或三、或二、或一罪;若作如法房,全可無罪。若闕第二,爲他作非法房,或二蘭、二吉,或三、二、一,或可無罪。若闕第三緣,不自乞求,即無過量,容有餘三,乃至無罪。若闕第四,作不過量處分,則全無罪,容得四蘭:謂實不過量作過量想蘭,疑亦偷蘭;實處分作處分想蘭,疑亦偷蘭。上若闕第五,亦得四蘭:實過量作不過想蘭,疑亦偷蘭;不處分處分想蘭,疑亦偷。若闕第六緣,末後二團埿未境(竟)[①]已還盡,輕蘭;一團埿在,重蘭。已下正明戒本。此戒因曠野比丘作大房,乞求煩多,惱亂居士,故制此戒。

“若比丘自求作屋,無主,自爲己,當應量作。是中量者,長佛十二搩手,内廣七搩手。當將餘比丘指授處所,彼比丘當指示處所,無難處,無妨處。若比丘有難處妨處,自求作屋,無主,自爲己,不將餘比丘指授處所,若過量作者,僧伽婆尸沙。”

此滿足戒本。文有三句。初列,後釋。言“列”者:一、犯人。二、“自乞求”下,正教比丘房量大小,指授方軌。三、“若比丘”下,若違教作者,結犯。言“釋”者:初句義如上。辨第二句,文有七:一、自乞求有惱施主,得過量罪。若其自物,則無過量。二、作屋,除作餘物,則無過量,不處分。《五分》:“房者,於中可得行立坐卧,行四威儀。”三、“無主”者,以其有主,無過量。四、自爲[□][己][②]甄、爲他作,於己無閏,下犯殘罪。五、辨房之尺量。“佛搩手”者,諸文不定。一搩手,《祇》二尺四寸,《五分》二尺。且依《五分》,長十二搩手者,謂二丈四尺;廣七搩手者,一丈四尺。此據室内。《祇》亦云:縱廣量屋内。六、“當將”已下,數房主比丘乞處方法,文如律中廣辨。

問:“作大小房須[③]乞處分?”

[□][答][④]:“《見論》云:長六搩手廣四搩手,作如是房不須處分。律亦成

① 境,此當爲“竟”之借字。甲、丙二本作“竟”。

② 己,底本、録本脱,結合文意,據甲、丙二本補。

③ 須,録本訛作“頃”,據底本改。該字甲、丙二本亦作“下”,可資比勘。

④ 答,底本、録本無,據文意補。

文。小容身屋，不犯。非爲開無過量，後房本無過量，何以開中除小容身？若過六搩手，四[□□][搩手][1]已[□][上][2]，無問過量、不過量，誠須處分。”

七、“彼比丘”下，教僧處分。處分法如律廣説。第三結罪句中有四種：二殘，二吉。有、無互説可知。此下雜明，如上諸文。《四分律》云：若作此房，先知無難妨已，然後來僧中脱革屣，偏露右臂[3]，禮上坐足，右膝著地，令乞處分法。爾時僧中觀此比丘若可信者，即聽使作。若不可信，衆僧往看。若僧不去，應遣僧中可信者看。若有妨難，不應處分。“難”者，諸虎、狼、師[□][子][4]，諸惡獸者，下至蟻子。言“妨”者，乃至不容草車迴轉處。《見》云：是人田園，或怨家賊處，尸陀林處，王誌護處，四周不通十二桄梯[5]間，[□□□][一桄間][6]有捲(拳)[7]一肘者。《十誦》：是捨(舍)[8]四邊一尋地内有官地、居士外道比丘尼地，若大石、流水、大樹、深坑等是妨處。《明了論》云：或空山、巖石陰等，得行、住、坐、卧，如作房捨(舍)[9]所攝。解云：如上處等，欲於中住，必須隔斷。若不衣(依)[10]量，用功則多。若有妨難，自損損他。故《律》云：若於妨難之地輒造房舍，得二吉罪。過量不乞，得二殘罪。互過即犯，不得俱也。爲他作房舍，俱得蘭。律不犯中，減量無妨處難[□][處][11]，爲佛圖講堂，爲僧多人住屋，草庵小容[12]身屋者。

有主僧不處分造房戒第七。以有主故，不辨尺量，與前有異，餘減大同。別緣有六：一、有主。二、爲己作。三、長六搩手。四、搩手已上房。五、不處分想。六、房成。已下正明戒本。此戒因闡陀比丘造房，斫露中神樹，俗人

---

① “搩手”二字底本、録本脱，結合文意，據甲、丙二本補。
② 上，底本、録本脱，結合文意，據甲、丙二本補。
③ 臂，録本訛作“擘”，據底本改。該字甲、丙二本亦作“臂”，可資比勘。
④ 子，底本、録本脱，結合文意，據甲、丙二本補。
⑤ 梯，録本訛作“杼”，據底本改。該字甲、丙二本亦作“梯”，可資比勘。
⑥ “一桄間”三字底本、録本脱，據文意補。
⑦ 捲，此乃“拳”之借字。
⑧⑨ 捨，此當爲“舍”之借字。甲、丙二本作“舍”。
⑩ 衣，此當爲“依”之借字。甲、丙二本作“依”。
⑪ 處，底本、録本脱，據文意補。
⑫ 容，録本訛作“客”，據底本改。該字甲、丙二本亦作“容”，可資比勘。

呵嘖，比丘舉過，佛便制戒。

“若比丘欲作大房，有主爲己作，當將餘比丘往指授處所，彼應指授當與處所，無難處，無妨處。若比丘有難有妨處作大房，有主爲己作，不將餘比丘往指授處所者，僧伽婆尸沙。”

此滿足戒本。句亦有三：一、犯人。二、作房軌則。三、違教結罪。“犯人”者如上。作房立法，文亦有七：一“欲作大房”者：“大”者，多用財作；“房”者，屋也。言“有主”者，返上無主是也。“爲己作”，指授己[①]來僧中乞法，義如上。“彼應指授處所”者，僧應觀察，若有信、有智慧，即信彼而與白二。若不信者，衆僧往看。若僧不去，應遣僧中可信者看。若有妨難，不應處分。無者，應與作法。《僧祇律》云：若僧中無能羯磨者，一切僧就彼作處，一人唱言：“一切僧爲某比丘指授。”三説亦得。“無難、無妨處”者，義如上説。第三句結罪，文如前戒可知，唯過量爲異。

無根謗戒第八。一、制意。然出家同住，理應和密[②]，遞相將護，許不相惱觸。今乃懷瞋横搆[③]，重事誣人，自壞心行，增長生死，以滅正法。又復塵坌良善，甄在衆外[④]，惱他一生，廢修正業，欺罔事深，故須聖制。二、釋名。内無三實，曰“無根”；重事加誣，名之爲“謗”；故曰“無根謗戒”。三、具緣。通緣如上。别緣有八：一、是大比丘及尼，除下二衆。二、大比丘及尼想。三、内有嗔心。四、無三根。五、重事加誣。六、下至對一比丘。七、言辭了了。八、前人知解。四、闕緣。若闕初緣，以餘五衆，闕境雙，即有十蘭。闕第二，疑、想各五。闕瞋心，全無謗罪。若有三根，但非法舉。若輕事如他，或有提吉。闕餘緣等，輕蘭、重蘭。已下正明戒本。此戒因慈地比丘得惡房舍，又得惡食，便令妹尼重事加誣，佛因制戒。

“若比丘瞋恚所覆故，非波羅夷比丘，以無根波羅夷法謗，欲壞彼清净行。若於異時，若問、若不問，知此事無根，説：‘我瞋恚，故作是語。’若比丘

① 己，録本訛作“已”，據底本改。

② 密，録本訛作“蜜”，據底本改。丙本亦作“密”。

③ 搆，録本訛作“攝”，據底本改。該字甲、丙二本亦作“搆”，可資比勘。

④ 外，録本訛作“殊”，據底本改。該字甲、丙二本亦作“外”，可資比勘。

作是語者,僧伽婆尸沙。"

此滿足戒本。文有七句。初列,後釋。言"列"者,一、犯人。二、瞋心。三、所謗境界。四、無三根。五、以波羅夷重事加誣。六、謗時。七、"若比丘"下,結犯。言"釋"者:初句"若比丘",義如上辨。第二句"瞋恚所覆故",《律》云:"有十惡法因緣故瞋。隨十事中,以一一事而生瞋。""十惡法"者,祇三世九惱,通非情處起瞋,是名"十惡法"。"因緣"廣説可知。第三句"非波羅夷比丘",《律》云:清净無犯,名"非波羅夷比丘"。第四句"以無根夷法謗"者,欲解"無根",先解"有根"。言"根"者,"生後"之名。"根"義不同,若標三别,謂見根、聞根、疑根。觀赤、青等,稱之爲"見"。納響[①]飡聲,名之爲"聞"。見聞之後,猶預不决,心無定執,號之爲"疑"。此之三種,咸生舉語,故齊名"根"。故《四分律》云:"'見根'者,見犯梵行,見偷五錢,見斷人命;若他見,從彼聞,是謂'見根'。'聞根'者,聞犯梵行,聞偷五錢,聞斷人命,聞自言'得上人法'。若彼説,從彼聞,是謂'聞根'。疑根二種:從見生者,見與婦人入林出林,無衣裸形,不净污身,捉刀血污,惡人爲伴是也。從聞生者,若在闇地聞動床聲,聞轉側聲,若共語聲,若聞'我犯非梵行'聲,乃至若聞'我得上人法聲'。除此三根已,更以餘法謗者是無根也。"第五句"波羅夷法謗"者,重事加誣,言犯之法。此法要説,初篇即是麁鑛言,欲壞彼清净行。此是顯己謗意。《律》云:"謂言衆僧:滅殯(擯)[②]此人,我得安樂住。"第六句"若於異時"至"作是説"已來,是自言,非即謗時,故曰"異時"。雪彼清净,顯己謗情,故曰[③]:"我瞋恚,故作是説。"《律》云"若問、若不問"者,佛敕比丘問能謗者:"此事實不?若以無根謗他,獲大重罪。"自陳謗意,言:"沓婆清净人,無如是事。由前次得惡房、惡食,懷瞋恨故,便謗彼耳。"第七句:"若比丘作是語者,僧伽婆尸沙。"此是爲結犯。輕、重有三:一、謗比丘。二、謗尼。三、謗下衆。就比丘文中三:初句若已無根四事法謗比丘,但使内無三根,莫問有實、不

---

① 響,録本訛作"鄉",據底本改。該字甲、丙二本亦作"響",可資比勘。

② 結合文意,此"殯"當爲"擯"之借字(二字《廣韻》皆可音必刃切)。下文"殯"字皆同"擯",不復出校。

③ 曰,録本訛作"因",據底本改。該字甲、丙二本亦作"外",可資比勘。

實，自作、遣使，了了皆成謗罪；若不了，得偷蘭。第二，以非比丘法十三難事內無三根謗實比丘，了了得殘，不了偷蘭。若實十三難人，雖無三根，冥①伏説著，作比丘相，故但得蘭罪，不同四重謗人體是污戒比丘故也。若於十三中比丘犯五逆邊罪，謗亦②僧殘，以教從理，同合殯（擯）故。若《十律》云：出血、破僧，此二謗人得蘭；餘者吉羅，以名輕故；即是彼律，以理從教。第三，若以餘篇謗，殘、提兩罪。第二謗尼者，亦同比丘。《十律》謗尼，但得吉羅。《五分》僧謗比丘殘，謗尼四衆吉，尼謗尼殘、謗比丘提。第三謗下衆者，皆得吉羅。不犯中，《律》云：見、聞、疑三根③説實。實有五種：一、真實。二、想實。三、事實。如殺王還道"殺王"。四、三根不互實。五、四戒不互實。若反此五，謗他犯殘。《十誦》四重互説成謗。《四分》亦同。

假根謗戒第九。此戒要假異事上有見根，取彼事見，以謗此人。見雖相當，事不相當，名爲"假根"。如見言、聞等，即是"無根"。前戒中攝。制意犯緣，悉同前戒，唯以假根爲異。文牒聖制，故曰："我等前聞。"以無[□][根]④法謗，欲明今是有根⑤，故作是言：

"若比丘以瞋恚故，於異分事中取片，非波羅夷比丘，以無根⑥波羅夷法謗，欲壞彼清净行。彼於異時，若問、若不問，知是以異分事中取片，是比丘自言'我瞋恚，故作是作是[□][語]⑦。'作是語者，僧伽婆尸沙。"

此滿足戒本。文有七句：一、犯人。二、瞋心。三、假異分上根。四、所謗境界清净。五、以無根重謗。六、自言。七、結罪。廣釋中初二兩句可知。第三句言"於異分事中取片"者，所言"異分"者，律説五種異分：一、異趣異分。如指羊事爲人。二、異罪異分。如不犯波羅夷言"犯波羅夷"，以異分

---

① 冥，録本作"實"，底本不清晰。該字甲、丙二本亦作"冥"。結合文意，兹據改。

② 亦，録本訛作"之"，據底本改。該字甲、丙二本亦作"外"，可資比勘。

③ 根，録本訛作"糧"，據底本改。該字甲、丙二本亦作"根"，可資比勘。

④ 根，底本、録本脱，結合文意，據甲、丙二本補。

⑤ 根，底本、録本訛作"限"，結合文意，據甲、丙二本改。

⑥ "以無根"三字底本、録本作"以無根以無根"。中一"以無根"三字當衍，結合文意，據甲、丙二本删。

⑦ 語，底本、録本脱，結合文意，據甲、丙二本補。

無根法謗，僧殘。若比丘[□□][不犯]①夷謂犯殘，以異分無根夷謗，殘。不犯夷②，彼見[□][犯]③提乃至吉，以異分事無根夷法謗，殘。若犯殘彼言“犯夷④”，以異分無根夷法謗，[□][僧]⑤殘。若犯殘彼謂“犯提”乃至“吉”，以異分事無根夷法謗，殘。乃至第三異人異分，不清净人、[□□□][清净人]⑥相似，名同、姓同、想同，以此人事謗彼，以異分無根夷法謗。第四異時異分，若見在家時犯四重，便言“我言比丘犯初篇”，以異分無根四事法謗。第五異聲異分，若聞自稱犯四事，取自嚮⑦聲，以異分無根四事謗⑧。第四句言“非波羅夷比丘”者，見彼清净。第五句“無根夷法謗”者，不見、聞、疑彼犯四重，誣他犯重。言“欲壞彼清净行”者，彰其謗意，謂言衆僧：“滅殯（擯）此人，我得安樂。”第六句“若於異時”至“作是語”已來，發覺，或因檢問、或不因檢問，自言由前得惡房、惡食，懷瞋恨故，便謗彼耳。第七句“若比丘”下，結犯相，輕⑨重如前戒。

破僧違諫戒第十。一、制意。和衆法同，義無乖諍，理應詳遵，猶如水乳；今反倚傍聖教，説相似語，或（惑）亂群情，壞⑩僧斷法，墜陷無辜，爲惡兹甚，是故聖制。二、釋名。邪法改真，分衆異執，稱爲“破僧”；固執不捨，名曰“違諫戒”。三、具緣。通緣如上。别緣有五：一、立邪[□][三]⑪寶，謂是諫所爲事故。二、行化⑫於時，若不行化⑬，即無設諫如法，簡非法設諫、簡不設

---

① “不犯”二字底本、録本脱，結合文意，據甲、丙二本補。
② 夷，底本、録本訛作“殘”，結合文意，據甲、丙二本改。
③ 犯，底本、録本脱，結合文意，據甲、丙二本補。
④ “犯夷”二字甲、丙二本作“犯夷犯夷”，中一“犯夷”二字當衍。
⑤ 僧，底本、録本脱，結合文意，據甲、丙二本補。
⑥ “清净人”三字底本、録本脱，結合文意，據甲、丙二本補。
⑦ 嚮，甲、丙二本作“響”。
⑧ “謗”字甲、丙二本無。
⑨ 輕，録本訛作“經”，據底本改。該字甲、丙二本亦作“輕”，可資比勘。
⑩ 壞，底本、録本訛作“懷”，甲本亦同。今結合文意，據丙本改。
⑪ 三，底本、録本脱，結合文意，據甲、丙二本補。
⑫⑬ 化，録本訛作“作”，據底本改。該字甲、丙二本亦作“化”，可資比勘。

諫故[①]。四、固執己心，不肯從勸，已若從諫，不成重故。五、三羯磨竟，以若未竟，但結輕罪，故須言“竟”。四、闕緣。若闕初緣，亦是闕於第二；不行邪化，即破僧心息，便闕下四，單有立邪三寶，方便小吉。若闕第三，若不設諫，即無違諫，容違屏諫，犯於小罪，復得前二緣，破方便罪。若僧諫不成，知不成者，亦無違諫，正有破僧方便究竟之罪。若作如法之心，拒得蘭罪。闕第四緣，若未白前捨，無違諫罪，有違屏諫。若白竟捨，一蘭；乃至第三未竟捨，四蘭。闕第五緣，類前可知。已下正明戒本。此戒因提婆達多破僧，故制此戒：

“若比丘欲壞和合［□□□□□□□］［僧，方便受壞和合］[②]僧［□］［法］[③]，堅持不捨。彼比丘應諫是比丘：‘大德！莫壞和合僧，莫方便壞和合僧，莫受壞僧法堅持不捨。大德！應與僧和合。與僧和合，歡喜不諍，同一師學，如水乳合，於佛法中有增益安樂住。’是比丘如是諫時，堅［□］［持］[④]不捨；彼比丘應三諫捨此事故，乃至三諫。捨者，善；不捨者，僧伽婆尸沙。”

此滿足戒本。文有五句：初略明，後廣釋。言“略”者：一、明諫所爲事。二、“彼比丘”下，諸善比丘屏處[⑤]諫勸。三、“是比丘”下，固執己心，不肯從。四、“彼比丘”下，衆僧諫，勸之令捨。五、“不捨者”下，結成違諫。初句文二。“若比丘”者，出犯人，即是所諫之者。二、“欲壞”已下，正明破僧諫所爲事。“欲壞”者，牒前始心方便。“方便”已下，牒前立邪三寶。“邪三寶”者，是五邪法。“堅持不捨”者，牒前行化，謂以五法行化，於時誘諸新學。屏諫文二：初舉上呵諫中初三句勸捨，故曰“彼比丘應諫”乃至“莫方便”等。二、“大德應與”已下，舉上呵中二、四，勸同水乳等。然諸大德行雖有别，所禀師同，學法［□］［無］[⑥]二，理應和合而無異相。猶如水乳和合僧得，故曰“同一師學，如水乳合。”亦可水與水合，乳與乳合，故曰“如水乳合”。第三句“是比丘”

① “如法簡非法設諫簡不設諫故”十二字甲、丙二本作“違諫等罪故爾。”
② “僧方便受壞和合”七字底本、録本脱，結合文意，據甲、丙二本補。
③ 法，底本、録本脱，結合文意，據甲、丙二本補。
④ 持，底本、録本脱，結合文意，據甲、丙二本補。
⑤ 處，録本訛作“受”，據底本改。該字甲、丙二本亦作“處”，可資比勘。
⑥ 無，底本、録本脱，結合文意，據甲、丙二本補。

者，謂諸善比丘；“如是諫時”者，謂牒前諸善比丘屏諫之時；“堅持不捨”者，謂調達比丘執心拒勸。第四句“三諫捨”者，善聞則順從、止不破僧。一、無違諫僧殘。二、無破僧蘭罪。離斯二過，故曰“捨者善”。

問：“其實白四，師言應三諫，乃至三諫捨者善？”

答：“謂取白及二羯磨，故曰‘三’，除第四諫。所以爾者。一、犯、不犯位分，前三未犯殘，説第三竟犯殘。二、輕、重别。前三犯蘭，第三得殘。故言‘三諫捨者善’，以未犯殘故。據其道理，實是白四。又尼律文言：犯三法應捨者，謂過三法不捨者入重位故。”

第五句，[□][結][①]罪。自下廣解戒本五句之文。所言“若比丘”者，義如上釋。言“欲壞”者，以十八法欲壞和合僧。所言“和合”者，同一羯磨，同一説戒。所言“僧”者，四比丘，若五，若十，乃至無數。言“方便欲壞和合僧法，堅持不捨”，謂住十八法而破僧也。今辨十八法：一法、非法，律、非律，犯、不犯，若輕、若重，有殘、無殘，麁惡、非麁惡，常所行、非常所行，制、非制，説、非説。“法、非法”者：八正真道能軌生正解，是泥洹之近因，名“法”，調達説爲“非法”；五邪不能軌生真解，是“非法”，説以爲“法”。“律、非律”者，互説亦爾。“犯、不犯”者：夫言髮抓（爪）[②]，佛制剪剃；而今調達謂髮抓（爪）[③]有命，若不剪剃，説爲“不犯”。如心念作惡，理雖有違，凡夫未制，名爲“不犯”，調達説“犯”，“輕”者遮過。調達見壞樹葉墮長壽龍中，便言：“殺一切草木，其罪最重。”初篇業重，一形永障，以見須提初作[□][不][④]得重罪，即言：“一切盗淫，悉皆是輕。”“有殘”者，犯下四篇，非是永障，是其殘，説爲“無殘”。“無殘”者，爲犯初篇，永喪道牙（芽），字曰“無殘”，説爲“有殘”。《母》云：“麁惡”者，初二篇方便，身、口無慚愧，心犯濁重偷蘭，名爲“麁惡”，説爲“非麁惡”。提罪已下[□][及][⑤]餘蘭等，皆非麁惡，説爲“麁惡”。“常所行”者，八正、五法互説。“制”者，謂五篇禁戒，金口吐宣，名之爲“制”，説爲“非制”。“非制”者，即五法非佛金口，名爲“非

① 結，底本、録本脱，據文意補。

②③ 抓，此當爲“爪”之增旁俗體。該字甲、丙二本亦作“爪”，可資比勘。

④ 不，底本、録本脱，結合文意，據甲、丙二本補。

⑤ 及，底本、録本脱，結合文意，據甲、丙二本補。

制”,説以爲“制”。“説”者,四禁是重,餘篇是輕;此是正教,名[□][之][1]爲“説”,以爲“非説”。重輕到(倒)説,此非佛教,名爲“非説”,而説以爲“説”。

第二屏諫。初比丘屏諫,勸不破僧,次勸和合益。故《律》云:應彼言:“可捨此事。”若用語者,[□][善][2]。若不用語,復令餘比丘乃至王大臣用語者應來諫,是名“屏諫”。第三句若不用語者,此拒屏諫。

問:“屏諫竟,得何罪?”

答:“此但吉羅,以無衆法故。又所諫人破事未成,違諫未滿,要待事成,覽(攬)[3]吉成提。”

第四句衆諫如前文。

第五“若不捨者”下,結罪。於中輕重有二:一、自作違諫輕重。二、教人輕重。自違諫中復二:初未作諫,前但有逆,方便吉羅。第二作諫時,三羯磨竟,犯殘;若白二羯磨竟捨,犯三蘭;白一竟捨,二蘭;白竟捨,一蘭。

問:“第三竟時得殘者,爲攬因成果不?”

答:“如《五分》:藉前方便業思勢分相資,令後心之業次第增著,得僧殘時,猶有蘭吉,别須懺悔;以其業思輕重不同,感果有異,故不相成。《四分律》明:但使作惡,步步有罪;如生福文,證步步有福。《多論》:如欲盗殺,步步偷蘭。今所言‘二羯磨竟三偷蘭’,明因中有罪,然得果之時,攬因成果。故《律》云:白未竟,有其吉羅;作白竟,直結偷蘭,不言别有吉羅可懺;乃至三羯磨竟、成殘時,不言别有三蘭須懺。故知因中雖有罪,以[4]因成果。第二教人。文三:一、比丘教。二、尼教。三、下衆教。不犯中,《律》云:初語時捨,通開三種,謂不犯吉羅、蘭、殘等三罪文。若破惡友、惡知識,及二人、三人欲作非法羯磨,或爲僧塔、和上、闍利、知[□][識][5]、親友等作損減,作無住處,若破是人者,不犯。”

助破違諫戒第十一。制意同前。衆僧作法,諫調達時,四伴影響,助成

---

① 之,底本、録本脱,結合文意,據甲、丙二本補。

② 善,底本、録本脱,結合文意,據甲、丙二本補。

③ 結合文意,此“覽”當爲“攬”之借字。下文:“第三竟時得殘者,爲攬因成果不?”可資比勘。

④ 以,底本、録本作“以以”。中一“以”字當衍,結合文意,據甲、丙二本删。

⑤ 識,底本、録本脱,結合文意,據甲、丙二本補。

破僧；僧尋設諫，拒而不受；故曰“助破違諫戒”。别緣有六：一、調達作破僧事。二、如法設諫。三、遮僧設諫，助成破僧。四、僧衆如法，諫此影助。五、拒而不從。六、羯磨竟即犯。四、闕緣。比説可知。已下正明戒本。此戒因提婆達故執五法，衆僧諫時，伴儻（黨）[①]比丘助破諫僧，佛因制戒：

“若比丘有餘伴儻（黨），若一、二、三，乃至無數。彼比丘語是[□□□][比丘言][②]：‘大德！莫諫此比丘。此比丘是法語比丘、律語比丘。此比丘所説，我等喜樂。此比丘所説，我等忍可。’彼比丘言：‘大德！莫作是説，言：“此比丘是法語比丘、律語比丘。此比丘所説，我等喜樂。此比丘所説，我等忍可。”然此比丘非法語比丘、非律語比丘。大德！莫壞和合僧，汝等當樂欲和[③]合僧。大德！與僧和合，歡喜不諍，同一師學，如水乳合，於佛法中有增益安樂住。’是比丘如是諫時，堅持不捨；彼比丘應三諫，捨是事故，乃至三諫。捨者，善；不捨者，僧伽婆尸沙。”

此滿足戒本。五句成就：一、諫所違事。二、“彼比丘”下，屏諫方法。三、“是比丘”下，拒諫。四、僧衆設諫。五、“不捨者”，結罪。初諫所爲事，文三：一、總明其助破僧者。二、伴儻（黨）之數。三、正明助破。文兩：一、勸僧莫諫調達。二、“此比丘”下，釋勸意所以。我今勸僧莫諫者，以人如法。是故初二句，人。如此提婆達，發言有軌，故稱“法語”；復能滅惡生善，故曰“律語”。是故[④]次二句，法。然今[⑤]我等慶遇所聞，故曰“喜樂”；稱合道理，安心從順，是故“忍可”。二、屏諫。文四：一領前諫辭，遮其影助。二、“然此”已下，人、法但非，顯影助非理。“大德莫欲”已下，是非相對，勸[□][其][⑥]捨

① 儻，録本訛作“償”，據底本改。該字甲、丙二本亦作“儻”，可資比勘。“儻”字此當爲“黨”之借字。見前注。

② “比丘言”三字底本、録本脱，結合文意，據甲、丙二本補。

③ “和”前底本、録本衍一“壞”字，結合文意，據甲、丙二本删。

④ “是故”二字底本、録本誤置下句“然今我等慶遇所聞”前，據文意乙正。前文：“是故初二句，人。”可助互勘。

⑤ 今，底本、録本訛作“令”，結合文意，據甲、丙二本改。

⑥ 其，底本、録本脱，結合文意，據甲、丙二本補。

樂，正是諫辭①，所[□][謂]②諫捨助順，勸崇[□][水]③乳。四、大德勸和有益，釋其勸意。第三句“是比丘”者，謂諸善比丘。“如是諫時”者，諫牒前諸善比丘。屏諫之時，“堅持不捨”者，謂助破比丘執心拒勸。第四句“三諫，捨者④善”，聞即順從，止不助破僧。一、無違諫僧殘。二、無助破僧蘭。離⑤斯二過，故曰“捨者善”。第五句結罪可知。此廣釋初句三：一人若比丘時破僧人。二、伴儻（黨）之數四人。若過，有二從順：一、法順從。二、衣食順從。無共興謀，名爲“伴儻（黨）”。要四人已上，始成邪僧。若佐成群侶，名“助伴儻（黨）”。此二伴儻（黨），皆須設諫。餘義如上所明。比類可知。

謗僧違諫戒第十二。一、制意。衆僧自理諫彼，是非理分，固執拒勸，三諫不捨，故結罪。二、釋名。倚傍六人同作，四人不治，跡涉愛憎，故名曰“謗”。固執不捨，名曰“違諫”。故曰也。三、具緣。通緣如上。别緣有七：一、作污家惡行。二、心無改悔。三、作法治殯（擯）。四、非理謗僧。五、如法設諫。六、拒而⑥不從。七、三羯磨便犯。四、闕緣。若闕初緣，全無輕重，直有污家等罪。闕三、闕四，同於闕二、闕五，謂作七，非；容得七位，蘭。然當位中闕緣，或一、二、三蘭。諸諫闕，如法諫緣。准此闕，六、七同五。已下正明戒本。此戒因阿濕婆等於羈連聚落起過，故佛制戒⑦：

“若比丘依聚落，若城邑住，污他家，行惡行，污他家亦見亦聞，行惡行亦見亦聞。諸比丘當語是比丘言：‘大德！污他家，行惡行，污他家亦見亦聞，[□□□□□□□][行惡行亦見亦聞]⑧。大德！汝污他家，行惡行，今可遠此聚落去，不須住此。’是比丘語彼比丘作是語：‘大德！諸比丘有愛、有恚、

① 辭，丙本作“律”。
② 謂，底本、録本脱，結合文意，據甲、丙二本補。
③ 水，底本、録本脱，結合文意，據甲、丙二本補。
④ “捨者”二字底本、録本作“者捨”，據文意乙正。
⑤ 離，録本訛作“雜”，據底本改。該字甲、丙二本亦作“離”，可資比勘。
⑥ 而，録本訛作“面”，據底本改。該字甲、丙二本亦作“離”，可資比勘。
⑦ 底本至此止，下文《大正藏》據甲本補。
⑧ “行惡行亦見亦聞”七字録本脱，結合文意，據甲、丙二本補。

有怖、有癡，有如是同罪比丘，有驅者，[□□□□][有不驅者][①]。’諸比丘報：‘大德！莫作是語：“有愛、有恚、有怖、有癡，有如是同罪比丘，有驅者，有不驅者。”而諸比丘不愛、不恚、不怖、不癡。大德！污他家，行惡行，污他家亦見亦聞，行惡行亦見亦聞。’是[②]比丘如是諫時，堅持不捨；彼比丘應再三諫，捨此事故，乃至三諫。捨者，善。不捨者，僧伽婆尸沙。”

此滿足[□□][戒本][③]，文有五句：一、非理傍僧，諫所爲事。二、從“諸比丘”下，自理屏諫。三、“是比丘”下，拒屏諫。四、“彼比丘”下，僧諫。五、“若不捨”下，結違諫罪。初文有四：一、犯人。二、“依聚若”下，正明起過，自、他俱壞。三、“諸比丘”下，牒過驅儐（擯）[④]。四、“是比丘”下，非理傍僧。傍僧辭者，謂不治逆[⑤]路者名“有愛”，懼於走者名“有怖”，謂僧嗔我二人名“有恚”。此三皆非解心所爲，不達治罰之方，名“有癡”。“如是同罪”下，顯已謗意。二、屏諫文，三：一、諫莫謗僧，故曰“莫作是語”等。二、“而諸比丘”下，得僧自雪己[⑥]心，故曰“而諸比丘不愛”等。[□][逆][⑦]路懺已，無罪可治，名“不愛”。走人不現，復不得治，名“不怖”。汝等二人進不懺悔，退不逃[⑧]走，身過俱現，理合治罰，名“不恚”。善達治儐（擯），故名“不癡”。三、“大德”已下，推過屬彼，故曰“大德污他家”等。三、“是比丘”者，爲諸善比丘。“如是諫時”者，謂牒前諸善比丘。屏諫之時，“堅持不捨”者，謂能謗比丘執心拒勸。四、“三諫捨者，善”，聞則從順，止不謗僧，離斯重過，故曰“捨者善”。五、結罪。

自下廣釋文義。言“若比丘”者，義如[□][上][⑨]釋。言“聚落”者，村有四種如上。“若城邑”者，屬王處也。言“污他家”者，有男有女，名之曰“家”。

---

① “有不驅者”四字録本脱，結合文意，據甲、丙二本補。
② 是，録本訛作“之”，結合文意，據甲、丙二本改。
③ “戒本”二字録本脱，結合文意，據甲本補。
④ 結合文意，此“儐”當爲“擯”之借字。下“儐”字皆作“擯”，不復出校。
⑤ 逆，録本訛作“違”，結合文意，據甲、丙二本改。
⑥ 己，録本訛作“已”，結合文意，據甲、丙二本改。
⑦ 逆，甲本、録本脱，據文意補。
⑧ 逃，録本訛作“巡”，結合文意，據甲、丙二本改。
⑨ 上，甲本、録本無，據文意補。

污家有四：一、總舉“四”數。二、别釋。三、總結。言“總舉”者，污家有四：一、依家污家。一家得物，又與一家。所得物處，聞之不喜。所與物處，思當報恩。即作是言：“有與我者，我當報之。若不與我，我何故與？”二者、依利養污家，如法得利及鉢中餘，或與一居士。得者生念：“當報其恩。若不與我，我何故與？”三者、依親友污家。若比丘依王大臣，或爲一居士，或不爲一居士，便生念言：“其爲我者，我當供養。不爲我者，我不供養。”四者、依僧伽藍污家。若比丘取僧華菓，與一居士，不與一居士，[□□□□][便生念言][1]：“彼有德（得）[2]者，思當供養。若不與者，我不供養。”以此四事故污家，名“污他家”。言“行惡行”者，彼比丘作如是等非法行也：自種花樹，自溉灌，自摘花，自作鬘，以綫貫繫，自持與人；若復教人作如上（下？）[3]事：村有婦女，同床坐起，同器飲食，言語戲笑，或自歌舞倡伎，或他作己唱和，或作俳説，或彈[4]鼓簧、吹唄、作衆鳥鳴，或走，或陽（佯）[5]跛行，或嘯，或自作弄身，或受[雇][6]戲笑，是[7]名“行惡行”。言“污他家，行惡行，亦見亦聞”者，《律》云：時有比丘，彼村止宿，著衣持鉢，入村乞食，法服齊整，行去庠序。[□□□□□□□□□□□□][居士見已，自相謂言：“此是何人？][8]低目而行，既不顧視，亦不言笑，不相周接，善言問訊。我等不應與其飲食，不如阿濕婆等與人周接，及上所言，應與供養。”時彼乞食，困乃得之，往至佛所，具白。佛言：“令比丘往村驅出。”此前是依聚落起過，自、他俱損，已下明牒過驅儐（擯）文，從“諸比丘當語”至“不須住此”已來，是驅儐（擯）文。已下非理謗僧辭，從是比丘語彼有驅、不驅者，其謗僧意，倚傍六人同作。《祇》云：三聞達多、摩醯沙達多走至王道聚落，迦留陀、夷闡陀逆路

① “便生念言”四字甲本、録本無，據文意補。

② 德，丙本作“得”。“德”當爲“得”之借字。

③ 上，此似當爲“下”之訛誤，待考。

④ 彈，録本訛作“緷”，結合文意，據甲、丙二本改。

⑤ 陽，録本訛作“揚”，結合文意，據甲、丙二本改。“陽”此當讀如“佯”（此二字《廣韻》皆可音與章切）。

⑥ 雇，録本脱，結合文意，據甲、丙二本補。

⑦ 是，甲本、録本作“是是”。中一“是”字當衍，據文意删。

⑧ “居士見已自相謂言此是何人”十二字甲本、録本脱，結合文意，據《〈四分律〉比丘含注戒本》[T40n1806p435c2]補。

懺悔。此四不治,跡涉愛憎,故起謗:謂不治逆路者名"有愛",懼於走者名"有怖",謂僧嗔我二人名"有恚";此三皆非解心所爲,不達治罰之方,名"有癡"。顯己[①]謗意,故曰:"有驅者,有不驅者。"自下明屏諫文。所言"大德! 莫作是語"者,諫莫謗僧,故曰"莫作是語",乃至"有驅者,有不驅者"。已下僧自雪己心,故曰:"諸比丘不愛、不恚、不怖、不癡。"逆路懺已,無罪可治,名[②]曰"不愛"。走人不現,復不得治,名曰"不怖"。汝等二人,進不懺悔,退不逃走,身過俱[□][現][③],理合治罰,名"不恚"。善達治儐(擯),故名"不癡"。已下推過屬彼,故曰"大[④]德! 污他家行",乃至"亦見聞是"。已下明謗人拒諫不從,故文云:"是比丘如是諫時,堅持不捨。"下明僧諫。文云:"彼比丘應三諫,捨此事故,乃至三諫。捨者,善。"應初諫言:"欲作白僧法,當捨。若捨,唯得吉。若不捨,作白已,即得偷蘭。"復應諫言:"大德作白已,餘有三羯磨在可捨。此事莫爲,僧呵便犯,重罪。"乃至初羯磨、第二、第三已來,應如是諫。故文言:"捨者善。"隨捨罪輕,故曰"善"。已下明拒勸不捨,而結僧殘罪。故文云:"若不捨者,僧伽婆尸沙。"已下明不犯。《律》云:若得衣食,與父母、病人,與小兒,與妊人,與牢獄繫人,與寺中客作,不名"污家"。若種樹花菓,乃至教人貫花爲三寶故,不名"惡行"。若度河、溝、渠、坑,跳躑者不犯。若同伴在後,還顧不見,而嘯唤者不犯。若爲父母,若爲病人,若爲信心檀越,乃至三寶事持書往反,皆不犯。

惡性拒僧違諫戒第十三。一、制意。人非性(生)[⑤]知,義無獨善,要賴善友,互相匠導,方能離過修善,有出道之益。而今闡陀迷心造非,不自見過,他如法諫,理宜順從,方(反?)[⑥]復倚傍勝人,尊處其己[⑦],[望][⑧]人師敬,反[⑨]

---

① 己,録本訛作"已",結合文意,據甲、丙二本改。
② "治名"二字録本訛作"名治",結合文意,據甲、丙二本乙正。
③ 現,甲本、録本脱,據文意補。
④ 大,録本訛作"不",結合文意,據甲、丙二本改。
⑤ 性,此與"生"同。《左傳・昭公十九年》:"民樂其性。"孔穎達疏:"性,生也。"
⑥ 方,此似當爲"反"之訛誤,待考。
⑦ 己,録本訛作"已",結合文意,據甲、丙二本改。
⑧ 望,録本脱,據甲、丙二本補。
⑨ 反,録本訛作"友",結合文意,據甲、丙二本改。

欲匡衆，非分自處，情過深厚，是故聖制。二、解名可知。三、別緣有六：一、自身不能離惡，將欲作罪。二、諸善比丘如法勸諫。三、不受勸導，恃己陵物，望人師敬。四、如法設諫。五、拒而不捨。六、三羯磨竟。四、闕緣，比類可知。此戒因闡陀比丘惡性拒諫，故起過，佛便制戒：

"若比丘惡性不受人語，於戒法中，諸比丘如法諫已，自身不受諫語，言：'諸大德！莫向我説若好、若惡，我亦不向諸大德説若好、若惡。諸大德！且止！莫諫我。'彼比丘諫是比丘言：'大德！莫自身不受諫語，大德自身當受諫語，大德如法諫諸比丘，諸比丘亦當如法諫大德，如是佛弟子衆得增益，展轉相諫、展轉相教、展轉懺悔。'是比丘如是諫時，堅持不捨；彼比丘應三諫，捨是事故，乃至三諫。捨者，善；不捨者，僧伽婆尸沙。"

此滿足戒本。文有五句：一初至"莫諫我"來，明諫所爲事。二、彼比丘屏諫勸相受語。三、"是比丘"下拒諫。四、"彼比丘"下[1]，僧諫。五、"不捨"下，結違諫罪。初諫所爲事，文三：一、出能拒人，惡性不受人語。二、"於戒律中"下，諸善比丘如法呵諫。三、"自身"已下，[□][不][2]受訓遵，望入師敬。文四：一、不受勸導。二、"言諸大德"下，汝莫語我。三、我亦不語汝。四、"大德"下，出不受道理，謂恃己陵物。又引契經，但自觀身行等，故言"且止"也。屏諫文二：一、先諫前人互相受語。二、"如是"已下，顯諫利益，相受語故，道(導)相日進，故稱"增益"。將爲前惡[3]，諫令不作，故稱"相諫"。未修諸善，方便令生；已興[4]諸善，修習[5]增廣，故曰"相教"。已報惡業，方便除遣[6]，故曰"懺悔"。各彼此互爲，咸[7]稱"展轉"。諫言："大德！前止、作二持所以成者，良由善知識等互相匠導，如何大德不相受語？"

---

① 下，録本訛作"不"，結合文意，據甲、丙二本改。
② 不，甲本、録本無，據文意補。
③ "將爲前惡"四字録本訛作"爲滅"，結合文意，據甲、丙二本改。
④ 興，録本訛作"與"，結合文意，據甲、丙二本改。
⑤ 習，録本訛作"翼"，結合文意，據甲、丙二本改。
⑥ 遣，録本訛作"遺"，結合文意，據甲、丙二本改。
⑦ 咸，録本訛作"感"，結合文意，據甲、丙二本改。

問:“經[中][1]佛説,但自觀身行,諦觀善、不善。云何此中展轉相教等?”

《多》云:佛隨時制教,言乖趣合,不相違背[2]。若見前人心有愛憎,發言有損,故云“但自觀身”;若見前人内有慈心,發言有益,故言“展轉相教”。又見前人少聞無智,出言無補,故言“但自觀身行”;若多聞有智,言成有益,故云“展轉相教”。下三句可知。

已下廣釋文句。言“若比丘”者,義如上。言“惡性不受人語”者,不忍不受人教悔。所言“於戒法中”者,以戒律如法授,有七犯聚,波羅夷乃至“惡説”。“諸比丘如法諫”者,如法、如律、如佛所教。言“自身不受諫”[□□][乃至][3]“且止!莫諫我”已來,是諫所爲事。下四句准前可知。不犯中,《律》云:初諫便捨。若非法呵諫,非法、非律、非佛所教者。若爲無智人呵諫,時語彼言:“汝和上阿闍梨所行亦爾。汝可更學問誦經。”若其事實爾,若錯説者,一切不犯。

“諸大德!我已説十三僧伽婆尸沙法,九初犯,四乃至三諫。”

此結前十三戒。就中有二:初九,後四。諫、不諫别,故云“初作犯,四[□][乃][4]至三諫”。今釋“諫”、“不諫”意。若語屏諫,一切皆須,故云“展轉相諫”。不受諫中,心虚結提,心實第五,乃至此中違諫之事,亦須説諫,故文中言:“莫爲僧所呵,更犯重罪。”故知諫語通於一切。言“僧諫”者,具四義者有,不具者無。言“四義”者,一者性惡,二是顯露,三謂惱僧,四者倚傍。上之三義可知。言“倚傍”者,前之九戒,條然是非,更無兩濫。倚傍聖教,是非既分,過顯易識,何須設諫、開示其人?此四戒等,皆有倚傍,言説相似,濫理、行二教,是非交雜,真僞難分,須僧設諫,開示是非,曉悟其懷[5],異彼改迷,棄惡就善,捨邪從正,故須設諫。如初二諫戒,倚傍如來四依之教,唱説相似,執“乞食”等名同,故曰“倚傍污家”。“傍僧”者,執六人同作,而殯(擯)、不殯(擯)濫。第四戒倚傍釋種,輕陵諸比丘。“倚傍”之義,此應廣説,

① 中,録本脱,結合文意,據甲、丙二本補。
② 背,録本訛作“皆”,結合文意,據甲、丙二本改。
③ “乃至”二字甲本、録本無,據文意補。
④ 乃,甲本、録本無,據文意補。
⑤ 懷,録本訛作“壞”,結合文意,據甲、丙二本改。

爲如斯義,須僧設諫,闕者無諫。今問有無,不問九殘,所以不諫。蓋問生罪之緣,所以僧殘罪齊。下四因諫,而生前九,作便即結。此謂一切事中具四義者,須諫違而結殘。餘無倚傍等,不假僧諫,但以事實直作即犯。雖可諫、不諫,實[①]殘位同故,是以共篇。

"若比丘犯一一法,知而覆藏,應强與波利婆沙;行彼利婆沙竟,增上與六夜摩那埵;行摩那埵已,應與出罪。應二十僧中出是比丘罪,若少一人,不滿二十衆,出是比丘罪,是比丘罪不得除。諸比丘亦可呵,此是時。"

此明懺僧殘法,略有其三:初治覆藏情過,謂波利婆沙,此方云"别住"。《母》云:若犯此罪,隨覆藏日[②]行别住法别在[③]房,不得與僧同處共宿,雖入僧中,不得談論,亦不得問答,故言"别住"。設心不欲行,强逼令行。故文言:"若比丘犯一一法,知而覆藏,應强與波利婆沙。"

第二、明治罪法。故文云:"行波利婆沙竟,增[上][④]與六夜摩那埵。""那埵"者,此云"悦衆",由行别住如法,令僧歡喜,故言"悦衆";亦云"意喜",前雖自意歡喜,亦生慚愧,亦使衆僧歡喜;□(由)[⑤]前喜故,與其少日;因少日故,始得"喜"名。衆僧歎者[⑥][言][⑦]:"此人因此改悔,更不起惱,成清净人。"

第三、與出罪法。故文言:"摩那埵已,餘有出罪。"猶有勝因,改心懺悔,大德隨喜,即爲出罪,令彼清净。就出罪重,文分爲二:一者如法。此罪是重,要假二十清衆,方能拔濟彼人。故文言:"若少一人,不滿二十,出是比丘罪,是比丘罪不得除。"衆既不滿,出罪不成,勞而無功。二不如法故。故文云:"諸比丘亦可呵。"爲出罪闕緣,法事不成,故得結罪。所言如"此是時"

① "殘,餘無倚傍等……雖可諫不諫,實"二十四字,甲、丙二本脱,《大正藏》録本據《四分律疏》[X41n0731p600a]補。又,"實"録本訛作"異",結合文意,據《四分律疏》[X41n0731p600a]改。

② 日,録本訛作"曰",結合文意,據甲、丙二本改。

③ 在,録本訛作"住下",結合文意,據甲、丙二本改。

④ 上,録本脱,結合文意,據甲、丙二本補。

⑤ 由,録本作缺文,結合文意,據甲、丙二本補。

⑥ "歎者"二字録本訛作"歡喜",結合文意,據甲、丙二本改。

⑦ 言,録本脱,結合文意,據甲、丙二本補。

者，應順佛教，名“此是時”。

“今問諸大德！是中清净不？（三説）諸大德！是中清净，默然故，是事如是持。”謂於此篇得清净不？由衆默然，知清净故。若實有罪，三問不答，共一法故，但得一罪。若實無罪，爲默然故，衆法成就。

“諸大德！是二不定法，半月半月説，戒經中來。”

此初標説儀式[1]，欲令攝耳聽故。若也通論，有“防非”義，故齊稱爲“戒”。今[2]此二法有四種，無楷[3]准，字[4]曰“不定”。言“四法”者，一、犯不定，謂或犯夷、犯殘，或犯提並犯三，或復犯二，多少差殊故。二、舉不定。犯既不定可信，稱事而舉，故亦不定。三、自言不定。舉既多少，自言列罪，寧容一准式？可自言“不犯”。四、治罪不定。若自言“夷”，滅殯（擯）治之；若自言“犯殘”，别住治之等；乃至若不自言“引罪”，罪處所治，故曰“治罪不定”。此不定犯，謂於屏處、露雨處起，故言“二不定法”。又《十律》言：云何名“不定”？可信女人，不知犯不犯不？何處起不？不知犯名字，但言：“我見女人是處來去坐立，亦見比丘來去坐立。”不見作淫、奪人命、觸女、殺草、過中食、飲酒，如是前事不决定，故名“不定”。

問：“可信舉罪通許二、三、五、七，何故置在殘下提上者？”

答：“一釋：上收於戒，下攝威儀故也。又釋：爲欲深妨，不犯夷殘故。屏露獨坐，能犯夷殘。如像即是爲護二戒，故置於此，非是欲攝提等，下亦攝提。”

問：“此二尼無者何？”

答：“爲有伴故。設令無伴，希如不數。又可女人軟弱，言不宣心，豈可與丈夫對事？故無者尔[5]。”

屏處不定之戒。一制意。《多論》：一、爲止誹謗故。二、爲除鬭諍故。三、爲增上佛法故。出家之［人］[6]，理宜跡絶塵染，爲人天所宗，以道（導）化

① 式，録本訛作“或”，結合文意，據甲、丙二本改。

② 今，録本訛作“令”，結合文意，據甲、丙二本改。

③ 楷，録本訛作“揩”，結合文意，據甲、丙二本改。

④ 字，録本訛作“自”，結合文意，據甲、丙二本改。

⑤ 尔，録本訛作“示”，結合文意，據甲、丙二本改。

⑥ 人，録本脱，結合文意，據甲、丙二本補。

物。而與女人屏說非法，上違[聖]①旨，下失宗②敬之心。四、爲斷障道惡法次第故。二、釋名。可信至僧未定分別，僧亦未得定結其罪，故曰“不定”。三、具緣。别緣有五：一、屏處。二、人女。三、無第三人。四、於四威儀說非法語，不見覓實事。五、可信告僧，事未決審。具此五者，入不定治檢。四、闕緣。比說可知。

“若比丘共女人獨在屏處、覆處、障處、可作淫處坐，說非法語。有住信優婆私③於三法中以一一法說：若波羅夷、若僧伽婆尸沙、若波逸提。是坐比丘自言：‘我犯是罪。’於三法中應一一法治：若波羅夷、若僧伽婆尸沙、若波逸提。如住信優婆私④所說，應如法治是比丘。是名‘不定法’。”

此戒文有四句：一、至“非法語⑤”，犯不定。二、“有住信”下，舉不定。三、“是比丘”下，自言不定。四、“而住信”下，治罪不定。

次下廣釋文句。初文六句，一一牒⑥釋。“若比丘”者，義如上。言“女人”者，[女人]⑦有智未命終也。《祇》云：若母女、姊妹、親疏、老少、在家、出家者是。所言“獨”者，一比丘、一女人。言“屏處”者，“屏”有二種：一者、見屏，若塵、若霧、若黑、若闇，中不相見也。二、聞屏。“處”者，乃至常語不聞聲處。言“覆處”者，上有物作蓋也，遮障令人不見。言“障處”者，若樹、若墻、若籬、若衣，及餘物障也。言“可作淫處”者，得容行淫處也。“說非法語”者，說淫欲法。上六句明犯罪不定。從“住信優婆種”已下，解第二舉罪不定。犯既不定，可信隨罪而舉。舉亦不定，故言若夷、若殘、若提。此中且就麁相似三罪爲言，理通五犯。言“信”者，謂得四不壞信，終不爲身而作妄語等十惡之罪。“是坐比丘”已下，解第三自言不定。犯既不定，自言亦無楷⑧准，隨引輕重，如比丘所說治，故文云。“我犯是罪”已下，解第四治罪不定。

---

① 聖，録本脱，結合文意，據甲、丙二本補。

② “宗”前録本衍一“天”字，結合文意，據甲、丙二本删。

③④ 私，録本訛作“種”，結合文意，據甲、丙二本改。

⑤ “法語”二字録本訛作“說”，結合文意，據甲、丙二本改。

⑥ 牒，録本訛作“除”，結合文意，據甲、丙二本改。

⑦ “女人”二字録本脱，結合文意，據甲、丙二本補。

⑧ 楷，録本訛作“揩”，結合文意，據甲、丙二本改。

治罪有二:一者、舉己①引罪。二者、舉己②不引罪。引罪者,如比丘所説治。不引罪者,如可信語治③之。此即引罪也,當如比丘所説治之。自言“犯夷”,宜從滅殯(擯)。若言“犯殘”,别住治之。若言“犯提”,令對手悔,隨引而治。若不引罪,文云:“如住信優婆私④所説,應如法治。”故《律》云:説自言“作”者,應如比丘所説治;不自言“作”者,應如住信語治之。今此不自言“作”,故如優婆私⑤所説治也。不同《十誦》:比丘言“我有是罪”,而不往,隨比丘語治。若言“往”,不犯是罪,亦如比丘治。若言“不往”,無罪,隨可信治。《五分》:若於三事一一法治中,諸上座應問:“是比丘!汝往彼家不?”若云“往”,未應治。復應軟語:“與獨坐⑥不?麄語不?行淫不?”若言:“不。”上坐下坐應切問:“汝實語,莫妄語。”如優婆夷説“不”,若言如優婆夷説,然後乃可隨治。若言“不”,如比丘治。所以不衣(依)⑦可信語者,《善見論》云:見聞或不審故。所言“是名‘不定法’”者,結也。此雖是戒,而無有罪,但於屏處與女説非法語,招世譏謗,可信白佛,故曰此“可信舉戒”。

露處不定戒。緣制意、釋名、具緣、闕緣,四義同前,但屏露爲異,餘義皆同。已下明戒本:

“若比丘共女人在露現處、不可作淫[處]⑧坐,作麄惡語。有住信優婆私⑨,於二法中以一一法説:若僧伽婆尸沙、若波逸提。是坐比丘自言:‘我犯是事。’於二法中應一一治:若僧伽婆尸沙、若波逸提。如住信優婆私⑩所説,應如法治是比丘。是名‘不定法’。”

此戒句同前,亦四:一、至“麄[惡]⑪語”,犯不定。二、“有住信”下,舉不

---

①② 己,録本訛作“已”,結合文意,據甲、丙二本改。

③ “治”前録本衍一“也”字,結合文意,據甲、丙二本删。

④⑤⑨⑩ 私,録本訛作“種”,結合文意,據甲、丙二本改。

⑥ “應問是比丘……與獨坐”二十三字甲本无,丙本亦脱,《大正藏》録本當據《彌沙塞部和醯五分律》第四[T22n1421p023a6—a7]補。

⑦ 衣,録本訛作“似”,結合文意,據甲、丙二本改。此“衣”當爲“依”之借字,

⑧ 處,録本脱,結合文意,據甲、丙二本補。

⑪ 惡,録本脱,結合文意,據甲、丙二本補。

定。三[①]、"是比丘"下，自言不定。四、"如住信"下，治罪不定。但罪二、三不同，餘義皆等前戒，故不重釋。

已下廣辯文句。初文亦六，一一牒釋。"若比丘"者，同前。"女人"者，亦爾。"露現處"者，謂無墻壁障也。"不可作淫處"者，不容行淫處也。"作麁惡語"者，説淫欲不净行，讚嘆二道好惡。此上六句，皆[②]是犯不定。已下諸句，文義同上。

"諸大德！我已説二不定法。今問諸大德：是中清净不？（三説。）諸大德！是中清净，默然故，是事如是持。"

此文准前解釋。

"諸大德！是三十尼薩耆波逸提法，半月半月説，戒經中來。"

今明第三篇。三十、九十，雖同一篇，然捨、不捨異故，戒本中分爲二門。所以先明三十、後説九十者，良以三十於此財物取濟失方，廣生罪累，若欲洗心懺悔，要須對僧捨取物，及捨相續貪心，[心][③]事既捨，罪方除滅，作法不易；欲使僧尼先識於難，次及於易，故列在初。九十事中，雖有因財生罪，皆不須捨，但斷犯心，即得懺悔；作法易故，留在後説。言"尼薩耆"者，此方名"捨"。捨有三種：一、捨財物。二、捨畜心。三、捨於罪。言"波逸提"者，此名"墮"。墮在燒煮覆障，故曰"捨墮"。今就三十，總、别兩釋，先總，後别。就總略辯八門：一、對九十，捨、不捨異。凡三十捨，咸具三義：一者屬己之財。二者財體見在，受用有罪。三者捨已歸主，受用[無][④]愆。具此三義，制令入捨。九十中，二十五戒亦因財事不入捨者，三義中闕，不得入捨：一、由食生罪，有十四戒。未食，無罪可捨。食方生罪，復無可捨。闕第二義，故屬九十。如讚展别，足勸非殘，受美藥[⑤]酒、蟲水等。是二食中過三，外財净施。此二闕於初義，體屬他物，故不入捨。三十戒闕於第三，故不入捨。如脱腳著覆，無其捨法。白色三衣，捨已猶白，不得著。如床須截、牙角打破、貯床挽腳，故不入捨。

① 三，録本訛作"二"，結合文意，據甲、丙二本改。

② 皆，録本訛作"此"，結合文意，據甲、丙二本改。

③ 心，録本脱，結合文意，據甲、丙二本補。

④ 無，録本脱，結合文意，據甲、丙二本補。

⑤ 藥，録本訛作"樂"，結合文意，據甲、丙二本改。

第二、自作、教他。若論自作雖犯二十七,除二浣與縷[①]。與縷[②]但吉,二浣無犯,以佛不制故。今言一人晝犯三十者,通自作、使人故爾。

第三、身、口分別。此三十中擔、用二局身,餘通身、口。

第四、性遮分別。迴僧之物,性惡氣分,餘悉是遮。

第五、重、不重犯者,有四戒,謂擔、用、二浣。此物現在容可更求,故得重犯。如使尼二浣、染等,雨衣數用,擔毛數過,以其過不異前浣衣擘毛等,浣上犯染打,[染][③]打亦爾。故言:"使浣、染、打三,尼薩耆。"自餘諸戒,咸不得重。

第六、捨懺方法。綿褥獨捨,餘悉對人中道、俗,二寶對俗,餘戒對道。道中通局,乞鉢局僧,餘[道][④]多少。

第七、持、犯,有八。戒通持、犯,五過、二離、減六年等。自餘諸戒,唯正持作犯。

第八、任運,有十四戒。五過除樂,此四戒日[⑤]滿,任運即犯。受寶、奪衣、二浣、乞縷,此戒但使事成,三性之中,任運亦犯。餘無任運,已下別釋。

畜長衣過限戒一。一、制意。《多論》:一、因開畜長,貪於俗利,壞道德之財。二、比丘積貯,與俗無別,失敬之心。三、違佛四依之教,即非節儉知足之行。故使不加凈法,制與捨墮。二釋名。貯用屬己,名"畜";限分之餘,稱"長";越於期限,故日"過";十日能、所通舉,故曰"畜長衣過十日戒"。三、具緣。通緣如上。別緣有六:一、己[⑥]長衣,謂三衣之外財。其三衣,三世諸佛應法之服,體無長過故爾。雖是己[⑦]長,若妄此財,亦復無罪,是故第二知屬己物。物雖屬己,若不應量,畜過無罪,是故第三應量之財。財雖應量,説凈無罪,故須第四不説凈。若有一因及起四想,被舉留難因緣,亦是不犯,故須第五無因緣。《多論》:初日得衣,即被三殯(擯)來,乃至命盡不犯。雖無因緣,畜未過限,亦不得罪,故須第六十一日明相出犯。四、闕。比説可知。已下正明戒本。初略制,二牒制隨開,後廣制。言"略"者,不聽畜長。六群

①② 縷,録本訛作"綫",結合文意,據甲、丙二本改。

③ 染,録本脱,結合文意,據甲、丙二本補。

④ 道,録本脱,結合文意,據甲、丙二本補。

⑤ 日,録本訛作"曰",結合文意,據甲、丙二本改。

⑥⑦ 己,録本訛作"已",結合文意,據甲、丙二本改。

多積長衣，因此起過，佛便制戒。言"牒制"者，因阿難得一長衣，欲奉迦葉佛，隨開限十日。言"廣制"者：

"若比丘衣已竟，加絺那衣已出，畜長衣經十日，不凈施得畜。若過十日，尼薩耆波逸提。"

此滿足戒文有五句：一、犯人。二、犯時。三、所畜財體。四、開限。五、結犯。此五句文，初略辯，後廣釋。言"略辯"者，"若比丘"，是犯人。"衣已竟，迦絺那衣已出"，是犯時。三、畜長衣是"所畜財體"。四、得畜十日，即是"開限"。五"若過"已下，違教得罪，是結犯句。次下廣釋。言"若比丘"者，義如上辯。"衣已竟"者，《見》云：三衣具足竟，明其未具無長故。又言：謂迦提月竟，未竟不犯。所言"迦絺那衣已出"者，"已出"者，捨也，捨方犯。故《律》云：謂出功德衣外時也。第三句"畜長衣"，謂所畜長衣及財。三衣之外，皆名爲"長"。於中有二：一、辯衣體。二、明尺量分齊。言"衣體"者，《律》云：有十種衣，皆以麻絲毛綿爲衣體。言"長衣量"者，《律》云：長如來八指，廣四指，是名"長"。《祇律》：長二肘，廣一肘。《見論》：長二搩手，廣一搩手。《四分律》：尺六八寸是名"長"。第四句言"不凈施得畜十日"者，是開限。《律》云：佛因阿難，開畜十日。第五結罪句者，是"尼薩耆波逸提"。犯有二種：一者過犯。二者染犯。故《律》云：一日得衣畜，如是二日，乃至十日。或日日得，或中間有得、不得。至十日明相出已，於十日内，隨所得衣，一切犯長。初日衣是過犯，過十日故。下九日衣隨得者，是染犯，未過十日，猶初日衣，犯長故染。十日内九所得衣者，亦合犯長。此尼薩耆，位有其四：一、須捨財。二、須懺悔罪。三、須還財。四、不還結罪，如律廣説。不犯中，若凈施，若與人，若失，若壞，若作非衣，若作親厚意、妄不説凈，若四想生、不説凈，若受寄衣人命終，若遠出休[①]道等不説凈，皆不犯。

離衣宿戒第二。一、制意。三衣者乃是三世諸佛應法之服，資身長道，最爲要用，理宜隨身，如鳥二翼，而無暫離。今留衣在此，身居異處，寒暑卒[②]起，急須難得，又闕守護，容成失脱，廢資身用，事惱不輕，是故聖制。二、釋名。人

① 休，録本訛作"述"，結合文意，據甲、丙二本改。

② 卒，録本訛作"率"，結合文意，據甲、丙二本改。

於異處名"離"。逕夜日宿,久即事慢,促則起惱;限其一日,過則便犯;故曰"離宿戒"。三、具緣。通緣如[①]上。别緣有六:一、是三衣;二、加受持法;三、人衣異界;四、不捨念;五、無因緣;六、明相出即犯。四、闕。比説可知。已下正明此戒。文亦有三:初因六群留衣異處,自往人間,因此起過,佛便略制,不聽離衣。次因有病比丘衣重,不能持行,佛聽作法,開離無過。後乃廣制:

"若比丘衣已竟,迦絺那衣已出,三衣中,離一一衣異處宿,除僧羯磨,尼薩耆波逸提。"

此滿足戒文句有六:一、"若比丘"者,人分齊。二、"衣已竟"等,犯時分齊。三、"衣中"者,所離衣分齊。四、"離一一衣"下,人、衣互在分齊。五、"除"下[②],開法分齊。六、"尼薩耆"下,結罪分齊。次下廣辯文句。言"若比丘"者,義如上釋。第二句言"衣已竟"等者,除不犯[時節。時節][③]汎五:謂一夜、六夜、一月[④]、[□□][五月][⑤]、九月[⑥]。此五重中,六夜難明;餘之四重,合開此戒。但"一夜"者,唯制非開。"一月"等三事開通制。第三句言"三衣[⑦]中"者,明所離衣。初辯畜三衣意,二[⑧]釋"三衣不如"義。《多論》云:現未曾有法,故聽畜三衣。《智論》云:佛聖弟子在於中道,故畜三衣。《多論》云:一衣不能除寒,三衣能除障寒;一衣不能除慚愧,三衣能除慚愧;一衣不中入聚落,三衣足故、堪入聚落;一衣不能生善,三衣能發前人歡喜之心;一衣威儀不具,三衣能令威儀清净。以此義故,聽畜三衣。次明三衣如、不如。一者體如,二者作如,三者量如,四者色如。要具四法,方可成受,有(又)離宿過。言"體如"者,麻毛絲綿,是正衣體,餘並不堪。言"作如"者,於中有四:一、須如法割截。二、須條數如法。三、重數多少。四、刺[⑨]作如法。

① 如,録本訛作"知",結合文意,據甲、丙二本改。
② "下"字前録本衍一"十"字,結合文意,據甲、丙二本删。
③ "時節時節"四字録本脱,結合文意,據甲、丙二本補。
④ 月,録本訛作"日",結合文意,據甲、丙二本改。
⑤ "五月"二字録本无,甲、丙二本亦脱,結合文意,據《四分律疏》[X41n0731p620c]補。
⑥ 月,録本訛作"日",結合文意,據《四分律疏》[X41n0731p620c]改。
⑦ "言三衣"三字録本訛作"三衣言",結合文意,據甲、丙二本改。
⑧ 二,録本訛作"一",結合文意,據甲、丙二本改。
⑨ 刺,録本誤作"剌",據底本改。

具足四種，名“作如”。言“量如”者，長五肘，廣三肘；若增減，不成受持。言“色如法”者，謂青、黄、木、蘭（藍）①。餘色之衣，不堪受持，除糞掃衣。第四句言“離一一衣異處宿”者，明“互離失”義。初明離之法。人衣異界曰“離”。經夜曰②“宿”。此中“離”者，謂離受持衣。若離餘衣，但得小罪。

問：“三衣六物同是資身，所以離三衣，失而犯提，離餘衣等輕？”

答：“三衣正制，受通三品。今若離者，違制罪重，而失受法。餘衣物等，開於中、下，爲資道不足。今若離者，對開爲違，唯得吉羅，而不［失］③受。”

此辯失衣分齊。

三、護衣之界，有其二種：一者自然，二者作法界。自然之界，多少不定。諸部通説總有十五：一者僧伽藍界。藍有四種。二者村界。亦有四種，謂周匝垣墻、栅籬、籬墻不周、四周有屋等。三、樹界。若樹葉相連，齊與人等④，足蔭覆跏趺坐。《十誦》取日正中時蔭影覆處、水不及處是衣界。四、場界。《律》云：治五穀處也。謂村外空静處。五、車界。六、船界，並俱在陸地。《律》云：若車、船迴轉處。此但明住車。《十誦》：行車者，前車向中車杖所及處，中車向前、後車杖所及處，後車向中車杖所及處。若不及者，是名“異界”。七、捨界，謂村外。《祇》云：若樓閣、梯橙、道外二十五肘，名“衣界”。八、“堂界”者，《律》云：多敞露。九、庫界，積藏諸物。十、倉界，儲積穀米處。十一、阿蘭若界。《律》云：“蘭若”者，無界，謂逈⑤在空野，無別諸界。假以樹量大小，八樹中間，一樹間七弓，弓長四肘，通計五十八步，兼其勢分，七十有餘。十二、道行界。《十誦》：比丘與師持，衣道⑥中行，前後四十九尋内不失。《論》云：疑廣亦得四十九尋，爲護衣界。十三、洲界。《善見》云：十四肘内，不失衣。十四、水界。《見》云：蘭若處坐禪，天欲曉，患睡，脱衣置岸，入水池洗浴，明相出，犯捨。

① 蘭，此當讀如“藍”（“蘭”字《廣韻》一音落幹切，來紐，寒韻，平聲；“藍”字《廣韻》一音魯甘切，來紐，談韻，平聲）。

② 曰，録本訛作“日”，結合文意，據甲、丙二本改。

③ 失，録本脱，結合文意，據甲、丙二本補。

④ 等，録本訛作“手”，結合文意，據甲、丙二本改。

⑤ 逈，録本訛作“迴”，結合文意，據甲、丙二本改。

⑥ 道，録本訛作“通”，結合文意，據甲、丙二本改。

《祇》云：水中道行界，二十肘。若船界者，入水則異。《母》云：著衣岸上，一腳入水，一腳在岸，不名“異界”。十五、井界。《僧祇》：道行，露地井蘭（欄）[①]傍宿，置衣在二十五肘内，名“護衣界”。所言“作法界”者，依僧界結。《律》云：不失衣者，藍有一界。失衣者，藍有若干界。《四分》：他部相成有四種，即染、隔、情、界之礙。上之三礙，通界並有；若論界礙，彼此不通。故文云：失衣者，僧伽藍裹有若干界，謂上三礙在伽藍院内，故衣則有多界。不失衣者，僧伽藍裹有一界，謂無上三礙也。言“染礙”者，《律》云：藍内有一女人來往，衣須隨身。若女人在中，人依彼此，即名“異界”。所言“隔礙”者，《律》云：水陸道斷、與衣不會者是。《祇》云：衣在房内，人在於外，不從[户][②]籥，又無梯橙，名之爲“礙”。言“情礙”者，《多論》：王來界内大小行處，近王右右，並非衣界；及以作幻、作樂人，皆名“情礙”。《祇》云：兄弟分齊之處，亦名“情礙”。所言“界礙”者，如上所明。若有若干界，即須身衣同處。若不爾，即名“失衣”。乃至蘭若界，亦復如是。准《四分律》，加於勢分，諸部並無。言“勢分”者，“藍分”者，藍外人塼[③]石所及衣處，是名“界分”；乃至倉庫界亦如是。《善見論》云：中人擲石，不健不羸，人盡力擲，石至落處以，量有十五步。此但通[④]自然，不通作法，必須入界，方乃會衣。第五句開離分齊。言“除僧羯磨”者，《律》云：時有比丘病患因緣，三衣極重，意欲遊行。佛聽開乞羯磨，離衣九月。《多論》：四義故開離衣：一、有緣衆生應受作故。二、宜遊行令病損故。三、求行道所宜故。四、未降者降之、已降者令發喜故。開中有成、不成。一要須衣重，病人方成。餘三句互有、俱無，並作法不成。《多論》：假使衣人互不如法，前人妄語得罪，作法得成，以羯磨防離衣宿、不防病等故。《五分律》云：前安居人九月，後安居人八月。《四分律》云留僧伽梨。《祇》、《五》[⑤]二律，但留欝多僧，餘二不許。《十》[⑥]、《多》

① 蘭，此當爲“欄”之借用字。《後漢書·東夷傳·夫餘》：“復徙於馬蘭，馬亦如之。”李賢注：“蘭即欄也。”

② 户，録本脱，結合文意，據甲、丙二本補。

③ 塼，録本訛作“搏”，結合文意，據甲、丙二本改。

④ 通，録本訛作“道”，結合文意，據甲、丙二本改。

⑤ 《五》乃宋罽賓三藏佛陀什共竺道生等譯《五分律》之簡稱，下同。

⑥ 《十》乃後秦北印度三藏弗若多羅共羅什譯《十誦律》之簡稱。下同。

二文，三衣之中俱有“離”義，但離[①]一衣，不得離二。第六句言“尼薩耆波逸提”者，明結罪分齊。於中有四：一、捨所犯之衣。二、懺所犯之罪。三、卻還本衣。四、不還結罪義。如律廣說。不犯者，於中有五：一、作羯磨當受，不失不犯。二、會故不犯。三、不捨故不犯。四、四想等失受故不犯。五、若水陸諸難故，不失而不犯。並須[②]明相未出之前，有此四故，方可不犯。水陸諸難不失受者，心知衣在，恒作領[③]受之意，爲是不失。故《律》云：不犯者，僧作羯磨，明相未出，若會衣，若作失想，若水陸道斷，有此諸難，悉皆不犯。

月望衣戒三。一、制意。衣爲資身，隨時受用，雖先有衣，故爛弊壞，但任受持，不堪著用。今得少財，爲作三衣，以換故者，而少不足，爲待[④]滿故，聖開一月，過畜長貪，違教妨道故，所以制墮。二、釋名，可知。三、别緣有六：一、若是新衣，現堪受用，餘財不開，故衣方開，故第一緣，故壞三衣。衣須故壞，得財若足，亦受不開，故第二緣，得少財不足。若不擬作三衣，但犯初戒，不開一月，明須第三，爲作三衣替故者。四、不說净作三衣。五、無因緣。六、過限便犯。闕緣比說。此戒因但三衣比丘開一月爲限，若畜長衣者，得即說净，不須此戒：

“若比丘衣已竟，迦絺那衣已出。若比丘得非時衣，欲須便受。受已，疾疾成衣。若足者，善。若不足者，得畜一月，爲滿足故。若過畜者，尼薩耆波逸提。”

此滿足戒本。文有六句：一、犯人。二、除開緣，出犯長時節。三、“若比丘”下，所得衣類。四、“受已疾疾”下，足則不開。五、“若不足者”已下[⑤]，如其不足，開齊一月。六、“若過”已下，隨違結犯。已下别解。言“若比丘”者，義如上辯。“衣已竟，迦絺那衣已出”者，明出犯長時。若自恣後一月、若五月中，是不犯時節。所言“得非時衣”者，明所得衣類。言“非時”者，謂過一月、五月限時。第四句所言“受已，疾疾成”者，明犯限：若十日中同衣足者，割截說净受持；若不者，至十一日，隨衣多少，並犯捨墮。第五句言“若不足

① “但離”二字録本訛作“離但”，結合文意，據甲、丙二本改。

② 須，録本訛作“洒”，結合文意，據甲、丙二本改。

③ 領，録本訛作“頌”，結合文意，據甲、丙二本改。

④ 待，録本訛作“持”，結合文意，據甲、丙二本改。

⑤ 下，甲本、録本、丙本作“不”，結合文意，據《四分律疏》[X41n0731p623c]改。

者,得畜一月,爲滿足故",明第二犯:若同衣不足,至十一日,應作衣,浣染作净已,受持。若恐不竟,麁行急[①]竟受持,後更細刺,即免長過。故違者,至十二日,隨衣多少並犯。乃至二十九日,亦如是。若至三十日,足已、不足,同衣、不同衣,即日應割截、染持;恐不成者,餘人相助,免有犯過。此戒開限有三:初十日已,同常開緣,全是未犯。次十日已後,至二十九日已來,隨何日得足者,即應當日作説净。三至三十日,若足、不足,若同、不同,一向不開。第六句言"若過畜者,尼薩耆波逸提",是隨違過犯。犯中有四:一、捨所犯之衣。二、懺所犯之罪。三、卻還本衣。四、不還結罪。不犯中義,如長衣開。

取非[親][②]尼衣戒第[③]四。一、制意。有三種過:一者、凡爲下敬上,仰奉情慇,所有財物,思欲捨施,許無違從。大僧非親,多不籌量,得便受之,令他財物竭盡。二、有男女形別,理無参[④]涉,財物既交,思情偏[⑤]親;因事起染,容壞梵行,臨危事險[⑥],可懼之甚;跡涉世譏,致招誹謗,清白難分,莫能自拔;以利諸過,是故聖制。二、釋名可知。三、别緣有五:一、是比丘尼,除下二衆;依《祇》,下二衆衣不犯;《多論》下與尼同犯。二、非親里,除去親里不犯。三、是應量是五衣。《多論》依者是應量衣,吉。四、虚心送與,謂乞得、貿易不犯。五、領受屬己即犯。四、闕緣,比説。已下正明戒本。此戒因乞食比丘從蓮華尼受貴價僧伽梨衣,故佛便制戒。

"若比丘從非親里比丘尼取衣,[除][⑦]貿易,尼薩耆波逸提。"

此滿足戒本。文有五句:一、犯人。二、非親里尼。三、取衣。四、除貿易。五、結犯。已下廣辯。"若比丘"者,義如上釋。"非[親][⑧]里"者,非父母親及七世。反上是親。《論》云:所言"親里"者,父母七世骨血之親。《了論》明四種親:一、父親。二、父母親。三、母父親。四、母母親。此四親尼邊

---

① 急,録本訛作"兼",結合文意,據甲、丙二本改。

②⑧ 親,録本脱,結合文意,據甲、丙二本補。

③ 第,甲本脱,《大正藏》録本據文意補。

④ 參,録本訛作"脱三",結合文意,據甲、丙二本改。

⑤ 偏,録本訛作"編",結合文意,據甲、丙二本改。

⑥ 險,録本訛作"撿",結合文意,據甲、丙二本改。

⑦ 除,録本脱,結合文意,據甲、丙二本補。

取之,非犯。所言“取衣”者,衣有十種,如上所明。《多論》:比丘取一尼衣,多人犯。一比丘多尼邊取一衣,計[①]尼多犯。故律中佛責尼言:“婦人著上好衣,猶尚不能發前人敬心,何況弊故?”隨聽畜五衣。故知衣本爲資身,今以施人,即得無衣,立罪破戒,行檀事不應法,故不取聽。若五衣外,隨意施者得受。若僧得尼施時,應檢問前人,知彼五衣不具,即不得受。五衣具者,得受無罪。《十律》:若先請,若别房中住,故與。若爲説法,故與不犯。《五分》:若無心求,自布施,知彼有長,乃若不犯。

問:“尼取僧衣,但得吉羅者何?”

答:“大僧上尊,與尼義希,尼受不數,故但犯吉。”

問:“若爾大僧與希,能與應輕,所以提罪?”

答:“僧與尼衣,譏過中制,[生][②]患義深,故得提罪。”

所言“除貿易”者,《律》云:二部僧得衣共分,錯得餘衣,佛開互貿。言“貿易”者,以[已(衣)][③]貿衣,非衣貿衣,乃至一丸藥貿衣者是。所言“尼薩耆波逸提”,是第五結罪句。於中有四:一、必須捨衣。二、應懺悔。三、受者卻還。四、與得罪。不犯者,從親邊取,若貿易得,若爲僧、爲佛圖取者,不犯。

使尼浣故衣戒五。一、制意。上尊使下,事順(煩?)[④]而數;下惰敬上,裁抑是難。多不籌量,有[□][容][⑤]無容[⑥],致惱廢業,損處不輕,喜生染患,跡涉世譏,致招誹謗,清白難分,莫知自拔,以利諸過,是故聖制。

問:“浣、染、打等所以合制者何?”

答:“一、使尼處同。二、俱由故衣。三、容一衣,相由致犯,垢污須浣,失

① 計,録本訛作“許”,結合文意,據甲、丙二本改。

② 生,録本脱,結合文意,據甲、丙二本補。

③ 已,録本脱,結合文意,據甲、丙二本補。此“已”當爲“衣”之訛字。《四分律比丘含注戒本》:“言‘貿易’者,以衣貿衣,若非衣。”[T40n1806p437c17]可資比勘。

④ 順,此似爲“煩”字之訛。待考。

⑤ 容,甲本、録本、丙本脱,結合文意,據《四分律疏》[X41n0731p624c]補。

⑥ 容,録本訛作“客”,結合文意,據甲、丙二本改。

色即染，申舒故打[①]。”

二、釋名可知。

三、具緣。通緣如上。別緣有六：一、是比丘尼。二、非親里。三、是故衣。四、使浣、染、打。《多論》：若使書信，吉羅。《祇》有四句。自與、使受等二，互二、俱浣等，並犯。五、無因緣，故律中開若病浣、染、打。若借他衣，浣、染、打不犯，除此等緣故。六、浣、染、打竟，即犯。四、闕緣，比說。已下正[明][②]戒本。此戒因迦留陀夷使偷蘭難陀比丘尼從安多會衣，故佛制此戒：

“若比丘令非親里比丘尼浣故衣，若染、若打，尼薩耆波逸提。”

此滿足文有五句：一、人。二、非親里尼。三、所浣故衣。四、所浣、染、打。五、結罪。言“比丘”者，如上。“非親里”者，亦如上。言“故衣”者，下至一經身著。“衣”者，十種衣。若新衣浣者，得吉。言“若染、若打”者，是所作業。言“尼薩耆波逸提”者，是犯罪。若使浣、染、打尼具作，得三提；作二，得二提；作一，得一提。《善見》云：令出家婦浣、染亦犯。《五分》：令非親尼浣而親尼浣，如是互作，五句皆墮。若浣、染尼師檀，亦犯墮。《十誦》：若犯捨墮，衣與浣犯小罪。若浣竟，比丘復言“未净”，還使尼浣，比丘尼薩耆、吉羅，得二罪。若使尼浣、染、打，尼不浣、不染、不打，得三吉。餘互作、不作，推此可知。

問：“使下二衆，何以得吉？”

答：“非是弟子，使希故輕；有（又）[③]非具戒，不廢正修，故輕。若依《多論》，不二同尼，犯提。”

問：“新衣何以輕？”

答：“新衣浣希，有（又）[④]無緣患，故得小罪。”不犯者，《律》云：“若宿，若謂佛、法、僧使浣染等，無罪。”

從非親里居士乞衣戒六。凡出家人，宜應知足，令三衣具備，長道緣充[⑤]；方廣乞求，增貪惱物，招世譏過，損壞不輕，是故聖制。別緣有六：一、三

① 打，甲、丙二本作“朾”，乃“打”之換旁俗體。録本訛作“汙”。兹據改。

② 明，録本脱，結合文意，據甲、丙二本補。

③ 有，此爲“又”之借字。[清]朱駿聲《説文通訓定聲·頤部》：“有，叚借爲又。”

④ 有，此爲“又”之借字。

⑤ 充，録本訛作“脱”，結合文意，據甲、丙二本改。

衣具足。二、無因緣。三、非親里居士。四、爲已乞應量衣。五、彼與。六、領受入手便犯。闕緣,比知。已下正明戒本。此戒因跋難陀從居士强索衣故,諸人譏嫌,佛[便][①]制戒:

"若比丘從非親里居士、若居士婦乞衣,除餘時,尼薩耆波逸提。餘時者,若奪衣、失衣、燒衣、漂衣,是謂'餘時'。"

此滿足戒文三:初略制。二、牒隨開。三、廣制。就廣制句有其五:一、犯人。二、非親里居士。三、乞衣。四、除開緣。五、結犯。"餘時"者已下,誦前四句。下辯五句文。"若比丘"者,義如上辯。"非親里"者,非七世親里。言"乞衣",衣有十種。《十誦》、《僧祇》乞得四肘已上犯。若自[②]乞、使人乞、作寒暑相、若方便説法得者,皆犯。若乞小物,施主與衣財者,得取無犯。若本有方便心,但索小者,或容得大,犯捨。言"除餘時"者,開索。《律》云:若被賊奪衣裸形,當以輕草樹葉覆形,應往寺邊,若取長衣,若親友邊取。若無者,僧中問取可分衣。若無者,問取僧衣卧具。若不與者,自開庫看,若褥、敷、枕、被,摘解取裁作衣。出外乞衣,若得已應還,浣染縫治,安著本處。若不還本處,如法治。言"尼薩耆波逸提"者,是遣[③]制罪。於中亦四,如上所明。言"餘時"者,是失、奪等四緣。不犯中,《律》云:若奪、失三衣,從非親里乞。《五分》開衣壞時得乞,通前五緣。又云:或爲他乞,他爲[④]已乞,或不求而得,若從親里乞,若從出家人乞,一切不犯。

過知足受衣戒第七。一、制意。出家之人遇四因緣,失、奪三衣,篤信聞之,竭[⑤]貧以施,理應隨施而受障[⑥]已,内有廉節之心,外不惱物。今三衣已足,過分更受,内長貪結,外乖施心,殊所不應,是故聖制。别緣有六:一、比丘失、奪三衣。二、非親里居士。三、爲失故施。若不爲失,隨時受取,無罪。四、知爲失故施。五、過知足取應量衣。六、領受入手即犯。闕緣可知。已下正明

① 便,録本脱,結合文意,據甲、丙二本補。

② 自,録本訛作"白",結合文意,據甲、丙二本改。

③ 遣,録本訛作"遺",結合文意,據甲、丙二本改。

④ "爲"字前録本衍一"不"字,結合文意,據甲、丙二本删。

⑤ 竭,録本訛作"端",結合文意,據甲、丙二本改。

⑥ 障,丙本作"彰"。

戒本。此戒因[失][1]衣比丘檀越送衣，比丘不受，爲六群故取，佛便制戒：

"若比丘失衣、奪衣、燒衣、漂衣，若非親里居士、居士婦，自恣請多與衣，是比丘當知足受衣。若過受者，尼薩耆波逸提。"

此滿足戒文有六句：一、犯人。二、遇四因緣，此謂施衣緣。三、"非親里居士"，施衣人。四、"自恣請"下，爲失衣故施。五、"是比丘"下，教知足受。六、"爲遇"下，過受結犯。前三句文可知。第四所言"自恣""多與"者，若檀越多與衣，比丘失一衣，於中有應取，有不應取。若失一衣，不應取。若失二衣，餘有一衣重數，若二、若三、若四，應摘作餘二衣。若都失，取上、下衣，餘一衣別處取。若檀越多與薄、細、若不牢，應取作二、三、四重，安緣肩上，應安鈎紐。餘有殘物，語檀越言："此餘殘，裁作何等？"若彼言："我不以[2]失衣故與，我曹自與大德耳。"若欲受者，便應受。所言"當知足受衣"者，知足有二：一、在家人知足。二、出家知足。言"在家知足"者，隨白衣所與[3]衣受者，謂諸白衣爲失故施，本爲失三，今還受三，即是知足。然此知足，順出家之軌，故曰"出家人知足"。此謂失三受三，順三知足故。言"若過，尼薩耆波逸"者，此第六句，過受結罪。《律》云：失一受二，失二受三，失三受四等，並是足而更[4]受，違二知足，故名爲"過"。知足受者，即犯捨墮。此衣應捨與僧，若一人、若多人，不得別衆捨。若捨不成捨，捨已應懺罪，然後彼應還衣。若不還衣，得罪。不犯中，《律》云：若知足取，若減知足[取][5]，若衣體細薄不牢，重作故取，不犯。

勸讚一居士增衣價第八。一、制意。篤信[6]居士標心捨，價限已定，理宜隨施而受，不虧道法，今反嫌少，過分[7]更索，長己貪求，壞彼信敬，是故聖制。別緣有六：一、非親居士虛心辨衣價。二、情期限定。三、知施心有限。四、

① 失，録本脱，結合文意，據甲、丙二本補。
② 以，録本訛作"與"，結合文意，據甲、丙二本改。
③ 與，録本訛作"以"，結合文意，據甲、丙二本改。
④ "更"字前底本、録本衍一"受"字，結合文意，據甲、丙二本删。
⑤ 取，録本脱，結合文意，據甲、丙二本補。
⑥ 現存甲本至此止。
⑦ 分，録本訛作"一"，結合文意，據丙本改。

嫌少勸增。五、彼爲增價增縷。六、領受便犯。已下正明戒本。因跋難陀起過，佛制此戒：

“若比丘居士、居士婦爲比丘辦衣價，買如是衣與某甲比丘，是比丘先不受自恣請，到居士家，作如是言：‘善哉居士！爲買如是衣與我，爲好故。’若得衣者，尼薩耆波逸提。”

此滿足戒文有四句：一、犯人。二、施衣限定。三、“是比丘”下[①]，嫌少勸增。四、“若得衣”下，得而結罪。上二句可知。第三“爲比丘”至“與我好故”已來，明嫌少勸增義。“衣價”者，若錢、若瓔珞等是。居士問比丘須何等衣，佛聽索不如者，今乃居士爲辦[②]絹衣，若勸買紬[③]，即犯。故《十誦》云：勸增色亦犯。此戒爲施心有限，嫌少更求，乃至增一錢十六分之一分，若增縷，亦犯。《多論》：勸[④]增色、量、價三，捨墮。言“[若][⑤]得衣，尼薩耆波逸提”者，是第四結罪句。捨懺還、不還，義如上辯。不犯中，《律》云：先受自恣，而往求知足，於求中減少作，若從親里求，若出家人求，或爲他求，若[不][⑥]求自得，不犯。

勸二居士增衣價戒第九。制意、犯緣，如前無異，唯以二居士合作爲别。

問：“勸[⑦]增一綖即犯，何故乞衣得一條方犯？”

答：“乞本無心，及至乞時，任彼籌量。‘惱’義是微，故一條方犯。辯中施主先有虚心，施限以定，不荷其恩，嫌少更索，惱物情深，一綖即犯。”

已下正明戒本：“若比丘、二居士、居士婦，與比丘辦[衣][⑧]價，持如是[衣][⑨]價，買如是衣，與其甲[比丘][⑩]。是比丘先不受居士自恣請，到二居士家作如是語：‘善哉居士！爲我辦如是衣價與我，共作一衣，爲好故。’若得衣

① 不，録本訛作“不”，結合文意，據丙本改。

② 辦，録本訛作“辯”，結合文意，據丙本改。

③ 紬，同“綢”。《急就篇》卷二：“絳緹絓紬絲絮綿。”顔師古注：“抽引麤繭緒，紡而織之曰紬。”

④ 勸，録本訛作“勵”，結合文意，據丙本改。

⑤ 若，録本脱，結合文意，據丙本補。

⑥ 不，録本脱，結合文意，據丙本補。

⑦ 勸，録本訛作“勵”，結合文意，據丙本改。

⑧⑨ 衣，録本脱，結合文意，據丙本改。

⑩ “比丘”二字録本脱，結合文意，據丙本補。

者,尼薩耆波逸提。”

此戒句亦有四:一、犯人。二、施衣限[①]定。三、“是比丘”下,嫌少勸增。四、“若得衣”下,得而結罪。釋句之義如前戒。《五分》:乃至勸夫婦合作一衣,亦犯。《祇》中知足者與細,言“我是蘭若頭陀,住人索麁”者,皆犯,己口自述德故。

問:“所以無勸三居士者何?”

答:“勸二容損,勸三惱微,故無。”

問:“若爾,勸三居士棄布造紬,豈無‘損’義?”

答:“此乞衣戒攝。今此勸增者,要就本體上增,方犯此戒故,所已(以)無開通,並如前戒。”

過限切索衣價戒第十。一、制意。然寶物世情所重,長貪妨道,生患處深,非是比丘之所宜畜。今施住(主)[②]信心奉施,以爲衣價,懼犯畜寶,無宜自受,故付俗人,令貨净物。尋索忽[③]切,情無容豫,迭相摧[④]促,過惱前人,故作限制,三索六默。然今過索,惱境結罪。别緣有五:一、是施主送寶。二、貿衣受用。三、付彼净人,轉貨衣物。四、過分齊索。五、得衣便犯。已下正明戒本。此戒因跋難陀制:

“若比丘、若王、若大臣、若婆羅門、若居士、居士婦,遣使爲比丘送衣價,持如是衣價與某甲比丘。彼使至比丘所,語比丘言:‘大德!今爲汝故,送是衣價,受取。’是比丘語彼使如是言:‘我不應受此衣價。我若須衣,合時,清净,當受。’彼使語比丘言:‘大德!有執事人不?’須衣比丘應語言:‘有。若僧伽藍人,若優婆塞,此是比丘執事人,常爲諸比丘執事。’時彼使往執事人所,與衣價已,還到比丘所,如是言:‘大德!所示某甲執事人,我已與衣價。大德!知時往彼,當得衣。’須衣比丘當往執事人所,若二反、三反,爲作憶念,應言:‘我須衣。’若二反、三反,爲作憶念。得衣者,善。若不得衣,四反、五反、六反,在前默然立。若四反、五反、六反,在前默然住,得衣者,善;若不得衣,過是求

① 限,録本訛作“服”,結合文意,據丙本改。

② 住,此乃“主”字之形訛。下文:“一、是施主送寶。”“‘若王’已下,正明施主遣使奉寶,爲作衣價。”皆可互勘。

③ 忽,録本訛作“急”,結合文意,據丙本改。《集韻·東韻》:“忽,古作悤。”

④ 摧,此同“催”。[漢]揚雄《太玄·衆》:“丈人摧孥。”范望注:“摧,趣也。”

得衣者,尼薩耆波逸提。若不得衣,從所得衣價處,若自往、若遣使往,應言:‘汝先遣使持衣價與某甲比丘,是比丘竟不得衣,汝還取,莫使失,此是時。’”

此滿足戒文有其二:初過索結犯。二、“若不得衣”已下,明不得進不。前文有六:一、犯人。二、“若王”已下,正明施主遣使奉寶,爲作衣價。三、“是比丘應語”已下,恐犯畜寶,自不敢受。四、“彼使語比丘”下,正明使臣送寶付俗,令貨净物。五、“須衣比丘”下,正開三語六默索衣方法。六、“若不得衣”下,過索分齊,得衣結罪。然此六文,位束爲三:一、犯人。二、所犯事。三、得衣結罪。犯人,文可知。所犯之事,文有其四。聖者立法,謂送寶不受,付净生已,索之法式[①]。就第四付净生文,復有其四:一、問净。二、須衣比丘者報净人處。三、付。四、反報比丘。第五索法。《見論》:純語往索,齊六不犯,過六方犯。純默十二未犯,十三反犯。默、語相參,九反未犯,十反方犯。如是類知。五語、二默,七反未犯。四語、四默,八反未犯。三語、六默,九反未犯。二語、八默,十反未犯。一語、十默,十一未犯。全默,十二未犯,十三始犯。第二“不得”中,文三:一、躬往遣使,到施主所。二、陳己[②]不慳[③]。三、還本施主。已下廣辯前文。“若比丘”者,義如上釋。“若王”者,得自在無所屬。“若大臣”者,在左右。“若婆羅門”者,有生婆羅門也。“若居士”者,除王、大臣、婆羅門,諸在家者是。“居士婦”者,在家婦也。“遣使送衣”至“付比丘”已來,是送寶之儀。從“是比丘語使”至“當受“已來,不受之法。“彼使語比丘:‘有執事人[不][④]?’”是問净主之法。“須衣比丘”至“執事”已來,是執净主之處。“彼使”至“與衣價”已來,是付寶法。“還到”至“當得衣”已來,是執比丘法。已下明索衣方法,文略易顯。不犯者,若遣使告知,若彼言“我今不須,即相布施”,是比丘以時軟語方便索衣,若爲作波利加羅故與,以時索,若方便索,得者,一切不犯。

雜野蠶綿作卧具戒第十一。所以制者,良以貴物難得,損生招譏,長貪

① 式,録本訛作“或”,結合文意,據丙本改。
② 己,録本訛作“已”,結合文意,據丙本改。
③ “不慳”二字録本訛作“慳”,結合文意,據丙本改。
④ 不,録本脱,結合文意,據丙本補。

妨道,過中之大,是以聖制。别緣有五:一、是憍奢邪。二、乞求。三、作卧具。四、爲己。五、作時乞犯。《多論》:"憍奢邪"者,"綿"名。已下正明戒本。此戒因六群往蠶家索綿,居士譏嫌,比丘舉過,佛便制戒:

"若比丘雜野蠶綿,作新卧具,尼薩耆波逸提。"

此滿足戒文有三句:一、犯人。二、所犯事。三、所爲罪。言"若比丘"者,義如上釋。言"雜野蠶綿","蠶"者,西方無家蠶,用野蠶作綿,成其三衣。外國作衣,凡有二種:一、細擗布貯,如作栴(旃)①法。二、綿作縷,織成衣。《善見》云:乃至雜一毛便犯。"憍奢邪"者,絲中微者,蠶口初出名也。《五分》云:蠶家施綿,受已施僧,不得自入,故知所制意重。野蠶尚犯,何况家蠶?雜綿尚犯,何况純作?言"薩耆波逸提"者,是犯名。《多論》:若無蠶家,乞繭自作綿,無罪。爲賣故,有②虫者,吉。作不應量衣及敷具,吉。自作、教他,成者犯墮,不成吉羅。犯尼薩耆衣應捨,[若]③斧、若斤,剉斬和泥,以塗壁等用,不得更著;若受用著,著著得罪。不犯中,《律》云:若得已成,若乞成貯衣,若虫壞者,一切不犯。

黑羊毛作卧具戒第十二。所以不聽者,此毛貴物,無宜下用,虚損施物,作無用之費,經營妨道,復招譏醜,是故須制。通緣如上。别緣有四:一、純黑羊毛,貴好,出四大國,貴而難得。二、作卧具。三、爲己。四、作成便犯。已下正明戒本。此因六群比丘見諸梨車子作黑毛氈④,被譏嫌,比丘舉過,佛便制戒:

"若比丘以新純黑糯羊毛,作新卧具,尼薩耆波逸提。"

此滿足戒文有三句:一、犯人。二、毛作卧具。三、結犯。"若比丘"者,義如上辯。言"純黑毛"者,若生黑,若⑤染黑。言"尼薩耆波逸提"者,是犯名。犯相如前戒。不犯者,《律》云:若得成,若割截⑥壞,若細薄疊作兩重,若小坐具,

---

① 栴,此當爲"旃"之訛字。清朱駿聲《説文通訓定聲·乾部》:"旃,叚借爲氈。"《四分律删繁補闕行事鈔》卷中:"外國作衣凡有二種:一、細擘布貯,如作氈法。二、綿作縷,織成衣也。"[T40n1804p69a4—a6]可資比勘。

② 有,録本訛作"是",結合文意,據丙本改。

③ 若,録本脱,結合文意,據丙本補。

④ "毛氈"二字録本訛作"圭",結合文意,據丙本改。

⑤ 若,丙本作"或"。

⑥ 截,録本訛作"載",結合文意,據丙本改。

若作褥,若作帽[①]、作袜[②]、作鑷熱巾,或作裹革屣巾,並非披服之物,故開無犯。

白毛卧具戒第十三。制意同前。《十律》:此非純白善,是三毛參作,不犯。三毛之中,增黑毛一兩,犯墮,貴故;增白一兩,犯吉,賤故。增尨不犯,減一兩方犯。别緣有五:一、三毛相參作。二、疑作三衣卧具。三、爲己。四、增好减惡,下至一兩。五、作成便犯。已下正明戒本。此戒因六群作純白卧具,居士譏嫌,佛制參作,故立此戒:

"若比丘作新卧具,應用二分純黑羊毛,三分白,四分尨。若比丘不用二分黑、三分白、四分尨作新卧具者,尼薩耆波逸提。"

此滿足戒本。文有三句:一、犯人。二、故教比丘[三][③]毛作法。三、"若比丘"下,不參結罪。言"若比丘",義如上辯。言"作新卧具"者,三衣白、黑二毛,各有兩種:一、生白。二、染白。言"尨毛"者,是頭上毛,耳上毛,腳上毛,若餘處麁毛,並曰"尨毛"。言應分作者,若欲作四十鉢羅卧具,二十鉢羅黑,十鉢羅白,十鉢羅尨。乃至二十鉢羅卧具,准上可知。若增若減,犯罪輕重,如上釋。言若比丘不如[④]作者,得捨墮罪。就捨墮,文有四種,如前所明。不犯者,若應量作,若得已成,若割截[⑤]壞、作帽、作袜[⑥]、作鑷熱巾,或作裹革履巾,一切不犯。

减六年卧具戒第十四。制意者,先有故卧具,未滿六年,足得資身長道,便罷,不捨故者,更復造新,長貪妨道,招世譏過,是故聖制。别緣有六:一、有故卧具減六年。二、不捨故者與人。三、僧不聽許。四、更作新者。五、爲己。六、作成便犯。已下正明戒本。此戒亦因六群比丘常營卧具,故佛制戒。就中有三:一、略制。二、牒隨開。三、廣制。今明廣戒本:

"若比丘作新卧具,持至六年。若減六年,不捨故而更作新者,除僧羯磨,尼薩耆波逸提。"

此滿足戒文有三句:一、犯人。二、制限六年。三、若限已下造新,結犯。

---

① 帽,丙本作"褐"。

②⑥ 袜,録本訛作"袾",結合文意,據丙本改。

③ 三,録本脱,結合文意,據丙本補。

④ 如,録本訛作"知",結合文意,據丙本改。

⑤ 截,録本訛作"載",結合文意,據丙本改。

初句可知。言“除僧羯磨”者，明開意。《律》云：有比丘得乾痟病，卧具甚重，不堪持行，佛聽隨僧乞法作新者。僧當白二，聽作餘新。《僧祇》云：若無老病因緣，六年不滿，不得更作新卧具。若身不羸瘦[①]，顔色不惡，白二聽作羯磨衆，一一不成。言“尼薩耆波逸提”者，是減限作，故犯罪。捨懺如上。不犯者，《律》云：僧白二聽及滿六年。若減六年捨更作新，若得已成者，若無，若他與作，一切不犯。

不揲尼師壇戒第十五。已有故坐具，障身便罷，今[②]嫌故造新，虚損信施，長貪妨道，是以制揲，爲令息貪長道，物有受用之益。今更造新，不以故揲，違犯聖教，故制得[墮][③]。别緣有五：一、有故尼師壇。二、更作新者。三、爲己。四、不以故揲。五、作成便犯。

問：“尼師不揲，而復過量，得一罪二罪？”

答：“一解二罪：捨時先截[④]去量外，然後懺悔。”

“若爾，不揲者，揲已懺悔，何須入捨？”

答：“不揲尼師，舉體有過，今雖更揲，猶有本過，故須入捨。量過者，量外有過，若截[⑤]去已，過内無過，何須入捨？又復還主，無‘受用’義，故要須截[⑥]。若故物作，但有過量，無不揲之愆。”

已下正明戒本。此戒因六群違制故結[戒][⑦]：

“若比丘作新坐具，當取故者，縱、廣一搩手，揲新者上，以壞色故。若作新坐具、不取故者縱廣一搩手揲新者上、用壞色者，尼薩耆波逸提。”

此滿足戒本。文有三句：一、犯人。二、制其揲法。三、“若比丘”已下，不揲結罪。言“若比丘”，義如下辯。言“新坐具”者，故揲一搩手，是制揲法。《律》云：造新坐具時，若故未壞，未有穿孔，當取浣、染治之，牽挽[令][⑧]舒，裁取方一搩手揲著新者；若揲邊，若中央，以壞色故。《僧祇律》云：若自無故

① 瘦，録本訛作“瘦”，結合文意，據丙本改。

② 今，録本訛作“令”，結合文意，據丙本改。

③ 墮，録本脱，結合文意，據丙本補。

④⑤⑥ 截，録本訛作“載”，結合文意，據丙本改。

⑦ 戒，録本脱，結合文意，據丙本補。

⑧ 令，録本脱，結合文意，據丙本補。

者，不得從少聞、犯戒者、無聞者、住壞房不治者、惡名人、斷見人、遠離二師者、不喜聽問人、不别魔事人邊取。[□][取][①]者則反上。《多論》：若無故者，一搩手短[②]亦應用。《善見》云：故者下至一經坐，不須搩。言"若作新坐具"至"波逸提"已來，爲不搩故，結犯。就句有四義：一、須捨物。二、須懺罪。三、應還物。四、不與得罪。《律》云：若搩，若自無得處不搩，若他爲作，若得已成，若純故者，作不犯。

擔羊毛過三由旬戒第十六。然出家之人，躬擔羊毛，順路[③]而行，跡同凡碎[④]，動越威儀，招譏損道，故制不聽；所以復開三由旬者，有待[⑤]之利(形?)[⑥]，無以存濟，復開三，過擔結罪。别緣有四：一、貴羊毛除賤故。《律》云：頭頂、足毛不犯。《祇》云：駝、猪等毛，越。二、是己物。三、自知。《祇》云：三人共有各持，齊九由旬，重擔者俱犯。四、過三由旬即犯。已下正戒本。此戒因跋難陀起過，便制此戒：

"若比丘道路行得羊毛，若無人持，得自持，乃至三由旬。若無人持、自持[⑦]過三由旬，尼薩耆波逸提。"

此滿足戒本。文有三句：一、犯。二、開三由旬。三、持過結犯。初句可知。第二句持三由旬者，著道行，若住處得羊毛，須者應取。無人持，自得持，至三由旬。若有人者，語："我有此物，當助我持。"若彼持後，於此中間，比丘不得助持，若持，犯吉。以非全自持，過三故令尼四衆持，過者吉羅。除羊毛，持餘衣若麻等，犯吉。若擔餘物杖頭，亦吉。言過限持尼薩耆波逸提者，是犯句。犯相如上。不犯者，《律》云：若持至三由旬，若減三由旬，有人語持、中間不助者，使尼四衆齊三由旬，若擔毳繩，若擔頭上毛作帽、諸巾，並不犯。

① 取，録本脱，結合文意，據《四分律删繁補闕行事鈔》卷中[T40n1804p69b24]補。

② 短，録本訛作"拒"。該字丙本實作"拞"，乃"短"之俗體。《廣韻·緩韻》："拞"，同"短"。

③ 路，録本訛作"俗"，結合文意，據丙本改。

④ 碎，録本訛作"辟"，結合文意，據丙本改。

⑤ 待，録本訛作"持"，結合文意，據丙本改。

⑥ 利，此似爲"形"字之訛。《四分律疏》："有待之形，無以存濟，故後開三，過擔結罪。"[X41n0731p627c14]可資比勘。

⑦ 持，録本訛作"特"，結合文意，據丙本改。

使尼浣擗羊毛戒第十七。制意、犯緣,同浣衣戒。但此新、故俱犯,以損功廢[①]業,中制故爾。已下正明戒本。此戒因六群比丘使尼等擗、染羊毛故起過,佛便制戒:

"若比丘使非親里比丘尼浣、染、擗羊毛者,尼薩耆波逸提。"

此滿足戒本。句亦有五:一、犯人。二[②]、非親尼。三、所染毛。四、使染、擗。五、結罪。初、二兩句可知。言"浣、染、擗羊毛"者,"浣[③]"者下至以水一漬,"染"者下至一入染汁,擘(擗)[④]者下至擘(擗)[⑤]一片。餘義皆如"浣故衣戒"同,所以不辯。

畜寶戒第十八。一、制意。寶體利重,長貪妨道,喜生諍競,招世譏嫌,是故聖制,不聽受畜。然由資惡,故開付俗,貨净物受之故。《多論》:與比丘結戒者有三益故:一、爲止誹謗。二、爲滅鬪[⑥]諍。三、爲成聖種知足行故。二、釋名。貯用屬己,名之爲"畜[⑦]";情所珍貴,稱之爲"寶";故曰"畜寶戒"。三、具緣。通緣如上。别緣有四:一、是錢寶。二、知是錢寶。三、爲己。四、受取便犯。四、闕緣。若闕初緣,犯吉,爲寶者金銀錢是;餘僞寶畜,犯小罪。若闕第二緣,犯吉,爲想疑故。若闕第三、第四無罪[⑧]。已下正明戒本。此戒因跋難陀比丘起過,居士苦嫌,佛便制戒:

"若比丘自手捉錢若金、銀,若教捉,若置地受者,尼薩耆波逸提。"

此滿足戒文有三句:一、犯人。二、所捉之寶。三、自、他二業,捉而結犯。"比丘"者如上。言"手捉錢"者,《多論》明五種受俱犯:一、以手捉取。二、以衣從[⑨]他取。三、器從他取。四、若著是中。五、若言"與是净人"。並

---

① 廢,録本訛作"癡",結合文意,據丙本改。
② 二,録本訛作"三",結合文意,據丙本改。
③ 浣,録本訛作"擗",結合文意,據丙本改。
④ 擘,録本訛作"辟",結合文意,據丙本改。"擘",同"擗"。
⑤ 擘,録本訛作"辟",結合文意,據丙本改。
⑥ 鬪,録本訛作"開",結合文意,據丙本改。
⑦ 畜,録本訛作"誹",結合文意,據丙本改。
⑧ "無罪"二字録本訛作"罪無",結合文意,據丙本改。
⑨ 從,録本訛作"捉",結合文意,據丙本改。

成捉寶罪。言[①]“錢”者，上有文像。言“金銀”者，生色似金，兩種皆名“金銀”。《多論》：若捉金薄、金像，皆名“捉罪”。所言“[教][②]人捉，若[③]置地受，尼薩耆波逸提”者，是結罪句。故《律》云：若教人捉，同自捉，犯。是以《律》佛告大臣曰：日有四患不令照：一者、修羅；二者、烟雲；三者、塵；四者、霧。沙門亦有四種過中，不令威儀清净：一者、不捨飲酒；二者、不捨淫欲；三、不捨手捉金銀；四者、不捨邪命自活。故經説言：酒爲放逸[本][④]，淫是生死原，金銀生患重，邪命壞善根。以此義故，佛自説言：“若見沙門以我爲師，而捉金銀，我説此人非是沙門。”《智度論》云：出家菩薩守護戒故，不畜錢物，以戒功德勝於布施。《涅槃經》云：菩薩持譏[嫌][⑤]戒與性戒無差别。言“尼薩耆”者，是其捨法。若比丘欲捨錢寶，向信樂優婆塞語：“此是我所不應，汝當知之。”若彼取還與比丘者，當爲彼人物故受，令净人掌。若得净衣鉢，應易受持。若彼取不還者，令餘比丘語遣還。餘比丘不語者，當日往語：“佛爲净故，遣與汝。”若令與僧塔乃至本主、爲不欲使失彼信施故不犯者，如向所説。

貨寶戒第十九。制意者，以其寶物更互相貨，爲求息利，長貪妨道，招世譏過，故便聖制。别緣有五：一、是寶物。二、互相貿易。三、决價。四、爲己。五、領受即犯。已下正明戒本。此戒因跋難陀比丘往市以錢[□□][易錢][⑥]，居士譏，佛制戒：

“若比丘種種買賣者，尼薩耆波逸提。”

此滿足戒文有三句：一、是犯人。二、互相貿易。三、結犯。初句可知。言“種種買賣”者，解第二句。《律》云：若已成金、未成金、已成未成金，此三種相貿易；銀亦三種，錢唯一種；此七種交互易。“錢”者八種：金、銀、銅、鐵、白臘、鉛錫、木錢、胡膠八種錢，皆名爲“錢”。言“尼薩耆波逸提”者，是犯句。犯相如前捉寶戒同。不犯者，《律》云：若以錢貿瓔珞具，以錢易錢爲三寶，不犯。

---

① 言，録本訛作“三尼”，結合文意，據丙本改。
② 教，録本脱，結合文意，據丙本補。
③ 若，録本訛作“者”，結合文意，據丙本改。
④ 本，録本脱，結合文意，據丙本補。
⑤ 嫌，録本脱，結合文意，據丙本補。
⑥ “易錢”二字録本脱，結合文意，據《四分律比丘含注戒本》[T40n1806p440b9]補。

販賣戒第二十。制意者，凡出家之人，理息緣務，静坐修道，何得私[①]自販博，馳騁市肆，動越威儀，招世譏醜。財物既交，或容犯重，臨危[□][事][②]險，行非高節。以斯諸過，聖[制][③]不許。《多論》：四義故，佛制此戒：一、爲佛法僧上故。二、爲止鬪諍故。三、爲成聖種故。四、爲長信敬、不誹謗故。別緣有六：一、在家。二、衆外道亦攝，二[④]共相貿易。三、决價。四、爲己。五、自貿易。六、領受即犯。已下正明戒本。此因跋難陀以生薑易食故起過，又共外道博衣，悔而不得，遂[乃][⑤]譏嫌，佛便制戒：

“若比丘種種販賣者，尼薩耆波逸提。”

此滿足戒文有三句：一、犯人。二、明賣買。三、結犯。初句可知。言“種種販賣”者，《律》云：五種物相易：以時藥易非時，以時易七日，以時易盡形，以時易衣，乃至以衣易衣，皆如是。相互各五句。所以言“販賣”者，謂價直一錢，數數上下。增賣者，價直一錢，言“直三錢”。重增價者，價直一錢，言“直五錢”。言“直五錢”，[買][⑥]亦有三種：一、買。二、增買。三、重增買。言“尼薩耆波逸提”者，是所犯之罪。《律》云：衣藥交貨，諍價高下，數數上下，皆犯。《多論》：此販賣墮，一切墮中最重，寧作屠兒。何以故？屠兒止害一生，販賣一切俱害，不問道俗、賢愚，持戒、毁戒，無往[不][⑦]欺，常壞惡心故。若居穀恒希[⑧]，天下荒餓，霜雹災變。若居鹽積貯，恒願四邊反亂，王路隔塞。多有此過，故此販賣物作塔像，不得向禮。又云：但作佛意禮之，設與僧作食及四方僧房，一切不得住中，持戒比丘不應受用，受用得罪，以過多故。若食販賣因因墮，作衣著著墮，作卧具隨轉轉墮，重於餘墮。《僧祇》：若自問價，作不净語，諍

---

① 私，録本訛作“利”，結合文意，據丙本改。

② 事，録本脱，結合文意，據《四分律疏》[X41n0731p624a]補。

③ 制，録本脱，結合文意，據丙本補。

④ 二，録本訛作“三”，結合文意，據丙本改。

⑤ 乃，録本脱，結合文意，據丙本補。

⑥ 買，録本脱，結合文意，據丙本補。

⑦ 不，録本脱，結合文意，據丙本補。

⑧ 希，録本訛作“悕”，結合文意，據丙本改。

價高下，皆越得物[墮][1]。若物直五十而索百錢，比丘以五十，知[2]之如是求者，不名爲"下價"。若前[人][3]欲買此物，比丘不得抄市，當問言："汝止未？"若[4]報云"我休"者，比丘方云"我以是價知是物好不"。比丘自貨抄市者，越。若自舉物價，前人信之貴取，故犯盜罪。《多論》：如販賣戒中物，或方便有罪，果頭無罪。如爲利居鹽、穀，後得好心，即施僧作福，成果頭有罪。如爲福粜米[5]不賣，後見利便賣，以利自入，即是方便無罪。或俱有罪、俱無罪類知。不犯者，《律》云：聽五衆出家人共交易，應自審定。不應共相高下，如市道法。不得與人貨易，令净人貨。若悔聽還。若由蘇相易者無犯，開供養燈明故。

畜長鉢過限戒第二十一。制意者，然鉢爲應供之器，[□][一][6]資身足，今過貯畜，長貪妨道，招譏[7]醜累，損壞不輕，是以聖制。然以物變無恒，容有失奪，資身要用，事不可廢，施時不受，後則難求，故開十日説净而畜，違過聖教，過則結犯。釋名者，《五分》：有比丘得[二][8]鉢，以佛不聽長故，施他已[9]，鉢破。佛問："幾[□][日][10]後破？"答："十日。"因開十日。《四分》：因請遂亦開十日。故曰"畜鉢過十日戒"。别有五：一、先有受持鉢。二、更得鉢。三、如法鉢非不犯，謂具三如。四、不净施。五、過十日便犯。闕緣比説可知。已下正明戒本。此戒因六群比丘多求好鉢，居士譏嫌，比丘舉過，佛便制戒：

"若比丘畜長鉢不净施，齊十日；過者，尼薩耆波逸提。"

---

① 墮，録本脱，結合文意，據丙本補。

② 知，録本訛作"和"，結合文意，據丙本改。

③ 人，録本脱，結合文意，據丙本補。

④ 若，録本訛作"爲"，結合文意，據丙本改。

⑤ "粜米"二字録本訛作"余來"，結合文意，據丙本改。

⑥ 一，録本脱，結合文意，據《四分律疏》[X41n0731p629c13]補。

⑦ "譏"前録本衍一"世"字，結合文意，據丙本删。

⑧ 二，録本訛作"一"，結合文意，據丙本改。

⑨ 已，録本訛作"己"，據丙本改。

⑩ 日，録本脱，結合文意，據《四分律疏》[X41n0731p629c17]補。

此滿足戒本。文有四句：一、犯人。二、所畜長鉢。三、開十日畜。四、爲結犯。初句可知。言“長鉢”者，《律》云：鉢有六種：鐵鉢、黑鉢、赤[□][鉢][1]、蘇摩羅國鉢、烏伽羅國鉢、憂伽賖國鉢。大要有二：一者、鐵鉢；二者、泥鉢。此二種鉢，要具三如，方堪受持：一者鉢如。但唯泥、鐵。二者量如。大者三升，小者升半。三是色如。《見論》：鐵鉢五熏，凡鉢三熏已上，方是色如。具此三，方可説净。言“不净施”者，是犯緣。犯有二種：一者、過犯；二者、染犯。相對八門，如[2]長衣戒不異。所[言][3]“齊十日”者，是開限。故《律》云：阿難得鉢，欲奉迦葉，以常用故，十日當還，恐犯捨墮，以事白佛，開至十日。所言“過者，尼薩耆波逸提”，此是違限，結犯相門，開通如長衣戒。

乞鉢戒第二十二。制意者，然鉢減五綴不漏，堪資身用。今乃處處隨非親乞，長貪妨道，惱亂施主，於理不可，故須聖禁。別緣有六：一、先有受持鉢。二、減五綴不漏。三、隨非親里乞。四、爲已。五、乞如法鉢。六、領受便犯。已下正明戒本。此戒因跋難陀鉢破，遂於多居士乞多鉢，便被譏嫌，比丘舉過，佛因制戒：

“若比丘畜鉢減五綴不漏，更求新鉢，爲好故，尼薩耆波逸提。彼比丘應往僧中捨，展轉取最下鉢，與之令持。乃至破，應持，此是時。”

此滿足戒本。通有兩段：先明乞鉢制犯，此明持還方軌。初段戒本文三：一、犯人。二、舊鉢未滿。三、更求結犯。初文可知。第二文言“鉢減五綴不漏”者，《律》云：相去兩指間一綴也。“尼薩耆波逸提”者，是第三結罪句。從“彼比丘”已下至“此是時”，明捨還方軌則。於中文二：初“應往僧中”者，明捨鉢。二、“展轉”已下，共爲一句，總論還鉢文。言“此是時”者，謂是用舊持新時。“乃至破”，成持。然下還中四段，廣如律明：一、捨鉢方法。二、懺悔之儀。三、還鉢。四、不還得吉罪。初捨鉢者有四：一、持鉢往僧。二、下境。三、威儀。四、作捨詞句。第二懺悔罪，如上所辯。第三還鉢，文亦有四：一貴者奪

① 鉢，録本脱，結合文意，據《四分律比丘含注戒本》[T40n1806p440c7]補。
② 如，録本訛作“是”，結合文意，據丙本改。
③ 言，録本脱，結合文意，據丙本補。

留，宜還下鉢。二、僧應作白[①]，與下鉢令持。三、罰破比丘，令持新用舊。四、令守護，恐壞故用新。故《律》：僧與下鉢，白二與彼，應守護，不得著瓦石落處、倚杖刀下、懸物下、道中、石上、果樹下及不平地；不得一手捉兩鉢，除指隔中央一手捉兩鉢；不得開户，除用心；乃至不應故壞故失、非鉢用。此之四文，並是取彼好鉢，僧中次行，取衆最下惡鉢，與彼令持，息貪過故。第四、還鉢文二：有緣轉還，無緣經宿羯磨直[②]還。《祇律》：若鉢貴者，應取十鉢直，九鉢在入[③]净厨，一鉢直還主。若乞得二鉢直者，一鉢入僧，一鉢還主。如是隨得多少，限一直還主，餘直入僧厨。第四不還得罪者，《律》云：僧中捨鉢竟，不還者犯吉，教莫還亦吉。不犯中，《律》云：若五綴漏求新、若從新索、從出家人索、若爲他、他爲己、不求而得、若施次得、若自有價買畜者，一切不犯。

乞縷使非親織戒第二十三。制意者，然三衣具，足得資身。今乃自乞縷綫，以憑勢貴，彊逼織師，織作三衣，長貪多欲，損惱織師，反[招][④]譏謗，是故聖制。别緣有四：一、自乞縷綫。二、是非親里俗人織師。三、持勢遣織，不與價直。四、成便犯。已下正明戒本。此戒因[⑤]跋難陀起過，故佛制戒。

"若比丘自乞縷綫，使非親[里織師][⑥]織作衣者，尼薩耆波逸提。"

此滿足戒文有四句：一、犯人。二、自乞縷綫。若居士縷，犯後戒，故須自乞；設若不乞，自縷應輕。三、持勢逼織。以理求得，無罪；與價，亦不犯。四、結犯。已下廣解。上二句可知。言"使非親[□][里][⑦]織師織作衣"者，《多論》：織師非親有三句，此戒正體[⑧]，正損織師犯捨，非親乞縷吉；織師親非親，合有三句；織師親里有二句，闕事第三俱親無罪；是以但有八句。正損織

---

① 白，録本訛作"自"，結合文意，據丙本改。
② 直，録本訛作"其"，結合文意，據丙本改。
③ 入，録本訛作"八"，結合文意，據丙本改。
④ 招，録本脱，結合文意，據丙本補。
⑤ 因，録本訛作"本"，結合文意，據丙本改。
⑥ "里織師"三字録本脱，結合文意，據丙本補。
⑦ 里，録本脱，據前文補。
⑧ 體，録本訛作"明"，結合文意，據丙本改。

師犯提，兼損縷主[□□□][得吉，欲][1]舉一犯，通收重輕，故但言“犯尼薩耆波逸提”者是。第四結罪分齊。捨懺方軌，如律廣明。不犯中，《律》云：二俱親里、若自織作鉢囊、革屣囊、針栴(旃)[2]、禪帶、腰帶、帽、袜[3]、鑷熱巾、裹革屣巾者，一切不犯。

勸讚織師增織衣戒第二十四。制意者，篤信居士，虚心辨(辦)[4]縷，爲[5]比丘故，織作三衣，宜應稱施而受，彰[6]已内有廉節之心，外不惱主。今乃勸讚織師，自與價直，損他縷主，自壞心行，彼我無益，[是][7]故聖制。别緣有六：一、居士自心辨(辦)[8]縷，遣織師織。二、情期有限。三、知有限。四、與價勸織。五、彼爲增縷。六、領受便犯。已下正明戒本。此戒因跋難陀往居士家，擇取縷與織師，又許與價，居士譏嫌，比丘舉過，佛便制戒。

“若比丘、居士、居士婦使織師爲比丘織作衣，[□][彼][9]比丘先不受自恣請，便往織師所，語言：‘此衣爲我作，與我極好織，令廣大堅緻，我當少多與汝價。’是比丘與衣價，乃至一食直，若得衣者，尼薩耆波逸提。”

此戒有三：初、略；二、開；三、滿足。滿足句四：一、犯人。二、縷主遣織三衣。三、“彼比丘”下乃至“食直”，勸織師，自雇價直。四、“若得”下，結犯。上二句可知。言“比[10]丘先不受自恣請”者，是開文。《律》云：佛不聽往作衣家者，後有居士請比丘，與衣，比丘疑不敢往，佛因聽隨意往取，少欲知足，索不如者。餘句文顯可知。

問：“此與前戒織[師][11]何别？”

---

① “得吉欲”三字録本脱，結合文意，據《四分律疏》[X41n0731p631b]補。

② 栴，此當爲“旃”之訛字。參前注。

③ 袜，録本訛作“袾”，結合文意，據丙本改。

④ 辨，此與“辦”同。段玉裁《説文解字注・刀部》：“辦，辦從刀，俗作辨。”

⑤ 爲，録本訛作“與”，結合文意，據丙本改。

⑥ 彰，録本訛作“障”，結合文意，據丙本改。

⑦ 是，録本脱，結合文意，據丙本補。

⑧ 辨，此與“辦”同。

⑨ 彼，録本脱，結合文意，據《四分律比丘戒本》[T22n1429p1018a12]補。

⑩ “比”字前録本衍一“若”字，結合文意，據丙本删。

⑪ 師，録本脱，結合文意，據丙本補。

答:“有四不同:一、前損織師,不損縷主,以乞得故;此損縷主,不損織師。二、前戒由戒損織師,不與價犯;此損縷主,與價故犯。三、前非親犯,親則不犯;此親、非親犯。四、前是己[①]縷,織成即犯;此是他縷,領受方犯。《律》云:不犯者,先受請往求、知足減少求、若從親里索、從出家人索、或爲他索、他爲己索、或不索而得者,一切不犯。”

奪比丘衣戒二十五。制意者,先與他衣,規欲共行,彼苦不去,理應和豫而索,本自無過,嗔心强奪,共相逼惱,特非所宜,故須聖制。别緣有五:一、大比丘甄沙彌不犯,非行類故。二、先與衣,規欲共行。三、不定與前人,不定取,多生惱故。四句中二句:初受、與俱决定。二、决定與,而受者不定。奪取,犯重;若與受俱不定者,吉。四、瞋[心][②]强奪。五、得物屬己便犯。已下正明戒本。此戒因難陀起過,佛制是戒。

“若比丘先與比丘衣,後瞋恚故,若自奪、若教人奪:‘還我衣來!不與汝。’彼應還衣,若取者,尼薩耆波逸提。”

此滿足本文有三句:一、犯人。二、先與衣。三、後心奪而結罪。初句可知。第二句本規同行,故與衣;後彼不肯,因便卻[③]取;故曰“先與比丘衣”。第三句“奪”者,《律》云:若嗔心自奪及教人奪而藏者,犯。謂對面見在奪,若奪不藏者,吉羅。事未分制未成犯,藏而方[④]犯。若著樹上、枷上、床上,及餘著處、離處,犯吉。故戒本云:取衣者,尼薩耆波逸提。捨懺方軌,如律所明。不犯者,《律》云:不嗔言:“我悔不與,還我衣來。”彼[知][⑤]心悔,可即還衣。若餘人言:“此比丘欲悔,還他衣。”若借他衣,著無道理,還奪不犯。若恐失、恐壞,若人破戒、破見、破威儀,若被舉滅殯(擯)、應殯(擯),若爲此事命梵難,一切不奪取、不藏舉者,皆不犯。

---

① 己,録本訛作“已”,結合文意,據丙本改。

② 心,録本脱,結合文意,據丙本補。

③ 却,録本訛作“劫”,結合文意,據丙本改。

④ 方,丙本作“非”。

⑤ 知,録本脱,結合文意,據丙本補。

畜藥過七日戒二十六。一制意者，凡夫之輩[①]，以四大爲驅（軀）[②]，夏[③]末秋初，節氣交競，四大轉改，諸病即生，既有疹[④]惱，防癈修道。大聖慇念，方便開聽，畜服諸藥，以療病苦，趣令安身，進修道業。因聖開聽，廣貯衆藥，長貪壞行，違教招譏，過是不輕，故制提罪。二釋名者，貯用屬己，名之爲“畜”；療患稱藥，越於期限，名“過七日”；故曰“畜藥過七日戒”。三、具緣、通緣如上。别緣有四：一、是七日藥。二、加手、口二受。三、不説浄。四、畜過七日便犯。四、闕緣類知。已下正明戒本。此戒因畢陵加弟子起過，故佛制戒。

“若比丘有病，畜殘藥、蘇油、生蘇、蜜、石蜜，齊七日得服。若過七日服者，尼薩耆波逸提。”

此滿足戒本。文有五句：一、犯人。二、“有病”者，畜藥之緣。三、“殘藥”已下，所畜藥體。四、開齊七日。五、過限結罪。下釋中初句可知。第二句言“有病”者，《律》云“秋月風病動，形體枯燥[⑤]，又生惡創（瘡）[⑥]”等，是畜藥之緣。第三言“殘藥、蘇油、生蘇、蜜、石蜜”者，是所畜藥體。第四言“齊七日得服”者，是其開限。八門句義，如長衣戒説。第五言“若過七日服者，尼薩耆波逸提”，是過限吉罪。《律》云：一日得藥，乃至七日得藥，至第八日，初日藥過，染下六日，隨藥多少，相與俱犯，故言盡尼薩耆波逸提。

問：“下六日藥被染犯時失受以不？”

［□］［答］[⑦]：“解有二種：今且一釋：説浄犯下之六日，亦未説浄，同是長位，故爲初染。口受之法，爲妨宿解，不妨於長。既所防不同，日限未滿，故初日藥不能染下並令失受。是以《律》云：至第七日藥，與諸比丘食，若當失受，即有宿解等生，何故聽食？故知不失。”

---

① 輩，録本訛作“背”，結合文意，據丙本改。

② 結合文意，此“驅”當是“軀”之借字。該字《四分律疏》［X41n0731p631b］作“軀”。可助勘。

③ 夏，録本訛作“憂”，結合文意，據丙本改。

④ 疹，録本訛作“疾”，結合文意，據丙本改。

⑤ 燥，録本訛作“墋”，結合文意，據丙本改。

⑥ 結合文意，此“創”當是“瘡”之借字。《正字通・刀部》：“創，又瘍也。通作瘡。”

⑦ 答，録本脱，據文意補。

[□][問]①:“若爾,餘五日應還主食,所以還令塗足然(燃)燈?”

答:“實不失受,但經②貯畜,有彼情過。藥‘資’義狹,罰不聽服,以息情過,非藥不净;不同於衣,‘資身’義寬,得歸本主,還作衣用。”

餘句類知。

《律》云:此藥應捨與僧已,白③懺除[罪]④竟,還彼藥。第七日藥捨與比丘,彼應服。過七日藥,蘇[油]⑤塗户,石蜜與守園人。減七日者,白二還之,比丘當取塗腳、然(燃)燈。不犯者如上。

過前求雨衣戒、過前用戒二十七。此兩戒合制。依《多論》,亦過前求、過前用二俱尼薩耆,所以不聽。過前求、用者,然此雨衣,資身要用,是以開聽時中乞用。今時未至,豫⑥乞先用,長己貪結,違反聖教,是以聖制。過前求别緣有五:一、是雨衣。二、是過前求。三、爲己。[四]⑦、彼與。五、領受便犯。過前用戒别緣具四:一、是己雨衣。二、非時中得。三、時前受持。四、過前用犯。此二戒同是雨衣,義容相由生罪,是以合制。已下正明戒本。此戒因六群比丘常求雨衣,佛便制戒:

“若比丘春殘一月在,當求雨浴衣,半月應用浴。若比丘過一月前求雨浴衣,過半月前用浴,尼薩耆波逸提。”

此滿足戒文有三句:一、犯人。二、求用時節。三、過前求、用違教結罪。廣⑧解中,初句可知。第二句言“春殘一月在,求雨浴衣”者,“春”者,西方法謂從十二月十六日後至四月十五日已還,名“春”。又至八月半,名“夏”。又至十二月半,名“冬”。今言“春殘一月在”者,謂三月十六日,應求雨浴衣。“雨浴衣”者,比丘用雨中浴。言“半月應用浴”者,《律》云:四月一日應用浴。

① 問,録本脱,據文意補。
② “但經”二字録本訛作“倶輕”,結合文意,據丙本改。
③ 白,録本訛作“自”,結合文意,據丙本改。
④ 罪,録本脱,結合文意,據丙本補。
⑤ 油,録本脱,結合文意,據丙本補。
⑥ 豫,録本訛作“類”,結合文意,據丙本改。
⑦ 四,録本脱,結合文意,據丙本補。
⑧ 廣,録本訛作“度”,結合文意,據丙本改。

第三句言“若過一月前求、過半月前用,尼薩耆波逸提”,是違教結罪。又言“過一月前求”者,爲三月十五日前求也。言“過半月前”者,謂三月盡日。言“尼薩耆”者,是“捨”也。言“波逸提”者,是“罪”也。下雜明文義。《[多][1]論》:雨衣二益,若天雨時,若天熱時,皆得障[2]身洗浴。若閏者無罪。若閏四月前十六日安居者,即日受雨衣用,乃至七月十五日,百二十日用,以夏多雨濕熱故,求有所惱故。不得含閏前求、用,無貪惱故。[□][問][3]:“聽含閏不?”答:“得衣利多,有長□(貪)[4]過,故但五月。雨衣利少,用開含閏。《祇》中從四月十六日乃至八月,衆中捨言:‘大德僧聽!今日衆僧捨雨衣。’如是三説,餘用不犯。《五分》:若過限,不作餘衣,受持净施。不施人者,吉。故《律》云:若捨作餘用,若著而浴、浣,若舉者,並皆不犯。”

過前受急施衣、過[後][5]畜戒二十八。此二戒共爲一戒。若過前受,或過後畜,俱犯捨墮。同由急施衣生,是以[6]須合。若非急施,安居未竟,佛不聽受,受得吉羅。《五分》成文,佛既制意,後因梨師、大臣請僧安居,忽命征討,捨物施僧,如安居法。諸比丘等以安居未竟,不能輒受。佛爲利益施主及潤比丘,潤時前十日内受,不犯吉羅。因聖開故,知[7]是[8]急施,過前而受,違返兩教,貪長處深,故[得][9]捨墮。過前受别緣有五:一、是急施。二、知是急施。三、過十日前。四、無因緣。五、領受便犯。過後畜亦五緣成:一、是急施。二、知。三、十五日内受。四、不作净。五、過限。已下正明戒本。此因六群比丘常乞衣、受衣;又,跋難陀異處安居、異處受衣;又,大臣爲安居施;佛因開而制戒:

“若比丘十日未竟夏三月,諸比丘得急施衣。比丘知是急施衣,當受。

---

① 多,録本脱,結合文意,據丙本補。
② 障,録本訛作“彰”,結合文意,據丙本改。
③ 問,録本脱,據文意補。
④ 貪,録本作缺文,結合文意,據丙本補。
⑤ 後,録本脱,結合文意,據丙本補。
⑥ 以,録本訛作“用”,結合文意,據丙本改。
⑦ “故知”二字録本訛作“知故”,結合文意,據丙本改。
⑧ 是,録本訛作“見”,結合文意,據丙本改。
⑨ 得,録本脱,結合文意,據丙本補。

受竟,乃至衣時,應畜。若過畜者,尼薩耆波逸提。”

此滿足戒文有五句:一、犯人。二、受衣時限。故“日未竟夏三月”,非急不聽。故此第三“諸比丘”下,是急聽受。四、“受衣已”已下,開時畜無罪。五、“若過”下,結過後畜提①。下廣釋中,初句可知。第二“畜十日未竟夏三月”者,《律》云:謂七月六[□][日]②已前,是受衣時限。第三言“諸比丘得急施衣當受”者,是急聽受。故《律》云:“若受便得,不受便失。”故名“急”也。“衣”者,十種。第四言“[受]③竟,乃至衣時應畜”者,是開時畜無罪。故《律》云:“衣時者,自恣竟,不受迦絺那衣一月,受衣五月。若自恣十日在,得急施衣。受已,至一月、五月畜,乃至明日自恣應受。一月、五月④外,更增九日。”第五言“若過時畜,尼薩耆波逸提”者,是結過後畜提。故《律》云:得急施衣,若過前、若過後,並犯捨墮。已下雜明。

問:“汎爾長衣十日不説越,十一日明相出便犯。此急施衣七月十六日受者,十日無罪,入十六日明相應犯。何故乃言‘一月、五月應畜不犯’?”

答:“長衣不與時分明接者,但有前開,無其後開,是以便犯。此急施衣十日受者,是其前開;入十六日後,是後開。相接越此分齊,是以無罪。不犯者,《律》云:不過前,不後畜。若爲賊奪衣、失衣、燒衣、漂衣,過前受,不犯者。若作失等四想、有險難、道路不通,乃至河水大張(漲)⑤,若彼受比丘或死、或出行等難故,過後畜,一切不犯。”

有難蘭若離衣六宿戒二十九。此戒同、異,如前已辯。但前戒聚落清夷⑥,一宿即犯。此蘭若險怖,過六夜犯。前是常流人,有德衣開。此是有難,又兼勝行,不受德衣,但有迦提。以非作故,此亦⑦開限。別緣有七:一、受持三衣。二、冬分非時。故《律》云:夏三月竟,迦提月滿。三、有極怖處。

---

① 提,録本訛作“畜捉”,結合文意,據丙本改。

② 日,録本脱,據文意補。

③ 受,録本脱,結合文意,據丙本補。

④ 月,録本訛作“日”,結合文意,據《四分律比丘含注戒本》[T40n1806p441c29]改。

⑤ 張,此當爲“漲”之形訛字。

⑥ 夷,録本訛作“第”,結合文意,據丙本改。

⑦ 亦,録本訛作“二”,結合文意,據丙本改。

四、置衣在聚落。五、不捨會。六、無因緣。七、第七日明相出便犯。已下正明戒本。此因六群比丘寄衣遊行，同徒舉過，佛便制戒：

"若比丘夏三月竟，後迦提一月滿，在阿蘭若有疑恐懼處，比丘在如是處住，三衣中，欲留一一衣置村舍內，諸比丘有因緣離衣宿，乃至六夜。若過者，尼薩耆波逸提。"

此滿足戒本。文有五句：一者犯人。二、明非時分，甄去時分不犯。三、"在阿蘭若"已下，有極怖處。四、"在如是處"下，開置舍内六夜一會。五、"若過"下，結罪。廣釋中，初句言"若比丘"者，義如上辯。第二言"夏三月竟，後迦提一月滿"者，明非時分。故《律》云：爲八月半後也。第三言"若阿蘭若有疑恐懼怖處"者，是極畏處也。故《律》云："有疑"者，疑賊盗。"恐怖處"者，中有恐怖賊盗也。第四言"比丘在如是處住，三衣中，欲留一一衣置村舍内"至"六夜"已來，是明開離衣限。故《律》云：若有因緣離衣宿，齊六夜得；至第七夜明相未出前，應會衣。又，《多論》云：有病得僧羯磨，亦無過。

問："外難何故定開六夜内？[□][病][1]因緣直作羯磨，不局日限者何？"

答："外難進否，不可得知故，須定六内。病差(瘥)否義，在易知故，以病差(瘥)爲期，不須定限。"

"若爾，七日藥亦應差(瘥)否易知，而[2]定言七？"

答："藥之功能，七日内來，有療患之功。依藥勢力，故定七日。如《祇律》説，又云寄著可疑俗人家。《五分》：上二衣中隨所重者，聽寄一衣，不得寄下[3]衣，以隨身故。禮拜入寺、乞食，不得單著，但得寄一衣。《善見》：若防堅蜜(密)[4]，不須寄衣，無者得寄。六夜一看，見衣已，還蘭若所。第五言'若過者，尼薩耆波逸提'，是過限結罪文。開通如前離衣戒説。不犯中，《律》云：已寄六夜，至第七夜，明相未出前，若到衣所，若捨衣，若奪等四想，若道路險難不通，不捨，不至衣所，一切不犯。"

---

① 病，録本脱，結合文意，據《四分律疏》[X41n0731p638a]補。

② 而，録本訛作"面"，結合文意，據丙本改。

③ 下，録本訛作"不"，結合文意，據丙本改。

④ 蜜，此通"密"。

迴僧物入己戒三十。制意者，出家之士，理遵少欲知足爲懷①，聞他居士許欲施僧，方便勸化，迴來入己，内長貪結，外惱他主，又復損僧，殊所不應，是故聖制。別緣有四：一、是許僧物。二、作許想。三、迴入己。四、領受便犯。已下正明戒本。此戒因跋難陀起過，佛爲制戒：

"若比丘知是僧物，自求入己者，尼薩耆波逸提。"

此滿足戒本。文有四句：一、犯人。二、若知。三、許僧物。四、迴向便犯。廣解中初句可知。第二言"知"者，《律》云：若不知[是]②，許僧迴者，非[犯]③。第三言"是僧物"者，《律》云有三種僧物：一、已許僧，爲僧故作。二、未許僧，爲僧故作。如俗家爲僧作床褥、器具供僧之物。三、已與僧者，已許僧已，捨[與]④僧。此三句之物，迴有輕重：初物犯捨，迴第二物犯吉，迴第三犯重。第四言"求入己，尼薩耆波逸提"者，是犯罪句。捨懺之法，如前所明。下雜明。《僧祇》：若人持物來問僧："何處布施？"答言："隨汝所敬處與。"若[□][言]⑤："何處果報多？"答："施僧。"若言："何者持戒清净？"若言："無[僧]⑥犯戒、不清净。"若言："我已施僧，今施尊者，得受無罪。"若言："此物置何處，使我常見受用？"答："某甲比丘坐禪、誦經、持戒。若施彼者，長見受用。"《四分律》中⑦，明四對八句，謂迴不入己，教犯輕罪：一、塔[僧]⑧相對。二、四方、現前相對。三、僧、尼兩衆相對。四、料間上三同類，同類迴此與彼，故言"許異處"。故《律》云：若物許僧轉與塔、許四方僧迴與現在僧、許比丘僧迴與尼僧、許異處，乃至許異處迴與此處，一切吉羅。並謂未决定、若决別施，隨前犯。《僧祇》：迴此彼畜生物越心悔。但還物之中，《四》、《五》、《十》三律：捨竟自用，不須還僧，以不定屬僧故。《祇律》云：五敷具迴僧，對僧捨，入僧已，隨僧作何等用。《多》、《見》兩論：捨竟還僧，不還犯重。《了

① 懷，録本訛作"雖"，結合文意，據《四分律疏》[X41n0731p638a16]改。
② 是，録本脱，結合文意，據丙本補。
③ 犯，録本脱，結合文意，據丙本補。
④ 與，録本脱，結合文意，據丙本補。
⑤ 言，録本脱，據文意補。
⑥⑧ 僧，録本脱，結合文意，據丙本補。
⑦ 中，録本訛作"云"，結合文意，據丙本改。

論》：迴僧所應得施入已，應捨還大衆故。《十誦》、《多論》云：若檀[1]越施此自恣僧物、迴與彼自恣僧者，物應還此比丘作吉悔。若不還此僧，計[2]錢成重。乃至此、彼一人物，迴亦成重。准此定屬僧次[3]，迴與他人，成重。不犯中，《律》云：若不知、若已許作不許想、若許惡勸與好、若許少勸與多、若許一人勸與多人、若誤、若戲、若錯説者，並皆不犯。

"諸大德！我已説三十尼薩耆波逸提法。今問諸大德！是中清净不？（三説。）諸大德！是清净，默然故，是事如是持。"

此戒結前三十捨墮，亦通問諸戒中清净法，猶默然，知清净故，言"是事如是持"。

《四分》戒疏卷第二。

《四分》戒本疏卷第三[4]

沙門慧述

"諸大德！是九十波逸提法，半月半月説，戒經中來。"

此明第三篇。初標説儀，次陳本戒，後問清净。此是標文也。初約總相七門分別，後乃別隨文解釋。言"總相"者，一、約身、口分別。二、約自、他兩業。三、約遮性辨釋。四、就持犯。五、隨違制不同。六、約二部同異。七、就下衆任運。

初身、口者，位有其三：一、有二十戒，口業成犯。二、有三十一戒，身業成犯。三、有三十九戒，身、口合犯。口二十者，謂妄語、毁呰、兩舌、同誦、説麁、實得道、説法過五六、嫌駡、輒教、譏教（十）、日暮、恐怖、疑惱[5]、發諍、説欲不障、拒勸學、毁毘尼、同羯磨悔、與欲已悔、無根謗等是。身業三十一戒

① 檀，録本訛作"壇"，結合文意，據丙本改。

② 計，録本訛作"討"，結合文意，據丙本改。

③ "次"字前録本衍一"此"字，結合文意，據丙本删。

④ 卷第三今仍以《大正藏》所據卷伯2245號爲底本。參校甲本：斯405號；乙本：斯1481號；丙本：斯4004號。

⑤ 惱，録本訛作"慳"，結合文意，據底本改。丙本亦作"惱"，可參。

者：二宿、强敷坐、脱著、覆、爲尼作衣、尼坐、過受、别衆、三鉢，十。非時、殘宿、不受、外道、食藥請(三)、坐、前二軍陣，十。如非時食、咽咽[□][犯]①者，豈非通名"身業"？此一既爾，餘類可知。第三軍陣、飲酒、水戲、過洗、擊歷、白②色三衣、二隨、打、博、突入一等是。身、口合犯三十九者，位以爲三：第一有兩戒，身、口正(止)③作業，共身犯。謂屏、露二敷具；若自敷，身作業；若教人敷，口作業。去時不自舉，身正(止)④業；不教人舉，口正(止)⑤業。出門、界犯，豈非共身犯？第二有七戒，口家正(止)⑥業，共身犯。謂覆藏麁罪。《見論》：身、心犯，見聞作犯，此是通名"身業"，未即成罪。若發露無過，由口正(止)⑦不發露故，心地覆藏，逕夜便犯，是名"假正(止)⑧業共身犯"。餘有六戒，皆有口業作法，本自無過，由口止故，身作前事，即得其罪。謂皆請足食，二入聚[□][落]⑨輒著，不與欲是等，假口正(止)⑩業，共身犯。第三有三十戒，口作共身犯。於内位四：一、有十九戒，自口作業，假他身。是中若論自作，唯身、心犯。且⑪約教人邊説，如教壞他⑫，言雖了了，未即犯提；要假前人身業壞他⑬，教者方犯；是名"自口作業，假他身犯"。餘皆類然。教人壞生、掘⑭地、牽他出房、用虫水、無事然(燃)火、藏他衣鉢、殺畜生、驅他出聚、飲虫水、遣使持己衣與尼、捉寶、高床，下次第七戒，此等戒是。第二有四戒，自身假他口，謂讚食減年受戒、不攝耳聽屏聽，此等是。如尼讚食戒，若尼不讚，但爾直食，本自無犯；假尼口讚食，方成犯。減年受戒，和尚得提，假羯磨竟。餘者可知。第三有五戒，自身口假他身，如四期索美食。第四有兩戒，自身口、假他口、假異語觸惱身、口兩業，假僧作白，又須唤問，故

---

① 犯，録本脱，結合文意，據《四分律疏》[X41n0731p639a]補。

② 白，録本訛作"自"，結合文意，據底本改。丙本亦作"白"，可參。

③ 結合文意，"正"當爲"止"之訛字。《四分律疏》："第一有兩戒，身口止作業"[X41n0731p639a]可資比勘。又，下文："本自無過，由口止故，身作前事，即得其罪。"亦可助勘。

④⑤⑥⑦⑧⑩ 正，《四分律疏》[X41n0731p639a]作"止"。

⑨ 落，録本脱，結合文意，據《四分律疏》[X41n0731p639a]補。

⑪ 且，底本訛作"具"，《大正藏》本據文意改。丙本亦作"且"，可參。

⑫⑬ 他，底本、録本訛作"地"，結合文意，據丙本改。

⑭ "掘"字前底本有一"惱"字，當係誤增，《大正藏》本據文意删。丙本亦無，可參。

假他口，不受屏諫所作之事，通於七聚，豈非身、口要假他諫作方得犯故。

第二、自作、教他兩業者，勸足一戒，唯教他業；足食一戒，唯自作業。自、他兩業，分爲二戒。有二十一戒，有教人同犯，而不别立自、他之異。既知斯義，位約爲四：一、唯教人，謂勸足是。第二、有十一戒，自、他俱犯，謂掘地、壞生、牽出、二虫水、恐怖[①]、然(燃)火、藏衣鉢、殺畜生、無根謗、捉寶。於中掘、壞、捉寶此三大護佛法故，餘總境重故，但使教人，一切同犯。第三、有十戒，教人同不同。謂屏露二敷、持衣與尼、高床、下七教人作，此於已有閏(潤)[②]，是以同犯。若直教人，於已無益，但得輕愆。第四、餘有六十八中，六十七戒，自重教輕；足食一戒，但自作業。

第三、遮性分别者，三十是性，餘悉輕遮。其三十者，謂妄、毁、兩麁、異、嫌、强、牽、用、譏、驅、諫、恐、殺、飲、疑、覆、起、説、隨、擯、掘[③]、毁、同、欲、悔、聽、打、博、謗。此等性惡，餘並遮愆。

第四、持犯者，有十三戒，具二持犯，謂五雙、三隻。如得羯磨一雙：説麁教誡尼，受功德衣；復有一雙不犯：背[④]别，囑受，一(二?)[⑤]入聚落作餘食法，得無足食，勸足七日盡形，作口法受，不犯殘宿，不受浄施；問主無其輒罪，如麁發露，僧事與欲，此復三隻；合十三戒。由聖開聽，作其口法。若順聖教，作口法竟，作此十三，而無罪過，名爲“作持”。止持不作法，而身作事有違，名爲“止犯”。據作事邊，復名“作犯”。此上止、作二犯，業思體一，而名是别。若止法止事，名爲“止持”。作持、止持，名體各别。亦可作法作事，望作法邊，即是“作持”。以作法故，縱作前事，而無作犯。反卻作犯，豈非“止持”? 此亦體一名異。餘七十七單持，犯中不攝耳。一作持止犯，餘止持作犯。如釋時不攝耳。一唯作持止犯，十三少分作持止犯。餘七十七及十三少分通論八十九，止持作犯。犯時品别，已如上辨。

① 怖，録本訛作“有”，結合文意，據底本改。丙本亦作“怖”，可參。

② 閏，録本訛作“閨”，結合文意，據底本改。丙本亦作“閏”，可參。又，此“閏”當是“潤”之借字。

③ “擯、掘”二字底本、録本訛作“拒”，結合文意，據《四分律疏》[X41n0731p639a26]改。

④ 背，底本、録本訛作“皆”，結合文意，據丙本改。

⑤ 一，《四分律疏》[X41n0731p639b]作“二”。

第五、違制不同者，異語説欲及以二隨，此違僧制，餘違佛制。通如言之，並是佛制。但諸羯磨要須僧秉，若不作此羯磨法，作無所違，故言“違僧制得罪”。

第六、二部同異者，三種不同：一、有三戒，有、無不同。謂輒教、日暮、譏教戒師。大僧則有，尼無可知。二、有十三戒，輕、重不同。謂食三、衣五、坐一、行三、牙角鍼筒，大僧便重，尼衆咸輕，多以大僧數[1]故便重，尼希故輕。謂讚食、勸足、索美三，與尼衣、作及三過量是衣五。三、有五戒，犯同緣異。謂皆請足食犯同，而開緣不同，亦可離、合不同。與外道食，犯雖是同，與緣不同。一減年戒，受[2]緣不同[3]。過量浴衣，生緣犯[4][□][同][5]，用[6]緣不同，亦可名字不同。此等俱得提罪，名爲“犯同”。緣有異故，下尼律云別制不同之義，至文中解。餘以同故，至尼法中直列戒本。此位言，於中細論，如覆藏僧寬尼狹，或有境[7]界翻到，隨義有異。如兩舌、毀呰、二宿、過五六語等，反説可知。

第七、任運者，前自、他四位，第二、第三教人犯中二十一戒，除屏、露二數，餘十九戒容有任運。餘未可知，已下隨文別釋。

故妄語戒第一。一、制意者：然出家之人，理宜稱實，寧喪身命，許無虛謬；今反違心背想，欺誑前人，令他虛解，自失正利，過患之甚，是以聖制。二、釋名者：言不稱實，所以名“妄”；彰之在口曰“語”，無心不犯；故曰“故妄語戒”。三、具緣、通緣如上。別緣有六：一、人；二、作人想；三、遣想説；四、知違想語説；五、口言了了；六、前人聞知。四、闕緣，比説可知。《多論》妄語、兩舌、惡口[□][相][8]歷作四句。或有是妄語，非兩舌，非惡口；傳他語時，以不實故，是妄語；不分離心，非兩舌；軟語説故，非惡口。第二是妄語，

---

① 數，稠密義。《吕氏春秋・辯土》：“慎其種，勿使數，亦無使疏。”

② “戒、受”二字底本、録本訛倒作“受戒”，結合文意，據《四分律疏》[X41n0731p639c]改。

③ “不同”二字底本、録本訛倒作“同不”，結合文意，據《四分律疏》[X41n0731p639c]改。

④ “緣犯”二字底本、録本訛倒作“犯緣”，結合文意，據《四分律疏》[X41n0731p639c]改。

⑤ 同，底本、録本脱，結合文意，據《四分律疏》[X41n0731p639c]補。

⑥ 用，録本訛作“同”，結合文意，據底本改。丙本亦作“用”，可參。

⑦ 境，録本訛作“竟”，結合文意，據底本改。丙本亦作“境”，可參。

⑧ 相，底本、録本脱，結合文意，據《四分律删繁補闕行事鈔》卷中[T40n1804p74b11]補。

是兩舌，非惡口。不實故是妄，分離心故是兩舌，軟語説故非惡口。第三是妄，是惡口，非兩舌。第四具有三。下毁呰、兩舌作法亦有四句，類説可知。已下正明本。此戒因象力比丘善能談論，與外道議，前後語異，梵志譏嫌，比丘舉過，佛便制戒：

"若比丘知而妄語者，波逸提。"

此滿足戒本。文有三句：一者、犯人。二、故妄語。三、違制結犯。初句可知。第二言知而妄語者，於中文三：一、明妄語境。二、辯誑人犯義。三、前後方便多少。言"妄語境"者，有其八種：一、見言不見。二、聞言不聞。三、觸言不觸。四、知言不知。餘四反上可知。此是妄語境。言第二犯語者，眼見者，識能見；知者，乃至意能知。不見者除眼識，餘五識是類反。言第三方便多少者，於中有四：初三時有心，本作妄語，念時憶是妄語，語已知是妄語。第二、第三，各有兩句：二時有心，一時無心。第四一句，三時無心。第三言"波逸提"者，犯名。若三時有心妄語者，皆得根本提罪。次有兩句：二時有心、一時無心者，末[①]句根本有心、前後無心，此四亦提。前後有心，根本無心；前一有心，後二無心；後一有心，前二無心；此三得吉，如律廣説。第四一句，三時無心，悉皆不犯。又《律》云：所見異、所忍異、所欲異、所觸異、所想異、所心異，如此諸事，皆是妄語。言"所見異"者，行心之中見於虎狼，言"見佛像"是。言"所忍異"者，領納違境，安心苦受，名之爲"忍"；對他樂受，異本所忍，故曰"所忍異"。言"所欲"者，緣於財色，悕須名"欲"；即言欲得聞法，故曰"所欲異"。言"所觸異"者，坐禪行中，實得冷觸，言"得熱觸"，是名"所[②]觸異"。言"所想異"者，無生異怨想，言"有親想"，故曰也。言"所心異"者，行心緣此益，言緣彼故，云"所心異"。皆得提罪。又《律》云：説戒時乃至三問、憶念有罪、而不發露者，犯默妄吉羅。《僧祇》：屠兒等逐畜生，問言："見不？"不得妄語，不得示[③]處，應問餘事，乃至看自指甲，應方便引接，

① 末，底本、録本訛作"未"，結合文意，據《四分律疏》[X41n0731p641a]改。
② 所，録本訛作"熱"，結合文意，據底本改。丙本亦作"所"，可參。
③ 示，録本訛作"爾"，結合文意，據底本改。丙本亦作"示"，可參。

令畜生遠去。如是方便無犯。《十誦》:若語高性(姓)①人,云是下性(姓)者,犯墮。若語兩眼人,云:"如(汝)②一眼。"得妄語提。又輕惱比丘故,提。若語一眼人云:"汝是瞎眼人。"得輕惱他罪。又明五種妄語,從夷至吉是。今約此戒,因果三種:若起心欲誑前人,得責吉;若發言前人未解,得對首吉;若言了前人解,即得提罪。不犯中,《律》云:但稱想説,見言"見",不見言"不見",乃至知等八種皆爾,若意有見想便説者,皆不犯。

毁呰戒第二。一、制意者:然夫人之法,宜出善言,遞相讚嘆,令彼歡喜,勇進修道;反以下賤之言形呰前人,令彼慚愧,癈修正業,傷初人心,甚於劍割,惱處不輕故,所以聖制。别緣有六。一、大比丘。《十誦》、《五分》毁下四衆皆吉。二、是毁呰語。三、知是毁呰語。四、作折辱意。五、言章了了。六、前人聞知。此毁語亦有四句,比前而説。已下正明戒本。此戒因六群比丘斷事種類,駡彼忘失前後,慚愧不語。比丘舉過。佛引古牛以譬畜生得毁、不堪進力等,便制此戒:

"若比丘種類毁呰語者,波逸提。"

此滿足戒本。文有三句:一、犯人。二、毁語。三、結犯。初句可知。言"種類毁呰"者,於中有二:初引六惡法,次明所駡事。言"六惡"者,如《律》中説種類:一、種卑。二、性(姓)卑。三、業卑。四、相貌卑。五、犯過卑。六、結使卑。言"種卑"者,"汝是卑家生"。言"性(姓)卑"者,"汝是下姓人"。言"業卑"者,"汝是伎術工巧人"。言"相貌卑"者,"汝是盲、瞎等人"。言"犯過卑"者,"汝是犯過人"。言"結使卑"者,"汝是多結使人"。第二所駡事者有三:一、若面駡。二、喻駡。三、自比駡。言"面駡"者,"汝是除糞家生"等是。言"喻駡"者,"汝似除糞種"等。言"自比駡"者,"我非除糞種",乃至"我非販賣、殺牛羊、跛躄人"等。又,作善法駡亦三種:"面駡"者,"汝是阿蘭若坐禪等人"。餘二例知。第三句言"波逸提"者,是結罪文。於輕、重有二:一、以六種惡法駡比丘者,皆得提罪。二、以善法三種駡者,悉犯吉羅。就惡法駡

① 性,《四分律删繁補闕行事鈔》卷中[T40n1804p74c4]作"姓",可資比勘。

② 結合文意,"如"當爲"汝"之借字。《四分律删繁補闕行事鈔》卷中[T40n1804p74c5]作"汝",可資比勘。

中，若罵比丘及父母者，得提罪。若罵和上、闍梨，得蘭。若罵親、罵親友、同學等，吉。《毘尼》云：[□][面][1]比罵外更加，是中有如是人亦犯，謂小姓比丘與大姓者同住，云“此中有小姓比丘”。不犯者，《律》云：若爲相利故説，爲法故説，爲律故説，爲教授故説，爲親友故説，或喜笑，或因語次，或失口，或觸處説，或誤説，皆不犯。

兩舌語戒第三。制意：夫出家同住，無心生别，專構私屏，傳於彼此，令僧未有諍事而生，已有諍事不可除滅，鬪[2]亂僧衆，惱懷處重，是故聖制。别緣有六：一、善大比丘，除餘衆及破僧助伴等。二、説鄙惡事。三、傳於彼此。四、作離意。五、言章了了。六、前人文知。《論》云：鬪亂大比丘，提；餘衆罪輕。以鬪比丘，容有别部，破僧事起，爲斯故重。亦有四句，比説可知。已下正明戒本。此戒因六群傳他彼此，令衆鬪諍，不能除滅，比丘舉過。佛引野干鬪諍二獸，况復於人，便爲制戒：

“若比丘兩舌語者，波逸提。”

此滿足戒本。文有三句：一、犯人。二、兩舌。三、結罪。初句可知。二、言兩舌語者[3]，鬪亂兩頭，令他破也。故《律》云：鬪亂十衆：出家五衆，在家亦爾。三言“波逸提”者，是結犯文。《律》云：若鬪亂比丘者，犯提；餘九悉輕。《祇》云：以惡法告言某甲説：“汝是無有上、中、下法。”欲令他離。若彼離、不離，皆墮。《多論》：説以更説，墮。若不傳彼此語，但兩邊説合離散者，一切吉羅。不犯中，《律》云：若破惡知識、惡伴黨、和上、同師、親友、知識，於僧塔廟作無利，欲方便作無義，破如是人者，一切無犯。

共女人同室宿戒第四。制意者，男女形殊，理無同居，境界交涉，容生穢染，又致譏醜，莫能自拔，患累不輕，是故聖制。别緣有五：一、是人女。二、室相成就。三、共同室宿。四、知共宿。五、隨卧轉側結罪。言“人女”者，《四》[4]、《五》二律局取人、女人，簡餘女，簡異男等，但是人女，不問道俗、親

① 面，底本、録本脱，結合文意，據《四分律删繁補闕行事鈔》卷中[T40n1804p74c29]補。

② 鬪，録本訛作“聞”，結合文意，據底本改。丙本亦作“鬪”，可參。

③ 丙本至此止。

④ 《四》乃姚秦罽賓三藏佛陀耶舍共竺佛念等譯《四分律》之簡稱。下同。

疏、大小。《五分》：乃至初生，具除死女也。《祇》云：十二律通三趣女。謂《祇》中云：母女、姉妹、大小、道俗，咸是犯境。《十律》云：三趣女共宿，並犯。若駝、馬、牛、羊，若卧、若立等，鵝、鷹、孔雀、鷄等，若一腳立，頭置頂上，即名"宿犯"。乃至他舍有女人、客猫子處宿，亦犯。四、知共同宿者，但知宿即犯。不同二行，要須共期方犯。《五分》：若母女、姉妹近親病，若有知界，自伴不卧，皆不犯。此《律》下開自病不犯，對此病開，亦應立緣。已下正明戒本。此戒因阿那律行路，至淫女舍宿，被女嬈，尊者昇在虚空中。彼慚愧懺悔，説法得道。比丘舉過，佛便制戒：

"若比丘與女人同室宿者，波逸提。"

此滿足戒本。文有四句：一、犯人。二、女人。三、同室宿。四、結犯。初句可知。第二言"與女人"者，《律》云：人女有知，命根不斷。三、言"室宿"者，室有四種：一、四周障上有覆，即同在一堂内，中有隔者，准論不合。二、前敞無壁，即長行房簷[①]下，兩頭有障。三、雖覆而不遍，即同院一門上通覆，開中央。四、雖覆遍而有開處，謂通覆障上，少開明孔。言"宿"者，此等四室比丘與女人同宿戒，女人後至，或比丘後至，或二人俱至，若亞卧[②]，隨脇轉側，一一皆犯。四、言"波逸提"者，是犯句。於中有二：若與女人同室宿，隨轉側，一一犯提。若與女人、畜生、若人黄門二根人同宿，吉羅。若比丘晝日卧、女人立者，吉羅。女人若坐，犯屏墮。《多》、《善》二論：若都集堂同障内，設使出入，皆犯。《十誦》：若在室中通夜坐者不犯，必應多共處有明不睡者。《祇》云：一房别户，有隔無犯。若大會通夜説法，露地風雨寒雪，欲入房内，應端身直坐。若老病不能坐者，當施隔，不得用疏物，高齊肩、腋，下至地，不得容猫兒過。若無隔者，女人可信，應語女人言："汝先眠，我坐。"比丘欲眠，

① 簷，底本、録本訛作"擔"，結合文意，據《四分律删繁補闕行事鈔》卷中[T40n1804p75a24]改。

② 按：《釋名・釋親屬》："兩壻相謂曰'亞'。言一人取姊，一人取妹，相亞次也。又並來至女氏門，姊夫在前，妹夫在後，亦相亞而相倚，共成其禮也。""亞"字訓"次"，與"相倚"義相因，故《釋名》云"相亞而相倚"也。《玉篇》："亞，次也，就也。"《廣韻》："亞，次也，就也。"故倚身而卧爲"亞卧"。又，慧琳《一切經音義》卷第五十九"偯卧"條："於嫁反。《韻集曰》：'倚，偯也。'今言'偯息'、'御偯'並是也"[T54n2128p701a12]其中"偯"乃"亞"之分别字。

語令起:“我欲眠,汝莫眠。若眠者,汝無福行。”《多論》:與十女宿,得十墮。一一轉,各各得十墮。若白衣舍,與女人並房,不閉户,吉羅。不犯中,《律》云:若先不知室内有女宿,若不成室相,若坐,若行,若病,若爲强力所投,若爲人所縛,若命梵等,並皆無犯。

與未受具人同室宿過限戒第五。制意者,凡道俗路乖,情事相反,始習未閑,事多相惱,近則生慢,亂道廢業,故宜别處,存道益敬,爲是故須制。然出家之人,栖心無定,事有遊行,投人止宿,存形濟命;又,沙彌離俗,憑蔭在此,處無所杖,事須眷接;是以開聽,限期二宿。然禁則防其過,開則通其益。開制之宜,理所應然。别緣具五:一、未受具人男子,簡去女人,以佛不聽與女人同室。本不開二夜,何有過三之咎? 故《伽論》云:以二夜共沙彌宿,第三夜共女人宿,得二提罪。二、室相成就。三、共同室。四、知同室。五、隨過三夜犯提。已下正明戒本。此戒文三:初句略制;二①、牒制隨開二夜、三夜;後廣制。言“略制”者,因六群共長者同室宿,中有比丘亂心睡眠,形露,爲彼調持(挵)②,佛制不聽共宿。言“牒隨開”者,次因羅云,開聽二、三。

問:“佛既不聽與未具人宿,驅出羅云,應是順教,何以呵言‘癡人無慈,不護我意’?”

答:“夫爲弟子有事之時,理須諮啓,佛因事開。輒爾驅出,乖弟子之儀,無慈之甚。是以佛呵:‘癡人無慈親。’是佛子尚不慈念,豈況餘人,寧有慈愍?《五分》:佛呵癡人:‘云何野干驅逐師子? 讚嘆持戒。’因聽共未具人二宿。”

言第三廣制者,下所辨是。

“若比丘與未受具戒人共宿,過二宿至三宿,波逸提。”

此滿足戒本。文有四句:一、犯人。二、未受具人。三、共宿過限。四、結罪。初句可知。二言“未受具人”者,除比丘、比丘尼,餘未受大戒人是。

---

① 二,録本訛作“三”,結合文意,據底本改。

② 結合文意,“持”當爲“挵”之形訛字。“挵”同“拚”,乃“弄”之分别字《龍龕手鑑·手部》:“挵”,同“拚”。《集韻·送韻》:“弄,《説文》:‘玩也。’或從手。”此字《四分律比丘含注戒本》正作“弄”[T40n1806p443a11]。可資比勘。

三言“共宿”者,《律》云:同室宿有四種。如前所明。於中四句差别:一、[1]人一室異。二、室一人異。三、人室俱一。四、人室俱異。此等並是共宿中攝。言[2]“過二宿至三宿”者,是開限。《律》云:共宿至三夜明相未出,應起避去。若至第四宿,若自去,若使彼去,若不避明相,似應[□][越][3]明想(相)出,至第四日旦,即犯一提。若避明相,旦時未犯,於第四夜,隨宿轉側,一一提罪。今戒本中,直對不避明相違法一邊而結,故言過二宿至三宿提。若避明相,過三未犯,第四夜,[□][犯][4]。《祇》:若三夜犯竟,未懺悔,無二夜開,隨宿人結罪。若懺竟,得開二夜。《十誦》:若通夜坐,若病,得與沙彌過宿病人卧者,開;餘不病比丘不應卧。四、言“波逸提”者,是犯名。《母論》云:若至第三夜,比丘無去處者,不應卧坐,至明相現。若至第四宿,又無去處,明相欲現時,若自去,若遣彼去,若不爾者,皆犯提罪。若與非人畜生男共過三宿,一切吉羅。餘不犯緣,並同前戒。

共未受具人同誦戒第六。制意者:《多論》四種義故,佛制此戒:一、爲異外道故。二、爲師與弟子位别故。三、爲分别言語分了故。四、爲依實義、不貴音聲故。别緣有五:一、是佛所説法。二、字句味。三、未具人。四、齊聲同誦。五、言説了了便犯。已下明戒本。此戒因六群比丘與諸長者在講堂高聲同誦經語,惱亂坐禪比丘,佛便制戒:

“若比丘與未受具戒人同誦者,波逸提。”

此滿足戒本。文有四句:一、犯人。二、未受具人。三、同誦。四、結罪。前二句可知。三言“同誦”法者,誦謂名文,不前不後,同時而誦,或[5]抄前、抄後二誦,皆名“同誦”。所言“法”者,佛所説、聲聞所説、仙人所説、諸天所説,皆是正法。四言“波逸提”者,是違犯罪。故《律》云:若聲聞、弟子、餘人等説,爲佛印可者,即名爲“法”。此法若抄前抄後而説,皆犯提罪。故《律》云:“共誦”者,謂誦句義、句味、字義,非句義而亦爾。言“句義”者,二人齊誦,聲

① 一,録本訛作“二”,結合文意,據底本改。

② 甲本以上殘。

③ 越,底本、録本脱,結合文意,據《四分律疏》[X41n0731p642c10]補。

④ 犯,底本、録本脱,結合文意,據《四分律疏》[X41n0731p642c10]補。

⑤ 或,録本訛作“戒”,結合文意,據底本改。甲本亦作“或”,可參。

同句表,三行理同,名爲"句義"。犯提。《十誦》云:齊聲句異,吉羅。言"非句義"者,前人說"諸惡莫作"未竟,後人抄前,言"諸惡莫作",使前人言教表正、行不圓,故曰"非句義"。亦犯提罪,以句同聲相接故。言"句味"者,句表無常理,周有資神之益,名曰"句味"。抄奪前言,表理不周,無資神之用,故曰"非句義"。言"字義"者,齊聲同誦,表名體理圓,名爲"字義"。抄奪前言,名體不圓,故曰"非字義"。《見論》云:一切律藏、阿毘曇、修多羅是佛所說,後五百羅漢結集。此法同誦,悉犯提罪。《十誦》隨一品、一章、一段,各得提愆。若自以己意撰集文字,乃至俗書,非佛所說,故無罪。不犯中,《律》云:應言:"我說竟,汝說。"若一人誦竟一人書,若二人同業同誦,若錯說彼此,皆不犯。

向未受具人說他麁罪戒第七。制意者:出家僧衆,理宜清顯,善名外障,生人信教;以此比丘麁惡之事,向俗人說,前人聞之,於彼僧寶情生薄淡,失其敬信崇重之意,損壞處深,故須聖制。別緣有七:一、是比丘及尼。二、犯初二篇罪。三、知犯麁罪。四、無僧法開。五、向未受具人說。六、言辭了了。七、前人聞知。已下正明戒本。此戒因六群比丘向白衣說犯僧殘比丘過,彼犯者聞聲乃慚,餘比丘白佛,佛便制戒:

"若比丘知他比丘犯麁惡罪,向未受大戒人說,除僧羯磨,波逸提。"

此滿足戒本。文有五句:一、犯人。二、知麁罪。三、向未受人說。四、除僧羯磨。五、結罪。初句可知。第二句言"知他犯麁"者,《律》云:犯初、二兩篇,名爲"麁惡罪"。第三句言"向未受戒人說"者,《律》云:除比丘、比丘尼,餘人是。第四句言"除僧羯磨"者,是開限文。第五句言"波逸提"者,是違犯罪。故《多論》云:寧破塔壞像,不說他麁罪。若破佛塔,其罪有限。說他麁罪,破壞法身,罪同五逆。故《律》云:不問前人有罪、無罪,衆僧不作羯磨,向人說,一一皆墮。《五分》:尼[□][向][①]白衣說僧汎爾小小罪過,皆墮。《僧祇》:若人問:"某甲比丘犯淫、飲酒[□][者][②]?"答云:"彼自當知。"除上二篇,說餘罪,一一犯吉。又若說名字、若種姓、若衣服、若房舍、若相貌,皆犯提罪。說下三篇得吉。若自說麁罪,亦犯吉羅。不犯者,若不知,若僧差,

① 向,底本、録本脱,結合文意,據《四分律删繁補闕行事鈔》卷中[T40n1804p76a4]補。
② 者,底本、録本脱,結合文意,據《四分律删繁補闕行事鈔》卷中[T40n1804p76a6]補。

若非麁想,若白衣先已聞,皆不犯,非不有小罪。

實得道向未受具戒人説戒第八。《論》云:二義故制:一、爲大人法故,理宜功德覆藏,諸惡發露;今自説德行,隱匿罪過,非大人之法。二、自顯聖德,則賢愚有異;前人聞之,偏心專敬,失於平等净善之心。是故聖制。别緣有五:一、内有實德,蠲去增上慢人,境虚不犯。二、自言己有。三、向未受具人説。四、言辭了了。五、前人聞知。然復此戒不别有緣,舉大妄語中,或有實得者①,以制斯戒。此聖人制竟,不復更犯,謂是制聖遮凡。

"若比丘向未受戒人説過人法,言'我見是!我知是!'實者,波逸提。"

此戒文有四句:一、人。二、前境。三、説己②所得。四、緣罪。言"若比丘"者,義如上辨。言"未受具戒"者,除比丘、比丘尼,餘人是。言"過人法"者,是聖所證法是。言"波逸提"者,是違犯罪。故《十律》云:比丘實是四果四向,或得四禪四空,或成就慈悲喜捨、不净阿那等説者,皆犯提罪。或見實諸天龍鬼來至我所,説者亦提。

問:"説己③得[□][聖]④,罪别夷、提,所以現通但有吉羅?"

答:"若論口説,義通凡、聖。事簡虚、實,虚則過重,實則愆微,故别夷、提。神通聖能,更無有濫,但得吉羅。"

問:"夷境所對,該七衆犯,實除二具。現神足者,唯二俗犯,所以不同?"

答:"咸據過,有增微故,此階降然。復此戒不别有緣,舉大妄語中。"

與女人説法過五、六語戒第九。制意者:凡説法生善,事須應時,不請而説,理無强授;本無信敬,情懷奢慢,脱因斯次,致興過非,不免此呵;又,女人形㝵(礙)⑤,福緣難遇,若全不説,無由生善,於法長隔,永淪苦海,故復聽説;齊五、六語,過則制犯。别緣有六:一、是人女。二、知是人女。三、不請。四、無有知俗人男子。五、言辭了了。六、過五、六語便犯。已[□][下]⑥正明戒本。此戒因迦留陀夷在姑前與兒婦耳語説法,便起譏謗,佛便制斷;後

① 者,録本訛作"音",結合文意,據底本改。甲本亦作"者",可參。

②③ 己,録本訛作"已",結合文意,據底本改。甲本亦作"己",可參。

④ 聖,底本、録本脱,結合文意,據《四分律疏》[X41n0731p643c]補。

⑤ 㝵,録本訛作"自十",結合文意,據底本改。甲本亦作"㝵",可參。㝵,與"礙"同。

⑥ 下,底本、録本脱,結合文意,據甲本補。

因請説，故聽齊五、六語，及有智男證開過限説：

“若比丘與女人説法過五、六語，除有智男子，波逸提。”

此滿足戒本。文有五句：一、犯人。二、所爲女人。三、説過限。四、除開。五、結罪。初、二兩句可知。三、言“説法過五六語”者，“法”者，謂是如來親所宣説；及諸天等所説，亦名爲“法”。言“過五、六語”者，“五”謂五藴，言“色是無常，受、想、行、識亦復無我”；“六”謂六根，言“眼是無常”，乃至“意亦無常”。謂五至六、過六至七，故名“過五、六語”。四、言“除有智男子”者，是開緣。《律》云：智男子者，知麁惡、不麁惡事。《多論》：解人情語，可作證明，故名“有智男子”。《中邊》：不同者不聽，必須俗人，出家不得，以事同故。若盲、若聾，亦此二當一人。若眠，亦名“無人”。若減[①]七歲，若過，不解好、惡義味，亦名“無人”。知男子反[②]上可是。五、言“波逸提”者，是違犯罪。《律》云：若過已外，説聲相接，不斷一罪。若句句斷絶，説句句提罪。《五分》：爲説五、六竟，從坐起去，更有因緣還坐，爲説不犯。若五、六語竟，爲後女人説，如是相因，爲無量女人説，不犯。反上即犯。若辭句不了了，犯吉。若向非人畜生説，亦吉。不犯者，《律》云：若依限説，若知男子前過説，若無男子請廣[③]説，若受五戒、説五戒法，受八關齋法，乃至女人聰[④]明，轉生疑問，隨問廣説，皆得無犯。

掘[⑤]地戒第十。多於三種益故，不聽掘[⑥]地壞生：一、爲不惱害衆生故，出家修慈，宜愍物命。二、爲止誹謗故。三、爲大護佛法故。若佛不制此二戒者，國王、大臣役使比丘。由佛制故，王、臣息心，不復役使，得令静緣修道，發智斷或(惑)，是名“大護”。别緣有五：一、是生地。二、作生地想。三、自掘[⑦]。四、

① 減，底本、録本訛作“咸”，結合文意，據甲本改。

② 反，底本、録本訛作“及”，結合文意，據甲本改。

③ 廣，底本作“應”，録本訛作“應廣”，結合文意，據甲本改。

④ 聰，録本訛作“聽”，結合文意，據底本改。甲本亦作“聰”，可參。

⑤⑥⑦ 掘，録本訛作“堀”，結合文意，據底本改。甲本亦作“掘”，可參。

使人掘①時不作知静(净)②語。五、隨傷便犯。已下正明戒本。此因六群爲修治溝堂,故自掘③地,居士譏嫌,比丘舉過,佛爲制戒:

"若比丘自手掘④地,若教人掘⑤地者,波逸提。"

此滿足戒本。文有三節:一、自掘⑥故略制。二、教人掘⑦時不行知净,前制非圓,更復續結。三、滿足戒本。文有五句:一、犯人。二、自作業。三、所傷地。四、教人業。五、結罪。初句可知。第二言"自手掘⑧"者,《律》云:若用鋤钁,或椎⑨打,刀刺,指掐、扴(爪)⑩傷。第三言"地"者,《律》云:若已掘⑪地,已掘⑫者經四月被雨漬,還如本,見於生地,無有砂石、瓦礫、純⑬土,是名"生地"。若四分砂、一分土,非生地,自掘⑭無過。《祇》云:地有二種:一、生。二、作。"生"者,大地。"作"者,有二:一、基作者,露地壁。二、上作者,重閣上露土。是皆名"所傷之地"。第四言"若教掘⑮"者,《律》云:若不教言"看是",亦是犯緣。第五言"波逸提"者,是違犯罪。《律》云:若比丘如上所傷之地,若以用鋤钁⑯,乃至指抓(爪)損傷,及地上燃火,但使地作地想,一切皆墮。若使掘⑰時不教:"看是! 知是!"亦犯吉羅。《祇》云:若轉石、掃地、驅牛欲使地平,意傷如蚊腳,一切犯提。土塊一人不勝破者,犯提。畫地作字,亦提。若大小便時水手磨地,犯墮。若瓶器、物木、塼瓦等,在露地經雨已,不得自取,[□][取]⑱犯提。若純砂無罪,半砂得吉。《多論》:使僧尼掘⑲地,作知净語,提。教下三衆净人掘⑳,不作知净語,吉。若三衆不爲三

①③④⑤⑥⑦⑧⑪⑫⑭⑮⑰ 掘,録本訛作"堀",結合文意,據底本改。甲本亦作"掘",可參。

② 結合文意,"静"當爲"净"之借字。《四分律删繁補闕行事鈔》卷中作"净"[T40n1804p76a16]。可資比勘。

⑨ 椎,底本、録本作"推",甲本亦同。按:敦煌寫本"木"旁"扌"旁相亂,此"推"乃"椎"之换旁俗字。

⑩ 扴,此處當爲"抓"之訛俗體。"抓"此又爲"爪"之增旁俗體。下"扴"字同,徑括注其正字,不復出注。

⑬ 純,録本訛作"能",結合文意,據底本改。甲本亦作"純",可參。

⑯ 钁,録本訛作"煎",結合文意,據底本改。甲本亦作"掘",可參。

⑱ 取,底本、録本脱,結合文意,據《四分律删繁補闕行事鈔》卷中[T40n1804p76c12]補。

⑲⑳ 掘,録本訛作"堀",結合文意,據底本改。甲本亦作"钁",可參。

實利益因緣、自壞土木者，吉羅。《五分》云：蘭若無净人，聽比丘以水澆地，搏[①]草布上，踐使成泥，取用。《祇》云：覆處地得自掘[②]。不犯者，《律》云：若語言"知是！看是"，若曳木材，若扶籬正，若反塼石取牛屎，取崩岸地，若鼠壞土，除經行處土及屋内土，若來住掃地、不作故掘[③]意，一切不犯。

壞生種戒第十一。制意如上。犯緣亦同。此戒不别有緣，舉前房戒緣中比丘自斫樹，以爲緣起。

"若比丘壞鬼神村者，波逸提。"

此滿足戒本。文有五句：一、犯人。二、壞業。三、鬼神。四、所傷之境。五、結犯。初句可知。二言"壞"者，《律》云：若斫，若截，若墮，若落，並名爲"壞"。三言"鬼神"者，《律》云：非人是也。四言"村"者，一切草木是鬼畜所依，名"村"。《十》云："村"者，蚊虻、蛺蝶、蟻子諸蟲，以之爲舍。《律》云村有五種：一謂根種，二謂枝種，三謂節種，四謂覆羅種，五子種。生種雖有五，合則是三：第一種根生，二種枝生，三種子生。又根分二：不假節生，作"根種"之名。根中假節生者，作"覆羅"種之。又枝種亦二：枝中不假節生者，作"枝種"之名。假節生者，"節生"之目[④]。子子種中，當體立一，始終差别，離成有五，合即是三。此等皆名"所傷之境"。五言"波逸提"者，是違犯罪句。《律》云：若此五生種就地離地，以刀乃至餘物壞者，皆名"壞村"而得提罪。《祇》云：掘[⑤]地壞草、竟日不止者，一提。若中間息，一一提也。又曰：自壞、他壞，俱墮。若打[⑥]杙著生草樹上，若以火燃，並墮。若壞多分生草木者，墮。壞半乾半生，吉。若不言"知是！看是"，亦吉。因明净生種法。《祇》云：根莖種以刀中破净。節種者亦以刀破。又，摘卻牙(芽)自净。心種者，謂羅勒、蓼

---

① 搏，録本訛作"摶"，結合文意，據底本改。"摶"即"持"義。《文選·賈誼〈鵩鳥賦〉》："忽然爲人兮，何足控摶？"李善注引孟康曰："控，引也；摶，持也。"該字甲本正作"持"。

②③ 掘，録本訛作"堀"，結合文意，據底本改。甲本亦作"钁"，可參。

④ 目，録本訛作"因"，結合文意，據底本改。甲本亦作"目"，可參。

⑤ 掘，録本訛作"堀"，結合文意，據底本改。甲本亦作"掘"，可參。

⑥ 打，底本作"朾"，乃"打"之换旁俗字。甲本作"釘"。

等,柔榕(修)[①]净。子種者十七種穀脱皮[□][净][②]。火净通五種。又五果中,裹核種,如棗杏之屬。爪甲净,去核[③]食,火净合食。火净者,謂生、熟二棗合核。膚果種者,火净合食。如畢鉢、桑椹、梨、柰之屬。若熟時落地,傷如蚊腳者,名"瘡净",去子食。穀裹種者火净。椰子、胡桃、石榴之屬。檜裹(果)[④]種者,香茅[⑤]、蘇荏之屬。未有子[揉榕(修),有子][⑥]火净。角裹(果)種者,净法如檜裹(果)法。大小豆等也。准此蒿中含子之草,應得火净,但令相著,即得净法爾故。《律》云:若以五生種擲著池井水中、大小便中、糞掃中,吉。若飛,犯提。若草中行欲令死,吉。傷如蚊腳,提。

問:"打杙樹上,隨打多少,一一提罪。殺畜何不隨斫得提、要待斷命耶?"

答:"草木有多生相,故隨壞處皆障,一分生不起。是以隨壞得罪。畜生報者,一假名'命',要斷方犯。《律》云:不犯者,若言'看是! 知是',若斷乾枯草木,若於生草木上曳材曳竹,正籬障,若撥塹石,若取牛屎,若生草覆道以杖披遮令開,若以瓦石拄之而斷傷草木,若除經行地土,若掃經行地,若以杖築地而誤撥生草木斷者,並皆不犯。"

異語惱僧戒第十二。制意者,凡身、口業綺微而[⑦]難制,過不至重,惱衆非輕,事須衆僧作法呵制,仍作不止[⑧],違法惱僧,其過不淺,故隨得罪。别緣有五:一、身口業。二、數惱不止。三、作白呵制。四、如法喚問。五、更作便犯。已下正明戒本。此戒未作制前,未有僧命,衆法可違,但犯小愆。制後

① 榕,底本作"搇",乃"榕"之换旁俗字。"榕"又爲"修"之俗體。《正字通·木部》:"榕,木長也。本作修,俗作榕。木無榕名。"

② 净,底本、録本脱,結合文意,據《四分律删繁補闕行事鈔》卷中[T40n1804p77a9]補。

③ 核,録本訛作"捃",據底本改。

④ 裹,此乃"果"之借字("裹"字《廣韻》一音古火切,與"果"同)。該字《四分律删繁補闕行事鈔》卷中[T40n1804p77a13]正作"果"。

⑤ 茅,録本作"柔",底本不清晰,結合文意,據《四分律删繁補闕行事鈔》卷中[T40n1804p77a13]改。

⑥ "揉榕,有子"四字底本、録本脱,結合文意,據《四分律删繁補闕行事鈔》卷中[T40n1804p77a13]補。

⑦ 而,録本訛作"面",結合文意,據底本改。甲本亦作"而",可參。

⑧ 止,録本訛作"正",結合文意,據底本改。甲本亦作"止",可參。

違者,方犯提罪。"口業綺"者,作"異語"之名。"身業綺"者,作"觸惱"之稱。雖前、後二結,違制處同,合爲一戒。口餘三過,妄毀兩舌,惱境事重,直作即提。此之綺者,事似輕微,惱衆不少,故制方犯提。如闡陀比丘犯罪,餘比丘問,以別事答。佛便呵已,作餘語白。後便惱僧,唤"來"不來;乃至不應語而語。又佛呵已,作觸惱白,因此制戒:

"若比丘妄作異語惱他者,波逸提。"

此一戒本文有三節:初略制,次隨結,後滿足制持。此滿足戒本。句有三:一、犯人。二、惱業。三、結罪。初句可知。二言"妄語作餘語惱他"者,於中分二:初僧未白前妄作餘語者,《律》云:"餘語"者:"汝向誰説?""爲説何事?""爲論何理?""爲我説,爲餘人説?""我不見此罪。"如是語者,犯吉。若僧白已,如是語者,犯提。二、惱他者,如律中説:僧唤"來"不來,乃至不應語而語,未作白前如是惱者,得吉羅。若白已作者,犯提。三言"波逸提"者,是違犯之罪。《律》云:如上惱僧者,一一犯提。若上坐唤"來"不來,吉羅。不犯者,重聽不解,前語有參錯,便言:"汝向説誰?""爲論何事?"乃至:"我不見此罪。"若欲作非法無利羯磨,不與和合,唤"來"不來,不犯。若爲作非法羯磨,若不欲知,教言"莫來"便來,不犯。若一坐食,若不作餘食法食,若病唤起不起,不犯。若命難、梵難,教"莫起,不犯便起",不犯。若惡心問、不與説,若作非法事便語者,若小語錯誤,一切不犯。人(又?)[①]《見》云:畏成鬪僧,默然者得。

嫌駡戒第十三。制意者:凡僧事務廣,處之不易,故簡備德之人,如法料理,宜應讃嘆,令彼勤營;反懷[②]恚忿,發言嫌駡,令彼生惱,廢營僧事,損壞不輕,是故須制。次釋名者,見而不聞處,説有愛恚名"嫌"。聞不見處,名"駡"。雖前、後二結,同惱知事,合爲一戒。次辨具緣。通緣如上。別緣有六:一、是羯磨所差。二、知是所差人。三、如法經營,無受恚等。四、説嫌駡語。五、言詞了了。六、前人見而不聞、聞而不見,便犯。闕緣,比説可知。已下正明戒本。此戒因慈地比丘於沓婆比丘所有恨故,齊眼見處譏嫌,餘比丘白佛,佛便呵制戒。後又於聞處駡,以事白佛,乘前重制此戒。故《律》云:

① "人"前録本衍一"及"字,據底本删。又,此"人"疑爲"又"之形訛。
② 懷,録本訛作"壞",結合文意,據底本改。甲本亦作"懷",可參。

初略，次隨，後廣制。

“若比丘嫌罵者，波逸提。”

此滿足本文有三句：一、犯人。二、罵業。三、結犯。初句可知。亦言“嫌罵”者，《律》云：“嫌”者，謂面見不聞處，謗言有愛、有恚、有怖、有癡等是。言“罵”者，背面耳聞不見處而設罵。三、言“波逸提”者，是違犯罪。

問：“此罵戒何别?”

答：“前非知事人，此是知事人。又前戒實不實犯，此戒實不犯虚。《律》云：若虚嫌罵者，墮(隨)①嫌罵一一墮。若不受上座教、嫌罵者，吉羅。《律》云：不犯者，實有其事，恐後悔②恨，語令如法發露，便言有愛、恚等。若戲，若錯説者，並皆不犯。”

露處敷僧卧具戒第十四。制意者，《多論》云三義故制此戒：一、卧具是四方僧物，皆是篤信檀越所施，供僧受用，利益事廓，理宜賞護，資身行道，得安樂故。二、既是施主之物，詳心愛惜，常存愛用，爲令增長信敬之心。三、用助收舉，使僧物不壞，令受用功德反資施主，善根③成就故。爲兹三益，是以聖制。别緣有六：一、四方僧卧具。二、知是僧物。三、露處。四、自敷、使人敷，爲已受用。五、去時不自舉、不教舉。六、出門便犯。《十》云：出門四十九步。《祇》：二十五肘乃犯。已下正明戒本。此戒因六群比丘敷僧坐具，妄去不收，風塵所污，佛便制戒：

“若比丘取僧繩床、木床、若卧具、坐蓐、露地敷，若教人敷，捨去，不自舉，不教人舉，波逸提。”

此滿足戒本。文有四句：一、犯人。二、是僧物。三、“露”已下，正明受用。四、“捨去”已下，結不舉之罪。一言“若比丘”者，義如上辨。二言“取僧物”者，《律》云：“僧”者，謂四方、現前僧。言“物”者，繩床有五：旋脚、直脚、曲脚、入梐④、無脚。木床亦有五種，如上所説。卧具或用坐，或用卧。“坐

① 墮，此乃“隨”之借字。此字甲本正作“隨”。

② “悔”字前底本、録本衍作“悔悔”，結合文意，據《四分律删繁補闕行事鈔》卷中[T40n1804p77c16]删。

③ 根，底本、録本訛作“恨”，結合文意，據甲本改。

④ 梐，底本、録本作“拦”，乃“梐”之换旁俗體，兹據正。

蓐”者，擬常用坐。此等四種，皆是僧物。三、言“露地敷，若教人敷”，是其露地受用。四、言“捨去，不自舉，不教人舉，波逸提”者，是不舉之罪。《律》云：若比丘敷僧物已，而不收舉，出寺時不囑知事者，出門便犯墮。若方便還悔者，吉羅。若二人同座，下座收。不者，犯二罪；上座犯一提。若俱不收，二俱墮。故《論》云：上座與下座同一床座，下座謂[□□□□][上座收，而][1]上座不收，下座犯提及吉。上座意謂下座當收，下座竟不收，上座犯提。二人不前不後俱不收，二俱得提。若露敷僧物，而入房思惟，吉。《五分》：見僧卧具在露地，以不自敷，不使人敷，故而不舉，亦墮。到尼寺敷尼僧卧具，不舉亦提。又，俗人家會借僧卧具，食訖比丘，不舉亦墮。《衹》云：若行路中挽[2]亂草坐已去時，聚已當去。《多》云：露地敷已，不囑人，遊行諸房，吉。不犯者，《律》云：若取僧物露地敷，去時，語知事人令知。若無餘人，當舉著屏處。若無屏處，必知不失，當持麁者露好者上。若即時還，便應墮(隨)[3]雨中疾及時還往。彼次第作如是方便應去。若不爾者，初出門即犯罪。

屏處敷僧卧具戒第十五。制意同前。六緣成犯：一、是僧物。二、知是僧物。三、是屏處。四、爲己敷用。五、去時不舉。六、過限便犯。已下正明戒本。此戒因客比丘在邊房敷卧具宿，去時不語知事，卧具爛壞，蟲嚙色變，佛便制戒：

“若比丘於僧房中，敷僧卧具，若自敷，若教人敷，若坐，若卧，去時，不自舉、不教[□□][人舉][4]，波逸提。”

此滿足戒本。文有五句：一、犯人。二、屏處。三、用僧物。四、爲己受用。五、“時”已下，結不舉罪。“比丘”義如上。“僧房”者，屏處。“僧卧具”者，謂繩床、木床上栴(旃)[5]蓐、坐具下至卧栴(旃)[6]。四言“若自敷，若教人敷”者，爲己受用故。五言“去時不自舉、不教人舉，波逸提”者，不舉之罪。《律》云：彼去時應語舊住比丘言：“與我牢舉。”若無人，不畏失，當移床離壁，

---

① “上座收而”四字底本、録本脱，結合文意，據甲本補。

② 挽，録本訛作“挹”，結合文意，據底本改。甲本亦作“挽”，可參。

③ 墮，此乃“隨”之借字。此字甲本正作“隨”。

④ “人舉”二字底本、録本脱，結合文意，據甲本補。又，下文：“五言‘去時不自舉、不教人舉，波逸提’者，不舉之罪。”亦可助勘。

⑤⑥ 栴，此當爲“旃”之訛字。參前注。

高枝(支)①床腳,持栴蓐卧具置裹,以餘重覆。若恐壞敗,取卧具等置衣枷上,堅床而去。若不作如是,出界犯墮。欲去還悔,吉羅。若即日②還不久,聽二宿界外,第三宿明相未出。若自至房中,若遣使至語知事人賞護,不者明相出便犯。不犯者,作如上方便,或水陸道斷,命梵等緣者開。

强敷卧具戒第十六。制意者:然物有限,事局彼此,情同則我爲彼有,意隔即事須進否;然知先③得住處,竟不籌量,輒便於中强敷卧具,共相逼慳,非出家之式,故佛所制。别緣有六:一、先得住處,安止已定。二、知他先住。三、作惱彼意。四、强敷卧具。五、無因緣,謂無觀舊人及病與二難等緣。六、隨卧犯提。已下正明戒本。此戒因六群比丘惱十七群比丘,故佛制斯戒:

"若比丘知先比丘住處,後來强於中間敷卧具止宿,念言:'彼若嫌責者,自當避我去。'作如是因緣,非餘,非威儀,波逸提。"

此滿足戒本。文有四句:一、犯人。二、知他先得住處。三、"後來"下,强敷相惱。四、"作是"下,結非威儀罪。初、二兩句可知。三、言"强於中間敷卧具"者,"中間"者,若頭邊、若腳邊、若兩脇邊是。"敷卧具"者,若草敷、葉④敷,下至地敷卧氈。四、言"作如是因緣"者,謂作故惱因緣。言"非餘"者,非病等諸緣故。言"非威儀"者,彰顯其過。言"波逸提"者,是犯罪。如律所言:知他先⑤得住處,後來强於中間敷卧具止宿,隨轉側脇著床,結犯。《十》云:若爲惱他故開户、閉户,然(燃)火、滅火,若唄、呪、願,讀經、説法,隨他不樂事作,一一墮。不犯者,《律》云:若先不知,若語已住,先與開間,若間寬不相妨惱,若親舊教言"但敷!我自語主",若倒地,若病轉側墮上,若命犯等難,一切不犯。

牽他出房戒第十七。制意者:然四方僧房,衆人共有,理無邊囑⑥,先[□][至]⑦料理,安止已定,後來之徒,宜共受用;瞋心牽出,自壞惱他,諍競

---

① 枝,此當爲"支"之借字("枝"字《廣韻》一音章移切,與"支"同)。

② 日,録本訛作"曰",結合文意,據底本改。

③⑤ 先,録本訛作"失",結合文意,據底本改。

④ 葉,録本訛作"業",結合文意,據底本改。

⑥ "邊囑"二字《四分律疏》[X41n0731p646a3]作"偏屬"。

⑦ 至,底本、録本脱,結合文意,據《四分律疏》[X41n0731p646a4]補。下文:"先至安止已定。"亦可助勘。

之本，損處不輕，是以須制。别緣有六：一、四方僧春冬房。二、先至安止已定。三、作惱亂彼意。四、瞋心牽出。五、無因緣，爲舉等不犯故。六、隨出門便犯。已下正明戒本。此因六群比丘共十七群道行至小住處，十七群先入寺，掃灑房舍令净；六群知彼得好住處，遂牽出房；比丘舉過，佛便制戒：

"若比丘嗔他比丘，不喜僧房舍中，若自牽出、教他牽出，波逸提。"

此滿足戒本。文有四句：一、犯人。二、内心瞋忿。三、是僧房私房不犯。四、"若自"已[①]下牽出結罪。前三句可知。第四言"自牽出"至"波逸提"已來，是爲犯罪。故《律》云：隨所牽多少，一一皆犯。若牽多人出一户，多提。若牽一人出多户，多提。若遣一人出一户，一提。若牽多人出多户，多提。《五分》：若後屋牽至前屋，前屋[②]牽至户外，户外牽至庭中，庭中牽至庭外，一一犯提。若持他物擲著户外、閉他户外，並吉。《祇》云：牽他出時，若抱柱、捉户、倚壁，一一提。若呵叱[③]，隨語一一離，一一提。若嗔蛇鼠驅出，越。若言"此無益物"，驅出無罪。《十》云：若喜鼾眠，應去經行。不能經行，應起屏處，不應惱他。《五分》：若降伏弟子而牽出者，不犯。若持不喜人來，故令自出，出、不出，吉羅。牽下四衆亦吉。《律》云：不犯者，無嗔恨心隨次出，共宿過限遣，未受具人出，若破戒、見威儀爲他舉、及擯[④]應擯[⑤]、因此故有命梵難驅出，並皆不犯。

問："前房開親，不簡[⑥]净穢；此戒局净，不除親者？"

答："前是他物，屬先借者，親則無强，非僧住處，故不簡[⑦]净。此是僧房，净有共住，不净無共，驅出無犯。"

重屋上坐脱腳床戒第十八。制意者，凡事宜審，危險須慎，重屋薄覆脱

---

① 已，録本訛作"己"，結合文意，據底本改。

② "前屋"二字底本、録本衍作"前屋前屋"，結合文意，據《四分律疏》[X41n0731p646a15]删。

③ 叱，録本訛作"吒"，結合文意，據底本改。

④ 擯，底本、録本作"檳"，乃"擯"之换旁俗字。該字《四分律删繁補闕行事鈔》卷中[T40n1804p78b11]正作"擯"。兹據改。

⑤ 擯，録本訛作"檳"，結合文意，據底本改。

⑥ 簡，底本、録本訛作"蘭"，結合文意，據《四分律疏》[X41n0731p646a8]改。

⑦ 簡，底本、録本訛作"蘭"，結合文意，據《四分律疏》[X41n0731p646a10]改。

腳之床，放身坐卧，容有墜[□][墮][①]，傷於下人，惱處不輕，是故聖制。別緣有四：一、重屋。二、薄屋。三、脱腳床。四、放身坐卧。已下正明戒本。此戒因同房重屋，比丘起過，制此戒：

"若比丘若房、若重閣上，脱腳繩床、木床，若坐，若卧，波逸提。"

此滿足戒本。文有四句：一、犯人。二、重屋。三、脱腳床。四、坐卧結犯。初句可知。二"若房"者，謂僧、私兩種房。"重閣"者，謂立頭不至上。三、言"脱腳床"者，《律》云："脱腳"者謂腳入梐[②]。四、言"若坐，若卧"，《律》云："隨脇著床隨轉側。"言"波逸提"者，是違犯。故《律》云：比丘如上坐卧者，隨轉側一一犯提。除脱腳床外，坐獨坐床，或一板床、浴[③]床，一切吉羅。不犯者，《律》云：若重屋板覆，刻木作花覆，若厚覆，若板床坐，若脱床腳坐，若腳安細要，並不犯。

用蟲水戒第十九。制意者：慈濟物命，道之正要；知水有蟲，而故受用，將損物命，違其慈道，苟存自營，所爲無理；事是非輕，故所以制。別緣有四：一、是蟲水。二、知有蟲水。三、不作漉法。四、隨所用犯。已下正明戒本。此戒因闡陀比丘起過，造屋虫水和泥，居士譏嫌，佛便制戒：

"若比丘知水有虫，若澆泥、若澆草、若教人澆者，波逸提。"

此滿足戒本。文有三句：一、犯人。二、犯業。三、犯罪。"比丘"者，義如上釋。已下二句可知。故《律》云：若不知水有虫，無罪；知即犯提。言"虫水"者，漉囊所遮，肉眼所見。《十》云：眼所見，漉囊所遮，若用此水，隨虫多少，一一犯提。《祇》云：用虫水一息、一提，隨息多少，一一得提。《四分》云：若以草、土擲虫水中，若虫酪漿，清酪漿，若漬麥漿，若酢有虫，以遶没草，若以草、土擲虫水中，一切皆墮。教人亦同。《五分》云：隨用虫，一一墮。[④]《律》云：若以草、土擲虫水中，隨河池中魚、虫，一一提。《大集》云：畜生身細猶如微塵十分之一，及至大者百千萬由旬。《祇》云：細故，應作三重漉。猶

① 墮，底本、録本脱，結合文意，據甲本補。

② 梐，底本、録本作"拼"，乃"梐"之俗體。

③ 浴，底本、録本訛作"洛"，結合文意，據甲本改。

④ 甲本至此止。

有者，捨去。故《多》云：若作住處，先應看水，用己[①]漉羅著器中，向日細意諦看。若故意有虫者，應二、三重作漉羅。若故有虫，此處不應住。《四分》“雜法犍度”中云：無囊不得半由旬行。若無漉囊，應用衣角漉水。《律》云：不犯者，若不知有虫，若作無虫想，若[□][虫][②]大、以手動水令虫去，若漉水用，若教人漉用，不犯。

覆屋過三節戒第二十。制意者：凡物有限，事成爲要；貪不知量，重覆不已，令屋崩倒，損喪功業，譏過不輕，是以聖制。别緣有四：一、自爲己作屋。二、使人覆。三、至三節未竟，不離見、聞處。四、第三節竟即犯。已下正明戒本。此戒因闡陀比丘起房重覆，不止便摧。居士嫌言：“施者雖無厭，受者應知足。”佛隨應制戒：

“若比丘作大房舍，户、扉、窓、牖及餘莊飾具，指授覆苫，齊二、三節。若過者，波逸提。”

此滿足戒本。文有四句：一、犯人。二、作房法戒。三、“指授”已下開限。四、過限結罪。言“比丘”，義如上辨。二、言“作大房”者，多用財物。“及餘莊飾”者，刻鏤彩畫。三、言“指授覆苫”者，有二種：一者縱覆，二者横覆。言“齊二、三節”者，是開限。《律》云：齊三節未竟，指受無犯。四、言“若過，波逸提”者，是過限之罪。故《律》云：若比丘指受三節未竟，自至不見聞處。若不至不見聞處者，即犯提罪。若互離見聞處，犯吉。《見》云：若過三節，竟在[③]邊者[④]，隨用草犯，一一犯提。《律》云：不犯者，如上指授避覆第三節。若水陸道斷、賊難、惡戰難、命梵難故，不避第三節，無犯。

輒教受教尼戒第二十一。制意者有三：一、尼須教授意者，尼是女弱，闕於遊方，諮稟未聞，迷於理行。二、教冥[⑤]若夜遊，故須教授，曲示行儀。大僧丈夫，形無障礙，處處諮承，故不别教授。二、須差意者，教授事難，須備德

① 己，底本、録本訛作“已”，據文意改。

② 虫，底本、録本脱，據《四分律比丘含注戒本》[T40n1806p445b1]補。

③ 在，底本、録本訛作“無”，結合文意，據《四分律疏》[X41n0731p646b]改。

④ 者，底本、録本訛作“看”，結合文意，據《四分律疏》[X41n0731p646b]改。

⑤ 冥，録本作“宣”。底本實作“宜”，此當爲“冥”之形訛。《四分律疏》：“二教冥若夜遊，故須半月，求師請法。”[X42n0734p328c]可資參證。

行，故委任衆量，簡遣有德，慈心訓誨，開曉心懷，令生解行，終登道益，故須差遣。三、結罪意者，今不被僧差，輒往教授，濫行風教，乖於軌道之方，失於風靡之化，輕法自尊，損處不輕，故得提罪。次釋名。專任自由，不蒙僧命，稱之爲"輒"；宣傳行德，開曉未閑，名爲"教授"；故曰"輒教授尼"。又明具緣。通緣如上。别緣有五：一、有少德行，爲簡全無德者永無"教授"之義，理不合差，故無輒教尼罪。"少"謂極五，如"增五"説，有五法得教誡尼，謂十德中初、二、八、九、十等是。雖備上德，若彼僧差，本自無過；故次第二，僧不差。雖不被差，不作衆法，雖教誡，雖[①]已，亦自無犯；故次第三，集尼衆。衆集，若説八敬，生過義微，但得小罪；故須第四，説法除八敬。第五隨所説法，言了便犯。已下正明戒本。此戒因愛尼來請教授，佛令差往，僧槃陀往彼説法，六群次往，爲説世論，愛道白佛，佛令羯磨而差，因制戒：

"若比丘僧不差，教授比丘尼者，波逸提。"

此滿足戒本。文有四句：一、犯人。二、僧不差。三、輒往教授。四、結僧不差説法之罪。言"比丘"義如上。一、"若僧不差"者，《律》云：僧中白二羯磨不差，要具十德，方始成差。"少"謂極五，如"增五"中説。三、言"輒往教授"者，《律》云：説八不可違法，如律廣説。四、言"波逸提"者，是僧不差説法之罪。若説餘法，即得提罪。若説八敬，尼常聞故，但得吉罪。《律》云：若於説戒時，上坐問答已，若僧差，若隨尼請，彼比丘剋時到，尼亦剋時迎，若違，俱犯吉羅。若聞來者，當出半由旬迎，供給所須。不者，吉羅。若僧不差，非教授日與説八敬法，若不差與説法者，墮。若僧病，不和合，衆不滿，應遣人禮拜問訊。尼衆病等，亦遣禮拜問訊。若不，吉羅。《律》云：非日者，前三、後二，不應往也。"前三"者，説戒後三日。"後二"者，去後説戒二日。雖復僧差，此五日中不應往也。此謂往尼寺教誡。不犯者，若僧差，若時往，若尼爲水陸道斷、諸難緣，不迎、禮拜問訊者，並不犯。

説法至日暮戒第二十二。制意者：凡男女有别，居不同處。僧衆舉動，須避譏[②]涉，生人信敬；日没群聚，致外情疑，容自壞行，過損不輕，故聖以制。

① 雖，録本訛作"離"，結合文意，據底本改。

② 譏，底本、録本訛作"識"，結合文意，據《四分律疏》[X41n0731p650a18]改。

别緣有六：一、是僧甄去不差。二、集尼衆。三、教授説法。四、日暮。五、日暮想。六、説法不止便犯。已下正明戒本。此戒因差難陀教授尼，至日暮，不簡[①]本寺，爲俗所譏，佛便制戒：

"若比丘爲僧差，教授比丘尼，乃至暮者，波逸提。"

此滿足戒本。文有三句：一、犯人。二、爲僧所差。三、"教授"下，説法過時結罪。言"若比丘"者如上。二、言"僧差"者，白二羯磨，差令教授。三、言"教授至日暮提"者，是結罪句。輕、重文四：一、若至日暮教授，提。《五分》云：日没，語語提。二、若餘教授外授經，若誦經等，犯吉。三、若爲餘女授經等，至暮，一切吉羅。四、境想亦吉。《律》云：不犯者，若教授至日未暮便休，除婦女已，爲餘人，若船濟處説法、尼自聽，若與估客[②]夜説法，若尼寺中，若因人請值説便聽者，一切不犯。此戒就大僧寺教授有日暮罪，尼寺不犯。准此就僧、尼二寺，俱得教尼。

譏訶教授師戒第二十三。制意者：然備德之人，蒙僧差遣，慈心教授，情存爲法，不悕飲食；而見他得利，内生嫉妒，發言譏呵，惱亂賢善，事絶兼益，損處不輕，是故聖制。别緣有六：一、是僧差。二、情存爲法，不悕飲食。三、生嫉妒心。四、發譏呵。五、言辭了了。六、前人聞知，犯。已下正明戒。此戒因尼迎教授師供給，六群生嫉妒意，言"彼無實，但爲飲食，故教授尼"；比丘白佛，佛便制戒：

"若比丘語諸比丘作如是語'諸比丘爲飲食故，教授比丘尼'，波逸提。"

此滿足戒本。文有三句：一、犯人。二、譏呵。三、結犯。初句可知。二言"譏訶"者，見他得利，心生熱惱，故起譏訶。三言"波逸提"者，是犯句。《律》云：若如上譏訶説，了了提罪。不了，吉羅。不犯者，其事實爾，爲飲食供養故教授，若戲，若錯説，並皆不犯。

與非親尼衣戒第二十四。制意者，凡男、女形殊，理無交雜，無緣取與，事招外譏，因交致染，容壞梵行，損敗不輕，是故聖制。别緣有四：一、是比丘

① 簡，録本訛作"蘭"，結合文意，據底本改。

② 客，底本、録本訛作"價"，結合文意，據《四分律比丘含注戒本(中)》[T40n1806p455c13]改。

尼。二、非親里。三、虚心與衣。四、彼尼領授便犯。已下正明戒本。此戒因乞食比丘與尼衣，後因慊(嫌)責，數向人説，比丘白佛，佛呵便制：

"若比丘與非親里比丘尼衣，除貿易，波逸提。"

此滿足戒本。文有五句：一、犯人。二、非親尼。三、所與衣。四、除貿易。五、結罪。上二可知。第三言"衣"者，有十種如上。《多論》：應量衣，提；不應量，吉。鉢亦犯提。非應量鉢、揵鎔[①]等，吉。四、言"貿易"者，義如上，下至藥草一片[②]相易，得。五、言"波逸提"者，結犯。《律》云：若二比丘共與一尼衣，或一衣與二尼，並犯提。《多論》言犯吉。此《律》但言與尼提，與下衆吉。若依《多論》，與尼、三衆，俱犯提。義亦應然。不同浣衣，廢業多少中制。又有希數。又《律》云：尼與大僧，吉羅。若就希數，大僧與希，應犯輕。尼與義數，[□□□□][宜應犯提][③]。尼是下衆，奉於上尊，生譏義微，故所以輕。不犯者，《五分律》云：若爲料理功業事，若爲説法，若爲多誦經戒，與衣、作衣，並不犯。此《律》：與親尼衣共相貿易，若與塔、與僧，無犯。

與非親尼作衣戒第二十五。制意同前，但作衣爲異。别緣有五：一、是比丘尼。二、非親里。三、自送衣遣比丘作。四、無因緣。《律》云：若借著浣、染、持，還主無犯。五、隨所作便犯。已下正明戒本。此戒因迦留陀夷爲尼作衣，裁作淫像，成已付尼，命在衆著，居士譏笑，佛便制戒：

"若比丘與非親里比丘尼作衣者，波逸提。"

此滿足戒本。文有四句：一、犯人。二、非親尼。三、作衣。四、結犯。上三句可知。言"波逸提"者，是違犯罪故。《律》云：彼比丘隨刀截多少，隨一縫一鍼，皆墮。

問："所以不待作成、而隨針針得罪者何？"

答："是中多過故爾。大僧上尊，爲下人作衣，多生染患，又招外譏，發修正業，容作非法之衣。具斯諸過，故隨縫隨針得罪。如尼造塔，塼塼得罪。

① "揵鎔"二字一作"鍵鎔"，僧侣食具。丁福保《佛學大辭典》："鍵鎔，又作犍茨、健支、建鎡，譯曰淺鐵钵，鐵鉢中之小钵也。"

② 片，録本訛作"斤"，結合文意，據底本改。

③ "宜應犯提"四字底本、録本脱，據《四分律疏》[X41n0731p650c]補。

此並過多故爾。若復披看、牽挽、熨治,以手摩捫,若捉角頭挽,方正若安緣、索綫①,一切吉羅。不犯者,與親尼作,若與僧作,爲塔,若借著浣、治、染還主,並開不犯。”

獨與尼屏露坐②戒二十六。此戒過與女人同室宿無異,屏坐爲别。别緣有四:一、是尼;二、無第三人;三、在屏、露二處;四、共坐便犯。已下正明戒本。此戒因迦留陀夷與偷蘭難陀尼軀貌③端正,互有欲意,在門外坐;居士共嫌,鴛鴦爲譬;比丘舉過,佛便制戒:

“若比丘與比丘尼在屏處坐者,波逸提。”

此滿足戒本。文有四句:一、犯人。二、尼。三、處。四、罪。初、二兩句可知。三言“屏處坐”者,《律》云:屏有二種:一、見屏,若塵、若霧、烟雲、黑闇,不明見。二、聞屏處,乃至不聞常語聲。言“坐”者,一尼一僧,無餘人,故名“屏處坐”。四、言“波逸提”者,是違犯句。《律》云:比丘與尼屏、露坐,無第三人爲證故,犯提。《多論》:或比丘坐,住尼起已便坐,隨坐多少,一一得提。比丘起而更坐,一一得罪。若二人俱坐,一一正犯一罪。《十》云:屏坐相去一丈,提;丈五,吉;二丈,不犯。《祇》云:共一尼屏坐,或尼請食已,尼益食,益食去時,一一提。比丘應起,不得默起,使④尼疑;應語言:“我欲起。”不爾,尼起。若尼去者,不犯。《多論》:“屏處”者,無慚愧處,可作淫處,是名“屏處”。《律》云:證人若聾、若盲,不成證,亦提。盲而不聾,聾而不盲,吉羅。若俱立,住者吉羅。尼犯吉羅。

問:“尼所以輕者?”

答:“上尊共坐,盡容教授,去不自由,情過是微,故所以輕。《律》云:不

① 綫,録本訛作“殘”,結合文意,據底本改。

② 坐,録本訛作“主”,底本實作“坐”,乃“坐”字俗體。《字様》:“坐坐,二同。”伯2011號《王仁昫刊謬補缺切韻》上聲哿韻:“坐,徂果反,正亦作坐。”故宫博物院藏《王仁昫刊謬補缺切韻》:“坐,徂果反,俗作坐。”《干禄字書》:“坐坐㘴,上俗中下正。”《説文·土部》:“𡋯,止也。從土從留省。坐,古文𡋯”“㘴”爲“𡋯”的隸變字。張涌泉師認爲“坐”則爲“坐”“㘴”交互影響的産物。

③ 貌,録本訛作“藐”,結合文意,據底本改。

④ 使,録本訛作“便”,結合文意,據底本改。

犯者,若比丘有伴,若有知人,有二不盲、不聾,若行過倒地,若病苦力勢所持,命梵等難,並開不犯。”

與尼同道行戒第二十七。此過不異前,以行爲别。别緣有六:一、是尼三[①]衆。《五分》三衆俱犯,理亦應然,譏染不殊故爾。前戒亦同此例。二、共期除遇。相逢者不離,見聞處行。《多論》:小罪,故須除之。三、同一道行,甄去異路,爲無其愆。四、不離見聞處行。《多論》:俱離無過,互離吉羅,俱不離犯提。五、無因緣。除白衣大伴行、有怖因緣等,不犯故爾。六、隨所度界,一一提罪。《多論》:水、陸二路同行悉屬此戒,故比丘與尼各别乘船。同水路行越界得罪,亦屬此戒。同乘一船,落在後戒。已下正明此戒。此因六群比丘與六群尼人間遊行,居士譏弄,比丘舉過,佛便制戒:

“若比丘與比丘尼期同一道行,從一村[□□□□][乃至一村][②],除異時,波逸提。‘異時’者,與估客行,若疑畏怖[□][時][③],是謂‘異時’。”

此滿足戒本。此文有五句:一、犯人。二、共期。三、同行。四、除緣。五、結犯。初、二兩句可知,言期共至某處。三、言“同一道行至一村”者,是同道者,村間有分齊行處是。四、言“除異時”者,開緣不犯。五、言“波逸提”者,越界結犯句。《律》云:隨村分齊衆多界多少,一一犯提。言“衆多界”者,謂衆多村界。非村落空處行,乃至十里,提。若減一村,若減十里,得吉。若多村間同一界行,亦吉。方便共期,不行亦吉,尼亦吉羅。尼是女人,弱,要馮(憑)丈夫以爲伴援,情過是微。《五分》云:從此聚落到彼聚[④]落及無聚落處,半由旬,犯提。《律》云:不犯者,若不共期:一、大估客伴行;二、疑處,疑有賊盜;三、恐怖處,怖有賊盜;四、若往彼得安隱;五、若勢力所持,命梵等難;並開不犯。《十誦》開爲尼過嶮路。

與尼期同乘船戒第二十八。譏過同前,正以船爲異。别緣有六:一、是尼三衆。二、共期。三、同乘一船。除異船,不犯此戒。四、作順流上、下之

① 三,録本訛作“二”,結合文意,據底本改。
② “乃至一村”四字底本、録本脱,據《四分律》[T22n1428p652b26]補。
③ 時,底本、録本脱,據《四分律》[T22n1428p652b26]補。
④ 聚,録本訛作“衆”,結合文意,據底本改。

意。除爲直渡船,失濟不犯。五、無因緣。甄去命難、力勢所持、或彼岸不得安隱。六、雙腳入船便犯。已下正明戒本。此戒緣如前:

"若比丘與比丘尼,共期同乘一船,上水,下水,除直渡者,波逸提。"

此滿足戒本。文有五句:一、犯人。二、與尼共期。三、言"同乘一船,上水,下水"者,舉乘船之意,以其相隨欲得久住故。四、言"除直渡"者,是開限,以其直渡非久,故無過。五、言"波逸提"者,是達犯結罪。《律》云:共期已,雙腳入船,提;一腳入,吉。《多論》:若船有多白衣期,無罪。或船有一比丘、多尼,或多比丘、一尼,隨境業多少,犯爾所提。縱有俗人爲第二亦犯,以其將同久處,譏損非輕,故前同坐。行是暫開,有邊人不犯。若期俗女人同乘船,亦是犯限。此略不彰。下房舍文:共[①]女人上船,疑。佛言:"聽直渡。"故知上下明亦同犯。《祇》、《十》、《多》三文並言越界言犯,不同此《律》。不犯者,除期直渡彼岸,若入船已,船師失濟,上下彼岸,不得安隱,乃至難緣如上所説,並皆不犯。

食尼嘆食戒第二十九。有四種過故制:一者、遣尼歎己諸行,相美求利,長己貪結,壞於正命知足心故。二、偏心曲嘆,現情親厚,好招致外譏,損處不輕。三、令施主隨言供養無德之人,即是損惱施主,闕奉福田,獲反報之益。四、毀呰好人,令他施主於勝福不生敬重,又是惱亂賢善。具斯多過,是故聖制。别緣有四:一、是尼歎德,教化食。二、知歎。三、受得。四、食已,咽咽犯提。已下正明戒本。此戒因居士請舍利弗等,偷蘭難陀尼言:"所請並是下賊。若請者,應請調達等龍中之龍。"食還具説,佛便制戒:

"若比丘知比丘尼讚歎教化因緣得食,食,除檀越光有意者,波逸提。"

此滿足戒本。文有六句:一、犯人。二、知。三、讚嘆。四、得食。五、開緣。六、結罪。初句可知。二、言"知"者,《律》云:若不知食無犯。三、言"尼讚歎教化"者,《律》云:讚言謂阿練若乞食人乃至持三衣,嘆多聞法師、律師坐禪。四、言"得食"者,從旦至中將食。五、言"除檀越先有意"者,《律》云:彼有施心,故開不犯。六、言"波逸提"者,是犯句。《律》云:若食所嘆食者,咽咽犯提。除飲食,得餘襯衣、燈油,犯吉。《祇》云:除舊檀越乃至下食已唱

① 共,録本訛作"失",結合文意,據底本改。

等供食時，更有餘比丘來，尼言“更有比丘”、施主言“善哉”者，不犯。若尼言“此下二頭陀”者，墮。若言：“多與好食，平等與。”不犯。若通讚一，舉衆一切，不犯提。若某甲衆生精進，爲是比丘故，通請二十，一人名“讚歎”，餘者不犯。若有嘆食，不得捨去，當展轉貿食。若此坐[①]垢穢不净，不喜與貿者，當念此鉢中食是某比丘許我，當食不犯。《五分》：若先不知，臨時言“好”，與比丘食者，不犯。

問：“所以得儭衣、燈油犯吉者？”

答：“財物利重，情著難捨，又是别囑，理無通用，勸捨義希，致受不數，是以犯輕。食無獨食，勸辨義易，致受義數，是故制重。燈油外用，嘆勸亦希，是以制輕。又大僧嘆尼義希，致受不數，故尼犯輕。《律》云：不犯者，若不知，若先有意，若無教化想，若尼自作，若檀越令尼經營，若不教化而乞食與者，並開不犯。”

與女人期同道行戒第三十。制意同前，准以俗女爲異。别緣有六：一、是人女。二、共期。三、同一道行。四、不離見聞處行。五、無難等緣。六、隨所越界分齊便犯。但使共期，不問第三人，多少皆犯，以非同法，不類於尼，開多伴行。已下正明戒本。此戒因那律被打爲緣起：

“若比丘與女人共期，同一道行，乃至村間，波逸提。”

此滿足戒本。文有五句：一、犯人。二、同行境。三、共期。四、同道行。五、結犯。初句可知。二、言“婦女”者如上。三、言“共期”者，《律》云：言共至某村城國土。四、“同一道行至村間”者，《律》云：有分齊行處是。五、言“波逸提”者，《律》云：若村内一界行，一墮；多村内多界[②]行，多墮。餘文如前與尼同行説戒。不犯者，先不知，若不共期，須往彼得安，若力勢諸難等，皆開不犯。

施一食處過受戒第三十一。制意者：篤信居士割捨家珍，造立住處，標心一食，俟施僧衆，宜量其分，稱施而受，即彰内有廉節之心，外不惱施主；今久近不去，過受他食，長貪惱物，敗善增惡，過損不輕，是故聖制。别緣有五：一、非親居士限施一食。二、知限一食。三、三十里病及不請作因緣。四、過

---

① “此坐”二字録本訛作“比丘”，結合文意，據底本改。

② 界，録本訛作“累”，結合文意，據底本改。

受食。五、食則便犯。已下正明戒本。此戒因六群比丘起過故制：

“若比丘施一食處，無病比丘應一食，若過受者，波逸提。”

此滿足戒本。文有五句：一、食處。二、無病者及舉開緣。三、“比丘”者，犯。四、“應一食”者，食之分齊。五、“若過”下，結犯。言“施一食處”者，《律》云：在中一宿也。“食”者謂時食，除鉢、三藥，故輕。二、言“無病者及舉開緣”，《律》云：“病”者，離彼村增劇者是。三、言“比丘應一食”，犯人。四、言“應[一]①食”者，明食之分齊。五、言“若過受，波逸提”者，《律》云：無病比丘一宿處過食，咽咽結墮。若受餘儭身衣及燈油，犯吉。

問：“所以食重衣輕？”

答：“食資最急，人喜過受。又復受用體壞，損施主故，所以重。施主造立福舍，安儭身衣，聽一夜受用，不聽將去，過受義希。雖過受用，衣體不壞，猶屬②施主，損惱義微，故所以輕。燈油塗足，雖體盡壞，身外受用，過受義希，是故犯輕。”

問：“别食七緣，此獨開病者？”

答：“然病人苦惱，去③即成損，住則有益。施主體知，不生譏惱，是故聖開。别衆食中，[□][開]④施主請，與開六無損；此戒一食，後無施心，若六緣開，便成損惱，故無餘六。《律》云：不犯者，一宿受食，若病過受，若居士請住與⑤食，若次第請食，若水陸道斷等緣，並開不犯。”

展轉食戒第三[十]⑥二。制意者然篤信居士供辨美食，延請衆僧，怖(悕?)⑦存受用；而今許而後違，使他飲食徒設而已，無供僧之益，損惱施主，其過非輕，所以聖制。釋名者，受前請已，復受後請，互背彼此，稱爲“展轉”。

---

① 一，録本脱，結合文意，據底本補。
② 屬，底本、録本訛作“燭”，結合文意，據《四分律疏》[X41n0731p653a]改。
③ 去，録本訛作“吉”，結合文意，據底本改。
④ 開，底本、録本脱，結合文意，據《四分律疏》[X41n0731p652c]補。
⑤ 與，録本訛作“興”，結合文意，據底本改。
⑥ 十，録本脱，結合文意，據底本補。
⑦ 結合文意，此“悕”似爲“怖”之訛字，待考。

故曰“展[□][轉]①食戒”。具緣。通緣如上。别緣有五：一、先受前家五正食請。二、食體清净，堪飽足。三、更異處受五正食請。四、無因緣。謂除有病及施衣時，捨請因緣不犯。五、隨食即犯。以初、二緣前請對第三後請，可爲三對四句。一、前後俱正，提；中二差互、次一俱不正，下三，皆吉羅。次②足、不足四：初前後俱足，皆犯提罪；次③三差互等，並得吉羅。次④净、[□□][不净]⑤爲四：前⑥後俱[□][净]⑦，皆犯提⑧罪；次⑨三净前净，此二皆提；餘二皆吉。已下正明戒本。此戒因食粥後受正食，檀越譏嫌，比丘舉過，佛便制戒：

“若比丘展轉食，除餘時，波逸提。餘時者，病時，施衣時，是謂時。”

此滿足戒本。文有四句：一、犯人。二、所犯事。三、開緣。四、結罪。“時者”已下，誦前第三。初句可知。二言“展轉食”者，《律》云：背請食也。請有二種：一、僧次。二者、别請。“食”謂五正食，飯、麨、乾飯等。三言“除餘時”者，是開緣，緣如下説。四言“波逸提”者，犯句。言開緣中病時者，爲病比丘不能一坐，好食令足，故聽無犯。言“施衣時”者有二：一、一月衣時，爲迦提月。二、五月衣，爲功德衣月。故《律》云：自恣竟，無功德衣。一月若有衣，五月更復有餘施食及衣，聽受背請。所⑩以開病者，病人苦惱，若不開所宜，形命難立；又施主體知，不生譏嫌，故背無罪；非情所欣，十二月常開，不局時限。施衣開者，有二義故：一、爲益比丘，有待之形，假衣資養，若施時不受，後須難得，恐無理求，多生患累。二者、爲利家施主，使衣、食二施獲得兩種反報之福。爲斯二益，聖制[□][開]⑪許。衣利既重，或長貪結，故以時開之；非一切時，故文言“一月、五月”者。《律》：有餘施食及衣聽受者，前言

① 轉，底本、録本脱，結合文意，據《四分律疏》[X41n0731p653a]補。

②③④⑨ 次，底本、録本訛作“須”，結合文意，據《四分律疏》[X41n0731p653a]改。

⑤ “不净”二字底本、録本脱，結合文意，據《四分律疏》[X41n0731p653a]補。

⑥ “前”字前底本、録本衍一“俱”字，結合文意，據《四分律疏》[X41n0731p653a]删。

⑦ 净，底本、録本脱，結合文意，據《四分律疏》[X41n0731p653a]補。

⑧ 提，録本訛作“堤”，結合文意，據底本改。

⑩ “所”字前底本、録本衍一“問”字，結合文意，據《四分律疏》[X41n0731p653b]删。

⑪ 開，底本、録本脱，結合文意，據《四分律疏》[X41n0731p653b]補。

"一月、[□□][五月]①",是時捉②時望衣食。衣食是時家之餘,單時無開,要假施食及衣,故言[□□□□□□□□□□□□□□□□□□□□□□□□□□□□□□□□□□□□□□□][“若復有餘施食及衣”。依《十律》,若就時中前家食請作頭,三句:一、前家食請,後家衣食請,德背無罪。二、前家]③有請,後衣請取衣無犯;還前家食,不食違信,故吉。三、前家食請,後亦食請,背犯提罪。衣住頭亦有三句:一、前衣食請,後亦衣食請,聽背無罪,以衣後或多及勝。二、前家食請,後單衣請如前。三、前家衣食,後唯食請,犯提。《祇律》云:若到俗家,言:"今我家食,即名'請處'。"作食未熟,欲往他家,應白而起。不白去者,至彼得正食,犯二提罪:一、不白④故。二、背前請故。《四分律》云:若得多請,應捨前請,而受一請。不爾者,咽咽犯墮。若不捨後請、食前請,咽咽吉。若一日受十請,食最後,犯一提、八吉。以其初一是前,餘八是後,若背後九得,九吉羅。若食中間,比説可知。《伽論》云:若受前請,往至請家,坐上未食。若更有異家送食,若食後家,食犯背請。食前請已,即坐食後家食,無犯。《律》云:不犯者,若病時,施衣時,一日得多請、自受一請、餘者迴施與人,若請非正食,或不足食,或無請處,隨食不犯。或一處再設五正,施主一故,亦無背請,一切開不犯。

别衆食第三十三。制意有二:一、慈愍白衣故。然揣食有限,事難普周,人少易供,多則傾竭,生惱損重,故制别食。二、爲攝難調人故。恐自結别衆羯磨,以惱衆僧,故制不聽别衆。次釋名者,能别之人,食處成衆,以衆别他,不共同味,故曰"别衆食戒"。次解具緣。通緣如⑤上。别緣有七:一、有施主。二、别請别乞。三、五正食體清浄,在時中。四、食處成衆。五、知界内不盡集。六、無因緣。七、食便犯。已下正明戒本。此戒因提婆達與五比丘家家乞食,故佛制此戒:

---

① "五月"二字底本、録本脱,結合文意,據《四分律疏》[X41n0731p653c]補。

② 捉,録本訛作"提",結合文意,據底本改。

③ "若復有餘施食及衣……前家"三十九字底本、録本脱,結合文意,據《四分律疏》[X41n0731p654c]補。

④ 白,録本訛作"自",結合文意,據底本改。

⑤ 如,録本訛作"知",結合文意,據底本改。

"若比丘别衆食,除餘時,波逸提。'餘時'者,病時、作衣時、施衣時、道行時、乘船時、大衆集時、沙門施食時,此是時。"

此滿足戒本。文有四句:一者、犯人。二、别衆食。三、除開緣。四、結犯罪。下言"餘時",誦前第三句。一、言"若比丘"者,義如上釋。二、言"别衆食",《律》云:若四人,若過四人,名"衆"。"食"者,飯、麨、乾飯等。三、四兩句可知。言"餘時"者,誦前第三開緣。言"病時、作衣時、施衣時",此三緣如前戒説。第四言"道行時"者,《律》云,下至半由旬内有來去者,佛聽别食。第五言"乘船時"者,下至半由旬乘上下者是。第六言"大衆集時"者,八人已上,名爲"大衆",食無信供,又是難[1]得者,開使不犯。已下小衆,食雖難得,容有兼濟,故亦不開。又言"大衆"者,四人已上,名爲"大衆"。故《律》云:食足四人,長一人爲患;乃至百人,長一人爲患。此是兩家聚落,東家限與四人,西家局與一人。彼此二家,施心限局,各不相融。餘處乞食,復是難得。若不開者,西家一人與東家四人作患。由是患故,開使不犯。此謂舉患,以開不患。如是"乃至百人,長一人爲患"者,但使食食難得,悉皆不犯,故云"大衆集時"。第七言"沙門施食時"者,《律》云:諸外道中,出家者是名"沙門";施食緣如律中廣説。准此而言,比丘施食,不開别衆。《衹律》云:比丘無别衆食緣,當言:"我於此别衆食。"無緣,應求出。若二、三人,隨意食。若四人,應作二部,更互入食。《律》云:爲攝難調人,故制不聽[2]别衆食。若依《多論》,界内不集,亦名"别衆"。若作四相,有客比丘來,遮不聽入,亦是别衆。若不依僧次差往者名"别衆"。若先别請,後不遮入,轉别名。次餘義,廣大疏説。《律》云:不犯者,如上七緣,開食無罪。《多論》:若四人各自乞食,共一處,亦無有過,以非一家故。《善見》云:人各别乞,至同一處,一時受皆犯。二、各各去,一時受,各處食,犯小罪。三、各去,各受,各食,不犯。四、若一人覆鉢不食,待餘三食竟,後一人食不犯。《多論》:三比丘、一狂心,三人在内、一在界外,三是大僧、一是沙彌,悉皆不犯;不成别衆,不相足數故。又有四句:一、食主是一,盡集無過。二、食一處二,彼此乃異,故不犯。

① "難"字前録本衍一"八"字,結合文意,據底本删。

② 聽,録本訛作"聖",結合文意,據底本改。

三、食别處一，前後食，故不犯。四、食别處别，彼此二衆，互請一人，不犯。《善見》：五種足四不犯：一、不請足四。施主别請四人，一人不去；檀越見少，臨中見一比丘，即唤與食；請無簡别，故名"僧次"。二、乞食足四。亦以别請，一人不去；臨中乞食，比丘至彼，依次與食。三、沙彌足四。四、鉢盂足四。别請四人，三人身至，一人鉢請。五、病人足四。狂等之病，並非别衆，食皆不犯。

取歸婦、價（賈）①客道糧過三鉢戒第三十四。制意者：然歸婦、價（賈）②客捨己③塗糧，施請比丘，理宜將護，依限而取；今乃過取三鉢，令食罄竭，長貪違教，損惱不輕，故所以制。别緣具五：一、歸婦食、價客道糧。二、知是。三、無因緣，除有病緣不犯。四、取過三鉢。五、出門便犯。已下正明戒本。此戒因乞比丘從彼歸婦取塗（途）糧，又從商④客數乞，因起過失，佛便制戒：

"若比丘至白衣家，請與比丘餅、麨、飯，若比丘須者，當二、三鉢受，還至僧伽藍中，應分與比丘食。若比丘無病，過兩、三鉢受持，還僧伽藍中，不分與比丘食，波逸提。"

此滿足戒本。文有三句：一、犯人。二、開受分齊，食之方軌。三、"若無病"已下，過取違教結罪。初句可知。第二句中，文有三節：一、施塗（途）糧。二、"若比丘"下，教受分齊，所以開齊三者，爲令施主獲反報之福，亦令比丘資身長道。三、"還僧伽藍"下，教食方法。第三句反上第二開受等文。辨相中，初句可知如上。二句中言"白衣家"者，《律》云：有男有女，故曰。言"與餅、麨、飯"者，是五正食。言"二、三鉢受"者，是教受分齊。《多論》云：若上鉢取一鉢無罪，取兩鉢犯。中鉢取二不犯，三乃便犯。下鉢取二不犯，四鉢方犯。文云"過三鉢"者，就下鉢爲言。第二言"無病"者，是開緣。《律》云：爲不能一坐，好食飽足，故聽⑤不犯。言"過受犯提"者，是第三結犯句。《律》云：若一人取過三鉢，前三人不犯，以不過限故；後一人犯，以前三人語"莫持

①② 價，此當爲"賈"之增旁俗字。

③ 己，底本、録本訛作"已"，據文意改。

④ 商，録本訛作"高"，結合文意，據底本改。

⑤ 乙本以上殘。

來”，而往取過，在後人出彼門限，即犯提罪。若方便悔者，吉羅。《五分》云：過受不分比丘食，俱犯提罪。《四分》：過受犯提，不分故吉。《祇》云：女及價(賈)①客去後不犯。《律》云：不犯者，若兩、三鉢受，若病過受，若問已共分，若彼自送僧寺，若送尼寺俱受，不犯。

足食戒第三十五。制意者：凡食以充飢軀爲用，過則長貪，少復不足，事須節量。但四大身力，報有强弱，致聖將補，有四種之差，始於一揣，終至作餘食法，咸②是節量隨根之法；今第四人不作殘法，再食五正，長貪妨道，違教愆深，故所以制。别緣有五：一、是足食。二、足食想。三、捨威儀。四、無因緣，除有病及作殘法因緣不犯。五、更食隨犯。已下正明戒本。此因貪餮③不知足食比丘起，故制斯戒：

“若比丘食竟，或時受請、不作餘法而食者，波逸提。”

此滿足戒本。文有三句：一、犯人。二、食足。三、違犯結罪。初句可知。二足食中，文二：初食竟者，《律》云：謂“足”緣有五：一、知是飯。善知五正食犯足，非正不犯足。二、知持來。知彼爲我持來，境多足。三、知遮五正食。聖制不聽一日兩持飽，故曰“知遮”。即知前坐食多堪飽障，於日[□][中]④少食不障，故曰“知者遮”。四、知威儀。知行、住、坐、卧四儀，隨壞一一犯足故。五、知捨威儀。若坐床而食，前[□][境]⑤堪足，忽低頭取與，後分離床之例，故曰“捨威儀”。具此五緣，即名“食竟”。言“或⑥時受請”者，“五”謂受檀越食五處成足故。第三句言“不作餘食法”者，此違開緣。《律》云：若比丘食未足，應持食對前比丘言：“我足食、已食，大德知是！看是！我作殘食法。”彼應取少食已，當語彼言：“我止取食之。”言“而食者，波逸提”，是違犯結罪。故《律》云：足食已，捨威儀，不作餘食法。後若食正、不正，咽

① 價，此當爲“賈”之增旁俗字。

② 咸，底本、録本訛作“減”，結合文意，據《四分律疏》[X41n0731p658c18]改。

③ “貪餮”二字録本訛作“貧餐”，結合文意，據底本改。

④ 中，底本、録本脱，結合文意，據乙本補。

⑤ 境，底本、録本脱，結合文意，據乙本補。

⑥ 或，底本、録本訛作“戒”，結合文意，據乙本改。

咽犯墮。《五分》云:不作殘食法,口口[①]犯提。《律》云:不犯者,食作非食想,不受作餘食法,非食不作,若病人殘不作法,若已作餘食法,一切不犯。

勸足食戒第三十六。制意者:然出家之人,理須益物,遞相近導,勸修衆善;今乃惡心勸彼,令他得罪,己自招愆,人我俱損,理所不應,是故聖制。別緣有五:一、他足食竟。二、知他足食。三、惡心勸彼,欲令他犯。四、不作餘食法。五、前人食便犯。已下正明戒本。此戒因兄弟同作比丘,一者貪餮[②]嗜食,不知足食[□□□][不足食][③],餘食[④]不餘食,得而食之。以彼呵責,此心懷恚,見彼食已,惡心强勸食,佛便制戒:

"若比丘知他比丘足食已,若[□][受][⑤]請,不作餘食法,慇懃請與食:'長老!取是食。'以是因緣,非餘,欲令他犯者,波逸提。"

此滿足戒本。文有四句:一、能勸犯人。二、知。三、他二種食竟。四、"不作餘食法"下,勸足結罪。"以是因緣"者,明能勸之意。辨相中,初句可知。四釋勸意者,欲使他犯,故勸令食。言"非餘"者,謂非不犯及供養意等。《律》云:彼若食者,二俱犯提。前人不食,若作法而食者,勸人皆吉羅。若持病兒殘食,欲令他犯,勸者犯吉。此由惡心,故制同罪。《律》云:不犯者,勸令作法,謂不犯故,及供養意故,勸食者悉皆不犯。

非時食戒第三十七。凡食無時節,數則致患,事須限約,軌剋令定。是以始從平旦寅,終[⑥]至日午,事順應法,名之爲"時"。過則非宜,長貪妨道,招世譏過,事不應法,廣生罪累,名爲"非時"。故《毘羅三昧經》云:"平旦諸天食,日中應法食,日西畜生食,日暮鬼神食。"出家應佛法故制同天、法二種食名"時"。《多論》云:四義故佛制。中前食,一、始從日出乃至日中,其明轉

① "口口"二字録本訛作缺文符號"□□",據底本改。

② 餮,録本訛作"餐",結合文意,據底本改。

③ "不足食"三字底本、録本脱,結合文意,據《四分律比丘含注戒本》[T40n1806p447c19]補。

④ 食,底本、録本訛作"非",結合文意,據《四分律比丘含注戒本》[T40n1806p447c19]改。

⑤ 受,底本、録本脱,結合文意,據《四分律比丘戒本》[T22n1429p1019a14]補。

⑥ 終,録本訛作"絡",結合文意,據底本改。

盛，名之爲“時”，聽食無過。從中後乃至後夜，其明轉没①，故曰“非時”，而不聽食。二、從旦至中，是作食時節，乞不生惱，故聽而食。從中後乃至後夜，俗人宴會遊戲，若乞生惱，故制不聽。三、從旦至中，俗人事務，淫惱未發，乞不生謗，故聽乞食。從中已後，事務休息，淫喜言笑，入村乞食，多被譏謗，受諸惱辱，故不聽食。四、從旦至中，正是乞時，爲濟身命，故聽乞食。從中已後，宜應静緣，修道端坐，念誦持禪，非是往來時節，是故聖制，不聽入乞。犯緣有四：一、非時。二、非時想。三、時食。四、食咽咽犯。已下正明戒本。此戒因難陀跋難陀及迦留陀夷起過，故制斯戒：

“若比丘非時受食食者，波逸提。”

此滿足戒本。文有四句：一、犯人。二、非時。三、食。四、結罪。初句可知。二、言“非時”者，從日中乃至明相未出。三、言“食”者，《律》云：食有二種：佉闍尼食及蒲闍尼食。《僧祇》云：一、五正食。二、離正食。枝葉花果細末磨等，名“佉闍尼”。《善見》云：佉闍尼食者，米麥作飯麨等是。蒲闍尼者，一切菓是。四、言“波逸提”者，是違犯結罪句。故《律》云：若非時食，咽咽墮。若非時漿明相出，若七日藥過七日，皆犯，已食過時故，藥過限失受故。若盡形藥無緣限故，犯吉羅。《律》云：不犯者，作黑石蜜和米作法，若有病限藥時過，煮麥、令皮不破、漉汁飲，若喉中現出還咽，不犯。五、六病人不及食，腹中空悶，聽以蘇塗身；故不差，麵塗身；猶故不差，蘇和麨塗；又不差，以湯洗；若不差，瓮盛肉汁坐中。如是等足以至曉，一切不得過食。

食殘宿食戒第三十八。制意者：凡飲食繁穢，近則長貪，令人不節；又，體現變盡，義無貯畜，故宜别處，理無共宿，是故聖制。别緣有三：一、是殘宿食。二、知是殘。三、食即犯。釋名者，今日所食，是時日之餘殘，經夜日宿，故名“殘宿食戒”。已下正明戒本。此戒因迦羅比丘坐禪，思惟疲苦②，食先得者，佛因制戒：

“若比丘殘宿食食者，波逸提。”

① 没，底本、録本訛作“設”。《四分律删繁補闕行事鈔》卷中：“從旦至中，其明轉盛，名之爲‘時’；中後明没，名爲‘非時’。”[T40n1804p82a8]可資比勘。兹據改。

② 苦，底本、録本訛作“苦苦”。中一“苦”字衍，據乙本删。

此滿足戒本。文有三句：一、犯人。二、殘宿食。三、食便結犯。初句可知。二言“殘宿食”者，《律》云：今日受已至明日，於一切沙門釋子受大戒者皆不清浄。食有二種：一、正食。二、非正食。正食，飯等五正是。非正食者，根菓食乃至細末食等。三、言“食，波逸提”者，《律》云，若食宿食，咽咽犯墮。

問：“殘之與[①]宿，爲一爲異？”

答：“有四不同：一、殘而非宿，具受四藥，不加口法，過中若食，犯吉。二、宿而非殘，謂未受食，或共同宿食，犯吉，不宿無犯。三、亦殘亦宿，若食犯提。四、非殘非宿，食無罪。殘食内宿，亦作四句：一、是殘宿非内宿。今日受食，安界外，不共宿，非内宿，若食得提。二、是内宿非殘。三、四俱[②]句類知。《善見》云：多比丘、一沙彌共行，比丘各自擔食，至時各各自分已。沙彌語比丘云：‘我持己分，與大德易之。’易得已，復與第二比丘易，乃至下座。若沙彌不解者，比丘自持食與教共易得，無犯，以無殘宿惡觸等過。乃至持米行，沙彌小比丘得作飯，唯不得然（燃）火。若沸[③]，不得吹撓，吉羅。熟已，如上分展轉易者，得。《五分》：比丘殘果與浄人已，不作還意，後浄人還與比丘。佛言：‘離手已名浄[④]，食無犯。’《祇》云：莫問時、非時受，若過非時如髮晌（眴）[⑤]，若食得提。停過須臾，復得停食，食亦提。謂旦起，受食至中。過中已去，限一須臾。若過二時，名曰‘非時’。《十》云：沙彌持不浄鉢與師。佛言：‘若無急事，不應使持鉢。若使持，應從受。若洗鉢已，不得磨拭。食時當護浄手。若摩頭，口手相楷者，即須卻洗。若捉袈裟，亦應須洗。’《律》云：不犯者，若宿受食與父母，若塔作人計價與，後乞食無犯。若鉢盂[⑥]有孔

① 與，録本訛作“焉”，結合文意，據底本改。

② 此“俱”似爲誤衍。

③ 沸，録本訛作“佛”，結合文意，據底本改。

④ 浄，録本訛作“汝”，結合文意，據底本改。

⑤ 晌，此當爲“眴”之形訛字。《楚辭·九章·懷沙》：“眴兮杳杳，孔静幽默。”王逸注：“眴，視貌也。”洪興祖補注：“眴，與‘瞬’同。”《廣韻·稕韻》：“瞚、眴，並同‘瞬’。”《四分律删繁補闕行事鈔》卷中：“莫問時、非時受，若過非時如髮瞬，若食得墮。”［T40n1804p82c17］可資比勘。

⑥ 盂，録本訛作“盆”，結合文意，據底本改。

罅①,食入中,如法洗,餘不出者得食。故《律》云:若鉢缺餘著器,極用意三洗,以膩用食不犯。若宿食蘇油灌鼻,若隨唾出,棄餘不犯。"

不受食戒第三十九。《多論》云:五義故制,不聽自取食:一、爲斷盜竊因緣故。二、爲作證明故。從非人受食,得成受[□][食]②,不成證明。謂在曠野非人之所,爲是開聽;若在人中,非畜無知、小兒,悉不成受。三、爲正誹謗故。四、爲成少欲知足故。五、爲生他信敬心故,爲令外道得益故爾。别緣具四:一、是食。二、不受。三、知不受。四、食即犯。已下正明戒本。此戒因頭陀乞食,比丘塚間自取食之,居士共嫌,比丘舉過,佛便制戒:

"若比丘不受食,若藥著口中,除水及揚枝,波逸提。"

此滿足戒本。文有五句:一、犯人。二、不受。三、食體。四、開緣。五、結犯。辨相者,初句可知。二言"不受"者,《律》云:他不與未受者是。受有五種:一、手與手受。二、手與持物受。三、持物與手受。四、持與持物受。五、若遥過物,與者、受者俱知,中間無所觸礙,得墮手中是。復有五種:一、身與身受。二、衣與衣受。三、曲肘與曲肘受。四、器與器受。五、若有因緣置地與。是爲五。三言"食"者,明所食體。《律》云:佉闍尼食根細末摩,及五正食等是爲食體。四、言"除水及揚枝"者,此明開緣。《祇》云:若揚枝咽汁者,須受水,濁者須受,雪雹亦受。《五分》:若水性醎,不著鹽,聽不受飲。又水性黄者,自飲無罪。五、言"波逸提"者,是結犯句。《律》云:若不受如上等食,隨咽隨犯。《了論》云:若破戒被殯(擯)、别住十三難、三舉滅殯(擯)、應滅殯(擯)、學悔等人,所受食清净者,若取食,不成受。《五分》云:從人受成,若從非人、畜生受,悉不成。若在壙野無净人處,聽自洗燒器安水,净人安米自煮,若熟從他受。《祇》云:曠野中行,牛上受食,長袋連紐,一日一繫,置牛上,人不得觸之。至時一比丘引繩,一比丘受取,口云"受受"等。《十》云:飛鳥來,啄一口去,但棄啄,受餘殘得食。《見》云:天人、鬼神、畜生、飛鳥皆成。又若塵土落鉢中,可除者去之,餘者不犯,細者更受。若病急、緣大小

① 罅,底本、録本訛作"槲",結合文意,據乙本改。

② "食"字底本、録本脱,結合文意,據失譯人名今附秦録《薩婆多毘尼毘婆沙》卷第八[T23n1440p552a18]補。

便，灰土得自取。《十》云：聽擔食行，不使人見。若食，當下道，取一搦不受而食。此是無人處。若有人處，自擔糧，從他易[1]净食。又，山野處無人者，日中不得往返。應七日自作，先净米取。《祇》云：口中有熱氣生瘡，須咽揚枝汁，應受。若誤咽，不犯。若净人行果、鹽、菜，應語懸放。果墮草上即去者不名“受”，小停者名“受”。若净人難得，自至食處，總受而行。若净人舉不離地，亦名“受”，而非威儀。《律》云：若正、不正食，不與自取，著口中，咽咽墮。非時七日，限過亦墮。盡形無緣，不受食，犯吉。不犯者，取净水揚枝。若不受，蘇油灌鼻，與唾俱出，餘不犯吉。乞食時，鳥銜食，若風吹墮缽中，除去此食，乃至一指爪，可除者不犯。

索美食戒第四十。制意者：出家之事，特宜廉潔；今耽著美味，求索好食，長己貪結，惱亂施主，招世譏過，是故聖制。別緣有五：一、是美食，乳酪魚肉等。二、隨非親乞。三、爲己乞。四、無因緣，爲病，一坐間不堪食飽者。五、食即便犯。已下正明戒本。此戒因跋難陀從檀越索雜食，被譏訶嘖（責），比丘舉過，因制此戒：

“若比丘得好美食，蘇酪魚肉，若比丘知此美食，無病，爲身索者，波逸提。”

此滿足戒本。文有四句：一、犯人。二、食體。三、無緣。四、爲己，結犯罪。辨相者可知。《祇》云：不得從屠家、乳酪家乞，恐招譏過。蠶家乞綿，亦同此例。

問：“《律》結尼吉者何？”

答：“尼是女弱，求索美食，女人所諱，爲之義希故，故犯吉。大僧丈夫，身報力强，夫乞美食，資身數故，是以犯提。《律》云：不犯者，病人自乞，爲病人乞，或自他交乞，不求自得，並皆不犯。”

與外道食戒第四十一。制意者，三種過故，制不與食：一、異學情反[2]，恒懷疏[3]外，難與理親，雖傷惠施，不荷其恩，反生譏謗。二、邪見乖宗，非真福

---

① 易，録本訛作“是”，結合文意，據底本改。

② 反，録本訛作“及”，結合文意，據底本改。

③ 疏，底本、録本訛作“悚”，結合文意，據《四分律疏》[X41n0731p662c]改。

田，今[①]以施主之食，授與外道，損他施主，不得勝田，獲反報之福。三、躬自持食，授與外道，容生惑倒，謂外道是勝，比丘不如。以斯過故，不許自手與食。别緣有六：一、是出家外道，甄去在家外道，白衣犯輕故爾。二、知是出家外道，不知犯輕。三、非親，若與父母外道恩重故聽。四、是食與衣義希，故犯小罪。五、自手與，除置地、遣人與不犯。六、彼手受即犯。已下正明戒本。此戒因阿難分殘食與乞人故，又外道得食反謗故，佛制斯戒：

"若比丘外道男、外道女自手與食，波逸提。"

此滿足戒本。文有四句：一、犯人。二、所與處。三、與業[②]。四、結罪。言"比丘"者，義如上釋。言"外道男女"者，裸形異學人，此衆外[□][道][③]出家者是。言"自手與食"者，若正、非正食，乃至蘇油等，不置地、不使人與者[④]，名"自手與"。言"波逸提"者，是違句。《律》云：彼若受與者，提。若不受，吉。《五分》云：持己食分，一揣别著，使自取，不得持僧食。若與乞兒、狗、鳥等，應量己食分多少，然後減，不得持分外與。《十》云：外道伺求，長短與食，不名"污家"。《多》云：與時人見者，自與不犯。若僧共與僧食無過，唯不得自手與。《律》云：不犯者，若置地，若使人與，若與父母外道，若作佛塔、僧房人計價與，若勢力强奪，並皆不犯。

先受前請、後食至他家不囑戒第四十二。三過故制：一者、凡俗里多務，爲善事難，慨其家業，專崇福會，已許受請，行詣他家，脱若事差，惱處不輕。二、既有食處，宜息緣修道，無事遊散，妨廢所習。三、共衆受請，皆入聚落，令他施主見僧不集，竟不設供，稽留大衆，使不得飽滿，惱衆殊深，故聖禁制。别緣有五：一、先受他請以不受，故佛開不囑入村。二、食前後。三、不囑授。四、向白衣家，除詣伽藍，又除病作衣等緣。五、入門犯。已下正明戒本。此戒因跋難陀故，令僧食時不得食好菓，故制斯戒：

"若比丘先受請已，前食、後食，詣餘家，不囑受餘比丘，除餘時，波逸提。

---

① 今，底本、録本訛作"令"，結合文意，據《四分律疏》[X41n0731p662c]改。

② 業，録本訛作"葉"，結合文意，據底本改。

③ 道，底本、録本無，據文義補。同卷上文："一、是出家外道甄去，在家外道白衣犯輕故爾。二、知是出家外道，不知犯輕。"可資互勘。

④ 乙本以下殘。

'時'者,病時、作衣時、施衣時,是謂'餘時'。"

此滿戒,文有三段:初略制,次隨制,後廣制。爲前食故,初略結;爲後食故,隨結;爲請唤故,廣制。就廣戒本,句有其五:一、正明是比丘先受他請。二、食前、食後至他家。三、不囑受。四、除開緣。五、結犯。"除[□][餘][1]時"者已下,誦前第四句。辨相具釋。初句可知。言"前食、後食"者,從明相出至食時,名"前食";後食時至日中,名"後食"。三、言"不囑餘比丘"者,《律》云:若同房、同住、同界者,應令知受請處。四、言"除餘時"者,是開緣。於中有三:一、病。二、作衣。三、施衣。義如别衆食戒説。五、言"波逸[□][提][2]"者,是違犯結罪句。《律》云:若受請已,欲至餘家,不囑同戒同受請者,若去,入門便犯。不同展轉食戒囑異,爲囑異、爲囑同界者容有覔義。故《律》云:若囑授詣村而中道還,若至餘家,或至寺内庫藏處及聚落邊房,若尼寺,若至彼白衣家還出,並失。前囑受,更當囑他,若不爾者,入門即犯。《律》云:不犯者,如戒本開緣及無比丘可囑至餘庫藏及尼者,若家家多敷坐具,請比丘成一會,隨至皆是請處,是故不犯。《十》云:若食不足,若不至餘處求,不犯。《多》云:檀越明日設供,比丘今日往,犯提,除唤不犯。

食家强坐戒第四十三。制意者:凡在家俗人,婚會無時,久坐不去,妨[3]彼邪心,遞相逼斥,理非所宜;又復出家離穢,受染之所,事須防遠,容自壞心行,外涉譏醜,故所以制。别緣有四:一、是食家,甄去斷淫欲家及二俱受,齊[4]不犯。二、夫婦常所居屏處。三、無第四人。四、申(伸)[5]手不及户處坐,便犯。此戒因迦陀夷起過,佛便制戒:

"若比丘在食家中有寶,强安坐者,波逸提。"

此滿足戒本。文有三句:一、犯人。二、食家有寶。三、强坐結犯。辨相中,初句可知。二、言"食家有寶"者,《律》云,男以女爲食,女以男爲食,故名

---

① 餘,底本、録本脱,據文意補。

② 提,底本、録本脱,據文意補。

③ "妨"前底本衍一"放"字,當係書手誤書。《大正藏》録本失校。兹據《四分律疏》[X41n0731p663b23]删。

④ 齊,底本、録本訛作"齋",結合文意,據《四分律疏》[X41n0731p662c]改。

⑤ 申,後作"伸"。《廣雅·釋詁四》:"申,伸也。"下"申手"之"申"同,不復校。

“食家”。“寳”者七寳。夫妻相重如寳,故名“中有寳”。《五分》云:男女情相共食,名“食家”。《十》云:斷淫欲家及俱受齋戒,名“非食家”。三、言“强安坐”者,《律》云,若當舒手不及户處坐,防其事故,名“强安坐”。言“波逸提”者,《律》云,若比丘在食家,夫婦俱不受齋,强坐犯提。若互二句,犯吉。若俱受齋,不犯。《祇》云:見色愛者,故名“食”也。此食爲四食之中是觸食,以眼根對色,故名“觸食”。《五分》云:若知妨其事者,犯。《十》云:此舍多人出入,不犯。《多》云:言“有寳”者,以著寳衣輕明發欲故。《四分》云:第四人若盲、聾,俱有亦提。互有,吉羅。一盲、一聾,共成一人,不犯。比丘立而不坐,吉羅。不犯者,若食家有寳,舒手及户處坐,若有二比丘爲伴、有識别人,若作人在一處,或從前逕過不住,若病發倒地,若力勢所持,或被繫縛,或命梵難,不犯。

屏與女人坐戒第四十四。制意同前,唯無第三人爲異。别緣有四:一、是俗女。二、是屏處。三、無第三人。四、申(伸)手不及户處坐犯。已下正明戒本。此戒因同前戒:

“若比丘食家中有寳,在屏處坐者,波逸提。”

文有四句:一者犯人。二、食家有寳。三、屏處。四、結犯。辨相文中,前二後一可知。三、言“屏處”者,若樹、墻壁、籬栅,若衣及餘物障,故名“屏處”。此中犯者,謂夫主不在,獨與其妻屏坐,故犯提。《多論》云:閉户無净人,提。開户外有净人,吉。户内有净人,不犯。《祇》云:若母姊妹,若大、小净人,睡眠癡狂嬰兒,雖有是人名“獨”,不堪爲證,故同犯位。若净人作務來往[①]不斷,若閣上閣下净人看見者,不犯。開緣如前戒。

獨與俗女露坐戒第四十五。制意同前。别緣有四:一、是俗人女。二、是露處。三、無第三人。此是離見聞屏而非重物障,故稱“露”。故與前戒並開第三人。四、在申(伸)手内坐,犯。若申(伸)手外,吉。已下正明戒本。此戒犯緣與前戒同。

“若比丘獨與女人露地坐者,波逸提。”

---

① 往,底本、録本訛作“註”,結合文意,據《四分律删繁補闕行事鈔》卷中[T40n1804p84c26]改。

此滿足戒本。文有四句：一、犯人。二、犯境。三、犯處。四、結罪。初句可知。言“獨”者，一女人、一比丘。第二言“女人”者，是犯境。《律》云：人女有知，命根不斷。第三言“露地”者，是犯處，謂在見聞屏處，相去申(伸)手内坐。故《十律》云：相去一丈[①]，犯。第四言“波逸提”者，是謂違犯句。故《律》云：獨與女坐，無第三人爲證，隨起還坐，隨爾數墮。相去一尋内，犯提。一尋半，犯吉。二尋已外，無犯。《十》云：相去一丈[②]，提。丈五，吉。二丈，不犯。辨相開緣並同前戒不犯。

驅他出聚落戒四十六。制意者：凡出家之人，理懷[③]貞實，忠信自居；先許他家食，而竟不與，惡心驅出，時限已過，使他一日不得食；以充驅處至重，故所以制。別緣有六：一、是大比丘。二、先許。三、不與食。四、無因緣。謂有舉殯(擯)、命梵等難，不犯故爾。五、惡心驅出。六、相離見聞，或彼去已去故。已下正明戒本。此戒因跋難陀令餘比丘至食時驅不得食，佛便制戒：

“若比丘語餘比丘如是言：‘大德！共至聚落，當與汝等食。’彼比丘竟不教與是比丘食，語言：‘[□□□□][汝去！我與][④]汝一處若坐、若語不樂，我獨坐、獨語[□][樂][⑤]。’以此因緣，非餘方便，遣他去，波逸提。”

此滿足戒本。文有三句：一、犯人。二、“語餘”下至“與汝食”，正明將至聚落，許與彼食。三、“彼比丘竟不”已下，不與彼食，遣去結罪。“以此因緣”者，謂是惱亂因緣。“非餘”者，非餘不犯等緣，如上無威儀等。辨相者，初句可知。言”聚落”者，有四種村如上。言”與食”者，謂是五正明。《律》云：若方便捨見處至聞處，犯吉；互作，亦吉；見聞俱離，犯提。《律》云：不犯者，與食遣去，若病，若無威儀人見不喜，自送食與，若破戒、破見等故，若命梵等難，若無瞋恨、亦無慊(嫌)心，悉皆不犯。

過受四月藥請戒第四十七。制意者：然篤信士，供辦美藥，延請僧衆，虔心供養；施主有限，宜應將護，稱施而受；今過受他藥，長貪惱物，敗善增惡，

①② 丈，録本訛作“文”，結合文意，據底本改。

③ 懷，底本、録本訛作“壞”，結合文意，據《四分律疏》[X41n0731p663c23]改。

④ “汝去！我與”四字底本、録本脱，結合文意，據《四分律比丘戒本》[T22n1429p1019b4]補。

⑤ 樂，底本、録本脱，結合文意，據《四分律比丘戒本》[T22n1429p1019b5]補。

損處不輕，故今聖制。別緣具六：一、是藥請。二、施心限定。三、知期限定。四、過限而受。五、無因緣。六、食，咽咽犯。已下正明戒本。此戒因六群比丘起過，故制戒：

"請比丘四月與藥，無病比丘應受；若過受，除常請、更請、分請、盡壽請，波逸提。"

此滿足戒本。文有六句：一、犯人。二、藥請。三、"無病"下，教齊。四、四月受。五、闕緣。六、過受結犯。辨相中，"比丘"者，如上釋。二、"四月請與藥"者，《律》云：四月者，夏四月也。《祇》云：春、夏、冬三時俱犯。三、言"無病比丘應受"者，教齊四月受也。此是受藥方法。四、言"若過受"者，此明過四月受。《律》云：若夜藥有分齊，夏四月應受。若夜無分齊，隨施時應受，不論藥分齊。五、言"除常請"者，明開受緣。《律》云："常請"者，施主作如是言："我常與藥。""更請"者，斷已後，復更請與藥。"分請"者，持藥至伽藍中分與。"盡形受請"者，施主言："我常盡形與藥。"次前四句通達開緣藥。第六言"波逸提"者，是違犯句。《律》云：四藥之中，過受三藥，俱犯提罪。故《伽論》過時藥亦犯提罪。七日盡形，如《律》下文。醫所教服藥，故知是犯。如施一食，過受尚犯，豈況過四月受，寧不犯提？故《十律》云：過四月已，復索蘇等七日藥及終身中椒、薑、畢鉢①、鹽等，犯提。若索毘醯勒等三，吉羅。非時藥賤，又療患義微，[□][過]②受義希，故犯小罪。

問："施一食中，過受蘇油犯輕。此受蘇油，何以便重？"

答："彼據身外，塗足燃燈，既是外用，過義受希，故彼犯輕；此施內資，過受義數，故得提罪。又，《善論》：若檀越四月與油索蘇，吉羅。故知索藥罪輕，過受便重。所以爾者，解言：施主先有好心，四月與藥，期限已滿，供養心息，過受致惱，損敗處深。又復乘前供養，人喜過受，故過受重。若索藥者，以其居士先無施心，乞任彼量，損惱義微。又以施主先無心故，乞希故輕。與衣不同，衣資義寬，與乞過受二俱是數，故希犯提罪。《律》云：不犯者，如戒本四緣是。"

---

① "畢鉢"二字録本訛作"鉢畢"。按：底本"鉢畢"二字間實施一乙鈎號，兹據正。
② 過，底本、録本脱，結合文意，據《四分律疏》[X41n0731p664a]補。

觀軍陣戒第四十八。制意者,凡軍陣凶險,兵[①]刃[②]交競,實則傾敗俄爾,戲便令心蕩逸,招譏損道,愆深過極,交違慈愍,故不聽觀。別緣有四:一、是軍陣。二、故往觀。三、無因緣,謂被請及軍陣,復至水陸[③]險難等不犯故。四、往見便犯。已下正明戒本。此戒因六群觀陣,波斯遥見,心甚不悦。佛便制戒:

"若比丘往觀軍陣,除時因緣,波逸提。"

此滿足戒本。文有四句:一、犯人。二、觀陣。三、開緣。四、結罪。辨相中,初句可知。二、言"軍陣"者,於中有三:一、釋名。車幕屯[④]聚稱"軍",行列相對名"陣"。二、舉數者,《律》云:軍有四種,謂象、馬、車、步等。純、雜二種,如律廣説,都有二十六軍。三、"辨相"者,《祇》云:象力最大,四人從之,成一象軍。馬力次弱,八人從之,成馬軍。車軍次弱,十六人從,成一車軍。三十二人帶仗,成一步軍。所言"陣"者,行列相對,或方、或圓、或半形,或張甄、或減[⑤][□][相][⑥]陣等,若戲、若鬩(鬪?)[⑦]戰。三、言"除是因緣"者,《律》云:若自有事須往,若彼請唤,乃至勢力將去,及餘種種不自在緣。四、言"波逸提"者,是違犯結罪句。《律》云:彼比丘往觀軍陣,從道至道,從道至非道,乃至從下至高去。若見者,犯提。不見,吉羅。若方便莊嚴,欲觀而不去者,吉。若比丘先在道行,軍陣後至,應避下道。若不避者,吉。乃至下戒亦爾。若見,犯提。不見,吉羅。《祇》云:若逢軍不作意見者,無犯。若作意舉頭窺望見,提。若天王出,作意看者,越。乃至看畜生鬪,及[⑧]看人諍口,皆

① 兵,底本、録本訛作"丘",結合文意,據《四分律疏》[X41n0731p664b18]改。

② 刃,録本訛作"又",結合文意,據底本改。

③ 陸,録本訛作"睦"。該字底本左半實作"阜",乃"阜"旁之省筆俗體,"阜"旁一作"阝"。兹據録正。

④ 屯,録本訛作"毛",結合文意,據底本改。

⑤ 減,録本訛作"咸"。《四分律》:"或張甄陣,或減相陣。"[T22n1428p671b8]兹據改。

⑥ 相,底本、録本脱,結合文意,據《四分律》[T22n1428p671b8]補。

⑦ 結合文意,此"鬩"疑爲"鬪"之訛字。下文:"若戲鬪,若真實鬪。"可佐比勘。

⑧ 及,底本、録本訛作"乃"。結合文意,據《四分律删繁補闕行事鈔》卷中[T40n1804p85a21]改。

越。《十誦》:爲作無常觀故,雖觀不犯,如前所説。

有緣至軍過限宿戒第四十九。别緣有五:一、有因緣至軍中宿。二、曾逕二宿。三、第三宿不離見聞處。四、無因緣,謂二道斷、命梵難,不去,無罪。五、過三夜明相出,犯。已下正明戒本。此戒因六群有緣至軍中宿,居士譏嫌,比丘舉過,佛制戒:

"若比丘有因緣,聽至軍中二宿、三宿,過者,波逸提。"

此滿足戒本。文有三句:一、犯人。二、開緣。三、違犯罪。初句可知。二、言"有因緣"者,《律》云:有唤及自事等緣。《多論》:開往者,爲沙門果故,長養佛法故,長信敬心故。又,道俗相須、成就佛法故,聽往有益至三宿。三、言"過者,波逸提",是違犯結罪。《律》云:若至第三宿明相未出,應離見聞處。若不離,明相出,犯提。見聞互不離,犯吉。若第四夜往處,初夜即犯,不待明相。《律》云:不犯者,得二宿至第三宿明相未出,離見聞處。若水陸道斷、惡戰等難,並不犯。

有緣至軍二宿、往觀軍陣合戰戒第五十。過不異前。既有因緣,聽至軍中,宜應坐住;復方便往觀,過同於初,故所以制。别緣有五:一、先有緣在軍中宿。二、軍陣合戰。三、方便往觀。四、見便犯。已下正明戒本。此戒因六群有緣在軍觀諸鬪力,中有一人爲箭所射,居士怪情,比丘白佛,因斯制戒:

"若比丘二宿、三宿軍中住,或觀軍陣鬪戰,若遊軍象馬力勢者,波逸提。"

此滿足戒本。文有五句:一者犯人。二、有緣先在軍中。三、"或觀"者,正[①]明觀業。四、"軍陣"已下,所觀之境。於中有四:一、軍。二、陣。三、鬪戰。四、勢力。五者結罪。辨相中,初句可知。第二句如前戒所開。第三言"觀軍陣"者,是觀業。四、言"軍陣"等者,軍陣如前所明鬪戰相狀,若戲鬪,若真實鬪。言"勢力"者,第一象力、馬力、車力、步力等。五、言"波逸提"者,是違犯句。輕重不同。若比丘往觀,見者犯提,不見犯吉。餘如前戒。不犯者,若有請唤及勢力等難、命梵之難,雖不離,不犯。

---

① 正,底本、録本訛作豎排的"一心",結合文意,據《四分律疏》[X41n0731p664c25]改。

飲酒戒第五十一。制意者,酒爲毒水,飲則成患,令人志性猖狂,廣興諸惡,妨修廢業,損道招譏,生患之本,寧容不禁?是故聖判。別緣有三:一、是酒。二、無重病。三、飲即犯。已下正明戒本。此戒因婆伽陀比丘起過,故制斯戒:

"若比丘飲酒者,波逸提。"

滿足戒本。文有三句:一、犯人。二、所飲之酒。三、飲而結罪。辨相中,初句可知。二、言"飲酒"者,於中有二:初列五種酒,如《律》所明:一、木酒。二、粳米酒。三、餘米酒。四、大麥酒。五、有餘法作酒者。二、就木酒偏舉料簡。《律》云:木酒者有六:一、梨汁酒。二、閻浮菓酒。三、甘蔗酒。四、舍樓伽菓酒。五、麴汁酒。六、蒲桃酒。梨酒者,若以蜜石蜜雜作,乃至蒲桃酒亦如是。三、言"波逸提"者,是結罪。《律》云:但使是酒,乃至草木作者,無酒色香味,若非酒而有酒色香味,並不合飲。若酒初和和飲,皆犯提。甜酢、酒食、麴、酒糟,一切吉羅。《十》云:若飲似酒酢、酒糟醫、若麴,能醉人,咽咽皆墮。《多》云:酒酒相(想)、酒疑、酒無酒想,一切墮罪。無酒有酒想、疑,皆吉。莫非取境犯,謂前有方便。又不得强勸飲酒,前人若飲,勸者犯提;不飲,吉羅。《祇》云:一切果漿令人醉,越。若麴飯相和食者,提。《善見》云:若酒煮藥故,有酒香味犯吉,無者得飲。《四分》云:以我爲師者,不得以草木内酒中渧口。《五分》:以降龍故,得酒醉,衣鉢蹤横,乃至佛説偈:"昔日敬佛,今不能敬。昔伏毒龍,今不能降蝦蟆。"《多》云:此戒極重,能作四逆,除一破僧,又亦能破諸戒律行,而及能作衆作業[①],故《律》重制。《律》云:不犯者,若有病,餘藥持不善,以酒爲藥,若以酒塗瘡,一切不犯。《五分》云:若先習酒人不[□][得][②]酒者氣絶欲死,飲食不消,聽嗅酒器。若不差(瘥)者,以酒著麸[③]粥中令[④]食。不差(瘥)者,以酒與飲,漸漸斷之。

① 業,録本訛作"差",結合文意,據底本改。

② 得,底本、録本脱,結合文意,據《四分律》[T22n1428p665b16]補。

③ 麸,録本訛作"民",結合文意,據底本改。

④ 令,録本訛作"合",結合文意,據底本改。

水中嬉戲戒第五十二。《多論》四義故制：一、佛法尊重，理宜表敬，今入水遊戲，損壞匪輕。二、理宜威儀庠序，外長信敬，入水遊戲，動越威儀，招世譏過。三、宜息修道，入水遊戲，妨廢正業。四、宜修正念，入水戲謔，令心散亂，失正念故，是以聖制。別緣有三：一、是水。二、無緣。三、戲即犯。此戒因十七群河中遊戲，波斯匿王遥見譏嫌，佛便制：

"若比丘水中嬉戲者，波逸提。"

戒本有三句：一、犯。二、水戲。三、結罪。辨相中，初句可知。二、言"水中戲"者，《律》云：放意自恣，從此至彼，逆流、順流，此没彼出，手畫(劃)[1]水相濽，乃至以鉢盛水戲弄者，提。三、言"波逸提"者，違犯名。《律》云：比丘水中如上所戲，悉犯提罪。除水已，若酪漿、若酒麥汁，器中弄戲，皆犯吉羅。《祇》云：水陸互澆濽，越；俱水中者，提。《五分》：摶雪及草頭露弄者，吉。《伽》云：乃至水滴地亦吉。《大雲經》説：王見遊戲，説偈[□][向][2]夫人言："吾聞諸比丘，久已離塵羈，戲慕泥水中，云何爲人師?"諸比丘遊戲已足，入定知心，遂以神力雁行而去。夫人見而向王説偈："吾家諸比丘，久以離塵羈。沙彌尚如是，何況釋迦師?"王因生信。《律》云：不犯者，若道行渡水，或水中牽竹木、捭順流上下，若失物沈入水底、此没彼出，或從此岸渡至彼岸，或學知浮法而擢臂水中，濽水者，一切不犯。

擊攊比丘戒第五十三。事雖是輕，過容至重。人之喜爲，特宜須禁，故所以制。別緣有五：一、是比丘。二、作惱亂意。三、手腳十指。四、無緣，若眠觸令覺、行來誤觸等不犯故。五、觸著即犯。此戒因六群中一人擊攊十七群中一人，乃至令命終，比丘舉過，佛便呵制戒：

"若比丘以指相擊攊者，波逸提。"

戒本三句：一、犯人。二、擊攊。三、結罪。辨相中，初句可知。二、言"以指擊攊"者，《律》云："指"者，手、腳二十指。三、言"波逸提"者，違犯罪

---

① 結合文意，此"畫"當爲"劃"之訛省。

② 向，底本、録本脱，結合文意，據《四分律》[T22n1428p665b16]補。

名。《四分》:以手腳相擊攊,一切提罪。《祇》云:以指,除手腳已,若杖、若拂柄[1]及户籥餘一切物擊攊者,吉。指比丘,亦提。五指指,五提。乃至差[2]會以指某甲去,去者亦提。《五分》云:若擊攊沙彌乃至畜生,亦吉。《律》云:不犯者,若不故作,若睡觸令覺,若出入行來,若掃地誤觸,並不犯。

不授諫戒第五十四。制意者,凡出家之人,理宜離惡爲宗,然己[3]迷情,將欲作過,他以理諫,復不從順,苟且爲非,違損處重,故須聖制。别緣有五:一、己所作非法事。二、他如法設諫。三、知己所作非,前人諫者是。四、拒諫不受。五、隨所作,犯根本。不從語,波逸提。已下正明戒本。此戒因闡陀比丘犯戒,餘比丘諫言:"莫作此意,不應爾。"不從他諫,即犯諸罪。比丘白佛,佛呵制戒:

"若比丘不受諫者,波逸提。"

此戒文有三句:一、犯人。二、不受諫。三、結罪。辨相中,初句可知。二、言"不受諫"者,自知作非,他勸莫作,拒而不從,故曰"不受諫"。三、言"波逸提"者,是違犯罪名。釋云:但使知己爲非,前諫者是,故違情重,是以得提。若謂己所作是,前諫者非,過輕微故,得吉羅。隨所作事邊,以識事故作,以不知得脱,猶犯根本罪。此違一人諫,不隨前事結罪輕重,但就心辨,虚故罪重,心實故輕。文中先結心實之吉,次結心虚提。是以《律》云:若他諫言"莫作此事",然故犯根本;不從語,吉。若自知所作非,然故作,犯根本;不從語,提。《多》云:欲作前,不受諫,犯吉。後作以根本外,别得提罪。

問:"違僧諫中,諫竟即犯,不待作事;此中所以諫竟未犯,要待作事。此戒既是一人設諫,無有僧命、衆法可違,是以諫竟未犯,要待作事,違諫義成,是以不類。若爾,下拒勸學戒亦是一人所諫,而無衆命可違,何以諫竟即犯、與此相違?"

答:"彼諫止犯。先是不學,止犯之人。發言拒諫,道己[4]不學,即是止

① 柄,底本、録本作"抦"。敦煌寫卷中"木"旁"扌"旁相亂,此"抦"乃"柄"之换旁俗體。此字《四分律比丘含注戒本》[T40n1806p450a29]正作"柄"。兹據改。

② 差,録本訛作"善",結合文意,據底本改。

③④ 己,録本訛作"已",據底本改。

犯。表違已成,故所以犯。此諫作犯,雖言拒諫,道'我作者',仍猶未作,[□][表][5]違未就,要待作事,違陳義成,亦非一類。《律》云:不犯者,前人無智報言,可問汝師乃至知諫法者,若諫當用,若戲語、獨語、夢語、錯説等,一切不犯。"

恐怖比丘戒第五十五。制意者:凡出家人,宜須持護,不相惱觸;今以六塵等事遞相恐怖,令彼惶悸,廢修正業,事惱殊深,故須制斷。别緣有五:一、大比丘。二、作恐怖意。三、以六塵等事一一説示。四、言辭了了。五、前人見聞,觸知便犯。已下正明戒本。此戒因那迦波羅反被拘執衣,欲怖佛,令還入房,佛便呵責,制斯戒本:

"若比丘恐怖他比丘者,波逸提。"

此滿足本。文有三句:一、犯人。二、恐怖。三、結罪。辨相中,初句可知。二、言"恐怖"者,《律》明恐業,先列名,後隨釋。言"列名"者,彼以色、聲、香、味、觸、法六事,一一示之。言"色恐怖"者,或作鳥形,乃至鬼及獸形,如是以色恐怖前人。言"聲恐怖"者,或貝聲、象聲等,以如是聲恐怖前人。乃至以法恐怖,語前人"我見如是相:[□□][若夢][6]汝當死。若失衣鉢及汝[□][師][7]和上亦爾。汝父母得病若死"等,以此法恐怖者。三、言"波逸提"者,是違犯句。《律》云:若以六事,隨一一提。令彼見聞等若恐怖、若不恐怖,一一皆得提罪。若不了前人、不知等,一一吉羅。《律》云:不犯者,或闇地坐無燈火,或大小便處遥見謂言"惡獸",乃至行聲、咳聲、觸聲而恐怖者,或以色等示人、不作恐怖意,或若實有是,見夢當死、失衣,乃至父母重病若死,語彼令知,及誤,一切不犯。

過半月洗浴戒第五十六。《十律》云洗浴有五利:一、除垢穢。二、身清净。三、除身中寒冷病。四、除風。五、得安隱。故《温室經》云:浴除七病故。凡身多不净,事須澡除,但皎潔過常,令身光澤,翫著色身,無心厭背,正違出離,故須限約,半月一洗,若過即犯。别緣有五:一、曾前洗浴。二、未滿

---

⑤ 表,底本、録本脱,結合文意,據《四分律》[T22n1428p666a8]補。

⑥ "若夢"二字底本、録本脱,結合文意,據《四分律》[T22n1428p674a15]補。

⑦ 師,底本、録本脱,結合文意,據《四分律》[T22n1428p674a16]補。

半月。三、更洗浴。四、無因緣。五、洗身半犯。已下正明戒本。此戒因瓶沙王聽諸比丘於竹園池中常浴，六群浴次，王與婇女詣池相值，王竟不浴；大臣嫌恚[①]，比丘白佛，佛呵制戒：

“若比丘半月洗浴，無病比丘應受，不得過，除餘時，波逸提。‘餘時’者，熱時、病時：作時、風雨時、道行時，此是‘[□][餘][②]時’。”

此滿足戒本。文有四句：一、犯人。二、明半月一洗不得過。三、除開緣。四、結罪。“餘時”者，下誦前第三句。辨相中，初句可知。二、言“半月洗浴”者，明半月一浴不得過。半月洗誦，於半月内不得再洗，故曰“不得過”。《衹》云：應隨浴日數，要滿十五日，乃應更洗。三、先言“除餘時”者，明開緣。言除“熱時”[□][者][③]，《律》云，春後四十五日、夏初一月，是熱時，天竺熱早故。從三月初至五月十五日，此兩月半聽洗無罪。隨國土早晚熱，用此限洗。又，此兩月半時日滿便足，是名“熱時”。言“病時”者，《四分》云，下至身體臭穢，是謂“病時”。言“作時”者，下至掃屋前地。《十》云：乃至掃僧房内地五尺。《多》云：五、六尺。《五分》：乃至掃屋内地。言“風、雨時”者，下至一旋風、一渧雨著身。言“道行”者，下至半由旬、若來若往者是。四、言“波逸提”，是過洗結罪句。《律》云：若過限洗，一遍洗身一波逸提。若洗半身，亦犯提。若方便欲洗[□][而][④]不[□][洗][⑤]者，吉羅。《五分》云：若共白衣同室浴身，偷蘭。《多》云：露地不應共浴。若在室中知白衣而無口過者，聽共浴比丘揩白衣，吉。若自揩、不用他揩者，善。要著僧衹支。一、當有慚愧。二、不生他欲。因洗羅漢身軟，有凡見便起染失根，乃至還悔，得本男身。《律》云：不犯者，如上六緣開數洗不犯，及被力勢所轉强令者。

無事露地然(燃)火戒五十七。制意者：凡火性炎熾，事變無恒，容有燒壞，不可[□][不][⑥]禁；又復然(燃)火群聚，多著俗話，廢修正業，是以聖制。

① 恚，録本訛作“恚”，結合文意，據底本改。
② 餘，底本、録本脱，結合文意，據《四分律》[T22n1428p675a4]補。
③ 者，底本、録本脱，據前後文意補。
④ 而，底本、録本脱，結合文意，據《四分律》[T22n1428p675a13]補。
⑤ 洗，底本、録本脱，結合文意，據《四分律》[T22n1428p675a13]補。
⑥ 不，底本、録本脱，結合文意，據《四分律疏》[X41n0731p666c4]補。

別緣有四：一、是無因緣，甄去因緣不犯。二、雖無因緣，若在覆障處，生患義微，亦是不犯，故須第二是露地。三、然(燃)草木等，甄去然(燃)炭，生過義微，但犯小罪。四、燒便犯。此中但制無事然(燃)火罪，不言壞地、傷五生種罪，上已制竟故爾。此戒因六群露地[□][然(燃)][1]火，枯枝内有蛇得火氣出，遂驚擲火，燒佛講堂；比丘舉過，佛制斯戒：

"若比丘無病，自爲炙故，在露地然(燃)火，若教人然(燃)，除時因緣，波逸提。"

戒本三句：一、犯人。二、除病。三[2]、爲已[3]然(燃)火，結犯。辨相中，初句可知。二、言"自爲已[4]"，除病不開。三、言"波逸提"者，是違犯結罪。故《律》云：彼於露地若然(燃)草木枝葉、牛糞、糠等，一切然(燃)者皆犯提罪。若以火置草木乃至糠麧(麫)[5]中，亦犯提罪。《五分》：爲炙然(燃)火，炎高四指者，墮。《多論》：若他已然(燃)，後隨作何事皆墮。《祇》云：旋火作輪，或火中有草木，撥聚，一切墮。若壞生，二罪：一、壞生。二、然(燃)火。若在生地，理有一墮。被燒半燋[6]、擲火中者，吉。然(燃)炭火，吉。不語前人"知是！看是"，吉。《律》云：不犯者，語前人"知是！看是"，若病人自然(燃)，教人然(燃)，有緣看病人爲病者煮糜、粥、羹[7]、飲等，在死土及石並餘物上作火，開不犯。若在厨屋中、浴室中，若熏鉢、煮、染、然(燃)燈，一切無犯。

藏他衣鉢戒五十八。制意者三：一、調戲諠[8]煩，因事相惱，藏他衣鉢，覓時不得，令彼惶恐怖，惱處匪輕。二、容生盜心，臨危[9]事險，可懼之甚。三、

---

① 然，底本、録本脱，結合文意，據《四分律比丘含注戒本》[T40n1806p450c13]補。

② 三，録本訛作"二"，據底本改。

③④ 已，録本訛作"巳"，據底本改。

⑤ **麧**，録本訛作"越"，據底本改。《龍龕手鑑・麥部》："**麧**"，"**麫**"的俗字。指破碎的麥殼。

⑥ 燋，録本訛作"煡"，據底本改。

⑦ 羹，底本、録本訛作"美"，結合文意，據《四分律删繁補闕行事鈔》卷中[T40n1804p86a21]改。

⑧ 諠，録本訛作"謔"，據底本改。該字《四分律疏》[X41n0731p666c13]作"宣"。

⑨ 危，底本、録本訛作"色"，結合文意，據《四分律疏》[X41n0731p666c15]改。

假無盜心,致彼言謗,清白難分,莫能自拔。以斯諸過,故須聖制。別緣有四:一、是大比丘衣鉢事等。二、作驚動彼意。三、無因緣,或物主慢藏及二難等,不犯。四、取藏舉便犯。此戒因六群十七群[□□][藏他][1]衣鉢等,諸比丘白佛,佛制斯戒:

“若比丘藏他比丘衣、鉢、坐具、鍼筒,若自藏,若教人藏,下至戲笑者,波逸提。”

此滿足戒本。文[2]有三句:一、犯人。二、所藏物。三、自他藏而結罪。辨相中,三句可知。《律》云:上至惱他,下至笑戲,皆犯提罪。故云戲笑尚犯,況爲故惱?《多》云:若五大色衣及不净衣,吉羅。未熏鉢、鍵鎔、衣鉢不作净畜者,皆墮。《律》云:不犯者,若實知彼人物[□][相][3]、體[□][悉][4]而[□][取][5]舉,若在露地風雨漂漬舉之,若物主爲性慢藏,衣物狼藉、爲誡敕之,若借他衣而彼不收舉,若因此衣鉢有命梵等緣故藏,一切不犯。

真實净施不問主取戒五十九。制意者:凡净施之法,爲去存著之情,遠同大行,事既付彼,取用之時,一須諮問,[□□][不問][6]輒取,理違聖教;又復前人既不見物,謂成失奪,惱他不輕,是故聖制。釋名者,捨與前人不虚,稱爲真實。此物不傷染心,名爲“净施”。故曰“真實净”,施輒取戒。

別緣有四:一、是己物。二、作真施净施法。三、不語主令知。四、取用便犯。此戒因六群真施親厚衣,比丘已後輒著,比丘白佛,呵制戒:

“若比丘與比丘、比丘尼、式叉摩那、沙彌、沙彌尼衣,還取著者,波逸提。”

滿足戒本。文有三句:一、犯人。二、作净施法。三、輒取結罪。辨相中,初句可知。二、言與衣者,《律》云:净施有二:一、真實。二、展轉。展轉

① “藏他”二字底本、録本脱,結合文意,據前後文意補。
② 文,録本作“文文”。按:底本前一“文”字旁有一廢棄號,茲據删。
③ 相,底本、録本脱,結合文意,據《四分律》[T22n1428p676a7]補。
④ 悉,底本、録本脱,結合文意,據《四分律》[T22n1428p676a7]補。
⑤ 取,底本、録本脱,結合文意,據《四分律》[T22n1428p676a7]補。
⑥ “不問”二字底本、録本脱,結合文意,據《四分律》[T22n1428p676a8]補。

者,長衣戒説。三、言“波逸提”者,是輒取違犯句。故《律》云:若作真實净施[①],應問主,然後取著。不爾者,犯提。然此净主,文通五衆,人解不定。有説此是用戒,通僧、尼二衆合説,豈有比丘從尼取衣也?各對同類僧二、尼三作法。又説依文,通五衆爲主,任心所樂。

問:“沙彌邊作净,受已云何?”

答:“稱無歲比丘。”

問:“幾物應説净?”

答:“謂衣、藥、鉢、寶等。”

問:“衣物尺量如何?”

答:“衣尺六八寸。故《律》云:長如來八指、廣四指是。若立[②]及令減[③],並悉不説,無罪。鉢量可知。藥無其量,謂取七日加口法者,餘悉非也。寶無多少,但金銀錢。”

問:“幾種人開心念説净?”

答:“《十律》開五種人作七種心念法。《律》云:不犯者,若真實施,語主取,展轉者隨意取。”

白色三衣戒六十。制意者:凡壞色染衣,道服標戒,内遣著情,外長信敬;今不染畜著,非是沙門道眼之標[④],内長貪著,外招譏損,過是不輕,故須聖制。别緣有四:一、是三衣。二、是己物。三、不染壞。四、著便犯。此戒因六群著白色衣,居士譏嫌,比丘白佛,佛呵制戒:

“若比丘得新衣,應三種壞色,一一色中隨意壞,若青、若黑、若木蘭。若比丘不以三種壞色若青、若黑、若木蘭著餘新衣者,波逸提。”

滿足戒本。文有三句:一、犯人。二、“得新衣”已下,教染壞方法。三、“若比丘”以下,不壞故違返聖教,畜著結罪。辨相中,初句可知。二、言“得新衣,應三種壞”者,《律》云:新衣者,若新,若初從人得,俱名“新衣”。《十

① “施”字前録本衍“實净”二字,據底本删。

② 立,底本、録本訛作“互”,結合文意,據《四分律疏》[X41n0731p667c4]改。

③ “令減”二字底本、録本訛作“全咸”,結合文意,據《四分律疏》[X41n0731p667c4]改。

④ 標,底本、録本作“幖”,當係“標”之形訛。今結合文意,據《四分律疏》[X41n0731p668a9]改。

誦》云：得他故者，初得亦名“新衣”。言“三種壞色”者，青、黑、木蘭。三言“不以三色壞著新衣，波逸提”者，是違返聖教結罪句。《律》云：彼得衣不作三種壞色，著者墮。若重衣，若輕衣，不作浄而畜者，吉羅。若非衣、鉢、囊及諸巾，不作浄畜者，吉羅。謂點色作浄，一切緣身所受用物，皆須作浄而畜。若未染衣寄白衣家者，吉羅。准此言“浄”者，謂以成色衣、或餘物[□□][貼，或][1]以點著名“浄”，而並須染壞，非謂三[2]衣須染、餘者但浄而已。若准律文，一切不染皆提，一切不浄皆吉。《五分》：所以作浄者，異外道故，令與俗別、作三種記故，失則易覓。《多論》云：五大色衣不成受。若應量、不應量，一切不得著。若點著者，吉羅；此《律》犯墮，要三色相現，成壞色衣，畜者無罪，純色悉犯。《祇》云：純色不點壞，提；著白色衣，輕。點浄者，不得並作，或一、三、五、七、九爲點，極大齊四指，極小如豌豆。《善見》：如麻子大。若約《四分》，著白色衣提，不點犯輕。三色之中，以一一色壞，則成沙門衣。重衣不作浄，吉。不得如花形作。浣褻[3]有泥污、鳥足污，即名爲“浄”。若新、大衣，趣一角作，乃至一切衣新細揲亦爾。若衆多碎衣一處合補者，一處作，別者一一作浄。《律》云：不犯者，若得白衣，染作三種色，餘輕、重乃至内作浄者，不犯。

《戒》疏卷第三。

沙門福慧勘記。

寅年十月十一日，比丘福漸詳閲。

① “貼或”二字底本、録本脱，結合文意，據《四分律刪繁補闕行事鈔》卷中[T40n1804 p86b12]補。

② 三，録本訛作“二”，據底本改。

③ 褻，底本、録本訛作“褺”，結合文意，據《四分律刪繁補闕行事鈔》卷中[T40n1804 p86c6]改。

No. 2788 小乘戒律註疏

[題解]

佛教戒律注疏，作者不詳，敦煌文獻中存有中村 044 號一卷，首殘尾全。文中詳細論述了小乘佛教的日常戒律儀軌。文尾接附《佛説犯戒罪報輕重經》短文一篇。尾題："大統七年(541)，歲次辛酉七月一日，於瓜州城西大法師倚勸化告招提禪□，比丘曇遠所供養。"清代以前歷代大藏經未收，日本《大正藏》據中村 044 號以"律戒本疏"爲題收入第八十五册。今校注仍以《大正藏》録本所據卷中村 044 號《小乘戒律註疏》爲底本，文題據中村不折藏敦煌本擬。

□□□[1]謂犯四重戒，已捨梵行聖果涅槃，退没墮落，永無分也，不可悔除，亦名"波羅夷"。是故説言：若受戒不還戒、戒羸不出、行淫欲法，犯重罪，不應共事。捨戒有十九事是捨戒，餘非捨戒。向内五衆及一切在家、出家人説，是名"捨戒"。言"我[2]捨佛[3]、法、僧、辟支佛[4]，捨覺(學?)[5]、説，捨共住、共利，捨經論，捨和上，捨比丘、沙門、釋子"，非我比丘、沙門、釋子。"我"是沙彌，外道是俗人。增上戒定慧名爲"學"，一切布薩名爲"説"，清净衆、似清

---

① 首缺。

② 我，録本訛作"義"，據底本改。

③④ 佛，底本作"厶"，乃"佛"的古文"仏"之省筆俗字。

⑤ 覺，底本作"覚"，乃"覺"的省筆訛俗字。然結合文意，此"覚"似當爲"斈"("學"的省筆俗體)之訛。下文"增上戒定慧名爲'斈'，一切布薩名爲'説'"、"捨斈，捨僧，捨説"，皆可助互勘。

净衆共住通名“共住”，共利法財利名爲“共利”，九部經名“經論”。若言“我[①]捨過去、未來佛”，犯偷，不名“捨戒”。若直言“捨佛”，是名“捨戒”。貪欲捨佛，假言“捨外道佛”，犯偷。若戲笑，越毘尼。捨學，捨僧，捨説，捨共住，捨共利，捨經論，捨辟支佛，捨和上，如捨佛中説法，是涅槃無三世故。若直言“捨法”，若言“捨三世法”，是名“捨戒”。假言“捨外道法”，犯瑜(偷)[②]。若言“我捨阿者梨[③]，不捨戒”，犯偷。若言“我[捨][④]過去、未來阿者利”，越毘尼。若言“捨共財、利，捨衆多比丘、比丘尼”，亦如是。假言“捨外道共財、利”，犯瑜(偷)。若言“捨一一比丘、比丘尼”及“捨過去、未來一一比丘、比丘尼”，越毘尼。一切戲咲言“捨戒”，越毘尼。誤説、心狂，無罪。若心念口言説戒，戒戒羸事，語語犯偷。羸已不捨行欲，罪如上説。

第二、若比丘在聚落，或在空地，不與物取。有達貳[⑤]吒比丘是陶師子，先作草庵，爲人所壞；後作瓦[屋][⑥]，色赤嚴好。佛見謙(嫌)[⑦]責，令阿難壞之。後取阿闍世王城守大財，欲造大屋。盗至五錢，依法應死，王將赦之。盗至五錢而死，何也？將以物主惜之故[⑧]取者罪之深，是以王道極其法也。如來隨宜，因而制重。依世順[⑨]物，物無逆慊(嫌)。犯罪雖一，治之不同。王

① 我，録本訛作“義”，據底本改。

② 瑜，此當爲“偷”之形訛。“偷”即偷蘭遮。《翻譯名義集》七“偷蘭遮”條：“《善見》云：‘偷蘭’名‘大’，‘遮’言‘障善道’。……《明瞭論》解‘倫(偷)蘭’爲‘麁’，‘遮’即爲‘過’。‘麁’有二種：一、是重罪方便；二、能斷善根。所言‘過’者，不依佛所立戒而行，故言‘過’也。”[T54n2131p1175a17—a22]下訛作“瑜”之“偷”字徑於誤字後注出正字，不復出校。

③ “阿者梨”，一作“阿闍梨”。玄應《一切經音義》卷第四十八《瑜伽師地論》第二十卷音義：“阿遮利邪：此云‘軌範師’，舊經中或言‘阿祇利’，或作‘阿闍利’，義譯云‘正行’。或云於善法中教授令知，名‘阿闍梨’也。”[T54n2128p618a09]下句中之“阿者利”義亦同，不復出校。

④ 捨，録本脱，據底本補。

⑤ 貳，與“呢”同。《集韻·脂韻》：“呢，呢喃，小聲多言也。或從貳。”

⑥ 屋，録本脱，據底本補。

⑦ 謙，此乃“嫌”之借字。《荀子·仲尼》：“貴而不爲誇，信而不處謙。”楊倞注：“謙，讀爲‘嫌’。”

⑧ “故”字前底本衍一“後”字。按：底本“後”字旁有一廢棄號，兹據删。

⑨ 順，録本訛作“煩”，據底本改。

得自在，隨宜量斷。或時捉[①]爲極法，或殺以盡形，或但繫縛，或擯（儐?）[②]之境外，或輸金贖罪，或苦責而已。此皆盗取五錢治之極法，佛悉因之，以定重禁。所取之物，或在聚落，或空地。聚落多私，空地多官。隨物所屬，則有主也。若二國中間，既不屬人有，不屬非人，斯無主也。若世有轉輪聖王，隨王所統，無物不屬，斯有主也。物或有主而不守護，[或有守護][③]而無主，盗心取至五錢，及五錢直捉，選擇時犯瑜（偷），離本處犯重。或物在地，或空中，或在器物，或在身上，是名"本處界"。若曳取未出界，犯重瑜（偷）。出此等界，犯重。若過户限，若度一横物及異色地，從高著下，下[□][著][④]高上，即是出界也。又，物在柀，柀[⑤]爲界；在衣，衣爲界[⑥]。取他器中物轉上著下，下著上，悉犯重。或盗心在物不在器，在器不在物，或兩在，隨心所在物邊犯重；非所在者，後生心時復犯重。凡屬王之物，王護惜，取[⑦]得罪；不護惜，取無罪。有三種取：自取物，教人取，遣使取，取時即犯也。盗心取無主物，重瑜（偷）。取有主非人五錢，犯重；無主，重瑜（偷）。又，欲取人五錢而誤得四、三、二、一，重瑜（偷）；本欲取四、三、二、一而得四、三、二、一，輕瑜（偷）。取畜生實物五錢，重瑜（偷）；非實，突。取師子殘肉，無罪。五實若似實，衆生非衆生，盗心取直五錢，悉犯重。家鳥銜五實，若似實，奪取犯重，以物應屬鳥主故重也。鳥隨比丘所至[⑧]，處處犯重；至餘處，重瑜（偷）。待鳥時，亦重瑜（偷）；以呪力故，令至處所也。野鳥銜有主物，奪取五錢直，重瑜（偷）。以鳥心重物，重故不同虎，虎心不重。故鳥隨比丘所欲至處，亦犯重瑜（偷）；

---

① 捉，録本訛作"提"，據底本改。

② 擯，底本似作"儐"，乃"擯"之記音字。

③ "或有守護"四字録本脱，據底本補。

④ 著，底本、録本脱，據文意補。

⑤ "柀柀"二字録本訛作"狀狀"，據底本改。《篇海類編·花木類·木部》："柀，木生柯葉。"

⑥ 界，録本訛作"果"，據底本改。

⑦ 取，録本訛作"所"，據底本改。

⑧ "至"字前録本誤衍一"屬"字。按：底本"屬"字旁實有一廢棄號。

至餘處，突；待鳥時，亦突。若野鳥奪取家鳥物，即成[1]野鳥物；家鳥奪取野鳥物，即成[2]家鳥物。比丘奪取二鳥物，亦如上説。若水中有主物捉留，後水到前[3]處，便犯重。若次若舉，令離本處，悉犯重。若相言，若作槲[4]相，取他地五錢，犯重；若不得，重瑜（偷）。若爲師持衣物，盗心取，從左手轉著右手，犯重。一切身分亦如是。若以木石物舉取他物，已離本處，雖還墮本處，犯重。關儸不輸税五錢，犯重。若關主與税不得取，先問税物爲盡入，盡入官者，犯；仰限輸，不犯。若避税間道去，重偷；爲賈客過物五錢，犯重。又，賈客令比丘過物，過已或盡與，或半與，税直取五錢，悉犯重。若示道路便過，令官失五錢税，重瑜（偷）。若關儸處有劫盗惡狩飢餓，若自避，若示他令過，無罪[5]。嗟[6]嚫入僧，不入者犯突。有十種物不輸税無犯：一、佛物。二、法物。三、僧物。四、和上物。五、諸師物。六、父物。七、母物。八、欲以此物與他人及救罪罰。九、爲欲還主。十、欲作法用物，謂欲作比丘百一物。異是十物應輸税，不輸税罪如上説。比丘與賊期破諸村落，得五錢分，犯重。此謂比丘示語彼村，令賊取之，得便共分之。偷人有二種：一、擔去；二、共期。擔去時兩足離地，犯重。若共期，舉二足[7]，犯重。四足衆生若卧、若繫一處、若解取、若驅起，過四足，悉犯重。若在蘭菌，擁墻出外四足，犯重。見林中方念言我當盗取，重瑜（偷）。若殺犯墮，取皮肉直五錢，犯重。若親族、師徒、知識爲劫賊盗，賊失物，不囑令取，取者犯重。自物人盗去，已作捨意，後見奪取，犯重；未[8]捨取，無罪。若親屬破，在他手，不得作勢力奪，奪者犯重。蟦（蛭）[9]虫犯者，用唻治，腳腫弱故。若許三寶物，意决向人説，後不與，

①② 成，録本訛作“或”，據底本改。

③ 前，録本訛作“於”，據底本改。

④ 槲，録本訛作“樹”，據底本改。

⑤ “罪”前録本誤衍一“過”字。按：底本“過”字旁實有一廢棄號。

⑥ 嗟，録本訛作“嘡”，據底本改。

⑦ 足，録本訛作“是”，據底本改。

⑧ 未，録本訛作“求”，據底本改。

⑨ 蟦，底本作“蟦”，乃“蟦”之訛俗體，録本誤作“蟦”。“蟦”與“蛭”同，今謂之螞蟥。

犯突;來,報重。僧不食[①],餘白僧[②]及主人、持與人明;若自食,犯突;亦來,報重。死比丘重物屬四方僧,若用作食,若分,犯突;來,報重。若先許五錢,意已決定,而後悔不與,舉離[③]本處,犯重。又前定許彼,彼後[④]未索,不與,犯重。知他決定許人物,毀壞,令失五錢,重瑜(偷);不輸市沽[⑤]五錢,犯重。臨[⑥]死人施物,官若强索,不與,犯突;取至二錢,犯輕瑜(偷);從二錢至少分,未滿五錢,重瑜(偷)。有一比丘尼亦知居士許施越比丘尼物,便詐以施越名索取之。佛言:"得故忘語罪"。又言:"詐以他名取得罪。"得罪者或犯重瑜(偷),隨物所屬、隨物多少而得罪也。若越施不受物,物故屬居士,居士邊得罪;施越受而不同意,施越邊得罪。今施越先許受居士施,一比丘尼與施越同意取,故不犯重,而但得故忘語罪也。凡七種取人非人物、畜生物無罪:一、己物想;二、同意取;三、暫困[⑦];四、謂無主;五、狂;六、亂心;七、病壞心。異是則把取人物,犯重;非人,瑜(偷);畜生物,突。若他遺物要有所屬,不得取;取之,不得藏,應歸還主;取糞掃衣,無罪。凡三寶物,不應貨。若貨佛物、招提僧物,若破至他處得,隨突;償(儻?)[⑧]若入口物,現前僧物則不得也。了事取財,突。度國忘奴出家,突。有盜心,犯重。多人遣一人取五錢,多人犯重瑜(偷),取者犯重。二人遣一人,二俱犯重也。取非人、畜生重物,犯重瑜(偷);輕物,突。瞋心壞他物,犯重瑜(偷);輕物,突吉羅也。

第三、若比丘、若人自手奪命,若持刀與,教人持刀與,教死,嘆死,乃至因是事死。若比丘、若人自手奪命,若持刀與,教死,讚死,乃至因是事死,波

① "不食"二字録本訛作"食佛不"。按:底本於"食不"二字間施一乙鈎號,録本訛乙勾符爲"厶("仫"之省筆俗字)"而録作"佛"。兹據底本改。

② "餘白僧"三字録本訛作"白白餘僧"。按:底本於"白"與"餘僧"間施一乙鈎號,録本訛乙勾符爲重文符而録作"白"。兹據底本改。

③ 離,録本訛作"雖",據底本改。

④ 後,録本訛作"彼",據底本改。

⑤ 沽,録本訛作"治",據底本改。

⑥ 臨,録本訛作"縊",據底本改。

⑦ 困,録本訛作"因",據底本改。

⑧ 結合文意,此"償"似爲"儻"之訛字。待考。

羅夷。佛在婆求河上，諸比丘修不浄觀，厭患其身①，或欲自殺，鹿杖梵志手斷六十比丘命，因是結戒。奪命有三種：自作，教作，遣使作。彼命斷時，比丘犯重。又三種殺，或用身、或用非身、或兩用，斷彼命，犯重；即死不即死，因是死，犯重；不因死，犯重瑜(偷)。若作火坑，欲殺人，人死者，犯重；非人、畜生死者，重瑜(偷)。餘一切方便殺，應如是知。若爲非人作②坑，非人死者，重瑜(偷)；人、畜生死者，悉突。若爲畜生作坑，畜生死者，犯墮；人、非人死者，突。若作坑不定，爲害一切命，人死者，重；非人死者，瑜(偷)；畜生，墮；都無死者，突。若似人者，謂初胎始得身根、命根，諸根未具，名爲"似人"。爲殺母故，命胎墮，母死者，犯重；胎死者，重偷；俱死者，犯重；俱不死者，重偷。爲殺胎，胎死者，犯重；母死者，犯重偷；俱死，犯重；俱不死，重瑜(偷)。求刀有二種：或自求，或遣人求。嘆死有三種：惡戒人，善戒③人，鬼病人。十二惡律儀人，是名"惡戒人"。語惡戒人言："汝何用久在世作惡爲？不如早死。"語七衆善戒人言："汝持善戒，死則生天，何不自殺？"語鬼人言："汝何能受苦惱，何不自害？"彼因嘆死者比丘，犯重；不因死者，重瑜(偷)。人作非人相絶命，突；非人作人想斷命，重偷；若爲惱不爲殺而彼命斷，重瑜(偷)；方便欲謀儀未去，去未至，輕瑜(偷)；到之打未死，重瑜(偷)④；教死，遣使發言令去，犯重瑜(偷)。意已决故，殺、盗二戒自作、教作，犯重；餘二戒自作犯重，教作不犯重；凡不故作，不犯。如迦留陀夷入居士舍，不諦觀床便坐，坐他兒上，兒即死。如是一切不犯。但坐時應諦視床上，不諦視者，犯突吉羅也。

第四、若比丘不知、不見空無過人法，自言"我得如是"乃至增上慢。若比丘不知、不見空無過人法，自言"我得如是見"乃至除增上慢。佛在維耶離，諸比丘在婆求河上夏安居。時世飢饉，乞食難得，爲利養故，自相稱説，於過人法中未得言"得"，因是結戒。四果、四向、四禪、四空、安般不浄觀等，

① 身，録本訛作"報"，底本實作"躰"，乃"身"之增筆俗字。下文"又三種殺：或用身，或用非身，或兩用"中二"身"字底本亦作"躰"，可助比勘。

② 作，録本訛作"詐"，據底本改。

③ 戒，録本訛作"或"，據底本改。

④ 瑜，録本訛作"偷"，據底本改。

名"過人法"耶(也)①。不得、不見、未觸、不證,名"不知"也。不見四諦,名"[□][不]②見"也。出於凡俗,名爲"過人"。過人法示得言"得",他人解者,犯重;不解者,重瑜(偷)。方便欲言欲説,輕瑜(偷);説竟,犯重。若言天龍八部來至我所更相問答,不實者,犯重。若言我於戒淫欲不起,不實者,重瑜(偷);不解者,突。乃至言旋③風土鬼來至我所,不實者解,亦犯重瑜(偷);不解,突;向非人、畜生不解,突;解,重瑜(偷)。教他忘語,突。若語他,令説已得道,前人受語,犯重;不受語,重瑜(偷)。前人受初語時,突;向他説,犯墮。若問不答④,問者謂或有人檢校,或不檢校。爲求清净故,便自實言:"我不知言'知',空誑忘語耳。"聖果是增法。若得四念處上至有頂法,雖未⑤得果,[果]⑥相已現,知見分明,便自謂得增上聖果,以此高物,故名"增上慢"也。雖所言不實,而言意不空,意不空故,不犯重也。如目連取入定相,不取出定相,自言"無所有定",中間阿修羅樂音隨心想説,如是等比,皆不犯也。"犯一一法"者,四重中趣犯一法也。"如前後⑦亦如是"者,如本未⑧受具戒時,不與共事犯竟,不共亦如是。四事竟。

十三僧殘法。"僧伽婆尸沙":"僧伽"有二義:一曰"穢濁",二曰"優惱犯重"也。四法如墮淤遲,如墜糞坑,故言"穢濁"。自惟罪深,心常愁怖,故言"優惱"。已此惡名,名"四重"也。"婆尸沙",殘也。四重爲惡根,十三爲枝葉,將推其所由,以本自枝,故名"僧伽殘"。"殘"者,"沙"也,"有餘"之謂也。犯四重法,則戒體悉穢,無復餘净,故自説邪(?)⑨絶净衆,名爲"無殘"。十三事戒不悉污,改過自洗,還得清净,故名"有殘"。殘由重生,今當分别。前五殘從淫生,作房二殘從盜生,二誇從忘語生,後四殘從殺生,生以類相生也。

① 耶,與"也"同。録本訛作"邪",據底本改。
② 不,底本、録本脱,據文意補。
③ 旋,底本作"㫌",乃"旋"之訛俗體。
④ "不答"二字録本訛作"答不"。按:底本於"答不"間施一乙鉤號,兹據改。
⑤⑧ 未,録本訛作"求",據底本改。
⑥ 果,録本脱。按:底本於前一"果"旁施一重文號,兹據補。
⑦ 後,録本訛作"備",據底本改。
⑨ 邪,底本不清晰,待考。

凡作四重未成，有二種瑜（偷），欲作爲輕，已作爲重；已成通名“波羅夷”，無復“瑜（偷）”、“僧殘”之名。本爲四重，亦無“突吉羅”名。“僧殘”、“瑜（偷）蘭遮”亦如是。從僧殘至衆學，多因六群比丘制。闡怒加留陀夷多欲，後得羅漢；象師兩宿多癡，後生龍中；難陀婆難陀多顛，後生天上。夫無因而制，物或怨怒；有由而起，莫不信悦。故待其先犯，然後結戒也。

第一，出不浄。從初至四，因加留陀夷犯惡，故結戒也。有三種犯殘：一、發心欲出；二、身動；三、精出。又三種犯：一、爲受樂；二、爲治病；三、爲自誠。或以受色或不受色發心身動精出，悉犯殘；或虚空中發心身動精出，亦犯殘。爲出故而動身而不出，重瑜（偷）；動以取樂而不爲出，輕瑜（偷）。若搔按小行處，發心身動，精出，犯殘。“内受色”者，内身也。“内不受色”，外物等也。凡爲出精方便欲作，輕瑜（偷）；已作未成，重瑜（偷）；出已，犯殘，無復“瑜（偷）”名。餘戒亦如是爲爾。未成而止，重瑜（偷）；弄而不爲出，出者，犯殘；不出而止，輕瑜（偷）。若炙癠摩觸，或行時兩髀相摩，或衣觸，或騎乘，或車上自動出，不犯。或見好色[①]，或不見意想出，不犯。教人出精，突。云受他欲，重瑜（偷）。欲令精出，出者，犯殘。僧殘邊重瑜（偷）蘭，四人懺；輕者，對手。

“佛在舍衛國”[□][者][②]，第二。“若捉髪”乃至“摩著細滑”。凡有九種犯：上摩，下摩，若捉，若抱，若牽，若推，若舉，若下，按隱處。欲心九種摩觸無衣女人，犯殘；含衣，重瑜（偷）；向時，輕瑜（偷）。女欲盛九種摩觸無衣比丘、有衣比丘，比丘欲心愛樂，亦如是。云小女亦爾，細滑同故。若女人所男想、黄門想、二想，摩著細滑，亦犯殘。合肉髪扴（爪）齒，捉著滑細，亦犯殘。捉雖肉髪，扴（爪）不觸細滑，重瑜（偷）。若欲行欲故，捉男黄門二根，重瑜（偷）。爲欲受色、受觸樂故捉，突。都無欲心，無犯。上九種著細滑人女邊，犯殘；非人女邊，重瑜（偷），畜生女邊，突。若觸細滑人女邊，瑜（偷）；非人女，突。若母姊妹女觸身，無犯。若救水火、刀杖、惡虫、惡鬼諸難，若高處墮，無染心捉，無犯也。

---

① 色，録本訛作“危”，據底本改。

② 者，底本及録本無，據文意補。

第三、惡口語。既不得觸樂，欲口以暢意也。如少男女淫欲盛故，墮。二篇①事具説。惡語有九種犯：讚、毁、乞、願、問、反問、辨、教、駡。若比丘向女人以九種讚毁三處，一一語解者，犯殘；不解，重瑜（偷）；向時，輕瑜（偷）。若女自以九事讚毁三處，比丘隨順其心，少多語出，一一語中犯殘。細駡者，胡本言"相惱"；麁駡者，如白衣語。若比丘女人所女相、男相、黄門相、二根想，惡口語，皆犯殘。女人解語意比丘，犯殘；若少癡聾不解，重瑜（偷）。非人及男黄門二根解，重瑜（偷）；不解者，突。畜生男女解、不解，悉突。云發一惡言於衆多女人中，得衆多罪也。

第四、欲供養己身，嗟言"以身供養，供養中最最上，最如一切供養所不能及"。若言"能以身行欲供養我等持戒梵行人者，是第一供養"，九種歎中一一犯殘；若言"能以身行欲供養我等不大持戒行梵行人者，是第一供養"，九種歎中一一犯殘；"若言不以身行欲供養我等持戒行梵行人是第[□][一]②供養"，九種歎中一一語犯重瑜（偷）。其人恐犯殘，故作斯語也。比[□][丘]③尼云，前女若解，亦犯殘也。"不以身"者，意實以身爲言。女作非女想欲者，犯殘；非女女想，重瑜（偷）。若人女邊，犯殘；非人女邊，瑜（偷）；非人女邊，突。直言"以身供養我"，言未辨④，重瑜（偷）。將歎，或言未成，輕瑜（偷）也。

第五、媒嫁。加羅比丘聽明利根，未出家時常爲人斷疑，媒通男女；出家之後，猶故不捨，因是結戒。雖不自行，而過亦衆多：一、多欲多⑤事，自妨正業；二、令人忿惱，毁滅佛法；三、長他欲惡，增其生死。故出家之人所不應爲女人有十四種守護：父、母、兄、弟、姊、妹守護，舅、姑、親、理護，姓護，自護，法護，天護。或持男家意至女家，或持女家意至男家，隨初受語處名主人，或自受主人語，或從使受，或從使使受，或自語彼，或使語彼。或使使語彼，或自還報主人，或使使還報。三種語彼、三種還報時，一一重瑜（偷），悉未犯僧

① 篇，底本作"篙"，此乃"篇"之换旁俗體。

② 一，底本及録本無，據文意補。

③ 丘，底本及録本無，據文意補。

④ "未辨"二字録本訛作"示辨"，據底本改。

⑤ 多，録本訛作"當"，據底本改。

殘。又云三種受語時，輕瑜(偷)。凡媒通男女，要彼男女交會時，乃犯僧殘；已，未會，重瑜(偷)；方便將媒，輕瑜(偷)；媒二男，非殘；已，交會，重瑜(偷)；未會，突。若父母惰，雖和合如始，犯重瑜(偷)；方便和合，輕瑜(偷)；以相瞋故，犯瑜(偷)；若無瞋共要永斷，還和合，犯殘。若姊妹等親直可，犯突；作方便説應、不應，輕瑜(偷)；便欲和合，輕瑜(偷)。有七種婦，三種根本婦：一、二，親以水澆夫手，手授與之，財貨嫁取；三，伐國得之。若夫①違之，未與手書，還爲和合，重瑜(偷)。若與手書，婦直都絶，還令和合，犯僧殘。餘四種：一、自來得；二、以衣食得；三、生合得；四、暫得。非根本得，故去、住自任婦。若一都絶，不須手書，所以别也。爲和合故，犯僧殘；未絶和之，重瑜(偷)。受賤人語語貴人還報賤人、重瑜(偷)者，一以錯故，二以貧賤終無成事。若受他語，解畜旨還報，僧殘；僧殘者，明交會時也。不解畜旨，不犯；不犯者，如言共供養三寶比也。受畜旨不受語，重偷。貨錢爲令成，犯輕偷。

第六、無主自作大房。阿毘羅比丘自作高廣大房，乞求非一，居士所謙。佛已多欲損法，多榮妨學②，又外妨難，致患非一，因此結戒。令如法如量，要三乞白衆。衆爲作白四羯磨，然後得作也。過量不白，二俱犯殘。量取内云僧地私地及自錢作皆犯。初論説平地時，輕瑜(偷)；雖小作不乞地，犯殘也。難處、妨處，今悉分别：是舍四邊一浔③内有官地、居士地、外道地、佛地、比丘尼地及流水、深地、深坑、大石、大樹，是名"妨處"，妨彼自妨故；以後生難，故亦名"難處"。此處作之，二俱重瑜(偷)。惡蛇、惡龍、蜈蚣、百足諸毒虫處，是名"難處"；後生難故。自妨妨彼，亦名"妨處"。此處作之，亦二俱重瑜(偷)。是舍四邊一浔(尋)④内有蟻子孔⑤，舉死，是名"妨處"；二俱妨後亦難

① 夫，録本訛作"天"，據底本改。

② 學，底本作"斈"，乃"學"之省筆俗體。

③ 浔，録本訛作"邊"，據底本改。"浔"，此乃"尋"之訛俗體。《詩·魯頌·閟宫》："是斷是度，是尋是尺。"鄭玄箋："八尺曰'尋'。或云七尺、六尺。""四邊一尋"言近屋四邊一尋之内。[後秦]北印度三藏弗若多羅譯《十誦律》卷第三(初誦之三)："妨處者，是舍四邊一尋地内，有塔地、若官地、居士地、外道地、比丘尼地、若有大石、流水、池水、大樹、深坑，如是有妨處，僧不應示。"[T23n1435p20c18—21]

④ 浔，録本訛作"歸"，據底本改。

⑤ 孔，録本訛作"死"，兹據底本改。

起，亦名“[□][難][1]處”。是處作之，二俱突。或教人作舍已，捨行，行[2]後不白過量難處、妨處；或未成，行還，自成亦不如法；罪悉如上。若僧地作房，房中間無一㝷(尋)[3]經[4]行路，是亦妨處，重瑜(偷)。若私房後爲白衣、沙彌作屋，不白，重瑜(偷)。爲三寶作房，衆和便作，不羯磨。爲三寶作大[□][房][5]，[不][6]乞地，不犯。若難、妨，犯四人瑜(偷)。買得先成舍，若受施，不犯僧殘，得突。是過量舍應還僧，不應買；買，犯突。還已，聽懺悔。私房中作閣，無犯，先已白故。若僧房中作，當白僧；不白，突。

第七、有主爲身作大房。闡陀比丘多知識故，給施所須，助作房舍，便伐大樹，輒作過量。大樹茂[7]林則處有威靈神樹，多人所識，又得止息。失林樹已，人既不識，又失蔭凉[8]。咸[9]共嫌憒(責)[10]。由此故王龍、蛇等能作患害，破梵行，毁三寶故，容四威儀。云“大”者，此總[11]説房耳，不必是大也。若僧不與作羯磨，不檢挍(校)[12]僧，犯突，因此結戒。唯有主爲異耳。其餘悉如上

① 難，底本及録本無，據文意補。

② 底本於前一“行”字後施一重文符，録本訛作“了”，兹據底本改。

③ 此字底本作“㝷”，録本訛作“歸”，據底本改。此字當爲“尋”之訛俗體。見前注。

④ “經”字前録本衍一“佛”字，兹據底本删。

⑤ 房，底本及録本無，據文意補。

⑥ 不，録本脱，據底本補。

⑦ 茂，録本訛作“義”，據底本改。

⑧ 凉，録本訛作“源”，據底本改。

⑨ 咸，録本訛作“哉”，據底本改。

⑩ 《字彙·心部》：“憒，與責同。”

⑪ 總，底本作“摠”，乃“總”之俗體。按：“總”的後起换旁俗字作“揔”。《集韻·董韻》：“總，祖動切，《説文》：聚束也。一曰：皆也。或從手(作揔)。古作總、揔。”“囱”旁隸變或作“冊”，故“揔”亦寫作“摠”。斯 2071 號《箋注本切韻》一上聲董韻：“摠，作孔反。”“摠”增筆又可作“摠”。《龍龕手鏡·手部》：“摠，俗；捴，今，音惣，普也，皆也，合也，衆也。”“總”字《齊高貼墓誌》正作“摠”。中村不折 017《摩訶衍經》卷三二：“復次，如水性下流，故會歸於海，合爲一味。諸法亦如是。一切摠相别相皆歸法性，同爲一相，是名‘法性’。”“摠”亦“總”字。此字《隋阮景暉造像》又作“摠”，“摠”當爲“摠”的减筆俗字。斯 5508 號《大乘律二十六部五十四卷五帙·大乘律音義第二》：“摠説，上子孔反。”鄭賢章認爲，“摠”音“子孔反”顯然即“總”。

⑫ 敦煌寫本中“扌”部“木”部相亂，“挍”與“校”同。下“挍”亦同“校”，不復出校。

無主中説。

第八、以無根波羅夷法。陀標比丘是六通羅漢，成就五德，不隨愛，不隨瞋，不隨癡，不隨怖，知得、不得時，爲僧作分房人。慈地比丘是下生故，得最下房。慈地即夜已生恨心，明日復愚(遇?)①得麁食。如是再三。以此二事，極大忿恨，强令姊尼誈(誣)②訪陀標，云“與我通”。慈言：“我亦先知。”佛以尼自言犯重，即與滅儐(擯)。佛問陀標：“汝實爾不?”答言：“世尊自知。”佛言：“汝今不得作是語。汝憶念者便説，不憶念者便説。”答言：“我不憶念。世尊!”佛語諸比丘：“汝等當記，陀標比丘不憶念。爲陀標作憶念羯磨，令自憶念爲犯、不犯。一切比丘不得説其犯惡。此是守護羯磨。”教已，起入禪室。衆僧即以三事——見、聞、疑三事苦檢挍(校)慈地。慈地首言無所見、聞、疑，見、聞、疑事則爲“罪根”；無三而謗，是名“無根”；無根而謗，則犯僧殘；無殘而謗，則犯墮法；無墮而謗，突。作方便時，輕。説不解，重瑜(偷)。“聞信聞”者，得道人所聞也。“聞不信”者，於不可信相瞋謗人聞也。不清净似清净者，犯淫名“不清净”，不殺等似“净”比也。如清净似不清净者，唯作毀禁方便，不破戒也。

第九、異分事中取片。慈地前以無根而謗，故姊儐(擯)身展，常求謗緣，以肆忿毒③。會於靈就山逢見陀標經行林中。時有二尼過住問訊。問訊已，坐息路側。陀標脚跌，倒卧尼上。慈地見之，即以爲根。又於山下見群羊和合，復以羊事爲根。異分者，犯四重法也。犯此罪已，衆不共事，分與衆別，故名“異分”。其餘三滿，是四事之片。三篇方便諸突吉，通名“似片”。似片中有二種分別：衆學一篇名“須臾片”，將以心悔則除罪，不經時故名“須臾”。若以欲心與尼屏處，倒卧其上，則是異分之片。今陀標屏處④無心，倒卧非故。無欲屏處及倒卧身上，突吉羅罪之輕至片之極微⑤，非其正片，故名“似片”。凡謗者或取片，或取似片。陀標無正片，故是慈地取似片。取及似爲

① 結合文意，此“愚”似爲“遇”之訛字，待考。
② 誈，録本訛作“註”，據底本改。《龍龕手鑑・言部》：“誈，俗；誣，正。”
③ 毒，録本訛作“參”，據底本改。
④ 處，録本訛作“突”，據底本改。
⑤ 微，録本訛作“假”，據底本改。

作罪根而謗，二俱犯殘也。

第十、破僧緣事共諍。調遠爲壞僧故，執行五法，向新學比丘説言："有五法，所謂納衣、乞食、一食、露坐、不食肉。汝等盡壽受行五法，疾得涅槃，不用八正。"於五法邊説十四法，非法説法，法説非法。非法者，五法即非法，八正即是法，説言五法是法、八正非法。"律"者，胡本言"調伏"。"調伏"義者，八正能伏三毒，故名爲"律"；五法不能，則非律也。夫八正道向涅槃理滿足故無殘，五法不足故是殘也。持八道非犯，説是犯；受五法是犯，説非犯。常所行是八道，非常所行是五法。八道是諸佛教也。五法[□][不][1]然。調達以八道爲非，五法爲是也。懃心方便，受是惡緣，先欲破僧，僧三諫不止，佛後種種方便諫之乃止。爾時有逆，未有僧殘，僧殘邊瑜(偷)也。佛因是結戒：從今欲破僧者，先應三諫；三諫不止，輕瑜(偷)。衆應爲作白四羯磨，諫一白。二諫不止，三諫，重瑜(偷)。三諫不止，犯僧殘。十四法十四重瑜(偷)及諫中瑜(偷)，共成一殘也。從是有羯磨。三諫後，因衆集，調達來入，受説上事。佛重諫之，不能令止。世尊知時，捨衆而去。復於後時衆僧衆會，調達又來。自起行籌，唱言："同昔者捉之。"初行助和，離時四人捉之。僧作二部，是名"破僧"。四事妄語，邊瑜(偷)，一大逆也。二行，二百五十人捉籌。三行，通前五百新學凡夫比丘捉籌，從之而去。三行，行行得破僧罪。於此一日，天人疑[2]亂，八正不行，法輪不轉。佛在世以遮法輪爲破僧，今以壞羯磨爲破僧。調達破僧已，以有羅漢尼諫，諫而不受。增恚慢，自以手摶殺阿羅漢尼，次後出佛身血。是時犯三大逆。逆罪破僧不得悔，破羯磨僧得悔。凡一界内作二衆羯磨，即是破僧羯磨。犯僧殘邊重瑜(偷)，無僧殘也。如法羯磨，意欲壞之，而不來聽，破僧邊重瑜(偷)。雖來而不同，犯突。作破僧意，鬪亂，令衆作二部，亦名"破僧"，重瑜(偷)。非破僧羯磨，直不知而散，突也。如水乳合安樂行，水與水合，乳與乳合，則一味不壞。若齊心同法，則衆無異趣，一味之衆，安和樂道，故言"安樂行"也。律師云："今破羯磨僧亦應三諫，三諫不止，不犯僧殘。"於例乃未可安也。律師云："今破羯磨僧，無

---

① 不，底本及録本無，據文意補。

② 疑，録本訛作"趁"，據底本改。

白四羯磨也。”

第十一、有餘比丘同意别異語。調達破僧後，餘善比丘先與劬和等。親厚同意於私隱處慇而諫之，乃至若多皆善比丘也。次下言是同意比丘者，是彼四人與調達同意也。初先一人、二人、三人諫，是輕瑜（偷）。僧中羯磨諫，重瑜（偷）。助破僧四人犯僧殘者，結戒後也。僧諫不止，助成破僧。犯四事邊逆輕瑜（偷），可悔。餘五百比丘，犯僧殘邊重瑜（偷）。九清净比丘者，調達自以爲佛，不入八中，故當捨破僧同意别異語，意與調達同，即與善衆異。異衆之言，宜速捨之。調達作佛，四人爲衆。有佛有衆，合而成化，能擔法故，無首化大逆也。從者，重瑜（偷）。是比丘説等皆是重偷，羯磨前也。

第十二、污他家。馬師蒲宿等六群比丘所遊行處，坐起言語皆越威儀。瑜（偷）蘭四篇，衆惡斯備。信向之人，善心悉壞。輕賤佛法，不復敬衆。尊者阿難入村乞食，大被輕辱，空鉢而還。因見集衆，如法驅出，作種種非法，名爲“惡行”。毁人净心，名“污他家”。隨愛隨瞋，隨怖隨癡，此被驅者怨辭也。于時馬師等六群比丘聞大衆來，知欲驅已，或風遠迹，或迎衆歸罪。或守迷本處，被驅而怨，謂犯惡不異，去留宜同，而今不同，必由愛憎，或輕我畏他，或癡闇不達，處心不均，行事不平；如是瞋恨，不肯受諫。未諫時隨犯，餘篇得餘篇罪。先一人、二人、三人别諫時，輕瑜（偷）蘭；僧中一諫、二諫，二重瑜（偷）蘭；三諫不止，犯僧殘也。

第十三、惡性不受諫。因闡陀惡性，佷戾慢衆，專已[①]自用，綾悔（淩悔?）[②]他人，犯戒不悔，聞諫喻甚。若惡若善，其於不受，是名“難共語”。難共語，猶不可共語也。

説所犯戒經中事[□][者][③]，我等説如所犯，悉是戒經中事，非忘（妄）[④]造也。

① 己，録本訛作“已”，據底本改。

② 結合文意，“綾悔”二字似爲“淩侮”之形誤，待考。

③ 者，底本及録本無，據文意補。

④ 忘，此讀如“妄”。《韓非子・解老》：“前識者，無緣而忘意度也。”王先慎集解：“忘與妄通。”

如法如善[□][者][1]，從理名“如法”，慈悔名“如善”。

共諫共罪中出故[□][者][2]，凡説戒諫悔及出罪，要共和合，理無專獨，故則衆得增長，是故汝勿自專不受諫悔也。

三諫時[□][者][3]，惡而不諫，或斷善根，毁滅正法。三諫至誠，則思憶自受也。

九初罪四諫至三[□][者][4]，前五殘或作方便成事不容諫，或隱蜜（密）不障不得諫。作二大房，限以應遮以羯磨，於一事中有聽有遮，遮則當諫，聽則不類；不類前五，又不同後四。又起大房，存于寬泰，寬泰之意，不至迷執。又惡不至，情深[5]不極，重遮之便止，不煩三諫。

“波利婆沙”[□][者][6]，秦言“别住”也。發露已，衆與羯磨，令其别住。别住時外有客僧來，要向别發露。作如是别住與覆藏日等，晝則爲衆執勞，夜則别房止宿，不意謙苦，令衆慈念，然後與六夜摩那埵。摩那埵伏斷時，有客僧來，亦同發露。又日日衆中白衆言：“我犯某罪。”作如是事竟，爾所日過，餘爾所日[7]在屈辱摧伏，故名“斷伏”也。若六日達[8]，滿而更[9]犯殘，即發露者不須别住。但更與六夜伏斷，名爲“本日治”也。若别住未竟，重有所犯，覆藏者隨覆藏日[10]更與别住。若後覆藏日少、前覆藏日多者，不須更[11]與别住。

“阿浮呵那”[□][者][12]，名“出罪”也。滿六日已，二十衆中爲作羯磨，令啼出罪。“出罪”者，從罪中出去也。别住斷伏，四人以上，便得與之。出罪要二十人者故也。罪責將畢，宜令心至大衆所，臨慚愧必深。又多人證智，令後無嫌疑。分[13]四人得説戒，五人自恣。自恣羯磨，一人作自咨人，自咨人則受僧使，餘四人説師，非受使故，通有得四人説戒也。

---

①②③④⑥⑫ 者，底本及録本無，據文意補。

⑤ “情深”二字録本訛作“清静”，據底本改。

⑦⑩ 日，録本訛作“曰”，據底本改。

⑧ 達，録本訛作“垂”，據底本改。

⑨ 更，録本訛作“便”，據底本改。

⑪ 更，録本訛作“臾”，據底本改。

⑬ 分，録本訛作“爪”，據底本改。

二、不定[①]法。因迦留陀夷與女人屏處坐，有鹿子母優婆夷得初道。可信人以所見白佛。比丘所犯定是五篇所攝，而彼不知何事何罪何篇[②]所攝。罪雖定而見者[③]不定，故以“不定”爲名。若優婆夷據其罪，自以可信故受其所見，以不審故不受所據。又應問是可信人：“汝有證不?”答言：“有證。”復應問證，證同則受，異則不受。受可信人語已，應取定比丘。定比丘首實，便隨事治之。若其不首與實，覔羯磨。羯磨不受，便驅出。覔罪中間，不得作和上及種種師。與人受戒比丘、比丘尼，依止師足數人。如是種種不得，猶如得戒沙彌。凡三歸、五戒優婆夷，亦名“可信之人”也。

第二、因利比丘與女人露坐語。居士薩薄呵見而嫌之，即以白佛。以露處亦多人所見，必致譏嫌，是亦不可。雖母、姉妹，是亦不得，人不達故。《律師儀》云：“所以在二篇之後三篇之前，特以不定於[④]五篇，故受其中也。”意以爲上二篇罪重，説之以竟，若有犯者，宜其諦思，故説不定之篇令其首定。

三十事捨墮者，長財宜捨，而罪墮[⑤]惡道，故名“捨墮”。捨墮物持現前捨。捨而不實，何也？令知非法，起慚愧心，則貪心薄也。捨有二種：一、施捨；二、净施捨。不净物應施捨，净物長應净施捨。三衣鉢百一法用物非長，不須净捨，餘一切長悉應净捨。一肘已下不净施，突；已上，墮。綿糸縷三毛捨紵[⑥]，不净捨，突。若絹若布，時已净施，後作衣不須净捨。捨墮衣未截，貿易餘衣，餘衣亦捨墮。若受净捨人取物用，突；應奪取，强令悔過[⑦]。若苦索不還，受净施人犯重。若滿人乃至多人共財，不須净捨。絹布等净物，大比丘邊捨。飯食，善沙彌邊净捨。寳物，白衣邊净捨，後求净物。《僧祇》曰：若僧中分物人得一分，要當作同意净施。若不作，犯墮。若二人共得物者，未分時不犯也。

---

① 定，録本訛作“空”，據底本改。

② 篇，録本訛作“萬”，據底本改。

③ “見者”二字底本、録本訛作“者見”，據文意改。

④ 於，録本訛作“輕”，據底本改。

⑤ 墮，録本訛作“隧”，據底本改。

⑥ 紵，底本似作“紨”，録本據文意改。

⑦ 過，録本訛作“適”，據底本改。

第一、訖迦絺那衣長衣十日應畜，安居竟得及功德衣中得者也。十日急施訖，即日捨也。一日至十日衣已捨者無罪，但後次續、日[①]不斷故。第十日得者，有犯者也。爲浣過十日不犯者，頑還成故。凡有四句。或三衣及非三衣，是所受用者盡具，而未捨功德衣。有二種具，或自具，或少一以功德衣足，令具二戒。以捨功德衣而三衣不具。捨有二種：或八難因緣捨，或曰"滿捨"。三或三衣具，亦捨功德衣。功德衣當一名"分利"，餘功德衣利曰"足捨"也。若少二及無三衣，不得功德衣。四或三衣不具，亦不捨功德衣。此謂已得少物，未乞而足成衣，名爲"不具"也。功德中得七利、捨七戒，無罪。安居竟，無功德衣，不得離三衣宿。而一月中亦得五利，所謂數數食、中前入村中後入村不白而去、畜長財、别衆食、不囑食，唯不得功德衣中施衣及離衣宿爲異也。故後坐比丘不得此[利][②]，日制已過夏分、入冬分故，夏分多遊行、禮塔師僧故，檀越心喜故。佛聽先净施物，初功德衣竟，更不净施也。

第二、不得離三衣宿。爲欲異外道，故聽割截衣；爲寒，故聽三衣。大衣入村，中衣入衆，下衣私處。無功德衣及已捨爲離衣。宿後夜時失，後因舍利弗老而衣重，佛聽衆與羯磨留也。凡老而衣重，自咨後無功德衣。九月日中遊行。三衣中墮重者，衆爲羯磨，捨一無罪也。

第三、[非][③]時衣。因六群比丘貪求無厭，故制也。功德衣時得衣名"時衣"。時衣長畜無罪。功德衣竟，名"非時衣"。自手受物，明非金、銀等不净物。受持衣壞，容猫子蹄失，應疾納卻。揰(縫)[④]更受，不捨墮也，唯犯突。若即日補，不至多日[⑤]，不須更[⑥]受緣。緣邊綖破亦爾也。若不足[⑦]功德衣竟，三衣足，亦得畜長財十日。若三衣不具而得種種色，各各未足成衣，聽畜一月；一月已，應連合異色成衣；合而猶少，聽更求令足，足時便作，無定限。

---

①⑤ 日，録本訛作"曰"，據底本改。

② 利，録本脱，據底本補。

③ 非，録本脱，據底本補。

④ 揰，同"縫"。《集韻·鍾韻》："縫，《説文》：'以鍼紩衣也。'亦作揰。"下"揰"字同，不復校。

⑥ 更，録本訛作"臾"，據底本改。

⑦ 足，録本訛作"定"，據底本改。

若一種一色衣不足，求足時便作，不至一月。若故不求，突。不限日月，知更有得處爲補，故知大會處，或親理家應當更得，爲欲侍之補合，令得足。畜一月不净施，餘不作衣財。如常净施衣，極小二肘半三衣也。若竭支量如垩洹僧者，得下量受當三衣也。

第四、從非親比丘尼取衣。花色比丘尼以肉奉衆時著一衣，衣極精好。六群比丘見而貪求，尼即施之，自著弊衣。世尊怪問，因是結戒。以三緣故遮取尼衣：一、以尼求衣難得故；二、非親理取無節故；三、恐因是後心起非法故。各隨所樂，貿易則聽。若竭支以上，錢帛得貿。三衣不貿者，垩洹僧竭支以上犯墮，以下突。轉債貿亦犯。多比丘取一尼一衣，多人犯。多尼邊取，隨尼爲犯。出家尼者，未受沙弥[①]戒故也。凡五處不應往，所謂大童女、寡[②]婦、淫女、含新出門女、酤酒家也。

第五、非親理尼浣、染、打故衣。迦留陀夷與掘多尼欲心相視，漏失污衣。尼爲浣之，取汁[③]自灌，遂以有身，惡名流布。因制非親，以妨惡緣，乃至一枕頭，名爲"故打"，一下名爲"打"。打、浣、染於是三事中越一便犯，何況二、三也？語莫打、染。打、染等犯者，由先作方便欲令打故；若先實無心者，不犯；云新衣未著、故衣浣净得倩攎(縫)也。浣時色脱，如本染竟，更受；若猶有色，雖染不須受也。青、黄、白、紫等衣受，當三衣不戒受也，不净色故也。

第六、非親理居士、居士婦得衣。跋難陀多知辨説，强乞取衣。居士悔惜，瞋恚大唤："賊！"向佛，佛即結戒。非親理勿乞縷，緣突。乞衣，捨墮。若王、若賊、怨家所奪，若火日[④]所燒，若自失，若風水所標，以是因緣，失衣聽求。所以[⑤]父母親中俱取，七世上取，二祖及父下取，兒及二孫中取，自身爲七世也。姨姑、兄弟、姉妹、伯叔、伯祖等七世以内是親故也。小母伯叔、母嫂等，非親親也。赤麻，胡麻衣也。翅姨羅者，渚沙染衣也。芻麻即縛麻衣

① 弥，録本訛作"忌"，據底本改。
② 寡，録本訛作"寬"，據底本改。
③ 汁，録本訛作"計"，據底本改。
④ 日，録本訛作"曰"，據底本改。
⑤ 以，録本訛作"則"，據底本改。

也。無逕洹僧竭支得乞。

第七、非親理居士、居士婦自恣與衣乃至上、下衣應受。前以結戒，非親理向乞，好施之人咸①有怨恨。若唯親是福，非親何熟？又諸比丘因緣失衣，無有親理，求之無所。於是世尊復爲開。三衣有上、中、下，有三衣爲上，餘爲下。若比丘失衣，施者恣與，聽取所少，不得過受六肘、十八肘。是三衣段爲割截，故各長一肘也。

第八、不得自住（往）②非親理所求好衣。跋難陀積財巨億，又大出息。有居士多負其責，無以歸償，欲爲難陀作衣，求減息利。所欲作衣，或如是中賈，或如是下賈。又先無慧，言"恣難陀所求"。而難陀既聞，便逆往③語之："當作如是如是上賈之衣，得衣便去，不爲減利。"居士兩失，極大瞋恨。世尊聞已，因是結戒。好惡、貴賤應任施主，不得自住（往）强求好作。若賈若色，若量求而不得，突。得衣已捨，墮。索此得彼，突。因制出息，突。若親理，則量其貧富求之。以理求者不過，施者不怨，故制非親理也。白衣上、下衣還者，以用處多故，又令生上苦、於乞者易故。比丘少不更索者，以不多畜財故。長不還者，以是彼長既無多用、而心已捨故。

第九、非親理各各辨衣賈。此亦大負跋難陀出息之物，欲爲作衣，求咸（減）④息利。難陀聞之，即念："一家求衣，佛所不許；二家合作，不犯所制。"便作因緣，詣二居士，强令合作所樂之衣。彼於難陀，不隨所欲。又今所作染色賈量，以有所在，而難陀釋子强令合作，於三種中悉過本，言："當如是如是，如我所欲。"又得衣便去，不爲減利。二俱兩失，極大瞋恨。因是結戒，亦應任彼。

第十、有四種人遣使送衣賈乃至比丘法不應受。跋難陀博聞辨説，又多財寶。二事因緣，致供非一。恐物不達，四種人皆稱名"遣使"也。衣賈，金、銀等也，非净物，不應受。又無同心净人，故不受也。受而不捉，突。受，提

① 咸，録本訛作"哉"，據底本改。

② 敦煌寫本中"亻"部、"彳"部常混，此"住"乃"往"之换旁俗體。下爲"往"之俗體之"住"徑用括號注其正字，不復校。

③ 往，底本實作"住"，乃"往"之换旁俗體。

④ 結合文意，此處"咸"當爲"減"之省字。

捨墮。沙彌不得捉、不得畜守僧房人、守僧[①]薗人。凡受三歸五戒，若人，若奴，通名"優婆塞"也。此等僧同意，能爲執事，受名净物。其作净使者，應先住勸喻。勸喻已還，報若比丘，比丘然後共守物而語。後須净物，得住(往)從索。索而過三，彼則瞋惱，故後三默然，令其知意。亦難陀寄商人物，住(往)既非時，求之過[□][三?][②]，令其[③]失利，極大瞋惱。默然之制，因斯而起。

十一、縞絁耶作敷具。縞絁耶，綿也，敷[④]具，房中敷地縟也。俱舍毘國比丘取綿作縟，一以綿貴，二以多害虫。四輩譏嫌，因是結戒，將以害生無慈故，難治妨業故，奢貴非法故。若人爲作，若是幣，故得受用。

十二、純黑羊毛作敷具，因六群比丘制也，以極好、極貴、難得、難治故也。

十三、應用二分純黑羺[⑤]羊毛，既不聽純，開其雜也。雜既易得，又[⑥]貪著心薄，故聽也。異色二分，白色半之下。下者，半之腹、脚邊毛爲下也。上黑色長一兩捨墮，下色少一兩墮，白色少一兩突吉也。

十四、敷具滿六年。前純雜及此三種皆房中地敷具及綿縟也。六群貪積，未聽便作，或謙薄作厚，或謙厚作薄，輕重大小，悉嫌更作，趣作方便，欲得多畜。因是結戒：以六年爲限，限滿而作，不須白衆。若未[⑦]滿欲作，要白衆。衆聽爲作，白二羯磨，然後得作。衆爲籌量故，故壞聽易，截長續短，減大益小。又觀老少亦業力彊弱，堪自隨身，爾乃令作。云不持行亦無，然持之益善也。

十五、尼師檀。是坐具也。諸比丘多畜地敷及坐具，新故相積，盈滿移

---

① "守僧"二字底本、録本訛作"僧守"，據文意改。

② 結合文意，此處似脱一"三"字。待考。

③ "令其"二字底本、録本訛作"其令"，據文意改。

④ 敷，録本訛作"數"，據底本改。

⑤ 羺，底本作"羺"。《龍龕手鏡・羊部》："羺"，"羺"的俗字。録本作"羚"，誤。

⑥ 又，録本訛作"入"，據底本改。

⑦ 未，録本訛作"示"，據底本改。

枷，衆僧受請。世尊往後，開一房行視，見之人謙(嫌)①曰："受而不用，無益於施主；又多欲妨學，非沙門法。"因是結戒：令用故緣之，施者得福，受者無罪。若有故縟純新作者，捨墮；若無故縟純新，無罪。

十六、行道得羺②羊毛。商人遠行，多載③羊毛，車壞牛病，無由致去。道路多賊，伴車悉重，欲以與之，復不肯受。會有比丘從後而來，商人大喜，即以施之。於是比丘負重隨去。至前聚落，商伴嫌恨，語比丘言："汝爲商也，行至於此？"因是結戒，不復聽取。後諸居士欲施羊毛，比丘不受。居士甚恨，因是復開。開而限不過三由旬，自擔捨墮。若與他共，彼亦三由旬。若不共，亦如是。令他擔過三由旬，突吉羅。綿同羊毛，其餘悉異。凡比丘持擔，悉不得逕村，逕村突吉羅也。

十七、非親里尼浣、染擗羊毛。迦留陀夷衆中分得羊毛，令尼浣、染，既廢道業，又年色變壞。後諸比丘尼衆共往佛所。佛問何故，具以實答，因是結戒，犯者捨墮。將以親必無惡緣，風塵譏嫌亦無由而起，故制非親而許其親理也。

十八、自手取金銀、教他取。舉銀則七寶錢等一切實物皆悉攝也。如是等物，物之珍也。有識之類，莫不愛重。亡身失道，靡不由之。而六群比丘之徒手取金銀，長者居士減(咸)④共呵責："沙門釋子棄⑤捨珍翫，受持四衣，如何捉金，與貴人無異？"因是結戒：不得捉寶，自捉、教他比丘捉，皆犯捨墮。沙彌得捉，不得畜。捉寶之罪，要衆中悔過也。

十九、[□□][以金]⑥銀買種種物。言"種種物"，則是一切所須之物

① 謙，此讀如"嫌"。《漢書・韋玄成傳》："弘懷謙，不去官。"顔師古注："謂若欲代父爲侯，故避嫌不肯也。"

② 羺，底本作"羺"乃"羺"之俗字。録本作"羚"，誤。

③ 載，録本訛作"戴"，據底本改。

④ 結合文意，此處"減"當爲"咸"之訛字。

⑤ 棄，録本訛作"盍"，底本實作"㚔"，乃"棄"之俗體。俄Φ112—1號《月上女經》："㚔舍淫欲如火坑，及諸世事不染著。"(《俄藏》3—193—A11)亦其例。兹據録正。

⑥ "以金"二字底本、録本脱，結合文意，據《十誦比丘波羅提木叉戒本》[T23n1436 p0473c02]補。

也。大比丘用捨墮金銀，隨意所買，若法、非法，無不備有。因是結戒，悉不聽也。凡捨墮物之所買，盡是捨墮物也。唯可食物貪欲，得突吉羅，無可捨故，無漸故。其過甚重，要僧中懺悔然後乃除耳。

二十、種種販買。有一梵志著赤色衣來詣跋難陀。跋難陀見之，貪心内發，巧説方便，以故衣易之。後懺悔還索，難陀不還。彼大愁惱，怨嘆盈路。將以難陀貿易彼衣，本爲販買，不爲自畜故。因是結戒：不得販。販之人於一切人、非人盡生惡心。所得財物以供三寶，三寶不受，令知慚愧。一切販賣所得之物悉皆捨墮，應衆中悔過。爲利故買，買已不賣，賣不買，皆突吉羅。若以同易異，以同易同，展轉求，一一捨墮。貿易衣七日聽還悔過也。

二十一、長鉢。鉢以盛食，得一便足。六群比丘多畜無節，因是結戒：不得長畜，取時突，過十日捨墮。有三種上鉢。他飯一鉢。他羹菓等可食物半羹，中者求上，下者下中；大過上，小過下，非鉢，不應受持也。

二十二[①]、未滿五綴，更求新鉢。跋難陀與商人共往至市。市見好[②]鉢，難陀讚"善"。商人知意，即買與之。因是結戒：不滿五綴，不得更求人施。得受，受已净施。貪著之人，或壞惡求好，故令五綴，以妨貪著。爲綴處木枝、澡[③]豆等用意三洗，但令意盡，雖[④]不净無罪。若先無鉢，而一時得二鉢。得受，受一，持一净捨。若先有更求時，突；受時，捨墮。若捨時，應捨新施，衆中捨。衆中捨者，令深起慚愧，捨心决定，盛滿中水，次第行之。惡者易之，無還與之所貿之鉢。又盛水行之。盛水行之者，不欲令看好故也。亦欲明知滿而人不滿[⑤]。凡與易者，其鉢必下，故言與"衆中最下鉢"者。彼最下鉢與長鉢，比丘以其無足，故以此耻之。若都無人取，還與本主。若重勳增色，不更受。已勳故油者，更受，不持鉢行，不失不犯，異國則失也。

二十三、自乞縷，使非親理識師識。六群比丘諸非親理居士令織師織。彼局居士散不從命，虚作廢業，怨聲外出。因是結戒，犯者捨墮。自倩使人

① 二，底本作"一"，録本據文意改。

② 好，録本訛作"奸"，據底本改。

③ 澡，録本訛作"滲"。按：底本實作"滜"，乃"澡"之俗字。

④ 雖，録本訛作"奸"，據底本改。

⑤ "滿"前録本衍"知名"二字，據底本删。

儔,同犯此戒。若自求倩織師,若顧[①]彼空心爲作,無罪。

二十四、非親理居士婦使織師織作衣。居士欲爲跋難陀作衣而先不自恣,隨其所欲;又令作衣縷賈以定。而難陀私化織師,求作上衣,既廣且緻,用縷過部;又得衣已,不雇織師。居士失縷,極大瞋恨。織師空作,心亦懷忿。雖求一衣,二處得罪:居士邊捨墮,織師邊得二種。若先决定許與物,而後不與,犯重。若先心而口言與,犯墮。

二十五、與他比丘衣,後瞋故自奪、教人奪。往昔一時,佛欲遊行。跋難陀作是念言:"佛從大衆,衣食難供。若我隨行,不得隨意。今當在先,無求不足。"先施弟子衣,與而無要;後欲將行,弟子不從,便奪弟子;弟子不還,遂强逼奪,令其怨恨。因是結戒:不聽悔奪。若先與意,了後奪,犯重,未了而奪師,捨墮;弟子不還,犯重。戒文後言:"是比丘應比丘前捨,謂弟子應捨還師。"律師云:"所誦戒無諸比丘前四字。"未詳有者意,然依文亦以有義也。

二十六、十日未至自恣,得急施衣。有二因緣:有一商人爲安居故,施一處僧物,竟不安居,分物而去。商人後還,甚大怪恨。二、波斯匿王有一大將,受命將征,急事宜施。以此二緣,有聽有遮,合而成戒。急施人有八種,若王夫人、太子、大臣、大將、病人、女將出門、若畏怨賊、若十日未至自恣。八種人以急事施衣,手自分與得受,以十日竟便入功德衣中時攝故。若通施,不别衆共受,以自恣竟分。又十日前凡施物一切不分,以妨亂故,恐衆散故。十日前施主自分施,受已净施,又得急施衣,而無功德衣,得一月畜。一月畜已,應净捨。若無急捨,一月後又得十日。若有急施功德衣竟,長衣不得十日畜,以前得十日故。若前九日得急施衣,後得一日。如是前得八日能至二日,計後前取之。若前無急施衣,後令得十日也。

二十七、夏三月未過後坐,未滿八月。先因毘阿比丘留衣安陀林中,著上下衣入城,還覓不得,因是嘆與衣鉢俱。後因一國比丘後坐,未滿八月。所坐國法八月十四日、十五日取人[②]祀鬼。因此難,故聽六日。未至息恣,寄衣村内,避去不失。阿練若法,在阿練若處要依聚落,以所資物易得、有難則

---

① 顧,録本訛作"願",據底本改。

② 人,録本訛作"八",據底本改。

[□][寄?][1]衣故。南方地平，北方地嶮。地嶮難行，地平易行。易行故限去村十里乃聽寄衣。嶮地難行，故限去五里乃聽寄衣。若二處俱減，不聽寄衣，去以村近有救授故。從是後一切比丘自恣前六日，若有緣事，悉用此法無犯也。餘一切時八難事起，而寄衣去，經宿失衣而不犯捨墮，後但更受之也。

二十八、春一月殘求雨[2]衣半月應畜。往昔一時八月有功德雨，能消衆病，聽諸比丘露地而浴。有見諦女人，名“鹿子母”，遣人請佛及僧，過見露浴，使即捨還，以所見白母。母更遣使，佛即受請。供飯以訖，白佛求願，願聽七事，佛即許之。雨浴即其所願之一也。前坐人應三月十六日求入四月受畜，安居日得用，七月半應捨。後坐人四月十六日求入五月應受畜，後安居日得用。過一月求，悉突。過半月畜，捨墮。自恣竟不捨，亦墮捨。天竺法觀天文而立閏也。若夏節未應便潤四月，冬節未應便閏八月。若一國中潤四月，比丘隨國法而結安居，因四月十六日結坐，七月半自恣。潤處七月半，於無潤處則是八月半。若無潤處，比丘待彼有潤處比丘自恣，則是八月半自恣。待彼故未捨雨浴衣，是故過不在後而返在前。故言：從求作來，犯突；受待未捨，捨墮。三月十六日求四月初畜，雖於潤月十六日安居者，則長得一月。長得一月，故求、畜皆長也。又云：凡自恣竟，餘夏分一月，未過得一月，時衣不犯長財。今潤比丘來自恣，未得時衣。無潤比丘待有潤比丘自恣，則與彼俱得。得時於無潤者已入冬分。冬分得時衣，無救於先犯。夏後一月犯長財，捨墮。坐前時犯過一月求，突；過半月畜，捨墮也。

二十九、知檀越施僧物，自迴向己[3]。信向居士欲供施僧，六群比丘貪饕[4]，自求向己[5]。因是結戒，犯者捨墮。物應還僧中，悔過。知物向三、二、一比丘，迴向己[6]，突。若迴此僧物與彼僧及尼僧，迴尼僧物與尼僧及比丘僧，如是五衆人及畜生迴多與少，迴少與多，一一突。

---

① 結合文意，此處似脱一“寄”字。待考。

② 雨，録本訛作“而”，據底本改。

③⑤⑥ 己，録本訛作“已”，據底本改。

④ 饕，録本訛作“餮”，據底本改。

三十、服四種合消藥。凡藥有四種:一者、時藥。時藥有十五種:五助食:根、莖、枝、葉、菓也;五正食:餅、麨、糒、異、肉;如五似食:糜[1]粟、䵃麥、莠[2]子、加師、小麥,擣令碎熱食之。加師二者夜分藥,謂八種菓醬:一名“周利”,二名“牟利”,三名“拘利”,四名“舍利”,五名“舍都”,六名“類樓”,七名“[□][?][3]利”,八名“蒲桃”。除蓏,餘一切菓悉得作醬。八種菓醬未濟漉澄清名“時藥”,已漉澄清名“一夜分藥”。油未澄漉、蘇未揃(煎)[4]練名“時藥”,澄清、揃(煎)練[□][名][5]“七日藥”。蜜及石蜜亦[□][名][6]“七日藥”。如牛脂、豬脂等一切脂未揃(煎)練、澄清名“時藥”,揃(煎)練、澄清無肉氣、無骨氣亦[□][名][7]“七日藥”。餘一切薑佳(桂?)[8]等[□][名][9]“終身藥”。又諸菓合滓是[□][名][10]“時藥”,菓菓木汁[□][名][11]“夜分藥”,生薑等[□][名][12]“七日藥”。一切樹脂未揃(煎)等亦[□][名][13]“七日藥”,藥過七日服不能治病故,因以爲限,防其貪嗜也。衆生骨角折毛[□][名][14]“時藥”,燒作灸[15]爲“終身藥”。昔八月中諸比丘時行病,後食時藥,飢虛不足,羸瘦,佛復聽。聽食四種藥,所謂蘇、油、蜜、石蜜。星宿比丘多畜諸藥,停積逕宿,因是還開。若病聽服四種合消藥,病差(瘥)則止。若無净人可付,有貧[16]不能得,聽手受、口受,七日服之。“時藥”、“夜分藥”、“七日”、“終身”,此四種藥未口受、手受,净施净人得。“終身”,日日净人邊受服。“時藥”,時受服。“夜分藥”若自手受不口受,移時應更受;若已口受一受,得夜服之。“七日藥”若口受手受,七日中自取服;若不口受、手受,應日日净人邊受。“終身

① 糜,録本作“床”。按:底本實作“床”,乃“糜”之俗字。斯388號《正名要録》“右正行者揩(楷),註脚稍訛”類:“糜床”。

② 莠,録本訛作“弟”,據底本改。

③ 結合文意,此處當脱一字,待考。

④ 結合文意,此“揃”乃“煎”之借字(“揃”字一音子仙切,與“煎”同)。國圖藏日本釋貞舜撰《天臺教觀時名目私鈔》:“又略七日煎練生蘇味成,生蘇七日煎練成熟蘇味。”[D40n8903p171]正作“煎”。下文“揃”字同,徑括注其本字,不復校。

⑤⑥⑦⑨⑩⑪⑫⑬⑭ 名,底本及録本無,據文意補。

⑧ 結合文意,此“佳”似爲“桂”之形訛,待考。

⑮ 灸,録本訛作“發”,據底本改。

⑯ 貧,録本訛作“貪”,據底本改。

藥”手受、口受，終身自取；若手受、口不受，故日日浄人邊受；若不口受、手受，浄捨已，“終身”就浄人受服，爲防盜心故，一切飲食物悉從浄人受。“七日藥”無病人不得口受服；若病人口受、手受，藥未逕宿，無病人得服；已逕宿，不得服。

半月説戒。半月不説戒，突；説則清浄，亦能浄衆，俱意犯得悔除故。又三默然，令犯者思愆，衆無疑悔故也。

九十波夜提。或言“燒煮①”，地獄中燒煮②也。或言“墮惡”，墮惡趣。或言“障”，障聖道也。無物可捨，故但言“墮”也。高床鐵筒大坐具等，應用而異事在後也。

第一、妄語。有呵提比丘聰明好論，有梵志來欲與亢（抗）③辨。呵提畏之，誑言乞食，遂去④不還，惡名流布。因是結戒：不得妄⑤語。妄語攝四篇五種戒。妄語得過人法，犯重。言而不辯、辯而還隱，犯瑜（偷）。以無根謗人四重，犯僧殘。僧殘誣人，犯墮。墮事誣人，突。凡見聞知識疑妄言“不見聞知識[□□][疑妄]⑥”、不見聞知識疑妄妄（言）⑦“見聞知識疑妄”，盡名“知而妄語”，犯墮。以貪恚癡故，知而妄語。凡⑧語與知異，悉是知而妄語，犯波逸提也。

第二、毀呰語。姓有四種：一、劫初帝王種；二、波羅門，初時修梵行者也；三、名“毘舍”，貴族及中間姓常前謂居士；四者、“首陀羅”，下雜姓也。此四種人出家受戒，六群恚恨，作八種毀呰。八種者，種伎作犯病相，煩惱罵語前三種姓云：“如是種何用出家受戒?”爲輕毀心故，一一語突；語下雜姓，一一語犯墮。以慚耻深故，語前三種姓言：“如應學伎術作，汝所作何用出家受

①② 煮，録本訛作“熱”，據底本改。

③ 《説文通訓定聲·壯部》：“亢，叚借爲抗。”《左傳·宣公十三年》：“我則爲政，而亢大國之討，將以誰任?” 杜預注：“亢，禦也。”

④ 去，録本訛作“云”，據底本改。

⑤ 妄，底本實作“忘”，乃“妄”之借字。下表胡亂、不實義之“妄”底本均作“忘”，不復校。

⑥ “疑妄”二字底本及録本無，據文意補。

⑦ 結合文意，此“妄”似爲“言”字之訛，待考。

⑧ 凡，録本訛作“爪”，據底本改。

戒?”爲一一語,突;語下雜姓,一一語犯墮也。解已更説,解者,犯墮;若不解,突。語四種人言:“汝是犯後四篇戒,如是惡病相,如是重煩惱,如是二種惡罵人,何用出家受戒?”爲又作出家、在家駡法以毁呰之,於彼四姓一一毁中一一犯墮。八種之外,更以餘事毁大比丘者,突。若以八事毁呰沙彌、白衣、非人、畜生,悉突。若如實毁呰,毁呰而非妄語,毁而不實,是毁呰妄語也。

第三、兩舌。兩舌之惡,雖被和善,六群縱逸,輕作無耻,虚講無端,鬬亂彼此。彼此惱亂,己亦喪業。勞形役[①]思,功言媚説,身、口、意業,皆悉不善。鬬餘比丘,令作二部,欲兩處賣恩[②]、二邊異説,語前三姓出家人言:“某名、某姓、某種[③]、某作、某相比丘言:‘汝等如是種,何用出家受戒?’”爲解與不解,解已更一一語,突。伎作亦如是。語下雜姓,若解已更説,解者一一語,犯墮;不解,突。伎作亦如是。以後犯病相惱駡五事作兩舌語,四姓比丘彼解,解已更説,解者一一語中犯墮;不解,突。更以餘事離别大比丘,突;以八事[離][④]别餘一切人、非人,悉皆突吉羅。

第四、僧事如滅,還更發起。拘[⑤]睒彌比丘惡姓(性)多瞋,鬬諍不止,世尊捨去。至舍衛國,長者、居士減共嫌嘖(責)。比丘愧懼,追佛求悔。衆既斷决,彼亦和解。六群比丘教聚,還起令諍。一、相言諍,總下諸諍。就中更開下三耳。二、無根謗諍。三、犯戒事諍。四、常所行事諍,謂説戒自恣一切羯磨及諸僧事中有時諍起也。凡有五種比丘:一、舊比丘;二、客比丘;三、囑比丘;四、犯事比丘;五、見事比丘。此之種比丘起四種諍,衆如法以七事滅之。若如法滅事中作如法相、不如法滅、疑相還更起者,犯墮;不如法滅作如法滅想、疑相還更起者,犯突;不如法相,不如法相還起,無犯也。

五、爲女人説法過五、六語。迦留陀夷欲火熾盛,二篇之戒已制,不聽,

① 役,録本訛作“後”,據底本改。
② 恩,録本訛作“思”,據底本改。
③ 種,録本訛作“病”,據底本改。
④ 離,録本脱,據底本補。
⑤ 拘,録本訛作“呴”,據底本改。

冀[①]因言説，散其煩結，好爲女人説異處相，或向女説母，或向母説女，惡名流布。因斯而制：有知女人不得爲説。“説色無常”是一句，及至“識無常”是五句，若説“六入”是六句。若不問而説，不得過五。過五、六語，語犯墮。若説偈、説品、説經過者，悉犯墮。恐因法起非法，故限以防之。若都不説，恐生劣想，故宜少説，令得敬信。若女人自問法，得隨問答之，又得與受三歸、五戒、八戒。若唄、呪、願及嘆説施福，無犯。除有知男子謂白衣能知好惡者，有智女人亦如是。大比丘、沙彌爲伴不得説，説者突吉羅。四比丘爲伴，無犯也。

六、以闡陀偈句[②]教未受具戒人。闡陀，波羅門書也。其義味、偈句與佛經不同。又教佛弟子合聲而誦，隨音聲故，名味不同不正，句偈不足。阿藍彌國比丘是波羅門子，教未受戒人，用其本法，合聲而頌，隨音聲故，名味不正，句偈不足，毁損正法，增長邪習。如是教者，佛所不聽。若教沙彌、白衣，同犯墮，法正習未深、隨邪深故，又細聲相亂、言不辯故。教具戒人，突；彼已決定、心不移故，又聲相似、不相亂故。教未受具人句味足與不足作外道聲者，犯墮。欲捨本聲不能得，無犯。若用法音，聲、名、味具足，先所誦經二人合誦，無犯。律師云：“説竟。”説謂二人本悉外道，俱頌一經，而一人忘，一人誦竟，然後一人復誦，無犯。又師徒本俱外道，受法弟子未知法語，得合聲受誦，名爲“欝提舍”。又，弟子作外道聲聞，師得隨問答，無犯；合聲，俱犯突。

七、未受具戒人前自説過人法。惡宜發露，功德宜隱。摩求河[③]邊比丘向人自稱，未得言“得”，初篇已説也。若實得自稱，犯此墮法。沙彌、白衣，輕躁不定，好忘宣傳，難以實告。又於白衣求名利，若向説實，俱犯此戒。説得四道禪定三昧，安般不净，見天龍八部向人説，悉犯墮。實若持戒向人説，突。若見旋風、土鬼向人説，亦犯突。受法禪師具戒同意向説，無罪也。

第八、若比丘知有惡罪，向未受具戒人説，犯墮，除僧羯磨。犯五篇戒，

① 冀，録本訛作“異”，據底本改。
② 句，録本訛作“可”，據底本改。
③ 河，録本訛作“何”，據底本改。

皆名爲"惡"。除比丘、比丘尼,餘一切悉名"未受大戒人"。向是人說他犯戒,前二篇說罪名,犯墮;說所作事,犯突。後三篇說罪名、說事,悉犯突。"除僧羯磨"者,若比丘白衣舍作惡犯戒,令他瞋恨,現前僧應和合差一。有五德比丘爲作白二羯磨,今至彼居士前說其過。惡比丘作惡處及所作惡應說。若向異處、異人說,突。若作說罪、羯磨已,彼惡比丘爲惡俞甚,令僧得惱,應作白四羯磨,令一切僧隨彼作惡處、隨意隨時說其惡事,然不得說五篇罪名;若說,犯突。餘非羯磨比丘一切不得說他惡。得說他惡,凡有五種:第一、於五篇中,若見見想、不見想、疑想,聞亦如是。第二、若見他犯初篇戒。或謂犯僧殘,或謂犯後三篇,餘四篇亦如是。若說時還說本名、本事。第三、見他犯初篇戒生疑,爲犯波羅夷、非波羅夷,餘四篇亦如是。後疑斷還說本名、本事。第四、見他犯初篇,疑犯餘四篇。見他犯餘疑亦如是。後疑斷還說本名、本事。第五、見他犯初篇戒,疑犯餘四篇。餘四篇亦如是。後疑斷定生本事想,還說本名、本事。五種說他罪,於前二篇說本名,犯墮;說本事,犯突。後三篇說本名、本事,悉犯突也。

九、先歡喜聽,後如是說,比丘隨親厚意迴僧物與。陀標羅漢常知僧事,而少欲知足,衣服麁弊。慈地比丘共衆和儀,與一好衣。尋生惡心,復欲鬪亂,作如是言。隨親厚故,迴僧物與他,犯墮。凡衆先同後異,悉犯墮也。

十、何用半月說此雜碎戒爲? 五篇和合,名爲"雜"也。闡陀比丘惡姓(性)恨戾,有過不改,聞悔喻甚,聞人傳時便發慢言:"何用半月說此戒?"爲坐[①]說此戒故,令人悔惱,壞其善心,憂煎内熟,愁苦無歡,盛欲返戒。戒爲道根,衆聖所重。五篇之文,出自佛口,若輕戒者,則輕三寶。凡輕呵經律及餘隨律經悉犯此戒。戒是沙門法,輕戒毁禁則非沙門。故輕戒經一一語犯墮,輕餘經一一語犯突。

十一、殺衆草木。阿臘國比丘除經行處草木,外道謂爲草木有命,言沙門釋子無大悲心。又木互比丘手伐大樹,樹有一鬼。鬼携將二子來至佛所,苦自哀訴:"樹則我舍,我之所依。冬末、春初各有八夜寒風猛烈,我將何

① 坐,録本訛作"生",據底本改。

託?”此二因緣,嫌[①]怨同責,又多事務,妨亂道業。以是義故,不宜剪伐。生草木等不得斷,斷者犯墮。枯作生想,斷者犯突。復次,三戒守護佛法。若王太子出行國界,見剪伐人,取令刈獲。見掘地人,取令墾殖。見揭擔人,取令舉輿。若比丘爲此不勉三役[②],三役[③]所逼,則行道事喪,守戒無爲,高尚其事,則永絶世濁[④]。三業彌就,所制如淺,爲防至深。五穀[⑤]、五菓等未好熟,刀净,抓(爪)净;已熟,火净;肉生,麵欲生爲藥,火净;胡桃,火净;蜜,水净;鳥食殘菓,即名爲“鳥净”。净菓得食皮,而不得食子。凡食不净菓得二罪:食皮肉犯突,食子犯墮。若教他作亦如是。若語净人言:“爲我净是取是。”或言:“汝知是。”或言:“不須此樹。”或言:“樹此妨净人解意。”若爲净爲取,若爲除去,無犯也。

十二、嫌罵。陀標比丘成就五德,爲僧作分食人。慈地無福,每得惡食,便於面前嫌恨,惡罵已,佛制不聽。後復嫌恨,屏處惡罵,令其聞聲。重制:若現若隱,嫌恨惡罵,令被聞聲,二俱犯墮;若俱不聞,突。若僧羯磨、維那等十四人,以嫌恨故,作如是言:“彼無五德衆,何以令作?”嫌一及衆,此則犯墮。若惡邪不除、不見擯等十二種犯罪,在衆與羯磨。衆與羯磨中聞譏嫌者,突,以有罪故輕也。彼罪已除,瞋譏者,聞,則犯墮;不聞,突。又如衆與陀標憶念羯磨,與施越無癡羯磨。羯磨,捨與不捨,瞋譏如是二種人,聞者,犯墮;不聞,突;清净無罪故。若同房異事,同事異房,作差會人,瞋嫌者,聞已(與)不聞,突;以情厚薄恨,故罪不至重也。

十三、不隨問答惱他。闡陀犯戒,人教令悔。答言:“噵(道)[⑥]誰有罪耶?我不信君能説我罪。”佛令衆僧與闡陀作白二憶念羯磨,令諸比丘憶念其過,以此罰之。如闡陀比丘,亦應如是治之。因是制戒:若以作憶念,以異事惱他,犯墮;若未作憶念羯磨,用異事惱他,突。闡陀後更有罪。諸比丘諫之,默然不答,亦爲作白二憶念羯磨。羯磨竟,用默然惱他,亦犯墮;未羯磨

① 嫌,底本似作“縑”,當爲“嫌”之訛字。

②③ 役,録本訛作“後”,據底本改。

④ 濁,録本訛作“燭”,據底本改。

⑤ 穀,録本訛作“聲”,據底本改。

⑥ 《集韻·皓韻》:“噵,説也。通作道。”

惱他，突。若病、若驚畏故默然，無犯。若入上坐房，衣服不正，上坐語之，默然不答；若上坐不喜，故入其房；如是比丘，凡不順他意，令其心惱，悉犯。如此戒上坐犯下坐，不辭謝，犯吉羅也。

十四、僧敷床卧具乃至不教舉。往昔一時衆敷床，敷坐已不舉，出行受請行。於後大雨，悉令污濕。世尊在後，開房收舉。因是結戒：公私普制，若衆若私，所用之物敷已不舉，若一渧，一波逸提。有五種床，唯何薩蹄（?）[①]，餘四不得分。一日爲五時：地了，中前，日中，晡時，日没。地了敷不舉，至中前，犯墮。餘經時亦如是。敷已不舉，出門外四十九步，犯墮。出墻外少許，至地了時，突。不囑人遊行諸房，亦突。若之俱共敷，後去者應舉。若二人共見，應一人舉床，一人應舉褥。若初出入直（值）[②]雨[③]，若八難起，若失户鈎，無犯。僧床敷具不得在上食，卧具不得著大小行[④]也。聽法不犯。私物不舉，犯突。

十五、房中敷具不舉。有二客比丘來宿一房，房無床坐，一敷草地，因（?）[⑤]一敷坐具，不舉，人去後悉生蟲。佛後見之，自出爆曬。房中不舉，悉犯此戒。若客比丘不囑知事比丘及諸可信人，又不留物去，而不好舉，後夜時，犯墮；坐物去，作還相，突。舊比丘不舉去，至地了時，突吉羅。

十六、比丘比丘房舍中瞋恚，忿心不喜，自挽出，教人挽出。房舍卧具，四方僧物，夏安居三月，冬四月，不分春秋，日日應易房，隨上坐所樂故，爲安客僧故，令心無繫故。沙彌隨師得分。衆不與房分，唯卧具一切共分。先與上坐，盡則已。初時未制分房易住法，衆多比丘共會舍衛國，有一住處，房舍未治，衆共分布，各各修事。六群縱怠，不共修治，見他治竟，便隨小奪之。我大必小，法應見避。牽挽逼趣，令其出，自挽、教他挽，能者二俱犯墮，不能者二俱突。以是因緣，故不異者語小不便應去。若無外内等急疾異緣而挽

---

① “何薩蹄”疑有誤，待考。

② 直，遇也，與“值”同。《漢書・酷吏傳・寧成》：“寧見乳虎，無直寧成之怒。”亦其例。

③ 雨，録本訛作“兩”，據底本改。

④ 行，録本訛作“污”，據底本改。

⑤ 因，底本不清晰，待考。

出者,犯墮。

十七、知諸比丘先安住敷卧具,後來强以卧具自敷、教敷。迦留陀夷爲人惡眠,墻洫(動?)[①]大唤。先與一比丘宿,令他失眠,飲食不消,身體發創。復於異時二人一處,迦留陀夷知他先住,不問彼人,强安卧具。彼説先事,云“我不樂”。迦留陀夷言:“我自樂耳。汝若不樂,自當出去。”因是廣制,以防惱亂,故不得共床。床應相遠,不得竝敷。若他敷,相去一肘,恐防他眠故,亂坐禪誦經故,防非法故,遠嫌訪故。若自敷、令他敷,能者犯墮,不能者突。若故惡眠作諸聲音,犯墮。火之燃、滅,户之開、閉,若語若默,悉應知時。凡不順[②]他,非時相惱,悉皆犯墮。若二人共住,一彊一病,而所欲不同。欲開一,欲閉一,欲明,欲闇,隨病人,不隨,犯墮。若二俱病,小者應更覓住處。若更無處,應隨重者。若俱輕、俱重,應隨上坐意。

十八、比丘重閣上。二客比丘共住閣房,一房在閣上,一閣下坐禪。閣上比丘用力而坐床壞,閣陷,傷下比丘。若坐卧時,皆應安徐,十方僧物故,求難得故,妨行道故,恐惱亂衆故。應當安詳,勿損床褥。凡坐卧衆床、敷不用意者,悉犯此戒。若以木、石等堅物枝(支)[③]腳,一一犯墮。非堅物支,無罪也。

十九、欲作大房,知水有蟲,自澆草土,教人澆。闡陀比丘作大房,知水有虫[④],用澆土。餘比丘言:“水中有蟲,汝寧知不?”闡陀比丘言:“我自用水,不用蟲。”凡内見蟲,不得用水,有蟲蟲想。若有蟲無蟲想,若疑,悉犯墮。無蟲蟲想,若疑,犯突吉羅。無蟲無蟲想,無犯。自用,教他用,隨蟲一一悉犯波逸提。

二十、作大房。有一居士以十萬金錢與闡陀比丘,秀(誘?)[⑤]其經管,爲僧作房。闡陀懶墮,一日[⑥]頓成,下濕上重,一時崩壞。居士大惱。因是制

① 洫,底本不清晰,似作“動”,待考。

② 順,録本訛作“煩”,據底本改。

③ 枝,“支撑”義,與“支”同。下文“非堅物支,無罪也”,即作“支”。

④ 虫,録本訛作“出”,據底本改。

⑤ 秀,似爲“誘”字之訛,待考。

⑥ 日,録本訛作“曰”,據底本改。

戒:從今作屋,應當以漸。若覆屋時,若瓦、草、木㒼①,行應止住,須壁下燥然,續苫。苫時若白衣不知者,比丘自苫一行爲作法,或第二行未竟,約敕②已,應捨去,爲妨行道故,不欲呵惱作人故,不欲催令速竟故,避後檀越竟故。若比丘自苫,苫竟第二行不捨去,隨所用木、草、瓦,一一犯墮。用板、鳥翅、輕草,無犯也。

二十一、僧不差教戒比丘尼。世尊疲極,不復教授,次令僧教授,至于臨終。六群比丘亦次教授,捨置教事,而説非法。尼僧白衆,衆白佛。因是結戒:不羯磨差而教授者,一比丘一時教一尼一墮,多尼多墮。衆多比丘一時教一尼、多尼亦如是。於後一時,六群出界外,自相差次,差次已,還入界内。尼衆來時,云僧差教,又置教事,爲惡如前。復重結戒:要備五德乃聽羯磨差教尼衆。何等五?一、二十臘,若過二十。二、具足持戒,若解威儀。三、能頌、解、通二部戒。四、正語説法,辯才清净。五、不犯十三事,不污三衆。三衆者,六法尼、沙彌、沙彌尼也。凡污出家人,其罪甚重。黄門二根,皆由於斯。壞七寶塔猶輕,毁他戒身其罪過是,是故此人不堪③教授。博以尼衆,心不敬信,亦恐無慚愧,復起非法,雖已悔除,猶故不應。若五德中一事不足,差則非差,教者犯墮。成就五法已,已差而未僧中羯磨差,而未僧中羯磨差而便教授者,犯墮。已羯磨差,未語令教,教者突;已語,未僧中語,亦突;已僧中語,而未問尼衆言"悉來集不",而便教者,犯墮;以問而未説八敬法,便語同伴比丘令説者,亦犯突;已説八敬法而不語令説,亦犯突。

二十二、僧雖差教戒比丘尼乃至日没。難陀善説,尼衆樂法,逼暮還城,城門以(已)閉④。明旦早入,守門人譏嫌。因是結戒:若教尼,不得至日没。若日没生没想,没生不没想,若没生疑想,教者悉犯墮;若未没生没想,若疑想,教者悉犯突;若⑤未没生未没想,教無犯。

---

① 㒼,録本訛作"兩",據底本改。《説文通訓定聲·乾部》:"㒼,今以皮冒鼓爲㒼,言平帖無縫也。"

② 敕,録本訛作"剌",據底本改。

③ 堪,底本作"甚",當爲"堪"之訛字。録本據文意改。

④ 閉,録本訛作"開",底本實作"閇"。《龍龕手鏡·門部》:"閇","閉"的俗字。

⑤ 此處録本復衍一"若"字,據底本删。

二十三、作是言:“比丘爲利養故教授比丘尼。”六群比丘自知不復得教戒尼,瞋嫉心故,便作是言:“諸比丘爲衣食時種種利養,爲尼説法。”因是制不聽作如是言,隨其所説一一物中一一犯墮。

二十四、與比丘尼議共道行乃至一聚落犯墮,除因緣。因緣者,若多伴所有疑怖畏。六群比丘與助調達尼共期同道行,非法調戲,作諸惡業,或前或後。有諸居士,聞而譏嫌。因制不聽與尼共行。於後一時,諸比丘衆從憍薩羅欲至舍衛,到嶮道中,須待多伴。伴至將行,尼衆隨之。以結戒故,比丘不許。比丘安隱,得至所住。尼衆在後,悉遇惡賊,盡失衣物,裸形而盡。因是復開除有因緣。因緣者,行有多伴,道有賊難。疑有二種:或疑失衣,或疑失食,隨名“疑失”。比丘應爲易擔持去,至安隱處,應以還彼,語令隨意,不得共行。共行至村,犯墮。中路還,突。若向空地五百弓,犯墮;中路還,突。若與王夫人共行,無犯。

二十五、與比丘尼期共載船上、下水,除直度。六群與助調達尼共載一船,調戲非法。白衣譏嘆,因制不聽。又於後時,欲過嶮路。比丘在船,尼欲寄載。以結戒故,比丘不許。比丘安隱,尼後被賊。因是復開。若先期共載一船上下水,犯墮。若共期載一船上下水,從一村至一村,犯墮;中路還,突。一僧、多尼僧、多①尼,一一僧衆多波逸提。若一僧一波逸提,多僧二尼亦一一僧一波逸提。若尚空地五百弓,犯墮;中路還,突。若不期若直度,無犯。若風木所漂失濟,若前岸崩,若漂失,行具(俱)②上下,悉無犯。

二十六、與非親理尼衣。先遮取,今遮與。有一比丘從非分衣處,出偷③蘭尼見而問之,因從索衣。比丘即與彼。與彼衣已,自著弊衣。佛言:“若是親理,應知有無。”以非親故,直取而去。又恐因是起諸非法,是故不聽非親親想及作餘六衆想,與衣者,犯墮。親、非親及餘六衆相與衣者,突。實親非親,若謂若疑,與不净衣,謂駝毛衣、牛毛衣、羖羊毛衣、雜毛織衣,與此

① 多,録本訛作“他”,據底本改。

② 具,此乃“俱”之借字。《正字通·八部》:“具,又與俱通。”

③ 偷,録本訛作“修”,據底本改。

等衣者，突，以不堪[①]受持非重物故。

二十七、與非親理尼作衣。迦留陀夷爲掘多尼衣，當中條作男女和合像。掘多來取，捲條與之，不聽舒看。掘持還於尼中舒之，尼衆譏嫌。因是結戒：爲非親尼若浣、若染、若載簪，一一事中一一犯墮；若刺，針針犯墮；若直縫，針針突；以不如法、不任受持故。若繩綫，若簣緣，皆犯突。

二十八、共尼屏覆處坐。迦留陀夷往至掘多尼房，屏處坐語。尼衆白佛，因是結戒。欲心狂發，不擇親疏，譏謗之生，亦無分别，故一切斷也。一坐，一墮；若十起十坐，十波逸提也。

二十九、與女人獨露處坐。迦留陀夷掘多居士婦，獨露地坐語。白衣譏嫌，因是結戒。隨起更坐，犯爾所波逸提。若坐相去五尺、一丈已還，犯墮；去二丈五，突；去三丈、若過三丈，無犯。

三十、知尼讚因緣得食，波逸提；除先白衣時善[②]因緣。迦葉等四大聲聞受居士請，偷蘭難陀比丘尼先在其家，讚嘆調達，輕毁迦葉。迦葉聞聲，尼還讚嘆。居士夫婦驅之令去。因是結戒：尼嘆得食，不聽受也。若先受請，尼於後嘆，受之無罪。若嘆因得食，便犯墮。後有居士請比丘食已，暫行，令相識尼往迎。以結戒故，比丘不往。居士既[③]還，食時已過。比丘失食，居士甚恨。因是復開，除先親善。親善在先，食不由尼；尼後讚嘆，受之無罪也。若施主先請尼，嫌食不美，勸作美食，食犯墮。乃至尼教與少薑著食中，食犯突。

三十一、數數食，除因緣。因緣者，病時、布施衣時。有長者子，父母終亡，資財亦盡，欲作功德生第二天。以無設福，便爲他庸作。庸作得財，供飯衆僧。僧因節日[④]多受餅肉，雖受其請，所食甚少。施主愁惱，即以白佛。佛呵數食，而未結戒。後受舍衛大臣請，亦以節日，但食乾麨，所食甚少。大臣嫌責，耻[⑤]辱衆僧。因是結戒：不得數食。數食者，移處食也。以多貪著故，

① 堪，底本作“勘”，乃“堪”之借字。《集韻・覃韻》：“勘，能也。”

② 善，録本訛作“若”，據底本改。

③ “既”前録本衍一“還”字，據底本删。

④ 日，録本訛作“曰”，據底本改。

⑤ 耻，録本訛作“所”，據底本改。

難消故，妨行道故，外道法故，如小兒故，不聽移處數食也。若一日滿處來請，應以一施人。若無日再[①]食，悉犯墮也。後諸比丘疾病羸瘦，特開病人聽數數食。若熱風治三種病，若得好色、香、味三種美食，一請不足，聽受二請；如是，乃至三、四；三、四不足，漸食至中。後諸長者爲施衣故，而設飯食。佛以衣難得，欲令取衣，聽因衣數食。若受無衣、[□][有][②]衣請，如後分別。或時二家一時來請，請時有衣食，食時二俱有衣，比丘無罪。或時二家請，請時俱有衣食，食時無，比丘受請時不犯，食時犯墮。或二家請時，二俱有衣食，食時一有、一無衣，受請時俱不犯，食時無衣邊犯墮。或二家請，請時食時俱無衣，比丘受時犯突，食時犯墮。或二家請時無衣，食時俱有衣，比丘受請時犯突，食時無犯。或二家請時俱無衣，食時一有衣、而一無衣，比丘受請時俱犯突，食時無衣邊犯墮。或二家俱請時俱有，食時一無衣，比丘於無衣邊受請時突，食時犯墮。或二家俱請，請時一無衣，食時二俱有，受請時無衣邊犯突，食時俱無犯。或二家俱請，請時一有衣、一無衣，食時俱有衣，比丘受請時無衣邊犯突，食時俱無犯。若多有衣食請，請食時悉有衣，比丘一切無犯。後諸長者節日集會，苦諸比丘，因開節日得數數食。或有人見吉凶相故設食求福，或尊重有德故爲設食，或以齋[③]日，或以黑月、白月、初吉之日而設供食，或衆常食，或别房食，或請衆，或别請。凡節會日長者未請，上諸請食皆應與他而受彼請。故言："彼與他竟，受彼中食。"若出家五衆諸食，不應與他，以無管（貫）積[④]、作福難故也。

三十二、施一處，無病比丘應一食。有等施檀越無人處作房舍，安置床坐、卧具、飲食，一切供施，無所齊限。是則名爲"功德之舍"。時世大儉，飲

---

① 再，録本訛作"兼"，據底本改。

② 有，底本及録本無，據文意補。

③ 齋，録本訛作"寶"，據底本改。

④ 管，此當讀如"貫"（"管"字一音古丸切，與"貫"音同）。《荀子·王霸》："若夫貫日而治詳，一日而曲列之。"楊倞注："貫日，積日也。"王先謙《集解》引王念孫曰："王逸注《離騷》云：'貫，累也。'言以累日之治而辨之於一日也。"故"管積"即"貫積"，乃同義連文，猶言"累積"也。

食難。六群行至是舍，既得飲食，不肯[①]復去。復有人來，求一住處，六群凶强，舍主由之，欲令其去，而不敢發遣。世尊知之，因是結戒：不聽多受。於此舍中得一宿一食，故名"食處"也。過一食，犯墮。過一已，若此處宿不食，犯突。應此處宿，應此處食。以[□][彼][②]處宿、此處食，犯突。以[□][彼][③]處食、此處宿，亦犯突。二食二宿，二俱犯墮。後舍利弗病，行至此舍，以結戒故，不敢過受。因是開病，病則隨意。若八難處，若先自恐，若親理，若欲入嶮道、住中待伴，若多有福德，福德舍自留，住皆無犯。

三十三、到白衣家自恣，多與若餅、若麨。若須[④]二、三鉢應受。受已出外，應與餘善比丘。胡本中無"善"字也。波羅門女出適，暫歸家，爲作餅麨，欲送還夫[⑤]。跋[⑥]難陀知，三、四弟子悉乞持去，乃至三作三索，令盡。夫嫌遲，絶昏更趣。爾時呵嘖（責），而未結戒。又復一時，吉星出日，商人來期，期共採寶。波難陀就[⑦]一商人取麨令盡。失伴被劫，爲賊所害。以二緣結戒，故言："若餅若麨，凡有三種鉢聽稱食畜一分羹、二分飯。上鉢三升，中鉢二升，下鉢一升。減[⑧]此非法。"天竺國法，爲乞人作分，或三升，或四升。故佛聽上鉢取一、中鉢取二、下鉢取三。故言"二、三鉢"。此謂二、三人共俱乞食，故因爲限，過是犯墮。取以計長，應與餘比丘。又應量主人有、無取足[⑨]而已，過亦墮。後有人來，應外與之。若不分與，應語言："我於施主已取爾許、爾許在。"若悉取，應語言："我已盡取，汝勿復入。"若不分而不語，突。若前已語而後人猶入，入者犯突。若不長不分，無罪，但應語後令知。律云：上鉢受三升，飯一升，羹半，餘可食物。而律師云：鉢正受三升，以飯虛足容羹等故。中、下鉢亦應如是知之也。

---

① 肯，録本訛作"聞"，據底本改。

②③ 彼，底本及録本無，據文意補。

④ 須，録本訛作"復"，據底本改。

⑤ 夫，録本訛作"失"，據底本改。

⑥ 跋，録本訛作"跌"，據底本改。

⑦ 就，録本訛作"龍"，據底本改。

⑧ 減，録本訛作"滅"，據底本改。

⑨ 足，録本訛作"定"，據底本改。

三十四、不受殘食法而食，犯墮。迦留夷是釋迦子，形相奇特，色如蓮花。後爲毒蛇所嚙，顔色變黑，眼赤齒白。蔭①夜乞食，電光暫現。有懷②妊母人見，以爲惡鬼，恐怖大唤，倒地墮胎。因制一食。一食故，諸比丘羸瘦無力。又聽食竟未起，得食菓菜等助五③種助食。後入城乞食，得五助食，雜以正食，不敢輒食，飢瘦無力。又聽食竟未受五種正食。後入城乞食，得諸菜雜五食，故不敢輒受，猶故飢瘦。又聽食竟未起自恣，食五種似食及餘菜雜五正食。後病比丘殘食狼藉，烏、鳥競來，鳴唤喧聒（聒）④。後聽看病人食竟，受殘食。[□□□][受殘食]⑤法，食此殘食，若病人非一食人，應更從餘一食比丘受。若病人是一食人而未食者，得就受殘食法。又以比丘有諸因緣，食不足，故聽受殘食法。受殘食法應就一食比丘前胡跪持食，作如是言："長老憶念，我今從長老乞殘食法。長老爲我作殘。"一食比丘爲取一口，然後得食。若受殘食法，若不如法受殘食法者，犯墮。若但飽不復得受殘食法，受殘食法，突。未飽而囑不須復受，殘。未飽不囑，得受殘法。若以鉢食著地、膝上，不名"受殘食法"，食之犯墮，以不授彼⑥一食比丘⑦故。若二人手不相及，不名"受殘食法"，彼一食比丘不得取故。若不净食，不名"受殘食法"，俱不應食故，食者皆犯墮。若欲食五助食而用五正食，令他作殘食，亦不名"受殘食法"。若食此五助食，犯墮。欲食五正食、似食，而用餘二五種食作殘，亦如是。凡有四威儀，所謂行、住、坐、卧。比丘行路有洗口竟時、食時、食竟時，悉得受殘食法。若行應行受，不應住、坐、卧受。受而不食名

---

① 蔭，録本訛作"薩"，據底本改。

② 懷，録本訛作"孃"，據底本改。

③ 五，録本訛作"之"，據底本改。

④ 聒，當爲"聒"之形訛。"喧聒"謂鬧聲刺耳。晋郭璞《江賦》："千類萬聲，自相喧聒。"《南史·僧昭傳》："僧昭曰：'王歡已闌，今恣汝鳴。'即便喧聒。"皆其例。

⑤ "受殘食"三字底本及録本無，據文意補。

⑥ 彼，録本訛作"被"，據底本改。

⑦ "比丘"二字録本訛作"丘比"，據底本改。

“受”，食之犯墮。住、坐、卧亦應如是。知粥畫[①]不成字，不須囑。若食飽，已作休意[②]，雖未起，不得更食，食者犯突吉羅。

三十五、知比丘食竟，不受殘食法，强勸自恣與惱他故，墮。結殘食戒竟，有二比丘，一持戒，一不大持戒。持戒者見彼數食，呵嘖(責)非一。彼人不堪[③]，欲爲生過，知不受殘食，伺不憶，爲惱觸故，强勸令食，食時便譏，二人俱犯墮；不知而勸，無犯也。

三十六、别衆食，除因緣。因緣者，病時乃至沙門施食時。調達將欲壞僧，學五神通種種變化。國主傾心，合境歸向，供養悉全，多以衣食與諸比丘。新學淺識，隨利而去。因是不聽别衆而食，爲壞惡衆勢力、不令破僧故，令諸白衣於衆僧福田得大功德故，令衆和悦、心無二故。凡有三種界：羯磨界，聚落界，空地界。若比丘、若白衣於羯磨界内，若寺中，若白衣舍，别請四人異房一處共食，是名“别衆食”，食者犯墮。若請[④]衆中一人，若迸少許與衆，若與僧，須一人。施主通供界内僧，而處處别與食，食者悉無犯。若聚落界内二施主各於一處飯衆，衆各四人，亦名“别衆食”，食者犯墮。聚落界内一施作異食飯二衆，食者得，突；不犯别衆食。二處更互請，衆中一人無犯。又上二界内二衆食時，各三人食竟，後一人食無犯。若界内師徒四人共財共食，是非法，不名“别衆食”。病人别衆食，無犯。若作衣妨乞食、乞食妨作衣故，作衣時别衆食，無罪；以三衣不足犯突，又妨行道，故持聽也。行道疲極故，或恐失時故，或求好伴難得故；或恐失伴，畏日没來，去二十里得聽村界内别衆食，無犯。明欲行，今[⑤]得食。昨以來，今亦不得。若欲及船，恐有諸難，或以疲極，别衆食，無犯。大衆會時者，謂上至千萬，下至八人，聽法因

---

① “粥畫”二字録本訛作“術盡”，據底本改。《摩訶僧祇律》卷第二十九：“其日有檀越，精舍中飯僧。諸比丘心生疑：‘世尊制戒不得處處食，我等云何作净得食？’佛言：‘若粥初出釜，畫不成字者，是非處處食、非别衆食、非滿足食。若粥初出釜，畫成字者，名處處食，亦名别衆食、滿足食。’”[T22n1425p462c15—19]

② 意，録本訛作“息”，據底本改。

③ 堪，底本作“甚”，當爲“堪”之訛字。録本據文意改。

④ 請，録本訛作“清”，據底本改。

⑤ 今，録本訛作“令”，據底本改。

緣，一時大集。世既不豐，人衆殷並，應作是言："今時儉衆殷，飯食難得。如乞食者，別衆無犯。"又僧有客、舊。舊四人，客三人，舊得別衆食，舊是根本僧故。客四，舊三，客不得別衆食，請舊僧一人，沙門是外道出家者也。出家婆羅門是洴沙王甥，以王事佛，故欲請比丘。比丘以結戒，故不敢輒受。佛爲破外道憍慢，故開聽受請不犯。別衆然自來請，不自下食，受請時無犯，食時犯墮。不自請，自下食，受請時犯突，食時無犯。不自請，不自下食，受請時犯突，食時犯墮。自請自下食，無犯也。

三十七、非時食。十七群釋子形相端嚴，人所敬愛。白衣見之，喚與酒食。便非時飲食，恣意盈醉，醉暢之後，撫掌唱樂。因是不聽非時而食。從中至天明名"非時"。非時中非時想，非時時想，非時中疑，食者悉犯墮。時中非時想，時中疑，食者犯突吉羅。時中時想，不犯。

三十八、殘宿食食。應言"受宿食食"，無"殘"字也。道貴小欲，無所藏積，猶如飛鳥不留餘。而世咤[①]比丘一日再乞，食一已足，留一乾之，明日受食。以此因緣，不聽宿食法，貪著故，離白衣法故。若今日手受，明日食，是名"受宿食"，食者，犯墮。不手受而不净施，明日受食，犯突。手受已，净施人，明日食，亦犯墮。受而不净施，明日與人，無犯。若心捨已了，彼還返施，食之無犯也。

三十九、不受飲食著口中，墮。迦羅比丘塚間止住，死人之間食輒自取食。衆人疑其常食死人，惡名流布。因是結戒，防譏嫌故，捨盜方便故，習大法故，棄世業故。故入口之物，一切應從净人受，不受而食，犯墮；不受而觸，突；除水楊支，輕賤易得故，無遮惜故，無貪積故。若非時人不與，不從净人受。若菜、菓等不作净，若不净食，食此五、四、三、二、一，應如是知。食人肉，瑜(偷)，不净故。大比丘手觸食不净，食者犯突吉羅。若不如是，一切無犯。

四十、美食自爲，身索犯墮。釋摩男得初道供養，衆僧下種種飲食。六群貪餮[②]，得已復索，索諸乳酪種種上味。因制不聽自求美食，去貪味故，以

① 咤，録本訛作"喚"，據底本改。

② 餮，録本訛作"餐"，據底本改。

難得故，致嫌責故。又美與不美，一不得求。求飯等常食菓菜，得與不得，犯突。求蘇酪、魚、肉食美味，不得突，得者犯墮。求酪漿等，得、不得犯突。若乞食，振錫杖，彈指。主人問言："比丘何求？"答言："乞食。"

問："須何等？隨汝所欲。"

答："其所須，食之無犯。乞應以次。越次，突，除病者；以苦惱故，自廢廢他行道故，除親理不嫌責故。人自與取，亦無罪也。"

四十一、知水有虫，取用犯墮。闡陀比丘作是念言："澆逕草土，先所不聽。今者自用，故應不犯。"便耳(取?)[1]虫水，隨人[2]意[3]用。人問："何故用此虫水？"答言："我自用水，不用虫。"因是復結：若有虫水，一切悉犯此戒。澆逕草土以説有虫虫想、無虫想，若疑用者，犯墮。無虫虫想，若疑用者，犯突。無虫無虫想，用者，悉無犯也。

四十二、食家中卧處坐。謂女爲男食也。有居士新婚，唯欲是食。難陀相識，數往語，妨其欲食。彼大瞋恚，因是不聽食家處坐。隨起隨坐，一一犯墮，以惱他故，或被害故，或致謗故。若得道家，受五戒家，若彼父母在，若夫婦二人俱受戒，若是舍多人出入，住坐無犯。若一人受戒，住坐犯突也。

四十三、食家中獨與女人卧處强坐，食戒如上。有家新聚(娶?)[4]，而夫不在，而難陀於彼欲食處坐。後有比丘就舍乞食，後還精舍，難陀自説。因是制戒：食衆覆處不得獨與女强坐，舍内遮非法故，防譏嫌故。是中以三事故犯：一者、食家；二者、獨與女人；三者、深隱處。此三事故，犯此墮法。起以還坐，墮。若閉户，雖外有净人，亦犯墮。若開户向，外有净人，犯突。若閉[5]户向，内有净人，無犯。

---

① 耳，此似爲"取"之訛字，待考。

② 人，録本訛作"入"，據底本改。

③ "人意"二字底本作"意人"，據文意改。

④ 聚，此似爲"娶"之訛字，待考。

⑤ 閉，録本訛作"開"，底本實作"閇"。《龍龕手鏡·門部》："閇"，"閉"的俗字。

四十四、裸外道若出家男、若出家女手自與食，犯墮。毘羅然國主阿耆（耆）①達王請佛及僧安居三月，如來宿緣，王遂迷忘。三月將過，餘有七日。佛遣阿難白王欲去。王聞驚喜，問其所由。阿難以實②而答。王乃憶悟，驚惶慚懼，請留世尊，世尊不許。求供七日，佛哀受之。七日以訖，至跋耆（耆）③國。耆（耆）④達恥愧，送食追佛。跋耆（耆）⑤國中咸責彼王，日日致供，令無空缺。追送之誠，亦無由得。設觀其所少，所少唯當設粥⑥。佛先來聽，衆咸不受。佛愍彼故，開令受粥⑦。受粥⑧已訖，王欲還國，種種食具委地而去。時有五百乞人隨求食，衆食之餘，常以與之。有人問之何處得食，答言："是禿居士常與我食。"於是結戒，不復聽與。後至舍衛，衆僧會食。二裸形女就阿難乞，阿難即以餅分與二人。餅相連著⑨，阿難不覺。一人得二，一人得一。得一者索半，得二者不與。彼便瞋謗："難是汝智聟（壻）⑩?"前乞食梵志已作毀言，今此裸形女復興醜謗。因是廣結：一切德（得）⑪，九十五種出家外道悉勿與，與食者，犯墮。彼食不消，或病或死，別中惡謂飯與毒。彼無慚愧，起諸邪謗，以此小慈，毀滅佛法，不與之音（意）⑫，斷可見矣。若裸形人病，若是親理，若來受戒，與食無罪。若於衆求索水菓，聽其自取。若在家

① 此字底本作"者"，乃"耆"之省筆俗體。敦研194《太子瑞應本起經》："即與諸耆長大臣俱追見之。"亦其例。《干禄字書·平聲》："耆"、"耆"的俗字。録本訛作"者"，茲據正。

② 實，録本訛作"寶"，據底本改。

③ 耆，底本作"者"，乃"耆"之省筆俗體。"耆"乃"耆"之俗字。見前注。録本訛作"者"，茲據正。

④⑤ 耆，底本作"者"，乃"耆"之省筆俗體。"耆"乃"耆"之俗字。見前注。録本訛作"省"，茲據正。

⑥⑦⑧ 粥，録本訛作"術"，據底本改。

⑨ 著，録本訛作"看"，據底本改。

⑩ 聟，録本訛作"智"，據底本改。"聟"乃"壻（婿）"之俗體。《禮記·昏儀》："壻執雁入。"唐陸德明釋文："壻，字又作'聟'，女之夫也。依字從'士'從'胥'，俗從'知'下作'耳'。"

⑪ 德，此乃"得"之借字。《廣雅·釋詁三》："德，得也。"

⑫ 音，此當爲"意"之借字。《管子·内業》："不可呼以聲，而可迎以音。"王念孫《雜誌》："音，即'意'字也。"

波羅門,與彼無罪,以其亦少信佛、修善根。

四十五、軍陣發行,往觀,犯墮,除因緣。波斯匿王將行征伐,嚴飾四兵,陳師習戰。六群共往觀之,王及士衆咸共嫌責。比丘之法,大悲普念,何用觀是害生之具?因是結戒:不聽往觀軍陣,觀軍陳犯墮。後王及大將欲見比丘,因是復開因緣得往,往而故觀,亦墮。

四十六、到軍中乃至二夜應往過宿,墮。雖有緣聽往,往應時返。六群比丘二宿不還,致人疑怪。因是復結:即聽二夜,過是犯墮。

四十七、乃至二夜軍中往觀軍發行,乃至軍陣合戰,犯墮。亦遮習戰也。得二夜不得觀。而六群因觀,觀見者,犯墮;欲觀不見,犯突。有緣自行,見無犯也。

四十八、恚忿不喜,打,犯墮。十七群和善,六群弊惡增(憎)①疾故,手打十七群,令彼啼唤。僉共慊(嫌)怪:比丘之法,應以謙下爲本,慈忍爲先,云何手打出家之人?若以手、腳,一打一墮。五指一時,五墮。以碎燥②沙擲之,沙沙悉墮。若餘身分打,犯突。若大打比丘,令極苦,偷;小打令畏伏,犯墮。餘一切在家、出家大打極苦,瑜(偷);小打令畏伏,犯突。呪病除、除鬼惱故,犯突。若善心爲人破雍(癰)③,雍(癰)④生故彼死,犯瑜(偷),不犯墮;已熟無罪,爲灸⑤之無犯。

四十九、恚忿心手搏。此亦六群既不得打,便舉指擬搏,令彼怖啼(啼)⑥。凡若手、若腳、若杖舉以擬人,悉犯墮。若舉餘身分,犯突。爲防毒狩、惡人,無犯。

五十、知他麁罪,覆藏至一夜,犯墮。凡無慚愧,輕慢心犯五篇戒,隱覆

① 增,此當爲"憎"之借字。下借作"憎"之"增"徑於借字後用括弧注出正字,不復出校。

② 燥,録本訛作"慘",據底本改。

③ 雍,録本訛作"難",據底本改。"雍"用同"癰"。《孟子·萬章上》:"或謂孔子於衛主癰疽。"《説文·豐部》"癰"[清]朱駿聲通訓:"按《史記》正作雍渠,名取於物爲假也;《韓非子》作雍鉏,《説苑》作雍睢。"是其例。

④ 雍,録本訛作"難",據底本改。

⑤ 灸,録本訛作"尔"。底本實作"负",當爲"灸"之訛俗體。

⑥ 此處"啼"乃"啼"字之俗體。《集韻·齊韻》:"嗁,或作啼、啼。"

不悔，能障聖道，通名“麁”也。今言麁罪，謂初二篇也。跋難陀兄名“難徒”。難徒犯麁罪，弟爲覆藏之。難陀弟子名“達摩”，達摩向衆發其麁罪，而難徒爲緣弟墮，隱覆不説。由達摩白衆，因制不聽覆他麁罪。尼覆他八重，即犯重；比丘覆他重及殘，悉犯墮；覆他下三篇，犯突。覆麁罪未至明，犯突；至明相出，悉犯波逸提。

五十一、語彼比丘“至諸家，使與汝多美飲食”乃至少許時，是因緣不異。跋難陀以達摩發其兄罪，常欲惱之，便語之言：“今將汝至諸家，使與汝多美飲食。汝自當知。”以師命故，便隨之去，去至二、三家，皆留百（其?）[①]師，欲爲設食。師其不受，弟子念言：“不受此食，餘請必勝。”復往一家，已至其門，便遣令去，語之言：“我共汝坐不樂。我獨坐語樂。”弟子思惟，日時已過，不容更乞，便還精舍。諸人問言：“汝得好食耶。”答言：“我今斷食，何好之有?”彼問所由，具以實答，衆悉慊（嫌）責。因是結戒：若未至内門，若未至聞處，便遣令還，未知主人飲食好惡故，突；至聞處而遣令去，惱恨深，犯墮。若弟子有罪，欲令伏折，爲作慚耻，遣之無罪。惱他人而遣，亦犯此戒。戒文言：“大德則知，嫌説餘人，非但弟子言，是因緣謂爲惱因緣也。”不異明無緣，無緣而遣，故皆犯墮。

五十二、無病，露地炙，乃至使人，犯墮。一時佛行，道路嶮畏。有諸商人隨佛而去，至一山上，多諸枯樹，諸商人伴輩各各燃火。一老比丘燒大腐木，木中毒蛇冬寒凝蟄，得孀動出，出聲吼，商人悉驚，謂言“有賊”，嚴其器杖，欲相救護。定是蛇聲，比丘驚唤。因是結戒：不得燃火。無覆障名“露地”。露地燃一切火，犯墮，恐傷衆生故，與商人無别故，似貴人故，似軍中法故，或因驚動相劫害故。若自、若使人，俱犯墮。他先燃，後爲，前之犯突。火堆[②]著火中，亦犯突。後復開之：若風冷病，若作食、薫鉢、染衣等種種須用，燃之無罪。若柴漯（濕）[③]，應净燃。凡有根能生及椽枝等，若不净燃，犯墮。餘草木不净然，犯突。

---

① 此字底本似爲“其”之手體，待考。

② 堆，録本訛作“焦”，據底本改。

③ 漯，乃“濕”之形訛字。參見前第2781號《〈盂蘭盆經〉讚述》“推干去漯”條。

五十三、如法僧事與欲後呵，犯墮。六群犯惡，衆欲治之。力勢①相償（當）②，無由得治。五人出行，一人在後。後日一時，六群悉行，唯相助一人時獨不行。衆治六群，而助者不知，慢怠③不出，闇與衆欲。羯磨之後，乃知所治，便即呵言："此爲非法。若我知之，則不與欲。"因是不聽如法僧事一切與欲，先同後異。先同後異，悉若問言："衆有事？"答言某事。事與言異，而非故異，又如法事者呵之，亦墮。故作異而非法者呵[之無犯。二羯磨不現前，不共語。一本欲與衣，後罪責故不與。餘一切悉現前也。]④

五十四、未受大戒人一房過二宿，墮。阿羅毘國一大講堂上，道俗雲集，共聽説法。至後夜時悉覆卧。沙彌惡眠，振動大唤。白衣譏嫌，世尊呵責，不聽共宿，而未結戒。後羅云欲眠，往入諸房，悉皆不容，便入佛厠，極大眠卧。外有毒蛇，悉⑤欲入厠。佛恐害之，便此後（役?）⑥彼，出其風雨，佛作雷聲。羅云開悟，佛牽將出，解釋安慰，令無愁惱，因是聽共宿二夜。以二事故：一、爲沙彌故；二、爲白衣恐毒蛇、惡狩、惡鬼、惡人傷害故，又恐六親大瞋惱故，亦不仁傷大悲故。又防非法，不過二夜。後比丘病，沙彌看二宿已，比丘令去。後困⑦急，無人與藥，於是復聽沙彌立看。沙彌立看，眠即倒地。復聽病人，病人無犯。沙彌與大比丘共看病，更互坐卧，無犯。

五十五、我知佛法義，彰道法、不能障道。迦陀梵志欲謗佛法，令弟子阿私咤出家受戒，當言："行欲不？欲不能障道。"既出家已，不能復謗，師來逼説，情不能免，而猶畏懼，不敢正説，故慢言彰法、不能彰道。作是語時，其舌不轉。佛言："應先濡語誨。濡語誨捨者，令突吉羅。悔若不捨，爲作白四羯磨，約敕⑧令捨。如法三諫，不捨者，犯墮，應爲作白四羯磨惡邪不除償

① 勢，録本訛作"契"，據底本改。
② 《字彙·人部》："償，當也。"
③ "慢怠"二字録本訛作"緩急"，據底本改。
④ "之無犯……餘一切悉現前也。"三十字録本脱，據底本補。
⑤ 悉，録本訛作"垂"，據底本改。
⑥ 後，底本似作"役"，待考。
⑦ 困，録本訛作"因"，據底本改。
⑧ 敕，録本訛作"刺"，據底本改。

(擯),還得正見,聽其悔過。"此二邪説謗毁佛法,其事大故,衆諫至三,方便誘引,欲令自返,故結罪不重,又不滅儐(擯)。如是起惡邪[①]不捨者,應如是治也。

五十六、若知是人如是語,不如法悔,不捨惡邪見故,若畜使共事、共一房舍宿,墮。六群比丘知阿私咤惡邪被儐(擯)而教畜之,將增長外道,毁滅正法。邪惡之徒,不可復制。因是結戒:不聽畜止。"知是人"者,知其以惡邪被儐(擯);"如是語",邪謗語也。不如法悔除,邪心不捨。僧如法儐(擯),而返畜之。畜有二種:或共行畜,或近畜。"共事",共財、共法。共法者,一切羯磨説戒自恣,十四種人一切僧事。又四種舍中而共宿止,若教法,若從受法,一一犯墮。若與衣鉢、飯食、寢卧、湯藥,若從彼受,亦一一墮。凡共畜、共事,一切中一一墮。若共宿時卧已起、已起卧,起卧悉犯墮;若通夜不卧,犯突吉羅也。

五十七、跋難陀沙彌名"摩加",作重淫已,起惡邪見,言"行欲不能障道",集衆三教,不捨惡邪。乃白四羯磨,與作滅儐(擯),發遣令去。此滅不見,六群比丘知而畜之。此將長邪容惡,不可禁止,故不聽畜共語、共事、一舍共宿。共語、共事、一舍共宿,義同上義,一一中犯墮如上。若非滅儐(擯)沙彌,還得正見,聽其懺悔。若滅儐(擯)沙彌苦自改悔、求依衆住,若爲至誠,爲衆哀念,聽依衆住,如白衣法,終身不得受戒,得與衆食,不與衣分。施主與之,得受,師不得爲捉籌也。

五十八、若寶,若似名寶,若自取,若使人取,墮;除僧房内,若住處内。有一貧人,遇得伏藏,忽然大富。王欲誅奪,緣憶佛語,勉死賜。今因呵取寶,而未結戒。後諸童子見跋難陀,知其貪著,欲共試[②]之,散寶路上,隱身潛察。難陀輒取,懷之而去。童子共捉將,送付伺官。伺官信佛,呵責放之,惡聲紛紜。然後結戒:三十事自畜,今制王等一切正寶也。似寶者,銅、鐵、白臘、鈆(铅)[③]錫、爲珠。爲珠中亦有皮作膠珠。汝是一切自捉正寶,若教人

① 邪,録本訛作"取",據底本改。

② 試,録本訛作"誠",據底本改。

③ 《干禄字書·平聲》:"鈆、鉛竝同。"

捉,悉犯墮。似實作男女莊嚴具及器杖,自捉,教捉,亦悉犯墮。不捉莊嚴具及器杖捉,無犯。後[1]鹿子母入寺,覲佛脱身實衣以付侍人,侍人樂[2]法,忘衣而去。佛命阿難令净人看舉,因是復開有緣應取。凡在衆僧界内,應使净人料數舉之。若無净人,應自料舉。以避譏毁,守護佛法,故得聽從也。取時念言:"主索當還。"主來索時,應當撿問:"汝物幾許?物爲何相?"相是則還,相非不與。若事宜行,付舊[3]善比丘。若爲來索,問相還之。若五年、六年無人來索,應入四方僧物。若後主索,以四方僧物還之。"住處内"者,謂比丘若在白衣家内所見遺物,取還如上。五、六年後即於是處作衆僧卧具,主後來索,以此物還之。問相撿實,一皆如前。捉三尊實莊嚴具及實物作經像,突;欲作而捉,犯墮。若上二處外,見遺實不得自捉,自捉之犯墮,令净人捉無犯。凡捉弓、刀、利器害生之具,皆應衆中懺悔。捉楯、鎧防身軍器,犯突吉羅也。

五十九、得新衣應三種壞色。跋難陀著衣服,與彼兒諍利,令彼嫌恨[4]。因是呵責,而未結戒。後諸比丘與商人共行,俱共被劫傷,蕩失衣服。賊信佛法,欲還。比丘求衣,不可分别,裸還白佛。乃至結戒:若得新衣三種壞色,異梵志故,去貪好故。若得他故衣,初得故名"新衣",應三種壞色,若青、若涅義,隨得一種,應二種净。若得清(青)[5]衣,净以涅義;若得涅衣,净以青義;若得義衣,净以青涅;若得黄衣,净以青涅義。得赤、白衣,亦復如是。凡比丘衣服、敷具、坐具,一切應如是净;不净而用,犯墮;暫試著,犯突。得净衣以不净物補,若卻刺,一針作净;若直撻(縫)補,處處作净。若得染衣二種壞色,卻刺撻(縫)即是净。刺爲堅固,異梵志故。大衣得入聚落。二衣不得入,入者犯突。界内大衣不得禮佛,犯墮。大衣必應割截卻刺撻(縫)成,不割截成,不得受持。二衣不割截而刺無犯。貧無大衣,得著五祐[6]衣。若刺

① 後,録本訛作"汝",據底本改。
② 樂,録本訛作"藥",據底本改。
③ 舊,録本訛作"奪",據底本改。
④ 恨,録本訛作"限",據底本改。
⑤ 清,此當爲"青"之借字。《釋名·釋言語》:"清,青也。去濁遠穢,色如青也。"
⑥ 祐,録本訛作"拈",據底本改。

合受持之,若不剌袥[1]者净捨之。命欲終時,令人摘去,還衆衣。三衣中以一中者與看病人。若不受持,亦取中者與看病人也。

六十、減半月浴[2]犯墮。洴沙王有三渠水,與衆僧共用上渠。比丘數欲(浴)[3],防(妨)[4]廢王用。是以結戒:以半月爲限。限後天熱,不欲(浴)致病,開熱時隨意而欲(浴),春殘一月半,夏初一月。又病時穢污,風時坌塵,雨時衣汁[5],行作垢污,聽欲(浴)無犯。欲(浴)時應著衣,胡跪合掌,向一比丘言:"長老憶念!我如是因緣須欲(浴)。"若師在,皆應白師。若無師,應白上坐。若無上坐,應語下坐,但不胡跪耳。一切所應作皆如是。若五十臘出界及大事應白、應語,小事不須白語。是故説。

六十一、故奪畜生命。上以蟲水澆草土,一以蟲水自用,誠無慈惻,而意不爲害。此則迦留陀夷憍慢顯能,故奪鳥命也。若自,若教他,若遣使,是三種殺彼命斷時,比丘犯墮。又三種殺或以身,或以非身,以此三事故害衆生,死者犯墮,不死犯突。乃至初受胎身根、命根,以身、口、意業因緣故方便欲殺,死者犯墮,不死犯突。

六十二、故令他比丘悔乃至少許得惱,犯墮。六群與十七衆諍不和,心常輕嫉,語言:"汝未滿二十受具戒,不得戒,非沙門也。"以此惱之,令其疑悔。凡以六事惱大比丘犯墮:一、生;二、受戒;三、犯;四、問;五、物;六、法。語他言:"汝何時生掖(腋)[6]下毛?復何時出?因何時受戒?誰爲三師?爲五衆中、十衆中受戒耶?何處受戒?界内、界外也?"彼如實答,便惱之言:"汝某王時生,其時毛出。其時受戒,某爲三師,界内受戒者,不得戒,非沙門。"彼起疑悔,若不起,一一犯墮。又言"汝犯後四篇戒,非沙門",亦一一犯

① 袥,録本訛作"拓",據底本改。

② 浴,録本訛作"洛",據底本改。

③ 欲,此當爲"浴"之借字。下借作"浴"之"欲"徑於借字後用括弧注出正字,不復出校。

④ 防,此讀如"妨"。

⑤ 汁,録本訛作"計",據底本改。

⑥ 掖,後作"腋"。[唐]柳宗元《永州崔中丞萬石亭記》:"直亭之西,石若掖分,可以眺望。"集注引孫甫曰:"掖,肘掖,臂下也。

墮。又問其所住，彼如實答，便言："汝至某女人、某尼處，坐起語言，非沙門。又，汝與某比丘意用種種所須物，亦非沙門。"又復功德衣時言："汝數數食，畜長衣等，非沙門。"彼起疑悔，若不起，一一語悉犯墮。六事外更以餘事令比丘及餘人令彼疑悔者，犯突。

六十三、以手痛控，犯墮。十七群有一小兒不耐痒，以指擊歷，遂氣絶而死。彼死，俱犯墮。若一指一墮，十指十墮。若指注，若挺指，犯突吉羅。若以木石等非身分擊歷之，犯突吉羅。痛而不痒，不令悶絶，故不犯。

六十四、水中戲，犯墮。十七群入水欲(浴)戲，波斯匿王見而笑之，語末利夫人言："看汝所尊!"夫人白佛，佛因結戒。若水中戲有八難：一、自作喜；二、自作樂；三、笑；四、戲；五、挊(弄)水；六、令他樂[①]；八、令他笑；一一犯墮。乃至床上、槃上有水，以指畫之，一一犯突。若欲學浮度難，若直度，無犯。

六十五、共女人一舍宿，犯墮。阿那律遊行，逼暮宿淫女舍。舍有四種：一、遍覆障；二、遍障不遍覆；三、不遍覆障；四、半覆障。四種舍中與女人、非人女、畜生女共宿，悉犯墮。若起還卧，一一犯墮。若[②]二俱睡眠，若一眠時即名"宿"，以不經宿爲宿。若二俱通夜不眠，不犯。若他舍有女人宿，壁有孔容猫子入處，犯墮。象若猗若立，名爲"宿"。駝、牛、羊若卧若立名爲"宿"。俱眠、一眠、俱不眠，亦復如是也。

六十六、自恐怖他比丘、使人恐怖乃至戲笑，墮。如來侍者前後凡有七人，阿難最在後。有一侍者，名曰"象守"，初夜待佛，佛未還房，不得先入，便返，被拘蟄作鬼怖。佛因是結戒：不得怖他。怖他有六事種種可畏：色、聲、香、味、觸、法也。謂伎術作種種異物色、聲、香，常非香氣。或言："汝今何所食耶？若食如是雜食，必得惡病。"或自治身，令堅濡澁滑，觸他令驚怖。或言："汝犯衆多戒法，必入三趣。"以此六事怖他比丘，若怖不怖，一[一][③]犯墮。除是六事，師以餘事，師犯突。又餘事怖餘人、非人、畜生，犯突。

① "令他樂"下脱第七難。

② 若，録本訛作"苦"，據底本改。

③ 一，録本脱，據底本補。

六十七、藏他種種生活具乃至戲笑，墮。有居士請佛乃(及?)[①]僧，六群比丘藏十七群比丘衣鉢，令不及衆。因是結戒：凡藏他比丘物，若自，若教人，若惱，若戲，悉犯墮。藏衣鉢、户鉤、革屣、針筒，他不即得，突吉羅。若綖、空針筒，覔得、不得，悉突吉羅。

六十八、與五衆衣還奪，犯墮。六群憍懶，不自作衣，衣與五衆，不言施否。彼謂施已，便奸作成，成已便奪，令彼瞋惱。因是結戒：若與五衆衣，彼不還而奪，犯墮，妨亂他故，鬪諍故。先來五净施法，後不聽長衣净施。長衣净施已，他得不還，便起鬪諍。佛言："不應現前與，亦不應與二人、三人，散亂不定故。"應善思量與好人。若現前、不現前隨意捨之，如捨墮衣法，亦可作净。若受持後比丘長衣與六群中一人，彼得已不還。佛言："應奪取，教令作突悔過。"因是聽常所用衣隨意作净。若施人若受持不應復捨與人，如捨墮物。

六十九、以無根謗他僧殘，犯墮。慈地前以四重誣陀標，二謗不成，今又此謗之。因是結戒：凡以無根殘法謗不净比丘，十一種犯，五種不犯。十一種犯者，若不見、不聞、不疑，若見忘、聞忘、疑忘，若聞信，若聞不信，聞之已言"見"，疑已言"聞"，是名"十一種犯"。[②] 五種不犯者，是事若見，若聞，若疑，見已不忘，聞已不忘，是名"五種不犯"。不净比丘、清净比丘亦如是。無根謗清净比丘十種犯，除見忘，餘如上。四種不犯，除見忘，餘如上。清净比丘似不清净，亦如是也。

七十、與女人共一道行乃至一聚落。上制與尼行，此制白衣女也。迦留羅提舍比丘向毘舍離過，與一被遣婦人同路而行。夫後追覔，見共同道，疑忿打擊。因是結戒：若與女人結期水陸共行，從村至村，犯墮；中路還，突。空地行十里，犯墮；中路還，突。若不期，若有夫而行相遠，若與王夫人伴，悉無犯。

七十一、與賊識共道行至一聚落。昔諸比丘失道野行，遇見惡賊，求以爲伴，儸捉送官，經制乃放。凡與賊結期水陸共行，從村至村，犯墮；中路還，

---

① 乃，此似當爲"及"之訛字，待考。

② 據文意，此處尚脱一種犯，待考。

突。空地十里，犯墮；中路還，突。若不期，若嶮處賊送度者，無犯也。

七十二、不滿二十年人與受具足戒，墮；是人不得戒，諸比丘可呵。十七群比丘未滿二十，目連授與大戒。年既幼小，又貴樂家子，晡時患飢，作小兒啼。故未滿二十，不聽受戒，以未成就，不堪苦故。僧中受戒時問言："年滿二十不？"若未滿，答言"不滿"，而與受戒，是人不得戒，師僧得罪，共事、共住亦得罪。若爲合衆破僧，犯瑜（偷）罪。若以餘心，突。若未滿答言"滿"，是人得戒，師僧得罪，共事、共住無罪。若滿答言"不滿"，是人得戒，師僧得罪，共事、共住亦得罪。若滿答言"滿"，是人得戒，師僧無罪，共事、共住亦無罪。減七歲、過六十，不堪苦故，慊（嫌）損佛法，不得度，度不得戒。度及與受戒者，犯突。

七十三、自手掘地，使墮。阿毘羅比丘掘地。外道邪見言："地有命。"因譏而制，非受邪説。三界護法，上已詳之。地有二種：生，不生。多雨國八月地生，謂春、夏、冬有四月也。生謂春、末夏初，各有二月也。除是名"不生"。又頽墻①、蟻封、石疷（底）②土亦不生。地濕相著名"生"，異是名"不生"。若自掘，若教人掘，一一犯墮。不生地，一一犯突。手畫地及至没芥子，一一犯突。若比丘爲師匠欲作佛圖、僧房，爲畫作摸（模）③像處所，無犯。又諸出寶處、沙鹽之地亦無所犯也。

七十四、受四月自恣請，乃至除獨自恣請。釋摩男④請佛及僧，夏四月施藥，隨所須服，一切自恣。六群比丘不病，限過更求，求蘇油蜜美味上藥。上藥已盡，不隨所須欲，更起瞋駡，以致外慊（嫌）。因是制戒：過限不得更求。若施主常請，父死子繼，恣僧取藥，是名"常自恣"也。若本施僧夏四月藥，初一月求辦⑤，則夏受三月。冬足一月二月⑥辦⑦，冬足三月竟，夏四月未

---

① 墻，録本訛作"壚"，據底本改。

② 疷，此當爲"底"之訛字。

③ 敦煌寫本中"扌"部、"木"部相亂，此"摸"乃"模"之俗字。

④ 男，録本訛作"界"，據底本改。

⑤⑦⑧ 辦，録本訛作"辨"，據底本改。

⑥ 月，録本訛作"日"，據底本改。

辦[8],冬更受四月。夏求以冬補[9]夏,令滿四月。是名"數數自恣"也。冬、春四月亦如是。其餘月月受,亦數數自恣。請非衆,是名"獨自恣"也。除三請已,四月請畢,無病更求四種含消等羨味上藥,若得,犯墮;不得,突。若求呵梨勒等苦忽下藥,得、不得,突。若病求,若從親理求,若彼自與,皆悉無犯也。

七十五、説[10]戒時作是言"我今未學是戒,先當問誦修多羅比尼摩得勒伽"者,墮。僧、尼戒有同有異。若尼戒異集,二衆結之。若同戒,集僧結之,後語令知。長老跋耆(耆)[11]清净有德,僧差詣尼宣説同戒,善好諸尼皆悉受持。偷蘭難陀輕敕不受,言:"當問三種法師。"因是集僧,復同結戒。若説戒時作如是言,僧、尼俱墮。若聞説五篇戒,及餘入比尼戒經時,作如是上言,一一墮。若説餘經時經心不受,言"我當先問誦三種經"者,一一突。三種經中或説戒,或説法,説此經時聞戒不受,一一墮。聞法不受,突。摩得勒伽分別法相如阿毘曇也。十二年中未結七衆戒,犯惡未障道法。十二年後咸結同戒,或結異戒。如結四種,則七衆同結,後但宣語,不復别制,科目雖異,遮道則同。若比丘欲聞法利者,是戒中應學,亦應問。誦三種經人俱不起輕心,不受戒法耳。

七十六、諸比丘聞亂諍訟,默然立聽,作是念:"諸比丘所説,我當憶持。"犯墮。十七群與六群諍已,十七群屏處共語,更相謂言:"六群比丘匈(兇)[12]健惡鬬[13],若我等同心,彼不能得便。"六群盗聽,聽已便勵聲變色,責十七群比丘。因制不得默聽他語。若聞,墮;不聞,突。若好若惡,悉不得盗聽,盗聽悉墮,防諍緣故。若和合,若行遇聞,悉無犯。

七十七、僧斷事時默然起去,墮。跋難貪積多過,衆欲治罪。五人出行,一相助人在後。集衆唱時,助人潛去,衆竟不知,遂成羯摩。羯摩之後,

---

⑨ 捕,此當爲"補"之形訛字。

⑩ 此處底本、録本復衍一"説"字,兹據文意删。

⑪ 耆,底本作"者",乃"耆"之省筆俗體。"耆"乃"耆"之俗字。見前注。録本訛作"者",兹據改。

⑫ 《説文通訓定聲·豐部》:"匈,叚借爲'兇'。"

⑬ 鬬,録本訛作"聞",據底本改。

助人言“非”。因是結戒:一切羯摩説自恣,不得默去,默去者犯墮。若大、小行,急事囑人,又不離聞,受悉無犯。斷事助惡遮善,悉犯突。凡衆會法集,皆不得默去,去亦犯罪。

七[□][十][1]八、輕他比丘,墮。大德上坐説經法時,闡陀輕慢,無敬畏心,不待説竟,亂以異語。因是結戒:爲作白四羯摩,記彼比丘不從敬事。凡聽説法及五篇教戒時,亂語不敬有二種:僧未記不敬事而不教,突;已記不敬,犯墮。上坐不敬下坐,已記未記,悉犯突吉羅。

七十九、飲酒。沙伽羅六通羅漢降惡龍已,名振諸國,競供好食。有一女人恐食不消,以似水酒蜜與娑伽陀。飲已眠醉,尸卧路中,衣鉢六物,星布在地。佛行遇見,因以制戒,以因酒破一切戒、作一切惡故,及作四逆、唯不能破僧人不信故。見七衆同結,記定斯罪。小草微渧,亦不得飲。有二種酒:木酒,穀酒。穀酒:米麴雜種種藥。木酒:唯根、莖、花、葉,不雜米麴。有酒色、酒味、酒香、能醉人者,飲之悉墮;若飲若嘗,咽咽犯墮。若糟、若麴能醉人者,食之皆犯墮,咽咽悉皆波逸提也。

八十、過中入聚[2]落,不白餘比丘,墮,除大因緣。中前乞食,道俗無怪。中後復出,妨業致譏。外道慊(嫌)毁,佛已呵責。後迦留陀夷中後入村,逼闇被[3]害,埋尸糞坵(丘)[4]。事裹既露,受罪者衆。非時默行,其過如此。凡僧往止,要依聚落結大界。依聚落結大界内有三處:根本處近聚落,名“聚落”;僧房樂禪清者,幽遠空閑,名“阿練若處”。食庫管事比丘所住,名爲“住處”。若比丘趣從一處不白,入聚落,一一犯墮;所迳大、小巷,一一犯突。若從僧坊,白入聚落,入聚落已,還歸僧坊。若至坐禪處及比官事處,即以先白,復入聚落,墮;所入一一所迳大、小巷,一一突。若從禪處管[5]事聚落,亦如是。大界内三處中,白入聚[□][落][6],還歸三處,即以先白復入而往返,

① 十,底本、録本脱,據文意補。
② 聚,録本訛作“取”,據底本改。
③ 被,録本訛作“彼”,據底本改。
④ 坵,録本訛作“坻”,據底本改。
⑤ 管,録本訛作“比官”,據底本改。
⑥ 落,底本、録本脱,據文意補。

益善[①],不白無罪。至異僧坊,亦如是。後比丘寄衣他舍,他舍失火,比丘往取,中路自念:"不白而來。"還歸白僧,彼燒已盡。因是復開有急緣不白。若聚落火起,八難中隨一一而起,默去不犯。若因有病,爲看他病,三寶諸緣非時宜行,白皆得去。若無比丘,得語餘六衆。除禮三尊,大、小行用楊枝,餘一切皆應白師,無師白上坐,無上坐語下坐。不白,悉犯突。若五十臘者出界及大事皆應白,小事不須白語也。

八十一、比丘請食,食前、食後至餘家,墮。跋難陀貪積出息,居士負責(債)[②],無以還償,欲因佛力,求滅息利,便設飯食,請佛及僧。跋難陀爲請,請已他行。佛與衆僧先至其舍,以跋[③]難陀不來,彼不設供。跋[④]難陀至已,然後下食。食未周竟,跋[⑤]難陀先去。佛還精舍,欲結戒。晡時集僧,唯難陀不至,至暮方還。佛語諸比丘:"跋[⑥]難陀癡人,今於一日兩時惱僧。"若比丘爲他請僧已,中前、中後不白至餘家者,隨至餘家一一墮;出主人界所逕巷,一一突;若白而還晚、令僧惱者,突。因此故餘不請僧時,中前、中後悉應白,白義如上。非時中說從三處中入聚落及還三處,即先白更入聚落,罪悉如上。

八十二、刹利灌頂大王夜未曉、未藏寶,乃至除大因緣。波斯匿王深信佛法,令諸夫人各各請佛入宮受法。迦留陀夷爲末利夫人師,一時晨朝早入王宮。王以出外,夫人未起。其進卻時,所著寶衣輕明照徹,身體外現,見師慚愧,胡跪牀[⑦]上。迦留陀夷亦大羞耻,即還僧中,具説上事。佛言:"比丘入王家有二種過失。"因是結戒,不復聽入刹利。梵志、居士皆得爲王,王受位時,取四海水以灌其頂,故名"灌頂王"。"門閑"者,宮門前竪一限木人也。"夜未曉"胡音中有二義:一、未曉,二、夫人未起。王及夫人未出,寶衣未藏,比丘入限木内,犯墮。王及夫人皆出寶衣以藏,入無犯。後鬱填王夫人欲請佛及僧入宮供養,知已結戒,衆必不受。諸夫人輩共説勸王,王不能勉,爲作

① "善"前録本衍一"若"字,今據底本删。

② 責,後作"債"。《管子·輕重乙》:"君直幣之輕重,以決其數,使無券契之責。"尹知章注:"責,讀曰債。"

③④⑤⑥ 跋,録本訛作"跛",據底本改。

⑦ 牀,録本訛作"林",據底本改。

輪宫請僧。宫外即敕輪違遠衆,僧遮其來道。王知僧食竟,令諸夫人各奉所珍,然後曰:"僧大德可去。"衆云:"佛制,不得入王宫。"王言:"我今教入宫。"爾時衆僧呪願而去。因是復聽有大緣得入。若王、王夫人、太子、勢力大官請入無犯也。

八十三、我始知是事入戒經中。闡陀比丘犯可悔罪,諸比丘教令悔,作如是答:"我先未知,今始知。欲望不犯也。"然諸比丘知其數聞,但知已二、三,説所不知,復過於是。是闡陀非不知而得脱所犯事,所犯事隨其所作而得罪也。又,若久知而言"始知",即犯九十事初忘(妄)[1]語戒也。又,若實不知,必由聽時不專,聽時不專,則犯墮也。今此中正以聽不專爲罪也。説五篇戒及隨律經時不專聽,一一犯墮。若説餘經及一切羯磨時不專聽,一一突。臨壇十人不誦羯磨,悉犯突。若彼錯誤,無相[2]正故。

八十四、若骨、若齒、若角作針筩[3],墮。那提居士以針筩等自恣施僧,僧取無節。其家貧乏,衆人譏嫌,因是[4]不聽。骨者,象[5]、馬[6]、蛇骨。可者,象及猪。可齒者,象、馬[7]、猪齒。角者,牛、羊、鹿角。此物作針筩,悉犯墮,貪好故,不净故。九十事中七種物破竟悔。此等針筩破已,僧中悔過。若未破,僧應敕令破。若不敕[8],一切僧犯突吉羅。敕不從彼,得突。若還主主不受,若與他則主惱,施僧則非法,唯毁棄[9]最是可取[10]。

八十五、坐床、卧床足應高八指,除**陛**,過作犯墮。闡陀作高廣好床,如來遊行,要佛看之,即彼呵責,集僧結戒。八戒已捨,而况比丘離欲因故。二種繩床:一、麄**陛**;二、細**陛**。長八尺,廣四尺,高佛八指。除第三分入**陛**下

① 忘,此乃"妄"之借字。

② 相,録本訛作"想",據底本改。

③ 筩,録本徑作"筒",據底本改。"筒"乃"筩"之後起字,然録本失真。下"那提居士以針筩等自恣施僧",中"筩"字録本亦徑作"筒",徑改之,不復校。

④ "是"下録本衍一"衆"字,據底本删。

⑤ 象,底本作"**像**",乃"象"之俗字。下同,不復校。

⑥⑦ 馬,録本訛作"象",據底本改。

⑧ 敕,録本訛作"劫",據底本改。

⑨ 棄,録本訛作"違",據底本改。

⑩ "可取"二字録本訛作"取可",據底本改。

濕處聽八寸，支過是悉犯墮。若以過作，應截令如法。僧中悔過未截，僧應敕之。不敕，一切僧犯突。敕不從，彼自犯突，僧悉無犯也。

八十六、若自以兜羅綿、紵（紵）①縟，若人犯墮。兜羅，草木華之總名也。六群紵縟，居士所嫌，以出蟲故，難得故，濡樂故。此綿、紵（紵）縟，若使人隨用所，一一犯墮。應摘卻，亦可與人。去已，衆中悔未摘。衆不敕之，一切僧犯突。敕不從彼自犯突，衆無犯也。

八十七、作雨欲（浴）衣長佛六**蹀**（搩）②手、廣二**蹀**（搩）半，過作，墮。鹿子母因功德而求七願：一、欲與僧尼雨欲（浴）衣；二、與客來比丘食；三、與遠行比丘食；四、與病比丘食；五、與看病比丘食；六、與衆僧粥③；七、少知識比丘、多知識比丘與病緣湯藥。諸比丘知聽畜欲（浴）衣，便廣、長大作。因是制量，量如戒文。過量應截，僧中悔過。僧應敕。敕不從，如綿中廣說也。

八十八、作覆身衣長佛四蹀（搩）手、廣二蹀（搩）手，過作，墮。初時未聽畜涅洹僧。有一比丘身病癰創，膿血④流出，污安陀會。佛聽畜覆創衣，乃至創差（瘥）後十月畜不犯，過是，墮。諸比丘知已聽畜，使廣、長大作。因是復結，量如戒文。過量應截，僧中悔過。未截，僧應敕之，亦如上。量與涅洹僧同。患創時涅洹僧内著之。

八十九、作尼師檀長佛二蹀（搩）手、廣一蹀（搩）手半，各益一蹀（搩）手縷。諸比丘失不净，污僧卧具。佛言："諸施主面肉乾竭，施僧求福。是中悉

① 紵，此當"紵"字之訛。"紵"指用苧麻為原料織成的粗布。《禮記・喪服大記》："絺、綌、紵不入。"孔穎達疏："紵是紵布。"前文"綿糸縷三毛捨紵"中"紵"字底本亦作"紵"，《大正藏》録本據文意改。下"紵"字徑括注其正字，不復校。

② 《龍龕手鑑・足部》："蹀，俗；正作磔。""磔"此當讀作"搩"（"搩"字一音陟格切，與"磔"同）。《集韻・陌韻》："搩，手度物也。"《方廣大莊嚴經》卷第四："頞順那言：'太子，云何能解極微塵數？'菩薩答言：'凡七極微塵成一阿耨塵，七阿耨塵成一都致塵，七都致塵成一牖中眼所見塵，七眼所見塵成一兔毛上塵，七兔毛上塵成一羊毛上塵，七羊毛上塵成一牛毛上塵，七牛毛上塵成一蟣，七蟣成一芥子，七芥子成一麥，七麥成一指節，十二指節成一搩手，兩搩手成一肘，四肘成一弓，千弓成一拘盧舍，四拘盧舍成一由旬。"[T03n0187p0563b15—b24]下"蹀"字皆同，徑於字後用括弧注出正字，不復出校。

③ 粥，録本訛作"術"，據底本改。

④ 血，録本訛作"面"，據底本改。

應籌量少用。”又諸比丘眠時亂念不一，有五過失：一、難眠苦；二、難寤苦；三、見惡夢；四、睡時善神不護；五、寤時難入善法。一心眠有善，異是則五善也。因是聽畜尼師檀護僧卧具。諸比丘知聽畜已，便廣大作。因是制量，量如戒文。若長若廣，過量應截，僧中悔過。未截敕令截，亦如上説。後因迦留陀夷身大，兩膝到地，更聽縷，四邊各益蹼（搩）手，用覆僧卧具上。更作小者，持出入行來，乃至坐禪。

九十、佛衣等量作，過佛衣墮。佛衣長佛九蹼（搩）手，廣六蹼（搩）手。佛弟難陀有三十相，與佛相似，短佛四指。又其作衣過而相類。衆僧遥見，謂言是佛，及至知非，二俱羞愧。因制減作。又令染壞，名爲“怖灑”。佛量如戒文，過等悉犯墮。過量應截，僧中悔過。未截應敕事亦如上。律師云：“難陀應長中減一尺，廣中四寸。”佛身丈六。常人半之，衣量廣、長皆應半佛。難陀先著上衣，佛著中衣。今不聽過等，聽著下衣。常人則下、中下衣也。

四波羅提提舍尼，義言“句句悔”，亦言“他邊悔”。輕前三篇，重後衆學，名爲“可羞罪”，亦向一比丘對手悔。無病白衣家内非親理尼邊自手受食。時世飢儉，衣食難得。華色尼有德，又多知識，隨其所須，悉皆得之。入城乞食，見諸比丘，所少所無，悉以與之。如是三日，飢悶倒地。居士見之，令婦將歸，與粥①乃蘇。問其所由，知已，慊（嫌）諸比丘貪受無節，因是制戒，如戒文説。若比丘無病，聚落中受非親理尼十五種食，犯此戒②，應向餘比丘悔。十五種上藥中已説。若病，若親理尼，若天祠中少人中與，若沙門住處與，若聚落外與，比丘尼房舍中與，人取之，悉無犯也。僧倉庫知事人所住處名“沙門住處”也。

第二、諸比丘白衣家請食。是中一比丘尼立指［□］［白］③衣與是比丘食。居士請佛及二部衆僧。助調達尼，爲六群故，如是教與。居士慊（嫌）之，佛因結戒。一切比丘受尼所教與食、無一呵者，一切比丘得罪。所犯及

① 粥，録本訛作“術”，據底本改。

② 戒，録本訛作“犯”，據底本改。

③ 白，底本、録本脱，據文意補。

悔如戒文。若二部僧[集]①,第一部僧呵語第二部,亦名爲“語”。若居士舍小,不相容受。僧前後來②食,别坐食。别入别出者,是中入者應問出者:“何比丘尼教檀越與比丘食?”答言:“某尼。”問:“約敕不?”答言:“已敕。”是入比丘亦名“約敕”。又前後來僧知同一主人,出入城門時,入者應問出者,若出者未語,入者應語。出者語入者亦名爲“語”,入者語出者亦名爲“語”也。

第三、有諸學家作學羯磨。象師首羅見諦得初道,信樂三寶,常好布施無極,殷富後遂貧乏。諸居士輩咸③共呵責。施者不知量,受者應知量。佛因是爲學家作白二羯磨,一切五衆入是家,不得受食。如是比家皆應如是。首④羅聞之,求捨羯磨,僧應量宜捨、不捨。若彼財物不增,乞與不與,不應爲捨。彼財物增長者,乞與不與,皆應爲捨。若不增不減,乞應爲捨,不乞不爲捨。捨作白四捨。學家羯磨時,若五衆先不受彼家請,受其十五種食,悉犯此戒。皆應如是戒文悔也。

第四、有僧阿練若住處乃至不精舍外受飲食,精舍内受飲食。去村十里空處無人,名“阿縺(練)⑤若處”;乃至恐失水器,名爲“疑處”;乃至惡比丘,名爲“畏處”。精舍内外,應言“界内外”耶(也)⑥。時佛與僧伽羅衛國於彼空閑而共止住。諸釋向暮得妙食時,常爲佛、僧留分待⑦明,明旦各各遣諸婦女,寶衣嚴身,送食僧坊。尼拘盧林先有惡賊,聞聲來出,剥脱衣服。婦女失衣裸形,六群比丘自往取受,言:“是食好,授與我來。”婦女減(咸)⑧怨,以爲無慈,不愍我等,唯食是欲。佛以盈衣各施一通,奉食已,走去。因是結戒,要備五德,白二羯磨差遣。將諸凈入難處迎食,似有見賊,遣彼令還。遣彼令還,而彼强來,無犯。若僧不迎,悉犯此戒。不差而迎,亦犯此戒。若界内事

① 集,録本脱,據底本補。

② 來,録本訛作“求”,據底本改。

③ 咸,録本訛作“識”,據底本改。

④ 首,録本訛作“道”,據底本改。

⑤ 縺,此當爲“練”之訛字。

⑥ 耶,與“也”同。下同“也”之“耶”字徑於字後用括弧注出,不復出校。

⑦ 待,録本訛作“時”,據底本改。

⑧ 減,當爲“咸”字之訛。

起，慊(嫌)責及僧。僧界外有事，非僧之咎，僧所差人界内迎之，界外不差，自迎無犯。六群比丘既不被差，又不出界外，而界内自迎，所以被責也。此中第五德謂知有知無，餘四悉同也。

衆學法者始時無師，未有教戒，初犯威儀，故先制衆學法。細微數犯，故以衆爲名。難慎難行，習[1]之宜漸。自非體足，斯能無失？故勸以當學，許其心悔。餘四篇方便突吉羅者，要向人悔過。

著内衣十二、被衣四事。佛見諸比丘皆不如法，而禮俗悉爾，人無譏慊(嫌)，然容止不正，斯非聖儀。若直制无[2]因，則不允常習，乃遠尋去來諸佛儀序[3]，近觀現在净居天之法，法皆中過，不如所見，即爲結戒，令學律行也。

内聖儀衣十二事。著内衣應踝上四寸，上下降一寸爲高下也，下角互悉爲參也。前腰間攝而下，悉如釿(斤)[4]斧鋤頭，故或言"釿(斤)頭"，或言"鋤頭"也。腰已下或攝或縫，上下兩頭尖，中央廣，名爲"多羅樹葉"也。展上角長，悉名爲"象鼻"也。腰間檠屈揣之，名"麨揣"也。於前近上細攝兩邊，名"細攝"也。上兩邊攝來相就作象[5]耳，名爲"象[6]耳"。如差帶撰下，名爲"生起"也。一切生疏重之得著也。

具足如法，無上衆過，名"周齊"。被衣四事。被上衣應高内衣二寸，異是名"高下"也。兩角互悉，名"參差"也。無此三過，周圓皆正，名"周齊"也。好覆身二事，六群從佛受居士請，入時自看胸臆、臂、肘，居士慊(嫌)之，因制。善覆坐亦如是。凡言内謂"内界"。内界有三處，白衣界内、衆僧界内因復廣制一切處，有慊(嫌)，悉不得。若心放逸，雖無嫌，皆亦不得也。

善攝身二事。六群入家，蹤**蹴**[7]不視，蹁壞器物，狀[8]如盲人，既制善入，又不善坐，過亦同入。譏，復制不聽。

---

① 習，録本訛作"留"，據底本改。

② 无，録本訛作"先"，據底本改。

③ 序，録本訛作"房"，據底本改。

④ 《集韻·欣韻》："斤，《説文》：'斫木也。'或從金。"下"釿"同，不復校。

⑤⑥ 象，録本訛作"鳥"，據底本改。

⑦ 蹴，與"轍"同。

⑧ 狀，録本訛作"牀"，據底本改。

不高視二事。六群從佛入城受請，長者婦女樓上觀之，言："此是世尊，此是舍利弗等，此[1]是六群。"六群仰視言："此黑，此白，此長，此短。"婦女恚言："我非汝婦，亦非私通，何以用相？"六群答言："我自從佛，何豫汝事，而言六群？"因制入時亦不得高視，坐亦如是。

不呵二事。六群比丘入時更相謂言："昨日飲食美好，次第等與，床敷亦好。今日不好。"居士恚言："沙門釋子不種不獲（穫）[2]，但能噉食，出他衆過。"因制呵。入坐亦如是也。

不高聲[3]二事。六群高聲[4]入坐，居士責言，如波羅門法。

蹲行、坐二事。居士嫌六群蹲行如截腳人。蹲坐，波羅門法也。

覆頭二事。居士嫌六群覆頭，行坐如似伺捕也。

襆頭二事。居士嫌六群襆頭，行坐如王、如大臣法也。

不隱人身二事。居士嫌六群肘隱人，行坐如王如大臣法[5]也。

不扠腰二事。居士嫌六群扠腰，行坐如王如大臣法。

不扠衣二事。居士嫌六群左右抄衣，行坐如王如大臣法。

不遍抄二事。居士嫌六群遍抄衣，行坐猶如王大臣法也。

不覆左右肩二事。居士嫌六群行坐衣覆右肩、全[6]舉左肩上，如王大臣法也。

不挑臂二事。居士嫌六群挑臂，行坐如種穀人也。

不摇肩二事。居士嫌六群摇肩，行坐如王大臣法。

不摇頭二事。居士嫌六群摇頭，行坐狀如鬼捉。

不摇身二事。居士嫌六群摇身，行坐狀似舞人也。

不携手内。居士嫌六群携手入内，如王大臣也。

不携手坐内。居士嫌六群言："我請多僧，長老相近坐。"六群言："何不廣敷坐處，令我等相近坐耶？"

---

① 此，録本訛作"如"，據底本改。

② 《説文通訓定聲・豫部》："獲，叚借爲'穫'。"

③④ 聲，録本訛作"叡"，據底本改。

⑤ 法，録本訛作"涉"，據底本改。

⑥ 全，録本訛作"同"，據底本改。

不蹻(翹)[①]腳入。居士嫌六群蹻一腳行入,如王大臣。"蹻"音云"蹻",遍攝一腳耶(也)。

不蹻腳坐内。居士坐少嫌六群蹻腳坐,如携手中説也。

不累䏶[②]坐。居士嫌六群累䏶[③],露形體耶。

不累腳坐。居士嫌六群累腳,如王大臣法。

不掌扶頰。有一居士中門前獨坐床上,坐以手扶頰,愁憂不樂。六群乞食見,已而效之,令其後爲彼嫌責也。

一心受羹。六群從佛受居士請,持鉢置前,四向高視。居士下食,六群不覺,過已問言:"何以不與?"居士答言:"自看鉢中。"既看見已,言:"授與我鉢來。"居士責言:"汝等向[④]者心在何處?"六群受食已,又不一心受羹,事如飯中。要心手俱受,不俱則犯。若草葉連,腳手未至而心已受,無犯也。

不溢鉢受飯食。六群過受,飯羹溢出。居士謙(嫌)[⑤]言:"盡當更益。"棄少許,不滿,手捉不及,無犯也。

等[⑥]羹飯食。六群以羹澆飯,而遍食羹澤。居士嫌之,故制令時食。

不偏刳[⑦]食。六群以蘇落及羹澆飯,汁流入下,貪味故刳[⑧]食如菩薩。居士嫌言:"如波羅門食。"

不構(搆)[⑨]飯食。居士嫌六群構(搆)飯食如小兒,謂以鈚(匙)[⑩]䅻(耕)[⑪]之,求肉食也。

不大揣飯食。居士嫌六群大揣飯食,如似有人欲奪、驅逐。

---

① 《説文通訓定聲·足部》:"蹻,今多以'翹'爲之。"

②③ 䏶,與"髀"同。録本作"髀",失真,據底本改。

④ 向,録本作"面",據底本改。

⑤ 謙,此當爲"嫌"之形誤字。

⑥ 等,録本作"尊",據底本改。

⑦⑧ 刳,底本作"刾",當爲"刳"之俗字。

⑨ 敦煌寫本中"才"部、"木"部相亂,此"構"乃"搆"之换旁俗字。

⑩ 慧琳《一切經音義》卷第五十八"瓷匙"條:"是支反,謂抅飯者也。律文作'鈚'。"[T54n2128p0692c19]

⑪ 䅻,《改併四聲篇海·禾部》引《搜真玉鏡》:"䅻,音耕。"録本訛作"䅺",據底本改。

不把食。六群手把食，如田種人，謂把飯向口飡之。

不豫張口侍(待)[①]飯。有一比丘食未至，口便張待之，六群好戲，以塊著口中。

不含飯語。六群含飯語，羹飯流出，令比坐吐嗞。

不嚙半食。六群嚙半，半已入口，半在手中也。

不吸食作聲。釋摩男舍飯佛及僧。諸比丘吸食作聲。有一比丘，先是伎兒，爲欲譏笑，即便起舞。時諸比丘咸共大笑，羹飯食從鼻口中出。

不嚼食。六群嚼食，作"唼唼"聲，如似猪。

不味咽食。六群並内飯𬜯(満)[②]頰，然後稍稍咽，如猿猴飲食法也。

不吐咶(舐)[③]食。六群吐舌食如小兒，作是言："誰能同吞，令揣不壞?"

不縮鼻食。六群縮鼻食，居士嫌之："何不棄涕耶?"

不舐手食。居士語六群言："盡當更益，何以舐手也?"

不指抆(收?)[④]鉢食。居士語六群言："盡當更益，何故抆(收?)[⑤]鉢也?"

不振手食。居士嫌六群食着手振，令去，如王大臣。

不棄著手飯食。六群棄飯食，居士嫌言："沙門釋子不種不穫，但能食噉，而復棄之?"

不膩手捉飲器。六群膩手捉飲器，膩汁污飯食，比坐[⑥]心悶吐逆也。

不病不得自爲索羹。六群不病，至他舍乞食，便自隨意索，貪飧[⑦]無愧。

不飯覆羹更望得。六群飯覆羹而更索。居士嫌之，語言："先食鉢中飯覆者。"

不呵想看比坐鉢。六群言："我多汝少。""汝多我少。"

諦視鉢食。有一比丘食時餘看，六群戲笑，以骨著中，令驚。

---

① 敦煌寫本中"扌"部、"木"部相亂，此"侍"乃"待"之换旁俗字。

② 𬜯，録本訛作"兩"，據底本改。此"𬜯"當爲"満"之省筆俗字。

③ 《洪武正韻》："舐，亦作咶。"

④⑤ 抆，底本似爲"收"字，待考。

⑥ 比，録本作"凡"，據底本改。《史記·平津侯主父列傳》："晏嬰相景公，食不重肉，妾不衣絲，齊國亦治，此下比於民。"司馬貞索隱："比者，近也。"比坐"即邻坐也。

⑦ 飧，録本作"飡"，據底本改。

次第噉食。六群多受不盡棄殘。居士嫌之:"不秎(耕)[①]而食,云何賤棄也?"

洗鉢水有飯不問主人,不應棄舍内。居士舍水精作地。諸比丘洗鉢有殘食,寫(瀉)[②]著堂上,狀似如吐。居士嫌言:"云何不棄之屏處及寫(瀉)此堂上?"若語檀越,聽無罪也。

無病乘上,不得爲説法。波斯匿王乘駕向祇桓,六群在下爲王説法。無上妙法,宜共尊重。輕微[③]不恭敬,彼此獲罪。自此以下,皆以不恭敬故不爲説。

人不病在前行,不隨後爲説法。亦六群或在王後,爲説法。

人不病在道中行,自在外,不爲説法。六群自在道外行,爲王説法。

人坐自立,不爲説法。王持床自隨在上坐,六群比丘立爲説法。

人無病卧,自坐,不爲説法。王身肥大,小久坐便卧,六群坐爲王説法。

不爲覆頭人説法。王覆頭,六群爲説法也。

不爲裹頭人説法。王裹頭,六群爲説法。

不爲肘隱人説法。王肘隱人,無病爲説法。

不爲扠腰人説法。王扠腰,六群爲説法。

不爲左右抄衣人説法。王左右抄衣,六群爲説法。

不爲遍抄衣人説法。王遍抄衣,六群爲説法也。

不爲以衣覆右肩、令[④]舉著左肩上人説法。王如此,六群爲説法。

不爲著革屣人説法。王著革屣,六群爲説法。

不爲著跂(屐)[⑤]人説法。王著跂(屐)[⑥],六群爲説法。

不爲捉杖人、蓋刀梢弓箭人説法。此波斯匿王從者。佛爲王及大臣衆

---

① 秎,《改併四聲篇海·禾部》引《搜真玉鏡》:"秎,音耕。"録本訛作"秎",據底本改。

② 寫,後作"瀉"。《説文解字注·宀部》:"寫,俗作瀉。"下"寫"字同,徑於字後用括弧注出今字,不復出校。

③ 微,録本訛作"徹",據底本改。

④ 令,録本訛作"同",據底本改。

⑤ 跂,録本訛作"跛",據底本改。《字彙補·足部》:"跂,與'屐'同。"

⑥ 跂,録本訛作"跛",據底本改。

説法，六群别爲捉杖等説法。是衆中有堪得道者，以衆作二，殷散不得，因制不聽。爲是時人説法所因，在分衆意，在於不敬，故不聽説法。

不草上大小便啼嚏。六群從種菜①人乞菜②不得，後竊污之，令菜③臭爛。後自説之，居士所嫌。

不浄用水中大小便、啼嚏。六群倩浣衣人浣衣不得，後竊污其水，令所浣皆臭失色。後自説之，居士所嫌，佛具呵責，而未結戒。時舍衛城中有一大池，旁人所用。六群往看，便共污之。居士所嫌，爾及結戒：不得立大小便。因六群結戒也。

樹過人不得上。佛與衆僧受居士請，十七群次後守僧坊，六群次爲迎食。常相增（憎）嫉，欲令斷食。日時已過，隱人不至。十七群飢，上樹望見，至已責之。彼言："誰導?"答言："我向上樹見。"佛先聽上樹，因犯乃結戒也。

七、滅法。自言滅法。六群比丘勸化浴僧。有④客比丘逼闇暮來浴，浴已而起，錯著他衣，出外乃知，還來求覓。六群問之，彼以實答，遂誣其偷。問言："汝自見罪不?"答言："不見。"便强爲作不見儐（擯）。是客比丘後至舍衛，具以白佛。佛言："從今聽自言滅諍法。"要自言所犯，乃隨罪治之也。或其人强暴，或依勢力，不自言罪，恐破僧滅法，自言乃治，諍化⑤息故。僧中種種事起，應以此滅。自言滅諍有十種非法、十種如法。若比丘犯四重，自言"不犯"。僧問："汝自説犯不?"自⑥言"不犯"，而與自言滅，是名"非法"。餘四篇亦如是。有比丘不犯五篇，僧中問之，自言"我犯"，便與自言滅。是名"十種非法"。又比丘犯五篇，自言"犯"；又不犯五篇，自言"不犯"；是名"十如法"。若重事，應以白四羯磨，自言滅之。輕事無羯磨。彌多羅比丘尼以身謗陀驃，僧即用自言滅儐（擯）。彼尼若陀驃自言"無罪"，而對人言"有"；若言"有罪"，而實清白；若有、若無，進退無事故，應用憶念而不用自言耳。若餘比丘清白無罪，而無駝（陀）驃⑦之對，應以自言滅之。

①②③　菜，録本訛作"菓"，據底本改。

④　有，録本訛作"看"，據底本改。

⑤　化，録本訛作"死"，據底本改。

⑥　自，録本訛作"即"，據底本改。

⑦　駝，録本訛作"馳"，據底本改。"駝驃"即"陀驃"，"駝"、"陀"均記音字。

第二、現在滅諍法。六群聞先不見儐(擯)比丘舍衛衆僧共事、共住,後往到彼,問其所由。諸比丘言:"佛以自言滅諍法滅是事。"六群違逆,誹謗不受,言此事不滅惡,滅我等不現前故。佛種種因緣呵已,聽用現前滅諍法。僧中種種諍事起,以此滅之。現前諍有二種非法,有二種如法。二種非法者,有非法僧約敇非法僧,令折伏,與現前滅諍法。或約敇非法三人、二人、一人,亦如是。或非法三人約敇非法三人、二人、一人僧,亦如是。或非法二人約敇非法二人、一人、三人僧,亦如是。或非法一人約敇非法一人、二人、三人僧,亦如是。爲一不如法僧約敇如僧,令折伏,與現前滅諍。或約敇三人、二人、一人,亦如是。餘如上説。是名"二非法"。有如法僧約敇如法僧,爲一;如法僧約敇不如法僧,爲二。三人、二人、一人,多少展轉相敇,亦如上。是名"二如法"。現前比尼[①]有三現前:有事人、舉事人現前,[僧現前][②],比尼現前。此中直約敇無羯磨耶。

第三、憶念法。陀驃比丘爲彌多羅尼無根謗,雖已决斷,而所譏説不息。陀驃告衆,衆白佛。佛言:"從今聽憶念比丘種種事,從今應用此滅。"憶念比尼有三非法、三如法也。三非法者,若比丘犯無殘,自言"有殘",應與滅儐(擯)。若與憶念,是名"非法"。又如施越狂時作惡,狂差不作,應與不癡比尼。若與憶念,是亦二非法。又如呵多比丘先自言"有罪",應與實覓,而與憶念,是亦非法。如駝(陀)[③]驃與憶念。是名"如法"。又有比丘犯罪已,如法悔過,而譏説不息;與其憶念,亦名"如法"。又如比丘未作是惡,將决當犯,於今無犯,而共譏説,以致諍亂;與其憶念,亦名"如法"。得憶念比尼行法者,餘比丘不應復出其罪過,不應憶念,不應乞聽,亦不應受。餘比丘乞聽,得突。若受他乞聽,亦突。若彼不便出其罪過,若今憶念比丘犯,皆墮。凡無罪而被譏説者,皆應白僧,求憶念羯磨。僧白四羯磨,與憶念法。法者,令自思念有罪、無罪,一切比丘不得論説也。憶念及不癡二事,守護無罪,比丘爲遮外謗也。復次或有比丘犯罪不憶,或自隱覆,詐忘不憶。衆欲治罪,

① 尼,録本訛作"丘",據底本改。
② "僧現前"三字録本脱,據底本補。
③ 駝,録本訛作"馳",據底本改。

求憶念法。衆亦白四羯磨，與憶念法，聽其自限，思省所犯。自憶罪時，如法制之也。

第四、不癡法。施越比丘先狂癡作惡，後得本心，不復更犯。僧及比丘説其本過，彼心憂愧，以此白佛。佛言："從今聽不癡比尼[1]種種諍起，以[此][2]滅之。"與不癡比尼，有如法、不如法。若彼自言"憶本所作"而與不癡，是名"非法"。若言"不憶"而與不癡，是名"如法"。如施越等僧，與白四羯磨，得不癡比尼。行法者，餘比丘不應復出其罪過，乞聽時如憶念中説也。

第五、實覓。呵多比丘無慚無愧惡欲，有見、聞、疑罪，先自言"作"，後言"不作"。佛言："聽用實覓滅諍法，種種諍事起，以此滅之。"實覓比尼有五非法，五如法。五非法者，比丘犯四重，先言"不犯"，後言"犯"，應與滅儐（擯）而與實覓，是名"非法"。又犯餘四篇，先言"不犯"，後言"犯"，應與隨罪治之，而與實覓，是亦"非法"。五如法者，比丘犯五篇罪，先言"犯"，後言"不犯"，僧與實覓比尼，是名"如法"。僧與白四羯磨，令如實思惟，自覓罪相，故名"實覓"。是比丘不應與他受大戒，不得受他依止，不應畜新、舊二沙彌，不得教化比丘尼僧。若羯磨僧，若羯磨令教化尼，亦不應受。僧所與作實覓比尼，罪更不應犯。若似是罪及過，是罪亦不應作，不應呵。僧羯磨亦不應呵作。羯磨及呵作羯磨人不應從地差聽，不應遮説戒及説戒自恣，不應出無罪。比丘過罪，不應共諍，應調伏心、行，隨順比丘僧意。若不一切如是法行者，盡受不得離是羯磨法。復次，若實犯罪，犯罪事分明。衆問："自見罪不?"答言："不見。"應與是人不見儐（擯）。後言"見"時，乃隨事治之。若自言"犯罪"，而距（拒）[3]掉不悔，應與不作儐（擯），以其不作悔過故，因以爲名。後求悔時，隨罪聽悔。上三人與作羯磨已，衆不共住。若不首不悔，終身不爲捨羯磨事也。

第六、多覓法。俱舍彌比丘鬪諍相言，已作是念："若舍利弗作斷事主者，我等當得决了。"佛聞是已，聽闥利吒比丘作斷事主，受是斷事法。如法

---

① 尼，録本訛作"丘"，據底本改。

② 此，録本脱，據底本補。

③ 距，此當爲"拒"之借字。

如比尼，如佛教，現前除滅。闥利吒有三種：有身善、口不善，有口善、身不善，有身、口善。若闥利吒自身不往舉事人、有事人所，而遣使至彼，説好惡所宜，彼此勝負，是名“身善、口不善”。自往至彼，而無所言説，是名“口善、身不善”。身既不往，口亦無言，是名“身、口善”。凡作闥利吒應如法行，不應與舉事人、有事人同道行，亦不得别。與一人同道行不應共期。若先少多因緣，與其應滅是期。期者，某時、其處也。闥利吒應受斷事[①]法如法，現前除滅，用一比尼法。所謂“現前比尼”，“現前”有二種：人現前，比尼現前。人現前者，助舉事人共集一處。比尼現者，如法、如比尼、如佛教斷是事，是名“比尼現前”。闥利吒不能如法斷，應捨付僧。僧應受是事，如法斷，用一現前比尼。現前比尼者，僧現前，人現前，比尼現前。僧現前者，是中可中用共作羯磨，比丘共同心和合一處，可受欲者持欲來，現前比丘能遮者不遮，是名“僧現前”。餘二現前如上説。若僧不能如法斷是事者，應僧中立二人成就五德者，白二羯磨，使作烏迴鳩羅[②]，如法斷之。一現前比尼，三種現如上説。若烏[③]迴鳩羅是上坐諸比丘，應取欲已遠去。若[④]是下坐，應取欲已自遠。是烏[⑤]迴鳩羅不能如法斷者，應更立二人，事悉如上。後二人不必有五德。德者，不必多聞利根，辨才説法。後立二人必能善説，開解人意也。是後烏[⑥]迴鳩羅不能斷，應還付先烏[⑦]迴鳩羅。先烏[⑧]迴鳩羅復不能斷，應還捨付僧。僧復不能如法斷者，僧應遣使往近住處僧所，作是言：“此事如是如是因緣起，闥利吒不能斷，衆僧不能斷，先烏[⑨]迴鳩羅不能斷，後烏[⑩]迴鳩羅不能斷，還付先烏[⑪]迴鳩羅，先烏[⑫]迴鳩羅不能斷，還付衆僧。汝等來和合，爲斷是事故。”即時彼衆僧應和合。若僧先安居，應受七日來。若七日盡，應破安居來，爲和合故。是近住處僧應受是事，如法斷之。用三現前比尼亦如上。若是近住僧復不能如法斷者，爾時應僧中白二羯磨。二比丘作烏[⑬]迴

① 事，録本訛作“而”，據底本改。

② 烏，録本訛作“鳥”，據底本改。失譯人名今附秦録《薩婆多毘尼毘婆沙》卷第九：“‘烏迴鳩羅’者，‘烏迴’名‘二’，‘鳩羅’名‘平等’。心無二，其平如秤。”［T23n1440p0564a5—a6］

③⑤⑥⑦⑧⑨⑩⑪⑫⑬ 烏，録本訛作“鳥”，據底本改。

④ 若，底本、録本衍作“若若”，據文意删一“若”字。

鳩羅法亦如上。是一人能斷，應立二人法，用亦如是。是後烏[①]迴鳩羅不能如法斷者，應還付先烏[②]迴鳩羅。先烏[③]迴鳩羅應用三現前比尼，如法斷之，亦如上。若復不能斷，應捨付僧。僧應用三現前比尼如法斷之。若是近住處僧不能如法斷者，問某住處僧，若有大衆好上坐，知説戒、受戒法，是僧中多有比丘持修多羅、持比尼者、持磨多羅伽者，是近住處僧應以是事遣使至某住處僧中，應先立傳事人，令界外滿僧數。謂僧中差四人成就五德者，立作傳事人。傳事人應持是事。若去道中能用二現前如法者，是名爲"斷"。先傳人道中不能如法斷者，應持至大衆中，語彼上坐多知、多識長老比丘言："是事如是如是因緣起，從闥利吒至傳事人，諸處不能斷事，是來是間[④]。汝長老能受是事斷不?"答言："應斷。"與作期。若彼衆不肯作期，不以事付其法，極遠乃至九月。凡事有五種難斷：一者堅，二者强，三者恨戾，四者來往，五者畏。堅者堅執是事，强者舉事人、有事人勇健强力，恨戾者舉事人、有事人惡姓(性)瞋恨，往來者此事從一住處至一住處，畏者諸比丘畏斷事時破一心和合僧作兩段故，先應白二羯磨，立五德比丘作行籌人。行籌人隨僧多少應作二種：一分長，一分短；一分白，一分黑。説如法者爲作長白籌，説非法者爲作黑短籌。説如法者，以右手緩捉。説非法者，以左手急捉。先行説如法籌，後[⑤]行説非法籌。應作是言："此是説如法者籌，此是説非法者籌。"若行籌竟[⑥]，説如法籌，乃至多一，是事名爲"斷"。用比尼，諸現前比尼多覓比尼。現前者，是中舉事人、有事人共集一處，現前如法除斷。多覓比尼者，是中求覓往返，問如法除斷。若説非法者籌乃至多一，亦復如是。從多而斷，殊非乘理，欲息諍和衆爲先耳。行籌人有四種：一者、藏行籌；二者、顛倒行籌；三者、期行籌；四者、一切行籌。藏行籌者，若闇中若壁處潛隱行之。顛倒行者，以説法人籌與説非法人，説非法人與説法人籌。期行籌者，隨和合同和上阿闍梨作，隨相識、隨共語、隨善知識、隨同心、隨同土、隨聚落、隨家

---

①②③ 烏，録本訛作"鳥"，據底本改。

④ 間，録本訛作"問"，據底本改。

⑤ 後，録本訛作"彼"，據底本改。

⑥ 竟，録本訛作"意"，據底本改。

共作,其我等取如是籌,汝等莫遠我邊,莫别,莫異,不共語,共同一事,是名"期"。一切僧取籌者,爾時一切應和合一處,不得取,欲望多比丘説非法故,是名"一切取籌"。上三法行籌,此一是如法行籌也。若是大上坐持律比丘,僧能用三現前比尼如法斷者,是名爲"斷"。若復不能斷,應還付傳事人。傳事人能用現前比尼如法斷者,是名爲"斷"。若復不能斷,聞彼處僧坊中若有三、二、一比丘,能持修多羅,持律,持摩多羅伽,四衆所恭敬,故尊重是傳事人,應到彼住處,語彼一比丘言:"大德是中如是如是因緣起,從闍利吒乃至三、二比丘,展轉往返十五處中不能斷,大德取是事如法斷之。"是最一比丘四衆所恭敬尊重者應作是言:"不可二人相俱勝俱負,是中必一勝一負。作是語者是如法説,作是語者是非法説。"一比丘如是分别者,是名爲"斷"。如法斷者已,相言比丘還更發起者,犯墮;若但呵言是斷非法者,犯突。"闍利吒"義言"大德不動",其譬如地也。烏[①]迴鳩羅能定是非,其平如秤,謂不隨愛故捨有罪,不隨瞋故罰無過,亦不怖畏彼而違法,亦不隨癡,故不畏罪而輕斷事。又能了知斷、非斷,心行如此,故名"烏[②]迴鳩羅"。"多覔"者,或亦多處求斷,或從多人爲斷,故名"多覔"耶(也)。

第七、草布地。因俱舍彌比丘鬭諍言聽,種種事起,以布草滅之。是諸比丘應和合一處已,應作是念:"諸長老,我等大失非得,大衰非利,大惡不善。我等以信故,佛法中出家求道。然今喜鬭諍相言。我等求是事根本,僧中或未起事便起,以起事不可滅。"作是念故,白僧。若僧時到,僧忍聽是事,以布草比尼滅,是名"白"。此明諸相,言比丘和合一處,作如上念。念已,令一人白僧,共用布草比尼法也。謂比丘分作二部,是中若有上坐大長老,應語此一部言:"我大失非得,大衰不利,大惡不善。我等信故,佛法中出家求道。並今喜鬭諍相言。若我求是事根本,僧中或未起事便[③]起,已起不可滅。今汝等當自屈意,我等所作罪除,偷蘭罪除。白衣相應罪中,是事汝等現前悔過發露,不覆藏。"是中若無一比丘遮是事者,既分爲二部,必一部衆有大長老。上坐欲悔過時,下坐部應先白。上坐部求悔,作如上言也。若有偷蘭

①② 烏,録本訛作"烏",據底本改。

③ "事便"二字録本訛作"而使",據底本改。

罪除,當羯磨滅之。今且悔過,和解故除偷蘭也。與白衣共諍,名“白衣相應”。白衣相應罪亦當除。就彼和解悔過,非僧所滅,又且除之。白上部時,無一遮者,明其[①]歡喜受其悔也。應到第二部衆。是中若有長老上坐,應語言:“我等大失非得,大衰非利,大惡非善。我等信敬故,於佛法中出家求道。今鬪諍相言。若我等求是事根本者,僧中或未起事便起,已起不可滅之。今汝等當自屈意,我等所作罪除偷蘭,除白衣相應罪。今自爲及彼故,當現前發露悔過,不覆藏。前白上坐部,此白自部求悔也。”諸比丘言:“汝自見罪不?”答言:“見。”衆又言:“如法悔過,莫復更起。”彼第二部衆二應如是説。是名“如草布地比尼法”。“布草”有何義,謂悔時柔軟下意,伏折憍慢,如草布地。故借以爲名。第二部是上坐部也。

佛在毘舍離,長老優波離問佛言:“世尊,偷蘭遮罪云何懺悔除滅?”佛言:“有四種偷蘭罪。有偷蘭罪從波羅夷生重,有偷蘭罪從波羅夷生輕,有偷蘭罪從僧殘生重,有偷蘭罪從僧殘生輕。”佛告優波離:“是從波羅夷生重偷,應一切僧前悔除滅。從波羅夷生輕偷,應出界外四比丘前悔除滅。從僧殘生偷重,亦出界外四比丘前悔過除滅。從僧殘生輕偷,一比丘前悔除滅。”

如是我聞:一時佛在王舍城迦羅蘭陀竹薗。是時佛告諸比丘:“我當爲汝等説‘時’、‘非時’,善思憶念。”諸比丘言:“如是世尊,當受教聽。”佛告諸比丘:“是中何者爲‘時’,何者爲‘非時’?諸比丘當知:冬初十五日,七腳爲‘時’,四腳半爲‘非時’;第二十五日,八腳爲‘時’,六腳八指爲‘非時’;第三十五日,九腳爲‘時’,七腳六指爲‘非時’;第四十五日,十腳爲‘時’,八腳五指爲‘非時’;[□][第][②]五十五日,十一腳爲‘時’,九腳爲‘非時’;第六十五日,十二腳爲‘時’,十腳六指爲‘非時’;第[□][七][③]十五日,十一腳半爲‘時’,十腳三指爲‘非時’;第八十五日,十一腳爲‘時’,九腳四指爲‘非時’。冬四月竟,春初十五日,十腳爲‘時’,八腳少一指爲‘非時’;第二十五日,九

① 其,録本訛作“吉”,據底本改。

② 第,底本殘,録本脱,據文意補。

③ 七,底本殘,録本脱,據文意補。

腳半爲'時',七腳少三指爲'非時';第三十五日,九腳爲'時',六腳少三指爲'非時';第四十五日,八腳爲'時',五腳爲'非時';第五十五日,七腳爲'時',四腳少三指爲'非時';第六十五日,六腳爲'時',三腳少四指爲'非時';第七十五日,五腳爲'時',三腳少六指爲'非時';第八十五日,四腳爲'時',二腳少一指爲'非時'。春四月竟,夏初十五日,三腳爲'時',二腳少四指爲'非時';第二十五日,二腳爲'時',一腳少五指爲'非時';第三十五日,二腳半爲'時',一腳爲'非時';第四十五日,四腳爲'時',二腳少二指爲'非時';第五十五日,四腳半爲'時',二腳半爲'非時';第六十[□][五][1]日,五腳爲'時',三腳爲'非時';第七十五日,五腳半爲'時',三腳半爲'非時';第八十五日,六腳爲'時',四腳爲'非時'。夏四月竟。如是,諸比丘!我已説十二月'時'、'非時',諸聲聞所應作憐愍利益故,説所應作已竟,汝等當行。若樹上,若空處,若露坐處,應當禪思。若爲放逸,復致有悔。"是時諸比丘聞佛説,歡喜奉行。

佛説犯戒罪報輕重經

如是我聞:一時佛住王舍城蘭陀竹薗。爾時尊者目連,晡時從禪定寤,往至世尊所,頭面禮足,卻坐一□(面)[2]。□尊大目連白佛言:"世尊!意有所疑,今欲請問,唯願聽許。"佛告目連:"聽汝所問。□□汝説。"目連即白佛言:"世尊!若有比丘、比丘尼無慚愧心,輕慢佛語,犯衆學戒。如是犯波羅提提舍尼、波逸提、瑜(偷)蘭遮、僧伽婆尸沙、波羅夷,得幾不饒□□,唯願解説。"佛告目連:"諦聽!諦聽!當爲汝説。若比丘、比丘尼,若無慚、無愧,輕慢佛語,犯衆學戒,如四天王壽五百歲,墮泥犁中,於人間數九百千歲。"佛告目連:"若無慚無愧,輕慢佛語,犯波羅提提舍尼。如三十三天壽千歲,墮泥犁中,於人間數三億六千萬□(歲)[3]。目連!若無慚愧,輕慢佛語,犯波逸

① 五,底本殘,録本脱,據文意補。
② 面,録本作缺文,據底本補。
③ 歲,底本殘,録本作缺文,據文意補。

提。如炎摩天壽二千歲，墮逕渠中，於人間數二十億四十千歲。”佛告目連：“若無慚愧，輕慢佛語，犯瑜（偷）蘭遮。如兜率天壽四千歲，墮逕渠中，於人間數五十億六十千歲。”佛告目連：“若無慚愧，輕慢佛語，犯僧伽波尸沙。如不憍樂天壽八千歲，墮逕渠中，於人間數二百三十億四十千歲。”佛告曰目連：“若無慚愧，輕慢佛語，犯波羅夷。如他化自在天壽十六千歲，墮逕渠中，於人間數二十一億六十千歲。”時尊者目連聞佛所説，歡喜奉行。

爾時目連即説□□（偈言？）[①]：

“因緣輕慢故，命終墮惡道。因緣生善者，於此生天上。

緣斯修[②]福業[③]，離惡得解脱。不善觀因緣，身壞入惡□（道）[④]。”

大統七年，歲次辛酉七月一日，於瓜州城西大法師倚勸化告招提禪□，比丘曇遠所供養。

---

① 此二字底本、録本殘，結合文意，似當爲“偈言”二字。

② 修，録本訛作“循”，據底本改。

③ 業，録本訛作“藥”，據底本改。

④ 道，底本、録本殘，據文意補。

No. 2789 玄覺抄律戒本疏

［題解］

佛教戒律注疏，作者不詳，卷數不詳，首殘尾全。《大正藏》録本出校："原大英博物館藏敦煌本，斯 2664，首題新加。"斯 2664 號尾有題記："保定元年，歲次辛巳三月丁未朔八日，玄覺抄記。""保定"乃北周武帝宇文邕年號，保定元年即561 年。《大正藏》原題作"律戒本疏"，玆據黄永武《敦煌寶藏》所擬題改。所疏實爲《四分律》中部分内容。清代以前歷代大藏經未收，日本《大正藏》據敦煌本收入第八十五册。今校注仍以《大正藏》録本所據原卷斯 2664 號爲底本。

□①戒爲稱，乞求著割截衣。就如□一義而名同美稱，故曰爲"比丘□以少有所得，故稱'相似'也。□言稱已因中遠要有爲無漏□結使"者，明具足無爲功德也。□餘四可知也。"白四羯磨"，正明②□具四緣，與出家成軌，故曰"如□界内不別衆。四、受戒人年滿□成就。何者？是③文"是④中比丘"者，此□成就得處所。此文即是界内□遮彰。正以無彰，故得戒□戒義也。一、"戒"者，無作止惡，雖衆□故曰"同戒等者"。上句禁身、口七□防三毒，故明三句。云何名不捨□心，備物無私，欲使去時，如法□初訖至"不名'捨戒'"已來，明不成□成捨中國人，邊國人不相解□静想。"静作不静想"者，實足

① 首缺。寫卷開頭一頁半每頁上半殘。

② "正明"二字録本訛作"心曰"，據底本改。

③④ 是，録本訛作"足"，據底本改。

□瘂者雖復解語，不能出言□。從①初訖至“非釋②種子”以來，明直□兩相捨。

第三、從“若復作餘語”以下，訖至“是名”已來，明毁呰三寶，捨就直□厭道。第一從“貪③樂在家□如是④語”以下訖末⑤，正明捨戒。□以下訖“畜生界”二處亦如是□廣説，乃至男子亦如是”已來，□有隔無隔亦如是”已來□未明結罪輕重，就淫⑥之□[推功有在，表成可信，是故此文明“生信序”。]⑦□[又初三偈，正明可信；十句義以下，合明持戒。]⑧□[半是流通。文初生信序有五句。初半偈]⑨□[佛，欲使息於諍論]⑩□境界中，有四子句：第一明總列三趣爲境。第二從“復有五種”以下訖於“此五處行不净行得波羅夷”已來，明一趣中有五者。第三從⑪“於三種婦”以下訖“三種男子於此行不净行波羅夷亦如是”已來，明其並列。第四從“犯人婦三處”已下訖“畜生男二處亦如是”已來，明行非處所。就自造境行非中，有六百二十四句。人婦、非人婦、畜生婦，人同女、非人同女、畜生同女，人二形、非人二形、畜生二形。一个有三創門，一創門中有裹隔四句，三創門三四十二；九个上九个十二句，計合一百八句。人黄門、非人黄門、畜生黄門，人男子、非人男子。人黄門上有二創門，一創門中有裹隔四句，二創門中有八句，便有六個八句，合有四十八句；計前一百八句，都合有一百五十六句。覺中有一百五十六，眠中有一百五十六，始死一

① 從，録本作缺文，底本該字上半殘，然“從”字尚可辨，兹據補。

② 釋，録本訛作“裸”，據底本改。

③ 貪，録本訛作“貧”，據底本改。

④ 是，録本訛作“足”，據底本改。

⑤ 末，録本訛作“未”，據底本改。

⑥ 淫，録本訛作“如”，據底本改。

⑦ “推功有在，表成可信，是故此文明‘生信序’”十六字録本脱，據底本補。

⑧ “又初三偈，正明可信；十句義以下，合明持戒”十七字録本脱，據底本補。

⑨ “半是流通。文初生信序有五句。初半偈”十五字録本脱，據底本補。

⑩ “佛，欲使息於諍論”七字録本脱，據底本補。

⑪ 此處底本涉上行衍“‘復有五種’以下訖於”八字，書手發現後旋施以廢棄號。録本不察，仍誤録此八字。兹據底本删。

百五十六，多分未壞[1]有一百五十六，都合計有六百二十四句。

就怨家强逼中，從“人婦”乃至“畜生二形”，九者[2]，一者上有三創門，一創門中有三時受樂七句，三創門三七二十一句。一句上有裹隔四句，合有八十四句。一者有八十四句，九者有九个八十四句。八九七十二，即是七百二十句；四九三十六句，合計七百五十六句。“人黄門”乃至“畜生黄門”合有六者，一者上有二創門，一創中有三時受樂、不樂七句，二創門有二七十四句。一句上有裹隔四句，合有十六句。六者者有五十六句，五六三十，六[六三十六][3]，合有三百三十六句。三根、二根，合計有一千九十二句。覺中有一千九十二，眠中有一千九十二，始死多分未壞各有一千九十二句，都合有四千三百六十八句。怨家自捉比丘作境，比丘有二創門，一創門中有三時樂、不樂七句，二七十四句。一句上有裹隔四句，合有五十六句。怨家强逼中都合有四千四百二十四句。

就結罪中，或有究竟方便，或有輕重不同。如人内有愛染，發彼調慧思心，欲犯美色，動威儀，未離本處。若緣差心止，即以此思成方便突吉羅，對手三悔。若心不息離本處，至彼身手相捉以來，若緣差心差攬前，突吉羅，成方便輕偷蘭，小衆中悔。若復心未止，男、女二形相觸，未入身内，若還息心，犯方便重偷蘭，界内大衆中悔。若復心不息，二形相偏攬前，輕重偷蘭，業思成一究竟重罪。更無所趣，稱爲“究竟”。爲他作因，稱爲“方便”。若非道道想，若疑此二，犯方便偷蘭，小衆中悔。若死屍半壞以下乃至骨間，若耳、鼻乃軍持口中，若假作道想，犯究竟輕偷蘭；若心謂是實境，若疑是實境，犯方便輕偷蘭。七聚中偷蘭、突吉羅，此二名通“究竟”。方便但偷，雖方便，正與初二遍作因，不還與究竟偷蘭作因，以因果名同故耳。偷蘭遮因，悉是突吉羅。何以得知？偷蘭遮不相成。第二遍四諫、一戒、一白、二羯磨，竟捨者，數三偷蘭遮懺，更不説有突吉羅列須懺。若作白、未竟捨者，言有突吉羅須

① “壞”下底本衍一“一”字，録本不察，仍承其謬。玆據文意删。

② “九者”二字録本作“一者，一者九”。按：底本實作“一者九”三字，書手發現有誤後於“一”字旁施一廢棄號，並於“者九”二字間施一乙鈎號。録本失察。玆據底本改。

③ “六三十六”四字録本脱，據底本補。

懺。以是驗知,成偷蘭時無突吉羅可懺。故知相成作白二羯磨竟捨者,數三偷蘭遮懺。故知偷蘭遮不相成也。“突吉羅”一名亦通因果。何故?攬因成果,突吉是極下罪,自下更無異罪名,是故得攬因成果不犯。以下第五,開通不犯。淫戒有此五段文。自餘下一切戒皆有此五段文。

盗戒第二。律云[①]:“劫奪”、“盗竊[②]”、“不與取”,此三名者,“劫”以强奪爲名,“盗竊”畏覺之稱,“不與取”者論主不捨,結成上罪也。《僧祇》云:“瞋心壞他物,得突吉羅。”《四分》得重罪者,欲明《僧祇》但論始心,故得輕罪;此律論其終處,故得重罪;皆是二部互明有異。若具解釋,二部盡應有兩罪。《僧祇》云:“盗三寶物皆得重罪,餘律戒犯偷蘭,戒犯重罪。”所以不同者,意謂《僧祇》犯重者佛法物時,於守護人遍得重罪。餘律盗佛法物犯偷蘭遮者,直論佛法於物無戒,所心盗之,但得偷蘭,不論守護人邊得罪。若欲廣解二部,盡應有兩罪。盗僧物有二重:一、四方僧物不可分,盗滿五錢,諸律盡同,皆應犯兩重罪,於假名僧邊犯一重,於寺守護人邊復得一重罪。[□][二][③]、若盗現前僧物,亦犯兩罪,但於守護人邊滿五錢得一重罪。既云現前所分物,計一人難滿,復得一偷蘭。

盗戒亦有五段文:第一、從初訖“正法久住”已來,明起過因緣。第二、從“欲説戒者”以下訖“不共住已來”,明正制戒本。第三、從“比丘義如上”以下訖“無主物減五錢”已來,明廣解。第四、從“比丘尼”以下訖“足謂爲犯”已來,正明通結五衆。第五、從“不犯者”以下訖末[④],明開通不犯。

就因緣中有三子段:第一、從初訖“破戒屋持歸”已來,明作草屋因緣。第二、從“我今自有伎藝[⑤]”以下訖“正是其宜”已來,明作瓦屋因緣。第三、從“爾時摩竭國”以下訖“正法久住”已來,明盗王財因緣。

就第三廣解中有二段:第一、從初訖“不共住者如上説”已來,明略解戒

① 云,録本訛作“二”,據底本改。

② 竊,録本訛作“禍”,據底本改。

③ 二,底本、録本脱,據文意補。

④ 末,録本訛作“未”,據底本改。

⑤ 藝,録本訛作“契”,據底本改。《四分律》[T22n1428p0572b11]正作“藝”,可助勘。

本。第二、從“有三種不與取”以下訖“無主物取減五錢”已來，廣明不與取。

就第二廣明不與取中有三子段：第一、從初訖“是爲六種取得波羅夷”已來，略明不與取；第二、從“處者”以下訖“看者我當看道”已來，廣逐事明不與取；第三、從“方便求過五錢”以下訖末，明不與取剋心。

就一略明不與取中有三子句：第一、三句，明盜業；第二、“非己物想”三句，明盜心；第三、“有三種取他物他物想”已下訖末，明所盜物。“他物他物想”者，持他寄信物人，即自盜取，物屬所寄與人，故曰“他物”。“未想他護他護想”者，明賊人劫他得物將度關[1]邏，爲功人所逼，賊即捨心棄之，本主復作失心。此物官人不作己物，故稱“爲他而守償[2]此物”，故曰“他護”。比丘若盜此物，但於守護人邊得罪，本主、賊人皆作捨心故爾。“有主有主想”者，此汎舉一切財物，主之以（與）[3]物，二俱現前。假令物不現前，主無捨心，亦名“現前”。若盜此物，於主邊得罪。若三寶物，即以三寶爲主，故得盡爲“有主”。

上來列所取物，未成盜罪，但就因說果也。第三五句以下，正明成盜。增六中但更舉初二五句，增一盜心，足成其六，得成盜罪。後三五句以有盜心，得成其罪，是故增六中不說。

“從地處”以下，第二明其具足盜之法用。初列二十六章門，後還一一解釋。就一章中皆有七句：一、明其處；二、列其物；三、明主；四、明盜心；五、明盜物滿足；六、明盜物方法；七、明結罪。一章有此七句，餘下章亦然。

從“方便求過五錢”以下，第三要心取物多。就中有三十六句，尋文可知。

律文云“方便求過五錢”者，此明下至得十一錢。若得五錢，遂本要心，成其重罪。故有六錢在，便生心取此六錢，是故復得重罪。此是得二重罪。若得九錢，得一重罪、一偷蘭罪。前五成其重罪，以定後四，可足他成罪，是故後四別得輕罪。若方便求五錢，過五錢若不得，犯方便重偷蘭；若得四錢，

[1] 關，録本訛作“開”，據底本改。

[2] 償，録本訛作“賞”，據底本改。

[3] 以，同“與”。《儀禮·鄉射禮》：“主人以賓揖，先入。”鄭玄注：“以，猶與也。”

不稱本要心，犯方便重偷蘭；得四錢入手邊，犯究竟重偷蘭；若得三錢已下，犯究竟輕偷蘭。文言"方便求減五錢得過五錢"是下至"得十錢"，前四遂本要心成其輕罪，後六别得重罪。若得六錢，便是過五，何待十？若得六錢，是其過五，但得二輕罪，不得成重。何以知之？尋文驗理，可以情求。本心要[①]取四，離本處成輕；後二發心，取亦成輕；不可前後合成重罪。何以故？前後要心事别，是故不得合成。方便求減五錢得五錢，此是九錢。若廣解同上。若剋心盗減五錢，若入手，犯究竟偷蘭；若不得，犯方便突吉羅，三悔。

文言"受教者取五錢，或取異物、異處取物，受教者得重，教者得輕罪"者，欲明取此物是受教者意，非是教人。輕重不同。教者得輕罪，非是所得物邊得物罪故，是本發心處得罪。"異物"者，明其物别。"異處"者，人别。次下二句，彼此不解語，是故互得輕重。

問曰："盗物若錯，容不犯罪；殺戒雖錯，亦犯。何以故不同？"

答曰："所盗之物，容可無主；又復若知是錯，還可歸主。殺戒不爾。人無，無命知是人，何容有錯？又復命斷知錯，更無活理，容可有誤？欲殺前人，箭誤著後人，此可不犯。是故與盗不同。"

問曰："財主是一，一運盗得多錢，犯幾重罪？"

答曰："得一重罪。"

問曰："若爾者，一時殺多人亦應犯一罪？"

答曰："不爾。盗本損主，主是其一。殺本斷命，人各是别。何得同一？"

末下八句，前四句滿五錢，後四句減五錢。狂、癡、心亂、痛[②]惱此四人不犯者，欲明此人有此重病，都不自憶，是比丘是故不犯。無主物作有主人想取五錢，犯方便重偷蘭；罪起由心，故重。有主物疑無主物，此二得五錢，犯方便輕偷蘭；由心疑，故輕。若有主物剋心得四錢，犯究竟重偷蘭；若減四錢，犯究竟輕偷蘭。若無主作主想，取減五錢，犯方便重究竟突吉羅罪。若有主物疑若無主物，疑此二物，取減五錢，犯方便輕突吉羅；雖輕，亦應對手三悔。若非人物作非人物想，盗得五錢，犯究竟偷蘭；少輕，盗人四錢。若實

① "心要"二字録本訛作"要心"，據底本改。

② 痛，録本訛作"應"，據底本改。

是糞掃物作非人物想，取得五錢，犯方便重突吉羅，三悔。若非人物疑無主物，疑此二，盜得五錢，犯方便突吉羅；少輕，若非人物作非人物想、剋心盜得四錢，犯究竟重突吉羅，一悔；取得減四錢以下，犯輕突吉羅，亦一悔。若無主物作非人想、取減五錢、若非人物疑無主物，疑此三悉犯方便輕突吉。若盜畜生物滿五錢，犯究竟吉羅，一悔，取減五錢，亦一悔。雖有異突吉羅，是極下之罪，更無異悔法故耳。正似盜人五錢犯滅擯，乃至一主物百千，豈可非重？亦因滅擯以上更無治罪法故。盜取人、非人、畜生三種物，皆具五緣成罪，得知皆同[①]究竟。

殺戒第三。就此戒中，亦有五段文。第一、從初訖“正法久住”已來，明起過因緣；第二、從“欲戒者”以下訖“不共住”已來，明正制戒本；第三、從“比丘義如上”以下訖“非人疑偷蘭遮”已來，明廣解；第四、從“比丘尼”以下訖“足謂爲犯”已來，明通結五衆；第五、從“不犯者”以下訖末[②]，明開聽不犯。

就因緣中有二：第一、從初訖“歎思惟不净行”已來，明如來説不净觀，能除其患；第二、從“諸比丘作是念”以下[□][訖][③]“因緣盡”已來，明諸比丘順教修行。又，“説不净行”者，直説不净體狀貌，明不净有四種：一、因不净，過去無明行是；二、種子不净，父母精血是；三、所依處不净者，依在生熟二藏中間是；四、體不净，三十六物是。“歎不净行”者，歎不净理，能除或(惑)到。“歎思惟不净”者，此歎能行不净觀人。就第二順教修行中有三：第一、初説“不復往返”已來，明修不净觀因緣；第二、從“爾時毘舍離”以下訖“住於果證”已來，明衆僧集會因緣；第三、從“爾時世尊已此因緣”以下訖“正法久住”已來，明舉過呵嘖(責)。

就第一修不净觀中有三子句：第一、從“諸比丘作是念”以下訖“歎死、勸死、講死”已來，明順教修行，便生厭患身命。第二、從“時有比丘字未力伽難提”以下訖“扙若塜間”已來，正明起過。第三、從“有諸居士”以下訖“不復往返”已來，明俗人譏嫌。“因不净觀六十人捨身”者，欲明此人過去時有其誓

① 同，録本訛作“因”，據底本改。

② 末，録本訛作“未”，據底本改。

③ 訖，底本、録本無，據文意補。

願,要因此觀得道而復捨身,是故今日受其昔願。

就第二集會中有四子句:第一、從初訖“皆不復見”已來,明大衆集會;第二、從“爾時世尊知而故問”以下訖“皆不見”已來,明如來問衆僧所以減少;第三、從“時阿難”以下訖“是已少耳”已來,明阿難具答如來衆少之所由;第四、從“唯願世尊”以下訖末,明請如來轉觀。

就轉觀中有四子句:第[一][①]、從“唯願以下”訖“永無疑或(惑)”已來,明請轉觀;第二、從“佛告阿難”以下訖“願聖知時”已來,明遂其請,敕衆集會講堂;第三、從“爾時世尊即詣講堂”以下訖“歎修阿那般那三昧”已來,正明轉觀;第四、從“彼諸比丘”以下訖“住於果證”已來,明諸比丘順教修行,得於果證。“從初識至後識”者,始託父母時是初識,終盡一念是後識,中間相續不斷,故稱“一者”。斷此相續,故稱爲“殺”。“若殺天得偷蘭罪”者,明天難可得殺,故不犯重。“人非人想偷蘭遮”者,此文悟應得突吉羅。何以知之?此罪不於人邊得,從非人邊取想,而不斷命。但有方便,欲作殺心,得突吉羅。於人邊無殺心,不應得偷蘭遮罪。人作非人想殺,應犯方便突吉羅。非人作人想若殺,犯方便重偷蘭。若人非人生疑若殺,犯方便輕偷蘭。若非人作非人想若殺,犯究竟重偷蘭。若殺人、非人、畜生,各具四緣。四緣成罪得知,皆犯究竟也。

妄語戒第四。聖人身證境法,境心俱實,得作第一大實語。凡夫身不證法,自知境心俱虚。妄稱得聖,得作第一妄語。可有五種料簡:第一、列妄語有五種並配謗人犯罪,作不一類;第二、明聖人有兩種實語故,則無五種妄語之罪;第三、解五種妄語中初偏妄語,並誑非人得聖;此二妄語要是境心俱虚成妄語,餘之三種妄語但取心虚,不驗境之虚實;第四、解妄語誑人,不待前人生信則成妄語;第五、解自稱得聖,無根謗人犯重。此二戒本中安自言引虚,餘戒之本,闕不安之。

第一、列妄語有五種,並列謗人之罪配遍有不相似。初妄語波羅夷,誑人得聖是;第二、妄語僧殘,無根謗人犯初遍是;第三、妄語偷蘭,誑非人得聖是;第四、妄語波夜提,九十事初故妄語等謗人第二遍是;第五、戲笑妄語並

① 一,録本脱,據底本補。

謗人犯,下三遍犯突吉羅是。雖同謗人犯罪輕重配遍不同者,各有其意旨,不得相决。謗人初遍舉滅擯事重,是故犯罪雖復可悔,但可悔中最重,是故即得作。第二遍謗人,第二遍罪犯;第三遍罪雖可悔,但悔過中輕重殊自不同,亦是諸他事重,是故次第列之,得作第三遍。此是次第輕重相類,謗第三遍;而犯第五遍者,即是不類;但同是威儀,皆是對手懺悔治罪。輕重不多,皆降是故,不得次第即作。第四遍依始謗上二遍,次第治罪,輕重皆降。謗人犯第三遍,犯罪已輕,不得即作第四遍,正合第五遍。若謗人第四遍,洛(落)[1]在第五遍。謗人第五遍,更無别罪名,亦是獨頭。但犯罪雖輕,故洛(落)在第五遍中。

第二、解聖人有兩種實語,故則無五種妄語。二種實語是何?聖人身心證法,境心俱實。出觀何人説是第一實語,第二隨心想説境,不必是如目連記七日,當兩而竟不兩,亦得作實語也。凡夫之人,無其第一身證法實語,故有五種妄語之罪。凡夫得有隨想心實語,非是身證,故不能斷其妄語。凡夫亦有少分身心實語,如人患四大苦痛患,内心愚鈍,常懷憂苦。但此非聖法,不能斷五種妄語。又復此憂苦境界或實或虚。此憂境在内事實易知,此憂境或在他方,雖生憂苦,不必定實,不同聖人身證法也。

第三、解五種妄語中,初遍妄語並誑非人得聖。此二妄語要取境心但虚,則成妄語。所以爾者,此二妄語境心俱在其内,驗虚實自知,是故要取境心俱虚,結成妄語。餘之三種妄語境界在外,難可驗知虚實,是故但心虚結成妄語,不驗境也。

第四凡妄語法,本欲使前人生信。然今妄語成罪,都不待前人,生信便成,不信不成。所以然者,前人信以(與)不信,難可驗知,是故不待前人生信。

第五、料簡五種妄語中,自稱得聖,無根謗人犯重。此二戒本中遍安自言引虚,餘戒本則闕。計聖人制戒,一切戒本皆應安自言引虚,而今闕之。此二戒本所以獨頭者,量有其意,若犯餘戒,前境事麁顯,易驗可知,不必要

---

① 洛,此讀如"落"(二字《廣韻》皆可音盧各切)。下讀如"落"之"洛"徑括注其本字,不復校。

假前人自言引犯，是故闕之。若自稱得聖，無根謗人犯重。此二戒若不著自言，引已不虛，不引無根。前人境事何由可驗？如自稱得聖，境據其内，若不著自言引虛，直取外相境驗。何由可知？所以爾者，自稱得聖，或有實，或有虛，若不著自言引虛，此二言何由可識？是故須自言引虛，使異實得道者制戒不謬。謗戒亦爾。前人净穢，何由可測？謗無根有根舉罪，此二復不可知。是故戒文中言引無根，然後結罪不謬。謗人犯第二遍，所以不著自言引無根者。前人客有僧中自引懺悔之義，以表知前人有根無根。故戒本中闕，不著。自言引無根，不同舉他初遍。初遍前人無有，僧中自引悔過之義，是故前謗者須自言引無根，得成謗罪。若彼此都無自言，清濁不别，此戒本永不可制。是故須安自言。第三故妄語戒。境界雖復虛實難知，容有不待前人，自言引虛，直驗可知。且旨一事。如有一人先在水惻（測），實知水深淺，後人來問水之深淺，水實深言“淺”，實淺言“深”。前人入水，則知前人語之虛實，何假前人自言引虛？是故戒文中闕不著也。就此戒中，有五段。就因緣中三子段：第一、從初訖“唯聖知時”已來，明敇諸比丘集會講堂；第二、從“爾時世尊即詣講堂”以下訖“令衆疲苦”已來，明以敇諸比丘隨所宜安居；第三、從“時諸比丘聞世尊教”已下訖未[①]，明諸比丘順其所敇安居。就第三正明安居中復有二子句：第一、從初訖至“氣力充足”以來，明二處安居；第二、從“諸餘比丘”以下訖“因緣盡”已來，明二處安居僧問訊世尊。就婆裘河安居中有二子句：第一、從“時有衆多比丘”以下訖“不爲乞食所苦”已來，明説妄語計。第二、從“爾時婆裘河邊”以下訖“氣力充足”已來，正明妄語。就婆裘河邊諸比丘問訊世尊中有四子句：第一、從“在婆裘河邊”以下訖“或有實或無實”已來，明三對六句，問其虛實；第二、從“佛告諸比丘”以下訖“以盗受人飲食故”已來，明如來説二種大賊；第三、“時世尊已無數方便”以下訖“不共住”已來，明如來舉過呵嘖（責）制戒；第四、從“如是世尊”以下訖“增上慢人不犯”以來，明開增上慢人不犯。“前三戒名小賊，後戒名大賊”者，欲明前三戒但是自害，謂之小賊；犯後戒自害害彼，故曰“大賊”。説已修行，即是自害；前人謂實，信語修行，即是害彼。後復犯前三戒，但當體有罪，自説净行，

① 末，録本訛作“未”，據底本改。

犯其二戒；説已净行，犯妄語戒；誑他得財，復犯盗戒；是故得作大賊。“增上慢”者，無漏聖道爲人心怖仰故曰“增”，出過三有故曰“上”，計我者皆是自大故曰“慢”也。悟其性空，净心不懷，故曰“有信不懷”。禁非，故曰“戒”。悟空除貪，故曰“施”。解心從師而來，故曰“聞”。照達理空，故曰“智慧”。於理無滯，謂之“辨才”。人法者，人是假名陰界，入此三成人之軌，故曰“人法”。説已所得，出過陰界，故曰“過人法”。法悟解能過相情，除其惑倒，故曰“離”。理治神故曰“洽”，洽神轉增故曰“習”，轉增近理故曰“親附”。文言“出要成就”者，無漏悟解出其相有，最是其勝，謂之“要”；亦可或（惑）倒生死能縛行人，故稱爲“要”；無漏能除此縛，故曰“出”。從“自言念在身”以下，廣上出要成就法。初列章門，後還一一解釋。“自言念在身”下至“親附”，此明聞慧已上觀；“修習增廣，如調伏乘”，明思慧觀；從“守護觀察”以下明修慧已上觀。於理無疑，故曰“决定”。得三慧滿足，故“無復艱難”。自下諸句解亦如是。文言有覺有觀、初禪支無覺有觀、中間禪支無覺無觀者，二禪以上空無相無作，此三空門也。文言正受者初禪定，無想正受者二禪定，隨法正受者三禪定，心想正受者四禪定。除色想正受者空處觀，要先破四禪净色，然後得此定，故曰“除色想正受”。不除色想正受者識處定，除入正受者不同處定，一切受者非想處定。十一支道十一定。具初始悟性空，與後諸智成軌，曰法已空，類解過去未來。斯亦是空，故曰“比智”。文言善色者是善因，惡色者是惡因，善趣是樂果，惡趣是苦果。好結前善因，醜[1]結前惡因；貴結前樂果，賤結前苦果。“比丘尼”以下第四通結五衆罪。妄語結罪輕重少異殺盗。殺盗要取損境，結罪復容剋心。妄語不爾。但取自知内虚，發虚語可解，即便結罪，剋心復難，故隨前境結罪。是故人作非人想就境實結偷蘭遮。雖是實結罪，猶使誑人方便。非人人想，犯方便重偷蘭。人非人疑，此二犯方便輕偷蘭。非人人想，犯究竟輕偷蘭。若誑畜生，犯究竟突吉羅，一悔。若誑非人不解，犯方便害吉羅。

問曰：“教人犯淫妄語，犯偷蘭遮。爲是方便，爲是獨頭？”答曰：“使他犯重，亦得作方便。自分止住，畢竟不得。以體成他，亦名‘究竟’。”

---

① 醜，録本訛作“配”，據底本改。

“不犯”以下，第五明開通。戒本中云“如前後亦如是”者，如前者白衣沙彌時，是大沙門前不得與僧足數作羯摩布薩，後作比丘犯四重禁，亦不得惻(測)豫請咨，故曰“後亦如是”。又一家解，如前者前犯淫戒得其重罪，後殺盗欺亦得重罪，故曰“後亦如是”。後一解，如前初淫戒得其重罪，後更犯淫復得重罪。如以驗知，比丘犯戒，不失其戒，但業障重故，現身不皆(階)[1]聖道，未來復有苦對。”問曰：“此律言比丘初作重惡犯重，又更作亦犯重罪。《僧祇》、《毘婆沙》第二重犯得突吉羅。何故不同?”答曰：“諸律互説一罪，隨用不同，故作二名。此律言‘重’者，比丘雖不足僧數，由在僧中得聽説戒，異於沙彌，故言。犯餘律言犯‘輕’者，正以不足僧數，故便同沙彌，故結突吉羅。半月説戒，唯列罪事非戒。何故言説戒? 戒本對防罪事。若不列罪事，戒無由可識知差别。半月唱説罪事，五遍輕重不同。爲破欲使人識知，能防戒體差别，從所爲作名，故言説‘戒’。亦可本説罪事爲欲持戒，由説戒而生，故言説‘戒’。”

第二遍“僧伽”者，重舉初遍，名爲“無餘”；犯之净戒永盡，故曰“無餘”。“婆尸沙”者，名曰“有餘”；犯之净戒不盡，謂之“有餘”。後一解，“僧伽”者言“屬”，“婆尸沙”者言“僧”；此罪要由僧滅，故曰“屬僧”。就此遍中，若欲料簡，可有六種：第一、明此僧殘中或有是性惡者，或有是遮惡。何者是? 初四戒，後六戒，此十戒性是不善。中有三戒，非是性惡，但媒嫁和合死生。二房長其貪求，皆是障道，是故聖教通制。第二、明僧殘是初遍種類。初五戒皆是欲心所起，是淫戒種類；二房從貪心起，是盗戒種類；二謗從瞋心起，是妄語種類；後四戒亦從瞋心起，是妄語種類。第三、明配三業。初二戒，身業成就；次三戒多是口業成就，亦有身業成就；二房身、口、業成就。後六戒多是口業，亦容有身業。一切戒盡有意業。第四、明二部僧輕重不同。初大僧犯重，尼波逸提；摩觸，大僧輕，尼波羅夷。二麁惡語、二房，尼盡偷蘭遮。所以爾者，皆有其意漏失。比丘所以重者，能感苦果相續，男要由外失，是故重

① 皆，此讀如“階”(二字《廣韻》皆音古諧切)。

也。女人能感生死相續，要由内入，不由外失，是故外[①]所以輕也。女人生患處深，復是志弱，以受摩觸，必成大惡，是故制重。二麁惡語是成重方便，是偷蘭遮罪。尼本獨宿，私獨作房儀少，是故但得偷蘭。第五、料簡僧殘。自作、教人，犯罪輕重不同。初二戒、後四戒，此六戒自作正犯，教人自犯輕。中間七戒自作教人，容有俱犯。所以然者，凡犯戒由於貪、瞋如（而）犯。初二戒皆由内有染情，自作稱心，與樂受相應，是故正犯。若使教人，適不在己[②]，是故不得同犯，直以由教他爲惡，但犯偷蘭。後有四戒，犯本由於瞋心，自作違僧三諫，有"稱情"之義，是故犯僧殘。若教人犯者，瞋心則少，僧不設諫，是故犯輕。中間七戒，如二麁惡語犯，雖由愛心，惡由前人，知解自作、教人皆得，表己[③]有染來，己[④]知染不殊，是故同犯。媒嫁一戒犯，由作使和合，自作、教人，皆得作使，是同犯。二房犯由貪心欲自資己[⑤]，又惱亂處曠，自作、教人爲己[⑥]作，皆是資己[⑦]，又惱處不異，是故同犯。若直教他作私房，無資己[⑧]義，是故犯輕。二謗犯由瞋心，妄壞他梵行，成前人有惡。若自謗、教人，皆彰前人有惡，使知之不異，是故同犯。第六、明持犯方軌。十三戒皆是止、持作犯，但二房具二持、二犯止。不作白二羯磨，名爲"止犯"。作白二羯磨處分作房，名爲"作持"。作持有九句，可判爲三品。九句是何？初句識法、識罪，七種羯磨。非法不成識法，和合羯磨成就。並房尺量大小，亦識防難二處，是爲識法並識前事。此一句識法、識罪，是上品作持戒人。中品作持戒人有四句：初句識法、疑犯，第二句識法、不識犯，第三句不識法、疑犯，第四句不識[⑨]法、犯。此四句各有一無知突吉羅，併爲中品。下品作持戒人亦有四句：初句疑法、疑犯，第二句疑法、不識犯，第三句不識法、疑犯，第四句不識法、不識犯。此四句上各有二無知罪，併爲下品。雖同作持，然有此三品上、中、下。就此遍中，故漏失本，犯之在前，今列之在初。就此故漏失中，有五段文：第一、從初訖"夢中失精不犯"已來，明起過因緣；第二、從"自

① "是故"與下"所以"語義重複，二詞宜删其一。"外"字費解，似涉上文"不由外失"誤植。

②③④⑤⑥⑦⑧　己，録本訛作"已"，據底本改。

⑨　此處録本復衍"不識"二字，據底本删。

今已去當如是結戒”以下，正制戒本；第三、從“比丘義如上”以下訖“一切突吉羅”已來，正明廣解；第四、從“比丘尼波逸提”以下訖“是謂爲犯”已來，明通結五衆；第五、“不犯”以下訖末①，明開通不犯。

就因緣中有四：從初訖“顔色光澤”已來，正明起過；第二、從“諸比丘”以下“具白世尊”已來，正明少欲白佛；第三、“世尊爾時”以下訖“僧伽婆尸沙”已來，正明呵嘖（責）制戒；第四、從“如是世尊”以下訖末②，開夢失不犯。

就廣解中有七子段：第一、從初訖“斯陀含人精”已來，明七種精；第二、從“爾時有婆羅門”以下訖“爲如是等事弄失一切僧伽婆尸沙”已來，明所爲有十一事；第三、從“憶念弄失”以下訖“酪醬色亦如是”已來，明七種精。各作頭七七四十九句，無所爲作五十句；第四、從“若欲爲樂故憶念弄失不浄”以下訖“顔色和悦故亦如是”已來，明五百五十句；第五、從“若於内色”以下訖“自空動身”已來，明十種境界；第六、從“若於内色弄失不浄”以下訖“水風空亦如是”已來，明對十種境，作五千五百句；第七、從“憶念弄失不浄”以下訖末③，明結罪輕重。

摩觸戒第二。摩觸麁惡語可有三種料簡：一或並犯究竟方便，二或但犯究竟，三料簡此合彼離。何者？此中摩觸尼之以女合制戒，麁惡語亦爾。九十事中共尼女人屏露處坐，離尼女別立戒本。所以爾者，彼間隨舉罪人異，故別立戒本。此中逐犯罪境同，是女人染心摩觸復不異，故合制一戒。若欲逐舉罪人，别亦得難之。

就摩觸戒中亦有五段文。就因緣中有四：第一、從初訖“捫摸呪口”已來，明起過；第二、從“樂者笑其所以”以下訖“乃作此事”，正明諸女幾（譏）嫌；第三、從“時諸比丘”以下訖“具白世尊”已來，明諸比丘舉過白佛；第四、從“世尊”以下訖末，明如來呵嘖（責）制戒。解摩觸要具四緣，犯究竟僧殘。若具四緣，犯究竟偷蘭突吉羅亦爾。若四緣闕一，悉是方便偷蘭突吉羅。下至文時當解。

就廣分别中，有五子段：第一、從初訖“膝髀僧伽婆尸沙”已來，明九種境界。第二、從“若女人作女想”以下訖“是女疑偷蘭”已來，明對九種境，明二

①②③ 末，録本訛作“未”，據底本改。

俱無衣互相摩觸，作五十四句僧殘、十八句偷蘭。第三、從"女作女想身觸彼"以下訖"若女疑突吉羅"已來，明一有衣、一無衣互相摩觸，四緣具九十句偷蘭；若四緣中闕一，九十句突吉羅。第四、從"若女作女想以身衣觸身衣"以下訖"突吉羅"已來，明二俱有衣，五十四句突吉羅；第五、從"若比丘"以下訖末，明結罪輕重。摩觸有九事，事上應有六句僧殘，但律文略出二句便止。九事是何？一、捉摩；二、逆摩；三、順摩；四、牽前；五、推卻；六、捉舉；七、抱下；八、若捉；九、若急捺。就此九事上，事上二俱露身，犯六僧殘罪，二偷蘭。所以爾者，由比丘懼罪不[□][往?][1]，雖有染心，懼罪不敢往觸女人，而女人發意來觸比丘，犯二僧殘：一、動身受樂，二、不動身受樂。此二句由受樂，故犯僧殘。下有二句：一、動身不受樂；二、不動身不受樂。此二句同有染心，以不受樂故，但犯二方便偷蘭。若比丘有染心，自發心往觸彼女人，四句皆犯僧殘，由往觸女人，觸故爾。律文中但出女人來觸，二句僧殘；比丘往觸女人，四句僧殘；女人來觸比丘，二句偷蘭。此六句略而不出。下一有衣、無衣，犯偷蘭。具足出之。上二俱無衣中，若疑，犯方便偷蘭。前女人來觸比丘不受樂，犯二方便偷蘭。若疑，就一事上犯二方便突吉羅。若就一有衣、一無衣，九事上各有十句偷蘭。前八句一是有衣、一是露身，文少不悉。初句應言"動身受觸樂"，第二句應言"不動身、不受觸樂"，此二句是比丘往觸女人。第三、第四句同上二句，但女人來觸比丘爲異耳。第五、第六句，亦是比丘往觸女人。第七、第八句，亦是女人來觸比丘。第九、第十句，男、女二俱無衣，但女人是死形半壞，乃至盡，皆犯偷蘭。並應有九十句，盡具四緣，皆犯究竟偷蘭。若生疑，犯九十句方便突吉羅。若疑，各犯六句方便突吉羅。若摩觸女人四緣闕一，悉犯方便偷蘭。如人女作非人女想、人女疑，此二各闕内心一緣；若非人女作人女想，闕境一緣；非人女疑，闕境、闕心；此四皆四緣不具，乃可輕重有殊，皆犯方便偷蘭。若觸非人女、黄門、二形，具四緣皆犯究竟偷蘭。若疑是男子或作男子想，悉犯方便突吉羅。若於人男子、畜生女，具四緣各犯究竟突吉羅。於上更無所趣，故稱"究竟"。可有與果作因，故稱"方便"。

---

[1] 結合文意，此處似脱一"往"字。下文"懼罪不敢往觸女人"，可助勘。

麁語戒第三。麁語亦具四緣犯僧殘。四緣是何？一、人女；二、人想；三、有欲心；四、麁語可解。此是四也。若四緣闕一，犯方便偷蘭。若廣解究竟方便，同如前摩觸中無異。"但從此戒"以下盡二謗有七戒，通初漏失八戒。若沙彌時教人作方便，事究竟進受具戒。先所事今始成敗，此比丘任運，更不營助，得犯僧殘罪。所以爾者，此七戒容得教人爲己①作故爾。漏失，雖教人同犯。但沙彌時作方便，後漏失猶無故爾。餘之五戒不爾，無有教爲己②作我成究竟也。"麁惡語、麁惡想③得僧殘"者，然前人解語故得罪，非是己④解便得罪，己⑤不解不得罪。何以知之？律云："不以不知故得脱。"是故但使内有染心，前人解語，便得其罪，不待己⑥知是麁惡也。下一句亦如是。第三句非麁惡已謂麁惡，下句亦同也。

讚嘆語戒第四。作餘食、不食者，明青（清）⑦旦食粥，日中食飯。"一坐食"者，明此人一食。"揣食"者，一受食也。"常坐"者，晝夜不卧。"隨坐"者，三衣常隨身。"持三衣"者，三衣外無長財。若從受經者，女人就比丘誦經，而經中有歎身語不犯。若二人共受誦者，然女比丘二人就他受誦經，而經文有歎身語不犯。若同誦者，女人比丘共誦一部經歎身語亦不犯。

媒嫁戒第五。就此戒，五段文。就因緣中有三子段：第一、從初訖"可與此男"已來，明起過；第二、從"時諸比丘"以下訖"具白世尊"已來，明諸比丘舉白佛；第三、從"世尊爾時"以下訖"正法久⑧住"已來，明舉過呵嘖（責）。

就廣解中有三段：第一、從初訖"女種亦知是"已來，明二十種女人二十種男；第二、從"母誰女"以下訖"現相還報四句亦如是"已來，正明所行媒；第三、從"若比丘受語往彼還報"以下訖末，明結罪輕重。

第二、正明媒嫁。若自受語、語彼還報有十六句，自受書作頭亦作十六句，指印現相亦皆有十六句，都合六十四句。下復有四十八句，但經文隱，但出"自受語、自持書往彼、自持指印報"作十二句。自受書作頭但出四句便

①②④⑤⑥　己，録本均訛作"已"，據底本改。

③　"麁惡語麁惡想"六字録本訛作"麁麁惡惡語"。按：底本實於"麁惡"後各施一重文號，並於"語"下旁補一"想"字，兹據改。

⑦　青，此當讀如"清"。

⑧　久，録本訛作"文"，據底本改。

止,亦應有十二句。[①] 何者?初四律文自有第二四句,應言:"受書、自持指印往彼,自持語還報;自受書、自持指印往彼,遣使持語還報;自受書、遣使持指印往彼,自持語還報;自受書遣使持指印往彼遣使持語還報。"第三四句:"自受書自持,現相往彼,自持語還報;自受書自持,現相往彼,遣使持語還報;自受書遣使持,現相往彼,自持語還報;自受書遣使持,現相往彼,遣使持語還報。"指印作頭亦應作十二句。初四句:"自受指印,自持現相往彼,自持語還報;自受指印,自持現相往彼,遣使持語還報;自受指印,遣使持,現相往彼,自持語還報;自受指印,遣使持,現相往彼,遣使持語還報。"第二四句:"自受指印,自持,現相往彼,自持書還報;自受指印,自持,現相往彼,遣使持書還報;自受指印,遣使持,現相往彼,自持書還報;自受指印,遣使持,現相往彼,遣使持書還報。"第三四句:"自受指印,自持語往彼,自持書還報;自受指印,自持語往彼,遣使持書還報;自受指印,遣使持語往彼,自持書還報;自受指印,遣使持語往彼,遣使持書還報。"現相作頭亦應有十二句:初四句現相語書是,第二四句現相語指印是,第三四句亦現相指印書是。通前一百一十二句,以此句數對前二十種男女,便有二千二百四十句。

第三、料簡罪之輕重,有成、不成。文言"須臾[②]"者,此是所爲人,欲得暫會,故曰"須臾[③]"。下極至此人,若爲通一返,便成其罪。若聞語者聞向他説,而默受語媒嫁。"媒嫁想"者,己身、前人皆作想。"媒嫁疑"者,亦是自身、前人疑。"媒嫁作不媒嫁想",但是前人不解。"不媒嫁作媒嫁想",是己身不媒嫁,疑亦己身也。

私作大房第六。私作二房,過量不處分。何故?不捨犯捨,本要由財物,可隨身擁[④]己,故犯捨。過量不處分,防難二處。此四罪起,要由地生。地是重物,假令擁[⑤]己,本非捨法。六畜、奴婢亦同。是故不須捨,直聽懺悔,但斷相續,更不作房,不彰懺悔。甲僧用故爾。尼戒本中别房亦由其地。

① 此處底本、録本復衍"自受書作頭但出四句便止,亦應有十二句"十七字,兹據文意删。

②③ 臾,録本訛作"申",據底本改。

④⑤ 擁,録本訛作"護",據底本改。

何故？犯捨彼處，犯捨不由房之以地，乃至互用。是物轉物異用時即犯捨墮，不待作房時始犯捨。二房既非性惡，何故要須處分？又，不得過量者：一、以過量長其貪求，惱亂施主，若不處分，必有惱害，多障礙僧事，是故不得過量，要須處分。又，雖復處分，《僧祇》成文，若越年處分，異界僧處分，皆不成。二房亦皆有五段文：就因緣中有二：第一、從初訖"暢然不樂"已來，明起過；第二、從"爾時世尊從羅閱祇"以下訖末，明迦葉舉過白佛，明如來廣障乞之過，多呵嘖（責）制戒。

就廣解中，有子段五：第一、從初訖"足謂妨處"已來，明略解戒本；第二、從"彼比丘看無防處"以下訖"如是再三"已來，明乞處分；第三、從"爾時衆僧"以下訖"應與處分"已來，明衆僧量宜應與、不應與；第四、從"應如是與"以下訖"泥治"已來，明衆僧與處分；第五、從"若不被僧處分過量"以下訖末，明結罪多少，作十五句。僧不處分作頭作六句，四罪作一句，僧不處分過量、有難無妨作第二句，僧不處分過量、無難有妨作第三句，僧不處分不過量有難有妨作第四句，僧不處分不過量、有難無妨作第五句，僧不處分不過量、無難有妨作第六句，僧處分過量、有難有妨作第七句，僧處分過量、有難無妨作第八句，僧處分過量、無難有妨第九句，僧處分不過量、有難有妨作第十句，僧處分不過量、有難無妨作第十一句，僧處分不過量、無難有妨作第十二句，僧處分過量、無難無妨作第十三句，少兩句，都合有十五句。

二房皆須處分差。但後房有主辨（辦）[1]財爲作，是故得過量，無罪。教人爲己作房成，得僧殘。直教他作私房，不爲己[2]，犯偷蘭。己爲他作私房，亦得偷蘭。不成，皆得突吉羅。四人以上客得作私房，雖僧作房，亦不得在防難處作；若在防難處作者，得突吉羅。作非法房，從初至窓牖來，犯突吉羅。從窓牖以上未成，犯偷蘭；成，僧殘；隨受用，突吉羅。律文中言"處分作不處分想"者，謂羯磨不成也。"不處分作處分想"者，羯磨實不成意謂成也。下疑亦如是。若沙彌得處分作房未成，便進具戒，後方作成，此比丘更無所犯，以得僧處分羯磨無差故爾。尼不處分過量，犯二究竟偷蘭。比丘過量不

① 辨，此乃"辦"之俗字。段玉裁《説文解字注・刀部》："辦，辨從刀，俗作辦。"
② 己，録本訛作"已"，據底本改。

處分中有偷蘭，悉是方便難處想，犯究竟突吉羅。以下四句悉是方便妨處，亦同也。有主作大房不處分，戒中有五段，如上。因緣中有二段：從初訖至“而斫材作大房屋”已來，正明起過。從“時諸比丘聞中”以下訖至“當如是説”已來，第二諸比丘舉過白佛。就廣解有五段文：從初至“是謂無妨處”已來，第一略解戒本；從“彼比丘”以下訖“第二、第三”已來，第二正明之處分；從“衆僧應觀察”以下訖“至應與指授”已來，第三正明衆僧量宜合與、不合與。從“應作如是與”以下訖至“泥治訖是”已來，第四正明處分；從“若僧不差指授”以下訖末，明結罪多少，作七句。

保定元年，歲次辛巳三月丁未朔八日，玄覺抄記。

No. 2790 律雜抄

[題解]

佛典戒律注疏，作者不詳，一卷。敦煌文獻中存有伯 2064a 號，首殘尾全。主要依據《四分律》、《俱舍論》、《摩夷經》等佛教典籍，以問答形式，對一些佛教名相加以解釋。清代以前歷代大藏經未收，日本《大正藏》據伯 2064a 號收入其第八十五册。今校注仍以《大正藏》録文所據底本伯 2064a 號爲底本。

律一卷雜抄。① 律策一卷。

問："'比丘'是何義？"

答："□□□('比丘'者)②有三種義：□□□□□(一、曰'乞士'；二、曰)③'怖魔'；三、'能破煩惱'，故名'比丘'。"

□□□□□□(問："比丘有幾種？")④

答："□□□(一、名字)⑤比丘；二、相似比丘；三、自稱比丘；四、乞求比丘；五、割截衣比丘；六、破結使比丘；七、善來比丘；八、羯磨比丘。"

---

① 此處底本、録本重復"律一卷雜抄"五字，兹據文義删。

② "比丘者"三字底本殘，據文意補。

③ "一曰乞士二曰"六字底本殘。《金剛仙論》卷第一："'比丘'者，外國正音。此方義釋或云'乞士'，或云'破惡'，或云'怖魔'。"[T25n1512p0801c26—c28]兹據補。

④ "問比丘有幾種"六字底本殘，據文意補。

⑤ "一名字"三字底本殘。《四分律》卷第一："若比丘者，名字比丘，相似比丘，自稱比丘，善來比丘，乞求比丘，著割截衣比丘，破結使比丘，受大戒白四羯磨如法成就得處所比丘。"[T22n1428p0571a24—a27]兹據補。

□□□□□(問:“受緣有幾)①種?”

答:“依《四分律》有四種:一、善來;二、三歸;三、八敬;四、羯磨。”

□□□(問:“緣捨)②刑(戒?)③有幾種?”

答:“依《俱舍論》有五種:一、命終捨戒;二、斷善根捨;三、二形捨④;四、作法捨;五、度(犯重?)⑤捨戒⑥。”

□(問)⑦:“羯磨有幾種? 復是何義?”

答:“羯磨有三種:一、單白羯磨;二、白二羯磨;三、白四羯磨。所言義有是‘辨事’義。然辨前法事,故名‘辨事’義也。”

問:“羯磨所爲事有幾種?”

答:“總束爲三種:一、情道事,爲受戒等;二、非常事,爲結界等;三、非情事,爲乞杖離衣等。”

問:“比丘所食藥總有幾種?”

答:“有其四種:一、時藥;二、非時藥;三、七日藥;四、盡形藥。”

問:“戒與律毘尼波羅提木叉有何差别?”

答:“‘戒’者防非止惡,若不造惡,故名爲‘戒’;‘律’者,法也,非法無以齋戒儀伏,是會意形聲釋也,故名爲‘律’;‘毘尼’者名‘調伏’義,能調身三等業;‘木叉’者此名‘解脱’,解脱一切諸縛,名爲‘解脱’。”

問:“何名‘五毘尼’者?”

答:“一、謂戒由序;二、制比丘戒;三、重制比丘尼戒本;四、修多羅,謂諸軌度;五、隨順修多羅增一比尼等。”

---

① “問受緣有幾”五字底本殘,據文意補。

② “問緣捨”三字底本殘,據《菩薩戒本疏》卷上[T40n1814p0659b25]補。

③ 此字底本僅存左半,據上下文意,録本“刑”似爲“戒”字之訛。

④ 此處底本、録本重復一“捨”字,兹據文義删。

⑤ 度,底本不清晰,似爲“犯重”之訛。《菩薩戒本疏》卷上:“聲聞所受五緣捨者,一、命終捨;二、二形捨;三、斷善根捨;四、作法捨;五、犯重捨。”[T40n1814p0659b25—b26]可參。

⑥ “五度捨戒”四字底本、録本置於“四作法捨”前。兹據《菩薩戒本疏》卷上[T40n1814p0659b25—b26]乙正。

⑦ 問,底本殘,據文意補。

問:“律儀有幾種?”

答:“有四種:一、净慮律儀,是色界尸羅;二、無漏律儀,爲無漏人身中所起尸羅是;三、斷律義,爲斷煩惱名斷律義;四、别解脱律儀,爲欲界尸羅别防非名‘解脱律儀’。”

問:“略説戒有幾種? 緩急如何?”

答:“有三種:一、羯磨説戒;二、對首説戒;三、心念説戒。然略説戒有三五十五種。七種從緩向急,有七略。從急向緩,有十五種略也。”

問:“安居有幾種?”

答:“有四種:一、忘成安居;二、及界安居;三、對首安居;四、心念託緣。‘慮净’名‘安’,‘處’名‘居’。”

問:“‘安居’是何義?”

答:“九旬修道,標心此住,故曰‘安居’。又有三義故:一、無事遊行,妨修道業故;二、爲損傷物,命違慈道故;三、爲除招世譏嫌故。”

問:“自恣有幾種?”

答:“有三種:一、羯磨自恣;二、對首自恣;三、心念自恣。又有三種:一、時自恣;二、增益自恣;三、滅劫自恣。”

問:“自恣是何義?”

答:“爲迷己①過,恣他舉見聞疑罪,故名爲‘自恣’義也。”

問:“何名‘四分律’? 主名何?”

答:“‘四’者,數也。梵本四夾,復云‘四誦方成’,故名‘四分’。即‘五分’‘十誦’,義亦如是。大僧戒本初分,‘尼戒’已下爲二分。‘安居犍度’已下爲二:一分房舍揵度;已下爲四分,故名爲‘四分律’。律主名‘曇無德’,此翻爲‘護法’。”

問:“二十部小乘,此律何部所攝?”

上座犢子答:“法密部所攝:大衆,一説,説出世,鷄胤,多聞,説假,制多,西山,北山,上座轉多雪山,一切,犢子,法上,賢胄,正量,密林,化地,法藏,飲光,經量。”

問:“如來成道後,幾年制戒?”

---

① 己,録本訛作“已”,據底本改。

答:“如來成道後十二年前,爲諸比丘過失尠,略制禁戒,此則利根也;十二年後終至涅槃,爲諸比丘繁多,廣制禁戒,此鈍根也。”

問:“受具足戒具幾因緣?”

答:“具六因緣:一、受戒人身無十三難緣。二、年滿二十。三、衣鉢具足。四、三師數如法清净。五、在結戒内,不得别衆,勢分相及。六、一白三羯磨,前後方便,言辭具足。又准《摩夷經》,有十種受戒。比丘有五種:一、上法;二、善來;三、法語;四、敕聽;五、羯磨。尼亦有種:一、上法;二、善來;三、師法;四、遣使;五、羯磨。合爲十種。”

問:“律以何爲宗?以何體?”

答:“以戒爲宗。又説不同,依《東塔疏》,以戒爲宗。”

問:“律以何爲體?”

答:“合是語業爲體。”

問:“任意取捨?”

答:“十二處中,以法爲體;若依經部,以不相應爲體;依有部,以色爲體;俱是法處攝。”

問:“律之所防三業之中,何不防意地?”

答:“所防戒不同别解脱戒,以①是色法但防身、口故,所防心者定道戒,故得防心。又問(聞?)②聲聞力劣,不防意地故,但身、口業故。”

問:“十三同篇,何故九初便犯,四諫方成?”

答:“諸犯戒緣不同,有倚傍者須僧設諫,故四戒倚傍相似,須僧設諫;九戒無倚傍,作即便犯,故不須諫故。”

問:“污家犯何罪耶?”

答:“爲違僧諫得殘罪,直作未諫,結罪不同。自摘花等得提罪,污家惡行等得吉罪。”

問:“污家戒諫何事?”

答:“所諫之語是傍僧,言有愛有恚,是故僧殘。”

---

① 以,録本訛作“次”,今據底本改。

② 問,似爲“聞”字之訛,待考。

No. 2791 宗四分比丘隨門要略行儀

（務機立名，顯名異廣）

[題解]

《宗四分比丘隨門要略行儀》又稱《宗四比丘隨門要儀》、《宗四分比丘隨門要行儀》，中國人所撰佛教戒律注疏，作者不詳，一卷。本文獻基本以道宣《四分律删補隨機羯磨》、《四分律删繁補闕行事鈔》爲基礎，並參考有關《十誦律》、《摩訶僧祇律》、《五分律》的注疏、戒本等抄集編撰而成，是一篇羯磨法與羯磨文的彙集。本文獻在日本圓仁所撰《入唐新求聖教目録》及永超所撰《東域傳燈録·律傳録二》裏均録爲"宗四分比丘隨門要行儀一卷"。敦煌遺書中現存有7號：斯270，首殘尾全；斯3040，首殘尾全；斯8351v，首殘尾殘，上殘下殘，存26行；斯12986，首全尾殘；伯3229，首全尾殘；俄Дx05583，首殘尾殘；大谷4928，首全尾殘。本文獻未爲我國歷代經録所收，亦未爲我國歷代大藏經收録。《大正藏》本據斯3040號收入第八十五册。蕭基平曾以伯3229號爲底本，參酌其於6號寫卷對本文獻進行了録文（見方廣錩主編《藏外佛教文獻》第十六輯，第257—288頁，中國人民大學出版社2011年11月版）。今校注仍以《大正藏》本所據卷斯3040號爲底本。新增校本：甲本，伯3229號；乙本，俄Дx05583號；丙本，斯8351v號；丁本，斯270號；戊本，蕭基平整理本。

夫律相弘廣，戒事恒沙，被預玄門，式資行護。規▭，故録斯樞要，用顯初機。冀事對行，决沉思之滯，▭者也。

凡作諸羯磨（秉法者，衆集已，應先言）："僧集合和不？［□□□□］［未受大戒]①者出。"(有者遣出,無者言"無"。)"不來諸比丘,説欲及清静。"(有者依法説▭説欲諸事比丘▭不同《僧祇律》。)"僧今和合,何所作爲?"(應答云:"某羯磨。")

若欲結戒者,先▭。(▭不得説欲。如前。)但②自然□□□□□□□□□□□□□□(有三種:一、可分别聚落,盡相集。二、)③不可分别聚落,面各六十三步,[□][集]④。(然今故□□□□□□□□□□□□□[共説七十三步半,准彼《僧祇》。]⑤前説者是)。三、蘭若,自然面五里,來集。於前□□□□□□□□□□□(三内,各依集□,□□標)⑥相。(若久固住處,欲立戒場者,)事有三種標相:内□□□□(之一重,名)⑦"戒場相"。於外四周,分自然空地。(人言"一時",義亦无准⑧,詳處寬狹,任立多少。但别兩界,莫有交涉。分隔彼此,無宜專執。)次有一重⑨,即大界内相。最外一重,是大界外相。事須周顯,無宜闐寞。法之成⑩不,義在前規。恐相難分,輒⑪圖委務法憑,附遠光濟焉。

---

① "未受大戒"四字甲本殘,據《四分律比丘戒本》[T22n1429p1015b16]補。

② 以上底本殘,據甲本補。

③ "有三種一可分别聚落盡相集二"十三字底本殘,據甲本補。

④ 集,底本、録本脱,據甲本補。

⑤ "共説七十三步半准彼《僧祇》"十一字中,前"共説七十三步"六字底本尚存,録本作缺文,今據底本及甲本補;後"半准彼僧祇"五字底本殘,録本作缺文,今據甲本補。

⑥ "三内,各依集□,□□標"中,前"三内,各依集"五字底本尚存,録本作缺文,今據底本補;後"標"字底本殘,録本作缺文,今據甲本補。

⑦ "之一重名"四字録本誤作缺文,今據底本及甲本補。

⑧ "無准"二字録本訛作"唯",據底本、甲本改。

⑨ 重,録本訛作"里",據底本、甲本改。

⑩ 成,録本訛作"滅",據底本、甲本改。

⑪ 輒,録本訛作"脉",據底本改。

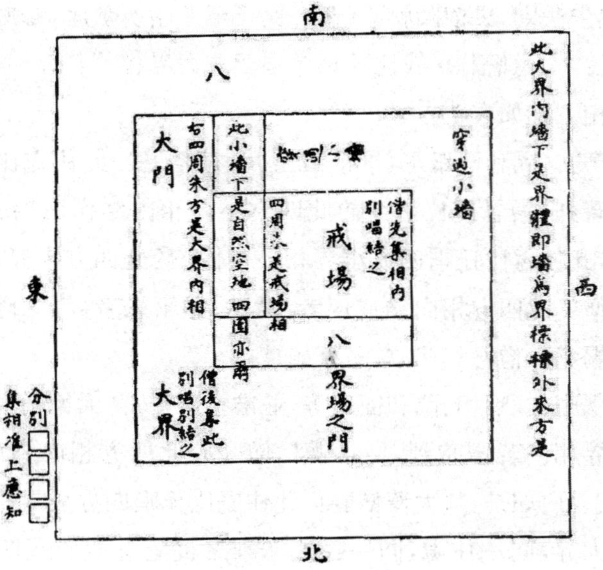

前之圖相，足可鏡諸。（宜准識知，託①諸規矩②。約之地勢，隨處方圓。十七類分，豈容③封一？必使事開三相，法離七非。無得師心，失光萬益。次明作法，件如文。）

結戒場法（但衆情非[□][一]④，枯折⑤由⑥生。義在將護，不妨道業。既是別緣，無勞動衆。隨事取集，得濟便止。所以大聖設教，務益隨機，任託方隅，作法成就。凡欲結界，先安戒場，後方周遶，開自然地，空外周圍，名爲“大界”。先小後大，准教如斯。然所宗推文，則先大後小，以戒場文此住處故。若先小者，何有住處焉⑦？評之局執⑧，則二見齊非。究其成不，則先後俱得。無容偏封，致紛失耳）：准彼圖相，先唱“戒場”。結已，然後唱“大界

① 託，録本訛作“記”，據底本、甲本改。
② 矩，録本訛作“短”，據底本、甲本改。
③ 容，録本訛作“客”，據底本、甲本改。
④ 一，底本、録本脱，據甲本補。
⑤ 折，録本訛作“析”，據底本、甲本改。
⑥ 由，録本訛作“虫”，據底本、甲本改。
⑦ 焉，録本訛作“烏”，據底本、甲本改。
⑧ “局執”二字録本訛作“句教”，據底本、甲本改。

相”結之。唱告法則,具依圖軌。(應一比丘至上座所敷座,修威儀、設禮已,打静、合掌云:“大德僧聽!我比丘爲僧唱四方大界相。”若界場,應云:“爲僧唱四方戒場相。”餘如本軌。)

戒場羯磨文(問和簡衆等,准前説):“大德僧聽!此住處比丘稱四方小界相。若僧時到,僧忍聽!僧今於此四方小界相内結作戒場。白如是①。”“大德僧聽!此住處比丘稱四方小界相。今僧②於此四方小界相内結戒場。誰諸長老忍僧於此四方相内結戒場者,默然;誰不忍者,説。僧已忍於此四方相内結戒場竟。僧忍默然故,是事如是持。”

結大界羯磨文(唱相、問和簡衆等,並准上應知):“大德僧聽!此住處比丘唱四方大界相。若僧時到,僧忍聽!僧今於此四方相内結大界,同一住處,同一説戒。白如是。”“大德僧聽!此住處比丘唱四方大界相。僧今於此四方相内結大界,同一住處,同一説戒。誰諸長老忍僧於此四方相内結大界、同一住處、同一説戒者,默然;誰不忍者,説。僧已忍於此四方相内同一住處、同一説戒、結大界竟。僧忍默然故,是事如是持。”

解界法。(《律》云:“時諸比丘,意有欲廣作界者,有欲狹作者。佛言:‘自今已去,若欲改作者,先解前界,然後廣、狹作從意。’”)

解大界羯磨(方便問和等,如上准説用):“大德僧聽!此住處比丘,同一住處,同一説戒。若僧時到,僧忍聽!今解大界。白如是。”“大德僧聽!此住處比丘,同一住處,同一説戒。今解大界。誰諸長老忍僧同一住處、同一説戒、解大界者,默然;誰不忍者,説。僧已忍同一住處、同一説戒、解大界竟。僧忍默然故③,是事如是持。”

解戒場羯磨(應在場内,不得在大界内遥解。律無正文。舊羯磨中用解大界法解之,唯稱大、小爲别。今不同之。戒場不許説戒,何得牒解?今④准難事,但翻結爲解,理通文順矣。義文云):“大德僧聽!此住處比丘解戒場。

① “如是”二字底本、録本誤作“是如”,據文意改。

② “今僧”二字録本作“僧今”,據底本改。

③ “然故”二字録本作“故然”。按:底本“故然”間實有一乙鉤號。兹據正。

④ 今,録本訛作“令”,據底本改。

若僧時到，僧忍聽！今解戒場。白如是。”“大德僧聽！此住處比丘戒場，僧今解戒場。誰諸長老忍僧集此處解戒場者，默然；誰不忍者，説。僧已忍，於此解戒場竟。僧忍默然故，是事如是持。”

二三人遮作對首説戒法（應云）：“二大德一心念！今白月十五日，衆僧説戒。我比丘某甲清净。”（三説。）彼答言[①]：“爾。”（餘二人作法亦然。若十五日已後，應云“黑月十五日”。若也小，隨稱之，其説戒法，不問界内人數多少，皆須鳴鍾（鐘）[②]、具籌、燒香、散花、香汁灑地，一同衆法不異爾。）一人心念僧戒法者，集除對首中初句，餘法悉同上。

對首安居法：“大德一心念！我比丘某甲，今依某甲僧伽藍。（若在俗人家，應云“依某甲聚落”也。）前三月夏安居，房舍破，修治故。”（三説。前人問言）：“汝依誰持律？”（答云）：“某甲律師。”（彼應報云）：“有疑當問。”答云：“爾。”（小者□[云][③]：“頂戴持。”）若四月十七日後，乃至五月十六日，並應言：“後三月夏安居。”（餘法同上。）一人心念安居法，唯除“大德一心念”及下問答，自外一同對首法。（莫問對首及與心念。若在白衣家時，須除“房舍破，修治故”，餘悉同上。比丘不得爲俗人作使，隨所作者，得突吉羅。）

受日羯磨文：“大德僧聽！若僧時到，僧忍聽！比丘某甲受過七日法，十五日（若一月，應云“一月日”），出界外。爲請唤故（若三寶、療病等緣，並隨事稱之），還來此中安居。白如是。”“大德僧聽！比丘某甲受過七日法，十五日（若一月[④]，應云“一月日”），出界外。爲請唤故（若三寶、或療病等諸緣，並隨事稱之），還來此中安居。誰諸長老忍僧聽比丘某甲受過七日法、十五日（一月隨稱）出界外、爲請唤故（餘緣准稱）還來此中安居者，默然；誰不忍者，説。僧已忍與比丘某甲受過七日法、十五日（若一月准稱之）出界外、爲請唤故（餘緣隨稱）還來此中安居竟。僧忍默然故，是事如是持。”

---

① 甲本以下殘。

② 《正字通・金部》：“《詩》鍾鼓，亦作‘鐘’。古二字通用。”本校注下文用同“鐘”之“鍾”徑括注其本字，不復校。

③ 云，録本作缺文，據底本補。

④ 月，録本訛作“日”，據底本改。

對首受七日法(此《律》有開受七日之文,故《律》云“聽受日[①]去”,然無其受法。古今共行受法者,唯羯磨詞句,義立應知。若受七日,但得六夜,故律云“及第七日還”也。文云):“大德一心念!我比丘某甲受七日法,出界外。爲某事故,還來此中安居。白大德令知。”(三説。)

心念受七日法(此《律》無開心念受文,准《十誦律》,開獨住等五人。七種心念中,受日是某一數也,應云):“我比丘某甲受七日法,出界外。爲某事故,還來此中安居。”(三説。)

説欲法,有四種:

一、自説欲(謂自身至僧中,説已出去。文云):“大德僧聽!我比丘某甲某事因緣,如法僧事,與欲清浄。”(一説。)

二、爲他説(文云):“大德僧聽!比丘某甲某事因緣,我受彼欲清浄,如法僧事,與欲清浄。”(一説。)

三、自爲兼他(謂自有緣,復受他欲。僧中説云):“大德僧聽!比丘某甲某事因緣,我受彼欲清浄。我比丘某甲某事因緣,彼及我身,各如法僧事,與欲清浄。”(一説。)

四、轉與欲清浄者(謂受他欲已,忽自有因緣,不得至僧中,應向餘比丘邊合説者是[②]。文云):“大德一心念!比丘某甲某事因緣,我受彼欲清浄。我比丘某甲某事因緣,彼及我身,各如法僧事,與欲清浄。”(一説。)

彼人受已,至僧中,應如常直説之。

僧中自恣法。(要須下至五人已上,方得作法。若少一人,不成。差舉,應差二人。所差人必須具五德:不愛,不恚,不怖,不癡,知已自恣、未[③]自恣。若有五人,各别差。若六人,雙差無失。)

差五德羯磨文:“大德僧聽!若僧時到,僧忍聽!差比丘某甲作受自恣人。白如是。”“大德僧聽!僧差比丘某甲作受自恣人。誰諸長老忍僧差比丘某甲作受自恣人者,默然;誰不忍者,説。僧已忍差比丘某甲作受自恣人

① 日,録本訛作“曰”,據底本改。
② 是,録本訛作“定”,據底本改。
③ 未,録本訛作“等”,據底本改。

竟。僧忍默然故，是事如是持。”

五德白僧自恣法（五德既被差已，應至上座所坐訖，作白羯磨。文云）：“大德僧聽！今白月十五日，衆僧自恣。若僧時到，僧忍聽！和合自恣。白如是。”（若黑月，准之稱[①]及日數等。作如是白已，然後應白衆言：“衆僧應各偏露右肩，前就草座，**蹋**跪合掌，如法受自恣。”然二五德更互**蹋**跪受自恣，不得立相待。）

僧各自恣文：“大德一心念！今日衆僧自恣，我比丘某甲亦自恣。若有見、聞疑罪，願大德、長老哀愍故語我。我若見罪，當如法法懺悔。”（三說。）

若二人、三人、四人，應更互相共自恣（文云）：“三長老一心念！衆僧今日自恣，我比丘某甲亦自恣清净。”（三說。）答言：“爾。”餘人作法亦爾。

一人心念自恣法，唯除上“長老一心念”一句，餘悉同上。

分亡比丘輕物法（先令看病比丘持亡比丘輕物，於僧中捨之。文云）：“大德僧聽！比丘某甲此住處命過（若在餘處亡，應云“彼住處”），所有衣、若非衣，現前僧應分。”（三說。訖後總云）：“我比丘某甲，持此衣物，令（今？）[②]捨與僧[③]。”（如是捨已，知律者應先問言：“有看病人不？”若言“有”者，應問言：“三寶、别人負亡者物不？又，亡者負三寶别人物不？”若言“有”者，宜可徵償，然後作法。作法之軌，須定四准：一、定同生、非同生；二、囑授成、不成；三、料簡輕重；四、賞勞分攝。前之三，准事類稍多，檢如廣本，違名所諱，諱無宜繁引；第四賞分事，須備舉爾。）

賞勞法。（凡作賞法，須具功勞稱教，事如作法，方就（説）[④]謂備五德，得受此賞，闕之不合。五德者：一、知病人可食不，可食應與；二、不穢污、大小便、唾吐；三、能爲病人經理湯藥，作究竟意；四、有慈心不，應問[⑤]彼人“具不”。或言“具”者，令數之。審知具已[⑥]，然後作法方便，問和簡衆等如常。）

① “之稱”二字録本訛作“稱之”。按：底本“稱之”間實有一乙鈎號。兹據正。
② 令，此似當爲“今”之訛字。待考。
③ 僧，録本訛作“增”，據底本改。
④ 就，戊本改作“説”。
⑤ 問，録本訛作“闕”，據底本改。戊本訛同。戊本出校：“底本此處有缺漏。”
⑥ 已，録本訛作“己”，據底本改。

賞勞羯磨文:"大德僧聽!比丘某甲此住處命過(若餘處,應云住處),所有衣、鉢、坐具、針筒、盛衣褚(貯)[①]器(若於六物中闕者,隨現有者稱之),現前僧應分。若僧時到,僧忍聽!僧今與比丘某甲看病人。白如是。"

"大德僧聽!比丘某甲此住處命過,所有衣、鉢、坐具、針筒、盛衣褚(貯)器,現前僧應分。今與比丘某甲看病人。誰諸長老忍僧與比丘某甲看病人衣、鉢、坐具、針筒、盛衣褚(貯)器者,默然;誰不忍者,說。僧已忍與某甲比丘看病人衣、鉢、坐具、針筒、盛衣褚(貯)器竟。僧忍默然故,是事如是持。"(賞勞法竟,事次分衣。然義准《四分》及《十誦》明文,先須差一人——具五德人作分衣者。謂不愛、不恚、不怖、不癡、知已分未分及依時價色等。差得人已,方行付分之法。有人立三法者,此思文不了。又今行事,多行一百二法即爲分攝者,良恐難准,甚有所闕也。今宗行事之軌,決須立某差人。秉法者問和等,並如上。)

差分衣人羯磨文:"大德僧聽!若僧時到,僧忍聽!今差比丘某甲爲僧作分衣人。白如是。""大德僧聽!今差比丘某甲爲僧作分衣人。誰諸長老忍僧差比丘某甲作分衣人者,默然;誰不忍者,說。僧已忍差比丘某甲爲僧作分衣人竟。僧忍默然故,是事如是持。"

分輕物羯磨文:"大德僧聽!比丘某甲此住處命過(若餘處亡,言彼住處),所有衣、若非衣現前僧應分。若僧時到,僧忍聽!僧今與比丘某甲,比丘某[甲][②]當還與僧。白如是。""大德僧聽!比丘某甲此住處命過,所有衣、若非衣現前僧應分。僧今與比丘某甲,比丘某甲當還與僧。誰諸長老忍比丘某甲此住處命過,所有衣、若非衣現前僧應分,僧今與比丘某甲,比丘某甲當還與僧者,默然;誰不忍者,說。僧已忍持此衣物與比丘某甲、比丘某甲當還與僧竟。僧忍默然故,是事如是持。"

---

① 《龍龕手鑑·衣部》:"褚","褚"的俗字。"褚"此當讀如"貯"。《左傳·襄公三十年》:"從政一年,輿人誦之曰:'取我衣冠而褚之,取我田疇而伍之。孰殺子產,吾其與之!'"杜預注:"褚,畜也。"洪亮吉《春秋左傳詁》:"褚、貯,古字通。""褚"字姚秦佛陀耶舍共竺佛念等譯《四分律卷第四十一·衣揵度之三》[T22n1432p1046a22]即作"貯"。下"褚"字同,徑括注其正字,不復校。

② 甲,録本脱,據底本補。

三人分亡比丘物法（應云）："二大德一心念！比丘某甲此住處命過。所有衣、若非衣現前僧應分。此處無僧，此衣屬我等，是我等分。"（應三説。一人説已，餘二人亦不須説。）

一人心念分亡比丘物法（應云）："比丘某甲此住處命過。[□][所][1]有衣、若非衣，現前僧應分。此處無僧，此衣屬我。我應用。"（一説。）

受持三衣文。（三衣道標[2]，三聖寶重。教文敬類，如佛塔名。體顯未曾有法，功能摧九十六。道服行護，須遵聖法。若不加受，衣若無衣。他部自部，咸皆制受。聖[3]慈所誨，幸奉居心。）

受僧伽梨文："大德一心念！我比丘某甲，是衣僧伽梨十五條衣，受三長一短，割截衣持"。（三説。）彼答云："可爾。"（餘皆例然。唯教所判，大衣有三位九品，從九條、[□□□][十一條][4]、十三條，並云二長一短；十五、十七、十九，並云三長一短；二十一、二十[5]三、二十五，並云[6]四長一短。作法之時，准稱應知[7]。）

受七條文："大德一心念！我比[8]丘某甲，是衣[9]欝多羅僧七條衣，受兩長一短，割截衣持。"（三説。）

受五條文："大德一心念！我比丘某甲，是衣安陀[10]會五條衣，受一長一短割截衣持。"（三説。）

捨三衣文："大德一心念！我比丘某甲，此僧伽梨是我三衣數，本受持。今爲替换故，捨。"（三説。餘二衣亦爾，准捨之。）若三衣在異處，夜不及會

---

① 所，底本、録本脱，據文意補。
② 標，録本訛作"德"，據底本改。
③ 聖，録本訛作"堅"，據底本改。
④ 戊本出校："'十一條'，底本無，據《宗四分比丘尼隨門要略行儀》補。"
⑤ 乙本上殘。
⑥ 云，乙本無。
⑦ "知"後乙本有一"也"字。
⑧ 丙本以上殘。
⑨ 衣，丙本無。
⑩ 陀，丙本作"多"。

者，應對一比丘，遥捨作法云[1]：“大德一心念！我比丘某甲，彼僧伽梨是我三衣數，本受持。今爲不及會[2]故，捨。”（三説。）餘二衣准捨。

若無比丘者，應心念口言：“准。”唯[3]除前“大德一心念”一句，餘悉同上。

受持[4]尼師檀法文：“大德一心念！我比丘某甲，此尼師檀應量作，今受持。”（三説。）

捨文：“大德一心念！我比丘某甲，此尼師檀應量[5]作，先授（受）[6]持，今捨。”（三説。）

受持鉢文：“大德一心念！我比丘某甲，此鉢多羅應量[7]受，常用故。”（三説。）

[□□□][捨鉢文][8]（▭受持，事應須捨，應及▭文，即成捨法。文云）：“大[9][□□□□□□□□□□][德一心念！我比丘某甲，此][10][□□□□□□□□□□□□][鉢多羅應量器，先受持，今捨][11]。”[□□□□□□□□□□□][如是三説。説已，更▭鉢][12]▭[□□□□□□□□□□□□][節鉢。此應説净，法同長衣][13]。

展轉净施法（應請一比丘，多聞、持戒、有德、名聞者爲施主。若是大者，應禮足，**踋**跪、合掌請；若[14]小者，除禮足。比丘尼、戒叉摩那、沙彌、沙彌尼並

[1] 云，丙本作“也”。
[2] “今爲不及會”五字乙本無。
[3] 唯，乙本無。
[4] 持，丙本無。
[5] 量，乙本無。
[6] 授，此當爲“受”字之訛。該字乙本作“受”，可參。
[7] “量”後乙本有一“器”字。
[8] “捨鉢文”三字底本、録本無，據乙本補。
[9] “受持……大”數十字底本、乙本無，據丙本補。
[10] “德一心念！我比丘某甲，此”十字底本無，乙本、丙本殘，結合文意，據戊本補。
[11] “鉢多羅應量器，先受持，今捨”十一字底本無，丙本殘，據乙本補。
[12] “如是……鉢”十數字底本無，丙本殘，據乙本補。
[13] “節鉢……長衣”十字底本無，乙本殘，據丙本補。
[14] 若，乙本無。

得。若是比丘，請云[①]）："大德一心念！我比丘某甲，今請大德爲衣藥鉢展轉浄施主。願大德爲我作衣藥鉢展轉浄施主。慈愍故。"（三説。自此已後，應對一比丘説浄，然不得對施主面説浄，又不得語令知[②]。）

説浄文："大德一[□][心][③]念！我比丘某甲，有此長衣未作浄，今爲展轉浄故，施與大德。"（説已，應付彼比丘。彼比丘得已，應語彼云）："長老一心念！長老有此長衣未作浄，爲展轉浄故，施與我。我今受之。"（受已，當問彼言）："汝施主是誰?"（答言）："某甲。"（受者應如是言）："長老一心念！長老有此長衣未作浄，爲展轉浄故，施與我。我今受之。長老自言：'施主是某甲。我持此物施與某甲。此衣是某甲已有。長老爲某甲守護[④]，受[⑤]用隨意[⑥]。'"（一説。）

受非時漿法："大德一心念！我比丘某甲，今爲渴、病因緣。此是梨漿（諸菓汁等，准名[⑦]稱之），爲欲經非時服故，今於大德邊受。"（三説。）餘漿准此。

受七日藥文："大德一心念！我比丘某甲，爲某病因緣故，此蘇油七日藥，爲欲七日共宿服故，今於大德邊受。"（三説。）

受盡刑（形）[⑧]藥文："大德一心念！我比丘某甲，今爲某病因緣故（風[⑨]冷等，隨患稱），此薑椒等盡形受藥，爲欲共宿長服故，今於大德邊受。"（三説。）彼答云："爾。"（又此藥有四種，謂[⑩]時與非時、七日、盡形。若四藥相和，從强作名[⑪]而服。作服[⑫]已，更勿令未受具[□][戒][⑬]者觸之，隨其限内，無

① 云，乙本作"云云也"。
② 知，乙本作"知也"。
③ 心，底本無，據乙本補。
④ "守護"二字乙本作"善護持"。
⑤ 受，乙本作"著"。
⑥ 意，乙本作"因緣"。
⑦ 名，乙本作"此"。
⑧ 刑，此乃"形"之借字。該字乙本作"形"，可參。
⑨ 風，録本訛作"温"，據底本改。
⑩ 謂，丙本無。
⑪ 名，録本訛作"各"，據底本改。
⑫ 服，乙本作"法"。
⑬ 戒，底本、録本無，據乙本補。

間晝夜，一切時得服。若病差(瘥)①已、或無病服者，皆犯突吉羅。又世有愚叟，於非時分中，或飲乳酪、豉汁②、棗湯，或飯漿等，及以石榴、梨柰、蒲桃、赤柰等諸果，得便咀嚼，噂③汁咽之，云教開聽，實亦可傷之甚。菓等作漿，聖令擣押，分其汁滓，去滓④留汁，取之澄清，然以净⑤水添和，壞其本味。如是應法，方始開聽。前任流心，誠爲侮猛。又以乾麨、麥飯和苟杞⑥等⑦諸藥擣之，或以蘇蜜等和胡⑧麻屑，用作非時藥服。如是等例，隨所食者，皆咽咽犯提。此乃愚壞妄思，濫行此計。護⑨戒存道者，時宜慎⑩之爾。)

捨墮懺悔法(捨局三十，爲言"懺"義，通餘篇聚)：將欲捨衣(應自⑪思慮，隨所犯過之衣，並宜盡集，如是集已)，先自責心懺，除八品突吉羅罪。(然其八品，未必諸人皆具。今依文義，出其相狀。宜自撫心，依文審察。自知有者，牒名懺之。)

言"八品"者，一犯根本波羅逸提。已識知罪，作覆藏心，共清净比丘同界，經宿則犯一品覆藏突吉羅。經第二宿已，又犯隨展轉覆藏突吉羅。(此兩品罪，從根本波逸提罪生。)犯尼薩耆，衣不捨而著，一一得著用不净衣突吉羅。(此是根本。)復憶知是罪，作覆藏心，與清净僧同住經宿，犯覆藏突吉羅。經第二宿已，又犯隨展轉覆藏突吉羅。(此是著用三品。)上來所列諸罪，總憶知是犯，作覆藏心，經僧説戒，三問[□□□][不發露]⑫，犯默然妄語突吉羅。(此是根本。)復於此罪作覆藏心，經一宿，覆藏突吉羅。又於此二

① 差，戊本徑改作"瘥"。按："差"乃"瘥"之古字，宜注不宜改。
② 乙本以下殘。
③ 噂，録本訛作"殍"，據底本改。
④ "去滓"二字丙本無。
⑤ 净，丙本無。
⑥ 杞，録本訛作"把"，據底本改。
⑦ "等"前底本有一"已"字，當爲書手誤衍。玆據文意删。
⑧ 胡，丙本無。
⑨ 護，録本訛作"發"，據底本改。
⑩ 丙本至此止。
⑪ 自，録本訛作"白"，據底本改。
⑫ 戊本出校："'不發露'，底本無，據《宗四分比丘尼隨門要略行儀》補。"

品作覆[□][藏]①心，經第二宿已，復犯隨展轉覆藏突吉羅。（此是默妄三品。）此之八品，並責心悔。（行懺之軌，應偏露右肩，至心禮十方佛，如對目前，生殷重心，深自追責。由無慚愧、輕蔑聖教，故犯成業。三時報熟，定受非疑。思之雨淚滂流，想則聲悲酸噎。起重慚心。然後作法。云）："我比丘某甲，故畜衆多長衣（若憶數，隨數稱），犯捨墮。是中有著用不净衣突吉羅，不憶數（若憶數，隨數稱。下皆准此）。於此罪作覆[□][藏]②心，犯覆藏突吉羅，不憶數。又犯隨展轉覆藏突吉羅，不憶數。經僧説戒，犯默妄語突吉羅，不憶數。是中犯覆藏突吉羅，不憶數。又犯隨展轉覆藏突吉羅，不憶數。今向諸佛前發露懺悔，不敢覆藏。[□][懺]③悔即安樂，不懺悔不安樂。憶念犯發露，知而不覆藏。唯願諸佛，憶念清净戒身，具足清净布薩。我今自責，心生厭離。"（一説。）次懺著用、默妄二根本突吉羅（准前，隨牒）。次懺波逸提下覆藏二突吉羅。（亦准前，隨名牒應知。）

餘篇聚下位有五品突吉羅。（若不經説戒，但有二品。准知之。）懺之法則，並同上軌。（准牒本，犯各爲異爾。）

捨財文（凡欲捨墮，事依二界。界内有僧，並須盡集。故《律》云："若僧、若衆，多人、若一人，皆須總集，不得别衆捨。若捨，不成捨，得突吉羅。"唯除綫、縟二寶，許别衆捨，除並不得爾）："大德一心念！我比丘某甲，故畜衆多長衣（若知數，必須依本數稱之），過十日，犯捨墮。我今持此衣物，捨與大德。"（一説。）彼答云："可爾。"（然爲受取。）如是離三衣宿（隨其一、二、三，依名稱），犯捨墮。販賣得財（若干，衆多），犯捨墮。或從非親居士乞衣（若干，衆多），犯捨墮。（如是乃至迴僧物，並隨名稱之，應知。）

請懺悔主文（應對一清净比丘，輕重無犯者，故律云：應至清净境所。何以須爾？彼人有犯，便成自縛；自既有縛，何能濟他？文云）："大德一心念！我比丘某甲，今請大德作波逸提懺悔主，願大德爲我作波逸提懺悔主。慈愍故。"（三説。答言："可爾。"）

---

①② 藏，底本、録本無，參戊本補。

③ 戊本出校："'懺'，底本無，據《宗四分比丘尼隨門要略行儀》補。"

正明懺悔法(文云):"大德一心[□][念][①]!我比丘某甲,故畜衆多長財(若干,稱數),過十日,犯捨墮。是衣已捨與大德(若捨與餘人,應云'已捨與別人')。此中有根本波逸提罪,不憶數。(若少可知義,宜准稱之。如三衣,一向稱數,不得云"衆多"。或經多時,有著用壞盡,各犯根本波逸提罪,亦不憶數。若財並在,即不須此言。)今向大德發露懺悔,不敢覆藏。懺悔即安樂,不懺悔不安樂。憶念犯發露,知而不敢覆藏。願大德憶我清净戒身,具足清净布薩。"(如是三説。)懺主應語(彼言):"長老自識知是罪相不?"(彼應答云):"識。"懺主(又言):"當自責汝心,深生厭離。"答云:"可爾。"(小者云:"頂戴持。")此對長衣説竟。自餘戒等,可以例知。

次明還財物法(是三十戒中,長衣、一月[②]衣、長鉢、七日藥、急施過後等,總有五戒,並須經宿還之。自[③]餘戒等,並即坐還之。若或共此五戒中種類同捨者,亦可相從經宿,唯除離三衣、六年卧具等合捨者,不須經宿,定即坐還之。若借他三衣,擢受得成受持。若離宿,失受持,犯波逸提罪。但懺其罪,衣既是他物,不合捨之。應知。)

識罪發露法(通義五篇):佛言:"當至一清净比丘所,具修威儀,説所犯罪名。"(應作白言):"大德一心念!我[④]比丘某甲,犯某罪,今向大德發露,後當如法懺悔。"(三説。)

疑罪發露法(義通五篇):《律》云:犯罪有疑時,逼説[□][戒][⑤]。佛言:發露已,得聞戒。(義准法云):"大德憶念!我比丘某甲於某犯生疑,今向大德發露。須後無疑時,如法懺悔。"(三説。)彼應言:"可爾。"

足食已,作餘食法。(應持食,對一比丘未足食者,作如是言):"大德!我已足食。大德知是看是。我作餘食法。"(彼應即取少許食已,語言:"我已食止,汝取食之。")

請依止文:"大德一心念!我比丘某甲,今請大德爲依止阿闍梨,願大德

---

① 念,底本、録本無,今據文意補。

② 月,録本訛作"日",據底本改。

③ 自,録本訛作"日",據底本改。

④ 丁本自此始。

⑤ 戒,底本、録本無,據丁本補。

爲我作依止阿闍梨。我依大德故，得如法住，慈愍故。”（三說。）彼應報言：“可爾。”或言：“與[□][汝][1]依止。”或言：“莫放逸。”（此三法隨作一語皆得，不勞具説。）

同受請食、前食後入聚落囑授文：“大德一心念！我比丘某甲，先受某甲請，今有某緣事，欲入某處聚落，至某家。白大德知。”（作囑受已，若往餘處，或中道還，並失前法。若欲往者，應更作法。）

非時入聚落白文：“大德一心念！我比丘某甲，非時入某聚落，至某家。白大德令知。”彼答言：“爾。”（若有請喚，不須作白。）

作六念法：第一念，知月朔大小。（若月大、白月十五日已前，應云：“此月大白月。”一日乃至十五日，隨日稱之。若從十六日已後，皆云“黑月”，應云：“此月大黑月。”一日乃至十五日，隨[□□][日稱][2]之。若月小，應云：“此月小。”作法准前。若依《祇律》，白月恒大[3]，黑月隨大小稱之。今既欲知此方道俗兩種日月不同，《祇律》依彼西土作法，但可以義長通，稱月大小，復標沙門日月白黑之别[4]。）

第二念，知[5]食處。若常食乞，（應云）：“我常乞食。”若[自][6]食己[7]食，（應云）：“我自食己[8]食。”若食僧食，（應云）：“我食僧食。”若食無定處，（應云）：“不[9]背請食。”若唯一請，念自訃（赴）[10]。若多請處，自不能遍訃（赴），自訃（赴）一請，餘者應[□][囑][11]人遣訃（赴）。某（其?）[12]所訃（赴）人，比

---

① 汝，底本、録本無，據丁本補。

② “日稱”二字底本、録本無，據丁本補。

③ 大，丁本作“月大”。

④ 别，丁本作“别也”。

⑤ 知，録本訛作“如”，據底本、丁本改。

⑥ 自，録本脱，據底本補。

⑦⑧ 己，録本訛作“已”，據底本改。

⑨ 不，録本訛作“下”，據底本改。

⑩ 訃，此當爲“赴”之借字。該字戊本即校作“赴”。下“訃”字同，徑括注其本字，不復校。

⑪ 囑，底本、録本無，據丁本補。

⑫ 某，此似爲“其”之訛字。該字丁本即作“其”。

丘、沙彌俱得。應作法云:"長老某甲,檀越請我[□][施][1]五正食。我有因緣不得往,今布施汝。"若無人可得,應准《僧祇》、《五分》作心念捨之:"我比丘某甲,今朝檀越施我五正食,我迴施比丘某甲。檀越於我不繫,我當食。"(若背前家請,向後家應三說;背後,向前家一遍説[2]。)

第三念,知受戒時夏[3]數。(應云):"我於某年某月某日某時,受具足戒。一尺木,若干影。"(無夏,若有夏,隨多少稱之爾。)

第四念,知衣鉢受净已未。若三衣不具,念當具。若具,念受持。若有長財,念説净。若衣有具、不具,隨無念具。若長衣[□][有][4]净、不净,未[□][净][5]者,念當净。若衣鉢並具已,受長財已净,(應云):"三衣鉢具已受持,所有長衣(財?)[6]已説净。"

第五念,知食同别。(應云):"依衆食,不别衆食。"

第六念,知病、不病。若有病,(應云):"我今有病,念當療治。"無病,直云:"今朝無病,依衆行道。"

受畜錢寶、作净等法(錢寶生過,道之大患。流俗淺懷[7],尚飲(欽?)[8]高節;况出家拔俗,而輒儲之?遠墜清風,近參鄙跡。慕道通聖[9],持[10]宜輕棄[11]。然爲資道在緣,斯有濟要之義。故聖慈開法,爲益行人。自律准奉,稍難他部。容有通濟,亦可依之,想無違理):錢等若畜,准依《四分》,得捨墜(墮?)[12]。若

① 施,底本、録本無,據丁本補。
② 説,丁本作"説也"。
③ 夏,録本訛作"憂",據底本、丁本改。
④ 有,底本、録本無,據丁本補。
⑤ 净,底本、録本無,據丁本補。
⑥ 衣,此似爲"財"之訛字。該字丁本作"財"。
⑦ 懷,録本訛作"壞",據底本改。
⑧ 飲,此似爲"欽"之訛字。該字丁本作"欽"。
⑨ 聖,録本訛作"至",據底本改。該字丁本作"人"。
⑩ 持,丁本作"特"。
⑪ 棄,録本訛作"乘",據底本改。
⑫ 墜,此似爲"墮"之訛字。該字丁本作"墮"。

依《薩婆多論》,開説净畜。且如今外衆,信根澆薄,堪[①]爲净主者希(稀)[②]。内衆復於錢寶不能令作割捨,乃自手捉持,畜以積業。設雖不捉,遣净人捉。口可受愆,未能得遣。是以今者,且准聖教,令説净而畜。雖不當宗,終[③]是金杖,並堪有用。既知斯意,然後方述。宜准彼文,用爲恒式。(應先語一無式[戒?][④]人、俗人等云:"比丘法,所有錢寶,佛不許畜。今請汝爲寶主,吾所得錢寶,並是汝[□□][有,汝][⑤]當知之。"自此已後,所得錢寶,但説净已,自守護之。如俗人行錢等時,即作法云):"此不净物,我不應畜。若净生,當受。"(若俗人無[與?][⑥]已即去,不及説者,應對一比丘如前净法。)

净菓菜等法(菜通五生種,菓收於五果。禁該[⑦]於五衆結罪。准二品净法,分五位净,境惟二俗):五生種者:一、根種(謂如薑等,及一切枝[⑧]種是);二、枝種(謂如柳等,及一切枝種是);三、節種(謂如蓼等,及諸節生者是);四、覆羅種(即如甘蔗、藕根之類);五、子種(即十七[種?][⑨]穀及諸子種等)。於中净者(根、枝[⑩]、節等,以刀中折净。節種中,播[⑪]去牙(芽),因[⑫]净;亦得藕根等[⑬]刀净、瘡净,去節亦得。子種者,並須脱皮净。如論火净,通於五生種)。五果者,一、核果(謂如棗、杏之類);二、膚果(如花果、撥梨、柰椹[⑭]等);三、殼果(即椰子、胡桃、栗子、石榴等);四、檜果(如香茅菜[⑮]、蘇荏等);五、角

① 堪,録本訛作"湛",據底本改。
② 希,戊本改作"稀"。按:"希"乃"稀"之古字,不宜徑改。
③ 終,録本訛作"經",據底本改。
④ 式,此似爲"戒"之訛字。該字丁本作"戒"。
⑤ "有汝"二字底本、録本無,據丁本補。
⑥ 無,此似爲"與"之訛字。該字丁本作"與"。
⑦ 該,録本訛作"諺",據底本改。
⑧ 枝,丁本作"根"。
⑨ 七,此似爲"種"之訛字。該字丁本作"戒"。
⑩ 枝,丁本作"支"。
⑪ 播,録本訛作"楺",據底本改。
⑫ 因,録本訛作"目",據底本改。
⑬ 等,丁本無。
⑭ "柰椹"二字録本訛作"李堪",據底本改。
⑮ "茅菜"二字録本訛作"等柔",據底本改。

果(如大小豆、皂莢之類)。於中净者,《律》開二五。今且列五種:一、火净;二、瘡净;三、刀净;四、鳥啄净;五、不任種净。前五果中,膚、子俱食者,事須火净。及不任種净,不食子者。餘净隨意。(餘如廣説。)

入衆五法(凡所入衆,要先備於五法在心。善調心志,動成物軌。和合相得,情若水乳。出離之勝,義無過此。故增五。文云):"佛告諸比丘:'比丘至僧中,應先有五法:一、應以慈心(修慈愍物,離於瞋垢,益自他故)。二、應自卑下,如拭塵中(卑心下意,折伏貢高,推直與他,攬過歸己[①])。三、應善知坐、起。若見上座,不應安坐;若見下坐[②],不應起立(善知己[③]位,動静合儀。離凡諂慢,順聖心故)。四、彼至僧中,不爲雜説、論世俗事。若自説法,若請人説法[④](雜説世言,捐道違理。時宜重衆,慬(謹?)[⑤]意緘[⑥]然。益物利生,事資正法。理宜宣奉,或自或他)。五、若見僧中有不可事,心不安忍,應作默然。何以故?恐僧别異故。(或無善伴,或言不鑒物,若當料理,恐成敗捐,或至破僧。宜須緘默,息諸諍亂故也。)

詳法興没,寔在於人。綱軌略中,如文可領。自餘行相,如廣如文。幸奉聖心,警兹明誡耳!

宗四分比丘隨門要略行儀[⑦]。

①③ 己,録本訛作"已",據底本改。

② 坐,戊本改作"座"。按:"坐"乃"座"之古字,不宜徑改。

④ "若請人説法"五字丁本無。

⑤ 慬,此似當爲"謹"字之訛,待考。

⑥ 緘,録本訛作"滅",據底本改。

⑦ "宗四分比丘隨門要略行儀"十一字丁本作"宗四分比丘隨門要行儀"。

No. 2792 毘尼心一卷

[題解]

佛教戒律，又名《毘尼心經》，譯著者不詳，一卷。敦煌文獻中有斯 490(首全尾全)、斯 2725(首殘尾殘)、斯 3981(首殘尾殘)，伯 2148(首全尾全)、伯 2158(首全尾全)，BD0834(北 7106，盈 034，首殘尾殘)、BD0772(北 7107，月 072，首殘尾殘)、BD4456(北 7108，崑 056，首殘尾殘)、BD3757(北 7109，霜 057，首殘尾殘)、BD3756(北 7110，霜 056，首殘尾殘)、BD3759(北 7111，霜 059，首殘尾殘)、BD3754(北 7112，霜 054，首殘尾殘)、BD3767(北 7113，霜 067，首殘尾全)，BD14622(北新 822，BD14622，異本，首殘尾全)，計 14 號。此經以《四分律》爲主，結合《十誦律》、《五分律》的觀點，提綱挈領地論叙佛教戒律的主要内容。北新 822 有題記云："唐貞元三年(787)十月二十日造，報恩寺僧離(後殘)。"清代以前歷代大藏經未收，日本《大正藏》據斯 490 號爲底本、伯 2148 號爲甲本收入第八十五册。今仍以《大正藏》本所據原卷斯 490 號爲底本，以伯 2148 號爲參校甲本。

律中名教有八種：學戒法第一，師徒法第二，衆僧法第三，行道懺悔法第四，行道修善法第五，發道資緣法第六，信施檀越法第七，護持法藏第八。

學戒法第一

如來成道十二年中，爲諸利根略制戒律。十二年後，終至涅槃，爲諸鈍根多行毁犯，隨缺補過，廣制戒律。譬如納衣，有孔方補。佛臨涅槃時，以此律藏付囑優婆離。佛滅度後，摩訶迦葉�三寶，簡取五百大阿羅漢，於王舍城結集法藏。爾時,優婆離一夏之中八十度昇高坐(座)[①],具足誦出《大毘尼藏》,如佛所説。是真净教有八十誦,悉以付囑摩訶迦葉。此迦葉將入滅度,以此律藏付囑阿難。而阿難將欲滅度,付二大士:一名"商那和脩",二名"末田地"。依《付法藏經》説,尊者末田地向罽賓行化,不在經中,更不見記也。商那和脩在王舍城行化。而商那和脩臨滅度時,以此法藏付囑優波毱多。已上有五大師,皆總持八萬法藏,智辯超群,神通莫測。而毱多有五弟子:一名"薩婆多",二名"曇無德",三名"彌沙塞",四名"婆麁富那",五名"迦葉惟"。此五人者,於大藏中神解不周,闕於圓通,又皆是聖智,觀末代凡夫根鈍,不能具受大毘尼藏,各自簡略,取捨不同,隨衆生所樂,分爲五部(周幽王時,佛出世。漢明帝時,經像來至。一百年許,始有比丘支竺,微解漢語,翻經本。至秦主姚興,深信佛法,以弘始八年,於長安草堂寺,請[②]天竺沙門羅什法師,更譯胡本。什法師善解方音,明曉佛法。於是廣流布矣)。

五部律:一者、《十誦律》,律主名"薩婆多",誦出此律。以秦弘始八年,有罽賓國三藏法師,名"弗[③]若多羅",誦出《十誦律》本,來到長安,共羅什法師翻出此律。譯一分未竟,而弗若多羅身亡。有盧山遠法師,與曇摩留支續翻出未譯者。後復有三藏律法師,名"毘摩羅叉",亦是羅什先所求尋。師自來到壽春,在石澗寺重校律本,復出三卷,律序置之。於後此土有律,《十誦》爲初也。

二者、《四分律》,律主名"曇無德",此方名"法正"。此人有菩薩根性,傳持此律。此間有晋國沙門支法師,令往向西土,從于填國齎《四分律》本,還到秦國。國主姚興以弘始十二年秦右[④]將軍司隸校尉姚爽[⑤]於長安寺中,集令德沙門三百餘人,請[⑥]罽賓國三藏大乘律師佛陀耶舍,譯出《四分律》並《長阿含經》。凉州比丘竺佛念譯胡音,秦國道雲、道含等筆受。此土律興,《四分》第二。

① 坐,甲本作"座"。
②⑥ 請,録本訛作"諸",據底本改。
③ 弗,録本訛作"佛",據底本改。
④ 右,録本訛作"古",據底本改。甲本亦作"右",可參。
⑤ 爽,録本訛作"興",據底本改。甲本亦作"爽",可參。

三者、《五分律》，律主名“彌沙塞”。有罽賓國三藏律師，名“弗大什”，謹齎執《五分》胡本來到楊州，以晋景平元年十月中，晋侍中琊瑘王司馬練[①]共比丘竺道生、惠（慧）巖等請令出之。弗大什謹執胡本，文無差錯。律教東流，《五分》第三。

四者、《僧衹律》，律主名“婆麄富那”。此土有法顯比丘，輕身重法，自往胡國，求覓經書。到摩竭國，於巴連弗邑阿育王塔南天王寺寫得胡本，將還此國。以晋義熙十二年十一月到楊州，於鬬場寺共三藏禪師佛大跋陀翻出之，並六卷《涅槃》。比丘寶雲譯胡爲漢，十四年都訖。律教流布，《僧衹》第四。

五者、《迦葉惟律》（亦名《迦葉毘律》。此土未感，未來漢地）。

律藏有四名：一名爲“戒”（若就教譯，防非之法，字之爲“戒”；此法能禁制身、口也。若就行解，止惡之心，名爲“戒”；此心能制身、口不爲，不令諸過得起，名爲“戒”也）。二名爲“律”（若就教譯，詮量輕重，以之爲“律”。若就行譯，調伏剛鑛，以之爲“律”）。三名“波羅提木叉”（此是胡音，漢名“彼彼解脱”。若就教譯，此是解縛之法，依而出家，若也羈礙，在在處處身心無爲，故云“彼彼解脱”也。若就行譯，絶縛之心，念念之中能分[②]離煩惱，故云“彼彼解脱”也）。四名“毘尼”（亦是西音，此方云“滅”。若就教譯，此法能彌息諍論，故名爲“滅”；若就行譯，斷除生死苦盡，無爲寂泊爲“滅”）。此四之中，前二就因爲名，外防爲“戒”，内順爲“律”。後二就果爲名，“解脱”者煩惱盡處，是有餘涅槃果也；“滅”者身智俱亡[③]，是無餘涅槃果也。又大乘之中，“戒”之與“律”，是因通果，是有爲出要行；“解脱”與“滅”，是果通因，是無爲出離行。此四皆名“藏”者，若就教釋，文旨苞富，名之爲“藏”；若就行釋，出生衆善，利

① 練，底本、甲本均訛作“陳”。釋慧皎《高僧傳》卷第三：“京邑諸僧聞什既善此學，於是請令出焉。以其年冬十一月集于龍光寺，譯爲三十四卷，稱爲《五分律》。什執梵文，于闐沙門智勝爲譯，龍光道生、東安慧嚴共執筆參正，宋侍中瑘琊王練爲檀越，至明年四月方竟。”[T50n2059p339a11]。今據改。

② 分，底本、録本作“分分”，中一“分”字當係衍字，據文意删。

③ 亡，録本訛作“盡”，且於“盡”字下出校：“盡＝亡㊙。”按：原卷此字本作“亡”，注文失校。兹據改。

益無窮,故名爲"藏"。

次明受戒法。

五種受戒法:[一][1]、上法受戒(位在無學以上。若人得阿羅漢,即名"受具足戒"。如來成道正覺,證理究竟,不從師悟,故名"自然得戒"。若弟子皆自誓受,諸佛爲證,得法最勝,故名"上法受戒"。此中含於二:"自然"及"自誓")。二、善來受戒(位在須陀洹果以上。此人乘宿善而來,值佛出世間説四諦,道成初果,求哀出家。聖命善來比丘即發具足,故名"善來受戒")。三、師法受戒(此是女人,亦得須陀洹[2]果,求哀出家。如來爲説八敬之法,遣阿難傳授於彼,令其遵奉大僧以爲師範,承旨頂[3]受,即發具足,故名"師法[4]受戒")。四、三語受戒(位在内凡以上。此人值佛出世,但聞而不見,有一羅漢授與三歸,便發具足,故名"三語受戒")。五、羯摩受戒(位通外凡已下。此人善根微薄,道心難發,要假十僧作法成就,方得具足,故名"羯摩受戒"。要須具六因緣,乃得具足受戒:一、受戒人身無十三難。二、年滿二十。三、[□][三][5]衣鉢具。[□][四][6]、師僧衆滿,如法清净。五、在結界内不別衆勢分相。及六、一白三羯摩,前後方便,文辭具足)。《摩夷經》中有十種受戒。比丘有五種:一、上法。二、善來。三、三語。四、敕聽。五、羯摩。尼亦有五種:一、正法。二、善來。三、師法。四、遣使。五、羯摩。合爲十種。《十誦律》明十種受戒法:一、自然得戒,謂佛無師自悟。二、自誓得戒,謂大迦葉。三、見諦得戒,謂拘隣等五比丘聞説四諦,尋發具足。四、善來得戒,謂耶舍等及如來一代善來所度者是。何以故?佛是法王,自與受戒;此等最後身,比[□][丘][7]終不學地無常故。五者、三語得戒,謂未制羯摩已前,諸

---

① 一,録本脱,據底本補。甲本亦有"一"字,可參。

② "陀洹"二字録本訛作"防恒",據底本改。甲本亦作"陀洹",可參。

③ 頂,録本訛作"項",據底本改。甲本亦作"頂",可參。

④ "師法"二字録本訛作"善來",據底本改。甲本亦作"師法",可參。

⑤ 三,底本、録本脱,據甲本補。

⑥ 四,底本、録本脱,據甲本補。

⑦ 丘,底本、録本脱。伯2100《四部律並論要用抄》卷上:"何以故?佛是法王,自與受戒;此是等最後身,比丘終不學地無常故。"今據補。

羅漢所度，乃爲受三歸，即得具足戒。六、問答得戒，亦名“論義”，謂須陀耶沙彌年始七歲，佛問其義，一一答佛，稱可聖心，敕諸比丘與受具戒；從問答爲名，故稱“問答得戒”；因敕比丘，故亦名“敕聽得戒”。七者、八敬得戒，亦名“八種”，亦云“八尊師法”，亦云“八不可過法”；謂大愛道及五百釋女求佛出家，佛遣阿難授其八敬，聽之出家；從八敬爲名，故稱“八敬得戒”。《五分律》云：愛道從阿難受八法已，歡喜頂受。又語阿難：“爲我白佛，於八法中更乞願，願聽比丘尼隨次大小禮比丘。云何百歲尼禮新受戒比丘？”佛告阿難：“若我聽比丘尼隨次大小禮比丘者，無有是處。”阿難聞已，還報愛道。愛道又言：“頂受尊敬。”歡喜奉行，即名“出家”，受具足戒。復白阿難：“是五百釋女今當云何？更爲我白佛。”佛言：“即聽大愛道爲作和上，在比丘十衆中，白四羯摩受戒，聽一時羯磨，三人不得，至四即得。”此則愛道一人得，名“八敬受戒”；五百釋女，即“羯磨受戒”。《十誦》亦如是。若依如《四分》，五百釋女亦皆八敬得戒。八、遣使得戒，謂半迦尸尼顔容端政，若出伽藍，即有壞行留難，聖者開聽差一比丘尼爲使，往[①]大僧中，代其乞戒，故名“遣使受戒”。九、羯磨受戒，謂十僧作法。十、邊地持律五人受大戒，以邊地佛法創行，僧徒希尠，集之至難，故大聖開聽五人受戒。又《四分》云：得阿羅漢者，即名“出家受具足戒”；此人得最勝法，名爲“上法受戒”。故《摩夷論》云：時有年不滿二十而受戒，生疑問佛。佛言：“聽教數胎中月及閏月。”猶不滿。佛言：“此人得阿羅漢不？”答言：“得。”佛言：“此人名爲‘上受具戒’。”又，尼衆中女人曾出適年十二，聽受大戒。通此，合有十二種受戒。

此十二種中，自然得戒，唯佛一人。自誓得戒，唯大迦葉一人。見帝(諦)[②]得戒，局在拘隣五人。善來得戒，通及僧、尼，佛在時有，佛滅度後，更無善來受法。三語得戒，局在大僧，未立羯磨已前，聽立羯磨，已後不聽。問答得戒，局在須陀耶沙彌，若今末法中有須陀耶沙彌比類，亦聽受戒。八敬得戒，唯局尼衆愛道一人，不通餘者。遣使得戒，唯在尼衆半迦尸尼；若今末代，有如是比丘尼亦聽，小小顔容不得也。所以邊地五人得戒，今邊方有佛

① 往，録本訛作“注”，據底本改。甲本亦作“往”，可參。

② 帝，此同“諦”。《説文・上部》：“帝，諦也。”

法初行處，皆悉開聽。曾嫁十二，局在尼衆。上法受戒，通僧、尼二衆；今若有得阿羅漢者，亦即得名“上法受戒”。唯有羯磨一法，教通凡、聖，被及僧、尼，該羅現、未，須知作法成以不成，故依諸部廣明。

問：“羯磨受戒，具足幾緣得名‘如法’？”

答：“依《僧祇律》，具六因緣，得成‘如法’。何者爲六？一者、受戒人要須年滿二十，三衣鉢具。二者、受戒人身無十三遮難。三者、要須結界成就。四者、界内僧盡集，無其别衆。五者、羯磨稱[□][文][1]，無有增減。六者、十僧滿足，如法清净。備此六緣，得名‘如法’。六中少一，受戒不成。”

問：“云何名‘年滿二十’？”

答：“《僧祇》云：要年滿二十歲，滿二十[2]雨[3]。若年滿二十，不滿二十雨[4]，不得戒。但使雨[5]滿，得受戒。若冬時生，夏安居竟受戒，是名‘不滿二十’。若春時生，安居竟受戒，是名‘滿二十’。前安居時生，還前安居竟受戒；後安居時生，後安居竟受戒；是名‘滿二十’。《四分》家十二月爲一歲，滿二十人取本生月，皆名‘滿二十’，得具足戒。《僧祇》家逕二十雨[6]滿，得具足戒。如臘月生者至滿二十，始逕十八雨[7]，故名‘不滿’。如是等要滿二十夏，然後方得受戒。然受戒事重，是出家根本。若本法不成，即非比丘，與白衣無别；受人信施及以禮拜，皆名爲‘盜’，得罪無量。若人定知年小受戒者，雖逕百年，猶若沙彌，不應受大比丘禮敬及受信施，當更受戒。”

問：“此人受戒已來，備逕布薩羯磨，何故更得受戒？”

答：“此人作受大戒，意聽羯磨布薩，非盜心故。《四分》聽更受戒。《僧祇》云：若人不知年幾，當問父母親里。若復不知，當看生年板。若無是者，

---

① 文，底本、録本脱，據甲本補。

② 此處底本、録本衍“歲滿二十”四字，結合文意，據甲本删。

③④⑤⑥⑦ 雨，録本訛作“兩”，據底本、甲本改。張小豔《敦煌佛經疑難字詞考辨三則》云：“佛教戒律規定，僧徒在夏季三月中，禁止外出，專心坐禪修道，即所謂的‘夏安居’……又稱‘雨安居’，蓋因夏季多雨，故以‘雨’代稱‘夏’。……‘滿二十雨’就是‘滿二十個夏季’的意思”。（引自劉釗《出土文獻與古文字研究》［第六輯，全二册］第827頁，上海古籍出版社2015年2月版。）按：張文所言是。《僧祇律》規定，僧徒既要年滿二十，又要經歷二十個雨季方能受戒。若冬時出生，因錯過了出生年的夏季，至二十歲夏安居結束時，只經歷了十九個雨季，即“不滿二十雨”，是不能受戒的。

當觀其顔狀、手足成就以不。若如是不知,當問何王、何歲、國土豐儉旱澇等。非謂一切如是,時有難知者,如是一一尋究。若實不知滿二十,雖手足成就,亦不得戒也。”

問:“《四分》云:年不滿二十,聽數胎中月、閏月等,此復云何?”

答:“有人初受戒時,意謂年滿二十,受戒竟,方知不滿。懷疑問佛。佛言:‘聽數胎中月數、閏月,若數一切十四日説戒,以滿年數者無犯。’此是大聖開令[①]得戒。依此間國法,五年再閏。《十誦》云洴沙王六年一閏,《五分》五年一閏,未知依何者爲定。”

問:“無衣鉢得受戒不?”

“《四分》云:無衣鉢不得受戒。”

又問:“借衣鉢得受戒不?”

“《五分》云:借衣者應教衣主捨,得受戒也。《毘尼毘婆沙論》云:無衣鉢得戒不? 答言:得。”

“若爾,何須衣鉢?”

答言:“一爲威儀故,二爲生前人善故,三爲標異相故,須衣鉢具也。”

[□][問][②]:“第二身無遮難者,何故須問也?”

答:“十三難爲三障所牽,與聖道隔絶,障不發戒,名之爲‘難’。是故須問。”

又問:“十三難者名義云何?”

答:“一、邊罪難。此人曾受大戒,犯波羅夷,爲僧滅擯。自後又復更求出家,擲在衆外,名‘邊’;障不發戒,故稱‘難’也。二、污尼净行難。從出家已來不犯淫者,名爲‘净行’。若白衣時污犯,此人不名爲‘難’。三、賊心受戒難。此人無師,自剃鬌髮,著袈裟,不受戒而共他布薩羯磨,偷竊佛法,故名‘賊心’。若下三衆盗聽説戒羯磨,詐同僧事,亦犯也。四、破内外道難。此人先是外道來,出家受戒,後不捨,還入外道,邪見心重,自然失戒。若更欲於佛法求出家受戒者,名‘難’也。五、黄門難。此人性多煩惱,闕於持戒,

① 令,録本訛作“合”,據底本、甲本改。

② 問,底本、録本無,據文意補。

煩惱障重,不發大戒,故名爲'難'。六、殺父難。七、殺母難。白衣殺父,或殺母,違恩處深,障不發戒。八、殺阿羅漢。白衣時殺比丘,臨終時顔色不變。九、破僧難。忘説邪法,或亂群情,同界之内,别行法事,斷壞佛法,知而故爲,故名爲'難'。十、惡心出佛身血難。此人方便欲殺佛,而不能斷命,侵損聖體,違理處深,得重逆罪。今時、末世,燒壞精舍形像、舍利,若見瑞相,亦得逆罪。不得受戒,故名爲'難'。十一、非人難。若鬼,若天,變作人形、欲受大戒者,名爲'非人難'也。十二、畜生難。若龍,若狐,化爲人形,不得與受戒。十三、二根難。此人一身具有男、女二根,於僧、尼二衆皆無置處,故名爲'難'。此十三人中,初四及五逆業障攝,黄門一人煩惱障攝,後三人報障攝。三障所羈,一形之中,不可改易。若未出家,莫度。已出家,當滅殯。廣解如論中所説也。"

問曰:"不問十三難,爲得戒不?"

答:"《四分》云:自制已,不得戒。"

又問:"本爲防難故問,今實無者,何須問也?"

答:"雖爲難故問,若實有難,問以(與)不問,俱不得戒。若實無難,問便得戒,不問不得戒。"

第三明結界成以(與)不成,後結界法中當説。

第四界内僧盡集,不來者與欲衆僧和合,無其别衆也。

第五羯摩稱文者,若作白四羯磨,而白五、白三、白二、白一,皆不成也。

第六僧數滿者,要清净大比丘十人。若過十人,名爲"衆滿"。減則不成。

問:"犯重人及十三難人作和上,爲得戒不?"

答:"《四分》云此不足僧數,不得戒也。自餘證人犯重,但使證人多則得戒,少則不得戒。《四分》云:'時有從不持戒和上受戒,後生疑,問佛。佛問:"汝知和上不持戒不?"答言:"知。""汝知不應從如是人受具不?"答言:"不知。"佛言:"此得名'受具戒'。"又復有生疑,問佛。佛言:"汝知和上破戒不?"答言:"知。""汝知不應從破戒人邊受戒不?"答言:"知。"佛言:"汝知從破戒人邊受戒不得戒不?"答言:"不知。"佛言:"得名'受具戒'。"第四人三句俱知者,佛言:"不名'受具足戒'。"'"

問:“無和上得受具戒不?”

[□][答]①:“佛言:‘不得。’《十誦》云:優波離問:‘無和上得受具戒不?’佛言:‘得名受具戒。羯磨人及衆僧有罪。’《四分》云:時有和上九歲,人授具戒,不知成戒不? 佛言:‘成受戒,衆僧有罪。’又,《僧祇》云:以和上足十人數,不名‘受具戒’。又,不自稱字,不稱和上字,不乞戒,皆不名‘受具戒’。《四分》云:時有不與沙彌戒,便與受具戒,不知成受不? 佛言:‘得具足戒,衆僧有犯。’《毘尼母論》云:時有從破戒師受戒,生疑問佛。佛言:‘汝先知汝和上從師邊受得戒不?’答言:‘不知。’佛言:‘得名受戒。’”

問:“大僧得與尼受六法及十戒不?”

答:“大僧唯得與尼作三種羯磨:一、受大戒。二、摩那埵。三、出罪。自餘法事,諸律無文。設令作者羯磨不成,僧尼俱得罪。”

問:“何故大尼取比丘爲師,式叉沙彌尼不取也?”

答:“女無獨志,是故聖制受大戒,要取大僧作師。式叉磨尼及沙彌尼初始出家,年初志弱,但依大尼爲師,諮承學戒,不須大僧也。”

問:“受六法時,更須請和上不?”

答:“不須。何以然? 式叉摩那但於十戒中增學其六,未是易位,故不須請。又四部律皆言:眼見耳不聞處,若對面作羯磨者不成,受六法得罪。”

問:“有人言大比丘尼得作禮沙彌,是如法不?”

答:“此人不解律相,妄作是説。何以故?《四分律·房舍揵度》中,佛自爲諸比丘制於敬法,小沙彌應禮大沙彌尼,何况大比丘尼不禮也? 何者不應禮? 十三難人,三舉人,滅殯人,非法語人,如是等人不應禮,禮者彼此俱得罪耳。”

次明捨戒。然戒是净法,應清昇累表,是故僧尼五衆護持佛戒,寧死不犯,若故犯者,不如本不出家也。何以故? 自壞道法,污辱師僧,穢亂三寶,欺負四恩,不消信施,益罪尤多。若人煩惱迫心,樂道情薄,苟欲爲惡、不能遮止者,佛言是人聽捨戒,還家不得倚傍佛法,違犯清禁也。若欲捨戒者,當向一大比丘前互跪合掌,作如是言:“大德一心念! 我比丘某甲,今捨大戒,

① 答,底本、録本無,據文意補。

還作白衣,願大德憶我是白衣。"如是三說。又受戒之中,有作戒,有無作戒。初對師前作心受戒,運動身口,造成此法,故名"作戒"。得戒已後,懷之在心,不復營爲,故名"無作戒"也。此無作戒是出世法,作心受之,便作心捨之,便失善業。不爾,必能感果,無有"捨"義,不同戒法有"捨"義也。

五篇戒法(上明受戒,今明持戒。既受得法,理須護持,隨緣制意,煩如不犯。犯有輕重,階差爲五,貫例相屬,因之爲篇):一、波羅夷戒(蓋是西音,此云"無餘",若犯此戒,永棄清衆,故曰"無餘"。布薩羯磨二種法事不得在數,永無其分,故曰"無餘"也)。二、僧伽婆尸沙戒(此云"僧殘",若犯此戒,行則毁缺,不應在布薩之數,猶於羯磨衆中,斥類其分,故曰"僧殘"也)。三、波逸提戒(此方"云墮",若犯此戒,墮落地獄。燒煮覆障,故曰爲"墮"也)。四、波羅提提舍尼戒(此方云"向彼悔",若犯此戒,事合可呵,容聽發露,對首懺除,故云"向彼悔")。五、式叉迦羅尼戒(此方云"應當學",威儀練行[①],懃習方成,故曰"應當學")。此五篇之中,護三種行:初一篇護根本行,第二篇護衆法行,下三篇護威儀行。又此五篇,防三種障:初兩篇防障道罪,初篇正障道,僧殘正障衆也;波逸提一篇防牽報罪,沈淪三有,出離無由也;後兩篇防嘰(譏)[②]過罪,生人不善,化益無於也。提舍尼勸,犯已而悔。下應當學勸,專精莫[③]犯,義通諸篇,顯法門耳。又對防五品之罪,故立五篇。佛言:有罪心念懺悔,此則第五篇所防也。有罪從他懺悔,此則第四篇所防也。有罪小重,亦從他懺悔,此則第三篇所防也。有重罪從僧懺悔,此則第二篇所防也。有大重罪,不可懺悔,此則初篇所防也。初篇防死罪,第二篇防次死罪,第三篇防合得鞭罪,第四篇防合得杖罪,第五篇防嘖(責)失罪。此五篇戒,並是身口止善爲體,支離五品,故名"五支"。諸戒初篇名"根本業清净戒",第二名"前後眷屬餘清净戒",第三篇名"非諸惡覺覺清净戒",第四篇"護持正念念清净戒",第五篇名"迴向阿耨多羅三藐三菩提戒"。

---

① "行"後録本衍一"戒",結合文意,據底本、甲本删。

② 嘰,此當讀如"譏"(二字《廣韻》皆音居依切)。下讀若"譏"之"嘰"徑括注其正字,不復校。

③ 莫,録本訛作"失",據底本改。

沙彌十戒（“沙彌”者梵語，此云“息慈”，息惡行慈，故曰“沙彌”。息於十惡，故受十戒耳。慈念衆生，故有不殺等也。此之十戒，乃是衆戒之根本，先護持之）：一、不殺（若故殺人，不得受大[①]戒。若殺畜生等，至心懺悔得滅）。二、不盜（若偷，若劫，若强奪，若燒，若損壞他物，但直（值）五錢已上，不得受大戒也。若減五錢，若非人、畜生物，懺悔得滅）。三、不淫（若人男女，若非人男女，若畜生男女，若侵身分，不得受大戒也。若摩觸等，至心懺悔得滅也）。四、不妄語（若詐稱得聖，不得受大戒也。若以重事謗清净人及誑惑欺妄，其罪難懺；餘小妄語聽懺已，進大戒）。五、不飲酒（酒性能發人[②]煩惱，改人心性，亂人道心，多開衆過之門。若酒入腹，護戒心賒，自制不能得，故宜深防，不服狂藥也）。六、不著花鬘香油塗身（莊飾華艷，愛翫其身，内懷深著，情或〔惑〕亂道）。七、不歌舞唱伎及往觀聽（習近嬉戲，放縱身口，外恣蕩逸，道心浮散）。八、不上高廣床上坐也（慠慢自處，無謙下心，情存欺物，去道遠矣）。九、不非時食（濟命養道，宜須應法，貪味不節，致患妨道）。十、不捉持生像、金銀寶物（供身之具，儉素爲佳，珍貴玩服，多生人貪奪，故教不捉也）。此十或（惑）之中，前四性重，後六遮重。性重者内自起惡，遮重者外能生惡。又前四戒是業清净戒，中四戒是行清净戒，後二戒是緣清净戒。所以者何？殺、盜二戒不自作、不教他作，則身口俱净。不淫一戒，純身業净。不妄語一戒，則純口業净。不殺離瞋心，不盜離外貪，不淫離内貪，不妄語離癡、邪見、愚或（惑）之心。拔三毒根，則意業净也。净戒根本，出自身、口、意業，故云前四戒是業清净戒耳。依業欲起行興，先須護過，令諸惡不起，故不飲酒也。惡既不起，次應修飾威儀，而威儀精潔，離於世染，故次不著花鬘香油塗身也。威儀既舉，次應運動身、口，頌美法音，窺求善友，諮受未聞。而反嘆唾非法，鼓動群情，專習伎術，聽採妖異，棄正逐耶，持乖道式，故次不歌舞唱伎及故往觀聽也。既聽習［□］［有］[③]方，次直宜安心於法，端懃係念，折伏我慢，忍受榮辱，離寬奢恣，故次不高廣床上坐也。故云中四戒是行清净

① 大，録本訛作“人”，據底本改。

② 人，底本、録本訛作“大”，結合文意，據甲本改。

③ 有，底本、録本脱，結合文意，據甲本補。

戒耳。然道非孤起，行託緣興，飲食濟命，衣服護形，内外資發，方得行道，故次不非時食，不服寶飾，以離貪著資緣之過也。故云後二戒是緣清净戒。

持戒得十利：一者、攝取於僧（若下坐持戒，則爲如法之衆，捶（攝?）①在數中）。二者、令僧歡喜（若中坐持戒，有所施爲，悦可衆心也）。三者、令僧安樂（若上坐持戒，則光飾衆儀，又能蔭益徒衆）。四者、未信者令信（戒德内備，外則發人信敬，堪爲師範。憑之以濟世，是以未出家者信樂出家，從其受戒也）。五者、已信令增廣（既度弟子，復能教授教誡，令其護持，增進心行）。六者、難調順者令調順（徒衆之中若有惡性麁散、違教犯禁、不順威儀者，復能如法治罰、摧伏令改也）。七者、慚愧者得安隱（徒衆之中若有道心，失意犯罪，常懷愧懼，改往修來，求乞洗過，復能救拔作歸依處）。八者、斷現在有漏（已生惡既除，身心清净，現應布薩，行無缺漏）。九者、斷未來有漏（未生惡永不令起也）。十者、令正法得久住（持戒之人，自行清净，復能令他持戒，網維理要，匡衆益時，化化相乘，墜而更舉）。此十利之中，前三依衆求解脱，中六行成自他兼益，後一則能興隆三寶。唯持戒之人得此十句利也。又有一釋，此十利之中三段之義：前三句，明於衆法中得利也；中六句，明於行法中得利也；後一句，明於教法中得利也。初衆法有三者：第一、明外凡假名"僧"，爲律教所攝，得在僧例，故曰"一者攝取於僧"也。第二、明内凡和合僧，同心奉律，和順爲本，故曰"二者令僧歡喜"也。第三、明聖位真實僧，依律而行，不相違惱，故曰"三者令僧安樂"也。今明外凡比丘若能持戒，見聞清净，得入此三種僧中，同其布薩羯磨獲此衆法利也。次明行法有六句者，初二句明下成熟，謂信行、法行僧内凡學人利也；次二句明中成熟，謂見道、修道聖僧學人利也；後二句明上成熟，謂盡智、無生智無學聖果功德利。第十一句教法之利，明他成熟，説法化人，興益於世，紹隆真軌，永使不絶，故曰"十者令②正法得久住"也。原如來制戒之意，本非直止③惡而已，乃欲遠開

① "捶"字费解。該字底本、甲本不清晰，似應作"攝"。《四分律鈔批》卷第一："一攝取於僧者，謂下座持戒，則爲如法之衆，攝在衆中。"[X42n736p605]可參。

② 令，録本訛作"合"，據底本改。

③ 止，録本訛作"心"，據底本改。

涅槃之正路,爲令比丘如法修行,剋獲道證,同佛所得無上常住永寂休息法也,故云爲諸比丘集十句義諸佛之戒法矣。

師徒法第二

和上應具十德:一、持戒。二、多聞阿毘曇。三、多聞毘尼。四、學戒。五、學定。六、學惠(慧)。七、自出罪,使人出罪。八、能自看病。九、弟子有梵行難,能自送使人送脱難。十、滿十臘(出《僧衹律》)。依止阿闍梨應具十德:一、具持二百五十戒。二、多聞。三、能教授弟子阿毘曇。四、能教授弟子毘尼。五、能教弟子捨惡見住善見。六、知波羅提木叉戒。七、知説波羅提木叉戒。八、知作布薩。九、知布薩羯磨。十、年滿十臘(和上十德亦同出《四分律》僧十中)。阿闍梨應具五德:一、知增上威儀(是净身口戒,亦名“律儀戒”)。二、知增上净行(是净心戒,亦名“定共戒”)。三、知增上波羅提木叉戒(是净惠[慧]戒,亦名“道共戒”,修出世行,倍過世法,故云“增上”也)。四、知白羯磨(此句善知衆法,文辭成就,言章辨利)。五、滿五夏(五年學戒,自行已立,堪爲人作羯磨威儀受戒師)。尊師應具五德:一、善知有難法。二、善知無難法。三、善知作白法。四、善知作羯磨法。五、有戒行清净(備此五德,能舉衆法,表證義成)。師攝弟子應具五法:一、若弟子有病,應自瞻視,若使人看。二、若弟子不樂住處,應置安身處。三、若弟子有疑事,能如法開解其意。四、若弟子有惡見生,能教捨惡見,住善見。五、有德臘,令[1]弟子敬重(此所依蔭同法師也)。弟子依師應具五法:一、愛念(若衣若食,盡心奉養)。二、恭敬(身力承事,不敢違慢)。三、慚(荷戴師恩,法重難報)。四、愧(畏難尊嚴,不敢作過)。五、樂近住(諮受教誡,日親其美)。有五種阿闍梨:一、出家阿闍梨(初脱白十戒師)。二、羯磨阿闍梨(受大戒師)。三、教受阿闍梨(教威儀師)。四、受經阿闍梨(受學法律)。五、依止阿闍梨(須和上處從請教誡)。有五法不應無依止而住:一、不能懃修威儀戒。二、不能增净行。三、不能增波羅提木叉戒。四、若有惡見,不能捨而住善見。五、不滿五

① 令,録本訛作“合”,據底本改。

夏(出《四分[①]律》)。五法失依止:一、死(師亡)。二、去(師宿行,若弟子決意出界外)。三、休道(若師捨戒)。四、不與依止(師捨教誡)。五、還在和上目下住(若和上攝受者,阿闍利則不應復令請教誡)。弟子應以二事將護於師:一、以衣食供養。二、以法將護(師聞弟子,明當方便軟語,諫喻開解,勸學戒、定、惠〔慧〕也)。師應以二事攝弟子:一、以衣食。二、以法攝(日夜教詔出家禮節)。有威儀不應禮有十:一、大便。二、小便。三、路(露)[②]身。四、剃髮。五、説法。六、嚼楊枝。七、洗口。八、食時。九、飲食。十、食果。復有十時不應禮:一、在塔像前不得禮。二、作事。三、塗油。四、讀誦。五、不著衣。六、經行上下閣。七、授經。八、共諍。九、洗鉢。十、著眼藥(出《僧祇律》)。一日三時請教戒:一、清[③]旦。二、日中。三、向暮(三時問訊於師亦如是,三時懺悔亦如是,師應三時教誡亦如是,不者得罪。出《僧祇律》)。有五種教誡弟子:一、呵嘖(責)(弟子片有失,合苦言切勒[④])。二、折伏(觸惱於師,加以訓治)。三、罰黜(違犯僧制,輕則罰,重則出家也)。四、讚嘆(行順佛教,理合嗟美)。五、歡喜(行合師教,應懷悦豫)。又有五種教誡弟子法:一、有犯行者制。二、無犯行者聽。三、若制若聽法有缺減者,如法舉之。四、數數違犯者,折伏與念。五、真實功德者,稱讚歡喜。有三品呵嘖(責):一、微過微犯,軟語呵嘖(責)。二、中過中犯,中語呵嘖(責)。三、上過上犯,上語呵嘖(責)。佛言:"欲多弟子,務當義誨,呵嘖(責)弟子自護煩惱。"呵嘖(責)弟子先具三法:一、現在前。二、出過。三、語言:"我今嘖汝。"有五句呵嘖法:一、汝所爲非(行違於理)。二、非威儀(進止失度)。三、非沙門(乖修聖道)。四、非净行(污賢善心)。五、非隨順行(非慎教弟子也)。此五所不應爲。有五品呵嘖(責)弟子法:一、汝去(罪合出寺)。二、汝莫入我房(罪合出房)。三、汝莫爲我作使(不受供給)。四、汝莫至我所(不受請教誡也)。五、不與汝語(不教經法)。弟子有五事合呵嘖(責):一、無慚(作罪不著於人)。

① "分"前底本、録本衍一"有"字,結合文意,據甲本删。
② 路,此與"露"同。
③ 清,録本訛作"請",據底本改。
④ 勒,録本訛作"勤",據底本改。

二、無愧(不畏罪求改悔)。三、不受教(不順約敕)。四、作非威儀(數作嘰[譏]嫌之事)。五、不恭敬師僧(形數唐突,瞋目怒應,心懷輕慢,都無畏忌,故呵嘖[責]也)。呵嘖(責)弟子五事失法:一、盡形壽呵嘖(責)。二、竟安居呵嘖(責)。三、呵嘖(責)病者不看視。四、不現前呵嘖(責)。五、不出過呵嘖(責),不應爾。弟子被呵嘖(責),應行五事:一、應捨作事。二、應捨已,請教誡。三、應日作三時①求懺悔。四、不應於餘人邊住。五、不應不懺悔而去。有四種師:一、無法無衣食(聽不須問而去)。二、無法有衣食(須問而去)。三、有法無衣食(雖苦而住)。四、有法有衣食(是爲樂住)。前二種師無法,應懺悔已而去;後二種師有法,盡形壽不得離(出《僧衹律》)。師有五種失法,弟子應懺悔而去:一者、應語和上言:"我如法,和上不知。"二者、"我不如法,亦不知。"三者、"我犯戒捨,不教呵嘖(責)。"四者、"若犯,亦不知。"五者、"若犯而懺悔亦不知"(既無出家訓成之益,是以請乞在外,諮觀修學)。弟子欲出行,師應以三法斟量:一、所爲事好。二、所去處好。三、同伴好聽去。若一事不好,應止之。僧有五事法不應將作伴行:一、喜太在前行。二、喜太在後行。三、喜抄斷人語次。四、不別善惡語,善語不讚,稱美惡言。五者、如法得利,不以時爲彼受。返此五句,應將作伴。有五法不應與作親厚:一、若喜鬪諍。二、若多作業。三、若與衆坐勝比丘共諍。四、若喜遊行不止。五、心不欲爲人説法言,示人善惡。有七法應與作親厚:一、難與能與(不惜財寶)。二、難作能作(不惜身力)。三、難忍能忍(不惜心意,又不相懟②恨)。四、密事相語(吐情告實,無隱無諱)。五、互相覆藏(迭相護惜,不相揚過)。六、逢苦不捨(病患相料理,急難相救解)。七、貧賤不輕(不逐勢棄衰、見利忌義也)。有十德應差教誡比丘尼:一、戒律具足(善修威儀)。二、多聞(善修解經論也)。三、誦二部戒利(偏熟律文)。四、决斷無疑(深達旨趣)。五、善能説法(言辭辨了)。六、大姓出家(風理可觀)。七、顔貌端正(舉動方富)。八、堪任爲尼説法(善識機宜)。九、不犯重禁(内無染心)。十、滿二十臘(年高德重)。尼修八敬法:一者、應禮大比丘(身業恭敬)。二

① 時,録本訛作"昧",據底本改。

② 懟,録本訛作"懃",據底本改。甲本亦作"懟",可參。

者、不得罵謗比丘(口業無過)。三者、不舉比丘罪,爲作憶念(意業不欺慢也)。四者、二歲學戒已,大僧中受具足戒(受戒之法,成由大僧)。五者、若犯僧殘,應二部僧中半月行摩那埵出罪(本應堅持,既犯此戒,罪由僧滅,法罪之法,出在大僧)。六者、半月半月大僧中請教授(出家人法學戒爲先,請爲師訓,開示行則)。七者、不得無大僧處夏安居(修道多難,事須依護,諮參决疑,採訪有地。極遠去大僧一由旬四十里,即日得往返。若依《沙彌塞律》,極遠聽受七日往返,成安居也)。八者、安居竟,大僧中説三事自恣(人多迷己[1],而傍矚者明,懼脱違失,不自覺知,垂大慈,示之不及)。此八敬者前三明致敬之儀,中二明所尊之法,後三明請誨之方。初則敬人爲師,次則依人取法,後則如説而行。

衆僧法第三

入衆有五法(夫行不獨善,依衆而立,故宜審知衆法而敬順之。又自行既成,堪能稱衆,故須善達宰御匡究之儀也):一、應以慈心(當先生心,愛樂衆法,然後入衆,不容苟且,違惱合衆不善)。二、應自卑下,如拭塵巾(謙敬慎過,不輕慢衆)。三、應善知坐起,若見上坐,不應安坐;若見下坐,不應起立(人應衆故)。四、彼至僧中不爲雜説論世俗事,若自説法,若請人説法(衆依法故)。五、若見僧中有不可事,心不安忍,應作默然(不狂發起鬬諍事故)。五種非法默然:一、若如法羯磨,而心不同默然(共作法事,而所見不同,不可得施言而請,忍亦和合,衆法不成)。二、若得同意伴,亦默然任之(得人助已,不應默忍非法)。三、若見小罪,而默然任之(事可謂弥,而容忍穢衆)。四、爲作别住而默然(僧作三舉,名爲“别住”,不容共彼同一法事)。五、在戒場上而默然(欲作羯磨,應唤集,恐脱成别衆)。五種如法默然:一、見他非法而默然(非法羯磨,理應呵止,以不合時,恐[2]成亂衆,心不同彼,於己無過也)。二、不得伴而默然(獨是衆非,言則無用)。三、犯重而默然(發起大事,恐成亂衆)。四、同住默然(如法和合,不容生異)。五、在同住地默

① 己,録本訛作“已”,據底本改。

② 恐,録本訛作“悲”,據底本改。

然(人既盡集,無宜乖亂)。欲治斷他事,當先觀察五法:第一觀察前事是實不。第二次觀察後有利益不。第三次觀察今是時宜不。第四次觀察不合僧生塵垢不。第五次觀察得善伴不(觀此五法已,應好心善念,匡衆立制,治罰惡人,料理①衆法)。評斷諍事人應具五德:一、授戒清净(畏罪慚愧,終不曲理)。二、多聞(廣解文義,試練難屈)。三、廣誦二部戒利(善識律僧)。四、能問能答,能如法教呵及作滅儐(擯),合得歡喜(稱宜得所)。五、善能滅鬪諍事(善多方便,令②前事消帖③)。具此五德,堪任共整④理僧事都統之德。律師爲他判事,應具五德:一、善知犯相。二、善知不犯相。三、善知輕相。四、善知重相。五、善知决斷無疑,住毘尼而不動(具此五德,乃可爲他判事)。舉罪人,應内具五德:一、知時,不以非時(事令衆宜,舉則應機)。二、真實,不以虚妄(有見聞疑,不枉前人)。三、利益,不以損減(爲令前人改過從⑤善)。四、柔軟,不以麁獷(法言勸諫,己⑥無惡口)。五、慈心,不以瞋恚(意爲念彼,非使恐害)。若不思量此五法者,不得輕尒⑦道説他過,或亂衆,或害彼,或自惱,須深慎之。寺主維那知事人應具五德:一、不愛(不偏於親)。二、不恚(不剋於怨)。三、不怖(不畏於强)。四、不癡(不欺於弱)。五、知分、未分(善能分别處也)。僧事既重,成益處曠,若能好心經營,不辭營苦,唯五法而施行,不求恩賞,不爲自供,不侵他潤己⑧,不倚自高,應常生卑愧,懃力供養。他能如是者,生天如箭射。有四種僧:一者四人僧(除自恣受大戒出罪,餘一切如法事得作也)。二者五人僧(除受大戒及出罪,餘一切如法事得作)。三者十人僧(除出罪,餘一切如法事得作)。四者二十人僧(一切如法事得作)。三種羯磨:一者、單白羯磨(事易表知)。二者、白二羯

---

① “料理”二字録本訛作“斷”,據底本改。

② 令,録本訛作“合”,據底本改。

③ 帖,底本、録本作“怗”。敦煌卷子中,“忄”部“巾”部相亂,“怗”乃“帖”之常見俗體,兹據改。

④ 整,録本訛作“懃”,據底本改。

⑤ 從,録本訛作“徙”,據底本改。

⑥⑧ 己,録本訛作“已”,據底本改。

⑦ 尒,録本訛作“示”,據底本改。

磨(事中参議)。三者、白四羯磨(事難重疊,謹決)。五種非法羯磨:一者、非法别衆(羯磨不成,故言"非法";界内僧不盡集,故言"别衆")。二者、非法和合衆(羯磨不成,僧盡同集)。三者、法别衆(羯磨雖成,僧不盡集)。四者、似法别衆(例作羯磨)。五者、似法和合衆。又一向[①]作呵不止,羯磨非法,應作如法和合衆羯磨。有三法若作,羯磨不成:一、不作舉。二、不作憶念。三、不作自言。欲作羯磨,先具三法:一、作舉(出其過也)。二、作憶念("汝可不自知有是事耶?")。三、與罪("汝合得治罪。")。有七種羯磨:一、呵嘖(責)羯磨(此人鬬亂衆僧,内不護衆[②],故作此羯磨,作治罰之)。二、儐(擯)出羯磨(此人壞亂檀越,不外護人,汎爾白衣,未信合信,故作羯磨,駈離聚落也)。三、依止羯磨(此人毁辱衆僧中,内不自護,故作此羯磨,制令學律,諮受教誨)。四、遮不至白衣家羯磨(此人毁辱檀越,不外護[③]至信,白衣已信,令[④]增長,故作此羯磨,制約其人,不聽自往,别遣德人,將和誨謝也)。五、不見罪舉羯磨(此人不信有惡業體,此名"無因見"。作此羯磨,舉棄衆外,不與同僧事)。六、不懺悔舉羯磨(此人不信業能感果,此名"異因見"。作此羯磨,[□][棄][⑤]在衆外,不與同事)。七、惡見不捨舉羯磨(此人不信愛欲煩惱能障聖道,此名"邪見"。作此羯磨,棄在衆外,不與同事)。前四羯磨治其無行,後之三舉治其無信。云"無行"者,無内護行,無外護行。就内護中,呵嘖(責)羯磨治不護衆,依止羯磨治不護行;就外護中,儐(擯)出羯磨檀越未信,護使生信;遮不至羯磨檀越已信,護使增長。故有四羯磨也。次云"三舉"者,不信集諦業體障道,用能牽報,故"不見"、"不懺"二舉也;煩惱緣助,故"不捨"一舉也。既不斷集,還招苦果;苦既不亡,滅在無常;既不求滅,於道路乖;學中無用,作法舉置。此七羯磨治人之法,若不受罰,當以惡罵羯磨治之,一往驅出。有四種污他家:一、依利養污他家(持彼家食,與一家,不與一家)。二、依家污家(持彼家衣物,與一家,不與一家)。三、依親友污家(依貴

① 向,甲本作"句"。"向"字義長。
② "衆"前録本衍一"之",結合文意,據底本、甲本删。
③ 護,録本訛作"漢",據底本改。
④ 令,録本訛作"合",據底本改。
⑤ 棄,底本、録本脱,結合文意,據甲本補。

勢檀越，爲一人，不爲一人）。四、依僧伽藍污家（持衆僧物果菜等，隨情逐意，與一家，不與一家也）。比丘犯此四事者，污他檀越净信之心，令[①]與作儐（擯）出羯磨，驅離聚落。破僧方便行五法：一、盡形著糞掃衣。二、盡形乞食。三、盡形露坐。四、盡形不食蘇鹽。五、盡形不食魚及肉。此五是上人所行，中、下不堪，初聞信受，後必有退。前三句相似語，後二句妄語。破僧用十八法，有九對：一法、非法（如經順理名爲"法"，違經背理名"非法"）。二律、非律（義合毘尼名爲"律"，義乖毘尼名"非律"）。三犯、非犯（七聚之中，緣具名"犯"，緣差名"非犯"）。四若輕、若重（犯威儀罪是"輕"，犯戒則罪[□][重][②]）。五、有餘、無餘（僧殘已下是"有餘"，波羅夷名之"無餘"）。六麄惡、非麄惡（方便偷蘭是麄惡，餘輕遮性非麄惡）。七、常所行、非常所行（開則常行，遮則非行）。八制、非制（如法羯磨約限是制，非法别衆失度非制）。九説、非説（廣略十六種布薩成就，説戒是説，違則非説）。此十八法中，前二對明教法，次五對明行法，後二對明衆法。若是法而言"非法"，若非法而言"是法"，如是等反用名"破"。若是法而言"是法"，若非法而言"非法"，如是等順用名"和合僧法"。乃至"説、非説"亦如是。僧以和忍爲體，若異見異忍，則乖"和合"之義。二種僧：一、法輪僧（依法進行，轉有情昇，能摧見諦煩惱者）。二、羯磨僧（依教作法，次成僧事）。三種僧：一、真實僧（聖人）。二、和合僧（賢人）。三、假名僧（凡人）。四諍：一、言諍（諍理是非）。二、覓諍（互相覓罪）。三、犯諍（一、評犯不定。二、互相犯觸）。四、事諍（諍羯磨事如法非法）。此四諍之中，初一教法，次二行法，後一衆法。彼此交競爲"鬪"，朋黨相助爲"諍"，徹斷事官爲"言"，各説其理爲"訟"。言諍有四法：一、所説文義相應。二、所説文異義同。三、所説文同義異。四、所説文義俱異（諫曰"何須共諍[③]？"）。覓諍根中，六諍所起：一、恨戾難共語。二、惡性戲鬪。三、諂曲。四、邪命。五、無慚無愧。六、多貪嫉。因此六事起覓諍，出

① 令，録本訛作"合"，據底本改。

② 重，底本、録本脱，結合文意，據甲本補。

③ 諍，録本訛作"諦"，據底本改。

《中阿含》。諍緣根本有六：一、瞋恚。二、惱害。三、幻①僞。四、慳嫉。五、見取。六、邪邊。二見（此覓諍根，出《摩夷》中）犯諍根中，六犯所起處：一、有身犯非口、心。二、有口犯非身、心。三、有身、口犯非心。四、有身、心犯非口。五、有口、心犯非身。六、有口、心犯。又，《摩夷》云：有心犯非身、口，如錢寶戒，身、口不受，但自默念作已，有想即犯。七滅：一、現前毘尼（現用此法，對於前人，評和諍②事，因以得息。此一毘尼，通滅四諍）。二、憶念毘尼（此人清净，横爲他謗，從僧乞羯磨，記識不犯，諍事得息，此滅於覓諍也）。三、不癡毘尼（此人顛狂時犯戒，非是故心，癡犯差互，實不有犯，從僧乞羯磨，以息覓諍）。四、自言治毘尼（他人評犯不定，要取犯者自説所犯輕重相分，准法治罪，滅於犯諍也）。五、罪處所毘尼（亦名"覓罪相"。此人評罪，前言不覆後語，衆僧爲作羯磨，治罰其人，徵③出於所犯□（根）④本，以滅覓諍也）。六、多人語毘尼（亦名"多覓罪相"。此人共諍佛法道理，言義寬深，非淺識能了，廣集知法大德，驗究經律，捉如法籌多者以爲正義，滅於言諍）。七、如草覆地毘尼（此一住處衆僧共諍，互相犯觸，不可整理。爾時匡衆之人⑤應作單白羯磨，掩息鬪諍，各乞歡喜，和合布薩，以滅犯諍也）。此七滅之中，前一體别用通，餘六體通用别。别中初二滅於無罪之諍，憶念無根、不癡有根也。中二滅有罪之諍，自言首過，罪處評犯也。後二滅無罪、有罪之諍，［□□］［多語］⑥護法，草⑦覆護［□］［衆］⑧也。又四諍之中，各有難有易，易者但用現前毘尼滅之，難者兼用餘毘尼也。言諍以二滅之：現前毘尼多人語，其一諍小乘淺理易解，故但用前毘尼滅之。二諍大乘深理難解，故須多人語毘尼滅之。覓諍以三滅之，憶念不癡罪處所：一者、能覓之人有過，所覓

① 幻，録本訛作"約"，據底本改。
② 諍，録本訛作"詳"，據底本改。
③ 徵，録本訛作"微"，據底本改。
④ 根，録本作缺文，底本不清晰，據甲本補。
⑤ 人，録本訛作"又"，據底本改。
⑥ "多語"二字底本、録本脱，結合文意，據甲本補。
⑦ 草，底本、録本作"莫"，結合文意，據甲本改。
⑧ 衆，底本、録本脱，結合文意，據甲本補。

之人無罪，故須憶念毘尼也。二者、能覔、所覔二俱有罪，故須不癡毘尼也。三者、能覔之人無過，所覔之人有罪，故須罪處所毘尼也。犯諍以二滅之者：自言治，草覆地。其一犯於行，故須自言治。其一犯於衆，故須草覆地。事諍以一切滅之。因言諍中起滅諍事，而不忍可，返共諍之，即還用若現前、若多人語滅之也。若因覔諍中起滅諍事，而不忍可，返共諍之，即還用若憶念、若[1]不癡、若罪處所滅之也。若因滅犯諍事而起諍者，即還用若自言、若草覆滅之也。除此三諍上作事已，若泛[2]諍餘羯磨法是非之事者，悉言諍所攝。此七毘尼之法能滅四諍，故名爲"滅"也。五種略説戒：一、説戒序已，餘者應言"僧常聞"。二、説四事已，餘者應言"僧常聞"。三、説十三已，餘者應言"僧常聞"。四、説二不定已，餘者應言"僧常聞"。五、説三十已，餘者應言"僧常聞"。又有五種，乃至説九十已，餘者應言"僧常聞"（又有五種，乃至説四提舍尼已，餘者應言"僧常聞"，合爲十五種略説戒也）。有八難事，聽略説戒：一、王難。二、賊難。三、火難。四、水難。五、病難。六、人難。七、非人難。八、毒蟲。自恣時亦爾。三種人作布薩：若僧，若衆多人，若一人。有四種布薩：一、三語布薩。二、清净布薩。三、説波羅提木叉布薩。四、自恣布薩。戒法清净海八種奇特法：一、漸次學戒，皆歸佛法（如衆流投海，此嘆受戒也）。二、住於戒中，乃至於死，終不犯戒（如海不失潮法，此歎持戒）。三、滅本名，皆稱"沙門"、"釋子"（如五河同歸，名爲"一海"，此嘆聖因也）。四、入無餘涅槃界，無增無減（如海無增滅，此歎聖果也）。五、同一解脱味（如海同一鹹味）。六、梵行清净不破戒（如海不宿死屍，此明衆惡永棄）。七、能生道品聖行功德（如海出珍奇異寶。歎自德勝）。八、有四向四果賢聖僧寶（如海容受大身衆生，歎行人利他之德也）。五種與欲：一、言與欲。二、爲我故説欲。三、現身相。四、口語。五、現身相口語。有五種失欲：一、受欲者比丘死。二、休道。三、至外道衆中。四、往別部僧中。五、至戒場上。與清净亦如是。與自恣亦如是。三種安居：一、前安居（四月十六日是）。二、後安居（從四月十七日至五月十六日明相未出也）。下增三中云："有三種安居：

[1] "若"字前底本、録本衍一"若憶念"三字，結合文意，據甲本删。

[2] 泛，録本訛作"沈"，據底本改。

前安居，中安居，後安居。”三種受日：一、受七日。二、受過七日法（《四分律》聽請十五日。若遠事不訖，聽請一月日。然此《十誦律》請三十九夜。《僧祇律》聽請事訖當歸）。安居初應作四事：一、解界。二、結界。三、分房卧具。四、結安居。安居竟應作五事：一、解界。二、還結界。三、分房卧具。四、自恣。五、受功德衣。有五種人不得安居衣：一、被舉。二、不用道。三、死。四、破安居。五、不囑授。出《僧祇律》。二種自恣：一、和合自恣。二、各三語自恣。有三種人作自恣：若僧，若衆多人，若一人。迦提月開五事利：一、得畜長財，過十日不説凈。二、得離三衣宿。三、得别衆食。四、得展轉食（皆[①]前請受，後請）。五、食前、食後不囑得入村（先已有食處中，後[②]聽不囑授詣他家）。受功德衣開五事亦如是。迦提月者，作衣月也。後七月十六日訖八月半，聽作餘時。

行道懺悔滅惡法第四

破僧有五過失：一、自害。二、爲智者所呵。三、有惡名流布。四、臨終生悔恨。五、墮惡道。七犯聚者：一、波羅夷罪（如斷人頭，不可還活，犯此戒者永斷聖種，一形之中不清凈也）。二、僧殘罪（如殘病人障於布薩，行摩那埵，罪可得滅）。三、偷蘭遮罪（此方名“麁惡”。此罪有四品：一、五逆偷蘭遮，滅擯。二、波羅夷邊方便偷蘭遮，當於八僧中大衆悔罪。三、僧殘邊方便偷蘭遮，當於四人僧小衆悔。四、獨頭偷蘭遮，對三人悔也）。四、波逸提罪（三十尼薩耆捨墮已悔，餘波逸提，對一人清凈僧三説懺）。五、提舍尼罪（對一清凈僧一説懺悔也）。六、突吉羅罪（此方名“惡作”。今但取身作越威儀事，故心作者對手一説也）。七、惡説罪（與突吉羅一等，但取口説越威儀事，故心作者對手一説）。此突吉羅及惡説四罪[③]，若失意犯者，聽責心悔。但自心念口言，剋心愧憒[④]，誓不復作，罪即得滅。下坐向上坐懺有五法：一、偏露

① 皆，録本訛作“背”，據底本改。

② 後，録本訛作“前”，據底本改。

③ 底本竪排之“四罪”，録本訛作“羅”，今據改。

④ 憒，録本訛作“情”，據底本改。《字彙·心部》：“憒，與責同。”

有肩。二、脱草履。三、札足。四、右[①]膝著地。五、合掌説所犯事:“大德一心念!我比丘某甲,故犯某罪不憶數,今向大德發露懺悔,不敢覆藏。懺悔則安樂,不懺悔不安樂。憶念犯發露,知而不覆藏。大德憶我清浄戒身,具足清浄布薩。”(如是三説。)上座應語言:“自責汝,心生厭離。”(答言“爾”也。)上座懺向下坐有四法:一、偏露右肩。二、脱革屣。三、右膝著地。四、合掌説所犯:“長老一心念!”懺文如上説。下坐應語言:“大德應改悔,生厭離。”(答言“爾”也。)有三種人犯:一、若僧犯。二、若衆多人犯。三、若一人犯。有三種懺悔:若僧,若衆多人,若一人。爲他作懺悔主,應具五法:一、善知犯。二、善知懺悔法。三、善知懺悔清浄。四、善知作白。五、善知作羯磨。具此五德,乃受他懺悔,能除人罪。四重:一、犯淫(若人男女、若神[②]鬼男女、若畜生男女大小便道及口中,他犯己[③]亦重,己[④]犯他亦重,如毛頭入,成重罪也)。二、犯盗(若劫,若偷,若公官强奪,若燒,若埋[⑤],若壞[⑥]色,若自作,若教人作,但使損他五錢物離本處,得重罪)。三、犯殺人(人者從初入胎中,乃至命未斷,若自殺,若教人殺,隨他何方便,但令[⑦]彼死,死則犯)。四、犯妄稱得過人法(實是凡夫,詐言得聖,或言“我得禪定,我有天眼、他心智,從四念處法以上三十七道品四聖果三明六通”等,向他説,犯重)。尼八重(初四重如上説):五、犯摩觸罪(要是男,若童子有欲意以去,不問親踈,不簡道俗,彼此皆露身相觸,腋以下,膝已上,己[⑧]往觸[⑨]他亦犯。他來觸[⑩]己[⑪]亦犯,要有欲心受觸,樂觸著便犯也)。六、犯八事罪(八者:一、共有欲心男子捉手。二、捉衣。三、共入屏處。四、共屏處立。五、共屏處語。六、共行。

---

① 右,録本訛作“有”,據底本改。

② “神”字前底本、録本衍一“鬼”字,結合文意,據甲本删。

③④⑨⑪ 己,録本訛作“已”,據底本改。

⑤ 埋,録本訛作“理”,據底本改。

⑥ 壞,録本訛作“懷”,據底本改。

⑦ 令,録本訛作“合”,據底本改。

⑨ 觸,録本訛作“犯”,據底本改。

⑩ 觸,録本訛作“爾”,據底本改。

七、共身相倚。八、共期。此八事中，犯無次弟（第），隨犯七事不懺[11]悔，若滿八事，便犯重也）。七、犯覆藏他重罪（若見大戒尼犯波羅夷，應向一大尼發露。若故隱覆，與惡同情，過夜至明旦便犯。若畏他殺，或致破僧，來説不犯）。八、犯隨舉罪（若有惡比丘爲大僧作三舉羯磨治罰，其人未懺悔，僧未爲其解羯磨，此比丘尼[12]遣順供給，黨惡成朋，信受乖法。尼僧設諫，苟執不捨，尼僧爲作羯磨，三諫不捨便犯也）。六重誡叉摩那尼學六法：一、不淫（若已淫，不得進大戒。若與染[13]污心男子身相觸缺戒，應更與戒）。二、不盗（若偷人五錢物已上，不得進大戒。若取四錢已下，缺戒，應更與戒）。三、不殺（若方便斷人命，不得進大[□][戒][14]。若故殺畜生、蟲、蟻、蚤、虱缺戒，應更與戒）。四、不妄語（若詐聖誑他，不得進大戒。若汎妄語缺戒，應更與戒）。五、不飲酒（若無重病，貪味而飲，一渧入喉[15]，缺戒，應教懺，更與戒）。六、不非時食（若過中破齋，缺戒，應教懺悔更與戒）。比丘、比丘尼護持禁戒，寧死莫犯，如其犯者，不如本不出家也。自毁壞道法，污辱師僧，穢亂三寶，欺負四恩，不消信施，益罪多也。若無心在道、苟欲爲惡者，乃可捨戒，不可倚傍佛法而違犯也。若欲捨戒，當向大戒比丘跖跪[16]合掌言："大德一心念！我比丘某甲，今捨大戒，還作白衣，願大德憶我是白衣。"（如是三説。）若欲留五戒者當言"還作優婆塞"。若欲留十戒者，當言："還作沙彌，願大德憶我是沙彌也。昔從僧受得戒，今應汝法還僧，僧即證知。"若布薩羯磨，簡棄於外不得，仍在衆内共法事也。以此而推，不容對餘人捨，若尼還對比丘尼捨。五逆：一、殺父。二、殺母。三、殺阿羅漢。四、破和合僧。五、惡心出佛身血。十

---

[11] 懺，録本訛作"職"，據底本改。

[12] 尼，甲本無。

[13] 染，録本訛作"深"，據底本改。

[14] 戒，底本、録本脱，結合文意，據甲本補。

[15] 喉，録本訛作"唯"，據底本改。

[16] 跖，録本訛作"悖"，據底本改。此字甲本作"互"。"跖跪"亦作"胡跪"、"蝴跪"、"互跪"。慧琳《一切經音義》卷第四十三《僧伽吒經》卷第一音義："跖跪：上胡誤反，俗字也。亦作'胡'，借音用也。經本作'呀'，非也。"[T54n2128p595c19]《可洪音義》卷第六："跖跪：上乎故反，正作'㐂'也。一膝加地坐也。亦作'蝴跪'，亦作'㐂跪'也。"《廣韻·暮韻》："互，差互。俗作'㐂'。"

惡業：一、殺。二、盗。三、淫。四、妄語。五、綺語。六、兩舌。七、惡口。八、貪。九、瞋。十、邪見。前三身業犯，中四口業犯，後三意業犯。十三難：一、犯邊罪（此人曾受大戒，犯波羅夷。若爲僧，作滅儐（擯）。若自罷道、後還願受大戒者，亦爲難，儐在衆外，故曰“邊罪”也）。二、污净行尼（若是尼污净行比丘。所言“净行”者，從出家大戒已來不曾犯淫，名爲“净行人”也。若白衣時犯此净行人，名爲“難”）。三、賊心受戒（此人無師，盗剃頭，被袈沙，不受戒而共他布薩。若作羯磨，偷竊佛法，名爲“賊心受戒”。若是沙彌六法，尼亦得盗聽説戒羯磨，作同事亦犯）。四、破内、外道（此人先是外道，來入佛法，受大戒已，不捨戒，被袈裟，還作外道，耶（邪）見心重，自然失戒。後更欲於佛法中受大戒者，不復發戒也）。五、黄門（有五種黄門：一、生黄門。二、形殘黄門。三、妬黄門。四、變黄門。五、半月黄門。此五種人性多煩惱，闕於持戒，煩惱障重，不發大戒，名爲“難”）。六、殺父（白衣時殺[①]所生父，違恩逆理爲“難”）。七、殺母（白衣時殺母，違恩處深，不得受大戒）。八、殺阿羅漢（白衣時殺得道人，死時顔色不變）。九、破和合僧（以五邪之法，戒亂群情，化誘内凡學人，别作布薩羯磨，令如法之衆不得和合，斷其會聖之行，知而故作，名爲“難”）。十、惡心出佛身血（此人欲殺佛，而佛不可殺，但得重逆罪。而今[②]末世，或有心燒破佛圖、精舍、形像、舍利，若見瑞相，即是出佛身血，亦得逆罪）。十一、非人[③]（若鬼，若神，若天，若魔，變作人刑，欲受大戒，實是非人，名爲“難”）。十二、畜生（若龍蛇，若鹿，若狐，變作人形[形]，不得受大戒）。十三、二根（此人亦有男根，亦有女根，於僧、尼二衆皆妨無置處）。此十三難，前五煩惱障重，中五業障重，後三報障重。一形之中，不可改易，若未受戒不得受，若已受戒不得戒，不應向禮，應滅儐（擯），科判三障，出《摩夷》中。亦有論文：前四及五逆，此九業障攝；黄門一種，煩惱障攝；後三報障攝。文意不同，任情取捨。

---

① “時殺”二字底本、録本作“殺時”，結合文意，據甲本改。

② 今，録本訛作“合”，據底本改。

③ “非人”二字底本、録本作“人非”，結合文意，據甲本改。

懺僧殘隨所犯有四番羯磨：一、與覆藏羯磨（隨覆來日①多少行懺悔法，此治覆罪之過。尼有伴無覆藏）。二、與本日治羯磨（此人行覆藏時重犯，更從僧乞摩那捶云②爾，還從初日爲始行也）。三、與磨那埵羯磨（若無覆藏，直③與此治法，比丘六夜，尼半月）。四、與出罪羯磨（比丘二十清浄僧中出此罪，尼於二部四十人中洗泼④得滅也）。八事不白失宿：一、往餘事（寺？）⑤不白（行懺中間，若有因緣復往餘寺，應白彼寺僧，若不白失一夜）。二、出界不白（若有因緣復須出寺外者，應白寺外道上徐⑥行僧，若不白失宿）。三、客比丘來不白（若有客⑦僧來者即應白，不白失一宿）。四、寺内徐⑧行者不白（僧伽藍大院内有客比丘急走過者，不得白不犯；若安徐行，應逐⑨取向白，不白失宿）。五、病不遣使白（若自有病，應請⑩一比丘白僧。知病，不得自白衆。不者，失宿）。六、二三人同室宿（比丘應獨在小房，尼得有於伴也）。七、在無比丘處住（僧伽藍中應有大戒尼⑪在寺宿。若獨在無比丘處經夜，失一宿。若行摩那埵，應常在四人僧中宿。若此處僧數不滿，失一宿也）。八、若時集、非時集不作白（時集者，布薩時；非時集者，餘作羯磨時；此衆聚應白，若不白失宿。若行摩那埵應白，若不白失宿也）。奪⑫三十五事：初奪⑬五事：一、不得授人大戒。二、不得受人依止。三、不得畜沙彌。四、不得受僧差教誡比丘尼。五、設差不應往。第二奪五事：一、不得作説戒人。二、不得僧中問答毘尼。三、不得僧中作羯摩。四、僧評斷事不得在數。五、不得爲僧作使命人。第三奪五事：一、不應早入聚落。二、不應逼暮還。三、應親近比

---

① 日，録本訛作“曰”，據底本改。

② 云，録本訛作“亦”，據底本改。

③ 直，甲本作“真”。

④ 泼，録本訛作“拔”，據底本改。

⑤ 事，此似爲“寺”之訛字，下文“若有因緣復往餘寺，應白彼寺僧”，可互勘。

⑥⑧ 徐，録本訛作“除”，據底本改。

⑦ 客，録本訛作“容”，據底本改。

⑨ 逐，甲本作“遠”。

⑩ 請，録本訛作“倩”，據底本改。

⑪ 尼，底本、録本作“在”，結合文意，據甲本改。

⑫⑬ “奪”前録本衍一“二”字，結合文意，據底本、甲本删。

丘,不應親近外道。四、應順從善比丘教。五、不應作異語。第四奪五事:一、不應更犯此罪,餘亦不應作。二、若犯相似,若從此生。三、若復犯,重於此。四、不應嫌羯磨。五、不應嫌作羯磨人。第五奪五事:一、不得受善比丘敷坐具。二、不得受洗足。三、不得受洗足物。四、不得受拭草履巾。五、不得受他揩摩身。第六奪五事:一、不得受善比丘禮拜。二、合掌。三、問訊。四、迎逆。五、不得受善比丘持衣鉢。第七奪五事:一、不得舉善比丘罪。二、不得與他作憶、作白言。三、不得證他事。四、不得遮他布薩自恣。五、不得共善比丘鬪諍。此三十五事中,初十奪其師德,次十奪其隨意所行,次十事奪其供事,後五不聽于知他事。應順行此法,若違犯一事,罪則不滅,不得與出罪羯磨。十種自性偷蘭遮罪:一、食人肉。二、畜人皮。三、剃陰上毛、腋下毛。四、用藥灌大便道。五、畜人髮欽婆羅。六、裸形行。七、畜石鉢。八、瞋恚破衣。九、瞋恚破房。十、瞋恚破寺塔。皆犯偷蘭遮。輕者對一人懺悔,法如波逸提也。罪重於突吉羅,故爲第五聚也。其中亦有重者,若生噉人肉及惡心破僧房、破佛塔等,此則二三人前三説懺耳。若初篇、第二篇偷蘭者,僧作羯磨懺也。此義出《摩夷》中。《僧祇律》云:瞋心破六種犯偷蘭遮:破鉢,三衣,破塔,破僧、房,破界。有三種人犯尼薩耆:若僧,若衆多人,若一人。應在三種人前捨墮:若僧,若衆多人,若一人。有四種妄語:一、波羅夷妄語。二、僧殘妄語。三、波逸提妄語。四、阿毘波羅妄語。五種慳:一、財物慳。二、法慳。三、家慳。四、住處慳。五、稱讚慳。五蓋覆心:一、慳貪。二、瞋恚。三、睡眠。四、調悔。五、疑(貪、瞋二蓋能覆戒品,睡、調二蓋覆定品,疑之一蓋能覆惠[慧]品也)。十使煩惱:一、身見。二、邊見。三、邪見。四、見取。五、戒取。六、疑。七、貪。八、瞋恚。九、慢。十、無明。此十煩惱驅馳行心,流轉不住。會觀四諦,空無我理。滅初五見,得無相行。次斷疑使,得須陀洹。餘之四使,欲界煩惱判爲九品。斷六品盡,得斯陀含[1]。斷下三品盡,得阿那含。《經》云"斷三結,得須陀洹"者:一、我見。二、戒取。三、疑。此三重,又總。五下分結:一、調戲。二、憍慢。三、無明。四、色染。五、無色染也。此是上二界煩惱,阿那含人斷之都盡,得阿羅漢

① 含,録本訛作"貪",據底本改。

果。三塗四趣：一、地獄。二、畜生。三、餓鬼（是爲三塗，純惡業感）。四、阿修羅（雜惡業所感也）。六道衆生：一、地獄道。二、畜生道。三、餓鬼。四、阿修羅道。五、人道。六、天道。三界皆苦：一、欲界（從地獄以上訖六天）。二、色界（從初禪梵天訖四禪十八天也）。三、無色界（四空天訖非非想）。

行道修善法第五

菩薩常作六念：一、念佛（十力無所畏，願禮事供養）。二、念法（寂滅滅諸相，願讀誦思義）。三、念僧（良田無所著，願親近敬奉）。四、念戒（防非禁戒惡，願護持不犯）。五、念施（能捨除慳悋，願救善[①]濟他）。六、念天（净非世法，無上佛果，安穩住處，第一義天，我今願求必得上果）。出律增三中也。沙門六念：一、念知月日（知今月大小，今[②]若干[③]日過，無常迅速，布薩時到）。二、念知夏數（我是某年某月某日某時受大戒，今已若干夏老去無業，若入衆，知上下坐也）。三、念迴請（我若先受前請，今欲更受後請，當迴前請食施比丘某甲，彼某甲於我不計，我得自恣食。彼某甲於我不計者，彼前請施主也）。四、念受持三衣，有長財當說净。五、念不别衆食（四人已上皆受，别衆[④]當食時，界内有比丘）。六、念有病當急治，無病依衆行道。病人有五法：一、不食不應食者。二、喜服藥。三、如實語瞻病者。四、應行便行，應住便住。五、身有苦痛能忍，身少有能作便作。又，第五句能净坐思惟。第一念悔先罪病，是苦報由惡所招，今[⑤]復不懺，定墮惡道。前身積罪，餘報未盡。今生以來，自少及長，爲惡日[⑥]多，作善時少。五篇諸戒，一一思量，各曾違犯，今當懺悔。若發此心，神生净處。第二當觀無常身如坏器假合所成，速朽易壞，不可久保。命尚不存，財何足惜？於諸衣物，莫以經懷，應捨，不須囑授，死後任僧，不煩留恡也。第三當念佛三昧，善調氣息，定心守境，正向西方，觀清净佛土如在目前，念念之中如注流水，直到彼岸也。又，病人應

① “救善”二字録本作“雜看”，結合文意，據底本、甲本改。

②⑤ 今，録本訛作“念”，據底本改。甲本亦作“今”，可參。

③ 干，録本訛作“于”，據底本改。甲本亦作“干”，可參。

④ 衆，甲本作“請”。

⑥ 日，録本訛作“曰”，據底本改。

以三法自量宜：一者重病，若得隨意飲食，隨病醫[1]藥，隨意好。看病人於此三事若得、若不得，此病會死，不能使病得差(瘥)，無常報盡，不可救也。爾時病人應作死計，莫食非法及破齋也。二者輕病，若得隨意飲食，隨病湯藥，隨意看病人；若不得，病亦不死，但小將息，病自得差(瘥)。爾時病人不得因病便欲飲噉，破齋服酒也。三者中病，若得隨意飲食，病則得差(瘥)；若不得，病必死。爾時病人應自思量，隨病所宜而噉之也。若不能自節限者，看病人應裁割也。針灸服藥裁量亦如是。求看病人供給進否亦如是。然病人多惱瞋，應自調伏也。他好心看我，已自難消，何況復加惡言觸惱於彼？彼看我無利，或能心退，不復看我，我便死也。是故應慚愧於他，將護其意，[□][而][2]勸讚之。看病人有五得：一者、知病人可食不可食，可食能與。二者、不惡[3]賤病人小便唾吐。三者、有慈心，不爲衣食。四者、能經理湯藥，乃至差(瘥)若至死。五者、能爲病人說法，令[4]病者歡喜己身，於善法增長。佛言："汝强健時不看他病。汝今得患，誰當看汝?"告諸比丘："出家不看病，爲無利益。若能供養病人，勝供養佛。見苦無常，慈悲心重，即是第一修道，獲無量功德。"嚼□[5]楊枝有五事利益：一、口氣不臭。二、别味。三、熱陰消。四、引食。五、眼明。掃地有五法，德(得)[6]大功德：一、不逆風順風。二、不應背尊長。三、滅跡。四、除糞。五、還復箕箒置本處。經行有五種利益：一、堪遠行。二、能思惟。三、少病。四、消食。五、德(得)[7]定久[8]住。散亂心眠有五種過失：一、見惡夢。二、諸天不祐護。三、心不思[9]法。四、不係意在明。五、失不净。有四種非法眠：一、阿修羅眠仰卧。二、覆地眠。三、餓

---

① 醫，録本訛作"監"，據底本改。

② 而，底本、録本脱，據山本悌二郎氏藏敦煌本《四部律並論要用抄》卷下補。

③ 惡，録本訛作"壞"，底本實作"偲"，乃"偲"之俗體。《集韻·鐸韻》："惡，或從人。"此字甲本正作"惡"。兹據録正。

④ 令，録本訛作"合"，據底本改。

⑤ 此缺字甲本無。

⑥ 德，甲本作"得"。

⑦ 德，甲本作"持"。

⑧ 久，録本訛作"分"，據底本改。

⑨ 思，録本訛作"恩"，據底本改。甲本亦作"思"，可參。

鬼眠。四、左脇眠。有四種如法眠:一、師子王眠,右脇著地,兩脚相累。二、合口,舌跓上斷。三、右手支[①]頭,左手順身上。四、不捨念惠(慧),思惟明相。向火有五過失:一、令人無顔色。二、令人無力。三、令人眼闇。四、令人鬧集。五、多説俗事。不忍辱人有五過失:一、兇惡不忍。二、後生悔恨。三、多人不愛。四、惡聲流布。五、死墮惡道。應當忍辱,修身四威儀:一、行威儀(攝身威儀,向前直進)。二、住威儀(平立斂[②]手,隨便正看)。三、坐威儀(跏趺帖[③]膝,直身低目)。四、卧威儀(右脇著地,累脚屈身,係相在明,念當早起)。修口四威儀:一、常[④]作法語、實語。二、常[⑤]作正語、直語。三、常作和合語、滅諍語。四、常作柔軟語、悦心樂聞語。修十二頭陀之行,"頭"名"少欲","陀"名"知足",斗藪煩惱,離於滯著,故曰"頭陀"。何等十二?一、持糞掃衣(此人不受利養衣物)。二、持三衣(此人不畜長財物)。三、持隨衣(此人僅得供身,不畜盈長物)。四、常乞食(此人受請,不食僧食)。五、一揣食(事事一斟[⑥],不再益)。六、一坐食(壞威儀已,不再噉也)。七、不作餘食法食(朝粥、中飯,不再正食)。八、樹下坐(觀樹從諸法因緣生,我身亦爾,是生滅法)。九、塚間坐(觀尸不净,白骨無常)。十、露坐(觀諸法空,無所有也)。十一、隨處坐(觀諸法流動,無有定性,不自在故;無我亦是,逐静名"阿蘭若處")。十二、常坐不卧(觀睡眠怠墮,死墮惡道。若不端身正意,行無由成也)。此十二者持衣有三,食法有四,坐處有五也。行人於衣食處心無滯著,而藉緣發道,修進彌懃。此苦行也。經論異名,且存一説。修五門禪(一、貪欲多者,終不净觀。二、瞋恚多者,修慈悲觀。三、愚癡多者,修十二因緣觀。四、著我多者,修十八界空觀。五、思覺多者,修出入息觀)。修六門禪:一、數(冷病多數出息,熱病多數入息,緣心在鼻柱當門,安祥徐數,從一至十,息成就爲一念。若越亂增減,皆不當也)。二、隨(心隨息出入,窮息

---

① 支,底本、録本作"技",結合文意,據甲本改。

② 斂,録本訛作"叙",據底本改。

③ 帖,底本、録本作"怗"。敦煌卷子中,"忄"部"巾"部相亂,"怗"乃"帖"之常見俗體,兹據改。

④⑤ 常,録本訛作"當",據底本改。

⑥ 斟,底本、録本作"斯",結合文意,據甲本改。

根本,乃至無心悔門)。三、止(緣心停住,守鼻柱當門,勿令馳散)。四、觀(觀[①]息長短,息遍身,見氣從毛孔出,如珠貫縷)。五、還(轉緣心數,以心觀心,心若異緣,皆是動亂,緣之令還住也)。六、净(澄心一境,無復動亂,得入净心三昧,法相顯見)。八種惡覺(一、欲覺。二、恚[②]覺。三、害覺。四、不死覺。五、親里覺。六、國土覺。七、輕慢覺。八、族性覺。多思惟此八事者,應作數息法服也)。八動觸(輕觸,重觸,癢觸,痛觸,澁觸,滑觸,冷觸,熱觸。此八觸來應者,戒能發定,或能發惠[慧][③],當對治除之)。三種調心法:一、制(精進過多,心則調動,宜當緣心,莫使馳散)。二、發(守境既久,心轉沈没,宜應驅策,方便生心也)。三、捨(調停得中,宜應正念,入空三昧)。修四念處:一、觀身不净(從頭至足,三十六物皆是不净,膿囊臭穢,如死蛇死狗也)。二、觀受是苦(世間暫樂,會歸毁壞,違逼於心,皆是苦受也)。三、觀心無常(六識念念生滅,前心非後心,如水流燈炎,故知人命無常)。四、觀法無我(想心取假,諸法無實,行心造業如幻,所作皆是虚妄,無有堅實,所緣之法皆空)。修四正懃(一、惡法未生,方便令不生。二、惡法已生,方便令除斷。三、善法未生,方便令生。四、善法已生,方便令增長。惡從心生,還由心滅。善從心生,還由心長。長當懃心觀察此四種法也)。修四無量心:一、修慈心(念一切衆生,欲與其樂,思惟作無量衣食等物施與衆生,怨親平等,皆與上樂,是名"修慈")。二、修悲心(念一切衆生,欲拔其苦,此名"修悲心")。三、修喜心(念一切衆生,若修善者我悉贊憙,若造惡者勸令斷惡,當遏惡揚善)。四、修捨心(於一切衆生中皆悉平等,不見怨親,等同空法也)。修六妙行:一、識不與色親(眼[④]看青、黄、朱、紫,心不染著,服妙行)。二、耳不著聲(但取言下之法,不愛著音聲)。三、鼻不染香。四、舌不貪味。五、身不著細滑等觸。六、意不思惟惡法。沙門五净德(一者、發心離俗,懷[⑤]佩道故。二者、毁其形好,應法服故。三者、永割親愛,無適莫故。四者、委棄軀命,遵崇道

① 觀,録本訛作"觀",據底本改。
② 恚,録本訛作"悉",據底本改。
③ 惠,録本訛作"患",據底本改。
④ 眼,底本、録本作"明",結合文意,據甲本改。
⑤ 懷,録本訛作"壞",據底本改。

故。五者、志求大乘，欲度人故。出《福田經》中）。

發道資緣法第六

欲得寂滅樂，當習沙門法。衣食繼身命，精麄隨衆等。

四依法：一、依糞掃衣（此上品人，但捨棄之物，納以爲衣，不受信施；此最[①]少欲，得供身修道也。中品人不堪，聽依僧次受同利物。下品人聽受别施及貴賈割壞衣）。二、依乞食（此上品人除慢降身，伏貪乞食，不受請供，不擇貧富，趣得支身，濟命修道。中品人聽受僧次及送供。下品人聽受僧常住食及别請供養也）。三、依樹下坐（此上品人不受房舍卧具，但[②]衣塚間、樹下，僅得陰蔽，漏形修道。中品人居小房石室，起不礙頭，座[③]趣容膝。下品人聽受大房及私房也）。四、依腐爛藥（此上品人有病時爲除報障，服此陳棄藥。此大小便汁[④]能差（瘥）衆病，而不傷人，但取愈患，得存身修道。中品人依僧次受蘇油蜜。下品人受施也）。比丘依託此四法，得資身活命，寧處修道。衣爲外資，食爲内資。卧具能遮外患，湯藥能除内患。外託衣及處，内假食與藥。藉此四緣，方得修道。能生無漏，故名"四聖種"也。比丘當准己力，依上、中、下品而行之，不可越分而修。若上人行下法則退，若中人行上法則過，若下人行中法則不及。三衣六物：一、安陀會（五條袈裟，一長、一短、一重，是授中衣。大小便、洗鉢、掃地、作事時著五條）。二、欝多羅僧（七條袈裟，二長、一短、二重，割截成，是入衆衣。大小食時、行道、法事、衆集時著七條。安鉤細量法，如下説之）。三、僧伽梨（是入王宫聚落衣，降天魔伏外道、化惡人時著大衣，或[威?][⑤]肅恣、不肖也。乞食、應供、入大會時著大衣，生物敬信。九條、十一條、十三條爲下品衣，十五條、十七條、十九條爲中品，二十一、二十三條、二十五條爲上品。三長，一短，三重。若故帛隨意多重，竪三肘，横五肘，割截成，周匝緣帖，四角安鉤，紐三種色）。四、鉢多羅

① 最，録本訛作"嚴"，據底本改。
② 但，録本訛作"位"，據底本改。
③ 座，録本訛作"痤"，據底本改。
④ 汁，録本訛作"計"，據底本改。
⑤ 或，底本似作"威"，待考。

(應量器。若泥,若鐵,斗[①]半以上,三斗[②]以還,薰色)。五、尼師檀(坐具。廣三尺以上,四尺以還;長三尺以上,五尺以還。周匝緣染壞色)。六、針筒(鐵、銅、錫、竹、柏木等作,常隨身,修理威儀)。尼受五衣者,三衣及覆肩僧祇支。有十種衣,應染作袈裟色(一、施[絁?][③]衣。二、劫貝[④]衣。三、欽波幾羅。四、芻[⑤]麻衣。五、叉[⑥]麻衣。六、舍甆[⑦]衣。七、麻衣。八、翅夷羅衣。九、枸[⑧]遮羅衣。十、差羅波尼衣也)。有十種糞掃衣(一、牛嚼衣。二、鼠嚙衣。三、燒衣。四、月水衣。五、初産衣。六、神廟衣。七、塚間衣。八、願衣。九、立王衣。十、往還衣。此名"十衣")。三種賤法:一、刀[⑨]賤(割壞衣財)。二、衣賤(故弊財帛)。三、色賤(青黑木蘭新染壞色,名"不均色"也)。二種净:一、説净(堪任作衣者,廣八寸,長尺六,皆合説净)。二、點净(手巾袜[⑩]非衣者,悉作三點壞純色也)。二種净施:一、真實净施(所得衣財對手捨與五衆出家人,付彼償視借取用也)。二、展轉净施(作法捨,不須問,隨意用)。不得畜八不净(一、畜底[邸][⑪]店。二、田宅。三、人民。四、奴婢。五、畜生。六、珍寶。七、貯聚生穀。八、生熟食具。除衆僧得畜也)。離五邪命自活:一、仰口食(仰觀星宿陰揚曆運,預世名利)。二、下口食(耕田、種

①② 斗,録本訛作"升",底本實作"𭁈",乃"斗"之俗體。兹據録正。

③ 施,底本不清晰,結合文意,此當爲"絁"之訛字。"絁衣"謂粗質綢衣。伯 2100 號《四部律並論要用抄》卷上:"《四分》有十種衣,比丘應染作袈裟色持:一、絁衣。二、劫身……"可資互勘。

④ 貝,底本、録本作"具",據文意改。《四分律》卷第三十九:"佛言:'聽持糞掃衣及十種衣:拘舍衣、劫貝衣、欽跋羅衣、芻摩衣、叉摩衣、舍兔衣、麻衣、翅夷羅衣、拘攝羅衣、嚫羅鉢尼衣。'"[T22n1428p849b14]可參。

⑤ 芻,録本訛作"菖",據底本改。

⑥ 叉,底本、録本作"又",甲本同。按:敦煌寫卷中"又"、"叉"常混。此處乃"又"乃"叉"之訛省。參前注。

⑦ 甆,録本訛作"瓺",據底本改。

⑧ 枸,録本訛作"杓",據底本改。

⑨ 底本豎排之"一刀",録本訛作"万",今據改。

⑩ 袜,録本訛作"抹",據底本改。

⑪ 結合文意,此"底"當爲"邸"之省借。《集韻·薺韻》:"邸,或作邸。""底店"即"邸店"也。

作、墾土、伐[1]木，以爲生業）。三、尖口食（工師呪説，扇[2]博（摶）[3]兩[4]頭，［□］［誸］[5]賣唇舌，讚求財利）。四、方口食（坐守一處，以招財利，用此活命，名爲“方口”）。五、羅口食（治生方慱，傍逮財利，不正營生，斯名“邪命”）。四種藥（一、時藥。二、非時藥。三、七日藥。四、盡形藥）。三種時食：一、蒲闍尼食。二、佉闍尼食（根莖麨[6]味）。三、奢耶尼食（乳酪含消）。五種正食：一、飯。二、麨。三、乾飯。四、魚。五、肉[7]（若中前噉此等者，中時不得更食。若必欲食，應作餘食法。尼無爾法也）。三種不净肉不應食：一、見殺。二、聞殺。三、疑爲己作。五辛：一、蘇。二、葱。三、韭。四、薤。五、興渠（燒香請佛，猶恐無滅，况復臭穢能動而非障道耶？若生，若熟，若雜和，皆不得噉[8]。若食，護戒神去）。飲[9]酒有十失：一、無顔色。二、體無力。三、眼闇。四、喜現瞋想。五、失財物。六、生病事。七、益鬪諍。八、惡名流布。九、智慧轉少。十、死墮惡道。煩惱性利，終日伏之，猶尚難制，况復加之以酒資助，煩惱發動必然也。先多貪得酒，欲心必發也。先多瞋得酒，忿心必發。先多癡者得酒，必惛迷[10]顛倒，驕恣放散，無明睡眠轉重。凡飲食者，若能資道，服之若增，煩惱省之也。食粥有五種利益：一、除飢。二、解渴。三、消食。四、大小便通利。五、除風（粥者初出瓮中，草盡不成字得噉。若成字，是麋若噉，犯正食）。護八遮：一、自恣足。二、少欲足。三、穢污足。四、雜足。五、諂曲足。六、不便足。七、停住足。八、自己足。八種漿：一、利漿。二、閻浮草漿。三、酸棗漿。四、甘遮漿。五、微草漿。六、舍樓伽漿。

---

① 伐，録本訛作“拔”，據底本改。

② 扇，甲本作“扉”。

③ 博，録本訛作“慱”，據底本改。此“博”當爲“摶”之同音借字（二字《廣韻》均音補各切）。“扇摶”者，煽動相鬥也。

④ 兩，録本訛作“雨”，據底本改。

⑤ 誸，底本、録本脱，結合文意，據甲本補。

⑥ 麨，録本作“堉”，底本不清晰。今結合文意，據甲本改。

⑦ 肉，録本訛作“害”，底本實作“宍”，乃“肉”之俗體。兹據録正。

⑧ 噉，録本作“散”，底本不清晰。今結合文意，據甲本改。

⑨ 飲，録本訛作“飯”，據底本改。

⑩ 迷，録本訛作“速”，據底本改。

七、伽樓漿。八、蒲桃漿。非時得飲。五種藥：一、蘇。二、油。三、生蘇。四、蜜。五、石蜜。作法得七日服。五種脂：一、熊脂。二、魚脂。三、驢脂。四、猪脂。五、竭摩魚脂(作法如油，得七日服)。四種净地：一、僧伽藍時，處分作净地。二、爲僧作寺，未施僧。三、若半籬障，若都無垣墻。四、白二羯磨，結作净地。二種净：一、僧結净(大僧不得在净地宿)。二、檀越净(截割由檀越，衆僧不得隨意迴净)。五種净法：一、火净。二、刀净。三、創净。四、鳥啄破净。五、不中種净(此中刀净、創净、鳥啄應去子食，火净、不中種净得盡食)。又五種净：一、皮剥净。二、**剫**[①]净。三、腐净。四、破净。五、淤燥净(若不火净得噉也)。五生種：一、根生種。二、棲生種。三、節生種。四、覆羅種。五、子子種(若不火净，不得傷及食[②])。五種受食法：一、手與手受。二、手與物受。三、物與手受。四、物與物受。五、遥[□][擲][③]與得墮手中受。夫受食者割貪求之心，應仰手令他施手中，若自捉器令他授器中，不應横手捶取及以箸拌[④]，皆不成受。若不落手中、遺落器外者，悉不得噉。若意欲受彼而錯受此，佛言："不成受，應更受。"若作總雜，意得成受。若人觸食，若動食器，則失受也，應離更受，不得便自手觸之。凡未[⑤]受之食，輒自手觸，犯惡觸。犯惡觸，突吉羅罪。夫食甚繁穢，應生厭離。然人喜嗜味貪多，競攬向己[⑥]，脱不成受，犯不與取，於食不節，後致過[⑦]。初乞食時，應誦此偈："令諸乞者，悉得飽滿。其施食者，得無量福。我若得食，爲療毒身，修集善法，利益施主。"若得食在手，當先迴以供養，應説此偈："以一食施一切，供養諸佛，及衆賢聖。"然後乃食。若欲噉食，應作厭離食想，遍觀此食，皆是

---

① **剫**，録本訛作"珍皮"，據底本改。《玉篇·刀部》："**剫**，剥也。"《集韻·支韻》："**剫**，刀析也。"

② "及食"二字録本作"皮咳"，底本不清晰，據文意改。伯 2100 號《四部律並論要用抄》卷上："此五種子不以火净不得傷及食。"可參。

③ 擲，底本、録本脱，結合文意，據甲本補。

④ 拌，甲本作"挟"。該字，伯 2100 號《四部律並論要用抄》卷上亦作"拌"。

⑤ 未，録本訛作"夫"，據底本改。

⑥ 己，録本訛作"已"，據底本改。

⑦ "過"下疑脱一"患"字。"後致過"伯 2100 號《四部律並論要用抄》卷上作"致患妨道"。

不净,飯如白虫,羹如下汁,餅似人皮,酪似膿腦,隨取相似破貪美。心既不著味,即於食生厭,但如服藥而已矣。食竟收鉢,應説此偈:"飯食已訖,當願衆生,德行充盈,成十種力。"

信施檀越法第七

四恩:一、父母恩(能生己身,得有今日)。二、師僧恩(生我法身,以法施我)。三、國王恩(放[①]我課役,水土草木,常以施我)。四、檀越[②]恩(供給衣食,濟我身命)。出家行道,常報四恩。四輩檀越:一、天輩(天厨甘露,獻出家人)。二、龍輩(牛鹿獻乳,猨猴奉蜜,鳥施菓[③]等)。三、鬼神輩(山神施藥,海神施珍)。四、人輩(刹利、婆羅門、毘舍、首陀四性施主供給所須)。此等來施,如法得受。四事供養:一、飲食。二、衣服。三、卧具。四、醫藥。八種布施法:一、比丘僧得施(唯屬比丘現前數人分)。二、比丘尼僧得施(唯屬尼衆現前數人分)。三、二部僧得施(莫問人多少分。物作二分,半屬尼,半屬比丘僧)。四者、四方僧施得(來者皆得應作羯磨分,亦不得供尼同作羯磨,亦不得羯磨錢寶。若施招提僧,不須作法)。五、界内僧得施(屬住處僧,入界皆得,但取捨物時爲定。若施常住來者共用,不得將去)。六、同羯磨僧得施(共一處作法事者得此物)。七、稱名字僧施(若漫言施上坐,施法師,呪願看病人等,此不簡親疏,亦得僧福)。八、一人僧得施(從上坐行之,隨取者與之)。隨檀越施,衣(依)[④]此八法分。若無伴分,别上坐應問:"八種施中爲作何施?"若不依此八法,則不得施僧之福。若不依此八法而受,則輕損信施,違犯處多,應差五德者分之。好惡相參,命不見者擲籌,餘人不得亂言,利養難消,貧富不在此。莫生嫌恨,改人志行也。若得衣,政(正)[⑤]可割分,不勞賣取錢。至不獲已得錢者,慎莫手受,應語言:"我不應受此不净財。"若我須

① 放,録本作"施",底本不清晰,結合文意,據甲本改。

② 越,録本訛作"趣",據底本改。

③ 菓,録本訛作"莫",據底本改。

④ 衣,甲本作"依"。此"衣"當爲"依"之借字。

⑤ 正,甲本作"政"。此"政"當爲"正"之借字。

衣,合時得清净衣當受,便令净人知之,語言[①]:“檀主知是看是。”此人還與比丘者,當以彼人物故,使净人賞後得净衣。索用知之,應如法求,如法與,應如法施,如法受,如法住。

出家人應離三十八風:一、利(若得利養,心便生憙,貪利不耻,吹破道心)。二、衰(若失利養,心便憂惱,怨對恨情,衰滅道心)。三、毁(若被折辱,心便退没,呵毁不受,道心敗喪[②])。四、譽(若得讚嘆,心生高舉[③],窺求名聞,道心動亂也)。五、稱(若他戴仰,心便我大,輕人重己,道心傾墜)。六、譏[④](若失恭敬,心便不掩,恕己嫌人,道心改變)。七、苦(若違情生惱,心便不忍,結恨纏翳,消滅善心)。八、樂(若順情生過,心便翫著,迷惑失性,道心净〔流〕[⑤]散)。白衣家有九法,未作檀越不應作,若至其家不應坐。何等九?一、見比丘不喜起立。二、不喜作禮。三、不喜請比丘坐。四、不喜比丘坐。五、設有所説而不受。六、若有衣服飲食所須之具,輕慢比丘而不與。七、若多有而少與。八、若有精細而與麁惡。九、或不恭敬心與。觀相檀越,於此九法中但有一事,不須數往其家。白衣家有九法,未作檀越應令作,若至其家應坐。何等九?一、見比丘喜起立。二、喜作禮。三、喜請比丘坐。四、喜比丘坐。五、設有所説而信受。六、若有衣服飲食所須之具,敬重故而與。七、若有少而與多。八、若有麁惡與精細。九、恭敬心與。觀望白衣家内外信心,備此九法者應請取作檀越,比丘無惱,檀越得福。道俗相假,善法日[⑥]生。檀越有五事,不應與作覆鉢羯磨:一、不孝順父。二、不孝順母。三、不敬沙門。四、不敬婆羅門。五、不恭事比丘。此是惡人,先無信心,不受法罰,於法無益,故不爲也。白衣有十法,衆僧應與作覆鉢:一、駡謗比丘。二、爲比丘作損减。三、爲比丘作無利益。四、方便合無住處。五、鬬亂比丘。六、於比丘前説佛惡。七、説法

---

① 言,底本、録本作“主”,結合文意,據甲本改。

② 喪,録本作“衰”,底本不清晰,結合文意,據甲本改。

③ 舉,底本、録本作“譽”,結合文意,據斯 2050v 號《四部律並論要用抄》卷下改。

④ 譏,録本訛作“嘰”,據底本改。

⑤ 净,甲本作“流”。按:此“净”當爲“流”字之誤。比勘斯 2050v 號《四部律並論要用抄》卷下:“八、樂(若順情生適,心便翫著,迷惑失性,道心浮散)。”“浮”即“流”也。

⑥ 日,録本訛作“曰”,據底本改。

惡。八、説僧惡。九、以無根不净法謗比丘。十、若犯比丘尼。此十事中，隨犯一事，合爲作覆鉢羯磨，一切僧尼不得至其家。此人本有信心，今忽爲惡，宜加以折伏，令其改過，故作此法。比丘有十事應與作遮，不至白衣家羯磨：一、喜駡謗白衣。二、方便爲白衣作損減。三、方便爲作無利益。四、爲作無住處。五、鬪亂白衣。六、在白衣前毁佛。七、在白衣前毁法。八、在白衣前毁僧。九、駡白衣作下業。十、調謔白衣。比丘若犯一事，應作羯磨治罰，不聽復至白衣家，仰令使辭謝，乞歡喜。有八法者應作，僧使往白衣舍：一、能聽。二、能説。三、自解。四、能令他解。五、能受語。六、能憶持。七、無謬失。八、别好惡語義。比丘有五事，爲白衣所不喜見：一、喜親白衣。二、喜瞋白衣。三、喜强至白衣家。四、喜與白衣竊語。五、喜乞求白衣，生不欲見。常喜往返白衣家有[□][十][1]過失：一、不囑比丘便入村。二、在有欲意家女中坐。三、獨坐。四、在屏覆處。五、無有知男女與女人過五六語。六者、數見女人。七、既相附近。八、轉親厚。九、已親厚生欲意。十、已有欲意，或至死，若次死苦。比丘有五事生人疑：一、數往淫女家。二、數往婦人家。三、數往大童女家。四、數往黄門家。五、數往比丘尼寺。比丘入王宫至婇女間有十過失：一、夫人禮拜比丘，比丘先笑，王夫人亦笑，王疑比丘與夫人有私。二、夫人有身，令王生疑。三、太子欲反，王疑比丘。四、内有密語，以聞於外，王疑比丘。五、宫内失寶，王疑比丘。六、王以賤人在高位，外不喜者疑比丘。七、王以高位者在下職，外不喜者疑比丘。八、王非時集四部兵，其不喜者疑比丘。九、集兵中路而還，其不喜者疑比丘。十、王出好象馬、端政女人，見則心生愛著，非比丘法。比丘不於有力而親近大官，不逸(免?)[2]斯過。

護持法藏第八

三藏教法：一、修多羅藏(此云“本説”，是一切經教)。二、毘尼藏(此云“能威”，是一切戒律)。三、阿毘曇藏(此云“無比法”，是一切論文)。三學行法：一、增戒學(善修戒也)。二、增定學(修心正念，懃習禪定)。三、增慧學

① 十，底本、録本脱，結合文意，據甲本補。

② 逸，此似爲“免”之形誤字，待考。

(求解思義,修道觀法)。三種持:一、持經(依經而行)。二、持律(依律而行)。三、持摩夷(依論而行)。三種知法人:一、知法(善解經義)。二、知律(善識律相)。三、知摩夷(善知論文)。三種如法:一、是法(所爲合經)。二、是毘尼(事必如律)。三、是佛所教(合受教事也)。四種廣説:一者、有人言:"我從佛邊聞如是法。"二者、有人言:"我從衆僧聞如是法。"三者、有人言:"我從衆多知法人邊聞如是法。"四者、有人言:"我從一知法人邊聞如是法。"佛言:若聞其所説,不應便生嫌疑,亦不應呵,當審定文句,勘驗三藏。若與經相應、律相應、毘曇相應,當善受持,亦教他人。若義不入前三法相應者,即應捨之。此以三藏教,驗其所説。若欲驗三藏知邪正者,當以理法印之。以三法印驗小乘教:一者一切法無常。二者一切法苦。三者一切法無我。若經、律、論明此三句義者,是佛正法。次以四法印驗通教大乘:一、一切法無常。二、一切法苦。三、一切法無我。四、涅槃法寂滅。初二句世諦,中一句真諦,後一句金剛以後常果也。若經、律、論明此四句義者,是佛正法也。次以五法印驗通宗大乘:一、一切無常。二、一切法苦。三、一切法空。四、一切法無我。五、一切法寂滅。初二句有爲緣集法界,不同敗壞也。中二句無爲緣集法界,常住。後一句自體緣集法界,本來常爾,不增不減,非常、非無常也。若經、律、論明此五句義者,是佛大乘真宗正法也。又四堪法印:一、法體堪。二、因緣堪。三、作堪。四、成辨堪也。持律人有五功德:一、戒品慳牢。二、善勝諸惡。三、於衆中决斷無畏。四、若有疑悔,能開解。五、善持毘尼,令正法久住。玆毘尼心者,實曰靈腑寶藏也,儉約内外,光潤自他,守護六根,防慎三業,低昂允理,進退合儀,上下相管,大小是録,行立指授,坐卧教詔哉。自非如來慈被,熟能若斯?故稱"佛爲六道尊師,四生父母"矣。豈直言讚而已,僉共行之學之。彼我丈夫,已得當得,如火在木,攢(鑽)摇(然?)放光①;

① 攢,此當讀如"鑽"。《禮記·内則》:"柤梨曰'攢'之。"陸德明釋文:"再官反,本又作'鑽'。"摇,此似爲"然"之形訛。唐天竺沙門般刺密諦譯經、明菩薩古吴智旭文句《〈大佛頂如來密因修證了義諸菩薩萬行首楞嚴經〉卷第八文句》:"譬如火在木中,今以十向始覺鑽於陣(障)初地之無明,求出初地本覺智火。此火欲出而未出,無明之木未然而將然。故喻如鑽火,欲然其木,煖相先現,名'煖地'也。"[X13n285p346]可助勘。放,録本訛作"施"。按:此字書手先誤作"施",後又朱筆改右半作"攵",録本失察,甲本正作"放"。

似玉處泥，濤[①]澄發彩；譬金藏土，土閫金明，闇銷金顯，水清玉現，尸羅清净，三昧現前，光流惠(慧)起。故《經》云："先以定動，後以智拔。"斯言信矣。戒净定净，定净惠(慧)净，惠(慧)净心净，心净土净。

昆[②]尼心一卷。

① 濤，甲本作"潑"。

② "昆"字前《大正藏》録本衍"《昆尼心》一卷一十八紙"九字，今據底本删。

No. 2793 三部律抄一卷

［題解］

佛教戒律之疏釋，主要以問答形式，依《十誦律》、《四分律》、《僧祇律》等三部律，從《結界品第三》、《布薩品第四》、《安居品第五》直至《事七滅諍品第十六》，對佛教日常生活儀軌及相關名相加以詳盡的抄録、解釋。譯著者不詳，一卷，首殘尾全，存於敦煌文獻斯 2535 號。尾題云："二年八月三日寫訖，曠記了。"具體抄寫時間尚待進一步考證。清代以前歷代大藏經未收，日本《大正藏》據斯 2535 號收入其第八十五册。今校注仍以《大正藏》録本所據原卷斯 2535 號爲底本。參校本：甲本，斯 490 號《毘尼心一卷》；乙本，伯 2100 號《四部律並論要用抄》卷上。

▭①作法事不犯，别▭四□（角）②竪橛相，令一人▭一切僧盡集，結界則成就。後作羯磨，盡不▭至一肘，應留中間，更竪四橛，爲作大界，内相▭，外相三周，一切僧盡集。作法同上。若未結，不失▭結不失衣界竟。無有擲石所及處，自然也。▭自然界，乃至是盗處，自然界▭落，二界有别，是▭答曰："此人看文，生思議不熟。何以知然？《十誦律》成文：比丘問佛於無僧坊聚落中住，初僧坊未結界，白佛："應幾許？"佛言："隨聚洛（落）界是僧坊界。""无③聚落空處，初作僧坊未結

---

① 首缺。

② 角，録本作缺文，據底本補。

③ 无，録本訛作"元"，據底本改。

界,應幾許?”“方一拘盧舍。是中諸比丘不應别作布薩羯磨,[□□][若作]①,得罪。”欲論界處處義通,不局一處。如别衆食界作法事並盗處用,無局也。問曰:“六十三步内結界,一切處可得成就不?”答曰:“如先説,非一切處用皆成。唯明極大村,衆僧難集,故開聽。若小村僧可集處作法,成結界。若界不成,於中受戒並一切羯磨亦皆不成。”問曰:“《僧祇律》但導(道)成邑聚落相去七庵婆羅樹外異衆相見,不妨法事。云何得知是大村也?”答曰:“經文廣習,諸異論遍知,智者意若偏執,則生患增。或若依《十誦律》,聚落界内外盡集故,證知《僧祇》是大村也。”問曰:“何故結不失衣界獨言‘除外界’也?”答曰:“本阿練若處,住在聚落,安衣生患,是故除也。下至四周,名爲‘村界’。齊辟外五弓②以來,名爲‘村外界’也。初結不失衣界,若無村者,應言‘除村’也。結不失衣界竟,遍大界上,若有村者當村處,無不失衣界。後村移去時,應更結界,不失衣界也。”問曰:“比丘、比丘尼受大戒時,於大僧戒場上更不結界,作法成不?”答曰:“不成受戒。所以者何?僧、尼界各别,不相攝故不成也。”問曰:“結界時,餘人變根作比丘、比丘尼,此事云何?”答曰:“《十誦》云:‘比丘結界時餘人變根作比丘尼,羯磨人不變根,名‘大僧界’.”問曰:“比丘結界時,羯磨人變根作比丘尼,爲誰界?”答曰:“《十誦》云:羯磨人變根,餘人不變,即名‘比丘尼’。界時亦如是。”

三部律布薩品第四

《僧祇》曰:布薩有二種:一者十四日,二者十五日。十四日名“小布薩”,十五日名“大布薩”。一歲大布薩有十八,小布薩有六,都並有二十四布薩。“中間布薩”者,比丘鬭諍,中間未和合,應作單白羯磨,非時説戒,前過後未至,故名“中間布薩”。《四分》曰:廣略十五種布薩,皆因八難事遠近,應③唱“僧常聞”。唱“僧常聞”,要先作單白羯磨竟,然後唱“僧常聞”。初十五種説

① “若作”二字底本、録本無,據文意補。

② 弓,録本訛作“卷”之俗體。“弓”和“弓”“弓”“弓”“弓”作同一字的變體,確可爲“卷”字省文,然揣摩文意,上揭“弓”卻非“卷”字俗體,而是表距離的“弓”之本字。

③ 應,録本訛作“遠”,據底本改。

戒者，説戒序已，餘者常聞；第四序乃至二不定已，餘者僧常聞；第五説序乃至三十事已，餘者僧常聞。第二五種説戒者，説序四事已，餘者僧常聞；第二説序四事十三已，餘者僧常聞；第三説序乃至二不定已，餘者僧常聞；第四説序乃至三十事已，餘者僧常聞；第五説序乃至九十已，餘者僧常聞。第三五種説戒者，説序四事十三已，餘者僧常聞；第二説序乃至二不定已，餘者僧常聞；第三説序乃至三十事已，餘者僧常聞；第四説序乃至九十已，餘者僧常聞。第[□][五]①説序乃至提舍尼已，餘者僧常聞；是名“十五種説戒”。問曰：“比丘尼得聽戒不?”答②曰：“《四分》曰：比丘説時，比丘尼不應聽。”問曰：“若人犯突吉羅罪，得聽戒不?”答曰：“《四分》曰不得聽戒，亦不得作誦戒人。《四分》曰犯四畏：若有如是男子來，被髮，著黑衣，持刀，至大衆中，作如是言：‘我作極大重惡斷頭罪，隨汝等所喜，我當作。’時大衆人即捉縛，打惡聲鼓，爲現死相，順路唱令，從右門出，至殺處殺之。如是比丘尼波羅夷法中生大恐畏，如是念：若未犯波羅夷，終已不犯。若犯，都無覆藏，發心如法懺悔。此是第一犯畏。有如是男子，被髮，著黑衣，持牟梢(鞘)③刀至大衆中，作如是言：‘我作惡不善，隨衆人所喜，我當作。’時衆人即奪取梢(鞘)④刀打之，驅出右門。如是比丘尼於僧殘法中生大恐畏，作念：若[□][未]⑤犯僧殘，終不犯。若已犯，尋即懺悔。此是第二犯畏。有如是男子，被髮，著黑衣，持杖，至大衆中，作如是言：‘我犯惡不善，隨衆人所喜，我當作。’時衆人奪取杖打之，驅出右門。如是比丘尼於波逸提法中生大恐畏：若未犯，終不犯。若犯，尋即懺悔。此是第三犯畏。有如是男子，被髮，著黑衣，至大衆中，舉手作如是言：‘我作惡不善，隨衆人所喜，我當作。’時衆人種種呵嘖(責)，驅出右門。如是比丘尼於波羅提提舍尼法中生大恐畏：若未犯，終不犯。若犯，尋懺悔。

① 五，底本、録本無，據文意補。

② “答”字前底本、録本有“答曰比丘”四字，當係誤衍，今據文意删。

③ 結合文意，此“梢”當爲“鞘”之訛字。《四分律》卷第五十八：“有如是男子，被髮，著黑衣，持合鞘刀。”[T22n1428p1000c10]可助比勘。

④ 結合文意，此“梢”當爲“鞘”之訛字。

⑤ 未，底本、録本無，據文意補。《四分律》卷第五十八：“若未犯僧殘，終不犯”[T22n1428p1000c15]可助比勘。

此是第四犯畏。有如是男子，被髮，著黑衣，至大衆中，合掌作如是言：‘我作惡不善，隨衆人所喜，我當作。’説戒時應知更與説戒、不更與説戒，或曰‘不同’。或客比丘多①舊比丘少，或客比丘少舊比丘多②，應知與清净客比丘有罪，舊比丘有罪當如是知。”

三部律安居品第五

《四分》曰：五種持律：一誦戒序乃至三十事，是初持律。第二誦戒至九十事。第三廣説大僧戒本。第四廣誦二部毘尼。第五誦一切毘尼。是中春、冬應依止四種律師住，不依突吉羅；夏安居時應依第五律住，若不依者得波逸提罪。《四分》曰：安居有二種：一、前安居；二、後安居。四月十六日名“[□][前]③安居”，[□□□□□□□□□□□□□□□□□][從四月十七日至五月十六日明相未出，名]④“後安居”。除此二者，餘者名“中間安居時”。當白所依人言：“我某甲聚，某甲僧伽藍，某甲房前。三月夏安居，房舍破修治故。”如是三説。前安居人七月十五日自恣，後安居人八月十五日自恣。潤四月者，前安居人百二十滿。潤五月者，後安居人俱百二十日滿。潤七月者，後安居人百二十日滿。《十誦》曰：要盈月十五日布薩者得前安居，不及者後安居。《四分》曰：但從及四月十五日明相未出到住處，成前安居。《四分》曰：若爲三寶事，不待請喚，得受七日、十五日、一月[□][日]⑤，餘事要有請喚，得成受日⑥；若無請喚，雖受不成。《十誦》曰：爲三寶事及請喚因緣得受七日三十九夜。《僧祇》曰要爲三事得受，事訖當還。事訖當還亦緩亦急。亦緩者，若事不訖，雖復過夏，不還得夏無罪。急者，若事一日訖，應即日還，若爲私緣而不還者違限破夏，故言“急”也。

---

①② 多，録本訛作“尼”，據底本改。

③ 前，底本、録本無，據文意補。甲本：“一前安居（四月十六日是），二後安居（從四月十七日至五月十六日明相未出也）。”可資比勘。

④ “從四月十七日至五月十六日明相未出，名”十七字底本、録本無，結合文意，據甲本補。

⑤ 日，底本、録本無，據文意補。

⑥ 日，録本訛作“曰”，據底本改。

問曰："何故三部律明受日①不同？"

答曰："此是制戒漸開次第。初開七日，次開十五日，乃至一月[□][日]②。事不訖，聽受三十九夜。猶故不訖，聽受事訖當還。此皆隨事遠近，但本出律人分此受日法安置三部，故相□③爲異。"

問曰："何故要爲三寶事得受事訖當還，餘事不聽？"

答曰："三寶事重，故得受事訖當還。餘緣輕故不得。"

問："有人言初安居時若不受七日，誤行出界[□][外]④破夏，[□][此]⑤事云何？"

答曰："此人不善毘尼。所以者何？聖制安居，要逕宿破夏。云何暫出而言'破'也？若初安居時未[□][有]⑥因緣，雖受七日不成；後若有緣，更不受日出界，逕宿破夏。"

問曰："有言爲三衣故得七日出界乞索，成受日不？"

答曰："此非受日因緣，雖受不成，猶故破夏。"

問曰："有人言《四分》云：得重受七日，此法[□][云]⑦何？"

答曰："此人思文不審。所以者何？《四分》但言最後受七日者，夏將欲滿，正有七日在，有緣復行，聽受七日出界。至七月十五日，若來若[□][不]⑧來，明不破夏，非謂重受也。"

問曰："若人爲治生[□][假]⑨言爲僧，或七日乃至事訖當還，復與僧少物，成受日不？"

---

① 日，録本訛作"曰"，據底本改。

② 日，底本、録本無，據文意補。

③ 此缺字底本不清晰，待考。

④ 外，底本、録本無，據文意補。

⑤ 此，底本、録本無，據文意補。

⑥ 有，底本、録本無，據文意補。

⑦ 云，底本、録本無，據文意補。

⑧ 不，底本、録本無，據文意補。

⑨ 假，底本、録本無，據文意補。乙本："若人爲治生故假言爲僧，或受七日乃至事訖，後與僧少物，成受日不？"可助勘。

答曰："不成。所以者何？此人實爲私己[①]治[□][生][②]，假言[□][爲][③]僧，交犯忘（妄）語罪。假令治生所得物盡同與僧，猶故破夏，況復少物？"

問曰："比丘尼安居中得受七日，過受七日不？"

答曰："《僧祇》言比丘尼無羯磨受日，《四分》明比丘尼爲三寶事得受七日法。"

問曰："比丘尼云何依大僧安居？"

答曰："《僧祇》明初依大僧安居，後大僧若死、若罷道，盡不得移夏。若百二十里有大僧寺，應通結界，十五日一往，請教授也。"

問曰："有言破安居者得[□][夏][④]，但夏[⑤]無福。此事云何？"

答曰："此人不善思量。所以者何？若人惡心夏坐，未捨要心來，雖未得夏，此人得福。自違要心之後，破夏得罪。"

問曰："後安居人倍日不滿，爲得夏不？"

答曰："不。所以者何？《四分》云：倍日不滿，不得數夏。"

問曰："更以何義知破夏人不得夏？"

答曰："《四分》明二同夏，小者前安居，大者後安居。七月十五日自恣竟，小者得臈（臘）。先大者倍日未滿，故不得夏，應一月在小者下坐，倍日滿，還得在上，倍日未滿，不數夏，何況故破而得夏也？"

問曰："若人破夏倍夏不滿及不坐夏人，爲得何罪？"

答曰："此人破夏義同。若人自破夏而坐他上，受他禮拜，得罪無量。若檀越持物施與上坐時，此人獨受，計錢犯重。破夏人有過失：一、爲諸佛所呵嘖（責）；[□□□□□□□□][二、爲諸天世人所呵][⑥]；三、破夏；四、得罪無

---

① 己，録本訛作"已"，據底本改。

② 生，底本、録本無，據文意補。

③ 爲，底本、録本無，據文意補。

④ 夏，底本、録本無，據文意補。

⑤ "但夏"二字録本訛作"夏但"，據底本改。

⑥ "二爲諸天世人所呵"八字底本、録本無，結合文意，據文意補。乙本："破夏人小過失：一爲諸佛呵責，二爲諸天世人所呵，三破夏，四得罪……"可助勘。

量；五、不得受功德衣；六、不得放捨五事；七、不得攝施；八、不得安居衣物；九、惡名流布；十者、後生悔，死入地獄。”

三部律自恣品第六

《四分》明前安居人應七月十五日自恣，後安居人八月十五日自恣，中間安居人從後安居人自恣竟倍日滿去。比丘十四日自恣，比丘尼十五日自恣。五人應廣自恣，四人、三人、二人對手自恣，一人心念自恣。自恣時應二人，不得一人、三人，不得行行頭安自恣人如益食，當差内備五德人爲僧自恣。“五德”[□][者][①]，不隨受，不隨瞋，不癡，應知自恣、不應自恣，是名“五德人”。應作單白羯磨，和衆已，然後自恣。一人在上坐前胡跪，合掌，上坐前自恣竟，復坐應説“汝是次第”乃至下頭。《四分》[□][明][②]比丘尼於七月十五日應差二人解法，比丘尼爲僧作伴，往大僧中請。應曲身，低頭，合掌，作如是説：“比丘尼僧夏安居竟。比丘尼説三事自恣見聞疑，大德慈愍語我。我若見罪，當如法懺悔。”如是三説竟，往尼寺内，僧即差上伴尼作自恣人。問曰：“自恣何故但差二人、不差三人？”答曰：“一人爲僧所差，即是僧伴，得舉餘人罪。若此人有罪無人舉故，須差二人，不得一也；舉罪時人人别説不得故，不須三人也。”問曰：“有人言自恣是解夏法，或言放捨法。何者是也？”答曰：“如上所論，皆從(縱)情而説，非是理解。所以者何？自恣若是解夏法者，便應失夏。何以故？本結今解應失也。自恣若放捨法者，七月十五日亦應放捨，無以放捨，故不應至十六日如放捨也。”問曰：“自恣若非解夏，復非放捨，是何法也？”答曰：“自恣是舉罪法。本因夏中舉罪，令衆鬧亂，是故亭(停)[③]舉，夏罷持離，聽共相舉罪，懺悔清净，然後隨緣。”問曰：“何懺悔要待人舉？”答曰：“凡欲出罪，要由先識，後方得悔。是須人舉也。”問曰：“若一住處，前、後安居人云何自恣？”答曰：“《四分》云：當從上坐所在處自恣。若但有上坐者，應從舊比丘自恣。若但有舊比丘者，一從前後安居人。多

---

① 者，底本、録本無，據文意補。

② 明，底本、録本無，據文意補。

③ 亭，與“停”同。段玉裁《説文解字注》：“亭之引申爲亭止，俗乃制停、渟字。”

者從自恣時，有八難餘緣，應善知廣略自恣。客舊比丘來，應更與自恣，當説戒也。"

三部律明結凈地品第七

《四分》曰：凈地有四種：一、檀越，若逕（經）①營②人僧伽藍時處分界畔分明，請僧來入，即名爲"凈"。二、亦是俗人造寺，但不處分，請僧來入，不得逕宿，處分後③界畔分明，得名爲"凈"。三、亦是俗人造寺，若半（畔）④有離障，若多無離障，垣墻及塹亦爾。若檀越自處分，若僧自處分⑤，皆名爲"凈"。四、比丘造寺，請僧來入，四周有垣墻，住中逕久，欲作凈地時，要須白二羯磨結。此四莫問先結布薩界，但得作凈地。羯磨法者："大德僧聽！若僧時到，僧忍聽！僧今某處作凈地，白如是：'大德僧聽！今結某處作凈地。誰諸長老忍僧結某處作凈地者默然，若不忍者便説。'僧已忍結某處作凈地竟，僧忍默然故，是事如是持。"《僧祇》[□][曰]⑥：檀越有處分凈地，若不處分，逕宿要待國土荒壞時，人民散亂，帝王易位，亭（停）⑦廢二年，然後得處分。《十誦》明捨凈地，界外界内盡不作凈地。問曰："若不立凈地，復言'捨凈地'，諸比丘云[□][何]⑧凈食也？"答曰："諸師盡言《十誦》捨凈地，復言諸俗人終身施主作檀，檀物意用，終身不犯。時人盡行此事。如過情所見，此語看文生，思義不熟。所以知然，《十誦律》前後盡有經文明證。前文云：不聽内煮食，故僧坊外作食，故烟火起，多人來索食，諸[□□][比丘]⑨各各分與。僧食

① 結合文意，此"逕"當爲"經"之訛字。

② 營，録本訛作"菅"，據底本改。

③ 後，録本訛作"從"，據底本改。

④ 結合文意，此"半"當爲"畔"之訛字。乙本："三者若畔有擿障，若多無擿障。"可助勘。

⑤ "處分"二字底本、録本訛作"分處"，據文意改。

⑥ 曰，底本、録本無，據文意補。

⑦ 亭，此與"停"同。

⑧ 何，底本、録本無，據文意補。

⑨ "比丘"二字底本、録本無，據文意補。本卷下文："多人來索食，諸比丘各各分與。"可助互勘。

少，白佛。佛[□][言][1]：“從今日不聽作净地羯磨，若作突吉羅，先作者應捨。”後文《善誦》云：第一卷中佛在毘舍離，時飠僉（儉）[2]，諸檀越欲與僧食，作是念：“若我自捨作食，多知識親理來皆與分。若佛聽僧坊内，我當作。”佛言：“當聽作。”多人來索，諸比丘若與則不供，若不與恐傷害，佛聽僧坊内作。内作已，諸沙彌薗民先自飽，餞（殘）[3]與僧。僧食不足，僧羸庋（瘦）[4]，白佛。佛言：“從今如是餓時，若結净地，聽大比丘自作自食。”從今非餓時，結净地已，二事應用，謂内煮、内宿不應食。律有明文，諸師隨忘（妄）説。有《四分》、《五分》，亦有成證。因飢餓開八事，内煮、内宿、自煮、惡觸、殘宿食不受戒[5]。年豐還制，但末法種種異論。若一向捨净地，此宿食戒即應甄卻，此戒猶存故，應一向捨卻。若請俗人作施主，終身聽净食，復無律文可依，是故此謂應行不行。不應人行，横生情論，知復奈何？《四分》曰：樹根在不净地，枝葉蔭覆净地，比丘不作意，令草自落者，得名爲“净”。樹根在净地，果墮不净地，不逕宿即時取者得名爲“净”。《四分》曰比丘散種子疑不敢食。佛言：“集[6]易故聽食。”若小沙彌舉净食縣（懸）[7]柱上不及，聽安机蹬上，大比丘不觸。若蘇油瓶，應使净人覆。若無人，比丘手捉蓋縣置其上，不得觸。《僧祇》曰：不净地生果菜，使人知，不逕宿，得入净厨。《四分》曰：比丘自殘菜果及自觸生果。佛言：“奪（集？）[8]變易故，得名爲‘净’。若長足觸者，不名爲‘净’。”《僧祇》曰：日中穀豆欲熟時，比丘入中行，名爲“觸净”。《四分》曰有三種人不名“觸净”：一者惡故觸他净，二者破戒比丘，三者持戒比丘誤觸。

---

① 言，底本、録本無，據文意補。

② 結合文意，此“飠僉”當爲“儉”之訛俗字。《字彙部·人部》：“儉，岁歉也。”《十誦律》卷第五十六：“如佛在毘耶離，儉時諸檀越欲與僧作飲食。”[T23n1435p413a5]可助勘。

③ 結合文意，此“餞”當爲“殘”之訛字。同卷下文：“作已，諸沙彌薗民先自飽，殘與僧。”可互勘。

④ 此字録本訛作“厭”，據底本改。庋，此乃“瘦”之俗體，“羸庋”即“羸瘦”也。

⑤ 戒，録本訛作“或”，據底本改。

⑥ 集，録本訛作“奪”，據底本改。

⑦ 《説文·県部》：“縣，係也。”“縣”即“懸”之本字。

⑧ 奪，底本不清晰，似作“集”，待考。

初二人得罪。要持戒比丘懈怠觸,是名"觸净"。問曰:"《僧祇》聽净人在先捉净器,比丘在後捉不犯净。此事云何?"答曰:"此人思文不審。所以者何?《僧祇》明車駕牛時,不名爲'器'。車中安穀米,復駕牛,净人先上,比丘後上,不犯觸净。牛[1]上坂時車殃(鞅)[2]斷,牛出車外,尾離車,比丘急下,不名'觸净';牛尾都離,名爲'觸净'。非器時復有净人,復得不觸净;是器時雖有净人,故名'觸净'。"《十誦》明净人捉器欲到地,喚比丘言:"佐我。"佛言:"如是畏破器因緣,得暫佐已,更不得觸。"《四分》明有五種净:一、水净;二、創净;三、鳥啄净;四、火[3]净;五、不中種净。除火净、不中種净,餘三種不得食。比丘尼殘宿食,内煮、宿[□][食][4],於大僧是净;大僧殘宿、内煮、内宿,於比丘尼净。侶人持食寄比丘,比丘共持去時與比丘,比丘得食。

三部律出僧殘罪品第八

《四分》曰:持律人有五功德:一、戒品堅牢;二、善識諸怨,於衆中决斷無畏;三、有疑悔能爲開解;四、持毘尼;五、令法久住。《四分》曰犯戒人有五過失:一者,或有比丘身、口、意業不净,如彼死屍不净。二者,或有比丘身、口、意業不净,惡聲流布,彼死屍氣從身而出;破戒比丘亦復如是。三者,或有比丘身、口、意業不净,諸善比丘畏避,如彼死屍,令人恐畏;破戒比丘亦復如是。四者,或有比丘身、口、意業不净,令善净比丘見之,生惡心言:"云何乃見如是惡人?"如見死屍,生大恐畏,令惡鬼得其便;破戒比丘亦復如是。五者,或有比丘身、口、意業不净,與不善人共住,如彼死屍處惡狩、非人共住;我説此人,亦復如是。爲犯戒五過失,如彼死屍。《四分》曰:精有七種:青、黄、赤、白、黑、酪色、酪漿色,更或作頭七七四十九,曰"僧殘"。所爲出精有十事:爲樂故,爲好故、樂(藥?)[5]故,爲顔色故,爲自勝故,爲福德故,爲生天故,爲種子故,爲施故,自戒力故,出精進故,乃至善道亦爾,並都有五百五十

① 牛,録本訛作"中",據底本改。
② 結合文意,此"殃"當爲"鞅"之訛字。
③ 火,録本訛作"大",據底本改。
④ 食,底本、録本無,據文意補。
⑤ 樂,底本不清晰,似作"藥",待考。

僧殘。所從境界出精有十：内色，外色，[□□□][内外色][1]，順水，逆水，水灑，順風，逆氣，[□][口][2]吹，[□][自][3]空動身，是十從内色境上出精，五百五十句僧殘。十種境上亦爾，都並有五千五百句僧殘。《僧祇》曰：比丘月一日犯僧殘覆藏，乃至十日犯十僧殘覆藏，乃至十一日明相出，此十罪五十五夜覆藏，應從僧乞十别住、十摩那埵、十阿浮呵那，亦得從僧乞五十别住乃至五十五阿浮呵那。《僧祇》曰：參差覆者，比丘月一日犯一罪覆藏，二日發露；二日犯二罪，三日發露；乃至[□][十][4]日犯十罪覆藏，十一日發露；是名"五十五僧殘"，應從乞十别住、十摩那埵、十阿浮呵那，亦得從僧乞五十五别住乃至五十五阿浮呵那，亦得從僧乞五十五别住、一摩那埵、一阿浮呵那。《四分》曰：有比丘犯二僧殘罪，發露一罪，覆藏一罪罷，罷道還受大戒，以先覆藏者後亦覆藏，先發露後亦發露一罪，應從僧乞前後出處，隨覆藏日[5]羯磨一罪，直與摩那埵。若持律者欲與人出罪，要當善解罪起所因，應知罪覆藏不覆藏、等覆不等覆[6]一名多種住别[7]異，應知前後出家犯罪覆藏、不覆藏，應知覆藏本日治，摩那埵中應知日數與覆藏，應知與隨年覆藏，應知與清净以來覆藏，應知廣略覆藏，應知成罪、不成。一、有心；二、動身弄；三、精出；具此三，成罪。四人得作别住，别住時界内但使一不失宿；四人亦得作摩那埵羯磨，但界内要有四人得不失宿。行覆藏者有八事失宿：一、往餘寺不白。二、出界不白。三、客比丘來不白。四、寺内餘行者不白。五、病不遣使白。六、二三比丘同室。七、在無比丘處住。八、時集、非時集不白。是爲八事失

---

① "内外色"三字底本、録本無，據《四分律》卷第二補。《四分律》卷第二："若於内色、外色、内外色、水、風、空。内色者受色，外色者不受色，内外色者受不受色，水者若順水、若逆水、若以水灑，風者若順風、若逆風、或口吹，空者自空動身。"[T22n1428p580a3]可助勘。

② 口，底本、録本無，據《四分律》卷第二[T22n1428p580a5]補。

③ 自，底本、録本無，據《四分律》卷第二[T22n1428p580a6]補。

④ 十，底本、録本無，據《四分律》卷第二[T22n1428p580a5]補。

⑤ 日，録本訛作"曰"，據底本改。

⑥ "等覆"二字底本、録本訛作"覆等"，據文意改。

⑦ "住别"二字底本、録本訛作"别住"，據文意改。《四分律删繁補闕行事鈔》卷中"律云一名多種住别異故。"[T40n1804p098a24]可助勘。

宿,得突吉羅。摩那埵比丘亦行上八事,應僧中宿,日日白爲異耳。“婆利婆沙”者胡音,秦言“不定別住”。“摩那埵”亦是胡音,秦言“楷定別住”。“阿浮呵那”亦復是胡音,秦言“出罪”。下意比丘應在大比丘下、沙彌上坐,不得與大比丘同床坐,除安(?)①物攝供足清净比丘,一切所須,浣衣掃地,迎來送去,敷坐洗足,一一不應,違亦奪三十五事:一、不得授人大戒。二、不得依止。三、不畜沙彌。四、不得授(受)②僧差教戒比丘尼。五、設差[□][不]③應往。第二五句:一、不得作説戒人。二、亦不得僧中問答毘尼。三、僧差羯磨人不應作。四、僧簡集智慧人評④論僧事,不在其列。五、僧差信命不應作。第三五句:一、不得入聚落。二、不應逼暮還。三、應親近比丘,不應親外道。四、順⑤善比丘教。五、不作異語。第四五句:一、不應犯此罪,餘人亦不應作。二、若犯相似,若從此生。三、若復犯,重於此。四、不應慊(嫌)⑥羯磨。[□□□□□□□][五、不應慊(嫌)作羯磨]⑦人。第五五句:一、善比丘爲敷坐具不應受。二、不應受洗足。三、不應受洗足物。四、不應受拭巾革屣。五、不授(受)⑧他揩摩。第六五句:一、不應舉善比丘。二、不應與他憶念作自言。三、不應證他事。[□][四]⑨、不應遮布薩自恣。五、不應共比丘諍。第七五句:一、[□][不]⑩應受若比丘禮拜。[□][二]⑪、合掌。三、問訊。四、迎送。五、持衣鉢。此是三十五事,一一應奉行不得違。比丘犯九十僧殘罪,應半月僧中行摩那埵,亦奪三十五事失宿,除别宿,餘同大僧。《僧祇》曰:比丘尼在城邑聚落,二人相去申(伸)⑫手及,犯僧殘。《四分》曰比丘尼夜宿相及,舒手不及犯僧殘。問曰:“有人言行摩那埵時,共清净比丘同

---

① 安,底本不清晰,待考。

②⑧ 授,此當爲“受”之訛字,甲本即作“受”。

③⑩ 不,底本、録本無,據甲本補。

④ 評,録本訛作“許”,據底本改。

⑤ “順”字前底本、録本誤增一“不”字,結合文意,據甲本删。

⑥ 慊,與“嫌”同。《説文·心部》:“慊,疑也。”段玉裁注:“今字多作嫌。”

⑦ “五不應嫌作羯磨”七字底本、録本無,據甲本補。

⑨ 四,底本、録本無,據《四分律》卷第二[T22n1428p580a6]補。

⑪ 二,底本、録本無,據甲本補。

⑫ 申,録本訛作“曳”,據底本改。《廣雅·釋詁四》:“申,伸也。”

室。此宿事云何?”答曰:“不應爾。摩那埵比丘亦行别住。若同室宿,不名‘出罪’。常在僧中者,謂界内常有四人,明同室宿。”問曰:“有人言行别住摩那埵,僧中白時得一。衆中二、三人一時白,得成就不?”答曰:“不成。同一界内隨僧多少,皆應盡集,人人不得一時並白。”

三部律雜事品第九

《四分》曰:比丘有五德:爲僧分粥、分物、分房、卧具、卻(佉)[①]闍[②]尼,差次請會,差比丘,使沙彌,有五[③]法。入地獄如箭,隨愛,隨瞋,隨怖,隨癡,不知可分、不可分。五德生天如箭,即幡上句是。《十誦》有三種大賊:一者有比丘將百千人破壞城邑聚落殺取財,是第一大賊。若有比丘同僧菜果枝葉、衣著食噉如自己有,是第二大賊。若比丘稱言“得過人法”,是第三大賊。《四分》曰:“有比丘盗賊心倒,易他物分奪。”佛言:“計滿五錢犯重。”又曰:“比丘盗他,並得己衣。”佛言:“他衣犯重,己衣偷蘭。”問曰:“云何爲五錢?”答曰:“餘更無明文,但《十誦》有明文。五錢者是大銅錢一枚,銅錢賈直十六小錢,都並有八十小錢。”捨戒有二種:一、成捨戒;二、不成捨戒。在七衆前,皆得捨戒,對前人言:“我某甲今捨戒作白,依大德憶念,我是白衣。”前人應答言:“我憶念汝是白衣,如是捨戒。”《十誦》教戒比丘尼具十二德:一、具持戒二百五十戒;二者、多聞不忘;三者、持律廣略;四、辯才能説法;五、學定;六、學戒;七、學惠(慧);八、除惡邪;九、梵行清净;十、不污比丘尼净行;十一、忍辱;十二、滿二十臈(臘)。《四分》明教戒比丘尼人稱其十德:一、戒律具足。二、多聞。三、誦二部毘尼。四、決斷無疑。五、善能説法。六、大姓出家。七、顔貌端正。八、勘能爲比丘尼説法。九、不犯重禁。十、滿二十臈(臘)[④]。《僧祇》明教戒比丘尼人有八種事,違則有罪。何者八?一、非時,謂

---

① 結合文意,此“却”當爲“佉”之訛字。佉闍尼,此云不正食,指枝葉華果細末磨食。

② 闍,録本訛作“闇”,據底本改。

③ 五,録本訛作“之”,據底本改。又,“五”字前底本、録本誤增一“无”字,結合文意,據《四分律》卷第五十一[T22n1428p945a15]删。

④ 臈,録本訛作“箙”,據底本改。

日没至明相出。二、非處，謂深屏露現。三、過者，十四日、十五日。四、時未至者，説戒後二三日。五、不和合者，尼衆不集。六、眷屬者，遍教弟子。七、長句説法者，出過偈。八、迎教師並供養者，明重法敬人。《四分》曰：著俗衣、外道衣服，不名"受具足戒"。不自稱字，不[□][稱][1]和上字，不乞戒，皆不名"受具足"。《僧祇》曰：以和上足十人數，不名"受具足戒"。半覆半露、同界申(伸)[2]手不相及，不名"受具戒"。沙彌盗聽戒，若解前後，受不得；不記前後，得與受戒。衆僧有罪，《四分》曰：有七事失依止。何者七？一、决意出界。二、見本和上。三、被呵嘖(責)。四、上戒場上。五、離宿。六、和上目下[□][住][3]。七、滿五臈(臘)[4]。愚癡者，盡壽不離依止。《僧祇》曰：百臈[5]愚癡比丘應依止十臈[6]有智比丘，供給如師，晨起問訊，與出大小行器，唾鉢舉置常處，與楊枝，掃地迎食，染衣熏鉢，盡應供給，唯除禮拜案摩。《十誦》明越次請計滿五錢犯重。假稱他名，犯忘(妄)語罪。取物計滿五錢犯重。《四分》曰：弟子無慚[7]無愧，與人爲友難與語，好往尼坊，和上阿闍梨應以五事呵嘖(責)：一、汝去。[□][二][8]、莫入我房。三、汝莫爲我作使。四、汝莫至我所。五、我不與汝語。《僧祇》曰：五種人不得安居衣，被舉罷道死，破安居，不囑授。《四分》曰：自有罪不應受他懺悔，不得從有罪人懺悔，要清净比丘邊懺悔。一住處一切僧有罪，不得相向懺悔，當差二、三人詣清净比丘所，還來本處，受餘比丘懺悔，不聽説戒。《僧祇》曰：欲與人作和上，要備十德：一、持戒。二、多聞。三、毘尼。四、學戒。五、學定。六、學惠(慧)。七、自能出罪使出罪。八、能看病使人看病。九、弟子自有梵行難，能自送使人送脱難。十、臈(臘)[9]。《僧祇》曰：和上阿闍利有過，弟子應軟語諫言："師不應作如是事。"若言"我更不作"者，善。若言"止！止！我當教汝，返教

① 稱，底本、録本無，據文意補。
② 申，録本訛作"曳"，據底本改。"申"，後作"伸"。
③ 住，底本、録本無，據文意補。
④⑤⑥⑨ 臈，録本訛作"臘"，據底本改。
⑦ 慚，録本訛作"漸"，據底本改。
⑧ 二，底本、録本無，據文意補。

我”者，和[①]上應捨遠去，若依止師應離宿。《四分》曰有“五德”者：一、知時以(與)非時。二、知真實不以虛忘(妄)。三、利益不以損減。四、柔軟不以麁獷。五、慈心不以瞋恚。《僧祇》曰：和上阿闍利共弟子語應報答，不答突吉羅；一切事法當作，除喚“女來持酒來”，不語無罪。《僧祇》曰：弟子欲遠行，在先一月半月應白師，師看如法聽去，非法應遮。臨去白者得罪。《僧祇》曰：五法成就，請依止師：一、愛念。二、供敬。三、慚。四、愧。五、樂近住。《僧祇》曰：有四種師：不須問而去，苦住、樂住不問而去者，無法、無依食；須問而[□][去][②]者，無法、有衣食；苦住者，有法、無衣食；樂住者，有法、有衣食。下二種師，盡壽不得離。《四分》曰：有五種阿闍利：一、依止衣。二、羯磨。三、威儀。四、受法。五、十戒。有二種和上：一、十戒，二、大戒。《僧祇》曰：弟子應一日三請教戒，三問訊師所，偏露有肩，脱革屣，胡跪合掌，宿宿(?)[③]不審(?)[④]：“弟子某甲請教戒。”中時、向暮亦爾。不者犯突吉羅。一切作事別白。《僧祇》曰：和上阿闍利應教弟子，廣略也。廣者，説五句輕重阿毘曇。略者，當言：“謹莫放逸。”弟子言：“頂載持。”不者突吉羅。《僧祇》曰有八種遮法：一、自恣足。二、少欲足。三、穢法足。四、雜足。五、曲足。六、不便足。七、亭住足。八、自己足。《僧祇》曰：順(瞋?)[⑤]心破六種犯偷蘭遮：破鉢，破三依(衣)[⑥]，破塔、僧房，破僧界。《四分》曰：衆多癡比丘共集一處住，有客比丘來至，能説法持律坐禪，能説契經義。諸比丘聞，當半由旬迎送，承事瞻視，安處洗浴，給其所須飲食。若不爾者，突吉羅。《僧祇》曰：三舉人死，取其眠床，以屍著上，衣鉢繫咽，曳床而出，作是言：“衆僧事净。”不得分其衣鉢，有浴持來得分。《四分》曰：衆多癡比丘依能誦戒者夏安居，中間誦戒死，若後安居未[⑦]過舉，衆移就知法，更結安居；已過知法難屈，不得移

① “和”字前底本、録本涉上衍一“若”字，據文意删。

② 去，底本、録本無，據文意補。

③ 宿，底本不清晰，待考。

④ 審，底本不清晰，待考。

⑤ 順，底本不清晰，疑當爲“瞋”字之訛。甲本即作“瞋”。

⑥ 結合文意，此“依”當爲“衣”之同音借字

⑦ 未，録本訛作“來”，據底本改。

處。若遠,應受往彼,令[□][彼][1]學誦一遍,還來本處,並使一人誦。《僧祇》曰:衆僧因地一切重物,僧雖和合,不得借人私用,不得買去。正使一切僧和合,盡得突吉羅。若有留難,使白衣知者無罪。《僧祇》曰:有五種净。何是?一、制限净,一方住處如法作制,與教相應。二、方法净者,國土爾。三、戒行净者,持戒比丘所行不違。四、大教四長老净者,明大德人所行與四大相應便捨。五、風諍者,如本俗人時飲酒,非時食,行淫,是俗人净;出家人不净。問曰:"云何名爲'四大教'?"答曰:"四大教者,佛所説,聖所行,多知比丘所説,長老比丘所[□][行][2],是謂'四大教'。"問曰:"一方住處衆僧和合作三日制,客比丘來,食不過限,爲知法不?"答曰:"非法。所以者何?若是常住僧食,四方僧共有。若和合作制,一切僧得偷蘭遮罪。若是私食作制,一切僧突吉羅,以慳貪故。《僧祇》曰:非法眠有四種:一者、阿修羅眠,仰卧是。二、伏地眠。三[3]、餓鬼眠。四[4]、左脇眠,貪欲人也。如法卧者,師子王右脇卧,兩腳相累,合口,舌柱上齒,右手支頭,左手順身上,不捨念惠(慧)思惟明相。《僧祇》曰:十二事不作禮:一、在塔像前;二、飲食時;三、作事時;四、澡[5]洗油塗時;五、讀誦時;六、不著三衣時;七、大小便時;八、經行時,上下閣時;九、授經;十、共諍時;十一、洗鉢時;十二、著藥時;皆不應作禮。受禮時不應如啞羊不語,當共相問訊:"少病、小惱、安樂不?"如來在世爲五事利益,五日一行僧房:一者、我諸弟子不著有爲事不?二、不樂著世俗言論無益語不?三、不著睡眠妨行道不?四、爲看病比丘故。五、爲新受戒比丘見如來威儀發歡喜故。經行有五事:一、好堪遠行;二、能思惟;三、少病;四、消食飲[6];

---

① 彼,底本、録本無,據文意補。

② 行,底本、録本無,據文意補。

③ 三,底本、録本訛作"者",據文意改。甲本:"有四種非法眠:一阿修羅眠,仰卧。二覆地眠。三餓鬼眠。四左脇眠。"可助勘。

④ 四,底本、録本訛作"三",據甲本改。

⑤ 澡,録本訛作"瀑",底本實作"㵲",乃"澡"字之俗體。《碑别字新編》"澡"字《隋郭達墓誌》作"㵲"。

⑥ "消食飲"三字底本、録本訛作"稍欽",據文意改。《四分律》卷第五十九:"經行有五事:好堪遠行,能思惟,少病,消食飲,得定久住。"[T22n1428p1005c29]可助比勘。

五、得定久住。

三部律亡比丘衣物品第十

《四分》曰：比丘重物者，薗田，果樹，别房及别物，車[1]輿，净人繩床、大床、坐蓐、大小枕，氍數廣三肘、長五肘、毛長三指，銅瓫，釜鑊，燈臺，澡[2]灌(罐)[3]，錫杖，扇，鐵作器，陶作器，竹作器，皮作器，斧，鑿。上來所明盡重物，應入四方僧。輕物者，剃刀，衣鉢，坐具，針筒，俱耶羅器，現前僧應分。《四分》曰：有比丘遊行，行至無僧住處村命過，所有衣鉢檀越應賞。若出家五種(衆)[4]，先住者應與。若無出家人住者，應入隨近僧。《四分》曰：舍衛國多知識比丘命過，有多三衣，諸比丘不知何者三衣與看病人。佛言："亡命常所愛持者與。"時有比丘小小看病，或一扶起，或一卧，或與楊枝，或與取水，取病人衣鉢。佛言："不應小小看病便取病人衣鉢。從今已往，要具五德。何者爲五？一、知病人可食、不可食，能與。二者、不惡賤病人小便唾吐。三者、慈愍心，不爲衣食。四者、能經理病人湯藥，乃至差(瘥)若死。五者、能爲病人隨順説法，令病歡喜，己身於善法增益。具此五德，應取病人衣。無五德者不應取。"《四分》曰：右(有?)[5]多知識比丘命過，右(有?)[6]多三衣，不知受何者衣不得[7]與看病人。佛言："能極上看病與上三衣，中看病與中三衣，下看病者與下三衣。"《四分》曰：有負債比丘命過，不知誰償。佛言："聽持亡人長衣償。若無長衣，賣三衣償。餘者與看病人。"《四分》曰：病人臨終時囑授言："我此物與法，與僧，與塔，與人。若死後當與，若不死還我。"諸比丘疑，不知云何，白佛。佛言："不成囑授，現前僧應分。"問曰："如是囑授言，死後與何故不成?"答曰："身死之後，無半錢之分。此理應囑授衆僧，故不成也。"

---

① 車，録本訛作"事"，據底本改。

② 澡，録本訛作"瀑"，據底本改。

③ 灌，此當爲"罐"之同音借字("灌"字一音古玩切，與"罐"同)。

④ 結合文意，此"種"當爲"衆"之訛字。《僧羯磨》卷上："若有五衆出家人，前來者應與。"[T40n1809p520c27]可助比勘。

⑤⑥ 右，此似當爲"有"之訛字，待考。

⑦ 結合文意，此"不得"二字似爲誤增，待考。

問曰："云何不成囑授？"答曰："此人若言生死决定與者，是名囑授成就。"問曰："此人决定囑授已後，若還取者當云何？"答曰："决定已，不應還取。何以故？定囑他故。還取者計錢犯重。"《僧祇》曰：病比丘語看病人："看我，當與三衣鉢。"病人無常，比丘白佛。佛言："未與便死者不應得。"《僧祇》曰：病比丘語看病言："看我與汝衣鉢。"即便三命與，受已，還置病人邊，無常。佛言："説净者應得，不説净者不應得，應入僧分。"《僧祇》曰有四種人看病，不得病人衣鉢：一、暫作不作。二、僧差作。三、樂福德作。四、邪命作，悕忘心故。云何爲"得饒益心"？病者差(瘥)，下至燃一小燈燃(炷?)①，慈心利益故應得。《僧祇》曰：值羯磨不值死，但羯磨值死，上二人應得；值死不值羯磨不應得。《僧祇》曰：爲病人求醫藥，爲塔事去，應與分。問曰："與看病人，受已，還置病人邊。何故不得？"答曰："若得衣説净者定囑己故應得。受已還置病人者，有兩心故。若欲還主，死則便取，是故不[□][得]②。"問曰："爲塔事、僧事得亡人物者，但言本寺？亦論異處？"答曰："律文不判，彼此隨意，消息異處義寬，應在本寺。《十誦》曰：比丘輕、重物者，銅鉼(瓶)③、香爐二斗④以上是重物，二斗⑤以下是輕物。一鐵器、木作器、陶作器、竹作器，皆二斗⑥以上是重物。皮囊五升、角五升是重，餘者同於《四分》。《十誦》曰：亡比丘出息物在異處，保人在異處，比丘在異處，券在異處，比丘在異處命過，通本寺五處共諍，白佛。佛言："保人處僧應分。若無保人，券及⑦物處僧應分。本寺、死處，二俱不得。"《十誦》曰：有比丘寄人物，受寄者轉餘人，物主命過，通寺三處共諍。佛言："物受寄處僧應分。"《十誦》曰：有比丘寄物在異處，比丘在處命過，通本寺三處共諍。佛言："寄物處僧應分。死處、本寺，二俱不得。"《十誦》曰：沙彌命過，所有衣鉢現前僧羯磨應分，上下衣與看病人。《僧祇》曰：沙彌命過，所有衣鉢應入和上；尼命過，輕重之物與大僧。同故不出

---

① 燃，底本不清晰，似作"炷"，待考。

② 得，底本、録本無，據文意補。

③ 鉼，後作"瓶"。［唐］戴孚《廣異記·楚寔》："忽見小兒持疏璃鉼大角椀寫藥，飲畢便愈。"亦其例。

④⑤⑥ 斗，録本訛作"升"，底本作"𣁬"，乃"斗"之俗字。

⑦ "券及"二字録本訛作"及券"，據底本改。

也。問曰:“《十誦》言曰‘沙彌命過,衣物入僧’,《僧祇》曰‘入和上’。何者是?”答曰:“聖意難解。而比丘命過,沙彌亦得衣物。若入和上,沙彌不應得分,至時隨情消息。”問曰:“若病人囑授不成,後人持死人物造齋福,是如法不?”答曰:“非法。所以者何? 若囑授不成,猶是僧物。若用作齋福,同心者皆犯偷蘭遮罪。若此物守護人不與,强以力取,計錢犯重。”問曰:“命過時亦不囑授,後人以輕重等物爲作齋福及作經像。此事云何?”答曰:“無守護,一切皆得偷蘭遮罪。”問曰:“亡人重物,衆僧和合與彼此,俱犯偷蘭遮?”[①]問曰:“亡人物理屬衆僧,何須看病人僧中三捨?”答曰:“亡人衣物,理屬衆僧。但看病人僧守護此物。今明捨者,令衆僧普知。”問曰:“亡人物若理屬衆僧,何故羯磨與一人,然後得分?”答曰:“亡人物屬四方[②][□][僧][③],衆僧難集,不可得分。聖教開通,從羯磨一人爲主。主若與僧,然後得分。”

三部律明四方僧物品第十一

《四分》曰:四方僧重物者,薗田果樹,僧伽藍物,房舍中物,牀[④]蹹卧蓐,釜鑊燈臺,一切鐵作器、木作器、陶作器,净人畜銅瓶、香爐、澡灌、杖扇,一切屬四方僧物,皆名爲“重”,無和合用。買賣不成,買賣偷蘭遮罪。華等得上佛,果現在僧得食,枝葉得用。《十誦》曰:樹木堪作樑[⑤]椽床蹹,名爲“重物”,無和合用。假使三千大千世界衆僧盡集,和合乞人與用及入私己[⑥],偷蘭遮罪。問曰:“何故名‘四方僧’,不云‘十方僧’物也?”答曰:“一世界中,上下無僧,然十方語寬,通攝四維,是以但論四方。若言十方,亦復無妨。”問曰:“何故名‘常住僧物’?”答曰:“‘常住僧物’者,常在此處,不可移動,四方僧來至此處受用。從物立名,故言‘常住僧物’。”問曰:“云何復名‘招提僧物’?”答曰:“若俗人以地别施,現在僧有造私房,四方僧來,無安置處。有人就此私

---

① 此處缺少答文内容,疑有脱。
② 方,録本訛作“分”,據底本改。
③ 僧,底本、録本無,據文意補。
④ 牀,録本訛作“林”,據底本改。
⑤ 樑,録本訛作“棵”,據底本改。
⑥ 己,録本訛作“已”,據底本改。

地中爲四方僧起房舍，供給所須。此房能招致四方僧來集此房，故名‘招提僧房’。”問曰：“云何名‘僧祇物’？何故復名‘僧鬘物’？”答曰：“‘僧祇物’名‘大衆共物’，故曰‘僧祇’也。‘僧鬘’者，取僧薗中華作鬘，貿物從鬘得，故名‘鬘物’。”問曰：“上來雖明用僧重物，得偷蘭遮，其義未了。四方衆僧非一，誰邊得罪？”答曰：“於四方衆僧，上至羅漢，下至沙彌，一人邊得偷蘭遮罪。除過去、未來、四方。”《四分》曰：若俗人物立寺時，所有薗地房舍應教言“施佛及四方僧”者，後得隨意處分。若但言“佛”，僧不得。若但言“他僧”，不得佛用。《僧祇》曰：僧田地不得借人、私用、販賣，正使[①]和合，比犯突吉羅。此地若留難，時人凈知買無罪。”《僧祇》曰：就僧地中種菓樹聽取，一熟後即入僧。種葉一煎（剪）[②]，種爪捺與，播熟聽取。《僧祇》曰：初起僧房僧伽藍時，先留好地作塔，不得在南，不得在西。僧地水不得入佛地，佛地水不得流入僧地。《僧祇》曰：佛地中掘得金銀七寶，即入佛用。僧地中掘得寳物，即入僧。《僧祇》曰：佛薗中種樹花菓。檀越言：“花上佛，果與僧食，應隨主語。花多買取得然（燃）燈，買香供養佛，得治塔地。”《僧祇》曰：“佛地水不得浣衣、洗浴、洗手、洗面、洗鉢，若水流出，得用無罪。”

三部律明衣物品第十二

《四分》曰：佛聽刀截沙門衣，不爲恐賊所利，故名“佛聽割截”。欝多羅僧僧伽利要卻剌（判？）[③]安陀會，隨意作僧伽利，下至九條，上至二十九條。欝多羅僧七條安陀會五條三衣皆細條，不安細條入村，二突吉羅。若新初作一重安陀會，二重欝多僧，三重僧伽利。《僧祇》曰：三衣法者，安陀會一長一短，七條至十三條；兩長一短及至九條亦爾。《四分》曰：施有二（八？）[④]種：一、施比丘僧；二、比丘尼僧；三、施二部僧；四、施四方僧；五、施界内僧；六、施同羯磨僧；七、施衆多僧；八、施一人。《四分》曰：二比丘取糞掃衣，遥見一

① 使，録本訛作“從”，據底本改。

② 煎，此讀如“剪”（“煎”字《集韻》一音子淺切，與“剪”同）。

③ 剌，底本不清晰，似作“判”，待考。

④ 結合文意，此“二”似當爲“八”之訛字，待考。

人召①言:“我許。”二人俱走往取,共諍。佛言:“糞掃衣無主應共分。”《四分》曰:有比丘求糞掃衣,遥見糞掃衣。一人召②言:“此是我許。”第二往取,共諍。佛言:“糞掃衣無主,屬先取者,隨先要共分。”《四分》曰:衆多比丘要取糞掃衣,有比丘得好衣自入,餘比丘共諍。佛言:“共分。”問曰:“有人言:尼薩耆衣僧中捨竟,三衣六物即日還,餘物逕宿方還。是事云何?”答曰:“《僧衹》云:三衣六物若受持過十日犯長,亦應逕宿方還。即日歸者即相染故,犯捨墮。”問曰:“捨墮衣物得受作三衣不?”答曰:“《四分》明捨墮物不得受作三衣。”《四分》曰:“比丘此處安居,有緣往彼處住,不知何處取安居物?”佛言:“聽住日多處取。二處等住者,應各取半。”《四分》:一比丘夏安居,[□][分]③大德僧夏安居衣物。佛言:“應作心念口言:‘此是我許。若受不受,餘比丘來皆無分也。’”《僧衹》曰:“僧犯尼薩耆,僧不犯[□][尼]④薩耆,不犯者衆僧得物未分,雖逕十日,不犯尼薩耆。若得物以,逕(徑)⑤分竟,不説浄,過十日犯尼薩耆。捨墮財有具八罪。何者八?一捨墮衣邊有波逸提罪,即覆藏此罪得突吉羅;持捨墮衣物與用懷(壞?)⑥盡,餘波逸提罪,即覆藏此罪復得突吉羅;持捨墮衣物不與用犯突吉羅,即覆藏此罪復得突吉羅;受用捨墮衣物犯突吉羅,即覆藏此罪突吉羅。《四分》曰:明販買財,不待買賣方犯,一往買亦一往犯,一往買亦犯尼薩耆。《僧衹》、《十誦》[□][明]⑦若作知浄語,買賣方犯;若不[□][作]⑧知浄語,亦一往犯;若默然持去,不作知浄語,亦犯尼薩耆。初、中、後但一時作知浄語,犯尼薩耆,得二突吉羅。《十誦》明從非親里居士乞縷爲織,限至一兩,犯突吉羅。若爲縫衣乞縷,限至十六兩,犯突

①② 召,録本訛作“占”,據底本改。
③ 分,底本、録本無,據上下文意補。
④ 尼,底本、録本無,據上下文意補。
⑤ 逕,與“徑”同,“逕自”、“直接”義。
⑥ 懷,此似當爲“壞”之訛字,待考。
⑦ 明,底本、録本無,據上下文意補。
⑧ 作,底本、録本無,據上下文意補。

吉羅。一切俗衣作而不著，突吉羅。著之[①]受用，突吉羅。《四分》曰：不聽[裹][②]頭，若患頭冷痛，聽作，慎裹纏。手衣不聽著。受功德衣得五事放捨：得數數食，别衆食，畜長財，離，衣宿不白。同情有五種衣，不任受作功德衣：現相得，諂得，邪命得，激發得，曾捨墮説净，是爲五。若得衣財不逕宿，即日[③]還受功德衣時，在申（伸）[④]手内言"得相了"。宗功德衣人説言："此衣衆僧當受作功德衣，今受作功德衣，已受作功德[□][衣][⑤]。"三説竟，受衣人應答曰："言'受'者已善受。此中名稱功德屬我。"宗衣人答言："爾。"八因緣捨功德衣：出去捨，衣竟捨，亭捨，望斷捨，聞捨，非時捨，和合捨，失衣竟捨。

三部律教戒比丘尼品第十三

《四分》曰：比丘尼於半月半月盡，比丘尼僧應白二羯磨，差知法比丘尼二人爲伴，往大僧寺内，不得囑授上坐、下坐、客比丘、愚癡比丘，應囑中坐。知法比丘尼應胡跪合掌言："大德憶念：我比丘尼某甲，衆僧和合，禮大僧足，求請教受人。"如是三説。説已，比丘尼應還寺。各自説戒時，受比丘尼囑授人應起白僧言："大德僧聽！比丘尼某甲，衆和合禮僧足，求請教授人。"如是三説。説已，應住上坐前立。上坐應問言："比丘尼云何請？""爲僧次請，别請。"應隨尼語，差内備十德者爲教授比丘尼人。十德如上雜品中説。過説戒已，至明日，比丘尼應住大僧寺内，至先[⑥]囑授人邊問言："大德得教授人不？"若言"得"，應[□][問][⑦]："是誰？"問已，應至教授師所問言："大德欲教授比丘尼，幾日當往[⑧]？""除前三、後二、中間十日，隨用一日。"至其日，比丘

① 之，録本訛作前一"著"之重文符，據底本改。
② 裹，録本脱，據底本補。
③ 日，録本訛作"曰"，據底本改。
④ 申，録本訛作"宅"，據底本改。"申"，後作"伸"。
⑤ 衣，底本、録本無，據上下文意補。
⑥ 先，録本訛作"光"，據底本改。
⑦ 問，底本、録本無，據上下文意補。
⑧ 往，録本訛作"住"，據底本改。

不往，突吉羅；比丘尼不迎，突吉羅。至教授日，比丘尼應出本寺，半由旬迎教授師，爲持衣鉢，供給所須，辨種種粥，塗足油，至尼寺内，爲洗浴，然後爲敷法坐，集比丘尼僧，爲説八敬法文，定容異語。説八敬已，更隨宜説法。此是廣具足教戒法，比丘尼應當修行，順具毘尼。《僧祇》曰：教戒比丘尼有二種：一明廣教戒，同於《四分》。二種明略説教戒。往大僧寺内，如上不得囑授上坐乃至客比丘，亦半月月盡。比丘尼僧白二羯磨，差知法比丘尼二人爲伴，往大僧寺内，如上不得囑授已，大僧説戒時，受至客比丘還囑授中坐。知法如上囑授已，大僧説戒時，受囑授人應起白僧如上。白已，往上坐前立。上坐問言“比丘尼云何請”如上。若言：“隨僧處分。”上坐應使受囑授人順行問：“誰能教授比丘尼？”若無能者，上坐應語受囑授人言：“明日比丘尼若來，應答言：‘衆僧有教：時此中無有教比丘尼人。’語比丘尼：‘衆謹慎！莫放逸！’”比丘尼過説戒已，應來至大僧寺内，至先囑授人所，問：“大德得教授人不？”受囑授人應言：“不得，然大僧有教。”如上説。比丘尼還往寺内，集尼僧已，語言：“僧有教：時此衆中無有教戒比丘尼人。”語比丘尼僧：“謹慎！莫放逸！”應言：“頂戴[①]持！”除此二種教戒，餘盡不成。問曰：“比丘尼來至大僧寺内請教授時，受囑授人即自答言：‘時此衆中無教授尼人。’語尼：‘衆謹慎！莫放逸！’此成教授不？”答曰：“不成。所以者何？本以女人少智，於半月月盡僧中差遣有德人往尼寺内説法教授。此受囑授人既非教師，又承僧命，云何輒自答也？是故不成，失法得罪。若衆中都無教戒尼人者，當依略教法。若法衆不和合，應遣使問訊。大僧比丘僧不知，尼亦應問訊。若二衆和合者應教戒，不者越敬得罪。”

三部律月半月盡懺悔品第十四

凡欲懺悔者，應知輕知重，知犯知不犯，知可懺悔罪不可懺悔罪。或有罪僧中懺悔[②]，或有罪亦僧中懺悔，或有罪亦僧中懺悔[③]，或有罪對手三説懺

---

① 戴，録本訛作“載”，據底本改。

② 此處底本、録本復衍“或有罪亦僧中懺悔”八字，兹據文意删。

③ 此“或有罪亦僧中懺悔”八字與上句重復，當係書手誤衍。

悔，或有罪對一人説懺悔，或有罪心念懺悔。知有餘，知無餘。知作而犯戒是重，知止而犯戒是輕，善識罪名罪種，知罪有無。若衆説戒時，問："是中清净不？"自知有罪，不向人説，不心念發露，此犯默妄語，突吉羅，應對手一説法。懺者應具五法：偏露右肩，脱草屣，胡跪，合掌。若上坐，應禮足，説罪名罪種："大德一心念！我比丘某甲，於説戒時自知有罪覆藏，於戒序中犯默然妄語，突吉羅。今向大德發露懺悔，懺悔即安樂。憶念犯發露，知而不覆藏。大德憶念我戒身具足清净布薩。"上坐應呵嘖（責）言："長老從今以往，當自嘖（責），心生厭離，後更莫復犯。"答言："爾。"上坐在下坐前，當具四法：遍露右肩，脱革屣，胡跪合掌，説罪名罪種，懺法如上。下坐應呵嘖（責）上坐言："大德當改悔，生厭離心。"答言："爾。"何等四事邊罪？起心欲盗，淫欺殺生，不破威儀，還得正心，犯突吉羅，應對手一説悔如上。若破威儀，乃至動五錢物不離本處，犯重偷蘭遮，界内僧盡集，八人以上得懺。若非道假作道相，殺非人，欺非人，犯輕偷蘭遮，四人得悔。何等十三邊？若起心，欲出不净，不破威儀，得心還正，犯突吉羅，應對手一説悔如上。餘戒亦爾。若破威儀，已作緣差不威，犯重偷蘭，四人已上得悔。染心觸女人麁厚衣，摩觸男子，自摩觸己身，自觸女色及聽音聲，皆犯突吉羅，對手一説悔法如上。若是重罪發露："長老一心念！我某甲犯罪，今向長老發露。"後當僧中如法悔。若犯三十事，當捨如法懺悔，三十、九十、一百二十戒皆對手懺悔。四提舍尼，對手一説懺悔，衆學嘖（責）心得滅。上來所明，懺悔大格也。若有罪作無罪懺悔，若無罪作有罪懺悔，若輕罪作重罪懺悔，若重罪作輕罪懺悔，皆不成懺，失法得突吉羅罪。

三部律輕重不同會通品第十五

問曰："如來何故制此五部戒律輕重不同，使諸弟子互生是非？"答曰："如來爲諸弟子得利益故制一部戒律，尚無'三'名，何況'五'也？佛涅洹後，優波離與五百羅漢初集律時，號'八十誦'。是以後過百餘年，時人異見不同，即分張律以爲五部。各抄略前後，隱顯異名，安置己典，致令多相殊别名，名相雖殊，理通爲一。”問曰：“《僧祇》明燒理（埋）[①]懷（壞）[②]色越毘尼，《十誦》偷蘭，《四分》犯重，云何爲一？”答曰：“是三本是一戒。《僧祇》明惡，不論損財，是故重犯輕；《十誦》明其損財方便，故犯偷蘭；《四分》明損財滿處，是故犯重。亦可《僧祇》明其始心處，《四分》論其終處。三部理同，但各偏[③]明有異。”問曰：“《僧祇》明三寳物互用犯重，《四分》明偷蘭，云何名‘一’？”答曰：“《僧祇》明守護人邊犯重，《四分》明佛於物無我所心。此物無守護故，但犯偷蘭，以四方僧物一人邊計錢難滿，故得偷蘭。《四分》若有守護，則犯重無差；《僧祇》若無守護，亦犯偷蘭；是故二部得名‘一’也。”問曰：“何故惡性一戒獨分爲三，餘戒不爾？”答曰：“本集律者，觀望戒犯之者多故具列，闕惡一戒犯之者多故分之爲三，欲使知者尋求通文旨。愚人堅執，彼此有失。”問曰：“有人言：隨所受戒，當復修行，不應五通用？”答曰：“所説不然。何以故？本一部戒律名‘八十誦’，輕重相順，文義具足。時人分此八十誦以爲五部，致令輕重相違，文義不具。若衣（依）一部不犯、於餘部犯者故破戒。若於五部中悉無違犯，乃名‘持戒’。是故應當具行，不宜偏執。”問曰：“有人言：持戒務急，斷事務緩。何者是也？”答曰：“二俱不然。何以故？若急過分，人不能行，則斷聖種。緩則易行，毁滅正法。若人能依五部律文，隨順修行，不增不減，當知是人能護佛法，自利利人，是真佛子。”[□□][問曰][④]。“《十誦》、《四分》明盗經犯重、盗像偷蘭，何故爾也？”答曰：“此互明不同。經有守護，計紙默犯重。像無守護，但犯偷蘭。若經無守護、像有守護亦爾。”問曰：“何故淫、欺二[□][戒][⑤]教他作但犯偷蘭，自作犯重；殺、盗二戒，自作、教他彼此同犯？”答曰：“殺、盗二戒具三義，彼此俱犯。何等爲三？一者損境，二者暢情，三分利。淫、欺二戒無此三義，但他爲惡，是以得輕。”問曰：“何故淫之一戒在三道中犯人、非人、畜生，下之三戒但人道中犯？”答

① 結合文意，此“理”當爲“埋”之訛字。《涅槃義記》卷第六：“如《四分》中於他財物燒埋壞色，犯波羅夷。”[T37n1764p764a2]可助比勘。

② 結合文意，此“懷”當爲“壞”之訛字。參前注。

③ 偏，録本訛作“遍”，據底本改。

④ “問曰”二字底本、録本無，據上下文意補。

⑤ 戒，底本、録本無，據上下文意補。

曰:"淫爲暢情,不爲損境,是故但暢情,得與情境,便犯其重,不問前境貴之以(與)賤。殺、盗二戒爲損境故,逐其貴賤。天地之性,人最爲貴,故在人道中犯。妄語正欲表己所得,人能行其善惡,又是可誑,是故誑人犯重。"問曰:"《四分》云:比丘依刑(形)勢、市買欺誑、言辭辨説取得財物犯重。此事云何?"答曰:"此三種取,義同劫盗,違理無差,是故犯重。"有三種奪衣:瞋心奪衣,尼薩耆。折伏奪衣者,爲令前人改惡從善,然後還歸,是故無罪。根本奪衣犯重,明此人先無言,决意與他衣,後瞋還奪,作不還意,入手犯重。飲酒、非時食、行淫,取事不取心;餘取事亦取心。比丘失物時作是念言:"後見便取。"取者無罪。若作失心,後不得取,若取即是賊復劫賊。比丘尼入波羅夷,初四與大僧同,後四不同尼。十九僧殘七戒與大僧同,十二戒不同。三十尼薩耆十八戒與大僧同,十二戒不同。《僧祇》明比丘尼百四十二波逸提,七十戒與大僧同,餘者不同。四提舍尼與比丘不同,衆學與大僧同,七滅與大僧同。初淫戒在王舍城,因迦蘭陀子須提那與故二犯淫故制。第二盗戒,因檀膩迦比丘盗洴沙王材木故制。第三殺戒,因婆裘薗中比相殺害故制。第四妄語戒,毘舍離夏安居比丘制。第二篇僧殘。初戒在舍衛國因迦陀夷制,媒嫁亦舍衛國因迦羅比丘制。二房因曠野比丘制。二謗在王舍城,因慈地比丘謗婆摩羅子故制。如是次第,乃至七滅,諍應廣列,文煩故不出。

三部律《事七滅諍品第十六》

《四分》曰:"[□][惡][1]比丘行來入出如善比丘不[□][别][2],乃至不出罪,時人所不知。既出其罪,方知比丘中斷善[3]穢惡。既知已,應和合,爲作滅儐(擯)除之。譬如有[4]人須木作井欄,從城中出,手持利斧,往彼林中,遍叩諸樹。若是實中者,其聲真實。若空中者,其聲虚[□□][而㲯][5],而彼空樹根莖、枝葉如真實者不異。至於叩時,故知内空。既知内空,即便斫伐,截

① 惡,底本、録本無,據《四分律》卷第六十[T22n1428p1009c13]補。

② 别,底本、録本無,據《四分律》卷第六十[T22n1428p1009c14]補。

③ "斷善"二字録本訛作"秕菩",據底本改。

④ 有,底本、録本訛作"爲",據《四分律》卷第六十[T22n1428p1009c16]改。

⑤ "而㲯"二字底本、録本無,據《四分律》卷第六十[T22n1428p1009c19]補。

落枝葉，先去麁樸，然後新剗細治，内外俱净，以作井欄。罪時人所不知，既出其罪，方知沙門中垢穢稊稗如空樹。若知已，即應和合作滅儐（擯）。何以故？恐妨善比丘故。"《四分》曰"有四種斷事人"者，[□□□□][第一斷事][1]比丘寡[2]聞無慚，在僧中言説斷事，僧應種種苦切呵嘖（責），令無慚者不復更爾。第二斷事比丘多聞無慚愧，在僧中説言斷事，僧應種種苦切呵嘖（責）。令無慚者更不復爾。[□][第][3]三斷事比丘有慚寡[4]聞僧中斷事，僧不應呵嘖（責）[5]，應佐助開示，令彼有慚人於僧中説言斷事。[□□][第四][6]斷[□][事][7]比丘有慚多聞，在於僧中斷事，不應呵嘖（責），聽彼説已，應讚言："善哉！"令慚者後[□][於][8]僧中説言斷事。《四分》曰：五種平等斷事人：有人身不作、口不作，有人口不作、身作，有人身口俱作，有人身口俱不作，[□][有][9]人不愛、不恚、不怖、不癡。第五人最上，猶如提故。《四分》曰：平等斷事人有十德。何者十？一、持戒清净。二、具足多聞。三、誦二部毘尼極利，廣解其義。四、善巧語言，辭辨了了。五、堪能問答，令彼歡欣。六、諍事起能滅。七、不愛。八、不瞋。九、不怖。十、[□][不][10]癡。有此十法，應差別處斷事。比丘中有不誦戒不知戒毘尼，使捨於正義，作非法語。僧應作白羯磨，遣此比丘出斷事。比丘中有誦戒不知戒毘尼，捨於正[11]義，説[□][少][12]許文。僧作白，遣此比丘出。若斷事比丘中有法師在坐，捨於正義，以言辭力强説，僧應作白，遣此法師出。若斷事比丘誦戒，誦毘尼，順正

① "第一斷事"四字底本、録本無，據上下文意補。
② 寡，底本、録本訛作"多"，據《四分律》卷第五十八[T22n1428p999b8]改。
③ "第"字底本、録本無，據上下文意補。
④ 寡，底本、録本訛作"多"，據《四分律》卷第五十八[T22n1428p999b13]改。
⑤ "嘖"字録本徑作"責"，且未出校，不合原卷，茲據底本改。
⑥ "第四"二字底本、録本無，據上下文意補。
⑦ 事，底本、録本無，據上下文意補。
⑧ 於，底本、録本無，據《四分律》卷第五十八[T22n1428p999b17]補。
⑨ 有，底本、録本無，據上下文意補。
⑩ 不，底本、録本無，據《四分律》卷第四十七[T22n1428p918a3]補。
⑪ 正，底本、録本訛作"口"，據《四分律》卷第四十七[T22n1428p918a12]改。
⑫ 少，底本、録本無，據《四分律》卷第四十七[T22n1428p918a12]補。

義,僧應佐助[此][1]比丘。比丘尼有七種:現在前毘尼,憶念毘尼,不癡毘尼,多語毘尼,罪處所毘尼,自言治毘尼,草布地毘尼。復有七種羯磨:呵嘖(責)羯磨,儐(擯)羯磨,依止羯磨,遮不至白衣家羯磨,不見罪羯磨,不懺悔羯磨,惡見不捨羯磨。有三種羯磨攝一切羯磨,所謂單白羯磨,白二羯磨,白四羯磨。有四種諍:一、言諍;二、覔諍;三、犯諍;四、事諍。因言平理而生諍者是言語也。覔諍内有五法,而有三根,覔罪而舉,因舉罪生諍,故曰"覔諍"。犯諍者僧爲他判罪,重不定而生諍者,是事也。言諍中事作,覔諍中事作,犯諍中事作。言諍羯磨而生諍者,故曰"事諍"。言諍根者,以貪、瞋、癡爲根。無貪、無瞋、無癡爲根,人爲根。僧根根界爲根,十八破僧爲根。犯諍雖三善根爲根,餘者同常。言諍是善、不善言。言諍以毘尼滅:現前毘尼、多人語毘尼滅。有三種現前:人現前,法現前,毘尼現前。五種現前有三種同上,[□□][另有][2]僧現前、界現前三(二?)[3]種。[五][4]種現前不能滅者,應用多人語毘尼滅。内有五德者,僧差行舍羅。應作二種舍羅:一完二破,一黑二白。有五德者不隨愛[5],不隨瞋,不隨怖,不隨癡,知可行、不可行。舍羅有三種:一、顯露;二、覆藏;三、耳語。若知上坐和上阿闍利住如法語,顯露行舍羅;若上坐和上阿闍利住[□][非][6]如法語,應覆藏行舍[□][羅][7]人。若人若不知衆中如法語人多、非法語人多者,應耳語行舍羅;從如法語人多,應滅諍

---

① 此,録本脱,據底本補。

② "另有"二字底本、録本無,據文意補。

③ 三,似應作"二",待考。

④ 五,録本脱,據底本補。

⑤ 愛,底本作"不愛",録本訛作"受不",據文意改。《摩訶僧祇律》卷第十三:"比丘有五法成就,僧應羯磨作行舍羅人。何等五?不隨愛,不隨瞋,不隨怖,不隨癡,知取、不取。"[T22n1425p334b10]可助比勘。

⑥ 非,底本、録本無,據文意補。《四分律》卷第四十七:"彼作如是念:'此諍事如法比丘多,彼衆中有上座標首智人者,持法持毘尼持摩夷而住非法。若我等顯露行舍羅者,諸比丘隨彼衆中上座標首智人住非法者捉舍羅。'是比丘應覆藏行舍羅。"[T22n1428p919b10]可助比勘。

⑦ 羅,底本、録本無,據文意補。

也。覔諍應以四毘尼:[□□□□□][現前毘尼滅][①]、憶念毘尼滅、不癡毘尼[□][滅][②]、罪處所毘尼滅。若清凈比丘爲他所謗,應以二毘尼滅:現前毘尼、憶念毘尼滅。若比丘癡誑時,多犯禁戒,癡誑心亂,爲他難話,僧應作不癡毘尼滅。如像(象)[③]力釋子好論義,違返前後,僧應與罪處所毘尼[□][滅][④]。憶念毘尼、不癡毘尼,守護清凈比丘。犯諍以三(二?)[⑤]毘尼滅:現前毘尼、自持草布地毘尼滅諍。滅諍者不説罪名、罪種,如[⑥]草布地,不問縱横,但遮塵土[⑦],而(如)草地者二衆各相向乞歡欣便止,更無所説。事諍以七毘尼滅舉罪人,要内備五德,如上雜品説。舉罪時白上坐、中坐皆聽可者應白,所舉人聽者得舉。若舉他罪比丘内無五德者,僧應以五事呵嘖(責),所舉人應以五事慰喻。若舉他比丘内備五德者,應以五事稱讃。若無五德,所舉人應以五事呵嘖(責)。《四分》許斷事人有二十二種德行。何者是? 一、具持二百五十戒。二、多聞。三、能善解阿毘曇。四、善解毘尼。五、不與人諍,亦不堅柱(住)[⑧]此事。六、應呵嘖(責)、應教,然後柱(住)[⑨]。七、應滅儐(擯)後柱(住)[⑩]。八、不愛。九、不恚。十、不怖。十一、不癡。十二、不受此部飲食。十三、不受彼部[⑪]飲食。十四、不受此部[⑫]衣鉢針筒。

---

① "現前毘尼滅"五字底本、録本無,據文意補。《四分律》卷第四十八:"覔諍以四滅滅:現前毘尼,憶念毘尼,不癡毘尼,罪處所毘尼。"[T22n1428p920a26]可助比勘。

②④ 滅,底本、録本無,據文意補。

③ 像,此當讀如"象"。

⑤ 結合文意,此"三"似應作"二",待考。

⑥ 如,録本訛作"妙",據底本改。

⑦ 土,録本訛作"十",據底本改。

⑧ 結合文意,此"柱"當爲"住"之訛字。《四分律》卷第六十:"具持二百五十戒,多聞善解阿毘曇毘尼,不與人諍,亦不堅住此事。"[T22n1428p1014b11]可助比勘。

⑨⑩ 結合文意,此"柱"當爲"住"之訛字。

⑪ 部,底本、録本訛作"復",據文意改。《四分律》卷第六十:"不受此部飲食,亦不受彼部飲食。"[T22n1428p1014b13]可助比勘。

⑫ 部,底本、録本訛作"復",據文意改。《四分律》卷第六十:"不受此部衣鉢坐具針筒,亦不受彼部衣鉢坐具針筒。"[T22n1428p1014b14]可助比勘。

[□□□□□□□□□□□][十五、不受彼部衣鉢針筒][1]。十六、不供給此部。十七、不供給彼部[2]。十八、不共此部入村。[□□□□□□□□□][十九、亦不共彼部入村][3]。二十、不與作期。二十一、亦不至彼部。二十二、後來後坐。若有比丘具此二十二德者,應在僧中如法斷事。有人偏心斷事,入地獄如射箭。有人平等心斷事,生天如射箭。是故未世來比丘、比丘尼,若爲他斷事,應當教令平等,勿以偏心獲重罪,殃招曠劫。若比丘、比丘尼欲得自利及利他人、善知法相、無有[4]疑細、常爲五衆而作師道者,當受持讀誦書寫此三部,要爲人演説,分布天下,咸使聞知。

菩薩説净文:"長老憶念:我某甲仰白諸佛菩薩,願諸佛菩薩爲我作清净施主。諸佛菩薩於衆生邊無有不捨之物。我若用時,聽隨我用。"如是三説。上明捨净地,意謂謬僻但見前不見後,今故具註諸律明文,悕後知者詳而不誤。問曰:"若不立净地,復言立净地。諸比丘云何得净食?"答曰:"諸師盡言誦捨净地,復言請俗人終身施主作檀越,物得[5]用,終身不犯。時人盡行此事。如愚情所見,此語看文不熟。所以然?《十誦律》前後盡律文明證。前文云:不聽内煮食,故僧坊[6]外[7]作食,故烟火起。多人來索食,諸比丘各各分與。僧食少,白佛。佛言:"從今日不聽作净地羯磨。若作,突吉羅。先作應捨。"後文《善誦》云:第一卷中佛在毘舍離,時皦(儉)[8],諸檀越欲與僧食,

① "十五、不受彼部衣鉢針筒"十字底本、録本脱,據《四分律》卷第六十[T22n1428p1014b14]補。

② 部,底本、録本訛作"復",據文意改。《四分律》卷第六十:"不供給此部,亦不供給彼部。"[T22n1428p1014b15]可助比勘。

③ "十九、亦不共彼部入村"九字底本、録本脱,據《四分律》卷第六十[T22n1428p1014b16]補。

④ 有,録本訛作"府",據底本改。

⑤ 得,録本訛作"得意"。按:底本先書"意",旋於旁注"得"字,今據改。

⑥ 坊,底本、録本訛作"妨",據文意改。本卷前文:"前文云不聽内煮食,故僧坊外作食。"可助互勘。

⑦ 外,録本訛作"水",據底本改。

⑧ 結合文意,此"皦"當爲"儉"之訛俗字。《字彙·人部》:"儉,岁歉也。"《十誦律》卷第五十六:"如佛在毘耶離,儉時諸檀越欲與僧作飲食。"[T23n1435p413a5]可助勘。

作念:"若我自舍作食,多知識親理皆與分。若佛聽僧坊内作食,我當作。"佛言:"聽作。"多人來索,諸比丘若與則[□][不][1]共(供)[2],若不與恐傷害。佛言:"聽僧坊内作。"作已,諸沙彌薗民先自飽,殘與僧。僧食不足,僧羸瘦白佛。佛言:"從今如是飢餓時,若結净地、若不結净地,聽大比丘自作自食。"從今非餓時結净,以二事應用,謂内煮[3]内宿不應食。律有此明文,諸師隨情妄説,有分《四分》、《五分》,亦有成證。因飢餓開八事:内煮[4]、内宿、自[□][煮][5]、惡觸、殘宿不受食戒。年豐還開制,但末[6]法種種異論。若一向捨净地,此殘宿戒即應甄卻,此戒五部律猶存故,不應一向捨卻。若請俗人終身施主,復無律文可依,是故此可謂應行不行,應行而行。横生情論,知復奈何?

三部律抄一卷。

二年八月三日寫訖,曠許(記了?)[7]。

---

① 不,底本、録本無,據文意補。本卷前文:"多人來索,諸比丘若與則不供。"可助互勘。

② 共,録本訛作"失",據底本改。結合文意,此"共"當爲"供"之借字。

③④ 煮,録本訛作"景",據底本改。

⑤ 煮,底本、録本無,據文意補。本卷前文:"因飢餓開八事,内煮、内宿、自煮、惡觸、殘宿食不受戒。"可助互勘。

⑥ 末,録本訛作"來",據底本改。

⑦ 許,當爲傳抄過程中"記了"二字竪排連筆手體之形訛。敦煌寫卷中常見某部分内容抄寫完畢後書手題記"記了"二字連筆的情况,如《法華義記卷三》尾題:"比丘惠業許。"[T85n2748p165c15]中"許"字底本斯 2733 號實作"",顯爲"記了"二字的竪排連筆。詳見前本書《仁王般若實相論》卷第二:"囑累品。釋秀許。"中"許"字注。

No. 2794 律抄

[題解]

佛教戒律之疏釋，主要依《十誦律》、《四分律》、《僧祇律》等佛教戒律，以問答形式，對佛教儀軌加以解釋。譯著者不詳，敦煌文獻中有中村 018 一號，首殘尾全。尾有題記："照（熙？）平元年七月十三日於昌梨寺寫訖，故記之。道人僧誕記了。"清代以前歷代大藏經未收，日本《大正藏》據中村 018 號擬題爲《律抄》收入其第八十五册。今校注仍以《大正藏》録本所據卷中村 018 號爲底本。

▭①得②受。

問："若无比丘，可自非□（時）③▭須復白生藥草。若種不生者，須復[净]④不？"

答：▭

[□][問]⑤："▭餅果，後不囑，復得食不？"

答："得食。若正食時，更作食意，亦▭竟意，乃至飲白飲，波逸提。"

問："非時若洗飲器不净而□（飲）⑥▭晝日手受夜分漿，得復至初夜不？"

---

① 首缺。

② 得，録本訛作"傳"，據底本改。

③ 時，録本作缺文，據底本補。

④ 净，録本脱，據底本補。

⑤ 問，底本、録本無，據文意補。

⑥ 飲，録本作缺文，據底本補。

答:“不得。若中前至中後□不得過時分,八種漿無口受①法。”

問:“如此間作屋柱梁堅□?”

答:“得看。[所]②言兩三重犯者,是壁上桁累耳目物,突吉羅。”

“此物當捨不?”

答:“不須捨。”

問:“衣在此房,得就餘房説净不?”

答:“得説净。”

問:“净施物不盡説頭數,得如法不?”

答:“不須盡説頭數,但言三衣外所有長衣施某甲,便以如法。”

問:“得葛③被及行布不?”

答:“不得,著水道服故。”

問:“可得不結聚落作界不?”

答:“不須結。”

問:“住處比丘得持僧食出界食不?”

答:“乃至行糧亦得。”

問:“置所受鉢,[□][得]④暫用他鉢及餘器食不?”

答:“得用。唯不得用白銅鑪食。若非正食,亦可得用。”

問:“暫入聚落,得留衣鉢去不?”

答:“得留。若被宿,應持去。”

問:“得總白和上作一切法事不?”

答:“得總白。”

問:“飯食時亦應白和上?”

答:“不須白,以揵椎故。”

問:“蘇著水中,無病得非時飲不?”

---

① “受”字前録本衍一“口”字。按:底本“口”字旁有一廢棄號,兹據删。

② 所,録本脱,據底本補。

③ “得葛”二字録本訛作“葛得”,據底本改。

④ 得,底本、録本無,據文意補。

答:“得飲。”

問:“道由聚落中過,得不著僧迦利不?”

答:“須著。”

問:“法事私事得受三十九夜去不?”

答:“三寶事得,若私事不得。”

問:“捉殺行不?”

答:“得捉。若長持者不得。”

問:“夏後一月時,同加絺①那衣時,得離衣宿不?”

答:“離三衣不同,餘事悉同。”

問:“一住處果竹幸(枣?)②多,知事人得分與餘處僧及白衣不?”

答:“知事人不得。僧先教與得與。”

問:“若住處又安衆③和合,得移精舍餘處云不?”

答:“不得。”

問:“若界内見他犯罪即出,亦須向人説?”

答:“其應説。”

問:“僧净器得比丘床上食白衣不?”

答:“得。”

問:“若聞他麁罪,須向人説不?”

答:“不須説。”

問:“若殘食乞白衣不洗手,得捉僧净器不?”

答:“得。”

問:“大銅槃得私房中粥④不?”

答:“不得自畜,得净施。白衣私房中食粥⑤無犯。”

問:“得捉金銀供養具不?”

---

① 絺,録本訛作“締”,據底本改。

② 幸,底本不清晰,似作“棗”,待考。

③ 衆,録本訛作“般”,據底本改。

④⑤ 粥,録本訛作“術”,據底本改。

答:“不得捉。異部得捉。”

問:“若上下高坐,動帳無犯不?”

[□□□][答:“無犯,][1]卒不爲動故。”

問:“二三臘比丘得作羯磨師不?”

答:“若知法得作。”

問:“土人不以二受香爲敬,得常立受香不?”

答:“得。”

問:“從四月十七日乃至五月半,中間悉得結後坐不?”

答:“不得,異部中有得。”

[□][問][2]:“受後安居人得共前安居人並自恣不?”

答:“數滿九十日便自恣竟,便得受加絺[3]那衣。亦應數日不得,至臘月方捨。”

問:“中有潤。六月半結,後坐八月半,滿九十日得不?”

答:“不得,後坐法要五月十五日也。”

問:“安居中有父母師徒[4]病諸難,破安居去,有罪不?”

答:“無罪。但是破安居可。”

問:“一人説竟,爲衆都竟,名‘自恣竟’耶?”

[□][答][5]:“一人三説竟,白羯磨竟,應遮非比丘。”

問:“加絺[6]那衣時,得不受殘食及長鉢不?”

答:“不受殘食,不得受長鉢。”

問:“後安居亦有一月時不?”

答:“同有。”

問:“若犯四重戒故,在不?”

答:“戒故在。”

---

① “答無犯”三字底本、録本無,據文意補。

② 問,底本、録本無,據文意補。

③⑥ 絺,録本訛作“締”,據底本改。

④ 徒,録本訛作“僂”,據底本改。

⑤ 答,底本、録本無,據文意補。

問:“欲時不得楷(揩)①露刑(形)人,若得含勒得相楷(揩)不?”

答:“得。”

問:“得受氈作尼師檀不?”

答:“得。”

問:“若優婆塞犯同四重,得出家不?”

答:“得與出家。”

問:“若賚②人不肯從,比丘三自歸,可得像前自受不?”

答:“得。”

問:“若隔幔③與女人受戒得不?”

答:“若聞聲得。”

問:“次戒雖欲受戒羯磨時,不能專心聽,又不解羯磨,當得戒不?”

答:“得下品戒。”

問:“沙彌無和上,一人得與受戒不?”

[□][答]④:“前人得我師,得師罪。”

問:“沙彌遥請和上受十戒,得戒不?”

答:“得戒。”

問:“授沙彌戒時不求和上,得不?”

答:“不須求。”

問:“先以授三歸戒、後受八戒時,不説前三歸,總後説三歸得不?”

答“不得,□□(要應)⑤盡前三歸。”

問:“尼應白僧自恣已,還房,尼得從自恣人遊受不?”

答:“應更集僧受。”

問:“二三尼共住,亦應受八敬法不?”

---

① 敦煌寫本中“木”旁“扌”旁相亂,此“楷”乃“揩”之换旁俗字。《文選·張衡〈西京賦〉》:“揩枳落,突棘藩。”李善注引《字林》:“揩,摩也。”下“楷”字同,徑括注其正字,不復校。

② 賚,録本訛作“貴”,據底本改。

③ 幔,録本訛作“慢”,據底本改。

④ 答,底本、録本無,據文意補。

⑤ “要應”二字録本作缺文,據底本補。

答:“受六法。尼不作本事,直大僧中受大戒。”

“得戒不?”

答:“不得戒,異部有得處。”

問:“尼僧不羯磨,差人直遣從比丘受八敬法,得不?”

答:“不得,要應羯磨。比丘僧中受六法。”

[□][問][①]:“尼戒得不?”

答:“得。”

問:“尼界内獨宿得何罪?”

答:“若界内有餘尼而别房宿,犯偷蘭罪。若界内都無尼僧,伽婆尸沙。”

問:“若一比丘尼僧中爲六法,尼作羯磨,得戒不?”

答:“不得。”

問:“比丘授沙彌尼戒,而尼作和上,得戒不?”

答:“得。”

問:“若不受六法,便與大戒,得不?”

答:“不得戒。”

問:“若受六法而不二歲,便受大戒,得戒不?”

答:“前人得戒,僧得罪。”

問:“中衣作大衣受,得著入聚落不?”

答:“貧不能得,總[②]中衣受作大衣,得無罪。若曼不得入。”

問:“直縫衣得受持不?”

答:“不能。好受亦無罪。”

問:“求和上時不捉足得不?”

答:“隨安,不必須捉。”

問:“界内有比丘,得向沙彌説净不?”

答:“向不得,餘部律中得。”

問:“釋比丘得心念口言,結安居不?”

---

① 問,底本、録本無,據文意補。

② 聽,録本訛作“總”,據底本改。

答:“得。”

問:“若獨安居云何説?”

答:“如常共人説法。”

[□][問][1]:“若先受三十九夜,盡復得受七日不?”

答:“得。”

問:“小比丘得暫就二和上得一二宿不?”

答:“和上遣行,彼無好師無罪。”

問:“律中云‘無慚無愧’,比丘獨食净,何名‘無慚無愧’?”

答:“犯四重名‘無慚無愧’。”

問:“亡比丘卧縟、長床、錢、米穀應分不?”

答:“卧縟、長床、小床不應分。在重物中,錢米入僧食用,不應分。”

問:“若賚[2]人別請十人,給錢米作食,若長得分不?”

答:“得分。”

問:“終身藥已受,著器中,白衣[3]捉物不更受而服,犯何罪?”

答:“不須更受。七日藥亦如是。”

問:“捉七日飲食藥,移動更應受七日?”

[□][答][4]:“終身已手受,未口受,移亦應更受。”

問:“律中云不得著皮,除摩梹鹿。摩梹鹿皮定著不?”

答:“不得。”

問:“尼依比丘安居,而不在比丘界内,得不?”

答:“不須在比丘界内。”

問:“僧中常等行食上坐,復須教等與不?”

答:“知不須教,若不知應教。”

問:“不嚼楊枝而食有犯不?”

---

① 問,底本、録本無,據文意補。

② 賚,録本訛作“貴”,據底本改。

③ “衣”字前録本衍一“中”字。按:底本“中”字旁實施一廢棄號,今據删。

④ 答,底本、録本無,據文意補。

答:“突吉羅。”

問:“晝①日障得眠不?”

答:“得。”

問:“長衣離衣宿過一月衣,長鉢過十日,阿練若六夜,過七日藥?”

[□][答]②:“有六事捨與:一人向一人悔應還,犯戒比丘從非親理尼取衣,從非親理居士、居士婦取衣,非親理居士、居士婦與衣長取,勸非親理居士、居士婦置衣,勸織師作衣與他人、還奪取知物與僧。迴向已,是八事應還財主,向一人悔。餘十六事,盡③應捨與。僧悔異部中,向一人悔。若入僧物中,是三衣數者必應還。若餘衣還者,彼比丘亦得取。若不還,無罪。”

問:“若出家人販賣物如法,比丘得受不?”

答:“若於販賣邊隨喜心不得受,不生隨喜心得受。若知不知④能斷彼令不作者不得受,若以不受俱不能令彼斷者得受,不如法施僧一切得受。”

問:“若用如法物易彼不如法物,衣食得如法不?”

答:“盡得名如法。”

問:“長床一人不奉勝容四人坐者,雖臘數不同多少盡得共坐不?”

答:“若別坐具別内衣,得通覆共床卧。”

問:“若住處僧無食,得令比丘乞作不?”

答:“不得,若乞者得罪。若⑤住比丘於乞比丘邊生隨喜心盡,不得食;若作方便往索者,得受用無罪。若不作方便盡,不得爲僧乞。唯有《十誦律》中得爲僧乞取。乃至塔寺、房舍、床褥盡同上。”

問:“比丘得即用死比丘衣覆去不?”

答:“得用一埿洹僧一飯行一覆殘衣,亦云三衣中取一覆去。”

問:“若爲僧乞食、房舍、卧具浄人諸衆生類者,乃至佛事精舍?”

[□][答]⑥:“盡令比丘往檀越所,言:‘衆僧欲散去。’檀越言:‘何以散

① 晝,録本訛作“盡”,據底本改。

②⑥ 答,底本、録本無,據文意補。

③ “盡”字前録本衍一“餘”字。按:底本“餘”字旁實施一廢棄號,今據删。

④ “知不知”似當作“不知”,前一“知”字似爲衍文,待考。

⑤ “若”字前底本、録本衍一“問”字,據文意删。

去?’可隨事答:‘之(乏)[①]少故。’是名方便。”

問:“若比丘隨犯可悔?”

[□][答][②]:“罪衆多無量而忘,不憶罪名,欲懺悔時,但於编中得憶罪名者,餘同编諸罪悉得除。若都不憶者,不得悔。重則兼輕羅。”

問:“若比丘死,净施主比丘應於僧中捨彼死比丘物已,僧乃得作羯磨耳[③]?”

[□][答][④]:“若净施主不捨,僧不得作羯磨,僧亦不得從净施主索,得突吉羅。若净施主不捨與僧者,亦得突吉羅。”

問:“若净施主遠方,而是比丘於此死,應將比丘物與净施主人,同意比丘使比丘得已、還僧已,羯磨。若知净施主,持比丘者亦得羯磨不?”

[□][答][⑤]:“須求與净施同意比丘。”

問:“百九十二大豆輕重?”

[□][答][⑥]:“敵十六少錢。此十六小錢,盜滿此五錢犯波羅夷。羯磨刹沙槃,以金錢流離(琉璃)[⑦]作,外國直二十大錢,至廣州直一兩銀。”

問:“布薩賊難處?”

[□][答][⑧]:“先當閉僧房大門,使人守之。若無净人,使三四比丘守,應與僧欲。”

問:“若安居中受七日法已盡,得更受不?”

答:“薩婆中一向不得。異部律中以事訖爲限,若七日不訖者,更來受第二七日去,如是乃至事未竟得,更來受七日。黄色衣不得著,赤黑青色等得著。”

問:“死比丘物?”

---

① 結合文意,底本此處“之”實爲“乏”之省筆俗體。

② 答,底本、録本無,據文意補。

③ 耳,録本訛作“可”,據底本改。

④⑤⑥⑧ 答,底本、録本無,據文意補。

⑦ “流離”二字此當讀如“琉璃”(“流”“琉”二字《集韻》均力求切,“離”“璃”二字《廣韻》皆可音吕支切)。

[□][答][1]:“有二種:一者圊(園?)[2]田車牛,凡是衆生類。二者金銀及錢穀米等。諸藥草重物不應羯磨,入四方僧用。第二種物應羯磨已,令浄人賣與衆僧供食,不得分。唯一切藥物應入僧藥庫中,不得賣;餘一切輕物應羯磨分之。若物作僧房,應作浄地法。若已作僧房者,應捨[3]己[4]心,念作浄地法。念捨者云:‘是處我捨作浄地法。’念者云:‘此處我作浄地受。’”

問:“著行騰臂衣得不?”

答:“爲病得著。”

第一上坐入堂時,不得禮衆。若欲禮堂,作禮餘處,上坐[5]者得偏坐食,是根本方法。若坐食亦罪。但勿令污僧褥耳。應敷物著僧褥上食,方坐衆中,不得獨遍坐。衆中不得獨方坐,敬衆故。若兩衆集時,各别一邊。佛言:“不應作如是事。若作者,非威儀犯戒。爲僧出行,若施物應與分,除亡物,受加絺[6]那衣法。”守功德衣人應到今前,作如是言:“我某甲比丘,爲僧受此功德衣。”前人答:“善哉!好受持!是中有八事功德,我盡得之。八戒同先。”

[□][問][7]:“知事有勞,得以僧常用物乞不?”

答:“得。小床不應。今氈若不受,不應分。卧褥亦爾。下[8]衣受作大衣不得著,大衣作小衣受得著。作破安居人有一月時不同。有異部中云正得畜長衣,餘七事不得。比丘有相應罪。又不語前人,而前人不知,從其懺悔得名‘悔’。但受者得突吉羅。一界内有因緣不得廣布薩時,同一界内别作三語布薩。”

---

① 答,底本、録本無,據文意補。
② 圊,底本似作“園”,待考。
③ “捨”字前録本衍一“舍”字。按:底本“舍”字旁實施一廢棄號,今據删。
④ 己,録本訛作“已”,據底本改。
⑤ 坐,録本訛作“生”,據底本改。
⑥ 絺,録本訛作“締”,據底本改。
⑦ 問,底本、録本無,據文意補。
⑧ 下,録本訛作“不”,據底本改。

[□][問][1]："若以如法物買他比丘捨[2]墮物者，得名'清净物'?"

答："從比丘得捨墮物，受時得突吉羅，隨用無罪。錢實物初時即應坐念：'此物如蛇。我不應受。是中净物生我當受。'"

五歲、十五已下，受三歸五戒作，耻爲沙彌；十五得名"沙彌"。五部薩婆、多部律私記。一、《僧祇》、《十誦》、《四分》三部律抄。夫戒律之典，良由群惑起患，除戒無以息其非。自非[3]止患，功由於戒。戒具萬行之津要，摧魔之勝幢。愴始造行，終階妙果，斯由於戒，非戒不通。是以西域時人，出家並以戒學爲先。但戒律東緣，流布漢地，時人雖優，依之出家，而廢[4]其戒學，競榮餘業，可謂捨本攬條，以自巔隧(墜?)[5]。方欲遠涉生死長津，迷於發足之趣，雖復立談高勝，行之者尠。大聖所以使出家之人先學戒者何? 良以戒是生死足導資糧、漂流船栰，運澁(涉?)[6]行人從此到彼，莫不由戒。大聖興世度人，得戒乃可無量。大泮而言，有其十種得戒。其十者何? 一者、自然得。唯明如來樹王成道，不從師諮，八萬律儀自然具足。二者、法輪得戒。初爲橋(憍)陳如等轉四諦法輪，陳如見諦以得戒，故曰"法輪僧"也。三者、善來得戒者，前人背惡歸宗，如來應根發唱，唱必有益，應時發戒，故曰"善來僧"也。四、三歸得戒者，明如來弟子，將服化倉(蒼)[7]生，既無善來之德，但教受三歸，即名"得"也。五者、自誓得戒。摩訶迦葉妙因深厚，於如來前自誓要心，得具足戒。六者、論義得戒。須陀沙彌七歲，共佛對談，往復稱基，因斯悟道，故以論義爲名。七、八敬得戒者，唯令夷五百女人因奉八敬，得具足戒。八、遣使受戒者，明此尼端政[8]，若出坊寺，必爲外人壞其梵行；聖教開

---

① 問，底本、録本無，據文意補。

② 捨，底本、録本作"捨捨"字。中一"捨"字當爲衍文，今據文意删。

③ 非，録本訛作"乖"，據底本改。

④ "廢"字前録本衍一"不"字，今據底本删。

⑤ 結合文意，此"隊"字似爲"墜"之形訛，待考。

⑥ 澁，底本不清晰，似爲"涉"之俗體，待考。

⑦ 此"倉"乃"蒼"之本字。《詩·王風·黍離》："悠悠蒼天。"唐陸德明釋文："蒼，本亦作倉。"

⑧ 政，録本訛作"故"，據底本改。

通,遣使受戒。九者、爲邊國衆僧難得,聖教回開,持律五人,得受具足戒。十者、明中國十衆,除和上,得受具足。“四分”者,大僧戒本,以爲初分;尼戒與大僧不同,爲第二分;從安居揵度、盡法揵度以來,目爲第三分;從房舍揵度盡增一以來,目爲第四分。此皆成一部之緣,但明義不同,故曰“分”。“律”者西域胡音,此土而言,以“詮量”爲稱。能詮名字,指之爲“律”;所詮無作,稱之爲“藏”。“藏”者無作戒善,苞福多容,隱而難測,能律(津?)[①]益行人,所以稱“藏”。能防未起惑非,因之爲“戒”。戒有二種。何等爲二?一者是作戒,二是無作戒。言“作戒”者,要由心發則有,心止則無,故曰“作戒”。“無作戒”者,因其作戒,一發不失,始末恒隨,不待[②]更作心方有故,曰“無作戒”。典發之由,稱之爲“序”。發唱之首,言“第一”。五部律典,能與末代出家成軌禁非,故稱之爲“戒”,禁非夷惡故。比丘文字能詮,指之爲“律”。此三皆可軌之,生善度世,良由此也。但時人出家,雖仰尋幽指,碩自安身,然復不能尋求律典,用自决泮,但相承謬[③],傳致令[④]擗[⑤],語[⑥]者衆分[⑦]。雖有五部流布天下,餘二未見,且就三部《僧祇》、《十誦》、《四分》,明其受戒。

《僧祇》云:凡欲受戒,要身(須?)[⑧]六緣,得名如法。其六者何?一者、受戒人年滿二十。二者、受戒人身無十三難障。三者、結界成就。四者、界内盡集,無其别衆。五者、羯磨稱文,無其多少。六者、僧數滿足。若具六緣,名“善受具戒”。若六中闕一,皆不得戒。

《僧祇律》云不滿二十雨[⑨]、兩減二十年者,此是夏前生人;所以知然,此

---

① 律,底本似作“津”,待考。

② 待,録本訛作“侍”,據底本改。

③ 謬,録本訛作“誦”,據底本改。

④ 令,録本訛作“合”,據底本改。

⑤ 擗,録本訛作“壁”,據底本改。

⑥ 語,録本訛作“悟”,據底本改。

⑦ 分,録本訛作“今”,據底本改。

⑧ 結合文意,此“身”似爲“須”之訛字,待考。

⑨ 雨,録本訛作“兩”,據底本改。佛教戒律規定,僧徒在夏季三月中,禁止外出,專心坐禪修道,即所謂“夏安居”,又稱“雨安居”,蓋因夏季多雨,故以“雨”代稱“夏”。“滿二十雨”意即“滿二十個夏季”。參本書前 1842 頁注。

人滿十九以過夏，向二十時始得十九夏，故言“雨[①]減”；未至前歲，故言“年減”；此人不得戒。文言減二十雨[②]、滿二十年者，此人是夏前生人；滿二十時，故言“年滿”；未過前夏，故言“雨[③]減”；此人亦不得戒。文言減二十雨[④]、過二十年者，此夏後生人。何以知然？此人滿二十一時，故言“年過”；安居未竟，故言“雨[⑤]減”。此人若受戒者，有得、不得。云何爲“得”？若八月十五日後生者，二十一時，此人得戒，通胎中滿夏故“得”。云何“不得”？若是五月十五日後生、至七月十五日前生者，滿二十一時，亦不得受戒。何以故？無胎中夏故“不得”。文言減二十年、時人謂滿、與受具足、得名“受戒”者，非是一切皆得，唯正月生人，滿十九過夏，向二十時，此人得戒。何以故？有胎受故。唯正月生者，餘十一月皆不得戒。文言年滿、夏滿者，此亦是夏前生人；滿二十已過夏，向二十一時名“年滿”，亦名“雨[⑥]滿”，名“受具足”。文言夏滿、年過者，此是夏後生人；滿二十一過夏，向二十二時，名“善受具足”。文言看手足者，要年滿手足成就，得名“受戒”；手足雖成就，若年不滿者，不名“受戒”。上來所明受戒，得以（與）不得，皆《僧祇》所泮。《十誦》明受戒有二十四句，得以（與）不得，一同《僧祇》，故不出。《四分》明受戒要滿二十，此二十者，不論夏滿，但言十二月爲一歲，滿者名“善受具足”。

第二身無十三難障。云何十三難？一、名“邊罪”。“邊罪”者，比丘犯四重，比丘尼亦如是，下三衆犯四重，是名“邊罪”。第二、比丘在俗時壞比丘尼、式叉摩尼、沙彌尼浄者皆不得出家，比丘尼亦然。第三、“賊心受戒”者，若俗人沙彌盗聽説戒羯磨者皆不得出家，沙彌不得受大戒。第四、“破内外道”者，來時破外道，去時破内，此人亦不得出家。五、黄門，有六種：一、生門；二、割去黄門；三、捺[⑦]破黄門；四、因他黄門；五、始黄門；六、半月黄門。比丘尼四種黄門：正無割去、捺[⑧]破，餘者同上。六、殺父。七、殺母。八、殺羅漢。九、出佛身血。十、破僧。十一、非人。十二、畜生。十三、二根。是名“十三難”。

第三結界成就者，要四方各六十三步，無大僧結界成。尼亦爾。此是僧

---

①②③④⑤⑥　雨，録本訛作“兩”，據底本改。

⑦⑧　捺，録本訛作“挎”，據底本改。

祇所明也。

第四界内僧盡集，無其别衆。第五羯磨稱文，無其多少。第六僧數滿足。具上六緣，是人得戒。

問曰："受戒人不自稱字及和上字，名'受戒'不？"

答曰："《四分》人云[①]，受戒人不稱和上及己字，不名'受戒'。"

問曰："十三難得戒不？"

答曰："《四分》云何不問十三難者，不得戒。"

問曰："受戒人三衣不具，著俗服、外道服，名'受戒'不？"

答曰："《四分》言，皆不名'受具足'。"

問曰："比丘、比丘尼得與式叉摩尼受六法不？"

答："三部律皆無成文，設有此事，不名'受六法'。僧尼俱得突吉羅。"

問曰："有人言式叉摩那受六法時更請和上，此事云何？"

答曰："不須更請。所以然者，未是易，謂但增學，其六不須也。"

問曰："有言與式叉摩那受六法時，對面羯磨。此復云何？"

答曰："三部律皆言置眠見、耳不聞處逢作羯磨，若對面作法不成，僧尼俱得突吉羅。"

問曰："有人言比丘得與沙彌尼作阿闍梨，此事云何？"

答曰："無此道理。若得作阿闍梨者，亦應得作和上尼，不應與沙彌作阿闍梨。若爾，則二衆不別。"

問曰："尼受戒時，即大僧戒場上更不結分，得受戒不？"

答曰："僧尼界別，各不相攝，更不結界，作法不成。"

問曰："比丘尼得再出家不？"

答曰："《僧祇律》云，尼不得再出家。"

問曰："有人言下三衆犯四重，罷道已更得出家。此事云何？"答曰："是無道理。《僧祇》言，式叉摩那與男子染心尋近柱，但不壞梵行。更與六法，後得受大戒。若沙彌與女人尋近柱，犯摩觸等戒，應更與十戒，後得受大戒。非諸犯重者得。"

① "云"字前底本、録本衍一"人"字，據文意删。

問曰:“安居有幾種?”

答曰:“安居之法,而有衆多。略明所要,可有二種:一、前;二、後。前者四月十六日,後者五月十六日。從四月十七日至五月十五日,亦[①]名‘中間[②]’,亦名‘後安居’。前者七月十五日,滿中間者隨日滿便止,後安居者至八月十五日。《僧祇》云:‘不結前安居得突吉羅,不結後安居得偷蘭遮。’”

問曰:“結安居時稱‘某甲聚落’‘僧伽藍’‘某甲房舍’,此三皆稱誰名也?”

答曰:“隨能貫綜聚落者,應稱其名。‘僧伽藍主’者,莫問道俗。最初地施,地立寺有,應稱其名。房舍亦如是。”

問曰:“時人受日戒,七日一受,戒言事訖,是事云何?”

答曰:“三部所明,皆無此理。如《四分律》明受日要爲三寶及請喚因緣,得受七日、十五日、一月。《十誦律》律云,明爲三寶及請喚因緣,得受七日、三十九夜。《僧祇律》明要爲三寶事,得受事訖當還。事訖當還緩亦急,斯皆隨事遠近。若事一日得訖,應即日還。若故遣至宿破夏。言不結後安居偷蘭遮者,義解也。”

問曰:“有人言四月十六日結安居,若不受七日,出界外破夏。此事云何?”

答曰:“此是擗(僻?)[③]悟(語?)[④]。初安居時無緣,受日不成,失法得罪。後若有緣,更不受日,即以前所受日出界逕宿破夏。雖不受日出界,但莫逕宿,皆不破夏。”

問曰:“有爲私緣,受日乞索三衣及營餘事,成受日不?”

答曰:“此非受日因緣。雖受不成,失法得罪。若出界逕宿,斯皆破夏。”

問曰:“有人言爲治生受日,後與僧少物得成受日。此復云何?”

答曰:“定是自欺。若人爲治生故而言爲僧,或受七日乃至事訖當還,不

① 亦,録本訛作“尚”,據底本改。
② 間,録本訛作“聞”,據底本改。
③ 擗,此似爲“僻”之訛字,待考。
④ 悟,此似爲“語”之訛字,待考。

成受日，返犯妄語。假使治生所得財物盡持僧與，猶是破夏，况與少物？”

問曰：“有人言《四分律》得重受七日，此事云何？”

答曰：“定是擗（僻？）[①]悟（語？）[②]，思文不審。《四分》但言最後受七日者，非謂重受，但安居將滿，正有七日，在有緣須行，聽受七日。出界來以，不來不破夏。但不本處自恣，得突吉羅。”

問曰：“本有緣受，日用不盡，餘日更得用不？”

答曰：“但得。須白去。”

問曰：“云何名‘自恣’？量有幾法得成日？”

答曰：“恣他舉罪，名曰‘自恣’。凡自恣有二種：前安居人七月十五日自恣，後安居人八月十五日自恣。中間安居自恣，隨日滿自恣。若比丘僧十四日、比丘尼十五日自恣。若因十五日自恣者，比丘中前自恣，比丘尼中後自恣。僧尼自恣應白二羯磨，差[③]二比丘尼爲伴，詣大僧自恣，應禮僧足已，曲躬，低頭，合掌，作是[④]説：‘大德僧聽！我比丘尼僧夏安居竟，丘僧夏安居竟。比丘尼僧説三事自恣見聞疑，大德慈愍故語我。我若見知罪，當如法懺悔。’如是三説。自恣時五人以上應羯磨，差具五德者二人爲作自恣人。”

問：“何故自恣但須二人，不差一、三人？”

答：“有勸一人，爲僧所差，是其僧使，得舉餘人，此人有罪，則無人舉，故須差二人使。更互相舉二罪時，一一別説，不得並舉，故不須三[⑤]人也。”

問曰：“有人言自恣是解夏法，此事云何？”

答：“此是意解，非律文説。自恣是解夏法者，便應失夏。”

問曰：“有人言自恣是放捨法，此復云何？”

答：“此是妄説。自恣若是放捨法，後安居人八月十五日自恣竟，亦應得放捨。”

問曰：“自恣若非解夏、放捨，是何法也？”

---

① 擗，此似爲“僻”之訛字，待考。

② 悟，此似爲“語”之訛字，待考。

③ 差，録本訛作“若”，據底本改。

④ “是”字前録本衍一“禮”字。按：底本“禮”字旁實施一廢棄號，今據删。

⑤ 三，録本訛作“二”，據底本改。

答:“此是舉罪法。”

問曰:“舉罪何故要七月十五日?”

答曰:“有義。若夏中舉罪,令衆鬪亂,是故亭舉。夏竟將離散,使迭相舉罪,悔過清净,然後隨緣覆藏除罪法。凡欲與他出罪,要知輕知重,知犯知不犯,知覆不覆。《僧祇律》明覆藏差[①]别不同。律文言,比丘月生一日犯一僧殘,知是罪不作覆心;二日、三日乃至十日犯十僧殘,一切如是罪作覆藏心;至十一日相出時,是名‘十罪’,共一夜覆,應從僧乞一别住、一摩那埵、一阿浮呵那。参差覆者,若比丘月生一日犯一罪,二日發露;二日犯罪,三日發露;乃至十日犯罪,十一日發露。此十罪應從僧乞十别住、十摩那埵、十阿浮呵那,亦得從僧乞一别住乃至阿浮呵那。律文言,比丘月生一日犯一罪,不作覆心;二日犯二乃至十日犯十,一切知是罪作覆藏心;乃至十一日明相出時,此五十五僧殘共一夜覆,應從僧乞一别住乃至阿浮呵那,亦得從僧乞五十五别住乃至五十五阿浮呵那。律文言,参差覆者,比丘月生一日犯一罪覆藏,二日發露;二日犯二,三日發露;有乃至十日犯十僧殘,十一日發露。此五十五罪十夜乃至一夜覆,應從僧乞十别住乃至十阿浮呵那,亦得從僧乞五十五别住乃至五十五阿浮呵那,亦得從僧乞一别住及一阿浮呵那。律文言,别覆者,比丘月生一日犯一罪覆藏,乃至十日犯一罪覆藏,至十一日明相出時,最後一罪一夜覆,最初一罪十夜覆藏,應從僧乞十别住乃至十阿浮呵那,亦得從僧乞五十五别住十阿浮呵那。《四分》明其出罪法,有其四種。何者是?一者犯罪以來不憶日數、罪數,應與清净以來覆藏羯磨。二者憶罪數,不憶日數,亦與清净以來[□□□□][覆藏羯磨][②]。三者憶罪數、日數,應與隨覆藏日羯磨。四者不憶日數、罪數,亦隨覆藏日羯磨。”

問曰:“云何名‘摩那埵’?”

答:“此是胡音,秦言‘階(楷?)[③]定折伏治罪’。”

問曰:“云何名‘阿浮呵那’?”

---

① 差,録本訛作“若”,據底本改。

② “覆藏羯磨”四字底本、録本無,據文意補。

③ 階,此似爲“楷”之訛字,待考。

答:“此是胡音,秦言‘出罪羯磨’。此人從罪中出,故言‘出’也。”

問曰:“比丘尼獨行出入界時,相去遠近犯獨?”

答曰:“《僧祇律》云,比丘尼若度道界家界時,相去□(申[伸])①手外犯獨。”

問曰:“比丘尼度他婦,夫主不聽,爲犯何罪?”

答:“《僧祇律》文言,夫主不聽輒度,與受大戒,和上尼犯僧殘。”

問曰:“比丘尼教化,受染心男子食,犯何罪?”

答曰:“《僧祇律》云,尼教化受染心男子食,要三諫,不止犯僧殘。”

問曰:“尼夜宿時相去遠近犯獨?”

答曰:“《四分律》云,夜宿相遠□(申[伸])②手外,隨轉側犯獨宿。”

問曰:“比丘往尼房不白,界中僧犯何罪?”

答曰:“《僧祇律》云,不白入尼房得波逸提,不白尼得突吉羅,爲尼說法不白亦得波逸提。若白入界及說法並白尼,三俱不犯。”

問曰:“亡比丘輕重等物,云何處分及囑授?”

答曰:“《四分》、《僧祇》同,《十誦》小異,隨意消息。亡比丘輕重物等及囑授,《四分》明重物:薗田、樹木、房舍、床榻、奴婢、六畜、一切穀米、旃辱(褥)③,莫問大小;氍㲣五肘,䌖三肘,毛長三指;杖扇、拂氂④、銅餅、香爐;一切同(銅)⑤器、瓦器、石器、竹器,銅錢、木石、染色;皆是重物,應入常住僧。輕者,衣鉢、坐具、針筒、糸綿、絹布、綾□(綵)⑥及稱剃刀,皆是輕物,現前僧應分。《十誦律》料簡輕重等物並香鑪及一切銅器、鐵器、釜鑊、瓦器瓮瓫、竹器,皆受二斗以上是重,二斗以下是輕。皮囊斗半角五升⑦爲重,降此爲輕。”

問曰:“比丘臨終時囑授‘物與佛法僧,不死還我’,成囑授不?”

答:“《四分律》明,病人臨終時囑授‘物與三寶及餘人,不死還我’,佛言

---

①② 申,録本作缺文,據底本補。“申”,後作“伸”。

③ 辱,此當讀如“褥”(二字《廣韻》皆音而蜀切)。

④ 氂,底本作“㲠”,當爲“氂”之訛省俗體。

⑤ 同,此當讀如“銅”(“同”字《廣韻》一音徒紅切,與“銅”同)。

⑥ 綵,録本作缺文,據底本補。

⑦ 升,録本訛作“斗”,據底本改。

‘不成’,與現前僧應分。”

問曰:“病人欲終時囑授言‘定與’,此復云何?”

答:“依《四分》,成囑授。《僧祇》明爲義不成,若得物即説净是爲成,不説净爲不成,還取入僧。”

問曰:“亡人衣物理屬衆僧,何須看病人僧中三捨?”

答:“此物雖冥理屬僧,看病人則爲僧守護此物,所以須捨,令僧普知。”

問曰:“亡者生時負人責(債),當云何?”

答:“應以亡者衣物償。若亡人物少不足,同羯磨僧應出私物代償。”

問曰:“云何與看病人物?”

答曰:“應與三衣鉢、針筒、坐具,餘者現前應分。”

問曰:“何故羯磨亡者衣物與一人,復還與僧?未解此意。”

答:“有義。此物屬四方僧。僧難集,不可得分。使一人以爲物主,主若與僧現前得分。”

問曰:“比丘命過,後人用輕重等物設福,爲如法不?”

答:“非法。若用亡人重物爲其福,及已入私己[①],則於十方世界,上至羅漢,下至沙彌,於一人邊各得重偷蘭遮罪。輕物不羯磨迴施,及私入己,罪同上説。”

問曰:“用亡者輕重等物,罪可懺不?”

答:“有可懺、不可懺。若斷相續,後不更作,以私物償僧得懺。若不爾,不得懺。”

問曰:“二人共活,一人命終,財物云何?”

答:“取其所有一切財物,今爲二分:一分入僧,一分還彼。”

問曰:“比丘此處命過,衣物異處,何處僧應分?”

答:“隨物可在處僧應分。”

問曰:“出債舊在異處,比丘異處命過,保人及券各在異處,何處僧應分?”

答:“《十誦律》云,處雖有四,保處應分;若無保人,券處應分。”

問曰:“比丘異處命過,寄物在異處,鈎籥異處,何處僧應分?”

① 己,録本訛作“已”,據底本改。

答:"《十誦》云,三處差别,鈎籥處分;若無鈎籥,物處應分。"

問曰:"比丘持物寄人,受寄者轉寄餘人,物主無常,何處應分?"

答:"《十誦律》云,雖有三處,受寄處僧分。"

問:"三寶物得異用不?"

答:"不得。《僧祇律》明,三寶物不得異用。若佛地中掘得寶藏,應入佛用。若在僧地得其寶藏,應入僧用。若修治故塔及新塔,不得伏藏,即屬塔用治新故。僧伽藍下得伏藏亦如是。若王有教令國内所有伏藏盡應入都[①],當隨王法。王若言隨得處用者,即如王教。今若於佛地、僧地中掘得伏藏,上有名字有識認,應還本主;若無認者,隨當處用。"

問曰:"若故壞[②]塔,得物持餘處作塔不?"

答曰:"不得。正得隨處修治。"

問曰:"此寺僧物,得彼寺用不?"

答:"不得。若持此寺僧物彼寺僧用,如法治。"

問曰:"和合持常住僧樹木堪作梁者,床榻、釜鑊、田地及一切輕重等物,得乞人不?"

答:"不得。假使三天下衆僧盡和合,乞人及入私己[③],一切犯偷蘭遮罪。"

問曰:"彼寺僧爲亡者設福,餘寺僧和合持常住僧物勸助彼,褱(曩?)[④]爲以得不?"

答曰:"不得。和以(與)不和皆犯偷蘭遮罪。"

問曰:"有住處非時客僧來,舊住僧人情以常住僧食供給所須,此事云何?"

答:"彼此俱得偷蘭遮罪。若僧有制,盗取與人、自食,計錢犯重。"

問曰:"對手悔法,云何得使罪滅?"

---

① 都,録本訛作"義",據底本改。

② 壞,底本、録本作"懷"。此處"懷"當爲"壞"之訛俗,今據文意改。

③ 己,録本訛作"已",據底本改。

④ 結合文意,此"褱"似爲"曩"之訛字,待考。

答："月半月盡懺悔法，要識罪名罪種，請清浄比丘爲懺悔主，偏露右肩，脱革屣，故（胡？）①跪合掌。若是上坐，應禮足已，説其所犯：'大德憶念：我比丘某甲，犯此罪，今向大德發露懺悔。悔則安樂，不懺悔不安樂。憶念犯發露，知而不覆藏。大德憶念：我清浄戒身，具足清浄布薩。'如是三説。前人應問言：'大德見罪不？'答言：'見。'應語言：'長老當責心。'答言：'爾。'一切對手皆如上。凡欲懺悔，當若知有罪無罪，知輕知重，知犯並少。如説戒時，三唱清浄。不自知有罪，不心念發露，不向人説，説此是戒序（？）②，默然亡語，突吉羅。向人對手一説懺法如上。云何知重發心？欲淫女色，盜滿五錢，殺人妄語，自稱得聖，若動威儀，前人不解，皆得偷蘭遮。界内僧盡集，八人以上得懺。起心還正，犯突吉羅。向人對手一説悔法如上。僧殘中四事邊輕偷蘭遮，何者是？如非道假作道想，盜三四錢，敬罪人，此是四重邊輕偷蘭遮。何者僧殘中重偷蘭遮？慮心故出不浄，欲摩觸女人，與女人麁語，乃至二謗。此九緣差不成，下四二諫而捨，皆犯重偷蘭遮。應界場上四人得懺。僧殘中輕者，如界（？）③中界（來？）④不浄，覺則助動受樂⑤，剃三處毛，食生皮血，用人皮髮，皆犯輕偷蘭遮。此中亦容有對首悔者，悔法如上。若欲心看色，摩觸男子⑥及自己身，皆突吉羅。對手一説，悔法如上。二不定數在衆，編三十事，罪同九十，皆對三説，悔法如上。四提舍尼，皆對手一説。衆學百戒，若本故心作者，應對手説；本無故心暫悟（語？）⑦犯者，實（看？）⑧心得滅諍中，僧斷事時，作羯磨不稱前事，失法得突吉羅，對手一説；不隨順威儀，三業所作，論説他人好惡一切非法麁言，出入户，上下廁，不（下？）⑨三但指逆佛塔行、剃密佛僧浄地，各犯突吉羅，對手一説，悔法如上。上來所列，

① 結合文意，此"故"似爲"胡"之訛字，待考。
② 序，底本不清晰，待考。
③ 界，底本不清晰，待考。
④ 界，底本似作"來"，待考。
⑤ 樂，録本訛作"槃"，據底本改。
⑥ 子，録本訛作"不"，據底本改。
⑦ 悟，此似爲"語"之訛字，待考。
⑧ 實，底本似作"看"，待考。
⑨ 不，此似應爲"下"字之訛，待考。

皆是懺悔大格，明輕重不等。若有罪懺不相當，無罪作有罪懺，失法得罪不得滅。若懺悔過時，應善聽憶罪數，二俱稱説。若不憶者，言道‘不憶數’。懺悔法應爾。”

問曰：“僧住處净地，云何處分？具有幾法？”

答曰：“界律明净地有四種：一者俗人初立僧伽①藍時，垣墻周匝，僧房厨舍，悉皆成就；檀越即日分處，界畔分明；然後請僧來入，不須更分處。二者俗人造寺，垣墻周匝，僧房厨舍，皆悉成就，但不處分，請僧來入，不得逕宿，僧即②處分，界畔[□][分]③明。三者僧自立寺，或勸化人建，籬墻不周，逕營人即自處分，然後請僧來入。四者檀越造寺，莫問籬墻周以不周，請僧來入，逕宿莫問，諸界不結。若作净時，要白二羯磨結。凡始立净，要先結净地。先所有一切不净器物，受膩者盡持貿易。銅鐵及石火燒作净。一切穀米及可食者，從檀越貿易。《僧衹律》明，結地但處分，易成無羯磨結。若初立寺時，不處分净地，僧來入逕宿，名“不净”。後欲處分，要國土荒④壞，人民數亂，帝主易位，然後更得分處。《十誦》明，捨净者，所以然也，願明出家修道，以無事爲先。若立净厨，則逕營忪(忩)務⑤；忪(忩)務心馳，於道有礙，所以捨了。欲使持鉢，稱四威儀，深(?)⑥中取足支身。行道乞食，有其二利：一、外益群生；二、損貪進德。自利利人，即玄同大行，所以應也。但僧伽藍内，不立厨舍，則無内宿内熱(煮?)⑦；若立厨舍處所，雖不作食，皆名‘不净’。”問曰：“云何净不净?”答曰：“比丘殘宿内熱(煮?)⑧，於比丘不净，於比丘尼是净；比丘尼殘宿内熱(煮?)⑨，於比丘尼不净，於比丘是净。”問曰：“云何觸净不觸净?”答：“不觸净者，破戒比丘惡心故觸持戒比丘。悟觸皆不名

---

① 伽，録本訛作“加”，據底本改。

② 即，録本訛作“邪”，據底本改。

③ 分，底本、録本無，據文意補。

④ 荒，録本訛作“舊”，據底本改。

⑤ 忪，此似爲“忩”之移位俗體。“忩務”即匆忙勞碌也。下“忩”字同，徑括注其正字，不復校。

⑥ 深，底本不清晰，待考。

⑦⑧⑨ 熱，底本似作“煮”，待考。

觸者，要持戒比丘解（懈）①怠心觸，是名'觸净'。"問曰："觸生果菜，是犯不？"答曰："生菓菜萇（長）②未足，觸不犯；若③萇（長）④足以，名爲'觸净'。"問曰："不净地菓菜得入净厨不？"答曰："《僧祇》明，不净地菓菜净人知以，但不逕宿，是净。"問曰："有人護檀越家净，此事云何？"答曰："白衣舍有觸不觸。若持食之施僧時，此食置僧坐中地，未更受得大比丘，觸是名'觸净'。檀越家器物不定屬，僧雖觸不犯。"問曰："噉不净食，得何罪報？"答曰："《華鮮經》云，食不净食，五百萬世墮猪豚蜣⑤蜋中，五百萬世墮狗中，五百萬世墮清廁中作虫，常食不净。"問曰："知他立净觸者，此復云何？"答曰："《華鮮經》云，故觸僧净，五百萬世身無手足。"問曰："比丘具幾德得度弟子？"答曰："要十德，堪與人作和上，亦得受依止及度沙彌。何者爲十？一、持戒具足。二、學戒。三、學定。四、學惠（慧）。五、學多文毘尼。六、多聞阿毘曇。七、能自看病，使人看。八、自能出罪，伏使人出。九、弟子有梵行難，能自送脱難，使人送脱。十、具十臈（臘）⑥成就。若具依止，此五不具，盡受依止。"問曰："比丘不具十德度人與人依止、五德不具作阿闍梨者爲得何罪？"答曰："隨德不具，各犯突吉羅。"問曰："比丘不滿五臈（臘）⑦，一日不請教戒、三問訊師，爲得何罪？"答曰："犯突吉羅罪。"問曰："十德比丘一歲得度幾人？"答曰："《四分律》云，十二月爲一歲，得度一人。大戒復更一歲，得度一人。依止復更一歲，得度一沙彌。"問曰："有人言比丘尼應向沙彌禮拜，當云何？"答："此言擗（僻？）⑧悟（語？）⑨。三部律明，五衆敬法，小沙彌應禮大沙彌尼，何况大尼不得沙彌禮也？"問曰："比丘尼問布薩請教戒比丘尼法？"[□][答]⑩："於半月月盡，比丘尼衆和合白二羯磨，差解法比丘尼二爲伴往至僧中，不得囑授上

---

① 結合文意，此"解"當爲"懈"之省旁俗字。

②④ 結合文意，此"萇"當爲涉上"菓菜"二字偏旁類化而成的"長"之增旁俗體。

③ 若，録本訛作"答"，據底本改。

⑤ 蜣，底本、録本訛作"蜣"，據文意改。

⑥⑦ 臈，録本訛作"簱"，據底本改。

⑧ 結合文意，此"擗"似爲"僻"之訛字，待考。

⑨ 結合文意，此"悟"似爲"語"之訛字，待考。

⑩ 答，底本、録本無，據文意補。

坐、下坐、客比丘、病比丘，當囑授中坐。知法比丘言：'大德憶念我比丘言：大德尼某甲衆和合，禮大僧足，請教戒人。'如是三説，敬還向本寺，即夜，各自説戒。僧説戒時，誦戒人問言：'誰受比丘尼囑授，請教戒人？'受囑者即起，禮僧足以，白僧：'大德僧聽！比丘尼某甲衆和合，禮大德僧足，請教戒人。'如是三説已，往上坐前。上坐問言：'尼請誰？'若言'某甲'，若言'僧'。次請隨尼白二羯磨。差定，然後説戒，教戒尼人要具十德。何者是？一者、戒律具足。二者、廣誦二部毘尼。三者、多聞。四、决斷無疑。五、善解説法。六者、族性出家。七者、顔貌端政。八者、堪能與比丘尼説。九者、不犯重禁。十者、二十臈（臘）[①]。若具此十德，得教戒比丘尼，闕一不得者。若説戒竟，至明日清旦，比丘尼還往大德僧寺中，至先囑授人所，問言：'大德教戒人不？'若言：'得。'問：'誰是？'若言：'某甲。'即往教授人所，言：'大德，若願教戒比丘尼，何日當往？'[□][答][②]：'除前三後二中間十日，剋日當往。'至日，比丘不往，突吉羅。尼不來半中[③]旬迎，得突吉羅。爲辨種種飲食及蹉洗足具，與持衣鉢，至寺，四打椎，集尼衆。教師即爲説八敬已，更説餘法。上來所明，皆是具足教法。今時末代，十德難備。時復云何？今時教者亦明，半月盡，尼衆和合，白二羯磨，差知法比丘尼二人爲伴，往大僧寺，如前囑授知法比丘竟，尼即還寺，各自説戒。僧説戒時，所囑授人即起白僧言：'大德僧聽！比丘尼某甲和合，禮大德足，請教戒人。'如是三説。僧説戒竟，往上坐前。上坐問言：'尼請誰？'答言：'隨僧。'上坐應使受囑人次第問僧二十臈（臘）[④]以上。若無教人，上坐應語囑授人言：'明日。'比丘尼來時，答言：'衆僧有教時，此衆中無教戒比丘尼人語比丘尼：'衆和合謹慎如法，莫教逸。'至十六日，尼往僧寺内，問所囑人言：'得教戒不？'答曰：'不得。'大德僧有教如上坐奉教以，還寺内，鳴揵椎集尼僧已，應言：'大僧有教，時此衆中無教戒尼人。'語比丘尼：'衆和合謹慎，莫放逸。'尼比日應言：'頂戴持。'"

---

①④ 臈，録本訛作"臘"，據底本改。

② 答，底本、録本無，據文意補。

③ 中，録本訛作"申"，據底本改。

律抄壹卷。

熙[1]平元年七月十三日於昌梨寺寫訖,故記之。

道人僧誕記了[2]。

---

① 熙,録本訛作“照”,據底本改。

② “記了”二字録文訛作“許”,底本作“[illegible]”,乃“記了”二字竪排連筆之手體。兹據録正。敦煌寫卷中常見某部分内容抄寫完畢後書手題記“記了”二字連筆的情况,如《法華義記卷三》尾題:“比丘惠業許。”[T85n2748p165c15]中“許”字底本斯 2733 號實作“[illegible]”,顯爲“記了”二字的竪排連筆。詳見前本書《仁王般若實相論》卷第二:“囑累品。釋秀許。”中“許”字注。

No. 2795 四部律並論要用抄

［題解］

佛教戒律之疏釋，依《十誦律》、《四分律》、《五分律》、《僧祇律》等四部律及《毘尼毘婆沙論》、《善見論》等論，主要以問答形式，對受戒法、結界法、羯磨法直至威儀雜法等十七類佛教儀軌及相關名相逐一加以具體的解釋。譯著者不詳，一卷。敦煌文獻中主要有伯 2100（卷上）、斯 2050v（卷下）、俄 ф. 168v(2)（卷上，首全尾殘）、山本悌二郎氏藏敦煌本（卷上及卷下）、臺圖 94（卷上及卷下，首殘尾脱）、東大 4699（未睹原卷，據施萍婷《日本公私收藏敦煌遺書叙録［三］》介紹，東京大學東洋文化研究所藏敦煌寫經，首題"四部《律》及《論》明三寶物義第十三"，施萍婷疑此件與山本悌二郎氏藏敦煌本爲同一卷，見《敦煌研究》1995 年第 4 期），計六號。伯 2100 號尾題："申年八月二十七日沙門明潤於此曩恭禮寫記。净土寺藏經。縱有筆墨不如法，抄寫疏遺，請不怪也。净土寺藏經。"斯 2050v 號題記："歲次丙子年六月六日寫訖。"清代以前歷代大藏經未收，《大正藏》據以伯 2100 號爲底本、山本悌二郎氏藏敦煌本爲甲本、斯 2050v 號爲乙本收入其第八十五册。今仍據《大正藏》以伯 2100 號爲底本。校本：甲本，山本悌二郎氏藏敦煌本；乙本，斯 2050v 號。另新增校本：丙本，俄 ф. 168v(2) 號（丙本題下署："十七門辯釋。"）；丁本，斯 490 號《毘尼心一卷》；戊本，斯 2535 號《三部律抄一卷》；己本，台圖 94 號。

四部律並論要用抄卷上

十七門辯釋

稽首過現未，正覺諸導師，離總清静法，一切應真僧。

毗尼法寶藏，聖賢所稱譽，我今説分之，諸賢一心聽。

毗尼之法綖，連持功德鬘；毗尼之法將，道諸求道者。

毗尼之法鎧，能防生死敵；毗尼之法地，能生禪定牙（芽）。

毗尼深要義，劫壽説不盡。

今如是略説，爲樂持戒人，爲令法久住，自利利群生。

凡愚樂知見，我慢自欺侵，不恨毗尼法，是名“滅法人”。

若人不護戒，放縱身口意，現世惡名流，何况生善道？

若有明惠（慧）人，欲作世依[①]救，當護持佛戒，如奉天[②]帝釋。

十七門辯。[③]

明戒律緣起第一，明受戒法第二，明結界法第三，明羯磨法第四，明説戒法第五[④]，明安居及受日法第六，明自恣法第七，明衣法第八，明功德衣法第九，明净地護净法第十，明匡[⑤]究僧徒同住衆法第十一，明三寶物法第十二，明亡比丘輕重物看病囑授法第十三，明五篇七聚持犯輕重第十四，明除懺悔法第十五，明會通諸律違負第十六，明諸部雜威儀第十七。

戒律緣起第一

大聖如來愍悼群有，示生迦夷，樹王成道，四十九年，隨緣化物。臨涅槃時，以此律藏付優波離。如來滅後，尊者大迦葉匡究三寶，簡得五百大阿羅漢，在王舍城結集三藏。當時優波離一夏之中八十度昇高坐，具足誦出《大毘尼藏》，有八十誦，悉以囑大迦葉。迦葉將入涅槃，復以律藏付囑阿難。阿難臨滅，付二大士：一名“商那和修”，二名“末田地”。依《付法藏經》説，末田地向罽賓行化，經中更不記也。商那和修在王舍城行化，臨滅之時，以法付囑優波掬多。自掬多已上，有五大師，皆總持八萬法藏，智辯超群。優波掬多雖得總持，神通智力，莫之能比。是優波掬多有五弟子：一、“薩婆多”，是

① 以上正文底本殘，據丙本補。

② “奉天”二字丙本作“天奉”，兹據文意改。

③ “如奉天帝釋十七門辯”九字底本殘，據丙本補。

④ 以上己本殘。

⑤ 匡，底本殘，録本作“任”。下文“匡究僧徒同住衆法第十一”可資互勘。兹據改。

《十誦律》主。二、"曇無德",此方名"法正",有大乘根性,即是《四分律》主。三、名"彌沙塞",即《五分律》主。四、名"婆麁富那",即是《僧祇律》主。五、名"迦葉毘",此土未有。此之五人,亦皆是大阿羅漢,不能總持八萬法藏,各隨己見,遂分爲五部。釋迦出世,當此土周幽王時。到漢明帝,經像始至。逕百年許,方有比丘。支竺微解漢語,少翻胡經。至秦主姚興,深信佛法,以弘始八年,於長安草堂寺,請天竺沙門羅什法師重翻。舊什法師善曉方音,明解佛法,於是佛法廣流布也。《十誦律》以秦弘始八年,罽賓國有三藏法師,名"弗若多羅",受持《十誦律》來到長安,共羅什法師翻出。譯一分未訖,三藏身亡;又有蘆山遠法師,與曇摩流支續翻。後復有三藏律師,名"卑摩叉",又復是羅什法師所承習。師自來到壽春石澗寺,重校律本,復出三卷律序,置之於後。此土律興,《十誦》最初。《四分律》,有晋國沙門支法令,親向于闐國得胡本,還到秦國。秦主姚長以弘始十二年,於長安中興寺集令德沙門三百人,請罽賓三藏大乘律師名"佛陀耶舍",翻出《四分律》。凉州比丘竺佛念,護胡爲漢,秦國道雲等筆受。律教東流,《四分》第二。第三、《五分律》。有罽賓國三藏法師,名"大十",將五分胡本來到楊州。以晋景平元年十月中,晋侍中瑯琊王司馬練共比丘竺道生等請令出之。戒律流行,《五分》第三。《摩訶僧祇律》,有此土比丘法顯,輕身重法,自詣胡國,求覓經論,到摩竭國巴①連弗邑阿育王塔南天王寺寫得胡本,將還此國,以晋義熙十二年十一月到楊州,於鬪場寺共三藏佛陀跋陀翻出,並六卷《涅槃經》。此土律興,《僧祇》第四。《迦葉毘律》亦名《迦葉維一部律》,衆生未感,不行此土。

四部律及論明受戒法第二

《十誦》明十種受戒法:一、自然得戒,謂佛無師自悟。二、自性得戒,謂大迦葉。三、見諦得戒,謂居隣等五比丘聞説四諦,尋發具足。四、善來得戒,謂耶舍等及如來一代善來所度。何以故?佛是法王,自與受戒,此是等最後身,比丘終不學地無常故。五、三語得戒,謂未制羯磨前;謂羅漢所度

---

① 巴,録本訛作"邑"。《摩訶僧祇律》卷第四十:"法顯於摩竭提國巴連弗邑阿育王塔南天王精舍,寫得梵本,還楊州。"[T22n1425p548b6] 可資互勘。兹據改。

者，但爲受三歸，即得具足戒。六、問答得戒，亦名“論義”，謂須陀耶沙彌年始七歲，佛問其義，一一答佛，稱可聖心，敕諸比丘與受具足；從問答得戒，因敕比丘，故亦名“敕聽得戒”。七者、八敬得戒，亦名“八重”，亦名“尊師法”，亦名“八不可過法”；謂大愛道及五百釋女求佛出家，佛遣阿難授其八敬，聽之出家；從八敬爲名，故稱“八敬得戒”。（《五分律》云）：“愛道從阿難聞八法已，歡喜頂受，又語阿難：‘爲我白佛，於八法中更乞願，願聽比丘尼隨次大小禮比丘，云何百歲尼禮新受戒比丘？’佛告阿難：‘若我聽比丘尼隨次大小禮比丘者，無有是處。’阿難聞已還報。愛道又言：‘頂受尊敬。’佛言：‘大愛道歡喜奉行八法，聽即名“出家受具足戒”。’復白阿難：‘是五百釋女，今當云何？更爲我白佛。’佛言：‘即聽大愛道爲作和上，在比丘十衆中白四羯磨聽，一時羯磨，三人不得，至四。’”此則愛道一人得名“八敬受戒”，五百釋女即羯磨受戒。《十誦》亦如是。若如依《四分》，五百釋女亦皆八敬得戒。八、遣使受戒，謂半迦尸尼顔容端政，若出伽藍，即有壞行留難，聖者開聽差一比丘尼，爲使往大僧中，代其乞戒，故名“遣使受戒”。九、羯磨受戒，謂十僧作法。十、邊地持律，五人受大戒，以邊地佛法創行，僧徒希尠，集之至難故，大聖開聽五人受戒。又，《四分》云：得阿羅漢者，即名“出家受具足戒”；此人得最上法，名爲“上法受戒”。故《摩夷論》云：時有年不滿二十而受，生疑問佛。佛言：“聽教數胎中月及潤月。”猶不滿。佛言：“此人得阿羅漢不？”答言：“得。”佛言：“此人名爲‘上受具戒’。”又，尼衆中女人曾出適年十二，聽受大戒。通此合有十二種受戒。

此十二種中，自然得戒，唯佛一人。自誓得戒，唯大迦葉一人。見諦得戒，局在居隣五人。善來得戒，通及僧、尼、佛，佛在時有，佛滅後，更無善來受戒法。三語得戒，居在大僧，未立羯磨已前，聽立羯磨，已後不聽。問答得戒，若今末法中有須陀耶沙彌，亦聽受戒。八敬得戒，唯居尼衆愛道一人，不通餘者。遣使得戒，唯在尼衆半迦尸尼；若今末代，有如是比丘[□□][尼亦][1]聽，小小顔容不得也。邊地五人得戒者，今邊方有佛法初行處，皆悉開聽。曾嫁十二，居在尼衆。上法受戒，通彼僧、尼；今若有得阿難漢者，亦即

① “尼亦”二字底本、録本無，結合文意，據丁本補。

得名戒。唯羯磨一法，教通凡、聖，被及僧、尼，該羅現、未，須知作法成以不成，故依諸部廣明。

問："羯磨受戒，具足幾緣得名'如法'？"

答："依《僧祇律》，具六緣得成'如法'。何者爲六？一者，受戒人年滿二十，三衣鉢具。二者，受戒人身無十三遮難。三者，要結果成就。四者，界内僧盡集，無其别衆。五者，羯磨稱文，無有增減。六者，十僧滿足，如法清净。備此六緣，得名'如法'。六中少一，受戒不成。"

問："年云何滿二十？"

答："《僧祇》云：要年滿二十歲，滿二十雨。若年滿二十，不滿二十雨，不得戒。但使雨滿，得受戒。若冬時生，夏安居竟受戒，是名'不滿二十'。若春時生，安居竟受戒，是名'滿二十'。前安居竟時生，還前安居竟受戒；後安居時後，安居竟受戒；是名'滿二十'。《四分》家十二月爲一歲，滿二十人取本生月，皆名'滿二十'，得具足戒。《僧祇》家逕二十雨滿，得具足戒。如臘月生者，至滿二十，逕十八雨，故名'不滿'。如是等要滿二十夏後，方得受戒。然受戒事重，是出家根本。若本法不成，即非比丘，與白依無别；受人信施及以禮拜，皆名爲'盗'，得罪無量。若人定知年小受戒者，雖逕百年，猶名'沙彌'，不應受大比丘禮敬及受信施，當更受戒。"

問："此受戒已來，備逕布薩羯磨，何故更得受戒？"

答："此作受大戒，意聽羯磨布薩，非盗心聽故，《四分》聽更受戒。《僧[①]祇》云：若人自不知年幾，當問父母親里。若復不知，當看生年板。若無是者，當觀其顔狀、手足成就以不。若如是不知，當問何王、何歲、國土豐儉涅(旱)[②]澇等。非謂一切如是，時[③]有難知者，如是一一尋究。若實不知滿二十，雖手足成就，亦不得戒也。"

問："《四分》云：年不滿二十，聽數胎中月、閏[④]月等，此後云何？"

① 僧，底本、録本作"答"，結合文意，據丁本改。
② 涅，此當爲涉下"澇"字類化增旁而成的"旱"之俗體。
③ 時，録本訛作"特"，據底本改。
④ 閏，録本訛作"潤"，據底本改。

答:“有人初受戒時,意謂年滿二十,受戒竟,方知不滿。懷疑問佛。佛言:‘聽數胎中月閏①月。若數一切十四日説戒,以滿年數無犯。’此是大聖開令得戒。依此間國法,五年再閏②。《十誦》云洴沙王六年一閏③,《五分》五年一閏④,未知依何者是定。”

[□][問]⑤:“第二身無遮難者,何故須問也?”

答:“十三難人爲三彰所牽,與聖道隔絶,障不發戒,名爲‘難’。是故須問。”

又問:“‘十三難’者,名義云何?”

答:“一、邊罪難。此人曾受大戒,犯波羅夷,爲僧滅擯。後自還,復更出家,黜在衆外名‘邊’,障不發戒名‘難’也。二、污净行尼難。從出家已來不犯淫者,名爲‘净行’。若白衣時污犯,此人故⑥名爲‘難’。三、賊心受戒難。此人無師,自剃髪,著袈裟,不受戒而共他布薩羯磨,竊盗佛法,故名‘賊心’。若下三衆盗聽説戒羯磨,詐同僧事,亦犯也。四、破内外道難。此人先是外道來,出家受戒,後不捨戒,還入外道,邪見心重,自然失戒。若更欲於佛法求出家受戒者,名‘難’也。五、黄門難。此人性多煩惱,闕於持戒,煩惱障重,不發大戒,故名爲‘難’也。六、殺父難。七、殺母難。白衣殺父或殺母,違恩處深,障不發戒。八、殺阿羅漢難。白衣時殺比丘,臨命終時,顔色不變。九、破僧難。妄説邪法,或(惑)亂群情,同界之内,别行法事,斷壞佛法,知而故爲,故名爲‘難’。十、惡心出佛身血難。此人方便欲殺佛,而不能斷命,侵損聖體,違理處深,得重逆罪。今時、末世,燒壞精舍、形像、舍利,若見瑞相,亦得逆罪。不得受戒,故名爲‘難’。十一、非人難。若鬼,若天變作人形、欲受大戒者,名爲‘非人難’。十二、畜生難。若龍,若狐,化爲人形,不得與受戒。十三、二根難。此人身具有男、女二根,於僧、尼二衆無安置處,故名爲‘難’。此十三人中,初四及五逆業障攝,黄門一人煩惱障攝,後三人報障攝。三障所羈,一形之中,不可改易。未出家,莫度。已出家,當滅擯。廣

①②③④ 閏,録本訛作“潤”,據底本改。

⑤ 問,底本、録本無,據文意補。

⑥ 故,丁本作“不”。

解如論中所説也。”

問曰:“不問十三難,爲作戒不?”

答:“《四分》云:自制已後不得戒。”

又問:“本爲防難故,今實無者何須問也?”

答:“雖爲難故問。若實有難,問以(與)不問,俱不得戒。若實無難,問便得戒,不問不得戒。”

第三明結界成以(與)不成,後結界法中當説。

第四界内僧盡集,不來者與欲衆僧和合,無其别衆也。

第五羯磨稱文者,若作白四羯磨,而白五、白三、白二、白一,皆不成也。

第六僧數滿者,要清净大比丘十人。若過十人,名爲“衆滿”,減則不成。

問:“犯重人及十三難人作和上,爲得戒不?”

答:“《四分》云:此不足僧數不得戒也。自餘證人犯重,但使證人多則得戒,少則不得戒。《四分》云:時有從不持戒和上受戒,後生疑問佛。佛問:‘汝知和上持戒不?’答言:‘不知。’佛言:‘得名“受具戒”。’復有從不持戒和上受戒。佛言:‘汝知和上不持不?’答言:‘知。’‘汝知不應從如是人受具戒[□][不][1]?’答言:‘不知。’佛言:‘此得名“受具戒”。’又後有主疑問佛。佛言:‘汝知和上破戒不?’答言:‘知。’‘汝知不應從破戒人受戒不?’答言:‘知。’佛言:‘汝知從破戒人受戒不得戒不?’答言:‘不知。’佛言:‘得名“受具戒”。’第四人三句俱知者,不名‘受具足戒’。”

問:“無和上得受戒不?”

[□□][答言][2]:“佛言不得。《十誦律》云:優婆離問:‘無和上得受具戒不?’佛言:‘得名“受具戒”。羯磨人及衆僧有罪。’《四分》云:時有和上九歲授人具戒,不知成受戒不。佛言:‘成受戒。衆僧有罪。’”

問:“無衣鉢得受戒不?”

[□□][答言][3]:“《四分》云:‘無衣鉢不得受戒。’”

又問:“借衣鉢得受戒不?”

① 不,底本、録本無,據己本補。

②③ “答言”二字底本、録本無,據文意補。

[□□][答言][1]:"《五分》云:'借衣鉢者應教衣主捨,得受戒。'《毘尼毘婆沙論》云:'無衣鉢得戒不?'答言:'得。'"

"若爾,何須衣鉢?"

答言:"一、爲威儀故。二、爲生前人善故。三[2]、爲標異相故,須衣鉢具也。"

又,《僧祇》云:以和上足十人數,不名"受具戒"。又,不自稱字,不稱和上字,不乞戒,皆不名"受具戒"。與人作和上,應具十德:一、持戒。二、多聞阿毘曇。三、多聞毘尼。四、學戒。五、學定。六、學慧。七、學自出罪使人出罪。八、能自看病。九、若弟子有梵行難,能自送、使人送脱難。十、滿十臘。(出《僧祇律》。)

依止阿闍梨,應具十德:一、具持二百五十戒。二、多聞。三、能教授弟子阿毘曇。四、能教授弟子毘尼。五、能教弟子捨惡善見。六、知波羅提木叉戒。七、知説波羅提木叉戒。八、知作布薩。九、知作布薩羯磨。十、滿十臘。(出《四分》。增十中和上十德亦同也。)

威儀、羯磨二種闍梨,應具五德:一、知增上威儀(是浄身、口戒,亦名"律儀戒")。二、知增上浄行(名"浄心戒",亦名"定共戒")。三、知增上波羅提木叉戒(是"浄惠[慧]戒",亦名"道共戒"。出世法過於世法,故言"增上"也)。四、知自羯磨(此一句善衆法文辭成就,言彰辨利)。五、滿五臘(五年學戒,自行既成,堪與人作師也)。

臨檀證人應具五德:一、善知有難法。二、善知無難法。三、善知作白法。四、善知作羯磨。五、戒行清浄。具此五德,能舉衆法(表證威儀)。

有五法不得無依止:一、不能勤修威儀戒。二、不能增浄行。三、不能增波羅提木叉戒。四、若惡見,不能捨而住善見。五、不滿五夏。(出《四分律》。)《十誦》云:五歲比丘五法成就,聽不受依止而住:一、知犯。二、知不犯。三、知輕。四、知重。五、誦波羅提木叉利。若無此五法,雖復多歲。盡形依止他住。

---

① "答言"二字底本、録本無,據文意補。

② 三,底本、録本作"二",據己本改。

問："大比丘得依止小比丘住不？"

答曰："得。除禮拜，餘一切如弟子法應作。"

有五法失依止：一、死(師亡)。二、去。若師遥宿行，或弟子决意出界外。三、休道(若師除戒)。四、不與依止(師捨教誡)。五、還在和上目下住。若和上攝受者，阿闍梨不應令請教誡。《十誦律》制依止法，乃至不得求水澡[①]漱。先求依止，後因不諂，相委過起，故開聽乃至共宿，聽無依止住，過是則不聽。《僧衹律》云：優波離有二沙彌，欲一時羯磨受戒。以事白佛。佛言："同和上者聽。"《僧衹律》：有四種師：一、無法無食(聽不須問而去)。二、無法有衣食(須問已去)。三、無衣食有法(雖苦應住)。四、有法有衣食。(是爲樂住。前二種師無法，應懺謝已而去。後二種師有法者，盡形不得離。)師有五失：弟子應懺謝已而去(一、應語和上言："我如法，和上不知。"二、"我不如法，和上不知。"三、"我犯戒，捨不教呵。"四、"若犯亦不知。"五、"若犯已懺悔，亦不知[②]。"既出家訓成之益，是以請求在外，諮稟修學勝法)。受戒隨根，雖有多種，總歸大要，唯作以、無作。初對師前作心受戒，運動身口，造成此法，名爲"作戒"。一得戒已，懷[③]之在心，不復營爲，故名"無作戒"。是出世法，作心受之便得，作心捨之便失。善業不爾，必能感報，不同戒法有"捨"義。《四分》云：時有不與沙彌戒，便與受具戒，不知成不？佛言："得具足。衆僧有犯。"《毘尼母論》云：時有從破戒師受戒，生疑問佛。佛言："汝先知汝和上從師邊受戒得不？"答言："不知。"佛言："得名'受戒'。"

問："大僧得與尼受六法及十戒不？"

答："大僧唯得與尼作三種羯磨：一、受。二、摩那埵。三、出罪。自餘法事，諸律無文。設令作者，羯磨不成，僧尼得罪。"

問："何故大尼取比丘爲師，式叉沙彌尼不取也？"

答："女無獨志，是故聖制受大戒要取大僧作師。或叉摩那尼及沙彌尼，初始出家，年幼志弱，但依大尼爲師，諮承學戒，不須大僧。"

---

① 澡，録本訛作"操"，據底本改。

② 知，録本訛作"如"，據底本改。

③ 懷，録本訛作"壞"，據底本改。

問:"受六法時更須請和上不?"

答:"不須。何以然?式叉摩那但於十戒中增學其六、八,未是易位,故不須請。又四部律皆言'眼見耳不聞處'。若對面作羯磨者不成,受六法得罪。"

問:"有人言:'大比丘尼得禮沙彌。'是如法不?"

答:"此人不解律相,妄作是說。何以故?《四分律》房舍揵度中,佛自爲諸比丘制於敬法:小沙彌應禮大沙彌尼。何况大比丘尼而不禮也?何者不應禮?十三難人,三舉人,滅擯人,非法語人,如是等人不應禮,禮者彼此俱得罪耳。"

次明捨戒法。然戒是净法,應請昇累表,是故僧尼五衆護持佛戒,寧死不犯。若故犯者,不如本不出家也。何以故?自壞道法,污辱師僧,穢亂三寶,欺負四恩[①],不消信施,益罪尤多。若人煩惱迫心,樂道情薄,苟欲爲惡、不能遮止者,佛言"聽捨戒還家",不得倚傍佛法、違犯清禁也。若欲捨戒者,當向一大比丘故(前?)[②]胡跪合掌,作如是言:"大德一心念!我比丘某甲,今捨大[□][戒][③],還作白衣,願大德憶[④]我是白衣。"如是三說。若欲留五戒者,當言:"還作優婆塞。"若欲留十戒,當言:"還作沙彌,願大德憶我是沙彌。"本從僧受得戒,今還應如法還僧,僧便證知。此推之,不得對餘人而捨也(若比丘尼還,尼捨)。若捨戒已、還樂佛法出家者,還聽出家,尼則不聽。何以故?《十誦律》中,因白衣見比丘尼還俗,便譏呵言:"此比丘尼先曾敬我法,中間[⑤]爲我所敬,今復敬我,無有正定。"諸比丘以是事白佛。佛言:"若比丘尼一返戒,不復聽出家受大戒。"

四部律及論明結界法第三

界有二種:一、作界。二、自然界。作界者,僧作白二羯磨,結界作法而

---

① 恩,録本訛作"思",據底本改。
② 故,丁本作"前"。"前"字義長。
③ 戒,底本、録本無,據丁本補。
④ 憶,録本訛作"境",據底本改。
⑤ 間,録本訛作"問",據底本改。

得,故名“作界”。自然界者,不待作心,自然而有,故曰“自然界”。四部律文,互易不同。《四分》云:聚落自然界者,去村五百弓。弓長中人四肘。《十誦》云:村外盡一箭道,慚愧人大小行處來,名“自然界”。《僧祇》云:村外牛羊所行流利處,名“聚落自然界”。又云“七樹”。結界法不得受欲,以未有界,故令一舊住比丘三唱界相,當結界作羯磨,齊自然界内來。僧應盡集者,成結界。若不集者,結界不成。若結界不成,在中作一切法事受戒等皆不成也。若未結、不失衣界者,於大界外以中人擲石所及處來,爲不失衣自然界。若結不失衣戒竟,無有自然,不失衣界。

問:“三部明自然界不定,若自然界内僧不集,作法不成。諸師或言‘成’,或言‘不成’。今取何部爲定?”

答:“三部明自然界者,非結界自然,是獨處自然界,爲明空地、聚落二界有别,所以明也。”

問:“何者是結自然界?”

答:“餘律更無明文,今依《僧祇律》明結界自然界。時舍衛國有婆羅門,問佛種庵羅樹法,佛即答之。時優波離知時而問佛言:‘已聞庵婆羅分齊。今復請問:若有處所、城邑、聚落界不可知者,若欲作羯磨,應齊幾許名爲“善作羯磨”,令使異衆僧各各相見而得成就羯磨、不犯别衆?’佛告優波離:‘五肘,弓量七弓,種庵羅樹齊七樹間,相去爾所作羯磨者,名爲“善作羯磨”。雖異衆相見,而無别衆之罪[①]。’(一肘尺八,五肘長九尺。一樹間有十步半,七樹計有七十三步半。)”

《十誦》云:優波離問中問佛言:“若比丘於無僧坊聚落中起僧坊,未結界,齊幾許名爲‘界’?”佛言:“齊是聚落界通行處。”又問:“若比丘無聚落阿蘭若處,初起僧坊,未結界,是中齊幾許名爲‘界’?”佛言:“面一拘盧舍,是中比丘應盡集作羯磨。若别衆作,一切比丘得罪(一拘盧舍者五里)。”問:“若比丘捨大界,不失衣界亦捨不?”佛言:“亦捨。”又問:“若捨不失衣界,大界亦捨不?”佛言:“不捨。”問:“先界不捨,更得結若大若小不?”佛言:“不得。”

《四分》明十種界,各有自然勢分:一、僧伽藍界。有四種:一、周匝垣墻;

① 罪,底本、録本訛作“食”,據己本及《摩訶僧祇律》卷第八[T22n1425p298b19]改。

二、栅槁(籬)[①];三、槁(籬)[②]墻不周[③];四、周屋。二、樹界,謂樹蔭所覆處名“樹界”。三、場界,於中治五穀處是。四、車界,謂車迴反處是。五、船界,謂迴船反處是。六、村界。有四種,如伽藍説。七、舍界,於中有白衣妻子住是。八、庫界,於中藴積物處是。九、堂界。十、倉界,於貯五穀處是(此十種界,各從界畔五擲石所及處來,名“衣(依)[④]自然”也)。

《五分》云:若水中行,以衆中有力人水灑所及自然界結界法,極遠得三由旬結,過是不得。《善見論》云:結界場最小者得容[⑤]二十一人。又《善見論》明八種物作界相,有得、不得:一者山界相。大者如須彌山,小者下至如象[⑥]。二、石界相。大者如牛,小者三十坪。漫石不得作界相,應别安石。三、林界相。大者百由旬,小者下至四樹相連,亦名“林”。竹草不得作界相,以體空不實故。四、樹界相。大者如閻浮提樹,小者下至高八寸、大如針,得作界。若無自生樹,種樹亦得。枯樹不得作界相。五、道界相。或車道、牛道,乃至逕三四村得作相。若入田道、向井取水道、向河水道、窮道等不得作界相。六、蟻封界相。大者如山,小者至高八寸,得作界相。七、河界相。若好王治化,五日一雨[⑦],此雨河水不得作界相。若四月不雨,河水常流不斷,水深二尺,得作界相。八、水界相。若自然池水,得作界相。若通渠入田,或器水,不得作界相。是名八種。此八種界相結界已後,界相雖滅,而界不失。若人掘至水際亦不失。《五分》云:時有比丘不唱界相、四方相而結界,或以

① 結合文意,此“槁”當爲“籬”之借字,亦或義符替換之俗字。《四分律》:“村者有四種:一者周匝垣墻,二者栅籬,三者籬墻不周,四者四周屋。”[T22n1428p573b12—b14]。

② 槁,《四分律》[T22n1428p573b13]即作“籬”。

③ 周,底本、録本訛作“同”,據己本及《四分律》[T22n1428p573b13]改。

④ 衣,此讀如“依”。《書·康誥》:“今民將在祇遹乃文考,紹聞衣德言。”孔傳:“繼其所聞,服行其德言,以爲政教。”孫星衍疏:“衣同依……言今之人將在敬述文王,繼其舊聞,依其德言。”

⑤ 容,録本訛作“客”,據底本改。

⑥ 象,底本、録本訛作“鳥”。《善見律毘婆沙》卷第十七:“若山界相,大者如須彌山,小者如象大,是爲山相。”[T24n1462p792c24]兹據改。

⑦ 雨,録本訛作“兩”,據底本改。

衆生及烟火等作界相。佛言:“不成結界,亦不成作界相,犯突吉羅。”《毘尼毘婆沙論》云:“比丘尼結界,唯得方一拘[①]盧舍(僧界十拘[②]盧舍也)。”

問:“何故結衣界獨言除村及界也?”

答:“《毘婆沙論》云:村者散亂不定,衣界是定,是故須除。又,爲除謗故,爲除鬭諍故,護梵行故,是故除也。”

問:“有村須除,無村何故除?”

答:“羯磨法爾。若無,一切除。何以故?若結時無村,結界竟有村來入,不須更結,以先結故。若本有村,後移去,即此空處,名‘不離衣界’。若村先小後大,隨村及處皆非衣界。若先大後小,隨有空處,盡是衣界。又言:如王入寺,界内張幕,住近左右、作食處、大小行處盡非衣界也。”

問:“比丘尼於大僧界上更不結界,得作法事不?”

答:“不成作法事,以僧尼界別、不相攝故。應更結。《僧祇》云:夏安居中若有王賊命、梵行等難,或水多有虫、漉不净者,隨四方各三旬自在結界。若難卒至,不得作羯磨法,出去無罪(出諸方界中也)。《十誦》云:比丘作結界羯磨時,一切僧盡變根作女人,名‘比丘界’、名‘比丘尼界’也。結界時有變、有不變者,名何界?佛言:‘餘僧轉作羯磨人不轉者,名“比丘界”。若作羯磨人轉作女人者,名“比丘尼界”。比丘尼結界轉、不轉亦如是。’”

四部律及論明羯磨法第四

諸部律文但言羯磨有一百一,謂單白、白二、白四,而不至出其事。今依《毘尼摩得勒伽論》中出其名數:單白有二十四,[□□□□□][白二四十七][③],白四有三十,是爲一百一。

單白二十四者,謂威儀阿闍梨白、羯磨問遮道法白、布薩時白、一切僧犯罪白、布薩時一切僧疑罪白、欲自恣時白、自恣僧犯罪白、自恣一切僧疑罪白、自恣一切僧中犯罪白、鬭净時罪相未定白、安居時白、獨受死比丘衣白、分死比丘物白、捨迦絺那衣白、説麁罪白、尊者陀驃比丘分衣白、現前毁呰

①② 拘,録本訛作“**㺃**”,據底本改。

③ “白二四十七”五字底本、録本脱,據文意補。下文:“四十七白二者……”可資比勘。

白、默[①]然惱他白、學家白、捨學家白、覆鉢白、仰鉢白，是爲二十四單白羯磨。

四十七白二者，謂現前布薩白二、羯磨結大界白二、結衣界白二、結小界白二、狂癡白二、差自恣人白二、分卧具白二、結净地白二、功德衣白二、受功德衣白二、守功德衣白二、懺悔白二、略説十二種人白二（十二人白者，已下注。謂差守物人、差維那使如法作飲食人、净菓菜人、净揚技人、敷僧卧具人、分粥人、分飯人、分兩衣處分沙彌守園人等也）、闥賴吒白二、毘荼白二、滅諍白二、行法舍羅白二、乞作房白二、大房白二、舉罪比丘白二、上座白二、捨鉢白二、令白衣不生信白二、差教誡比丘尼人白二、新波卑[②]白二、不禮拜白二、不共語白二、毁衆白二、畜技（杖）白二、畜絡囊白二、五年得利白二、遮布薩白二、式叉摩那二歲學六法白二、本事白二、比丘尼生子共房白二、連房白二、三十九夜白二，是名“四十七白二羯磨”。或有説者，一切所作羯磨盡應用白二。復有説言，除受具足及出罪，餘一切皆應白二。

三十白四者，謂受具足戒白四、羯磨與外道四月别住白四、捨三種界白四、種（衆）[③]僧和布薩白四、苦切白四、依止白四、驅出白四、不見擯白四、惡邪不除擯白四、别住白四、服日白四、摩那埵白四、服日白四、阿浮呵那白四、憶念毘尼白四、不癡白四、實覓白四、破僧白四、助破僧白四、遊行白四、隨愛隨嗔隨怖隨癡白四、惡口白四、惡邪白四、滅擯沙彌白四、比丘尼隨順擯比丘尼染污住白四、與學戒白四。是名“三十白四羯磨”。或有説，一切羯磨皆應白四。

此一白一羯磨，唯除結界，餘者悉有欲。此一白一羯磨，幾四人作？五人作？幾十人作？幾二十人作？幾四十人作？答：“除自恣、受功德衣、邊國受戒等，應五人作，少則不成（此四種僧中，名爲“五人僧”）。二衆受具足戒，應十人作（四種僧中，名“十七僧”）。比丘出罪，應二十人作（名“二十人僧”）。比丘尼出罪，應二衆各二十人。除上四種羯磨，餘一切羯磨，四人得

---

① 默，底本、録本訛作“惱”，據《薩婆多部毘尼摩得勒伽》卷第七[T23n1441p610c21]改。

② 卑，底本、録本訛作“早”，據《薩婆多部毘尼摩得勒伽》卷第七[T23n1441p611a6]改。

③ 結合文意，此“種”當爲“衆”之借字。己本及《薩婆多部毘尼摩得勒伽》卷第七[T23n1441p611a18]均作“衆”。

作(此名"四十人僧")。此四種僧得乘法者,據極少爲言,若過數則益善,若減則不成。"

《十誦律》優波離問:"聾人足數作羯磨,成作羯磨不?"

答曰:"若聞白者,成作羯磨。"

問:"作羯磨時睡時,[□][成]①作羯磨不?"

答:"若聞白已睡眠者,成羯磨。若作擯羯磨時,所擯人睡,但聞白者成擯也。"

何等不足僧數?十三難人,舉人,犯重人,滅擯人,白衣,比丘尼,式叉摩那,沙彌,沙彌尼,神足在空人,隱没人,如是人不足僧數。若以如是人滿僧數者,作法不成得罪。何人得足僧數?若清浄如法比丘者,名"足僧數"。

《四分》明五種非羯磨不應作:一、非法、别衆羯磨(羯磨不成,故言"非法";同一界内僧不盡集,名爲"别衆")。二②、非法和合衆(羯磨不成,故言"非法";同一界内僧不盡集,名爲"别衆"也)。二、非法和合衆(羯磨不成,僧衆盡集)。三、法别衆(作羯磨成,僧不盡集)。四、似法别衆(到作羯磨,僧復不集)。五、似法和合衆。又一句作呵不止羯磨,應作如法③和合羯磨。

七羯磨罰治惡人法:一、呵責羯磨(《十誦》云"苦切",《僧祇》名"折伏"。此人内不護衆,鬪亂衆僧,故作羯磨治罰也)。二、擯羯磨(《十誦》、《五分》名"驅出"。此人壞亂白衣,不④外護[□][人]⑤,汎爾白衣,欲使未信者信,故説此法,遣出聚落)。三、依止羯磨(此人毁辱衆僧,内不自護,故作此羯磨,制令學律,諮受教誨),《僧祇》名"不語羯磨"。四、遮不至白衣家羯磨(《十誦》、《五分》名"下意",《祇》云"發喜"。此人不外護至信,白衣已信者欲令增

① 成,底本、録本脱,據己本補。

② "二"字前底本、録本誤書"二、非法和合衆(羯磨不成,故言"非法";同一界内僧不盡集,名爲"别衆"也)"二十七字,其中"二、非法和合衆"與下文重複,括注内容又與上句括號中内容相同,兹據文意删。

③ "法"前録本衍一"是"字。按:底本"是"旁有一廢棄號,兹據删。

④ 不,底本、録本訛作"天",結合文意,據丁本改。

⑤ 人,底本、録本脱,結合文意,據丁本補。

長，故作此羯磨，制勒此人，不聽自住[①]，别差一德行比丘，將和合誨謝白衣）。五、不見舉罪羯磨（《十誦》云“不見擯”，僧《祇》云“犯罪不肯如法舉”，《五分》云“不擯”。此人不信有惡業體，名“無因見”。故作羯磨遮，在衆外不共同事）。六、不懺悔舉羯磨（此人不信業能招果，名“異見”。故作此羯磨，舉出罪衆外，不與同事）。七、惡見不捨舉羯磨（此人不信愛欲煩惱能障聖道，名爲“邪見”。作此羯磨，棄出衆外，不共僧事。前四羯磨治其無行，後三羯磨治其無信。言“無行”者，無内護、外護而行。就内行中，“呵責”治不護衆，“依止”治不護行。外護中，“擯出”者，白衣未信，護使生信；“遮至”者，白衣已信，使增長。故有四羯磨。三舉者，不信集諦業體障道、能招苦報，故有“不見”、“不懺”二舉也；煩惱緣助，故“不捨”一舉也。若不斷集，還招苦報；苦若不亡，滅無由[②]；既不求滅，於道路乖，學中無用，故作法舉之。此七羯磨治人之法，若不受罰，當以惡馬治之，一往驅之，命出也）。若作羯磨，先具三法：一、作舉（出其過人）。二、作憶念（汝可不自知有是）。三、與罪（汝合得某罪）。

問：“羯磨法何以不白三白？”

答：“事易者單白衣衆便成。事中少難，須一白一羯磨便足。事中最難者，須白已，三幡羯磨，重疊諮决。事之難易，不改此三。備此三，則作法義足，故不須白三、白五。作羯磨竟，奪三十五事，律文廣明‘日已過’。”

説戒法第五

《僧祇》云：布薩有二種：一、十四日，名“小布薩”。二、十五日，[□][名][③]“大布薩[④]”。“中間布薩”者，比丘有諍事起，未久之間還和合，應作單白，非時説戒，前日已過，後日未到，故名“中間”。《四分》云：八難事起及餘緣，聽略説戒。若欲略説戒，先作單白，然後略説也。但難有遠近，故有十五

① 住，底本、録本訛作“往”，結合文意，據丁本改。

② “滅無由”三字丁本作“滅在無常”。

③ 名，底本、録本脱，結合文意，據丁本補。

④ “大布薩”三字底本、録本訛作“布薩大”，結合文意，據丁本改。

種略説戒：一者説序已，餘者唱言："大德僧聽！是四波羅夷法，僧常聞。"乃至"七滅諍亦如是。"二説序四事已，餘者唱"僧聞"。三説序四事、十三事已，餘者唱"僧常聞"。四説序訖，二不定已，餘者唱"僧常聞"。五説序訖，三十事已，餘者唱"僧常聞"。第二五種者，一説序四事已，餘者唱"僧常聞"；乃至第五説九十事已，餘者唱僧常聞。第三五種者，一説序訖，十三事已，餘者唱"僧常聞"。合爲十五種略説戒。"八難事"者：一、王難。二、賊。三、水。四、火。五、病。六、人。七、非人。八、毒虫。及餘緣者，大衆集，床坐少，若衆多病，若坐上覆蓋不周，或天雨，或布薩多夜已久，或論説《阿毘曇》，或説法，明相欲出，不得逕宿。受欲隨近遠，可廣説便廣説，不者得罪。可略不略，亦得罪。自恣時，難及餘緣亦如是。又説戒時，應知客來有多少，日[①]同、不同，更説、不説，告清净等皆應知。又説戒法清净，若比丘犯突吉羅罪，不懺悔者不得聽戒，亦不得作説戒人。何况犯重罪？《五分》云：若説戒時忘者。佛言："聽傍人授。猶故忘者，聽更授。授至三，猶故忘者，應更差人續次誦，不應重誦。"又，六群比丘受欲已，出界外去，欲使他法事不成。佛言："成出者，犯突吉羅罪。比丘得授比丘尼，不得爲誦。尼亦爾。"有四種布薩：一、三語布薩。二、清净布薩。三、説波羅提木叉布薩。四、自恣布薩。《摩德伽論》云：云何名"布薩"？"布薩"者，捨諸惡不善法，捨諸煩惱有愛，證得白法究竟梵行事，故名"布薩"。

四部律明安居及受日法第六

《四分》云：有五種持律：一者"誦戒序"乃至"三十事"，是初持律。二者誦九十事。三者廣誦大僧戒本。四者廣誦二部戒。五者都誦一切毘尼。是中春、冬二時，當依上四種律師住，不依得突吉羅罪。夏安居時，當依第五律師住，不依得波逸提罪。安居法使及四月十六日明相未出到住處，皆成"前安居"。四月十七日至五月十六日來，名"後安居"。《十誦律》[□][云][②]：要及十五日布薩者，得"前安居"；不及者，[□][名][③]"後安居"。閏四月者，前

① 日，録本訛作"曰"，據底本改。

②③ 云，底本、録本無，據文意補。

安居人百二十日滿。閏七月者,後安居人百二十日滿。閏五月者,前、後安居人俱百二十日滿。《僧祇》云:若比丘道行,前安居日不受安居,一越毘尼。到所住處,後安居日不受安居,二越毘尼。是人破安居不得衣施。(問:"此人不結安居,以何言'破'?"答:"應結不結,故名'破'也。")

次名"破安居不破安居法"。《五分》云:難事因緣,皆不破安居。"難"者,謂王、賊、水、火、非人、惡狩、毒虫、命難、梵行難,乃至蟻子、壁虱等,皆聽破安居而去,無罪。時有比丘,於安居中麁食不足,不知當云何,以事白佛。佛言:"聽此因緣故破安居,無罪。"《四分》云:時有比丘,於安居處不得隨意飲食、隨意醫藥,不得隨意使人,以事白佛。佛言:"若有如是不如意事者,聽以此事故去[①]。"時有比丘,依牧牛羊人安居。佛言:"聽。若安居中移從隨牧牛人所去處,聽去。依船行人、客押油人、斫木人安居亦如是。"有比丘依聚落安居。若安居中聚落分爲二部,隨所供給所須具足處,若移徒遂去。

次明受日[②]法。《四分》明受日事,廣略凡有二十五條。三寶事,檀越請布薩依(衣)物、房舍。五衆請爲懺悔出罪、受大戒等事。不信大臣請,欲得相見,若有益,若無益,聽受日法。信樂優婆塞請,或有優(憂)[③]惱事,若爲利養事,得受日。不信父母請,欲得相見,得受日,看應教令生信樂也。父母請,若爲病若憂惱,若利益事,得受日。兄弟、姊妹、親里、知識、故二、本私通,寺請亦如是。比丘誦十六種經,求同誦人故,聽受日去。有不信人奪比丘衣物,或作諸衰損,欲往白王,得受日去。時有檀越請比丘言:"我欲布施及房舍。"比丘念彼處遠近,不及即日還。佛言:"聽受七日去。"及七日還,不應專爲欲食故受日,除餘因緣名爲"衣鉢"、"坐具"、"針筒"及至"藥草",至第七日應還。如是一事得受日,餘事亦如受七日,十五日、一月日亦如是。時有比丘,受七日出界外,爲母至意所留,至意欲還,不反七日,自念:"爲失歲不?"白佛。佛言:"不失歲。"兄弟、姊妹、本二、本私通,或水、陸道斷等不失歲亦如是。

---

① 去,録本訛作"云",據底本改。

② 日,録本訛作"曰",據底本改。

③ 優,此讀如"憂"("優"字《廣韻》一音於求切,與"憂"同)。

問:“爲看父母故受日,若道聞父母死,應去不?”

答:“不應去。本爲生存故看,今既無身,云何得去? 若去者破夏得罪。”

《十誦》云:優波離問佛言:“阿蘭若比丘在於獨處一身,當云何説戒? 云何受自恣? 云何受衣? 云何受七日法? 云何受七日藥? 云何與一切請? 云何衣物净施?”佛言:“聽阿蘭若比丘心念布薩、心念自恣、心念受衣、心念受七日、心念受藥、心念與一切請、心念衣總净施。”又問:“何處受七日?”佛言:“界内受。”問:“從誰受?”佛言:“從五衆受。”又問:“心念得受七日不?”佛言:“得。除五種人:一者阿蘭若坐禪。二者獨住人。三者遠行人。四者長病人。五者飢儉時依親里住人。如是人更無餘人,聽心念作法。”

又問:“若優婆夷欲出家,遣使請比丘:‘大德來! 我欲出家。’是比丘破安居去。應去不?”

答:“應去。”

問:“比丘應與憶念毘尼、不癡毘尼,遣使唤比丘,是比丘應破安居去不?”

答:“應去。”

又問:“是比丘中道聞比丘尼死,若返戒,若入外道,若八難中一一難起,應去不?”

答:“不應去。”

問:“若去得何罪?”

答:“得突吉羅罪。”《四分律》:[□][若][1]爲三寶事,不待請唤,得受七日、十五日、一月日。餘事要有請唤,得成受日。若無請唤,雖受不成。《十誦》:得受七日三十九夜。《僧祇》:要爲三寶,得受事訖當還。

問曰:“何故三部受日不同?”

答:“此制戒法漸次而開。初聽七日,次聽十五日乃至一月日。事猶不訖,聽受三十九夜。猶故不訖,聽受訖當還。此皆出律人隨事近遠,分此[2]受日法,散在三部。似有差别,如實不異也。”

---

① 若,底本、録本無,據戊本補。

② 此,底本、録本訛作“遠”(當涉上“隨事近遠”誤書),結合文意,據戊本改。

問:“何故唯三寶事得受事訖,而不通餘事?”

答:“三寶事重故聽,餘事輕重故不聽。此事法亦緩亦急。言‘緩’者營事不訖,雖逕夏不還,得夏無罪。言‘急’者,若中間事訖,更爲私營,違限不還,破夏得罪,故言‘急’也。”

問:“有人言:‘初安居時不受七日出界行者破夏。’此事云何?”

答:“此人不善戒律,妄作是說。何以故?聖者制安居,要逕宿破夏。云何暫出便言‘破’也?若初夏未有緣事,雖受七日,不成受日。後若有事,更不受日出界外,逕宿破夏。”

問:“若爲乞三衣故,得受七日不?”

答:“此非受日因緣,雖受不成,猶故破夏。”

問:“有人言:‘《四分》得重受七日。’此復云何?”

答:“此人思文不審。《四分》但云‘最後受七日’者,夏七日在,有緣須行,聽受七日去。至七月十五日,來以(與)不來,明不破夏安居,非是重受日。”

問:“若人爲治生故,假言爲僧,或受七日,乃至事訖,後與僧少物,成受日不?”

答:“此人實爲私己①,假言爲僧,交犯語罪。設使治生所得盡與衆僧,猶故破夏。况與少物望不破也?”

問:“比丘尼夏中得受日以不?”

答:“《僧祇》云:尼無羯磨受日法。若夏中所依大僧若死、若休道,三由旬内有大僧寺,聽通結界,十五日一往請教戒。”

問:“後安居人陪②日未滿,得夏以不?”

答:“《四分》云:陪③日未滿,不得數歲。又云:二人同夏,小者前安居,大者後安居。至七月十五日自恣竟,小者得臘;大者未滿,故未得夏,應一月在小者下坐,陪④日滿竟,還在上坐。故智滿日未滿不得夏。”

問:“若破夏人及陪⑤日不滿人在他上坐,得何罪?”

---

① 己,録本訛作“已”,據底本改。

②③④⑤ 陪,録本訛作“倍”,據底本改。

答:“若受他禮拜,得無量突吉羅罪。若作上坐,别受施物,計錢犯重。”

《四分》增三中云有三種安居:四月十六日明相未出來,名“在前安居”。從四月十七日至五月十五日來,名“中間安居”。五月十六日至明相未出,名“後安居”。安居初應作四事(一、解界。二、結界。三、分房卧具。四、結安居也)。時有比丘於住處欲安居,無所依人,無白處,妄(忘)[1]不作心,安居[□][有][2]疑,不知成安居不,往白佛。佛言:“若爲安居故來,便成安居。”安居竟,作五事(一、解界。二、還結界。三、分房卧具。四、自恣。五、受功德衣)。

問:“破安居人得何罪?”

答:“《四分》云:不前安居,突吉羅;不後安居,波逸提。”

《僧祇》云:有五種不得安居衣:一、被舉人。二、破夏人。三、不用道人。四者、死。五、不囑授。破夏人小過失(一、爲諸佛呵責。二、爲諸天世人所呵。三、破夏。四、得罪。五、不得受功德衣。六、不得五事利。七、不得攝施。八、不得安居衣物。九、惡名流布。十、後生悔入地獄)。

自恣法第七

《四分》云:前安居人應七月十五日自恣,後安居人八月十五日自恣。前、後安居人同一處者,當從前安居人自恣。陪日滿法。若五人廣自恣,四人、三人、二人對手自恣,一人心念、口言自恣。《僧祇》云:自恣時差二人,不得差三人、一人。内備五德者爲僧作自恣人。(五德者,不隨受怖癡,知自恣、未自恣。)

問:“何故自恣俱差二人,不差三人、一人?”

答:“若差一人,爲僧所差,即名‘僧使’,正得舉餘人罪。若此人自有罪,無人可舉,故須差二人。舉罪時人人别説,不得一時,故須不三人。”

問:“自恣名何法?”

答:“自恣是舉罪法。本因夏中舉罪,令衆鬪亂,是故停至夏,不同用共相。舉罪懺悔清净,然後隨緣。”

---

① 結合文意,此“妄”當爲“忘”之借字。

② 有,底本、録本無,據《四分律》卷第三十七[T22n1428p830c16]補。

問:“何故懺悔要須人舉?”

答:“人多迷己,傍囑者明。若不識罪,無由得悔,故須人舉。”

問:“人言:‘自恣是解夏法’。此言若爲?”

答:“此説非法。何以故?本結今解,便當失夏。故知非夏法。”

問:“人言:‘自恣是放捨法’。此復如何?”

答:“此言非也。自恣若是放捨法者,應捨造過,何故言‘我若見罪,當如法懺悔’?故知非也。若自恣時難事起,聽作單白,各各共三語自恣。難者如説戒中明。有五種與欲,成與欲(一、言與欲。二、爲我故説欲。三、現身相。四、口語。五、現身相口語。與説戒欲亦爾也)。有五種失欲(一、受欲比丘死。二、休道。三、入外道衆。四、往別部僧中。五、至戒增上)。

四部律及論明衣法第八

三衣六物:一、安多會(此名“五條衣”,一長、一短、一重,作院中著用,及以行道、大小行時、縫衣、洗鉢、執作諸事時著也)。二、欝多羅僧(此“七條衣”,兩長、一短、二重,作割截成,入衆時著,及以説法、大小食時、行道禮拜時著用)。三、僧伽梨(此衣名“多條數衣”,亦名“大僧”,入王宫聚落降魔伏道化惡人時著。大衣威肅[①]不省、生物信敬也)。四、鉢多羅(若泥,若鐵,大者三升,小者一升半,勳油如法不受膩者常受用)。五、尼師檀(此坐具。小者廣三尺已上,長四尺已還;大者長五尺已還,廣四尺。四周緣染壞色也)。六、針筒(銅、鐵、錫、竹、木等作,用隨身用。)尼五衣者,加覆肩、僧祇支二衣也。

問:“三衣具幾法得成如法受持?”

答:“具四法名如法,成受持。不具四法,不成受持。何等爲四?一、財體如法。二、染色如法。三、作如法。四、量如法。”

[□][問][②]:“云何財體如法?”

---

① 肅,録本訛作“兩”,據底本改。

② 問,底本、録本無,據文意補。

[□][答][①]:"好絹、紬布等非犯捨墮物、非販賣物者名'如法'。若綾、羅、綺、縠[②]、紗、纈等疏者不成受持。"

[□][問][③]:"云何染色如法?"

[□][答][④]:"《十誦》云五大色不成受持:一真青色、一真黄色、真赤、真白、真黑等不成受持。《毘婆沙論》云:此真紫色、蘇方地黄、捺黄、花黄色亦名'非法色'。"

[□][問][⑤]:"何者名'如法色'?"

答:"諸律皆云三種色中隨意壞,若青、若黑、若木蘭者,名爲'如法'。《五分》云:真色及綿衣聽壞,本好色得受持。然比丘之法,必當除捨飾好,息慢行道。今猶著好色,放逸情染,憍心不除,便樂道疏簡,致俗嘰(譏)呵,損壞佛法。"

[□][問][⑥]:"云何'作如法'?"

[□][答][⑦]:"反鉤針刺四周緣安紐帖[⑧]角。五條一長、一短,若割截,若不割截,皆成受持。七條兩長、一短,要割截成。大衣有九品(此出《毘尼毘婆沙論》)。下品者,九條、十一條、十三條,應兩長、一短。中品者,十五條、十七條、十九條,應三長、一短。上品者,二十一條、二十三條、二十五條,應四長、一短。若下衣作上衣法得成,受持得罪。《四分》云:若故衣,大衣四重,作七條、五條,皆各兩重。若作新衣,大衣兩重,七條、五條各一重。若糞掃衣,隨意多少重數。《五分》云:有比丘或染漫衣作條,或縫葉著衣,或半向上、半向下作葉,或執作衣葉。佛言:'不應念爾,犯者突吉羅罪。'"

問:"《四分》云:但云'縫僧伽梨',不言'刺衣',今若縫作,成受不?若此説有,餘《僧祇》、《五分》及論中,皆明卻刺。"

①④⑥⑦ 答,底本、録本無,據文意補。
② 縠,底本、録本訛作"穀",據文意改。
③ 問,底本、録本無,據文意補。
⑤ 問,底本、録本無,據文意補。
⑧ 帖,底本、録本作"怗"。敦煌卷子中,"忄"部"巾"部相亂,"怗"乃"帖"之常見俗體,茲據改。

[□][答][①]:"凡縫有二種:一、直縫。二、卻針縫。今言者乃是卻針縫。《十誦》云:衣所以卻刺者,以世人衣皆直發故,以卻刺異俗。若以一尺、二尺物補衣,皆應卻刺。若直縫者,衣主命終,應摘此直縫與僧,乃以此衣與[②]看病人。出《七法》中第一卷。以此推驗,故知直縫不成受持。又《四分》不明受衣,豈可不受衣?"

[□][問][③]:"云何量[④]如法?"

[□][答][⑤]:"《四分》云:大衣七條,以竪長三肘,横長五肘。五條,竪長二肘,横長四肘。《僧祇》云:大衣有上、中、下。上者同《四分》。中者長五肘,一不舒手;廣三肘,一不舒手。下者長四肘半,一不舒手;廣二肘半,一不舒手。七條、五條,上、中、下亦同。若减量作,成受持。過者,不成受持。"

次明受衣法。《四分》云:時有比丘,不知持三衣。佛言:"應受持。若疑應捨,已捨受持,若有三衣不受持,犯突吉羅罪。"雖有此説,不出受、捨之法。今依三部律,略出受衣及捨衣文。若作法者趣衣一部,皆成受持。《五分律》逕捨衣文(當偏露右肩、脱革屣、胡跪、提衣、心念口説也):"我此某衣若干條捨(三説。)"受衣文:"我某衣若干條受。"(如是三説也。)《僧祇律》捨衣文:"此僧伽梨衣,是我三衣數,先受持今捨。"(下二衣亦如是也。)受衣文:"此僧伽梨是我三衣數,今受持不離宿。"(如是三説,下二衣亦如是。)受鉢文:"此是我鉢多羅,應量受用乞食器,今受持。"(三説。)十説《尼律》受衣鉢文:"我某甲,此鉢多羅,應量受長用故。"(三説。)受衣文:"我某甲,是衣僧伽梨九條受,兩長、一短,割截衣持。"(如是三説。十五條已上言"三長、一短",二十一條已上言"四長、一短"也。)"我某甲,是衣欝多羅七條受,兩長、一短,割截衣持。"(三説。)"我某甲,是衣安多會五條受,一長、一短,割截衣持。"(三説。)《四分》云:有比丘得漫衣,廣長足即割截作衣,少不足,欲作帖[⑥]葉衣。佛言:"聽作。"《十誦》云:有貧比丘,不能作割截衣,聽上安葉。若五、若七、若九、

①③ 問,底本、録本無,據文意補。

② 與,録本訛作"餘",據底本改。

④ 量,録本訛作"重",據底本改。

⑤ 答,底本、録本無,據文意補。

⑥ 帖,底本、録本作"怗"。"怗"乃"帖"之常見俗體,兹據改。

若十一，乃至十九條，若能得，應割截作三衣。《五分律》衣法中云：時有比丘得衣，少不足，作割截三衣。佛言："聽作割截大衣七條漫安多會。若衣破，聽補治。以複綖卻刺，亦聽直縫。"（第二十卷。）有比丘，先所受衣不捨，更受餘衣，以先受衣浄施及與人，後疑白佛。佛言："得名'更受'，亦名'浄衣施'。但不捨故，得突吉羅罪。"有比丘倒著衣，水入葉中爛壞。佛言："雨時不應倒著，不雨隨意。"有比丘患衣偏壞。佛言："聽倒著，應兩畔施鈎紐。"（出二十六卷"離法"中。）《四分》云：時有比丘，反著大衣入村。佛言："不應反著衣入聚落。若村外畏風雨塵土坌、日曝壞色、魚鳥糞逕穢者，聽反著。"

次明失衣受、不失受法。《毘尼毘婆沙論》云：三衣破壞，不問孔大小，但使緣不斷，故成受持。若衣故逕久失色，不失受。後更上色，亦不失受。若以異物補，若直縫，不得成衣。過十日，墮長財，除先說。《僧祇》云：比丘作衣，應餘人相助。若一日恐不成者，應麁行縷①令竟，受持後更細刺。《善見論》云：大衣七條廣邊八指内穿，不失受；長邊一傑（搩）②手内穿，不失受。五條廣邊四指内、長邊一傑手内穿，不失受。廣長外穿，乃至如小指挾，失受。若失受已過十日，犯捨墮。補竟受持坐具、雨衣、覆瘡衣穿，不失受。若衣欲破而未穿，或一條、二條先以物補，然後割刺故者，不失受。若三衣有二重、一重穿，不失受。若穿孔大小如小指挾中有一横、絲縷不斷者，不失受。

問："袈裟背處欲破，欲轉中鴦（央）③著兩邊，得不失受不？"

答："先取兩邊合刺相著，然後以刀割背處間，然後刺緣者，不失受。若袈裟小，以物裨，不失受。若袈裟大，減卻者，不失受。"

次明助身衣如法、非法。三衣要三種壞色自餘點浄得者。《四分》云：鵄毛衣、人髮欽婆羅衣、馬毛、犛（犛）④牛尾欽婆羅衣、皮衣、草衣、木衣、樹皮葉衣、木鉢繡手衣，此皆外道法式，著得偷蘭遮罪。行騰蒲草行騰串頭衣、襖袴褶珠瓔珞衣，此皆白衣法，著者突吉羅。躶形者，偷蘭遮。《十誦》云：一切毛

① 縷，録本訛作"給"，據底本改。
② 傑，此當"搩"之形訛字。《集韻·入陌》："搩，手度物。"
③ 鴦，此當讀如"央"（二字《廣韻》皆可音於良切）。
④ 犛，録本訛作"描"，據底本改。《龍龕手鑑·牛部》："犛"，同"犛"。

皮衣、偏袖衣、複衣、一切枕衣、一切貫頭衣、雨衣、袖一切繡衣、一切衫、一切袴、一切貯袴、一切襌、一切波羅彌利、一切舍勒衣、一切白衣,比丘皆不應,著者突吉羅。四依法(亦名"四聖種"):一、依糞掃衣(此人上品,但捨貴盍(奆[棄]?)[1]之物,納以爲衣,不受信施,是最少欲,僅得供身修道,便有不同用。中品人不堪,聽衣[依][2]僧次受同利物。下品人聽受別施及貴價壞衣也)。二、依乞法(上品人息慢除貪,伏身乞食,趣得支身,資命修道。中品人聽受僧次及送供養。下品人聽受僧常食及別請供養也)。三、衣(依)[3]樹下坐(上品人以草爲坐,塚間、樹下,省緣進[4]道。中品人聽受僧次分房及小容身屋、尨毛卧具。下品人聽受別房堂閣、床坐、氍毹、被褥,如是等事也)。四、依腐爛藥(上品人有病,爲除報障,服此陳棄[5]。然大小便汁能愈衆病,而不傷人,但取差[瘥]患,存身修道。中品人依僧次受蘇油蜜。下品人受別施。比丘依託[6]此四法,得資身活命,寧處修道。衣爲外資,十[食][7]爲内資。卧具遮外患,湯藥除内患。外假衣及處,内藉食與藥。託[8]此四緣,方得修道。此之四法能生無漏,故名"四聖種"。比丘當准己力分,依之而行,不可越分而修。何以故?若上人行下人法,則退;下人行上人法,則不及;中人行上法,則過。故須各准己力,懃心修道。故《僧祇》云:"欲得寂滅樂,當學沙門法,止則支身命,如蛇入鼠穴。欲得寂滅樂,當習沙門法,衣食繫身命,精麁隨衆等。欲得寂滅樂,當習沙門法,一切知已足,懃修涅槃道。")《四分》有十種衣,比丘應染作袈裟色持:一、絁[9]衣。二、劫身。三、欽婆羅。四、

---

① 盍,此似爲"奆"之訛,"奆"乃"棄"之俗體。下文:"爲除報障,服此陳棄。"句中"棄"字録本訛作"盍",底本實作"奆",即"棄"之俗體。

②③ 結合文意,此"衣"當爲"依"之借字。

④ 進,録本訛作"邊",據底本、己本改。斯2501《四分戒本疏》卷第二:"以大聖制,依塚間、樹下,省緣修道。"

⑤ 棄,録本訛作"盍"。按:底本實作"奆",乃"棄"之俗體。

⑥⑧ 託,録本訛作"記",據底本改。

⑦ 結合文意,此"十"當爲"食"之借字。丁本:"比丘依託此四法,得資身活命,寧處修道。衣爲外資,食爲内資。"可資比勘。

⑨ 絁,録本訛作"絶",據底本改。

芻麻衣。五、[□][叉]①麻衣。六、舍㝹②衣。七、麻衣。八、翅夷羅衣。九、拘遮羅衣。十、差羅波尼衣。十種糞掃衣：一、牛嚼衣。二、鼠嚙衣。三、火燒衣。四、水衣。五、初生衣。六、神廟衣，若鳥銜風吹離處者。七、願衣。八、塚間衣。九、産衣。十、往還衣。

功德衣第九

《善見論》云：問曰："幾人得功德衣？"答："下至五人，得受前安居，得受後安居。破安居人、異住處人，不得受。若住處不滿五人，得喚餘寺足數受。客比丘不得。若住處有四大僧、一沙彌，安居欲竟，爲沙彌受戒人五人數得受。一大僧、四沙彌亦如是。若住處有五人，若過五人，不解受功德衣，得餘寺請知法人作羯磨，自不得受。"

問："何人衣得與衆僧作功德衣？"

答："七衆衣、天人衣，得受作功德衣。"

若人不解作功德衣，來問，比丘應教。若僧伽梨，若欝多羅僧，若安陀會，隨作一一衣得受。若人送功德衣多，但受一衣，餘者應分。此功德衣應羯磨，與衣壞比丘。若衣壞比丘多，與衣壞中老者，與臘③數大者，不得與慳貪④者。《僧衹》云：功德衣者，新衣曾受作三衣。净施衣捨已，得功德，得作功德衣。大衣、七條、五條、覆瘡衣、雨浴衣，是等諸衣乃拘(鉤)⑤刺，未曾受用，皆得作功德衣。佛言："不但量度，名'受迦絺那衣'。不但染，不但安緣，不但帖⑥四角，不但出葉，不但簪刺，故名'受功德衣'。若用故爛衣作，若無

① 叉，底本、録本脱，結合文意，據丁本補。

② 㝹，底本、録本作"菟"。《四分律》卷第六十："有十種衣：拘奢衣，劫貝衣，欽跋羅衣，芻摩衣，叉摩衣，舍㝹衣，麻衣，翅夷羅衣，拘遮羅衣，差羅波尼衣。"[T22n1428p1022b24]兹據改。

③ 臘，録本訛作"簱"，據底本改。

④ "貪"前録本衍一"堅"字，據底本删。

⑤ 拘，此讀如"鉤"("拘"字《集韻》一音居侯切，與"鉤"同)。

⑥ 帖，底本、録本作"怗"。"怗"乃"帖"之常見俗體，兹據改。

僧作，若欝金色染，若逕宿，若不以决定心[①]受，若不以净作，若减量作，若不割截作，若以異五衆衣作，皆不名爲‘受功德衣’。”（出二十七卷“功德衣法”中。）受功德衣已，得五事利：一、得畜長衣，過十日不説净。二、得離三衣宿。三、得别衆食。四、食展轉食（背前受後）。五、食前、食後不囑授得入村（先有請處中前，聽[②]不囑請餘家）。迦提一月開五事亦如是（迦提月者，作衣月，從七月十六日，訖八月十五日，聽作衣。餘事行道功德，從七月十六日，至臘月十六日，中間一百十日間五事利也）。

問：“何故慇懃歎受功德衣？”

答：“《毘婆沙》云：三世諸佛讚嘆聽可故。”

四部律及論明净地、護净方法第十

四分律明净地有四種：一者檀越若經營人作僧伽藍時處分言：“某處爲僧作净地。”（此處分界畔分明，若僧受住，即名爲“净”也。）二者若爲僧伽藍未施僧。（雖未處分，請僧來入，不得逕宿。即日處分，便界畔分明，得名爲“净”。）三者若畔有摛（樆［籬］）[③]障，若多無摛（樆［籬］）障，若都無[④]垣墻。若壍亦[⑤]如是。（若施主處分，若僧處分，皆得名“净”。）四者僧作白二羯磨結。（此莫問久住，逕宿皆得結。）《十誦律》中因緣：利昌大持食具施僧，積聚在地。值天大雨，覆蓋器物，音聲閙亂。佛言：“應僧坊内結净地著食物。”又因外道嘰（譏）呵沙門釋子與俗無異，復僧坊外作食。外人望見烟火，多人來乞，食僧遂少。佛言：“從今日，不聽汝净地羯磨。若作，得突吉羅罪。先作者應捨。”《僧祇律》明處分净法者，若欲新作住處營事，比丘應繩量度作分齊，爾許作僧住處屋，爾許作僧净屋。應作是説：“此中爾許僧净屋，受不受者，至過初夜，隨事定之。”若檀越言：“莫預處分，須待竟，隨意分處。”成已，

① “心”前底本、録本衍一“定”字，據《十誦律》卷第二十九［T23n1435p207c1］删。

② 聽，録本訛作“德”，據底本改。

③ 敦煌卷子中，“扌”部“木”部相亂，此“摛”當爲“樆”之换旁俗體。“樆”此當爲“籬”之借字，亦或義符替换之俗字。參前注。下“摛”字同，徑括注其本字及借字，不復校。

④ “無”前底本、録本衍一“若”字，據底本删。

⑤ “壍亦”二字録本訛作“亦壍”，據底本改。

應作是説:“下閣、上閣、中閣,僧净屋净。”(受已即名“净”,亦得住。)若復不受,國土亂時,後王未立,爾時得受。若復一王已去,一王衆人未舉,爾時得受。若復不受,住處聚落停廢二年得受。(或住處停廢,非聚落停廢。四句解可。)是中不受,即名“不净”。若停可食物,是名“内宿”。有施主新作,食厨來請。佛言:“言語優波離!汝往!彼先爲僧家分受食厨,勿令初夜過。若初夜過,即名僧住處,不得作净。”優波離問:“得一覆、别隔、通隔、别覆、通覆、别覆不?”佛言:“得。”又問:“一邊、二邊、三邊,一切盡得不?”佛言:“得。”“得閣上、閣下不?”佛言:“一切皆得受作净屋。”又問:“得隔道不。”佛言:“得隔道者,道兩邊净,中間不净。若置蘇油在中間者,應穿兩邊,流入净地者聽取。若米[①]豆囊横置道中間者,得解兩頭取。若藥等在道中,得截兩頭。若置穀不净地,初夜應移净屋中。若不移,夜過即名“不净”。樹在净地,枝葉蔭不净地,菓落不净地者,應時取内净屋中。若不内,過初夜,即名“不净”。樹在不净地,枝葉蔭净地,菓落净地,即名“净”。净地菓還落净地者,隨早晚取。生不净地,還蔭不净地,菓落者,乃初夜内。《四分》云:“菓樹根在净地,枝葉蔭覆不净地,比丘安净物置上,不知爲‘净’不?”佛言:“根在净地,故得名‘净’。菓落不净地,不逕宿者名‘净’。根在不净地,蔭覆净地,比丘安净物置上,不知爲‘净’。”佛言:“根在不净地,故名‘不净地’。此樹菓或自落,或因風落,或鳥獸觸落,不作意使墮者‘净’。比丘自殖菜,或自散菜子,不知爲‘净’不?”佛言:“净。以種腐變故,以重生故。”“比丘不净地種胡芥等菜等,不知爲净不?”佛言:“不净。”

護僧净法

《十誦》云:有二種人觸净,不壞净法。一、持戒比丘誤觸。二、破戒比丘無慚愧觸。是二俱净應食。何等人名“觸”?若持戒比丘懈怠心觸者,觸净。(第六十卷。)《僧祇》云:净人行食時,净器墮比丘鉢中;尋即卻者,是器故名“净”;停須臾者,即名“不净”。所觸器若銅者,當净洗用。若是木器、膩不入者,得削用;膩入者,應棄之。作食時,净人小者,比丘得自洗銅釜鑊著水。

① 米,録本訛作“未”,據底本改。

若不能作者，得捉净人手教洮(淘)[①]米。若無净人，得自手捉席、板等疊覆蓋食器，但懸放置上。若曬穀時，比丘穀上行者，當行蹈處，使净人洗卻，不犯觸净。若有女人及惡狩等難逐比丘，比丘捨走不看，雖蹈無罪。天雨時，穀聚無人覆者，得自持净席逕擲覆上，得捉净塼石擲上鎮押。船上載穀米，籧篨覆上。比丘得在上坐，不應名字，名字者即名“不净”。若卒風飄船岸上者，一切皆不净。繩篙不離水者，故名爲“净”。車上載净穀，比丘欲上者，先使净人上，下時比丘先下。若車翻，離地，離牛，一切皆不净。牛身及毛繩不離車者，一切是净。何以然？凡一切葉[②]，捲者是器，舒者非器。槃有緣没[③]穬麥者是器。繩床緻織是器，希織非器。船在水時非器，在岸上是器。車駕牛時非器，無牛時[□][是][④]器故。(出“不受食戒”中。)又比丘語比丘言：“汝往審悉看，持灰巩(瓨)[⑤]來。”此比丘往内手瓶中把麨[⑥]，看此巩(瓨)，故名“净”。把已，還著中者，一切不净。菜束等亦如是。《十誦》云：頻婆娑羅王施佛、僧粥、田，諸比丘收穀，疑不肯取，以上場不净故。佛言：“未分者應上。若分竟，不應故取，取者突吉羅。”驢馬畜負食具，其馱[⑦]傾轉。净人喚比

① 洮，録本訛作“浾”，據底本改。《字彙部・水部》：“洮，與淘同。”下“洮”皆同，不復出校。

② 葉，録本訛作“菜”，據底本改。

③ 没，底本作“伇”，録本訛作“役”。“伇”乃“没”之訛字。《摩訶僧祇律》卷第十六：“若盤有緣，深没穬麥者，名爲‘器’。”[T22n1425p358c4]兹據改。

④ 是，底本、録本無，據文意補。

⑤ 按：顔元孫《干禄字書》：“凡瓦：上俗，下正。”“瓦”字或“瓦”旁進一步訛省作“凡”。伯2028號《大般若波羅蜜多經卷第三百卌》：“有菩薩摩訶薩修行安忍波羅蜜多，見諸有情更相忿恚、毀駡、陵辱，刀、杖、凡、石、拳、杵、塊等互相殘害，乃至斷命，惡心不捨。”(《法藏》1—228—B6)伯2028號《大般若波羅蜜多經卷第三百卌》：“有菩薩摩訶薩具修六種波羅蜜多，見諸有情薄福德故，所居大地無諸珍寶，唯有種種土石凡礫。”(《法藏》1—230—B8)斯5431號《開蒙要訓》：“盆瓨甑炊。”此“巩”亦當爲“瓨”之俗字。《廣雅・釋器》：“瓨，瓶也。”此字《摩訶僧祇律》卷第十六[T22n1425p358b21]作“瓶”。下“巩”字徑括注其正體，不復校。

⑥ “瓶中把麨”四字底本、録本作“麨巩中把”，據《摩訶僧祇律》卷第十六[T22n1425p358b22]改。

⑦ 馱，録本訛作“厭”，據底本改。

丘言:“佐我正。”比丘恐觸净,不敢與正。佛言:“聽佐正。正後更莫觸,觸者突吉羅。”車欲翻亦如是。净人負食具,唤比丘正,亦如是。净人寫(瀉)[①]物著瓶中,瓶欲傾,呼比丘正,亦如是。(净人作食時,净釜傾倒,呼比丘佐支,亦如是。)比丘曠澤中行,沙彌小,不能擔食具。佛言:“應並擔净人去。”秤上有净食,净人小,不及舉取食。佛言:“擔净人秤上取。”若渡水時,净人小,不能擔食渡水。佛言:“聽擔沙彌渡水。”又諸比丘擔净人渡水時,爲水所漂,手觸净食,比丘心疑不净。佛言:“净人恒一心守視食,雖觸無罪。”若浮囊渡,净人小。佛言:“使净人持食,著浮囊上渡。至彼岸上,莫手觸食,還使净人捉。”飲食具船上載,比丘不肯上船,以不净故。佛言:“從今聽著蘆[②]薄[③]若席,敷令遍,應坐,莫[④]觸食具。”長老優波離問佛:“有比丘求水瓶,誤取蘇油瓶,是破净應棄不?”佛言:“不破净,不應[□][棄][⑤]。”(已上出第六十卷。)《五分》云:中有諸水器,行食膩不净污,以瓦[⑥]石揩洗壞僧器。佛言:“不應以瓦[⑦]石揩洗,應以湯灰汁洗之。”有人以不净米一把投僧米車中。佛言:“若分别,别除去。若不可分别,趣去[□][一][⑧]把。”

沙門護法净

《毘跋律》云:凡比丘受可食之物,皆當如法,澡漱[⑨]清净,然後受食。若不如是,非出家人法。既非出家,其心亦非。身心非法,名“放逸衆生”,非佛

---

① 寫,此同“瀉”。段玉裁《説文解字注·宀部》:“寫,俗作瀉。”

② 蘆,底本、録本訛作“羅”,據據《十誦律》卷第六十一[T23n1435p459c24]改。

③ 《大正藏》出校:“薄=箔【宋】【元】【明】【宫】。”意即“薄”字南宋思溪藏(簡稱“宋”)、元大普寧寺藏(簡稱“元”)、明嘉興藏(簡稱“明”)、宫内省圖書寮本(簡稱“宫”)诸本作“箔”。

④ 莫,底本、録本訛作“草”,據《十誦律》卷第六十一[T23n1435p459c24]改。

⑤ 棄,底本、録本無,據文意補。

⑥ 瓦,録本訛作“凡”。按:底本“凡”此處乃“瓦”之俗體,兹據文意録正。

⑦ 瓦,録本訛作“凡”。該字此乃“瓦”之俗體,兹據文意録正。

⑧ 一,底本、録本無,據文意補。

⑨ 漱,録本訛作“瀨”,據底本改。

弟子。《僧祇》云：應以澡豆、灰土、巨[①]磨等净洗，齊腕已前，揩令作聲，不得粗魯洗五指頭。若净洗手已，更相揩磨者，即名"不净"，當更洗。若洗鉢已，手磨拭者，即名"不净"，當停使燥。食時應護手，若磨頭，或捉革屣、蘇油囊，若内衣等，當如前净洗。若捉大衣七條者，當以水洗。若食麨時，手磨口，或兩手相揩，當更洗手。若净人以不净手行麨[□][飯][②]僧，上坐得不净，餘比丘得名"净"。若净人持不净麨寫(瀉)[③]净麨上，一切是不净。净麨上得**抗**[④]取净者[⑤]食(食時上坐應問："菓菜净未？無虫不？"若不問，如法治直月維那亦爾也)。《四分》云：時有比丘，乞食得飯，乾飯、麨、魚、肉並著一處。餘比丘見惡之[⑥]。佛言："不應雜著一處。若是一鉢，應以物隔。若樹皮葉，若鍵鳥，若次鉢，若小鉢，麨應手巾裹。"(出"法犍度"。)時有比丘，洗連根葉，更作净。佛言："不應更作净。此洗即是净。"净有五種：一、火净。二、刀净。三、瘡净。四、鳥啄破净。五、不中種净。此火净、不中種净得並刀子食，餘三種净應去子。又五種净：一、皮剥净。二、**刻**净。三、腐[⑦]净。四、破净。五、瘀燥火净。不火净得食。食有五生種：一、根生種，謂薑、荷等。二、枝生種(梨等)。三、節生種(芹、蓼[⑧]等)。四、覆羅種。五、子子種(子還生子)。此五種子不以火净，不得傷及食。《十誦》云：比丘新勳鉢，蘇著鉢，三洗不净。佛言："一心三洗，是鉢名'净'。"有比丘用不净脂塗鉢受麨，比丘謂不净，一[□][切][⑨]物棄之。佛言："不應一切棄。寫(瀉)鉢餘净中應[⑩]食，著鉢者應棄。又，比丘繩綴鉢，用受熱粥，少膩從綴間出，比丘一切都棄。佛言："應棄此脂，餘應食。"有比丘净食中著不净食。佛言："不净者卻，餘殘應食。"(不

① 巨，録本訛作"臣"，據底本改。
② 飯，底本、録本無，據《摩訶僧祇律》卷第十六[T22n1425p360b22]補。
③ 寫，《摩訶僧祇律》卷第十六[T22n1425p360b24]作"瀉"。
④ **抗**，録本訛作"洗"，據底本改。
⑤ "净者"二字録本訛作"者净"。按：底本"者净"二字間實有一倒乙號。兹據改。
⑥ 之，底本、録本訛作"云"，據《四分律》卷第四十九[T22n1428p933a25]改。
⑦ 腐，録本訛作"廣"，據底本改。
⑧ 蓼，録本訛作"蔡"，據底本改。
⑨ 切，底本、録本脱，據《十誦律》卷第六十一[T23n1435p459b15]補。
⑩ 應，録本訛作"怨"，據底本改。

净食中著净食，餅中著不净餅等亦如是也。）有外道持酒糟著食上，作是念：“使出家人不得食。”諸比丘白佛。佛言：“可卻者，卻食之。”尊者阿難爲佛請食，飯不熟，恐增佛患，在祇[①]洹門邊自煮。佛知故問，阿難以事答佛。佛言：“善哉！阿難！是食如是。食煮應法。從今若食冷，聽更煮。若生食，聽火净已得煮。”云何名“火净”？乃至火一觸。諸比丘與賈客大澤中行，從賈客乞食。彼語比丘言：“汝知此間難得，何以故不自擔糧？”比丘答言：“佛不聽我等自齎糧。”比丘以事白佛。佛言：“從今聽自齎糧。從他摶净食聽食，不摶净食不聽食。”諸比丘摶食時，他人不與，言：“汝食中有何不可故摶？”比丘白佛。佛言：“爲净故與。”與竟他不還。佛[□][言][②]：“當從乞取。”云何名“内宿”？比丘界内無净地，置食共宿是。云何名爲“内煮”？界内無净地，煮食者是。云何“惡捉”？若比丘自取食，後净人受，是名“惡捉”。

受食法

《四分》云：有五種受食法：一、互手受。二、手與物受。三、物與手受。四、物與物受。五、遥擲與得墮手。（夫受食者割貪求之心，應仰手而受，令他施手中。若自捉器，不應横手捶[③]取及以楮[箸][④]拌，皆不成受。若不墮手中、遺落器外者悉不得食。若意欲受此而錯受彼，佛言：“不成受[⑤]，當更受。”若作總雜受，意得成受。若人觸食，若動食器，則失受，應雜更受，不得便自手[⑥]觸之。未受之前，自手捉食，犯惡觸罪。然食爲繁穢，宜生厭離，不得貪味，竟覽[攬][⑦]向己[⑧]。脱不成受，犯不與取。於食不節，致患妨道。當如藥存身，修道而已，慎莫貪味。）《僧祇》云：食時，風吹塵來，坌鉢下草，不坌

① 以下丙本殘。

② 言，底本、録本無，據《十誦律》卷第六十一[T23n1435p459c9]補。

③ 捶，録本訛作“拄”，據底本改。丁本亦作“捶”，可資比勘。

④ 楮，此乃“箸”之俗體。《可洪音義》：“銅楮：除慮反。正作箸、筯二形。”丁本即作“箸”，可資比勘。

⑤ 受，底本、録本訛作“更”，結合文意，據丁本改。

⑥ 手，録本訛作“互”，據底本改。丁本亦作“手”，可資比勘。

⑦ 覽，後作“攬”。丁本即作“攬”。

⑧ 己，録本訛作“已”，據底本改。

食者，得食，草當更受。若草食俱[1]坌者，一切更受。畜生、鳥獸及女人曳衣塵來，亦如是。若作意受者，得名爲“净”。净人行草葉、鹽[2]、菜、飯、菓時，應教去放。若行菓等墮葉上即轉去者，當更受。小停者，得名“受食”。迸食墮鉢中，作意得食。比丘共商人結伴行，語言：“借我净人。”商人言：“可爾。”臨進路時，復言：“我無净人，正有牛，大德須者當取。”比丘應使净人張囊，盛種種食糧，計日作分齊已，紐結著牛[3]上。至食時無净人，取者一人挽紐，一[□][人][4]承取，口言：“受。”受得名“受”。若糧盡未至所在者，當解囊净浣已，更求糧食。著中如前。若得菜、甘蔗等無人知者，以長繩繫，使牛拔之，[□□□][作如是][5]言。知是衆[6]生[□□□□][苷蔗園邊][7]若地有火，當使牛近邊過，火燒著者即名“净”。（出“受戒食”中明此也。）若白衣寄比丘種種食。比丘念言“明日來取，必當與”者，即名“不净”。若無心悕[8]望而與者，是名“净”。（長食與沙彌、净人，悕[9]望、不悕[10]望亦如是。）《十誦》云：風塵入[11]比丘鉢中，比丘心疑，白佛。佛言：“從今聽[五塵][12]得不受食：一、土塵。二、穀塵。三、水塵。四、衣塵。五、風塵。”有比丘置食一面，待時到當食，有鳥來啄一口口去，比丘欲棄。佛言：“但棄啄處，餘殘應食。”復有比丘，蠅入食中，恐破受法。佛言：“蠅不可遮，不破受法。”净人捉蘇油瓶注比丘鉢中不斷，比丘疑不成受。佛言：“下流非上流，不破受法。”净人著食時，近比丘疑將非觸食。佛言：“受觸無犯。”有病比丘語看病人言：“與我生熟蘇油、石

---

① “食俱”二字録本訛作“俱食”。按：底本“俱食”二字間實有一倒乙號。兹據改。

② 鹽，録本訛作“壇”，據底本改。

③ 牛，録本訛作“手”，據底本改。

④ 人，底本、録本脱，據《摩訶僧祇律》卷第十六[T22n1425p359b15]補。

⑤ “作如是”三字底本、録本脱，據《摩訶僧祇律》卷第十六[T22n1425p359b24]補。

⑥ 衆，底本、録本作“畜”，結合文意，《摩訶僧祇律》卷第十六[T22n1425p359b24]改。

⑦ “苷蔗園邊”四字底本、録本脱，據《摩訶僧祇律》卷第十六[T22n1425p359b24—b25]補。

⑧⑨⑩ 悕，底本、録本訛作“怖”，據文意改。

⑪ 入，録本訛作“人”，據底本改。

⑫ “五塵”二字録本脱，據底本補。

蜜。”來看病人言：“無。假有者是佛物、僧物，又復不受惡捉内宿。”佛言：“聽佛、僧物内宿等。若病人得上物差，應與。”《五分》云：佛告諸比丘：“雖[①]是我所制，而於餘方不以爲清净者，皆不應用。雖非我所制，而於餘方必應行者，皆不得不行。”（出第二十一卷“[□□][八食][②]法”下。）

非食時開制法

《四分律》云：八種漿非時聽飲：一、梨漿。二者、閻净菓漿。三者、酸棗漿。四者、甘蔗將。五者、微菓漿。六、舍樓伽菓漿（《善見論》云：“舍樓伽者，此是優鉢羅拘物頭花根，擣取汁，澄使清，名爲‘舍樓伽漿’”）。七、伽樓師漿（《善見論》云：伽樓師者似庵婆羅菓，一切木菓皆得作非時漿，唯除七種穀不得作非時漿。一切諸葉得作非時漿，唯除葉不得。一切花得作非時漿，唯除摩頭花汁[③]。一切菓中，除羅多樹菓、椰子菓、波羅奈子、甜瓠子、冬瓜、瓠，此六種菓不得非時服。一切豆不得作非時服）。八者、蒲桃漿。（時諸比丘入村乞食，見作石蜜，以雜物和之，疑不敢非時食。佛言：“聽非時食，作法應爾。”得未成石蜜，疑。佛言：“聽食。”得薄石蜜，疑。佛言：“聽食。”得濃石蜜，疑。佛言：“聽食。”得白石蜜，疑。佛言：“聽食。”得雜水石蜜，疑。佛言：“聽食。”得甘蔗漿。[□□][佛言][④]：“若未熟聽飲，若熟不聽飲，[□][若][⑤]飲，如是法治。”得甘蔗。佛言：“聽時食。”出“七日藥戒”。）《五分》云：比丘白佛：“八種漿以何因緣得飲？”佛言：“渴便得飲。”一、庵婆羅菓。二、閻婆菓。三、周陀。四、波樓。五、蒲桃。六、俱羅。七、甘蔗。八、蜜漿。《僧祇》明十七種漿得非時飲：一、庵羅漿。二、枸梨。三、安石榴。四、顛哆梨。五、蒲

① 雖，録本訛作“隨”，據底本改。

② “八食”二字底本、録本脱，結合文意，據《彌沙塞部和醯五分律》第二十二[T22n1421p147c28]補。

③ 汁，底本、録本訛作“計”，結合文意，據《善見律毘婆沙》卷第十七[T24n1462p795b23]改。

④ “佛言”二字底本、録本脱，據上下文意補。

⑤ 若，底本、録本脱，結合文意，據《四分律》卷第十[T22n1428p627c20]補。

桃。六、波樓沙。七、犍犍[①]籌。八、芭蕉。九、厮伽提。十、劫頗羅。十一、婆龍渠。十二、甘蔗。十三、呵[②]梨陀。十四、呿婆梨。《十誦》八種漿：一、周梨。二、茂梨。三、枸樓。四、舍樓。五、説婆多。六、婆留沙。七、梨。八、蒲桃。（以水作，净應飲之。）優婆離問佛言："八種漿根湯、莖湯、葉湯、花湯、菓[□][湯][③]，合可飲不？"佛言："若無[□][酒][④]味，不雜[⑤]食，清[⑥]、不濁，聽飲。"有諸比丘、賈客行，遥過大澤。比丘從賈客乞[⑦]水。水上有少食，諸比丘棄去水。賈客言："汝豈不知是中水難得，何以棄之？"比丘言："日時已過，水上有少食，不應飲故棄。"佛言："不應一切棄。棄上少許水，下净水應飲。水底有少食，亦如是。將鉢取池水，下有殘食，亦如是。"有比丘從放牧人乞水，水瓶膩[⑧]，寫（瀉）[⑨]水置鉢中，水上凝[⑩]蘇如芥子。比丘白佛。佛言："蘇可卻者卻，净水應飲。持膩[⑪]鉢取水，上有膩[⑫]，亦如是。"（見上，出六十卷。）《四分》云：時有服吐下藥。比丘煮粥頃，日時已過。佛言："聽以完全[⑬]麥、若完全[⑭]稻穀，煮令熟，勿使破，漉汁飲。"《十誦》云：佛在蘇摩國，阿那律弟子病服吐下藥，中後[⑮]心悶。佛言："熬[⑯]稻花汁與。"與竟，悶[⑰]不止。言："以竹麥

① "犍犍"二字録本訛作"揵揵"，據底本改。

② 呵，録本訛作"阿"，據底本改。

③ 湯，底本、録本脱，結合文意，據《十誦律》卷第六十一[T23n1435p462a17]補。

④ 酒，底本、録本脱，結合文意，據《十誦律》卷第六十一[T23n1435p462a18]補。

⑤ 雜，底本、録本訛作"離"，結合文意，據《十誦律》卷第六十一[T23n1435p462a18]改。

⑥ 清，底本、録本訛作"請"，結合文意，據《十誦律》卷第六十一[T23n1435p462a18]改。

⑦ 乞，録本訛作"與"，據底本改。

⑧⑪ 膩，底本作"膩"。《龍龕手鑑·貝部》："膩"，"膩"的俗字。此字録本訛作"賦"。兹據改。

⑨ 寫，《十誦律》卷第六十一[T23n1435p459a14]作"瀉"。

⑩ 凝，録本訛作"疑"，據底本改。

⑫ 膩，底本作"膩"，乃"膩"之俗字。録本訛作"賦"。兹據改。

⑬⑭ 全，底本、録本訛作"令"，結合文意，據《四分律》卷第四十二[T22n1428p867a14]改。

⑮ 後，録本訛作"復"，據底本改。

⑯ 熬，底本、録本訛作"麨"，結合文意，據《十誦律》卷第六十一[T23n1435p462a10]改。

⑰ 悶，録本訛作"問"，據底本改。

汁與。”與竟不差(瘥)。佛言:“囊盛米粥汁與。”與竟,仍不差(瘥)。佛言:“將屏處與米粥。”(出六十卷。)《僧祇》云:若比丘服吐下藥、醫言“應與清粥,不與便死”者,當云何? 爾時應以洮(淘)[①]米糌[②]汁,槽盛漬病比丘。若病人不堪者,取不破稻、穬[□][麥][③],七過净洮(淘),盛著囊中,繫頭,净器中煮,不得令稻頭破。破者不得與病比丘。《五分》云:有吐下比丘,中後腹中空悶。佛言:“以蘇塗身。”故不差(瘥)。佛言:“以麵塗身。”猶不差(瘥)。佛言:“煖水澡浴。”猶不差(瘥)。佛言:“與煖湯飲。”猶故不差(瘥)。佛言“以瓮盛肥肉汁坐著中。”[□□□□][以如此等][④]足以至曉,一切不得過時食。

匡究僧徒同住衆法第十一

僧事既重,幹之不易。自非德行内充,威能肅[⑤]物,謙遜[好][⑥]心,不辭勞憚,何以剖判邪、非? 營理衆則昇天之益,失則隨前之損。凡爲斷事之人,及經營三寶,要明解經律,依理而行,不自高卑彼,不侵物閏(潤)[⑦]己[⑧],不求恩賞,不殉名譽。若能如是,直護三寶,自利利人,功德無窮。評斷諍事人,應備五德:一、持戒清净(慚愧畏罪,終不曲理)。二、多聞(明經[⑨]解律,其理

① 《字彙部·水部》:“洮,與淘同。”

② 《龍龕手鑑·米部》:“糌,米汁也。”上揭該字,載有同文的《摩訶僧祇律》卷第十七[T22n1425p360c6]作“泔”。《大正藏》出校:“泔＝潘【宋】【元】【明】【宫】。”意即“泔”字南宋思溪藏(簡稱“宋”)、元大普寧寺藏(簡稱“元”)、明嘉興藏(簡稱“明”)、宫内省圖書寮本(簡稱“宫”)諸本作“潘”。《説文·水部》:“潘,淅米汁也。”《説文·水部》:“泔,周謂‘潘’曰‘泔’。”慧琳《一切經音義》卷第五十八《僧祇律》第十五卷音義:“米潘,敷煩反。《字林》:‘淅米汁也。’江南名‘潘’,關中名‘泔’也。律文作‘糌’、‘歸’二形,非也。”[T54n2128p691c18]從“氵”從“米”僅義符的側重點不同,“糌”當爲“潘”之換旁異體字。

③ 麥,底本、録本脱,結合文意,據《摩訶僧祇律》卷第十七[T22n1425p360c7]補。

④ “以如此等”四字底本、録本脱,結合文意,據《彌沙塞部和醯五分律》卷第八[T22n1421p54a25]補。

⑤ 肅,録本訛作“兩”,據底本改。

⑥ 好,録本脱,據底本補。

⑦ 閏,此當爲“潤”之借字。

⑧ 己,録本訛作“已”,據底本改。

⑨ 經,録本訛作“住”,據底本改。

難屈)。三、廣誦二部戒利(善識輕重)。四、能問能答,能如法教呵及作滅擯,令得歡喜(評宜得所)。五、善能滅鬪①諍事(善於方便,令前事消帖②)。具此五德,任整僧事,大人之德。欲治斷他之③事,先觀五法(一、觀察前事是真實不?二、次觀察後時有利益不?三、次觀察今④時宜不?四、次觀察不令僧生塵垢不?五、次觀察得善捌不?觀次五法已,當生好心,言衆立制,罰治惡人,斷理佛言)。律師與他判事,當具五德:一、善知犯相。二、善知不犯相。三、善知輕相。四、善知重相。五、善知决斷無疑,住毘尼而不動。(具此五德,方可爲他斷事。)舉罪人,當内備五德:一、知時,不以非時(事合衆宜,舉則應時)。[□□][二、真實,不以虚妄(有見聞疑,不枉前人)。三、利益,不以損减(爲令前人改過從善)。四、柔軟,不以麁]⑤穬(獷)(法語諫曉,自无⑥口過)。五、慈心,不以瞋恚(意在利彼,非使怨)。若不思量此五法者,不得輕爾道、口説他過,或(惑)亂僧衆,或自惱、惱他。寺主維那當備五德:一、不愛⑦(不偏情於親)。二、不恚(不剋於怨)、三、不怖(不懼於强)。四、不癡(不陵於弱⑧)。五、知分、未分(善能分處,稱⑨可衆心)。入衆應具五德:一、應以慈心(若心慢衆,則令衆不喜,故須衆愛,法然後入)。二、應自卑下,如拭塵巾⑩(謙心慎過,不慢輕衆)。三、應知坐、起。若見上坐,不應安坐。若見下坐,不應起立(人應衆故)。四、彼至僧中,不爲雜説、談世俗事,若自説法,若請他説法(衆依於法也)。五、若見僧中有不可事,心不安忍,應作默然(不狂發起鬪諍事故)。有五種非法默然:一、若如法羯磨,而心不同,

---

① 鬪,録本訛作"闕",據底本改。
② 帖,底本作"怗",乃"帖"之常見俗體。録本訛作"垢",兹據改。
③ 之,録本訛作前一"他"之重文號,據底本改。
④ 今,録本訛作"令",據底本改。
⑤ "二真實不以虚妄……柔軟不以麁"三十六字底本、録本脱,據丁本補。
⑥ 无,録本訛作"天",據底本改。
⑦ 愛,底本、録本訛作"受",結合文意,據丁本改。
⑧ 弱,録本訛作"智",據底本改。
⑨ 稱,底本作"称",録本訛作"祥",兹據改。
⑩ "如拭塵巾"四字録本訛作"有拭塵布",據底本改。

默然任之(共作法事而所見不同,可得施言而情忍乖和,令衆法不成也)。二、若得同意伴,亦默然任之(德[得]人助已,不應默忍非法)。三、若見小罪,而默然任之(事可消殄,而容忍穢衆)。四、爲作别住而默然(僧作三舉,名爲“别住”。不容共彼同一法事)。五、在戒場而默然(欲作羯磨,應唤同集,恐脱成别衆)。有五種如法默然:一、見他非法而默然(非法羯磨,理可呵止,以不合時,恐或[惑]亂衆,心不同彼,於己[①]無過也)。二、不得伴而默然(獨是衆非,言則無用)。三、犯重而默然(發起大事,恐或[惑]亂衆)。四、同住默然(如法和合,不容生異)。五、在同住默然(人既盡集,無宜乖亂)。[②]

四部律及論明三寶物義第十二

三寶物重,不可不慎。若與用有方,則順教有善。若費損無度,則違理招愆。若欲曲知三寶物者,必須深達戒相,識輕重,謹心畏罪,乃可任掌。若不爾者,速當遠離,如避火坑也。《僧祇》云:若比丘作寺主,塔無物,衆僧有物,便作是念言:“人所以供養衆僧者,皆由佛恩故。”便持僧物修治塔者,此寺主犯重。持塔物供養[③][□□□□□□□□□□□□□□][衆僧,摩摩帝用者得波羅夷][④]。若佛塔有物、衆僧無物,或僧有物、塔無物者,得如法貸用彼知事人。若貸物時,應分明作券疏,僧中讀券,使僧共知。若不讀者,越毘尼罪,其物當依券要而還。衆僧物[隨][⑤]事立名,凡有五種:一者、四方僧物(一切重物皆名“四方僧物”,上至羅漢,下至沙彌,盡有其分,無有和合、賣買、借人及外私用)。

問:“何故不言‘十方僧物’,而云‘四方’?”

答:“就一世界中,上下無僧[⑥],明四方語寬,通收四維上下,故但論四方。

① 己,録本訛作“已”,據底本改。

② 以上甲本缺。

③ “養”字後録本衍一“僧”字,據底本删。

④ “衆僧,摩摩帝用者得波羅夷”十一字底本、録本脱,據《摩訶僧祇律》卷第三[T22n1425p251c27]補。

⑤ 隨,録本脱,據底本補。

⑥ 僧,底本、録本訛作“價”,結合文意,據斯2535號《三部律抄一卷》改。

若遵十方,亦復無妨。且□(一)①邊明也。"

二、常住僧物(言"常住"者,常在此處,不可移動,四方僧來,即此處受用;從物爲名,故稱"常住僧物")。三者、招提僧物(若俗人以地別施,現前僧各造②私房,四方僧來,無安置處。有人就此私地中爲四方僧起立房舍,供給所須。此房能招致四方僧來集此房,故③言"招提僧物"也)。四者、僧祇物("僧祇"者,此云"大衆"。大衆共有此物,故名"僧祇物")。五者、僧鬘物(僧園中花作鬘,貿④得物來。從鬘得物,故"僧鬘物"也)。

問:"用重物得偷蘭遮罪。四方僧非一,誰邊得罪?"

答:"現前四方衆僧,上至羅漢,下至沙彌,一人邊得一偷蘭遮。除過、未。"

《五分律》云:訖羅多邑有比丘共分僧物,以爲五分,作私有想,令諸比丘不得住處。佛因此事告諸比丘:"四方有五種物不可護,不可分:一、住處地。二、房舍。三、須用物。四、菓樹。五、花菓。一切比丘皆有其分。若護,若賣,若分,犯偷蘭。"(《四分》同,但分作四分爲異。)又,《四分》云:時有比丘在僧地中作私房,有上坐客比丘來,語:"起避上坐。"彼比丘言:"是我私房。何故起?"佛言:"語令起。若起者善。不起者,應語言還僧地。更無有理以僧地入已。"(出"房舍揵度"中。)《僧祇》云:僧地中作房,上坐來不與⑤者,應持草木更餘處去。僧地中作房,上坐來不與者,毘尼。斫僧園花菓,越毘尼。(若樹老,無子、無花,又湏用作屋,應施主聽得用。要須者便令乾燥,語施主聽得用之。)若僧坊⑥柴薪然(燃)⑦有限齊者,不得過取;然(燃)⑧無定限者,

---

① 一,録本作缺文,據底本補。

② 造,録本訛作"故",據底本改。

③ 故,録本訛作"造",據底本改。

④ 貿,録本訛作"質",據底本改。

⑤ "不與"二字底本、録本訛作"與不",結合文意,據《摩訶僧祇律》卷第三[T22n1425p444a18]改。

⑥ 坊,録本訛作"房",據底本改。

⑦ 然,録本作"燃"。"燃"乃"然"之後起字。録本失真,玆據底本改。

⑧ 然,録本作"燃"。録本失真,玆據底本改。

多亦無罪。舍衛有比丘，僧地種菓，自取，不與人。諸比丘白佛。佛言："此種殖有功德，與一年取。若樹大，不欲一年併取者，聽年年取一枝，枝遍則止。若種滿一園，亦聽一年取。"（若欲漸取，亦隨意，取遍以止。菜聽一剪種。苽取一播熟。漸取類取，亦如是。）《十誦》云：優波離問佛："僧房破，得持僧卧具、覆具等物賣治房舍不？"佛言："得。"又問："兩房破，得賣一房治不？"佛言："得。"（出六十卷。）有諸比丘取僧園中樹木，用煮羹飯粥、煮湯藥、染衣等。舊比丘不喜如是，言："我等經營種殖懃苦。汝等客比丘不語我，默然燒用。"比丘以是白佛。佛言："從今日，僧中樹、花應取用供養佛塔及阿羅漢塔。若有净人，使取菓噉。樹上大木，四方僧應用作樑椽。樹皮、樹葉，諸比丘自在用。"（若僧地中有枯樹木，不得獨取然（燃）[①]火。何以故？此是屬四方僧故。若僧地中有好樹，衆和合得用作佛塔、僧房，不和合不得用。若大衆中三四人别作大房，地中先有樹，衆僧分處與得用，若僧不分處與不得用。若作房者在此地中自種樹者，得用治房。若種者不在，有餘僧來住者，此樹不須白僧亦得用也。）花樹、菓樹，除衆僧和合用治塔、作房，私不得破。《善見論》云：若寺舍空廢無人，比丘來去，見樹有菓，應打鍾（鐘）；若無鍾（鐘），下至三拍手；然後取食無罪。若不如是，食犯盜。若檀越爲房舍施，如是受者迴作食，得偷蘭遮，應還直（值）。若爲房舍施，應作房舍用。若飢儉時衆僧飲食難得，或病，或國土亂時，有比丘捨寺而去，寺舍園菓無人主領。若如[②]此者，重物得作食用，爲護住處故。又寺中房舍多，無人修治，房舍毁壞。應留好者，賣餘麁壞者爲食用，亦爲護住處故。若檀越爲三衣布施，若衆僧無房舍，作白羯磨，迴作房舍，衆和合用無罪。若比丘爲作典賞（償）[③]物人，爲他穿墻偷去。是比丘用心守護，閉房堅牢，雖失不償。若不用心守護，皆須償。如是應廣知。《僧祇》云：比丘知僧物有應與、有不應與。與有二種：若損、若益應與。云何損者？有賊來詣寺，索種種食及物。若不與者，或

① 然，録本徑作"燃"，兹據底本改。

② 如，録本訛作"知"，據底本改。

③ 賞，此當爲"償"之借字。《韓非子·飾邪》："釋法禁而聽請謁，群臣賣官於上，取賞於下，是以利私家而威在群臣。"王先慎集解："賞讀爲償。"

能燒卻寺舍。雖不應與,恐作損事,故隨多少與。云何益者?若治僧房舍工匠等及料理物事人應與,若王及大勢[①]力者應與。《十誦》云:有諸王臣數至竹園觀看,從比丘索食、薪火、燈、燭。若與恐犯罪,不與懼作患。以是白佛。佛[言][②]:"應立處分人。處分人已,不白僧,得用十九錢供給客。若更須,應白僧竟與。"(出三十四卷。)有阿蘭若處,賊從比丘索食,不與便截比丘腰斷。以是白佛。佛言:"若有如是怖畏處,若乞[半][③]與半,乞少與少,若都索都與。莫以是因緣故,得大衰惱。"《毘尼毘婆沙論》云:若比丘以少物贈𨔛(遺?)[④]白衣,縱使四事供養滿閻浮提聖衆,不如静坐,清凈持戒。若强力欲破壞塔像,以物貨之,得存者,宜以塔像物消息之。(僧祇物損益亦如是。父母是福田,聽供養益,僧者應與。孤窮乞人,慈心故應與。外道求法,長短故應與。)檀越施物,凡有八種(出《四分律》"犍度"中):一、比丘僧施(雖屬比丘,現前人分)。二、比丘尼僧得施(雖屬比丘尼,現前數人分)。三、二部僧得施(莫問人數多少,分物二分,半屬尼,半屬比丘也)。四、僧得施(來者皆得應作羯磨分,亦不得共尼同作羯磨,亦不得羯磨錢寶。若招提僧,不應作法)。五、界内僧得物(屬住處僧,僧入界者皆得,但取捨物時爲定。若施常住僧來者共用,不得捨去)。六、同羯磨僧得施(同一住處作法事者得此物)。七、稱名字僧得施(若慢言施、上座法師施、呪願施、看病[⑤]人等,此不簡親踈,亦得施僧之福)。八、人僧得施(從上坐行之,隨取者而與之也)。隨檀越施,依此八法而分([□][若][⑥]無上件别,上座應問:"八種施中,爲作何施?"若不依此八法而施,則不得施僧之福。若不依此八法而受,則輕損信施,違犯處多。若欲分物,差具德者分之,好惡平等,勿生偏頗。自餘衆僧,亦不

① 勢,録本訛作"熱",據底本改。

② 言,録本脱,據底本補。

③ 半,録本脱,據底本補。

④ 此字底本不清晰,疑爲"遺"之訛字。失譯人名今附秦録《薩婆多毘尼毘婆沙》卷第四:"若以少物贈遺白衣,縱令四事供滿閻浮提一切聖衆,不如静坐,清凈持,戒。"[T23n1440p524c4—5]可助勘。

⑤ 病,録本訛作"應",據底本改。

⑥ 若,底本、録本無,據甲本補。

得生貪，無法亂語，利養難消，貧富不在此；亦莫嫌恨，改人志行。若得衣，唯可割破而分，不勞賣取錢。設得錢者，慎莫手受，應語：“我不應受此不净財。”若我須衣，合時清净當受，應語净人言：“知是！看是！”此人還與比丘[①]，當作彼人物故受，使净人賞（償）[②]。須衣時，當如法索，如法求，如法與，如法受，如法用）。《五分律》：有比丘，父母貧，欲[衣][③]供[養][④]，以事白佛。佛言：“若人百年之中，右肩擔父，左[⑤]肩擔母，於上大小便利，極世珍琦（奇）[⑥]衣食供養，猶不能報須臾之恩。從今聽諸比丘盡心盡形供養父母。若不供養，得重罪。”《善見論》云：比丘受用施物有四種：一、盗用（若比丘無戒，依僧受施飲食，名爲“盗用”）。二、負債用（若比丘受人信施，應先作念而受，名“負債用”。利智[⑦]者口口作念，鈍者且先作念。一切床敷、卧具所受用物，皆先作念。若不爲障寒熱、羞耻故用衣，若不爲除飢食渴病故而受食及藥，是名“負債用”。若不先念，得突吉羅罪）。三、親友用（七學人受用施，如子受父母無異，名“親友用”）。四、主用（真人羅漢受用施物，名“主用”）。此四中，盗用最惡也。《毘尼母論》云：比丘受信施，不如法用，爲施所墮。墮有二種：一、食施他人，施不如法修道，放逸其心。二、轉施不如法人，是墮於三塗。若無三途受報，此身即壞，腹食出於外。有九種人應施：一、父母，若貧應施，若富有不應施。二、治塔人。三、奉僧人。四、治僧坊人。（此三人若過分與者，墮。）五、病苦人。六、嬰兒。七、任[⑧]身女[⑨]。八、牢獄。（此四種人慈心與物望報，當爲佛法不留難故。）九者、詣僧房乞人（若自有糧不隨與者，墮）。若比丘不坐禪、不誦經、不營三寶而受施者，爲施所墮。若三業中

---

① “丘”字後録本衍一“者”字，據底本删。

② 賞，底本、録本訛作“當”，結合文意，據丁本改。此“賞”讀如“償”。

③ 衣，録本脱，據底本補。

④ 養，録本脱，據底本補。

⑤ “肩擔父左”四字底本脱，《大正藏》録本當據《彌沙塞部和醯五分律》卷第二十[T22n1421p140c17]補。

⑥ 琦，此當爲涉上“珍”字增旁而成的“奇”之俗字。

⑦ 智，録本訛作“知”，據底本改。

⑧ 《正字通·人部》：“任，與妊、姙同。”

⑨ “女”字後録本衍一“人”字，據底本删。

趣[有][①]一業者，得受知足。《僧祇》云：若檀越施僧床蓐，但執氍毹、氈、枕、疊、腰帶、刀子、鉹、傘蓋、扇、革屣、針筒、攕[②]抓（爪）[③]刀、澡灌。是中床、蓐俱執，氍毹、氈、枕如是重物應入四方僧，其餘輕應分。若檀越言"一切盡分"，應從施主意分。若言"一切施四方僧[④]"者，不應分。（若比丘道路行，俗人見比丘生歡喜心故，持種種雜物布施。是中若有重物，應與隨近寺。當語施主言："我持此床、蓐與某寺比丘。"若言："我已决意施，復用問爲？"比丘語言："亦可置[□][此][⑤]間，供養、供給客僧，得其功德。"復言："不能。我已决意施。"應語言："此是重物難致，可此間貿取直[⑥]、彼間還作不？"若言："任大德意。"貿直到彼住處，床[直買床][⑦]，蓐[⑧]直置蓐，如是一切隨宜貿易也。）《僧祇》、《十誦》：賣僧重物，借人私用，設一切僧集亦不得。若用，犯突吉羅。《四分》、《五分》：偷蘭遮。不同之義，付之高德。

四部律並論要用抄卷上

申年八月廿七日，沙門明潤於此囊恭川（礼？）[⑨]寫記。[縱有筆墨不如法，抄寫疏遺，請不怪也。][⑩]

净土寺藏經[⑪]。

① 有，録本脱，據底本補。

② 攕，録本訛作"擜"，據底本改。《龍龕手鑑·手部》："攕"，同"揃"。"揃"有"剪斷"義。該字，《摩訶僧祇律》卷第三十一[T22n1425p478c8]作"剪"。

③ 抓，録本訛作"扴"，據底本改。此"抓"當爲"爪"之增旁俗體。該字，《摩訶僧祇律》卷第三十一[T22n1425p478c8]作"爪"。

④ "從施主意分。若言'一切施四方僧'"十三字録本誤置於下文"俗人見比丘生歡"之後，今據底本録正。

⑤ 此，底本、録本脱，據《摩訶僧祇律》卷第三十一[T22n1425p478c15]補。

⑥ 《正字通·目部》："直，物價曰直。"

⑦ "直買床"三字録本脱，據底本補。

⑧ "蓐"前底本有一"直"字，當係涉上誤衍，録本删。

⑨ 川，録本作"礼"。底本"川"似爲"礼"之訛字。

⑩ "縱有筆墨不如法，抄寫疏遺，請不怪也"十五字録本脱，據底本補。

⑪ 原卷至此止。下文《大正藏》據甲本山本悌二郎氏藏敦煌本補，甲本不分卷。

四部律並論要用抄卷下[①]

四部律及論明亡比丘輕重物看病囑授法第十三

此重物者，以律文少異不同，致使末代比丘諍訟非一。原其大教，正是一味。但聖旨分流，偏執有闕。然行中非大過者，隨情可爾。若欲判割輕重者，非律文不證也。若隨情解義，容乖聖意。據文科判，定無牟（矛）[②]楯。故謹依四部律並論釋之。一處若欲施行，案文取斷，亦可各用，隨部羯磨。

四部律第三分"衣犍度"中，明囑授文：若病兒臨終時，有如是言："我此衆物，與佛，與法，若與僧，若與塔、人。若我終後與，若不死還我。"佛言："不應如是與，應現前僧分。"

問："如是決定囑授，死後何故不成？"

答："身死之後，無有半錢之分。此物理應屬僧，故言'不成'。"

問："何成屬授？"

答："病人若言'生死決定與'者，名'成囑授'。"

問："病人決定囑已，後若復還者，當復云何？"

答："若定囑者，後不應還取。何以故？決定囑他故。若還取者，計錢犯重。"

問："病人囑授不成，後人持亡者衣物造福，得如法不？"

答："非法。何以然？囑授不成，猶是僧物。若用作福，一切同心者皆犯偷蘭遮罪。若此物有人守護不與、以強力取者，計錢犯重。"

時舍衛國有負債比丘死，不知誰當償，便往白佛。佛言："聽持亡者長衣償。若無物，賣三衣，餘者與瞻病人。彼看病人應問病比丘：'何者是汝三衣？何者是汝長衣？汝負誰債？誰負汝債？汝應與誰？'若不問如法治。"

《十誦律》雜誦第四卷中囑授文：佛在舍衛國，有一病比丘語看病人言："汝能好看我、愛念我，我若命終，所有物盡當與汝。"語已命終，佛鳴鎚集僧。

---

① 首題新加。

② 牟，此讀如"矛"（"牟"字《廣韻》一音莫浮切，與"矛"同）。

佛語看病人云:“比丘所有物盡持來,現前僧分。”看病人言:“非僧物。何以故?我看病人,病人語我:‘汝能好看我、愛念我,我若命終,所有諸物盡當與汝。’是故非僧物。”諸比丘以是白佛。佛言:“無如是死當與法。若比丘命終,現前應分。”有白衣病,語諸親里:“若我死後,財物與我兒。”語已命終過。是比丘後還家,共相問説已,親里言[①]:“汝父臨死時囑此諸物與大德。”比丘答言:“佛未聽我受死後施。”以是白佛。佛言:“先爲比丘故説,非爲白衣。應隨意取。”(出僧一第一卷。)

《僧祇律》第三十一卷明囑授:佛住舍衛國,時有比丘語比丘言:“看我,我當與長老衣鉢。”時病比丘無常,諸比丘集,欲分彼衣鉢。看病人言:“是比丘存在時語我言:‘好看我,當與汝衣鉢。’”諸比丘以因緣往白佛。佛言:“已與未?”答言:“未與。”佛言:“不與已無常,得越毘尼罪。彼不應得。”復次,佛在舍衛國,時有病比丘語比丘言:“看我,當與長老衣鉢。”即便與,得已不作净,還置病人邊。時病比丘無常,諸比丘以是事往白佛。佛言:“爲作净、不作净?”答言:“不作净。”佛言:“不應得。”復次如前因緣,乃至佛言:“作净未?”答言:“作净。”佛言:“應得。”時尊者優波離知時而問:“世尊!病比丘臨終得囑授與人物不?”佛言:“得。”復問:“囑償醫藥直不?”佛言:“得。若囑言:‘我不差(瘥)當與,若差(瘥)即名“捨”。’若囑言:‘我向彼聚落,若不到當與,若到者即名“捨”。’若囑言:‘我行去若無常者當與,還者即名“捨”。’若決定囑言:‘我若死若活,其必與。’如是決定囑授與衆多者,最後應得。若與衆多人,在前者應[□][得][②]。若比丘無常,不應便閉其户。彼若有共行弟子、依正弟子可信持戒者得與户鈎,若不可信者,當户鈎僧與。知事人已埋藏、料理竟,然後出彼衣物。若有共行弟子、依正弟子持戒可信者使出。若無可信弟子,應使知事人出。若比丘作是言:‘我此中亦有衣鉢’者,當觀前人持戒可信者應與,不可信者不應與。若有可信作證明者應與,然後僧受。”

《彌沙塞律》第二十四卷囑授文:有諸比丘未命終過,處分衣物言:“我死後,以此衣物施某甲,以此衣物作如是如是用。”諸比丘以白佛。佛言:“不應

① 言,録本作“言言”。中一“言”字當係衍字,據己本删。

② 得,底本、録本脱,據己本補。

爾。犯者突吉羅罪，與不成與，用[①]不成用。”

《四分律》“衣犍度”明看病法：佛在舍衛國，不就請食。諸佛常法，若不就請，在後案行諸房。案行諸房時，見有異處有比丘病，無瞻視供養人，卧大小便[②]中。見以，詣病比丘所，知而故問比丘：“汝何故卧大小便中？有瞻視供養人不？”答言：“無。”世尊復問：“何故無？”答言：“我無病時，不看他病，是故今病，無瞻視供養者。”佛言：“汝不瞻視供養病人，無利所得。汝等比丘不相看病，誰應當看病者？”是時世尊即扶病比丘起，拭身不净已，洗之。洗已後，爲浣衣，曬乾。有故、壞卧具草，棄之，掃除住處，以塗漿灑，極令清凈。更敷新草，並敷一衣，還卧比丘，復以一衣覆上，捨去。爾時世尊食已，以此因緣集比丘僧，以向自料理病人因緣具告諸比丘：“汝等諸比丘，自今已去應看病人，不應不看；作瞻視病人，不應不作。若有欲供養我者，當供養病人。聽彼和上若同和上阿闍梨、若同阿闍梨弟子，應瞻視。若都無有人者，衆僧應與瞻視病人。若不肯者，應次第差。次第不肯，當如法治。若無比丘，比丘尼應作。若無比丘尼，式叉摩那應作。若無式叉尼，沙彌應作。若無沙彌，沙彌尼應作。若無沙彌尼，優婆塞應作。若無優婆塞，優婆夷應作。是中比丘尼、式叉沙彌尼、優婆夷，隨所可作應作，不應觸比丘。”爾時世尊告諸比丘：“持亡者衣鉢、坐具、針筒與看病人，應作白二羯磨與。”

問：“亡人物，理自屬僧，何須看病人僧中三捨？”

答：“雖復屬僧，但看病人爲守護。今明捨者，令衆普知之。”

又問：“亡比丘衣物既自屬僧，何須羯磨與、然後人得？”

答：“亡人衣物屬四方僧。四方僧集，故不可得分。聖教開聽羯磨與，一人作主，主若與僧，然得分之。”

因佛與看病人三衣六物故，時諸比丘小小看病，或扶起，或一扶卧，或一與楊枝水，便取亡者衣鉢。佛言：“不應小小瞻病便取衣鉢。自今已後，看病

① “用”前録本有一“不”字，結合文意，據己本及《彌沙塞部和醯五分律》第二十一[T22n1421p143c25]删。

② 便，録本訛作“使”，結合文意，據己本及《四分律》卷第四十一[T22n1428p861b24]改。

人應具五德,當與衣鉢。何等爲五?一者知病人可食不可食,[□□][可食][1]能與。二者不惡賤病人大小便吐唾。三者有慈愍心,不爲食。四者能經理湯藥,乃至差、若死。五者能爲病人説法,令人歡喜,己身於善法增益。有如是五法,應取病人衣物。若無此五法,不應與。”舍衛國有比丘死,彼多有三衣,不知何者與看病人。佛言:“聽彼亡者常所持者與。”復次有比丘死,多有三衣,不知持何等三衣與看病人。佛言:“應看此瞻病人若能極好看病,應與上三衣,若中與中,若下與下。”有比丘病,作是念:“我當受不好、不惡三衣,恐看病人取好者去。”佛言:“不聽。”爾有病比丘送衣鉢著餘處,恐看病人取去,後病差(瘥),無所著。佛言:“不應爾。”病人有五種事難看:一、所不應食飲食。二、不肯服藥。三、看病人有所至心,而不實語。四、應行不行,應住不住。五、身有苦痛不能忍,身少堪能而不作、仰他作。是名“病人五難看”。反上五句,名爲“易看”。又病人有三事難看,不能静坐思惟。第一念解悔先罪。是報由惡所招,今復不懺,定墮惡道。前身積罪,餘報未盡。從生已來,爲惡日多,作善時少。五篇諸戒,一一思量,若遭違犯,今皆懺悔。若發此心,定生善道。第二當觀無常,身如朝露,假合而成,速朽之法,不可久保。命尚不存,財何足悋?於諸衣物,莫以逕(經)懷[2];捨,不勞囑授,身亡之後,任僧良處。第三當念佛三昧,善調氣息,繫心守境,意向西[3]方,觀清净土,如在目前,正念就是住。又病人應以三法善自量宜:一者重病。若得麁隨病飲食、隨病湯藥、好看病人,於此三事,若得不得,無常報盡,會必當死。爾時此病人應作死計,莫食酒、肉及非時食。何以故?寧持[□][戒][4]而死,[□][不][5]破戒而生。二者中病。若得上三事便差(瘥),不得必死。時此病人應自斟量,墮(隨?)[6]病所宜而食。若不能自節者,看病人應裁量。三輕病。若得上三事及以不,終不死也。爾時病人但小將息,病自得差(瘥),不

① “可食”二字底本、録本脱,據《四分律》卷第四十一[T22n1428p862b17]補。
② 懷,底本、録本訛作“壞”,結合文意,據丁本改。
③ 西,底本、録本訛作“悪”,結合文意,據丁本改。
④ 戒,底本、録本脱,據文意補。
⑤ 不,底本、録本脱,據文意補。
⑥ 墮,此似爲“隨”之形誤字,待考。

得因病飲酒噉肉、非時食也。然病多惱，喜生瞋恨，當自調伏。針灸服藥，供給所須，好自[□][難][①]消，宜應自思念：“他人好心看我，已自難消，何況重加惡言、觸惱於彼？是彼看我無利，或[②]生退心，不復看我，我便死也[③]。以是故，應慚愧於他，將護其意，而勸讚之，令進心歡喜無恨，自、他俱利。”《毘尼母論》云：病人不隨看病教，突吉羅。看病人違隨病人意，亦突吉羅。

《十誦律》第四“誦衣法”第八卷明看病法：長老優波離問佛言：“誰能供給、瞻視病人？”佛言：“和上、阿闍梨同和上、阿闍梨。若無四種人，僧應供給。若僧不與，僧得突吉羅。僧差不肯去者，突吉羅罪。從今日結看病比丘法。看病人法者，當隨病人所須應作，隨時病邊，問病人因緣。問已，若問藥師，若問知病比丘、病比丘如是：‘以何藥醫差（瘥）？’若教應[□][服][④]如是如是藥，明日到厨中，看僧何食。若有隨病食，應與。若無隨病食，應取僧所供給[□□□][供給是][⑤]病人。若無是事，彼住處若有善好有德比丘，從索供給病人。若無是事，應從大德多知識比丘索。若無是事，應留病比丘六物，餘物應貿所須、供給病人。若復無者，以所受重物貿輕物、受持得錢、市所須供給病人。若無是事，所受鐵鉢貿瓦[⑥]鉢、受持得錢市所須供給病人。若無是事，看病人應自與。若自無，應他乞供給病人。若無知識乞、不能得乞食美者供給病人，看病人應持到病人邊，爲説净法，是道非道，發其智慧，應如是隨意説法。若是阿練若病，應現前讚阿練若法。若學修妬露，讚修妬露。若學毘尼，讚毘尼。若作法師，讚阿毘曇。若助佐衆事，讚助佐衆事。若大德多知識比丘，應問地相，第二、第三、第四地相須陀洹乃至阿羅漢果。若死，隨其功德供養。供養竟，諸衣物應浣者浣、捩、曬、燥，擔[⑦]入僧中。如

---

① 難，底本、録本脱，據文意補。下文：“他人好心看我，已自難消。”可資比勘。

② 或，底本、録本訛作“戒”，結合文意，據丁本改。

③ “不復看我，我便死也”底本、録本作“不復看，看便死也”，結合文意，據丁本改。

④ 服，底本、録本脱，結合文意，據《十誦律》卷第二十八[T23n1435p205c9]補。

⑤ “供給是”三字底本、録本脱，結合文意，據《十誦律》卷第二十八[T23n1435p205c11]補。

⑥ 瓦，録本訛作“凡”。該字此處乃“瓦”之俗體，兹據文意録正。

⑦ 擔，底本、録本訛作“搪”，結合文意，據《十誦律》卷第二十八[T23n1435p205c29]補。

是唱:‘某甲比丘死。是大衣,是七條,是漉水囊,是坐具,是飾資生物。’自[①]得如是勝趣。”

《僧祇律》第三十一卷明看病法:復次,有看病人作是念言:“我看[□][病][②]不避寒暑,執衆[□][苦][③]事,若除大、小便,求索湯藥,云何得言‘衆僧得’耶?”佛言:“看甚苦,應與三衣鉢釪及所受殘藥。”看病人有應得亡者衣物,有不應得者。僧次差作不合得。樂福德作不應得,以悕望故。暫作亦不應得。何者應得?佛言:“爲欲饒益故,下至然(燃)一燈注,欲令病者差(瘥),是人應得。作羯磨分物時,有客比丘來,應知在羯磨前、羯磨後。是中值羯磨[□□][值死][④]、值羯磨不值死,是二應得。是中值死不值羯磨、不值死不值羯磨者,不應得。若爲爲病人求覓醫藥,若爲塔事、僧事故去[⑤],應與。”

《五分律》第二十四卷中明看病法:有諸看病人,或爲病人,或爲私行,去後[□□][病人][⑥]命過,餘人得衣鉢不?以是白佛。佛言:“不應趣爾與一人,應與究竟看病者。”有一比丘病,看病人多。諸比丘不知幾人應得衣,以是白佛。佛言:“若比丘命過,應與二人衣:比丘、沙彌。雖父母、兄弟,亦不應與。若比丘尼死,應與三人衣物:比丘尼、式叉尼、沙彌尼。”有諸比丘分看病人物,與沙彌三分一,以是白佛。佛言:“應等與分。”《摩德勒伽論》云:白衣作看病人,應與少許。比丘尼、式叉摩那、沙彌尼亦如是。

《四分律》第三分“衣犍度”中明輕重文:爾時舍衛國有多知識比丘死,有多僧伽藍,多有屬僧伽藍園田、菓樹,多有別房,多有屬別房物,多有銅瓶、銅

---

① 自,底本、録本訛作“白”,結合文意,據《十誦律》卷第二十八[T23n1435p206a2]補。

② 病,底本、録本脱,結合文意,據《摩訶僧祇律》卷第三十一[T22n1425p479b11]補。

③ 苦,底本、録本脱,結合文意,據《摩訶僧祇律》卷第三十一[T22n1425p479b11]補。

④ “值死”二字底本、録本脱,結合文意,據《摩訶僧祇律》卷第三十一[T22n1425p480a12]補。

⑤ 去,底本、録本訛作“云”,結合文意,據《摩訶僧祇律》卷第三十一[T22n1425p480a14]改。

⑥ “病人”二字底本、録本脱,結合文意,據《彌沙塞部和醯五分律第二十一》[T22n1421p140a21]補。

瓫、斧鑿[①]、燈[□][臺][②]，多有繩床、木床、卧蓐、坐蓐、枕。多畜伊梨[③]延[④]陀、毳羅、毳毳羅、氍氀，多有守僧伽藍人，多有車輿，多有澡灌、錫杖、扇，多有鐵作器、木作器、陶作器、剔髻刀、竹作器，多有衣鉢、坐具、針筒。諸比丘不知云何，以此白佛。佛言：“多知識、無知識一切屬僧。”諸比丘分僧園田果樹。佛言：“不應分，屬四方僧。”彼分銅瓶[⑤]、銅瓫[⑥]、斧鑿[⑦]及諸種種重物。佛言：“不應分，屬四方僧。”彼分繩床、木床、坐蓐、卧蓐、枕。佛言：“不應分，屬四方僧。”彼分伊梨延[⑧]陀、毳羅、毳毳羅、氍氀。佛言：“不應分，屬四方僧。自今已去，聽諸比丘氍氀廣三肘、毛長三指，現前僧應分。”彼分車輿、守僧伽藍人。佛言：“不應分，屬四方僧。”彼分水瓶、澡灌、錫杖、扇。佛言：“不應分，屬四方僧。”彼分鐵作器、木作器，乃至竹作器等。佛言：“不應分，屬四方僧。自今已去，聽分剃刀、衣鉢、坐具、針筒。”彼分俱夜羅器，現前僧應分。時有比丘在俱薩羅國遊行，到一無比丘住處村已，命終。諸比丘不知誰應分此衣鉢，以此白佛。佛言：“彼住處若信樂優婆塞、若守園人，彼應掌録。若有五衆出家人來者，應與。若來不來，應送與近處僧伽藍。”爾時有比丘，此部至彼部，未到便死。諸比丘不知衣鉢當與誰。佛言：“隨所欲往處與。”此是僧分爲二部也。若彼儐(擯)比丘死衣物，隨所共同羯磨處僧分。

《十誦律》第四“誦衣法”第八卷明輕重物文：佛在舍衛國。優波離問佛言：“何等可分物？何等不可分物？”

佛言：“一切田、一切房舍、一切床榻卧具、一切細車、一切麁車、半莊車、步輿不應分，一切鐵物不應分，除釜、瓶受二斗已下應分，除鉢、小鉢、半鉢、

① 鑿，底本、録本訛作“鑋”，結合文意，據《四分律》卷第四十一[T22n1428p859b14]改。

② 臺，底本、録本脱，結合文意，據《四分律》卷第四十一[T22n1428p859b14]補。

③ 梨，録本作“梨梨”。中一“梨”字當係衍文，結合文意，據《四分律》卷第四十一[T22n1428p859b16]删。

④ 延，底本、録本訛作“近”，結合文意，據《四分律》卷第四十一[T22n1428p859b16]改。

⑤ 瓶，底本、録本訛作“鈵”，結合文意，據《四分律》卷第四十一[T22n1428p859b23]改。

⑥ “銅瓫”二字底本、録本訛作“瓫銅”，結合文意，據《四分律》卷第四十一[T22n1428p859b23]改。

⑦ 鑿，底本、録本訛作“鑋”，結合文意，據《四分律》卷第四十一[T22n1428p859b23]改。

⑧ 延，底本、録本訛作“近”，結合文意，據《四分律》卷第四十一[T22n1428p859b26]改。

鍵鎔①、剃刀、鉗、鑷、截抓(爪)②刀、針筩、刀子、户扇、曲鈎、剃刀、匣、刮污篦③、灌鼻筩、熨斗、香爐、勳(熏)④鉢、鈎衣鈎、辟(壁)⑤上鈎、匕⑥鉢支⑦、禪鎮。

除上爾所餘物,一切鐵物不應分,一切銅物不應分,除釜、瓶受二斗已下應分。水瓮蓋、刀匣、刮污篦⑧、灌鼻筩、熨斗、香爐、勳(熏)⑨鉢、鈎衣鈎、辟(壁)⑩上鈎、禪鎮、匕⑪鉢支。

除上爾所物,餘一切銅物不應分,一切石物不應分,除釜、瓶受二斗已下應分。水瓶、水瓮、蓋水物、刮污篦⑫、灌鼻筩、熨斗、勳(熏)⑬鉢、香爐、鉢、禪鎮。

除爾時物,一切石物不應分,一切水精物不應分,除釜、勳(熏)⑭鉢、鈎、

---

① 鎔,《十誦律》卷第二十八[T23n1435p203a26]作"鎡"。

② 抓,録本訛作"扴",據底本改。此"抓"當爲"爪"之增旁俗體。該字,《摩訶僧祇律》卷第三十一[T23n1435p203a27]作"爪"。

③ "污篦"二字底本、録本訛作"渒",結合文意,據《十誦律》卷第二十八[T23n1435p203a27—a28]改。"篦"字《大正藏》出校:"篦=椑【聖】。"意即"篦"字正藏院聖語藏本(簡稱"聖")作"椑"。"椑"當爲"篦"之借字,"渒"則爲"椑"之形訛。

④ 勳,此當爲"熏"之借字,《十誦律》卷第二十八[T23n1435p203a28]作"熏"。

⑤ 辟,此當爲"壁"之借字。清朱駿聲《説文通訓定聲·解部》:"辟,叚借爲壁。"該字《十誦律》卷第二十八[T23n1435p203a28]作"壁"。

⑥ 匕,録本訛作"七",結合文意,據《十誦律》卷第二十八[T23n1435p203a28]改。

⑦ 支,《十誦律》卷第二十八[T23n1435p203a29]作"榰"。《大正藏》出校:"榰=枝【宋】【元】【明】【宫】【聖】。"意即"榰"字南宋思溪藏(簡稱"宋")、元大普寧寺藏(簡稱"元")、明嘉興藏(簡稱"明")、宫内省圖書寮本(簡稱"宫")、正藏院聖語藏本(簡稱"聖")諸本作"枝"。"支"當爲"枝"之借字。

⑧ "污篦"二字底本、録本訛作"渒椑",結合文意,據《十誦律》卷第二十八[T23n1435p203b3]改。

⑨ 勳,此當爲"熏"之借字,《十誦律》卷第二十八[T23n1435p203b4]作"熏"。

⑩ 辟,此當爲"壁"之借字。該字《十誦律》卷第二十八[T23n1435p203b4]作"壁"。

⑪ 匕,録本訛作"上",結合文意,據《十誦律》卷第二十八[T23n1435p203b4]改。

⑫ "污篦"二字底本、録本訛作"渒椑",結合文意,據《十誦律》卷第二十八[T23n1435p203b7]改。

⑬ 勳,此當爲"熏"之借字,《十誦律》卷第二十八[T23n1435p203b8]作"熏"。

⑭ 勳,此當爲"熏"之借字,《十誦律》卷第二十八[T23n1435p203b9]作"熏"。

香爐、熨斗，餘如上説。

一切瓦[①]物不分應分，除釜受二斗已下應分。水瓮、蓋水物、鉢、小鉢、鍵鎔[②]、刀匣、刮污篦[③]、灌鼻筒、熨斗[④]、香爐、禪鎮，除上爾所物，餘一切不應分。

一切貝[⑤]物不應分，除刀匣、刮污篦[⑥]、灌鼻筒、熨斗、禪鎮、香爐、勳(熏)[⑦]鉢、鈎衣鈎、盛藥凾(函)[⑧]、匕[⑨]鉢支，是一切具物應分。

一切牙物亦如是。

一切角物不應分，除受半斗已下應分，除刀匣、衣鈎、辟(壁)[⑩]上鈎、刮污篦[⑪]、灌鼻筒、禪鎮、盛藥凾(函)[⑫]、匕[⑬]鉢支，如是一切角物可分，餘一切不應分。

一切皮物不應分，除盛藥、蘇油囊受半斗已下，繫草履[□][韋][⑭]、繫鞋韋[⑮]、麁韋[⑯]、熟韋[⑰]、裹腳指革應分。

---

① "切瓦"二字底本、録本訛作"凡"，結合文意，據《十誦律》卷第二十八[T23n1435p203b11]改。

② 鎔，《十誦律》卷第二十八[T23n1435p203b12]作"鎡"。

③ "污篦"二字底本、録本訛作"滓箄"，結合文意，據《十誦律》卷第二十八[T23n1435p203b13]改。

④ 斗，録本訛作"升"，結合文意，據《十誦律》卷第二十八[T23n1435p203b13]改。

⑤ 貝，録本訛作"具"，結合文意，據《十誦律》卷第二十八[T23n1435p203b15]改。

⑥ "污篦"二字底本、録本訛作"滓椑"，結合文意，據《十誦律》卷第二十八[T23n1435p203b15]改。

⑦ 勳，此當爲"熏"之借字，《十誦律》卷第二十八[T23n1435p203b16]作"熏"。

⑧ 凾，與"函"同。《字彙・凵部》："凾，俗函字。"

⑨ 匕，録本訛作"上"，結合文意，據《十誦律》卷第二十八[T23n1435p203b16]改。

⑩ 辟，此當爲"壁"之借字。該字《十誦律》卷第二十八[T23n1435p203b20]作"壁"。

⑪ "污篦"二字底本、録本訛作"滓箄"，結合文意，據《十誦律》卷第二十八[T23n1435p203b20]改。

⑫ 凾，與"函"同。

⑬ 匕，録本訛作"上"，結合文意，據《十誦律》卷第二十八[T23n1435p203b21]改。

⑭ 韋，底本、録本脱，結合文意，據《十誦律》卷第二十八[T23n1435p203b23]補。

⑮⑯⑰ 韋，底本、録本訛作"革"，結合文意，據《十誦律》卷第二十八[T23n1435p203b23]改。

一切木物不應分，除杅[①]受二斗已下，水瓮蓋、刀匣、刮污篦[②]、衣鈎、辟(壁)[③]上鈎、鉢支、禪鎮，如一切木物可分，餘一切不應分。

一切竹物不應分，除蓋、扇、箱、篋、席、杖等應分。

一切赭土應分。

一切染色，若煮，若未煮，不應分。”

憍薩羅國有比丘有死，是比丘衣物處[□][處][④]寄，現前僧分衣物竟，方問：“看病人是誰?”答言：“我[□][等][⑤]。”僧言：“汝等彼處處所寄處[⑥]衣往索取。”諸看病人往索不得，便共相鬪諍，言：“以是事白佛。”佛言：“現前六物先[□][與][⑦]看病人，餘輕物應分，重物不應分。”有比丘死，多有衣鉢，多有財物，不知是比丘受何等漉水囊、何等坐具。以此白佛。佛[□][言][⑧]：“誰是根本看病人？看病人應先問病人受何等三衣。一一具問已，資生六物與看病人，餘僧應分。若如是不問、不知不信，與不大好、不大惡六物。”又有一與學沙彌死，是衣鉢不知云何。以是白佛。佛言：“當死時，現前僧應分衣鉢物。”憍薩羅國有一沙彌死，諸比丘不知衣鉢當云何。佛言：“所著内衣應與看病人，餘輕物僧應分，重物不應分。”羯磨當稱：“某甲沙彌死，是沙彌所有内[□][外][⑨]衣，[□□□□□□][現前僧應分物][⑩]。”自餘悉同。

---

① 杅，底本、録本訛作“杇”，結合文意，據《十誦律》卷第二十八[T23n1435p203b23]改。《大正藏》出校：“杅＝盂【元】【明】。”意即“杅”字元大普寧寺藏(簡稱“元”)、明嘉興藏(簡稱“明”)本作“盂”。

② “污篦”二字底本、録本訛作“滓椑”，結合文意，據《十誦律》卷第二十八[T23n1435p203b25]改。

③ 辟，此當爲“壁”之借字。該字《十誦律》卷第二十八[T23n1435p203b26]作“壁”。

④ 處，底本、録本脱，結合文意，據《十誦律》卷第二十八[T23n1435p202c13—c14]補。

⑤ 等，底本、録本脱，結合文意，據《十誦律》卷第二十八[T23n1435p202c15]補。

⑥ “彼處處所寄處”六字底本、録本訛作“處彼處所寄”，結合文意，據《十誦律》卷第二十八[T23n1435p202c15—c16]改。

⑦ 與，底本、録本脱，結合文意，據《十誦律》卷第二十八[T23n1435p202c18]補。

⑧ 言，底本、録本脱，結合文意，據《十誦律》卷第二十八[T23n1435p202c22]補。

⑨ 外，底本、録本脱，結合文意，據《十誦律》卷第二十八[T23n1435p203a15]補。

⑩ “現前僧應分物”六字底本、録本脱，結合文意，據《十誦律》卷第二十八[T23n1435p203a15]補。

一住處一守戒[①]比丘、二被儐(擯)比丘共住,若守戒比丘死,衣物屬彼。儐(擯)比丘死,衣物屬守戒比丘。餘儐(擯)比丘來,不應分與。若二比丘共住一處住,一人死,所有衣物應心念口言受。受已,餘比丘來,不得强與。若不心念口言作法,是衣不應受,受者突吉羅。亦應餘比丘[②]。三比丘共住,一人死,二人應到手展轉受分。四比丘共住,其一人死,亦如是。五比丘共住,一人死,是衣鉢物若展轉分,若自受分,若隨籌分,若羯磨分。(作法易解,分物成否同上。)

《十誦律》第十"誦毘尼序"最下卷判衣物文:有一住處,舊比丘屬塔物自貸用。是比丘[③]死,諸比丘不知當云何?以事白佛。佛言:"衣鉢物還計直輸塔,殘者僧應分。"有一住處比丘,衣物爲塔用。是比丘死,諸比丘以是白佛。佛言:"塔物還計直取,現前僧分。"比丘貸四方僧物私用、比丘私物貸四方僧用亦如是,客比丘舊住比丘亦如是。有一比丘賒沽酒,未償便死。酒主從諸比丘債酒價。諸比丘答言:"此比丘在時何以不債酒價?"酒主言:"償我酒價。不償者出汝惡聲名,言釋種沙門飲酒,不肯償價。"諸比丘不知云何,以是白佛。佛言:"是比丘有衣鉢物應用償。若主[④]無物,應取僧物與償。何以故?恐出諸比丘聲名故。"有客寄比丘衣物,比丘失去。時賈客往比丘邊索。比丘答言:"失去。"是事白佛。佛言:"若自在,不應償。若不得自在,應償。"有比丘以衣鉢物寄居士,居士失去。是事白佛。佛言:"若好看失去不應[□][償][⑤],若不好看失去應償。"憍薩羅有一住處,一比丘死。是比丘以衣鉢物寄比丘尼寺。比丘言:"我等應分。"比丘尼言:"我等應分。"諸比丘不知云何,以事白佛。佛言:"以若比丘死前寄比丘尼衣鉢物,現前比丘僧應分。"比丘尼寄比丘亦如是。佛在舍衛婆提國,釋子婆難陀比丘死,衣物直三十萬

---

① 戒,録本訛作"或",結合文意,據《十誦律》卷第二十八[T23n1435p203c5]改。

② 此句費解,似應作:"餘比丘亦如是。"

③ "比丘"二字録本訛作"丘比",結合文意,據《十誦律》卷第六十一[T23n1435p467c13]改。

④ 主,録本訛作"生",結合文意,據《十誦律》卷第六十一[T23n1435p468c16]改。

⑤ 償,底本、録本脱,結合文意,據《十誦律》卷第六十一[T23n1435p468a3]補。

兩金。波斯匿王言:"是人無兒子,故是物應屬我。"佛遣使[□][語][1]波斯匿王言:"賜城邑聚落人稟[2]時,頗少多與婆難陀不?"王言:"不與。"佛言:"誰力故,合得生活。皆是僧力故,僧應取。"王聞佛教好便止[3]。諸刹利言:"是比丘與我同是刹利種,是衣物應屬我等。"佛遣使語刹利言:"汝作國事、大官事,頗問婆難陀不?"答言:"不問。""婆難陀不在時,汝作官事頗待不?"答言:"[□□][不待][4]。"[□□][佛言][5]:"婆難陀共僧羯磨。婆難陀不在時,僧不作羯磨,是衣物應屬僧。"諸刹利聞教便止。諸親族中表内外皆言:"婆難陀是我伯、叔、父母、舅、甥、兄、弟,是衣鉢物應屬我等。"佛遣使語言:"汝等嫁女、娶婦、會同,取與錢財時頗待婆難陀與分不?"答言:"不也。"佛[□][言][6]:"諸與婆難陀衣食分者應得。是衣分婆難陀僧與食故,是衣鉢應屬僧。"諸親族聞佛教便止。婆難陀衣鉢物寄在餘處,是婆難陀於餘處死。寄物處比丘、死處比丘各言:"我應分此衣物。"以是白佛。佛言:"是衣鉢物在死處界内,現前僧應分。"又,婆難陀衣鉢物處處出息與人,在異處人負其債,死後,負債處、死處諸比丘答言:"我等應分。"佛言:"負債處界内現前僧應分。"又,婆難陀衣鉢物,保[□][任][7]出息,餘處死,餘處出息,餘處保[任][8]。死[□][處][9]出息處、保任處各言:"是衣物應屬我等。"佛言:"保任處界内現前僧應分。"又,婆難陀衣鉢物出息貸質,各在異處死。是婆難陀死後,取錢處比丘、質物比丘、死處比丘各言:"是物應屬我等。"佛言:"質物處界内現前僧應分。"又,婆難陀比丘死在異處,作券人亦在異處,取錢人復在異處,三處諍不息。佛言:"手執券處界内現前僧應分。"若手執券,若質物,

---

① 語,底本、録本脱,結合文意,據《十誦律》卷第六十一[T23n1435p470a2]補。
② 稟,録本訛作"裹",結合文意,據《十誦律》卷第六十一[T23n1435p470a3]改。
③ 止,録本訛作"正",結合文意,據《十誦律》卷第六十一[T23n1435p470a3]改。
④ "不待"二字底本、録本脱,結合文意,據《十誦律》卷第六十一[T23n1435p470a9—a10]補。
⑤ "佛言"二字底本、録本脱,結合文意,據《十誦律》卷第六十一[T23n1435p470a10]補。
⑥ 言,底本、録本脱,結合文意,據《十誦律》卷第六十一[T23n1435p470a15]補。
⑦ 任,底本、録本脱,結合文意,據《十誦律》卷第六十一[T23n1435p470a25]補。
⑧ 任,底本、録本訛作"住",結合文意,據《十誦律》卷第六十一[T23n1435p470a26]改。
⑨ 處,底本、録本脱,結合文意,據《十誦律》卷第六十一[T23n1435p470a26]補。

是二無異。佛在舍婆提牟羅破。求那比丘死，衣鉢物先寄長老阿難。求那比丘在餘處死，長老阿難復在餘處，所寄寄衣物復在異處。三處諸比丘各言：“我應得。”佛言：“阿難在處界内現前僧應分。”

《十誦律》第九誦第三、第四卷中判物文：

問：“頗有比丘，施僧衣還取，得大福無罪也（耶）①？”

答：“有。”

比丘獨一處住，是中施僧衣，餘比丘[□][不]②來，[□][還]③自取用，大德福德無罪。（《十誦》師釋云：“此是作僧得施，施物還自受。作法取故，得福無量。”）

問：“看病人爲病人故出界去，去後病人死，應與看病人分不？”

答：“或應與，或不應與。應與者實爲病故出應與，若爲餘事故出不應與。”

問：“云何名‘看病人’？”

答：“若能看視、療治病人，乃至差（瘥）、若死，與隨病藥、隨病食，具足供養，親近利養，益使離諸衰損，所作無闕，是名‘看病人’。”

問：“若白[□][衣]④作看病人，應與看病人物不？”

答：“不應與。”

問：“比丘尼作占看病人，應與物分不？”

答：“不應與。”

問：“沙彌作看病人，云何與分？”

答：“大比丘等與。”

《十誦律》第十誦“善誦”第二卷判文：有一病比丘，衆僧分飯，看病人爲取分，是病人死，不知云何，以事白佛。佛言：“若病人死後取飯，還歸本處。若無取飯後死者，同餘財物分。”（《十誦》師釋云：“此食是重物，今言‘分’者，

① 也，《十誦律》卷第五十四[T23n1435p401a21]作“耶”。

② 不，底本、録本脱，結合文意，據《十誦律》卷第五十四[T23n1435p401a22]補。

③ 還，底本、録本脱，結合文意，據《十誦律》卷第五十四[T23n1435p401a23]補。

④ 衣，底本、録本脱，結合文意，據《十誦律》卷第五十五[T23n1435p406a26]補。

現前僧處分故言‘分’也。言‘分錢’亦如是。”)有病比丘,多衣鉢,多生活物,語看病人:“唤諸比丘來,我當處分:是物與佛,是物與僧、與人。”諸看病人自念:“是比丘若以是物與佛、與僧、與人,我等無所得。”便不唤諸比丘。是病人死,諸看病人以是事白佛。佛言:“莫以小小因緣違逆病人語,應所處分皆爲作。”善誦第三卷看病人取衣分同飯也。

《僧祇律》第三十一卷判輕、重物文:云何名“重物”? 床蓐、鐵器、木器、竹器,如盗戒中廣説。盗戒中明隨物輕重:隨物衣:尼師檀、覆瘡衣、雨浴衣,鉢:鍩鉢,囊:絡[□][囊][1]、漉水囊,二種腰帶,刀,銅銔[2],鉢支,鍼[3]筒,軍持,澡灌,盛油支[4]瓶,錫杖[5],革屣,散(繖)[6]蓋、扇,及餘種種所應[7]畜物,是名“隨物”。重物者,床卧具及餘重物。床者,卧床,坐床;卧具者,小蓐,大褥,俱執枕[8];及餘重物者,一切銅器,一切木器,一切竹器,一切瓦器。銅器

① 囊,底本、録本脱,結合文意,據《摩訶僧祇律》卷第三[T22n1425p245a6]補。

② 銔,《摩訶僧祇律》卷第三[T22n1425p245a7]作“匙”。按:“匙”從“是”得聲,古“多”、“是”、“氏”並音轉,故此“銔”乃“匙”之别體。玄應《一切經音義》卷第七十五《雜寶藏經》第二卷音義:“鑰匙:……下市而反,《方言》作‘鍉’,同,關鑰也,經文作‘蓍’,非體也;又作‘鉽’,《聲類》字與‘銔’同音,紙而反。”[T54n2128p797b5]字亦作“柢”。浙敦026號《普賢菩薩説證明經》:“琉璃匙,白銀筯。”“匙”字伯2136號作“琉璃柢”。

③ 鍼,底本、録本訛作“鉢”,結合文意,據《摩訶僧祇律》卷第三[T22n1425p245a7]改。

④ 支,底本、録本訛作“波”,結合文意,據《摩訶僧祇律》卷第三[T22n1425p245a7]改。

⑤ 杖,底本、録本訛作“枝”,結合文意,據《摩訶僧祇律》卷第三[T22n1425p245a7]改。

⑥ 散,《摩訶僧祇律》卷第三[T22n1425p245a7]作“繖”。《大正藏》出校:“繖=傘【宋】【元】【明】【宫】。”意即“繖”字南宋思溪藏(簡稱“宋”)、元大普寧寺藏(簡稱“元”)、明嘉興藏(簡稱“明”)、宫内省圖書寮本(簡稱“宫”)諸本作“傘”。《集韻·緩韻》:“繖,亦作傘。”“散”則當爲“繖”之借字。

⑦ “所應”二字底本、録本訛作“物”,結合文意,據《摩訶僧祇律》卷第三[T22n1425p245a8]改。

⑧ 俱,《摩訶僧祇律》卷第三[T22n1425p245a13]作“拘”。按:“俱”“拘”音同(《廣韻》均舉朱切),乃記音字。《翻梵語卷第三·迦絺那衣法第十八》:“《聲論》者云:‘表裹𣰽俱執’五字,悉是此間語;具外國音,呼爲‘[婆]喜蘭哆[胡]盧摩婆摩伽羅呵那’,‘婆喜’翻爲‘表’,‘蘭哆’翻爲‘裹’,‘胡盧摩’翻爲‘𣰽’,‘婆摩’翻爲‘俱’,‘伽羅呵’翻爲‘執’。”[T54n2130p1005b12—16]可洪《新集藏經音義隨函録》第十四册:“拘周:上九愚反,亦云‘俱執’,此云‘毯’。”[K35n1257p61b6]又第十五册:“𣮇俱執:上而容反,細毛也。‘俱執’者,此云‘毯’。”[K35n1257p110a4]

者，銅瓶、[□][銅][1]鑊、銅杓[2]及餘種種銅器，是名“銅器”。木器者，木凾(函)、木瓶、木瓫、木杓[3]。竹器者，竹篋、竹㢋、竹及乃至竹莒。瓦器者，從大甕乃至燈盞，是名“瓦[4]器”。竹器、瓦器，乃餘種種重物，皆入四方僧。輕物現前僧應分。有一沙彌無常，諸比丘[□□][問佛][5]:“此衣鉢物屬誰?”佛言:“應屬和尚。”

《五分律》第四卷判輕重文:云何分物? 若婆那衣、蘇摩衣、卻貝[6]衣、俱執毛衣長五指，若僧伽梨、欝多羅、僧安陀會，若下衣、舍勒，若單敷，若儭身衣，若被，若坐具，若針綫囊、漉水囊、革屣囊，若大小鉢、户鈎，如是等物是可分者，現前僧盡應分。不可分者，若錦，若綺，若毛毹[7]，若氈，若拘執毛過五指，若兩衣，若覆瘡衣，若蚉[8]厨(幮)[9]，若經[□][行][10]敷，若遮辟(壁)[11]虱單敷，若坐卧床及踞床;除大小瓦鉢、瓦澡灌，餘一切瓦器;大小[□][鐵][12]鉢、

① 銅，底本、録本脱，結合文意，據《摩訶僧祇律》卷第三[T22n1425p245a15]補。

② 杓，底本、録本訛作“拘”，結合文意，據《摩訶僧祇律》卷第三[T22n1425p245a15]改。

③ 杓，底本、録本訛作“拘”，結合文意，據《摩訶僧祇律》卷第三[T22n1425p245a17]改。

④ 瓦，底本、録本訛作“木”，結合文意，據《摩訶僧祇律》卷第三[T22n1425p245a19]改。

⑤ “問佛”二字底本、録本脱，結合文意，據《摩訶僧祇律》卷第三十一[T22n1425p479b9]補。

⑥ 貝，底本、録本訛作“具”，結合文意，據《彌沙塞部和醯五分律》卷第二十[T22n1421p139a27]改。

⑦ 毹，底本、録本訛作“爱”，結合文意，據《彌沙塞部和醯五分律》卷第二十[T22n1421p139b3 改。

⑧ 蚉，底本、録本訛作“蚤”，結合文意，據《彌沙塞部和醯五分律》卷第二十[T22n1421p139b3]改。

⑨ 厨，此當爲“幮”之借字。《廣韻·虞韻》:“幮，帳也，似厨形。”該字《彌沙塞部和醯五分律》卷第二十[T22n1421p139b4]作“幮”。

⑩ 行，底本、録本脱，結合文意，據《彌沙塞部和醯五分律》卷第二十[T22n1421p139b4]補。

⑪ 辟，此當爲“壁”之借字。該字《彌沙塞部和醯五分律》卷第二十[T22n1421p139b4]作“壁”。

⑫ 鐵，底本、録本脱，結合文意，據《彌沙塞部和醯五分律》卷第二十[T22n1421p139b6]補。

户鈎、截挾(甲)①刀、針②,餘一切鐵器;除銅鍵③鎔、銅多羅盛服藥物,[□][餘]④一切銅器。若傘蓋、錫杖,如是等物是可分者,應屬僧用。有諸比丘得安居施,未入分中間,或有命終過者、反俗者、作外道者、遠行者、作沙彌者、更受大戒者、變爲二根者、滅儐(擯)者,諸比丘不知云何,以事白佛。佛言:"安居得施未分,若命過者,生時已與人,應白二羯磨之。若生不已與人,現前僧應分。"及俗人⑤外道變作二根、滅儐(擯)遠行等亦如是。作沙彌者,應與沙彌。更受大戒者,應與比丘分。有諸比丘未得安居施,乃至根滅後得施,亦如是。比丘尼亦如是。有住非安居時,比丘死,無比丘,比丘尼應分。若有比丘尼住,非安居,比丘尼死,無尼比丘應分。安居時得亦如是。

《十誦律》分亡比丘物羯磨:"大德僧聽! 比丘某甲死,是比丘所有資生輕物,若衣,若非衣,現前僧應分物,羯磨與某甲比丘。若僧時到僧忍聽:某甲比丘死,是比丘所有資生輕物,若衣,若非衣,現前僧應分物,羯磨與某甲比丘。"如是白:"大德僧聽! 某甲比丘死時,是比丘所有資生輕物,若衣,若非衣,現前僧應物,羯磨與某甲比丘。是長老忍默然,若不忍便説。僧某甲比丘死,所有資生輕物,若衣,若非衣,現前僧應分物,僧羯磨與某甲比丘竟,僧忍默然故,是事如是持。"若羯磨與看病人物,與上文同,唯言"與看病人某甲",六物爲異。三人作法,與《四分》大同。

《僧祇律》羯磨文:"大德僧聽! 某甲比丘無常,若般涅槃,所有衣鉢現前僧應分。若僧時到,僧持是衣鉢及所受殘藥,與看病比丘某甲,如是白,白

① 挾,《彌沙塞部和醯五分律》卷第二十[T22n1421p139b6]作"甲"。

② 針,底本、録本訛作"鉢",結合文意,據《彌沙塞部和醯五分律》卷第二十[T22n1421p139b6]改。

③ 鍵,底本、録本訛作"鏠",據文意改。該字《彌沙塞部和醯五分律》卷第二十[T22n1421p139b7]作"揵"。

④ 餘,底本、録本脱,結合文意,據《彌沙塞部和醯五分律》卷第二十[T22n1421p139b7]補。

⑤ 人,録本訛作"入",據底本改。

[□][一]①羯磨。乃至僧已與看②病比丘某甲衣鉢及所受殘藥竟,僧忍默然故,是事如是持。"

現前僧分餘輕物羯磨文:"大德僧聽!某甲比丘無常,若涅槃,所有衣鉢及餘雜碎物現前僧應分。"若僧時到僧現前羯磨,與某甲比丘受,白如是:"大德僧聽!某甲比丘受白如是:'大德僧聽!某甲比丘無常,若般涅槃所有衣鉢及餘雜碎物,現前僧應分。僧今現前持是衣鉢及餘雜碎物,某甲比丘受。諸大德忍持是衣鉢及餘雜碎物與某甲比丘。受忍者僧默然,若不忍者便說。'僧已忍持,是衣鉢及餘雜物與某甲比丘受竟。僧忍默然故,是事如是持。"

三比丘作法是言:"諸長老:某甲無常,若般涅槃,有如是衣鉢及餘雜物現前僧應分。此處無僧,我等現前僧應分。"(三說。)

《五分律》羯磨文:"大德僧聽!某甲比丘命過,三衣鉢具現前僧應分,今與看病人某甲。若僧時到僧忍聽。"白如是:"大德僧聽!某甲比丘命過,三衣鉢現前僧應分,今已與看病人某甲。誰諸長老忍默然,若不忍者說。僧已與某甲比丘衣鉢竟。僧忍默然故。是事如是持。"若作羯磨,差一人令分亡者餘衣物。羯磨文與此無別,但改"一切僧"與"某甲比丘衣","某甲比丘"當還與"僧"無異也。

《毘尼母論》第三卷判輕重文:亡比丘若有奴婢,應放令去。若不放,應使作僧祇净人。象、馬、駝、牛、驢與常住僧運致。此亡比丘若有生息物在外,應遣寺中僧祇净人推覓取之。得已,入常住僧。瓦③鐵所作物應可分者,鐵鈎、鐵鐲、鑫(鑹)④、斤⑤、釜、五尺刀子、[□][户]⑥鈎、針筒、刀、剪、鐵杖、

① 一,底本、録本脱,結合文意,據《摩訶僧祇律》卷第三十一[T22n1425p479c29]補。

② 看,底本、録本訛作"者",結合文意,據《摩訶僧祇律》卷第三十一[T22n1425p479c29]改。

③ 瓦,録本訛作"凡"。底本該字此處乃"瓦"之俗體。該字《毘尼母經》卷第三[T24n1463p815b17]作"瓦",可資參證。兹據改。

④ 鑫,此當爲"鑹"之同音借字。《集韻·戈韻》:"鑹,温器,《説文》:'銼鑹也。'或作鏍。"該字《毘尼母經》卷第三[T24n1463p815b17]作"鑹",當係"鑹"字之訛。

⑤ 斤,與"釿"同。《集韻·欣韻》:"斤,《説文》:'斫木也。'或從金。"

⑥ 户,底本、録本脱,結合文意,據《毘尼母經》卷第三[T24n1463p815b18]補。

香爐、傘、傘蓋、莖香筒，如是等廣知也。大銅釪[①]、钃、蠡(鑹)[②]、銅杖[③]。如是等名數皆如鐵也。若私有寺及中所有田業、菓樹，及象、馬、駱駝、牛、驢，及至床榻、瓮、瓶養生之具，皆亦如是屬四方僧。若四方僧外起大堂、小堂房，此中所有物現前僧不得分，亦屬四方僧。亡比丘生存時所有經律，應分與能讀誦者，若不及分處，現前僧應與能讀誦者，此物不應分。賣衣鉢、坐具、針、氍(㲪?)[④]、經囊、拘執衣毛深三指、傘蓋、剃刀，是名"可分物"。餘者與毘尼同。

四部律及論明五篇七聚持犯輕、重第十四

持律之人有五德功：一、戒品堅牢。二、善勝諸怨，於衆中決斷無疑畏。三、若疑悔，能爲開解。四、善持毘尼。五、令正法得久住。

"律藏"有四名：

一名爲"戒"(若就教譯，防非之法名"戒"，明此法能禁製身口也。若就行解，止惡之心名"戒"，明心能[□][制][⑤]身、口不爲惡也)。

二、名爲"律"(解有二途：一、教。二、行。就教詮量輕重，名之爲"律"。就行調伏剛穬[獷]，[□][以][⑥]之爲"律")。

三名"波羅提木叉"(此是西域之言，此方往翻名"彼彼解脱"。就教譯時，此是解縛之法，依而出家人免世羈礙，在在處處身心無累，故云"彼彼解

---

① 釪，録本訛作"釘"。該字《毘尼母經》卷第三[T24n1463p815b20]作"盂"。《大正藏》出校："盂＝釪【宫】。"意即"盂"字宫内省圖書寮本(簡稱"宫")諸本作"釪"。兹據改。

② 蠡，此當爲"**鑹**"之同音借字。該字《毘尼母經》卷第三[T24n1463p815b20]作"**鑹**"，當係"**鑹**"字之訛。

③ 杖，録本訛作"杕"。該字《毘尼母經》卷第三[T24n1463p815b20]作"杖"。兹據改。

④ 氍，《毘尼母經》卷第三[T24n1463p815b8]作"㲪"。"氍"似爲"㲪"之形訛，待考。

⑤ 制，底本、録本脱，結合文意，據丁本補。

⑥ 以，底本、録本脱，結合文意，據丁本補。

脱”。就行釋者，絶縛之心，念念之中能分[①]離煩惱，故云[②]“解脱”；又稱“報得解脱”，明持戒行，行滿報累；自云亦言“保解脱”，明持戒決定能戒縛也）。

四名“毘尼”（亦是西音，此翻“滅”。就教解時，明此法能殄息諍論，故名爲“滅”。就行而言，斷除生死，苦盡無爲，寂泊[③]爲“滅”。此四之中，前二就因立名，外防爲“戒”，内順名“律”。後二就果立名，“解脱”者煩惱盡處，是有餘涅槃；“果滅”者身智俱亡，是無餘涅槃果也。又大乘中釋“戒”與“律”是因通果，是有爲出要行；“解脱”與“滅”果通因，是無爲出離。此四皆言“藏”者，就教文旨苞富[④]，名之爲“藏”。據行而解，能出生衆善，利益無崖，故稱爲“藏”也）。

五篇者：

一、波羅夷篇（此是胡音，此中義云“無餘”。若犯此戒，則永棄清衆，布薩、羯磨二種法事不得在數，永無其分，故曰“無餘”。《四分》云：“波羅夷”者，譬如斷人頭，不可復起；比丘亦復如是，犯此法者，不復成比丘，故名。“波羅夷”者，名“墮不如”；是罪極惡深重，作此罪者，即墮不如意處，不名“比丘”，非沙門釋子種，失比丘法，故名。“波羅夷”者，於法智退没，墮落無道果分，是名“波羅夷”。乃至所可犯罪[⑤]，不可發露悔過，名“波羅夷”。問：“何故初篇罪名不如是?”答：“《毘婆沙論》云：比丘本心持戒，出過惡魔”）。

二、僧伽婆尸沙篇（此是胡音，此云“僧殘”。若犯此戒，行則毁缺，不足布薩之數，猶故於羯磨衆中出過魔，方類其罪分，故曰“僧殘”。《十誦》云：“僧伽”者，罪屬僧。僧中有殘，因僧悔過得故，名“僧伽婆尸沙”。《僧祇》云：“僧伽婆尸沙”者，是罪有餘，應羯磨治，故説“僧伽婆尸沙”。復次，此事僧中發露悔過，亦“僧伽婆尸沙”。《五分》云：“僧伽婆尸沙”者，此罪有殘，餘猶有

---

① 分，底本、録本作“分分”，中一“分”字當係衍字，據文意删。

② 云，録本訛作“之”，據文意改。

③ 泊，底本、録本訛作“伯”，結合文意，據丁本改。

④ 富，底本、録本訛作“也”，結合文意，據丁本改。

⑤ 罪，録本訛作“羅”，據文意改。《摩訶僧祇律》卷第二：“又復‘波羅夷’者，所可犯罪不可發露悔過，故名‘波羅夷’。”[T22n1425p237c1] 可資比勘。

因緣,上[尚][①]可治,有恃怙[②],得在僧中除滅者也)。

三名"波逸提篇"(蓋是西音,此翻名"墮"。若犯此戒,墮墜三途,燒煮覆障,故名"墮"也。《十誦》云:"波逸提"者,煮[③]燒覆障,若不悔過,能障是道,故名"波逸提")。

四名"波羅提提舍尼篇"(蓋亦西音,此方名"向彼悔"。若犯此戒,事合可呵,容[④]聽發露,對手懺除,故云"向彼悔"也)。

五名"式叉迦羅尼篇"(此方云"應當學",明此突吉羅是威儀練行最下之罪,難護持故,"加護"之名要須懃習方就,故云"應當學"。此之五篇,護三種行:初篇護根本行,第二護衆法行,下三護威儀行。又爲防三種障:初兩篇護,防障道罪:初篇正障道,僧殘正障衆。第三篇防牽執罪,沈溺三有,出離莫由。後之兩篇,防譏過罪。生人不善[⑤],化益無於。提舍尼勸犯以悔衆。下"應當學"勸専[⑥]精莫犯,義該諸篇,具綺互而明。五篇戒論,其體也皆以三業正善爲體,但犯輕重,隨緣而制階之爲"五",貫例屬自之爲"篇"也)。

次明七聚。上明五篇,即爲"五聚"。第六名"偷蘭聚"(此是胡音,此方[□][云][⑦]"麤惡"。此罪有四:一、五逆偷蘭,滅儐(擯)。二、初篇邊方便偷蘭,當八僧中悔。三、第二篇方便[□□][偷蘭][⑧],當於四僧中悔。四、獨頭偷蘭,三人前悔。《善見論》云:"偷蘭"言"大遮"。言障善道,名爲"大遮障道")。七名"惡説聚"(與突吉羅相似。"突吉羅"者,《善見論》云:"突"者名"惡","吉羅"名"作","作惡"義也。亦云:蹉跌身名"惡作",口犯者名"惡説"。今直取口犯越威儀罪,以爲第七聚。)此之二聚罪,若故心犯者,對首一

① 上,此當爲"尚"之同音借字。《詩·魏風·陟岵》:"上慎旃哉!"朱熹集傳:"上,猶尚也。"該字《彌沙塞部和醯五分律》卷第二[T22n1421p10c3]正作"尚",可參證。

② 怙,底本、録本訛作"怗",結合文意,據《彌沙塞部和醯五分律》卷第二[T22n1421p10c3]改。

③ 煮,底本、録本訛作"暑",結合文意,據《十誦律》卷第十八[T23n1435p127a12]改。

④ 容,底本、録本訛作"客",結合文意,據丁本改。

⑤ "不善"二字底本、録本訛作"蓋",結合文意,據丁本改。

⑥ "下應當學勸専"六字底本、録本訛作"一篇勸専釋",結合文意,據丁本改。

⑦ 云,底本、録本脱,據文意補。

⑧ "偷蘭"二字底本、録本脱,結合文意,據丁本補。

説悔,誤犯者悔心。此十皆稱"聚"者,衆戒集聚故也。《十誦》云:問曰:"有善心犯戒,無[①]記心犯戒?"答:"若有新受戒比丘不知戒相,自手拔塔前草、經行處草,自治經行地,自採花供養,是名'善心犯戒'。'不善心'者,知而故作。'無記心'者,不故犯戒者是。"

問:"阿羅漢善心無記[□][心][②]不?"

答:"阿羅漢犯戒皆無記心,謂不憶念有長[□][衣][③]、數數食,不白入村,不著大衣入聚落,若眠時他[④]輿(與?)[⑤]著高床上睡,睡時他持女人著床,未受具戒人過二夜,已睡時入宿,寤已生悔,如是等是'無記心'。"

問:"佛説狂者不犯戒。云何爲狂?"

[□][答][⑥]:"有五因緣,故名爲'狂':一、失財。二、失親。三、四大不調。四、非人所惱。五、宿業障報。是名'五種狂'。若假作犯戒事,自知是比丘者隨事犯,不知者不犯戒。"

[□][問][⑦]:"云何心亂不犯?"

答:"有五因緣心亂,謂見非人怖散亂心,非人奪精氣,四大不調,宿報及非人打,是名'犯'。不犯如前説。"

[□][問][⑧]:"云何痛惱不犯戒?"

[□][答][⑨]:"亦有五因緣:一、風發。二、冷發。三、熱發。四、和合發。五、時發。是名'五犯'。不犯如前説。如須提那子等初作者,皆不犯淫戒。"

優波離問佛:"若比丘自呪術力、藥力,自變作人女,共畜生男淫,得何罪?"佛答言:"若自知我是比丘,想作不可事,犯波羅夷。不自知比丘,想,偷

---

① 以上乙本缺。

② 心,底本、録本脱,結合文意,據乙本補。

③ 衣,底本、録本脱,據《十誦律》卷第五十一[T23n1435p376a17]補。

④ 他,底本、録本訛作"地",結合文意,據《十誦律》卷第五十一[T23n1435p376a18]改。

⑤ 結合文意,此"輿"似當爲"與"之訛字,待考。

⑥⑨ 答,底本、録本脱,據文意補。

⑦⑧ 問,底本、録本脱,據文意補。

蘭遮。如是作畜生男共人女作淫,亦如是。道作道想、道非道想、道疑,[□][皆][7]波羅夷。非道道想、非道[□][疑][8],偷[9]蘭。”有比丘見木女像端正可愛,生貪著心,即捉彼女根欲作淫,女根即開,尋生疑怖畏。佛言:“若舉受樂,波羅夷。根不開,偷蘭。”如木女、金銀七寶、膠漆[10]布[□][女][11]、石女乃至泥土[□][亦][12]如是。出《摩德勒伽論》。又比丘男根有病,聞師説言“口含可差(瘥)”,自念佛聽,爲治病故,即就女人口含。佛言:“初入便犯。”《僧祇》云:象身[□][大][13]乃至鷄[□][身][14]小者,偷蘭。象身小[15]鷄身大[16]者,波羅夷。大者雖入,不觸其邊,女根被則别處,就則根淫者,偷蘭。失不净僧殘。

盗戒。

問:“有比丘偷有主舍利,云何犯、不犯?”

答:“若[□][爲][17]自活,直五錢犯重,不滿五錢偷蘭。若惡僧(憎?)[18]取,彼我俱無偷蘭。爲供養故,佛是我師,我應供養,滿五[□][錢][19],突吉羅。出《摩德勒伽論》。又《論》云:有比丘偷支提物,謂不犯。佛言:‘有守護者,滿犯。’”

問:“比丘偷經物,得何罪?”

---

⑦ 皆,底本、録本脱,結合文意,據乙本補。

⑧ 疑,底本、録本脱,據《四分律》卷第一[T22n1428p572b1]補。

⑨ 偷,録本訛作“倫”,結合文意,據《四分律》卷第一[T22n1428p572b1]改。

⑩ 漆,録本訛作“滲”,結合文意,據《薩婆多部毘尼摩得勒伽》卷第三[T23n1441p584a4]改。

⑪ 女,底本、録本脱,據《薩婆多部毘尼摩得勒伽》卷第三[T23n1441p584a5]補。

⑫ 亦,底本、録本脱,結合文意,據乙本補。

⑬ 大,底本、録本脱,據《摩訶僧祇律》卷第二[T22n1425p237b21]補。

⑭ 身,底本、録本脱,據《摩訶僧祇律》卷第二[T22n1425p237b21]補。

⑮ 小,録本訛作“大”,結合文意,據《摩訶僧祇律》卷第二[T22n1425p237b22]改。

⑯ 大,録本訛作“小”,結合文意,據《摩訶僧祇律》卷第二[T22n1425p237b22]改。

⑰ 爲,底本、録本脱,結合文意,據乙本補。

⑱ 結合文意,此“僧”似當爲“憎”之訛字。該字《薩婆多部毘尼摩得勒伽》卷第三[T23n1441p612b7]作“增”。“增”當爲“憎”之訛字。

⑲ 錢,底本、録本脱,據《薩婆多部毘尼摩得勒伽》卷第三[T23n1441p612b9]補。

答:“滿犯重,不滿偷蘭。若爲經書,故取不犯。若經滿犯重,不滿偷蘭。若爲讀誦、書寫,不犯。”

《四分》云:佛語:無價計紙墨直,以結罪。《五分》云:有比丘盜他經,謂是佛語無犯。佛言:“計紙墨[□][書][1]功,直五錢犯。”《僧祇》云:有比丘盜[2]馬,意欲向東,而馬走反向南、西、北者,犯何罪?答:“偷蘭。若馬隨比丘向東者,舉四足即犯。如馬餘畜亦如是。如意主東方,餘三方亦爾。若心無所主,趣向一方,四足離處犯。”因此《僧祇》家明十三種分齊物,以明犯、不犯相:一、物分齊。物有八種:一、時藥。二、七日藥。三、夜分藥。四、終身藥。五、隨物。六、種物。七、不浄物。八、浄[3]不浄物。若比丘以盜心觸此八種物,越毘尼。若動彼物,偷蘭。離[□][本][4]處滿,犯重。二、處分齊。地、水、船、乘、空空中物等,應知。三、不定[5]分齊。如非時盜食,食滿犯重,不滿偷蘭,非波逸。若以理得食,非時而食,是波逸提。如是應廣知。四、園墻[6]分齊。象、馬等廏,牛、羊等欄,菓、菜等園楇,若盜此諸物,要出障爲限齊犯。五、籠分齊,謂鳥、狩等出籠爲限。若意盜籠,畏主覺故,合籠持去,雖遠未犯。若捨籠取鳥,滿者犯。若籠鳥俱道(盜)[7],離處便犯。若空處有諸人放畜生,比丘盜驅去,其[□][主][8]至即覺,逐比丘,比丘未[□][作][9]得想,其主不作失想,未犯重。若主作失心,比丘[□][作][10]得心,犯。若以草誘去,離見聞者,犯。六、寄[11]分齊。若比丘受他寄物持去,道中見物好,便生盜心,

---

① 書,底本、録本脱,據乙本補。

② 盜,録本訛作“變”,結合文意,據《摩訶僧祇律》卷第三[T22n1425p249b17]改。

③ “浄”前録本衍一“不”字,結合文意,據《摩訶僧祇律》卷第三[T22n1425p248a2]删。

④ 本,底本、録本脱,據《摩訶僧祇律》卷第三[T22n1425p248a4]補。

⑤ 定,底本、録本訛作“空”,結合文意,據《摩訶僧祇律》卷第三[T22n1425p247c26]、乙本改。

⑥ 墻,録本訛作“壚”,結合文意,據乙本改。

⑦ 道,此當爲“盜”之借字。《摩訶僧祇律》卷第三[T22n1425p248c15]即作“盜”。

⑧ 主,底本、録本脱,據上下文意補。下文“其主不作失想”,可助互勘。

⑨ 作,底本、録本脱,據上下文意補。下文“其主不作失想”,可助互勘。

⑩ 作,底本、録本脱,據上下文意補。前文“若主作失心”,可助互勘。

⑪ 寄,録本訛作“奇”,結合文意,據《摩訶僧祇律》卷第三[T22n1425p248c23]改。

移離處，犯重。若受寄物持去，中見餘比丘從前而來，便問言："汝從何來?"彼言："某處來。"問："識某甲[□][不][1]?"答言："識。"又問："平安不?"答言："已死。"然此物應屬現前[□][僧][2]者，若彼受寄比丘知法多詐，便作念："我何故共彼分?"即下道，離見聞，作法獨受，得何罪? 答："越毘尼罪。乃至出界，詐心作羯磨，亦越毘尼。"七、雜物分齊。如上牧人種種畜等也。八、幡分齊。盜蓋等，若重，不勝曳去，雖遠不犯，等可知。若塔幡蓋及天寺物風吹遠處，塵垢黑污[3]，作糞掃想，取無犯。九、相因分齊。如白衣舍有不收攝物，比丘往見，生盜心取等。又如比丘食時，取比丘坐具、鍵鎔著鉢中，令弟子持去，得越毘尼。弟子出，得偷蘭。若作盜心，犯重。彼覺可知。十、撅分齊。與幡中想似。十一、園分齊。爲他雜等，若偏心爲他分，乃[4]至移封、校[5]一麥者，犯重，以地無價故。十二、賊分齊。共惡賊違[6]言"相盜"等。若比丘失物，追逐彼賊，奪取其物，或[7]恐怖，取(去?)彼比丘[8]。若未作失想，還取物者無罪。若空作想還取者，便是賊復劫賊，滿便犯重。十三、稅分齊。違官度格禁物等。《十誦》云：地(他?)[9]以稅物盜著比丘幞中，比丘不知，或空中持稅物度過，問者不犯。《摩德勒伽論》云：變金作銅度稅處，犯偷[10]蘭。又，比丘持稅物欲度關[11]，自念："若度者犯重。我此物當施與父母兄弟姊妹，施

① 不，底本、録本脱，結合文意，據《摩訶僧祇律》卷第三[T22n1425p249a6]補。

② 僧，底本、録本脱，結合文意，據《摩訶僧祇律》卷第三[T22n1425p249a8]補。

③ "黑污"二字録本訛作"净墨"，結合文意，據《摩訶僧祇律》卷第三[T22n1425p250a3]改。

④ 乃，録本訛作"及"，據己本改。

⑤ 校，録本訛作"擭"，據己本改。

⑥ 違，録本訛作"建"，據己本改。

⑦ 或，録本訛作"成"，據己本改。

⑧ 結合文意，此句中"取"似當爲"去"之訛字。此句《摩訶僧祇律》卷第三作："時賊恐怖，便放衣鉢，各自散走。"[T22n1425p251a21—a22]可資比勘。

⑨ 結合文意，此句中"地"似當爲"他"之訛字，待考。

⑩ 以下己本脱。

⑪ 關，録本訛作"開"，結合文意，據《薩婆多部毘尼摩得勒伽》卷第三[T23n1441p586a22]改。

塔。"衆僧生疑,問佛。佛言:"偷蘭。"《四分》云:有比丘盗他衣鉢物,錯得己[①]衣。佛言:"偷蘭。"有比丘盗他衣並得己衣,偷蘭;他衣,犯重。《十誦》云:若檀越僧食,次第未至而言至者,波逸提。若得食滿者,犯重。

問:"有比丘非衣物不覆藏取,以盗心移著異處,亦犯重不?"

答:"有。若[②]比丘摴[③]蒲以心轉齒是。"

問:"盗欝單越物,得重不?"

答:"彼國人無我、所屬,故不犯。餘二方計錢滿犯重。"

又問:"比丘爲盗,變作尼形。是犯不?"

答:"犯。尼變作比丘亦爾。"

有比丘從居士索園中蘿蔔[④],居士不與比丘,即以呪術力而呪殺之,生疑問佛。佛言:"犯。餘菜亦如是。"[□][問][⑤]:"有人藏實物著地中,比丘以呪力壞實色,壞他利。犯何罪?"佛言:"犯重。"有獵師逐鹿入寺,尋後來索。比丘答:"那得還汝?"彼去。比丘疑。佛言:"不犯。"又,被射鹿入寺。獵者言:"此鹿已中箭,當更射殺,汝等避箭。"諸比丘言:"不與汝避,亦不與汝鹿。"呵以,去。後鹿死,比丘不知云何。佛言:"應還獵者。"又諸比丘决心壞他獵網。佛言:"偷蘭。若非心壞,突吉羅。壞鳥網、壞獄,亦如是。"《善見論》云:比丘决心壞他物,應還其直,不還者犯。若見被網鳥狩等,慈心欲放,先准價與物,繫著弥上,然後放者,得福無罪。又《十誦》云:有賊將弟子去,和上奪取。心生疑,問佛。佛言:"若屬賊者,奪犯重。未定屬,奪不犯。若試呪力奪,不犯。若神通力奪,不犯。自走得脱,不犯。"若比丘盗多人未分物,雖過五錢,不犯重,得偷蘭。《五分》云:若比丘盗地中物,發心及方便,皆突吉羅。掘地殺草,波逸提。動彼物,偷蘭。離處滿,犯重。類餘可知。《十誦》則不

① 己,録本訛作"已",據底本改。《四分律》卷第五十五:"時有比丘欲盗他衣而錯取己衣,疑。"[T22n1428p976c5—c6] 可資比勘。

② 若,録本訛作"答",結合文意,據《十誦律》卷第五十二[T23n1435p379c1]改。

③ 摴,《十誦律》卷第五十二[T23n1435p379c1]作"樗"。

④ "蘿蔔"二字録本訛作"菜蔔"。《十誦律卷》第五十八:"一比丘詣居士所,語言:'與我蘿蔔。'"[T23n1435p430b16]可資比勘。玆據改。

⑤ 問,底本、録本脱,據文意補。

爾。掘地殺草,但得突吉羅。何以故?爲成盜方便。《善見》明八種突吉羅:一、方便突吉羅。如偷人[①]覔伴及求刀斧,隨其方便,名"方便突吉羅"。二、共相突吉羅。如伏藏上草木,栿之,悉成突吉羅。何以故?爲成盜罪方便故。是名"共相突吉羅"。三、重物突吉羅。如十種寶、七[②]種穀、種種器杖等,不應捉,名"重物突吉羅"。四、錢突吉羅。一切菓爲初,若捉,得突吉羅,是名"非錢"。五、毘尼突吉羅。入村乞食,塵入鉢中,不更受,是名"毘尼突吉羅"。六、知突吉羅。聞唱已,知而不出罪,是名"知突[③]吉羅"。七、白突吉羅。若於十白[④]中,以一白[⑤]得突吉羅。是名"白突吉羅"。八、聞突吉羅。佛語諸比丘:"前亦未現[□][滅][⑥],得突吉羅,是名'聞吉羅'也。"云何"五錢"?餘三部並論不分別,唯《十誦》云:"五錢"者,若一銅錢直、十六小錢者是。又《僧祇》云:"十九古錢"者,名"一罽利沙槃",[□□□□□□][分一罽利沙槃][⑦]爲四分。若盜一分直,犯重。

殺戒。《十誦律》:優波離問:"若比丘呪術或藥力變身作畜生形,而斷人命,犯不?"佛言:"自憶念是比丘者,犯。不憶念者,偷蘭。"

問:"有[□][女][⑧]人棄胎,一女人還取,内身中,後生子殺何母犯重並逆?"

---

① 人,録本訛作"蘭"。《善見律毘婆沙》卷第九:"如偷人覔伴及刀、斧、钁,隨其方便,是名'方便突吉羅'。"[T24n1462p733b16]可資比勘。兹據改。

② 七,録本訛作"十"。《善見律毘婆沙》卷第九:"'不應捉物'者,十種寶、七種穀、種種器仗,若捉者得突吉羅,是名'不應捉物'。"[T24n1462p733b21—b23]可資比勘。兹據改。

③ "名知突"三字録本作"知",結合文意,據乙本改。

④ 白,録本訛作"日"。《善見律毘婆沙》卷第九:"'白'者,若於十白中,以一白得突吉羅,是名'白突吉羅'。"[T24n1462p733b29—c1]可資比勘。兹據改。

⑤ 白,録本訛作"日"。兹據文意改。參前注。

⑥ 滅,底本、録本脱,據《善見律毘婆沙》卷第九[T24n1462p733c2]補。

⑦ "分一罽利沙槃"六字底本、録本脱。《摩訶僧祇律》卷第三:"從今當知十九故錢名'一罽利沙槃'。分一罽利沙槃爲四分,若盜一分、若一分直,犯波羅夷。"[T22n1425p251a4—a6]兹據補。

⑧ 女,底本、録本脱。《十誦律卷》第五十八:"有一女人棄加羅邏,一女人還取用,後生子,何者是母?"[T23n1435p430b23—b24]可資比勘。兹據補。

答:“殺前母得重並逆罪。”

[□][問][1]:“若此子欲出家,當問何母?”

答:“應問後母。”

又問:“比丘若欲殺父母,作方便作殺因緣竟,持刀自殺,得重逆不?”

答:“父母先死、比丘後死者並逆。若比丘先死、父母後,得偷蘭。若比丘相殺,亦如是。”

有人捉賊欲將殺,賊走[2]得脱,逐賊人,問比丘:“見賊不?”是賊中有與比丘嫌,便言:“在某處。”若捉得殺,非所嫌者,偷蘭。若人懷[3]畜胎[□□][若墮][4]之波逸提,畜生懷[5]人胎若墮犯重。有看病比丘自念:“我不看者,必當早死。此物衆僧共分。”病人遂死。生疑問佛。佛言:“偷蘭,不與亦爾。”

問:“頗有比丘殺比丘非父[□][母][6]、羅漢犯重並逆?”

佛言:“有母出家轉根者是,父轉亦如是。比丘殺人,人死間還或狂者,偷蘭。”

《四分》云:有比丘與女墮胎藥,母死,[□□□][子不死][7]。佛言:“母死無犯。方便墮胎,得偷蘭。”《僧祇》云:有摩訶羅,不知戒相,見官欲殺人,恐其苦故,語膾子言:“此人可矜,莫使苦痛。汝與利刀,爲作一瘡。”膾子答言:“爾。”便以利刀,爲作一瘡。是比丘得波羅夷。若膾子言:“大德!王自有教。汝用知是事爲?但自思惟佛語。”若爾者,得越毘尼。若膾子復思惟:“當用比丘語,爲作一瘡。以不即用比丘語故,是比丘得偷蘭。”凡殺人方便,皆越毘尼。若人受苦時,得偷蘭。命斷,犯重。欲殺此而殺彼,但越毘尼。盜亦如是。從何處來殺得波羅夷?《四分》云:從初識至後識而斷者,皆犯

① 問,底本、録本脱,據文意補。

② 走,乙本作“是”。

③⑤ 懷,録本作“壞”,據乙本改。

④ “若墮”二字底本、録本脱,據文意補。

⑥ 母,底本、録本脱,結合文意,據乙本補。

⑦ “子不死”三字底本、録本脱,結合文意,據乙本補。

重。《五分》云：若人，若[①]似人。入母胎已，後[□][至][②]四十九日，若似人；過此已後，盡名爲“人”。《十誦》：人作人想、人作非人想、疑[□][殺][③]，悉波羅夷。下殺畜生、飲虫水，亦如是。非人人想、非人疑問[□□□□□][殺，得偷蘭遮][④]。《四分》：殺人越毘尼[⑤]，趣波羅夷。[□][殺][⑥]天龍鬼神，偷蘭。殺畜生不能變化者，偷蘭。盜亦如是。淫則不然，俱[⑦]是重。境不簡其趣，皆犯重也。

妄稱得過人法。有比丘言“我於四果[□□□□][退失未得”者][⑧]，偷蘭。《摩德勒伽論》釋言：得有二種：一、已得退。二[⑨]、[□□□][未得退][⑩]。今言“退”者，是不得退，是故不犯。

“有人問比丘：‘汝得沙門果不？’是比丘因手中捉菓，答言‘得’。是犯不？”

答：“偷蘭。”

論釋云：“意在[□□□□□][菓，偷蘭；意在][⑪]沙門果，犯重。”

有人言：“大德若是阿羅漢者，受是衣物。”若比丘默然受者，偷蘭。有比

---

① 若，乙本作“前”。

② 至，底本、録本脱。《彌沙塞部和醯五分律》卷第二：“入母胎已後至四十九日，名爲‘似人’。”[T22n1421p008b7]可資比勘。兹據補。

③ 殺，底本、録本脱。《十誦律卷》第五十八：“人作人想殺，得波羅夷。人作非人想殺，得波羅夷。人中生疑殺，得波羅夷。”[T23n1435p435b2—b4]可資比勘。兹據補。

④ “殺得偷蘭遮”五字底本、録本脱。《十誦律卷》第五十八：“非人人想殺，得偷蘭遮。非人中生疑殺，得偷蘭遮。”[T23n1435p435b4—b5]可資比勘。兹據補。

⑤ “越毘尼”三字乙本無。

⑥ 殺，底本、録本脱，據文意補。

⑦ 俱，乙本作“但”。

⑧ 此處疑脱“退失未得者”五字。《四分律拾毗尼義鈔輔要記》卷第三：“我於四果退失未得者，蘭。”[X44n078p826c23]可資比勘。

⑨ “得退二”三字底本、録本作“退”，結合文意，據乙本改。

⑩ “未得退”三字底本、録本脱。據《薩婆多部毘尼摩得勒伽》卷第八[T23n1441p614b18]補。

⑪ “菓偷蘭意在”五字底本、録本脱，結合文意，據乙本補。

丘常入白衣家[1],時到著衣持鉢,至白衣舍前立。居士語比丘言:"大德若是阿羅漢者,入我舍坐,受衣食呪願去。"比丘默入、受衣時(食?)[2]供養已去者,得偷蘭。(已上出《十誦律》。)《僧衹》云:有比丘語白[□][衣][3]言"某寺比丘皆非是凡[□][夫][4]",得越毘尼。若言"我亦在中",得偷蘭。施主問言:"大德得是法耶?"答言"得"者,犯重。比丘自言"我法智耶",越毘尼。若言"我法智",偷蘭。若言"[□][我][5]得法智",犯重。"人法"者,五欲,五蓋,除男入寺。"過人法"者,四念處、八道、四果、四禪、八定、八勝、九次第、十一切處是。淫取染樂,益(盜?)[6]以損主,殺以斷命,妄語取彰了了,亦簡趣尊卑,同於殺、盜。

第二篇初漏失戒。《十誦》云:覺時作方便,睡時失不净;睡時作方便,覺時失;皆偷蘭。《摩德勒伽論[7]》云:與他作境界,偷蘭。諸篇戒廣,不可具逐戒相。難者略出同異,戒相易知者如毘尼廣説,不復出之。應知。

磨觸戒。若比丘觸女人,是女即轉根作男子,偷蘭;自轉根,亦偷蘭。尼觸女,女人轉根,犯重;尼自轉根,僧殘。比丘觸男子,男子轉者,僧殘;比丘自轉,犯重。尼觸男,男及[□][尼][8]自轉皆偷蘭。(出《十誦律》。)二俱無衣,得僧殘。一有衣,一無衣,得偷蘭。以衣觸衣,突吉羅。

麁惡語戒。若説二道,口言麁獷,心有欲念,皆得僧殘。《十誦》云:有比丘見女人著赤衣、生不正露形,便言:"優婆夷大赤。"女人不解,答言:"衣新

---

① "家"前録本衍一"持"字。《十誦律》卷第五十九:"比丘常入出一居士家。是比丘中前著衣持鉢,到是居士舍。"[T23n1435p439b15—b16]可資比勘。兹據删。

② 結合文意,此句中"時"疑當爲"食"之訛字。《十誦律》卷第五十九:"若是比丘默然入坐,飲食呪願,呪願已去時,得偷蘭遮。"[T23n1435p439b18—b19]可資比勘。

③ 衣,底本、録本脱。《摩訶僧衹律》卷第四:"若教化比丘至檀越家語女人言:'優婆夷!某處安居比丘盡非凡夫。'得越比尼罪。"[T22n1425p261b19—b21]兹據補。

④ 夫,底本、録本脱。據《摩訶僧衹律》卷第四[T22n1425p261b21]補。

⑤ 我,底本、録本脱,結合文意,據乙本補。

⑥ 結合文意,此句中"益"似當爲"盜"之訛字。《四分律疏卷第二本》:"一是有主物,盜以損主爲宗故。"[X41n0731p575a5]可資比勘。

⑦ "勒伽論"三字底本、録本作"伽",結合文意,據乙本改。

⑧ 尼,底本、録本脱,據文意補。

染故赤。”心疑。佛言:“得偷蘭。”

歎身索供養戒。但取染心言彰,了即成犯。人取識别知解者,[□□□][亦成犯?][1]。《十誦》云:有比丘語女人言:“汝一切能與,唯此事不能與。”彼女人即知其心,便答:“一切能與,此亦能與。”比丘心疑。佛言:“僧殘。”《十誦》云:比丘惶(愰)[2]心受語,狂(誑)[3]心報彼,偷蘭。狂(誑)[4]心受語,惶(愰)[5]心報彼,僧殘。有白衣夫婦相瞋,不和合,比丘爲和合,悔過如本。比丘心疑。佛言:“有三種婦。一、用財得。二、禮法得。三、破壞得。是三種婦,若作券[6]書言‘非我婦,禮儀未斷,猶故出入’,未唱言‘非我婦’,比丘和合,偷蘭。是三種婦,若作券[7]書言‘非我婦,禮法已斷,不復出入’,而未唱言‘非我婦’,比丘和合,偷蘭。若已作券[8]書言‘非我婦,禮法已斷,不復出入’,已唱言‘非我婦’,衆人所知,合和者僧殘。”合和父母,亦偷蘭。若受富貴人語,語貧賤人;[□□□□][受貧賤人][9]語,向富貴人説及還報;偷蘭。[□][問][10]:“云何名‘富貴人’?”答:“乃至三語,令富[11]受用,是名‘富貴人’。”《鼻奈耶論》云:比丘解放畜生,合其牝[□][牡][12],亦僧殘。

---

① 此處疑脱“亦成犯”三字。待考。

② 惶,此處當爲“愰”字之訛。大正藏》出校:“惶＝愰【宋】【元】【明】【宫】。”意即“惶”字南宋思溪藏(簡稱“宋”)、元大普寧寺藏(簡稱“元”)、明嘉興藏(簡稱“明”)、宫内省圖書寮本(簡稱“宫”)諸本作“愰”。“愰”字義長。

③④ 結合文意,此“狂”當爲“誑”之訛字。

⑤ 惶,此處當爲“愰”字之訛。

⑥ 券,録本訛作“手”。《十誦律》卷第三:“三種婦若作券言‘非我婦,禮法未斷,猶故出入’,未唱言‘非我婦’,教是和合者,偷蘭遮。”[T23n1435p019c17—c19]可資比勘。兹據改。

⑦ 券,録本訛作“手”。據《十誦律》卷第三[T23n1435p019c19]改。

⑧ 券,録本訛作“手”。據《十誦律》卷第三 [T23n1435p020a2]改。

⑨ “受貧賤人”四字録本無,據文意補。《十誦律》卷第五十二:“若比丘受富貴人語,向貧賤人説;受貧賤人語,向富貴人説;得偷蘭遮。”[T23n1435p384b12—b14]可資比勘。

⑩ 問,底本、録本脱,據文意補。

⑪ 富,乙本作“官”。

⑫ 牡,底本、録本脱。《鼻奈耶》卷第四:“若比丘解放畜生合其牝牡,僧伽婆施沙。”[T24n1464p865b6]兹據補。

僧不處分過量造房戒。《十誦》云：比丘自物作房，偷蘭。餘比丘作房未成，比丘後[□][成][①]，偷蘭。"妨處"者，屋四邊各一尋地内[②]，[□][有][③]居士地、外道地、大石、流水、池水、大樹、深坑。無上諸緣，是名"無妨"。《五分》云：若作金瓦屋及寶[□][舍][④]，或僧地中作房，皆偷蘭。難處者，四衢道中，多聚戲處、淫人處、市肆處、放牧處、師子虎狼惡狩處、嶮岸水湯[⑤]突處、社樹大樹處、好園田處、墳墓[□][處][⑥]，或[⑦]逼村，或去村遠，道路嶮[□][巇][⑧]，是名"難處"。不處分及過量，得僧殘。難處妨處，得突吉羅。

房後戒。但以有主無過量爲别，更無異也。

無根謗戒。比丘自言犯淫，有比丘以無根盜謗者，亦僧殘。互作勿應知。《十誦》云：比丘以無根謗尼，突吉羅。《四分》：僧尼相謗，皆[□][僧][⑨]殘。後戒亦如是，[□][但][⑩]假根、不假根爲異也。

破僧違諫戒。非法非法想，破僧殘；非法法想，不犯。《毘尼毘婆沙》云：破有二種：一、法輪。二、羯磨僧。破法輪僧，逆，偷蘭，入阿鼻，不可悔；破羯磨僧，犯偷蘭，非逆可悔，非一劫受罪。破法輪僧，下至九人，自稱爲"佛"；破羯磨僧，下至八人，不稱作"佛"。破法輪，界内、界外一切盡破；破羯磨，唯界内别作法事。破法輪僧，唯男子；破羯磨，通男子、女人。破法輪，破俗諦僧；破羯磨，二諦俱破。破法輪僧，唯南方；破羯磨，通三界方。《四分》家凡諸違諫戒，未白已前，一切突吉羅；白已去，偷蘭。《僧祇》云：僧伽婆尸沙起已，屏處三諫，越毘尼。多人中三諫，越毘尼。及僧中，偷蘭罪。一切盡共合成一

---

① 成，底本、録本脱。《十誦律》卷第五十二："若餘人作房未成，比丘後成，得偷蘭遮。"[T23n1435p384a19]可助勘。另，乙本亦有"成"字。兹據補。

② "内"後録本衍"無地"二字，據《十誦律》卷第三[T23n1435p020c19]删。

③ 有，底本、録本脱。據《十誦律》卷第三[T23n1435p020c19]補。

④ 舍，底本、録本脱，結合文意，據乙本補。

⑤ 湯，録本訛作"踼"。據《彌沙塞部和醯五分律》卷第二[T22n1421p014a26]改。

⑥ 處，底本、録本脱，結合文意，據乙本補。

⑦ 或，録本訛作"式"。據《彌沙塞部和醯五分律》卷第二[T22n1421p014a27]改。

⑧ 巇，底本、録本脱。據《彌沙塞部和醯五分律》卷第二[T22n1421p014a27]補。

⑨ 僧，底本、録本脱，結合文意，據乙本補。

⑩ 但，底本、録本脱，結合文意，據乙本補。

僧伽婆尸沙。中間止者，離止治罪。

第三篇初畜長衣戒。三十尼薩耆波逸提並九十波逸提有一百二十戒，名“第三篇”。俱(但)①前之三十因財故犯，須捨已如悔。下九十戒往成無可捨，以捨、不捨無別故。二處問清净同是三説，對手悔，合爲一篇。《僧祇》云：優波離問佛：“齋幾許應作净？幾許不作净？”佛言：“廣一肘、長二肘，應[□][作]②净。”《四分》云：長衣廣如來四指八寸、長如來八指尺六也。如是應作净。《十誦》云：問曰：“若衣經净緯不净、緯净經不净、經緯俱不净，應捨應净施不？”佛言：“不應净施。”“云何名‘不净’？”“謂駱陀毛、牛毛、羝羊毛等雜織者名‘不净’。”又問：“若比丘多有長衣，若火燒，若腐爛，若斷壞，若虫嚙，應捨不？”佛言：“不應捨。是比丘俱(但)③應如法滅罪。”《僧祇》云：“比丘共衣，犯長不？”答：“不犯。若分竟不作净者犯。”問：“何等人邊應作净？”佛言：“於五衆邊作净。”又問：“相去近遠得從作净？”佛言：“齊三由旬，知其存亡。”又問：“施主死，當云何？”佛言：“得停十日，於餘知識邊作净。”

離衣宿戒。《十誦》云：優波離問：“若比丘受僧衣離宿，是應捨不？”答：“不應。是比丘但應如法滅罪。”《僧祇》云：六十家聚落界有村，各别起屋。比丘安衣在第一屋，人在第三屋宿，日光未滅去，至明相出時還者，犯；若日光滅已去，至明相出時還，無罪；日光未滅去，明相未出還，無犯；一切屋中皆比丘住，無犯。若結界，或周匝有[□□□□□□□□□][墻，或周匝有塹，或周匝]④渠水，共一門出入無犯。或夜與一衣合⑤，無犯。又暫宿界，或寄宿處多人雜住，畏有賊故，安衣閣上，在閣下宿，犯。不犯如上。若其中安梯橙、道通者，不犯。若在道行，寄天寺中宿，問守寺人何處牢、不畏賊⑥。若或

① 俱，乙本作“但”。“但”字義長。

② 作，底本、録本脱，結合文意，據乙本補。

③ 俱，乙本作“但”。“但”字義長。下文：“優波離問：‘若比丘受僧衣離宿，是應捨不？’答：‘不應。是比丘但應如法滅罪。’”可互勘。

④ “墻或周匝有塹，或周匝”九字底本、録本脱，結合文意，據乙本補。

⑤ 合，録本訛作“會”。《摩訶僧祇律》卷第八：“若比丘夜中大小行，離衣二十五肘内，與衣合無罪。”[T22n1425p296c1—c2]可資比勘。兹據改。

⑥ 賊，録本訛作“賤”。據《摩訶僧祇律》卷第八[T22n1425p297b18]改。

内或外，比丘安衣舍内，在［□］［舍］①外宿，向户卧，犯。不犯如上。若户鈎在比丘邊者，不犯。若比丘浣衣在船上曬，風吹衣盡向外，逕宿者犯。若夜中風吹衣，暫入船内者不犯。若衣半在［□］［船］②内、半在船外，外者犯，以不可截故盡捨也。若比丘於家③中宿，是家内兄弟二人，於一家中别作分齊，兄不聽弟、弟不聽兄入。若比丘［□］［在］④兄分齊内，［□□□□□□］［衣在弟分齊内］⑤，日光未没至明相出時者，犯。若兄弟語比丘言“俗人自相違，於法不礙，任意住止”者，爾時隨意置衣無罪。若［□］［四］⑥聚落界相接，比丘衣枕卧，比丘手足及頭各在一界，衣在頭下，離頭者犯。若夜中手足暫到衣所者，不犯。車前後兩輪，各一界亦爾。井［□□□□□］［上宿，安衣井］⑦堪(龕)⑧中犯、不犯亦然。以繩連著身，身宿不犯。若比丘在道行，弟子持［□］［衣］⑨在前，在［□］［後］⑩，或兩邊，去衣二十五肘外，［□］［明］⑪相出犯。若二十五肘内暫與衣合，不犯。《十誦》云：弟子與師持衣道中行，四十九尋外至地了時，犯。若比丘在二界内宿，衣離身半墮⑫地界中者，突吉羅；若衣一角在身上，不犯。有諸比丘，持衣鉢著一處，在衣四邊卧。是中一比丘起去，雖可得還取處，至地了時犯捨。若樹界枝葉相接，乃至［□］［一］⑬枸盧舍，是中墮所著衣，至地了不犯。《四分》云：阿蘭若處八樹間，一樹七弓，弓長四肘，齊是不失衣。《五分》云：十種界各有同界、異界。同者羯磨，結不失衣

① 舍，底本、録本脱，結合文意，據乙本補。
② 船，底本、録本脱，結合文意，據乙本補。
③ 家，底本、録本作“處内”，結合文意，據乙本改。
④ 在，底本、録本脱。據《摩訶僧祇律》卷第八［T22n1425p297c12］補。
⑤ “衣在弟分齊内”六字底本、録本脱。據《摩訶僧祇律》卷第八［T22n1425p297c13］補。
⑥ 四，底本、録本脱，結合文意，據乙本補。
⑦ “上宿安衣井”五字底本、録本脱，結合文意，據乙本補。
⑧ 堪，此當爲“龕”之借字(二字《廣韻》皆可音口含切)。《摩訶僧祇律》卷第八［T22n1425p297a16］正作“龕”。
⑨ 衣，底本、録本脱。據文意補。
⑩ 後，底本、録本脱。據文意補。
⑪ 明，底本、録本脱，結合文意，據乙本補。
⑫ 墮，底本、録本訛作“隨”，結合文意，據乙本改。
⑬ 一，底本、録本脱，據《十誦律》卷第五［T23n1435p033a23］補。

界,於[□][中][1]得自在往返。異界者不結衣界,雖結而於中,不得自在往返,名爲"異"也。露地同界者,跏趺坐,四面各七尺,異界七尺之外。行道同界者,面去身七弓,異界者七弓之外,至明相出時還到界分,一足入界,不失衣。若口言"我捨是衣",亦不失衣。又,《僧祇》"聚落界"中云:若比丘著上、下衣至白衣家,值白衣營福,留連比丘佐助。是比丘不持衣去,至日暮時辭白衣還寺,白衣苦留比丘宿者,若彼住處諸比丘有[□][長][2]衣者,應暫借受持;若無者,隨近有比丘住者從借。若[□][無][3]比丘,有尼住處,從借。若復無,俗人有被衣,從借,作净安紐受持。若無是事,後夜分[□][時][4]城門開,當疾[5]還寺。若到寺門者,當喚開。不開者,應在門屋底住。若無門屋,應[□][内][6]手或内腳門孔中、水瀆孔中,令與衣。若無孔,應踰墻入,莫令内人疑怪。若不得入,當疾捨衣,寧無衣犯越毘尼,以輕易重也。

從非親里比丘尼取衣戒。云何名"親里"?《十誦》云:"親里"名母姊妹,若女乃至七世因緣,是名"親里"。《僧祇》云:"非親里"者,非父親相續,非母親相續。《五分》云:若無心[7]求自布施[8],或知彼有長衣,得取無犯。

使非親里尼浣故衣戒。《十誦》云:若比丘入尼寺中有逕,若中牛糞污比丘衣,尼爲卻者犯捨,以不可截故都捨。若浣衣時,尼轉根者,突吉羅。若病,若爲僧,若爲佛圖,若借他衣,浣[9]、染、打不犯。《僧祇》云:若比丘多有尼弟子,得使拾[10]取薪、取水、煮、染、取食、行水、扇扇等,唯不得教浣。

從非親里居士乞衣戒。《僧祇》云:若乞漉水囊,若乞小補衣物,若繫頭物,若裹瘡物,若衣緣,若乞衣中一條,如是等物不犯。若如是乞時,檀越以

① 中,底本、録本脱,結合文意,據乙本補。
② 長,底本、録本脱,結合文意,據乙本補。
③ 無,底本、録本脱,結合文意,據乙本補。
④ 時,底本、録本脱,結合文意,據乙本補。
⑤ 疾,録本訛作"病"。據《摩訶僧祇律》卷第八[T22n1425p298a9]改。
⑥ 内,底本、録本脱,據《摩訶僧祇律》卷第八[T22n1425p298a11]補。
⑦ "心"前録本衍一"自"字,據《彌沙塞部和醯五分律》卷第四[T22n1421p026c12]删。
⑧ 施,底本、録本訛作"薩",結合文意,據乙本改。
⑨ 浣,底本、録本訛作"澆",結合文意,據乙本改。
⑩ 拾,録本訛作"捨"。據《摩訶僧祇律》卷第八[T22n1425p301b26]改。

全物及衣截施取者不犯。若作念:“我但索小物,檀越自當與我全衣。”得犯捨。離波多苦腳冷,從一白衣乞裹腳欽婆羅衣,得已,生疑佛不聽從非親里乞衣,即往白佛。佛言:“如是聽乞所應受持衣。若護䏶衣、護髀衣、拭手巾等,拭面、身體巾等。”又,《五分》云壞時。

不得受寶戒。《四分》云:錢有八種:金、銀、銅、鐵、白臘、鉛錫、木、胡膠,隨國土受用犯捨。《十誦》云:受金、銀錢尼薩耆,自餘六種突吉羅。《五分》:作羯磨,差[□□][一人]①棄之,若水火坑、壙野中,不聽記處。棄已,不得更捉。彼使不應問僧:“此物當云何?”僧亦不應教作“如是”。若不問僧,復不棄,使净人貿衣食來與僧,僧得受。若分,唯犯罪人不得受分。《四分》明捨寶法者:守園人若信樂優婆塞,當語彼人言:“此物我不應受,汝當知之。”若彼人受已、還與比丘者,當爲受,令净人賞之,貿净人衣畜。若彼受已、不還比丘者,得遣餘人,若自往索,語言:“佛有教,爲净故與。”若教與三寶及餘人,或還本主。何以故?不欲令失彼信施故。《僧祇》云:若金像或金度,不得捉。若像倒,使净人捉;無净人,得[□][無]②金處扶。若遍有金,以衣裹手。若施主家有寶床,聽以物覆坐上,不得觸及歎寶、留盛食,但手指地言“受”,受不得觸邊。

賣買戒。《四分》云:五衆平價,迭相貿易不犯。《僧祇》云:俗人貿易物作知净語者不犯。

畜長鉢戒。《十誦》云:若比丘畜鉢,一夜便轉根者即犯。尼轉根者,得十日。

乞鉢戒③。乞鉢者,若從親里乞,從出家人乞,若爲他乞,他爲己④[□][乞]⑤。或不求自得,若施僧錢時,次第而得;或自價賣得;皆不犯。又《十誦》云:比丘有多鉢,盡應僧中行不?答:“俱行一鉢,餘者隨意與親友。”

奪衣戒。《十誦》云:若奪不净衣,或轉根,得突吉羅。應當廣知。

---

① 一人,底本、録本脱,結合文意,據乙本補。

② 無,底本、録本脱,據《摩訶僧祇律》卷第十[T22n1425p312b18]補。

③ “戒”後底本、録本衍一“者”字,結合文意,據乙本删。

④ 己,底本、録本訛作“已”,結合文意,據乙本改。

⑤ 乞,底本、録本脱,據文意補。

過畜七日藥戒。何故制限七日者？藥勢相接、七日可知故也。《僧祇》云：若食上多有藥，食不盡得，以笮(榨)①作漿，作非時受。若有餘緣不得笮(榨)②，即應作是言："此中净物生我，當受。"蘇蜜亦如是，得作七日服。凡服藥先漱口洗手，然後服之。四藥不足如酪，是時藥作蘇，即爲七日藥。燒作灰，即作爲盡形藥。文煩不廣釋也。

迴僧物入己戒。若物許僧迴與塔，塔迴與僧；四方迴現前，現前迴向四方；僧向尼，尼向僧；或此住處迴與異住處，皆突吉羅。云何"尼薩耆"？此名爲"捨"。[□□][“捨”者]③，[□][“捨]④財捨罪"也。又捨法云何受寶、貿二？或對俗人，餘二十八戒對僧捨。就二十八戒中，乞鉢一戒大衆捨。餘二十七戒，或本衆、異衆，若對一人皆得成，但不得别衆捨。就二十七戒雜野蠶卧具一戒捨者，以斧細斬、作埿塗壁等用。餘二十六戒捨者，不壞其體。就二十六戒中，過畜七日戒，捨已唯得塗足、燃燈及塗户向，更不得餘用。自餘二十五戒捨已，得如法用。

九十事中，壞鬼神村戒。《四分》云：草非一名，一切草木皆鬼神所依，故云"鬼神村"也。餘律名"殺衆草木戒"。《僧祇》云：比丘作方便，自截五生種，竟日不止，得一波逸提。中間息已更截，隨意一一波逸提。教人如是。此明一葉爲一罪。《十誦》家一根一子各一罪。又《十誦》云：落生菓，墮落熟菓，突吉羅。《僧祇》云：半熟者越毘尼，全熟者無犯。翻覆水中浮萍，越毘尼；擲岸上，墮。《十誦》云：取浮萍、石⑤葦，突吉羅；[□][取]⑥空中飛落樹菓無罪。又，《僧祇》云：比丘須水，至池邊，水上遍有萍草者，當覓牛馬行處、蛇、[□][蝦]⑦蟆行處取水。若無者，取土凷(塊)⑧向上擲言："至梵天去。"

①② 笮，録本訛作"苲"。據《摩訶僧祇律》卷第八[T22n1425p318a4]改。笮，後作"榨"。

③ "捨者"二字底本、録本脱，結合文意，據乙本補。

④ 捨，底本、録本脱，據文意補。

⑤ 石，録本訛作"名"。據《十誦律》卷第五十三[T23n1435p392c26]改。

⑥ 取，底本、録本脱，據文意補。

⑦ 蝦，底本、録本脱，據《摩訶僧祇律》卷第十四[T22n1425p340a19]補。

⑧ 凷，與"塊"同。《説文·土部》："凷，墣也。塊，或從鬼。"

凷(塊)[①]下打水開處,得取。若夏中衣上生[②]湄(黴)[③],使净人知,著日中暴[④]已,得自柔(揉)[⑤]卻。石上生衣,亦使净人知卻,然後浣衣。若净人取五生種,一切皆言"知是净"。《五分》云:比丘須五種,應净人言:"汝知是。"若不[⑥]解,復語言:"汝看是。"若故不解,復語言:"我須是。"猶故不解,復語言:"與我是。"作如是語索者,[□][不][⑦]犯。

掘地戒。《善見論》云有真地、非真地者:無沙石、純土者,名"真地";若多有瓦、石、沙礫而土少,名"非真地"。被燒地亦名"非真地"。若沙石地以水洮(淘)看,四分沙石一分土者,如是得自掘。石上土厚四寸,燥者可取。雨已,逕四月不得取。

與未受具戒人同宿戒。得二夜、三夜,當護明相;第四宿初夜,隨脇著地犯。《僧衹》云:第四宿當别房。若露地,天雨寒雪,聽入房坐,至地了,不得卧。若老病不堪久坐,聽以縵障若齊頂、若齊腋下垂地,當用緻物作,不得容猫子過,得卧也。若更互坐,至曉不犯。

食尼讚敬食戒。《僧衹》云:若尼語施主言:"某甲徒[⑧]衆盡多聞精進。"當請一切,皆名"讚歎食"。若言:"某甲衆主多聞精進。"爲是比丘故,通[□][請][⑨]二十[⑩]人,[□□□][是一人][⑪]名"讚歎",餘不犯。若檀越設供時,有比丘至家,下至一比丘尼言:"外有比丘。"施主言:"故請不可得,何況自來?"

① 凷,與"塊"同。
② 生,底本、録本訛作"坐",結合文意,據乙本改。
③ 湄,此當讀如"黴"(二字《廣韻》皆音目悲切)。
④ 暴,録本訛作"就"。據《摩訶僧衹律》卷第十四[T22n1425p339c21]改。
⑤ 柔,此當讀如"揉"(二字《廣韻》皆音耳由切)。
⑥ 不,録本訛作"下",結合文意,據乙本改。
⑦ 不,底本、録本脱,結合文意,據乙本補。
⑧ 徒,録本訛作"從",結合文意,據乙本改。
⑨ 請,底本、録本脱,據《摩訶僧衹律》卷第十五[T22n1425p351a11]補。
⑩ 二十,録本訛作"世",結合文意,據《摩訶僧衹律》卷第十五[T22n1425p351a11]改。
⑪ "是一人"三字底本、録本脱,據《摩訶僧衹律》卷第十五[T22n1425p351a12]、乙本補。

是[□][不][①]名“讚歎”。若尼言門中比丘:“是阿練好禪師。”如是得食者,犯。若如是讚歎食,當展轉貿食[②],不得捨食而去。若比丘坐污穢不净、不喜與貿者,當作念言:“此鉢中食,是某甲比丘許,我當食。”如是食者無罪。

受一食處過受戒。《僧祇》云:若十六間屋[□][一][③]間中一家施食,若在我屋中宿者,當與食。比丘若爲三寶事故一宿不訖者,得曰:“到一家屋中食。”若遍已,應餘處。一宿已,更得十六日。若事猶不了,當更去,隔一宿,復得來食。若餘[□][處][④]食,去時作福家或設會請比丘住食不犯。若同村相助作福舍,亦不得從乞食,當往餘村乞,即彼處宿。

展轉食戒。展轉者,先受他足食請,後更受。背前受後請者,墮。《僧祇》家云處處食戒:若受二請,作念施他者不犯。《十誦》云:阿難先受他請,後受波斯匿王請。忘受前請,不迴施與他,臨食方憶念,食不咽,畏犯戒故,又不敢吐[□][食][⑤],恭敬[□□][佛故][⑥]。佛知阿難心悔,語言:“心念,與他便食。”優波離即問:“佛聽阿難心念,與他得食,若餘人心念,與他,得食不?”佛言:“不得。除五種人。”如上説。

足食已不作餘食法戒。《僧祇》云:足有八種:一、自恣足,謂食五正、五雜正,自恣滿足,口言“足”,起離處,不作殘食,[□][食][⑦]者墮。二、少欲足。食正食時動手,現少取相,離坐不作殘食,[□][食][⑧]者犯。三、穢污足。若行食人手有瘡疥,及餘人不净,比丘見惡之,[□][言][⑨]“不用過去”,此名爲“足”。四、雜足。行食人持乳酪器盛食行,比丘見已惡之,言“不用過去”,即名“犯足”。五、不便足。行食時比丘問:“是何食?”答言:“麨。”比丘言:“此

---

① 不,底本、録本脱,據《摩訶僧祇律》卷第十五[T22n1425p351a6]補。

② 食,底本、録本作“食食”。中一“食”字當係衍字,結合文意,據《摩訶僧祇律》卷第十五[T22n1425p351a13]删。

③ 一,底本、録本脱,結合文意,據乙本補。

④ 處,底本、録本脱,據文意補。

⑤ 食,底本、録本脱,據《十誦律》卷第六十一[T23n1435p457a7]補。

⑥ “佛故”二字底本、録本脱,據《十誦律》卷第六十一[T23n1435p457a7]補。

⑦ 食,底本、録本脱,據《摩訶僧祇律》卷第十六[T22n1425p355a4]補。

⑧ 食,底本、録本脱,據《摩訶僧祇律》卷第十六[T22n1425p355a7]補。

⑨ 言,底本、録本脱,據《摩訶僧祇律》卷第十六[T22n1425p355a9]補。

動我風[□][病]①,我不便過去。"此亦名"足"。餘不便[□][足]②食亦如是。六、諂曲足。行正食時,畏口言"足",現手作相,若摇頭、若縮鉢作相,名"犯足食"。七、停住足。行正食時言"先行飯,恐先行"等,亦即犯足。若作維那指示現相者,不名"足"。八、自足。有比丘至白衣家,放麨飯囊,著一處,從檀越乞水欲飲。檀越念言:"此比丘正當須麨。"即問言:"須麨不?"比丘謂家中取麨施,即答言:"須是。"白衣即捉比丘麨囊,授與比丘。比丘以惜己麨故,便言:"置! 置!"此亦犯足。若八事中犯一,破威儀已,不作餘食,食者口口墮。不犯者,一切餅,一切菓,一切菜粥,初出釜、畫[□□][不成]③字者,非處處食,非[□□□][别衆食]④。

别衆食戒。《毘尼毘婆沙論》云:凡别衆,盡⑤是檀越食,是别請,非僧次,是界内,非界外。若僧祈⑥食一切[□][盡]⑦,無别衆食罪。若[□□□][不如法]⑧食僧祈⑨食,但名"不清净",亦名"盗僧食",不名"别衆食"。若界内有⑩檀越别食,能一切無遮者大善。若不能無遮,應僧次請僧中一人,若送一分,食不犯。請一人外,更有⑪異僧來,乃至一人犯墮。若不爾者,三人已下各異處食,無過。若界内有檀越食,先作意請僧中一人。若忘不請,食已,在前應取一分置上坐頭,送與衆僧。若僧遠,恐時過,應取此食次第行之,無犯。若三比丘、一尼者,不犯。三尼一比丘、三比丘一沙彌、三[□][在]⑫界

---

① 病,底本、録本脱,據《摩訶僧祇律》卷第十六[T22n1425p355a14]補。

② 足,底本、録本脱,結合文意,據乙本補。

③ "不成"二字底本、録本脱,據《摩訶僧祇律》卷第十六[T22n1425p354b1]補。

④ "别衆食"三字底本、録本脱,據《摩訶僧祇律》卷第十六[T22n1425p354b3]補。

⑤ 盡,録本訛作"悪",據《薩婆多毘尼毘婆沙》卷第七[T23n1440p550c26]改。

⑥ 祈,録本訛作"祇",據《薩婆多毘尼毘婆沙》卷第七[T23n1440p550c26]改。

⑦ 盡,底本、録本脱,據《薩婆多毘尼毘婆沙》卷第七[T23n1440p550c26]補。

⑧ "不如法"三字底本、録本脱,據《薩婆多毘尼毘婆沙》卷第七[T23n1440p550c27]補。

⑨ 祈,録本訛作"祇",據《薩婆多毘尼毘婆沙》卷第七[T23n1440p550c27]改。

⑩ 有,録本衍作"有有",結合文意,據乙本删。

⑪ 有,録本訛作"者",結合文意,據乙本改。

⑫ 在,底本、録本脱,結合文意,據乙本改。

内一在界外、三在空一[□][在][1]地等,不犯。若俗人請比丘,或設十日食,或九日食。先隨意請人,使定至,作食。初日一切集,鳴槌竟,勸化比丘應高處立,高聲大唱:"六十獵者入。"無被請者,各住處未被請中有六十臘者應入;若無,次唱"五十九臘";乃至唱"沙彌",亦得清净。若界内不相容,持食外出,不犯。若檀越家内請四比丘已上食,雖打揵[2]槌,若檀越遮者,知外有一比丘不得食者,犯。凡界有多種。僧結界者,有聚落界,有[□□□][家界,有][3]曠野自然界,方一拘盧舍。此諸界内,不得别衆食及作法事。大衆集時者,極少乃至客、舊[□][各][4]四人。若食難得,聽食。易得不聽。《善見論》云:有五因緣,不犯别衆罪:一、不[5]請足四。先請四人,一人不赴請,施主臨時趣唤一人。雖四人俱食,不犯。何以故? 以一人非請故。二、乞食足四。三人受請,一人乞食不受。三、沙彌足四。三比丘、一沙彌不犯。四、鉢盂[6]足四。三[7]比丘一鉢,請食不犯。五、病人足四。三比丘、一病人,不犯。若人來詣寺,請僧受我等飯。此人不知法,解律者應語:"明日知如是。"乃至半月故不解者,應語:"汝如是請者,但得沙彌。"若言:"大德亦受餘家請,何以故不受我請?"語言:"汝但言請僧,莫言與飯等。"若四人中一人解法者,作方便待[8]三人食竟,方不犯。《五分》云:若白衣請比丘舍内食,有客比丘在門外白施主、不聽入者,應語言:"與我等食分,[□][我][9]自平等共食。"[□□□][若得者][10],善。若不

① 在,底本、録本脱,結合文意,據乙本改。

② 揵,底本、録本訛作"犍",據《薩婆多毘尼毘婆沙》卷第七[T23n1440p550b3]改。

③ "家界有"三字底本、録本脱,結合文意,據乙本補。

④ 各,底本、録本無,據文意補。《薩婆多毘尼毘婆沙》卷第七:"大衆集時者,或以法事,或以餘緣,衆僧集會。極少舊比丘四人、客比丘四人,名爲'大衆'。"[T23n1440p551a21—a23]可助比勘。

⑤ 不,底本、録本訛作"犯",據《善見律毘婆沙》卷第十六[T24n1462p784a8]改。

⑥ 盂,底本、録本訛作"孟",據《善見律毘婆沙》卷第十六[T24n1462p784a9]改。

⑦ 三,底本、録本作"一",結合文意,據乙本改。

⑧ 待,底本、録本作"持",結合文意,據乙本改。

⑨ 我,底本、録本無,據《彌沙塞部和醯五分律》卷第十八[T22n1421p123c9]補。

⑩ "若得者"三字底本、録本無,據《彌沙塞部和醯五分律》卷第十八[T22n1421p123c9]補。

得,應各以鉢受分,出外共食。若得者,善。若復不得,僧坊内有食,應與之。

不受食戒。《僧祇》云:濁水應受,性黄聽不受。《五分》云:咸不須,著鹽應受。廣如上説。

殘宿食戒。《四分》云:今惡(日?)[①]受食至明日,於一切沙門釋子皆不清净。《僧祇》云:停過一須臾犯。須臾者,二十念名"一瞬頃",[□□□□][二十瞬名][②]"一彈指"、[□□□□□][二十彈指名][③]"一羅預",[□□□□][二十羅豫][④]名"須臾"。日極長時盡有十八須臾頃,日極短時[⑤]有十二[⑥]須臾。夜長短亦如是。若過一須臾,即名爲"犯"。

非時食戒(一如上説)。

[□□□□□□□□□□□□□][與年不滿二十受具戒(亦如上説)][⑦]。

僧伽藍中取寶戒。不净物使净人取,净者得自取。若無識者,應停至三年已。若本塔園中得者,即作塔用。僧園中得者,當作四方僧用。得寶時,當審諦看,不得顯露、唱令得寶,應審諦[⑧]數多少、[□][相][⑨]貌好惡。有人來認相應者,不得直還,當集衆多人,教歸三寶,然後還之。若其物已用過三年已、主來索者,應善語共籌[⑩]量。苦索不已者,應以塔物還。若塔無物,應爲塔乞物還。若比丘寺内、曠路行道中見物,四方無人者,應取,不得覆藏,當顯露捉。若無人識,得用。若物上有寶,付净人。寶逕三年無人認者,得作醫直(值)。若修僧坊、掘地中得寶,若[□][净][⑪]人不可信者,應白王,令

① 惡,此似爲"日"之誤字,待考。

② "二十瞬名"四字底本、録本脱,據《摩訶僧祇律》卷第十七[T22n1425p360a12]補。

③ "二十彈指名"五字底本、録本脱,據《摩訶僧祇律》卷第十七[T22n1425p360a13]補。

④ "二十羅豫"四字底本、録本脱,據《摩訶僧祇律》卷第十七[T22n1425p360a13]補。

⑤ "日極短時"四字録本訛作"夜",結合文意,據《摩訶僧祇律》卷第十七[T22n1425p360a15]改。

⑥ 二,録本訛作"三",結合文意,據《摩訶僧祇律》卷第十七[T22n1425p360a15]改。

⑦ "與年不滿二十受具戒亦如上説"十三字底本、録本脱,據乙本補。

⑧ "審諦"二字録本訛作"善頭",結合文意,據《摩訶僧祇律》卷第十八[T22n1425p371a24]改。

⑨ 相,底本、録本脱,結合文意,據乙本補。

⑩ "共籌"二字底本、録本作"其",結合文意,據乙本改。

⑪ 净,底本、録本脱,結合文意,據乙本補。

知隨王判斷。若物以用、王索者,應用[①]僧物還。若治故塔時得寶、净人不可信者,[□□□□□□][亦白王,可信者][②]停三年已,隨[□□□][塔所須][③]種種而用。用已,王覺知索物者,比丘善作方便,開化王心。苦索不免者,應用塔物還。若塔無物,應爲塔乞物還。若王問:“佛法中戒律云何?”比丘應答:“佛法戒律中,塔地所得物即作塔用,僧地中得物即作僧用。”王若言“從佛法律用”者,善。若寶上有銘記姓名,物主索,亦如是作。新僧坊、新塔地中得寶亦如是。

飲酒戒。《四分》云:若有病,餘藥不治,唯酒爲藥,聽。或用塗瘡,不犯。《五分》云:婆竭陀比丘有酒習,不得酒故,命惙然。佛言:“聽嗅[④]酒器。若不差(瘥),聽以酒和食。”食復不差(瘥)。佛言:“聽以酒與之。”飲酒有十失:一、無顔色。二、無力。三、眼闇。四、喜現瞋相。五、失財物。六、生病事。七、益鬪諍。八、惡名流布。九、智慧減少。十、死入惡道。然煩惱性利,終日伏之,尚自難制,況復加之以酒助煩惱,如火益薪[⑤],云何可息?

除[□][罪][⑥]懺悔法第十五

凡欲懺悔者,應知輕重、犯不犯,知可悔,知須僧中悔,知不須僧中悔,知有罪對人三説,智(知)[⑦]有罪對人一説。有罪心念悔,知罪種,常自省察,乃至少罪生大怖畏。若失意犯,即時[□□][懺悔][⑧],慎莫覆藏。四部律皆明初篇不可悔,第二要僧中悔。悔法《毘尼》中廣説。偷蘭遮有多種,悔法不同。《四分》云:有十種自性偷蘭:一、食人肉。二、畜人皮。三、剃三處毛。

---

① “應用”二字録本訛作“若”,結合文意,據《摩訶僧祇律》卷第十八[T22n1425p371c1]改。

② “亦白王可信者”六字底本、録本脱,結合文意,據乙本補。

③ “塔所須”三字底本、録本脱,結合文意,據乙本補。

④ 嗅,録本訛作“臭”,結合文意,據《彌沙塞部和醯五分律》卷第八[T22n1421p60b12]改。

⑤ 薪,底本、録本作“籬”,結合文意,據乙本改。

⑥ 罪,底本、録本無,結合文意,據乙本補。

⑦ 智,此當讀如“知”。

⑧ “懺悔”二字底本、録本無,據上下文意補。

四、灌下部道。五、畜人髮欽婆羅。六、裸形。七、畜食鉢。八、瞋恚破衣。九、瞋恚破房。十、瞋恚破塔。此皆犯偷蘭。輕者[□][對]①一人而悔，悔法如波逸提。此罪重於②突吉羅罪，故在第[□][三]③而明也。《僧祇》云：瞋心破六種偷蘭：一、破鉢。二、破三衣。三、破塔。四、破房。五、破僧。六、破界。破三種鉢，偷[□][蘭]④；餘小鉢，突吉羅。破三衣，犯；餘衣，越毘尼。破佛塔，偷蘭，來報重也；若欲更作好者，無罪。破僧房，偷蘭；外道房，越毘尼；更作好者，無犯。瞋心過界，作不名"作"，得偷蘭罪，得捨已更結。《十誦》云：問曰："云何懺偷蘭罪？"佛言："有四種偷蘭從初生重，一切僧前悔過。有偷蘭從初篇生輕，出界外四比丘衆中悔。有偷蘭從第二篇生重，應出界外四比丘衆中悔。有偷蘭從僧殘生輕，應一比丘前悔過。"若依《僧祇》，輕、重皆對手懺悔法者，先請一清浄[□□][比丘]⑤爲懺悔主。若是下向[□][上]⑥懺悔，有五法：一、偏露右肩。二、禮足。三、革屣。四、右膝著地。五、合掌自説所犯："大德一心念！我比丘某甲，欲方便作淫緣，若不成偷蘭遮，不應⑦數。今向大德發露懺悔，不敢覆藏。懺悔則安樂，不懺悔不安樂。憶念犯發露，知而不[□][敢]⑧覆藏。願大德憶我清浄，戒身具足，清浄布薩。"(如是三説。)上坐應問言："汝見罪不？"答："見。"當語言："長老！從今已往，當自噴(責)，心生厭離，更莫後犯。"答言："爾。"若上坐向下坐懺悔，有[□][四]⑨法，除禮[□][足]⑩，餘四同上。淫邊懺方便。殺、盗等⑪亦如是。若悔第三、第四篇文同上，但稱"波逸提"等爲異。若説戒時，三問清浄，自知有

---

① 對，底本、録本無，結合文意，據乙本補。
② 於，底本、録本訛作"有"，結合文意，據乙本改。
③ 三，底本、録本無，結合文意，據乙本補。
④ 蘭，底本、録本無，結合文意，據乙本補。
⑤ "比丘"二字底本、録本無，結合文意，據乙本補。
⑥ 上，底本、録本無，結合文意，據乙本補。
⑦ 應，乙本作"憶"。
⑧ 敢，底本、録本無，結合文意，據乙本補。
⑨ 四，底本、録本無，結合文意，據乙本補。
⑩ 足，底本、録本無，據上下文意補。
⑪ "盗等"二字底本、録本作"道"，結合文意，據乙本改。

罪，不向人説，心念發露，此犯默妄語突吉羅。應對手一説言：大德一心念！我比丘某甲，於説戒序時，自知有罪覆[1]藏，犯默妄語突吉羅罪。”自餘同上。凡懺悔法重罪作輕罪、作重悔，悔法不成，得失法突吉羅。自餘悔法，律中廣説，不復煩文。與他作懺悔[2]，應具五德：一、善知犯。二、善知不犯懺悔法。三、知犯懺悔清净。四、善知作白。五、善知作羯磨。具此五德，[□][得][3]與人除罪懺悔。

會通諸律違負第十六

問：“佛何故爲諸弟子制此五部戒律輕重不同，使諸比丘互生是非？”

答：“佛爲諸比丘故，制一部戒律。尚無‘二’名，何況有‘五’？佛涅槃後，優波離共五百羅漢初結集律時，有八十誦，號曰‘大毘尼藏’。一百年中，依之而行，初無違諍。一百年後，時人異見不同，各隨己見，遂成五部。抄略前後，隱顯異名，致[4]使名差相别，‘五部’名生。名相雖殊，理通正[5]一。”

問：“《僧祇》云燒[□][埋][6]壞色越毘尼，《十誦》[□][云][7]偷蘭遮，《四分》云犯重，云何言一？”

答：“此三部正是戒。《僧祇》[□][所][8]云，明其惡，不論損物，故曰‘毘尼’。[□□□□□□□□□□□□□□□□□□□□□□□□□□□□□□] [《十誦》明損物方便，故犯偷蘭。《四分》明損物滿處，是故犯重。又解，《僧祇》明其始心）][9]；《十誦》[□][所][10]云，導其方便；《四分》論終處三部理同，偏彰似别。”

---

① 覆，底本、録本訛作“露”，結合文意，據乙本改。

② “懺悔”二字乙本作“悔懺主”。

③ 得，底本、録本無，結合文意，據乙本補。

④ “名致”二字底本、録本訛作“知”，結合文意，據乙本改。

⑤ 正，乙本作“止”。

⑥ 埋，底本、録本無，結合文意，據乙本補。

⑦ 云，底本、録本無，據上下文意補。

⑧⑩ 所，底本、録本無，據上下文意補。

⑨ “《十誦》明損物方便……《僧祇》明其始心”三十字底本、録本無，結合文意，據乙本補。

問:“《僧祇》明互用[□][三][①]寶物犯重,《四分》偷蘭。此復云何?”

答:“《僧祇》明守護人邊犯重。《四分》明佛法於物無我所,心無守護,故但得偷蘭。以四方僧物一人邊計錢難滿,故得偷蘭。《四分》若爲[②]守護,亦犯重。《僧祇》云若無人守護,亦偷蘭。故知二部不別。”

問:“何故惡心戒獨分爲三,餘戒不去?”

答:“此結集之處,觀望戒相,犯之者多,故偏列無闕。餘戒犯之希少,故不分之。欲使智者尋文通旨,愚者偏執,彼此有失。”

問:“有人言隨所受戒當部自行,不得五部通用。此義云何?”

答:“此説不然。何以故?本正一部,文義具足,輕重相順。但時人異見,分爲五典,致輕重相違,文義不具。若於一部不犯,於[□][餘][③]部犯者,故名‘破戒’。若於五部盡無違犯,方名‘持戒’。是以應當具行,不得偏執。”

問曰:“人言持戒務急,斷事務緩,何者爲是?”

答:“二俱不然。何以故?若過分急,人不能行,則斷聖種。若緩易行,必毀滅正法。若人能[□][依][④]五部律文,隨修行不增不減,如此之人,能護佛法,是真佛子。”

問:“諸大乘經中,莫問五逆及謗方等,皆有懺悔之法。何故律教獨言‘四重不可悔’也?”

答:“大乘諸經,明罪無定性,世俗文字故説有第一義中,了無罪相可得;正以一切諸[□][法][⑤]求其體性不可得故,罪性亦然,故有歸悔之理。小乘中不明諸法畢竟空寂,計有定之罪。初篇是彰道根本,説言‘不可悔’。”

問曰:“道理而言,罪無輕重,皆可懺除,正可悔有難易,何故定言‘不可悔’也?”

答:“道理實可懺。今明‘不可懺’者,以小乘情怖近果,若不犯根本重

---

① 三,底本、録本無,結合文意,據乙本補。

② 爲,乙本作“有人”。

③ 餘,底本、録本無,結合文意,據乙本補。

④ 依,底本、録本無,結合文意,據乙本補。

⑤ 法,底本、録本無,結合文意,據乙本補。

過，容可一形即剋。今日毁犯，業障既重，更不勝進，故言‘不可悔’，非畢竟無悔法。律中亦有禪難提等犯初重戒，無一念覆[①]藏心，佛聽盡形學悔。唯聽其悔，一形之中於聖道法[□][不][②]能剋證也。”

問：“大乘之中，五逆四重豈可不障聖道，獨説小乘障？”

答：“大乘亦是障。但大乘人遠求佛果。佛果[□][遥][③]然，要多身積善，方可得會。若聞有犯，則於道法不進，如法悔以，更起勝行，正可[□][去][④]有遲病，非是永無進趣。小人無一念樂生死，情期自度，不[□□][欲久][⑤]在生死度衆生故，犯根本戒者則正違期所，是故偏障道。”

諸部威儀雜法第十七

比丘六念：一、[□][念][⑥]知日月（若大知大、小知小，若干日無常迅速，布薩時到）。二、念迴請（我若先受前請，今欲更受後請，當迴前所請食施比丘某甲，得自恣食）。三、念知臘數（我某甲[⑦]某月某日某時受大戒，今以若干虚度年數月空過無業，若入衆時，知坐起次第也）。四、念受三衣（若有長財，念當説净）。五、念不别衆食（四人以上，皆受别請，當時界内有比丘者）。六、念有病當療治（無病依衆行道）。修四威儀（一、行威儀，攝身安祥，向前直進。二、住威儀，平立斂手，隨便正向。三、坐威儀，跏趺帖[⑧][□□□][膝，直身][⑨]低目。四、卧威儀。右脇著地，累膝修[□][身][⑩]，繫想在明，念當早

① 覆，底本、録本訛作“露”，結合文意，據乙本改。

② 不，底本、録本無，結合文意，據乙本補。

③ 遥，底本、録本無，結合文意，據乙本補。

④ 去，底本、録本無，結合文意，據乙本補。

⑤ “欲久”二字底本、録本殘，結合文意，據乙本補。

⑥ 念，底本、録本無，結合文意，據乙本補。

⑦ 甲，乙本作“年”。

⑧ 帖，底本、録本作“怗”，乃“帖”之常見俗體。兹據改。

⑨ “膝直身”三字底本、録本無，結合文意，據乙本補。

⑩ 身，底本、録本無，結合文意，據乙本補。

起）。有四如法眠（一、師子王眠，右脇著地，兩膝相累。二、合口，舌跓上齗[①]。三、右手支頭，[□][左][②]手順身上。四、當[③]念惠[慧]，思惟明相。是爲四）。不繫心眠有五過失（一、見惡夢。二、諸天不護。三、不思惟。四、不繫意在明。五、意失不净）。有十威儀不應禮（一、大便時。二、小便時。三、露身時。四、剃髮時。五、説法時。六、嚼楊枝時。七、洗口時。八、食時。九、飲時。十、食菓時。悉不合禮之也）。又有十時不應禮（一、在塔前。二、作事時。三、塗由時。四、讀誦時。五、不著三衣時。六、經行上下閣時。七、受經時。八、共諍時。九、洗[④]鉢時。十、著眼藥時。出《僧祇律》）。經行有五功德（一、堪能遠行。二、能思惟。三、少病。四、消飲食。五、得定久住之也）。掃地有五法得功德（一、不逆風。二、息順風。三、滅跡。四、除糞。五、還掃即置本處法。出"犍度"）。嚼楊枝有五利益（一、口氣不臭。二、别味。三、熱陰消。四、引食。五、眼明。出"雜犍度"之中）。食粥有五利益（一、除飢。二、除渴。三、消宿食。四、大小便利。五、除風。出僧[⑤]五十也）。向火有五失（一、令人無顔色。二、令人無力。三、令人眼闇。四、令人鬧集，説世俗事。出僧[⑥] 五十）。不忍辱人有五過失（一、死凶犯惡不忍。二、後生悔恨。三、多人不愛。四、惡名流布。五、死墮惡道之中）。出家沙門當離三十八風：一、利（若得利養，心便喜悦，貪利不耻，吹壞道心）。二、衰（若失利養，心便憂惱，懷恨不捨，衰滅[⑦]道心）。三、毁（若彼折辱，心便退没，呵嘖（責）不受，道心敗喪）。四、譽（若得讚歎，心[□][生][⑧]高舉[⑨]，窺覓名聞，道心動亂也）。五、稱（若他戴仰，心便自大，輕人重己，道心頓墜）。六、

---

① 齗，底本、録本作"斷"，結合文意，據丁本改。《急就篇》卷三："鼻口脣舌齗牙齒。"顔師古注："齗，齒根肉也。"

② 左，底本、録本無，結合文意，據乙本補。

③ 當，乙本作"不捨"。

④ 洗，底本、録本訛作"澆"，結合文意，據乙本改。

⑤⑥ 僧，乙本作"增"。

⑦ 滅，底本、録本作"成"，結合文意，據乙本改。

⑧ 生，底本、録本無，據乙本補。

⑨ 舉，底本、録本作"譽"，結合文意，據乙本改。

譏(若失恭敬,心[□][便][1]不[□][掩][2],[□□][恕己][3]嫌[4]人,道心改變)。七、苦。八、樂(若順情生適,心便翫著,迷惑失性,道心浮[5]散)。此之八法能敗人善根,故名之爲"風"。是凡所起,名爲"世法"。若欲情悕出道,當急捨離。四恩者:一、父母(能生我身,育我以道,得有今日)。二、師僧(以法施我,生我法身)。三、國王(放我課役,水土草木,常施於我)。四、檀越(恭給衣食,齊我形命,全身行道。是故比丘念之,常報四恩)。四輩者:一、人(四性[6]施主,恭給所須)。二、天(天厨甘饍,奉出家人)。三、龍(牛鹿獻乳,猨[□][猴][7]奉蜜,飛鳥施菓[8])。四、鬼(山神施藥,海神奉珍。此輩壇越所施之物,如法得受)。出入應捨五慳(一、財物慳。二、法慳。三、家慳。四、住處慳。五、稱讃慳)。四種污他家:一、依利養污他家(持此家食與彼家食)。二、依[□□][此家][9]污他家(持此家物與彼家物)。三、依親友污他家(依持貴勢,爲一人,不爲一人)。四、依僧伽藍污家(持僧物菓菜隨[10]情逐意,與一人,不與一人)。比丘依此四種,污家、污檀越净信之心,合與作驅出羯磨,儐(擯)出聚落。

問:"頗有一處坐犯五篇戒不[11]?"

答:"有落飯食,犯突吉羅。學家中自手取食,犯提捨尼。無净人爲女説法,過五六語,犯波逸提。向女人麄惡語,犯僧殘。説得過人法,犯波羅夷。(出《十誦律》。)"

《五分》云:時有比丘學書。佛言:"學者得突吉羅。"有比丘爲僧典賞

---

① 便,底本、録本無,結合文意,據乙本補。
② 掩,底本、録本無,據丁本補。
③ "恕己"二字底本、録本無,據丁本補。
④ "嫌"前底本、録本衍一"厭"字,結合文意,據乙本删。
⑤ "浮"前底本、録本衍一"翫"字,結合文意,據乙本删。
⑥ 性,乙本作"姓"。
⑦ 猴,底本、録本無,據丁本補。
⑧ "菓"後底本、録本衍"之也"二字,結合文意,據乙本删。
⑨ "此家"二字底本、録本無,據文意補。
⑩ 隨,底本、録本作"隨隨"。中有一"隨"字當衍,結合文意,據乙本删。
⑪ "戒不"二字底本、録本作"也",結合文意,據乙本改。

(償)物,不解書故近忘。佛言:“聽爲券疏學書,不聽爲好廢業。”有比丘讀外典。[□□□□□][佛言:“讀外典][1]者,突吉羅。”又比丘與外道論,[□][不][2]如自念:“佛聽我等讀外書者,不爲外道所伏,[□][伏][3]外道故,聽讀外典,但不聽隨書生見。”

有七法應與作親友:一、難與能與(不惜[4]財寶)。二、難作能作(不惜[5]力也)。三、難忍能忍(不惜[6],心又不相厭恨也)。四、蜜事相語(吐情告實,不隱不諱)。五、互相覆藏(迭相護惜,不相揚過)。六、逢難不捨(病患相料理,急難相救解)。七、貧賤不輕(不逐世棄衰,見利忘義。出《[□][四][7]分律》)。[8]

---

① “佛言讀外典”五字底本、録本無,結合文意,據乙本補。

② 不,底本、録本無,結合文意,據乙本補。

③ 伏,底本、録本無。按:乙本前一“伏”字下施一重文符,結合文意,兹據補。

④⑤ 惜,底本、録本作“借”,結合文意,據乙本改。

⑥ 惜,底本、録本作“借”,據文意改。

⑦ 四,底本、録本無,結合文意,據乙本補。

⑧ 此下乙本末題:“四部律律並論要抄一卷。歲次丙子年,六月六日寫訖。”

No. 2796《律抄》第三卷手决

［題解］

佛教戒律《四分律删繁補闕行事鈔》卷中之隨文疏釋，著者不詳，敦煌文獻中存有斯 3001 號一卷。首殘尾全，尾題："《律抄》第三卷手决一卷。"清代以前歷代大藏經未收，日本《大正藏》據斯 3001 號録入其第八十五册。今校注仍以《大正藏》録本所據卷斯 3001 號爲底本。

□□□[①]此□□□佛依王舍□□□應是等□□□見解之亦同五錢者□□□《善見》[②]解他僧□□角五錢等也，乃是《善見》五錢成重與《四分》[③]同也。

"□（又？）[④]觀五事"者，一處、二時、三新、四貴、五賤等也。"其處"者，應觀取物處主捨不？已作得心不？主若不捨，"不成夷"等説之。"五錢爲允"者，戒律宜應從急，當部及《善見》但五錢犯重之文，道從急也，更不勞引諸部多論，隨依國法之文，又不要古大同（銅）錢之語，故名"五錢爲允"也。

"上三句互反皆同"者，上三並貴時取、後賤時賣，依初依貴時結罪。若本取時賤、後賣時貴，若結罪邊就初取賤時結罪，名"反皆同"。師徒四人互相教共盗一人六錢者，師主自取三文一蘭，教三弟子各取一錢，教不滿五邊共得一蘭。其三弟子各教和上取三錢，二同學各取一文，自取一文，三弟子教人各滿

① 首缺。

② 此指南齊永明年沙門僧伽跋陀羅於廣州譯《善見律毘婆沙》十八卷，下同。

③ 此指姚秦佛陀耶舍共竺佛念等譯《四分律》，下同。

④ 此字底本殘，似應作"又"，待考。

五邊各得一夷，自取一文邊得一蘭。"《善見》畫[①]地作字"者，爲分界也。知法人畫[②]一頭云："齊此處是某甲地。畫[③]一頭，輕；具足兩頭了，重。"（向前列。）"自業不合他業"者，不得兩業合爲一也，自偷業與教他夷蘭各自別，非一也。

第三、殺人戒。

"殺遣使"者，直往遣人捉刀殺。"往來使"者，遣一人往殺不遂，即來更令往殺；後不遂情，還卻來；如是重重來往，故云"往來"也。"重使"者，前遣人往殺，事不遂情，更遣異人往殺；如是五人、十人，名爲"重使"。"展轉使"者，前殺王人，殺王人後殺張人，張人後殺李人，李人後殺趙人；如是展轉相殺，至於百千人，故云"展轉"。"遣書"者，遣人持書往彼，彼人得言，即自斷命。"教遣書"者，語前人云："汝作書與某甲，令其自死。""三性"者，教人往殺，隨入阿性，但言"命終斷"，即得其罪。"餘如後篇[④]"者，如下持犯篇中，教人三性得罪等廣説。"薩婆多，比丘知星歷陰陽吉凶"者，比丘善知星歷、陰陽龜易、餘國興衰、軍馬形勢，以比丘語征破異國有所殺害兼得才（財）[⑤]，皆得殺、盜二夷罪。"優婆塞例同"者，此五戒人以王法故，同心共征他國，手雖不殺，以同心故，亦得二罪也。優婆塞爲王所使，犯清净戒。"自殺偷蘭"者，謂命斷自不合結夷，但結方便也。"過失殺人者以贖論"者，謂失奪也。失手殺、誤借殺等，以才（財）[⑥]物贖過而論。

大殺戒。佛在毘舍離城，爲諸比丘説不净觀，依决律釋。

① 畫，録本作"盡"，底本不清晰，據文意改。《四分律删繁補闕行事鈔》卷中："《善見》云：'畫地作字一頭時輕，畫兩頭時重。'"[T40n1804p060a1]可資比勘。

②③ 畫，録本作"盡"，底本不清晰，據文意改。

④ 篇，録本作"蘭"，底本不清晰，據文意改。《四分律删繁補闕行事鈔》卷中："但令命終稱本期者，三性之中能教犯重。餘如後篇。"[T40n1804p060b16]可資比勘。

⑤⑥ 才，録本實作"財"，據底本改。"才"與"財"同，然録本不合原卷。

[□□][第四][①]、大妄語戒。

戒本七句。"若比丘"者,能犯人也。二、"實無所知"者,明其境虚。三、"自稱[②]言'我得上人法,我已入聖智勝法,我知是,我見是'"已來,正障過體。"我得上人法",總舉過人法。"我已入聖智勝法",别舉無師過人法。言"勝法"者,别舉有師過人法。言"我知是,我見是"者,重語前二句"已入聖智勝法"等兩句。四、"彼於異時,若問、若不問,欲自清净,故作是説'我實不知不見,言知言見,虚誑妄語'"等,明其自言。"彼於異時"者,謂非妄語時。"我實不知不見,言知言見,虚誑妄語",以道前罪故。五、"除增上慢"者,除開勝也。無師聖法,名爲"增上";未得謂得,名之爲"慢";忍教無知,聖不結罪,故云"除"也。六、結罪,"是比丘波羅夷"。喻云:譬如大石分爲兩片,不可還合,比丘亦如是。

七、"不共住"者,謂殯(擯?)[③]也。就結章中,又分三位。初、"諸大德!我已説四波羅夷法"者,告衆情也。二、"若比丘犯一一波羅夷"乃至"波羅夷[□][罪][④],不應共住",除擬(疑?)[⑤]執也。三、"今問諸[⑥]大德"已下至"是事如是持",問净勸衆令持,造房緣起也。世尊因呵責造過量房,引龍、像(象?)[⑦]二喻及賴吒事,便呵責制戒。往昔恒水邊有蠡髻梵志,每被摩尼乾龍所纏,極成憂悴,乃至佛所,令乞珠云:"我今須如此,頸下珠瓔珞。汝以信樂心,施我嚴好珠。"龍云:"我所致財寶,緣由此珠故。汝是乞求人,不復[⑧]來相見。"又有一比丘在林邊坐禪,每被虫鳥驚恐,即來白佛。佛令乞翅。鳥云:"我本致飲食,良由此兩翅。今者從我乞,吏(使?)[⑨]我臆(聽?)[⑩]捨地。"又有比丘,名曰"賴吒",是長者子,自出家已來,不從父乞。其父曰:"未見有沙

① "第四"二字底本、録本無,據文意補。

② 稱,底本、録本訛作"種",據《四分律比丘戒本》[T22n1429p1015c17]改。

③ 殯,此似應爲"擯"之訛字,待考。

④ 罪,底本、録本無,據《四分律比丘戒本》[T22n1429p1016a2]補。

⑤ 擬,此似應爲"疑"之訛字,待考。

⑥ 諸,録本訛作"法",據底本改。

⑦ 像,此似應爲"象"之訛字,待考。

⑧ 復,録本訛作"後",據底本改。

⑨ 吏,此似爲"使"之訛省。待考。

⑩ "臆"字底本不清晰,似作"聽",待考。

門、婆[□][羅][①]門不從我乞者。汝是我子，何爲不從我乞?”比丘説偈言：“多求人不愛，不得懷怨恨。是故我不乞，恐生增減故。”戒本三句。“若比丘”，能犯人。二、“自求作屋”已下至“無難[②]處無妨處來”，正教比丘房量大小、指受方軌也。三、“若比丘有難處妨處，自求作屋……不將”等至“尸沙”，違教結罪。

無主房過量戒第六

“人身量同爾”者，人約多分，身量共同也。“以姬周”者，即隋煬帝姓“姬”，周朝時也。“隋煬”之名，乃是死後諡號。“御寓”者，天地上下曰“寓”。“準[③]《論》以言”者，《了論》也。“率”，律例[④]也。“佛搩手[⑤]，依五分二尺爲定”者，《五分》、《僧祇》翻[□][譯][⑥]年代，三藏各别，良由此也。“六尺爲步，忽絲爲先”者，《孫子算經》云：“度之所起，起於忽。”“忽”者，蠶口忽出也。十忽爲一絲，十絲爲一毫，十毫爲一釐，十釐爲一分，十分爲一寸，十寸爲一尺，六尺爲一步。若用今時尺者，從忽已來計不成六尺之步也，計四尺八寸爲步也。“余[⑦]曾遊晋魏”者，謂蒲晋降澤露並泒(派)[⑧]等，抄主並曾遊此地。“四衢道”即四衢路，亦是四交道四出也。“諸”者，識也。“陰”者，嶮岸也。“園田”者，好園田妨處[⑨]也。“四種”者，一[⑩]、越年[⑪]；二[⑫]、異界；三、作私房多；

① 羅，底本、録本無，據文意補。

② 難，底本、録本訛作“妨”，據《四分律比丘戒本》[T22n1429p1016a25]改。

③ 準，底本、録本訛作“唯”，據《四分律删繁補闕行事鈔》卷中[T40n1804p062b26]改。

④ 例，録本訛作“倒”，據底本改。

⑤ “佛搩手”三字底本、録本誤置下“依五分”後，據《四分律删繁補闕行事鈔》卷中[T40n1804p062b27]改。

⑥ 譯，底本、録本無，據文意補。

⑦ 余，録本訛作“餘”，據底本改。

⑧ 泒，録本訛作“派”，據底本改。“泒”亦作“派”，指水的支流。[唐]張喬《宿江叟島居》詩：“數派分潮去，千檣聚月來。”即其例。

⑨ “妨處”二字底本、録本訛作“處妨”，據文意改。

⑩ 一，録本訛作“二”，據底本改。

⑪ 年，録本訛作“手”，據底本改。

⑫ 二，録本訛作“三”，據底本改。

四、妨處。“四分若教他作”者，受教者過量犯，爲欲一言，通結二罪：受教者是房主受教殘，受教者是巧師是蘭也。

有主房戒第七

佛在拘睒彌，憂填王爲闡陀比丘造房，便斫路中神樹，惱亂非人，以舉白佛，佛因爲説呵責制戒。“若死遠去不還”等者，此是《多論》文，今具寫之云：“若房主死，若遠行者絶，不還，隨意處分；若與三寶，若隨親與，若乞白衣，若自賣得錢，自在隨心。若賣房，不得賣地。”“若房主不處分，與屬四方僧”，言若房主死竟，屬四方僧，不同遠行不還歟，依處分不得也。“如殺父羅漢”等者，相解不同，如但殺父，有非羅漢，無有是謗，不假虚成，故不同也。“妄語兩舌”者，如離間他兄弟，知他實無有惡意，欲離間他，必須惡語，兩邊破和，名爲“兩舌”。舉此二對，意從上謗僧之事，必是假妄語而成，妄語墮罪也。後得僧殘。羅漢妄語，其事雖一，而得前罪殘亦尔[①]，又得提也。“下二衆”者，沙彌、沙彌尼也，式叉尼指入沙彌尼中也。“相心謂净”等者，比丘實知彼净，諸人亦知不净，自相心亦爲言是净，違自相心説不言净，但違相心即結謗罪也。“如打破戒犯墮”者，破戒、持戒但打皆墮，違心起謗，不間净穢也。“語實”者，舉實也。“相實”者即相心云根也。又“相實”者，前雖是女，要須相心不擬(疑?)[②]也。“事實”者，如殺王人衆還道殺王等事實也。“逮于下篇”者，指下九十中利吒違諫戒也，謂五篇中下篇，非抄下篇也。“事希”者，破僧事希也。“法隱”者，其事既希，諫法亦隱也。“或但有因用”者，謂一寺之内各自相朋，善惡相乖，即是破僧之因；又如説欲不障道，即是犯提之因。“終不辧(辨)[③]果”者，謂無諫法，終不成僧殘之果。“行寔網生”者，“網”者，恒也，既行惡行，即違教法，生在地獄也。“廣如戒本疏”者，彼諫云：“破羯磨僧輕蘭非逆，破法輕者重蘭得逆，三諫者三屏諫，四違屏諫，五違僧諫。”“言乖趣合”者，謂戒雖即言乖，理趣並合。“五現法樂”者，謂貪坐禪習定也。

① 尔，録本訛作“示”，據底本改。

② 擬，此似應爲“疑”之訛字，待考。

③ 辧，《四分律删繁補闕行事鈔》卷中[T40n1804p063b24]作“辨”。

“其事實爾”者，謂所諫之人實有其行，能人不善諫他，設違無犯。

畜長過十日戒一

“以一日所成故”者，彼云：“長衣一日成，五條二日成，七條四日成，大衣五日成。”長衣易作，故云“一日成”。又解“一日所成”者，以由初一日、後九日總得衣，至十一日明相出，由前一日衣過限，染後總犯，故道“由一日所成”也。“無因緣”者，若得衣已，若有一月、五月及起四相，或被舉留難等緣，不犯故須言“無因緣”也。四“能染”，應量所染云何。“故皆一染”者，准《多論》應爾，當部不然。前句是不共活人者，前句二人共物，過日不犯；今多人共物，而一善毘尼人作净而不犯者，明知此多人共者、共活人若不作净即犯；故須如法，方得不犯；前是不共活人，故直爾不犯耳。“准此餘方，未必手捉始犯”者，邊方望中國爲“餘”，肩上、膝上等是邊方文，文勢相違也。“入算”，(抄)十日數也。“蘇等”者，蘇是七日藥，若加法入算數，過七日亦犯也，故言“衣蘇”。“十[□][一][①]日通皆不犯”者，此得、不得，約降句説之。初日、二日不得，三日、四日得，乃至十日得。不説前(抄)，犯提。初日、十日總得衣者全易解，抄不舉之。第三句一日得，二日得，三日不得，四日乃至十日得。前九日所得衣盡犯。第四句一日得，二日得，三日得，四日不得，五日得，乃至十日得。如是第五日、第六日、第七日，是次第漸降日，向下直至十日不得衣。向前有九日不得。其不得日，既無衣體。經十日，經明相出，其應得衣日，並被初日所染，盡尼薩耆；故過十日，通皆不犯。“通不相染”者，但一日、二日隨所得衣，或作净施、或與人、失等，至十一日不犯，故道“通不相染(不隨初日所染)”。“餘無法緣是犯”者，從初日得衣，乃至十日得衣，若不净施，不與人、不失、不故壞、不忘卻等，並是犯故，道餘無法緣。“七、親厚意”者，律文更有一“取”字，謂“親厚意取”，謂初受物時不作己物，餘作親厚意取，作他物解取，隨過日不犯，更作親厚意取，即如己物也。“昔以財去[②]畜心染犯”者，昔解云：有人畜長衣犯[③]

① 一，底本、録本無，據《四分律删繁補闕行事鈔》卷中[T40n1804p065a18]補。
② 去，底本、録本作“者”，據《四分律删繁補闕行事鈔》卷中[T40n1804p065a24]改。
③ “長衣犯”三字底本、録本訛作“衣犯長”，據文意改。

已,將所犯長衣貿得餘衣,衣體雖去,畜心不除,貿得新衣,爲畜心之所染也。若作失相,亦同上。前行十日内奪衣相、十日内作奪失相等,無情過,亦不失衣體實,在妄起失相心耳。初言"長已竟"者,三衣財體具足竟。二云"衣已竟"者,三衣加受持竟,未持無過。三云"衣已竟",三衣故竟,如此可以知。

離衣戒第二

"不同昔解"者,古人云離長衣宿吉也。解如戒本疏者,彼云自有比丘持一衣,生出自有此衣,隨身長故(如《佛藏經》説之);二、唯持三衣,不畜長;三、中人畜百一物;四、下品畜諸長物;五、畜七寶重物等。"《四分》他部村相成"者,此《律》不了《多論》"村"有五義,今除"村",村外謂男女住處也,有雜染也。抄家此四礙非但列當宗,亦列諸部共成也。"上之三礙,通界並有"者,如自結作法界爲不相通(抄),然處無作法等上之三礙各通兩界有也,兩界自不相通耳。並有若干界者,《疏》云:若衣身同在一藍,是名"一界";身衣别藍,故名"若干界"也。若有男女來入藍住,即村界起,身衣互互,經宿失衣,便成"若干界"。"村有五義"者:一、聚落界散不定,衣界是定;二、爲除誹謗故;三、爲除鬬諍;四、爲護梵行故;五、爲除機(譏)[1]嫌故。"兩無任得"者,祇取二十五肘勢分而稍似竟;《四分》據明内爲言,後似其窄挾(狹)[2]寬容互通,故言"任得"。"性相乖忤"者,逆不相過。"十二桄梯"者,若無此梯,上下不得,即有離衣也。"《律》云'奪相失相'"者,比丘出界外,比迴來間,在路聞道三衣被賊捋去失相等,決心失了,無離衣罪,失受法;後對衣所,其衣先在不失,但如法受持之。"幻人""樂人"者,幻或(惑)人心,輕筭(弄)[3]比丘,情性有隔也。自然十五種界。頌曰:"藍、樹、場、車、船,村、舍、堂、庫、倉,蘭、洲、井、水、道,十一自四作。"又"兩無任得"者,祇有樓閣界,無倉庫界;《四

① 機,此當讀如"譏"(二字《廣韻》均音居依切)。下讀如"譏"之"機"徑括注其本字,不復校。

② 挾,此當爲"狹"之形訛字。下所誤録"挾"字徑括注其正字,不復校。

③ 筭,録本誤作"算"。按:"筭"確可作爲"算"之借字。《説文·竹部》:"算,數也,從竹,從具,讀若'筭'。"然此"筭"當爲"弄"之增旁訛俗字。"輕弄"乃佛典中常用詞,謂輕視戲弄也。

分》有食厨，無樓閣；互取皆通，故云“任得”。《祇律》樓閣外有二十五時爲界體，勢分分外更無十三步，勢分是一無。《四分》庫、倉“明内爲言”者，内爲界體，體外别有十三步，勢分自然衣界，而無《僧祇》二十五時（抄），分後是一無也，名“兩無任得”也。文雖互舉，護衣寬挾（狹），一種取捨，情故曰“任得”也。“舍界”者，《律》中不釋其相，應是村外舍也。若在村内者，即村界所攝也。計其舍界，與村界應别，故言“村外舍”也。村相後説者，下釋云無市爲“村”、有市爲“聚落”等文是也。“聚非家界”者，聚落有垣墻等相周爲聚落界，而内唯有一家者，隨垣院護衣，是名“非家界”也。“家界非聚”者，謂垣墻聚落内有多家，家别相形對故，不得依聚落垣墻護衣也，即名“家界非聚”也。《十誦論》、《多論》[□][云][1]，人人共住名“聚落界”。言“别界”者，鷄飛不及、棄糞掃至[□][箭][2]射外是别界者，此聚落有一界異界。“聚落”者，院墻中有一家，縱有三四家，院墻並名“聚界”，就中有一别界。若各垣墻外鷄飛所及處是“别界”。“四聚落不失衣”者，爲四聚落相接，中有梯通，往反自在，即依聚落護衣，是名“一界”；以聚中唯有一家，無别家相形，依聚落護衣，既得往反，是名“一界”也；隨在一聚中，身在車梯，下皆得也。挨（族）[3]有一界、異界者，隨無第房得護衣，無有乖之，義名“一界”；若望取水處、作食處、便利處，是“别界”也。“挨（族）”者，挨（族）類不同名“挨（族）”也。兄弟隨房内所作事業事别，各各不同，名“挨（族）界”，謂挨（族）類不同也。“敞[4]露”者，前敞[5]而無壁，是堂界也，兼勢分計七十一步四尺八寸也。“十二祇水中道行界”者，據淺水可得行者説；聽上界者，據大水説也。“失不失”者，《律》中謂言失卻衣體，此中謂言衣在界外，謂言失受也。師雖疑衣，謂言“界外”，其沙彌持衣已前入界。衣既同在界内，無離過，亦不失受也。小便所逼、加行難等所作憐愍者，《了論》中有六憐愍外，更有二種不失：一、小便所逼不失；二、他加行故，爲被水逼，以此難爲加行，得免比丘離衣也。“此義轉車戒中廣

① 云，底本、録本無，據文意補。

② 箭，底本、録本無，據文意補。

③ 挨，底本實作“**挨**”，乃“族”之訛俗體。斯388號《正名要録》：“族**挨**：右正行者揩（楷），註脚稍訛。”下“挨”字底本同，徑括注其正字，不復校。

④⑤ 敞，録本誤作“蔽”，據底本改。

説”者，謂指護衣戒，《了論》疏云：如比丘出界外歸來，未到住處，明相出，即聽在處所取一車，安著大界墻壍等，還更取一竹竿，量墻高下。如無墻有壍，亦須量高下，取竿縛著車軛頭，量之。撥著比丘記别在處，不失衣；若不[①]著，失衣。“諸部並無勢分”者，前引《十誦》、《多論》云鷄飛不及、棄糞掃外、箭射及外，名爲“異界意”，此是《四分》家勢分也。“《僧祇》云比丘有緣至他處留宿”者，《祇》第八文云後有失衣之相。彼云比丘著上下二衣入聚落，有女人語比丘言：“我今夜欲供養形像，當助料理。”便住即相助。日没欲還寺，後慇懃留宿，應借僧尼俗人衣等受持。無衣時，城門開後，夜當還寺。至門屋下立，應内手著孔中——或門孔，或水瀆中。水瀆中展手與衣合。若無孔者，應喻（踰）[②]墻入。若不得入者，當疾捨衣，容無衣犯越毘尼，以輕易重故。“彼《律》無勢分”者，《祇律》中無十三步勢分也。“若互錯涉[③]，各有别界”者，《戒疏》云：藍村是强，八樹等界弱。八自相望，不説强弱。蘭若空界，衣守自性，全是其弱。僧、村二界互兩相形引，俗强僧弱。何以知之？俗人入寺村界别生，比丘入持藍界不起故。“三十已去”者，《多論》文應望三十夏説也。“法如《疏》説”者，用白二法，一乞一月，並如《戒疏》説。“二共作迦[□][絺][④]那衣”者，十五日夏滿，十六日已去，是迦提月衆共作迦絺那衣成，便受功德衣，自合五月離衣。“及他要事”者，急要請唤事，或命梵等難事，急聽六夜離。“三者對處作法離”者，“處”即藍界也，“作法者”即藍上有攝衣界也。出界離衣，五中隔塞，或忘斷等離者，比丘元在外，忽難事卒起，中路隔塞，未得會衣，不作離心，不失受；忽然作念：“彼衣或應失奪，賊將[⑤]去。”决心爲失，忘斷便失受法。“不失如後”者，即次下開通釋也。“有緣時在不失”者，衣重身老。“有緣時在不失”者，謂迦提五月時。“限滿便失”者，迦提一月、五月滿即失也。“餘一一唯思知而會通”者，如初緣前云以輕易重，有須對首捨

① 此處録本衍一“不”字作“不不”，據底本删。

② 喻，此讀如“踰”（“喻”字《集韻》一音容朱切，與“踰”同）。

③ 涉，録本訛作“陟”，據底本改。

④ 絺，底本、録本無，據文意補。

⑤ 將，録本訛作“捋”，據底本改。

也。四蘭若[①]恐怖得離。五王難賊路隔塞離。六迦提賞勞離。七爲僧事、塔事及要急緣,開六夜離。已上並約緣難,限開離衣無罪。“失不失如後”者,五中隔塞。“忘斷失不失”者,當出界之時,不知後有難起,身在外未迴,忽難卒起,水陸道斷,惡人惡獸等不獲得過,心心專望,祠(伺?)[②]候難止即歸,縱經多日,不離衣無過。若起心“此難事卒應未止”,經宿意决,不擬會衣,便即失受法也。“五根等不失”者,謂賊將[③]去,謂失體故失法根,實無情過,故[④]不犯捨也。“若女人來往染礙”者,上明情、隔二礙者,水陸道斷隔礙也,惡賊獸等是情礙也。此二礙忽生,失受無罪。若无攝護而爲二礙者即捨。若[⑤]難忽生,而欲會不得,情憶卻受之心,必不失法。上二礙既如此,女人比之亦然。若[⑥]元無攝護,而爲染礙者犯捨也。而常護持忽染礙不覺生者,失法無罪。此即不得言“不失”。“此不通諸部”者,此即《四律》望諸部不同也。《祇律》第八云兄弟住處分齊等挨(族)界、家界,與此《四律》脱衣形露等緣不同也。

月望衣戒三

諸家立名不同,亦名“一月衣”,謂至一月故。“月望”者,同衣足有望不開,同衣不足有後望,故開一月。《疏》云“若衣財不同,各得一月。若衣同者,即須併作一衣。如不爾者,隨過限即犯”,不問月望、無望等也。抄意此戒是不蓄長人犯。若畜長者,得即説凈,何須此戒? 計亦未必然。以有先故衣、欲新作者,衣財不足,聖開待足,何局高行人耶? 所以得知不局高行耶。如文中有三位,第一“十日常開”。若高行人,元不畜長,何以言“十日常開”? 既言“常開”,明是平常僧亦犯。若欲作高行,得即説凈,不勞此開者也。“畜長比丘得即説凈”等者,人云恐未必然。若上行人不欲説凈,至三十日,如何忽然即遣説凈、破上行志也。故知標心專贊故衣即得近畜,不簡上行也。“餘同長衣開”者[⑦],謂同彼八門中不染等緣是也。

---

①⑤⑥ 若,録本訛作“苦”,據底本改。
② 祠,此似應爲“伺”之訛字,待考。
③ 將,録本訛作“捋”,據底本改。
④ 故,録本訛作“去”,據底本改。
⑦ 者,録本訛作“去”,據底本改。

取非親里尼衣戒四

“簡下二衆”者,《祇律》中取下二衆衣不犯,《多論》取同犯。“虚心送與”者,《疏》云:謂乞得、貿易得不犯。“虚”者太歡喜,心與也。

使非親尼浣故衣戒五

實是三戒,同由一衣生。“此戒業重”者,《疏》問云:“浣、染、打等所以合制者何?”答:“一、使尼處同。二、但由故衣生。三、容於一衣相致犯。垢污故須浣,失色即染,申舒故打。”(此抄三但一義耳。)《五分》會非親里尼浣者等,如是互作五句:一、吏(使)[1]非親里比丘尼浣、染、打,而親理比丘尼浣、染、打;二、吏(使)親[□][里][2]、非親理比丘尼[□][共][3]浣、染、打,而親[4]理比丘尼浣、染、打;三、吏(使)親里、[□□□□□][非親理比丘][5]尼[□][共][6]浣、染、打,而非親理尼浣、染、打;四、吏(使)非親理尼浣、染、打,而[□□][親里][7]、非親里尼[□][共][8]浣、染、打;五、吏(使)親里尼浣、染、打,而親[□][里][9]、非親里[10][□][共][11]浣、染、打。《僧祇》等[12]四句皆犯者,自與吏(使)受、吏(使)受自受、自與自受、吏(使)與吏(使)受。又云:“打者至手打一下,一波逸提。”此浣、染、打具足合有八業,《律》但有五:一教尼浣、染、打,尼具爲之,三提是一句。次二提一吉爲三句:一、吏(使)非親里尼浣、染、打,非親尼浣、染而不打(二提一吉);二、吏(使)非親里尼浣、染、打,打、浣而不染(二重一吉);三、吏(使)浣、染、打,打、浣而不染(二提一吉)。

---

① 吏,録本徑作“使”,據底本改。此“吏”當爲“使”字之訛。下“吏”字同,徑括注其正字,不復校。

②⑨ 里,底本、録本無,據《五分律》卷第四[T22n1421p27a19]補。

③⑧ 共,底本、録本無,據《五分律》卷第四[T22n1421p27a19]補。

④ 親,底本、録本衍一“非”,據《五分律》卷第四[T22n1421p27a20]删。

⑤ “非親理比丘”五字底本、録本無,據《五分律》卷第四[T22n1421p27a20]補。

⑥ 共,底本、録本無,據《五分律》卷第四[T22n1421p27a20]補。

⑦ “親里”二字底本、録本無,據《五分律》卷第四[T22n1421p27a18]補。

⑩ “親里”二字底本、録本訛作“浣”,據《五分律》卷第四[T22n1421p27a22]改。

⑪ 共,底本、録本無,據《五分律》卷第四[T22n1421p27a22]補。

⑫ 等,底本、録本訛作“第”,據《四分律删繁補闕行事鈔》卷中[T40n1804p068a10]改。

第[□□][三業][①]三句(一提二吉):吏(使)非親里尼浣、染、打,浣而不染、打(一重二吉);吏(使)浣、染、打,染而不浣、打(准上);吏(使)非親浣、染、打,打而不浣、染(一重二吉)。第四業三句:吏(使)非親比丘尼浣、染、打,非親尼浣、染、打(一);吏(使)非親尼浣、染、打,親尼浣、染、打(二);吏(使)親理、非親里比丘尼浣、染、打,親尼浣、染、打(三句已上,並三提)。第五業三句者:吏(使)親非親尼浣、染、打,非親打浣、染、打(一句);吏(使)親非親里尼浣、染、打,親非親浣、染、打(二句);吏(使)親非親浣、染、打,親里比丘尼浣、染、打(三句)。

從非親居士乞衣戒第六

"無過有重犯"者,先不犯,捨衣使浣、染、打得三罪,若使教牒得吉。若好實言"好"者,此是施主。而比丘云:"汝業行好不?"若實好而言"好"犯墮,以自代位(邪命犯墮);不好言"好"者犯重,非問物也。"緣中一條"者,《祇》第九云"若乞衣緣,若衣中一條",抄中乍似,合爲一句。"餘如雜法中"者,指雜揵度文。"通前五[②]緣",去前失奪、失漂、兼此衣壞時得乞,通前五緣得乞也。"非法求施"者,《五分》[□][云][③],若知此比丘乞得錢財爲非法事,而故與者,二俱犯罪。

過受衣戒第七

"爲他乞受犯"者,前戒先自無心與,無所違故,爲他不犯。今此施主[④]爲先局定,足爲更受,轉爲餘人,亦乖施心,爲他亦犯。

勸增衣價戒第八

"一錢十六分之一分"者,即十六磨灑,勸增一磨灑,即成犯也。

---

① "三業"二字底本、録本無,據文意補。
② 五,底本、録本訛作"已",據《四分律删繁補闕行事鈔》卷中[T40n1804p068b23]改。
③ 云,底本、録本無,據文意補。
④ 主,録本訛作"亦",據底本改。

勸二居士戒第九

"制緣同前"者,所制同前戒,唯勸二居士爲異,餘一同前也。

過限切索衣價戒第十

乞蠶綿作加沙戒十一

"憍奢耶"者具足,梵語"高世耶悉咀唎",譯爲"野蠶卧具"。今"高世耶"者,即是野蠶之名。此虫不養,自生山澤,西國無桑,多於醋果樹上,而食其葉[①]。其形皓[②]白,麁如母(拇)[③]指,長三二寸餘。經一月便老,以葉自果(裹),内生其繭,大如足指,極爲堅硬。屠人採之,取絲成絹,極牢,體細滑。若此繭虫不被收者,經一日許[④],繭中出蛾。其翅兩開,如人張手,文嶂(章)[⑤]焕爛,如紅錦色。每至宵中,雄雌相還,食於樹葉,後(復?)[⑥]生其卵,總名此虫爲"高世耶"也。"一方禪衆"者,出《續高僧傳》里禪師等衆也。艾(艾)[⑦]布者,細擣熟艾(艾),准絮以布袟之也。"爲賣故有虫"者,如繭中有生虫,賣者吉羅;若賣無虫之繭者,不罪。"虫壞"者,蛾空鼠嚙之繭也。"作不應量"者,謂作不應量衣,雖有虫,小假(段?)[⑧]衣故得吉,作大應量衣犯捨。"餘如戒疏"者,云手因參詳,親見梵僧曰唐國已西,至于大海百國,僧現今所服,並非綿帛。若所成法衣,非氈非布不作也。

黑毛卧具戒第十二

此毛貴,出四大國。《祇》第九云:"又毛大貴,或一金錢得一兩,乃至二、

---

① 葉,録本訛作"藥",據底本改。

② 皓,録本訛作"結",據底本改。

③ 母,此當爲"拇"之借字。清朱駿聲《説文通訓定聲·頤部》:"母,段借爲'拇'。"

④ 許,録本訛作"斥",據底本改。

⑤ 嶂,此當爲"章"之同音借字("章"字一音之亮切,與"嶂"同)。

⑥ 後,底本不清晰,似應作"復",待考。

⑦ 艾,與"艾"同,録本訛作"廒",今據底本改。下"艾"字同,不復校。

⑧ 假,此似當爲"段"之訛字,待考。

三、四金錢得一量。然此毛極細濡，觸眼睛不淚出，甚[①]爲難得。出四大國：一、毘舍離國；二、弗迦羅國；三、刹尸羅國；四、難提拔陀國。求是毛，去時或得卻還，或死不還。此毛極貴也。""若得已成割壞"者，元作意，後若得黑毛衣成時，得即疑割破，後得已成黑衣未割時[②]不犯，元有疑割之心，落在開通門中也。"背後不[③]"者，若微細薄疊單衣不受畜，先元有心，後若得細衣兩重作後，果然得一單現成衣，未犯[④]本心故，重數未足，故開不犯，更待得一重故；後若更得作兩重，了便不犯也；故道"元意後得"也。

白色羊毛戒第十三

佛在舍衛國，諸梨車子多行邪行，作白毛桙被體衣行。六群効(效)[⑤]之，還作白毛卧具。[□□][居士][⑥]譏[□][嫌][⑦]，因制此戒。"因緣同前"者，白黑雖殊，俱非應法，譏呵義等故同前。《十律》此非純白，蓋是三毛參作不犯。純黑三毛之中，增黑毛一兩犯墮，貴故；增白一兩犯小罪，賤[⑧]故。尨增不犯，减一兩犯墮。又唯《四分》以純白作犯捨。佛教[⑨]三毛參作，不犯純白之過。"二分黑，三分白，四分尨者成卧具"者，須黑毛二分，白毛一分，麁尨一分，總四分成也；言"二分黑"，第一、第二分者，黑二分也；第三一分白，名"三分白"也；第四一分尨，名"四分尨"也；非是白三分、尨四分也。

减六年作三衣戒十四

---

① 甚，底本、録本訛作"皆"，據《摩訶僧祇律》卷第九[T22n1425p307a22]改。

② 時，録本訛作"肘"，據底本改。

③ 結合文意，"背後不"三字似爲"元意後得"之訛，下文"故道'元意後得'也"可資參證。

④ "犯"後底本、録本衍一"未"字，據文意删。

⑤ 《玉篇·力部》："効，俗'效'字。"

⑥ "居士"二字底本、録本無，據《四分律比丘含注戒本》[T40n1806p439b18]補。

⑦ 嫌，底本、録本無，據《四分律比丘含注戒本》[T40n1806p439b18]補。

⑧ 賤，録本訛作"賊"，據底本改。

⑨ 教，録本訛作"敢"，據底本改。

不揲坐具戒第十五

“尼師壇”此云“隨坐衣”也。“此與後九十中相對”者，此中制須揲，不爾即犯；此後九十中制應量，過量作即犯後戒。既同是坐具，何不合明？答：“有四句不同，故分二戒。一、作新如量，不揲犯前戒。二、作故過量，犯後戒；已是故物，不犯不揲。三、作故如量，須持（並不犯兩戒）。四、作新過量，俱新物不揲犯前，過量犯後。“不分別磨（魔）[①]事人”者，不能破磨（魔）人也。“反上”者反如上，衆多邊取即如法也。“《多》云‘若無長’”等者，謂舊故坐具無穿壞處，不覓一搩手，咸亦須揲之。“若彼自無得處”者，先故物可得充揲也。“更作新”者，若無故者揲，許更作新者，如量不犯。“必有得處如《律》上文”者，必有得故者，亦須揲著也。

持羊毛戒第十六

“重擔者俱犯”者，一人重擔，只一人犯。二、三人亦爾。自過三由旬，越界即是重擔也。“尼等四衆亦吉”者，每一人重擔，過三由旬皆犯，各三由旬不犯。尼等四衆自擔，亦有犯、不犯。餘衣亦吉羅者，教尼持加沙等法衣，過三由旬，僧亦吉。

使非親尼浣染羊毛戒第十七

制意犯緣同浣衣戒文者，五緣成犯：一、是比丘尼；二、非親；三、爲己[②]；四、自使浣；五、浣染擗竟犯。“又止惡法，次第因緣”者，因玆[③]浣染，便有生著，麁現外障，損佛法故，淫欲之因也。“餘如《疏》中”者，本《疏》云前浣衣中浣故重新輕；此戒約[④]勞功，新故同犯。

---

① 磨，此當爲“魔”之記音字。《四分律删繁補闕行事鈔》卷中[T40n1804p069b23]即作“魔”。下“磨”字同，徑括注其本字，不復校。

② 己，録本訛作“已”，據底本改。

③ 玆，録本訛作“慈”，據底本改。

④ 約，録本訛作“幼”，據底本改。

畜寶戒第十八

“相丞次比，如上具述”者，如上八文散在經律，不依次第，有人集著一處，故云不出佛經。“沙門患”者，即此畜寶不净之物是患也。《律》第九云佛告大臣：“日月有四患：不明，不净，不能有所照，亦無威神。云何爲四阿修羅？烟，雲，塵，霧。是沙門婆羅門亦有四患：不明，不净，不能有所照，亦無威神。云何爲四？《涅槃經》文或是善經律中自亦有文四者：一者，若沙門耽染酒，是名“第一染法不净”；二者，若沙門、婆羅門内集愛欲，不能除斷，是名“第二染法”；三者，若沙門、婆羅門受畜金銀，不捨飾好，是名“第三染法”；四者，若沙門等邪命自活，不能除斷，是名“第四染法不净”。“出家沙門有四”者，令沙門不明不净，猶如日月烟雲等，則令不明不净也。所以唯言此四者，蓋酒爲放逸本，淫是生死原，金銀生患重，邪命壞善根。日月有四患，無照用之能。沙門有四過，無先顯之益。今此畜寶，四患中一，故言“即此戒是”也。《五分》“必定不信我之法律”者，言許畜此八不净者，定非是我法律所明也。“有得穢果”者，本《疏》云“所以云‘不净’”者具有五意：一、油（由）[①]貪增不净心。二、體有污染，名“不净戒”。三、違聖明約[②]，名“不净教”。四、過招俗譏，名“不净信”。五者、爲業沈下，具縛三途，名“不净業”。“餘如正解中”者，指下釋本戒處種殖根栽門。《毘尼母》云“畢陵伽爲國人所重”者，或施羅細、車輿、象馬、駝驢及一切小布施者，别人亦得受（爲僧受之）。“餘如雜法中説”者，指諸雜要行篇，彼引《五分》有五種物，不可賣，不可分：一、地；二、房舍；三、須用；四、果樹；五、花果等。“盡形藥中加[③]法亦得”者，鹽是盡形藥，加[④]法受亦得。“因説欲過羅刹女”等者，意與《涅槃經》同。貪欲之人與羅刹女通，其羅刹女生得子已，後自食之，食子既盡，次食其夫，故女爲大患，荒人善根，墮三惡道等。“《僧祇》‘畢陵伽在聚落自泥房’”者，時瓶沙王忽見尊者泥房，問：“阿闍梨作何等？”答言：“首陀羅泥房。”王以阿闍梨無人吏

① 油，此當爲“由”之訛字。

② 約，録本訛作“幼”，據底本改。

③④ 加，録本訛作“如”，據底本改。

(使)耶,[□][言][1]:"我當與園民。"言:"不須首陀羅。""首陀羅"者是輕賤,前人言畢陵五百生婆羅門家,習氣未盡,唯除如來八大聲聞乃至和上、闍梨,盡言"首陀羅"等,具如彼第三十卷說之。如是至三,猶故不受。聚落中人聞王來,對其所求言:"願取我等作園民,我供給比丘。""汝等一切能持五戒者,亦當取等。""《十誦》守竹園寺"[□][者][2],其竹園寺在王舍城内,時有多净行俗人來園中供養,數有五百。此五百人犯王法合死,佛乞命王施供養,即施此五百人爲供養也(净行人也)。"若云施乳酪等五味"者,謂乳酪、生蘇、熟蘇、醍醐。"《四分》乘乘[3]戒中"者,《遺教法律》云:"騎乘車馬一日,除五百齋。一歲三百六十日,騎乘除十八萬日齋。"舍利弗問:"何故?"佛言:"比丘禁律人法,見者生謗,令他得罪。騎一日除五百日齋者,准除老病暫得乘騎也。"

"若後受得衣用吉"者,有人施金寶,應付净人掌之。净人後貿得衣財,如法得用。今言"得吉"者,爲是自受用,金寶不付净施,貿得衣財用,得吉羅也。"則破《四分》人解"者,緣此下文中開房錢、藥錢,既云"爲房得受"者,明知受錢;《雜含》云須木直索木,乃至人亦等,亦直索之,不得爲房受錢金寶等;如是四法,即是依法不依人,依義不依語,依智不依識,依了義經不依不了義經。"如是四法所應依止"者,《涅槃》第六卷末文云:"一觀弟子有諸檀越重物則遮不令畜,以重説輕則無聽畜。二雖無檀越,豐時則遮,儉時聽畜。三雖儉時,不爲護法如來則遮,爲護法故聽畜。四時雖護法,不作净施,如來則遮。"如是四法所應依止,結明可依也。"若有三藏反上説"者,説云:"世尊觀知我等弟子有人供須,今更開八不净之物,不可依也。""不用亦得"者,不同《十輪》,亦得以護法故。"小小非要"者,謂比丘受畜八法,毁佛禁戒,自壞壞他,必墮惡道。大聖慈悲,令道俗同呵,使息過不爲,故不以如法因緣置而不呵爲護法,故事須呵責。(《十輪》[□][云][4]:不知犯戒供敬,若知不須也。《涅槃》[□][云][5]:見穢,不須供養。)"已外成衣不成衣"等者,百一物外,名

① 言,底本、録本無,據文意補。

② 者,底本、録本無,據文意補。

③ 乘,録本訛作"之",底本實爲前一"乘"之重文符,今據改。

④⑤ 云,底本、録本無,據文意補。

“已外”也。“文言手捉[①]别時意也”者，此中明畜爲正也；而言“手捉[②]”者，爲畜故捉[③]，非正結捉[④]；捉[⑤]者在[⑥]下九十，非此所明，是别時意也。“五欲功德”者，以五欲能得後果，名“功德”也。“錢有八種”者，一、金錢；二、銀；三、銅；四、鐵；五、鉛錫；六、白[⑦]鑞；七、木；八、胡膠。“五種受”者，一、手受；二、衣取；三、以器取；四、言著是中；五、若言“與是净人”等；皆得犯墮也。“餘有未懺，必遭形戮”者，若作偷盗等事，必被他人形治，即是形戮也。“頰腫之儔”者，昔有一癡女，聟（婿）[⑧]至婦家，羞讓不食，後被飢逼，竊盗生米而食，其頰鼓起；婦家謂是頰腫，問其所以，固執不言；乃至以火烙之，頰穿米出；明今比丘犯重過見，不發露悔過，現受治殯來受苦也。

貿寶戒十九

《戒》本云“種種賣買”也。《多論》第五：“戒體應言種種用‘寶好’，不同言‘賣買’。此戒一往成罪，一度便犯，更不待再爲，不同販賣。販賣戒爲利故，買買已，還賣成罪。”此《律》不云“求利”等之言，但出家人不應爲之[⑨]，故但得罪也。此戒唯以寶物相貿，後販賣戒通以餘財相貿，有此不同。《多》云貿寶與他求利，當與之時即犯墮，與此《四分》不同。此《律》但貿得寶，入手方犯。但當用寶之時，别得不應罪。寶體既去，將何以捨？故不得捨罪也。“此與貿衣五種不同”者，《戒疏》云：一、對人不同，貿寶七衆俱犯，販賣依唯二俗犯。[二][⑩]、貿寶自作、教人，爲已[⑪]同犯，除爲三寶貿衣，使人不犯，文言“使净人易不犯”也。三、貿寶一戒不開自爲貿衣，即開蘇油相易。四、衣寶捨，則道俗不同。五、還財轉體、不轉體不同，有本物、非本物故。此戒轉體易净衣物還也。

---

①②③④⑤ 捉，録本訛作“提”，據底本改。

⑥ 在，録本訛作“左”，據底本改。

⑦ 白，録本訛作“自”，據底本改。

⑧ 聟，同“壻（婿）”。《禮記・昏儀》：“壻執雁入。”唐陸德明《釋文》：“壻，字又作聟，女之夫也。”

⑨ 之，録本訛作前一“爲”之重文符，據底本改。

⑩ 二，録本脱，據底本補。

⑪ 己，録本訛作“已”，據底本改。

有斯不同,故分二寶也。《律》中以成物易錢者,《律》云:“已成金易他未成金(一),二將未成金易他未成金(二句),三將已成、未成金易已成、未成金(三句)。”銀中三句,准上金中。准第七句,以錢易錢也。錢等七種相易,前六是財物,第七是錢寶也。前《律》中“財物易錢”者,比丘將財與俗人易金錢等,若不作知净語,犯墮。衣食准上,將錢寶易衣食,不作知净語,亦墮;作知净語得與五衆,自相易衣食不犯。雖是五衆自易,若將錢寶易衣食犯墮。

販賣戒第二十

《戒》本云“種種販賣”也。“准餘部雙開”者,《多論》中云比丘亦得一度酬,是一開也;又開净人賣買,是二開。抄下文引衣法中,若易大價衣遣净人易,若無净人時遣比丘易得,亦是雙開也。“據一物爲語”者,具出彼文云:“若比丘爲利故,買而不賣者犯吉;若爲利,賣不買亦吉;若爲利,買已後賣,墮。”二業共成一墮,約一物體上前具二業,後方得提也;不同《四分》單賣一物自提,單買一物自提,販亦觸得提。“《四分》文不了”[□][者][①],但言若悔應還,不言日數,故云“不了”也。“一切須捨懺”者,明前方便有罪過,須無罪者,先爲利益得,今不供養也。要須盡捨懺,斷相續心,方聽施僧作福等。用不爾,准前僧不應食等,若蘇油相易無犯者,何故前文云以七日易七日得提邪?若此戒中文略,前戒開文中云:“以油易蘇爲佛法僧不犯。”既俱貿易,理合得開,但此文略“佛法僧”字。又解,前是自爲不開,此爲供養燈明,故開無罪。《十誦》“三索不得”者,謂三度當價作知净語索也。

畜長鉢戒二十一

所以“過十日”者,然物變無恒,容有失脱,資身要用,事不可廢,施時不取,後須難得,所以開限十日作法,而畜過則致犯。“餘如長衣戒”者,同彼有忘等諸緣,亦開無犯;内外資身别去,鉢唯内資,衣則外要。

---

① 者,底本、録本無,據文意補。

乞鉢戒二十二

“廣[①]如《戒疏》”者，應叙云：“如拔難陀乞得十具鉢，從非親乞，應令捨鉢九個，奪取入常住，餘一個滿中著水。恐僧子細看淹滯，徒衆令僧中行之。乞鉢比丘據鉢至上坐前，過與上座。上座看若好，瀉水上座鉢中。過上坐，可鉢與彼比丘。彼比丘得已，過與次上座。上座得已，看若勝，即换取依前瀉水著中，還與彼乞鉢比丘。彼得已，如是展轉至坐末。中下衆僧自己鉢若惡，即换取彼鉢，一衣（依）上坐、次坐法行之。總行了，僧作白二羯磨，令持此一鉢，長隨身自許。舊鉢亦依前持受用，二並不得離，不得故損壞。别人與方便，打破新鉢不犯。若舊持鉢破去，犯。將此長鉢加法受持，得犯捨墮罪，僧中懺。若懺罪滅已，僧收取彼長鉢。若貴價者[②]，僧[③]爲賣卻得錢，付常住家；將少許錢買取一可鉢，還與彼受持。行鉢時，須向當界僧中行之。”

自乞縷使非親織戒二十三

勸織師僧衣縷戒二十四

奪衣戒二十五

自與使奪，使與自奪，使與使奪，自與自奪，並犯。又有四句：一、别與合奪；二、合與别奪；三、合與合奪；四、别與别奪。皆約多衣，約奪時得罪，不約與時也。若彼人破戒，無威儀。若取不犯者，計其若破戒四重禁奪可開也。“奪舉不藏”者，不藏舉去不犯也。

畜七日藥過限戒二十六

“四畜過七日”者，最初日藥也。“第七日藥”者，即是第二日藥。至八日明相出，正得七日也。“若未七日”者，謂是第三日已下、五日藥也，聽還本主

① 廣，録本訛作“度”，據底本改。

② 者，録本訛作“去”，據底本改。

③ 僧，録本訛作“價”，據底本改。

外用塗[①]腳燃燈也。"五無緣"者,無失奪燒漂緣也。

過[②]前求雨衣過前用戒二十七

"二時中得"者,謂是求衣時也,即三月十六日已後也。若三月十六日已前得者,即犯過前求竟、無再犯後用也,七月十六日已過後用也。若三月十六日用者,過前用也。若潤三月,後三月求之,至七月十六日應著。一處不應用,用者吉也;亦不須捨,明年准常用也。《了論》云"雨衣"者,爲護三衣,故須此衣。若路行時,覺天欲有雨,即取此衣蓋身上。有大雨路行時,脱三衣,襞[③]牒(疊)[④]舉之,著此衣行雨中。於露處浴,亦著此衣。"浴"語通以受濕,故名"浴",非以著浴故名"浴"。"舍勒"者,半泥洹僧也。"《多論》云三月十六日應求應作,乃至四月十五日亦爾"者,從三月十六日至三月盡求作,若得成衣,四月一日應畜不合用也;若不成衣,至四月十五日聽求聽作(迷日[⑤]),准前四月一日,只合畜,不合用,彼與安居同日受用故。與《四分》不同。《四分》半月應用浴,即四月一日得用。"若捨作餘用,若著浴,若浣,若舉"者,此並開失法,吉。具足文云"六群比丘一切時"者[⑥],夏冬常求雨衣不捨,雨衣便持餘用。見有雨衣,猶裸形浴,乃至呵言:"不應如此。"下開文云:"犯者三月十六日求,四月一日用(已上開提罪)。"若捨雨衣已,乃更作餘用。若著浴衣,浴不裸形。無雨衣,若作雨衣,若浣染,若舉處染[⑦]無犯。十種衣者:一、綿衣;二、白疊衣;三、毛衣;四、貯麻衣;五、野麻衣;六、家麻衣;七、白羊毛衣;八、鳥毛衣;九、絳亦正也,色羊毛衣;十、尨色羊毛衣。雨浴衣因毘舍佉(佉)每請佛及僧,婢白時到,見諸比丘雨中裸浴,因發八願。請佛食已,取一卑

---

① 塗,録本訛作"墮",據底本改。

② 過,録本訛作"逼",據底本改。

③ 襞,録本訛作"壁",據底本改。《漢書·楊雄傳》:"芳酷烈而莫聞兮,固不如襞而幽之離房。"顔師古注:"襞,疊衣也。"

④ 清朱駿聲《説文通訓定聲·謙部》:"牒,叚借爲疊。"

⑤ 此二字底本不清晰,待考。

⑥ 者,録本訛作"去",據底本改。

⑦ 染,録本訛作"深",據底本改。

床,在佛前座,而白佛言:"唯願世尊,當與我願!"佛言:"隨意。"白言:"有客比丘從遠方來,不知所趣,願世尊聽我與客比丘食,盡形供給。二、遠行比丘或以爲食故,而不及伴,聽我與遠行比丘食,盡形供給。三、有病比丘,不得隨意食,即便命終;若聽我隨病食,其病得差(瘥)。四者、與病比丘隨意藥。五、與看病比丘食。六、常聽比丘粥。七、與比丘雨衣。八、與比丘尼浴衣也。"

急施衣戒二十八

亦名"不得過前、過後畜",七月六日已去開受,過前不許受。"急施衣"者,有急因緣而施,名"急施衣"。《五分》"急施衣"者,若軍欲行急時施,過時不後施。《祇》十二云"急施衣"者,若男、若女,在家、[□□][出家][1],欲征時,征還時,死時,女人歸時,施主語比丘言:"若今日不取,明日無。"是名"急施"。七月六日已去聽受,至十六日已前,總有十日,得受急施也。"無因緣"者,若有失奪等四緣,聽過前受;若寄衣比丘遠行,隔水道斷,開過後畜;此戒二罪不並犯故,若已犯過前竟,不犯過後也。"三是十日内"者,若是十日外得衣者,如七月五日得者名"犯",過前受竟無有犯,過後畜之,義故須在十日内,謂七月十六日得者,既不犯過前是净(少字),過後畜方犯也,以衣不重犯故也。且如七月十四日受得急施衣,得畜兩日,即入迦提。迦提外,猶開八日。如是十三日受後,即得七日。十二日受,爲至月七日受後餘有一日,前頭一日後即開也。

有難蘭若離衣戒二十九

"五無因緣"者,謂有命、梵等難,不得會衣,開不犯也。"明多緣"者,一者諸比丘夏中蘭若安居,若出乞食,被取薪人、放牛羊人持户鉤開房偷衣物將去,因聽寄衣,爲有恐畏失衣,即此爲緣,無有日限。"二緣"者,因優波離滅[2]净衣重,恐遭雨不能勝,佛令離衣。問:"幾時得還?"阿難計去二日、住二日、來二日,總計六日,因此開六日。第二緣也。"必有他緣"者,即此憂波離

① "出家"二字底本、録本無,據文意補。

② 滅,底本不清晰,待考。

和僧往來開六夜，是一他緣也。“因聚落比丘起過”者，當《四分》家寄衣不作日限，因聚落中失火，蘭若比丘恐火燒衣，夜來會衣，被招機（譏）過。“遂制六夜，不顯緣相，致令[①]故師妄執”者，古師云：“疑恐怖但開六夜，過則結罪。既因過生，制六夜定，何得更開文中但怖等緣、不開餘緣也？”古師唯許有恐怖緣，但開一度，是妄執也。“今准諸部，有緣皆開”[□][者][②]，《五分》佛塔和上緣等皆開六夜，《明了論》聽法未了常開。爲《四分》文中不明多緣，又不言“多度”，是[③]不顯緣相也；《四分》更不言有和上闍梨塔事等緣，開之文中，不作此説，故道“而不顯緣相”也。“餘同聚落戒説”者，即此戒開文，若捨會失奪恐怖險難等，一同前戒，不能繁引，故總攝之也。寄衣村裏，六夜合會，作失奪燒等相不離。

迴僧物入己戒三十

“而未分僧别二異”者，以定許其僧而未分彼此之異也。“《十誦》、《多論》‘若檀越施此自恣僧物迴與彼’”者，問：“此若定屬之物，迴時即合犯夷；若不定屬物，究竟合吉。何言‘不還方許成重’邪？”故知部别不同，未詳通意也。

《律抄》第三卷手决一卷。

---

① 令，録本訛作“今”，據底本改。

② 者，底本、録本無，據文意補。

③ “是”字前録本涉上衍一“度”字，據底本删。

No. 2797《梵網經》述記卷第一

［題解］

後秦鳩摩羅什譯佛教戒律《梵網經·盧舍那佛説菩薩心地戒品》第十卷下前數段之注疏，［唐］勝莊撰，四卷。敦煌文獻中有伯 2157vf、伯 2286 二號，均爲《梵網經述記》卷一。其中伯 2157vf 號首脱尾脱，疏文前後各抄録了其他經文内容。伯 2286 號首殘尾全，尾題："《梵網經》述記卷一，真如本。"清代以前歷代大藏經未收，《大正藏》據伯 2286 號録入其第八十五册。今校注仍以《大正藏》本所據原卷伯 2286 號爲底本。參校甲本，伯 2157vf 號。

□[1]"發菩提願未？"答言："已發。"若依此經，和上問七遮。故下《經》言若欲受戒時，法師問言："現身不作七逆罪邪？菩薩法師不得與七逆人現身受戒。七逆者，出佛身血，殺父、母，殺和上，殺阿闍梨，破羯磨轉法輪僧，殺聖人。若具七遮，即身不得戒，餘一切得受戒。"而《瑜伽》説：不説七遮者，作懺悔亦得戒故；非如聲聞犯邊罪已，更不得受。各據［一］[2]義，故不相違。謂此經中據不懺悔者説作七逆現身不得戒，論中據懺悔亦有受戒義，故略不説。

第四正作羯磨者，如《瑜伽》説："自此已後，應作如是言：'汝如是名"善男子"或"法弟"[3]，欲於我所受諸菩薩一切學處受諸菩薩一切净戒：所謂律儀

① 首缺。
② 一，録本脱，據底本補。
③ "法弟"二字底本、録本訛作"次第"，據《瑜伽師地論》卷第四十［T30n1579p514c6］改。

戒,攝善法戒,饒益有情戒。如是學處,如是净戒,過去一切菩薩已具,未來一切菩薩當具,普於十方現在一切菩薩今具。於是學處,於是净戒,過去一切菩薩已學,未來一切菩薩當學,現在一切菩薩今學。汝能受不?'答[①]:'能受。'能授菩薩第二、第三亦如是説。能受菩薩第二、第三亦如是答。能授菩薩作如是問,乃至第三授净戒已,能受菩薩作如是答,乃至[第三][②]。"

第三、請證。如《瑜伽》云:"受净戒已,能受菩薩不起于坐。能授菩薩對佛像前,普於十方現住諸佛及諸菩薩恭敬供養,頂禮雙足,作如是白:'某名菩薩今已於我某菩薩所乃至三説,受菩薩戒。我某菩薩已[爲][③]某[名菩薩][④]作證,唯願十方無邊無際諸世界中諸佛菩薩第一真聖,於現、不現一切時處,一切有情皆現覺[⑤]者,於此某名受戒菩薩[⑥]亦爲作證。'第二、第三亦如是。受戒羯磨畢竟,從此無間普於十方無邊無際諸世界中現住諸佛已入大地諸菩薩前,法爾相現。由此表示如是菩薩已受菩薩所受净戒。爾時十方諸佛菩薩,於是法爾之相生起憶念,由憶念故,正智見轉,由正智見,如實覺知某世界中某名菩薩某菩薩所正受菩薩所受净戒,一切於此受戒菩薩如子如弟,生親善意,眷念憐愍。由佛菩薩眷念憐愍,令是菩薩希求善法倍復增長,無有退減,當知是名'[受][⑦]菩薩戒',啓白請證。如是已作受菩薩戒羯磨等事,授受菩薩俱起供養,普於十方無邊無際諸世界中諸佛菩薩頂禮雙足,恭敬而退。如是菩薩所受律儀戒,於餘一切所受律儀戒,最勝無上無量無邊大功德藏之所隨逐,第一最上。"廣説乃至:"一切别解脱律儀,於此菩薩律儀戒,百分不及一,千分不及一,數分不及一,計分不及一,算分不及一,喻分不及一,鄔波尼殺曇分亦不及一,攝受一切大功德故。"

---

① 答,録本訛作"若",據底本改。

② "第三"二字録本脱,據底本補。

③ 爲,底本、録本脱,據《瑜伽師地論》卷第四十[T30n1579p514c20]補。

④ "名菩薩"三字底本、録本脱,據《瑜伽師地論》卷第四十[T30n1579p514c20]補。

⑤ 覺,底本、録本訛作"學",據《瑜伽師地論》卷第四十[T30n1579p514c22]改。

⑥ "戒菩薩"三字底本、録本作"菩薩戒",據《瑜伽師地論》卷第四十[T30n1579p514c23]改。

⑦ 受,底本、録本脱,據《瑜伽師地論》卷第四十[T30n1579p515a5]補。

第二明自誓受戒者，如《瑜伽》説第四十云：“又諸菩薩欲受菩薩净戒律儀，若不會遇具足功德補特伽羅，爾時應對如來像前自受菩薩净戒律儀。應如是受：偏袒右肩，右膝著地，或蹲跪坐，作如是言：‘我如是名，仰啓十方一切如來已入大地諸菩薩衆，我今欲於十方世界佛菩薩所誓受一切菩薩學處，誓受一切菩薩净戒：謂律儀戒，攝善法戒，饒益有情戒。如是學處，如是净戒，過去一切菩薩已具，未來一切菩薩當具，普於十方現在一切菩薩今具。如是學處，如是净戒，過去一切菩薩已學，未來一切菩薩當學，普於十方現在一切菩薩今學。第二、第三亦如是説，説已應起。所餘一切，如前應知。”然自受者，必先懺悔，要須得見好相，以此爲限；若不得好相，不得戒故。此經下云佛滅度後，欲以好心受菩薩戒時，於佛形像前自誓受戒，當七日佛前懺悔，得見好相，便得戒。若不得好相時，應一以二七、三七乃至一年，要得好相。得好相已，便得佛菩薩形像前受戒。若不得好相，雖佛、菩薩形像前受戒，不得戒。若現先受菩薩戒法師前受戒時，不須見好相，是法師師相授故，不須好相。若千里内無能受戒師，得佛菩薩形像前受得戒而要見好相。

第六得捨戒緣。此復有二：一者、得戒緣；二者、捨戒緣。得戒緣者復有二種：一、七衆得戒緣；二、菩薩得戒緣。七衆得戒有二：一、得戒差别；二、具戒緣。得戒有二：一、具戒；二、餘六衆。得具戒者，諸宗不同，餘六衆依《一切有部》顯十種不戒故。《十誦律》云佛告諸比丘十種受具足：一、自然；二、見諦；三、善來；四、自誓；五、論議；六、受重法；七、遣信；八、乞五德；九、乞羯磨得；十、三歸。

自然得者，謂佛獨覺。《正理論》云：“自然謂智以不從師，證此智時，得具足戒。”

問：“何故不説阿羅漢自然得戒，唯説獨覺得耶？”

答：“獨覺利根，自然得戒。阿羅漢鈍根，故不説之[①]。此中唯説大獨覺非部行也。”

問：“此自然得戒有表業不？若無表業，云何言‘無表離表而生’？若[②]有

① 之，録本訛作“文”，據底本改。

② 若，録本訛作“答”，據底本改。

表者，是何時表？入觀智時無身語表故。”

答：“入觀前表，得此智時，轉成根本，能發無表，是故無表亦依表生。”

問：“如何得知得阿羅漢時，無自然得戒？”

答：“有阿羅漢沙彌等故。如《大莊嚴》説云曾昔時寺中有諸羅漢沙彌，乃至廣説。又《雜阿含經》二十三云：‘此二沙彌是俱解脱阿羅漢。’故知不得。”

問：“自然得戒者先得五戒、十戒以不？”

答：“得盡智時，一時頓得五戒及具，以利根故。有説先得五戒，後得具戒，如梯橙故。”

問：“何故比丘尼無自然得？”

答：“性行劣故，必無女身成大覺獨覺故。”

見諦得者，如《正理》説三十七云：“由得入正性離生，謂五苾芻。”由證見道，得具足戒。

問：“何故比丘尼無見道得戒？”

答：“此諸女人多過失故，多煩惱故，是故無有見道得戒。”

問：“何故五人見諦得戒，餘苾芻不爾耶？”

答：“此五苾芻，佛初轉法輪，最初得見道，法住增故。”

問：“何故五人最初得道？”

答：“由本願故。如世尊説：‘我於過去世中作國王，以身血氣施羅刹，即發願言：“我當作佛時，先度五人。”’五羅刹者，今五苾芻是也。又菩薩過去作大魚身，五人先見，乃至廣説。善來得戒，如《正理》云：‘由佛命善來苾芻，謂邪舍等由本願力佛威加故。’《薩婆多》、《毘婆沙》二論云：三迦葉門徒一千人，舍利目連門徒二百五十人，皆善來得戒。”

自誓得戒者，如《正理》説云：“由信受佛爲大師，謂大迦葉。”

問：“何故餘人無自誓受得耶？”

答：“信解薄故。”

論議得者，《正理論》云：“善巧酬答所問，謂蘇陀夷。”此復云何？彼年八歲，來至佛所。佛問彼言：“汝家何在？”彼即答言：“三界無家。”佛知利根，雖年未滿，令僧爲授，非答問時，便得具戒。

受重法者,《正理》説云:"由敬受八尊重法,謂大生主。"爲最初也。

問:"彼大生主從於誰邊受重法?"

答:"本是佛説,阿難爲大生主説。彼大生主論阿難邊受八尊重。如《中阿含經》二十八説阿難白佛言:'世尊!女人可得第四沙門果耶?因此故,女人得於此正法律中至[□][信][1]捨家學道耶?'世尊告曰[2]:'止!止!阿難!莫作是念……若使女人得於此法中捨家者,令此梵行不得久住。阿難!猶如人家多女少男者,此家爲得轉興盛耶?''不也。世尊!''如是,阿難!若使女人於此法中捨家學道者,令此梵行不得久住。阿難!猶如稻田及麥田中,有穢草生者,必壞彼田。如是,女人捨家學道,令此梵行不得久住。'阿難白佛言:'世尊!瞿曇彌大愛道爲世尊所饒益。所以者何?世尊母亡之後,瞿曇彌大愛道掬養世尊。"廣説乃至:"佛告阿難:'我今爲女[□][人][3]説八尊師法,謂女人不當犯,女人奉持,盡形壽邪。云何爲八尊師法?阿難!比丘尼當從比丘受具足,我爲女人施設第一尊師法。阿難!比丘[尼][4]應半月半月從比丘乞受教誡,此爲第二。若止住處、設無比丘者,不得受夏坐,此爲第三。比丘尼受夏坐訖,於兩部衆中,當[□][請][5]三事,求見、聞、疑,此爲第四。若比丘不聽問[6]者,比丘尼則不得問[7]經律阿毘曇,若聽問[8]者即得問[9],此爲第五。阿難!比丘尼不得説比丘所犯,比丘得説比丘尼所犯,此爲第六。阿難!比丘尼若犯僧伽婆尸沙,當於兩部衆中,十五日行不慢,此爲第七。阿難!比丘尼受具足雖至百歲,故當向始受具足比丘極[10]下意禮拜,恭敬承事,此爲第八尊師法。'爾時阿難爲彼大愛道説八尊師法時,大愛道受八尊師法而得出家。佛告阿難:'若女人不得於此正法律出家學道,正法當住一千年。今失五百歲,餘有五百歲。'《毘尼母論》二亦同此經。此中

---

① 信,底本、録本脱,據《中阿含經》卷第二十八[T01n0026p605b29]補。

② 曰,録本訛作"白",據底本改。

③ 人,底本、録本脱,據《中阿含經》卷第二十八[T01n0026p605c29]補。

④ 尼,録本脱,據底本補。

⑤ 請,底本、録本脱,據《中阿含經》卷第二十八[T01n0026p606a14]補。

⑥⑦⑧⑨ 問,録本訛作"聞",據底本改。

⑩ 極,底本、録本訛作"總",據《中阿含經》卷第二十八[T01n0026p606a28]改。

意説受八法時，得具足戒。如《十誦》云：優波離問：'波闍受八重法，即是出家，成比丘尼。餘尼云何[①]？'佛言：'應現前作白四羯磨。'"

問："若爾于時尼衆既未滿足，餘者云何得戒？"

答："如《薩婆多論》云：'十四年前，八數[②]度女。十四年後，羯磨度之。'又彼二云：'成道八年後，有白四羯磨。'又《五分》云：'五百比丘尼，亦數（敬？）[③]法得。'又《毘尼母》云：'師法受具中，除憍曇彌五百諸女人，餘一切不得師法受具。'"

遣信者，《正理論》云："由遣使，謂法授尼。"《五分》云："淫女半迦尸，欲往蘭若住處受具戒。賊衆道路，伺[④]取彼女。女聞此事，時不敢去。佛聽遥爲受具[□][戒][⑤]。先尼衆中作本法竟，置受戒人於一處所，將十尼衆往蘭若處，禮僧衆足。尼羯磨師爲從僧乞[□][戒][⑥]。僧羯磨師乃至爲作白四羯磨已，和上闍梨將十尼還至本處所，呼受戒人，令禮衆足。"乃至廣説。又《毘尼母》云："尼遣使受戒中，唯有一女得。此女顔容挺特，世所無比。若往者恐惡人抄掠，是佛所聽。今時若有如是比者，可得遣使受戒。"

乞五德者，《正理論》云："由持律爲第五人，謂於邊國。"

羯磨得者，《正理》云："由十衆，謂於中國。"此即通僧尼。尼受具中，二部各十。所言"五十"者就極少説，若多若過，於理無傷。

三歸得者，《正理論》云："由三説歸佛法僧，謂六十賢部共集受具戒。"解云：佛遣無學爲説三歸，便得具足。《毘尼母論》二云："佛告憍陳如：'若人出家者，當剃除鬚髮，教如是言："我今盡形受歸依佛法僧。我今依佛出家，婆伽婆是我師也。"三語受戒，如我所説解也。'尊者阿若憍陳如遊行到毘梨耆國，復到毘舍離國。毘舍離國中有毘梨耆人，二國族姓子合[⑦]在一處。此諸

① 何，底本、録本訛作"問"，據《大乘法苑義林章》卷第三[T45n1861p304a23]改。

② 數，《大乘法苑義林章》卷第三[T45n1861p304a27]作"敬"。

③ 結合文意，此"數"似當爲"敬"之訛字。

④ 伺，底本、録本訛作"同"，據《大乘法苑義林章》卷第三[T45n1861p304b1]改。

⑤ 戒，底本、録本脱，據《大乘法苑義林章》卷第三[T45n1861p304b3]補。

⑥ 戒，底本、録本脱，據《大乘法苑義林章》卷第三[T45n1861p304b5]補。

⑦ 合，底本、録本訛作"舍"，據《毘尼母經》卷第一[T24n1463p802b23]改。

人等皆生念言:‘阿若憍陳如,於大沙門法中出家,行於梵行。我等就其出家學法。’共議論已,即便相將詣陳如所,頭面禮足,白尊者言:‘唯願大德聽我等於如來法中出家,修於梵行。’阿若憍陳如聽其出家,爲説三語受戒。受戒已,共詣佛所。陳如白佛言:‘此族性子等,求欲出家,爲其三語受戒,爲得戒不?’佛告憍陳如:‘此諸人等三語受戒,善得其戒。’”

問:“何故餘人無三歸得具戒?”

答:“未制已前,有三語受具。世尊制後,無三語受具。因病比丘無人看侍,往白佛。佛告諸比丘:‘從今已去,斷三語羯磨,於十僧中白四羯磨,聽使受具。’《俱舍》、《順正理》三十七顯宗有十種得戒,同此《十誦》。《摩得勒迦》十種得戒:一、自然。二、見諦。三、問答。四、三歸。五、自誓,謂大迦葉。六、五衆。七、十衆。八、八重法。九、遣信。十、二部,謂《毘尼》[①]無善來,善來以後更與受故。若依法藏部《四分律》云:一、善來。二、上法,謂成無學,證有餘滅,名爲‘上法’,即便得戒。如《四分律》云:若修道成阿羅漢果,即名‘出家’,受具足戒,而經説‘阿羅漢’‘沙彌’者非我所宗。三、三歸。四、八敬。五、羯磨。此説意言:自然是上法攝,見諦是善來攝,問答是羯磨攝,信佛爲大師是善來攝。又宗不同,不須會釋。若依大衆部《僧祇律》云:四種受具足法,自覺具足。二、善來。三、十衆。如律云和上十衆内不名‘受具’,合十一人;《四分》但言十衆,和上在中。四、五衆。若依化地部《五分律》,有五種受具足:一、自然。二、善來。三、三歸。四、八不可越。五、羯磨。又《毘尼母論》云比丘有五種受具:一、善來。二、三語,謂三歸。三、白四羯磨。四、佛敕聽受具,謂善問答也。五、上受具,謂阿羅漢果名‘上受具’。比丘尼亦有五種受具:一、隨師教行,謂受八敬法。二、白四羯磨。三、遣使(如前)。四、善來。五、上受具能成就,不作一切諸惡。又《薩婆多論》第二云‘凡七種受戒’者:[一][②]、見道受戒;二、善來得戒;三者、三語得戒;四者、三歸受戒;五者、自誓受戒;六者、八法受戒;七者、白四羯磨。於七種中,見諦得戒,唯

① “毘尼”二字底本、録本訛作“尼毘”,據文意改。

② 一,録本脱,據底本補。

五人得，餘更無得者；善來得戒、三語、三歸[①]，佛在世得，滅後不得；自誓，唯大迦葉一人得，更無得者；八法受戒，唯大愛道一人得，更無得者；白四羯磨戒，佛在世得，滅後亦得。如是七種得者，問答廣釋，具如彼説。今依大乘，十種得戒中，除自然得，餘同一切有部。今大乘中無自然得戒，謂佛世尊曾於三大無數劫中，具足三種清凈律儀，非今日得。若大獨覺，雖今已得阿羅漢，而未得具戒，以未受故，如餘阿羅漢沙彌。此亦如是。故《瑜伽論》五十三説：'或復有一，唯自然受，除苾芻律儀。何以故？由苾芻律儀非一切堪受故。若苾芻律儀非要從他受者，若堪出家，若不堪出家，但欲出家者，便應一切隨其所欲自然出家。如是聖教便無，軌範[□□][亦無][②]。'又釋大獨覺有自然得戒、而論説言苾芻律儀無自然者，多分而説，唯大獨覺有自然得戒，餘必無故。所餘九種皆名'從他得'，要待他力而得戒故，如《薩婆多論》云。"

問："七種戒幾種他得？幾種自[③]得？"

答："六從他得，一須分別見諦得戒。以根本而言，以佛説法故，證得聖諦，名'從他得'。自以忍智，明照真諦，而得具戒，即名'自得'。准此《論》文，唯除獨覺，自餘皆從他得。"

第二、得戒緣者，有通有别。通緣者，謂二圓滿，是爲通緣：一、自圓滿；二、他圓滿。自圓滿者，復有五種：一、善得人身，謂成就男根[④]，或得女根。二、生於中國。三、諸根具足。四、勝處凈信，謂於如來及毘奈耶得凈信心。五、離諸業障，謂能遠離五無間業等。他圓滿者，復有五種：一、諸佛出世。二、説正法教。三、法教久住。四、法住隨轉，謂證正法者，即如所證，隨轉隨順，教授教誡。五、他所哀愍，"他"謂施主，彼於行者起哀愍心，惠施資具，具如[⑤]《瑜伽》二十一。

第二、别緣者，若依《四分》，具四緣得戒：一、羯磨者，謂比丘受大戒，僧數滿足。二、白四羯磨，成就教法緣。三、得處所者，結界成就。四、住比丘

① 歸，録本訛作"師"，據底本改。
② "亦無"二字底本、録本脱，據《瑜伽師地論》卷第五十三[T30n1579p589c27]補。
③ 自，録本訛作"目"，據底本改。
④ 根，録本訛作"得"，據底本改。
⑤ 如，録本訛作"女"，據底本改。

法中者，年滿二十，身無遮難。又《毘尼母》第二云："復有五處，白四羯磨受戒滿足……一、和上。二、阿闍梨。三、衆僧具足。四、性調順。五、諸根具足，無諸障礙。是名'五處受戒具足'。"今依大乘，未見成文，而理言是(寔)同[①]。《四分律》意"身無遮難"者，如《瑜伽論》五十三說。

問："由幾因緣，雖樂欲受苾芻律儀，而不應授？"

答："毘有六因：一、意樂損害；二、依止損害；三、男形損害；四、白法損害；五、繫屬於他；六、爲護他故。具説如彼。"

問："善等三性心何心發戒？"

答："三性心中皆能得戒，以具緣故，如《薩婆多論》第一云。"

問："爲善心中得戒？爲不善心中得戒？爲無記心得戒？爲無心中得戒？"

答："一切盡得。"

問："善心得戒，其義可見；不善無記心云何得戒？"

答："且如有一先起善心，起身語表業，白四羯磨時，或起貪等，或無記心，於此心中成就戒色。其義云何？今依大乘，近因等起心相應思上，假立表業，此相應思熏成種子。第三羯磨時，雖住不善無記之心，而由具緣力，令[②]彼思種功能增長。依此思種假立無表，名爲'得戒'。"

問："既起不善心，云何善種而得增長？"

答："由具緣力故，而得增長。"

問："若自相續緣，可言具緣增自種；具緣他所成，自種不能長？"

答："自種不託緣，應言不增長自種。託緣生緣，他增自種。"

問："自種託緣，他生緣增自種；亦可解或(惑)他緣起，他解除自惑？"

答："斷惑遣自迷，他解不能斷，起戒要託緣，他緣得增長。(云云。)"

入無心時亦得戒者，如不還沙彌欲受具戒，具其衣鉢詣大衆所，禮拜乞戒，白四羯磨。時入滅盡定，前因等起，思所熏種功能增長，依此假立無表律

---

① 此字録本訛作"足"，底本實乃"是"之俗體，今據改。明黄以周《釋是》："是又通寔，寔又通實。""是同"即"實同"也。

② 令，録本訛作"今"，據底本改。

儀，所餘六衆得戒因緣，隨其所應，如理應思。

第二、得菩薩戒，此有二種：一、自誓受得。二、從師得，如前已説。又具四緣，方得净戒：一者、已發大菩提願。二者、遇善友，謂遇已發大願諸菩薩等。三者、遠離七逆，如後又説。四者、羯磨成就。如是四緣，得菩薩戒。此據從師受者而説。若自受者，唯有三緣，除遇善友。

問："菩薩何時發戒？"

答："第三羯磨時方乃發戒。第二捨戒緣，如《瑜伽論》五十三説。"

問："有幾因緣，苾芻律儀受已還捨？"

答："或由捨學處故，或由犯根本罪故，或由形缺二形生故，或由斷善根故，或由棄捨衆同分故，苾芻律儀受已還捨。若[①]正法毀壞，正法隱没，雖無新受苾芻律儀，先已受得，當知不捨。所以者何？由於爾時穢惡正起，無一有情不損意樂、能受具戒，况當有證沙門果者？"

（解云）：比丘尼正學勤策男女，當知菩薩亦爾，故不别説。又彼《論》云：若近事男律儀，當知由起不同分心故，善根斷故，棄捨衆同分故，受已還捨。正法没時，如苾芻律儀道理，當知近事男律儀亦爾。若近住戒，由日出故，發不同分心故，於中間捨衆同分故，受已復捨。

捨菩薩戒，二緣、四緣，受已還捨。二因緣者，如《瑜伽[②]論》第四十云："略由二緣，捨諸菩薩净戒律儀：一者，棄捨無上正等菩提大願；二者，現行上品纏犯他勝處法。"言四緣者，如彼七十五説："又捨因緣略有四種：一者、决定發起不同分心；二者、若於有識别大丈夫前故意發起棄捨語言；三者、總别毁犯四種他勝處法；四者、若以增上品纏總别毁犯隨順四種他勝處法。由此因緣，棄捨菩薩净戒律儀。若有還清净受心，應還受得。"（解云）：第一、第二是前二中第一所攝，後之二種第二所攝。隨順他勝處者，謂十重中前之大（六）[③]種，如是六種亦共二乘，或可不定，故名"隨順"。又隨順者，謂隨順他勝處諸方便等，名爲"隨順他勝處法"。具依前釋所言。"捨"者但捨功能，而

---

① 若，録本訛作"答"，據底本改。

② 伽，録本訛作"似"，據底本改。

③ 結合文意，此"大"當爲"六"之形訛。下句"如是六種亦共二乘"，可互勘。

不捨體。如《本業經》下云:"菩薩戒有受法而無捨,有犯不失。"

問:"若捨菩薩戒,必捨比丘戒。設捨比丘戒,必捨菩薩戒?"

答:"應作四句:有捨菩薩戒而不捨比丘戒,謂退大菩提心而不捨比丘戒。有捨比丘戒而不捨菩薩戒,謂下中纏犯比丘根本罪。或有俱捨,謂上品纏犯。初四重俱不捨者,謂除前相。如菩薩戒對比丘律儀,如是菩薩戒對餘六衆,當知亦爾。"

第七、持犯差别者,略有八門:一、品類差别。二、共不共差别。三、廣大差别。四、甚深差别。五、止作差别。六、因差别。七、果差别。八、意樂差别。

品類差别者,謂聲聞乘唯制律儀戒。今此菩薩具三浄戒,謂攝律儀戒,攝善法戒,饒益有情戒。

共不共殊勝者,如無性《攝論》七云:共不共殊勝者,謂諸菩薩一切性罪不現行故,與諸聲聞共;相似遮罪有現行故,與諸聲聞不共。於此學處,有聲聞犯、菩薩不犯,有菩薩犯、聲聞不犯。菩薩具有身、語、心戒,聲聞唯有身、語二戒,是故菩薩心亦有犯,非諸聲聞。以要言之,一切饒益有情無罪身、語、意業,菩薩一切皆應現行,皆應修學。知是應知,説名爲"共不共殊勝"。無性釋云:"殺盜淫等所生名'性罪',斷生草等非貪等生,説名'遮罪'。菩薩戒中觀有利益而無罪者,一切應修。聲聞不爾。又諸菩薩心亦有犯,非諸聲聞,謂唯内起欲恚害等諸惡尋思,不爲發起身、語二業。一切饒益有情無罪身、語、意業者,謂能利益安樂有情,不爲發自起貪等煩惱。如是一切菩薩應修。"又《瑜伽論》四十一云:"若諸菩薩安住菩薩浄戒律儀,如薄伽梵,於别解脱毘奈耶中將護他故,建立遮罪,制諸聲聞,令不造作。諸有情類未浄信者,令生浄信;已浄信者,令倍增長。於中菩薩與諸聲聞應等修學,無有差别。何以故?以諸聲聞自利爲勝,尚不棄捨將護他行,爲令有情未得信者信,信者增長學所學處,何况菩薩利他爲勝?"當知是天從多分説。若盡道理,於遮罪中亦有不共。且如威儀戒,若見由衣不齊有利益菩薩,此中不整衣如是等類,准此可知。又《瑜伽》云:"若諸菩薩安住菩薩浄戒律儀,如薄伽梵,於别解脱毘奈耶中,爲令聲聞少事少業少希望住,建立遮罪,制諸聲聞,令不造作。於中菩薩與諸聲聞不應等學。何以故?以諸聲聞自利爲勝,不顧利他,於利他中少事少業少希望住，可名爲'妙'；非諸菩薩利他爲勝、不顧自利，於利他中少事少業少希望住，得名爲'妙'。如是菩薩爲利他故，從非親里長者、居士、婆羅門等及恣施家應求百千種種衣服，觀彼有力無力，隨其所施，如應而受。如説求衣求鉢亦爾。如求衣鉢，如是自求種種絲縷，令非親里爲織作衣，爲利他故，應畜種種憍世邪衣、諸坐卧具，事各至百。"乃至廣説。

廣大差别者，如《攝論》云："由四種廣大故：一、種種無量學處廣大故；二、由攝受無量福德廣大故；三、由攝受一切有情利益安樂意樂廣大故；四、由建立無上正等菩提廣大故。"

釋曰："種種無量學處廣大者，謂諸菩薩所學尸羅，種種品類無量差别，所以廣大。攝受無量福德廣大資糧者，謂此尸羅能攝無量福德資糧，所以廣大。攝受一切有情利益安樂意樂廣大者，謂此尸羅攝諸有情此世、他世、世、出世間捨惡攝善，若因若果饒益意樂，所以廣大。建立無上正等菩提廣大者，謂此尸羅建立大菩提，所以廣大。諸聲聞等無如是事[①]。"

四、甚深差别者，如《攝論》云："謂諸菩薩由是品類方便善巧，行殺生等十種作業而無有罪，生無量福，速證無上正等菩提。又諸菩薩現行變化身、語兩業，應知亦是甚深尸羅。由此因緣，或作國王，示行種種惱有情事。"乃至廣説。

釋曰："由此品類方便善巧者，謂諸菩薩悲願相應，後得妙智。行殺生等十種作業而無有罪等事者，謂愛樂善法，增（憎）[②]惡不善，見諸邪見性，説名'後三'。依止此故，行殺等七而無有罪，生無量福，速證菩提。或行前七，不起後三，大數言'十'。或已伏除，爲試彼力，故心暫起；不能招苦，故無有罪；能助道故，生無量福。"

又《瑜伽》説："若諸菩薩安住菩薩浄戒律儀，善權[③]方便，爲利他故，於諸性罪少分現行。由是因緣，於菩薩戒無所違犯，生多功德，謂如菩薩見劫盜

---

① "是事"二字録本訛作"事是"。按：底本"事是"二字間實施一乙鈎號，今據録正。

② 結合文意，此"增"乃"憎"之借字。《攝大乘論釋》卷第七[T31n1598p426c26]即作"憎"，可參。

③ 權，録本訛作"摧"。按：底本實作"**擢**"，乃"權"之换旁俗體，今據録正。

賊爲貪財故，欲殺多衆，或復欲殺大德聲聞獨覺菩薩，或復欲造多無間業。見是事已，發心思惟：'我若斷彼惡衆生命，當墮地獄。如其不斷，無間業成，當受大苦。我寧殺彼，墮那落迦，終不令彼受無間業。'如是菩薩意樂思惟，於彼衆生或以善心，或無記心，知此事已，爲當來故，深生慚愧，以憐愍心而斷彼命。由此因緣，於菩薩戒無所違犯，生多功德。……又如菩薩見劫盜賊奪他財物，若僧伽物、窣堵波物，而取多物，執爲己有，從情受用。菩薩見已，起憐愍心，於彼有情發生利益安樂，隨力所能，逼而奪取，勿令受用如是財故，當受長夜無義無利。由此因能（緣）[1]，所奪財寶，若僧伽物，還復僧伽。"乃至廣説。

"又如菩薩處在居家，見有母邑（女色）[2]，現無繫屬，習淫欲法，繼心菩薩，求非梵行。菩薩見已，作意思惟：'勿令心恚，多生非福。若隨其欲，便得自在方便安處，令種善根；亦當令其捨不善業，住慈愍心，行非梵行。雖習如是穢污之法，而無所犯，多生功德。出家菩薩，爲護聲聞聖所教誡，令不壞滅，一切不應行非梵行。又如菩薩爲多有情解脱命難，乃至剜眼等難。雖諸菩薩爲自命難，亦不正知説於妄語。然爲救脱彼有情故，知而思惟，故説妄語。以要言之，菩薩唯觀有情義利非無義利[3]，自無染心，唯爲饒益諸有情故，覆相正知，而説異語。説是語時，於菩薩戒無所違犯，生多功德。"乃至廣説。

《决定毘尼經》云："佛告憂波離：'汝今當知：聲聞乘人有異方便，有異深心，持清净戒。菩薩乘人有異方便，有異深心，持清净戒。憂波離！聲聞乘人雖净持戒，於菩薩乘不名"净戒"。菩薩乘人雖名"净戒"，於聲聞乘人不名"净戒"。云何名爲"聲聞乘人雖净持戒，於菩薩乘人不名'净戒'"？優波離！聲聞乘人不應乃至一念起於一念欲更受身，是則名爲"聲聞乘人清净持戒"。

① 結合文意，此"能"當爲"緣"之訛字。《瑜伽師地論》卷第四十一[T30n1579p517b26]即作"緣"，可參。

② 邑，録本訛作"已"，據底本改。《大正藏》本《瑜伽師地論》卷第四十一[T30n1579p517c5]於"母邑"下出校："母邑＝女色[宋][元]明[宫]。"

③ "義利"二字底本、録本訛作"利義"，據《瑜伽師地論》卷第四十一[T30n1579p517c16]改。

於菩薩乘最大破戒，名“不清净”。’”解云：謂諸菩薩有利益處，方便受身，起種種欲，攝受有情，出不善處，安置善處。若[1]諸菩薩不以其欲攝受有情，棄捨有情，即是破戒。此中意説在家菩薩非出家菩薩，出家菩薩爲護聖教，是故不得行非梵行。又云：“優波離！菩薩乘人於無量劫堪忍受身，不生厭患，是則名爲‘菩薩乘人清净持戒’。於聲聞乘最大破戒，不名‘清净’。云何名爲‘菩薩乘人持開通戒，聲聞乘人持不開通戒’？優波離！菩薩乘人以初日分有所犯戒，日中分思惟當得一切種智，菩薩爾時不破戒身。以日中分有所犯戒，於日後分思惟當得一切種智，菩薩爾時不破戒身。”廣説乃至：“以後夜分有所犯戒，於日初分思惟當得一切種智，菩薩爾時不破戒身。以是義故，菩薩乘人持開通戒，聲聞乘人持不開通戒。菩薩不應生大慚愧，亦復不應生大悔纏。優波離！聲聞乘人數數犯罪，即時破失聲聞戒身。所以者何？聲聞乘人應當持戒，斷一切結，如救頭燃。所有深心爲涅槃故。”廣説乃至：“優波離白佛言：‘世尊！或有欲相應心而犯於戒……有癡相應心而犯於戒。世尊！菩薩犯戒於欲相應心、嗔相應心、癡相應心，何者爲重？’爾時世尊告優波離：‘若有菩薩如恒河沙劫欲相應心而犯於戒，或有菩薩因一嗔以而犯於戒，等住菩薩大乘之道，因嗔犯者當知最重。所以者何？因嗔恚故，能捨衆生。因貪欲故，於諸衆生而生親愛。優波離！所有諸結能生親愛，菩薩於此不應生畏。所有諸結能捨衆生，菩薩於此應生不畏。’”廣説乃至：“大乘之人因欲犯者，我説是人不名爲‘犯’。因嗔犯者，我説是人名爲‘大犯’，名‘大過患’，名‘大墮落’，於佛法中是大留難。若有菩薩無有方便，欲相應心而犯於戒，生於怖畏；於嗔犯戒，不生怖畏。若有菩薩而有方便，恚相應心而犯於戒，而生怖畏；欲相應心而犯於戒，不生怖畏。”

又《本業經》説：嗔心犯戒，即便失戒。

第五、止作差别者，謂聲聞戒多是止持，雖有作持，而止持爲宗。若菩薩戒，通止作持。言“止持”者，謂聲聞共戒。言“作持”者，不共聲聞。如不往聽法，即有所犯，往聽無犯。又作看病，即無所犯，不看即犯。如是等類，作即無犯，止即有犯。復有差别，謂聲聞戒准遮身語，若菩薩戒通遮三業。

① 若，録本訛作“答”，據底本改。

第六、因差别者，謂菩薩於大菩提願，大悲爲因。

第七、果差别者，謂菩薩戒，無上大菩提以爲果故。

第八、意樂差别，不共二乘。何等意樂？謂有六種：一、無厭意樂；二、廣大意樂；三、歡喜意樂；四、恩德意樂；五、無染意樂；六、善好意樂。無厭意樂者，謂諸菩薩假使經於殑伽沙等生，是一一生殑伽沙等大劫壽量，於此長時諸資生具常所匱之（乏），三千大千世界滿中盛火，恒在其中行住坐卧，雖能修習一刹那戒，如是修習，所有戒聚究竟滿足，能證無上正等菩提，名爲“菩薩無厭意樂”。廣大意樂者，謂諸菩薩修習戒時，展轉相續，無一刹那有退有斷，乃至究竟坐菩提座，是名“菩薩廣大意樂”。歡喜意樂者，謂諸菩薩修習戒時，於此所攝諸有情所生大歡喜，是諸有情由此所攝，雖生歡喜，猶不能及，是名“菩薩歡喜意樂”。恩德意樂者，謂諸菩薩修習戒時，觀此所攝一切有情，於我己身有大恩德，不見己身於彼有恩，由資助我無上菩提故，是名“菩薩恩德意樂”。無染意樂者，謂諸菩薩修習戒時，雖於無量諸有情所興大戒福，而不希報恩當來果報，是名“菩薩無染意樂”。善好意樂者，謂諸菩薩修習戒時，所有果報施諸有情，不自爲己，又以此福共諸有情，迴向無上正等菩提，是名“菩薩善好意樂”（具如《對法論》十二）。

第八犯已還净，此有二種：一、犯他勝處法；二、犯輕垢。如下經説：“若有犯十戒者，應教懺悔。在佛菩薩形像前，日日六時誦十重四十八輕戒，發到禮三世千佛，須見好相。若一七日，二、三七日，乃至一年，要見好相。見好相者，佛來摩頂。若見光明花種種異相，便得罪滅。若無好相，雖懺無益，是人現身亦不得戒，而得增益受戒。若犯四十八輕戒者，對手懺悔滅。”若依《瑜伽論》，與此少異。故彼四十説：若用耎中品纏，毁犯四種他勝處法，不捨菩薩戒。上品纏犯，即名爲“捨”。若諸菩薩毁犯四種他勝處法，數數現行，而無慚愧，深生愛樂，見是功德，當知説名“上品纏犯”。非諸菩薩，暫一現行他勝處法，便捨菩薩净戒律儀，如諸苾芻犯他勝處法，即便棄捨别解脱戒。若諸菩薩由此毁犯，棄捨菩薩净戒律儀，於現法中堪任更受，非不堪任。如苾芻住别解脱戒犯他勝法，於現法中不任更受。又彼《論》四十一説：“若諸菩薩以上品纏違犯如上他勝處法，失戒律儀，應當更受。若中品纏違犯如上他勝處法，應對於三補特伽羅，或過是數。應如發露除惡作法，先當稱述所犯事名，應作是説：‘長老專志。’或言：‘大德！我如是名違越菩薩毘奈耶法，如所稱事犯惡作罪。’餘如苾芻發露悔滅惡作罪法，應如是説。若下品纏違犯如上他勝處法，及餘違犯，應對於一補特伽羅發露悔法，當知如前。若無隨順補特伽羅，可對發露，悔除所犯。爾時菩薩以净意樂，起自誓心：‘我當决定防護當來，終不重犯。如是於犯還出還净。’”問[①]：“上品纏犯他勝法，即失戒者未知犯已，至心悔過，戒還生不？”答：“自有兩釋：一云不能還生。而《大方等陀羅尼經》説‘若不還生，無有是處’者，並依下、中品纏犯者而説，上品犯者必無還生，極惡煩惱而損害故。又彼經中依罪滅義，而密意説言：‘若不還生，無有是處。’勸令下劣生歡喜心故。一云上品纏犯彼戒還生。所以者何？聖教正理爲定量故。聖教者，如《大方等陀羅尼》第一説：行此法已，若有衆生犯五逆罪，身有白癩，若不還差（瘥），無有是處。若菩薩四戒——沙彌戒、式叉沙彌尼戒、比丘戒、比丘尼戒，如是諸戒，若犯一一戒，當一心懺悔，若不還生，無有是處，除不至心。所言理者，謂受戒時，有殊勝思熏成種子，依此種子假立無表。若犯他勝法，即彼種子無遮止用，名捨律儀，種體不捨。若有犯已，至心發露，生極悔心，後終不犯，何能不起防護功能？既發功能，是名爲‘戒’，名爲‘還净’。如起邪見斷善根者，後起疑心，或起正見，還續善根，乃至一生離染得果。此亦如是。還起功能遮止惡行，名‘戒還生’。准此教理，雖犯他勝法，有還净理。比丘等戒，當知亦爾。如《瑜伽論》九十九説：‘最初罪聚雖可還净，然唯依二補特伽羅，非爲一切無有差别、皆[②]可還净，是故彼勝不立而還净聚中。’解云：‘二補特伽羅’，謂佛在世時難提比丘，如來滅度後一百年脇尊者時那陀比丘，此二比丘犯已無覆藏心，許與羯磨，還住僧中。具如《毘尼母論》第三説。由此當知，不捨種體，但捨功能，還生净戒。餘亦如是。至心悔除，功能還生。”

第九、明校量勝劣者，謂諸菩薩有漏净戒超諸世間所有善品，亦過一切聲聞獨覺所有净戒及諸功能。如《大般若經》第五百八十六説：“又，滿慈子！初發無上正等覺心一菩薩戒……至鄔波尼殺曇分倍亦復爲勝。假使世間一

① 問，録本訛作“門”，據底本改。

② 皆，底本、録本訛作“此”，據《瑜伽師地論》卷第九十九[T30n1579p869a16]改。

切有情皆具成前五神通；彼所有戒，於發無上正等覺心諸菩薩衆初發心時一菩薩戒，百分不及一，千分不及一，乃至鄔波尼殺曇分不及一。……復次，滿慈子！一切預流、一來、不還、阿羅漢、獨覺净戒，於發無上正等覺心諸菩薩衆初發心時一菩薩戒，百分不及一，千分不及一，乃至鄔波尼殺曇分亦不及一。……爾時滿慈子問舍利子言：‘云何菩薩有漏净戒，能勝二乘無漏净戒？’舍利子言：‘聲聞、獨覺無漏净戒，唯求自利迴向涅槃，菩薩净戒普爲度脱無量有情，迴向無上正等菩提，是故菩薩有漏净戒，能勝二乘無漏净戒。……如日輪出放大光明，熒火等光悉皆隱没；如是菩薩修行净戒，迴向趣求一切智智，普勝一切聲聞、獨覺迴向涅槃所有净戒。’時滿慈子問舍利子言：‘何緣菩薩有漏净戒，普勝異生、聲聞、獨覺所有净戒？’舍利子言：‘菩薩净戒普爲利樂一切有情，迴向趣求一切智智，異生、聲聞、獨覺不爾，是故菩薩有漏净戒普勝聲聞獨覺净戒。’”又第五百八十七説：“滿慈子！如有二人作大方[□][便][①]，入深山窟，求無價寶。彼入未久，便見兩邊有諸少價金銀等寶，俱見不取。漸次前行，復見兩邊有多價寶。一見貪著，荷負而還。一見不取，更復前進，至極勝處，獲無價寶，恣意持還，多所饒益。如是菩薩作方便，求證無上正等菩提，欲爲有情作大饒益，趣入佛法。略有二種：一、有菩薩無方便善巧故，雖聞世間種種善法，心不貪染，而聞二乘所有功德，心便愛味，由愛味故，精勤攝受，遠離所求一切智智，退失無上正等覺心，如彼初人。……二、有菩薩有方便善巧故，初聞世間種種善法，心不貪染；次聞二乘所有功德，亦不愛味；由不愛味故，便不思惟，便不修習，方便厭捨。所以者何？此諸菩薩知世善法多諸過患，不能究竟自利利他，障礙所求一切智智；聲聞、獨覺功德善根，雖出世間，而但自利，不能普利一切有情，亦障所求一切智智；故不愛味，亦不思惟，不樂修習。由斯超越彼二乘地，勤求無上正等菩提，漸次證得一切智智，如彼後人。”

第二、能詮教體者，文義爲體。如《瑜伽論》八十一云：“云何爲體？謂契經爲體。略有二種：一、文；二、義。文是所依，義是能依。如是二種總攝一切所知境界。”廣如雜集記會。

---

① 便，底本、録本脱，據《大般若波羅蜜多經》卷第五百八十七[T07n0220p1037b3]補。

第三攝教分齊，復有二種：一、攝教分齊；二、翻譯時代。第一攝教者，十二分中《方廣》因緣分攝，三藏之内契經調伏，説心地等契經藏攝，正説戒法是調伏藏攝，二藏之中菩薩藏攝，三時教中第三時攝，了義説故。第二翻譯時代者，諸德相傳云：真諦三藏將菩薩律藏，擬傳東華。南海上船，船將欲没，省除餘物，猶不能浮，即去律本，船方得進。三藏歎曰："菩薩戒律漢地無緣，深可悲矣！"又曇無讖法師於西涼州，時有沙門法進等求菩薩戒，請翻戒本。法師曰："此國人等，性多狡猾，又無剛節。豈有堪爲菩薩道器？"遂不與授。進等苦請不獲，遂於佛像前立誓要期，苦節求戒。七日纔滿，夢見彌勒親與授戒，並授戒本，並皆誦得。後覺夢已，見参法師。法師覩其相異，乃喟然歎曰："漢地亦有人矣！"則與譯出戒本。今别行《地持》本首安"歸命頌"是也。此與進夢所誦文義符同。由[□][此][1]可知古德有感，聖迹有應，神功莫知，妙用不測者矣。今此經者，於大秦姚興弘始三年，有西方三藏，名"鳩摩羅什"，此云"童壽"，誦此《菩薩心地》一品。于時有沙門道祥等八百餘人，請羅什法師求菩薩戒。遂於逍遥薗，又云於草堂中，共學士翻譯出經論五十餘部。今此經最後什法師自誦出，而共譯之；惠、融等筆受，亦同誦持。仍别録出此下卷之中、偈頌已後所説戒相，别爲一卷，名作"梵網經盧舍那佛説菩薩十重四十八輕戒"一卷，首標受菩薩戒羯磨等，云此羯磨出《梵網經・律藏品》内虚舍那爲妙海王及王子受菩薩戒法。

第四教"所被機"者，正爲菩薩兼爲不定性二乘、彼發心已亦入此戒故，又普爲一切有情、無偏黨心故，但所化生取緣不同耳。[2]

經："我今盧舍那，方坐蓮花臺。"

釋曰：自下第五正釋。本文大判有三：一、略歎戒德。二、"爾時釋迦"下，廣釋戒相。三、"佛子善聽"下，結歎勸持。此即第一略歎戒德，有十一行半頌，即分有二：一、有六行頌，標宗歎德。二、有五行半，戒德勸持。前中有三：一、有兩行半，顯身差别。二、有兩行半，略開戒品。三、有一行，舉喻歎德。身差别中，復分有三：一、有一行半，三身差别。二、有兩句，一時成道。

① 此，底本、録本脱，據文意補。

② 以上甲本無。

三、有兩句，攝化歸真。前中有三。此即第一顯本身。此中有説盧舍那佛是自受用身，千釋迦是他受用身，百億佛是變化身。有説盧舍那是他受用身，有分限故；餘之二身皆是化身，麁細不同，分爲二種。有説盧舍那及千億佛是他受用，麁細分二。今依初釋，論説最後身菩薩在大自在宫，成等正覺故；蓮花藏世界者，此其是也。若不爾者，後身菩薩何處成佛？菩薩成佛，唯説依此蓮花藏界，或自在宫。由此應知，舍那遍照自受用身，即餘二身無遍照用。

問："若爾？云何餘衆得見？"

答："由佛加被力，能令得見。各隨根機，所見各别。"

問："自受用身遍周法界，如何説言'俱來至我所'？"

答："隨所化宜，攝化歸真。現似來去，實無去來。"

問："若爾，何故唯百億國？"

答："隨一千佛化，但言'百億'；理實而言，一一國土，入一切佛刹。又，一花藏世界一一微塵中，悉現諸佛刹，如天帝網，展轉無盡，皆盧舍那轉法輪處故。爲簡迦葉餘諸世尊，故言'我'。今又簡餘經化佛所説，故言'我'。今雖諸法無我，而顯自在我，故言'我'。今又言説易故，順世間故，離怖畏故，顯具德故，假説'我'名。又佛有法界大我，故説'我言'。如《大乘莊嚴論》云言：'清净空無我，佛説"第一我"。諸佛我净故，故佛名"大我"。'釋曰：此偈顯示法界'大我'相。'清净空無我'者，此無漏界由第一無我爲自性故。'佛説"第一我"'者，第一無我，謂清净如彼清净，如即是諸佛'我'之自性。'諸佛我净故，故佛名"大我"'者，由佛此'我'最得清净，是故號佛以爲'大我'。由此義意，諸佛於無漏界建立第一我，是名'法界大我相'。"

"方"者，正也，正坐花上。又"方"者，得坐花座，令取"正"義。"蓮花臺"者，謂佛依持十八圓滿中依持圓滿。如《菩薩藏經》説："無量功德衆所莊嚴，大寶花王之所建立大宫殿中。"無性《攝論》第十釋云："譬如世間寶莊嚴具，衆寶莊嚴此佛净土，所依大寶紅蓮華王，無量功德衆所莊嚴。如地輪等依風輪等，如是净土無量功德，衆所莊嚴大寶花王之所建立。此紅蓮華，於衆花中最爲殊勝，是故説名'大寶花王'。或即如來説名'大大王'、'大法王'故，此紅蓮華是佛依處，從主爲名。'所建立'者，謂佛净土，依此花王長時相續，無有間絶。此句顯示依持圓滿。”若依《大智論》,有三花:一、人中蓮華,十葉以上。二、天上蓮花,百葉以上。三、菩薩蓮花,千葉以上。今顯佛蓮花無有限量,如《華嚴經》說:有大蓮花座,一一花葉皆遍周法界。

經:“周匝千花上,復現千釋迦。”

釋曰:第二他受用身,有一千佛。

經:“一花百億國,一國一釋迦。”

釋曰:第三百億佛。此中百萬爲億。若依此經,有千葉花,一一花上各有百億國;一四天下以爲一國,即有千個百億。而《雜集論》言:百俱胝日月,百俱胝蘇彌盧山,爲一三千大千世界。同成同壞者,蓋依一花世界而說;理實有一千個三千大千世界,同壞同成。此據隨化,但言“千”等;理實一佛化十六界,又由願力,說化大千。

經:“各坐菩提樹,一時成佛道。”

釋曰:第二一時成佛道,謂一本身及千百億一時成道。菩提名“覺”。成覺之樹名“菩提樹”。然七佛成道,其樹各别。如《長阿含經》第一云:“毘婆尸佛坐波波樹下成最正覺,尸棄佛坐分陀利樹下成最正覺,毘舍浮佛坐婆羅樹下成最正覺,拘樓孫佛坐尸利沙樹下成最正覺,拘那含牟尼佛坐烏暫婆羅樹下成最正覺,迦葉佛坐尼拘律樹下成最正覺,我今坐鉢多樹下成最正覺。”《大乘同性經》云:“此菩提樹王高無邊恒河沙佛剎微塵數世界,縱廣正等。”云何菩薩往詣樹下成最正覺?如《密迹力士經》第三說:菩薩六年苦行,到閑静處流河水際,洗身清净,度河水去,往至他處而獨立。烏有彌迦女名“善蔭”,搆千[①]頭牛,而取其乳,展轉相飲,取後淳湩,用煮乳糜,在釜跳上數十丈。其女怪[□][所][②]以。梵志占之:臨成佛者乃應眼耳。時女詣菩薩所,及六百天龍鬼神各各賫食珍異甘饍詣菩薩所,各自啓曰:“唯願垂愍,受是供養。”于時菩薩受善蔭乳糜服食,亦取一切六方天龍鬼神,示現皆食。諸來施者各自見獨受其食,不見他人。爾時菩薩往詣菩提樹,坐樹王下,於其足底

① 千,録本訛作“于”,據底本、甲本改。

② 所,底本、録本脱,據文意補。《大寶積經》卷第十一:“在釜跳上數十丈,女怪所以。”[T11n0310p61b23]可參。

生千輻輪相，足出光明，遍照佛國土，一切地獄畜生餓鬼、一切衆生苦惱休息。又有一人，名曰[1]“吉安”，遥住視菩薩，因求好草，手執此草詣菩薩所，以此好草貢與菩薩，稽首足下，即發無上正真道意。爾時菩薩以授好草布佛樹下。時八萬四千天子等，覩菩薩布坐希奇，心中忻然，尋設八萬四千師子之座。是諸天子各不相見，亦不相知，心自念言：“菩薩獨處，乘師子座，成最正覺。”時諸人天見彼菩薩，或見坐於寶净蓮花師子之座，或見在地，或在虚空師子座上，或見在貝多樹，或見在忉利天上、盡度樹下，或見在衆寶樹下，或見在七尺諸佛樹下，乃至或見八萬四千由旬樹下坐。具説如彼。

問：“如何本身坐菩提樹？”

答：“此菩提樹即蓮花藏界，蓮花藏界即菩提樹。又此唯顯百億釋迦各坐菩提樹，一時成佛，非本身佛，亦非千佛。”

經：“如是千百億，盧舍那本身。”

釋曰：第三攝化歸真。如是千百億是盧舍那佛之所化，皆以舍那爲其本身。

經：“千百億釋迦”至“俱來至我所”。

釋曰：第二有兩行半頌，略開戒品。有二：一有一行一句，本身略開；二有一行一句，化佛略誦。此即第一本身略開，有二，此即第一聽衆來集。

經：“聽我誦佛戒，甘露門即開。”

釋曰：第二本身略開。言“甘露”者，即是涅槃，於涅槃中離死所依藴，名爲“甘露”。如是妙戒，爲涅槃門。以此爲依，起無悔等，乃至依定發如實惠（慧），得涅槃故。如《雜集論》第八言：“何故此滅復名‘甘露’，離藴魔故。永離一切死所依藴，故名‘甘露’。”又説由此律儀，能速遠離生死苦故。又説：“云何身語隨順現行？由能隨順涅槃得故，謂能隨順得涅槃，得能引聖道故。”所言“開”者，謂宣示他故。

經：“是時千百億”至“四十八”。

釋曰：第二化佛略誦。此中千佛及百億佛各誦本師戒。

經：“戒如明日月，亦如瓔珞珠。”

---

① 曰，録本訛作“日”，據底本、甲本改。

釋曰:第三有一行頌,舉喻歎德;先喻,後法。此即舉喻。此中日月喻除滅諸惡,瓔珞珠喻修集諸善。饒益有情,譬如日月能破諸闇。攝律儀戒,離自黑闇;攝有情戒,能除他闇。闇有二種:一、惡業果闇。二、生死闇。此戒能破諸身語惡及惡趣闇。如《戒經》説:“譬如明眼人,能避險[①]惡道。世有聰明人,能遠離諸惡。”除生死闇者,由此展轉趣涅槃故。如《大智論》第十五云:“死闇冥中,戒爲明燈[②]。”又如世間有瓔珞珠,有其二義:一莊嚴身,戒亦如是。莊嚴行者,如《增壹》説:戒如瓔珞身,現衆好相故。二者能感財寶,戒亦如是,一切妙行因此而起。如《大智論》云:“譬如大地,一切萬物有形之類皆依於地,戒亦如是。戒爲一切善法住處。……若人棄捨此戒,雖居山苦行,食菓服藥,與禽獸無異。或有人但依水爲戒,……或著草衣,或著木皮衣……受行苦行……空無所得。若有人雖處高堂大殿,好衣美食,而能行此戒者,得生好處,及[③]得道果。”又《增一經》説:“夫禁戒者,猶吉祥瓶,所願便剋。諸道品法,皆由戒成。”此顯攝善法戒。又如意珠有八功德,戒珠亦爾。如《薩遮尼揵子經》第三説,如摩尼寶有八功德:一、於黑夜闇放大光明,能照一百由旬;至於夏日衆生患熱,以摩尼寶放光觸身得清凉故。二、轉輪王若行曠野無水之處,衆生飢渴時,摩尼寶即施八味具功德水,充足飢渴。三者、王有所須,一切皆從摩尼寶出。四者、彼摩尼寶有八楞,一一楞中出種種光,謂青、黄、赤、白、頗梨、紅、紫。五者、彼摩尼寶在所,能令一百由旬所有衆生必離病苦,當得定心,所作善心無空過者。六者、彼摩尼寶所住境界,無諸毒龍能放毒氣、雹風惡雨損害衆生。七者、一切山川、嵠峪、溝澗、泉水乾竭,悉令還服;樹林、草木、花菓枯悴,能令滋茂。八者、彼摩尼寶所在之處,人民無有疾疫諸毒非時死者,至於畜生相噉食者,不起害心。具如彼經。如如意珠,戒珠亦爾,有八功德:一、除生死闇。二、定水充滿。三、生長善法。四、能放光明。五、除身心病。六、離法毒害。七、憔悴福林令得茂盛。八、能令

① 險,録本訛作“陰”,據底本、甲本改。

② “明燈”二字底本、録本訛作“燈明”,據《大智度論釋初品中尸羅波羅蜜義》第二十一[T25n1509p153c27]改。

③ 及,底本、録本訛作“乃”,據《大智度論釋初品中尸羅波羅蜜義》第二十一[T25n1509p153c7]改。

衆生無損害心。

經:"微塵菩薩衆,由此成正覺。"

釋曰:第二顯法,謂由此戒,除惡修善,得成正覺。

經:"是盧舍那"至"受持戒"。

釋曰:第二有五頌半,誡聽勸持。此中有五:一、有一行頌,歎勝勸持。二、有兩句,勸持傳説。三、有三句,誡聽。四、有兩行三句,勸信。五、有兩句,結勸。此即第一歎勝勸持。上二句歎勝本身所誦,此戒勝也;後二句勸持戒法尊重,可以①頂戴。

經:"受持是戒已,轉授諸衆生。"

釋曰:第二勸持傳説,欲令此戒盡未來際不斷絶故,轉授餘人。

經:"諦聽我正誦"至"木叉"。

釋曰:第三有三句,誡聽。屬耳專注,領所説義,名爲"諦聽"。

經:"大衆心諦信"至"已成佛"。

釋曰:第四勸信。有三:一有三句,信已當成佛。二有一行頌,信戒具足。三有一行頌,信同佛位。此即第一信已當成佛,信此戒故,我當成佛。

經:"常作如是信"至"攝佛戒"。

釋曰:第二有一行頌,信戒具足。由有此戒,所餘聲聞等一切戒品,悉皆具足,諸所有戒皆入此故。由此道理,一切有心皆應受佛戒。又普勸言"一切皆應受",如下經説但解法師言者,盡受得戒。又,一切皆有理佛性故,皆應攝受。

經:"衆生受佛"至"諸佛子"。

釋曰:第三信同佛位,謂因戒善,合有處當來恒沙功德,於因説果,因同大覺。如《涅槃經》説:"發心究竟二不别。"如是應前心難,當紹佛位,名"真佛子"。

經:"大衆"至"我誦"。

釋曰:第五結聽。

經:"爾時釋迦牟尼"至"成無上覺"。

---

① 此處録本復衍一"以"字,據底本、甲本删。

釋曰：自下第二，廣釋戒相。有二：先因緣，後“告諸”下，廣釋戒相。前中有四：一、成道。二、結戒。三、放光。四、集衆。成道中有四：一、顯時。二、辨名。三、明處。四、成道。“爾時”者，顯時，謂已成佛時，正説戒時，已説心地時。“釋迦牟尼佛”者，標名。“釋迦”，姓也。“牟尼”，别名也。“佛”，德號也。“釋迦”此云“能”。劫初有王，名“平等意”，姓“刹帝利”（此云[①]“田主”）。乃至彼有子孫王，名“茅草王”。王有息，名“大茅草”。如《佛本行經》第五説：大茅草王無子，以其王位付諸大臣，出家，成就四禪，具足五通，得成王仙，壽命極長，至年衰老，不能遠行。時彼弟子欲往東西求覓飲食，取好軟草安置籠裹，盛其王仙，懸樹枝上，畏諸蟲獸來觸王仙。弟子去後，有一獵師，遥見王仙，謂是白鳥，遂即射之。仙既被射，有雨滴血出，墮於地，即便命終。彼弟子來，見彼王仙被射命終，復見血滴，焚燒王仙，將骨起塔。時雨滴血生二甘蔗牙（芽），漸漸高大。至甘蔗熟，日炙開剖，一莖生一童子，一莖生一童女，端政可喜，世間無雙。時諸弟子念言：“今此兩童是王仙種。”養護看視，報諸臣知。時諸大臣聞已歡喜，迎二童子，將還入宫。召解相師，教[②]令占相，並遣作名。相師云：“此既日炙熟甘蔗開而出生，故一名‘善生’，第二復名‘甘蔗生’。又，日[③]炙甘蔗出，亦名‘日種’；彼女因緣，一種無别，故名‘善賢’。”童子幼少年，立以［爲］[④]王。女至長大，拜爲第一妃。王第二妃絶妙端政，生四子：一名“金色”，二名“炬面”，三名“象衆”，四名“别成”。其善賢妃唯有一子，名曰“長壽”，端政可喜。其善賢妃至於王邊，白言：“大王！我今從大王乞求一願。”王言：“隨意！從心所欲。”妃重白王言：“大王自在，若與我願，不得變悔。”王言：“我與妃心之所願，後若悔者，當令我頭破作七分。”妃言：“大王四子擯出於國，遣我所生子長壽爲王，豈不善哉？”至明清旦，王敕四子：“今可出去，我治化内不得居住。”時四子母、母妹及大臣等白王言：“乞我等隨王子去。”王言：“隨意。”王子受王敕已，向北方到雪山下，至

① “此云”二字録本訛作“云此”，據底本、甲本改。

② 此處録本復衍一“教”字，據底本、甲本删。

③ 日，録本訛作“曰”，據底本、甲本改。

④ 爲，録本脱，據底本、甲本補。

山南面，見下寬平，無諸坑坎。舊有一仙，名“迦毘羅”，在中居止。王子見已，於此造城治化。王召國師言：“四子今在何處？”答言：“大王王子存北方，已生男女，大好治化，能立國計，是故立姓爲‘釋迦’；於迦毘羅仙處所住，故因城立名，故名‘迦毘羅城’。”時三子没後，唯有一子在，名“尼拘羅”（此云“别成”），爲王。王生一子，名曰“拘盧”。拘盧王生一子，名“瞿拘盧”。瞿拘盧王生一子，名“師子類”。師子類王生四子：一名“净飯”，二名“白飯”，三名“斛飯”，四名“甘露飯”。有一女，名“甘露味”。其净飯王以紹王位，還在父城。時迦毘城不遠復有一城，名曰“天臂城”。有一釋種長者，名爲“善覺”，大富多財，如毘沙門王宫殿無異。時彼長者有八女。時王遣使，迎取八女，至於宫已，即納二女爲妃。二女者，第一名“意”。第八名“摩訶波闍波提”（此云“大惠（慧）”）。自餘六女，而與三弟（第一夫人生於太子）。從此立姓，名“釋迦”也。復云“能”。“牟尼”此云“寂”。

三、“初坐菩提樹下”，明處。

四、“成無上覺”，以顯成道。

經：“初結菩薩”至“之法”。

釋曰：第二結戒。先結，後釋名。此即結戒，謂成菩提，已結菩薩戒，不同聲聞待緣而結。又説心地，後結菩薩戒。而言“初”者，未制餘戒故。“波羅提木叉”者，此云“别解脱”。别别棄捨身語惡故，名“别解脱”。言“孝順”者，謂戒功能，起淳净心，愛敬尊親，是謂“孝”也。如世典云：愛敬盡於事親，而德教加於百姓。又由戒故，遠離惡行，身心不惱，修習善品，名稱普聞。孝之始終，故言“孝順父母”。除己[①]執見，隨順教令，隨時所須，是謂“順”也。又忠孝離惡，敬順修善，是謂“孝順”也。父母養育之恩，師僧導訓之恩，三寶救護之恩，所以於此須孝順也。又孝敬於諸佛，隨順於正教。言“至道法”者，六度四攝及菩提分法。此戒順彼。所以者何？由無悔等乃至發定惠（慧）諸善行故。

① 己，録本訛作“已”，據底本改。

經:“孝名[□][爲][1]戒,亦名制止。”

釋曰:第二釋名。謂遮惡順善,是謂“孝”也;制伏六根,遮七支惡,名爲“制止”。

經:“即口放無量光明。”

釋曰:第三放光。欲説戒光明故,所以口放光也。有四因緣,是故放光:一、照衆生苦。二、生希有以。三、感召有緣。四、滅生死闇。

經:“是時百萬億”至“大國王”。

釋曰:第四集衆。有二:先集衆,後聽法。此即衆集。集衆有五:一、雜衆,如言百萬億大衆。二、菩薩衆。三、梵衆。四、六欲天衆。五、國王衆。言“梵天”者,初静慮有三天:一、梵衆天。二、梵輔天。三、大梵天。第二静慮處有三天:一、少光。二、無量光。三、極光净。第三静慮處有三天:一、少净天。二、無量净天。三、遍净天。第四静慮處有九天:一、無雲天。二、福生天。三、廣果天。四、無想有情天並五净居天。五净居者:一、無煩天。二、無熱天。三、善現天。四、善見天。五、色究竟天。過此净居天,有大自在天。第十地菩薩生於彼天中(如《瑜伽》)、《正理》二十一云:“廣善所生,故名爲‘梵’。此梵即大,故名‘大梵天’。由彼獲得中間定故,最初生故,最後殁故,威德等勝,故名‘大梵’。大梵所有、所化、所領,故名‘梵衆’。於大梵前,行列侍衛,故名‘梵輔’。自地天内,光明最小,故名‘少光’。光明轉勝,量難測故,名‘無量光’。净光遍照自地處故,名‘極光净’。意地樂受,説名爲‘净’。於自地中,此净最少劣,故名‘少净’。此净轉增,量難測故,名‘無量净’。此净周普,故名‘遍净’。……以下空中天所居地,如雲密合,故説名‘雲’。此上諸天,更無雲地,在無雲首,故説‘無雲’。更有異生勝福方[□][所][2]可往生故,説名‘福生’。異生果中此最殊勝,故名‘廣果’。離欲諸聖,以聖道水,濯煩惱垢,故名爲‘净’。净身所止,故名‘净居’。‘繁’謂繁雜,或謂繁廣。無繁雜天中此最初故,繁廣天中此最劣故,説名‘無繁’。……已善

---

① 爲,底本、録本脱,據《梵網經·盧舍那佛説菩薩心地戒品》第十卷下[T24n1484p1004a25]補。

② 所,底本、録本脱,據《阿毘達磨順正理論》卷第二十一[T29n1562p456b28]補。

伏除雜修静慮上、中品障,意樂調柔,離諸惱熱,故名'無熱'。或令下生煩惱名'熱',此初遠離,得'無熱'名。……已得上品,雜修静慮,果德易彰,故名'善現'。雜修定障,餘品至微,見極清徹,故名'善見'。更無餘處於有色中能過於此,名'色究竟'。"(如《正理》二十一説。)或此已到衆苦所依身最後邊,名'色究竟'。"(如《正理》二十一説。)第十地菩薩,具足神通,所化自在,於境無滯,名"大自在"。"六欲天"者:一、四大衆天;二、三十三天;三、夜摩天(此云"時分");四、覩史多天(此云"知足");五、樂變化天;六、他化自在天。一一解釋,如論應知。"十六大國"者,如《長阿含經》第五云:一、央伽國。二、摩竭國。三、迦尸國。四、居薩羅國。五、跋祇國。六、末羅國。七、支提國。八、跋沙國。九、居樓國。十、解闍羅國。十一、阿濕波國。十二、婆蹉國。十三、薩羅婆國。十四、乾陀羅國。十五、劍浮沙國。十六、阿梨提國。勘,又《毘婆沙論》第一百二十五云:十六大國者,謂央伽國、摩揭國、迦尸國、憍薩羅國、佛栗底國、末羅國、奔達國、蘇嗡摩國、頞縛迦國、頞飯底國、葉筏那國、劍跋闍國、俱盧國、般遮羅國、筏蹉國、戍洛西那國。

經:"合掌至心"至於"戒"。

釋曰:第二聽法。

經:"佛告諸菩薩言"至"自誦佛法戒"。

釋曰:第二正釋戒相。有二:一、略歎勸持。二、"佛告"下,正釋戒相。前中有二:一、略歎勸持。二、"佛子諦聽"下,教所被機。前中有三:一、勸誦。二、歎德。三、"是故大衆"下,結勸誦持。前中有二。此即第一顯佛自誦,謂佛世尊憶昔有思,所以常誦。又攝益他,故自誦出。

經:"汝等一切"至"亦誦"。

釋曰:第二勸他誦。初"發心"者,謂十信也。"十發趣"者,謂十解位決定發趣,畢竟不退,名爲"發趣"。如上經説:"諸佛當知!堅信忍中,十發趣心向果:一、捨心。二、戒心。三、忍心。四、進心。五、定心。[①] 六、惠(慧)心。七、願心。八、護心。九、喜心。十、頂心。"

"十長養"者,謂十行位修習法空,長養善品。如上經説:"諸佛當知。從

---

① 以下甲本脱。

此十發趣入堅諸忍中，十長養心向果：一、慈心。二、悲心。三、喜心。四、捨心。五、施心。六、好語心。七、益心。八、同心。九、定心。十、惠(慧)心。”“十金剛心”者，謂在十迴向。如上經説：“從十長養心入堅修忍中，十金剛心向果：一、信心。二、念心。三、深心。四、達心。五、直心。六、不退心。七、大乘心。八、無相心。九、惠(慧)心。十、不壞心。諸佛當知！從是十金剛心入堅聖忍中，十地向果：一、體性平等地。二、體性善惠(慧)地。三、體性光明地。四、體性爾焰地。五、體性惠(慧)照地。六、體性華光地。七、體性滿足地。八、體性佛吼地。九、體性花嚴地。十、體性入佛境界地。”

第一、“十發趣”中，“捨心”者，“一切捨。國土、城邑、田宅、金銀、明珠，男、女己身有爲諸物一切皆捨；無爲無相，我人知見，假會合成”，乃至廣説。“戒心”者，“若佛子戒、非非戒無受者，十善戒無師説法，欺盗乃至邪見無集者，慈良、正直、正實、正見、捨喜等，是十戒體性，制心八倒，一切性離，一道清浄”。“忍心”者，“若佛子[□][有][1]無相惠(慧)體性，一切虚空，忍一切處，忍名‘無生行忍’。一切處得名‘如苦忍’”，乃至廣説。“進心”者，“若佛子，若四威儀，一切時行，伏空假會法性”。“定心”者，“若佛子，寂滅無相，行無量心三昧。凡夫聖人無不入三昧，體性相應，一切以定力故。我人作者、受者，一切縛[2]見性是障因緣，散風動心，静惠(慧)觀一切假合名”，乃至廣説。“惠(慧)心”者，“若佛子，空惠(慧)非無緣，知體名心，分别一切法假名”乃至“以惠(慧)爲首，修不可説觀惠(慧)入中道一諦”。“願心”者，“若佛子，願大求一切求。”“大求”者，謂求無上正等大菩提。“一切求”者，謂求一切行。“護心”者，“若佛子護[3]三寶，護[4]一切行功德，使外道八倒惡見不嬈正信，滅我縛見縛”等。“喜心”者，“若佛子見他得樂，常生喜悦”。“頂心”者，“若佛子，是人最上智，滅我見輪”。此中“最上智”者，謂無我智滅我見故，一

---

① 有，底本、録本脱，據《梵網經·盧舍那佛説菩薩心地戒品》第十卷上[T24n1484p998a26]補。

② 縛，底本、録本訛作“轉”，據《梵網經·盧舍那佛説菩薩心地戒品》第十卷上[T24n1484p998b12]改。

③④ 護，底本、録本訛作“染”，據《梵網經·盧舍那佛説菩薩心地戒品》第十卷上[T24n1484p998c3]改。

切諸見皆隨寂滅。

第二、“十長養”。以“慈心”者,“若佛子常行慈心,生樂因已,於無我智樂相應觀,入諸受相行識色等大法中無生無住”,乃至廣說。此中“慈”者於無樂有情欲與樂故,樂相應心,作意思惟。“悲心”者,“若佛子,以悲空無相,悲解行道,自滅一切苦,於一切衆生無量苦中生智”等。此中“悲”者,拔衆生苦,由無緣大悲普於一切怨親及中庸境,修平等心,度彼諸苦。“喜心”者,“若佛子,悦喜無生心時,種性體相道智空空,喜心不著我所……喜一切衆生起空入道,捨惡知識,求善知識,示我好道,使諸衆生入佛法家中,常①起歡喜,入法位中”。“捨心”者,“常②生捨心,無造無相,空法中如虚③空,於善惡有見無見罪福二中,平等一照,非人非我所心,而自他體性不得爲大捨。”乃至自身血肉④手足“一切捨而無生心,常⑤修其捨”。“施心”者,“能以施心……財施、法施教導一切衆生,内身、外身、國城、男女、田宅,皆如如相”。“好⑥語心”者,謂“入體性愛語三昧,第一義諦法語、實語,皆順⑦一語,調和一切衆生……發起善根。”“利益心”者,謂“觀行七財,前人得利,故益受身命,而入利益三昧,現一切身、口、意⑧”。“同心”者,謂法以道性喜劫同空無生法中,以無我智同生無二,而現無量隨類形身,入諸六道一切事同。“定心”者,謂心静緣,於我所法心動轉,逆順出入,故常⑨入百三昧。“惠(慧)心”

① 常,底本、録本訛作“當”,據《梵網經·盧舍那佛説菩薩心地戒品》第十卷上[T24n1484p999a17]改。

② 常,底本、録本訛作“當”,據《梵網經·盧舍那佛説菩薩心地戒品》第十卷上[T24n1484p999a20]改。

③ 虚,録本訛作“靈”,據底本改。

④ 肉,録本訛作“害”,據底本改。

⑤ 常,底本、録本訛作“當”,據《梵網經·盧舍那佛説菩薩心地戒品》第十卷上[T24n1484p999a24]改。

⑥ 好,録本訛作“如”,據底本改。

⑦ 順,録本訛作“煩”,據底本改。

⑧ 意,底本、録本訛作“語”,據《梵網經·盧舍那佛説菩薩心地戒品》第十卷上[T24n1484p999b9]改。

⑨ 常,底本、録本訛作“當”,據《梵網經·盧舍那佛説菩薩心地戒品》第十卷上[T24n1484p999b21]改。

者，謂"觀邪見結患等縛[①]，無決定體性，順忍空同故"乃至"是心入空空道，發無生心"。

第三、十金剛心。"信心"者，謂一切行以信爲首，衆德根本，不起外道邪見之心。結有造業，不受入心；心空故，信信寂滅，名"無相信"。"念心"者，謂常[②]六念，常[③]念佛、法、僧戒天施第一義諦，空無著無解，迴向入法界智惠(慧)。"深心"者，謂第一義，於實法空智照有實諦，因緣中道，名爲"實諦"；假名諸法我、人主者，名爲"世諦"。於此二中，深深入空，深深解脱。"達[④]心"者，謂順忍一切實性，無縛無解，一切空空，名爲"通達一切法空"。"直心"者，直照取緣神我，入無生智，教化一切衆生，轉一切衆生皆[□][入][⑤]薩婆若空直真性直行("直"者正也)。"不退心"者，不入一切凡夫地，不起新長養諸見，亦復不起習因相似我人，入三界業。獨大乘心者，解脱一空故，一切行心名一乘，任用載[⑥]用，度三界河，趣入佛海。"無想"者，"妄想解脱，照般若波羅蜜無二，一切結業三世法如如"，乃至"皆同無生空，故無相心"。"如如惠(慧)"者，謂"無量法界無集無受生，生生煩惱而不縛[⑦]。一切法門，一切賢所行道，一切聖所觀法，所有亦如是。一切佛教化方便法義，皆集在心中"。"不壞心"者，入聖地智，近解脱，得道正門，明菩提心伏忍順空，八魔不壞，衆聖摩頂，諸佛勸發，入摩頂三昧，放身光照十方佛土，入佛儀神，出没自在。

第四、十地。"體性平等地"者，謂"真法化一切行，花光滿足，四天果

① 縛，底本、録本訛作"轉"，據《梵網經·盧舍那佛説菩薩心地戒品》第十卷上[T24n1484p998b25]改。

②③ 常，底本、録本訛作"當"，據《梵網經·盧舍那佛説菩薩心地戒品》第十卷上[T24n1484p999c10]改。

④ "達"前録本衍一"一"字，據底本删。

⑤ 入，底本、録本脱，據《梵網經·盧舍那佛説菩薩心地戒品》第十卷上[T24n1484p1000a1]補。

⑥ 載，底本、録本訛作"戴"，據《梵網經·盧舍那佛説菩薩心地戒品》第十卷上[T24n1484p1000a12]改。

⑦ 縛，底本、録本訛作"轉"，據《梵網經·盧舍那佛説菩薩心地戒品》第十卷上[T24n1484p1000a21]改。

……住佛净土，無量大願，辨才無畏，生佛家，坐佛性地。一切障礙凡夫因果畢竟不受，大樂歡喜，從一佛土入無量佛土，從一劫入無量劫”。乃至廣説。“體性善惠(慧)地”者，謂清净明達一切善根，所謂慈捨惡，觀四諦法，度衆生苦。“體性光明地”者，謂以三昧解了智，知三世一切法門，所謂十二分教，總持辨才，心心行空，乃至廣説。“體性爾炎地”者，謂爾真炎俗不斷不常，修習覺品，入善權方便，化一切衆生，使見佛體性，常樂我净。“體性惠(慧)照地”者，謂此地中有十力品，起一切功德行。“體性花光”者，地如上經説，能於一切世界中，十神通明智品，以示一切衆生種種變化。天眼明智知三世國土中微塵等一切色，分分成六道。以天耳智，知十方衆生苦樂音聲。以天身智，知一切色非色、非男非女形，於一念中遍十方三世國土劫量微塵身。以天他心智，知十方三世衆生所行。以天人智，知十方三世一切衆生宿世事。以解脱智，知十方三世衆生解脱，斷除一切煩惱，若多若少。以天定心智，知十方三世國土中衆生心定、不定。以天覺智，知一切衆生已成佛、未成佛，知十方佛心中所爲説法。以天念智，知百劫千劫中一切衆生受命久近。以天願智，知一切衆生賢聖十地。三十心中一一行願。“體性滿足地”，謂十八聖人智品下地所不共，謂十八不共法智分。“體性佛吼地”者，謂入法王位三昧，其智如[①]佛，佛吼三昧故，大明定門[②]常現在[□][前][③]，可以法藥施一切衆生，爲大法師，破壞四魔，法身化化入佛境界。“體性花嚴地”者，如《經》言以佛威儀如來三昧自在王定，出入無時，於十方世界中百億四天下一時成佛，轉法輪。“體性入佛界地”者，謂其大惠(慧)，空空復空，如虚空，平等智法同法性，故名“如來”；爾時坐[④]寶蓮花上，一切與受記；歡喜法身手摩其頂，同見同學菩薩異口同音，讚歎無二。

經：“是故戒光”至“非無因故光”。

---

① 如，底本、録本訛作“知”，據《梵網經·盧舍那佛説菩薩心地戒品》第十卷上[T24n1484p1002b3]改。

② 門，録本訛作“行”，據底本改。

③ 前，底本、録本脱，據《梵網經·盧舍那佛説菩薩心地戒品》第十卷上[T24n1484p1002b4]補。

④ 坐，録本訛作“生”，據底本改。

釋曰:第二歎德。有三:一、辨勝因。二、“光非青”等下,離相。三、“諸佛之本原”下,歎用。此即第一辨勝因。言“戒光”者,有其二義:一、佛世尊常誦持故,欲説戒時,有光明出。二、所説戒能闇破故,假立光稱、以戒能破破戒垢故。“有緣”者,謂此戒法三無數劫修習圓滿因所生故,非無因故。“光”者,謂遮無因論。又,“有緣”者,佛大慈悲本願因緣力有情感佛增上緣力,是故戒光從佛口出。如是光明必有因緣,非無因緣而有此光。又,欲説菩薩戒光因緣故,光非無因緣。

經:“光非青”至“非因果法”。

釋曰:第二離相。有三:一、非色心。二、非有無。三、非因果。此復有二:一、如是戒法不離法界,非青黄等,謂此戒法從因緣起。猶如幻事,非實有性,故非色心。又非有無者,因緣生故,非定實有,亦非定無。如幻有故,無定性故,非實因果。二、此無表戒法處所攝,非青黄等。亦非緣慮心心法攝,無實體性故。言非有而假建立,非如菟角,故言“非無”。非如所執有故,言非有因緣生故,名爲“非無”。體非實有,故非實因果。此中應言“非因緣果法,非無因果”,而准可知,略而不説。

經:“諸佛之本原”至“根本”。

釋曰:第三歎用。雖非實因果,而能生諸佛菩薩種種功德,故言“本原”等。

經:“是故大衆”至“善學”。

釋曰:第三結勸誦持。有如上説殊勝功能,是故汝等應持善學。

經:“佛子諦聽”至“第一清净者”。

釋曰:第二顯教所被機。此戒寬廣,不同聲聞唯人男女能受具戒,非天龍等能受此戒;今大乘戒,廣攝有情,皆入此戒。問云:“何八部受菩薩戒耶?”答:“若八部中先已發心,亦得受戒。”言“八部”者,謂天龍等八;又,四天王各領二部,名“八”。“金剛神”者,謂金剛密迹力士,雖是菩薩,而願力故,受金剛神身。具如《金剛密迹經》説。“變化人”者,謂諸龍等變爲人受戒。

經:“佛告諸佛子言”至“木叉”。

釋曰:第二正釋戒相,先重,後輕。重中有三:一、標章。二、别釋。三、勸持。前中有三:一、標章。二、勸學。三、勸持。此即標章。然十波羅夷略作十門：一、釋名。二、辨體。三、種數。四、廢立。五、犯境。六、輕重。七、犯相。八、自他。九、犯因。十、受果。

第一、釋名，先通，後別。通者，十是數名。“波羅夷”者，梵音“波羅市迦”，此云“他勝處”。“他”有四種：一、煩惱違性，名之爲“他”。二、不善業道，違善戒品，故名爲“他”。三、魔王名“他”，損善行故。四、惡趣名“他”，不如意故。若人犯十重，即他所勝。他勝依處，名“他勝處”，是依主釋。言别名者，至文當釋。

第二、辨體者，殺、盗、淫、沽，以不善身業爲自性；妄語、説過、自讚、誹謗，如是四種，不善語邪見以爲自性。此中妄語，即妄語若謗三寶，邪見、虚語、誑語爲自性。説過是麁惡語性，自讚、虚誑及麁惡語爲自性。慳貪、瞋恚如次貪嗔業道爲性（此即意業）。又，説過是離間語，且依前釋。

第三、種數差别者，或有處説四種他勝處，謂後四種，如《瑜伽論》第四十説；或有處説六重，謂此前六，如《優婆塞戒經》説；或有處説有八重，謂比丘四重及此後四，如《善戒經》；或説十重，即如此經及《本業瓔珞經》説。又，于填三藏云《波羅摩吉羅經》，此云《極净釘經》，説十根本罪，同此經説，而未翻譯。

問：“何故如是經論不同[①]？”

答：“如來對機制立學處，説四、六、八、十，不可會釋。又，最後四犯即成重，名‘他勝處’，餘六不爾。於此亦有作而不犯，如前持犯，已廣分别。沽酒説過，通犯、不犯。由此道理，前之六種，名‘隨順他勝’，非根本重。而説‘六重’者，爲化在家新學菩薩，漸令遠離對二十四戒假立‘重’名。又《善戒經》：若諸比丘受具戒已，受菩薩戒，故説八重。今此經中通説根本，隨順他勝處，説十他勝法，各據一義，互[②]不相違。”

第四、廢立者，十不善業中，何故重中不説雜穢語？答：“過失輕故。”

問：“若殺生者皆是他勝處説，他勝處亦殺生耶？”

答：“應作四句：或有殺生而非他勝處，謂誤殺生；此唯方便，非他勝處及

---

① 同，録本訛作“問”，據底本改。

② 互，録本訛作“乎”，據底本改。

起慈心而行殺生,如説國王殺五百婆羅門而無殺罪,亦非他勝。或有他勝而非殺生,謂餘九重。第三句者,謂不善心故意殺生而不誤者。第四句除前相,如殺生對他勝處有其四句,乃至説過四句亦爾。"

問:"爲利養自讚毁他皆是他勝處,設他勝處亦是爲利養自讚毁他耶?"

答:"應作順前句答。若爲利自讚毁他,皆是他勝處。自有他勝處而非自讚毁他,謂餘他勝處。後之三戒,應知亦爾。"

問:"説過與謗僧有何差别?"

答:"説過但説過而不謗,無若謗僧寶,撥彼功德而不説過。"

第五、犯境,復有五種:一、情非情境。二、凡聖境。三、漏無漏境。四、勝劣境。五、因果境。第一情非情境者,此十戒中,盗及誹謗通情非情,謗無因果通非情故,餘八有情境。又,偷盗罪通情非情,餘九唯有情。又釋:慳貪嗔沽酒亦通二境,謂所對是有情,所沽、所慳是非情。故今依前釋,雖有非情,嗔而非他勝;雖行淫死屍,而不損他,非他勝處。第二凡聖境者,此十種戒皆通凡聖。沽酒戒中通犯凡聖,未離欲聖者亦有飲故。言凡境者,唯於四趣,除捺落迦。第十謗戒通三界天,餘九唯於欲界。第十通凡者,通謗凡聖故。又,唯聖非凡。第三漏無漏境者,説過毁他及誹謗戒通漏無漏境,餘於有漏境,雖有殺人者,而殺色身故。第四勝劣境者,九皆通二境,第十於勝境。第五因果境者,佛地名"果",餘即名"因"。前六種戒唯於因境,後之四種通於因果。又釋:第十通於因果境,餘三因境,以彼不能惱世尊故。

第六、輕重者,若依業道判輕重者,前四後三是最重,業道性故;説過、自讚次重,是麁惡語業道性故;沽酒最輕,非業道性故。

問:"前四後三,何者爲重?"

答:"第十最重。又,前四輕,亦許菩薩行前四故;後四最重,不應行故。"

問:"若[1]爾,何故先説殺戒乃至第十謗戒?"

答:"麁細次第説,相麁先説,相細後説,相非輕重次第。"

第七、犯相者,謂非梵行、説過、毁他、誹謗,始行即犯;殺生必待[2]彼命終

① 若,録本訛作"答",據底本改。

② 待,録本訛作"持",據底本改。

已，方成他勝；非動加行，即成業道。盗、妄語亦爾。所餘三種，非初非後，在中成犯。又釋，淫、説過、毁謗、沽酒，初行即犯。餘如前説。有言：淫始成犯，殺終成犯，餘於中犯。此不應理。説過等四行即有犯，如何待終？是故前説於理爲善。

第八、自他犯者，慳貪瞋慧非梵行，二種唯自非他。所以者何？慳貪業道必無使他而行犯故，使他行時非自貪故。如貪嗔亦爾。所餘七種，皆通自他。

問："若自行殺，亦教他殺，設教他殺亦自行殺耶？"

答："應作四句：或自行殺而非教他殺，謂有自殺而非使他故。或有教他殺而非自殺，如遣使殺而自行餘業。第三句者，謂自行殺，亦使人殺，俱非者，謂除前相。如殺生有四，偷盗、欲行、沽酒亦爾，皆應作四句。"

問："若自妄語亦教他耶？設教他妄語亦自妄語耶？"

答："應作順後句答。若教他妄語，必自妄語，教他之時必誑語故。有自妄語而非教他，如妄語戒説過、自讚、誹謗亦爾。皆作順後句。此依對一境説有，對别境四句。"

問："頗有一時觸殺、盗二罪耶？"

答："有，謂使他盗、自行殺等。"

問："頗有一時結殺、盗、淫三罪耶？"

答："有，謂遣使殺、盗，自行欲行；或自行殺、盗，遣使欲行。"

問："頗有一人一時觸四罪耶？"

答："有，謂遣使行殺、盗、淫行，自[①]虚誑語等。"

問："頗有一時觸五罪耶？"

答："有，謂遣使殺、盗、淫、沽酒，自行妄語。乃至有一時觸九罪，謂自行慳貪，遣使行殺等八。必無一時觸十罪者，謂以貪、嗔二唯自犯故；自行貪行，遣使行餘八，除嗔；自行嗔時，遣使行餘，除貪；如是等隨應當知。"

第九、犯因者，謂十他勝處由三因犯，所謂貪、嗔、癡。此中沽酒，貪爲方便；由貪究竟殺生，三爲方便；由嗔究竟如殺生、瞋恚亦爾。偷盗之爲方便，

---

① 自，録本訛作"目"，據底本改。

由貪究竟如盜、欲行、慳貪亦爾。誹謗三爲方便,由癡究竟癡增上故。又由究竟,由此妄語癡究竟故,妄語、説過、毀他,三爲方便,於三種中,隨一究竟。此中殺由貪方便者,爲皮肉故。瞋恚方便者,爲報怨等故。由愚癡方便者,爲求生天祭祀廟等。所餘盜等,如應當知。

第十、受果者,如下經説“若有犯者,不得現身發菩提[①],亦失國王位、轉輪王位”,乃至“常[②]住妙果,一切皆失,墮三惡道中,二劫、三劫不聞父母三寶名字”。至文廣説。

經:“若受菩薩”至“今學”。

釋曰:第二勸學。

經:“已略説”至“敬心奉持”。

釋曰:第三勸持。

經:“佛告佛子”至“呪殺”。

釋曰:第二别釋戒相。此即第一不殺學處,有八門:一、釋名。二、制意。三、殺緣。四、輕重。五、得果。六、對治。七、殺境。八、釋本文。

釋名者,謂出入息風[③],名之爲“生”;斷彼相續,令不復生,故名“殺生”;制止殺業,令不生故,名爲“不殺”。是依主釋。

第二、制意者,略説有十緣:一者,一切有情皆悉愛惜命,殺違彼情,制立學處。如《大智論》第十五云:“現前衆生各各惜命,是故佛言:‘莫奪他命。’若奪命,世世受苦痛。”二者殺爲最重,故制不殺。如彼《論》云:“復次殺生,罪中最重。何以故? 人有死急,不惜重寶,活命爲先。譬如賈客入海採寶,垂出大海,其船卒壞,珍寶失盡,而自慶言:‘幾失大寶!’衆人怪言:‘汝失財寶。云何而言“幾失大寶”?’答言:‘一切寶中,人命爲重。爲命求財,不爲財求命。’是故世尊十不善業道中,殺罪最初;五戒之中,殺爲第一。”三者不殺生,得大福利,是故制之。若不殺生,得無怖畏。所以者何? 我無害他,他無

① “菩提”二字録本訛作“菩薩”,底本作“𦬇”,乃“菩提”之合文。今據底本及《梵網經盧舍那佛説菩薩心地戒品第十》卷上[T24n1484p1005a18]改。

② 常,底本、録本訛作“當”,據《梵網經・盧舍那佛説菩薩心地戒品》第十卷上[T24n1484p1005a20]改。

③ 風,録本訛作“凡”,據底本改。

害我。如《論》:“好殺之人,有命之屬皆不憙見。若不好殺,一切衆生皆樂依附。”又,殺生人今世、後世,受種種身心苦痛;不殺之人無此衆難,是爲大利。四者生大功德,是故制之。謂若有人受不殺戒,從今日不殺一切衆生,是於無量衆生中[①]以所愛重物施與,所得功德亦復無量。如佛言:“有五大施。何等爲五?一不殺生,是最大施;不盜、不淫、不妄語、不飲酒亦爾。”五者殺違慈定,是故制之。如《智論》云:“行慈三昧,其福無量,水、火不害,刀[②]、兵不傷,一切惡毒所不能中也。”六者殺生有十過罪,是故制之。如佛語難提迦優婆塞言:“殺生有十罪:一、心常懷毒,世世不絶。二、衆生增(憎)[③]惡,眼所不憙見。三、常懷惡念,思惟惡事。四、衆生畏之,如見蛇虎。五、睡眠時心怖不安。六、常有惡夢。七、命終之時,狂怖惡死。八、種短命業。九、身壞命終,墮泥犁中。十、若出爲人,當在短命。”七者違大悲心,是故制之。謂一切菩薩大悲爲本,由此大悲,能超二乘殺遮大悲,令不生長故。八違無畏施,是故制之。九違攝衆生,是故制之。十違本願故,是故制之。菩薩發願言:“度諸有情。”殺違彼願故。

第三、殺緣者,如《集論》云:以五緣故分别其戒相,謂事故,意樂故,方便故,煩惱故,究竟故。《雜集》釋云:“殺生事者,謂有情數。意樂者,謂此於彼必害意樂。方便者,謂爲害故加刀杖等。煩惱者,謂貪等。究竟者,謂彼衆生由方便故,或無間死,或後時死。”解云:此中意言必具五緣,成本業道;隨闕一緣,唯方便業,非根本也。有情數者,謂彼所殺是有情數方成本業,於非有情,雖加刀杖,而非殺生根本業道,闕第一緣故。言“彼想”等者,亦有二種:一、於彼有情起彼有情想。二、起害意樂。於彼有情起彼想者復有二義:一、於有情中起有情想。二、於彼有情起彼有情想,方便業道。於有情中起有情想者,謂簡於非情,起有情想;又簡於有情,起非有情想。所以者何?於非有情起有情想,謂是有情行殺生行;又於有情起非有情想,謂是草木起殺

① “衆生中”三字録本訛作“衆中生”。按底本“中生”二字間施一乙鈎號,兹據録正。
② 刀,録本訛作“力”,據底本改。
③ 結合文意,此“增”乃“憎”之借字。《大智度論釋初品中尸羅波羅蜜義》第二十一[T25n1509p155c15]即作“憎”,可參。

加行，而無殺生根本業道，想顛倒故。言於彼有情起彼有情想者，謂簡於張，起王等想，雖行殺業，而非殺生根本業道，以想倒故。如《瑜伽論》第九説："作用顛倒者[①]，謂如有一於餘衆生思欲殺害，誤殺餘者。當知此中雖有殺生，而無殺生罪。然有殺生種類，殺生相似，同分罪生。若不誤殺其餘衆生，然於非情加刀杖已，謂'我殺生'，當知此中無有殺生，無殺生罪。然有殺生種類，殺生相似，同分罪生，如殺生業道，如是不與取等一切業道，隨其所應作用顛倒應知。"解云：此中有三方便罪：一、於彼有情起餘有情殺，是重方便。二、於有情中起非有情想殺，是中方便。三、於非有情起有情殺，是輕方便，不損命故。

問："菩薩戒中，殺生根本業道皆他勝處，設殺他勝處皆殺根本業道耶?"

答："自有兩釋：一云殺他勝處皆殺根本業道，有殺根本業道，而非他勝處，謂未受戒者殺。二云應作四句分別：殺生業道，有殺生根本業道，而非他勝處，謂未受戒者殺生業道。自有他勝，而非殺生根本業道，如餘有情起餘有情想，而行殺生，此想倒故，非根本業，而違悲愍、行殺業故，成他勝處。以諸菩薩於一切有情起大悲心，而於有情無悲愍心，起殺害意故，成他勝處，亦有[②]根本業，亦波羅市迦，謂具戒者殺生業道。第四句者除前相。第二於彼起害意者，謂簡無殺意，而誤殺衆生，闕第二緣，非他勝處，唯是輕方便。第三方便者，謂加刀仗。此簡唯有思念，未發加行，非殺業道；加行未發，彼未死故。"

問："豈不無加行亦成業道？如仙人意憤而殺諸生，故《二十唯識》云：'意業最重。'"

答："仙人意憤義等教他，彼於有情心無所顧，非人敬彼，知有惡心，動身爲殺，彼成業道。"

問："以何表業，令鬼知心?"

答："彼起意憤，身語必變。或由呪呾，必動身語。而《唯識》言'意業重'者，欲顯諸業意爲本故；不謂仙殺，唯有意業意憤方便而起殺故；從本勝因，

---

① 者，底本、録本訛作"去"，據《瑜伽師地論》卷第九[T30n1579p319a13]改。

② "亦有"二字底本、録本訛作"亦有"，據文意改。

名之爲‘重’，聖教皆言殺生業道是身業故。又釋：此中意憒方便而殺彼生，唯有無表而非表業。《唯識論》云‘意業最重’故，唯於意業假立殺無表。言煩惱者，謂貪、嗔、癡簡善心殺非業道故，諸菩薩住大悲心行殺生非業道故。如昔國王殺五百婆羅門[1]，而無殺罪；今三煩惱，或具，或不具，以爲方便，由嗔究竟。言究竟者，謂所殺者命終之後，方成業道；彼命未捨，不成業道。唯是方便，由此道理，彼能殺者，前死、俱時死，皆不成業，所依異故。”

第四、輕重者有二：一、據所殺。二、依殺心。據所殺者，如《涅槃經》第十五説：上殺者，父母乃至阿羅漢、辟支佛、畢竟菩薩。中殺者，謂從凡夫人乃至即那含，是名“中”。下殺者，謂三惡道。解言：“畢竟菩薩”者，十解以上畢竟不退故。或初地以上殺即那含等不成逆故，名爲“中殺”；殺三惡道非道器，名爲“下殺”。

問：“云何殺地獄？”

答：“據殺意樂，故名‘下殺’，不必[2]殺彼。又，獄卒等有時殺彼故。前釋爲好，《瑜伽論》説那落迦等非自他害故。”

第二由心者，謂能殺心有三品故，彼殺生業成下、中、上。

第五、得果者，謂殺生故，墮三惡趣。此彼異熟果，殺有上、中、下，如其次第，生那落迦傍生鬼趣中。等流果者，若生人間，得命短促。增上果者，一切外事乏[3]少光澤，具如《雜集論》第七。

第六、對治者，謂大慈悲。若別説者，如《十地經》第四言：“是菩薩復於一切衆生中生安隱心、愛樂心、慈心、悲心、矜愍心、利益心、守護心、我心、師心，生尊心。”釋論云：“依增上悲，復爲念衆生，故生十種心。復次此心爲八種衆生故生：一者於惡行衆生欲令種善行，如經‘安隱心’故。二者於苦衆生欲令如樂具不盡故，如經‘樂心’故。三於怨憎衆生不念加報，如經‘慈心’故。四者於貧窮衆生欲令遠離彼苦，如經‘悲心’故。五者於樂衆生欲令不放逸，如經‘憐愍心’故。六者於外道衆生欲令現信佛法故，如經‘利益心’

---

① 門，録本訛作“國”，據底本改。

② 必，録本訛作“心”，據底本改。

③ 乏，底本、録本作“之”，此當爲“乏”之俗體。今據文意改。

故。七者於同行衆生欲令不退轉，如經‘守護心’故。八者於一切攝菩提願衆生取如己身，是諸衆生即是我身，如經‘我心’故。生餘二心者，觀彼衆生乘大乘道、進趣集具足功德，如經‘師心’故、‘生尊心’故。”總説意者，謂諸菩薩以大悲心乃至命難救衆生苦，是爲殺對治。如昔鵝[含][1]吞王[2]珠，比丘見而爲救彼命，乃至命難而不報知。又如菩薩鹿王愍懷身鹿，代[3]彼命死。又如鹿王以身爲橋，度諸禽獸，力盡致死。如尸毘王救鴿捨身、薩埵王子救虎捨命。如是等類，不可具述。此即菩薩以大慈悲救衆生苦，對治殺心。

第七、辨境者，有二：一、可殺境。二、起戒境。可殺境者，除色、無色天，一切地獄一切中有，佛及第八地以上菩薩所餘有情，皆可殺境。然不律儀者，於一切有情得殺生罪惡阿世耶無分限故。得戒境者，於一切有情得不殺戒。所以者何？於諸有情起善意樂無分限故。是故此中對一切有情，制不殺戒。

第八、釋本文，有四：一、唱機。二、制戒相。三、“是菩薩”下，勸修對治。四、“而自恣”下，結業道名。此即第一初相，汎論殺生謂奪彼命，如是殺生，大小通制，而少差别。謂聲聞教於一切時，唯制不開；菩薩戒中若有利益，開許亦殺。如《瑜伽論》四十一説：“若諸菩薩安住菩薩净戒律儀，善權方便，爲利他故，於諸性罪少分現行。由此因緣，於菩薩戒無所違犯，生多功德。謂如菩薩見劫盜賊，爲貪財故，欲殺多生，或復欲害大德聲聞獨覺菩薩，或復欲造多無間業，見是事已，發心思惟：‘我若斷彼惡衆生命，當墮地獄。如其不斷，無間業成，當受大苦。我寧殺彼，墮於那落迦，終不令其受無間苦。’如是菩薩意樂思惟，於彼衆生，或以善心，或無記心，知是事已，爲當來故，深生慚愧，以憐愍心，而斷彼命。由此因緣，於菩薩戒無所違犯，生多功德。”

問：“殺生業道於何時成？爲所殺生住死有位、能殺生者成根本業道，爲待死後成業道耶？”

解云：決定死後，方成業道。若住死有時成業道者，能殺與所殺俱時捨

---

① 含，録本脱，據底本補。

② 王，録本訛作“玉”，據底本改。

③ 代，録本訛作“化”，據底本改。

命，亦應成業道。而不許然，故知死後方成業道。有言依《薩婆多》云，如前無異。若依大乘，所殺有情住死有時，能殺生者得成業道。所以者何？過去無體，對何有情得成業道？故知所殺住死有時，能殺生者得成業道。無實衆生及實命根而壞和合，故成業道。《彌勒所問經論》第二卷云："問：'無命可殺，云何斷命得罪？'答：'雖無實命，斷和合體，名爲"殺生"。'問：'害何世蘊名爲"殺生"？過去不可害，已滅無故；未來不可害，未生無故；現在不可害，刹那不住，不待害緣，自然滅故。'"解云：以現在世刀等緣故，遮未來蘊，令不生起，故言"殺生"。如《彌勒所問論》云："有人説言，住現在世，壞未來世和合蘊體。"

問："自斷命者，成業道不？"

解云：不成業道。故《彌勒所問論》云："問：'以何義故，自斷命者不得罪報？'答：'以無可殺者故。''此明何義？'答：'有他人是可殺者，能殺生人得殺生罪；以自殺者無可殺境，即更無殺者，故自斷命，不得惡報。'"

問："自殺身者，發起殺心，斷人命根，破壞五陰，捨離人趣，殺業成熟，何故不得殺生罪報？"

答："若爾，阿羅漢人得殺生罪，以死相羅漢自害其身，斷己命故，彼阿羅漢亦應獲得斷命之罪，而彼無罪，以離嗔心故。"

言"佛子"者，是唱機從佛口生，從法化生，得佛法分，又紹佛位。

經："若自殺"至"呪殺"。第二戒相，先舉過，後制戒。前中有三：初有六句，辨殺相。次一句，顯殺業。後四句，明緣。"自殺"者，謂自行殺。"教人殺"者，謂遣使殺。"方便殺"者，謂藥等殺。又勸殺等"讚歎殺"者，謂讚歎言"投巖而死，心得生天"等。"呪殺"者，謂人誦呪咀鬼神敬彼，而殺彼怨；又呪死屍，令殺怨家。

經："殺因，殺緣，殺法，殺業。"

釋曰：第二顯緣。"殺法"者，謂依先師法而行殺生。此復云何？此有二：一、有外道經書云"殺羊祠天，得生天上"等。二、有外經書説"諸苦行必得生天"等。如《大莊嚴論》第五言："我昔曾聞有婆伽利人至中天竺國，王即用彼人爲聚落主。於聚落中多諸婆羅門，有親近者爲聚落主説婆羅陀書，説陣戰死者命終生天，投火死者亦生天上，又説天上種種快樂，辭章巧妙，而作是説，使聚落主心意駭動，謂必有是。即作火坑，聚香薪稸（積）[①]，作婆羅門會，諸人雲集，時聚落主將欲投火。此聚落主與一釋種比丘先共相識，來至其家，見聚落主於其家中種種莊嚴。比丘問言：‘欲作何等？’聚落主言：‘我欲生天。’比丘問言：‘汝云何去？’答言：‘我投火坑，便得生天。’比丘問言：‘汝體知天道不？’答言：‘不知。’比丘問言：‘汝若不知，云何得去？忉利天上，去此三百三十六萬里，無人引導，何由至彼？若天上樂者，彼上座婆羅門，年既老大，貧於財物，其婦又老，何不將去共向天上？’主聞此語已，即便前提上座婆羅門手，欲共投火，俱向天上。時婆羅門挌不肯去。主見婆羅門不欲入火，即説偈言：

‘斯諸婆羅門，樂爲殺害事。是故我捨離，當入於佛法。’”

比丘知彼心已，即爲説法，乃至廣説。如是等書，名爲“殺法”。“殺因”者，謂貪、嗔、癡及方便思。“殺緣”者，謂羅網等。“殺業”者，謂動身手等。

經：“乃至一切有命者不得故殺。”

釋曰：第二制戒。然此所殺，有其三品，謂上、中、下。如《涅槃經》十五説：“上殺”者，父母乃至阿羅漢辟支佛畢定菩薩。中殺者，從凡夫乃至阿那含，是名“中殺”。“下殺”者，謂三惡道。此中十解以上菩薩，名“畢定菩薩”。又初地以上，名爲“畢定”。若殺三品，皆他勝處。殺下三果及凡夫人，是重非逆。而下經説殺聖人名“逆”者，蓋阿羅漢辟支佛畢定菩薩名爲“聖人”。殺三惡趣，自有兩釋：一云殺惡趣非重，如《四分》云殺人是波羅夷。一云殺傍生等，是他勝處。所以者何？謂諸菩薩於一切有情平等慈悲、無勝劣故，如經説乃至一切有情命者。如是二釋，後釋爲善。而《四分》等，是聲聞戒；今顯菩薩戒，故不相違。言“有命”者，《瑜伽》説：與壽和合，現存[②]活故，名爲“命”者。

經：“是菩薩”至“方便救護”。

釋曰：第三勸修對治，有三心：一、慈悲心。二、孝順心。三、方便救護心。慈悲心者，如《華嚴經》説：“爲一一衆生故，阿鼻地獄中，無量劫燒煮，心

① 稸，與“積”同。［唐］玄應《一切經音義》卷二音《埤蒼》：“稸，積也。”

② 存，録本訛作“在”，據底本改。

净如最勝。”又,《大智論》第十九言:“當觀老病死,一切無勉者。當起慈悲心,云何惡加物?”孝順心者,謂孝上順下而化衆生。言“孝上”者,謂於有德有恩有情恭敬供養。言“順下”者,隨順所化,種種機宜,而饒益之。方便救護者,謂四攝方便,四無量方便,救護衆生。如《大乘莊嚴論》第九云:“如人有一子,有德生極愛。菩薩於一切,起梵勝過彼(慈悲爲“梵勝”)。”又彼十二云菩薩於衆生似母於子,作五饒益:一、懷胎。二、出生。三、長養。四、防害。五、教語。菩薩亦爾:[□][一][1]、等心向衆生。二、生之於聖地。三、長養諸善根。四、防護諸惡作。五、教習以多聞。又似父於子,五種饒益:一、下種子。二、教工巧。三、爲娉室。四、付善友。五、爲絶債,不爲後償。菩薩亦爾:一、令信起,爲聖體種子。二、令學增上戒定,以爲工巧。三、令得解脱喜樂,以爲娉室。四、令勸請諸佛,以爲善友。五、爲遮諸障礙,以爲絶債。又似同侣,於己作五饒益:一、與樂。二、與利。三、恒與樂。四、恒與利。五、永不離。菩薩亦爾。又似健奴爲主作五饒益:一、極諸所作。二、得不欺誑。三、忍諸打罵。四、作事精好。五、善巧方便。菩薩亦爾:一、成就衆生。二、開示出要。三、忍諸惡事。四、與世間樂。五、與出世利。乃至廣説。此中意説:臨其下類,似父母恩;上順勝者,同於健奴;於其同類,顯同侣相。是爲菩薩孝順方便救護衆生,以能救護無救有情,故言“救護”。言“無救”者,謂孤獨故。如《十地論》第五卷云:“是中無救者,以孤獨故。孤獨無救,喻有九種:一、恒常貧窮,孤獨無救。二、三毒之火熾燃不息,孤獨無救。三、閉在三有牢固之獄,孤獨無救。四、常[2]爲煩惱諸稠林所覆,孤獨無救。五、無正觀力,孤獨無救。六、遠離善法,心無喜樂,孤獨無救。七、失諸佛妙法,孤獨無救。八、常順世流,孤獨無救。九、失涅槃方便,孤獨無救。”廣説如彼。解云:菩薩能救如是九種無救有情,故言“方便救護”。四攝“方便”者,謂布施愛語,利行同事,如《瑜伽菩薩地》説。

經:“而自恣意”至“波羅夷”。

釋曰:第四結罪名。問曰:“菩薩一念有漏戒有幾許福?”答:初發菩提心

---

① 一,底本、録本脱,據文意補。

② 常,底本、録本訛作“當”,據《十地經論》[T26n1522p154b8]改。

菩薩一念浄戒,能勝一切二乘浄戒。何況餘者? 如《大般若經》第五百八十六説:"又,滿慈子! 假使世間一切有情,皆成就十善業道;彼所有戒,於發無上正等覺心,諸菩薩衆初發心時一菩薩戒,百分不及一,乃至鄔波尼殺曇分不及一。"廣説乃至:"滿慈子問舍利子言:'云何菩薩有漏浄戒,[能勝二乘無漏浄戒][1]?'舍利子言:'[聲聞、獨覺無漏浄戒][2],唯求自利,迴向涅槃。菩薩浄戒普爲度脱無量有情,迴向無上正等菩提,是故菩薩所有浄戒,能勝二乘無漏浄戒。'"此中勤心守護不殺之戒,如《大智論》十五説:"爲持戒故,不惜身命……以護浄戒。如一須陀洹人[3]生屠殺家,年向成人,應當修其家業,而不肯殺。父母與刀並一口羊,閉著室中,而語之言:'若不殺羊,不令汝出,得見日月光。'兒自思惟言:'我若殺此一羊,便當終爲此業。豈爲身故,作此大罪?'便以刀自殺。父母開門,見羊在一面立,兒已命終。當自殺時,即生天上。"

《梵網經》述記卷第一。

真如本。

① "能勝二乘無漏浄戒"八字録本脱,據底本補。

② "聲聞、獨覺無漏浄戒"八字録本脱,據底本補。

③ "人"前録本衍一"一"字,據底本删。

No. 2798《本業瓔珞經》疏

［題解］

姚秦竺佛念譯《本業瓔珞經》卷上之注疏，从《集衆品第一》到《菩薩瓔珞本業經·賢聖學觀品第三》。敦煌文獻中存有斯2748a號一卷，作者不詳，卷數不詳，首尾皆殘。清代以前歷代大藏經未收，日本《大正藏》據斯2748a號録入其第八十五册。今校注仍以《大正藏》録本所據原卷斯2748a號爲底本。

▭①云具五種▭□□□□(自然曲解)②，雖有名，未必稱實，故須辨三。□(十)③▭有□(因)④故，證成有果。三、明十力者，如輪王具▭有果故。次明十力。雖⑤有十力，能照達未▭能説能授。雖有十力，無畏降魔，伏□□(外道)⑥▭。第五、明如來能轉法輪，斷衆生煩惱，具⑦□(此)⑧▭重者。問曰："何故不直説四十二賢聖，乃遊於洴沙▭，令人心生其信，寄心有地，故託方所。復次有三種住：天住，□□(梵

---

① 首缺。
② "自然曲解"四字録文作缺文，據原卷補。
③ 十，録文作缺文，據原卷補。
④ 因，録文作缺文，據原卷補。
⑤ 雖，録文訛作"難"，據原卷改。
⑥ "外道"二字録文作缺文，據原卷補。
⑦ 具，録文訛作"長"，據原卷改。
⑧ 此，録文作缺文，據原卷補。

住)①,□□(聖住)②。六欲天住法,是爲“天住”。梵天等乃至非有想、非無想天住法,是爲“梵住”。諸佛、辟支佛、阿羅漢住法,是名“聖住”。於是三住法中,住“聖住”法,隣愍衆生故,住洴沙王國。復次布施、持戒、善心三事,故名“天住”。慈悲喜捨四無量心,名爲“梵住”。空無相無作,是三三昧名爲“聖住法”。復次四種住:天住,梵住,聖住,佛住。三住如前説。“佛住”者,佛住首楞嚴等諸佛無量三昧、十力四無畏十八不共法一切智等種種諸恵(慧)及八萬四千法藏度人門,如是等種種諸佛功德,是佛所住處,佛於中住,故名“佛住”。今云“重遊”者有二種遊:一、七處還來,故名“重”也。二、重説上七會中四十二人,故名爲“重”也。“洴沙王國”者,名爲“善勝國”,於十六大國中,此國行善最勝,名爲“善勝”也。“道場樹下”者,法性虚空清净,行法以爲道,故言“道場樹下”也。“成正覺處”者,本爲無明聲藏所障以爲眠,今破無明相盡,朗照無遺,故言“成正覺處”。故《經》云:如來初始覺知,然後爲無明聲藏世間開示演説。“復坐如故”者,先坐真寶蓮華師子之坐,今重來此坐,故爲“復”。“昔始得佛”者,真性之理是無始法,故名爲“昔”;今解窮理極,大覺道成,始於無始,一有常有,爲“始得佛”也。“光影甚明”者,實性真照,名爲“光影甚明”。“今復放四十二光”者,舒般若智光以被物,爲明四十二賢聖,故放四十二光。“光光皆有百萬阿僧祇功德”者,明法身之光應爲丈六,無量種好莊嚴法身;又解萬德殊能之行,故云“阿僧祇功德”也。“嚴好佛身”者,行飾真體,爲嚴好身也。“彌滿法界”者,心實大寂,故云“彌滿法界”。妙絶衆相,故云“湛若虚空”。“凝神照寂”者,無諸種動亂,故云“凝神”;真恵(慧)澄明,故名“照寂”。“樂常住性”者,體無諸苦名“樂”,不從因生名“常住性”也。“窮化體神”者,被物理極爲“窮化”;“體神”者,深察群幾(機),冥而難測,故言“體神”。“大用無方”者,真實妙德,用周法界,殊能之謂也。“法王”者,道統於大千,名爲“法王”。娑婆之首,以爲“法主”。乘於群幾(機),以大悲濟物,故云“於一切衆生而作父母”也。理非起成,故言“自然”。行起

① “梵住”二字原卷殘,録文作缺文,據文意補。《大智度初品中·住王舍城釋論第五》:“復次,三種住:天住、梵住、聖住。”[T25n1509p75c18]可助勘。

② “聖住”二字原卷殘,録文作缺文,據文意補。

歸空，名“百千寶蓮華師子之坐”。佛德齊均，故云“皆爾”。行絶彼此，故名“道德相好如一”也。“身意清净”者，業無瑕穢，故云“身意清净”。“福行普具”者，功德智慧，體無缺然，故言“普具”。能達深理，故言“光明所徹，金剛寶藏”。顯理示人，爲“出化無極”。“照人剎土”者，觀世無遺，故名“照人剎土”。“去來現在”者，朗鑒三世。不滯不著，故言“無復障礙”也。應幾（機）被益，故云“化及一切”。“度法與人，三世悉等”者，計上“去來現在”。“圓明獨達一切佛等”者，成上“故昔諸佛，所坐皆爾”。

“爾時大會”已下，遺文證信，序中第六，明同聞嘆德。問曰：“此諸菩薩示現何相，來入此界道場會也？”答曰：“菩薩大士，迹現三業，助暉大乘，爲佛成信，故在此會。”就此同聞，故中有二：從初説“流入十方一切佛土”，正歎同聞菩薩德。二從“東去[①]無極”已下，列德者之名。就初分中，凡有三分：經文第一、從初已下，訖“導利衆生”，歎其身業。第二、從“聞佛法藏”已下，至“無所分別”已來，歎於意業。第三、從“以大悲口”已下，訖“一切佛土”，歎其口業。

“大會菩薩盡一生補處”者，明伏忍胎中三十賢人、聖地已上十一正士，内德圓備，外揚純風，以化於物也。問曰：“言‘一生補處’者，乃是第十一地菩薩，三十一生已盡，唯有一生，轉即爲佛，可爲一生補處。今此大會，豈無十四億人上下差别？云何導言‘盡一生補處’也？”答曰：“雖位有差别，各得成補處。初習種性人，信窮後察，亦得成佛，此是法惠（慧）佛性種性人。解窮後察，成功德林，佛道種性人。行窮後察，成金剛幢佛。初地已上，證窮後察，成金剛藏佛。位雖有别，各自一徹，窮於後際，與法界相應，故名‘盡一生補處’也。亦可遺勝而歎，唯歎金剛後心也。”“神通妙達，周遍十方”者，明廣現五通，乘幾（機）赴化，應身化處，以爲周遍，故言“周遍十方”也。“法身無極”者，大士無形，以真如爲體，故言“法身無極”。“道（導）[②]利衆生”者，常在涅槃，而不捨世間行也。“聞佛法藏”者，聞其甚深大乘十二部經名“聞佛法

---

① 去，録文訛作“天”，據原卷改。

② 道，此與“導”同。《楚辭·離騷》：“乘騏驥以馳騁兮，來吾道夫先路。”王夫之還釋：“道，引導之也。”

藏”。“示現佛性”者，既聞大乘十二部經中，顯其真常當我之性，名爲“示現”。又解，始從伏忍，至寂滅忍，下品因深微妙，故言“示現佛性”。“妙果寂滅”者，涅槃虚玄，幽微無相，名爲“妙果寂滅”。故《經》云：“定滅佛所行，言説不能及。地行亦如是，難説復難聞。”此是成證。“無爲要教”者，除其生死有爲，名“無爲”；辨理周極，故稱“要教”；知其衆生根欲，事無不達，故言“都入人根”也。“以宿命智，訓化以漸”者，以宿命通智，明察物幾（機），識病輕重，隨法藥淺深爲衆生説法。故《經》言：“應病與藥，令得服行。”此即成證也。“心入無際”者，以真實智，觀理幽極，故言“心入無際”。“解内外要”者，順理爲“内要”，違理爲[1]“外要”。“始終無極”者，因微果妙，俱爲無極，故言“始終無極”。“等諸佛土”者，真俗理齊，故言“等諸佛土”。“無所分别”者，無相可得，故言“無分别”也。“以大悲口讚揚佛名”者，第三次歎口業。“以大悲口讚揚佛名”者，以同體大悲，常口説法，故言“以大悲口讚佛名”也。“不可勝極”者，理高玄遠，故“不可勝極”也。“六道之事，靡不觀達”者，明照諸趣群生幾（機）根，故言“六道之事靡不觀達”。“所化之處”者，道其化物處所也。“至皆歎言‘佛念吾等建立大志’”者，歎佛爲我等一切衆生，現入六道中教化我等，使我滅惡生善也。“建立大志”者，發心欲與法界所化衆生同趣菩提，故言“至皆歎言‘佛念吾等建立大志’”也。“乃悉現我”至“闡隆道化”，明此菩薩以大悲口讚説如來真净佛土也。“光明神足，教誨我等”乃至“及諸疑罔（網）”，明諸菩薩讚歎如來般若神光，能訓化我等，開示我意，真行莊嚴，三十賢人十地無垢至妙覺地，生善滅惡，成我等輩欣背觀行也。“斷我瑕疵”者，無明細惑障真法身爲“瑕”，麁惑障淺爲“疵”也。“疑妄”者，習氣也。“悉爲我現佛土”者，現國土身也，廣狹垢净等身也。“佛身”者，身無不身，於無身處悉能現身，故言“佛身”。“佛神佛力”者，以威被物，故言“佛神”；廣現六通變化，稱爲“佛力”。“佛定”者，至静湛然，無定亂相異，故言“佛定”。“無量變化”者，不可思議，現化無邊[2]，故言“無量變化”。“四等”者，慈，悲，喜，捨；慈能與樂，悲能拔苦，喜能慶物，捨能忘懷，各緣無量衆生，故云“四等”

① 爲，録文訛作“以”，據原卷改。

② 邊，録文訛作“變”，據原卷改。

也。"無畏"者，四無畏也。正是内智，於四境不懼，爲"四無畏"。云何爲四？一、我是一切智人，説己[①]所知，訓匠於物[②]。外人執事來難："如來於弟子有問，似若不知。"如來答言："我順俗時宜，非爲不達。"於此難中無有畏相，安住聖處，名"一切智無畏"。第二、漏盡無畏。外人難言："如來駡提婆達多，似若是嗔；摩羅睺羅頭，似若有愛。"佛言："應見剛强難化者，駡提婆達多；應見慈養生善者，摩羅睺羅；非謂有嗔愛也。"於此難時無有畏相，第二無畏。第三、煩惱障道無畏者，外人難言："須陀洹人得初果道，猶有煩惱，故知煩惱不障道。"如來答言："障處有别，但八十八結障須陀洹，思惟四結障後三果，非謂不障。"於此言中無有畏相，是第三無畏。第四、無畏出要者，外人難言："無漏不出要。何以得知？須陀洹雖得無漏，猶有七生七死。"如來答言："非爲不出，但凡夫生死無量，須陀洹斷之至七，故言'出'。"於此言中無有畏相，名第四無畏。於此四種無微畏相，故言"四無畏"也。"無罪三業"者，正以罪盡爲"無"，三業任運，不起惡故，名"無罪三業"也。"三六不共"者，十八不共法也。初六者，身無失，口無失，念無失，無畏相，無不定心，無不知以捨心；此初六明自行。中六者，念無減，欲無減，精進無減，智惠(慧)無減，解脱無減，解脱知見無減；此六障滿足，故皆言"無減"。後六者，身業隨智惠(慧)行，意業隨智惠(慧)行，口業隨智惠(慧)行，智知過去、未來、現在無障無礙；此後六障其外化。此十八法不與下人共，故名"不共"。"一切功德無上道法"者，諸佛功德無量無邊，説不可盡，故總結也。從悉爲我現，既至於此，偏顯佛地功德也。"衆事敷教，流入十方"已下，明諸菩薩讚歎如來般若神光流入十方，遍諸佛土，靡不周遍也。

"爾時釋迦牟尼佛"已下訖"道場樹會"，第二明起宗分。就此分中，凡有二文：第一、從初已下至"瓔珞法門"，明釋迦如來歎十方諸菩薩等衆中，欄最勘能發問分。第二、從"釋迦牟尼佛初至樹下"已下訖"道場樹會"，明釋迦能人將[③]欲爲説賢聖根本，瞻察法界衆生根緣，擬宜説法分。就初分中，復有四

① 己，録文訛作"已"，據原卷改。
② 物，録文訛作"佛"，據原卷改。
③ 將，録文訛作"捋"，據原卷改。

文：一、嘆土清净；二、嘆佛德戒；三、嘆四十二賢聖之因；四、嘆能演説法。隨清濁刹，敬首發問瓔珞法門。“彼國第一”者，皆一生補處、因中究竟也。“無數上人俱”者，明十方菩薩數乃無量。上列名中，何故十方各列一人者？若當廣列，竹帛所不容，故上一方之中，唯略列上首一人也。“頂禮佛足”者，明該敬之儀。菩薩是因中之人，如來是果中之者，是我師位，理須致敬；“頂”是一身之上，“足”是一形之卑，以上接卑，表敬重情至也。“坐千[①]寶蓮華坐”者，功德萬行，能感佛果爲“華”，安身之處名“坐[②]”，亦可真空爲“坐”也。“第一菩薩名‘敬首’”者，東方菩薩也，於此會有緣，故爲“第一”也。“歎言快[③]集此會”者，歎合時多益也。“觀其所止，佛國清净”者，歎住處清净，如《維摩經》“足[④]指案地，世界清净”等。“如來德式[⑤]”者，以佛神力故，威儀嚴整[⑥]，無有奢墮，稱聽法之貌[⑦]。故《十地論》云：“嚴者對威儀濁。”“四十二賢聖因”者，歎大衆久積修行也。“得佛變通，隨刹清濁，度人無極”者，能隨净穢二土廣化衆生也。“於是他方佛國亦説瓔珞”至“所説無異”者，明大乘理融、法輪處一也。“入十方刹諸佛神力師子吼[⑧]”者，舉佛神力無畏之問也。“大寶藏海金剛瓔珞法門”者，藴積功意名爲“寶藏”，深而至曠爲“海”，行體堅固名爲“金剛”，莊嚴法身爲“瓔珞”也。

就擬宜説法分中有二文：第一從初訖“根緣現[⑨]故”，明如來觀察衆機，擬宜説法分。第二從“放大光明”已下，明放光集衆分。“放大光明，悉照佛界”者，直明一佛世界凡有三千大千國土。其一國者，以一須彌山、一日月照四天下：東拂婆提，南閻菩提，西懼耶尼，北憂單越。上至二十八天，下至五輪

---

① 千，録文訛作“于”，據原卷改。

② 坐，録文作“座”，據原卷改。此“坐”乃“座”之本字。《字彙補・土部》：“坐，與床座之座通。”

③ 快，原卷、録文訛作“决”，據《菩薩瓔珞本業經》卷上[T24n1485p1010c17]改。

④ 足，録文訛作“是”，據原卷改。

⑤ “德式”二字録文訛作“意戒”。按：此二字原卷作“悳㦯”，乃“德式”之俗體。

⑥ 整，録文訛作“總”，據原卷改。

⑦ 貌，録文訛作“狼”，據原卷改。

⑧ 吼，原卷、録文訛作“孔”，據《菩薩瓔珞本業經》卷上[T24n1485p1010c23]改。

⑨ 現，録文訛作“提”，據原卷改。

際,爲一小國。以一小國數至千,爲小千。復以小千爲一,復數至千,爲中千。復以中千爲一,復數至千,爲大千。此三千大千,依數經有十億,十方合有百億國土。爾時盧舍那佛舒般若智光,悉遍其中,有緣集在道場會也。“及四天王”已下至“化應聲天”者,是欲界六天也。“梵天、梵衆天、梵輔天”,此三是初禪天。若依《善臂菩薩經》中,初禪三天者,梵輔、梵衆、大梵天也。大梵、水行、水微,此三是二禪天。《善臂菩薩經》中名“少光”、“無量光”、“光音天”名“二禪天”也。“水無量天、水音天、約净天”,此是三禪天。依《善臂菩薩經》中,少净、無量净、遍净天爲“三禪天”也。“無想天”已下訖“大静天”,此九是四禪天。《善臂菩薩經》中,果實天、少果、廣果、無想、無煩、無熱、善見、好善見天、阿迦貳吒天,此是“四禪天”也。“五輪際”者,地、水、風、空、金剛是也。“大忍法界”者,應佛分身遍十方國土,爲説真實莊嚴之行也。

賢聖名字品第二

上已開宗放光,召集娑婆世界十四億那由他大衆,皆來集此金剛寂滅道場樹會;今明大衆既集,將欲爲説賢聖根本,故先爲四十二人剬名立字。胡漢並障。略開四十二人名字。人雖四十二,以五忍往攝,無不皆盡。五忍者,一、以伏忍中障地前三十人;二、信忍中有初地、二地、三地三人;三、順忍中四地、五地、六地三人;四、無生忍中七地、八地、九地三人;五、寂滅忍中有十地、無垢地、妙覺地三人;合有四十二人。亦以六性攝盡。六性位者,習種性中十人,性種性中十人,道種性中十人,聖種性中十人,等覺性中一人,妙覺性中一人,合四十二人。今云“賢聖”者,地前三十人,唯賢非聖;妙覺一地,唯聖非賢;中間十一地,亦賢亦聖。今略開此四十二賢聖名字,故因爲品目也。

從此已下,經之第二,次明真實根本分。上來明發起正宗分,緣起既興,正宗得顯故。次明真實根本分。若作五門次第。從此已下,第三明修道門。問曰:“衆生起相,迴流三有。欲滅斯患,當何所行?”答曰:“習三寶教,修信賢聖四十二門真觀成就乃可除也。”故從此已下,次明修道門也。就此修道門中,有三品經文:第一、直列賢聖名字。第二、學觀一品,明觀行法用。第三、釋義一品,解釋名字學觀所由。就名字品中,復有五分經文:第一、從初已下訖“一切賢聖名字何等”，明敬首菩薩發問賢聖名字。第二、從“爾時釋迦牟尼以金剛口”已下訖“一而無二”，明如來將欲爲説賢聖根本，故先誡敕敬首菩薩也。第三、從“佛子所謂留伽度”已下，正明胡漢相幡，列四十二賢聖名字，酬其問意。第四、從“是故名門”已下，結觀修學。第五、從“吾今略説”已下，略舉一賢名門，起學觀之由。就初問中，有其二問：第一、從品初已下訖“欲成斯道，當如何行”，正問修行成佛之方。第二、“一切賢聖，名字何等”者，正問四十二賢聖名字也。就初問中，復有其二：從初至“發少問問佛”，是出經家語。第二、從“大師本修何行”已下，正問修行之方也。“爾時他方敬首”者，東方菩薩也。“以佛神力”者，初明舉佛神力也。“復以大衆”已下，後明假大衆威德也。“皆是龍王、師子王”者，於龍、師子中勝，故名“王”也。“發少問問佛”者，當是大士尚謙也。如《涅槃》中迦葉菩薩將欲發三十六問，先遵：“我今所有智慧微少，猶如蚊虻，何能思量如來大海？爲當承佛神力及因大衆威德，少發問耳。”此中亦爾也。就第二發問修行中，有四句經文：第一、從“大師本修何行”至“一切衆生不得其過”者[①]，總明如來三業無失。第二、“内性明照”乃至“過一切菩薩之上”，别成意業清净也。三、從“出生端政”至“常爲釋梵所敬”，别成身業清净。四、“除闇昧如燭火”至“如船師”，别成口業清净。“大師本修何行”者，本在因地、修何等行也。“一切衆生不得過”者，明如來三業無失，故不得過也。“内性明照”者，内明外朗也。“常住不滅”者，古今莫異也。“過一切菩薩上”者，圓窮後際[②]果、德不共因同也。“出生端政”者，明如來相好具足，故云“端政”也。“色相無比”者，身紫金色，更無等者。“圓極自然”者，意無不備也。“無爲清净”者，累無不盡也。“二種常身”者，一法性生身，二應化身；法身常故，應身亦常也。“釋梵所敬”者，如來行時，金剛例侍[③]，梵釋奉迎也。“除闇昧如燭火”者，如來説法能除物障，如明能破闇也。“明天地如日月”者，日月在空，玄照四野，令有心之徒明見正路；如來説法，能除惑障，令有緣衆生返迷歸正也。“度人天如

① 者，録文訛作“去”，據原卷改。
② 際，録文訛作“除”，據原卷改。
③ 侍，録文訛作“待”，據原卷改。

船師”者,明如來乘大涅槃船,周迴往返,運度衆生也。“竪過三界爲妙覺尊”乃至“當如何行”者,結成上問修行成佛之方也。“一切賢聖名字何等”者,第二正問四十二賢聖名字也。

“爾時釋迦牟尼佛以金剛口告敬首菩薩”已下,品之第二,正明如來將欲爲説賢聖根本,欲令所爲欽承聖旨,故先誡約,在之於初,故告敬首言:“諦聽!如法修行。”“諦”之言“審”,聽若不審,則謬有所傳也。“善思念之”者,勸思量教[①]下之旨,擇善去非也;既思量簡擇已,即須如法修行也。“我先天上”至“無量行願”者,先《華嚴》中開演大願菩薩本行也。“是法”者,是菩薩行願法也。“亦是十法諸佛快説、决定了義瓔珞佛所行道”者,以此真行願莊嚴諸佛二種法身,故言“瓔珞佛所行道”也。今以此真行願法,稱機被益,故言“爲此大衆”乃至“開瓔珞大業”也。釋迦如來讚遂(嘆?)[②]敬首發問理深,稱根利益,故言“汝心可念,極大慈悲,化一切衆生”也。“佛言”已下至“一人無二”,將説賢聖名門,更復誡敕,讚嘆理深,同於十方諸佛所説,一而無二也。“當先正三業”者,萬惡從三業而起,萬善由三業而成,故勸正三業也。“習三寶教”者,教中明善是可欣,惡法可背,故勸習也。“信向因果”者,於因果理中,生决然之解也。“然即所問悉可得入”者,上之所問,妙覺尊道悉可得解相應也。“一切佛教,爲菩薩者得佛不久”者,若順教修行,尅果必速,故言“得佛不久”也。“必諦受學四十二賢聖名門”者,自下答上第二門。“乃至十方諸佛同説無二”者,歎所説理深,應當受持也。

“佛子!所謂留伽度”已下乃至”無上地”,品之第三段,明胡漢相翻[③],列四十二賢聖名字,酬其問意。“發心住”者,是上進分善根人始入空界,發菩提心,亡絶萬相,故名“發心住”。“留諦迦度”秦言“治地住”者,常修空心净八萬四千法門清净行,故名“治地住”也。“修行住”者,前云“修空心”,今明長養此心,令一切行增進不失,故名“修行住”。“生貴住”者,生在佛家,種性清净,故名“生貴住”。“方便具足住”者,多習無量,善根成就,故名“方便具

① 教,録文訛作“放”,據原卷改。

② 遂,原卷不清晰,似應作“嘆”,待考。

③ 翻,録文訛作“幡”,原卷實作“播”,乃“翻”之借字。

足住”也。“正心住”者,成就第六般若,故名“正心住”也。“不退住”者,入無生惠(慧)必(畢)[1]竟空界,心心常行空無相願,故名“不退住”。“童真住”者,從發心心住不生,到不起耶魔破菩提心,故名“童真住”也。“法王子住”者,從佛王教生解,當紹佛位,故名“法王子住”。“灌頂住”者,從上九觀空,得無生心最上,故名“灌頂住”也。“歡喜行”者,始入法空,不爲外道邪誨所到(倒),入正位故,多生慶悦,名“歡喜行”。得常化一切衆生,皆法利衆生,故名“饒益行”。常住功德,現化衆生,故名“無盡行”。命終之時,無明鬼不能亂,名“離癡亂行”。生生常在佛國中生,故名“善現行”。於我無我,乃至一切法不取著,故名“無著行”也。於三世佛法中常敬順,故名“尊重行”。説法授人,動成物則,故名“善法行”。二帝非如非相非非相,故名“真實行”也。常行六道,而入果報;廣化衆生,而不取著;故名“救護一切衆生離衆生相迴向”。觀一切法空,得真實心,故名“不壞[2]迴向”。三世佛法一切時行,故名“等一切佛迴向”。以大願力入一切佛國中,供養一切佛,故名“至一切處迴向”。以常住三寶授與前人,名“無盡功德藏迴向”。習行相善,無漏善而不二,故名“隨順平等善根迴向”。以觀善惡父母無二一合相故,名“隨順觀一切衆生迴向”。常照有無二諦一合相故,名“如相迴向”。以諸法無二,般若無生,二諦平等,觀三世一合相,故名“無縛解脱迴向”。覺一切法第一義諦中道無相,一切法皆一照相,故名“法界無量迴向”。歡喜地者,始離世間,初證聖處,多生慶悦,故名“歡喜地”。離能起誤心犯戒煩惱垢等,清净戒具足,故名“離垢地”。隨聞、思、修等照法顯現不惡[3],故名“明地”。煩惱戒薪,智火能燒,故名“災地”。得出世間智方便善巧,能度難度,故名“難勝地”。般若波羅蜜行有間大智現前,故名“現善地”。善修無相行,功用究竟,能過世間二乘,入出世間道,故名“遠行地”。報行純熟,無相無間,故名“不動地”。無礙力説法,成就利他行,故名“善惠(慧)地”。得大法身,具足自在,故名

---

① 必,此讀如“畢”(二字《廣韻》均音卑吉切)。《墨子·所染》:“五入必,而已則爲五色矣。”孫詒讓閒詁:“必,讀爲畢。”

② 壞,録文訛作“憶”,原卷實作“懷”,此乃“壞”之借字。《書·顧命》:“無壞我高祖寡命。”于省吾新證:“壞,本應作‘褢’,即‘懷’。晚周壞、懷通用。”

③ 惡,録文訛作“忌”,據原卷改。

“法雲地”。功行滿足，蹬大山臺，心心無爲，行過十地，故名“無垢地”。妙觀上忍大寂無相，唯以一切衆生緣生善法，累外之覺體照精微，故名“妙覺地”也。

“佛子！是故名門攝一切功德行”者，第四總結。賢聖名字，法門理深，證教二道，悉皆圓滿也。“佛及菩薩無不入此名門”者，以人取法，悉皆具足，故言“佛及菩薩無不入此名門”。“一切神通”者，佛及菩薩不思議神通也。“一切因果”者，四十一爲“因”，妙覺爲“果”，故言“一切因果”。“一切境界”者，諸諦甚深，能發生聖解，稱爲“境界”。悉皆攝在賢聖法門，故言“亦入此名門”。佛子！是名門至極理一，故言“十方諸佛所説道同”也。處生死不減，在涅槃不增，湛若虛空，故言“不增不減”。理既究竟，了義之法，應當決定作無畏説，故言“決定師子吼説”。“當以誓、自誓受持讀誦解釋義味”者，明行法微妙，勸在交時，應解應説也。“願一切衆生”乃至“如法修學”者，齊契此法門之理也。

“佛告敬首菩薩”已下，第五略説一賢名門，起學觀之由。就中有三文：從初已下訖偈前已來，明信相菩薩行相。二、從“發住賢人”已下，有二十八偈，明發住賢人説偈興願。三、從“住是住中”已下訖品末，明行願功能，勸受十無盡戒也。

“吾今略説一賢名門、謂初發心住”者，習種初人。“未上住前有十順名字，菩薩”者，將欲辯發心住人，先明住前名字。菩薩相修行，十心未成，是信相菩薩久[①]習真觀，開基解，成種子行，立福惠(慧)衆具以自莊嚴，得入習種。初住位中廣修行願，乃可得成四十二賢聖行。爲解決然，名“信心”。賞境不移，名“念”。策懃不墮，故名“精進心”。觀達法相，名“惠(慧)心”。澄心一境，名“定心”。修行堅固，名“不退心”。迴因向果，名“迴向心”。護持佛法，名“護心”。防非止惡，名“戒心”。“願”者，《十地論》云：“發心期大菩提故。”“有行無行大願”者，“有行”是有中化物行，“無行”者證寂空行也。“得入習種中廣行一切願”者，當位未滿，故廣興願行也；如十地中得住初地已，廣復起願修行也。

---

① 久，録文訛作“文”，據原卷改。

就第二説偈興願中，文有其三。初有兩偈，出經家序，發住賢人説偈之意。第二、“我今行施”已下訖“教化一切”，有十一偈，明因中有願。第三、從“我今已覺”已下有十五偈，明果中願。“一切願入，在我願中”者，下發願之中通因及果故也。如似《勝鬘》發三願：一者、自行願；二者、外化願；三者、護法願。菩薩恒沙諸願，悉入此三大願中也。第二明因中願。初有十偈明十波羅蜜，下有一偈明入無垢地也。十波羅蜜者，一是檀；二是戒；三明忍；四明精進；五明禪；六智；七無相；八方便；九明力；十邊際智滿也。“我今行施，當願衆生，捨貪欲意”者，捨財則易，凡夫亦能，捨貪欲則難，要是聖人故也。依下經文，施有三緣：一、財；二、法；三、施衆生無畏也。財施者，衣求（裘）[①]穀帛等也。法施者，二諦諸法大小乘教也。無畏者，《寶云經》中辯自捨刀仗，教他捨刀仗，是殺具故也。“法戒常行”者，戒波羅蜜也，自願真實法戒常行也。“得正解脱”者，持戒果報也。依下經文，戒有三緣：一、自性戒；二、受善法戒；三、利衆生戒。“自性戒”者，即攝律儀戒，惡無不止也，性自能持故，《十地論》云“猶如良馬性調伏故”也。“受善法戒”者，即攝善法戒，無善而不修也。“利衆生戒”者，即攝衆生戒，無衆生而不化也。“六忍常奉”者，自願六根後忍也。乃至“寂法忍住”者，空解成就，方是真實忍也。依下經文，忍有三緣：一、忍苦行；二、忍外惡；三、第一義諦忍。苦行者，頭陀林野等難作能作。忍外惡者，撾打總害等。第一義忍者，空解也。“大精進力”者，第四精進度。“常行不住，入自覺果”者，精懃修行，熾然不自，故言“不住”；無上菩提，唯心自證，非緣所剋，故云“自覺”也。依下經文，精進有三緣：一、起大誓[②]之心行；二、方便進趣；三、懃化衆生。大誓者，誓斷一切惡，誓修一切善；誓中莫過，故云“大”也。方便進趣者，修行趣果也。懃化衆生者，盡未來際無有休息也。“住禪定心”者，第五禪度。乃至“無爲自安”者，六神通，是定寂果，舉通明定。“無爲自安”者，真空理静之定也。依下經文，禪有三緣：一、定亂想不起；二、定生一切功德；三、定利衆生。亂想不起者，澄心一境，

① 求，後作“裘”。《説文・皮部》：“裘，皮衣也……求，古文，省衣。”

② 誓，録文訛作“擔”，據原卷改。

無理外紛。動生一切功德者，禪名支林[1]，能出生功德行也。利衆生者，即寂而興用也。“修正法智”者，第六波若度。乃至“入惠(慧)海流，紹菩薩位”者：“惠(慧)海流”者，真空智慧海流也；“紹菩薩位”者，紹真實菩薩位也。依下經文，惠(慧)有三緣：一、照有諦；二、照無諦；三、照中道第一義諦。照有諦者，事礙有也。無諦者，照空無也。中道第一者，非有非無，稱爲“中道”；理中精最，故名“第一”也。“行無相願”者，第七願波羅蜜。乃至“一切願滿，流入佛海”者，諸佛智慧，深而至曠，故云“海”也。依《寶云經》中，前明方便，後明願；此中先明願，後明方便也。依下經文，願有三緣：一、自行願；二、神通願；三、外化願。自行願者，自願行諸善行也。神通者，行用無礙也。外化者，自行無礙故，則能化人也。“大惠(慧)方便”者，第八方便波羅蜜。“法河無礙，到二諦際”者，於佛性水、涅槃河中無礙，窮二諦邊際也。依《寶云經》中，若空山曠澤非我所物，若華樹，若果樹，若疊，若疊樹，盡仰心供養一切三寶，日三時，夜三時，如是供養，迴向菩提，以明方便也。依下經文，方便有三緣：一、進趣向果；二、巧會有無；三、一切法不捨不受。進趣向果者，進趣菩提也。巧會有無者，處有化物，而不著於有；證空常用，而不滯於無也。不捨不受者，不見妄法可除，故云“不捨”；不見涅槃可證，故云“不受”也。故《維摩經》“見苦斷集，證滅修道”者，此是戲論法，非修道也。“大力神通”者，第九力波羅蜜。乃至“變化在我，得無所畏”者，“我”本“自在”爲義，得無所畏。此解“力”義，彊契之解也。依下經文，力有三緣：一、報通；二、修通；三、變化通。報通者，如似諸天等生報得通，不待修得。二、修通者，如修定人從定發通也。變化者，諸佛菩薩無障礙變現也。“邊際智滿”者，第十智波羅蜜，窮二諦邊際也。“金剛智成，登道場果”者，真實金剛智成。亦云“滅”者，緣解金剛也。依下經文，智有三：一、無[2]明智；二、一切種智；三、變化智。無明智者，《涅槃經》云“無明明”者，謂“畢竟空”也，亦云“無相智”。一切種智者，種別而智也。變化智者，諸佛菩薩無障礙智也。“我今已覺”已下，明果中願。

① 林，録文訛作“休”，據原卷改。

② “一無”二字原卷不清晰，録文作缺文，據文意補。下文：“無明智者，《涅槃經》云‘無明智’者，謂‘畢竟空’也，亦云‘無相智’。”可助勘。

就中有三：初有十一偈，明果中行滿，願滅衆生七見六著。次有一偈，明得應身用。次有三偈，結因果願滿，修進餘行，入薩婆若海。“七見六著[①]”□□（者：“七）[②]見”者，邪見，我見，常見，斷見，戒盜見，果盜見，疑見也；“六著”者，貪，愛，瞋，癡，欲，慢。“六著”名中，略而不具。“我今已覺”者，願我未來已覺，萬法理周也。乃至“解相續假，滅計斷心”者，衆生見現在身亡，謂無後報來續，起於斷見，不肯修於善因，乃行惡行；今願解假有來報相續，滅除計斷之患也。“覺照法化”者，願我未來覺達萬法，同於幻化也。乃至“悟法緣成，滅計常心”□（者）[③]，衆生爲衆緣所成，故知無常五陰成衆生，爲“因成假”；以五陰因望衆生疏故，名“緣成假”；此因成、緣成，皆因果並現。亦云：五陰成衆生，即是“因成假”，亦名“緣成假”也。“我得滿體”乃至“悟相待法，滅計我心”者，“我”本“自在”爲義，我衆生待惡而有，好待有好，過而有智，爲他刑（形）待易奪，故知“無我”也。“無緣大悲”者，無有親屬因緣亦能起悲，無緣而不悲也。乃至“解假因生，滅見盜心”者，以不達過因故，見他邪見等爲是，名爲“見盜”；今解假體從過因而生，更不取諸見爲是，故“滅見盜”也。“第一滅度”者，自願證涅槃真寂也。“悟實法緣，滅戒盜心”者，衆生癡故，取他牛戒、雞雉等戒爲正道，今明悟真實法性因緣，真解成就，故不取邪戒爲是，故“滅戒盜”也。“得十力果”者，如佛十力果報也。“悟二諦照，滅邪見心”者，衆生邪見故，訪無二諦因果；今悟二諦故，滅除邪見也。“以金剛力[④]”者，以佛金剛智力[⑤]也。“悟十二緣，滅疑見”者，若不達十二因緣者，則於三世因果不能了知[⑥]，名之爲“疑”。今解因緣因果句樓三世，故能滅疑見也。“獨照無方”者，無方而不照也。“識法無常，滅貪慳心”者，若不達身是無常者，則貪惜財物，以雍（擁）[⑦]此身；今解無常，故於財物無著，故“滅貪慳”

---

① “六著”二字録文作缺文，據原卷補。

② “者七”二字録文作缺文，據文意補。

③ 者，録文作缺文，據原卷補。

④⑤ 力，原卷、録文訛作“刀”，據《菩薩瓔珞本業經》卷上[T24n1485p1012a6]改。

⑥ 知，録文訛作“名”，據原卷改。

⑦ 雍，録文訛作“擁”，據原卷改。《戰國策·秦策五》：“雍天下之國。”高誘注：“雍，有也。”鮑彪注：“雍、擁同。言據有之。”

也。故《十地經》云："是菩薩離我想故，尚不貪身，何况所用之事？是故無有不活畏也。""五眼三達"者，從肉眼至佛眼也；達於三世，名"三達"也。"修三明覺，滅癡闇心"者，過去宿命明，未來天眼明，現在漏盡明，具此明解，故能滅癡闇也。"紹三寶解，滅瞋諍"者，三寶解體，無違諍也。"入一切空，滅無明藏"者，解萬法體空，故無明不待、遣而自除也。"乘大法船，入佛法乘"者，乘大涅槃法船，入佛果乘也。"我因果願"已下三偈，明因果願滿、修進餘行也。"今於諸佛，前受大願"者，對佛自言，如似勝鬘對佛："我從今日乃至菩提，於所受戒不起犯心。"一切菩薩，若入是願，無不得入薩婆若海者，爲因義成故，决定趣果無差也。

"佛子住是住中"已下，明行願功能。初明行願功能，後明勸受十無盡戒。"過外一切凡夫行十信"者，修種已前信相菩薩也。"今復修行無量功德"者，於此住中廣修諸行，謂十波羅蜜三空等行也。三空者，果空故無相，因空故無作，無空空相故云"無空"。故《維摩經》云"空病亦空"也。"除我人主[①]"者等，皆十六神我之名。"常樂我净"者，身中横計也。"三界計縛"者，分段戒也。"一切法門攝在心中"者，菩薩發心，萬行並修也。

"有十不可誨戒"者，是菩薩根本戒不可直悔得滅，八萬四千攝善法戒容得懺悔也。"不殺"者，有生之類，人天爲貴，諸佛菩薩，是良友福田，殺害餘類生命違惱尚重，况人天諸佛菩薩也？依《梵網經》"乃至一切有命"也。"不盜"者，財能資己[②]，翫著情深，若盜他物，損惱處重；故《梵網經》云"乃至一針一草，皆犯菩薩波羅夷"也。"不淫"者，淫欲不净，生死根原苦故，行淫則染污净心，彌增生死；故《梵網》云"乃至畜生女、諸天女、鬼神女及非道行淫"也。"不妄語"者，菩薩立行，爲欲息妄歸真，嚚（嚚）言違理，自敗敗人故也。"不説出家在家菩薩罪過"者，菩薩修行，爲欲紹隆三寶，理宜加敬讚善，返説其過，故得重罪也。"不沽酒"者，酒性迷亂，敗道因緣，飲者有三十六失，何况廣沽與人也？"自讚毁他"者，修行之人爲除我慢貢告（高）[③]，自讚增貪，毁

---

① 主，録文訛作"生"，據原卷改。

② 己，録文訛作"已"，據原卷改。

③ 告，此處當爲"高"之訛字。

他增瞋;故《梵經》云:"菩薩應代[①]一切衆生受加毁辱,惡事自向,以好事與他人。若陽己意,隱他好事,他人受毁者,犯菩薩波羅夷。""不慳"者,慳正障檀行;檀是萬行之始,始行若不立,萬行亦不成也。"不瞋"者,菩薩發心外化,以慈悲爲本,瞋是慈障故也;故《勝鬘》云"我從今日乃至菩提,於諸衆生不起恚[②]心"也。"不謗三寶"者,三寶是出苦之良津;若謗三寶,永沈苦海也。"不可悔"者,不可直悔得滅;要須更受,方可如本也。"八萬四千生滅"者,舉果報來示。"失發心住乃至十地"者,失利處深,故不可破也。"一切佛菩薩行本"者,戒是大果之本、衆行之原也。"漸漸增廣"者,從發心已上皆萬行並修,但解有明,昧漸增廣也。

學觀品第三

上品已制名立字,然名不虚稱,必有稱名之行,故今次明涉求修觀。觀三諦入道、證聖等果,立體各各四十二人盡已,生、法二空,二諦空,中道第一義諦空,觀解爲體,故名"學觀品"也。

從此已下,敬首菩薩發問修行真行之法,下如來即歎其敬首所問理深,高同諸佛。此品問之中,凡作四問:第一、問"學觀"義,真實門中明四十二賢聖二種法身。第二、問名字云何。第三、問"體"義。第四、問"及心所行法"。此品中唯答三問,"體"義一問,後釋義品中答也。"諦聽"已下,將答第一問,故先敕聽也。"六種性"者,釋前四十二種所由而有,皆因性生。然性理無差,何由有六?正由内照有别故,所以有六差别也。"習種性"者,此人創修,入理智微,要由從師學習,方能得知己身有性,故云"習種性"也。"性種性"者,初言"性"者,此人習解明利性,自能解己身中性;後言"種性"者,此正因之理,與佛果爲種,不從因生,不爲物壞,故言"種性"也。"道種性"者,前習種性得假名空,性種性得五陰空,今道種性假實並觀,能與初地爲道,名爲"道種性"也。"聖種性"者,以取著爲"凡",無著爲"聖",從其初地乃至法雲,"除著"義同,通爲"聖種性"也。"等覺性"者,解與佛同,故言"等覺性"也。

---

① 代,録文訛作"伐",原卷實作"伐",乃"代"之俗字。

② 恚,録文訛作"悉",據原卷改。

“妙覺性”者，累外之覺，體照精微，故云“妙覺性”也。“亦名堅信”者，習種性信解堅固也。“堅法”者，性種性解法堅固也。“堅修”者，道種修行堅固也。“堅德”者，初地已上德行堅固也。“堅頂”者，等覺行體堅固，因中最上，故言“頂”也。“堅覺”者，佛智覺萬法理周也。“信忍”者，“忍”之言“解習種”，“信”，“解相應”也。“法忍”者，性種解法成就也。“修忍”者，道種增修惠(慧)解也。“正忍”者，初地已上，達真空無邪爲正也。“無垢忍”者，等覺地斷除[1]垢障究竟。“一切智忍”者，如來也。“聞惠(慧)”者，習種從聞生惠(慧)。“思惠(慧)”者，性種從思生惠(慧)。“修惠(慧)”者，道種從修生惠(慧)。“無相惠(慧)”者，初地已上體離衆相也。“照寂”者，等覺與佛同照真寂之理也。“寂照”者，如來即體圓照、窮法界也。“住觀”者，習種性入理波若名爲“住”。“行觀”者，性種意行成就也。“向觀”者，道種世間行滿，迴向初地。“地觀”者，地上菩薩生成住持名“地觀”。“無相觀”者，等覺地斷除衆相。“一切智觀”者，諸佛一切種别而知也。“六種明觀”者，解心斷除闇障也。

從“佛子！汝先言名字者”已下訖“現行化人”，還列四十二人名字，答上第二問。問曰:“前名字品已制名立字，今直應彰其觀學所由，所以復更列名字者?”答曰:“上雖制名，然此一一人名各有所以，不必定一名字。或因本行以立名，或就功能以受稱，或因譬喻以得名，或就所除爲目，故種種得名不必定一也。”故從此[2]已下借喻以况，明攝報調柔，願智等果嚴形飾真，令物尊形生信、順修行也。“佛子”至“灌頂住[3]”，答初十人名也。第二“佛子”至“真實菩薩”，答中十行人名也。第三從“佛子”至“法界無量迴向”，答十向人名也。第四至“法雲”，答十地人名。五從“佛子”至“常住本境”，答無垢一人也。“其名金剛惠(慧)菩薩”者，就喻以得名也。“住頂寂定”者，“頂”是金剛心，“寂”者一諦三昧也。“以大願力住壽有劫”者，就金剛心分爲三品上、中、下也。故就下忍金剛心中，“以大願力住壽百劫，修千三昧”，皆一合相也。“復

① 除，録文訛作“際”，據原卷改。
② 此，録文訛作“以”，據原卷改。
③ 住，録文訛作“注”，據原卷改。

住壽千劫”者，是金剛心中品忍也。“學佛威儀”者，學佛三十二相、八十種好威儀也。“象王視觀”者，法身之王示照萬境之化也。“師子遊跡[①]”者，法身師子遊在一切應化大六之身也。“修佛不思議”者，所謂“八不思議有爲四理”也。“神通化導之法”者，控心乘於群方之方，以示物幾(機)也。“佛法現前在”者，入佛禪定者故，所以現前也。“入佛行處”者，中道之解爲“行處”也。“坐佛道場”者，示現成佛應身化坐、坐法身之上也；法性凝玄，爲佛道場也。“超度三魔”者，窮玄盡性，爲超過煩惱魔也；法身圓明，超過陰魔也；六天歸化，超過天魔也。“復住壽萬劫”者，金剛上忍心修一切功行，遊神無爲界外虚玄之場，故言“等覺諸佛二諦界外”也。“非有非無”者，不受三界報故“非有”，未脱三相故“非無”。“無心無色”已下，廣歎上忍金剛心一切行也。“而實非佛”，神通行未窮原，故“非佛”。“現佛神通”者，不思議用，故言“現佛神通”也。“常住本境”者，住菩薩法位，空同玄寂，妙存無相也。“佛子水精瓔珞”已下至“爲化有緣”，妙覺性中一人也。下高歎法身之德。“是故佛子”已下，舉上賢聖，勸於時會受持也。

從“汝先言‘云何心所行法’”已下，答上第四問。至“敬首菩薩”以來，答上“心所行法”問。“所謂十心一發心住”至“灌頂住持”，答心所行法，先舉十心也。

“四弘誓”者，“弘”之言“大”，“誓”者自約其心。若本傷切，爲患之重，必欲方便令離，故云“未度苦諦令度苦諦”也。結業集苦，廮(嬰)纏[②]處深，教令觀空，除其業結，故言“未解集諦令解集諦”也。四流三漏漂没衆生，恐墜三塗大坑危嶮，教修道品，令安常樂之理，故云“未安道諦令安”也。滅諸動亂爲涅槃，故言“未得涅槃令得涅槃”也。

二、治地住心中行法，謂四念觀。衆生身中，妄計有净，教觀身空三十六物，永夷净相；計受爲樂，令觀三受迭遷適心，莫知依寄也；計心是常，教令

---

① 《説文·足部》：“跡，蹈也。”徐灝注箋：“步、跡古今字。”按：“跡”字《菩薩瓔珞本業經》卷上[T24n1485p1013a3]作“步”。

② 廮，此當爲“嬰”之增旁訛俗字。慧琳《一切經音義卷第十八·十輪經》卷第六音義：“嬰纏：上益盈反。《漢書》云：‘嬰城固守。’《音義》云：‘以城自繞也。’”[T54n2128p421a19]

觀心遷流移動、無有住時也;計法有我,教觀想行無自在相,得四虚寂無常樂我净,四到(倒)即滅也。"皆如幻化"者,五陰、六大一切法自他相寂,如似虚空有用而無相也。

三、修行住心中所行法。四大四色[①],空處識處,皆如實相,故言"十一切入"也。

四、生貴住心中所行法者,謂八勝處。觀内一陰空爲略,五陰悉空爲廣;二勝處外假一切衆生空爲略,無量衆生空爲廣;四勝處觀一水大空爲略,無量水大空爲廣。餘三大亦爾。雖云廣略,同是實法,合爲四勝處。内心不染八境,故言"八勝"也。

五、方便住心中所行法者,謂八大人覺。"少欲"者,於五欲中色聲香味觸中但取其一。"知足"者,於一之中更不求勝。"寂静"者,除身心十惡。"精進"者,策列進修,行行去惡。"念"者,守境不移,作發後解。"定"者,静心一境。"惠(慧)"者,得法理原,是相皆虚。"不諍論"者,萬或(惑)妄取境界所作無功爲戲,迭相是非爲論。此八是大人所知爲"覺"。

六、正心住心中行者,謂八解脱。聞惠(慧)得内、外假空。思惠(慧)内五陰、外一切法。修惠(慧)得色界五陰空爲三。四空處及滅盡定爲五。此八處本縛衆生,今悟相虚爲解脱。

七、不退住心中行者,謂六和敬。三業造惡,爲諍破戒,異見慳[②]恪。今明捨此六事爲和。

八、同真住心中所行者,謂三空。解因妄造爲"無作",解果因生爲"無相",因、果雙虚爲"空",凝神三境爲"三昧"。

九、法王子住心所行者,觀三苦。非樂爲"苦諦",無明業受生無窮爲"集",三空道品爲"道",無爲寂泊爲"滅",皆歸一相爲"一合相"也。

十、灌頂住心中行者,謂六念。佛、法、僧、戒、施、天,此六是正境,歸之除或(惑),故勸念也。"佛子! 吾先忉利天説十觀名,初十住凡夫行。若一切菩薩,無不入此門向薩婆若海"也。

---

① 色,録文訛作"危",據原卷改。

② 慳,録文訛作"竪",據原卷改。

“十行心”者，一、歡喜心行；二、饒益心行；三、無瞋恨心行；四、無盡心行；五、離癡亂行；六、善現心行；七、無著心行；八、尊重心行；九、善法心行；十、真實心行。總列十行於前，即“十觀心所觀法者”。先提章門，釋觀學於後也。“一爲自得一切種智故”，所謂“四正法”。惡有已、未，善有曾、當。何等爲四也？若未生惡不善法，爲不生故生，欲懃進攝心正除。已生惡不善法，爲斷故生，欲懃進攝心正除。未生善法，爲生故生，欲懃進攝心正住。已生善法，安住修集，爲增廣不失故生，欲懃進攝心正住。正以懃斷已、未二惡，懃生曾、當二善，故言“四正懃法”也。

佛子二饒益行心所行法者，謂四如意足。何等爲四？念定，精進定，欲定，惠(慧)定。如是四法，以慈悲喜捨而爲根本。是四無量心常親近故，心得調柔；心調柔故，得入初禪、第二、第三至第四禪；入諸禪故，身得輕軟；成就如是身心輕軟，入如意分；入如意分已，即生神通；得神通已，若欲進止，如風行空，自在無礙；是名“菩薩四如意足”。

“佛子！……三、無瞋根”[□][者][1]，行願無畏具足，所謂“五根”：信、念、精進、定、惠(慧)。云何“信根”？信於四法。何等四法？於生死中，行世正見。信業果報。信菩薩行，不隨諸見。信一切佛有無量功德。信此四法，以爲“信根”也。云何“念根”？若法信根所攝，是法專念，終不妄失，是名“念根”。云何“進根”？若法念根所攝，是法即應增修策進，是名“進根”。云何“定根”？若法進根所攝，是法不妄不失，一心不亂，是名“定根”。云何“惠(慧)根”？若法定根所攝，是惠(慧)所觀，内自照了，不從他知，自住正行，是名“惠(慧)根”也。

四無盡行心中行者，謂五分法身。五離癡亂行，爲化一切衆生故，所謂“八正道”。何等爲“八”？正見，正思惟，正語，正業，正命，正精進，正念，正定。云何“正見”？若見出世，不起我見，乃至士夫常斷有無如是等見，亦復不起善不善生死涅槃二相之見，是名“正見”。云何“正思惟”？若思能起貪欲瞋癡諸煩惱等，是名“不正”。“正思惟”者，唯思五分法身，能思如是住戒聚等，名“正思惟”。云何“正語”？凡所演説，不令身心而有煩惱，亦不損他，

① 者，底本、録本無，據文意補。

成就如是,趣於正道,是名“正語”。云何“正業”? 若行善有善報,惡有惡報,非善非惡有非善非惡報,若業能盡業,是業必作,是名“正業”。“正命”者,不捨聖衆頭陀威儀,不爲世間利養所牽,是名“正命”。“正精進”者,若進趣世間貪淫瞋恚愚癡煩惱,不名“正進”;若入聖諦聖道寂滅涅槃舉緣正路,如是精進,名“正精進”。“正念”者,於法正直,爲正守境爲念,故名“正念”。“正定”者,於一切法不亂,是名“正定”。證於無生,作一合相也。

“佛子! 六善現行得大慈悲故”,所謂“七觀”。何等爲“七”? 一若“念覺分”,能觀於法,能分别法,撰集思智,亦能觀察諸法自進,念如是等,令其覺了,是名“念覺分”。“擇法覺分”者,若能分别曉了八萬四千法聚,如所了法分别撰擇,是名“擇法覺分”。“進覺分”者,若念法、擇法、喜法、除法、定法、捨法,以智攝取,精進踊猛,是名“精進覺分”。“喜覺分”者,於無量法心生悦豫,爲“喜覺”也。“除覺分”者,若除身心及諸煩惱,離於覆蓋,令心正住,爲“除覺分”也。“定覺”者,如所入定,悉能覺了,非不入定是覺了法,是名“定覺分”。“捨覺分”者,若法憂喜,其心不没,無喜無著,爲“捨覺分”也。

七無著心中行者,五方便觀也。“五善根”者,能觀體也。“止觀”者,四念是也。凡夫於彌劫起或(惑)不止,今始得明定之解,未止八到(倒)也,故名“止觀”也。“煖觀”者,無相惠(慧)火,燒滅煩惱,故名“煖觀”也。“頂觀”者,得三界空,生、法二空,中上品善,炎炎照理,心心寂滅也。“忍觀”者,伏三界結,實我人故,照理無生爲“忍”也。欲界四禪四空有九十忍。初觀欲界四諦也。一觀苦、觀進、觀滅、觀道,得四心。又除苦三諦觀,得三心。又除集二諦觀,得二心。又除道一諦觀,得一心。又除滅諦觀也,得十心。欲界既十。又四禪、四空各十觀。合爲九十忍也。“三界空”者,假、實二空也。“第一觀”者,三界中上忍,照第一空爲“第一”也。“能生十地”者,嘆此五善根能遠生十地之解也。“無相大明惠(慧)”者,嘆此善根能遠生金剛惠(慧)也。“聖人胎未變”者,嘆此善根遠生當果也。“第一空平等”者,嘆解一諦也。

“佛子! 八入一切佛國中行行故”,善現心行,所謂“四辯”。云何義無礙智? 菩提心者名無礙句,何以故? 菩提心中攝諸義故,是名“義無礙”。一切法界入菩提心,是名“法無礙”。實無文字而說文字,是名“辭無礙”。不可說法説不斷絶，是名“樂説無礙”也。

“佛子！九善法心中行”者，謂十二因緣。

“佛子！十真實灌心中行”者，謂菩薩三寶。“佛子！吾於炎天爲諸天説”者，舉第四會十行法，以證今説也。

次明十迴向觀：一、救護一切衆生離相迴向心；二、不壞迴向心；三、等一切佛迴向心；四、至一切處迴向心；五、無盡功德藏迴向心；六、隨順平等善根迴向心；七、隨順觀一切衆生迴向心；八、如相迴向心；九、無縛解脱迴向心；十、法界無量迴向心。先列十心於前，釋觀學於後也。

“一、二諦正直，學習第一義諦觀”者，就二諦解入一諦，照相似觀也。“慈悲喜捨”，有行於外化也。“教授六天人，剃頭”者，乘通化物，令修無著之行也。“出家菩薩共一切僧”，先與受菩薩十戒，即入三寶位，出家爲道，名“共一切僧”也。“第一清净”者，觀二諦相如無著清净也，故名“第一清净故”也。

二、不壞迴向心中行者，所謂“五通”。“深第一義智”者，是所觀法也。“五通”者，是能觀之心，正以除塞爲通也。“是惠（慧）性差别用”者，通是其一神心逕五處用，故云“五通”也。

三、等一切佛迴向心行者，解心緣四、不可狙懷也。

四、無盡向心中，謂三相。“假名生”者，明生相體不可得。“假名滅”者，明滅相體不可得。“假名住”者，住相也。三相皆空，無生，無滅，無住，名“通達空”也。

五、一切處迴向心中行者，謂五陰性空故，無二相也。

六、隨順迴向心中行者，“十二入”者，蓋借境以通解，旨理玄寂，無自他也。

七、隨順衆生向心中行，“謂十八界”者，舉十八界，以明知境，修惠（慧）玄悟，窮生死之化也。

八、如相迴向心中行者，“謂因果”者，是相續道中，以三界業煩惱爲生死因，三界分别受形，六道爲果也。“善惡名‘因’”者，是三界所起業，善者從人至金剛，其中樂果以妄生，而由善緣而發，故未脱無常生滅，以善爲因也。“苦樂名‘果’”者，苦是無明果，樂是善緣果也。“所由爲因”者，釋上“因”義。

“所起爲果”者，釋上“果”義所由也。“由起相待，通爲因果”者，由起果故，有爲法相續百劫也。

九、無縛解脱向心中行者，謂二諦。無明妄集，爲世諦有，豈有實有？除其妄有，爲無爲第一，豈有實無？故有無“般若無二相”也。

十、法界無量向心中行者，謂中道。“第一義諦”是一諦觀也。“其觀惠(慧)轉”，明入聖地故者，聖地正是初地心，更二阿僧祇劫修無量功行，與初地作方便道，即時未證，名“相似第一義”也。“而非真中道”者，釋上未證初地觀心也。“其正觀者”，上舉初地前觀心，以釋近地，欲入初地之心；下明初地金剛心。“初地有三觀心，入一切地”者，舉此三觀，上至無垢地，具足三觀故，名“入一切地”也。“三觀有從假名入空”者，從生、法二空，解解相乘，入二諦空觀心故，名“二諦觀”。“從空入假名”者，從空心入有諦，假名有、無二相皆空，故名“平等”也。“是二觀方便道，因”者，與初地作進分上善一切行滿故，爲“方便道”也。“是二空觀，得入中道第一觀”者，前後名“空解”也；解解相乘，空空相入，心心相照，入中道一諦解也。“雙照二諦，心心寂[①]滅，”此是入證之心，名“進入初地”也。“法流水中”者，實智流觀注當果佛海也。“名‘摩訶薩’”者，胡音，此云“大道心衆生”也。“聖種性，無相法中”者，初地已上不起三界想心，名“無想法”也。中道之解，名“無二”也。

“是三十心入一乘信”故，非近行能動，逕百劫千劫乃至三阿僧祇劫，始得滿足也。

“佛子！若退若進者”已下，明進、退人相。凡不退有三：一者位不退，二者行不退，三念不退。從初住至六住名“位”，七住至初地名“行”，初地至七地名“念”。今云“若退若進者”，從初一住至第六住，若不值善知識者，乃至千劫退菩提心，入外凡夫，乃至千劫作大邪見。若爾，云何十人皆存“住”名？此是習種性前有利鈍人。若語習種性中，初人不退故，三十人皆得“住”名也。“若退若進”者，總舉進、退二人也。“十住已前一切凡夫法中發三菩提心”者，此是不定聚人，赤肉凡夫，值佛上信發心也。“有恒沙衆生”者，是十信之人，發心微劣，值惡因緣故退。故《華嚴經》云結華者多、成實者少也。

① 寂，録文作缺文，原卷實作“宗”，乃“寂”之俗體。今據補。

故云"信想□□(心中)[1]行者,是退分善根"也。從"諸善男子"至"六住中"者,釋上凡夫行道劫數久近也。"若修第六波若"者,釋所以不第五心退、或第七、第八心中退者,欲明第六波若觀空之解中,爾時衆生在中多起退心,或著空,或著有,種種因緣,難度故退也,故在六心中退也。"正觀現前"者,即釋第六波若得空解成就,復值知識所護,故不退也。自此第六波若已前,名爲"退分"也。

從"佛子!若不退者,入第六"已下至"必入定位",釋上不退人也。從"佛子"至"退菩提心"者,釋上退人也。"如我初會"已下至"是爲退相"已來,廣引借會退人也。"有八萬人退"者,如來初得道,説《梵網經》,中有八萬天子,證一住、二住乃至四住,後還退在水凡地也。"净目天子"者,明退皆有因緣。其人是第六天王太子,名"樂淫欲",聞佛不净觀門,即出家行菩薩道,入禪房中,三七日修滅盡三昧,得第五心。時有魔王,使安陀羅女現十種相好。時太子從定起,見此女,即生欲心。謗言:"佛不能欲,我欲第一樂。"因即退失第五心,失衆生空不净觀也。"法才王"者,《天海經》云:法才王是四住菩薩,生爲人王,貪國土七寶。時海雨王魔盜放七炎,火燒國土,唯有王成(城)[2]在。時王大聲言,即出城,以十萬金剛頭鬼,殺海雨王八萬億兵,故一時稱心快意,即退失法光五住三昧心也。"舍利弗"者,又,《七非空藏經[3]》中云:舍利弗本是小乘,住煗頂忍中,佛滅度後二劫,修行順法。又禪陀羅佛出世,大乘行化時,舍利弗值佛修大乘,發大乘心,證六住也,行施眼法。未來至國路中,一婆羅門一目闇,從舍利弗乞一目,既得之,又破而不用。時舍利弗即生悔心,心故還退,入二乘聲聞法中也。故引退人明退相也。

從"佛子!吾先第四"已下,還舉華嚴會上十向法,勸於今坐,故言"汝諸人等善自受行"也。

"十地心者,一四無量心"至"受位心"者,將明十地心所行法,先列十心在先也,釋觀學於後也。

① "心中"二字録文作缺文,據原卷補。

② 成,此讀如"城"(二字《廣韻》皆音是征切)。下文:"時王大聲言,即出城。"可助勘。

③ "七非"二字疑爲竪排"虛"之訛字,"七非空藏經"應即"虛空藏經"。待考。

“復次，十觀心所觀法者：一歡喜地住中道第一義諦惠（慧），二十歡喜心十[①]無盡願，現百法身”者，此是初地菩薩行，能現百法身，入十方佛國土，教化衆生也；此是實智法身，即智變用爲應化法身也。“入十方佛土”者，法身遊化之處也。“作五通”者，報通，即釋上實智法身也。“入如幻三昧”者，修通，即釋上應化法身也。“現作佛，化無量功德”者，即釋上二身殊能之用也。“不受三界凡夫時果”者，更不造雜業受生也。“常入一乘位”者，初地平等大惠（慧）爲一乘之體也。“一心四諦”者，第一義諦，理中之心，並緣於四，故云“一心四諦集苦滅道”也。“二種法身變易受生”者，釋上二身雙照，以空心入空，改新亦故，千轉萬化，故言“變易受生”也。“三觀現前”者，三諦觀心明明相照也。“入百法明門”者，下經自釋可知也。“十三故煩惱”者，下經爲七見六著也。“心心寂滅”者，空心玄擬（凝？）[②]，夷然一相也。“法流水中”者，有無兩非，一相無相之解爲流水也。“自然流入”者，解觀之心，流入佛海，故云“自然流入薩婆若海”也。

二、地菩薩心所行法。“自行十善”者，即是自行。“教人行十善”者，即是外化也。“讚嘆十善法”者，得五果也。問曰：“若論十善，止捨十惡爲十善。《楞伽經》云：初地菩薩已斷三界業果俱盡。今明二地菩薩行，應久行十善，何故始云‘自行十善’也？”答曰：“‘十惡’名同，論體唯一違理。若廣逐事，名相恒沙。略要有四：一者異心十惡，三界凡夫違事損物，起心造作。二者異習氣十惡，二乘迷理違事，失念造作。三者即心十惡，忘相違理，地前菩薩之所造作。四者即智十惡，相順體違，初地已上十聖所造作，無惡之惡。故《瓔珞經》云：以斷生死爲殺生也；斷無所斷，以爲不殺。菩提無人與而自取以爲盜，今得無所得爲‘不盜’。智慧者求法不用欲故欲，如是名‘邪行’；今明無求可求，名‘不邪淫’也。一切語妄名‘妄語’，今妄無妄相語。破壞諸外道名‘兩舌’，今破無所破名‘不兩舌’。說麁惡語、教化衆生名‘惡口’，今化無所化名‘不惡口’。隨因緣而說，是名爲‘綺語’；今明因緣空故，名‘不綺語’。施一切衆生樂名‘貪’，今施無施相名‘不貪’。正法欲滅時，與外人諍

---

① 十，原卷、録文訛作“一”，據《菩薩瓔珞本業經》卷上[T24n1485p1014c20]改。

② 結合文意，此“擬”似當爲“凝”字之訛。待考。

訟名‘瞋’；今諍無所諍，名‘不瞋’也。執正之解，求於平等名‘邪見’；今見無所見，名‘不邪見’。此十惡名同而旨異。今明二地菩薩彰止十惡、行十善者，此是即智十善，故今始彰‘自行十善，教人行十善’也。”“現千[①]佛土”者，二身遊化之處也。“無相”者，無果相可得也。“達觀皆成就”者，即釋上地體，上成當果，下成今因，因果滿足，爲“皆成就”也。

三、明地菩薩所行法者，謂十二門禪。何等爲“十二”也？謂四禪、四空及四無量定。菩薩現同凡夫四禪八定法，故修十二門也。禪雖不同，支數、名字，其則不殊。階劫有四支，有十八：初禪五，二禪四，三禪五，四禪四。問曰：“何故禪支多少不同者？”答曰：“初禪、二禪，但能離亂，未離緣受；三禪、四禪，緣受俱離，但有增微。淳熟初禪，是方便攝，行多差别，立爲五支。二禪淳熟，顯無功用，但立於四。三禪方便未熟，立之爲五。四禪行熟，置名於四也。支雖十八，論行有十：初禪五支皆取，二禪中但取内静，三禪中取捨念安惠（慧），四禪中取不苦不樂，以爲十也。”問曰：“二禪中何故無捨念等者？”答曰：“以其始除覺觀，未得縱任調亭（停），故無捨；静緣未圓，不得有念；静照未障，不得有惠（慧）；喜樂未除，無不苦不樂也。三禪離分别受故無喜，有樂故不得有不苦不樂也。四禪無惠（慧）者，緣受究竟盡，位蹬無相，無其智照，不立安惠（慧）。任運不動，故有捨支。”“覺觀”者，始與静緣相應名“覺”，於静緣中思惟修習爲“觀”。故《論》云：“麁心爲覺[②]，細心爲觀。”觀轉淳熟，適悦義障名“喜”。喜轉調亭（停），以之爲“樂”。正得定體名“一心”。二禪離亂淳熟，無諸覺觀，以爲内静。三禪既離喜心，任放心行名“捨”；既無緣受，即能賞境不移，以爲憶念，當地滿足，以之爲樂；受緣未盡，由有智照，以之爲惠（慧）。四禪位登無相，絶於四受，無其苦樂，名“不苦不樂”也。問曰：“何故名‘禪’？云何名‘定’也？”答曰：“此《經》云：‘禪名“支林”，定名“檢攝”。逕劫不散，故名爲“定”。’禪是功能受稱，論定當體爲目。”問曰：“四禪深淺之执[③]，敬復云何？”答曰：“《四分律》云：初禪定始緣相應，如似水麨相

① 千，録文訛作“于”，據原卷改。
② 覺，録文訛作“觀”，據原卷改。
③ 执，録文訛作“拔”，據原卷改。

和，不相合入。二禪如山頂泉，非不沾洽，生處微淺，無有大用。三禪如池中花，内外盈滿，不可窮盡。四禪如密室中燈，無内外觸動，其明直上，調直無曲[①]也。”問曰：“色相云何？”答曰：“初禪黄，二禪清白。若具作法用，如《修行道地經》説也。”是故總舉四禪、四空及四無量，定爲十二門也。“初覺觀喜樂一心”者，上總舉十二門，今别列初禪中五支：始與静緣相應名“覺”，於静緣中思惟修名“觀”，觀轉調亭（停）、適悦義障名“喜”，喜轉淳熟名“樂”，樂心維静爲“一心”。此四爲因，得初禪果，故言“第六默然，心爲定體”也。二禪“喜樂倚一心”者，止亂得静故“喜”，喜轉悦名“樂”，樂生功德名“倚”，倚心寂滅爲“一心”，正得定體爲“一心”。三禪“樂護念智一心”者，適悦爲“樂”，調適心數爲“護”，從境爲“念”，照理入空爲“智”，維静爲“一心”。“五支[②]爲因，第六默然心爲定體”、四禪“不苦不樂護念一心”者，不爲下欲界苦三禪樂所緣所惱名“不苦不樂”也，調御諸心爲“護”也，賞境爲“念”，静緣一境爲“一心”。第五爲果也。禪名“林”可解。“四空定同五支”者，四處皆以想爲方便道也，護爲調，仰止爲住，境觀爲照緣也。以五爲因，第六心爲果也。從定果起四無量心，名“無量定”也。“聖人現同凡夫”者，凡夫於中修定，受生八萬劫果，執爲究竟；聖人爲凡夫故，彼處受生，以自在力故，復過是法，入無量定也，百千佛土教化衆生也。

第四、炎地菩薩所行法者，謂三十七品遍學之行。前二十二品觀假名“空”，心滅示相我人，從“四念”至“五力”也。“八正滅”，實法我人也。“七覺”，二諦觀也。“現億法身”，化衆生也。

第五、難勝地菩薩所行法者，謂十六諦。諦有十六，不出四諦：第一有諦、差别諦、相諦、示成諦、説諦，五；是有諦中差别。二種四諦，上者無作四諦也，下四有作諦也。空諦第一義諦以空爲諦也。如來智諦，以惠（慧）爲體。“五明論”者，如上説也。

第六、現前地菩薩所行法者，謂十二因緣也。順忍現前十種觀、十二因緣。初以計我起業行。故有十二。二、三界受生，以心爲本，故有十二。三、

① 曲，録文訛作“回”，據原卷改。

② 支，原卷、録文訛作“心”，據《菩薩瓔珞本業經》卷上[T24n1485p1015a9]改。

以無明迷第一,故有十二。四、"無明"有二義:一、迷理,二、與行作緣。"行"有二義:一、造善惡,二、與識爲緣。如[①]是相由,故有十二。五、無明能成行,行能成識,相助成故,有十二。六、無明、受、取煩惱道,行有業道,現在五果、未來生、死爲苦道,故有十二。七、三世,過去無明、行,現在識、名色、六入、觸、受,未來愛、取、有、生、死,故有十二。八、三苦,無明、行、識、名色、六入爲行苦,受爲苦苦,愛[②]、取至老、死爲壞苦,故有十二。九、有是事故有是事,無是事故以性空爲本,故有十二。十、有無明故,縛生十二。"逆順觀"者,無明滅、行滅,乃至老、死,爲逆觀也。

七地菩薩所行法者,謂以三空智者。是七地能觀心。"三空"者,因盡爲無作,果盡爲無相,因、果二空復空爲空空也。"色心果報滅無唯餘"者,此地三忍中上忍,永除三界色心,故言"滅無唯餘"也。從"一切行"至"滿足"者,釋上三空心行滿也。"修行開發一切行功德"者,從七地至初地,盡有諦心開發一切行多,無諦心開發少,是以從多故;七地已下至初地,一向從有諦心開發爲名也;八地已上,一向無諦心開發,一切行多,有諦心開發少,是以從多爲名;故八地已上,一向無諦心開發一切行也。此有無心,經通十地,但多少得名也。"十度爲本"者,十度爲一切行本,結七地"一切行滿"也。功用行備,將入無功用行海,故云"流入薩婆若海"也。

第八、不動地菩薩心所行者,謂無相大惠(慧)。今言"不思議無功用觀"者,八地已上不思議心中所行變化,不待思而能知,不議故而能應照萬像,故言"不思議無功用觀"也。"無相大惠(慧)"者,地體重玄,空同(洞?)[③]之原,色礙已盡,故爲"無相大惠(慧)"也。"方便大用"者,即實智殊,能現形無方之化也,百萬劫事至已無功用,嘆此八地十種神通,不爲作心化一切法也。

第九、善惠(慧)地菩薩心所行者,謂四十辨才化於衆生,一切功用皆成就也。"心習已滅,無明亦除"者,擢累形於分段,掩生路於變易,還中一照,事同如佛也。從"一切佛藏"已下,廣嘆此八地神通無量三昧也。

---

① 如,録文訛作"加",據原卷改。

② 愛,録文訛作"受",據原卷改。

③ 結合文意,此"同"似當爲"洞"字之訛省。待考。

第十、法雲菩薩所行者，謂受佛。“無量法雨澍及一切衆生”者，此菩薩十方衆生一時而問，能以一音答，各得生解，故言“澍及一切衆生”也。“二習無明滅”者，寂滅下忍一切色、心二習盡在一念也。“受大職位”者，大信始滿，坐蓮華坐，從頂上放光，入如來足下。如來還從足下放光，遶會三匝，入菩薩頂上。當知爾時名“灌頂菩薩受佛職位”也。“神變無量”至“無相用故”者，用而難惻（測），不可約相而知，故云“無相”也。

“佛子”至“修行成覺”者，明此四十二門一切賢聖，莫不由此名門得證佛果，故言“修行成覺”也。

“佛子！吾先第六天説”者，舉華嚴會説十地，以證今説，勸於今坐也。

佛子第十一地無垢菩薩解行法者，謂勇伏定入法光三昧。“勇伏定”者，是金剛定之别名也。“修行十法”者，此十法是因所觀之法得名也。下列十法：“一學佛不思議變通”者，無礙之用也。“二集菩薩眷屬”者，攝緣入實也。“三重修先所行法門”者，不捨世間，故重修四十法門也。“四順一切佛國，問訊一切佛”者，此與理相應，惠（慧）稱法界以興行，故言“順一切佛國問訊”也。“五與無明父母别”者，無明前無相應故，及斷惑至時無生恒沙四住之義，後無種類，唯獨一心，故“與無明父母别”也。“六入重玄門”者，圓輝炬曠玄原之趣也。“七現同如佛”者，曠周法界，解與佛同，名“現同如佛”也。“現一切形相”者，像現星塵也；無身不身，於無身處悉能現身，故名“現一切形相”也。“八二種法身具足”者，法身彰體，應身據用，體、用相應，故名“二身具足”也。“九無有二習”者，始從初地斷色塵，盡在八地；四地斷心塵之始，盡在十地；今明十一地菩薩色、心二習俱亡①故也。“十蹬中道山頂”者，金剛終心，絶去下濕（濕）②，名“山頂”也。“是故無垢菩薩”至“功德法門”者，即釋上無垢菩薩道行劫量久近也。“復從喜地”已下，至“常行佛行故“，明解與佛同，法藏至滿，成就一切智，故“行佛行”也。“佛子！吾先於第三禪”者，還舉華嚴會上第三禪，説一生補處菩薩之行，勸今時會受持也。

“第四十二地名‘寂滅心妙覺地’”，此是寂滅上品也。像外之境，妙存獨

①③ 亡，録文訛作“土”，據原卷改。

② 溼，後作“濕”。

照,名“妙覺地”也。萬相俱亡[3],體絶百非之外,不爲衆相所遷,名“常住一相”。“一切種智照[1]達無生有諦始終”者,性有起或(惑)義爲“始”,有盡或(惑)義爲“終”,故言“有諦始終”也。“唯佛窮盡衆生根本”者,無明是也。無明與衆或(惑)爲本故言“始”,盡在或(惑)後故言“終”,唯佛窮照也。

“佛子!吾先在此樹下,至汝應頂受”者,還舉華嚴會上説法界海時,有八萬菩薩,現成正覺,勸今時會頂受而行也。

“敬首菩薩白佛言”已下至“無明”者,名“不了”義。此中一段,問果、報二種法身。此問所以來者,上來四問,但問名字觀行釋義,未明法身大用,是以敬首菩薩今問法身爲色爲心也。發於二問:第一問:從初地至無垢,世間報爲何心相也?二問:從初至無垢地,出世間報法身復何色相也?“佛子!出世間果”者,先答上出世間果報也。“從初地至佛地,各有二身”者,一是法性身,二爲應化身。法性身者,必無非法,無非法者,即“無相”實義,此義之體,名爲“法身”。法身實照,應即假形,是以形之麁細,壽命修□(短?)[2],皆是應感之影跡,非佛有之。有之在感,是以形壽之相,出衆生之□(感?)[3],如似百川之影,影在百川,日照無二,日雖無二,百川之影,皆是日□(影)[4]。□□(法身)[5]亦爾,真不作應,無非真應,如影出百川,應出感心也。真應如此以爲二身,故言“各有二身”也。“於第一義諦”已下,舉境以釋法身實照也。“實智法身”者,正明法身體實之智也。“法名自體”者,釋上法。“集藏爲身”者,釋上身,以衆德積聚爲體,故言“集藏爲身”也。“一切衆生善根感此實智法身故”,法身能起外用殊能,故言“應現無量身”也。“所謂一切國土身”已下,隨其幾(機)感現種種身也。

“佛子!土名一切賢聖所居”已下,訖“净土之門”,明法身所居之處爲土也。言“土”者,是“疆界”之名也,故云“土名一切所居處”也。“是故一切衆生賢聖各自居土”者,“衆生”者赤肉凡天,居不净報土,“賢”名三十心人所居

① “照”字前原卷、録文衍一“也”字,據《菩薩瓔珞本業經》卷上[T24n1485p1015c10]删。

② 此字原卷殘,録文作缺文,據文意,似當爲“短”字,待考。

③ 此字原卷殘,録文作缺文,據文意,似當爲“感”字,待考。

④ 影,録文作缺文,據原卷補。

⑤ “法身”二字録文作缺文,據原卷補。

之土,“聖”者十二人所居土也,故言“是故一切衆生賢聖各自居果報之土”也。然土無定方,以無相爲體,而净穢在衆生心,如鏡像無形,美惡由己[1],故衆生果報不同,各有所住也。“若凡夫衆生住五陰爲正報”者,凡夫五陰,以善惡因所得五陰爲住土也。山林共有,故爲依報土也。“初地聖”已下,至“盡非净土”者,明十一聖人,亦報智爲土,以百劫解解相乘,前後相住,爲報土也;唯佛一人,凝神獨照,居天寂空,原真境理也。“是故我昔爲普光堂”者,舉華嚴第二會説名號之土,以證今説也。

從“佛子! 初地一念”已下,釋法身無方大用也。“初地法身智成就百萬阿僧祇功德”者,正欲嘆妙覺圓明,法身無相,故先舉初地法身能雙心並照,非凡夫心識所量,顯出妙覺法身無名無相也。“但就應化道中”者,釋上法身無名無相。而就應迹中,可名百佛,初地化千佛,二地化萬佛,三地化乃至十地無量身化,有縛有解。其法身處平等無二,語體澄湛,亦無彼此,何有初地行少、十地行多也? 故言但就應、化,可言百、千也。其法身處,心心寂滅,上不見佛可求,下不見無明諸見可斷、衆生可化也。但以世諦緣用化中,有求有得也。

“佛子! 亦可得言‘修三賢法’”已下,上明法身理絶衆相,今明非無用相要從修相而入,故言“修三賢法,入聖人位”也。“佛子! 乃至三賢十地之名亦無名無相”者,舉理彰用,故無名相也。但以應化故,古佛道法,用相常同,故言“古佛道法,有十地名”也。下勸時會受持,理用平等,故言“一切佛法等無有異”也。

從“佛子! 世間果報者”已下訖“果報之名數”已來,答上第二問。世間應身果報四十二[2]人瓔珞,王位寶輪,别異不同也。“銅寶瓔珞”者,解習種性中應身。“銀寶瓔珞”者,性種性中應身。“金剛寶瓔珞”者,道種性中應身。“百寶瓔珞”者,初地菩薩應身作四天王也。“千寶瓔珞”者,二地菩薩應忉利王。“萬寶瓔珞”者,三地菩薩應爲炎天王。“億寶瓔珞”者,四地菩薩作兜率天王。“不可數天寶瓔珞”者,五住菩薩作化樂王。“摩尼寶瓔瓔”者,六地菩

① 己,録文訛作“已”,據原卷改。
② 二,録文訛作“三”,據原卷改。

薩作他化自在天王。“千色惠(慧)光瓔珞”者,七地菩薩作梵天王。“師子寶光瓔珞”者,八地菩薩作二禪天王。“不可思議光瓔珞”者,九地菩薩作三禪天王。“神通寶光瓔珞”者,十地菩薩作四禪天王。“天色寶光瓔珞”者,無垢菩薩作三界王。“無量寶光瓔珞”者,佛爲法界王,一生補處菩薩爲眷屬。

從“佛子三賢菩薩伏三界”已下,釋上四十二人所以有别,正由斷或(惑)有多少也。上來既明四十二人名字、二種法身,故今次明斷惑照理。就此分中,凡有五分經文:第一從初已下訖“頓斷無餘”,正明四十二人斷惑多少。第二從“無明者,名不了一切法”已下,訖“别爲三界報”,正明衆惑之原,無明爲本。第三從“佛子見著二業”已下,訖“差别無量”,明有爲法界中,衆生起三界報。第四從“佛子! 是故於一法界中”已下,訖“業生變生”,明諸或(惑)受生。第五從“佛子! 前三賢”已下訖末[①],明功德惠(慧)二業也。

“三賢菩薩”者,地前三十心人,三阿僧祇劫中,修假名實法一諦空觀,得滅示相我人見等以爲“賢”,故言“三賢菩薩”也。“伏三界煩惱麁業道”者,伏三界假名實法二空,以聞、思、修三惠(慧),滅生、法二空。上癡心惑也,業即煩惱也,道是諸行,“麁”者六道麁相續道果也。上明業因,今明果相續,百劫不斷,果即是惑縛也。“亦不起麁”以故者,是果不起則已,起即是麁果故,三界果盡名“麁”也。“是見道”者,三十心人得生、法二空觀,以空爲一道也,見是能觀之心也。“喜忍伏三業道”者,“三道”是三塗果道也,“業”是三塗因行也。因、果二道是三十心已斷,今初地一諦觀明永斷也。“離忍伏人中業道”者,人中十惡道生人果,故以十善滅也。“明忍伏六天業道”者,其六天處多計因果、常樂我净,故十千劫中起惑,故照三諦,以滅天報,天報之因,煩惱爲本也。“炎忍伏諸見業道”者,“見”是七見也,本起在果上,故以一諦之智,永斷身見首等也。“勝忍伏疑見業道”者,三界起惑,以疑爲本,一切處不了,乃至自身手足亦不知故疑,今十六諦所照之智滅疑也。“現前忍伏三界因業道”者,因業恒沙,受生無窮,故十種十二因緣觀滅也。“無生忍伏果業道”者,三界惑盡七地寂果,又無生觀滅三界果也。“不動忍伏色因業”者,八地下忍,滅三界色永盡也。“光忍伏心因業道”者,九地下忍,永滅三界心習也。

---

① 末,録文訛作“未”,據原卷改。

“寂滅忍伏色、心二習業道”者，十地下忍，無生空解，斷色、心二習一切永滅也。“無垢忍伏習果道”者，前十住所斷者爲因，金剛心斷十地惑盡爲果，亦滅十地無明闇結，故爲大明惠(慧)也。“是故佛子！三賢名爲‘伏斷’”者，上經文次第、名伏未斷、伏兩異故，今明兩異同也。“三賢”者，三十心人，一伏而不得名斷也。“喜忍已上亦伏”者，明十一地人亦伏亦斷也。“覺忍現時者”，明佛頓悟，一切永斷無餘也。“法界中一切無餘”者，即釋上佛地永斷也。“法界中”者，法起是三界因爲起，法住三界果爲住也，如是一切法，雖佛永斷也。

“佛子！無明者”已下，第二明衆惑之原，以無明爲本，乖理之始爲原也。“而起三界業果”者，夫有識之始，異於木石，有生得二業，故今就生得業、乖理起名作得業，正以無明爲本，以識爲初起集用，彌窮恒沙煩惱也。“是故我言‘從無明藏’”者，一切惑本出用無窮爲藏也。“起十三煩惱”者，正以七見六著爲十三煩惱也。煩惱惑乃有恒沙，一方制名爲“十三”，攝一切惑盡，以“十三”爲本也。“邪見”者，言無佛、無外道，一切皆空無也。“我見”者，計五陰起動是我相，造作是我用也。“常見”者，計果不從因生，八萬劫壽也。“斷見[1]”者，計因不相續，亦不感果，念念變滅也。“戒盜見”者，是凡夫盜佛净戒，爲梵天因，不至當果，取他佛戒，爲戒盜也。“果盜見”者，亦是赤肉凡夫□陰劫壽盜佛常樂之名，以著無常五陰果上，實□。“疑見”者，意言外道實是真佛道故，□疑也。“七見一切處求故”，佛道外□者，見、著二法俱爲煩惱，但□也。“貪”者，一切處求□一切處諍競之心也。□爲慢也。□前後[2]□

① 見，録文訛作“是”，據原卷改。

② 以下殘。

敦煌本古佚與疑僞經校注

以《大正藏》第八十五册爲中心

5

于淑健　黄征　整理

鳳凰出版社

（三）論疏部(No. 2799—No. 2816)

No. 2799《十地論》義疏

［題解］

北朝時代法上(495—580)解釋《十地經論》的疏本，約成書於565年，是由法上講述、北周智辯寫成。敦煌文獻中存有斯2741(卷第一，首殘尾全)、伯2104(卷第三，首殘尾殘)二號。伯2104號《〈十地論〉義疏》卷第三："保定五年(565)，歲次乙酉，比丘智辯爲法界衆生敬寫大乘《〈十地〉義記》……法上述。"從此篇敘述中，約略可以掌握地論宗南道派一些思想的傳述，正可補充説明地論宗的前期思想。又從本疏所顯示的心意識説來看，可説是反應中國人接受唯識的最初情形。其所提出"第七阿梨耶識"的説法，與一般唯識的説法有所不同。清代以前歷代大藏經未收，日本《大正藏》將斯2741、伯2104二號録入其第八十五册。

《十地論》義疏卷第一[①]

☐[②]剛，結"堅"義。如金剛☐，便能生道行者，能利他行。"不能"者，無能勝奪也。"三昧分"者，佛性門中入寂分，凡有二義：一、表十地理深，非證不説。二、欲受加，是故入三昧也。問曰："大士静亂平等，何當不定

① 卷第一今校注仍以《大正藏》所據原卷斯2741號爲底本。

② 首缺。

而始云者?”答曰:“蓋隨化□□□(僞爲實?)[①]。又解,□[②]寂明[③]道,備通萬行,無障無礙,以之爲乘,證無出入,顯在外用,攝用在心,故名“入”也。“光明”者,如來(影?)[④]光同處,不相障礙。故《論》云:“光明者,……顯照一切餘法門故。”“非思量境”者,明十地真法,體非分别,妙絶名相。故《法華經》云:“是法不可示,言辭相寂滅。諸餘衆生類,無有能得解。”“加分”以下,佛性門中果嚴因分。問曰:“上入三昧,在於定中。今此‘加分’中,諸佛開基浄願,九入,十始終,廣明地體圓極,備統萬行。敬爲誰説也?”答曰:“正爲金剛藏説,以金剛藏入法性三昧、與諸佛體同故。諸佛在定中爲説十地法,用辨十地自體,無障無礙,加以三業定中具作,法用既竟,金剛藏然後出定,依向諸佛所教,爲大衆具辨十地行相差别。故有定中説。”

問曰:“若爾,何故下《論》云‘定無言説’?”

答曰:“云‘無言説’者,乃可無六識分别言説,非無證説,故《經》云‘無説’是名‘真[⑤]説’也。”

“加”者,向入三昧,顯已契證,是能説之人,諸佛同加,勸令其説,故云“加分”。夫凡解“加”有二種。若如來住持力加,須菩提説大品,令草木能説章句,皆是住持力加。今不論此加,亦不論加其進行,今直取加其教智,説同佛説。問曰:“金剛藏是十地大士,體證相應,勘能自説,何假佛加?”答曰:“實自能説,但大人在坐,迭相映奪,説則成礙。要假佛加,説同佛説。故下《論》云‘同化辯[⑥]才’也。就文中有三分:初直明‘本願力故加’。第二‘何故加’已下,爲説十地故加。第三明諸佛與力之相。就初經文,中有三分:第一至‘同名金剛藏’,明出經者意。‘是諸佛’已下,明諸佛讚勸。第三‘是盧舍那佛’已下,明諸佛助加之義。”問曰:“佛具一切智,一佛便足,何故多佛加者?”答曰:“顯諸佛道同,德無彼此,同契不二,顯法爲重。‘及法師’者,以加

① 此三缺文底本似作“僞爲實”,待考。
② 此字底本不清晰,録本作缺文,待考。
③ 明,録本訛作“圓”,據底本改。
④ 此字底本不清晰,似作“影”,待考。
⑤ 真,録本訛作“貞”,據底本改。
⑥ 辯,録本訛作“辨”,據底本改。

力故，説同佛説，法在於人，人法俱重也。”問曰：“上知多佛之德，何故同一名號也？”答曰：“‘願’者是本行之秤(稱)①，‘金剛’是真理行之名。本在因時同行金剛理行，今成正覺，還以此正法同號其人，故言‘本願’也。”問曰：“若以理行同故名號同者，何故盧舍那佛而名獨異？”答曰：“盧舍那佛名‘净滿②如來’，是自體異用，報果圓寂，故不與因同名。十方諸佛是自體方便，相在對因，故與菩薩同名也。”問曰：“萬行非一，何故唯金剛爲行也？”答曰：“金剛是真理行，萬用之體，多所行故，《論》云示多佛也。”“三昧法體”者，是十地證智。“皆名金剛”者，十方諸佛及盧舍那佛昔在因地同行金剛行也。“同説”者，皆顯十地也。既契窮本際，得即不二，本今齊等，故言“不異名加”也。“又”者，“更有”義。“增勇(踴)③悦”者，爲辨菩薩與佛所得道同，但增微爲異，如來圓證，菩薩分證，慶己④必圓，故生勇(踴)⑤悦也。“方便顯多佛”者，一言兩顯，是集法者巧，故言“方便”。“爲説十地”者，寄圓數表圓道也。“先作是願”者，是盧舍那開基行願。“今自加”者，非但自立，亦兼一切，故今成正覺，先加金剛藏命其入定也。“後餘佛加”者，諸佛道同，化儀處一，必須嚮助也。“盧舍那本願”者，前承盧舍那加，所以入定；後諸佛加，令其起先説。先説之來，元由盧舍那爲成其人法席建立也。“何故加”者是問，第二明所“爲説”者是答，生下二十句。“復云何加”，生下第三經文。

二十句備如論分。初十句明入，入據其解。後十始終明行，自行義劣，但彰名名“入”，利他行勝，故辨始終之稱。“住信行地”者，常徒解信，正在習種。性種彰行，道種彰發趣。今明信行，始從習種，終訖解行，皆爲信地。初地已上，名“證地”也。“是出世間道品”者，是十地法正是佛法故，故指道品爲⑥佛法。問曰：“今爲説十地法，所以舉佛法者？”答曰：“菩薩地法正以佛法爲體故也。”“見智”者是教道，“得證”者是證道，教有始末，證有初後，始相應

① 秤，與“稱”同。《廣韻·證韻》：“稱，俗作秤。”

② “净滿”二字底本作“滿净”，録本訛作“蒲净”，據文意改。《妙法蓮華經玄義》卷第五上：“盧舍那佛名爲‘净滿’。一切皆滿也。”[T33n1716p734c18]可參。

③⑤ 勇，此當讀如“踴”(“勇”字《廣韻》餘隴切，與“踴”音同)。

④ 己，録文訛作“已”，據原先改。

⑥ 爲，底本、録本“爲爲”。中有一“爲”字當衍，兹據文意删。

名“見”，淳熟名“智”，始契名“得”，終圓名“證”，以成“明”也。“信樂得證”者，此辨“入”方便，因果通舉；前智據先成就處語，今言“信樂”，始解會時，爲言解行，終心修覺相；入證方便，以爲“信樂”，始契初地相應，以爲“得證”，以成“入”義。問曰：“道體平等，妙絶名相，非得非證，云何言‘得證’？”答曰：“若言無名相不可得證者，蓋非分别之心取相能會。但聖人所證，理絶形名，無爲所不爲，是以無言之法，寄言説言，無聽之旨，藉説以悟。故《論》云：‘何故不但説無言？示現依言求解故。’”“智慧地”者，本分中六種决定，正明實慧體也。“根本入”者，一而備萬，以之爲本。“修多羅中”者，本初句與九句爲本，又爲辨此中開合，九入都就教中證也。“依根本入”者，九入皆分别，向一句皆是所入，智地差别，故悉名爲“入”。問曰：“向智地一句，乃是十地智。九入中始明聞慧，終明佛盡，何得爲本也？”答曰：“智地一行具一切行。今始從聞攝，終至盡者。就其衆意之相，故寄憂(優)[1]劣階降而言。此非根本入中有此憂(優)劣，亦非雖根本外有此差别。何故然者？大乘義融一而備衆，衆而是一，淺而備深，深而備淺；故但舉初地，則徹佛地，理無不盡，其用亦備，此是初地之佛地，非是佛地之佛地；若舉佛地，亦備初地，此是佛地之初地，非初地之初地。《華嚴經》云：‘住於一地，普攝諸地功德。’故智理行但融九入中。初四句明地前行相，中間四入明地上行，第九明佛果行。”“攝一切”者，習種性是一切佛法種子根本建立也。“道品”者，初地已上方便者性種行也。“法相入”者，道種性修慧義。二義中知，故云“彼彼”。善知二諦境界，故云“種種”。三慧既成，勘能化物，故云“教化”。“義”者是理，“名字”是教；善知理教，故云“具足”；應機授藥，故云“善説”。世間行滿。

次明入證。初地始心與理相應名“證”。證有二種：一、緣證。二、體證。修道剋證，理唯自覺，故云“緣證”。一切衆生皆以法界爲體，煩惱覆故，隱而不現。了因除彰，自體顯用，如如平等，故曰“體證”。初地始心以爲見道，後安住以爲修道。“教化”者對料簡。第四句舉利他以成自利也。修道有行，

---

① 憂，録本徑作“優”，底本實作“㥑”，乃“憂”之會意俗體。［唐］蘇鶚撰《蘇氏演義》卷上：“只如田夫爲農，百念爲憂……皆後魏流俗所撰，學者之所不用。”此“憂”乃“優”之借字（二字《廣韻》皆音於求切）。下“憂”字同，徑括注其本字，不復校。

對治成就，故云“不放逸”也。離煩惱染者，前見道除煩惱障，後修道應除智障。而言“煩惱”者，舉煩惱盡，以除智障，二地至七地爲修道也。“地地轉入”者，八地、九地也。出過功用，故云“出世間”。前修道之位修行義彰，得“遠離”之名；今八地無功用道，當體無貪，性善根浄也。復有善根能爲因者，料簡善差别。世間善能生出世間善根，此異體相生；七地已還善根，生八地已上出世道品，同體相生，故云“因”也。“菩薩盡”者，十地大士，因道究竟，更無有餘，非滅盡也。佛果功德，名爲“祕密”，菩薩分證，故云“入”。“佛盡”者，果道窮圓也。“一切智”者，諸佛一切智。契會相應名“入”。“爲校量……非根本入”者，理而言之，智慧地體，一而備萬。所以始從聞攝、終至佛盡者，爲辨行相差别，寄憂（優）劣而彰。非根本入中有此憂（優）劣之根也。一切“十句中皆有六種”者，此通釋十地一部中皆有六種總别義也。言説應知者，爲教化故，作此憂（優）劣之説；真實之相不可依言而取，故云“應知”。又解，“一”即一切，淺深平等；“六”無六相也。謂“陰入”者，“陰”是五陰，“入”是十二入，“界”是十八界。事别不融，故須“除”也。六種正見者，一行爲“總”，衆行爲“别”，總别俱融爲“同”，總别差殊爲“異相”，證相順爲“成”，相違相背爲“壞”。是總本入者，智慧地體也。“别”者，九入也。“依止本”者，非本末則不立，非末本則不滿，故云“滿”也。九皆是入曰“同”，九入階降名“增”，舉一衆無不統爲“略”，歷别而彰爲“廣”。“如世界成壞”者，借喻以況成時微塵不增，壞時微塵不減，圓極常爾，義無障礙，故爲況也。得十地始終者，問曰：“何故名‘始終’？”答曰：“創入相應名‘始’，後剋成滿名之爲‘終’。”“信欲”等者，“信”是解之始，“欲”是行之始，“親近”是道之始。此三位在解行中。解滿名“念”，行滿名“持”，道滿名“地”。滿有十階，故言“諸地”。“復有阿含及證”者，“阿含”者就教道以論始終，“證”者就證道以明始終。“如是次第”者，論位及教，以説此次第。“依初相”者，位始終也。位中既成，證教可知，故言“應知”。攝始終前九入中，語其自行位劣，以聞慧爲初；此《論》始終據外化，其行是勝，以思慧爲初。“受持説”者，《地持》八句從[①]“離[②]不思

① 從，録本訛作“縱”，據底本改。

② 離，録本訛作“雖”，據底本改。

處”訖[①]“有所捨，是隨所聞義，依義不依味，闇説明説”，名“受持”也。修慧中有二句，欲之與行；《地持》中有四句，前二心觀別，修行未善，成故不取。但取正觀，合修二句。始相應名“欲”，行之淳熟名“行”。修相方便，解心造境，以爲觀分别。道品初地，得解在心，與真境相應體未即，是名“修覺”。初地始心，爲“見道”。法體自然，爲“法無我”。見道據位，無我據行。善相應成，以爲“方便”。體非分别，離諸妄相，以之爲“擇”。非擇去之擇，故言“勝”也。“大智慧”者，應言“大乘”。若釋名辨義，觀照爲“慧”，運通爲“乘”。今據法辨義，一切行俱融，以爲“智慧”；無障無礙，以爲“大乘”。非二乘境界，故云“過小乘”也。“對治無明”者，寄對治以顯，明非體對治也。“此事中”者，結法無我智。“彼時中”者，結見道時。“皆善知”者，結方便也。“修道始終”者，出世間智力是初地智，智有姿（資）[②]成二地義，以牒前起後，以明修道之解依前而生也。“法義”者，二地已上，修道行地。此處菩薩五種障者，據位而言，此二地已上也；就行實而言，正是初地。但《論》主解義多途，或順釋，或返釋，或顯發釋。今《論》主將明此處菩薩有五種對治行，故舉五障來顯。

答曰[③]：“今言‘有’者，是其細障，但無麁障，故言寄障顯也。”

就五障中，初一句於法義［□］［説］[④]二辨中障，即二地邪行於衆生障也。第二句於辭樂説二辨中障，即三地闇相於聞思也。第三發心狹劣障，四地至七地住寂心也。第四不懃化物障，即九地不能善利益衆生也。第五無不能破邪者，不善爲客，既不能破邪，己義不立，故言善巧障，即十地於諸法中不能自在障也，壞也。人無採[⑤]承，故離散也。“不能答難”者，上明不善爲客，此不善爲主，顯不能立正也。雖能破邪立正，若樂著小乘，亦是其障。雖求菩提，而化物懈怠，亦是其障。雖有心化物，而無方便，亦爾障也。各有二過，闕無自行外化，其義可知。對治有五者，對以顯行。“隨彼所著”者，外人

① 訖，録本訛作“説”，據底本改。

② 姿，此當讀如“資”（二字《廣韻》皆音即夷切）。下讀如“資”之“姿”徑括注其本字，不復校。

③ “答曰”前疑脱“問曰”二字及所問内容。

④ 説，底本、録本無，據文意補。下句“第二句於辭樂説二辨中障”，可助勘。

⑤ 採，録本訛作“探”，據底本改。

邪執處也。顯己義者,菩薩内具明解,善識邪正,能破邪執,故云“對治”。正義既興,學徒還集,幡(翻)[1]上“離散”,即攝衆生戒也。“能答難”者,既隨問能答,得通大法,是“無礙”義。正義既通,出言人信,幡(翻)上“人不信受”,即三地禪智也。“樂著小乘對治”者,樂小則捨大,願大則棄小,今願大捨小,即爲二得也。“大菩提願”者,自體行。“念”者,方便行。“不忘”者,“堅固”義,即四地至八地道品菩提分也。“利益衆生”者,即九地四十辨才也。“通達分别”即地智神通等也。“加”之所爲,如上所釋,故言“已説何故加”。問曰:“加須有法,復云何加?”答曰:“諸佛與力,乃有無量,不出三業,謂口、意、身。口加益辨,意加增智,身加形安。口加勸説雖益辨才,若智慧不達根性,則辨無所寄,故次明意加與其智力。既具辨才智慧,勘處衆施化,在定無言,故次明身加,摩頂令超。據相三别,論理處通。”“云何口加”者,舉初章門,何者是口加事。“汝當辨説法門差别”者,諸佛上説二十句是略明十地行,金剛藏爲衆廣説也。“得法義”者,前二辨也。“不妄説”者,後二辨也。“諸法門”者,是十地法即上金剛藏所證法也。“種種名相”者,十地行相不同也。“此法善巧成”者,明教道萬用殊能,用不永寂,故名“方便”也。此初句辨才與下十句爲本,别依止本,故云“依根本”。自分他分加者,明十地之法是不共法,唯佛能盡其宗,金剛藏但分得其旨,今加金剛藏教智,同盡其宗,以爲他分加。自分加者,於自分中若於己衆實德自在,但大人在坐,情有悚怯,説不盡趣,要待加被,形安志泰,方有所説也。“二種辨才”者,蒙佛加故己智增,智增由加所成,此“他力”義。“自力”者,今對佛宣辨,雖自力勘能,要須待加,故自力亦云“加”也。“不闇加”者,加必加於可加,加則已辨釋他力。問曰:“此十地法是金剛藏,已成自分,何得名爲‘佛法’?”答曰:“差别以人對法,則十地法是菩薩法。若據法窮原,則世間法亦是佛法。今説地之旨實,故須佛加。自力中前二自行,後二利他。”“有作”者,教道於緣中方便無礙也。證道本寂,不從外來,以爲“無作”。“化衆生”者,始化相應。“身净”者,化令淳熟,身得净果。“三種盡”者,更開章門。“菩薩盡”者,因道究竟,八地已上同

[1] 幡,與“翻”同。《荀子·大略》:“君子之學如蜕,幡然遷之。”楊倞注:“幡,與翻同。”下“幡”亦同“翻”,不復校。

相障者，初地已上、七地已來所有法界海會菩薩同名“菩薩”，名爲“同相”，正以多相故，障於報身，不顯無功用智，超功用智盡，相融無礙，成於報佛也。二乘不同盡者，初地至七地不同相障盡。言“不同”者，地前菩薩見聲聞相異菩薩相，見菩薩相異佛相，是名“異相障”；由此别相障故，不能見應身佛；初地已上，斷四住煩惱盡，則不同障盡。“佛盡”者，果德圓備，體障盡。“障”者窮實而言，一佛備一切，是合理之解。若一切備一，覆成其障。何者是也？稠衆果中，多百多千，即是其事。正以緣智在懷，一佛體上分别作無量佛解，以是故障法身不顯。故《論》云：“金剛藏菩薩入體性三昧。”十方世界有心有相皆入金剛藏身中，智、見通如來，形充法界周圍百萬億阿僧衹世界，即體障盡，故云“佛盡”也。“法身”者法性身。“心”者第七心。“意”者第六意。“識”者五識識。故《楞伽經》云：“心爲採集主，意爲廣採集。”現識分别五，離此七種，識轉爲智，故云“唯智依止”。“受佛位”者，方便行滿。“智處生”者，報行滿。“度五道”，於生死而不著。“涅槃道净”者，不住於涅槃。“智滿足”者，是佛智。校量上上者，釋“轉勝”義，後上勝前上也。

問曰：“何故意加中明色身名‘身’者？”

答曰：“就身、口顯得意力。”

無上勝身者，形懼則情悚，形安則志泰，故加無畏上身，令其安志。“辨才”者，口辨諸法，説無滯礙。前“色身勝”，結上句。後“名身勝”，生下“辨才”句。“不著辨才”者，具四辨才，説無滯礙。“勘辨才”者，辨成就智，勘有所説。“緣”者，有爲緣集，無爲緣集體也。既有其緣，必有本實，故次辨法。法名“自體真如”，真如法性也。既有真實之理，便有生死涅槃，“大用”義興，以之爲“作”。於向三無礙，“大智”義成。成有三種：一、理成。二、智成。三、説成。説上三法，表理障顯，名“理成”；智慧分别，證會不差，名“智成”；言不差理，名“説成”。善達此四，爲人宣説，得生心解，名“勘辨才”。是爲“成”義。不達上四，名曰“不成”。問曰：“何者是成？何者不成？”答曰：“一、彼現前得相，得證相應，現量智也。二、彼依現前得相，唯己[①]所得，比度而知，比量智也。三、自種比相，雖非現得，要是可得之類，是信言量智。四、成

① 己，録本訛作“已”，據底本改。

相，稱向三説，成其詮相。五、快净語説相，尋此證詮相，能生妙解，是爲成五種。净相七種。七者：一、彼異相似得相，四諦、二諦理相大同，故曰“相似得”。二、彼異不相似得相，若隨心行，差别萬端，名“不相似得”。三、一切相似得相，理相唯一也。四、一切不相似得相，行相淺深、大小非一也。五、異生比相，於上四種法中顛倒異解，取不得方也。六、不成相，既正解説，不成詮也。七、不净語説相，尋之者，生人邪解，長人煩惱也。前四不净教緣，第五不净教因，第六不净教體，第七不净教用。五種净教中，前三净教因，第四净教體，第五净教用。“任放”者，出言會理，文義具足，不差機會，名“任放”也。“是不忘加”者，上論直釋“任放”義，此釋得任放之由，由佛加也。“能説辨才”者，前衆生法説不悟，隨其性欲，借事陳況，開曉其懷。“三種同相智”者：一、緣起；二、妄相；三、真如。緣起者，第七阿梨耶識是生死本也。妄想者，六識心妄生分别，邪著六塵。真如者，佛性真諦，第一義空也。此三解無别異，名爲“同相”。終日同處，染净常别，名“不雜”。經論互舉。又解，“同相”者，謂三空智，舉相論三，推理唯一，爲同證空，實覺曰“智”；曉在心府，故曰“現前”。“教出辨才”者，以佛十力外化衆生，令得出離也。

上明“十力”，此明“無畏”。説時决定，能摧邪顯正，爲“無畏”也。“無量辨才”者，今就大乘義中，但舉一字無法而不盡，正以善達六種正見故爾。“六種正見”者，法蠡圓音，體是其融，一教一切教，一體一切體，教體既融，但舉一教，無教不備，而無理不統，體含備周，無可缺然；以之爲本，説本分疏有衆教之别；以之爲末，雖復衆教差别，教相處一；以之爲同，對同衆别；以之爲異，理不自彰，爲教所顯，教成詮用以爲成，對分自立，互絶興舉，迭無姿（資）成；以之爲壞，此壞壞正是成壞，本末同異，義亦如之。“同化”者，得佛神化也。“三種化”者，三輪教化也。如來加被，莊嚴三業，與衆獨絶，名“殊勝”也。“有力”者，融因之力，是行平等。“慈悲”是心平等也。

問曰：“如此平等，應無所簡。何故唯加金剛藏而不加餘者？”

答曰：“下《論》云金剛藏得大乘光明三昧者，是其法體自體因，因不異果，以果嚴因，得力義顯，所以云‘加’也。餘者不得故也。”

問曰：“此會無量一生菩薩善行十地，何故云不得？”

答曰：“以其非自體行，故不得也。”

問曰:“若爾,金剛藏便是可壞,金剛藏非方便,則不具萬德?”

答曰:“若體此宗時,不應作是難。何以故?此宗中論行,一行一切行;語人,一人則一切人;是故餘菩薩有自體行,正金剛是;金剛藏有方便行,正餘菩薩是。”

本願現前者,行因既久,行立在今也。三昧攝功德因者,體備法界眷屬行也。八種行者,功德乃有無量,略辨八種,以明自他行。“因净”者,行性是因,非前因也。“深心”者,發心徹於後際。又,《十住毘婆沙論》云“深”有三種:一者,能於佛果起心,玄其處遠。二者,於佛性理中生信。三者,於受苦衆生深起大悲。故云“深心”也。“地盡”者,發心非於初地,乃盡十地,取菩薩果。“深心信樂等”者,“深心”義也。問曰:“若初地是深心者,終至十地,彌於深心。何故但言初地深也?”答曰:“正以‘深心’名通,故以信樂來顯信在初,《論》云‘始者……信欲等’也。”“善法根本”者,自體因德無不備。“智净”者,前初地見道但論深心,此以上修道論智净,行周法界,亦趣佛果,故云“地盡”。初地自體真照,以爲觀智。“此真如觀”者,增三地也。“圓滿”者,自體内明。“普照”者,外朗周於法界。下喻況可知。身净者,四地。“生生”者,五地、六地。“善行成滿”,七地。“心調伏”者,八地至十地無功用,行能斷習障,故云“行”也。“聞攝净”者,上明自利,下明利他,受持祕密具足聞持陀羅尼也。“通净”者,神通無礙,身業益物也。“以决定信”者,此語應言“以神通力令物决定信”也。“辨才净”者,此三昧能善同方音,説無滯礙,是口業益物,善知教旨,明閑(嫻)取捨,故言“[□][不][1]相違”也。“初章字”者,根本圓音無礙教出生無量字句也。“離慢净”者,意業教授,令得真智也。“真實智”,釋法界智印也。“教授不異”,釋“善印”,印於衆生、同己[2]所得也。

上明三昧具八種净功德,此第二明三昧體能作八種因。“自利因”者,並舉四句經文,下次第出四種因。“精進因”上,初句“深心”,深心能與精進作因。“不忘因”,第二句“智圓滿”,自證圓智與不忘作因。身轉净故,是“勢力

---

① 不,底本、録本脱,據文意補。《十地經論初歡喜地第一之一》:“七者辯才净,善知陀羅尼門不相違故。”[T16n1522p126b1]可參。

② 己,録本訛作“已”,據底本改。

因”。善斷煩惱習故，是“不染因”。後四句經論一一相對明因：“念持無量法”，與斷疑作因。以神通力故，與敬重作因。得總持解故，明閑(嫻)取捨，與轉法作因。“假餘尊法誦持”者，正明九十六種道中各有所重名尊，菩薩爾時形同外道，口説佛語，内行佛法也。自得真智，勘能化物，與教授作因。“如是化”者，舉化他以成自行。“摩頂覺”者，上佛力故入定，今佛加故覺，即“身加”相。身有二種：一據自體行，應言“灌頂”。二據方便行，則言“摩頂”。此中欲令起説，故就方便行云“摩頂”也。

示神通力者，自體不動，無所不至。所現神力非世所能，名爲“奇異”也。“云何起分”者，自下解性門中緣起分。上入三昧，有其二意：一、欲觀機審理；二、欲招諸加助。今三昧訖者，觀察已周。得力者，得佛威力。説時至者，衆生根熟，感道時至。問曰：“説時既至，何不在定而説?”答曰：“定無言説故起也。”“云何本分”者，自下正明佛性體，向出定欲説，直先略説，以起請端，略爲廣本，故明本分。本有二種：一、教本。二、宗本。略辨地名，與後廣説爲本，是教本。六種决定，苞含萬行，以爲宗本，故云“本分”。

問曰：“何故略説不待請，廣説待請也?”

答曰：“爲顯此法是無言之法，其唯自證，非緣所得，而備因外彰，所以自説。廣説所以待請者，爲顯非唯一向自成，要藉修相方便，得彼用也。”

“爲説不説”者，若不自説，大衆不知金剛藏爲受加説、爲不説也。又不知説何等法者，上諸佛雖勸“汝當辨説”，未知竟説何法，故略陳地名，令大衆寄心有在也。“願善决定，如初地中説發菩提心，即此本分願應知”者，明願與發心左右爲名，是故二處互舉，結會不二也。“真實智攝”者，真如實智與理相應慧攝，非緣智所攝。“善决定”者，既證初地出世真智明白之解，凡地妄想疑倒，一切永亡，故云。“即……决定”者，即十地體既是出世真證，若以世法來釋者，則失正義，故直言“即是”也。“此以入初地，非信攝”者，分其位相，今據初地已上辨其真道，地前是對治方便，故名爲“信”。問曰：“依《地持論》云，地前亦有真行，何故但云‘信’也。”答曰：“地前實有真行，隱而不彰。所以然者，爲顯一修成故，取前爲方便，當所辨者爲正位。若論前雖有真行，無相發起，義據十地，修入法用，悉皆如此。若辨十地行，賢首爲信地。若十行爲信地，乃至辨佛地，十地已還皆以爲信。故《仁王經》云：十地菩薩而無相信滅一切煩惱、照第一義諦，不名爲‘見’。”就六種決定中有三：前二句明決定行體，第三句明決定所證法，下三句明決定行用。觀相決定者，自有辨觀地前方便修相覺名“觀”，得證時名“依止”。此是前後觀，依止自有理之外。用智爲觀，即體真照，以爲依止。今都不取此爲“觀”義，正取即理真照、自體相應、真如一味，以爲觀善也。體非分别，不雜無明，故言“一味”。真實決定者，自體真覺性離緣得也。體非分别，離諸妄想，故云“出世間”也。“勝善決定”者，自下所證法無障礙，行用法界，超昇累表，以之爲“勝”。“大法界”者，是佛性異名，釋“勝”義。法界有二種：一、事法界。二、真實法界。聲聞所知，名“事法界”，不名爲“大”。真實法界以爲“大”。與此相應，成以爲“勝”。諸佛稱法界得圓用，菩薩分用，故言“佛根本”。“大勝高廣”者：超昇獨絶，莫能加者，以之爲“大”；超出位外，以之爲“高”；曠苞無限，因之爲“廣”；此皆行用差别。“一體異名”者，大乘義融，一而備萬。此“法相義”者，大乘法相，理正如此，非始造終成，出在天真，自相常住，有佛無佛，不可虧盈，故云“法爾”。“復法界大”者，下有三句辨如法界義，即是三道真如，觀明證道，幡心契悟，如理相應，更無異得，以之爲證。勝凡夫二乘者，超凡越聖。問曰：“《經》云初發心菩薩勝阿羅漢，今辨十地真行，何故始言‘勝’者？”答曰：“此非三乘中凡夫二乘，今以習種前十信人未有行成，爲‘凡夫’，習種性位是聞慧，以爲‘聲聞’。性種解行，據位而言，未得真空，但與理相應，以爲‘覺’。今得證相應過於此位，以之爲‘勝’。”“方便集地”者，此辨不住道，於生死而不著，涅槃而不樂，自非善巧，何能爾也？“白法界”者，明助道，無偏光絜(潔)[①]，以之爲白。“因善決定”者，十地證智與常、無常二果作因。無常果者，示用；因果體是方便集起[②]，但緣有增故用有；從緣集義，以爲無常；但非剎那無常，以此無常緣因所對，方便涅槃，以爲無常果。言“愛”者，對生死以得此果，生死滓漯(累)[③]，理非所悕；此果超昇，理是可愛，故言“愛果”也。“是因如虚空”者，成用而無得，虚空通有色之用而無相，色自無常，虚空自

① 絜，後作“潔”。《説文解字·糸部》：“絜，又引申爲潔凈，俗作潔，經典作絜。”

② 起，録本訛作“超”，據底本改。

③ 結合文意，此“漯”當爲涉上“滓”增旁類化而成的“累”之俗字。

常,如外用殊,能用無用,相雖方便緣顯,顯則是常。“色不盡”者,據色以障虛空,通色之用,無礙不盡;空爲色依,生色不盡;願善决定,能生報果,而無窮盡,乃至得涅槃。“常果因”者,佛性正因爲常因。“得涅槃”者,以此常因,得性净涅槃。“大善决定”者,外化行利他是勝,以之爲“大”也。“次前决定……非一向住”者,常果涅槃,是圓寂滅,涅槃語寂,萬相俱夷,語圓德無不備,德無不備,故不住涅槃,相寂故不住世間。此辨次前决定非一向住。此願非唯是用,用而常寂。“不住”義不異前釋。“不怯弱”者,是菩薩勇猛精進,决定能證三世諸佛所行智地,不生疑難也。“生成佛智住持故”者,十地證智,能生佛果,自成建立,堅固不壞也。“善决定是總”者,明義既周,還以六種來融。六義者如上也。“何故决定説十地對治十障”者,然此十地是菩薩德位之名,論其體也,則曠周法界,德無不備;略而言之,不出證、教寂用兩行。妙絶虚通,名曰“證道”。用分殊能,故曰“教道”。此二旨起①分別。下《經》言入於三世真如法中,言“證”;不可傳説之,在“教”;蓋是倚互以彰名,標相以示實。據相而言,證唯内覺,教則外彰,故就外彰之狀分別“地”義。辨相多種,或直彰法體,或藉標擬。直陳法體者,如地前三位彰其始行,未勉分數,故當相可彰。言標擬者,初地已上,同入佛境,於六决定平等無差,然有彰未盡,必有明未之相不可得説,故借世間,寄彰其致。寄相雖衆,略説有五:或對障別“地”,或就行標殊,或寄報優劣,或約之數量,或引喻比況,或夷齊一貫。言障別者,對於十障,故説十地。就一種障中,緣起有十,故初煩惱障,中智障,後體障。餘二十二,或三十三,各自一徹。類此而言,應有十一障。但此中爲別十地因行,故但説“十”。理實而言,二障、三障雙遣,相續解脱。經明二十二者,據二障以明。或説三十三者,舉三障而對治階降,以障自體無差別之差別。初三據煩惱障,次二智障,次二二障習,後三體障。“一凡夫我相障”者,初地始證真如,見法無我,創階聖位,故説凡夫我相以爲障也。“邪行於衆生身等障”者,二地修道之初,先以持戒之行離破戒垢,故身等邪行以爲障也。“闇相於聞、思、修等諸法忘障”者,三地依净持戒起三昧,聞持照見上法,謂之爲“明”,故於聞、思闇相以爲障也。“解法慢障”者,四地

① 起,録本訛作“超”,據底本改。

入道，得證除慢，故以解法之慢以爲障也。“身净我慢障”者，五地得不住道，染净俱行，故身净我慢以爲障。“微煩惱習障”者，六地逆順觀察染净緣起，入深寂法門，故取染净微習以爲障也。“細相習障”者，七地功用行滿，念念無間，故細相習間以爲障也。“於無相有行障”者，八地正得無生，離功用之染，故於無相有行以爲障也。“不能善利益衆生障”者，九地四十無礙，功能利物，故不能利益衆生以爲障。“於諸法中，不得自在障”者，十地得法自在，成大法身，故不得自在以爲障。此之十障，若後歷别，則是世間之障寄之别地。若一中辨十，十位皆然。此則當地説障，何者？如凡夫我相，乃至九地見法有性，十地猶習，亦爲初障通於後地。第二大願能受一切諸法輪，即是法自在，除不自在障，然則後障亦該於前十障緣起，義顯明矣。行標報示，約數喻況，文顯可知。夷齊一貫者，就相雖差，行實平等，皆周法界。又一解，十地者真體寂絶，何由可悟？顯用方便，由何而致？是以一道清净，平等無二，相狀殊能，其理莫差，語體澄湛，亦無彼①此，直以時異，有净不净。理無品第，對語辨十。十者何也？謂一對恚慢我相障，以辨歡喜地。二對解惑相泯障，以辨道流離垢地。三對真道現相障，以辨心解明地。四對妄②起③惑惱心智火所燒障，以辨觀明炎地。五對流來無明惑難可度越障，以辨顯用自在難勝地。六對平等智用障，以辨薄流現前地。七對無始流來解起障，以辨順流遠行地。八對念念芬熏解智障，以辨安止不動地。九對慧解智照功用障，以辨顯解善慧地。十對雲騰解智理窮自在障，以辨法雲地。此十名者，蓋是玄原之幽智，絶稱之靈宅，修途之宗輝，而表還中之妙旨，返本歸宗之途要，真心絶滅之詮緯，如建真解之本德，智用兩分之區要，而有本末之别。一體一切體，以一體爲本，一切體爲末。一切體一體，一切體爲本，一體爲末。一地一切地，一地爲本，一切地爲末。一切地一地，一切地爲本，一地爲末。本末有差，體用兩别，且論於十萬亦如之。十地名教，略之云爾。“自利利他”者，顯行成就，出過二乘，故云“無上”。初得聖處，顯得正位。“多生歡

① 彼，録本訛作“波”，據底本改。

② 妄，録本訛作“忘”，據底本改。

③ 起，録本訛作“超”，據底本改。

喜”者，初喜則多，久不必爾。下《論》云：多歡喜故，亦名“歡喜”。“誤心犯戒”者，犯戒由於内心，犯輕者名之爲“誤心”。起於煩惱，爲能起欲，顯微細業迹，一切悉離，故云“能離”。“清净戒”者，此指其行。二地修道之始，故以戒標初也。隨聞、思、修慧，隨順四地。下《論》云：以得證智光明，故名爲“明”。“不忘”者，三地緣解爲“不忘”。境智異，以爲“煩惱”。可爲智燒，以之爲“薪”。除遣此障，真證無礙。無礙之用，以之爲“炎”。此四地是證道位，有證必起外用，故光明爲首。下論釋言：依證智法，明放阿含光明，入無量法門，亦名爲“炎”。“得出世間智”，不住世間。“方便善巧”，不住涅槃。著唯世間，解唯涅槃，於此二種，以爲“難度”。不住道成，於緣無礙，以爲“能度”。“般若波羅蜜”者，八地所證大無生法。此地得法平等，窮盡諸相，彼境界現前，故曰“現前”。下《經》言：菩薩從六地來，能入寂滅定也。以此如見行未淳熟，故“有間”也。前六地有間，此地無間，故曰“善修無相行”。功用道滿，以爲“究竟”。“能過世間二乘”者，前三地修世間行，共“世間”；四、五、六地修出世間行，共“二乘”。不名爲“過”，此地得過也。“報行淳熟”，菩薩從初地來，廣修行道，於此淳熟，爲前修道所對，故曰“報行”。前第七地方便中斷於體障，分別功用不亡，名爲“相間”。今除此功用，故名“無間”。前六地相間他事動。七地無相，然有①功用。此地得無功用，故曰“不動”。“無礙力”者，四無礙智力。以能説法，成就利他，慧行中善，故曰“善慧地”。“得大法身”者，此指菩薩法身，普覆如雲；又能注法雨，滅衆生煩惱塵炎，故寄雲以況之。能受雲雨之説自利行，能作雲雨之説即是利他行，二行滿足，無復體礙，故云“具足自在”也。“受法王位”者，圓道滿足，勘受佛職也。“猶如太子”者，喻況。然“子”義多種，若以得證相應以爲王子，初地以上爲王子；若以無障礙解爲“子”者，六地以上爲王子；若始成法身爲子者，八地以上爲王子；若具足子相爲王子者，要取第十地受佛位爲太子。“而得自在”者，於九地以還自在也。“有微智障”，且據二障而論，煩惱與智，遣無先後，盡則俱時；就相而言，煩惱相麁，在先而除，智障是細，在後而遣，故初地斷煩惱障，盡在於十地，四地斷智之初，盡在於佛地，故言“有微智障不自在”也。微障

① “有”前録本衍一“者”字，據底本删。

既盡，佛果圓顯，故説"佛地"也。"如孕在藏"，借女人況，懷胎爲喻，初月懷胎，十月滿足；菩薩亦爾，初地得聖之胎，十地聖體滿足；故云"亦復如是"也。"以諸地有障"者，問曰："與上十障有何等異也？"答曰："障名雖同，明義有異。上辨十障，辨解惑不俱，有障故解不得起。此言障者，以生長未足爲障。如此爲異也。""如子生時"者，如人受生，始託父母，入人位也；初喻登初地，入聖之胎，滿足十月，成人之終；如似行滿，道成佛果，故云"事究竟"也。"諸根覺了"者，前明體滿，此明智用滿也。"藏有十時"，餘經中有三十八日，日爲一時，則三十八時，此中爲況十故，但説十時。"陀羅婆身"者，此方云"乳"，受胎一日，身相微薄，喻初地，始證真如，形佛勝智，名爲"薄"也。"押羅婆"者，此云"薄酪"。喻二地，進入修道，解心轉彊①，故如酪也。"尸羅他"者，此云"稠酪"，喻三地，具禪定智慧，神通化物，善根已淳也。"堅身"者，如凝蘇，喻四地，入如來家，轉有契力，解心轉彊②也。"形相似色身"者，喻五地，得不住道，廣化衆生，應同諸佛相似也。"性相似"者，謂智慧爲性，喻六地，般若現前，智慧似佛也。"業動身"，喻七地，能功用化行廣大，名爲"業"也。此三滿足，喻八地已上，功用究竟，無功道成。"根滿足"者，喻八地，具三自在，化道成立也。"男女相别"者，喻九地，善識根病萬差，對治各異也。具四無礙，無方益物，名"滿足"也。"廣長諸相③滿足"者，喻十地，功圓行滿，現受佛位，自在行化，一切道備也。"相似"者，上列十喻竟，今舉十地内合也。"我不見……不歎説"者，牒上經文。"顯此勝法……增渴仰"者，論釋也。"於中成佛"者，如閻浮提成道處，乃至爲化所及處，亦名"佛世界"。"歎説……有二種"者，此中凡三番，明證、教二道：初番"阿含義"、"證入義"者，此釋歎説，何法歎説，證、教二道。"阿含"名義，言無煩惱人所説净教。"證入"者，證道也。摩訶薩有三種大："願大"者，發心徹於後際。"行大"者，廣周法界也。"利益大"者，無衆生而不度也。"勝妙法"者，舉經；"最殊勝"，論釋；顯是出世間證智。"光明"者，舉經；"此大乘法顯照餘法門"者，論釋。世間法名之爲"餘"。出世間地法，能起世間智明，故曰"顯照"。此第二番所以

①② 彊，録本訛作"疆"，據底本改。

③ 相，録本訛作"根"，據底本改。

歎説者，正以是明净法門，是以歎説。“法門名爲‘法’故”者，正指十地體爲法門也。“分别十地事”，舉經；“顯示……所知法”者，論釋。向者光明法門是無漏世間教道也。“是事不可思議”等者，牒經；“顯示出世間智”，論釋；是證道也。此第三番爲何義，還結屬二道，成“難説”義也。此非世間能成清净道者，以上言分别十地事，顯示世間智，欲明此是教道，殊能差别，名爲“世間”，非世間故須拂也。

“請分”者，自下佛性門中，明方便姿(資)體分。

問曰：“請分何故而興者？”

答曰：“金剛藏菩薩既受加勸起説本分，略明六種决定十地名字，即止默然。時衆既聞本分，渴仰請慇，思演其義。解脱月是衆之上首，既知衆心，説偈啓請，是故來也。”

問曰：“《經》云菩薩於諸衆生作不請之友，此中何故須請也？”

答曰：“凡説法之來，爲於渴[①]仰樂聞者説。若不待請，則聞者不生難遭之想。既不重法，聞則不悟，是以須請。故《論》云‘欲令大衆渴仰請説故’也。又解：世間行滿，隣於正地，在修相覺，方便現前[②]，相顯於己，名之爲‘説’；乘之修入，入行資體，名之爲‘請’也。”

請分中有五番，要唯有三：初解脱月三請，第二大衆請，第三諸佛加請。

問曰：“解脱月何故先請也？”

答曰：“解脱月是衆之上首，行德超群，是故騰意先請。然解脱月數騰意而請，未若大衆各自慇懃，發彰於口，是以第二大衆同聲而請。然此十地之旨，理既淵深，非佛不究，際斯已還，説者不能盡其説，故次第三次明如來法王加請。”

問曰：“《華嚴》中地前明十住十行等，皆一請而説。此十地何故多請？”

答曰：“前明世間行在修相位。既是位相，説之不難，所以請不勞煩。此之十地理既深遠，幽而難曉，故須多請。淺深不同，義在於此。”

就解脱月騰意請中，凡有三請：初請意既聞本分，略説地名，然未演其

① 渴，録本訛作“偈”，據底本改。

② “現前”二字録本訛作“現在前”。按：底本實於“在”旁注“現前”二字。兹據改。

義，默然而住，大衆咸疑。若説者不能説，上則不應説。若聽者不勘聞，上則[①]不應聞。以説以聞，故説聽必無過。説聽既無過，理則[②]須辨，何故不説？是初請意。下金剛藏答：非謂説聽之有過，但法是難聞，證信者難得，故我默然。是以第二解脱月更言而請：若以證信者難得，今此衆有能證信，故應廣説。下金剛藏復答：雖所歎衆勘能證信，餘樂小法者聞生疑惑，有衰無利。我既愍此，故不説也。是以第三解脱月請：願承佛神力説，以佛力故，令人易信解。若不説者，則[③]失大利，不得成就一切佛法。此歎法有大利益故請。有解：若據修入次第，初請爲表未信者令信，第二請彰未入令入，第三請彰未熟也。就初請中有二：前長行疑念請，偈中騰意請。"何因何緣"者，是疑駭之辭，説者爲因，聽者爲緣，俱皆無過，以何因緣默然不説？《論》曰"默然住，欲令大衆偈仰"者，爲欲於人復增尊敬者，重於法也。

問曰："解脱月何故此衆中請？"

答曰："有其二義：一者行德超群，彼衆信伏，可以詳推。二者德明鑒達，知衆心疑，問則衆請同曉，除疑心開。具此二義故，所以初請。"

問曰："何故前言金剛藏爲上首，今言解脱月爲上首者？"

答曰："前列菩薩名中金剛藏爲上首，蓋是衆之上首；今解脱月者，乃是請衆之上首也。""餘問則亂"者，餘問非一，詳心不推，問則成亂。此則釋'上首'義。"

問曰："下亦大衆同請，何故不亂？"

答曰："以此上首示請之儀式故。大衆如法而請，一時同聲，而不亂也。"

"衆調伏"者，釋"不亂"義。上首所請，情不失衡，互相推長，以爲調伏。又解：若據修入次第，"餘問則亂"者承[④]修相次第，"衆調伏"者從修相覺得入同生異生一切方便行，皆隨順相應也。"少字攝多"者，義入偈中，理則易解，故言"攝"也。"若有過則不應説"者，此五偈顯"説聽無過"義。説法必藉因緣，説者無過因具足，聽者無過緣具足，因緣既具，何故不説？因緣不定，通於二種：一據正位攝方便，則以金剛藏爲因，聽者爲緣。二據方便入正位，則

①②③ 則，録本訛作"側"，據底本改。

④ 承，録本訛作"永"，據底本改。

以聽衆爲因,説者爲緣。"净覺無過故"者,分處五偈顯無過相。"净覺無過"者,净覺是説因,則初偈説因具足,故無過;次二偈歎同生衆有三種決定,故無過;次一偈嘆異生衆有六種清净,故無過;末後一偈,總嘆同生、異生思法情深,渴仰樂聞。聽者無過中有二種衆:一者同法衆,亦名"同生衆"。二者異法衆,亦名"異生衆"。同法者同是入證位,證行是一,以爲同法。異法者入教道之位,教道差分,體是别相,以爲異法。若説法爲語,言"同法異法"。若就形狀爲語,言"同生異生"。"同生"者,同是菩薩,亦可出家形同。"異生"者,道[似]①殊别,乃至諸趣形異。云何嘆者、説者,分處經文,一一牒舉釋。

問曰:"萬行非一,何故不歎餘德,唯②嘆净覺者?"

答曰:"將請説法,净覺是説因,故唯嘆也。"

"是説因"者,若以音聲章句爲説,内覺心爲説因;若住前方便行爲説,行前方便爲因;若理照外用以爲説,内用净智爲因。"覺"者是覺知,"觀"者是觀知,"行"者謂心行。心行於緣,覺觀能動,口言爲因。既有净説因,何故不説也?"一攝對治,二離諸過"者,念智作"對治"名,功德具有力作"離過"稱。"所治"者,一、雜覺,謂四倒。二、雜覺因,是三倒。四倒據麁,念等而除。三倒是細,以真智而遣。即《論》云"離諸妄想"也。餘顯離諸過者,釋功德具,離説礙也。"有三過"者,一者慳悽(嫉)③者,雖有智能説,若有慳悽(嫉),則不能説法。"懈怠"者,情惰於所説。"不樂説"者,無説所辨力也。悽(嫉)是瞋家分,不貪等除,故"無初過"也。"無第二過"者,不慳於所説,上説地名故"無過"。"無第三過"者,有樂説辨才力也。

"黠慧明了"者,根機疾利,必勘受法也。"願大菩提"者,明非二乘決定。"名聞決定"者,不名"虚施",施必稱德,有大名稱,爲衆敬重也。"攝受決定"者,凡説法必爲於可爲説地故,所爲之衆必能領納也。"説者善知"者,金剛

① "似"字録本脱,據底本補。

② 唯,録本訛作"咀",據底本改。

③ 悽,與"嫉"同。《篇海類編·身體類·心部》:"悽,同'嫉'。"下"悽"字同,徑括注其本字,不復校。

藏善知此衆勘受法，故攝受爲説也。“心不欲聞，亦不得説”，生起後偈，雖有利根，而無樂欲，亦不得説；今明現有樂欲，故能聽受也。

“阿含决定”者，但勘受教及隨順教行，悉非阿含。“非證决定”者，不能滅除妄相，入於正證；此明有樂心、有阿含决定、無證决定也。“非現前决定”者，究竟未來，有能入證；此句明有樂心、無阿含决定、無證决定也。“現前决定”者，現不能入，此句明無樂心、無阿含决定、無證决定。此三種法器不具，不敢請説也。今示現此衆具足勘能入證，故請説也。偈言“佛子智無畏”者，舉經釋。“佛子”者稱金剛藏，“智”者彰能知二種機，“證法”者顯有證决定，“現受”者有阿含决定。若法器不具，則恐其不受。善知滿足，故無所畏。下經請願説也。“已嘆同法衆”，結前偈。“樂聞”，結後偈。次嘆異生衆生下，“清净者不濁故”，離聽法垢礙故不濁。“一不欲”者，情惰不悕於法，雖復情悕，悕不得方，亦名“不欲”。雖心欲聽，而意不重，則身無恭敬，名“威儀濁”。雖威儀齊整，而五蓋覆心，名爲“蓋濁”。雖無五蓋，而有異想，謂“妒勝”“破壞”。於上生妒，於下破壞。或無異想，而不足功德，多有障難。或功德具，而癡濁愚闇之障也。此偈以“安住“爲宗，故獨釋安心實想、物不能動名“堅固”。餘可見。是二偈者還結前可知，後一偈者起後解釋也。

“示無雜染心“者。衆情齊同一心，在專樂之至，更無餘念。“非妒心”者，人喜於勝生妒，今重法非妒心。下半偈喻一心待法義。十地之旨，圓融一味如蜜；萬行斯舉，衆德具足，如甘露也。六相如上説。

“大智無所畏”者，金剛藏答其問默之意。初一偈集法者，明金剛藏意欲令衆悦。下五偈正是答其默意。五偈中初二偈明難説，第三偈明喻難聞，第四偈喻難説、難聞，第五結難説難聞。“欲令大衆悦”是總者，略舉五偈之意，以酬解脱月。

問曰：“大衆何時不悦也？”

答曰：“上金剛藏略説地名，復嘆真勝，衆咸樂聞，而默然不説，於是違其聽情，同生疑念，名爲‘不悦’。故金剛藏顯法難説難聞，是故我默。一云：難説則法爲深勝，復難聞。不絶於言，則有可聞之理。是以大衆心生歡喜也。”

“正酬答相”者，前解脱月舉説聽之，無過以請，金剛藏今答，非謂説聽有過，但理是深勝，難説難聞，不可如常所説、如常所聞，雖未即説，有可説之理，通舉五偈酬答意故，云"正酬答"也。酬答有二種：勘答者，大智也。不怯弱者，説有可説，内具明智，情無所懼。大智故，離不勘答，是自無過。無所畏故，離不正答，明理深難説、大衆無過。"自他無過"者，説聽[①]無過也。

問曰："何者是正答相？"

答曰："《論》云：'難説復難聞故。'此總生偈中意，正明'難説''難聞'義。'云何'者，牒以釋也。'難得'者，會之不易也。'最難勝'者，理深難證。'未曾有'者，雖證而證無證相。偈言下以經帖所説難者，示其難法，未出其事。"

問曰："何者是難事，而云遵難？"

答曰："偈言：'菩薩所行示。地事分别上。'片出難事下，復牒以釋之。'出世間智'者，證智。'示'者，顯示。故别本云：見以體證明白，曰'見諸地'。'行事'者，十地中德用，行行非一名'事'。'説勝故'者，分别顯彰，名之爲'説'；説之極妙，故云'上'也。"

問曰："何者是菩薩行？"

答曰："《論》云：'諸佛之根本。'此明因能滿果也。'覺佛智'者釋'佛'義，以覺故名'佛'，明分得佛智，爲佛根本。"

"已説難説"者，上來直明法是難説，未辨所以。"復説所以難"者，下釋"難"之所以。"何者是難"者，何者難之所以也。"行事"者牒上地行事，是教道如實相應，故云"義住"即證道。"不可如上説"者，非聞、思等境界故，不可即相彰。此略明後偈意。"云何彼義住"，舉下[②]偈釋。"難得是總"者，正偈中意故云"總"。餘是"别"義。"難證故"者，前偈上句"難者難得"也。"難得有四種"者，對四相明菩薩行事不可如是説。"微"者，非聞思境界。"麁事不須思惟"，顯聞則能得。今言微故非麁聞慧相應境界也。

問曰："若微乃可非麁聞慧境界，思慧應當見？"

答曰："亦非思慧境界，以分别法相，名之爲'思'。此法無相，故非思境。"

問曰："若是難見非思慧境界，世聞修道智慧應能得？"

---

① "説聽"二字録本訛作"説所聽"。按：底本實於"所"旁注一"説"字。兹據改。

② 下，録本訛作"不"，據底本改。

答曰："契合成行，名之爲'修'。念所不及，何能修相應？"

《十地論》義疏卷第三[1]

□[2]槃而不永寂滅，實寂而常用。從初示成道，次第法輪轉，教化説法，終訖於此也。"法輪復住"者，佛智住持，緣正法中，護持十二部經，廣化衆生，合軌則不失也[3]。"法智通"者，漏盡通也。世間涅槃無障礙，故不兩住也。初願供養諸佛，故功德行滿。第二願護持正法，故智行滿。第三至第七教化衆生。以何身？攝法爲首身也。如初成道梵王請法之首，戒律毘尼憂波羅爲首，末代流通阿難、迦葉爲首，皆是攝法之人。以何心行？菩薩心行也。化何者衆生？故明知衆生也。自身住何處能化？住净佛國土也。"後三顯自身"者，彰行體。勝校量者，擬位則從二地至九地，説行則是自利淳熟，故上明同心同行等菩薩地盡；第十究竟覺地亦可利他淳熟，故明不空行得一切地盡；證報佛亦自利利他行究竟滿也。如實化者，自利滿故，能如實教化也。"隨心求義"者，初發心自體願行與義相應也。"成彼所作"者，正修行也。"大行成就"者，行滿也。"何以故"者，釋之"習"義，隨二境界漸習而證，非可頓階也。"何故名大願"者，問願體。"光明"者，自體真照，離無明垢，此是智慧行也。"善根"者，功用行也。"常懃修習無量行"，如上二願中説，得無功用，而進力彌曠，以爲懃修也。與一切同行者，化無不備，普周法界，究竟無餘也。

問曰："十盡句何以而生也？"

答曰："此有二種：若據法以法成行，若據行以利他行成自利行。故有此文也。就中有三番：初直明境界盡。言'盡'者，是究竟故言'盡'，可謂盡於無盡。第二辨己之善根與法界相應究竟盡也。第三以法界不盡故，成此善根亦相應不盡也。第三過也。衆生是總者，菩薩建心，本爲化物，故衆生得

① 卷第三今校注仍以《大正藏》録本所據原卷伯 2104 號爲底本。

② 首缺。

③ "也"字下録本衍一"者"字。按：底本實於"者"字旁施一廢棄號。兹據删。

其‘總’名。餘句顯爲衆生義,名‘别’。九句中有三:初三總明所化衆生及住處;然化須有法,次三明所用化法;然用須得智,下三句明所用智。世界盡是衆生住處,即體以自住無異住也。虚空界者復是世界住處,有爲界爲世界,無爲界以爲虚空界。法界盡明用此法化也。善惡無記,真如平等,爲法界。説法化衆,生置何處?涅槃中也。‘佛出世界’者,見佛受化也。‘如來智界’者,上明化法,法須智用,故明如來智也,稱衆生性欲而化。心緣界者,上明知心,此明復知心所緣境。‘智入界’者,令修入佛境界無障礙解脱智。已説盡者。”

問曰:“此中有九句。始明八句,何故云‘已説’也?”

答曰:“爲辯三轉更無别法,正以前八爲體,故言‘已説’也。”

“不斷盡”者,稱法相應成,故云盡非壞盡也。“三轉”者,隨順修行義,稱法以興行,轉凡成聖,故名爲“轉”。“世間”者是人無我行,初三是也。“法轉”者是法無我行,即中間三句。“法界”是教,“涅槃”是證,“佛出世”明見佛聞法;此三雖異,莫不是法,以爲法轉也。與人法相應解爲智,即後三句。初句如來智,後二是自體境。云何名“智”?故《經》云:“説智及智處,皆名爲波若。”故爲“智轉”也。“增上力”者,以十盡句成願勇猛故,衆生不盡,願亦不盡也。以此無盡願力,道成佛果,不住涅槃,廣化衆生,名“作利益”也。

“云何行校量”,上明願勝,次明行勝。願以“悕求”爲義,若不修行,則所求難悕,故次願後明行。行有其十:一者、信;二者、悲;三者、慈;四者、捨;五者、不疲惓;六者、知諸經論;七者、善解世法;八者、慚愧;九者、堅固力;十者、供養諸佛,如説修行。

問曰:“十行之首,何故創明‘信’者?”

答曰:“凡欲建心立行,非信不成。今欲捨諸妄想,證大涅槃,若無信心,無以[①]立行。故《經》云信爲道元功德種也。發如是願已者,牒上十大願,結成“信”義。“彼諸善根”者,彼安住中亦以“信”爲初。彼之信行由十種願懃修,故行得成就。無礙自在,故云“勝”也。“柔軟”者,上調順明其體熟,此柔軟明用熟。此二是初地見道解,在果名“調柔果”。“勝樂行”者,釋名中歡喜

① “無以”二字録本訛作“以不”,據底本改。

心正是殊勝之悦也。"如是則成信"者,結成"信"義。下明信境,以顯信相。要而言之,不出因果信。始從初地盡爲行入,因能得果,以之爲本,是因信也。成菩提覺,明果信也。"所攝本行"者,明因行有二:"云何行",明行體;"云何次第成",辨地通位,修行增長。下舉經結也。"菩提所攝"者,明果信。"本行入"者,果是本行所入處。果德無量,略明六種信。此六勝,名爲"信勝"。外道立邪信,無畏爲對治。魔喜壞善信,十力爲對治。二乘狹見,自謂究竟信,不共法爲對治。"不思議"者,明不思議出世間,虚通無礙,得爲上也。"不雜"者,安住實性。邊中俱正,故云"無"也。證實之義,是佛境界,故云"深"也。"一切智勝"者,智行一切,緣用無不在也。"離勝"者,明佛法清净,本今平等,故云"遠離",非謂有煩惱之可遣。"信成就果"者,明因緣故果即是自性離也。上云有六、今但有五者,通數略句,爲第六句。"如來智地説加"者,略説因行果行,不出證、教二道;"説加"者,始證十地智,終得無上菩提果名也。"三種觀"者,自下明第二悲、第三慈。遠離樂者,"慈"明與樂,樂之最上爲"第一"。第一義樂,一切衆生等有,而自遠離,甚可愍念,故起慈也。具足苦者,悲能拔苦,豈直無樂而已,復衆苦具足,苑轉其中,甚可憐愍,故起悲也。"彼二顛倒"者,若雖無樂有苦,而自覺智,即容返苦得樂。今明於二顛倒,顯不覺不知,甘處無厭。

"如是甚深"者,釋上"第一義樂"。無上菩提,至極幽玄,名爲"甚深"。故衆生不識,不解仰求,在於生死,故云"遠離"。佛果萬德,皆是甚深,總爲一觀,離則有九,故云有二番。初列數,第二釋義。"寂静"者,體照相應,是證道;據果,即性净果。"離妄計實有"者,體無分别也。"妄計正取"者,離分别也。"寂滅甚深"者,外用教道,亦即方便净果。"法義定"者,用稱於體。"空無相"等者,所以行融無礙,功由三空門故爾。次辯三空門對治。"分别"者,法體體分,名爲"分别",與空相違。"相"者,執體之相,與無相相違也。"取捨願"情,與無願相違。有三爲縛,無三爲解脱。菩薩觀三不曾三,名爲"解脱";不以捨三爲解脱。此三句顯寂静對治差别。"離雜染法"者,惑障俱盡,塵習永止,無垢濁智。"不可思量"者,佛果萬德,既正萬德,斯備功德無邊。此是不住道真俗雜流等也。上者自利利他,更莫能過,謂易道行,此三顯寂滅體差别。"難得"者,明至理幽微,非近情所測,修途遐曠,非一步可窮，無上菩提道理玄像[1]外，自非積時累劫，無以可證也。"云何具足苦"，明遠離上樂，具足"苦"義。苦雖無量，十二緣收，苦無不盡，名"具足"也。故六地無明行識是行苦，觸受是苦苦，餘因緣分是壞苦。就中有二：初說無明行識三支。第二從"名色"訖"老死"一番，明惑業果報。

問曰："十二因緣，《論》主何故分兩番而明者？"

答曰："初番明妄想紛競，生死彌輪，特由無明爲本生。後一番明諸惑妄想，無依不立，妄依真有，是故辯阿梨耶識共生以爲萬惑之本。故《經》云：'以如來藏故說生死。'是故如來藏是一切法本。以有二種本故，二處而明也。又解作三番：初三辯同時相，中間名色辨依持相，六入已下辨次第相，皆左右互彰。前明同時，中、後亦然。中明依持，前、後亦爾。後明次第，前二就麁。非無此義，爲欲言約而理通。若舉煩惱業苦同時義亦盡，舉依持義亦盡，舉次第義亦盡。若就宗別，六識位中始從無明，終訖老死，前後不同時，容有十二種義。七識位中有相，未窮一體，以辯十二。八識位中七識無體，依真而用別，即用爲體，更無別體。正以用爲體，即體用同時，以辯十二。"

問曰："同時相云何？"

答曰："但是緣心，莫不違理，闇於所緣，以爲'無明'。即體與集，建立於果，以之爲'業'。但是有爲，莫非緣智，名之爲'識'。自體形現，以之爲'名'。相有外彰，以之爲'色'。即此由内外。有相發起，以之爲'入'。共相對當，以之爲'觸'。自住己緣，以之爲'受'。體能染著，以之爲'愛取'。能有於果，以之爲'有'。有自成起，以之爲'生'。虚和不固，遷變改易，以爲'老死'。非謂義說十二而已，體備十二，正以十二爲體。"

問曰："如《大智度論》有三種十二因緣。今此所辨，竟是何因緣也？"

答曰："據體而論，唯是六識愚癡因緣。若語觀境，通於三種，但得有淺深也。"

九句中初列名，第二一一相當辯釋。九句中初三句無明支，次五句業支，後一句識支。會正道者名爲"正見"，乖正道者名爲"邪見"。皆言"邪見"者，對向第一義樂，但是生死，莫非顛倒，此理外妄倒，故悉名"邪見"也。闇

[1] "玄像"二字録本訛作"立儀"，據底本改。

於所緣,惑心自覆,以爲“蔽意”。此心自取,以爲“憍慢”。慢而興著,以爲“愛念”。法名“自體”。義名“功德”。親違理起,故名“倒”。如是次第三句,經論相釋也。於追求時過者,諂曲詐善在相,嫉妒情忌,在心差別,於身財中舉果顯成過也。“集業”者,業在相中辨,當集起業時。而云“受”者,欲顯大乘辯義,同時緣起,無別業以論報。“彼二顛倒”者,順受故生愛,違受故生憎。欲“吹心”者,業增長相思是正業體,思轉增名“熾燃”,思後運動三業共相加害名“起業邪見”。

問曰:“貪瞋癡皆能發業,何故但云瞋也?”

答曰:“苦受生瞋,瞋於悲心障重,欲障過起悲,故偏云瞋也。”

問曰:“若爾,未來何故但云愛也?”

答曰:“不愛不生爲障,生後義便也。”

“意識”者,餘處説業爲種子,以善惡苦樂正相故爾。此中就因緣體性,故識爲種子。此是第七識,名爲“本識”,與六識心爲本,是生死根原也。

問曰:“何故善業爲種子因緣者?”

答曰:“善中有是有非,惡一向是生死。今明善體既隨生死,惡則亡言。又,相善體是有漏故也。”

“三界地”者,第二寄九支論差别相。“自相”者,現前支即相差别,各有自體。“同相”者,雖現、未之殊,果類不異,生老無常過患處同。“顛倒相”者,體性實空,情故爲有也。人法二無我,名“離我、我所”,以不達故名“離”,非對治離。自下自相、同相合釋也。“報相”者,色從識因,復有六入果名爲報,名色共阿梨耶識,以業動故,成種子生,名“色報”也。言“共”者,妄不孤立,不能獨受苦樂。今明要依於真,染净緣起,得名“衆生”。此是“依”義。“共彼生”者,上明共生,似若名色與藏識二俱相依,今明但名色依所阿梨耶識,應言“名色依彼生故”也。“彼因相”者,向託之而起,以爲“依”義;今明起也,已因之而住,不得相離,以爲“持”義。“彼果”者,彼名色果報,既有“依持”義立,種種相集也。

問曰:“餘是果可爾,愛取有是因,何故名‘果’也?”

答曰:“阿梨耶識爲因,故餘悉名‘果’也。”

“離我所此二示現空”者,釋附前顛倒相義,十二因緣是“我空”義。即此因緣諸法,其體即寂,以之爲空,空故顛倒而有。“自體無我”者,辯“真空”義,正以真實無二,體相俱寂,一切無我,唯真爲實。離妄想心識,爲無知覺,示非妄想衆生數唯真是知,餘非知。相緣心體達理,以之爲“動”。即緣照理,心無相解,以爲“不動”。如此動不動事,皆亦無知。故借況草木喻於“動”,石壁況於“不動”。“又亦如響”者,因有山谷音聲作本,故有於響,響似聲而實非聲,如依真故有緣心,緣心似心,其實非心。故《論》云“相似相類法故”也。“云何彼二顛倒”者,舉第三章門釋;“彼二”者,上第一義樂十二因緣是苦也,名“彼二”;“顛倒”者,“不知不覺”義,佛果至樂而不知,因緣至苦而不覺也。

問曰:“前自體空中云‘不知不覺’,與此何異也?”

答曰:“上辯真寂法體離覺知相,此以不達故爲不知覺也。”

問曰:“開三章門已具釋竟,何故此中復舉慈、悲二行來也?”

答曰:“牒上生下。牒上甚深樂因緣苦欲,教衆生捨苦取樂。然離苦有方,得樂有由,故生下財、法二施。先以財施破其貪心,後以法施破其癡心,是故更明此也。”

“不離苦聚”者,牒悲境。“令住涅槃”者,牒慈境。“先以説”者,如上釋也。

“《經》曰”已下,第四明捨行。

問曰:“此文何故而來者?”

答曰:“上來至此三種觀衆生,故起大悲。自下辯隨順大悲,故起捨等業,求大菩提,拔濟衆生。”

求佛智者,釋“能捨”義,爲求佛智,故修行大捨也。是一切物者,以下辯捨相。就中初總明捨相,下有九句别明捨相。“一切物”者,此是總句。“一外”者,金銀等。“二内”者,頭目等。外中二者:“一所用”,嚴飾代步是也。“二貯積”者,下藏攝是也。“如經”者,總舉帖。“如是次第”者,應次第以經帖。“於中廣有八種”者,應言“九種”,但先道外中八種,所用有七,貯積有一,以爲八。“内者自身“,直指内施也。“所攝是外事”者,指外施也。“捨中初捨是總”者,即上經文中“即時所有可施之物”乃至“財物穀”等是也。“餘九捨是别”者,下通内外皆是也。“二種”者,貯積故有“藏攝喜”,所用故有

“利益喜”。“謂金銀等”者，釋藏攝。“八種”者，釋“利益”義，通内句爲八也。一切愛事者，隨所染事，過於餘者，以爲“堅著”。頭目等是内捨，有何利益，但以稱心爲益也。

“隨宜而行”者，自下並釋後六行。

問曰：“何故前四行别説，後六行合説也？”

答曰：“前四是方便故别説，後六是行體故合説。”

問曰：“六行之中，初不疲惓，第二知經論，何故不釋者？”

答曰：“上明起大慈悲，捨身命財，已知無疲惓，得大衆無畏，能説深法，則是知諸經論，其義以顯，故不假釋也。”

“隨宜”者，第七行“隨自己力”，應當善自量己，不得過分而説，應如三量智爲物説也。一隨自己分、二隨彼所受者，前人過分自取宜抑，下分自取宜破，自分相應宜授，故云“隨宜”也。“如論中説”者，發菩提心，《地持論》並明隨宜事故爲證也。“慚愧”者，第八行，於修行中進否皆生慚愧。一念時者，如商那和修教憂波毱提慚愧學心法，此中亦然。“日夜時”，明始終時。必定不斷者，修行相續，於此時中修之得方，宜進即進，不宜則捨。日夜等亦爾也。“堅固”者，第九行，不可沮壞。“如上所説信等”，於向信等離過堅固。“精懃”者，釋“堅”義，於自分堅固名“不退故”，下云“不捨行故”，於勝進分中行解轉明爲不轉欲，故《論》云“精進不息”也。“如説修行”者，第十行，明修行供養。“利養”者，方便行。“修行”者，自體行，亦云功德智慧行。“二種勝”者，論分十行相。信悲慈行之未立，但云“深心”。雖未圓證，於佛決然，行未普周，而心周法界，以爲“深”義。餘之七行，名爲“行成就”。“於中”已下，分别行相差異也。“攝護信”等者，爲辯後之三行更無别體，依七行而成，於七行不著有過，生慚愧除障垢也。“堅固”者，於七行中堅固，令不退也。修行彼垢净者，以依七行，如法修行。供養佛者，善根滿足。“得二種身”者，顯修行勝滿足相。“上妙身”者，是初地菩薩報得妙色莊嚴身。“調柔心”者，初地證智，名“智慧身”也，亦可報、應二身。“前所説”者，爲辯“校量行”義。向信增上等亦是持地净法，今辯此不同[①]彼前地中修治净地，净於見道。今

① “同”字前録本衍一“異”字。按：底本實於“異”字旁施一廢棄號。兹據删。

此十句離清净盡，是地障净法，應言“盡障”也，練向修道也。

云何果勝者，校量中第三行之淳熟勝，出二乘相。“調柔”者，但志洪遠，乃至方便滿證。居初地體用淳熟，名“果校量”也。行體淳熟，無諸剛朴（礦?）[①]，由如練金，柔軟清净，此行如是，證行相應。柔軟利益，即是證道相應。“發趣”者，修證相應，豫鑒通塞，趣果必達也。前“調柔果”始證相應，此“發趣”者是修進觀，達先後際，見道相也。“攝報”者，行既成滿，有統御自在，現涉生死，攝化之力，即教道相也。“願智”者，行已淳熟，福智用彰，即是證教圓寂，無障無礙，自體平等，不住道也。地之勝分，淳熟無礙，以之爲果，非生因習因果。“金相似”者，喻“調柔”義，寄事顯法，地前如金在礦[②]中，見道相應，時名“出”也。安住中、行果中行盡是金體，准下正以菩提心出世間智爲體也。“信等善”者，始得證之“解”與“信”名也。“三種入”者，金師三遍入火，金體明净，調柔隨用。初入火離礦[③]石，二入火瑩光色，三入火金體調柔、隨意所用。喻十地證智調柔果，行功德火，熏修成就，略而言之，不出此三。供養具等，皆出世間善根所成，非世間等。下《論》云世間不共之物具足奉施，用此三行，修治地法，如入火數練也。

問曰：“何故但明三入火者?”

答曰：“爲明初地修三種行，火除三種垢。四住惑麁喻‘礦石’。習氣闇細障體，不净無明障性，不能得證。除此三障，得證初地。下《論》云除外貪等垢也。”

問曰：“若依經，應先見佛，後明喻。何故先明釋練金者?”

答曰：“爲解‘調柔’義便故，即釋練金也。”

---

① “剛朴”不辭。底本“朴”疑爲“卝”之訛字。《説文・石部》：“卝，古文礦。《周禮》有卝人。”《周禮・地官・序官》載：“卝人。”鄭玄注：“卝之言礦也，金玉未成器曰礦。”然段玉裁則不同意《説文》中“卝”爲“礦”之古文的説法，他認爲：“凡漢注云‘之言’者，皆謂其轉注叚借之用，以‘礦’釋‘卝’。未嘗曰‘卝，古文礦’，亦未嘗曰：‘卝，讀爲礦’也。自其雙聲以得其義而已。‘卝’固讀如‘管’，讀如‘關’也。”今按：“卝”實爲“卵”字古文，原作“丱”，隸變作“卵”。清朱駿聲《説文通訓定聲》云：“按卝者古文卵字。《周禮》借卵爲礦也，卵、礦一聲之轉。”例文中“卝”當因雙聲假借爲“礦”。“剛礦”一詞，佛典中經見。

②③ 礦，録本訛作“草”，底本實作“卝”，此乃“礦”之借字。見前注，玆據正。

“見佛”者,既證地上入佛境界,與如來相應,眴眉動目,曠周法界,與佛不異,名“見”也。“神通力”者,是教道方便行。“見色身”者,與報佛相應也。“内正願力”者,證真如智是正因也。“見法身佛”者,與法佛相應,已見真如法身。乃至“多百”者,與一報相應。百千報亦相應,法身亦爾也。“示現多佛”者,語實而言,佛無限數,而言“百千”者,爲作階降,故如此也。

問曰:“攝報中初地見百,二地見千,調柔中皆言‘多’,何故不同?”

答曰:“攝報中爲明階降十地力用不同故,初、百,二、千。金調柔中不爲校量力用多少,直明證體,證體平等,故無憂(優)劣也。”

三種供養謂三業也。不共物者,出世間果也。“發趣”者,初地是諸地之始,爲辨修行方法具足,在此一切法成,衆地皆成,義同問知也。故二地已上,更不明發趣果。就文中有四分:第一、法説;第二、喻説;第三、合喻;第四、結句。説中有四:第一、從初至“無厭足”名“問”。第二、從“是菩薩善知”已下名“知”。第三、名“行”。第四、從“已得地智”已下名“到”。喻中還四,合中亦四,依文可見。

問曰:“云何地果中由故不知初地中事始請問也?”

答曰:“言‘請問’者,示彼問故,彰知之善巧知相;既得初地,後於二地乃至十地行處相應,但深淺爲異,故名‘請問’。”就問地法中有四,一地具此,諸地皆然。“諸相”者,惑爲障相,解爲治相。是入地方便,即教説修等,以之爲相,正與出世間智相應,以之爲證。安住中地,滿足無障礙淳熟,以之爲果。修行校量,以之爲成地之法。言“世間”者,無漏世間也。“所謂信等”者,是行體。“爲滿彼故”者,顯相具足。“五種方便”者,經文有十,《論》主略爲五門:“觀”者,除煩惱障。“得”者,除智障。“增上”者,除體障,性離非緣,飾是果也①。“不退”者,始顯先際自體平等因果也。“盡至”者,無障礙解脱圓窮後際也。“觀方便”中二句:一者、障對治;二者、成壞。所顯真實、證道性净名爲“成”,教道方便、净隨緣差殊爲“壞”。又解:教行除障、相顯爲“成”,寂證行滅爲“壞”。雖寂而逆亂俱興爲“善巧”。“欲入”者,未入正證。“已入”者,明正證時。當地行滿,名“勝進”也。轉下作上,名“增上”。“地轉行”者,

① 也,録本訛作“亡”,據底本改。

十地中地地勝進不停。一地中修行未滿，未入餘地，名“住處”。“增長善巧”者，善巧修十地，行行轉明。此中所辨行皆同時而有，但義有其别，不[①]必階降别也。“不退”者，從初地盡十地，修行增長，不失本解，名“不退”。“盡至”者，地分既成，與如來行相應成。初地既爾，十地同然。喻中“令得正行”者，知見明了，勘任發趣。不迷道，正喻見道，從初至“安住心”是也。“道中”者，行路中間，喻地道修行。“處”者，宿止處，喻地得位，皆有利患。“資具”者，當地行校量分是也。

“攝報果”者，應言“報攝”。何以然者？逐因名“果”，酬因名“報”。若果不能更起，攝行者直可名“果”，不名爲“報”。今從厚集善根之所集成，對此勝果，果不自住，即與方便，以攝勝行，以爲報故，應言“教攝”。前柔軟果，此攝報果，義通上下，爲障地[②]之階降，上下相别，而相不同。後願智果，爲障地之實行，故平等無優劣相。柔軟果以金差别，以辨地位優劣。前三地以練金爲喻，四地至七地成就莊嚴具喻，八地已上以依人爲喻。何以然者？初地始離世間，如金出礦[③]，麁垢未净，故以火練。柔軟之用，以二種火，願是自體火，供養等以爲外火，金得清净。二地以樊石練金，除其内垢。所以樊石爲況者，石但能去垢之用，非是勝用，如戒但能離過，非是勝用，故以爲況。三地重以火練，金體明净，稱兩等住，成金之用，以況真實無漏。三地以前是世間行，但除煩惱，體得明净，以之爲明，未得體用，所以不名爲“證”，未爲道用，無其光明外用，不得作莊嚴具。第四地體證相應，以成照用，未成行用，如但以金爲莊嚴具。五地、六地、七地皆内得證用，成就不住道無量莊嚴，光明外障，無漏行立，如似用金種種磨瑩，衆寶間錯，爲莊嚴具，以成器用。此顯“自行”義。八地已上，以此莊嚴具依人用者，爲顯八地已上自行已成，今以外化自資，故依人爲況。化有差分上下優劣，故有三地之别。此是義通上下，而相不同，報果可知，發趣唯在初地。此三既(即?)[④]就真實位中以辯階

① 不，録本訛作“下”，據底本改。

② 地，録本訛作“也”，據底本改。

③ 礦，録本訛作“草”，底本實作“卝”，此乃“礦”之借字。見前注。

④ 既，底本先作“莭”，發覺誤書後旁注一字，然不甚清晰，似作“即”。待考。

降也。就理而言之,與法界相應,豈容爾也。此中就人報階降,以報地位。就中有二:在家,出家。“上勝身”者,此真行所得果報,是勝高位。“閻浮王”者,圓通法身,統攝祕密,是“自在”義。“上勝果”者,從果起“方便勝行”義。就勝行中有二:從初訖“迴向大菩提故”,明方便修相。第二“爲首”已下,辨修行成就次第增進相。初中有二:前明攝化人行,“不離念”已下辯自行。“不離念佛”者,施等善根隨順發心,迴向菩提也。“事中行已”者,此是正覺世間緣起差別,故名爲“事”。除妄想者,以無發爲發,即無念之念,施等善根皆隨順發心,除妄想。念有十句,要則唯四,三寶福田中最以爲上。“念佛”者,諸佛所得相應,我亦相應。“念法”者,諸佛所得行法,諸佛正以與此法相應,得成爲佛,我亦應爾也。“念僧”者,如此佛法以方便修行得與相應,我當修行也。“念菩薩”者,誰解修行?菩薩修行與我同行,故云“同法”也。諸波羅蜜等以爲功德,菩薩何由得與相應?因於功德,故言“功德”。念求義者,我所得當來果力無畏等也。“何者”以下,論辨前十念,直名爲“法”。此明修行與此念相應。“施者”,己身,即上“同法念”;“受者”,前因,即上三寶念;“物者”,財物,即上“功德念”;菩提果即上“求義念”。“不生分別”者,四事皆空。“如是一切”者,結前也。“作者不著”,結施者;“境界”,結受者;“作事”,結財物;“果報”,菩提。如是皆空,與空相應,不著行成,自然迴向無上菩提,不假作意而成也。“爲首”以下勝進行中。第二辯修行成就次第增進相。就中亦有二分:第一、從初至“爲無上”七句,辨自行相。第二、從“爲導”已下五句,辯化人行。“爲首”者,總也,以“勝”、“大”二字釋“爲首”義,明具足功德智慧二種莊嚴,成上“首”義,略爲二種莊嚴,廣爲六波羅蜜。“光明”者,是波若波羅蜜。“功德”者,是五波羅蜜。具足二種莊嚴,名爲“勝首”也。更無與等,名之爲“大”也。“勝”者有二種,此二句明智、斷具足:“妙智”者,智具足;“離一切煩惱”者,明斷具足。“大”者有二種,此二句釋“大”義:“無與等”者,自體無等;二“無能過”者,自體無過。“如是顯示”,結也。“導者”,化行,阿含教門相似。“將”者,“主將”義,能破惡相似。上明在家行,行於非道,以通正法。“復次出家”已下,第二明出家果。

問曰:“初地至三地,皆攝報果中彰出家;四地已上,何故調柔果中彰出家者?”

答曰："三地已還，爲明世間中修出世間行；四地已上，爲彰自體出離故也。"

出家行中"百三昧"者，此是位之階降也。初地百，二地千，如是轉增，以數約地出家果禪定勝。此文中但有禪業，《論》主依業説禪定勝也。業勝中有十二句。"三昧"者，於禪定中種種法相自在也。依三昧見佛等名"三昧"。所作勝以得三昧，故下釋"所作"義。"於十方佛"，見百佛也。"及佛所加"，知百佛神力也。"修智慧"，明見佛智力，爲自修智慧也。"動百佛世界"，令衆生生信。下明爲化衆生也。"能入"等牒釋。"往至"者，入百佛世界。"及見"者，能照。"正化"者，能化。"住壽百劫"，第八句，明攝取勝生，起向自他利。能知過、未各百劫事者，第九句，若不達三世，無以施化，要須達過因，識來果，達機施化，化無不益。"善入百法門"，第十句。"爲增自智思惟種種法門"、"能變身爲百"下二句爲多利益也。

"願智"者，此初地證智，名"願智"，作要期之願力至十地皆名"願"。

問曰："何故須明願智者？"

答曰："上來爲明地位高下，故但止百數。不達之徒謂初地之力但止於百，二地止千，不能更過。爲顯實力過於此數，故須明願智也。"

"於中身"者，十一句中總也。"身"者，真實法身。身爲道器，萬用根本，故言"菩薩行根本所依"。"有光明"者，體照内明也。"及神通"者，無障礙用也。"依光明有天眼"，光明與天眼爲本物，無不了也。"有天眼見前境界"者，緣别殊分也。"眼有五種"，如《摩訶衍》説。"有音聲"者，無礙備顯也。"行"者，曠周法界。"莊嚴"者，巧妙殊特也。"加"者，得勝境界。"音聲者"下，釋四句作業。"信"者，依向神通所作，令衆生信。"業"者，是口業。所以言"慧眼所攝"者，欲明説法須識根性，應病與藥，慧眼善知漏、無漏别，以慧眼觀照，然後爲説，故言"依慧眼所攝"也。"陀羅尼"，名"總持"。體通無礙，名"門"。"現説法故"者，以慧眼照空，導達法眼，觀根爲説也。"略説諸地各有因體果"者，猶入住滿三漸次。"因"者，地前方便。"體"者，地體。"果"者，地滿足果。校量諸地，類有此三也。

第二離垢地。從此已下説於四地。第三明修道法門。

問曰："此地何故名'修道'？"

答曰:“慕進所習名‘修’,修通無礙名‘道’,故上明見道,此明修道。”

言“離垢”者,《毘婆沙》云有三種離:一、地體無垢;二、離十惡業;三、離貪瞋等機惡業根。具足三種,故名“離垢”。此《論》云:“離能起誤心犯戒煩惱垢等,清净戒具足,故名‘離垢’。”“已證正位”者,牒前起後,正位是真空,初地已證。“依出世間道”者,依向證道,修清净戒,故得三地。就戒行以標地相,故云“因清净戒”。説第二地“有二種”者,分文爲二:“十種直心”是入地方便,名爲“發起”。下三種戒非無優劣,以内是戒行,故名“自體净”,即是地體。

問曰:“此十種入地方便,何處而修也?”

答曰:“正是初地勝出心中修也。”

問曰:“初地中何故無入地方便?”

答曰:“此之十種,同是真證無漏位,得作方便;地前解行乃是有漏位,故不得與初地爲方便也。”

問曰:“上初地末云諸地皆有因體果,此二地何故但二,而無二果者?”

答曰:“入地方便地體及果,此是地之常准。然《論》主或二、或三、或五者,爲辨一、二之義,上下皆通。而一、二不定,曠周法界,豈可以名局哉?是以開合無准也。”

問曰:“依如《華嚴》中,地地之初,皆有偈讚請説,何故《論》主不釋者?”

答曰:“請説之意,同上五番,更無異義,故不釋也。”

“十種直心”者,《毘婆沙》云“離諂曲故”,此證理之解故也。“依直心”者,入地方便,體是理解,同直心與戒爲助,故言“依”也。“性戒”者,二地戒行。“隨所應作”者,三業行化,涉境無染,任運不犯,故云“自然行”。此是總句也。九句中前二明律儀戒方便,次四明威儀攝善法戒方便,下三明攝衆生戒方便也。“柔軟”者,持戒則心喜,心喜則得樂。故《毘婆沙》云:以直心離諂,故心轉柔軟,不剛强也。“調柔”者,善調於緣,不雜煩惱。故《論》云:已得柔軟心,生禪定樂,觀諸法實相,心則勤用。“善直心”者,守護諸根。故《論》云:以降伏六根,名爲“伏心”。“寂滅直心”者,貪瞋癡等煩惱滅也。“真直心”者,善行於緣,能忍諸惱。故《論》云:“得寂滅心已,必生真妙心。”於神通等所願事中得用,如真金隨用。“不雜”者,所得不厭。故《論》云:守護直心,故不與在家、出家人雜。何以故?若與衆雜,則眼等六根或時還發也。

遠求菩提，廣修萬行，以佛果爲期，名“不厭”。二地三聚，名爲“勝戒”。戒立惡已，衆務永息，名爲“寂静”。“不悕望”者，下三句明利他行，無礙能勝，諸有不隨有生。故《論》云：已説不雜心，次生不貪心，於父母師長所不貪著，明證得涅槃而不住寂也。“勝心”者，不捨世間行。《論》云：因捨心生廣快心，若捨衆受，當得禪定，生廣快法。爲後多益，故不存小利也。自體净有三者，語離戒無惡而不止，論攝善無善而不修，利衆生無人而不化。行實而言，除煩惱障性，離非緣飾，圓寂證净，爲“離戒”也。二除智障，故真性緣起，圓通教行，體順十善净也。三除體障，故寂用兩行，緣無不攝，爲利衆生净也。

問曰：“菩薩戒力乃有無量，何故但列三者？”

答曰：“爲欲以總取别，舉綱收目，略明三聚，統無不盡。惡止善行，化物道備。萬行雖曠，不出此三。”

問曰：“何故先明離戒者？”

答曰：“菩薩建心欲也。斷惡生善，但善惡相違，若不除惡，善無由生，故創明離也。惡止善行，次明攝善。自德既立，次明益物。通而言之，莫不是離過，莫非攝善，莫非利衆生。乃至爲他成道，寧容自行而非利他？今此約相而辨，故爲之三目。若就止行論，律儀爲止善，下二爲行善。若以止非論戒者，律儀是止非戒，後二就攝善中方便無過，利物中方便無過，以之爲戒律儀。戒有二種：一、受戒。二、持戒。初受要期，名爲‘受戒’。過緣不犯，名爲‘持戒’。受語言‘防’，持語現‘止’。小乘中别得無作法，以非色非心爲體。此大乘以要期一身不犯諸惡，要期心謝不相應，身口相續，現前任運，不犯諸非，以爲無作。此中以持戒爲戒行，不取受戒爲行。何以然？受法一起，乃與法界齊也。行不必爾。遇患始障行之分齊，故以持戒爲行。然此十善，止於十惡。然惡不出於三業，七是身口，三是意地。然非直身口無心而成，身口起動要藉於心，是以身心相應，方便成業。故《涅槃經》云：身口爲期業，意爲正業。然十業道，經辯不同，大、小乘異。《成實論》中後三道而非業，以其思後三道唯是煩惱，能暢於思，故名爲‘道’，體非思故，不名爲‘業’。前七身口造作，名之爲‘業’；能暢於思，名之爲‘道’。《優婆塞經》云後三業而非道，以其同時緣起，染故分别，分别故染，更無異通，不名爲‘道’；意是正業，故名爲‘業’；暢彼意思，故名爲‘道’。”

問曰:“《成實》中亦有即思之染,何故不名‘同時緣起’,而更須思後三道暢也?”

答曰:“小乘教中辨相不融,雖即思有染,而思强,煩惱弱,故更須暢。大乘義融,更無異通,故但名爲‘業’。此云‘道’。今辨十惡業道者,正取十惡業能通六趣,以之爲‘道’。”“離戒净謂十善業”者,指出戒相。“從離殺生乃至正見”者,分處經文。“亦名‘正受’”者,從受爲名。此是止戒。攝善於離戒爲上者,惡止善行,故爲“上”也。“從菩薩”乃至“清净故”者,分處經文。“利衆生戒爲上”者,自行已,方能兼人,故爲“上”。“從菩薩”乃至“生尊心”者,分處經文,應言“乃至廣起持戒行故”。理而言之,一品心中具有之戒,寧容上、下階差也,今爲彰上下優劣,故就用相功能,以爲昇降,故言“上”也。

“遠離殺生”者,明不殺戒。

問曰:“何故諸戒之中,先明不殺戒者?”

答曰:“菩薩建志,化物爲懷。殺惱衆生,與慈相違。若不止殺,物見生懼,於化有隔。故諸惡之中創離殺生也。”

問曰:“《楞伽經》云:初地菩薩斷三界業果俱盡,何故此中二地方斷十惡者?”

答曰:“若論十惡,唯一違理;若廣逐事,名相恒沙。略要有四:一者、異心十惡,三界凡夫違事損物,起心造作;二者、異心習氣十惡,二乘迷理違事,失念造作;三者、即心十惡,妄相違理,地前菩薩之所造作;四者、即智十惡,相順體違,初地已上十聖所作也。無惡之惡故樂。《瓔珞經》以斷生死爲殺生,今斷無所斷爲不殺,盡下皆爾。故至云生死,本無體示也。菩提無人與而自取以爲‘盗’,今得無所得爲‘不盗’。智慧者求法不用欲故欲如是名‘邪行’,今明無求可求名‘不邪淫’。至寂無言,一切語名‘妄語’,今妄無妄想名‘不妄語’。破壞諸外道名‘兩舌’,今破無所破名‘不兩舌’。説於麁惡語、教化諸衆生名‘惡口’,今化無所化名‘不惡口’。隨因緣而説是名爲‘綺語’,今因緣空故名‘不綺語’。施一切衆生樂名‘貪’,今施無施相名‘不貪’。正法欲滅時與外人諍訟名‘瞋’,今諍無諍相名‘不瞋’。執正之解、求於平等名‘邪見’,今見無見相名‘不邪見’。此十惡名同而旨異,故云‘真僞殊倫’‘名同詮諱’等也。正可望詮虛會,不得尋名定執。”

於一切有命不起殺，名“遠離勝”也。既斷殺心，即施物命，利他中極，地行善成，名“利益勝”也。“因離”者，殺之其離於殺具，故名“離”也。防過方便，以爲“對治離”。從前因及殺，生心造殺，業成名“果”，正對所離，名“果行離”。有二因者，依文可解。

問曰：“此起因中，何故乃言有慚愧爲對治也？”

答曰：“但有方便心，故貪瞋心不行，正是因離，非對治離也。”

“對治離有二種”，正舉善因果對治惡因果。“安隱心”者，與樂因，故《論》云“涅槃因故”。“慈心”者，與樂果，故《論》云“涅槃樂果故”。“不顛倒求”者，雖有慈心，而於因果中謬猶有殺生，今明離愚癡、一向無殺。“彼能離故”者，明即行體無惡，名“離惡”也。“非常非斷”者，《經》云“殺生故”，釋“衆生”義，猶是衆生死名爲“衆生”，是以可殺也。“果行離有二種”，惱而未損，爲過是輕，故名“細”也。身業損他事重，名爲“麁”。“身”者，前衆生身。“事”者，是衆生非杌等。“想”者，知是衆生。“行”者，内起殺心。“體”者，命斷前業。離此五緣，不殺行成也。

盜中亦三。“自資生不足”者，非謂貧故不足，蓋意不足對治。言“常自滿足”者，非富有爲“足”，蓋意滿足。

問曰：“此因離何故言對治也？”

答曰：“蓋事違故，名爲‘對治’，非是道除爲治也。”

“對治”者不盜行體，所謂布施，故生生多財。“不壞”者，意存捨施，豈盜他物？“當來”者，來果必然，以行滿故，福資亦滿，故爲對治。果行離微細者，小物爲細，大物爲麁。有五種：“一者身”，彰“有主”義。“事”者，向物屬他，若不任用，始如陳葉等，此即不犯，今言“用事”故犯。知是有主，故名爲“想”。内起盜心，名之爲“行”。離處成盜，以之爲“體”也。

邪淫亦三。

問曰：“若准上文言‘不殺不盜’，何故不云‘不淫’，乃言‘邪淫’也？”

答曰：“初地已上，皆是出世間，法身體絶名相，現迹施化，不離在家。邪行俗所，不通菩薩，立行欲正已[①]化他。今現同世法，故但言‘離邪淫’。”

① “正已”二字録本訛作“止已”，據底本改。

“自妻不足”者，非無婦妾，蓋淫情有餘。“自足妻色”者，非妻婦滿家，蓋潔然無染。“未來妻色”者，未來色欲畢竟不起，故言“不求”也。起心念欲名“微細”，身相行非名“麁重”。永絶此二，名“果行離”。“不正”者，依文可解。“遠離非衆生”者，顯是可淫境界非不女等也。“修梵行時”者，前人護，此明法護。菩薩一切常修梵行，當知亦無自妻。“非處”等者可解也。

離口四過，妄語但有二種，闕無因離，故論自料簡，不同身業。何以故？身有二因，妄語無外事，復無貪等異因，直以誑他心爲因，離誑他心，即“實語”成。

問曰：“何故貪等非因者？”

答曰：“有人一生不妄語，而未捨貪癡瞋。有妄不從貪瞋生，故貪等非因。”

問曰：“若爾者，何故戒律及《優婆塞經》皆因貪瞋等起？”

答曰：“此以貪等成語業輕重，不説爲因也。又解：聖教隱顯難可測，會付在有識。”

“依彼生”者，依誑他心，即生妄語，故“言無異因”。對治有三。“隨想”者，不必稱事，心實故非妄也。心事相稱，故名“諦語”。假令心事相違，但有實益，亦非妄語，故《論》云不起自他衰惱。“覆見”者，六識中妄語謂見、聞、觸、知，眼耳爲見、聞，鼻舌身爲觸，意爲知。“忍見”者，以智爲見，謂三量智中説法有相應不相應。以此名之，即言見、聞、覺、知。前是世間語，有虚實；後出世間語，自云“得聖”等也，有虚實。覺人在方便道中，或中不中，今菩薩道位中一切無失言。“易解”者，餘經論中有釋，但未見彼經，由自難解。“智見”者，謂心明白名“見”，非唯眼見也。

兩舌亦二對治者。“不破壞行”者，釋“對治”義，即和合心。一者、心，謂根本心。二、差别者，隨相不同差别。三者、即明果行離。“一身壞”者，兩舌在口，以身助成。“心壞”者，起語之心。前心此心有何差别？前直是兩舌本心，此中明垂發口時心，前後爲異耳。“業壞”者，正是兩舌語時。身、心各二可解。業中二：稱實而傳，謂之爲“細”。妄有所申，名之爲“麁”。此中業相小難。若依餘經律，三業中皆成語業，可准而釋也。

“離惡口”者，就經文有二十八句。初十六句爲果行，第二有十二句爲對治。果行中有[□][十][1]六也。初四語正明語體麁鄙,次有四語正對人談説,次有二語自違戒行。次有一語令他違戒,次有四語明語能惱亂,末後一語能現有乖背、有所損失。治中初"潤益"一語,對上四語。"軟語"、"妙語",對上現前四語。"喜聞"、"樂聞"二語,對上"不喜"、"不悦"二語。"入心"、"順理",對上"瞋惱"一語。"多人愛念"、"多人喜樂"二語,對上"不愛"、"不樂"二語。"和悦"、"心遍喜",對上"心火能"、"心熱"二語。"能生自心、他心歡喜",對上"不善自壞身,亦壞他人"一語。論中亦二。果行離中初四語宛轉相釋,侵惱故生他苦,麁獷故令他瞋。四名雖異,同是損他,故言"義一名異"。"相對"、"不相對",釋經"現前"、"不現前"語。"麁惡"釋"鄙惡語","常行"釋"不斷語"。麁則難滅名"不斷",微則易息名"有斷"。以"鄙惡"、"不斷"成"現前"義。"如是説者",牒前生後。"與戒相違",對面相説,犯毁呰罪。"能生他苦"者,未聞不喜聞,釋"不喜聞"也。"令他瞋"者,明見聞不悦也。"作不利益"者,説則自他俱損。"妒心起"者,語從惡口而發。"令他戒相違"者,麁語起他罪心,故違戒也。二種不饒益事者,因瞋惱生二種不善事。下有五句。初四句迭互相釋,語從惡心起,使聞者未生瞋能生,如火燒心。何故?如火能生,心熱如火,聞時不愛,憶時不樂,則心胸閉塞。已有樂事者,上四句明長惡,此句明二俱失落:瞋心交競,非直損他,亦自損已也。對治中"謂潤益語",對治上"侵惱""損他"等語。"不麁不疾",釋"軟語"體。"可樂"即釋"妙語"。"戒分所攝"者,稱法離過,與戒相順。惡語不斷,則善言不生。惡言既滅,則善言常行,名爲"不斷"也。治上"鄙惡"、"常行"語。"可樂"者含有二語:"喜聞語、樂聞語",治上"不喜聞語、聞不悦語"。"可樂有二"者,轉生二語:"樂可樂"釋"入心語","安隱可樂"釋"順理語",治上"瞋惱語"。人天因果名"樂",涅槃因果名"安隱"。

問曰:"涅槃正是至極大樂,所以不名'樂',乃言'安隱'者?"

答曰:"涅槃實至極之樂,但'樂'名通於暫時,'安隱'言中究竟。人天因果,少有微適,得名爲'樂'。無上菩提,至極常住,危怖斯盡,名爲'安隱'。故《論》云'樂者隨順人天,安隱者隨順涅槃'也。"

---

① 十,底本、録本脱,據文意補。上文"初十六句爲果行",可互勘。

又復怨親中人聞時歡喜者，釋“多人愛念語”。憶時歡喜者，釋“多人喜樂語”，治上“不愛”、“不樂”語。“能作二種益”對上二種無益。一未瞋令不生，釋“心和悦語”，治上“心火能燒語”。“能生三昧”者，釋“心遍喜語”，治上“心熱惱語”。“自身現”者，現前作語。“令他現作”者，己①不現前，釋“自心、他心歡喜敬信語”，治上“不善自壞”“亦壞他人”也。

離綺②語“對治離”中，依五種教誡語，謂若制，若聽，若舉，若折伏，若歡喜，語則有益，故言“善知”。“依彼此”者，“彼”是前衆生，“此”是菩薩，顯自他有益。勸發修行，乃“教化語故”，明思而後言，則稱心法；令捨惡住善，即是若制。“不顛倒語”者是“實語”，善説四諦因果，與理相應。衆生受悟不同，付囑有緣，名爲“展轉”。教誨爲説，稱根理教，令聞者信用，故云“義語”。“法語”即是聽也。“復依展轉”者，依毘尼滅罪法，人非性知，道由匠成。故律云：若不識罪，聽智者示語也。若有諍起，依七滅法除，名爲“滅諍”。聖者開此，正是修行出世之益，名爲“學行”。即是若舉，亦是折伏。“如法”者，如毘尼教誡語。“阿含”者，如佛所教語也。説禪法以攝學徒，名“説法攝受”。令如説而行，名爲“修行”。行住坐卧中皆得見繫心念法，名“如威儀住”。理深旨玄，寄喻顯義，名爲“順義語”，即名“歡喜”。“果行”可解也。

“離意”三中，先明離貪有三者，列章門。“攝受”者，他人自己物隨身受用。“攝護想”者，如封占山宅、貯積等，知他攝護名“想”也。“所用事”者，莊校出生用，飲食等者資用具，亦可將境欲取貪心爲體。“對治貪心”者，菩薩曠斷貪心，故能“不貪”。“此差别……三種”，釋第三門。“欲”者意有須③欲來，對事；以有多欲，則通業思，名爲“門”；“行”謂心行。“得”者起取④方便心。“奪”者，向得起以理方便心，今起非理侵欺心也。

“離瞋”中“五種”者，瞋心起惡，不限於五，但論依經釋，故言“五”。

問曰：“經文有六，何故但言‘五’者？”

---

① 己，録本訛作“已”，據底本改。

② 綺，底本、録本訛作“倚”，據文意改。《十地經論·離垢地》第二卷之四：“依離綺語有二種離：一、對治離。二、果行離。”[T26n1522p147b27]可參。

③ 須，録本訛作“頊”，據底本改。

④ 取，録本訛作“耳”，據底本改。

答曰:“第三句同是愍苦,故合爲一釋也。”

“怨所生慈”者,慈欲與樂,怨所與樂,彰慈心成就故也。令惡行衆生捨惡住善,終獲出世妙樂,故《經》云“安隱心故”。貧窮乞匄①,交切可愍,故生憐心。苦生樂心。此二同有現苦,故合爲一。“樂”者令住不放逸,即是利潤心。“發菩提”者,此退菩提心衆生雖不放逸,然於無量利益利行中疲勞,故菩薩爲説大乘令進也。“慈心”等五句凡有六障,即經中“瞋恨妒害妄想垢”等。論釋作六對。“非分别”者,非爾許除瞋,爾許與樂,亦非一一與前對。六中前二句就怨親,中間兩句就己身明善惡,後之二句就“他身”明違順。未必全是外人爲“他”,己之未來身亦名爲“他”也。怨處多“瞋”,親處喜“恨”,對上初對善法名“净”,故對之説“垢②”也。惡法損物爲“害”,對上善惡不愛者。惡法多惱,名爲“忘想”。善法生染爲“愛”。愛則嫉忌,故云“妒”也。對上第三句。此六種從瞋心起,與慈相違,名爲“障”。“無量惡行根”者,一一皆能生一切惡,不待具六。“彼悉捨離”者,修慈永拔也。一切盡慈心者,明慈充滿也。

離邪見者,違理穴徹也,有七句也。“異乘見”者,謂外道二乘不歸大理。“正道”者,大乘道。“虚妄”者,以生死爲生死,以涅槃爲涅槃,不能涅槃生死無二也。“戒取净”者,想順而體違也。“自謂正見”者,見盜以對治,觀智爲指南也。“覆藏”者,妄想智體是闇惑也。“詐現”者,妄智體虚③,而相彰於外也。“非清净見”者,雖證寂滅,而體是有爲也。如是説離戒者,上來十種離戒相已説也。

“復説離戒增上”者,離戒中第二。上來明離惡是律儀戒體,自下正明持戒,故言“增長上清净”。心心相續名“不斷”,無暫異念名“不闕”,性善成就名“護持”。“如是具足”者,牒上。“示不斷”者,生下攝善法也。

自此已下,明攝善法戒。就中有二分:初明攝善法方便。第二“觀察”已下,正明所攝善法。

---

① 匄,底本作“匃”,此處乃“匄”之省筆俗體。《玉篇·勹部》:“丐”同“匄”。
② 垢,録本訛作“妒”,據底本改。
③ 虚,録本訛作“靈”,據底本改。

問曰:“此攝善法,何故先明惡道?”

答曰:“將辨五番十善體,故先作興發之由。以十惡是衆苦之本,十善是衆利之門,欲返惡從善,故先明十惡。”

問曰:“此攝善法非攝衆生,何故經云令他住也?”

答曰:“菩薩自成正覺爲成他,以成他故,所行諸善得成。菩薩若其不爾,但爲自利,即同聲聞。故上《論》云‘菩薩教化衆生,即是自成佛法’故。下舉凡夫二乘及佛十善,皆爲攝善所攝。”

墮惡道有三義者,初句是因,後二句是果。果不自有,由因故得,要乘惡因,到於苦果,故言“往”也。因本自造,果非他受,故言“依止自身”。惡業既强,遍感三趣,故言“種種苦”也。

問曰:“《經》云‘十不善業道’,何故名‘不善業道’?”

答曰:“能通行人至於苦果,名爲‘業道’。《論》云‘攝到一切惡果數故’。言‘十不善業道’者,結也。”

攝到一切惡果者,重舉轉釋,無惡不統,名之爲“攝”。“業道”者,造作名“業”,能通名“道”。“攝取十名”者,此語倒,應言“十名攝取”,釋數義。“不善”者,就業釋“惡”。三塗之報,理非可尚,故言“可毁”。“攝取業”者,此語亦倒,應言“業攝取”;因能達果名“到”,不相捨離名“攝取”。“受行故”者,領納果報名“受”,果起在現名“行”。“如是遠離無因”等者,牒上。苦由惡墮,故離無因。從惡得苦,故離倒。因善解衆生住苦、不能遠離者,明必假人,又顯菩薩自明判因果。“菩薩思惟深寂静”者,此語倒,應言“寂静深思惟”。“已[①]欲救彼衆生,自知堪能”者,自住善法,是“堪能”義也。“復觀察”者,第二明攝善法戒以十善爲體,即是行善。

問曰:“初地善薩已證真智,斷有漏十善業盡,何故二地菩薩始修十善也?”

答曰:“若論十善,五種差別:一者異心有漏十善,三界凡夫著我心修。二者異心無漏十善,二乘解無我修行。三者即心非我、非無我平等十善,地前菩薩中道修行。四者即理無相十善,初地至十地無相心中無修之修。五

① 已,録本訛作“已”,據底本改。

者即理自體十善,萬相永盡。是佛十善。二地修者,是無相十善也。就文中位有其五,論體有三。五者,凡夫、二乘、菩薩與佛。體三者,凡夫十善,上期三有,更不出離;二乘十善,心離體不離;菩薩、諸佛,心體俱離。以此義異,故釋名亦異。凡夫果報,上下殊途,故善能益而上昇,以之爲'善';損而下沈,以之爲'不善'。二乘趣理,故順理名'善',違理名'惡'。諸佛、菩薩體順故'善',體違故'惡'。行法通故,通爲'攝善'。"

上來總觀一切衆生,然衆生萬差,自下别觀。先列五章門,後次第釋,故言"後觀"也。"對治"者,不善以善爲"對治"。"不善業道及果、善業道及果",此凡夫十善。"及上上清净"者,此二乘十善。出在凡夫上,名"上"。但二乘二[①]人有二,上名"上上",三界報盡名"清净"。"起增長上心"者,菩薩及佛十善,窮盡惑障,勝出二乘之上。"求學修行"者,觀上業報不同,故欲攝物行善也。此總列五數也。

"《經》曰"已下乃至"有頂",明凡夫十善。"又,上善"已下,明二乘十善。《論》云"實相觀"者,小乘不見我、我所相名"實相",非真如實相觀。

問曰:"若依經文次第,應先釋凡夫十善。何故先舉二乘智慧者?"

答曰:"爲取凡夫十善因果,作二乘四諦觀境,故在後而明也。又解:何故合辨者?欲明不染而染、有爲爲'凡夫',返染顯净、無爲爲'聲聞',翻有爲即無爲故也。"

惡道身是苦體,名"苦諦";十惡業是[稱][②]苦之因,名"集諦";離彼苦、集,名"滅諦";對治智慧,名"道諦"。此就凡夫明四諦。人天善道身名"苦諦",有漏十善業道是"集諦"。上對三途,以人天因果爲"滅"、"道"。今[③]望二乘,復是"苦"、"集"。離彼"苦"、"集",名"滅諦"。對治智慧,名"道諦"。此二乘因果明四諦。問曰:"人天是善,何故説爲'苦'、'集'?"對曰:"人天雖免三途重苦,猶在三界,以行苦爲體。論'集'乃至有頂,是故'苦'、'集'通在善道也。""同觀"者,菩薩二乘俱得人無我空,名"同"也。空則無二,名"無分

① 二,此處似爲衍文,待考。

② "稱"字録本脱,據底本補。

③ 今,録本訛作"令",據底本改。

别”。“因集”者,根本種性。“畏苦”者,現無方便,一向厭苦。“捨心”者,捨諸衆生。“依止”者,不能自知,依止師受。“觀”者,觀音聲。法行淺,功輕,名“微少”。無心濟他,名“依自身”。故《經》云“狹劣”也。果苦等可解。“我衆生”等者,聲聞入證,但得無性空。“但有名”者,既無神我空,但假施設也。不得真如空,非法無我。

問曰:“《經》云:從他聞聲,名爲‘聲聞’。若爾,可一切從他聞人皆是‘聲聞’也?”

答曰:“不爾。若無大悲怖、畏三界者所修十善令至聲聞地,餘有大悲、不畏三界而於佛智慧功德遍學者所修十善,能令此人不由聲聞經至佛果也。”

“辟支”者,《大智論》云:胡名“辟支迦”,此云“因緣”,亦名各有三相。“不假佛説法”者,釋“自學是勝聲聞”義。“唯自覺悟”者,是獨悟辟支。前佛已謝,後佛未興,二盈中間,觀因緣法悟。“不起心……不勘説法”者,釋“不能説”義。《涅槃經》云:辟支出世,但現神通,以化於物。觀微細境者,釋“觀少境界”義;聲聞總觀,緣覺别觀,名“微細”;但不盡法性,名“少”。又解:如觀樹木火出等名“少”,而通解三世因果名“達深因緣”也。“勝事”者,自覺等也。

“上上”者,出過二乘上之上。“依一切善根”者,釋“因集是根本種性”義,不利自他,依一切善根自行,俱利益衆生,外化行隨,心逞行曠,功德深遠,名“廣大無量”也。菩薩正以大悲愍物爲用,依悲故能益,故悲名爲“用”。以四攝善巧益物,故攝爲悲之力也。地有三者,上三句是集地方便行,今初地始修行成名“地”。初地深心,窮盡法性三界惑已,名“净深心”,《論》云“十大願得名”。“不退轉”者,二地至八地,修行真解,進趣迅速,中無暫止,名“不退轉”。“得寂滅”者,無功用道,無名無相,是“無生”義。“不捨衆生”者,九地爲物行。“解脱”者,外道妄修小乘無餘,皆自謂究竟,名“解脱”。以細苦苦智,拔窮其苦原,名“不捨”。故《論》云八地得第一寂滅忍、起净佛土、教化衆生,九地説法利益也。十地行滿,受佛智職,名“受大位地”。求證佛智者,如十地中入佛智解脱大等,地净波羅蜜净,此顯“深廣行成”。

問曰:“地與波羅蜜,名異體一,但言十地行滿名‘深廣行成’便足,何須明地净波羅蜜净也?"

答曰:"'地净'者是'除障'義,'波羅蜜'者'到實相'義。此行何由能到佛果實相? 由地行除障,即是'地净';障盡到佛,是'波羅蜜净'。地地展轉,名'上上',成前地净是教道;理用無過,名'第一净',成上波羅蜜是證道。具足二義,得成深廣行。'第一'義、'波羅蜜'義者何故重舉者,明'第一'義理用爲'波羅蜜'義,行彰菩薩以理行爲行,異於下地,故别指示也。"

佛十善有四義顯"上上"事。菩薩名"上上道清净"。如來名"上上一切種清净"。如來圓極,無上佛果,行無不集,故統收上下,集成佛德。"共習氣滅"者,釋"滅"義。如來萬德斯盡,塵習永已,名"清净"。萬德滿足,名"善業成就"。二乘捨故者,聞佛果功德高勝無邊,望凡絶分,無心敢悕也。於菩薩所行究竟對菩薩,顯"上上"。"餘殘"者,餘殘經文。"無厭足"者,佛果萬德,無有窮盡,義同"無厭足"。"一切智中得"者,除智障。"一切種",除煩惱障。"降魔"者,具足十力,通越四魔,名"降伏";能引小心,令歸大解,亦名"降伏"也。"次上依大悲"已下,明利衆生戒。功用勝前,故言"次上"。

問曰:"何故後二戒後明攝衆生戒者?"

答曰:"菩薩正以益物爲心,若自行不立,無以化他。是故《論》云'若人自不行,若爲他説法、令住善者,無有是處'也。"

拔苦與樂,名"利益"也。悲心深重,名"增上"也。"五種義"中,"智"明不捨世間方便善巧,於因果如實,不顛倒知,即上遠離無因、倒因也。已知衆生苦由惡招,故念攝衆生,與如來無障礙解脱,名"願"也。"修行"者,修一切法,如實覺也。此三即上"攝善法戒"。上攝善法,爲令他住善故;今舉自住善法,以爲利他方便也。十種大悲,德無不集,故名爲"集"。隨種種衆生起利,集無不窮,名"集果"也。知受報有先後,名"時差别"。知果輕重不同,名"報差别"。餘報人中,名"習果差别"也。

"上地獄"者,一業各有三時也。"時差别",且導上品。乃至"下"者,但導總也。下《經》言殺生之罪遍三途者,明報差别。一一句中皆對上三句也。故下《論》云:"前總觀因,今别觀果報。"又解:衆生業行,不可思議,故作五番釋。但文中倚互,正有四種,略無一番。經文可尋而取解,《論》曰"時"者乃至"二"者可解。"是中時、報差别"者,故總時報也。"示苦深重"者,顯報上下三時差别，若在三處，處中之重，以爲“示深重”。“下”者，若在餓鬼，餓鬼中重。“轉深”者，若在畜生，畜生中重。“轉轉深”者，上罪在地獄，地獄中重。“總别合[1]觀”者，前總觀因，後别觀報，今令觀惡道中無量大苦也。

“願”者，攝善方便，爲利衆生而攝善法也。

“修行”者，正攝善也。

“集”者，欲令他住善，必於衆生生十種十心，十種心能集利益衆生，故名爲“集”。已住佛法者，名“同行”也。“不退”者，明真爲虚融，無障礙修會，勝進無聞也。“菩提願”者，初地、二地行已同我，故念益如己。“即是我身”者，正明緣攝，入實障除，體顯自他，平等無二也。“餘二心”者，行已高己，故生師心、尊心。乘大乘行，進趣剋果，可師而敬之。既具足功德，深可尊重也。“集果勝悲所攝”者，正對苦與樂，益時踰彼，以爲集果，訖下文是也。

初列十句爲章門。初爲總句，“顛倒”是也。“倒”者，四倒是邪見，諸見根本，名“首”。顛倒有三以下，别作九句，通前番爲十也。顛倒取著或外或内者，著外五欲，名爲“欲求”；貪著己身，名爲“有求”。梵行求涅槃，雖厭生死，而迷於出法，亦可憐愍。此三亦是總，下無别釋。“欲求”中有二。“受用時”、“追求時”者，謂已得未得五欲，此亦總。受用有三。“受不共財”彰瞋過，“無厭足財”彰貪過，“貯積財”彰癡過，皆因欲事生過。能資發於業，故名“財”也。此三名“煩惱”。追求亦二。“求現報”者，現在五欲，如求財逐職等，名不依理，故習惡行。“求後報”，未來富樂，善本性出，而迴向三有，故習善行，亦爲過。此二明業。此五正釋“欲求”，下有五番文釋也。“有求”有二，明苦。“道”謂六道，下以流轉爲過。“界”謂三界，下以繫縛爲過。即兩番經文也。梵行有二。邪見“我”爲苦本，而計“我”悕滅，猶火益薪，豈可滅乎。二乘之人，雖得正見，離“我”過，而樂小乘，有絶大志，小得可愍。下有兩番文釋也。“隨順對治”者，一一各與對治，正是利益方便行也。十章門。

“專念行”者，常樂二倒，是事倒正與理相翻，是故要須作意專念而起。二是性倒性，我性浄率心成就，不須作意，故言“不專念行”。“謂我浄想”者，指示後二，依我見，起常見。故《勝鬘經》云“我見妄想……生二見”，謂斷常

---

① 合，録本訛作“令”，據底本改。

也。依净起樂，先生净想，染已求樂，故我净爲本，常樂隨也。“稠林因”者，此二是惑，本故名“因”。“煩惱”者，起煩惱厚積也。成就在心，以之爲“使”。“使”與“煩惱”，更無異體，但在家心中名“煩惱”，出家心中名“使”，“使”語細利，“煩惱”麁鈍也。密遲名“稠林”。“隨順對治”者，向觀過，今與治，“正念”除“煩惱”，“正見”除“使”也。鬪諍相違爲“不共”。

“破壞有二”開二門。“如是破壞”者，結“不共”義。思念作報釋“心中”，增長行熾釋“言中”。下舉論。以經指“對怨心中”舉論，“分別彼我”舉經文。“示現”者，示向初句，下類爾。“與大慈益”者，慈能治瞋也。

無厭足財有二：心染前境名“貪”，身、口事成名“集”也。“貯積財……貪等因”者，彼著故與貪作因。於散起瞋，與瞋作因，亦是癡因，故《經》云“因隨逐貪瞋癡”。“數爲燒燃”者，數能增長煩惱，復爲過。“不見”者，障癡之長。“對治”者，智慧清凉，能治癡惑也。“追求現報、習惡行”者，以癡過故，貪現小樂，而種久苦過也。

初一番直障癡過，即舉經帖。“又愚癡”者已下釋“癡過”。“闇冥”者喻“愚癡”。實苦見樂名“顛倒”。未來隔世名“厚曀[①]”。“黑闇”者，是無明不達現苦，皆就癡説過。“滿足使事”者，向明習惡者有癡過，今明此惡與使作因過，復與善法爲障，不得無漏也。愚癡因事，以愚癡因，入稠林使。“受至”者，習惡行者隨行所追大苦。“對”者，苦以爲對也。“心生悔過”者，被[②]羅之鳥恨不高飛等，示人一生爲惡，臨死方[③]悔。“見本罪相”者，如《觀佛三昧經》説：報相已現，自必受之，悔何補及？亦可“惱悔”之“悔”不能集治者，既悔爲心，無容集治，是以定受，無可免離。“隨順對治”，清净慧眼，治向癡冥也。

“追求後報，習善行法”者，問曰：“此人既修善求報，所以名‘過’也？”

答曰：“此人非不修善，以無智慧故，雖修善行，乃求世間生死果報，故在嶮道也。”

---

① 《大正藏》本出校：“曀＝翳【宋】【元】【明】【宮】”。按：慧琳《一切經音義》卷第四十七“厚曀”條：“於計反。《釋名》：‘曀，翳也，言雲氣隱翳，使不見物者也。”［T54n2128p616b18］

② 被，録本訛作“披”，據底本改。

③ 方，録本訛作“云”，據底本改。

問曰:“善道何故名‘嶮道’者?”

答曰:“天①人體是生死嶮道,故《經》云諸天與地獄對門也。嶮道有三也。”

“世間[乏]②少善根”者,世善非出世也,而彼出資於出離,但言“乏少”而以,應言“世間善根微少”,不能遠達菩提,以之爲患。“求出”者,習善名“出”,而謂非想以爲涅槃,爲有修行,必墮惡道,以過相難彰故,皆借事而顯。“入網”者,苦中生樂,妄樂所羅,纏束行者,如網相似。“黑闇稠林”者,癡使覆心。“而不覺知”者,苦集也。“顛倒道”者,捨真實樂。“行顛倒行”,明不識滅道。“盲冥”者,愛欲所盲,於生死中住也。“離導師”者,作障礙行,與賢聖永隔,是故坎□(升?)③之性等也。“悕求涅槃”等者,既自盲冥,復無良導,一向隨已,自心悕梵天等,以爲出相。“怨賊”者,於生死中魔境牵□(掣)④,能劫功德,怨賊相似也。“失”者有三種,由善根羸劣,現在有八種障,未來有三種失。現在行惡,未來生八難處,名“遠離導師”。生善無於,名“不善地”,明不見佛也。“依止怨地”者,明不見僧,順魔境界,無離惡方便也。“遠離善知識”者,上離佛、僧是失人,此離佛意明失法;法是生善之處,名“善知識地”;生在難處,不聞經教,名“遠離”也。

“云何道差别”,自下釋“有求”義。道之與界,果報處同,總别爲異。五道衆生,爲“道差别”。煩惱愛染,爲“大河”。“自體”者,明生死河體相。“難”者,水中難也。“失”者,所失。前“自體”五句以愛水爲差别,下二就“愛水”中更起餘差别用也。“深”者,煩惱愛河,莫知其底。四流競起,名“無量”。欲界煩惱,名“欲流”。色無色煩惱,名“有流”。三界見諦,名“見流”。三界無明,名“無明流”。二者、流。驅役衆生隨煩六道,無時暫停,名“常流”。三者、名。如薪頭博叉等,此名“愛河”,一切生死以愛故集,故經説

① 天,録本訛作“无(無)”,據底本改。

② 乏,録本脱,據底本補。

③ 此字録本作缺文,底本似爲“升”之俗體,待考。

④ 牵,録本訛作“幸”,底本實作“㚔”,乃“牵”之俗體。《字彙補·手部》:“㚔,音義與牵同。”掣,録本作缺文,底本作“猘”,此處乃“掣”之换旁俗體。兹據補。

“愛”爲“水”也。“漂[1]”者無常遷動，念念迅駛，無時暫停，安能見涅槃岸也。“廣”者煩惱愛河，諸覺競起，不知邊畔也。起難有四。“執”者，依向生死之相，復生我、我所心，見著堅固，如羅剎執也。“入迴”者，斷麁駛不盡，還入欲中，如入迴相似。“中著”者，欲能誑心，故深樂之。“洲”者，向明水過，隨愛爲没；今就陸地，顯起見也。燋枯我慢自高，如陸地相似。憍慢、我慢、大慢，謂之三也。失有三者，“無救”，明失人；“無出意”者，無離惡方便；“異處去”者，無集善方便也。洲本能濟水難，故以智慧爲實洲對治六道大河也。

有求界有何過？閉在牢獄爲過也，有五種也。“苦事”者，鞭、杖、刀等。“財盡”者，費用追求。“愛離”者，父母生別。“縛”者，枷瑣杻械。“障礙”者，欲出不從是牢獄。五事寄此示也。三界亦有五事相似，皆與利相違，故名爲“難”。“無病”者，病與無病作難。“資生難”者，憂貧妨道名“難”。憎貧不去，愛富不來，名“縛”。憂親妨道，名“親難”。“戒難”者，愛著三界障戒，不得出離，如縛相似。邪見與正見爲礙，名“難”；世智辯聰，名“世間智”；無明心與正解相違，名“覆蔽”；涅槃累縛永已，名“無礙”。對治三界獄也。

“梵行求”者，“梵”名“無欲”，涅槃體絶垢欲名“梵”；此行能趣，名“梵行”。外道作心，亦求涅槃，但求不得，云名邪。邪不會理名“外”，計我爲“過”也。“不能動發”者，不行出離。“住六入”者，明受身。有身則有苦，五陰無常分散，能壞善法，故説如怨。非但内苦，外苦無量，皆由身受，故云“受無量苦”也。以空無我智治我，故云“令住無我智”。

“正梵行”者，此人亦求涅槃，不同外道，名“正求”，佛法名同，標心在近。不求無上菩提，名“小”。自行不立，名“小心”。利他不成，名“狹心”。“大乘出法”者，有佛性大乘應修大乘出行，不應取二乘涅槃。“對治”可解也。“自依持戒力”者，結律儀戒。“能作善法”者，結攝善法。“善起諸行”，結利衆生戒也。

“有者同無者應知”者，無發趣果應知。所以無者，以初地據修相具足，不迷道方便成一；初地一法既成，餘地同然；發趣義障，故在初地，而辨餘地無也。四住煩惱是異心之惑名“外貪”。二地所除，是即心之闇，同體之□，

① 漂，底本作“𩗗”，當爲“漂”之增旁俗字。

故名“自體明垢”也。

《十地》義疏卷第三。

從校量“離垢地”訖。

用紙三十五張,一校竟。

保定五年,歲次乙酉,比丘智辯爲法界衆生敬寫大乘《〈十地〉義記》。若有尋翫之者,智慧踰明,悟空會旨,使增聞解,終乎出世,以法匡物,導化蒼生,同登妙覺[①]。法上述。

此漢寫經,記之耳。漢寫經,漢寫經。

私云(押牙?)[②]董文業□

庚辰年五月二十八日翟家寫經,記之耳也。

願受文[③]▭

① 此處底本、録本作“覺覺”,中一“覺”字當衍,兹據文意删。

② “私云”二字底本似作“押牙”,待考。

③ 文,録本訛作“又”,據底本改。以下殘。

No. 2800《廣百論》疏卷第一

[題解]

佛典論疏，唐西明寺沙門文軌撰，原著十卷。敦煌文獻中存有伯 2101 號，係第一卷，首殘尾全。尾題："神龍三年(707)三月，僧崇晃寫。"所疏乃印度提婆撰、唐玄奘譯之印度佛教中觀派重要經典《廣百論》。中國人曾撰有八種關於《廣百論》的疏釋，其中文軌著者爲十卷，今僅存此一卷。文軌師承玄奘，並參與玄奘譯場，故本疏中當包括有玄奘的某些觀點。又本文幾乎全部用因明格式寫成，對研究印度因明在中國的流傳，乃罕見的資料。此疏抄寫時間上距文軌年代甚近，據卷前序言，方廣錩認爲崇晃似原係文軌弟子，後行腳敦煌，故本卷更爲可貴。清代以前歷代大藏經未收，日本《大正藏》據伯 2101 號録入其第八十五册。今校注據《大正藏》以伯 2101 號爲底本。

凡佛品章，文理復隱，末學凝滯，尚困蒙泉。爰有軌辨(辯)①才，樂□(談?)②義窟奥③祕。嵩巖之穴，未方言河④犇瀉；龍門之箭，非喻碧鷄振翼。[□□□□□]⑤青目，媿⑥其連環；白馬飛翰平赤髭，羞⑦其半

---

① 結合文意，此"辨"字當爲"辯"之借字。

② 此缺字底本僅殘左半，似作"談"，待考。

③ 奥，録本訛作"之"，據底本改。

④ 河，録本訛作"阿"，據底本改。

⑤ 結合文意，"青目"前當脱五字。

⑥ 媿，録本訛作"愧"，據底本改。《説文・女部》："媿，慚也。"邵英《群經正字》："今經典多從或體作愧。"

⑦ 羞，録本訛作"著"，據底本改。

桎。① 既耽翫而先覺，思啓②迪于後昆，遂握管□(抽)③毫，述爲論疏，約文申義，十卷勒成。辨志離經，達□明白。歷覽則思過其半，研吟則目擊道存。而今而後，學、無學人，始可與論實矣。法④師昔上京講肆，僕已資訓淹中；今流沙⑤遷走，復從遊瀨下。師則老氏嘉遁，喜葱嶺之非遥；僕乃無姓窮塗，愴瓜州之寔遠。味⑥法師之釋論，銷旅客之繁憂，讚夫⑦人之德音，託悟⑧懷於一序耳。

---

① 按：據蕭旭考證，青目乃四世紀天竺梵志，名"賓伽羅"，爲注釋龍樹《中論》之論師。"赤髭"指耶舍。《御覽》卷六五五引《洛陽伽藍記》："佛耶舍，此云'覺明'，日誦三萬言，洞明三藏，與羅什法師情好，共出《毗婆沙論》及《四分律》，爲人髭赤，時號爲'赤髭三藏'。"梁簡文帝《大法頌》："踰乎青目黑齒，高彼廣膝赤髭。"[陳]釋真觀《與徐僕射領軍述役僧書》："乃有青目赤髭，黄眸白足，連眉表稱，大耳傳芳。"亦以"青目"、"赤髭"對舉。伯2326V1號《發願文》："於是擊鴻鍾(鐘)，召青目，開寶帳，儼真儀。"此"青目"乃善辯説僧人的通稱。古名家善辯，有議題"連環"論。《莊子·天下》載惠施有"連環可解也"之説。《淮南子·俶真篇》："智終(絡)天地，明照日月，辯解連環，澤潤玉石，猶無益於治天下也。"又《説林篇》："交畫不暢，連環不解，其解之不以解。"古名家善辯，又有議題"白馬非馬"論。《公孫龍子·白馬論》有"白馬非馬"論。《莊子·秋水》："公孫龍合同異，離堅白。"又考《韓子·外儲説左上》："兒説，宋人，善辯者也，持白馬非馬也。"《御覽》卷第四六四引《魯連子》："齊之辯者田巴……離堅白，合同異。""堅白"謂堅石非石、白馬非馬也。是兒説、田巴亦善此説，公孫龍子最爲著名。"半桎"論出《莊子·天下》，載惠施有"一尺之棰，日取其半，萬世不竭"之説。《釋文》引司馬彪曰："棰，杖也。若其可析，則常有兩；若其不可析，其一常存。故曰萬世不竭。"再考唐沙門澄觀述《大方廣佛華嚴經隨疏演義鈔》卷第二十："三、展轉釋。所以爲此釋者……即《中論宗》。《論》云：不生亦不滅，不常亦不斷，不一亦不異，不來亦不去。而青目釋之，有展轉相因釋。"[T36n1736p153c9—16]是"[□□□□□□]青目，媿其連環；白馬飛翰平赤髭，羞其半桎"前句乃謂青目善於展轉釋經，雖善，但猶愧於"連環"之論也；後句蓋説論白馬非馬者與赤髭持平，但還比不上惠施半桎的辯論。

② 啓，録本訛作"硌"，據底本改。

③ 抽，録本作缺文，據底本補。

④ 法，録本訛作"位"，據底本改。

⑤ "沙"後録本有一"播"字。按：底本先書"播"，旋旁改作"沙"。兹據删。

⑥ 味，録本訛作"昧"，據底本改。

⑦ 夫，録本訛作"天"，據底本改。

⑧ 悟，録本訛作"語"，據底本改。

《廣百論》疏卷第一

西明寺沙門文軌撰

破常品第一

聖天菩薩造本[①],護法菩薩釋

夫以述曰:聖天論本[②]有二百頌,二十五頌製爲一品,合有八品。大分爲二:前之七品,廣破耶宗;後之一品,廣立正義。破邪宗中,前之兩品破常,後之五品破無常。破常中,前之一品總破諸常,後之一品别破我常。今此破常品者,即是先總破諸常也。護法釋論,有三千餘頌。解釋本文,分爲三分。初兩行頌文致敬聖天,即爲序分。次"《論》曰爲顯"下解釋頌本,即爲正宗。後"諸有大心"下,勸學發願,即爲流通。

《論》云:"稽首妙慧"至"我當釋"。

述曰:此致敬聖天,即序分也。護法菩薩將欲解釋聖天菩薩所製論本,先申歸敬,表盡誠也。上三句申敬,下一句釋敬。"妙慧"者,聖天菩薩通真達俗,故云"妙慧"。此即直讚也。"如日輪,垂光破闇開净眼"者,喻況也。如世日輪,有其二用:一、舒光破闇。二、照色開眼。"遠布微言《廣百論》"者,合説也。聖天妙慧亦爾:一、布微言,破無明闇。二、照真俗,開發慧眼。言"遠布"者,提婆所製之論是佛去後八百年時,流至一千[一百年][③]後,故言"遠布"也。"微言"者,此《論》非直破有,亦復遣無;有執皆除,發言無當,故曰"微言"。"廣百論"者,提婆造論凡有百部,皆名"百論",並以百聖依隨而行,無越此路;此則言"百論",爲欲顯多,非謂數唯有百。其猶"百王不易"、"百味食"等。然此"百論"之上,並置别名。如舊"百論"名"經百論",以長行

① "造本"二字録本作"本造"。按:底本先書"造",旁補一"本"字。兹據正。

② "論本"二字録本作"本論"。按:底本先書"論",旁補一"本"字。兹據正。

③ "一百年"三字録本脱,據底本補。

直説名“修多羅”故，故彼《論》云“修妒[①]路”。“修妒[②]路”者，即是“經”也。舊云“論有百偈，故以‘百’爲名。此《論》有二十品，品各五偈。後十品無益此土[③]、故不翻”者，此謬也。檢尋梵本，但有十品。又此《論》有八品，品二十五頌，合二百頌。何得云“論有百偈，故以‘百’爲名”耶？又如舊“百字論”應名“字百論”。提婆臨終血書名字，此《論》字唯一百，復是百聖之所隨行，故云“字百論”也。又爲國王太子哭喪，悲泣不已，作論喻之，因名“教化百論”也。今此百論顯理既周，破執又廣，故言“廣百論”也。“百聖隨行我當釋”者，釋申敬意也。提婆所製[④]百聖隨行廣百之《論》，我當解釋，故申歸敬也。

《論》云：“《論》曰爲顯”至“故造斯《論》[⑤]”。

述曰：此下解釋頌本，即是正宗。有三：一、叙《論》起意；二、彰品次第；三、舉頌别解。叙《論》起意中，初標，後釋。此即標也。人、法二執皆有“我”及“我所”，總攝一切遍計所執皆盡。此遍計所執體性及其相貌並悉非有，故曰“皆空”。因此空理，顯三脱門，故曰“方便開示”。聖天造《論》，由此意也。

《論》云：“執見事性”至“即二非有”。

述曰：此釋也。由執人、法二種事性爲方便故，即起男、女、色、聲、香等十相分别。隨取二執事性十相分别爲依止故，生邪願樂，願作天王或人王等。既顯人、法二事性空，即顯空解脱門；十相分别亦即隨滅，即顯無相解脱門；事相既爲何所求願，即顯無願解脱門；故云：“既顯事空，二即非有。”二執“[三][⑥]解脱門”義，廣如餘處。

《論》云：“其我所事”至“先破常事”。

述曰：此彰品次第也。生欣樂者難除，起厭離者易捨，故今《論》初先破難除所執常也。前云“我、我所事”、今云“其我所事”者，前據執見“我”及“我

---

① 妒，録本訛作“始”，底本實作“妬”，乃“妒”之俗體。《龍龕手鑑·女部》：“妬，俗；妒，通；妒，正。”兹據正。

② 妒，録本訛作“始”，底本實作“妬”，乃“妒”之俗體。兹據正。

③ 土，録本訛作“立”，據底本改。

④ “製”後録本衍一“所”字。按：該“所”字底本旁有一廢棄號。兹據删。

⑤ “斯論”二字録本訛作“論斯”。按：底本“論斯”二字間有一乙鈎號，兹據改。

⑥ 三，録本脱，據底本補。

所”有殊，今就略文去“我”，但云“我所”。

問：“既云‘略’，何不云‘我’而言‘我所’？”

答：“‘我所’名寬，通内及外；‘我’名是狹，不通於外；故不云‘我’也。”

《論》云：“故説頌曰”至“如實號‘如來’”。

述曰：此下舉頌别解也。有二十五頌：初五頌總相破常，後二十頌别指破常。“總相破“中，一頌爲五。第一頌約生果破，第二一頌約有性破，第三一頌約無因破，第四一頌約闕喻破，第五一頌約愚智破。“生果”即正破，“有性”即助破，“無因”即顯邪宗不立，“闕喻”即顯因有相違，“愚智”即破貶責外人。“生果破”中，初舉頌，後解釋。此即舉頌也。上半立引①二量，下半讚美一人。“二量”者謂比量、聖言量，“一人”者謂“如來”也。“一切爲果生”者，此立比量，正破《勝論》等生果常法。彼立宗六句義，一、實，有九法，謂地、水、火、風、空、時、方、意、我。二、德，有二十餘法，謂色、聲、香、味、觸、苦、樂、貪、嗔、癡、數、量、合、離、愚、智、勤、惰、好、醜等。三、業，謂往來、遲速、屈申、俯仰等。四、有，謂實、德、業。自體非無，名之爲“有”；如此性有，非實德業，别有體性遍一切法也。五、同異，如實望實爲“同”，望德等爲“異”。如此同異亦非前“實”等，别有體性，如是一一法上各别有也。舊云“總相諦”“别相諦”者，即此大有、同異二句也。六、和合；謂“我”與“法”合即“有”，和合性生，如薩婆多僧和合性也。“實”、“德”兩句通常、無常。謂“實”句中，虚空、時、方、意、我五實一向是常；地、水、火、風通四大，通常、無常。謂“空”劫中有四極微，散在處處，後劫成時，有情業力令諸極微兩兩和合，各各生一細果；其一細果，量等二微；如此細果，復兩兩合，更生麁果；如此漸增，乃至和合，生器世界；後劫壞時，極麁大果先爲災壞，漸漸壞至最初細果；麁細之果，悉皆壞盡；最細極微，不爲災壞；此則四大極微是常，所生之果並是無常。“德”句之中，謂數體周遍一切實德業上，又如極微之上有微德，亦是其常；自餘苦、樂、色、聲、香等即是無常。大有、同異一向是常，業及和合一向無常。今所破者，但破其常。於此常中，有生果常、不生果常。如四大極微，能生細果，“空”生聲德，“我”生思德，“時”生芽德等，名“生果常”。如大有、同異及

① 引，録本訛作“到”。按：該“到”字旁底本正一“引”字。兹據改。

微德、圓德並“數”等，但依“實”等上顯，不能生他，名“不生果常”。又，薩婆多等立虚空、涅槃樂等，亦是“不生果常”也。今言“一切”者，如生果微等，此即有法也。“生”者，此生果極微，應從他生，此即宗法也。合是立宗。“爲果”者，爲此極微果從生故。此意兼取宗之“生”字，助成因也。頌文簡略，不言兩喻。或可“一切”、“生”三字是立宗，“爲”一字是立因，謂爲此一切果從生故。此意並取宗“生”，喻“果”助成因也。“果”一字是同喻，謂從二微已去所生之果能生他故，即從他生以爲喻也。頌文存略，不言異喻。一切生果常法皆從緣生(宗)，能生果故(因)。諸能生果者皆從緣生，猶如麁果(同喻)。若非緣生，皆不生果，如空花等(異喻)。以此比量生果常法必從緣生，生已歸滅，定言“無常”也。“所以無常性”者，此引聖言量成上比量也。比量道理，諸法既是無常，佛智無常，所以稱理而説，何但聖言成比量，亦比量成聖言也。“故除佛無有，如實號‘如來’”者，此讚美一人也。佛證無常，説無常理，非不如説，獨號“如來”。除佛已外，諸外道師所説乖理，非如來也。

問:“佛既五眼圓明，六通具足，見境無礙，獨號‘如來’，何不頌初先美、乃在比量後讚?”

答:“若對自宗讚佛，然後論法。今對外道立理，然後美人。良由理無獨論、人有偏信，故先立道理、然後美人也。”

《論》云:“《論》曰諸有”至“比量安立”。

述曰:此下解釋也。初釋頌，後通難。釋頌中有三:初釋第一句，次釋第二句，後釋下兩句。釋第一句中，初正釋，次反破，後顯意。正釋即令生之法從生，返破即令非生之法非有，顯意即令從生之法歸滅。正釋中初叙計，即釋“一切”兩字;後正破相，釋“爲果生”三字。“世間”者，虚妄也。“鄙執”者，惡見也。“他論”者，諸外道小乘也。“常住句義”者，極微等也。謂《勝論》等虚妄惡見異大乘宗他論所説，常極微等，多分非是五根、五識現量所取;如極微虚空、時、方、意、我微圓德等，並非色根現量所取。其大有、同異若依色等可見等者，即現量取;若依極微不可見等者，非現量取;故云“多越現量所行境界”也。其極微等既非現量所取，何以有智得者?以能生果比量安立也。謂世間現見瓶等麁果，無不依彼細凡等生，故知第三細果亦依初二極微生也。又若無意及神我，苦樂善惡由誰而生?若無虚空，聲從何起?若無時者，芽等豈生？立比量云：第三細果苦樂聲等定有所因（宗），以是果故（因），猶如麄果（喻）。又，極微空等體定是有（宗），能生果故（因），猶如麄果（喻）。

《論》云："既能生果"至"如麄色等"。

述曰：此正破也。"既能生果"者，即是立因。"亦應比度從緣而生"者，即是立宗。"如麄色等"者，即是同喻。

《論》云："若非緣生"至"如空花等"。

述曰：此反破也。若汝圓執生果常法不從緣生者，生果常法無勝體用（宗），非緣生故（因），如空花等（喻）。生果常法不能生果（宗），非緣生故（因），無體用故（因），如空花等（喻）。或可以此反破之文爲前量，異喻如前釋頌作之。外人本以能生果因，證極微等決定是有，此則極微等是有法宗。有是法宗，於法宗中有是言顯，即是法自相。然意許此有不從緣生，即是法差別。今《論》主還用彼因難極微等從緣而生，即與外因作法差別相違過也。

《論》云："若許彼義"至"如所生果"。

述曰：此顯意。頌文成立，從生意欲，令即歸滅也。汝若爲理所逼，許極微等從緣生者，此則應如所生麄果，生必歸滅，理數然也。

《論》云："所以佛説"至"如苦樂等"。

述曰：此釋第二句頌也。比量道理既成，明知聖言非謬。佛既有此誠説，汝等何所致疑？苦樂緣起，必定無常。《勝論》同前，故引爲喻。

《論》云："是故唯佛"至"無罣礙故"。

述曰：此釋下兩句也。唯佛獨有如理、如量二智，能見真、俗二境，無有罣礙，如見而説，得名"如來"。

《論》云："若爾，所餘"至"從緣生故"。

述曰：此下通外難。先難，後通。此難也。外人云："若以極微等能生果故，如麄果等從緣而生是無常。爾者，我宗之中所餘大有及同異等既不生果，此應是常，以大有等既不生果、不可以如麄果比度從緣生故。"此難意云：極微能生果，可使是無常；大有不生果，此則應是常。此當因明義唯難也。又薩婆多等難云："《勝論》極微能生果，可使是無常；我宗虚空涅槃不生果，此應即是常。"

《論》云："雖爾，既無"至"應比非有"。

述曰:此通宗也。雖汝宗中有不生果大有性等,薩婆多等虚空涅槃應是常爾。然有等既無能生果用,如兔角等永無,過去滅無,應比非有也。大有性等及虚空等並悉非有(宗),無生果用故(因),如永滅無(喻)。

《論》云:"爲顯此言"至"故復頌曰"。

述曰:此下第二頌,約有性破,即助前頌破生果常,又兼破不生果常也。初生起,次舉頌,後解釋。此生起也。恐外人猶執有常生果,有無常生果,何得以無常例常? 又有常生果,有常不生果,雖破生果之常,不生果者此不可破。今爲顯此前頌破生果常言"決定",又爲兼顯此破不生果常言"決定",復説此頌也。

《論》云:"無有時、方、物"至"有性而常住"。

述曰:此舉頌也。上半令有法從緣生,下半令生者必歸滅。"時"謂春夏等四時、過去等三時,"方"謂東、西等十方,"物"謂根塵、色心等諸物。此言無有三世、四時、十方、根塵、色心一切諸物,體是其有而非緣生也,故知無有時、方、物類從緣所生,竟不歸滅而常住也。

《論》云:"《論》曰諸有"至"應從緣生"。

述曰:此下解釋也。有四:一、釋頌文;二、結頌義;三、顯頌成;四、引頌證。釋頌文中有兩釋:初以有性證緣生,後以緣生證有性。初中初釋上半,後釋下半。此即釋上半也。西方二釋。一釋云:比量有三種:一、共相;二、自;三、他。有法喻因,立敵俱許,名"共比量"。有法因喻,唯自所許,非他所許,名"自比量"。有法因喻,唯他所許,非自所許,名"他比量"。今文中初三句約依他起性,立"其(共?)[1]比量"。次三句約遍計所執性,立"他比量"。後兩句牒宗結破。初三句立"共比量"者,謂彼所立時、方、物類皆是識心所現相分,是他依起性;今立此等並從緣生,是共比量。時、方、物等定從緣生(宗),以有性故(因),諸有性者皆從緣生,如苦樂等(同喻)。若非緣生,即非有性,如空花等(異喻)。次三句立"他比量"者,謂就外人非依他起,時、方、物上横計實有常,時、方、物是遍計所執性;今立此等皆無有性,是"他比量"。

[1] 結合文意,此"其"字似應作"共",待考。下文"初三句立'共比量'者",中"共"字書手先作"其",旁注作"共"。可助勘。

時、方、物等定無有性(宗),非緣生故(因),諸非緣生皆無有性,如空花等(同喻)。若有性者,即從緣生,如苦樂等(異喻)。後兩句牒宗結破者。此時、方、物若依他起是有性者,應從緣生也。略不結"他比量"宗也。二釋云:此中但破外人妄執一切常法,亦不勞强[①]以依他、遍計二性。别破文中,初三句是同喻,次三句是異喻,次一句是立因,後一句是立宗,如前釋中破依他性比量作之。

《論》云:"若從緣生"至"無容常住"。

述曰:此釋下半也。時、方、物類既從緣生,當知必有滅壞隨逐,無容有生有滅而是常住也。此中有二比量:"滅必隨逐"者,破聲論外道等計。彼計聲從脣舌衆緣而生,生已常住,竟無壞滅。故立量破云:聲定滅壞(宗),從緣生故(因),如苦樂等(喻)。"無容常住"者,破《勝論》等計。彼計如器世界一生已後,經劫而住,無有滅相,唯至劫盡三災壞時方有滅相,此世界雖有初生後滅,兩相中間一劫但有住相,而無生滅,即是常住。故立量破云:世界決定念念無常(宗),有生滅故(因),如苦樂等(喻)。

《論》云:"如是説已"至"如未來法"。

述曰:此第二釋也。前釋以有性證緣生既竟,故云"如是説已";今釋以緣生證有性,故言"或復"也。欲知諸法是有,必須觀從緣生,如現在色心等是也。若觀彼法非從緣生,即非有性,如未來色心等是也。此但指事,非立比量。此意云:法若有性,即從緣生。若非緣生,即非有性。此時方、物若是有性,不離緣生;若非緣生,即非有性;何得妄執有性非生?

《論》云:"爲辨此言"至"時、方等言"。

述曰:此結頌義也。聖天菩薩爲欲辨此若有性從緣生、依緣生知有性、非緣生非有性義,決定無著,故説此頌云。

《論》云:"此顯所説"至"皆無諍論"。

述曰:此結頌成。聖天此頌所説道理決定成就,謂生果常、不生果常。若是有性,即從緣生。又依緣生,方知有性。若非緣生,即非有性。如此道理,若三世、四時、十方處所、内外色心、物類差别,遍九十六道一切宗處皆無

① 强,録本訛作"律",據底本改。

諍論，以理決成不可破故。

《論》云："如説菩薩"至"出生緣外"。

述曰：此引頌證也。比量既爾，聖語亦真，言理符契，故引爲證。如經所説，是諸菩薩以後得智遍修諸法，如實觀察，不見少物如微塵許體是其有、出緣生外，是故當知但是有性，必從緣生，生定歸滅，是無常性。此義成立。

《論》云："又彼非處方便慇懃。"

述曰：此下一頌，約無因破，即顯邪宗不立也。初正釋頌文，後因破異執。釋文中初一句正破，第二句縱破，下兩句結破。正破有四：一、直非；二、徵問；三、舉頌；四、解釋。此直非也。"非處"者，無理之所也。"方便"者，矯陳所以也。"慇懃"者，自强不息也，謂汝雖自强不息，欲於無理處矯陳所以，成己[1]妄立，徒自劬勞也。

《論》云："何以故？"

述曰：此徵問也。

《論》云："頌曰：'非無因有性。'"

述曰：此舉頌也。《勝論》等立常云：空等是常（宗），非所作故（因），諸非作者皆悉是常（此無同喻）。若非是常，即有所作，猶如瓶等（異喻）。《論》主云：夫爲正因，須具三相，今此非作。一、則非遍宗法，所遍有性無故。二、非同品定有，更無共許常故。但有第三異品無相，以瓶等無常有所作故。三中闕二，與無不殊。因既是無，宗豈得立？

問："空非所作，立敵同知，何故乃言'非遍宗法'？"

答："《勝論》空有，非作不無；大乘空無，非作不有。"

問："兔角體無，非作仍有；虛空不有，非作寧無？"

答："非作之言，有遮有表。《勝論》兼表，大乘但遮；故非作因，非遍宗法。此則隨一所依，不成過攝。"

《論》云："《論》曰彼雖"至"説有道理"。

述曰：此下解釋也。初總非，後别破。此總非也。

《論》云："如是句義"至"不極成故"。

① 己，録本訛作"已"，據底本改。

述曰:此下别破也。初顯宗因過,後顯同喻過。此即初也。如是汝立比量句義有所立一分不極成過、能立所依不極成過,故無道理也。謂宗有二分:一、有法分;二、法分。此二分合,方名爲"宗"。若隨闕一,即非宗也。謂有法必須共許,不許即非法;依法即要須違敵,不違即無簡别。今《勝論》宗云"虚空是常"者,常違大乘,容有簡别。虚空非有,豈是宗依?故是所立宗中一分有法不極成也。因有三相:一、遍是宗法;二、同品定有;三、異品遍無。其遍是宗法須有所遍,有如爲依。今《勝論》因云"非所作"者,空既非有、非作、無依,故是能立所作不極成也。

《論》云:"既不許有"至"比量不成"。

述曰:此顯同喻過也。《論》主云:"我大乘中,除汝自宗常外,更無共許常物可爲同喻,故汝比量不得成就。"

《論》云:"設復强説,終成非理。"

述曰:此下縱破也。一、直非;二、徵問;三、舉頌;四、解釋。此即直非也。設汝强以方便説云:"虚空是有(宗),餘無性法所不攝故(因),諸無性法所不攝者皆悉是有,如色心等(同喻)。若非是有,即非餘無性法之所不攝,如空花等(異喻)。"雖有此説,終成非理也。

《論》云:"何以故?"

述曰:此徵問也。

《論》云:"頌曰:'有因即非常。'"

述曰:此舉頌也。此頌意云:汝立常法,爲當有因,爲當無因?若無因者,如空花等體即非有;若有因者,如心心法即非是常。

《論》云:"《論》曰縱彼"至"相應所生"。

述曰:此下解釋也。初正釋頌文,後因破異執。初中初正破,次結過,後通難。此即正破也。空等非常(宗),以有因故(因),諸有因者皆悉非常,如苦相應,詐如苦受相應心心法也(同喻),如熾火所生灰炭等也(同喻)。爲成文故,離合論之。

《論》云:"此因便能違害根本。"

述曰:此結過也,即是法差别相違過也。外人比量,以虚空爲有法自相,是有爲法自相。法自相中,有常無常,意但取常,不取無常,此常是法差别。

今外人立因，爲成其常。《論》主今難："空既有因，即成無常。此之無常與常乖反，名曰'相違'。故是法差别相違因過。其法自相等四宗並是所立，皆名'根本'。由因破本，故名'違害根本'。"

《論》云："雖無生因"至"即爲極成"。

述曰：此通難也。外伏難云："《論》主既以從因所生心、心法等爲其同喻，則空等上無彼生因，所言有因有不成過。《論》主今通云。"因有二種：一、生，如種生芽等。二、了，如燈了物等。其心、心法等如彼芽等，從因而生；其虚空等如闇中物，由因顯了。雖空等上無彼生因，而有了因，以有因之言，總攝生、了，故極成也。如聲言所作，但是咽喉等作；瓶言所作，但是泥輪等作；兩作雖殊，總言"所作"。得是正因，今此亦爾。

《論》云："復次有執"至"比量不成"。

述曰：此下因破異執也。初叙難，後正破。此叙難也。非但前破《勝論》，亦復因破《數論》，故言"復次"也。《數論》師難言："我立諸法性皆是常，汝立諸法皆無常性。由汝所立一切無常，我立常宗，遂無同喻。亦由我立一切常住，故汝立無常，喻亦不成。此則過失是同，何偏難我，乃云'無常理是常義非'耶？"

《論》云："此亦不然，過同前過故。"

述曰：此下正破也。初同前破，後顯異破。此同前三破也。一、同前能生果、不生果常破。二、同前若有性從緣生、非緣生非有性破。三、同前無因非有、有因非常破。

《論》云："又彼雖立"至"及非有故。"

述曰：此下顯異破。此明我無常宗有同法喻，汝執常宗無同法喻，故有異也。有三：一、顯内喻成；二、破"外救"義；三、結宗顯異。此即顯内喻成也。先叙外計，次顯喻成，後引外證。《數論》師立苦、樂、癡三德體是其常，爲二十三諦自性，名之爲"隱"；大、我慢等相有生滅，名之爲"顯"。此叙外計也。由此顯相有生滅故，足能顯汝宗中有無常，有性以爲同喻，破汝宗中三德常性也。苦、樂、癡三定是無常（宗），以有性故（因），如所生果（喻）。

問："佛法義中不立隱性，何故《論》主以之爲宗？"

答："此之三德，本是佛法三毒三受種子，伏在阿賴耶識中，生滅相續。

外道不了，謂爲隱性，體是其常。《論》主取此，以之爲宗，故無過也。又釋：此令外人自立比量，縱非所許，亦得爲宗。此顯喻成也。即彼《數論》、《金七十論》中自遮破顯相是常，由大慢等相改易故；及遮非有，由大、慢等用苦、樂、癡爲其體故。故此顯相證無常喻，理得成就。此引外證也。"

《論》云："若説顯相"至"何所造耶"。

述曰：此下破"外救"義也。有三：初破相無生滅，次破相有隱顯，後破體無位有。此破相無生滅也，若汝説言相雖隱顯，以用三德爲其體故。二"無生滅"者，此牒救也。"前位無"等者，正破也。謂若無生滅者，大等前位生我慢等，後位之時應當無減也；我慢等後位從大等前位正生之時應亦無增也。若無增減者，汝師劫比羅等諸造論者爲誰造耶？以弟子等不可轉愚成智、無增益故。何所造耶？以所造論是聲唯量所攝、亦不增故。此難意言："弟子若無所益，不勞爲之造論。既其轉愚成智，即是前減後增。又論若本來自有，何須汝師更造？如其先無，今有亦是前減後增，增減顯然，理有生滅也。"

《論》云："若謂諸法"至"有何隱顯"。

述曰：此破相有隱顯也。外人救云："弟子捨愚成智，此是智顯愚隱。我師製造諸論，此亦本隱今顯。隱顯自可有殊，而體無生滅者。"此亦不然也。下《論》主正破云："若無生滅者，即前位不滅，後位不生。生滅既無，便無差别。若無差别，即無增減。增減既無，有何隱顯？"

《論》云："又離體外"至"體應然"。

述曰：此下破體無位有也。初破體無隱顯，後破體無生滅。此即初破也。外人救云："二十四諦前後諸位有隱有顯，體皆三德而無隱顯。"《論》主破云："位依體立，離體無位。位有隱顯，體亦應爾也。三德之體有隱有顯（宗），不異位故（因），如位（喻）；又前後之位應無隱顯（宗），不異體故（因），如體（喻）。"

《論》云："汝雖不欲"至"必應信受"。

述曰：此破體無生滅也。三德之體應有生滅（宗），不異位故（因），如位（喻）；又前後之位應無生滅（宗），不異體故（因），如體（喻）。此以前文成位隱顯，是生滅故，得爲喻也。

《論》云："如是所立"至"定非有故"。

述曰：此結宗顯異也。文中先顯“我”有，後顯“他”無，故有異喻也。

《論》云：“又所立義”至“即可成立”。

述曰：此下半頌結破也。初生起，次舉頌，後解釋。此生起也。

《論》云：“故次頌曰”至“真見說非有”。

述曰：此舉頌也。若因具有三相，比量始可得成；如其隨有所闕，比量必無成理；故能立者總名“因”也。今外道立因既闕三相，雖欲成立空等常宗，如來真見說“非有”也。或可世間智人照實理者名“真見”也。

《論》云：“《論》曰諸有”至“乃名能立”。

述曰：此下解釋也。初依頌解釋，後因破異執。前中初示正立，次非邪立，後破、救立。此示正立也。如因明中《聲論》許瓶無常，然不許聲無常。故佛法立云：“聲是無常所作性故。”此所作性具有三相，能成《聲論》所不許義，名“能立”也。

《論》云：“若離正因”至“終不得成”。

述曰：此非邪立也。若汝離此三相正因，但有虛言，義終不立。

《論》云：“有言無因義得成者。”

述曰：此破、救立也。一、外救；二、內破；三、外責；四、內通。此外救也。外人意云：“法若無常，不由因轉爲常。法若是常，不由因變無常。此則法性楷定，非人所爲，何要須因方成宗義？故空等常住無因自成也。”

《論》云：“諸有所立一切應成。”

述曰：此內破也。常無常法，雖實楷定，但由妄執不與法同故，須約因方顯宗義。若汝無因義得成者，諸有所立一切應成也。謂大乘經部立空有名無體，薩婆多等立空有體有名，《數論》師等立空三德爲性，《勝論》師宗九實所攝。如此等宗若不立因，並應成就也。

《論》云：“縱一切成仁今何悋。”

述曰：此外責也。縱一切成，於仁何損？仁今不許，一何悋耶？

《論》云：“我亦無悋”至“汝亦不許”。

述曰：此內通也。彼一切宗立自不成，非是我心有所悋惜。此無因立一切皆成，非我獨遮，汝亦不許。何偏責我有悋惜耶？

《論》云：“復次有餘”至“曾不差違”。

述曰：此下因破異執也。初叙執，次總非，後正破。叙執中初叙述邪宗，後叙非正義。此叙述邪宗也。舊云"夷陀"，或云"皮陀"，或云"毘陀"，並訛也；應云"吠陀"，此云"明"也。諸婆羅門計四明，聲體是常住。尋本無始，故初不待緣；窮末無終，故後無壞滅。雖梵王等説但是誦者而非造者，此之常聲，性能詮顯五色諸根所不取義。謂虚空極微，諸常住法及五色根心、心法等，其色聲等色根取者不言可知，故言"性自能顯，越諸根義"也。此云常聲，詮顯諸法，云善决定善，云惡定惡，終不改易，故云"爲决定量，曾不差違"也。

《論》云："現比等量"至"皆難信受"。

述曰：此叙非正義也。現量依士夫，謂依士夫五根證境起現量也。比量依見，如見烟比火等，聞嘶比馬等，嗅香比沈等，嘗甘比蜜等，觸重比金等，如所作比無常等。此則六識了境，俱名爲"見"。依此諸見起比量也。"等"者等聲量也。比量通依士夫及見。故言"現比量等依士夫見"也。此即牒正義也。"士夫有失"等者，外人非也。"士夫有失"者，如乘舟東逝，則謂河岸西移；指按一目，便見兩日；幻事謂爲象馬，旋火謂之爲輪；故知士夫五根有多過失也。"見是疑因"者，如人苦寒，遠見霧等，謂之爲烟，遂立比量，云彼處有火（宗），以現烟故（因），如厨等處（喻），往彼求火，被凍而死；又如盲人欲有所至，以杖尋路，得知數步無有坑坎，便立量言："未行之處皆悉平坦（宗），是所行處故（因），如已行處（喻）。"去杖前行，墮嶮而死。故知依彼六識之見而起比量，未可指的，乃是疑爲誤因故也。能依士夫現量，能依見比量，能依士夫及見聲量，皆難信受也。

《論》云："此亦不然。"

述曰：此總非也。

《論》云："與前所説非愛過咎，不[①]相離故。"

述曰：此下正破也。初破述己宗，次破非正義，後總結破。此即初也。汝今所執聲常之宗，與前生果即非常，不生即非有。有性從緣生，非生非有性，有因即非常，無因即非有。如此過咎，所不愛義不相離故，故汝述宗理不然也。

① 不，底本、録本作"不不"。中有一"不"字當屬衍字，結合文意，據《大乘廣百論釋論》卷第一[T30n1571p187c20]删。

《論》云:“若所依止”至“便成自害”。

述曰:此下破非正義也,但隨救即破復科數。若言所依士夫及見有過,即云能依現比聲量亦有失者;汝吠陀弟子及汝吠陀本師亦是士夫,心中比度亦是其見;依此士夫及見所起現比及聲常言亦是之量,皆有過失,亦不可信。云何獨言他不可信?汝今所發士夫見言有過失故不可信者,非但破他,亦自害也。

《論》云:“若汝意謂”至“所立宗義”。

述曰:此破轉救也。外人轉救云:“非但吠陀聲爲定量,我及我師所發言詞亦是定量。自餘言聲非是定量。”《論》主破云:“此無成立比量道理,但汝實愛自宗,有此妄執也。汝本宗立吠陀聲常爲决定量,今爲難逼,便言:‘我及我師所發之言亦是定量。’此則自違所立宗義,即是自教相違過也。”

《論》云:“又以比量”至“則爲自害。”

述曰:此破常聲所立因喻也。外人量云:“此明論聲非士夫造(宗),能造者名不可知故(因),諸能造者名不可知者皆非士夫造,如虚空等(同喻)。又此明論聲體是常住(宗),能造之人不可得故(因),如虚空等(喻)。”《論》主破云:“汝初因云‘能造者名不可知者’,此明論如聲,爲如空等能造者名不可知故非夫造耶?爲曠野中丘井[①]能造者名不可爲知是士造耶?此則汝因有不定過。又汝自許此明論聲無有造者,然佛弟子不許此義,此則復因有隨一不成過。又此二量以空爲喻,大乘不許,喻亦不得成。故汝因喻應更須立也。設復强爲方便,立聲常因,因若得成,則爲自害。謂本爲成常,須立因喻,因喻若有,便即非常,以有因法皆非常故。”

《論》云:“又明論聲”至“餘聲無常”。

述曰:此又立量破也。此明論聲定是無常(宗),是聲性故(因),如所餘聲(喻)。

《論》云:“亦不可説”至“成常無常”。

述曰:此破遮救也。

《論》云:“不可説言”至“非道理故”。

① 井,録本訛作“並”,據底本改。

述曰：此又破轉救也。

《論》云："若法隨人"至"取所餘見"。

述曰：此又重破也。若法隨人情計而轉，謂情計其常法即常、情計無常法即無常者，應捨自宗所執聲常，取所餘見立聲無常，何爲因執聲是常耶？

《論》云："又立常者"至"或捨自意"。

述曰：此又責無同喻，立義不成。謂外人立云："明論聲常（宗），無造緣故（因），諸無造緣者皆悉是常，如虛空等（同喻）。若是無常，即有造緣，如瓶、盆等（異喻）。然大乘宗中不許空常，故無同喻，但有異喻，宗不成也。"言"或捨自意"者：設汝方便，强立量云："明論常言決定是實（宗），餘不實言所不攝故（因），如餘實言（喻）。"既汝期心强立常因，因若成，翻失常性；常性既失，則違本心；故云"或捨自意"也。

《論》云："是故彼宗"至"都無實義"。

述曰：此總結破也。

《論》云："復次有餘"至"即名能立"。

述曰：此下頌約闕喻破也，即顯因有相違。初生起，次舉頌，後解釋。生起中初破"唯異能立"，後顯"因有相違"。初中有四：一、敘計；二、總非；三、徵問；四、正破。敘計中有四：一、標宗；二、釋義；三、舉法；四、結定。此即標宗也。諸外道等爲立常宗，既無同喻，迷情不息，遂云："宗成但須異喻，不必要藉同喻方成。"

《論》云："異法遍故。"

述曰：此下釋義也。三義爲三，此第一義也。立同爲表，立異爲遮。同法喻言"諸所作"者但表瓶之所作，"皆無常"者但表瓶之無常。其異法喻言"若是其常"者即遮瓶之無常，"見非所作"者即遮瓶之所作。所以同法不表異喻，力劣不成能立；異喻能遮同法，用勝獨得立宗。此則異喻外遮勢力，遍其同法；同法直能內表爲用，不至異中；故言異法遍故唯能立也。有人釋言："'異法遍故'者，凡所立宗，皆有異喻。若内法喻，或有或無。既異法喻遍一切宗，故唯異喻名能立者。"此亦不然也。准下破文，云"若無同喻，何所遍耶"者，此以同喻爲其所遍，何得以宗爲所遍耶？有人破此，釋云："如《掌珍論》中'真性有爲空，如幻緣生故'者，此無異喻，以一切法無非空故。又如

《數論》立一切常亦無異喻，以一切法無非常故。此則諸宗不必皆有，何得釋言‘遍一切宗’者？”此不然也。如《掌珍》云：“爲遮異品，立異法喻。異品無故，遮義已成。”是故頌中不説異喻者。此釋喻中不説於異喻，所以不言。此宗雖無異喻，即次文云“辨(辯)[1]釋時……假立比量，亦無有過”者。此明有異喻也。“辨(辯)[2]釋時”者，對敵立論時也。謂眼等是空(宗)，以緣生故(因)，諸緣生者皆悉是空，猶如幻事(同喻)。若非是空，即非緣生，猶如兔角(異喻)。本立空宗，爲破有執。外人不執兔角爲有，《論》主不可立之爲空，故此兔角非所立空，名爲“不空”。此之“不空”即非緣生，故成異喻。

問：“外人亦不然，爲無執幻事爲有，《論》云亦不可立之爲空，幻事二言同成異[□][喻][3]？”

今答：“以[□][幻][4]事然，空元來共許耶。爲同今體，故言‘假立得成異喻’，故無有過。又，《數論》顯相亦許無常所作異喻也。立常宗即有異喻，故得破言‘異喻不遍一切宗’耶。”

《論》云：“比量本爲遮餘義故。”

述曰：此第二義也。夫立比量之意，爲遮餘義。謂若立無常比量，本爲遮常；若立常比量，爲遮無常；立異法喻，本亦爲遮順比量勝其同法，故唯異喻名“能立”也。

《論》云：“現見遮相所雜糅緣能顯義故。”

述曰：此第三義也。立比量言及比量智並遮相所雜糅故，方成比量也。如“青”有二相：一、自相；二、共相。比量名言，但詮“青”之共相，不詮自相，以“青”自相離名言故。若詮“青”共相之時，要遮“黄”等，方顯此“青”，謂“非非青”，故名之爲“青”。若不遮“非青”唤“青”，應目“黄”等比量。意識亦爾。不能緣“青”自相，但取共相。取共相時，亦遮餘取此。故此“青”言“青”智要有遮相雜糅，方能詮“青”及緣“青”也。異喻亦爾，要有遮相所雜糅，方成異喻。此既義同比量，故唯異喻名“能立”也。

---

[1][2] 結合文意，此“辨”字當爲“辯”之借字。

[3] 喻，底本，録本無，據文意補。

[4] 幻，底本，録本無，據文意補。

《論》云:“爲定此義”至“理應常住”。

述曰:此舉法也。外人唯立異喻之法,此比量言:“空等是常(宗),非所作故(因),諸所作者皆是無常,猶如瓶等(異喻)。”文中但覆成云:“瓶等是所作,決定是無常。空等既非作,理應即是常。”此則舉瓶所作無常,反證空非所作是常住,故知異法勝因法喻。

《論》云:“此言爲顯異法決定。”

述曰:此結定也。

《論》云:“此亦不然”至“顯正理故”。

述曰:此總非也。

《論》云:“所以者何?”

述曰:此徵問也。所以非汝唯異能立不然者何?

《論》云:“唯顯異義所遮事境,名爲‘同喻’。”

述曰:此下正破也。破三義爲三。破初義中,初示意,次正破,後遮救。此即示意,即示立同喻之意,令外人了知,擬生正破也。如立聲無常(宗),所作性故(因),諸所作者皆無常,譬如瓶等(同喻)。若是其常,見非所作,如虚空等(異喻)。此異喻云“若是其常”者,遮同喻無常也。“見非所作”者,遮同喻所作也。此則瓶事,是異喻義。所遮之境,名“同法喻”。此意云:“得成異喻,要有所遮。所遮若無,異喻不立。何得立異而無同喻?”

《論》云:“其異法喻”至“何所遍耶”。

述曰。此正破也。夫言“遍”者,行自分及他分有能遍、有所遍,可名爲“遍”。既不立有同法喻,是則異喻但行自分,不行他分。既無所遍,能遍不成。何名爲“遍”?

《論》云:“不可説言‘自體自遍’。”

述曰:此遮救也。汝不可救言“異喻向自異喻之中,名之爲‘遍’”,以同法喻亦得遍自、同法喻中不名“遍”故。

《論》云:“又諸比量”至“然後方成”。

述曰:此下破第二義也。初示意,次正破,後遮救。此則示意也。如意聲無常比量欲遮餘“常”義,要有同喻助因證成“無常”,然後方能遮餘“常”義。若闕同喻,因即無力,“無常”不成,何能更遮餘“常住”義?

《論》云："同法若是無，異法應非有。"

述曰：此正破也。夫宗不能自立，必須以因證成。然彼因力復尚羸，更引同喻相助。同喻既其成就，方以異喻簡之。今既内喻是無因，即無"扶助宗"義。既自不立異喻，何所簡耶？"簡"義既其不成，異喻理應非有。

《論》云："離其同異"至"餘同類義故"。

述曰：此遮救也。外人救云："離其同異二聚法外，别有非同、非異聚法。如兔角等，非常無常，能助捨[①]因，成立宗義，何必要須同喻助耶？"今《論》主遮云："依因法如立聲無常，其兔角等非無常，故即異品。若立聲常，其兔角等非是常，故亦異品。既離二品之外更無别法，何得救云'别有非同、非異聚法能助因'耶？"

《論》云："由此即破"至"能顯於義"。

述曰：此破第三義也。由此破第二義，即亦破第三義也。謂若有所遮同法，能遮可有雜糅；所遮同法既無，異喻竟何所雜？此之二義同以有遮，故類破也。

《論》云："又以不見"至"未曾見有"。

述曰：此顯因有相違也。外人量云："空等是常（宗），以不見所作故（因）。若是無常見有所作，猶如瓶等（異喻）。"《論》主破云："若以不見所作爲因，欲成虚空有（有法自相）常（法自相），終無此義，以一切兔角等處未曾見有，以非依因成有常故，但成非有非常故。"

《論》云："故説頌曰"至"應言'常性無'"。

述曰：此舉頌也。上半牒計，下半例破。此頌同舊《百論》中"汝以作、不作相違故，作法既是無常，不作法即是常；我以作、不作相違故，作法既是有，不作法應是無"文也。

《論》云："《論》曰見所"至"皆是常住"。

述曰：此下解釋也。初釋頌，後通難。釋頌中有四：一、牒計，二、例破，三、釋成，四、結意。此即牒計也。空等是常（宗），以非作故（因），諸所作者皆是無常，猶如色等（異喻）。文但覆云："汝見所作無常，即言'非作常住'

① 捨，録本訛作"拾"，據底本改。

者。"即釋上半。

《論》云:"既見所作"至"應許無體"。

述曰:此例破也。一、例破常;二、例破有。"既見所作"等,例破常也。"諸所作者"等,例破有也。

《論》云:"以非作因"至"皆可得故"。

述曰:此釋成也。何以例破常及有者,以非作因於同品樂等遍無、異品龜毛等有故也。謂空等非常(宗),非所作故(因),諸非所作皆悉非常,如龜毛等(同喻)。若非常,即有所作,如苦樂等(異喻)。空等是無(宗),非所作故(因),諸非所作皆悉是無,如兔角等(同喻)。若非是無,即有所作,如苦樂等(異喻)。文中但釋成破有故,故以非作因於苦樂等有、曾所未見龜毛等無皆可得也。不釋成破常,以除非常宗外無是常法可爲異喻,其苦樂等即同龜毛同品所攝,其非作因於此同品一分轉故,亦是正因。若作此釋,非常比量則無異喻。然因無所濫,比量得成。思之。

《論》云:"如是非作"至"非正能立"。

述曰:此結意也。此非作因既於異品定有、同品遍無,故違能立因之所依,謂虚空等有法自相非正能立也。

問:"准前例破之文,非但破空等是有,亦復破空等是常。何故今結但言'違害有法自相'?"

答:"外執空等有體,遂即妄立爲常。提婆意拔有根,常條自然隨破。故但言害所依自相。"

《論》云:"爲不爾耶"至"自相差別"。

述曰:此下通難也。有四:一、外人進退難;二、《論》主破進通;三、外人約退難;四、《論》主破退通。"外人進退難"中,初述道理,次正設難,後結難成。此述道理也。將欲説難,先述相違因理,以爾《論》主也。"爲不爾耶"者,先定《論》主語也。據相違因道理,爲不如此耶?相違因有三:一、違他許;二、違自許;三、違共許。如《聲論》師對佛弟子立宗云"聲常"、立因云"所作性"故,佛弟子若作相違難云:"聲是無常(宗),所作性故(因),猶如瓶等(同喻)。"此違他許也。若作相違難云:"聲非耳識所變(宗),所作性故(因),猶如瓶等(喻)。"此違自許也。若作相違難云:"聲應非聲(宗),所作性故

(因),猶如瓶等(同喻)。”此違共許也。此諸三種相違因中,若不遮礙自所許宗、共所許宗,唯違他許,如此一因乃於自宗境上方作相違,於相違中有自相差别。廣如《因明疏》述。若違自許及違共許,非相違也。

《論》云:“今此所依”至“競常無常”。

述曰:此正破設難也。此非作因所依空等,非但我許,汝亦許之。何得例破作相違云“空等非有”?此則違共許,故非相違也。此即進難不退,非作因所依空等唯我獨許、汝不許者,空等既無因不成就,無容依此不成之因競虚空等常及無常也。

《論》云:“故非作因”至“所依自相”。

述曰:此結難成也。

《論》云:“有釋此言”至“無自害失”。

述曰:此下《論》主破退通也。初非古通,後自正通。初中初叙,後非。此即叙也。有舊注《百論》師通此難言:“我言不許依他緣生也。俗諦中聚極微外,别有散住,常性極微。此頌中言‘常性無’者,但言無聚微之外散住常微。此則唯違於他無自害失。”

《論》云:“此釋不然”至“聚散有無”。

述曰:此非也。彼諸外道但依總相,以非作故,建立一切虚空、神、我及極微等常法爲有。但應破云:“空等一切常法是無,以非作故,如龜毛等。何勞偏就極微分别聚有散無以通外難耶?”

《論》云:“如是釋者”至“不可爲難”。

述曰:此下自正通也。初正通難,次去伏疑,後引頌證。此即通難也。但諸外道所立虚空及神、我等無爲常法,並是遍計所執自性我,《百論》宗都不許有,故作相違,無自害失。汝不可難言:“今此所依空等常法共許爲有,非相違也。”

《論》云:“色等極微”至“亦不得成。”

述曰:此去伏疑。伏疑曰:“空等唯他有容,可作相違。極微既因立,豈非遮共許?”今去此疑云:“我大乘宗色等極微,雖依世俗,依他起性,非有似有,假許爲有,而是所作。汝若立此共許極微以爲宗者,汝非作因,既不成就;我若於此不成因上作相違者,亦不成也。汝因既言‘非作’,我又用作相違,明知所破極微非是兩宗共許,共許微者,不入宗中。何得引此以爲疑難?"

《論》云:"頌中應言"至"常住性無"。

述曰:此引頌證也。"頌中應言'常性無'"者,謂常性所依空等性無也。頌意正破所依有法,空等之體是有法自相相違因過;兼破能依宗法,常性是法自相相違因過。何故於此引頌釋者?恐不解頌意者,但謂正破能依常性。若深悟頌者,方知正破空等有法。故我通難云:"空等無爲,都不許有。"此則正約有法破也。

《論》云:"若言空等"至"有法自相"。

述曰:此外人約退難也。若《論》主言虚空、神、我及極微等並是遍計所執性,自體非實有,今所設難唯違他者,此則所依空等無故,能依非作亦即不成。但應與我作不成過,何得妄作相違難耶?

《論》云:"此亦不然。"

述曰:此下《論》主破退通也。初非,後釋。此即初非也。

《論》云:"但説遮遣餘有類物爲此因故。"

述曰:此下釋也。初略釋,後廣釋。此略釋也。所作依瓶等有法,是有體物之流類,復在非作之外,名"餘有類物"也。"遮遣"者,此非所遮遣所作餘物類也。此中意言:立非所作者,但説"遮遣"。餘有類所作性不别詮,顯非所作性。如此非所作汝、我因許空等上有,即是極成,故能違害有法自相。

《論》云:"因有三種"至"如所知等"。

述曰:此下廣釋也。初舉因例,次顯因成,後結因用。此舉因例也。一、"所作"者,謂聲瓶等爲咽喉泥輪等所作。此所作法是有義故,依有體辯,名"有體法"也。二、"非作"者,謂龜毛等不爲咽喉泥輪等所作。此非作法是無義故,依無體辯,名"無體法"也。三、"所知"者,謂瓶聲、龜毛等並爲心識之所了,名"無體法"也。知此所知法義遍有無,通依有體、無體辯故,名"通二法"法也。若有體法,必須依彼有體有法,有法若無,即不成就。若無體法,若通二法,通依有體、無體有法。有法縱無,並因成就[1]。此義可如《因明疏》述。

① "就"前録本衍一"外"字。按:底本於"外"字旁施一廢棄號,兹據删。

《論》云:“今所立因”至“非作自性”。

述曰:此顯因成也。今立宗云“空等是無”、因云“以非作故”者,於空等上但遮“衆緣所作”之義,不欲別詮非作自性。如此非作,我、汝同①許,豈非極成?

《論》云:“此因同類”至“有法自相”。

述曰:此法因用也。外人宗云“空等是常”者,意立空等是有。此有即以色等有法爲其同品,龜毛等無爲其異品。此非作因既於同品色等上無,於其異品龜毛等有,是故汝因正能違害有法自相。

《論》云:“又説頌曰”至“謂空等爲常”。

述曰:此下一頌約愚、智破也,即責外人。“愚夫”即外道,“智者”即小乘。雖復愚、智有殊,執常並皆乖理,故今《論》主貶黜責之。上半破外道,下半破小乘。破外道中,初舉頌,後解釋。此即舉頌也。

《論》云:“《論》曰隨有”至“故名‘愚夫’”。

述曰:此下解釋也。此釋“愚夫”。

《論》云:“於尋思地”至“所緣皆妄”。

述曰:此釋妄分别也。文中初總舉推求,次别舉利智,後合明虚妄。

《論》云“非如夢智”至“而可信依”。

述曰:此釋下句也。

《論》云:“復次有餘”至“實有常住”。

述曰:此下半頌破小乘也。初生起,次舉頌,後解釋。生起中初廣破常執,後正生下頌。廣破常執中,初叙執,後非破。叙執中初叙立宗,後叙引證。此立宗也。有釋迦弟子薩婆多等諸小乘師,執虚空等體是實有、常住湛然。

《論》云:“故契經説”至“虚空顯了”。

述曰:此下叙引證也,即引聖言以證虚空實有常住也。初引經文,後釋經義。即引經文,即引成立《世界經》也。彼《經》云:比丘白佛:“一切草木依何而住?”佛言:“依大地而住。”比丘白佛:“大地依何?”佛言:“依金剛輪。”比

① 同,録本訛作“因”。按:底本先誤書“因”,後於字旁注“同”,兹據改。

丘白佛:“金剛輪依何?”佛言:“依水輪。”比丘白佛:“水輪依何?”佛言:“依風輪。”比丘白佛:“風輪依何?”佛言:“依虚空。”比丘白佛:“虚空依何?”佛言:“汝問太過。言‘虚空’者無色、無見、無對,當何所依? 然藉光明,虚空顯了。”今又存略,不具引也。“無色”者,無青、黄等色處也。“無見”者,既無有色,不可見也。“無對”者,無十色處相對礙也。夫有色、有見、有對礙物,可有所依;空既無色、無見、無對,當何所依也? 既言虚空無所依,止恐人便,即謂“無虚空”。所以復言“然藉光明,虚空顯了”。謂若無虚空,總是障礙,光明等色則不得生;今既得生,知空是有;非但因空生彼光明色等,亦因光明色等知有虚空。此則空望光明是其生因,光明望空是了因也。

《論》云:“此經義説”至“因光明顯”。

述曰:此下釋經義也。文有三:一、以文顯意有;二、以果顯因有;三、以用顯體有。此即以文顯其經意,所説常空是實有也。

《論》云:“或有疑難”至“應無體相”。

述曰:此下以果顯因有也。佛恐有人疑難云:“佛既不説虚空别有所依,如風輪等依虚空等,如是虚空應無體相也。虚空是無(宗),無所依故(因),諸無所依者皆悉是無,如兔角等(同喻)。若非是無,即有所依,如風輪等(異喻)。”

《論》云:“爲釋此難光明等色。”

述曰:此爲釋也。釋此疑難,故説虚空容受有,對光明等色;光明等色若無,便不知虚空等色是有。

《論》云:“以果顯因,有實體相。”

述曰:此顯意也。世尊爲此,則以光明果顯虚空因有實體相也。

《論》云:“又説虚空”至“能作所依”。

述曰:此以用顯體有也。虚空實有(宗),能作所依故(因),如風輪等(喻)。

《論》云:“此亦不然,非經義故。”

述曰:此下非破也。初總非,後别破。此總非也。汝向釋經並乖聖旨,故不然也。

《論》云:“若謂虚空”至“如龜毛等”。

述曰：此下别破也。有三：一、破以果顯因有；二、破約用顯體有；三、破以文顯意空有。此即破以果顯因有也。虛空之體，應有生滅（宗），是有果法故（因），如色心等（喻）。生滅既隨，體則無常，汝等何故妄執空常？若汝執空無生滅者，汝所執空應無體相（宗），無生滅故（因），如龜毛等（喻）。

《論》云："爲顯風輪"至"故作是説"。

述曰：此破約用顯體有也。泛明輪依，有其三種：一、同聚依，謂同時極微相持爲依。二、同類依，謂前後自類相望爲依。三、異類依，謂輪依風異類爲依。今此經意爲顯風輪離前念同類，况在二依之外，無别第三異類所依，如地輪等、依風輪等，所以經説"風輪依空"。"空"者，無也。此言風輪空無異類所依，故言"風輪依空"，非謂别有虛空之體爲風輪依也。"依"者，但遮風輪異類所依，不遮風輪前念同類生起所依。現在同聚生起所依，故作是説也。外人以彼虛空能爲風輪，作所依用，證其體有。今《論》主釋云："空"者，無也。風輪依空，即無所依。所依體無，用亦非有。何得以用而顯體耶？此即隨一不成過也。

《論》云："爲顯虛空"至"常[①]住體相"。

述曰：此下破以文顯意有也。《論》主云："小乘之人不了經旨，遂妄解釋，顯有常空我。今釋此經正意，顯常空無也。"經文有五句：初釋上三句，明虛空實無。後釋下兩句，明虛空假有。釋上三句中，初順顯經意，次引經帖、成後反顯經理。此即順顯經意也。爲顯虛空無同聚、同類、異類三種生起所依，如過去等，無三種依，故"無别實有常住體相"也。此比量云："所執常空無實體相（宗），無所依故（因），諸無所依者皆無實體相，如過去等（同喻）。若有實體相，即有所依，如色受等（異喻）。"

《論》云："故復經説"至"當何所依"。

述曰：此引經帖成也。

《論》云："不見實有"至"生起所依"。

述曰：此反證經理也。不見實有，而無所依，空無所依，明非實有。或可此文即是前量異法喻也。

---

① "常"前録本衍一"非"字。按：底本於"常"字旁施一廢棄號，兹據删。

《論》云:“又顯虚空”至“實有體相”。

述曰:此下釋經下兩句,明虚空假有也。有四:一、正釋經文;二、通經妨難;三、執實違經;四、立假無過。此即正釋經文也。文中初順釋經意,次引經帖成,後遮其外執。世俗諦中有通假實,如色等四塵即是實有,於四塵上建立瓶等即是假有。光明等色既是色塵,二是實有,於光明等上建立虚空,故是假有。然青等實,色及與假,立虚空俱。言“藉諸光明而顯了”者,若光明了青等,青等先自有,光明但爲眼識作見緣,不由光明立青等,故青等是實有;若光明了虚空,虚空本自無,光明但爲意識作知緣,於上假立虚空性,故虚空是假有。《論》主云:“今經爲顯虚空因光明等諸無礙色,依世俗諦,强假施設,立有虚空,譬如因色等四塵,假立瓶等。故經説言:‘然藉光明,虚空顯了。’非謂同彼青等實色爲光明顯而是實有,此則顯了雖通有實有假,不可依此因光明顯,即設虚空離光明等實體相也。”

《論》云:“雖因影闇”至“假立虚空”。

述曰:此下通經妨難也。初通影闇顯空難,後通佛説無空難。此通初難也。外人伏難言:“若《論》主言虚空無體、依光明等無礙色上假立虚空、故經説言‘然藉光明,虚空顯了’者,影闇等色亦是無礙,依影闇上應立虚空,何故不言‘然藉影闇,虚空顯了’?”《論》主通言:“雖因影闇無礙色上得立虚空,然影闇中,眼有影闇隔礙,雖見所餘障礙之物,而不明了。或有影闇之色極大重時,眼唯見此極重影闇,更不見餘有障礙色。既不能了餘有礙物,焉了影闇是無礙耶?故經不説:‘然藉影闇,虚空顯了。’於光明等無礙色中眼無障礙,對餘礙色見光明無障顯現,即便依此光明等上假立虚空。故經説言:‘然藉光明,虚空顯了。’”

《論》云:“勿謗虚空”至“無有虚空”。

述曰:此通佛説無空難也。外人難言:“若此虚空實無體者,佛應直説無有虚空,何須説言‘無色、無見、無對、無依’、‘然藉光明,虚空顯了’耶?”《論》主通言:“世俗説有,佛亦説有。世俗説無,佛亦説無。一切世間皆云‘虚空’,佛若言‘無’,便違世俗。故隨世俗,言無色等依光明顯,假立虚空,非謂此言别顯實有常住虚空。”

《論》云:“又若虚空”至“無對、無依”。

述曰:此明執實違經也。文中初破執實,後顯違經。汝云所執常有虛空,應當有色、有見、[□][有][1]對、有依(宗),藉諸光明而顯了故(因),猶如青等色(喻)。此破執實。既有色等,何故經説"無色"等耶?此顯違經。

《論》云:"世俗假有"至"不相應故"。

述曰:此立假無過也。若於光明無礙色上假立虛空,即無虛空,有色等過,以所立空順無礙色、與"質礙色"義不應故。其無礙色雖順虛空,然是有色等,虛空自是無色等,以假實殊義用别故。

《論》云:"又此虛空"至"之所了知"。

述曰:此下正生下頌也。初明虛空唯散心知,後明散心不緣實境。此即初也。汝宗虛空,四諦不攝,十智之中,非九智知。謂非苦、集、滅、道法,非盡及無生八無漏智現量境界,既非心法,亦非他心現量境界,唯爲世俗一智所知。於世俗智中,有定有散,汝必應許唯分别散心所緣之境,非是定心現量境也。若外人言"空處等至、緣於虛空即是定心現量境"者,此中文意立量破云:"汝所執空非定心境(宗),四諦不攝故(因),如非擇滅(喻)。"

《論》云:"除五識身"至"緣實有境"。

述曰:此明散心不緣實境也。於散心意識中,有是現量,有非現量。五識所引,或隣次意識,或同時意識。諸部論師有許是現量,故今除之,唯取其餘散心意識。言"有漏"者,簡無漏。"不定"者,簡定心。"外門"者,簡自證分。"分别意識"者,簡五識,即正指有法體也。謂除五識身所引意識,其餘有漏不定外門分别意識(有法),決定不能緣實有境(宗法);除五識身所引意識,其餘有漏不定外門分别意識之所攝故(因也),如緣兔角、龜毛等心(同喻)。

《論》云:"故説頌曰"至"亦不見此義"。

述曰:此舉頌也。諸有智慧之人依世間真正道理尋求推度,亦不見此"實有常住虛空"之義。

《論》云:"《論》曰諸有"至"種種影像"。

述曰:此解釋也。文中初明實無,後明假有。

---

① 有,底本、録本脱,據上下文意補。

《論》云:"復次爲破"至"故説頌曰"。

述曰:此下二十頌别指破常也。有六:第一一頌破虚空,第二三頌破常時,第三一頌破自然,第四兩頌破常因,第五七頌破極微,第六六頌破涅槃。第一一頌破虚空中,初生起,次舉頌,後解釋。此生起也。小乘外道立宗云"空等是常",立因云"由遍滿故"。此無同喻。今《論》主爲破彼執,故説此頌。

《論》云:"非唯有一分"至"各别有有分"。

述曰:此舉頌也。上半正破,下半結破。

《論》云:"《論》曰時、方"至"故名'有分'"。

述曰:此下解釋也。初釋頌文,次結過失,後破、救義。釋頌文中,初釋分"有分",次别釋上半頌,後别釋下半頌。此總釋分"有分"也。"時"謂三世、四時,"方"謂東西等十方,"物"謂内外、色心等物,"類"謂時、方及物各有流類也。"差别"謂自類中種種不同也。如此時、方、物、類差别不同,故名爲"分"。虚空體一,遍合多分,故名"有分"。如人有子,謂之"有子";"子"但名"子","母"名"有子"也。

《論》云:"非有一分"至"周遍相應"。

述曰:此下釋上半頌,即正破也。初順①責,後例破。此順② 責也。《論》主責云:"非一空體常遍實有名爲'有分',能與一切時、方、物、類一一别分周遍相應。"此中應總作比量云:"有分虚空成無量分(宗),與無量分不相離故(因),猶如諸分(喻)。"又應别作比量言:"春時一分所合虚空(有分),與秋等時分必無合義(宗),與春時分不相離故(因),如春時分(喻)。"餘時、方等,唯作可知。

《論》云:"勿復令此"至"一切相應"。

述曰:此例破也。汝若固執一有分空與一切分遍相應者,即復令此所相應分一一遍與一切相應也。謂一一諸分應成有分(宗),與有分空不相離故(因),如有分空(喻)。又應别作此比量,謂春時一分與餘三時應不相離(宗),與有分空不相離故(因),如有空分(喻)。餘時、方等,唯此應作之。

---

①② 順,録本訛作"須",據底本改。

《論》云:“故此有分”至“成無量分”。

述曰:此釋下半頌,即結破也。初結,後釋。此結也。由隨諸分,故此有分成無量分。

《論》云:“即此諸分”至“或[1]餘物類”。

述曰:此釋也。即此虚空既成多分,一一别分自名“虚空”,更不待餘時、方、物、類名“虚空”也。“或餘物類”者,即“神”、“我”等諸名字也。若一一别分名爲“虚空”及名“神”、“我”等者,即違汝宗空及我等是遍是常也。或可釋云:即此多分虚空,但隨自所依立名,不待餘時、方立名也。如與春時合空,但依春時無障礙義以立其名,更不待餘秋、冬等時分立其名也。餘時、方等亦爾。此既虚空隨自所依各别立名,故知虚空成無量分也。“或餘物類”者,非但於時此方、物上“無障礙”義説名“虚空”,亦於時、方、物上“畢竟無”義説名“龜毛”、“兔角”。然“兔”之與“角”、“龜”之與“毛”並是物類,故言“物類”。然“角”不在“兔”、“毛”不在“龜”故,“兔角”、“龜毛”表其“無”義也。此則虚空、“兔角”並是約義立名,不可依名執有實體。

問:“虚空許假有,不可謗言‘無’。兔角本表‘無’,何得引來類?”

答:“約義有、無異,虚空、兔角殊。窮體並皆無,故得引爲例。”

《論》云:“故汝所執”至“因義不成”。

述曰:此結過失也。故汝所立虚空常住以遍滿爲因,此不成也,以此虚空成無量分、非遍滿故,即是隨一不成過失。

《論》云:“若言‘空’等”至“此亦不然”。

述曰:此下破、救義也。初牒救總非,後以理逐破。此牒救總非也。若汝救言“空等體一遍周法界,然由分别之心,隨其諸分差别,假説虚空有其方分,然虚空體實無方分故,遍滿因無不成過”者,此不然也。

《論》云:“實無方分不離如前所説過故。”

述曰:此下以理逐破也。有四:一、同前過失破;二、顯因相違破;三、别立比量破;四、宗因不成破。此同前過失破也。空等既無,實無方分遍一切分、隨所遍分成無量分,如此等過,汝不離也。

---

[1] 或,録本訛作“成”,據底本改。

《論》云:“瓶等亦應”至“與義相違”。

述曰:此顯因相違破也。依第一義瓶等之應實無方分(宗),假立方分故(因),如虚空等(喻)。瓶等既其實無方分,便同空等有遍滿因。汝立空常竟無同品,但以瓶等爲其異品。此遍滿因無同可有,於異有之,四相違中違法自相也。

《論》云:“又虚空等”至“境界而立”。

述曰:此别立比量破也。初兩句有法,次兩句宗法,次兩句立因,次四句同喻,後四句顯意。顯意云:“此虚空等名言之‘聲’,唯依世俗所知境界和合法上而假建立,不可依此假立名言即執所詮空等以爲實有。”

《論》云:“又若可説”至“所依不成”。

述曰:此宗因不成破也。空等(有法)非常(宗法)、非遍(宗法)、非實有,虚空等性(宗法)可説有方分故(因),猶如青等(喻)。外人宗云“空等是遍”,因云“可説有方分故”。今《論》主即以此因在於異品青等之上,反破外人成相違過,謂空等非常,是法差别相違;空等非遍,是法自相相違;空等非實有空等,是有法自相相違。然以前文已作相違因難,今此但約宗因,顯不成過。虚空等性既非常遍,即是所立一分能别不成。又此空等既非實有虚空等性,此即可説有方分因無所依處,即是能立所依不成。

《論》云:“復次或有”至“知實有時”。

述曰:此下三頌破常時。初一頌破時作用,即約用隨緣緣轉破。第二一頌破時功能,即約因不離果破。第三一頌破時常住,即約因必變異破。第一破時作用中,初生起,次舉頌,後解釋。生起中初叙外執情,後明頌所爲。叙執情中,[□][初][1]證時有,後立時常。此證時有也。“或有執時真實常住”者,此立宗也。“以見種等”至“隨其榮顇”者,此立因也。“此所説因”至“如實有時”者,此立喻也。此文意云:時體實有,以現見種子、水、土、人功衆緣和合,然於春時即生,秋時不生,故知其時有卷舒作用。謂於春時有舒作用,故種子緣合則生,令枝條榮茂;秋時有卷作用,雖種等緣合則不生,令枝條枯顇。“此所説因具有離合”者,“離”即異喻,“合”即同喻也。此比量云:“時體

① 初,底本、録本無,據上下文意補。

實有(宗),有作用故(因),諸有作用悉皆實有,猶如色等(同喻)。若非實有,即無作用,如龜毛等(異喻)。”

《論》云:“時所待因”至“故復言‘常’”。

述曰:此立時常也。時體無生(宗),不見因故(因),如虚空等(喻);時體無滅(宗),以無生故(因),如虚空等(喻);時體是常(宗),無生滅故(因),如虚空等(喻)。

《論》云:“爲破彼執,故説頌曰。”

述曰:此明頌所爲也。

《論》云:“若法體實有”至“故成所生果”。

述曰:此舉頌也。上半牒計,下半正破。

《論》云:“《論》曰時用”至“隨緣而轉”。

述曰:此下解釋也。初釋頌文,次顯頌意,後示正義。釋文中初破時用,即正釋文;後破時體,即遮救義。此即破時用正釋文也。如春時舒用要待種子、水土、人功、日等衆緣和合方立。若無種子、水土等緣,時之舒用必不得有。卷用亦然,要待風、寒、霜等衆緣和合方立。若無風、寒、霜等衆緣,時之卷用亦不得生。此中文意有二比量:一云:時從他生(宗),體相有故(因),猶如色等(喻)。二云:時體是果(宗),從他生故(因),猶如色等(喻)。

《論》云:“體相若無”至“興廢不成”。

述曰:此破時體,即“遮救”義也。外人救云:“用雖隨緣,而體無取捨,以用逐體,不從他生。”《論》主破云:“時之體相,若無取卷捨舒或取舒捨卷差别者,諸有舒興、卷廢等作用不成也。謂時體應無興廢作用(宗),無取捨故(因),如龜毛等(喻)。”

《論》云:“又時作用”至“定是無常”。

述曰:此下顯頌意也。頌文雖令時從他生成所生果,然意正欲令成無常也。初破時用,後破時體。此破時用也。如光、影、色等依大地而轉,故云“地色”也。時之作因决定無常(宗),依他轉故(因),如地色等(喻)。

《論》云:“即以此事”至“何容常住”。

述曰:此破時體也。即以此前“地色”喻事,爲後比量作同法喻,謂用所依時定是無常(宗),爲無常用爲所依故(因),如地色等(喻)。

《論》云“故善時者”至“名之爲‘時’”。

述曰：此下示正義也。初示時體，後顯難知。此示時體也。有佛世尊名“善時”者，作如是言：由隨衆生業力差別，業能吹物名爲“業風”。業風所引四大種別，自類爲因，展轉相續，終而復始，無有斷絶。隨日月等所行道度，故有冷、暖所觸不同，依此分位，假立“時”稱，非即別有真實常時。

《論》云：“時雖具有”至“言‘無因’等”。

述曰：此顯難知也。《雜心論》云：相似相續，不知無常也。如今河還謂昨河，昨燭還同今燭，此等並是不知無常。

《論》云：“復次有執”至“隨用生成”。

述曰：此第二頌破時功能，即約因不離果破也。初生起，次舉頌，後解釋。生起中初叙計，次總非，後別破。此叙計也。外人執時亦常亦遍，攝藏無量，生芽、莖等差別功能。然此功能欲生果時，要待種子、水土、人功等外緣之所擊發，此之功能方起作用。彼芽、莖等果隨此作用而得生成也。

《論》云：“此亦不然。”

述曰：此總非也。

《論》云：“時所依體”至“豈可擊發”。

述曰：此下別破也。一、破功能可擊；二、破時有功能；三、顯用但衆緣；四、責計時無用。此即破功能可擊也。所依時體若定是常、無遷變者，牒計：能依功能不離體故（因），猶如其體（喻），亦應是常，無有遷變當可擊發（宗法）。

《論》云：“不見所依”至“芽等功能”。

述曰：此破時有功能也。時定無有生芽等能（宗），體無變故（因），猶如種等未變位（喻）。

《論》云：“即此擊發”至“芽等作用”。

述曰：此顯用但衆緣也。即此擊發功能因緣，謂種子、水土等，即足自有生成芽等作用也。

《論》云：“何須妄計無用時耶？”

述曰：此責計時無用也。

《論》云：“又説頌曰”至“皆成所生果”。

述曰：此舉頌也。上半立理，下半結破。

《論》云："《論》曰諸法"至"能生詎有"。

述曰：此下解釋也。初釋上半，次釋下半，後破、救義。此釋上半也。諸是因法要待自所生果，起因之勝體，勝用成立，方得"因"名。所生之果若也未生，能生之因作用未立，詎得"因"名？立比量言："未生果因，不得因名（宗），無因用故（因），猶如兔角（喻）。"

《論》云："由是所執"至"定是無常"。

述曰：此釋下半頌也。由是汝執常時能生之因，必待餘麥等種子等法擊發成別麥等因故，猶如苦樂待苦樂別緣成別受因，故是無常也。謂常時之因定是無常（宗），必待餘法成別因故（因），如苦樂等（喻）。

《論》云："豈不因法"至"名用方顯"。

述曰。此下破、救義也。有六：一、先[1]體後名救；二、能同體遍破；三、時處決定救；四、遍無時處破；五、引他同己救；六、示正異邪破。"先體後名救"中，初先體，後名救。後待後前名救也。此先體後名救也。文中初述道理，次引喻成，後舉法合。

《論》云："又未生果"至"如稻麥種"。

述曰：此待後前名救也。非但後果生已，前法始得"因"名，縱後果未生，前法已得"因"稱。未生果因，亦得因名（宗），待當果故（因），如稻麥種（喻）。種是"因"義，故得爲喻。

《論》云"汝所立時"至"便成因、果雜亂"。

述曰：此能同體遍破也。時之功能一一遍常（宗），不異時體故（因），猶如時體（喻）。是則起一生麥之用，生一麥果之時，於此一麥果處應生一切粟等果也。此比量云：時之功能，生一麥果時、處，應生一切粟等諸果（宗），以遍常故（因），如生粟等諸果功能（喻）。如此麥生時、處既有粟等諸果同生，此則因、果成雜亂失也。

《論》云："我立功能"至"故無此失"。

---

① 先，底本書手訛作"无"，録本繁化作"無"。下文："'先體後名救'中，初先體，後名救。後待後前名救也。此先體後名救也。"可助互勘。兹據改。

述曰：此時、處決定救也。諸果欲生，必依時託處，功能雖遍，終不異果同生，故無因、果雜亂之失。

《論》云："汝立功能"至"時處決定"。

述曰：此遍無時、處破也。如生麥一能，則遍生粟時、處；生粟一能，亦遍生麥時、處。一一功能既常既遍，自應能生一切諸果。豈由時、處有生不生，而妄輒許時、處決定？

《論》云："若言《論》主"至"同斯過者"。

述曰：此引他同己救也。如汝宗中阿賴耶識亦有生果種種功能，與我時、能義亦相似。此則過失是同，不應偏難。

《論》云："此亦不然"至"有雜亂失"。

述曰：此下示正異邪破也。文中初明我無過，後明汝有失也。我宗唯立因緣，容可限以時、處；汝立時、能常遍，何得局以處、時？故我無過，汝有失也。"因緣"謂"現行能熏"等。

《論》云："又説頌曰"至"豈得名'常住[①]'"。

述曰：此下一頌，破時常住，即約因必變異以破也。初舉頌，後解釋。此舉頌也。所立時因必須變異（宗），餘法因故（因），如麥種等（喻）。此量是上半頌意也。時必無常（宗），有變異故（因），如麥種等（喻）。此量是下半頌意也。

《論》云："《論》曰世間"至"方能爲因"。

述曰：此下解釋也。初釋頌文，後通外難。釋頌文中，初釋上半，後釋下半。此釋上半也。文中初示道理，後正結破。世間共許生果功能所依種子等法，必捨前瘦小位所生果相，而取後肥大位能生因相。如是體相轉變已後，方爲芽等所生果因。如是轉變已後，方爲因性，理無差失。此即敘述因果道理，以示外人，即爲同喻。"所立常因，應亦同此"等者，此即結破，即是宗因，比量同前。

《論》云："既許轉變，無容常住。"

① "常住"二字底本、録本作"得常"。結合文意，據《大乘廣百論釋論》卷第一[T30n1571p189c10]改。

述曰：此釋下半頌也。比量同前。

《論》云："豈不世間"至"而得名'因'"。

述曰：此下通難也。一、徵問；二、抗[①]答；三、設難；四、爲通。此即徵問也。《論》主豈可不見世間亦許粟、麥種等未生果位，體之與相，俱未轉變，雖無果作用，而得名"因"耶？粟、麥種等求生果位，亦得"因"名(宗)，待常果位故(因)。如粟、麥種，未生果位，爲果作用而得名"因"耶？既未生果，已後"因"名，何得難言"因必變異"？

《論》云："不爾，世間"至"必有變異"。

述曰：此抗[②]答也。《論》主抗[③]答言："汝徵問不爾。果未生位，體相未變，但是世間假立'因'稱。若實成因，要待將至過去臨滅之位，體相轉變，果正生起，方是實因。汝之時因果未生位，不得'因'名(宗)，無轉變故(因)，猶如虚空(喻)。"

《論》云："爲不根塵"至"生諸識耶"。

述曰：此設難也。爲不如根塵生識之時，不至滅相，正在現在，又未變異正在生相，即有作用生諸識果，何必要待根塵轉變方生識耶？

《論》云："此亦將滅"至"故不相違"。

述曰：此下爲通也。初《論》主自通，後引異部通。此即自通也。如我大乘義宗生相在現在，而此生相更不經停，即入過去滅相。此之現在根塵，即是將至滅位，體相轉變，方能生識。故我所説，義不相違。

《論》云："有餘師説"至"便成疏遠"。

述曰：此引異部通也。經部師義：一切因果，法不同時。根塵生識，亦前後立。其與眼識同時根塵，但與後念眼識作因也。外人所設因不變難，望此所宗極爲遼落也。前約隨自意語釋，後約隨他意語釋也。

《論》云："復次有餘"至"生一切果"。

述曰：此下一頌，破自然。初生起，次舉頌，後解釋。生起中初叙其外計，後顯頌所爲。此叙外計也。此外道計一切諸法皆是自然，於自然中有因有果。若自然果，即本無今有，體是無常。若自然因，本有今有，體是其常。

---

①②③ 抗，録本訛作"挑"，據底本改。

其自然因任運能生無常諸果,本來自爾,不由人功。其自然果任運從彼自然因生,法性自爾,亦不由人造。爲此因果並是自然,若無自然之因,果即不得生起。若無自然之果,焉知有彼自然?故《經》云:犢子生已,則能飲乳。龜鼈生已,則能入水。當知自然。又云飛鳥色異,誰之所染?棗刺頭尖,誰之所削?此等並由自然常因使其如此。

《論》云:"爲破彼執,故説頌曰。"

述曰:此顯頌所爲也。

《論》云:"若本無今有"至"因則爲妄立"。

述曰:此舉頌也。上半牒計,下半正破。若諸果法本無今有、皆用自然常爲因者,汝既許果亦是自然,何須更立自然因體?此比量云:"一切果法不更須因(宗),是自然故(因),如自然因(喻)。若汝執言"果雖自然須因"者,立量破云:"自然之因應更須因(宗),是自然故(因),如自然果(喻)。"

《論》云:"《論》曰若一"至"常住爲因"。

述曰:此下解釋也。一、釋頌文;二、立量責;三、顯過失;四、破、救義。釋文中初釋上半,後釋下半。此釋上半,即牒計也。

《論》云:"法應自然"至"不待因故"。

述曰:此釋下半也。若待因起,非謂自然。既許自然不待因起,是則果法自然而有,何用妄立自然常因?比量同前。

《論》云:"又體自然"至"因義不成"。

述曰:此立量責也。若汝所計自然體常無有變易,果未生位,未有功能,於正生位亦應如是,以自然體前後一故。此即畢竟無生,果能不成因義也。自然之體於果生位不能生果(宗),是自然故(因),如未生位自然(喻)。

《論》云:"計自然常"至"微細常因"。

述曰:此顯過失也。如麥種子及水土、人功等,能攝受自所生麥果,作決定因緣。汝若計有自然常因,麥果即從自然而生,便失此攝受決定因緣能生自果也。又汝宗成立初二細微,云第三細果定有所因(宗),以是果故(因),猶如麁果(喻)。此則以有所生麁果,證有自宗所許微細常。此如眼識了别安危事,故知有眼根也。汝若計有自然常因,第三細果即自然生,便失極微細常因也。故言:"計自然常,便失二事。"

《論》云:“若謂自然”至“後方能生”。

述曰:此下破、救義也。初牒救,次總非,後別破。此牒救也。

《論》云:“是亦不然。”

述曰:此總非也。

《論》云:“自然常有”至“衆緣常合”。

述曰:此下别破也。一、破待緣方生。二、破起一總用。三、破緣合能生。四、破緣能資助。五、破自然是常。六、示其正義。七、結非邪執。此破待緣方生也。汝云自然既是常有種等衆緣,並是自然之果,自然應令常起常合,何故復言“待緣方生”?

《論》云:“衆緣合時”至“總用可得”。

述曰:此破起一總用也。衆緣雖别,然共生一果,即是總用。除此何處更有總用?

《論》云:“又自然性”至“如未生位”。

述曰:此破緣合能生也。汝之自然於緣合位亦不能生(宗),與未生位體無别故(因),如未生位自然(喻)。

《論》云:“又常住法”至“緣何能助”。

述曰:此破緣能資助也。此之自然,緣不能助(宗),體相凝然、不可改轉故(因),如虚空等(喻)。

《論》云:“若許自然”至“應是無常”。

述曰:此破自然是無常也。汝之自然應是無常(宗),從緣改轉故(因),如所生果(喻)。

《論》云:“是故唯有”至“能生其果”。

述曰:此示其正義也。

《論》云:“非所立常能離前失。”

述曰:此結非邪執也。

《論》云:“復次有諸”至“能生於果”。

述曰:此下兩頌破常因也。初頌破因有常無常,但許無常,不許常。後頌破常有因非因,設二許即非無常。前頌中初生起,次舉頌,後解釋。生起中初叙計,後遮破。此叙計也。即《勝論》等宗計虚空極微等體是其常能生果也。或是九十五種外道之中有立常因,外道計也。用此常因,能生於果,於生果時體無改變也。

《論》云:“此亦應以果相違因爲喻遮遣[①]。”

述曰:此遮破也。因有二種:一、與果相違。如花生果,果起花已。二、果不相違。如眼生識,識生眼在。如父生子,子起父存。今此應以果相違因遮遣破計。謂汝之常因於生果時必定改變(宗),能生果故(因),如花生果(喻)。

問:“若以花能生果爲喻,體即改;若以眼能生識爲喻,體即不變。此立能生果因豈非不定?”

答:“如前《論》云:眼根將滅,方能生識。此即根必變異,方爲因也。父之生子,義亦同此。然世間之子生父在者,約相續道中假説,非其實也。”

《論》云:“又説頌曰”至“世所未曾見”。

述曰:此舉頌也。上半責破,下半釋破。常與無常,本不同相,何以依常而起無常?以於世間竟無如此從於常因生無常果因果相故。

《論》云:“《論》曰諸行”至“生異類果”。

述曰:此下解釋也。初釋上半,後釋下半。釋上半中,初釋,次難,後通。此即釋也。諸有爲行,謂若從因起,皆似自因,故不可言“從彼常因,生於無常異類之果”。

《論》云:“豈不現見”至“因果異類”。

述曰:此難也。“月愛珠”者,其體堅白,十五日夜月圓滿時,月光照燭,引出清流。此豈非是世間現見因果異類、乃言“果法必似因”耶?

《論》云:“我亦不説”至“決定相似”。

述曰:此通也。我亦不説從因生果,如尼俱陀子小樹大,稱爲“異類”。要須若體若相大小色貌一切皆同,但説有爲因果不相離相,所謂無常,如此無常通因及果,決定相似。

《論》云:“以於世間”至“不同相故”。

述曰:此釋下半頌也,即釋破也。一、明常因無同品。二、明無常有喻

---

① 遣,録本訛作“造”,據底本改。

成。三、結因果必相似。四、立量重破執。此即明常因無同品也。除汝所執極微空等常因之外,世間何[①]處見此例耶?

《論》云:"世間共見"至"因定無常"。

述曰:此明無常有喻成也。《勝論》所立因有二種:一、常。謂二極微生第三果者,此名"細因細果"。二、無常。謂此第三、彼第三共合生第七果等,此名"麁因麁果"。今以麁因麁果爲喻,破其細果細因也。第三細果應從無常因生(宗),是果性故(因),猶如麁果(喻)。或可汝之細因定是無常(宗),是因性故(因),猶如麁因(喻)。或可合説,立比量云:細因細果俱是無常(宗),是因果故(因),如麁因果(喻)。

問:"細果無常,自、他同許立爲宗法,豈不相符合?"

[□][答][②]:"若單[③]論細果,實是相符,今與因合宗,非成已[④]立。"

《論》云:"是故色等"至"定不相離"。

述曰:此結因果必相似也。無常宗因既有同喻,故知因果不離無常。無常既同,故名"相似"也。然《勝論》宗極微非色,色是德句,今以對心,通名爲"色"。"等"者,等取心等一切因果也。

《論》云:"爲决此義"至"所因色等"。

述曰:立比量重破執也。爲欲决此無常因果相似之義,復作此比量言也。一切細果所因色等(有法),等取空等諸法常因,豈是無常(宗法)?果無常故(立因),譬如麁果所因色等(同喻)。

《論》云:"復次有作"至"根亦應知"。

述曰:此下一頌破常有因非因,設二俱許,即非常也。初生起,次舉頌,後解釋。生起中初叙其外計,後顯頌所爲。此叙外計也。虚空我等是遍是常,若於一分或時或方衆緣和合,即但依此時、方之分發生音聲及苦樂等。下反解言:"若言發聲及苦樂等要遍所依虚空我者,所發聲等既遍空等,聲境

① 何,録本訛作"阿",據底本改。

② 答,底本、録本無,據上下文意補。

③ 單,録本訛作"軍",據底本改。

④ 已,録本訛作"己",據底本改。

住遠,近耳應聞,苦樂住遠,近身應受;既無此事,故知空等隨緣合處即發聲等,餘不合處不發聲等。”

《論》云:“爲破彼見,故説頌曰”。

述曰:此明頌所爲也。

《論》云:“若一分是因”至“種種故非常”。

述曰:此舉頌也。上半牒計,下半設難。設難有二:謂汝宗空等應成種種(宗),一分作因、餘非因故(因),如大地等(喻)。汝宗空等定是無常(宗),以種種故(因),猶如聲等(喻)。

《論》云:“《論》曰若謂”至“自果不生”。

述曰:此下解釋也。初正釋頌,後兼釋頌。正釋中,初釋頌文,後助頌意。釋頌文中,初釋上半,後釋下半。此釋上半也。

《論》云:“空等即應”至“定是無常”。

述曰:此下釋下半也。

《論》云:“又此空等”至“可證非常”。

述曰:此下助頌意也。初令空等無常,後令空等無果。此令空等無常也。此虛空等決定非常(宗),是種種相所依止故(因),如錦繡等(喻)。

問:“此與前量何異?”

答:“前量於空等上一分作因,一分非因,故成種種。此量於空等上爲衆多果、依有衆多相,故成種種。此爲異也。

《論》云:“又如前説”至“聲等自果”。

述曰:此令空等無果也。此虛空等緣合之時,應不生果(宗),與未合時體是一故(因),猶如與緣未合空等(喻)。

《論》云:“復次有作”至“不變故常”。

述曰:此下兼釋頌也。頌文正破吠世,兼意亦破僧佉也。初破計生起,次指頌顯破,後依頌解釋。破計生起中,初起叙計,後非破。此叙計也。“僧佉”此云“數”,即慧能數度諸法,故名爲“數”。從數論故,[□][故]①名“數論”。論能生數,亦名“數論”。造數論師,名“劫比羅”,此云“黄”也,以頭面

① 故,底本、録本無,據上下文意補。

俱黄，狀同金色，世間共號爲“黄仙人”。舊云“迦毘羅”者，訛也。此師宗義，廣有二十五諦，謂自性、大、我慢、五唯量、五大、五知根、五作業根、心根知者。中有其四：一、本非變，即自性能生大等、非他生故。二、變非本，即五大、十一根唯從他生、不生他故。三、亦本亦變，即大、我慢、五唯量，此從他生、亦生他故。四、非本非變，即神我諦不從他生、不生他故。略有三：一、自性，即初諦。二、變異，即中間二十四諦。三、神我，即最後諦。更略爲二：一、我，即神我諦。二、我所，即又此初諦，名爲“自性”，如是二十三諦之自性故。舊云“冥諦”者，以冥然未有顯相，故名爲“冥”。此義翻也。又此自性正二十三諦之時，轉名“最勝”。又此自性薩埵、刺闍、答摩合成，同一作用，亦名“一物”。謂我思慮欲須人、天等身受用之時，此薩埵等三德和合，欲爲神我造人、天身時，如從睡覺，眼開身動，形貌稍大，即名爲“大”。舊云“從冥生初覺”者，取“寤覺”義也。大之後持己，云“我”。起陵物心，即名“我慢”。“我慢”之後，即變成“五唯”。從此“五唯”一分成境，即是“五大”；一分爲根，即“十一根”。既成人、天身已，我即受用也。然此二十三諦展轉變異，差别增長，名曰“無常”。三德自性，曾無改轉，即名爲“常”。今叙此計也。謂一時、方分中諸法起時，但從“自性”、“一物”、“大”、“慢”等二十三諦諸果展轉變異，差别增長。“大”等無常，“一物”是常也。

《論》云：“此亦不然”至“義相違故”。

述曰：此下非破也。初略，後廣破。此略破也。果因既言同體，何得有常、無常？此義相違也。

《論》云：“大等皆用”至“猶如‘大’等”。

述曰：此下廣破也。初以“大”等例自性，後以變分例不變。此即初也。“大”等變時，自性（有法）應變（宗），不異自性故（因），猶如“大”等（喻）。“大”等變時，自性應是無常（宗），不異自性故（因），猶如“大”等（喻）。

《論》云：“又此自性”至“應是無常”。

述曰：此以變分例不變也。此之自性一分變時，自餘量無不變之分（有法），應亦隨變（宗），不異同性故（因），猶如一分變時自性（喻）。此之自性應是無常（宗），有多作用故（因），猶如大等（喻）。

《論》云：“又以前頌兼破此執。”

述曰：此指頌顯破也。如前頌意，正破"吠世"，言其兼亦破"僧佉"。

《論》云："由彼所計"至"轉名'最勝'"。

述曰：此下依頌解釋也。初釋上半，後釋下半。釋上半中，初法，次譬，後合。此即法也。第一薩埵，其性明白。第二刺闍，其性躁動。第三答摩，其性闇昧。舊云"貪"、"瞋"、"癡"，或云"染"、"塵"、"黑"，或云"喜"、"憂"、"闇"，或云"樂"、"苦"、"捨"，義皆同也。"三法和合，同隨於一分，變成'大'等，轉名'最勝'"者，若三法和，同隨於一時、一處，變成"大"等果法者，即轉名"最勝"。若所變之果名爲"大"等、餘時餘處不變者，即仍舊名"自性"也。此即有用、無用，故成種種。

《論》云："譬如大海"至"駭浪奔濤"。

述曰：此譬也。大海湛[①]然，隨於一處一時，爲風等所擊，變成波浪；餘不擊時、處，依舊湛然。此即有用、無用成種種也。

《論》云："如是所執"至"無所轉變"。

述曰：此合也。

《論》云："是即自體"至"相非常住"。

述曰：此釋下半頌也。初約有用、無用種種破，後約多用多體種種破。此即初也。

《論》云："又三自性"至"定是無常"。

述曰：此約多用多體種種破也。文中初令自性隨作用應成多，次[②]令最勝隨自性亦成多，後令自性最勝是無常。並立比量可解。

《論》云："復次有執"至"而起諸果"。

述曰：此下七頌破極微也。有四：第一一頌，破極微因同處。第二一頌，破極微因異處。第三三頌，破極微無方分。第四兩頌，破微體是常。初破極微因同處中，初生起，次舉頌，後解釋。生起中有五：一、叙計。二、責破。

---

① 湛，底本、録本訛作"法"。茲據文意改。下文："餘不擊時、處，依舊湛然。"《大乘廣百論釋論》卷第一："譬如大海，其水湛然，隨於一分風等所擊，變成種種駭浪奔濤。"[T30n1571p187c20]皆可比勘。

② 次，録本作"次須"。按：底本先誤書"須"，後於字旁注"次"，茲據改。

三、外救。四、重非。五、徵問。此即叙計也。《勝論》計云:“極微體性是常是實,若一一別住,不能生果。若兩兩和合,猶如夫妻,相助有力,即近能生果,遠有所成。雖果體之起遍入因中,然因、體常無所虧損也。”

《論》云:“此亦不然”至“定是無常”。

述曰:此責破也。《論》主責云:“汝計不然。‘和合’解‘常’義不成故。如二極微共和合時,一微在東,一微在西;東微西面,西微東面,共相觸對;東微東面,西微西面,不相觸對;此即一微自有觸對分、無觸對分;既有方分,定是無常也。所執極微必有方分(宗),有和合故(因),如瓶、盆等(喻)。所執極微定是無常(宗),有方分故(因),如瓶、盆等(喻)。”

《論》云:“若言極微遍體和合,無方分者”。

述曰:此外救也。二極微因欲生果時,即相涉入,遍體和合。既無東、西之異,焉有方分之過?

《論》云:“此亦不然。”

述曰:此重非也。

《論》云:“何以故?”

述曰:此徵問也。

《論》云:“頌曰”至“非遍體和合”。

述曰:此舉頌也。上半牒計,下半責破。《勝論》立因,極微有二相:一、微相。二、圓相。所生果有二相:一、非微相,一塵大故。二、非圓相,横長故。以二微共和,生於一果。其果量長、大,遍含二因故也。雖含二因,亦不越因量。《論》主責云:“在因微圓二相,於果既則非有,是故諸因極微,非是遍體和合。”以其二因遍體相入所生一果,亦入因中,三實處同,微圓應等。既其一果非微非圓,當知二因體非遍合,果括二因,成廣、長故。舊《百論》云:“内[1]曰:‘二微塵非一切身合,果不圓故。’”即此義也。

《論》云:“《論》曰若諸”至“非少分合”。

述曰:此下解釋也。初釋頌,次外救,後責破。釋頌中初牒計,後正破。此牒計也。

---

① 内,録本訛作“問”,據底本改。

《論》云:“是則諸微”至“應亦微圓”。

述曰:此下正破也。初徵,次進難,後結過。此徵破也。若汝許諸極微遍體和合,理應初二因微同一處;所生實果復不起因量,理亦應與自因遍合;此則二因、一果三物同處也。此中比量云:“所生實果應亦微圓(宗),以與因微無別處故(因),猶若因微(喻)。”

《論》云:“若爾,應許”至“餘可知故”。

述曰:此進難也。前直破第三果實亦微圓,今更進難六句並非根境也。若汝爲難所逼,即許果實亦微圓等者,汝則應許一切六句皆非五根所了知境。此中量云:“所餘德等諸句並非根境(宗),與細因果無別處故(因)。謂依細實,方有色等、德行等、業有同異等,並與細因果實無別處也,如細因果(喻)。”“由見所依,餘可知故”者,此釋進難意也。由此比度之心,見彼所依之實非是根境,餘能依德等亦非根境,類可知故。此比量云:“能依德等皆非根境(宗),以其所依非根境故(因),如細果實(喻)。”

《論》云:“是則違害世間自宗。”

述曰:此結過也。世間汝宗並皆許彼實德業等是其根境,今言實等非根境者,有二宗過也。

《論》云:“若言實果”至“分明可見”。

述曰:此外救也。文中初救,後釋。救意云:“所生果實與其因微,雖遍體合,無別處所,應亦微圓,是不可見。然由實果之上有麁長量德可見之法積集力故,令其果實亦可得見。”下釋可知。

《論》云:“此但有言”至“何事餘言”。

述曰:此下責破也。有六:一、責救不當。二、尋救逐破。三、遮其外難。四、依遮進徵。五、總結救非。六、許德破實。此即責救不當也。量德與實,體性不同,縱見麁長,何關細果?細果之處,不異因微,應類因微,非根所見。如此之責,如絶救辭,乃至見德,何成釋難?

《論》云:“若所依實”至“應捨自相”。

述曰:此尋救責破也。若所依實果之上有如是麁長量德相現者,應捨所依實句之體同彼能依德句之相,既成能依德句他相,應捨所依實句自相也。此比量云:“此之果實應捨自相(宗),現他相故(因)。諸現相者皆捨自相,如花現果相(喻)。”

《論》云:“亦不可説”至“應捨實體”。

述曰:此遮其外難也。外難云:頗胝迦寶其色本白,置青等色上,即現青等色相,然不失本白色之相。此則汝因有不定過,謂爲如衆花現他相故,即失自相耶?爲如頗胝迦寶現他相故,不失自相?今《論》主遮云:“汝不了别此爲難,此寶無常前後異故,前不至後、刹那别故。現青相時,白相即滅。白相生已,青相已已。此之實果若同彼寶,既現他相,應捨自實體也。”

《論》云:“德依於實”至“誰現誰相”。

述曰:此依遮進徵也。汝今既許捨自實體,成他德體;既成他體,便無自體;自體既無,他即非有。誰爲能現之實體?誰爲所現之德相耶?

《論》云:“故不可言”至“而現他相”。

述曰:此總結救非也。

《論》云:“如是即應”至“自所立宗”。

述曰:此許德破實也。縱如汝救實果之體應令微圓,是不可見。然由量德之力是可見者,此則量德自是可見。實果修是不可見性,此亦違汝自所立宗,以汝宗中唯有因實是不可見,果即是可見性故。

《論》云:“復次有説”至“居處不同”。

述曰:此下一頌,破極微因異處也。初生起,次舉頌,後解釋。生起中,初叙頌正意,次叙頌兼意,後總顯頌意。叙正意中,初叙計,後責破。此叙計也。此《勝論》宗中異計云:“兩因極微,既有形質,更相障礙,居處各殊,相隣而住,共生一果。此一實果,同二因量。一果之量既同二因,故果可見、因不可見也。”此計大同《俱舍》已前舊《婆沙》義,然計生果是常,不同彼也。

《論》云:“是則極微”至“及有分過”。

述曰:此責破也。此破有三意:一、既許極微隣次别住,則見“和合共生果”義。二、若許極微和合一處,則違“自執更相礙”義。三、若許和合不同一處,則兩因微各有觸著、不觸著分,便顯“極微有方分”義。應隨三意,立三比量:第一量云:“初二因微定不和合(宗),居處别故(因),如瓶、盆等(喻)。”第二量云:“初二因微無相礙義(宗),在一處故(因),如一因微自望己體(喻)。”第三量云:“初二因微必有方分(宗),居處别故(因),如稻、麥聚(喻)。”

《論》云:“有説極微”至“非斷非常”。

述曰:此下叙頌兼意也。頌意正破《勝論》,兼意亦破小乘,即破《俱舍》已後《薩婆多》義。初叙計,後顯意。此叙計也。由無間隔故,得名“和合”;由不相觸故,無方分過。雖極微體,實無方分,實無流轉。然由積集,東、西差别,如稻、麥聚,似有方分。此處雖滅,隣次續生,猶若駛河,似有流轉,刹那刹那,展轉相續。猶如燈焰,前滅後生;後生有因,所以“非常”;前滅有果,所以“非斷”。

《論》云:“爲顯破彼,故復頌曰。”

述曰:此總顯意也。

《論》云:“於一極微處”至“許因果等量”。

述曰:此舉頌也。上半通破。前兩計難令極微必有方分,以東西二微更相觸著、或相擬對故。下半别結破。初計兩因處既各别,一果通括二因,此則果大因小,其量不等。如何汝許因果等耶?

《論》云:“《論》曰如是”至“有方分失”。

述曰:此解釋也。如是所説,兩微相觸,或相擬對;謂極微相畢竟不能顯無方分、遮有方分也。此中正釋前頌,兼亦生起後頌文。此文偏釋上半也。

《論》云:“何以故?”

述曰:“此下三頌,極微無方分也。有三:初一頌,約果西方等破。第二頌,約行用依行者破。第三頌,約初、中、後分破。初頌中初生起,次舉頌,後解釋。此即生起也。即徵其前文以,乃言所説極微竟不能遮有方分故。”

《論》云:“頌曰:‘微若有東方’”至“如何是極微”。

述曰:此舉頌也。上半難令有方分,下半破令無極微。若能照光微在東,即所照青微在西,其所照青微即有東分,承光西分發影。故言“微若有東方,必有東方分”也。

《論》云:“《論》曰是諸”至“定有方分”。

述曰:此下解釋也。初釋上半,後釋下半。此釋上半也。所立極微,定有方分(宗),承光發影處不同故(因),如山、壁等(喻)。

《論》云:“既有方分”至“造世間萬物”。

述曰:此釋下半頌也。文中初順釋文,次立比量,後結過失。立比量云:

“所執極微非實非常(宗),可分折故(因),如瓶、盆等(喻)。”

《論》云:“復次所執”至“則無所行”。

述曰:此下一頌,約行依、行者破。行依即順破,行者即反破。上半約行依破,下半約行者破。上半中初生起,次舉頌,後解釋。生起中初立量破,後徵所以。此立量破也。初兩句立宗,次一句立因,次三句同喻,後兩句異喻。謂所執極微定有方分(宗),行所依故(因),諸行所依者皆有方分,如能行者(同喻)。若無方分,則無所行,如虚空等(異喻)。“行所依”者,如大地中極微是比丘行用所依也。又如二因微欲生果時,更相趣向,名之爲“行”。此之極微爲其行用作所依也。“如能行者”者,謂能行人也。即人色身假名“行”者,如此色身行者有方分也。

《論》云:“何以故?”

述曰:此徵所以也。

《論》云:“頌曰:‘要取前捨後,方得説爲行。’”

述曰:此舉頌也。

《論》云:“《論》曰進所欣”至“所未曾見”。

述曰:此下解釋也。初釋頌文,後合頌意。此釋頌文也。如人欣東厭西,東名爲“前”,西名爲“後”。依此前後,東西方别。取東捨西,乃起行用。若離東西前後方分,欲起行用,未見此事也。此舉前量同喻道理,以示外人。

《論》云:“極微既是”至“定有方分”。

述曰:此合頌意也。

《論》云:“若無所行”至“行者爲無”。

述曰:此下半頌,約行者反破也。初生起,次舉頌,後解釋。此生起也。若汝不許有所行處及能行用二種别者,是則應撥[1]行用所依色身假者亦應無也。

《論》云:“故説頌曰”至“行者應非有”。

述曰:此舉頌也。

《論》云:“《論》曰依前後方分”至“應如不動”。

---

① 撥,録本訛作“機”,據底本改。

述曰：此下解也。有四：一、示道理。二、釋頌文。三、結過失。四、别申難。此示道理也。依前東方後西方處，乃起取東捨西行用。東、西之方非有，行用理亦應無。若其爾者，世間之人雖復有行，應當不動也。世間行人應當不動(宗)，以無方分及行用故(因)。如虛空等(喻)。

《論》云："若汝撥無"至"行者亦無"。

述曰：此釋頌文也。既無所行之處，又無能行之用，是則行用所依色身、行者亦應無也。

《論》云："執此極微，便著邪見。"

述曰：此結過失也。由汝妄執極微實常、無有方分，便即謗無行處行用及無行者，撥世共知成邪見也。

《論》云："又諸極微"至"句義差别"。

述曰：此下别申難也。頌文之外，别申破也。所執極微若無相趣行用如虛空等，云何能造有方分果？有方分物，始可眼見；既無此物，眼何所見？由有實句，可餘句義成；實句既非眼見，餘句理非根境；云何汝立六句差别？

《論》云："復次若執"至"故説頌曰"。

述曰：此下一頌，約初、中、後分破也。初生起，次舉頌，後解釋。此生起也。夫論色者，無論麁細，皆有三分，並是眼見。眼中勝者，無過天眼。此之極微既無三分，理即非色，天眼又不能見，明知體無。此比量云："所執極微都無所有(宗)，無初、中、後分故(因)，猶如空花(喻)。"

《論》云："極微無初分"至"皆所不能見"。

述曰：此舉頌也。准長行釋。

《論》云："《論》曰若執"至"都無實物"。

述曰：此下解釋也。初正釋此頌文，後通顯前頌意。釋文中初釋上半，後釋下半。此釋上半也。由是常故，無生、住、滅三時分；由是一故，無前、中、後分。

《論》云："是則極微"至"計爲實有"。

述曰：此釋下半頌也。

《論》云："此中正破"至"净眼所見"。

述曰：此通顯前頌意也。上半五頌雖復云，然本意元欲破邪，兼意亦爲顯正也。

《論》云:“復次爲破”至“故説頌曰”。

述曰:此下兩頌破“極微體是常”也。初頌約果壞破常,後頌約有對破常。前中初生起,次舉頌,後解釋。此生起也。爲破第三實果與初二因微同居一處,及顯初二因體定是無常,説此頌也。

《論》云:“若因爲果壞”至“二體不同處”。

述曰:此舉頌也。上半進徵,下半退責。進徵兩句,各有一量。初句量云:“初二因微必有變壞(宗),爲餘礙逼故(因),如塵色等(喻)。”後句量云:“初二因微必定無常(宗),爲他壞故(因),如塵色等(喻)。”退責准長行可解。

《論》云:“《論》曰諸有”至“果所侵逼”。

述曰:此下解釋也。初釋上半,後釋下半。釋上半中,初引例總責,次別起兩徵,後依徵逐破。此即引例總責也。但是有礙之物來相逼時,必次移處相避,如其不移本處,體必變壞。如是因果所侵逼,亦應爾也。比量如前。

《論》云:“或相受入”至“注赤鎔銅”。

述曰:此別起兩徵也。此之果實入極微因中,爲是因果異體同居、不相損壞,如以細流之水溉麁沙聚耶?爲是果入因中、令因轉變、不守本質,如藥汁注赤鎔銅變成金等耶?

《論》云:“若許如前”至“一切麁物”。

述曰:此下依徵逐破也。有二。此破依前徵,有兩重[也][①]。此初連(逐?)[②]:汝之因微不共生果(宗),以支離故(因),如水入沙聚(喻)。既其因微不能生果,果即非有,麁物便無也。

《論》云:“又若同彼”至“體是無常”。

述曰:此後重破也。汝之因微體是無常(宗),有細分故(因),如水沙聚(喻)。

《論》云“若許如後”至“何待徵難”。

述曰:此破依後徵也。若許因變其果、方生如藥注銅轉爲金者,此則“變

① 也,録本脱,據底本補。

② 連,底本不清晰,似作“逐”,待考。

壞”義成，豈待徵難？

《論》云：“若並不許”至“諸有礙物”。

述曰：此釋下半頌也。若汝不許如前二徵，應許因微與其果實各各別處（宗），以爲礙故（因），如非因果諸有礙物謂瓶、盆等（喻）。

《論》云：“又説頌曰”至“諸佛未曾説”。

述曰：“此下一頌約有對破常。初舉頌，後解釋。此舉頌也。上半正破，下半引證。正破即立比量，引證即聖言量。立比量者：極微無常（宗），以有對故（因），諸有對者皆悉無常，猶如色等（同喻）；若非無常，即非有對，如兔角等（異喻）。聖言量者：佛但説言“諸行無常”，曾不説言“極微常住”也。此則先明道理，後引佛言，如品初所釋。

《論》云：“《論》曰現見”至“云何常住”。

述曰：此下解釋也。初釋上半，後釋下半。釋上半中，初護法正釋，次破古異釋，後類破實方。此正釋也。初立量破，後顯過失。此立量破也。如理頌中作之。

《論》云：“對礙與常”至“理所不然”。

述曰：此顯過失也。此因但於異品石等上有，既無同品，即同品無故。汝所立極微有對而是常者，此是法自相相違過也。故言：“對礙與常，互相違反。”而言常法與對礙法同一微體者，理不然也。

《論》云：“復有別釋”至“名爲‘有對’”。

述曰：此下破古異釋也。有五：一、叙釋。二、正非。三、牒救。四、責破。五、通難。此叙釋也。此謂初兩因微，更互相餘。或可因是果餘，兩微同處，但名“餘物共合”；此則以因對因，名“有對”也。復與第三變壞實果，而作生因；此則以因對果，名“有對”也。此比量云：“初二因微定是無常（宗），作物共合、變壞生因故（因），如水土、種子望其芽等（喻）。”

《論》云：“不爾，極微”至“其義明了”。

述曰：此正非也。《論》主非云：“汝以因對因、以因對果解‘有對’義，以障無常，甚不明了；不如以‘有礙’義證無常宗，分明可見。故汝釋不爾。”

《論》云：“若謂極微”至“是無常者”。

述曰：此牒救也。若汝意謂彼外道計：二因極微，遍禮和合，所生實果，亦入因中，三實同處，互無障礙。又彼異計：二因極微雖互相礙，而所生實果即入因中，因果同處，亦無障礙。然此極微雖有“礙他”“極微”等義，自因果中則無障礙。此則因微之上有礙、不礙。而以“有礙”解“有對”者，他不全許，即有隨一不成過失，故須别立餘物共合、變壞生因名爲“有對”，以此“有對”證無常者。

《論》云：“是則但應”至“是‘有礙’義”。

述曰：此責破也。若汝爲“有礙”義，他不全許，即以因對因、以因對果解“有對”義者，如此所釋，是則但應如此品初以能生果比度“極微”是“無常”義，何以頌中乃云“有對”？故知此言“有對”之者是“有障礙”義也。

《論》云：“雖不全許”至“礙餘物故”。

述曰：此通難也。雖彼外道計二因、一果三實同處，互不相礙；而望餘因果極微，即相障礙。又彼異計一果、二因雖不相礙，而二因微即自相礙，又望餘極微因果亦相障礙。此則極微之上雖不令許一切皆障，然許礙餘極微物故，明知有礙，亦得極成無隨一過。

《論》云：“既破極微”至“方實常耶”。

述曰：此下類破實方也。初約因破，後立量破。此即約因破也。上、下頌本但破諸常，然無明文正破方體，故今護法，乘便破之。彼計方有二種：一、細。二、麁。細者非五根境，麁者是五根境。然但是常，由初二因微故，生第三果實。此之果實有東、西、南、北等别，即證有麁方。由麁方故，比知亦有常細實方。如見果實，知有因微也。今此既破極微實果，亦即非有。既無實果，麁方即無，依何能顯細方實有耶？

《論》云：“又方不定”至“非實非常”。

述曰：此立量破也。待東名“西”，待西名“東”；待遠名“近”，待近名“遠”；待麁名“細”，待細名“麁”。如此彼兩寂，非實常也。方非是實(宗)，待緣立故(因)，如此彼寂(喻)。

《論》云：“由上所説”至“不能歸信”。

述曰：此下釋下半頌也。初釋頌，次舉疑，後析破。此釋頌也。

《論》云：“諸行無常”至“何廢常耶”。

述曰：此下舉疑也。疑曰：“佛説‘無常’之言，但指有爲諸行，無爲非行。

既非諸行，何廢自是其常？何得輒引佛言證彼常住之法？”

《論》云：“然所立常”至“二無所作”。

述曰：此下析破也。初析①開二常，後依開責破。此析②開二常也。能生果者，名“有所作”。不生果者，名“無所作”。

《論》云：“若有所作，非謂‘無爲’。”

述曰：此下責破也。此破有作常也。極微空等，非是無爲（宗），有所作故（因），猶如瓶等（喻）。

《論》云：“若無所作，但有‘名相’。”

述曰：此破無常也。初破，後證。此破也。大有性等既無所作，即無所有，但是從想立名，名“有”等也。大有性等都無實體（宗），無所作故（因），猶如龜毛（喻）。

《論》云：“故契經說”至“都無實義”。

述曰：此證也。邪執既摧，信心稍發。故引佛語，得作證成。

《廣百論》疏卷第一。

神龍三年三月，僧崇晃寫。

①② 析，録本訛作“折”，據底本改。

No. 2801《瑜伽師地論》分門記

[題解]

佛典論疏，六卷，〔唐〕法成撰。此文是法成開講《瑜伽師地論》時，由聽講僧衆所作的筆記。内容是對《瑜伽師地論》逐卷分科，並包括對《瑜伽師地論》的簡單注釋。本文獻未爲我國歷代經録所著録，亦不爲歷代大藏經所收。敦煌遺書中伯 2035 號，首尾完整。正面首題作"瑜伽師地開釋分門記"，背面題作"五識身相應地等前十二地同卷"。從内容上説，本號文獻包括了《瑜伽師地論釋》全文的科分，和《瑜伽師地論》第一本地分之十七地中前十二地的科分。敦煌遺書中另有本來至少是對《瑜伽師地論·本地分》第十一、十二兩地加以科分的文獻一件，爲斯 2552 號，首殘，保留下的内容包括了用四十一門分判第十一地中"體義伽他"内含的第三十門的部分文字及最後十一門，和對第十二地全文所作的科分，屬於伯 2035 號所明示的"前十二地"的分門範圍。根據斯 2552 號的題記及其書體、内容看，當是談迅、福慧二人對法成的講解所作的筆録，與伯 2035 號不是一個本子。除了上述兩號外，敦煌文獻中尚有斯 333(卷四十二、四十三)、斯 6678(卷第十五)、斯 6788(卷第二十五至第二十八)，伯 2038(卷第二十一至第三十四)、伯 2039(卷第四十四至第五十)、伯 2053(卷第四十四至第五十)、伯 2061(卷第二至第五)、伯 2080(卷第十五)、伯 2093(卷第二)、伯 2122(卷第十一)、伯 2080(卷第十五)、伯 2190(卷第二)、伯 2210(卷第一)、伯 2247(卷第三)，北 7186(宇 91，卷第九至第十二)、北 7293(鳥 93，首尾均殘)，北新 927(括總論——BD14727 號 1、卷第一——BD14727 號 2、卷第二——BD14727 號 3)等。《大正藏》據敦煌本收入其第八十五册。其中，《〈瑜伽師地開釋分門記·五識身相應地〉等前十二地同卷》以伯 2035 號爲底本，斯 2552 號爲甲本；《〈瑜伽師論・本地分〉中〈聲聞地分門記〉一卷》以伯 2053 號爲底本;《菩薩地第十五分門記》卷第二以伯 2190 號爲底本,山本悌二郎氏藏敦煌本爲甲本,甲本不分卷;《菩薩地第十五分門記》卷第三以伯 2080 號爲底本,山本悌二郎氏藏敦煌本爲甲本,甲本不分卷。徐紹强曾以伯 2035 號爲底本,參酌《瑜伽師地論釋》和《瑜伽師地論》二種著作的録本對《瑜伽師地開釋分門記》進行了整理(見方廣錩主編《藏外佛教文獻》第五輯,第 203—396 頁,宗教文化出版社 1998 年 9 月版)。

《瑜伽師地開釋分門記・五識身相應地》等前十二地同卷[①]

最勝子菩薩[②]將釋此《論》,先立三門之義,方釋《論》正文。

言三門義者,一、"歸敬"等門。有六行頌,分爲五門:一、歸敬三尊,謂初一頌。二、歎説門,謂次一行頌。三、讚造《論》門,謂次兩行頌。四、讚《論》功門,謂次一行頌。五、造《論》意門,謂次一行頌。

第二[③]所爲門。分[④]十:一、久住並益門[⑤];二、隱不隱門;三、破無見有見門;四、成就大小門;五、離倒生信門;六、利略廣門;七、立正破邪門;八、破增損門;九、不相違有差别門;十、位果差别門。

第三所因門。分三:一、明教初興由。二、明二宗起由。分二:一、明勝義皆空宗興由[⑥]。二、明唯識、中觀興由。分二:一、明造《論》因;二、歎《論》

① 《〈瑜伽師地開釋分門記・五識身相應地〉等前十二地同卷》今校注仍據《大正藏》以伯 2035 號爲底本。校本:甲本,斯 2552 號;乙本,徐紹强整理本《瑜伽師地開釋分門記》。

② 乙本校:"'最勝子菩薩',《瑜伽師地論釋》爲'最勝子等諸菩薩'。參見《大正藏》第 30 卷第 883 頁上。"

③ 二,録本訛作"一",據底本改。

④ 分,乙本訛作"爲"。

⑤ 乙本校:"《瑜伽師地論釋》中相關的論述爲:'謂有二緣故説此論,一爲如來無上法教久住世故,二爲平等利益安樂諸有情故。'見《大正藏》第 30 卷第 833 頁上。"

⑥ 乙本校:"《瑜伽師地論釋》中相關的論述,參見《大正藏》第 30 卷第 883 頁下。"

功。三、明教所被。分二：一、大；二、小。

釋論正文，分二：一、釋《論》題目。二、釋《論》正文。

初釋《論》題。分四：

一、釋"瑜伽"兩字。分三：

一、敬(境)[①]瑜伽。分三：一、略標釋。二、引諸經論廣釋。分四：一、依四種道理，明"敬(境)[②]瑜伽"義；二、依不相應行；三、依雜染净；四、依究竟清净。三、總結。

二、行瑜伽。分三：一、略標釋。二、引諸經論廣釋。分十六：一、依正修諸行，明"瑜伽"義；二、依三十七品；三、依止觀；四、依三摩地；五、依四法；六、依九道；七、依對治道；八、依無顛倒智；九、依方便善巧；十、依緣起觀；十一、依八聖道；十二、依戒定慧；十三、依世出世道；十四、依空作意；十五、依無分別空；十六、依慧悲雙轉。三、總結。

三、果瑜伽。分三：一、略標釋。二、引諸經論廣釋。分二：一、總標。二、别釋，分八：一、依力無畏等廣大功德，明果瑜伽；二、依無住涅槃；三、依無分别智慧；四、依佛地功德；五、依三乘果德；六、依三身三德；七、依有爲無爲諸功德聚；八、依三乘觀行。三、總結。

第二、釋"師"義。分二：一、依聞思等因位明"師"義；二、依無學果明"師"義。

第三、釋"地"義。分三：一、總標。二、别釋，分五，皆有法喻，如《論》應知：一、依境界；二、依所依；三、依所行；四、依所攝；五、依十七地。三、總結。

第四、釋"論"義。分三：一、總標。二、别釋。分三，此三皆有法喻：一、依有學無學地；二、依"無倒"説；三、依"增長"義。三、總結。

第二、釋《論》正文。大門分五：一、本地分，謂略廣分别"十七地"義。二、攝決擇分，謂略攝決擇十七地中"深隱要"義。三、攝釋分，謂略攝解釋諸

---

① 敬，録本訛作"教"，據底本改。該字當爲"境"之記音字，乙本録作"境"。乙本校："'境'，底本作'敬'，據《瑜伽師地論釋》改。參見《大正藏》第30卷第883頁下。"按：《瑜伽師地論釋》："境瑜伽者，謂一切境。"[T30n1580p883c25]可參。

② 敬，録本訛作"教"，據底本改。該字當爲"境"之記音字，乙本録作"境"。參前釋。

經儀則。四、攝異門分，謂略攝經中所有諸法名義差別。五、攝事分，謂略攝三藏衆要事義。

第一、釋本地分。大門分二：一、略釋；二、廣解。

初文分五：一、總問。二、總答。三、徵問。四、以頌略答。五、長行列名[□□][總結]①。

分十七，謂從“五識身相應地”至“無餘依地”：

初釋“五識身相應地”名義。釋論分四：一、辯“識”；二、解“身”；三、釋“相應”；四、説“地”義。

二，釋“意地”名義。釋論十一門，分别如釋，應知。

三、四、五，釋“有尋伺”等三地名義。釋論四門，分别如釋，應知。

六，釋“三多摩呬多地”名義。釋論四門，分别如釋，應知。

第七，釋“非三摩呬多地”名義。分四，同前。

第八、九，釋“有心無心地”名義。釋論五門，分别如釋，應知。

第十、十一、十二，釋“聞”、“思”、“修”三地名義。釋論四門，分别如釋，應知。

第十三，釋“聲聞地”名義。釋論分二：一、釋“聲聞”兩字；二、釋“地”義。

第十四，釋“獨覺地”名義。釋論分二：一、明“獨覺”兩字；二、明“地”義。

第十五，釋“菩薩地”名義。釋論分二：一、釋“菩薩”兩字；二、明“地”義。

第十六，釋“有餘依地”名義。釋論四門，分别如釋，應知。

第十七，釋“無餘依地”名義。釋論五門，分别如釋，應知。

第四，總結②。

第二，廣解。分十七，謂始從“五識身相應地”乃至“無餘依地”。

第一、釋“五識身相應地”。大門分三：一、略釋；二、廣解；三、明五識生起緣等。初、略釋。分二：一、總問總答。分三：一、問；二、答；三、結。二、别問别答。分二：一、問；二、答。

第二、廣解。分五：一、明眼識；二、明耳識；三、明鼻識；四、明舌識；五、

---

① “總結”二字底本、録本無，結合文意，據乙本補。

② 乙本校：“‘第四總結’，此四字從内容上看是‘長行列名’之後的總結。”

明身識。

初明"眼識",分五:

一、明自性。分二:一、問;二、答。

第二、明所依。分二:一、標。二、釋。分三:一、明三依。分三:一、明俱有依。分二:一、標;二、釋。二、明等無簡依。分二:一、標;二、釋。三、明種子依。分二:一、標;二、釋。二、明料簡。分三:一、標;二、列名;三、釋。三、解釋"眼"等三,分三:一、明"眼"。二、明"等無簡"。三、明"種子識"。

第三、明所緣。分三:一、略標。二、列名。三、解釋。分五:一、廣明三色。分三:一、明顯色。分二:一、標;二、列名。二、明形色。分二:一、標;二、列名。三、明表色。分二:一、標;二、列名。

分五中二,略釋三色。分三:

一、略明顯色,分二:一、標;二、釋。

二、略明形色,分二:一、標;二、釋。

三、略明表色,分二:一、標。二、釋。分三:一、依生滅相續;二、依有簡無簡等;三、依變異。

分五中三,明三色差别。分三:

一、明顯色差别。分二:一、標;二、釋。

二、明形色差别。分二:一、標;二、釋。

三、明表色差别。分二:一、標;二、釋。

分五中四,明二識所緣差别。分二:一、眼識所緣。二、意識所緣。

分五中五,明總攝所緣。分二:一、標。二、釋。分四:一、好;二、惡;三、俱異;四、似色。

第四、明助伴。分二:一、總標。二、别釋。分二:

一、依五遍行等法。分二:一、標;二、釋。

二、料簡諸法。分二:一、明非一一轉;二、明各從自種生。

第五、明作業。分二:一、總標。二、别釋,分六,如《論》應知。

第二釋"耳識",分五:

一、明自性。分二:一、問;二、答。

第二、明所依。分二:一、總標。二、别釋。分二:一、明三依。分三:一、明俱有依。分二：一、標；二、釋。二、明等無簡依。分二：一、標；二、釋。三、明種子依。分二：一、標；二、釋。二釋“耳”等三法。分二：一、釋“耳”。二、例餘意種二法。

第三、明所緣。分三：一、總標。二、略答。三、解釋。分五：一、列名。分二：一、標；二、陳數有十七，如《論》。二、明聲所起因。分三：一、標；二、列名；三、解釋。三、明總攝。分二：一、標；二、釋。四、明異門。分二：一、標；二、釋。五、明二識所緣。分二：一、耳識所緣；二、意識所緣。

第四、五，合明助伴及作業，例同依前。

第三釋“鼻識”。分五：一、明自性。分二：一、問；二、答。第二、明所依。分二：一、總標。二、釋。分二：一、明三依。分三：一、俱有依。分二：一、標；二、釋。二、等無間依。分二：一、標；二、釋。三、種子依。分二：一、標；二、釋。二、釋“鼻”等三法。分二：一、明鼻根；二、例餘意種。第三、明所緣。分三：一、標。二、略答。三、解釋。分三：一、列名。分二：一、標；二、陳數。二、明異門。三、明二識所緣。分二：一、鼻識所緣；二、意識所緣。第四、五，合明助伴及作業，例同於前。

第四釋“舌識”。分五：一、明自性。分二：一、問；二、答。第二、明所依。分二：一、標。二、釋。分二：一、明三依。分三：一、俱有依。分二：一、標；二、釋。二、等無間依。分二：一、標；二、釋。三、種子依。分二：一、標；二、釋。二、明“舌”等三法。分二：一、明舌根；二、例餘意種。第三、明所緣。分三：一、標。二、略答。三、解釋。分三：一、列名。分二：一、標；二、陳數。二、明異名。三、明二識所緣。分二：一、舌識所緣；二、意識所緣。第四、五，合明助伴及作業，例同於前。

第五釋“身識”，分五：

一、明自性。分二：一、問；二、答。

第二、明所依。分二：一、標。二、釋。分二：一、明三依。分三：一、俱有依。分二：一、標；二、釋。二、等無間依。分二：一、標；二、釋。三、種子依。分二：一、標；二、釋。二、明“身”等三法。分二：一、明身根；二、例餘意種。

第三、明所緣。分三：一、標。二、略答。三、解釋。分四：一、列名。分二：一、標；二、陳數。二、明總攝。分二：一、標；二、答。三、明異名。四、明二識所緣。分二：一、身識所緣；二、意識所緣。

第四、五，合明助伴及作業，例同於前。

大門第三，明五識生起緣等。分三：

一、明五識生緣。分二：一、明眼識生緣。分二：一、明闕緣；二、明具緣。二、明例餘四識。

第二、明五識染凈生起次第。分二：一、明眼識染凈次第。分二：一、明三心生起次第。分三：一、標。二、列名。三、解釋。分二：一、釋三心；二、明染凈。二、明眼識善不善。分二：一、明隨意等流轉；二、明二識相續轉。第二例餘四識。

第三、明依等四法譬喻，有二異門，如《論》應知。

第二廣解中，分十七。第二釋"意地"，大門分三：一、略釋；二、廣解；三、攝相。初略釋，分三：一、略問；二、略答；三、略釋。

大門第二，廣解。分五：

一、明自性。分三：一、問。二、略答。三、解釋。分三：一、明心；二、明意；三、明識。

第二、明所依。分二：一、標。二、釋。分二：一、明等無間依。分二：一、標；二、釋。二、明種子依。分二：一、標；二、釋。

第三、明所緣。分二：一、標；二、釋。

第四、明助伴。分四：一、標。二、列名。分六：一、五遍行；二、五別境；三、十一善；四、六根本煩惱；五、二十二隨煩惱；六、四不定。三、總結。四、料簡。分八：一、同所緣；二、不同行相一時俱有；三、一一轉；四、從自種生；五、更互相應；六、有相；七、有所緣；八、有所依。

第五、明作業。分二：一、總標。二、别釋。分二：一、明共業。分六：一、了自境；二、了自共相；三、了三世；四、了刹那相續；五、發凈不凈業；六、取愛非愛果等。二、明不共業。分三：一、總標。二、列名。三、解釋，分十五：

一、明分别所緣作業相。分五：一、總問。二、略答。三、列名。四、别釋。分七：一、明有相分别。分二：一、標；二、釋。二、明無相分别。分二：一、標；二、釋。三、明任運分别。分二：一、標；二、釋。四、明尋求分别。分二：一、標；二、釋。五、明伺察分别。分二：一、標；二、釋。六、明染污分别。

分二：一、標；二、釋。分四：一、依三世；二、依三覺；三、依根本煩惱；四、依隨煩惱。七、明不染污分别。分二：一、標；二、釋。分四：一、依善無記；二、依出離三覺；三、依十一善；四、依三無記。第五、總結。

第二、明審慮所緣作業相。分四：一、問。二、略答。三、解釋。分三：一、明如理所引。分三：一、標。二、釋。分二：一、依非真實有。二、依真實有。分三：一、依施等；二、依法住智；三、依出世智。三、結。二、明不如理所引。三、明非如理非不如理所引。分二：一、標；二、釋。四、總結。

第三、明醉作業相。分三：一、問。二、答，有四因緣，如《論》。三、結。

第四、明狂作業相。分三：一、問。二、答，有五因緣，如《論》。三、結。

第五、明夢作業相。分三：一、問。二、答，有十因緣，如《論》。三、結。

第六、明覺作業相。分三：一、問。二、答，有三因緣，如《論》。三、結。

第七、明悶作業相。分三：一、問。二、答，有五因緣，如《論》。三、結。

第八、明醒作業相。分二：一、問，二、答。

第九、明發身語業作業相。分三：一、問。二、答，有四因緣，如《論》。三、結。

第十、明離欲作業相。分三：一、問。二、答，有四因緣，如《論》。三、結。

第十一、明離欲退作業相。分三：一、問。二、答，有五因緣，如《論》。三、結。

第十二、明斷善根作業相。分四：一、問。二、答，有五因緣，如《論》。三、結。四、答難。

第十三、明續善根作業相。分三：一、問。二、答，有四因緣，如《論》。三、結。

第十四、十五，合意識捨壽及受生作業相。大門分二：一、明内有情世間捨壽及受生門。二、明外器世界壞成門。

初門分二：一、明捨壽門。二、明受生門。

初捨壽門分三：一、總問。二、略答。三、廣解。分九：

一、明捨壽量。分三：一、總標。二、列名。分二：一、列壽盡等三名。二、列善不善等三名。三、别釋。分六：一、明壽盡死相。分三：一、問；二、答；三、結。二、明福盡死相。分二：一、問。二、答。三、明不避不平等死相。

分五：一、總問。二、略答。三、徵問。四、答列名，分九，如《論》。五、結。四、明善心死相。分二：一、問。二、答。分二：一、立因。二、顯果。分二：一、明可憶念相。二、明不可憶念相。分三：一、立正義。二、徵。三、答所以。五、明不善心死相。分二：一、總問。二、廣答。分二：一、答不善死正義。分二：一、立因；二、顯果。二、答善不善死相。分二：一、依受苦不受苦明相。分二：一、明善死相；二、明不善死相。二、依見亂不見亂明相。分二：一、明善死相，二、明不善死相。六、明無記心死相。分二：一、問。二、答。分二：一、立因，二、顯果。

分九中第二、明憶念不憶念相。分二：一、總標。二、别釋。分二：一、明偏强憶念相，二、明平等憶念相。

分九中第三、明捨壽因。分三：一、總標。二、别釋。分二：一、明戲論因；二、明善不善因。三、結。

分九中第四、捨壽善不善相。分三：一、明行不善業捨壽相。分二：一、總標；二、引經證成。二、明行善業捨壽相。分二：一、立正義；二、明差别。三、明不善差别相。分二：一、明上品不善捨壽相；二、明中品不善捨壽相。

分九中第五、明中有因。分三：一、明異生中有因。分二：一、立因。二、顯果。二、明初二果人中有相。分四：一、標。二、釋。三、立喻。四、法合。三、明不還人中有相。

分九中第六、明斷末魔差别相。分二：一、略釋。二、廣解。分三：一、總標。二、列名，分二，如《論》。三、别釋。分二：一、明重相。二、明輕相。分二：一、依善業明輕相。二、依北洲明輕相。

分九中第七、明中有根具不具相。分二：一、依色界明根具相。二、依欲界明根具不具相。

分九中第八、明調善不調善死相。分二：一、依清净解脱明調善死相。二、依不清净及不解脱明不調善死相。

分九中第九、明識捨身相。分三：一、明不善人識捨身相。二、明行善人識捨身相。三、總結。

大門分二中第二、明受生相門。分二：一、總問。二、廣答。分九：

一、明中有相。分十二：一、明受中有因果相。分三：一、立因，分二，如

《論》。二、顯果。三、立喻。[分十二中][①]二、明中有根“圓”、“不圓”義。[分十二中][②]三、明中有色相。分二：一、明不善業中有色相。二、明行善中有色相。[分十二中][③]四、明中有是誰緣境。[分十二中][④]五、明中有“不貪故身[⑤]”義。分二：一、明“不貪故身”義。分二：一、標。二、釋。二、明“貪後身”義。分二：一、立因。二、顯果。[分十二中][⑥]六、明中有眼所緣境。分三：一、明無障礙相。分二：一、明正義。二、立喻。二、明見同類中有“有情”義。三、明見自生處相。[分十二中][⑦]七、明中有趣向相。分三：一、明造不善業中有趣向相。二、明生天中有趣向相。三、明生人中有趣向相。[分十二中][⑧]八、明中有住限量。分五：一、明未得生緣量。二、明得生緣量。三、明極七日量。四、明七七日量。五、明“決定得受生”義。[分十二中][⑨]九、明中有業轉、不轉相。分二：一、明“不轉”義。二、明“轉”義。[分十二中][⑩]十、明中有異名。分二：一、總標。二、別釋，分四，如《論》。[分十二中][⑪]十一、依界明中有“有”、“無”義。十二、明中有“受惡趣”及“善趣身”義。分三：一、明趣那落迦中有相。分五：一、立因。二、明受生相。三、明諸根具相。四、明受果。五、明不生因。二、明往鬼趣中有相。分二：一、標。二、釋。三、明往傍生趣等中有相。分二：一、立因。二、顯果。

二廣答分九中第二、明受生三法相等。分三：一、明三處現前相。分二：一、總標。二、列釋，分三，如《論》。二、明三種無障相。分三：一、總標。二、列名，分三，如《論》。三、別釋。分三：一、明產處過患相。分三：一、總問。二、廣答。分十：一、答產處風逼迫過。二、答產處熱逼迫過。三、答產處癃逼迫過。四、答產處有如麻過。五、答產處有如麥過。六、答其門如車形過。七、答其門如螺形過。八、答其門有曲過。九、答其門有穢過。十、答其門有濁過。三、總結。二、明種子過患相。分三：一、總問。二、廣答，分五，如《論》。三、總結。三、明宿業過患相。分三：一、總問。二、廣答，分七，如《論》。三、總結。第三、明總結。

二廣答分九中第三、明入胎相。分二：一、總標。二、別釋。分四：一、明

①②③④⑥⑦⑧⑨⑩⑪ “分十二中”四字録本脱，據底本補。
⑤ 身，録本訛作“自”，據底本改。

顛倒想。分二：一、標。二、釋。分四中二、明男女差别相。分五：一、明爲女中有於父起貪心相。二、明爲男中有於母起貪心相。三、明爲女中有於母起遠去相。四、明爲男中有於父起遠離相。五、明受生因由。分四中三、明無福、有福受生差别。分二：一、明無福受生相。分二：一、立因。二、顯果。分二：一、聞聲。二、見色。二、明有福受生相。分二：一、立因。二、顯果。分二：一、明聞聲差别。二、明見色差别。分四中四、明"取識續生"義。分三：一、總標略義。二、别釋差别。分二：一、問。二、答。分四：一、明藏識任持根大種相。二、明諸根大種俱生相。分三：一、立因。二、顯果。三、結。三、明漸次成諸根相。分三：一、明眼等諸根成相。分二：一、立因。二、顯果。二、明諸根依處成相。分二：一、立因。二、顯果。三、總結。四、明互相安危相。分四：一、明"依託"義。二、明"損益"義。三、總結。四、明"肉心"義。第三、明總結。

二廣答分九中第四、明種子具、不具差别相。分十二：一、依般涅槃法明種子有、無差别。分二：一、明具相。二、明不具相。二、依界明種子。分二：一、總標。二、别釋，分三，如《論》。三、依四大種明種子義。分二：一、立正義。二、明作業，分四，如《論》。四、依二因明種子義。分二：一、明能生自體戲論因。二、明能生族姓等果善不善因。五、依凡、聖明種子義。分二：一、明凡種子。二、明聖種子。六、依三受明種子義。分四：一、依異熟所攝受明種子。二、依異熟所生受明種子。三、依境界生受明種子。四、依隨緣起受明種子。七、依所熏明種子義。八、依因果受用、未受用明種子義。分四：一、明已與果種子。分二：一、立因。二、顯果。二、明未與果種子。分五：一、標。二、釋。三、答難。四、明已受果義。五、明未受果義。三、明不定種子。四、總結。九、依染净明種子義。分二：一、明染種。二、明净種。十、依麁重等明種子義。分二：一、明煩惱所攝種子。二、明異熟及無記所攝種子。十一、依信等十一善法明種子義。分四：一、立正義。二、徵。三、答所以。四、結引證。十二、依異名明種子義。分四：一、總標。二、列名，分十一，如《論》。三、總結。四、明轉依勝利。分二：一、明捨一切染污法種子勝利。二、明轉一切善及無記法種子闕緣勝利。

二廣答分九中第五、明住胎時等義。分三：一、明住胎時限。分三：一、立正義。二、引證。三、明經意趣。分三：一、明極滿足相。二、明圓滿非極滿足相。三、明不滿足相。二、明住胎食相。三、分别住胎八位差别。分四：一、總標。二、徵問。三、列名，分八，如《論》。四、别釋，分八，如《論》。

二廣答分九中第六、明胎藏轉變義。分二：一、略釋。分二：一、立因，分二，如《論》。二、顯果，分四，如《論》。二、廣解。分四：一、明髮變異相。分二：一、標。二、釋，分三，如《論》。二、明色變異相。分二：一、標。二、釋，分四，如《論》。三、明皮變異相。分二：一、標。二、釋，分二，如《論》。四、明支分變異相。分二：一、標。二、釋，分三，如《論》。

二廣答分九中第七、明住胎時男女差别等義。分三：一、明男女任胎差别相。二、明母受苦惱相。三、明出胎時分。

二廣答分九中第八、明諸根受境緣等義。分六：一、明受六塵相。分二：一、標。二、釋。二、明學言説相。分二：一、標。二、釋。三、明耽著家室相。分二：一、標。二、釋。四、明學工巧相。分二：一、標。二、釋。五、明受用境界相。分二：一、標。二、釋。六、明受苦樂相。分二：一、標。二、釋。分二：一、立因，分二，如《論》。二、顯果。分二：一、明染品果。二、明净品果。

二廣答分九中第九、明種子等四緣之義。分七：一、總標。二、列名，分四，如《論》。三、别釋。分四：一、明種子所引相。二、明飲食資養相。三、明隨遂守護相。四、隨學造作身語業相。分三：一、標。二、釋。三、結。四、明不修行過失。五、明修行勝利。分二：一、立因。二、顯果。六、明難悟相。分二：一、標。二、釋，分八，如《論》。七、明總結。

第二、明外器世間壞成相。分三：一、總問。二、略答。三、廣解。分二：一、明壞相。二、明成相。

初明壞相。分三：一、明所壞差别。二、明能壞性相。三、總結。

一、明所壞差别。分六：一、立因。二、顯果。三、徵。四、答所以。五、明器世成因。分二：一、立因。二、顯果。六、明有情時無定相。分三：一、立正義。二、徵。三、答所以。

壞相分三中第二、明能壞性相。分二：一、總標。二、别釋。分六：

一、明壞之限量。分三：一、明災壞限。分三：一、明火災壞限。二、明水災壞限。三、明風災壞限。二、明第四静慮無壞因。分二：一、標。二、釋。

三、明三災壞頂。分二：一、標。二、釋。分三：一、明火災頂。二、明水災頂。三、明風災頂。

二别釋分六中第二、明壞空成住相，分四，如《論》。

二别釋分六中第三、明立劫意趣。分二：一、依八十中劫明立劫意。二、依初静慮三天壽量明立劫意趣。分二：一、標。二、釋，分三，如《論》。

二别釋分六中第四、明火災壞相。分二：一、明中劫相。二、明壞相。

一、明中劫相。分三：一、總問。二、略答。分五：一、明壽量無限義。二、明壽量有限時。三、明壽量減相。四、明壽增因。五、總結。三、廣解。分三：一、總標。二、列名，分三，如《論》。三、别釋。分三：

一、明儉災相。分二：一、總標。二、别釋。分四：一、明興起時。二、明儉相。分五：一、"難得"義。二、明謹會法。三、明守護相。四、明無力。五、總結。三、明時限。四、明增壽等因。

分三中二明病災相。分四：一、明興起時。二、明病相。三、明病息時限。四、明壽增等因。

分三中三、明刀災相。分六：一、明興起時。二、明刀相。三、息時。四、明三衰損相。分三：一、總標。二、列名，分三，如《論》。三、别釋。分三：一、明壽量衰損。分二：一、標。二、釋。二、明依止衰損。分二：一、標。二、釋。三、明資具衰損。分二：一、標。二、釋，分四，如《論》。五、明增壽因。六、明壽量等增長因。分二：一、立因。二、顯果，分四，如《論》。

明火劫分二中第二、明壞相。分二：一、明壞有情世間相。二、明壞器世間相。

一、明壞有情世間相。分四：一、明壞地獄有情。二、例明傍生鬼趣有情。三、明壞人趣有情。分三：一、立因。二、顯果。三、結。四、例明壞天趣有情。

二、明壞器世間相。分六：

一、明"不可得"義。分四：一、明有情不可得。二、明資具不可得。三、明天雨不可得。四、明藥草等不可得。

二、明能燒之相。分二：一、明此日輪熱增大義。分二：一、立因。二、顯果。二、明六日出因。分三：一、立因，分二，如《論》。二、顯果。三、明作用。

三、明所燒相。分二：一、總問。二、廣答，分六，如《論》。

四、明略義。分二：一、總標。二、别釋，分三，如《論》。

五、明影不可得義。

六、明壞住劫數。分二：一、明壞限。二、明住限。

二别釋分六中第五、明水災壞相。分二：一、總問。二、廣答。分五：一、答因。二、答果。三、立喻。四、明俱没相。五、明住限。

二别釋分六中第六、明風災壞相。分二：一、總問。二、廣答。分五：一、答因。二、答果。三、立喻。四、明俱波相。分三：一、立正義。二、徵。三、答所以。五、明住限。

初明壞分三中第三、明總結。

三廣解分二中第二、明外器世間成相之義。分三：一、總問。二、略答。分二：一、立因。二、顯果。三、别釋。分十八：

一、明第三静慮已下色天成立相。分二：一、略釋。分二：一、明第三静慮器世成相。二、例明第二及初静慮器世成相。二、廣解。分三：一、明第三静慮器世成相。分三：一、立因。二、顯果。三、明下餘器漸次成相。二、明第二静慮器世成相。三、明初静慮器世成相。分二：一、略釋。分二：一、立因。二、顯果。二、廣解。分二：一、明大梵生相。二、明餘天生相。分三：一、明初思願。二、立生因。三、顯果。

分十八中第二、明欲界四空居天器世成立相。分四：一、立生起。二、明成相。三、立喻。四、明四空居天生之因由。

分十八中第三、明地居諸天所依上從妙高下至鐵圍成立相。分五：

一、明風輪成相。分三：一、立因。二、顯果。三、明業用。分二：一、標。二、釋。

二、明水輪成相。分二：一、立因。二、顯果。

三、明地輪成相。分三：一、立因。二、顯果。三、明業相。

四、明諸山成相。分二：一、立因，分三，如《論》。二、顯果。分三：一、明上品果。分三：一、立因。二、顯果。三、明體性。分二：一、標。二、釋。二、明中品果。分五：一、總標。二、列名，分七，如《論》。三、釋名。四、明妙高山量。五、明七金山量。三、明下品果。分三：一、總標。二、别釋，分三，如《論》。三、明輪圍山住處及量。

五、明非天等四趣住處成相。分四：一、明非天住處成相。二、明大雪等成相。三、明四地獄成相。四、明鬼傍生住處成相。

分十八中第四、明四洲成立相。分四：一、總標。二、列名，分四，如《論》。三、顯形，分四，如《論》。四、量，分四，如《論》。

分十八中第五、明内外海成立相。分二：一、明内海。分二：一、明海體。二、明所居有情。分二：一、明龍。分四：一、總標。二、列名，分八，如《論》。三、明作業。四、明種類。分二：一、標。二、釋，分四，如《論》。二、明妙翅鳥。第二、明外海。

分十八中第六、明堅手神等住處成立相。分四：一、立住處。二、明住處量。三、明能住有情，分四，如《論》。四、明四大峰能住有情。分二：一、明住處。分二：一、明處所。二、明量。二、明能住有情。分二：一、標。二、釋。

分十八中第七、明四大王住處成立相。分二：一、明君住處。分二：一、明所居處，分四，如《論》。二、明能居有情，分四，如《論》。二、明諸臣住處。

分十八中第八、明善住龍王住處成立相。分六：一、明住處相。二、明能住有情。三、明作業。四、明遊行處。五、明眷屬。六、明彼食。

分十八中第九、明四大河成立相。分二：一、明出處。分三：一、明其量。二、明功德。三、明端嚴。二、明所出。分二：一、標。二、列名，分四，如《論》。

分十八中第十、明頂天住處成立相。分三：一、明君住處。二、明臣住處。三、明妙高四寶成相。分二：一、標。二、釋，分四，如《論》。

分十八中第十一、明輪王道成立相。分三：一、明體性。二、明没量。三、明減時。

分十八中第十二、明妙翅鳥王住處成立相。分二：一、明住之處所。二、明能住有情。

分十八中第十三、明諸小渚成立相。分二：一、明總相住處。二、明别相住處。

分十八中第十四、明劫初人住處成立相。分八：一、明來處。分二：一、立因。二、顯果。二、明業差別。分二：一、明欲界攝相。二、明非餘時義。三、立名。四、明功德。五、明住處。六、明飲食。分五：一、明增相。二、明減相。三、明軌受相。四、明好惡色生因。五、明食没因由。七、明男女差別因由。分五：一、立因。二、顯果，分二，如《論》。三、明起惡業。四、明他輕相。五、明初起屋因由。八、明立四姓因由。分二：一、明王種起由。分二：一、立因。二、顯果。二、例明餘三姓興起因由。

分十八中第十五、明日月星宿成立相。分二：一、略釋。分二：一、立因。二、顯果。二、廣解。分九：一、明日月量，分二，如《論》。二、明日月自性，分二，如《論》。三、明遲速。四、明作業，分六，如《論》。五、明遊行量。六、明日行遠近。分二：一、標。二、釋，分三，如《論》。七、明月虧盈因由。八、明月影因由。九、明星宿量，分三，如《論》。

分十八中第十六、明死王興之因由。分四：一、明死王生由。分二：一、立因。二、顯果。二、明眷屬生相。三、明害具起相。分二：一、標。二、釋。四、明有情生相。

分十八中第十七、明壞限及小千等成立相。分四：一、明大千界俱成壞相。二、分別三千界相。分二：一、總標。二、別釋。分三：一、明小千界。分二：一、標。二、釋。二、明中千界。分二：一、標。二、釋。三、明大千界。分二：一、標。二、釋。三、總結。分三：一、立正義。二、立喻。三、法合。四、明化主。

分十八中第十八、明五趣等二十四可得事成立相。分三：一、立生起因。二、列名，分二十四，如《論》。三、別釋，分二十：

一、明五趣可得相。分二：一、明那落迦。分二：一、問。二、答。二、例明餘四趣。

二、釋四生。分四：一、卵生。分二：總問總答，別問別答。餘三准上。二、胎生。三、濕生。四、化生。

三、釋六依持。分二：一、問。二、答。分六：一、建立依。分三：一、標。二、釋。三、結。餘五准上。二、藏覆依。三、豐稔依。四、安穩依。五、日月依。六、食依。

四、釋七攝受事。分二：一、問。二、答，分七，如《論》。

五、釋十資身具。分二：一、問。二、答，分十，如《論》。

六、釋八數隨行。分二：一、問。二、答，分八，如《論》。

七、釋三世事。分二：一、問。二、答，分三，如《論》。

八、釋三語言。分二：一、問。二、答。分二：一、列名，分三，如《論》。二、别釋。分三：一、釋法言。二、釋非法言。三、釋餘言。

九、釋二十二種發憤。分二：一、問。二、答，分二十二，如《論》。

十、釋六十二種有情之類。分二：一、問。二、答，分六十二，如《論》。

十一、釋八位。分三：初問。次列名。後别釋，分八，《論》文自顯。

十二、釋四種入胎。分三：初問。次列名。後釋，分四，如《論》。

十三、釋"四威儀"。其義易了，故此不明。

十四、釋六種活命。分二：一、問。二、答，分六，如《論》。

十五、釋六種護守。分二：一、問。二、答，分六，如《論》。

十六、釋七種苦。分二：一、問。二、答，分七，如《論》。

十七、釋七慢。分二：一、問。二、答，分七，如《論》。

十八、釋七種憍。分二：一、問。二、答，分七，如《論》。

十九、釋四種言説。分三：初問。次略答。後别釋，分四，《論》文自明。

二十、釋衆多言説句。分三：初問，次略釋，後别釋。

此衆多言説句，謂諸菩薩化利有情，故建立也。大門分二：一、攝一切法門。二、化利有情門，分二：一、外道；二、所餘。

化外道分六：一、外道所有作用自他等邪所繫者，顯非真實。二、聽許功德及其世法，令不貪著。三、於堅妙智等所有一切順解脱分勸修證得。四、制及過失順世之法退捨不示不授持等，勸令遠離。五、七例之句若不善解，言論不明，而有訛機，教令善解。六、顯"决定"義。十一、十二、二、六、七、十五句，隨次配釋。

第二所餘。分二：一、在家。二、出家。化利在家，[有二十九][①]，分三：

① "有二十九"四字録本脱，據底本補。

一、顯加行作業,[有十二]①。二、明劬勞營求,[有五]②。三、亦營求過失,[有十二]③。十二、五、十二句,隨次配釋。二、化出家,[有四十四]④,分三:一、增上戒學,[有九]⑤。二、增上定學,[有二十二]⑥。三、增上慧字,[有二十三]⑦。以九、二十二、二十三⑧句,隨次配釋。又菩薩化利在家,更立三十三句。此分爲三:一、顯營求過,[十五]⑨。二、明此生過,[十]⑩。三、示他世過,[八]⑪。以十五、十、八句,隨次配釋。

第三、明意地攝相。大門分三:一、總標。二、解釋。三、總結。解釋分九:一、明色聚集。二、明相應品。三、明世相。四、明四相。五、明緣相。六、明三性相。七、明差別相。八、明善巧相。九、明九事相。

初明色聚集分三:一、標。二、廣釋。三、結。廣釋分二:一、略問略答。分三:一、標。二、釋。三、結。有五問五答,《論》文自明。二、廣釋,分三:一、破微塵。分二:一、破塵。分四:一、明生起因。二、答難。三、徵。四、答結。二、明不相離。分三:一、釋二不相離。二、喻顯。三、明所造住因。分二:一、住因。二、大義。

二、明攝色集。分三:一、約相攝。二、約界攝。三、約不相離攝。第一約相攝分二:一、標。二、分別。分四:一、根。二、處。三、五塵。四、建立。第二約界文可見。第三約不相離攝。分四:一、標。二、徵。三、釋。四、結。釋分四,有四異門,《論》文自顯。四、結文亦可見。

三、雜明聲等聚之相。分八:一、明聲聚相。分二:一、界有。二、相有。二、分別。分二:一、標。二、釋。分二:一、相續。二、不相續。三、明空界。

①③ "有十二"三字録本脱,據底本補。
② "有五"二字録本脱,據底本補。
④ "有四十四"四字録本脱,據底本補。
⑤ "有九"二字録本脱,據底本補。
⑥⑦ "有二十二"四字録本脱,據底本補。
⑧ 三,底本、録本作"二",據上下文意改。
⑨ "十五"二字録本脱,據底本補。
⑩ 十,録本脱,據底本補。
⑪ 八,録本脱,據底本補。

分三：一、標。二、釋。分三：一、明闇色。二、釋明色。三、明異門。四、明色聚小大因。分三：一、標。二、釋。三、結。五、明經中所説四大性相。分二：一、明地大堅等相。分二：一、標。二、釋，有二異門。初門分六：一、明堅。二、明堅攝。三、明近攝。四、明執受。五、非近攝。六、無執受。第二異門，文可見。二、例餘三界。六、明一切色聚悉有能造性。分二：一、標。二、釋。七、明造色三種流轉。分二：一、標。二、釋。分三：一、釋長養。二、釋等流。三、釋異熟。八、略攝色聚之相。分二：一、標。二、釋。

大門第二，明相應品。分二：一、總標。二、解釋。分七：一、依地等建立位，分五，《論》文自顯。二、明心及心所生起緣。分三：一、標。二、釋。三、結。釋分三：一、釋根不壞。分二：一、問。二、答。二、釋境現前。分三：一、問。二、答。三、明障。分二：一、標。二、釋。三、釋能生作意。分二：一、問。二、答。分二：一、標。二、釋。分四：一、釋欲力。分二：一、問。二、答。二、釋念力。分二：問，答。三、釋境力。分二：問，答。四、釋數習力。分二：問，答。三、結文可見。三、明心及心所云何作染净理趣之相。分二：一、標。二、釋。分三：一、明意識云何分別境。分三：一、明生。二、明亂不亂。三、分別境。二、明云何染净生起。分二：一、明染净因。二、明差別。分三：一、明意功能。二、徵。三、顯因由。三、結。四、明建立一刹相。分二：一、標。分二：一、問。二、答。二、釋。分二：一、問。二、答。分三：一、依一境。二、明相似不相似。三、明緣境差別。分二：一、過去。二、現在。五、明心及心所作用。分三：一、總明諸識作用。二、明五遍行用。三、總結。六、明遍行別境體相。分二：一、辨遍行體相，有五問答，《論》文自明。二、釋別境體相，有五問答，《論》文自顯。七、明遍行別境所作之業。分二：一、明遍行作業，有五問答，《論》文自顯。二、明別境作業，有五問答，《論》文自明。

大門第三、明三世相。分二：一、標，有問有答，分二：一、依法；二、依與不與。二、解釋，分三：一、釋過去；二、釋未來；三、釋現在。

大門第四、明四相。分三：初標，有問有答。次釋。分四：一、明生。二、明老。分二：一、辨體。二、差異。分二：一、標。二、釋。三、明住。四、明無常。後結文可見。

大門第五、明四緣相。分四：一、標。二、解釋。分四：一、明因緣。二、明等無間緣。三、明所緣緣。四、明增上緣。分二:一、依根。二、依善不善性。三、建立。分四:一、立因緣。二、立等無間緣。三、立所緣緣。四、立增上緣。四、明相攝。分二:一、因緣。二、餘三緣。

大門第六、明三性相。分二:一、問。二、答。分三:

一、明善。分二:一、明善體。分十:一、無罪善。二、生得加行善。三、自性等善。四、順福等善。五、施性等善。六、善色等善。七、菩提分善。八、恭敬等善。九、方便等善。十、有五異門:一、有依等善。二、世、出世善。三、十善道善。四、無學十善。五、福生等善。二、明總攝。

二、明不善。分二:一、與善相違。二、能障礙。

三、明無記。分三:一、標。二、解釋。分四:一、異熟生。二、一分威儀路。三、一分工巧處。四、一分變化生。三、料簡。分三:一、料簡工巧處。二、料簡威儀路。三、料簡變化生。

大門第七、明差別。分三:一、依根明差別。二、依境明差別。三、依根塵釋名差別。

第一依根明差別。分三:一、明眼根差別,分十增:一、觀色眼。二、長養異熟眼。三、肉等眼。四、瞋等眼。五、五趣眼。六、相續等眼。七、有識等眼。八、依處等眼。九、已得等眼。十、過去等眼。二、例餘四根。分二:一、例。二、料簡。分二:一、標。二、釋。分三:一、釋耳差別。二、釋鼻舌差別。三、釋身差別。三、明意根差別。分十一增:一、識法意。二、施設等意。分三:一、標。二、釋。三、果門。三、心等意。四、善等意。五、五位差別意。六、六識身意。七、七識住意。八、增語觸相應等意。九、九有情居意。十、過去等意。十一、十二心意。

第二、依境明差別。分六:

一、明色塵。分十:一、眼所行色。二、内外色。三、顯等色。四、有依光明等色。五、五趣差別色。六、建立所攝等色。七、七種攝受事色。八、地分雜等色。九、過去等色。十、十資具色。

二、明聲塵。分十:一、耳所行聲。二、了不了聲。三、因受等聲。四、善不善等聲。五、五趣聲。六、受教等聲。七、男女等聲。八、分二:一、聖、非聖聲。分三:一、標。二、釋。三、果門。二、善、不善語業道聲。九、過去等聲。十、五樂所攝聲。分三:一、標。二、徵。三、解釋。

三、明香塵。分十:一、鼻所行香。二、内外香。三、可意等香。四、大等香。五、根等香。六、食等香。七、皮葉等香。八、俱生等香。九、過去等香。十、男女等香。

四、明味塵。分十:一、舌所行味。二、内外味。三、可意等味。四、大麥等味。五、飲酒等味。六、甘苦等味。七、蘇油等味。八、俱生等味。九、過去等味。十、可嚼等味。分二:一、可食味。二[1]、藥味。

五、明觸塵。分十:一、身所行觸。二、内外觸。三、可意等觸。四、摩等觸。五、分二:一、五趣觸。二、蚊虻等觸。六、苦樂等觸。七、堅鞕等觸。八、手觸等觸。九、過去等觸。十、飲食等觸。

六、明法塵。分三:一、料簡。分三:一、標。二、徵。三、答。分三:一、實有法。分三:一、心法。二、律、非律色。三、定生色。二、假有法。分二:一、標。二、列數。三、無爲法。分三:一、標。二、列數。三、料簡。二、列法數。分十:一、意所行法。二、假非假法。三、有色等法。四、有色假所攝色。五、色心所有等法。六、受想等法。七、受想思等法。八、善、不善等法。九、過去等法。十、一隨逐生義等法。三、總結。

第三、依相塵釋名差别。分三:一、釋根名。分六:一、釋眼名。二、耳。三、鼻。四、舌。五、身。六、意。二、釋境名。分六:一、釋色。二、釋聲。三、香。四、味。五、觸。六、法。三、總結。

大門第八、明善巧相。分二:一、明坐起因。分二:一、頌。二、長行。二、列數。

大門第九、明九事相。分四:一、標。二、徵。三、列名。四、解釋。分九:一、明有情事。二、明受用事。三、明生起事。四、明安住事。五、明染净事。六、明差别事。七、明説者事。八、明所説事。九、明衆會事。

第三總結,有一頌,文義可知。

第二廣解分十七中第三、四、五合釋有尋伺等三地。大門分二:一、略釋。二、廣解。

---

① 二,録本作"三",結合文意,據底本改。

初略釋分三：一、問。二、答。三、略解。

二、廣解分五：一、明界施設建立。二、明相施設建立。[三][1]、明如理作意施設建立。四、明不如理建立。五、明雜染等起施設建立。

五中第一、明界施設建立。分二：一、略釋。二、廣解。略釋分三：一、問。二、答。三、略釋。二、廣解。分八：一、明數建立。二、明處建立。三、明有情量建立。四、明壽建立。五、明受用建立。六、明生建立。七、明自體建立。八、明因緣果建立。

八中第一、明數建立。分三：一、分別界。分二：一、墮界。分三：一、問。二、答。三、結。二、非墮界。二、配尋伺等地位。分三：一、配有尋伺。二、配無尋唯伺。分二：一、配地。二、明修人。三、配無尋伺。三、明"無尋伺"義。分二：一、"有漏界無尋伺"義。分三：一、正義。二、徵。三、説因由。分二：一、有欲。二、無欲。二、無漏界攝無尋伺義。分二：一、明尋伺。二、例餘。

八中第二、明處建立。分三：一、建立欲界處。分四：一、標。二、列數。分八：一、列八熱地獄處。分二：一、問。二、答。二、八寒處。分四：一、明住處。二、問。三、列名。四、明二獄處所。三、餓鬼處。四、非天處。五、除傍生。六、四大州。七、八中州。八、六欲天。三、料簡獨一及近地獄。分二：一、不立處。二、人中可得。四、總結。二、建立色界處。分二：一、標。二、列數。分四：一、列初静慮。分二：一、果。二、因。二、列第二静慮。分二：一、果。二、因。三、列第三静慮。分二：一、果。二、因。四、列第四静慮。分二：一、列凡夫。分三：一、果。二、因。三、明無想天處。二、列聖天。分二：一、小乘天。分三：一、明住處。二、列名。三、明因。二、大乘天。分三：一、明住處。二、列名。三、明因。三、建立無色界處。分二：一、有處。二、無處。

八中第三、明有情量建立。分五：一、人趣身量。分四：一、南州。二、東州。三、西州。四、北州。二、天趣身量。分二：一、欲天，分六，六天差別故。二、色天，分四，四静慮差別故。三、惡趣身量。分三：一、地獄。二、傍生。

---

① 三，録本脱，據底本補。

三、鬼趣。四、明非天身量。五、明無色天身量。

八中第四、明壽建立者。分二：一、明壽量。分十：一、明人壽量，分四，四州差别故。二、明欲天壽量，分六，六天差别故。三、明八熱地獄壽量。分八：一、等活。二、黑繩。三、衆合。四、號叫。五、大號叫。六、燒熱。七、極燒熱。八、無間。四、非天壽量。五、明傍生壽量。六、明鬼趣壽量。七、明八寒地獄壽量。八、明近及獨一壽量。九、明色天壽量，分四，四禪差别故。十、明無色天壽量，分四，四定差别故。第二、明差别。分二：一、明中夭。二、明有屍、無屍。

八中第五、明受用建立。分三：一、明受用苦樂。二、明受用飲食。三、明受用淫欲。

初受用苦樂分二：一、依五趣明受苦樂。二、依異門明受苦樂。

依五趣明受苦樂分二：一、明受苦。二、明受樂。

初受苦分二：一、略釋。二、廣解。分五：

一、明地獄受苦。分四：一、明八熱地獄受苦。分八：一、明等活受苦。分四：一、標。二、受苦相。三、受苦時。四、結。二、明黑繩受苦。分四：一、標。二、受苦相。三、受苦時。四、結。三、明衆合受苦。分四：一、標。二、受苦相。分三：一、夾石。二、鐵槽。三、崩山苦。三、受苦時。四、結。四、明號叫受苦。分四：一、標。二、受苦相。三、受苦時。四、結。五、明大號叫受苦。六、明燒熱受苦。分四：一、標。二、受苦相。分四：一、鐵鏊。二、鐵弗。三、鐵地。四、捶斫。三、受苦時。四、結。七、明極燒熱受苦。分四：一、標。二、受苦相。分三：一、三支弗。二、鐵鍱。三、鑊湯苦。三、受苦時。四、結。八、明無間受苦。分六：一、標。二、受苦相。分六：一、四方猛焰。二、鐵箕。三、鐵山。四、釘舌。五、鐵丸。六、洋銅。三、受苦時。四、結。五、受苦因。六、總結。第二明近獄受苦。分四：一、標。二、明受苦相。分二：一、略標四增處。二、廣釋四增處。分四：一、煻煨苦。二、屍糞苦。分二：一、俱没。二、蟲食。三、明刀劍等苦。分三：一、遊行刀劍路苦。二、刃葉墮落斫截苦。三、登鐵樹苦。四、明灰河苦。分二：一、煎煮苦。二、鐵丸苦。第三、明受苦時。第四、答難。第三、明寒地獄受苦。分八：一、明皰獄受苦。分三：一、標。二、受苦相。三、結。二、皰裂。三、喝[1]哳詀。四、郝郝凡。五、虎虎凡。六、青蓮花。分二：一、受苦相。二、結。七、紅蓮花。分二：一、受苦。二、結。八、大紅蓮花。分二：一、受苦相。二、結。第四、明獨一獄受苦。分三：一、標。二、受苦相。三、結。

第二、明傍生受苦。分三：一、更相殘害苦。二、不自在苦。三、明苦因。

第三、明鬼趣受苦。分二：一、標。二、釋。分三：一、明外有障礙。分四：一、問。二、明苦因。三、明受苦相。分三：一、明飢渴相。二、明外障。三、明自業。四、結。二、明内有障礙。分四：一、問。二、明内有障相。三、明受苦相。四、結。三、明飲食無有障礙。分三：一、問。二、受苦異門。分四：一、燒然（燃）苦。二、食糞穢苦。三、食生熟臭穢苦。四、食自肉苦。三、結。

第四、明人趣受苦。分三：一、標。二、釋。分八：一、俱生苦。二、所欲不得苦。三、麄疏飲食苦。四、逼追求苦。五、時節變異苦。六、無覆障苦。七、黑闇障苦。八、變壞苦。三、料簡。

第五、明諸天受苦。分三：一、明欲天受苦。分三：一、標。二、明受苦相。分三：一、死墮苦。分二：一、明五相。二、苦因。二、陵蔑苦。分三：一、標。二、徵。三、答因由。三、斫截等苦。分七：一、標。二、徵。三、答因由。四、勝劣。五、明諍因。六、明何趣攝。七、明驅擯。三、總結。第二、第三，合明色、無色天受苦。分四：一、標。二、明不受苦因。三、明有微細苦因。四、明無漏界中無有麄重。分二：一、明無麄重。二、結。

第二、明受樂。分五：一、明四種地獄。二、鬼趣受樂。三、大力鬼神及傍生受樂。四、明人趣受樂。分二：一、下。二、上。分二：一、總相。分二：一、標。分二：一、勝。二、勝因。二、明七寶。分三：一、問。二、列名。三、辨體相。分三：一、標。二、問。三、引經。二、别相。分四：一、金輪。分二：

---

[1] 喝，底本作“嘬”。《瑜伽師地論》：“何等爲八？一、皰那落迦。二、皰裂那落迦。三、喝哳詀那落迦。四、郝郝凡那落迦。五、虎虎凡那落迦。六、青蓮那落迦。七、紅蓮那落迦。八、大紅蓮那落迦。”［T30n1579p294c14—15］故底本“嘬”當爲“喝”之訛字。然《大正藏》本迻録失真，且未出校。

一、順化。二、告敕。二、銀輪。三、銅輪。四、鐵輪。五、明天趣受樂。分三：一、明欲天受樂。分二：一、標。二、釋。分十八：一、明形色德。二、明久住德。三、身德。分二：一、標。二、釋。四、住處德。分二：一、標。二、釋。五、所食德。分二：一、標。二、釋。六、所飲德。七、乘騎德。分二：一、標。二、釋。八、衣服德。九、莊嚴具德。分二：一、標。二、釋。十、熏香等德。十一、大會樹德。分二：一、標。二、釋。分五：一、根德。二、身。三、枝葉。四、香。五、受用德。十二、歌笑等德。十三、資具德。分二：一、標。二、釋。十四、因次明非天及北州受樂德。分四：一、衣。二、食。三、無繫屬。四、定勝德。十五、明帝釋受樂德。分二：一、標。二、釋。分九：一、宫殿德。二、天女德。三、地界德。四、衆花德。五、街道德。六、侍從德。分二：一、所守德。二、能守德。七、薗苑德。分二：一、苑德。二、地德。八、善法堂。九、如意石德。十六、身光德。分三：一、明身光。二、明晝夜。三、明闇相。十七、受五欲德。分三：一、標。二、釋。分五：一、聲欲。二、色欲。三、香欲。四、味欲。五、觸欲。三、結。十八、明人天差别德。二、明色天受樂。分四：一、明初禪樂。二、二禪樂。三、三禪樂。四、四禪樂。三、明無色天受樂。

第二、依異所明受苦樂。分五：

一、依六差别明受苦樂。分二：一、明受苦。分四：一、總標。二、列名。三、徵。四、釋。分六：一、明量。二、明柔軟。三、明總。四、明時。五、明心。六、明所依。二、明受樂。

二、依聖非聖財明受苦樂。分三：一、標。二、釋。分二：一、明非聖財。分三：一、標。二、列名。三、釋。分四：一、明適悦。二、滋長。三、清净。四、住持。二、明聖財。分三：一、標。二、問。三、列名。三、明差别。分三：一、標。二、徵。三、解釋。分十五：一、善惡行。二、有罪無罪。三、遍不遍。四、一切時有無。五、依三界。六、引不引。七、有盡無盡。八、有奪無奪。九、可持不可持。十、足不足。十一、有怖無怖等。十二、有怨無怨。十三、有災無災。十四、有惱無惱。十五、斷苦不斷苦。

三、依聖慧資養明受苦樂。分三：一、標。二、徵。三、解釋。分二：一、明受正法德。二、明受欲失，各有五門，《論》文自明。

四、依三界三受明受苦樂。分三：一、總標。分二：一、問。二、答。二、觀三受。分三：一、樂。二、苦。三、不苦不樂。皆有問答，《論》文自明。三、配三苦。

五、依有資味無資味等明受苦樂。分三：一、明墮界三種喜樂捨解脱。二、明建立想受滅樂密意。三、明非墮界樂。

第二、明受用飲食。分二：一、總標。二、分別。分二：一、以觸等三食配於三界。二、分別段食。分二：一、總。二、别。分二：一、細。二、麁。

第三、明受用淫欲。分二：一、依趣明。分五：一、地獄。分三：一、標。二、徵。三、答。二、鬼趣。三、傍生。四、人趣。五、天趣。分二：一、標。二、釋。分六：一、四大王衆天。二、三十三天。三、無煩天。四、都史多天。五、樂變化天。六、他化自在天。二、明差别。分三：一、依州明差别。二、依大力鬼神及欲天明差别。三、依胎藏明差别。分二：一、標。二、釋。分三：一、地居。二、住頂。三、空居。

八中第六、明生建立。分四：

一、明生三欲。分二：一、標。二、釋。分三：一、釋於近欲自在。分三：一、標。二、徵。三、釋。二、釋於化欲自在。分四：一、標。二、徵。三、解。四、結。三、釋於他欲自在。分三：一、標。二、釋。分二：一、明受欲。二、釋名。三、結。

二、明生三樂。分二：一、標。二、釋。分三：一、釋離生喜樂。分二：一、標。二、釋。二、釋定生喜樂。分二：一、標。二、釋。三、釋無善善樂。分二：一、標。二、釋。

三、明建立三欲及三樂因由。分三：一、問。二、總答。三、解釋。分三：一、明欲求。二、有求。分二：一、明有求。二、答難。三、梵行求。

四、明求梵行差别。分二：一、有上。二、無上。

八中第七、明體建立。分二：一、標。二、釋。分四：一、自心捨[①]，非由他。分二：一、標。二、釋。分二：一、戲忘。二、意憤。二、他心捨，非由自心。分二：一、標。二、釋。三、自心亦捨，亦由他心。分二：一、標。二、釋。四、自心亦不捨，亦非他心。分二：一、標。二、釋，分十，《論》自明。

① 捨，録本訛作"拾"，據底本改。

八中第八、明因緣果建立。分三：

一、明因緣果相等四法。分二：一、總標。分二：一、問。二、答。二、釋。分四：

一、明因等三相。分二：一、標。分二：一、列名。二、略總辯。二、别釋。分六：一、依生。分二：一、問。二、答。二、依得。分三：一、問。二、答。三、釋二緣。三、依證成。分二：一、問。二、答。四、依成辨。分二：一、問。二、答。五、依任持。分二：一、問。二、答。六、依所作。分三：一、問。二、答。三、明自業作用。分二：一、内。二、外。

二、明因等所依。分二：一、標。二、答。

三、明因等差别。分二：一、總標。二、别釋。分三：一、因。二、緣。三、果。

四、明因等建立。分三：一、建立因。分十：

一、建立隨説因。分五：一、總標。二、答。三、徵。四、釋。分四：一、欲法。二、色法。三、無色法。四、不繫法。五、結。

二、建立觀待因。分四：一、立。二、徵。三、釋。分五：一、欲樂。二、色樂。三、無色樂。四、不繫樂。五、不欲苦。四、結。

三建立牽引因。分四：一、立。二、徵。三、釋。分二：一、明因。二、明果。分二：一、内。二、外。四、結。

四、建立生起因。分四：一、立。二、徵。三、釋。分四：一、明因。二、明滅。三、能生。四、引經。四、結。

五、建立攝受因。分四：一、立。二、徵。三、釋。分二：一、明繫法。二、明不繫法。四、結。

六、建立所引發因。分四：一、立。二、徵。三、釋。分三：一、善引。分四：一、欲。二、色。三、無色。四、不繫。二、不善。分二：一、貪。二、例餘。三、無記。分二：一、善等識引。二、引喻。四、結。

七、建立定異因。分四：一、立。二、徵。三、釋。分四：一、欲功能。二、色功能。三、無色功能。四、不繫功能。此四總有因果，如《論》。四、結。

八、建立同事因。分四：一、立。二、徵。三、釋。分五：一、欲和合。二、色。三、無色。四、不繫。五、例餘。四、結。

九、建立相違因。分四：一、立。二、徵。三、釋。分五：一、欲障礙。二、色。三、無色。四、不繫障礙。五、例餘。四、結。

十、建立無相違因。分四：一、立。二、徵。三、釋。分五：一、欲無障礙。二、色。三、無色。四、不繫。五、例餘。四、結。

二、建立緣。分四：一、立因緣。二、立等無間緣。三、立所緣緣。四、立增上緣。

三、建立果。分五：一、立異熟果。二、立等流果。三、立離繫果。四、立士用果。五、立增上果。

二、釋因等名。分三：一、因。二、緣。三、果。

三、明因之異門。分三：一、能生因等異門。分三[①]：一、標。二、列名。三、釋，分五，如《論》。二、愛因等異門。分二：一、標。二、列名。三、無常等異門。分三：一、標。二、釋。分七：一、無常因。二、他自性因。三、已生未滅因。四、餘緣因。五、變異因。六、功能相應因。七、相稱因。三、結。

廣釋中大門第二、明相施設。分二：一、略釋。分二：一、頌。二、長行。二、廣解。分七：一、明尋伺體性。分二：一、標。二、釋。分二：一、不深。二、深。二、明尋伺所緣。分二：一、標。二、釋。三、明尋伺行相。分二：一、標。二、釋。分二：一、尋行相。二、伺行相。四、明尋伺等起。分二：一、標。二、釋。五、明尋伺差別。分二：一、標。二、釋。六、明尋伺決擇。分三：一、標。二、問。三、答。七、明尋伺流轉。分二：一、標。二、釋。分二：一、問。分六：一、問地獄尋伺行相、所觸、所引、相應、所求、業轉六事。二、問傍生。三、問鬼趣。四、問人趣。五、問欲天。六、問初禪行相所觸等六事。二、答。分六：一、答地獄尋伺行相、所觸、所引、相應、所求、業轉六事。二、答鬼趣。三、答傍生及大力餓鬼。四、答人趣。五、答欲天。六、答初禪尋伺所觸等六事。

廣釋中大門第三、明如理作意施設建立。分二：一、略釋。分二：一、問。二、答。二、廣解。分四：一、標。二、列名。三、解釋。分八：一、明如理作意處。分二：一、標。二、釋，分六，如《論》。二、明尋伺事。分二：一、標。二、

① 三，録本作“二”，該字底本不清晰，結合文意，據乙本改。

釋,分八,如《論》。三、明尋伺所求。分二:一、標。二、釋。四、明尋伺受用。分二:一、標。二、釋,分九,如《論》。五、明尋伺正行。分二:一、標。二、釋。分二:一、供養尊處。分三:一、利益尊。二、德尊。三、族尊。二、供養於餘。分三:一、何方便。二、何觀待。三、何所作。六、明聲聞乘資糧方便。分二:一、標。二、釋。七、明獨覺乘資糧方便。分二:一、標。二、釋。八、明波羅蜜多引發方便。分二:一、標。二、釋。四、雜明施主等相。分四:一、明施主([有四]①)、戒([有四]②)、修([有六]③)三相。二、明受施([有六]④)、損惱二相([有八有六]⑤)。三、明攝益([有六]⑥)、善([有四]⑦)非善([有四]⑧)友、引攝([有三]⑨)三相。四、明隨轉([有四]⑩)、供事、因果、聰慧([有三]⑪)、三學([有三]⑫)五相。

廣釋中大門第四、明非如理作意施設建立。分三:一、略釋。二、廣解。三、總結。初、略釋。分三:一、問。二、頌總答。三、略釋。分三:一、標。二、問。三、答。第二、廣解。分十六,謂從執因中有果,乃至計吉祥,如《論》自明。

初、明因中有果論。分二:一、立彼宗見。分二:一、明標宗計人。二、明立論因由。分二:一、問。二、答。分二:一、總答。二、别釋。分二:一、教。二、理。分四:一、明立論人。分二:一、明計人。二、明立論因。二、明宗見。分五:一、從施設立論。二、從求取立論。三、從所作决定立論。四、從生立論。五、結。三、明過失。分四:一、施設雜亂過。二、所求亂過。三、加功雜亂過。四、果生雜亂過。四、總結。二、廣破邪見。分四:一、以正理破。分四:一、無異相破。二、未生相破。三、已生相破。四、明正義。二、喻顯。分二:一、標。二、釋,分五,如《論》。三、顯彼過。四、總結。

二、明從緣顯了論。分二:一、立彼宗見。分二:一、明標宗計人。二、明立論因由。分二:一、問。二、答。分二:一、總答。二、别釋。分二:一、

①②⑦⑧⑩ “有四”二字録本脱,據底本補。

③④⑥ “有六”二字録本脱,據底本補。

⑤ “有八有六”四字録本脱,據底本補。

⑨⑪⑫ “有三”二字録本脱,據底本補。

教。二、理。分五：一、明立論因。二、非前宗。三、立自宗。四、答難。分二：一、問。二、答。五、結。二、廣破邪見。分二：一、破顯了宗。二、破聲論見。初破顯了宗分六：一、有障無障理破。分二：一、問。二、釋[①]。分二：一、無障。二、有障。分三：一、破。二、喻。三、重破。二、有相果相理破。分二：一、問。二、釋[②]。分二：一、有性。二、果性。分二：一、破。二、喻。三、顯異顯異理破。分二：一、問。二、釋[③]。分二：一、顯不異過。二、顯異過。分二：一、問。二、破。分二：一、無因過。二、有因過。四、總結。五、非邪宗見。六、説正義。分二：一、標。二、釋。分六：一、遠。二、四障。三、微細。四、散亂。五、根壞。六、未得相應智。二、破聲論見。分三：一、破邪見。二、明差別。三、結。

三、明去來實有論。分二：

一、立彼宗見。分三：一、計人。分二：一、外。二、内。二、標宗。三、立論因由。分二：一、問。二、答。分二：一、總答。二、别釋。分二：一、明教。分二：一、外法。二、内法。分二：一、標。二、引經。分三：一、十二處。二、有業。三、有色等。二、明理。分三：一、明立論因。二、立論宗。分三：一、標。二、釋。三、立過。三、結。

二、廣破邪見。分二：一、破外法論。二、破内法論。

初、破外法。分三：一、有異無異理破。分二：一、問。二、破。分二：一、有異。二、無異。二、常無常相理破。分二：一、問。二、破。分二：一、常。二、無常。三、來至現在世等七正理破。分四：一、立難。分七：一、來至現在難。二、死已生此。三、生現在。四、本無業有業。五、本不圓滿今圓滿。六、本有異相今無異相。七、於未來有現在分難。二、廣破。分七：一、破未來至現在。二、破未來死已生現在。三、破未來爲緣生現在。四、破本無業用今有業用。分二：一、立有業用難。二、立有異無異難。五、破未圓滿圓滿相。六、破異相。七、破未來分相應。三、例餘二法。四、總結。

二、破内法論。分二：一、立彼難。分二：一、違理過。二、違教過。二、理破。分二：一、答違理難。分二：一、問。二、破。分二：一、不起。分二：

---

①②③ 釋，録本訛作"非"，據底本改。

一、正破。二、引證。二、有起。分二：一、有行。二、無行。分二：一、有事轉。二、無事轉。二、答違教難。分四：一、依一切法有相無相密意破答。分四：一、立有相無相密意。二、徵。三、答所以。四、顯過失。二、依説有過去業等密意答。分三：一、標。二、釋。分二：一、明因。二、明果。三、結。三、依説有過去色等密意答。分三：一、標。二、釋。分三：一、明未來密意。二、明現在密意。三、明過去密意。三、結。四、破三世有相。分三：一、總破遮。二、徵。三、别釋。分三：一、明未來。分二：一、標。二、釋，有十二相，如《論》應知。二、明現在。分二：一、標。二、釋，有十二相，如《論》應知。三、明過去。分二：一、標。二、釋，有十二相，如《論》應知。

四、明計我論。分四：一、立邪宗。二、廣破。三、明真我。四、明立我勝利。

初文分三：一、明計人立宗。二、簡人。三明、立論因由。分二：一、問。二、答。分二：一、總答。二、别答。分二：一、明教。二、明理。分三：一、明立論因。二、標宗之因。三、解釋。分二：一、依先不思覺立我。分三：一、標。二、釋。分五：一、依色。二、受。三、想。四、行。五、識。三、結。二、依思覺立我。分三：一、標。二、釋。分二：一、依六根。二、依善不善。三、結。

二、廣破邪宗。分二：一、正破。二、總結。初文分十：一、依不思覺破。二、依思覺破。三、依蘊施設破。四、依相安立破。五、依染浄破。六、依流轉止息破。七、依受者等破。八、依自他施設有作者破。九、依自他施設言説破。十、依施設見破。

初依不思覺破分四：一、依五蘊破。分二：一、問。二、破。分二：一、不異。二、異，分五，如《論》。二、依自體餘體法破。分二：一、問。二、破。分二：一、自體破。二、餘體破。三、依情非情數破。分二：一、問。二、破。分二：一、覺起。分三：一、無情是有情過。二、有情是無情過。三、餘有情是餘有情過破。二、覺不起。四、依現量比量破。分二：一、問。二、破。分二：一、現量。二、比量。

二、依思覺破。分五：一、依覺我破。分二：一、問。二、破。分二：一、覺。二、我。二、依常無常破。分二：一、問。二、破。分二：一、無常。二、常。三、依動作無動作。分二：一、問。二、破。分二：一、有動作。二、無動作。四、依有因無因破。分二：一、問。二、破。分二：一、有因。二、無因。五、依自他破。分二：一、問。二、破。分二：一、依自。二、依他。

三、依蘊施設破。分二：一、問，分二，如《論》。二、破。分四：一、依蘊施設破。二、依蘊中施設破。分三：一、標。二、問。三、釋。分二：一、常。分四：[一][①]、損益過。二、法非法不起過。三、蘊身不起過。四、我常解脱過。二、無常。分二：一、無流轉過。二、不作而得過。三、依蘊外餘處破。四、依不屬蘊破。分二：一、無染過。二、我與身不相屬過。

四、依相安立破。分二：一、問，分二，如《論》。二、破。分二：一、不離破。分二：一、問。二、正破。分二：一、不離見等。分二：一、非彼見。二、明因由。二、離見等破。分二：一、問，分二，如《論》。二、破。分二：一、我所成業。分五：一、種子喻。二、陶師喻，有二過，如《論》。三、得通喻，有三過，如《論》。四、地喻。分三：一、正破。二、問所以。三、明業。五、虚空喻。分三：一、正破。二、明業。三、結。二、我所執具。分二：一、鎌喻。分二：一、喻。二、合。二、火喻。分三：一、正破。二、徵。三、答所以。第二、離見等破。

五、依染净破。分二：一、問。二、破。分二：一、本有染净。分三：一、正破。分二：一、明染净相。二、成就染净義。二、喻。三、結。二、本無染净破。

六、依流轉止息破。分二：一、問。二、破。分二：一、本有流轉及止息破。分三：一、正破。分二：一、標。二、釋。二、喻顯。三、法合。二、本無流轉及止息破。

七、依受者等破。分二：一、問。二、破。分二：一、依變異破。分二：一、諸行是受者等過。二、我無常過。二、依無變異破。

八、依自他施設無作者破。分二：一、問。二、破。分二：一、依自破。二、依他破。

九、依自他施設言説破。分二：一、問。二、破。分二：一、依自施設。

① 一，録本脱，據底本補。

二、依他施設。分三：一、正解。二、徵。三、答所以。

十、依施設見破。分四：一、依我見破。分二：一、問。二、破。分二：一、善有四過，如《論》。二、不善。分二：一、非正顛倒過。二、非實有過。二、依無我見破。分二：一、問。二、破。分二：一、善，分三，如《論》。二、不善有五過，如《論》。三、依我性我見破。分二：一、問。二、破。分二：一、我性。二、我見。四、結。

第二總結分十，如《論》應知。

第三明真我。分三：一、標。二、略釋。分三：一、明非我。二、明異不異。三、明非實有體。三、廣解。分三：一、標。二、釋，分八，如《論》。三、引證。

第四明立我勝利。分三：一、標。二、釋，分四，如《論》。三、結。

五、明計常論。分三：一、立彼宗見。二、廣破邪宗。三、明真常住相。

初文分四：一、總標計人。二、立彼宗見。分二：一、標。二、釋，分五，如《論》。三、別簡計人。分三：一、計前際。二、計後際。三、計極微者。四、明立論因由。分二：一、問。二、答。分二：一、引教答。二、以理答。分三：一、明計前際之因。分六：一、依靜慮。二、依天眼。三、依諸識流轉相續。四、依梵王隨意成立。五、依四大變異。六、依諸識變異。二、明計後際之因。分二：一、明起後際因。二、結。三、明計極微常住之因。分二：一、明正因。二、結。

二、廣破邪宗。分二：一、略破。二、廣破。分二：一、正破。二、總結。初正破分三：

一、破前際常住論。分二：一、依取蘊我破。分二：一、問。二、破。分二：[一]①、依取蘊破。二、依取我破。二、依識滅轉破。分二：一、問。二、破。分二：一、依滅破。二、依轉破。

二、破後際常住論。分二：一、依想受有變異無變異破。分二：一、問。二、破。分二：一、有變破。二、無變破。分二：一、無想過。二、無受過。二、解釋三十二見。分九：一、釋有色。二、釋非色。三、釋亦色亦非色。四、釋

① 一，録本脱，據底本補。

非色非非色。五、釋有邊。六、釋無邊。七、釋亦有邊亦無邊。八、釋非有邊非無邊。九、釋解脱。此九中初四釋想，次四釋邊，後一釋解脱。

三、破極微常住論。分五：

一、依觀察不觀察破。分二：一、問。二、破。分二：一、不觀察。二、觀察。

二、依共相破。分二：一、問。二、破。分二：一、由細。二、由相異。分二：一、麁相不從彼生過。二、極微失自相過。

三、依自相破。分二：一、問。二、破。分二：一、依不異相破。分二：一、果常過。二、因果無差別過。二、依異相破。分二：一、問。二、破。分二：一、從離散。分二：一、切時果生過。二、因果無決定過。二、從聚集。分二：一、問。二、破。分三：一、不過質量。二、過質量。分二：一、不可分折過。二、麁物亦常過。三、救難。

四、依由起造破。分二：一、問。二、破。分三：一、依種子等喻破。二、依陶師等喻破。三、依無同喻破。

五、依根本所用破。分二：一、問。二、破。分二：一、爲有情破。二、不爲有情破。

第二總結。分二：一、雙結前際、後際常住論。二、結極微常住論。

第三、明真常住相。分三：一、標。二、釋，分五，如《論》應知。三、結。

六、明宿作因論。分三：一、立彼邪宗。二、廣破邪見。三、顯正因相。

初文分四：一、總標計人。二、引經立彼宗見。分二：一、標。二、釋。分三：一、明故業。二、明現業。三、明果。三、别簡計人。四、明立論因由。分二：一、問。二、答。分二：一、總答。二、别答。分二：一、明教。二、明理。分五：一、明造論因。二、立理。三、徵。四、答所以。五、結。

二、廣破邪見。分三：一、問。二、破。分二：一、依宿作因破。二、依現法因。三、明總結。

第三、顯正因相。分三：一、依宿作以顯正因。分二：一、標。二、釋。二、依雜業以顯正因。分二：一、標。二、釋，分五，如《論》。三、依現在功用，以顯正因。分二：一、標。二、釋，分四，如《論》。

七、明自在等乃作者論。分二：一、立彼宗。二、廣破邪見。

初文分四：一、總標計人。二、立彼宗見。三、别簡計人。四、明立論因由。分二：一、問。二、答。分二：一、總答。二、别答。分二：一、明教。二、明理。分四：一、明造論因。二、立理。三、徵。四、答所以。分五：一、依因立。二、依果立。三、□（依）[1]受。四、明起邪見。五、所化主。

二、廣破邪宗。分二：一、正破。二、總結。初正破分二：一、總問。二、别破。分四：一、依功用破。二、依攝不攝破。三、依有用無用破。四、依因性破。初文分二：一、問。二、破。分二：一、依功用。二、依無功用。二、依攝不攝破。分二：一、問。二、破。分二：一、依攝。二、依不攝。三、依有用無用破。分二：一、問。二、破。分二：一、依有用。二、依無用。四、依因性破。分二：一、問。二、破。分二：一、依大自在。二、依餘因。分二：一、問。二、破。分二：一、依樂欲。分二：一、問。二、破。二、依餘因破。分二：一、因不可得過。二、於欲無自在過。第二總結，分四，如《論》。

八、明害爲正法論。分三：一、立彼宗見。二、廣破邪宗。三、顯非法之相。

初文分三：一、總標計人。二、立彼宗見。三、明立論因由。分二：一、問。二、答。分二：一、明無因由。二、明起之時代。

二、廣破邪宗。分二：一、正破。二、總結。初文分五：一、依因破。分二：一、問。二、破。分二：一、依法自體破。二、依非法自體破。二、依譬喻破。分三：一、標彼救難詞。二、問。三、破。分二：一、依止息。二、依不止息破。三、依不決定破。分二：一、問。二、破。分二：一、依遍行理破。二、依不遍行理破。四、依於果無功能破。分二：一、問。二、破。分二：一、依轉因。二、依轉果破。五、依呪術破。分二：一、問。二、破。分二：一、依有破。二、依無破。第二總結，分五，如《論》應知。

第三、顯非法相。分二：一、標。二、釋。分七：一、損他。二、行人共知。三、智人稱説。四、自所不欲。五、染心所起。六、待邪呪術。七、自性無記。

九、明邊無邊論。分二：一、立彼宗見。二、廣破邪宗。初文分五：一、總標計人。二、立彼計宗。三、引經。四、别簡計人。五、解釋。分四：一、釋

① 依，録本作缺文，據底本補。

有邊。二、釋無邊。三、釋亦有邊亦無邊。四、釋非有邊非無邊。二、廣破邪宗。分二：一、正破。二、總結。初文分二：一、問。二、破。分二：一、依有破。二、依無破。二、總結。分二：一、結有。二、結無。

十、明不死矯亂論。分五：一、總標。二、引經。分三：一、明"矯亂"義。分二：一、立他問。分二：一、依增上道。二、依決定勝道。二、答他問。分四：一、標。二、依他問。三、依餘事。四、隨他言。二、列名。三、解釋，分四，如《論》。三、明依經説。四、明見歸。五、結。

十一、明無因見論。分三：一、立彼宗見。二、廣破邪宗。三、總結。初文分三：一、明起論因。分二：一、依静慮。二、依尋思。二、明立論因由。分二：一、問。二、答。分五：一、依見事差別。二、依見無果。三、依風。四、依河。五、依果木。三、結。二、廣破邪宗。分二：一、依無體我破。分二：一、問。二、破。分二：一、依無體。二、依念我。二、依内外物破。分二：一、問。二、破。分二：一、依無因。分三：一、無種種生過。二、無欻然而起過。三、無有時不生過。二、依有因。第三、總結。分四：一、結無體。二、結念我。三、結無因。四、結有因。

十二、明斷見論。分二：一、立彼宗。二、廣破邪見。初文分四：一、總標計人。二、立彼宗見。分二：一、依欲界人等。二、依例餘六天。三、别個計人。四、明立論因由。分二：一、問。二、答。分二：一、總答。二、别答。分二：一、答教。二、答理。分三：一、明立論因。二、立斷見理。分三：一、不作業而得過。二、現無受用過。三、結。三、立喻。分二：一、喻。二、合。二、廣破邪見。分二：一、正破。二、總結。初文分二：一、問。二、破。分二：一、依蘊破。二、依我破，分七，如《論》應知。二、總結。分二：一、結蘊斷。二、結我斷。

十三、明空見論。分二：一、立彼宗見。二、廣破邪見。

初文分三：一、明計人。二、略標彼宗。分二：一、依施等。二、依諸法體相。三、明立論因由。分二：一、問。二、答。分二：一、總答。二、别答。分二：一、答教。二、答理。分二：一、明造論因。二、廣明宗見。分五：一、依生受後受立見。分二：一、依施。分二：一、因。二、果。二、依行。分二：一、因。二、果。二、依不決定立見。分二：一、無從彼來。二、無從此去。三、依生處立見。分三：一、依下地。二、依父母等。三、依無想等。分二：一、釋。分三：一、明無想。二、明無色。三、明涅槃。二、答難。四、依增上慢。五、依諸法體相。分二：一、問。二、答。分二：一、依深經。二、依安立法相。

二、廣破邪見。分二：一、正破。二、總結。初文分五：一、依生受後受理破。分二：一、問。二、破。分二：一、依俱有。二、依無後受。二、依非不決定理破。分二：一、問。二、破。分三：一、依是父母破。二、依非父母破。三、明正義。三、依有生處理破。分二：一、問。二、破。分二：一、依有破。二、依無破。四、依增上慢理破。分二：一、問。二、破。分二：一、依有破。二、依無破。五、依三種相破。分二：一、問。二、破。分二：一、依有。二、依無。二、明總結，分五，如《論》應知。

十四、明妄計最勝論。分二：一、立彼宗。二、廣破邪見。

初文分四：一、總標計人。二、立彼宗見。三、别簡計人。四、明立論因由。分二：一、問。二、答。分二：一、總答。二、别答。分二：一、答教。二、答理。分二：一、明造論因。二、明立見理。分二：一、見具戒。二、貪名利等。

二、廣破邪見。分二：一、正破。二、總結。初文有三門分之：一、依産生破。分二：一、問。二、破。分二：一、依種類破。二、依婆羅門破。二、例餘八法。分八：一、依作業破。分二：一、造作善不善。二、三業不净净。二、依受生破。分三：一、依現法。二、依後生。三、依三處現前。三、依工巧業處破。四、依增上破，分四，如《論》。五、依顧録破。分二：一、依給侍。二、依老病等法。六、依梵住破。分二：一、因。二、果。七、依修覺分破。八、依證菩提破，分三，如《論》。三、依戒聞等破。分二：一、問。二、破。分二：一、依種類破。二、依戒聞等破。二、明總結，分十，如《論》應知。

十五、明妄計清净論。分二：一、立彼宗。二、廣破邪見。

初文分四：一、總標計人。二、立彼宗見。分四：一、依我解脱立見。分二：一、標。二、釋。二、依四静慮立見。分二：一、標。二、釋。三、依沐浴立見。分二：一、標。二、釋。分二：一、依孫陀利迦河。二、例餘四河。四、依諸戒立見，分七，如《論》應知。三、别簡計人，分四，如《論》。四、明立論因由。分二：一、問。二、答。分二：一、總答。二、别答。分二：一、答教。二、答理。分二：一、明立論因。二、立理。分二：一、依得諸縱任。二、依自苦其身。分二：一、正義。二、喻顯。

二、廣破邪見。分二：一、正破。二、總結。初文分四：一、依離欲不離欲破。分二：一、依五妙欲破。分二：一、問。二、破。分二：一、依已離欲。二、依未離欲。二、依四静慮破。分二：一、問。二、破。分二：一、依離。二、依未離。二、依内外破。分二：一、問。二、破。分二：一、依内。二、依外。三、依净不净破。分二：一、問。二、破。分二：一、依净。二、依不净。四、依邪正破。分二：一、問。二、破。分二：一、依邪。二、依正。二、明總結，分四，如《論》應知。

十六、明妄計吉祥論。分二：一、立彼宗。二、廣破邪見。

初文分四：一、總標計人。二、立彼宗見。分四：一、違。二、順。三、供養等。四、明供具。三、别簡計人。四、明立論因由。分二：一、問。二、答。分二：一、總答。二、别答。分二：一、答教。二、答理。分二：一、明造論因。二、立理。分二：一、明因。二、明傳説。分四：一、明往問。二、顯彼無知。三、立彼妄計。四、明宣説。

[二][1]、廣破邪見。分二：一、正破。二、總結。初文分二：一、問。二、破。分二：一、依日月等破。二、依業破。二、明總結，分二，如《論》應知。

大門第三、總結。分二：一、依二門。二、依正理。二、廣釋中大門第五、明離染等起。分二：一、明所治法，謂三雜染。二、明能治法，謂六現觀。初文分二：一、總標。分二：一、總問總答。二、别問别答。二、别釋。分三：一、釋煩惱雜染。二、釋業雜染。三、釋生雜染。

初釋煩惱雜染。分二：一、略釋。分三：一、問。二、頌答。三、解釋。二、廣解。分九：一、自性。二、分别。三、因。四、位。五、門。六、上品。七、顛倒攝。八、差别。九、過失。

初文分三：一、標。二、釋。分二：一、因。二、果。三、結。

二、釋煩惱分别。分二：一、標。二、釋。分五：一、立異門。分十一：一、依離染。二、依所斷。三、依界。四、依記無記。五、依見修所斷。六、依

① 二，録本脱，據底本補。

根本。七、依隨眠。八、依煩惱異門。九、依結。十、依見煩惱。十一、依十二諦。二、釋十二諦。分二：一、問。二、答。分二：一、依染品。二、諦立。二、依净品遍智果二諦立。分三：一、欲。二、色。三、無色。三、依界配煩惱。分三：一、欲界。二、色界。三、無色界。四、依界明對治。分二：一、明對治。分三：一、欲界。二、色界。三、無色界。二、例餘障。五、釋"十煩惱"義，分十，如《論》應知。

三、釋煩惱因。分四：一、標。二、列名。三、明起因。四、解釋，分六，如《論》應知。

四、釋煩惱位。分三：一、標。二、列名。三、明隨眠因。

五、釋煩惱門。分二：一、依二門。二、依七門。初文分三：一、標。二、列名。三、解釋。分二：一、釋纏門。分二：一、標。二、釋，分五，如《論》。二、釋隨眠門。分二：一、問。二、答。分二：一、能作所依。二、能生苦。二、依七門。分二：一、標。二、釋，分七，如《論》。

六、釋煩惱上品相。分五：一、問。二、答。三、標。四、列名。五、解釋，分六，如《論》應知。

七、釋煩惱顛倒攝。分三：一、標。二、列名。三、解釋。分三：一、明三倒。二、攝煩惱。三、釋四倒。

八、釋煩惱差別。分四：一、總標。二、列名。三、訓釋名義。四、辨體，如《論》應知。

九、釋煩惱過患。分三：一、標。二、釋，分二十一，如《論》應知。三、結。

二别釋中第二、釋業雜染。分二：一、略釋。分三：一、問。二、頌答。三、長行解釋。二、廣解。分九：一、自性。二、分别。三、因。四、位。五、門。六、上品。七、顛倒。八、差别。九、過患。

初、釋業自性。分三：一、問。二、答。三、結。

二、釋業分别。分二：一、問。二、答。分二：一、略答。二、廣答。初文分三：一、標。二、列名。三、解釋。分二：一、標。二、釋。二、廣答。分二：一、依人建立。二、依法相建立。初依人差别建立分二：一、明不善人。二、明善人。初不善人分十，如《論》應知。二、善人。分二：一、翻上。二、釋差别。分二：一、標。二、釋。分二：一、釋離邪行中差别立句。分三：一、標。二、釋。分三：一、時浄。二、他信浄。三、正行浄。三、略義。二、釋離妄語中差别立句。分二：一、釋不同句。二、明略義。二、依法相差别建立。分二：一、總標。二、解釋。分二：一、明不善法，分十，如《論》應知。二、明善法。分四：一、問。二、答。分二：一、明不殺。二、例餘。三、明差别。分二：一、明不與取。二、例餘。四、明攝略義。分二：一、明攝。二、明開合。

三、釋業因。分三：一、問。二、略答。三、列名。

四、釋業位。分四：一、問。二、略答。三、列名。四、解釋。分二：一、配善不善六業生處。二、釋耎等五業。分二：一、不善。二、善。

五、釋業門。分三：一、問。二、略答。三、廣解。分二：一、明與果門。二、明損益門。初文分三：一、標。二、列名。三、解釋。分五：一、釋異熟果。分三：一、明殺生。二、例餘九業。三、結。二、釋等流果。分三：一、標。二、釋，分十，如《論》。三、結。三、釋增上果。分三：一、標。二、釋，分十，如《論》。三、例善業。四、釋現法果。分三：一、標。二、列名。三、解釋。分二：一、依欲解。二、依事。初文分三：一、標。二、列名。三、廣解。分八：一、明有顧欲解。分二：一、標。二、釋。二、明無顧欲解。分二：一、標。二、釋。三、明損惱欲解。分二：一、標。二、釋。四、明慈悲欲解。分二：一、標。二、釋。五、明憎害欲解。分二：一、標。二、釋。六、明浄信欲解。分二：一、標。二、釋。七、明棄恩欲解。分二：一、標。二、釋。八、明知恩欲解。分二：一、標。二、釋。第二、依事解釋。分二：一、依不善。分三：一、總標。二、釋。分二：一、明無間，分五，如《論》。二、明無間同分。分二：一、標。二、釋，分五，如《論》。三、結。二、依善。分二：一、總標。二、釋。分二：一、依利益。分三：一、依恩田。分二：一、母。二、父。二、依德田。分二：一、依慈定。二、例餘四德。三、依尊田。分二：一、依佛。二、依學無學。二、依損害。五、釋與他增上果。分三：一、標。二、釋。分二：一、依佛。二、例餘。分三：一、輪王。二、慈定。三、大悲菩薩。三、結。第二、明損益門。分二：一、總標。二、别解釋。分二：一、明損。分三：一、標。二、問。三、答，分八，如《論》。二、明利益。

六、釋業增上。分四：一、問。二、略答。三、列名。四、解釋。分六：

一、釋加行。分二：一、標。二、釋。分二：一、不善。二、善。二、釋串習。分二：一、標。二、釋。三、釋自性。分二：一、標。二、釋。分二：一、依十不善，分八，如《論》。二、依施等，分三，如《論》。四、釋事。分二：一、標。二、釋。五、釋所治類。分二：一、標。二、釋。六、釋所治損害。分二：一、標。二、釋。

七、釋業顛倒。分四：一、問。二、略答。三、列名。四、解釋。分三：一、釋作用顛倒。分三：一、標。二、釋。三、明差別。分二：一、依殺業。分二：一、有情。二、無情。二、例業道。二、釋執受顛倒。分二：一、標。二、釋。分二：一、依施等立見。分二：一、明執受顛倒因。二、立彼執。分二：一、依殺業。二、例餘。二、依梵天等立見。分二：一、標。二、釋。分二：一、依殺業。二、例餘業道。三、釋憙樂顛倒。分二：一、標。二、釋。

八、釋業差別。分三：一、問。二、略答列名。三、解釋，分有四十九，如《論》應知。此四十九業中，前四十一是有漏業，八是無漏業。

九、釋業過患。分三：一、依七過。二、依十過。三、依五過。初文分四：一、問。二、略答。三、列名。四、解釋，分七，如《論》應知。

二別釋中第三、釋生雜染。分四：一、問。二、略答。三、列名。四、廣解。分四：一、釋生差別。二、釋生艱辛。三、釋生不定。四、釋生流轉。

初文分三：一、標。二、列名。三、解釋。分五：一、釋界差別。分二：一、標。二、釋。二、釋趣差別。分二：一、標。二、釋。三、釋處所差別。分三：一、標。二、釋。分三：一、欲界。二、色界。三、無色界。三、結。四、釋勝生差別。分二：一、依黑白。二、依三界。初文分二：一、標。二、釋。分三：一、依黑。二、白。三、非黑白。二、依三界。分三：一、依欲界，分三，如《論》。二、色界，分三，如《論》。三、依無界，分三，如《論》。五、釋自身世間。分二：一、標。二、釋。

第二、釋生艱辛差別。分三：一、總標。二、引經。分三：一、總答。二、徵。三、答所以。分四：一、依受生。分二：一、依傍生。二、例人。二、依喪失。三、依財寶資生等。四、依飲乳。三、總結。

第三、釋生不定。分二：一、標。二、引經。分五：一、依父母。二、依受苦樂。三、依受生處。四、依不易可得。五、依受身。

第四、釋生流轉。分三：一、總問總答。分二：一、問。二、略答。二、別問別答。分二：一、問。二、以頌答。三、廣解。分十：一、明緣起體。二、明緣起門。三、明緣起義。四、明緣起差別。五、明緣起次第。六、明緣起釋詞。七、明緣起性。八、明緣起緣。九、明攝諸經。十、明緣起雜種。

初、明緣起體。分五：一、問。二、略答。三、列名。四、解釋。五、總結。四解標分二：一、合明前際中際。二、明從中至後際趣流轉及清浄。

初文分二：一、問。二、答。分五：一、依胎生明流轉次第。分五：一、依無明等五法釋"續生"義。分五：一、明無明。二、明行。三、明識。四、明名色。五、明六處。二、釋"名色"義。三、釋"根相依"。四、總結。五、明差別。二、依卵生、濕生明流轉次第。三、依化生明流轉次第。分二：一、欲界。二、色界。四、依無色界明流轉次第。分三：一、明所依。二、明轉。三、明生。五、依三業明流轉次第。分三：一、福業。二、非福業。三、不動業。

第二、明從中至後際趣流轉及清浄。分二：一、總問。分二：一、問清浄。二、問後際行緣起生。二、答。分二：一、答從中際至後際。二、答趣清浄。初文分三：一、總標。二、列名。三、解釋。分二：[一][①]、依内異熟果。二、依外增上果。初文分二：一、標。二、依無名等五法明續生後有。分七：一、明因。二、明無明。三、明行。四、明識。五、明因識。六、明識身。七、明名色等四法種子。三、結。二、依外增上果。分三[②]：[一、標。二][③]、依受愛等七法明續生後有。分六：一、明受愛。二、明取。三、明有。四、明生。五、明老死。六、明老死等次第種子。二、總結。第二、明趣清浄。分二：一、明有餘依。二、明無餘依。初文分三：初明因。分四：一、資糧。二、聞。三、思。四、修。次明果。分二：一、有學。二、無學。後明果功德。分四：一、慧解脱。分二：一、明因。分二：一、斷無明愛。二、斷受二明果。二、心解脱。分二：一、因。二、果。三、得無生法。分三：一、明無生。二、明因。三、結。四、得現法涅槃。分三：一、明現法樂。二、明受有無。三、明壽量。二、明無

① 一，録本脱，據底本補。

② 三，録本作"二"，據底本改。

③ "一標二"三字録本脱，據底本補。

餘依。分四:一、明果滅。二、明因滅。三、明無餘依體。四、歎德。

第五明總結,分三,如《論》應知。

第二、明緣起門。分三:一、問。二、略答。三、列名。

第三、明緣起義。分三:一、問。二、答,分八,如《論》應知。三、明立緣起義。分二:一、問。二、答。

第四、明緣起差别。分四:一、總問。二、略答。三、廣解。四、總結。三廣解分十二,謂從無明至老死。

初、明無明差别。分四:一、明十九無知。二、明七種無知。三、明五種愚。四、明六種無知。

初、明十九無知。分二:一、解釋。二、總結。初、解釋。分十九:一、明前際無知。分二:一、問。二、答。二、明後際無知。分二:一、問。二、答。三、明前後際無知。分二:一、問。二、答。四、明内無知。分二:一、問。二、答。五、明外無知。分二:一、問。二、答。六、明内外無知。分二:一、問。二、答。七、明於業無知。分二:一、問。二、答。八、明於異熟無知。分二:一、問。二、答。九、明於業異熟無知。分二:一、問。二、答。十、明於佛無知。分二:一、問。二、答。十一、明於法無知。分二:一、問。二、答。十二、明於僧無知。分二:一、問。二、答。十三、四、五、六,合明四諦。分二:一、明於苦無知。分二:一、問。二、答。二、例餘三諦。十七、明於因無知。分二:一、問。二、答。十八、明因所生諸行無知。分二:一、標。二、釋,分七,如《論》。十九、明六觸處無知。分二:一、問。二、答。第二、總結。

第二、明七種無知。分三:一、標。二、列名。三、明相攝。分二:一、問。二、答,分七,如《論》。

第三、明五種愚。分三:一、標。二、列名。三、明相攝。分二:一、問。二、答,分五,如《論》,

第四、明六種無知。分二:一、依七無知事立。分二:一、標。二、釋。二、依三慧等立。分二:一、依聞、思、修。二、一依下中上三品。三、總結。

第二、明行差别。分三;一、明身行。分四:一、問。二、略答。三、明處。四、分别業。分二:一、下。二、上。二、明語行。分三:一、問。二、略答。三、解釋。三、明意行。分三:一、問。二、略答。三、分别業。分二:一、下。

二、上。

第三、明識差別。分二：一、明識體。二、配於界。

初文分二：一、明眼識。分二：一、問。二、答。分三：一、明識性。二、明識因。三、明果識。二、例餘五識。分二：一、標。二、釋。分三：一、明識性。二、明識因。三、明果識。

二、配於界。分三：一、欲界。二、色界。三、無色界。

第四、明名色差別。分三：一、釋名。二、釋色。三、明差別。

初文分二：一、解釋。二、配界。初文分四：一、釋受名。分二：一、問。二、答。二、釋想名。分二：一、問。二、答。三、釋行名。分二：一、問。二、答。四、釋識名。分二：一、問。二、答。

二、配界。[□□][分二][1]：一、明釋色。分二：一、明大種。分二：一、問。二、答。分二：一、列名。二、配界。二、明大種所造。分二：一、問。二、答。分二：一、明色及法處色。二、配界。分二：一、欲界。二、色界。

三、明差別。分二：一]標。二、釋。分二：一、因。二、果。

第五、明六處差別。分三：一、明六處體。分二：一、明眼處。分二：一、問。二、答。分二：一、明依。二、明業用。二、例餘五處。分二：一、明依。二、明業用。二、明差別。分二：一、標。二、釋。分二：一、因。二、果。三、配界。分二：一、欲色。二、通三界。

第六、明觸差別。分三：一、明觸自體。分二：一、明眼觸。分二：一、問。二、答。二、例餘五觸。二、明差別。分二：一、標。二、釋。分二：一、因。二、果。三、配界。分三：一、欲界。二、色界。三、無色界。

第七、明受差別。分三：一、明受自體。分三：一、明樂受。分二：一、問。二、答。二、明苦受。分二：一、問。二、答。三、明不苦不樂受。分二：一、問。二、答。二、配界。分三：一、欲界。二、三靜慮已下。三、四靜慮已上。三、明差別。分二：一、標。二、釋。分二：一、因。二、果。

第八、明愛差別。分三：一、明欲界愛。分二：一、問。二、答。分二：一、

① 乙本校："'分二'，底本殘，據文意補。"按：底本非殘，實無此二字，玆據文意依乙本補。

因。二、果。二、明色界愛。分二：一、問。二、答。分二：一、因。二、果。三、明無色界愛。分二：一、問。二、答。分二：一、因。二、果。

第九、明取差别。分二：一、明取自體。分四：一、明欲取。分二：一、標。二、釋。二、明見取。分二：一、標。二、釋。三、明戒禁取。分二：一、標。二、釋。四、明我論取。分二：一、標。二、釋。二、配界。分二：一、欲界。二、三界。

第十、明有差别。分二：一、明有自體。分三：一、明欲有。分二：一、問。二、答。分二：一、明十有。二、破我見。二、明色有。分二：一、問。二、答。三、明無色有。分二：一、問。二、答。二、分别七有。分二：一、問。二、答。

第十一、明生差别。分二：一、明解釋。分十：一、明生。分二：一、問。二、答。二、明遍生。分二：一、問。二、答。三、明出生。分二：一、問。二、答。四、明成就。分二：一、問。二、答。五、明正生。分二：一、問。二、答。六、明得蘊。分二：一、問。二、答。七、明得界。分二：一、問。二、答。八、明得處。分二：一、問。二、答。九、明成蘊。分二：一、問。二、答。十、明命根。分二：一、問。二、答。第二、明生總攝義。分三：一、問。二、答，分六，如《論》。三、結。

第十二、明老、死差别。分二：一、明老。分二：一、解釋，分十七，如《論》。二、明“老”總義。分三：一、問。二、答，分十一，如《論》。三、結。二、明死。分二：一、解釋。有二異門：初有十一，於中初二名“所死”，餘九名“能死”。後有一。二、明“死”總義。分三：一、問。二、答。三、結。第四、明總結。

第五、明緣起次第。分二：一、染品次第，有三異門，如《論》。二、明净品次第，有二異門，如《論》應知。

第六、明緣起釋詞。分三：一、問。二、解釋，有四異門，如《論》應知。三、結。

第七、明緣起性互相作緣。分二：一、問。二、答。分二：一、依無明作緣。二、例餘。分二：一、標。二、釋。分二：一、明有色作緣。分二：一、有色作有色緣。二、有色作非色緣。二、明非色作緣。分二：一、非色作有色緣。二、非色作非色緣。

第八、明分别緣起緣，有五問答，如《論》。

第九、明攝諸經。分十二，謂從無明至老死。

第十、明緣起雜種。[有]①九十四問答，四十七門分之：一、三道門，有一問答。二、因果門，有三問答，有二異門。三、别别相雜門，有四問答。四、世間義門，有一問答。五、相應義門，有一問答。六、生義門，有一問答。七、緣起緣生門，有一問答。八、苦集門，有三問答。九、無明等十二法三種爲緣門，有六問答。十、爲二業門，有一問答。十一、上爲下緣門，有一問答。十二、此有彼有此生彼生門，有二問答。十三、無作者生門，有一問答。十四、自相續生門，有一問答。十五、分别四句門，有七問答。十六、聖道障門，有一問答。分二：一、問。二、答，分四，如《論》。十七、染净品門，有一問答。十八、還滅門，有四問答。十九、所顯門，有一問答。二十、不知緣起過門，有一問答。二十一、了知緣起勝利門，有一問答。二十二、實物非實物門，有四問答。二十三、所知障門，有一問答。二十四、成苦門，有三問答。二十五、因果門，有一問答。二十六、愛非愛果門，有一問答。二十七、三受非受門，有四問答。二十八、三苦攝門，有三問答。二十九、生及等至門，有一問答。三十、得離門，有一問答。三十一、染惡非染惡門，有一問答。三十二、三界門，有三問答。三十三、學非學等門，有七問答。三十四、引經説門，有一問答。三十五、甚深門，有一問答。三十六、智了門，有一問答。三十七、非自他作門，有二問答。三十八、説祕密門，有二問答。三十九、觀法退還門，有一問答。四十、非自他等作門，有一問答。四十一、萌②芽等喻門，有一問答。四十二、燈等喻門，有三問答。四十三、增長損減門，有二問答。四十四、因法等門，有二問答。四十五、漏盡等所顯門，有三問答。四十六、七十七智門，有一問答。四十七、四十四智門，有一問答。

大門第二、明能治法。分二：一、標。二、釋，分六，如《論》應知。③

本地分第二廣釋中第六，明三摩呬多地。分二：一、略釋。二、廣解。

---

① 有，録本脱，據底本補。

② 萌，録本作"萠"，據底本改。

③ 乙本至此止。

初文分三：一、總問。二、總答。三、略釋。

二、廣解。分五：一、總標。二、安立。三、作意差别。四、相差别。五、略攝諸經。

初總標分四：一、問。二、略答。三、列名。四、解釋。分四：一、明静慮。分二：一、標。二、釋。分四：一、離生有尋伺。二、定生無尋伺。三、離喜。四、捨念清浄。二、明解脱，分八，如《論》。三、明等持，分十一，如《論》。四、明等至，分六如《論》。

第二、廣明安立。分八：

一、安立等引義。分二：一、略。分二：一、問。二[1]、答。分二：一、答正義。二、答難。二、廣。分二：一、總標總釋。分四：一、標離生。二、明離生勝利。三、列欲界五法。四、列五圓滿法。二、别釋。分二：一、明欲界五法，分五，如《論》。二、明圓滿五法，分五，如《論》。

二、安立静慮等至障。分四：一、標。二、問。三、列名。四、解釋。分二：一、辯體，分五，如《論》應知。二、明五蓋食，分五，如《論》。

三、安立静慮支。分四：一、明立支，分四，如《論》。二、明諸支作業等，分四，如《論》。三、明立支因由。四、分别尋伺有無。

四、安立差别名。分四：一、釋增上心。分二：一、標。二、釋。二、釋樂住，有二異門。初門分四：一、標。二、釋。三、徵。四、答所以。第二異門分二：一、明樂住德。二、明無色定無是樂。三、四，釋彼分涅槃及差别涅槃。分二：一、標。二、釋。

五、安立出諸受事。分二：一、總標。二、解釋。分五：一、明出諸受。分五：一、明出諸根。分五：一、出憂根。二、出苦根。三、出喜根。四、出樂根。五、出捨根。二、引經。三、明了知。分三：一、問。二、略答。三、别釋，分五，如《論》。四、明持心。分三：一、問。二、答。三、明無餘盡。分二：一、標。二、釋。五、明世出世道差别。分三：一、明世間道過。二、明出世道功德。三、例餘。二、明了知根。分四：一、了知憂根。分二：一、問。二、答。二、了知苦根，分四，如《論》。三、了知喜根。四、了知樂根。三、分别苦根有

[1] 二，録本作“一”，據底本改。

無。四、明無相定。五、明捨根至到何處。分二：一、問。二、答。

六、安立五根與出離界相攝相。分二：一、總標。二、解釋。分四：一、明出離界。分三：一、依第三已下明出離。二、依第四以下明出離。三、依無色界已下明出離。二、明出離義。分二：一、問。二、答。分二：一、依能治立出離。二、依所治不立出離三分別欲等三出離。分三：一、問。二、答。三、别釋。分三：一、標。二、列名。三、立對治。分二：一、第三已下。二、第四已上。四、釋經義，分二十八，如《論》應知。

七、安立六種出離界。分六：一、略標。二、引經。三、明立六出離界意趣。四、明對治。分二：一、略分三：一、依初四；二、依中一；三、依後一。二、廣分六，如《論》。五、明六種出離勝利。六、明相攝。分二：一、明前五相攝。二、明後六相攝。

八、安立四依。分五：一、略標。二、引經列名。三、明立四依意趣。分二：一、問。二、答。分三：一、略釋。二、明立意。三、解初一。四、釋四依，分四，如《論》。五、依四時立四種人。分三：一、標。二、釋。三、結。

二廣解中第三、四，合明作意及相差别。大門分二：一、明作意差别。二、明相差别。

初文分四：一、總標。二、别標。三、問答。分二：一、問答七種作意。分二：一、問。二、答。二、問答四十作意。分三：一、問。二、列名。三、解釋，分四十，如《論》。四、明二種作意相攝。分二：一、明相攝相，分二十九，如《論》。二、明了相作意等緣。分二：一、了相緣。分二：一、依他。二、依内增上取。二、餘六緣。

第二、明相差别。分三：一、立相。二、明相攝。三、明修相。

初文分二：一、明根本四相。分六：一、問。二、略答。三、徵。四、答。五、列名。六、解釋。分二：一、略明四相。二、廣解後二相，亦如《論》。二、明三十二相。分三：初、標。次、列名。後、解釋，分三十二，如《論》應知。

第二明相攝。分二：一、總標。二、解釋。分四：一、明所緣相相攝。二、明因緣相攝。分二：一、總。二、别。分二：一、正。二、邪。三、明遠離相攝。四、明應修習相攝。

第三、明修相。分三：一、明修習所緣諸相作意。二、明修上二界定因。

三、引經明修相。

初文分五：一、問。二、略答。三、標。四、解釋，分四，如《論》。五、結。

二、明修上二界定因。分四：一、標。二、列名。三、解釋。分四：一、明因力。分二：一、問。二、答。二、明方便力。分二：一、問。二、答。三、明説力。分二：一、問。二、答。四、明教授力。分二：一、問。二、答。四、總結。

三、引經明修相。有六復次：

第一復次、明四種得定人。分三：一、標。二、列名。三、解釋。分四：一、明愛上人。分二：一、問。二、答。二、明見上人。分二：一、問。二、答。三、明慢上人。分二：一、問。二、答。四、明疑上人。分二：一、問。二、答。

第二復次、明愛味等三種静慮。分三：一、明愛味相應静慮等定。分二：一、問。二、答。分三：一、明因。二、明愛相。三、明時。二、明清净静慮等定。分二：一、問。二、答。分三：一、明因。二、明□□三清净相。三、明無漏静慮等定。分二：一、問。二、答。分三：一、明因。二、明修。三、明入方便。

第三復次、明順退等四種定。分四：一、明順退分定。分二：一、問。二、答。分三：一、明退因。二、明退相。三、明退時。二、明順住分定。分二：一、問。二、答。分三：一、明住因。二、明□(住?)[1]教。三、明住相。三、明順勝分定。分二：一、問。二、答。分二：一、明勝進。二、結。四、明順決擇分定。分二：一、問。二、答。分二：一、明正義。二、釋名。分三：一、明決擇義。二、立喻。三、法合。

第四復次、明無間入諸等至。分二：一、問。二、答。分三：一、明因。二、明未圓净相。三、明入相。分二：一、順次。二、逆次。

第五復次、明超越入諸等至。分二：一、問。二、答。分四：一、明因。二、順。三、逆。四、答難。

第六復次、明薰修静慮。分二：一、問。二、答。分二：一、總。二、别。分十一：一、成就。分二：一、明正義。二、結。二、自在。分二：一、明正義。二、結。三、果。四、得不退道。五、得勝品功德道。六、得入净居。七、受三

① 此缺字底本似作“住”，待考。

地果。分三：一、因位。二、果位。三、指文。八、得大梵。九、生五净居。十、分别退不退。分三：一、明正義。分四：一、明生十七地因。二、明退因。三、明還生因。四、明修因處。二、徵。三、答所以。十一、明身差别。

二廣解中第五、明攝諸經宗要。有三十復次，分爲二門。初十八復次明八解脱等諸定體相，後十二復次明諸經中所有修行要義。

初十八門中第一復次，明八解脱。分五：一、總問。二、總答。三、列名。四、明差别。五、解釋。分七：

一、明有色觀色解脱。分六：一、問。二、答。分三：一、明有色。二、明解脱。三、明觀義。三、明有色義。四、觀色。分二：一、問。二、答。分二：一、答色。二、答行。五、明勝利，有二問答，如《論》。六、答難。

二、明内無色想觀、外色解脱。分三：一、問。二、答。分六：一、明生處。二、明離欲處。三、明無色定。四、明不思彼想。五、明觀處。六、明外義。三、明無色想義。

三、明净解脱。分五：一、問。二、答。分二：一、明因。二、明果。三、徵。四、答所以。五、明身作證義。分二：一、標。二、釋。

四、明空處解脱。分二：一、問。二、答。分二：一、明因。二、明果。

五、明識處解脱。分二：一、標。二、釋。分二：一、明因。二、明果。

六、明無所有處解脱。分二：一、標。二、釋。分二：一、明因。二、明果。

七、有頂解脱。分二：一、明不作勝解處。二、明生勝解處。

第二復次，明八勝處。分四：一、明勝義。分二：一、總標。二、别釋。分二：一、標。二、釋，分五，如《論》。二、分别料簡。三、明差别。四、釋經義，分八，如《論》。

第三復次，明十遍處。分四：一、明"遍"義。二、釋經句。三、明依色觸建立意。分二：一、問。二、答。分二：一、明立二因由。二、明不立根等因由，分三，如《論》。四、依界分别。分二：一、依色界立八。二、依無色界立二。

第四復次，明三定次第等。分三：一、明解脱等三定次第。二、明修遍處勝利。分三：一、明八色遍處勝利。二、明識遍處勝利。三、明空遍處勝利。

三、喻顯。分三:一、解脱。二、勝處。三、遍處。

第五復次,明三三摩地。分四:一、總標。二、解釋。分三:一、明空定。分三:一、問。二、略答。三、明空性。分三:一、略標。二、解釋,分四,如《論》。三、明説四空意。分二:一、明彼果。二、明觀察。分二:一、明悟。二、明不悟。二、明無願定。分二:一、問。二、答。三、明無相定。分三:一、問。二、略答。三、引經。分二:一、總標經句。二、解釋。分三:一、明不低,即有二異門,如《論》。二、明善不善解脱。三、明曉了果及功德,有三異門,如《論》。三、釋三定次第名。四、會通經意。分二:一、問。二、答。分二:一、明先説空無願意。二、明後説無相意。

第六復次,明有尋伺等三定。分三:一、明有尋伺定。分二:一、問。二、答。二、明無尋唯伺定。分二:一、問。二、答。三、明無尋伺定。分二:一、明體。分二:一、問。二、答。分三:一、明定體。二、明生處。三、料簡。二、明相。分二:一、問。二、答。分二:一、依勝解。二、依平等。

第七復次,明小定等。分四:一、明小定。分二:一、問。二、答。分二:一、依所緣。二、依作意。二、明大定。分二:一、問。二、答。分二:一、依所緣。二、依作意。三、明無量定。分二:一、問。二、答。分二:一、依所緣。二、依作意。四、分别二定。分七:一、明二定體。二、明一樹下想。分二:一、問。二、答。分二:一、明光明相。二、明勝利。三、明作意得成二。分二:一、問。二、答。四、明修成二。分二:一、問。二、答。五、明行成二。分二:一、問。二、答。六、明人成二。分二:一、問。二、答。七、明光明差别。分二:一、問。二、答。分二:一、明初静慮。分二:一、喻。二、法合。二、明第二已上。分二:一、喻。二、法合。

第八復次,明建立四無量定。分二:一、總問。二、答。分三:一、明建立。分二:一、依有情。分三:一、標。二、列名。三、釋。二、依作意。分二:一、標。二、釋,分四,如《論》。二、釋經句。分三:一、釋俱等句。分二:一、總標解釋,分九,如《論》。二、答難,有四句,如《論》。三、明密意。分三:一、問。二、答。分四:一、明慈第一密意。分二:一、標。二、釋。二、明悲第一密意。分二:一、標明。二、釋。三、喜第一。分三:一、標。二、釋。三、結。四、明捨第一。分三:一、標。二、釋。三、結。三、總結。

第九復次，明一分等二定。分三：一、明修一分定。分二：一、問。二、答。分二：一、略。二、廣。二、明修具分定。分二：一、問。二、答。三、明二定障。分五：一、總標。二、引經列名。三、問答。分二：一、問。二、答。分四：一、略答。二、列名。三、明依。四、明障體。四、明障相。分十一：一、明疑障。二、明方便緩障。分三：一、釋。二、喻。三、法合。三、明不守根門等障。四、明多睡眠多覺悟障。五、明太過勇猛精進障。六、明太過策勵障。七、明踊躍障。八、明大怖障。九、明種種想障，有二異門，如《論》。十、明多言論障。十一、明極思察門障。五、分別諸障。分二：一、明別相障。二、明俱相障。

第十復次，明喜俱行等三定。分三：一、明喜俱行。分二：一、問。二、答。二、明樂俱行。分二：一、問。二、答。三、明捨俱行。分二：一、問。二、答。

第十一復次，明得現法樂住定等四定。分四：一、明現法樂住定。分二：一、問。二、答。分二：一、明定體。分二：一、加行道。二、根本未成道。二、引經答難。二、明見智定。分二：一、問。二、答。分二：一、明定體。二、引經。分二：一、明見。二、明智。三、明分別慧定。分二：一、問。二、答。分二：一、依方便道。二、依修無礙解。四、明盡諸漏定。分二：一、問。二、答。

第十二復次，明五聖智定。分五：一、問。二、答。三、標。四、列名。五、釋經，分十四，如《論》。

第十三復次，明五支定。分四：一、總問。二、引經略答。三、廣解。分五：一、明初靜慮支定。分二：一、明定體，有六句，如《論》。二、喻顯，有十，如《論》。二、明第二靜慮支定。分二：一、立喻，有五，如《論》。二、顯定體，有六句，如前。三、明第三靜慮支定，有二喻，如《論》。四、明第四靜慮支定。分二：一、顯定體，有二句，如《論》。二、立喻。分二：一、長者喻。分二：一、問。二、答。分二：一、明喻。二、法合。二、立八經、九經喻。分二：一、明喻。二、法合。五、明觀察緣起支定。分二：一、標。二、釋。第四、明聖定及建立差別。分三：一、問。二、答。分二：一、答前問。二、答後問。三、總結。

第十四復次，明有因有具聖正定。分二：一、問。二、略答。分七：一、明聖。二、明因。分二：一、標。二、釋。三、明具。分二：一、標。二、釋。四、明差别。分二：一、標。二、釋。五、明正見等次第。分二：一、問。二、答。分三：一、明五因次第。二、明三具次第。三、明正定次第。六、明捨邪見等。分三：一、明正見方便道。二、明捨邪進念，圓滿正進念。三、明圓滿正定。七、明攝三學。分二：一、明體。分二：一、明戒學。二、明心慧學。分二：一、標。二、釋。二、結。

第十五復次，明金剛喻定。分二：一、問。二、答。分二：一、明體。二、釋名。分二：一、法，分五，如《論》。二、喻。

第十六復次，明五現見等至。分六：一、問。二、引經略答。三、明“等至”義。四、略攝體性。五、解釋。分五：一、明觀内不净現見等至。二、明觀外不净現見等至。分二：一、明體相。二、釋經義。分二：一、明内外不净。二、觀識流轉。三、明俱住二世現見等至。四、明唯住他世等至。五、明俱無所住現見等至。分二：一、明體。二、結。六、指上文。

第十七復次，明無想等至。分三：一、問。二、略答。三、明作意。分二：一、問。二、答。分七：一、明作意。二、明觀過。三、明見勝。四、明漸次。五、明因位。六、明果位。七、明退位。

第十八復次，明滅盡等至。分九：一、問。二、略答。三、明方便。分二：一、問。二、答。分二：一、明定因。二、明差别。分二：一、標。二、釋。分二：一、依悲想非非想處相。二、依滅盡相。四、明滅盡所作。分二：一、標。二、釋。分二：一、問。二、答。分三：一、答正。二、答觀。三、答所作。五、明次第滅三種行。分二：一、問。二、答。分二：一、標明。二、釋。分三：一、明行時。二、明住時。三、明起時。六、識不離身。分二：一、問。二、答。七、明入出。分二：一、問。二、答。八、明觸三種觸。分二：一、問。二、答。分三：一、標。二、列名略釋。三、廣釋。分三：一、明緣有境。二、明緣境境。三、明緣滅境。九、明總結。

後有十二復次，明諸經中所有修行要義者：

第一復次，明於空閑處修正定。分二：一、標經句。二、釋經文。分三：一、明空閑。二、明内心住正定。三、明前二果利。分三：一、明空閑勝利。二、明内心安住勝利。三、明善觀勝利。

第二復次，明修三相。分三：一、總標經句。二、解釋經文。分四：一、明總義。二、明無量。三、明常委。四、明安住正念。三、明説三種修相因由。分二:一、問。二、答,有三異門。初門分四:一、標。二、列名。三、釋。四、結。第二門分三:一、明正道。二、明觀道。三、明證道。第三門分四:一、趣福德行。二、趣涅槃行。三、速圓滿行。四、明止、觀先後次第。

第三復次,明修静慮者於等持等至善巧非善巧等十五法。分二:一、總標引經。二、釋經頌。分十五:

一、明等持,有二異門。初門分二:一、明四句。二、總結。初文分四:一、等持善巧非等至,皆有問答,如《論》。二、等至善巧非等持。三、明俱善巧。四、明俱不善巧。二、總結。第二異門分二:一、明等持善巧非等至。分二:一、標。二、釋。二、明等至善巧非等持。分二:一、問。二、答。分二:一、釋體相。二、引證。

第二、明安住。分二:一、問。二、答。

第三、明出。分二:一、問。二、答。分二:一、明出之體相。分二:一、明出相。二、明出因。分二:一、標。二、釋。分三:一、明隨所作因。二、明空所作因。三、明期所作因。二、釋前行等三法。分三:初、明行。分二:一、問。二、答。次、明狀。分二:一、問。二、答。後、明相。分二:一、問。二、答。分三:一、標。二、列名。三、釋。分二:一、明所緣相。二、明因緣相。分三:一、標。二、略釋。三、廣解。分二:一、明教。二、明資糧。分二:一、標。二、釋,分八,謂修俱行欲□心等,如《論》應知。

第四、明調善。分二:一、問。二、答。分二:一、明體。分二:一、明非調善。分二:一、依拘執。二、依非法性。二、明調善。二、釋前句。分二:一、釋有行拘執。分二:一、問。二、答。二、釋法性拘執。分二:一、問。二、答。

第五、明所行。分二:一、問。二、答。

第六、明引發。分二:一、問。二、答。

第七、明等愛。分二:一、問。二、答,分十二,如《論》。

第八、明不等愛。

第九、明等愛不等愛。分二:一、問。二、答。分二:一、略答。二、廣解。

第十、明增。分二:一、問。二、答。

第十一、明減。分二:一、問。二、答。

第十二、明方便。分二：一、問。二、答。

第十三、四、五，合明止、舉、捨三相。

第四復次，明修静慮者於興計衰等四句之義。分二：一、略標經句。二、解釋。分二：一、略釋。分二：一、標。二、釋。分三：一、明時。二、明衰。三、明興。二、廣解。分二：一、解釋四句。分四：一、明於興執衰。分三：一、問。二、答。三、結。二、明於衰執興。分三：一、問。二、答。三、結。三、明於衰執衰。分二：一、問。二、答。分四：一、依有愛明退因。二、依慢明退因。三、依分别明退因。四、結。四、明於興執興。分二：一、明正義。二、明時。二、明安立四句所以。

第五復次，明四檢行。分二：一、略標經句。二、解釋經文。分二：一、略釋。分二：一、問。二、答。二、廣解。分二：一、總問。二、總答。分四：一[①]、明順退分。分二：一、明退順相。二、明檢行相順。下三同前。二、明住分。三、明勝進分。四、明順决擇分。

第六復次，明修行者不住十二處。分二：一、標經句。二、釋經文。分三：一、明不住想。分二：一、問。二、答。二、明有想。分二：一、問。二、答。分三：一、欲色眼等。二、依無所有。三、料簡。三、明不受想。分二：一、問。二、答。分二：一、依無想定。分二：一、明不受。二、明無想。二、依滅盡定。

第七復次，明四種趣道。分二：一、標經句。二、釋經文。分二：一、問。二、答。分二：一、解釋四道。分四：一、明證得初静慮等而未見諦道。二、明見諦而未得静慮道。三、明亦見諦亦證静慮道。四、明先已得定後聞法故住於静慮等至道。二、明四道勝利，分三，如《論》。

第八復次，明四净勝。分二：一、略標經句。二、解釋經文。分二：一、略釋。分二：一、問。二、答。分二：一、明净相。二、明勝相。二、廣解釋。分四：一、明尸羅净勝圓滿。分二：一、問。二、答。分二：一、答尸羅圓滿。分二：一、明未圓滿。二、明圓滿。二、答攝受。二、明等持净勝圓滿。分二：一、問。二、答。分二：一、明圓滿。分二：一、明未圓滿。二、明圓滿。二、明攝受。分二：一、問。二、答。三、明見净勝圓滿。分二：一、問。二、答。分

① 一，録本作"二"，據底本改。

二：一、明圓滿。分二：一、明未圓滿。二、明圓滿。二、明攝受。分二：一、問。二、答。四、明解脱净勝圓滿。分二：一、問。二、答。分二：一、明圓滿。分二：一、明未圓滿。二、明圓滿。二、明攝受。分二：一、問。二、答。

第九復次，明思惟五相。分二：一、略標引經句。二、釋經文。分二：一、略釋。二、廣解。分三：一、明所治法。二、明能治人。分二：一、標。二、釋。分三：一、明煖品人。二、明中品人。分二：一、明見過患人。二、明不念不思人。分二：一、略釋。二、廣解。分二：一、問。二、答。三、明上品人。分二：一、明方便漸次制伏人。二、明深生厭怖人。三、明安立人因由。

第十復次，明其行人陶練心法。分二：一、略標經句。二、廣解經文。分二：一、問。二、答。分二：一、立喻。分三：一、標。二、列名。三、解釋，分三，如《論》。二、法合。分四：一、合生金喻。分三：一、略釋。二、廣解。分二：一、問答。二、明在家出家垢。分二：一、標。二、釋。分二：一、明在家垢。分二：一、總標。二、別釋。二、明出家垢。分二：一、明出家障。二、明修道障。二、合除垢陶練喻。三、合攝受陶練喻。分二：一、略釋。二、立因由。四、合調柔陶練喻。分二：一、明定體。二、明定用。

第十一復次，明於三相作意。分二：一、略標經句。二、廣釋經文。分三：一、明三相要義。二、明三相分位。分二：一、明止、舉二相位。分二：一、明沈掉相。二、明地位。二、明捨相位。分二：一、明位。二、明不修捨過患。三、明略要義。分三：一、依成辨道。二、依漏盡道。三、總結。

第十二復次，明四正法攝持聖教。分四：一、總標。二、問。三、略答。四、廣釋。分四：一、明遠離。二、明修習。三、明修果。分四：一、明修止依觀，而得見道位解脱果。分二：一、問。二、答。二、明修觀依止心，得修習位解脱果。分二：一、問。二、答。三、明於諸界中而得無學位解脱果。分二：一、標。二、釋。分三：一、明斷界。二、明離欲界。三、明滅界。四、總結。四、明於聖教中無有乖諍。分二：一、明無乖諍。分二：一、標。二、釋。分二：一、略釋。二、廣解。二、明有乖諍。

本地分第二廣釋中第七，明非三摩呬多地。分二：一、問。二、答。分二：一、略答。二、廣解。分十二：一、釋自性非定地。分二：一、標。二、釋。二、明闕輕安非定地。分二：一、標。二、釋。分二：一、明正義。二、答難。

三、明不發趣非定地。分二：一、標。二、釋。四、明散亂非定地。分二：一、標。二、釋。五、明有太略聚非定地。分二：一、標。二、釋。六、明未證得非定地。分二：一、標。二、釋。七、未圓滿非定地。分二：一、標。二、釋。八、明有雜染非定地。分二：一、標。二、釋。九、明不自在非定地。分二：一、標。二、釋。十、明不清净非定地。分二：一、標。二、釋。十一、明有起非定地。分二：一、標。二、釋。十二、明有退非定地。分二：一、標。二、釋。

本地分第二廣釋中第八、第九，合明有心、無心二地之相。分二：一、問。二、答。分三：一、略答。二、列名。三、廣釋。分五：一、明地施設建立。分二：一、標。二、釋。分二：一、明有心地。分二：一、明正義。二、料簡。二、明無心地。二、明心亂不亂建立。分二：一、標。二、釋。分二：一、明心亂不亂。分二：一、明正義。二、引喻。二、明有心無心地相。三、明生不生建立。分二：一、標。二、釋。分二：一、明生不生緣。二、明有心無心地相。四、明分位建立。分二：[□][一][①]、總標。二、解釋。分二：一、明有心地。二、明無心地。分三：一、問。二、答。三、結。五、明第一義建立。分二：一、標。二、釋。分三：一、略釋。二、徵。三、答所以。

本地分第二廣釋中第十，明聞所成地。大門分二：一、略釋。二、廣解。

初文分四：一、總問。二、略答。分二：一、依聽聞等。二、依無倒解了。三、徵。四、列名。

第二廣解分五：一、釋内明處。二、釋醫方明處。三、釋因明處。四、釋聲明處。五、釋工(亦?)[②]業明處。

初文分三：一、略釋。二、廣解。三、總結。初文分三：一、問。二、略答。三、列名。二廣解分四：一、明事建立相。二、明想差别建立相。、三明攝聖教義相。四、明佛教所應知處相。

初明事建立相分四：一、問。二、略答。三、列名。四、指事。

第二釋想差别建立相，有四復次：

初復次分二：一、略釋。二、廣解。初文分二：一、問。二、頌答。二廣解

① 一，底本、録本無，據文意補。

② 工，底本似作“亦”，待考。

分十二：一、明句。分三：一、問。二、答，有二十八異門，如《論》。三、明略攝。二、明迷惑。分二：一、問。二、答。三、明戲論。分二：一、問。二、答。四、明住。分二：一、問。二、答。五、明真實。分二：一、問。二、答。六、明净。分二：一、問。二、答。七、明妙。分二：一、問。二、答。八、明寂静。分二：一、問。二、答。九、明性。分二：一、問。二、答。十、明道理。分二：一、問。二、答。十一、明假施設。分二：一、問。二、答。十二、明現觀。分二：一、問。二、答。

第二復次分二：一、略釋。二、廣解。分十四：一、明方所。分二：一、問。二、答。二、明位。分二：一、問。二、答。三、明分別。分二：一、問。二、答。四、明作。分二：一、問。二、答。五、明執持。分二：一、問。二、答。六、明增。分二：一、問。二、答。七、明減。八、明冥。分二：一、問。二、答。九、明言。分二：一、問。二、答。十、明所覺。分二：一、問。二、答。十一、明上。分二：一、問。二、答。十二、明遠離。分二：一、問。二、答。十三、明轉。分二：一、問。二、答。十四、明藏護。分二：一、問。二、答。

第三復次分二：一、略釋。二、廣解。分九：一、明思擇。分三：一、問。二、答，分六，如《論》。三、總結。二、明現行。分二：一、問。二、答。三、睡眠。分二：一、問。二、答。四、明相屬。分二：一、問。二、答。分三：一、依一身。二、依能引。三、依諸根。五、明攝。分二：一、問。二、答。分二：一、標。二、釋，分十六，如《論》。六、明相應。分二：一、問。二、答。分二：一、標。二、釋，分五，如《論》。七、明説。分二：一、問。二、答。八、明任持。分二：一、問。二、答。九、明次第。分二：一、問。二、答。分二：一、標。二、釋，分六，如《論》。

第四復次分二：一、略釋。二、廣解。分十：一、明所作。分二：一、問。二、答。分二：一、標。二、釋。二、明所緣。分二：一、問。二、答。分二：一、標。二、釋。三、明瑜伽。分二：一、問。二、答。分二：一、標。二、釋。四、明止。分二：一、問。二、答。五、明觀。分二：一、問。二、答。分二：一、標。二、釋，分三，如《論》。六、明作意。分二：一、問。二、答，分七，如《論》。七、明教授。分二：一、問。二、答，分五，如《論》。八、明德。分二：一、問。二、答。九、明菩提。分二：一、問。二、答。分二：一、標。二、釋，分三，如《論》。

十、明聖教。分二：一、問。二、答，分十五，如《論》。

第三釋攝聖教義相。分二：一、問。二、答，分十，如《論》。

第四釋佛教所應知處相。分爲十增，謂從增一乃至增十。

第一、增一門。分五：一、總問。二、略答。三、列名。四、解釋。五、答難。分二：一、問。二、答。

第二、增二門，分二十二，異門如《論》。

第三、明增三門。分六：

初第一門，依十相明三門、三種及三根。分二：一、標。二、釋。分四：一、明十相。分二：一、標。二、釋。分三：一、明身業。二、明語業。三、意業。二、明三門。分三：一、標。二、列名。三、解釋。分三：一、明作業。二、明意樂。三、明加行。分二：一、標。二、明過失。三、明三種。分二：一、標。二、列名。四、明三根。分二：一、標。二、釋。分三：一、依自益。二、依損他。三、依顛倒。

第二門，明欲□等三法。分二：一、標。二、解釋。分二：一、明邪種子等三法。分三：一、列名。二、略釋。三、廣解。分二：一、標。二、釋。分四：一、明欲尋思。分二：一、依已得。二、依不失。二、明恚尋思。三、明害尋思。分三：一、明正義。二、徵。三、答所以。四、明白品。二、明諸法種子。分三：一、標。二、列名。三、解釋。分四：一、明世間種子。二、明出世種子。三、明不清凈種子。四、明清凈種子。分三：一、標。二、列名。三、解釋。分二：一、世間凈。二、出世凈。

第三門，明三愛等九種三法。分九一明：欲愛、色愛、無色愛三法。分二：一、標。分二：一、明過患。二、明功德。二、解釋，分三，如《論》。二、明煩惱愛等三愛。分二：一、標。二、釋。分三：一、明煩惱愛。二、明不染生起愛。三、明有漏壞愛。三、明三求三法。分二：一、標。二、釋。分三：一、明欲求。二、明有求。三、明邪梵行求。四、明三有三法。分二：一、標。二、釋。分二：一、列名。二、解釋，分三，如《論》。五、明不知三世三法。分二：一、標。二、釋。分三：一、明過去無知。二、明現在無知。三、明未來無知。六、明病畏、老畏、死畏三法。分四：一、標。二、明果利。三、列名。四、明觀過。七、明三受三法。分二：一、標。二、釋。分三：一、明樂受。二、明苦受。

三、明非苦樂受。八、明三苦三法。分四：一、標。二、列名。三、解釋。分三：一、明苦苦。二、明變苦。三、明行苦。分二：一、明正義。二、明聖見。九、明三慢三法。分二：一、標。二、釋。分三：一、明大慢。二、明相似慢。三、明卑慢。

第四門，明三□（種？）[1][子][2]等十種三法。分十：一、明三世。分二：一、標。二、釋，分三，如《論》。二、明三種言説。分二：一、標。二、釋，分三，如《論》。三、明三處色。分三：一、標。二、列名。三、解釋。分三：一、明顯處色。二、明形處色。分二：一、根。二、境。三、明作用處色。分三：一、標。二、釋。三、立名。四、明三種心。分二：一、標。二、釋。分三：一、明如瘡心。二、明如□□（電光？）[3]心。三、明如金剛心。五、明三種人。分二：一、標。二、釋。分三：一、明如□（覆？）[4]器人。二、明如漏器人。三、明大慧人。六、明三種行。分二：一、標。二、釋。分三：一、明身行。二、明語行。三、明意行。七、明三種上座。分二：一、標。二、釋。分三：一、明言説上坐。二、明種姓上坐。三、明法爾上坐。八、明三聚定。分三：一、標。二、列名。三、釋。分三：一、明惡趣定因。二、明善趣涅槃定因。三、明不定因。九、明三舉[5]。分二：一、標。二、釋。分三：一、見。二、聞。三、□（疑？）[6]。十、明三不護德。分二：一、標。二、釋意趣，分二，如《論》。

第五門，明三火等諸三法。分十：一、明三火。分三：一、標。二、釋。分三：一、明貪火。二、明瞋火。三、明癡火。二、明三種假立火。分二：一、標。二、釋。分三：一、明水事火。二、明相屬火。三、明功德火。三、明王福事。分二：一、標。二、釋。分三：一、明施所引福。二、明戒引福。三、明修所引福。四、明三種生。分二：一、標。二、釋。分三：一、明現前住欲。二、明自化欲。三、明他化欲。五、明三種樂。分二：一、標。二、釋。分三：一、離生

① 此缺字底本似作“種”，待考。
② 子，録本脱，據底本補。
③ 此二缺字底本不清晰，似作“電光”，待考。
④ 此缺字底本不清晰，似作“覆”，待考。
⑤ 舉，録本作“譽”，據底本改。
⑥ 此缺字底本不清晰，似作“疑”，待考。

樂。二、定生樂。三、離喜樂。六、明三種慧。分二：一、標。二、釋。分三：一、聞。二、思。三、修。七、明三種名。分二：一、標。二、釋。分三：一、非學非無學。二、學。三、無學。八、明三種根。分二：一、標。二、釋。分三：一、未知根。二、已知根。三、具知根。九、明三種眼。分二：一、標。二、釋。分三：一、肉眼。二、天眼。三、慧眼。十、明三甲冑。分二：一、標。二、釋。分三：一、聞甲。二、遠離甲。三、慧甲。

第六門，明三種學等十種三法。分十：一、明三學。分二：一、標。二、釋。分三：一、明增上戒學。二、明增上心學。三、增上慧學。二、明三修。分二：一、標如前。二、釋。分三：一、明修戒。二、明修心。三、明修慧。三、明三種住。分二：一、標。二、釋。分三：一、明聖住。二、明天住。三、明梵住。四、明三等持。分二：一、標。二、釋。分三：一、明有尋伺。二、明無尋唯伺。[三][1]、無尋伺等持。五、明三神變。分二：一、標。二、釋。分三：一、神通。二、總説。三、教誡神變。六、明三種浄。分二：一、標。二、釋。分三：一、浄身。二、語。三、意。七、明三種人。分二：一、標。二、釋。分三：一、身。二、語。三、意。八、明三種增上。分二：一、標。二、釋。分三：一、世增上。二、自增上。三、法增上。九、明三種無上。分二：一、標。二、釋。分三：一、明三無上：一、智無上。二、見無上。三、解脱無上。二、明三法次第。十、明三明。分二：一、標。二、釋。分三：一、明念宿住智明。二、死生現前智明。三、漏盡現前智明。

第四、增四門。分二：一、明生起。二、解釋。分五：

初第一門，明四念住等十一種法。分十一：一、明四念住。分二：一、標。二、釋。分二：一、明身念住。二、例餘受等三法。二、明四縛。分二：一、標。二、釋。分三：一、列名。二、解釋。分四：一、明身縛。二、受縛。三、心縛。四、明法縛。三、明對治。三、明四正斷。分二：一、標。二、釋。分四：一、明惡不善法未生不生斷行。二、明惡不善法已生斷除斷行。三、明善法未生已生斷行。四、明善法已生增廣斷行。四、明四神足。分二：一、標。二、釋。分四：一、明欲神足。二、精進。三、心。四、□□。五、明四静慮。分二：一、

① 三，録本脱，據底本補。

標。二、釋，分四，如《論》。六、明四諦。分二：一、標。二、釋。分二：一、明功利。二、解釋。分四：一、明苦諦。二、明集諦。三、明滅諦。四、明道諦。七、明四種想爲先道。分二：一、標。二、釋。分四：一、明小想。二、明大想。三、明無量空識想。四、明無所有想。八、明四無量。分二：一、標。二、釋，分四，如《論》。九、明四無色。分二：一、標。二、釋，分四，如《論》。十、明四聖種姓。分二：一、標。二、釋。分四：一、明於衣服斷愛求無亂聖種。二、明於飲食斷愛聖種。三、明於卧具斷愛聖種。四、明斷煩惱愛聖種。十一、明四種斷。分二：一、標。二、釋。分四：一、見所斷。二、修所斷。三、斷下分。四、斷上分。

第二門，四種净信不壞等十種法。分十：

一、明四種不壞净信。分二：一、標。二、釋。分三：一、明正義。分二：一、於佛所生净信不壞。二、例餘法僧戒三法净心不壞。二、明差别。三、明勝利。

二、明四種得果加行。分二：一、標。二、釋。分四：一、親近上士。二、無倒授教。三、能正思通達。四、順法修行。

三、明四正智。分二：一、標。二、釋。分四：一、明欲界四忍四智。二、明上二界忍智。三、明世智。四、明他心差别智。

四、明知苦等四智。分二：一、標。二、釋。分四：一、知苦智。二、知集智。三、知滅智。四、知道智。

五、明四力。分二：一、標。二、釋。分四：一、明進力。二、明念力。三、明定力。四、明慧力。

六、明四依處。分二：一、標。二、釋。分四：一、明諦依處。二、明捨依處。三、明慧依處。四、明寂静依處。

七、明無色藴。分二：一、標。二、釋，分四，如《論》。

八、明四依。分二：一、標。二、釋。分四：一、觀察一法而捨。二、觀察一法親近。三、觀察一法遠離。四、觀察一法安住。

九、明四種四法依處。分二：一、標。二、釋。分四：一、明無貪法依處。二、無害心法依處。三、正念法依處。四、定法依處。

十、明四種現所作法。分二：一、標。二、釋。分二：一、明念眼慧三法現所作法。二、明身現作證法。

第三門，明四大種等十種法。分十：

一、明四大種。分二：一、標。二、釋，分四，如《論》。

二、明四食。分二：一、標。二、釋指事。

三、明四識住。分二：一、標。二、釋。分二：一、明趣向於色。分四：一、明趣向於色。二、明緣色。三、明建立根境。四、明漏於後有。二、例餘三法。

四、明四種愛生。分二：一、標。分三：一、依現法。二、依緣法。三、依涅槃明空愛生。二、釋，分四，如《論》。

五、明四種非應行處。分二：一、標。二、釋。分四：一、明隨愛行。二、明隨恚行。三、明隨怖行。四、明隨癡行。

六、明四記。分二：一、標。二、釋。分四：一、明一向記。二、明分別記。三、明詰問記。四、明置記。

七、明四種惠捨。分二：一、標。二、釋。分三：一、明三清净。分二：一、標。二、釋。分三：一、施者净愛者不净。二、受者净施者不净。三、二俱净。二、不清净。分二：一、標。二、釋。三、明清净不清净功德過失。

八、明四攝法。分二：一、標。二、釋。分四：一、明施攝。二、明愛語攝。三、明同事攝。四、明利行攝。

九、明四生。分二：一、標。二、釋。分四：一、明卵生。二、明胎生。三、明濕生。四、明化生。

十、明四種死。分二：一、標。二、釋。分四：一、明由自死。二、明由他死。三、明由俱死。四、明不由俱死。

第四門，明四清净道等六種法。分六：

一、明四净道。分二：一、標。二、釋。分四：一、明通遲艱辛。二、明通速艱辛。三、明通遲非艱辛。四、明通速非艱辛道。

二、又明四種清道。分二：一、標。二、釋。分二：一、列名。二、解釋。分四：一、明不忍道。二、明忍道。三、明調柔道。四、明寂静道。

三、明四種修等持。分二：一、標。二、釋。分四：一、明現法樂等持。二、明知見等持。三、明慧決擇等持。四、明漏盡等持。

四、明黑白等四種業果。分二：一、標。二、釋。分四：一、明黑業異熟亦黑。二、明白業異熟亦白。三、明雜業異熟亦雜。四、非黑白業，亦無異熟。

五、明四種授法。分二：一、標。二、釋。分四：一、明樂而非益。二、明益而非樂。三、明亦樂亦益。四、明非樂非益。

六、明四種結等五種四法。分二：一、標。二、釋。分三：一、明結。分四：一、欲結。二、有結。三、見結。四、無明結。二、明離結。三、明例餘。分三：一、例四流。二、例取。三、例四繫縛。

第五門，明四人等六種法。分六：

一、明順流等四種人。分二：一、標。二、釋。分四：一、明順流人。二、明逆流人。三、明住人。四、明超度人。

二、又明入自利等四人。分二：一、標。二、釋。分四：一、明入自利非他人。二、明入他利非自人。三、入俱利人。四、明不俱利人。

三、明從闇入明等四人。分三：一、標。二、列名。三、釋。分四：一、明從闇入明人。二、從明入闇人。三、從闇入闇人。四、從明入明人。

四、又明自苦等四人。分二：一、標。二、釋。分四：一、明自苦非他人。二、明令他苦非自人。三、明俱苦人。四、明不俱苦人。

五、明四種語失。分二：一、標。二、釋。分二：一、明語失。分四：一、妄語。二、離間語。三、麁惡語。四、無義語。二、明語功德。

六、明四種非聖言説。分二：一、標。二、釋。分二：一、明非聖言，分四，如《論》。二、明聖言説。

第五、明五增。分二：一、明生起。二、解釋。分二：

初第一門，明五取蘊等九種五法。分九：

一、明五取蘊。分二：一、標。二、釋。分二：一、明流轉。分五：一、明色蘊。二、明受蘊。三、明想蘊。四、明行蘊。五、明識蘊。二、明還滅。

二、明五欲。分三：一、標。一、列名。三、解釋。分二：一、總標。二、別釋。分三：一、明追求。二、明尋思。三、明染著事。分二：一、依境。二、依受。

三、明五趣。分二：一、標。二、釋，分五，如《論》。

四、明五慳。分二：一、標。二、釋。分五：一、明處慳。二、惠捨時慳。三、取時慳。四、因時慳。五、得事時慳。

五、明五蓋。分二：一、標。二、釋。分二：一、依前二蓋明毀凈戒虧止善軛。二、依後三蓋明毀多聞虧觀善軛。

六、明五下分結。分二：一、標。二、釋。分二：一、明下義。二、明依處。分二：一、依見道。二、依欲界。

七、明五上分結。分二：一、標。二、釋。分二：一、明依處。二、明無差別差別。分二：一、明無差別。二、明有差別，結。

八、明五株杌。分二：一、標。二、釋。分五：一、於大師所無信敬。二、於正法。三、於學處。四、於教誡。五、於如王上坐無信敬。

九、明五拘礙。分二：一、標。二、釋。分五：一、未離三毒及愛。二、耽著利養。三、與在家出家雜居同受愛樂。四、若聞小欲，知足言教，不攝耳聽。五、得少便生喜足，不求勝上。

第二門，明王不忍等十二種五法。分十二：

一、明五不忍過失及忍果利。初文分二：一、標。二、釋。分二：一、明五種過失。分五：一、多懷怨心。二、於他樂多分離。三、於他樂多憂苦。四、自憂悔命終。五、死墮惡趣。二、明感等流及異熟果。分二：一、標。二、釋。分三：一、明□生等流過。二、明現法等流過。三、明後法異熟過。二、明能忍果利。

二、明五種遺五種無遺。分二：一、明五種遺。分二：一、標。二、釋。分五：一、明眷屬遺。二、明財遺。三、明無病遺。四、明凈戒遺。五、明正身遺。二、明五無遺。

三、明阿羅漢五種功德。分二：一、標。二、釋。分二：一、明三邪追求。二、明二邪受用。

四、明五種斷支。分二：一、標。二、釋。分五：一、明阿羅漢於佛凈信而住。二、明無諂質直苾芻於自所犯如實發露。三、明少惱苾芻非冷非熱□。

五、明五種圓滿解脱厭所對治法。分二：一、標。二、釋。分二：一、明三愚三顛倒。分二：一、總標。二、別釋。分二：一、明三愚。分三：一、不知無常。二、不知苦。三、不知無我。二、明三顛倒。分三,同前。二、明對治。分二:一、標。二、釋。分五:一、知無常。二、了苦。三、知無我。四、具惡逆相。五、超中夭相。

六、明五種解脱處。分二:一、標。二、釋。分二:一、明定勝行。分四:一、明正解法義處。二、明讀誦處。三、明開闡義處。四、明思惟法義處。二、明修貪對治處。

七、明五根。分二:一、標。二、釋。分二:一、明意樂具足。二、明方便具足。分四,謂信、念、定、慧。

八、明五受根。分二:一、標。二、釋,分五,如《論》。

九、明五力。

十、明五種不還生。分二:一、標。二、釋。分五:一、明中般。二、明生般。三、明無行般。四、明有行般。五、明上流般。

十一、明五净居處。分二:一、標。二、釋。分五:一、明無煩生處。二、明無熱生處。三、明善現生處。四、明善□生處。五、色究竟生處。

十二、明五種出離。分二:一、標。二、釋。分二:一、明從欲尋思出離。二、例四法。分四:一、明從恚尋思出離。二、明從害尋思出離。三、明色無色等至出離。四、明涅槃出離。

第六、明六增。分二:一、明生起。二、解釋。分二:

初門,明六根境識等五種六法。分五:

一、明六種根境識等八種六法。分二:一、總標。二、解釋。分三:一、列名。二、别釋。分八:一、明六根。二、六境。三、六識。四、六觸。五、六受。六、明六想。七、六思。八、六愛。三、明勝利。

二、明六種輕退法。分二:一、標。二、釋。分二:一、明黑品。分二:一、列名。二、明退失因。分二:一、明惡友因。二、明惡性因。三、明退失。二、明白品。

三、明六無憂、六憂、六等捨。分二:一、標。二、釋。分二:一、明六無憂。二、例餘。分二:一、明六憂。二、明六等捨。

四、明六種安樂住法。分二:一、標。二、釋。分六:一、明色中安樂住。二、聲。三、香。四、味。五、觸。六、法中得安樂住。

五、明六界。分三：一、標。二、列名。三、解釋。分三：一、明引導。二、明安養。三、明自在轉。

第二門，明六種出離界所治法等九種六法。分九：

一、明六種出離界所治法。分三：一、標。二、列名。三、明對治法。分四：一、標。二、明能治，分三，如《論》。三、明能治成就及勝利。四、解斷我慢功利。

二、明六種諍根。分二：一、標。二、釋。分六：一、明嗔根。二、明覆忿。三、明慳妬無慚愧。四、明諂誑。五、明執自見。六、明不應理。

三、明六種超過法。分二：一、標。二、釋。分四：一、斷作不如意及覆諸惡二諍根。二、斷執爲己有及欺誑二諍根。三、斷違學處諍根。四、斷顛倒執著諍根。

四、明六神通。分二：一、標。二、釋。分二：一、明攝威德。二、明攝究意。

五、明六種明分所治法。分四：一、標。二、列名。三、明差别。分二：一、明障差别。二、明人差别。四、明對治。分二：一、標。二、釋。

六、明六隨念。分三：一、標。二、列名。三、解釋。分二：一、明歸依隨念。二、明證隨念。分三：一、證涅槃。二、證時。三、證生天。

七、明六無上。分二：一、標。二、釋。分六：一、明見無上。二、聞無上。三、得無上。四、學無上。五、隨念無上。六、承事無上。

八、明六種所觀法。分二：一、標。二、釋。分六，謂觀色乃至法。

九、明六種生法。分二：一、標。二、釋。分二：一、依下姓立三[①]生法：一、黑生之人生於黑處。二、黑生之人生於白處。三、黑生之人無有黑白得般涅槃。二、依貴姓立三生法。一、白生之人生於黑處。二、白生之人生於白處。三、白生之人無有黑白得般涅槃。

第七、明七增。分二：一、明生起。二、解釋。分十一：

一、明七覺。分二：一、標。二、釋。分三：一、明觀品。分二：一、標。二、釋。分三：一、自性分。二、處□分。三、勝利分。二、明止品。分二：一、

① 三，録本作“二”，據底本改。

標。二、釋。分三:一、勝利分。二、自性分。三、於所治得勝分三明俱品。

第二、明七種人。分二:一、標。二、釋。分三:一、依向道立二人。二、依果道立二人。三、依解脱。分三:一、依定解脱非煩惱障解脱立一人。二、依煩惱解脱非定障解脱立一人。三、依俱解脱立一人。

第三、明七種等持具道支。分三:一、標。二、列名。三、解釋。分三:一、依趣入。分二:一、正見。二、正思惟。二、依安住。分三:一、正語。二、正業。三、正命。三、依攝受。分二:一、正進。二、正念。

第四、明七種聖財。分二:一、標。二、釋。分二:一、明七聖財樂。分七:一、明信聖財。二、明戒聖財。三、明慚聖財。四、明愧聖財。五、明聞聖財。六、明捨聖財。七、明慧聖財。二、明非世財能得。

第五、明七種力所治法。分三:一、標。二、釋。分七:一、明無信所治法。二、明無戒。三、明無慚。四、明無愧。五、明無聞。六、明無捨。七、明無慧所治法。三、明七種力功德。

第六、明七種妙法所治法。分二:一、標。二、釋。分二:一、明黑品。分四:一、標。二、列名。三、解釋。分三:一、依無慚無愧二法明受用衰損。二、依無信一法明增上意樂衰損。三[1]、依懈怠失念心亂惡慧四法明方便衰損。四、配三法。分二:一、配受用。二、配意樂方便。二、明白品,如《論》,謂有慚愧信念定慧。

第七、明七種第一義法。分三:一、標。二、列名。三、解釋。分七:一、明知法。二、明知義。三、明知時。四、明知量。五、明知自。六、明知衆。七、明知勝非勝之人。

第八、明七種識住處。分二:一、標。二、釋。分二:一、明非識住處。分二:一、標。二、釋。分三:一、明惡趣。二、明無想。三、明非想非非想。二、依識住處明身想異不異等。分二:一、略明身想異不異義。二、廣釋身想異不異等義。分三:一、依初静慮已下明身想俱異。二、明身異想一。三、依第二静慮已上明身一想異。

第九、明七隨眠。分二:一、標。二、釋。分三:一、依劣界立一隨眠。

[1] 三,録本作"二",據底本改。

二、依中界妙界立一隨眠。三、依劣中妙界立四隨眠。

第十、明七過失。分三：一、標。二、列名。三、解釋。分二：一、明有過失。分七：一、明解過失。二、明行過失。三、明依止過失。四、明思惟過失。五、明功用過失。六、明增上心過失。七、明增上慧過失。二、明無過失，如《論》應知。

第十一、明七種息諍法。分二：一、標。二、釋。分二：一、標。二、釋。分七：一、現前。二、憶念。三、不癡。四、覔罪。五、多人語。六、自言治。七、如草覆地。

第八、明八增。分二：一、明生起。二、解釋。分十：

一、明八支聖道。分三：一、標。二、列名。三、解釋。分三：一、明修戒。二、明修定。三、明修慧。

第二、明八種人。分二：一、標。二、列名。分二：一、依加行。二、依根本。

第三、明八種施。分三：一、標。二、略釋。三、廣釋。分二：一、明有過失。分七：一、明無簡施。二、怖故施。三、報恩故施。四、希望故施。五、先人施我故施。六、希生天故施。七、望名聞故施。二、明無過失施。分四：一、依心莊嚴。二、依心資具。三、依瑜伽資糧。四、依第一義。

第四、明八種懈怠處。分三：一、標。二、列名。三、釋。分三：一、總標。二、别釋。分四：一、依食處立二懈怠。二、依作處立二懈怠。三、依行處立二懈怠。四、依界不平等立二懈怠。三、明懈怠過失。

第五、明八種精進處。分三：一、明精進相。二、明精進人德。三、結。

第六、明八種作福處。分二：一、標。二、釋。分二：一、依人中界惡明修施戒福。二、例餘七種人天明修施戒。

第七、明八衆。分二：一、標。二、釋。分二：一、依人。分二：一、明正義。分四：一、王。二、婆羅門。三、居士。四、沙門。二、結。二、依天。分二：一、明正義。分三：一、四大王衆及三十三天。二、他化自在天。三、梵衆天。二、結。

第八、明世八法。分三：一、標。二、列名。三、解釋。分三：一、依樂欲處立二世法。二、依功用處立四世法。三、依衆緣處立二世法。

第九、明八解脱。分二:一、標。二、釋。分二:一、不共。分二:一、明定相。分三:一、明内有色觀外色。二、明内無色觀外色。三、净解脱。二、明不共義。二、共。分二:一、明定相。分五:一、空處。二、識處。三、無所有處。四、非想非非想。五、滅想受。二、明"共"義。

第十、明八勝處。分二:一、標。二、釋。分五:一、明所緣。二、明勝義。三、明知。四、明見。五、明外非定所行之色。

第九、明九增。分二:一、明生起。二、解釋。分二:一、明九結。分二:一、標。二、指事。第二、明九種生處。分二:一、標。二、釋。

第十、明十增。分二:一、明生起。二、解釋。分二:一、明十遍處等三法。分二:一、略標釋十遍處。二、指三法廣文。第二、明十無學支。分三[①]:一、標。二、釋,分五,如《論》。三、明總結十增。第三總結内,明前四廣義。

聞所成地廣釋中第二,釋醫方明處。分四:一、問。二、略答。三、解釋,分四,如《論》。四、指經。

聞所成地廣釋中第三,釋因明處。分二:一、略釋。二、廣解。初文分二:一、總問總答。二、别問别答。二廣解分三:一、略標。二、列名。三、廣解釋。分七:一、釋《論》體。二、釋《論》處所。三、釋《論》所依。四、釋《論》莊嚴。五、釋《論》墮負。六、釋《論》出離。七、釋《論》多所作法。

初釋《論》體。分五:一、問。二、略答。三、列名。四、解釋。分六:

一、明言論。分三:一、標。二、釋。三、結。

二、明尚論。分二:一、標。二、釋。

三、明諍論。分二:一、標。二、釋。分三:一、明因欲起諍。分二:一、標。二、釋。分三:一、明諍根。分三:一、爲自。二、爲所愛有情。三、爲無攝受諸欲,分四,如《論》。二、明能諍之人。三、結。二、明因諸惡行起諍。分二:一、標。二、釋。分三:一、明諍根。分二:一、爲己。二、爲他。二、明能諍之人。三、結。三、因諸見起諍。分二:一、標。二、釋。分三:一、明諍根。分二:一、爲己。二、爲他。二、明能諍之人。三、結。

四、明毁謗論。分三:一、略釋。二、廣解。分四:一、依麁惡言。二、依

① 三,底本、録本作"二",據文意改。

不愻言。三、依綺言。四、依惡説法律。三、結。

五、明順正論。分三：一、略釋。二、廣解。分四：一、依斷疑。二、依了深義。三、依净智。四、依正行解脱。三、結。

六、明教導論。分三：一、略釋。二、廣解。分二：一、依心學。二、依慧學。三、結。五、明決擇。分二：一、問。二、答。

第二、釋《論》處所。分三：一、問。二、略答。三、列名，分六，如《論》。

第三、釋《論》所依。分三[①]：一、總問。二、略答。三、廣解。分二：一、明所成立義。分三：一、標。二、列名。三、解釋。分二：一、明自性。分二：一、標。二、釋。二、明差别所成立。分三：一、標。二、釋。分二：一、明有上等四義。二、列餘有色等十句。三、結。

二、明能成立八法。分三：一、標。二、列名。三、解釋。分八：

第一、明立宗。分二：一、標。二、釋。分十：一、依攝受。二、依自辨。三、依輕他。四、依他聞。五、依覺真。六、依成自宗。七、依破他。八、依伏他。九、依摧他。十、依悲心立宗。

第二、明辯因。分三：一、標。二、釋，分六，如《論》。

第三、明引喻。分二：一、標。二、釋。

第四、明同類。分四：一、略釋。二、列名。三、廣解。分五：一、明相狀相似。分二：一、標。二、釋。二、明自體相似。分二：一、標。二、釋。三、明業因相似。分二：一、標。二、釋。四、明法門相似。分三：一、標。二、明正義。三、引喻。分二：一、依無常等六法五喻。二、例有色等十法引喻。五、明因果相似。分二：一、標。二、釋。四、總結。

第五、明異類。分二：一、略釋。二、廣解。

第六、明現量。分四：一、總標。二、列名。三、解釋。分三：一、明非不現見現量。分四：一、標。二、列名。三、解釋。分四：一、明相似生。分三：一、標。二、釋。分二：一、依下界。二、依上界。三、結。二、明超越生。分三：一、標。二、釋。三、結。三、明無障礙生。分四：一、標。二、列名。三、釋。分四：一、明覆障。二、明隱障。三、明映障。四、明惑障。四、總結。

---

① 三，録本作"六"，據底本改。

四、明非極遠。分二：一、標。二、列釋，分三，如《論》。四、總結。二、明非已思應思現量。分四：一、總標。二、列名。三、解釋。分二：一、明纔取便成取所依境。分五：一、標。二、明正義。三、引喻。四、法合。分三：一、明藥體。二、明藥能。分二：一、明現量。二、明非量。分二：一、明應思。二、明已思。五、結。二、明取所依境。分六：一、標。二、明正義。三、引喻。四、法合。分二：一、依地大。二、例餘三大。五、結。六、明非已思惟等二義差别。分二：一、明現量。二、明非量。分二：一、明應思。二、明已思。第四、明總結。三、明非錯亂境界現量。分四：一、總標。二、列名。分二：一、列五名。分三：一、標。二、問。三、答。二、列七名。分三：一、標。二、問。三、答。分二：一、總答。二、别問答。三、解釋，分七，如《論》。四、明總結。四、决擇。分二：一、問。二、答。分三：一、略答。二、列名。三、廣解釋。分四：一、明色根。二、明意受。三、明世間。四、明清凈現量。分三：一、標。二、明正義。三、答難。

第七、明比量。分三：一、總標。二、列名。三、解釋。分五：

一、明相比量。分三：一、總標。二、釋。分十五：一、依車。二、依火。三、依國。四、依妻。五、依牛。六、依少年。七、依老。八、依道俗。九、依信。十、依聰叡。十一、依菩薩。十二、依未離欲。十三、依離欲。十四、佛。十五、依彼明比量。三、結。

二、明體比量。分三：一、總標。二、别釋，如《論》。三、結。

三、明業比量。分二：一、總標。二、别釋。分二：一、明烏居等十九業。二、例餘六業等。

四、法比量。分三：一、總標。二、别釋。分九：一、依無常。二、依苦。三、依生。四、依老。五、依有色等。六、依有漏。七、依無漏。八、依有爲。九、依無爲。三、結。

五、明因果比量。分三：一、總標。二、别釋。分八：一、依行。二、依位。三、依善業。四、依善惡行。五、依豐飲食。六、依食不平等。七、依静慮。八、依修道。三、總結。

第八、明正教量。分四：一、總標。二、列名。三、解釋。分三：一、依不違聖言明正教量。分二：一、標。二、釋。二、依能治雜染明正教量。分二：

一、標。二、釋。三、依不違法相明正教量。分三：一、總標。二、問。三、答。分二：一、明違法相。分六：一、依增益明相違。分二：一、標。二、釋。二、依損減明相違。分二：一、標。二、釋。三、依不可記法明相違。分二：一、標。二、釋，分五，如《論》。四、依差别無差别明相違。分二：一、標。二、釋。分二：一、依有爲無爲明相違。二、例餘八法明相違。五、依因果相明相違。分二：一、標。二、釋。分四：一、依善行。二、依惡行。三、依惡説。四、依善説。六、依不實相明相違。分三：一、標。二、釋。三、結。二、明不違法相。第四、明總結。

第四、明決擇。有五問答：一、依二種所成。二、依立宗。三、依辨因。四、依引喻。五、依同類等五法明決擇。

第五、明相違因緣等。分二：一、明相違、不相違因緣。分二：一、明相違。二、明不相違。二、明"非量"、"量"義。分二：一、明"非量"義。二、明"量"義。

第六、總結。

第四、釋《論》莊嚴。分三：一、明《論》莊嚴體。分三：一、總標。二、列名。三、解釋。分五：一、明善自他宗。分三：一、總標。二、别釋。分二：一、善自宗。二、善他宗。三、結。二、明言具圓滿。分二：一、明聲相。二、明言具圓滿。初文分五：一、總標。二、問。三、略答。四、列名。五、解釋。分五：一、明不鄙陋。二、明輕易。三、明雄朗。四、明相應。五、明義善。二明言具圓滿分三：一、標。二、列釋。三、總結。三、明無畏。分三：一、標。二、釋。分二：一、明處。二、明無畏相。三、結。四、明敦肅。分三：一、標。二、釋。三、結。五、明應供。分三：一、標。二、釋。分二：一、明自性。二、明護他意。三、結。二、明論莊嚴功德。分三：一、總標。二、徵。三、列釋，分六，如《論》。三、明"莊嚴"義。分三：一、引喻。二、法合。三、總結。

第五、釋《論》墮負。分三：一、總標。二、列名。三、廣解。分三：一、釋捨言。分五：一、略標。二、徵問。三、廣答，分十三，如《論》。四、明"墮"義。五、結。二、釋言屈。分六：一、總標。二、列名。三、解釋，分十三，如《論》。四、明"墮"義。五、明"攝"義。六、結。三、釋言過。分五：一、總標。二、徵問。三、列名。四、解釋，分九，如《論》。五、結。

第六、釋《論》出離。分三:一、總標釋。二、列名。三、廣解。分三:一、明觀察德(得)失。分三:一、標。二、釋。分二:一、觀失。分二:一、立過。分八:一、依損。二、依二世。三、依身心。四、依惱害。五、依不善。六、依自他。七、依悲愍。八、依義利安樂明觀察過失。二、明止相。二、觀德。三、結。二、明觀察時衆。分三:一、標。二、釋。分二:一、觀失。分二:一、立過,分三,如《論》。二、明止相。二、觀德。分三:一、依執。二、依賢。三、依善巧觀德。三、結。三、明觀察善巧、不善巧。分三:一、標。二、釋。分二:一、觀失。分二:一、立過,分三,如《論》。二、明止相。二、觀德,分三,如《論》。三、結。

第七、釋《論》多所作法。分四:一、總標。二、列名。三、解釋。四、結。分二:一、問。二、答。分三:一、明善自他宗作用。二、明勇猛無畏作用。三、明辯才無竭作用。四、總結。

聞所成地廣釋中第四,釋聲明處。分二:一、略釋。二、廣解。

初文分四:一、問。二、略答。三、列名。四、總攝。

二、廣解。分六:

第一、釋法施設建立。分三:一、總問。二、略答。三、列五德聲。

第二、釋義施設建立。分二:一、廣分別。二、明略義。初文分五:一、問。二、略答。三、列名。四、總攝。五、解釋。分十:一、明根建立。分二:一、標。二、釋,分六,如《論》。二、明大種建立。分二:一、標。二、釋,分四,如《論》。三、明業建立。分二:一、標。二、釋,分三,如《論》。四、明尋求建立。分二:一、標。二、釋。五、明非法建立。分二:一、標。二、釋,分十,如《論》。六、明法建立。分二:一、標。二、釋。七、明興盛建立。分二:一、標。二、釋,分三等,如《論》。八、明衰損建立。分二:一、標。二、釋,分三等,如《論》。九、明受用建立。分二:一、標。二、釋,分五等,如《論》。十、明守護建立。分二:一、標。二、釋,分三等,如《論》。第二、明略義。分三:一、標。二、列名。三、總攝。

第三、釋補特伽羅施設建立。分二:一、問。二、答。分二:一、依三種人五聲。二、依三品人五聲。

第四、釋時施設建立。分三:一、問。二、答。三、列名。

第五、釋數施設建立。分三：一、總問。二、略答。三、列名。

第六、釋處所根栽施設建立。分三：一、總問。二、略答。分二：一、答處所。分二：一、標。二、列名。二、答“根栽”義。三、總結。

聞所成地廣釋中第五，釋工業明處。分四：一、總問。二、略答。三、徵問。四、答列名，分十二，如《論》。

本地分第二廣釋中第十一，釋思所成地。分四：一、總問。二、略答。三、列名。四、廣釋。分三：

第一、釋自性清净。分四：一、問。二、略答。三、列釋，分九，如《論》。四、結。

第二、釋思擇所知。分二：一、略釋。分五：一、總問。二、略答。三、徵問。四、解釋。五、結。二、廣解有性法、無性法。有二異門：

初門分二：一、明有法。二、明無法。初文分四：一、總問。二、略答。三、列名。四、廣解。分五：

一、明自相有法。分五：一、總問。二、略答。三、列名。四、解釋。分三：一、明勝義相有。分二：一、標。二、釋。二、明相狀相有。分二：一、標。二、釋，分四，如《論》。三、明現在相有。分二：一、標。二、釋。五、總結。

第二、明共相有法。分五：一、總問。二、略答。三、列名。四、解釋，分五，如《論》。五、總結。

第三、明假相有法。分六：一、總問。二、略答。三、徵問。四、答列名。五。解釋。分六：一、明屬主相應言論。分四：一、標。二、釋。分三：一、明正義。二、引喻。三、例餘。三、結。四、明假相。二、明遠離此彼言論。分五：一、總標。二、略明遠離。三、列名。四、别釋，分三，如《論》。五、總結。三、明衆共施設言論。分三：一、標釋。二、列名。三、解釋，分六，如《論》。四、明衆法聚集言論。分二：一、標釋。二、明正義。分二：一、依内明假法。二、依外明假法。五、明不遍一切言論。分二：一、標釋。二、明正義，分四，如《論》。六、明非常言論。分四：一、略標釋。二、列名。三、解釋，分四，如《論》。四、結。第六、明總結。

第四、明因相有法。分五：一、總問。二、略答。三、列名。四、解釋，分五，如《論》。五、總結。

第五、明果相有法。分三：一、問。二、答，分五，如《論》。三、結。

第二、釋無法。分四：一、總問。二、略答。三、列名。四、解釋，分五，如《論》。

第二異門、明有法無法。分二：一、總標。二、别釋。分二：一、明有性法。分三：一、問。二、答列名。三、解釋，分五，如《論》。二、明無性法。分二：一、問。二、答。分五：一、依勝義無自性明無法。二、依生無自性明無法。三、依相無自性明無法。四、依世相無自性明無法。五、依四不可説相明無法。

第三、釋思擇諸法。分四：一、總問。二、略答。三、列名。四、解釋。分二：一、明“思擇經”義。分二：一、標。二、指事。二、明“思擇伽他”義。分三：一、總標。二、列名。三、廣解。分三：一、釋“勝義伽他”。二、釋“意趣伽他”。三、釋“體義伽他”。

初文分二：一、標經文。二、隨次解釋。分二：一、明説勝義經頌之用。二、解經文。分三：一、明人空。二、明雜染品。三、明净品。

初文分七：

一、明建立主宰等義。分三：一、遣别義所分别我。二、遣法所分别我。三、顯法有用性。二、明建立法。分二：一、依蘊等立受者性。分三：一、問。二、答。三、釋。

二、顯示無主宗義。分三：一、問。二、答。三、釋。

三、明建立内外無我。分二：一、顯内外無我唯假建立。分三：一、問。二、答。三、釋。二、建立能觀所觀空。分二：一、問。二、答。

四、明建立聖者異生差别不可得。分三：一、明實無聖凡。分三：一、問。二、答。三、釋。二、建立無彼此。分二：一、問。二、答。三、建立無染净。分三：一、問。二、答。三、釋。

五、明無作用等。分二：一、明諸行無作用。分二：一、問。二、答。二、明作用轉。分三：一、問。二、答。三、釋。

六、明七種無作用。分二：一、明生起。二、解釋，分七，如《論》。

七、明釋答難。分二：一、問。二、答。

第二、明染品。分二：一、明在家、出家雜染自性有因法。分三：一、明生起。二、引經。三、釋。二、顯雜染差别等相。分四：一、明雜染差别。二、明雜染所依。三、明雜染因。四、明雜染時分。

第三、明净品。分四：第一、明如實觀諸行相等得清净。分三：一、明觀自相得清净。二、明觀共相得清净。三、明依觀世俗及勝義諦諸法得清净。分七：一、依二諦明愚癡衆緣。二、依世諦明愚者不正思惟。三、依二諦明諸識隨福等行。四、依二諦明心隨轉。分二：一、問。二、答。五、依俗諦明心有作用及隨轉。六、依二諦明有作者無作者等。七、明作者受者一異不可説。

第二、明釋通疑難。分二：一、明生起。二、解釋。分三：一、破難。分二：一、立難。二、答難，分四，如《論》。二、明因果相。三、明於無我諸因果中起我顛倒。分二：一、標。二、釋。分三：一、明彼我見。二、明彼我見所依及果。三、明彼我見因。

第三、明彼我見由集次第發生於苦等。分二：一、總標。二、别釋。分四：一、顯示於集。二、顯示行苦所攝阿賴耶識起諸戲論。三、顯示行苦是能計我及與苦樂之緣。四、顯示能障解脱之因。

第四、顯示阿賴耶識所攝行苦共他相似等。分三：一、明正法行。分二：一、立所治。二、立能治。二、明解了縛遍知。三、明解了解脱遍知。分六：一、明第七識解脱時與諸惑非先緣義。二、明解脱無有染净相。三、成無染净義。四、明有餘依解脱功德。分二：一、明煩惱解脱。二、明事解脱。五、顯示無餘依解脱功德。分三：一、不思議功德。二、唯無性執功德。三、無戲論功德。六、明人法俱空功德。

第二、釋建立意趣義伽他。分三：一、明生起。二、總標經句。分二：一、標問詞。二、標答詞。三、廣解。分二：

一、釋問詞。分二：一、讚佛。分二：一、依自利行。二、依利他行。二、請問，分三，如《論》。

二、釋答詞。分四十五：

一、釋略勸修三學頌。分三：一、明生起。二、標經句。三、解釋。分六：一、明勸詞。二、明戒學。三、明心學。四、慧學。五、明三學用。六、明蜜意。

二、釋成辨所學頌。分三：一、明生起。二、標經句。三、解釋。分三：一、明勸修增上戒學。二、明勸修增上心學。三、明勸修增上慧學。

三、釋三學次第生起頌。分二：一、標經句。二、解釋。分二：一、總標。二、別釋。分三：一、明戒學生起次第。二、明心學生起次第。三、慧學生起次第。

四、釋三學次第清净差别。分二：一、標經句。二、解釋。分二：一、總標。二、别釋。分三：一、明戒净差别。二、明心净差别。三、明慧净差别。分三：一、生。二、遠。三、增長。

五、釋三學生處頌。分二：一、標經句。二、解釋。分二：一、總標意趣。二、别釋。分四：一、明戒處。分二：一、標。二、釋。分二：一、明成果。二、明敗果。二、明心處。三、慧處。四、結勸。

六、釋三學漸次作安住因緣頌。分二：一、標經句。二、解釋。分四：一、明戒、心二學能爲心、慧二學安住因緣。二、明心學能爲慧、戒二種安住因緣。三、明慧學能爲涅槃安住因緣。四、明略義。

七、釋戒學漸次爲後二學轉因頌。分二：一、標經句。二、解釋。

八、釋心學爲最上學因頌。分二：一、標經句。二、解釋。

九、釋慧學能爲最勝果因。分二：一、標經句。二、解釋。

十、釋戒學能爲善惡趣因頌。分二：一、標經句。二、解釋。分二：一、明爲善惡趣因。二、答難。

十一、釋中間學行不得名爲"究竟清净"頌。分二：一、標經句。二、解釋。分三：一、明清净。二、明非究竟。三、明非共。

十二、釋最上行人名"究竟清净"頌。分二：一、標經句。二、解釋。分二：一、明"究竟"。二、明"共"義。

十三、釋聰叡相頌。分二：一、標經句。二、解釋。

十四、釋愚夫相頌。分二：一、標經句。二、解釋。

十五、釋斷障勝利頌。分二：一、標經句。二、解釋。分二：一、明斷障，分三，如《論》。二、明勝利。

十六、釋心、慧、戒三學隨次明有緣無緣細麁差别頌。分二：一、標經句。二、解釋。

十七、釋三學具緣相頌。分二:一、標經句。二、解釋。分二:一、標。二、釋,分三,如《論》。

十八、釋起過三學頌。分二:一、標經句。二、解釋。

十九、釋受持戒相頌。分二:一、標經句。二、解釋。分二:一、明意趣。二、别釋。分四:一、安住净戒。二、守護律儀。三、軌則無犯。四、所行無犯。

二十、釋於諸小罪見大怖畏頌。分二:一、標經句。二、解釋。

二十一、釋顯示受學學處頌。分二:一、標經句。二、解釋。

二十二、釋常尸羅性等頌。分二:一、標經句。二、解釋,分四,如《論》。

二十三、釋軌則及命清净頌。分二:一、標經句。二、解釋。分二:一、明意趣。二、解釋。

二十四、釋遠離苦樂二邊等頌。分二:一、標經句。二、解釋。

二十五、釋不守根門不見功德等頌。分二:一、標經句。二、解釋。

二十六、釋遠離三惡作等頌。分二:一、標經句。二、解釋。分二:一、明離過。二、依二時明得清净。

二十七、釋由三精進及五支不放逸故所學清净殊勝頌。分二:一、標經句。二、解釋。分三:一、明三精進。二、略明不放逸。三、别釋五支。

二十八、釋遠離二因學得清净頌。分二:一、標經句。二、解釋。

二十九、釋由四緣故學得清净頌。分二:一、標經句。二、解釋。分二:一、明具真威儀,不現異相。二、遠離求利,資持身命。

三十、釋遠離綺言説等四種過故修學清净頌。分二:一、標經句。二、解釋,分四,如《論》。

三十一、釋不耽著利養及惡見故所修學清净殊勝頌。分二:一、標經句。二、解釋。分二,如《論》。

三十二、釋遠離惡見等二因故學得清净頌。分二:一、標經句。二、解釋,分二,如《論》。

三十三、釋遠離所治因、親近能治因學得清净頌。分二:一、標經句。二、解釋,分二,如《論》。

三十四、釋除衆苦及煩惱因頌。分二:一、標經句。二、解釋,分二,如《論》。

三十五、釋不耽著利養及惡見者勝利頌，分二：一、標經句。二、解釋。分二：一、明因，分二，如《論》。二、明果，分四，如《論》。

三十六、釋遠離求他過、於自善生歡喜故學得清净頌。分二：一、標經句。二、解釋。分二：一、明不見他過勝利。二、明常省已過勝利。

三十七、釋出離所犯等學得清净頌。分二：一、標經句。二、解釋，分二勝利，如《論》。

三十八、釋信圓滿及見大罪故學得清净頌。分二：一、標經句。二、解釋，分二，如《論》。

三十九、釋遠離自見故學得净勝頌。分二：一、標經句。二、解釋。

四十、釋具五法故增上心學方便殊勝頌。分二：一、標經句。二、解釋，分五，如《論》。

四十一、釋遠離五蓋故能成七法增上心學轉得清净。分二：一、標經句。二、解釋。分二：一、明因。二、明果，分七，如《論》。

四十二、釋由遠離八種虚妄分別故所修三學清净頌。分二：一、標經句。二、解釋。分二：一、明總義。二、别釋，分八，如《論》。

四十三、釋斷除欲愛方便頌。分二：一、標經句。二、解釋。分二：一、明所治過患。二、明能治功德。

四十四、釋觀諸欲過患頌。分二：一、標經句。二、解釋。分三：一、示八種過患。二、示諸有智而不貪著。三、解釋前八種諸欲過失，分八，如《論》。

四十五、釋由了相等七種作意證二涅槃頌。分二：一、標經句。二、解釋。分二：一、明總義。二、别釋。分七：一、明了相作意。二、明勝解作意。三、明遠離作意。四、明攝樂作意。五、明觀察作意。六、明加行究竟作意。七、明加行究竟果作意。

第三、釋建立體義伽他。分三：一、生起。二、解釋。三、總攝。

二解釋分四十一：

一、釋勸不作諸惡等頌。分三：一、標經句。二、解釋經文。分三：

一、明勸不作諸惡。分二：一、標。二、釋。分三：一、明一切種不作。

分二：一、問。二、答。二、明於一切因緣不作。分二：一、問。二、答。三、明一切處不作。分二：一、問。二、答。

二、明由念正知遠離諸欲。分三：一、問。二、略答。三、廣解。分三：一、明斷事欲。分二：一、問。二、答。二、明斷煩惱欲。分二：一、問。二、答。分三[①]：一、依四念住。二、依正知斷欲。三、依遠離五蓋明念正知。三、明引無義苦。分四：一、問。二、答。三、結。四、明諸聖弟子而不親近。

第三、明略義。分四：一、標。二、問。三、答。分二：一、略釋。分四：一、略答。二、列名。三、釋。分二：一、明增上生。二、明決定勝。四、結。二、廣解。分二：一、明增上滿。二、明決定勝滿。第四、總結。

二、釋宣説諸欲是應説相等頌。分三：一、標經句。二、解釋。三、明略義。二解釋有三異釋：

初釋分四：一、明應説相等，分三，如《論》。二、明他不應譏論，分四，如《論》。三、明諸聖弟子非我、我所、我慢所動。分四：一、明無諍論相。分四：一、明無諍體。二、徵。三、答所以。四、明三諍根。二、明三不動。三、明不動勝利。分六：一、正法久住利。二、無諍論利。三、立梵行利。四、普燭利。五、讚美利。六、涅槃利。四、總結。四、明於五取蘊盡，見苦時斷貪愛等故，證阿羅漢無諍論。分六：一、釋斷名色等。分二：一、斷蘊。二、斷慢。二、釋煙寂静。三、釋無惱，有三異釋，如《論》。四、釋無悕。五、釋不見此彼天人世。六、總結。

第二異釋，分三，如《論》。

第三異釋，分三：一、明諸欲是應説相，有二異説，如《論》。二、明了欲等故，他所譏論不應道理，有二異説，如《論》。三、明斷見修煩惱故，證初後沙門果等，分四，如《論》。

第三、明略義。分二：一、除天憍慢。二、顯如來聖教大義。

三、釋治欲貪火頌。分三：一、標經句。分二：一、問。二、答。分二：一、釋經文。二、明略義。二、釋經。分七：一、釋想顛倒。分二：一、問。二、答。分二：一、因。二、果。二釋、遠離。分二：一、問。二、答。三、釋常定一

---

① 三，底本、録本作"二"，據文意改。

境。分二:一、問。二、答。分二:一、標。二、釋。分二:一、依賢善定。二、依自他身。四、釋觀察於苦。分二:一、問。二、答。分二:一、見因。二、見果。五、釋觀察無我。分二:一、問。二、答。六、釋多修厭離。分二:一、問。二、答。分三:一、明所治。二、明能治。三、結。七、釋修習無相等。分四:一、總標。二、列名。三、解釋。分三:一、明有學德(得)失。二、明無學功德。三、明有學趣無學功德方便。分二:一、明因,分三,如《論》。二、明果德。分三:一、斷我慢德。二、斷隨眠德。三、究竟德。四、總結。第三、明略義。分二:一、略。分三:一、標。二、釋。三、結。二、廣。分三:一、明貪欲生相。分三:一、問。二、略答。三、列名。二、明貪欲寂靜相。分三:一、問。二、略答。三、列名,分五,如《論》。三、明寂靜相。分四:一、問。二、略答。三、列名。四、別釋。分二:一、明現行寂静。二、明隨眠寂静。

四、釋斷下分結等三種要義頌。分三:一、標經句。分三:一、問。二、答。三、結。二、釋經文。三、明略義。

二釋經文分二:一、釋問詞。二、釋答詞。初文分二:一、明請主。二、釋問詞。二釋答詞分二:一、明答初問詞。分二:一、釋下分結。分二:一、明依身輕安。二、依心善解脱。二、釋上分結。分三:一、依無作。二、依繫念。三、依不動。二、釋答第二問詞。分二:一、明因。分二:一、依了法。二、依修習無尋定。二、明果。分三:一、憒。二、愛、三、惛沈過解脱。

第三、明略義。分二:一、總標。二、解釋。分二異門:

初門分二:一、明問意。分二:一、標。二、釋,分三,如《論》。二、明答意。分二:一、標。二、釋。分五:一、答五下分分結斷非方便。二、答上分結斷方便非斷。三、答斷方便。分四:一、標。二、列名。三、釋。四、結。四、答善斷。分三:一、標。二、列名。三、釋,分三,如《論》。五、總結。

第二異門分二:一、明問意。二、釋腰舟。分四:一、明正義。二、引經。三、明未得。四、釋腰舟名。分二:一、問。二、答。

五、釋惡説法律中師及弟子皆有衰損、善説法律中皆具吉祥證苦邊際頌。分四:一、標經句。二、釋經文。三、明略義。四、釋讚詞。

初文分三:一、標問詞。二、標答詞。三、標讚詞。

二釋經文分二:一、釋問詞。分八:一、明世間義。二、明意趣。三、明苦樂世間。四、明苦有情多少差别。五、明有樂有情過患。分三：一、現在怖。二、未來怖。三、身垢怖。六、明有苦有情過患。七、總結。八、明無女所詮事。二、釋答詞。分二：一、總標。二、别釋。分三：一、明外法過失，分三，如《論》。二、明内法功德。三、明總結。

第三明略義分三：一、標。二、釋。分二：一、明惡説過。二、明善説德。三、結。

第四釋讃詞分三：一、總標。二、解釋。分二異門：初門分二：一、列四德名。二、釋四德，分四，如《論》。第二異門義分二：一、標。二、釋。分三：一、明難見。二、明成大義。三、明無衆罪。三、總結。

六、釋顯佛能命四類速得清净等頌。分三：

一、標經句。分二：一、標問詞。分二：一、問出道。二、問不懼死。二、標答詞。分二：一、標答初問。二、標答後問。

二、解釋經文。分二：一、釋問詞。分二：一、明勝類。二、明釋義。二、釋答詞。分二：一、明總義。分三：一、顯世尊獨爲真獎導者。分二：一、標。二、釋。二、顯佛宣説出離一切衆苦八聖支道。三、顯示是真説者。二、釋經句。分二：一、釋因句。分九：一、明具戒。分二：一、問。二、答。二、明具慧。分二：一、問。二、答。分二：一、標。二、釋。三、明自熏修。分二：一、問。二、答。分二：一、依六度。二、依諸行。四、明具定。分二：一、問。二、答。五、明具念。分二：一、問。二、答。六、明具正直。分二：一、問。二、答。七、明永斷一切愁憂。分二：一、問。二、答。八、明正念。分二：一、問。二、答。九、明心解脱。分二：一、問。二、答。分三：一、標。二、釋。三、引經。二釋果句分二：一、明爲四種勝類依聖教者能開出離道。二、明住三學者不懼當來生老病死。

第三、明略義。分三：一、標。二、釋。分三：一、顯如來能净四姓。二、顯如來聖教是無畏路。三、顯如來是無上師。三、結。

七、釋顯示恭敬利養二種因緣頌。分三：

一、標經句。分二：一、標問詞。分二：一、問恭敬因。二、問利養因。二、標答詞。分二：一、答恭敬因。二、答利養因。

二、解釋經文。分四：一、明持戒檀名。分二：一、問。二、答。分三：

一、明持戒。二、明檀名。三、明恭敬。二、明布施具珍財。分二:一、問。二、答。分二:一、明因。二、明果。三、明諦實得美稱。分二:一、問。二、答。分二:一、明因。二、明果。四、明惠捨攝親友。分二:一、問。二、答。分二:一、明因。二、明果。

第三、明略義。分三:一、標。二、釋。分二:一、略答。二、廣解。分二:一、明恭敬因緣。二、明利養因緣。分二:一、標。二、釋。三、結。

八、釋顯示現法及後法中所有因及苦樂於無餘依涅槃界中永滅頌。分三:

一、標經句。分二:一、標問詞,分三,如《論》。二、標答詞,分二:一、明因;二、明果,分三,如《論》。

二、合釋問答經句。分五:一、明泉義。分四:一、問。二、答。三、徵。四、答所以。分二:一、立喻。分二:一、依水生。二、依陸生。二、法合。分二:一、依六觸。二、依貪愛明“泉”義。二、明逕義。分四:一、問。二、略答。分三:一、標。二、列名。三、釋意趣。三、明苦樂。分二:一、問。二、答。分二:一、依現法明苦樂。分二:一、因。二、果。二、依後法明苦樂。分二:一、因。二、果。四、明永滅。分三:一、問。二、略答。三、別釋。分三:一、依異生明無永滅。二、依有學明少分滅。三、依無學明全分滅。分二:一、依無餘依不現行。二、依有餘依現行。五、總結。

三、明略義。分三:一、標。二、釋。三、結。

九、釋顯示異生先已離欲、後證現觀清净次第等頌。分三:

一、標經句。分二:一、標問詞。分四:一、問度欲流。二、問超色等海。三、問捨苦。四、問得清净。二、標答詞,分四,如《論》。

二、合釋問答經句。分四:一、明正信。分三:一、問。二、答。分三:一、明信因。二、明信用。三、明信果。三、結。二、明無邊。分三:一、問。二、答。分二:一、明因。二、明果相。三、結。三、明精進。分三:一、問。二、答。分二:一、依見迹明精進。二、依了知明精進。三、結。四、明智慧。分三:一、問。二、答。分二:一、明因。二、明果。三、結。

三、明略義。分三:一、標。二、釋。分二:一、依異生信不逸明得清净。二、依有學道智明得清净。三、結。

十、釋顯示究竟道及第一住道頌。分三：

一、總標經句。分二：一、標問詞。分二：一、問究竟道。二、問第一住道。二、標答詞。分二：一、答究竟道。二、答第一住道。

二、解釋經文。分二：一、釋問詞。分二：一、明暴流。分三：一、問。二、略答。三、列釋。二、明無攀無住。分五：一、問。二、略答。三、徵。四、答所以。分二異門：初、依隨眠。二、依想受。五、明意趣。二、釋答詞。分二：一、明答初問詞。分六：一、明尸羅圓滿。分二：一、問。二、答。二、明具慧。分二：一、問。二、答。三、明善安定。分二：一、問。二、答。分二：一、依四静慮。二、依有頂定。四、明内思惟。分二：一、問。二、答。五、明繫念。分二：一、問。二、答。六、明能度。分二：一、問。二、答。二、明答第二問詞。分三：一、明欲想離染。分二：一、問。二、答。二、明超色界結。分二：一、問。二、答。三、明無攀無住。分二：一、問。二、答。分二：一、明正義。二、答難。

第三、明略義。分三：一、標。二、釋。三、結。

十一、釋顯示三位等頌。分三：

一、總標經句。分二：一、標問詞。分四：一、問在家位。二、問出家位。三、問遠離位過。四、立喻。二、標答詞。分三：一、明因。二、答。分三：一、答在家位過。二、答出家位過。三、答遠離過。三、明解脱處勝利。分二：一、因。二、果。

二、解釋經句。分二：一、釋問詞。分四：一、明貪恚。分二：一、問。二、答。分二：一、明貪。二、明恚相。二、明欣慼。分二：一、問。二、答。分二：一、明慼相。二、明欣相。分二：一、因。二、果。三、明毛竪等。分二：一、問。二、答。分二：一、明毛竪。分二：一、標。二、釋。二、明尋思。分二：一、標。二、釋。四、總結。二、釋答詞。分三：一、明潤生及生。分二：一、問。二、答。分二：一、答愛水。二、答自種。二、明貪恚等别縛義。分三：一、問。二、略答。三、釋，分六，如《論》。三、明超昔未度之海勝利。分三：一、明因。二、明果。三、結。

第三、明略義。分二：一、標。二、釋，有三異門，如《論》應知。

十二、釋顯示真婆羅門頌。分二：

一、總標經句。分二：一、標問詞。二、標答詞。

二、解釋經文。分二：一、釋問詞。分五：一、明彼問意。二、明彼慢。三、明彼求處。四、明彼修相。五、明彼果。二、釋答詞。分四：一、明非真婆羅門。二、明真婆羅門。三、顯正義。分三：一、總標。二、列名。三、别釋。分二：一、明未度有學。分二：一、標。二、釋。分二：一、明因。二、明果。二、明已度有學。分三：一、總標。二、釋。三、明要義。四、明究竟到彼岸婆羅門。分二：一、標。二、釋。分五：一、明得漏盡。二、明得常委。三、明得静慮。分二：一、明體。二、明用。四、明"永盡"義。分二：一、明因，分三，如《論》。二、明果利，分二，如《論》。五、總結。

十三、釋顯示修苦行時捨非方便所攝勇猛精進頌。分二：

一、總標問答經句。分三：一、問答"已度"義。二、問答"已度"因。三、答白品因果。

二、解釋經句文。分三：一、依捨非方便趣正方便明劬勞等差别。分三：一、明無攀無住。二、明捨非方便趣正方便。分二：一、黑品。分二：一、依因依。二、依果位。二、白品。三、明劬勞等四法。分二：一、黑品，分四，如《論》。二、白品，分四，如《論》。第二、依涅槃無依無住明劬勞等差别。分二：一、問。二、答。分二：一、答黑品。分三：一、總標。二、徵問。三、别釋，分四，如《論》。二、答白品。第三、依想受滅定明劬勞等差别。分二：一、問。二、答。分二：一、答黑品。分四：一、明劬勞。二、明劣。三、明住。四、明染。二、答白品。

十四、釋顯示諸受欲者非"第一義"、住八解脱者名"第一義"頌。分三：

一、總標經句。分二：一、標問詞。分二：一、問所求。二、問有何過。二、標答詞。分二：一、依證得。二、依降伏。

二、解釋經句。分二：一、標問主。二、釋經句。分三：一、標。二、列名。三、解釋。分二異門：初門依證得明得義。分二：一、明果義。二、明神通義。第二異門依降伏等明得義。分五：一、明二義。二、明意趣。三、徵。四、答所以。分二：一、標。二、釋。五、明不交。分五：一、總標。二、列名。三、别釋。分四：一、明了初。二、明了過患。三、明出離。四、明趣出離行。四、明不見過。分二：一、明因。二、明果。五、明見功利。

第三、明略義。分三：一、標。二、釋。三、結。

十五、釋顯示正見依處及正見果等九法頌。分三：

一、總標經句。分九異門，如下所明。

二、釋經文。分五：一、明諸行。分三：一、明體相。二、明意趣。三、明差別。二、明無常。分二：一、標。二、釋。三、明有生滅。分三：一、明生相。二、明滅相。三、無慚住相。四、明寂滅義。五、明爲樂義。分二：一、標。二、釋。分二：一、依苦因等滅明樂。二、依當果不生明樂。

三、明略義。分二：一、標。二、釋，有九異門，如《論》應知。

十六、釋顯示四諦等頌。分三：

一、標經句。有三異門，如下所明。

二、釋經文。分三：一、明無放逸不死。分二：一、問。二、答。分四：一、標。二、列名。三、結。四、明不死義。二、明放逸死。分二：一、問。二、答。分三：一、明在家、出家二品無護。分二：一、標。二、釋。二、明通二品。分二：一、標。二、釋。三、明死義。分三：一、明因。二、明果。三、明恚。三、明無縱逸不死縱逸者常死。分二：一、問。二、答。分三：一、明五種死。分二：一、標。二、釋。二、明善人不死義。分三：一、標。二、釋。分三：一、依過去明不善死。二、依現在明善死。三、依未來明非善非不善死。三、結。三、明不善人死義。分三：一、標。二、釋。分三：一、依過去。二、依現在。三、依未來明不善死。三、結。

三、明略義。分二：一、標。二、釋，有三異門，如《論》。

十七、釋顯示依二失壞因等頌。分三：

一、標經句。分二：一、標。二、釋。分二：一、明因。二、顯果。

二、釋經文。分二：一、總標。二、壞因句。分三：一、明鑽搖。分二：一、問。二、答。分二：一、明因。二、明果。二、明猛利貪欲。分二：一、問。二、答。分二：一、因。二、果。三、明隨觀凈妙。分二：一、問。二、答。分二：一、明因。二、明果。依因法解釋二壞相。分二：一、明倍增染愛。分四：一、問。二、略答。三、徵問。四、别釋。分五：一、依自性。二、依作業。三、依等近因。四、依發起。五、依障。分二：一、依增上生。二、依决定勝。二、明堅固縛。分四：一、問。二、略答。三、列名。四、解釋。分三：一、明堅牢義。二、明苦所觸義。三、明長時隨逐義。

第三、明略義。分二：一、標。二、釋。有二異門：

一、依二失壞等明略義。分三：一、總標。二、列名。分二：一、列失壞因。分二：一、問。二、答。二、列失壞法。分二：一、問。二、答。三、解釋。分四：一、明不正思惟力。分二：一、問。二、答。分四：一、依隨念。二、依邪分別。三、依邪取相。四、依行住明不正思惟。二、明因力。分二：一、問。二、答。三、明方求失壞。分二：一、問。二、答。分二：一、依非法。二、依凶暴明失壞。四、明受用失壞。分三：一、問。二、答。分三：一、總標因。二、釋果。分三：一、依貪染明受用失壞。二、依瞋恚明受用失壞。三、依愚癡明受用失壞。三、總結。分二：一、結因縛。二、結果縛。

第二異門依七雜染明略義。分三：一、總標。二、列名。三、解釋。分七：一、明隨念雜染。分二：一、問。二、答。二、明不自在雜染。分二：一、問。二、答。三、明境界雜染。分二：一、問。二、答。四、明熱惱雜染。分二：一、問。二、答。五、明善趣相應雜染。分二：一、問。二、答。六、明惡趣相應雜染。分二：一、問。二、答。七、明諸見雜染。分二：一、問。二、答。分二：一、明因。二、明果。

十八、釋顯示四因所攝尸羅清净頌。分三：

一、標經句。分二：一、明因。二、明果。

二、釋經句文。分四：一、明住法。分二：一、問。二、答。分二：一、明因。二、明果。二、明具尸羅。分二：一、問。二、答。分二：一、明因。二、明果。三、明有慚。分二：一、問。二、答。分二：一、標。二、釋，分六，如《論》。四、明諦實。分二：一、問。二、答。分二：一、標。二、釋。分二：一、明發露。二、明不藏。

三、明略義。分三：一、標。二、釋。分四：一、依正受顯戒清净。二、依不穴顯戒清净。三、依離穴因顯戒清净。四、依對治顯戒清净。三、結。

十九、釋顯示於業及業果如理思惟等頌。分三：

一、標經句。分二：一、明因。二、明果。

二、釋經文。分二：一、明見他惡業審諦思惟。分二：一、問。二、答。分二：一、廣解，分八，如《論》。二、明相攝。分四：一、總標。二、徵問。三、列釋。分四：一、依現法同因果明觀三法。二、依先業同因果明觀三法。三、依同現惡業比知當果明觀王等因果。四、依見後生處明觀後果。四、總。二、明業縛。分三：一、問。二、略答。三、解釋。分三：一、明樂諸業。分三：一、標。二、釋。三、結。二、明重業。分三：一、標。二、釋。三、結。三、明業報。分三：一、標。二、釋。三、結。

三、明略義。分三：一、標。二、釋。分二：一、依因謂前三句。二、依果謂後一句。三、結。

二十、釋顯示所有善語標釋頌。分三：

一、標經句。分二：一、標。二、釋。

二、釋經文。分四：一、明善語。分四：一、標。二、略釋。三、列名。四、解釋。分三：一、明悦意。二、明無染。三、明唯善語。二、明愛語非諦非法。分二：一、標。二、釋。三、明諦語非愛非法。分二：一、標。二、釋。四、明法語亦愛亦諦。分二：一、標。二、釋。

第三、明略義。分三：一、標。二、釋。三、結。

二十一、釋顯示在家、出家二種正行及正行果所有勝利頌。分三：

一、標經句。分二：一、讚能成因。二、讚所成果。

二、釋經文。有二異門：初依出家能成、所成明信慚等。分二：一、明因。分四：一、明信。二、明慚。三、明戒。四、明施。分二：一、標。二、釋。分二：一、明財施。二、明法施。二、明果。分二：一、標。二、釋。分三：一、讚果。二、涅槃果。三、生天果。二、依在家能所成明信慚等。分二：一、明因。分四：一、明信。二、明慚。三、明戒。四、明施。二、明果。分二：一、現法果。二、後法果。

第三、明略義。分三：一、標。二、釋。分二：一、依因。二、依果明略義。三、結。

二十二、釋顯示先聞正法如理思惟等得勝利果頌。分三：

一、標經句。分二：一、因。二、果。

二、釋經文。分二：一、明因。分三：一、明知法。分二：一、標。二、釋。二、明遠惡。三、明捨無義。分三：一、標。二、釋。三、結。二、明果。分二：一、標。二、釋。分二：一、明根已熟資糧滿。二、明根未熟資糧未滿。

第三、明略義。分三：一、標。二、釋。分四：一、依聞正法。二、依如理思惟。三、依法隨法行。四、依法隨法行因明略義。三、結。

二十三、釋顯示有餘依及不還果等頌。分三：

一、標經句。分二：一、依無學明如空。二、依有學。分二：一、阿羅漢向。二、不還。

二、釋經文。有三異門：初依無學有學明如空等。分二：一、依無學。分三：一、略釋。二、徵。三、喻顯。分二：一、立喻。二、法合。分二：一、標。二、釋。二、依有學。分二：一、依阿羅漢向明不動。二、依不還明不欣樂生死大海。分二：一、明欣解脱池。二、明不娱生死海。次依阿羅漢所有飲食等三法明如空等。分二：一、標。二、釋。分三：一、依飲食等明如空。二、依無相住明如憧(障?)[①]。三、依餘苦依明不樂生死海。後依慧解脱等三法明如空等分二：一、標。二、釋。分三：一、依慧解脱明如空。二、依身證明如憧。三、依俱解脱明不樂生死海。

第三、明略義。分二：一、標。二、釋。有三異門：一、依無學等明略義。分二：一、依無學明如空。二、依不還明不動及不樂大海。二、依解脱等明略義。三、依增上心等明略義。

二十四、釋顯示若唯世俗見如來者則不決定以勝義見如來者，是則決定頌。分三：

一、標經句。分二：一、依世諦明見三寶。二、依第一義諦見三寶。

二、釋經文。分二：一、總標。二、别釋。分五：一、依未離欲貪異生明見三寶。分三：一、明見因。二、明測量相。分三：一、測佛寶。二、法。三、僧。三、明後過。二、依異生内具静慮及天眼明見三寶。三、依欲界繫果報肉眼明見三寶。四、依異生都無所知明見三寶。五、依諸賢聖明見三寶。分三：一、明因。二、果。三、明勝利。

第三、明略義。分三：一、標。二、釋。分二：一、依世諦明略義，謂前四頌。二、依第一義諦明略義，謂後一頌。三、結。

二十五、釋顯示遠離苦因所有勝利等頌。分三：

---

① 憧，此似當爲"障"之訛字，待考。

一、標經句。分二：一、明離苦因勝利。二、明不離苦因過。

二、釋經文。分五：一、明增上王。分二：一、標。二、釋。二、明染時。三、明染自取。四、明無有染。分二：一、明染相。二、明無染相。分二：一、明因無染。二、明果無染。五、明愚夫。分二：一、明因。二、明果。

三、明略義。分三：一、標。二、釋。分二：一、依勝利明略義。二、依過明略義。三、結。

二十六、釋顯示在家、出家由四雜染失壞善説法律頌。分三：

一、標經句。分二：一、明所住。二、明能住。

二、釋經文。分二：一、明城相。分二：一、略釋。二、廣解。分四：一、明脂石。二、明繩紝。三、明形骸。四、明圍繞。二、明住城者。分四：一、總標。二、列名。分二：一、列在家過。二、列出家過。三、解釋。分二：一、明在家人過。分二：一、明貪相。二、明瞋相。二、明出家人過。分二：一、明慢相。二、明覆相。四、總結。

三、明略義。分三：一、標。二、釋。三、結。

二十七、釋顯示四種擾亂斷對治道頌。分三：

一、標經句。分四：一、立喻。二、明因。三、示果。四、顯勝利。

二、釋經文。分五：一、明攝意尋思。分二：一、捨惡尋思。分二：一、標。二、釋。二、捨善尋思。分四：一、明正義。二、立喻。三、法合。四、示無尋伺定。二、明無所依止。三、明不惚他。分三：一、明不惚相。二、明樂住相。三、明無諍。四、明證涅槃。分二：一、因。二、果。五、明無所謗。分二：一、明不謗因。二、明不謗果。

第三、明略義。分三：一、標。二、釋。分三：一、總標。二、徵問。三、列釋。三、結。

二十八、釋顯示捨諸壽行色身名身二種差别等頌。分三：

一、標經句。分二：一、依前後明"等"、"不等"。二、依色名明"不等"義。

二、釋經文。分二：一、依後身及先身明"等"、"不等"。分二：一、明"等"。二、明"不等"。第二、依所依明"等"、"不等"。分四：一、明"不等"義。分三：一、示因。二、顯用。三、明等"不等"。二、立喻。三、法合。四、明破色身差別。分二:一、明滿量。二、明不滿量。

三、明略義。分三:一、標。二、釋。分二:一、依二身明略義。二、依所依明略義。三、結。

二十九、釋顯示諸界諸品愚夫纏縛等頌。分三:

一、標經句。分四:一、依欲界。二、依出家。三、依外道。四、依上界明不自在,一一皆有立喻、法合,如《論》。

二、釋經文。分二:一、立喻。分二:一、標。二、列名,分四,如《論》。二、法合。分三:一、標。二、徵問。三、答釋。分四:一、依生欲界明不自在。分二:一、因。二、果。二、依出家明不自在。分二:一、因。二、果。三、依外道明不自在。分二:一、因。二、果。四、依生長上界明不自在。分二:一、因。二、果。

三、明略義。分二:一、標。二、釋。有二異門:初門依界品二法明略義。第二門依四法明略義。分三:一、標。二、釋。分四:一、依欲明障出家。二、依瞋明損他。三、依癡明不敬父母。四、依愛明不惠施。三、顯過。分二:一、標。二、釋。分四:一、障出家過。二、離無恚害過。三、不敬父母過。四、不惠施過。

三十、釋顯示離善説法律皆空無益頌。分三:

一、標經句。分四:一、明欲求有求非是常法。二、明邪梵行無沙門果正行則有。三、明三求皆墮戲論。四、明大師無有戲論。

二、釋經文。分四:一、標三種有情。分三:一、標欲求。二、標有求。三、標梵行求有情。二、解釋。分四:一、合明欲求有求有情。分四:一、標。二、釋。分二:一、立因。二、顯果。三、立喻。四、法合。二、明解脱梵行求。分三:一、標。二、列名。三、解釋。分二:一、明外道無沙門果。二、明内道有沙門果。分二:一、明邪梵行無沙門果。二、明正行有沙門果。三、依三門明有戲[1]論。分三:一、標。二、釋。三、結。四、依如來及弟子[2]明無戲論。分二:一、明師無戲論。二、明弟子無戲論。

---

① 以上甲本缺。

② "如來及弟子"五字甲本作"大師等"。

第三、明略義。分三：一、標。二、釋。三、結。

三[①]十一、釋顯示一切愚夫著應不著等頌。分三：

一、標經句[②]。分三：一、立四自在。二、顯化利相。三、明他不識測[③]。

二、釋經文。分三：一、明阿羅漢由四種相[④]自在遊行。分三：一、明因。二、立果。三、顯化用。二、明輕毀。分四：一、總標。二、列名[⑤]釋。分二：一、依現樂明輕相。二、依當果明輕相。三、明輕毀因。分二：一、依生天[⑥]。二、依財産[⑦]。四、顯師及弟子不能識。分二：一、明師不識[⑧]。二、明弟子不識。三、明四種[⑨]相。分二：一、問。二、答。分四：一、依四識住明自在。分二：一、明愚失。二、顯聖德。二、依增益損減過明自在。分二：一、標。二、釋。分二：一、明凡失。二、明聖德。三、依欲界生苦明自在。分二：一、示愚失。二、顯聖德。四、依上二界明自在。分二：一、明愚過。二、顯聖德。

第三、略[⑩]義。分三：一、標。二、釋。分二：一、依著[⑪]。二、依怖明略義。三、結。

三[⑫]十二、釋顯示有學異生二種差别頌。分三：

一、標經句[⑬]。分二：一、立因，分四，如《論》[⑭]。二、顯果[⑮]。

二、釋經文。分二：一、明有學蠲除四軛。分四：一、明漸次斷三界過，

---

①⑫ “三”字前甲本有一“第”字。

② “一、標經句”四字下甲本有“二、釋經文。三、明略義。初文”十字。

③ “識測”二字中“識”字當係衍文。此二字甲本作“惻”。

④ 相，甲本作“想”。

⑤ 名，甲本無。

⑥ “生天”後甲本有“明因”二字。

⑦ “財產”後甲本有“明因”二字。

⑧ 識，甲本作“側”。

⑨ “四種”後甲本有“自在”二字。

⑩ “略”字前甲本有一“明”字。

⑪ “依著”後甲本有“明略義”三字。

⑬ “一、標經句”下甲本有“二、釋經文。三、明略義。初文”十字。

⑭ “如《論》”二字，甲本作“一、明斷欲界諸惡尋思。二明斷初静慮内等清净分别。三、合明斷第二、三静慮喜樂礙著。四、斷第四静慮有色相”。

⑮ “顯果”後甲本有“謂後句”三字。

分五，如《論》[1]。二、問四軛。三、列答[2]，分四，如《論》。四、明不生下地。二、明異生生於下地。分二：一、立因。二、顯果。

第三、明略義。分三：一、標。二、釋。分二：一、依有學[3]。二、依異生[4]。三、結。

三[5]十三、釋顯示四種正行頌。分三：

一、標經[6]文。分四：一[7]、立富果[8]行[9]。二[10]、善趣行[11]。三[12]、離惡趣行[13]。四、離[14]苦行[15]。

二、釋經文。分四：一、明富增[16]行。分三：一、立因。二、顯果。三、明用。二、明惡罪滅[17]行。分二：一、立因。二、顯果，分三，如《論》[18]。三、明捨諸[19]惡趣[20]。分二：一、立因。二、顯果。分二：一、止因。二、斷果。四、明得

---

① "如《論》"二字，甲本作"一、依初静慮明斷欲界惡尋思。分二：一、立因。二、顯果。二、依第二静慮明斷初静慮分别。分二：一、立因。二、顯果。三、依第三静慮明斷第二静之喜礙著。分二：一、立因。二、顯果。四、依第四静慮明斷第三静慮諸樂礙著。分二：一、立因。二、顯果。五、依無色定明斷第四静慮已上所有分别。分二：一、明斷第四静慮色想。分二：一、立因。二、顯果。二、明例斷無色界所有分别。分二：一、立因。二、顯果"。

② "列答"二字甲本作"答列"。

③ "學"字後甲本有"明略義"三字。

④ "生"字後甲本有"明略義"三字。

⑤ "三"字前甲本有一"第"字。

⑥ "一、標經"下甲本有"句。二、釋經文。三、明略義。初"十字。

⑦ "一"字下甲本有"明"字。

⑧ 果，甲本無。

⑨⑪⑬⑮ "行"字後甲本有"分二：一、立因。二、顯果"八字。

⑩ "二"字下甲本有"明"字。

⑫ "三"字下甲本有"明"字。

⑭ "四離"二字甲本作"四明離一切"。

⑯ 增，甲本無。

⑰ "惡罪滅"三字甲本作"善趣"。

⑱ "如《論》"二字，甲本作"一、明止息果。二、明生善處果。三、明讚嘆果"。

⑲ "捨諸"二字甲本作"離"。

⑳ "趣"字後甲本有"行"字。

涅槃[①]行。分二：一、立因。二、顯果。分二：一、有餘。二、無餘[②]。

三、明略義。分三：一、標。二、釋。分二：一、標。二、釋，分四，如《論》。三、結。

三[③]十四、釋顯示三學果等頌。分三：

一、標經句[④]。分三：一、明[⑤]三學。二、立學果。三、顯不共義。

二、釋經文。分三：一、明諸惡莫作[⑥]。分二：一、立因。二、顯果。分三：一、依[⑦]三業[⑧]。二、依根[⑨]。三、依情非情[⑩]不作惡。二、明諸善奉行。分二：一、標。二、釋。分三：一、立戒學。二、明心學。三、顯慧學。三、明自調其心。分二：一、標。二、釋。分三：一、依[⑪]實知明厭患。二、依厭患明離染。三、依離染明得解脱。

三[⑫]、明略義。分三：一、標。二、釋，分三，如《論》[⑬]。三、結。

三[⑭]十五、釋略示能不隨順長夜流轉左道之心勝利等頌。分三：

一、標經句[⑮]。分二：一、明左道過。二、顯正道勝利。分二：一、立因。二、顯果。

二、釋經文。分四：一、明難調伏。分[⑯]二：一、明難調。二、明輕躁。分

---

① "得涅槃"三字甲本作"離一切苦"。

② "一、有餘。二、無餘"六字甲本作"一、明有餘依。二、明無餘依"。

③⑫⑭ "三"字前甲本有一"第"字。

④⑮ "一、標經句"下甲本有"二、釋經文。三、明略義。初文"十字。

⑤ 明，甲本作"立"。

⑥ "諸惡莫作"四字甲本作"不作諸惡"。

⑦ "依"字後甲本有"身等"二字。

⑧ "業"字後甲本有"明不作惡"四字。

⑨ "二、依根"三字甲本作"二、依貪等三根明不作惡"。

⑩ "情"字後甲本有"受明"二字。

⑪ "依"字後甲本有一"如"字。

⑬ "如《論》"二字，甲本作"一、依三學明略義。二、依學果明略義。三、依不共義明略義"。

⑯ "分"字後甲本有一"文"字。

二：一、依三毒①。二、依三相明輕躁②。二、明墜於諸欲③。三、明善調其心。分二：一、立因。二、顯果，分四，如《論》④。四、明引安樂。分二：一、立現果。二、顯當果。

三⑤、明略義。分三：一、標。二、釋。分二：一、依左道過明略義。二、依正道勝利明略義。三、結。

三⑥十六、釋略⑦示於相善巧四種功德頌。分三：

一、標經句⑧。分四：一、明止德。二⑨、觀德。三⑩、無懈德。四⑪、究竟德。

二、釋經文。分二：一、總⑫標。二、別釋。分四：一、明奢摩他所作功德。分三：一、立因。二、顯果。分二：一、標。二、釋，分三，如《論》⑬。三、結。二、明毘鉢舍那所作功德。分三：一、立因。二、顯果。三、結。三、明無懈憚所作功德。分三：一、立因。二、顯果。三、結。四、明到究竟所作功德。分三⑭：

① "毒"字後甲本有一"明輕躁相"四字。

② "躁"字後甲本有一"相"字。

③ "欲"字後甲本有一"分二：一、立因。二、顯果"八字。

④ "如《論》"二字，甲本作"一、依如實知明厭患。二、依實知明厭患。三、依厭患明離染。四、依離染明得解脱"。

⑤⑥ "三"字前甲本有一"第"字。

⑦ 略，甲本作"顯"。

⑧ "一、標經句"下甲本有"二、釋經文。三、明略義。初文"十字。

⑨ "二"字下甲本有"明"字。

⑩ "三"字下甲本有"明"字。

⑪ "四"字下甲本有"明"字。

⑫ 總，甲本無。

⑬ "如《論》"二字，甲本作"一、明一心一果。一、明離麁重果。三、明身心安樂果"。

⑭ 三，底本、録本作"二"，結合文意，據甲本改。

一、立因。分三[1]：一[2]、善解脱[3]。二[4]、解脱樂[5]。三[6]、無染樂。二、顯果。三、結。

三[7]、明略義。分三：一、標。二、釋。分二：一、標。二、釋，分四，如《論》[8]。三、結。

三[9]十七、釋顯示成就五支永斷五支頌。分二：

一、標經句[10]。分二：一、明成就出世五支[11]。二、明永斷流轉五支[12]。

二、釋經文。分二：一、總標。二、别釋。分二：一、明成就五支。分三：一、徵問。二、答解[13]釋，分五，如《論》[14]。三[15]、總結。二[16]、明永斷五支。分

---

① 三，底本、録本作"二"，據文意改。

② "一"字下甲本有"依"字。

③ "脱"字下甲本有"明因"字。

④ "二"字下甲本有"依"字。

⑤ "樂"字下甲本有"明因"字。

⑥ "三"字下甲本有"依"字。

⑦⑨ "三"字前甲本有一"第"字。

⑧ "如《論》"二字，甲本作"一、依止德明略義。二、依覩德明略義。三、依無懈德明略義。四、依究竟德明略義"。

⑩ "一、標經句"下甲本有"二、釋經文。初文"六字。

⑪ "支"字下甲本有："分五：一、明無邪命支。二、明輕省支。三、明自善支。四、明勝德支。五、明解脱支。"

⑫ "支"字下甲本有："分五：一、斷家業支。二、斷執支。三、斷希望支。四、斷諸欲支。五、斷非梵行支。"

⑬ 解，甲本無。

⑭ "如《論》"二字，甲本作："不依工巧自活，明成就無邪命支。分三：一、標。二、釋。分三：一、依有勢明無邪命。二、依名稱等明無邪命。三、依聖教明無邪命。三、結。二、依輕省明成就第二輕省支。分三：一、標。二、釋。分六：一、依器物明輕義。二、依真財明輕義。三、依服明輕義。四、依食物輕義。五、依知足明輕義。六、依遊行明輕義。三、結。三、依自己善明成就第三自善支。分三：一、標。二、釋。三、結。四、依樂勝諸根明成就第四勝根支。分三：一、立因。二、顯果。分二：一、依現觀明勝諸根。二、依三毒明勝諸根。三、結。五、依盡解脱明成就第五解脱支。分三：一、立因。二、顯果。分二：一、依種子明得解脱。二、依現行明德脱。三、結。"

⑮ 三，甲本作"第三明"。

⑯ 二，甲本作"第二"。

四：一①、問。二、略答。三、解釋，分五，如《論》②。四③、總結。

三④十八、釋顯示心於三世長時染污⑤無作者性等頌。分三：

一、標經句⑥。分二：一、立⑦因。分三：一、依過去⑧。二、依現在⑨。三、依未來明因。二、顯净果⑩。

二、釋經文。分二：一、總標。二、解釋。分四：一、依過去明心⑪遠行。分四：一、依果⑫。二、依因⑬。三、依無我⑭。四、依難知明遠行。二、依現在明心獨行無身。分二：一、明獨行。分二：一、依無伴⑮。二、依非頓明獨行。二、明無身。分六：一、明“無身”義。二、立喻。三、示本義。四、徵。五、答所以。六、結。三、依未來明心寐於窟。分二：一、立因。二、顯果。四、依聰慧明婆羅門。分二：一、立因。二、顯果。

三⑯、明略義。分三：一、標。二、釋。分三：一、依過去⑰。二、依現在⑱。

---

① 一，録本作“二”。録本出校：“二＝一【甲】。”按：底本本作“一”，上有一點實爲斷句符號，下“二”“三”“四”上皆有此點，可資比勘。兹據改。

② “如《論》”二字，甲本作：“一、依無家明不捨學受。二、依無所有明無財積等。三、依無希望明無妄語。四、依斷欲明捨欲行及不與取。五、依獨行明捨兩交會等過。分二：一、依離非梵行明獨行。二、依遠離邪見明獨行。”

③ 四，甲本作“第四明”。

④⑯ “三”字前甲本有一“第”字。

⑤ “汙”字下甲本有“行”字。

⑥ “一、標經句”四字下甲本有“二、釋經文。三、明略義。初文”十字。

⑦ “立”字下甲本有“染”字。

⑧ “去”字下甲本有“明因”二字。

⑨ “在”字下甲本有“明因”二字。

⑩ “果”字下甲本有：“分二：一、因。二、果。”

⑪ 心，甲本無。

⑫ “果”字下甲本有“明遠行”三字。

⑬ “因”字下甲本有“明遠行”三字。

⑭ “我”字下甲本有“明遠行”三字。

⑮ “伴”字下甲本有“明獨行”三字。

⑰ “去”字下甲本有“明略義”三字。

⑱ “在”字下甲本有：“明略義。分二：一、依獨行明刹那。二、依無身净情。”

三、依未來明略義①。三、結。

三②十九、釋③略示諸在家者及外法出家者④、決定雜染善説法中出家者若行⑤放逸⑥墮染污⑦品等頌。分三：

一、標經句⑧。分五：一、依無明等明染净。二、依諸漏明染净。三、依⑨名色明染净。四、依諸識明染净。五、依能趣明染净。

二、釋經文。分五：

一、釋初問答。分二：一、明問詞。分二：一、明請主。二、明世間⑩。分三：一、標。二、釋。三⑪、意趣。二、釋答詞。分四：一、釋無明所覆。分三：一、標。二、列名。三、釋，分二，如《論》⑫。二、明放逸不顯了。三、明塗染。分四：一、總標。二、列名，分三，如《論》⑬。三⑭、釋，分三，如《論》⑮。四、結。四、明大怖畏。分二：一、立因。二、顯果。

二、合釋第二問答。分二：一、明所治。分三：一⑯、無明漏。二⑰、戲論漏。三⑱、放逸漏。二、明能治。分三：一、明遮止。分三：一、立所治。二、

① "義"字下甲本有："分二：一、依染品。二、依净品明寐於窟。"

② "三"字前甲本有一"第"字。

③ 釋，甲本作"顯"。

④ "者"字下甲本有"一向"二字。

⑤ "者若行"三字甲本無。

⑥ "逸"字下甲本有一"者"字。

⑦ 汙，甲本無。

⑧ "一、標經句"下甲本有"二、釋經文。三、明略義。初文"十字。

⑨ "依"字下甲本有"念慧"二字。

⑩ "間"字下甲本有一"義"字。

⑪⑱ "三"字下甲本有一"明"字。

⑫ "如《論》"二字，甲本作："一、明惡説。二、明義説。"

⑬ "如《論》"二字，甲本作："一、列三世戲論。二、列四言説戲論。三、列發生戲論。"

⑭ "三"字下甲本有一"别"字。

⑮ "如《論》"二字，甲本作："一、明三世戲論。二、明言説戲論。三、明發生戲論。"

⑯ "一"字下甲本有一"明"字。

⑰ "二"字下甲本有一"明"字。

顯能治。分三：一、依他音①。二、依作意②。三、依了知明能治。三、結。二、立偃塞。分二：一、立正義。二、結。三③、防護。

三④、釋第三問答。分三：一、明外道及在家過失。二、明善説法中出家過失功德。分三：一、標。二、釋。分二：一、立失。二、顯德。三、答難。三、明無學永滅一切⑤名色。分二：一、標。二、釋。分二：一、立因⑥。二、顯果用。

四⑦、釋第四問答。分二：一、明無學正念所行。分三：一、明正義。二、立因⑧。三、結。二、明諸識永滅相。

五、合釋第五問答。分三：一、明常委二作。分三：一、標。二、列釋名。三、别釋。分二：一、明常所作。分三：一、標。二、列名。三、明修義。二、明委悉所作。分二：一、明治下分結。二、明治上分結⑨。二、明於諸法巧念。三、結。

第三、明略義。分三：一、標。二、釋。分二：一、依在家及外法出家明略義。二、依内法明略義。分二：一、立染品。二、顯净品。三、結。

四⑩十、釋略⑪示貪著諸欲愛味過患等頌。分三：

一、標經句⑫。分六：一、明貪著欲味。二、明失欲過⑬。三、明出離功

---

① “音”字下甲本有一“明能治”三字。

② “意”字下甲本有一“明能治”三字。

③ “三”字下甲本有一“顯”字。

④ “三”字下甲本有一“合”字。

⑤ “切”字下甲本有“念慧”二字。

⑥ “因”字下甲本有：“分三：一、依念住等明因。二、依清净識明因。三、依無餘依明因。二、顯果用。分二：一、依能治滅立果用。二、依所治滅顯果用。”

⑦ “四”字下甲本有一“合”字。

⑧ “因”字下甲本有：“分二：一、離上地受。二、離下地受。”

⑨ “結”字下甲本有：“二：明有學異類。分三：一、標。二、别名。三、明修行。三、明不耽諸欲。四、明其心不濁。”

⑩ “四”字前甲本有一“第”字。

⑪ 略，甲本作“顯”。

⑫ “一、標經句”下甲本有“三(二?)、釋經文。三、明略義。初文”十字。

⑬ “過”字下甲本有一“患”字。

德。四、明諸[①]欲自性。五、明愛味過患。六、明出離勝利[②]。

二、釋經文。分六:

一、釋於諸欲愛味貪著頌。分三:一、標出處。二、釋[③]。分三:一、明求相。二、明受用。三、明貪著。三、結。

二、釋失諸欲過患頌。分二:一、釋[④]。分二:一、明正義。二、立喻。二、結。

三、釋出離諸欲功德頌。分三:一、明貪[⑤]著過患。分二:一、標[⑥]喻。二、明螫人。二、明不染德。分二:一、立因。二、顯果利。三、總[⑦]結。

四、釋諸[⑧]欲自性頌。分三:一、總標。二、列名。三、解[⑨]釋。分二:一、明事欲。分九:一、標。二、列名,分二,如《論》[⑩]。三、徵。四、答所以。五、明事王[⑪]方便。分二:一、標。二、釋[⑫]。六、明商賈方便。分二:一、明正義[⑬]。二、例餘。七、明受用助伴[⑭]。八、明招集等伴[⑮]。九、結[⑯]。二、明煩惱欲。分二:一、標。二、釋。

五、釋愛味過患頌。分四:一、明二欲過失。分二:一、標。二、釋[⑰]。

---

① 諸,甲本作"所"。

② "利"字下甲本有:"已上六門,各配一頌。"

③ 釋,甲本作"解釋本文"。

④ 釋,甲本作"正解"。

⑤ 貪,甲本作"染"。

⑥ 標,甲本作"釋"。

⑦ 總,甲本無。

⑧ 諸,甲本作"所"。

⑨ 解,甲本作"别"。

⑩ "分二如《論》"四字甲本無。

⑪ "事王"二字甲本作"求"。

⑫ "釋"字下甲本有:"分二:一、明求穀方便。二、明求財方便。"

⑬ "義"字下甲本有:"分二:一、明未成。二、明已成。"

⑭⑮ "伴"字下甲本有:"分二:一、標。二、釋。"

⑯ 結,甲本作"總結"。

⑰ "一標二釋"四字甲本作"立因顯果"。

二、明無對治①。三②、立喻。四③、法合。

六、釋出離功德頌。分二④：一、明永絶諸欲。分二：一、明正義⑤。二⑥、明棄捨愁憂。分二：一、明正義。二、立喻。二、立喻⑦。

第三、明略義。分三：一、標。二、釋。分二：一、依諸欲⑧明略義，分四，如《論》。二、依愛味⑨明略義，分二，如《論》。三、結。

四十一、釋略示於善説法律中修梵行者於一切相不與他共頌。分三：

一、標經句⑩。分二：一、立不共因⑪。二、顯不共果⑫。

二、釋經文。分二：一、明來處。二、釋本文。分三：一、總標。二、別釋。三、總結。別釋⑬分五：一、明於過去無戀。分三：一、立因。二、顯果。三、結。二、明不希求未來。分三：一、立因。二、顯果。三、結。三、明遍觀現在諸法。分四：一、觀五蘊等。分二：一、觀果。二、觀因。二、觀身等惡行。分二：一、標。二、釋。分二：一、明身業。二、例餘二業。三、觀諸蘊無常等。四、結。四、明無劫奪。分三：一、立因。二、顯果。三、結。五、明無動。分三：一、立因。二、顯果。三、結。三⑭、總結。分二：一、立因。二、顯果。

第三、明略義。分三：一、標。二、釋。分二：一、立因。二、顯果。三、結。

---

① “治”字下甲本有一“分”字。
② “三”字下甲本有：“一、明正義。二、立喻。”
③ 四，甲本作“三”。
④ “分二”二字下甲本傍注：“依因位。”
⑤ “義”字下甲本有：“二、立喻。”
⑥ “二”字傍甲本注：“依果位。”
⑦ “二立喻”三字甲本無。
⑧ “欲”字下甲本有“愛味等”。
⑨ “味”字下甲本有“過患等”。
⑩ “一、標經句”下甲本有“二、釋經文。三、明略義。初文”十字。
⑪ “因”字下甲本有“謂前一行”四字。
⑫ “果”字下甲本有“謂後半行”四字。
⑬ “三總結別釋”五字甲本無。
⑭ “三”字下甲本有一“明”字。

大門第三、明總攝，分四十一，如《論》應知①。

廣②釋中第十二、釋修所成地。分三：一、略釋。二、廣解。三、總結。初文分六：一、總問。二、略答。三、徵問。四、列名。五、明相攝。分三：一、標。二、徵問。三③、列名。六、明四處七支勝德。分二：一、明出處。二、明圓滿④三學[□][之]⑤德。

第二廣解。分七：一、明生圓滿。二、明聞正法圓滿。三、明涅槃爲上首。四、明能熟解脱慧之成熟。五、明修習對治。六、明世間一切種清浄。七、明出世間一切種清浄。

初明生圓滿。分二：一、略。二、廣。

初文分四：一、總問。二、略答。三、列名。四、結。

二廣分四：

一、解釋内外五法。分二：

一、明依内五法。分三：一、總問。二、答列。三、别釋。分五：一、明衆同分圓滿。分二：一、標。二、釋。二、明處所圓滿。分二：一、標。二、釋。分二：一、明中生⑥。二⑦、不生邊地。三、明依止圓滿。分二：一、標。二、釋，分四，如《論》。四、明無業障圓滿。分二：一、標。二、釋。分二：一、明業相。二、明業過失。五、明無信解障圓滿。分二：一、標。二、釋。分三：一、明不生心處。二、明⑧因。三、顯果。

第二、明依外五法。分四：一、總問。二、答列。三、解釋。分五：一、明大師圓滿。分二：一、標。二、釋。分二：一、立自利德。二、顯利他德。二、明世俗正法施設圓滿。分二：一、標。二、釋。分二：一、立能説人。二、顯所

① "知"字下甲本有："《瑜伽論》第十九卷《分門竟思所成地》了。"
② "廣"字前甲本有："《瑜伽論》第二十卷《分門修所成地》初入，談迅、福慧。"
③ 三，録本作"一"。録本出校："一＝三【甲】。"按：底本本作"三"，兹據改。
④ "圓滿"二字甲本作"遍攝"。
⑤ 之，底本、録本無，據文意補。
⑥ "中生"二字甲本作"生中國"。
⑦ "二"字下甲本有一"明"字。
⑧ 明，甲本作"立"。

説法。分三：一、善惡法。二、緣生法。三、十二分法。三、明勝義正法隨轉圓滿。分二：一、標。二、釋。分二：一、立因。二、顯果。分二：一、立下依[①]果。二、顯上依[②]果。四、明正行不滅圓滿。分二：一、標。二、釋。分二：一、明世俗正法。二、明勝義正法。五、明隨順資緣圓滿。分二：一、標。二、釋。分二：一、立因。二、顯果。四、明總結。

第二、明十種生圓滿總是第一修瑜伽處所相[③]。分二：一、立因。二、顯果。

第三、明有學無學差别。分五：一、總標。二、列名。三、明意趣。分二：一、標。二、釋。四、徵。五、答所以。

第四、明初支生圓滿[④]無過增義。

廣解中第二、明聞正法圓滿。分三：一、總問。二、略答。三、廣解。分二：一、依隨順無染明説正法。分二：一、略[⑤]。分二：一、標。二、釋。二、廣解。分二：一、列數。二、指文。二、依離四過明聞正法。分二：一、略釋。分三：一[⑥]、標。二、列釋。三、結。二、廣解。分二：一、列數。二、指文。

廣解中第三、明涅槃爲上首。分二：一、略釋[⑦]。分二：一、問[⑧]。二、答。分三：一、立因。二、顯果。三、明離[⑨]失。二、廣解。分六：

一、總標十法。

二、明十法所依。分二：一、有餘依。二、無餘依。

三、配十法。分二：一、依有餘[⑩]。二、依無餘[⑪]。

四、釋十法。分二：一、依有餘依明九法。分四：一、依聞所成慧立三

①② 依，甲本作“位”。

③ “相”字下甲本有“德分”二字。

④ “滿”字下甲本有“功德”二字。

⑤ “略”字下甲本有一“釋”字。

⑥ “一”字下甲本有一“總”字。

⑦ “釋”字下甲本有：“二、廣解初文。”

⑧ 問，甲本作“總問”。

⑨ “離”字下甲本有一“過”字。

⑩⑪ “餘”字下甲本有“配法”二字。

法。分二：一、標。二、釋，分三，如《論》①。二、依思所成慧立二法。分二：一、立因。分二：一②、離憒鬧。二③、離障蓋。二、顯果。三、依修所成慧立四法。分三：一、標。二、釋。分四：一④、見生死過。二⑤、見出離德。三、見諦⑥。四⑦、證無學。三、結。四⑧、總結。二、依無餘依立一法。

五、明聽聞正法勝利。分五：一、總標。二、徵問。三、列名。四、解釋。分三：一、依聽聞正法明勝利。分二：一、明利他⑨。二、明自利⑩。分二：一、得法味利。二、得出世⑪善根。二、依正修明勝利。分二：一、明利他德。二、明利自德。三、依證苦邊際明勝利。五、結⑫。

六、明無過無增⑬。

廣解中第四、明能熟解脱慧之成熟。分七：

一、總問。

二、略答。分二：一、依觀⑭。二、依止明成熟。

三、徵。

四、答所以。

五、依經明十種能熟解脱慧成熟之法。分三：

---

① "如《論》"二字，甲本作："一、依信明有性。二、依極歡喜明有功德。三、依喜明得樂方便。"

② "一"字下甲本有"依損減隨煩惱明"七字。

③ "二"字下甲本有"依離猶豫明"五字。

④ "一"字下甲本有"依觀蘊無常等明"七字。

⑤ "二"字下甲本有"依觀蘊滅盡明"六字。

⑥ "三見諦"三字甲本作："三、依了四諦明能現觀。"

⑦ "四"字下甲本有"依解脱圓滿明"六字。

⑧ "四"字下甲本有一"明"字。

⑨ "他"字下甲本有一"德"字。

⑩ "利"字下甲本有一"德"字。

⑪ 世，甲本作"離"。

⑫ 結，甲本作"總結"。

⑬ "增"字下甲本有一"義"字。

⑭ "觀"字下甲本有"明成熟"三字。

一、解釋十法①。分十：一、明親近妙善知識。二、明尸羅圓滿。三、明具遍知門②。四、明調善③。五、明恭敬而聽。六、明能隨請問。七、明聽其妙法。八、明於其妙法發勤進心。九、明於可厭法而生厭惡④。十、明如理作意而能斷除。

二、明十法功德。分三：一⑤、除惡趣法。二、修集一切對治。三⑥、明得果。

三、總結。

六、明三支攝一切聖教廣義勝德。分二：一、標。二、釋。

七、明三支是第三⑦修行因緣。分三：一、明正義。二、徵。三、答所以。分二：一、標。二、釋。

廣解中第五、明修習對治。分八：

一、總問。

二、略答。

三、徵問。

四、列名，分三，如《論》。

五、明十種修習。分二：一、總問。二、別答。分三：

一、依在家明修習。分二：一、明所治法。分二：一、立欲⑧相應貪及受用相應愛。二、顯過⑨不生憙樂。二、明能治法。分二：一、不净想。二、無

① “法”字下甲本有“二、明十法功德。三、總結。初文”十一字。

② 門，甲本作“心”。

③ “善”字下甲本有：“分三：一、立因。二、顯舉人。三、明調善性。”

④ 惡，甲本作“汙”。按：“汙”字古作“污”。《正字通·水部》：“‘汚’、‘污’、‘汙’、‘洿’同，本作‘污’。《玉篇》從‘亏’者古文，從‘于’者今文。”古“惡”、“污”通用。〔清〕朱駿聲《説文通訓定聲·心部》：“惡，又叚爲污。”《左傳·成公六年》：“土厚水深，居之不疾，有汾澮以流其惡。”杜預注：“惡，垢穢。”

⑤ “一”字下甲本有“依斷一切不善法明”八字。

⑥ “三”字下甲本有“依於定得自在”六字。

⑦ 三，甲本作“二”。

⑧ “欲”字前甲本有一“淫”字。

⑨ “過”字下甲本有一“明”字。

常想。

二、依出家明修習。分四：一、標四種所作。二、解釋四作。分四：一、明常方便修善法所作。分二：一、標。二、釋。分二：一、伏愛味樂心。二、明了苦性。二、明無戲論所作。分二：一、標。二、釋。三、明時時所作。分二：一、標。二、釋。四、明遠離處所作。分二：一、標。二、釋。三、明所對治法。分二：一、標。二、別釋分四：一、明常修善法障。二、明無戲論[①]障。三、明貪味障。四、明遠離障。四、明能治法。分二：一、標。二、釋。分四：一、治懈怠。二、治身見。三、治貪味。四、治著世樂欲。

三、依閑居作意明修習。分二：一、明所治。分三：一、標。二、徵問。三、答釋。分四：一[②]、止觀障。二[③]、愛味障。三[④]、散動障。四[⑤]、不死障。二、明能治。分二：一、標。二、釋。分四：一、治止觀[⑥]障。二、治愛[⑦]味障。三、治散動障。四、治不死障。

六[⑧]、釋能想[⑨]。分四：

一、明於[⑩]在家位修[⑪]不净想所治能治。分五：一、標。二、列名。三、解釋。分二：一、釋思擇力。分三：一、標。二、徵問。三、列釋。分五：一[⑫]、親

① 論，甲本無。

②⑫ “一”字下甲本有一“明”字。

③ “二”字下甲本有一“明”字。

④ “三”字下甲本有一“明”字。

⑤ “四”字下甲本有一“明”字。

⑥ “止觀”二字甲本作“闇障”。

⑦ 愛，甲本作“定”。

⑧ “六”字前甲本有一“第”字。

⑨ 想，甲本作“治相”。

⑩ 於，甲本無。

⑪ 修，甲本無。

近女人[①]障。二[②]、失念障。三[③]、放逸障。四[④]、貪漏障。五[⑤]、不觀不净障。二、釋修習力。分五：一、標。二、徵問。三、列釋，分七，如《論》[⑥]。四、明攝多門義[⑦]。五、明多有作用。分二：一、列數。二、明作用。

二、明於[⑧]出家位[⑨]無常修苦想所治能治[⑩]。分四：一、總標。二、徵問。三、别釋所治[⑪]。分六：一、明嬾墮障。二、明懈怠障。三、明不恒[⑫]相續障。四、明無净信障。五、明不能常修障。六、明不如實觀察障。四、明能治法。分二：一、列數。二、明作用。

三、明遠離[⑬]閑居位修光明想所治能治[⑭]。分二：一、略。二、廣。

初文分四：一、總標指文。二、明意趣。分二：一、標。二、釋。分二：一、立光明義。二、顯光明相。三、徵。四、答所以。分二：一、立所治過。二、顯能治用。

二廣[⑮]分二：一、明所治。分四：一、總標。二、徵問。三、配十一法。四、解釋。分二：一、依思所成慧[⑯]立四法。分三：一、標。二、釋。分四：一、明疑

① 人，甲本無。
② “二”字下甲本有一“明”字。
③ “三”字下甲本有一“明”字。
④ “四”字下甲本有一“明”字。
⑤ “五”字下甲本有一“明”字。
⑥ “如《論》”二字，甲本作：“一、明貪多所作障。二、明隨彼所作障。三、不聽問障。四、不護根門障。五、食不知量障。六、不樂閑居障。七、不如實觀察障。”
⑦ 義，甲本無。
⑧ 於，甲本無。
⑨ “位”字下甲本有一“於”字。
⑩⑭ “所治能治”四字甲本無。
⑪ “所治”二字甲本無。
⑫ “不恒”二字甲本作“恒不”。
⑬ “遠離”二字甲本無。
⑮ “廣”字下甲本有一“解”字。
⑯ “慧”字下甲本有一“明”字。

障。二、睡眠[①]。三[②]、麁重[③]。四、明不作意障。三、結顯過[④]。二、依修所成慧[⑤]立七法。分三：一、問。二、答。分七：一、明極勇精進障。二、明極下劣精進障。三、明貪著定味障。四、明心懷恐怖障。五、明種種想障。六、明不如正理執取相好[⑥]障。七、明不應思處思擇諸法障。三、結顯過[⑦]。二、明能治。分二：一、列數。二、明作用。

四[⑧]、明三想對治多有所作勝利。分二：一、明正義。分三：一、明具（滅?）[⑨]欲。二、明不染著。三、明滅所治法。二、總結。

七[⑩]、明十種所治能治是第三修習瑜伽[⑪]。

八[⑫]、明"無過無增"義。

廣解中第六、明世間一切種清浄。分七：

一、總問。

二、略答。

三、列名。

四、解釋。分三：

一、明得三摩地所治能治等法。分八：一、總標障過。二、徵問。三、列

① "眠"字下甲本有一"障"字。

② "三"字下甲本有一"身"字。

③ "重"字下甲本有一"障"字。

④ 過，甲本作"果"。《戰國策・趙策》："遇知過轅門之外。"姚宏本注："知過，一云'知果'。"班彪本注："過，一作'果'。此"果"乃"過"之借字，指過失。

⑤ "慧"字下甲本有一"明"字。

⑥ "相好"二字甲本無。

⑦ 過，甲本作"果"，乃"過"之借字。

⑧ "四"字前甲本有一"第"字。

⑨ 具，甲本作"滅"。"滅"字義長。

⑩ "七"字前甲本有一"第"字。

⑪ "伽"字下甲本有一"義"字。

⑫ "八"字前甲本有一"第"字。

釋。分二：一、明二十所治①法，分二十，如《論》②。二、總結顯過。四、明攝得定障。分三：一、總標。二、徵問。三、答列[□][名]③。分四：一、明不善巧障攝相。二、明無加行障攝相。三、明顛倒加行障攝相。四、明加行縵緩④障攝相，與⑤二十所治法四、七、一、八隨次配釋⑥。五、明能治白法。分二：一、列數。二、明作用。六、明分位。七、明無明⑦無過無增義。分二：一、明二十所治⑧。二、明二十能治⑨。八、依内法人⑩明已善宣説等得定⑪義。

第二、明求三摩地圓滿勝德。分二：一、總標。二、解釋。分三：一、明加行勝德。分十一：一、明得欲加行德⑫。二、明見道根本定勝功⑬德。三、明於根本定勇猛精進德。四、明見非得勝。五、明見他所得勝。六、明不隨諸相。七、明不陵蔑於己。八、明樂欲聽聞。九、明殷勤請問。十、明愛樂空閑。十一、明如實觀察。二、明總結。三、明"無過無增"義。

第三、明三摩地自在觀察⑭法。分三：一、總標。分三：一⑮、見過。二⑯、

---

① "所治"二字甲本無。

② "如《論》"二字，甲本作："一、明與不勤同行障。二、明無隨順教授障。三、明不能領受障。四、明如瘂羊障。五、明愛心障。六、明樂多事障。七、明於惡業勤進障。八、明棄捨精進障。九、明多障難障。十、明漏害障。十一、明慢障。十二、明顛倒思惟障。十三、明忘念障。十四、明放逸障。十五、明住惡國土障。十六、明不護根門障。十七、明過量而食障。十八、明初中後夜不勤加行障。十九、明不樂遠離障。二十、明不如實觀察障。"

③ 名，底本、録本無，結合文意，據甲本補。

④ "縵緩"二字甲本作"緩慢"。

⑤ 與，甲本作"相分二：一、明"五字。

⑥ "四、七、一、八隨次配釋"甲本作"二、明二十能治性"。

⑦ "無明"二字甲本無。

⑧⑨ "治"字下甲本有一"法"字。

⑩ "依内法人"四字甲本無。

⑪ "得定"二字甲本無。

⑫ 德，甲本無。

⑬ 功，甲本無。

⑭ 察，甲本無。

⑮ "一"字下甲本有一"明"字。

⑯ "二"字下甲本有一"明"字。

立行。三、顯思念。二、列四處名[①]。三、解釋四處。分四：

一、明第一觀形相等處[②]。分四：一、明觀下劣形相。分三：一、觀捨俗形好。二、自觀形色異人。三、結。二、明觀威儀。分三：一、明捨人間欲。二、明命屬於他。三、結。三、明[③]觀衆具[□□□□□][遠離喜笑等][④]。四[⑤]、總結。

二、明第二修戒學處。分四：一、總標。二、列名[⑥]。三、釋[⑦]。分五：一、明不犯戒。二、明不呵擯。三、明不輕舉。四、明[□][不][⑧]自悔責[⑨]。五、明心無恚等。四、總結。

三、明第三修諸善品處。分三：一、總標。二、别釋。分五：一、明不虚信施。二、明修遠離行。三、明不空過日夜。四、明於諸行心得解脱。五、明於無常等心得解脱。三、總結。

四、明第四觀苦隨逐處。分二：一、略[⑩]。分二：一、明行[⑪]治。分二：一、總標。二、别釋。分四：一、明惡趣苦[⑫]。二、明内壞苦[⑬]。三、明愛壞苦[⑭]。四、明一切[⑮]苦因隨逐。二、明能治。分二：一、明正義。二、結。二、廣。分三：一、總標。二、别釋。分七：

---

① "名"字下甲本有"分四如論"四字。

② "處"字下甲本有"二、明第二修戒學處。三、明第三修諸善品處。四、明第四觀苦隨逐處。初文"二十八字。

③ 明，甲本無。

④ "遠離喜笑等"五字底本、録本無，結合文意，據甲本補。

⑤ "四"字下甲本有一"明"字。

⑥ "名"字下甲本有："分二：一、列繫縛過。二、别散亂過。"

⑦ 釋，甲本作"别釋五法"四字。

⑧ "不"字底本、録本無，結合文意，據甲本補。

⑨ 責，甲本無。

⑩ "略"字下甲本有"二廣初文"四字。

⑪ 行，甲本作"所"。

⑫⑬⑭ "苦"字下甲本有"隨逐"二字。

⑮ 一切，甲本作"業"。

一、明圓滿諸①沙門想。分三：一②、見過。二③、正念。三④、加行。

二、明無間作。

三、明無貪恚相。分二：一、明無貪。二、明無恚。

四、明具正念相。

五、明無增上慢。分二：一、立因。二、顯果。分三：一⑤、無增上慢。二⑥、於衣無貪。三⑦、於食等無染。

六、明正了知。分二：一、標。二、釋指文⑧。

七、明於定得自在圓滿。分二：一、立因。二、顯果，分五，如《論》⑨。三⑩、總結。

第五、明"無過無⑪增"義。

第六、明總結。

第七、明誰之所有。

廣解中第七、明出世間一切種清净。分八：一、總問。二、略答。三、徵問。四、别名，分五，如《論》⑫。五、解釋。六、總結。七、明無過增。八、明二清净果，總是第四得果之相。

第五解釋⑬分五：

一、明入聖諦現觀。分五：

---

① 諸，甲本作"修"。

② "一"字下甲本有一"明"字。

③ "二"字下甲本有一"立"字。

④ "三"字下甲本有一"顯"字。

⑤ "一"字下甲本有一"明於衣"三字。

⑥ "二"字下甲本有一"明"字。

⑦⑩ "三"字下甲本有一"明"字。

⑧ "分二：一、標。二、釋指文"八字甲本無。

⑨ "如《論》"二字，甲本作："一、明正圓滿。二、明觀圓滿。三、明捨圓滿。四、明無功用道圓滿。五、明漏盡道圓滿。"

⑪ 無，甲本無。

⑫ "如《論》"二字，甲本作："一、别入現觀。二、列離諸障。三、列思惟諸喜事。四、列如所得道。五、列清净道及果。"

⑬ "第五解釋"四字甲本無。

一、總問。

二、略答。分三：一、明厭欲界。分二：一、立因。二、顯見過。二、明厭上二界。分二：一、立見德。二、顯安住。分二：一、標。二、釋。三、明忻出世間。分三：一、標。二、釋。三、結。

三、廣解。分二：一、明厭惡①相。二、明心②無退轉，亦無憂慮。

初③文分四：

一、標，分五，如《論》④。

二、解⑤釋。分五：

一、明於已雜染相應心生厭患。分三：一⑥、標。二⑦、釋。分三：一、明未調順死想。二、明墮大坑想。三、明往怖處想。三⑧、結。

二、明於已清净不想應心生厭患。分三：一⑨、標。二⑩、釋。分三：一、明不知無怖⑪處想。二、明未⑫了三摩地想。三、明不知道想。三⑬、結。

三、明於已雜染過患心生厭患。分三：一⑭、標。二⑮、釋。分三：一、明苦因想。二、明生死無暇處難可得想。三、明與怨相隨想。三⑯、結。

四、明於已清净過患心生厭患。分三：一⑰、標。二⑱、釋。分五：一、明無止息想。二、明於惡道未解脱想⑲。三、明未偃塞想。四、明未離見趣想。

---

① 惡，甲本作"汙"。

② "心"字旁甲本注曰"入現觀心安住"。

③ "初文"二字旁甲本注曰"二十相"。

④ "一、標。分五，如《論》"六字，甲本作："一、依無現觀總標五處。二、别釋。三、明五處修二十想勝利。四、明總結。初文分二：一、立因。二、顯五處。分五，如《論》：一、立於已離染相應處。二、立於已清净不相應處。三、立於已離染相應過患處。四、立於已清净不相應過患處。五、立於已清净見難成辦處。"

⑤ 解，甲本作"别"。

⑥⑨⑭⑰ "一"字下甲本有一"總"字。

⑦⑩⑮⑱ "二"字下甲本有一"别"字。

⑧⑬ "三"字下甲本有一"總"字。

⑪ "怖"字下甲本有一"畏"字。

⑫ 未，甲本作"不"。

⑯ "三"字下甲本有"明總"二字。

⑲ 想，甲本作"相"。

五、明未得[①]邊際想。三[②]、結。

五、明於已清净見難成辨心生厭患。分三：一[③]、標。二[④]、釋。分五：一、明不自作想。二、明互無作想。三、明不成善事[⑤]想。四、明不唐捐想。五、明無知[⑥]等所覆死想。三[⑦]、結。

三[⑧]、明五處想修二十功德[⑨]。分四：一、依初二處明生厭患。二、依第三、四處明生怖畏。三、依第五處[⑩]遮止[⑪]。四、依前五處明[⑫]六想。分二：一、依初二處立二想。二、列餘。分二：一、依第三、四處立二想。二、依第五處立二想。

四[⑬]、總結。

第二、明心無退轉，亦無憂慮[⑭]。分五：

一、總標。分二：一、標。二、釋。

二、徵問。

三、列[⑮]名。分五：一、立通達作意因。二[⑯]、立所依因。三、立入境界門因。四、立攝資糧因。五、立[⑰]方便因[⑱]。

---

① “得”字下甲本有一“苦”字。

②⑦ “三”字下甲本有一“總”字。

③ “一”字下甲本有一“總”字。

④ “二”字下甲本有一“别”字。

⑤ “善事”二字甲本作“喜”。

⑥ 知，甲本作“明”。

⑧ “三”字前甲本有一“第”字。

⑨ “想修二十功德”六字甲本作“修二十想勝利”。

⑩ “處”字下甲本有“明立”二字。

⑪ “止”字下甲本有一“義”字。

⑫ “明”字下甲本有一“立”字。

⑬ “四”字下甲本有一“明”字。

⑭ “慮”字下甲本有一“相”字。

⑮ 列，甲本作“五因”。

⑯ 二，録本作“三”，底本不清晰，據文意改。

⑰ “立”字下甲本有一“攝”字。

⑱ “因”字下甲本有：“此五一一皆有標釋，如《論》，應知。”

四、明非順次説義。分二：一、明正義。二、立所以。

五、廣解五因。分五：

第[①]一、明通達作意因。分二：一、明正義。分三：一、明於心相作意。分二：一、立所治障。二、顯能治道。二、明心無有問。分二：一、立因。二、顯果。三、明心一境性。分二：一[②]、因。二[③]、果。二[④]、結。

第二、明所依因。分三：一、明得定圓滿自在[⑤]。分三：一、立因，分三，如《論》[⑥]。二、顯果。分三：一、明入等持[⑦]。二、明住等持[⑧]。三、明出等持善巧。三、結。二、明得定未圓滿自在。分二：一、立因。二、顯果[⑨]。分三：一、明止相善巧。二、明舉相善巧。三、明捨相善巧。三[⑩]、總結。

第三、明入境界門因。分五：一、總標。二、徵問。三、列名。四、解釋。分二：一、標。二[⑪]、釋。分二：一、明念出入息。二、明修念住。五、總結。

第四、明攝[⑫]資糧因。分三：一、總標。二、别釋。分四：一、明捨非行處。二、明[⑬]恭敬有信。三、明受教。四、明具教[⑭]。三、明意趣。

第五、明攝受分[⑮]方便因。分三：一、總標。二、徵問。三、别釋。分二：一、明前二方便因。分二：一、明於事善巧。分二：一、立因。二、顯果。二、明親近尊人。分二：一、標。二、釋。二、明第三方便因。分二：一、總標。

---

① 第，甲本無。

② “一”字下甲本有一“立”字。

③ “二”字下甲本有一“顯”字。

④ “二”字下甲本有一“總”字。

⑤ “在”字下甲本有一“相”字。

⑥ “分三如《論》”四字甲本無。

⑦⑧ “持”字下甲本有“善巧”二字。

⑨ “果”字下甲本有一“相”字。

⑩ “三”字下甲本有一“明”字。

⑪ “二”字下甲本有一“别”字。

⑫ “攝”字下甲本有一“受”字。

⑬ 明，甲本無。

⑭ “教”字下甲本有：“分二：一、依六隨念明具教。二、依聖種姓明具教。二、總結。”

⑮ 分，甲本無。

二、别釋。分三：一、明加行作意[①]。二、明多起厭患。三、明多極歡喜。三、總結。分二：一、結因。二、結果。

第四[②]、總結。分二：一、標。二、釋。

第五、明無過無[③]增。分二：一、標。二、釋。分二：一、依二十厭想明無過增。二、依二十安住因相明無過增。

第五解釋中第二、明入聖諦現觀已離諸障疑。分七：一、總問。二、略答。三、列名。四、解釋。五、攝二障。六、總結。七無過增。

第四、解釋[④]。分二：

一、明行處障。分三：一、總標。二、别釋。分七：一、明數與衆會障[⑤]。二、明愛重飲食障[⑥]。三、明樂作業障[⑦]。四、明樂談話障[⑧]。五、明樂著睡眠障[⑨]。六、明樂雜染言論障[⑩]。七、明樂雜染障[⑪]。三、總結。

二、明住處障。分四：一、標。二、明住義。三、解釋。分三：一、總標。二、列名。分四：一、立自執。二、立不安。三、立放逸。四、立惡處。三、解[⑫]釋。分四：一、明自高舉障。分二：一、明正義。二、結。二、明不安住障。分二：一[⑬]、正義。二、結。三、明放逸障。分二：一、明正義。二、結。四、明樂惡住處障。分二：一、總標。二、别釋。分五：一、明誼逸障。二、明衆苦所觸障。三、明多怖畏[⑭]障。四、明不可愛樂障。五、明無善友障。四[⑮]、總結。

第五、明攝[⑯]二障[⑰]。分三：

一、總標。

---

① "意"字下甲本有："二、明羅清淨。"

② "四"字下甲本有一"明"字。

③ 無，甲本無。

④ "第四解釋"四字甲本無。

⑤⑥⑦⑧⑨⑩⑪ 障，甲本無。

⑫ 解，甲本作"别"。

⑬ "一"字下甲本有一"明"字。

⑭ "畏"字下甲本有一"等"字。

⑮ "四"字下甲本有一"明"字。

⑯ "攝"字下甲本有"遠離"二字。

⑰ "障"字下甲本有一"法"字。

二、列名。

三、解釋。分二：

一、明多諸定樂。分二：一、總標。二、别釋。分二：一、依得定未圓滿自在明修三法。分三：一、明止樂善巧。二、明舉樂善巧。三、明捨樂善巧。二、依圓滿自在明修三法。分三：一、明入定樂。二、明住樂。三、明出定樂善巧。

二、明多諸思擇。分三：一、總問。二、略答。三、别釋。分四：一、明[①]知善巧。分二：一、善[②]。二、不善法善巧。二、明衰退善巧。分二：一、依善[③]。二、依不善明[④]善巧。三、明方便善巧。分二：一、立因。二、顯果，分二，如《論》[⑤]。四、明修習善巧。分二：一、立因。二、顯果，分二，如《論》[⑥]。

第六、明總結。分二：一、立因。二、顯果。

第七、明無過無增。

第五解釋中第三、明入聖諦現觀已，爲欲證得速疾通慧，作意思惟諸歡喜事。分四：

一、總問。

二、廣答。分四：

一、依證浄明生歡喜。分二：一、總標。二、别釋。分三：一、依佛明生歡喜。二、依法明生歡喜。三、依僧明生歡喜。

二[⑦]、依自增上生及决定勝事明生歡喜。分二：一、總標。二、别釋。分三：一、依戒明生歡喜。二、依法施明生歡喜。三、依所證明生歡喜。

三[⑧]、無嫉明生歡。分三：一、依他戒明生歡喜。二、依他法施明生歡喜。三、依他所證明生歡喜。

---

① “明”字下甲本有“於所修”三字。

② 善，甲本作“依善增長善巧”。

③ “善”字下甲本有“衰退明善巧”五字。

④ “明”字下甲本有“衰退善長”四字。

⑤⑥ “分二，如《論》”四字甲本無。

⑦ “二”字前甲本有一“第”字。

⑧ 三，甲本作“第三依”。

四[①]、依知恩明生歡喜。分二：一、總標。二、別釋。分四：一、依遠離衆苦果明生歡喜。二、依遠離苦因明生歡喜。三、依引發衆樂果明生歡喜。四、依引發樂因明生歡喜。

第三[②]、總結。分二：一、立因。二、顯果。

第四、明無過無增[③]。

第五解釋中第四、明修習如所得道。分四：

一、總問。

二、略答。分二：一、立因。二、顯果。

三、解釋。分二：

一、明[④]四法。分五：一、明樂欲。分二：一、標。二、釋。二、明發勤精進。分二：一、立因。二、顯果。三、明心樂遠離。分二：一、立因。二、顯果。四、明不生喜足。分二：一、標。二、釋。五、總結。

第二、明[⑤]五法。分六：一、明最極歡喜。分二：一、立因。二、顯果。二、明喜悦。分二：一、立因。二、顯果。三、明輕安。分二：一、立因。二、顯果。四、明安樂。分二：一、立因。二、顯果。五、明修定圓滿。分二：一、立因。二、顯果。六、總結。

第四、明無過無增。分二：一、標。二、釋。分二：一、立因。二、顯果。

第五解[⑥]釋中第五、明證得極清凈道及果功德。分二：

一、總問。分三：一、問凈道相。二、問凈道果。三、問凈道功德。

二、廣答。分三：

一、答凈道果。分六：一、明三位隨眼。分二：一、標。二、列釋。二、明二種人。分二：一、標。二、列釋。三、明二種雜染。分二：一、標。二、列釋。

① “四”字前甲本有一“第”字。
② “三”字下甲本有一“明”字。
③ “無增”二字甲本作“增義”。
④ “明”字下甲本有“得道”二字。
⑤ “明”字下甲本有“修得圓滿道”五字。
⑥ 解，甲本作“廣”。

四[①]、修道時過失。分二：一、明增長隨眠過。二、明能生諸苦過。五、明能治。六、總結。

二、答[②]清净道相。分三：一、標。二、列釋。三、結。

三、答净道功德。分七：

一、總標。

二、徵問。

三、別釋。分十：一、明離五支過。二、明具足六支。三、明不動。四、明具四依。五、明除異安樂。六、明捨尋思。七、明捨追求。八、明不味著。九、明心善解脱。十、慧善解脱。

四、明聖住及功德義。分二：一、明[③]聖住。二、顯"功德"義。初文分四：一、明住[④]有相。二、明善親近相。三、明最爲第一聖勝土相。四、結。

五[⑤]、結。

六、明無過無增。

七、明無明[⑥]無學功德。分三：一、總標。二、列釋。分五：一、明厭背五欲德。二[⑦]、不續後有德。三、任運而滅德。四[⑧]、集諦永斷德。五、苦諦不轉德。三、總結。分二：一、立因。二、顯果。

第六[⑨]、總結，分五，如《論》[⑩]。

第七、明無過無增[⑪]。

---

① "四"字下甲本有一"明"字。

② 答，甲本作"明"。

③ 明，甲本作"立"。

④ 住，甲本作"唯"。

⑤ "五"字下甲本有"明總"二字。

⑥ "無明"二字甲本無。

⑦ "二"字下甲本有一"明"字。

⑧ "四"字下甲本有一"明"字。

⑨ "六"字下甲本有一"明"字。

⑩ "如《論》"二字，甲本作："一、結入諦現觀門。二、結離障礙門。三、結歡喜事門。四、結修習道門。五、結净道等門。"

⑪ "無增"二字甲本作"增義"。

第八、結二净果總是第四得果之相。

大門第三、明[①]修所成地總結之相。分四：一、結修處。二、結因緣。三、結修對治。四、結得果[②]。

第十八、明還滅門。有四問答：

第一問答，依無明明還滅。分二：一、問。二、答。分二：一、明滅因。二、明滅果。

第二問答，依行明還滅。分二：一、問。二、答。分二：一、明滅因。二、明滅果。

第三問答，依識等明還滅。分二：一、問。二、答。分二：一、依識答還滅。分二：一、明因。二、明果。二、例餘。分四：一、依識名色例六處等三法。二、依無明行例餘愛等四法。三、依行識例有生二法。四、依識名色等例生老死。

第四問答，依愛明還滅。分二：一、問。二、答。

第十九，明所顯門。有一問答。分二：一、問。二、答。分二：一、略答。二、別釋。分二：一、明一分所顯。二、明全分所顯。

第二十、明不知緣起過門。有一問答。分三：一、問。二、略答。三、別釋。

第二十一、明了知緣起勝利門。有一問答。分二：一、問。二、答。

第二十二、明實物非實物門。有四問答：第一問答依實物，第二問答依非實物，第三問答依一性，第四問答依多性。

第二十三、明所知障門。有一問答。分二：一、問。二、答。

第二十四、明成苦門。有三問答：初依能成。分二：一、問。二、答。次依堅性。分二：一、問。二、答。後依苦性。分二：一、問。二、答。

第二十五門，有一問答。分二：一、問。分三：一、問唯因。二、問唯果。三、問因果雜事。二、答。分三：一、答唯因事。二、答唯果事。三、答因果雜事。分二：一、標。二、釋。分三：一、明因義。二、明果義。三、明雜義。

---

① 明，甲本無。

② “果”字下甲本有：“《瑜伽論》二十卷分門記竟。談迅、福慧。”

第二十六、明愛非愛果門。有一問答。分二：一、問。分二：一、問愛非愛境果。二、問身果。二、答。分三：一、答前境果。二、答後身果。三、答二果因。

第二十七、明受非受門。有四問答：第一、依樂受。分二：一、問。二、答。第二、依苦受。分二：一、問。二、答。第三、依非苦非樂受。分二：一、問。二、答。第四、依非受。分二：一、問。二、答。分二：一、略答。二、解釋。

第二十八、明三苦攝門。有三問答：初、依變苦。分二：一、問。二、答。第二、依苦苦。分二：一、問。二、答。第三、依行苦。分三：一、問。二、答。三、明是行非彼二。分二：一、標。二、釋。

第二十九、明生及等至門。有一問答。分二：一、問。二、答。分二：一、總答。二、别釋。分二：一、依無想所有等明有色可得非色不可得。二、依無色界明非色可得有色不可得。

第三十、明得離門。有一問答。分二：一、問。二、答。分二：一、標。二、釋。

第三十一、明染惡非染惡門。有一問答。分二：一、問。二、答。分二：一、總答。二、别釋。

第三十二、明三界門。有三問答：初、依欲界。分二：一、問。二、答。次、依色界。分二：一、問。二、答。後、依上二界。分二：一、問。二、答。分二：一、答色界。二、例餘。

第三十三、明學非學門。有七問答：初、依有學。分二：一、問。二、答。第二、依無學。分二：一、問。二、答。第三、依非學非無學。分二：一、問。二、答。第四、依有漏差。分二：一、問。二、答。分二：一、標。二、釋。第五、依預流。分二：一、問。二、答。分二：一、答預流。二、例一來。第六、依不還。分二：一、問。二、答。分二：一、明欲界。二、明上二界。第七、依阿羅漢。分二：一、問。二、答。

第三十四、明引經説門。有一問答。分二：一、問。二、答。分二：一、略答。二、列名。

第三十五、明甚深門。有一問答。分二：一、問。二、答。分二：一、總答。二、别釋。分二：一、依小乘。二、依大乘。

初文分四：一、依無常義。分六：一、明自種他緣甚深。二、明他緣自種甚深。三、明自種他緣無動轉等甚深。四、明種子緣中亦非無因性力用甚深。五、明諸支各具有稱性相及新新相轉甚深。六、明雖任運壞滅亦現住相甚深。二、依苦義明甚深。三、依空義明甚深。四、依無我義明甚。

二、依大乘第一義明甚深。分二：一、第一義。二、俗諦義

第三十六、明智了門。有一問答。分二：一、問。二、答。分二：一、總答。二、别釋。分二：一、明法住智。分二：一、問。二、答。二、明真實智。分二：一、問。二、答。

第三十七、明非自他作門。有一問答。分二：一、問。分二：一、總標。二、别徵。二、答。分三：一、答法性。二、答法住。三、答法界。

第三十八、明説祕密門。有二問答：

初依生等説。分二：一、問。分二：一、標。二、徵。二、答。分三：一、總答。二、别釋。三、例餘。

第二依不説一切支爲緣理説。分二：一、問。二、答。分二：一、總答。二、别釋。分二：一、明識爲名色緣。二、明名色作識緣。

第三十九、明觀法退還門。有一問答。分二：一、問。二、答。分二：一、觀順流。二、觀逆流。

第四十、明非自他等作門。有一問答。分二：一、問。二、答，分三，如《論》。

第四十一、明萠芽等喻門。有一問答。分二：一、問，分三，如《論》。二、答，分三，如《論》。

第四十二、明燈喻門。有三問答：初、依樹。分二：一、問。二、答。次、依其油。分二：一、問。二、答。後、依火炎。分二：一、問。二、答。

第四十三、明增長損减門。有二問答：初、依增長。分二：一、增長苦果。二、增長餘支。第二、依損减。分二：一、問。二、答。分二：一、損减後支。二、爲損减苦支因。

第四十四、明因法等門。有二問答：初、依因。分二：一、問。二、答。第二、依果。分二：一、問。二、答。

第四十五、明漏盡等所顯門。有三問答:初、依因盡。分二:一、問。二、答。次、依緣盡。分二:一、問。二、答。後、依受盡。分二:一、問。二、答。分二:一、總答。二、别釋。

第四十六、明七十七智門。有一問答。分二:一、問。二、答。分二:

一、明建立智之因由。分六:一、建立第一現在十一順流之智。二、建立第二現在十一逆流之智。三、建立第三、第四過去順流逆流各十一智。四、建立第五、第六未來順流、逆流各十一智。五、建立第七知四諦智。六、建立一切智,非支所攝。

二、明總結

第四十七、明四十四智門。有一問答。分二:一、問。二、答。分二:一、總答。二、明傍義。分二:一、依欲界。分二:一、依眼、耳二根。二、依意根。二、例餘二界。

第二、明五蓋食。分五:

第一、明貪欲蓋食。分二:

一、明食相。分四:一、總問。二、略答。三、别釋。分二:一、略明妙相。二、廣解妙相。分二:一、問。二、答。分二:一、明總義。二、明八處。四、明食義。

二、明非食相。分四:一、總問。二、略答。三、别釋。分三:一、問。二、略答。三、别釋。分二:一、明内不净相。二、明外不净相。四、非食義。分二:[□][一][1]、明白品功德。分二:一、標。二、釋,分二,如《論》。二、明黑品過失。

第二、明瞋恚蓋食。分二:

一、明食相。分四:一、總問。二、略答。三、别釋。分三:一、明性。二、明相。三、明不正思。四、結。

二、非食相。分三:一、總問。二、略答。三、别釋。分三:一、明正義。二、明所以。三、引經。

第三、明惛沈睡眠蓋食。分二:

① 一,底本、録本無,據文意補。

一、明食相。分二：一、總問。二、略答。

二、明非食相。分三：一、總問。二、略答。三、廣。分四：

一、總標。

二、列名。

三、解釋。分三：一、明治暗光明。分二：一、總標。二、解釋。分三：一、明夜分。二、明晝分。三、俱分。二、明法光明。分二：一、標。二、釋。分二：一、依三慧。二、依六隨念。三、明依身光明。分二：一、標。二、釋。

四、明能治勝利。分二：一、明治暗光明勝利。分二：一、標。二、釋。分三：一、夜。二、雲。三、障。二、明法光明勝利。分二：一、標。二、釋。分三：一、依三世。二、依六隨念。分二：一、明障。二、明暗。三、依證。分二：一、明正義。二、明所以。

第四、明掉舉惡作蓋食。分二：

一、明食相。分三：一、總問。二、略答。三、廣解。分四：一、明親屬尋思。分二：一、標。二、釋。二、明國土尋思。分二：一、標。二、釋。三、明不死尋思。分二：一、標。二、釋。四、明昔所經事。分四：一、明笑。分二：一、標。二、釋。二、明戲。分二：一、標。二、釋。三、明歡樂。分二：一、標。二、釋。四、明所行事。分二：一、標。二、釋。

二、明非食相。分三：一、總問。二、略答。三、別釋。分二：一、明奢摩他。分二：一、標。二、釋。二、明奢摩他品。分二：一、標。二、釋。

第五、明疑蓋食。分二：

一、明食相。分三：一、總問。二、略答。三、廣解。分二：一、明三世疑。二、明不正思惟。分三：一、總標。二、列名。三、解釋。分三：一、明思惟我。二、明思惟有情。三、明思惟世間。分二：一、標。二、釋。

二、明非食相。分三：一、總問。二、略答。三、解釋。分三：一、明如理作意勝利。二、明不正思惟體。三、分別如理非如理差別。分三：一、明立義。二、引喻。三、立所以。

第三、安立靜慮支。分四：

第一、明立支。分四：一、立初靜慮支。分二：一、總標。二、列名。二、立第二靜慮支。分二：一、總標。二、列名。三、立第三靜慮支。分二：一、總標。二、列名。四、立第四静慮支。分二：一、總標。二、列名。

第二、明諸支作業。分四：一、明初静慮支作業。分四：一、明尋伺業。二、明三摩地業。三、明喜業。四、明樂業。二、明第二静慮支作業。分三：一、明内等净業。二、明三摩地業。三、例餘。三、明第三静慮支作業。分三：一、明捨念正知業。二、明三摩地業。三、例。四、明第四静慮支作業。分三：一、明捨念净業。二、明三摩地業。三、例餘。

第三、明立支因由。

第四、分别尋伺等有無。分四：一、依初静慮尋伺。分二：一、問。二、答。二、依第二静慮尋伺寂静。三、依第三静慮喜過。四、依第四静慮樂過。

第四、安立差别名。分四：

一、依增上心立異名。分二：一、標。二、釋。

二、依樂住立異名。有二異門：初門依果位。分四：一、標。二、略釋。三、徵。四、答所以。第二異門依因位。分二：一、明現法樂住。分二：一、標。二、釋所以。二、明無色定無是樂。分四：一、略標。二、略釋。三、徵。四、答所以。分三：一、往問。二、明譏論。三、明説之因。

三、四合依彼分涅槃及依差别立異名。分二：一、總標。二、别釋。分二：一、明彼分涅槃。二、明差别涅槃。

五門之中第三、分别苦根有無。分三：一、明依不斷苦根。分二：一、問。二、答。二、依現行。分二：一、問。二、答。三、顯過。分三：一、明無差别過。分二：一、明正義。二、引經。二、明無尋伺寂静過。三、例餘根明斷差别。

第四明無相定。分六：一、别經。二、明有受。三、明具何受。四、明隨眠有無。五、明斷相。六、明隨眠。

第四、解釋經義。分二十八：

一、明等隨念欲。分二：一、問。二、答。

二、明於諸欲中心不趣入。分二：一、問。二、答。

三、明不美。分二：一、問。二、答。

四、明不住。分二：一、問。二、答。

五、明無有勝解。分二：一、問。二、答。

六、明萎顇。分二：一、問。二、答。

七、明壞散。分二：一、問。二、答。

八、明不舒泰。分二：一、問。二、答。

九、明等住於捨。分二：一、問。二、答。

十、明等厭。分三：一、問。二、略答。三、別釋。分二：一、標。二、列名。

十一、明惡。分二：一、問。二、答。

十二、明違。分二：一、問。二、答。

十三、明背。分三：一、問。二、答。三、立相違。

十四、明趣入。分二：一、標。二、釋。

十五、明美。分二：一、標。二、釋。

十六、明住。分二：一、標。二、釋。

十七、明解脱。分二：一、標。二、釋。分三：一、離繫。二、無罣礙。三、無有功用。

十八、明善逝。分二：一、問。二、答。

十九、明善修。分三：一、問。二、略答。三、配位。

二十、明解。分二：一、標。二、釋。

二十一、明脱。分二：一、標。二、釋。

二十二、明離繫。分二：一、標。二、釋。

二十三、明諸漏。分二：一、標。二、釋。

二十四、明匱。分二：一、標。二、釋。

二十五、明燒。分二：一、標。二、釋。

二十六、明惱。分二：一、標。二、釋。

二十七、明於彼解脱。分二：一、標。二、釋。

二十八、明不納諸受。分二：一、問。二、答。分二：一、明正義。二、立喻。

四、釋四依。分二：一、總標。二、別釋。分四：一、明依法不依人。分三：一、標。二、釋。三、立正理。二、明依義不依文。分四：一、標。二、明正義。三、徵。四、答所以。三、明依了義經、不依不了義經。四、明依智不依識。

第三、解釋作意。分四十：

一、明緣法作意。分二：一、標。二、釋。

言“一、明相攝相，分二十九，如《論》”者：

一、明根本了相作意等，攝餘緣法緣義二作意。分二：一、明了相所攝。二、明餘六所攝。

二、明了相等七攝餘緣身等四種作意。

三、明了相等三根本作意攝餘勝解真實二種作意。

四、明根本觀察作意攝餘勝解作意。

五、明違離攝樂加行究竟三種根本攝真實作意。

六、明七種根本攝餘有學及非學、非無學作意。

七、明了相及加行二種根本攝餘無學作意。

八、明了相等七攝餘遍知作意及正斷、已斷三種作意。

九、明根本觀察作意等七攝餘有分別影像作意等二種作意。

十、明事邊際作意攝七根本作意。

十一、明所作成辨所緣任意攝根本作意。分二：一、依初門遍攝一切。二、依第二門加行究竟果作意攝所作成辨作意。

十二、明勝解思擇相攝。分二：一、依初一根本不攝。二、依奢摩他遍攝一切根本。

十三、明寂静相攝。分二：一、依止。二、依觀。

十四、明前七根攝一分具分等根本。

十五、明無間及殷重作意攝一切根本。

十六、明隨順作意攝初二根本。

十七、明二根本全及一分攝對治作意。

十八、明根本攝樂一分攝順清浄作意。

十九、明順觀察作意、根本觀察作意相攝。分三：一、明相攝。二、依對治。三、依所餘。

二十、明力勵作意相攝。

二十一、明四種根本作意攝二作意。

二十二、明二根本作意攝一作意。

二十三、明一根本作意攝思擇作意。

二十四、明一根本作意攝内攝作意。

二十五、明四種根本攝净障作意。

二十六、明一根本作意攝依止成辨所行清净作意。

二十七、明七種根本攝二作意。

二十八、明七種根本不攝廣大作意。

二十九、明遍行作意相攝。分二:一、依初遍行明相攝。二、依第二遍行明根攝。

依二十八處建立於句:一、施設有情處。二、有情住處。三、施設有情器處。四、善不善生處。五、三毒生處。六、建立施設法處。七、生善處。八、受果處。九、流轉生處。十、得解脱處。十一、一切止處。十二、得三菩提處。十三、建立斷煩惱處。十四、稱讚諸殊勝功德處。十五、廣大法處。十六、二空性處。十七、二無我性處。十八、住中道處。十九、世稱讚真實處等。二十、尋求處。二十一、能知處。二十二、三相處。二十三、三無性處。二十四、大菩提處。二十五、大乘處。二十六、入不可量處。二十七、法界處。二十八、廣大神通處。

言“第二增[二]①門分二十二”者:

第一門、明經中所説名、色二法。分二:一、標。二、釋。分二:一、釋名。二、釋色。

第二門、明無明及愛二法。分二:一、標。二、釋。分二:一、明無明。二、明愛。

第三門、明生見、壞見二法。分二:一、標。二、釋。分二:一、明生見。二、明壞見。

第四門、明愛有及愛壞二法。分二:一、標。二、釋。分二:一、明愛有。二、明愛壞。

---

① 二,録本脱,據底本補。

第五門、明惡性及惡友二法。分三[①]：一、標。二、釋。分二：一、明惡性。二、明惡友。三、明白品。

第六門、明無慚、無愧二法。分三：一、標。二、釋。分二：一、明無慚。二、明無愧。三、明白品。

第七門、明於墮及出善巧二法。分二：一、標。二、釋。分二：一、明墮善巧。二、明出善巧。

第八門、明等至入出二法善巧。分二：一、標。二、釋。分二：一、明入善巧。二、明出善巧。

第九門、明於界及如理作意二法善巧。分二：一、標。二、釋。分二：一、明於界善巧。二、明如理作意善巧。

第十門、明平直、調善二法。分二：一、標。二、釋。分二：一、明平直。二、明調善。

第十一門、明勘忍、不惱於伴二法。分二：一、標。二、釋。分二：一、明勘忍。二、明不惱他。

第十二門、明念慈及正知二法。分二：一、標。二、釋。分二：一、明念慈。二、明正知。

第十三門、明觀察力及修力二法。分二：一、標。二、釋。分二：一、明觀察力。二、明修力。

第十四門、明善攝根門及食知量二法。分二：一、標。二、釋。分二：一、明攝根門。二、明食知量。

第十五門、明善攝根門及食知量。分二：一、標。二、釋。分二：一、明攝根門。二、明食知量。

第十六門、明善攝根門及食知量二法。分二：一、標。二、釋。

第十七門、明毀戒、毀見二法。分三：一、標。二、釋。分二：一、明毀戒。二、明毀見。三、明白品。

第十八門、明厭於諸法及如理斷二法。分二：一、標。二、釋。分二：一、明壓法。二、明如理斷法。

① 三，録本作“二”，據底本改。

第十九門、明於善法不生厭足、於斷無有相違二法。分二：一、標。二、釋。分二：一、明於善法不生厭足。二、明於斷無有相違。

第二十門、明止及觀二法。分二：一、標。二、釋。分二：一、明止。二、明觀。

第二十一門、明及解脱二法。分二：一、標。二、釋。分二：一、釋明。二、釋解脱。

第二十二門、明盡智、無生智二法。分二：一、標。[二][①]、釋。分二：一、明盡智。二、明無生智。

三、明諸聖弟子非我、我所、我慢、所動。分四：

一、明無諍論相。分四：一、明無諍體。二、徵。三、答所以。四、明諍根。

二、明不動相。分三：一、我我所等不動。二、有相等不動。三、見法性故不動。

三、明不動勝利。分六：一、明正法久住利。二、明無諍論利。三、明正梵行利。四、明善燭利。五、明天人讚嘆利。六、明得涅槃利。

第四、總結。

第四、明諸弟子於五取藴盡見苦時，漸次斷貪愛等故，證阿羅漢，離諍論。分六：

第一、明斷名色等。分二：一、斷取蘊。分二：一、明斷現行。二、不斷種。二、明斷愛慢。分二：一、斷我慢。二、斷慢緣。

第二、明諸聖弟子煙寂静。分二：一、標。二、釋。分五：一、問。二、答。三、徵。四、答所以。分二：一、立喻。二、法合。五、明無著義。

第三、明諸聖弟子無惱。分二：一、問。二、答。分三：一、依無貪明無惱。分二：一、求時無惱。二、受用時無惱。二、依無嗔明無惱。分二：一、求時無惱。二、受用時無惱。三、依無癡明無惱。

第四、明無希。分二：一、問。二、答。分二：一、依施主追求及受用時明無希求。二、依安住死想明無希求。分四：一、標。二、略釋。三、引經。四、

① 二，録本脱，據底本補。

廣釋。

第五、明諸聖弟子不見此彼天人世。分二：一、明因。二、明果。分三：一、依天主等明不可見。二、依此彼四洲明不可見。三、依此彼大千界明不可見。

第六、明總結。

第二異門分三：

一、初頌顯示待時欲等過患。分三：一、明應衆生有待時欲聖則無。二、明安住五欲，有情於欲邪行，諸聖不行。三、明不了五欲之人而招邪行果，諸聖不招。

二、第二、三頌，顯示捨欲應正道理等。分三：一、明捨欲無慮應正道理。二、明諸弟子無有慮故。净修梵行，若言仍招譏論，不應道理。三、明諸聖弟子無三諍論，修梵行故，不待時欲。

三、第四頌，顯示聖教能斷名色等故，證得寂静，於現法中離諸熱惱等功德。分二：一、明現法功德。二、明究竟功德。

第三異門分三：

一、初頌顯示宣説諸欲是應説相者，名待時欲等。分二：一、依諸欲是應説相，明待時欲。分二：一、標。二、釋。分二：一、明應説相。二、明安住相。二、依由想安住及不了知，明起邪行，亦招邪行果。分二：一、因。二、果。

二、第二、三頌，顯示了知諸欲等故，棄捨諸欲，應正道理等。分二：一、依了知等六法故，明捨諸欲及不譏論，應正道理。二、依諸欲明待時性。分四：一、略釋。二、徵。三、答所以。分二：一、依先世答所以。二、依今世答所以。四、總結。

三、第四頌，顯示見、修所斷等功德。分四：一、明見所斷功德。分二：一、向二果。二、明修所斷功德。分二：一、向。二、果。三、明斷愛慢功德。分二：一、因。二、果。四、明離著等功德。分二：一、明正義。二、答難。分二：一、問。二、答。

第三、明略義。分二：一、除天憍慢。二、顯如來聖教大義。

四、釋斷下分結等頌中二釋答詞。分二：

一、釋答初問詞。分二：第一、釋斷下分結。分二：

一、依身輕安明斷下分現行結。分三：一、明身輕安因，分三，如《論》。二、明修輕安行。分二：一、標。二、釋。三、結。

二、依心善解脱明斷下分隨眠結。分三：一、總標。二、解釋。三、總結。分二：一、標。二、釋。

第二、釋斷上分結。分二異門：

初門分三：一、總標。二、别釋。分三：

一、明無作。分二：一、問。二、答。分二：一、依涅槃明無作。二、計我明無作。

二、明無動。分二：一、問。二、答。分二：一、依上分現行明無動。二、依寂定明無動。

三、明繫念。分二：一、問。二、答。分三[①]：一、標。二、釋。分三：一、依無作明繫念。二、依無動明繫念。三、依繫念明繫念。三、總結。分二：一、標。二、釋。

第二異門分四：一、標。二、問。三、答。分二：一、標。二、釋。分二：一、明修止觀。二、明修三心。分二：一、標。二、釋。四、總結。

第二、釋答第二問詞。有二異門：

初門分二：

一、明因。分二：一、依了法明斷下分結方便及善斷相。分二：一、問。二、答。二、依無尋定明斷下分結方便及善斷相。分二：一、問。二、答。分四：一、明了法。二、明修道處。三、明所治法，分三，如《論》。四、明能治相。分三：一、依無欲尋明能治。二、依無察世尋明能治。三、依出離明能治。

第二、明果。分四：一、明解脱三過失。分三：一、斷喜身染愛過。二、斷憂身恚過失。三、斷捨身惛沈過。二、明得身輕安。三、明心善解脱。四、明超度相。分二：一、標。二、釋，分八，如《論》。

第二異門分四：一、標。二、問。三、答。四、指文。

言"一、明外法過失，分三，如《論》"者：

① 三，底本、録本作"二"，據文意改。

一、明不斷後法過。分三:一、明不如實知過。二、求後法過。三、明無智不攝根門等過。分二:一、貪著利益過。二、不斷後法過。

二、明不解脱上地過。分二:一、標。二、釋。分四:一、明修相。二、明離欲處。三、明思願。四、明過患。

三、明無安樂過。分四:一、明正義。二、徵。三、答所以。四、結。

《瑜伽師論·本地分》中《聲聞地分門記》一卷①

《瑜伽師地論·本地分》第二廣解中,第十三釋聲聞地。大門分二:一、略釋。二、廣解。

初文分二:一、明生起發問。二、頌答。分二:一、標。二、釋略答。分四:一、略答種姓瑜伽處。二、略答發心瑜伽處。三、略答修行瑜伽處。四、略答得果瑜伽處。

第二廣解分四:一、廣解種姓瑜伽處。二、廣解發心瑜伽處。三、廣解修行瑜伽處。四、廣解得果瑜伽處。

初文分二:

一、以頌略明初種姓瑜伽處。分三:一、標。二、别釋。分二:一、明正義。分三:一、明種姓地。二、明趣入地。三、明出離想地。三、結。

第二、廣解初種姓瑜伽處。大門分三:一、廣釋種姓地。二、廣釋趣入地。三、廣釋出離地。

初文分二:

一、略釋種姓地。分四:一、總問。二、頌答。分二:一、標。二、釋。三、略釋,分四,如《論》。四、總結。

第二、廣解種姓地。分四:一、明種姓自性。二、明種姓安立。三、明住種姓諸相。四、明住種姓人。

初文分三:一、明種姓自性。分二:一、問。二、答。分三:一、明正因。

---

① 《瑜伽師論·本地分》中《聲聞地分門記》一卷今據《大正藏》以伯 2053 號爲底本。

二、明緣因。三、明得果。二、明種姓異名。分三：一、問。二、答，分三，如《論》。三、結。三、明種姓體性。分三：一、問。二、答。分四：一、依所依明體性。二、依六處明體性。三、依傳來明體性。四、依法爾明體性。三、總結。分三：一、標。二、釋。三、結。

四中第二、明種姓安立。分五：

第一、安立種姓麄細。分五：一、總問。二、别問。三、略答。四、徵。五、答所以。分二：一、答細。二、答麄。

第二、安立種姓一多。分五：一、總問。二、略答。三、徵。四、答所以。分三：一、答不同六相等餘法。二、答一相續義。三、答立名言義。分二：一、標。二、釋。五、結。

第三、安立不般涅槃因緣。分六：一、總問。二、略答。三、徵問。四、列名，分四，如《論》。五、解釋。分四：一、明無暇。分三：一、問。二、答。分三：一、明生處過。二、明受生過。三、明無善知識過。三、結。二、明放逸過。分三：一、問。二、答。分二：一、舉前事。二、明正義。三、結。三、明邪解行。分三：一、問。二、答。分三：一、標前事。二、顯邪解相。三、立邪解過。三、結。四、明有障過。分三：一、問。二、答。分四：一、標前緣。二、明異熟障。三、立業障。四、顯煩惱障。三、結。六、明總結。分三：一、結不涅槃法。二、結有涅槃法。分二：一、立因。二、顯果。三、結無種姓。

第四、安立涅槃因緣法。分五：一、總問。二、略答。三、徵問。四、列名。五、解釋。分二：一、明勝緣。分二：一、問。二、答。分二：一、依他音明勝緣。二、依如理作意明勝緣。二、明劣緣。分五：一、總問。二、略答。三、列名，分十二，如《論》。四、解釋。分十二：

第一、明自圓滿。分四：一、總問。二、列名，分五，如《論》。三、解釋。分五：一、明善得人身。分三：一、問。二、答。三、結。二、明生於聖處。分三：一、問。二、答。三、結。三、明諸根無缺。分三：一、問。二、答。分二：一、立無缺義。二、顯無缺用。三、結。四、明勝處浄信。分四：一、問。二、答。三、結。四、明勝處義。分二：一、標。二、釋。分二：一、立浄相。二、顯浄用。五、明離諸業障。分四：一、問。二、答。分二：一、標。二、釋。三、結。四、明無間義。四、明總結。

第二、明他圓滿。分三：一、總問。二、略答，分五，如《論》。三、廣解。分五：

一、明諸佛出世。分四：一、問。二、答。分三：一、明發心相。二、明四位修習相。三、明究竟果位。分二：一、立有學位。二、顯無學位。三、結。四、例餘。

二、明説正法教。分四：一、問。二、答。分二：一、立能説人。二、顯所説。分二：一、標。二、釋，分十二，如《論》。三、結。四、明正法義。分二：一、立能説因。二、顯所説教。分二：一、明正法。二、明正教。

三、明法教久住。分四：一、問。二、答。分二：一、依壽量。二、依不滅明久住。三、結。四、明意趣。

四、明法住隨轉。分三：一、問。二、答。分二：一、立能轉人。二、顯受轉人。三、結。

五、明他所哀愍。分三：一、問。二、答。分二：一、明他義。二、明哀愍義。分二：一、標。二、釋。三、結。

第三、善法欲。分三：一、問。二、答。分二：一、立因。二、顯果。分四：一、明見過。二、明見德。三、明捨家。四、明生欲相。三、結。

第四、明正出家。分三：一、問。二、答。分二：一、立因。二、顯果。分二：一、依滿足位明出家。二、依不滿足位明出家。三、結。

第五、明戒律儀。分三：一、問。二、答。分二：一、立因。二、顯果，分六，如《論》。三、結。

第六、明根律儀。分三：一、問。二、答。分二：一、依眼根明根律儀。分二：一、立因。二、顯果。分三：一、明不取相好。二、立取相好過。三、顯正行。二、例餘五根明根律儀。分三：一、明不取相好。二、立過。三、顯正行。三、結。

第七、明食知量。分三：一、問。二、答。分二：一、立因。二、顯果。分二：一、明不如理食相，分四，如《論》。二、明如理食相，分九，如《論》。三、結。

第八、明初夜、後夜常勤修習悎寤瑜伽。分三：一、問。二、答。分二：一、立因。二、顯果。分三：一、明晝日浄障法。二、明初夜浄障法。三、明後夜净障法。三、結。

第九、明正知而住。分三：一、問。二、答。分二：一、立因。二、顯果。分九：一、依往來明正知住。二、依覩瞻。三、依屈申。四、依衣鉢。五、依食等。六、依四威儀。七、依悎寤。八、依語默。九、依解勞明正知住。三、結。

第十、明樂遠離。分三：一、問。二、答。分二：一、立因。二、顯果。分二：一、標。二、釋，分十二，如《論》。三、結。

第十一、明清净諸蓋。分三：一、問。二、答。分二：一、立净蓋處。二、顯净蓋義。分三：一、標。二、列釋。三、明果相。三、結。

第十二、明依三摩地。分三：一、問。二、答。分二：一、立因。二、顯果。分二：一、依世定明依等持。分三：一、立因。二、顯果，分四，如《論》。三、結。二、依出世定明依等持。分三：一、立因。分二：一、立劣因。二、立勝因。二、顯果。三、結。三、結勝劣二緣。分二：一、結劣緣。二、結勝緣。第五、明總結。

四中第三、明住種姓者所有諸相。分三：一、總問答。分二：一、問。二、答。二、别問答。分二：一、問。二、答。分二：一、略標。二、别釋。分六：

一、依邪種子明過失。分二：一、明正[①]義。分九：一、依肩義。二、依縛義。三、依附屬。四、依生過。五、依難拔。六、依久遠。七、依堅固。八、依心。九、依難救明無種姓失。二[②]、結。

二、依生死涅槃明過失。分三：一、標。二、釋。分二：一、立因。二、顯果。分二：一、依生死示過。分四：一、依因。二、依果。三、依對治。四、依三世明不見過。二、依涅槃示過。分三：一、依因。二、依果。三、依三世明不見過。三、結。

三、依無慚等明過失。分三：一、標。二、釋。分二：一、立因。二、顯果。分三：一、依無厭等。二、依現樂。三、依見衰退明無種相。三、結。

四、依不信四諦明過失。分三：一、標。二、釋。分三：一、立因，分四，如《論》。二、顯果，分四，如《論》。三、依三世明過。三、結。

---

① 正，録本作“邪種”，據底本改。

② 二，録本作“三”，結合文意，據底本改。

五、依下劣心出家明過失。分三：一、標。二、釋。分二：一、立因。二、顯果。分四：一、明邪思失。二、明邪求失。三、明三世無别失。四、明假相失明無種相。三、結。

六、依求諸有明過失。分三：一、標。二、釋。分二：一、立因。二、顯果。分二：一、明求後有失。二、明求財寶失明無種相。三、結。第三、總結。

四中第四、明住種姓人數。分五：

一、總問。

二、答列，分二十三，如《論》。

三、别釋。分二十三：

一、明唯住種姓未趣入出離人。分三：一、問。二、答。分二：一、明立正因。二、顯緣因。分七：一、依善知識。二、依聞正法。三、依正信。四、依持戒。五、依多聞。六、依惠捨。七、依正見明未趣入出離。三、結。

二、明住種姓及趣入未出離人。分二：一、問。二、答。分二：一、明正義。二、明差别。分二：一、標。二、釋。

三、明住種姓趣入出離人。分二：一、問。二、答。

四、明煗根人。分三：一、問。二、答。分二：一、標。二、釋。分二：一、立因，分三，如《論》。二、顯果，分五，如《論》。三、結。

五、明中根人。分三：一、問。二、答。分二：一、標。二、釋。三、結。

六、明利根人。分三：一、問。二、答。分二：一、標。二、釋。分二：一、立因，分三，如《論》。二、顯果，分五，如《論》。三、結。

七、明貪行人。分三：一、問。二、答。分二：一、依猛利。二、依長時明貪行人。三、結。

八、明瞋行人。分三：一、問。二、答。分二：一、依猛利。二、依長時明瞋行人。三、結。

九、明癡行人。分三：一、問。二、答。分二：一、依猛利。二、依長時明癡行人。三、結。

十、明無暇人。分三，如上。

十一、明有縱逸人。分三，如前。

十二、明邪行人。分三，如前。

十三、明有障人。分三，如前。

十四、明有暇人。分三，如前。

十五、明無縱逸人。分三，如前。

十六、明無邪行人。分三，如前。

十七、明無障人。分三，如前。

十八、明遠人。分三：一、問。二、答。分二：一、略答。二、别釋。分二：一、依時明遠。分二：一、問。二、答。分三：一、依利根。二、依中根。三、依鈍根明遠人。二、依加行明遠人。分二：一、問。二、答。分二：一、明義。二、答差别。三、總結。

十九、明近人。分二：一、問。二、答。分二：一、略答。二、别釋。分二：一、依時明近。分三：一、問。二、答。分二：一、依後生。二、依後邊定明近人。三、結。二、依加行明近。分三：一、問。二、答。三、總結。

二十、明未成熟人。分三：一、問。二、答。分二：一、立因。二、顯果。分二：一、依無學。二、依見道明未熟人。三、結。

二十一、明成熟人。分三：一、問。二、答。分二：一、立因。二、顯果。分二：一、依無學。二、依見道明已熟人。三、結。

二十二、明未清净人。分三：一、問。二、答。分二：一、立因。二、顯果。三、結。

二十三、明已清净人。分二：一、問。二、答。

第四、明總結。

第五、明轉正法輪及制學處意趣。分二：一、標。二、釋。分三：一、依趣入。二、依成熟。三、依果明意趣。

第二、廣解初種姓瑜伽處中第二廣釋趣入地。分二：一、略釋。二、廣解。

初文分四：一、明生起發問。二、頌答。分二：一、標。二、釋。三、略釋，分四，如《論》。四、總結。

第二、廣解。分二：一、明别釋。二、明總結。

初文分四：

第一、明趣入自性。分五：一、問。二、答。分三：一、立因。分二：一、明正因。二、明得因，分七，如《論》。二、顯果。分二：一、標。二、釋。分三：一、依信等五法依止顯果。二、依殊勝異熟顯果。三、依順解脱分善顯果。分二：一、立因。二、顯果。分二：一、依無學。二、依見道顯果。三、結。三、徵。四、答所以。分二：一、立因。二、顯果。分三：一、依初心。二、依中心。三、依後心顯果。五、結。

第二、明趣入安立。分五：

一、建立人數。分四：一、總問。二、略答列名，分八，如《論》。三、别釋。分八：一、明有種姓人。分二：一、問。二、答。二、明趣入人。分三：一、問。二、答，分五，如《論》。三、結。三、明將成熟人。分三：一、問。二、答。分二：一、立未得法。二、顯能得法。三、結。四、明已成熟人。分三：一、問。二、答。分二：一、立因。二、顯果，分二，如《論》。三、結。五、明唯趣入非將成熟等人。分三：一、問。二、答。分二：一、明已得相。二、明未得加行及果。三、結。六、明亦趣入將成熟非已成熟人。分三：一、問。二、答。分二：一、明已得相。二、明唯入加行未其果。分二：一、標。二、釋。三、結。七、明亦趣入已成熟非將成熟人。分三：一、問。二、答。分二：一、立因。二、顯果。三、結。八、明非已趣入非將成熟非已成熟人。分三：一、問。二、答。三、結。第四、明有種姓功德無種姓過失。分二：一、立有種姓德。二、顯無種姓失。分二：一、標。二、釋。

第二、建立六位所攝相。分四：一、總標。二、徵問。三、列名，分六，如《論》。四、别釋。分六：一、明有堪能人。分三：一、問。二、答。分二：一、立已有性。二、顯未得相。三、結。二、明下品善根人。分三：一、問。二、答。三、結。三、明中品善根人。分三：一、問。二、答。分二：一、明已得法。二、明未得相。分二：一、標。二、釋。三、結。四、明上品善根人。分三：一、問。二、答。分二：一、立因。二、顯果。三、結。五、明究竟方便人。分三：一、問。二、答。分二：一、明已得相。二、明未得相。三、結。六、明已到究竟人。分三：一、問。二、答。分二：一、立因。二、顯果。三、結。

第三、建立趣入六位次第。分二：一、明入之次第。二、明立人用。

初文分五：一、依堪能種姓明入次第。分二：一、立因。二、顯果。分二：一、依五根。二、依緣因顯果。二、依下品善根明入次第。分二：一、立因。

二、顯果。三、依中品善根明入次第。分二：一、立因。二、顯果。四、依上品善根明入次第。分三：一、立因。二、顯果。分二：一、明已得相。分二：一、依因。二、依果明已得相。二、明未得相。三、結。五、依永斷煩惱明入次第。分二：一、立因。二、顯果。

第二、立人用，明三時相。分二：一、總標。二、別釋。分三：一、明初人。分二：一、立因。二、顯果。二、明後人。分二：一、立因。二、顯果。三、明中人。分二：一、立因。二、顯果。

第四、建立定量時分相。分三：一、總問。二、略答。分二：一、明正義。二、答難。三、廣解，分三，如《論》。

第五、總結。

第三、明趣入者所有諸相。分六：

一、總問。

二、廣答。分八：

一、依邪正教明趣入相。分三：一、依邪教明趣入相。分三：一、明正義。分二：一、明遇緣。二、明不隨順相，分三，如《論》。二、引喻，分二，如《論》。三、法合。二、依正教明趣入相。分三：一、明正義。分二：一、明遇緣。二、明隨順相，分三，如《論》。二、引喻，分二，如《論》。三、法合。三、結。

二、依不生惡趣及無暇明趣入相。分三：一、標。二、釋。分三：一、明正義。分二：一、立因。二、顯果。二、引經。三、釋經意趣。分二：一、立因。二、顯果，分二，如《論》。三、結。

三、依净信行明趣入相。分三：一、標。二、釋。分二：一、立因。二、顯果。三、結。

四、依上品慚愧明趣入相。分三：一、標。二、釋。分二：一、立因。二、顯果。三、結。

五、依欲樂隨法行明趣入相。分三：一、標。二、釋。分二：一、立因。二、顯果。三、結。

六、依無罪事業正斷行明趣入相。分三：一、標。二、釋。分二：一、立因。二、顯果，分三，如《論》。三、結。

七、依薄煩惱等明趣入相。分三：一、標。二、釋。分二：一、立因。分二：一、依種子。二、依現行立因。二、顯果，分六，如《論》。三、結。

八、依善攝心等明趣入相。分三：一、標。二、釋。分二：一、立因。二、顯果。三、結。

第三、明總結。

第四、依三品善根明修相差别。分四：一、依下品善根明修加行。二、依中品善根明修加行。三、依上品善根明修加行。四、總結。

第五、讚墮趣入數。

第六、依諸聖加持明攝受相差别。分二：一、立因。二、顯果利。

第四、明趣入人。分四：一、總問。二、答列名，分三，如《論》。三、指前文。四、别指煗根等二十三人差别之相。

第二、明總結。分四：一、結趣入自性。二、結趣入安立。三、結趣相。四、結趣入人。

第二、廣解初種姓瑜伽處中第三廣釋出離地。分二：

一、略釋。分四：一、明生起發問。二、頌答。分二：一、釋，分三，如《論》。二、結。三、略釋。四、總結。

第二、廣解。分三：

一、明世間道而趣離欲。分三：一、總問。二、廣答。分二：一、依欲界明出離相。分二：一、立因。二、顯果。二、依初静慮例餘上地明出離相。分二：一、立因。二、顯果。三、總結。

二、明出世道而趣離欲。分三：一、總問。二、廣答。分二：一、依有學明出離相。分二：一、立因。二、顯果。二、依無學明出離相。分二：一、立因。二、顯果。三、總結。

三、依二道資糧明出離相。分二：

一、略釋。分四：一、總問。二、頌答，分十四，如《論》。三、略釋，分十四，如《論》。四、總結。

第二、廣解。分十四：

第一、明自圓滿。分五如前。

第二、明他圓滿。分五，如前。

第三、明善法欲，指文如《論》。

第四、依戒律儀明資糧義。分四：

一、總問。

二、頌略答，分六，如《論》。

三、廣釋。分六：一、明戒律儀廣略二義。二、明十虧。三、明十滿。四、明六異門。五、明三净。六、明十德。

初文分二：一、廣釋六種戒律儀。二、明略義。

初文分三：一、總標。二、别釋。分六：

一、明安住具戒。分三：一、問。二、答。分二：一、明受相。二、明墮相。分二：一、立因。二、顯果。三、結。

二、明善守别解律儀。分二：一、問。二、答。分二：一、明正義。二、答解脱義。

三、明軌則圓滿。分三：一、總問。二、答。分二：一、略答。分二：一、明軌則處，分三，如《論》。二、明軌則行，分二，如《論》。二、廣解。分三：

一、依威儀路明軌則圓滿。分三：一、問。二、答。分二：一、依行威儀明軌則。分二：一、答不越世間。二、答不違法律。二、例餘三威儀明軌則。三、結。

二、依所作事明軌則圓滿。分三：一、問。二、答。分二：一、答所作事。分三：一、標。二、釋，分十，如《論》。三、例餘作事。二、答不違義。分二：一、明不違世間。二、明不越法律。三、結。

三、依諸善品加行明軌則圓滿。分三：一、問。二、答。分二：一、答加行處。分三：一、標。二、釋，分九，如《論》。三、例餘。二、答不違義。分二：一、答不違世間。二、答不違法律。三、結。第三、明總結。

四、明所行圓滿。分六：一、問。二、略答。三、徵問。四、列非行處名。五、明正義。六、結。

五、明於諸小罪見大怖畏。分三：一、問。二、答。分二：一、明小罪相。分二：一、依初二墮部明小罪相。二、依第三部已下明小罪相。二、明見大怖畏。分二：一、問。二、答。分二：一、立因。分五：一、依出世果。二、依惡趣果。三、依自悔。四、依大師等。五、依惡頌立因。二、顯果。分二：一、依非愛顯果。二、依可愛顯果。三、結。

六、明受學學處。分三：一、總問。二、廣答。分四：一、立受相。二、顯聞處。分二：一、明略聞。二、明廣聞。分三：一、依師明受學聞處。二、依同梵行明聞處。三、依長浄明聞處。三、明學處義。四、明護學相。分三：一、依善巧明學相。二、依無善巧明學相。分二：一、立因。分二：一、依先誓。二、依師曉立因。二、顯果。三、依世尊人等明學相。三、結。

第二、總結

第二、明略攝義。分五：第一、辯戒律儀無失壞等三相。第二、辯十種戒律儀虧損圓滿相。第三、辨戒律儀根本等六種異門相。第四、辯戒律儀三種清浄相。第五、辯戒律儀十種勝功德相。

初文有二異門：

第一異門、依無壞失等三相明説六種戒律儀意趣。分四：一、總問。二、略答。三、列名。四、别釋。分二：一、總問。二、别答。分三：

一、依無壞失相明安住具戒意趣。分二：一、標。二、釋。

二、依自性明能善守護别解律儀意趣。分二：一、標。二、釋。

三、依自性功德明軌則所行二種圓滿。分二：

一、依他增上。分四：一、標經句。二、釋。三、徵。四、答所以。分二：一、明勝利。分二：一、立因。二、顯果。二、明異過。分二：一、立無德。二、顯有失。

二、依自增上自性功德明於諸小罪見大怖畏及受學處。分四：一、標經句。二、釋。三、徵。四、答所以。分三：一、明無二律儀失。分二：一、立墮惡趣失。二、明不證涅槃失。二、明有二律儀德。分二：一、明生善趣德。二、明證涅槃德。三、結。

第二異門、依受持戒性等三法明立六種戒律儀意趣。分三：一、總標。二、列名。三、别釋。分三：一、依受持戒性明安住具戒意趣。分二：一、標經句。二、釋經文。二、依出離戒明能善守護别解律儀意趣。分四：一、標經句。二、釋經文。三、徵。四、答所以。分三：一、立因，分三，如《論》。二、顯果。三、結。三、依修習戒性明軌則等四法意趣。分四：一、標經句。二、釋經文。三、徵。四、答所以。分三：一、立因。二、顯果。三、結。

第二、辯十種戒律儀虧損等相。分二：一、明虧損。二、明圓滿。

初文分六：

一、總標。

二、徵問。

三、列名，分十，如《論》。

四、別釋。分十：

一、明初惡戒。分三：一、問。二、答。分二：一、依因立過。分五，謂前五種。二、依果顯過。分五，謂後五種。三、結。

二、明太極沈下。分三：一、問。二、答。分二：一、依無羞耻明沈下。二、依慢緩明沈下。三、結。

三、明太極浮散。分三：一、問。二、答。分三：一、依非處惡作。二、依輕蔑。三、依惱害明浮散。三、結。

四、明放逸懈怠所攝。分三：一、問。二、答。分二：一、答放逸所攝。分二：一、明正義。分五：一、依過去。二、依未來。三、依現在。四、依非先猛利。五、依無護明放逸。二、總結，分五，如《論》。二、答懈怠所攝。分二：一、立因，分五，如《論》。二、顯果。三、結。

五、明起邪願。分三：一、問。二、答。分二：一、依生天明邪願。分二：一、立因。二、顯果。二、依利養等明邪願。分二：一、立因。二、顯果。三、結。

六、明軌則虧損所攝。分三：一、問。二、答。分三：一、立因，分三，如《論》。二、顯果，分二，如《論》。三、結。

七、明净命虧損所攝。分三：一、問。二、答。分三：一、立因，分三，如《論》。二、顯果。分五：一、依矯詐。二、依邪妄語。三、依現相。四、依研逼。五、依以利求利明虧損。三、明邪命義。三、結。

八、明墮在二邊。分三：一、問。二、答。分二：一、明樂邊。分三：一、立因。二、顯果。三、結。二、明苦邊。分三：一、標。二、釋，分十，如《論》。三、結。三、結。

九、明不能出離。分三：一、問。二、答。分二：一、立邪因。二、顯無異。三、結。

十、明所受失壞。分三：一、問。二、答。分二：一、立因。二、顯果。分三：一、答正義。二[①]、引喻。三、法合。三、結。

第五、明總結。

第六、答難。分二：一、標經句。二、釋經意。分二：一、標。二、釋。分二：一、明艱離相。二、明虧相。

第二、明戒圓滿相，如《論》。

第三、辯戒律儀根本等六種異門相。分二：

一、引經略標。分二：一、依根本等。二、依安住等明異門。

初文六：一、依根本明戒異門。分二：一、標。二、引經。二、依莊嚴具明戒異門。分二：一、標。二、引經。三、依塗香明戒異門。分二：一、標。二、引經。四、依薰香明戒異門。分二：一、標。二、引經。五、依妙行明戒異門。分二：一、標。二、引經。六、依律儀明戒異門。分二：一、標。二、引經。

二、依安住等明異門義。

第二、廣解諸經意趣明戒異門。分六：一、依根本明戒異義。分二：一、問。二、答。分三：一、答正義。分三：一、標。二、釋。三、結。二、引喻。三、法合。二、依莊嚴具明戒異義。分三：一、問。二、答。分二：一、答世莊嚴具。分二：一、立德。二、顯過。分二：一、依年少。二、依病等明失。二、答戒莊嚴具。三、結。三、依塗香明戒異義。分三：一、問。二、答。分二：一、答正義。二、引喻。三、結。四、依薰香明戒異義。分三：一、問。二、答。分二：一、答正義。二、引喻。三、結。五、依妙行明戒異義。分三：一、問。二、答。分二：一、立因。二、顯果。分二：一、依增上生顯果。二、依決定勝顯果。三、結。六、依律儀明戒異義。分三：一、問。二、答。分二：一、立因。二、顯果。分二：一、依現行顯果。二、依種子顯果。三、結。

第四、辯戒律儀三種清净相。分五：

一、總標。

二、徵問。

三、列名，分三，如《論》。

---

① 二，録本作"三"，結合文意，據底本改。

四、别釋。分二：一、總問。二、總答。分三：

一、明觀察身業及清净。分二：一、明觀察。分二：一、標。二、釋。分二：一、觀因。分二：一、觀不善因。二、觀善因。二、觀果。分二：一、觀不善果。二、觀善果。二、明清净。分三：一、净過去身業不善。二、修過去身之善業。三、結。

二、例餘語業。

三、明觀察意業及清净。分二：一、明觀察。分二：一、觀因。二、觀果。二、明清净。分三：一、明正義。分三：一、净不善業。二、修善業。三、結。二、徵。三、答所以。分三：一、依觀察。二、依清净。三、依安住明所以。

第五、引經。分三：一、立引詞。二、列經句。三、釋經意趣。分二：一、釋觀察義。二、解清净義。分三：一、净不善三業。二、修善三業。三、結。

第五、辯戒律儀十種勝功德相。分三：一、總標。二、徵問。三、廣釋。分十：

一、[依][①]無悔等十法明戒勝德。分二：一、明正義。分三：一、立因，分十，如《論》。二、顯果。三、明戒功。二、結。

二、依臨終正念明戒勝德。分二：一、明正義。分二：一、標。二、釋。分三：一、立因。二、顯果。三、明戒功。二、結。

三、依善譽明戒勝德。分二：一、明正義。二、結。

四、依寢寤安樂明戒勝德。分二：一、明正義。分二：一、立因。二、顯果。二、結。

五、依守護明戒勝德。分二：一、明正義。分二：一、立因。二、顯果。二、結。

六、依無怖畏明戒勝德。分二：一、明正義。分二：一、立因。二、顯果。二、結。

七、依怨護明戒勝德。分二：一、明正義。分二：一、立因。二、顯果。二、結。

八、依非人保護明戒勝德。分二：一、明正義。分二：一、立果。二、顯

① 依，録本脱，據底本補。

因。二、結。

九、依受施明戒勝德。分二：一、明正義。分二：一、立果。分二：一、標。二、釋。二、顯因。二、結。

十、依增上生及决定勝明戒勝德。分三：一、總標。二、别釋。分二：一、依世間增上生明戒德。分三：一、依欲界明戒德。分二：一、依人。二、依天明勝利。二、依色界明勝利。分二：一、立果。二、顯果。三、依無色界明勝利。分二：一、立果。二、顯因。二、依出世間明勝利。分二：一、立果。二、顯因。三、結。

第四、明總結及勸修行。分二：一、明總結，分六，如《論》。二、明勸修。，

十四中第五、依根律儀明資糧義。分二：一、廣分別。二、明略義。

初文分四：

一、總問。

二、略答，分五，如《論》。

三、廣解。分五：

一、明密護根門。分三：一、問。二、答。分二：一、立因。二、顯果。三、結。

二、明防守正念。分三：一、問。二、答。分二：一、立因。分二：一、依護根。二、依三慧立因。二、顯果。分二：一、依無忘等二法。二、依三慧顯果。三、結。

三、明常委正念。分二：一、問。二、答。分四：一、略答。二、别釋。分二：一、明恒常所作。二、明委細所作。三、明二念之用。分二：一、立因。分二：一、依恒常所作立因。二、依委細所作立因。二、顯果。四、結。

四、明念防護意。分三：一、問。二、答。分三：一、依眼識明防護處。分二：一、明不了失。二、明了德。二、例餘諸識。三[1]、明防護功用。分二：一、標。二、釋。分二：一、明不了失。二、明了德。三、結。

五、明行平等位。分三：一、總問。二、略答。分三：一、標。二、釋。分二：一、立因。二、顯果。三、結。三、廣釋。分五：

---

① 三，底本、録本作“二”，據文意改。

第一、依非理分别煩惱意明善防護。分三：一、問。二、答。分二：一、明久修相。分三：一、立因。二、顯果。三、明失。二、明初業行。分二：一、立因。二、顯果。三、結。

第二、依二相明行平等。分五：一、問。二、略答。三、徵問。四、重答。分二：一、依眼根明根律儀。二、依餘根明根律儀。五、結。

第三、依二相好法明根律儀分。有三異門：

初門分二：一、依不取六境好相明根律儀。分二：一、總問。二、别釋。分二：一、依眼識所行境明不取相。分二：一、明取相。二、明不取相。二、例餘識所行境明取相不取相。二、依不取隨好明根律儀。分二：一、問。二、答。分二：一、標。二、别釋。分二：一、依眼識所行境明取隨好。分二：一、明取隨好。分二：一、明正義。二、結。二、明不取隨好。分二：一、明正義。二、結。二、例餘諸識所行之境明不取隨好。

第二異門、依現識明取相及隨好。分二：一、總標。二、别釋。分二：一、依眼識境明取相好。分二：一、明取相。分三：一、立因。二、顯果。三、結。二、明取隨好。分三：一、立因。二、顯果。三、結。二、例餘識境明取不取相隨好。

第三異門、依惡不善法生不生明取相隨好。分四：一、明心流因緣。分二：一、立因。二、顯果。二、明心不流因緣。分二：一、立因。二、顯果。三、明取相隨好過失。分二：一、立因。二、顯果。四、明遠離功德。

第四、明惡不善法相。分三：一、問。二、答。分二：一、依貪欲因果明不善法。分二：一、明因不善。二、明果不善。二、依瞋癡因果明不善法。分二：一、因不善。二、果不善。三、結。

第五、明心流相。分二：一、問。二、答。分五：一、明心流相。分三：一、立因。二、顯果。三、結。二、明心不流相。分二：一、立所治。二、顯能治。三、依斷除惡不善法明修行律儀。分三：一、明所治法。分二：一、立因。二、顯果。二、明能治道。三、結。四、依策修明防護六根律儀。分三：一、明所防之法。二、明能防之道。分二：一、立因。二、顯果。三、結。五、依不應觀境明修六根律儀。分三：一、立不應觀境。二、顯能治之道。分二：一、立因。二、顯果。三、結。

第四、明總結。

第二、明略義。分三異門：

初門、依能防等五法明略義。分二：一、略釋。分三：一、問。二、答。三、結。二、廣解。分五：一、明能防護。分三：一、問。二、答，分二，如《論》。三、結。二、明所防護。分三：一、問。二、答。分二：一、依眼根。二、依餘根明所防。三、結。三、明從何防護。分二：一、問。二、答。分二：一、依可愛等明防護。二、依可□(聲?)[①]等明防護。四、明如何防護。分三：一、問。二、答。分二：一、立因。二、顯果。三、結。五、明正防護。分三：一、問。二、答。分二：一、立因。二、顯果。三、結。

第二異門、依防護方便等三法明略義。分二：一、略釋。分三：一、標。二、列釋，分三，如《論》。三、結。二、廣解。分三：一、明防護方便。分三：一、問。二、答。分三：一、立因。二、顯所治法。分二：一、依眼根明所治法。二、依餘根明所治法。三、明能治之道。三、結。二、明所防護事。分三：一、問。二、答。分二：一、依眼所緣境。二、依餘根所緣境明所防事。三、結。三、明正防護。分三：一、問。二、答。分二：一、立因。二、顯果。三、結。

第三異門、依思擇力等二法明略義。分四：一、總標。二、列名。三、解釋。分二：一、明思擇力所攝根律儀。分二：一、標。二、釋。二、明修習力所攝根律儀。分二：一、標。二、釋。四、明差別。分二：一、依斷除明差別。分三：一、依明思擇力差別。分二：一、明斷現行。二、明不斷種。二、明修習力差別。分二：一、明斷現行。二、明斷種。三、結。二、依道明差別。分二：一、明思擇力差別。二、明修習力差別。

十四中第六、依於食知量明資糧義。分二：一、廣分別。二、明略義。

初文分四：一、總問。二、標經句，分十，如《論》。三、廣解經文。四、總結。

第三廣解經文分十：

第一、明由正思擇食於所食。分二：一、明思擇。分二：一、問。二、答。分二：一、立因。二、顯果。二、明食過患。分三：一、總問。二、略答，分三，

① 此缺字底本似作“聲”，待考。

如《論》。三、廣釋。分三：一、明觀食過。二、觀食勝利。三、明食體。

初文分二：一、廣解。二、總結。

初文分三：

一、明受用過。分三：一、問。二、答。分三：一、明觀處。二、明變位。三、明厭想。三、結。

二、明變異過。分三：一、問。二、答。分三：一、依不净生示過。分二：一、立因。二、顯果。分二：一、明内不净果。二、明外不净果。二、依病生示過。分二：一、標。二、釋。三、依不消示過。三、結。

三、明追求過。分三：一、總問。二、略答。分二：一、標。二、釋，分六，如《論》。三、廣解。分六：

一、明積集過。分三：一、問。二、答。分三：一、明求飲食過。二、明求飲食緣過。三、明不遂過。三、結。

二、明防護過。分三：一、問。二、答。分二：一、立因。二、顯果，分八，如《論》。三、結。

三、明壞親愛過。分三：一、問。二、答。分二：一、標。二、釋。分二：一、立因。二、顯果。三、結。

四、明無厭足過。分三：一、問。二、答。分二：一、依有力王明無厭足。二、例餘明無厭足。三、結。

五、明不自在所作過。分三：一、問。二、答。分二：一、依君主。二、例餘明不自在過。三、結。

六、明起諸惡行過。分三：一、問。二、答。分二：一、明惡行相。分二：一、明身惡行。二、例餘。二、明惡行果。分二：一、明現果。二、明當果。三、結。

第二、總結，分三，如《論》。

第二明觀食勝利。分五：

一、總標。

二、徵問。

三、略答。

四、廣解。分二：一、總問。二、廣答。分五：

一、依暫時住身明勝利。分三：一、觀壽量。二、明唯修身暫住等失。三、明不住暫住等德。

二、依領受飲食明勝利。分二：一、標。二、釋。分三：一、明心劣想失。二、明出離想。三、受施法。分二：一、標。二、釋。分三：一、報恩。二、行平等行。三、明修□。

三、依自持其心明勝利。分二：一、明違教法。分二：一、標。二、釋，分五，如《論》。二、明隨教法。分二：一、依不施明順法。二、例餘四法明順法。

四、依命根明勝利。分二：一、立因。二、顯果。

五、依不苦耽著明勝利。分二：一、立因。二、顯果。

五、明總結。

第三、明食體。分四：一、總問。二、略答。三、列名。四、明意趣。分二：一、略標説。二、廣解。分二：一、明食體。分二：一、問。二、答。分二：一、明食體。二、明段義。二、明食義。分二：一、標。二、釋。

第二、明不爲倡蕩。分四：一、總門。二、略答。分二：一、立因。二、顯果。三、解釋。分二：一、明倡蕩義。分三：一、立因。二、顯果。三、結。二、明不倡蕩食義。四、總結。

第三、明不爲憍逸等三法。分二：一、總問。二、廣答。分五：

一、明憍逸食義。分三：一、標。二、釋。分二：一、立因。二、顯果。分三：一、無病。二、長壽。三、憍逸果。三、結。

二、明飾好食義。分三：一、立因。二、顯果。分四：一、沐浴。二、梳理。三、塗身。四、飾身果。三、結。

三、明端嚴義。分三：一、立因。二、顯果。三、結。

四、明三法過失。分二：一、立因。二、顯果。分二：一、明不知出離。二、明倡蕩等果。

五、明於食出離相。分三[①]：一、立因。二、顯果。分二：一、立遠三失果。二、明離食果。三、結。

第四、明爲身安住食於所食。分二：一、總問。二、答。分二：一、明身安

① 三，録本作“二”，底本不清晰，據文意改。

住相。二、明出離相。分二：一、立因。二、顯果。

第五、明爲暫支持食於所食。分四：一、總問。二、略答。三、列名。四、廣解。分五：

一、明有艱難。分三：一、問。二、答。分六：一、依苦病。二、依愛著。三、依障道。四、依遲鈍。五、依息不調。六、依惛沈明艱難。三、結。

二、明無艱難。分三：一、問。二、答。分六：一、依無病。二、依無染。三、依修習。四、依得定。五、依調息。六、依無沈明無艱難。三、結。

三、明有染無染差别。分二：一、明有染失。二、明無染德。

四、明支持義。分二：一、明離過。二、明近德。

五、明意趣。分三：一、問。二、答。分五：一、依除飢渴。二、依攝梵行。三、斷故受。四、依新受不生。五、依安住明意趣。三、結。

第六、明爲除飢渴受諸飲食。分三：一、問。二、答。分二：一、明所食之意。分二：一、立因。二、顯果。二、明除何時苦。分二：一、標。二、釋，分三，如《論》。三、結。

第七、明爲攝梵行受諸飲食。分三：一、問。二、答。分三：一、立梵行因。二、明梵行相。分五：一、依無病。二、依斷行。三、依得定。四、依調息。五、依無沈明梵行相。三、顯梵行果。分三：一、依資糧等三位。二、依修習位。三、依究竟位顯果。三、結。

第八、明爲斷故受諸飲食。分三：一、問。二、答。分五：一、明故受因，分三，如《論》。二、明故受相。分二：一、標。二、釋。三、明故受所生果。四、明除故受因果法。五、明藥食勝利。三、結。

第九、明爲新受當更不生受諸飲食。分三：一、問。二、答。分三：一、立因。二、明新受相。分二：一、標。二、釋。三、明新受生果。三、結。

第十、明爲存養力樂無罪安隱而住受諸飲食。分二：一、問。二、答。分五：一、明存養食義。二、明爲力食義。三、明爲樂食義。四、明無罪食義。五、明安隱食義。

第四、明總結。

第二、明於食知量略義。分三異門：

初門依所食、能食二法明略義。分三：一、總問。二、略答。三、别釋。

分二：一、明所受食。分二：一、問。二、答。分二：一、標。二、釋。二、明能食。分二：一、問。二、答，分十，如《論》。

第二異門、依攝受對治等四法明略義。分三：一、總標。二、列名。三、別釋。分四：

一、依攝受對治明受諸飲食。分二：一、問。二、答。

二[①]、依遠離欲樂行邊明受飲食。分二：一、問。二、答，分四，如《論》。

三、依遠離自苦行邊明受飲食。分二：一、問。二、答，分六，如《論》。

四、依攝受梵行明受飲食。分二：一、問。二、答，分三，如《論》。

第三異門、依無食、有食二法明略義。分四：一、總標。二、列名。三、別釋。分二：一、明無所食。分二：一、標。二、釋。分二：一、明無受用過。二、明死過。二、明有所食。分六：

一、總標。

二、列名。

三、別釋。分二：一、明平等食。分二：一、標。二、釋，分五如《論》。二、明不平等食。分二：一、標。二、釋。分五，如《論》。

四、明平等食勝利。分五：一、明非極少食勝利。分二：一、立因。二、顯果。二、明非極多食勝利。分二：一、立因。二、顯果。三、四，合明食非不宜食及非不消食勝利。分二：一、立因。二、顯果。五、明食非染污食勝利。分二：一、立因。二、顯果。

五、明不平等食過失。分五：一、明極少食過。二、明極多食過。分三：一、明因。二、立喻。三、顯果。三、明不消食過。分二：一、立因。二、顯果。四、明不宜食過。分二：一、明正義。二、明差別。五、明染污食過。分二：一、立失。二、顯對治。

六、廣引平等食經句明意趣。分三：

一、總標。

二、別釋。分二：一、依思釋食等明經意趣。分二：一、標。二、釋。二、明依遮止不平等食明經意趣。分二：一、總。分二：一、標。二、釋。二、別。

---

① 二，録本作"一"，結合文意，據底本改。

分二：一、問。二、答。分六：

一、依極少食明意趣。分二：一、標經句。二、釋經意。

二、依所食極多明意趣。分二：一、標經句。二、釋經意。

三、依食不消及非宜食明意趣。分二：一、標經句。二、釋經意。

四、依不極多少食明意趣。分二：一、標經句。二、釋經意。

五、依食已消及所宜食明意趣。分二：一、標經句。二、釋經意。

六、依無染污明意趣。分三：一、明正義。分二：一、標經句。二、釋經意。[二、徵][①]。三、答所以。分二：一、答無罪所以。二、答安穩住所以。分二：一、答正義。二、明安住相。分二：一、標。二、釋。分二：一、依遠離多食明安住相。分二：一、立因。二、顯果。二、依不生味著明安住相。分二：一、立因。二、顯果。

第三、明總結。

第四、明總結。

十四中第七、依初夜後夜常勤修習悎寤瑜伽明資糧義。分二：一、廣分別。二、明略義。

初文分五：一、總標經句。二、别問經意，分四，如《論》。三、别答經意。分四：

一、答初問。分三：一、標。二、釋。三、結。

二、答第二問。分三：一、標。二、釋。三、結。

三、答第三問。分二：一、標。二、廣引經句，分九，如《論》。若廣分别，有十六句，如下所明。

四、答第四問。分二：一、標。二、釋。分二：一、立因。二、顯果，分十二句，如《論》。

第四廣釋第三答文中所引經句。分二：一、總問。二、别答。分十六：

一、明晝日分。分二：一、標。二、釋。

二、明經行。分二：一、標。二、釋。

三、明宴坐。分二：一、標。二、釋。

---

① “二徵”二字録本脱，據底本補。

四、略明障法。分二：一、標。二、釋。

五、略明順障法。分二：一、標。二、釋。

六、廣明五蓋。分二：一、問。二、答，分五，如《論》。

七、廣明順障法義。分二：一、問。二、答。分五：一、明順欲蓋法。二、明順恚蓋法。三、明順惛睡蓋法。四、明順掉舉惡作蓋。五、明順疑蓋法。

八、依經行明"净心"之義。分三：一、問，分二，如《論》。二、答。分二：一、答初問。二、答第二問。分五：一、依光明想明净修相。分二：一、立因。二、顯果。分二：一、標。二、釋。二、依讀誦十二分教明净修相。分二：一、標。二、釋。三、觀方隅明净修相。四、依瞻星等明净修相。五、依洗面等明净修相。三、結。

九、依坐時明净障法。分二：一、問，分二，如《論》。二、答。分二：一、答初問。分二：一、標。二、釋。二、答第二問。分二：

第一、依四法明"净心"義。分六：

一、依貪欲蓋明净法。分二：一、依賢善定明净相。分二：一、標。二、釋。二、依十二分教明净相。分四：一、標。二、釋。三、明力用。分二：一、立因。二、顯果。四、結。

二、依瞋恚蓋明净心法。分二：一、標。二、釋。分二：一、依定明净心性。分二：一、依一方明净相。分二：一、立因。二、顯果。二、例餘方明净分法。二、依十二分教明净心法。

三、依掉舉惡作蓋明净心法。分二：一、標。二、釋。分二：一、依定。二、依十二分教。

四、依疑蓋明净心法。分二：一、標。二、釋。分五：一、釋疑相。二、明遠離相。三、明作意相。四、明□相。五、明勝利相。

五、明異門義，分三，如《論》。

六、總結。

第二、依增上法明净心法。分三：一、總標。二、列名。三、别釋。分二：一、明自增上。分三：一、問。二、答。分二：一、依不執著。二、依見過明净心法。三、結。二、明世增上。分三：一、問。二、答。分二：一、立因。二、顯果。三、結。

十、依晝夜初分經行坐時明净心法。分二：一、標意趣。二、釋意趣。分二：一、明護卧具法。二、明順世儀。分二：一、明卧法。二、明卧之意。分二：一、立因。二、顯果。

十一、依右脇而卧明净心法。分五：一、略問。二、略答。三、廣問。四、廣答。分二異門：

初、依勇猛明相似。分三：一、立喻。二、法合。三、簡餘三衆。分二：一、明正義。二、立因。

第二異門、依法爾明相似。分二：一、立德，分四，如《論》。二、顯過。五、結。

十二、依住光明相卧明净心法。分三：一、問。二、答。分二：一、立因。二、顯果。三、結。

十三、依正念卧明净心法。分三：一、問。二、答。分二：一、立因。二、顯果。分二：一、依善心明正念。二、依捨心明正念。三、結。

十四、依正知卧明净心法。分三：一、問。二、答。分二：一、立所治法。二、明能治道。三、結。

十五、依思惟起想巧便而卧明净心法。分三：一、問。二、答。分二：一、明起想正義。分三：一、依無重睡眠明思起想。分四：一、立因。二、顯果。三、立喻。四、法合。二、依聽許明思起想。分二：一、立因。二、顯果。三、依修善明思起想。分二：一、立因。二、顯果。二、明三想作用。分三：一、明無重眠用。二、明聽許用。三、明修善用。三、結。

十六、依至夜後分速疾悎寤等明净心法。分二：一、問。二、答。分四：一、明後夜分相。二、明卧法。三、明卧之意趣。分二：一、立因。二、顯果。四、明净心法。

第五、明總結。

第二、明略義。分三：

一、略釋。分五：一、總門。二、略答。三、徵問。四、答列名。分四：一、列精進作事。二、列依時卧作事。三、列無染心卧作事。四、列不過時起作事。五、結。

二、廣明意趣。分三：一、總標。二、徵問。三、廣答四正作事。分二：

一、明四正作事相。分四：

一、明初晝夜分正作事。分二：一、標經句。二、釋經文。分二：一、標。二、釋。

二、明第二中夜正作事。分二：一、標經句。二、釋經文。分二：一、標。二、釋。

三、明第三住光明想等正作事。分二：一、標經句。二、釋經文。分二：一、標。二、釋。

四、明第四初夜後分正作事。分二：一、標經句。二、釋經文。分二：一、標。二、釋。

第二、重明第三住光明想等作事業用。分二：一、標經文。二、解釋經文。分二：一、略釋。分二：一、明無染眠相。二、明超不過時相。二、廣解。分二：一、明前二緣作用。分三：一、問。二、答。分二：一、明正念作用。二、明正知作用。三、結。二、明後二緣作用。分二：一、明正義。二、結。

第三、明想，結。

十四中第八、依正知而住明資糧義。分二：一、廣分别。二、明略義。

初文分四：

一、總問。

二、引經句略答，分六，如《論》。

三、廣解經文。分二：一、明往還等六法。二、明六法次第。

初文分六門：

第一、明往還正知而住三法門。分四：

一、總標經句。

二、别問，分三，如《論》。

三、别答。分三：

一、答往相。分二：一、標。二、釋，分三，如《論》。

二、答還相。分二：一、標。二、釋，分三，如《論》。

三、答往還正知住相。分二：一、標。二、釋。分二：一、明正知相。二、明正知勝利。分四：一、依自性。二、依處。三、依時。四、依種相明勝利。

四、明總結。

第二、明覩瞻正知住三法門。分四：

一、總標經句。

二、別問，分三，如《論》。

三、別答。分三：

一、答覩相。分三：一、標。二、釋。三、結。

二、答瞻相。分三：一、標。二、釋。分二：一、立因。二、顯果。分三：一、依情。二、依非情。三、依情非情顯果。三、結。

三、答正知住相。分二：一、明正知相。分二：一、明正義。分四：一、依自性。二、依處。三、依時。四、依種相明正知義。二、結。二、明正知勝利。分四：一、依自性。二、依處。三、依時。四、依種相明勝利。

四、總結。

第三、明屈申正知住三法門。分四：

一、總標經句。

二、別門（問?）[1]，分三，如《論》。

三、別答。分二：

一、答屈、申二相。分三：一、立因。二、顯果。三、結。

二、答正知住相。分二[2]：

一、明正知相。分二：一、明正義。分四：一、依自性。二、依處。三、依時。四、依種相。二、結正知義。

二、明正住相。分二：一、立因。二、顯果。分四：一、依自性。二、依處。三、依時。四、依種相顯果。

四、總結。

第四、明持衣鉢正知住四法門。分四：

一、總標經句。

二、別問，分四，如《論》。

三、別答。分四：

---

① 門，底本不清晰，疑當爲"問"之訛字。待考。

② 二，底本、録本作"三"，據文意改。

一、答持大衣義。分二:一、明衣體。二、明持義。分二:一、受用。二、將護。

二、答持中、下二衣等義。分二:一、明衣體。分二:一、明中、下衣體。二、明長衣體。二、明持義,分二,如《論》。

三、答持鉢義。分二:一、明鉢體。二、明持義,分二,如《論》。

四、答正知住分。分二:一、明正知相。分二:一、明正義。分四:一、依自性。二、依處。三、依時。四、依種相正知相。二、結。二、明正知住勝利。分二:一、立因。二、顯果。分四:一、依自性。二、依處。三、依時。四、依種相顯果。

四、總結。

第五、明食飲噉嘗正知住五法門。分四:

一、總標經句。

二、别問,分五,如《論》。

三、别答。分五:

一、答食相。分二:一、總。二、别。

二、答噉相。分三:一、問。二、答,分六,如《論》。三、結。

三、答嘗相。分三:一、問。二、答,分十二,如《論》。三、結。

四、答飲相。分三:一、問。二、答,分六,如《論》。三、結。

五、答正知住相。分二:一、明正知義。分二:一、明正義。分四:一、依自性。二、依處。三、依時。四、依行相明正知義。二、結。二、明正知勝利。分二:一、立因。二、顯果。分四,同前。

四、總結。

第六、明行住等九法門。分四:

一、總標經句。

二、别問,分九,如《論》。

三、别答。分九:一、答行相。分二:一、明正義。二、結。二、答住相。分二:一、明正義。二、結。三、答坐相。分三:一、處。二、相。三、結。四、答卧相。分三:一、處。二、相。三、結。五、答悟寤相。六、答語相。分三:一、標。二、釋。三、結。七、答默相。分三:一、立因。二、顯果。三、結。

八、答解勞睡相。分三：一、立因。二、顯果。三、結。九、答行等八法正知住。分二：一、明正知相。分二：一、明正義。分四，同前。二、結。二、明正住勝利。分二：一、立因。二、顯果。分四，一依自性等，同前。

四、總結。

第二明六法門次第。分二：一、總問。二、別答。分二：一、答初問。二、答第二問。

初文分十二：一、答往還門次第。二、答覩睡正知門次第。三、答屈申正知住門次第。四、答持衣鉢等正知住門次第。五、答食飲噉嘗正知住門次第。六、答行住正知住次第。七、答坐正知住次第。八、答卧正知住次第。九、答悟寤正知住次第。十、答語正知住次第。十一、答默正知住次第。十二、答解勞睡時正知住次第。

第二答第二問顯何事。分三：一、總標。二、略釋，分二，如《論》。三、廣解。分二：第一、明正知住二法。分二：一、明正知義。分二：一、明正義。二、結。二、明正住義。分二：一、明正義。二、結。第二、明行時住時二法差別相。分二：一、依村邑等中往還等五法門明行時差別相。分二：一、明正義。二、結。二、依精舍等中行等四法門明住時差別相。分二：一、明正義。二、結。

第四、明總結。

第二、明略義。分三：

一、略釋。分三：一、總問。二、略答。分三：一、依行時五業。二、依住時五業。三、依正知四業明略義。三、總結。

二、廣解。分三：

第一、明行時五業。分二：一、略釋。分三：一、總問。二、略答，分五，如《論》。三、結。二、廣解行時五業。分五：一、明往還身業。分二：一、標經。二、釋。二、明覩瞻眼業。分二：一、標經。二、釋。三、明屈申支節業。分二：一、標經句。二、釋。四、明衣鉢業。分二：一、標經。二、釋。五、明飲食等四法業。分二：一、標經。二、釋。

第二、明住時五業。分四：一、總問。二、略答，分五，如《論》。三、別釋。分四：一、明行住等三身業。分二：一、標經。二、釋。二、明語業。分二：一、標經。二、釋。三、明卧等三意業。分二:一、標經。二、釋。四、合明晝夜二業有二異門。分二:一、依悟寤明住時晝夜業。二、依卧法明住時夜業。五、總結。

第三、明行住時正知住四業。分六:一、總問。二、略答。分二:一、明行住二業正知相。二、明攝處。三、列名,分四,如《論》。四、釋四業。分四:一、依事。二、依處。三、依時。四、依業明作業。五、明四業勝利,分七,如《論》。六、結。

第三、明總結。

十四中第九、依善友性明資糧義。分二:一、廣分别。二、明略義。

初文分六:一、總問。二、略答。三、徵問。四、引經列名,分八,如《論》。五、廣解經句。分二:一、明善友體。二、明善友用。

初文分八:

一、明安住禁戒。分三:一、問。二、答,分七,如《論》。三、結。

二、明具足多聞。分三:一、問。二、答。分二:一、立多聞因,分九,如《論》。二、顯多聞果,分四,如《論》。三、結。

三、明能有所證。分三:一、問。二、答。分四:一、依二十聖善定。二、依□定。三、依四無量定。四、依四果明證得相。三、結。

四、明爲性哀愍。分三:一、問。二、答。分二:一、立因。二、顯果。分五:一、依如生義。二、依來生利。三、依世間樂。四、依出世樂。五、依二世樂顯果。三、結。

五、明心無厭倦。分三:一、問。二、答。分二:一、立因。[□][分]①四:一、依示現。二、依教導。三、依讚勵。四、依慶慰明無倦相因。二、顯果。分二:一、標。二、釋。三、結。

六、明善能堪忍。分三:一、問。二、答。分三:一、依諦察法忍。二、依耐怨害忍。三、依安受苦忍明忍相。三、結。

七、明無有怖畏。分三:一、問。二、答。分三:一、依心無怯劣。二、依語無怯劣。三、依身無怯劣明無畏相。三、結。

---

① 分,録本無,底本不清晰,據文意補。

八、明語具圓滿。分三：一、問。二、答。分六：一、依語聲。二、依文句。三、依妙義。四、依理語。五、依無染語。六、依無畏語圓滿明語具相。三、結。

第二、明善友用。分三：一、總標，分五，如《論》。二、解釋。三、結“善友”義。

第二、解釋。分五：

一、明善能諫舉。分三：一、問。二、答。分三：一、明犯相。二、明舉因。三、明舉法，分五，如《論》。三、結。

二、明善作憶念。分四：一、總問。二、略答。三、廣解。分三：一、明憶念先罪。分三：一、問。二、答。分二：一、明犯相。二、明憶法，分四，如《論》。三、結。二、明念法。分三：一、問。二、答。分二：一、明忘事。二、明命憶法，分三，如《論》。三、結。三、明念義。分二：一、問。二、答。分二：一、依法義。二、依義利等明憶念義。四、總結。

三、明善能教授。分三：一、問。二、答。分二：一、依遠離等六法明教授。二、依無倒言論明教授。分二：一、標。二、釋，分十三，如《論》。三、結。

四、明善教誡。分三：一、問。二、答。分二：一、依法律明教誡相。二、依毀犯明教誡相。分二：一、明犯事。二、明出罪。分三：一、明治罰。二、明攝受。三、明令□。分二：一、立因。二、顯果。三、結。

五、明善説正法。分三：一、問。二、答。分二：一、分所説法相。分二：一、明初時法。分二：一、標。二、釋，分五，如《論》。二、明後時教。分二：一、標。二、釋。分二：一、列名。二、明説之意趣。第二、明説法軌儀，分二十，如《論》。三、結。

第三、總結“善友”義。

第六、明總結。

第二、明略義。分四：一、總問。二、略答。分四：一、依安住禁戒。二、依多聞。三、依所證。四、依哀愍無厭堪忍無怖語具圓滿五法明略義。分二：一、立因。二、顯果。三、別結略義。四、合結廣、略二義。

十四中第十、十一，合依“聞”、“思”二正法明資糧義。分三：一、總問“聞”、“思”二義。二、廣答二義。三、總結。

廣答分三：一、答“正法”義。二、答“正聞”義。三、答“正思”義。

初文分五：

一、總標。

二、徵問。

三、答列名。

四、廣解。分二：一、明十二分正法相。二、明三①法相攝相。

初文分十二：

一、明契經。分三：一、問。二、答。分三：一、明正義。二、明意趣。三、明經義。初文分十一，如《論》。三、結。

二、明應頌。分三：一、問。二、答，分三，如《論》。三、結。

三、明記别。分三：一、問。二、答，分三，如《論》。三、結。

四、明諷頌。分三：一、問。二、答。分二：一、標。二、釋，分五，如《論》。三、結。

五、明自説。分三：一、問。二、答。分二：一、依行法。二、依教法明自説相。三、結。

六、明因緣。分三：一、問。二、答。分二：一、依請人。二、依律明因緣義。三、結。

七、明譬喻。分三：一、問。二、答。分二：一、標。二、釋。分二：一、因。二、果。三、結。

八、明本事。分三：一、問。二、答。分二：一、立因。二、顯果。三、結。

九、明本生。分三：一、問。二、答。分三：一、依死。二、依生。三、依行明本生義。三、結。

十、明方廣。分三：一、問。二、答。分二：一、立因。二、顯果。三、結。

十一、明希法。分三：一、問。二、答。分二：一、依師。二、依弟子明希法。三、結。

---

① 三，底本、録本作“二”，據文意改。下文：“第二、明三法相攝。……三、别釋。分三：一、明素怛纜藏相攝。分十，如《論》。二、明毘奈耶藏相攝。三、明阿毘達摩藏相攝。”可資比勘。

十二、明論義。分三：一、問。二、答。分二：一、明能詮。二、明所詮。三、結。

第二、明三法相攝。分四：一、總標。二、列名，分三，如《論》。三、別釋。分三：一、明素怛纜藏相攝，分十，如《論》。二、明毘奈耶藏相攝。三、明阿毘達摩藏相攝。四、總結。

第五、明正法總結。

第二、明答正聞。分五：一、總標。二、徵問。三、答正義。分七：一、依持經明聞正法。二、依持律明聞正法。三、依持本母明聞正法。四、依持經律二分明聞正法。五、依持經母二分明聞正法。六、依持律母二分明聞正法。七、依持三藏明聞正法。四、結。五、分別總義。分二：一、標。二、釋。分二：一、依文明聞相。二、依義明聞相。

第三、明答正思。分三：

一、總問。

二、略答。分二：

一、明非如理思相。分二：一、標。二、釋，分六，如《論》。

二、明如理思相，分二，如理(《論》?)[①]。

三、明思體。分四：一、總標。二、列名，分二，如《論》。三、明二思用。分二：一、依五蘊。二、依界處等明二界用。四、解釋。分二：一、明算數思行相。分二：一、問。二、答。分二異門：初門依五蘊明算數。第二門依三界九地五趣明算數相。二、明稱量思行相。分六：

一、總問。

二、略答。

三、徵問。

四、列名。

五、別釋。分四：

一、明觀待道理。分三：一、問。二、答。分三：一、標。二、列名。三、別釋。分二：一、明生起觀待。分二：一、標。二、釋。分二：一、立因。二、顯

① 理，底本不清晰，疑當爲“論”之訛字。待考。

果。二、明施設觀待。分三：一、標。二、釋。分二：一、立因。二、顯果。三、結。三、明總結。

二、明作用道理。分三：一、問。二、答。分二：一、標。二、釋。分三：一、依六根明作用。二、依六境明作用。三、依四大等明作用。三、結。

三、明證成道理。分三：一、問。二、答。分二：一、標。二、釋。分二：一、明能成法。分二：一、列名。二、明作用。二、明所成法，分五，如《論》。三、結。

四、明法爾道理。分三：一、問。二、答。分四：一、列名，分七，如《論》。二、解釋。三、明勝利。四、明法爾相。三、結。

六、明總結。

第三、明聞思正法，總結。

十四中第十二、依無障明"資糧"義。分二：一、廣分別。二、明略義。

初文分五：一、總問。二、略答。三、列名。四、廣釋。五、總結。

廣釋分二：一、總標。二、别釋。分二：

一、明内障。分三：一、問。二、答。分五：一、明增上果。分二：一、立因。二、顯果。分二：一、標。二、釋。二、明等流果，分三，如《論》。三、明異熟果。分二：一、立因。二、顯果。四、明現世等流果。分二：一、立因。二、顯果。五、明雜明異熟等流果，分十六，如《論》。三、結。

二、明外障。分三：一、問。二、答。分二：一、依無正教明外障。分二：一、立因。二、顯果。二、依惡依處明外障。分四：一、明晝日障。二、明夜分障。三、明惡觸障。四、明怖畏障。三、結。

五、明總結。

第二、明略義。分六：一、總問。二、略答。三、列名。四、解釋。分三：

一、明加行障。分三：一、問。二、答。分二：一、略答。二、廣解。分二：一、問。二、答，分五，如《論》。三、結。

二、明遠離障。分四：一、問。二、答，分七，如《論》。三、結。四、明過失。分二：一、明不斷貪著過。二、明難居空閑過。

三、明寂静障。分三：

一、問。

二、答。分二：一、答寂静體。二、答障相。分二：一、總標。二、别釋。分二：一、依内放逸及住非處二障明止障。分三：一、問。二、答。分二：一、標。二、釋。分二：一、明放逸過，分四，如《論》。二、明住非處過。三、結。二、依内自恃及掉亂二障明觀障。分二：一、問。二、答。分二：一、略答。二、廣解。分二：一、明樂自恃舉障。分二：一、標。二、釋。分二異門：初門、依種族等五法明觀障。分三：一、明恃相，分五，如《論》。二、明恃過。分二：一、立因。二、顯果，分四，如《論》。三、結。第二異門、[□][依]①喜足法明觀障。分三：一、立因。二、顯果。三、結。二、明掉亂障。分三：一、標。二、釋。分三：一、立因。二、顯果。三、明過失。三、結。

第三、明總結。分二：一、别結。二、明合結。

第五、明總結。

第六、明有障無障義。分二：一、明有障。二、明無障。分二：一、標。二、釋。

十四中第十三、依惠捨明"資糧"義。分二：

一、略釋。分三：一、總問。二、略答。三、結。

二、廣解。分三：

一、總問。分七：一、問施主相。二、問施田。三、問施物體。四、問施自性。五、問施方便。六、問施意趣。七、問施性無罪相。

二、廣答。分七：

第一、明施主相。分三：一、總標。二、略釋。三、廣解。分二：一、問。二、答。分二：一、明施者相。二、明施主相。

第二、明施田。分四：一、總標。二、略答。三、列名，分四，如《論》。四、别釋。分四：一、依悲田明有苦相。分三：一、問。二、答，分九，如《論》。三、結。二、依恩田明有恩相。分三：一、問。二、答，分十七，如《論》。三、結。三、依愛田明親愛相。分三：一、問。二、答，分五，如《論》。三、結。四、依德田明尊勝相。分三：一、問。二、答，分十一，如《論》。三、結。

第三、明施物體。分四：一、總標。二、略釋。三、廣解。分二：一、明有

① 依，録本無，底本不清晰，據文意補。

情施相。分三：一、問。二、答。分三：

一、明有情總體。分二：一、依他相續。二、依自相續。二、明開緣。三、明無罪相。分二：一、明自在相。二、明無罪義。分三：一、依無業果。二、依無□□。三、依無損惱明無罪。三、結。

二、明無情施相。分五：一、總問。二、略答。三、列名。四、别釋。分三：一、明財物體。分三：一、標。二、釋，分十八，如《論》。三、結。二、明穀物物體。分三：一、問。二、答，分十三，如《論》。三、結。三、明處物體。分三：一、問。二、答，分六，如《論》。三、結。第五、總結情、非情二施。

第四、明施自性。分三：一、標。二、釋答。分二：一、立因。二、顯果。三、結。

第五、明施方便。分二：一、問。二、答。分十五：一、依净信。二、依正教。三、依見果。四、依殷重。五、依恭敬。六、依離慢。七、依要用。八、依平等。九、依鮮潔。十、依精妙。十一、依净物。十二、依不損自他。十三、依伏慳。十四、依歡喜。十五、依無悔明施方便。

第六、明爲何義施。分三：一、標。二、釋。分四：一、依悲田。二、依恩田。三、依愛田。四、依德田明施意趣。三、結。

第七、明施性無罪。分三：一、立因。二、顯果，分四，如《論》。三、結。第三、明總結。

十四中第十四、依沙門莊嚴明資糧義。分七：

一、總問。

二、頌略答，分十七，如《論》。

三、列名，分十七，如《論》。

四、廣解釋。分十七：

第一、依正信明沙門莊嚴。分三：一、問。二、答。分二：一、標。二、釋，分十四，如《論》。三、結。

第二、依無諂曲明沙門莊嚴。分三：一、問。二、答。分二：一、明無諂相。二、明業用。三、結。

第三、依少諸疾病明沙門莊嚴。分三：一、問。二、答。分二：一、標。二、釋。分三：一、依變。二、依無相。三、依隨時明無病相。三、結。

第四、依爲性勤進明沙門莊嚴。分三：一、問。二、答。分二：一、明自性。分五。二、明業用。三、結。

第五、依妙慧明沙門莊嚴。分三：一、問。二、答。分五：一、依聰等三法。二、依諸根。三、依了説。四、依俱生。五、依加行慧。三、結。

第六、依少欲明沙門莊嚴。分三：一、問。二、答。分二：一、立因。二、顯果。分二：一、標。二、釋。三、結。

第七、依喜足明沙門莊嚴。分三：一、問。二、答。分四：一、明總義。二、明無希。三、明無染。四、例餘。三、結。

第八、依易養明沙門莊嚴。分三：一、問。二、答。分二：一、明易養。二、明難養。分二：一、依他。二、依追求明難養。三、結。

第九、依易滿明沙門莊嚴。分三：一、問。二、答。分二：一、依少。二、依麁明易滿。三、結。

第十、依杜多功德明沙門莊嚴。分七：

一、總問。

二、略答列名。

三、明立數因由。分三：一、總標。二、解釋。分二：一、略答列名。二、别釋。分二：一、明隨得食。二、明次第食。三、總結。

四、廣解釋。分十一：

一、明一座食。分三：一、問。二、答。分二：一、明一坐義。二、明不重食相。三、結。

二、明先止後食。分三：一、問。二、答。分二：一、明先止相。二、明後食義。三、結。

三、明但持三衣。分六：一、總問。二、略答。三、徵問。四、列名。五、明正義。六、結。

四、明但持毳衣。分三：一、問。二、答。分三：一、依坐具等。二、依三衣。三、依長衣明毳衣相。三、結。

五、明持糞掃衣。分三：一、問。二、答。分三：一、明取處。二、明衣體。三、明作法住。三、結。

六、明阿練若。分三：一、問。二、答。分二：一、明處所。二、明限量。

三、結。

七、明常居樹下。分三：一、問。二、答。分二：一、明思願。二、明限量。三、結。

八、明常居逈露。分三：一、問。二、答。分二：一、明思願。二、明逈義。三、結。

九、明常住塚間。分三：一、問。二、答。分二：一、明思願。二、明處所。三、結。

十、明常期端坐。分三：一、問。二、答。分三：一、明坐處。二、明時限。三、明坐儀。三、結。

十一、明處如常座。分三：一、問。二、答。分二：一、明坐處。二、明如常義。三、結。

第五、釋名。分三：一、問。二、答。分二：一、引喻。分二：一、明過。二、明德。二、法合。分二：一、明失，分三，如《論》。二、明德。三、結。

第六、明勝利功德。分三：一、依食明功德。分二：一、標。二、釋。分二：一、治美食貪。二、治多食貪。二、依衣明功德。分三：一、略釋。二、列名。三、别釋。分三：一、治多衣貪。二、治軟觸貪。三、治上妙貪。三、依敷具明功德。分三：一、略釋。二、列名。三、别釋。分四：一、治諠雜。二、治屋宇貪。三、治倚樂等貪。四、治敷具貪。

第七、明總結。

第十一、依端嚴明沙門莊嚴。分三：一、問。二、答，分九，如《論》。三、結。

第十二、依知量明沙門莊嚴。分三：一、問。二、答。分二：一、明施主相。二、明知量處，分五，如《論》。三、結。

第十三、依賢善士法明沙門莊嚴。分三：一、問。二、答。分二：一、明賢善性，分十，如《論》。二、明賢善法。分二：一、不輕他。二、修法行。三、結。

第十四、依聰慧者相明沙門莊[1]嚴。分五：一、總問。二、略答。三、徵問。四、别釋。分二：一、明愚。二、明賢。五、結。

① 莊，録本作"華"，結合文意，據底本改。

第十五、依堪忍明沙門莊嚴。分三：一、問。二、答。分三：一、依諦察法忍。二、依安受苦忍。三、依耐怨害忍明忽相。三、結。

第十六、依柔和明沙門莊嚴。分三：一、問。二、答。分二：一、立因，分六，如《論》。二、顯果。三、結。

第十七、依賢善明沙門莊嚴。分三：一、問。二、答，分六，如《論》。三、結。

第五、明沙門莊嚴功德勝利。分三：一、總標。二、别釋，分七，如《論》。三、結。

第六、釋名。分三：一、立喻。分二：一、立因。二、顯果，分四，如《論》。二、法合。分二：一、立因。二、顯果。三、結。

第七、明總結。

聲聞地第二廣解中第二、廣解發心瑜伽處。分二：

一、略釋。分二：一、總問，分十八，如《論》。二、頌略答，分十八，如《論》。

第二、廣解。大門分十八：

一、明能證出離人之差别。分四：一、總標。二、徵問。三、列名，分二十八，如《論》。四、别釋。分二十八：

一、明鈍根人。分三：一、問。二、略答。分二：一、立因。二、顯果。三、明差别。分二：一、標。二、釋。分二：一、依俱生。二、依加行明鈍根。

二、明利根人。分三：一、問。二、略答。分二：一、立因。二、顯果。三、明差别。分二：一、標。二、釋。分二：一、依俱生。二、依加行明利根。

三、明貪增上人。分三：一、問。二、答。分二：一、立因。二、顯果。三、結。

四、明瞋增上人。分三：一、問。二、答。分二：一、立因。二、顯果。三、結。

五、明癡增上人。分三：一、問。二、答。分二：一、立因。二、顯果。三、結。

六、明慢增上人。分三：一、問。二、答。分二：一、立因。二、顯果。三、結。

七、明尋思增上人。分三：一、問。二、答。分二：一、立因。二、顯果。三、結。

八、明得平等人。分三：一、問。二、答。分二：一、立因。二、顯果。分三：一、明無猛利等過。二、明有現行過。三、例。三、結。

九、明薄塵性人。分三：一、問。二、答。分二：一、立因。分二：一、明不修等。二、明見過。二、顯果。分三：一、明起下。二、明全無。三、例餘。三、結。

十、明行向人。分五：一、問。二、略答。三、徵問。四、答列名，分四，如《論》。五、結。

十一、明住果人。分五：一、問。二、略答。三、徵問。四、答列名，分四，如《論》。五、結。

十二、明隨信行人。分三：一、問。二、答。分二：一、立因。分三：一、依聞慧。二、依思慧。三、依修慧立因。二、顯果。分二：一、明"隨"義。二、明"信行"義。三、結。

十三、明隨法行人。分三：一、問。二、答。分二：一、立因。分三：一、依聞慧。二、依思慧。三、依修慧立因。二、顯果。三、結。

十四、明信勝解人。分三：一、問。二、答。分二：一、立因。二、顯果。三、結。

十五、明見至人。分三：一、問。二、答。分二：一、立因。二、顯果。三、結。

十六、明身證人。分三：一、問。二、答。分二：一、立因。二、顯果。三、結。

十七、明極七有人。分三：一、問。二、答。分二：一、立因。二、顯果。三、結。

十八、明家家人。分五：一、總問。二、略答。三、列名。四、解釋。分二：一、明天家家。二、明人家家。五、總結。

十九、明一間人。分三：一、問。二、答。分二：一、立因。二、顯果。三、結。

二十、明中般人。分四：一、總問。二、略答。三、列釋。分三：一、依成。二、依住。三、依趣生。四、總結。

二十一、明生般人。分三：一、問。二、答。分二：一、立因。二、顯果。三、結。

二十二、明無行般人。分三：一、問。二、答。分二：一、立因。二、顯果。三、結。

二十三、明有行般人。分三：一、問。二、答。分二：一、立因。二、顯果。三、結。

二十四、明上流人。分三：一、問。二、答。分二：一、依修觀明上流。二、依修止明上流。三、結。

二十五、明時解脱人。分三：一、問。二、答。分二：一、立因。二、顯果。分五：一、依退法。二、依思害。三、依護解脱。四、依住不退法。五、依善了法明時解脱。

二十六、明不動法人。分三：一、問。二、答。三、結。

二十七、明慧解脱人。分三：一、問。二、答。分二：一、明已作相。二、明未作相。三、結。

二十八、明俱分解脱人。分三：一、問。二、答。分二：一、立因。分二：一、立離煩惱障因。二、立離解脱障因。二、顯果。分二：一、明漏盡果。二、明八解脱果。三、結。

十八中大門第二、明建立人差別，答第二問。分六：一、總問。二、略答。三、徵問。四、列名，分十一，如《論》。五、廣解。六、總結。

廣解分十一：

一、明根差別建立人。分二：一、問。二、答。分二：一、標。二、釋，分二，如《論》。

二、明衆差別建立。分二：一、問。二、答。分二：一、標。二、釋，分七，如《論》。

三、明行差別建立。分三：一、總問。二、廣答。分三：一、略答。二、別釋，分七，如《論》。三、明五人相。分五：一、明貪行人相。分三：一、問。二、答，分十二，如《論》。三、結。二、明瞋行人相。分三：一、問。二、答，分十九，如《論》。三、結。三、明癡行人相。分三：一、問。二、答。分十六，如

《論》。三、結。四、明慢行人相。分三：一、問。二、答，分十五，如《論》。三、結。五、明尋思行人相。分三：一、問。二、答，分十六，如《論》。三、結。第三、明總結。

四、明願差别。分三：一、問。二、答。分四：一、列數。二、明願無定相，分三，如《論》。三、明種姓有定相，分三，如《論》。四、明意趣。三、結。

五、明行迹差别。分六：一、總問。二、略答。三、徵問。四、列名。五、别釋，分四，如《論》。六、結。

六、明道果差别。分五：一、總問。二、略答。三、列名。分二：一、列道名。二、列果名。四、别釋。分二：一、明“道”義。二、明“果”義。五、總結。

七、明加行差别。分四：一、問。二、略答。三、别釋。分二：一、明隨信加行。二、明隨法加行。四、結。

八、明定差别。分三：一、問。二、答。分三：一、明總義。二、列名，分八，如《論》。三、明入定方法。三、結。

九、明生差别。分三：一、問。二、答。分三：一、依預流明生差别，分二，如《論》。二、依一來明生差别。三、依不還明生差别，分五，如《論》。三、結。

十、明退、不退差别。分三：一、問。二、答。分二：一、明退相。二、明不退相。三、結。

十一、明障差别。分三：一、總問。二、廣答。分二：一、略答。二、别釋。分二：一、明慧解勝相。分二：一、標。二、釋。二、明俱解勝相。分三：一、標。二、釋。三、結。三、明總結。

第六、明總結。

十八中大門第三、明所緣答第三問。分六：一、總問。二、略答。三、徵問。四、列名，分四，如《論》。五、廣釋。六、總結。

廣釋分四：一、明遍滿所緣境事。二、明净行所緣境事。三、明善巧所緣境事。四、明净惑所緣境事。

初文分七：一、總問。二、略答。三、列名，分四，如《論》。四、别釋。五、明“遍滿”義。六、明四法意趣。七、總結。

别釋分四：

一、明有分別影像。分三：一、總問。二、廣答。分二：一、略釋。分二：一、立因，分五，如《論》。二、顯果。分二：一、立所緣。二、立能緣分別相。分二：一、總。二、别，分四，如《論》。二、廣解。分四：一、明所知事。分三：一、標。二、釋。分三：一、明净行所知事，分五，如《論》。二、明善巧所知事，分五，如《論》。三、明净惑所知事。分二：一、世間净惑所知事，分二，如《論》。二、出世間净惑所知事，分四，如《論》。三、結。二、明勝解因。分二：一、立因。二、顯果。三、明同分影像。分三：一、顯果。分二：一、因正義。二、答難。二、立因。三、結。四、明"觀察"義。分二：一、立所緣。二、立能緣。三、總結。

二、明無分別影像。分四：一、問。二、答。分三：一、明無分别相。分二：一、總。二、别。二、明無分别因。分二：一、標。二、釋，分九，如《論》。三、明無分别果。分二：一、總。二、别，分四，如《論》。三、結。四、明差别名。分三：一、標。二、釋，分八，如《論》。三、結。

三、明事邊際性。分三：一、總問。二、廣答。分二：一、略答。二、别釋。分二：一、明盡所有性。分三：一、問。二、答。分三：一、依有爲。二、依有爲無爲。三、依染净因果明盡所有性。三、結。二、明如所有性。分二：一、問。二、答。分二：一、立所成法。分二：一、有漏。二、無漏。二、立能成法。分二：一、標。二、釋。三、總結。

四、明所作成辯。分三：一、問。二、答。分二：一、立因。二、顯果。分二：一、明出世果。二、明世間果。分二：一、依色界顯果，分四，如《論》。二、依無色界顯果，分四，如《論》。三、結。

第五明"遍滿"義分二：一、依所能説明"遍滿"義。二、依止觀等五法明"遍滿"義，分五，如《論》。

第六明説四法意趣分二：一、總標四緣意趣，分四，如《論》。二、引經證成，分四，如《論》。

第七、明總結。

四種所緣中第二、明净行所緣境事。分四：一、總問。二、略答列名。三、廣解。四、總結。

廣解分五：一、明不净所緣差别。二、明慈愍所緣差别。三、明緣起所緣差别。四、明界所差别。五、明出入息念所緣差别。

初文分七：

一、總問。

二、略答。

三、列名。

四、别釋。分六：

一、明污穢不净。分五：一、問。二、略答。三[①]、列名。四、别釋。分二：一、明内不净。分三：一、問。二、答，分三十六，如《論》。三、結。二、明外不净。分三：一、問。二、答。分二：一、依色立不净，分十，如《論》。二、依外污立不净，分七，如《論》。三、結。五、明總結。

二、明苦惱不净。分三：一、問。二、答。分二：一、立因。二、顯果。三、結。

三、明下劣不净。分三：一、問。二、答。分二：一、依資具明下劣。二、依界明下劣不净。分三：一、標。二、釋。三、明"下劣"義。三、結。

四、明觀待不净。分三：一、問。二、答。分二：一、標。二、釋。分二：一、依但無色界明觀待不净。分二：一、立因。二、顯果。二、依勝涅槃明觀待不净。分二：一、立因。二、顯果。三、結。

五、明煩惱不净。分三：一、問。二、答。分五：一、依九結。二、依三縛。三、依種子。四、依隨煩惱。五、依十纏現行明煩惱不净。三、結。

六、明速壞不净。分三：一、問。二、答。分二：一、依總相。二、依别相明速壞不净，分三，如《論》。三、結。

五、明不净觀能治道勝利功德。分二：一、總標。二、别釋。分二：一、立所治法。分三：一、標。二、列名。三、結。二、立能治之道。分二：一、總標。二、别釋。分四：

一、明杇穢不净勝利。分二：一、依内不净明能治道勝利。分二：一、立所治。二、立能治。二、依外不净明勝利。分四：一、略釋。分二：一、所治。二、能治。二、廣解。分四：一、總標。二、列名。三、别釋。分二：一、總。

① 三，録本作"二"，結合文意，據底本改。

二、别。分四：一、立色貪。二、立形色貪。三、立妙觸貪。四、立承事貪。四、總結。三、引證。分二：一、總標。二、别釋。分四：一、立色貪治道。二、立形色貪治道。三、妙觸貪治道。四、立承事貪治道。四、明總結。

二、合明苦惱及下劣不净勝利。分二：一、立因。二、顯果。

三、明觀待不净勝利。分二：一立因。二顯果。

四、合明煩惱不净及速壞不净勝利。分二：一、立因。二、顯果。

六、明總結。

七、明六緣差别意趣。分二：一、通。二、别。

净行所緣中第二、明慈愍所緣差别。分七：一、總問。二、略答。分二：一、立因。二、顯果。三、别釋。分三：一、立所治法。二、立能治道。三、結。四、明經意趣。分四：一、依利益意樂明意趣。分二：一、標經句。二、釋經文。二、依三相明意趣。分二：一、標經句。二、釋經文。三、依三品樂明意趣。分二：一、標經句。二、釋經文。四、依定地勝解明意趣。分三：一、標經句。二、釋經文。三、出勝解體，分三，如《論》。五、明悲等二法差别。分二：一、標。二、釋，分二，如《論》。六、總結。七、明能治瞋恚道勝利。分三：一、立因。二、顯果。三、結。

净行所緣中第三、明緣起緣性所緣差别。分三：一、問。二、答。分二：一、明所緣正義。分三：一、標。二、釋，分四，如《論》。三、結。二、明勝利。分二：一、立所治。二、顯能治。分二：一、依見道。二、依修道顯能治道。

净行所緣中第四、明界差别所緣。分六：

一、總問。

二、略答。

三、列名。

四、别釋。分六：

一、明地界。分六：一、總問。二、略答。三、列名。四、别釋。分二：一、明内。分二：一、標。二、釋。二、明外。分二：一、標。二、釋。五、明事。分二：一、明内事。分三：一、問。二、答，分三十六。三、結。二、明外事。分三：一、問。二、答。三、結。六、明總結。

二、明水界。分四：一、總問。二、略答。三、列名。四、别釋。分二：

一、明内水界。分三：一、標。二、釋。三、明事。分三：一、問。二、答。三、結。二、明外水界。分三：一、標。二、釋。三、明事。分三：一、問。二、答。三、結。

三、明火界。分四：一、總問。二、略答。三、列名。四、别釋。分二：一、明内火界。分三：一、標。二、釋。三、明事。分三：一、問。二、答。分二：一、立因。二、顯果。三、結。二、明外火界。分三：一、標。二、釋。三、明事。分三：一、問。二、答。分二：一、立因。二、顯果。三、結。

四、明風界。分四：一、總問。二、略答。三、列名。四、别釋。分二：一、明内。分三：一、標。二、釋。三、明事。分三：一、問。二、答，分十二，如《論》。三、結。二、明外。分三：一、標。二、釋。三、明事。分三：一、問。二、答，分十三，如《論》。三、結。

五、明空界。分三：一、問。二、答。分三：一、明空相。二、五吞咽因。三、顯吞咽果。三、結。

六、明識界。分三：一、問。二、答。分二：一、依六識。二、依八識明識性。三、結。

第五、明六界差别勝利。分二：一、立因。二、顯果。分二：一、依見道。二、依修道顯果。

第六、明總結。

净行所緣中第五、明出入息念所緣分。十二：

一、總問。分二：一、問念。二、問所緣。

二、略答。分二：一、答念。二、答所緣義。

三、明二息差别。分二：一、列名。分二：一、列入息。分三：一、標。二、徵問。三、列名。二、列出息。分三：一、標。二、徵問。三、列名。二、别釋。分三：一、明入息。分二：一、明入息。分三：一、標。二、釋。三、結。二、明中間息。分三：一、標。二、釋。三、結。二、例餘二種出息。三、明二息差别。分二：一、標。二、釋。分三：一、依面門。二、依鼻端。三、依外風輪明差别。

四、明二息因緣。分三：一、標。二、徵問。三、答列。分二：一、依先業立因。二、依二穴立因。

五、明二息所依。分六：一、總標。二、徵問。三、列名。四、徵。五、答所以。分二：一、總標。二、廣解。分三：一、依唯身立所以。二、依唯心立所以。三、依唯身心立所以。六、結。

六、明二息行處相。分三：一、標。二、徵問。三、答列。分二：一、答入息行處。二、答出息行處。

七、明二息地位。分四：一、總標。二、徵問。三、列名。四、別釋。分二：一、明麄穴。分二：一、問。二、答。分二：一、明出息麄穴。二、明入息麄穴。二、明細穴。分二：一、問。二、答。

八、明二息異門義。分四：一、總標。二、徵問。三、列名。四、略釋。分二：一、立總名。二、立不別名。

九、明二息修習過患。分四：一、總標。二、徵問。三、列名。四、別釋。分二：一、明太緩過。分二：一、立因。二、顯果，分三，如《論》。二、明太急過。分二：一、略答。分二：一、立因。二、顯果。二、廣釋。分二：一、明身不平等過。分三：一、問。二、答。分二：一、立因。二、顯果。三、結。二、明心不平等過。分三：一、問。二、答。分二：一、依散亂。二、依憂惱明心不平等。三、結。

十、明二息五種修。分四：一、總標。二、徵問。三、列名，分五，如《論》。四、別釋分五：

第一、明算數修。分九：

一、總問。

二、略答。

三、徵問。

四、列名。

五、別釋。分四：

一、明以一爲一算數。分三：一、問。二、答。分三：一、依入息生時立數。二、依入息滅立數。三、明立十數意趣。三、結。

二、明以二爲一算數。分四：一、問。二、答。三、結。四、明立因由。

三、明順算數。分三：一、問。二、答。三、結。

四、明逆算數。分三：一、問。二、答。三、結。

六、明二息修方便。分二：一、總標。分二：一、立因。二、顯果。二、廣解。分三：一、問。二、答。分三：一、依□□明勝數。分二：一、標。二、釋，分二，如《論》。二、依百明勝數。三、依千明勝進數。三、總結。

七、明從二息退還發起方便。分二：一、立退還相。二、明發起方便。分二：一、略釋。分二：一、立因。二、顯果。二、廣解。分二：一、依二息明起方便。分三：一、立因。二、顯果。三、結。二、明安住法。分三：一、明安住。二、明隨行了達。三、明覺了相。

八、總結。

九、明根利鈍差别。分二：一、明鈍根修相。分三：一、立人。二、明勝利。三、明過失。二、明利根修相。分三：一、明不樂相。二、明安住相。分三：一、立因。二、顯果。三、結。三、明勝利。分二：一、立因。二、顯果。

第二、明悟入諸蘊修二息相。分四：一、總標。分二：一、立因。二、顯果。二、徵問。三、廣答。分五：一、明入色蘊。二、明入受蘊。三、明入想蘊。四、明入行蘊。五、明入識蘊。四、明總結。

第三、明悟入緣起修二息相。分五：

一、總標。分二：一、立因。二、顯果。

二、徵問。

三、廣答。分二：

一、明悟入染品。分二：一、總標。分二：一、立尋求。二、立思相。二、廣解。分二：一、明尋因。分三：一、尋身心因。二、尋命根因。三、尋先行因。二、明了果。分四：一、了無明果。二、了先行果。三、了命根果。四、了身心果。

二、明悟入净品。分四：一、明行滅。分二：一、立因。二、顯果。二、明命根滅。分二：一、立因。二、顯果。三、明身心滅。分二：一、立因。二、顯果。四、明二息滅。分二：一、立因。二、顯果。

四、總結。

五、明善修習相。分二：一、明正義。二、結。

第四、明悟入聖諦修二息相。分四：一、總標。分二：一、立因。二、顯果。二、别釋。分四：一、明悟入苦諦。分四：一、明無常。分二：一、立因。

二、顯果。二、明苦。三、明空及無我。四、結。二、明悟入集諦。分二：一、顯果。二、立因。三、明悟入滅諦。分二：一、立因。二、顯果。四、明悟入道諦。分二：一、立因。二、顯果。三、總結。四、善修習相。

第五、明悟入十六勝行修相。分六：

一、總標。分二：一、明已斷法。二、明未斷相。

二、徵問。

三、引經列名。分十六：一、依入出息立勝行名。二、依長息立名。三、依短息立名。四、依覺了遍身立名。五、依除身行立名。六、依覺了喜立名。七、依覺了樂立名。八、依覺了心行立名。九、依覺了心立名。十、依喜悦心立名。十一、制持心立名。十二、依解脱心立名。十三、依無常隨觀立名。十四、依斷隨觀立名。十五、依離欲隨觀立名。十六、依滅隨觀立名。

四、廣解釋。分三：一、總問。二、廣答。三、總結。

廣答分十六：

一、明入出息勝行。分二：一、立因。二、顯果。分二：一、明入息。二、明出息勝行。

二、明長入出息勝行。分二：一、立因。二、顯果。分二：一、明長入息。二、明長出息。

三、明短入出息勝行。分三：一、立因。二、顯果。三、明長短差别。分二：一、明正義。二、結。

四、明覺了遍身入出息勝行。分二：一、立因。二、顯果。

五、明除身行入出息勝行。分二異門：

初門分二：一、立因。分二：一、立入息因。二、立出息因。二、顯果。分二：一、明入息果。二、明出息果。

第二異門分二：一、立因。二、顯果。分二：一、明離過。二、明證德，分二，如《論》。

六、明覺了喜入出息勝行。分二：一、立因。二、顯果。

七、明覺了樂入出息勝行。分三：一、立因。二、顯果。三、明第四静慮已上不立二息因由。

八、明覺了心行勝行。分三：一、立所治。分三：一、標。二、釋。三、出過。二、立能治。三、顯果。分二：一、明心持果。二、明息除果。

九、明覺了心勝行。分二：一、立因。二、顯果。分二：一、明所治。分二：一、標。二、釋。二、明能治。分二：一、立因。二、顯果。

十、明喜悦心勝行。分二：一、立因。分二：一、立所治。二、立能治。二、顯果。

十一、明制持心勝行。分二：一、立因。分二：一、立所治。二、立能治。二、顯果。

十二、明解脱心勝行。分二：一、立因。分二：一、立能治道。二、立所治法。二、顯果。

十三、明無常隨觀勝行。分二：一、立因。分二：一、立所治。二、立能治。二、顯果。

十四、十五、十六，合明斷隨觀、離欲隨觀、滅隨觀勝行。分三：一、明差别。二、總標。分二：一、立因。二、顯果。三、釋。分七：一、總問。二、略答。三、列名。四、别釋。分三：一、明斷界。二、明離欲界。三、明滅界。五、明修相。分二：一、立因。二、顯果。六、明果相。七、明究竟果。分二：一、立因。二、顯果。第三、明總結。

第十一、明總結。

第十二、明五種修習勝利。分三：一、立勸詞。二、明勝利。三、結。

第四、明五種净行所緣，總結。

四種所緣廣解中第三、明善巧所緣境事。分六：一、總問。二、略答。三、列名。四、别釋。五、明略義。六、總結。

别釋分五：

第一、明蘊善巧。分三：一、總問。分二：一、問蘊體相。二、問蘊善巧。二、略答。分二：一、標。二、釋。三、别釋。分二：一、明蘊體。二、蘊善巧。

初文分七：

一、明色蘊。分三：一、問。二、答。分三：一、立因。二、顯果。三、明差别，分十一，如《論》。三、結。

二、明受蘊。分三：一、問。二、答。分二：一、明三受。分三，如《論》。二、明六受，分六，如《論》。三、結。

三、明想蘊。分三：一、問。二、答。分二：一、明有相想等六想，分六，如《論》。二、明六相身，分六，如《論》。三、結。

四、明行蘊。分三：一、問。二、答。分二：一、明六思身。分二：一、標。二、釋。二、明相應不想應行。三、結。

五、明識蘊。分三：一、問。二、答。分二：一、略。二、廣。三、結。

六、例餘四蘊差别。

第七、總結。

第二、明五蘊善巧。分二：

一、略釋。分三：一、問。二、答。三、結。二、廣解。分三：一、明種種差别性。分三：一、問。二、答。三、結。二、明非一衆多性。分四：一、問。二、答。三、結。四、例餘四蘊明差别性。三、明除此法外更無所得無分别。分三：一、問。二、答。三、結。

第二、明界善巧。分二：一、明界體。二、明界善巧。

初分四：一、總問。分二：一、問界。二、問善巧。二、略答。三、列名，分十八，如《論》。四、結。

二、明善巧義。分三：一、明於十八界善巧。分三：一、依界。二、依種子。三、依種姓明善巧。二、明於十八法因緣善巧。三、總結。

第三、明處善巧。分二：一、明處相。二、明處善巧義。

初文分四：一、總問。分二：一、問處相。二、問處善巧義。二、略答。三、列名，分十二，如《論》。四、結。

二、明處善巧義。分三：一、總標。二、廣釋。分四：一、明眼識三緣。二、明耳識三緣。三、例餘四識三緣。四、明總結。分二：一、標。二、釋。第三、明善巧義。

第四、明緣起善巧。分[①]二：一、明緣起體。二、明善巧義。

初文分三：一、總問。分二：一、問緣起。二、問善巧。二、略答，分十二，如《論》。三、結。

二、明善巧義。分三：一、總。二、别釋。分三：一、依無常明善巧。二、

① 分，録本衍作"分分"，據底本删。

依苦明善巧。三、依無我明善巧。三、總結。

第五、明處非處善巧。分三：一、總標。二、明差别。分二：一、標。二、釋。分二：一、因。二、果。三、明善巧義。分三：一、標。二、釋。分二：一、依可愛果。二、依不可愛果明善巧。三、結。

第五、明五善巧略義。分三：一、標。二、列名。三、别釋。分二：一、明自相善巧。二、明共相善巧。

第六、明總結。

四種所緣廣解中第四、明净惑所緣境事。分二：一、總問。二、廣答。分二：一、答世間道净惑之相。二、答出世道净惑之相。

初文分三：一、略釋。分二：一、標。二、釋。二、廣解。三、總結。

廣解分二：

第一、明麁性觀。分四：一、總問。二、略答。三、列名。四、别釋。分三：一、明體麁性。分二：一、標。二、釋。分二：一、明麁性。二、明静性。二、明數麁性。分三：一、標。二、釋。分三：一、依色藴明數性。二、例餘四藴。三、結。三、明二性總義。分二：一、標。二、釋。分二：一、明麁。二、明静。三、明總結。分三：一、標。二、釋。三、結。

第二、明静性觀。

第三、明總結二觀。分三：一、明正義。二、徵。三、答所以。分三：一、明觀下地。二、明觀上地。三、繫斷相。

第二、明出世道净惑之相。分四：一、總標。二、列名，分四，如《論》。三、廣釋。四、總結。

廣釋分七：

第一、明四諦體相。分四：一、明苦諦。分三：一、問。二、答，分八，如《論》。三、結。二、明集諦。分三：一、問。二、答，分四，如《論》。三、結。三、明滅諦。分三：一、問。二、答。三、結。四、明道諦。分三：一、問。二、答。三、結。

第二、明四諦數定量。分二：一、標。二、釋。分二：一、明黑品因果。二、明白品因果。

第三、明次第，分四，如《論》。

第四、明諦義。分二：一、明正義。分二異門：初門依無顛立諦義，第二異門依無虚誑立諦義。二、總結。

第五、明聖諦義。分二異門：初門分三：一、問。二、答。分二：一、明聖見。二、愚不見。三、結。第二異門分二：一、明愚諦。二、明聖諦。

第六、引經明八苦、三苦之相。分三：一、明八苦相。分二：一、明生苦。二、例餘七苦。二、明三苦相。分三：一、明三苦。二、徵。三、答所以。三、明經意趣。分二：一、問。二、答。分四：一、依等在。二、依厭患。三、依易入。四、依易化明自聲説相。

第七、明建立四諦。分四：

一、明建立苦諦。分二：一、總問。二、廣答。分三：

一、明建立苦苦。分三：一、標。二、釋。三、結。

二、明建立壞苦。分三：

一、明壞苦性正義。分二：一、總標。二、釋。分二：一、明壞苦性。分四：一、依六所治。二、依苦受及依。三、依樂受及依明壞苦性。四、總結。二、明壞苦義。分三：一、依樂受及依明苦義。二、依生起明苦義。三、結。

二、引證。分二：一、依五蓋煩惱壞苦。二、結。

三、總結。

三、明建立行苦。分三：一、略釋。二、廣解。分二：一、明苦性。二、明苦義。三、結。

二、明建立集諦。分二：一、略釋，分三，如《論》。二、廣解。分三：一、總標。二、列名。三、别釋。分二：一、明後有愛。二、明境界愛。分三：一、略標。二、列名。三、别釋。分二：一、明已得欣求愛。二、明未得喜樂愛。

三、明建立滅諦。分二：一、標。二、釋。分二：一、明因滅。二、明果滅。

四、明建立道諦。分二：一、標。二、釋，分二，如《論》。

第四、明總結。

第六、明四種所緣，總結。

十八中大門第四、明教授相，以答第四問。分二異門：

初門依無倒等四種教法明教授相。分四：一、總問。二、略答。三、列名，分四，如《論》。四、别釋。分四：

一、明無倒教授。分三：一、問。二、答。分三：一、依聞。二、依思慧。三、依修慧明無倒教授。三、結。

二、明漸次教授。分三：一、問。二、答。分三：一、依□□。二、依四諦。三、依静慮等持明漸次教授。三、結。

三、明教教授。分三：一、問。二、答。分二：一、立因，分七，如《論》。二、顯果。三、結。

四、明證教授。分三：一、問。二、答。分二：一、立因。二、顯果。三、結。

第二異門依三神變明教授相。分六：一、總標。二、徵問。三、略答。四、列名。五、别釋。分三：一、明神境神變教授。分二：一、立因。二、顯果。二、明記説神變。分二：一、立因。二、顯果。三、明教誡神變。分二：一、立因。二、顯果。六、明總結。

十八中大門第五、明學處相，答第五問。分五：一、總問。二、略答。三、列名。四、廣釋。五、總結。

廣釋分七：

第一、明三學體相。分三：

一、增上戒學。分三：一、問。二、答。三、結。

二、明增上心學。分二異門：初門依四静慮明心學。分三：一、問。二、答。三、結。第二異門依無色四定等明心學。分二：一、略釋。二、答難。

三、明增上慧學。分三：一、問。二、答。三、結。

第二、明立三學定數。分三：

一、問。

二、答。分二：一、略答。二、廣解。分三：

一、明建立定所依義。分四：一、標。二、釋。三、徵。四、答所以。

二、明智所依義。分四：一、標。二、釋。三、徵。四、答所以。

三、明辨所作所依義。分四：一、標。二、釋。三、徵。四、答所以。

第三、總結。

第三、明三學次第。分三：一、問。二、答。分三：一、明戒學次第。二、明心學次第。三、明慧學次第。分二：一、立因。二、顯果。分四：一、依加行道。二、依無間道。三、依解脱道。四、依無餘依顯果。三、結。

第四、明三學增上義。有三異門：

初門依所趣及最勝義明“增上”義。分三：一、問。二、答。分二：一、略答。二、廣解。分二：一、明“所趣”義。分三：一、問。二、答。分三：一、依心學。二、依慧學。三、依煩惱斷明“所趣”義。三、結。二、明“最勝”義。分三：一、問。二、答。三、結。

第二異門依引發明“增上”義。分二：一、標。二、釋。分二：一、明增上慧學引心學。二、明心學引慧學。

第三異門依具、不具明“增上”義。分二：一、明正義，分三，如《論》。二、明勸修相。

第五、明依三學入諦現觀三種人。分四：一、總標。二、徵問。三、答列名。四、别釋，分三，如《論》。

第六、明依三學立三根。分三：一、總標。二、列名，分三，如《論》。三、别釋。分二：一、總問。二、廣答。分三：一、答未知欲知根。分二：一、立因。二、顯果。二、答已知根。分二：一、立因。二、顯果。三、答具知根。分二：一、立因。二、顯果。

第七、明依三學立三解脱門。分四：一、總標。二、列名。三、解釋。分五：一、總問。二、略答。三、列名。四、别釋。分二：一、明有法。分三：一、標。二、列名。三、解釋。分三：一、依有爲五藴明有法。二、依涅槃明有法。三、總結。二、明非有法。五、配三解脱門。分三：一、依有爲法配無願解脱門。分二：一、立因。二、顯果。二、依無爲法配無相解脱門。分二：一、立因。二、顯果。三、依非有法配空解脱門。分二：一、立因。二、顯果。第四、總結。

十八中大門第六、明隨順學法，答第六問。分四：一、總問。二、略答。分二：一、立所治。二、立能治。三、解釋。四、總結。

解釋分二：

一、明十種違逆學法。分三：一、總問。二、廣答，分十，如《論》。三、總結。

二、明十種隨順學。分二異門：

初門依十相明隨順法。分五：一、總問。二、略答。三、列名，分十，如《論》。四、明結勸。五、明光明想及意趣。分四：一、標。二、列名。三、釋。四、明意趣。

第二異門依宿因等十法明隨順法。分四：一、總標。二、徵問。三、列名，分十，如《論》。四、别釋。分十：

一、明宿因。分二：一、問。二、答。分二：一、依成熟。二、依積集明宿因。

二、明隨順教。分二：一、問。二、答。分二：一、依無倒。二、依漸次明隨順教。

三、明如理加行。分二：一、問。二、答。分二：一、依修行。二、依正見明如理加行。

四、明無問殷重所作。分二：一、問。二、答。分二：一、立因。二、顯果。分二：一、依果。二、依因立果相。

五、明猛利樂欲。分二：一、問。二、答。分二：一、標。二、釋。

六、明持瑜伽力。分三：一、總問。二、略答。三、列名。

七、明止息身心麁重。分二：一、問。二、答。分四：一、依身立二麁重。分二：一、立所治。二、立能治。二、依心立二麁重。分二：一、立所治。二、立能治。三、依惛睡立二麁重。分二：一、立所治。二、立能治。四、依煩惱未斷立二麁重。分二：一、立所治。二、立能治。

八、明數數觀察。分二：一、問。二、答，分二，如《論》。

九、明無怯弱。分二：一、問。二、答。分二：一、立所治立。分二：一、立因。二、顯果。二、立能治。

十、明離增上慢。分二：一、問。二、答。分二：一、總標。二、釋離顛倒執，分三，如《論》。

第四、明總結及隨順義。分二：一、明結勸。二、明隨順義。

十八中大門第七、明瑜伽壞相，答第七問。分六：一、總問。二、略答。三、徵問。四、列名，分四，如《論》。五、别釋。六、總結。

别釋分四：

一、明畢竟壞。分五：一、標。二、釋。三、徵。四、答所以。五、結。

二、明暫時壞。分五：一、標。二、釋。三、徵。四、答所以。分二：一、立□。二、明緣不具。五、結。

三、明退失所德壞。分二：一、標。二、釋。分二：一、立因。二、顯果。

四、明邪行所作壞。分三：一、標。二、別釋。分三：一、依不如正理修行明壞相。分二：一、立因。二、顯果。二、依多諸煩惱等明壞相。分二：一、立因。分三：一、依煩惱。二、依聰慧。三、依聽衆立因。二、顯果。三、依矯詐等明壞相。分二：一、立因。二、顯果。分三：一、依名利。二、依戀著。三、依五瑜伽顯果。分六：一、明立瑜伽意。二、明立宗。三、明過失。四、明覆藏過。分三：一、明正義。二、徵。三、答所以。五、明立法過。六、明隨順彼教失。三、結。

第六、明總結勸。

十八中大門第八、明瑜伽相，答第八問。分六：一、總問。二、略答。三、徵問。四、列名，分四，如《論》。五、別釋。六、總結。

別釋分二：

一、明信等四法體相。分五：

第一、明信體相。分二：一、總標。二、別釋。分二：一、明行相名。分二：一、標。二、釋，分二，如《論》。二、明依處。分二：一、標。二、釋，分二，如《論》。

第二、明欲體相。分四：一、總標。二、徵問。三、列名，分四，如《論》。四、別釋。分四：一、明證得欲。分二：一、標。二、釋。二、明請問欲。分二：一、標。二、釋。三、明修集二道資糧欲。分二：一、標。二、釋。分二：一、立。二、顯因。四、明隨順瑜伽欲。分二：一、標。二、釋。分二：一、明處所。二、明欲相。

第三、明精進體相。分四：一、總標。二、徵問。三、列名，分四，如《論》。四、別釋。分四：一、明爲聞精進。分二：一、標。二、釋。分二：一、進處。二、明進相。二、明爲思精進。分二：一、標。二、釋。分二：一、明進處。二、明進相。三、明爲修精進。分二：一、標。二、釋。分二：一、明進處。二、明進相。四、明爲障浄精進。分二：一、標。二、釋。分二：一、明進處。二、明進相。

第四、明方便體相。分二：一、標。二、釋。分四：一、依增上戒立方便。二、依念住明方便。三、依正斷行等明方便。四、依增上慧明方便。

第五、明總結。

第二、明信等四法次第。分四：一、明信生起次第。二、明欲生起次第。三、明精進生起次第。四、明方便生起次第。

第六、總結。

十八中大門第九、明作意相，答第九問。分三：

第一、明作意相。有二異門：

初門依加行道、煩惱斷道、究竟道明作意相。分五：一、總問。二、略答。三、徵門。四、別名，分四，如《論》。五、別釋。分四：

一、依了相作意明力勵作意。分三：一、問。二、答。分二：一、明作意處所。分二：一、依止。二、依觀明處。二、明作意相。三、結。

二、明有間作意。分三：一、問。二、答。分二：一、明"運轉"義。二、明"有間"義。三、結。

三、明無間作意。分三：一、問。二、答。三、結。

四、無功用作意。分三：一、問。二、答。三、結。

第二異門依加行道、煩惱斷道、樂斷煩惱歡喜道明作意相。分三：一、總標。二、列名，分四，如《論》。三、別釋。分四：

一、明隨順作意。分二：一、問。二、答。

二、明對治作意。分二：一、問。二、答。

三、明順清浄作意。分二：一、問。二、答。分二：一、立所治。二、立能治。

四、明順觀察作意。分二：一、問。二、答。分二：一、立因。二、顯果。

第二、明作意思惟相差别相。分五：一、總問。二、略答。三、徵問。四、列名。五、别釋。分四：

一、明所緣相。分二：一、標。二、釋。

二、明因緣相。分二：一、標。二、釋。分七：一、依定資糧。二、依正教。三、依樂欲。四、依厭法。五、依遍知。六、依惱觸。七、依止觀明因緣相。分二：一、明觀根本相。二、明止根本相。

三、明應遠離相。分三：一、總標。二、列名。三、別釋。分四：一、明沈相。分二：一、標。二、釋，分二，如《論》。二、明棹相。分二：一、標。二、釋，分二，如《論》。三、明著相。分二：一、標。二、釋，分二，如《論》。四、明亂相。分二：一、標。二、釋，分二，如《論》。

四、明應修習相。分三：一、標。二、釋。三、指文。

第三、明作意勝解相差別相。分五：一、總問。二、略答。三、徵問。四、列名，分九，如《論》。五、別釋。分九：

一、明光凈勝解。分二：一、標。二、釋。分二：一、立因。二、顯果。

二、明無光凈勝解。分二：一、標。二、釋。分二：一、立因。二、顯果。

三、明遲鈍勝解。分二：一、標。二、釋。分二：一、立因。二、顯果。

四、明捷利勝解。分二：一、標。二、釋。分二：一、立因。二、顯果。

五、明狹小勝解。分三：一、標。二、釋。三、結。

六、明廣大勝解。分三：一、標。二、釋。三、結。

七、明無量勝解。分三：一、標。二、釋。三、結。

八、明清凈勝解。分二：一、標。二、釋。分三：一、依加行道。二、依修習道。三、依究竟道明清凈勝解相。

九、明不清凈勝解。分二：一、標。二、釋。分三：一、依加行道。二、依修習道。三、依究竟道明不清凈勝解相。

十八中大門第十、明瑜伽所作，答第十問。分六：

一、總問。

二、略答。

三、徵問。

四、列名，分四，如《論》。

五、別釋。分二：

一、合明所依滅及所依轉。分三：一、總標。二、別釋。分二：一、立因。二、顯果。分二：一、明所依滅果。二、明所依縛果。三、總結。

二、合明遍知所緣及愛樂所緣。分二：一、總標。二、別釋。分二：一、與所依滅及所依轉作因故，明遍知所緣及愛樂所緣相。分二：一、立因。二、顯果。二、所依清净與遍知所緣等爲因故,明遍知所緣等二法得善清净所作成。分三:一、立因。二、顯果。三、明轉時。

六、總結。

十八中大門第十一、明修瑜伽師有幾種人之相,答第十一、問。分五:一、總問。二、略答。三、徵問。四、列名,分三,如《論》。五、别釋。分二異門:

初門依五位立人數。分三:

一、明初修業人。分四:一、總問。二、略答。三、列名。四、别釋。分二:一、明作意初修人。分二:一、問。二、答。分二:一、立因。二、顯果。分三:一、依加行道。二、依修道。三、依究竟道明無果相。二、明净煩惱初修人。分三:一、問。二、答。分二:一、立因。二、顯果。三、總結。

二、明已習行人。分二:一、問。二、答。分二:一、明除相。二、明餘相。

三、明度作意人。分三:一、問。二、答。分二:一、立因。二、顯果。三、結。

第二異門依三位立人數。分三:一、依資糧位明初業人。分二:一、立因。二、顯未證果。二、依加行位明已習行人。分二:一、立因。二、顯果。三、依見道位明已度作意人。分三:一、立因。二、顯果。三、結。

十八中大門第十二、明瑜伽修相,答第十二問。分四:一、總問。二、略答。三、列名,分二,如《論》。四、别釋。分二:一、明世、出世法光明想修。二、明菩提分修。

初文分三:一、總問。二、廣答。三、總結。

廣答分二:一、依世間道法光明明修想。二、依出世道法光明明修想。分二:

一、依斷界等明修想。分二:一、立所緣境,分三,如《論》。二、明修相,分三,如《論》。

二、依止觀明修想。分二:一、略釋。分二:一、依止明略修上下想。二、依觀明略修前後想。二、廣解。分二:一、依止品明修想。分三:一、標。二、釋。三、指文。二、依觀品名修想。分二:一、標。二、釋。分四:一、明正

義。分二:一、總。二、别。二、立喻,分三,如《論》。三、明意趣。四、釋經句。分三:

一、明住觀坐喻意。分四:一、標。二、釋。三、徵。四、答所以。分二:一、明立義。二、明坐義。

二、明坐觀於卧意。分四:一、標。二、釋。三、徵。四、答所以。分二:一、明坐義。二、明卧義。

三、明在後行觀前行喻意。分四:一、標。二、釋。三、徵。四、答所以。分二:一、明前行義。二、明後行義。

第三、總結。

第二、明菩提分修。分六:一、總問。二、略答。三、徵問。四、答列名,分七,如《論》。五、解釋。六、總結。

解釋分二:

一、略釋。分七:一、明四念住。分二:一、標。二、釋,分四,如《論》。二、明四正斷。分二:一、標。二、釋,分四,如《論》。三、明四神足。分二:一、標。二、釋,分四,如《論》。四、明五根。分二:一、標。二、釋,分五,如《論》。五、明五力。分二:一、標。二、釋,分五,如《論》。六、明七覺支。分二:一、標。二、釋,分七,如《論》。七、明八支聖道。分二:一、標。二、釋,分八,如《論》。

第二、廣解。分七:一、明四念住。二、明四正斷。三、明四神足。四、明五根。五、明五力。六、明七覺支。七、明八支聖道。

初文分五:一、明四念住體差别義。二、廣釋受等三法。三、引經明念住修相。四、明對治相。五、明"念住"義。

初文分四:

第一、明身念住。分二:一、總問。分四:一、問身相。二、問住修身觀。三、問念體。四、問念住相。二、廣略答。分四:

一、答身相。分三:一、標。二、釋。分十四:一、依相續差别立二身。二、依遍不遍差别立二。三、依心執受不執受立二。四、依任不任立二。五、依色差别立二。六、依爛不爛立二。七、依趣差别立五。八、依住不住差别立二。九、依内外差别立二。十、依相續住不住立二。十一、依根立三。十

二、依品立三。十三、依好惡立三。十四、依分位立三。三、結。

二、答住修身觀。分二:一、標。二、釋。分三:一、立所觀法。二、立能觀。三、明業用,分三,如《論》。

三、答念體。分二:一、立念境。二、立念體。

四、答念住相。有二異門:

初門依三慧明念住相。分二:一、釋正義。分二:一、明念處。二、明念義。二、結。

第二異門依守念等三法明念住相。分三:一、標。二、釋。分三:一、明護念。分二:一、標。二、釋。二、明於境無染。分二:一、標。二、釋。三、明安住所緣。分二:一、標。二、釋,分四,如《論》。三、結。

第二、明受體差別。分三:一、問。二、答。分二:一、明自性。二、明處差別。分六:一、依身。二、依心。三、依有愛味。四、依無愛味。五、依耽嗜。六、依出離門處差別。三、結。

第三、明心相差別。分三:一、問。二、答,分二十,如《論》。三、結。

第四、明法相差別。分三:一、問。二、答,分二十,如《論》。三、結。

第二、廣釋受等三法。分四:

一、明受念住。分六:

一、明樂受。分二:一、標。二、釋。分二:一、總。二、别。分二:一、明身受。二、明心受。

二、例餘二受。分二:一、總。二、别。分二:一、明身受。二、明心受。

三、明無愛味受。分五,與五位隨次説之。

四、明有愛味受。

五、明出離受。分二:一、依世道。二、依出世道明出離受。

六、明耽嗜受。分二:一、依欲界。二、依出世道明嗜受。

二、明心念住。分五:

第一、明行時所起心。分二:一、明正義。分六:一、明有貪心。分二:一、標。二、釋。二、明離貪心。分二:一、標。二、釋。三、明有瞋心。分二:一、標。二、釋。四、明離瞋心。分二:一、標。二、釋。五、明有癡心。分二:一、標。二、釋。六、明無癡心。分二:一、標。二、釋。第二、總結。

第二、明住時所起心。分二：一、明正義。分十四：一、明略心。分二：一、標。二、釋。二、明散心。三、下心。四、明舉心。五、明掉心。六、明不掉心。七、明寂静心。八、明不寂静心。九、明定心。十、明不定心。十一、明善修心。十二、明不善修心。十三、明善解脱心。十四、明不善解脱心。第二、明總結。

第三、明依净蓋地住時所起心。分二：一、標。二、釋，分八，如《論》。

第四、明依净煩惱地住時所起心。分二：一、標。二、釋，分六，如《論》。

第五、依内有蓋等三法明所起心。分三：一、依五蓋明所起心，分四，如《論》。二、依眼等六結明所起心，分四，如《論》。三、依七覺支明所起心。分二：一、依念覺支明所起心。二、例餘六覺支明所起心。

第三、明法念住，分四，如《論》。

第四、例餘三念住。

第三、引經明念住修相。分三：

一、依經總問。分三：一、問住内身等觀。二、問住外身等觀。三、問住内外身等觀。

二、造論廣答。分六異門：

初門依情非情等明修相。分四：一、答住内身觀。分三：一、立因。二、顯果。三、結。下三同此。二、答住外身觀。三、答住内外身觀。四、例答餘受等三法觀。分三：一、明修内受等三觀。二、明修外受等三觀。三、明修内外受等三觀。

第二異門依根明念住修相。分二：一、總標。二、别釋。分四：一、明内身觀。二、明外身觀。三、明内外身觀。四、例明餘三觀。

第三異門依定地輕安等三法明念住修相。分二：一、總標。二、别釋。分四：一、明内身觀。二、明外身觀。三、明内外身觀。四、例明餘三觀。

第四異門依能造大種明念住修相。分二：一、總標。二、别釋。分四：一、明内身觀。二、明外身觀。三、明内外身觀。四、例明餘三觀。

第五異門依緣識不緣識明念住修相。分二：一、總標。二、别釋。分四：一、明内身觀。二、明外身觀。三、明内外身觀。四、例明餘三觀。

第六異門依自他身中髪毛等明念住修相。分二：一、總標。二、别釋。

分四,同前。

三、總結。

第四、明修對治相。分四異門:初門依四倒明對治相,分四,如《論》。第二異門依五蘊明對治相,分四,如《論》。第三異門依造作諸業明對治相,分四,如《論》。第四異門依染净明對治相,分四,如《論》。

第五、明"念住"義。分二:一、總問。二、廣答。分二異門[①]:

初門依所緣及自性等三法明"念住"義。分二:一、略答。二、别釋。分三:一、依所緣明"念住"義。分二:一、標。二、釋。二、依自性明"念住"義。分二:一、標。二、釋。三、明雜念住。

第二異門依二道明"念住"義。分二:一、略釋。二、廣解。分三:一、標。二、列名,分三,如《論》。三、别釋。分二:一、依聞、思所成慧明有漏道。二、依修所成慧明漏無漏道。

第二廣解分七中第二、明修四正斷。分三:一、略釋。分三:一、明生起。二、列名,分四,如《論》。三、指前經文。二、廣分别。三、明略義。

廣分别分五:一、明正斷體相。二、明生欲等義。三、釋經中所立生欲等句。四、明四正斷法異名。五、總結。

初文分二:

一、明黑品。分二:一、總問。二、廣答。分三:一、明不善體。分二:一、標。二、釋。分二:一、立果。二、明因。二、明未生。分二:一、立因。二、顯果。三、明已生。分二:一、立因。二、顯果。

二、明白品。分二:一、總問。二、廣答。分二:一、明善體。分三:一、依十不善業。二、依五蓋。三、依三界結明善體。二、例前不善。

第二、明生欲等義。分二:

一、明生欲義。分二:一、依黑品未生明生欲義。分三:一、立因。二、顯果。三、結。二、依黑品已生明生欲義。分三:一、立因。二、顯果。三、結。

二、合明策勵及精進相。分四異門:

---

① 門,録本作"問",結合文意,據底本改。

初門依三世不善法明策勵及精進相。分四：一、總標生處。分二：一、總。二、別。分二：一、標。二、釋。分二：一、明緣不現見境。二、明緣現見境。二、別釋。分二：一、明策勵相。分三：一、立因。二、顯果。三、結。二、明精進相。分三：一、立因。二、顯果。三、結。三、徵。四、答所以。分二：一、明策勵所以。二、明精進所以。

第二異門依三品纏明彼二相。分二：一、依下中二纏明策勵相。二、依上纏明精進相。

第三異門依行三世境明彼二相。分二：一、依過未明策勵相。分三：一、立所治。分二：一、依過去。二、依未來立所治。二、立能治。三、結。二、明精進相。分三：一、立所治。二、立能治。三、結。

第四異門依分別力等明彼二相。分二：一、總標惡生處。分三：一、標。二、釋。分二：一、明分別力非境生相。二、明俱生相。三、答難。二、釋。分二：一、明策勵相。分三：一、立所治。二、立能治。三、結。二、明精進相。分三：一、立所治。二、立能治。三、結。

第三、釋經中所立於未生善等生欲等句。分五：

一、依未生善明生欲相。分三：一、標經句。二、釋經文。分二：一、立因。二、顯果，各分二。三、結。

二、依已生善明生等三法相。分三：一、總標經句。二、別釋經文。分四：一、明已生善法體。二、依善法不失不退明"住"義。分二：一、釋。二、引經。三、依善法明了現前等明"不忘失"義。分二：一、釋。二、引經。四、依善法已得現前等明"修圓滿"義。分二：一、釋。二、引經。第三明總結。分二：一、立因。二、顯果。

三、合明策勵精進二法差別，分三異門，如《論》。

四、明"策心"義。分三：一、標經句。二、釋經文。分二：一、立因。二、顯果。三、結。

五、明"持心"義。分三：一、問。二、答。分二：一、立因。二、顯果。三、結。

第四、明四正斷法異名。分二：

一、明"正勝"義。分二：一、總標。二、別釋。分二：一、依黑品明"正勝”義。分三:一、立所治。二、立能治。三、結。二、依白品明“正勝”義。分二:一、明正義。二、結。

二、明“正斷”義。分二:一、總標。二、别釋。分四:一、明“律儀斷”。分二:一、標。二、釋。二、明“斷斷”。分三:一、標。二、釋。三、釋前二名義。分二:一、釋“律儀斷”名。二、釋“斷斷”名。三、明“修斷”。分三:一、標。二、釋。三、結。四、明“防護斷”。分三:一、標。二、釋。分二:一、立所修。二、立能修。三、釋名。三、結。

第五、總結。

第三、明略義。分三:一、總問。二、廣答。三、總結。

廣答分三:

一、略答立四正斷意趣。

二、别釋。分二:一、明增上意樂相。分二:一、立因。二、顯果。二、明加行相。分二,同前。

三、明定立意樂及加行二法總意。分二:一、標。二、釋。分二:一、明立增上意樂意趣。分二:一、立因。分二:一、依黑品立因。二、依白品立因。二、顯果。二、明立加行意趣。分二:一、依現行明意趣。分二:一、立所治。二、立能治。二、依現行及隨眠明意趣。分二:一、立所治。二、立能治。

三、總結。

第二廣解分七中第三、明修四神足。分七:

一、明生起。

二、列名,分四,如《論》。

三、别釋。分四:一、明欲三摩地。分三:一、立因。二、顯果。三、結。二、明勤三摩地。分三:一、立因。二、顯果。三、結。三、明心三摩地。分三:一、立因。二、顯果。三、結。四、明觀三摩地。分三:一、立因。二、顯果。三、結。

第四、廣解,分四,如《論》。

第五、明八斷行。分四:一、明生起。二、徵問。三、别釋,分八,如《論》。四、總結。

六、明八斷四定相攝義。分三:一、總標。二、别釋。分四:一、明欲相攝。二、明勤相攝。三、明信相攝。四、明安等五法是四定方便義。三、結四、八二定是“神足”義。分二：一、立因。二、顯果。

七、明“神足”義。分二：一、問。二、答。分二：一、立喻。分三：一、立因。二、顯果。三、釋名。分二：一、釋“神”義。二、釋“足”義。二、法合。分三：一、立因。二、顯果。三、釋名。分二：一、釋“神”義。二、釋“足”義。

第二廣解分七中第四、明修五根。分三：一、明生起。分二：一、立因。二、顯果。二、明根體相。分二：一、明信根。分二：一、明信相。分三：一、立因。二、顯果。三、結。二、明“增上”義。分二：一、問。二、答。分二：一、依出世法明“增上”義。二、依進等四法明“增上”義。二、例明餘四根體相。分二：一、依出世法。二、依展轉明根體相。三、釋名。分二：一、明正義。二、結。

第二廣解分七中第五、明修五力。分三：

一、略釋五力體相。分二：一、明信力。分二：一、明信相。分三：一、立所緣。二、立能緣。三、結。二、明“力”義。分二：一、問。二、答。分二：一、依外天等明“力”義。二、依煩惱纏明“力”義。二、例餘進等四法明“力”義。分二：一、明體相。二、明“力”義。

二、明根力所依及生處。分五：一、明信根力二法生處。分四：一、略釋生處。二、徵。三、答所以。四、引證明意趣。二、明精進根力二法生處。分四：一、略釋生處。二、徵問。三、答。四、明意趣。三、明念根力二法生處。分二：一、標。二、釋。四、明定根力二法生處。分二：一、標。二、釋。五、明慧根力二法生處。分二：一、標。二、釋。

三、依根力建立四順決擇分。分四：一、總標。分二：一、立因。二、顯果。二、徵問。三、列名，分四，如《論》。四、别釋。分二：一、立喻。分四：一、明依火相。分三：一、明求火之用。二、明出火因緣。三、顯果。二、明火頂。三、明求火之忍。四、明求火作用。二、法合。分六：一、明求果人。二、明“煗”義。三、“頂”義。四、明“忍”義。五、明“世第一”義。六、明“出世果”義。

第二廣解分七中第六、明修七覺支。分二：一、總問無漏法相。二、廣答。分二：一、略答。分二：一、標。二、釋。二、明相攝。分三：一、標。二、列名。三、别釋。分三：一、依觀品明相攝。三、依止品明相攝。三、依俱品明相攝。

第二廣解分七中第七、明修八支聖道。分五：

一、明生起。

二、明三蘊相攝相。分三：一、明慧蘊相攝。二、明戒蘊相攝。三、明定蘊相攝。

三、明“聖道”義。分三：一、問。二、答。分二：一、立因。二、顯果。三、結。

四、明聖道體相。分八：一、明正見。分二：一、依見道明正見。二、依修道明正見。二、明正思惟。分四：一、立因。二、顯體。三、結。四、釋名。三、明正語。分三：一、立因。二、顯果。三、結。四、明正業。分七：一、依求衣服等明正業。二、依覩等明正業。三、依鉢明正業。四、依食飲等明正業。五、依於已追求等明正業。六、依四威儀明正業。七、依解勞明正業。五、明正命。分二：一、明正義。分三：一、立因。二、顯果。三、結。二、答難。分二：一、略答。二、廣解。分三：一、問。二、答。分三：一、立願所緣。二、顯果。三、明力用。分三：一、明正語用。二、明正業用。三、明正命用。三、總結。六、明正精進。分三：一、立因。二、顯果。三、結。七、八合明正念正定。分三：一、立因。二、顯果。三、結。

五、明略義。分四：一、總標。二、列名。三、别釋。分二：一、明行所作。分二：一、標。二、釋。二、明住所作。分三：一、總標。二、列名。三、别釋。分二：一、明觀性。二、明止性。四、明二作勝利總義。分三：一、明正見等五法得上果。分二：一、立因。二、顯果。二、明何故八法得名“修道”義。三、明何故八法得名“見道”義。四、明何故於修道位建立正語等三名爲“聖道”。

第六、明總結。

十八中大門第十三、明修四想及修菩提分法果相，答第十三問。分七：

一、總問。

二、略答。

三、列名，分四，如《論》。

四、明“沙門果”義。分二：一、總問。分二：一、問“沙門”。二、問於

“果”。二、廣答。分二異門：初門依道斷明“沙門果”。分二：一、答“沙門”。二、答於“果”。第二異門依後生道明“沙門果”。分二：一、立因。二、顯果。

五、明立果數因由。分三：

一、總問。

二、廣答。分二：一、略答。二、廣解。分四：

一、明立預流果因由。分二：一、明正義，分二，如《論》。二、答難。分四：一、略答。分二：一、標。二、釋。二、列名。三、别釋。分三：一、明在家品障。二、明惡説品障。三、明善説品障。四、總結。

二、明立一來果因由。分三：一、立生起。二、解釋。三、結。

三、明立不還果因由。分二：一、明已斷相。二、明未斷義。

四、明立阿羅漢果因由。分二：一、明正義。二、明意趣。分三：一、明立一來果意趣。二、明立不還果意趣。三、明立無學果意趣。

三、總結。

六、明貪行等人修行次第。分二：一、明修行次第。分三：一、明貪行等五人修行次第。二、明等分人修行次第。三、例明薄塵人修行次第。二、明差别。分二：一、總標。二、别釋。分三：一、明貪行等五人差别。二、明等人差别。三、明薄塵人差别。

七、明等分人等行相差别。分二：一、總問。二、廣答。分二：一、答等分人相。分二：一、總。二、别。二、答薄塵行人相。分三：一、略釋。分二：一、標。二、釋，分七，如《論》。二、廣解。三、總結。

廣解分七：

一、明無重障。分五：一、總標。二、略答。三、徵問。四、列名。五、别釋。分三：一、明業障。分三：一、標。二、釋。分二：一、依因立障。二、依果立障。三、結。二、明煩惱障。分三：一、標。二、釋。分二：一、立因。二、顯果。三、結。三、明異熟障。分三：一、標。二、釋。分三：一、依邊地。二、依生惡趣。三、依聾騃等明異障。三、結。

二、明最初清净。分三：一、總標。二、列名。三、别釋。分二：一、明善净戒。分十：一、初等受。二、非太下。三、非太過。四、非放逸懈怠所執。五、非邪口。六、非退法攝。七、非邪命攝。八、非墮二邊。九、出離。十、所受無退。二、明正直見。分三：一、標。二、釋。分二：一、明正體相，分四，如《論》。二、明業用。分四：一、明净信相應業。分二：一、立因。二、顯果。二、明勝解相應業。分二：一、立因。二、顯果。三、明遠離誑諂業。分二：一、立因。二、顯果。四、明善思法義等業。分二：一、立因。二、顯果。三、結。

三、明資糧已具。分二：一、總標。二、別釋。分二：一、明廣義。二、明略義。分三：一、略釋。二、列名。三、別釋。分四：一、明福德資糧。分二：一、標。二、釋。分二：一、立因。二、顯果，分四，如《論》。二、明智慧資糧。分二：一、標。二、釋。分二：一、立因。二、顯果，分三，如《論》。三、明先世資糧。分二：一、標。二、釋。分二：一、立因。二、顯果。四、明現法資糧。分二：一、標。二、釋，分四，如《論》。

四、明多清净信。分二：一、標。二、釋。分四：一、依大師。二、依法。三、依學處明清净信。四、指廣文。

五、明成就聰慧。分二：一、標。二、釋。分二：一、立因。二、顯果，分三，如《論》。

六、明具諸福德。分二：一、標。二、釋。分二：一、立因。二、顯果，分九，如《論》。

七、明具諸功德。分二：一、標。二、釋。

第三、總結。

十八中大門第十四、明人異門，答第十四門。分六：一、總問。二、略答。三、徵問。四、列名。五、別釋。六、總結。

別釋分六：

第一、明沙門相。分四：一、總標。二、徵問。三、列名。四、解釋。分二異門：

初門依善近等四人明"沙門"義。分二：一、明體相。分四：一、明勝道沙門。二、明説道沙門。三、明活道沙門。四、明壞道沙門。二、別釋四人名。分四：一、釋"善逝"名。分二：一、標。二、釋。二、釋説正法人名。分二：一、標。二、釋。三、釋修善人名。分二：一、標。二、釋。四、釋邪行人。分二：一、標。二、釋。

第二異門依學等四人明“沙門”義。分四：一、明勝道沙門。分二：一、標。二、釋。二、明説道沙門。分二：一、標。二、釋。三、明活道沙門。分三：一、標。二、釋。三、結。四、明壞道沙門。分四：一、標。二、釋。三、結。四、引證。

第二、明婆羅門。分三：一[①]、總標。二、列名，分三，如《論》。三、別釋。分三：一、明種姓婆羅門。分三：一、標。二、釋。三、結。二、明名想婆羅門。分三：一、標。二、釋。三、結。三、明正行婆羅門。分三：一、標。二、釋。三、引經。

第三、明梵行。分三：一、總標。二、列名，分三，如《論》。三、別釋。分三：一、依增上戒學明受遠離梵行。分二：一、標。二、釋。二、依增上定學明暫時斷梵行。分二：一、標。二、釋。三、依增上慧學明畢竟斷梵行。分二：一、標。二、釋。

第四、明苾芻。分二：一、標。二、列釋，分五，如《論》。

第五、明精勤。分二：一、總標。二、別釋。分三：一、明止息犯戒精勤。分二：一、標。二、釋。二、明止息境界精勤。分三：一、標。二、釋。三、指文。三、明止息煩惱精勤。分三：一、標。二、釋。分二：一、立所治。分二：一、標。二、釋。二、立能治。三、明略義。分二：一、標。二、釋。

第六、明出家。分三：一、總標。二、列名。三、別釋。分二：一、明善説法出家。分二：一、標。二、釋。分二：一、明世俗出家。二、明勝義出家。二、明惡説法出家。分二：一、標。二、釋。

第六、明總結。

十八中大門第十五、明人有幾及建立八人因緣，答第十五問。分二：一、總標。分二：一、標八人。二、標八人因由。二、別釋。分二：

一、略釋。分二：一、明八人。分二：一、問。二、答，分八，如《論》。二、明建立八人因緣。分三：一、總問。二、略答。三、別釋。分四：一、依根明建立二人。二、依瑜伽明建立二人。三、依加行明建立二人。四、依時明建立二人。

① 一，録本作“二”，結合文意，據底本改。

二、廣解。分二：

一、明四種差別能爲八人建立因緣義。分三：一、總問。二、廣答。三、總結。廣答分四：一、依根熟未熟立二人。分二：一、明有堪能人。二、明無堪能人。二、依善知瑜伽不善知瑜伽立二人。分二：一、明善知方便人。二、明不善知方便人。三、依有無間殷重無無間殷重立二人。分二：一、明無間修人。二、明有間修人。四依長時修不修立二人。分二：一、明已串修習人。二、明未串修習人。三、總結。

二、明闕緣不能成辨義。分五：一、依根未熟人明果不成辨。二、依根雖成熟若不善巧方便明果不成辨。三、依雖根成熟善知方便若無無間修明果不成辨。四、依雖根成熟善知方便有無間修若未串修習明果不成辨。五、依四法成熟明果有所辨。

十八中大門第十六、七，合明知諸魔及諸魔事，答第十六、七問。分二：一、總標。分三：一、標魔相。二、標魔事。三、明勸修。二、別釋。分二：一、明諸魔相。二、明魔事。

初文分五：

一、總問。

二、略答列。

三、別釋。分四：一、明蘊魔。分二：一、標。二、釋。二、煩惱魔。分二：一、標。二、釋。三、明死魔。分二：一、標。二、釋。四、明天魔。分三：一、標。二、釋。三、結。

四、明建立四魔因由。分二：

一、總標。分四：一、明死處。二、明死因。三、明死自性。四、明死業。

二、別釋。分四：一、依所依明建立蘊魔。分二：一、立因。二、顯果。二、依因明建立煩惱魔。分二：一、立因。二、顯果。三、依自性明建立死魔。分二：一、立因。二、顯果。四、依業明建立天魔。分二：一、立因。二、顯果。

五、釋經句意趣。分三：一、明暫時不得自在意趣。分二：一、標。二、釋。二、明得大自在意趣。分二：一、標。二、釋。三、明自在義。分二：一、依未離欲明自在義。二、依離欲明自在義。第二、明魔事。分三：一、總問。二、廣答。三、總結。

廣答分八：一、依出離善法明魔事。分三：一、立祈障法。二、立能障法。三、結。二、依護根門明魔事。分三：一、立所障法。二、明能障。三、結。三、依食知量明魔事。分三：一、立所障。二、明能障。三、結。四、依安住精勤修習明魔事。分三：一、立所障。二、立能障。三、結。五、依正知而住明魔事。分三：一、立所障。二、立能障，分五，如《論》。三、結。六、依三寶四諦等明魔事。分三：一、立所障。二、立能障。三、結。七、依阿練若等明魔事。分三：一、立所障。二、立能障。三、結。八、依利養等多法明魔事。分二：一、明能障法，分十一，如《論》。二、結。三、總結。

十八中大門第十八、明正修行者精勤發趣空無有果，答第十八問。分五：一、總標。二、徵問。三、列名。四、解釋。分二：一、明空無果因。分三：一、明諸根未積集因。二、明教授不隨順因。三、明等持劣因。二、明得果因。五、明總結。分二：一、結無果。二、結有果。

聲聞地第二廣解中第三、廣解修行瑜伽處。分三：一、明生起。二、頌略釋。分二：一、明往慶等四法。二、明護養等五法。三、廣解。分二：一、明往慶等四法。二、明安立護養定資糧處等五法。

初文分四：

第一、明往問之相。分四：一、總標。二、徵問。三、列名。四、明往問之儀。分四：一、明求請。二、明申陳情事。三、明請儀。四、明請詞。

第二、明慶慰之法。分二：一、總標。二、別釋。分三：一、明慶詞，分九，如《論》。二、讚依教修行勝利，分七，如《論》。三、明求法意趣，分四，如《論》。

第三、明問法。分三：一、立生起。二、總標。三、別釋。分四：一、問三歸。二、問修梵行。三、問修四諦。四、問求涅槃。

第四、明尋求觀察法。分三：一、總標。二、列名。分二：一、列四處所名。分二：一、問。二、答，分四，如《論》。二、列四因緣名。分二：一、問。二、答。分四，如《論》。三、別釋。分四：

一、依審問明尋求願等四法。分二：一、明尋求願。分三：一、問。二、答。三、結。二、尋求種姓及根行三法。分二：一、問。二、答。分三：一、總問。二、別問，分三，如《論》。三、明利鈍差別。

二、依言論明尋求種姓等三法。分三:一、總標。二、别釋。分三:一、尋求種姓。分三:一、明尋求聲聞種姓。二、求獨覺種姓。三、明非大乘種姓。二、尋求根。分三:一、明鈍。二、明利。三、明中。三、尋求行。分五:一、明貪行相。二、明瞋行相。三、明癡行相。四、明慢行相。五、明尋思行相。三、結。

三、依所作明尋求種姓等三法。分四:一、問。二、答。三、結。四、明了相義。

四、依知他心智明尋求種姓等三法。分二:一、問。二、答。分二:一、立因。二、顯果。

第二、明安立護養定資糧等五法。分四:一、明生起。二、徵問。三、列名。四、廣解釋。分五:一、明護養定資糧處。二、明遠離處。三、明心一境性處。四、明障清净處。五、明修作意處。

初文分三:

一、總問。

二、廣答。分二:

一、依成就戒律儀明護養定資糧。分二:一、立因,分四,如《論》。二、顯果。分二:一、依已得明果。二、依未得明果。

二、例餘根律儀等餘資糧法明護養定資糧。分五:一、依不退。二、依圓滿。三、現行。四、依欣慕。五、依精進明護定資糧。

三、結。分二:一、結因。二、結果。

第二、明遠離處。分四:一、總問。二、略答。三、别釋。四、總結。

别釋分三:

第一、明處所圓滿。分二:一、總問。二、廣答。有二異門:

初門依阿練若等明處所圓滿。分三:、一、標。二、釋。分三:一、明空閑室。二、明林下。三、明阿練若。三、結。

第二異門依端嚴等五法明處所圓滿。分二:一、總標。二、别釋。分五:一、依端嚴明處所圓滿。分三:一、總標。二、别釋,分八,如《論》。三、結。二、依無情等明處所圓滿。分三:一、標。二、釋。三、結。三、依無惡獸等明處所圓滿。分三:一、標。二、釋。三、結。四、依資緣明處所圓滿。分三:

一、標。二、釋。三、結。五、依善知識等明處所圓滿。分三:一、標。二、釋。分二:一、立因。二、顯果。三、結。

第二、明威儀圓滿。分三:一、總問。二、廣答。三、總結。

廣答分二:

一、引經略答。分二:一、明行威儀,分四,如《論》。二、明卧具威儀。分二:一、標。二、釋。

二、釋經句意趣。分三:

一、明結加趺坐意趣。分四:一、總問。二、略答。三、别釋。分五:一、依生輕安。二、依身不疲倦。三、依不共。四、依生信。五、依共許立結加趺坐勝利功德。四、結。

二、明端身正願。分三:一、總標經句。二、别釋經文。分二:一、明端身。分二:一、問。二、答。二、明正願。分二:一、問。二、答。三、明二用。分二:一、明端身用。二、明正願用。

三、明安住背念。分二:一、標經句。二、釋經文。分二:一、問。二、答。分二:一、依棄背黑品明背念。分二:一、標。二、釋。二、依除遣不定地所緣明背念。分二:一、標。二、釋。三、總結。

第三、明遠離圓滿。分四:一、問。二、略答。三、列名。四、别釋。分二:一、明身遠離。分三:一、標。二、釋。三、結。二、明心遠離。分三:一、標。二、釋。三、結。

四、總結。

第三、明心一境性分處。分二異門:

初門依數隨念等四法明心一境性。分四:一、總問。二、引經略答。分二:一、標。二、釋。三、别釋經文。四、總結。

别釋分四:

一、明數數隨念。分二:一、問。二、答。分二:一、立因。二、顯果。

二、明同分所緣。分二:一、問。二、答。分二:一、明正義。分三:一、立因。二、顯果。三、結。二、問答分别。分三:一、問。二、答。三、結。

三、明適悦相應。分二:一、明正義。二、結。

四、明無罪適悦相應。分二:一、明正義。二、結。

四、明總結。

第二異門依止觀二法明心一境性。分二：一、略釋。分二：一、標。二、釋。分二：一、明止品。二、明觀品。二、廣解。分三：一、依九種住心明止品。二、依四種慧行明觀品。三、總結。

初文分三：一、總問。二、引經略答。三、別釋經句。分三：

一、明九住心相。分九：一、明内住。分三：一、問。二、答。分二：一、立因。二、顯果。三、結。二、明等住。分三：一、問。二、答。分二：一、明前過。二、顯後德。三、結。三、明安住。分三：一、問。二、答。分二：一、立前過。二、顯後德。三、結。四、明近住。分三：一、問。二、答。分二：一、立因。二、顯果。三、結。五、明調順。分三：一、問。二、答。分二：一、立所治。二、立能治。三、結。六、明寂静。分三：一、問。二、答。分二：一、立所治。二、立能治。三、結。七、明最極寂静。分三：一、問。二、答。分二：一、立所治。二、立能治。三、結。八、明專注一趣。分三：一、問。二、答。分二：一、立因。二、顯果。三、結。九、明等持。分三：一、問。二、答。分二：一、立因。二、顯果。三、結。

二、明成辨九住心法。分三：一、總標。二、列名，分六，如《論》。三、解釋，分五，如《論》。

三、明四種作意能成九種心住。分四：一、總標。二、列名。分四，如《論》。三、别釋，分四，如《論》。四、總結。分二：一、結四作意是止品。二、結是觀品。

第二、依四種慧行分等四法明觀品。分四：一、依四種慧行作意明修觀品。二、依三門六事差別所緣明修觀品。三、依勤修不净等五觀明修觀品。四、依黑白二品所攝加行明修觀品。

初文分三：一、總問。二、引經略答。分三：一、立因。二、顯果。三、結。三、别釋經句。分四：一、明能正思擇。分二：一、問。二、答。分二：一、立所緣。二、立能緣。二、明最極思擇。分二：一、問。二、答。分二：一、立所緣。二、立能緣。三、明周遍尋思擇。分二：一、問。二、答。分二：一、立所緣。二、立能緣。四、明周遍伺察。分二：一、問。二、答。分二：一、立所緣。二、立能緣。

第二、依三門六事差别明觀品。分二：一、總標。二、廣解。分二：

第一、明三門義。分四：一、總問。二、引經略答。三、别釋經句。分三：一、依聞慧明唯隨相行門觀。分三：一、問。二、答。分二：一、立所緣。二、立能緣。分二：一、麁。二、細。三、結。二、依思慧明隨尋思行門觀。分二：一、立因。二、顯果。三、明依修慧隨伺察行門觀。分三：一、立因。二、顯果。三、結。四、總結。

第二、明六事差别所緣觀。分五：一、總問。二、引經略答。分三：一、標。二、釋。三、結。三、别釋經句。四、總結。五、明立六事意趣。

别釋分六：

一、明尋思於義。分三：一、問。二、答。分二：一、立所緣。二、立能緣。三、結。

二、明尋思於事。分三：一、問。二、答。三、結。

三、明尋思於相。分三：一、問。二[①]、答。分二：一、標。二、釋。三、結。

四、明尋思於品。分三：一、問。二、答。分三：一、標。二、列名。三、别釋。分二：一、明黑品。二、明白品。三、結。

五、明尋思於時。分三：一、問。二、答。分二：一、總標。二、别釋，分三，如《論》。三、結。

六、明尋思於理。分五：一、總問。二、略答。三、列名，分四，如《論》。四、别釋。分四：一、明觀待道理。分二：一、立因。二、顯果。分二：一、依二諦。二、依因緣之法明觀待。二、明作用道理。分二：一、標。二、釋。三、明證成道理。分三：一、標。二、列名。三、别釋，分三，如《論》。四、明法爾道理。分二：一、立法□。二、立信相。五、總結。

第四、總結。

第五、明建立六事意趣。分六：一、總問。二、略答。三、徵問。四、列名。五、别釋。分三：一、依尋思義明建立語覺。二、依尋思事及自相明建立事邊際覺。三、依尋思共相品時理四法明建立如實覺。六、總結。分二：一、

---

① 二，録本作“一”，結合文意，據底本改。

標。二、釋，分三，如《論》。

第三、依勤修不净等五觀明觀品。分五：一、依勤修不净觀尋思六事差别明修觀品。二、依勤修慈觀尋思六事差别明修觀品。三、依勤修緣起觀尋思六事差别明修觀品。四、依勤修界差别觀尋思六事差别明修觀品。五、依勤修隨念出入息觀尋思六事差别明修觀品。

初文分三：一、總問。二、廣答。三、總結。

廣答分六：

一、明於不净尋思其義。分三：一、立因。二、顯果。三、結。

二、明於不净尋思其事。分三：一、問。二、答。分二：一、立因。二、顯果。分二：一、標。二、釋。三、結。

三、明於不净尋思其相。分二：

一、尋思自相。分二：一、問。二、答。分三[①]：

一、尋思内不净自相。分三：一、依内明自相。二、依二界明内自相。分二：一、標。二、釋。三、結。

二、尋思外不净自相，分九，如《論》。

三、尋思共相。分三：一、問。二、答。分三：一、立所緣。分二：一、内。二、外。二、立能緣。分二：一、自觀。二、觀他。三、立喻。三、結。

四、明尋思不净品。分三：一、問。二、答。分三：一、明尋思黑品。分四：一、立因。二、顯果。三、明現法過。四、明後法過。二、明尋思白品。分四：一、立因。二、顯果。三、明現法利。四、明後法利。三、明悟清勝利。分二：一、明斷黑品勝利。二、明修白品勝利。三、結。

五、明尋思不净時。分三：一、問。二、答。分四：一、尋思現在不净時。分二：一、内。二、外。二、尋思過去不净時。三、尋思未來不净時。四、總觀。三、結。

六、明尋思彼不净理。分二：一、總問。二、廣答。分四：一、依觀待道理明尋思不净。分三：一、依二諦明觀待道理。分二：一、依勝義明觀不净。二、依世俗諦明觀不净。分三：一、立正義。二、引證。三、釋經意。二、依根

① 三，底本、録本作"二"，據文意改。

本觀不净。分二：一、依因明不净。二、依緣明不净。三、明總結。二、依作用道理尋思不净。分三：一、立因。二、顯果。三、結。三、依證成道理尋思不净。分四：一、依聖言量觀不净。分三：一、立因。二、顯果。三、結。二、依現量觀不净。分三：一、立因。二、顯果。三、結。三、依比量觀不净。分二：一、標。二、釋。四、明總結。四、依法爾道理尋思不净。分三：一、標。二、釋。三、結。

第三、總結。

第二、依勤修慈觀尋思六事差别明修觀品。分三：一、總問。二、廣答。三、總結。

廣答分六：

一、明依諸慈愍尋思其義。分三：一、立因。二、顯果。三、結。

二、明依諸慈愍尋思其事。分四：一、立因。二、顯果。三、明内外差别。四、總結。

三、明依諸慈愍尋思自共相。分二：一、明尋求自相。二、明尋求共相，廣義如《論》。

四、明依諸慈愍尋思黑白二品。分三：一、思黑品。二、思白品。三、結。

五、明依諸慈愍尋思其時。分三：一、思過去時。二、思現在及未來時。三、結。

六、明依諸慈愍尋思其理。分四：一、明尋思觀待道理。分三：一、依二諦明觀待相。二、依根本明觀待相。三、結。二、明尋思作用道理。分三：一、立因。二、顯果。三、結。三、明尋思證成道理。分四：一、依聖言量。二、依現量。三、依比量明證成相。四、結。四、明尋思法爾道理。分三：一、標。二、釋。三、結。

第三、總結。

第三、依勤修緣起觀尋思六事差别明修觀品。分三：一、總問。二、廣答。三、總結。

廣答分六：

一、明於諸緣起尋思其義。分三：一、立因。二、顯果。分三：一、了

□□品。二、了净品。三、了無我。三、結。

二、明於諸緣起尋思於事。分三:一、立所思。二、立能思。三、結。

三、明於諸緣起尋思其相。分二:一、思自相。二、思共相。分二:一、明正義,分四,如《論》。二、結。

四、明於諸緣起尋思其品。分三:一、明思黑品。二、明思白品。三、結。

五、明於諸緣起尋思於時。分四:一、思過去。二、思現在。三、思未來。四、結。

六、明於諸緣起尋思於理,分四,如《論》。

第三、總結。

第四、依勤修界差别觀尋思六事明修觀品。分三:一、總問。二、廣答。三、總結。

廣答分六:

一、明於諸界尋思於義。分三:一、立因。二、顯果。分三:一、標。二、釋。三、結。三、總結。

二、明於諸界尋思其事。分三:一、立因。二、顯果。三、結。

三、明於諸界尋思其相。分二:一、明自相。分二:一、明正義,分六,如《論》。二、結。二、明共相。分二:一、明正義。二、結。

四、明於諸界尋思於品。分三:一、思黑品。分二:一、立因。二、顯果。二、思白品。三、結。

五、明於諸界尋思其時。分三:一、立因。二、顯果。三、結。

六、明於諸界尋思於理。分二:一、明觀待道理。分三:一、立喻。二、法合。分四:一、明所依。二、明緣。三、顯果。四、明因。三、總結。二、合明餘三道理。分二:一、明正義。分三:一、明作用道理。分二:一、立因。二、顯果。二、明證成道理,分三,如《論》。三、明法爾道理。第二、明總結。

第三、總結。

第五、依勤修隨念出入息尋思六事差别明修觀品。分五:

一、總問。

二、廣答。分六:

一、明尋思入出息念義。分三：一、立因。二、顯果。三、結。

二、明尋思息念事。分三：一、思内事。二、思外事。三、結。

三、明尋思息念之相。分二：一、思自相。分四：一、總標。二、別釋。分二：一、明入息。二、明出息。三、明尋思自相義。四、結。第二、明共相。分四：一、明出入息相。二、明二息所依。三、明共相義。四、結。

四、明尋思息念品。分三：一、思黑品。二、思白品。三、結。

五、明尋思息念時。分三：一、明二息依身心義。二、明身心依二息義。三、結。

六、明尋思息念理。分二：一、明觀待道理。分三：一、依第一義諦明觀待道理。二、依世諦明觀待道理。三、結。二、合明作用等餘三道理。分二：一、明正義。分三：一、明作用道理。分二：一、立因。二、顯果。二、明證成道理，分三，如《論》。三、明法爾道理。第二、明總結。

第三、明總結。

第四、明五净行勝利功德。分二：一、立因。二、顯果。分二：一、列名。二、別釋。分二：一、立觀果。分二：一、立因。二、顯果。二、立止果。分二：一、立因。二、顯果。

第五、明後説善巧所緣及净惑所緣六事差別觀品。

第四、依黑白二品所攝加行明修觀品。分三：一、總標。二、別釋。三、總結。

別釋分二：一、明白品九種加行。二、明黑品九種加行。

初文分四：一、總問。二、答列名，分九，如《論》。三、明功用過患。分二：一、明白品勝利。分二：一、立因。二、顯果。分二：一、明速得本地勝利。二、明速得上地勝利。二、明黑品過失。分二：一、明不能速得本地功德。二、明不能速得上地功德。四、明別釋。分九：

第一、明相應加行。分三：一、問。二、答，分七，如《論》。三、結。

第二、明串習加行。分三：一、問。二、答。分三：一、明正義。二、徵。三、答所以。三、結。

第三、明不緩加行。分三：

一、問。

二、答。分三：

一、略釋。

二、廣釋。分三：一、依出定等六法明不緩加行。二、依出家在家二衆明不緩加行。三、依勇猛明不緩加行。分三：一、立正義。二、徵。三[①]、答所以。

三、顯果。分二：一、立因。二、顯果。

三、結。

第四、明無倒加行。分三：一、問。二、答。分四：一、倒取義。二、不住自見。三、無僻執。四、不輕尊教。三、結。

第五、明應時加行。分三：一、總問。二、廣答。三、總結。

廣答分三：一、總標，分四，如《論》。二、列名，分十二，如《論》。三[②]、别釋。分四：

第一、明止三相。分三：一、明止體。分三：一、問。二、答。分二：一、立因。二、顯果，分六，如《論》。三、結。二、明止相。分四：一、總問。二、略答。三、列名。四、别釋。分二：一、明所緣相。分四：一、標。二、釋。三、結。四、明勝利。二、明因緣相。分三：一、標。二、釋。分二：一、立所修。二、立能修。三、結。三、止時。分二：一、問。二、答。分三：一、依止品。二、依觀品。三、依事業明時。

第二、明觀三相。分三：一、明觀體。分二：一、問。二、答，分三，如《論》。二、明觀相。分四：一、總問。二、略答。三、列名。四、别釋。分二：一、明所緣相。分三：一、標。二、釋。三、明勝利。二、明因緣相。分二：一、標。二、釋。分二：一、立所修。二、立能修。三、明觀時。分二：一、問。二、答。分三：一、依沈時。二、依恐沈時。三、依止品所緣境明時。

第三、明舉三相。分三：一、明舉體。分二：一、問。二、答。分二：一、立因。二、顯果，分三，如《論》。二、明舉相。分二：一、問。二、答。分二：一、立因。二、顯果，分二，如《論》。三、明舉時。分二：一、問。二、答，分二，如

① 三，録本作“二”，底本不清晰，據文意改。

② 三，録本作“二”，結合文意，據底本改。

《論》。

第四、明捨三相。分三：一、明捨體。分二：一、問。二、答，分五，如《論》。二、明捨相。分二：一、問。二、答。分二：一、立因。二、顯果，分二，如《論》。三、明捨時。分二：一、問。二、答。分二：一、立所治。二、立能治。

三、總結。

第六、明解了加行。分三：一、問。二、答。分二：一、立因。二、顯果，分三，如《論》。三、結。

第七、明無厭足加行。分三：一、問。二、答。分三：一、依善品。二、依修道。三、依求果明"無厭足"義。三、結。

第八、明不捨軛加行。分四：一、問。二、答，分八，如《論》。三、釋名。分五，如《論》。四、結。

第九、明正加行。分五：一、總問。二、略答。三、引喻。分二：一、立因。二、顯果。四、廣解。五、總結。

廣解分四：一、總標。二、列名，分五，如《論》。三、別釋。分五：一、明内攝其心。二、明不念作意。三、明於經作意。四、明對治作意。五、明無相界作意。四、明意趣。分二：一、總標。二、別釋。分二：一、明内攝其心意趣。分二：一、總標。二、別釋，分十，如《論》。二、明不念作意意趣。分六：一、總標。二、徵問。三、略答。四、明"不捨不取"義。五、明"無亂"等義。六、明遍止觀等過失勝利義。

第五、總結。

別釋中第二、明九種黑品加行。

第三、總結。

四廣解分五中第四、明障清浄處。分二：一、長行廣解。二、頌略釋。

初文分八：

一、總問。

二、略答。

三、徵問。

四、列名，分四，如《論》。

五、別釋四法。分四：

第一、明遍知障自性。分五:一、總問。二、略答。三、列名。四、别釋。五、總結。别釋分四:一、明怯弱障。分二:一、標。二、釋。二、明蓋覆障。分二:一、標。二、釋。三、明尋思障。分二:一、標。二、釋。四、明自舉障。分二:一、標。二、釋。五、總結。

第二、明遍知諸障因緣。分四:一、總問。二、略答。三、列名,分六,如《論》。四、别釋三障因緣。分四:一、標。二、釋。三、結。四、明非如理作意。分五:一、依不浄觀明非如理作意。二、依慈觀明非如理作意。三、依緣起觀明非如理作意。四、依數息觀明非如理作意。五、依六界差别觀明非如理作意。

第三、明遍知諸障過患。分三:一、問。二、答。分二:一、立因。二、顯果,分四,如《論》。三、結。

第四、明修習對治。分二:一、明修對治門。分三:一、問。二、答,分六,如《論》。三、結。二、明斷障次第。分二:一、明正義,分四,如《論》。二、結。

六、明浄障與心一境性互相爲因緣。分五:一、明止觀多所緣義。二、明隨境觀多義。三、明互爲因義。四、明轉依義。五、明現量智生義。

七、分别五觀到究竟義。分二:一、總問,分五,如《論》。二、廣答。分三:一、明依不浄觀明究竟相。分二:一、明已得究竟。分四:一、立因。二、顯果。三、明所以。四、結。二、明未得究竟相。二、例餘四觀明究竟義。三、明差别。分二:一、標。二、釋。分四:一、明慈愍差别。二、明緣起差别。三、明出界觀差别。四、明息觀差别。

八、明止觀雙運道。分三:一、問。二、答。分三:一、立因。二、顯果。三、明雙運義。三、結。

第二、明頌略釋。分二:一、明生起。二、正解釋。分四:初、二句明觀三門。二、二句明六事差别。三、兩行明黑白二品九種加行。四、一行明浄障相。

四廣解分五中第五、明修作意處。分六:一、明四種作意及果相。二、明善知識教授初業作意修行人相。三、明教授不浄等五觀之相。四、解釋經句。五、明勝利。六、明初業作意相。

初文分二:一、明四種作意。二、明四作意果。

初四種作意分六：一、總問。二、略答。分五：一、立行。二、立所緣。三、立能治。四、立所治。五、明修相。三、徵問。四、列名，分四，如《論》。五、別釋。六、明彼四作意所緣之境。

別釋分四：

一、明調練心作意。分三：一、問。二、答。分二：一、立因。二、顯果。三、結。

二、明滋潤心作意。分三：一、問。二、答。分二：一、立因。二、顯果。三、結。

三、明生輕安作意。分三：一、問。二、答。分二：一、立因。二、顯果。分二：一、依安住無相立果。二、依生輕安立果。三、結。

四、明浄智見作意。分三：一、問。二、答。分二：一、立因。二、顯果。三、結。

明彼四種作意所緣之境。分二：

一、明可厭離境。分四：一、總標。分二：一、立因。二、顯果。二、徵問。三、略答。四、別釋。分二：一、合明初二厭處。分二：一、立因。二、顯果。二、合明後二厭處。分二：一、立因。二、顯果。

二、明可欣之境。分五：一、總標。分二：一、立因。二、顯果。二、徵問。三、略答。四、列名。五、別釋。分三：

一、明隨念三寶。分三：一、問。二、答。分三：一、依佛寶立可欣尚處。二、依法寶三依僧寶立可欣尚處。三、結。

二、明隨念學處。分三：一、問。二、答。分二：一、標。二、釋。分二：一、依法寶明欣樂相。二、依僧寶明欣樂相，分六，如《論》。三、結。

三、明於自所證差別深生信解等。分二異門：

初門依六知教等明自證差別。分三：一、問。二、答。分二：一、立因，分八，如《論》。二、顯果。三、結。

第二異門依前後精勤明自證差別。分二：一、明正義。分二：一、立因。二、顯果。二、結。

第二明四種作意果。分四：

一、明調練心作意果。分二：一、立因。二、顯果。

二、明滋潤心作意果。分四：一、立因。二、顯果。三、結。四、明勝利。

三、明生輕安作意果。分二：一、立因。二、顯果。

四、明浄智見作意果。分三：一、明正義。分二：一、立因。二、顯果。二、立喻。分四：一、立浄垢時。二、立調柔時。三、立作業時。四、立結果時。三、法合。分四：一、明生厭相。分三：一、厭因。二、厭果。三、修對治。二、明生欣。分二：一、立果。二、明因。三、明正行。四、顯果相。

第二、明善知識教授初業作意修行人相。分四：一、總問。二、略答。分二：一、標。二、釋。三、列名，分五，如《論》。四、別釋。分二：一、總問。二、廣答。分五：一、答修厭離相，分三，如《論》。二、答修欣樂相。分三：一、總標。二、廣解，分七，如《論》。三、總結。三、答觀過患相。分六：一、總標。二[1]、列名。三、明體相。四、明別過。五、顯□過。六[2]、明安心處。四、答修光明相。分二：一、總標。二、別釋，分四，如《論》。五、答了別事相，分七，如《論》。

第三、明教授勸修不浄等五觀之相。分二：一、總標。二、別釋。分二：一、歡修不浄觀。分二：

一、觀自他内外身不浄，分七大門，如《論》。二、觀受心法三不浄。分三：一、明正義。分三：一、明往時修相。二、明行時修相。三、明還時修相。二、明勝利。三、總結。

二、例勸修餘四觀。分二：一、總標。二、別釋差別。分四：一、明慈觀大門，分三，如《論》。二、明緣起觀大門，分三，如《論》。三、明界差別觀。分四：一、觀六界自相。分六：一、明地界自相，分二，如《論》。二、明水界自相，分二，如《論》。三、火界自相。四、風界自相。五、明空界自相。六、明識界自相。二、分析[3]六界。三、明假相修。四、明真相修。四、明出入息觀，分六，如《論》。

第四、解釋經句。分二：一、標經句。二、別釋經文。分三：一、明安住熾

---

① 二，録本作“三”，結合文意，據底本改。

② 六，録本作“五”，結合文意，據底本改。

③ 析，録本作“折”，結合文意，據底本改。

然相。二、明正知具念相。三、明調伏一切世間貪憂相。

第五、明修五觀勝利。分七：一、明難覺了相。分二：一、立因。二、顯果。二、明易了相。分二：一、立因。二、顯果。分二：一、標。二、釋。三、明非損惱相。分二：一、明正義。二、明果利。分二：一、明斷麁重利。二、明得輕安利。四、明除遣諸煩惱勝利。分二：一、立因。二、顯果。五、明身心歡喜俱行勝利。分二：一、立因。二、顯果。六、明心於所緣寂静行轉勝利。分二：一、立所治。二、立能治。七、明墮在有作意數勝利。分四：一、明正義。二、徵。三、答所以。四、結。

第六、明初業作意相。分三：一、總標。二、别釋。三、總結。

别釋分九：一、明得色界少分定等勝利相。分二：一、立因。二、顯果。二、明得净惑所緣加行相。分二：一、立因。二、顯果。三、明猛利貪纏而不生起相。分二：一、立因。二、顯果。四、明少分對治能除上品所治相。分二：一、立因。二、顯果，分五，如《論》。五、明輕安疾起相。分二：一、立因。二、顯果。六、明麁重之性不能逼惱相。七、明諸蓋不得現行相。八、明不樂憂慮作意相。九、明雖從定起不離輕安相。

三、總結。

聲聞地第二廣解中第四、廣解得果瑜伽處。分二：一、略釋。二、廣解。

初文分四：

一、立生起。

二、以頌略釋。分十一：一、明七作意相。二、明離欲四静慮相。三、明四無色定。四、明無心二定。五、明五道相。六、明色無色二定生差别相。七、明離欲等相。八、明四諦十六行相。九、明現觀相。十、明修道相。十一、明究竟果相。

三、明七作意等要義。分四：一、總標。二、徵問。三、列名。四、别釋。分二：一、立因。分二：一、依世道立因。二[1]、依出世道立因。二、顯果。分二：一、顯輕安果。二、顯加行果。分二：一、立因。二、顯果。分二：一、明世間加行果。二、明出世加行果。

---

① 二，録本作“三”，結合文意，據底本改。

四、問答分別。分二：一、總問。二、廣答。分五：一、略答。二、徵問。三、列名，分四，如《論》。四、總結。五、廣解。分四：一、總標。二、別釋。分二：一、明具縛。二、明不具縛。三、徵問。四、重答。分四：一、依欲界明趣世道。二、例餘六定明趣世道。三、依静慮等三法明趣世道。四、依生差別及相二法明趣世道。

第二廣解分十一：一、明世間道七種作意相。二、引經明離欲四静慮相。三、引經明無色四定相。四、廣辨無心二定相。五、廣明世道五神道相。六、廣明世道生差別相。七、廣明世道離貪等諸相。八、依出世道了相作意明觀察諸諦行相。九、依出世道勝解作意明如實通達相。十、依遠離作意等廣分別修相。十一、依出世道加行究竟果作意明究竟果相。

初文分五：一、明七種作意體相。二、明七作意受何喜樂等相。三、明七作意業用。四、明六作意分四之相。五、例明餘七種作意遍至非想非非想處相。

初、明七作意體相。分四：一、總標。二、徵問。三、列名，分七，如《論》。四、別釋。分七：

第一、明了相作意。分二：一、明了麁相。二、了静相。

初文分八：一、總問。二、略答。三、徵問。四、重答。五、徵問。六、答列名，分六，如《論》。七、別釋。分六：

一、明尋思欲界麁義。合三：一、問。二、答，分四，如《論》。三、結。

二、明尋思諸欲麁事。分二：一、問。二、答，分二，如《論》。

三、明諸欲麁相。分二：

一、明自相。分四：一、總問。二、略答。三、廣解。分三：一、標。二、列名。三、別釋，分三，如《論》。四、總結。

二、明共相。分三：一、問。二、答。分二：一、立因。二、顯果。三、結。

四、明尋思諸欲麁品。分三：一、總問。二、廣答。分六：一、明正義。二、立喻。三、法合。四、指文。五、引證。分二：一、標。二、釋。六、廣等過患。分十六，［如］①論。三、總結。

---

① 如，録本脱，據底本補。

五、尋思諸欲麁時。分三：一、問。二、答，分四，如《論》。三、結。

六、明尋思諸欲麁理。分三：一、問。二、答。分四：一、明觀待道理。二、明作用道理。分三：一、外作用。二、内作用。三、結勸。三、明證成道理。分三：一、聖教量。二、現量。三、比量。四、明法爾道理。三、結。

八、明總結。

[第]①二、明静相。分四：一、總標。二、別釋。分二：一、明無麁性。二②、明有静性。三、結。四、明總結。

第二、明勝解作意。分三：一、立因。二、顯果。三、結。

第三、明遠離作意。分三：一、立因。二、顯果。三、結。

第四、明攝樂作意。分三：一、立因。二、顯果，分七，如《論》。三、結。

第五、明觀察作意。分三：一、立因。二、顯果。分四：一、明思念。二、明誡法。三、明見斷相。四、明修斷行。三、結。

第六、明加行究竟作意。分三：一、立因。二、顯果。分三：一、立正義。二、答難。三、釋加行究竟名。三、結。

第七、明加行究竟果作意。分三：一、立因。二、顯果。三、結。

第二、明七作意受何喜樂等相。分三：

一、依遠離攝樂二作意明受喜樂相。分二：一、立因。二、顯果。

二、依加行究竟明受喜樂相。分二：一、立因。二、顯果。

三、依加行究竟果明受喜樂相。分三：一、立因。二、顯果，分三，如《論》。三、結釋名。

第三、明七種作意業用，分七如《論》。

第四、明六作意分四之相。分二：一、明正義。分四：一、明了相及勝解攝相。分二：一、標。二、釋。下三准此。二、明遠離及加行究竟攝相。三、明攝樂攝相。四、明觀察攝相。二、總結。分二：一、標。二、釋。

第五、例明餘七種作意遍至非想非非想處義。分二：一、總標。二、別釋。分三：

---

① 第，録本脱，據底本補。

② 二，録本作“一”，結合文意，據底本改。

第一、明從初静慮入第二静慮義。分三：一、依了相作意明觀麁相。分八：一、明了相作意。分三：一、立因。二、顯果。三、結。二、明自相。分二：一、明尋相。二、明伺相。三、明共相。四、明尋求事。五、明尋求時。六、合明觀黑品勝利及觀待道理。七、明作用道理。八、明總結。二、依了相作意明觀静相。三、例明餘六作意相。

第二、例明餘上地七種作意漸次入義。

第三、明麁相遍在下地義。分三：一、標。二、釋。分二：一、依苦住。二、依壽量明麁義。三、配六事。分二：一、標。二、釋。

二廣解中大門分十一中第二、引經明離欲四静慮相。分四：

一、釋初静慮經句。分十：一、明離欲義。分二：一、標。二、釋。分二：一、明欲。二、明離。二、明惡不善法義。分三：一、標。二、釋。三、結。三、明有尋伺義。分三：一、標。二、釋。三、結。四、明離義。五、明生義。六、明喜樂義。分三：一、標。二、釋。三、結。七、明初義。分三：一、標。二、釋。三、結。八、明静慮義。分三：一、標。二、釋。三、結。九、明具足義。十、明安住義。分三：一、標。二、釋。三、結。

二、釋第二静慮經句。分八：一、明尋伺寂静等義。分三：一、立因。二、顯果。三、結。二、明心一趣義。分三：一、立因。二、顯果。三、結。三、明無尋伺義。四、明定義。五、明生義，分三，如《論》。六、明喜樂義。分三，如《論》。七、明第二義。八、明具足安住義。

三、釋第三静慮句。分七：一、明離喜欲義。二、明安住捨義。三、明捨無有義。四、明正念知義。五、明有身受樂義。六、明諸聖宣説等義。七、明聖義。

四、釋第四静慮經句。分四：一、明斷樂義。分五：一、明正義。二、徵問。三、列名。四、解釋。五、結。二、明不苦不樂義。分四：一、立因。二、顯果。分二：一、標。二、解釋，分四，如《論》。三、明意趣。四、總結。三、明捨念清净義。分三：一、立因。二、顯果。三、結。四、明第四具足安住義。

二廣解中大門分十一中第三、引經明四無色定相。分五：

一、釋空無邊處經句。分五：一、明色想出過義。分三：一、立因。二、顯果。三、結。二、明有對想滅没義。分三：一、立因。二、顯果。三、結。

三、明種種想不作意義。分三：一、立因。二、顯果。三、結。四、明入無邊定義，分三，如《論》。五、明具足安住義。分四：一、立因。二、顯果。三、結。四、别釋。分三：一、明近分所緣。二、明根本所緣。三、明近分緣地下義。

二、釋識無邊處經句。分二：一、明超過空無邊處等義。分三：一、立因。二、顯果。三、結。二、明具足安住義。分三：一、立因。二、顯果。三、結。

三、釋無所有處經句。分二：一、明無所有勝解。分三：一、立因。分二：一、標。二、釋。二、顯果。三、結。二、明具足安住義。分三：一、立因。二、顯果。三、結。

四、釋非想非非想處經句。分三：一、明非有想義。分四：一、立因。二、顯果。三、結。四、解釋。二、明非想非非想義。分三：一、標。二、釋。三、結。三、明具足安住義。分三：一、立因。二、顯果。三、結。

五、明入定相。分三：一、明入四静慮義。二、明入四無色定相。三、明加行相。

二廣解中大門分十一中第四、廣辯二無心定。分五：

一、總標。

二、列名。

三、明入定人之差别。分二：一、明入無想定人。分二：一、標。二、釋。二、明入滅盡定人。分二：一、標。二、釋。

四、明作意方便。分二：一、總標。二、别釋。分二：一、明無想定方便。分二：一、立因。二、顯果。二、明滅盡定方便。分二：一、立因。二、顯果。

五、明作意修相。分二：一、明無想定修相。分七：一、立所治。二、立能治。三、立心行不行位。四、明作意。五、明斷位。六、明滅位。七、明總結。二、明滅盡定修相。分八：一、明地位。二、明作意。三、明出離相。四、明心不行位。五、明入人差别。六、明暫住義。七、所滅之法。八、明總結。

二廣解中大門分十一中第五、廣明世道五神通相。分六：一、總標。二、徵問。三、略答。分二：一、立因。二、顯果。四、列名，分五，如《論》。五、明通因。分二：一、立因。二、顯果。六、明以何加行得何等果。分六：

一、標。

二、徵問。

三、列名，分十二，如《論》。

四、别釋。分十：

一、明輕舉想。分二：一、標。二、釋。分二：一、立因。二、顯果。分二：一、標。二、釋。

二、明柔軟想。分二：一、標。二、釋。分二：一、立因。二、顯果。

三、明空界想。分二：一、標。二、釋。分二：一、立因。二、顯果。分二：一、標。二、釋。

四、明身心符順想。分二：一、標。二、釋。分二：一、立因。二、顯果，分七，如《論》。

五、明勝解想。分二：一、總標。二、别釋。分二：一、立因。二、顯果。分三[①]：一、依變明勝解想。二、依化明勝解想。三、依五想業用明勝解想。分二：一、標。二、釋。分二：一、明勝解想作用。分二：一、明現化勝解作用。二、明隱化勝解作用。二、明輕舉等四想作用。分三：一、明正義，分三，如《論》。二、總結。三、别釋住梵世。分二：一、標。二、釋。

六、明先所受行次第隨念想。分二：一、標。二、釋。分二：一、立因。二、顯果。

七、明種種品類集會音聲想。分二：一、總標。二、别釋。分三：一、立所緣境。分二：一、有情聲。二、非情聲。二、明修相。三、顯果德。

八、明光明色相想。分二：一、標。二、釋。分二：一、立因。分二：一、明正義。分二：一、依日月光等明光明想。二、依善不善等業用明光明想。二、結。二、顯果。

九、明煩惱所作色變異想。分二：一、總標。分二：一、立因。二、顯果。二、别釋。分五：一、明貪變異相。分三：一、標。二、釋。三、結。二、明瞋變異相。分三：三、明癡變異相。分三：四、例明餘煩惱變異相。五、明心差别智相。分二：一、立因。二、顯果。

十、合明解脱等三想。分二：一、指文。二、明果利。分二：一、立因。

---

① 三，録本作"二"，結合文意，據底本改。

二、顯果，分七，如《論》。

五、明差別。分二：一、總標。二、别釋。分二：一、明聖神通差别相。二、明非聖神通差别相。

六、明結。

二廣解中大門分十一中第六、明世道生差别相。分三：

一、明色界天生差别。分五：一、明初静慮天生差别。分二：一、立因。二、顯果，分三，如《論》。二、明第二静慮天生差别。分二：一、立因。二、顯果，分三，如《論》。三、明第三静慮天生差别。分二：一、立因。二、顯果，分三，如《論》。四、明第四静慮異生天生差别。分二：一、立因。二、顯果，分三，如《論》。五、明五净居天生差别。分二：一、立因。二、顯果，分五，如《論》。

二、明無色天生差别。分三：一、立因。二、顯果，分四，如《論》。三、釋名。

三、明無想天生差别。分二：一、立因。二、顯果。

二廣解中大門分十一中第七、廣明世道離欲者相。分三：一、總問。二、廣答，分二十二，如《論》。三、總結。

二廣解中大門分十一中第八、依出世道了相作意明觀察諸諦行相差别義。分二：一、明生起。分二：一、標。二、釋。二、立了相作意等正義。分三：

一、總標。分二：一、立因。二、顯果。

二、列名。分五：一、列苦諦四行相。分二：一、標。二、釋。二、列集諦四行相。分二：一、標。二、釋。三、列滅諦四行相。分二：一、標。二、釋。四、列道諦四行相。分二：一、標。二、釋。五、總結。

三、廣解釋。分三：

一、明四諦十六行相。分五：一、明苦諦四行相。二、明集諦四行相。三、明滅諦四行相。四、明道諦四行相。五、總結。

第一明苦諦四行相分六：一、總標。二、徵問。三、列名，分十，如《論》。四、别釋。五、總結。六、明四行攝十行義。

别釋分十：

一、二，合明變異行及滅壞行無常。分三：

一、依聖教量明無常。分二：一、總標。二、別釋。分三：一、略釋。二、列名。三、廣解。分二：一、明有情世間無常。二、明器世間無常。分二：一、明正義。二、結。

二、依現量明觀無常。分五：一、總標。分二：一、立因。二、顯果。二、徵問。三、略答。四、列名。五、別釋列名。分三：一、列内事名。分二：一、標。二、釋。二、列外事名。分三：一、總標。二、別釋，分十六，如《論》。三、總結。三、列變異無常事名。分三：一、總標。分二：一、標。二、釋。二、徵問。三、答列。分二：一、列十五事名，分十五，如《論》。二、列八種變異因緣名。分四：一、總問。二[1]、列名，分八，如《論》。三、別釋，分八，如《論》。四、總結。

五、別釋。分二：

一、明觀内十五事。分二：一、明正義。二、總結。

初文分十五：

一、明分位所作變壞無常性。分四：一、問。二、答。三、徵。四、答所以。

二、明尋思顯色無常性。分四：一、問。二、答。三、徵。四、答所以。

三、明形色無常性。分二：一、問。二、答。

四、明興衰所作無常性。分四：一、問。二、答。三、徵。四、答所以。

五、明支節變異無常性。分二：一、問。二、答。分二：一、標。二、釋。

六、明劬勞變異無常性。分二：一、問。二、答。分二：一、標。二、釋。

七、明他所損害無常性。分二：一、問。二、答。分二：一、標。二、釋。

八、明寒熱變異無常性。分二：一、問。二、答。分三：一、明寒變異相。二、明熱變異相。三、明思念。

九、明威儀變異無常性。分二：一、問。二、答。

十、明觸對變異無常性。分二：一、問。二、答。分四：一、依樂受明無常。二、例依餘二受明無常。三、觀過患。四、明思念。

---

① 二，録本作"三"，結合文意，據底本改。

十一、明雜染變異無常性。分四：一、問。二、答。分四：一、明煩惱有無。二、明有染無染。三、明變壞不變壞性。四、明思念。三、徵。四、答所以。

十二、明疾病變異無常性。分二：一、問。二、答。

十三、明終沒變異無常性。分二：一、問。二、答。

十四、明内青瘀等變異無常性。分二：一、問。二、答。

十五、明一切不現盡滅變異無常性。分四：一、問。二、答。三、徵。四、答所以。

第二、明總結。

二、明觀察十六外事變異無常性。分五：

一、明生起。

二、别釋。分十六：

一、明地事變異無常性。分四：一、問。二、答。分二：一、明無常事。二、明思念。三、徵。四、答所以。

二、明園事變異無常性。分二：一、問。二、答。分二：一、明無常事。二、明思念。

三、明山事變異無常性。分二：一、問。二、答。分二：一、明無常事。二、明思念。

四、明水事變異無常性。分二：一、問。二、答。分二：一、立無常事。二、明思念。

五、明業事變異無常性。分二：一、問。二、答。分二：一、立無常事。二、明思念。

六、明庫藏變異無常性。分二：一、問。二、答。分二：一、立無常事。二、明思念。

七、八，合明飲食變異無常性。分二：一、問。二、答。分二：一、立無常事。二、明思念。

九、明乘事變異無常性。分二：一、問。二、答。分二：一、立無常事。二、明思念。

十、明衣事變異無常性。分二：一、問。二、答。分二：一、立無常事。

二、明思念。

十一、明嚴具變異無常性。分二：一、問。二、答。分二：一、立無常事。二、明思念。

十二、明歌樂事變異無常性。分二：一、問。二、答。分二：一、立無常事。二、明思念。

十三、明香鬘等變異無常性。分二：一、問。二、答。分二：一、立無常事。二、明思念。

十四、明資具變異無常性。分二：一、問。二、答。分二：一、立無常事。二、明思念。

十五、光明變異無常性。分二：一、問。二、答。分二：一、立無常事。二、明思念。

十六、明承奉變異無常性。分二：一、問。二、答。分二：一、立無常事。二、明思念。

三、明二事攝義。分二：一、明所攝受事。二、明資具事。

四、明總要義。分四：一、明正義。二、徵。三、答所以。四、總結。

五、明總結。

第三、依比量明觀滅壞行無常性。分二：

一、比度現見滅壞無常。分八：一、明生起。二、徵問。三、答正義。分三：一、成立生滅義。二、成立自然滅壞義。分三：一、立因。二、顯果。三、答難。四、徵。五、答所以。六、立喻。七、破喻成因。八、總結。

二、比度他世滅壞無常。分六：一、明生起。二、總問。三、答正義。分三：一、標。二、釋，分七，如《論》。三、結。四、徵。五、廣答所以。分三：一、立宗。二、破。分三：一、破俱生見。二、破先後見。三、破所欲等三法爲因見。三、總結。六、總結。分二：一、標。二、釋，分三，如《論》。

别釋分十中第三、明觀别離行無常性。分四：一、總問。二、略答。三、别釋。分二：

一、明内别離無常。分三：一、標。二、釋。分二：一、明未離相。二、明已離相。三、結。

二、明外别離無常。分二：一、標。二、釋。分二：一、明未離相。二、明已離相。

四、總結。

別釋分十中第四、明觀法性行無常性。分三：一、問。二、答。分二：一、明未合。二、明當合。三、結。

別釋分十中第五、明觀合會行無常性。分三：一、問。二、答。三、結。

別釋分十中第六、依樂受明觀結縛苦行相。分二：一、總標。分二：一、立因。二、顯果。二、別釋。分二：一、依生等七種不可愛行明趣入苦行。二、依有漏取蘊明趣入苦行。分三：一、立正義。二、徵。三、答所以。分二：一、立因。二、顯果。

別釋分十中第七、依苦受明觀不可愛苦行相。分三：一、明正義。二、徵。三、答所以。

別釋分十中第八、依不苦不樂受明觀不安隱苦行相。分六：一、明正義。二、徵。三、答所以。四、明入三苦體。分三：一、依樂行及受明入壞苦。二、依苦行及受明入苦。三、依不苦不樂行及受明入行苦。五、明意趣。六、總結。

別釋分十中第九、依觀無所得行明入空行相。分三：一、立所緣境。二、立能觀慧。三、結。

別釋中第十、依觀不自在行明入無我行相。分三：一、明不自在義。二、明無我義。三、結。

第五、總結。

第六、明四行攝十行義。分三：一、總標。二、別釋。分四：一、明無常行攝相。分二：一、標。二、釋。二、明苦行攝相。分二：一、標。二、釋。三、明空行攝相。分二：一、標。二、釋。四、明無我行攝相。分二：一、標。二、釋。三、總結。

明欲界四諦十六行相分五中第二、明觀集諦四行相。分三：一、明生起。二、立正義。三、總結。

正義分三異門：

初門依愛能引苦等四法明集行相。分四：一、明因行義。分二：一、立因。二、顯果。二、明集行義。分二：一、立因。二、顯果。三、明起行義。分二:一、立因。二、顯果。四、明緣行義。分二:一、立因。二、顯果。

第二異門依取因等四法明集行相。分三:一、總標。二、别釋。分四:一、依愛明因行義。二、依取明集行義。三、依上首明起行義。四、依生明緣行義。第三、總結。

第三異門依煩惱隨眠等明集行相。分二:一、總標。二、别釋。分二:一、依隨眠種子明因行義。二、合明集起緣三義。分二:一、總標。二、别釋。分三:一、依後有愛明集行。二、依喜貪俱行愛明起緣行。三、依喜愛明緣行義。

第三、明四行相,總結。分三:一、立因。二、顯果。三、結。

明欲界四諦行相分五中第三、明觀滅諦四行相。分三:一、明生起。二、别釋正義。分四:一、明滅行相義。二、明静行相義。三、明妙行相義。四、明離行相義。三、總結。

明欲界四諦行相分五中第四、明觀道諦四行相。分三:一、明生起。二、别釋正義。分四:一、明道行相義。二、明如行相義。三、明行行相義。四、明出行相義。三、總結。

明欲界四諦行相分五中第五、明四諦行相,總結。

三廣解分三中第二、明遍觀上二界十六行相等義。分二:一、明生起。二、别釋。分七:

一、明染净遍義。分二:一、依染品苦集二諦明遍義。二、依净品滅道二諦明遍義。

二、明法智等種子依義。分二:一、立因。二、顯果。

三、明了相作意是間雜義。

四、明勝解作意是無間雜義。分三:一、立因。二、顯果。三、結。

五、明無邊際勝解義。分三:一、立因。二、顯果,分七,如《論》。二、釋"無邊際"義。分二:一、標。二、釋。分二:一、觀過。二、明修相。

六、明住勝解作意者厭怖生死欣求涅槃勝利。分三:一、明厭生死趣涅槃勝利。分二:一、立因。二、顯果。二、明修勝解作意者雖不隨五欲轉、然有退轉義。分三:一、立因。二、顯果。三、結。三、明未能趣入静界義。分三:一、立正義。二、徵。三、答所以。分二:一、標。二、釋。分二:一、立因,分十二，如《論》。二、顯果。

七、明入四諦行相義。分三：

一、總標。分二：一、立因。二、顯果。

二、别釋。分四：

一、明入苦諦行相。分二：一、明正義，分四，如《論》。二、結。

二、明入集諦行相。分二：一、明正義，分四，如《論》。二、結。

三、明入滅諦行相。分二：一、明正義，分四，如《論》。二、結。

四、明入道諦行相。分二：一、明正義，分四，如《論》。二、結。

三、明果利。分二：一、明離慢果。分二：一、立因。二、顯果。二、明增上意樂適悦果。分二：一、立因。二、顯果。

三廣解分三中第三、明入四決擇分次第。分四：

一、明入煗位次第。分三：一、立因。二、顯果。三、結。

二、明入頂位次第。分三：一、立因。二、顯果。三、結。

三、明入忍位次第。分三：一、立因。二、顯果。三、結。

四、明入世第一法位次第。分二：一、明體義。分二：一、總標。分二：一、立因。二、顯果。二、别釋。分七：一、明非滅義。二、明非無緣義。三、明非遠離義。四、明非美睡眠義。五、明愚癡似睡眠義。六、明不相似義。七、明正義。第二、釋名。分三：一、立因。二、顯果。三、結。

二廣解分十一中大門第九、依出世道勝解任意明如實通達位相。分五：

一、明斷見道煩惱分位。分二：一、立因。二、顯果。

二、明得果差别。分三：一、依世道先已離欲界欲明得果差别。分二：一、明得果。分三：一、立因。二、顯果。三、明無異相。二、明差别。分二：一、標。二、釋。二、依世道先倍離欲界欲明得果差别。分三：一、立因。二、顯果。三、依先未離欲界欲明得果差别。分二：一、立因。二、顯果。

三、明現觀義。分四：一、明正義。二、立喻。三、法合。四、例顯餘喻。

四、明證現觀相。分二：一、總標。二、别釋。分二：一、立因。二、顯果，分十八，如《論》。

五、明作意差别。分二：一、明勝解住意分位。二、明遠離作意分位。

二廣解分十一中大門第十、依觀察作意等廣分别修相。分四：

第一、明初果之人斷何煩惱證第二果等相。分四：一、明果位。分二：一、立因。二、顯果。二、果相。分二：一、指前相。二、明差别。分二：一、標。二、釋。三、明"一來"義。四、明"不還"相。

第二、依觀察作意明有學無學修相差别。分二：一、總標。分二：一、立因。二、顯果。二、别釋。分二：一、總問，分三，如《論》。二、廣答。分三：一、答修自性。分三：一、立因。二、顯果。三、結。二、答修業。分四：一、總標。二、列名，分八，如《論》。三、别釋。分八：一、明修得相。二、明修習相。三、明修净相。四、明修遣相。五、明修知相。六、明修斷相。七、明修證相。八、明修遠相。四、總結。三、答修品類差差别。分四：一、總標。二、列名，分十一，如《論》。三、别釋，分十一，如《論》。四、總結。

第三、明攝樂作意。分二：一、立正義，分三，如《論》。二、結。

第四、依加行究竟作意明後邊定體。明二：一、明最後定相。分二：一、立因。二、顯果。二、釋金剛喻名義。分三：一、問。二、答。分二：一、立喻。二、法合。三、結。

二廣解分十一中大門第十一、依出世道加行究竟果作意明究竟果相。分十六：

一、明盡智及無生智德。分二：一、明盡知功德。分二：一、立因。二、顯果。二、明無生智德。分二：一、立因。二、顯果。

二、明諸漏已盡等功德，分七，如《論》。

三、明十無學法德。分二：一、標。二、釋，分七，如《論》。

四、明於諸住及作意中隨意自在轉德。分二：一、總標。分二：一、標住相。二、標作意相。二、别釋。分三：一、明聖住。二、明天住。三、明梵住。

五、明至極究竟等二十二德。

六、明具足六恒住法德。分二：一、標。二、釋，分六，如《論》。

七、明不受貪等煩惱德。分二：一、立因。二、顯果。

八、明心平等等德。分五：一、明心平等德。二、明受供德。三、明住有餘依德。四、明到彼岸德。五、明住後有德。

九、明住無餘依德。分三：一、立因。二、顯果。三、明無漏界體相。分二：一、明無法。二、明有法。分二：一、標。二、釋。

十、明不習近五處等德。分二：一、標。二、釋，分五，如《論》。

十一、明離邪見德，分五，如《論》。

十二、明離怖畏德。

十三、明加行究竟作意分位。

十四、明加行究竟果作意分位。

十五、明總結。

十六、明地義。分三：一、標。二、釋。三、立喻。

《瑜伽師論·本地分》中《獨覺地分門記》一卷[①]

本地分第二廣解分十七中第十四、釋獨覺地。分四：一、明生起。二、略答。三、列名，分五，如《論》。四、别釋。分五：

第一、明種姓相。分三：一、總問。二、略答。三、别釋。分三：一、依薄塵明種姓。分二：一、立因。二、顯果。分二：一、不利他。二、貪自利。二、依薄悲明種姓。分二：一、立因。二、顯果。分二：一、不利他。二、著自利。三、依中根慢行明種姓。分二：一、立因。二、顯果。分二：一、明慢行果。二、明中根果。

第二、明修道相。分三：一、總問。二、略答。三、别釋。分三：一、明依利根求證及於蘊等善巧立初道相。分三：一、立因。二、顯果。三、結。二、依中根順决釋分及六善巧立第二道相。分三：一、依順决釋分立道。分二：一、立因。二、顯果。二、依善巧立道。分二：一、立因。二、顯果。三、總結。三、依鈍根得沙門果及善巧立第三道。分三：一、依得有學果不得無學果立道。分三：一、立因。二、顯果。三、明不證無學果。二、依善巧等立道。分二：一、立因。二、顯果。三、總結。

第三、明習成相。分二：一、問。二、答。分三：一、依初道立果。分二：一、立因。二、顯果。二、依第二三道立果。分二：一、立因。二、顯果。分二：一、立果體。二、顯果德。三、明差别。分二：一、依初道立名。二、依後

① “瑜伽師論本地分中獨覺地分門記一卷”十六字底本無，録本據文意補。

二道立名。

第四、明安住相。分二：一、問。二、答。分二：一、依麟角喻明安住勝解等作意。分二：一、立因。二、顯果，分五，如《論》。二、依部行喻明共相雜住。分二：一、明"雜住"義。二、指文。

第五、明遊行相。分二：一、問。二、答。分三：一、明善護身等功德。二、明不以語言化利有情因由。分三：一、明正義。二、徵。三、答所以，分二，如《論》。三、明前三俱是趣寂之義。

已上《獨覺地分門記》究竟。

菩薩地第十五分門記卷第二[①]

初持瑜伽處分十八中，第九明施品。分六：

一、總明修六度意趣。分三：一、立因。二、顯果。三、列六度分。

二、總别問施度。

三、頌略答，分九，如《論》。

四、長行略釋。分二：一、標。二、釋。

第五、廣解。分九：

一、明自性施。分三：一、總問。二、廣答。分五：一、依自性明自性[②]施。二、依施物[③]明自性施。三、依身語二門明自性施。四、依思念明自性施。五、依取[④]受人明自性施。三、總結。

第五廣解分九中第二、明一切施相。分四：

一、總問。

二、廣答。分三：

---

① 《菩薩地第十五分門記》卷第二今據《大正藏》以底本伯2190號爲底本。參校本甲本：山本悌二郎氏藏敦煌本。"菩薩地第十五分門記卷第二"十二字甲本作"瑜伽師地卷第三十九分門初"。

② "自性"二字甲本作"性相"。

③ 物，甲本作"物門"。

④ 取，甲本作"趣"。

一、答施事。分三：一、總標。二、列名，分二，如《論》。三、别釋。分三：一、明内財。二、明内外財。三、明外財。

第二、答施内身因由。分二：一、總標。二、别釋。分二：一、明捨自内身。分二：一、明捨全身。分三：一、明正義。二、立喻。三、法合。二、明捨支分。第二、别釋施外物相。分二：一、標。二、釋。分二：一、明隨意受用。二、明自在受用。

第三、答施差别義。分二：一、略釋。分三：一、總標。分二：一、標。二、釋。二、徵問。三、答。分二：一、明不施相①。二、明施相。二、廣解施差别義。分二：一、總標生起。二、廣解。分六：一、依有財無財明施差别。二、依法施明施差别。三、依無礙解明施差别。四、依四無量勝意樂明施差别。五、依施障對治智明施差别。六、依增上意樂勝解明施差别。

初文分四：一、明在家菩薩行財施差别。二、明出家菩薩行財施差别。三、明在家菩薩具慧人行財施差别。四、明出家具慧人行財施差别。

初文分二：

一、明在家菩薩捨内財差别。分四：一、依非理損害於他明内施差别。分二：一、立正義。二、明因由。二、依現利無量有情事明内施差别。分三：一、明正義。二、徵。三、答所以。三、依諸魔等明内施差别。分四：一、明正義。二、徵。三、答所以。四、例餘。四、依癡狂等明内施差别。分五：一、明正義。二、徵。三、答所以，分四，如《論》。四、明應施人。五、明總結。

第二、明在家菩薩施外財差别相。分二：一、總標。二、别釋。分六：一、依妻等明外施差别。分二：一、明無利不施相。二、明有利施相。二、依非同意物明外施差别。三、依他妻明外施差别。四、依有宜飲食等明外施差别。五、依引無義利物明外施差别。分三：一、明正義。二、徵。三、答所以。分二：一、標。二、釋。六、依可施不可施明外施差别。分三：一、總標。二、别問。三、廣答，分二十，如《論》②：一、依捕獵等法明不可施。二、依雜穢祠祀明不可施。三、依殺羊明不可施。四、依無量有情所依明不可施。五、依罝

① 相，甲本無。

② “如《論》”二字甲本無。

羅等明不可施。六、依怨家明不可施。七、依惱他樂等明不可施。八、依車輿等明不可施相。九、依非量食等明不可施。十、依性多貪嗜明不可施。十一、依愁憂有情明不可施。十二、依父母等明不可施。十三、依不抑奪明不可施。十四、依妻子等明不可施。十五、依正言明不可施。十六、依軟弱族性明不可施。十七、依王位明不可施。十八、依父母等所施物明不可施。十九、依不逼惱父母等明不可施。二十、依正法明不可施。[①]

有財無財分四中第二、明出家菩薩行外財施差别。分三十:一、依不違小乘學處明施差别。二、依平等心明施差别。分二:一、標。二、釋,分四,如《論》。三、依如先所許無减明施差别。四、依先許勝妙明施差别。五、依無異意等明施差别。六、依不自稱讚明施差别。分二:一、標。二、釋。七、依恭敬明施差别。八、依無厭倦心明施差别。分二:一、標。二、釋。九、依不由惡見明施差别。分二:一、標。二、釋。十、依離欲清净資糧明施差别。分二:一、標。二、釋。十一、依不觀世間人天之果明施差别。分二:一、標。二、釋。十二、依不由他緣明施差别。分二:一、總標。二、引經解釋。十三、依悲愍明施差别。分二:一、標。二、釋。十四、依不令(合?)[②]儀物明施差别。分二:一、標。二、釋。十五、依不告白明施差别。分三:一、標。二、釋,分四,如《論》。三、結。十六、依不稽留明施差别。分二:一、標。二、釋。十七、依不求聲頌等明施差别,分四,如《論》。十八、依無下劣心明施差别。分二:一、標。二、釋。十九、依不誑他明施差别。分二:一、標。二、釋。二十、依不乖離他明施差别。分二:一、標。二、釋。二十一、依勤等明施差别。二十二、依如實了知明施差别。二十三、依廣多財物明施差别。二十四、依不損惱他明施差别。分二:一、標。二、釋。二十五、依無悔明施差别。二十六、依不諂詭明施差别。分二:一、標。二、釋。二十七、依無不運心先施一切明施差别。分二:一、明正義。二、立喻。二十八、依應[③]時等四法明施差

① "一、依捕獵等法明不可施……二十、依正法明不可施"一段文字底本無,據甲本補。

② 令,此似當爲"合"之形訛。甲本即作"合"。

③ 應,甲本無。

別。二十九、依遠離嗤笑等四法明施差別。分二：一、標。二、釋。[1] 三十、依稱順而與明施差別。分二：一、標。二、釋。[2]

有財無財分四中第三、明在菩薩具慧人行財施差別。分三：一、總標。二、徵問。三、廣答。分二：

一、依安樂及貧賤二人明施差別。分三：一、明二俱施法。分二：一、明思念。二、明施相。二、明施貧人法。三、明辭謝非貧人法。分二：一、標。二、釋。

二、依利慳貪人明施差別。分三：一、立所化有情[3]。二、明行化方便。分三：一、明安慰相。二、明遺行施法。三、明教隨喜法。三、明行化勝利。分二：一、明後作業。二、明方便。分二：一、立因。二、顯果。

有財無財分四中第四、明出家具慧人行財施差別。分六：

一、依親教師等明施差別。分三：一、立所化人。分二：一、依慳貪[4]。二、依闕資財明化人[5]。二、明行化方便。三、明化之勝利。分三：一、依生福[6]。二、依斷慳[7]種子[8]。三[9]、依滿願明勝利。

二、依了知其心明施差別。

三、依矯誑商人明施差別。分三：一、明已了相。二、明未了相。三、總結。

四、依世間工巧業處明施差別。

五、依善巧言詞[10]明施差別。分二：一、立因。二、顯果。

六、依令彼與人往凈信家[11]等明施差別。分五：一、明令他往相。二、明

---

①② "分二：一、標。二、釋"六字甲本無。

③ "有情"二字甲本作"人"。

④ "貪"字下甲本有"明所化"三字。

⑤ "化人"二字甲本作"所化"。

⑥ "福"字下甲本有"明勝利"三字。

⑦ 慳，甲本作"貪"。

⑧ "子"字下甲本有"明勝利"三字。

⑨ 三，録本作"二"，結合文意，據底本改。

⑩ 詞，甲本作"辭"。

⑪ 家，甲本無。

自作助施。三、明作助勝利。四、明總結。五、明意趣。分二：一、明未證[①]清净意樂方便善巧。二、明已證清净意樂勝利。

第二廣解分六中第二、依法施明施差別。分七：

一、明不堪施與人。分四：一、明不施求過外道。二、明不施貪求人。三、明不施祕藏人。四、明不施不求勝人。

第二、明堪施人。分三：一、依了義。二、依見餘本。三、依書寫明施相。

第三、明觀察可施不可施及有利無利法。分二：一、依慳垢等明應行法施。分二：一、觀自心。二、觀過失。二、依無慳垢等明不行法施。分四：一、明觀自心。二、明觀他。三、明觀德(得)失。四、明無罪相。

第四、明不施方便。分五：一、總問。二、略答。三、徵問。四、答作方便法。五、立喻。

第五、明作方便勝利。

第六、明持净施物法。分四：一、明作净法。二、明可施人法。三、明不可施人法。四、明斷疑法。

第七、明總結。

第二廣解分六中第三、依無礙解明法施差別。分四：一、總標。二、列名，分四，如《論》。三、明施相。四、總結。

第二廣解分六中第四、依四無量勝意樂明行施差別。分二：一、明正義。分四：一、依慈無量明施差別。二、依悲無量明施差別。三、依喜無量明施差別。四、依捨無量明施差別。二、明總結。

第二廣解分六中第五、依了施障及對治明行施差別。分七：一、總標。二、略答。三、列障名，分四，如《論》。四、別釋。分四：

一、明未串習障及彼對治。分三：一、立所治障。二、立能治道。分三：一、思先過。二、念現失。三、明進修。三、結。

第二、明施物尠闕障及彼對治。分三：一、立所治障。二、立能治道。分二：一、標。二、釋。分二：一、念先過。二、明進修。三、結。

第三、明耽著上妙悦意財物障及彼對治。分二：一、立所治障。二、立能

---

① 證，甲本作“修”。

治道。分二：一、立因。二、顯果。

第四、明觀見當來具足財果障及彼對治。分二：一、立所治障。二、立能治道。分三：一、明見過。二、明修相。三、明勝利。

第五、[明][1]能治道[2]。

第六、明略義。分二：一、明前三能治勝利。二、明後一能治勝利。

第七、明總結。

第二廣解分六中第六、依增上意樂勝解明施差別。分四：一、立因。二、顯果。三、明勝利。四、明總[3]結。

一切施分四中第三、略義。分三：一、總標。二、列名，分六，如《論》。三、總結。

一切施分四中第四、明總結。分二：一、結已説之相。二、明未説生起之詞。

第五廣解分九中第三、明難行施。分三：一、總問。二、略答。三、别釋。分三：一、依財物尠少自忍貧苦明難行施。分二：一、明正義。二、結。二、依情非情可愛之事明難行施。分二：一、明正義，分五，如《論》。二、結。三、依艱辛所得明難行施。分二：一、明正義。二、結。

第五廣解分九中第四、明一切門施。分四：一、總問。二、略答。三、别釋。分四：一、依自物明一切門施。二、依勸他得財明一切門施。三、依親屬等物明一切門施。四、依施他明一切門施。第四[4]、總結。

第五廣解分九中第五、明善士所行施。分四：一、總問。二、略答。三、别釋。分五：一、依信施明善士施。二、依恭敬施明善士施。三、依自手施明善士施。四、依應時施明善士施。五、依不損他明善士施。第四[5]、總結。

第五廣解分九中第六、明一切種施。分四：一、總問。二、略答。三、列釋。分十三：一、依無依施明一切種施。二、依廣大施明一切種施。三、依歡

[1] 明，録本脱，據底本補。

[2] "道"字下甲本有："分二：一、標。二釋。"

[3] "明勝利。四、明總"六字甲本無。

[4][5] "四"字下甲本有一"明"字。

喜施明一切種施。四、依數數施明一切種施。五、依器施明一切種施。六、依非器施明一切種施。七、依一切物施明一切種施。八、依一切處施明一切種施。九、依一切時施明一切種施。十、依無罪施明一切種施。十一、依有情物施明一切種施。十二、依方土施明一切種施。十三、依財穀施明一切種施。第四、明總結。

第五廣解分九中第七、明遂求施。分四：一、總問。二、略答。三、别釋。分六：一、依除俱生苦立飲食遂求施。二、依除往來苦立之車乘遂求施。三、依除媿處露現苦立衣服遂求施。四、依除求資具苦立之嚴具、資生什物、塗飾香等三遂求施。五、依除寒熱苦立之舍宅遂求施。六、依除言説斷苦立之光明遂求施。第四、總結。

第五廣解分九中第八、明此世他世樂施。分六：一、總問。二、略答。三、列名，分三，如《論》。四、别釋。分三：

一、明財施三相。分三：一、總標。二、列名。分三，如《論》。三、别釋。分二：一、立所治，分二，如《論》。二、立能治。分二：一、明調伏慳吝垢。分二：一、標。二、釋。二、明調伏積藏垢。分二：一、標。二、釋。

第二、明無畏施三相。分二：一、標。二、釋。分三：一、明非人畏。二、明人畏。三、水火等畏。

第三、明法施三相。分二：一、標。二、釋。分三：一、明無倒法施。二、明稱理法施。三、勸學法施。

第五、明總結。

第六、明二世安樂義。分二：一、明此世樂義。二、明他世樂義。

第五廣解分九中第九、明清净施。分五：

一、總問。

二、略答。

三、列名，分十，如《論》。

四、别釋。分十：

一、明不留滯施。分二：一、問。二、答。分二：一、明正義。二、立喻。

第二、明不執取施。分二：一、問。二、答。分三：一、依空見。二、依害法。三、依净滿明執取相。

第三、明不積聚施。分五：一、問。二、答。三、徵。四、答所以。分四：一、依違正理明所以。二、依不生多福門明所以。分二：一、問。二、答。三、依平等義明所以。四、依見有罪明所以。分三：一、明正義。二、徵。三、答所以。五、總結。

第四、明不高舉施。分二：一、問。二、答，分三，如《論》。

第五、明無所依施。分三：一、問。二、略答。三、廣解。

第六、明不退弱施。分二：一、問。二、答，分四，如《論》。

第七、明不下劣施。分二：一、問。二、答。

第八、明不向背施。分二：一、問。二、答。

第九、明不望報恩施。分二：一、問。二、答。分二：一、略釋。二、廣解，分四，如《論》。

第十、明不希異熟施。分二：一、問。二、答。分二：一、標。二、釋。

第五、明總結。

施品分六中第六、明施品，總結。分二：一、立因。二、顯果。

《瑜伽論》第三十九卷分門記。①

《瑜伽論》第四十卷分初

國大德三藏法師法成述，苾蒭智慧山[□□□□][隨學聽記]②

初持瑜伽處分十八中第十、明戒品。分七：一、總問。二、以頌略答。分二：一、明正義。二、總結。三、長行略釋。分二：一、標。二、列名，分九，如《論》。四、廣解。五、明勝利。六、明業因。七、總結。③

第四廣解分九：

---

① “《瑜伽論》第三十九卷分門記”十一字底本無，據甲卷補。

② “《瑜伽論》第四十卷分初，國大德三藏法師法成述，苾蒭智慧山”二十四字底本無，據甲卷補。“隨學聽記”四字底本、録本無，據文意補。下文“《瑜伽論》第四十一卷分門”甲卷題下署：“三藏法師法成述，苾蒭智慧山隨學聽記。”可助互勘。

③ “四、廣解……總結”十四字甲本無。

一、明自性戒[1]。分九：

一、總問。

二、略答。

三、徵問。

四、列名，分四，如《論》。

五、别釋自性。分四：一、明從他正受自性義。分二：一、立因。二、顯果。

二、明善净意樂自性義。分二：一、立因。二、顯果。三、四，合明犯已還净及深敬專念無有違犯自性義。分二：一、標。二、釋。分三：一、明生起慚愧。二、明防護所受。三、明離諸惡作。

第六、四法次第。分二：一、立因。二、顯果。

第七、明四法自性功德。分二：一、明不犯功德。二、明還净功德。

第八、明四法勝利。分四：一、明妙善勝利。分二：一、標。二、釋。二、明無量勝利。分二：一、標。二、釋。三、明饒益一切有情勝利。分二：一、標。二、釋。四、明能獲大果勝利。分二：一、標。二、釋。

第九、明總結。

第四廣解分九中第二、明一切戒。分四：一、總問。二、略答。分三：一、標。二、列釋。三、結。三、廣解。四、總結略廣二義。[2]

第三廣解分十七：一、明三戒體相。二、明善護、善修、善行三戒義。三、明受三戒法。四、明受戒勝利。五、明受戒已供養法。六、明大、小二乘二戒差别功德。七、明護戒要義。八、明受戒師德。九、明聽戒之人。十、明覩受戒人。十一、明廣學處相。十二、明恭敬學處。十三、明懺悔法。十四、明無師得受戒義。十五、明通懺義。十六、明犯輕重義。十七、明持戒勝利。

初明三戒體相分三：一、總標。二、列名。三、别釋。分三：

一、明律儀戒相。分五：一、總標。二、略釋。三、列名，分七，如《論》。四、明品類差别。五、總結。

---

① 戒，甲本無。

② “三、廣解……二義”十字甲本無。

第二、明攝善法戒相。分五：一、總標。二、略釋。三、徵問。四、廣答。五、總結。

廣答分十四：一、依三慧勤修止觀明攝善法戒。分二：一、立因。二、顯果。二、依尊長修恭敬業明攝善法戒。三、依供給疾病人明攝善法戒。四、依妙説明攝善法戒。五、依有德人讚美明攝善法戒。六、依隨喜明攝善法戒。七、依安忍明攝善法戒。八、依迴向善根明攝善法戒。九、依供養三寶明攝善法戒。十、依學處正念等明攝善法戒。十一、依密護根門等明攝善法戒。十二、依[①]常修悎寤明攝善法戒。十三、依親近善士等明攝善法戒。十四、依深見過等明攝善法戒。分三：一、明見過。二、明護持。三、明還净。

五、明總結。

第三、明饒益有情戒。分四：一、總問。二、略答。三、徵問。四、廣答。分十一：

一、依無作助伴等苦明饒益有情戒。分二：一、依出世善法明饒益相。二、依病明饒益相。

二、依迷諸法總相别相明饒益有情戒。分二：一、立因。二、顯果。

三、依報恩明饒益有情戒。分二：一、立因。二、顯果。

四、依怖畏明饒益有情戒。分二：一、明所救相，分三，如《論》。二、明能救相。

五、依無財寶及親屬苦明饒益有情戒。分二：一、明所救相。分二，如《論》。二、明能救相。

六、依無資生衆具苦明饒益有情戒。分二：一、明所施處。二、明能施相。

七、依與依止明饒益有情戒。

八、依同法人明饒益有情戒，分五，如《論》[②]。

九、依正入道人明饒益有情戒。

十、依入邪道人明饒益有情戒。分三：一、立犯人。二、明能救人德。

① “依”字下甲本有一“恒”字。

② “分五如《論》”四字甲本無。

三、明出過法，分三，如《論》。

十一、依有怨有情明饒益有情戒。分二：一、明示現相。二、明勝利。

第三廣解分十七中第二、明善護、善修、善行三戒義。分三：一、總問。分三：一、問善護律儀戒義。二、問善修攝善法戒義。三、問善行饒益有情戒義。二、廣答。三、明勝利。①

第二廣答分三：

一、答善護律儀戒義。分二：一、明正義。二、總結。

正義分十：

一、依不顧戀過去諸欲明善護律儀戒。分三：一、明正義。二②、立喻。三、法合。

二、依不希求未來諸欲明善護律儀戒。分三：一、明正義。二、立喻。三、法合。

三、依不耽著現在諸欲明善護律儀戒。分三：一、明正義。二、立喻。三、法合。

四、依樂遠離不生喜足明善護律儀戒。分四：一、立修處。二、明不生喜相。三、明修相。四、顯果。

五、依能掃滌不正言論諸惡尋思明善護律儀戒。分二：一、明所治。二、明能治。分二：一、立因。二、顯果。分三：一、依無作。二、依不喜樂。三、依違逆顯果。

六、依於己不自輕蔑明善護律儀戒。分二：一、明怖處。二、明不自輕相。

七、依性多柔和明善護律儀戒。分三：一、明觀③自過。二、明柔和相。三、明饒益相。分二：一、立因。二、顯果。

八、依性多堪忍明善護律儀戒。分二：一、明遭苦相。二、明堪忍相。

九、依性多不放逸明善護律儀戒。分三：一、總標。二、列名，分五，如

① “二、廣答。三、明勝利”七字甲本無。

② “二”字下甲本有一“明”字。

③ 觀，甲本作“覩”。

《論》。三、别釋。分五：一、明前際俱行不放逸行。二、明後際俱行不放逸行。三、明中際俱行不放逸行。四、明先時所作不放逸行。分三：一、標。二、釋。三、結。五、明俱時隨行不放逸行。分三：一、立因。二、顯果。三、結。

十、依具足軌則净命明善護律儀戒。分二：一、立因。二、顯果，分八，如《論》。

第二、明總結。分二：一、標。二、釋，分十，如《論》。

第二、答善修攝善法戒義。分二：

一、明正義。分二：

一、依施等五法立五善修。分五：

一、依施相違品明善修攝善法戒。分三：一、明著處[①]。二、明煩惱。三、明能治。

二、依戒相違品明善修攝善法戒。分二：一、立所治。二、立能治。

三、依忍相違品明善修攝善法戒。分二：一、立所治。二、立能治。

四、依精進相違品明善修攝善法戒。分二：一、立所治。二、立能治。

五、依静慮相違品明善修攝善法戒。分二：一、立所治。二、立能治。

第二、依慧相違品立五善修。分二：一、總標。二、别釋。分五：一、依知善果勝利明善修攝善法戒。二、依知善因明善修攝善法戒。三、依知善因果倒無倒明善修攝善法戒。四、依知攝善法障明善修攝善法戒。五、依尋求善因明善修攝善法戒。分三：一、立因。二、顯果。分二：一、明無倒果。二、立有倒果，分四，如《論》。三、結。

第二、總結。分二：一、標。二、釋，分十，如《論》。

第三、答善行饒益有情戒義。分三：一、總標。二、廣解。三、總結。

廣解分十一：

一、依於諸有情彼彼事業作其助伴明善行饒益有情戒。分二：一、標。二、釋。分七：一、依思量等。二、依往來。三、依無倒加行。四、依守護。五、依和合。六、依義會。七、依修福明助作。

---

① “著處”二字甲本作“善愛”。

二、依救苦作助伴明善行饒益有情戒。分二：一、標。二、釋。分十：一、依疾役。二、依盲者。三、依聾者。四、依迷方。五、依支分不具。六、依愚騃。七、依五蓋。八、依八尋思。九、依他蔑等。十、依疲乏明救苦相。

三、依如理宣説明善行饒益有情戒。分二：一、標。二、釋。分四：一、依惡行。二、依慳行。三、依求財。四、依憎嫉有情明理宣説相。分三：一、依□□行。二、依見道。三、依修道明饒益行。[①]

四、依報恩明善行饒益有情戒。分二：一、標。二、釋。分十四：一、依令坐。二、依酬答。三、依作伴。四、依除苦。五、依如理説。六、依方便説。七、依救畏。八、依解憂。九、依資具。十、依與依止。十一、依隨轉。十二、依顯德。十三、依調伏。十四、依現通明報恩相。

五、依救護怖畏有情明善行饒益有情戒。分二：一、標。二、釋，分十四，如《論》。

六、依除愁憂明善行饒益有情戒。分三：一、標。二、釋。分二：一、依父母等明除憂苦。分二：一、標。二、釋，分十四，如《論》。三、依財寶明除憂苦。分二：一、標。二、釋，分八，如《論》。三、結。

七、依施資具明善行饒益有情戒。分二：一、標。二、釋，分九，如《論》。

八、依攝受離親教及軌梵師有情已順他有情心明善行饒益有情戒。分二：一、總標。二、廣解。分二：

一、略釋攝受隨順[②]。分二：一、依無染意樂明同住攝受相。二、依加行明隨順他心。分二：一、依施資具明加行相。分二：一、標。二、釋。分二：一、依從他求資具明隨順他相。二、依自資具明隨順他相。二、依教授教誡明加行[③]隨順他相。分三：一、依教授明加行。二、依教誡明加行。三、指廣文。[④]

第二、廣釋攝受隨順二法。分二：一、總標。分二：一、標攝受同住相。

① "分三……明饒益行"十九字甲本無。

② "攝受隨順"四字甲本無。

③ "加行"二字甲本無。

④ "分三……指廣文"二十字甲本無。

二、標隨順相。二、别釋。分二：

一、廣明同住攝受義。分二：一、依憂苦明攝受義。二、依喜樂明攝受義。

初文分六：一、依不利自他身語二業憂苦而不現行明攝受義。分二：一、標。二、釋。二、依利自他身語二業憂苦要當現行明攝受義。三、依不利餘無量有情而不現行憂苦明攝受義。四、依見利餘無量有情要當現行身語二業憂苦明攝受義。五、依見不利自他非學處等而不現行身語二業憂苦明攝受義。六、依見利自他亦是學處等要當現行身語二業憂苦明攝受義。

第二、例餘喜樂二法明攝受義。

第二、廣明隨順他義。分六：一、依不諫誨明隨順義。二、依不酬報明隨順義。三、依終不故意惱他明隨順義。分二：一、明不作相。二、明開文。四、依不嗤誚等四法明隨順義，分四，如《論》。五、依非不親近等明隨順義。分三，如《論》。六、依現前不毁他所愛等六法明隨順義，分六，如《論》。

第九、依攝受入正法人明善行饒益有情戒。分二：一、標。二、釋，分五，如《論》。

第十、依攝受調伏内法邪行有情明善行饒益有情戒。分二：一、總標。二、列釋。分三：

一、依訶責明調伏行。分三：一、明下品訶責法。分三：一、明犯相。二、明思念。三、明治法。二、明中品訶責法。分三：一、明犯相。二、明思念。三、明治法。三、明上品訶責法。分三：一、明犯相。二、明思念。三、明治法。

二、依治罰明調伏行。

三、依驅擯明調伏行。分二：一、明下中品治罰法。分三[①]：一、明犯相。二、明思念。三、明治法[②]。二、明上品治罰法。分四：一、明犯相。二、明治法。三、明意趣。四、明勝利。

第十一、依攝受於聖教有憎嫉有情明善行饒益有情戒。分二：一、總標。

① 三，甲本作“四”。

② “法”字下甲本有“四明勝利”四字。

二、别釋。分二：

一、依作恐怖明利有情行。分二：一、依惡行有性明作恐怖法。分二：一、標。二、釋。分三：一、明示現相。二、立教①。三、顯勝利。二、依求過有情明作恐怖法。分四：一、立無信相。二、顯調伏方便。三、明生信。四、明勝利。

二、依作引攝法明利有情行。分二：一、立因。分二：一、標。二、釋。分三：一、依十八變。二、依諸定。三、神通立因。二、顯果利。分二：一、標。二、釋，分②五，如《論》。

第三答分三中第三、明善行饒益有情戒，總結。

第二門分三中第三、明善護善修善行三戒勝利。分二：一、標。二、釋。

第三廣解分十七中第三、明受三種戒方法。分六：

一、明發無上菩提心。

二、明簡(問?)③師德及請師法。分二：一、簡(問?)④德。二、明請法。

三、明供養法。分三：一、立供處。二、明思念。三、明供養法。

四、明與戒法。

五、明隨念受戒廣大勝利。分三：一、標。二、釋。三、結。

六、明能授人作業法。分三：

一、明問授人法。分二：一、問種姓。分二：一、問。二、答。二、問本願。分二：一、問。二、答。

二、明師作業。分三：一、問。二、答。三、明遍數，分二，如《論》。

三、明請作證明。分三：一、明生起。二、明作法。三、明遍數。

第三廣解分十七中第四、明授戒勝利。分四：

一、明法爾十方相現勝利。分二：一、標因⑤。二、釋果⑥。

---

① 教，甲本作"喻"。

② "二一標二釋分"六字甲本無。

③ 簡，此似當爲"問"之形訛。甲本即作"問"。

④ 簡，甲本作"問"。

⑤ 因，甲本無。

⑥ 果，甲本無。

二、明諸聖憶念勝利。分二:一、立因。二、顯果。

三、明加持勝利。分二:一、立因。二、顯果。

四、總結。

第三廣解分十七中第五、明授戒已供養方法。分二:一、明供養[①]。二、明辭師法。

第三廣解分十七中第六、明大小二[②]乘二戒功德差别之義。分三:

一、明功德差别因。分四:一、依無上立因。二、依德藏立因。三、依意樂立因。四、依對治立因。

第二、明挍量功德勝劣。

第三、明勝之因。

第三廣解分十七中第七、明護戒要義。分二:

一、依數思正理明護戒義。分三:一、立因。二、顯果。三、明結勸。

二、依教明護戒義。分三:一、依經藏明護戒相[③]。二、依本母明護戒相[④]。三[⑤]、結勸。

第三廣解分十七中第八、明受戒師德。分二:一、總標。二、别釋。分二:

一、依無浄信明師德。分二:一、標。二、釋。

二、依六度明師德。分六:一、依施度相違明師德。分三:一、下。二、中。三、上。二、依戒度相違明師德,分三,如《論》。三、依忍度相違明師德,分三,如《論》。四、依進度相違明師德,分三,如《論》。五、依定度相違明師德。分二:一、標。二、釋。六、依慧度相違明師德,分五,如《論》。

第三廣解分十七中第九、明簡聽戒人。分四:一、明正義。分二:一、明已受相。二、明不應開處。二、徵。三、答所以。四、顯謗戒過失。分二:一、立因。二、顯果。

---

① “養”字下甲本有一“法”字。

② 二,甲本無。

③④ 相,甲本作“義”。

⑤ “三”字下甲本有一“明”字。

第三廣解分十七中第十、明觀察受戒人法。分三:一、明初時觀法。二、明中間[①]擇法。三、明後時與法。

第三廣解分十七中第十一、廣明學處相。分二:一、明四他勝處法。二、明四十四有染非染惡作法。

初文分十:

一、總標。

二、徵問。

三、别釋。分四:

一、依自讚毁他明初他勝法。分三:一、立因。二、顯果。三、結。

二、依慳財法明第二他勝法。分三:一、依慳財立他勝法。分二:一、立因。二、顯果。二、依慳法立他勝法。分二:一、立因。二、顯果。三、結。

三、依忿纏明第三他勝法。分三:一、立因。二、顯果。分二:一、依損他顯果。二、依不受他諫顯果。三、結。

四、依建立像似正法明第四他勝法。分三:一、立因。二、顯果。三、結。

第四、明總結。

第五、明犯戒過失。分三:一、明現法不能增長菩提資糧失。二、明於現法中不得清净意樂失。三、結。

第六、明毁戒因。分三:一、依下、中二[②]纏明不捨學處。二、依上纏明捨學處。三、明上品纏相。分三:一、標。二、釋。三、結。

第七、明不同聲聞犯一他勝便捨其戒不通更受義。分二:一、明不捨義。分二:一、明正義。二、立喻。二、明許重受義。分二:一、明正義。二、立喻。

第八、明正捨戒因。分二:一、總標。二、列釋,分二,如《論》。

第九、明在所生處不捨[③]戒義。分二:一、顯果。二、立因,分二,如《論》。

第十、明雖復轉生,其戒本在,非新得義。

① "間"字下甲本有一"時"字。

② 二,甲本無。

③ 捨,甲本作"授"。

《瑜伽論》第四十卷竟。①

《瑜伽論》第四十一卷分門

三藏法師法成述，苾蒭智慧山隨學聽記②

第二、廣解四十四有染標非染惡作法。分二：

一、總標犯非犯等三相。分三：一、標犯非犯。二、標染非染。三、標煩惱。

二、别釋。分四十四：

一、依三寶明違越過。分五：

一、標③犯學人。

二、明供養處。分三：一、依佛寶明供養處，分二，如《論》。二、依法寶明供養處。分二：一、依理行果法明處。二、依教法明處。分二：一、標。二、釋。三、依僧寶明供養處。分二：一、標。二、釋。

第三、明供養體。分二：一、標。二、釋。分三：一、依身業明供養體。二、依語業明供養體。三、依意業明供養體。

第四、明違犯相。分二：一、總。二、别。分二：一、明有染犯。二、明無染犯。

第五、明無犯相。分二：一、標。二、釋。分二：一、依心狂明無犯。二、依證浄意樂明無犯。分二：一、明正義。二、立喻。

二别釋分四十四中第二、依利養等明違犯過。分三：一、標犯學人。二、明犯相。分三：一、立因。二、顯果。三、結。三、明無犯相。分二：一、標。二、釋。

二别釋分四十四中第三、依耆長等明違犯過。分六：一、標犯學人。二、示敬處，分三，如《論》。三、明犯因，分三，如《論》。四、顯犯果。分二：一、不

① "《瑜伽論》第四十卷竟"八字底本無，據甲卷補。

② "《瑜伽論》第四十一卷分門，三藏法師法成述，苾蒭智慧山隨學聽記"二十六字底本無，據甲卷補。

③ 標，甲本作"明"。

推座。二、不酬對。五、明犯相。分二：一、明染犯。分三：一、立因。二、顯果。三、結。二、明非染犯，分四，如《論》。六、明無犯相。分二：一、總標。二、别釋。分十：一、依重病明無犯。二、依心狂亂明無犯。三、依他生覺想明無犯。四、依爲他宣説明無犯。五、依爲餘談論明無犯。六、依屬耳聽明無犯。七、依持護説法人意明無犯。八、依調伏明無犯。九、依護僧制明無犯。十、依持護多人意明無犯。

二别釋分四十四中第四、依不受他飲食衣服等明違犯過。分五：一、標犯學人。二、明請處，分二，如《論》。三、明施體。四、明犯相。分二：一、明染犯。分三：一、立因。二、顯果。三、結。二、明非染犯，分四，如《論》。五、明無犯相。分二：一、總標。二、别釋。分十四：一、依疾病明無犯。二、依無力明無犯。三、依狂亂明無犯。四、依懸遠明無犯。五、依怖畏明無犯。六、依調彼明無犯。七、依餘先請明無犯。八、依護善品明無犯。九、依引未曾有義明無犯。十、依法義無退明無犯。十一、依論義明無犯。十二、依詐請明無犯。十三、依護多人意明無犯。十四、依護僧制明無犯。

二别釋分四十四中第五、依不受他末尼等明違犯法。分五：一、標犯學人。二、明施人。三、明施物。四、犯相。分二：一、明染犯。分三：一、立因。二、顯果。三、結。二、明非染犯，分四，如《論》。五、明無犯相。分二：一、總標。二、别釋。分八：一、依狂亂明無犯。二、依心生染著明無犯。三、依追悔明無犯。四、依知施迷亂明無犯。五、依知施主貧明無犯。六、依僧及塔物明無犯。七、依知是盜物明無犯。八、依多生過患明無犯。分二：一、標。二、釋，分六，如《論》。

二别釋分四十四中第六、依不施他法明違犯法。分四：一、標犯學人。二、明求人。三、明犯相。分二：一、明染犯。分三：一、立因。二、顯果。三、結。二、明非染犯，分四，如《論》。四、明無犯相。分二：一、總標。二、别釋。分八：一、依求過明無犯。二、依重病明無犯。三、依狂亂明無犯。四、依調彼明無犯。五、依不通利明無犯。六、依無恭敬等明無犯，分三，如《論》。七、依知彼根純明無犯，分四，如《論》。八、依非法流布明無犯。

二别釋分四十四中第七、依棄捨犯戒有情不作饒益明違犯法。分四：

一、標犯學人。二、列可悲①人。三、明犯相。分二:一、明有染犯。分三:一、立因。二、顯果。三、結。二、明非染犯。分三:一、明正義。二、徵。三、答所以。四、明無犯相。分二:一、總標。二、別釋。分四:一、依狂亂明無犯。二、依調伏明無犯。三、依護多人意明無犯。四、依護僧制明無犯。

二別釋分四十四中第八、依不與聲聞等同學少事等明違犯法。分四:一、標犯學人。二、明等同學相。分三:一、明等學正義。二、徵。三、答所以。第三、明非等同學義。分四:一、明非等學正義。二、徵。三、答所以。四、明妙義。分五:一、依受衣服明妙義。二、依求鉢明妙義。三、依織作衣明妙義。四、依爲他與求衆多衣服等明妙義。五、總結。第四、明正學處相。分二:一、標犯學人。二、明犯相。分二:一、明有染犯。分三:一、立因。二、顯果。三、結。二、明非染犯,分四,如《論》。

二別釋分四十四中第九、依諸性罪少分不現行無有違犯明學處法。分二:一、總標。分二:一、標犯學人。二、明正學處相。二、別釋。分二:

一、依身業明學處相。分三:一、依殺業明學處。分三:一、立悲②處,分五,如《論》。二、明思念。分二:一、明先思。二、明後作相。三、明勝利。二、依盜業明學處。分三:一、依黜位明學處。分三:一、立見非。二、明思念。三、明勝利。二、依奪取明學處。分三:一、立見非。二、明思念。三、明還法,分三,如《論》。三、依衆生等明學處。分三:一、立見非。二、明思念。三、明勝利。三、依非梵行明學處。分二:一、依在家菩薩明學處相。分三:一、立悲③處。二、明思念。三、明勝利。二、依出家菩薩明學處相。

第二依語業明學處相。分四:一、依妄語明學相。分三:一、立悲處。二、明思念。三、明勝明。二、依離間語明學處相。分三:一、立悲④處。二、明思念。三、明勝利。三、依麁惡語明學相。分三:一、立悲處。二、明思念。三、明勝利。四、依綺語明學處相。分三:一、立悲⑤處。二、明思念。三、明勝利。

二別釋分四十四中第十、依邪命法明違犯學處。分三:一、標犯學人。二、明犯相。分三:一、立因。二、顯果。三、結。三、明無犯相。分二:一、

①②③④⑤ 悲,甲本作"非"。

標。二、釋。

二別釋分四十四中第十一、依心不寂静立學處。分三：一、標犯學人。二、明犯相。分二：一、明有染犯。分三：一、立因。二、顯果。三、結。二、明無染犯。三、明無犯相。分二：一、總標。二、别釋。分五：一、依生起對治明無犯。二、依解他嫌恨明無犯。三、依除遣他愁明無犯。四、依持護他意明無犯。五、依表内清净明無犯。

二别釋分四十四中第十二、依厭背涅槃隨順[1]煩惱立違犯學處。分五：一、總標。二、别釋邪論。分三：一、明應厭背涅槃。二、明不應怖二煩惱。三、明所以。三、立犯相。四、徵。五、答所以。分三：一、校量二聖行業。二、明所以。三、結。

二、别釋分四十四中第十三、依不護譏嫌戒立學處。分四：一、總標。二、别釋，分四，如《論》。三、明犯相。分二：一、明有染犯。二、明非染犯。四、明無犯相。分二：一、總標。二、别釋。分五：一、依外道明無犯。二、依憎嫉明無犯。三、依出家[2]三事明無犯。四、依他忿明無犯。五、依心倒明無犯。

二别釋分四十四中第十四、依不行辛楚加行攝利有情立學處相。分三：一、標犯學人。二、明犯相。分三：一、立因。二、顯果。三、結。三、明無犯相。分二：一、標。二、釋。

二别釋分四十四中第十五、依四沙門法立學處相。分二：一、立犯學人。二、明犯相。分二：一、立因。二、顯果。

二别釋分四十四中第十六、依不如理謝過立學處相。分四：一、標犯學人。二、顯侵惱，分二，如《論》。三、明犯相。分二：一、明有染犯。分三：一、立因。二、顯果。三、結。二、明非染犯。四、明無犯相。分二：一、總標。二、别釋。分六：一、依調伏明無犯。二、依外道明無犯。三、依教行非法明無犯。四、依增憤明無犯。五、依他無嫌恨明無犯。六、依他羞耻明無犯。

二别釋分四十四中第十七、依不受悔謝立學處相。分四：一、立犯人。

---

① 順，甲本無。

② 家，甲本作"處"。

二、顯他侵相。三、明犯相。分二：一、依嫌恨心明犯相。分三：一、立因。二、顯果。三、結。二、依不能忍明犯相。四、明無犯相。分二：一、標。二、釋。分二：一、依調伏明無犯。二、依不如法明無犯。

二別釋分四十四中第十八、依合恨立學處。分三：一、立犯人。二、明犯相。分三：一、立因。二、顯果。三、結。三、明無犯相。分二：一、標。二、釋。

二別釋分四十四中第十九、依以愛染心攝受徒衆立學處相。分三：一、標犯人。二、明犯相。分三：一、立因。二、顯果。三、結。三、明無犯相。分二：一、標。二、釋。

二別釋分四十四中第二十、依貪著睡樂等立學處相。分三：一、標犯人。二、明犯相。分三：一、立因。二、顯果。三、結。三、明無犯相。分二：一、總標。二、別釋。分四：一、依疾病明無犯。二、依無力明無犯。三、依行路明無犯。四、依修對治明無犯。

二別釋分四十四中第二十一、依談説世事立學處相。分三：一、標犯人。二、明犯相。分二：一、明有染犯。分三：一、立因。二、顯果。三、結。二、明非染犯。三、明無犯相。分二：一、總標。二、別釋。分三：一、依護他意明無犯。二、依希奇明無犯。三、依他問明無犯。

二別釋分四十四中第二十二、依不求教授立學處相。分三：一、標犯人。二、明犯相。分二：一、明有染犯。分三：一、立因。二、顯果。三、結。二、明無染犯。三、明無犯相。分二：一、總標。二、別釋。分五：一、依疾病明無犯。二、依無力明無犯。三、依知顛倒明無犯。四、依自多聞明無犯。五、依先已得教授明無犯。

二別釋分四十四中第二十三、依不除五蓋立學處相。分四：一、標犯人。二、明犯相。分三：一、立因。二、顯果。三、結。三、明無犯相。分二：一、標。二、釋。四、例明餘四蓋。

二別釋分四十四中第二十四、依貪静慮味立學處相。分三：一、立犯人。二、明犯相。分三：一、立因。二、顯果。三、結。三、明無犯相。分二：一、標。二、釋。

二別釋分四十四中第二十五、依捨聲聞乘相應教法立學處相。分五：

一、總標。二、解釋。分三：一、立因。二、顯果。三、結。三、徵。四、答所以。五、明無犯相。分二：一、標。二、釋。

二別釋分四十四中第二十六、依捨菩薩藏立學處相。分二：一、標犯人。二、明犯相。分三：一、立人。二、顯果。三、結。

二別釋分四十四中第二十七、依習學外論立學處相。分三：一、標犯人。二、明犯相。分三：一、立因。二、顯果。三、結。三、明無犯相。分二：一、總標。二、别釋。分五：一、依上聰明無犯。二、依速受明無犯。三、依不忘明無犯。四、依思達明無犯。五、依二分學佛語①明無犯。

二別釋分四十四中第二十八、依味著外論立學處相。分三：一、標犯人。二、顯過相。三、明犯相。分三：一、立因。二、顯果。三、結。

二別釋分四十四中第二十九、依謗菩薩藏立學處相。分五：一、標犯人。二、顯過相。三、明犯相。分三：一、立因。二、顯果。三、結。四、明犯因生處。分二：一、依自立犯因。二、依他立犯因。五、明無犯相。分四：一、總標。二、解釋。三、明無犯相。四、立無犯因。

二別釋分四十四中第三十、依以染愛心及恚心自讚毁他立學處相。分三：一、立犯人。二、明犯相。分三：一、立因。二、顯果。三、結。三、明無犯相。分二：一、總標。二、别釋。分四：一、依摧伏明無犯。二、依住持聖教明無犯。三、依調伏彼明無犯。四、依增净信明無犯。

二別釋分四十四中第三十一、依不往聽法立學處相。分三：一、立犯人。二、明犯相。分二：一、明有染犯。分三：一、立因。二、顯果。三、結。二、明非染犯。三、明無犯相。分二：一、總標。二、别釋。分十：一、依不覺明無犯。二、依疾病明無犯。三、依無力明無犯。四、依倒説明無犯。五、依持護他意明無犯。六、依先數聞等明無犯。七、依自多聞明無犯。八、依住心明無犯。九、依勝定明無犯。十、依自鈍根明無犯。分二：一、立因。二、顯果。

二別釋分四十四中第三十二、依輕毁説法人立學處。分二：一、標犯人。二、明犯相。分三：一、立因。二、顯果。三、結。

---

① "佛語"二字甲本無。

二別釋分四十四中第三十三、依所應作事不作助伴立學處相。分三：一、總標犯人。二、明犯相。分二：一、明有染犯。分三：一、立因。二、顯果。分二：一、標。二、釋，分六，如《論》。三、結。二、明非染犯。三、明無犯相。分二：一、總標。二、別釋。分十二：一、依疾病明無犯。二、依無力明無犯。三、依知彼自能明無犯。四、依自有依怙明無犯。五、依非義非法明無犯。六、依調伏明無犯。七、依先許他明無犯。八、依轉請他明無犯。九、依勤修善品明無犯。十、依性鈍明無犯。十一、依護多人意明無犯。十二、依護僧制明無犯。

二別釋分四十四中第三十四、依不供[1]病人立學處相。分三：一、立犯人。二、明犯相。分二：一、明有染犯。分三：一、立因。二、顯果。三、結。二、明非染犯。三、明[2]無犯相。分二：一、總標。二、別釋。分十：一、依自病明無犯。二、依無力明無犯。三、依請他有力明無犯。四、依有怙明無犯。五、依自能供事明無犯。六、依長病明無犯。七、依勝善品明無犯。八、依無間修明無犯。九、依自根鈍明無犯。十、依先許他明無犯。

二別釋分四十四中第三十五、依不救苦有情立學處相。犯、無犯相同前。

二別釋分四十四中第三十六、依不攝化廣行非如理有情立學處相。分四：一、立犯人。二、顯過相。三、明犯相。分二：一、明有染犯。分三：一、立因。二、顯果。三、結。二、明非染犯。四、明無犯相。分二：一、總標。二、別釋。分十一：一、依自無知明無犯。二、依無氣力明無犯。三、依轉請他明無犯。四、依知彼有智力明無犯。五、依餘人攝受明無犯。六、依調伏明無犯。七、依知起嫌恨明無犯。八、依發惡言明無犯。九、依倒受明無犯。十、依無愛敬明無犯。十一、依性弊塩明無犯。

二別釋分四十四中第三十七、依不報恩立學處相。分四：一、立犯人。二、顯過相。三、明犯相。分二：一、明有染犯。分三：一、立因。二、顯果。三、結。二、明非染犯。四、明無犯相。分二：一、總標。二、別釋。分三：一、

① 供，甲本作“共”。

② “明”字前底本、録本衍一“四”字，據文意删。

依勤加功用明無犯。二、依調伏方便明無犯。三、依彼不受明不犯。

二別釋分四十四中第三十八、依不解愁惱立學處相。分四：一、立犯人。二、顯悲處。三、明犯相。分二：一、明有染。分三：一、立因。二、顯果。三、結。二、明非染犯。四、明無犯相。分二：一、標。二、釋指文。

二別釋分四十四中第三十九、依懷嫌恨等心不給施飲食等立學處相。分四：一、立犯人。二、顯求人。三、明犯相。分二：一、明有染犯。分三：一、立因。二、顯果。三、結。二、明非染犯。四、明無犯相。分二：一、總標。二、別釋。分五：一、依現無物明無犯。二、依不如法及不宜物明無犯。三、依方便調伏明無犯。四、依持護王意明無犯。五、依僧制明無犯。

二別釋分四十四中第四十、依不如法與教授教誡求衣服等物攝受匱乏徒衆立學處相。分三：一、立犯人。二、明犯相。分二：一、明有染犯。分三：一、立因。二、顯果。分二：一、依不教授等顯果。二、依不求衣等顯果。三、結。二、明非染。三、明無犯相。分二：一、總標。二、別釋。分九：一、依方便調伏明無犯。二、依僧制明無犯。三、依疾病明無犯。四、依無力明無犯。五、依請他明無犯。六、依知彼有福明無犯。七、依知他有力明無犯。八、依先作無倒教授明無犯。九、依外道不堪調伏明無犯。

二別釋分四十四中第四十一、依不隨他心轉立學處相。分三：一、立犯人。二、明犯相。分二：一、明有染犯。分三：一、立因。二、顯果。三、結。二、明非染犯。三、明無犯相。分二：一、總標。二、別釋。分七：一、依非宜明無犯。二、依疾病明無犯。三、依無氣力明無犯。四、依僧制明無犯。五、依非多人愛明無犯。六、依方便調伏外道明無犯。七、依伏彼明無犯。

二別釋分四十四中第四十二、依不讚他實德等立學處相。分三：一、立犯人。二、明犯相。分二：一、明有染犯。分三：一、立因。二、顯果。三、結。二、明非染犯。三、明無犯相。分二：一、總標。二、別釋。分十一：一、依知少欲明無犯。二、依疾病明無犯。三、依無力明無犯。四、依伏彼明無犯。五、依僧制明無犯。六、依遮過明無犯。七、依非實德明無犯。八、依非實明無犯。九、依非妙説明無犯。十、依伏諸外道明無犯。十一、依待他説竟明無犯。

二別釋分四十四中第四十三、依不訶責等立學處相。分四：一、立犯人。

二、顯有過。三、明犯相。分二:一、明染犯。分三:一、立因。二、顯果,分三,如《論》。三、結。二、明非染犯四明無犯相。分二:一、總標。二、別釋。分六:一、依不可與語明無犯。二、依多嫌恨明無犯。三、依待時明無犯。四、依生諍競明無犯。五、依破僧明無犯。六、依疾生慚愧明無犯。

二別釋分四十四中第四十四、依不現神力攝化有情立學處相。分四:一、立犯人。二、明犯相。分三:一、立因。二、顯果。三、結。三、明無犯相。分二:一、標。二、釋。四、別明他勝等①諸學處無犯之通緣。分二:一、總標。二、別釋。分三:一、依狂亂明無犯義。二、依重苦受明無犯義。三、依未受凈戒明無犯義。

第三廣解分十七中第十二、明恭敬學處相。分四:一、明三種律儀正教出生之處。分三:一、總標。二、別釋。三、明總集義。二、明勸修。三、明於學生恭敬。分二:一、立因。二、顯果。四、明還凈法。

第三廣解分十七中第十三、明發露悔滅法。分三:一、明他勝等②四十四諸學處是③何罪攝相。二、明發露處所。三、明除罪法。分四:一、明上纏犯他勝法還凈法。二、明中纏犯他勝法還凈法。分五:一、標犯過。二、立人數。三、列罪名。四、明作法。五、引喻。三、明下纏犯他勝法及犯餘惡作還凈法。分三:一、標犯過。二、立人數。三、明作法。四、明若無人自擔出罪法。分三:一、明無悔處相④。二、明作法。三、結。

第三廣解分十七中第十四、明無師得受戒義。分四:一、總標開文。二、立生起。三、明受法。分五:一、總標。二、別釋。三、明已具等相。四、明已學等。五、明得戒遍數。四、例明餘證明等法。

第三廣解分十七中第十五、明通懺義。分三:一、總標通懺義。二、引經立難。三、答難⑤明經意趣。分二:一、總標。二、別釋。分二:一、依貪愛有情明無犯義。分三:一、立因。二、顯果。三、結。二、依憎嫉有情明有犯義。

①② "他勝等"三字甲本無。

③ 是,甲本無。

④ 相,甲本無。

⑤ "答難"二字甲本無。

分三：一、立因。二、顯果。三、結。

第三廣解分十七中第十六、明犯輕重義。分二：一、總標。二、指廣文。

第三廣解分十七中第十七、明持戒功德勝利。分四：

一、總標。

二、列名，分三，如《論》。

三、别釋。分三：

一、明加行圓滿勝利。分三：一、問。二、答。分四：一、依行無缺犯明加行圓滿。二、依三業清凈明加行圓滿。三、依不數毁犯明加行圓滿。四、依露過明加行圓滿。三、結。

第二、明意樂圓滿。分三：一、問。二、答。分九：一、依爲法出家明意樂圓滿。二、依求大菩提明意樂圓滿。三、依求涅槃因果明意樂圓滿。四、依不住懈怠等明意樂圓滿。五、依不雜衆惡明意樂圓滿。六、依不雜後有明意樂圓滿。七、依無熾然病明意樂圓滿。八、依不雜異熟明意樂圓滿。九、依不雜四相明意樂圓滿。三、結。

第三、明宿因圓滿。分三：一、問。二、答。分二：一、立因。二、顯果。分二：一、依自利。二、依他利顯果。三、結。

第四、明總結。分二：一、結勤修果。二、結不修果。

第四、總結一切戒略廣二義。分二：一、結已説義。二、明生起未説差别七相。

《瑜伽論》卷第四十一卷分門竟。[1]

《瑜伽論》第四十二卷分門記初

國大三藏和尚三藏法師法成述[2]

戒品第四廣解分九中第三、明難行戒相。分三：一、總問。二、略答。三、别釋。分三：

---

① "《瑜伽論》卷第四十一卷分門竟"十二字底本無，據甲卷補。

② "《瑜伽論》第四十二卷分門記初，國大三藏和尚三藏法師法成述"二十五字底本無，據甲卷補。

一、依棄捨大財大族受持浄戒明難行戒。分三：一、立因，分三，如《論》。二、顯果。三、結。

第二、依雖遭命難堅持浄戒明難行戒。分三：一、立因。二、顯果。三、結。

第三、依遍於一切行住作意三法恒住正命受持浄戒明難行戒。分三：一、立因。二、顯果。三、結。

戒品第四廣解分九中第四、明一切門戒。分四：一、總問。二、略答。三、列名，分四，如《論》。四、別釋。分四：

一、依此生加行明正受戒。分二：一、標。二、釋。

二、依無始種子明本性戒。分二：一、標。二、釋。

三、依正修無始種子明串習戒。分二：一、標。二、釋。分二：一、立因。二、顯果。分二：一、依厭惡顯果。二、依樂善顯果。

四、依戒生起處明方便相應戒。分二：一、標。二、釋。分二：一、立因。二、顯果。

戒品第四廣解分九中第五、明善士戒。分三：一、總問。二、略答。三、別釋，分五，如《論》。

戒品第四廣解分九中第六、明一切種戒。分三：一、總問。二、略答。三、別釋。分二：

一、明六種一切戒。分二：一、總標。二、別釋。分六：一、依要義明迴向戒。分二：一、標。二、釋。二、依盡所有性明廣博戒。分二：一、標。二、釋。三、依如所有性明無罪護喜處戒。分二：一、標。二、釋。四、依常加行明恒常戒。分二：一、標。二、釋。五、依敬加行明堅固戒。分二：一、標。二、釋。六、依沙門莊嚴明尸羅莊嚴具相應戒。分三：一、標。二、釋。三、指文。

第二、明七種一切戒。分二：一、總標。二、別釋。分七：一、依止息自性律儀戒明止息戒。分二：一、標。二、釋。二、依轉作自性二戒明轉作戒。分二：一、標。二、釋，分二，如《論》。三、依防護自性明防護戒。分二：一、標。二、釋，分二，如《論》。四、依攝善法戒明大士相異熟果戒。五、依攝律儀戒明增上心異熟果戒。六、依攝律儀戒明可愛趣異熟果戒。七、依饒益有情戒明利有情異熟果戒。

戒品第四廣解分九中第七、明遂求戒。分四：一、總問。二、略答。三、别釋。分三：一、思自求不遂。分二：一、立所治，分八，如《論》。二、立能治。二、例思他求不遂。三、明思念行八種戒勝利。分二：一、立因。分三：一、依念不應作事立因。二、依念他不欲立因。三、依念非自宜立因。二、顯果。第四、總結。

戒品第四廣解分九中第八、明此世他世樂戒。分五：一、總問。二、略答。三、别釋。分二：

一、依四法明二世樂戒。分二：一、明正義。分四：一、依遮諸有情苦因明二世樂戒。二、依開許樂因明二世樂戒。三、依已入樂因而正攝受明二世樂戒。四、依調伏入邪因有情明二世樂戒。二、明總結。

第二、依施等五法明二世樂戒。分二：一、明正義。分五：一、依施相應戒明二世樂戒。二、依忍相應戒明二世樂戒。三、依精進相應戒明二世樂戒。四、依静慮相應戒明二世樂戒。五、依般若相應戒明二世樂戒。二、明總結。

第四、明二世樂義。

第[①]五、明總結。

戒品第四廣解分九中第九、明清净戒。分四：一、總問。二、略答。三、别釋。分十：

一、依遠離意樂過明初善受戒。分二：一、標。二、釋。分二：一、依求沙門因果明初善受。二、依非命明初善受。

二、依遠離意樂過明不太沉[②]戒。分二：一、標。二、釋。分二：一、依薄生悔愧明不太沉[③]戒。二、依遠離非處生悔明不太沉[④]戒。

三、依遠離加行過明離懈怠戒。分二：一、標。二、釋。分二：一、依不耽著眠樂等明不懈怠戒。二、依勤修善品明不懈怠戒。

四、依遠離加行過明遠離放逸所攝戒。分二：一、標。二、釋。

---

① 第，録本訛作“戒”，據底本改。

②③④ 沉，録本訛作“沢”，據底本改。

五、依遠離求願過明正願戒。分二：一、標。二、釋。分二：一、依遠離利養等明正願戒。二、依不願生天等明正願戒。

六、依遠離他不生信過明軌則具足戒。分二：一、標。二、釋。

七、依遠離他不生信過明净命所攝戒。分二：一、標。二、釋。

八、依遠離不利自過明遠離二邊戒。分二：一、標。二、釋，分二，如《論》。

九、依遠離不得所欲義過明永出離戒。分二：一、標。二、釋。

十、依遠離所欲不得義過明於先所受無損失戒。分二：一、標。二、釋。分二：一、依無缺減明無損失。二、依無破壞明無損失。

第四、明總結。

第十戒品大門分七中第五、明持三戒勝利功德。分二：

一、依因圓滿得究竟位果明勝利功德。分二：一、標。二、釋。分二：一、立因。二、顯果。

二、依因未圓滿得有學四位果明勝利。分二：一、總標。二、别釋。分五：一、依增上果明四位勝利。二、依離繫果明四位勝利。三、依異熟果明四位勝利，分三，如《論》。四、依士用果明四位勝利。分二：一、立因。二、顯果。五、依等流果明四位勝利。分二：一、立因。二、顯果。

第十戒品大門分七中第六、明三種戒業用。分三：

一、明九戒三戒相攝相。分二：一、標。二、釋。

第二、明三戒作用。分二：一、標。二、釋。分三：一、依發生增上心學明律儀戒業用。二、依獲十力等廣大佛法明攝善戒業用。三、依成熟一切有情明饒益有情戒業用。

第三、明總結。分二：一、標。二、釋。分三：一、結律儀戒作用。二、結攝善法戒作①用。三、結饒益有情戒作②用。

第十戒品大門分七中第七、明總結。分二：

一、明攝盡所有性。分三：一、結三净戒體。二、結三净戒勝利。三、結三净戒作用。

---

①② 作，甲本作“業”。

第二、明三世菩薩同共學義。分三：一、明過去一切菩薩已學相。二、明未來一切菩薩當學相。三、明現在一切菩薩今學相。

初持瑜伽處分十八中第十一、明忍品。分五：一、總問。二、頌略答。分二：一、明正義，分九，如《論》。二、總結。三、列名。分二：一、標。二、釋，分九，如《論》。第四、廣解利功德。分九：

一、明自性忍相。分三：一、總問。二、别釋。分四：一、依依止差别明自性忍。分二：一、立因。二、顯果。二、依處所差别明自性忍。分二：一、立因。二、顯果。三、依所緣差别明自性忍。四、依因差别明自性忍。分二：一、立因，分二，如《論》。二、顯果。第三、總結。

第四廣解分九中第二、明一切忍相。分五：一、總問。二、略答。分二：一、標。二、釋，分二，如《論》。三、列名。分二：一、標。二、釋，分三，如《論》。四、别釋。五、總結。

别釋分三：一、明耐他[1]怨害忍。二、明安受衆[2]苦忍。三、明法思勝解忍。

初文分四：

一、總問。

二、廣答。分二：

一、依[3]思擇能治正理明修耐怨害忍[4]。分三：

一、總標。

二、别釋。

三、總結。

别釋分四：

一、依思擇自先業明修耐忍正理。分二：一、標。二、釋。分二：一、立因。二、顯果。

① 他，甲本無。

② 衆，甲本無。

③ 依，甲本作“明”。

④ “明修耐怨害忍”六字甲本無。

二、依思擇當來苦因明修耐怨正理。分二：一、立所治。二、立能治，分三，如《論》。

三、依思擇自他之身明修耐怨正理。分三：一、明見苦。二、明無知過。三、顯能治相。

四、依思擇自他修行明修耐怨正理分二：一、依他。二、依自明正理。

三、明總結。分二：一、立因。二、顯果，分十，如《論》。

二廣答分二中第二、依修五想明修耐怨害忍。分三：一、總問。二、列名，分五，如《論》。三、別釋。分五：

一、依十種有情明修宿生親善想。分二：一、問。二、答。分二：一、標。二、釋。分三：一、立因。二、顯果。三、結。

二、依十種有情明修隨順唯法想。分二：一、問。二、答。分二：一、標。二、釋。分三：一、立因。分二：一、依能。二、依所立因。二、顯果。三、結。

三、依十種有情明修無常想。分二：一、問。二、答。分二：一、標。二、釋。分三：一、立因。分二：一、依所治。二、依能治立因。二、顯果。三、結。

四、依十種有情明修苦想。分二：一、問。二、答。分二：一、標。二、釋。分三：一、立因。分二：一、依所治。二、依能治立因。二、顯果。三、結。

五、依十種有情明修攝受想。分二：一、問。二、答。分二：一、標。二、釋。分三：一、立因。分二：一、依本願。二、依非自①宜立因。二、顯果。三、結。

第三、釋名。分三：一、問。二、答。分三：一、依初心。二、依中心。三、依後心明忍。三、結。

第四、明總結。

四別釋分三中第二、明安受衆②苦忍相。分四：一、總問。二、廣答。三、釋名。四、總結。

廣答分二：

---

① “自”字下甲本有一“所”字。

② 衆，甲本無。

一、依思擇能治正理明修安受苦忍。分三：一、總標。二、别釋。三、總結。

别釋分二：

一、依觀過明思擇正理。分三：一、依思搖無始無義利苦[①]明安受苦正理。分二：一、立因。二、顯果。二、依思擇追求無義苦具之時受無量大苦明安受苦正理。分二：一、標。二、釋。三、依思擇受大苦因明安受苦正理。分三：一、立因。二、顯果。三、結。

二、依思擇如理能治正義明安受苦正理。

第三、明總結前生後。分二：一、立因。二、顯果。

第二、依修忍受八種[②]一切事苦明修安受衆苦忍。分四：一、總問。二、略答。三、列名，分八，如《論》。四、别釋。分八：

一、明忍受依止處苦相。分四：一、總標。二、略答。三、别釋。四、總結。

别釋分二：一、明依止處義。分二：一、標。二、釋，分四，如《論》。二、明忍受義。分二：一、立因，分四，如《論》。二、顯果。第四、明總結。

别釋分八中第二、明忍受世法處苦相。分六：一、總標。二、略答。三、列名，分九，如《論》。四、明苦義。五、明忍受義。分三：一、明苦。二、立因。三、顯果。六、明總結。

分八中第三、明忍受威儀處苦相。分四：一、總標。二、略釋。三、明忍受義。分二：一、立因。二、顯果。四、明總結。

分八中第四、明忍受攝法處苦相。分五：一、總標。二、略釋。三、列名，分七，如《論》。四、明忍受義。分二：一、立因。二、顯果。五、總結。

分八中第五、明忍受乞行處苦相。分五：一、總標。二、略釋。三、列釋名義[③]，分七，如《論》。四、明忍受義。分二：一、立因。二、顯果。五、總結。

分八中第六、明忍受勤劬處苦相。分三：一、標。二、釋。分二：一、立

① “苦”字下甲本有一“因”字。
② “八種”二字甲本無。
③ “列釋名義”四字甲本作“列名”。

因。二、顯果。三、結。

分八中第七、明忍受利他處苦相。分四：一、總標。二、略指前戒品文。三、明忍受義。分二：一、立因。二、顯果。四、總結。

分八中第八、明忍受所作處苦。分三：一、總標。二、別釋。分二：一、明苦生處。分二：一、依出家品明苦生處。二、依在家品明苦生處。二、明忍受義。分二：一、立因。二、顯果。三、明總結。

安受苦忍分四中第三、釋"安受苦"名。分三：一、依初心。二、依中心。三、依後心明忍相①。

安受苦忍分四中第四、明總結。

第三、明法思勝解忍。分六：一、總問。二、略答。分二：一、立因。分二：一、標。二、釋。二、顯果。三、徵問。四、列釋。分八：一、依三寶功德明法思勝解忍。二、依真實義處明法思勝解忍。三、依大神力處明法思勝解忍。四、依因處明法思勝解忍。五、依果處明法思勝解忍。六、依應得義處明法思勝解忍。七、依自於彼義得方便處明法思勝解忍。八、依一切所知所應行處明法思勝解忍。五、釋安立法思勝解名義。分二：一、標。二、釋。六、明總結。

第五、明一切忍總結及明餘七忍出處差別義生起相。

第四廣解分九中第三、明難行忍。分三：一、總問。二、略答。三、別釋。分三：

一、依劣有情作不饒益事明難行忍。分二：一、明正義。分三：一、明誰能忍。二、明於何人②忍。三、明能忍何事。二、結。

二、依自居尊位能忍自作不饒益事明難行忍。分二：一、明正義。分三：一、明誰忍。二、明於何人忍。三、明能忍何事。③ 二、結。

三、依卑賤種姓有情作不饒益事明難行忍。分二：一、明正義。分三：一、明誰忍。二、明於何人忍。三、明能忍何事。④二、結。

① 相，甲本作"名"。

② "於何人"三字甲本作"從何"。

③④ "一、明誰忍。二、明於何人忍。三、明能忍何事"十六字甲本作"同前"。

第四廣解分九中第四、明一切門忍。分三：一、總問。二、略答。三、別釋。分四：一、依忍親所作不饒益事明一切門忍。二、依忍怨所作不饒益事明一切門忍。三、依忍中所作不饒益事明一切門忍。四、依忍三品劣等三人所作不饒益事明一切門忍。

第四廣解分九中第五、明善士忍。分四：一、總問。二、略答。三、別釋。分二：一、標。二、釋。分二：一、立因。二、顯果。分五：一、依無多怨明善士忍果。二、依無多乖離明善士忍果。三、依多喜樂明善士忍果。四、依臨終無悔明善士忍果。五、依當生善趣明善士忍果。第四、明業用功德勝利。分二：一、立因。二、顯果，分四，如《論》。

第四廣解分九中第六、明一切種忍。分三：一、總問。二、略答。三、別釋。分二：

一、明六種忍相。分二：一、總問。二、廣答。分三：

一、依與世間共明一切種忍。分三：一、依怖畏非愛異熟明一切種忍。分二：一、立因。二、顯果。二、依哀憐等明一切種忍。分二：一、立因。二、顯果。三、依無上菩提明一切種忍。分二：一、立因。二、顯果。

二、依與聲聞共明一切種忍。分二：一、立因。二、顯果。

三、依與菩薩共明一切種忍。分二：一、依種姓具足明一切種忍。分二：一、立因。二、顯果。二、依知一切法無我明一切種忍。分二：一、立因。二、顯果。

第二、明七種忍相。分二：一、總問。二、廣答。分七：一、依事差別明一切種忍。分二：一、標。二、釋。二、依處所差別忍明一切種忍。分二：一、標。二、釋。三、依時差別明一切種忍。分二：一、標。二、釋，分八，如《論》。四、依分位差別明一切種忍，分四，如《論》。五、依身業差別明一切種忍。分二：一、標。二、釋。六、依語業差別明一切種忍。分二：一、標。二、釋。七、依意業差別明一切種忍。分二：一、標。二、釋。分二：一、依現行明意業忍。二、依種子明意業忍。

第四廣解分九中第七、明遂求忍。分五：

一、總問。

二、略答。

三、别釋。分三：

一、依在家品立二遂求忍。分二：一、依除苦果立忍。分二：一、立因。二、顯果。二、依除苦因施[①]立忍。分二：一、立因。二、顯果。

二、依出家品立一遂求忍。分二：一、立因。二、顯果。

三、依在家出家二品立五遂求忍。分二：一、總標。二、别釋。分三：一、依除苦立一忍。分二：一、立所治。二、立能治。二、依成樂立三忍。分三：一、依求法立忍。二、依法隨法行立忍。三、依説法立忍。三、依作伴立一忍。

第四、明總結。

第五、釋遂求忍名。分二：一、明正義。分二：一、依除苦立名。分二：一、立所治。二、立能治。二、依滿願立名。分二：一、立求人。二、立施人。二、結。

第四廣解分九中第八、明此世他世樂忍。分五：

一、總問。

二、略答。

三、别釋。分二：

一、依總相善法立一二世樂忍。分二：一、立因。二、顯果。

二、依别相立八二世樂忍。分五：一、依時分變異立一二世樂忍。分二：一、立所治。二、立能治。二、依俱生苦立一二世樂忍。分二：一、立所治。二、立能治。三、依惡觸苦立三二世樂忍，分三，如《論》。四、依劬勞苦立二二世樂忍。分二：一、依身心疲倦。二、依身心憂惱立劬勞苦忍。五、依生死[②]苦立一二世樂忍。分二：一、立可悲。二、立能悲。

第四、勝利。分二：一、立因。二、顯果。分二：一、明自利勝利果。分二：一、明現法利。二、明後法利。二、明利他勝利果。分二：一、明現法利。二、明後法利。

第五、明總結。

---

① 施，甲本無。

② “死”字下甲本有“流轉”二字。

第四廣解分九中第九、明清净忍。分四：

一、總問。

二、略答。

三、別釋。分四：

一、依不返報立三清净忍，謂初三句。分三：一、立所治。二、立能治。分三：一、依初時身語不報。二、依中間不憤。三、依後時無怨明能治清净忍。三、總結。

二、依作饒益立一清净忍，謂次一句。

三、依如法悔謝立二清净忍，謂次二句。分二：一、依自謝立清净忍。二、依速受[①]他謝立清净忍。

四、依不損惱因立四清净忍。分二：一、依觀察力立三忍，謂次三句。分三：一、依慚愧。二、依於大師愛敬。三、依不損有情立清净忍。二、依修習力立一忍，謂後一句。分二：一、立因。二、顯果。

第四、明總結，釋名。

忍品大門分五中第五、明修忍果利功德。分二：一、立因。二、顯果。

菩薩地第十五分門記卷第三[②]

初持瑜伽處分十八中第十二、精進品。分五：一、總問。二、以[③]頌略答。分二：一、明正義，分九，如《論》。二、總[④]結。三、列名。分二：一、總標。二、別釋，分九，如《論》。四、廣解。五、明果利。

第四廣解分九：

一、明自性精進。分三：一、總問。二、廣答。分二：一、依總相自性行

① "速受"二字甲本作"愛"。

② 《菩薩地第十五分門記》卷第三今據《大正藏》以底本伯 2080 號爲底本。參校本甲本：山本悌二郎氏藏敦煌本。甲本不分卷。

③ 以，甲本無。

④ 總，甲本無。

相[①]明自性精進。二、依於業[②]别相明自性精進。分三:

一、依所緣明自性精進。分二:一、依無量佛地攝善法戒立所緣。二、依攝一切有情戒立所緣。

二、依加行明自性精進。分二:一、依熾然無間立加行。二、依無顛倒立加行。

三、依等流明自性精進。分三:一、依身動立等流。二、依語動立等流。三、依意動立等流。

第三、明總結。

第四廣解分九中第二、明一切精進。分四:一、總問。二、略答。三、列名,分二,如《論》。四、廣解。分三:一、總標。二、列名,分三,如《論》。三、别釋。分三:一、明擐甲精進。二、明攝善法精進。三、明饒益有情精進。

初明擐甲精進分二:一、總問。二、廣答。分四:一、依受無量苦明擐甲精進。分二:一、標。二、釋。分二:一、立因。二、顯果。二、依經受無量時苦明擐甲精進。分三:一、明時量。二、明擐甲相。三、結。三、依集無量福智明擐甲進。分三:一、立因。二、顯果。三、結。四、依度無量有情明擐甲精進。分二:一、立因。二、顯果。

三别釋分三中第二、明攝善法精進。分二:一、總問。二、廣答。分三:

一、依施等六度明攝善法精進。分二:一、依作加行因立攝善法精進。二、依能成辨果加行果立攝善法精進。

第二、依無動等七種精進明攝善精進。分三:一、總標。二、别釋。分七:一、明無動精進。分二:一、標。二、釋。分二:一、依自相續。二、依他相續明攝善法精進。[③] 二、明堅固精進。分二:一、標。二、釋。三、明無量精進。分二:一、標。二、釋。四、明方便相應精進。分二:一、標。二、釋,分二[④],如《論》。五、明無倒精進。分二:一、標。二、釋。分二:一、顯果。二、

① “自性行相”四字甲本無。
② “於業”二字甲本無。
③ “二:一、依自相續。二、依他相續明攝善法精進”十七字甲本作“六如論”三字。
④ 二,甲本作“三”。

立因。六、明恒常精進。分二：一、標。二、釋。七、明離慢精進。分二：一、標。二、釋。分二：一、立因。二、顯果。[1] 三、顯果勝利。分二：一、立因。二、顯果。

第三、明波羅蜜多一切[2]菩提分法中所有善攝善法[3]精進是遍行義。分二：一、明正義。二、引證。

第三、饒益有情精進。分二：一、問。二、答。分二：一、指文。二、明差別義。

第四廣解分九中第三、明難行精進。分四：

一、總問。

二、略答。

三、别釋。分三：

一、依斷所治品明難行精進。分三：一、立因。分二：一、依離著受用具立因。二、依離著身見立因。二、顯果。三、結。

二、依盡所有性明難行精進。分三：一、立因。二、顯果。三、結。

三、依所緣境如所有性明難行精進。分三：一、立因。二、顯果。三、結。

第四、明三難行精進因。分三：一、依緣有性[4]立初難行精進因。二、依悲心立第二難行精進因。三、依般若立第三難行精進因。

第四廣解分九中第四、明一切門精進。分四：一、總問。二、略答。三、列名，分四，如《論》。四、别釋。分三：

一、依初二正斷行立初離雜染法[5]一切門精進。分二：一、標。二、釋。分二：一、立因。二、顯果。分二：一、立所治，分四，如《論》。二、立能治，分二，如《論》。

---

① “分二：一、立因。二、顯果”八字甲本無。

② “波羅蜜多一切”六字甲本無。

③ “所有善攝善法”六字甲本無。

④ 性，甲本作“情”。

⑤ “法”字下甲本有一“明”字。

二、依後二正斷行立第二引白法[①]一切門精進。分二：一、標。二、釋。分二：一、立因。二、顯果，分二，如《論》。

三、依彼前二因立第三、第四净除業及增長智一切門精進。分二：一、明前二斷行因净除業精進。分二：一、標。二、釋。分二：一、立因。二、顯果，分二，如《論》。二、明後二斷行因增長智精進。分二：一、標。二、釋。分二：一、立因。二、顯果，分三[②]，如《論》。

第四廣解分九中第五、明善士精進。分三：一、總問。二、略答。三、別釋。分五：

一、明初時無所棄捨斷行精進。分二：一、標。二、釋。分二：一、立因。二、顯果。

二、明中間無退減加行精進。分二：一、標。二、釋。分二：一、立因。二、顯果。

三、明後時加行無下劣精進。分二：一、標。二、釋。分二：一、立因。二、顯果。

四、明無顛倒證無上果精進。分二：一、標。二、釋。分二：一、立因。二、顯果。

五、明勤勇加行速趣無上果精進。分二：一、標。二、釋。分二：一、立因。二、顯果。

第四廣解分九中第六、明一切種精進。分四：一、總問。二、略答。三、別釋。四、總結。

別釋分二：

一、明六種精進。分三：一、總問。二、別釋。三、明業用。

別釋分六：一、依經發生精進明無間精進。分二：一、標。二、釋。二、依經勢力圓滿明殷重精進。分二：一、標。二、釋。三、依經有勤明等流精進。分二：一、標。二、釋。四、依經有勇明如行精進。分二：一、標。二、釋。五、依經堅猛明無動精進。分二：一、標。二、釋。六、依經不捨其軛明無喜足精

① "法"字下甲本有一"明"字。

② 三，甲本作"二"。

進。分二：一、標。二、釋。

第三引經明六種精進業用。分二：一、立因。二、顯果，分六，如《論》。

第二、明七種精進。分二：一、總問。二、廣答。分七：

一、依先與欲願俱行明一切種精進。分二：一、標。二、釋。分二：一、立因。二、顯果。分二：一、依欲。二、依願顯果。

二、依捨所治品明一切種精進。分二：一、標。二、釋。分二：一、立因。分二：一、依現行。二、依種子立因。二、顯果。

三、依得能治品明一切種精進。分二：一、標。二、釋。分二：一、立所治，分二，如《論》。二、立能治。分二：一、明正義。二、立喻。

四、依修習教法明一切種精進。分二：一、標。二、釋。分二：一、立因。二、顯果。

五、依修習證法明一切種精進。分二：一、標。二、釋。

六、依饒益有情行明一切種精進。分二：一、標。二、釋。分二：一、立因。二、顯果，分十一，指文如《論》。

七、依守護自學明一切種精進。分二：一、標。二、釋。分二：一、立因。二、顯果。分二：一、依防護。二、依還浄顯果。

第四、總結。

第四廣解分九中第七、第八，合明八種遂求精進及九種此世他世樂精進。分二：一、指前文，分二如《論》。二、明差別。

第四廣解分九中第九、明清浄精進。分四：一、總問。二、略答。三、列名，分十，如《論》。四、別釋。分五：

一、依三摩地加行明清浄精進。分六：一、依三摩地加行明相稱精進。分三：一、標。二、釋，分五，如《論》。三、結。二、依三摩地加行明串習清浄精進。分三：一、標。二、釋。三、結。三、依三摩地加行明無緩清浄精進。分三：一、立因。二、顯果。三、結。四、依三摩地加行明善攝清浄精進。分三：一、立因。二、顯果。三、結。五、依三摩地加行明應時修習相應清浄精進。分三：一、立因。二、顯果，分三，如《論》。三、結。六、依三摩加行明通達衆相相應清浄精進。分三：一、立因，分三，如《論》。二、顯果，分二，如《論》。三、結。

第二、依無畏無喜足加行明不退轉清净精進。分三：一、立因。二、顯果。三、結。

第三、依三摩地資糧加行明不捨軛清净精進。分三：一、立因，分四，如《論》。二、顯果，分三，如《論》。三、結。

第四、依平等加行明平等清净精進。分三：一、立因。二、顯果。三、結。

第五、依殊勝果加行明迴向大菩提清净精進。分三：一、立因。二、顯果。三、結。

精進品大門分五中第五、明修習精進果利功德。分三：一、立因。二、顯果。三、明勸修。

《瑜伽論》第四十二分門記竟。[①]

《瑜伽論》卷第四十三分門記

沙門智慧山隨聽學記[②]

初持瑜伽處分十八中第十三、明静慮品。分五：一、總問。二、以頌略答。分二：一、明正義，分九，如《論》。二、總結。三、列名。分二：一、標。二、釋，分九，如《論》。四、廣解。五、明果利。

第四廣解分九：

一、明自性静慮。分三：一、總問。二、廣答。分四：

一、依所依明自性静慮。分二：一、立因。二、顯果。

二、依行相明自性静慮。分二：一、依世定明行相[③]。二、依出世定明行相静慮。

三、依自性明静慮。分三：一、依心一境性。二、依無不善。三、依九住心明性静慮。

四、依品類明自性静慮。分三：一、依止品。二、依觀品。三、依雙運道明品類静慮。

---

① "《瑜伽論》第四十二分門記竟"十一字底本無，據甲卷補。

② "《瑜伽論》卷第四十三分門記，沙門智慧山隨聽學記"二十字底本無，據甲卷補。

③ "相"字下甲本有"静慮"二字。

第三、明總結。

第四廣解分九中第二、明一切静慮。分五：一、總問。二、依行相略答。分二：一、標。二、釋。三、依作用列名。分二：一、標。二、釋。四、别釋。五、總結。

别釋分三：

一、明現法樂住静慮。分三：一、立因。二、顯果。分四：一、依遠離現在分别雜染。二、依遠離見雜染。三、依遠離愛味雜染。四、依遠離相雜染顯果。三、結。

二、明能引[①]等持功德静慮。分三：一、立因。二、顯果。分三：一、依十力種姓根本、世出世根本静慮及近分定[②]顯果。二、依彼根本所修十力種姓所攝種種等持顯果。三、依世出世間根本近分静慮所成與二乘共有功德静慮顯果。分二：一、立因。二、顯果，分六，如《論》[③]。三、結。

三、明饒益有情静慮。分二：一、略標指文。二、别釋差别正義。分十一：一、依作助伴明饒益有情静慮。二、依除苦明饒益有情静慮。三、依説理明饒益有情静慮。四、依知恩明饒益有情静慮。五、依救護明饒益有情静慮。六、依解愁明饒益有情静慮。七、依施財明饒益有情静慮。八、依匡衆明饒益有情静慮。九、依隨轉明饒益有情静慮。十、依讚美明饒益有情静慮。十一、依正調伏明饒益有情静慮。

第五、明總結。

第四廣解分九中第三、明難行静慮。分三：一、總問。二、略答。三、别釋。分三：

一、依難轉色界四静慮果明難行静慮。分三：一、立因。二、顯果。三、結。

二、依難修十力種姓諸等持明難行静慮。分三：一、立因。二、顯果。三、結。

---

① "能引"二字甲本無。

② "定"字甲本無。

③ "分六如《論》"四字甲本無。

三、依難得無上果明難行靜慮。分三：一、立因。二、顯果。三、結。

第四廣解分九中第四、明一切門靜慮。分三：一、總問。二、略答。三、別釋。分四：一、依初靜慮滅憂根明一切門靜慮。二、依第二靜慮滅苦根明一切門靜慮。三、依第三靜慮滅意喜根明一切門靜慮。四、依第四靜慮滅喜根明一切門靜慮。

第四廣解分九中第五、明善士靜慮。分三：一、總問。二、略答。三、別釋。分二：一、依自有漏無漏靜慮自相續凈立初一善士靜慮。二、依四無量心他相續中凈立後四善士靜慮，分四，如《論》。

第四廣解分九中第六、明一切種靜慮。分四：一、總問。二、略答。三、別釋。四、總結。

別釋分二：

一、明六種一切種靜慮。分二：一、總標。二、別釋。分三：一、依行相立初二一切種靜慮。分二：一、依善。二、依無記明一切種靜慮。二、依品類立中二靜慮。分二：一、依止品。二、依觀品明一切種靜慮。三、依作用立後二靜慮。分二：一、依作自他利。二、依引神通功德明一切種靜慮。

第二、明七種一切種靜慮。分二：一、總標。二、別釋。分二：

一、依所緣立初五一切種靜慮。分五：一、依未得修習令得所緣立初一切種靜慮。二、依得修習所緣立第二一切種靜慮。三、依已得串習所緣立第三一切種靜慮。四、依非等引地所緣立第四一切種靜慮。五、依等引地所緣立第五一切種靜慮。

第二、依作業立後二靜慮。分二：一、依現法樂住。二、依剎他行明一切種靜慮。

第四、明總結。

第四廣解分九中第七、明遂求靜慮。分三：一、總問。二、略答。三、別釋。分三：

一、依之（乏）[①]而不欲立初二遂求靜慮。分二：一、依止息毒等災患立之（乏）而不欲靜慮。分二：一、立所治。二、立能治。二、依除衆病立之（乏）

① 之，底本實作"乏"。下"之"字同，徑括注其正字，不復校。

而不欲静慮。分二：一、立所治。二、立能治。

第二、依亦之(乏)亦欲立中間四種遂求静慮。分四：一依興致甘雨立亦之(乏)亦欲静慮。分二：一、立所治。二、立能治。二、依救怖畏立亦之(乏)亦欲静慮。分二：一、立所治。二、立能治。三、依能施飲食立亦之(乏)亦欲静慮。分二：一、立所治。二、立能治。四、依能施財位立亦之(乏)亦欲静慮。分二：一、立所治。二、立能治。

第三、依無之(乏)有增上生及[①]決定勝欲立後二遂求静慮。分二：一、依能正諫誨增上生道立無之(乏)有欲静慮。分二：一、立所治。二、立能治。二、依能作决定勝道所一應作事立無之(乏)有欲静慮。分二：一、立所欲法。二、立能作法。

第四、廣解分九中第八、明此世他世樂静慮。分三：一、總問。二、略答。三、别釋。分二：

一、依後世自利利他行立初三二世樂静慮。分三：一、依未入正法有情明神通變現静慮。二、依下劣放逸有情明記説變現静慮。三、依已入正法有情明教誡變現静慮。

二、依現法後法利自他行立後六種二世樂静慮。分六：一、依邪行有情明示現惡趣静慮。二、依失辯有情明施辯才静慮。三、依失念有情明施正念静慮。四、依令正法久住明施無倒本母静慮。五、依利有情業明施種種工巧静慮。六、依墮惡趣有情明放光静慮。

第四廣解分九中第九、明清浄静慮。分三：一、總問。二、略答。三、别釋。分六：

一、依世間浄立初一清浄静慮。分二：一、標。二、釋。

二、依出世浄立次一清浄静慮。分二：一、標。二、釋。

三、依共有果浄立次三清浄静慮。分三：一、依加行浄。二、依根本浄。三、依根本勝進浄明轉清浄静慮。

四、依自在浄立次三清浄静慮。分三：一、依入出自在。二、依捨證自在。三、依神通自在明清浄静慮。

---

① 及，甲本作“力”。

五、依所依净立第净九清净静慮。

六、依二障净立第十清净静慮。

静慮品大門分五中第五、明修習静慮果利功德。分三：一、立因。二、顯果。三、明勸修。

初持瑜伽處分十八中第十四、明慧品。分八：一、總問。二、以頌略答。分二：一、明正義，分九，如《論》。二、結。三、列名。分二：一、標。二、釋，分九，如《論》。四、廣解。五、明果利。六、明攝散經義。七、明根本生相應難行苦行[①]相。八、明修六度廣大果利。

第四廣解分九：

一、明自性慧。分三：一、總問。二、廣答。分三。一、依安立明自性慧。分二：一、依勝解地立安立慧。二、依净心地立安立慧。二依自性明自性慧。三依所緣明自性慧。分二：一、標。二、釋，分五，如《論》。三、明總結。

第四廣解分九中第二、明一切慧。分四：一、總問。二、略答。三、列名，分二，如《論》。四、別釋。分三：一、總標。二、列名，分三，如《論》。三、解釋。分三：

一、明能於所知真實隨覺通達慧。分二：一、明正義。分四：一、依所緣立通達慧。分二：一、依法無我性。二、依真諦明所緣通達慧。二、依差別立通達慧。分三：一、依加行定[②]。二、依根本定[③]。三、依入分位明差別慧[④]。三、依行相立通達慧。分三：一、依四勝解地明行相，分三，如《論》。二、依初地明行相。三、依二地已上明加行相。四、依修習分位立通達慧。分二：一、立因。二、顯果。二、總結。

二、明能於如所説五明處及三聚中决定善巧慧。分三：一、依五明處立善巧慧。分二：一、明正義。二、指廣文。二、依三聚立善巧慧。分二：一、

① "苦行"二字甲本無。

② "定"字下甲本有"覺寤時，謂地前四依"八字。

③ "定"字下甲本有"謂初地"三字。

④ "慧"字下甲本有"謂二地已上九地"七字。

標。二、釋，分三，如《論》。三、明八法果利功德。分二：一、立因。二、顯果。

三、明能作一切有情義利慧。分二：一、指廣文。二、結明正義及總結。

第四廣解分九中第三、明難行慧。分三：一、總問。二、略答。三、别釋。分二：

一、依五位①自利行立初一難行慧。分三：一、立修人。二、明正義。三、結。

二、依五位②利他行立後二難行慧。分二：一、依五□不净觀等③善巧利他方便立難行慧。分三：一、立修人。二、明正義。三、結。二、依五明④具足利他力用立難行慧。分三：一、立修人。二、明正義。三、結。

第四廣解分九中第四、明一切門慧。分三：一、總問。二、略答。三、别釋。分二：

一、依非等引地立初三一切門慧。分三：一、依加行所成聞慧立一切門慧。分二：一、明慧所生處。二、明所生之慧。二、依彼差别思所成慧立一切門慧。三、依得彼二力增長思擇⑤力所攝二慧立一切門慧。分二：一、依思擇所應作中隨轉慧。二、依思擇不應作中止息慧明一切門慧。

第二、依等引地修所成慧立後一一切門慧。

第四廣解分九中第五、明善士慧。分三：一、總問。二、略答。三、别釋。分二異門：

初門依遠離五種非善士慧建立善士慧。分五：一、依治五位聽聞非妙法所生邪慧立善士慧。分二：一、立因。二、顯果。二、依治五位非如理作意立善士慧。分二：一、立因。二、顯果。三、依治五位不善知利自他方便立善士慧。分二：一、明所了相。二、明能了相。四、依治五位不了實義立善士慧。分二：一、立所住。二、立能住。五、依治未解脱煩惱障立善士慧。分二：一、立所捨。二、立能捨。

①② “五位”二字甲本無。

③ “五□不净觀等”六字甲本無。

④ “五明”二字甲本無。

⑤ “擇”字下甲本有一“十”字。

第二異門依真義及因差別二法立善士慧。分二：一、總標。二、別釋。分二：一、依了真義差別立初二善士慧。分二：一、依如所有性立善士慧。分二：一、標。二、釋。二、依盡所有性立善士慧。分二：一、標。二、釋。二、依因差別立後三善士慧。分三：一、依俱生慧明因差別。分二：一、標。二、釋。二、依具教慧明因差別。分二：一、標。二、釋。三、依具證慧明因差別。分二：一、標。二、釋。

第四廣解分九中第六、明一切種慧。分三：一、總問。二、略答。三、別釋。分二：

一、依六德明一切種慧。分三：一、總標。二、別釋。分二：一、依所緣差別立初四慧。分四：一、依苦智。二、依集智。三、依滅智。四、依道智明所緣一切種慧。二、依念差別立後二慧。分二：一、依盡智。二、依無生智明念差別一切種慧。三、總結。

第二、依七德明一切種慧。分二：一、標。二、釋。分二：一、依自利無漏智立初二慧。分二：一、依法智。二、依類智明無漏自利一切種慧。二、依利他有漏智立後五慧。分五：一、依俗智。二、依神通智。三、依相智。四、依十力前行智。五、依四道理智明有漏利他一切種慧。

第四廣解分九中第七、明遂求慧。分三：一、總問。二、略答。三、別釋。分四：

一、依利樂一切有情法立初四遂求慧。分四：一依法無礙解立初一利樂有情遂求慧分二：一、標。二釋二依義無礙解立第二利樂有情遂求慧分二：一、標。二、釋。三依詞無礙解立第三利樂有情遂求慧分二：一、標。二、釋。四依辯才無礙解立第四利樂有情遂求慧分二：一、標。二、釋。

第二、依護聖教有力慧立第五、第六遂求慧。分二：一、依摧他論。二、依成立自論明護聖教有力遂求慧。

第三、依饒益衆屬慧立第七遂求慧。

第四、依善巧王法及世間言説立第八遂求慧。分二：一、依善解王正。二、依善解世務明遂求慧。

第四廣解分九中第八、明此世他世樂慧。分三：一、總問。二、略答。三、別釋。分二：

一、依自利圓滿立初五明處慧明二世樂慧。分二：一、依内明善净安住明自利圓滿二世樂慧。二、依餘四明善净非安住明自利圓滿二世樂慧，分四，如《論》。

二、依他利圓滿立後四慧明二世樂慧。分三：一、立因。二、立所化有情。分四，如《論》。三、净能化法，分四，如《論》。

第四廣解分九中第九、明清净慧。分四：一、總問。二、略答。三、别釋。分五：

一、依真實義立二净慧。分三：一、標。二、列名。三、釋。

二、依流轉義立二净慧。分二：一、標。二、釋。分二：一、明取正因慧。二、明取正果慧。

三、依執受義立二净慧。分三：一、標。二、列名。三、釋。

四、依方便義立二净慧。分三：一、標。二、列名。三、釋。

五、依究竟義立二净慧。分二：一、標。二、釋。分二：一、依染品。二、依净品明究竟慧。

第四、總結。

慧品大門分八中第五、明修慧度果利功德。分三：一、立因。二、顯果。三、明勸修。

慧品大門分八中第六、明攝散經義。分二：一、略釋。二、廣解。分二：一、總標。二、别釋。分二：一、依施度明攝散義。二、例餘五度明攝散義。

慧品大門分八中第七、明攝本生相應難行苦行相。分三：

一、依施度明本生相應相。分二：一、明能依法。二、明所依處。

二、例餘五度明本生相應相。分二：一、明能依法。二、明所依處。

三、依雜諸度明本生相應相，分六，如《論》。

慧品大門分八中第八、明住種姓位菩薩發菩提心已修六度圓滿廣大果利。分三：一、標所證果德。二、讚修因功德。分二：一、依白法溟海二喻[①]讚修因德。分二：一、標。二、釋。二、依涌施衆喻[②]讚修因德。三、歎所成果

① 喻，甲本作“法”。

② “衆喻”二字甲本作“等二法”。

德。分二：一、立因。二、顯果。

初持瑜伽處分十八中第十五、明攝事品。分七：一、總問。二、以頌略答。分二：一、明正義，分九，如《論》。二、總結。三、列名。分二：一、標。二、釋，分九，如《論》。四、廣解。五、明業用。六、明現行等三法功德。七、明到究竟果利功德。

第四廣解分三：一、明愛語廣義。二、明利行廣義。三、明同事廣義。

初文分九：

一、明自性愛。分三：一、總問。二、廣答，分四，如《論》。三、總結。

廣明愛語分九中第二、明一切愛語。分五：

一、總問。

二、略答。

三、廣解。分三：

一、明慰喻愛語。分二：一、標。二、釋。分二：一、立因。二、顯果，分六，如《論》。三、結。

二、明慶悦愛語。分二：一、標。二、釋。分二：一、立因。二、顯果。分二：一、依世法顯果。二、依出世法顯果，分五，如《論》。

三、明勝益愛語。分二：一、標。二、釋。分二：一、立因。二、顯果。

第四、明總結。

第五、明略義。分四：一、總問。二、略答。三、列名，分二，如《論》。四、别釋。分二：一、明隨世執語。分二：一、標。二、釋。二、明順正法教語。分二：一、標。二、釋。

廣明愛語分九中第三、明難行愛語。分三：一、總問。二、略答。三、别釋。分三：

一、依怨家惡友明難行愛語。分五：一、立能行人。二、明①難行處。三、立難行因。分二：一、依種子。二、依現行立因。四、顯果。五、結。

二、依愚癡有情明難行愛語。分五：一、立能行人。二、立難行處。三、

① 明，甲本作“立”。

明[①]難行因。四、顯果。五、結。

三、依諂詐等有情明難行愛語。分五：一、立能行人。二、立難行處。三、明難行因。分二：一、依種子。二、依現行立因。四、顯果。五、結。

廣明愛語分九中第四、明一切門愛語。分三：一、總問。二、略答。三、别釋。分四：

一、依未斷十不善等蓋向善趣有情明一切門愛語。分二：一、立所化。分二：一、立捨[②]因。二、顯果趣[③]。二、立能化。

二、依已離五蓋等有情明一切門愛語。分二：一、立所化。分二：一、立捨[④]因。二、顯果趣[⑤]。二、立能化。

三、依世出世善放逸有情明一切門愛語。分二：一、立所化。二、立能[⑥]化。

四、依世出世因果法中多疑有情明一切門愛語。分二：一、立所化。二、立能化，分二，如《論》。[⑦]

廣明愛語分九中第五、明善士愛語。分四：一、總問。二、略答。三、列名。分四：一、立能化人。二、立所化有情。三、顯教主。四、列化生之教，分五，如《論》。四、别釋。分五：

一、依説有因緣法明善士愛語。分三：一、立因。二、顯果。三、結。

二、依説出離還净法明善士愛語。分三：一、立因。二、顯果。三、結。

三、依説有四依法明善士愛語。分三：一、立因。二、顯果。三、結。

四、依説有勇决法明善士愛語。分三：一、立因。二、顯果。三、結。

五、依説有神變法明善士愛語。分三：一、立因。二、顯果。三、結。

廣明愛語分九中第六、明一切種愛語。分四：一、總問。二、略答。三、别釋。四、總結。

---

① 明，甲本作“立”。

②④ 捨，甲本無。

③⑤ 趣，甲本無。

⑥ “能”字前録本衍一“因”字，據底本删。

⑦ “分二如《論》”四字甲本無。

別釋分二：

一、明六種一切種愛語。分二：一、總標。二、別釋。分六：一、依明聽愛語明一切種愛語。二、依遮制愛語明一切種愛語。三、依開示諸法異門愛語明一切種愛語。四、依開示無倒愛語明一切種愛語。五、依訓釋諸法言詞愛語明一切種愛語。六、依無倒法句差別愛語明一切種愛語。

第二、明七種一切種愛語。分二：一、總標。二、別釋。分七：一、依慰喻愛語明一切種愛語。二、依慶悦愛語明一切種愛語。三、依至少希欲愛語明一切種愛語，分二，如《論》。四、依安慰驚怖愛語明一切種愛語。五、依宣説如理愛語明一切種愛語。六、依出不善處愛語明一切種愛語。分二：一、明見過。二、明出法。七、依請他饒益愛語明一切種愛語。

第四、明總結。

廣明愛語分九中第七、明遂求愛語。分四：一、總問。二、略答。三、明要義。分三：一、立因。二、顯果。三、結。四、別釋。分二：一、明四净語。分二：一、標。二、釋，分四，如《論》。二、明八聖言。分二：一、標。二、釋，分八，如《論》。

廣明愛語分九中第八、明此世他世樂愛語。分三：一、總問。二、略答。三、別釋。分九：

一、依除親屬苦立二世樂愛語。分二：一、立因。二、顯果。

二、依除失財位苦立二世樂愛語。分二：一、立因。二、顯果。

三、依除無病苦立二世樂愛語。分二：一、立因。二、顯果。

四、依除無净戒苦立二世樂愛語。分二：一、立因。二、顯果。

五、依除無正見苦立二世樂愛語。分二：一、立因。二、顯果。

六、依讚净戒德立二世樂愛語。分二：一、立因。二、顯果。

七、依讚正見德立二世樂愛語。分二：一、立因。二、顯果。

八、依讚軌則圓滿立二世樂愛語。分二：一、立因。二、顯果。

九、依讚正命圓滿立二世樂愛語。分二：一、立因。二、顯果。

廣明愛語分九中第九、明清净愛語。分三：一、總問。二、略答。三、指廣文。

第四廣解分三中第二、明利行廣義。分四：一、總問。二、略答。三、明差別義。分三：一、標。二、釋。分二：一、立因。二、顯果。三、結。第四、廣解。分九：

一、明自性利行。分三：一、總問。二、廣答。三、總結。

廣答分五：一、明利行因。二、明所利之人。三、明利行所作①。分三：一、依諸學。二、依隨義利行。三、依隨法行明所作。四、明利行心量。分二：一、依悲心。二、依無染心明心量。五、明利行方便。分四：一、依勸導。二、依調伏。三、依趣入。四、依安住修相明方便。

三、總結。

第四廣解分九中第二、明一切利行。分四：一、總問。二、略答。三、列名，分二，如《論》。四、廣釋。分三：一、總標。二、列名，分三，如《論》。三、别釋。分三：

一、依現法利勸導明一切利行。分四：一、標。二、釋，分三，如《論》。三、結。四、顯果利。分二：一、依名稱。二、依現法樂顯果。

二、依後法利勸導明一切利行。分四：一、標。二、釋。分二：一、立因。二、顯果。三、結。四、顯果利。分二：一、明決定果。二、明不定果。

三、依現法後法利勸導明一切利行。分四：一、標。二、釋，分二，如《論》。三、結。四、顯果利。分二：一、明現法果，分二，如《論》。二、明後法果。分二：一、明得世間果。二、明得出世果。

第四廣解分九中第三、明難行利行。分三：一、總問。二、略答。三、别釋。分三：

一、依未種善根有情明難行利行。分三：一、明正義。分四：一、立能化人。二、立所化有情。三、明作業。四、結。二、徵。三、答所以。

二、依耽著廣大財位有情明難行利行。分三：一、明正義。分四：一、立能化人。二、立所化有情。三、明作業。四、結。二、徵。三、答所以。

三、依邪見有情明難行利行。分三：一、明正義。分四：一、立能化人。二、立所化有情。三、明作業。四、結。二、徵。三、答所以。分二：一、依愚自宗。二、依憎聖教答所以。

① “所作”二字甲本無。

第四廣解分九中第四、明一切門利行。分三：一、總問。二、略答。三、別釋。分四：

一、依不信有情明一切門利行。分三：一、立能化人。二、立所化有情。三、明作業。

二、依犯戒有情明一切門利行。分二：一、立所化有情。二、明作業。

三、依惡慧有情明一切門利行。分二：一、立所化有情。二、明作業。

四、依慳悋有情明一切門利行。分二：一、立所化有情。二、明作業。

第四廣解分九中第五、明善士利行。分三：一、總問。二、略答。三、別釋。分五：一、依世出世實義明善士利行。二、依時宜宣説世出世實義明善士利行。三、依引果妙義明善士利行。四、依柔軟宣説世出世實義明善士利行。五、依慈心宣説世出世實義明善士利行。

第四廣解分九中第六、明一切種利行。分三：一、總問。二、略答。三、別釋。分二：

一、明六種一切種利行。分二：一、問。二、答。分六：一、依正攝受明一切種利行。二、依正調伏明一切種利行。三、依除恚惱明一切種利行。四、依令入聖教明一切種利行。五、依三乘成熟明一切種利行。六、依令得解脱明一切種利行。

第二、明七種一切種利行。分二：一、問。二、答。分七：一、依守護長養上下二乘義[①]資糧明一切種利行。分二：一、標。二、釋，分二，如《論》。二、依守護長養上下二乘遠離行明一切種利行。三、依守護長養上下二乘心一境性明一切種利行。四、依守護長養上下二乘清凈諸障明一切種利行。五、依守護長養上下二乘修習作意明一切種利行。六、依各隨種姓安立下乘明一切種利行。分二：一、立所化有情。二、立能化作業。七、依安立無上乘明一切種利行。分二：一、立所化有情。二、立能化作業。

第四廣解分九中第七、明遂求利行人。分三：一、總問。二、略答。三、別釋。分二：

一、依令離無慚纏明遂求利行。分四：一、立能化。二、立所化。三、立

① 義，甲本無。

所治。四、立能治。

二、依無愧等七法例明遂求利行。分二：一、明所治正義。分七：一、依令無愧纏明遂求利行。二、依令離惛纏明遂求利行。三、依令離睡眠纏明遂求利行。四、依令離掉纏明遂求利行。五、依令離惡作纏明遂求利行。六、依令離嫉纏明遂求利行。七、依令離慳明遂求利行。第二、明七法能治之道。

第四廣解分九第八、明此世他世樂利行。分三：一、總問。二、略答。三、别釋。分三：

一、依凈身業立四二世樂利行。分四：一、依遠離殺生明二世樂利行。二、依遠離不與取明二世樂利行。三、依遠離欲邪行明二世樂利行。四、依遠離放逸處酒明二世樂利行。

第二、依凈語業立四二世樂利行。分四：一、依遠離妄語明二世樂利行。二、依遠離離間語明二世樂利行。三、依遠離麁惡語明二世樂利行。四、依遠離綺語明二世樂利行。

第三、依凈意業立二世樂利行。分三：一、依遠離貪欲明二世樂利行。二、依遠離瞋恚明二世樂利行。三、依遠離邪見明二世樂利行。

第四廣解分九中第九、明清凈利行。分五：一、總問。二、略答。三、列名。四、廣釋。五、結。

廣釋分二：

一、明外五種清凈利行相。分四：一、總問。二、列名，分五，如《論》。三、别釋。四、總結。

别釋分五：

一、明無罪利行。分四：一、立能化。二、立所化，分四，如《論》。三、明作業。四、結。

第二、明不轉利行。分四：一、立能化。二、立所化。三、明作業。四、結。

第三、明漸次利行。分四：一、依下乘明漸次利行。分三：一、立能化。二、立所化。三、明作業。二、依中乘明漸次利行。分二：一、立所化。二、明作業。三、依上乘明漸次利行。分二：一、立所化。二、明作業。四、總結。

第四、明遍行利行。分四：一、立能化。二、立所化。三、明作業。四、結。

第五、明如應利行。分四：一、立能化。二、立所化。分二：一、依果。二、依位立所化人。[①] 三、明作業。四、結。第四、明總結。

第二、明内五種清净利行。分三：一、總問。二、廣答。三、總結。

廣答分五：

一、依廣大悲心明内净利行。分四：一、立能化。二、立所化。三、立因。四、顯果。

第二、依心無勞倦明内净利行。分四：一、立能化。二、立所化。三、立因。四、顯果。

第三、依謙下明净利行。分二：一、立因。二、顯果。

第四、依心無愛染等明内净利行。分四：一、立能化。二、立所化。三、立因。四、顯果。

第五、依無退慈心明内净利行。分四：一、立能化。二、立所化。三、立因。四、顯果。

第二明内五清净行分三中第三、總結。

第五、明内外十種清净，總結。

攝事品大門分七中第四廣解分三中第三、明同事廣義。分五：

一、總問。

二、略答。分二：一、明觀他學處。分二：一、示果。二、示因。二、明自學相。分二：一、示果。二、示因。

三、釋名。

四、明行同事意趣。分三：一、明正義。分二：一、立因。二、顯果。二、徵。三、答所以。分二：一、依令他生信答所以。分二：一、標。二、釋。二、依止他疑難答所以。分二：一、標。二、釋。

第五、依四句分别同事差别之相。分二：一、總標列四句差别名，分四，如《論》。二、别釋四句差别義。分四：

---

① “一、依果。二、依位立所化人”十字甲本作“如論”二字。

一、明是他同事自不顯與他同事句。分二：一、標。二、釋。分三：一、明自有二德。二、顯所化有情失。三、明自不顯有德義。

第二、明非他同事自顯與他同事句。分二：一、標。二、釋。分二：一、立所化有情。二、顯能化之德。分二：一、標。二、釋。分二：一、明受生意趣，分四，如《論》。二、明受生相。

第三、明是他同事亦自顯現與他同事句。分二：一、標。二、釋。分二：一、明立同事意趣。二、顯行同事相。

第四、明非他同事亦不自顯與他同事句。分二：一、標。二、釋。分二：一、明非他同事義。二、明亦不自顯與他同事義。

攝事品大門分七中第五、明六度四攝業用之力。分三：一、總標六度四攝。二、别釋。分二：一、明六度自利力用。二、明四攝事利他力用。三、總結。

攝事品大門分七中第六、明現行等三法功德。分三：

一、總標。分三：一、標三現行。二、標二最勝。三、標三清净。

第二、别釋。分三：一、明六度四攝三現行相。分二：一、立因。二、顯果。第二、明二最勝相。分三：一、略釋。分二：一、立因。二、顯果。二、廣解。三、總結。

第二廣釋分二：

一、明廣大義。分二：一、略釋。分二：一、立因。二、顯果。二、廣解。分三：一、明有情無别義。分二：一、標。二、釋。二、明事無别義。分二：一、標。二、釋。三、明時無别義。分二：一、標。二、釋。分二：一、立因。二、顯果。

第二廣解分二中第二、明無雜染義。分二：一、總標。二、别釋。分四：一、依無苦等三法明無雜染義。分二：一、立因。二、顯果。二、依不損惱他等三法明無雜染義。分二：一、立因。二、顯果。三、依殷重明無雜義。分二：一、立因。二、顯果，分五，如《論》。四、依無悕求異熟等明無雜染義。分二：一、立因。二、顯果。分二：一、總[1]。二、别，分八，如《論》。

① 總，甲本作“標”。

第三、明總結，分四，如《論》。

第三、明三清净相。分三[1]：

一、總標。分二：一、立因。二、顯果。

二、别釋。分二：

一、依入清净意樂地菩薩合明熾然及無動二義。分二：一、略釋。二、廣解二相。分二：一、明熾然相。分二：一、標。二、釋。分二：一、立因。二、顯果。二、明無動義。分二：一、標。二、釋。分三：一、立因。二、顯果。分二：一、立現果。二、立當果。[2] 三、立喻。

第二、依究竟位菩薩明善清净義。分二：一、標。二、釋。

第三、明總結。分三：一、結三現行。二、結二最勝。三、結三清净。

攝事品大門分七中第七、六度四攝事所得果勝利功德。分二：

一、明正義。分八：

一、明一切六度及攝事果。分二：一、立因，分三，如《論》。二、顯果。分二，如《論》。

二、明難行六度及攝事果。分二：一、立因，分三，如《論》。二、顯果。

三、明一切門六度及攝事果。分二：一、立因，分三，如《論》。二、顯果。

四、明善士六度及攝事果。分二：一、立因，分三，如《論》。二、顯果。

五、明一切種六度及攝事果。分二：一、立因，分三，如《論》。二、顯果，分二，如《論》。

六、明遂求六度及攝事果。分二：一、立因，分三，如《論》。二、顯果，分二，如《論》。

七、明此世他世樂六度及攝事果。分二：一、立因，分三，如《論》。二、顯果，分四，如《論》。

八、明清净六度及攝事果。分二：一、立因，分三，如《論》。二、顯果。分二：一、明四一切種清净果。分二：一、標。二、釋。二、明三不護等五果。

大門分二中第二、明總結。分二：一、結如來無上果。二、結順菩薩

① 三，底本、録本作“二”，據文意改。

② “分二：一、立現果。二、立當果”十字甲本無。

行果。

《瑜伽論》卷第四十三分門記竟。[①]

《瑜伽論》卷第四十四分門記

大中十二年四月一日，沙門智慧山隨聽學記[②]

初持瑜伽處分十八中第十六、明供養親近無量品。分三：一、總問，分三，如《論》。二、頌略答，分三，如《論》。[③] 三、長行廣解。分三：一、廣明供養義。二、廣明親近。三、廣明修無量義。

初廣明供養義分七：

一、總問。

二、略答。

三、列名，分十，如《論》。

四、别釋。分十：

一、明設利羅供養。分三：一、立能供人。二、立所供處。三、結。

第二、明制多供養。分三：一、立能供人。二、立所供處，分五，如《論》。三、結。

第三、明現前供養。分二：

一、略釋。分四：一、立能供人。二、立所供處。三、明供養法。四、結。

第二、明廣大意樂。分三：一、總標二性。分二：一、標如來性。二、標制多性。二、别釋供養。分二：一、明供養一切如來義。分二：一、供現。二、供不現。二、明供養一切制多義。分二：一、供現。二、供不現。三、總結。

第四、明不現前供養。分二：

一、明供養體。分四：一、立能供人。二、明所供處，分二，如《論》。三、明供養，分二，如《論》。四、結。

---

① “《瑜伽論》卷第四十三分門記竟”十二字底本、録本無，據甲卷補。

② “《瑜伽論》卷第四十四分門記，大中十二年四月一日沙門智慧山隨聽學記”二十九字底本、録本無，據甲卷補。

③ “分三如《論》”四字甲本無。

第二、分別福果差別相。分二：一、明造立形像及窣堵波等福。分二：一、立因。二、顯果。分三：一、明得大梵福果。二、明得不墮惡趣果。三、明得圓滿資糧果。第二、明三種供養福差別相。分三：一、明現前供養福差別相。分二：一、立因。二、顯果。二、明不現前供養福差別相。分二：一、立因。二、顯果。三、明現前不現前俱供養福差別相。分二：一、立因。二、顯果。

第五、明自作供養。分四：一、立能供人。二、立所供處，分二，如《論》。三、明自作義。四、結。

第六、明教他供養。分三：

一、明自他[①]作供養。分四：一、立能供人。二、立所供處，分二，如《論》。三、明他作人，分三十，如《論》。四、結。

二、明唯他供養。分三：一、立因。二、顯果。分四：一、明他相。二、明廣願。三、他作供養。四、明身不作義。三、結。

三、明三種供養福差別相。分三：一、明唯自作福。分二：一、立因。二、顯果。二、明教他作福。分二：一、立因。二、顯果。三、明二俱作福。分二：一、立因。二、顯果。

第七、明財敬供養。分四：

一、立能供人。

二、所供處，分二，如《論》。

三、明財敬體相。分二異門：

初門依衣服等明財敬供養。分二：一、立財供養。分五，如《論》。二、立敬供養，分十五，如《論》。

第二異門依奉施無盡財等明財敬供養。分二：一、立財供養，分十四，如《論》。二、立敬供養，分七，如《論》。

四、總結。

第八、明廣大供養。分四：一、立能供人。二、立所供處，分二，如《論》。三、明廣大義。分二：一、明供具廣大。分二：一、標。二、釋，分七，如《論》。

① 他，甲本無。

二、明迴向廣大。四、總結。

第九、明無染供養。分三：

一、依六無染明無染供養。分四：一、立能供人。二、立所供處，分二，如《論》。三、明六無染，分六，如《論》。四、總結。

第二、依自力所集等三法明無染供養。分二：

一、總標。分三：一、立能供人。二、立所供處。三、明無供具，分三，如《論》。

二、别釋於衆具得自在供養。分三：一、明自在衆具供養法則。分四：一、依化多身明自在供養法。二、依化多手明自在供養法。三、依化多語業明自在供養法。四、依化多雜供具明自在供養法。二、明總結。第三、明更不須希求如來出世義。分三：一、明正義。二、徵。三、答所以。

第三、依净信隨喜明無染供養。分五：一、明能供人無供具相，分三，如《論》。二、明所緣之境，分六，如《論》。三、明能緣之心。四、明勝利功德。五、明勸結。

第十、明正行供養。分六：一、立能供人。二、立時分。三、明廣大心。四、明正行體。分八：一、依四無量明正行供養相，分四，如《論》。二、依四共相明正行供養相，分四，如《論》。三、依四隨念明正行供養相，分四，如《論》。四、依三品忍明正行供養相。分二：一、立因。二、顯果。五、依净戒律儀明正行供養相。六、依止觀菩提分法明正行供養相，分三，如《論》。七、依六度明正行供養相。八、依四攝事明正行供養相。五、明總結。六、分别勝利差别。分二：一、立因。二、顯果。

初廣明供養義分七中第五、明總結。

初廣明供養義分七中第六、例明供養餘二寳義。

初廣明供養義分七中第七、明增上意樂相。分三：一、總標。二、列名，分六，如《論》。三、明勝利功德。

第三長行廣解分三中第[二]①、廣明親近善友義。分二：一、總問，分七，如《論》。二、廣答。分七：

---

① 二，録本脱，據底本補。

一、答初問善友相。分二：一、總標。二、别釋。分八：一、依安住浄戒律儀德明善友相。分二：一、標。二、釋。二、依多聞德明善友相。分二：一、標。二、釋。三、依具證德明善友相。分二：一、標。二、釋。四、依慈悲德明善友相。分二：一、標。二、釋。五、依無畏德明善友相。分二：一、標。二、釋。六、依堪忍德明善友相。分二：一、標。二、釋，分五，如《論》。七、依無倦德明善友相[①]。分二：一、標。二、釋。八、依善詞德明善友相。分二：一、標。二、釋。

分七中二、答第二問云何善友所作不虚德相。分二：一、總標。二、别釋。分五：一、依於他無欲求作利益德明善友所作不虚。二、依於彼利益無顛倒覺德明善友所作不虚。三、依於彼善護方便有能有力德明善友所作不虚。四、依心無厭倦德明善友所作不虚。五、依平等大悲德明善友所作不虚。

分七中三、答第三問云何善友作信依處德。分二：一、總標。二、别釋。分五：

一、依勝妙威儀德明善友作信依處。分二：一、標。二、釋。

二、依業[②]敦肅德明善友作信依處。分二：一、標。二、釋。

三、依無矯誑德明善友作信依處。分二：一、標。二、釋。

四、依無嫉心德明善友作信依處。分二：一、標。二、釋，分三，如《論》。

五、依儉約德明善友作信依處。分二：一、標。二、釋。

分七中四、答第四問云何於所化生善友作事。分三：一、總標。二、别釋。分五：一、依諫舉明善友作事。二、依念憶明善友作事。三、依能教授明善友作事。四、依能教誡明善友作事。五、依能説法明善友作事。三、指前二廣文。

分七中五、答第五問云何親近善友相。分二：一、總標。二、别釋。分四：一、依看病供侍等明親近善友義，分四，如《論》。二、依敬問等明親近善

---

① 相，録本訛作“明”，據底本改。

② 業，甲本無。

友義，分五，如《論》。三、依施如[①]法衣服等明親近善友義，分六，如《論》。四、依止等明親近善友義，分七，如《論》。

分七中六、答第六問云何從善友所聽[②]聞正法相。分二：一、總標。二、别釋。分五：

一、依寶想明聽法義。分二：一、標。二、釋。

二、依眼想明聽法義。分二：一、標。二、釋。

三、依明想明聽法義。分二：一、標。二、釋。分二：一、立因。二、顯果。

四、依大果勝功德想明聽法義。分二：一、標。二、釋。分二：一、立小果因。二、立[③]大果因。

五、依無罪大適悦想明聽法義。分二：一、標。二、釋。分二：一、立小果因。二、顯大果因。

分七中七、答第七問云何於善友所聽法時於説法師不作異相意相。分四：

一、總標。

二、别釋。分五：

一、依壞戒明不作異意。分二：一、標。二、釋。

二、依壞族明不作異意。分二：一、標。二、釋。

三、依壞色明不作異意。分二：一、標。二、釋。

四、依壞文明不作異意。分三：一、標。二、釋。三、結。

五、依壞美明不作異意。分二：一、標。二、釋。

第三、明結勸。

第四、明過失。

第三長行廣解分三中第三、明廣修無量義。分十二：一、廣分别四無量體相。二、明共不共義。三、明四無量二種意樂所攝義。四、明哀愍義。五、

① 如，甲本作“知”。

② 聽，甲本無。

③ 立，甲本作“顯”。

明廣分別一百一十苦義。六、明依十九種苦發起大悲義。七、明大悲義。八、明依一百一十種苦於諸有情修悲勝利。九、明下乘不能入義。十、明修悲之人能行六度義。十一、明修四無量者皆能攝受無量愛果義。十二、明修四無量勝利功德。

初廣分別四無量體相。分四：一、總問。二、略答。三、列名，分三，如《論》。四、別釋。分三：

一、明三種慈觀體相。分三：一、明緣有情慈觀。分三：一、立所緣，分三，如《論》。二、立能緣。分二：一、立因。二、顯果。三、結。二、明緣法慈觀相。分三：一、立所緣。二、立能緣。三、結。三、明無緣慈觀相。分三：一、立所緣。二、立能緣。三、結。

第二、例明悲等三觀差別之相。

第三、明悲等三法體相。分三：一、明悲體。分三：一、立因。二、顯果。三、結。二、明喜體。分三：一、立因。二、顯果。三、結。三、明捨體。分三：一、立因。二、顯果。三、結。

分十二中第二、明共不共義。分三：一、明與外道共義。二、明與二乘共與外道不共義。三、明不與二乘及外道共義。

分十二中第三、明四無量二意樂所攝義。分二：

一、明安樂意樂攝慈等三觀義。分二：一、標。二、釋，分三，如《論》。

二、明利益意樂攝捨一觀義。分二：一、標。二、釋。

分十二中第四、哀愍義。分三：一、標。二、釋。三、結。

分十二中第五、廣分別一百一十苦義。分四：一、總標。二、徵問。三、別釋。四、總結。

別釋分二：一、依增十門分別五十五①苦義。二、依九苦分別五十五②苦義。

第一、依增十門分別五十五苦義。分十：

一、明一種苦。分二：一、標。二、釋。

第二、明二種苦。分三：一、總標。二、別釋。分二：一、明欲爲根本苦。

①② “五十五”三字甲本無。

分二：一、標。二、釋。二、明癡異就生苦。分二：一、標。二、釋。三、顯過。分二：一、標。二、釋，分二，如《論》。

第三、明三種苦。分二：一、總標。二、别釋，分三，如《論》。

第四、明四種苦。分二：一、總標。二、别釋。分四：一、明别離苦。分二：一、標。二、釋。二、明斷壞苦。分二：一、標。二、釋。三、明相續苦。分二：一、標。二、釋。四、明畢竟苦。分二：一、標。二、釋。

第五、明五種苦。分二：一、總標。二、别釋，分五，如《論》。

第六、明六種苦。分三：一、總標。二、别釋，分六，如《論》。三、結。

第七、明七種苦。分二：一、總標。二、别釋，分七，如《論》。

第八、明八種苦。分二：一、總標，分八，如《論》。二、别釋。

第九、明九種苦。分二：一、總標。二、别釋，分九，如《論》。

第十、明十種苦。分二：一、總標。二、别釋，分十，如《論》。

第二、依九種苦分别五十五苦義。分三：一、總標。二、列名，分九，如《論》。三、别釋九苦之相。分九：

一、明一切苦。分二：一、總標。二、别釋，分二，如《論》。

第二、明廣大苦。分二：一、總標。二、别釋，分四，如《論》。

第三、明一切門苦。分二：一、總標。二、别釋，分四，如《論》。

第四、明邪行苦。分二：一、總標。二、别釋，分五，如《論》。

第五、明流轉苦。分三：一、總標。二、列名，分六，如《論》。三、别釋。分三：一、明自身不定義。分二：一、標。二、釋。二、明父母等四法不定義。分二：一、總標。二、别釋。三、明財位不定義。分二：一、標。二、釋。

第六、明不隨欲苦。分二：一、總標。二、别釋，分七，如《論》。

第七、明違害苦。分二：一、總標。二、别釋，分八，如《論》。

第八、明隨逐苦。分三：一、總標。二、别釋，分九，如《論》。三、結。

第九、明一切種苦。分三：一、總標。二、别釋。分二：一、依五樂所治立五種苦。分三：一、總標。二、别釋，分五，如《論》。三、結。二、依逼迫等立五種苦。分三：一、總標。二、别釋，分五，如《論》。三、結。三、明總結。

大門分四中第四、明總結及勝利功德。分二：一、立因。二、顯果。

分十二中第六、明依十九種苦義發起大悲義。分三：一、總標。二、徵問。三、列釋，分十九，如《論》。

分十二中第七、明大悲義。分二：一、總標。二、別釋。分四：

一、依微細難了苦明大悲義。分二：一、立因。二、顯果。

二、依長時積智明大悲義。分二：一、標。二、釋。

三、依於所緣境猛利作意明大悲義。分二：一、標。二、釋。分二：一、立因。二、顯果。

四、依極清净明大悲義。分二：一、標。二、釋。

分十二中第八、明依一百一十種苦於諸有情修悲勝利。分二：一、立因。二、顯果。分三：一、依得勝解行地菩薩遍修一切悲心明勝利。二、依得净意樂地菩薩净悲意樂明勝利。三、依得二地已上菩薩極親厚等六心明勝利。

分十二中第九、明下乘不能入義。分二：一、立下乘德。二、明不能入義。

分十二中第十、明修悲之人能行六度義。分二：一、明正義。分二：一、立因。二、顯果，分六，如《論》。二、引證。分二：一、立問詞。二、立答詞。

分十二中第十一、明修四無量者皆能攝受無量圓德[①]愛果等義。分二：一、立因。二、顯果，分三，如《論》。

分十二中第十二、明修四無量勝利功德。分二：一、總標。二、別釋。分四：一、依現法樂住明勝利。分二：一、立因。二、顯果。二、依攝受勝福資糧明勝利。三、依意樂堅固明勝利。四、依堪能忍受一切大苦明勝利。

初持瑜伽處分十八中第十七、明菩提品。分三：一、總問。二、頌略答，分十六，如《論》。三、長行廣解。分十六，如下所明[②]：

一、依慚愧明菩提分法。分四：一、總問。二、略答。三、列名，分二，如《論》。四、別釋。分二：

一、明慚愧自性。分四：一、總標。二、釋。分二：一、明慚自性。二、明愧自性。三、釋自性義。四、總結。

第二、明慚愧處。分三：一、總標。二、別釋。三、總結。

① “圓德”二字甲本無。

② “如下所明”四字甲本無。

别釋分四：

一、依所應作事立處。分三：一、立因。二、顯果。三、結。

二、依不應作事立處。分三：一、立因。二、顯果。三、結。

三、依覆惡立處。分三：一、立因。二、顯果。三、結。

四、依所生惡作立處。分三：一、立因。二、顯果。三、結。

三、總結。

第三長行廣解分十六中第二、依堅力持性明菩提分法。分四：一、總問。二、略答。三、列名，分二，如《論》。四、别釋。分二：一、明自性相。分三：一、總標。二、釋，分五，如《論》。三、總結。第二、明依處相。分三：一、總標。二、别釋。三、總結。

别釋分五：一、依大苦邪行有情明處。二、依長時受生死苦明處。三、依宣揚法義明處。四、依受學明處。五、依聽聞深法明處。

三、總結。

第三長行廣解分十六中第三、依心無厭倦明菩提分法。分三：一、總問。二、略答。三、别釋。分五：

一、依性自有力明無厭倦。分二：一、立因。二、顯果。

二、依數數串習明無厭倦。分二：一、立因。二、顯果。

三、依能正隨觀前後所得展轉殊勝明無厭倦。分三：一、立因。二、顯果。三、結。

四、依正思擇力明無厭倦。分二：一、立因。二、顯果。

五、依悲心哀心恒常現前明無厭倦。分二：一、立因。二、顯果。

第三長行廣解分十六中第四、依善知諸論明菩提分法。分三：一、總問。二、廣答。三、總結。

廣答分五：一、依從他善受五明處所有名句文身相應諸法明善知論。二、依從他聽聞五明處所有名句文身相應諸法明善知論。三、依自專精勤善擇善思五明處所有名句文身相應諸法明善知論。四、依恒常精勤不捨加行明善知論。五、依了知所餘新新法義明善知論。

第三、總結。

第三長行廣解分十六中第五、依善知世間明菩提分法。分三：一、總問。

二、廣答。三、總結。

廣答分二異門:

初門依依二世間明善知世間義。分二:

一、依有情世間明善知世間義。分二:一、依善知生老死三法明善知世間義。分二:一、總標。二、別釋。二、依善知五濁明善知世間義。分四:一、總標。二、列名,分五,如《論》。三、別釋。分五:一、依壽濁明善知世間。二、依有情濁明善知世間,分十一,如《論》。三、依煩惱濁明善知世間,分十,如《論》。四、依見濁明善知世間。分三:一、立因。二、顯果。三、結。五、依劫濁明善知世間,分三,如《論》。四、明總結。

第二、依器世間明善世間義。分二:

一、明正義。分四:

一、依如實了知諸器世間流轉差別明善知世間相,分二,如《論》。

二、依如實了知有情世間流轉差別明善知世間義。分二[①]:一、明四諦相。分四:一、明集諦。二、明道諦。三、明苦諦。四、明滅諦。二、明如實了知流轉過患及出離功德,分二,如《論》。

三、依如實了知第一義諦明善知世間義。分二:一、立因。二、顯果。分三:一、依假名人性顯果。二、依有情性顯果。三、依自號言説顯果。

四、依八種相明善知世間義。分三:一、總標。二、別釋,分八,如《論》。三、總結。

第二、明總[□][結][②],分四,如《論》。

二廣答分二中第二異門、依年德俱尊等三十種善行明善知世間義。分三十:一、依年德俱尊修和敬業明善知世間。分三:一、立所敬。二、立能敬。三、結。二、依年德相似而格量明善知世間。分三:一、立所敬。二、立能敬。三、結。三、依年德俱卑勸修勝德等明善知世間。分三:一、立所敬。二、立能敬。三、結。四、依希求財法有情以財法明善知世間。分三:一、立求人。

① “如《論》。二、依如實了知有情世間流轉差別明善知世間義。分二”二十四字甲本無。

② 結,底本、録本無,據文意補。

二、立施人。三、明施法。五、依雖處尊位而不憍慠明善知世間。六、依供給所攝有情等明善知世間。七、依識與不識等心爲友明善知世間。八、依無依怙有情作依怙明善知世間。九、依有緣現謔而不過量明善知世間。十、依極善親友不出麁言明善知世間。十一、依於他不久懷忿明善知世間。分二：一、立所治。二、立能治。十二、依身語[①]呰辱自省已過明善知世間。分二：一、立所治。二、立能治。十三、依不輕躁身語[②]意業明善知世間。十四、依能遠十四垢業明善知世間。十五、依藏隱六方明善知世間。十六、依遠四惡友明善知世間。十七、依攝四善友明善知世間。十八、依現法財位等四法善巧明善知世間。分二：一、總標。二、别釋，分四，如《論》。十九、依不誑他明善知世間。二十、依於現行罪染懷慚耻明善知世間。二十一、依守護正行明善知世間。二十二、依寄付深可倚信明善知世間。二十三、舉貸他物終不違桿明善知世間。二十四、依共財明善知世間。二十五、依共知真寶無抂豪釐明善知世間。二十六、依善知於世時務明善知世間。二十七、依於所應作而作助伴明善知世間。二十八、依如法治世不以非法明善知世間。二十九、依勸捨惡修善明善知世間。三十、依八種聖語言明善知世間。分二：一、標。二、釋。分八，如《論》。

第三、明總結。分三：一、立因。二、顯果。三、結。

《瑜伽論》第四十四卷竟。[③]

《瑜伽論》第四十五卷分門記

智慧山[□□□□][隨聽學記][④]

第三、長行廣解分十六中第六、依正修四依明菩提分法。分三：一、廣解。二、明略義。三、顯業用。

---

① “身語”二字甲本作“自身語意業”。

② 語，甲本無。

③ “《瑜伽論》第四十四卷竟”九字底本無，據甲卷補。

④ “《瑜伽論》第四十五卷分門記，智慧山”十六字底本無，據甲卷補。“隨聽學記”四字底本、録本及甲卷均無，據文意補。

初文分三：一、總問。二、廣答。三、總結。分四：

一、明依義不依文相。分二：一、明正義。分二：一、立正求體。二、明非求相。二、明聽義軌則。

第二、明依法不依人相。分二：一、明正義。分三：一、明依法義。二、明不依人相。三、結。二、明依法勝利。分二：一、立因。二、顯果。

第三、明依了義經不依不了義經。分四：一、明正義。分三：一、立因。二、顯果。三、明勝利。二、徵。三、答所以。四、示過。

第四、明依智不依識。分二：一、明正義。分二：一、明依智義。二、明不依識相。二、明勝利。分二：一、立因。二、顯果。

第三、明總結。

大門分三中第二、明略義。分二：一、標。二、釋，分四，如《論》。

大門分三中第三、顯業用。分二：一、立因。二、顯果。

第三長行廣解分十六中第七、依修四無礙解明菩提分法。分三：一、總問。二、廣答。三、明勝利。

廣答分四：

一、明法無礙解。分三：一、立所緣，分二，如《論》。二、明能緣。三、結。

二、明義無礙解。分三：一、立所緣，分二，如《論》。二、立能緣。三、結。

三、明詞無礙解。分三：一、立所緣，分二，如《論》。二、立能緣。三、結。

四、明辯無礙解。分三：一、立所緣，分二，如《論》。二、立能緣。三、結。

第三、明勝利。分二：

一、明五明處勝利。分二：一、標。二、釋，分五，[□][如]①《論》。

二、明妙善正覺勝利。分二：一、立因。二、顯果。分二：一、明自利。二、明利他。

---

① 結，底本、録本無，據文意補。

第三長行廣解分十六中第八、依菩提資糧明菩提分法。分五：一、總問。二、略答。三、列名，分二，如《論》。四、指廣文。五、明修相差別。分三：一、明下。二、明中。三、明上。

第三長行廣解分十六中第九、依精勤修習三十七菩提分法明菩提分法。分三：一、總問。二、略答。分二：一、立因。二、顯果。三、廣分別二乘修菩提分法差別之義。分二：一、略釋。分二：一、標。二、釋。二、廣解。分二：一、指下乘修菩提分法相。二、明依大乘理趣明修菩提分法義。分二：一、總問。二、廣答。分二：

一、依二諦明修念住等法。分三：一、依勝義理趣明修身念住。分二：一、立正義。分二：一、依自利。二、依共相立正義。二、結。二、依世俗理趣明修身念住。分二：一、立正義。二、結。三、依二諦例明修餘念住及正斷等菩提分法。

第二、依二諦理趣明如實了知念住等法。分二：

一、依勝義理趣明如實了知念住等法。分二：一、明正義。分二：一、依自相立正義。分四：一、依苦諦明如實知。二、依集諦明如實知。三、依滅諦明如實知。四、依道諦明如實知。二、依共相立正義，分四，如《論》。二、結。

第二、依世俗理趣明如實了知念住等法。分二：一、立正義。二、結。

第三長行廣解分十六中第十、十一合依四止觀相明菩提分法。分三：

一、略釋止觀體相。分二：一、明止相。分二：一、立正義。二、結。二、明觀相。分二：一、立正義。二、結。

第二、廣解差別之相。分二：一、明止相差別。分三：一、總標。二、別釋，分四，如《論》。三、明勝利。二、明觀相差別。分三：一、總標。二、別釋。分四，如《論》。三、明勝利。

第三、明總結。

第三長行廣解分十六中第十二、依方便善巧明菩提分法。分五：一、總問。二、略答。三、列名。分二：一、列内名。二、列外名。四、別釋。五、總結及勝利。

第四、別釋。分二：一、明内修證一切佛法六種善巧方便。二、明外成熟一切有情六種善巧方便。

初文分三：一、總問。二、廣答。三、總結。

廣答分六：

一、依悲心明證一切佛法善巧方便。分二：一、立因。二、顯果。

二、依了諸行明證一切佛法善巧方便。分二：一、立所了。二、立能了。

三、依妙智明證一切佛法善巧方便。分二：一、立所求。二、立能求。

四、依不捨生死明證一切佛法善巧便。分二：一、立因。二、顯果。

五、依心無染明證一切佛法善巧方便。分二：一、立因。二、顯果。

六、依熾然精進明證一切佛法善巧方便。分二：一、立因。二、顯果。

第三、明總結。

第二、明外成熟一切有情六種善巧方便。分三：一、總問。二、答列名，分六，如《論》。三、別釋。分六：

一、依以少善根感無量果明成熟一切有情善巧方便。分二：一、總問。二、廣答。分五：一、立因。二、明施物。三、明施田。四、明廣大心。五、顯果相。

第二、依以少功力引攝廣大善根明成熟一切有情善巧方便。分三：一、總問。二、廣答。三、總結。

廣答分十四：

一、依捨非學處受正學處明少功力成熟一切有情善巧方便。分四：一、立因。二、立所化。三、立化法。四、顯果。

二、依捨無義自苦住於中道明少功力成熟有情善巧方便。分二：一、立所化。二、立能化。

三、依捨邪方便修其正因獲現法樂及得生天明少功力成熟有情善巧方便。分二：一、立所化。二、立化法。

四、依捨諸外論受持聖教明少功力成熟有情善巧方便。分二：一、立所化。二、立①化法。

五、依宣揚甚深空法攝受廣大善根明少功力成熟有情善巧方便。分三：一、立因。二、顯果。三、明結勸。

---

① “立”字下甲本有一“能”字。

六、依增上意樂供養三寶明少功力成熟有情善巧方便。分三:一、列供具。二、明自作。三、勸他。

七、依隨喜供養增上意樂明少功力成熟有情善巧方便。分三:一、立所緣。二、自作。三、勸他作。

八、依六隨念明少功力成熟有情善巧方便。分二:一、明自修。二、明勸他。

九、依意言分别禮敬三寶明少功力成熟有情善巧方便。分二:一、自修。二、勸他。

十、依隨喜福業明少功力成熟有情善巧方便。分二:一、自修。二、勸他。

十一、依入廣大悲增上意樂明少功力成熟有情善巧方便。分二:一、明自行[①]。二、明勸他。

十二、依發露所犯明少功力成熟有情善巧方便。分四:一、立所犯。二、明還净。三、明勸他。四、顯勝利。

十三、依已具神通得心自在供養三寶施諸有情明少功力成熟有情善巧方便。分三:一、立因。二、明作業處。三、顯果。

十四、依常修四無量明少功力成熟有情善巧方便。分二:一、明自行。二、明勸他。

第三、明總結。

第三、四、五、六,合依於佛聖教憎背有情除其恚惱處中住者令其趣入、已趣入者令其成熟、已成熟者令得解脱明成熟有情善巧方便。分四:一、總問,分四,如《論》。二、略答。三、列名,分六,如《論》。四、别釋。分六:

一、明隨順會通方便善巧。分三:一、總問。二、廣答。三、總結。

廣答分五:

一、依無倒説法明通會方便。分二:一、立因,分五,如《論》。二、顯果。分二:一、標。二、釋,分七,如《論》。

二、依三神變化導有情明會通方便。分二:一、立因。二、顯果,分五,

① 行,甲本作"修"。

如《論》。

三、依二論自在明會通方便。分二：一、立因，分二，如《論》。二、顯果，分四，如《論》。

四、依遍緣定門明會通方便。分二：一、立因，分二，如《論》。二、顯果。

五、依宣説深經意趣明會通方便。分三：一、略釋。分四：一、標。二、列釋，分五，如《論》。三、明不會通[①]。四、明化法。二、廣解。分五：一、明宣説諸法無自性意趣。分三：一、標。二、釋。三、結。二、明宣説諸法皆無有事意趣。分三：一、標。二、釋。三、結。三、明宣説諸法無生無滅意趣。分三：一、標。二、釋。三、結。四、明宣説諸法皆等虚空意趣。分三：一、立喻。分二：一、立不净業。二、立净性。二、法合。分二：一、立所治。二、立能治。三、結。五、明宣説諸法皆如幻夢意趣。分三：一、立喻。二、法合。三、結。三、明於諸法界無有取捨等及能了知有無之相勝利功德。分二：一、立因。二、顯果。

第三、明總結。

四别釋分六中第二、明共立要契方便善巧相。分三：一、總問。二、廣答。三、總結。

廣答分六：

一、依求飲食等明立要契方便。分三：一、立求事。二、明要契。三、明施法。

二、依求田等十三[②]種事明立要契方便。分三：一、立求事。二、明要契。三、明施法。

三、依脱難明立要契方便。分三：一、立求事。分二：一、標。二、釋。二、明要契。三、明施法。

四、依救怖畏明立要契方便。分三：一、立求事。二、明要契。三、明施法。

五、依救别離苦明立要契方便。分三：一、立求事。二、明要契。三、明

① 通，甲本作“過”。
② 三，甲本作“二”。

施法。

六、依救病苦明立要契方便。分四：一、立求事。二、立要契。三、明施法。四、明勝利，分二，如《論》。

三、明總結。

四別釋分六中第三、明異分意樂方便善巧相。分四：一、總問。二、廣答。分七：

一、依前門飲食等六事明異分意樂方便。分三：一、明立要契。二、明不施。三、明異意。

二、依求救厄難等明異分意樂方便。分二：一、明權捨。二、明異意。

三、依現行剛悍業明異分意樂方便。分四：一、明方便。二、明異意。三、明勝利。四、結。

四、依先爲親厚明異分意樂方便。分二：一、明作親友。二、明作親友勝利。分二：一、標。二、釋。

五、依不奉行言教明異分意樂方便。分二：一、明不隨教。二、明異意。

六、依所作立異分意樂方便。分二：一、明不作。二、明異意。

七、依現不饒益事立異分意樂方便。分二：一、明作損惱。二、明異意。

第三、明意趣。

第四、明總結。

四別釋分六中第四、明逼迫所生方便善巧相。分三：一、總問。二、廣答。分三：一、明得自在。二、明教令。三、明勝利。三、總結。

四別釋分六中第五、明施恩報恩方便善巧相。分三：一、總問。二、廣答。分三：一、立恩體。分二：一、標。二、釋，分六，如《論》。二、標報恩之人。三、明受恩之義。分三：一、標。二、釋。三、結。三、明總結。

四別釋分六中第六、明究竟清凈方便善巧。分三：一、總問。二、廣答。分六：

一、依生覩史多天衆同分明清凈方便。分四：一、明地位。二、明生處。三、明受生勝利。四、明受生意趣。

二、依下生人間明清凈方便。分三：一、明受生處。分二：一、標。二、釋。二、明出家[1]相。三、明出家[2]意趣。

三、依難行苦行明清浄方便。

四、依同趣解脱明清浄方便。

五、依於正法生起恭敬明清浄方便。分二：一、立待請。二、明勝利。分二：一、標。二、釋。

六、依斷謗邪執明清浄方便。分三：一、標。二、釋。三、明勝利。分二：一、明説法勝利。二、明學法勝利。

三、明總結釋名。

第五、明總結及勝利，分四，如《論》。

第三長行廣解分十六中第十三、依妙陀羅尼明菩提分法。分六：一、總問。二、略答。三、列名，分四，如《論》。四、别釋。五、明得持地位。六、明得持正行。

第四别釋分四：

一、明法陀羅尼。分三：一、問。二、答。分二：一、立因。二、顯果。三、結。

二、明義陀羅尼。分三：一、問。二、答。分二：一、略答。二、明差别。三、結。

三、明呪陀羅尼。分三：一、問。二、答。分二：一、立因。二、顯果。三、結。

四、明能得忍陀羅尼。分三：一、總問。二、廣答。分三：一、明得忍正行，分十一，如《論》。二、立得忍所緣。三、明修忍之法。分四：一、明了遍所計所執空義。分三：一、立因。二、顯果。三、結。二、明證得圓實是真有義。分三：一、立因。二、顯果。三、結。三、明得忍義。分二：一、立因。二、顯果，分二，如《論》。四、明勝利功德。分二：一、立因。二、顯果，分二，如《論》。[3] 第三、總結。

第五、明得陀羅尼地位。分三：一、依初地已上明得法義二陀羅尼地位。

---

①② 家，甲本作“處”。

③ “分二如《論》”四字甲本無。

分二：一、明決定堅住廣大義。二、明非決定堅住廣大義。二、例明呪陀羅尼地位。三、依法勝解行地明得忍陀羅尼地位。

第六、明得陀羅尼正行。分三：一、總標。二、徵問。三、列釋，分四，如《論》。

第三長行廣解分十六中第十四、依所修正願明菩提分法。分四：一、總問。二、略答。三、列名，分五，如《論》。四、别釋。分五：

一、明發心願。分三：一、立發心處所。二、立能發之心。三、結。

二、明受生願。分二：一、明正義。二、結。

三、明所行願。分二：一、明正義。分二：一、依思擇諸法明所行願。二、依修四無量等明所行願。

四、明正願。分二：一、明正義。分二：一、依攝六度等菩提分法法明正願。二、依十自在等功德明正願。二、結。

五、明大願。分二：一、明出處。二、廣分别。分二：一、總標。二、别釋。分十：一、依供養無量如來明大願相。二、依防護傳持正法明大願相。三、依降下等明大願相。四、依菩薩正行明大願相。五、依成熟有情明大願相。六、依普現身明大願相。七、依能净佛土明大願相。八、依同一意樂加行明大願相。九、依所有加行皆不唐捐明大願相。十、依速證等覺明大願相。

第三長行廣解分十六中第十五、依三三摩地明菩提分法。分三：一、明三定體相。二、明建立三定意趣。三、明修三定勝利。

初文分三：一、明空三摩地。分三：一、問。二、答。分二：一、立因。二、顯果。三、結。二、明無願三摩地。分三：一、問。二、答。分二：一、立因。二、顯果。三、結。三、明無相三摩地。分三：一、問。二、答。分二：一、立因。二、顯果。三、結。

第二、明建立三定意趣。分五：一、總問。二、略答。三、列名，分二，如《論》。四、别釋。分二：一、明有法。二、明非有法。五、明建立三定意趣。分三：一、明建立無願三摩地意趣。分二：一、立因。二、顯果。二、明建立無相三摩地意趣。分二：一、立因。二、顯果。三、明建立空三摩地意趣。分二：一、立因。二、顯果。

第三、明修三定勝利。分二：一、依自乘明自利勝利。二、依他乘明利他勝利。分二：一、標。二、釋。

《瑜伽論》第四十五卷分門竟。[1]

《瑜伽論》第四十六卷分門初

僧慧山分門記[2]

第三長行廣解分十六中第十六、依四種法嗢柁南明菩提分法。分六：一、總標。二、明説之意趣。三、徵問。四、列名，分四，如《論》。五、釋名，分三，如《論》。六、别釋。分四：一、明觀一切行皆無常義。二、明觀一切行是苦義。三、明觀一切法無有我義。四、觀涅槃是寂静義。

初文分三：一、總問。二、廣答。三、總結。

廣答分九：

一、依諸行言説自性於一切時不可得明觀無常。分三：一、立因。二、顯果。三、結。

二、依不了離言説事是真實明觀無常。分三：一、立因。二、顯果。三、結。

三、依了三世行悉是無常明觀無常。分三：一、觀過去諸行無常。分三：一、標。二、釋。三、結。二、觀現在行無常。分三：一、標。二、釋。分二：一、明因不可得。二、明果可得。三、結。三、觀未來行無常。分三：一、標。二、釋。分二：一、明因不可得。二、明果不可得。

四、依於三世觀有爲四相明觀無常。分二：一、總標。分二：一、標三相。二、標第四相。二、别釋。分四：一、明觀生義。二、明觀住義。三、明觀老義。四、明觀滅義。

五、依唯觀生等自性不見有别自性明觀無常。分二：一、明不見生等三有别自性。二、明不見滅壞有别自性。

---

① “《瑜伽論》第四十五卷分門竟”十一字底本、録本無，據甲卷補。

② “《瑜伽論》第四十六卷分門初，僧慧山分門記”十七字底本、録本無，據甲卷補。

六、明攝四相義。分二：一、總標。二、列釋，分二，如《論》。

七、明建立三相意趣。分三：一、明立生相意趣。二、明立滅相意趣。三、明立住老相意趣。

八、明除四相外更無實物義。分三：一、明正義。二、徵。三、答所以。分二：一、依生時明無實相義。二、依住等明無物義。

九、立現量破生等四種相。分二：一、總標。二、别釋。分四：

一、破生相不成。分二：一、破離色等諸行外别有生法可得義。分二：一、立。二、破。分二：一、標。二、釋。二、破行生與彼生生一異義。分二：一、立。二、破。分二：一、破一義。二、破異義。

第二、例破餘三相。

第三、破執别有滅法自性是實物有義。分三：一、立。二、破。分二：一、破滅有生義。分二：一、明正義。二、立喻顯過。二、破滅有滅義。分二：一、標。二、釋。第三、總結。

第四、顯若執生等四相是實有者則無離欲解脱過失。分二：一、明非理。二、明正理。

第三、明結。

第六别釋分四中第二、明觀一切行是苦。分三：一、總標。二、列釋。三、總結。

第六别釋分四中第三、明觀一切法無有我義。分四：一、總標。二、列名，分二，如《論》。三、别釋。分二：一、明人無我性。分二：一、標。二、釋。二、明法無我性。分二：一、標。二、釋。四、總結。

第六别釋分四中第四、明觀涅槃是寂静義。分三：一、略顯涅槃體。分三：一、立因。二、顯果。三、結。第二、釋名。分二：一、依果滅立寂静義。二、依因滅立寂静義。第三、明地前菩薩及未證得現觀下乘不能了悟真實涅槃過失之義。分三：

一、明正義。分三：一、立有勝解。二、顯無正智見過。三、答難。

二、立喻。分二：

一、立王子及長者子喻。分二：一、立喻。分二：一、立幼年喻。分二：

一、明賜①法。二、明受用。二、立長大喻。分四：一、立諸真。二、明不了。三、顯善巧。四、明自知其過。二、法合。分七：一、明宫室喻。二、明幼童喻。三、明父喻。四、明假鹿等車喻。五、明讚説真實鹿車等喻。六、明復於後時長大喻。七、明證初地及現觀勝利功德。分二：一、明自見其過失。分二：一、標。二、釋。二、明於真生信。

第二、立病人喻。分二：一、立喻。分二：一、立先病喻。分三：一、明求藥。二、明服藥。三、顯病。二、立後病喻。分四：一、勸捨前。二、明不受教。三、明後藥。四、明不信。二、法合。分三：一、明病人喻。二、明大醫人喻。三、明後良藥等喻。分二：一、讚教勝德。分三：一、讚上三品德。二、讚深三品德。三、讚劣等三德。二、明彼不受教。

第三、明初地菩薩及證現觀小乘行人功德勝利。分三：一、讚德。二、立喻。三、法合。

初持瑜伽處分十八中第十八、明菩薩功德品。分二：一、總問。二、廣答。分四門：初門依希奇等七法明菩薩功德，第二門依無顛倒加行等六法明菩薩功德，第三門依受記等五法明菩薩功德，第四門依諸施設建立等九法明菩薩功德。

初門分二：一、以頌略釋，分七，如《論》。二、長行廣解。分七：

一、明五種甚希奇法。分四：一、總標。二、徵問。三、別釋。四、總結。

別②[□][釋]③分五：一、依非有因緣明希奇法。二、依常處生死忍無量苦明希奇法。三、依解了調方便明希奇法。四、依能悟入真實理趣明希奇法。五、依具大威力希奇法。

四、總結。

二廣解分七中第二、明五種非希奇成就甚希奇法。分三：一、總標。二、徵問。三、別釋。分五：

一、依受利他苦明希奇法。分三：一、立因。二、顯果。三、結。

---

① 賜，甲本作“勝”。

② 别，底本無，録本據文意補。

③ 釋，底本、録本無，據文意補。

二、依善能了知染净過失功德能净有情明希奇法。分三：一、立因。二、顯果。三、結。

三、依定樂能净有情明希奇法。分三：一、立因。二、顯果。三、結。

四、依六度善根能净有情明希奇法。分三：一、立因。二、顯果。三、結。

五、依利他之事以爲己利明希奇法。分三：一、立因。二、顯果。三、結。

二廣解分七中第三、明五種於一切有情其心平等義。分四：一、總標。二、徵問。三、别釋。分五：

一、依願大菩提明心平等。分二：一、立因。二、顯果。

二、依哀愍俱明心平等。分二：一、立因。二、顯果。

三、依一子愛俱明心平等。分二：一、立因。二、顯果。

四、依了一切有情法性平等明心平等。分二：一、立因。二、顯果。

五、依平等行利益行明心平等。分二：一、立因。二、顯果。

四、總結。

二廣解分七中第四、明五種饒益義。分三：一、總標。二、徵問。三、别釋。分[五][①]：

一、依説授正命明饒益相。分二：一、立因。二、顯果。

二、依能引義利明饒益相。分二：一、立因。二、顯果。

三、依作依怙等明饒益相。分二：一、立因。二、顯果。

四、依説善趣道明饒益相。分二：一、立因。二、顯果。

五、依説授三乘明饒益相。分二：一、立因。二、顯果。

二廣解分七中第五、明五種報恩相。分三：一、總標。二、徵問。三、别釋。分五：一、依令學己德明報恩相。二、依命學他德明報恩相。三、依作依怙等明報恩相。四、依勸令供養明報恩相。五、依受持正法明報恩相。

二廣解分七中第六、明五種常當欣讚。分三：一、總標。二、徵問。三、别釋。分五：一、依常值諸佛明常欣相。二、依常聞六度等法明常欣相。三、

---

① 五，録本脱，據底本補。

依成就勢力明常欣相。四、依速證菩提明常欣相。五、依弟子常和無諍明常欣相。

二廣解分七中第七、明五種不虚饒益加行。分四:一、總標。二、徵問。三、別釋。分五:一、依先欲求作利益事明不虚加行。二、依先欲求作安樂事明不虚加行。三、依如實了知利益事明不虚加行。四、依如實了知安樂事明不虚加行。五、依無顛倒覺明不虚加行。四、指前廣文。

二廣答分四中第二門、依無顛倒加行等六法明菩薩功德。分三:一、明生起。二、頌略釋,分六,如《論》。三、長行廣解。分六:

一、明五種無倒加行。分五:一、總標。二、徵問。三、列名,分五,如《論》。四、別釋。五、總結。

別釋分五:

一、明隨護加行。分三:一、總問。二、略答。三、別釋。分五:一、依隨護聰叡明隨護加行。分二:一、標。二、釋。分二:一、立因。二、顯果。二、依隨護正念明隨護加行。分二:一、標。二、釋。分二:一、立因。二、顯果。三、依隨護正智明隨護加行。分二:一、標。二、釋。分二:一、立因。二、顯果。分二:一、標。二、釋。分二:一、依遠離隨順聰叡等三法退分因緣明護正智。二、依習近隨順聰叡等三法勝分因緣明護正智。四、依隨護息明隨護加行。分二:一、標。二、釋。五、依隨護他心明隨護加行。分二:一、標。二、釋。

第二、明無罪加行。分二:一、問。二、答,分五,如《論》。

第三、明思擇力加行。分二:一、問。二、答。

第四、明清浄增上意樂加行。分二:一、問。二、答,分二,如《論》。

第五、明隨决定加行。分二:一、問。二、答,分三,如《論》。

第五、明總結。

三長行廣解分六中第二、明五種隨順退分法。分三:一、總標。二、徵問。三、別釋。分五:一、依不敬法明退分法。二、依放逸等明退分法。三、依親近煩惱明退分法。四、依親近惡行等明退分法。五、依校量勝劣明退分法。

三、長行廣解分六中第三、明五種順勝分法。分三:一、總標。二、徵問。三、别釋,分五,如《論》。

三長行廣解分六中第四、明五種相似功德。分三:一、總標。二、徵問。三、别釋。分五:一、依作不饒益明相似功德。二、依詐[1]現威儀明相似功德。三、依順世文詞等明相似功德。四、依有罪施等明相似功德。五、依立像似法明相似功德。

三長行廣解分六中第五、明五種真實功德。分三:一、總標。二、徵問。三、别釋。分五:一、依起勝悲心明真功德。二、依具足威儀明真功德。三、依隨聰叡數明真功德。四、依無罪施等明真功德。五、依遮滅像似法明真功德。

三長行廣解分六中第六、明十種無倒調伏有情法。分三:一、總標。二、徵問。三、别釋,分十,如《論》。

二廣答分四中第三門、依受記等五法明菩薩功德。分三:一、明生起。二、頌略釋,分五,如《論》。三、長行廣解。分五:

一、明六種受記法。分三:一、總標。二、徵問。三、别釋。分六:一、依安住種姓未發心明受記義。二、依已發心位明受記義。三、依現前明受記義。四、依不現前明受記義。五、依有定時明受記義。分二:一、標。二、釋。六、依無定時限明受記義。分二:一、標。二、釋。

三長行廣解分五中第二、明三種墮於决定。分五:

一、總標。

二、徵問。

三、列名,分三,如《論》。

四、别釋。分三:

一、明安住種姓墮决定義。分四:一、標。二、釋。三、徵。四、答所以。

二、明發菩提心隨决定義。分二:一、標。二、釋。分二:一、立因。二、顯果。

三、明不虚修行隨决定義。分二:一、標。二、釋。分二:一、立因。二、顯果。

---

① 詐,甲本作"作"。

五、明受記意趣。

三長行廣解分五中第三、明五種定所應作義。分三：一、總標。二、徵問。三、別釋。分五：一、依發菩提心明應所作義。二、依深生哀愍明應所作義。三、依熾然精進明應所作義。四、依明處方便明應所作義。五、依無有厭倦明應所作義。

三長行廣解分五中第四、明五種常所應作相。分四：一、總標。二、徵問。三、別釋，分五，如《論》。四、總結。

三長行廣解分五中第五、明十種最勝特爲第一法。分三：一、總標。二、徵問。三、別釋。分十：一、依種姓明殊勝。二、依發心明殊勝。三、依精進般若二法明殊勝。四、依愛語明殊勝。五、依如來明殊勝。六、依悲愍明殊勝。七、依第四静慮明殊勝。八、依空定明殊勝。九、依滅盡等至明殊勝。十、依清浄方便善巧明殊勝。

二廣答分四中第四門、依諸施設建立等九法明菩薩功德。分三：一、立生起。二、頌略釋，分九，如《論》。三、長行廣解。分九：

一、明四種施設建立。分五：一、總標。二、徵問。三、列名，分四，如《論》。四、別釋。五、總結。

別釋分四：

一、明法施設建立。分三：一、問。二、答。三、結。

第二、明諦施設建立。分四：

一、總問。

二、略答。

三、廣解。分十：一、明一諦。分二：一、標。二、釋。二、明二諦。分二：一、標。二、釋，分二，如《論》。三、明三諦。分二：一、標。二、釋，分三，如《論》。四、明四諦。分二：一、標。二、釋，分四，如《論》。五、明五諦。分二：一、標。二、釋，分五，如《論》。六、明六諦。分二：一、標。二、釋，分六，如《論》。七、明七諦。分二：一、標。二、釋，分七，如《論》。八、明八諦。分二：一、標。二、釋，分八，如《論》。九、明九諦。分二：一、標。二、釋，分九，如《論》。十、明十諦。分二：一、標。二、釋，分十，如《論》。

第四、明總結。

第三、明理施設建立。分三：一、問。二、答。三、指前文。

第四、明乘施設建立。分三：一、總問。二、略答。分三：一、標。二、釋。三、結。三、别釋。分三：一、明聲聞乘七種行相。分三：一、總標。二、别釋，分七，如《論》。三、總結。二、例明獨覺乘七種行相。三、明大乘七種行相。分三：一、總標。二、别釋，分七，如《論》。三、總結。

第五、明總結及無過增義。

三長行廣解分九中第二、明四種尋思法。分四：一、總標。二、徵問。三、列釋，分四，如《論》。四、指前文。

三長行廣解分九中第三、明四種如實遍智。分三：一、總標。二、列釋，分四，如《論》。三、指前文。

三長行廣解分九中第四、明於五種無量能起一切善巧作用。分五：一、總標。二、徵問。三、列名，分五，如《論》。四、别釋。五、明次第。

别釋分五：

一、明有情界無量義。分四：一、問。二、答。三、指前文。四、依相續明無邊義。

二、明世界無量義。分四：一、問。二、答。三、立喻。四、結。

三、明法界無量義。分二：一、問。二、答。

四、明所調伏界無量。分四：一、總問。二、廣答。三、明總結。四、明差别。

廣答分十：一、明一種所調伏界。分二：一、標。二、釋。二、明二種所調伏界。分二：一、標。二、釋，分二，如《論》。三、明三種所調伏界。分二：一、標。二、釋，分三，如《論》。四、明四種所調伏界。分二：一、標。二、釋，分四，如《論》。五、明五種所調伏界。分二：一、標。二、釋，分五，如《論》。六、明六種所調伏界。分二：一、標。二、釋，分六，如《論》。七、明七種所調伏界。分二：一、標。二、釋，分七，如《論》。八、明八種所調伏界。分二：一、標。二、釋，分八，如《論》。九、明九種所調伏界。分二：一、標。二、釋，分九，如《論》。十、明十種所調伏界。分二：一、標。二、釋，分十，如《論》。

第三、總結。

第四、明二界差别。分二：一、問。二、答，分二，如《論》。

五、明調伏方便界無量。分二：一、問。二、答。

第五、明五種無量次第差别。分三：一、總問。二、廣答。三、總結。

廣答分五：一、明立有情界次第。分三：一、立因。二、顯果。三、結。二、明立世界無量次第。分三：一、立因。二、顯果。三、結。三、明立法界無量次第。分三：一、立因。二、顯果。三、結。四、明立所調伏界無量次第。分三：一、立因。二、顯果。三、結。五、明立調伏方便無量次第。分三：一、立因。二、顯果。三、結。

第三、明總結。

三長行廣解分九中第五、明宣説正法五種勝利。分四：一、總標。二、徵問。三、别釋。四、總結。

别釋分五：一、總得净法眼明勝利。分二：一、立因。二、顯果。二、依得盡諸漏明勝利。分二：一、立因。二、顯果。三、依發正願心明勝利。分二：一、立因。二、顯果。四、依得法忍明勝利。分二：一、立因。二、顯果。五、依令正法眼久住不滅明勝利。分二：一、立因。二、顯果。四、總結。

三、長行廣解分九中第六、明七種大乘義。分四：一、總標。二、徵問。三、别釋。四、明因果差别。

别釋分七：

一、明法大義。分二：一、標。二、釋。

二、明發心大義。分二：一、標。二、釋。

三、明勝解大義。分二：一、標。二、釋。

四、明增上意樂大義。分二：一、標。二、釋。

五、明資糧大義。分二：一、標。二、釋。分二：一、立因。二、顯因。

六、明時大義。分二：一、標。二、釋。

七、明圓證大義。分三：一、標。二、釋。三、明果德差别。

四、明因果差别。分二：一、明因相。二、顯果相。

三長行廣解分九中第七、明有八種法能攝一切大乘義。分三：一、總標。二、别釋。分八：一、依宣説菩薩藏教明攝大乘義。二、依顯示諸法真實義教明攝大乘義。三、依顯諸佛等廣大威力之教明攝大乘義。四、依如理聽聞明大乘義。五、依如理思惟勝意樂明攝大乘義。六、依入修行相明攝大乘義。

七、依修果成滿明攝大乘義。八、依成滿究竟出離明攝大乘義。三、明總結。

三長行廣解分九中第八、明十種菩薩相。分五：一、總問。二、略答。三、列名，分十，如《論》。四、別釋。分九：一、明已趣入菩薩相。二、明未净[①]意樂相。三、明已净意樂相。四、明未成熟相。五、明已成熟相。六、明未墮決定相。七、明已墮決定相。八、九，合明一生所繫及住最後有菩薩相。分二：一、總標。二、別釋。分二：一、明一生所繫相。分二：一、標。二、釋。二、明最後有相。分二：一、標。二、釋。第五、總結。分二：一、總標。二、別釋。分二：一、明能正修學相有七。二、合明於中學相有七及如是學相有十。

三長行廣解分九中第九、明一切菩薩無有差別十六種隨德假名等。分三：一、明無差別名。分二：一、標。二、釋，分十六，如《論》。二、明有差別名。三、明真非真菩薩相。分二：一、明非真菩薩相。分三：一、立自讚人。二、明行不真。三、結。二、明真菩薩相。分三：一、立行人。二、明行真。三、結。

已上初持瑜伽處分別十八品究竟。

《瑜伽師地論·決擇分》分門記卷第二[②]

二廣答文六中第一答蘊善巧差別相分七中第二、明思惟五蘊差別相。分二：一、明思惟色蘊差別義。二、明思惟非色四蘊義。

初文分四：一、立生起。二、總問。三、以頌略答，分十，如《論》。四、長行廣解。分十，如下所明。

第一、明思惟色蘊幾物所攝相。分八：

一、明内五根及外五境幾物成相。分二：

一、明内五根幾物成相。分二：一、明眼根幾物成相。分二：一、總問。二、廣答。分三：一、依相立成相。分二：一、標。二、釋。二、依不相離明成相。分二：一、標。二、釋，分七，如《論》。三、依界明成相。分二：一、標。

① 以下甲本缺。

② 《瑜伽師地論·決擇分》分門記卷第二今據《大正藏》以底本伯 2093 號爲底本。

二、釋，分十，如《論》。第二、例明耳等四相成相。分四：一、略釋。二、明差別。分二：一、標。二、釋，分三，如《論》。三、明除相。分三：一、立正義。二、徵。三、答所以。四、明身根相。分二：一、標。二、釋。

第二明外五境幾物成相。分二：一、明色香等三境成相。二、明聲境差別相。分三：一、標。二、釋。三、結。

分八中第二、明色等所緣境界差別廣義。分二：一、指前廣文。二、解未盡之義。分四：一、總標。二、別釋。分二十：一、明滑性。分二：一、立因。二、顯果。二、明重性。分二：一、立因。二、顯果。三、四，合明澁性及輕性。分二：一、立因。二、顯果，分二，如《論》。五、明軟性。分二：一、立因。二、顯果。六、明冷性。分二：一、立因。二、顯果。七、八、九，合明飢渴弱力。分二：一、立因。二、顯果。十、十一，合明强及飽。分二：一、立因。二、顯果。十二、明病。分二：一、立因。二、顯果。十三、明老。分二：一、立因。二、顯果。十四、明死。分二：一、立因。二、顯果。十五、明癢。分二：一、立因。二、顯果。十六、明悶絶。分二：一、立因。二、顯果。十七、明黏。分二：一、立因。二、顯果。十八、明疲極。分二：一、立因。二、顯果。十九、明憩息。分二：一、立因。二、顯果。二十、名勇鋭。分二：一、立因。二、顯果。第三、立分位。分二：一、標。二、釋，分六，如《論》。

第四、相攝相。

分八中第三、明二識所緣義。分二：一、明立境二識所了義。分二：一、總標。二、別釋，分二，如《論》。二、明眼等五根一意識所識義。

分八中第四、明色界具幾境識差別義。分四：一、立正義。二、徵。三、答所以。四、明意趣。

分八中第五、明十一造幾實物有、幾假有差別相。分三：一、依五根四境立實物有義。二、依觸境明假、實二義。分二：一、明實有義。二、明假有相。三、依無表色明實、假二義。分七：一、總標。二、列名，分二，如《論》。三、別釋。分二：一、明實有相。二、明假有相。四、明定所行色相應之義。五、明定色生依。分二：一、標。二、釋。六、明能生不能生差別相。分二：一、明能生相。分三：一、標。二、釋。三、結。二、明不能生相。分二：一、立正義。二、結。七、明定色是不思議。分三：一、立因。二、顯果。三、結。

分八中第六、明欲、色二界實物有色差别之義。分三：一、總問。二、廣答。分三：一、依光明。二、依微細。三、依苦受不生明差别。三、總結。

分八中第七、明色蘊六相差别義。分三：一、總標。二、别名，分六，如《論》。三、别釋。分六：一、明色蘊自相相。分二：一、標。二、釋。分二：一、明能造自相。二、明所造自相。二、明色蘊共相相。分二：一、標。二、釋。三、明色蘊能依所依相屬相。分二：一、標。二、釋。分二：一、明所依。二、明能依。四、明色蘊受用相。分二：一、標。二、釋。分二：一、立因。二、顯果，分五，如《論》。五、明色蘊業相。分二：一、標。二、釋。分二：一、略釋，分四，如《論》。二、指廣文。六、明色蘊微細相。分二：一、標。二、釋。

分八中第八、明色蘊微細差别相。分四：一、總標。二、列名，分三，如《論》。三、别釋。分三：一、明色蘊損減微細性。分二：一、標。二、釋。二、明色蘊種類微細性。分二：一、標。二、釋。三、明色蘊心自在轉微細性。分三：一、標。二、釋。三、引經證成。四、明總結。

第四長行廣解分十中第二、明思惟色蘊幾種極微建義。分五，如下所明：

第一、思惟色蘊幾種極微成相。分六：一、總問。二、略答。三、指前廣文。四、徵問。五、列名，分五，如《論》。六、别釋。分五：

一、明分别建立相。分三：一、標。二、釋。三、結。

二、明差别建立相。分二：一、總標。二、别釋。分四：一、依五根立差别相。二、依五所緣境立差别相。三、依四大種立差别相。四、依法處攝色立差别相。

三、明獨建立相。分二：一、標。二、釋。

四、明助伴建立相。分六：一、總標。二、立正義。三、徵。四、答所以。五、結。六、答難。分二：一、問。二、答。分三：一、依隨順轉答無對礙。二、依種類之業答無對礙。分四：一、立正義。分二：一、立因。二、顯果。二、徵。三、答所以。分二：一、立正義。二、顯過。四、結。三、依有礙無礙答無對礙。分三：一、標釋。二、立喻。三、法合。五、明無分建立相。分二：一、標。二、釋。

分五中第二、明色蘊極微是何眼所緣義。分二：一、總問。分二：一、標。

二、釋。二、廣答。分三：一、立正義。二、徵。三、答所以。分二：一、標。二、釋。

分五中第三、明色蘊極微無生滅義。分二：一、問。二、答。分三：一、答無生。二、答無滅。三、立喻。

分五中第四、明不如理思惟色蘊極微過失。分四：一、總標。二、別釋。分五：一、依有自性立過。二、依有生滅立過。三、依合散立過。四、依極微量立過。五、依能生異老立過。三、總結。四、明勸修。

分五中第五、明建極微勝利。分三：一、總標。二、別釋。分五：一、依能破一合想見明勝利。分三：一、立因。二、顯果。三、結。二、依能斷身見明勝利。三、依能斷憍慢明勝利。四、依能斷煩惱纏明勝利。五、依除遣諸相明勝利。三、總結勸。

第四長行廣解分十中第三、明思惟色物生相等差別義。分十一，如下所明：

大門分十一中第一、明色物五種生相差別。分四：一、總標。二、徵問。三、列名，分五，如《論》。四、別釋。分五：

一、明依止生相。分五：一、總問。二、略答。分三：一、立因。二、顯果。分二：一、標。二、釋。三、結。三、明有無義。分二：一、立正義。分二：一、明有相。分三：一、立因。二、顯果。三、結。二、明無相。分三：一、立因。二、顯果。三、結。三、明總結。四、答難。分二：一、立。二、破。分二：一、問。二、答，分二，如《論》。五、明總結。

第二、明種子生相。分五：一、總問。二、略答。三、立喻。四、法合。五、總結。

第三、明勢引生相。分三：一、總問。二、廣答。分四：一、依器世界明勢引生相。分二：一、標。二、釋。二、依五根明勢引生相。分二：一、立因。二、顯果。三、依諸欲界諸天及北洲人資具明勢引生相。四、依三洲人明勢引生相。三、明總結。

第四、明攝受生相。分三：一、總問。二、廣答。分三：一、立因。二、顯果。三、立喻。三、總結。

第五、明損減生相。

大門分十一中第二、立喻顯諸聚色生相。分三：一、立正義。二、徵。三、答所以，分二，如《論》。

大門分十一中第三、明大種何故與造色諸行作因因由。分三：一、總問。二、略答，分三，如《論》。三、廣解。分三：一、總標。二[1]、列名，分三，如《論》。三、别釋。分三：一、依大種士夫作用明與造色作因義。分三：一、標。二、别釋，分四，如《論》。三、總結。二、依業作用立因義。分三：一、標。二、釋。三、結。三、依勝定作用立因義。分三：一、標。二、釋。三、結。

大門分十一中第四、依五緣明大種轉成異果義。分三：一、總標。二、徵問。三、列釋，分五，如《論》。

大門分十一中第五、明何因中有色聚續得生義。分二：一、問。二、答。分二：一、答因。二、答緣。

大門分十一中第六、明因何得有中有義。分三：一、總問。二、廣答。分四：一、依不轉至餘方立中有義。分二：一、標。二、釋。二、依惑亂立中有義。分二：一、標。二、釋。三、依不滅立中有義。分二：一、標。二、釋。四、依非行往性立中有義。分二：一、標。二、釋。三、明總結。

大門分十一中第七、明色蘊生時誰爲先首義。分二：一、總問。分二：一、問據處所因。二、問餘色轉因。二、廣答。分二：一、答餘色轉因。分二：一、立因。二、顯果。二、答據處所因。分三：一、立因。二、顯果。三、結。

大門分十一中第八、明四大種作業次第。分三：一、總標。二、别釋。分四：一、明地大作業。二、明水大作業。三、明火大作業。四、明風大作業。三、總結。

大門分十一中第九、明聲造色不恒相續義。分二：一、依斷滅明不恒義。二、依質處及外明不恒義。分三：一、標。二、釋。三、以喻顯。

大門分十一中第十、明風大種恒不恒義。分三：一、總標。二、列名，分二，如《論》。三、别釋。分二異門：

初門依轉行等三法明恒不恒義。分三：一、明恒相。二、明不恒相。三、明恒攝受相。

---

① 二，底本、録本作“三”，據文意改。

第二異門依機闕等二法明恒不恒義。分二：一、明恒相。二、明不恒相。

大門分十一中第十一、明空界恒不恒義。分三：一、總問。二、略答。三、廣釋。分三：一、總標。二、列名，分二，如《論》。三、别釋。分二：一、明恒不恒等義。分三：一、明恒相。二、明不恒相。三、明依處。二、明浄不浄義。分二：一、明浄相。二、明不浄相。

第四長行廣解分十中第四、明思惟長短等形色等差别之義。分三，如下所明：

分三中第一、思惟形色之義。分四：一、問。二、略答。三、徵。四、答所以。分三：一、依積集立所以。分二：一、標。二、釋。二、依相待立所以。分二：一、標。二、釋。三、依覺壞立所以。

分三中第二、思惟定果顯色之義。分五：一、標正義。二、徵。三、答所以。四、立喻廣分别，分二，如《論》。五、法合。分二：一、立正義。二、答難。

分三中第三、思惟色藴有見等差别之義。分三：一、總問，分三，如《論》。二、廣答[①]。分三：一、答初問。分二：一、標。二、釋。二、答第二問。三、答第三問。分二：一、標。二、釋。三、明總結。

第四長行廣解分十中第五、明思惟色藴諸流差别義。分五：一、總問。二、略答。三、列名，分三，如《論》。四、别釋初等流相。五、總結。

第四别釋分三：一、總標。二、列名，分四，如《論》。三、别釋初二等流相。分九：

一、明二等流相。分二：一、明異熟流義。分三：一、總標。二、列名，分二，如《論》。三、别釋。分二：一、總標。二、别釋，分二，如《論》。二、明長養流義。分三：一、總標。二、列名。分二，如《論》。三、别釋。分二：一、明處寛遍長養流義。分二：一、標。二、釋，分四，如《論》。二、明相增盛長養流義。分二：一、標。二、釋，分四，如《論》。

分九中第二、分别有色無色長養義。分二：一、明有色法長養。二、明無色法長養。

分九中第三、分别欲色二界長養義。分二：一、明欲界長養。二、明色界

① 答，録本訛作“等”，據底本改。

長養。

分九中第四、分別有色根長養義。分二：一、標。二、釋。

分九中第五、答難。分二：一、問。二、答。

分九中第六、分別心及心法等長養義。分二：一、明心及心法長養。二、明法處所攝色長養。

分九中第七、分別欲色二界造色具不具義。分二：一、明欲界具義。二、明色界不具義。

分九中第八、分別欲色二界根具不具義。分二：一、明欲界根具不具義。二、明色界諸根具足義。

分九中第九、分別聲界及聲有異熟無異熟義。分二：一、明聲界有異熟義。二、明聲無異熟義。

大門分五中第五、明總結。

第四長行廣解分十中第六、明思惟色蘊所攝地等四界作業差別等相。分三，如下所明：

分三中第一、明思惟色蘊所攝地等四界作業差別。分二：一、總問。二、廣答。分二：

一、依各别五業明作業差别義。分四：一、明地界作業相，分五，如《論》。二、明水界作業相，分五，如《論》。三、明火界作業相，分五，如《論》。四、明風界作業相，分五，如《論》。

第二、依通作五業明作業相。分三：一、總標。二、列名，分五，如《論》。三、别釋。分五：一、明生起作業相。二、明依止作業相。三、明建立作業相。四、明住持作業相。五、明增長作業相。

大門分三中第二、分别眼耳二根所行之境立善不善因由。分五：一、總問。二、略答。三、列名，分三，如《論》。四、解釋。五、明意趣。分二：一、立因。二、顯果。

大門分三中第三、思惟依止色聚而有運動與彼色聚一異義。分五：一、總問。二、略答。三、徵。四、答所以。分三：一、略釋。二、廣解。分二：一、問。二、答。分四：一、答生過。二、答不生失。三、答滅過。四、答不滅失。三、總結。第五、明總結。

第四長行廣解分十中第七、明思惟一切色蘊皆是刹那滅義。分五，如下所明：

第一、立刹那正義。分四：一、總標正義。二、徵。三、答所以，[分]①三，如《論》。四、總結。

大門分五中第二、破邪計品。分三：

一、破計火等爲滅因見。分二：一、破計火等是滅壞因。分四：一、立彼計。二、徵。三、答所以。四、結。二、破執壞滅是壞滅因見。分三：一、立彼計。二、徵。三、答所以，分二，如《論》。

第二、破計滅相爲滅因見。分四：一、破自性滅壞爲因見。分二：一、立。二、破。二、破别有滅壞因見。分二：一、立。二、破。三、破計火等爲滅助伴方能滅見。分二：一、立。二、破。四、破别有功能見。分二：一、立。二、破。

第三、破謂二種於一處所有滅功能見。分二：一、立。二、破。

大門分五中第三、明總結。

大門分五中第四、明略義。分三：一、立因。二、顯果，分三，如《論》。三、結。

大門分五中第五、依心果成立刹那義。分二：一、立因。二、顯果。

第四長行廣解分十中第八、明思惟大種與造色一異差别義。分七：一、總問。二、略答。三、徵。四、答所以。五、廣解異相。分五：一、標。二、釋。三、徵。四、答所以。分三：一、依與色根能取大種等立所以。二、依可運轉不可運轉立所以。分二：一、標。二、釋。三、依變異不變異立所以。分二：一、標。二、釋。五、總結。六、破異執。分二：一、破執異相爲一見。分二：一、立。二、破。二、破執有一大種見。分二：一、立。二、破。七、明總結。

第四長行廣解分十中第九、明思惟諸色所攝法中幾是根性、幾是所行性等義。分六，如下所明：

分六中第一、思惟諸色所攝法中根性及所行性差别義。分二：一、問，分二，如《論》。二、答。分二：一、答根性。二、答所行性。

分六中第二、思惟何等之境是根所行義。分二：一、問。二、答。分二：

① 分，録本脱，據底本補。

一、指前文。二、略釋第二六種現前境界，分六，如《論》。

分六中第三、思惟諸根壞緣差別義。分二：

一、思惟眼等五根壞緣差別。分二：一、依二緣明壞相。分二：一、問，分二，如《論》。二、答。分二：一、立壞相。二、明不壞相。二、依四緣明損益差別相。分二：一、總標。二、别釋。分四：一、依外緣明損益相。分二：一、標。二、釋，分二，如《論》。二、依内緣明損益相。分二：一、標。二、釋，分二，如《論》。三、依業緣明損益相。分二：一、標。二、釋。分二：一、立因。二、顯果。四、依自體變異明壞相。分二：一、標。二、釋。

第二、思惟意根壞緣差别。分二：一、總問。二、廣答。分四：一、依五蓋明壞相。分二：一、標。二、釋。二、依散亂明壞相。分二：一、標。二、釋。三、依未證明壞相。分二：一、標。二、釋。四、依未解明壞相。分二：一、標。二、釋。

分六中第四、思惟色等境界於根現前之義。分二：一、總問。二[①]、廣答。分三：

一、答異生人等境現根義。分三：一、明色境現眼根緣。分三：一、明五緣。二、明現四緣。三、明一眼現緣。二、明聲境現耳根緣。分二：一、明非現三緣。二、明能現五緣。三、合明香味觸三現鼻等三根緣，分二，如《論》。

第二、答天眼所行現緣。分二：一、明現前相，分七，如《論》。二、明非行處相。

第三、答聖慧眼所行現相。

分六中第五、思惟六種所行差别義。分三：一、總問。二、廣答。三、總結。

廣答分六：

一、依所依明所行性。分二：一、標。二、釋，分二，如《論》。

二、依相明所行性。分三：一、總標。二、列名，分五，如《論》。三、别釋。分五：一、依色境明三相差别。分三：一、明色相差别。分二：一、標。二、釋。二、明色作用差别。分二：一、標。二、釋。三、色分位差别。分二：

① 二，録本作"一"，結合文意，據底本改。

一、標。二、釋。二、明聲三相差別。分三：一、明聲相差別。分二：一、標。二、釋，分三，如《論》。二、明聲作用差別。分二：一、標。二、釋。三、明聲分位差別。三、明香三相差別。分三：一、明香相差別。分二：一、標。二、釋。二、明香作用差別。分二：一、標。二、釋。三、明香分位差別。四、明味三相差別。分二：一、標。二、釋。五、明觸三相差別。分二：一、標。二、釋。

第三、依方明所行性。分二：一、標。二、釋。

第四、依世明所行性。分二：一、標。二、釋。

第五、依明不明明所行性。分二：一、標。二、釋。

第六、依取一分及取一切事明所行性。分二：一、標。二、釋。

第三、總結。

分六中第六、明思惟能生作意緣差別。分三：一、問。二、答，分三，如《論》。三、結。

第四長行廣解分十中第十、明思惟色蘊互相雜住義。分三：一、問。二、答。三、結。

第一明蘊善巧大門分七中第二思惟五蘊差別相分二中第二、明思惟非色四蘊差別相。分十二，如下所明：

分十二中第一、明思惟建立一心相義。分三：一、立生起。二、引經證成。分二：一、標。二、立正義。分二：一、依一心一言說立一心義。分三：一、標。二、釋。三、明勝利。二、依一凈心立一心義。分二：一、立因。二、顯果。三、釋經意趣。分二：一、依轉所攝相續一心明前經意趣。分二：一、標。二、釋。二、依世俗相續道理明後經意趣。分二：一、立因。二、明果。

分十二中第二、明思惟受等有分別心無分別心同緣現在境義。分四：一、問。二、答。三、徵。四、答所以。分二：一、標。二、釋，分三，如《論》。

分十二中第三、明思惟受等染心生因。分四：一、總問，分三，如《論》。二、略答。三、立過。四、總結。

分十二中第四、明思惟受等四蘊分別現行煩惱纏因。分二：

一、依相應等二因分別因義。分二：一、立相應相。分二：一、問。二、答。二、明隨眠相。分四：一、問。二、答，分二，如《論》。三、結。四明苦觀相分二：一、問。二、答。

第二、依業染惱等三法分別因義。分三：一、明三因差別相。分三：一、總標。二、列名，分三，如《論》。三、别釋。分二：一、配前二因。二、配後一因。二、明心煩惱縛。分二：一、問。二、答。三、明業縛差别。分三：一、總問。二、廣答。三、明總别義。

廣答分四：一、依樂著事業明業縛。二、依三障礙業明業縛。分二：一、標。二、釋，分三，如《論》。三、依順異熟業明業縛。四、依邪願業明業縛。

三、明總别義。分二：一、明别。三、明總。

分十二中第五、明思惟分别受等諸識生時與心相應遍行非遍行等義。分三：

一、略釋遍行非遍行名數差别相。分二：一、略標遍行相。分三：一、問。二、略答。三、列名。二、略標非遍行相。分三：一、問。二、略答。三、列名，分五，如《論》。

第二、廣解遍行非遍行體義。分二：

一、明五遍行體義。分五：一、明作意相。分二：一、問。二、答。二、明觸相。分二：一、問。二、答。分二：一、立因。二、顯果。三、明受相。分二：一、問。二、答。分二：一、立因。二、顯果。四、明想相。分四：一、總問。二、略答。三、列名。分二：一、標。二、釋。四、别釋。分二：一、明隨覺相。分二：一、標。二、釋。二、明言説隨眠想。分二：一、標。二、釋。五、明思相。分二：一、問。二、答。分二：一、立因。二、顯果。

第二、明五非遍行體義。分五：一、明欲相。分二：一、問。二、答。二、明勝解相。分二：一、問。二、答。三、明念相。分二：一、問。二、答。四、明三摩地相。分二：一、問。二、答。五、明慧相。分三：一、問。二、答。三、明差别，分三，如《論》。

第三、廣明遍行非遍行作業差别。分二：

一、明五遍行作業差别。分五：一、明作意業。分二：一、問。二、答。二、明觸業。分二：一、問。二、答，分三，如《論》。三、明受業。分二：一、問。二、答，分二，如《論》。四、明想業。分二：一、問。二、答，分二，如《論》。五、明思業。分二：一、問。二、答，分三，如《論》。

第二、明五非遍行作業差别。分五：一、明欲業。分二：一、問。二、答。

二、明勝業。分二：一、問。二、答，分三，如《論》。三、明念業。分二：一、問。二、答，分三，如《論》。四、明三摩地業。分二：一、問。二、答。五、明慧業。分二：一、問。二、答，分四，如《論》。

分十二中第六、明思惟五非遍行所緣之境差别相。分三：一、總問。二、略答。三、别釋。分二：一、明定慧二法生境。二、明餘三法生境。

分十二中第七、明思惟非色四蘊於三心中依何生起義。分二：一、問，分三，如《論》。二、答。

分十二中第八、明思惟經説非色四蘊和合非不和合不可説意趣。分三：一、依經發問。分二：一、標經句。二、立難。二、略答。三、立過。

分十二中第九、明思惟心及心法差别名義。分三：一、總問。二、略答。三、列名，分四，如《論》。

分十二中第十、明思惟心及法心名爲有所緣等四名意趣等義。分五：一、明心及心法何故名爲"有所緣意趣"。分二：一、問。二、答。二、明心及心法何故名爲"相應意趣"。分二：一、問。二、答，分四，如《論》。三、明心及心法何故名爲"有行相意趣"。分二：一、問。二、答。四、明心及心法何故名爲"有所依意趣"。分二：一、問。二、答。五、答難。

分十二中第十一、明思惟樂等三受相對意趣等義。分四：一、明三受相對立名意趣。分二：一、問，分三，如《論》。二、答，分三，如《論》。二、明非苦樂受相對意趣。分二：一、問。二、答，分二，如《論》。三、明明與無明相對意趣。分二：一、問。二、答，分二，如《論》。四、明明與涅槃相對意趣。分二：一、問。二、答，分二，如《論》。

分十二中第十二、明思惟建立四無色蘊善不善等三性差别義。分三：一、總問，分三，如《論》。二、以頌略答。分二：一、立生起。二、正答，分[十][①]，如《論》。三、長行廣解。分三：一、廣建立善法十種差别義。二、廣建立不善法十種差别義。三、廣建立無記法十種差别義。

初廣建立善法十種差别義分十，如下所明：

第一、思惟建立善法依處義。分三：一、總問。二、略答。三、列名，分

① 十，録本脱，據底本補。

六,如《論》。

建立善分十中第二、思惟建立善法自性差別義。分三:一、總問。二、廣答,分十一,如《論》。三、總結。

建立善法分十中第三、思惟建立善法相應義。分二:一、總問。二、廣答。分六:一、明決定時相應法。二、明止息雜染時相應法。分二:一、標。二、釋。三、明善品業轉時相應法,分四,如《論》。四、明世道離欲時相應法。五、明出世道離欲時相應法,分二,如《論》。六、明攝受有情時相應法。分二:一、標。二、釋。

建立善法分十中第四、思惟建立十一善法世俗及實物有義。分五:一、總問,分二,如《論》。二、略答。三、列名,分三,如《論》。四、徵。五、答所以。分二:一、明不放逸故捨所以。分二:一、立因。二、顯果,分二,如《論》。二、明不害所以。

建立善法分十中第五、思惟建立十一善法下、中、上三品差別義。分三:一、明耎品善根。分二:一、問。二、答,分二,如《論》。二、明中品善根。分二:一、問。二、答,分二,如《論》。三、明上品善根。分三:一、總問。二、廣答。分二:一、依出世及對治下品煩惱明上品善根,分二,如《論》。二、依於諸善法加行等五法明上品善根,分五,如《論》。三、總結。

建立善法分十中第六、思惟建立十一善法生起之事。分四:一、總問。二、略答。三、列名,分八,如《論》。四、解釋修相。分三:一、立修處。二、立所治品。三、立能治道。

建立善法分十中第七、思惟建立十一善法差別之義。分三:一、總問。二、廣答。分二:一、依十種善明差別。二、依六法明差別,分六,如《論》。三、總結。

建立善法分十中第八、思惟建立十一善法過失之義。

建立善法分十中第九、思惟建立十一善法功德義。分三:一、總問。二、略答。三、廣解,分二十二,如《論》。四、總結。

建立善法分十中第十、思惟建立十一善法對治差別義。分三:一、總問。二、略答。三、廣解,分十五,如《論》。

第三長行廣解分三中第二、明廣解建立不善法十種差別義。分三:一、總標。二、列名，分二，如《論》。三、別釋。分二：一、建立根本煩惱十種差別相。二、建立隨煩惱十種差別相。

初文分二：一、立生起。二、解釋。分十，如下所明：

第一、明思惟建立根本煩惱依處義。分四：一、總問。二、略答。三、列名，分六，如《論》。四、別釋。分六：一、明貪煩惱依處相。二、明瞋煩惱依處相。三、明無明煩惱依處相。四、明慢煩惱依處相。五、明見煩惱依處相。六、明疑煩惱依處相。

建立根本煩惱分十中第二、明思惟建立根本煩惱自性義。分三：一、總問。二、略答。三、列名，分六，如《論》。

建立根本煩惱分十中第三、明思惟建立根本煩惱相應義。分二：一、總問。二、廣答。分五：一、答無明相應義。二、答疑相應義。三、答貪瞋互無相應義。四、答貪瞋與慢見相應義。分二：一、標。二、釋。分二：一、明貪與慢見相應義。二、例明瞋與慢見相應義。五、答慢見更相應義。分二：一、標。二、釋。

建立根本煩惱分十中第四、思惟建立根本煩惱世俗有及實物有義。[分][1]二：一、總問。二、廣答。分二：一、答世俗有義。分二：一、標。二、釋。二、答實物有義。分二：一、標。二、釋。

建立根本煩惱分十中第五、思惟建立根本煩惱下、中、上三品差別義。分二：一、總問，分三，如《論》。二、廣答。分三：一、答耎品煩惱相。二、答中品煩惱相。三、答上品煩惱相。分二：一、依最初斷明上品義。二、依六因明上品義。分二：一、總標。二、別釋。分六：一、依淫欲所生煩惱明上品義。二、依患習煩惱明上品義。三、依具足處煩惱明上品義。分二：一、標。二、釋。四、依不可治煩惱明上品義。分二：一、標。二、釋。五、依非處加行明上品義。分二：一、標。二、釋。六、依業煩惱明上品義。分二：一、標。二、釋。

建立根本煩惱分十中第六、思惟建立根本煩惱生起事差別義。分二：一、總問。二、廣答。分六：

① 分，録本脱，據底本補。

一、答貪根本煩惱生起事。分三：一、總標。二、列名，分十，如《論》。三、别釋。分四：一、總問。二、略答。三、徵問。四、别釋。分十：一、依取蘊事明蘊貪生相。二、依諸見事明見貪生相。三、依未得境界事明貪貪生相。四、依已得境事明慳貪生相。五、依已所受用過去境事明蓋貪生相。六、依惡行事明惡行貪生相。七、依男女事明子息貪生相。八、依親友事明親友貪生相。九、依資具事明資具貪生相。十、依後有及無有事明有無有貪生相。

分六中第二、答瞋根本煩惱生起事。分四：一、總標。二、列名，分十，如《論》。三、别廣釋。分二：一、總標。二、别釋。分二：一、明依前六事明有情瞋。分二：一、立正義。二、結。二、依後四事明四瞋，分四，如《論》。四、明略義。分二：一、標。二、釋，分三，如《論》。

分六中第三、答無明根本煩惱生起事。分四：一、總標。二、列名，分七，如《論》。三、略明起過差别，分二，如《論》。四、别釋十九無知。分七：一、依世事無知差别。分二：一、立因。二、顯果，分三，如《論》。二、依世間安立事明無知差别。分二：一、立因。二、顯果，分三，如《論》。三、依運轉事明無知差别。分二：一、立因。二、顯果，分三，如《論》。四、依最勝事明無知差别。分二：一、立因。二、顯果，分三，如《論》。五、依真實事明無知差别。分二：一、立因。二、顯果，分四，如《論》。六、依染净事明無知差别。分二：一、立因。二、顯果，分二，如《論》。七、依增上慢事明無知差别。分二：一、立因。二、顯果。

分六中第四、答慢根本煩惱生起事。分四：一、總標。二、列名，分六，如《論》。三、略釋。分二：一、標。二、釋。四、廣解。分二：一、依勝有情事明生二慢。二、依餘五事明生餘五慢。

分六中第五、答見根本煩惱生起事。分五：一、總標。二、列名，分二，如《論》。三、别釋。四、明略義。五、明二見所依。

别釋分二：一、明增益事。分二：一、標。二、列釋，分四，如《論》。二、明損減事。分三：一、總標。二、列名，分四，如《論》。三、别釋。分四：一、明謗因義。二、明謗果義。三、明謗作用義。分四：一、立正義。二、徵。三、答所以。四、明士夫作用差别相。分二：一、標。二、釋，分四，如《論》。四、明謗善事義。

第四、明略義。分二：一、標。二、釋，分五，如《論》。

第五、明邊執見及邪見生起事。分四：一、標。二、釋，分二，如《論》。三、指經文。四、結。

分六中第六、答疑根本煩惱生起事。分二：一、總標。二、列釋，分六，如《論》。

建立根本煩惱分十中第七、思惟建立根本煩惱差別義。分三：一、總問。二、略答。三、列釋，分十五，如《論》。

建立根本煩惱分十中第八、思惟建立根本煩惱功德義。

建立根本煩惱分十中第九、思惟建立根本煩惱過失。分二：一、標。二、釋指文。

建立根本煩惱分十中第十、思惟建立根本煩惱能治差別。分三：一、略答。二、明經之意趣。分二：一、標經文。二、釋經意趣。分二：一、略釋。二、廣解。三、依十五種對治差別明所治差別。分二：一、標。二、釋。

第三別釋不善法十種差別分二中第二、明建立隨煩惱十種差別相。分十，如下所明：

第一、思惟建隨煩惱依處差別義。分二：一、總標。二、列釋，分九，如《論》。

分十中第二、思惟建立隨煩惱自性差別義。分六：一、總問。二、答列，分二十四，如《論》。三、指前文。四、總結。五、明隨煩惱生之處所，分八，如《論》。六、明毁心慧二學門義。分三：一、總標。二、列名，分三，如《論》。三、别釋，分三，如《論》。

分十中第三、思惟建立隨煩惱相應差別義。分二：一、總問。二、廣答。分四：一、答無慚等二法相應義。二、答不信等六法相應義。三、答睡眠等二法相應義。四、答餘十四法相應義。

分十中第四、思惟建立隨煩惱世俗實物有義。分二：一、總問，分二，如《論》。二、廣答。分七：一、依瞋分立忿等五法是世俗有義。二、依貪分立慳等三法是俗有義。三、依癡分立覆等六法是俗有義。四、依實義立無慚等四法是實物有義。五、依貪分立放逸是假有義。六、依癡分立忘念等三法是俗有義。七、依發言加行及慧分立尋伺二法是假有義。

分十中第五、思惟建立隨煩惱下、中、上品三差別義。分二：一、問。二、答指文。

分十中第六、七、八、九、十，合明思惟建立隨煩惱事等五差別義。分二：一、總標。二、別釋指文。

第三長行廣解分三中第三、廣建立無記法十種差別義。分七，如下所明：

第一、思惟建立無記法依處差別義。分二：一、總標。二、別釋，分四，如《論》。

第七中第二、思惟建立無記法自性差別義。分二：一、總問。二、廣答，分四，如《論》。

分七中第三、思惟建立無記法相應差別義。分二：一、總問。二、廣答。分二：一、答威儀路及工巧處互相應義。分二：一、立正義。二、引經證成。二、答餘二互不相應義。

分七中第四、明思惟建立無記法假有實有差別義。分二：一、總問，分二，如《論》。二、廣答。分二：一、立因。二、顯果。

分七中第五、明思惟建立無記法耎、中、上差別義。分三：一、總問，分三，如《論》。二、廣答。三、總結。

廣答分二：

一、依猛利不猛利答三品差別，分三，如《論》。

二、依種類差別答三品差別。分二：一、總標。二、別釋。分四：一、明異熟無記法三品差別，分三，如《論》。二、明威儀路無記法三品差別，分三，如《論》。三、明工巧無記法三品差別，分三，如《論》。四、明變化無記法三品差別，分三，如《論》。

第三、明總結。

分七中第六、明思惟建立無記法生起事差別義。分三：一、總問。二、略答。三、指文。

分七中第七、明思惟建立無記法差別義。分二：一、總問。二、廣答。分三：

一、答四無記法差別義。分四：一、明異熟差別相，分五，如《論》。二、明威儀路差别相，分四，如《論》。三、明工巧差别相，分十二，如《論》。四、明變化差别相。分二：一、列名，分八，如《論》。二、答難。

二、答三性差别義。分三：一、依異熟明無記性。二、依威儀工巧明通三性義。三、依變化明二性義。

三、答染净差别義。分三：一、依威儀路立染净。分二，如《論》。二、依工巧立染净，分二，如《論》。三、依變化立染净，分二，如《論》。

六答中第一答蘊善巧相分七中第三、明諸蘊四諦相攝等諸差别義。分十二，如下所明：

分十二中第一、明五蘊四諦互相攝善巧相。分二：一、總問，分二，如《論》。二、廣答。分二：一、答三諦五蘊相攝義。二、答滅諦不相攝義。分二：一、標。二、釋。

分十二中第二、明四諦十六行相差别善巧相。分二：一、總問前説文句。二、别釋其義。分四：

一、明苦諦下四明行相觀。分三：一、問。二、略答。三、别釋。分三：一、依無常行觀立執常對治門。二、依苦行觀立執樂净對治門。三、依空無我行觀立執有我對治門。

第二、明集諦下四行相觀。分五：一、總問。二、略答。三、列名，分四，如《論》。四、明四倒生愛義。分三：一、依常倒明生後有愛。分二：一、立因。二、顯果。二、依樂净二倒明生貪喜俱行等二愛。分二：一、立因。二、顯果。三、我倒明生獨愛。分二：一、立因。二、顯果。五、明四愛差别義。分四：一、明獨愛義。分二：一、問。二、答。二、明後有愛。分二：一、問。二、答。三、明喜貪俱行愛。分二：一、問。二、答。四、明彼彼希望愛。分二：一、問。二、答。

第三、滅諦下四行相觀。分二：一、問。二、答。

第四、明道諦下四行相觀。分二：一、問。二、答。

分十二中第三、明十行相差别善巧相。分三：一、總標前説之句。二、解釋二行相未盡之義。分二：一、明無所得行相。分三：一、問。二、答，分七，如《論》。三、結。二、明不自在行相。分二：一、問。二、答。分二：一、標。二、釋。第三、明十行相攝三苦義。分三：一、明攝壞苦義。分三：一、問。

二、答。分三：一、立因。二、顯果。三、答難。二、明攝苦苦義。分二：一、問。二、答。三、明攝行苦義。分二：一、問。二、答。

分十二中第四、明八苦攝三苦善巧相。分二：一、標經句。二、釋經意。分二：

一、依初中後三法明相攝義。分三：一、明攝苦苦義。分二：一、問。二、答。二、明攝壞苦義。分二：一、問。二、答。三、明攝行苦義。分二：一、問。二、答。

第二、依初後二法明相攝義。分二：一、明相攝義。分二：一、依初七明攝苦苦及壞苦義。分二：一、明攝苦苦。二[①]、明攝壞苦。二、依後一明行苦義。第二、引經證成。第三、總結。

分十二中第五、明四苦八苦互相攝善巧相。分二：一、列經文。分二：一、標。二、釋。二、釋經意。分三：一、總問。二、廣答。分四：一、答生苦行相攝初生苦義。二、答老等三行攝第二緣内苦義。三、答求不得等三行攝第三緣外苦義。四、答五取蘊行攝第四麁重苦苦義。三、明前緣差别意趣。分二：一、明前説意。二、明後説意。

分十二中第六、明分别十六行相與三脱門相攝善巧相。分三：

一、明相攝義。分三：一、明空解脱門相攝相。分二：一、問。二、答。分二：一、標。二、釋。二、明無願解脱門相攝相。分二：一、問。二、答。分二：一、標。二、釋。三、明無相解脱門相攝相。分二：一、問。二、答。

第二、明清净因所顯行。分二：一、問。二、答。

第三、答難。分二：一、問。二、答。分三：一、答先説空意趣。二、答立無常意趣。三、答所以。

分十二中第七、明四諦次第善巧相。分二：一、總標。二、别釋。分二：

一、依生起立次第義。分三：一、立黑品次第。分三：一、立苦諦次第。二、立集諦次第。三、總結。二、立白品次第。分三：一、立滅諦次第。二、立道諦次第。三、總結。三、立喻，分四，如《論》。

第二、依世間觀苦次第立次第義。分四：一、總標。二、立正義。三、徵。

---

① 二，録本作"三"，結合文意，據底本改。

四、答所以。分四：一、立苦諦所以。二、立集諦所以。三、立滅諦所以。四、立道諦所以。

分十二中第八、明諦義善巧相。分三：一、總問。二、略答。分三：一、明黑品諦義。二、明白品諦義。三、總結。三、別釋。分四：一、明苦諦義。分二：一、問。二、答。二、明集諦義。分二：一、問。二、答。三、明滅諦義。分二：一、問。二、答。四、明道諦義。分二：一、問。二、答。

分十二中第九、明四諦是勝義攝善巧相。分四：一、總問。二、略答。三、徵。四、答所以。分二：一、依三行自相差別立世俗諦所以，分三，如《論》。二、依彼共相一味苦義立勝義諦所以。

分十二中第十、明知苦斷集證滅修道善巧相。分二：一、總問，分四，如《論》。二、廣答。分四：一、答苦諦遍知義。分三：一、立所治。二、立能治。三、結。二、答集諦永斷義。分三：一、立因。二、顯果。三、答難。三、答滅諦觸證義。分三：一、標。二、釋。三、結。四、答道諦修習義。分三：一、立因。二、顯果。三、結。

分十二中第十一、明六現觀善巧相。分三：一、總問，分二，如《論》。二、略答。分二：一、答現觀相。分三：一、釋名。二、立相體。三、結。二、答現觀數。分二：一、列數。二、指文。三、別釋。分六：

一、明思惟現觀相。分二：一、問。二、答。

二、明信現觀相。分二：一、問。二、答，分二，如《論》。

三明戒現觀相分二：一、問。二答分二：一、標。二、釋。

四、明現觀智諦現觀相。分三：

一、總問。

二、廣答。分六：一、答現觀正義。分二：一、立因，分二，如《論》。二、顯果。分三：一、立耎品見道顯果。二、立中品見道顯果。三、立上品見道顯果。二、答立名差別，分二，如《論》。三、答難。分二：一、標。二、釋。四、答唯緣非安立諦義。五、答法智及類智相應義，分二，如《論》。六、答成立四諦智義。分二：一、立因。二、顯果，分五，如《論》。

第三、總結。

第五、明現觀邊智諦現觀相。分三：一、總問。二、略答。三、廣解。

分三：

一、明後得智正義。分四：一、明現前分位。分二：一、立因。二、顯果。二、明攝分位。分二：一、立因。二、顯果。三、明通分位。分二：一、立因。二、顯果。分二：一、標。二、釋。四、明總結。

第二、明法類智及出世後得智差别義。分三異門：初門依無分别有分别立差别義，分二，如《論》。第二門依斷隨眠立差别義，分二，如《論》。第三門依出世道等立差别義，分二，如《論》。

第三、明無純世道能害隨眠義。分三：一、總標。二、解釋。分二：一、立因。二、顯果，分二，如《論》。三、總結。

第六、明容竟現觀相。分四：一、總問。二、略答。分二：一、立因。二、顯果。三、别釋。分三：一、立因，分二，如《論》。二、顯果，分二，如《論》。三、結。四、釋經句義差别。分四：一、明出世盡智相。分二：一、問。二、答。二、明世出世盡智相。分二：一、問。二、答。三、明出世無生智相。分二：一、問。二、答。分二：一、立因。二、顯果。四、明世出世無生智相。分二：一、問。二、答。

分十二中第十二、明二種婆羅門等善巧相。分二：一、明種姓婆羅門義。二、明非種姓勝義婆羅門義。

初文分六：

一、略釋。分三：一、明建立三處爲實諦相。二、明住三過失義。三、明墮非梵志數義。

第二、徵問。

第三、列名，分三，如《論》。

第四、别釋。分三：

一、明養命法。分三：一、總標，分三，如《論》。二、别釋。分三：一、依呪願明養命法。分二：一、標。二、釋，分二，如《論》。二、依讚美明養命法。分二：一、標。二、釋。分三：一、讚害怨德。二、讚希有德。三、讚受用德。三、依序述明養命法。分二：一、總標。二、别釋。分三：一、述具相德。二、述無動德。三、述供養德。三、明染著過。

第二、明修福相。分三：一、總標。二、别釋。分三：一、依殺害有情明修福相。分二：一、立因。二、顯果。二、依多得資具明修福相。分二：一、標。二、釋。三、依陵蔑之心明修福相。分二：一、立因。二、顯果。三、總結。

第三、明安立果相。分三：一、總標。二、別釋，分三，如《論》。三、總結。

第五、明總結。

第六、明三過失。分五：一、總問。二、略答列名，分三，如《論》。三、別釋。分三：一、明語言過失相。分三：一、立因。二、顯果。三、結。二、明憍慢過失相。分三：一、標。二、釋。三、結。三、明勝解過失相。分三：一、明相心堅固。二、明難化相，分四，如《論》。三、結。四、明三過生處義。五、明總結顯果。

第二、明非種姓勝義婆羅門義。分六：

一、略釋。分三：一、立諦實。二、明無三過。三、總結。

二、徵問。

三、別釋。分三：一、依離語言等三失明初處相。分三：一、依離語言過明初處義。分三：一、標。二、釋。三、結。二、依離憍慢過明初處義。分三：一、標。二、釋。三、結。三、依離勝解過明初處義。分三：一、立因。二、顯果。分三：一、明增善果。二、明慈想果。三、明不妄執果。三、結。第二、依觀一切行無常明第二處。第三、依觀一切法無我明第三處。

第四、明二處差別義。分二：一、總標。二、別釋。分二：一、明第二處差別相。二、明第三處差別相。

第五、明總結。

第六、明能盡證人。

六答中第一答蘊善巧相分七中第四、明諸蘊分位差別善巧相。分五：一、總問。二、略答。三、列名。四、指前文。五、別釋。分二十四，如下所明：

一、明得分位。分二：一、問。分二：一、問分位。二、問數。二、答。分二：一、答分位。二、答數。分二：一、標。二、釋，分三，如《論》。

分二十四中第二、三、四，合明無想等三定分位。分二：一、總問。分二：一、問分位，分三，如《論》。二、問數。二、廣答。分三：

一、答無想定分位等。分二：一、答分位，分三，如《論》。二、答數。分二:一、標。二、釋。分三:一、答自性。二、答修人。三、答生起及受果。

第二、答滅盡定分位等。分三:一、答分位,分三,如《論》。二、答其數。分二:一、標。二、釋。分三:一、答自性。二、答修人。三、答生起及現前義。分二:一、明生起。二、明現前。分二:一、標。二、釋。三、答差别意趣。

第三、答無想天分位等。分二:一、答分位,分二,如《論》。二、答其數。分二:一、標。二、釋。分三:一、答自性。二、答修人。三、答生起及受果。分二:一、標。二、釋。分三:一、立因。二、顯果。三、明没相。分二:一、立因。二、顯果。

分二十四中第五、明命根分位等。分二:一、總問,分二,如《論》。二、廣答。分二:一、答分位。分二:一、立因。二、顯果。二、答其數。分二:一、標。二、釋,分三,如《論》。

分二十四中第六、明衆同分分位等。分二:一、總問,分二,如《論》。二、廣答。分二:一、答分位。分二:一、立因。二、顯果。二、答其數。分二:一、標。二、釋,分三,如《論》。

分二十四中第七、明生分位等。分二:一、總問,分二,如《論》。二、廣答。分二:一、答分位。二、答其數。分二:一、標。二、釋,分三,如《論》。

分二十四中第八、明老分位等。分二:一、總問,分二,如《論》。二、廣答。分二:一、答分位。二、答其數。分二:一、標。二、釋,分三,如《論》。

分二十四中第九、明住分位等。分二:一、總問,分二,如《論》。二、廣答。分二:一、答分位。分二:一、立因。二、顯果。二、答其數。分二:一、標。二、釋,分三,如《論》。

分二十四中第十、明無常分位等。分二:一、總問,分二,如《論》。二、廣答。分二:一、答分位。分二:一、立因。二、顯果。二、答其數。分二:一、標。二、釋,分三,如《論》。

分二十四中第十一、二、三,合明名身等三法分位等。分二:先明名身分位等。分二:一、總問,分二,如《論》。二、廣答。分二:一、答分位。分二:一、立因。二、顯果。二、答其數。分二:一、標。二、釋,分三,如《論》。後例明句身文身分位等。分二:一、立正義。二、明差别。分二:一、標。二、釋。分二:一、明句差别。二、明身差别。

分二十四中第十四、明異生性分位等。分二：一、總問，分二，如《論》。二、廣答。分二：一、答分位。分二：一、立因。二、顯果。二、答其數。分二：一、標，二、釋。分三，如《論》。

分二十四中第十五、明流轉分位等。分二：一、總問，分二，如《論》。二、廣答。分二：一、答分位。分二：一、立因。二、顯果。二、答其數。分二：一、標。二、釋，分三，如《論》。

分二十四中第十六、明定異分位等。分二：一、總問，分二，如《論》。二、廣答。分二：一、答分位。分二：一、立因。二、顯果。二、答其數。分二：一、標。二、釋，分三，如《論》。

分二十四中第十七、明相應分位等。分二：一、總問，分二，如《論》。二、廣答。分二：一、答分位。分二：一、立因。二、顯果。二、答其數。分二：一、標。二、釋，分三，如《論》。

分二十四中第十八、明勢速分位等。分二：一、總問，分二，如《論》。二、廣答。分二：一、答分位。分二：一、立因。二、顯果。二、答其數。分二：一、標。二、釋，分三，如《論》。

分二十四中第十九、明次第分位等。分二：一、總問，分二，如《論》。二、廣答。分二：一、答分位。分二：一、立因。二、顯果。二、答其數。分二：一、標。二、釋，分三，如《論》。

分二十四中第二十、明時分位等。分二：一、總問，分二，如《論》。二、廣答。分二：一、答分位。分二：一、立因。二、顯果。二、答其數。分二：一、標。二、釋，分三，如《論》。

分二十四中第二十一、明方分位等。分二：一、總問，分二，如《論》。二、廣答。分二：一、答分位。分二：一、立因。二、顯果。二、答其數。分二：一、標。二、釋，分三，如《論》。

分二十四中第二十二、明數分位等。分二：一、總問，分二，如《論》。二、廣答。分二：一、答分位。分二：一、立因。二、顯果。二、答其數。分二：一、標。二、釋，分三，如《論》。

分二十四中第二十三、明和合分位等。分二：一、總問，分二，如《論》。二、廣答。分二：一、答分位。分二：一、立因。二、顯果。二、答其數。分二：

一、標。二、釋，分三，如《論》。

分二十四中第二十四、明不和合分位等。分二：一、總問，分二，如《論》。二、廣答。分二：一、答分位。二、答其數。

六答中第一答蘊善巧相分七中第五、明分別諸蘊有色等諸差别善巧相。分三十，如下所明：

分三十中第一、明諸蘊有色義。分二：一、總問。分二：一、問有色自性。二、問有色之數。二、廣答。分二：一、答有色自性。分三：一、立因。二、顯果。三、結。二、答其數。

分三十中第二、明諸蘊有見義。分二：一、問，分二，如《論》。二、答。分二：一、答有見自性。二、答其數。

分三十中第三、明諸蘊有對義。分[二]①。一、總問，分二，如《論》。二、廣答。分二：一、答有對自性。分二：一、立正義。二、釋麁大義。分三：一、標。二、釋。三、結指文。二、答其數。

分三十中第四、明諸蘊有漏義。分三：一、總問，分二，如《論》。二、廣答。分二：一、答有漏自性，分二，如《論》。二、答其數。三、明有漏異門義。分五：一、總標。二、略釋。三、徵問。四、列名，分四，如《論》。五、別釋，分四，如《論》。

分三十中第五、明諸蘊有爲義。分二：一、總問，分二，如《論》。二、廣答。分二：一、答有爲自性，分二，如《論》。二、答其數。

分三十中第六、明諸蘊有諍義。分二：一、總問，分二，如《論》。二、廣答。分二：一、答有諍自性。二、答其數。

分三十中第七、明諸蘊有愛味義。分二：一、總問，分二，如《論》。二、廣答。分二：一、答愛味自性。二、答其數。

分三十中第八、明諸蘊耽嗜義。分二：一、總問，分二，如《論》。二、廣答。分二：一、答耽嗜自性。二、答其數。

分三十中第九、明諸蘊世間義。分二：一、總問，分二，如《論》。二、廣答。分二：一、答世間自性。二、答其數。

---

① 二，録本脱，據底本補。

分三十中第十、明諸蘊墮界義。分二：一、總問，分二，如《論》。二、廣答。分二：一、答墮界自性。二、答其數。

分三十中第十一、明諸蘊過去義。分二：一、總問，分二，如《論》。二、廣答。分二：一、答過去自性。二、答其數。

分三十中第十二、明諸蘊未來義。分二：一、總問，分二，如《論》。二、廣答。分二：一、答未來自性。二、答其數。

分三十中第十三、明諸蘊現在義。分二：一、總問，分二，如《論》。二、廣答。分二：一、答現在自性。二、答其數。

分三十中第十四、明諸蘊内義。分二：一、總問，分二，如《論》。二、廣答。分二：一、答内自性。分二，如《論》。二、答其數。

分三十中第十五、明諸蘊外義。分二：一、總問，分二，如《論》。二、廣答。分二：一、答外自性。二、答其數。

分三十中第十六、明諸蘊麁義。分二：一、總問，分二，如《論》。二、廣答。分二：一、答麁自性。分三，如《論》。二、答其數。

分三十中第十七、明諸蘊細義。分二：一、總問，分二，如《論》。二、廣答。分二：一、答細自性。二、答其數。

分三十中第十八、明諸蘊劣義。分二：一、總問，分二，如《論》。二、廣答。分二：一、答劣自性，分四，如《論》。二、答其數。

分三十中第十九、明諸蘊妙義。分二：一、總問，分二，如《論》。二、廣答。分二：一、答妙自性。二、答其數。

分三十中第二十、明諸蘊遠義。分二：一、總問，分二，如《論》。二、廣答。分二：一、答遠自性。分四，如《論》。二、答其數。

分三十中第二十一、明諸蘊近義。分二：一、總問，分二，如《論》。二、廣答。分二：一、答近自性。二、答其數。

分三十中第二十二、明諸蘊三界繫義。分二異門：

初門依未得已得對治等二法明三界繫義。分三：一、明欲界繫義。分二：一、總問，分二，如《論》。二、廣答。分二：一、答自性，分二，如《論》。二、答其數。二、明色界繫義。分二：一、總問，分二，如《論》。二、廣答。分二：一、答自性，分三，如《論》。二、答其數。三、明無色繫義。分二：一、總問，分二,如《論》。二、廣答。分二:一、答自性,分三,如《論》。二、答其數。

第二異門依未得輕安定等三法明三界繫義。分二:一、總標。二、別釋。分三:一、明欲界繫義,分三,如《論》。二、明色界繫義。三、明無色繫義。

分三十中第二十三、明諸蘊三性義。分二異門:

初門依感果等義明三性義。分三:一、明諸蘊善性。分二:一、總問,分二,如《論》。二、廣答。分二:一、答善性,分二,如《論》。二、答其數。二、明諸不善性。分二:一、總問,分二,如《論》。二、廣[□][答][①]。分二:一、答不善自性,分二,如《論》。二、答其數。三、明諸蘊無記性。分二:一、總問,分二,如《論》。二、廣答。分二:一、答無記自性。二、答其數。

第二異門依離過失等義明三性義。分二:一、總標。二、別釋。分三:一、明諸蘊善性,分二,如《論》。二、明諸蘊不善性。三、明諸蘊無記性。

分三十中第二十四、明諸蘊有學義。分二:一、總問,分二,如《論》。二、廣答。分二:一、答有學自性。二、答其數。

分三十中第二十五、明諸蘊無學義。分二:一、總問,分二,如《論》。二、廣答。分二:一、答無學自性。二、答其數。

分三十中第二十六、明諸蘊非學非無學義。分二:一、總問,分二,如《論》。二、廣答。分二:一、答非有學非無學自性。二、答其數。

分三十中第二十七、明諸蘊見道所斷義。分二:一、總問,分二,如《論》。二、廣答。分二:一、答見斷自性。二、答其數。

分三十中第二十八、明諸蘊修斷義。分二:一、總問,分二,如《論》。二、廣答。分二:一、答修斷自性。分二:一、立因。二、顯果。二、答其數。

分三十中第二十九、明諸蘊無斷義。分二:一、總問,分二,如《論》。二、廣答。分二:一、答無斷自性。分二,如《論》。二、答其數。

分三十中第三十、明諸蘊無色等義。分三:一、總問,分二,如《論》。二、廣答。三、總結。

六答中第一答諸蘊善巧相分七中第六、分別諸蘊積聚等差別廣義。分五,如下所明:

---

① 答,底本、録本無,據文意補。

第一、明諸蘊積聚義善巧相。分四：一、標經句。二、徵問。三、廣答，分四，如《論》。四、總結。

分五中第二、明色蘊色義善巧相。分二：一、總問。二、廣答。分二：一、答正義，分二，如《論》。二、明變礙義。分二：一、標。二、釋，分二，如《論》。

分五中第三、明非色四蘊總立爲名善巧相。分三：一、總問。二、廣答，分二，如《論》。三、總結。

分五中第四、明諸蘊所攝及建立攝義善巧相。分三：一、總問，分二，如《論》。二、廣答。分二：一、答誰所攝義。二、答建立攝義。三、總結。

分五中第五、明諸法與誰相應及建立相應善巧相。分三：一、總問，分二，如《論》。二、廣答。分二：一、答與誰相應義。二、答建立相應意趣。分二：一、立因。二、顯果。三、總結。

六答中第一答諸蘊善巧相分七中第七、廣破唯心實有非諸心所異執之見。分六：一、標異執宗見。二、略非彼宗。三、徵。四、廣破邪執。五、總結。六、頌攝。

廣破邪執分四：

一、依五蘊不成就過破彼宗見。

第二、依分位差别不成過破彼宗見。分四：一、立彼宗。二、略示過。三、徵。四、答所[□][以][①]。分二：一、略答。二、别釋。分二：一、示執有過。二、示執無過。

第三、依因緣無差别過破彼宗見。分五：一、破如六識身有分位差别見。分四：一、立正義。二、徵。三、答所以。四、結。二、破有轉變執。分四：一、立正義。二、徵。三、答所以。四、立喻。三、破行别有分位見。分二：一、立因。二、顯果。四、破於一刹那有分位差别執。五、總結。

第四、依違教理破彼宗見。分七：一、略標正理。二、徵問。三、引經證成。四、廣破異執。分三：一、總問。二、廣答。分二：一、依理破，分二，如《論》。二、依教破，分三，如《論》。三、總結。五、依經答難。六、明經意趣。分三：一、問。二、答。三、結。七、明違教之過。分四：一、總標。二、徵問。

① 以，底本、録本無，據文意補。

三、列經句。分二：一、標。二、釋，分三，如《論》。四、釋經意。

第五、明總結。

第六、明以頌略攝，分四，如《論》。

明六善巧第二廣答分六中第二、明廣答界善巧相。分六：一、明諸界自性。二、明諸界義。三、明諸界差別相。四、明諸界次第。五、明諸界攝相。六、明諸界依止。

分六中第一、明諸界自性。分四：一、立生起。二、明自性正義。三、分別實有。四、頌攝。

分四中第二、明自性正義。分二：

一、明内眼等十三界自性。分二：一、總問。二、廣答。分二：一、答眼界自性。二、例答餘十二界自性。

二、明外色等五界自性。分二：一、問。二、答。分二：一、答色界自性。二、例答餘四界自性。

分四中第三、廣分別諸界實有等十一諸差別義。分十一，如下所明：

第一、明諸界實有等善巧相。分二：一、總問，分二，如《論》。二、廣答。分三：一、略答，分二，如《論》。二、別釋，分二，如《論》。三、明意趣。

分十一中第二、明諸界四句差別善巧相。分二：一、總問，分二，如《論》。二、廣答。分二：

一、答四句差別。分二：一、略答。二、別釋。分四：一、明有眼非眼界句。分三：一、標。二、釋。三、結。二、明有眼界非眼句。分三：一、標。二、釋，分五，如《論》。三、結。三、明有眼亦眼界句。分三：一、標。二、釋。三、結。四、明非眼非眼界句。分三：一、標。二、釋，分四，如《論》。三、結。

第二、分別差別之義。分二：一、例分別内餘四界差別。分二：一、總標。二、別釋差別。二、例分別外界差別。分二：一、總標。二、別釋差別，分二，如《論》。

分十一中第三、明諸界同分彼同分善巧相。分二：一、總問，分二，如《論》。二、廣答。分二：

一、答同分彼同分義。分二：一、答眼同分義，分二，如《論》。二、答餘四界同分彼同分義。

第二、答同分彼同分意趣。分二:一、立正義。二、分別法界差別,分二,如《論》。

分十一中第四、分別諸界合而能取不合能取善巧相。分二:一、總問,分二,如《論》。二、廣答。分四:一、答合能取義。二、答不合能取義。三、答非能取義。四、答俱能取義。

分十一中第五、分別諸界所取能取善巧相。分二:一、總問,分二,如《論》。二、廣答。分二:一、答所取義。分二:一、標。二、釋。二、答能取義。

分十一中第六、分別諸界助伴及獨能取善巧相。分二:一、總問,分二,如《論》。二、廣答。分二:一、答助伴能取義。二、答獨能取義。

分十一中第七、分別諸界三界繫善巧相。分六:

一、明欲界繫義。分二:一、問。二、答。

二、明色界繫義。分二:一、問。二、答。

三、明無色界繫義。分二:一、問。二、答。

四、明欲界繫法亦色界繫義。分二:一、問。二、答。

五、明色界繫法亦無色界繫義。分二:一、問。二、答。

六、明通三界繫義。分二:一、問。二、答。

分十一中第八、分別諸界執受非執受善巧相。分二:一、總問,分二,如《論》。二、廣答。分三:一、答執受義。二、答執受非執受義。三、答非執受義。分三:一、立正義。二、徵。三、答所以。

分十一中第九、分別諸界種種界善巧相。分二:一、問。二、答。

分十一中第十、分別諸界非一界善巧相。分二:一、問。二、答。

分十一中第十一、分別諸界無量界善巧相。分三:一、問。二、答。三、引經證成。

分四中第四、以頌略攝前義,分八,如《論》。

第二廣答諸界善巧相分六中第二、明諸界義善巧相。分三:

一、明諸界正義善巧相。分三:一、總問。二、廣答,分六,如《論》。三、總結。

第二、明涅槃及虛空得界名善巧相。分二:一、總問,分二,如《論》。二、廣答。分二:一、答涅槃得界義。二、答虛空得界義。

第三、明建立諸界意趣善巧相。分二：一、問。二、答，分二，如《論》。

第二廣答諸界善巧相分六中第三、明諸差别善巧相。分三，如下所明：

第一、正明諸界差别義。分四：一、總問。二、略答。三、别釋。四、總結。

别釋分六：

一、明法界義。分二：一、標。二、釋。

二、明净界義。分二：一、標。二、釋。

三、明本性界義。分二：一、標。二、釋。分二：一、立總相義。二、立别相義，分二，如《論》。

四、明熏界義。分二：一、標。二、釋。分二：一、立染净因。二、立染净果。

五、明與果界義。分二：一、標。二、釋。

六、明未與果界義。分二：一、標。二、釋，分二，如《論》。

第四、明總結。

分三中第二、廣分别諸界有色等三十種差别諸義。分二：一、問。二、答。

分三中第三、分别經中所説眼見等意趣之義。分三：一、標經句。二、總問，分三，如《論》。三、廣答。分二：

一、依勝義道理不立眼及識等是能見等義。分三：一、立正義。二、徵。三、答所以，分三，如《論》。

二、依世俗道理立眼等及識是能見等義。分四：一、立正義。二、徵。三、答所以，分二，如《論》。四、結答難。

第二廣答諸界善巧相分六中第四、明諸界次第善巧相。分四：一、總問。二、略答。三、列名，分二，如《論》。四、别釋。分二：一、明三種次第因緣。分四：一、問。二、答。三、徵。四、答所以，分二，如《論》。二、明六種次第因緣。分四：一、總問。二、廣答。三、明後立意界意趣。四、明以頌攝前義。

廣答分六：

一、依衆多差别立次第義。

二、依隨世俗事轉立次第義。分三：一、標。二、釋，分五，如《論》。

三、結。

三、依喜樂差別立次第義。分三：一、立因。二、顯果。三、結。

四、依嚴飾差別立次第義。分三：一、標。二、釋。三、結。

五、依作業等事立次第義。分三：一、總標。二、別釋，分三，如《論》。三、結。

六、依作業攝受差別立次第義。分四：一、總標。二、徵。三、答所以。分五：一、明立眼界作業次第。分二：一、立正義，分八，如《論》。二、結。二、明立耳界作業次第。分二：一、立正義，分五，如《論》。二、結。三、明立鼻界作業次第。分二：一、立正義，分三，如《論》。二、結。四、明舌界作業次第。分二：一、立正義，分二，如《論》。二、結。五、明身界作業次第。分二：一、立正義。二、答難。四、明總結。

第三、明後立意界意趣。

第四、明以頌略攝義。分三：一、立生起。二、以頌正攝前義，分六，如《論》。三、總結。

第二廣答諸界善巧相分六中第五、分別諸界能攝等義。分四，如下所明：

第一、明此十八界能攝經中所説餘界義。

第二、明生於色界離境界欲何緣有鼻、舌二界義。分二：一、總問。二、廣答，分二，如《論》。

第三、明生於第二静慮已上有情云何得有尋伺等義。分二：一、總問，分二，如《論》。二、廣答。分三：一、答第二静慮已上有尋伺義。分二：一、立因。二、顯果。二、答非一向無尋伺義。分二：一、立正義。二、結。三、答難。分二：一、立因。二、顯果。

第四、明眼等三界各分二處餘界不爾義。分二：一、問。二、答。

第二廣答諸界善巧相分六中第六、明諸界依止等善巧義。分六，如下所明：

第一、明眼等三識依各別分二識當言一、二義。分四：一、總問。二、廣答。三、徵。四、答所以。分二：一、依有障無障等立所以，分二，如《論》。二、依非如色法立所以。

分六中第二、明諸識成因果善巧相。分七：一、總問。二、答正義。三、徵。四、答所以。分三：一、標。二、釋。三、結。五、立喻。六、例明餘四識因果道理。七、明無依諸識不生義。分二：一、立因。二、顯果。

分六中第三、明欲界生者所有諸界決定非決定義。分三：一、明眼界決定非決定義。分二：一、問。二、答。二、例明餘界非決定義。三、明決定義。分二：一、明身界決定義。二、例明餘九界決定義。

分六中第四、明生色界者所得諸界決定非決定義。分三：一、明眼界決定非決定義。分二：一、問。二、答。二、例明餘七界決定義。三、明不決定義，分四，如《論》。

分六中第五、明生無色界者所得諸界決定非決定義。分二：一、明不決定義。二、明決定轉義。

分六中第六、明前文合有攝頌義。

明六善巧第二廣答分六中第三、明廣答諸處善巧相。分二：一、標略頌之義。二、廣分別諸處善巧義。分六：一、明諸處自性。二、明處義。三、明處差別義。四、明諸處次第。五、明諸處攝義。六、明諸處依止。

第一、明諸處自性善巧。分五：

一、明諸處自性正義。分二：一、明眼處自性。分二：一、問。二、答，分二，如《論》。二、例明餘十一處自性。

第二、明處及觸處差別善巧。分二：一、問。二、答。分二：一、答處義。二、答觸處義。分二：一、標。二、釋。分二：一、立因。二、顯果。

第三、明眼處四句差別善巧。分二：一、總問，分二，如《論》。二、廣答。分四：一、答是眼非處義。分二：一、標。二、釋。二、答是處非眼義。分二：一、標。二、釋。三、答是眼亦處義。分二：一、標。二、釋。四、答非眼非處義。分二：一、標。二、釋。

第四、明處及觸處一異義。分二：一、問。二、答。分二：一、答有觸處必有處義。二、答有處非有觸處義。分二：一、標。二、釋。

第五、明生色界者所有鼻舌等非是處義。分二：一、明彼處鼻舌非是處義。二、明無想有情所有諸根非是處義。

分六中第二、明處義善巧。分二：一、總問，分二，如《論》。二、廣答。分二:一、答處義。分二:一、立正義,分六,如《論》。二、結。二、答建立意趣。分二:一、立正義,分三,如《論》。二、結。

分六中第三、第四,合例明諸處差別善巧及次第善巧。

分六中第五、明諸處能攝善巧。分二:一、標經句,分四,如《論》。二、立能攝之義。

分六中第六、例明諸處依止善巧相。

明六善巧第二廣答分六中第四、明廣答緣起善巧相。分三,如下所明:

第一、第二,合明緣起自性及善巧相。分四:

一、明自性及義正體。分三:一、總問。二、廣答,分十三,如《論》。三、總結。

第二、釋名,分二,如《論》。

第三、明十二有支順次生義。分五:一、明無明現行因。分二:一、立因。二、顯果。二、明諸行轉因。分二:一、立因。二、顯果。三、明諸行生因。分二:一、立因。二、顯果。四、明識轉因。分二:一、立因。二、顯果。五、例明餘支生因。

第四、明十二有支假實有義。分二:一、明假有義。二、明實有義。

第三、廣明十二有支差別善巧相。分七,如下所明:

第一、建立十二有支差別正義。分四:一、總標。二、徵問。三、列名,分五,如《論》。四、別釋。分五:

一、明衆苦引因依處相。分三:一、總標。二、別釋。分二:一、依六處等立引因依處義。分二:一、立因。二、顯果。二、依無明等立引因依處義。分二:一、立因。二、顯果。三、明總結。

二、明衆苦生因依處相。分三:一、總標。二、別釋,分四,如《論》。三、總結。

三、明衆苦引因相。分三:一、總標。二、別釋。分二:一、立因。二、顯果。三、總結。

四、明衆苦生因相。分四:一、總標。二、別釋。三、總結。四、釋名。分三:一、立因。二、顯果。三、結。

五、明衆苦生起相。分四:一、總標。二、別釋。分二:一、立因。二、顯果。三、總結。四、釋名。分二：一、釋因明。二、釋苦名。

分七中第二、廣明無明體相。分三：一、總正義。分二：一、標。二、釋。二、徵。三、廣答所以。分二：

一、立無明非是唯明無性之義。分二：一、立彼宗。二、廣破示過。分六：一、示無三品過。分二：一、標。二、釋。二、示隨眠現行無差别過。分二：一、標。二、釋。三、示無三性過。分二：一、標。二、釋。四、示染净不可得過。分二：一、標。二、釋。五、示於一切時明不生過。六、示違教過。分三：一、立正義。二、徵。三、答所以。

第二、立無明非是邪智性義。分二：一、立彼宗。二、廣示其過。分二：一、定立宗。二、破邪執。分三：

一、破除慧明智餘一切智皆邪智見。分二：一、標。二、釋。

第二、破唯染污邪執性智是邪智見。分二：一、立違理過。分三：一、總標。二、别釋。分二：一、立過。二、别釋。分二：一、明無明相。分二：一、標。二、釋。二、明五見性。分二：一、標。二、釋。分二：一、明身見相。二、明餘四見相。三、明總結。第二、立違教過。分二：一、總標。二、别釋，分二，如《論》。

第三、破諸煩惱相應邪智是無明見。分二：一、總標。二、别釋。分四：一、示諸見常與無明不相應過。分二：一、標。二、釋。二、示非癡是增上過。分二：一、標。二、釋。三、示非愚癡體可成癡性過。分二：一、立喻。二、法合。四、立如非煩惱性諸心心法與餘煩惱相應喻以顯别有無明是心法義。分二：一、立喻。二、法合。

分七中第三、明身等三行善巧相。分三：

一、標經句。分二：一、標。二、釋。

二、明經意趣。分二：一、明身行。分二：一、依入出息風明身行相。分二：一、標。二、釋。二、依善惡等業明身行相。分二：一、標。二、釋。二、例明語意二行。分二：一、明語行。二、明意行。

第三、明總結。

分七中第四、明十二有支隨生何界何地即彼界地所攝善巧相。

分七中第五、明十二有支三攝等善巧相。分四：

一、明十二有支三道攝義。分三：一、明業道攝相。分二：一、標。二、釋。二、明煩惱道攝相。分二：一、標。二、釋。三、明苦道攝相。

第二、明十二有支業攝義。分三：一、明二業攝相。分二：一、明引業攝。分二：一、標。二、釋。二、明生業攝。分二：一、標。二、釋。二、明三煩惱業攝相。分二：一、明引業攝。分二：一、標。二、釋。二、明生業攝。分二：一、標。二、釋。三、明七苦業攝相。分二：一、明未來苦果攝。分二：一、標。二、釋。二、明未來苦因攝。分二：一、標。二、釋。

第三、明十二有支中識等五支現苦攝義。分三：一、標。二、釋。三、列名，分五，如《論》。

第四、明十二有支因果攝義。分二：一、明果攝相。二、明因攝相。

分七中第六、廣明無知作業體相。分五：一、總標。二、列名，分五，如《論》。三、別釋。四、總結。五、顯過。

別釋分五：

一、明能生疑無知相。分二：一、略釋。分二：一、標。二、引經證成。二、廣解。分二：一、明三際相。分二：一、標三際義，分三，如《論》。二、釋前後二際義，分二，如《論》。二、明三際疑及無知相。分三：一、明過去疑生處。二、明未來疑生處。三、明現在疑生處。

第二、明能生愛無知相。分二：一、立因，分三，如《論》。二、顯果，分四，如《論》。

第三、明能生非處信無知相。分二：一、立因，分四，如《論》。二、顯果。

第四、明能生見無知相。分三：一、立正義。分二：一、立因。二、顯果。二、徵。三、答所以。分二：一、立因，分二，如《論》。二、顯果，分二，如《論》。

第五、明能生我慢無知相。分五：一、標經句。二、立正義。分二：一、立因。二、顯果。三、徵。四、答所以。分二：一、依不了善等果明生增上慢。分二：一、立因。二、顯果。二、依不了得沙門果明生增上慢。分三：一、立正義。二、徵。三、答所以。五、明總結。

大門分五中第四、明總結。分二：一、標。二、釋，分五，如《論》。

大門分五中第五、明五種無知過失。分五：一、明無知所生疑雜染過失。分二：一、立因。二、顯果。二、明無知所生愛雜染過失。分二：一、立因。

二、顯果。三、明無知所生信解雜染過失。分二：一、立因。二、顯果，分二，如《論》。四、明無知所生見雜染過失。分二：一、立因。二、顯果。五、明無知所生增上慢雜染過失。分二：一、立因。二、顯果，分二，如《論》。

分七中第七、明十二有支差别廣義指前文等善巧之相。分二：一、明差别廣義，指其本地。二、明十二有支次第能攝及依止等不可見義。

明六善巧第二廣答分六中第五、廣答處非處善巧相。分三：一、立生起。二、以頌略釋，分三，如《論》。三、長行廣解。分三：

一、明處非處體相。分二：一、立正義。分二：一、明處之體義。分二：一、問。二、答。二、明非處體義。分二：一、問。二、答。二、明總結。

第二、明處非處顯現意趣。分二：一、問。二、答，分二，如《論》。

第三、明處非處門義差别。分二：一、明門義。二、明緣起及處非處善巧差别義。

初文分二異門：初門依成辨等四法立門義，第二異門依四道理立門義。

初門分六：一、總問。二、略答。分二：一、標。二、釋。三、徵問。四、列名，分四，如《論》。五、明立門意趣。分二：一、問。二、答。六、别釋。分四：

一、明成辨門差别相。分六：一、總問。二、立生起。三、略釋。四、列名，分三，如《論》。五、别釋。分三：一、明諸根越所作義。分二：一、總標。二、别釋。分二：一、依眼根明處非處義。分二：一、明非處義。二、明是處義。二、例依餘根明處非處義。第二、明大種越所作義。分二：一、總標。二、别釋。分二：一、依地大明處非處義。分二：一、明非處義。二、明是處義。二、例依餘大明處非處義。第三、明資生越所作義。分二：一、總標。二、别釋。分五：一、依種子明處非處義，分二，如《論》。二、依牛角等明處非處義，分二，如《論》。三、依水瓶等明處非處義，分二，如《論》。四、沙等明處非處義，分二，如《論》。五、依濕木等明處非處義，分二，如《論》。第六、明總結。

第二、合會門差别相。分三：一、總問。二、廣答。分六：一、依明闇明處非處相，分二，如《論》。二、依麁分水火明處非處相，分二，如《論》。三、依麁色聚明處非處相，分二，如《論》。四、依同一種類二心心法明處非處相，分二，如《論》。五、依善不善等法明處非處相，分二，如《論》。六、依愛非愛果明處非處相，分二，如《論》。第三、明總結。

第三、明證得門差別相。分三：一、總問。二、廣答。分七：一、依石女明處非處相，分二，如《論》。二、依半擇迦明處非處相，分二，如《論》。三、依盲等明處非處相，分二，如《論》。四、依未具資糧明處非處相，分二，如《論》。五、依聖道明處非處相，分二，如《論》。六、依人趣等飲食明處非處相，分二，如《論》。七、依不捨那落迦身等明處非處相，分二，如《論》。第三、總結。

第四、明現行門差別相。分三：一、總問。二、廣答。分十一：一、依地界自相作餘界相明處非處相，分二，如《論》。二、依水等餘界明處非處相。三、依不得天眼明處非處相，分二，如《論》。四、依不得天耳等明處非處相。五、依有貪愛等明處非處相。六、依瞋等明處非處相。七、依不斷煩惱明處非處相，分二，如《論》。八、依餘菩提分法明處非處相。九、依不捨諍見等明處非處相，分二，如《論》。十、依一切智見明處非處相，分二，如《論》。十一、依已入大地明處非處相，分二，如《論》。第三、明總結。

第二異門、依四道理立門差別。分四：一、總標。二、列名，分四，如《論》。三、別釋。分二：一、明處義。二、明非處義。四、明總結。

明門義差別分二中第二、明起緣及處非處善巧差別等義。分二：

一、明二善巧差別相。分二：一、問。二、答。分二：一、答緣起善巧差別。二、答處非處善巧差別。

二、明無不盡義。

明六善巧第二廣答分六中第六、廣答根善巧相。分三：一、立生起。二、以頌略釋，分四，如《論》。三、長行廣解。分四：

一、明根義善巧相。分二：一、問。二、答。

長行廣解分四中第二、明顯説二十二根意趣善巧相。分二：一、問。二、答，分二，如《論》。

長行廣解分四中第三、明建立二十二根善巧相。分三：一、總問。二、廣答。三、中頌總結。

廣答分八異門：

初門、依隨境界轉等明建立善巧相。分六：一、依能取境增上義立眼等六根。二、依安立家族增上義立男女二根。三、依活性命事義立命根。四、依受用果增上義立苦等五根。五、依安立世間清净增上義立信等五根。六、依出世清净增上義立未知已知根等三根。

第二異門、依受用顯境等明建立善巧相。分五:一、依受用顯境立眼等六根。二、依受用隱境立男女二根。三、依受用境界時分邊際立一命根。四、依受用境界發生雜染立苦等五根。五、依安立清净立信等八根。

第三異門、依顯於内門受用境界等明建立善巧相。分五:一、依内門受境立眼等六根。二、依外門受境立男女二根。三、依受用内身立一命根。四、依受用外境及内發生雜染立苦等五根。五、依對治雜染安立净品立信等八根。

第四異[□][門][1]、依止端嚴等明建立善巧相。分六:一、依端嚴立眼等五根。二、依隨自在轉立一意根。三、依依止安住立一命根。四、依依止出生立男女二根。五、依依止損益立苦等五根。六、依依止解脱立信等八根。

第五異門、依顯有情事等明建立善巧相。分六:一、依顯有情事立眼等六根。二、依生有情事立男女二根。三、依令有情事若住若没立一命根。四、依顯諸有情受用境界立苦等五根。五、依顯諸有情勝生方便立信等五根。六、依顯諸有情定勝方便立未知已知根等三根。

第六異門、依顯有情事等明建立善巧相。分五:一、依顯有情事立眼等六根。二、依顯有情增長立男女二根。三[2]、依顯了有情壽漸損減立一命根。四、依顯了有情興盛衰損立苦等五根。五、依顯了有情功德過失立信等八根。

第七異門、依假設等明建立善巧相。分二:

一、依在家品立十四根。分二:一、立正義。分四:一、依如是名立眼等六根。二、依種姓立男女二根。三、依食等立苦等五根。四、依長壽等立一命根。二、總結。

第二、依出家品立信等八根。分二:一、立正義。二、結。

第八異門、依防護等明建立善巧相。分六:一、依防護根門立眼等六根。

---

① 門,底本、録本無,據文意補。

② 三,底本、録本作“二”,據文意改。

二、依堪得出家證沙門果立男女二根。三、依積集善品立一命根。四、依正知而行立苦等五根。五、依證沙門果方便道立信等五根。六、依證沙門果立未知已知根等二根。

大門分三中第三、明中頌總結，分八，如《論》。

第三長行廣解分四中第四、明廣分別二十二根差别善巧相。分六：一、依作業等九法分别差别義。二、依義等六法分别差别義。三、釋六善巧差别名。四、明六建立義。五、明破六邪執義。六、明六善巧功德勝利。

第一、依作業等九法分别二十二根差别義。分二：一、長行廣解。二、中頌總結。

廣解分九：

一、依作業明差别義。分六：

一、明眼等六根作業。分二：一、明眼根作業。分二：一、問。二、答，分三，如《論》。二、例明餘根作業。

二、明男女二根作業。分二：一、問。二、答。

三、明命根作業。分二：一、問。二、答。

四、明苦等五根作業。分二：一、問。二、答。

五、明信等五根作業。分二：一、問。二、答。

六、明未知已知等三根作業。分二：一、問。二、答。

分九中第二、依實假明差别義。分二：一、總問，分二，如《論》。二、廣答，分二分，如《論》。

分九中第三、依有色等明差别義。分八：

一、明色攝差别。分二：一、問。二、答。

二、明心攝差别。分二：一、問。二、答。

三、明心所攝差别。分二：一、問。二、答。

四、明心不相應攝差别。分二：一、問。二、答。

五、明有爲攝差别。分二：一、問。二、答。

六、明男女二根分攝差别。分二：一、問。二、答。

七、明後三根分攝差别。分二：一、問。二、答。分二：一、標。二、釋，分九，如《論》。

八、明命根分攝差別。分二：一、問。二、答。

分九中第四、依善等差別義。分三：

一、明善差別。分二：一、問。二、答。

二、明不善差別。分二：一、問。二、答。

三、明無記差別。分二：一、問。二、答。

分九中第五、依異熟等明差別義。分七：

一、明有異熟差別。分二：一、問。二、答。

二、明無異熟差別。分二：一、問。二、答。

三、明助伴差別。分二：一、問。二、答。分二：一、標。二、釋。

四、明是異熟差別。分二：一、問。二、答。

五、明種子差別。分二：一、問。二、答。

六、明非異熟差別。分二：一、問。二、答。

七、明異熟生差別。分二：一、問。二、答。分二：一、標。二、釋。

分九中第六、依界明差別義。分四：

一、明欲界繫差別。分二：一、問。二、答。

二、明色界繫差別。分二：一、問。二、答。

三、明無色界繫差別。分二：一、問。二、答。

四、明不繫差別。分二：一、問。二、答。

分九中第七、依諸地明根差別義。分七：

一、明未至地根差別義。分三：一、立正義。分二：一、問。二、答。二、答難。分二：一、問。二、答。三、引證。分三：一、問。二、答。三、釋經意趣。

二、明初二静慮地根差別義。分二：一、明初静慮根差別。分二：一、問。二、答。二、例明第二静慮差別相。

三、明第三静慮地根差別義。分二：一、問。二、答。

四、明第四静地根差別義。分二：一、問。二、答。

五、明空無邊等三地根差別義。分二：一、明空無邊差別。分二：一、問。二、答。二、例明餘二地。

六、明非想非非想處地根差別。分二：一、問。二、答。

七、明色無色界四地諸根有漏無漏等差别義。分三:一、明初七地根差别相。分二:一、明初静慮地有漏等義。分二:一、問。二、答。二、例明餘六地差别。二、明非想非非想地根差别義。分三:一、明有漏義。二、明通二義。三、明無漏義。三、例明斷不斷等義。

分九中第八、依受生明諸根差别義。分三:一、依生欲界明諸差别義。二、依色界。三[①]、依無色界明差别。

第一、依生欲界明諸差别。分十九:

一、通依五趣受生明根差别。分二:一、問。二、答。

二、依三惡趣有情受生明根差别。分二:一、明那落迦受生根差别義。分二:一、問。二、答。分三:一、明眼等八現行及種子俱有義。二、明樂等十一根不定義。三、明未知已知等三根成就不成就義。分三:一、依現行明不成就。二、依種子明成不成。分二:一、明成相。分二:一、標。二、釋。二、明不成相。分二:一、標。二、釋。三、結。二、例明餘二趣受生根差别義,分二,如《論》。

三、明欲界人天受生根差别義。分二:一、明人受生差别。分二:一、問。二、答。二、例明欲界六天受生差别。

四、明缺根有情根差别義。分二:一、問。二、答。

五、明具根有情根差别義。分二:一、問。二、答。

六、明半擇迦根差别義。分二:一、問。二、答。

七、明女根差别義。分二:一、問。二、答。

八、明男根差别義。分二:一、問。二、答。

九、明二形根差别義。分二:一、問。二、答。

十、明斷善根有情根差别義。分二:一、問。二、答。

十一、明不斷善根有情根差别義。分二:一、問。二、答。

十二、明異生根差别義。分二:一、問。二、答。

十三、明見諦人根差别義。分二:一、問。二、答。

十四、明有學根差别義。分二:一、問。二、答。

---

① 三,録本作“二”,結合文意,據底本改。

十五、明無學根差別義。分二：一、問。二、答。

十六、明預流向人根差別義。分二：一、問。二、答。

十七、明預流果人等根差別義。分二：一、明預流果根差別。分二：一、問。二、答。二、例明一來向等三人根差別相。

十八、明不還果等根差別義。分二：一、明不還果人根差別。分二：一、問。二、答。二、例明不還果二人根差別相。

十九、明無學果人根差別義。分二：一、問。二、答。

第二、依色界受生明根差別義。分二：一、問。二、答。

第三、依無色界受生明根差別義。分二：一、問。二、答。

分九中第九、依死得捨明諸根差別義。分二：

一、依欲界没還生欲界明根差別。分二：一、總問。二、廣答。分五：一、依眼等五根明差別。分二：一、總標。二、别釋，分八，如《論》。二、依意等二根明差別義。三、依苦等五根明差別義。分二：一、標。二、釋。四、依信等五根明差別義。分二：一、標。二、釋。五、依未知已知等三根明差别義。

第二、依上二界没生義明根差別。分三：一、明從欲界没生色根差別義。分二：一、問。二、答。二、例明生無色界等根差別義。三、明後三根差別義。分二：一、標。二、釋，分二，如《論》。

第二、明中頌總結義，分九，如《論》。

第四廣分别二十二根分六中第二、依義等六法分别根差別義。分二：一、長行廣解。二、中頌總結。

廣解分六，如下所明：

第一、依義門廣分别諸根善巧義。分十四：

一、依境界義等明根差別。分九：

一、明有境界非境界根義。分二：一、問。二、答，分二，如《論》。

二、明非色助伴根。分二：一、問。二、答。

三、明色非色助伴根。分二：一、問。二、答。

四、明眼等五根義。分二：一、問。二、答。

五、明意根義。分二：一、問。二、答。

六、明男女二根義。分二：一、問。二、答。

七、明苦等五根義。分二：一、問。二、答。

八、明信等五根義，分五，如《論》。

九、明未知欲知等三根義，分三，如《論》。

分十四中第二、依有色等明根差别義。分四：

一、明有色爲義根。分二：一、問。二、答。

二、明無色有色爲義根。分二：一、問。二、答。

三、明非有色非無色爲義根。分二：一、問。二、答。

四、明有見爲義根。分二：一、問。二、答。

分十四中第三、依有對爲義等明根差别。分二：一、問。二、答，分三，如《論》。

分十四中第四、依有漏義明根差别。分四：

一、明有漏及有漏義根。分二：一、問，分二，如《論》。二、答。分二：一、答有漏相。二、答有漏義。

二、明苦根有漏及義。

三、明憂根有漏及義。

四、明未知欲知根有漏及義。分二：一、明有漏義。二、明無漏義。

分十四中第五、依有爲無爲明根差别。分二：一、問，分二，如《論》。二、答。分三：一、答有爲相。二、答有爲義。三、答有爲無爲義。

分十四中第六、依有諍等明根差别義。分二：一、問，分二，如《論》。二、答。分二：一、答有諍義。二、例答有愛味等四義。

分十四中第七、依過去等義明根差别。分三：

一、明是過去過去爲義根。分二：一[①]、問，分二，如《論》。二、答。分二：一、答過去相。二、答非過去義。

二、明是過去現在爲義根。分二：一、問，分二，如《論》。二、答。分二：一、答是過去未來爲義。二、答是現在過去未來爲義。

三、明是現在現在爲義根。分二：一、問，分二，如《論》。二、答。分四：

---

① 一，録本作“二”，結合文意，據底本改。

一、答現在相。二、答一分是未來三世爲義根。三、答是未來非未來爲義根。四、例答苦根。

分十四中第八、依三界繫不繫明根差別。分二:一、總問,分二,如《論》。二、廣答。分六:一、答四是欲界根二是欲界繫爲義。二、答三是欲界根欲色繫義。三、答二是欲色繫及不繫根三界繫不繫爲義。四、答七是三界繫及不繫根。五、答一是色界繫不繫根繫不繫爲義。六、答二是不繫根繫不繫爲義。

分十四中第九、依善等三性義明根差別。分二:一、總問,分二,如《論》。二、廣答。分五:一、答八是善性根三性爲義。二、答五是三性根三性爲義。三、答一是善不善根三性爲義。四、答是無記根無記爲義。五、答二是無記根三性爲義。

分十四中第十、依有學等義明根差別。分二:一、總問,分三,如《論》。二、廣答。分六:一、答九是三學根三學爲義。二、答七是非學非無學根即彼爲義。三、答一是三種根非學非無爲義。四、答一是異生根三種爲義。五、答二是學根三種爲義。六、答一是無學根三種爲義。

分十四中第十一、依見斷等義明根差別。分二:一、總問,分三,如《論》。二、廣答。分三:一、答十四一分通二修,分二,如《論》。二、答十二一分通二修。分二:一、明修所斷。二、明非所斷。分二:一、標。二、釋,分三,如《論》。三、答差別義。分二:一、明有色根差別義。二、明非色根差別義。分二:一、標。二、釋。

分十四中第十二、依雜染捨所顯義明根差別。分二:一、問。二、答。分二:一、標。二、釋。

分十四中第十三、依顛倒義等明根差別。分四:

一、明顛倒義。分二:一、問。二、答。

二、明顛倒所依義。分二:一、問。二、答。

三、明顛倒自性義。分二:一、問。二、答。

四、明顛倒對治義。分二:一、問。二、答。

分十四中第十四、依觀過失明根差別。分四:一、總問。二、略答。三、廣立難。分四:一、略標。二、徵問。三、答别釋,分四,如《論》。四、總結。

四、廣答示過。[□][分]①四：一、略答。二、徵問。三、廣破。分四：一、破堅住德。二、破勢力德。三、破轉變德。四、破可樂德。四、總結。

長行廣解分六中第二、依依處義門明根差別善巧相。分十七，如下所明：

第一、依眼等諸根明諸根依處差別善巧相。分十三：

一、明眼根作依處義。分二：一、問。二、答。

二、明耳等五根作依處義。分二：一、問。二、答。

三、明男女二根依處義。分二：一、問。二、答。

四、明命根作依處義。分二：一、問。二、答。

五、明苦等五根作處義。分二：一、問。二、答。

六、明信根作依處義。分二：一、問。二、答。

七、明精進根作依處義。分二：一、問。二、答。

八、明念根作依處義。分二：一、問。二、答。

九、明定根作依處義。分二：一、問。二、答。

十、明慧根作依處義。分二：一、問。二、答。

十一、明未知欲知根作依處義。分二：一、問。二、答。

十二、明已知根作依處義。分二：一、問。二、答。

十三、明具知根作依處義。分二：一、問。二、答。

分十七中第二、依十二經句明根所依差別義。分三：一、問經意趣，分十二，如《論》。二、略答。三、廣解經意。分二：一、總標。二、别釋。分五：一、明此身有色麁滓所成句意趣。二、明四大所造句意趣。三、明父母不净等三句意趣。分二：一、標。二、釋，分三，如《論》。四、明常假覆蔽等三句意趣。分二：一、標。二、釋，分三，如《論》。五、明斷截等四句意趣。分二：一、標。二、釋，分二，如《論》。

分十七中第三、依遠行等義明根依處差別。分三：一、總問。二、略答。三、釋經意趣。分四：一、明意根遠行義。二、明意根獨行義。三、明意根無身義。四、明意根寢窟義。

---

① 分，底本、録本無，據文意補。

分十七中第四、依八處男爲女縛義明根依處差别。分三：一、總問。分二：一、標。二、釋，分八，如《論》。二、略答。三、别釋經句。分二：一、總標。二、别釋。分二：一、明遊戲時四縛，分四，如《論》。二、明受用時四縛，分四，如《論》。

分十七中第五、依衆生等義明根依處差别。分三：一、總問。二、略答。三、别釋經句。分五：一、明衆生義。二、明存活義。三、明住義。四、明持義。五、明安隱義。

分十七中第六、依平正等義明根依處差别。分三：一、總問。二、略答。三、别釋經句。分二：一、明平正等三句，分三，如《論》。二、例明餘二根義。

分十七中第七、依净信深固等義明根依處差别。分三：一、總問。分二：一、立因。二、顯果。二、略答。三、别釋經句。分三：一、依三慧勝解明信深固義。二、依餘不動明信深固義。分二：一、標。二、釋。三、依三種勝解明深固等義。分三：一、總標。二、别釋。分三：一、依世間善决定勝解明净信深固義。二、依出世勝解根本明根生義。三、依出世清净勝解明建立義。三、明差别義。

分十七中第八、依住有勢等義明根依處差别。分三：一、總問，分五，如《論》。二、略答。三、别釋經句。分二：一、標。二、釋，分五，如《論》。

分十七中第九、依念等九義明根依處差别。分三：一、總問，分九，如《論》。二、略答。三、别釋經句指文。

分十七中第十、依心住等義明根依處差别。分三：一、總問，分九，如《論》。二、略答。三、别釋經句指文。

分十七中第十一、依簡擇等義明根依處差别。分四：一、總問，分四，如《論》。二、略答。三、别釋經句指文。四、明信等五根遍攝餘善根無不盡義。

分十七中第十二、依四念住義明根依處差别。分四：一、依身念住明依處差别。分二：一、問。二、答。二、依受念住明依處差别。分二：一、問。二、答。三、依心念住明依處差别。分二：一、問。二、答。四、依法念住明依處差别。分二：一、問。二、答。

分十七中第十三、依四諦義明根依處差别。分四：一、依苦諦明依處差别。分二：一、問。二、答。二、依集諦明依處差别。分二：一、問。二、答。

三、依滅諦明依處差別。分二：一、問。二、答。四、依道諦明依處差別。分二：一、問。二、答。

分十七中第十四、依善惡思等明根依處差別相。分二：

一、依善思等三法明依處差別。分三：一、明善思依處差別。分二：一、問。二、答。二、明善説依處差別。分二：一、問。二、答。三、明善作依處差別。分二：一、問。二、答。

第二、例明惡思等依處差別義。

分十七中第十五、依惑業生起等明根依處差別。分三：一、依惑業依處明依處差別。分二：一、問。二、答。二、依起煩惱業明依處差別。分二：一、問。二、答。三、依斷惑業明依處差別。分二：一、問。二、答。

分十七中第十六、依領納世出世吉祥等明根依處差別。分四：

一、依領受世出世吉祥明依處差別。分二：一、問。二、答。

二、依領受吉祥敗壞明依處差別。分二：一、問。二、答。

三、依能引吉祥明依處差別。分二：一、問。二、答。

四、釋經意趣。分三：

一、總標經句。分二：一、標。二、釋列名，分五，如《論》。

二、别釋句義。分五：

一、明忍辱柔和作吉祥法。分三：一、明忍相。分四：一、總問。二、略答。分二：一、標。二、釋，分三，如《論》。三、别釋。分二：一、標。二、釋，分十，如《論》。四、總結。二、明柔和相。分二：一、問。二、答，分三，如《論》。三、明二法差别義。

第二、明觀人作吉祥法。分三：一、總標。二、列名，分二，如《論》。三、别釋。分二：一、依攝受明觀人法。分二：一、標。二、釋，分五，如《論》。二、依處置明觀人法。分二：一、標。二、釋，分五，如《論》。

第三、明捨作吉祥法。分三：一、總標。二、列釋，分五，如《論》。三、總結。

第四、賢善行作吉祥法。分三：一、總標。二、列名，分二，如《論》。三、别釋無所違負相。分二：一、標。二、釋，分五，如《論》。

第五、明不放逸作吉祥法。分三：一、總標。二、略釋。三、廣解。分二：

一、標。二、釋，分五，如《論》。

第三、明略義。分三：一、明能生吉祥五力。分二：一、標。二、釋，分五，如《論》。二、明吉祥體。分二：一、標。二、釋，分五，如《論》。三、明五力攝義，分二，如《論》。

分十七中第十七、依先煩惱業感得等義明根依處差別。分十三：

一、依先煩惱業感得義明依處差別。分二：一、問。二、答。

二、依名色緣明依差別。分二：一、問。二、答。

三、依觸緣明依差別。分二：一、問。二、答。

四、依策勵緣明依差別。分二：一、問。二、答。

五、依防護明依差別。分二：一、問。二、答。

六、依應調静明依差別。分二：一、問。二、答。

七、依應寂止明依差別。分二：一、問。二、答。

八、依自性調順等明依差別。分二：一、問。二、答。

九、明諸根捨義。分二：一、問。二、答。

十、明諸根棄義。分二：一、問。二、答。

十一、明諸斷義。分二：一、問。二、答。

十二、明諸根退義。分二：一、問。二、答。

十三、明三乘行人根差别義。分四：一、總問。二、略答。三、列名，分五，如《論》。四、别釋。分五：一、明品類差别。分二：一、標。二、釋。二、明任持差别。分二：一、標。二、釋。三、明羂索差别。分二：一、標。二、釋。四、明正行差别。分二：一、標。二、釋。五、明證得差别。分二：一、標。二、釋。

長行廣解分六中第三、依證得義門明諸根差别善巧。分十，［如］[①]下所明：

第一、依未至定明諸根證得差别。分三：一、總問。二、略答。三、别釋，分二，如《論》。

分十中第二、依初静慮等八定明諸根證得差别。分四：一、明初静慮根

---

① 如，録本脱，據底本補。

證得相。分三：一、問。二、略答。三、別釋。二、例明第二静慮證得相。三、明第三静慮證得相。四、明第四静慮已上證得相。

分十中第三、依四果明諸根證得差別。分四：

一、明初果證得相。分二：一、問。二、答。

二、明第二果證得相。分二：一、立正義。二、答難，分三，如《論》。

三、明第三果證得相。分三：一、問。二、答。三、立憂根理。

四、明第四果證得相。分二：一、問。二、答。

分十中第四、依希求等明諸根證得差別。分三：

一、總標經句，分四，如《論》。

二、釋意趣。分四：一、明希相。分二：一、問。二、答。二、明求相。分二：一、問。二、答。三、明慼相。分二：一、問。二、答。四、明憂相。分二：一、問。二、答。

三、明有無差別。分二：一、依初二果立有憂根。二、依第三果不立憂根。

分十中第五、依喜根等明諸根證得差別。分三：

一、明喜根證得相。分三：一、總問。二、略答。三、別釋。

二、明憂根證得相。分三：一、總問。二、略答。三、別釋。

三、明捨根證得相。分三：一、總問。二、略答。三、別釋，分二，如《論》。

分十中第六、依未知欲知根明諸根證得差別。分二：一、明未知欲知根捨位。二、明已知根捨位。

分十中第七、依練根等明諸根證得差別。分六：

一、依練根人數明證差別。分二：一、總問。二、廣答。分三：一、依有學立練根人。二、依無學立練根人。分二：一、總。二、別，分五，如《論》。三、依中、上二人不立練根義。分二：一、標。二、釋。

二、明初果練根人證得第二果差別。分二：一、問。二、答。

三、明初果不證第三果義。分三：一、問。二、略答。三、別立所以，分二，如《論》。

四、明三果人進離欲證得相。分二：一、問。二、答。

五、明三果人直不取無學果義。分三：一、問。二、略答。三、別立所以，分二，如《論》。

六、明三果人要修轉根義。分二：一、問。二、答，分五，如《論》。

分十中第八、依菩薩三根明證得差別。分二：一、總問。二、廣答。分三：一、答立未知欲知根。二、答立已知根。三、答立具知根。

分十中第九、依三滿義明諸根證得差別。分二：一、總問。二、廣答。分二：

一、答有學三滿義。分二：一、略答。二、別釋。分三：一、明根滿。分二：一、標。二、釋。二、明定滿。分二：一、標。二、釋。三、明果滿。分二：一、標。二、釋。

第二、答無學三滿義。分二：一、明前二滿義。分二：一、總標。二、別釋。分二：一、明根滿。分二：一、標。二、釋。二、明定滿。分二：一、標。二、釋。第二、明果滿。

分十中第十、依諸根不調等五法明證得差別。分七：

一、依經總問。

二、略答。

三、別釋。分二：一、依簡擇力明二調伏法。分二：一、立因。二、顯果，分二，如《論》。二、依對治力明二調伏法。分二：一、立因。二、顯果，分二，如《論》。

四、依無四調伏明不調伏義。分二：一、標。二、釋，分三，如《論》。

五、依具四調伏明具調伏等五法勝利。

六、明不調伏等過失。分三：一、總問。二、略答。三、別釋，分六，如《論》。

七、明諸根善調等功德。分二：一、明斷苦德。二、明引樂德。

長行廣解分六中第四、依攝義門明諸根差別善巧相。分六，如下所明：

第一、依十四種根三聚有情相攝義明根差別。分二：一、總問。二、廣答。分三：一、答正義。二、答不攝相。分二：一、問。二、答。三、答三聚有情義。分二：一、標。二、釋。

分六中第二、依五根三受相攝義明根差別。分二：一、問。二、答。

分六中第三、依五根三十七品相攝義明根差別。分二：一、總問。二、廣答。分二：一、答正義。二、答不攝相。分二：一、問。二、答。分二：一、明不攝六。二、明不攝四。

分六中第四、依五根三根相攝義明根差別。分二：一、總問。二、廣答。分二：一、答正義。二、答不攝相。分二：一、問。二、答。

分六中第[1]五、依九遍知根明根相攝差別。分二：一、總問。二、廣答。分三：一、答正義。二、答九遍知相。分二：一、問。二、答，分九，如《論》。三、答建立義。分三：一、總標。二、略釋，分二，如《論》。三、廣解。分五：一、依相同分界不同分及同分明建立義。二、依二不同分及同分明建立義。三、依度劣界明建立義。四、依度中界明建立義。五、依度妙界明建立義。

分六中第六、依相好等廣大功德明諸根攝相差別。分二：一、總問。二、廣答。分十：一、答相好根攝義。分二：一、略釋。二、別釋。分二：一、問。二、答。二、答十力根所攝義，分二，如《論》。三、答四無所畏根所攝義。四、答三不護根所攝義。五、答三念住根所攝義。六、答大悲根所攝義。七、答無忘失法根所攝義。八、答一切種妙智根所攝義。九、答永斷習氣根所攝義。十、答永斷習氣差別義。分二：一、問。二、答。

長行廣解分六中第五、依四食門明諸根差別善巧相。分十四，如下所明：

第一、依四食長養諸根及大種明食差別。分二：一、問。二、答，分三，如《論》。

分十四中第二、明四食體。分二：一、明段食相。分二：一、問。二、答。二、例明餘三食相。

分十四中第三、明四食作用。分二：一、總問。二、廣答。分四：

一、答段食作用。分二：一、標。二、釋。

二、答觸食作用。分二：一、立因。二、顯果。

三、答意思食作用。分二：一、立因。二、顯果。

四、答識作用。分二：一、立因。二、顯果。

---

① 第，録本訛作“分”，據底本改。

分十四中第四、明識作意根食義。分二：一、問。二、答。分二：一、立因。二、顯果。

分十四中第五、明眠夢等三法非是食義。分五：一、總問。二、略答。三、列名，分二，如《論》。四、别釋。五、總結。

分十四中第六、明命根非是食義。分二：一、問。二、答。

分十四中第七、明四食麁細義。分三：

一、明段食麁細。分二：一、問。二、答。

二、明段食細相。分二：一、問。二、答。分二：一、標。二、釋。

三、明餘三麁細義。分二：一、明麁相。分二：一、問。二、答。二、明細相。分二：一、問。二、答。

分十四中第八、明有情三世生義。分三：

一、明已生相。分二：一、問。二、答。

二、明未生相。分二：一、問。二、答。

三、明現生相。分二：一、問。二、答。

分十四中第九、明有情食安住義。分二：

一、明安養相。分二：一、問。二、答。

二、明安住相。分二：一、問。二、答。

分十四中第十、明求有有情食攝受義。分三：一、總問。二、略答。三、别釋。

分十四中第十一、明建立段食時分。分四：

一、總問。

二、略答。

三、别釋。分二：

一、依明受用時非段食義。分三：一、標。二、釋。三、結。

二、依損益明受用非段食義。分二：一、明受用時損變壞時益義。分二：一、標。二、釋。二、明受用時益變壞時損義。分二：一、標。二、釋。

四、明總結。

分十四中第十二、明餘多法非是食義。分三：一、總問。分三：一、標。二、釋，分五，如《論》。三、結。二、廣答，分四，如《論》。三、總結。

分十四中第十三、明諸那落迦及定地天無段食義。

分十四中第十四、明諸那落迦不死久住因由。分三：一、立因。二、顯果。三、答難。

長行廣解分六中第六、依諸句門明諸根差別善巧相。分四，如下所明：

第一、依身境二轉句明諸根差別善巧。分二：一、總問，分二，如《論》。二、廣答。分二：一、答若有根依境界生必依身轉義。二、答或有根依身轉不依境界義。分二：一、標。二、釋。

分四中第二、依諸根同一依轉句明根差別。分二：一、總問。二、廣答。分四：

一、答有同一依義。分二：一、標。二、釋。

二、答有同二依義。分二：一、標。二、釋。

三、答有同三依義。分二：一、標。二、釋，分三，如《論》。

四、答無色界唯有二依義。

分四中第三、依苦樂等句明根差別。分二：一、總問，分二，如《論》。二、廣答。分四：

一、答是苦非苦相合義。分二：一、標。二、釋。

二、答是苦苦合義。分二：一、標。二、釋。

三、答是苦非苦樂相義。分二：一、標。二、釋。

四、答非苦樂相。分二：一、標。二、釋。

分四中第四、依善等三性句明根差別。分二：一、總問，分二，如《論》。二、廣答。分四：

一、答是善不引樂義。分二：一、標。二、釋。

二、答引樂非善義。分二：一、標。二、釋。

三、答是善引樂義。分二：一、標。二、釋。

四、答非善不引樂義。分二：一、標。二、釋。

大門分二中第二、明中頌總結義，分六，如《論》。

第四廣分別二十二根差別善巧相分六中第三、釋六善巧差別名。分六：

一、釋蘊名。分三異門：

初門、依具足攝持諸行義立蘊名。分二：一、立正義。二、結。

第二異門、依常能增長諸業煩惱立蘊義。分三：一、標。二、釋。三、結。

第三異門、依常有所作及速滅壞立蘊義。分三：一、標。二、釋。三、結。

第二、釋界名。分二：一、立正義。二、結。

第三、釋處名。分二：一、立正義。二、結。

第四、釋緣起名。分二：一、立正義。二、結。

第五、釋處非處名。分二：一、明處義。二、非處義。

第六、釋根名。分二：一、立正義。二、結。

第四廣分別二十二根差别善巧相分六中第四、明建立六善巧意趣。分二：一、總標。二、别釋。分六：一、明建立蘊善巧意趣。二、明建立界善巧意趣。三、明建立處善巧意趣。四、明建立緣起善巧意趣。五、明建立處非處善巧意趣。六、明建立根善巧意趣。

第四廣分别二十二根差别善巧相分六中第五、明六善巧破六邪執義。分三：一、總標。二、徵問。三、别釋。分六：一、明蘊善巧破邪執相。二、明界善巧破邪執相。三、明處善巧破邪執相。四、明緣起善巧破邪執相。五、明處非處善巧破邪執相。六、明根善巧破邪執相。

第四廣分别二十二根差别善巧相分六中第六、明六善巧功德勝利。分五：一、總問。二、略答。三、别釋。分十：一、依一合想見明勝利。二、依不起誹謗明勝利。三、依自無疑等明勝利。四、依悟入緣起道理明勝利。五、依了釋梵等無實性明勝利。六、依慧根增長等明勝利。七、依了善等明勝利。八、依於善等當善住念明勝利。九、依證心一境性明勝利。分二：一、立因。二、顯果。十、依斷顛倒等明勝利。分二：一、立因。二、顯果。第四、結勸。第五、顯畢功之德。

已上《決擇五識身相應地》及《意地》究竟。

No. 2802《瑜伽論》手記

[題解]

佛典論疏,内容係談迅、福慧所記《瑜伽師地論》第三十一卷至第三十四卷之注疏,〔唐〕法成撰。《〈瑜伽師地論〉手記》又名《〈瑜伽師地論〉隨聽疏》,是法成向衆生開講《瑜伽師地論》時的記録,原著卷數不詳。聽講及筆録者有智慧山、一真、恒安、明照、洪真、談迅、福慧等多人,因記録者不同,諸本文字亦略有差異。敦煌卷子中有斯 1154(第五十三至第五十五卷)、斯 1243(第三十八至第四十一卷)、斯 2613(第四十三至第五十卷)、斯 4011a(第三十一卷至第三十四卷)、斯 6440v(第二十一卷),伯 2134(第二十六至第三十卷)、伯 2344(第六至第十卷)、伯 3716(第三十一至第三十二卷),BD5797(北 7184,奈 97,第五卷),BD14032(北新 232,第三十一卷)等。《隨聽疏》有題記者 50 號左右,大抵爲聽學或抄寫題記。據題記,法成開講的地點爲敦煌開元寺與龍興寺,時間約爲大中十年至十三年(856—859)。清代以前歷代大藏經未收,《大正藏》將斯 4011a 號(《大正藏》本訛爲斯 463 號)收入第八十五册(《大正藏》擬題作"《瑜伽論》第三十一手記",不確,兹據文意改)。其後上山大峻對此有專題研究,並對諸本進行整理。今校注仍以《大正藏》録本所據原卷斯 4011a 號爲底本。

《瑜伽論》第三十一手記

談述　福慧

言"謂依緣性"等者，謂前因[①]名"緣性"，後□(之)[②]□□(名)[③]"緣起"。言"而起勝解"者，謂能了知内外諸緣，生法唯有因性及與緣性，□(无?)[④]有我、人等□(故?)[⑤]。言"廣説如别"者，謂無明有十九種、行有三種等，如前尋思地生雜染中以廣分别。言"不自在故"者，謂"我"者是"自在"之義，由無明中無自在我故，不作是念"我能生行"，餘皆准此。言"中間等"者，此顯"空"義，謂無明及行二法中間無有傳受之法，故名"空"也。言"如前廣説"者，説□[⑥]静有害等二世過患，如前不净觀説。言"諸業"者，謂善等三業也。言"一、自體果"者，謂情、非情緣起通攝也。言"受用境界果"者，謂唯約有情而論也。言"今世"等者，謂現世五趣果身生也。言"六處"者，謂"六根"也。言"令生有芽"者，謂無明爲因，故發生三行芽等也，破展轉等也。言"諸取"者，謂我語取、欲取、戒禁取等也。言"有内現證"者，謂五位行人現見無明等順、逆二法，而能修行證上果故。言"比度法"者，謂比諸聖者等修順、逆緣起，故得彼聖果；我亦比此修行，證於上果故。言"能正解了"等者，謂地等六界種姓别故及能尋思。言"種子義"者，謂地等六法爲種子，故有五趣身也。言"因義"者，謂因地等六法爲因，故生五趣身也。言"性義"者，謂地[⑦]等各各有堅等性故。言"是其'界'義"者，爲上四義一□□□(一相合)[⑧]。言"一念"等者，謂不了知身中有其六界故，但起一我見者名"一念相"。言"有正尋思"等者，謂諸外道計"我"爲因，故得入母胎。此中不爾，因六界故，得入母胎也。

---

① "前因"二字録本作"因前"，據底本改。

② 之，録本作缺文，據底本補。

③ 名，録本作缺文，據底本補。

④ 此缺字底本不清晰，似作"无"，待考。

⑤ 録本此缺字底本不清晰，似作"故"，待考。

⑥ 此字録本作缺文，底本不清晰，待考。

⑦ 地，録本訛作"也"，據底本改。

⑧ "一相合"三字録本作缺文，據底本補。

言“安住法性”者,謂地、水等六界諸佛出世、不出世法等有,故名“安住”也。言“長入息”者,謂十息爲一數等也。言“都無持入息者”等者,謂出□□□□(中唯)[①]有蘊等諸行,此中都無任持二見、我人等故。言“因”者,業煩惱也。言“緣”者,謂父母精血等也。言“諸行”者,謂果相也。言“善巧”等者,此中有問:“四緣之中,净行所緣所有六義如上所説,其義已知。第三善巧所緣,第四净惑所緣,六相差别,何故不説?”故《論》答云“若依止善巧”等也。言“此中”者,謂指前四慧行觀三門六事、觀不净五[②]觀故[③],此修[④]九種加行成前觀門故也,故《論》文言“九種”等也。言“得定”者,謂五位行人由九種加行故,速得五位本定故。言“於所應往處[⑤]”等者,謂五位行人修九種加行故,於初資糧位者速得加行位等也。言“等分”者,謂貪等五位煩惱不偏在一故,名“等分”也。言“薄塵”者,謂五位行人上上位人也。言“應隨所樂”等者,謂等行等二人於五位煩惱中先何起者修對治門故。故《論》文言“攀[⑥]緣一境[□][安][⑦]住[⑧]”等也。言“相應所緣”等者,謂不净等五觀門也。言“不全臨入”者、“隨順”等者,謂初、中、後三時心也。言“由住如是”等者,謂住前出等六法等。三種加行不緩,名“不放逸”也。言“一時、半時”者,謂一更、半更也。

言“法義”者,謂所治、能治法義之中無顛倒故。言“九種相心住”等者,謂内住等九種住心也。言“無相”者,謂無我及我所心也。言“皆得清净”者,謂依止品破觀得成就二俱清净,故云“皆”等也。言“所有加行”者,謂止品是[⑨]彼觀品之加行故也。言“所熏習”等者,謂觀爲能熏,故止爲所熏,此二法相依,故皆得清净也。言“所有加行”者,謂觀品是彼止品之加行故也。言“謂由”等者,謂六隨念等中隨取一者便名爲“舉”。言“顯示”等者,謂若心沈

---

① “中唯”二字録本作缺文,據底本補。
② “五”字前録本衍一“而”字,據底本删。
③ 故,録本訛作“破”,據底本改。
④ 修,録本訛作“終”,據底本改。
⑤ 處,録本訛作“定”,據底本改。
⑥ 攀,底本、録本訛作“舉”,據《瑜伽師地論》卷第三十一[T30n1579p455c4]改。
⑦ 安,底本、録本脱,據《瑜伽師地論》卷第三十一[T30n1579p455c4]補。
⑧ 住,底本、録本訛作“性”,據《瑜伽師地論》卷第三十一[T30n1579p455c4]改。
⑨ 是,録本訛作“此”,據底本改。

没時，以净妙相顯示其心，自勸其心，自慶其心。言“隨順”等者，謂於不净等五觀之中勤精進者是舉之相。言“所緣”等者，謂於順情、違情之境中心無染污，心平等故，於止觀中亦平等轉。言“謂由所緣”者，謂於順、違及止觀中，心不住者名爲“捨相”。言“上捨”者，謂取上上地之捨也。言“謂於如是”等者，謂於止、觀二法所有“塵(?)[①]”義，如上所説中一一皆得善巧故。

言“善趣”等者，謂初、中、後三心也。言“或時棄捨”者：謂若棄捨世、出世定所有影像，名爲“出定”；若於化緣等説不定地作意思非，亦名“出定”。言“於餘所作”者，謂於上上果所修行中而追求故。言“謂於一切”等者：謂於所受戒學之中無違越者，名“不捨軛”；謂於無穿穴等八法之中而修習者，名“不違越”。言“於久所作”等者，謂於自所作身業及語、意三業中，於諸不善隨順不作，於十善業隨順而作，故《論》文言“能自[②]隨憶”等也。言“數起勝解”者，謂能治道。言“數正除遣”者，謂所治法也。梵云“毘呵婆耶”者，具含上二義：一、“勝解”義。二、“除遣”義。此二皆是正加行故，標此二名。言“隨相行”等者，謂二十賢善定中隨行可一，皆具能治勝解及所治除遣，此中初修業者亦應如是。如久修觀行之人具修上二之行，乃名“正行人”也。言“當知此中”等者，此等五門一一皆具因、果二義，説者應知。言“由於最初”等者，謂修不净觀等者必背静等顛倒之相。言“由緣餘定”等者[③]，謂若所修之定道力劣故，不能除遣所治法者，當修餘定作其助伴成本定故。言“由於一切”等者，謂由於諸净相等中起染污者，應修不净等觀除遣净等諸相。

言“雖遍立”等者，此中有問：“經中所説五種之相名‘除遣’者，意趣何等名爲‘正除遣’也？”故《論》答云“然此義中”等也。雖有五種，此中但取初、二之法立爲除遣。言“全不於所緣境繫縛心”者，謂諸行人根性不等、煩惱不同故，初修業時，若貪欲多者，令於不净觀繫縛其心；若嗔多者，以慈愍觀而繫其心。餘皆准此。故《論》文言“或復[□][餘][④]處”等也。言“唯作是念”等

① 此字底本不清晰，待考。

② 自，録本訛作“因”，據底本改。

③ “等者”二字録本訛作“者等”，據底本改。

④ 餘，底本、録本脱，據《瑜伽師地論》卷第三十一[T30n1579p456c21]補。

者：謂如不净觀等相中有净等相者，名“有散亂”；有不净等相者，名“無散亂”。初修業者應作是念：“我心云何得無散亂？”意説：“我於何時得與不净等無散亂法而相應也？”下之九種，一一皆與唯作是念等相合説之。言“無寂静”者，謂斷現行故。言“極[1]寂静”者，謂斷種及現行故。言“如是精勤”等者，與上十文一一相合。言“即由如是”等者，謂由内攝其心爲因故，五位行人於不净等所緣境中不念净等作意故也。言“有相”者，謂不净相等也。言“有分别”者，謂不净等有分别影像也。言“謂由隨相行”等者，謂行隨尋、思等三種慧故。言“彼境界”者，謂依三種慧能觀不净等五觀過患功德，而非但行不净一觀者，故《論》文言“而非一向”等也。

言“還捨”等者，此中有問：“修五觀時，唯用三慧爲方便耶？爲當處要餘法爲方便耶？”故《論》答云“還相”等也。言“由於所緣”等者，謂若捨於止，必當散亂，故名爲“捨”。由九種住心止品攝故，名爲“不捨”。言“即於所緣”等者，謂由義等六事差别觀故，於所治中不作其相、不作我、不起差别我我所心故，故名“不取”。言“有於其中”等者，謂由九種住心爲因故，而能安住不净等觀。言“取止行故”等者，謂“義”等六事差别尋求不净等故，能爲止品作其方便，故名“止行能緣所知相”也。言“若於緣”等者，謂“勝解”是“觀”，“除遣”是“止”也。言“由數勝解”等者，□[2]。言“於狹小境”等者，謂修不净等五觀之時，先觀指節，名爲“狹小”。此漸次增長，名爲“廣大”。後觀十方無量，故《論》文言“廣大”等也。言“若諸法”等者，謂青瘀等二十賢善定皆是有色影像也。言“諸無色法”等者，謂慈悲等四觀所有影像但是心法所變現故，名“非色”也。言“出離”者，謂涅槃果也。言“遠離”者，謂涅槃因也。言“染污思慕”者，謂貪著五欲等，無出離心也。言“不樂”等者，謂涅槃因果法中無欣樂心、生憂惱也。言“下劣智見”者，謂無間解脱道中證少分時，便生高舉，故《論》文言“謂我能得”等也。言“廣説如前”者，“唯我能得”等如前出離地中已廣説故。

言“謂於隨順蓋”等者，謂隨順五蓋處所法中，非理作意，名之爲“障”。

① 極，録本訛作“猛”，據底本改。

② 底本此處疑有脱文，待考。

尋思自舉,准前説之。此三皆由非理作意而生起,故名“因緣”。“因緣”者,“根本”義也。言“謂遍了知”等者,謂由怯弱等四障爲因緣故,生起四種過患。言“於其四種”等者:一、未證不證過患,謂於無間、解脱二道未證、不證故也。二、退知失過患。三、壞加行過患。四、有染污等五法過患。

言“總用隨念”等者,謂六隨念也。言“用於精進”等者:謂用於精進,故治羸劣;由平等故,治身太過加行;由通達故,治初修過加行故。言“用彼相違”等者,謂蓋覆尋思自舉及不浄觀等五法對治故。言“又遍了知”等者,若不了知諸障是障性者,不能修對治故,所以第一立“遍知自性”也。言“遠離因緣”者,謂若不知諸障生起因緣者,必不知自性也。言“遠離因緣”者,謂若不知諸障生起因緣者,必不能修對治行故也。言“隨順教”者,謂隨順觀所治法有多種故,能治之教亦有多種。“故毘鉢舍那”等者,謂於一一觀中一一止生故,故言“多”也。言“所知境”者,謂三門、六事所觀察染浄品中因果義故。

言“身輕安”等者,此中有問:“五位行人於何時中如是二法得究竟耶?”故《論》答云“若得轉依”等也。若阿羅漢轉染品依浄品時,方得究竟。言“所知事”者,謂所治及能治道也。言“能順貪欲”等者,謂端正女色等所治法中,初心不趣入,中心不愛樂,後心不信解。言“乃至廣説”者,謂於隨順嗔恚違情境中,初不趣入,中不愛樂,後不信解。乃至齊此名爲“於慈愍觀已得究竟”及“未得究竟”,如前不浄觀説也。下三觀皆准此説。

言“隨順愚癡法”者,謂三世緣起法中起常樂我四倒者,順生愚癡法故。言“非身聚相”者,謂非從身中起一“聚我”想也。言“戲論”者,謂即多分别,謂欲覺等也。言“法觀中”等者,謂由等持爲依止故,於所緣境所治、能治得緣境觀中增上慧轉。言“普遍相”者,謂不浄等五觀所緣也。言“由此作意”者,謂由不浄等五種作意爲因故,於浄、常樂等五種可厭法中令心厭離也。下三作意皆准此説。

言“於可忻尚法”者,謂不浄等是最上法故。言“由是緣”等者,謂由不浄等五觀爲因故,能離身心所有浄相種子。言“内心寂静”者,謂不浄等五觀也。言“法觀”者,謂五觀中所治、能治增減相也。言“漏”者,謂浄等諸顛倒相也。言“漏處法”者,謂男女等可意及違情等境也。言“生熱”者,謂於一分熱惱漏境中生厭離也。言“等熱”者,謂遍於諸漏熱惱境中生厭離相也。下

“生厭”等二句准此説之[①]。

言“謂自衰損”等者，謂五位行人若有自身及自眷屬喪失財利、身遭衰損禍羅網[②]等者，名“自衰損”。他亦同此。如是二境是修行人可厭處，故《論》文言“數思惟故”等也，謂能思惟衰損之法[③]而能自惱及惱他故。言“若自興盛”等者，雖然自身及與他有興盛事，畢竟皆落謝之法、盡法、壞法、滅法、離散法、變壞法，故生厭離也。言“津”者，謂初與定相應也。言“闊”者，謂定漸潤次心也。言“融適”者，後位也。言“澄[④]凈”者，謂身心輕安故也。言“謂作是念”等者，此句與下二寶一一相合。言“我今若德”等者，謂由具戒德爲伴吕(侣)[⑤]故，我若命終，若殞没，當往善趣。言“同梵行”等者，謂顯六和敬如法。言“有由前後”等者，謂五位行人作是思惟：“我於不凈等五種觀中，先以精勤及後修習故，必當獲得五觀之果。”故《論》文言“由隨念法”等也。言“於能隨順”等者，謂由調練作意爲因故，修不凈等觀之人於凈等漏法之中，初不取向，二能違逆，三能喜樂，四能離隔，各住本定故也。言“於可欣法”等者，謂由不凈等可欣五觀悦潤心故，於凈等顛倒之相，初能出離，二能令心取向，三府(俯)[⑥]舉，四能喜樂和合。此四與前不向等四法隨次對治。言“於時時間”等者，謂由生輕安爲因故，能發生四種慧行，决擇染、凈等諸法也。言“用作業具”者，謂用爐鮍(鞲?)[⑦]鉗錘等也。言“如是勸修”等者，與下文一一相合。言“彼彼”等者，謂於所修不凈等觀門之中，一一皆與止、觀雙運故，一能親府，二能善和合，三依定無轉、謂其心不退，四於定無動等也。

《瑜伽論》第三十一卷手記竟。

---

① 之，録本訛作“云”，據底本改。

② 網，録本訛作“細”，據底本改。

③ 法，底本無，録本據文意補。

④ 澄，録本訛作“證”，據底本改。

⑤ 吕，此當爲“侣”之借字(二字《廣韻》皆音力舉切)。

⑥ 府，此讀如“俯”(二字《廣韻》皆音方矩切)。《荀子·非相》：“府然若渠匽檃栝之於己也。”楊倞注：“府，與俯同，就物之貌。”下“府”字同，徑括注其本字，不復校。

⑦ 此字底本不清晰，録本作鮍，今疑當爲“鞲”字之訛，待考。

《瑜伽論》第三十二卷手記

談述、福慧隨聽

言"如應安立"者，此中意問："初修不净等五觀之人欲於不净等修作意者，彼善知識應以何等方便令住厭離等五種相耶？"故《論》文言"如應安立"等也。言"聞"等者，此中雖依不净觀門厭離法，若是修慈等觀者，亦同此問。

言"家火"者，謂不紹家業男女等也。言"若汝現見"等者，謂若見他自身及彼眷屬並村落受苦，應生厭離，説者應知。"廣説如前"者，謂於自身及自眷屬自村邑中遭苦難者，應生厭離，同前所説。言"修"者，現行病也。言"病法性"者，謂病之種習也。死亦准此。言"由是因緣"等者，謂由他身、眷屬、村邑等各三種相故便生苦惱，言即由此等事者，由於盛衰等事生厭離，故能盡苦邊故也。言"於斷"者，謂能斷五觀所斷净等五法也。

言"我或失念"等者，謂此下四句依其別相明"觀察"義。言"於諸學處[①]有違犯[②]"等者，與上四句一一相合。言"本性"者，謂受戒時求戒心也。言"以要言之"等者，此中有問："總、別觀察二種之義顯何事耶？"故《論》答云"於諸學處"等也，謂今學處及加行二法圓滿，故立二觀察也。言"尸羅净[③]"者，謂若有犯尸羅，必復後定生悔。言"復除障"等者，謂由喜悦故能除諸障。

言"如是行相"等者，此中有問："諸聖教中所説'歡[□][悦][④]'、'喜悦'、'悦意'如是三名有何差别？"故《論》答云"先名"等也。言"汝於斷滅[⑤]"等者，謂由調練滋潤心故，能斷世間貪憂及得出世止、觀二法。言"若如是"等者，謂厭離離相故，背諸黑品；欣樂相故，向諸白品；故《論》文言"由調練心"等也。言"諸相者"等者，謂色等塵及生、老、病男女共成十相。言"欲等八"者，

---

① 處，底本、録本訛作"所"，據《瑜伽師地論》卷第三十一[T30n1579p460a11]改。

② 犯，録本訛作"記"，據底本改。

③ "净"字録本訛作"浮"，據底本改。

④ 悦，底本、録本脱，據《瑜伽師地論》卷第三十一[T30n1579p460a29]補。

⑤ 滅，録本訛作"減"，據底本改。

謂欲、恚、害、國[①]土、親屬、不死、昔所受境、□□□(本所作)[②]也。言"欲貪等"者,謂不浄等五觀所治五法名"隨煩惱",非五蓋也。言"是故如是"等者,謂相等三法一一皆有是苦非聖等五種過失。言"又[□][汝][③]應依[④]"等者,謂由依心一境性等三種心故,能起六種行相,一一對治前三過患。此六種法,皆離外道所立我見等立也。言"或燈明"等者,謂若修不浄等前之過患起時,應漸次修火光明等四種三昧也。

言"既取如是"等者,謂修不浄觀者雖能取光明相、住不浄觀,由串(慣)習[⑤]力或浄相現時,復應了別青瘀等二十種故。言"先於一境"等者,謂於不浄等五觀之中,隨於一境能繫心,能背浄等五種顛倒。言"又於其中"等者,謂於六相中能了知者,亂與不亂,自然現前。言"即於其中"等者,謂若浄等顛倒起時,不隨彼念。言"衆善"者,謂衆人中最端正男女等也。言"即此衆善"等者,此喻出《阿含經》及《薩遮尼乾子經》:世尊因[⑥]化憂陀近國。炎盛王請佛,設衆伎樂已,白世尊曰:"我今設樂,叵(頗)[⑦]有諸餘勝此樂不?"世尊告曰:"我都不聞汝所作樂,誰辨好惡?"王曰:"上來作樂,親自見聞。何故不辨?"世尊因資立斯喻也。言"大等生等[⑧]"者,謂衆人雜類集會也。言"由是能令"等者,謂由正品爲因故,於五位觀中貪心相續等六種果利而生故也。言"正念"者,止品也。言"正知俱行"者,觀品也。此中意顯修五觀人一一觀中上要須止、觀雙運,方名"善修"。言"無分別"者,即止品也。言"有分別"

① "國"字前録本衍一"空"字,據底本删。

② "本所作"三字底本殘,録本作缺文。《瑜伽論記》卷第七:"欲等八尋思者,謂欲、恚、害、不死、親里、國土、本所作、曾所受樂。"[T42n1828p467b21—b22]兹據補。

③ 汝,底本、録本脱,據《瑜伽師地論》卷第三十一[T30n1579p460b19]補。

④ 依,底本、録本訛作"於",據《瑜伽師地論》卷第三十一[T30n1579p460b19]改。

⑤ 《爾雅·釋詁下》:"串,習也。"斯388號《正名要録》:"串慣:右字形雖别,音義是同。古而典者居上,今而要者居下。"《説文》:"摜,習也。《春秋傳》曰:'摜瀆鬼神。'"又"遦,習也。"按:"串"即"毌"之隸變,訓"習"的"摜"、"遦"乃"毌"之孳乳字。

⑥ 因,録本訛作"固",據底本改。

⑦ 叵,録本訛作"巨",據底本改。"叵"字當爲"頗"之借字("頗"字一音普火切,與"叵"音同)。

⑧ 等,録本誤置下"者"字之後,今據底本乙正。

者,即觀品也。言“於趣入時”等者,此中意說:前者所觀青瘀等相從漸多,名之爲“假”;今此真相應觀所有自他青瘀從無始來,不可知數,故名“真實”。言“又非修習”等者,謂非一遍修青瘀等名“觀成就”,於一切時中不假功用,任運能見不净等相,故名“長時”,齊此名爲“觀成相”,故《論》文言“齊爾所時”等也。

言“衆相不顯現中”等者,謂此品中净等諸相皆不現故。言“不令棄捨”者,亦不捨於觀品故。言“無相”者,無色等十相也。言“無分别”者,無八種尋思也。言“寂静”者,謂無五隨煩惱也。言“光明俱心”者,謂燈光明也。言“照了俱心”者,謂火光明也。言“明净俱心”者,謂日光明也。言“無闇光明”者,謂月光明也。言“修奢摩他”等者,與上四文一一相合[①]。言“狹小”者,謂觀一人等名爲“狹小”也。言“數數”等者,與上四文一一相合。言“於自所愛”等者,謂於自所愛身中應當發起必死,送至冢[②]間已,便有青瘀等二十相漸次而生起故。言“數數”等者,與上青瘀等一一相合。言“汝復應於”等者,謂四無色藴皆是苦無常無我故,即名“觀受”等三法也。

言“無相”者,謂依止品觀受心法無色等十相。言“無分别”者,謂無八種尋思故。言“寂静”者,無五隨煩惱故。言“無作用”者,謂無造作我故。言“無思慕”者,謂無尋思過故。言“無躁動”者,謂色等不傾動故。言“離燒惱”者,無煩惱故[③]。言“寂滅樂”者,謂證涅槃故。言“行於所緣”等者,謂色塵等不擾亂故。言“四無色藴”等者,謂受相行識念念遷變故。言“汝應於此”等者,與上十文一一相合。言“無亂”者,謂若依蕃本不言“無亂”、但云“散亂”也。此中意說:由觀受等三法散亂失,乃能修於受等三法無常等觀,名“無散亂”。

言“謂汝”等者,謂於受等三境界等隨緣轉者名“不定地”也。言“過去盡滅”者,受等皆是落謝法故。言“失念”者,若緣受等三法便失正念故。言“心亂所生”者,三法皆由亂心生故。諸相等三,准前而說。言“增上”者,由受等

① 合,録本訛作“含”,據底本改。

② 冢,録本作“塚”,失真,據底本改。

③ 故,録本訛作“者”,據底本改。

三，發生樂等三顛倒故。言“汝應”等者，與前諸文一一相合。言“如是諸法”等者，謂受等三法畢竟皆是誑幻所作等五種相故。言“汝應”等者，與上五句一一相合。言“汝應於此”等者，謂捨樂等所緣境也。言“穢坐卧具”者，謂男女交會處也。言“恒常”者，謂是有學所作。言“畢竟所作”者，是無學所作。此二皆有無間、殷[①]重二種加行。言“證得下劣”等者，謂證有學果也。言“廣大圓滿”者，謂無學位也。

言“無罪樂”者，謂出世間樂也。言“欲樂”者，謂欲界樂也。言“有喜樂”者，謂初静慮樂也。言“無喜樂”者，謂第二静慮已上至非非想樂也。言“其中差别”者，謂慈等四觀所有差别之相，如下一一解釋。言“謂趣入時”者，謂趣入慈觀時也。言“四念住”等者，謂受等三能壞樂等三種顛倒，名“壞緣”也。言“表相”者，謂善惡是有表色也。言“唯身念住”者，謂於怨親等三種身而起念住也。

言“勝解作意”者，謂假相作意也。言“又我於彼”等者，若於過去落謝有情不起慈者，不能蕩除藏識之中嗔恚種習。言“無量甚過”者，謂過去世中所有怨親等中起慈悲心，過於前假相修也。言“而非真實”者，謂非、不是“真實”之義是“真實”義故。言“鄔[②]波尼殺曇分”者，梵語，此云“因分不及”也。言“條如前説”者，謂止品、無散亂品、觀品此三門義，此中應説；與“不净觀”義無别故，故此不説也。言“分别取相”者，謂初修業人取於四倒，流浪生死；取無倒相故，得出離生死故。言“生根本業”者，謂生善、不善等諸業因故。言“若於自身”等者，謂於自身觀苦空無常等也。下外身、他身等同此所説。言“餘如前説”者，謂依止品、無散亂品、觀品明緣起相，如前不净觀所説。言“烈日”[③]者，謂極熱時[④]也。言“炎熾”者，謂時氣病也。言“蔓莚”者，謂無斷絶火也。言“細分别”者，謂前五界由麁顯故，易可了知。此識界相是微細故，要假行人細分别已，方了其相。言“是相已”等者，謂應了知四大身中唯

① 殷，録本訛作“嚴”，據底本改。

② 鄔，録本訛作“耶”，據底本改。

③ “烈日”二字底本、録本訛作“日列”，據《瑜伽師地論》卷第三十二[T30n1579p463c8]改。

④ “時”字録本衍作“時時”，據底本删。

有識藴種已種住自性，能了境界無我也。

言"喉筒"者，謂咽喉孔也，及脹胃也。言"於十種"等者，謂十種所造色，是以所依境故，從此分折能依之識也。言"甚過於此"者，謂此真相過彼假相，謂無限量故也。言"一處分"等者，謂一指節等中尚起無量微塵，豈況全身等也？言"外風"者，謂東、西風也。言"麄穴往來"者，謂後口門出入息也。言"風聚所隨"者，謂諸毛孔來往諸風隨身轉故。言"風聚所攝"者，毛孔諸風屬彼外輪故。言"風藏隱"者，諸毛孔風難可見故。言"無量風聚"等者，如上所説三種風聚悉皆集在彼行人身，故二立喻，故《論》文言"如姤羅[①]綿"等也。言"或於未死"等者，謂入滅盡定人無出入息故。言"遍於一切等"者，謂依止品、觀品、無散品修數息觀時，觀無相等止品功德，觀出、入息新新非故等，如前不净觀，此中應説義同故，指前文故也。言"安住熾然"等者，謂修不净等五觀之時，精進加行等熾然合修故。言"恒常修作"者，謂於國中無間修故。言"畢境修作"者，謂於果中畢竟修故。

言"由因力"者，謂由止觀爲因故，能引强盛，身心輕安也。言"前相"者，謂若五觀中可一欲成就時，於自頂上猶如石壓，輕安相現前。言"能障樂斷"者，謂貪等煩惱能障樂修不净等中斷行也。言"風大偏增"者，由五觀中輕安生者，行人身心如風持行，無有沈重也。言"狀如充溢"者：謂五觀能治之道所生輕安遍滿身中故，如囊中所置之物極充滿故，狀如溢出；如是之時，行人身心有踴躍等也。言"舒緩[②]"者，謂由輕安勢力故，身心舒[③]展，不假加行。言"漸次退減[④]"者，謂前位之中踴躍等心是貪性故，此中亦皆除遣，故《論》文言"寂静行"等也。言"於瑜伽"等者，謂從頂重輕安風增充溢已後，便得入於修五觀人數也。言"色界定"者，謂得無漏四静慮中可一少分也。言"得此作意"等者，此中有問："初修業者既具頂重輕安風增充溢等，四作意者有何相狀？"故《論》答云"得此作意"等也。言"謂已獲得色界所攝"等者，謂色界無

① "姤羅"二字録本訛作"垢罪"，據底本改。
② "舒緩"二字録本訛作"飾後"，據底本改。
③ 舒，録本訛作"飾"，據底本改。
④ 減，録本訛作"滅"，據底本改。

漏四定中得少分故也。言“有力有能”等者，謂於不浄五觀等之中有力有能故，能浄能除浄相等五種所治故。言“諸行”者，謂浄等五倒也。言“雖少生起”等者，如不浄觀能除可浄之境，慈愍等觀能治可增等境，當知亦爾。言“不思慕”者，謂不極思慕貪欲等境也。言“不樂憂慮”者，謂不樂於衣食等也，而生憂慮也。言“俱行諸相”者，謂不樂浄嗔等諸相也。言“不極”者，與下一一相合。

《瑜伽論》第三十二卷手記竟。第三修行瑜伽處訖。

言“廣辨二定”者，謂無相滅盡二定也。言“五神通”者，謂静慮等八定果，謂初禪等八根本地也。言“五神通”者，謂静慮。言“生差别”者，謂生初禪等一一不同故。言“諸相”者，謂離欲、色二界欲也。此上七門依世道立果也。言“觀察諸諦”者，謂決擇分修行人也。言“如實而通達”者，此則是其見道位也。言“廣分别於修”者，謂此則是其修[□□□][習位也][①]。

《瑜伽論》第三十三卷手記

第四得果瑜伽處初

談述、福慧隨聽

言“廣辨二定”者，謂無相滅盡二定也。言“五神通”者，謂初静慮等八定之果，即八定根本地也。言“諸相”者，謂離欲、色二界欲也。此上七門依世道立果也。言“觀察諸諦”者，謂四決擇分修行人也。言“如實而通”者，此則是其見道位也。言“廣分别於修”者，此則是其修習位也。言“究竟爲其後”者，此則是其無學位也。言“少分樂斷”者，謂初發心修七作意樂見修二惑人也，言彼初修。言“一者”等者，謂諸異生未斷見修二惑故。言“二不具縛”等者，謂諸有學已斷見惑分斷修惑故也。言“如是乃至”等者，謂從第二静慮已

---

① “習位也”三字底本、録本無，據文意補。下文《〈瑜伽論〉第三十三卷手記》：“‘廣分别於修’者，此則是其修習位也。”可資比勘。又，此處“言‘廣辨二定’者……謂此則是其修[□□□][習位也]”一段文字與後文雷同，當係誤書下文《〈瑜伽論〉第三十三卷手記》開頭部分内容且有訛誤，書手發現後棄之，於下文標題後重新抄録。

上至無所有處，故成六也。言“又於静慮”等者，謂静慮等八定爲因而能引發無心滅盡二定及五神通果，故謂“天眼”等也。言“若生”者，謂前第六生差别門也。言“若相”者，謂前第七離欲相門也。此中不列第八觀察諸諦等餘四門者，出世道因果攝故。言“骨鎖”者，此顯五欲猶如枯骨，雖食無味，顯無厭足也。言“凝血”者，此顯“多所共有”義，如[示][1]市纏害，衆比有分。言“草炬火”者，此顯惡行因義也，謂執草炬不棄者必燒其手。言“一分炭火”者，此顯增長愛欲也，若近火坑，不能止渴。言“毒蛇”者，此顯“智人所遠離”義也。言“夢所見”者，此顯“速趣消滅”義也。言“假借莊嚴具”者，此顯“依託衆緣”義也。言“如樹端”者，此顯“放逸危亡[2]地”義也，謂受欲者必墮惡趣故。言“如是”等者，此八喻義如思所成地密意伽他中已廣説故。言“如是諸欲”等一十六句中，前八句與前八喻一一相合，後八依無常等顯其欲過，如《論》應知。言“此作意”等者，謂由了相作意爲因，故生後勝解作意。言“間雜”者，謂間雜修聞、思二法成了相作意也。言“唯用修行”者，此顯依修所成慧行相緣初静慮所緣意也。言“即此勝解”等者，謂由初、中、後三勝解爲因故成後遠離作意，故《論》文言“最初生起”等也。言“俱行作意”者，謂斷欲界麁相煩惱之時，與作意俱也。下五門皆取前前爲因，成後後法。言“諸煩惱”者，謂初静慮中障礙現行也。言“麁重”者，謂無輕安性故也。言“從是已後”等者，謂由遠離作意故，修七法爲樂生因，方成遠離：一、愛樂於斷；二、愛樂遠離；三、於諸斷中見勝功德；四、觸證少分，謂初證得離生樂故；五、於時時間欣樂作意；六、於時時間厭離作意；七、爲欲斷除初静慮五蓋障，故《論》文言“爲欲除遣”等也。言“習近”等者，謂初、中、後三心也。謂於初静慮障中未能斷除諸種習故，見净妙色等便起妄，故《論》文言“不能捨”等也。言“諸行”者，謂色等諸行也。

言“此由暫時”等者，此中有難：“如是初静慮定斷欲界麁相者，爲能頓斷久遠種子，爲當但斷現行耶?”故《論》答云“此由暫時”等也。言“又於遠離”等者，此中有問：“七作意中，何故但明遠離等四，説有受樂之相，不説餘三

---

① “示”字録本脱，據底本補。

② 亡，録本訛作“六”，據底本改。

耶?”答:“爲了相勝解觀察此三作意,於散位説無定地,故不能生樂。”言“無有間隙”者,謂受終已來離生喜樂無間斷故。言“五支”者:一、尋;二、伺;三、喜;四、樂;五、心一境性也。言“住欲界”等者,謂能對治欲界麁相及能修證初静慮果故也。此中有問:“七作意中何故但明?”言“了相作意”等者,謂五欲應斷,初静慮應得。言“能於所得”等者,若不觀察者,於未得中便起得相,名“增上慢”也。言“又若了相”等者,謂此二法總能隨順厭離五欲及修對治故。言“如是其”等者,若依蕃本云:“如是六種作意,當知攝入四作意中。”此中意説除加行究竟果作意,餘六皆是因位作意,故攝入隨順等四法中也。言“隨所在地”等者,謂初静慮也。初静慮麁相。第二静慮净相,明“觀待”義。餘三道理,准前應知。言“如前應知”者,如了相作意遍於初静慮,勝解等六皆亦遍故,如前所説。

言“初静慮”者,言“復次此中”等者,若依蕃本,先標經句,後方解釋。此中間其標[①]經句,説者應知。言標[②]句者,《經》云“初静慮”者,謂離欲、恶不善法;有尋有伺離生喜樂,於初静慮具足安住。言“煩惱欲”者,謂男女互相愛染也。言“事欲”者,謂貪財實等也。言“相應離[③]”者,謂離五欲相應義也。言“境界離”者,謂五欲境也。言“煩惱”者,謂煩惱欲也。言“欲”者,謂事欲也。言“由此爲因”者,謂由加行究竟作意爲因故也。言“由所修習”者,謂於加行究竟果成辨故也。言“得隨所樂”者,謂出入等得自在故也。言“艱難”者,謂少治便能與定相應也。言“梗澁”者,“梗”爲略也,謂不假功用故。言“其心晝[④]夜能正”者,與隨順等三心一一相合。言“隨所樂欲”者,謂於欲界中定成就者,能於七日方出其定。言“復次於有尋”等者,若依蕃本,此四静慮一一皆先標其經句,後方解釋,謂大、小乘經皆説。言“第二静慮”者,謂尋伺寂静故,内等静故,心一趣故,定生喜樂,於第二静慮具足安住。

言“成此彼於”等者,《經》云言“第三静慮”者,依此離欲,安住於捨,有正念正知,有身樂受。諸聖宣説具足捨念及與正知,住身受樂,依其無喜。第

---

①② 標,録本訛作“樣”,據底本改。

③ “離”前底本、録本衍一“者”字,據《瑜伽師地論》卷第三十三[T30n1579p467b23]删。

④ 晝,録本訛作“盡”,據底本改。

三静慮具足安住，釋義如《論》。言"喜"者，是第二亂心也。言"喜相違心"者，謂捨受也。言"色身"者，前五色根也。言"意"者，意根也。言"第三静慮已上"等者，此二門顯説諸因也。言"下地"者，第二静慮已下也。言"上地"者，是第四静慮已上也。言"諸聖"者，謂佛及聖弟子等。若於蕃本，此中合有離喜及具足安住第三静慮。釋義同前，故譯者不出。説者應知。言"復次"等者，此中有難："何故第四静慮之中契經但説樂斷，不説對治耶？"故《論》答云"此中對治"等也，謂斷樂對治與前斷尋伺及喜對治相似故，所以不説也。此中亦合先標經句，是故《經》云言"第四静慮"者，樂斷故，苦斷故，先憂喜没，彼於爾時不苦不樂，捨念清净，於第四静慮具足安住。釋義如下。言"先所斷"者，謂喜受、憂受、苦受也。言"今所斷"者，謂第四禪所斷樂受也。言"今依此中"等者，此中有問："若第四静慮斷樂受者，何故經説第四静慮亦斷苦、喜、憂三耶？"故《論》答云"今於此中"等也。雖斷苦樂，名爲"捨受"。由先修於初、二、三静慮時喜、憂斷故，此中總説爲"第四斷"也。

言"青、黄、赤、白"等者，謂欲、色二界色也。言"離欲"者，謂厭色界欲也。若於蕃本，亦應先標經句，《經》云言"空無邊處"者，色相出過故，有對相滅没故，種種相不作意故，入空無邊，於空無邊處具足安住。言"衆多品類"者，謂欲色界中青、黄等皆因形顯和合故，能於無色作其障礙也。言"由遠離"等者，於色界中雖無飲食等，亦有宫殿、衣服、莊嚴具故，故云"等相"也。言"復次，若由"等者，《經》云言"識無邊處"者，超過一切空無邊處，入識無邊，於識、無識邊處具足安住。

言"復次，從識無邊處"等者，《經》云言"無所有"，超過一切識無邊處無所有，於無所有處具足安住也。謂由厭於識無邊處爲因故，於無所有處發起勝解。言"或色"者，色藴也。言"非色"者，餘四藴也。言"一切有"者，謂前諸静慮中有相、無相、非無相等所有相不可得故，故《論》文言"非有相"等也。言"謂非如無"等者，謂此二定一切心中無相定滅前六識。若滅盡定，有其二種：若不還人入者，滅第七識已下。若阿羅漢入者，滅第八識。言"蜜中"者，如蜂等處於蜜中而難得，出世定亦爾，故蕃本云"其身相狀而沈於地"也。言"等"者：謂無相定，依四静慮能入；若滅盡定，依四無色定能入故也。言"暫時止息"等者，謂見想、受二法惱亂身心故，暫時止息也。言"所緣"者，謂想、受二法也。言“不念作意”者,謂不念其想也。言“有心位”者,謂修了想相等六作意時,皆有第六意識故。言“心不復轉”者,謂第七加行究竟果位時也。言“心心法滅”者,謂第六意識已下心及所俱不行故。

言“根本”者,謂已得四静慮加行究竟果作意也。言“了知於①義”者,謂五神通義理也。言“了知於②法”者,謂了知五神通因果法也。言“有時”者,謂鈍根人於此生中修輕舉等十二相故,於後生中方能發起五種神通。言“有分”者,謂利根人此生中修,便能發起五通相。言“此想”者,謂由輕舉於身發起輕舉勝解想故也。下九門義,並同此也。言“熟練”者,謂帛練也。

言“廣説”等者,謂如地、水相作,餘風火相作變化勝解當知亦爾,故《論》文言“廣説”等也。言“或以其身”等者,謂由空界相成就相。言“或於其地”等者,此柔軟輕舉相成就故。言“或於廣大”等者,此由身心符順等成就故。言“隨其所應”者,已上四相一一相合。謂由攝受空界相勝解故,於諸墻壁等直過無礙,餘皆准此。言“一分”者,謂從欲界至初静慮,中間唯有鬼神等造色,不能障礙故。言“謂由此”等者,謂由隨念相成就故,能知自身從生至老所作事業;麁相門中,不失次第;於微細相,不能憶念。謂是世道麁細,皆能隨念。此顯宿住智通也。言“又於種種”等者,謂於五趣有情所有善、不善等業能感善、惡果,作用之中能明了知者,亦名“光明相”也。言“常變色”者,謂若嗔時觸誤他人,面色有變故。言“廣説乃至”等者,謂諸有情隨其所有貪等諸行變異相者,名“他心智通”也。言“變事通”者,謂變地爲水等也。言“化事通”者,謂於無中現有故也。言“勝解”者,謂變少爲多等也。言“無諍”者,謂無諍三昧也,引發有情故。言“願智”者,謂廣大行願也。餘文可見。言“又③聖”等,此中雖説神境通,五神皆有差别。言“皆能成辦”者,謂前五相能成辦神境通,餘五皆有成辦,如前所説。言“間雜修”,謂世、出世道俱修故也。

言“若處”者,於三品中,空處、識處合爲下品,餘二中、上。言“由彼諸天”等者,此中有問:“無四定爲有處所,爲無處所?”故《論》答云“無有色形”等也。雖無處所,但依作用空識等故在“差别”名也。言“即於此中、下品”等

①② 於,底本、録本訛作“依”,據《瑜伽師地論》卷第三十三[T30n1579p469b1]改。
③ 又,録本訛作“文”,據底本改。

者，謂此五品爲因，故證五净居天也。

《瑜伽論》第三十三卷手記竟。

瑜伽論第三十四卷手記

談述　福慧

言"無常行"者，謂内外諸行生滅故。言"苦行"者，謂逼迫性故。言"空行"者，違我見故。言"無我行"者，謂違我見故。言"因引"者，謂業煩惱是能生法故。言"集行"者，有多種故。言"起引"者，恒資産故。言"緣行"者，各别助故。言"滅行"者，諸蘊盡故。言"静行"者，生、老等三相息故。言"妙行"者，無衆患故。言"離行"者，脱衆災故。言"道行"者，通"行"義故。言"如行"者，契正理故。言"行行"者，正趣向故。言"出行"者，能永超故。言"長時安住"者，謂劫未[①]壞已來也。言"七日經"者，謂小乘經名也，彼經廣説三界壞時七日頓現故也。言"不背"者，謂"現見不隱"義。言"不由他緣"者，謂現量故，不用他人指示而見也。言"諸光明"者，謂日光明等也。言"一分位"等者，謂八位變異也。言"雜染"者，謂貪等諸煩惱變異故。言"謂緣樂受"等者，謂於三受明變異也。言"又有貪[②]者"等者，謂依煩惱立變異也。言"如是眼識"等者，謂於六識明變異也。言"或人所作"者，謂怨家人等而損害故。言"餘如前説"者，謂徵答所以，二門如前分位門所作[③]同也。言"醴水"者，謂甘美水，其水如酒，能益老病也。言"殉利"者，謂求營等也。言"餘如前説"者，謂徵答同前説故也。言"彼諸色、行"等者，謂内、外緣生諸行雖不假因緣自然而有，滅壞無常，其性微細，現量不見，要假比量，方乃得見，是故第三比量明也。"成立生滅"義中，言"謂彼諸行要有刹那"等者，謂諸外道執"微塵勝性等是常住"義，及内法中一類小乘執"内外諸行三刹那、六刹那等常安住"，謂破如是邪辟諸執，故《論》文云"謂彼諸行"等也。言"非如是住"者，謂内外緣生實，若從於微塵

---

① 未，録本訛作"末"，據底本改。

② 貪，録本作"會"，底本不清晰，據《瑜伽師地論》卷第三十四[T30n1579p471b25]改。

③ "門所作"三字録本訛作"所作門"，據底本改。

勝性等言“非如”也。

“而生起”者，體是常故，則無前後變異生滅而可得故。言“生已不待滅壞因緣”等者：謂内外緣生諸行，生起之時，假因託緣，方得生起；滅壞之時，不假因緣自然滅盡。如有世人，以石擲空，即假人力；石墮之時，不假人功，任運墮落。此中道理，亦復如是。等難中，言“如是所有變異因緣”等者，此中有難：“若内外緣生諸行滅盡之時無有因者，如前所説八種變異因緣豈不具其滅壞因耶？”故《論》答云“如是所有”等也。此中意説如前所立八種變異是内外緣生，變異生起因緣，非是滅壞因也。如錘破瓶是碎壞因，非滅微塵因。此中道理，亦復如是。言“俱滅壞”者，謂内外緣生因之與緣俱滅壞已，然後不相似行方乃生起①，是故八種變異因緣是生起因，非是滅因。若是滅因者，如盛年相狀、滅時者之相狀不合得有。何故得有？是故當知八種變異是生起因、非滅因也。言“或有諸行”等者，此是立之辭。難之意者：“雖八種變異因緣是内外緣生諸行生起之因，非滅壞因者。”此非“遍”義。何以故？世有一分有爲諸行，與因俱滅，非是生起；如火煎水，焚燒器世，與因俱滅，非生起故。言“彼亦因緣”等者，謂破前成因喻也。此中意顯火之功用，德能煎水；焚燒器世，無其盡水等功；是故汝言“一分有爲與因俱滅”，不應道理；是故《論》云“不由其火”等也。

言“他世”者，謂過、未二世也。言“如是一切”者，謂上好惡等七種差别也。言“先有”等者，謂因滅果生、同刹那故，若自在先者，即因義不成也。言“三增上”者，謂初净信是聖教量，餘二現量比量，如《論》應知。言“爲”者，謂與下四文一一相合。言“退失”者，亦與下四文一一相合，謂退失主性等也。言“惡作加行”者，謂不好藏護也。言“法性”者，謂變異等三行法爾道理必成假故。譬如擲石於空，必當墮落。此中道理，亦復如是。言“不意行”等者，謂苦受順入諸苦藴取入苦行故，故下文云“順苦諸藴”等也。言“不安穩行”者，謂行苦不安穩故也。言“有漏有取”等者，謂能依非苦、非樂受也。言“順非苦樂”等者，謂受所依處也。言“唯有其見”者，謂唯有斷常等見，無我、人等也。言“自相”者，謂地水等各各自相也。言“愛能引苦”等者，謂業煩惱爲

---

① 起，録本訛作“超”，據底本改。

因故,能引三界苦果故也。下三文皆以業煩惱立也。言"能攝受"者,謂愛能受諸苦種子故。言"招引"者,謂因、集、緣、起四法皆能招苦果五趣中也。言"取因"者,謂三愛也。言"招集"者,謂取緣三界有也,言"上首"者,謂生也。言"生爲緣"者,謂由生故有老死等也。言"謂正了知"等者,謂"愛"名"煩惱隨眠"也。言"所依"者,謂五趣蘊也。此愛隨眠與五趣蘊爲所依故,招集當來起緣法故;煩惱隨眠是能成因,集、起、緣三是所成法。言"所生纏"者,謂下所説後有愛等三種也。此三種纏從前煩惱隨眠之所生故,故云"彼所生"也。言"三種"者,即前煩惱隨眠及三種愛也。言"所知境"者,謂苦、集、滅諦也。由正見等,故能通尋求生死涅槃過患功德故。言"四門"者,謂道如行出,皆由正見等遠離,故能得隨轉。言"比度"者,謂上二界也。① 言"不同分"者,謂上二界也。言"比度"者,謂欲界苦諦下無常與五行而觀者②,上二界無變異無常及别離無常,合會無常一分通上界,但有滅壞無常③及法性無常,一分外十六種無常及内十五種無常上界亦無。三苦行相中,上界但有不安穩行苦也。空無我相,同於欲界。集諦中上界無嗔,餘准欲界。滅、道二行相亦准欲界而比度之。言"謂彼所有"等者,謂苦、集二諦遍上界故。言"一切種"者,上界亦有不動行種。言"一切時"者,謂三世時也。言"如是法"者,即苦、集法也。言"如是理"者,謂苦、集因果理也。言"如是住"者,謂苦、集二諦是染性故。言"所有道"者,八聖道中上界無正命正業,餘同欲界。言"若觀行者"等者,謂於欲界十六觀行得决定故。言"復於諸諦"等者,謂於上二界諸諦中起勝解也。言"所説法"者,謂前無常等七種無邊際法也。言"更無有餘"等者,謂聖道未現前,已表更無有法而能息滅生死、作方便也。言"復於如是"等者,謂勝解作意行者能於三有、四生之中深厭怖故,即苦、集二諦也。言"及於"等者,即滅、道二諦也。言"隨喜一行"者,謂滅、道二諦各四行中隨於一中心願樂故。言"彼於長夜"等者,謂從無始時來資長積集五塵種

① "言'不同分'者"前書手誤書下句開頭"言'比度'者"四字,發覺後接書本句,前四字並未塗去。録本失校。兹據文意删。

② 者,録本訛作"苦",據底本改。

③ 常,底本無,録本據文意補。

子故，雖樂涅槃，心有退轉。言“作是思非”等者，即是“我慢”也。言“當復流轉”者：若不對治，當更流轉；由我對治故，更不流轉。如是等十二種法，唯我所有，餘皆無者，是名“我慢長”也。言“以慧通達”者，謂苦類等智也。言“外所知境”者，謂五及十二種我慢也。言“隨所生起”等者，若彼行人觀上界四諦時，如前所説，障礙諸法，隨有生起，由對治力，尋便謝滅，對治之心，無間生起。言“第二法”者，謂有二種：一、蘊法；二、我法捨故。言“妙慧”者，謂能觀十六行相之慧也。言“正智得生”者，謂類智得生也。言“妙是行”等者，謂三界四諦下共有八忍，勝解作意行者證得下品八忍三昧之時，以三昧力發生人空無分別智，焚燒無始煩惱業薪，智火㬉相初現前故，名“㬉位”也。頂、忍二位依中、上忍隨應説之。此中不立八智者，八智是無間道，是因位故。此中不別八忍，是解脱道，是果位故，此中明也。言“能緣”者，謂人空智也。言“所緣”者，謂四諦十六行相。言“觀心所有加行”者，謂四諦十六行相有分別影像也。言“住無加行”者，謂四諦十六行無分別影像也。言“非滅”者，業煩惱種猶未斷故。言“而非無緣”者，謂有無分别奢摩他影像現前故。言“非美睡眠”等者，謂彼行者住無間定時，非同①蜜蜂三昧惛醉，唯有分明智觀雙運、道現前故。言“從此無間”等者，謂世第一法無間生起、遠離作意也。言“起内作意”者，謂遠離作意也。言“如其次第”者，謂先觀欲界，次觀上二界十六行相也。言“現見”等者，謂欲界四諦也。言“非現見”者，謂上二界也。言“無分別”者，謂十六行相無分別影像也。言“决定智”者，謂現見智也。言“此永斷故”等者，若於世道中離欲界九品惑盡者，今於此中入諦現觀，得不還果。言“彼以前説”等者，謂如前説，於世道中離欲之人有十二種，如前第七門説相狀，此亦如是。若爾，與世道離欲有何差别？故《論》答云“然於此中”等也。謂世道者雖生色界，從彼涅槃，還生欲界；若出世道，從彼涅槃，便取無學，不復還來生於欲界；有此差别也。言“若先倍離”等者，謂欲界九品惑中，斷前六品，故爲位也。言“能知智”者，謂能緣人空之智，與所緣十六行相和合相對故也。言“此亦成就”等者，雖世道中有十二種相狀，此亦有十八種相狀，超世道故也。言“雖法智”者，謂了人空智。言“非斷智”者，謂預流

① 同，録本訛作“周”，據底本改。

人離斷見道智也。言“非常智”者，謂預流人離常見也。言“得緣生智”者，謂了緣生横如串化、無實我也。言“唯自法見”等者，謂四諦法隨次配釋。言“四證净”者，即四净也，謂三寶及聖所愛戒中①無礙也。言“第八有”者，謂預流人極鈍根者唯有七生並證無學，故無第八也。

言“如所得道”者，謂四諦十六行相也。言“然少②差别”者，謂預流人若起煩惱，由上、中、下三品對治，方能除遣。此一來人③若由失念煩惱起時，微劣對治，便能除遣，故差别也。言“上品”者，謂於上之④五欲境界中起微劣貪也。若初果已前人於下品境界中，便起下品貪等。此亦是其差别之相也。言“一切道”者，謂一來乃至無學向一切皆由攝樂，遠離加行、究竟三作意故，於所得道而正修習。言“謂由定地”等者，謂出世道所起之智是有爲故，故所修善亦名“有爲”。言“增長”者，初心也。言“無間”者，中心也。言“殷重”者，後心也。由此三心，令所修習所有善法而會合故。言“殊勝善法”者，謂三解六神通皆由修習二十賢善定之所得故。言“安住如前”者，謂安住等九種行如修所瑜伽處已説也。言“修亦如前”等者，謂有四種修相亦修瑜伽處説也。言“盡智”者，無間道。言“無生智”者，謂解脱道也。言“彼於爾時”等者，謂證金剛喻定時也。言“證‘自在’義”者，謂如諸佛證自義故。言“空住”等者，謂空解解門等隨次配之。言“慈悲”等者，謂於世道修作梵住因故。言“關鍵”者，謂由業煩惱關鍵故，令諸有情不能趣入涅槃之⑤城。言“深坑”者，謂生死深坑也。言“伊師迦”者⑥，此云“籬箭(栅)⑦，謂三界業煩惱也。言“高慢”者，謂我慢也。言“五支”者，謂殺等五也。言“六支”者，謂密護根門等也，如前所説。言“四所依”者，謂依智、不依識，依義、不依語，依了義經、

① “戒中”二字録本訛作“惑”，據底本改。

② 少，底本、録本訛作“有”，據《瑜伽師地論》卷第三十四[T30n1579p476b6]改。

③ 人，底本無，録本據文意補。

④ 之，録本訛作“上”之重文號，據底本改。

⑤ 之，録本訛作“云”，據底本改。

⑥ 者，録本訛作“去”，據底本改。

⑦ 《篇海類編·花木類·竹部》：“箭，同栅。”

不依不了義經,依法、不依人。言“身行猗[①]息”者,謂與輕安相應也。言“已親近”者,謂與聖道相應也。

言“無上丈夫”者,謂小乘中佛是羅漢,故名“無上”也。言“其心”等者,謂羅漢心猶如虛空及净水等,所有香嗅不能傾動故。蕃本云:“其心如空。假使塗其栴檀及與斧鑿,於此二中,其心平等。”餘文可見。言“此中都無”者,如生死無有流轉,於涅槃中亦不貪著。言“猶如”等者,謂一切法皆依名、句、文建立。彼四果皆依種姓等四瑜伽建立,故喻“名”“句”等也。

言“獨覺地”者,謂種姓發心修行得果四瑜伽處,與聲聞同。何故此中列五相耶? 答謂:“謂住及行並是得瑜伽處,故與上無別。”言“不愛憒鬧”者,謂修自利行也。言“樂寂静”者,謂不樂利他也。言“依説正法”及“於少思務”者,與自利及不利他隨次相合。言“希願無師”者,由慢行故也。言“無敵”者,由中根故也,謂獨成菩提時無諸天魔爲怨敵故也。言“經百劫”者,謂於百大劫[②]中一一皆值諸佛出世、修六善巧故。言“親近承[③]事”者,初心也。言“成熟相續”及“專心”者,中、後心也。言“順決擇”等者,此中有問:“四決擇分合有四種,何故此中但説三耶?”答:“由世第一與證現觀預流之果極隣近故,此未證得。”言“得沙門果”者,謂第二、第三果也。

言“復有一類”等者,百劫修道,同前所説。言“復有類”等者:謂利根故,頓證無學;此由中、下故,漸證無學;故《論》文言“或證法現觀”等也。言“麟角喻”者,此顯“獨一無侶”義也。後言“部行喻”者,此顯“有部儻”義,謂一類修獨覺者猶如群鳥而修習故,方證果故也。此位獨覺修[□][習][④]之時,樂與衆人雜住修故;得果之時,或十,或百,乃至千萬,一時出現,於虛空中現十八變化,利有情也。言“樂甚深”者,謂樂觀順流、逆流也。言“樂觀察”者,謂觀緣起緣性也。言“安住”等者,謂樂三解脱門也。言“獨勝”者,謂即獨覺

① 猗,底本、録本訛作“倚”,據《瑜伽師地論》卷第三十四[T30n1579p477a28]改。
② 劫,録本訛作“刼”,據底本改。
③ 承,底本、録本訛作“乘”,據《瑜伽師地論》卷第三十四[T30n1579p477c17]改。
④ 習,底本、録本無,據文意補。

也。言"所餘"等者，住雖有異，所觀之相與前無別故。言"謂一切"等者，謂三種獨覺入村邑時：一、善護身威儀，濟[□][度][1]正護惡剎等；二、善護餘根等，不隨色等故；三、善護意根，謂住正念故。言"下劣"等者，謂外道等下劣有情邊若不廣説、現神變，必不發心施衣食等；彼由施故，於現世中，獲大果報。

《瑜伽論》第三十四卷手記竟。

① 度，底本、録本無，據據《瑜伽師地論》卷第三十四[T30n1579p477a24]補。

No. 2803《地持》義記卷第四

［題解］

佛典論疏，敦煌卷子中存有伯 2141v 一號，作者及原經卷數不詳，首殘尾存。尾題：“《地持》義記卷第四，沙門善意抄寫受持，流通末代。”此文是對北凉曇無讖譯《菩薩地持經》的疏釋。現存殘卷自卷七“云何菩薩四無礙慧”疏釋至卷八“法方便處相品第一”末。清代以前歷代大藏經未收，日本《大正藏》據敦煌本録入其第八十五册。今校注仍以《大正藏》本録本所據原卷伯 2141v 號爲底本。

□□□[1]發，下對釋之，應先解釋道品之義，然後釋文，義如别章。文中有二：一、别明大。二、“種種”下，明於諸乘皆悉具知。初言依四所攝道分，約前别[2]後。前四無礙是大乘慧，依彼前攝三十七品，即是大乘三十七品。如實了知而不證者，正顯其相。於彼身等窮照其實，不取有相，名“如實知”；不著無相，名“不取證”；以知不證，不同小乘，故得爲“大”。下明菩薩諸乘悉知，種種亦知，總以標舉。三乘不同，名“種種乘”。三乘巧行，名爲“方便”。菩薩於此，亦如實知，下别釋之。“聲聞方便”、“大乘方便”釋種種乘。聲聞、緣覺同名“聲聞”。“聲聞方便如實知”者，别明知小。“如聲聞地”，指同小説。“云何大乘如實知”下，别明知大。先問，後釋。釋中先明身念處觀，後類餘念及餘道品。“菩薩住身”，是其止也。言“身觀”者，是其觀也。“不於身身而起妄想”，亦非非性，廣前止也。身相非一，故云“身身”。於彼身中不

① 首缺。

② 别，録本訛作“明”，據底本改。

取有故,名"不起妄"。不取無故,"亦非非性"。"於彼身"下,廣前觀也。於中有二:一觀真諦,二觀世諦。言於彼身"離言自性如實知"者,真諦觀也。"是名"下結。"是名第一義身身觀"者,窮身實性,名"第一義身身觀"也。"若觀世"下,是世諦觀,觀世總舉,隨無量知,釋顯其相。世相衆多,名"無量處"。隨之巧觀,名"方便知"。觀身非一,名"身身觀"。"如身念"下,以前身念類餘念處及餘道品,行門雖異,觀義同也。

"非身等"下,第五諦觀。於中有二:初止,後觀。於四諦中,止離妄想,名之爲"止"。觀察真俗,説以爲"觀"。所辨四諦,還就向前身受心法四念處中辨其四諦,故今約之,以明觀諦。"非身等法妄觀苦"者,舉身等取受心法等,前道品中已離身相,知復就何而觀身苦,是故菩薩不於身等妄想觀苦。苦既不有,對何觀集?故離集妄。苦、集既無,知何所滅?故離滅妄。以滅無故,亦無道因,故離道妄。此是止也。下明其觀。先觀真諦,後觀世諦。離言自性、苦集等法如實知者,是真諦觀。離言自性是苦等實,是故名爲"苦"、"集"等法。菩薩於此皆如實知。下牒結之。"依此第一修道分"者,是牒前也。"名爲修諦",是其結也。"諦"是真諦。修心觀諦,名爲"修諦"。"若隨世"下,是世諦觀。世相差殊。名"無量處"。菩薩隨世觀此無量,觀心善巧,説爲方便,名"緣諦修"。結别其相。世諦緣集,故曰"緣諦"。觀此起修,名"緣諦修"。

自下第六,次明止觀。初略,次廣,後總結之。就初略中,先明其"止"。於此法者,於前道品四諦法也。"如是不起",牒前道品,諦觀之中離妄想也。名"止",結也。下次明觀。"及彼如實知第一義",牒上道品,諦觀之中真諦觀也。"及無量處方便知法",牒前道品,諦觀之中世諦觀也。"是名"下,結。次廣分别。先廣明"止"。文别有四:初"止有四",總以標舉。二别顯之。初一是解,後三行修。"第一義"者,舉理以明能觀解也。後三修中,初一事定,後二理静。"俗數智"者,所謂世俗八禪等智。言"前行"者,先修事定,後得理静,故曰"前行"。就後二中,"一切虚僞妄想不行",破相趣寂。離外相故,虚僞不行;離内取故,妄想不行。"於無言法不起妄"下,契實離相。於無言法不起妄想,明離妄想。"其心寂静,一切諸法悉同一味",明離妄相。三、"如是"下,牒以總結。"如是"牒前,"止起"結之。具上四行,定成現前,故曰

“止起”。四、“乃至”下，辨其分齊，謂前四行菩薩始起窮滿至佛，故云“乃至”。“如來知見”，次廣明觀。句別有五：初、有四行，總以標舉。二、“謂此四”下，約止明觀，謂前四止所起智慧即是四觀。三、“離一切”下，對緣辨觀，離有無慧真諦觀也，隨無量處世諦觀也。四、“於此四”下，牒總結。“於此四行”，是牒前也。“觀起”，結也。具前四行觀成現前，故曰“觀起”。五、“乃至”下，辨其分齊。始起菩薩，究竟至佛。前略，次廣。“是名止觀”，第三總結。

自下第七，次明巧便。初問起發，次釋，後結。“云何”，問也。釋中“十二”，總以舉數。内六、外六，別開二門：内六自利，外六利他。下廣釋之。釋内六中，“云何起”内，牒問起發。次辨其相。六中前三，是其根本。後三對之，以顯方便。就前三中，“悲心顧念”，念衆生心，此是利他。云何自成？菩薩化[生][1]，即是自熟。是故利他亦名“自利”。一切諸行如實知者，厭有爲心。求菩提者，求佛智心。就後三中，依念衆生捨生死者，對上初句明方便也。依念衆生，應在生死教化衆生，何故捨之？方便故爾。自我不出生死大苦，化攝莫由，是故菩薩依念衆生，速捨生死。依如實知、以無染心輪生死者，對上第二明方便也。既知生死應當捨之，何故輪轉在生死中？方便故爾。二乘之人雖知生死苦無常等，不知生死虚僞無法，速求捨離；菩薩知之虚妄無實，故是不染，常能處之。“依求佛智熾然精進”，對上第三明方便也。爲求菩提，菩提由因，故修彼因，熾然不息。“是名起内”，總以結之。釋外六中，“云何外成”，牒問起發。次列其名。六中前二，隨化衆生，起行善巧；後之四門，攝人善巧。“以少善根，起無量果”，攝果善巧。“以少方便，起無量善”，修因善巧。就後四中，壞法除害，化命生信。中住令入，化令生解；已入令熟，化之起行；已熟令脱，化令得果。下廣釋之。就初門中，先問，後釋。釋中初先明其少善，教下衆生，施心下也。下品衆生無勝上心，故曰“心下”。“以少財物”，“施物下”也。“施下福田”，“施田下”也。具此三下，故曰“少善”。“乃至揣麨”，顯前財下。“施於畜生”，顯前田下。“迴向”已下，解釋能起無量果也。用斯少善，迴求菩提一切果德，一一德中皆有生義，名得“大果”。

---

[1] 生，録本脱，據底本補。

第二門中,初問起發,次釋,後結。"云何",問也。釋中有二:一、轉邪入正,令生多善。二、"又説"下,轉小入大,令生多善。前中有三:一、化住正戒。二、"有衆生求生天"下,化修正定。三、"有衆生誦外道典"下,化生正慧。前起戒中,初教八戒,在家所學;後授中道,出家所習。前八戒中,"見有衆生",標其所化;"修邪法齋而求解脱",須化所由。外道自餓,名"邪法齋"。"爲説八齋斷苦方便不究竟法",正明攝化。"爲説八齋",教令住正。此八在家行出家法,能與賢聖解脱作因,名"賢聖齋"。八戒齋義,廣如別章。此應具論斷苦方便不究竟法,化令捨邪。外道自餓,邪心所起,能與未來苦[①]報爲因,名其"方便"。非出離道,名"不究竟"。教令捨離,故名爲"斷"。"授少"已下,結明化益。所授八齋,日夜持之,名"少方便"。能到涅槃,名"得大果"。次教出家,令修正道。"邪見衆生",標其所化。"苦身求度",須化所由。"爲説中道,令離二邊",正明攝化。"爲説中道",令其住正。出家所修,不同俗樂外道苦行,故名"中道"。"爲説中道,令離二邊",化使捨邪,謂離欲樂苦行二邊。"究竟解脱",結明化益,所授能得究竟果也。前明授戒,次教正定。"或有衆生求生天者",標其所化。"邪見方便投巖……等苦",須化所由。"爲説正禪[②]",正明攝化。"現法樂"下,明其化益。次教正慧。"或有衆生",標其所化。誦外求净,須化所由。"以佛法"下,正明攝化,略無化益。

自下第二,化小入大,句別有十:初八世間,後二出世。世中初六是攝善行,次有一句是拔苦行,後一是其悔過之行。攝善行中,初三一分,後三一分。就前三中,初攝法行。又説深經、顯示空法,辨其化相。"彼聞"已下,明其化益。"彼聞……厭離",離惡法也。"專信"已下,生善法也。次供養行,心想供養,亦教他修。後隨喜行,於他供養,心生隨喜。就後三中,初攝法行,常修六念。次供養行,後隨喜行,與前相似。前六攝善,次一拔苦,相顯可知。悔過行中,過、現前犯,所懺罪也。"真實隨順求净戒"者,懺悔心也。懺心多種,或畏苦果,或怖惡名,或求樂報,或求净戒,今明菩薩真心順法、求净戒意而爲懺也。"向十方佛",懺悔所對。"至誠懺"下,正明懺悔。"亦教

① 苦,録本訛作"若",據底本改。
② 禪,録本訛作"釋",據底本改。

他”者，明悔所兼。“如是悔”下，明懺之益。下明出世。先起神通，攝勝功德；後起無量，攝取衆生。前神通中，作多變化，攝德所依。“一切十方佛法僧處及衆生處”，攝德處所。“無量神通，他心自在”，正明攝德。“無量神通”，供三寶也。“他心自在”，化衆生也。“攝取功德”，總以結之。餘句皆明自作教他，今此何故不明教他？若有通者，自能如是，不待我教；若無通者，設教不堪，故不教他。下“無量”中，自作教他。“是名”下，結。

釋後四中，初問，後釋。釋中有三：一、略開六門；二、廣辨釋；三、總結之。前中初舉，次列六名。言“隨順”者，巧隨物心，授心善法。言“立要”者，他有所求，要令修善。言“異相”者，他無[求][1]欲，菩薩爲化，先與同意，勸令修善；彼若不從，現乖異相，令修善法，故云“異相”。言“逼迫”者，菩薩爲王，或爲尊主，於己所攝，逼令修善，故云“逼迫”。言“報恩”者，菩薩先曾施恩於他，彼來求報，菩薩不受，勸令修善，故曰“報恩”。言“清净”者，八相成道，道法化物，故曰“清净”。下廣釋之。解“隨順”中，初牒前門，次釋，後結。釋中有三：一、就化法，隨使令信。二、“以義益”下，就其行法，隨令起行。三、“攝衆生令行義”下，就其理法，隨令入證。前中有三：一、明菩薩爲説法故，方便將順，先軟身口，次以財施，後捨恚恨。二、“除恚恨”下，明由將順，物皆愛樂。三、“然後”下，正爲説法。“如應”是總，下別顯之。言“易入”者，易可信入。言“易解”者，易可解知。此應物根。言“時説”者，應物心欲。此前應人，下明應法。言“次第”者，如教不亂。“諦不倒”者，如義不乖。下就行法明隨順中，初略，後廣。從初乃至“第一利益”，是其略也。“以義饒益，而爲説法”，略中之始。“義”謂義利，行能利人，故名爲“義”。爲以行義饒益衆生，故爲説法。“忍諸問答”，略中之次。依前爲説，衆生不解，能忍問答。“調伏衆生，第一利益”，略中之終。調令離過，益令成善。“哀愍成”下，是其廣也。廣中有四：一、愍物心成。二、“若以神力”下，神通現化，令物生信；初現自力，後請他作。三、“若有略”下，説法將順，令其生解；於中略論爲之開廣，廣論爲略，有不解者恣聽問難。四、“彼受誦”下，正説行法，令其起行。“彼受誦已，廣爲説義”，是其總也。下別顯之。初以五度起行之緣，隨順教

① 求，録本脱，據底本補。

授。後明教滅。自下第三,理法隨順,令其入證。於中有三:一、略明隨順。二、"彼經中"下,廣明隨順。三、"不取捨"下,總以結之。略中初攝令生行義,正明隨順。真諦是義。化生證入,故名爲"行"。"彼諸生"下,明其化益。如來所説,教出情外,名爲"深妙"。言與理合,名"空相應"。化令悟入,名"知旨趣"。

第二廣中,文復有三:一、明經旨趣。二、衆生不解,而生誹謗。三、菩薩隨順,令得正知。前中六句,初三法説,後三喻況。"法中彼説離自性"者,遠離妄情所取性也。"及離事"者,遠離法相因緣事也。"不起滅"者,性事俱離,故無起滅。下以喻顯。言"如空"者,喻前離事,明理清凈。言"如幻"者,喻前離性,明法無定。言"如夢"者,喻不起滅。如夢所見,生即無生,滅即無滅。諸法如是,故曰"如夢"。上來第一明經旨趣。

"不知義"下,是第二段,明上深經衆生不解而生誹謗,故須隨順。

"菩薩爲"下,是第三段,正明隨順,令得正知。先略,後廣。略中初總,次别,後結。"爲彼衆生方便隨順",略中總舉。"於彼深"下,略中辨相。"如是隨順",略中總結。"爲彼①説"下,是其廣也。依上六句,次第廣釋。就解第一"離自性"中,先彰緣有,次辨性無,後總結之。"彼經不説都無所有",明其法相因緣有也。此門之中不空法相,故説"不無"。"但言自性空無有"者,明離妄情所取性也。"是名"下,結。解"離事"中,先牒前有,次就説無,後總結之。離言有事,依言事轉,故説有性,牒前法相因緣有也。爲破辨無,故今牒之。言離彰有,意爲辨無,言、意兩兼,是故言"離"。於言分齊,法相不無,故曰"有事"。幻化分齊,隨言所説,有事應言,是故名爲"依言事轉",故説有性。就法相中,結明"有事"。事法之體,名爲"自性",不同妄情所立性也。"非第一義有彼性"者,就有説無。世諦事體,真中本無,是故亦非第一義中有彼自性。"是故"下,結。下解第三"不起滅"中,"言説自性本來無"者,牒前離性及離事也。性事皆空,故曰"都無"。下言"云何有生滅"者,責情顯理。性事既無,知復就何説"生"説"滅"?"是故"下,結。

下解喻文。解空喻中,文别有三:一、辨喻相;二、牒喻以合;三、總結之。

---

① "爲彼"二字録本訛作"彼爲"。按:底本"彼爲"二字旁施一乙鉤號,今據録正。

辨喻相中，文復有二：一、依真起喻妄。二、“又如除色及色業”下，除妄顯真喻。前中兩句，初言“如空有種種色及色業”者，是第一句明色依空，喻妄依真。“有種種色”，是色體也，喻妄想心。“及色業”者，是色用也，喻虚僞事。色之動作，名爲“色業”。“悉容受”下是第二句，明空持色，喻真持妄。“悉容受”者，容彼色體及色業也。“爲作依”者，爲色體業作依處也。“謂虚空”下，顯前容受作依處相，略對色業，以辨容受作依處也。自下除妄顯真喻中，“又如除色及色業已”，喻方便净；“無色性分名净空”者，喻彼性净。論空自體，體性非色，是故名爲“無色性分”，名“净虚空”。

上來解喻，次牒以合。先合依真起妄之喻。“如虚空處色業轉”者，牒上“如空有種種色及色業”也。色業隨空，故名爲“轉”。“離言説”下，舉法以合。“離言説事”，合上“如空”。“種種施設，言説妄想”，合“種種色”。妄想之心，依於種種因緣施設言語而生，是故名爲“種種施設言説妄想”；亦可妄想起種種言，是故名爲“種種施設言説妄想”。言“虚僞”者，合前“色業”。妄想不真，故曰“虚僞”。言“隨轉”者，妄依真起，故曰“隨轉”。法同前喻，稱曰“如是”。“又如虚空容受色業”，牒上喻中“悉容受彼”。“離言説”下，舉法以合。“離言説法容受妄想亦如是”者，合上虚空容色體也。容受色業，略而不合，若具應言：“離言説法、容受虚僞亦復如是。”“若菩薩”下，合上除妄顯真之喻。喻有兩句，今别合之。菩薩以慧除言所起邪惑妄想諸虚僞者，合上“除色及色業已”。此明菩薩觀解方便，破相趣寂。智慧如風，除言所起。“邪惑妄想”合前“除色”，“諸虚僞”合除“色業”。然此文中，言少不足。若准前文，應先牒喻，後以法合。若准下文，應先舉法，後將喻帖。但今此中，望直舉法，合前便罷，更無餘文。“以第一”下，合前喻中“無色性分名‘净虚空’”。此明菩薩體證清净，自性無染。於中有三：一、合前喻；二、以喻帖；三、釋法同喻。“以第一智離言説事，一切言説自性非性”。是第一句，正合前喻。證真之慧，是“第一智”。證實捨相，名“離言事”。悟法本如，非先有性，後時方離，名“一切言自性非性”。“如空净”下，是第二句，舉喻以帖。“亦非展轉有餘性”者，是第三句，釋法同喻。若據對治，除染得净，名爲“展轉有餘自性”。據證返望，本來常净，非除前染，後以爲净，如彼虚空，體性清净，故“非展轉有餘性”也。上來合竟。

“是故諸法譬如虚空”,第三總結。次解幻喻。於中有三:一、辨喻相;二、合没;三、結。前喻相中,“譬如幻”者,總牒前喻。“不如事有,亦非一切都無幻事”,釋顯喻相。幻化之有,有非定有;非定有故,説“無爲有”;無爲有故,不同其餘事實之有。幻化之無,無非定無;非定無故,説“有爲無”;有爲無故,不同兔角一向無法。下次合之。“如是一切”,總合前幻。“不如言説,愚癡計有”,合前喻中“不如事有”。“亦非一切都無所有”,合前“亦非都無幻事”。自下結之。先結所入,後結所説。言“第一義離言自性,如是方便入非有無”,結所入也。名前非有非無之理爲“第一義離言自性”。此第一義是所入法。藉彼幻喻“方便入”中,故曰“方便入非有無”。“是故”已下,結所説也:以是菩薩知法似幻,故説如幻。第三夢喻何故不釋,釋前兩喻明離性事。性事既無,生滅安在? 是故不須釋夢顯之。前略,次廣,自下第三總以結之。於中先明菩薩自知,後結隨順爲他顯示。前自知中,“如是菩薩於法不取”,不取有也。言“不捨”者,不捨於有、取定無也。“不增不減”,顯前不取;不取有故,無净可增,無染可減。“亦無壞”者,顯前不捨。於此正解,名“如實知”。此明自知。“爲人顯”者,正結隨順爲他顯也。上來第二,廣明菩薩三種隨順。“是名”已下,第三總結。解“立要”中,文别有四:一、問;二、釋;三、總結之;四、衆生不從,一切不與。初問可知。釋中初隨衆生所求,爲其立要;後明衆生隨要修善,一切皆與。前中有五:一、明衆生來求衆具,要令修善;二、明衆生犯罪求救,要令修善;三、明衆生横遭急難來求免脱,要令修善;四、明衆生求欲親合怨憎别離,要令修善;五、明衆生有病求治,要令修善。就初段中,先略,後廣。略中初言求十資生,舉其所求。下明立要:“汝能供父,廣如上説,乃至受戒”,是所要事。如上善知世間之中,明衆生濁,不識父母,乃至不能修治齋戒。今此立要,悉令作之。故言“如上,乃至受戒”。“若能,施汝;不能,不與”,正是要辭。“所謂”下,廣。先廣十種資生衆具:田宅,一;市肆,二;官爵,三;國土,四;錢財、六畜,五;工巧,六;醫方,七;結婚,八;若食、不食,九;好食求食,惡食求捨,名“食、不食所同事”,十。下明立要:“汝能供養,乃至受戒”,是所要事。施食同事,要之所許。前十種中,略舉後二,初八不論。“復次有生犯罪”已下,第二立要。“復次有生王賊”已下,第三立要。“若有衆生欲恩愛”下,第四立要。“復有衆生疾病”已下,第五立要。上來五門,隨求立要。"菩薩如是立要"已下,明物隨要,修善離惡,得隨所欲。"是名"下,結。下明衆生不隨所要,如上五事一切不與。"與生要已,彼不隨要,如上所許,亦不施"者,就上初門,明其不與,謂上所許十種資生皆不與也。"爲度彼故,非不欲與",明不與意。"諸難"已下,就餘四門,明其不與。言"諸難"者,是前第二。"恐怖",第三。"病苦",第五。"愛念和合,不愛別離",是前第四。此後兩門,前後不次。下明不與。次解"異相",先釋,後結。釋中有三:一、明衆生無前五求,菩薩爲化,先與親厚,勸令修善。二、"若彼生"下,明物不從,示其異相。異相有三:一、"現瞋恚,爲度彼"下,明其化意。二、"所作乖異,爲度彼"下,還明化意。三、"加不益事,欲度彼"下,還明化意。此之三句,合爲第二,正現異相。三"菩薩方便現此異"下,總明化意。次解"逼迫",先問,次釋,後總結之。釋中初明逼迫之相。"彼諸生"下,彰其化益。"是名"下,結。次解"報恩",先彰其恩,次明求報,後明方便。勸修善法,相顯可知。解"清净"中,初問起發,次釋,後結。釋中可現,有其五種:一、生兜率,令物求見。二、生上族,捨離出家,息物高慢。三、苦行六年,斷物邪信。四、示成佛道,生物正求。五、轉法輪,爲益有三:一、待請而説,生物敬重;二、佛眼觀察,顯己[①]悲深,息物邪謗;三、轉正法輪,斷物邪受。"是名"已下,總以結嘆。從上"隨順",訖來至此,廣釋六門。自下結嘆。先結,後嘆。結有總、别。"是名六種",是總結也。下别結之。言"略説"者,前就壞法除暴害等,略開六門,名"略説"也。言"廣説"者,上來廣解,名"廣説"也。"無餘無上",嘆以顯勝。"是名巧便",總結十二巧方便也。

自下第八,明陀羅尼。"陀羅尼"者,是外國語,此[②]翻[③]名"持"。持法不妄,故名爲"持"。先問,後釋。"云何",問也。釋中有五:一、數;二、名;三、廣辨釋;四、就位分别;五、明得因。有四數也,細分無量。一門説"四"名中,應先廣釋其義,義如别章;然後釋文。此四猶是聞、思、修、證。"法"謂聞慧,

① 己,録本訛作"已",據底本改。

② 此,録本訛作"比",據底本改。

③ 翻,録本訛作"幡",底本實作"播",乃"翻"之借字。《列子·周穆王》:"老成子歸,用尹文先生之言深思三月,播交四時,冬起雷,夏造冰。"殷敬順釋文:"播音翻,交音絞。顧野王讀作'翻交四時'。"

能持教法。“義”謂思慧，能持諸義。言“呪術”者，修慧用也；以得禪定，修慧自在，能用呪術；呪術不妄，故名“呪術陀羅尼”也。“忍”謂證智，證心安法，故名爲“忍”。下廣釋之。

“云何法”者，牒問初門。下釋其相。“菩薩得是無量慧力”，辨出持體。“於未曾”下，對法辨持。於中有二：一、明其法；二、明能持。法中三句：一、明所持昔所未聞、未曾修習。從師聽受，謂之爲“聞”；讀誦受持，名爲“修習”。曾聞曾習，持之則易；初聞始受，持之則難。今言“未聞、未曾修習”，以顯菩薩持之勝也。二、“次第”下，明所持法次第不亂。“次第莊嚴”，言辭次也；言辭巧勝，故曰“莊嚴”。“次第所應”，顯理次也。亂持則易，次第難記。今言“次第”，亦顯菩薩持之勝也。三、“無量”下，明所持廣。少法易憶，多法難持。今言“無量”，亦顯菩薩持之勝也。“經無量”下，明其能持。“經無量劫憶不忘”者，時近易記，長久善忘，今此説言“經無量劫”，顯持勝也。

“云何義”者，問第二門。釋中類前，應先明體，然後對義，以辯能持。今此望直對義辯持，於中有二：一、明其義；二、辯能持。“義”中兩句，初於此法無量義趣所持義廣；二“未曾”下，明所持義未讀未修。尋文取義，名爲“讀誦”。思量分别，稱曰“修習”。舉此亦爲彰能持勝。“經無量”下，辯明能持。

“云何呪術”，問第三門。“菩薩得是無量三昧”，明其所依。“以呪術”下，正明呪術。

“忍”中初問，次釋，後結。“云何得忍”，是初問也。釋中有四：一、修忍方便。二、“於如來”下，正明修忍。三、“又知”下，明修所成。四、“是菩薩”下，據修以結。

前方便中，差别有四：一、精懃不墮；二、獨静不亂；三、少食不雜；四、思禪不睡。“精懃修習，因起知慧”，是初門也。苦嬾墮者尚不能成世間之事，何况出道？故須“精懃”。懃學忍行，稱曰“修習”。此之懃修，與忍作因，故名爲“因”。因生忍行，名“起智慧”。慧是忍體，是慧住法，便名爲“忍”。“獨一”已下，是第二門。獨一静處，離外紛動。“燕默”已下，身、口寂静；燕默，口寂；不行，身静。“知是”已下，是第三門。言“知量”者，食不過限。言“不雜”者，食無非法。“常一坐”者，食不頻數。“思惟禪”下，是第四門。言“思禪”者，息除亂想，少睡多覺，離於惛沈。上來第一，修忍方便。

自下第二，正明修忍。於中初先觀察呪術，後類諸法。觀呪術中，“於如來説得忍呪術”，略明修忍。如來所説呪術章句皆是理詮，菩薩尋之，窮悟實性，故得忍也。“所謂”下，廣。謂“伊致”等，廣明呪術。此外國語，今此不憣(翻)[①]，不知何言，尚應是其顯實之語。故今觀之，能成忍行。“於此”已下，廣明忍行。於中有三：一、觀方便；第二、正知；三、總結之。“於此呪術思量觀察”，是觀方便。“如是呪”下，是其正知。“如是呪術”“如是正思”，牒前起後。下顯正知，句別[②]有四：一、觀呪術能詮教空；二、觀呪術所詮義空；三、牒結第一；四、釋結第二。言“如此義尚不自聞”，是第一句，能詮空也，謂前所説呪術之義體性空故，無自可聞。“何有所得”，是第二句，所詮義空。既無呪術自相可聞，何有所詮法義可得？“如呪術”下，是第三句，牒結初門。“如呪章句不可得”者，牒前“此義不自聞”也。“是則無義”，結以顯之。蓋乃是其“空無”之義，故曰“無義”；亦可無彼呪術之義，故曰“無義”。“如是諸義，所謂無”下，是第四句，釋結第二。“如是諸義，所謂無義”，重釋向前“何有所得”，謂彼呪術所説諸義不可得者，是空義，故云“諸義，所謂無義”。“是故亦無餘義可求”，結以顯無。是向諸義謂無義故，亦無所詮餘義可求；對彼能詮，故名所詮以爲“餘”矣。上來辯竟。“如是善解呪術句”者，第三結也。上來正觀。“呪術章句”下，以呪術類知諸法。“善呪義”者，牒前所觀。“以如是”下，類知諸法。然此乃是解行地忍，於一切法未得現見，故曰“比知”。解發自中，故“不從他”。從“於如來所説”至此，大段第二，正明修忍。

“又知”已下，是第三段，明修所成。於中有三：一、明所成；二、結嘆顯勝；三、辯位分。前所成中，先知呪術，後知餘法。知呪術中，言“又知”者，前明解行方便觀知，今此更明出世證知，故曰“又知”。知一切言自性叵得，知能詮空；知一切法自性叵得，知所詮空。下知餘法。“以此無言自性義”者，牒前所知呪術空也。“則知一切諸法義”者，因解呪術，通知一切諸法空也。“是名”已下，結嘆顯勝。“得上歡喜”，辯其位分；歡喜地忍過前解行，故曰“最上”。

---

① 此字録本訛作“幡”，底本實作“憣”，乃“翻”之借字，兹據正。

② 别，録本訛作“第”，據底本改。

“是菩薩”下，是第四段，結上所修解行地忍，良以解行正修忍處，故偏結之。於中有三：一、牒宜結；二、辯行能；三、就位指斥。“菩薩得此，名‘得忍’”者，是牒結也。“得此不久，當得净心”，辯行能也。“增上解行”，就位指斥。從上“精懃”訖來至此，第二廣釋。“是名‘得忍’”，第三總結。上來廣釋四陀羅尼。自下第四，明其成處。言彼法義度初僧衹净心、所得定不動者，明前二種成就處也。“如法義”下，舉彼法義，類顯呪術、忍陀羅尼。“如前說”者，如上所明，修在解行，成在歡喜。自下第五，明其得因。“如是一切，具四功德”，總以標舉。下別顯之。“不習愛”者，陀羅尼德，禪定出生，愛欲障定，故須離之。“不嫉勝”者，修陀羅尼持法授他，若嫉彼勝，不肯修習，持法授與，故須除嫉。“一切所求，等無悔”者，陀羅尼門持法施他，若不等施，已施有悔，不能修習，故説等施不悔爲因。言“樂法”者，修陀羅尼，爲持佛法，令住不滅，若不樂法，不肯修習、住持佛法，故説樂法，以之爲因。此四種中，前二所離，後二所攝，初攝功德，後攝智慧。

自下第九，次明其願。先問，後釋。釋中初五是世間願，後十出世，通則義齊。就前五中，先舉次列。“發心願”者，是自行願。後四利他。言“生願”者，求利他身。“境界願”者，求利他智；五無量智，知五境界，名“境界願”。“平等願”者，求利他行，謂四攝行等願成就，故云“平等”。言“大願”者，求利他心；心廣無邊，故名爲“大”。下釋其相。初願可知。第二願中，“願未來世善趣生”者，善趣衆生堪能受化，故願生中。第三願中“觀諸法”者，願觀五種無量法也。言“無量等善根境”者，釋顯其相。五種無量，差別非一，名“無量等”。此無量等是其利他善根境界，故云“善境”。第四願中於未來世一切攝事名“平等”者，四攝齊求，故云“平等”。所言“大願即平等”者，興意曠周，用前四攝廣利無邊即名“大”也。就後十中，又十總舉，下別顯之。此與《地經》十六願同。於中開合，少有差異。就彼第二護法願中，開分爲二，始以爲一，終以爲二。知世净土，合以爲一。餘皆相似。

自下第十，明“三三昧”義，廣如別章。此應異論，文別有三：一、辯其相；二、制立“三”數；三、明此三攝行周盡。就初段中，先彰“空”門，次辯“無願”，後顯“無相”。蓋乃依於本末次第，觀空離妄，成德之本，故先明之；由證空故，見生死寂，無可貪取，故起“無願”；依空離相，便與涅槃無相相應，故起

“無相”。就“空”門中，先問，次釋。“離言自性”，正解“空”義。“觀無言説，自性心住”，解空三昧。“是名”下，結。就“無願”中，先問，次釋。“於無言説自性事”者，牒上“空”門，以爲所依。“邪見妄想，所起惱苦，常見過”者，正明“無願”。“於未來世，不願心住”，解釋三昧。過、現已竟，來報畏受，故偏對之，明“不願住”。“是名”下，結。就“無相”中，先問，次釋。“於無言説自性事”者，牒上“空”門，以爲所依。“離一切妄，虚僞相滅”，正解無相。“觀寂心住”，解釋三昧。“是名”下，結。“以何等”下，制立“三”數，先問，次釋，後總結之。以何立三？是初問也。下釋其相。先分其法，然後約法以定三昧。就前法中，有二舉數。“有及無有”，列其名字。世諦名“有”，真諦名“無”。下辯其相。“有爲、無爲名爲‘有’”，生死有爲，涅槃無爲，此二法相，同名爲“有”。“無我、我所名‘無有’”者，無我之理説爲“無”也。下約此法，以定三别。“於有爲有不願不隨，立無願”者，於彼生死有爲法中不願隨故，立無願也。始心不求，名爲“不願”；不隨受生，故曰“不隨”。言“於涅槃願樂攝受，立無相”者，謂於涅槃無爲有中願樂心住，故立無相。“於此非願非不願”者，明空三昧不同前二：不同向前無相三昧願樂涅槃，名爲“非願”；不同向前無願三昧不願生死，名“非不願”。下言“於有、不有見”者，正明建立空三昧也。於彼有爲、無爲有中，知其無我，不起“有”見。“以是見”下，牒以結之。“菩薩修此……如是建立，如實知”者，總以結之。上來第二，制立“三”數。“若有餘”下，明此三昧攝行周盡。

下第十一，明優陀那。是外國語，此番(翻)[1]名“印”。法相楷定，故名爲“印”。義如别章。此應具論，文别有二：一、明其法。二、“云何觀”下，明其觀，解此二相。爲明前法，舉觀顯之；爲起後觀，故先舉法。法中有四：一、總標舉。二、明説所爲，爲令衆生清净故説。説前三種，令離生死；説後一門，令入涅槃；故曰“清净”。三、列其名。四中前三是生死法，後一涅槃。有爲遷流，目之爲“行”。行性非恒，故曰“無常”。行體遷逼，故名爲“苦”。法無自實，稱曰“無我”。無常與苦，居在有爲，是故言“行”。無我該通有爲、無

① 此字録本訛作“蕃”，底本實作“番”，此與“翻”同。[宋]李誡《營造法式·大木作功限三·拆修挑拔舍屋功限》：“揭箔番修，挑拔柱木，修整簷宇。”“番修”即“翻修”。

爲,故不言“行”,稱云“法”耳。涅槃恬泊,説爲“寂滅”。四、釋名義。釋有三種:“諸佛菩薩具足此法,傳授生”者,就教釋“印”:傳説不改,故名“印”也。“諸牟尼尊展轉傳”者,就證解“印”:傳證不易,故名“印”矣。此二就人。“增上勇出乃至出有”,當法解“印”。非想是其三有中極,名“第一有”。三有之法,隨情流變,不得名“印”;論法實相,楷定不易,不同情變,故得稱“印”。以是印故,出第一有。舉出諸有,顯異情變,成其“印”義。問曰:“涅槃可言‘出有’。前三既是三界之法,云何言‘出’?”蓋乃是其生死之實,雖復住在陰入界中,而實不同,故名“出”耳。上來明“法”,下明“觀”義。依上四門,次第觀察。觀“無常”中,先問,後釋。“無常”之義,汎釋有三:一、分段無常;二、念無常;三、自性不成。廣如别章,此應具論。今此但明自性無常。於中初總觀過去,下别以顯之。總中初言“觀一切行言説自性常不可得”,正明觀察自性無常。有爲諸行,因緣虚集,言説所論,皆無自性。既無自性,知復説何以之爲常?故觀一切有爲行時,言説自性常不可得。以此觀察無常性故,名“觀無常”。“若復”已下,舉非顯是。“若復不知真無言事,有生有滅”,反舉非也,良以不知真實無常無彼言説自性常事,故有生滅,有生有滅,即是有常。問曰:“生滅云何是常?”釋言:“據相,生滅無常;就實以論,有生有滅,猶名爲‘常’。以有生故,生性是常;以有滅故,滅性是常。”“若彼觀”下,順顯是也。以無言性爲無常故,觀無言性名“行無常”。此無常者,猶是“無生無滅”義也。上來總觀,下别顯之。别中有三:一、就性無常觀察分段,以彼分段顯性無常。二、從“諸行相續轉”下,就性無常觀察前後四相生滅,以前後相顯性無常。三、“此四相略説二”下,就性無常觀察同時同體四相,以同體相顯性無常。前中初别,後總結之。就三世中皆初觀其無常自性,次就彼義觀無常相,後總結之。“觀過去行,無生無滅”,是觀過去無常性也。“彼亦無因,亦無性”者,是觀過去無常相也。舉無常相,顯無常性。良以過去[①]無常性故,因可從緣謝滅過去,故今現在無彼過因,果可隨緣謝滅過去,故今現在無彼過去果之自性。“是故”下,結。是過去法無生滅故,現無彼因,亦復無彼果之自性。“觀現在行,無生無滅”,是觀現在無常之性。“彼因不得而與果”

① 去,録本訛作“云”,據底本改。

者，是觀現在無常之相。舉無常相，顯無常性。良以現法無常性故，因可從緣謝滅過去，是以現在求因不得；果可隨緣，起在於今，名爲“與果”；果從因得，名之爲“與”。“是故”下，結。是現在法無生滅故，現有果性，而無其因。“觀未來行，無生無滅”，是觀未來無常之性。“彼因可得不與果”者，是觀未來無常之相。舉無常相，顯無常性。良以當法無常性故，因可從緣起在於今，名“因可得”；果報從緣現今未起，名“不與果”；未與果故，今無果性。“不與果”義，番(翻)[1]上可知。“是故”下，結。是未來法無生滅故，現在時中有因可觀而無果性。上來别觀，“如是見”下，總以結之。

自下第二，就性無常觀察前後四相生滅，以前後相顯性無常。於中初明四相之法，後辯觀行。前明法中，先略，後廣。從初乃至“於刹那後，有四相”來是其略也，餘是廣也。略中初言“諸行轉時，一一刹那有三有爲、有爲相”者，明前三相；色心等法，是其“諸行”；後起接前，名爲“相續”；從前向後，稱曰“轉時”。無常之理，法别有之，名“一一行”。言“刹那”者，明法時分。“刹那”，胡語，此名“心念”。心道駿速，借此念頓，顯法時分。有爲諸行，一刹那頃具有四相：初生，次住，終異，後滅。然此四種，有通有别。通則皆是有爲之相。若論小乘，法外四相，生能生法，乃至第四滅能滅法；此等四種能有所爲，名曰“有爲”。若論法體，生、住、滅等當相集起，是故名“爲”；色等法中同有此“爲”，故名“有爲”。有爲體狀，謂之爲“相”。若别論之，前之三相未壞法體，彰有相顯，偏名“有爲”；第四滅相壞滅法體，彰有不顯，不名“有爲”。良以四相有此通、别兩種義故，前三相中，將别有爲名通有爲，故曰“有爲、有爲相”也。前一有爲是别有爲，後一有爲是通有爲。“於刹那後，有四有爲”，是其滅相。汎釋“後”義，有其二種：一者、過後，如物滅竟，名之爲“後”；二者、末後，今此所論，一念之末，故名爲“後”，非是過後。“四有爲”者，所謂有於第四滅相。良以滅相彰有不顯，單存通稱，是故直名“有爲相”矣。上來略竟，下廣顯之。解“生相”中，“彼前諸行自性壞”者，舉前顯後，謂前念中行性壞也。今爲辨“生”，何故乃説前念壞乎？夫言“生”者，先無始起，謂之爲“生”。若不彰彼前念性壞，何緣得顯此“生”始起？故明前壞。“次未行相自

① 番，與“翻”同。參前注。

性起”者，正顯“生”相。現在生相，隣於前滅，故名爲“次”。然此生相由來未起，稱曰“未曾”。即此有行體起名“生”，不同毘曇法外之“生”。“起已未壞，名爲‘住’”者，即此行體未壞名“住”，亦非法外別更有“住”。“顧念前滅彼起異”者，“顧”謂顧戀，“念”謂追念。顧念是心，寄之顯法。現起之法將同過無，追隨住、滅，義言“顧念”。顧前滅故，漸同前滅，故令現法故變成異。“異名爲‘老’，是故生刹那後，彼行性壞，名爲‘滅’”者，是前三相即行自性、非法外故，今刹那後，還即彼行自性盡壞，名之爲“滅”，非是法外别有滅體。何故偏言“生刹那後”？就始爲論，若具應言“生住異等刹那後”也。

上來明法，下次辨觀，先別，後結。“若觀起行即彼生”者，觀生即法，非法外也。言“住老相無餘性”者，觀住老相，亦即法體，法外無別，住老自體，名“無餘性”。“是故刹那後，如是行相自性滅”者，觀滅即法，是前三相即法體故，今刹那後還即此行自性盡壞説爲“滅”也。菩薩以觀四相即法，顯法無常，故觀四相，皆即法體。上來別觀。“如是生等如實觀”者，是總結也。

自下第三，就性無常觀察同時同體四相，以同體相，顯性無常。還初明“法”，後辨“觀行”。“法”中初略，後廣顯之。就前略中，“此四有爲，略説有二”，牒以舉數，牒上前後異時四相，就之以辨，同體四相。同體相中，要攝爲二：前三爲一，滅相爲一，故“有二”也。此二遍通前四相中，“有性”“無性”，列其名字；有爲諸法，猶如幻化，幻法相有，名爲“有性”；幻體虚無，名爲“無性”；“無”猶“滅”也，非是别體異相有無。下廣顯之。但前“有”中，備含三相；相别未分，故須廣論；“滅”無單一，不須重廣。“如來以起立一相”者，如來就前有性之中義分三相，故今舉之；虚法相現，義説爲“起”，非是住前初生之“起”；如來就此立一生相。“以自性故立第二”者，幻化之法，各守自性，名之爲“住”，非是生後經停之“住”；如來就此建立第二住有爲相。“諸行住老、立第三”者，即前住法性是不堅衰老之法，故名爲“老”，非是住後遷變之“老”，又此老法，異於世人所立性實。故亦名“異”，非是住後衰變之“異”；如來就此建立第三異有爲相。通前滅無，即是同時同體四相。《起信論》中，亦同此説。又《維摩》中説言：“汝今即時，亦生亦老亦滅。”當知亦是同體四相。

上來辯法，下次明觀。觀中有三：一、正觀四相同時同體不異諸法。二、“若可得”下，破邪顯正。三、“彼善男子”下，結得失。前中初舉，次釋，後結。

“菩薩觀有非生住等一切時别”，略以標舉。非生住等“一切時别”，明非異時；非生住等“别有事起”，明非異體。“何以故”下，問答辨釋。“何故”，問也。餘經論中皆言是“别”，何故今言“無别事起”？下廣釋之。“諸行起時，更無别生、住、老、壞”者，就法生時明四同時，不異法體。念無常中最初生相名“行起時”。即此起行，體具四相，故無别生、别住老壞。良以起時無别四故，四相同時，不異法體。“諸行分齊住異壞時亦無别生、老、壞”者，就餘三相，明四同時，不異法體。念無常中，後之三相名爲“諸行住老壞時”。即此三中，一一皆具同體四相，故無别生别住老壞。以無别故，四相同時，不異法體。“如實知者，不别可得”，總以結之。

上來正觀，下次破邪，以顯正義，破毘曇中法外四相。就四相中，生、住及異未壞法體一處破之，滅相壞法有異餘義，後别破之。就前三中，先破生相，後類餘二。就破生中，句别有四：初“若可得”者，牒其所見。二“離色”等下，縱其所立。縱立有三：一者、外人立色等外，别有生相，故今縱之，離色等外，應别有生。二者、外人立色等外，别有生故，色等行起，生相亦起，故今縱之，色等行起，彼亦應起。三者、外人説行生起時，相生亦起，便有二生，所謂“行生”及與“生生”，故今縱立應有二生：行及生生色等法生，名爲“行生”；生相始生，名爲“生生”。上來三句，縱其所立。三“若有行生及生生者，或一或異”，徵定所計，若有二生不過體一、不過體異，見出彼情未可專定，是故言“或”。四“若一”已下，破其所執。“若一謂别，彼空無義”，就一以破。若言“相生”，與行體一，行外更無相生之體，何勞立之？“若别”已下，就别以破。“若别有生，是義不然”，總舉直非。“若異行生，非相所爲”，釋以顯非。如牛二角，兩體别故，不相因起；二生如是，兩體各别，云何行生相生所生？“行生相爲，此事不然”，牒以結非。上來破生，“如生”已下，類破住、老，准上可知。下破壞相，亦有四句。初、言“若壞有自性”者，牒其所見。外人建立色等法外，别有非色、非心壞相能壞諸法，故今牒之。二、“壞有性者，彼應生滅”，縱其所立，外人説彼法外壞相體有生滅，故今縱之，應有生滅。三、“若壞生”下，徵以破之。“若壞生時，一切行應即滅”者，就生徵破，明有壞時無諸法也；以無法故，壞不即法；不即法故，不應説言“與法同時，能壞諸法”。“如入滅定”，借喻類徵。“若壞滅時，彼一切行應即生”者，就滅徵破，明有法時無壞相也；以有法時無壞相故，亦不應言“與法同時，能壞諸法”。“以壞無故”，釋以顯徵，以彼違法壞相無故，諸行應生。四、“壞有生滅，此義不然”，牒以結非。

上來第二破邪顯正，自下第三結得失。先結其失。“彼男子等常有自性，不應厭離，離欲解脱”，牒以辨過，以有性故貪，有貪性不應可離，解脱有性不應可得。“異者應爾”，結過屬人，若説異法別有生、住、老、壞性者，有過應爾。“以此事”下，結明得也；以立自性無有離欲解脱事故，菩薩於彼一切諸行自性無常如實知也；亦可以此法外無別生等事故，菩薩於彼自性無常如實知也。次明觀苦。“復次菩薩，於一切無常轉時，觀三苦”者，總以標舉。無常故苦，故今説言“無常轉時觀三苦”也。次別“三”名。言“變易”者，猶是壞苦。“三苦”之義，解有四種：一、約緣分別，緣別内、外。内心涉求，名之爲“内”；刀杖等緣，説以爲“外”。外有違順，刀杖等違，己身命財親戚等順。外中違緣，能生内總，名之爲“苦”。從斯苦緣，生於心苦，從苦生苦，故名“苦苦”。從彼順緣，離壞生苦，名爲“壞苦”。内心涉求，名之爲“行”；厭行生苦，故名“行苦”。二、就體，約緣分別。心性是苦，於此苦上加以事總，苦上加苦，故名“苦苦”。加何等苦？如前門中對緣三苦，通名“苦苦”。有爲之法，念念遷流，無常滅壞，遷流不安，名爲“行苦”。無常滅壞，名爲“壞苦”。三、約三種無常分別，以彼三世分段麁苦，顯法細苦，名爲“苦苦”。彼念無常，遷流滅壞，名爲“壞苦”。彼性無常，同體四相，因緣虚集，名之爲“行”。虚集之行，體無常性，行、性無安，故名“行苦”。四、諸過相顯，彼苦無常及與無我，互相顯示。於此三中，以苦顯苦，名爲“苦苦”，謂以麁苦顯於細苦；無常顯苦，名爲“壞苦”；無我顯苦，名爲“行苦”，虚集之行性無安故。“如是”下，結。

次觀無我。“菩薩於法有爲、無爲、無我、我所如實知”者，總以標舉。無常及苦，唯在有爲。無我則通，故今説言“有爲、無爲”。色法、心法、非色心法是其“有爲”，虚空數滅及非數滅是其“無爲”。言“無我”者，人無我也。“無我所”者，法無我也。若通論之，二“無我”中皆悉無我及無我所。人無我中，無我人體名爲“無我”；以無我故，色、受、想等非我所有名“無我所”。法無我中，當法體空，名爲“無我”；亦無餘法爲我所對，名“無我所”。生、法無我，列其兩名，義如别章，此應具論。下辨其相。“彼生無我”，牒舉初門。有法非生，即陰無我；離有非生，異陰無我。分別有二：其一義者，色等非我，名“即陰無”，如先既[①]説；常身之我，遍一切處，與陰别體，此亦無之，名“異陰無”[②]。二就陰中迭互相望，亦有即、離；如説色陰，以之爲我[③]，名爲“即陰”；餘爲我所，名爲“離陰”；諸陰相望，即、離齊然；此之即、離，皆無我也。“法無我者”，牒第二門。“一切言説亦無性”者，所言説法皆無性也。“如是”下，結。

次觀涅槃。“涅槃”之義，廣如别章，此應具論。文中有二：一、當相分别。二、“未入”下，隨人辨異。初言“一切起因斷”者，生死因盡，有餘涅槃。“諸餘滅”者，生死果喪，無餘涅槃，對因名果，以爲“諸餘”；以斷因故，果永不起，名“畢竟滅”；“名‘般涅槃’”，總以結之。下復重[顯][④]。“煩惱寂滅”，顯前因斷；“苦息”，顯前諸餘滅也。隨人别中，就位分三：一、約世間菩薩聲聞以明涅槃。二、“如國王”下，約見道中菩薩、聲聞以明涅槃。三、“如病人”下，約修道去菩薩聲聞以明涅槃。

就初段中，“未入净心地前菩薩未見諦”者，世間聲聞。言“於涅槃意解想”者，未得真知。憶想分别，名爲“意解”。“當知”已下，明得非真。

第二段中，先喻，後合。喻别有三：一、喻佛菩薩爲見道前菩薩聲聞宣説世間隨相涅槃，彼聞愛樂。二、“其父知子漸長大”下，喻佛菩薩爲見道前菩薩聲聞宣説出世真實涅槃，彼聞不解。三、“父於後時知子大”下，喻佛菩薩爲見道前菩薩聲聞宣説出世真實涅槃，彼聞悟解。就初段中，“如王長者，巨[⑤]富無量，爲諸子故，造作戲具牛鹿車”等，喻佛菩薩爲見道前菩薩聲聞説世涅槃。今此爲明見道之中所得涅槃，何故乃喻見道已前所説涅槃？出世涅槃從世間來，是以明之。“王”喻如來。“長者大臣”喻大菩薩心。具法財，名“富無量”。其所攝化，名爲“諸子”。説世涅槃，稱物情欲，名“造戲具”。

① 既，底本似作“尼”，待考。

② “此亦無之名異陰無”八字録本訛作“此亦無名之異陰無”。按：底本“名之”二字旁施一乙鈎號，今據録正。

③ “我”前録本衍一“義”字，據底本删。

④ 顯，録本脱，據底本補。

⑤ 巨，録本訛作“臣”，據底本改。

牛鹿車等所説非真，故云“戲具”。“彼諸子”下，喻彼世間菩薩聲聞聞説愛樂。第二段中，言“父知子漸已長大，爲説真實鹿馬車”等，喻佛菩薩知所攝化，根性漸增，爲説出世真實涅槃。“諸子謂父嘆已象馬”，喻彼世間菩薩聲聞始聞不解。第三段中，“父於後時知子轉大，將出宅外，示真象馬”，喻佛菩薩知所攝化，根性轉熟，化入出世，示真涅槃。“彼見實”下，喻彼所化，聞説悟解。於中有三：一、聞説悟解；二、知昔所嘆是真非妄；三、知昔所取是妄非真。下合有二：一、隨事别合。見道已前，有相諸行以爲富宅，地前菩薩、世間聲聞如彼童子。二、“諸佛”下，隨文正合。喻中三分：合初，合後，中間不合。合初段中，“諸佛菩薩”合“王長者”，“明見涅槃”合前“巨[1]富”，“爲彼菩薩及諸聲聞嘆説涅槃”合爲諸子造作戲具牛鹿車等。“彼既聞已隨説解”者，合前“諸子歡喜愛樂，作真鹿馬象等想”也。自下超合第三喻文。“若彼漸學道品具”者，合“父後時知子轉大”。“入净心地，見諦聲聞”，合“將宅外，示真象馬”。“彼於涅槃生現知見”，合前“彼見乃知其真”。“如是所嘆，非如我等愚癡意解”，合前文中“定知其父常所嘆説非是我等先所翫好”。“我等所想相似非真”，合先“所好非真象馬”。“生慚愧”下，合中義安，喻中無文。“生慚愧心”，愧昔不解。“依後知”者，依後真也。此是第二，明見道中所得涅槃。

自下第三，明修道去所得涅槃。先喻，後合。喻中有五：一、喻衆生起見諦病，佛大菩薩爲説對治。二、喻衆生聞説悟解。三、喻衆生起修道病，佛菩薩爲説對治。四、喻衆生始聞不受。五、喻佛菩薩方便教化，令起修治。就初段中，“譬如病人”，喻見道前菩薩聲聞有見諦病。“良醫爲治，説隨病藥”，喻佛菩薩爲説見治。今此爲明修道所得，何故乃喻説見道乎？修因見起，是故乘明。第二段中，“病者常習……緣是病差(瘥)”，喻見道前菩薩聲聞信樂前治，除見諦病。第三段中，“更起餘病，應服餘藥”，喻見道中菩薩聲聞起修道病。“醫教捨前，更服餘藥”，喻佛菩薩教捨見法，起修對治。第四段中，“病者信前，不肯棄捨”，喻見道中菩薩聲聞受守前治，不學後法。第五段中，“良醫方便，令服後藥”，喻佛菩薩巧方便化，令起修治。自下合中，但合第

[1] 巨，録本訛作“臣”，據底本改。

三、第五段文。從初乃至“上上勝法”,合前第三。“如是菩薩住净心地,見諦聲聞諸煩惱病”,合前喻中“更起餘病”。“佛大菩薩爲説”已下,合前“良醫教捨前藥,更服餘藥”。於中九句,初三聞法,次三思法,後三修法。各有三品,故有九句。教是聞法,理是思法,行儀修法。“佛大菩薩爲説法”者,聞中下品,上法中品,上上上品。爲説“深法”,思中下品;思能入理,故名爲“深”;中、上可知。爲説“勝法”,修中下品;行修增上,故名“勝法”;中、上可知。亦可初三是教化法,次三教授,後三教誡。“教授”已下,合上第五“良醫方便令服後藥”。於中初言“教授教誡”,正合“方便令服後藥”。“入净心”下,明其所化,信受奉行,信受不疑,始生信解。“乘如來”下,明起行修。如來所説,法能運載,名爲“法乘”。乘法圓備,故云“具足”。依法巧修,名“善調御”。起行順理,名“遊等道”。“疾疾”已下,依行趣果。言“無餘”者,對彼因中所得之滅果中,所得通名“無餘”,望後更無餘涅槃故。

“功德品”者,從上施品訖來至此,大段第二,造緣進修;自下第三,因修成德,廣辨此德,名“功德品”。就此品中,得失通論二十六門,隱失彰得有二十四。二十四中,初有八門自分功德,後十六門勝進功德。前八門中,初一總明自利利他,次有六門偏明利他,後之一門唯明自利。就初門中,“有五奇特未曾有”者,總以標舉,所起異於凡夫二乘,名“未曾有”。次别顯之。初三利他,後二自利。初言“於生無有因緣而愛念”者,始心愛念,先非親眷,名“無因緣”;愛之過子,是以奇特。“爲受苦”者,依前愛念代受苦也。“惱盛難化方便調”者,依前受苦化[①]離煩惱。下自利中,初一入證,後一起用,“如是”下結。次下六門明利他中,初一明其化行善巧,第二明其化心平等,第三明其化益具足,第四明其化德圓備,第五明其化願不斷,第六明其化攝方便。就初門中,“有五非奇能成奇”者,總以標舉。所作似凡,故曰“非奇”;能成菩薩巧方便行,名“成奇特”。下别顯之。五中前四化行方便,後一正化。就前四中,初句“爲生受苦因”者,爲生捨善,示爲諸惡。“受苦因故得受樂”者,爲物造惡,自無罪心,故雖爲之,而當受彼涅槃之樂。次下三句,“爲物捨樂,知生死過、涅槃功德,爲净生故受生死”者,明爲化生捨涅槃樂,受生死苦。“修

① 化,録本訛作“他”,據底本改。

静默樂,有净生念不自受樂,爲生説”者,明捨禪樂、處亂説法。修六善根、有净生念不自受樂、不捨一切、亦不捨報[1],明捨自已殊勝報樂,隨物劣受此前方便。第五門中,“他事己事如是一切利益生”者,正明化益。四攝他事、六度己事悉以攝取,名爲“一切利益生”也。就第二門化心等中,有五心等,總以標舉,下别顯之。於中初一化願平等,次有兩句化心平等。先悲,後慈。悲中初言“修習悲心”,拔苦心也;“與哀愍俱”,哀傷心也。後慈心中,“作一子想”,親厚心也;“與愛念俱”,愛憐心也。次一明其化智平等。“觀一衆生諸行起”者,皆是五陰諸行集起。“一衆生法即是一切衆生法”者,觀一類餘,彼此無别,故言“即是”。後一明其化行平等。以一切行化一衆生,餘亦如是,故言“即是”。就第三門化益具中,有五益生,總以標舉,下别顯之。初三化人,令有所離;後二化人,令有所住。就前三中,“説正命”者,化離邪命;“不隨順者説隨順法”,化離邪謗。此二口業,化令離惡。“孤獨貧乞,爲作依怙”,明其身業,救令離苦。就後二中,“向善趣者説道饒益”,化之令住人天善道;“爲三乘人説三乘”者,化之令住三乘出道。就第四門化德備中,言“有五事報生恩”者,總以標舉。菩薩成德,本由衆生,故名“衆生爲菩薩恩”。菩薩今成一切功德,彼則有分,是故名爲“報衆生恩”。下别顯之。五中前三是自分德,後二勝進。就自分中,初成自德,後二利他。“勸他成”者,令彼住善。“爲作依怙”,令其得樂。後勝進中,初供如來,明攝功德;後於佛説誦書持供,明攝智慧。就第五門化他願中,“常求五事”,總以標舉。下别顯之。前四求因,後一求果。就前因中,“願佛出興”,求近善人,爲欲依佛成利他德,是故求之。“於佛聽”者,求聞正法,“六波羅蜜”是其行法,“及菩薩藏”是其教法。次有兩句,求如説行。“堪一切種成熟衆生”者,凡夫二乘善法化也。“堪能無上成熟”者,大乘化也。後一果中,“得菩提”者,菩提自體。“阿惟”已下,菩提作業。作業有三。初言“阿惟三菩提”者,示現攝取大菩提道化衆生也。是外國語,此名“無比正覺道”也。“聲聞菩提”,示成小果化衆生也。“和合聲聞”,示成緣覺化衆生也。緣覺所得,道同聲聞,故言“和合”。

就第六門化方便中,“有五方便”,總以標舉。斯乃攝生前方便故,名曰

---

① 報,録本訛作“教”,據底本改。

"方便"。益心不虚,名爲"真實"。下别顯之。但列前二,餘三指上。上習近中明善知識有五種事開道(導)無礙:一者、先欲安樂衆生。二、於安樂不顛倒覺。三、若方便隨順説法,有堪能力。四、不疲厭。五、悲心平等。今慳煩重,指彼説也。上來六門唯明利他,自下一門單明自利。於中先舉,次列,後釋,下總結之。"有五方便攝一切"者,總以標舉。次列其名。於中初二種性行德,次一解行,次一初地乃至七地,後一在於八、九、十地。言"隨護"者,種性位中集善行也。善有二種,一者智解隨法防護,二者行修隨人防護,故云"隨護"。言"無罪"者,種性位中離過行也。行修離過,故云"無罪"。言"思惟"者,解行地中思惟出世無漏道品,故曰"思惟"。言"净心"者,初地已上乃至七地證離垢染,故名"净心"。言"决定"者,八地已上法流水中决定趣果,故云"决定"。次廣釋之。釋初門中,"隨護有五",牒以舉數。下别顯之。前三就智隨法説護,後二就行隨人説護。就前三中,初"黠護"者,俱生智也。久習今成根性聰利,故名爲"黠"。黠能護法,名爲"黠護"。下釋其相。"得俱生智",顯前黠也。"能速受法",顯前護也。念、智兩門,現起方便。念護據始。念心護法,故云"念護";"念持於法",釋顯其相。智護終成。於法决斷,名之爲"智";以智護法,故云"智護"。下釋其相。"得堅固智,觀法義"者,自分善成。"以黠念"下,能入勝進。就後二中,"自心護"者,護己善心,守根釋也。"他心護"者,善護物心。"隨順他心",釋顯其相。上來五句,合爲初門。"無罪方便",牒第二門。下釋有五:一、於善不倒,離於邪過。二者、熾燃,離懈怠過。三者、無量,離狹少過。四者、常修,離斷絶過。五、迴向菩提,離求有過。後三可知。"是名"下,結。

上來八門是其自分,下十六門是其勝進。於中隨義,相從爲五。初有三門自利利他離過對治,次有四門自利利他所修善行,次有兩門自利利他所依之法,次有三門自利利他所生智解,末後四門自利利他所成行益。前中初二自行對治,後一是其利他對治。就自行中,初門遠離修心之過,後門遠離行業中過。離修過中,先過,後治。就明過中,"過分有五",總以標舉。今爲明進,返明退矣。下别顯之。五中初一修方便過,不能敬法及説法人。次有兩句正修時過,放逸懈怠,不能修善。習惱、惡行,不能離惡。下有兩門修成時過。"稱量同己及餘菩薩",對人起慢。"於法顛倒,對法起慢",於增上法未得謂得，名“增上慢”。下次明治。“勝分有五”，總以標舉。“與上違”下，番(翻)過顯治。

離行過中，初過，後治。過中“有五似功德過”，總以標舉。相似功德，理實是過，是故名爲“似功德過”。下別顯之。五中初一不善利他，後之四門不善自利。“凶惡犯戒非慈益”者，見生造罪，以慈愍心惶彼憂惱，不加治罰，令捨不善，名“非法慈”；以此非慈，饒潤於彼，是故名爲“非慈饒益”。就後四中，“現諂威儀”，無正功德；“説外經論，得生智”者，無正智慧；此二一對。“行於有罪，施等善根”，無正功德；“演説建立似功德法”，明無正智；此二一對。下次明治。“有五實德”，總以標舉。下別顯之，番(翻)上可知。上來兩門自行對治，自下利他對治之中，“調生有十，名‘正調伏’”，總以標舉。下別顯之。“云何”，問也。“離諸纏”者，調離八纏，即以爲“八”。八纏如上《四攝品》説。“離煩惱”者，謂離十使重煩惱也。“通前爲九離惡戒”者，謂離外道邪心分別烏鷄戒等，通前爲十。

自下第二，次明自利利他善行。於中四門：初一明其行修利益，能攝佛記。次一明其行修堅固，成就决定。次一明其行修具足。後一明其行修不斷。就初門中，“菩薩有六，爲如來記”，總以標舉。下別顯之。六中初二，就位分別。初言“種性未發心”者，未能發彼解行心也。言“已發”者，已能發於解行心也。次二約就時處分別。如來當時對面與記，名爲“現前”。餘時異處玄與記者，名“不現前”。如《法華》云“其不在此，汝爲宣説”，此之謂也。後之二種，對果分別。記彼當來經若干劫而得爲佛，名爲“時量”；記彼成時劫國名字，稱曰“時定”。“無量”、“不定”，番(翻)前可知。第二門中，“有三决定”，總以標舉。位分不退，稱曰“决定”。下別顯之。“種性名‘定’”，列其名字。“何以故”下，徵問、辨釋。“何故”，問也；良以種性隣於退分，故須徵問。“堪能”下釋。“堪能爲緣”，正解决定；决定堪能與佛爲緣，故曰“决定”。“有障”已下，簡定其相。云言有障簡別於後，未出障故，决定菩提；簡別於前，前未定故，决定發心解行地也；以能定發菩提之心，故名“决定”。“不能”已下，對後辨異。不能得彼初地已上不退行德，故言“不能……乃至……不退”；不能得彼大菩提果，故曰“不能乃至菩提”。第三門中，初先正辨，後明此位得佛授記。初地已上，自行成就，名爲“得力”；外化行成，名“利衆生”。

此二自分。“如所欲”者,所欲自利。“如所作”者,所作利他。隨意能成,故曰“不虚”。此是勝進。“彼決定如來記”者,明此位中爲佛記也。向前六中未明此記,故今明之。以此通前,得記有七。

第三門中,“不作五事不得菩提”,總以標舉。下别顯之。初一起願,後四起行。“哀愍”利他,餘三自利。言“熾燃”者,諸行頓起。言“精進”者,諸行常起。此二攝福,明處不厭攝智惠(慧)也。

第四門中,“五事常修”,總以標舉。下别顯之。前四修因,後一求果。就前四中,“不逸”自利,“作依”利他。此之兩門,自他相對。後二攝善,離惡相對。下一求果,相顯可知。

自下第三,辨明自他行所依法。於中兩門,初門勝法,後門正法。前言“有十菩薩等法第一勝”者,總以標舉。此十同是菩薩所學,是故説爲“菩薩十法”。就所學中,有是佛法,有菩薩法,是故説爲“菩薩等法”。簡精去劣,稱曰“最勝”。下别可知。第二門中,文别有五:一、總標舉;二、就人辨定;三、别其名;四、廣分别;五、總結嘆。“有四施設”,是總舉也。言説建立,故曰“施設”。聖説不邪,故曰爲“正”。“如是施設是如來説”,就人定也。“非餘聞”者,舉彼餘人不堪聽聞,以顯唯是如來能説。彼人天等尚不能聞,焉能宣説?下次列名。初二是其自利之法,次一利他,後一總明自他利法。下廣釋之。“法”牒初門。“十二部經”,正舉法體。下解“施設”。“修多羅等次第演説”,説時次也。“次第建立”,釋時次也。“諦”牒第二。釋中增數從一至十,通有五十五種諦也。初一次二,相顯可知。就明三中,言“相諦”者,法相實也;言“説諦”者,教之實也;言“作諦”者,行之實也。第四可知。第五門中,“因”是集諦,“果”是苦諦,“智”及“境界”是共道諦,“無上”滅諦。第六門中,“實”是真諦,“虚妄”俗諦,“知”者知苦,“斷”者斷集,“證”者證滅,“修”者修道。第七門中,“味”是集諦,“患”是苦諦,“離”是滅諦;餘四道諦,“法”是道境,“解”是道體。“解”有二種:一者出世,名爲“聖諦”;二者世間,名“非聖諦”。第八門中,前五苦諦,“行”、“壞”、“苦苦”,苦事分别;“生”之與“滅”,苦理分别;“穢垢”是集,“清净”是滅,“方便”是道。第九門中,初四苦諦,“有愛”集諦,“無愛”及與“斷方便”諦是其道諦,後二滅諦。第十種中,初五苦諦,“愛戀”壞苦,“污辱”苦苦,“業”、“惱”集諦,“思惟”、“正見”是其道諦,

“果”是滅諦。“四種方便名‘方便’”者，釋第三門。“如前說”者，《力性品》中宣說四攝以爲方便，今指彼也。“乘”牒第四。“聲聞”“緣覺”及與“大乘”，據要分三。下廣分七。“一一七種”，通以辨數。下別顯之。就小乘中，初“四諦慧”是其乘體。第二“依”者，慧依教生，亦依禪起。第三“緣”者，慧緣理也。第四“伴”者，知識爲伴，亦可戒等諸行爲伴。第五“業”者，起在意業。六“衆具”者，十一定具爲衆具也。十一定具，廣如《成實》。彼能生定，名爲“定具”；亦能生慧，説爲“慧具”。第七“果”者，所謂涅槃。“此七”下，結。“緣覺乘”者，相同聲聞，指同彼說。就大乘中，“離言境界，一切法如離諸妄想，平等慧”者，是其乘體。慧能離言，證諸法如，名“離言説法如慧”也。慧能離妄，證法平等，名“離妄想平等慧”也。餘義同前。“過去”已下，第五結嘆。

自下第四，辨明自利利他之智。於中三門，初門利他，後二自利。就初門中，文別有五：一、總舉；二、列名；三、解釋；四、辨次第；第五、總結。“[有]①五”總舉利他之智，[知]②無量境，故曰“無量”。言“生一切巧方便行”者，謂起利他巧便行也。次列其名。初“衆生界”，知其所化。第二“世界”，知生住處。第三“法界”，知化生法。“調伏界”者，知生根性，亦知不調，以調爲主，但言“調伏”。“調伏方便”，知度生法。次廣釋之。“六十一種名‘生界’”者，下調伏中有五十五，加以六道，爲六十一。“如意地身有無量”者，“意”謂心行，心行無邊；“地”謂九地，始從欲界，乃至非想；“身”謂形類，形類無邊；如地獄中，凡有一百三十六所，形類各異；畜生之中，形類無量；餓鬼亦爾；人中具有四天下別；胡漢等類，亦有無量；天有二十八天之異；是故説言“意地身別，則有無量”。解“世界”中，“無量界”者，正辨其相；“無量名”者，以名無量顯界無量；“如娑婆界”，即事指斥；“名娑婆主”，顯此娑婆立名所以。娑婆名“忍”，如《悲華》釋：此土衆生堪能忍受貪欲瞋癡諸煩惱過，故名爲“忍”。土從人目，稱曰“忍界”；人是土主，從主立稱，名“娑婆主”。釋“法界”中，據要唯有善惡無記，隨義分別，則有無量。解“調伏”中，文別有

---

① 有，録本脱，據底本補。

② 知，録本脱，據底本補。

三：一、釋；二、結；三、對生界料簡同異。釋中增數從一至十，有五十五。初一可知。第二門中，外凡具縛，内凡已上名爲"不具"。三、四、五門，相顯可知。第六門中，在家、出家，隨形分別；熟、未熟等，隨行分別。第七門中，三性分別，惡人不善，中人無記，餘五是善。小智、大智，就解分別。現、未隨緣，就行分別。根熟現調，未熟當調；不定根者，隨緣而轉，現、未不定，故曰"隨緣"。"得緣如是，如是迴向"，顯前隨緣。若得現緣，向現調伏；若得後緣，向未調伏；故曰"如是如是迴向"。第八門中，"八衆"總舉，"刹利乃至婆羅門"者，列其八名。"婆羅門"者是外國語，此翻[1]名"梵"。初禪已上乃至非想，同名爲"梵"。今名彼"梵"爲"婆羅門"，不名人中婆羅門種爲"婆羅門"。云何爲八？如《長阿含》說：一刹利衆，二婆羅門衆，三居士衆，四沙門衆，五四天王衆，六[2]忉利天衆，七者魔衆，八者梵衆。故言"刹利至婆羅門"。第九門中，如來、聲聞、菩薩調伏，藉緣不同；難調、易調，根性不同；軟語、呵責，受化不同；遠調、近調，熟時不同。第十門中，前五欲界，初四生陰，後一中陰。後五在於色、無色界。色與無色，形相分別：四禪有色，四空無色。想、無想等，就心分別。四禪地中，除無想天，四空地中下三空處名爲"有想"；第四禪中，無想天處名爲"無想"。第四空處名爲"非想、非非想"也。"是五十"下，釋已總結。下對生界，以辨不同。"生界調伏有何差"者，問以起發。上辨"調伏"，就生以說；相監[3]前生，故爲斯問。下釋顯異。生界不分種性處者，辨生異調。調伏性處，辨調異生。下言"如是彼彼處轉"，辨明菩薩隨性異知。根性不同，名"彼彼處"。菩薩隨知，故名爲"轉"。調伏方便如前說者，成熟品中具明二十七種方便，今指彼也。又彼文中九品分別二十七種，故今說言"彼亦無量種分別"也。

上來第三，隨名廣釋；自下第四，明其次第。"如是次第說五無量何以故"者，徵問起發。蓋乃依於外國人語，若順此方，應言："何故如是次第說五無量？"下釋可知。是故說五生一切者，第五總結。次下兩門，自利之智，列

---

① 此字録本訛作"幡"，底本實作"憣"，乃"翻"之借字。

② 六，録本訛作"方"，據底本改。

③ 監，録本訛作"濫"，據底本改。

名指前，相顯可知。

自下第五自利利他所成行益，於中四門。初一是其利他所成，後三是其自利所成。就利他中，言“有五事，爲生説法得大果”者，總以標舉。此乃令生得五大果，非是自得。次别顯之。五中前四出世福利，後一世間。就出世中，初二小乘。言“法眼”者，斷除見惑，得見解也。見四諦法，故云“法眼”。得漏盡者，斷除修惑，得無學果。後二大乘。言“發心”者，發解行心。言“得第一菩薩忍”者，謂得出世真實忍也；忍中最勝，故云“第一”。“是名”下結。

就自利中，初門明其[①]所成高大，第二明其所成寬廣，第三明其所成具足。就初門中，“云何大乘”，問以起發。下釋有三，一、舉七數；二、列名辨相。前六是因，第七是果。就因六中，初一是法，後五是行。行中“心大”及與“解大”，此二地前；“净心大”者，在於初地；“衆具大”者，二地已上；言“時大”者，八地已去。三、分因果。第二門中，初“有八法攝摩訶衍”，總以標舉；“菩薩藏説”，就教已定。下别顯之。八中前三在於世間，後五出世，信以爲一，在於種性解行位中。“信菩薩藏，顯示實義、諸佛菩薩不思力”者，具作八事，今略舉二以明信也。聞慧爲二。思慧思惟以爲第三。此聞與思，偏在解行。“依聞、思慧得净心”者，始入初地見諦心也。通前爲四。“得净方便，入修慧行”者，初地窮滿修道心也。通前爲五。依下住品二地已上乃至七地，名“修慧廣”。今此略無。以此通前，合以爲六。修慧果成，在八地上。以此通前，合以爲七。“畢竟出離”，在如來地。通前爲八。“如是學無上菩提”，總以結之。前七所學，後一所得。第三門中，文别有三：一、明所成位分具足。二、“此十”下，明此十種備攝周盡。三、“當知”下，舉失顯得，令人修學。就初段中，“學得菩提，略説十種”，總以標舉。次列十名。下廣辨釋。初言“種性未得净心”，對後以别。得净有二：一者、觀得，在於解行。二者、證得，初地已上。種性位中，未同彼得，故云“未得”。“發心學修名爲入”者，解行位中，名爲“發心”；初地已上，名爲“修學”；此等同能趣入法性，故通名“入”。解行觀入，地上證入。下就入中，分净、未净。“未入净心名‘未净’”者，謂解行也。“入净心地名爲‘净’”者，初地已上乃至十地，同名“净心”；證入彼地，

① 其，録本訛作“甚”，據底本改。

斯名爲“净”。下就净中,分熟、未熟:初至九地,未入第十畢竟地故,名爲“未熟”;十地名“熟”。下就熟中,分定、未定:初入十地,未善安住,名爲“未定”;安住已後,説名爲“定”。下就定中,分出一生、後身之别:彌勒之流,名爲“一生成佛之身”;未得道前,名爲“後身”。“如是”下,結。上來第一,廣辨所成;下明此十,備攝周盡。初言“此十所學而學”,總明此十備攝周盡。下别顯之。“更無所學”,所學法盡。“如學”已下,而學行盡。“如學而學”,更無菩薩學人盡也。“如學而學,得一切名”,學行盡也。學行盡故,德名無邊,舉名以顯行德盡也。“得一切名”,總以標舉。下别顯之,謂菩薩等實德之名。“如是十方無量因緣,自想施設”,化德名也。學行備故,能於十方隨物現化,自想施設種種異名。“當知”已下,舉失顯得,相顯可知。

“次法方便處相品第一”者,上來第一,依法起學,判爲初持,自下明其修義差别,判爲次持,故云“次法”;法爲行本,名“方便處”,亦可此是因分行修,簡異果分,名“方便處”;十法之中,前十八品廣釋“持”義,今此解相,故云“相品”;此次持中,品别有四,此品建首,故云“第一”。文中“五相入菩薩數”,總舉以嘆。次列五名:初一是起化心,第二“愛語”正授以法,第三“勇猛”是常化心,後二能以財法饒益。下廣辨釋。釋中一一五門分别。“此五各五”,牒以舉數。“性”等列名。言“自性”者,明前五種行體性也。言“境界”者,明前五行所依之法。“果”者,明前五行所成之德。言“次第”者,明前五行因起次第。言“攝受”者,以前五行,對上六度,共相收攝。下廣釋之。先明“自性哀性”有二,牒以舉數。“至心”、“具足”,列其二名。下釋可知。“愛語自性”,牒第二門。“先語安慰,如前説”者,前四攝品中,一切愛語有其二種:一、隨世間語,所謂慰問、呪願、讚嘆;二、正説法語,謂説一切德相應法。今指彼也。四攝品中,明此造緣修起之相,故名“一切”;今此取爲愛語行體,故云“自性”。勇性可知。惠施性中,“勝妙施”者,財物勝也;“無煩惱”者,離諂、慢等煩惱心也。“説義自性”,相顯可知。次明境界。“哀境有五”,牒以舉數。次列五名。下廣辨釋。釋初門中,“乃至一切苦受續”者,謂人天中,苦受相續;舉初地獄,越於鬼畜,故言“乃至”。“是名”下,結。第二門中,“雖不受苦”,簡别初門。“而多作惡,所謂十二惡律儀”者,正辨其相。十二律儀,如《雜心》説,所謂屠羊、養猪、養雞、捕魚、捕鳥、獵師、作賊、魁會、守獄、呪龍、屠犬及與伺獵,是爲“十二”。《涅槃經》中宣説十六,牛、羊、猪、雞爲利故養,肥已轉賣,即以爲四;於此四種,買已屠殺,復以爲四;通前爲八。捕魚、捕鳥、獵師、劫賊,通前十二。魁會、兩舌、獄卒、呪龍,通前十六。此等皆是無作之惡,相續常生,故曰“律儀”。“是名”下,結。第三門中,“雖不受苦,造諸惡行”,簡別前二。“而著五欲,歌舞戲”等,正辨其相。第四門中,“雖不受苦,造諸惡行,樂著五欲”,簡異前三。“邪見求脱”,正辨其相。“是名”下,結。第五門中,“依法出家”,辨定其人。“不受諸苦,乃至邪趣”,簡異前四。“而具”已下,正辨其相。“而具煩惱”,是外凡夫;“或不具”者,内凡已上。“謂正方便,真實凡夫”者,是内凡夫,能與出世爲方便故,名“正方便”;以對外凡虚妄凡故,名“内凡夫”,以爲“真實”。“及諸學人”,謂須陀等。“是名”下,結。“於此境”下,總以結之。

愛語境中,“有五”,舉數。次列其名。言“正語”者,不妄語也。“正喜語”者,不惡口也。“正饒益”者,不兩舌也。“正如法”者,不綺語也。“方便説”者,以前四種與生説法。“如前説”者,前四《攝品》自性語中,以其可喜真實如法饒益語與衆生語,今指彼也。然上直明語之自體,故説此等以爲自性;今此爲起愛語行心,故説此等以爲境界。“於此”下,結。“勇境有五”,牒以舉數。如前《菩提分品》説有五:一、種種苦,能速除滅。二、惡行衆生,爲之受苦。三、伏異論。四、隨順説法。五、演説妙法,能令衆生受菩薩戒。故今指彼以顯此也。“於此”下,結。

“施境有五”,牒以舉數。下别顯之。“不分别”者,於田平等。言“歡喜”者,施心無悔。所言“頓”者,於財無陰。下有兩句,施行清净。“不染污”者,離諂慢等。言“無依”者,不求名利果報等也。“如施品説”,指前顯此。“於此”下,結。

“説境有五”,牒以舉數。下别顯之。五中前三,是法無礙。第一善知修多羅藏。“如來所説修多羅”者,正舉教體;“深空相應”,明合真諦;“緣起隨順”,明快世諦。二知毘尼。三知毘曇。第四門中,“於深法義想分别”者,是義無礙。第五是辭樂説無礙。“於一切法種種言辭”,是辭無礙。“種種分别”,樂説無礙。“於此”下,結。

次明果報。哀愍果中,文别有三。初至“不厭”,明習哀愍。“菩薩哀愍,於生習慈”，始心憐愍。言“利益”者，依前慈心，欲與利樂。言“親厚”者，與樂心深。“方便不厭”，常益不息。二“多住”下，明行成就，能益自他。“多住無罪，現樂法”者，是其自益。“攝取衆生”，是其益他。三“如世尊”下，明由行成，能攝報果。“身常不被刀杖害”者，以慈他故，物不害己。“此應廣”者，如經中說修慈福利有十一種：卧安，覺安，天護，人愛，不毒，不兵、水、火，不衰，眠無惡夢，死生梵天。在所得利，廣説如是。“是名”下，結。

愛語果中，文亦有三：一、修愛語。二、“已此”下，修己行成，能益自他。三、“未來”下，行成得果。“是名”下，結。

勇猛果中，文亦有三：一、修勇猛：離怠心喜，修善勇猛；受戒不犯，離過勇猛。二、“以堪忍”下，修己[①]行成，能益自他。三、“於未來”下，行成得果。“是名”下，結。

惠施説法。此之二果指前力品，次第可知。

下次明攝菩薩五相六波羅蜜，並舉兩門。“此六波羅蜜何相攝”者，牒前六度問五攝也。“哀攝禪”者，哀愍即是慈悲無量，慈悲是禪，故禪攝也。言“愛語相攝尸羅”者，離口四過戒分攝故。“攝般若”者，愛語説法，依慧起故。言“勇猛相攝羼提”者，由勇猛心能安忍也。“攝精進”者，由勇猛心能修善也。“攝般若”者，由勇猛心入深義也。“惠施攝檀”，義在可知。“説攝禪”者，依禪説故。“攝般若”者，依惠（慧）説故。是名五相，五種分別，總以結之。

《地持義記》卷第四。

沙門善意抄寫受持，流通末代。

---

① 己，録本訛作“已”，據底本改。

No. 2804《唯識三十論》要釋

[題解]

佛典論疏,敦煌卷子中存有斯 5537 一號,上山大峻研究後認爲係曇曠所撰,一卷。仿梵夾裝,現存一百零七頁,每頁八行,計八百五十六行。首殘尾全。《要釋》實際是依據玄奘《成唯識論》對《唯識三十論》的一個注疏。在正文中,作者對《唯識三十頌》及《成唯識論》作了簡要評述。清代以前歷代大藏經未收,日本《大正藏》據敦煌写卷録入其第八十五册,但誤將所據底本標作斯 396 號。今校注仍以《大正藏》本録文所據原卷斯 5537 號爲底本。

□[①]同,或執離心,無别心所,爲遮此等種種異執,令於唯識深妙理中得如實解,故造斯《論》。

言"所緣"者,復有二種:初明造《論》,後顯傳譯。佛薄伽梵悲導有情,法門雖多,其要有四因緣。唯識無相真如,隨對根宜,諸經各説。餘三理門,已有廣論;唯識深旨,未有辨明。佛涅槃後九百年中,無著菩薩事大慈尊,請説《瑜伽》、《中邊》等論,自造《顯揚》、《對法》等論,顯唯識理,猶未圓明。故我世親明增菩薩遂造二論,開闡一乘:初一部名《唯識二十頌》,顯唯識理,度破外計,略申自宗;後一部名《唯識三十》,以三十頌顯唯識理,略破外計,廣申自宗。未及造釋,上生知足。後護法等十大論師妙極内宗,善窮外論,知見彌廣,利樂弘多,時美其德,遂稱菩薩,各造一釋,宣暢頌文。雖其真宗並行於世,道蘊西域,未布東華。我唐貞觀有大三藏遍覺大師,厥名"玄奘",幼小

① 首缺。

出家,志高世表,師無遠近,業該内外,中夏法理既遍研精,他方教跡願就尋究,遂拂衣東夏,杖錫西天,周遊道邦,博訪經詰,窮先賢之謬見,通古德之未聞,名立義成,來歸本土。我唐先帝請爲國師,雖大譯真經,廣翻正論,於《唯識》深義祕同髻珠,傳非其人,未即翻授,唯爲慈恩獨訓斯旨。初於貞觀二十二年在慈恩寺譯斯本頌,後顯慶末年於坊州玉華宫寺乃翻釋論。初翻之際,十釋别行,後因諮請,糅成一本,包含名相,該羅邪正。今取正義,而釋頌文。《論》所緣竟。

言"所宗"者,有總有别。總相分别,唯識爲宗,由依唯識,非有非無,無所得理,造正論故。若執有空,非住唯識,有所得心是戲論故。若别説者,謂依唯識教、理、行、果爲正所宗,爲令有情依唯識教、悟唯識理、行唯識行、得唯識果而造《論》故。教即《楞伽》諸大乘等,理謂八識、三性等法,行謂無相六度觀智,果謂智斷菩提涅槃。此等宗義,至文當辨。顯所宗竟。

言"所歸"者,准諸經論,略有三種:所謂歸藏、歸乘、歸時。藏謂二藏:菩薩,聲聞。此二各三,即經、律、論,隨應相增,詮解定惠(慧)。乘謂五乘,所謂無上、獨覺、聲聞及人、天乘。時謂三時,即初、中、後。初唯説有,次唯説空,後時雙説非空非有。此《論》即歸菩薩藏中《阿毘達磨》,顯示菩薩理、行、果義,詮惠(慧)學故。五乘之内,歸無上乘,顯能所乘無勝上故。三時之内歸第三時,顯説有空終圓理故。明所歸竟。

次釋"所立",於中有二:初釋題目,後釋頌文。釋題目者,如論釋云:"此本《論》名'唯識三十'。由三十頌,顯唯識理,乃得圓滿非增減故。"猶如經百,《廣百論》等約其頌數而立名故。"唯"遮外境,顯其非有;"識"表内心,顯其非無;非有非無,故名"唯識"。詮辨決擇,故稱爲"論";詮辨唯識性相之義,決擇真實邪謬義故。解題目竟。

釋"論文"者,然准諸論,或具三分:歸敬述意,正陳論體,結説迴向。初後有無,隨作者意。今此《論》者,唯有正宗,於中大分以爲三段:初一頌半,略辨唯識。次有二十三頌半,廣辨唯識。後有五頌,顯修行位。

其初略辨,《論》生起云:"若唯有識,云何世間及諸聖教説有'我法'?"

頌曰:

"由假説我法,有種種相轉。彼依識所變,此能變唯三:

謂異熟、思量，及了別境識。”

釋曰：頌有六句，分爲二義。前之三句，釋難標宗；後之三句，出“能變”名。

前中又二：初之二句，釋通外難。其中三句，標宗正釋。世間聖教，説有“我法”，但由假立，非實有性。“我”謂主宰，“法”謂軌持。此二皆有種種相轉。我種種相，謂有情命者等、預流一來等。法種種相，謂實德業等、蘊處界等。“轉”謂隨緣，施設有異。如是諸相若由假立，依何得成？彼相皆依識所轉變而假施設。“識”謂了別。此中“識”者，亦攝心所，定相應故。“變”謂識體轉似二分，相見皆依自證起故。依斯二分，施設“我法”，彼二離此無所依故。此“我法”相，雖在内識，而由分別，似外境現。諸有情類無始時來，緣此執爲實“我”實“法”，如患夢者患夢力故。心似種種，外境相現，緣此執爲實有外境。愚夫所執實“我”實“法”，都無所有，但隨妄情而施設故，説之爲“假”。内識所變似“我”似“法”，雖有而非實“我”“法”性，然彼似現，故説爲“假”。外境隨情而施設故，非有如識。内識必依因緣生故，非無如境。由此便遮增、減二執。境依内識而假立故，唯世俗有。識是假境所依事故，亦勝義有。

其下三句，出“能變”名。即初句標，餘二句列[①]。識所變相雖無量種，而能變識類別唯三：一謂異熟，即第八識多異熟性故。二謂思量，即第七識恒審思量故。三謂了境，即前六識了境相麁故；及言顯六，合爲一種。此三皆名“能變識”者，能變有二：一、因能變，謂第八識中等流、異熟二因習氣。等流習氣由七識中善惡無記熏令生長，異熟習氣由六識中有漏善惡熏令生長。二、果能變，謂前二種習氣力故，有八識生，現種種相。等流習氣爲因緣故，八識體相差別而生，名“等流果”。果似因故，異熟習氣爲增長緣，感第八識，酬引業力恒相續故，立“異熟”名。感前六識酬滿業者從異熟起，名“異熟生”，不名“異熟”，有間斷故；即前“異熟”及“異熟生”名“異熟果”，果異因故。此中且説我愛執藏、持雜染種、能變果識名爲“異熟”，非謂一切。初略辨竟。

次下廣辨。於中有三：初十四頌半，辨三“能變”；次有一頌，顯“唯識”

① 列，録本訛作“烈”，據底本改。

義；後有八頌，釋通外難。辨三能變，即分爲三。

且初能變，其相云何？

頌曰：

“初阿賴耶識，異熟一切種。不可知執受，處了常與觸、

作意、受、想、思，相應唯捨受。是無覆無記，觸等亦如是，

恒轉如瀑[①]流，阿羅漢位捨。”

釋曰：此兩頌半以十義門釋初“能變”。“初阿賴耶識”者，是自相門。此初“能變”大小乘教名“阿賴耶”，此識具有“能藏”、“執藏”義故，謂與雜染互爲緣故，有情執爲自内我故。此即顯示所有自相，攝持因果爲自相故。此識自相分位雖多，藏初過重，是故偏説。

言“異熟”者，是果相門，此是能引諸界趣生善、不善業異熟果故，説名“異熟”，離此餘法能遍執持勝異熟果不可得故。此識果相雖多位多種，異熟寬（實）[②]不共，故遍説之。

“一切種”者，是因相門，此能執持諸法種子令不失故，名“一切種”，離此餘法能遍執持諸法種子不可得故。此中何法名爲“種子”？謂本識中親生自果功能差别，此與本識及所生果不一不異，體用因果理應爾故。種子雖依第八識體，而是此識相分，非餘見分，恒取此爲境故。諸有漏種與異熟識體無别故，無記性攝。因果俱是善等性故，亦名“善”等。諸無漏種非異熟識性所攝故，因果俱是善性攝故，唯名“善”等。由能執持此種子故，名“一切種”。是爲自相，此識因相雖有多種，持種不共，是故偏説。

“不可知執受，處了”者，所緣行相門。此中“了”者，謂異熟識於自所緣有了别用，了别即是識之行相，識以了别爲行相故。此了别用，見分所攝。所言“處”者，即器世間，是諸有情所依處故。謂異熟識由共相種成熟力故，變似色等器世間相。即外大種及所造色，雖諸有情所變各别，而相相似，處

① 瀑，底本、録本訛作“暴”，據《成唯識論》卷第二[T31n1585p7c19]改。下文“瀑流”之“瀑”底本、録本皆作“暴”，徑改之，不復校。

② 録本出校：“寬＝實【明】。”意謂“寬”字明嘉興藏（簡稱“明”）作“實”。“實”字義長。

所無異。如衆燈明,各遍似一。"執受"有二:謂諸種子及有根身。諸種子者,謂諸相名分別習氣,即異熟識所持一切有漏法種,此識性攝,故是所緣。無漏法種雖依附此識,而非此性攝故,非此所緣,雖非所緣,而不相離,如真如性不違唯識。有根身者,謂諸色根及根依處,由異熟識不共相種成熟力故,變似色根及根依處。即内大種及所造色,有共相種成熟力故,於他身處亦變似彼。不爾,應無受用他義。此諸種子及有根身倶是所緣,阿賴耶識因緣力故。自體生時,内變爲種及有根身,外變爲器,即以所變爲自所緣,行相杖(仗)[1]之而得起故。"不可知"者,謂此行相極微細故,難可了知;或此所緣内執受境亦微細故,外器世間難測故,名"不可知"。

"常與觸、作意、受、想、思相應"者,心所相應門,阿賴耶識無始時來乃至未轉,於一切位恒與此五心所相應,以是遍行心所攝故。其遍行相,後當廣釋。此觸等五與異熟識行相雖異,而時依同所緣事等,故名"相應"。而別境五不相應者,謂欲希望所樂事轉,此識任運無希望故。勝解印持決定事轉,此識瞢昧、無印持故。念唯明記曾習事轉,此識昧劣,不能明記。定能令心專注一境,此識任運刹那別緣。慧唯簡擇德等事轉,此識微昧,不能簡擇,故此不與別境相應,此識唯是異熟性故。善染污等皆不相應。惡作等四無記性者,有間斷故,定非異熟。

"唯捨受"者,與受相應門。其"相應"字兩處言故,此識行相極不明了,不能分別違、順境相,是故唯與捨受相應。又此相應受唯是異熟,隨先引業轉,不待現緣,任善惡業勢力轉故,唯是捨受。苦、樂二受是異熟生,非真異熟,待現緣故,非此相應。又由此識常不轉變,有情恒執爲自内我。若與苦、樂二受相應,便有轉變,寧執爲我?故此恒與捨受相應。

"是無覆無記"者,三性分別門。法有四種:謂善、不善、有覆無記、無覆無記。此識唯是無覆無記異熟性故。異熟若是善染污者,流轉還滅,應不得成。又此識是善染依故,若善染者,互相違故,應不與二倶作所依。又此識

① 杖,《成唯識論》卷第二[T31n1585p10a19]作"仗"。録本出校:"仗=扙【聖】。"意謂"仗"字正藏院聖語藏本(簡稱"聖")作"扙"。"仗"字義長。

是所熏性故，若善染者，如極香臭[1]，應不受熏。無所熏習，故染净因果俱不成立，故此唯是無覆無記。“覆”謂染法，障聖道故，又能蔽心、令不净故。此識非染，故名“無覆”。“記”謂善惡，有愛非愛果及殊勝自然可記别故。此非善惡，故名“無記”。“觸等亦如是”者，心所例王門，謂觸作意如阿[2]賴耶，亦是異熟所緣行相，俱不可知，緣三種境，五法相應，無覆無記，故説觸等亦如是言。隨所應説，非謂一切。不爾，如“識”名“一切種”，是則觸等受熏持種，應一有情有六種體。

“恒轉如瀑流”者，緣起法喻門。“恒”謂此識無始時來一類相續，常無間斷，是界趣生施設本故，性堅持種令不失故。“轉”謂此識無始時來念念生滅，前後變異，因滅果生非常一故，可謂轉識熏成種故。“恒”言遮斷，“轉”表非常。猶如瀑流，因果法爾。如瀑流水，非斷非常，相續長時，有所漂溺；此識亦爾，從無始來生滅相續，非常非斷，漂溺有情，令不出離。又如瀑流，雖風等擊起諸波浪，而流不斷；此識亦爾，雖遇衆緣起眼等識，而恒相續。又如瀑流，漂水上下魚草等物，隨流不捨；此識亦爾，與内習氣、外觸等法恒相續轉。如是法喻意顯此識無始因果，非“斷”、“常”義，謂此識性無始時來刹那刹那果生因滅。果生故非斷，因滅故非常。非斷非常是勝起理，故説此識恒轉如流。

“阿羅漢位捨”者，轉捨位地門。謂諸聖者斷煩惱障究竟盡時，名“阿羅漢”。爾時此識煩惱麁重永遠離故，説之爲“捨”。此中所説“阿羅漢”者通攝三乘無學果位，皆永害煩惱賊故，應受世間妙供養故，永不復受分段生故。又不動地已上菩薩一切煩惱永不行故，法駛流中任運轉故，能諸行中起諸行故，刹那刹那轉增益故，此位方名“不退菩提”。而緣此識我見、愛等不復執藏爲自内我，此位亦得名“阿羅漢”。由斯永失“阿賴耶”名。然阿羅漢斷此識中煩惱麁重究竟盡故，不復執藏爲自内我，永失此名，説之爲“捨”，非捨一切第八識體，勿阿羅漢無識持種。爾時便入無餘涅槃。然第八識雖諸有情皆悉成就，而隨義别，立種種名：謂或名“心”，由種種法熏習種子所積集故；

---

① 臭，底本、録本訛作“嗅”，據《成唯識論》卷第二[T31n1585p12a24]改。

② 阿，録本訛作“何”，據底本改。

或名“阿羅漢”，執持種子及諸色根令不捨故；或名“所知依”，能與染净所知諸法爲依止故；或名“種子識”，能遍任持世、出世間諸種子故。此等諸名，通一切位。或名“阿賴耶”，攝藏一切雜染品法令不失故，我見愛等執藏以爲自内我故。此名唯在異生有學，非無學位不退菩薩有雜染法執藏義故。或名“異熟識”，能引生死善、不善業異熟果故。此名唯在異生二乘諸菩薩位，非如來位，由有異熟無記法故。或名“無垢識”，最極清净諸無漏法所依止[①]故。此名唯在如來地有，菩薩、二乘持有漏種可受熏習、未得善净第八識故，阿賴耶名過失重故，最初捨故。此中偏説異熟識體，菩薩將得菩提時捨，聲聞、獨覺入無餘依涅槃時捨。無垢識體無有捨時，利樂有情無盡時故。然第八識總有二位：一、有漏位，無記性攝，唯與觸等五法相應，但緣前説執受處境。二、無漏位，唯善性攝，與二十一心所相應，謂遍行別境各五、善十一，與一切心恒相應故，常樂證知所觀境故，於所觀境恒印持故，於曾習境恒明記故，世尊無有不定心故，於一切法常決擇故，極净信等常相應故，無染污故，無散動故。此亦唯與捨受相應，任運恒時平等轉故，以一切法爲所緣境、鏡智遍緣一切法故。

如是已説初能變相。第二能變，其相云何？

頌曰：

“次第二能變，是識名‘末那’，依彼轉緣彼，思量爲性相。

四煩惱常俱，謂我癡、我見，並我愛、我慢，及餘觸等俱。

有覆無記攝，隨所生、所繫，阿羅漢滅定，出世道無有。”

釋曰：此三行頌總分爲二：初顯次第，後釋識相。

“次第二能變”者，顯其次第。故論釋云：“次初異熟能變識，後應辨思量能變識相。”下顯識相十門分別。

“是識名‘末那’”者，第一釋名：是識聖教，别名“末那”，恒審思量勝餘識故。此名何異第六意識？此持業釋，如藏識名，識即意故。彼依主釋，如眼識名，識異意故。然諸聖教恐此濫彼，故於第七但立意名。又標意名爲簡心識，積集了别劣餘識故。或欲顯此與彼意識爲近所依，故但名“意”。

① 止，録本訛作“正”，據底本改。

“依彼轉”者,第二所依。彼謂即前初能變識,聖說此識依藏識故,則以識種及彼現識爲俱有依方得生故,雖無間斷而有轉易、必有所依方得起故。“轉”謂流轉,顯示此識恒依彼識取所緣故。此中應明“三所依”義,恐繁不録,《百法疏》明。

言“緣彼”者,第三所緣。“彼”謂即前此所依識,聖說此識緣藏識故,但緣藏識見分爲我,不緣相分識中種子及相應法執爲我所,我、我所執不俱起故,以此識從薩迦耶見任運一類恒相續生、無容別起我所見故,無一心中有常等二境別執俱轉義故,亦不應說二執前後、此無始來一類轉故。說我、我執恒相應者,謂此執彼是我之我故,於一見義說二言。未轉依位,唯緣藏識。若已轉依,遍緣諸法,平等性智緣真俗故。

“思量爲性相”者,第四自性、第五行相。意次思量而爲自性,即復用彼爲行相故。由斯兼釋所立別名,能審思量名“末那”故。未轉依位恒審思量所執我相,已轉依位亦審思量無我相故。

“四煩惱常俱”等者,第六四惑相應。此中“俱”者顯“相應”義,謂從無始至未轉依,此意任運,恒緣藏識,與四根本煩惱相應。

“謂我癡、我見,並我愛、我慢”,“我癡”者謂無明,愚於我相、迷無我故。“我見”者謂我執,於非我法妄計我故。“我慢”者謂踞傲,恃所執我生高舉故。“我愛”者謂我貪,於所執我生耽著故。“並”表慢、愛、有見慢俱,遮餘部執“無相應”義。此四常起擾濁内心,令外轉識恒成雜染。有情由此生死輪迴,不能出離,故名“煩惱”。彼有十種,此何唯四?有我見故,餘見不生,無一心中有二慧故。如何此識要有我見?二取邪見,但分別生,唯見所斷,此俱煩惱唯是俱生修所斷故。我所邊見,依我見生,此相應見不依彼故。恒内執有我故,要有我見。由見審决,疑無容起。愛著我故,嗔不得生。故此識俱,唯四煩惱。

“及餘觸等俱”者,第七觸等相應。此中“及”者是“合集”義。所言“餘”者顯隨煩惱,謂顯末那非但與前四惑相應,及亦與彼餘隨煩惱觸等俱起故。此意俱心所十八,謂前四惑,觸等五法,八大隨惑,並別境慧。有四煩惱,義如前說。言“觸等”者,即五遍行定相應故,八大隨惑遍染心故,有覆末那是染心故。我見雖是別境惠(慧)攝,義有差別,故開爲二。何緣此意無餘心所？謂忿等十，行相麁動；此識審細，故非彼俱。無慚無愧，雖是不善；此無記故，非彼相應。謂欲希望，未遂合事；此識任運，緣遂合境。勝解印持，曾未定境；此識無始，恒緣定事。念唯明記曾習事轉，此識恒緣現所變事。定唯繫心專注一趣，此識任運刹那别緣，故此不與四别境俱。善唯是浄，此識染污，故此不與信等相應。惡作追悔先所造業。此緣現境，睡眠唯依外衆緣力。此識内起，尋伺緣外麁細事轉。此唯一類，故四不定非四惑俱。既無始來，任運一類，緣内執我，恒無轉易，與變異受不相應故，故此唯與捨受相應。未轉依位與前所説心不相應，已轉依位唯二十一心所俱起。如第八識已轉依位，唯捨受俱任運起故，恒於所緣平等轉故。

"有覆無記攝"者，第八三性分别。此意相應四煩惱等是染污故，障礙聖道，隱蔽自心，説名"有覆"。非善、不善，故名"無記"。如上二界所有煩惱定力攝持是無記故，此俱染法所依細故，任運轉故，亦無記攝。若已轉依，唯是善性。

"隨所生所繫"者，第九繫地。謂末那識隨藏識生，隨彼所生彼地所繫。若生欲界現行末那相應心所，即欲界繫。乃至有頂，應知亦然。任運恒緣自地藏識，執爲内我非他地故。若起彼地異熟藏識現在前者，名"生彼地"。染污末那，緣彼執我，即繫屬彼，名"彼所繫"。或謂彼地諸煩惱等之所繫縛，名"彼所繫"。若已轉依，即非所繫。

"阿羅漢滅定"等者，第十斷伏。"阿羅漢"者總顯三乘無學果位。此位染意種及現行俱永斷滅，故説"無有"。學位滅定出世道中俱暫伏滅，故説"無有"。謂染污意無始時來微細一類任運而轉，諸有漏道不能伏滅。三乘聖道有"伏滅"義，真無我解違我執故。後得無漏現在前時，是彼等流亦違此意。真無我解及後所得俱無漏故，名"出世道"。滅定既是聖道等流，極寂静故。此亦非有，由未永斷此種子故。從滅盡定聖道起已，此復現行乃至未滅，然此染意相應煩惱是俱生故。非見所斷，是染污故。非非所斷，極微細故。所有種子與有頂地下下煩惱一時頓斷，勢力等故。金剛喻定現在前時，頓斷此種成阿羅漢，故無學位永不復起。二乘無學迴趣大乘，從初發心至未成佛，雖實是菩薩，亦名"阿羅漢"，應義等故，不别説之。所説三位無末那者，依染分説，非無浄分。如説四位無阿賴耶，非無第八，此亦應爾。此意差别，略有三種：一、補特伽羅我見相應。二、法我見相應。三、平等性智相應。初通一切異生相續二乘有學七地已前一類菩薩有漏心位，彼緣阿賴耶識，起補特伽羅見。次通一切異生聲聞、獨覺相續一切菩薩法空智果現在前位，彼緣異熟識，起法我見。後通一切如來相續菩薩見道及修道中法空智果現在前位，彼緣無垢異熟識等，起平等性智。補特伽羅我見起位，彼法我見亦現行，我執亦依法執而起；如要迷杌，方謂人等故。我、法二見用雖有别，而不相違，同依一惠(慧)；如眼識等體雖是一，而有了别青等多用不相違故。此亦應然，二乘有學聖道滅定現在前時，頓悟菩薩於修道位。有學漸悟生空智果現在前時，皆起法執，我執已伏故。二乘無學及此漸悟法空智果不現前時，亦唯起法執，我執已斷故。八地已上一切菩薩所有我執皆永不行，或(惑)已永斷，或(惑)永伏故。法空智果不現前時，猶起法執，不相違故。法執俱意於二乘等雖名“不染”，於諸菩薩亦名爲“染”。障彼智故。故此亦名“有覆無記”。於二乘等説名“無覆”，不障彼智故。是異熟生，從異熟識恒時生故。非異熟果，此名通故。如增上緣餘不攝者皆入此攝。

如是已説第二“能變”，第三能變其相云何？

頌曰：

“次第三能變，差别有六種，了境爲性相，善不善俱非。”

釋：自下九頌，顯第三能變。於中總以八門分别：一、顯次第。二、顯名種。三、明自性。四、辨行相。五、約三性。六、解心所。七、釋諸受。八、明起位。雖有八門，攝爲三段：初有一頌，顯前五門；次有六頌，顯諸心所；後兩頌，顯現起分位。此初頌也。

“次第三能變”者此顯次第。故論釋云：“次中思量能變識，後應辨了境，能變識相。”“差别有六種”者，此辨名“種”。此識差别總有六種，隨六根境種類異故，謂名“眼識”乃至“意識”。隨根立名，具五義故。五謂依、發、屬、助、如根。雖六識身皆依意轉，然隨不共，立“意識”名。如五識身無相濫過，或唯依意，故名“意識”。辨“識”得名，心、意非例，成名“色識”乃至“法識”。隨境立名，順“識”義故，謂於六境了别名“識”。色等五識，唯了“色”等；法識遍能了一切法，或能了别法，獨得“法識”名。故六識名，無相濫失。此後隨境，立六識名。依五色根，未自在説。若得自在，諸根互用，一根發識，緣一切境，但可隨根，無相濫失。然六轉識所緣、所依麁顯極成，故此不説。“了境爲性相”者，雙顯六識自性行相，識以了别爲自性故，即復用彼爲行相故。由斯兼釋所立别名，能了别境名爲“識”故。“善不善俱非”者，此顯三性。能爲此世、他世順益，故名爲“善”；人天樂果雖於此世能爲順益，非於他世，故不名“善”。能於此世、他世違損，故名“不善”；惡趣苦果雖於此世能爲違損，非於他世，故非“不善”。於善、不善損益事中不可記别，故名“無記”。“俱非”者謂“無記”，非善不善，故名“俱非”。此六轉識若與信等十一相應，是善性攝與無漸等十法相應。不善性攝，俱不相應無記性攝。雖一一識三性不俱，六識聚中有“容俱”義，率[①]爾等流眼等五識或少或多容俱起故。若五識中三性俱轉，意隨偏注，與彼性同；無偏注者，便無記性。

次下第六釋心所。《相應論》生起云：“六識與幾心所相應？”

頌曰：

“此心所遍行，别境、善、煩惱，隨煩惱、不定，皆三受容俱。”

釋曰：於心所中，總分爲二：初有一頌，總標六位。後有五頌，廣釋差别。此總標也。頌言“此”者，此六轉識。言“心所”者，總舉六位。“遍行”等者，烈（列）[②]六位名，顯此六識總與六位心所相應。謂遍行等恒依心起，與心相應，繫屬於心，故名“心所”；如屬我物，立“我所”名。心於所緣，唯取總相。心所於彼，亦取别相，助成心事，得“心所”名。如畫師資作模填彩。其“相應”義，如前已説。雖諸心所，名義無量，而有六位種類差别：謂遍行五，别境亦五，善有十一，煩惱有六，隨煩惱有二十，不定有四。如是六位，合五十一。一切心中定可得故，緣别别境而得生故，唯善心中可得生故，性是根本煩惱攝故，唯是根本等流性故，於善染等皆不定故，故有如是六位差别。“皆三受相應”者，此即第七受相應門。此六轉識，易脱不定，非但與此心所相應，亦與三受而得俱起，皆領順、違非二相故。領順境相，遍悦身心，説名“樂受”。領違境相，逼迫身心，説名“苦受”。領中容境相於身、於心，非逼、非悦，名“不苦樂受”。如是三受，或各分二：五識相應，説名“身受”，别依身故。意識

① 率，録本訛作“卒”，據底本改。

② 烈，此當爲“列”之借字。清朱駿聲《説文通訓定聲·泰部》：“烈，假借爲列。”

相應，説名“心受”，唯依心故。又通有漏、無漏二相，苦受亦由無漏起故。或各分三：謂見所斷、修所斷、非所斷。又學、無學，非二爲三。或總分四：謂善、不善，有覆、無覆二無記受。或總分五：謂苦、樂、憂、喜、捨。三中苦、樂各分爲二，逼悦身心相各異故，由無分别有分别故，尤重輕微有差别故。不苦、不樂不分二者，非逼、非悦相無異故，無分别故，平等轉故。然此三受、五識容俱，順、違中境容俱受故，意不定與五識同故，於偏注境起一受故，無偏注者唯起捨故。未自在位，三受容俱。得自在位，唯喜樂捨，諸佛已斷苦憂事故。

次下廣辨六位心所。有五行頌，分爲五節。初有一頌，顯前二相。次有一頌，釋“善心所”。次有半頌，釋“根本惑”。次有兩頌，釋“隨煩惱”。後有半頌，顯四不定。論中生起初二相云：“且初二位其相云何？”

頌曰：

“初遍行觸等，次别境謂欲，勝解、念、定、慧，所緣事不同。”

釋曰：頌初一句，顯遍行相。六位中初遍行心所即觸、作意、受、想、思五。頌中舉觸等餘四故。

“觸”謂三和分别變異，令心、心所觸境爲性。受、想、思等，所依爲業。謂根境識更相隨順，故名“三和”。觸依彼生，令彼和合，故説爲“依”。三和合位皆有順生心所功能，説名“變異”。觸似彼起，故名“分别”。和合一切心及心所，令同觸境，是觸自性。既似順起心所功能，故以受等所依爲業。此若無者，應不和合觸一境故。

“作意”謂能警心爲性，於所緣境引心爲業，謂此警覺應起心種，引令趣境，故名“作意”。此若無者，心必不應了别境故。雖此亦能引起心所，心是主故，但説引心。

“受”謂領納順、違俱非境相爲性，起愛爲業，能起合離非二欲故。此若無者，心不應起歡慼捨相。

“想”謂於境取像爲性，施設種種名言爲“業”，謂要安立境分齊相，方能隨起種種名言。心若無此，如何能取境分齊相？

“思”謂令心造作爲性，於善、惡等役心爲業，謂能取境正因等相，驅役自心，令造善等。此若無者，心必不能造善、惡故。

由此證知，觸等五法心起必有，故名“遍行”。

次“别境”者，謂“欲”至“慧”所緣境事多分不同，於六位中次初説故。云何爲“欲”？於所樂境希望爲性，勤依爲業。所樂境者，謂欲觀境，於一切事欲觀察者有希望故，方有欲生；若不欲觀，隨因勢力任運緣者，全無欲起；由斯故説欲非遍行。若善法欲能發正勤，由彼助成一切善事，故論説此勤依爲業。云何“勝解”？於决定境印持爲性，不可引轉以爲其業，謂邪、正等教理證力於所取境審决印持，由此異緣，不可引轉，故猶豫境勝解全無，非審决心，亦無勝解，由斯勝解亦非遍行。云何爲“念”？於曾習境令心明記不妄(忘)[①]爲性，定依爲業，謂數憶持曾所受境，令不妄(忘)失，能引定故。於曾未受體類境中全不起念，設曾受境，不能明記，念亦不生，故念必非遍行所攝。云何爲“定”？於所觀境，令心專注不散爲性，智依爲業，謂觀德(得)[②]、失俱非境中，由定令心專注不散，依斯便有决擇智生。心專注言，顯所欲住即便能住，非唯一境。不爾，見道歷觀諸諦，前後境别，應無等持。若不繫心專注境位，便無定起，故非遍行。云何爲“慧”？於所觀境簡擇爲性，斷疑爲業，謂觀德(得)、失俱非境中，由慧推求得决定故。於非觀察愚昧心中無簡擇故，非遍行攝。此别境五。第七、八識，隨位有無，如前已[③]説。第六意識諸位容俱，依轉、未轉皆不遮故。眼等五識容有此五，雖無增上希望等相，而有“微劣樂境”等義。遮等引故，説性散動。非遮等持，故容有定。由有智故，説眼、耳通是眼、耳識相應智性。餘三准此，有慧無失。未自在位，此五或無。得自在時，此五定有。如七、八識已轉依位，一切皆與五受相應。論説憂根，於無上法思慕愁感，求欲證故。純受苦處[④]，希求解脱，意有苦根前已説故。論説貪、愛、憂、苦相應，此貪、愛俱，必有欲故。由斯欲等，五受相應。此五復依性界地等諸門分别，如理應思。

---

① 妄，此當讀如“忘”(二字《廣韻》皆可音巫放切)。下“妄”字同。徑括注其本字，不復校。

② 德，此當讀如“得”。《荀子·解蔽》：“德道之人，亂國之君非之上，亂家之人非之下，豈不哀哉！”王念孫《讀書雜誌·荀子七》：“德道，即得道也。”此字録本出校：“德＝得【明】。”意謂“德”字明嘉興藏(簡稱“明”)作“得”。下“德”字同。徑括注其本字，不復校。

③ 已，録本訛作“己”，據底本改。

④ 處，底本、録本訛作“受”，據《成唯識論》卷第二[T31n1585p29b4]改。

已説遍行、别境二位，善位心所其相云何？

頌曰：

“善謂信、慚愧、無貪等三根，勤、安、不放逸，行捨及不害。”

釋曰：此顯第三善位心所。然此頌文，有其三節。初言“善”者，摽(標)[1]位名義。次言“信”等，出位自性。後説及言，顯别心所。唯善心俱，名“善心所”；故“信”、“慚”等，定有十一。云何爲“信”？於實德能深忍樂欲，心净爲性，對治不信樂善爲業。“忍”謂勝解，即是信因；“樂欲”謂欲，即是信果。此性澄清，能净心等，以心勝故，立“心净”名。如净水清珠，能清濁水，由斯對治不信心愛樂，證修世、出世善。三信差别，《百法疏》明。云何爲“慚”？依自法力，崇重賢善爲性，對治無慚，止息惡行爲業；謂依自法，尊貴增上，崇重賢善，羞耻過惡，對治無慚，息諸惡行。云何爲“愧”？依世間力，輕拒暴惡爲性，對治無愧，止息惡行爲業；謂依世間訶、厭增上，輕拒暴惡，羞耻過罪，對治無愧，止息惡行。善心起時，隨緣何境，皆有“崇重善”及“輕拒惡”義，故“慚”與“愧”俱遍善心。“無貪等”者等無嗔癡，此三名根生善勝故，三不善根近對治故。云何“無貪”？於有、有具無著爲性，對治貪著，作善爲業。云何“無嗔”？於苦、苦具無恚爲性，對治嗔恚，作善爲業。善心起時，隨緣何境，皆於有等無著、無恚。觀“有”等立，非要緣彼，如前慚愧觀善、惡立，故此二種俱遍善心。云何“無癡”？於諸理事明解爲性，對治愚癡，作善爲業。以此三種爲善根本，是故皆言“作善爲業”。“勤”謂精進，於善惡品修斷事中勇悍爲性，對治懈怠，滿善爲業。“勇”表勝進，簡諸染法；“悍”表精淳，簡净無記，即顯精進唯善性攝。五相差别，《百法疏》明。“安”謂輕安，遠離麁重，調暢身心，堪任爲性，對治惛沈，轉依爲業；謂此伏除，能障定法，令所依止轉安適故。故此輕安唯在定地調暢身心，餘位無故。由定滋養，有調暢故，故唯此一不遍善心，除此餘十遍善心起。“不放逸”者，精進三根，於所斷修，防修爲性，對治放逸，成滿一切世、出世間善事爲業；謂於四法於修斷事皆防修，名“不放逸”，非别有體，無異相故。於防惡事、修善事中，離四功能，無别用故。云何“行捨”？精進三根，令心平等正直，無功用住爲性，對治掉舉，静住爲

① 摽，此當爲“標”之借字。清朱駿聲《説文通訓定聲・小部》：“摽，又假借爲標。”

業；謂於四法，令心遠離掉舉等障，静住名“捨”，平等正直，無功用住。初、中、後位辨捨差別，由不放逸，先除雜染，捨復令心寂静而住。此無別體如（而）不放逸，離彼四法無相用故，能令寂静即四法故，所令寂静即心等故。云何“不害”？於諸有情不爲損惱，無嗔爲性，能對治害，悲愍爲業；謂即無嗔於有情所不爲損惱，假名“不害”；“無嗔”翻對“斷物命嗔”，“不害”正違“損惱物害”。無嗔與樂，不害拔苦，是謂此二麁相差別。理實無嗔，實有自性，不害依彼，一分假立，爲顯慈、悲二相別故，利樂有情彼二勝故。及顯十一義別心所，謂欣、厭等善心所法，雖義有別、説種種名，而體無異，故不別立。“欣”謂欲俱無嗔一分，於所欣境不憎恚故；不忿、恨、惱、嫉等亦然，隨應正翻“嗔一分”故。“厭”謂慧俱無貪一分，於所厭境不染著故；不慳憍等，當知亦然，隨應正翻“貪一分”故。不覆諂誑，無貪、癡一分，隨應正翻“貪、癡一分”故。不慢即是慚一分攝，若崇重彼、不慢彼故。不疑即是正直所攝，以正見者無猶豫故。不散亂體，即正定攝。“不妄念”者，即是正念。悔眠尋伺，通染、不染。如觸欲等，無別翻對。何緣諸染所翻善中有別翻對、有不爾者？相用別者，便別立之；餘善不然，不應爲例。又諸染法遍六識者，勝故翻之，別立善法。慢等、忿等，唯意識俱，害雖亦然，而數現起損惱他故，障無上乘勝因悲故，爲了知彼增上過失，翻立“不害”。失念散亂及不正知翻入別境，善中不説。染、净相翻，净令少染，净勝染劣、少敵多故。又解理通，説多同體，迷情事局，隨相分多，故於染、净不應齊責。第七、八識，隨位有、無。若前六識，定位皆有。若非定位，唯闕輕安；由其五識亦有定故，定所善引者亦有調暢故，成所作智俱必有輕安故。諸餘門義，《百法疏》明。樂博聞者，應學廣論。

如是已説善位心所，煩惱心所其相云何？

頌曰：

“煩惱謂貪、嗔、癡、慢、疑、惡見。”

釋曰：此顯六種根本煩惱。此貪等六性是根本煩惱攝故，得“煩惱”名。云何爲“貪”？於有、有具染著爲性，能障無貪，生苦爲業，謂由愛力取藴生故。云何爲“嗔”？於苦、苦具憎恚爲性，能障無嗔，不安惡行所依爲業，謂嗔必令身心熱惱，起諸惡業，不善性故。云何爲“癡”？於諸理事迷闇爲性，能障無癡，一切雜染所依爲業，謂由無明起疑、邪定、貪等煩惱，隨煩惱業，能招後生雜染法故。云何爲“慢”？持己於他高舉爲性，能障不慢，生苦爲業，謂若有慢，於德有德心不謙下，由此生死輪轉無窮，受諸苦故。云何爲“疑”？於諸諦理猶豫爲性，能障不疑善品爲業，謂由疑故，令慧不决，懷猶豫心，善不生故。云何“惡見”？於諸諦理顛倒推度，染慧爲性，能障善見，招苦爲業，謂惡見者多受苦故。此見行相，差别有五：一、薩迦耶見，謂於五取蘊執我、我所，一切見趣所依爲業。二、邊執見，謂即於彼隨執斷常，障處中行，出離爲業。三、邪見，謂謗因果作用實事，及非四見諸餘邪執，如增上緣，名義遍故。四、見取，謂招諸見及所依蘊，執爲最勝能得清浄，一切鬪諍所依爲業。五、戒禁取，謂於隨順諸見戒禁及所依蘊，執爲最勝能得清浄，無利苦勤所依爲業。此十煩惱何識相應？藏識全無。末那有四。意識具十。五識唯三，謂貪、嗔、癡無分别故，由稱量等起慢等故。既與諸識而得相應，皆有相分，其所杖(仗)①質或有或無，名“緣有事、無事煩惱”。彼親所緣雖皆有漏，而所杖(仗)②質亦通無漏，名“緣有漏、無漏煩惱”。緣自地者，相分似質，名“緣分别所起事境”。緣滅道諦及他地者，相分與質不相似故，名“緣分别所起名境”。此十復依性繫地等諸門分别，如《百法疏》已略辨説，此無繁舉。

已説根本六煩惱相，諸隨煩惱其相云何？

頌曰：

“隨煩惱謂忿，恨、覆、惱、嫉、慳，誑、諂與害、憍，無慚及無愧。

棹舉與惛沈，不信並懈怠，放逸及失念，散亂、不正知。”

釋曰：此顯二十隨煩惱也。唯是煩惱分位差别等流性故，名“隨煩惱”。此二十種，類别有三：謂“忿”等十各别起故，名“小隨煩惱”。“無慚”等二遍不善故，名“中隨煩惱”。“棹舉”等八遍染心故，名“大隨煩惱”。云何爲“忿”？依對現前不饒益境憤發爲性，能障不忿，執杖(仗)③爲業，謂懷忿者多發暴惡身表業故。云何爲“恨”？由忿爲先，懷惡不捨，結怨爲性，能障不恨，

①② 杖，《成唯識論》卷第二[T31n1585p33a22]作“仗”。録本出校：“仗＝扙【聖】。”意謂“仗”字正藏院聖語藏本(簡稱“聖”)作“扙”。“仗”字義長。

③ 杖，《成唯識論》卷第二[T31n1585p33b10]作“仗”。録本出校：“仗＝扙【聖】。”意謂“仗”字正藏院聖語藏本(簡稱“聖”)作“扙”。“仗”字義長。

熱惱爲業，謂結恨者不能含忍、恒熱惱故。云何爲“覆”？於自作罪恐失利、譽，隱藏爲性，能障不覆，悔惱爲業，謂覆罪者後必悔惱，在因、在果不安隱故。云何爲“惱”？忿恨爲先，追觸暴熱，佷戾爲性，能障不惱，蛆螫爲業，謂追往惡，觸現違緣，心便佷戾，多發囂暴兇鄙麁言蛆螫他故。云何爲“嫉”？殉自名、利，不耐他榮，妒忌爲性，能障不嫉，憂、慼爲業，謂嫉妒者聞見他榮，深懷憂慼、不安隱故。云何爲“慳”？耽著財、法，不能惠捨，祕悋爲性，能障不慳，鄙畜爲業，謂慳悋者心多鄙澁，畜積財法、不能捨故。云何爲“誑”？爲獲利、譽，矯現有位，詭詐爲性，能障不誑，邪命爲業，謂矯誑者心懷異謀，多現不實，邪命事故。云何爲“諂”？爲罔他故，曲順[①]時宜，矯設方便，爲取他意，或藏已失，不任師友正教誨故。云何爲“害”？於諸有情心無悲愍，損惱爲性，能障不害，逼惱爲業，謂有害者逼惱他故。云何爲“憍”？於自盛事深生染著，醉傲爲性，能障不憍，染依爲業，謂憍醉者生長一切雜染法故。云何“無慚”？不顧自法，輕拒賢善爲性，能障礙慚，生長惡行爲業，謂於自法無所顧者，輕拒賢善，不耻過惡，障慚生長諸惡行故。云何“無愧”？不顧世間，崇重暴惡爲性，能障礙愧，生長惡行爲業，謂於世間無所顧者，崇重暴惡，不耻過罪，障愧生長諸惡行故。通、别等相，《百法疏》明。云何“掉舉”？令心於境不寂静爲性，能障行、捨奢摩他爲業，謂由掉舉自性囂動，令俱生法不寂静故。云何“惛沈”？令心於境無堪任爲性，能障輕安，毘鉢舍那爲業，謂由惛沈，自性瞢重，令俱生法、無堪任故。云何“不信”？於實德能不忍樂欲，心穢爲性，能障浄信，惰依爲業，謂不信者多懈怠故，於實德能不忍樂欲。及於餘事邪忍樂欲。是此因果，非此自性。云何“懈怠”？於善、惡品修斷事中嬾惰爲性，能障精進，增染爲業，謂懈怠者滋長染故，於諸染事而策勤者，亦名“懈怠”，退善法故。於無記事而策勤者，於諸善惡無進退故，是欲勝解，非别自性。云何“放逸”？於染浄品不能防修，縱蕩爲性，障不放逸，增惡損善，所依爲業，謂由懈怠及貪嗔癡，於染浄品不能防修，總名“放逸”，無别自性。云何“失念”？謂於所緣不能明記爲性，能障正念，散亂所依爲業，謂失念者心散亂故，癡令念失，故名“失念”，故以癡念而爲自性。云何“散亂”？於諸所緣，

① 順，録本訛作“須”，據底本改。

令心流蕩爲性，能障正念，惡慧所依爲業，謂由散亂，自性躁動，令俱生法皆流蕩故。“掉舉”易解，“散亂”易緣。差别之義，如《百法疏》。云何“不正知”？於所觀境，謬解爲性，能障正知，毁犯爲業，謂不正知者多所毁犯故。“知”即是慧，謂由癡故，令知不正，名“不正知”，故以癡慧合爲自性。“與”“並”“及”言顯“隨煩惱”非唯二十，《雜事》等説“貪”等多種隨煩惱故，“隨煩惱”名亦“攝煩惱”，是前煩惱等流性故。煩惱同類，餘染污法但名“隨煩惱”，非煩惱攝故。唯説二十隨煩惱者，謂非煩惱，唯染麁故。此餘染法或此分位，或此等流，皆此所攝。隨其類别，如理應知。此唯染故，非第八俱。第七識中唯有大八，第六意識容有一切。小十麁猛，五識中無；中大相通，五識容有。諸門分别，《百法疏》明。更有餘義，非要不述。

已[①]説二十隨煩惱相，不定有四其相云何？

頌曰：

“不定謂悔、眠，尋、伺二各二。”

釋曰：此顯第六不定位相。文中三節。言“不定”者，舉“不定”名；“謂悔、眠”等，舉“不定”相；“二各二”者，顯“不定”義，悔、眠、尋、伺於善染等皆不定故，非如觸等定遍心故，非如欲等定遍地故，立不定故。“悔”謂惡作，惡所作業追悔爲性，障止爲業。此即於果，假立因名，先惡所作業，後方追悔故。悔先不作，亦惡作攝。如追悔言：“我先不作如是事業，是我惡作。”“眠”謂睡眠，令不自在昧略爲性，障觀爲業，謂睡眠者身不自在，心極闇劣，一門轉故。昧簡在定，略别寤時，令顯睡眠非無體用，有無心位，假立此名，如餘蓋纏，心相應故。“尋”謂尋求，令心怱遽，於意、言境麁轉爲性。“伺”謂伺察，令心怱遽，於意、言境細轉爲性。此二俱以安、不安住身心分位所依爲性，並用思慧一分爲體，於意、言境不深推度及深推度義類别故，若離思慧，尋、伺二種體類差别不可得故。“二各二”者，顯二種二：一謂悔眠，二謂尋伺，此二二種種類各别故。一二言顯二二種。此二各二，謂染、不染，非如善染各唯一故。或唯簡染，故説此言。有亦説爲隨煩惱故，爲顯“不定”義，説“二各二”言，故置此言，深爲有用。四皆不與第七、第八俱，與第六識可容俱

---

① 已，録本訛作“已”，據底本改。

起,非是五識相應法故。餘門分别,如《廣論》明。取要而言,如《百法疏》。如是六位諸心所法,爲離心體有别自性,爲即是心分位差别?若離心體有别自性,如何聖教説唯有識?《莊嚴論》頌復云何通?[□□□□][如彼頌言][①]:"許心似二現,如是似貪等。或似於信等,無别染善法。"若即是心分位差别,如何聖教説心相應?他性相應、非自性故。又如何説心與心所俱時而起,如日與光?《瑜伽論》頌復云何通?[□□□□][如彼頌言][②]:"五種性不成,分位差過失。因緣無别故,與聖教相違。"應説離心有别心所,以心勝故,説唯識等。心所依心,勢力主故,説似彼現,非即彼心。又識心言,亦攝心所,恒相應故,唯識等言及現似彼皆無有失。此依世俗,若依勝義,心與心所非即非離,諸識相望應知亦然。是謂大乘真俗妙理,第三能變九頌、七門,攝爲三段。

前求已辨六門二義,次下第三現起分位。《論》生起云:"已説六識心所相應,云何應知現起分位?"

頌曰:

"依止根本識,五識隨緣現,或俱或不俱,如濤波依水。

意識常現起,除生無想天,及無心二定,睡眠與悶絶。"

釋曰:頌有兩節。初句總標六依本識,七句别顯六識現起。"根本識"者,阿陀那識,染净諸識生根本故。言"依止"者謂前六識,以根本識爲共親依。言"五識"者謂前五識,種類相似,故總説之。"隨緣現"言顯非常起,"緣"謂作意、根境等緣,謂五識身内依本識,外隨作意五根境等衆緣和合方得現前。由此或俱、或不俱起,外緣合者有頓、漸故。如水濤波,隨緣多少。此等法喻,廣説如經。由五轉識行相麁動,所藉衆緣,時多不具,故起時少,不起時多。第六意識雖亦麁動,而所藉緣無時不具,由違緣故,有時不起。第七、八識行相微細,所藉衆緣一切時有,故無緣礙,令總不行。又五識身不能思慮,唯外門轉,起藉多緣,故斷時多,現行時少。第六意識自能思量,内、外門轉不藉多緣,唯除五位,常能現起,故斷時少,現起時多。由斯不説此隨

① "如彼頌言"四字底本、録本無,據《成唯識論》卷第二[T31n1585p36c26]補。

② "如彼頌言"四字底本、録本無,據《成唯識論》卷第二[T31n1585p37a3]補。

緣現。五位者何？“生無想”等。“無想天”者，謂修彼定，厭麁想力，生彼天中，違不恒行、心及心所，想滅爲首[①]，名“無想天”。故六轉識除其初生及命終位，中間皆斷，彼天唯在第四静慮，下想麁動難可斷故，上無無想異熟處故，即能引發無想定思、能感彼天異熟果故。“及無心二定”者，謂無想、滅盡定。俱無六識，故名“無心”。“無想定”者，謂有異生伏遍净貪，未伏上染，由出離想，作意爲先，令不恒行心心所滅，想滅爲首[②]，立“無想”名；令身安和，故亦名“定”。此定唯屬第四静慮，又唯是善彼所引故，要於欲界先修習已，後生色界能引現前。此由厭想欣彼果入，故唯有漏，非聖所起。“滅盡定”者，謂有無學。或有學聖，已伏惑離無所有貪，上貪不定，由止息想，作意爲先，令不恒行，恒行染污、心心所滅，立“滅盡”名；令身安和，故亦名“定”；由偏厭受想，亦名“滅彼定”。此定初修，必[□][依][③]有頂遊觀無漏爲加行入，次第定中最居後故。雖屬有頂，而是無漏。若謂此定已得自在，餘地心後亦得現前。雖屬道諦，而是非學、非無學攝，似涅槃故。此定初起，唯在人中，佛及弟子説力起故，人中慧解極猛利故。後上二界，亦得現前，於意成天起此定故。要斷三界見所斷惑，方起此定，異生不能伏滅有頂心、心所故。此定微妙，要證二空，隨應後得所引起故。若修所斷煩惱之中，斷下四地，餘伏惑斷，然後方能初起此定，變異受俱煩惱種子障定强故。彼隨所應，生上五地皆得後起。若諸[④]菩薩先二乘位已得滅定後迴心者，一切位中能起此定。或有乃至七地滿心，方能永斷一切煩惱。或從初地即能永伏一切煩惱，如阿羅漢，彼十地中皆起此定。“無心……睡眠與悶絶”者，謂有極重睡眠悶絶，令前六識皆不現行。其“無心”字流至此，故簡彼有心睡眠悶絶，以輕睡等亦有心故。疲極等緣所引身位違前六識，故名“極重睡眠”。此睡眠時，雖無彼體，而由彼似彼，故假説彼名。風、熱等緣所引身位亦違六識，故名“極重悶絶”。除斯五位，意識恒起。正死、生時，亦無六識，何故但説五位不行？應

① 首，底本、録本訛作“簡”，據《成唯識論》卷第二[T31n1585p37b5]改。

② 首，底本、録本訛作“簡”，據《成唯識論》卷第二[T31n1585p37b27]改。

③ 依，底本、録本無，據《成唯識論》卷第二[T31n1585p37c19]補。

④ 諸，録本訛作“謂”，據底本改。

説死生即悶絶攝,彼是最極悶絶位故。説及與言,顯五無雜。此顯識斷已後時,依本識中自種還起,由此不説"入無餘依"。此五位中,異生有四。除在滅定,聖説後三。於中如來自在菩薩唯得有一,無睡眠故。是故八識一切有情,心與末那二恒俱轉。若起第六,則三俱轉。餘隨緣合,起一至五,則四俱轉,乃至八俱。諸根境等,和合力齊,識前後生不應理故。是謂説此"識俱轉"義。雖多識俱轉,唯立一有情,所依異熟識唯有一體故。多識俱轉,何不相應?非同境故。設同境者,彼、此所依體數異故。如五根識,互不相應,八識自性不可言"定一",行、相所依緣相應異故,又一滅時餘不滅故。亦非定異,經説八識如水波等無差别故,定異應非因果性故。如是所説識差别相,依理世俗,非真勝義,真勝義中心言絶故。前十四頌,已廣分别三"能變"義,釋前略標。此"能變"唯三,謂異熟、思量、了别境識意。次有一頌,顯"唯識"義,即釋略中彼"依識所變"義。

論中生起此一頌云:"已廣分别三能變相爲自所變二分所依,云何應知依識所變假説我法、非别實有?由斯一切唯有識耶?"

頌曰:

"是諸識轉變,分别、所分别,由此彼皆無,故一切唯識。"

釋曰:此答前問,顯"唯識"義。"是諸識"者,謂前所説三能變識及彼心所,皆能變似見、相二分,立"轉變"名。所變見分,説名"分别",能取相故。所變相分,名"所分别",見所取故。由此正理,彼實我法,離識所變,皆定非有,離能所取無别物故,非有實物離二取故。是故一切有爲、無爲,若實若假,皆不離識。唯言謂遮離識實物,非不離識心所法等。由何教理,"唯識"義成?如契經説:"三界唯心。"又説:"所緣唯識所現。"又説:"諸法皆不離心。"又説:"有情隨心垢净。"又説:"成就四智,菩薩能隨悟入唯識無境:一、相違識相智,謂於一處鬼、人、天等,隨業差别,所見各異。境若實有,此云何成?二、無所緣識智,謂緣過、未夢鏡像等非實有境,識現可得。彼境既無,餘亦應爾。三、自應無倒智,謂愚夫智若得實境,彼應自然成無顛倒,不由功用而得解脱。四、隨三智轉智:一謂自在者智轉智,謂已證得心自在者,隨欲轉變地等皆成。境若實有,如何可成?二隨觀察者智轉智,謂得勝定修諸觀者,隨觀一境,衆相現前。境若是實,寧隨心轉?三隨無分别智轉智,謂起證實無分別智,一切境相皆不現前。境若是實,何容不現?菩薩成就此四智者,於唯識理決定悟入。此等聖教,誠證非一。極成眼等識五隨一故,如餘不親緣離自色等,餘識識故,如眼識等亦不親緣離自諸法。此親(説)[①]所緣,定非離此,二隨一故,如彼能緣。所緣法故,如相應法,决定不離心及心所。此等正理,誠證非一,故於唯識,應深信受。若唯内識似外境起,寧見世間情、非情物?處、時、身、用,定、不定轉。如夢境等,應釋此疑。如夢未覺,不能自知;要至覺時,方能追覺。覺時境色,應知亦然;未真覺位,不能自知;至真覺時,方能追覺。未得真覺,恒處夢中,故佛説爲"生死長夜",由斯未了色境唯識。若唯内識,實無外境,如何世尊説十二處?依識所變,非别實有;爲入我空,説六二法。如遮斷見,説續有情;爲入法空,復説唯識,令知外境亦非有故。若爾,唯識豈非是空?不爾,如何?非所執故,謂依識變,妄執實法,理不可得。説爲"法空",非無離言正智所證唯識性故,説爲"法空"。此識若無,便無俗諦。俗諦無故,真諦亦無,真、俗相依而建立故。撥無二諦,是惡取空。諸佛説爲不可治者,應知諸法有空、不空。故唯識言,顯斯造色等外境,分明現證,現量所得,寧撥爲無?現量證時,不執爲外,後意分别,妄生外想。故現量境,是自相分,識所變故,亦説爲有。意識所執外實色等,妄計有故,説彼爲無。外境實無,可非内識境;他心實有,寧非自所緣?誰(雖?)説他心非自識境,但不説彼是親所緣[②],謂識生時,無實作用,非如手等親執外物。日等舒光,親照外境,但如鏡等,似外境現,名"了他心",非親能了。親所了者,謂自所變。故契經説:"無有少法能取少法。"但識生時,似彼相現,名"取彼物"。如緣他心,色等亦爾。若唯有識,寧有十方凡聖尊卑因果等别?誰爲誰説?何法何求?誰言唯識但有一識。不爾,如何?汝應諦聽:識言總顯一切有情,各有八識、六位心所、所變相見分位差别及彼空理所顯真如,識自相故,識相應故,二所變故,三分位故,四實性故。如是諸法,皆

---

① 録本出校:"親=説【明】。"意謂"親"字明嘉興藏(簡稱"明")作"説"。"説"字義長。

② 結合文意,此句中"誰"似爲"雖"之訛字。該字《宗鏡録》卷第六十四[T48n2106p777a2]即作"雖"。《宗鏡録》卷第六十四釋此句曰:"意云雖説他人心非此人境,若此人親緣他人心,即不得。"[T48n2106p777a3—a4]

不離識，總立“識”名。故“唯識”言，有深意趣。唯言但遮愚夫所執、定離諸識、實有色等。若如實知唯識教意，便無顛倒，善備資糧，達入法空，證無上覺，救拔含識生死輪迴。非全撥無惡取空者，違背聖教，能成是事，故定應信一切唯識。

自下第三，有八行頌，釋通外難。於中有二：初有二頌，釋違理難。後有六頌，釋違教難。前中有二：初有一頌，釋種種分，别不成難。後之一頌，釋生死相，續不成難。

論中生起初難云：“若唯有識，都無外緣，由何而生種種分别？”

頌曰：

“由一切種識，如是如是變，以展轉力故，彼彼分别生。”

釋曰：頌中三節，前之兩句釋種子緣，第三句釋現行緣，第四一句所生分别。“一切種識”謂本識中能生自果功能差别，此生等流、異熟、士用、增上果，故名“一切種”，除離繫者非種生故。彼雖可證而非種果，要親起道斷結得故，有“展轉”義，非此所説，此説能生分别種故。此識爲體，故立“識”名，種離本識無别性故。“種識”二言簡非種識，有識非種、種非識故。又“種識”言顯識中種，非持種識，後當説故，此識中種餘緣助故。即便如是如是轉變，謂從生位轉至熟時，顯變種多，重言“如是如是”，謂一切種攝三熏習、共不共等種識盡故。“展轉力”者，謂八現識及彼相應相見分等，彼皆互有相助力故。即現識等總名“分别”，虚妄分别爲自性故。分别類多，故言“彼彼”。此頌意説：雖無外緣，由本識中有一切種轉變差别，及以現行八種識等展轉力故，彼彼分别而亦得生，何假外緣，方起分别？清净法起，應知亦然，净種現行爲緣生故。雖“分别”言總顯三界心及心所，而隨勝者，諸聖教中多門顯示，或説爲二、三、四、五等，如餘論中具廣分别。此中應明四緣之義，恐繁不述，《百法疏》明。

次通生死不成難。《論》生起云：“雖有内識，而無外緣，由何有情生死相續？”

頌曰：

“由諸業習氣、二取習氣俱，前異熟既盡，復生餘異熟。”

釋曰：頌之四句，總分爲二：上半通前所藉緣種，下半正明生死相續。

“諸業”謂福、非福不動，即有漏善、不善思業。業之眷屬，亦立“業”名，同招引、滿異熟果故。此雖纔起無間即滅，無義能招當異熟果，而熏本識，起自功能，即此功能，説爲“習氣”。是業氣分熏習所成，簡曾現業，故名“習氣”。如是習氣展轉相續，至成熟時，招異熟果。此顯當果勝增上緣。相見、名色、心及心所、本末、彼取，皆二取攝。彼所熏發，親能生彼本識上功能，名“二取習氣”。此顯來世異熟果心及彼相應諸因緣種。“俱”謂業種、二取種俱，是疏親緣互相助義。業招生顯，故論先説。“前異熟”者，謂前前生業異熟果。“餘異熟”者，謂後後生業異熟果。雖二取種受果無窮，而業異熟受果有盡；由異熟果性別難招，等流、增上性同易感。由感餘生業等種熟，前異熟果受用盡時，復別能生餘異熟果。由斯生死輪轉無窮，何假餘緣方得相續？此頌意説：由業二取，生死輪迴，皆不離識，心心所法爲彼性故。此中所説業習氣等，應知即是三種習氣：一、名言習氣，彼有爲法各別親種。名言有二：一、表義名言，即能詮表音、聲差别。二、顯境名言，即能了境心、心所法。隨二名言所熏成種，作有爲法各别因緣。二、我執習氣，謂虚妄執我、我所種。我執有二：一、俱生我執，即修所斷我、我所執。二、分别我執，即見所斷我、我所執。隨二我執所熏成種，令有情等自、他差别。三、有支習氣，謂招三界異熟果種。有支有二：一、有漏善，即是能招可愛果業。二、諸不善，即是能招非愛果業。隨二有支所熏成種，令異熟果善、惡趣别。應知我執有支習氣，於差别果，是增上緣。此中所言“業習氣”者，應知即是有支習氣。二取習氣應知即是我執、名言二種習氣。取我、我所及取名言而熏成故，皆説名“取”。既由習氣生死輪迴，所感生死有麁、細異，故諸經論説有二種：一、分段生死，謂諸有漏善、不善業，由煩惱障緣助勢力，所感三界麁異熟果，身命短、長，隨因緣力，有定齊限，故名“分段”。二、不思議變易生死，謂諸無漏有分别業，由所知障緣助勢力，所感殊勝細異熟果，由悲願力，改轉身命，無定齊限，故名“變易”。無漏定願，正所資感，妙用難惻(測)，名“不思議”。或名意成身，隨意願成故。何用資感生死果？爲自證菩提利樂他故，以不定姓(性)獨覺、聲聞及得自在大願菩薩已永斷伏煩惱障故，無容復受當分段身。恐廢長時修菩薩行，遂以無漏勝定願力，如延壽法資現身因，令彼長時感果不絶。數數如是定願資助，乃至證得無上菩提。彼復何須所知障助？以所知障障大菩提，爲欲斷除，留身久住。又所知障爲有漏依，此障若無，彼定非有，故於身住有大助力。由此應知變易生死性是有漏異熟果攝，於無漏業是增上果，前、後、中際生死輪迴，不待外緣。既由内識，净法相續，應知亦然。謂無始來，依附本識有、無漏種，由轉識等數數熏[①]發，漸漸增勝，乃至究竟得成佛時，轉捨本來雜染識種，轉得始起清净種識，任持一切功德種子，由本願力，盡未來際，起諸妙用，相續無窮。由此應知唯有内識。

上來釋違理難竟，次下六頌釋違教難。前三頌釋違三性難，後三頌釋違無性難。其釋初難《論》生起云："若唯有識，何故世尊處處經中說有三性？應知三性亦不離識，所以者何？"

頌曰：

"由彼彼遍計，遍計種種物。此遍計所執，自性無所有。

依他起自性，分别緣所生。圓成實於彼，常遠離前性。

故此與他依，非不異非異，如無常等性，非不見此彼。"

釋曰：此三行頌釋三性難。初一頌，明遍計所執。於中初句顯能遍計，第二示所遍計境，後半方申遍計所執。能遍計者，謂六、七識周遍計度，故名"遍計"。品類衆多，故言"彼彼"。計度分别，爲能遍計，以五、八識無計度故。執我法者，必由有慧，第八不與慧相應故。五識雖與微慧相應，但任運緣無計度故。末那雖不遍緣諸境，亦名"意識"，能執類故。所遍計者是依他起，遍計心等所緣緣故。圓成實性非是彼境，真非妄執所緣境故。依展轉説，亦所遍計。遍計所執雖是彼境，而非所緣緣故，非所遍計。遍計所執，其相云何？與依他起，復有何别？謂有一切心及心所由熏習力所變，二分從緣生故，皆依他起。遍計依斯妄執定實有無、一異、俱不俱等，此二方名"遍計所執"。此所執性都無所有，教理推徵[②]不可得故。其次半頌，顯依他起。所言"分别緣所生"者，以諸染净心、心所法皆名"分别"，别緣遍故。是則一切染净依他，皆是此中依他起攝。後一頌半，顯圓成實。即前二句，正顯其性；其次三句，顯與依他非一、非異；其第四句，顯由證此了依他幻。二空所顯圓

---

① 熏，録本訛作"重"，據底本改。

② 徵，録本訛作"微"，據底本改。

滿成就諸法實性，名“圓成實”。顯此遍常體非虛謬，簡自共相、虛空我等。無漏有爲，離倒究竟，勝用周遍，亦得此名。然今頌中説初非後，此即於彼依他起上，常遠離前遍計所執。二空所顯，真如爲性。説“於彼”言，顯圓成實與依他起不即不離。“常遠離”言，顯妄所執能、所二取理恒非有。前言義顯不空依他，性顯二空非圓成實，真如離有離無性故。由前理故，此圓成實與彼依他起非異、非不異，異應真如非彼實性，不異此性應是無常。彼此應浄非浄境，則本、後智用應無別。如彼無常無我等性與行等法非一、非異，異應彼法非無常等，不異此應非彼共相。由斯喻顯此圓成實與依他起非一、非異，法與法性理必應然，勝義、世俗相待立故。非不證見此圓成實，而能見彼依他起性，未達遍計所執性空，不如實知依他有故。無分別智證真如已，後得智中方能了達依他起性如幻事等。此中意説：三種自性皆不遠離心、心所法。謂心、心所及所變現衆緣生故，如幻事等非有似有，誑惑愚夫，一切皆名“依他起性”。愚夫於此横執我法有無、一異、俱不俱等，如空花等，性相都無，一切皆名“遍計所執”。“依他起”上，彼所妄執我、法俱空。此空所顯識等真性，名“圓成實”。是故此三不離心等。虛空擇滅非擇滅等，何性所攝？三性容攝。心等變似虛空等相，隨心生故，依他起攝。愚夫於此妄執實有，此即遍計所執性攝。若於真如假施設有“虛空”等義，圓成實攝。有漏心等定屬依他，無漏心等容二性攝。衆緣生故攝屬依他，無顛倒故圓成實攝。三性五事，相攝云何？諸聖教説相攝不定。依“不雜亂”義相説者，説依他起，攝彼相、名、分別、正智；圓成實性，攝彼真如。遍計所執，不攝五事。彼説有漏心、心所法，變似所詮，説名爲“相”。似能詮現，施設爲“名”。能變心等，立爲“分别”。無漏心等離戲論故，但總名“正智”，不説“能、所詮”。四從緣生，皆依他起。三解脱門所行境界，與此三性相攝云何？理實皆通，隨相各一。空無相願，如次應知。緣此復生三無生忍：一、本性無生忍。二、自然無生忍。三、惑苦無生忍。如次此三是此境故。此三云何攝彼二諦？應知世俗具此三種，勝義唯是圓成實性。世俗有三：一、假世俗。二、行世俗。三、顯了世俗。如次應知，即此三性。勝義有三：一、義勝義，謂即“真如勝”之義故。二、得勝義，謂即“涅槃勝”即義故。三、行勝義，謂即“聖道勝”爲義故。無變無倒，隨其所應，故皆攝在圓成實性。如是三性，何智所行？遍計所執，都非智所行，以無自體，非所緣緣故。愚夫執有，聖者達無。亦得説爲凡、聖智境，依他起性，二智所行；圓成實性，唯聖智境。此三性中幾假幾實？遍計所執，妄安立故，可説爲假；無體相故，非假非實；依他起性，有實有假。衆集相續分位性故，説爲假有；心、心所色從緣生故，説爲實有。若無實法，假法亦無，假依實因而施設故。圓成實性，唯是實有，不依他緣而施設故。此三爲異，爲不異耶？應説俱非，無别體故；妄執緣起，真義别故。如是三性，義類無邊。恐文增廣，略示綱要。

自下通釋三無性難。《論》生起云："若有三性，如何世尊説一切法皆無自性？"

頌曰：

"即依此三性，立彼三無性，故佛密意説，一切法無性。

初即相無性，次無自然性，後由遠離前，所執我、法性。

此諸法勝義，亦即是真如，常如其性故，即唯識實性。"

釋曰：此即釋通三無性難。文中三節：初頌總明即依三性，立三無性。次頌正顯"依三性，立三無性"義。後頌重明圓成實性。即依此前所説三性，立彼後説三種無性，謂即相、生、勝義無性。故佛密意説一切法皆無自性，非性全無，説密意言，顯非了義。謂後二性雖體非無，而有愚夫於彼增益，妄執實有我、法自性，此即名爲"遍計所執"。爲除此執故，佛世尊於有及無總説"無性"。云何依此而立彼三？謂依此初遍計所執，立相無性，由此體相畢竟非有、如空花故。依次依他立生無性，此如幻事，託衆緣生，無如妄執自然性故，假説無性，非性全無。依後圓成實，立勝義無性，謂即勝義由遠離前遍計所執我、法二性，故假説無性，非性全無；如太虚空，雖遍諸色，而是衆色無性所顯，雖依他起，非勝義故，亦得説爲勝義無性。而濫第二，故此不説。此性即是諸法勝義，是一切法勝義諦故。然勝義諦略有四種：一、世間勝義，謂藴、處、界等。二、道理勝義，謂苦等四諦。三、證得勝義，謂二空真如。四、勝義勝義，謂一真法界。此中勝義依最後説，是最後説是最勝道所行義故。爲簡前三，故作是説。此諸法勝義，亦即是真如。"真"謂真實，顯非虚妄；"如"謂如常，表無變易。謂此真實於一切位常如其性，故曰"真如"，即是"湛然不虚妄"義。亦言顯此復有多名，謂名"法界"及"實際"等，如餘論中隨義廣釋。此性即是唯識實性。謂唯識性略有二種：一者虚妄，謂遍計所執。二者真實，謂圓成實性。爲簡虚妄，説實性言，復有二性：一者世俗，謂依他起。二者勝義，謂圓成實。爲簡世俗，故説實性。三頌總顯諸契經中説“無性”言非極了義，諸有智者不應依之總撥諸法都無自性。

已廣分别唯識性相，次下第三有五行頌，釋其唯識所修行位。論中發起五位文云：“如是所成唯識性、相，誰於幾位？如何悟入？”謂具大乘二種姓者，略於五位漸次悟入。何謂大乘二種種姓？一、本性住種姓，謂無始來依附本識法爾所得無漏法因。二、習所成種姓，謂聞法界等流法已，聞所成等熏習所成。要具大乘此二種姓，方能漸次悟入唯識。何謂悟入唯識五位？一、資糧位，謂修大乘順解脱分。二、加行位，謂修大乘順決擇分。三、通達位，謂諸菩薩所住見道。四、修習位，謂諸菩薩所住修道。五、究竟位，謂住無上正等菩提。云何漸次悟入唯識？謂諸菩薩於識性相資糧位中，能深信解；在加行位能漸伏除所取、能取，引發真見；在通達位，如實通達；修習位中，如所證理數數修習，伏斷餘障；至究竟位，出障圓明，能盡未來化有情類，復令悟入唯識相性。

初資糧位其相云何？

頌曰：

“乃至未起識，求住唯識性，於二取隨眠，猶未能伏滅。”

釋曰：此顯第一資糧位也。從發深固大菩提心，乃至未起順決擇識，求住唯識真勝義性，齊此皆是資糧位攝。於中即攝十住、十行、十迴向位，爲趣無上正等菩提，修集種種勝資糧故。爲有情故，勤求解脱，由此亦名“順解脱分”。此位菩薩依因善友作意資糧四勝力故，於唯識義雖深信解，而未能了能、所取空，多住外門修菩薩行故，於二取所引隨眠，猶未有能伏滅功力，令彼不起二取現行。此二取言，顯二取取，執取能取、所取性故。二取習集，名彼“隨眠”，隨逐有情，眠伏藏識；或隨增過，故名“隨眠”，即是所知煩惱障種。煩惱障者，謂執遍計所執實我、薩迦耶見而爲上首；百二十八根本煩惱，及彼等流諸隨煩惱，此皆擾惱有情身心，能障涅槃，名“煩惱障”。所知障者，謂執遍計所執實法、薩迦耶見而爲上首。見、疑、無明、愛、恚、慢等，覆所知境無顛倒性，能障菩提，名“所知障”。此所知障決定不與異熟識俱，彼微劣故，不與無明慧相應故,法空智果與俱起故。七轉識内,隨其所應,或少或多,如煩惱説。眼等五識,無分别故,諸見、疑等定不相應。餘由意力,皆容引起。此障但與不善、無記二心相應,論説無相唯通不善、無記性故,癡、無癡等不相應故。煩惱障中,此障必有,彼定用此爲所依故,體雖無異,而用有别故。二隨眠隨聖道用有勝劣故,斷惑前後。此於無覆無記性中是異熟生,非餘三種,彼威儀等勢用薄弱,非覆所知障菩提故。此名"無覆",望二乘説;若望菩薩,亦是"有覆"。若所知障有見、疑等,如何此種契經説爲無明住地?無明增故,總名"無明",非無見等。如煩惱種,立見一處欲、色、有、愛四住地名,豈彼更無慢、無明等?如是二障分别起者,見所斷攝;任運起者,修所斷攝。二乘但能斷煩惱障,菩薩俱斷。永斷二種,唯聖道,能伏二現行,通有漏道。菩薩住此資糧位中,二麁現行雖有伏者,而於細者及二隨眠,止觀力微,未能伏滅。此位未證唯識真如。依勝解力,修諸勝行,應知亦是解行地攝。所修勝行,其相云何?略有二種,謂福及智。諸勝行中慧爲性者皆名爲"智",餘名爲"福"。且依六種波羅蜜多,通相皆二。别相前五,説爲福德;第六智慧,或復前三,唯福德攝;後一唯智,餘通二種。復有二種,謂利自、他。所修勝行隨意樂力,一切皆通自、他利行。依别相説,六到彼岸、菩提分等自利行攝,四種攝事、四無量等一切皆是利他行攝。如是等行,差别無邊,皆是此中所修勝行。此位二障雖未伏除,修勝行時有三退屈,而能三事練磨其心,於所證、修勇猛不退:一、聞無上正等菩提廣大深遠,心便退屈;引他已證大菩提者,練磨自心,勇猛不退。二、聞施等波羅蜜多甚難可修,心便退屈;省己意樂能修施[①]等,練磨自心,勇猛不退。三、聞諸佛圓滿轉依極難可證,心便退屈;引他麁善,況己妙因,練磨自心,勇猛不退。由斯三事,練磨其心,堅固熾然,修諸勝行。

次加行位。《論》主起云:"次加行位,其相云何?"

頌曰:

"現前立少物,謂是唯識性,以有所得故,非實住唯識。"

釋曰:此顯第二加行位也。菩薩先於初無數劫,善備福德智慧資糧,順

① 施,録本訛作"旋",據底本改。

解脱分；既圓滿已，爲入見道、住唯識性，復修加行，伏除二取，謂煖、頂、忍、世第一法。此四總名“順决擇分”，順趣真實决擇分故。近見道故，立“加行”名，非前資糧無“加行”義。煖等四法，依四尋思、四如實智初後位立。四尋思者，“尋思”名義自性差别，假有實無。如實遍知此四離識及識非有，名“如實智”。名義相異，故别尋求；二二相同，故合思察。依明得定，發下尋思，觀無所取，立爲“煖位”。謂此位中，創觀所取，名等四法，皆自心變，假施設有，實不可得。初獲惠（慧）日前行相故，立[1]明得名，即此所獲道皆前相，故名爲“煖”。依明增定，發上尋思，觀無所取，立爲頂位，謂此位中重觀所取名等四法，皆自心變，假施設有，實不可得。明相轉成，故名“明增”。尋思位極，故復名“頂”。依印順定，發下如實[2]智，於所取無决定印[3]持，無能取中亦順樂忍。既無實境離能取識，寧有實識離所取境？所取能取相待五故。印順忍時，總名爲“忍”。印前順後，立“印順”名。忍境識空，故名爲“忍”。依無間定，發上如實智，印二取空，立世第一法，謂前上忍唯印能取空，今世第一法二空雙印。從此無間，必入見道，故立“無間”名。畢生法中此最勝故，名“世第一法”。如是煖頂，依能取識，觀所取空。下忍起時，印境空相。中忍轉位，於能取識，如境是空，順樂忍可。上忍起位，印能取空。世第一法，雙印空相。皆帶相故，未能證實。故説菩薩此四位中，猶於現前安立少物，謂是唯識真勝義性，以彼空、有二相未除，帶相觀心有所得故，非實安住真唯識性，彼相滅已，方實安住。

依如是義，故有頌云：

“菩薩於定位，觀影唯是心。義想既滅除，審觀唯自想。

如是住内心，知所取非有，次能取亦無，後觸無所得。”

此加行位，未遣相縛，於麁重傳亦未能斷，唯能伏除分别二取；違見道故，於俱生者及二隨眠有漏觀心有所得故，有分别故，未全伏除，全未能滅。此位菩薩於安立諦、非安立諦俱學觀察，爲引當來二種見道及伏分别二種障

① 立，録本訛作“五”，據底本改。
② 實，録本訛作“是”，據底本改。
③ 印，録本訛作“即”，據底本改。

故,非安立諦是正所觀,非如二乘唯觀安立。菩薩起此煖等善根,雖方便時通諸静慮,而依第四方得成滿,託最勝依入見道故,唯依欲界善趣身起餘惠(慧)厭心、非殊勝故。此位亦是解行地攝,未證唯識真勝義故。

次通達位,其相云何?

頌曰:

"若時於所緣,智都無所得,爾時住唯識,離二取相故。"

釋曰:此顯第三通達位也。若時菩薩於所緣境無分别智都無所得,不取種種戲論相故,爾時乃名"實住唯識真勝義性",即證真如智,與真如平等,俱離能取、所取相故。能、所取相,俱是分别,有所得心戲論現故。故無相分,而有見分,説無相取不取相故。雖有見分,而不分别。説非能取,非取全無。雖無相分,而可説此帶如相起,不離如故。如自證分緣見分時,不變而緣,此亦應爾。變而緣者,便非親證,如後得智有分别故。加行無間,此智生時,體會真如,名"通達位"。初照理故,亦名"見道"。然此見道,略説有二:一、真見道,謂即所説無分别智,實證二空所顯真理,實斷二障分别隨眠。二空二障,頓證頓斷,由意樂力有堪能故。雖多刹那事方究竟,而相等故,總説"一心"。二、相見道。此復有二:一、觀非安立諦,有三品心:一、内遣有情假法緣智,能除耎品分别隨眠。二、内遣諸法假法緣智,能除中品分别隨眠。三、遍遣一切有情諸法假緣智,能除一切分别隨眠。前二名"法智",各别緣故。第三名"類智",總合緣故。法真見道二空見分,自所斷障無間解脱,别總建立,名"相見道"。二、緣安立諦,有十六心。此復有二:一者依觀所取、能取,别立法類十六種心。謂於苦諦有四種心:一、苦法智忍,謂觀三界苦諦真如,正斷三界見苦所斷二十八種分别隨眠。二、苦法智,謂忍無間觀前真如,證前所顯煩惱解脱。三、苦類智忍,謂智無間無漏慧生,於法忍智,各别内證,言後聖法皆是此類。四、苦類智,謂此無間無漏智生,審定印可苦類智忍。如於苦諦有四種心,集、滅、道諦應知亦爾。此十六心,八觀真如,八觀正智。法真見道無間解脱見自證分,差别建立,名"相見道"。二者依觀上、下諦境,别立法類十六種心。謂觀現前、不現前界苦等四諦,各有二心:一、現觀忍。二、現觀智。如其所應,法真見道無間解脱見分諦觀,斷見所斷百一十二分别隨眠,名"相見道"。諸相見道,依真假説世第一法無間而生及斷隨眠,非實如是，真見道後方得生故，非安立後起安立故，分別隨眠真已斷故。前真見道，證唯識性；後相見道，證唯識相。前真見道，根本智攝；後相見道，後得智攝。二中初勝，故頌偏説。菩薩得此二見道時，生如來家，住極喜地，善達法界，得諸平等，常生諸佛大集會中，於多百門已得自在，自知不久證大菩提，能盡未來利樂一切。

次修習位，其相云何？

頌曰：

“無得不思議，是出世間智，捨二麁重故，便證得轉依。”

釋曰：此顯第四修習位也。菩薩從前見道起已，爲斷餘障，證得轉依，復數修習無分別智。此智遠離所取、能取，故説“無得”及“不思議”。或離戲論，説爲“無得”；妙用難測，名“不思議”。是出世間無分別智。斷世間故，名“出世間”。二取隨眠，是世間本。唯此能斷，獨得“出”名。或“出世”名，依二義立，謂“體無漏”及“證真如”。此智具斯二種義故，獨名“出世”。餘智不然。即十地中無分別智，數修此故，捨二麁重。二障種子，立“麁重”名，性無堪任、違細輕故。令彼永滅，故説爲“捨”。此能捨彼二麁重故，便能證得二種轉依。“依”謂所依，即依他起，與染、净法爲所依故。“染”謂虚妄遍計所執，“净”謂真實圓成實性。“轉”謂二分：轉捨，轉得。由數修習無分別智、斷本識中二障麁重故，能轉捨依他起上遍計所執，及能轉得依他起中圓成實性。由轉煩惱，得大涅槃，轉所知障，證無上覺。成立唯識，意爲有情證得如斯二轉依果。或“依”即是唯識真如，生死涅槃之所依故。愚夫顛倒，迷此真如，故無始來受生死苦。聖者離倒，悟此真如，便得涅槃畢竟安樂。由數修習無分別智、斷本識中二障麁重故，能轉得依如生死，及能轉得依如涅槃。此即真如離雜染性。如雖性净而相[①]雜染，故離染時假説“新净”，即此新净説爲“轉依”。修習位中，斷障證得。雖於此位亦得菩提，而非此中頌意所顯。頌意但顯轉唯識性。二乘滿位，名“解脱身”，在大牟尼，名“法身”故。

云何證得二種轉依？謂十地中修十勝行，斷十重障，證十真如，二種轉依由斯證得。言“十地”者：一、極喜地，初獲聖性，具證二空，能益自、他，生

① 相，底本、録本訛作“性”，據《成唯識論》卷第二[T31n1585p51a15]改。

大喜故。二、離垢地，具净尸羅，遠離能起微細毁犯煩惱垢故。三、發光地，成就勝定大法總持，能發無邊妙慧光故。四、焰慧地，安住最勝菩提分法，燒煩惱薪、慧焰增故。五、極難勝地，真、俗兩智行、相互違，合令相應，極難勝故。六、現前地，住緣起智，引無分别最勝般若令現前故。七、遠行地，至無相住功用後邊，出過世間、二乘道故。八、不動地，無分别智任運相續，相用煩惱不能動故。九、善慧地，成就微妙四無礙解，能遍十方善説法故。十、法雲地，大法智雲含衆德水，蔽如空麁重充滿法身故。如是十地，總攝有爲、無爲功德，以爲自性，與所修行爲勝依持，令得生長，故名“地”。

“十勝行”者，即是十種波羅蜜多。施有三種，謂財施、無畏施、法施。戒有三種，謂律儀戒、攝善法戒、饒益有情戒。忍有三種，謂耐怨害忍、安受苦忍、諦察法忍。精進有三種，謂被甲精進、攝善精進、利樂精進。静慮有三種，謂安住静慮、引發静慮、辨事静慮。般若有三種，謂生空無分别慧、法空無分别慧、俱空無分别慧。方便善巧有二種，謂迴向方便善巧、拔濟方便善巧。願有二種，謂求菩提願、利樂他願。力有二種，謂思擇力、修習力。智有二種，謂受用法樂智、成熟有情智。此十性者，施以無貪及彼所起三業爲性，戒以受學菩薩戒時三業爲性，忍以無嗔精進審慧及彼所起三業爲性，精進以勤及彼所起三業爲性，静慮但以等持爲性。後五皆以擇法爲性，説是根本後得智故。於中第八，以欲勝解及信爲性，願以此三爲自性故。此説自性並眷屬，一一皆以一切俱行功德爲性。此十相者，要七最勝之所攝受，方可建立波羅蜜多：一、安住最勝，謂要安住菩薩種性。二、依止最勝，謂要依止大菩提心。三、意樂最勝，謂要悲愍一切有情。四、事業最勝，謂要具行一切事業。五、巧便最勝，謂要無相智所攝受。六、迴向最勝，謂要迴向無上菩提。七、清净最勝，謂要不爲二障間雜。若非此七所攝受者，所行施等非到彼岸。由斯施等十波羅蜜多，一一皆應四句分别。此但有十、不增減者，謂十地中對治十障、證十真如無增減故。其前六種不增減者，謂施等三增上生道，感大財體及眷屬故；精進等三决定勝道，能伏煩惱、成熟有情及佛法故。諸菩薩道，唯有此二。後唯四者，爲助前六、令修滿足不增減故。方便善巧助施等三：願助精進，力助静慮，智助般若，令修滿故。

十次第者，謂由前前引發後後，及由後後持净前前；又，前前麁、後後細故。易難修習，次第如是。此十修者，有五種修：一、依止任持修。二、依止作意修。三、依止意樂修。四、依止方便修。五、依止自在修。依此五修，修習十種波羅蜜多，皆得圓滿。此十攝者，謂一一皆攝一切波羅蜜多，互相順故。依修前行而引後者，前攝於後、必待前故；後不攝前，不待後故。依修後行持净前者，後攝於前，持净前故；前不攝後，非持净故。若依纯[①]雜而修習者，展轉相望，應作四句。此實有十而説六者，應知後四第六所攝。開爲十者，第六唯攝無分别智，後四皆是後得智攝，緣世俗故。此十果者，有漏有四，除離繫果；無漏有四，除異熟果。而有處説具五果者，或五相資，或二合説。此十學者，若自性攝，戒唯攝戒，定攝静慮，慧攝後五。若並助伴，皆具相攝。若隨用攝，戒攝前三，資糧自體眷屬性故；定攝静慮，慧攝後五。精進三攝，遍策三故。若隨顯攝，戒攝前四，前三如前及守護故；定攝静慮，慧攝後五。此十因位，有三種名：一、名"波羅蜜多"，謂初無數劫，爾時施等勢力尚微，被煩惱伏，未能伏彼，由斯煩惱不覺現行。二、名"近波羅蜜多"，謂第二無數劫，爾時施等勢力微增，非煩惱伏，而能伏彼，由斯煩惱故意方行。三、名"大波羅蜜多"，謂第三無數劫，爾時施等勢力轉增，能畢竟伏一切煩惱，由斯煩惱永不現行。十於十地，雖實皆修，而隨相增，地地修一。雖十地行有無量門，而皆攝在十到彼岸。

十重障者：一、異生性障，謂二障中分别起者，依彼種立異生性故。二乘見道現在前時，唯斷一種，名"得聖性"。菩薩見道現在前時，具斷二種，名"得聖性"。二真見道現在前時，彼二種障必不成就，猶明與闇，定不俱生。如秤兩頭低、昂時等，諸相違法，理必應然。是故二性，無俱成失。然斷二障，必由二道：一謂無間，二謂解脱；斷惑證滅期心别故，爲捨彼名"麁重性"故。無間道時，雖無惑種，而未捨彼無堪任性。爲捨此故，起解脱道，及證此名"擇滅無爲"。雖初地所斷，實通二障；而異生性障，意取所知。説十無明，非染污故。理實初地修道位中，亦斷俱生所知一分。然今且説最初斷者，後九地斷准此應知。住滿位中，時既淹久，理應進斷所應斷障。不爾，三時道應無别。故説菩薩得現觀已，復於十地修道位中，唯修永滅所知障道，留煩

① 纯，録本訛作"能"，據底本改。

惱障，助願受生，非如二乘速趣圓寂。故修道位不斷煩惱，將成佛時方頓斷故。二、邪行障，謂所知障中俱生一分及彼所起，誤犯三業。彼障二地，極淨尸羅。入二地時，便能永斷。三、闇鈍障，謂所知障中俱生一分，令所聞、思、修法忘失。彼障三地勝定總持及彼所起殊勝三惠(慧)。入三地時，便能永斷。四、微細煩惱現行障，謂所知障中俱生一分，第六識俱身見等攝。最下品故，不作意緣故，遠隨現行故，説名“微細”。彼昔多與此身見等同體起故，説“煩惱”名。彼障四地菩提分法。入四地時，便能永斷。五、於下乘般涅槃障，謂所知障中俱生一分，令厭生死，樂趣涅槃，同下二乘厭苦欣滅。彼障五地無差別道。入五地時，便能永斷。六、麁相現行障，謂所知障中俱生一分，執有染淨麁相現行。彼障六地無染淨道。入六地時，便能永斷。七、細相現行障，謂所知障中俱生一分，執有生滅細相現行。彼障七地妙無相道。入七地時，便能永斷。八、無相中作加行障，謂所知障中俱生一分，令無相觀不任運起。前之五地，有相觀多，無相觀少。於第六地，有相觀少，無相觀多。第七地中，純無相觀。雖恒相續，而有加行。由無相中有加行故，未能任運現相及土。此障八地無功用道。入八地時，便能永斷。九、利他中不欲行障，謂所知障中俱生一分，令於利樂有情事中不欲勤行，樂修己利。彼障九地四無礙解。入九地時，便能永斷。十、於諸法中未得自在障，謂所知障中俱生一分，令於諸法不得自在。彼障十地大法智雲及所含藏、所起事業。入十地時，便能永斷。此地於法雖得自在，而有餘障，未名“最極”。謂有俱生微所知障，及有任運煩惱障種，金剛喻定現在前，彼皆頓斷，入如來地。故通佛地，有十一障。

十真如者，一、遍行真如，謂此真如二空所顯，無有一法而不遍故。二、最勝真如，謂此真如具無邊德，於一切法最爲勝故。三、勝流真如，謂此真如所流教法，於餘教法極爲勝故。四、無攝受真如，謂此真如無所繫屬，非我執等所依取故。五、類無別真如，謂此真如類無差別，非如眼等類有異故。六、無染淨真如，謂此真如此本性無染，亦不可説後方淨故。七、法無別真如，謂此真如雖多教法，種種安立而無異故。八、不增減真如，謂此真如離增減執，不隨染淨有增減故；即此亦名“相、土自在所依真如”，謂若證得此真如已，現相、現土俱自在故。九、智自在所依真如，謂若證得此真如已，於無礙解得自在故。十、業自在所依真如，謂若證得此真如已，普於一切神通作業、總持定門皆自在故。雖真如性實無差别，而隨勝德，假立十種。雖初地中已達一切，而能證行，猶未圓滿，爲令圓滿，後後建立。

如是菩薩於十地中勇猛修行十種勝行，斷十重障，證十真如，於二轉依便能證得。轉依位别，略有六種：一、損力益能轉，謂初二位。由習勝解及慚愧故，損本識中染種勢力，益本識中净種功能，雖未斷障種，實證轉依，而漸伏現行，亦名爲"轉"。二、通達轉，在通達位。由見道力通達真如，斷分别生二障麁重，證得一分真實轉依。三、修習轉，謂修習位。由數修習十地行故，慚斷倶生二障麁重，漸次證得真實轉依。四、果圓滿轉，謂究竟位。由三大劫阿僧企耶修習無邊難行勝行，金剛喻定現在前時，永斷本來一切麁重，頓證佛果圓滿轉依，窮未來際，利樂無盡。五、下劣轉，謂二乘位。專求自利，厭苦欣寂，唯能通達生空真如，斷煩惱種，證真如擇滅，無勝堪能，名"下劣轉"。六、廣大轉，謂大乘位。爲利他故，趣大菩提，生死涅槃倶無欣厭，具能通達二空真如，雙斷所知煩惱障種，頓證無上菩提涅槃，有勝堪能，名"廣大轉"。此中意説廣大轉依，捨二麁重而證得故。

"轉依"義别，略有四種：一、能轉道。此復有二：一、能伏道，謂伏二障隨眠勢力，令不引起二障現行。此通有漏、無漏二道，加行、根本、後得三智，隨其所應，漸頓伏彼。二、能斷道，謂能永斷二障隨眠。此道定非有漏加行，有漏曾習相續所引未泯相故，加行趣求所證、所引未成辯故。故見所斷及修所斷迷理隨眠，唯根本智親證理故，能正斷彼；餘修所斷迷事隨眠，根本、後得皆能正斷。二、所轉依。此復有二：一、持種依，謂本識。由此能持染净法種，與染净法倶爲所依，聖道轉令捨染得净。餘依地起性，雖亦是依，而不能持種，故此不説。二、迷悟依，謂真如。由此能作迷悟根本，諸染净法依之得生，聖道轉令捨染得净。餘雖互作迷悟法依，而非根本，故此不説。三、所轉捨。此復有二：一、所斷捨，謂二障種。真無間道現在前時，障治相違，彼便斷滅，永不成就，説之爲"捨"。彼種斷故，不復現行，妄執我法，所執我法不對妄情，亦説爲"捨"。由此名"捨遍計所執"。二、所棄捨，謂餘有漏、劣無漏種，金剛喻定解脱道起，引極圓明，能净本識，非彼依故，皆欲捨棄。彼種捨已，現有漏法及劣無漏畢竟不生。既永不生，亦説爲"捨"。由此名"捨生死劣法”。四、所轉得。此復有二：一、所顯得，謂大涅槃。此雖本來自性清净，而由客障，覆令不顯。真聖道生斷彼障故，令其相顯，名得“涅槃”。此依真如離障施設，故體即是清净法界。

涅槃義别，略有四種：一、本來自性清净涅槃，謂一切法相真如理，雖有客(容?)①染而本性净，具無數量微妙功德，無生無滅，堪若虚空，一切有情平等共有，與一切法不一、不異，離一切相、一切分别，尋、思路絶，言、名道斷，唯真聖者自内所證。其性本寂，故名“涅槃”。二、有餘依涅槃，謂即真如，出煩惱障，雖有微苦，所依未滅，而障永寂，故名“涅槃”。三、無餘依涅槃，謂即真如，出生死苦，煩惱既盡，餘依亦滅，衆苦永寂，故名“涅槃”。四、無住處涅槃，謂即真如，出所知障，大悲般若常所輔翼，由斯不住生死涅槃，利樂有情。窮未來際，用而常寂，故名“涅槃”。一切有情皆有初一，二乘無學容前三，唯我世尊具四圓寂。如何善逝有有餘依？雖無實依而有現似，或苦依盡，説無餘依，非苦依在，説有餘依。是故世尊可言“具四”。二乘無餘，雖無身智，而由彼證，不説彼“有”。彼位唯有清净真如，離相堪然，寂滅安樂，依斯説彼與佛無差；但無菩提利樂他業，故復説此與佛有異。既所知障亦障涅槃，如何但説是菩提障？應知聖教依勝用説，理實俱能通障二果。如是所説四涅槃中，唯後三種名“所顯得”。二、所生得，謂大菩提。此雖本來有能生種，而所知障礙故不生。由聖道力伏彼障故，令從種起，名“得菩提”。起已相續，窮未來際。

此即四智相應心品：一、大圓鏡智相應心品，謂此心離諸分别，所緣行相微細難知，不妄不愚一切境相，性相清净，離諸雜染，純净圓德，現種依持，能現、能生身土智影，無間無斷②，窮未來際，如大圓鏡現衆色像。二、平等性智相應心品，謂此心品觀一切法自他有情悉皆平等，大慈悲等恒共相應，隨諸有情所樂，示現受用身土影像差别，妙觀察智不共所依，無住涅槃之所建立，一味相續，窮未來際。三、妙觀察智相應心品，謂此心品善觀諸法自相、共相無礙而轉，攝觀無量總持定門及所發生功德珍寶，於大衆會能現無量作用差

① 録本出校：“客＝容【聖】。”意謂“客”字正藏院聖語藏本(簡稱“聖”)作“容”。
② 斷，底本、録本訛作“轉”，據《成唯識論》卷第二[T31n1585p56a16]改。

別，皆得自在，雨大法雨，斷一切疑，令諸有情皆獲利樂。四、成所作智相應心品，謂此心品爲欲利樂諸有情故，遍於十方示現種種變化三業，成本願力所應作事。如是四智相應心品，雖各定有二十二法，能變、所變種現俱生，而智用增，以智名顯。故此四品總攝佛地一切有爲功德皆盡。此轉有漏八、七、六、五識相應心品，如次而得。智雖非識，而依識轉，識爲主故，説"轉識得"。又有漏位智劣識强，無漏位中智强識劣，爲勸有情依智捨識故，説轉八識而得此四智。大圓鏡智，解脱道時初成佛故乃得現起。異熟識種，金剛喻定現在前時猶未頓捨，與無間道不相違故。由斯此品從初成佛，盡未來際，相續不斷，持無漏種、令不失故。平等性智，菩薩見道違二執故，方得初起，後十地中執未斷故。有漏等位，或有間斷。法雲地後，與凈第八相依相續，盡未來際。妙觀察智，生空觀品二乘見位，亦得初起。此後展轉，乃至上位。若非有漏生空觀品，或無心時，皆容現起。成所作智，成佛初起，以十地中依異熟識所變眼等，非無漏故。有漏不共必俱同境，根發無漏識理不相應故。此二於境明昧異故，由斯此品要得成佛，依無漏根方能現起，而數間斷作意起故。此四種性，雖皆本有，而要熏發，方得現行。因位漸增，佛果圓滿，不增不減，盡未來際；但從種生，不熏成種，勿前佛復勝後佛故。前三智品，通緣真俗一切境界，二智所攝，緣真如故。是無分別，緣餘境故，後得智攝。其體是一，隨用分二。了俗由證真故，説爲"後得"。第四智品遍緣三世色等諸境，不違正理，隨作意生，緣事相境，起化業故，後得智攝。此四智品，名"所生得"。此所生得，總名"菩提"；及前涅槃，名"所轉得"。雖"轉依"義總有四種，而令但取二"所轉得"，頌説"證得轉依"言故。此修習位説能證得，非已證得因位攝故。

後究竟位，其相云何。

頌曰：

"此即無漏界，不思議善常。安樂解脱身，大牟尼名'法'。"

釋曰：此顯第五究竟位也。前修習位所得轉依，應知即是究竟位相。此謂此前二轉依果，即是究竟無漏界攝，諸漏永盡，非漏隨增，性凈圓明，故名"無漏"。"界"是"藏"義，此中含容無邊希有大功德故；或是"因"義，能生五乘世、出世間利樂事故。雖有示現作生死身、業煩惱等，似苦、集諦，而實無漏，道諦所攝。説十五界唯是有漏者，彼依二乘麁淺境説，非説一切。謂餘成就十八界中，唯有後三通無漏攝。佛成就者雖皆無漏，而非二乘所知境界。此轉依果又“不思議”，超過尋、思言語道故，微妙甚深自内證故，非諸世間喻所喻故。此又是“善”，白法性故。清浄法界遠離生滅，極安穩故。四智心品妙用無方，極巧便故。二種皆是順益相故。聖説滅道，唯是善性。一切如來身土等法皆滅道攝，非苦集故。佛識所變有漏不善無記相等，皆從無漏善種所生，無漏善攝。此又是“常”，無盡期故；清浄法界無生無滅，性無變易，故説爲“常”；四智心品所依常故，無斷盡故，亦説爲“常”；非自性常，從因生故；生者歸滅，一向記故；不見色心，非無常故。由所化生，無盡期故；窮未來際，無斷無盡。此又“安樂”，無逼惱故。清浄法界衆相寂静，故名“安樂”。四智心品永離煩惱，故名“安樂”。此二自性皆無逼惱，及能安樂一切有情，故二轉依俱名“安樂”。二乘所得二轉依果，唯永遠離煩惱障縛，無殊勝法，故但（恒）[①]名“解脱身”。大覺世尊成就無上寂默法，故名“大牟尼”。此牟尼尊所得二果，永離二障，亦名“法身”；無量無邊力無畏等大功德法所莊嚴故，體依“聚”義總説名“身”故。此法身五法爲性，非浄法界獨名“法身”，二轉依果皆此攝故。如是法身，有三相别：一、自性身，謂諸如來真浄法界，受用變化，平等所依，離相寂然，絶諸戲論，具無邊際真常功德，是一切法平等實性。即此自性亦名“法身”，大功德法所依止故。二、受用身。此有二種：一、自受用，謂諸如來三無數劫修集無量福惠（慧）資糧，所起無邊真實功德，及極圓浄[②]常遍色身，相續湛然，盡未來際，恒自受用廣大法樂。二、他受用，謂諸如來由平等智，示現微妙浄功德身，居纯[③]浄土，爲住十地諸菩薩等現大神通，轉正法輪，决衆疑網，令彼受用大乘法樂。合此二種，名“受用身”。三、變化身，謂諸如來由成事智，變現無量隨類化身，居浄、穢土，爲未登地諸菩薩衆、二乘異生，稱彼機宜，現通説法，令各獲得諸利樂事。

以五法性攝三身者，於中初一攝自性身，説自性身是本性常，證因所得，

---

① 録本出校：“但＝恒【明】。”意謂“但”字明嘉興藏（簡稱“明”）作“恒”。

② 浄，底本、録本訛作“寂”，據《成唯識論》卷第二[T31n1585p57c27]改。

③ 純，録本作“能”，底本不清晰，結合文意，據《成唯識論》卷第二[T31n1585p57c29]改。

非生因故。遍一切法,由若虛空,無相、無爲、非色心故。四智心品中,真實功德鏡智所起常遍色身,攝自受用;平等智品所現佛身,攝他受用;成事智品所現隨類種種身相,攝變化身。既受用身攝佛不共有爲實德,故四智品實有色心,皆受用攝。又他受用及變化身皆爲化他方便示現,故不可説實智爲體。然變化身及他受用雖無真實心及心所,而有化現心、心所法。無上覺者,神力難思,故能化現無形質法。若不爾者,云何如來現貪、嗔等?久已斷故。云何聲聞及傍生等知如來心?如來實心等覺菩薩尚不知故。由此經説,化無量類,皆令有心,化現三業。如是三身雖皆具有無邊功德,而各有異。謂自性身唯有真實常樂我净,離諸雜染,衆善所依無爲功德,無色心等差别相用。自受用身,具無量種妙色心等真實功德。若他受用及變化身,唯無邊似色心等利樂他用化相功德。

又自性身正自利攝,寂静安樂,無動作故;亦兼利他爲增上緣,令諸有情得利樂故;又與受用及變化身爲所依止,故俱利攝。自受用身唯屬自利。若他受用及變化身唯屬利他,爲他現故。又自性身依法性土,雖此身土,體無差别,而屬佛法,性相異故。此佛身土俱非色攝,雖不可説形量小大,然隨事相,其量無邊,譬如虛空,遍一切處。自受用身,還依自土,謂圓鏡智相應净識,由昔所修自利無漏純净佛土因緣成熟,從初成佛,盡未來際,相續變爲純净佛土,周圓無際,衆寶莊嚴,自受用身,常依而住。

如净土量,身量亦爾,諸根相好,一一無邊,無限善根所引生故。功德智慧既非色法,雖不可説形量大小,而依所證及所依身亦可説言遍一切處。他受用身亦依自土,謂平等智大慈悲力,由昔所修利他無漏純净佛土因緣成熟,隨住十地菩薩所宜,變爲净土,或小或大,或劣或勝,前後改轉,他受用身依之而住。能依身量,亦無定限。若變化身,依變化土,謂成事智大慈悲力,由昔所修利他無漏净穢佛土因緣成熟,隨未登地有情所宜,化爲佛土,或净或穢,或小或大,前後改轉,佛變化身依之而住。能依身量,亦無定限,自性身土一切如來同所證故,體無差别。自受用身及所依土,雖一切佛各變不同,而皆無邊,不相障礙。餘二身土隨諸如來所化有情有共、不共。所化共者,同處同時,諸佛各變爲身、爲土,形狀相似,不相障礙,展轉相雜,爲增上緣,令所化生自識變現,謂於一土有一佛身,爲現神通,説法饒益。於不共者，唯一佛變。諸有情類無始時來種姓法爾，更相繫屬，或多屬一，或一屬多，故所化生有共、不共。不爾，多佛久住世間，各事劬勞，實爲無益，一佛能益一切衆生。此諸身土若净、若穢，無漏識上所變現者，同能變識俱善無漏，純善無漏因緣所生，是道諦攝。非苦集故，蘊等識相不必皆同，三法因緣雜引故。有漏識上所變現者，同能變識皆是有漏，純從有漏因緣生，是苦集攝，非滅道故，善等識相不必皆同，三性因緣雜引生故。蘊等同異，類此應知。然所變現是識相分，從緣生故，虚實如識，唯言遣外，不遮内境。不爾，真如亦應非實。内境與識，蘊既非虚，如何但言唯識非境？識唯内有，境亦通外，恐濫外境，但言“唯識”。又諸愚夫迷執於境，起煩惱業，生死沈淪，不解觀心，勤求出離。哀愍彼故，説“唯識”言，令自觀心，解脱生死，非謂内識如外都無。

《唯識三十論》要釋。

敦煌本古佚與疑僞經校注

以《大正藏》第八十五册爲中心

6

于淑健　黄征　整理

鳳凰出版社

No. 2805《攝大乘論》疏

［題解］

《〈攝大乘論〉疏》乃世親著、南朝陳真諦所譯《攝大乘論釋》（對無著所撰《攝大乘論》的注釋）之疏釋，敦煌卷子中有斯 2747V（卷第五）、斯 2747（卷第七）兩號。作者及原著卷數不詳。《大正藏》本原題僅標作“《〈攝大乘〉疏》卷第五”，不確。現題據所收内容重新擬定。

《攝大乘論》疏卷第五①

_____②種子，如鵝飲乳也。《論》本云“由如世間離欲時，不静地熏習滅”者，□（此）③□“□□（世）④轉依”義，例顯“出世轉依”義。此但以前地“益力損能”義，未得似通達“轉依身”義爲常住。此則異如後也。

“聖人依”者，聞熏習與解性和合，以此爲依。“一切聖道皆依此生”者，

---

① 《〈攝大乘論〉疏》卷第五敦煌卷子中存有斯 2747v 一號，作者及原著卷數不詳，首殘尾存。尾題原作：“《〈攝大乘〉疏》卷五。”本文所疏釋者乃南朝陳真諦所譯之《攝大乘論釋》。該《論釋》是世親對無著所著《攝大乘論》的注釋，故本文是所謂“復疏”。清代以前歷代大藏經未收，日本《大正藏》據敦煌写卷録入其第八十五册，標題作“《攝大乘論疏》”，但將編號誤標作斯 274 號。今校注仍以《大正藏》本録文所據原卷斯 2747v 號爲底本。

② 首缺。

③ 此，録本作缺文，據底本補。

④ 世，録本作缺文。按：此字底本上半殘，然從所餘下半尚可判爲“世”字。

此第十，明得聞思慧熏本識。無常解性時猶是凡夫，熏習增多，後更上第六意識，成無流道，即修慧方是聖人，故言一切聖人道皆依之。

問："聞思種子所熏解性，有解言是真净法身，云何言是無常法耶？"

答："□（解？）[①]者是自歸識心分别、闇心漫語耳。此解非義也。常住法無'無常'之義，受熏聞思慧，能熏後上第六意識，成修慧始，爲無流道。此聞思種子生唯識□（觀）[②]境及觀智，爾時並是諸法因義，是依他性，後斷煩惱盡，轉依成解脱果，□□身方得轉依真净心，爲'法身'義並'果德'，那（哪）[③]復得聞思種子和合，生聖人依？□（此？）[④]聖道因法身相應時，唯果德依法身也，無復'種子因'義也。"

《釋論》曰"此章復引不違道理，顯實有本識"者，此下釋第六"順道理章"義，即是□□（本識？）[⑤]滅心定，由有此本識定義，成爲道理也。就此章有二：初明無本識"滅心定"義不成，二明無本識"轉依"義不成。就初爲三段：一、略標定相，出得失意。二、出小乘義，正破"過失"義。三、結不離本識，净、不净品法皆不成就故。此初更爲三：初、標大相；二、出過失；三、□定不離本識。論本標及餘可見，不釋。

《釋論》曰"爲得寂静住及離退失過"者，此明所爲意故。入定事同聖人修滅定，爲二義：一、爲得自寂静安樂住已，得勝無流法，則現在應得寂静安樂住；此定既無六識，寂静安樂與涅槃相似，故聖人修此定。二、爲離退失過，六識緣境，能生不正思惟，起諸習氣煩惱，則退失定；恐有退失，故修滅定。

《釋論》曰"非滅心體稱'滅心'，滅心法故名'滅心'，以能依從所依，故立'心'名"者，此下第二，出小乘義，破過失，立本識。此文即大衆部云：滅心定，不滅體，滅心法。識是心之體，受、想、行爲心法。心法爲能依，心體是所依。以能依從所依，立名"心"名，故稱"滅心"。實滅心法，不滅心體。後正破之。所以須滅心法者，彼云所以須滅心法者，入此定人必具得上二界定。

---

① 録本此缺文底本似作"解"，待考。

② 觀，録本作缺文。按：此字底本上半殘，然從所餘下半尚可判爲"觀"字。

③ 那，此表疑問，後作"哪"。此字録本訛作"耶"，兹據底本改。

④ 録本此缺文底本似作"此"，待考。

⑤ 録本此處缺文底本殘，據文意似應作"本識"二字，待考。

色界四定,以受爲藏,亦言“以受爲真實”,故樂至三定,捨遍四定。無色以想爲藏,亦爲真實。無色見受麁動,故轉受爲想。受是修道惑本,故爲修道所破。想是見道所破惑本,受心鈍緣事起故,故是修道所破惑本。想心利故,能推量覓理,故是見道所破惑本。又想是一切煩惱本,受是一切苦本。聖人見受想過患,觀察能遂滅受想,受想既滅,行亦不生,故此定中時起定,心即更生,故言“識不離身”。識既斷而□(身?)[①]不死者,以壽命煖觸[②]及定力等持故不死。

《釋論》曰“若人入第四定身行則斷”者,出入息爲“身行”,由身有出入息,故身不死,得有行動等事;又,息從身生,故名“身行”。

《釋論》曰“若人入第二定等,言行則斷”者,覺觀是語言本,作言語事,故名“言行”;從二定以上,既無復覺觀,故稱“言行斷”。

《釋論》曰“若人入滅心定,心行則斷”者,名“心法”爲“心行”,以能作心事,故名“心行”。若直有心,無作意及想受等法,心則無所能作;由有作意,受想等法運動於心,故有種種作用,故名受想等“心法”爲“心行”。滅心定中無復心法,故言“心行斷”。

《釋論》曰“如此身行斷,身不滅;心亦應爾,但心行滅,心不滅”者,外人以身行對竝心行,得色界第四定,出入息雖斷,而色身不滅。何故不説“心法斷,心不滅”?此語猶成前第一執意,至後自破此執。

《釋論》曰“故無復從定出及識更生義”者,此言定中無識,識既斷滅無餘,云何得出定及更生義,則應入定者即入無餘涅槃,若實斷滅而後更生,則無[③]學人入無餘涅槃亦應更生。

《釋論》曰“若離如前所立相本識”者,前以三義立本識,謂體相、因相、果相,無此三則一切不成。

---

① 此缺字底本殘,似應爲“身”字。下文“由身有出入息,故身不死”,可助互勘。

② 觸,底本、録本訛作“獨”,據文意改。“煖觸”一詞,佛典中經見。《大乘密嚴經》卷下:“諸仁者! 阿賴耶識與壽命煖觸和合而住。”[T16n0681p742a16]《阿毘達磨俱舍釋論》卷第二十一:“此中以何道理爲證? 由説壽命煖觸相應故。”[T29n1559p297a25]皆其例。

③ 無,底本、録本衍作“無無”,據文意删一“無”字。

《釋論》曰“若不相離，滅受、想定及滅心定悉不得成”者，此下十義破小乘第二段也。受、想與心必不相離，如四大及所造色必不相離。若不滅心，則受、想等亦不滅，故滅心定不成。例如受、想等心法自亦無“相離”義也。

《釋論》曰“意識或有分別，或無分別”者，意識無分別是證知境，如忍法以去已離，□誦名相似證理，故名“無分别”也。

《釋論》曰“能生依止所顯”者，本識能生出定心，□(及)[①]□(有?)[②]定有依止用故，明此定識不離身也。

《釋論》曰“若執此定，有餘識生”者，謂若離本識，外有餘六識生，不離三性。

《釋論》曰“若說由定心是善故，說定是善，是義不然。非汝所許與無貪等善根相應，此義應至”者，彼義亦不許滅心定有無貪等善根相應。若汝說定心是善，則决定應與無貪等善根相應，無離無貪善根而單有心善故。”

問:“此定體爲屬何性?”

答:“定體是善性，但非心善心及心法，以心□□故。”

問:“四種善中屬何善?”

答:“屬發起善。以定道生種子遮心，令滅不起。能遮種子，即是定體。爲方便所發起故，名‘發起善’。四種善者:一、真實善，即涅槃。二、性善，即無貪等善根，體性是善故。三、相雜善，即餘心法，隨善意識相應，通相雜起故也。四、發起善，即身、口善，由心作意發起，故成善也。止論定體，以定道所生種子爲滅定體，道與種子同能遮應生心及心法，令不得生，道起即謝。入定之時，但有道所生種子，附本識不滅，説此爲定體，爲定道所□(以)[③]生起故，名‘發起善’。後時出定或退或進，修定道還用此種子染心，故心起時□静勝前時心也。”

《釋論》曰“善心通無有别，一切心法皆不相離故”者，心起時與心法俱□善，故言“通”也。

---

① 及，録本作缺文，據底本補。

② 録本此處缺文底本不清晰，似作“有”，待考。

③ 以，録本作缺文，據底本補。

《釋論》曰“若不相離，則受、想等亦不滅，是故不可立此心爲善”者，若善心起，必與諸心法俱起。既有善心，必有受、相(想)①等心法也。有如此過故，不可立有善心。

《釋論》曰“離欲欲界時，一切惡皆滅，故非惡性”者，上二界無復惡性，得滅定者必先得上二界定，於此定中豈復有惡？

《釋論》曰“必與善根相應，亦應必與受、想相應”者，此以受、想竝之，若以此定是善法，必與善根相應，若此定是心，必應與心法相應也。

《釋論》曰“無異因緣立此定，但與善根相應；有異因緣不得立此定，與受、想相應”者，可得説有“相應”“不相應”義，既無異因緣，豈得作如此執？

《釋論》曰“此義不成”者，更明“不成”義，此句先標義。

《釋論》曰“所對治是有，能對治亦是有”者，此句即證“不成”義。所對治是想、受，想、受是有。能對治是定，本識滅想滅。想既猶在，豈得有此滅心定？故“定”義不成。

《釋論》曰“譬如欲等、正生不净觀等則不得有”者，此句譬證能、所對治無竝生義。欲、瞋等若現起不净觀，慈悲觀必不得現起。想愛既在，此即是所對治在。滅心定是能對治，以能、所俱在，故滅心“定”義不成。

《論》本云“於三和合必有[觸]②故，於餘定有功能故”者，若謂滅心定有心，心從塵生。既有三事和合，必有觸。有觸必生想、受等功能，同於四禪定中有受等功能故。

《釋論》曰“若信受本識，此定中無有觸過患故”者，若信滅心定，無餘心，但有本識，細昧境異故，則無有觸生等過患。若離本識有别善心生，此心决不離根塵，三事和合，必不離觸。

《釋論》曰“因定生安爲相”者，安即觸相，如人擔重，則心不安。若除此擔，身輕故心安。身心輕安即是“觸”，□(舊)③稱爲“猗”，今④説爲“輕安”。

---

① 結合文意，此“相”當係“想”之訛省字。

② 觸，録本脱，底本殘，據《攝大乘論釋》卷第四[T31n1595p176b10]補。

③ 舊，録本作缺文，據底本補。

④ 今，録本訛作“令”，據底本改。

因此轉安觸故，必生樂捨，受諸心法。次出“受”名可見。

《釋論》曰“何故”者，躡前語欲釋後第七過失，以“何以故”發生後文也。

《釋論》曰“若信由觸故，此定有受，則此唯無有想，是義不然”者，既有觸必有受，則此定不能滅受，止能想而已；後即引證此語不然。

《釋論》曰“此觸不應有，於餘識處俱有相應觸，生時有作意信等善根生起過故”者，於此定中立有觸，此義亦不成。唯除本識，此觸於識處必隨與一識相應俱有；若説有觸，則應是信等五善根作意等諸心法並應俱起，不得説有一無一，無有不作意而得與信等善根相應義。

《釋論》曰“若汝言由此定方便中厭惡觸受、想等故，拔除心法，但有心無觸等者，是義不然”者，即破其“救”義。其云：在滅心定方便中，唯厭惡觸受、想等心法，不惡心，故定成時唯滅心法，而不滅心，云受想是大地，大地既滅，信等小大地亦滅。又大衆部解此義云：猶如三定方便中見喜受過患故，三定將起，則滅喜受而不滅心，四定滅樂受，亦不滅心。豈得聞受滅必令心亦滅?

《釋論》曰“由此相引”者，心引心法，爲心自事，自事即是心功能。心法引心，以爲依止，故心與心法必不相離。

《釋論》曰“是故心應成就，與無貪等善根相應”者，相引不相離義成就，此義若成，則與諸心法並相應。

《釋論》曰“若汝言定及定方便起，必與無貪善根相違”者，更出彼外人“救”義。彼謂此定既與受想心法相違，諸善根與心相應，亦是心法，是受、想類故悉爲此定所違，既滅受想，亦滅善根。

《釋論》曰“於餘處未曾見有此義”者，一切經教及諸部所説未曾見此義。豈有善生而與善根相違？無此道理也。

《釋論》曰“諸法若因有相應，其似果亦有相應，故此執不然”者，此定以餘勝定爲方便，方便中必與諸善根及受、想等心法相應俱起；因既相應，生相似定果，果亦應與諸心法相應；若言“果不相應”，此亦不然。

《論》本云“有譬喻故”者，舉覺觀滅，語言必滅，譬心必滅。後更出“外救”義。彼謂如出入息是身行，第四定雖滅出入息，而身不壞滅；滅定亦爾，雖滅想等心行，而心不滅。此亦不然，義不齊故。

《論》本云“如非一切行，一切行不如是故”者，出入息非一切行，受、想等是一切行。以出入息不遍三界，第四定以上則無出入息。於欲界中，如卵生中，未出卵時，無出入息。胎生中，從柯羅邏至伽訶那四位中，身分未通，亦無出入息。從第五從伽訶那開九孔竟，方出入息。則出入息不遍，故言“非一切行”。受、想則遍三界皆有，故名“一切行”。又，受、想等心法於心是一切行，必由此心法不滅心則在故。覺觀亦是語言一切行，必由覺觀有語言故。出入息則非身一切行，不令由此出入息方有身故也。

《釋論》曰“若離出、入兩息飲食壽命識等，能持此身，令不壞滅”者，此出其事。飲食即是段食。不取初食時名“飲食”，至其變爲味時方説爲“飲食”。從味次第變爲身界，説此爲“飲食”。若在下界，入第四定後，此身猶爲食所持，壽命即是果，以業果熟，本識持此一期報命根力用恒在故，令不滅識，即是識食。夫出入息，身行雖滅，有此飲食壽命識食等别法持身，故不滅。心行滅後，有何法持心，令心不滅？

《釋論》曰“是故此位”者，即滅心定位。釋後以二義顯此定中有本識：一、後識若生有因，知有本識。二、有識食持身，知有本識。

《釋論》曰“若彼本來是能依、所依作大功用，拔除能依，令離所依，無如此義”者，心爲“所依”，受、想等心法爲“能依”，本來恒相應，俱有“無相離”義，亦無有大功用能使其相離。

《釋論》曰“何以故？由譬成故”者，舉譬顯之。前舉有是一切行、非一切行爲譬，此舉四大造色爲譬。如四大與所造色，無有因緣令其相離。四大即地、水、火、風。所造色即四微，謂色、香、味、觸。既不可令相離者，心與心法亦爾，無“相離”義。故不可偏拔令相離者。

《釋論》曰“若非一切行，可得如此滅”者，舉一切行、非一切行，顯“無偏拔”義。若如覺、觀、喜、樂等非一切定中所行法，可得隨定淺深滅之。

《釋論》曰“非於一切行中得有如此滅”者，想、受是一切定中所行法，此法無有所離心令滅義。

《釋論》曰“若遍行滅，心必隨滅”者，遍行即是想、受，遍行有心處也。若無心定，既滅受等遍行，心必隨滅。後即引佛語，證有本識。若心及心法滅，更無本識，佛不應説“識不離身”。既有“不離”之言，故知此言爲顯有本識。

《釋論》曰“以無第五無記故”者，四無記者：一、作善惡不成，爲無覆無記也。二者、有覆無記,如上界惑爲定所含覆。如欲界身邊見,常義亦爾。三者、内、外果報威儀工巧變化等,是自性無記。四者、虚空,非擇滅所得,悉是真實無記也。此定是善,不得有善惡,又不成"無覆無記"義。又無成"定"義,是修得善。又非果報。小乘淺行,未即得於定内有威儀工巧變化。大乘是善。小乘此三悉屬自性無記。六識定心種子是修得,非果報,果報即是本識。復非是虚空及非擇滅義。復無第五無記,故不可定爲"無記性"也。

《釋論》曰"由三有能和合,觸生受;若三和合無能,則但生觸、不生受"者,出小乘義,後明心法與心不相離破之。根、塵、識三和合必有觸,但生受、不生受有異耳。若非入滅心定方便道中根、塵、識,此必根、塵和合,有觸功能,從觸必生受。入滅心方便道中,此三極細,非想、非非想、識三法和合,功能微弱,雖有觸不生受,極細用。以此爲因,引定心起,定心起時,亦有三法和合,但三法極微弱,和合無復有生受之能,故受於此時滅不復得生也。

問:"大乘明滅心定中有本識,亦應有根、塵、識和合,必有觸生。既有觸生,得有受不?"

答:"既有極細觸,亦有極細受。故《决定藏論》釋九識中觸本識云:分別本識相應有何相?本識共五大地,心法恒相應:一、思;二、觸;三、受;四、想;五、作意。如此五法,果報所攝最微細,世間大聰明者亦不能覺,恒共生同一境界。是本識受一向是無記,非苦非樂。受如本識性及[①]受本識性及受識法亦如是。彼《論》文語如此。思以簡擇爲功能,謂取境有邪正。作意以發動爲功能,作意如馬行。思如騎者,制令向東西。想以執境爲功能,受非苦樂所記,故名'無記'。此非即所論,用□取真義異也。"

《論》本云"若有人執色心次第生",此別破異執。由不知有本識爲種子,謂色心即爲色心種子,猶是欲顯"有本識"義,故有此下文可見。

《釋論》曰"前過謂若識相續斷,後識無因,應不得生"者,如入無想定等,滅識相續斷,後識從何而生也?

《釋論》曰"有作如此執者"者,論本止破"斷後無種子不得生",不破"色

① "及"字前底本及録本尚有"及受如本識性"六字,與前"受如本識性"重復,當係誤衍,今據文意删。

斷無種子生”義。《釋論》此句先總標執前色生後色，仍破之，故言“有作如此執者”。

《論》本云“别失者，若人從無想天[①]退，及出滅心定，此中所執不成”者，此若是過，非謂論向明前過已顯此義，而論本標是别失，即此事者，《論》主爲生後别失，故先舉此耳。

《釋論》曰“若定如此”者，下始出别失，明若定如此相續，斷後心更生，則非别失。爲□《論》主先標前意，故生後别，故有此句。

《釋論》曰“後心爲因不盡故”者，此正出别失。色心無本識，不從别因生，直以前色心爲因，能生於後，説合間中斷絶，後亦得生。若爾，無學人入無餘涅槃，用最後色心爲因，應能更生未來色心，此則相生無盡。

《論》本云“若離次第緣，此執不成”者，如正量等部執前色生後色，亦名次第緣。《論》主今許其作次第緣，不許色心相生爲因緣，無别種子爲因緣，明色心自生後色心爲因緣，則色心相生無盡失解脱，從無心處下生界則無因緣，不應得更生。有此過失也。第三段明“離本識”三義不成，文可見。

《釋論》曰“若人但在生起識，不在本識，‘轉依’義則不成”者，此下第二就轉依證在本識。大小乘悉明“轉依”，而小乘就六識明“轉依”，此義不成；大乘就本識明“轉依”，此義方成。故知道理，定有本識。論本即三偈顯之，《釋論》更牒偈自解釋也。就此有偈長行二段，並有三意。初二句三字明意識爲“轉依”了因，二明本識定“轉依”體相，三破小乘於識“轉依義不成”。此明意識爲了因者。

《釋論》曰“離五散動”者，五識是自性散動，與無流修慧法爾不相應，故此善識離餘五識。又，此義離六種散動，謂自性外内相麁思惟等，大義具如前説。

《釋論》曰“云何得相離生？一切時如此生故”者，無流觀心法無五識，出觀方有五識，故言“一切時如此生故”。

《釋論》曰“離染污意識，及有流善識”者，此釋偈“無餘心”之意，非但離染污五識，亦離染污意識及有流善意識。若但説善識，不説無餘心，則有流

---

① 天，録本訛作“无”，又繁化作“無”，今據底本改。

善意識或在其中;今即説無[①]餘心,知唯在無流善識,決定離有流善。

《釋論》曰“一切染濁種子滅故,唯本識在,是名‘轉依相’”者,此下第二正明轉依體。此文解偈問云轉依“以何方便作”。此出轉依體及轉依方便道。本識昔與惑業種子相依持,今得無流治道滅離。種子本識即轉依,依法身爲應身體,故言“轉依”也。“方便作”指後釋。

《釋論》曰“若汝説由對治生,故依止轉異,説治道爲轉依。此義不然”者,此解偈云“若對治轉依”。出異解:由無流道生,故依止轉異於昔,故治道爲轉依體。是義不然。

《釋論》曰“不以滅爲轉依,有二義不成”者,解偈云“非滅故不成”。此語破異解,出正義。正以滅爲轉依體,若不取滅爲轉依,有二過失:一、若對治雖生而惑業種子不滅者,若無本識中種子、止有六識者,出世道起時,已無世間心及惑,何所滅耶?□(故?)[②]言而種子不滅。二、“對治是轉依了因”者,由六識對治,道生世間,六識即滅,無本識則無種子可滅,本以滅本識中種子,本識轉依法身,故治道是了因。正以本識爲轉依體,正取惡種子滅,本識得解脱,證得法身。依法身,異前與生死法相依爲轉依,此即是寂滅諸惡法,證無生轉爲常住果德,爲“轉依”義也。

《釋論》曰“轉依是解脱及法身,即是滅諦故,應以種子滅爲轉依”者,此中據終處明“轉依”也。明本識昔有染濁種子所依持,得住生死;今既爲治道所滅,本識清净,即解脱身與如來藏成一。如來藏得法身名“解脱”,爲應身體,一切道功德智慧並隨本體而轉成衆德。由無流意識道生,照見本識種子空,故名“滅惑”,惑滅故依止轉證法身也。若但六識道起,世間心先滅,惡種子即隨心滅。道生時已無煩惱及煩惱所依之心,道何所斷?何滅?何所轉?故知定有本識,“轉依”義方成。

《釋論》曰“若汝執對治生,染濁種子滅”者,此下壞破彼義。彼謂一時中對治種子滅,何故説滅、不説道?今破此執有過。轉依是滅諦,是果,對治是因。因是道諦,道轉依了因。用因轉依,則因果無别、成一體,得對治道生,

---

① 無,録本訛作“大”,底本實作“无(無)”,今據改。

② 此字底本殘,似應作“故”。待考。

即是般涅槃。何有此理？則失“因果”義。

《釋論》曰“若有人立滅諦爲轉依”者，此下第二正破外乘異執。雖同用滅爲轉依，而不立本識，於生起六識，謂染污意識所生惑業種子依於意識，以種子爲能依，意識爲所依，對治道滅。此能依、所依名爲“轉依”。此識不成轉依，以世間意識滅道，智方得起，道起時種子與所依意識二法久無，中何所轉耶？故偈云“於無二無故，‘轉依’義不成”也。

《釋論》曰“第六生起識於定位中，若不在時，無種子無，無作亦無，故‘轉依’義不成”者，明菩薩不退位在無流真觀中即定結，無污染心時，染污識及種子久已自謝滅，無有世心及種子，二法久無，更何所轉？以本識與道並在一時遣除。□識中種子本識轉依流法身，此“轉依”義乃成。故《釋論》云“無種子無，無作亦無”也。初明無種子，故言“無”；次後明能作種子心亦無，故言“無作亦無”也。

差別品第四

前三品成立本識是有，此品明本識體中諸差別相用不同義也。就品論總有二章，更別開，總成七章。前一爲三章，明重(熏?)[①]本識成種子義。後一章開爲四章，明本識中種子事用，有生六道差別之相貌種類，不因義也。

此前三章異相者，一通明習報因一切生死戲論種子。二者明我見，即陀那中煩惱熏習。三明業熏習，即果報因義，如後應知勝相中解。此七章即爲七段。初章爲二：前總明一品差別，開合義意。二者正釋初章義。就總有三：初，列章門。二，結問品義意。三者，答又爲二：初，明七意大；二者，列三意名。此大意可見。

《釋論》云[②]說以“名不同”義[③]、“習報因”義爲體。“名有二種：謂言說名，思惟名。此二種名以音聲爲本”者，此下略釋第一“言說章”。若依事解“言說”，與“名”同以音聲爲體。何以知然？聖人爲住世衆生顯示萬物有異，

① 重，此疑係“熏”之形訛字。待考。

② 云，録本訛作“言”，據底本改。

③ 義，録本訛作“我”，據底本改。

以異音聲立萬物名。既數習此音聲，衆生執萬物定□(當?)[①]有則異。若發口出聲，稱爲“言説名”。若不發言，直心緣思惟萬物别異，稱“思惟名”。雖有二名，根本品是音聲，並以音聲爲體名。依大乘道理解者：一切萬物無體，但有言説。數習根塵等謂爲有，此但假言説，無萬物實體，故立言説、熏習遍爲生死戲論種子。言“戲論”者，不緣第一義理悉爲生死戲論也。以此氣分熏本識，能生後時戲論果，即生能相續力用，故稱“種子”也。

《釋論》曰“約能見色根有聲説謂眼”者，如色根能發識見色，約此義立“眼”名。“眼”名即是言説。此約□(名?)[②]理但實，唯有言説無有實體也。

《釋論》曰“數習此言説，於中起愛熏習本識”者，凡夫共數習此名，後時不復知此名但是言説，執眼有别物，於中起愛，數起所愛，熏本識。此熏習有功能，於本識中以爲種子，能生未來眼。餘根塵識等一切法亦爾。是名“言説熏習”也。

《釋論》曰“有染污識，由我見等依止，於本識起我、我所等熏習”者，此下略釋第二“我見熏習章”。我見由陀那執梨耶爲我，得自、他差别。由此故染污六識，六識亦起我執也。染污是阿陀那識，意識是所染污，六識後我見即依止識生，於本識中起“我執”及“我所見”二識，並還熏本識。本識有此種子，故得自、他差别身報也。

《釋論》曰“此熏習故起分别，謂‘自’爲‘我’，異‘我’爲‘他’”者，由我見種子在本識中，後時由此功能，生諸分别，執有此、彼等界，因此生諸煩惱，還復熏習本識，生諸種子，即是同類因等流果也。

《釋論》曰“隨善惡不動業，於六道中所受六根有差别”者，此下略釋第三“有分熏習章”。呼種子爲“有分”。業有三品，謂善、惡、不動。善業感欲界人天，惡業感四趣，不動業感上二界報。有者能得三界六道有報，故名“有分”。三界六道報正是有體也。由意識作業，變異本識，有三分不同。由此三業種子能變異本識，起三界六道苦樂等法不同也。煩惱但通能感有，不能令得苦、樂等異異報。二正由業有故，是業牽諸有差别。此三章是集諦，初

---

① 録本此處缺文底本不清晰，似作“當”，待考。

② 録本此處缺文底本不清晰，似作“名”，待考。

章通習報因，第二煩惱，第三是業。故有三章異也。

《論》本云"引生差別"者，此釋第四"引生章"。此第四章，論本自解，《釋論》又解"引生"有二[①]：一、能引牽本識受依持生種子所以得立。二、本識中種子引生後果報。此章明於引生之力用，故云"引生章"。

《論》本云"是熏習新生"者，通論過去以來起無明行，熏於本識，隨其業等猶有力未受用者悉爲新生，若已曾得報用者並爲故也。

《論》本云"若無此緣行生識，緣取生有，是義不成"者，行即是過去種子，生現在識支，識支即是本識，本識將成熟業種子來受生意識，依此種子爲因緣，本識爲因緣，本識爲根得生也。"緣取生有"者，"取"是惑，"有"是業。若無本識爲增上者，種子生有力用，無依止處，隨所作業，隨能作心即滅，故言"是義不成"。

《釋論》曰"引生種類差别"者，隨望前一一義可見，隨數習根塵等成種子。此還生昔所習等流果，義有輕重，得樂苦果報。果報有異，故言"種類差别"。

《釋論》曰"此有何相，是熏習新生"者，引生種類即以熏習新生爲相，雖"無異"性同"無記"，不無昔種類差别力用之相貌，能生昔時同類之果報，故言"引生"也。

《釋論》曰"若無引生本識差别"者，本識有種子能引生後相似果，故名"本識"爲"引生"，如昔所作業輕重煩惱等而得報也。

《釋論》曰"行生滅所熏習識"者，明行若是常，無"能熏習"義；由是無常。生滅恒流，故得"有熏習"義，彼行所熏習識，即是"引生"本識。此語即釋上句。

《釋論》曰"由取所攝故，對生起"者，此有二釋：一云：現在取分從無明行所熏習種子力，依本識故生，故説"本識"爲"引生"，故言"取所攝"；對前相似因，生現在有分，故言"對生有起"。二者云："取"爲"有"因，"取"能引"有"生起，故名爲"取所攝"也；未來生分緣生處之有，引身分令起，故言"對生有"，即陀那之用。

---

① 二，録本訛作"一"，據底本改。

《釋論》曰“此有不得成”者，若無種子識，未來有等悉不得成也，以無法持種子因故也。

《釋論》曰“從此有生起，故説此爲有法”者，此釋“有”義，從現在作業，能得未來生分之有，故名現在業爲“有”也。

《釋論》曰“取及善惡等，是宿世數習果”者，明此現在取及有，有即善惡不動業，故言並是宿世所數習無明行果。此數習無明因果義所生也。脱解取有非現在。取有二分。但明若無引生本識，則行所熏習種子正除煩惱種子，不正除業種子。煩惱既斷，業種子遂滅也。

《釋論》曰“得道以後所見清净與前見有異，故言亦有功用”者，得道後見他所變異作塵解，而達此塵體非是有，即是清净，正是亦是道功用也。又前釋云：得道後識不變異作，本所見塵即是清净，由變異本識種子已滅故爾。此即是道功用。

《釋論》曰“由他分別所持故”者，由衆多識變異作境界，自識雖不復變異作本境，他未得無分別智識，猶變異作此境界，爲此人分別識所持，故猶有穢境界。從語可解。

《釋論》曰“若約慈悲般若大起分別，此分別依止真如故，則所分別成清净土”者，佛有大悲般若，由本願力，此見俗唯是識，無外塵□。若見真慈悲，雖分別俗境，由依止真如，智與爲般若所攝，雖緣俗境，無實境分別，由見清净，能現净土。净土唯識智爲土體。若作凡聖者，十地通諦，並是真净土。若作三學，四地以上是真净土。若功用無功用，八地是真净土。凡真净土並是應身爲土。□從初地以上，並是真净土也。地前爲相净土。十信爲事净土，如彌勒等土爲事净也。如聲聞等人未能平等故，猶事差別論净也。凡夫下品見穢土，見於化身，亦不復具相也。從相净來，並屬化身攝也。菩薩由分斷無明，見净土三無性真如，後見真净土。凡夫由心分別見穢土。

《釋論》曰“唯一境界，云何衆生所見不同”者，異境異見，此乃可然；同是一境，云何各見不同？

《論》本云“譬如修觀行人，於一類物種種願樂，種種觀察，隨心成立”者，譬答問。如取一物，隨修觀人以神通變化，種種願樂，隨前衆生所宜。見青黄得慶者，則觀行人度此一物合作青色，從小至大，從狹至廣，皆成青色，令前人見青，不生煩惱。見如一切十入觀所説。若别境是實有，則不隨觀行心，令其□異。由實無體，但是分别所作故，得神通力轉變其心，令所見各異。

論本偈云"難滅及難解"者，此下第二更明結惑相貌。有長行及偈，爲二：初出所治惑，後出能對治道。就分别煩惱有二種：謂共、不共。似外塵起爲共，緣内識起爲不共。共結難除，不共結易除。大意如《釋論》解。相結即是分别執相，謂一切六識心所緣外境是有，未達此並是自心分别所作故。若見相並是識分别所作，欲瞋等則無從而生。又約無間、解脱二道，無間道難得故，故解脱道得者由無間道斷惑。惑若滅，解脱道次後自起，言"無間道難得"也。

《論》本云"觀行人心異，由相大成外"者，《釋論》解此由三義難解難滅：一、由外無法，但觀内治。二、相通十方，故言"大"。三、明觀心與内種子相違、與外不相關，故言"外難滅難解"。後即明心净即見清净。此下第二，明能對治，道又爲二：初正能道。二者兩得，舉境成行。治道滿則是分清净，道未滿則隨分清净。法明見真如實相相法，慧眼通見真俗空也。若後智見俗，唯有識是虚妄有，餘法悉空無所有衆生。唯識即是能依，是諦俗體；唯識智即是所依，爲净土體。從真如所起胎生死智爲真體，即後智也。依此智問進利他等，故得至圓滿法身，故爲土體。

《釋論》問"發論本净土因，由見佛清净"者，見佛是正體智，依此起後智，爲土體也。依此後智進加智增長五分法身，故以此智爲所依，故是土體也。

《釋論》曰"一菩薩於内修觀，不依外"者，此明觀中第二，舉境成觀行。外本所有，故不依外，即顯唯識義也。

《釋論》曰"二由此觀唯有識，無有外塵"者，觀内唯有識，即顯無外塵，此屬相顯成也。此後明無外塵，種種觀人，於一物隨願樂成，顯唯識無塵義可見。

《釋論》曰"若實有外境，觀行人願則不成，因不成故"者，以無塵故，種種觀人於一物，則種種願成，即是因成。若實有塵，如二空不可轉，即觀行人所作則不成，即是因不成也。此後可見，及結前生後亦可解。

《論》本云"是不共本識差别，有覺受生種子"者，此下釋第三，廣料簡，示其相貌。就此爲五段：一、明共、不共因同生一果義。二、辯麁重相識、細輕相識。三、明有受、不受二相種子。四、辯七識熏本識，成亦識上心惑。五、辯具縛相、不具相種子。此文云前明不共種子,自生一果;今有他助,結成爲他衆生"境界"義,故文言:"若無此衆生世界,生緣不成。"生緣即是助結,以成彼"境界"義。"器世界生緣"者,世界□[①]一主,餘人助結爲生緣可解。又有助結他身起,成我愛憎等境,故得平(卒?)[②]相見爲塵義也。

《釋論》曰"此文顯本識是善、惡二業相似果"者,第二由善、惡二業熏本識,本識二種種子即是相似果。此果報種子轉變爲因,感報起,更作善、惡,即是因也。

《釋論》曰"於理及事心,無功能故稱'麁重'"者,不達道理曰"麁",不能作正勤爲"重",即是大小二識惑。惑如前釋。由有大小惑故散麁,不能通達事理故名"麁"。亦由此惑心沈弱,不動(識?)[③]勤策,故名"重"。釋細輕相識翻前解。所以但説有流善爲細輕、不説無流善者,今論能爲生死種子習果及果報果義,無流善滅生死種子,以無流善爲細輕相識也。

《論》本云"若無此由前業果有勝能,無勝能依止差別不得成"者,識有麁重、細輕二分,此二分由前作業,有善惡種子,感果報,果報中復造善惡業。如此等義,皆不得成脱解。由不善等報因,感惡道等身、色、形醜陋之惡,説名爲"麁";無有力能,名爲"重"。由善業報因,感人天勝報,形色微妙,説名"細";復有勝力能,故名爲"輕"。此就報色身明有力、無力。又,由惡業所得果報於此出世道理及所行事不能有用,由善業所得報於出世事理能有功力。又,由惡業能得果報,果復能作習因,生後煩惱惡業;由善業能得果報,果復作習因,生後出世善業信等諸根。

《釋論》曰"若本識無此二相,因果義皆不得成"者,謂若無本識,此善、惡二因果相及習報二因果相皆不成也。如前所破無依義,立此識時因果義,因果故是事得也。如前"言依止差别"者,即以六道報身爲所"依止",六道不同故言"差别"。

《論》本云"復次有受、不受相二種本識"者,此下第二明不受因果相。本

① 録本此處缺文底本不清晰,待考。

② 平,此疑爲"卒"之訛字。待考。

③ 動,底本不清晰,似作"識",待考。

識中種子有二種功能：一、感果報果。二、感果報(相似?)果[1]。此因若熟，果報起時，用此種子，則有“盡”義。若感相似果，此則無盡，習因無窮生果故。故説感果報果種子名“有受相”，感相似果種子名“不受報”。以不所受果報故，即是“習因”義也。

《論》本云“若無此識，有作不作善惡二業，由與果報果故，‘受用盡’義不成”者，意業等若無本識持種子者，則不作應得果、作應不得果，故言與果有盡、不盡義不得成，則有作而不得，不作而得果。此義應成略無自然得果義、無作而不得果義，故知有本識持之不失也。後出四句是别意耳。但四生造業，善惡業有四句：有作而不長，有長而不作，有作而且長有，不作不長。若自作而悔，不更相續，即初句。若不自作，但隨喜他，即此句。有作業而續行之，即第三句。後句不作不長，隨有善惡業不造不續故可見。今唯言舉初二句，有能感果，故有“盡”義。前二既能感果，第三所知，故是能感，第四無因也。

《釋論》曰“同業種子，由是有相續不斷因故，名‘不受相’”者，同業即種類習因，生後相續義，故言“不斷因”；非苦樂受，故言“不受相”。此明分。若成三彰者，一切法但有名言，以顛倒分别爲有，習此名言爲有故。以熏習本識成種子，故言“名言熏習”。將此起理事二分别，名皮、肉兩惑。復分别此理事中，“一”中有“一切”義，别種種不同爲心煩惱，即無明習氣。此明一切見聞覺知不緣實義，無始來戲論，故有習因種子爲不受相。

《釋論》曰“由施與果，功能滅盡，不更受報，故名‘受用’”者，若無不受，則習果無習因便斷絶，無相續義；若無有受相種子，則無果報因果；有此二受相故有，已用報果，則盡更受，未用果起，則受有盡義，故不失解脱。

《釋論》曰“以失解脱義故”者，以有本識種子有不盡故，有轉盡故，有解脱故。後明不受相種子即是習因，《釋論》語可解。

《釋論》曰“若無煩惱業，則無有及差别”者，“有”即三有，“差别”即六道，煩惱感有業，牽六道差别之異也。

---

① “果報”二字疑爲“相似”之誤。下文：“故説感果報果種子名‘有受相’，感相似果種子名‘不受報’。”可資比勘。

《釋論》曰“譬如幻事爲象馬等亂心因,如此譬相本識是虚妄分別種子,故爲一切顛倒亂心因”者,第四段諸譬後自釋。本識中種子是一切生死顛倒亂心因緣,種子生一切生死亂心,如幻象馬爲亂心緣,生亂心。今略出四譬。同譬陀那中,四惑生六識上心倒惑。幻事能生邪[①]執者,實是小豆,而法今作兵馬,彼即執爲實兵馬,故是取執。令譬明生死中實唯有識如小豆,由無明倒心見無我及塵,解謂實有六塵,如因幻法,令見象馬,故成取執也。次“鹿渴能生衆生貪愛”者,如鹿渴陽時熱炎爲水,於水起愛,付趣持走,持不復見,虚生貪愛,今[②]譬明生死中實無有愛而執有愛、於中起愛,如炎中實無水而謂有水、於中起貪也。“夢相能生衆生亂心”者,夢中見五塵,云是等一切事,生種種亂心,以覺,道理尋之,實無所有,續生妄見,今[③]譬明生死如眠夢中所見五塵,云欲一切得生,真如智覺時,無所復見,始驗但有亂心,實無有境。“翳闇[④]能障衆生明了見境”,由陀那不能達理,執梨耶爲我執等,污染六識,障不達理,迷諦寶等一切道理也。餘悉如《釋論》易見。次明“具、不具縛”義,釋可見處,不解不可見,受略示之。第五段,若作解脱智二障論之,如來雙滅二障,獨覺、聲聞並滅解脱一障;若作三障論之,二種解釋前際通三乘明義,以無明有心障,見惑爲肉,修惑爲皮。依此則二乘斷肉、皮二障,未斷心障耳。若大乘後際明義,則八地斷心,初地已上斷肉,地前斷皮。依此義則聲聞斷皮,未都盡竟,恒沙無明亦屬皮障。二乘唯與十行第五心斷惑齊,諸大行能伏斷第六心以上恒沙無明。此中十五心所伏斷恒沙無明習氣,猶未能斷惑體,至道種終心滿方伏滅皮盡耳。後明本識應身,義如前解,後復應廣解之,後結無本識諸事不成所見章。第四段明本識無記性,故愛三性熏習所[⑤]見不煩惱,後重釋也。果報正是自性無記心地,作善惡不成,屬無覆無記。

《攝大乘》疏卷第五。

---

① 邪,録本訛作“取”,據底本改。

②③ 今,録本訛作“令”,據底本改。

④ 闇,録本訛作“闇”,據底本改。

⑤ 所,録本訛作“可”,據底本改。

《攝大乘論》疏卷第七[①]

□[②]事善知識即是生行解力□□□□□，云已入决定信樂□□□□正思惟力，亦名“加行力”，由無量宿世所習因力，故得承事諸佛爲修道□□緣。由值佛聞法，生正思惟，起决定信樂，得此所信之法，精進勤修即是加行，信樂位乃通。今所正成處在十迴所信樂，即三種佛性，義如前釋。

《釋論》曰“非惡知識等所轉壞”者，二乘是惡知識所不壞菩薩，信樂心已成，心不可轉動等，即天魔外道種種方便不能令大乘心轉。

《論》本云“由善成熟修習增長善根，是故善得福德智慧二種資糧”者，此第四依止力。由修加行力，故得成熟福慧，資糧圓足，得入初地，即是初地依止亦攝持，由資糧能持成初地。若登初地，即是唯識觀成，故得入。言“善成熟修習增長善根”者，“善修”五義：一、無分别能行所行及所爲行。二、無著修，謂不著因報、因報恩等[③]。三、不觀修，謂不觀有因果及能行所行乃至因果等之相也。四者無可機嫌修，謂攝理，又自無微細過失，又能可他心，稱機得益也。五、迴向修，悉用衆行施衆生，復爲四生迴向無上菩提，窮實際迴施衆生果。具此義故，名“善修”也。“成熟修”有四義：一、長時修；二、無間修；三、恭敬修；四、無餘修。研令增進，名“修習”也。

《論》本云“是故善得福德、慧智二種資糧”者，若約六度論之，施戒忍定爲福德，般若爲智慧；精進通二種，隨所策功德，則屬功德門，策慧則屬慧攝也。

---

① 佛典論疏，敦煌卷子中存有斯 2747 一號，作者及原著卷數不詳，首殘尾全。尾題：“《〈攝大乘論〉義記》第七。”方廣錩據内容擬題爲“《〈攝大乘論釋〉義記》”。本文爲世親著、南朝陳真諦譯《攝大乘論釋》之復疏。釋文自《應知入勝相第三・能入人章第二》至《二智差别章第十》。釋文風格、體例與斯 2747v 號的《〈攝大乘論〉疏》卷第五一致，筆跡亦相同，故研究者或謂該兩件文獻原係同一部著作之前後卷。清代以前歷代大藏經未收，日本《大正藏》據斯 2747 號録入其第八十五册，標題作“《〈攝大乘論〉疏》卷第七”，但將編號誤作斯 274 號。今校注仍以《大正藏》本録本所據底本斯 2747 號爲底本。

② 首缺。

③ 等，録本訛作“寺”，據底本改。

《論》本云“諸菩薩修於何處入唯識觀”者，下第三明“入界章”，正明觀智之境，後釋可見。此問有二意：一、問境。二、問位。答中此章即答境問，第四章方答示位也。

《釋論》曰“此法名‘唯識觀持’，亦名‘境界’”者，唯識觀能持此境令現前，此境又正能持，成唯識觀也。唯識觀所境界不出此四句，若不識此四句，亦不能得入唯識觀理故。唯識觀所攝法、所緣境界並不出此四句。法者：一、有見。二、有相，即似法義顯相。三、意言分別。四、大乘法相所生。前相見悉是意識，分別所作，離此無別法爲二也。

《釋論》曰“大乘法相爲因故得生”者，明此意言分別是正思惟，正思惟中有見有相，皆由先稟大乘法聞熏習生，故言大乘法相爲因得生。

《釋論》曰“此中顯境界體[①]，謂意言分別”者，離覺觀分別無分境界，故以意言分別爲境界體。

《釋論》曰“顯現境界相謂有見有相”者，意言分別有何相類，此分別不出相見二法爲境界相，後句尋因不異前。

《釋論》曰“此意言分別有四位”者，此下第四“入位章”，即答前第三章位處。問明唯識觀有四位，並以意言分別爲體，作諸法理事等，解了一切是識分別，謂有見相等實唯一識耳。然四位雖同入唯識觀，實有淺深大異。就此章爲四段：初、標位；二、釋示位相；三、明位處境界相；四、結示其體相。

《論》本云“願行地入位，隨聞信樂故”者，論本先列四位名，後以四義釋之。《釋論》具舉前後文，悉謂字隔之後方合釋也。四位例爾。文言“隨聞信樂故”，謂於所聞唯識理生信樂者，觀智未好成故，地前表是信樂位也。

《論》本云“見道謂如理通達故”者，於信樂位唯識觀未成，即入初證菩提見住心，與理成一，即是無分別智，亦即是真般若。此智未成俗觀，最後見境無相，始是唯識觀成，即是生緣盡故是無相，相盡故識無生緣即是無生。以此二名真實，真實本對相生，既無復相生對，故成無性，性即真般若，依藉本願仍起，後得般若，方見俗中唯識義分明，故名“通達”也。

---

① 體，録本訛作“時”。按：底本實作“躰”，與“體”同。《玉篇·身部》：“躰，俗體字。”兹據改。

《釋論》曰“此意言分别如顯現相，通達實不如是有，但唯識”者，此明見分别性空，意言分别所顯現相即是分别性，此實非有唯識量耳，即無相性也。

《釋論》曰“此識非法，非義，非能取、所取”者，此明觀依他性，本緣境生識名“識”，爲能取所取之境既無相故，識非能取性，既是見非塵，又非所取也。既非能所取，識即無生，無復他我彼此，故非法非義離如。既無法即是如，故即入三無性理，爾時不見識唯是一如，是前後方便中，正見“唯識”義耳。

《釋論》曰“如此觀察能對治一切三障”者，修位有二種：一、大分，以初地爲見位，二地以上爲修位，八地以上爲究竟位，以功用究竟故。二、細分位，位中皆有三位，入住滿，亦入住究竟，亦言“入住出”。此三位亦爲見修究竟也。約修道有“進趣”義、有“增明”義，所以能治一切障。言“一切三障”者，謂皮、肉、心三也，煩惱業報亦三也，解脱定智亦三也，有如此故，言“一切三障”也，亦得上、中、下品數爲三也。

《釋論》曰“此修道與見道不異，由智由境故”者，見、修二道雖淺深不同，同得無分别智，同得觀三無性理，故言此義不異。《釋論》略示五義異相：初可見。第二云“除三乘通障名‘見道’，但除菩薩障名‘修道’”者，二乘人但斷見、修惑是果障，未斷因，即用無明初品爲因也。即爲凡夫性者，爲凡夫惑之本性，能生見、修惑故，即是見、修惑本。今斷初地障即是斷三乘根本之因，故言“三乘通障”。三乘所斷者，十行五心中已斷修惑盡，六心以上但伏斷無知，無知即見、修道惑本也。地上斷法我障。亦有義中説二乘斷惑，以七地來猶見二諦二相義强，故言“二乘”，非三界斷四惑住二乘也。釋第三云“觀未圓滿無退出義名‘見道’，觀未圓滿有退出義名‘修道’”者，見道與真相應永成一義，所以明“無退出”，修道恒從方便入理，恒更出俗作唯識斷惑進行，故言“退出”。見理與事真俗恒竝，今互舉一邊取。解第四云“觀通境名‘見道’”者，即真如爲通境。修道是緣真、俗兩義，故是通别；見道但取見理義也。解第五云“事成名‘修道’”，以至功用究竟地能得無功用位，故名“事成”。

《論》本云“究竟道中，謂出離障垢最清净故”者，八地無功用位爲究竟，《釋論》二種位如前釋之。

《釋論》曰"此位最清净智慧生處故"者,無功用智任運不作,意自無相,即是清净智慧;及地地滿,亦是清净智慧也。

《釋論》曰"最微細障滅盡無餘故"者,約□[①]此大小分位,並當分惑盡處無餘。

"若人入此四位緣何境界"下,第三示境。此後除真如無分别,就俗中智境一切唯有識。"四界"者,即三界、無流界合四也。

《釋論》曰"一切法以識爲相,真如爲體"者,從"何以故"以下,第四段,依俗諦一切法雖復異真唯有識故,以識爲相,證真爲悟,唯有境智無差别之真如,其外無别法。異如者,俗如幻兔[②],無别體故;不異真如,即以如爲體。若作隨妄生義,即是識息妄無生即如,故一切法悉以真如爲體,無離此如爲體也。

《釋論》曰"若方便道以識爲相,若入見道以真如爲體"者,方便道唯見識有體,除識外悉如夢塵,並無所有;識隨妄塵故生,既智塵無所有,則不生即如也。若入見道,是如理真智,見識無生,無生即如如,無復異法,故以真爲體。如此等行是入四位之相也。

《釋論》曰"因此方便菩薩得入四位"者,此下第五,釋"入方便道章"。即是入處方便,因藉此四善根,與本方便,修令增長,能資唯識觀,令得入初地。就章有三:初《釋論》標"入方便"。二、問。三、答。《釋論》釋問意,示八處持四善根爲方便,故得入四位也。然八處中前六處爲方便,後二爲資糧,並爲入因也。仍即示四善根義。如入人章釋。次第三答中更爲三:初示所持之善根,即前四力。二示能持善根之行有八處。三者捉八處,廣解釋之。

《論》本云"由善根力持故"者,此明善力不出四種力,八處持此令增進故,唯識觀成也。

《論》本云"由有三相練磨心",即爲八中三處。滅除四變障,即八中第四處。緣法義爲境,即第五處也。無間修定慧,是第六也。恭敬定修慧,爲第七處。無放逸修,即第八處。此八處並是修學處。由修此故,成熟四種善根

① 此缺文底本不清晰,字旁似施一廢棄號。

② 兔,録本訛作"免",據底本改。

力。八處次第，淺深相成。初三種練磨心爲三：初牒章門，二釋三練磨心意，後以三行偈更結之。《釋論》復解之也。

《釋論》曰“一輕賤自身等退屈心”者，此下第三，廣解釋，方便釋。此明聞菩提廣大甚深，難修難得，故心退屈。約如理爲“甚深”，約如量義爲“廣大”，攝法盡故“難修”。由文修行方便得，故言“甚深”；爲深故“難得”。治此心有三義：一、明無定處所，隨並得引□(此?)[1]處修皆得。二、明人道，是道器即是同類修皆得。三明無定時節，隨能勤修並得。引此爲例，作此解磨練心，治第一退屈心。

《釋論》曰“二輕賤能得方便退屈心”者，菩薩作此心：施等是菩提資糧，若離菩薩意欲不可得，我等云何能行此行？即是退屈心。爲治此心者，明引三世菩薩是我等類，皆能修施等，以信樂爲正意，正意爲方便。具三義，能平等、生、長六度。具三種信樂，即三種佛性，如義章廣。爲正意能行六度等，具生、長、平等三功能，出離障垢，故行施等行不足爲難得。此等正意，六度圓滿，自然得菩提，退屈心則滅也。

《釋論》曰“最難可得”者，三義：一者、須長時修；二、所修微妙精細；三、所修衆多也。至十地三十大劫阿增衹[2]修行，除無有生死最後一刹那心，此難思量，故生退屈。觀前有四種定心：一、思。二、了。三、證。四、除。先尋思一切法唯有識；既尋思已决，了知一切法唯有識；决定明了已後，證知唯識；證知唯識止除外塵、未除識體，後更尋思：塵既無相，識則無因緣不得生，復不見識體，故名“除心”。此除心與真如相隣。由此心在障，不得真證。心即是解脱道，除則是無礙道。過此後心與理一，無有心境之異。

《釋論》曰“亦應可得，此義難思”者，所障有衆多功德智慧，能障止刹那心者，説可得，此義難思；我今猶在四種生死，去金剛除心猶遠，所障有多，能障亦應有多，若説不可得，此亦難思。有疑心，故生退屈。後即舉例爲對治心者，明凡夫二乘修有礙善根成，各得果不差，何况我今修圓滿無礙善，而當

① 此缺文底本不清晰，似作“此”，待考。

② 僧，底本、録本訛作“增”，據文意改。慧琳《一切經音義》卷第九“無央”條：“於良反，梵言‘阿僧衹’，此言無央數也。”[T54n2128p359b21]

不得果耶？夫無有施、戒、修三品，修即定也。止有正體，無三品修，名“偏”。具三品即財法無畏等施，爲“圓修”。捨命而得果，爲死墮即轉凡成聖。不捨命爲移位。

《釋論》曰“於十地中，好生長福德、智慧二品善法，故名‘圓滿’”者，此二義：一、約諸地，地地中具足六度行爲“圓滿”。二、以真俗具足爲“圓滿”。真解爲“智”，俗解爲“福”。常住具四德自在爲“無礙”。法身圓德，義爲“富樂”。應身利他上，行人能變，以此爲行，法樂自在爲“如意”；化身取色形義，相好、音聲、才辯爲“可愛”。後結意可解。復以三行偈重結前“三練磨心”義。今顯現可見，意如前可解。釋第二偈兩句顯三義者，諸勝菩薩反所信樂三種佛性等並爲增上緣，善心爲同類因，施等行戒出世法爲等流果也。

《論》本云“由滅除四處障故”者，此即牒前八處中第四。“除四障”者：一、邪思惟。二、邪意及疑。三、法我、我所執。四、明滅。此四障大略也。

《釋論》曰“數觀生死過失、涅槃功德，此觀但愛自”者，由心分別，於無二理中見有彼此得失，不能平等他故，成邪思惟也。第二“邪意及疑”並明於二諦三性等法相道理。“生信及決了心故，滅邪意及疑”者，明於聞思境界中是無法並隨心成，而執法體是有，名“法我執”；復明此法有用，名“法我所執”。又，“譬如執有涅槃，謂集諦無生寂静爲體”者，集諦是苦因，有則是生，謂言無生，故是邪執。即是菩薩道爲涅槃因，謂因爲果，豈非邪執？又，“譬如執涅槃用，謂能離三苦”者，能離苦，此乃是道；能離苦道，是涅槃因；因能離苦，涅槃是果，果時又已無苦，而謂始是能離苦，則濫因，豈非邪執？次第四解分別執，明定散並緣内境、不緣外，見境無相，見識無生，故能滅分別。此一有長行偈，後偈《釋論》解不異前也。

《論》本云“緣義爲境”者，此八處中第五。如《釋論》牒前論本來爲章門，復問答解釋之。以聞熏習爲生因，答第一問；思慧爲長因，是方便答第二問。生後時思等慧。依此聞慧數思惟，爲長令堅住故名“攝”，正思惟即爲“長因”。或似正教爲聞慧境，或似正教所證義顯現爲思慧境。後明覺觀思惟，即是“意言分別”。復有見可解。

《論》本云“由四種尋思，謂名義自性差别，假立尋思”者，此即八處中第六處，即“無間修”。得“無間”名者，方便轉勝，修之相續，無有間隙之惡，無記間善心,故名“無間修”。以名義二爲本、名義自性、名義差别成四者,能目一切物之言爲“名”,所目一切法六識境、十八界等爲“義”。“名義自性”者,此二名義唯以言説爲自性也。“差别”者,如説五陰、十八界即是立名義,名義爲本,有種種義爲差别,如色、受等各别不同爲自性,於一一陰、一一界中復有種别不同,如色中有種種色,一切皆爾,名爲“差别言説”。唯見名義自性言説,除外更無所有,故言“言説”爲“自性”也。“名義差别言説,唯見名義差别言説”者,“名義”是當體,“差别”是其别義;當體既是言説,其“差别”義故亦唯有言説。“四處度疑决了,説名‘尋思’”,此並唯假“言説”爲義,故立餘三爲相應;以“三”目“義”,即“屬義”;由數習次第相續,三故生解,假立法妄想生解,故名“相應”。“名義互爲客”者,得義時未識名,如見人不識性,故知不同,以名多,如一人有多名無多體,故知不同體。三名不定故,知人猶子等,故不同體。又一名目多義,如前名目九也,故不同。此明一時不同,又前有人,後方立名。又知如文有人道後,此道名爲人,此通名前文有定後,方有人也。此明前後不同。又知識此人姓名來文,不識其人體相,故名“義不同體”。後□(以?)[①]五陰譬,如五陰是行聚,即是“無常”之名,猶於相續中有我執,則知名“無常”,猶於義計“常”,故知不同體,故名“義互爲客”也。然若無數習次第,無倒三義,則無“相應”義也。而通明此義顯不同者,以各不同是分數各别,法即是無常,故有此説也。

《論》本云“由四種如實智,名義自性差别,如實智四種不可得故”者,此下明第六資糧。就章爲三段:初、辯恭敬修。二、辯無放逸修。三、釋疑,辯住處及境界。初明恭敬修,三:前明四如實智,二辯唯識方便觀,三明唯識真正觀。第一四實智中又三:初、總標;二者、一一别釋;三、總釋結成也。論尋思如實智,並在十迴終心出位,諸地方便將入位,尋思在煗頂,如實智在忍世第一法位。然論此二章並得爲方便資糧,今取去真觀,遠者爲方便,近者爲資糧也。然前四尋思,知四是假言説,未達四法無所有,了[②]達[③]四法實無所

① 此缺文底本不清晰,似作“以”,待考。

② “了”前録本有一“能”字。按:“能”旁底本實施一廢棄號,今據删。

③ “達”前底本、録本有一“了”字,當係衍文,今據文意删。

有、不可得故，成四如實智也。

次別解。第一“名‘尋思所引如實智’”者，實爲欲引衆生出世，故立世間萬物名字。若不立名，則無人識色等類法，則不能起增益執，乃至互相教示，豈能解出世理？故借世法，引令出世。如前令入依中，明人法通、別二相，悉是假借爲入理證耳，皆悉無所有。次“義尋思所引如實智”，明義離一切言説不可説。次明“色非”者，無體不可説，色似色顯現不説，非色法有無亦爾，法有三義不可説故，是第二如實智。次第三明自性言説，尋思唯有言説，由自性言説，此類非其自性。“如其自性顯現”者，菩薩達其如變化等，譬非類似類現，是名“自性尋思所引第三如實智”。又言“甚深義爲境界”者，緣無相及依他識爲境界。次釋第四“差別言説，無有二義”者，此明一切名義差別言説無二，言及説所説並無所有故無二。“由可言體不成就①故”，即分別性無體也。“由不可言體成就②故”，即真實也。次差別言説無二，成“第四如實智”也。次更總明四義，從“先已説名及義”下，是總結之，明智是假言説，度疑決了等説名“尋思”。因此尋思菩薩觀名、義等二無所有，是如實智。次入此已解下，是方便唯識觀。“四種通達分善根依止”者即四定，後文自釋之。次後次第明不見名、義、自性差別，依釋可見也。由四尋思、四如實智爲二方便，遣外塵。“復何方便及境界，得入真觀”者，此下第三問唯識真觀。前是方便相似解耳，還研此入真。意言分別，此四法故生起。此四法既無所有，意言無復所分別。諸生緣既盡，意言分別之識亦不得復生起。此即是入真觀，亦見無相性爲真見，唯有識達，餘法悉無所有，名“入唯真觀”也。“四種三摩提”者，此四是“法無我”中四觀依止，非前“人無我”中四種。煖頂忍世第一方便，是先得等四定也。後章自釋之。《釋論》曰：“此下明八處中第八處。”無放逸修，即章第二段。就此有問答。問答即辯法、譬兩説。分文爲二段：一、法説；二、譬説。法説中爲二：初、略示三量智意；二、廣釋“三量”義。

《論》本云“但入唯量”者，此明俗觀成唯有識體量。後雖明相見種種，若不顛倒識上變異成相、見二及種種，則“唯識”義不成；以無識生緣，故識不得生。若有實色，“唯識”義又不成；以變異爲二，而無二體唯一。

①② 就，録本訛作“熟”，據底本改。

《釋論》曰“此二法，一是因一是果”者，塵是因，“生”義得成、又不失能取所取之識故；識是果，此就緣緣作語。根是識因，識是果，此就增上緣明義。若約變異義，識是因，根、塵並是果，以根、塵從識家種子作因緣生也，離識則無塵等故也。

《釋論》曰“又一是所依，一是能依”者，根塵是所依，識是能依；從識變異種生爲根塵，亦得言根塵能依，識是所依也。

《釋論》曰“此二法由無始生死來數習故速疾，是故於一時中有種種相貌起”者，若就俗諦體唯識爲量，爲成識義故，開成相、見二法。廣見有六識相，有六塵識，各有無量塵識，故言“種種相貌”。八識一時起及前後論之彌無量種別，雖復爲種，實唯是識量也。

《釋論》曰“名、義各有三，爲六”者，此下《論》本文第二更廣釋“法説”義，正明入識唯觀有三種。初明“唯量”者，六相爲義。次尋名“無所有”者，名本因[1]義，義無所有，故名無義者。所因即六塵，以諸塵爲義，塵無所有，此名空無，所因名何義？又，此名爲自“有”義，爲當“無”義？若“有”義，義無所有，故名無義者。若除有物，可得“有”於“有家之無”；既無有於“有”法，有何“有家之無”耶？故亦“無”義也。次義自性、差別二法如《釋論》可見，不釋之。次第二明相見現，如釋論解作能取[2]、所取義既不成，始達於一識上，作自分别爲相、見二法有。次第三釋《論解》“種種相貌觀”，云“於一時中，能觀種種相貌，無相無生，名‘入種種相貌觀’”者，無相無生爲本從法來，至法本極處，方達種相貌觀成也。若不達理體，於顛倒事相解，終不成好解也。次明入三性譬者，此答第二“如何法”。問更爲二：初、有三十四行文，行、譬行合釋之。二者、從“如此菩薩，由入似義”下三十三行文，法説顯成前譬也。譬即借小乘事相以爲譬。譬如闇中不了藤，謂爲蛇，蛇譬分别性事中有，藤譬俗中有識，是依他性。而藤以事檢之，無自體，但有四微。四微譬安立中有真實性。然蛇本來是無，由闇不了見藤，横謂爲蛇也。一切衆生不了别俗中唯有識，於識上作根塵等解，此根塵實無所有，如藤上本無有蛇也。

① 因，録本訛作“目”，據底本改。

② “能取”二字録本訛作“取能”。按：底本“取能”旁實施一乙鈎號，今據改。

次明藤無自體,假説四微爲藤,如達四微時即不見有藤。合譬如於真中不達一如無相,於如上横倒見分别性根塵,如見蛇時不見藤,根塵既無所有,即見無相性。是約分别性無所有分,見真如見唯有識,即見依他性。見藤時無蛇,未明四微緣識,即無生見,即無相無生,即是俗識見真實性。如見四微時無藤,本爲對俗識立真如,俗既空無,所對真亦絶,待第一義空。如見四微亦無所有、唯空,即是真實性成無性性,即非安立諦,無於二諦三性等也。

《論》本云"如此菩薩由入似義"下,第二法説,更顯前譬。論文初論,文顯次第入三性義。第二既論,文明由入真實性,捨唯識想。第三明意言分别,是先聞法種類。四段明無塵。五明生緣盡,識無生。後段釋結可解也。

《釋論》曰"復次是時,無有一塵品類而非菩薩而了别"者,既久習研釋精識,反覆熟觀已竟,雖無别體,不無識法爲相識義也。但此識法本無二相,分别爲二相,實一識爲體,是諸法本故。於末始得明了,後得入真竟。後出觀時方是精識諸法,故無一法而不善達知也。

《釋論》曰"無分别智是名"者,此第三段,辨菩薩住處境界,釋疑也。此爲二:初答兩問——住處及境界。第二更重辯菩薩通、别境界,爲二:初長行辯通名。二偈辯通、别兩名。此下言名者,名本身能表法體爲名,又名本定體,無分别智能證理,與理成一,即是定自體之名,能起後智,立教能表[①]章。一切法相是一切表章之根本,故立無分别智爲一切差名。

《釋論》曰"復次,'名'者謂究竟"者,即是真諦是爲第一義諦名。是相應之理極果法,故言"究竟名"。真即表究竟極理,故爲"究竟名"也。"亦即法界"者,法界通一切法,皆如無、有二相,故言"通於一切法"。一相無有差别,境智無異相也。

《論》本云"無分别智,得證得住真如法界"者,明不分别一切俗中一切相、生等者,相即俗變異事,生是識,即俗體,由不取此别相,故得入住法界。

《論》本云"是時菩薩平等平等"者,此下第二,明通、别平等境界義。此中但明二種平等,依如《釋論》可見。具十種者:一、義自性平等。二、無言説行相平等。三、無生平等。四、因緣不起平等。五、畢竟寂滅平等。六、離諸

① 表,録本訛作"長",據底本改。

虚境平等。七、一切行無取捨平等。八、一切法離相平等。九、離妄相境界，如幻如化平等。十、妄想境界有無無二平等。略示其名耳。《釋論》自作兩番，釋偈"十名"義。今略示其前後同異大相：第一、法名。初番云"謂色受等眼耳等"，此五陰、五根等；後即除五陰，但明五根，故異。第二、明人名。初番云"謂信行、法行等"，此即利、鈍二種相，似聖人；後即我衆生等，此通一切凡夫，異前。第三、法名。同取十二部正教義同。第四、義名。亦同是正教所詮義。第五、性名。初謂無義文字，後即明十四。此亦同。十四是音，二十五是字，合有三十九。而言"七"者，二字同標章，結句以相成，所以止三十七。"身解"義意如《涅槃記》中釋也。第六、略名。初謂衆生等通名，後即有爲、無爲。此即後番通内、外根無爲等，前但有爲論正報名耳。第七、廣名。前謂衆生各有别名，後謂色受等，即五陰空等成衆生法六大則異也。第八、不净名。前後同凡夫。第九、净名。前明聖人等，後明須陀洹等。此略同。第十、究竟名。亦同是果上極處名，呼爲"究竟名"。地地皆亦隨分究竟義，但成自利利他，皆有隨分也。

《釋論》曰"究竟名謂緣極通境，出世智及出世後智，一切法真如境"者，緣極通境二種智所緣真如，目此境爲"究竟"，欲顯此究竟理與二乘所緣有異；用緣極通境以目二智，示是此二智境。次論本結前可解。

《釋論》曰"如此謂方便次第時節捨得"者，方便即八處持善根，初後自有次第淺深時節，即有方便。正觀等、三諦觀等捨分别得，即得真智，得證真如無得之理也。後可見也。

《論》本云"由入此相，得入初歡喜地"者，此釋第七"資糧果章"。就章爲三：初、總標。二、别釋八果。三、結示於見道得此八果。總標文可解。第二别釋中，釋第一勝時果云："捨凡夫二乘位，始得菩薩真位。"前十解中雖名"聖"，未得不二之真聖，猶故是假名菩薩，未得斷凡夫性，以身猶未得常住法身故，同凡夫二乘各名差别，妄想法爲身故也。初地得理無二，法身智無二，常住法身，方是真聖位，異地前假名也。釋第二云"捨自愛名'歡'，生他愛名'喜'"者，除貪、瞋故，不愛惜自身；能行大捨，心恒歡悦；由除嫉妒故，不憎惡他，見他得利益，心恒慶憙。方便中有此力，故名"方便果"。正智得理不二之時，無喜、不喜之相。昔著我愛，今自、他不異，故不復愛自憎他。所以令他不達此理者復生悲，欲令達之故。

《釋論》曰“未曾得大用及出世心”者，大用白證法身起應化身是“大用”，無分別智是“出世心”，今始得之，是故生喜也。第三地者名“勝果”，正釋“地體”義等，後當廣釋自見。釋第四“勝通達果”，云：“三義：一由得四依，依法不依人等。”“四依”者：一、依法。是法門即是詮教，人是能示詮之人，藉人求皆捨人，不依人而住[①]也。二、依義。義是文下所依以，此所依以即得利益，語止是指示令取義，住語即執詮爲病，不應依也。三者、“依智不依識”者，智是達理能離生死法，識是隨生死起惑，遇種種生死後有。四者、簡“依了義經”者，細有“了”、“不了”義，依文判“了”義，依理判“不了”義。若不能如此，則自在生疑，則不能得理，豈能利他？依理判“了”義經，則能成就二利也。二者明通法界十重。“從初通達，乃至上地皆善通達”者，此十即十地觀境十功德，若理觀從初地達一功德，即達十，皆善通達。若就差別義，取法界即不達二地功德。分別中有分別倒惑，故通達爲難也。三約四方便，如文可見，前後説處多也。第五明生佛家者，即真如無生之家也。無明能生衆生生死，無實體如，但有外相貌，無實體也。今生法身中，故不爲無明鷇所苞裹也。又佛子五義者：“一願樂無上乘爲種子”者，由信樂故，得多聞熏習爲種子。二“般若爲母”者，“母”有“能生子”義，若非無分別智，則不脱生死，何得生如來家？智不令諸惡執□（觸）[②]之，惡執□（觸）[③]之則有無明，無明則能生生死。般若生，即是無生生也。故離分別，得無生生，故是生如來家也。三“以定爲胎”者，胎能含養兒，滿十月故生；由定能含養衆行，故無分别智生，即是佛子生。四“大悲爲乳母”者，乳母能資養兒，大悲利他，即復資養成我衆行。若不爲利他，則同二乘，豈成大行？故大悲如乳母養子也。五“諸佛爲父”者：一者、子藉父遣（遺？）[④]體生。二者、父又能訓誨，令子成長。三者、又爲外蔭護等。明佛子從佛性法身生，即是體也。三身又“訓誨，令成長”義。二

① 住，録本訛作“往”，據底本改。

② 觸，録本作缺文。按：底本實作“角”。《玉篇·角部》：“角”，“觸”的古文。兹據補。

③ 觸，録本作缺文，底本實作“角”，乃“觸”之古文。兹據補。

④ 結合文意，此“遣”當爲“遺”之訛字，待考。

身"師"義可見。法身爲自體常住。師既"師自體"義,亦得是無師智也。又不令惡法侵損,是外蔭護也。

《釋論》曰"恩養果有四種:一、廣大。二、最極。三、無邊。四、無倒"者,平等令一切得解脱,故名"廣大";悉令得入無餘涅槃,故名"最極";利益無限量、盡一切衆生,故名"無邊";凡所利益稱根性,無不如理,故名"無倒"。由證如同,以如爲體,不見有衆生異我,故得衆生心平等。由得大悲同,有利他用,故得菩薩心平等。由同法身及法界爲體異,故得法佛心平等。第七、第八二果,如《釋論》大意可見。後第三結"名菩薩見道"者,有三方便。謂"如實智"者正是此時除障。何以然?由見名、義、自性、差别四種畢竟無所有,唯見識分别作此解。所解脱無所有爲無相性,能解心亦不得生,無相無生即得解脱果。了因即無分别正體智,此智爲不生道。四如實智是對治道正滅障也。應除是俗諦,二性可解。"除滅"者即爲已滅,已滅惑即理顯現,理顯現即三無性。一切法悉本來無二相,故除生死,得法身,皆由唯識觀成。若不達此義,則不識大乘要行也。

《論》本云"復次何故菩薩入識觀"者,下釋第八"二智用章"。此問如《釋論》解,可見證。就此章爲二:前明無分别智前,後入唯識觀,定其方便體相用。次明二智用。就唯識觀中又二:初明未得初地之前觀,次明已得地更起後觀。言"方便"者,即是唯識。若正智止有一如,名更生惑,常爲不生道也。

《論》本云"由緣極通法爲境"者,《釋論》解有四德,明智體照境,即通法有四品。此就境有廣、狹論之:"苦"但心最狹。"無常"通色心已,居次廣。"無我"又廣,而止通大乘相用。"無性"就理體論之最廣,故言"極通境"。由唯識觀爲門,能令通達諸法本故,於一切法無不通達微細,後方便作唯識觀。雖明"無倒"一義,義兼得後三。既從無分别智生,又更生勝品智,豈得無前三義?

《論》本云"爲除滅共本阿梨耶識中,一切有因諸法種子"者,此下第一明二智用。用有二:前明唯識觀有自利用,二明得後智利他用。自利有三:一者、除障;二、立因;三、得果用。此文正明滅障用。通滅因果事可解。由七識是惑,染六識有,煩惱作業故,是種子因緣之本。而本識是緣中最勝,是增上緣,能生六、七識作業,復能受薰持種子作根依持生故也。六塵是生種子緣可見也。

《論》本云“爲生長能觸法身諸法種子”者,此第二立因用。諸法即六度,由唯識觀轉六度,令成出世,故是證法身因也。

《論》本云“爲轉依”者,此第三明得佛法用,即明三德、四無畏,後結爲成除障、立因、得果三用,入唯識觀。次第二明後智正體。既得真無分別般若竟,此義如“資糧章”後分釋。今後智用是出世間智,此智照一切法無倒,又爲他解説,爲此二用,故修無分別後智。云何修智?於入真觀前時熟修聞、思二慧,是修後智,義達諸法入真;後時出俗,見妄法始,更明了也。

《釋論》曰“内相、外相、内外相”者,本識爲内,塵爲外;成身根爲内外,於自爲内,於他爲外。又根塵相對爲内外,識通内外。後智見生死同幻化可解。從正體智生,故言“清净”,“清净本所流故”也。

《釋論》曰“故不可依見聞覺智相,判諸法爲實有”者,此顯應依智,不依識,識著倒相,智則見清净,善達倒夢境,是無所有也。五明義如前,後更廣解之。

《釋論》曰“相違不實,不定名‘偏’”者,依文符理,爲“不相違”;真實及不實爲不可動,名“定”;違理差機爲“相違”,闇心妄説爲“不實”,前後改轉爲“不定”。

《釋論》曰“處時相濫名‘倒’”者,隨位高下,十方地處高下爲説,爲“隨處”;隨所宜機動時節,説即有益,名“隨時”;隨大、小乘所宜法相、法門等相,故言“隨相”。

《論》本云“是時正入唯識觀位中”者,此下明第九“二智依止章”。就此爲三:初總標四種能所依止爲問,次别釋四能依所止義,後結示之。就總明“有四種三摩提”。“是四種通達分善根止”者,四定爲所依止體,煖頂忍世第一法;四智是能依止,此四種智即爲四種通達分善根也。《釋論》解云:“爲明應入處故。”言“唯識觀中”者,應入處即三無性真如,約此處觀,方始見唯識明了能、所依止,後自别解。由四善根有四依止,故善根成,能證無差别理。

《釋論》曰“樂觀無塵義故名爲‘忍’”者,此第二别釋,具明“忍”有四義:一、“欲樂”義,由能忍、安受無生理故。二、“不可壞”義,由境真實智寂静故。三、“智助”義。四、“簡擇”義。後二義明其功能也。

《釋論》曰“此忍未離三相，謂觀善成就惑污清净，未隨意修習”者，猶見有成就相、染污相、清净相，所以未能隨意修習，故成下品。次後第二，别釋四依止。第一“光得三摩提”者，“光”是“智”名，因定得此智。定從所得之智立名，故稱“光得”。“定”都四名：一者、名“三摩提”，此云“等安”，謂能平等安置於心，不令散亂高下，即是心法令心於一境法等攝住，離於沈浮。二、“持訶那”，舊言“禪那”，此翻爲“智生”，以能引生智惠（慧）故也。又翻爲“善思”，能善思量、生六通慧故。又，人心不高下顛倒，不噉味，故名“善思”。三者、稱“三摩拔提”，此翻“等俱至”，心不高下爲“等”，心境不相離爲“俱”，在於觀中緣境爲“至”，故言“等俱至”。四、“奢摩他”，此翻“寂静”，已離下地惑，惑通無復用，故名“寂静”。前三名通流、無流悉得立之，唯無流定得此“奢摩他”名也。

《釋論》曰“若具五分五智，此定名‘三摩提’”者，“五分”者，初定光得爲自分，三定通行爲自分，定無間爲自分，念分通四定爲第五分。一定中皆有五義，故得“三摩提”名，四定别名從强者受稱也。又“五分”者，取八聖道中正定爲三摩提體，正見、正覺、正語、正業、正命此五爲分。由正見見邪相而捨，見正相而取，乃至見邪命而捨，見正命而取。由正見捨五種所對治，故立五種能對治爲助定分也。“五分智”者：一、自性分智。是無流勝善成熟，故言“自性分智”。二、人分智。此定非惡人所習，智人所讚。此智亦依内起，是智爲至人之氣分因，故爲“人分智”。三、清净分智。我此定寂静美妙，已捨道，所對治惑滅，故爲“清净分智”。四、果分智。現世安樂住，未來感安樂涅槃果，是果家之小分智，故言“果分智”。五、念分智。此定憶念出入觀，熟修不忘入出觀相，故言“念分智”。約分起五智分、三十七助道法，如《釋論》解。“又四善根”者，即是四定所發煗頂忍世第一，四位即能資生於果，故爲善根也。第二定《釋論》明“已離三相，故是最上品”者，已離成就相、染污相、清净相等三種分别惑，故成上品也。即四尋思上品次隣四如實智，解三種頂行。第三云“是進際”者，凡人至山頂，進則成飛仙，似聖人進入忍位；世第一法即取真智成真聖，故是進、退際也。第三定四如實智中名“通行”，從理得名，《釋論》意可解也。釋第四定止取通行一刹那定爲無間定，此定是最後法，《釋論》可見也。又前釋“非安立諦”義，云“此諦通一切法，無有差别，故名‘非安立’”者，立法爲差别中二相之彼此，故立法示他非安立諦。一切法同一如相無有異者，同此如相，故言“通一切法，無差别”也。後第三段結爲“入非安立諦觀前方便”，若得見道無生智，即爲正相應道也。

《論》本云“若菩薩如此入初地已”者，此下釋第十二“智差别章”。就此爲四：初明得見道爲修道依止。二明修道依見道成真聖行。第三簡二見道異相。四以偈結，重顯前義。初明見道依止者，以修道中一切行並爲聖行者，由得見道故，由作唯識觀通達真俗故，得見道爲依止，故是聖行。

《論》本云“云何菩薩修習觀行，入於修道”者，此下至“更修加行”文來，第二明修位觀行體相，有問有答。《釋論》作三意解，此中答即爲三復次。《釋論》曰“此‘云何’凡問十義”者，指後第五勝相，解十地中具明此十義，今但列所問十義名。然雖復具有十義，亦無分别明科段，但有義意耳。而已復作三番釋。“云何”下文略示大意。“十義”者即明修道中大相境：一者、“相”，即修道中境行體相。二、“次第”者，即從淺至深，從方便入理。三、“修”者，即是長時修、四修無分别等、五修等一切觀行。四、“差别”者，於一切行中各有無量義相貌不同，故言“差别”。五、“攝相助”者，即道品及世間散心萬行，並爲助道也。六、“攝相礙”者，一切障並攝之，轉令成助道分。七、“功德”者，即明法界十功德能生長方便行之功德也。八、“更互觀察”者，諸萬行更互相顯，如初地有十度，以“檀”義獨顯，乃十地智亦然也，更互助法同相成。九、“名”者，是義表定能顯一切法體，故是“名”也。十、“净、不净”者，具真俗三性，以依他隨分别爲“不净”，不分别者故“净”也。

次釋修習觀行，如《釋論》可見。論本明入修道、《釋論》明依止見道入初地者，初地有入、住、出三僧祇修行，明重修同修道故也。次答中《釋論》作三復次來解之。此中問止一“云何”，由答中有總略出其有三義意，《釋論》作三義來釋之耳，後更釋文也。初番解釋，初明三慧境。此中明十地異聲聞十地者：一、受三歸地。二、信地。三、信法地。四、内凡夫地。五、學信戒地。六、八人地。七、須陀洹地。八、斯陀含地。九、阿羅漢那含地。十、阿羅漢地。次明三慧功能。次明後得二無倒。次明長時等四修。次明由轉依故行成真聖道也。後明爲得三身具自他利益，故更修加行。復次“云何”下，第二復次“約六義爲問”者，此中但有答文中有六意，故知總明一“云何”中有六問:一、明三慧界。二、明三慧功能。三、明修位因果,即後智望前爲果,望後時修慧則爲因,可見。四、明四修。五、明依止,即依轉。六、明勝用,即得三身成滿自、他兩用。復次"云何",第三總問"修位次第"者,初總答問,云"從初修心乃至修位究竟"以答問,然後更還舉三慧境乃至三身爲次第釋之。由境生智,由智功能,故能攝持境,故成次第。次出其體相示因果。次成滿四修。次明轉依是自利,爲四德本。次復明得三身二利義。復次,《論》本云"佛廣説所安立法相於菩薩十地"者,此更重舉前文釋證成其意,此即三慧境。《釋論》曰合如所説,雖有衆多法門,論其真實,唯是一境。聞慧能達此。次思慧能合觀真俗通别二境。修慧但在極通境真中,此行並是真聖行,異地前行也。次後智作世等可見。初地證得真如法身,始是自利用成。八地無功用自利成。九地始□(得)[①]應身利他成。十地得化身利他,用化二乘凡夫下品人始成就,而猶有微細礙著,未自在,不及佛也。就感他佛者,凡夫、二乘始行菩薩感化身訖,十迴趣初地以上悉感應身,初地得證法身也。方便净土中感應身受法樂,爲進道緣,以行成入理,即體證法身,成常住果也。

《釋論》曰"聲聞見道是他道,菩薩見道是自道"者,次第三辯大、小乘見道異相。二乘見道心境異,所行道與能觀心異,故是他道也。菩薩見道境智唯一,無復境智二相,故言"是自道"。

《釋論》曰"此依止在道方便中即思、修二慧"者,通方便中福慧,助成正道,故名"依止"。

《釋論》曰"此涅槃非是道果,是道住處"者,不明修道所得究竟果名"涅槃",故是道住處,非是道果;顯菩薩以慈悲般若爲體,不著生死涅槃,離真俗相,道住此無相法中,即名"無相法",即無住處樂,故名"涅槃"。

《釋論》曰"道有下、中、上,上即是十地"者,下即聲聞,中即獨覺,上即菩薩十地,此十地是真常道也。

《釋論》曰"此十地出離四種生死,爲通功能"者,依本識起方便行,免界外四種生死,十地體並是真如,菩薩正是真智,故通免生死也。

《釋論》曰"所居之土無有五濁,如頗梨柯等"者,無五濁即無五人:一、凡

① 得,録本作缺文,據底本補。

夫。二、外道。三、聲聞。四、獨覺。五、下位。下意行菩薩等五並爲穢濁，不得入十地中净土也。"頗梨柯"者即水精，此體清徹，能徹見彼邊物義，故借以表土。土即唯識智爲土體，□□□頗梨柯世界。釋第九"生如來家"者，以見真如證法身爲如來家。釋第十"法輪"三義名"轉"者：一、"能上、下、平行"者，上即行進趣勝位，下即化他也，平行即修觀。[□][二][1]、未得能得者令得勝法入勝位，已得能守者令不退失也。三、"能從此至彼"者，能以我功德智慧與他，隨根性機宜，令彼得我解，復得傳化他，故言"從此至彼"。第十一得果異，二乘有十力等，後智果中廣釋，此未解之。方便入見道修道究竟，即第四段道。又四行五言偈後，更承五行七言偈，爲顯前義，令開顯易見。前四偈中，一偈明四尋思方便及正觀四如實智方便；次一偈，正明四如實智，故得入非安立諦，即三無性第一義理唯自證知。次復兩偈，顯所入出無礙，法師別論，取來證成之如偈。後《釋論》結，示之可見也。此後五偈《釋論》結，顯義：一、明資糧道。二、加行道。三、見道。四、明究竟道。釋"資糧"中，又言"單名生複名，長菩薩唯複無單，故生長一時"者，十度但進，故生長一時也。

《釋論》曰"此福及慧有二種功用：一能助道，二能成道體"者，道有"轉成勝品"義則成道體，劣品有"轉滅"義，由帶相而是善，故能資助成道，道成劣相即滅，故不成道。

《釋論》曰"由定後心觀察諸法，是故於法心得决定"者，在"定"中已證見"法"義，出觀後此心從定心生，以達法本故，觀察諸法，心猶决定。

《釋論》曰"又菩薩備修五明，於度量方便具足自能，故於思惟心得决定"者：一、因明，亦爲内明，以善解外道所明一切身内諸法精識，立破相名"明"，以立義、破義皆有因故也。二者、"聲明"者，若善毘伽羅論，好識音聲差別之相，名"聲明"。三者、"外明"者，善識達身外事、一切六塵世間事相爲"外明"。四、"醫方明"者，善識業病、疲病及治病時等等故也。五者、"工巧明"

---

① 二，底本、録本脱，據文意補。

者，一切諸方道述(術)[①]國計、治生田園等悉屬工巧明也；菩薩既具，故思惟中心得決定也。

《釋論》曰“菩薩能比能證，故名‘能了’”者，是所證自分現前爲證，未達之處，將現證處比度得解爲比。

《釋論》曰“知此義類但以分别爲因”者，爲化分别衆生，故説真俗二諦皆由分别故起，故以分别爲因也。

《釋論》曰“已於義類及分别心决定故”者，由加行道，已得無相性，分證見真，於二諦義類無所有心决定，由五明於思惟分别識法心决定。

《釋論》曰“離顛倒及變異二虚妄，故名‘真’”者，内心是顛倒，外塵有爲法爲變異，由心至故著變異成生死；真如理無内外法，故離顛倒及變異等相也。

《釋論》曰“是諸法第一性故名‘法界’”者，約諸法辯自體法爲法性，廢法辨自體是第一，並真無僞，是生道因之性，故名爲“法界”，具含三身故，三身是法界自、他二用也。

《釋論》曰“同見一味，無有差别”者，見如來大、小乘教雖顯多種法門，皆爲成就真如一味無差别之理，一即法界之法身也。

《釋論》曰“一切染污法熏習種子，是過聚性體”者，惑業果報三品不净法種子並是過失法，故言“過”也。有無量種子並在本識中，故名“聚體”。是生死不净品之根本生因，故名爲“性”。離如來大乘正教不能令解、離無分别智不能滅者，此是一切染污法微細種子，一切染法依止此作因緣生，故言“染法”。此依止中無量種子聚在中，故言“稠”；悉與本識體無異相不可分别，故名“密”。

《釋論》曰“如阿伽陀藥”者，此無藥翻之，此藥能治一切病，亦如如意寶能除一切，此亦能除一切病也，可得名“無賈(價)[②]良藥”，亦爲“無比良藥”也。

《釋論》曰“所説理勝及所得果勝”者，一乘道理無性，非安立諦等理，果即大涅槃爲勝也。又，明大乘通三乘中菩薩爲大。又，待小得大。“一乘”者無

① 述，此讀如“術”。《管子・君臣下》：“大臣亂曰稱述。”于省吾《雙劍誃諸子新證・管子二》：“述、術古字通……稱術謂稱舉道術也。”

② 賈，“價”之本字。［清］段玉裁《説文解字注・貝部》：“賈，凡賣者之所出，買者之所入，皆曰‘賈’。俗又别其字作‘價’。”

二、三乘，唯是一故，無相待之乘爲真實勝乘也。無分別智以法界爲根，體爲知根，從知未知根生故。又名“有根”，有未知欲知根從如實智生。又，論緣因解性生亦名“有根”。能生後智及進後加行智故，亦名“有根”。有當體名“有根”。何以然？得此智故餘智滅，智依此智，故更生上地功德智慧，故是根也。餘可見。

《攝大乘論》義記第七。

No. 2806《攝大乘論》抄

［題解］

佛典論疏，作者及原著卷數不詳。録本標注"燉煌本"，然下落不明，首尾俱殘。本文所釋係［南朝・陳］真諦譯《攝大乘論釋》，先以四門總述：第一門殘，似述緣起；第二明藏攝分齊，謂此論於三藏中屬論藏，由對根機之不同，可分别判爲聲聞藏、菩薩藏乃至顯教、密教。第三明教下所詮宗旨，有二：二諦與佛性。第四解釋《攝大乘論》題目的意義，然後從《攝大乘論》卷一中摘取若干重要的名詞和文句，一一加以解釋。清代以前歷代大藏經未收，日本《大正藏》據敦煌写卷録入其第八十五册，然未交待收藏單位及編號。因無法見到原卷，今校注據傳世大藏經相關經文加以校理。

□□□[1]乃是大乘之副軸，建正法之勝幢。破異部於當時，□邪正於末代。轉梵輪於像季，續千載之餘風。致令羊鹿之輪息駕，□□之輪更開。論其興也，乃於佛涅槃後千一百餘年。但以去聖時□，□法襄末，群邪映路，僻執交途，遂令唯識之理，潛隱不通。時有四□菩薩出現於世，號曰"阿僧伽"，此云"無著"，亦名"無礙"。其人内潛□□□法性之際，外應群機而助興法雨，集二王之勝相，録三性之法印，欲□生及□情於唯識，悟非安之實諦，遂依傍大宗，制造斯《論》矣。然菩薩次弟"婆藪槃豆"，此曰"天親"。其人如理之智内融，如量之解秀發。□□□嗟本《論》辭義淵玄，恐後代衆生抱迷不悟，遂即披尋，决定要制造《釋論》，以解本文。於是破二乘以歸一戴，摧異見

① 録本出校："首缺。"

已，同會一心。唯識之道，遂爾再通；無性之理，於兹重顯也。

第二次明藏攝分齊者，然顯理□□□，乃有塵沙，今且據要而論。對所詮三故，教則爲三；約所爲二故，教則爲二。言其“三”者，一、曰“修多羅”，此云“綖”，亦名“經”，以綖能貫花，經能持緯，義、用相似。但以此方，重於“經”名，不貴“綖”稱，是以翻譯家逐其所重，故廢“綖”名，存於“經”目。譬聖人言教，能貫穿法相，使不差失，令法久住，與“經”、“綖”相似。從譬立名，即詮定教也。[□][二][1]者、“毘那耶”，此云“滅”，以身、口、意惡□(焚)[2]燒行者，義同火然。戒能滅之，故稱“滅”。此從功能彰目，教從所詮，亦名爲“滅”，即詮戒行教也。三者、“阿毘達磨”，此云“無比法”，亦云“對法”，欲破煩惱□(及)[3]分别法相，無分别慧最爲殊勝，更無有法能比此者，故曰“無比法”。此從無他得名，教從所詮，亦名“無比法”。此即詮慧教。若名“對法”者，即“阿毘”是能對智，“達磨”是所對法，即從境用立名，此後二藏皆從所詮得名也。

問：“若然者，何故下《釋論》云：爲説三種修學别立修多羅，爲成依戒、依心學故立毘那耶？以此文驗，應修多羅詮三行、毘那耶詮二行也。”

答：“有二義：一、相成門，以三學行，互相助成。能詮之教，亦有兼正。此文即是兼詮助□，故云説‘三’，成二宗意，爲成詮定戒也。爲别本、末，故阿毘達磨不論□□理，理實通有也。二、剋性門。修多羅中雖説戒、慧，自屬毘那耶、阿毘達磨。阿毘達磨中雖説心戒，自屬餘二藏亦爾。毘婆沙中亦作此二釋也。此《論》即是阿毘達磨藏攝。”

對所爲機二者，以根有利、鈍之殊，於法則有淺、深之異。□(對?)[4]聲聞

---

① 二，録本脱，據上下文意補。

② 焚，録本作缺文。《大方廣佛華嚴經搜玄分齊通智方軌》卷第一：“二、‘毘那耶’，此云‘滅’。以身、口、意惡焚燒行者，義同火然，戒能滅之，故稱‘滅’。”[T35n1732p0013c27]兹據補。

③ 及，録本作缺文。兹據《大方廣佛華嚴經搜玄分齊通智方軌》卷第一[T35n1732p0014a2]補。

④ 結合文意，此缺字似當爲“對”字。下文：“對菩薩利根，通約分别依他真實性立於三藏。”可助互勘。

鈍根，約分別性立於三藏，爲成聲聞行法故，判爲“聲聞藏”，由聲聞所立十一種色、十四不相應、四十七心心法及三無爲，此七十五法悉是事法，故屬分別性也。對菩薩利根通約分別依他真實性立於三藏，爲成菩薩行法故，判爲“菩薩藏”。

問：“經云爲諸緣覺説因緣觀法，即緣覺亦有教，何故不立藏？”

答：“依《普曜經》，三乘教即立三藏。今依此《論》及《地持論》，所以不立‘緣覺藏’者，以似佛爲説因緣觀者，即是似聞他音而得悟道，與聲聞同並判入‘聲聞藏’攝；唯據上達利根人出在無佛法時，無教可聞，宜以思修力故，自悟因緣而得道果，即有行故得立乘，無教可聞，故不立藏也。”

“聲聞藏”内有二：一、立性教門。以其人於和合陰内解無神我，於陰等别法計有定性；如説色色自性、心心自性，執三世一切法皆有定性，以未達法空故也。二、破性教門。此人機根稍利，亦解無神我，知陰等别法緣集故有，本無自性，此即分達法空也。此二人觀解，雖相有淺深，同似聞他音而悟小果，故總對所爲判爲“聲聞藏”也。

“菩薩藏”内有二：一、是顯示教。此遣分别性内所有諸法，如經説色空乃至涅槃畢竟體空，此即無相大乘，亦名“顯示教門”。二、就依他真實，説如實因緣、如如真實無垢等法，此即緣起大乘自性住乘，亦名“祕密教門”。此二所詮，雖相有淺深，同爲菩薩利根進成大行而悟大果，故總判爲“菩薩藏”。此《論》二教，中通二教，若説三無性空等即顯教，若説初相等即是祕密攝也。

第三次明教下所詮宗旨者，准下文意，宗旨有二：一、約二諦；二、約佛性。言二諦者：若論世諦，即以唯識爲所詮宗旨；若説真諦，即以二無我真如爲所詮宗旨。故下釋云：“一切法以識爲相，以真如爲體故。”又云“知塵無所有是通達真知，唯有識是通達俗”也。二、約[□][佛][①]性者，論聖人興教意，正欲顯理成行，行成得果，故初、二勝相即“自性住佛性”。於中初勝相，若論心功能，即是如實因緣；若據實，是心真如。故下釋云“此即此阿黎耶識界，以解爲性。此界有五義”等也。亦名“不空如來藏”。《地經》亦明緣阿黎耶識作第一義諦觀即心真如也。“何者是染？染依止觀”，此明心功能與十二

① “佛”字録本無，據文意補。上文：“一、約二諦；二、約佛性。”可助比勘。

因緣染法爲依止，即如實因緣也。第二勝相中，若就相，即是三性，是前因緣所生果；若據實，三性本不有，即無三性，名“空真如”，亦名“空如來藏”。故下《論》云“如取不有故，三性成無性”也。此空、不空二種真如法相，所攝二，實體無二，故初、二勝相名“自性住佛性”也。其間六勝相名“引出佛性”，由行成治障，顯出自性住理，故名“引出”也；後二勝相名“至得果佛性”，由得至果位，遂（逐？）[①]前自性住因引出因故，名“至得果”也。聖人興教意爲成此三故，以三種佛性爲所詮宗旨也。故下文言：“若説[②]佛體及因果其數如此，故説次第。”故知十勝相是三種佛性也。《論》能詮教體，即執性宗有二所：以音聲性色法爲體，故彼《論》云：佛語語情故。二依經本，即以名味等不相應法爲體，破性宗以二念已去相續似聲爲體，即法入攝意識知。大乘宗以似音聲性色識爲體，故論音聲所詮名句味也。

第四次釋《論》之題目。所言“攝”者，汎論“攝”義有四種：一、以文攝文。如以“攝大乘論”四字爲本，即攝一部文教皆盡。故下文言又“部黨[③]類相攝故名‘藏’”也。二、以義攝義。如以依止相爲本，攝一切義皆盡。故下文言此依止“是應知等九義所依藏故，故名[④]‘所攝’”也。三、以義攝文，一切文教皆依義施設故。故下論明由證真如理“能攝文及義，故名[□][爲][⑤]‘持’”也。四、以文攝義，即此《攝大乘論》文是也。《論》文雖簡略，總攝諸部大乘所詮之義爲十種勝相，聚此文下，此即以文攝義，故名“攝”也。言“大”者有三種：一、體大，即目前空、不空二種真如平等不增減故也。二、相大，即真如體上具恒沙無漏性功德差别，故名“相”；舉一一德皆遍滿法界故、常故，故名“大”也。三、用大，即此真如在因有任持染净内熏等用，至果有起應、化二身無住處涅槃等用；舉一一用皆遍法界故、常故，所以名“大”。雖情見有廢興，用恒常也。“乘”者有三種：一、理乘，即初、二勝相自性住佛性；二、行乘，即中六勝相引出佛性；三、果乘，即後二勝相至德果佛性。故下釋論明“‘乘’有

---

① 結合文意，此“遂”似當爲“逐”之訛字。待考。

② 説，録本訛作“欲釋”，兹據《攝大乘論釋》卷第一[T31n1595p156b29]改。

③ 黨，録本訛作“當”，兹據《攝大乘論釋》卷第十[T31n1595p229a18]改。

④ “故名”二字録本訛作“言”，兹據《攝大乘論釋》卷第一[T31n1595p159b26]改。

⑤ 爲，録本無，據《攝大乘論釋》卷第十一[T31n1595p234c2]補。

三義：一、性；二、隨；三、德”也。三世諸佛菩薩依乘，此法別如來地，故名“乘”也。“論”者有四種：一、難論，如《中》、《百》等。二、集義論，如《毘曇》、《成實》、《地持》等。三、釋宗論，如《法華論》、《往生論》等。四、釋文論，如《智度》、《十地論》等。此之四種通名“論”者，皆假爲賓主問答往伏，論量道理，故名“論”也。“依止”者，此阿黎識是一切諸法所依止也。諸依止中，此識最勝，故名“勝相”。於此相内，有於四品，故名“中”。“衆名”者，依止乃食，衆名在初，故名“第一”也。

三寶不同，有其三種：一者、“同相”，即佛性之理分爲三也。即“性理覺照”義是“佛”，“軌則”義是“法”，“同性宣和”是“僧”義。雖有三義，而體是一不異，故名“同相”。二、“別相三寶”者：一名“實佛”，法身用真常五陰爲體，報身修成五陰爲體，化身即以化用五陰爲體。理教行果等名“法”，菩薩聲僧（聞？）[1]等爲“僧”也。三、“住持三寶”，即取佛形像等爲“佛”，紙素等文字爲“法”，阿難、迦葉等及凡夫比丘以爲“僧”體。若阿難、迦葉等形像等僧及佛法，並用四塵爲體；若取凡夫僧，以有漏五陰爲體。

三藏義二門分別：[□□][一、名][2]。“修多羅”此云“綖”，以能連持諸法相故。“毘那耶”名“滅”，滅身、口業非故。此二並從義、用受名。“阿毘達磨”者有二：一、云“無比法”，即從“相形勝”義爲名。二、名“對治法”，以所觀之法、所得之法是所對，智爲能對。此即從心境合目通名。“藏”者從義立名。二、“明體”者，三藏同以音聲、色、識爲體。

二藏義二門分別：一、名。一者“菩薩”，二“聲聞”。教上根之徒行二利之行教，名“菩薩藏”；爲下根之人行自利行自利教，名“聲聞”。二、明體。雖就人立二不同，論體同前三藏。

立藏九因，因名所以之義，有三對三：一、就“障”分三。初、愛分障，唯是修式。二、業障，即身、口、意三不善，即苦、樂二邊因之而起。三、自見取障，即以諸見爲通首，取迷理十使也。二、體。初、後二體以意爲性，中間一種通

---

① 僧，此似爲“聞”之誤字，待考。

② 結合文意，此處似脱“一名”二字。下文：“‘二藏’義二門分別：一、名。……二、明體。”可資比勘。

三業爲體。第二"三"者,具詮三學。説"修多羅",本、末通詮故;又修多是教,三學三門並依教生,故作是説。"毘那耶"成二,以依戒生定,故作是説。"阿毘達"唯慧,以是未知,但言"慧"也。第三"三"者,法義。宣説法義因果是"修多羅",以此藏宣説語言故,成就法義"毘那耶",由於持犯無疑,所以故成因果法義也。法義勝智,由"阿毘達磨",以此藏生智勝故,能了法義也。

無悔義十法,二門分别:一、持戒。二、無悔。三、心安。四、得憙。五、問猗。六、樂。七、定。八、見如實。九、厭離。十、解脱。二、"體性"者,是中前六中,初一是持戒爲因,後五是戒果,同是戒學攝,並是定因。第七是定果,即慧因。第八是慧果。第九是慧用。第十是三學所問果。若就三業出體,初一通三業,中八唯以心爲體,後一以無爲爲體。若三學,前六是戒,中一是定,次二是慧,後一是前三所得果無爲也。

三藏通用五義,三分别門:一、名。二、體。三、住地。一、名者,謂熏、覺、寂、通、解脱。"熏"者由聞、思習之不已,熏識成種,即從譬爲名。"覺"者,由修慧力,故能覺察真理,故名"覺"。"寂"者,遠離能、所之執名"寂"。"通"者,若有能、所之執即不通,由無能、所,故平等,故通也。"解脱"者,若不通真理,不可[①]解脱;由達理故,得解脱也。後四並修慧勝用之美立名。二、體者,熏之一種,用聞、思爲性。中三,用修慧爲體。後之一種,用無爲爲體。三、"位"者,若通一一位,皆有此五義。若别而言之,"熏"在地前,"覺"在初地,"寂"在二地至七地,"通"在八地至十地,"解脱"在佛地。

别用四義,"修多羅"四義,二門分别:名、體。[□][一][②]、名者:一、"依",處、人用爲教所依故。二、"相",謂真、俗等相日相形彼此等。三、"法",即諸法自性,故名"法"也。四、"義",即義用之義故名"義"也。二、體者,依體即以色以及後智勝用之德爲體。"相"者,用一切諸法真俗爲性。"法"者,用陰等諸法以之爲體也。"義"者,即用教法爲性,由依此法能生道滅戒故。

五陰義二門分别:一、"陰"名。二、體。一、名。有通名、别名。"五陰"

① "不可"二字録本訛作"可不",兹據文意乙正。

② 一,録本無,據文意補。

者,“五”是數,“陰”者積聚,以解“陰”即從數義爲名。别者謂色、受、想、行、識。“形礙”以解“色”,“領納”以明“受”,“取相相”是“想”,“行”是“起作”爲義,“識了别”是“識”。並義果受稱也。二、體。“色”陰以色識爲性,中三陰以隨用、以心法爲性,“行”中亦可不是心、身、口、業等,“識”陰通取六、七、八等爲識陰體。

十八界二門分别:一、名。二、體。[□][一]①、名者,分前色作五根、五塵及無作色,用前三陰作法界,用前識陰作界即六識界。“六塵”謂色、聲、香、味等。“六根”謂明眼界、耳鼻舌界、身界、意界。“六識”名同根。二、體。同陰,不須分别。

十二入名、體,謂六塵。此十法是識入處名,入處名“入”,從義爲名也。體者,與陰不異也,但約義爲“入”也。

四諦義二門分别:一、名。二、體。通名諦即實故,故名“諦”。名者,謂苦、集、滅、道。“苦”者,“逼迫”爲義。“集”者,“招感”爲義。此二過義受名。“滅”者,能滅三毒火,故名“滅”。“道”者,“能生”爲義。此二從功用爲名。二、體者有二:一、就相。出體相即用苦無常等理爲“苦”,因等理爲“集”,道如等理爲“道”,滅正等理爲“滅”。此就相出。二、就實。若大乘即一味真如爲“苦實”,乃至爲“道體實”,即《經》云有實即無作四諦也。

次明“定”義,二門分别:一、名。二、體。[□][一]②、名者,謂初禪地、二禪地、三禪地、四禪地。“禪”者名“思惟修”,亦名“功德叢林”。二、體。四禪有十八支,即已(以)之爲體。禪支有十八:初禪有五,覺、觀爲治,憙、樂爲利益,一心爲定體。二禪有四支:内净、喜、樂、一心。内净是治,中二是利益,後一心是定體。三禪有五支:行、捨、净、念、安慧。捨、念、慧是治,樂是利益,一心是體樂一心。四禪有四支:捨、念、不苦不樂、一心。捨、念是治,不苦不樂是利益,一心是定體。二、體者,以九法爲,謂覺、觀、受、猗、定、行、捨、念、慧。“受”分爲四,“猗”分二。即初二禪中“樂”、“行”、“捨”及“念”各分爲二,“定”分四,餘四不分。

四無色義名、體。[□][一]③、名者:一、空處。二、識處。三、無所有

①②③　一,録本無,據文意補。

處。並從方便行相立名,四於方便中作空識等解而修故。四、非想非處,從"相形過"義立名。形下名"無想",就實猶有,細想是過也。二、體者,以四陰心爲體。但上下別、不立支者,以是苦道故,樂道者立支,苦道不立支。四禪邊亦爾。

十一切入義名、體。[□][一]①、名者,地、水、火、風、青、黄、赤、白、空處、識。此等十法,各遍一切,無有間故,名"遍";入爲識緣故,名"入"。通名即從數及義爲名也,别名即從境爲名也。二、體者,小乘中前八以無會善根爲性,眷屬四陰、五陰也。空、識以四陰爲體,大乘同以唯識無塵智爲體,或以意言唯識爲體也。三智分别,但加行智也。

無諍三昧二種分别:名、體。[□][一]②、名者,"無諍"者,以五因來將護衆生不生煩惱、不與他諍,即從無過立名也。二、體者,明諸佛菩薩以如量智大悲心將護衆生,用此如量智爲體也。小乘以等智爲體,成論唯聖得故,以名用無漏智定爲體。

阿毘達磨四義二:名、體。一、對;二、數;三、伏;四、解。對者,生死涅槃是所對,智是能對,即從相形之義立名。數者,明説一法,重重顯之。伏者,能伏諸説名"伏"。解者,由此教令前二藏法相明了可見名"解"。此三從"功能勝"義立名。二、體者,唯取論教爲體。雖就所詮,明於四義。但言取教有此勝用,即同教出體。若取所生用體,即以聞慧爲體。

"九種方便",出《如實論》。以五分論伏破,即立義等五。以四方便難彼義,於彼立有二方便:一、檢具五分不?二、設具五分,復離三過不?即相違不實不定。若具三過,不須破自壞也。二、檢彼難,亦須二方便:一、檢難具五分不?二、須識彼退意。但彼難者恥受屈,不自受屈言。且休更待後論,即令言下受伏。若不識彼語而爲解説,即自無知,爲是須識彼退意。

"八方便"義有二:一、名。二、體。名者,五分論即五:一、立義。二、引證。三、譬。四、合譬。五、結。三方便者,相違不實不定,以五分伏破,以三方便伏彼破,以三方便伏彼立也。若論體,雖約教,新但取聞、思二慧以之爲體;若就教,即以識聲爲性也。

①② 一,録本無,據文意補。

五篇二門名、體。一、名者,“波羅夷”此云“極惡”,即從重過立名。二、“僧伽婆尸沙”,此云“僧殘”,壞僧行不具,即從所壞及過受名。三、名“波逸提”,此云“墮”,即從果爲名(由犯此必墮惡道故)。四、名“提舍尼”,此云“向彼悔”,即從對治方便立名也。五、名“戒叉加羅尼”,此云“應當學”,即從能防行立名。通名“篇”者,以罪類均等者立之一處名“篇”,即從義受名。二、體者,同用身、口、意作,無作業爲體。若别身、口作,無作用色爲體。意業用思爲體。“七聚”者,更加惡作惡説聚,加偷蘭遮聚,此云“大障道”。得名者,“惡作、惡説”者,即以身所作名“惡作”,口所説名“惡説”也。“大障道”,若犯此必障聖道,故名“大障道”,並從過爲名。體性與五篇同,以身、口、意,已(以)之爲體。

緣起四因義名、體。[□][一]①、名。一、無知。由自無明解之智,即無他立名。二、放逸。咨心神名“放逸”,[□][從]②過立名。三、煩惱熾盛。由或增上,不覺生染,犯戒違道。四、輕慢。由心輕戒,不生敬重,故犯佛戒,並從過立名。二、體性者:無知即無明使。放逸即貪使,由貪故放逸。煩惱熾盛即通貪、嗔二惑及纏垢一切惑。輕慢唯是慢使。若三聚中,出體唯是心。

八種造業具。一、名;二、體。名者,三業中由一不由二有三,由二不由一有三,具三業有一,不由三業有一。由一有三者:一、由心,不由身、口。二、由身,不由心、口。三、由口,不由身、心。由二有三者:由心、身,不由口。由身、口,不由心。由心、口,不由身。七、由身、口、心具犯,不由心、口、身而犯。有二義:一者、方便復悔過,前使人罪成,取罪成時,故能教者得罪,不由三也。二、妄語誑外國女人亦爾。初時不解未犯,後犯時復無三業也。體者,身、口二以色識爲體,心以意識爲性。

毘那耶四二名、體。名者:一、罪過,從過受名。二、緣起,則犯戒之緣,從義立名。三、還浄,明戒還同昔浄。四、出離,明於罪得出也。此二並從離過受名。體者:罪過如“五篇”、“七聚”中辨,緣起如或四、或八中説。還浄出離,即以方便中身、口、意善業爲體。

---

① 一,録本無,據文意補。
② 從,録本無,據文意補。

出離有七事：一、各發路遮相讀(續?)[①]，從義爲名。二、受與學罰，即從義方便立名。三、先制復開。四、更捨。五、轉依比丘、比丘尼。六、如實觀。七、法爾。並從義爲名也。二、體。[□][一][②]、各發路用心、口二業爲性，亦可三業爲體。二、受與學罰，即以身、口、意三業爲性。三、先制後開，以色識爲體。四、更捨，與先制同。五、轉依，唯約色，即以色爲體。六、如實觀，即如苦無常、無我、涅槃、寂滅四法印爲體。苦無常是有爲，無我、涅槃、寂滅是無爲。七、法爾，即以四真諦爲體，大乘即以法空之理爲四諦體。小乘名"有作"，大乘名"無作"。此中但取有作四諦也。

毘那耶復四義名、體。一、人，即從數似者爲名。二、立制。已説過失，立非梵行戒已，説訶欲等過失。三、分別。已略立制，更廣釋，即比丘者著搪(割?)[③]截衣。四、決判，明持犯等相。此三並從義爲名。二、體者，總以二法爲體，明人無體，還用五陰實法爲性。後三以色識法爲體，以是音聲性故。

十勝相名、體。[□][一][④]、名者，一、應知依止。二、應知。此二從境及勸辭爲名。三、應知入，從境智及勸辭爲名。四、入因果，從所成智及能成行住立名。五、入因果、修、差別。因果是行，修是方便，差別是位，從"行"及"能修方便位"義立名。三、學相者，戒等是行體，依之與學，是心功能，即從行及心功能爲名。九、學果，寂滅相學是因，"果"是位，"寂"是義，即從"因位"義立名。十、智差別。"智"是體，"差別"是義，從體義受名。通名"勝相"。勝小乘等，即於形勝義立名。二、體者，初相以梨耶爲體，二以三性，三以唯識無分別智，四以六度行爲體，五以十地爲性，六以三聚戒行爲體，七[□][以][⑤]四定爲體，八[□][以][⑥]三智爲體，九以無住處涅槃爲體，十以三身爲體。

聖教勝五種有二：名、體。一、正説非方便不同半教。第二、破小乘僻

---

① 結合文意，此"讀"似當爲"續"之訛字。待考。

②④ 一，録本無，據文意補。

③ 結合文意，此"搪"似當爲"割"之訛字。待考。

⑤⑥ 以，録本無，據文意補。

執,以正對破不了也。第三、大乘有,小乘無。第四、是大菩提因。第五、會衆生得一切智。體者,前二用大乘教法爲體,即後三即十義爲體。

三次第義名、體。[□][一]①、名者:一、境有次第。作緣生識名"境"。二、正行次第。行不倒故,名之"正行"。三、果有次第。起遂前因,名之爲"果"。此三並義爲"名"。二、體者:與前十相體同。以前二相是境,即先有後空;中六是行,即先劣後勝;後二相是果,即先法後人;以明次也。

四道理名、體。出《如實論》中。一、因果道理。初相是通因,第二相是通果,中六是别因,後二是别果。與此通、别,因果不違。二、相待道理,即因果相待、大小相待也。三、證成道理,即十義以相證成也。如無生成滅等,逆順相證也。亦可此中十義與菩提因果不相違,故證智成十義唯顯也,即是立義等五分論義也。四、法如道理。若一切法智如是法如。若别别有體,則非法如。道理即有三:一、無我如。二、無常如。三、寂静如。二、體者,前三道理即用十相爲體,但約義分三。第四以通理爲性,即法空真如是。

三量名、體。[□][一]②、名:一、現量。凡聖所知,事非過、未,名"現量",即"量度",從事、時義爲名。二、教量,即"教受"之義。三、比量。"比"即"比度",亦是義。此一從義爲名。二、體者:若現量,即凡聖所知諸法爲體,即真俗也。教量即用大乘教爲體,即是色、識爲性。比量即用加行智尋思如實等智爲體也。若能用三量四道理智,即唯思慧智爲性。

五種藏義[□][名]③、體。[□][一]④、名[□][者]⑤:一、"體類"義。"體"者是"實類"之言"流類"也。一切衆生取體雖多,然識不異,從"體"義立名。二、"因"義。"因"者即由緣與他也。行法爲"緣"。三、"生"義。"生"者即是能生長,二從"功能"義立名;但因取與因作因,生則就果也。四、"真實"義。明此識在世不破,出世不盡。此就"相形勝"義立名。五、"藏"義。明此識體聚積恒沙功德,從"勝"義立名。二、體者,同用本覺解心如來藏,以之爲性。

---

①②④ 一,録本無,據文意補。

③ 名,録本無,據文意補。

⑤ 者,録本無,據文意補。

四種差别義名、體。名者:一、生死因,即煩惱業。二者、報道,即以似色心爲體。三、涅槃因,即用八修正行爲體。四、涅槃果,即取三身四種涅槃爲體。

五種不净品:一者、邪師,即取外道抳(尼?)[①]五陰及方便五陰爲體。二者、邪弟子,同前。三、邪戒,用善、不善三業爲性。四、邪定,八禪定爲體。五、邪慧,用善、不善邪思慧意業爲體。此法無文,别出名相傳出。

二取名、體。一者,色根習氣,用根種子爲體。二者,色相習氣,用色塵種子爲體。解者用色、心二種習氣爲二種取體。《深密經》云:"一者,謂依色、心根取。二者,依於不分别言語戲論薰習而取。"

二種意名、體。一、能與彼生依止,即取次第滅及本識意爲體,亦名"不染污意"。二、名"染污意",以恒與四惑相應相故,即從過立,即第七識以爲體。

四惑名、體。[□□□][一、名者][②]:一、身見。積聚名"身",對境明白名"見",從假及義爲名。二、我慢。"我"是境,"慢"是心。三、我愛。此二從心境爲名。四、無明。對治明故,名"無明",從過爲名。二、體。同用第七心爲體,隨義分四使,亦可四數也。

三界義二名、體。[□][一][③]、名者:一、欲界。"欲"者即是淫欲及段食欲,"界"是"生性"之義。二[④]、色界。"色"即勝色報等欲,即"色欲"也。"界"與前同。此二從因義爲名。三、無色界。斷除色欲,由無色欲而生,名"無色界",從所無立名也。二、體者:若欲、色二界,即用色業、心業果報五陰及當界欲愛、色惑爲體。無色界用心業煩惱及四心報爲體。

心、意、識義二"名"、"體"者:[□□□][一、名者][⑤]:一、心。種種義,從義爲名。二者、"意"。能生他,故名"意"。三、識。取塵了别名"識"。此二功能力用爲名。二、體者:若通而言之,八識皆有此義。若别而言之,七識名

① 結合文意,此"抳"似當爲"尼"之訛字。待考。

②⑤ "一名者"三字録本無,據文意補。

③ 一,録本無,據文意補。

④ 二,録本訛作"三",兹據文意改。

以心執我、玆(滋)[①]長生死故,第八識意能與他生依止故,第六識心正能取塵了别故。

玆(滋)長十義名、體。名者:一、增上緣。與他作不障礙,名"增上緣"。二、緣緣。與緣作緣,名"緣緣"。三、解相。相識體是解性。四、共作。能所共成因果也。五、染污。用持他染法名"染污"。六、業熏習。持業故名"業熏習"。七、因。與他爲依持因。八、果。與他爲所生果也。九、道。就相爲五道。十、地。就相爲三界九地。體者:阿梨識功能爲體,以取能玆(滋)長故報。

滋長三義名、體。[□□□][一、名者][②]:一、由此十法,令心相續,即本功能自相續滋長緣也。三義記是能,重十法即因。二、此心能攝持一切法種子,即由本識成此種子,即"滋長",本記名"緣因"。三所滋長,即三界果報也。二、體者有二:若前一用本識爲體,後二是能熏法。於中初是色心習氣,第二是三界果,即與前三界體同。若依本記,中間一種本識爲體,餘二能熏法爲體。

《增壹》中四種識名、體。[□][一][③]、名者:喜、樂、愛習,著阿梨。此等喜、樂、愛並是能熏,世尊就不了教相以能熏從所熏説也,體與前不異。若取所從喜、樂等體者即喜、樂、愛著,此三貪習氣爲體。若習阿梨耶,已通貪、嗔、癡等習氣爲體也。

二愛名、體。[□□□][一、名者][④]:一、有愛。緣有生愛,名"有愛"。二、無有愛。緣報斷生愛,名"無有愛"。並從心境爲名。二、體者:用心習氣以爲體,即人、我執也。通見修。

四倒二名、體。[□□□][一、名者][⑤]:一、不净净倒。三十六物穢惡名"不净",即過净者望計以爲"妙",非净計净名"倒"。二、苦計爲樂。三界皆爲三苦所切名"苦",以愛少苦記之爲"樂"。三、無常常倒。生滅無常,計不生滅名"常"。四、無我我倒。不自在故,名"無我"。妄計自在有其神主,名

① 玆,此爲"滋盛"義,後作"滋"。下後作"滋"之"玆"徑括注其今字,不復校。

②④⑤ "一名者"三字録本無,據文意補。

③ 一,録本無,據文意補。

“我”。倒者皆解與境違名“倒”。並從過義立名。二、體。用二見半爲體，即身見取則樂得，斷見即邊見之半，即無常常息也。

四愛名、體。[□□□][一、名者][①]：一、飲食。二、衣服。三、住處。四、有無有愛。並從心境爲名。[□][二][②]、體者，同以愛心習氣爲體。四種希有，無正文出。

別義有三：一、別意。如來本説阿梨耶意，爲顯功德，不欲説此義。二、別名，但説名，不説識義。三、別義。大乘微細境別彼苦等智也。

三相名、體。[□□□][一、名者][③]：一、自相。“自”是別“他”之名，即相形受名。二、因相。“因”是功能，與他作因故，即功能立號。三、果相。“果”酬他能熏法起，名之爲“果”，即從“果”義立目。“相”者即事相，事相爲“相”，從義爲名。[□][二][④]、體者：若通，同以本識心功能爲體；別而語，“因”取“持他”、“生他”等義爲體，“果”取從他生邊爲果體，“自相”取前因果即爲自相體也。

三時義二名、體。[□][一][⑤]、名者：一、方便時。非正爲作業，爲是正前緣分名“方便時”。二、正作時。正作業根本名“正”，爲“正作時”。三、作後慶快，名“作後時”。並相形受號。二、體者。若三時同於一事者。若是善即善，惡無記即用惡無記，三業爲體，亦即身、口、心也。若前後不共成一者，此即不定，隨前事説。

自作等三業義名、體。一、名者：一、自作。自相形之名“作”，“運動”之義，即從相形及義爲名。二、教他作。“教”即是緣，“他”即相形是義，從相形及義爲名。三、隨喜作。識逐他善、惡等事，名之爲“隨”；情生適悦，爲“喜”；一向從心爲名。二、體者：若自作、教他，通而言之，用身、口、意三業爲性；若隨喜作，唯是意業爲性，亦得通身、口二業。

三緣生名、體。[□][一][⑥]、名者：一、自性緣生。“自”之言“體”，“性”

①③ “一名者”三字録本無，據文意補。

②④ 二，録本無，據文意補。

⑤⑥ 一，録本無，據文意補。

之[□][言]①“因”,亦可是“不改”爲義。“緣”是“因”義,“生”是“果”,從體因及果義爲名。二、愛非愛。善報順情名“愛”,惡報違情名“非愛”,從義爲名。三、受用。即識能納境名[□][受]②,取塵名“用”,從心功能爲名。[□][二]③、體者:自性以阿梨爲體,愛、非愛通方便果報五陰爲體,受用六識爲體。

二種生身名、體。[□□□][一、名者]④:一、善道生身。[□][二]⑤、惡道生身。“善”、“惡”是因,“道”是“通生”之義,報果名“生身”,以依止爲義,從因、果及義爲名。體與愛非愛同。

三業名、體。[□][一]⑥、名者:一、罪業。三途苦果,名之爲“罪”,從過爲名。二、福業。業體善巧能生於樂果名“福”,從義、用爲名。三、不動業。所得果於地、於趣不可動,如欲界惡業得於人天業於惡道受故不名“定”故,從用爲名。二、體者:罪業用身、口、意爲體,福用欲界善身、口、意三業爲體,不動業用與同時定意思及身、口七支定共無作業爲體也。

十二因緣義二:名、體。一、無明。從無他立名。二、行。起作後果名“行”。三、識。了别名“識”。此二從用立名。四、名色。“名”通一切心法,“色”即似色等,從義及體立名。五、六入。“六”是數,“入”是義,以通心入出故,從數義受名。六、觸。即心觸塵也。七、受。納取前境名“受”,亦是用也。八、愛。染心著境名“愛”,即義名。此三從義、用爲名。九、取。由前愛心更增上發業名“取”,從義、用爲名。十、有。即見在業能得當果名“有”,從果爲名。十一、生。即新諸根起名之“生”,即果,從果爲名。十二、老死。諸根衰變名“老”,神識遷謝名“死”,從過立名。二、體者:總用煩惱業報爲性。於中差别者,前緣起中,“無明”是煩惱,“行”是業,“識”等五是報。後緣起中,“愛”、“取”是煩惱,“有”是業,“生”、“老”、“死”是報。若總而言之,“無明”、“愛”、“取”是煩惱,“行”、“有”是業,餘七是報。時分别皆通五陰,以中

① 言,録本無,據文意補。

② 受,録本無,據文意補。

③⑤ 二,録本無,據文意補。

④ “一名者”三字録本無,據文意補。

⑥ 一,録本無,據文意補。

陰入識支中也。

三道義：[□][一]①、即煩惱道。沾污净心，名爲“煩惱”。以能生業故名“道”，從過及用爲“名”。二、業道。造作名“業”，能生報故名“道”。三、報道。酬遂前因名“報”，能生煩惱及業名“道”，從義及用爲名。二、體者：煩惱用心，習氣爲體。業用身、口、意三業爲性，報用五陰爲體。

迷等三惑義。□][一]②、名者：一、無知。即凡夫由無明故名“無知”，即無他受名。二、疑知，即疑當體爲名。三、顛倒知。違返正義名“顛倒”，心決執名“知”，從義、用爲名。[□][二]③、體者：“無知”即四鈍使，“疑”即疑使，“顛倒”即五邪見，總十使。亦可是凡夫、菩薩二乘等三人。

二種見。一、不平等見。四見是邊中常見、我見、戒取見、見取。常見爲本，二不平等不會因果正道理故，從過義立名。亦可外道因即定因，不可爲果；果即定果，不可爲因，故非平等。二、無因，即是邪見也。執無之心，壞正因理，名“無因”，即從所無立名。

僧佉二十五諦約五義分别：一、由别有總。别是變異，總是自性。二、由末有本。變異是末，自性是本。末中有貪、瞋、癡，即知自性亦有。三、由事有能。“事”是事能用，“能”作萬物。由能有體，故能如此。體即自性。四、因果差别。“因”是自性，“果”即變果也。五、由三有無分别。由變異入自性故，無分别也。二十五諦，自性是本，從自性生智，從智生我慢，我慢生五唯量，五唯量成五大，五大成十一根。五唯量即五塵，五大即四大加空。十一根等五根上加手、足、口大，便男女隨一，並心平根，加我知即爲二十五也。

六執名、體。[□][一]④、名：一、計自性。“自”之言“體”，“性”[□][之]⑤言“因”，即體用爲名。二、宿作。事謝於往，名之爲“宿”；宿能得報，名“作”；從義、用爲名。三、自在變化。“自在”者報法，隨心名“自在”，改易色形名“變”，無而忽有名“化”，即從勝用爲名。四、八自在我。作用無礙名“自在”，“自在”之者因“我”，即體義爲名。五、無因。邪心緣於壞事，名之爲

①②④　一，録本無，據文意補。

③　二，録本無，據文意補。

⑤　之，録本無，據文意補。

"無";"因"者,即所無之"因"也;即從心行及無爲名。六、執我作者受。"我"者是心,計是神主之體;"作"者即我,能作因;"受[①]"即受者,即我能也;從體及用爲名。二、體者:"自性"以常見即邊見、少分我見、戒取爲性,"宿作"少分邪見、亦可[□][我][②]見、戒取見爲性,"自在"有常見、有戒取、亦有見取,"八自在我"以我見及戒取見爲體,"因"是邪見爲體,"我作"者受以邪見、我見、邊見、戒取見四見爲體。總而言[□][之][③],五見爲體。

二十五諦。此是僧佉取加毘羅仙人義,從定起作此執。此是色界地中煩惱之心。八萬劫外不覺,名之爲"冥"。即迷無明,唤之爲"冥"。從"冥"生"大",即以業爲"大"。受生之無名"大",《百論》名"覺"。"覺"生"慢","慢"是"中陰"。"陰"兩間生"識",《百論》名"我心"。從"我"生二,即"色"、"心"。"色"有二十一,五塵、五大、五根、五業加心平等,爲二十一。"心"法有三:染、麁、黑。通前二十四、覺與我心,爲二十六。男女二根一人不並,故言"二十五"也。

八自在名、體。一、於細最細。二、於大最大。三、遍至。四、隨意。五、無繫屬。六、變化。七、常無變異。八、清净無憂。體同以我爲體,就能分八也。

二種子名、體。名者:一、外種子。體非情道名"外",從義爲名。二、内種子。體是情道之心名"内",從義爲名。通名"種子",從義、用爲名。體者:内用色、心習氣爲體,亦可業煩惱報爲性,外種用色等四塵爲體。

生引二因義名、體。[□][一][④]、名者:一、生因。親能辨果名"生",所生是果名"生"。能生名"因",從功能及果爲名。二、引因。餘世力持名"引",並從功能爲名。二、體者:若内生引因,業種子爲性,但取令報,未有令有是生;盡後不壞,由業引也。故《論》云:"種子[□][自][⑤]有二能:一、能生。二、能引。"若外種子,用色、形四塵爲體。

---

① "受"字前録本衍"受者"二字,據文意删。

② "可"後似脱一"我"字,待考。

③ 之,録本無,據文意補。

④ 一,録本無,據文意補。

⑤ 自,録本無,據《攝大乘論釋》卷第二[T31n1595p167a12]補。

三差别。一、依止。眼等諸根各别[①],不同發識名“依止”,從義及功能爲名。二、各别緣塵。諸識取塵各别異生識名“塵”,從義爲名。三、别覺觀、别想,並是作意不同也。“覺觀”前方便作意,“别想”是對塵取相差别作意也,並從義、用爲名。

四緣名義名、體。[□□□][一、名者][②]:一者、因緣。親能得果名“因”,用因爲緣,故名“因緣”,從功用及義爲名。二、增上緣。用增上法爲緣,名“增上緣”。三、次第緣。前心與後次第法爲因,名“次第緣”,從果爲名。四、緣緣。所生是心法,與緣爲緣,名“緣緣”。故受二“緣”之名,從義爲名。體者:“因緣”用本識中種子上心同性法、親生法爲因緣也。亦可但取種子也,次第緣通色、心二法爲體。“增上緣”通一切法也,唯除自己。“緣緣”亦爾也。

二增上名、體。名者:一、不相離增上,用同時生法故,從義爲名。二、但有,即是“相待”之義爲名。二、體者:色、心等一切法爲體,如似無明生行有二力苦等,是不相離,修道但有也。如無明相望既爾,餘法亦爾。

三種道理。[□□□][一、名者][③]:一、净留。二、不净品。三、順道理。從戒業而生,體是有流名“不净”。從過爲名,體是無流及有流八定名“净”。從離過爲名,若立阿梨耶,即順滅定等道理,從義爲名。體者:若取約三以立義理者,即因聞、思智爲體;若所約法者,“不净品”用煩惱業報爲體,“净品”以世、出世聞、思、修三慧爲體,“順道理”以有爲、無爲法爲體。以若取滅定,以無爲爲體。若因果,以有爲爲體。

大小惑義名、體。[□□□][一、名者][④]:一、大惑。二、小惑。大、小是相,形惑是過,從義及過爲名。二、體者:大惑以十使爲體,以具五義故。小惑以纏垢爲體,不具五義故。

本識三義異六、七識。一、執持無廢,以取持報邊,無一念間,故而不持。二、通攝持諸根,明此識不扁(偏?)[⑤]持一根,三體是果報無記,能與果爲依持

---

① “各别”二字録本衍作“各别各别”,兹據文意删。

②③④ “一名者”三字録本無,據文意補。

⑤ 結合文意,此“扁”似當爲“偏”之訛省字。待考。

體故，故並從義、功能爲名。體是本識無别。

四食名、體。［□］［一］[①]、名者：一、段食，從相爲名。二、觸食，觸對諸塵故。三、思食，以有所思求故。此二從功用爲名。四、識食。以是心識故名“識”，從體用爲名。通名“食”者，從功能爲名，以能成生故。二、體者：段以似色、識爲體，觸以六識爲體，思以業思、求食思，以意識爲體，食以阿梨耶爲體。

受生四義名、體。一、以染污爲根，用中陰意識爲體。二、散動。亦意識爲體。前取三性别，今約定散别。三、有餘。用罪福不動三業爲性。四、果報爲體，是阿梨耶識爲報作體故。

色界、欲界法有四種不同名、體。一、麁、細。欲界心無定故“麁”，色界有定故“細”。二、動静異。三、自性修異。四、繫縛出離異。並從功能及相形爲名。二、體者：欲界以聞、思、慧爲性，色界以聞、思、修爲體。

正見二因義名、體。一、從他聞，從義及境爲名。二、自正思惟，從義心功能爲名。二、體者：以聞、思爲體。

出世中，問：“《論》主出世心從來不生，云何得成出世種子？”

答：“有二因緣故成，不同彼宗也：一者、增上緣。明此大乘教乃從最清净法界所流，故知增上緣不同彼，故得使成出世。明小乘中不知教從本性出，是以不同。二、因緣不同。明小乘中立三世性有，世間諸行不成出世因，從彼教亦不生。若思我大乘立義，乃至凡夫身中人天十善亦能作因，生聞熏習。”

問：“若世間心習出世法，可得以生出世法；如十善等本不習作出世解，云何能出世也？”

答：“有二義故，此得生出世法：一者、此十善緣何法故？乃由如來藏力使之而生，由緣處不别，所以能生出世法也。二者、如來立此十善之教意，欲生衆生出世法。由此二種義故，所以能生出世法也。故《論》云：‘一切［□□］［衆生］[②]所行之善，無非［□□］［菩薩］[③]大清净[④]方便’也。小乘法亦爾。”

---

① 一，録本無，據文意補。

② “衆生”二字録本脱，據《攝大乘論釋》卷第十［T31n1595p221b24］補。

③ “菩薩”二字録本脱，據《攝大乘論釋》卷第十［T31n1595p221b25］補。

④ “清净”二字録本訛作“净清”，兹據《攝大乘論釋》卷第十［T31n1595p221b25］改。

信等四法[□□□][名、體。一][①]、名:一、信樂大乘。“信”是求,“樂”是樂欲,“大乘”是境,從心境爲名。二、般若。三、虚空器三昧。“虚空器”是境,“三昧”是定,從境體爲名。四、大悲。二、四從功能爲名。二、體:“信”即用聞慧心爲體,“般若”即用無我知爲體,“虚空三昧”用三無性定爲體,“大悲”即用大悲事定爲體。約智即加行智。

四、德儀名、體。[□][一][②]名者:一、净德。斷除鄙惡,名之爲“净得”,即離過爲名。二、我。自在名“我”,從用爲名。三、樂。自體寂泊,名之爲“樂”。亦可適悦爲“樂”。從義、用立名。四、常。體無住滅名“常”。亦可四種皆從離過爲名。體者:通而言之,同阿黎解性爲體,亦可用法身爲性。

五分法身名、體。戒身,防非爲“戒”。定身,止亂爲“定”。慧身,照察爲“慧”。此三從用爲名。解脱,從離過受名。知見身,可境生心名“知”,明白名“見”,從義、用受名。體者:若通而言,則用無分別智爲體;若别而爲論,戒以三聚净戒爲體,四定體無分别智爲體,解脱則戒定等邊見無或(惑)、無爲爲體,知見身以後智爲體。

出世中三慧義名、體。[□][一][③]、名:一者、聞慧。“聞”者,即耳識衆緣,取得前聲,名“聞”。“慧”者,則意識分别,名之爲“慧”。二、思慧。静心諦察,名之爲“思”。三、修慧。“增明”義是“修”義。修慧非聞、思,由聞等生故名“修”。聞等慧即是並從因爲名。二、體:三慧不同,皆以意識心中隨用慧數已(以)之爲性。

解脱分等三善二名、體。[□][一][④]、名者:一、解脱分。“解脱”是果,“分”是因,與果爲因分故。二、通達分。“通達”是見理之心,即是果用;“分”不異前。此二從果及因義立名。三、通達品。“通達”者,證見於理,不見能所,名爲“通達”,即功能之義;“品”者品别,則功能之義立名也。二、體者:若前二正體,唯取聞、思二慧以爲體性,前是聞,後是思;亦通思、修二慧爲性也,即是意業。若通前後眷屬,則通身、口、意三業以之爲性。若正取通達,則唯修慧、亦唯意業爲體。若取出世心已去,即通身、口、意三業爲體。

---

① “名體一”三字録本無,據文意補。

②③④ 一,録本無,據文意補。

聞有三義名、體。[□□□][一、名者]①：一、聞資糧。由音聲、名、味、句等資成聞慧及耳識，從義、用果爲名。二、聞體。“聞”是用，“體”即義，從義及用爲名。三、聞果。謂聞慧及聞所了法門並由“聞”而成，“果”是義，即因受名。二、體。“聞資糧”用音聲、色識爲體，“聞體”用取識爲體，“聞果”用意識及所緣法門等爲體。

四種對治二[□□□][名、體。一]②、名者，依《釋論》出：一、除滅對治。“除”之與“滅”即聞、思伏惑之力。二、遠離對治。“遠離”由聞、思使障遠離也。此二從能治功用立名。三、朽(朽)③壞對治。“朽(朽)”即聞、思力使業無有力用，名“朽(朽)壞”，從義立名。亦可同[□□][前二?]④。四、依攝對治。“依”即行者心功能，“攝”即佛菩薩大悲心，即從能、所受名，通“對治”從道功能立名。二、體者：若《論》初所治，見報煩惱業，第二生報，第三後報煩惱業，第四取八難中佛前、佛後世智園聰、生盲等及北方長壽天等難爲體。若取能治，同用十信已上聞、思爲性，亦可通修慧。

多聞四義名、體二：[□□][名者]⑤：一、多聞因，謂用菩提心爲體。二、多聞依止，即善知識佛菩薩五陰爲體。三、多聞清净，即六波羅行爲體。四、多聞果，即根本智、後得二智爲體。

於滅定中滅心定有心。依《俱舍論》中，明滅心定中有心者，是婆須蜜多羅立此義。瞿沙論師以三和生觸等難之，彼引阿羅漢受不生愛爲例也。

又依《婆沙》云，問：“入彼定時，餘⑥心數法盡滅，何故世尊但説‘滅受想定’耶?”

---

① “一名者”三字録本無，據文意補。

② “名體一”三字録本無，據文意補。

③ 結合文意，此“杇”當爲“朽”之訛俗體。敦煌寫本中“朽”字常作此形。俄Φ319＋Φ361＋Φ342《十二時普勸四衆依教修行》：“年既秋，漸蒲柳，起坐呻吟力衰杇。”敦博077—6《注般若波羅蜜多心經》：“靈泉涸竭，柏樹彫杇。”皆其例。下“杇”字皆同，不復校。

④ 結合文意，此處似脱“前二”或“上二”之類字。待考。

⑤ “名者”二字録本無，據文意補。

⑥ 餘，録本訛作“徐”，茲據《阿毘曇毘婆沙論》卷第四十四[T28n1546p332b25]改。

答:"譬喻者説滅定中有心。彼作是説,入彼定時,唯此二法滅。故定是心不相應行,名'滅受想定'。身作證[①]得成就'定'者,四大不動,故名'定'。"

問:"'定'與'滅'何別?"

答:"'滅'一刹那,'定'是久相續。"

問:"何故但名'滅受想定'?"

答:"心之數中有二種:根、非根,説'受'已説根者,説'想'已説非根性者。"

二無心定義二名、體。[□][一][②]、名者:一、無想定,即從無過立名。二、滅心定。"滅"即定之功力名"滅","定"是"不動"義,即從用及義爲名。二、體者:大乘無定文出。以義論之,用菩薩無漏慧求故,即是慧數心不生故,名爲"數滅",無爲爲定體也。無想定亦爲凡夫心所求,故亦用此非數滅。無爲體更須問之。

十過失名義:一、定義不立心,令定不成也。二、解相及境生過。立心則有心境緣塵,生過失也。三、與善根相應過。立心必有無貪等善根,生與心相應過。四、惡無記不相應故過。若是心,不可立惡無記,地法無故。五、想及受生過故。若定有心,法有受想,生起過也。六、三和生觸過故。若定有心,即須有根、有塵,三法合故,即生觸也。七、滅想不滅受過。違聖説"滅想受定",以佛説想受俱無故。八、作意信等生過。若立有心,信等則相隨起定故。九、以能離所過。若立心,不許有想受,則違能、所不相離過。十、立並不齊過。以出、入息非身一切行,例心法受想是心王一切行,此義不例故。

二種解相名、體。[□□□][一、名者][③]:一、有分别者:心有勝功能,名之爲"有";有之力用,名爲"分别";從義、用爲名。二、無分别。力用輕微,名爲"無";所無之法,名爲"分别";從無他爲名。體者:無分别即是六識爲體,有分别唯用意識爲體。

四種無記名、體,是正量部義。名者:一、有覆無記。體是惑性,覆没聖

---

① 證,録本訛作"隥",兹據《阿毘曇毘婆沙論》卷第四十四[T28n1546p332c22]改。

② 一,録本無,據文意補。

③ "一名者"三字録本無,據文意補。

道,名"有覆",從過立名。二、無覆無記。即非是惑性,不覆聖道,名"無覆"。從無過立名也。三、自性無記。"自"是"簡他"之名,"性"之言"體",從及相形爲名。自性中分四,謂報生、威儀、變化、功巧。四、真實無記。體非有爲生滅,名"真實",從義爲名。名"無記"者,不記善惡,名"無記";又不能記苦、樂等果,從義爲名。體[□][者][1]:第一、用七識爲性,上二界惑意識亦是。第二、無記用本識爲體。第三、用果報等四無記爲體。第四、用無爲爲體。

二種名名、體。[□□□][一、名者][2]:一、"言說"名,從體爲名。二、"思惟"名,"思惟"是心之力用,從功用爲名。二、體,有二所以:

一者、同以音聲爲性,以《論》云同以音聲爲本故。問:"如'思惟'云何是'聲'?"答:"是意分別名'意',故亦名'聲'。

二者、今言聲是本者不是體義,乃是因義。言說正以聲爲體,思惟以心爲體。"問:"若爾,何故云同以聲爲'本'?"答:"言是'本'者,'思惟'之名。因言而有意地,方始分別,故言爲'本'也。"又問:"若爾,七識云何?"答:"七識有'助他意識'義,意識亦有成七識力。若不爾者,七識不得治七識。既有'治'義,明知亦有'資'義。以有'資'故,有遠心音聲爲本也。"

色心次第生,是正量部義。立前色生後色次第緣,心亦爾。彼計爲因緣,今破不許有次第緣也。

十一種相根名、體。[□][一][3]、名者:一、共相。山、河等是衆所共用,名"共相"。二、不共相。内報情道各自不與他共,名"不共相"。三、有受。"受"者是情道覺受。四、不受體。非情道無覺,名"不受"。五、麁重相。於理、事、法中,心功能名"麁重"。六、細輕。於理事中,心有功能名"細輕"。七、有受相。業法得報即盡,名"有受"。八、不受。或法得報更增,名"不受"。九、譬喻相。比類名"譬",以近況深名"喻"。十、具相。惑法未爲治損,名爲"具相"。十一、不具相。惑法爲道所損,名"不具相"。二、體者:有通有別。先通者,此十一相中,一一皆用意爲即體,本識爲依持體,十一識悉

① 者,録本無,據文意補。
② "一名者"三字録本無,據文意補。
③ 一,録本無,據文意補。

皆如此。二、約别者,相雖十一,約之爲五。前之四相,“共相”、“無受生”,此二用山、河、大地等依報及此種子等爲即體;“不共相”、“有受生”,用各别内入種子爲體。“麁重相”用一切惑及不善種子等爲即體,“細輕相”用有流信等爲體,“有受[□][相]①”用業報等爲體,“不受相”用一切惑爲體,“譬喻相”用執意二識、四倒爲體。

問:“何意立‘譬喻相’識?”

答:“前‘不受相’從名言‘熏習生’,未明惑中意報二識本末,所以爲此故來也。具相、不具相,用静地惑爲‘不具相’,用欲界一切惑爲‘具相’體。”

二結名、體。[□□□][一、名者]②:一、麁重結。惑體妄心而起,名之爲“麁”,“結縛”爲義,從過受名。二、相結。所取名相繫縛名“結”,從境義及過爲名。體者,即用心惑及皮惑爲體。“相”用心惑爲性,“麁重”用皮惑爲體。

皮等三惑名、體。名者:一、皮惑。二、肉惑。三、心惑。並從喻及過立名。二、體:若三聚論體,唯心習爲體。若就識出體,皮惑通六識爲體,心惑唯意識爲體;若肉惑,則以意、執二識所起惑爲體。

四種世間,即見、聞、覺、知。照境名“見”,耳識隨生名“聞”,鼻、舌、身三識名“覺”,意名“知”。體者:以六識爲體。若就本,唯用意識爲體。

問:“七識四中是何?”

答:“四中名‘知’。”

第二相三性義名、體。[□□□][一、名者]③:一、依他性。“依”即本識之能,“他”即能熏諸法能、所全目。二、分别性。識心了境名“分别”,從義爲名。三④、真實性。體非似故,名“真”;不同依他處故無體,名“實”,即離爲名;“性”者即是性類,故名“性”,從義爲名。二、體者:且約一門出之,“依他”用第八識爲體,“分别”即用六七識及所取塵習氣等爲體;“真實”即用四真實爲體,即有垢如及無垢如、無垢道十二部教爲體。

---

① 相,録本無,據文意補。

②③ “一名者”三字録本無,據文意補。

④ 三,録本訛作“二”,兹據文意改。

十一識名、體。[□][一][1]、名者：一、身識。“身”是“依止”之義，亦是“聚”義。二、身者。七識是執身之者。三、受者。受納之受是用。四、應受。塵是識境名“應”，“取”義名“受”。五、正受。用在當今，即“相形”之義。並從義爲名。六、世。法有流動名“世“；又，前、中、後異名“世”；從時義爲名。七、數。即法有一、二、三名“數”。從義爲名。八、處。五大等法是正報所依之所，名“處”。從義爲名。九、言説。聲有詮法名“言”，披陳名“説”。因爲名。十、自、他差别。“自”、“他”即相形義。“差别”於“自”、“他”有多相不同。即相形及義爲名。十一、善、惡兩道。順益名“善”，違損名“惡”，“兩”是數，“道”是義名。即從用數義受名。二、體者，有通有别：若通而言之，此十一識以六、七心境以之爲性。若别而論之，則隨相而説也。“身識”用五根爲體，“身者”用七識爲體，“受者”用意界爲體，“應受”六塵爲體，“正受”用六識爲體，“世”、“數”用十八界爲體。“處”用五大爲體，即四塵。自、他差别内報十八界爲體，善、惡兩道十八界爲體。

四識義二門分别，二：名、體。[□][一][2]、名者：一、似塵識。明體無所有、相似昔心名“似”，生識曰“塵”，從識變故名“識”。從義及體爲名也。二、似根識。“似”識同前，增上是“根”義。從義、用爲名。三、似我識。“我”者，計人有體名“我”。從彼體義受名。四、似識識。“識”即了别之用。從用爲名。二、體者：以色等六塵識爲體，法塵通取六、七心變；若約十一識出體，别應受、世、數、處、言。就識爲體，似根識以六根爲體；十一識中，取身者受者爲體。似我識用意執二法爲體，十一識中取自、他差别爲體。似識識用六、七識爲體，十一識中取正受識及身者取了别義邊爲體，善、惡兩道通四識也。

是時三義二門分别：一、名。二、體。[□][一][3]、名者：一、平等時。明心離高下，往正平等。離過爲名。二、和合時。即説、聽兩心相符名“和合”。從義爲名。三、轉輪時。明如來説法能受衆生八正道，與世輪轉相似。從法譬爲名。二、體者：總以佛及菩薩後得智大悲心爲體。

外執立有色三義：一、眼識未生，先已有色。二、識變爲色，亦是有色。三、由了别色、心，故知有色。

---

①②③　一，録本無，據文意補。

四生二門分別名、體。[□][一]①、名者：一、胎生。“胎”者是“始”。從時爲名，亦可從相爲名。二、濕生。水之漳(浸?)②漬，名之爲“濕”，因[□][之]③而生。從所依爲名。三、一卵生，是轂“一卵”。從相爲名。四、化生。諸根頓有名“化”，生由化有名“化生”。從義爲名。通名“生”。從種類義立名，亦可從果爲名。二、體者：胎生用欲界五陰爲體，濕、一卵亦爾。化生，三界五陰性。

問：“無色④云何云是‘化生有五陰’耶?”

答：“若依小乘，無無色非四生攝。今依大乘，無色亦有色，故具五陰。以《瓔珞經》無色有化生，是以是化此生通五道也。”

四界義名、體。[□][一]⑤、名者：即三界名、體，同前已出。第四無流界，流是過用，無流而生名“界”。從無過及義爲名。用菩薩變易五陰爲體。

六界二門分別名、體。[□][一]⑥、名者：地、水、火、風、空、識，即六大。“界”之言“性”，亦是“因”義。從用義爲名。二、體者：前四即觸塵攝，即以色識爲體。空大用太虛無爲爲體，從心變約，心是有爲，小乘一向有爲空。識界若親成，唯是意識；若取發助明，通取七識；若依持爲論，通本識，唯取有爲、有流，不取無流，以是三界生故，即體如此。

十八界名、體。[□][一]⑦、名者：六識即眼、耳、鼻、舌、身、意，並從根爲名。六塵通一切法，即色、聲、香、味、觸、法。六根即眼、耳、鼻、舌、身、意。二、體者：六塵用色識及識爲性。意根六識生後皆名“意”，即通六識。若意門明義，本識、七識心皆有生之，義悉名“根”。前五唯色識爲體。六識若取本，即以意識心爲體。以立一意識，故不許有別體五識也。隨用有六體，此無所仿(妨?)⑧。

十二入名、體，即六根六煩。以六識入意根中故，即是十二入。生識以解入，根塵皆生故，體與十八界同。

---

①⑤⑥⑦ 一，録本無，據文意補。

② 結合文意，此“漳”似當爲“浸”之訛字。待考。

③ 之，録本無，據文意補。

④ “無色”二字録本衍作“無色無色”，兹據文意删。

⑧ 結合文意，此“仿”似當爲“妨”之訛字。待考。

五陰亦爾。以五根、五塵入色陰中。六識意根入識陰。法塵入分爲三陰。此三法義分,"性"是界,"生識"解入,"積聚"是陰義。

三種唯識觀義名、體。[□][一][①]、名者:一、唯量。二、唯二。三、種種類。言"唯量"者,"唯"之言"觸","量"即"識量"。從義爲名。言"唯二"者,"二"是數。從義及數爲名。三、"種種",即境法非一名"種種","類"是流類。即從義爲名。"觀"者即"觀察"之義爲名。亦可三觀並從心境爲名,以觀是心"唯量"等是境故。二、體者:三觀雖同以聞、思、修爲體,若地前、地上加行道中,即以聞等三慧爲體;正入地,即以正證修慧爲體。

二無身義名、體。一、無色身。二、無生身。"色"即以"礙"爲義,"生"即心等起故名"生","無"是義名,從義及相爲名。通名"身",以"依止"爲義,從功能爲名。二、體者:無色身用因緣色陰爲體。前言"無"者,取"無實身"。無生用因緣四陰爲體,言"無身"亦取"無實"四陰也。

唯識四智義名、體。[□][一][②]、名者:一、知相違識相。"知"者即菩薩觀心,"相違識相"是境。二、由見(知?)[③]無境界識。"由"之言"已","知"是能知之智,"無境界識"是所觀。三、由知離功用。"由"思慧解,"知"即凡[□][夫?][④],以離功用、應成正智名"離功用"。從能智及義爲名也。四、由知義隨逐三慧。此及前二並從心境爲名,亦可從心境及義爲名。二、體者:此四同以思慧解心,爲性非餘;亦可通用聞慧爲體。

十六諦名、體。名者:"苦"下有四,即"苦"、"無常"、"空"、"無我"。"苦","逼迫"爲義。遷流不住,是"無常"。"空"是無所有名"空"。不自在是"無我"。"空"是無他爲名,餘三從過爲名。"集"下有四,即"因"、"集"、"有"、"緣"。"因"是"生方便"義。"集"是"集起"之義。"有"即"能有當果"之名。"緣"者"能與果"爲"緣"。並從力用爲名。"道"下有四,即"道"、"如"、"迹"、"乘"。"道"以"通生"爲義。爲聖人所行名"迹"。"運"以解"乘"。"如","不異"義;三世諸佛此道不異,故名"如";從義爲名。餘三從功

①② 一,録本無,據文意補。

③ 結合文意,此"見"似當爲"知"之訛字。下文:"'知'是能知之智。"可資互勘。

④ 結合文意,此處似脱一"夫"字。待考。

能爲名。“滅”有四,即“滅”、“止”、“妙”、“離”。滅三毒名“滅”。“正(止?)[①]”則三火(災?)[②]止也。“妙”滅體無戒名“妙”,從義爲名。“離”是“離惑”之義。此三無過爲名。“諦”以“實”爲義。從義爲名。二、體者,有二:一、約事出體,即“苦”等爲“苦”等體,即是果義,以業煩惱等四法爲體;“道”用無流聖道爲體,通色、心;“滅”用事滅無爲爲體。二、約通出者,即本覺心真如以之爲體。

五種“真實”,即行體離五種散動,説五“真實”也。又離五識分別,亦名“五種無分”。即以無分別定慧爲體,約離障説“五”也。《佛性論》中,五種無多别:一、無爲。二、無别異。三、離二邊。四、解脱。五、自性清净。五種真實:一、無二。二、過言説。三、過覺觀。四、過一異。五、一味清净。

三分别名、體。名[□][者][③]:一、自性分别,謂五識。“自”是别“他”之名。“性”亦可是體,即“性類”,即體義爲名。二、憶持。追緣名“憶”,憶不忘名“持”。從用爲名。三、顯示。境非今有,顯示令有,名“顯示”。從用爲名。體者,二義不同:一者、小乘,自性是覺數爲體,憶已(以)念爲體,顯示以慧爲性。二、大乘體者,自性六、七識,皆有緣現在,並是自性分别;其餘二種,唯是意識,緣過去爲懷持;分别緣未來,爲顯示分别也。

“自”言有二:一者、諸熏習各異,各從自因生名“自”。二者、諸法實無所有,從心生故名“自”耳。體者,用净、不净品法爲體。云何分别但如萬物相,不如一物相?問意:何故意識心本無有心,何不唯一無相,乃作如此萬物相也?

六因名、體。名[□][者][④]:一、境界。法能生心,名“境界生”義。從義爲名。二、相貌,明心取境相狀。從義爲名。三、覷見。明心快判明了,目爲“覷見”。從義爲名。四、緣起。起報之緣,名“緣起”。從方便爲名。五、言説。宣説之聲名“言”,言有所了名“説”。亦從方便爲名。六、增益。於三無性理執有人、法,名“增益”。從過爲名。體者:若約識明體,即以意識爲體;

① 結合文意,此“正”似當爲“止”之訛字。待考。

② 結合文意,此暨排之“三火”似當爲“災”之訛字。待考。

③④ 者,録本無,據文意補。

若三惑出體,唯心惑爲性。

三“熏習”義名、體。[□□□][一、名者][①]:一、“名言熏習”。聲有表詮,名之爲“説”,從義爲名;“識”熏習了别名“識”,從用爲名。二、“色識”,“色”即“礙”義,當體爲名;“識識”,“識”,六識即用,後“識”即體,體用爲名;“見識熏習”者,明自名“見”,見體名“識”,得名同前。三、煩惱,從過爲名。“業”者,“造作”名“業”,從用爲名。“果報”,酬因名“果”,遂因名“報”,從義爲名。二、體者:前五以心惑爲性。“煩惱”用皮、肉二惑爲體。“業”用三業爲性,亦可三聚爲性。果報用五陰爲體。通色以(已)。

依他體類及義名、體者。“體類”義有二種:一、果報體類。酬因名“果”,遂因名“報”,爲他依持名“體”,“類”即流類。約他諸法,非一也,即從所依及功能義、用受名。二、聞、思等體類。得名相同,但世、出爲别也。二、體者:雖約能依分二,論體皆以本識一心功體爲體。二“依他”義者,明此識雖約體分二,然此二法皆不偏爲一心作所緣境,由不偏爲一心境故,名“依他”義也。

分别二義二門名、體。[□][一][②]、名:一、自性分别。知他諸法之體各别,不與他共,共心簡他之義。性之□體,識緣此境,名爲“分别”。即□相□體用爲名也。亦可一向□用爲名。二、分别差别。識有了[③]□

① “一名者”三字録本無,據文意補。

② 一,録本無,據文意補。

③ 録本出校:“以下缺。”

No. 2807《攝大乘論》章抄卷第一

[題解]

佛典論疏，敦煌卷子中存有斯 2435 一號，作者及原著卷數不詳，首尾皆殘。此文係從南朝真諦所譯《攝大乘論釋》中選擇一些關鍵名相進行疏義。現存“十種勝相義第一”、“三識義第二”、“四惑義第三”、“薰習義第四”(後殘)。對每一名相均不厭其煩地從各方面進行疏釋。方廣錩認爲此文當係攝論學派高僧所撰。清代以前歷代大藏經未收，日本《大正藏》據敦煌写卷録入其第八十五册，題作“《攝大乘論章》卷第一”。日本矢吹慶輝《鳴沙餘韻》、黄永武《敦煌宝藏》、施萍婷《敦煌遺書總目索引新編》均擬題爲《〈攝大乘論〉抄》，矢吹慶輝並有專題研究。今校注文題據内容略作修訂，仍以《大正藏》本所據卷斯 2435 號爲底本。

□①[相]②相不同，有其十種：□是其名也。名雖□三。初之二種□行相立名，後之五種就行體立名。行者□依止。第二、名“應知相”者，一義似前。又解，與三智相應，名爲“應知□(相)③”。

---

① 首缺。

② 相，録本脱，據底本補。

③ 相，底本殘，録本作缺文，據文意補。

□□□(第三、名)[1][□□][“應知]②□(入)[3]相”者,解順□□(之性)[4],名之爲“入”。第四、“入因果”者,初□(脩)[5]名“因[6]”,證□□□(實名“果”)[7]。第五、“因果[脩][8]”者,□□□□□□(約十地辨其脩)[9]異,名爲“差别”。第六、“依戒學相”者,行託法起,名之爲“依”;又託真戒起修,名之爲“依”;防非止惡,名之爲“戒”;理中進求,目之爲“學”;簡大異小,名爲“差别勝相”。七、名“依心學相”者,託法名“依”;又託真定起修,名之爲“依”;緣理不散,名“依心學”;簡大異小,名“差别勝相”。第八、“依慧學”者,解心託法,名之爲“依”;又託真慧起觀,名之爲“依”;照達二諦,名之爲“慧”;簡大異小,名爲“差别勝相”。第九、“學果寂滅勝相”者,酬因名“果”;果由因剋,名爲“學果”;法性不動,名之爲“寂”;果德離相,目之爲“滅”;超過小乘,名爲“差别勝相”。第十、“智差别相”者,决斷名“智”;簡果[□][異][10]因,名爲“差别”;辨大異小,亦名“差别”。

問:“此十相爲在一經所説,爲在多經共説?”

釋有二義:一依論,初似在一經所説。故《無[11]等聖教章》云:佛世尊前善入句義,菩薩摩訶薩乃至説如是言“諸佛世尊有十勝相”“過餘教”等。下重開列十名,廣辨其相。故似在一經所説。驗下廣文,似在多經。故《衆名章》下廣引多經多論,證成十義。何故如此?推驗二文,應在《阿毘達摩藏》中略

① “第三名”三字録本作缺文,據底本補。

② “應知”二字底本、録本無,據《攝大乘論》卷上補。《攝大乘論》卷上:“十勝相者,一應知依止勝相,二應知勝相,三應知入勝相,四入因果勝相,五入因果修差别勝相,六於修差别依戒學勝相,七此中依心學勝相,八此中依慧學勝相,九學果寂滅勝相,十智差别勝相。”[T31n1593p113b17]可助勘。

③ 入,録本作缺文,據底本補。

④ “之性”二字録本作三字缺文,據底本補。

⑤ 脩,録本作缺文,據底本補。

⑥ 因,録本訛作“目”,底本實作“囙”,乃“因”之俗體。兹據改。

⑦ “實名果”三字録本作缺文,據底本補。

⑧ 脩,録本脱,據底本補。

⑨ “約十地辨其脩”六字録本作缺文,據底本補。

⑩ 異,底本、録本無,據文意補。

⑪ 本篇録本中“無”字底本實皆作“无”。不復校。

辨十義,此即《無等聖教章》及《十義次第章》所論者是。於餘經、餘論廣辨十義,此即《衆名章》下乃至論末所辨者是。以其略文在於一經所説故,初二章依略經辨釋;廣文散在多經論故,《衆名章》下依别經别論廣釋其義。以有斯趣,故廣略不同。此義深懸,理宜推究耳。釋名義訖。

第二"辨體性"者,有其二門:一、攝相從實門;二、相實並論門。攝相從實,十種勝相皆用三無性真如爲體。故《涅槃·師子品》云:非因果性是諸法本體,常恒不變。《净名經·問疾品》云:無住爲本。其義相似。《智差相》云:真如是諸法。通相大同。二相實並論者,初勝相以本識爲體,第二勝相三性爲體,第三勝相以唯識智爲體,第四勝相世、出世六度爲體,第五勝相十地爲體,第六勝相三聚爲體,第七相四三摩提爲體,第八相以四智爲體。此之三學通取緣修真修爲體。第九相以涅槃爲體,第十相以三身爲體。此義廣辨,如《無等聖教》所説。十義體狀,一一别章廣辨。第二體性訖。

第三"明次第"者,有其二義:一就十法,以明次第;二就起行,以明次第。初就十法明次第,有其二義:一就三門,以辨次第:二就十法,以辨次第。言就三門明次第者,《次第章》云:境有次第,正行有次第,果有次第。初二明理,起行所依,故先明其理,名"境有次第"。依理起行,合理非邪,名"正行有次第"。後二因果成得果,名"果有次第"。又"境有次第"有其二義:一對後行以明次第,以能起行,故先明理。二就初二以明次第。初依止勝相,明平等因果;翻邪之首,故先明之,以破不平等因果等故。第二應知,明其二諦有無道理,破定有無;此理次細,故後明之。次六正行次第有其三義:一對前辨次第,依前理法而起此行。二對後辨次第,由此正行能起後果。三就六行以辨次第。緣識捨塵是入實初門,故先辨入相。以觀由因生,復能成後果,故次明因果相。爲約十地,明修相不同,次明修差别相。爲辨所修行體不同,故次明三學相。就三學中,戒能防非,故先明戒學;定息心亂,次明心學;慧斷無明,是故後辨慧學。後二果中,亦有二義:一對前以明次第,從前正行起此二果故。次就二果以辨次第,寂滅果體,是故先辨;智差果用,故在後説。就三如是,就十如何?因緣道理能破自性,是故先辨初相,就前因緣,明三性道理能破有無。次明應知,就前應知,辨其觀行。次明入相,就前入相,辨觀始終。次明因果,就前果中,辨其行相不同。次明修差，就前修差，辨所修行體故。次明戒等三學。戒學在初，是故先辨。從戒生定，次明心學。從定發智，故次明慧學。由慧斷惑，次明滅果。依體起用，次明智差別。就十法辨次第訖。第二起行辨次第者，初二生解，次六起行，後二起願，故有次第。是義云何？初二辨理，教人生解。依止相中明平等因果，教生正見，捨六偏執。第二應知相明非有非無之理，教生中道之解，捨離三謗，謂增益損減及與相違三種謗心。次六明其行法，教人依之起行。是義云何？廣辨修儀，教人仿[①]習唯識觀等，乃至慧學類亦同然，故次六相教人起行。次二起願者，以辨果法，故教起願。寂滅勝相，教求涅槃。智差勝相，教求菩提。是義云何？廣辨諸佛果德，令彼衆生將他類己[②]，求其來果，故《地論・釋名分》中云：如佛所得，我亦當得，故生喜心。此義次第章廣辨。辨次第訖。

第四明位地分齊者，有其二義：一就十法以辨位地，二就起行以辨位地。言就十法辨位地者，初二辨理，該通上下，不局前後。就後八中，入相有二義：一就位判在解行終心，初地之前無礙道門。二就行通於上下，地前、地上並有唯識觀義。故《入位章》云：入位有四：一願樂地，二見地，三者修地，四者究竟地。第四因果通方便地及與三地。第五修相、第六、第七、第八，此四勝相在於十地。後二勝相在於佛地。就法如是，就起行云何？初二勝相，教生解心，此在地前。後八如前。又此十法皆能起於聞、思、修證及以得果，不須分別。第四明位地分齊訖。

第五大、小乘分别者，有其三義：一、就位辨宗；二、就行辨義；三、明大小差别。初言"就位辨宗"者，此十勝相位判在大宗，顯大法故。《無等聖教章》偈云："十義餘處無，見此菩提因。"此名小乘以爲餘處。以此文證，明知宗意，爲顯大法。第二"就行辨義"者，義通大小。此云何知？《第二勝相分别章》中辨三無性偈云："由自體非有，自體不住故。"釋解云：此三世無性亦通大小。此是三無性中，無性性義通於大小。三無性者，是泯相門，其理淵深；三性立相，其義則淺。深義尚通大、小二乘，況彼三性理淺，何爲不通？以彼

① 仿，録本訛作"何"，據底本改。

② 己，録本訛作"已"，據底本改。

三性通於大小，類餘九種亦通大小，其義無傷。第三"明大小乘差別"者，小乘就六識以辨依止及因果道理，大乘就本識等以辨依止及因果道理。小乘但就六識門中辨染净有無三性道理，大乘通就三識以辨三性差別。小乘就彼六識明唯識觀義，故彼《雜心定品》之中，就四無色地明緣識捨空等爲唯識觀義，大乘就三識及真識門以明唯識觀義。小乘就聲聞六度、人無我觀以辨因果，大乘就菩薩六度以辨因果。小乘就小乘十地以明修差，大乘就菩薩十地以辨修差。小乘就聲聞三種戒門以辨戒學：一别解脱戒，二者定共戒，三者道共；就此三種明戒學差别，亦可就彼道共戒門以明戒學差别。大乘就彼三聚戒門明其戒學：一、名"律儀戒"，謂十善業道；二、名"攝善法戒"，要修六度；三、名"攝衆生戒"，要行四攝。小乘就彼八禪地定以辨心學，謂四禪、四空等，如《定品》廣説；《成實論》家就九禪定門以辨定學，如《禪品》廣説。大乘就彼四定以辨定學：一、大乘光；二、集福德王；三、名"賢護"；四、名"首楞伽摩"，如心學相中廣説。小乘就人無我慧以辨十智用爲慧學，如《智品》廣説。大乘就人、法無二我智，以辨三智用爲慧學，如慧學相中廣説。小乘就煩惱障無數滅無爲以辨滅果，如《賢聖品》説。大乘就三障無處數滅無爲以辨滅果，如寂果相廣説。小乘就人無我門盡智、無生智中以明智果，大乘就三無性真如智門以辨智門、以辨智果。大、小智差乃有多門，粗略云爾。第五大小分别訖。

第六理行分别者，初二明理，後八辨行。理爲行本，故初明；託理成行，故後八辨行。就初二中，因果理淺，故先明依止，顯其本識與六、七等心更互相生，迭互爲果。有無理深，故次第二明應知相，就其三性辨定有無、虚實之義，故辨應知。後八辨行中，初六明其因修行相，後二明其果德行相。廣如前辨。其六理行分别訖。

第七因果分别者，有其二義：第一、就十法分别；二、就起行分别。言就十法分别者，初之二相是其因果所證之法，通於因果，因行分證，果德窮證。次六明因，復二明果，廣如上辨。十法如是，起行云何？若就起行分别，十皆起因，初二起其因解，次六起其因行，後二起其因願。又此十法通起因果，廣如前辨。第七因果分别訖。

第八學法、學行分别者，有其二義：一、就所説十法分别；二、就所化衆生分別。就所說十法分別者，初二明學法以是理法故。故《無等章》云[①]：初二明無等境，次八明學行。八中初六學因，後二學果，故彼文六（云？）[②]“無等行無等果”。十法如是，就所化云何？若對所化衆生，十種皆是所學之法。初二是理法，次六行法，後二果法。教彼衆生起解行等，名之爲“行”。初二起解，次六起行，後二起願。如上廣說。第八學法學行分別訖。

第九對《地持》十法分別者，量以此《論》主依彌勒菩薩教故，方有制造。彼《地持論》是彌勒菩薩所說，即是僧伽菩薩作論所依，故須對彼十法分別。言十法者：一、持；二、相；三、翼；四、净心；五、住；六、生；七、攝；八、地；九、行；十、安立；如《地持論》廣說。但彼十法單論行法爲宗，今此十相通辨理行。又彼十法明種性已上决定不退行相，今此十相上下通辨。餘義大同。十種勝相體義深廣，[備][③]如《論》說，且隨義門略釋云爾。

《攝大乘論》三識義（第二），出第一依止勝相《衆名章》。

言三識者，乃是含靈慮道，禀氣同依，冥通物表，義苞兩際，性融真妄，功□（齊）[④]染净，斷縛梁津，寂果妙路，故使諸佛於三藏中廣辨斯義。三識義中，十一門分別：一、釋名義；二、辨體相；三、真妄分別；四、解惑分別；五、心意識心別；六、善惡無記分別；七、三性分別；八、攝四識；第九、攝八、九二識；十、攝十一識；十一、大小乘分別。

初言“釋名義”者，了別二諦，名之爲“識”。了別不同，略有三種：一、名“梨耶識”；二、名“陀那識”；三、名“生起識”。言“梨耶識”者，此方正翻名“無没識”。此有二義：一、識生滅門，能受净熏，終能轉依，成應身功德，名爲“無没”。二、就識真如門，終可顯了，成就法身，名爲“無没”。故《衆名章》云：“世間不破，出世間不盡。”十地道前名爲“世間”，初地已上名爲“出世”。依《攝大乘論·衆名章》中，名別有八：一、名“種子識”，此依《達磨藏》說，以能持染、净二法種子故。二、名“執持識”，此依《解節經》說，以能執持諸根及種

① 云，底本訛作“六”，録本據文意改。

② 六，此似當爲“云”之訛字。

③ 備，録本脱，據底本補。

④ 齊，録本作缺文，據底本補。

子故。三、名“根本識”，此依《僧祇部》説，以能生六、七故；又能生染、浄二種果故，名“根本識”。四、名“窮生死陰”，此依《彌沙塞部》，至無餘涅槃前，常在不滅，名“窮生死”。五、名“梨耶”，義同前解。六、名“質多”，有多種義及滋長故。七、名“果報識”，此依《正量部》，以從善、惡二種種子生故。八、名“有分識”，與彼三有作枝因故。依《楞伽經》，名别有三：一、名“藏識”，能含恒沙諸功德故。二、名“聖識”，聖人所證，是彼聖人之所用故。三、名“第一義識”，以深細故。依馬鳴《論》，名别有三：一、名“真識”，以識體性不生滅故。二、名“真如識”，以識體寂故。三、名“家識”，亦名“宅識”，以染浄同依故。此等諸識，就識生滅門緣述方了；就識真如門，體是神知，名之爲“了”。第二“陀那”，此名“執識”，以能執本識爲神我故。執彼名色，以爲我所，名“執識”。依彼《攝論》，名别有二：第一、“執識”，義如前解。二、名“七識”，乘六得名。依馬鳴《論》，名别有七：一名“妄識”，識體浮虚故。二名“無明識”，不了無我境故。三名“業識”，以能染十使起惡業故。四名“轉識”，能緣我塵故。五名“現識”，[□][能][1]照我塵、顯現自心故。六名“智識”，以能分别我塵故。七名“相續識”，以我執恒起。彼地經名爲“集識”。又復正翻名“無解識”，以與四惑常相應故。自餘諸名，悉是義翻。第三生起者，此有二義：一、從果得名，用彼六識熏習本識，成其種子。種子有二種功能：一是業種，能生苦、樂二種果故。二是惑種，能引業種，令其受生，從此義故，名“生起識”。二、從因得名，以從本識種子生起此識，故名“生起識”。此義如彼《緣生章》中廣説。依彼《攝論》，名别有三：一名“生起識”，義如前説。二名“受用識”，能納受六塵苦樂境故。三名“六識”，以依止六根差别生故。此義如《緣生章》廣説。依馬鳴《論》，名爲“事識”，以依别根及六塵生故。依彼《楞伽》，意識名“廣集識”，以能納受多塵境故。五識名“現識”，以能納受五塵故。第一釋名義訖。

第二“辨體”中，先辨本識，次辨七識，後辨生起識。初辨本識中，有其六門：一名“攝真門”，二名“簡真門”，三名“攝浄門”，四名“簡浄門”，五名“攝麁門”，六名“簡麁門”。初言“攝真門”者，攝彼浄識以入本識、不立浄識故。馬

---

① 能，底本、録本無，據文意補。

鳴《論》云：不生滅法，與生滅和合，名爲"梨耶"。不生是真，生滅是妄，共爲本識，名爲"和合"。二言"簡真"者，簡取生滅以爲本識真如之門、屬彼净識故。《無相論》云：無相無生，即是摩羅究竟净識。三"攝净"者，此障生滅門中本識之中攝净、不净品，以能持染、净兩種種子故。故《緣生章》云：善、惡種子二姓(性)明了，染、净爲二：業惑種子名之爲"染"，聞熏種子名之爲"净"。四言"簡净"者，簡取生死四果名"净品法"，以爲本識；聞熏習等屬他法身，非本識攝。故《出世净章》云：聞熏習非阿梨識性攝，屬法身及解脱身。五言"攝麁"者，以本攝末。六、七二識及以相識皆本識所攝，以本攝彼，故《第二勝相分別章》云：一識者謂一本識，六、七二心本識相貌。六言"簡麁"者，六、七識外别有本識。故《衆名章》云：意名目第一識，心名目第二識，識名目六識。《熏習章》云：能熏相續短，所熏相續長。辨本識性訖。第二辨陀那者，有其四門：一名"攝真門"，二名"簡真門"，三名"從本門"，四名"簡本門"。初言"攝真門"者，生滅、不生滅，共成七識。真諦無生，名之爲"真"。俗諦生滅，名之爲"妄"。故《第二勝相章》云：亂因不有，亂識不生。我塵等法名爲"亂因"，七識我執名爲"亂體"。俗諦有亂因，俗諦有七識生；真諦無亂因，真諦無七識生。第二"簡真門"者，無生之理，屬於净識；生滅陀那，屬於七識。故《無相論》云：無相無生，名"究竟净識"。生滅之心，依他所攝。三言"從本門"者，七識之心，本識所攝。故《分別章》云：一識者謂一本識，六、七二識本識相貌。體是本識，更無别體。四"簡本門"者，本識之外，别有七識。故《衆名章》云：心名目第二識。辨七識體相訖。次辨六識，有其五門：一、攝真門；二、簡真門；三、從本門；四、簡本門；五、攝本門。初言"攝本門"者，攝彼真識，入於六識，生滅、不生滅共爲六識。故《順道理章》云：六塵真如，真諦門中六塵無相，俗諦門中六塵有相，明知真諦門中六識無生，俗諦門中六識有生。二言"簡真"者，無生净識所攝，生滅六識所攝，如《無相論》説，前已分別。三"從本門"者，如《分別章》説，上已分別。四"簡本門"者，如《衆名章》説，識名目六識。第五"攝本門"者，如《分別章》説，梨耶意識攝。辨體性訖。

第三"真妄分別"者，曲有三門：一、理事分別；二、就行分別；三、麁細分別。初言"理事分別"者，本識生滅分齊，名之爲"妄"；真如分齊，目之爲

“真”；陀那六識，亦復如是。故《無相論》云：無相無生，即是阿摩羅究竟净識。世諦生滅，名之爲“妄”；第一義諦，稱之爲“真”。故《分别章》云：分别無相，依他無生。世諦門中七識、六識是分别性，第一義中名“無相真實”。世諦門中阿梨耶識名曰“依他性”，第一義中名“無生真實”。第一理事分别訖。第二“就行分别”者，本識六識，通於真妄；陀耶唯妄，不通於真。本識六識在初地已前，未證真如，名之爲“妄”；初地已上，净品轉依，證會法身，名之爲“真”。故《智差别勝相》中説云：阿梨耶識及生起識名“受用身”，此名應身以爲“受用身”也。以陀那識中無其净品轉依證真如義，是故就行一向無真。第二就行分别訖。第三“麁細分别”者，本識心細，通於真妄；六、七二識在於凡地，唯妄非真。若初地已上，本識、六識並通真妄；若至佛地，本、六二識一向唯真。故《分别章》云：分别性無所有，以六、七二心在凡無體，名“無所有”也。第三真妄分别訖。

第四“解惑分别”者，有其二門：一、依《攝大乘論》分别；二、依《楞伽》等經分别。初依《攝大乘論》分别者，有其三位：一、就地前分别；二、就十地分别；三、就佛地分别。言“就地前分别”者，有其三位：一、是常没；二、是十信；三、是性地。常没位中，於六識内，但起有漏觀解，亦起惑業；於七識内，常起四惑，亦能助彼六識起善、惡二業；於本識中，能持有漏善業種子，並持煩惱及不善業種子。此云何知？如彼《出世净章》云：從十信已上乃至菩提位，此間功能不失。以此文證，明知外凡常没，唯有三界有漏善業及煩惱不善等業熏習，從有出世善熏，未能成就。二就“十信分别”者，於六識中能起出世净解。故《出世净章》云：聞熏習非是世法，屬法身攝，伏除人我障正使，猶得暫起習使法我障現行。故《出世净章》云：出世净心未起時，此聞種子一切上心惑對治。此名十解地中無漏聖道爲“出世净心”。十信地中聞熏習種子爲人我執正使，上心以爲對治。亦得起有漏善不繫業及不善不繫。故《地持論·住品》云：解行住菩薩或時起邪身口意業、墮於惡道，解行上人猶起此業。十信下地判知有餘業，是其不繫，報是不定。若漸悟菩[①]薩從須陀至辟支、迴心

① 菩，録本訛作“苦”，據底本改。

入大，至十信地中，亦有人無我觀無漏之道。故《涅槃》初功德[□][品][1]云：須陀八萬劫發菩提心，乃至辟支十千劫發阿耨菩提心。彼須陀至辟支佛，於小乘中已離惡趣，今迴入大，明知位當大乘善趣，於陀那識中人我執正使一向不起，但起習使及法我執，亦能助彼六識起有漏善惡不繫之業。故《出世浄章》云一切上心惑對治，明知能治六、七上心。六、七非一，名爲"一切"。於本識中有出世聞熏習有漏、無漏業二種種子，復有人我、法我二執種子，亦有善惡二種不繫業及不繫業果。例上可知。就十信分别訖。第三"種性分别"者，於六識中能起人、法二空無漏觀解，十解地中起人無我解，十行已上起法無我觀解，亦得起有漏法中善惡二種不繫業及受不繫業果。人我執習使亦有暫起義，法執[2]亦有現行義，所以得知地前菩薩得無我觀解，如《應知入勝相》、《二智差别章》説，先於方便中已通達二無我理。言"方便"者，地前是方便地名爲"方便"，故知十解得人無我解，十行已上得法無我解。解行住中，所有行相同前種性，縱有少異，義亦不多。就陀那識中，但起人我習使，亦起法執[3]正使；於本識中，有二無我無漏種子，亦有有漏善惡不繫二業種子及苦樂不定果報。類上可知。就地前分别訖。次第二"就十地分别"者，於六識中，能起人、法二無我觀解，人、法二執一向不起，亦復不起有漏善惡二種不繫等業；陀那識中，亦不起人我習使及法執上心，亦有真常六識分得三身。故《因果修》中云：初地證過漏義，以證真如，故顯法身；本識浄品轉依，故成應身；依二身起用，便有化身。就十地分别訖。第三"就佛地分别"者，於六識中有漏惑業一切不起，陀那二惑亦一向永無；於本識中不浄品惑業種子一切皆無，於六識中加行道亦息。本識浄品生滅亦息，與本浄相應，成就應身。故《出世浄章》云："四德圓時，本識都盡。"由其始浄合於本浄，故令本浄四德圓顯，於本識中及與六識内不浄品等一切永改本性，浄品永成。故《寂滅勝相》云：不浄品永改本性，浄品永成本性，名爲"轉依"。彼文復云：五分法身無垢清相，應至佛無異名，永成本性。依《智差别勝相》復云：阿梨耶識又生起識，名"受用身"。明知六識浄品及本識浄種有轉依成"應身"義，

① 品，底本、録本無，據文意補。
②③ 執，録本訛作"軌"，據底本改。

此名“應身”,以爲受用身能受净土等樂故。依《攝論》分别,麁判如是。次依《楞伽》等經分别,餘義與《攝論》義同。陀那識中解惑有異,更須分别。是義云何?以義通辨,第七識中亦有觀解。故《楞伽》云:殺七識智佛,名“出佛身血”。《勝鬘》亦云“於此六識及心法智”,明知有其觀解之義。若依小乘,七方便中伏我見上心,習起世間觀解;苦忍已上斷我見種子,起無漏觀解;無學地中斷四惑正使種子皆盡,人無我道滿。故《衆名章》云:正法内人有三品:一在正思,二在正修,三在有學。前之二人,伏其我見,第三滅我見。苦忍已上,名爲“有學”。若依大乘,十信地中頓悟菩薩於七識中伏我見上心,習有漏觀解;漸悟菩薩至彼十信,亦斷四惑種盡;頓悟之人至十解已上,於七識中習無漏觀解,永斷四惑正使種子,兼伏法執;至初地已上,於七識中習法無我解,斷法執種子,至佛窮盡。此無正經論,准義推之,其趣如是。問曰:“七識之心不能聽聞正法,云何能引生治道、斷諸煩惱?”釋云:當識雖無,藉六識導起。所以知然,彼七識中雖不聞他説於邪我,以六識曾聞,道彼七識得起我執染類净;彼七識中雖不聞無我,以六識中曾聞無我,導彼七識起無我解;竟復何妨?第四解惑分别訖。更有餘義,至轉依義中當廣分别。

第五“心意識分别”者,有其三門:第一就雜心分别,第二就成實分别,第三就大乘分别。言“就雜心分别”者,彼《論》就其六識義分爲三,如彼界品説集起名“心”,生後名“意”,了别名“識”。彼處以五門辨此三義,謂:一、名;二、義;三、業;四、世;五、施設。初以名别證其三義,其趣可知。二以義别顯義差别,如上解。三言“業”者,遠知是心義,此知未來法;前知是意義,此知過去法;續生是識義,此知現在法。四言“世”者,過去名“意”,意是根義故;未來名“心”,心體成就故;現在名“識”,能了現境故。前言“業”者,明其心用,心體現在知三世境名之爲“業”。此言“世”者,明其心體,三世横剋,得名不同。第五言“施設”者,十八界中施設心名,十二入中施設意名,五陰之中施設識名。界門就體,故名爲“心”;入門就相,名之爲“意”;陰門就用,目之爲“識”。雜心如是。次“就成實分别”者,於中有二:第一、就别;二、就通分别。言“就别”者,彼《論》有四心:一、識;二、想;三、受;四、行。識心知實,謂青黄等色。想心知假,謂長短等色。受納違順,謂好惡等境。行起善惡,謂造身口等思。有三重四心:一、五識四心,從緣現在五塵而起;二、五意識四心，從緣過去五塵而起；三、第六意識四心，從緣虛空假名等法而起。此三重四心中，若就别以論，皆取初重名“識”，名“心”，亦爲“意”。餘三則非。故《成實論》立有心數品，初重是“心”，餘名爲“數”。二就通分别，三重四心皆得名“心”，亦得名“意”，亦名爲“識”，故《成實》立無心數品。又彼《論》云：能緣以解心，四心皆能緣。《成實》如是，大乘如何？亦有二義：一、就通分别；二、就别分别。言“就通分别”者，三種識中名具三義。故《衆名章》中本識名“質多”，質多名“心”；《相章》之中本識名“意界”。是其識義上下並論。陀那識三義者，《衆名章》中名“染污意”，與六識爲意根故。復云：“佛説心名，此名‘目第二識’。”此名“陀那”。爲第二識以緣本識起我執，故名爲“心”。是識義顯，不待言辨。就六識辨三義者，《衆名章》中云“一能與彼生次第緣依，先滅識爲意”，此以六識中前滅心爲意根，後生心爲識。“又以識生依止爲意”，此取本識以爲意根。《緣生章》中名“受用識”，能受用六塵故。以此文證，明知六識有其“識”義。《第七勝相》中名爲“心學”，故知六識名爲“心”義。通義如是，别義云何？本識名“意”，是意根故。七識名“心”，常緣我塵故。六識名“識”，了六塵故。是故《衆名章》云心名目第二識，識名目六識，意名目第一識。第五心、意、識分别訖。

第六“善惡無記分别”者，先辨六識，次辨七識，後辨本識。就六識中，先辨《雜心》，次辨《成實》，後辨大乘。《雜心論》宗五識地中，唯有生得善，無方便善；但有修道煩惱，無見諦煩惱；但有報生無記，無餘三無記——謂功巧、威儀、變化等三也。意識地中具生得、方便二種善根，通起見、修二惑。四無記謂報生、威儀、功巧、變化。《雜心》如是，次辨《成實》。《成實論》宗三重四心，義如上辨。於四心内，前之三心皆是無記，第四行心方通三性。以前三心各是一念，緣境各别，無相續假義，故是無記；第四行心通於假實，故該三性。《成[1]實》如是，大乘云何？大乘六識皆通三性，與《雜心》大同。次辨陀那。小乘二論未辨陀那，唯就大分别。若依《攝論》，陀那唯是有覆無記，更無餘義。若依《楞伽》等經，亦通三性，以與六識三性心並起，爲六識助成善惡等業，故有三性。陀那如是，次辨本識。小乘二論亦未明本識，但就大乘

① 成，録本訛作“故”，據底本改。

分別，於中有四：一、就攝真分別；二、就生滅識體分別；三、從用分別；四、就時分別。初、“就攝真分別”者，識真如門，是其理善；識生滅門中，義通三性。持善種子，名之爲“善”；持不善種，名爲“不善”。體是無記。第二、“就生滅識體分別”者，從業種子生邊體是無記。故《差別品・相根章》云：阿梨耶識是無覆無記，非煩惱染污故。彼文復云：因是善惡，故果是無覆無記。以此文證，明知本識善惡業種得邊屬果報無記。第三、“從用分別”者，以體從用，故通三性：從不善熏邊成不善種子，從善熏邊成善種子，從威儀、功巧無記熏邊成無記種子。故《生不净章》云：此意識以三性識爲根。此名本識以爲“三性識”也，以意識同時依止，本識用爲正根。第四、“就時分別”者，善惡二業初薰本識，牽果義微，同識無記。故《不一異章》云：初縷結衣，同衣白色。後業種將熟，爲愛等助潤，成其善惡。以結衣入染器已，相貌異本，種謝報起，果成無記，如衣解結，相貌皆現。第六善惡無記分別訖。

第七“三性分別”者，謂依他分別及與真實。此義多含，如《三性章》中當廣分別，今且就一麁細分別。本識心細，能持净染，名爲“依他”；六、七心麁，分別心□(强)[①]，名“分別性”。分別無相，依他無生，名爲“真實”。第七三性分別訖。

第八次攝四識分別。言“四識”者，如《第二勝相[②]章》廣説：一名“似根識”，謂眼等五根；二名“似塵識”，謂色等六塵；三名“似我識”，所謂我塵；四名“似識識”，謂六、七二心。此“四識”義四識章中當廣分別。“似我識”者是其本識，[□□][似識][③]識者是六、七二識。言“似根”、“似塵”者，有其二義：一攝根從識，以塵從識，是六識所收；二以末從本，本識所攝。似我識者本識、意識所攝，似識識者就相是其六、七所收。

第九“攝八、九二識分別”者，於中有二：第一、明八、九二識體相；二、根塵分別。

言“八、九二識體”者，此之二識或名“八識”，或名“九識”。故《楞伽》云

① 强，録本作缺文，據底本補。

② 此處底本、録本另衍一“相”字，據文意删。

③ “似識”二字底本、録本無，據上下文意補。

“八、九種種識”,《初勝相相品》之中亦云“八識中隨一識不净品法所熏習”。言“離八”者,於中有二:第一、從麁辨細;二、從細起麁。言“從麁辨細”者,生起識中隨根分六,陀那第七,梨耶第八。言“從細起麁”者,梨耶爲第一,陀那爲第二,生起分六。以之爲八,如《衆名章》説。言“離九”者,前之三識生滅門中分之爲八,以緣境不同故;識真如門合之爲一,以内照同故。以識真如通前爲九,故《無相論·無相品》云:分别性永無,依他性亦不有。此二無所有,即是阿摩羅識,故究竟唯一净識也。又《外國傳》云《十七地論·菩薩品》中廣辨阿摩羅識,以爲九識。辨八、九二識體相訖。

第二、“根塵分别”者,阿梨耶識以净識爲根,兼用六、七以之爲根。故《生不净章》云:此果報識以染污識爲根。六、七二心起,受生煩惱,名“染污爲根”,通緣有、無、非有非无等法以爲境界。故《生不净章》云:此果報識緣境,又不可知。此就生滅識門分别,七識正依本識爲根,亦依六識中意識爲根,遠託净[□][識][①]以[爲][②]依持根義,緣彼本識以爲我塵,五陰等法以爲我所。生起識中,若是意識,依本、七二識以之爲根,遠託净識爲依持根義。若是五識,依本識爲根,亦依眼等五色根以之爲根,緣色乃至於法六境爲塵。若就三識真如净識以論,同體根塵更無别法。雖復同體,亦得義目以爲根塵,以真常心事以爲净識,以真常法界以之爲根,以真如境界用以爲塵。第二根塵分别訖。

第十攝十一識。言“十一識”者,亦如《相章》廣説:一、名“身識”,眼等五根。二、名“身者識”,謂第七識。三、名“受者識”,謂是本識。四、名“應受識”,謂六外界。五、名“正受識”,謂六識界。六、名“世識”,三世久長。七、名“數識”,謂傍數無邊。八、或可約衆生界有多少名“處識”,謂器世界。九、名“言説識”,謂見聞學知心。此九言説,熏習爲因。十、名“自他差别識”,謂他、我身别;此用我見熏習爲因。十一、“善、惡兩道不斷識”,謂六道相續;此用有分熏習爲因。此十一識章中當廣分别:第二身者識,陀那識所攝;第三受者識,梨耶識所攝;第五正受識,六識所攝;第一身識以根從識,五識所攝,

① 識,底本、録本無,據上下文意補。
② 爲,録本脱,據底本補。

以末從本，本識所攝；第四應受識以塵從識，六識所攝，以末從本，本識所攝；世、數、自他及以二道，通三識所攝；第八處識以塵從識，眼鼻舌身四識所攝，以四塵爲體故，以末從本本識所攝；第九言説識六識所攝，以見聞覺知爲體故。第十攝十一識訖。

第十一"大小乘分别"者，六識名體，俱通大小，以此六識通麁細故，在下相麁，在上相細。本識、七識，名通大小，義唯在大，以此二識其義是細。小乘未解，不爲説義。小乘説本識名者，如《衆名章》廣説喜樂阿梨耶等；説七識名者，如《成實論》説名"耳性無明"，亦名"我見"等，通三性心，俱與大乘七識四惑相似。第十一大小分别訖。三識義廣，□(厥)[①]趣略爾。

四惑義第三。在《依止勝相衆名品·衆名章》言"四惑"者，乃是染聚之元，垢縛同依，欲令慕道之流，悟真達俗，倒妄雲開，故使菩薩於三藏中廣辨斯義。四惑義十一門分别：一、釋名辨體；二、約境分别；三、約三識分别；四、先後分别；五、二障分别；六、三障分别；七、五住分别；八、六染分别；九、八妄分别；十、十無明分别；十一、治斷分齊。

初"釋名辨體"中有其四門：一、釋名義；二、辨體性；三、約三性分别；四、三界分别。初、言"釋名義"者，識心迷理，名之爲"惑"。惑别不同，有其四種：一、名"我見"；二、名"我慢"；三、名"我愛"；四、名"無明"。惑雖有四，得名有二。初之三惑從所立爲名，第四無明當體立秤(稱)[②]。亦可從所迷爲名，立本識爲我故。初三惑從所立爲名，體無慧明故。第四一種當體立秤(稱)[③]，計本識自在以爲神主，名爲"我見"；恃我自高，名爲"我慢"；貪著自我，名爲"我愛"；迷無我理，名爲"無明"。亦可前之三惑從所立爲名，立"無我"爲"我"故。第四一種從所迷爲名，迷無我理故。釋名義訖。二、"辨體性"者，四惑皆用陀那爲體，於陀識中謬執本識以爲神主，是其"我見"；恃我自高，名爲"我慢"；貪惜自我，名爲"我愛"；迷無我理，名爲"無明"。又是我見故無邊，邪惑見四見，執定故無疑，愛我故無瞋。辨體性訖。第三、"約三性分别"者，四惑體是有覆無記。故《衆名章》云：染污故是有覆无記性，得與

---

① 厥，録本作缺文，據底本補。

②③ 結合文意，此"秤"當爲"稱"之借字。

凡夫三性心俱。言“有覆”者有其二義：一、爲陀那細心所覆，名爲“有覆”；二、能覆於無我解，名爲“有覆”。不作報因牽集苦果，名爲“無記”。與《雜心論》中上二界惑及欲界中身、邊二見其義相似。三性分別訖。四、“三界分別”者，四惑不别繫分段三界，但與凡夫三界之中見、修惑俱，染縛六識中見、修二惑。故《衆名章》云：“此識是餘煩惱識依止。”彼六識起見、修二惑，爲餘煩惱識並依七識以爲染根。釋論中云：此染污識依第一識生，由第二識染污，本識爲第一，七識爲第二。本識爲正根，以有十使種子故。七識爲緣根，以無十使種子，但爲四惑同時染縛三界有漏法。聞思以前未伏滅四惑以來，皆用本、七二識以爲意根。四惑同時染縛十使，令成煩惱，能障聖解。染不善思業等，令牽苦果；染其善業，令成有漏牽三界樂；染無記法，令不見理。故《衆名章》云：“遍善惡無記心中。”與《成實論》聚性無明相貌相似。但《成實論》計取性無明在於六識，不識陀那故；此《論》四惑在於七識。第一釋名、辨體性訖。

第二約境分别中有其四門：[□][一][1]、五陰；二、十二入；三、十八界；四、十二緣。初、言“五陰分别”者，計識陰中生滅本識以之爲“我”，計餘陰餘識以爲“我所”。故《六地論》云：應於梨耶及陀那中而求解脱，乃於“我”、“我所”中而求解脱，計梨耶爲“我”，七識等爲“所”。若知梨耶非“我”、陀那等非是“我所”，即得解脱。亦可五陰從本皆名“梨耶”，更互計爲“我”及“我所”。故《相章》云：身識者，五根之身亦是本識。二、就“十二入分别”者，十二入中計其意根入中本識以爲神我，餘十一入爲“我所”；亦可攝末從本，十二種入皆是本識，更互計爲“我”及“我所”等。三、“十八界分别”者，計十八界中本識意根界以爲神我，計餘界餘識以爲“我”及“我所”。四、“十二因緣分别”者，十二緣中計識支、生支本識爲“我”，餘爲“我所”；亦可攝末從本，十二因緣皆是本識，更互計爲“我”及“我所”等。依《中邊論·真實品》，就十法計我。且舉此四，餘二十二根等可以類知。第二約境分别訖。

第三“約三識分别”者，有其三門：一、明“正起”義；二、明“染縛”義；三、明“熏成種”義。言“三識”者，生起、陀那及以本識。初言“正起義”者，在於

[1] 一，底本、録本無，據上下文意補。

陀那,以其四同依七識故。二言"染縛義"者,通縛生起識。凡夫意識思慧地已前。三性心中陀那恒起染縛意識,令成有漏,如上初門具已分别。三言"熏種分别"者,四惑上心在於七識,以與本識相應而起,熏習本識成四種子;復能染彼六識、十使,熏習本識令成十使等種子。但染法劣弱,六識、十使須依本識種子以爲正根,七識四惑以爲緣根,十使方生。出世净法,其力强故,單依本識净品種子亦得現行。三識分别訖。

第四"先後分别"者,有其三門:一、四惑别時;二、明三惑别時,"無明"義通;三、明四惑同時。初言"四惑别時"者,先起無明,迷無我理;次起我見,計本識爲我;次起我愛,愛惜自我;次起我慢,恃我陵物。故《衆名章》云:不了無我意,故起我執,由我執起我愛及以我慢。第二"明三惑别時無明義通"者,《分别章》云:我見是執我心,隨此心起我慢,因我慢起我貪。故三惑别時,此三惑通以無明爲因,明知無明義通三惑,更無别體。亦可三惑之前,皆先起無明,後起三惑,故言"三惑通以無明爲因"。三言"四惑同時同體"者,四惑同時同體,但義用不同,故分别四惑。七識惑心不了無我理,名爲"無明"。計本識爲我,名爲"我見",亦名"我執"。恃我陵物,名爲"我慢"。貪惜自我,名爲"我愛"。是故四惑同時同體,義分四惑。故《衆名章》云:名"獨行無明",亦名"常行",與彼六識三性心俱名爲"獨行"及以"常行"。驗此文證,非直無明獨行,我見、我慢及以我愛悉皆獨行。不了無我,無明義邊名"獨行無明"及以"常行";計本識爲我,我見義邊我見獨行;恃我陵物,我慢義邊我慢獨行;貪惜自我,我愛義邊我愛獨行。四皆常行,文中略故,但言"無明獨行"。言"獨行"者,非是不與陀那之中餘三種惑並起名爲"獨"。此明七識之中無明不與七識之中十使别體並行名爲"獨行"。若望六識、十使亦有别識並行,但非共識名爲"獨行"。雖有三義,同體同時,義分四惑。其義最善。第四先後分别訖。

第五"約二障分别"者,有其三門:一、明上心;二、明隨眠;三、明習氣。言"二障"者,有其二名:依《攝大乘論》,名"人我障"及"法我障"。二依《地持論》,名"煩惱障"及以"智障"。約此二障,辨上三門。初、言"上心"者,四惑現行,在於七識。此望四惑一向是其人我障攝,亦名"煩惱障攝"。亦可四惑與彼六識之中法執並起,染縛法執,亦名"法我障"。二、言"隨眠"者,本識之中四惑正使種子一向是其人我障攝。故《無相論》云:隨眠上心小乘見道聖解所斷。三、"習氣"者,是其四惑種子殘氣,亦名"人我障",亦是"法我障"。是人我障殘氣,故名"人我障";與法我障俱斷,亦名"法我障"。故《無相論》云:習氣者羅漢不滅,得法如智,方能漸遣十迴地中得法如智。第五約二障分別訖。

第六"約三障分別"者,有其二門:一、明三障體相;二、約四惑分別。初、言"三障"者,有其四義:一、二障共辨;二、二障別說;三、二障合說;四、隨地分別。初言"二障共說"者,依《攝大乘論·第一依止勝相差別品相貌章》所辨,小乘見諦惑名爲"肉煩惱",以用細故;小乘修道惑名爲"皮煩惱",以用麁故;大乘無明住地名"心煩惱"。故彼《論》云:分別内法,壞正理,立非理,名"肉煩惱";分別外塵,起欲、瞋等惑,名"皮煩惱";分別出世法,名"心煩惱"。二言"二障別記"者,依《地持論·住品》所說,煩惱障中有其三品:一、名"上中惡趣煩惱",分在解行終心,斷得歡喜住。二、名"一切煩惱分[1]",七地斷盡,入第八地。三、名"一切煩惱習",第十地斷盡,入如來地。智障有三品,謂皮、膚、骨,斷皮入初地,斷膚入八地,斷骨入佛地。三言"二障合說"者,依《攝大乘論第五·因果修差別相修時章》說,地前一大劫僧祇斷皮煩惱,初地至七地第二大劫阿僧祇斷肉煩惱,八地至十地第三大劫阿僧祇斷心煩惱。四言"隨地分別"者,如《修時章》說,地前立三阿僧祇信行精進趣向,十地各立三十三阿僧祇。十一地中皆斷皮惑、立初僧祇,斷肉立第二,斷心立第三,故有三十三僧祇。辨三障體相訖。第二、"約四惑分別"者,次第就前四種三障分別四惑,第一門中小乘修惑爲四惑中我愛習氣所染,小乘見惑爲四惑中我見等所染,大乘無明有四惑殘習。第二、"二障別說"者,煩惱三品中,第一、增上中惡趣煩惱分,在常没地有四惑上心,十信地中有四惑種子,在十解已上有四惑殘習。第二、初地已上一切煩惱分。第三、八地已上一切煩惱習,皆有四惑殘習。智障三品但辨無明住地,更不辨其四惑之義。以煩惱障攝故,第三、二障合說,第四、隨地分別,類上二門,其義可知。第六約三障分別訖。

① 分,録本訛作"勿",據底本改。

第七“五住分別”者，有其二門：一、辨五住體相；二、約四惑分別。初、言“辨五住體相”者，五住地惑在《勝鬘經・一乘章》中廣説。第一、“見一處住地”，是小乘人見斷煩惱。二、名“欲愛住地”，是小乘人欲界修惑。三、名“色愛住地”，是小乘人色界修惑。四、名“有愛住地”，是小乘人無色修惑；又，三愛住地通於見修二道。五、名“無明住地”，是大乘人見修煩惱。在六識中名爲“起惑”。本識種子名爲“地惑”。七識煩惱亦地亦起，對彼六識中惑、七識四惑名之爲“地”，與彼爲根故；對彼本識惑種、七識四惑名爲“起惑”，上七識心故。辨五住地惑體相訖。第二、“約四惑分別”者，若就別時四惑，四惑與彼小乘見惑爲染污根，亦名“見惑”。我愛、我慢、無明三種並習氣通與見、修二惑爲染污根，亦名“修惑”。四惑殘習，在無明地。若就同時四惑，四惑皆與彼見、修二惑爲根，亦名“見惑”，亦名“修惑”。第七約五住地惑分別訖。

第八“約六染分別”者，有其二門：一、明六染體相；二、約四惑分別。初、辨六染體相者，在《起信論》：一、名“執相應染”，在二乘地至大乘十信地斷之窮盡；二、名“不斷相應染”，依大乘十信地至净心地方能斷盡；三、名“分別相應染”，依二地至第七地斷之方盡；四、名“現色不相應染”，依第八色自在地斷之方盡；五、名“能見心不相應染”，依第九心自在地斷之方盡；六、名“根本業不相應染”，依十地斷盡入如來地。辨六染體相訖。第二、“約四惑分別”者，四惑上心及以隨眠是其第一執相應染所攝，四惑殘氣是後五染所攝。第八約六染分別訖。

第九“約八妄分別”者，有其二門：一、辨八妄體相；二、約四惑分別。初、“辨八妄體[1]相”者，依《地持論・真實義品》廣説：一、名“自性妄想”，取諸法體。二、名“差別妄想”，取諸法想。三、名“攝受精聚妄想”，取法上作用。前三是法執。四、名“我妄想”，取人我體。五、名“我所妄想”，取人我所。此二是人執。六、名“念妄想”，取其順境。七、名“不念妄想”，取其違境。八、名“俱相違妄想”，取中容境。八中初三是無明住地，次二是見一處住地，後三是三愛住地。辨八妄體相訖。第二、“約四分別”者，初三妄想是其法執，非四惑所攝；我及我所二種妄想是四惑中我見所攝，念妄想者我愛所攝，不念

---

① 體，録本訛作“相”，據底本改。

妄想我慢所攝，俱相違妄想無明所攝，四惑殘習初三所攝。第九約八妄想分別訖。

第十"約十種無明分別"者，有其二門：一、辨十種無明體相；二、約四惑分別。第一、"辨十種無明"者，依《第五勝相對治章》所說：一、名"凡夫性無明"，是法執種子。二、名"依身業等於諸衆生起邪行無明"。三、名"心遲苦無明"，聞、思、修妄失無明。四、名"微細煩惱行共生身見等無明"。五、名"於下乘般涅槃無明"。六、名"麁相行無明"。七、名"微細相行無明"。八、名"於無明作功用心無明"。九、名"於衆生利益不由功用心無明"。十、名"於衆法中不得自在無明"。此十無明並是本識中法執種子，亦有人我障中十使種子殘習及四惑種子殘習。初一無明當體立名，後之九種就所障加行之道以立其名。起邪行等皆是净品加行，從本識中聞、思、修種子而生，不從本識中無明種生。下二十二無明亦是本識中法執種子，及人我執中殘習種子，並非上心。類此可知。第一、辨十無明體相訖。第二、"約四惑分別"者，四惑上心及隨眠種子並非彼十無明所攝及二十二無明攝，四惑種子殘習爲彼十無明及二十二無明所攝。第十約十無明分別訖。

第十一"治斷分齊"者，有其二門：一、就大辨小，明二乘人斷之分齊；二、明大乘治斷分齊。初就大辨小中，先辨《雜心》，次辨《成實》。所以名爲"就大辨小"者，良由小乘法中未辨七識四惑，今明小乘斷七識四惑，是故名爲"就大辨小"。所以不爲小乘之人説七識四惑者，由此七識是其通識，難可解知，故不爲小説。以不爲説七識故，彼小乘人執一切惑皆在六識。《雜心》人執相應無明在於六識相應心數，《成實》人執取性無明在於六識，大乘人説此相應取性並在七識。爲有此義，故須就[□][大][1]以辨其小。先辨《雜心》者，有其五位：一、名"外凡位"。二、名"内凡位"，四念已上。三、名"見道位"，苦法忍已上。四、"修道位"，謂十六心已上。五、名"無學位"，謂羅漢已上。初外凡位中，修習三界事觀聞、思、修慧。爾時伏斷六識地中十使上心，陀那四惑上心猶行。第二、念處已上内凡位中，學作無我之觀能伏陀那我見上心。

① 大，底本、録本無，據上下文意補。

問:"陀那我見緣本識起,二乘内凡未見本識,何能伏除七識我見?"

釋言:凡夫七識總相迷彼五陰,以之爲我。聖以理説五陰之法,體是本識,名緣梨耶道理。我見之心當時不作梨耶意緣,但作我塵意緣,亦得名爲"緣本識起"。内凡地中通相緣彼五陰諸法,作無我之解,亦復未能别解本識。雖不别解,但所緣五陰體是本識,故緣五陰無我亦得名爲"緣本識無我",故能伏我見。三、"見道位"者,苦忍已上,能永斷本識中見道四惑正使種子功能,亦斷本識中見道十使種子功能。第四、"修道位"者,第十六心已上乃至那含。金剛斷修道中四惑種子有其二義:一、就别時四惑分别,但斷我愛、我慢、無明三惑種子,前斷未盡故,我見種子前已斷竟,今更不斷。二、同時四惑分别,斷彼修道四惑種子,亦斷十使中貪、瞋、癡、慢四使種子。前義如《衆名章》説。正法内人有其三種:一、名"正思",在四念處。二、名"正修",在煗法已上。三、名"有學",苦忍已上。前二伏我見,後一滅我見。雖違身於本識中我愛恒隨,亦可修道四惑種子同體義邊皆名"我愛"。與後義相似,《中邊論·修住品》云:凡夫位中隨應無倒法與倒法相雜。外凡夫地伏六識我見名"隨無倒",與七識中我見相應名"與倒相雜";内凡夫地伏七識中四惑上心名"隨無倒",與四惑種子相應名爲"相雜"。二、有學聖人顛倒所隨逐。無其見修道所斷四惑習在及四使種在,名"倒所隨逐"。已除見斷四惑種子及十使中六使種子名"無見倒",以外凡地時四惑通染。凡夫所起見、修二惑,入見道時但斷見諦惑種,未斷修道四使習氣,是故見道但斷染見諦煩惱四惑種子,未斷染修道煩惱四惑習氣。三、無學人名"無顛倒"。無倒法隨逐,無見諦四惑等,名爲"無倒";修道四使種子,名"無倒"。隨無學已上,但有種子殘習。第五無學位中羅漢已上唯有四惑種子殘習及十使種子殘習,更無四惑上心及十使上心。但本識中有四惑種子殘習及十使中種子殘習,令羅漢等無記心中起"我衣""我鉢"等執。此殘習種子,二乘不斷,大乘乃除。若二乘聖人不斷四惑正使種子者,十使之中我見正使亦應不斷。何以故?同緣本識起故。故《緣相章》云:阿梨耶識與阿陀那識及第六識我見爲我塵緣相,同緣本識以爲我塵。何爲偏斷六識我見,不斷七識我執?判無斯理。又七識四惑爲人我障體,若聖人不斷四惑者,二乘聖人應當不斷人我障體。那含羅漢入出俱無陀那上心,但可本識中有。又《雜心》中執彼陀那無明爲相應無明，相應無明通見修斷，判知四惑通見修斷種子殘習。辨《雜心》訖。

次辨《成實》，位别有五：第一、"外凡"，在乾慧已前。二、名"内凡"，聞、思已上。三、名"見道"，無相已上。四、名"修道"，斯陀含行已上。五、名"無學道"，羅漢已上。第一、外凡未入乾慧，但伏六識上心十使。乾慧地中伏彼陀那四惑上心。第二、内凡聞思地中，斷假中我見，修慧已上斷實中我見。故彼《論》云：假名惑者多聞因緣故滅，或以思惟因緣故滅。實法惑者煖頂中滅。此無漏解心正斷七識無明種子，亦斷十使，見斷無明。第三、見道位中，斷前假實二惑窮盡。故彼《論》云："從煖已來，漸斷煩惱，見滅乃盡。"此乃無相位中總見性空，名爲"見滅"。第四、修道位中，斷彼四惑種子殘習，亦斷修道四使，對彼見惑，亦名"殘習"。彼《成實》宗修道位中更無取性。驗此文意，應不起四惑上心，但可起彼輕微四使。亦可有漏心中得起輕微四惑，第五、無學地中，但有本識中四惑種子輕微殘習。與《雜心》異者，修道之中分斷殘習，無學地中但有種子輕微殘習，有此不同。故《無相論》云：羅漢之人但有習氣。明就大辨小訖。

第二明大乘中治斷分齊者，有其五位：第一、外凡，名"常没地"。第二、内凡，名"十信地"。第三、十解十行地。四、十迴及以十地。第五、佛地。第一、外凡常没，染污十使上心，善無記心中無十使上心，但有四惑上心。故《衆名章》云：遍凡夫善惡無記心中。第二、内凡十信地中，有二種菩薩：一、名"頓悟菩薩"，但伏四惑上心及十使上心，未斷四惑十使隨眠種子故。《第五勝相修時章》云：十信地名"不定阿僧祇"，有白法與黑雜，與凡夫不異。出世有漏善名爲"白法"，四惑種子及十使種子殘習故。《起信論》云：執相應染者，依二乘解脱及信相應地遠離故，以彼四惑種子及六識中我見種子名"執相應染"。驗此一文，定知四惑羅漢方盡。羅漢人等爲二乘解脱，得心、慧二脱故。第三、十解地中，有二菩薩：若頓悟菩薩，至十解地中，斷四惑正使種子及十使正使種子。故《修時章》云：十解十行名"定阿僧祇"，不黑不白法，與白法雜。人無我觀無漏之道名"不黑白法"，出世有漏善名爲"白法"；此二間起，名之爲"雜"。以得人無我無漏解故，能治四惑及與十使正使種子。此行依真諦起。二、漸悟菩薩，至十解十行地中，能治分别四惑種子殘習及十使種子殘習。故《起信論》云:"不斷相應染"者,依信相應地方便捨離乃至净心地,名本識中四惑種子殘習及十使種子殘習爲"不斷相應染"。第四、十迴及十地中,斷四惑種子殘習及十使種子殘習,並斷法執無明住地。故《無相論》云:上心及隨眠見諦斷習氣煩惱,得如如智,方斷四惑種子殘習及十使種子殘習名爲"習氣"。《地持論》云:十地菩薩斷煩惱障皆是殘習。《第五勝相》云:"凡夫性無明"者,是法我分別無明,十迴地斷,入於初地。此行依第一義諦起。菩薩斷彼人我執等,不與二乘行同。二乘雖緣五陰作無我之解,不知五陰是其本識;菩薩緣五陰作無我之解,能知五陰是其本識。又二乘之人作法相觀,菩薩作彼無相觀,知我塵無相,唯有本識,十迴已上作法空之中三無性觀,故名"如如智",能滅習氣及以去執。第五、佛地四惑種子殘習及十使種子殘習法我執等一切皆盡。故《第五出世净章》云:"四德圓時本識都盡。"不净品本識煩惱業苦一切皆盡。

熏習義第四,出《初勝相相品》所辨。

言"熏習"者,乃是真妄之本,染净初門,建妄顯真,靡不斯洽,興染起净,假實同依,故經與論共述斯要耳。熏習義八門分別:一、釋名義;二、明體性分齊;三、熏義差别;四、約位分别;五、善惡無記分别;六、有漏無漏分别;七、凡聖分别;八、大小乘分别。

言"釋名義"者,以麁資細,名之爲"熏";細持麁分,目之爲"習"。熏習不同,有其四種:一、名"資熏";二、名"熏成";三、名"熏轉";四、名"熏顯"。言"資熏"者,真妄等法更相資助,名曰"資熏"。故《起信論》中名"真如熏""熏真如"等。言"熏成"者,六、七二心起於染净,熏彼本識成染净種子,名爲"熏成"。故《熏習章》云:"能熏者相續短,所熏者相續長。"六、七間起,名之爲"短";本識相續,目之爲"長"。言"熏轉"者,本識先已被熏成染净種子,後爲聖道令所熏染種漸滅净增,名爲"熏轉"。故《寂滅相》中云:不净品永改本性,净品永成本性,名爲"轉依"。言"熏顯"者,法性本净,爲分别惑覆,名"有垢真如"。修無分别智,息去惑妄,本净始顯,成無垢真如,名爲"法身"。故《出世净章》中本論云聞熏習是法身種子。釋論解云:法身四德本來是有,不從種子生,從因作名,名爲"種子"。五分法身是四德了因,信心波若三昧大悲與彼五分法身作生因種子,名"從因作名"。釋名義訖。

第二“明體性分齊”者，體性不同，有其四種：一、名“生起識”；二者、“執識”；三、名“本識”；四、名“自性法身”，亦名“真如”。就此四法，辨重分齊。若論資熏通於四法，於中兩對：一、真妄相對；二、麁細相對。言“真妄相對”者，用真資妄，妄想得立；用妄資真，方興染浄。故《勝鬘》云：如來藏無前際不起不滅法，能種苦厭苦，樂求涅槃。種苦起染，厭苦興浄。妄資真者，如《涅槃經·如來性品》説云：佛一味以煩惱故出種種味。此以染資真，令起生死。又《起信論》云：從無始已來具無漏法及不思議作業性，令生厭苦，求涅槃也。《迦葉品》云：三十七品能爲煩惱不生之法菩提生因，復爲涅槃而爲了因。此以浄資真，能成涅槃。言“麁細相對”者，以細資麁，以麁資細。故初《勝相相品·互爲因果章》云：“阿梨耶識或爲一切法因，或爲一切法果。一切法於阿梨耶識亦爾。”梨耶諸法因，以細資麁門。諸法梨耶因，以麁資細門。此取同時相應共有因義，不論餘因，染浄因爾。第二熏成□(局)[①]在三法，本識爲所熏，六、七爲能熏。本識具四義，故能持種。一體堅實，故能持種；六、七疏動，故不持種。二體是果報無記，故受善、惡二種熏習；六、七不爾，故不受熏。三是生滅可熏之法，不同真識體不生滅，故不成種。四與能熏並起，不同六、七自識前後無明相應義。故《緣生章》云：“堅無記可熏，與能熏相應。”第三熏轉通於三識，不浄品轉改浄品轉成。梨耶是染浄之本，正是轉體，六、七相從説轉。故《智差別章》云：阿梨耶識及生起識，此二成受用身。以有轉成，二識轉改名爲“法身”，明有轉改，不待言論。七識陀那雖無轉依之文，義推亦有。如上三識義中，已廣分别。第四熏顯□(局)[②]在自性法身。故《無等章》云：法身依自性身，如眼根依色。自性身體似彼浄色，離染體顯爲應身依止與彼應身功德以爲依止名爲“法身”，似彼浄色爲識依止名爲“眼根”。又《第二勝相分别章》云：有垢真如，無垢真如。以此文證，明自性真如有熏顯之義文。又《起信論》中，就事識、意識廣明浄熏成法、報二身義。第二明熏習體性分齊訖[③]。

第三“明熏習差别”者，有其二種：一、名“不浄品熏習”；二、名“浄品熏

①② 局，録本作缺文，據底本補。

③ 訖，録本訛作“説”，據底本改。

習”。言“不净品”者有其二義：一、與六識煩惱相應；二、與七識四惑相應，名“不净品”。言“净品”者有其二義：一、不與六識煩惱相應，名爲“净品”；此即世間净品。二、不與七識四惑相應，名爲“净品”；此即出世間净品。不净品中差别有三：一、名“煩惱不净品”；二、名“業不净品”；三、名“生不净品”。故《分别章》云“煩惱熏習”。業煩惱不净者，小熏習，果報熏習。小乘法中有十使煩惱、十纏六垢煩惱。言“十使”者，一、名“我見”；二、名“邊見”；三、名“邪見”；四、名“戒取”；五、“見取”；六、疑；七、慢；八、貪；九、瞋；十、無明。“十纏”者：一、無慚；二、無愧；三、睡；四、悔；五、慳；六、悷（嫉）[①]；七、掉；八、眠；九、忿；十、覆。“六垢”者：一、害；二、恨；三、惱；四、誑；五、憍；六、諂。此如《雜心・使品》廣説。小乘法中雖不明熏梨耶識義，道理此等實熏本識成其種子。小乘不解，計爲非色非心，名爲“惑得”。若依大乘，有五住煩惱：一名“見一處住地”，此是見諦惑；二名“欲愛”，此欲界修惑；三名“色愛”，此色界修惑；四名“有愛”，此無色界修惑；五名“無明住地”，此通三界修惑。此義如《勝鬘經》廣説。又[②]此五住中，初見一處唯見道斷，餘之四種通見修斷。六、七心中起此五種，熏彼本識，成煩惱種子。又七識中起於四惑，熏本成種。故《三地經》云：諸見縛者先已除斷，一切欲縛、有縛、無明縛等皆悉微薄。《論》主釋云：諸見縛者見道時斷，餘者三地微薄。《地經》有縛通攝色愛、有愛二種住地。《攝論・煩惱不净章》中名“根本煩惱”及“小煩惱”，亦名“大惑”及與“小惑”。十使煩惱名爲“根本”，亦名“大惑”。十纏六垢爲“小惑”，亦名“少分煩惱”。明煩惱熏習訖。第二“業熏習”者，業别不同，有其三種：一、是罪業，謂三塗總報不善惡業及人天之中别報惡業。二、名“福業”，謂欲界人天總報善業及鬼畜中别報善業。三、名“不動業”，謂色、無色界總别報業。此是八種定業。故《業不净章》云：謂福非福及不動，非福猶是罪業也。六、七心中起此三業，熏於本識，成業種子，名“業熏習”。

問：“此處福業及不動業與下三界净熏何異，而須兩處别説？”

釋有二義：一、就地分别；二、對識分别。言“就地分别”者，福業、不動業

---

① 《篇海類編・身體類・心部》：“悷，同‘嫉’。”

② 又，録本訛作“文”，據底本改。

望於自地，各爲自地惑所繫縛，名爲“不净”。故《業不净章》云：從煩惱生滅六道生死果報名“業染污”，各從自地求果愛心、發生諸業名“從煩惱生”，復爲三界潤受三界果報名“感六道生死”。下“世間净”者，背下地煩惱皆下地起，不貪下地果報名之爲“净”，如聞、思二心背欲界起，乃至非想無所有處心起名之爲“净”。二、“對識分別”者，業不净中對陀那四惑，與四惑相應，名爲“不净”；下世間净中對於六識，不與十使相應，名之爲“净”；故兩處不同，此義須記。故《業不净章》云：與煩惱相應，故名爲“染污”。若不善業通與六、七二心煩惱相應，若福業、不動業與彼七識四惑相應。故《衆名章》云：獨行無明與三性心俱。業不净品熏習訖。第[①]三“生不净熏習”者，更無别法體，但就中陰求受生時明其煩惱熏於本識，令業種力成，能生後報。此起七識我愛、六識貪使，緣於生有，能助業種，令成善惡。若生人天，助成善種。若生三塗，助不善種。約彼受生以明惑熏名“生不净熏”耳。明不净品熏習訖。次明净品熏習。净品有二：第一、世間净品，謂三界地中聞、思、修慧；二、出世净熏，謂出[世][②]間聞、思、修慧。前三界善心與七識[□][四][③]惑俱名爲“世净”，若不與七識四惑相應名“出世净”。又復求三有心起名“世間净”，求三乘道起名“出世間净”。就世間净中有其三慧。《雜心論》中，聞慧在欲、色二界，思慧在欲界，修慧在色、無色界。《成實》[④]□

① 第，録本訛作“净”，據底本改。
② 世，録本脱，據底本補。
③ 四，底本、録本無，據上下文意補。
④ 以下缺。

No. 2808《攝大乘論》義章卷第一

［題解］

佛典論疏，敦煌遺書中存有斯 2048 一號，作者及原著卷數不詳，首殘尾存。此文係從南朝真諦所譯《攝大乘論釋》中選擇一些關鍵名相進行疏義。現存“三寶義”（首殘）、“二障義”、“不住道義”、“三藏義”、“篇聚義”。此文同《攝大乘論釋章》體例一致，均係分别多門對每一名相進行釋義。但所釋乃真諦譯《攝大乘論釋》最初部分之名相，而《攝大乘論釋章》亦似從真諦《論釋》最初部分開始，故兩號是否同一著作尚需研究。清代以前歷代大藏經未收，日本《大正藏》據斯 2048 號録入其第八十五册。方廣錩認爲，此文與《大正藏》第八十五册 No. 2809 號所收日本大屋德城所藏古寫本《攝大乘論》義章卷四（［唐］益州福感寺沙門道基所撰）頗爲相似，或爲同一著作。今校注文題據内容略作修訂，仍以《大正藏》本所據原卷斯 2048 號爲底本。

▭①在。四能莊嚴出世間法。五以出世法故，最▭能益物者，三種境界是無上福田，有心歸仰，起□□□意▭行，住於一地，乃至十地，得無上菩提。天魔外道師及弟子違陀等，經▭無此利。譬如意寶珠能令災□不起，生利無窮，爲物所珍，故名爲▭用，故舉事况法。三皆名寶。第二得名者，依《雜心》，佛就用法者▭者，就義得名；依《成實》，大乘佛一種，就實德受名。餘者同。

---

① 首缺。

第□□□就三種定體：一、名字；二、別體；三、一體。[□][一][1]、名字三寶體者，土木金銅□□□經卷。此二依《雜心》用别名色法爲體，依《成實》用假名色爲性。凡夫比丘□(剔)[2]□□□法服，即是名字僧。别體三寶體者有二：一、明小乘别體三寶；二、明大□□□有二：一、依《雜心》明别體；二、依《成實論》。《雜心論》主明佛有二種：一、生身；二、法身。生身體者，謂報生等智相好之身及諸得四相是生身佛性。法身者，以無漏智慧及有漏種智方便現起是法身佛體。法寶體者有四種，謂理、教、助道、涅槃爲性。僧寶體者，僧有二種：第一義僧及等僧。第一義僧者，出家三果阿羅漢人無漏五陰爲體。僧因者，衆人爲僧因。若説無漏五陰，遠尋其位；若取僧義者，和合爲性。不取别人爲體，據理即是三業。然今番對不和用、不相應爲性，和合亦然。故彼云謂“不和性”。

問：“如衣有用衣爲體，若衣壞謂‘不成就性’。若然，應用三業爲體，云何言‘成就性’?”

□(答)[3]：“□□不類此也。自有三業無所造爲，亦有‘和’義。故知别有和法。”

問：“若爾，爲一，爲四?”

答：“約事言‘一’，就人言‘四’。此相假方成，故假名爲‘一’爾。”

等僧者，如名字中説。但依《成實》，合用異本有假名法起，陰集成人，人是佛寶體，故《論》云“佛名自然人”。若體用俱論，以《五分》法身爲性。法寶體者有四種，與《雜心》大同，理中更增諸法性空，果中通道法心空心爲異。僧寶體者，僧有二種：一、位僧；二、威儀僧。位僧者是無漏聖人。威儀該通凡聖，出體與佛寶同。威儀中聖人與位僧同，凡夫與等僧同。依大乘定體者，若取名所名“法體”，佛寶内化身用似色爲體，報身用常住五陰假人爲體，法佛用顯時真如爲體，法寶同前，二更加常住行法及《唯識》等理。僧寶同前，更加常住和合三等。若約詮取旨分别者，以名説義，義異體義不同，佛取

---

[1] 一，底本、録本無，據文意補。

[2] 剔，録本作缺文，據底本補。

[3] 答，底本殘、録本作缺文，據文意補。

智用，法取軌則，僧和合。《經》云："佛名爲'覺'，法名'不覺'，僧名'和合'。"

問："軌則名'法'者，何故乃云法名'不覺'？"

解云：佛人乘智，義能覺了。對此智用，法義則寬，不盡名"照"，故以"不覺"稱法，非謂體無方軌。一體三寶體性者有二：第一、就緣起成位，名一義異；第二、就無法相，有爲通相。第一"名一義異"者，名定所依法體，義取能依三法，是爲"名一義異"。《經》云："佛常，法常，比丘僧常。""常"者是顯，時正性體以法常故，三義是常，就體顯一。常通三處，能依義別，所以說"三"。故《衆品》云："若能計三寶，常住同真諦。此則是諸佛，最上之誓願。""三寶"是義，"真諦"是所依性體，義從體生，體非義外。三義雖殊，以一種常法爲體，故名"常住同真諦"。法、僧在佛三義等無優劣，若因果相對，法、僧有滿不滿異。第二者，用無我空等理爲種。故《攝論》云："以無我義同，故說一乘。"又云："有爲法通相，於一切衆生平等有。"

第三別解三種三寶者，先解名字，次釋別體，後辨一體。就名字内，分別有三：第一、明"名"及"相"；第二、時節；第三、去異執。第一者，圖寫真容，紙素文字，凡夫威儀，仿佛生善，假與名字，然未是真，故曰"名字三寶"。第二者，若佛在世、若佛滅後，義該始終，不唯末運，如佛在世，已有形像，見世尊從天下來，起迎禮拜等。第三者，有人或言是"住持三寶"，然住持者理通真僞，大小俱有三種三寶，以聖力相，皆有住持，益物不止，在初獨以"名字"說爲"住持"。次釋別體三寶，於中分別有二：第一、去情執；第二、依宗分別。第一者，有人言是"別相"，然"三寶"義分佛、法、僧異，亦通真僞，乃至一體有名義俱異，故不得偏以別體名爲"別相"。第二依宗分別者，於中有二種：一者小乘，二者大乘。小乘有二：一、依《雜心》；二、依《成實》。依《雜心論》云，明佛有二種：一者生身，二者法身。生身者在見道已前，三阿僧祇修集諸行，一百劫中種相報業因，父母所生身有三十二相，八十種好，發心出家，道成號"佛"，論此相好名"生身佛"。法身者九地煩惱，下之八地，六行斷除；非相一地，見、修二種，並用無漏三十三心、無礙三四心爲解脫。即此身中空觀無漏及有漏種智五分功德名"法身佛"。佛是覺照，法身則有餘法諸得四相，雖無覺照，相從名"佛"。相好身器雖復體非是佛，爲佛所得無學功德所依，是故名"佛"。猶如乳瓶，瓶非是乳，盛乳故名爲"乳瓶"。佛亦如是，以身從法，通名是“佛”。法寶者，謂理法、教法、助道法、涅槃法。此等並有執，則稱之爲“法”。理者謂四諦十六行，苦四行苦空無常無我，集四行因集有緣，滅四行滅止妙離，道四行道正顯跡。教法者是十二□（能）[①]詮音聲名字章句，名爲“教法”。故《論》云：經、律、阿毘曇，是名“俗世正法”。助道法者，□□辟支佛在家三果，天中聖人無漏五陰，僧寶是助道法寶攝。此説不□□。若離緣三寶，名爲“壞緣”。故《論》云：若於佛法、辟支佛法、聲□（聞）[②]法起無漏信，是□□（壞緣）[③]法不壞净。涅槃法者，謂佛涅槃、聲聞涅槃、辟支佛涅槃，不同報身，不得□□□無，事理二和，收非僧寶，是涅槃法寶攝。始終上下，有此四法。若依《論》主，□□□各有二種。法中二者，謂第一義涅槃及無我法。

問：“前説苦集，義含教□（法）[④]。前説滅諦，後涅槃法。前説道諦，後助道法。今何故復説教法、助道法、涅槃法？”

□□（解云？）[⑤]：前就通相理觀，皆以總攝。但此三有别功能，是故但説教能顯理。助道義能除邪，涅槃是心期之所，故復論之。僧寶者有二種：一者第一義僧，二者等僧。“第一義僧”者，出家三果及阿羅漢；此等聖人悟四真諦，得空無我解，成就無漏諸陰，名“第一義僧”。“等僧”者，始從凡地乃至未入見道已前，出家凡夫未得無漏觀，多用世俗等智，名爲“等僧”。雖無理和，以有事和，通名爲“僧”。

問：“前助道中有理和，無事和；今等僧中有事和，無理和。何故名‘僧’？”

解云：若依《成實》，即是德僧。若依《雜心》，自有德無和義故，法寶故。

---

① 能，底本殘、録本作缺文，據文意補。

② 聞，底本脱、録本作缺文，據文意補。

③ “壞緣”二字底本殘、録本作缺文，據文意補。《雜阿毘曇心論》卷第八：“若於佛法、辟支、佛法、聲聞法起無漏信，是名‘壞緣法，不壞净’。”[T28n1552p937b4]可助比勘。

④ 法，底本殘、録本作缺文，據文意補。下句：“今何故復説教法、助道法、涅槃法？”可助勘。

⑤ 此二字底本殘、録本作缺文，似應作“解云”。前文：“問：‘執則名“法”者，何故乃云“法”名“不覺”？’解云……”又下文：“問：‘前助道中有理和，無事和；今等僧中有事和，無理和；何故名“僧”？’解云……”皆可助勘。

所以然者，和本約事理，四人已上同遵、各各無違名“僧”。在家聖人等以無同聚學義，故不名“僧”。天中聖人亦爾。非人以就理事辨和。二、依《成實論》，法於餘處生時有假名作用，陰集成人，人是佛寶，人所成德，俗在法寶。故《論》云：信佛有一切智，是名“信佛”。信真智即是“信法”。“法寶”者有四種：一、理法，謂四聖諦及視此四諦入法無我。四諦即是空行所觀，法無我是無我行所觀。此義如二聖行中説。二、教法，謂十二部經。三、助道法，謂佛無漏道、一切聖人無漏道及出觀名用無漏名“助道法”。四、涅槃果法，是三心無處爲“道”，形對名“果”。僧者有二種：一者、德僧；二、威儀僧。德僧者始於聞、思乃至菩薩内有聖德、以德成人名爲“僧”。人是僧數，德在法中。此義如前佛寶中説。聖者《勝鬘》明小乘别體三歸，三乘諸人除佛並入僧寶。《大智論》亦云：除佛，餘一切人衆皆念僧三昧所緣。二依大乘解，别體三寶於中有二：一、因果相對總説；二、通相别説。總説者，於清净巧方便位居第十一生相續，於最後身無師自悟，示成正覺。一三千、二三千乃至無量三千一時成、一時轉，名爲“佛寶”。信地已上乃至法雲，以慈悲願力示受四生，始於息苦乃至增上，亦皆成就聖德，不簡威儀，盡入菩薩僧寶，即此佛僧能以辭樂演説十種法義，攝取衆生，名爲“法寶”。二、通相别説者，始於信地□□□德四種，於十方國示作五生，攝取有緣最後生者即是佛寶。作四生者名“菩薩僧寶”。佛、僧二人能以辭樂演説法義名爲“法寶”。如信地菩薩起此權用，十住、十行、十迴向、十地及佛，一一位中盡稱法界，願行廣大，徹窮後際，皆依生德四種示受五生，最後生身名爲“佛寶”。法、僧二種如前所説。大地已前，生德生相並是無常，生因起用；大地已上，除業乃至諸佛生德是常，生相無常，是依因起用。次第三解一體三寶者，於中有三：一、因果[①]相對明一體；二、唯就因；三、唯就果。因果相對者，大地已前是無常分，不明常住一體三寶；從初地已去乃盡佛地並在常中，滿不滿異，義分因果。初地菩薩有真性生身，名“義菩薩”。僧乃至十地亦爾，名爲“僧寶”。金剛已後，常住報身，無相無爲是“佛寶”義。僧所證所行乃佛成就萬德萬行，名爲“法寶”。唯就因者，十地菩薩所成德行真智照境，覺用名“佛”；其所成就出世真軌名爲

① 果，録本訛作“界”，據底本改。

“法”；德行相成，事無違諍，即是“僧寶”。唯就果者，於無學地萬德滿足、智用照境，名之爲“佛”；其所證法出世真軌，名之爲“法”；真常萬德，違諍相盡，名爲“僧寶”。

第四總分別三寶者，且作十二門分別：一、辨次第；二、制立所以；三、對歸辨同異；四、福田益物；五、明相多少；六、常、無常；七、盛衰分別；八、壞、不壞；九、通別分別；十、約五眼爲境差別；十一、明諸論、顯所敬廣略；十二、辨敬意。

第一、“辨次第”者，分別有二：一、修證次第；二、起説次第。“修證次第”者，先法，次僧，後佛。法是平等真性，依法起學名“僧”，學滿名“佛”。如《性品》云：“諸佛所修，所謂法也。以法常故，諸佛亦常。”先舉法，後明佛，僧在中間，就始終爲語；此明自利，就一人修入時語。二、“起説次第”者，佛爲法主，法是所説，僧是行法人。故《寶性論》云：一者、調御師；二、調御師、弟子。故先佛，次法，後僧。

第二制立三所以者，有二種意：一、爲離過；二、爲成善。離過者遠離三種過：歸依佛，捨事天神；歸依法，離於殺生；歸依僧，不依邪衆。如三歸偈説：歸依佛者名“真優婆塞”，終不更歸依其餘諸天神；歸依於法者，則離於殺害；歸依聖僧者，不求於外道。如是歸三寶，則得無所畏。二、成善者，爲攝三乘諸人生長善法，故説三寶。故《寶性論》云：一者、大乘；二者、中乘；三者、小乘；四、信佛；五、信法；六、信僧。第一、第四是菩薩人，爲大乘故信佛，起供養修行，得菩提，以是故立佛寶。第二、第五爲中乘人，自然知深因緣法，成辟支佛，以是義故説法寶。第三、第六爲小乘人，從他聞法，得聲聞證，以是義故立僧寶。

第三對三歸辨同異者，於中作三種分別：第一、明同異；第二、出體明所以；第三、問答分別。

第一、明同異者，若論三寶，直舉境界生福。三歸以人對境，歸謂歸向。《婆沙》云：歸是“歸趣救護”義，是“歸趣”義。《涅槃・解脱》中説：譬如群鹿，怖畏獵師。若得一跳，則喻一歸。如是三跳，則喻三歸。衆生亦爾，怖畏四魔惡獵師故，受三歸依；受三歸故，則得安樂。三寶則寬，通於真僞；三歸則狹，唯在真中。名字三寶一向不入三歸，一體三寶盡入三歸境界，别體三寶有是有非。一體三歸者分别有二:一、就性體明“三歸”實;二、就德明“三歸”義。性體者義該凡聖,有心之觀[①]皆有三歸體實,謂佛性、法性、僧性。故《性品》云:“其有宣説是經典者,皆言身中盡有佛性。如是之人則不遠求三歸依處。何以故?我身於未來世即當成就三寶。”就不遠求是性具足,未來成就是德具足。德中有三對:一、因果相對;二、唯就因;三、唯就果。此義前已説。别體是非者中,先小,次大。就小中若依《雜心》,佛二種身中但歸法身,不歸生身。於法身中歸佛所得無學無漏,不歸有漏種智。法中唯歸涅槃,僧中歸學無學無漏法。故《論》云:“歸依彼諸佛,所得無學法,涅槃無上法,僧學無學法。”歸佛所得無學法名“歸佛”。不歸佛無敬等諸有漏法,自性不解脱故,亦除生身。

問:“但歸佛無漏法者,損佛生身應無逆罪?”

解云:生身是法身所依,如壞瓶失乳,故成無間。法中唯歸涅槃無上法者,《論》主歸依愛盡名“歸法”,善故常故;以餘法無善及常,故不歸依。歸僧學無學,以僧成就非學、無學法及生身以有漏,故不歸依,亦非等僧以可壞故。《成實論》明别體三寶義,能生善皆可歸依,故文無成説,總相作語,就大乘明别體。對一體明少分者,且依《法性論》及《勝鬘經》,就果明三歸,對小乘法僧明少分究竟義。《寶性論》云:“可捨及虚妄,無物及怖畏。二種法及僧,非究竟歸依。”二種法者,一、是所説法;二、所證法。所説是能詮教法,得證法時滅,如捨船筏。所證法有二,所謂因、果。因是道諦,是有爲虚妄、非真非實、無常,故不可歸依。果是滅諦涅槃,彼是無物,猶如燈滅,斷少煩惱苦,是無物故,所以不歸。僧者,三乘諸人有恐怖,不斷煩惱習,常求歸依如來,以自求歸依非究竟故,所以不歸。既不歸小乘法、僧,當歸大乘果中一體三歸。《寶性論》云:“衆生歸一處,佛法身彼岸[②]。依佛身有法,依法究竟僧。”佛身有法,即是佛寶;依法究竟,僧即是法僧。此等三義,同用真諦爲

① 觀,録本訛作“粗”,據底本改。

② 岸,録本訛作“忻”,底本作“圻”,乃“塄(岸)”省筆訛俗體。《龙龛手鑑·土部》:“塄,音岸。”《究竟一乘寶性論》卷第二[T31n1611p826b26]正作“岸”字,可助比勘。玆據正。

體。雖有三差別,同是彼岸[①]果,等無優劣。智用照境,名爲“佛”;自實自相軌則,名爲“法體”;義無邪礙和合,是“僧”義。《勝鬘》説與此同。故《經》言:法者説一乘道,法僧者是三乘衆。此言“一乘道”者,三乘所依,人别法通,故名“一乘”。此偏就道諦爲語。又云:説一乘道法,得究竟法身,於上更無一乘法事者。此明因得果,滅道通論,欲明小乘滅道並不可依,究竟法身即是涅槃無物,住有餘時直是結盡。後證無餘身智復無,不同大乘菩提、涅槃二俱常住。菩提是常,不墮有爲,即菩提明滅;涅槃善有,不名“無法”,故可歸依佛。“僧”義如前説。

問:“何故唯明法僧非究竟而不説佛寶?”

解云:彼實此權,更無别人,是故不説。

第二、出體明所以者,先明所以,次明體性。第一、[□□□][明所以][②]者,問:“何因緣故,説此三歸?”

解云:爲破衆生歸依山林、樹林、薗觀、塔廟,非安非勝,不能免苦。或復有人歸依如來父母,生身頭足等分爲止,是意歸佛無學法。歸法者,謂善不善無記法及諸比丘所行是應作法故。初捨此法,當歸愛盡涅槃。歸僧者,或謂歸依四性出家之人。初捨此人,當歸僧學無學法。

第二體性。

問:“何者是歸趣體性?”

解云:“‘歸’者滅道少分,‘趣’是口語。又説是能起語心,復有説者,信可此法,信爲趣體。若依評家,後説者好。”

第三、“問答分别”者,問:“受戒而不受歸,是人得戒不?”

解云:或有説“不得”。所以者何?若欲受戒,應先受歸。復有説者,若慢心不歸,不得戒。若人不知,爲先受戒,爲先受歸,不受歸而受戒,是人得戒,而與戒者得罪。

問:“《善生經》云:菩薩有二種:一者、後身;二者、修道。歸依後身,名‘歸依法’;歸依修道,名‘僧’。此義云何?”

---

① 岸,録本訛作“忻”,底本作“圻”,乃“垰(岸)”省筆訛俗體。兹據正。

② “明所以”三字底本、録本無,據文意補。

解云：後身菩薩即此生德，不入僧寶。不離此身，然未是佛，復非佛寶。然此身中成就無漏功德，判爲法寶。

問："佛爲入僧數，不入僧數？"

解云：依《善生經》，佛不入羯磨僧。故彼《經》云：佛若入僧數，則無三寶。四不壞信。若就福田即入。

問："歸法通自、他，佛、僧二種何故唯他非自？"

解云：若就法性言之，三俱是自。就德言之，自己未成佛，僧無所歸故。法則人法有異，故得自歸。

問："何故戒有分受，三歸無分受者？"

解云：若受三歸，爲欲捨邪故。次具受戒法起行除邪，隨其力能，故有五種優婆塞。

問："或有禮拜自在天王、世間諸王、長者及諸外道魔梵，失三歸不？"

解云：受三歸已，造作癡業，受外道法，自在天語，以是因緣，失三歸依。爲攝取故，所說邪法，慎物（勿）[①]受之；供養天時，當起慈心，爲護身命、錢財、國土、人民，不失三歸。

第四、明福田益物，於中有二：一、明境界廣略；二、辨益物不同。第一境有廣略者，一、就佛明廣略，總說唯一，如《涅槃》權實說。二、謂真、應二身，如《十地論》體相用說。三、謂法報應，如《金光明》合實開權；復說三種，謂如如智應化二種，此如《十地》相似，如《楞伽》合權開實說。四謂應化佛、功德佛、智慧佛、如如佛。若隨境義用有十，如《華嚴》說。法廣略者總唯一，一切盡名"法"。論旨分二：所謂教義，義不過三，謂理法、行法、果法；教分十二，謂本經乃至論義。僧廣略者總唯一。增一至二。於中有三：一、就位分二，如《師子品》中說：一者、世僧，大地已前乃至凡夫；二者、義僧，大地已上乃至金剛。就法分二，謂羯磨、法輪。法輪者時人或說四諦，或言四依。就所漏法分二，謂理和、事和。增二至三。於中有二：一、就行分三，如《金剛身》說，謂破戒雜僧；二、愚癡僧；三、清净僧。二、就人分三：謂《勝鬘》説僧者謂三乘衆。如《大智論》説四：一、啞羊僧；二、愚癡；三、無羞；四、有羞。如《律毘婆

① 物，此當讀如"勿"（二字同爲文弗切）。

沙》説五：一、群羊僧；二、無慚；三、別衆；四、清净；五、真實。就用不定：一、四人；二、五人；三、十人；四、二十人。此義可知。二、益物不同者，佛、僧二寶能生物福，如《十地》初願中説；法寶一種生物智慧，如第二願説。若通而言之，皆生二種。境界無定，由修行者心因異，相所生亦異。

第五、三寶相者，如《第七功德》中説，如來有十：一、覺相；二、善相；三、常；四、樂；五、我；六、净；七、解脱；八、真實；九、示導；十、可見。法有十一對：一、善、不善；二、常、無常；三、樂、不樂；四、我、無我；五、净、不净；六、知、不知；七、解、不解；八、真、不真；九、修、不修；十、師、非師；十一、實、不實。僧有九相：一、常；二、樂；三、我；四、净；五、是弟子相；六、可見相；七、善；八、真；九、不實。

第六、常、無常者，名字三寶是無常法。小乘別體，佛、僧是無常。法寶中涅槃是常，不爲生滅所遷。《經》云：聲聞涅槃唯有樂净，無常我者。就分別無相性，若有分別心，則見生死涅槃；若捨分別，即無生死涅槃可得，故云"無常"。我有二：第一、佛性真我，彼未顯性實，故無；二、神通八自在我，此唯無爲無法，故無我。若論法，《雜心》陰空無神是無常，總用無處是常；《成實論》主空與前同，法空是常；大乘別體，佛、僧同前。法中理與滅果解同前，淺深爲異。若大地已上乃至諸佛，生德是常，生相無常，法義同前。若在地前，相、德俱無常。"一體一"者，實之與義，悉皆是常，以體同故，義非條然。如《壽命品》説："若言如來異法僧者，則不能成三歸依處，如汝父母各各異故，故使無常。"

第七、盛衰者，初明佛寶，以權對實，明應用有損益，真無損益。如《性品》中説："如庵羅樹及閻浮樹一年三變，有時生華光色敷榮，有時生葉滋茂翁(蓊)欝[①]，有時彫落伏似枯死。"如來亦爾，於三界中示三種身，有時初生，有時長大，有時涅槃，而如來身實非無常。二法有盛衰者，以教對理，明教有損益。故《性品》云："猶如蚊澤[②]，不能令此大地沾洽。當來之世，是經流布亦復如是。"於時有利名"益"。故《經》云："譬如過夏初月名'秋'，秋雨連注。

① 翁，此讀如"蓊"("翁"字《廣韻》一音烏紅切，與"蓊"同)。
② 澤，録本訛作"滓"，據底本改。

此大乘典《大涅槃經》亦復如是。爲於南方諸菩薩故，當廣流布，降疰(霔)[①]法雨，彌滿其處。"僧寶損益者，以凡對聖，就二人明損益。凡夫違法，不能奉順修行，心無聖法，不能越凡成聖，是僧寶損相。故《經》云：如來正法將欲滅盡。爾時多有諸惡比丘，於祕密藏懈怠不懃。哀哉大嶮！當來之世，甚可怖畏。智人不違是典，奉順修行，自能知義，爲他演説，得成聖僧，是僧寶益相。故《經》言："唯諸菩薩摩訶薩等能於是經取真實義，不著文字，隨順不逆，爲衆生説。"

第八、壞、不壞者，名字三寶不辨壞、不壞義，唯就佛在世時。小乘别體三寶明出佛身血、壞僧、斷法。大乘别體權用及一體三義不明壞義。故《性品》云："如來亦爾。示有衆生於如來所生麁惡心，起五逆罪，至一闡提。爲未來世諸衆生故[②]，如是示現壞僧、斷法而作留難。假使無量諸魔不能侵出如來身血[③]……衆生皆謂法僧毁壞，而如來性真實無變、無有破壞。"壞僧義如《雜心》廣説。

第九、通别者，"三寶"義别，有佛、法、僧異。經中亦有通相作語，就佛辨法、僧，就法辨僧、佛，就僧辨[④]佛、法。"佛僧"者如《師子》中説："復有僧者，謂諸佛和合，是故我説僧有佛性。""和合"是"僧"義，諸佛有和合故，名"佛"爲"僧佛"。人證實故，名"僧有佛性"。"佛法"者，諸佛如來有俱生奇特未曾有法，動成物軌故，名"佛"爲"法"。"法佛"者，如三身中顯時性體與覺照作本，名爲"法佛"。"法僧"者，如《師子》中説：一就教法。故《經》云："復次有僧，謂法和合。法和合者，謂十二部經。十二部經常，是故我説'法僧是常'。"教論常理，名"經"爲"常"；論旨無違，名"法"爲"僧"；亦可部别所明不相違故，名"法"爲"僧"。二就理法。《經》云："'僧'名'和合'。'和合'者謂十二因緣。十二因緣中亦有佛性。十二緣常，佛性亦爾，是故我説'僧有佛

① 疰，録本訛作"庭"，底本作"庄"，乃"疰"省筆訛俗體。結合文意，此"疰"又當爲"霔"之借字(二字俱爲之戍切)。《大般涅槃經》卷第九[T12n0374p422b22]作"注"，宋、元、明本作"霔"。可助勘。

② 故，録本訛作"地"，據底本改。

③ 血，録本訛作"而"，據底本改。

④ 辨，録本訛作"僧"，據底本改。

性’。”因緣是義,佛性是實,即義辨實,故名“十二因緣亦有佛性”;以義從體,故名“十二緣常”;因緣義相與實無違,故名爲“僧”。僧有佛性,同十二緣。亦可因緣和合成生故名“僧”。“僧佛”者,《十地論》云:“證三種佛菩提,聲聞、辟支佛亦名爲‘佛’故。”智用照境名“佛”。彼有正覺見道,故名“僧”爲“佛”。“僧法”者,如《善生經》説:“菩薩有二種:一者、後身,二者、修道。”歸依後身,名“歸依法”。此義前已説。

第十、約五眼,明爲境差別。然名字佛、法二寶,肉眼、天眼等見。僧者,和合意地得,即是法眼見。別體佛,肉、天二眼見。法、僧並法眼見。一體佛法僧,法、慧、佛三眼所見。

第十一、明諸論,顯所敬廣略。

第十二、辨敬意。此之末後兩番,若欲分別,如疏中所説。

二、“障”義。八門分別:一、名;二、體;三、明差別;四、依心通居;五、迷邪理事分別;六、地起,治斷先後;七、就位明分齊;八、攝邪分別。

第一、名者,能燒身心,身熱心熱,能令行人憂惱,故名“煩惱”。此名不舉體,就功能爲“名”,決斷名“智”。惑性迷理障智,故名爲“智障”,亦可即智是障。此一就所障,亦可當體,此二隔礙聖道及聖道前方便,故名爲“障”。

問:“名中名‘智障’,爲障智説智障,爲當即智是障説智障?”

答:“此通二義。”

問:“若障智説智障,有障可無智,煩惱非智障,惑生應有解,煩惱時無智,是亦説智障,云何非智障?”

答:“智障由智除,故就能治説智障。雖有煩惱而無智,煩惱不待於智遣,故智障之外立煩惱障。”

問:“解惑相對,然能治不是解,亦應所治非是惑,以障即是惑,能治即是解。能治若是解,還復無二障。若即智是障者,以障除障。若障得除障者,亦應以闇除闇,不待明。”

答:“望惑説爲智,望勝智説爲障。治義非障義,障義非治義,即不得説障除障。”

第二、體性者,用五住惑性及三慧觀解以之爲性。

第三、明差別者,且作七對,以分二障:一、心慧見修,分二;二、假實二理,分二;三、性相,分二;四、相實,分二;五、功德體性,分二;六、解惑,分二;七、理事,分二。第一"心慧見修"者,先心慧,次見修。心是定數三昧,慧是慧數智慧。道理十使差别用,散隨諸緣名"亂"。此等用智慧,無礙正斷。若然,通障無别。今分二别者,且就道治分二。但貪、瞋、慢、無明等緣事生,以事别故,勞亂心想,故次安立緣中、遮使不令現行俱心,故對三昧定心說能障爲煩惱障。迷理惑即是餘六。此唯見斷,餘四通見修。此等要次理觀,方便不行,闇性不成,故對智慧說"能障"爲"智障"。故《心論》云:道理無癡(礙?)[①],一切對治近對治故說無癡(礙?)[②]。次見修者,見分所斷染性判爲煩惱障,修分不巧便慧判爲智障。故《攝論》云:見行謂六十二見等,即是惑障。邪智爲世間虚妄解,即是智障。第二假實分二者,前來二障皆爲觀假者,空人無我智對治麁相惑性,就功能立名"煩惱障";計諸法有定性不空礙,觀法無性、法無我智,故能障名"智障"。

問:"此二與二心何異?"

答:"無異。二心者,一、假名心。有二:一、因和合假;二、法假。迷因和合假用計爲神我,名'因和合假';不了有爲法虚妄不實,名'法假',名'心'。"

問:"即法計常、計我等何心所攝?"

答:"初假名心所攝,以用人無我觀智除。"

二、實法心。無自性空,是一切法實,以有是虚,故名"空"爲"實"。不了第一義諦空無我理,名"實法心"。從境立名。此與智障無别,亦用法空觀智遣。

問:"此第二假名心對治有何異?"

答:"正了有爲法虚妄無實,兼知第一義諦空無我理,對治法假名心。正觀空理,兼知有爲法不實,對治實法心。此一對二障,如《地持·真實義品》所說,煩惱障净,見陰離陰,無我人性等;智障净智,知色假名乃至涅槃假名、色無自性乃至涅槃無自性等。"

第三、性相分二,計假有别體,計法有性等,本末通迷麁故,判爲煩惱障,所障名"人無我"。三界虚妄,但是一心,作心變異,顯現故有。心外無别有

---

①② 癡,此似當爲"礙"之訛字,待考。

法,計別有心境異。迷本末因起,所迷深故能迷,就能治勝智爲名,名“智障”。

問:“何以得知?”

答:“《攝論》云:先於地前通達人無我,除煩惱障;今於初地通達法無我,斷除智障。又云:滅除智障,入唯識四位,即知唯識所除與前遣異;故知無性有性等執爲煩惱障,無別計別有爲智障。”

第四相實分二者,一切諸法差别情相集起故名“相”,即相無相名“相空”。前來諸障即是四住地,爲“煩惱障”;真如藏性是一切諸法體性,故名“實”;無始無明住地,障此藏性不顯,令真觀不生,故就所障爲名,名“智障”。此一對如《地持·住品》所説,煩惱障分三品,智障分三品。第五功德體性分二者,迷障性體者是迷理故,及前來者判爲“煩惱障”。恒沙無明,障十功德十種正行,名爲“智障”。第六解惑分二者,上來五住惑性判爲“煩惱障”;三慧解智是分别心,但有所分别即有所不分别,即名“無明障”;無分别智以無分别故,無所不分别,故名“智”,故判此分别智爲“智障”。第七理事二智分二者,除迷識理者,以理通一切,故能觀名“一切智”;惑性障此,名“煩惱障”。遣闇識事,以事異故名“事”;能觀名“一切種智”,故能障名爲“智障”。

第四、依心分别者,初一對依心慧分二:依《雜心》,智障唯意識,煩惱障通六識;若見修分二,約名攝法,並是意識。依《成實論》,煩惱障通依五識一相應行心、五意識一相應行心、第六意識一相應行心,智障唯第六意識一相應行心。前三心是無記一念,故不爲諸惑所依。故彼《雜問品》云:一切煩惱五識時無,唯在第六識中。依大乘,如《雜心》所明,以煩惱與心王不相離故。故《攝論》云:“心與心法,未曾見其相離。”《俱舍論》亦云:八戒唯無記,餘即通三性。第二、對煩惱障如前。智障若就起取性言之,唯第六意識行心;就地取性言之,三重十二心緣有而生,不了空無我理,即是智障所攝。依大乘,就起依第六識;就地言之,亦通餘心。第三、對煩惱障如前。智障就起言之,依意、執兩識;就地言之,即通餘心。故《攝論》云:若約五根、五塵、五、識名“亂”,何者爲“色識”?若約五識、五根、五塵名爲“色識”,此色識即是亂因。此識若不起,不得於無中執有。此言執有者,未得唯識智導,是有漏心識緣有生故。第四、對煩惱障如前。智障唯依第六意識。有説依第八識起微細四謗以爲無始無明住地者,不然。阿梨耶識乃因無始無明故有此。如《楞伽經》[□][云][1]:種種妄想熏,以爲現識因。《起信論》亦云:以無明染法緣故,令真如不染之法有於染相。又云:生滅無明,必與不生滅和合,有生滅相。非一非異,名"和合識"。

問:"因四使有陀那,即陀那有四使;何妨因無明故有阿梨耶、梨耶有無明?"

答:"由無明故,令真如不染之法有染,不同四使與陀那同時相應。若無陀那,即無四使,故陀那有四使。故《攝論》云:此三事若離無明,即不可得。此無明若離依止,即不可得說'有'。又説即用獨行爲無始者,此或可爾。然以理推求,《起信論》云:不達一法界義者名爲'無始無明住地'。此無明緣即如生滅相識藏,不了故執之爲'我';後時了達,唯是生滅相心,即便對治。然無明住地乃緣如來藏一法界義,不了故迷;若論能對治,達妄無妄。解觀與如相應,方能對治,不緣生滅相識。故知不然。第五對並依第六意識,以五識及陀那並不緣恒沙功德爲境。第六對煩惱通攝一切惑心,通依無別;智障唯依第六意識。第七對煩惱障,通依諸識;智障唯依六識。以緣事不了故,陀那識不緣外法境界,故非種智所治。此等熏習種子並依梨耶。故《攝論》云:染污及善從自熏習種子生,故得相續。何以故?此二心由本識所攝持故。妄非孤起,此等並依在隱如乘藏故。《勝鬘經》云:生死,生死者,此二法並依如來藏。《維摩經》亦云:依無住本,建立一切法。"

第五、迷障理事者,分别有二:第一、所障理事不同;第二、能迷障漏無漏别。第一、所障理事不同,於中有二:第一、就七義分理事;第二、别辨理事不同。第一者初番煩惱障,第五、第六、第七番智障,所障是事而非理。第一、第二、第三、第四番智障,第五番煩惱障,此等所障是理而非事。餘者所障通理、事。第二别辨理事差别者,先事,次理。就事明緣生所障異:初及第七緣外境生障内德,初障障戒等三行,第七障智德;第五、第六緣功德事生,還障功德,第五能障是惑性,第六能障是智慧。就理緣生迷異者:第四、第五緣理生迷,故還障理;第一、第二智障緣事,而生迷理。如緣色不了有色無其我;

① 云,底本、録本無,據文意補。

若論是非,不了是色非我此等。第一、第二、第三是相空理,第四、第五是有法真如理。第四對相名"實",第五對功德名"體"。就相中,初是無人我理,第二是無性理,第三是相無生無性理。餘通障理事,緣生及障可以意得。第二能迷障漏無漏別,先障,次迷。就障初及第二煩惱少分、第七智障,此三唯與有漏心相依同緣。第六智障,唯無漏心相依同緣。第五智障通與漏無漏心相依同緣,即爲通漏無漏。次迷者,初迷及第二煩惱少分,唯與有漏心相依同緣,唯有漏。餘通二。凡起是有漏,聖人觀心所計是無漏。如苦諦觀等計苦有性等是然。第五煩惱障唯是有漏,及第四智障亦是。

第六、地起,斷除先後。於内先地起後斷除。第一、地起分別者,第二中智障及第三智障,此二互爲地起。或因計性有别相,或因别有相計有性。自餘皆迷者是地障,依迷生説之爲起。第二治斷先後者,初對先觀解斷迷理智障,次起行除煩惱障;餘六番皆先斷煩惱,後除智障。何意然者?初對先解後行故,先生觀解除迷智障,次依觀起行除煩惱障。第二、第三、第四明理有淺深、障有麁細,先悟淺理,次悟深理。先劣智斷麁,次勝智斷細。第五顯體生德,故先除迷理惑障,顯性體;依體生德,除恒沙智障。第六要先除惑性煩惱障,然生能治爲智障,智障得勝捨劣故,先煩惱障,次智障。第七道理實無先後,義説先後,證智,後起後智,先智是因,後智是果;若然,亦得先説煩惱障,次智障。

第七、就位明盡證分齊。初對及第二翻中,煩惱障皆種性已前斷盡,智障從種性初心至解行滿心盡,第三智障從忍法已去斷。就實智障①及就性煩惱障,從世第一法已去斷。就功德智障及第七對,皆初地初心斷,至金剛心滅時盡種皆起,爲解脱道證。就實辨治斷法差别,如斷結□(章)②所説。

第八、攝障分别。先攝三障:皮障是煩惱障攝。肉、心此二通爲二障攝,以迷空理者爲肉,無始無明爲心故爾。若攝三使,謂害伴使、羸使、薄使。此三就義,亦通爲二障。若是恒沙,對於無始,即智障攝。若對一切種智所遣,判爲煩惱障攝。又定障煩惱障攝。解脱障、智障通二所攝可知。三漏者,謂

① 障,録本訛作"邪",據底本改。

② 此字録本作缺文,據底本補。

欲漏、有漏、無明漏，並初對二障攝。增三至四。闡提謗法，外道著我。此二見、修相對，判爲智障；若假、實相對，判爲煩惱障攝。聲聞畏苦，緣覺捨離，通二障攝：對初即智障攝，以不達無性理故；對後惑障攝。四流者，見流初中智障攝，欲流、有流、無明流通初對二障攝。四取者，見、惑二取並初對智障攝，欲及我語取通初對二障攝。四扼者，欲扼、有扼、無明扼、見扼，如四流說。四縛，貪、瞋、見、惑，如四取説。四障，邪思惟、邪意及疑法執及分别；邪意初中智障攝，疑一種第七智障攝，餘通二障攝可知。增四至五。五下分結是初重二障攝。三結智障攝，謂身見戒取疑。二結煩惱障攝，謂貪瞋。五上分結唯煩惱障攝，謂掉慢、無明、色染、無色染。五蓋、四蓋煩惱障攝。疑蓋智障攝，若對後還煩惱攝。五住地、三住地煩惱障攝。見及無明通爲二障攝可知。五心災，謂疑佛、疑法、疑僧、疑戒、疑教化。此等並初對二障攝。增五至六，並通二障攝。初執相應染即是攝初二障。不斷相應染、分别智相應染、現色心根本業等不相應染，並是後五重二障及第七重煩惱障攝。若攝六垢，並是初重煩惱障攝：惱，誑，高，害，恨，諂。增六至七。七使即初重二障攝。七者謂貪、慢、無明、疑、愛、瞋、見也。增七至八，謂八惡覺並是初煩惱障攝：欲，恚，害，親理，國土，不死，輕侮，族姓。增八至九。九種不净，極重上心，三毒隨眠。三毒修道所滅，並是初煩惱障攝。見諦所滅無明住地不净地惑、净地惑等，並是後五重二障攝及第七煩惱障攝，非智障攝。九結並是初對二障攝。增九至十，謂十障。除第二、第三，並是第五、第六對二障攝及第七煩惱障攝。第四智障攝。第二、第三是第四對煩惱習也。若攝十纏，無慚、無愧與睡眠等通初二障，餘六並是煩惱障攝：掉，悔，慳，嫉，忿，覆。若攝十使，身、邊、見、惑、邪、疑，此等並初重中智障攝；貪、慢、恚、無明，此四通初重二障攝。增十至十一，加微智障，通第七重二障攝。增十一至十三，謂懈怠、掉悔、無尊重、不能善利益衆生、逼惱、軟净心、善方便、見真俗、見行相、不見滅相、不見生相、大通極微微智障、大通不見生相。此二障並是第七中智障攝。懈怠障是第一、第二、第三及第四煩惱障攝，餘皆是第四中智障及第五、第六二障及第七煩惱障攝。增十三至二十二無明。大通無明、微細蜜無明，此二即第七智障攝。惡道業無明是初三對二障攝及第四煩惱障，餘皆第四智障及第六二障及第七煩惱障攝。增二十二至三十乃至八萬四千，准性相可知也。

“不住道”義，六番分別：一、名；二、分別體解成“不住”義；三、對障分別；四、所住境界分別；五、所益差別；六、住地分別。

第一“名”者：“不”者“無”也，“不”者“不”也。“住”之言“著”，“住”之言“在”。“道”者，二行善巧，除難無障名“道”，亦可所遊履目之爲“道”。

第二、“分別體解成‘不住’義”者，有其二種：一、就觀明不住；二、就行明不住。第一觀者，所緣境界無别可住，由生死即涅槃，涅槃即生死，生死之外，無别涅槃，故不生心取證。涅槃外無别生死，故不生心存有而捨，故稱“不住”。就行明“不住”義者，由智故令悲於有無染住，由悲故令智於無不取住，故稱“不住”。

第三、“對障分別”者，分別有二：先觀，次行。就觀始習觀言之，若約有無，觀有無性，離於自性；觀無即有，離於斷滅。若約生死，生死即涅槃，遠離捨生死心；涅槃即生死，遠離取證涅槃心。終成言之，觀有無有，觀無無無，遠離有無心，非有非無，爲所觀境界故。若約涅槃，觀生死無生死，遠離涅槃，即生死心；觀涅槃無涅槃，遠離生死，即涅槃心。就行者，始習言之，遠離斷常；由大悲隨有，故遠離斷執；由智慧觀無，故捨離常見。終成言之，遠離樂住之心，由智慧如實知生死故，捨離樂住。由大悲不嫉取涅槃，遠離取證。又復由智慧，捨離凡夫，樂住生死心；由大悲故，遠離二乘，住涅槃心。

第四、“所住境界”者，悲不住無住有，智不住有住無。若語觀者，不住有、無二理，住非有非無，一味真如。問曰：既有境界，那[①]成不住？解時言道：悲雖有境，由智令悲於有不染住；智雖有境，由悲令智於無不住。觀者於此二種並不住。

第五、“所益差别”者，相别言之，大悲他利，智慧自利。若就所攝凡聖言之，各通二義。大悲有二方便：一、隨順生死攝凡；二、不速證涅槃攝聖。智慧有二方便：一、如實知生死無性攝聖；二、通達涅槃第一義樂攝凡。亦可此四皆通攝凡聖二人。

第六“分别位地”者，分别有二：一、地前十信門中，慈悲劣薄，喜捨大乘，

① 那，録本訛作“邪”，據底本改。《玉篇·邑部》：“那，何也。”

由是義未明不住，十解門中方明不住。於此位中具足有二：一、大悲爲首；二、大悲增上。若就十行已去，大悲滿足，即此位中無性觀大悲滿足。十迴向已去乃至初地，無相無生無性[①]大悲滿足。就地上三地、四地，但名“護煩惱”、“護小乘”。所以爾者，三地爲明方便攝行德，由忻厭二心故；四地行體除二障，故云“護[□][煩][②]惱”、“護小乘”。五地、六地方明不住者，就行以明，所知法中清净作十四諦觀利益衆生，懃方便中觀有爲法虚妄誑詐等，以成大悲。六地已去，通明二種：第一義諦觀即就觀明不住，世諦觀中逆順觀察十二因緣法就行明不住。所以爾者，五地明依解起行，不過智之與悲，明行由悲智故成，故説“不住”。六地地皆相捨作，非安立諦觀，以明無前地悲智所住境界故。六地判立不住地。

“三藏”義作十番分別：一、名；二、體性；三、起説因緣；四、辨差別；五、論旨分別；六、明對治諸障；七、明次第；八、廣略分別；九、大小有無分別；十、相攝分別。

第一、“名”者，分別有三：一、釋名；二、得名；三、辨名差別。

一、釋名者，世習相傳“苞含藴積”是“藏”。若依《攝大乘論》：“云何名‘藏’？由能攝故。此攝何法？一切應知義。”三行等法是一切所應知，故云“一切應知義”。二、辨得名者，“藏”雖有三，得名有二：“修多羅”從能詮教立名，“毘尼”、“阿毘曇”從所詮事受稱。所以然者，欲顯“藏”是能詮相。初一就教體受名，欲顯所詮三行有别故。後二顯所詮。若也就體，即爲一藏；若就所詮，即立定藏，但寄互互據爾。三、辨名差别者，修多羅藏梵名有二：一、“修多羅”；二、“修妒路”。“修多羅”者，一、對偈顯名，所名法分齊，名“直説語言”；若論義用有五，如《雜心》以五義解“修多羅”，即是五名。“修妒路”者，是天竺語音輕重。此處名別有三：一、名“法本如”。尋教悟理，名教爲“本”，詮旨相稱曰“如”。二、名“經”。如《雜心》云“契經”等，“契”者契當也，“經”者言能詮表事等於經也。此之二名，此方言教名也。三、名爲“綖”者，但彼處以一名名二法，此即二名名二法，如此名“縷”爲“綖”，名“聖人言教”

① 此處底本、録本另誤增一“性”字，據文意删。

② 煩，底本、録本無，據文意補。

爲“經”。若彼此一法,若有名者,以此名翻彼名。若法彼有此無,即以義用以翻名,如彼“覺用”名“佛”,此即名“覺”也。毘尼藏名有四種:一、“毘尼”;二、“毘那耶”;三、“波羅提木叉”;四、名“尸羅”。此名有四,三名行體名,一名能詮名。三名者翻對餘三,即是“毘尼”者,此方名“滅”。凡論“滅”義有三:一、果中涅槃滅;二、因中彌留陀滅諦滅;三、戒能滅静名“毘尼滅”。戒體非滅,戒能除業,是戒之義用。故《入大乘論》云:佛教二乘菩薩净己[①]三業,乃至成佛,兼及衆生滿足一切尸波羅蜜,乃至當知摩訶衍者隨順毘尼。毘那耶者,天竺語音差别,解義與“毘尼”同。波羅提木叉者,此名“解脱”。解脱有二種:一、無法解脱;二、有法解脱。《相續解脱經》云:“五分法身名‘解脱’,胡音云‘毘木叉’。涅槃解脱胡音直云‘木叉’。”此二解脱是果解脱,是戒因所得。故《遺教經》云:戒是解脱之本,故名“波羅提木叉”。若依《雜心》,“波羅提木叉”者,防惡戒故,入七衆故,故名“波羅提木叉”。此偏就因中解義。“尸羅”者此名“清凉”,以離身口業熱故。《雜心論》云:“‘尸羅’者‘淳善’義,不害心起故。”身口淳善,慈心動發,離害心所起身、口業,故名“身口清凉”。此處能詮名“律”者,詮量是“律”義。前四爲律教所詮,論犯非犯,犯者有輕重。此就教釋,若就所詮戒行説,示行者令依戒法,身、口離過,住如法處。此調伏以解律。《净名經》云“故佛爲説剛强之語以調伏之”,乃至下文就律法調伏,故名“以一切苦切之言乃可入律”。阿毘曇藏從所詮有二名:一、“阿毘曇摩”;二、名“阿毘達摩”。能詮有四名:一、名“毘婆沙”;二、“優婆提舍”;三、名“摩德勒伽”;四、名“摩夷”。“阿毘曇摩”者,“阿”之言“無”,“毘”之言“比”,“曇摩”者“法”,此稱“無比法”;慧行最勝,過於戒定,故名“無比”;廣解“無比”,所以依《婆沙》有九、論師有二十九復次解釋,如《業章》所明。“阿毘達摩”者,天竺語音“左右”,解義與“阿毘曇摩”同。二、“毘婆沙”者,此云“廣説”。三、“優波提舍”者,翻名“論義”。“摩得勒伽”者,此云“行境界”。“摩夷”者,此名“母説”,亦名“行母”。

第二、“體性”者,此之三藏體性。若欲依兩論宗分别,如十二部中已説。今且依大乘略明其體。若就詮旨有異,名、義互爲客,即用諸佛法蠡圓音名

① 己,録本訛作“已”,據底本改。

味句阿含爲體。然此“阿含”要具三義，謂數習、相續、次第。相、無相有無相對，即無所有爲量；攝相就體，即唯智爲性。此觀[①]如净土，用唯識爲體。故《攝論》云：“最清净自在，唯識智爲相。”

第三、“起説因緣”者，若依《攝大乘論》有九因緣：初三番爲生解除迷，攝住一境，捨離斷常，持戒離業，得正智，捨邪見。次三番明能成三行。後三番爲成四無礙辨。有此三三九義，故立三藏。就初三内，一、立“修多羅”者，爲成聞慧、除衆生疑故。《論》云：立修多羅爲對治他疑惑。若人於義中起疑，爲令得决定智故。二、爲立“毘尼”者，爲成戒行、捨離斷常故。《論》云：“爲對治受用二邊故，别立毘那耶。”又《論》云“由佛遮有罪過受用，立毘那耶，對治樂行邊”，此明佛立毘尼，教捨身、口受用時過；“由佛隨喜無罪過受用，立毘那耶，對治苦行邊”，此明順法成就身、口善業，爲佛隨喜讚嘆故。三、立“阿毘曇摩”者，爲得正智，對治見取偏執煩惱故。《論》云：“爲對治自見取偏執故，别立阿毘達摩，能顯無倒實法相故。”第二三義中，一、立“修多羅”者，欲以修多羅詮三行故。故《論》云：“爲説三種修學故，别立修多羅。”二、立“毘那耶”者，爲明修戒定故。《論》云：“爲[□][成][②]依戒依心學故，别立毘那耶。”何以故？若人持戒，則心無悔，由無悔故，能次第得定。三、立“阿毘達摩”者，爲成依慧故。《論》云：“爲成依慧學故，别立阿毘達摩。”何以故？能簡擇無倒義故。第三三義中，一、立“修多羅”者，爲説法義辭樂故。《論》云：“正説法及義，由修多羅。”二、立“毘那耶”者，爲成戒行離障、得成就四辨故。《論》云：“成就法義，由毘那耶。”何以故？若人修行戒毘那耶。三、立“阿毘達摩”者，明由於教緣於四境成無礙智用故。故《論》云：“法義决定勝智，由阿毘達摩。”由此九因緣，故立三藏。是名“起説因緣”。

第四、“辨差别相”者，先依大乘，次依《毘婆沙》。依大乘者，將欲明差别，先辨無差别。一、就意所顯無二，故無差别。故《攝論》云：見修多羅等十二部經同顯一真如味故。第二、教體不二，故無差别。故《維摩經》云：“諸佛一音廣説法，衆生隨類各得解。”第二、明差别者，約就所詮三行。故《攝論》

① 觀，録本訛作“粗”，據底本改。

② 成，底本、録本無，據《攝大乘論釋》卷第一[T31n1595p154b14]補。

云“爲説三種修學故”、“爲成依戒依心學故”、“爲成依慧學故”。次依《毘婆沙》者,於中有二:一、爲明差别,先辨無差别。故《廣論》云:“修多羅毘尼、阿毘曇摩有何差别?或有説者,無有差别。所以者何?從一智海佛所出故,因大慈心説故。”二、亦有差别,於中有六對:一隨名定法,名别故法别。故《論》云:“云何差别,即名差别,所謂此修多羅,此毘尼,此阿毘曇。”二、約所詮三行辨差别。《論》云:“爲分别心名‘修多羅’,爲分别戒名‘毘尼’,爲分别慧名‘阿毘曇’。”若依《入大乘論》:“‘修多羅’者,分别因果。‘阿毘曇’者,分别法相,亦斷煩惱……净己三業,名‘毘尼’”。三、就方便趣入不同辨差别。故《論》云:“修多羅中應次第求。以何等故?世尊説此毘尼中,應因緣求。如説此戒,緣何事制?阿毘曇中,應以相求,不以次第。”四就起因不同辨差别。故《論》云:“修多羅依力故[①]説,毘尼依大慈故説,阿毘曇依無畏故説。”五對所詮法相辨差别。故《論》云:“種種雜説名‘修多羅’,廣説戒律名曰‘毘尼’,説總相、别相名‘阿毘曇’。”六攝益不同辨差别。於中有二:一、爲修習福智。故《論》云:“未種善根令種善根名‘修多羅’,已種善根令成熟名曰‘毘尼’,善根已熟、得正解脱名‘阿毘曇’。”二、攝起解行。故《論》云:“初入法者,名‘修多羅’;已入法者,爲受持戒,名曰‘毘尼’。已受戒,爲令正解,名‘阿毘曇’。”是名“差别”也。

第五、“詮旨分别”者,於中有二:一、就三行明詮旨;二、通就諸法明詮旨。三行者有二説不同:一、依小乘《毘婆沙》,修多羅藏詮定,毘尼藏詮戒,阿毘達摩詮慧。問曰:若依三學次第,先戒,次定,後慧。今三藏以何義故,初定,中戒,後慧?解云:若通論受戒明義,先戒,次定,後慧。今約定共道共解義,是故先定,次戒,後慧。亦可三藏中“修多羅”者從詮作名,餘二就所詮得名。但詮義在初,是故先舉,非謂行時先定、次戒、後慧。二、依《攝論》,修多羅藏總集三學能詮,毘尼藏中通明戒定,阿毘達摩藏單明其慧。故《論》云:“復次爲説三種修學故,[□][别][②]立修多羅藏。爲依戒依心學故,别立毘那耶……爲成依慧學故,别立阿毘曇。”二通就諸法明詮旨,於中有三:一、

① 故,底本、録本訛作“明”,據《阿毘曇毘婆沙論》卷第一[T28n1546p002a17]改。

② 别,底本、録本無,據《攝大乘論釋》卷第一[T31n1595p154b13]補。

就修多羅；二、就毘尼；三、就阿毘曇辨差別。修多羅所詮差別者，或説四種、九種、二十九種。四種者有兩番四種：一、依《相續解脱經》。何等爲四事？一、謂聞事；二、歸事；三、戒事；四、菩薩事。《深密解脱經》有四：初二同前，三、名"學事"，四、名"菩提事"。二依《攝論》，修多羅有四義：一、依；二、相；三、法；四、義。依者，是處、是人、是用，依此三佛，説修多羅真、俗二諦差别名相。如彼廣説。九事、二十九事如《相續解脱經》廣説。毘尼所詮差别，或説四，或説六，或説七。四者如《攝論》説，六者如《大集經》説，七者如《相續解脱經》説。摩德勒伽藏所詮有十一種相，宣通分别，廣説顯示，是名"摩德勒伽藏"。此如《深密解脱經》中廣説。

第六、"明對治障"者，分别有三：一、明三藏教緣生解，對治障别；二、明所詮三行，對治法；三、明戒對定慧，辨同異。第一者，修多羅藏生解除疑惑，毘那耶生解除二邊情執，阿毘曇生解除見取偏執煩惱。此義如前三藏因緣引《攝論》爲證中已説。第二所詮三行對治法者，於中有二：一、明三行别治；二、明於慧别治。中有二：一、對煩惱業苦，慧由理成，解觀除迷，義對煩惱，身口净業能除不善業爲所治，定爲樂行是苦對治。二、對麁細與性，戒防麁業，定遣細亂，慧心行空則能除性。此兩對遮乖[①]通論。故《論》云："何處救度？以何救度？云何救度成？""何處救度"者，謂煩惱業苦。"以何救度"者，授三學攝取故。"云何救度成"者，謂二種涅槃界。二但明慧斷、就乖[②]處爲語者，慧斷煩惱，煩惱是業因，因盡故業不起，無業故報不生，煩惱業盡，體大涅槃。第三明戒對定慧、辨同異者，戒有二種：一、别解脱；二、定、道二共。别解脱戒者，正對治破戒惡身、口七業道，兼期業心；若菩薩戒，兼遮意地正業心；若論護根戒，正對治意，治起戒破惡，以用念慧爲體故。第二定道二共者，先成立同，次約三種律儀辨同異。第一者定共與定同對治意地煩惱，以同一果故。是以《雜心》云"共念處斷煩惱"，以攝受具及略緣境界故。道共亦然。第二次約三種律儀辨同異者，若論斷律儀對治欲界九品，破戒煩惱。禪律儀有治不治。根本禪律儀不斷煩惱。是以《雜心》云："根本净初禪，是亦同一縛，不能斷煩惱。"二禪、三禪、四禪邊定律儀皆能斷除下地煩惱，然非

①② 乖，録本訛作"永"，據底本改。

起破戒惡。故《十地》云:"雖生色無色界,暫離犯戒,不免戒行相違。"無漏律儀通在六地,未來中間根本四禪。此六地未來禪者斷律儀所攝,餘者道律儀所攝。然未來禪地無漏戒與道同一功用,能斷欲界,起破戒惡,亦能斷上二界一切煩惱。自餘地者,論其力用,能斷三界。但下地已離,無可對治,正取功用,唯斷自地及上地。

問:"無色何故不立律儀?"

答:"依《成實》立定律儀,依《雜心》所明,對治破戒非分故。又律儀是色無色,無色故。"

問:"禪律儀隨地四大造。彼地無大,可無定律儀。無漏律儀隨身四大造,身在下二界,依下三無色發無漏。何意同聚無無漏戒?"

答:"以心不依色轉,破裂色相。"

第七、"次第分別"者,分别有四種:一、詮旨廣略明次第;二、攝益次第;三、起説次第;四、結集次第。詮旨廣略明次第者,如《攝大乘論》説:"復次爲説三[①]種修學故,[□][别][②]立修多羅。爲[□][成][③]依戒依心學故,别立毘那耶……爲成依慧學故,[□][别][④]立阿毘曇。"攝益次第者,如前差別中説。起説次第者,依《普曜經》,佛初在波羅奈説轉法輪經;從此已後,始説修多羅。若依大乘,第二七日説修多羅。《法華經》,三七日後説修多羅。《大集經》,七七日後説修多羅。此諸説前後事在見聞,不可會其所以。次因迦蘭陀子制非梵行戒,初説毘尼藏,後於毘舍離彌猴陀側並集在講堂。佛見拔耆因緣本末,爲諸比丘説五怖畏:謂殺生乃至飲酒。初説阿毘曇結集次第者,《大智論》云:如來滅後,七日留住,後方入棺槨。諸離車等闍毘如來竟,八國王分舍利爲供養。故迦葉語阿難言:"諸白衣等以報佛恩。我等今者亦應報恩。"集千羅漢在王舍城,結集法藏。先命阿難誦修多羅,次請優婆黎誦毘尼藏。諸阿羅漢復令阿難誦阿毘曇藏。《普曜經》中亦如是説。依《阿育王

① 三,底本、録本訛作"二",據《攝大乘論釋》卷第一[T31n1595p154b13]改。
② 别,底本、録本無,據《攝大乘論釋》卷第一[T31n1595p154b13]補。
③ 成,底本、録本無,據《攝大乘論釋》卷第一[T31n1595p154b14]補。
④ 别,底本、録本無,據《攝大乘論釋》卷第一[T31n1595p154b16]補。

傳》:先令阿難頌修多羅,迦葉自頌阿毘曇,後優婆離頌出毘尼。若依《五分律》云:先優婆離頌毘尼藏,次令阿難頌修多羅,後令阿難頌阿毘曇藏。

第八、"廣略分别"者,或説一,三藏之教對外論四種,通名"内論"。或説二。如《攝大乘論》説:"此三由上下乘差别故成二種,謂聲聞藏、菩薩藏。"此一對大小别二。或説三種,約三行取能詮即是三藏。或説四種,大乘、小乘各有詮旨。或説六種,大小各三。或説八種,大小各加以雜藏。雜藏者,《分别功德經》云:所謂"雜藏"者,或佛所説,或弟子説,或諸天説,[□□][或説][1]宿命緣三阿僧祇菩薩[□][所][2]生,説者非一。法亦如是,故名"雜藏"。

問:"三藏外立雜藏。十二部外何意不立雜部?"

答:"三藏之教,對所詮三行。行居義不依餘。能詮之教,攝法不盡。餘未説者,欲盡攝故。十二部經詮旨寬通,説無有遺,故不立雜部。"

第九、"大小有無"者。何者爲"無"? 三藏之教,居在小乘,不在大中。無乘名,摩訶衍藏復不説"三"。故《一乘經》云:"不得親近三藏學者。"又《大智論》云:迦葉、阿難王舍城結集三藏爲聲聞藏,文殊、阿難在於鐵圍山集訶摩衍爲菩薩藏。

問:"三藏所詮乃是三行,何故小乘有、大乘無?"

答:"三行是自利中作。小乘之人意存自善,行不兼物,故就自行一邊,以行别教,説自行者名爲'小乘'。菩薩大士自度度他,以行别教,具辨二行名'摩訶衍'爲'菩薩藏'。何者爲'有'? 大有自利,小中無他利;以有自利故,亦有大乘三藏。故《深密解脱經》云:如來有三語,謂説修多羅、毘尼、摩德勒伽。《相續解脱》及《普曜經》亦説大乘三藏。故《攝大乘論》云:'此菩薩藏凡有幾種? 亦有三種,謂修多羅、阿毘曇、毘那耶。此三由上下乘差别故成二種,謂聲聞藏、菩薩藏。'"

第十、"相攝分别"者,分别有三:一、三藏對十二部經辨攝;二、三藏相望辨攝;三、大、小相對辨攝。第一三藏對十二部經辨攝者有二:一、義分詮旨

---

① "或説"二字底本、録本無,據《分别功德論》卷第一[T25n1507p0032b7]補。

② 所,底本、録本無,據《分别功德論》卷第一[T25n1507p0032b7]補。

相攝，未必盡於道理。二、就通道理辨相攝。第一、分詮旨相攝者，三藏能詮教攝得十二部。能詮四部，謂《修多羅》、《祇夜》、《伽陀》、《優陀那》。所詮相攝者，除《本生》、《未曾有》，餘六部中，戒攝戒，定攝定，慧攝慧。二、就通道理相攝者，若對雜藏約三行分三藏者，除《修多羅》、《本生》、《本事》、《未曾有》，以《修多羅》長行宣説四諦道理、《本生》論過去所受身、《本事》論過去諸佛所説法謂二諦道理、《未曾有》明動地諸天神量等，非適明三行，故不相攝。亦可但除《本生》、《本事》、《未曾有》，長行説三行者即是《修多羅》部。若然，對於餘部詮三行者三藏攝，不詮三行者不攝，即以十二攝三藏可知。唯如《攝論》所明，修多羅藏不唯明定。若爾，修多羅藏通攝十二，毘尼藏攝十二内詮戒定者，阿毘曇藏攝十二内詮慧者。故《攝論》云："謂説三種修學故，別立修多羅。爲成依或依心學故，別立毘那耶……爲成依慧學故，別立阿毘達摩。"即以十二攝三藏可知。

問："三藏中修多羅藏與十二部中修多羅部有何差別？"

答："修多羅有三種：一、三藏中修多羅；二、十二部中別名'修多羅'；三、十二部中總'修多羅'。若依《毘婆沙》，三藏中修多羅但攝十二部中總別詮定義，不攝餘二藏及十二部中總別詮戒慧者並雜藏；十二部中'總修多羅'通攝於三藏及雜藏，亦攝十二部通詮三學義；十二部中'別部修多羅'者攝三藏及雜，不攝二種偈經，餘者盡攝。何以故？以長行宣説爲別部故。若依《攝大乘論》，修多羅藏通攝餘二藏，不攝雜藏。若望十二部，但攝詮三行邊，餘非者不攝。又准《攝論》，修多羅藏爲除他疑惑及詮無礙境界。"

"若爾，義攝不居相攝可知。第二三藏相望辨攝者有三種：一、多分攝；二、各異攝；三、相從攝。多分攝者，《毘婆沙》云：修多羅中亦分別戒，亦分別慧。毘尼中亦分別心，亦分別慧。阿毘曇中亦分別心，亦分別戒。如是三藏，有何差別？"

答曰："從多分故，修多羅中多説心法，毘尼中多説戒法，阿毘曇中多説慧法。"

此是多分攝。各異攝者，修多羅中明三學，毘尼、阿毘曇亦如是。故《婆沙》云："修多羅中，若分別心名'修多羅'，若分別戒名'毘尼'，若分別慧名'阿毘曇'。阿毘曇中，若分別戒名'毘尼'，若分別心名'修多羅'，若分別慧名‘毘曇’。毘尼中,若分别慧名‘阿毘曇’,若分别戒名‘毘尼’,若分别心名‘修多羅’。”相從攝者,修多羅藏中設明戒慧皆名“修多羅藏”,毘尼、阿毘曇亦如是。第三大小相對辨攝義者有二:一、大小别相攝;二、以大統小。别相攝者,小乘法中,《四阿》等經名“修多羅藏”,五部戒律名“毘尼藏”,《佛所説六足阿毘曇》及諸部論等名“阿毘曇藏”;大乘法中,《華嚴》等經名“修多羅藏”,《清净毘尼》名“毘尼藏”,根本阿毘達磨明十種勝相等名“摩德勒伽藏”。二以大統小者,莫問大小乘經悉入方等深經中,名“修多羅藏”;一切戒律是菩薩所行,悉入“毘尼藏”;小乘阿毘達摩及諸有解釋此藏義者,悉入“摩德勒伽藏”。

“篇聚”義,作四門分别:一、名;二、體性;三、約乘别解;四、總分别。

第一、“名”者,“篇”謂章品異名,“聚”謂聚集。

第二、“體性”者,若就能詮,音聲名味等爲“體”;若舉所詮,以三業爲“性”。

第三、約乘别解,先分别聲聞乘,次分别菩薩乘。聲聞法若廣分别具如律教,今且略辨[①],先“篇”,次“聚”。“篇”内作四番分别:一、名;二、體性;三、增減分别;四、辨次第。

第一、“名”者,三門分别:一、成立通名;二、釋别名;三、辨得名。

第一者有三義:一、名均;二、體均;三、同是究竟。名均者且約四重齊名“波羅戒”,體均者皆是極惡,三同是究竟非方便。第二釋别名者,“波羅戒”者名“無餘罪“,亦名“極惡”。“僧殘”者,依《善見論》云:胡名“僧伽婆尸沙”。“僧伽”名曰“僧”。“婆”者言“初”,謂與覆藏羯摩。“尸沙”言“後”,謂末後出罪羯摩是也。《薩婆多毘婆沙》云:“僧伽”名“僧”。“婆尸”者言“殘”,無令净之用殘,罪由僧除滅。“波逸提”者名“墮”,墮諸惡趣。“提舍尼”名“能治悔行”。微細之罪名“突吉羅”。第三辨得名者,第一、第五當罪體立名,第二境體立目、僧是境體是殘,第三就墮彰名,第四就能治受稱;亦可第一、第二就法立名,謂餘無餘法,自餘同前。

第二體者,問:“三聚法中以何聚爲體?”

---

① 辨,録本訛作“悔”,據底本改。

答:“依《成實論》,色非色非心爲性。”

問:“心聚可無罪耶?”

答:“意無能治戒律儀故,故不立所治罪體。若依《雜心》,若就根本業道,謂作無作色爲體。若就俱釋言之,通取心。依律所明,亦通取於心。如念害殺等,制意地突吉羅。”

問:“何故《攝論》云身、口二品爲體?”

答:“律就根本方便,得罪不同。論就以方便從根本身、口故,但道二業爲性。”

問:“意地有方便罪,亦應意地有方便戒?”

答:“戒方便非戒。”

問:“亦應罪方便非罪?”

答:“非根本罪。”

問:“雖非根本,而體即是罪,亦應雖非根本而體即是戒?”

答:“罪法異成是罪,方便亦即是罪。戒善難成故,是戒方便非是戒。”

問:“防非名‘戒’,動身、口方便善心能離當時惡法不名爲‘戒’者,意地起念害遮彼意地善心不名爲‘罪’?”

答:“自有戒不防非,如無作等。自有防非不名‘戒’,如意地發戒方便。何得以此爲類也?第三增減者,何意不增至六、不減至四?此就一方化宜故爾。有云‘對五道’者,此不必然。七聚亦應對七道耶。”

第四辨次第者,論當結戒,不必先後。但結集家輕,就重先後以書之。初篇能治是行本,所治極惡故先論;第二是綱網,所治薩僧中故次論;第三是威儀,對人三説故次論;第四悔過行,對人一説,離其機過故次論;第五嘖心,是恭敬行,故在第五好論。一一皆具五義爲差別故論“五”。故律云:“燒盡無有餘。”

第二次辨“聚”義,作五門分别:一、名;二、體;三、明偷蘭入篇、不入篇;四、明偷蘭在第三、第六;五、階和篇聚。第一“名”者,“聚”别不同,有七:五篇爲五,更加偷蘭聚;第三篇内分二,謂三十、九十。此如《明了論》所明。餘名如前。解偷蘭遮者,“遮”謂遮障,就功用爲名。

問:“何故五篇之内分第三爲二聚?”

答:"以捨、不捨異。"

問:"第二篇内諫、不諫異,亦應分二?"

答:"三十、九十有捨已方懺,不捨而懺,故分爲二。第二篇内無有一法待諫方懺,無有一法不待諫而懺,懺悔一等,更不别加法,故合之爲一。"

問:"捨、不捨異分爲二聚,亦應分爲二篇?"

答:"'墮'義處齊,皆以對外三説五門解義,故合爲一。今捨、不捨異七門解義,故分爲二。第二體性,若欲分别如前。第三明偷蘭入篇、不入篇。"

問:"何故篇内不立偷蘭?"

答:"分别有二:一、依相傳舊釋;二、别明道理。第一者立篇具三義:一、名同;二、輕重同;三、究竟同。具此三者立,不具此三者不立。偷蘭雖名同,不具二。如破僧等、滅儐(擯)四錢等,大衆懺悔;三錢已下及第二篇重者,小衆中懺悔。輕者對手。如破僧本意取四錢等,是究竟取五,方便不得,偷蘭是方便,是以不立。"

"若爾,第五篇通輕重方便究竟,何故立篇?"

答:"沙彌滅儐(擯)突吉羅,非是大[1]僧故不論,簡去方便,直論究竟,皆是嘖(責)心一等,故立偷蘭;去其方便,取究竟亦通輕重,故不立。"

第二者以重從重,如滅儐(擯)等;以輕從重,如取四錢等。以方便從根本故,攝屬五篇,不别建立;聚門之内,分重罪不同,輕重有異,方便根本有别,故五聚之外復立偷蘭遮聚。第四明偷蘭在第三、第六者,分别有二:一、依相傳舊釋;二、據理分别。第一者,若就戒與威儀法分,初二是戒,後四是威儀;偷蘭是初二方便,又是留類,故在第三。若均雜法分,均中重者立初聚,最輕者立第五聚;雜中重者立偷蘭,輕者立第七,惡説以是雜故立在第六。第二者,如《五分律》説,著純烏[2]色犯偷蘭,遮此豈非威儀也?若就此義,欲明偷蘭有是戒種類邊,故在第三;欲明偷蘭復是威儀邊,立在第五。第五階和篇聚者,有人云:聚是罪是所治,篇是能治行。此不必然。不問"篇""聚",皆含二義,不得偏定。第二、次分别菩薩乘者,於内先"篇",次"聚"。

---

① 大,録本訛作"太",據底本改。

② 烏,録本訛作"鳥",據底本改。

“篇”別不同,有二,謂波羅夷、突吉羅。初篇内有四:一、由貪動口,自讚毁他。故《地持》云:“菩薩爲貪利故,自歎己德,毁呰他人。是名‘第一波羅夷處法’。”二、由慳吝。不動身口。故《地持》云:“菩薩性慳惜故,貧苦衆生無所依怙,來求索①者,不起悲心,給施所求。有欲聞法,慳惜不説。是名‘第二波羅夷處法’。”三、由於瞋恚,動於身口。故《地持》云:“菩薩瞋恚,出麁惡言,意猶不息,復以手打,或加杖石,殘害恐怖,瞋恨增上。犯者求悔,不受其懺,結恨不捨。是名‘第三波羅夷處法’。”四、由癡故,建立相似毁謗正法。故《地持》云:“菩薩謗菩薩藏,説相似法,熾燃建立。是名‘第四波羅夷處法’。”第二篇内約能起之因不同,謂中品、下品。次分別“聚”義。“聚”義就名唯一,就義有三:一、約能治三聚戒,分三;二、約因別不同,分三。故《地持》云:若菩薩增上煩惱犯波羅夷處法者,失菩薩律儀,應當更受。若中煩惱犯波羅夷處法者,當向三人。若過,作突吉羅懺。若下煩惱犯波羅夷處法者,向一人懺悔。三約所犯不同分三,謂波羅夷、偷蘭遮、突吉羅。初及第三如《地持》所説,偷蘭遮如《涅槃經·邪正》内所論。

第四、總分別者,作四門分別:一、止作分別;二、三業分別;三、所障不同;四、對治差別。

第一、止作者,聲聞法如初篇唯作犯,餘篇通止、作,雖有止犯,爲成於作犯止持;菩薩法中止、作俱犯,如律儀戒等通於止、作,攝善、攝生所治唯止非作,爲成止犯作持故。第二、三業分別者,聲聞法中正取身、口二業,兼有發業方便期業之心,如説“汝以何心”等,正業所起貪心等非篇聚所攝;菩薩法中通三業。故《攝論》云:菩薩意地有罪,謂七種覺觀等。聲聞則無,約所治明能治,義如《三聚戒章》所説。第三、所障不同者,聲聞法障斷德,菩薩法障三德,律儀所治障斷德,攝善所治障智德,攝生所治障恩德。故《攝論》云:律儀戒斷德因,攝善法戒智德因,攝衆生戒恩德因。唯此能治,故知所障有異。

第四、對治差別者,先辨聲聞法,次論菩薩法。聲聞法:一、對菩薩辨不同;二、別約聲聞,明對治通別。

① 索,録本訛作“愛”,據底本改。

第一者、總如(而)言之,但是遮伏,非滅罪體。差別有二:一、望已起,折①伏令羸,是捨對治。二、望未起,觀起罪之因,捨因令業果不生。

第二者、對治,不過二種:一、通;二、別。別義如前五篇次第所説。通義差別有七:

一、各各發露遮相續,此約已起望,已起通望五篇七聚。

二、授與學罰,此望已起,對治初二篇聚,餘者不賈僧救故。

問:"若爾,何故律云'四事不可救,可救有十三,餘者不次救'?"

答:"此望心無重悔者,若云對治初篇者,此人犯以無一念覆藏,心生重悔,令一形行波羅夷懺。"

三、無制後開,此望九十已去,遮罪非性。

四、更捨此望,第五篇、第七聚,最輕微者。

五、轉依,除初篇,初聚通望餘者。

六、如實觀起罪因緣。若望未通,望五篇、七聚;若望已起,望後四篇、六聚。

第七、法爾得,通望五篇、七聚。此等如《攝論》所明,亦如疏中解釋。

次分別菩薩法者,一、遮伏對治;二、除滅對治第一者,且約聚而論。初聚雖文無,對治之法可以准知。第二聚對三人,若過三人,懺悔之法如聲聞。故《地持》云:若中煩惱犯波羅處法者,當向三人。若過三人,長跪合掌作突吉羅懺。若下品煩惱,或對人,或不對人,起清净心,要期不犯。故《地持》云:若下煩惱犯波羅處法及餘所犯,向一人懺悔。若無如法人,當起清净心念言:"我終不重犯。犯此罪,於未來世中常攝持律儀戒。"若能如是,所犯即除。第二除滅對治者,觀罪無自性。故《維摩經》云:當宜除滅,勿擾其心。罪不在内,不在外,不在中間。

《攝論章》卷第一。

仁壽元年八月二十八日,瓜州崇教寺沙彌善藏在京辯才寺寫《〈攝論〉疏》,流通末代。

比字校竟。

---

① 折,録本訛作"拆",據底本改。

No. 2809《攝大乘論》義章卷第四

［題解］

印度僧人無著《攝大乘論》注疏，［唐］益州福感寺沙門道基所撰，原有八卷。釋道宣撰《續高僧傳》卷第十四："釋道基，俗姓吕氏，河南東平人也……以聽徒難襲，承業易迷，乃又綴《大乘章抄》八卷。"［T50n2060p532b14—c16］現僅存殘本。《大正藏》本所據底本爲大屋德城氏藏寫本，爲卷第四。本校注文題略作修訂，因無法見到原卷，據傳世大藏經相關經文校理。

"斷結"義七門分別（一、釋名。二、體性。三、治斷差別。四、觀行同異。五、退、不退分別。六、品數多少。七、治斷位地）。

第一釋名。言"斷結"者，"結"謂結縛。惑智諸障於界内、界外繫縛行人，不得解脱，故名爲"結"。《攝大乘》云：若人修行離欲欲界，見身被縛在色界中，乃至修行出無色界，見身被縛在阿梨耶中，斯乃"縛"義，即"結"義也。"斷"謂"斷除"。明諸聖人以三乘道爲斷諸結縛，故曰"斷結"。蓋乃約證就斷，以立其名，"斷"謂所證，"結"即所斷。

第二體性者，斷結法體。《大莊嚴論》云二分捨用："一、障分。二、治分。障熟須捨，如癰熟須潰。治熟須用，如食熟須噉。"《論》復説云："轉依有離有得。""離"謂離二障，"得"謂得二智。今具而説，有其三義：一者、能斷，三乘聖道無流慧焉。二者、所斷，惑、智二障諸煩惱也。三者、所證，謂真如數滅也。此中三義，俱含四諦：初道諦，第二苦、集，三是滅諦。

第三治斷差別者，四門分別：一、約識分別。二、就世分別。三、寄道分別。四、伏斷分別。

一、約識者，義有三種：一、《薩婆多》宗凡、聖斷惑，並用意識俱生智慧斷諸結使。此通世俗及無流慧，不用五識。《雜心論》云："離欲及退時，受生亦命終。斷[□][善][①]及相續，當知是意識。"《俱舍婆沙》亦同此説。論中既説離欲唯意識，當知斷結以意識俱生，智慧能斷，非彼五識，以其五識唯一念故，别相緣故。二、依《成實》，凡夫世俗，不斷煩惱；聖人聖慧，方斷煩惱。能斷智慧，非六識俱，以彼宗識，是無記俱，依第四末後行心智慧正斷。三、依大乘，廣説九識。若説正治，亦唯意識。《攝大乘》云："菩薩於善識，則[②]離餘五識。"下《論釋》云："善識"者，無流意識遠離。"五識"者，離五散動及離眼等五識。

問曰："所以斷惑非餘識也？"

答曰："第一净識，體是如如，真性本有，非始修智，不説斷惑。阿梨耶識唯有净品聞熏種子，以是成就，不能現行，照理斷結。"

問曰："本識聞熏若非正斷，何故《攝論》云下品聞熏能治上品本識，乃至上品聞熏能治下品本識？《攝論》復云：聞熏習爲欲損減本識故生，不爲增益本識故生。看彼《論》勢，聞熏能治，云何非正斷？"

答曰："所説聞熏治三品惑及咸（减）[③]本識，乃據聞熏能生對治，是對治因，説爲對治，而非正治也。阿陀那識恒與四惑染、污俱生，但是所斷，非能治也。眼等五識散亂不定，一念而起，故非能治。《攝大乘》云：五識非對治道生處。《攝論》復云：善識者無流意識、離眼等五識。"

二、就世分别。《薩婆多》宗對治道生，解、惑不俱，解正現在，惑在過、未。今以現在對治之解，正治現在。得惑之得，非色、非心。法令所得惑體失而不成，名曰"斷惑"，非謂正斷染污惑體。《雜心論》云：若不斷得，不名"對治"也。二、依《成實》，對治道生正斷過、未惑之功能。所以然者，正以智慧斷過去惑，爲因之能令彼未來果義不起，乃説因□果亡，説爲"斷結"，而無結使法體之可斷也。三、依大乘。對治生時，能治、所治兩法必俱。第六意

① 善，録本無，據《雜阿毘曇心論》卷第九[T28n1552p950a14]補。

② 則，録本訛作"遠"，兹據《攝大乘論》[T31n1593p117b23]改。

③ 咸，此當爲"减"之訛省。上文"聞熏習爲欲損減本識故生"，可互勘。

識正起能治，第八梨耶有二障種，正爲所治。《攝大乘》云："若無阿梨耶識，此對治識共小大①惑種子俱在，此義不成。"《論》復説云："若離本識……'轉依'[□][義]②不成。"《攝論》復云：初刹那爲無礙壞現在。

三、寄道分别者，《薩婆多》宗凡夫是斷結，世俗道、聖道皆具四道：一、方便道。二、無礙道。三、解脱道。四、勝進道。於此四中，無礙道正斷，亦説有證解脱正證。《雜心論》云："謂彼雙道滅，世尊之所説。"下《論》云："三界煩惱當知無礙解脱道滅。"方便前導勝進、後助非正斷也。《成實論》宗斷諸結使，亦具四道，名字同前。一一道中，説衆多心，不唯一品，乃至九品。故彼《論》云：衆多心斷諸煩惱，非八非九。大乘法中亦具四道，還以無礙用爲正斷，解脱正證。《攝大乘》云："無間道難得故，解脱[□][道]③難得。"

問曰："大乘斷結無礙、解脱，爲一念中有此二道，爲二念中有此二道？"

答曰："或有法師大乘斷惑，但一念中有此二道。體性正一，就義説二。正斷現惑，名爲'無礙'。即此無礙令未來惑不生，説爲'解脱'。此義不然。若以無礙即爲解脱者，菩薩金剛體是無礙，亦應即是佛果解脱。既金剛心一念之中但是無礙，不即佛果，因何得説一念無礙亦即解脱？今者正判：夫是二道必是異念，前念'無礙'是説'正斷'，後念'解脱'説爲'正證'。《攝大乘》云：'初刹那爲次第道，第二刹那爲解脱道。初刹那壞現在惑，令滅；第二刹那遮未來惑，令不生。'《大品經》云：無礙道行説爲'菩薩'，解脱道行名爲'諸佛'。"

四、伏斷分别。《薩婆多》宗斷界内結，通凡、聖。凡夫之人世俗六行，總斷欲界見、修二惑，乃至總斷三空已還，並是永斷。聖人别斷界内見、修，先斷見諦，後斷修惑。始自欲界，乃至非想，亦是永斷。

問曰："凡、聖斷惑，凡不見理，聖人見理，云何斷惑俱是永斷？"

答曰："凡夫、聖人所見理事雖復不同，治道斷結，同捨惑得，同令惑體失不屬人，是故凡、聖俱説'永斷'。若依《成實》，凡夫之人但想非智，於諸結使

---

① "小大"二字録本訛作"大小"，玆據《攝大乘論釋》卷第三[T31n1595p168c23]改。
② 義，録本無，據《攝大乘論釋》卷第四[T31n1595p178a27]補。
③ 道，録本無，據《攝大乘論釋》卷第四[T31n1595p179b10]補。

是伏非斷。《成實論》云：是諸外道斷結還起，更生欲界，是故凡夫不名'斷結'。復次，以諸凡夫常有'我'心，是故不能斷身、見等。"

問曰："若凡夫不斷煩惱，云何命終往生色界？"

《論》中答曰："深遮煩惱，[□][則][1]生色、無色界。"

《成實論》宗一切聖人所斷煩惱皆是永斷。大乘法中，或有法師引《涅槃經》云：有諸外道六行斷結爲三果向，便説凡夫永斷煩惱。或復引彼《佛性論》説：若諸煩惱在衆生離欲相續不動業因，生上二界，名"隨眠"。或復引《攝論》：凡夫或損一分皮煩惱。復引《攝論》："世間離欲時，不静地熏習滅，静地熏習增，世間'轉依'義得成。"諸法師等，授列向文，證大乘中凡夫永斷。此義不然。《涅槃》所説，同《薩婆多》宗，非大乘正義。《佛性論》、《攝論》所説凡夫斷煩惱者，並是伏結，名之爲"斷"，非謂永斷。今者正判：大乘法中凡夫斷結，但是伏斷，而非永斷。《攝大乘》云：凡夫從上界退墮，受下界生，初受生識必爲大小惑所染污。此識及惑從何種子生？《論》中既責小乘諸師，既凡夫從上來生下界，所起之惑，必由因生。故知凡夫從下地生上界時，不斷欲界梨耶識中見、修惑種而生上界。今來下生，用昔種子起惑潤生。既有種子，當知非斷。《攝論》復云：有流善識，非謂轉依。《涅槃經》云："諸外道等有苦、集諦，無滅、道諦。"既滅諦，故不斷惑。《涅槃》復云：若世俗道而斷煩惱，雖斷還起。《地持論》云：世俗道不得解脱果。大乘法中，一切聖人地前、地上所斷煩惱皆是永斷。

第四觀行同異者，於中兩門：一、觀。二、行。初觀門中復有四句：一、人法。二、空者。《薩婆多》宗凡夫斷惑，世俗事觀非生、法兩空；聖人斷惑，但作生空，不作法空。《雜心論》云："内離人故空。"《成實論》宗聖人斷結，通作人、法兩空之觀。《成實論》云：但見色等無常敗壞，是亦名"空"，非謂"清净"；後見陰滅時，是觀清净。問曰："有爲緣智，何故下(不?)[2]清净?"《論》云：行者後時起五陰想，彼假名心還復得生，故"不清净"。若證陰滅，陰不現前，以假名滅故，則假名想不復隨逐，故説"清净"。譬如有樹，剪、伐、焚燒，

① 則，録本無，據《成實論》卷第十六[T32n1646p367c21]補。

② 下，此似當爲"不"之訛字。待考。

灰炭都盡,樹想方盡,不復隨逐。《成實》復云:如實義者,諸煩惱等見滅時斷。所言"見滅",即其性空,泥洹法空滅也。大乘法中所斷二障,亦作人、法二空觀,而斷煩惱。大地已前,以生空觀斷界内惑。登地已上,以法空斷界外惑。《攝大乘》云:前於十解已得"人無我",今於初地得"法無我"。《攝論》復云:地前漸除惑障,登地已上,漸除智障。

二、明三慧,謂聞、思、修。《薩婆多》宗於三慧中,若凡若聖,唯用修慧斷見修惑,以是定心,能斷煩惱。聞、思散亂,不能斷惑。《雜心論》云:"修慧能斷煩惱,永離名故,及正定故。"非聞、思也。《成實論》宗聞等三慧皆斷煩惱。《成實論》云:假名"心"者,或以多聞智因緣斷,或以思惟智因緣斷,實法心在煗等中,以空智斷。大乘法中亦以修慧斷除二障,不以聞、思。《攝大乘》云:"奢摩毘那智緣總法爲境,刹那刹那能破壞諸惑聚。"《涅槃經》云:定動智伏除。《攝論》復云:顯是修慧,非聞、思慧。

三、明三智,謂加行正體後得之三智也。《薩婆多》宗及《成實論》斷結之智。雖復《論》不説"加行智"名,然對治智,正當三智,加行智非正體後得。大乘法中所斷二障,大地已前正用加行爲無礙解脱,斷其惑障;以得人空,故唯加行;未得法空,非中後知。登地已上,正用中智爲無礙解脱,斷其智障並惑障習氣。《攝大乘》云:"由無分別智……能遣能滅……遣約現在,滅約未來。"《攝大乘》復云:"得無分別智,則解相結。相結不起,麁重隨滅。"以此當知初地已上中智正斷,非前、後智,以其前智但作導,後得智者唯能後助。

問曰:"其加行智能斷惑障,其正體智復除智障,何故不説後得智而斷惑也?"

答曰:"前、中二智,並在觀内定慧照理,智能斷惑;後得出觀,緣俗量境,故不斷惑。"

問曰:"若言後得不斷煩惱,何故《攝論》後得智能除報障?《佛性論》説:無分别智滅現在惑,名爲'盡智';後得智滅未來惑,名'無生智'。"

答曰:"《攝論》説云後智除報,乃據後智出觀自在取捨,隨心説除報障,非謂正作無礙道斷。《佛性論》説云後智能斷未來惑者,蓋是出觀勝進道中遠遮未來惑,説斷未來,非無礙斷也。"

四、明四念處,謂身、受、心、法。《薩婆多》宗四念處中,以法念處斷諸結使，非身、受、心三念處耳。《雜心論》云：修慧中具四念處，彼法念處能除煩惱，總境見故；非餘念處，事境見故。《婆沙》、《俱舍》，亦同此説。《成實論》宗中，雖復不説一一念處斷如是煩惱，然彼《論》云念處斷假名心惑，當知四念俱斷煩惱。大乘法中所斷二障，唯一法念能斷煩惱，非三念處。《攝大乘》云："由奢摩陀毘般舍那智緣總[①]法爲境，刹那刹那破壞諸惑聚。"《攝大乘》復云"觀行人破煩惱"，以"無分别智緣……真如，通爲一境"。《維摩經》云："觀身實相，觀佛亦然。"此等經、論並法念觀也。

二、辨行者，謂十六。謂苦、無[②]常、空、無我等。《薩婆多》宗一凡、二聖。其凡夫人斷八地欲，世俗六行，是事觀故，不見諦理。言"六行"者：謂苦行、麁行、障行，此之三行，隨用一行，作無礙道；解脱道中亦有三行，謂止行、離行、妙行，隨用一行，作解脱道。若論聖人，斷三界惑，作四諦觀，有十六行。苦諦四行：苦行、無常行、空行、無我行。隨用一行，斷苦諦惑。集諦四行：因行、集行、緣行、有行。滅諦四行：滅行、妙行、止行、離行。道諦四行：道行、如行、迹行、乘行。若其聖人，以世俗道斷修道結，還作六行，如前説也。《成實論》宗斷三界結，無流行斷。《論》中所説，但有兩行，謂空行、無我行。《成實論》云：有二種行：空行、無我行。於五陰中，不見衆生，是名"空行"。見陰上無，是"無我行"。若斷煩惱，但此二行。大乘法中，斷界内惑，説有兩義。若是聲聞，具十六行，斷見、修惑。依《佛性論》，利根聲聞苦法忍中一無我行，通斷三界、四真諦下八十八結；鈍根聲聞於十六心具十六行，别斷三界四真諦下八十八結。《佛性論》云："平等觀者，有利有鈍。若利根人，於一念中等觀四諦，八十八惑一時俱斷，皆名'見諦'。若鈍根人，次第觀者，初念觀苦，不見三諦。若斷苦下，名爲'見諦'。餘曰'修道'。"准《佛性論》，聲聞人斷見諦惑，具十六行。修道斷結，亦復如是。若是菩薩斷界内惑，位在十解。若斷見諦，但用一無我行，頓斷見惑。若斷修道，十迴終身，修無我行。於三界中，九地别斷。界内如是。言"界外"者，初地已上，地地之中皆法空無我行，斷習及智障。

① "總"字前録本衍一"極"字，據《攝大乘論釋》卷第十[T31n1595p225a24]删。

② 無，録本衍作"無無"，玆據文意删一"無"字。

第五退、不退分别者,《薩婆多》宗一凡、二聖。凡夫總斷三空已來見修二惑,其利根者斷已不退。若鈍根人斷已,或退如《婆沙》説。若是聖人,於中有二:一者、就人。二者、所退。就前人中,聖通三乘,緣覺與佛,利根不退。聲聞人内,學與無學。學人之中,斷見諦惑,無問利、鈍,皆説不退,見道速疾,見道猛利。所斷諸惑,猶如折石,如鎧入陳,斷已不退。若斷修道及無學位,觸對五欲,煩惱還退。《雜心論》》云:先以不净,得離欲後,思净相退。《論》中所説學與無學有六種性。退法種性逢五退具,斷已還退。思法、護法、住法、必勝進法、不動法,此等五人,本種性者斷已不退。增進相者,始自思法,至必勝進,由根未滿,遇緣有退。廣如《論》説。二、辨所退者,聖人退中,毘婆闍提但退禪定,亦退聖道,不退煩惱,不失無爲。彼作是説:聖道滅惑,永斷無餘。譬如以物破瓶,如火燒薪,亦如燒衣。《育多婆提》復作是説:聖人退時,退於禪定,亦失聖道,退起煩惱,並失無爲。《論》中説云:退聖道時,捨解脱得,死結還生。評家所存,《育多》所説以爲勝也。《雜心》、《俱舍》,並同《育多婆提》所説。

《成實論》宗聖人退中還有二義:一者、約人。二、就所退。言約人者,凡夫有退,退已起惑,還生欲界。聖人斷結,斷已不退。《成實論》云:阿羅漢等永拔愛根,從何生結?《成實》復云:聖人散滅破裂,不集不識,是故不退。後復次中,通學、無學。

問曰:"《成實論》宗凡夫斷結,爲退、不退?"

答曰:"凡夫斷結,但伏非永,若遇退具,結使還生。《成實論》云:'諸外道等,斷結還起,還生欲界。是故凡夫不名"斷結"。'二、辨所退。鈍根聖人逢退因緣,但退禪定,不退聖道,不起諸結,不失無爲。《成實論》云:'聖道不退,但退禪定。'退禪定中,自在之力,非一切羅漢得自在力。復次是人依此禪定,得羅漢道,以失禪定,則失無流,非無流退。譬如石山,風不能動。健者如是,毁、譽不傾。"

大乘法中,亦有兩義:一者、約人。二、辨所退。言約人者,人有凡、聖。凡夫斷結,是伏非斷,無問利、鈍,斷已還退。《涅槃》云:若世道而斷煩惱,以還起故,名爲"無常"。《智度論》云:舍利弗曾行菩薩道,施眼因緣,退大住小。《地持論》云:無種性人善趣成就,數退數進。此謂十信及十信前凡夫人也。言“聖人”者，“聖”該三乘。聲聞乘中，如《涅槃經》中説瞿抵比丘六返失，即聲聞人有退義也。《攝論》云：六識緣外塵，不正思惟。由不正思惟，退失滅盡定。緣覺乘者，但是利根，不説有退。菩薩法中，十信之位，發心不固，悲願淺薄，遇緣便退。《攝大乘》云：諸菩薩在十信位中，修大①行，未堅固，多厭生死，慈悲劣薄，欲捨大乘，修小乘道。始自十解，至於十地，同一利根，必無有退。《地持論》云：“有種性處……成熟無有退失，數數增進。”《大莊嚴論》云：退菩提心由四因緣。一、非種性，離菩薩種性故。二、非法，明離善知識故。三、少慧力，未解大乘法空故。四、少因力，先世不種諸波羅蜜自性善根。《涅槃經》云：復有六法壞菩提心：一者、悋法。二者、於諸衆生起不善心。三者、親近惡友。四者、不懃精進。五者、自大憍慢。六、營務世業。如是六法，破菩提心。此中法體：第一、慳纏。第二、瞋恚。第三、愚癡。第四、懈怠。第五、憍慢。第六、因於貪愛，生三毒煩惱。《涅槃經》中復有五法退菩提心：一者、樂苦外道出家。二者、不修大悲心。三者、好求法師過罪。四者、常樂處生死。五者、不喜受持十二部經。此中第一邪見，第二愚癡煩惱，第三瞋恚，第四貪愛，第五不信。彼經所説，若五、若六，非直退菩提心而起煩惱，起時亦乃失菩薩戒。此等退失，並在十信。

問曰：“若言種性無退失者，何故《攝論》在頂法位，住於退際？”

答曰：“《攝論》所説住退際者，乃據修道在方便中暫時不進，説名爲‘退’，非謂失位名爲‘退’也。二、辨所退者，大乘法中所説聲聞鈍根有退，但退禪定及退聖道，不退煩惱，不失無爲。”

問曰：“云何知彼大乘法中聲聞鈍根但退禪定及退聖道，不退煩惱，不失無爲？”

答曰：“准於經説。瞿抵比丘既云有退，故但退禪定及退聖道。復准《維摩》及《攝大乘》説，其阿羅漢無惑種子不起煩惱，故知大乘聲聞雖退，不退煩惱，不失無爲。《維摩經》言：衆生空者，如阿羅漢三毒。《攝大乘》云：先入觀時，諸惑重習皆已滅盡，云何無因緣得生世心？若爾，此惑不由因生，即無解脱，其無學人惑心亦應無因而生也。”

① 大，録本訛作“天”，兹據《攝大乘論釋》卷第十五[T31n1595p265a5]改。

問曰:“種性已上,斷惑不退,何故《地持》種性菩薩成熟白法,非四煩惱之所染污?若染污者,白净之法不現在前。既言染污,白法不起。故知種性退失道定,亦起煩惱及失無爲,云何向説種性已上無退義也?”

答曰:“種性已上斷結不退,無前四事。《地持論》言若有染污、白法不起,非謂界内修道正使。此中菩薩永斷上心所起染污,但是修道習氣煩惱微細,現前障於白法,故不違也。《大莊嚴論》云:‘菩薩種性過失,略説有四:一者習惑,功德不行,煩惱多行。’彼説既云‘惑習’,明非正使。”

第六、品數多少者,《薩婆多》宗[□][凡][1]夫斷結使,必有九品,謂下下道治上上結,乃至上上道斷下下結。《婆沙論》云:凡夫斷結,九無礙道,九解脱道,斷九品結。聖人斷結,亦復如是。

問曰:“凡夫、聖人皆九種道、斷九種結,有何差别?”《婆沙論》云:凡夫所斷,見、修合斷;聖人所斷,先斷見諦,後斷修道。《婆沙論》云:聖人斷見諦結,以一無礙、一解脱道斷九品結。修道所斷,以九無礙、九解脱道。《雜心論》云:一種斷九種,九種斷一種。“九種斷”謂斷見諦結九種,“九種”是斷修道結也。《成實論》宗斷諸結使,並以多心而斷煩惱,不同《薩婆多》宗但説八忍及陳九品。《成實論》云:有人言:煩惱九種,智亦九種。以下下智斷上上煩惱,乃至上上智斷下下煩惱。是事不然。以無量心斷諸煩惱,譬如巧匠手執斧柯,眼見指處,[□][雖][2]不能分别日日所盡若干[3]分數,但見盡已,乃知其盡。比丘亦爾,修行道時,雖不分别今日所盡若干[4]諸漏,昨日所盡若干[5]諸漏,但彼盡已,乃知流盡。故以無量心盡諸煩惱,非八、非九。言“非八”者,破《薩婆多》見諦八忍。言“非九”者,破《薩婆多》修道九品。

大乘法中,略作兩門:一、總辨九品。二、别明九品。

初總明九品者,昔來法師言:大乘所斷煩惱,舉真形妄,無妄可斷,不説

① 凡,録本無,據文意補。下文:“凡夫斷結,九無礙道,九解脱道,斷九品結。”可助互勘。

② 雖,録本無,據《成實論》卷第十一[T32n1646p324b9]補。

③ 干,録本訛作“于”,茲據《成實論》卷第十一[T32n1646p324b9]改。

④ 干,録本訛作“于”,茲據《成實論》卷第十一[T32n1646p324b11]改。

⑤ 干,録本訛作“于”,茲據《成實論》卷第十一[T32n1646p324b12]改。

九品。或有人云：三大祇中，念念起智，刹那刹那，能壞諸惑，並是無礙，即復義説無礙之道而爲解脱。理皆不然。今者正判：依《攝大乘》及《地持論》，大乘斷惑，聖道九品，惑亦九品。以下下道治上上結，以上上道治下下結。《攝大乘》云：若聞熏習下品生能對治上品本識，乃至聞熏習上品生能對治下品本識。《攝論》復云：觀行人破煩惱，以無分别智緣真如，通爲一境，先用劣道，次用中道，後用勝道。譬如世間欲破木時，先用細楔，後用麁楔。《地持論》云："解行住菩薩行下忍時……行相增，中忍時中，行上忍時下。如是行上忍時，斷此過相，次第入歡喜住。"釋云：下忍時斷增者，所上結名爲"增"也。"中忍時中"者，煩惱中也。"上忍時下"者，煩惱下也。《涅槃經》云："分别煩惱，不可稱計。滅亦如是，不可稱計。非諸聲聞緣覺所知，是名'上智'。"此謂大乘斷諸煩惱九品。經論如是。

二别明九品者，略有兩門：一、明界内。二、釋界外。

就界内中，准《佛性論》，斷見諦惑，聲聞有二：一者、利根。於見道中，但以苦忍爲一品道，通斷見諦八十八結。此謂所斷本識之中三界見諦熏習種子，但一刹那對治斷也。

問曰："上二界中，見道煩惱，此忍所斷。今者頗有上二界中見諦煩惱法忍斷不？"

答曰："大乘法中，上二界見諦煩惱，利根聲聞用苦法忍而通斷也。集諦、滅諦、道諦而用苦法忍斷。次第作頗設，准以爲之。二、若鈍根人，八忍、八智，斷三界中見諦煩惱。聲聞所斷界内修道，俱九無礙、九解脱，斷九地中九品諸結，理不可疑。菩薩位中斷界内結者，先斷見諦，後明修道。斷見諦惑，諸經論中不説品數。今者竊准《佛性論》説：利根聲聞以平等觀，斷三界見道八十八惑，但以苦忍一念即斷。今例菩薩十解初心，一刹那道，頓斷三界見諦所斷八十八結，信不疑也。若斷修道所斷煩惱，始從十解第二念去，至於十迴向多身已來，但伏未斷，以此諸位諸菩薩等斷除上心，留隨眠惑，助願受生，故説'伏'也。於最後身三界九地，地地之中，皆用九無礙道、九解脱道斷九品結。《地持論》云：'解行住菩薩行下忍時……行相增，行中忍時中，行上忍時下。如是行上忍時斷此過，次第入歡喜住。'《地持》所説正斷界内，修道菩薩，而作九品。界内如是。"

二、明界外所斷智障十種無明。准《佛性論》，還爲此解。第一、無明爲見道惑，略分三品，謂皮、肉、心。初地始心，以一刹那無分別智爲無礙道，頓斷皮惑。第二念智，爲解脱道。第三念去，真智相續，無惑可斷。至住地心，還以一念無分別智爲無礙道，斷皮、肉惑。第二念智，爲解脱道。第三念去，無惑可斷。至滿地心，斷皮、心惑，例上可知。初地所斷，見惑如是。

問曰："夫是見道，理必相續。若准向解，初地三心，三時斷惑，便成三重見道，義不乖乎？"

答曰："小乘法中，見道時短促。大乘見道，證理時長。故約三心，三時斷惑。復次，菩薩初地是見道位，三心並見，理亦無爽。二地以去，判屬修道，'斷惑'之義，與前不同。具如二地，第二無明，有皮、肉心。二地始心，無分别智，爲九無礙、無解脱，如是漸斷皮惑九品。第九解脱已後，真智相續，無惑可斷。住心九品，斷九品肉。滿心九品，斷九品心。准《佛性論》，義應如是。二地既然，始自三地，至于十地，義例可知。"

問曰："何故得知大乘斷惑説'九品'、或言'三品'？"

答曰："准《攝大乘論》，地上斷惑，説'三'，或説'九'。《攝大乘》云：爲除皮煩惱入初地，爲除肉煩惱住初地，爲除心煩惱出初地。《攝論》復云：觀行人斷煩惱，無分别智緣真如，通爲一境，先用劣道，次用中道，後用勝道。譬如破木，先用細楔，後用麄楔。此證三品。而此三品品别有三，即是九品。大乘斷惑，結使微細，漸頓難知，聊示如是。"

第七治斷位地，略作十門。一辨二障，自有兩門：一、明障體。二、辨斷障位地。

初、明障體者，"障"謂二障：一者"煩惱障"，亦名"惑障"。二者"智障"，復名"自惑"。今以界内四住正使爲惑障體，以彼無明住地及惑障習三乘加行爲智障體。

二、約位斷障者，《薩婆多》宗煩惱障中，五見及疑，見諦所斷；貪、瞋、癡慢，貫通二斷；貪等迷理，見道所斷；貪等障事，修道所除。彼宗所説二乘之人，但滅惑障，未除智障。唯佛知（如?）[①]來滅彼智障。《雜心論》云：佛除染

① 知，此似當爲"如"之訛字。待考。

污,不染污無知。《俱舍論》云:智障永時障。二《論》所説,蓋是惑障習氣也。《成實論》宗所斷二障,與《薩婆多》異。彼《論》宗中,見道已前聞、思慧位,斷假名惑。修慧位中,斷實法惑。見諦道中,見滅之時,斷迷理十使。修道門中,斷彼地地迷事貪等四使煩惱。如彼宗中,以人言之,二十七賢聖,信行一人,斷假名惑;法行一人,斷實法惑;無相行人,斷見諦惑。前之二人,須陀遠向;第三人,須陀近向。前《薩婆多》宗,見諦已前七方便道不斷煩惱。今此《成實》,見諦已前五方便道斷煩惱,謂向所謂假名、實法二種惑也。若其修道,從須陀果信解脱見得等,至阿羅漢二十四人,斷彼九地修道四使。以彼《論》宗"瞋"通三界,故説"四使"。

問曰:"假名、實法既是十使之外别説二惑,未知此惑法體是何?"

答曰:"此之二惑,三界通迷。前是'人我',後是'法我'。以其輕故,見諦前斷十使煩惱。别迷見修,以其重故,見修别斷。《成實論》中,得二滅時,滅彼空心。《成實論》云:'若緣泥洹,是名"空心"。'《成實》復云:'空心'者於二處滅:一、入無心定時滅。二、入無餘泥洹斷相續時滅。無心定中,緣滅故滅。斷相續時,因盡故滅。大乘法中,惑障一種。真諦三藏於十信位,正斷欲界修道皮惑,亦斷四禪三空修道皮惑。十解位中,通斷三界見諦肉惑。十行位中,前五行來,唯斷非想修道皮惑。晋漢諸僧,或有説云:地前伏位,不能斷惑。經中説云:'有人出世,具煩惱性。'《智度論》及《仁王經》中説云'伏心菩提',惑(或)説'伏忍',故説地前唯伏不斷。到初地中,方斷界内見、修正使煩惱。初地斷見。二地已上,方斷修道或(惑)。還於《攝論》,諸法師或有説云:十解位中,斷見諦惑。至登初地,方斷界内修道煩惱。此義不然。三藏若言十信位中已斷欲界修道煩惱,並復説言斷四禪三空修道惑者,十信位中,凡夫菩薩但是有流。《攝大乘論》有流善識不許轉依。《攝論》説云:十信白法與異法相雜,云何三藏説彼十信凡夫斷惑?復次,大乘斷惑,先見後修,云何此斷先修後見?又復十解已上三賢菩薩,斳修道上心,留彼三界隨眠種子,受三界生,自行利物。今在十信,已斷皮惑,諸菩薩等復留何惑受三界生?不亦謬乎?三藏復云:十行位中,前五行來,唯斷非想修道皮惑。雖有此唱,竊驗《論》,未見有受文。莫知三藏依何經論而作此解?晋漢僧云地前伏惑未斷煩惱者,何故《攝論》説云地前漸斷惑障、初地已上漸除智障?

《攝論》復云：菩薩有二：一者凡夫，謂十信已還。二者聖人，謂十解已上。今明轉凡夫依作聖人依。《論》中既地前漸斷惑障，復説轉凡夫依作聖人依，即是地前能斷煩惱，云何但説地前伏而不斷？或有説云十解位中斷見諦結、至登初地方斷修惑者，便是未離界内染污惑障繫縛，而得出世法。又復地前，斷於惑障；初地已上，别除智障。若其界内修道之惑初地方斷，界外智障應地前斷。今者正判：界内見惑，十解中斷。從此以後，攝留修惑，利物受生。此至十迴，於最後身，次第斷除界内修惑，方入初地。《攝大乘》云：'諸惑謂見修煩惱，於菩薩地中先已滅盡。'以此文證，地前正滅界内惑，理不可違。"

問曰："界内修惑迴向後身，若説斷竟方入初地者，何故《法集經》云菩薩得無生法忍、斷其四漏及四漏習氣，《智度論》云未得法身、結使不盡，《攝大乘》云於歡喜地得五百定類、離三界欲？據斯經、論，界内修惑並初地斷，因何向説界内修惑於地前迴向中斷？"

答曰："經、論所言界内修惑初地斷者，並説已斷。譬如《經》云：'無明住地，佛菩提智斷。'《經》中雖説無明住地佛智所斷，而實無明十地中斷。當知向引經、論界内修惑雖云於初地斷，而實此惑迴向中斷。"

問曰："若言地前界内惑者，何故《經》云'有人出世具煩惱性'？《仁王經》云三賢位中，名爲'伏忍'；《智度論》中，名'伏心菩提'。經、論既説地前菩薩具煩惱性，伏忍、伏心，故知地前但伏不斷，云何向説地前菩薩能斷界内煩惱？"

答曰："具煩惱性者，初依菩薩猶具界内隨眠惑性。若至十迴，方乃滅盡。復次，具界外煩惱性也。伏忍、伏心，亦是伏彼界内上心及伏界外惑也。"

問曰："斷界内惑中，六識見、修種子，如常途説；未知地前斷陀那識，義復云何？"

答曰："三藏解云：阿陀那識是肉煩惱。三藏復云有六識、無陀那者，謂須陀洹等三學果人。以此當知三藏法師判識唯見諦斷。晋漢諸師，咸同三藏，陀那識於見諦斷。仍復有説：陀那微細。三界九地，無麁、細差别。於見諦道苦忍一念，頓斷三界陀那俱盡。此亦不然。《無相論》云阿陀那識見諦肉惑、十六心斷皮煩惱者，思惟所斷；至羅漢盡，而見諦斷。准《佛性論》，斷見諦惑聲聞有二：一者、利根。於見道中，但以苦忍爲一品道，通斷見諦八十八結。此謂所斷本識中三界見諦熏習種子，但一刹那對治斷。今斷陀那，亦如是也。二、若鈍根人。八忍八智，斷三界中見諦煩惱。今斷陀那，亦復如是。利根聲聞，苦法忍心，一刹那斷；鈍根聲聞，十六心中，八忍八智斷也。"

修道所斷阿陀那識，准常途説。《無相論》中既云陀那體通皮、肉及見、思所斷，云何諸師但説陀那識唯肉煩惱見諦斷？然復此識體通見、修，遍在九地，云何諸師説言陀那識三界無麁細但苦忍斷？不亦謬乎？今者正判：此阿陀那識，若約小乘，肉煩惱分；利根者，苦忍一念斷；其鈍根者，見道中十六心斷。皮煩惱分，從須陀洹勝進斷，至阿那含金剛道，斷之究竟。《無相論》云：第二執識，四惑相應。此識與相應，至羅漢究竟滅盡。《無相》復云：若見諦肉煩惱識及心法，得出世道十六行究竟滅盡。餘殘未盡，但屬思惟。是名"第二識"也。若約菩薩，經、論雖復無文正説，准前《無相論》，阿陀那識，見道肉分。十解初心，一刹那智斷。第二刹那，解脱道證解道皮惑。十迴最後身與六識中，修道惑障，同處而斷。而此修道陀那三界九品、九地，地别九品，漸斷非頓，准釋可知。若其智障，從初地斷，至法雲盡。

問曰："界内惑障若地前斷，何故《仁王經》云前之三地斷三界中色煩惱，四、五、六地斷三界中心煩惱，七、八、九地斷三界中色習煩惱，十地及佛斷三界心習？《仁王經》中既云初地已上斷三界色心煩惱，即界内惑地上方斷，云何向説界内煩惱地前斷也？"

答曰："《仁王經》中爲别五忍階降地相，寄惑障正習而説上下，而實惑障正使地前斷也。所言'斷色煩惱'者，蓋斷凡夫時五欲愛色之習，心亦例此。"

二説"三障"，謂皮、肉、心。於中二門：一、明障體。皮、肉二惑，界内十使以爲體性。見諦所斷，是肉惑體。修道所斷，爲皮惑體。若其心惑，界外智障是心惑體。二、辨治斷。皮、肉二惑，見道諸使肉惑，十解位斷；修道皮惑，十迴終身斷。准前道理。二論宗斷，如前准解。若其心惑，從初地斷，至十地盡。

或説"三障"，謂惑、業、報。一、明體性。二、辨位地。

就體性中，一、界内"三障"。其惑障者，見、修二惑以爲其體。業障者，今大乘中罪福不動等種以爲體性。報者，界内報生五陰法也。二、界外三障。無明住地及惑障習爲惑障體，三業加行、無流業種是業障體，三聖意生、變易五陰爲報障體。

二、辨治斷位地者，界内惑業，大乘法中，見諦斷分十解中斷，修道斷分十迴終身斷也。其報障者，其登初地，報盡説“捨”。

《智度論》曰：“云何法身行檀滿足？”

答曰：“菩薩末後肉身，得無生法忍，捨肉身得法身。於十方六道，變身化衆生。”

釋云：《論》説“無生法忍”，謂初地無分别智名“無生法忍”也。若二乘無學來入大乘十信位中，捨分段報，而受變易。《智度》所説，乃據直來。凡夫菩薩須斯二果，此以肉身而入初地。

界外“三障”者，惑、業與報，從初地斷，至法雲盡。或説四障，謂闡提謗法、外道著我、聲聞畏苦、緣覺捨心。於中二門：一、明體性。前二界内，惑障以爲其體；後二界外，智障而爲其體也。二、治斷位地者，前二正障，地前所斷，謂於十解與見道惑同對治斷。後二障者，後初地斷，至十地盡。而《攝論》説地前四位斷四里障、地上十位斷四氣者，斯乃爲具四障各説斷四好體而言。十信不斷，但伏四障。十解正斷。前二是界内惑，故不斷；後二界外惑，故初地已上正斷後二，不斷前二。其義可知。

或説“四障”。《俱舍論》云：一者、惑障。二者、禪定障。三者、智障。四、永時障。亦作兩門：一、體性者，惑障法體界内見道惑也。禪定障者，界内修惑。永時障者，見道習也。釋云：長時愛我，故曰“永時”。智障者，修道習也。二、治斷者，惑、定二障在二乘位及地前斷。永時障者，入初地斷，非上地也。智障者，初地斷，至十地盡。

或説“四謗”，謂增益、損減、相違、戲論。人我中地，還在界内見修所斷法執中起。登地已上，地地斷四，十地方盡。

四、辨“五住”：一、見一處住地。二、欲愛住地。三、色愛住地。四、有受住地。五、無明住地。於中二門：一、明體性要説。有二：一者、“起惑”。二、曰“住地”。言“起惑”者，六、七識中現行煩惱。言“住地”者，梨耶識中五住種子。就此五中，前四住地者，若起若地，是界内惑。無明住地，若起若地，是界外惑。二、治斷者，前四住中，若起若地，二乘位及地前斷。十解斷見。十迴終身,方斷三愛。無明住地,若起若地,入初地斷,至十地盡。

問曰:"大地已前,已斷四住。何故《十地經》云'一切欲縛轉復[1]微薄'?'轉復微薄'者,謂一切修道欲、色、無色界煩惱及彼因,同無明習氣,皆悉微薄,諸見縛於初地見道已斷。《地論》既云見縛於初地斷,欲愛、色愛、無色愛同無明習氣第三地斷,以此當知地前諸位不斷四住煩惱也。"

答曰:"向言地前斷四住者,乃斷正使及正使種子。《地論》所説見縛初地斷者,見習也。第三地中斷三住者,亦是二住習也。好體治自二地,乃至十地斷三愛習,但以三地修八禪故,障斷三愛。《仁王經》中,初地斷貪、三地斷瞋、三地斷癡、四地除見、五地斷疑者,蓋乃經中借舉凡、聖階降地相,三地已來相同凡夫,説前三地斷貪、瞋、癡,四、五兩地相同四果中初二沙門果故。復説云'除見及疑',而實正使地前斷也。"

復次更説有五,謂"五散動":一、自性散動。二、内散動。三、外散動。四、麁重散動。五、思惟散動。亦作兩門:一、體性者:自性散動,謂五識也。内散動者,謂睡、悼及愛。外散動者,第六意識也。麁重散動者,身見使也。思惟散動,謂法執也。二、治斷者:前四散動是界内惑,在二乘位及地前斷也。麁重散動,見諦斷。自餘三種,修道斷。第五散動是界外惑,從初地斷,至十地盡。

六者、"六染"。《起信論》有六種染:一、執相應染。二、不斷相應染。三、分別智相應染。四、現色不相應染。五、現心不相應染。六、根本業不相應染。亦作兩門:一、體性者,初之兩染,界内煩惱以爲法體。斯二體一義二,而分兩染:前一"起惑",第二"成就"。復次,前一見惑,後一修惑。餘之四染,是界外惑以爲法體。二、治斷者,《起信論》中自説治斷。初執相應染或(惑),二乘地及十信斷。《起信論》云:"執相應染,依二乘解脱及信相應地遠離故。"第二、不斷相應染。若見道惑,十解中斷。修道惑者,十迴盡也。《起信論》云:"依信相應方便捨,到净心地究竟離故。"《論》中雖云净心地,據理地前斷。復次,前一見斷,第二修斷。第三、分別智相應染,從初地斷,至七地盡。《起信論》云:"依具戒地漸離,至無相方便地究竟到七地故。"《論》

① 復,録本訛作"後",玆據《十地經論・明地第三卷之五》[T26n1522p158c20]改。

中雖云從具戒地，好體從初地斷。四、現色不相應染，第八地斷。《起信論》：“依色自在地能離故。”第五、現心不相應染，第九地斷。《起信論》云：“依心自在地能離故。”第六、根本業不相應染，第十地斷。《起信論》云：“菩薩盡地入如來地能離故。”

七、明“七使”：一、貪欲使。二、瞋恚使。三、有愛使。四、憍慢使。五、見使。六、疑使。七、無明使。亦作兩門：一、體性者。此中七使，界内十使爲其體性。二、治斷者：若是正使，在二乘位及地前斷。若是習氣，地上斷。若其細解，見、修兩别，義在可知。復次有七，謂“七流”，謂見漏、思惟漏、愛漏、念漏、根漏、惡漏、親近漏。前二漏體，後五漏具。界内煩惱，見修行斷，准釋可知。

八者、“八種妄想”，如《地持》説：一、自性妄想。二、差别妄想。三、積聚妄想。四、我妄想。五、我所妄想。六、念妄想。七、不念妄想。八、俱相違妄想。依《無相論》，名“八分别”，名字大同。亦作兩門：一、體性者，前三妄想界外煩惱，後五妄想界内惑也。就前三中，初一法我，第二、第三法我所也。後五妄想，我及我所見道斷，或餘三妄想修道煩惱。二、治斷者，前三妄想從初地斷，至十地盡；後五妄想在二乘地及地前斷。

九者、“九種客塵煩惱”，《佛性》、《寶性》二論所説：一、隨眠貪欲煩惱。《寶性論》云“貪使煩惱”。二、隨眠瞋煩惱。《寶性論》云“瞋使煩惱”。三、隨眠癡煩惱，《寶性論》云“癡使煩惱”。四、貪瞋癡等極重上心惑，《實性論》云“貪瞋癡結使煩惱”。五、無明住地，《寶性論》云“無明住地所攝煩惱”。六、見諦所滅，《寶性論》云“見道所斷煩惱”。七、修習所滅，《寶性論》云“修道所斷煩惱”。八、不净地惑，《寶性論》云“不净地所攝煩惱”。九、净地惑，《寶性論》云“净地所攝煩惱”。亦作兩門：一、體性者：前四煩惱，界内修道四使爲體，初三種子，第四現行，第五無明。界外煩惱，第六、第七，界内見修所斷煩惱。第八、第九，還是界外所斷煩惱。二治斷者：前四客塵，二乘位中修道所斷。菩薩法中，前三客塵既曰“隨眠”，理是種子。十解已上，爲異二乘，攝留受生。十迴後身，斷已登地。第四客塵，論禪上心，始從十解，至于十迴多身已來，爲異凡夫，伏令不起。第五無明，從初地斷，至十地盡。第六見滅，第七修滅，在三乘位及地前斷。第八客塵，從初地至七地盡。第九客塵，從八地滅,至十地盡。

或説“九結”:一、貪愛結。二、瞋恚結。三、憍慢結。四、見結。五、他取結,加近《論》云:“名‘失願結’。”六、疑結。七、無明結。八、慳結。九、疾結。亦作兩門:一、體性者:此中九結並是界内十使及慳、嫉兩纏爲體也。使中是見結身見、邊見、邪見爲體。他取見者,戒取、見取二使爲體。餘之五結,當名取體,義在可知。二、治斷者:此中九結,在二乘位及地前斷。習氣者,從初地斷,至十地盡。

十者、“十障”,亦曰“無明”,後當廣説也。

三、性義。七門分別(第一、釋名。二、出法體。三、辨性差别。四、攝法分齊。五、觀行除障。六、諸門分別義異。七、開合多少)。

第一、釋名。於中有二:一、正釋名。二、辨廢立。初釋名中,通名曰“性”,“性”謂性别,“性”者體性。三“性”道理,其義有别,體性各殊,故名爲“性”,亦稱爲“相”。“相”之與“性”,其致正一。

次别名者,性别不同,有其三種:一、分别性。二、依他性。三、真實性。

分别性者,此有三名:

一、曰“分别性”。釋有兩義:一、虚妄境生虚妄心,説彼境界名“分别性”。《攝大乘》云:似塵顯現,名“分别性”。二、能取妄心顛倒分别,説彼妄心名“分别性”。《攝大乘》云:“諸菩薩以分别爲煩惱。”《攝論》復云識以分别爲性也。前約所生果而得其名,後就功能以彰厥稱。

二、名“妄想自性”。釋有兩義:一、約妄境能生妄心,名“妄想自性”。二者、妄心顛倒分别,不稱實義,故目“妄想自性”。《楞伽經》云“妄想自性”,亦前約果,後是功能以題其名。

三、名“思惟分别想”。亦有二義:一、境界而生思惟,名“思惟分别相”。二、妄心顛倒思惟。此以妄心思惟諸塵故,名“思惟分别相”。《金光明》云“思惟分别相”,亦是就果及功能以陳其名。

二、“依他性”者,此有兩名:一、名“依他性”。釋有兩義:一、繫屬種子,謂根塵識現行生起,繫屬本識熏習種子,故曰“依他”。《攝大乘》云:從熏習種子生,繫屬於他,説名“依他性”。二、繫屬根塵,名曰“依他”。謂識現起,依他根塵,方乃得生,名“依他性”。《攝大乘》云:此依他性,若離因緣,自不得生。根塵爲因緣,依他得生,名"依他性"。《無相論》云:"依因依緣,顯法自性,即亂識分"名"依他性"。"因"謂内根,"緣"謂外塵。二、名"緣起自性"。一切諸識依根緣塵而得生起,名"緣起自性"。《楞伽經》云:若依、若緣生起,名"緣起自性"。前名"依他",約義從緣而得其名;後曰"緣起",能、所立目,"緣"者能生,"起"是所生。

三、真實性者,此有三名:

一、名"真實"。亦有兩義:一、理體不變。二、功德無倒。言"理體不變"者,謂有垢、無垢二無所有不可破壞名"真實性"。《攝大乘》云:前二真實"無變異"義名爲"真實"。《無相論》云:"'真實性'者,謂法如如。"即是二性"無變異"義名爲"真實"。此乃就體,以指其諱。二、功德無倒者,道及正教稱理無倒,故名"真實"。《攝大乘》云:後二真實"無倒"爲義,名"真實"義。

二、名"成自性"。《楞伽經》云成"自性",《金光明》云"成就性",其義一也。皆是"真體不可破壞"名"成自性"。

三、名"第一義性"。八卷《楞伽》及《無上依經》云"第一義性"。斯乃成名約義,以舉其號。"第一義"者,形對立目。

二、名字廢立者,《攝大乘》説"分别性"中有三種問:一、問"依止":若分别性似塵顯現,依止依他,應名"依他",云何乃稱"分别性"也?二、問"無所有":此分别性既無所有,無所有中何所分别?三、問"似塵":此分别性既是"似塵",不言"似識",云何"似塵"名"分别性"?《論》中但兩"復次",總答三問。一、以分别似塵,顯現雖依他,似塵無體,用彼意識而爲塵,故稱"分别"。《攝大乘》云:"無量相貌,意識分别。"《釋論》解云:一切塵相是爲分别説名"意識"。上來總答前兩問也。二、似塵能與意識住分别境,名"分别性"。《攝大乘》云:顛倒生因,成分别性。《釋論》解云:意識顛倒生境界名爲"生因",故成"分别"。斯乃答前第三問也。二、"依他性"中《論》有兩問:一、問"唯識":既言識外無法,有何可依名"依他性"?《攝大乘》云:唯見亂識而有自體,不見有他,云何此識名"依他性"?二、問"似塵依止":既此依他似塵所依,應名"他依",云何説名"依他性"也?《攝大乘》云:似塵顯現依止依他,云何得成"依他性"也?《論》中具有兩答,以答二問。初明依他,實唯有識,無别有他,而此唯識從自因生,説"自"爲"他",名"依他性"。《攝大乘》云:從自熏習種子而生,説名“依他”。此答前問。二、答“似塵依止”,明依他性雖爲塵依,而識起時,還緣似塵,由塵而生,説名“依他”。《攝大乘》云:依他性生已,無有功能,過一刹那自所取故。由此義故,説名“依他”。此答第二問。前答就彼體類“依他”,後答約其義“依他”也。三、真實性。《論》中所説,但有一問,謂問“無所有”:既云“無所有”,云何得名“真實性”?《攝大乘》云:以無所有爲真實性,何故得名“真實”、不名“非真實”?《論》中三義,答此一問:一、由如無不如,故名“真實”。《釋論》解云:此是第一“不相違”義顯“真實性”。二、清净境界,故名“真實”。《釋論》解云:此是第二“無顛倒”義顯“真實性”。三、“諸善法中最勝”義故,名爲“真實”。此是第三“無分别”義顯“真實性”。

第二體性者,有法師言:三性法體,具無寬、狹。分别性體通攝有爲及與無爲,依他、真實亦復如是。此義不然。妄心妄境,可是分别;二空真如,體是無爲,不可變異,云何亦説是“分别性”?設復經、論彼“無爲”爲“分别性”,蓋是變異之“無爲”。非真理之“無爲”也。有爲諸法從因緣所生,是“依他”;二空無爲,體是常住,非因緣生,云何乃説是“依他性”?今者正判:分别性者,體性有二:一者、妄塵。二者、妄心。言“妄塵”者,六塵境界從彼妄心,似塵而起,體無所有,顯現似塵,即説此塵爲“分别性”。《攝大乘》云:不取識體爲“分别”,但取識所顯現似塵爲“分别性”。《中邊論》云:“分别性”者,謂是六塵永不可得,猶如空花。《無相論》云:“分别性”者,“名言所顯諸法自性即似塵分”也。言“妄心”者,七、八諸識,顛倒分别,不緣實義,以此妄心,爲“分别性”。《攝大乘》云:“菩薩以‘分别’爲‘煩惱’。”“若以此名,分别内法,或增或减,壞正理,立非理,名‘肉煩惱’。若以此名,分别外塵,起欲瞋癡,名‘皮煩惱’。若以此名,分别世、出世法,名‘心煩惱’。”《論》復説云:阿梨耶識“分别根本,自體亦分别”。《論》復説云:所生諸識,謂彼七識是“分别性”。《楞伽經》云“妄想自性”,《金光明》云“思惟分别”。《智度論》云:菩薩正見者,一切思惟皆邪思惟,乃至思惟涅槃、思惟佛義皆亦如是。《智度論》復云:諸思惟分别皆從不實,虚誑顛倒,故有是“分别性”也。

二、辨依他。總而説之,但有爲色、心爲體;别而爲論,亦有二種:一、染濁依他。二、清净依他。亦是世間、出世間二果報也。言“染濁依他”者,三界果報從業煩惱熏習種子生，名爲“染分”。言“清淨依他”者，無流功德從聞熏習種子生，名爲“淨分”。《攝大乘》云：“依他體類從二種熏習生：一、從業煩惱熏習生。二、從聞熏習生。”《論》云：若果報識爲依他性，從業煩惱熏習生。若出世間聞、思、修，從聞熏習生。此約體類而說“依他”。《佛性論》云：“依他[□][有][1]二種：一、染濁依他。二、清淨依他。染濁依他，緣分別成。清淨依他，緣如如成。”《攝大乘論》第二“復次”亦同此說。此乃約義而說“依他”。詳前二論，但說“有爲”是“依他性”，云何謬說“無爲”亦是“依他”，豈不誤哉？

三、真實性者，真實體性亦有二種：一者、有爲。二者、無爲。言“有爲”者，“道”及“聖教”。“道”謂二智具生，“教”謂無等聖教。言“無爲”者，有垢、無垢二種真如。《攝大乘》云：“若說四清[2]淨，此說屬真實，清淨由本性，無垢道緣緣，一切清淨法，四皆品類攝。”

問曰：“向說分別但是境心，不說‘無爲’，何故《攝論》‘有爲’、‘無爲’三乘道果分別所作？《大品經》中復說：乃至一法，過於涅槃，我亦說彼‘如幻如化’。”

答曰：“《論》云‘無爲’者，非謂證智所證二空真如是‘無爲’，所言‘無爲’但是分別所作。《經》云‘涅槃如幻如化’，亦是妄心顯現涅槃，而非聖智所證涅槃。故此‘無爲’及說‘涅槃攝分別性’，三論所破‘涅槃’義者，當前妄心分別涅槃也。《涅槃經》中及大乘經、論佛與菩薩所證涅槃，當前證智所得真如涅槃。俟諸來哲，達斯邪、正，勿謬濫也。”

問曰：“前說‘依他’但是‘有爲’、非‘無爲’者，何故《般若論》云‘於實爲了因’？‘實’即實相真如，‘無爲’由‘了因’得，應是‘依他’，云何‘無爲’非‘依他性’？”

答曰：“夫是‘依他’，必從種子生因而生。真如本有，非生因生，故非‘依他’。而彼真如藉緣而顯，說有‘了因’。《攝大乘》云：‘四德本來是有，不從種子生。從因作名，故名“種子”。’”

---

① 有，録本無，據《佛性論》卷第二[T31n1610p794c3]補。

② 清，録本訛作“淨”，茲據《攝大乘論》[T31n1593p120c11]改。

問曰:“真實性中,有垢、無垢二種真如體是‘無爲’,可説;‘真實道’及‘正教體’是‘有爲’,云何亦説爲‘真實性’?”

答曰:“真實性、道及正四品類有垢、無垢無‘變異’義,爲真實性、道及正教雖是有爲,無‘倒’義故,爲‘真實性’。”

問曰:“‘依他性’中,三乘聖道名‘净品依他’。‘真實性’中,亦説聖道爲‘真實性’。此二何殊?”

答曰:“‘净品依他’通三乘道,亦該三智。‘真實性’中,所説聖道唯取大乘佛、菩薩所起二智聖道爲真實性,不取二乘所起聖道,亦非菩薩加行道也。”

問曰:“二乘無流及菩薩加行云何非‘真實性’也?”

答曰:“雖是無流,正是顛倒分别,非真實性。《涅槃經》云:聲聞、緣覺所有思惟皆是虚妄,菩薩思惟悉是真實。《智度論》云:‘菩薩於諸法空無所得……知一切思惟,皆是邪思惟。’《勝鬘經》云:‘法’者一乘道。此前經、論但明菩薩中後二智爲‘真實性’——思惟及一乘,非謂加行智也。是故但取初地已上至於佛果中後二智爲真實性,不顛倒故。”

問曰:“二乘聖道及菩薩加行望於界内,能除惑障,滅四顛倒,云何説‘顛倒’、不説‘真實性’?”

答曰:“二乘聖道雖離人著,猶是法倒,入大便捨。菩薩加行,體是分别,至佛即除,故非‘真實’。《攝大乘》云:得此智時,餘智悉滅。‘得此智’者,謂佛一乘中後二智。‘餘智滅’者,三乘分别加行智滅。《攝論》復説:二十二無明,地地之中,皆滅三障。所滅業障謂三乘加行智也。”

問曰:“分别性中,七、八諸識説名‘分别’;依他性中,七、八諸識名‘依他’。有何差别?”

答曰:“七、八諸識,體正是一;以義差别,説有二性。若取七、八諸識‘緣塵顛倒’義邊爲‘分别性’,此謂‘無體情有分别’。若取七、八諸識‘體是果法因緣生’義爲‘依他性’,此謂‘有體因緣所生’。”

問曰:“分别性中,具攝似根塵識十八界;依他中,因緣所生根塵識;真實性中,佛與菩薩根塵及諸(識?)[1]。此三何别?”

---

① 諸,此似當爲“識”之訛字。待考。

答曰:"分别性中根塵識者,乃從人、法二我妄心生。愛憎斷常定有無,妄心變異似根塵識,斯乃情有理無。譬如闇藤顯現似蛇,而實無蛇。依他性中根塵識者,乃從本識諸界染浄種子因緣而生,斯乃因緣有法。譬如晝時,見彼實藤,四塵成也。真實性中根塵識者,是佛、菩薩報身功德陰界、入法二智種子而生,又是法界所流,證實無倒。譬如真金稱兩等住。此中所説之(三?)[1]種十八界,前一凡夫境界,後二聖智境界。復次,前一染分,第二二分,第三唯浄。"

《攝大乘義章》卷第四。

① 之,此似當爲"三"之訛字。待考。

No. 2810《大乘百法明門論》開宗義記

京西明道場沙門曇曠撰

［題解］

佛典論疏，［唐］曇曠撰，一卷。敦煌文獻中存有斯 268(首殘尾全)、斯 464(首全尾殘)、斯 1169(首脱尾脱)、斯 1893v(首全尾脱)、斯 1923(首殘尾脱)、斯 2104(首全尾脱)、斯 2114(首全尾脱)、斯 2505(首全尾脱)、斯 2651(首殘尾全)、斯 2731v(首殘尾殘)、斯 4118(首殘尾殘)、斯 4227(首殘尾殘)、斯 4603(首全尾脱)、斯 6038(首全尾殘)，伯 2070(首全尾脱)、伯 2161a(首殘尾全)、伯 2180a(首全尾全)、伯 2258v(首脱尾脱)、伯 2294(首殘尾脱)、伯 2366v(首殘尾脱)、伯 2589v(首殘尾脱)、伯 2938(首殘尾殘)、伯 2988(首殘尾脱)、伯 3002(首殘尾脱)、伯 3003(首殘尾脱)、伯 3089(首全尾殘)、伯 3089v(首全尾殘)、伯 3094(首殘尾殘)、伯 3220(同伯 3536，首全尾脱)、伯 3223v(首殘尾殘)、伯 3234(首殘尾殘)、伯 3318(首殘尾殘)，上圖 066v(812501，首殘尾殘)，津藝 098(77・5・4436，首全尾殘)、津藝 107(77・5・4446，首殘尾殘)、津藝 109(77・5・4448，首全尾殘)，敦研 348(首全尾殘)，北大 D141(首殘尾殘)，上博 55(44960，首殘尾殘)，BD4332(北 0028，出 032，僅存標題)、BD4400(北 7224，出 100，首殘尾殘)、BD6219(北 7225，海 019，首殘尾殘)、BD1861(北 7226，秋 061，首殘尾殘)、BD4740(北 7227，號 040，首殘尾殘)、BD5798(北 7228，奈 098，首殘尾殘)、BD6757(北 7229，潜 057，首殘尾殘)、BD2025(北 7230，冬 025，首殘尾殘)、BD4106(北 7231，水 006，首殘尾全)、BD6759(北 7232，潜 059，首殘尾殘)、BD3406(北 7233v，露 006，首殘尾殘)、BD3885(北 8684，金 085，首殘尾殘)、BD2920(北 8717，陽 020，首殘尾殘)，台圖 130(首全尾殘)，羽 154v(首殘尾殘)，計 54 號。所疏爲世親著、玄奘譯之《大乘百法明門論》，該論主要論述瑜伽行派的五位百法理論。斯 1313 號《〈大乘百法明門論〉開宗義記序釋》文末有"十四日説竟,辛酉年十二月十五日了"字樣,釋依昱《曇曠與敦煌寫本〈大乘百法明門論開宗義記〉的研究》一文認爲此"辛酉年"爲唐德宗建中二年(781),"由此推知曇曠撰此論是 781 年左右,用干支紀年而不用唐德宗的年號,又可推知,敦煌在 781 年時已被吐蕃統治"(載自楊曾文、杜斗城主編《中國敦煌學百年文庫宗教卷(二)》,第 400 頁,甘肅文化出版社 1999 年第 1 版)。清代以前歷代大藏經未收,日本《大正藏》收入第八十五册。今仍據《大正藏》以伯 2180a 號爲底本,斯 1923 號爲參校甲本,斯 2651 號爲參校乙本,伯 2161a 號爲參校丙本。

夫遍知委照,渾真俗於心源;深慈普洽,演半滿於言派。寔由性相更會,萬法歸於一如;文義互融,八藏馳於四辯。曷空有之異轍,奚廣略之殊途。究其本者,必同味於百川;滯其末者,競分流於五謗。是以小乘漂於有有,部執煩興;勝義溺於空空,諍論紛起。尚驅妄境,未[①]越昏衢;徒向真風,虚霔法雨。故我補處彌勒大闡《瑜伽》,杜兩見門,開一實道。然以理該事博,旨散言弘[②],前修倦於傳通,後進疲於就業。爰有菩薩,厥號"世親",位極三賢,德隣十聖,製論千部,聲高五天,妙契佛心,雅扶言記,乃軫時僥代薄,根淺性微,怖法海而長睽,怯義山而永阻,遂乃摭精華於廣部,綰宗要於略文,誘彼初機,纂斯小論,欲使留連至教,漸染真宗,示弱喪於歸方,引疲徒於捷逕。前明百法之有,後顯二我之空。首末交輝,終始相映。邊執既遣,中觀肇彰。識浪由是湮微,真源賴之澄廓。至矣哉,此《論》之幽趣也!

首稱"大乘百法明門論"者,舉所宗之勝益,建自部之通名。復云"本事分中略録名數"者,標論起之殊依,簡異詮之别目。"大乘"以廣運崇號,"百法"以體數彰名,"明門"將開慧爲功,"論"者乃"詮辯"之稱,"本事"則究極法體,"分"中是當段義門,"略録"謂抑彼繁詞,"名[③]數"乃舉此綱要。用旌雅

① 以上丙本缺。

② "弘"前底本、録本有一"弥"字。按:該字當係書手本欲寫"弘"而誤書,發覺後接書正字,而前誤字並未塗去。今結合文意,據斯 1313 號《大乘百法明門論開宗義記序釋》删。

③ 以上甲本缺。

趣，建以鴻名，故言“大乘百法明門論本事分中略録名數”。

開發論宗，五門分別：一、明所因；二、顯所緣；三、彰所宗；四、辯所歸；五、解所立。

所因有二：一、所依因。二、所爲因。所依因者復有五種：一、依了教，謂依建立阿賴耶識，了教大乘而立論故。二、依圓理，謂依三性，顯説有空，處中理門而作論故。三、依勝境，具依五法，雙據（擧）[①]二空，一切甄明而起論故。四、依妙行，以[②]本後智發深慈悲，弘法利生而興論故。五、依大果，要成佛果，具説圓宗，依佛滿智而爲論故。所爲因者亦有五門：一、入大法，謂以略標廣散義宗，易入大乘離怯懈故。二、起勝解，諸法無我，遠離二邊，令其遍達、離偏見故。三、生圓照，具明真俗，雙顯有空，令得中道起圓照故。四、令進趣，具説染浄所斷、證、修，令正修行無錯謬故。五、令成就，若分若滿，或化或真，轉依皆成無缺減故。辯所因竟。

顯所[③]緣者，論起所緣復有二種：一、造論所緣。二、傳譯所緣。

造論緣者，此《論》既從本事分出，所緣不離《瑜伽師地》。故最勝子《瑜伽釋》云：今[④]説此《論》，所緣云何？謂諸有情無始時來，於一切法處中實相無知、疑惑、顛倒、僻執，起諸煩惱，發有漏業，輪迴五趣[⑤]，受三大苦。如來出世，方便爲説種種妙法處中實相，令諸有情知一切法如是如是空故非有，如是如是有故非空，了達諸法非空非有，遠離疑惑、顛倒、僻執，起處中行，永斷諸障，得三菩提，證寂滅樂。佛涅槃後六百歲來，部執競興，多著有見，謗大乘法，毁滅真宗。龍猛菩薩證極喜地，採集大乘無相空教，造《中論》等，究暢真要，除彼有見。聖提婆等諸大論師，造《百論》等，弘闡大義，由是衆生復著空見。至佛滅後九百年初，無著菩薩位證初地，得法光

---

① 録本出校：“據＝擧【甲】【丙】。”意謂“據”字甲、丙二本作“擧”。按：“擧”字義長。隋天臺智者大師説《〈金剛般若經〉疏》：“次‘何以故’下，第二，擧二空釋成。”[T33n1698p78a15—16]可助勘。

② 以，丙本作“已”。

③ 所，録本訛作“近”，據底本改。

④ 今，録本訛作“令”，據底本改。

⑤ 趣，録本訛作“疑”，據底本改。

定，發大神通，事大慈尊，請説此《論》，理無不窮，事無不盡，文無不釋，義無不詮，疑無不遣，執無不破，行無不修，果無不證，離前二見，住中道理，起處中行，速證涅槃。無著菩薩有異母弟，位階加行，身①號“世親”，即佛所記付法藏中第二十二傳法主也。本習小乘，遍通異部，造論五百，隱蔽大乘。無著愍之，託疾命誘。中路聞誨，方信大乘，改軌弘揚，造論五百。具如别傳，此但粗明。以《瑜伽論》義廣文繁，學者難尋，莫知旨趣，遂造此《論》，略示②方隅。即是造論之緣起也。

傳譯緣者，大唐貞觀有大三藏遍覺大師，身③號“玄奘”，俗姓陳氏，洛邑人也。遊五印度境，學三藏玄文，名立業成，來歸本土。文帝待以國師之禮，乃詔令其翻譯經論，盛得（德）④高蹤，具如别傳。此《論》即我三藏大師貞觀二十三年，於京大慈恩寺譯。總是第二，論所緣竟。

次⑤下第三論所宗者，統論諸宗，不過三種，外道、小乘、大乘别故。外道所宗雖九十六，然今類攝爲十六宗。故《顯揚論》總標頌曰：

“執因中有果，顯了、有去來，我、常、宿作因，自在等、害法，

邊、無邊憍亂，見、無因、斷、空，計勝、净、吉祥，名‘十六異論’。”

彼《論》長行，廣明立、破。今略舉之，顯宗計相：一、因中有果宗。則兩⑥衆等所説：求此果時，唯取此因，唯從此生、不從餘故。二、從緣顯了宗。即《聲論》等所執。彼説聲等體常本有，緣至即顯，非自出故。三、去來實有宗。則時論者所説：去、來同現，皆實有故。小乘有部亦同此執。四、計我實有宗。謂獸主等所知，起色、受、相、行、識覺時，别有薩埵我等覺故。五、諸法皆常宗。伊師迦等所説：極微等法一切常住，以⑦前、後際物相續故。六、因定宿作宗，即離繫子等所説：苦樂等果，定宿因作，見行善、惡倒受果故。七、

①③ 身，甲本作“厥”。

② 示，録本訛作“亦”，據底本改。

④ 録本出校：“得＝德【甲】【丙】。”意謂“得”字【甲】【丙】二本作“德”。按：《荀子·解蔽》：“宋子蔽於欲而不知得。”俞樾平議：“古得、德字通用。”

⑤ 次，甲本無。

⑥ 兩，録本訛作“雨”，據底本改。

⑦ 以，丙本作“已”。

自在所作宗。如不平等論説:欲行善等,事皆違返,由世間事作者别故。八、害爲正法宗。愛肉梵志[①]説:於天祠中,害生祠祀皆得生天,由呪力故。九、邊、無邊等宗。爲得世静慮者,憶壞成劫,觀上、下傍,治前所執有邊等故。十、不死憍亂宗。謂愚無智者計,懼[②]問失名,不敢正對,推不死天、憍亂答故。十一、諸法無因宗。彼見欻爾大風卒起,暴河彌漫,後見正息,宛然無故。十二、死後斷滅宗。邪思論者[③]所立:若有後身,何有作業?我體既空,業果無故。十三、因果俱空宗。得世定通者,見行善、惡得果皆差,梵行入定後身無故。十四、妄計最勝宗。即執梵志論者説:婆羅門最勝白色,梵王種胤性梵行故。十五、妄計清净宗。如下劣戒見者,執鷄、狗等諸戒清净,四河水净浴除罪故。十六、妄計吉祥宗。歷算論者所説:於日、月、星常行供養不失度時,所欲成故。此十六種所執邪論,皆依無明邪思所起,背内真理,皆名"外道"。六師皆有此十六法,故總説爲九十六種。

次小乘宗有二十部,今應總該[④]而爲頌曰:

"異部有二十,本二、末十八。本上座大衆,末初從大衆。

有一説、出世,鷄胤及多聞,説假、制多山,西山、北山住,

上座名'雪轉',流出一切有,犢子、法、賢胄,正量、密林山,

化地、並法藏,飲光、經量部。"

雖所計殊,分二十部,於中類束,以爲六宗:一、我、法俱有宗,謂犢子部等許有[⑤]五藴十二處等,及依藴等[⑥]别有我故。二、有法無我宗,一切有部等説,三世藴等而皆實有,補特加羅實我無故。三、法無去來宗,大衆部等説,藴處戒等[⑦]現法即有,去來藴等皆是無故。四、現通假實[⑧]宗,説假部等説,

① 志,丙本作"志等"。

② 懼,丙本作"具"。

③ 者,甲本無。

④ 録本出校:"該＝攝【甲】【丙】。"意謂"該"字【甲】【丙】二本作"攝"。

⑤ 有,甲本無。

⑥ "及依藴等"四字甲本無。

⑦ "藴處戒等"四字甲本無。

⑧ 實,甲本作"實有"。

現在蘊實積聚法故，處界則假和合法故。五、從妄真實宗，説出世部等執，出世可實非虚妄故，世間非實、皆虚妄故。六、諸法假名宗，一説部等執，世、出世間亦皆非實，但是假名無性相故。此等[①]皆依初時教起，故所執宗爲小乘矣。

後大乘宗而有二種：一、勝義皆空宗，即《十二門論》、《智度》、《中》、《百》、《般若燈論》、《掌珍論》等。依《般若》等[②]無相空教，説一切法不離二諦。若世俗門，諸法皆有，乃至許有我法心境，與諸小乘義無差别；若勝義門，諸法皆空，乃至不立唯識真如，與應理宗所説全别。然其二諦，其體不異；以從緣生，説名"世俗"；即緣無性，名"勝義空"，故説二諦體無差别。由迷勝義，執有世俗，縱勤修行，終滯生死；由悟勝義，了世俗空，故能不著[③]，速證涅槃；故説《般若》爲"究竟"理，遣一切相無所得故；《解深密》等爲"不了"義，不遣依圓有所存故。彼經自説爲"了"義者，以對淺根義易了故，非理究竟名爲"了"義。二、應理圓實宗，即《攝大乘論》、《瑜伽》、《顯揚》、《雜集》、《唯識》、《中邊》等論。依《深密》等諸了義經，説一切法世俗勝義不一、不異，非有、非空。具如五法前後相望，立爲四重世俗、勝義：一、虚實二諦，瓶軍林等虚爲世俗，蘊處界等實爲勝義。二、理事二諦，蘊等事法麁爲世俗，四諦道理細爲勝義。三、淺深二諦，四諦安立淺爲世俗，二空真如深爲勝義。四、詮旨二諦，二空真如帶詮世俗，一真如[④]法界亡詮勝義。相對立故非一，無别體故非異。妄所執故非有，體不無故非空。故説《深密》爲極究竟，得中道故。《般若》等經爲"非了"義，就偏説故。此中具説二種宗義。若説法性圓融，法門即爲三宗，如《起信》疏。今此《論》者，即大乘中應理圓實究竟宗收。前明百法顯有，依他圓成。後説[⑤]二空顯無，遍計所執。既離二邊，契會中道。二邊既離，中道亦亡。心無所依，都無所得。由無所得，無所不得。是謂[⑥]"究

① 等，甲本無。
② "依般若等"四字甲本無。
③ "不著"二字甲本無。
④ 如，丙本無。
⑤ 説，甲本作"顯"。
⑥ 録本出校："謂＝爲【甲】【丙】。"意謂"謂"字甲、丙二本作"爲"。

竟圓實宗”也。辯所宗竟。

顯所歸者，所歸不同，有其四種：歸藏，歸乘，歸時，歸分。

言“歸藏”者，即二藏等。然藏不同，總有二種：一約人辯，唯有二種：一、菩薩藏。二、聲聞藏。獨覺智證與聲聞同，教既不多，入聲聞藏。“藏”者，攝也，隨攝二人理、行、果義各攝益故。二隨所詮，立爲三藏。謂前二中各有三藏：一、素怛攬①，此云“契經”，貫穿縫綴，所詮定學契理、契機攝益他故。二、毘奈耶，此云“調伏”，所攝戒學調和三業，制伏惡行而攝益故。三、阿毘達磨，此云“對法”，所攝慧學對向涅槃、對觀四諦而攝益故。此義廣如《起信疏》述。此《論》即是菩薩藏中阿毘達磨，顯示菩薩理、行、果義生勝智故。

言“歸乘”者，或説一乘。如《法花》云，唯説②一乘，無二、三故。或説二乘，如《攝論》説，上乘、下乘有差别故。或説三乘，如《法花》云③，爲求聲聞等者説應四諦等法故。或説四乘，如《勝鬘經》，更加無聞非法衆生人天善根而成熟故。或説五乘，如《大般若》，更加三乘性不定者聞此法已發大心故。然此五乘，義有開合；故諸經論，所説有異。此亦具如《起信疏》述。今此《論》者即是④一乘所⑤收，二乘等中上乘所攝。所説五法及二無我，非是二乘世間法故。

言“歸時”者，古立教時，多少不定，謂⑥從一時乃至五時，皆無正據，恐繁不敘。今依教量，立教三時。如《深密經》正説意云：初第一時，爲小根者唯約“有”義，説四諦教，破人我執；即四《阿⑦含》等説有隱空，名“未了”義。於第二時，爲大乘者多就“空”義，説無相教，破法我執；即《般若》等説空覆有，亦“未了”義。後第三時，普爲諸乘顯説三性中道之教，令悟真實；即《深密》等具顯有、空，名“真了”義。然此三時，對不定性，大由小起，漸次而説；若頓悟機，則不爾故。亦非年月定判後先，但以義類相從而説；《花嚴》初説，非初

---

① 録本出校：“攬十(藏)【甲】【丙】。”意謂“攬”字後甲、丙二本有一“藏”字。

② 説，甲、丙二本作“有”。

③ 云，甲本無。

④ 是，甲、丙二本無。

⑤ 所，甲本無。

⑥ 謂，甲本作“爲”。

⑦ 阿，丙本無。

時故。更有別義，《起信疏》明。今此《論》者，依第三時“了”義大乘，第三時攝，所引經說，諸法無我，有空雙顯，不偏說故。

言“歸分”者，若依諸經，有“十二分”，謂如舊說“十二部經”。“部”謂部分，“經”即是教。恐濫“部袟”，改置此名“十二分”名。而作頌曰：

“契經應諷頌，受記自說緣。譬喻本事生，廣希法論義。”

廣釋名義，如餘處明。既許三藏俱得教名，故此即是論義分攝。若依論說，即有十分，即[①]《瑜伽論》“十支”義也，此中“分”者是“支”義故。此既是論，故歸十支：一、略陳名數支，即此《論》是。二、粗釋體義支，即《五蘊論》。三、廣辯名義支，即《雜集論》。四、總包衆義支，即《顯揚論》。五、莊嚴體義支，即《莊嚴論》。六、縮攝大義支，《攝大乘論》。七、離僻處中支，《辯中邊論》。八、攝散歸觀支，《分別瑜伽論》。九、摧破邪山支，《二十唯識論》。十、高建法幢支，《成唯識論》。又《瑜伽論》總有五分：一、本地分，略廣分別十七地義。二、攝決釋分，略攝[②]決擇十七地中深隱要義。三、攝釋分，略攝解釋諸經儀則。四、攝異門分，略攝經中所有諸法名義差別。五、攝事分，略攝三藏衆要事義。今此即是本地分收，依此分中録名數故。明所歸竟。

解所立者，於中有二：初釋所立題目，後釋所立文義。解[③]題有二：初正釋題目，後顯論所依。正釋有二：初離，後合。離釋有四：一、釋大乘。二、顯百法。三、解明門。四、辯論字。凡爲釋名，皆依六釋，方於名義而得顯然，故於此中先明六釋。而此六釋總名“離合”，謂要二法，各有別體，合爲一名。如言“金藏”，金與藏別，故名爲“離”；同目一物，故名爲“合”。若唯一法，無“離合”義，不名六釋。如言“無爲”，無爲無離，即“無合”故。其六者何？一、持業釋。謂若有法，依自業用，而得其名。如言“藏識”，以識能藏體持業故。二、依主釋。謂若有法，依他士主，而得其名。如言“眼識”，是眼之識，名依主釋[④]。三、有財釋。謂若有法，從所有物[⑤]得其名。如他心智，智有他心，

① 已上乙本缺。

② 攝，甲、乙、丙三本作“釋”。

③ 解，甲、乙二本作“釋”。

④ 釋，甲、乙、丙三本作“故”。

⑤ 録本出校：“物十(而)【甲】【乙】【丙】。”意謂“物”字後甲、乙、丙三本有一“而”字。

名從物故。四、相違釋。謂若有法,體用各殊,同立一名。如言“衆生”,“衆”之與“生”體用别故。五、隣近釋。謂若有法,名[①]非本體,從隣得名。如言“念住”,體雖是慧,住由念故。六、帶數釋。謂若有法,若體若用,約數而顯。如言“五眼”,照境體用,數有五故。

既[②]既顯六釋,次將釋名。言“大乘”者,謂菩薩乘,剋用理智,而爲其體;皆該周故,名之爲“大”;並能運故,稱之爲“乘”。理智相對,互爲“大乘”;“大”之“乘”故,依主釋也。理智當體,各言[③]“大乘”;“大”即“乘”故,持業釋也。或兼教果,即有四法。隨應皆有,綺互相望。持業、依主,准前應知。此約菩薩所乘之法。若兼“能乘菩薩人”者,“大”之“乘”故,依主釋也。偏就“能乘菩薩人”者,“大”即“乘”故,持業釋也。此即總合釋“大乘”義。若《瑜伽論》等[④]皆約法體,以“七大”義别釋“大”名。《虚空藏經》即約諸喻,舉諸佛法,别釋“乘”義。恐繁不叙,《起信疏》明。言“百法”者,名如下列:心法有八,心所有[⑤]法有五十一,色法有十一,不相應行有二十四,無爲有六。“法”謂軌持。“百”者,數也。法有百數,帶數釋也。言“明門”者,“明”者是慧,慧能照法,法因慧顯,故“慧”稱“明”。“門”者,“通”也,謂前百法,通生明慧,入佛境界,至解脱處,故説爲“門”。是“明”之“門”,依主釋也。“百法”即“明門”,持業釋也。小乘唯明七十五法,今大乘宗廣明百法,故言“大乘百法明門”。所言“論”者,問徵微釋,論量正理,教誡學徒,故稱爲“論”。然論不同,有其二種:一、隨釋論,隨經、律、論而造解釋。如《智度》等。二、集義論,採集諸義,通釋諸經。如《瑜伽》等。今此通是二種論收,以釋《經》言“法無我”故,採集百法通解釋故。已顯别釋,言“合釋”者,“大乘”即是論所依宗,“百法”乃是論所顯理,“論”即百法能詮之教。然即[⑥]大乘,通其教理。其百法

① 名,甲本無。

② “既”前底本、録本原有一“即”字。按:此“即”當係下“既”之誤書,抄手發覺後接書正字,而前誤字並未塗去。茲結合文意,據甲、乙、丙三本删。

③ 言,甲、乙、丙三本作“爲”。

④ 等,甲、乙、丙三本無。

⑤ 有,甲、乙二本無。

⑥ 即,甲、乙二本作“則”。

論，亦通教理。以教對教，以理對理，“大乘”即“百法”等，皆持業釋也。以[①]教望理，以理望教，“大乘”之“百法”等，皆依主釋也。更有别義，恐繁不明。正[②]釋題竟。

論所依者，然《瑜伽論》雖有五分，於中即無“本事分”名。若對法論，有本事分。於中不明“百法”之義。然於今者，以義取文，“事”謂體事，“地”謂依持，即彼“體事”有“依持”義，故“地”與“事”名異義同。有説本事廣論未譯、但録名者，是妄言也。以本地分，義散文繁，於正法體，未爲百（正?）[③]定。恐初學者迷法相門，怖文義海，不能趣入，略録名數，以示方隅。但云文略，非義略也。此舉[④]初地所觀法故。故《唯識論》説極喜地“於多百門以[⑤]得自在”。“多百門”者，《瑜伽論》云：剎那能入百三磨地，净天眼見百世界中，以威神力動百世界，往百世界供百如來，放大光明照百世界，現身百類化百有情。若欲留身，住壽百劫。前後百劫，各見分明。化百菩薩，已[⑥]爲眷屬。正思正説百法明門。今此即當第十法也。

論：“如世尊言：‘一切法無我。’何等‘一切法’？云何爲‘無我’？”

開曰：上釋題目，下釋文義[⑦]。於中有二：初舉經問起，後依問辯説。此初也。言“世尊”者，即起教主。總上九號，具包三德[⑧]六義差别，故名“世尊”。既具衆德，爲物欽重，故所言説，實爲定量。即依所説，以立論端。説[⑨]“一切法皆無我”者，何等名爲“一切法”體？云何此法復稱“無我”？非謂法外别問“無我”。

論：“一切法者，略有五種。”

---

① 以，乙本作“已”。

② 正，乙本無。

③ 百，甲、乙、丙三本作“正”。“正”字義長。

④ 舉，乙、丙二本作“據”。

⑤ “門以”二字甲本作“門已”，乙本作“法而”，丙本作“門而”。

⑥ 已，甲、乙、丙三本作“以”。

⑦ “釋文義”三字甲本作“解論文”。

⑧ 德，乙本作“得”。

⑨ 説，乙本無。

開曰：下依問顯説。於中有二：初顯一切法，後明二無我。初顯法中，復分爲四：一、總標法數。二、依標列名。三、辯法次第。四、别開法相。此初也。所言“法”者，“軌持”爲義；“軌”爲軌則，生物解故；“持”謂任持，守自性故。雖此二義，亦通“無我”，顯不離前，故不名“法”。然此“軌持”，差别有五：一、“軌”唯“有”體，無法非緣，不生心故；“持”亦通無，設無法體，性不捨故。二、“軌”唯差别，緣無我等，而生解故；“持”通自性，雖未生解，體不捨故。三、“軌”唯有爲，要成因[①]緣，方生解故；“持”通無爲，雖都無相，不失性故。四、“軌”唯後説，“持”通前宣，如立聲常，聲不失性，聞常無常，方生解故。五、“軌”唯能詮，要名、句、文，方生解故；“持”通所詮，義亦不失，本自性故。故“軌”義局，“持”義即通。通、局不同，故“軌”、“持”别。

論：“一者心法，二者心所有法，三者色法，四者心不相應行法，五者無爲法。”

開曰：此依標列名也。所言“心”者，謂八現識。由有三義，並名爲“心”：一、“緣慮”義，攀緣思慮一切法故。二、“貞實”義，是一切法之體性故。三、“集起”義，集諸法種起諸法故。“心”即是法，持業釋也。下之四法，當知亦然。“心所有法”者，謂觸、作意等。恒依心起，與心相應，繫屬於心，故名“心所”；如屬我物，立“我所”名。心於所緣，唯取總相；心所於彼，亦取别相，助成心事，得“心所”名；如畫師資，作摸(模)[②]填採(彩)[③]。“心”之所有，依主釋也。言“色法”者，“變現”爲義。“變”爲變壞，由彼手足乃至蚊蛇所觸對時即變壞故。“現”謂[④]示現，若於方所所現骨瑣形顯等相而示現故。有處説“色”，“對礙”爲相。“對”爲觸對，“礙”爲障礙，互相觸時而障礙故。所言“心不相應行”者，謂得成就衆同分等，亦依色法分位建立；非如觸等，唯依心起，繫屬於心，助成心事，心俱生滅，與心相應。亦五藴中行藴所攝。簡行藴中諸相應行，是故名“心不相應行”。此有四句，如理應思。“無爲法”者，謂虚

① 因，録本訛作“同”，據底本改。

② 敦煌寫卷中，“扌”部“木”部常混，此“摸”乃“模”之换旁俗體。

③ 採，此當讀如“彩”(二字《廣韻》皆音倉宰切)。

④ 謂，乙本作“爲”。

空等，自體凝然，非三世攝，無生住等行所遷故；其性清净，無有漏染，非業煩惱之所爲故；具此二義，名曰“無爲”。

論：“一切最勝故，與此相應故，二所現影故，三位差别故，四所顯示故，如是次第。”

開曰：此[①]辯法次第也。一切法中心最勝故，故最第一，明其心法。謂此心法勢分用强，緣慮道中心王觸勝，故契經説：“心遠獨行，染、净由心。士夫六界心能道(導)[②]世間，心能遍攝受。如是心一法，皆自在隨行。”是故《論》言“一切最勝故”。雖由作意警而方生，及心生已，依心而住；如臣引王非臣勝故，心起必有心所相應故。此[③]第二，明其心所。是故《論》言：“與此相應故。”心所與心有四等義，非定一異，故成相應。故《唯識》云而時依同所緣事等，名“相應“義。一、體等，各有一體故[④]。二、依等，同依一根故。三、緣等，同緣一境故。四、時等，同一刹那故。若依小乘，同一行解，如同緣一青，俱作青解故。今大乘宗，不許同行，了别領納等作用各異故。由斯八識，雖各一體，而時依境，不必皆同。是故諸識非相應也。心心所起，必現色、影故。次第三，明其色法。是故《論》言：“二所現影故。”謂若心起，託境方生，必變色、影，當情而現。故諸色法，皆不離心，無有一色非心變者。如地獄卒、鬼見膿河、眼外毛輪、夢中色像，皆自心變，都不離心。此心豈[⑤]唯變色法耶?答：就麁顯著，且説色言，爲破離心有實色執。實色尚爾，况非色乎? 心心所色，必有分位故。此第四，明不相應。是故《論》云：“三位差别故。”如《唯識論》顯此義云：“得非得等，非如色心及諸心所體相可得，非異色心及諸心所作用可得，故非實有。但説色等，分位假立。此定非異色心、心所，有實體用，許藴攝故，如色心等。若異心等，或心、心所及色無爲所不攝故，如畢竟無，定非實有。”前明諸法，後顯法性故。次第五，明無爲法。是故《論》言：“四所顯示故。”如《唯識論》顯此義云：“然諸無爲所知性故，或色心等所顯性

① 此，甲本無，乙、丙二本作“次”。

② 道，甲、乙、丙三本作“導”。

③ 此，甲本作“次”。

④ 故，乙本無。

⑤ “豈”前乙本有一“起”字。

故，如色心等，不應執爲離色心等實無爲性。”若異心等，非法性故。故依前四顯示無爲，雖與諸法體不相離，而與諸法亦非即一，由常、無常性各異故。如是次第，總結前説。泛論諸法，次第有五：一者生起，十二支等先因後果次第生故。二者觀行，如四諦等先果後因次第觀故。三者麁細，如六度等前麁後細次第修故。四者勝劣，心、心所等前勝後劣次第有故。五者言説，如正斷等雖無前相次第説故。於前五法而配屬者，心心所色不相應行，而有生起勝劣次第。兼説無爲麁、細次第，有爲事麁、無爲細故[①]。小乘則依麁細次第，故以色法而爲其初，一切法中色最麁故。亦依觀行，以不净觀佛法要門、依色法故，不許諸法心所變故。不以心心爲最初也。

論：“第一心法，略有八種。”

開曰：次下第四，廣辨法相。辨前五法，即分爲五。初心法中，復分爲二：初標數，後辨列。此初也。謂此心法，諸教異説。若小乘前及大乘中，隨轉理門，但説前六。仍亦不許一念並生，故於見在隨起一識。《楞伽經》等，開阿賴耶染、净二位，説有九識。若《攝大乘》，依前六識根、境、識三，立十一識。《深密》等經，於阿賴耶通、别[②]分位，立七種名。《攝論》所説一意識宗，不開前六，但總説三。如是等教，處處非一。今剋體説，但有八種。諸教多少，隨開合故。

論：“一、眼識；二、耳識；三、鼻識；四、舌識；五、身識；六、意識；七、末那識；八、阿賴耶識。”

開曰：此辨列也。然此八識聖教大宗，先德[③]皆有章門廣釋。今開略論，未可文繁，就要而明十門分别：一、釋名顯體。二、心所相應。三、所緣境界。四、諸分行相。五、諸量同異。六、諸受有無。七、所依多少。八、所緣所闕。九、能所熏異。十、斷常體殊。此十義門，諸論雖説，而《唯識論》具而且明。今者多依《唯識》文釋。初顯名體，復有四句。或有教説通中别名：八雖通名爲“心意識”，依相增説“心意識”殊。第八名“心”，集諸法種起諸法故；第七

① “有爲事麁無爲細故”八字甲、乙、丙三本無。

② 别，乙本無。

③ 德，乙本作“得”。

名“意”，性審思量爲我相故；前六名“識”，了境相麁勝餘識故。此於通中顯此別名，或有教説別中別名。且前六識雖別名“識“，依根、境用，各立三名。依根方名，名“眼識”等，“眼”之“識”故，並依主釋。隨境立名，名“色識”等，“識”有“色”故，並有財釋。隨用立名，名“見識”等，“見”即“識”故[①]，並持業釋。今此《論》説隨根立名而不隨境立識名者，隨根立名具五義故。五謂依發，屬助如根：一、依眼之識，故名“眼識”。要根不壞，依眼識生，縱色現前、盲不見故。二、眼所發識，故名“眼識”。如病損眼，識並見黄，不由色壞識謬見故。三、屬眼之識，故名“眼識”。眼識種子，隨眼種生，不隨色種眼識生故。四、助眼之識，故名“眼識”。由識合根，有所領受，根有損益非由色故。五、如眼之識，故名“眼識”。如根能照，定是有情，色於是中非决定故。眼識既爾，餘識准之。隨境立名，雖順“識”義，但依五根，未自在説。若自在位，諸根互用，一根發識，緣一切境，即令六識有雜亂過。隨用立名，當知亦爾，但所隨根，無相濫失。又第六識，《楞伽經》中更立別名，分別事識，分別内外種種事故。《起信論》中名“分離識”，別[②]依六根取六境故。其第七識，通中別名。名“末那”者，此譯名“意”，恒審思量爲性相故。此名何異第六意識？此持業釋，如“藏識”名，“識”即“意”故。彼依主釋，如“眼識”名，“識”異“意”故。此“意”別名，復有三種：一、補特伽羅我見相應，名“染污意”。二、法我見相應，名“有覆意”。三、平等性智相應，名“清净意”。初通一切異生[③]相續、二乘有學、七地已前一類菩薩有漏心位；彼緣阿賴耶識，起補特伽羅我見。次通一切異生、聲聞、獨覺相續、一切菩薩法空智果不現前位；彼緣異熟識，起法我見。後通一切如來相續、菩薩見道及修道中法空智果現在前位；彼緣無垢識等，起平等性智。其第八識差別名者，此依位別，有三種名：一、名“阿賴耶”，此譯名“藏”，“能藏”、“所藏”、“執藏”義故。謂前七識，皆從種生；因果體相，不可定異，即攬此種，爲第八識。七識皆爲此識所攝，攝藏諸法於自體中，故名“能藏”。諸識種子七識所熏，是彼氣分不離七識，既攬種

① 故，甲、乙、丙三本作“等”。

② 別，甲本作“分”。

③ 生，甲本作“性”。

子爲第八識，種子是前七識所攝，藏自體於諸法之中，故名“所藏”。從無始來，任運相續，似一似常，以實我相，故第七識，恒執爲我，我見所攝，故名“執藏”。“藏”是業用，“識”即是體。“藏”即是“識”，持業釋也。此名唯在異生有學，非無學位不退菩薩，有雜染法執藏義故。故“賴耶”名依“執藏”說，以前二義通後位故。由是此名，過失最重。最初捨故，此中偏說。二、名“毘播迦”，此名“異熟識”。謂此識體，性唯無記，乃是能引善、不善業界趣生等生死果體。名“異熟”者，異時而熟，變異而熟，異類而熟；具此三義，故名“異熟”。若前二義名“異熟”者，前七識等亦得此名；因時異果，由因變異，而果方熟，義皆遍故。依後一義名“異熟”者，唯第八識獨得此名；以善、惡因，感無記果，異類“熟”義非餘識故。“異”義通因，“熟”唯在果。果[①]熟有二：種子，現行。若“異”屬因，是“異”之“熟”。若“異”屬果，“異”即是“熟”。“異熟”即識，“熟”屬現行。異熟之識，“熟”屬種子，故餘轉識不得此名。此名唯在異生、二乘、諸菩薩位，非如來地，猶有異熟無記法故。三、名“阿末羅”，此名“無垢識”，最極清净、廣大殊勝諸無漏法所依止故。“無垢”即“識”，持業釋也。此名唯在如來地有，菩薩二乘及異生位持有漏種，可受熏習，未得善净第八識故。此等皆是别中别名。或有教立别中通名，其前六識通名“受用”，受用六塵生苦果故。《雜集論》中名“生起識”，數從本識而生起故。若兼第七，通名“轉識”，見道等中有間[②]轉故。若第八識，通前三名及一切位，有四種名：或名“根本[③]識”，是前七識染净諸法生根本故。或名“阿陀那”，執持種子及諸色根令不壞故。或名“所知依”，能與染净所知諸法爲依止故。或名“種子識”，能遍任持世、出世間諸種子故。此等並是别中通名。或有教說通中通名，謂即此前别中通名，更通名爲“心意識”故。此前通義通名“心”者，緣慮集起，通諸識故。故前[④]標云：“心法有八。”或通諸義，皆名爲“意”，皆有“能生依止”義故。故處門中，通名“意”處。或此諸義通名爲“識”，皆能

① 果，丙本無。
② 間，甲本無。
③ 本，甲本無。
④ 前，甲本無。

了别諸境相故。故五藴中，皆“識藴”攝，而論列中並名“識”也。小乘通依三世眼等：未來名“心”，積集義故；入現名“識”，能了别故；過去名“意”，開導依故。心起必有心所相應，隨心性類，與彼俱起。謂八識性有善、不善、有覆無記、無覆無記。能於此世、他世順益，故名爲“善”。人天樂果雖於此世能爲順益，非於他世，故不名“善”。能於此世、他世違損，故名“不善”。惡趣苦果雖於此世能爲違損，非於他世，故非“不善”。於善、不善損益事中不可記别，故名“無記”。若性染污，能蔽於心，障礙聖道，故名“有覆”。若非染污，不能蔽心，不障聖道，故名“無覆”。第八唯是無覆無記，以此識是異熟性故。異熟若是善染污者，流轉還滅，應不得成。又此識是善染依故，若善染者互相違故，應不與二俱作所依。又此識是所熏性故，若善染者，如極香臭，應不受熏；無所熏故，染净因果俱不成[①]立。既信貪等是唯善染，故與此識定不相應。惡作等四無記别境[②]性者有間斷故，亦不相應。其别境五，緣别别境：謂欲希望所樂事轉。此識任運，無所希望，勝解印[③]持，决定事轉。此識瞢昧，無所印持，念唯明記曾習事轉。此識昧劣，不能明記，定能令心專注一趣。此識任運刹那别緣，慧唯簡擇德等事轉。此識微昧，不能簡擇，故此不與别境相應。其觸作意，受相思五，以是遍行心所法故。若無此五，心必不生，無觸受等不名“心”故。其遍行相，後當廣説。第七唯是有覆無記。性是染污，障礙聖道，隱蔽自心，故名“有覆”。一類内執不起此世、他世損益，故名“無記”，故唯十八心所相應。謂觸等五，别境中慧、我癡、我見、我慢、我愛，八大隨惑；意與遍行定相應故，執我法者必有慧故，愚於我相迷無我故，於非我法妄計度故，恃所執我生高舉故，於所執我深耽著故，八大隨惑遍染心故。

何故此識無餘心所？我見常起無餘見故，無一心中有二慧故，慧與我見義用别故，由見審决不猶豫故，愛所執我不憎恚故，恒緣合境無希望故，恒緣定事無印持故，恒緣現境無記憶故，刹那别緣不專一故，善唯是净、此染污故，小十麁猛、此審細故，中二不善、此無記故，恒緣定境、非悔先故，眠依外

① “成”前乙本有一“得”字。

② “别境”二字甲、乙、丙三本無。

③ 印，録本訛作“即”，據底本改。

緣、此内起故，尋伺麁細此一類故，故唯十八心所相應。第六意識通一切性，具諸分別内外門轉，於損益性皆可記故。所起染污雖爲定伏，性非損益障聖道故。滿業所招異熟果心，性非染污，不障道[①]故，故容一切心所相應。雖非一時一切俱起，隨起三性，即彼相應。眼等五識隨外門轉，亦同意識，通其四性，由無計度，隨念分別，唯三十四心所相應；謂五遍行及五別境、十一善法、三本煩惱、中二、大八，十隨煩惱觸等遍與心相[②]應故，能微劣緣別別境故，亦有翻染諸善法故，有貪、嗔、癡不善根故，無慚無愧通不善故，掉舉等八遍染心故。

所餘心所何不相應？由稱量等起慢等故，小十麁猛此微劣故，追悔睡眠非五法故，尋伺是意不共法故。此隨因中三性位説。若在果位，皆無漏善，與二十一心所相應，遍行別境及善十一[③]，與一切心恒相應故，常樂證知所觀境故，於所觀境恒印持故，於曾受境恒明記故，世尊無有不定心故，於一切法常決擇故，極净信等常相應故，無染污故無散動故，非不定等心所相應。既隨此等心所相應，於所緣境亦有寬狹。因中五識唯緣色等五塵假實，如下所明。而五識緣有其二説：有説五識但緣實境，由任運而[④]起，不待名言，及待此餘根境起故；其長短等諸餘假色，要待名言及餘所起，是故不緣長等假色。有説五識亦緣假境，以長短等亦色處收，故眼識緣不違於理。然緣假時心緣於實，緣實之時不緣於假，實不依假，假依實故。第六意識緣一切境，具三七等一切分別，了別識中最爲勝故。若第七識，唯緣第八見分爲我，不緣相分識中種子及相應法以爲我所，我、我所執不俱起故，以此識俱薩迦耶見任運一類，恒相續生，無容別起我所執故。有處説執我、我所者，以執此識是“我”之“我”，故於一“見”義説二言。其第八識雖微細故，所緣行相俱不可知，由因緣力自體生時，内變執受種子色根，外變所依器世界相，即以所變爲自所緣，行相仗之而得[⑤]起故。若有色界，具三所緣。無色界中，唯緣種子不變心

① “道”前甲本有一“起”字。
② “相”前乙本有一“恒”字。
③ “善十一”三字甲本作“十一善”。
④ 而，甲、丙二本無。
⑤ 得，甲本無。

等爲所緣者，有漏識變，略有二種：一、隨因緣勢力故變。二、隨分別勢力故變。初必有用，後但爲境。異熟識變但隨因緣所變色等，必有實用；若變心等，便爲無用。相分心等不能緣故，須彼實用別從此生，是故第八不緣心等。若以此識緣七識種，攝末歸本，亦得名“緣”。但依現行，則無“緣”義。此等皆依有漏位説。若無漏位，四智相應，遍緣真、俗一切境界。不爾，佛果非遍知故。此諸境相皆自心變，實不離心，是心分故。然此心分，總有四種：一者相分。二者見分。三者自證分。四、證自證分。謂有漏識自體生時，皆似所緣、能緣相現。彼相應法，應知亦然。似所緣相，説名“相分”。似能緣相①，説名“見分”。若心、心所無所緣相，應不能緣自所緣境，或應一一能緣一切，自境如餘、餘如自故。若心、心所無能緣相，應不能緣如虚空等，或虚空等亦是能緣。故知必有相、見二分。相分是所緣，見分名“行相”。相見必有所依自體，即此自體，名“自證分”。此若無者，無自證分，應不自憶心、心所法，如不曾受境必不能憶故，相見應無所依體故，所量、能量無量果故，故知必有此自證分。心分既同，必合相證。若無第四，誰證第三？故應更有證自證分。此是第三自證分果，諸能量者必有果故。不應見分爲第三果，見分或時非量攝故，證自體者必現量故。

“若爾，應更立第五分，是則復有無窮之失？”

答：“但是第三，卻證第四，皆是現量得相證故。初二是外，後二是内。初唯所緣，後三通二。非即非離，皆不離心。具所能緣，無無窮過。”

此有漏識，四分皆通。若無漏心，有、無不定，謂正體智見有相無緣，真之智必有見故。若無見分，應不能緣，寧可説爲緣真如智？勿真如性亦名“能緣”，故應許此定有見分。雖有見分，而無分别，説無相取不取相故。雖無相分，而可説此，帶如相起、不離如故。如自證分緣見分時，不變而緣。此亦應爾，變而緣者便非親證，如後得智有境相故。若後得智，二分皆有，説此智品有分别故。説此思唯，似真如相，不見真實真如相故。分别諸法自、共相等，觀諸有情爲説法故。若後二分，二智雖通，緣用有無，則各差别。謂根本智，即不相緣。若後得智，有相緣用，有相無相二用别故。是謂略説“四

① 以下甲本缺。

分”之義。而前所説諸識境相，應知即是識之相分。是心分故，非即離心。離心、心所，皆有四分。而能量境，則有差别。謂八識量，總有三種：一者現量。“現”謂現前，“量”謂量度。謂於現前明了色等，不迷亂相而得了知，離諸名言種類分别，照鏡明白，故名“現量”。“現”即是“量”，持業釋也。二者比量。“比”謂比類，“量”義同前。謂於不現在前色等，而藉衆相，於所觀義，有正智生，了知有大或無常等，是名“比量”。“比”即是“量”，亦持業釋。三者非量。謂若有境非可現知明白而照，亦非衆緣而可比度，境體實無，非可量度，於非量處而起心量，故名“非量”。故非六釋。然此三量皆約心論，不約境説，非能量故。故八識中。五、八二識唯是現量，由無計度隨念分别、但於境界任運轉故。若末那識，唯是非量，緣第八識執爲我法、於非我法而横計故。若第六識，通有三量，具自性等一切分别、能遍了知一切境故。故四分中，初之相分唯是所量，後三通二，次之見分通其三量，其後二分唯是現量，證自體者必現量故。此依因位八識而説。若依果位，亦有差别。謂正體智，一切現量；若後得智，亦通三量，緣自、共相一切境故。既量境相，應領順違。此領受相，略有三種：領違境相，逼迫身心，説名“苦受”。領順境相，適悦身心，説名“樂受”。領中容境相，於身於心非逼非悦，名“不苦不樂受”。於苦、樂中，復各分二：所謂苦憂、喜樂别故，逼、悦身心相各異故，由無分别、有分别故，尤重、輕微有差别故。不苦不樂不分二者，非適、非悦相無異故，無分别故平等轉故。諸適悦受，五識相應，恒名爲“樂”。意識相應，名“喜”、名“樂”。若在欲界，初二静慮近分名“喜”，但悦心故；若在初二静慮根本，名“樂”、名“喜”，悦身心故。第三静慮根本名“樂”，安静、尤重無分别故。諸逼迫受，五識相應，恒名爲“苦”。意識相應，名“憂”、名“苦”。人天中者，恒名爲“憂”，由有分别非尤重故。傍生鬼界，名“憂”、名“苦”，雜受、純受有輕重故。捺落迦中，唯名爲“苦”，純受、尤重無分别故。除此餘位，不苦不樂，若身若心，皆名爲“捨”。或在第四静慮近分、根本已上並名“捨”者，平等轉故，離變異受不動地故，若身、若心無别相故。故知六識三受容俱，得自在位唯喜樂捨，諸佛已斷苦憂事故。若第七識，從無始來，任運一類，緣内執我，恒無轉易，與變異受不俱起故。其第八識，極不明了，不能分别違、順境相，微細一類相續轉故，故皆唯與捨受相應。雖在果位，亦唯捨受，任運恒時平等轉故。

雖此諸義依心、心所，而心、心所皆有所依。然彼所依，總有三種：一、因緣依，謂自種子。諸有爲法皆托此依，離自因緣必不生故。然種自類，因果不俱。種現相生，决定俱有。猶如束蘆，俱持而有。如是八識及諸心所，定各别有種子所依。二、增上緣依，謂内六處。諸心、心所皆托此依，離俱有根必不轉故。於中五識有四所依，謂五色根，六、七、八識，隨闕一種必不生故，同境、分别、染净、根本所依異故。第六意識俱有所依，但有二種謂七、八識，隨闕一種必不生故，不共根本所依異故。若末那識，俱有所依，但有一種，謂阿賴耶，藏識若無，必不轉故。阿賴耶識，俱有所依，亦有一種，謂末那識，染意若無，必不轉故。説眼識等①十緣等者，依與所依義相雜説。"依"謂一切有生滅法扙(仗)②因托緣而得生住，諸所扙(仗)托皆説爲"依"，如王與臣互相依等。若法決定有境爲主，令心、心所取自所緣，乃是"所依"，即内六處，此但如王，非如臣等，故俱有依但唯爾所。三、等無間緣依，謂前滅意。諸心、心所皆托此依，離開導根必不起故。要有緣法爲主能作等無間緣，此於後生心、心所法開避引導。此但屬心，非心所等。若此與彼，無"俱起"義，説此於彼，有開導力。一身八識既容俱起，故唯自類爲開導依。小乘不許六識並生，隨一起時，即名爲"識"；隨起而滅，即名爲"意"；故許互作等無間緣。故大乘宗，唯取自類，自類必無"俱起"義故。雖心、心所異類並生，而互相應和合似一，定俱生、滅，事業必同，一開導時，餘亦開導。雖能開導，而不名"依"，於所引生無"主"義故。

此與四緣義有别者：一者因緣，爲有爲法親辨自果。此體有二：一者種子，二者現行。種子者，謂本識中善、染、無記諸界地等功能差别，能引次後自類功能，及起同時自類現果。此唯望彼是因緣性，即三依中初所依義。彼望現識爲種子依，此兼後種爲因緣性。現行者，謂七轉識及彼相應，所變相見性界地等，除佛果善，極劣無記。餘熏本識，生自類種。此唯望彼是因緣性，三所依中都無此義，現行同類，展轉相望，皆非因緣，自種生故。

① "識等"二字乙本作"等識"。

② 扙，此當讀如"仗"(二字《廣韻》皆音直兩切)。該字《成唯識論》卷第二[T31n1585p20c4]正作"仗"。下讀如"仗"之"扙"徑括注其本字，不復校。

二、等無間緣，謂八現識及彼心所，前聚於後，自類無間，等而開導，令彼定生，多同類種，俱時轉故。知不相應，非此緣攝，除入無餘，最後一念極微劣故。又無當起等無間法，故非此緣。餘八識聚、三界九地、上下死生、有漏無漏，隨其所應，互①相開導，故皆得作等無間緣，即三依中“開導依”義。

三、所緣緣，謂若有法，是帶己相，心或相應所慮所託。此體有二：一、親；二、疏。若與能緣體不相離，是見分等内所慮託，應知彼是親所緣緣。若與能緣體雖相離，爲質能起内所慮託，應知彼是疏所緣緣。親所緣緣，能緣皆有，離内所慮、託必不生故。疏所緣緣，能緣或有，離外所慮、託亦得生故。由是八識及諸心所，各各定有親所緣緣，疏所緣緣有無不定。若前五識麁鈍劣故，及第七識是俱生故，未轉依位必扙（仗）外質，故皆定有疏所緣緣。若第六識，行相猛利，於一切位能自在轉。若第八識，所變身土可互受用，更互爲質。所變根種於他有情無受用理，不互爲質。及五、七識已轉依位，所杖（仗）外質或有或無。疏所緣緣，有無不定。此就諸識當體而説。若依②相望，有無不定。恐文增廣，略而不述。三所依中，都無此義。

四、增上緣。謂若有法有勝勢用，能於餘法或順或違。雖前三緣亦是增上，而今第四除彼取餘，爲顯諸緣有差别故。此順、違相於四處轉，生住成得四事别故。然增上用隨事雖多，而勝顯者唯二十二，應知即是二十二根。此即攝彼三所依中俱有“依”義，此義寬故。是故八識更互爲緣，有力、無力義皆通故。

初因緣中“種子”義者，“種子”即是“習氣”異名，習氣必由熏習而有。依何義故，立“熏習”名？“能熏”、“所熏”各具四義，令種子生長，故名“熏習”。

何等名爲“能熏四義”？一、有生滅。若法非常，能有作用，生長習氣，乃是“能熏”。此遮無爲，前後不變，無生長用，故非“能熏”。二、有勝用。若有生滅，勢力增盛，能引習氣，乃是“能熏”。此遮異熟心、心所等，勢力羸劣，故非“能熏”。三、有增減。若有勝用，可增可減，攝垣習氣，乃是“能熏”。此遮佛果，圓滿善法，無增無減，故非“能熏”。彼若能熏，便非圓滿。前後佛果，

① “互”前乙本有一“亦”字。

② 依，乙、丙二本作“約”。

應有勝劣。四、與所熏和合而轉。若與所熏同時同處,不即不離,乃是“能熏”。此遮他身,刹那前後,無“和合”義,故非“能熏”。唯七轉識及彼心所有勝勢用而增減者,具此四義,可是“能熏”。

何等名爲“所熏”四義:一、堅住性。若法始終一類相續,能受習氣,乃是所熏。此遮轉識及聲風等,性不堅住,故非“所熏”。二、無記性。若法平等,無所違、逆,能容習氣,乃是“所熏”。此遮善染,勢力强盛,無所容納,故非“所熏”。由此如來第八浄識唯帶舊種,非新受熏。三、可熏性。若法自在,性非堅密,能受習氣,乃是“所熏”。此遮心所及無爲法,依他堅密,故非“所熏”。四、與能熏共和合性。若與能熏同時同處,不即不離,乃是所熏。此遮他身,刹那前後,無“和合”義,故非所熏。唯異熟識具此四義,可是“所熏”,非心所等。

“若爾,第八種是誰熏?第八唯是所熏識故。”

答:“即前七識而與熏生,説熏成彼相見種故。謂前五識所起相分託第八識相分而生,故與第八熏相分種。若第七識託第八識見分而生,故與第八熏見分種。其第六識具緣第八所有相見熏相見種。此既無始,常熏不絶,故無始來有異熟種。”

“若爾,第八非唯無記?能熏七識通三性故。”

答:“所扙(仗)本質是無記故,所起相分非善惡故,故所熏種性唯無記。”

更有問答,恐繁止之。

熏習雖齊,藉緣不等,故令八識斷、常有殊。謂八識緣總有十種:一、總共所依緣,即通依根,彼現行識依種識故。二、染浄所依緣,即染浄根,緣染浄事依彼轉故。三、分别所依緣,即分别根,依分别心緣色等故。四、不共所依緣,即五色根,要俱有根識方生故。五、親辨自體緣,謂即種子,要親從種生識體故。六、驚動令起緣,謂即作意,於所引心有警能故。七、所託牽引緣,謂所緣境,有境界牽識方生故。八、開導令起緣,謂前念識將滅能引後念起故。九、非礙令起緣,謂即虚空,若有礙者不能了故。十、照了令見緣,謂即光明,以於闇中不能見[①]故。此中眼識具有十緣,隨闕一種必不生故。耳

① 見,乙、丙二本作“了”。

具九緣，謂除光明，以於闇中亦能聞故。鼻、舌、身三，具有八緣。皆除空者，合中知故。第六意識唯具六緣，除五色根，不依彼故；除分別根，即自體故。若第八識，具有五緣。除第六識及通依根，第八不依間斷識故，自體不可依自體故。若第七識，唯具四緣，除所緣境，以彼所緣即所依根、無別體故，説依彼轉而緣彼故。藉緣多少，斷、常有殊。由此三界，通、局亦異。謂前五識行相麁動，不能思慮，唯外門轉，起藉多緣，所藉衆緣時多不具故。起時少，間斷時多。若鼻、舌識，唯欲界繫，色無香味、無段食故。眼等三識，不通無色，厭色生彼天、無色根境故，雖有定果色、無[①]業果色故。設至佛果成所作智，相應净識亦有間斷，所緣俗境有斷滅故。第六意識雖亦麁動，自能思慮内外門轉，不藉多緣。而所藉緣，無時不具，應一切時常能現起，亦通三界一切地行，由違緣故，五位斷滅，故起時多，不起時少。五位者何(所?)[②]生無想天，即下所説無相異熟及無想定、滅受想定，睡眠悶絶。五位名義，如下所明。若至佛果，妙觀察智，相應净識，常無間斷，於一切時觀真俗故。若第七識，無始時來，一類相續，恒無間斷；亦通三界一切地中，與賴耶等爲所依故。然於三位，而有轉易，謂阿羅漢及滅盡定。出世道中而無染分、净分[③]。末那亦無間斷，平等性智常相應起，恒[④]緣平等真俗理故。若第八識，於有漏位，三界九地，恒轉如流。"恒"言遮斷，"轉"表非常，猶如暴流，因果法爾。非斷非常，是緣起理，故與趣生而爲報體，乃通三界一切地中。由漏無漏，三位名殊，隨其名體，有捨、不捨。謂於二乘無學果位菩薩七地，捨"賴耶"名，異熟識體。菩薩將得菩提時捨，聲聞、獨覺入無餘依涅槃時捨。無垢識體，無有捨時，大圓鏡智常相應故，諸善法影常現前故，利樂有情無盡期故。然八識義，差別無邊，恐文繁廣，略示綱要。

論："第二心所有法，略有五十一種。"

開曰：次下第二，明心所法[⑤]。於中有三：初總合舉數，次六位類分，後隨

① "無"前乙本有一"而"字。

② 何，乙本作"所"。"所"字義長。

③ "净分"二字丙本無。

④ 恒，乙、丙二本作"常"。

⑤ "法"前乙本有一"有"字。

位别列。此初也。然此心所，諸論開合。若《瑜伽論》，有五十三，更加"邪欲"及"邪勝解"；如邪念慧入煩惱中，邪欲、勝解例亦同故。若《雜集論》，有五十五，其"邪欲"等，合入别境；開彼惡見，以爲五種，雖俱是慧，行相别故。此及五藴，《唯識》、《顯揚》俱約"合"義，説五十一，以五見者俱惡慧故，雖行相别無異體故；以正念慧五善根攝，其邪念慧，爲障乃親，過失重故，開爲煩惱。其正欲等，非入善根，邪爲障輕，合在别境。小乘依經，説四十六。更就合説，義如下明。

論："謂遍行五，别境五，善十一，煩惱有①六，隨煩惱有二十，不定有四。"

開曰：此六位類分也，一切心中定可得故，緣别别境而得生故，唯善心中可得生故，性是根本煩惱攝故，唯是煩惱等流性故，於善染等皆不定故。是故六位，如是差别。若《瑜伽論》，總合爲五，煩惱、隨煩惱皆是染法故。以四一切，辨五差别，謂一切性及他時俱。五中遍行，具四一切。别境唯有初二一切。善唯有一，謂一切地。染四皆無，不定唯一，謂一切性。由此五位，種類差别。然此六位諸心所法，諸論雖明，皆不具足。《唯識論》釋既最圓明，下文謹依《唯識論》釋。

論："遍行五者：一、作意；二、觸；三、受；四、想；五、思。"

開曰：次下隨位别列也②。於中六位，即分爲六。此即第一遍行相也。"作意"謂能警心爲性，於所緣境引心爲業，謂此警③覺應起心種，引令趣境，故名"作④意"。雖此亦能引起心所，心是主故，但説引心。"作"謂擊發，"意"即心王。"意"之"作"故，依主釋也。"觸"謂三和分别變異，令心、心所觸境爲性，受、想、思等所依爲業。謂根境識更相隨順，故名"三和"。觸依彼生，令彼和合，故説爲彼。三和合位皆有順生心所功能，説名"變異"。觸以彼起，故名"分别"。和合一切心及心所，令同觸境，是"觸自性"。既⑤似順起心所功能，故以"受"等所依爲業。"受"謂領納，順、違俱非，境相爲性，起愛爲

① 有，乙本無。

② 也，乙、丙二本無。

③ 警，乙本作"驚"。

④ "作"前乙本有一"爲"字。

⑤ 既，丙本作"無"。

業，能起合離，非二欲故。“想”謂於境取像爲性，施設種種名言爲業，謂要安立境分齊相，方能隨起種種名言。“思”謂令心造作爲性，於善惡等，役①心爲業，謂能取境正因等相，驅役自心，令造善等。無心起時，無此俱五，故説此五名爲“遍行”；遍通一切心中行故，小乘論名“通大地法”。

論：“別境五者：一、欲；二、勝解；三、念；四、三摩地；五、慧。”

開曰：此列別境也。所緣境事，多分不同，於六位中，次初説故。所言“欲”者，於所樂境，希望爲性，勤依爲業。所樂境者，謂欲觀境；於一切事，欲觀察者，有希望故，方有欲生；若不欲觀，隨因勢力，任運緣者，全無欲故；由斯故説“欲非遍行”。若善法欲能發正勤，由彼助成一切善事，故論説此“勤依爲業”。言“勝解”者，於決定境，印持爲性，不可引轉，以爲其業。爲②邪、正等教理證力，於所取境，審決印持。由此異緣，不可引轉，故猶預境，勝解全無。非審决心，亦無勝解，由斯勝解，亦非遍行。所言“念”者，於曾習境，令心明記，不忘爲性，定依爲業；謂數憶持曾所受境，令不忘失，能引定故；於曾未受體類境中，全不起念；設曾所受，不能明記，念亦不生，故念必非遍行所攝。“三摩地”者，此名“等持”；謂即是定，於所觀境，平等持心，令心專注，不散爲性，智依爲業。謂觀德（得）③、失俱非境中，由定令④心專注不散，依斯便有決擇智生；若不繫心專注境位，便無定起，故非遍行。所言“慧”者，於所觀境，簡擇爲性，斷疑爲業；謂觀德⑤、失俱非境中，由慧推求，得決定故，於非觀境，愚昧心中無簡擇故，非遍行攝；而小乘論，同前遍行，名“通大地”。遍諸心者，未達理故，如《唯識》破。然此五種，或各別起，謂依所樂，唯起一欲，乃至所觀，唯起定慧；或互相資，隨應俱起，謂於所樂，决定曾習，所觀境中，起欲勝解，念定慧中，二、三、四、五；或有心位，五皆不起，如非四境，率爾墮心，二皆與五受相應，於苦憂事欲出離故，於喜樂事欲和合故，於平等事亦希望故。餘相應義，准此説之。此五復依性界地等。諸餘門義，如理應思。

---

① 役，乙本作“引”。

② 爲，乙、丙二本作“謂”。

③⑤ 德，丙本作“得”。

④ 令，乙、丙二本作“持”。

論:“善十一者:一、信;二、慚;三、愧;四、無貪;五、無瞋;六、無癡;七、精進;八、輕安;九、不放逸;十、行捨;十一、不害。”

開曰:此顯善位十一心所。唯善心俱,名“善心所”。故信、慚等,定有十一。所言“信”者,於實德能深忍樂欲,心净爲性,對治不信,樂善爲業。然信差別,略有三種:一、信有實,謂於諸法實事理中深信忍故。二、信有德,謂於三寶真净德中深信樂故。三、信有能,謂於一切世出世善深信有力、能得能成、起希望故。由斯對治不信。彼心愛樂,證修世、出世善。“忍”謂勝解,即是信因。“樂欲”謂欲,即是信果。此性澄清,能净心等,以心勝故,立“心净”名,如水清珠,能清濁水。慚等雖善,非净爲相。此净爲相,無濫彼失。又諸染法,各别有相,唯有不信,自相渾濁,復能渾濁餘心、心所,如極穢物,自穢穢他。信正翻彼,故净爲相。所言“慚”者,依自法力、崇重賢善爲性,對治無慚,止息惡行爲業;謂依自法尊貴增上,崇重賢善,羞恥過惡,對治無慚,息諸惡行。所言“愧”者,依世間力,輕拒暴惡爲性,對治無愧,止息惡行爲業;謂依世間訶厭增上,輕拒暴惡,羞恥過罪[①],對治無愧,止息惡行。羞恥過惡是二通相,以“慚”與“愧”皆羞恥故。崇重、輕拒是二别相,依“慚”與“愧”各别起故。善心起時,隨緣何境,皆有“崇重善”及“輕拒惡”義,故“慚”與“愧”俱遍善心。言“無貪”者,於有、有具無著爲性,對治貪著,作善爲業。言“無瞋”者,於苦、苦具無恚爲性,對治瞋恚,作善爲業。善心起時,隨緣何境,皆於有等無著無恚。觀有等立,非要緣彼。如前慚、愧,觀善、惡立。故此二種,俱遍善心。言“無癡”者,於諸理事,明解爲性,對治無愚癡,作善爲業。有説愚癡以慧爲性,不遇癡者即有慧故;故《俱舍論》不立“無癡”,是通大地慧數攝故;故善大地,唯説十種。有説無癡别有自性,非慧爲體,正對無明,如無貪瞋善根攝故。言“精進”者,於善、惡品修斷事中,勇捍(悍)[②]爲性,對治懈怠,滿善爲業。“勇”表勝進簡諸染法,“捍(悍)”表精淳,簡净無記,即顯精進唯

① 罪,乙本作“罪惡”,丙本作“惡”。

② 捍,此乃“悍”之借字,指勇猛、强悍。《莊子·大宗師》:“彼近吾死,而我不聽,我則悍矣,彼何罪焉?”《釋文》:“悍,本亦作捍。”《韓非子·五蠹》:“無私劍之捍,以斬首爲勇。”梁啓雄淺解:“捍,借爲‘悍’”此字《成唯識論》卷第六[T31n1585p30a24]正作“悍”。下“捍”字同,徑括注本字,不復校。

善性攝。此相差别,略有五種,所謂被甲、加行、無下、無退、無足,以初發心長時無間、慇重無餘修差别故。言"輕安"者,遠離麁重,調暢身心,堪任爲性,對治惛沈,轉依爲業。謂此伏除能障定法,令所依止轉安適故。故此輕安,唯在定地,調暢身心餘位無故。故唯此一,不遍善心;除此餘十,遍善心起。"不放逸"者,精進三根,於所斷修防修爲性,對治放逸,成滿一切世、出世間善事爲等。謂即四法於斷修事皆能防修,名"不放逸";非别有體,無異相故;於防惡事、修善事中,離四功能無别用故。言"行捨"者,精進三根,令心平等、正直,無功用住爲性,對治掉舉,静住爲業[①]。平等、正直,無功用住;初、中、後位,辯[②]捨差别。由不放逸,先除雜染,捨後令心寂静而住。此無别體如不放逸,離彼四法無相用故,能令寂静即四法故,所令寂静即心等故。言"不害"者,於諸有情,不爲損惱,無嗔爲性,能對治害,悲愍爲業。謂即無嗔,於有情所,不爲損惱,假名"不害"。"無嗔"翻對"斷物命嗔","不害"正違"損惱物害"。"無嗔"與樂,"不害"拔苦,是謂此二麁相差别。理實"無嗔"實有自體,"不害"依彼一分假立。爲顯慈悲二相别故,利樂有情彼二勝故,别立"不害",假、實雙明。故十一善後三是假,前八實有,相用别故。

"若爾,欣、厭、不慢、不疑、不憍誑等應非善法?"

答:"雖皆善收,而無别體,相用别者,便别立之。餘善不然,不應爲例。又諸染法,遍六識者勝,故翻之别立善法。'慢'等'忿'等,唯意識俱。'害'雖亦然,而數現起損惱他故,障無上乘勝因悲故.爲了知彼增上過失,翻立"不害"。失念、散亂及不正知,翻[入][③]别境,善中不説。染、净相翻,净寧少染,净勝染劣,少敵多故。又解:理通説多同體,迷[④]情事局,隨相分多,故於染、净不應齊責。十與五受皆得相應,一除憂苦。所謂'輕安',有逼迫受,無調暢故。此與别境皆得相應,'信'等'欲'等不相違故。輕安非欲,餘通三界。皆學等三,非見所斷,説唯修斷、非所斷故。餘門分别,如應理思。"

① 業,録本訛作"等",據底本改。

② 辯,乙本作"辯行",丙本作"行"。

③ 入,録本脱,據底本補。

④ 迷,録本訛作"述",據底本改。

論:"根本煩惱六者:一、貪;二、嗔;三、癡;四、慢;五、疑;六、不正見。"

開曰:此顯六種根本煩惱。以此六種自性尤重,煩擾惱亂有情身心,能生忿等諸隨煩惱,是故名爲"根本煩惱"。《俱舍論》説爲"大煩惱地法",唯"癡"一種,與此《論》同,餘五是此大隨惑中放逸、懈怠、不信、惛、掉[1],以遍染心煩雜熱惱,是故名爲"大煩惱法"。貪、嗔、慢、疑,不定中攝,惡見是慧不别立故。是大、小乘,宗義差别。所言"貪"者,於有、有具染著爲性,能障無貪,生苦爲業,謂由愛力取蘊生故。所言"嗔"者,於苦、苦具染憎恚爲性,能障無嗔,不安惡行所依爲業,謂嗔必令身心熱惱、起諸惡業不善性故。所言"癡"者,於諸理事述闇爲性,能障無癡,一切雜染所依爲業,謂由無明,起疑邪定貪等煩惱,隨煩惱業,能招後生雜染法故。所言"慢"者,恃己於他高舉爲性,能障不慢,生苦爲業,謂若有慢,於德、有德心不謙下,由此生死輪轉無窮、受諸苦故。此"慢"差别,有七、九種,謂於三品我德處生。所言"疑"者,於諸諦理猶豫爲性,能障不疑,善品爲業,謂由疑故,令慧不决,懷猶豫心、善不生故。"不正見"者,於諸諦理,顛倒推度,染慧爲性,能障善見,招苦爲業,謂惡見者多受苦故。

此見行相,差别有五:一、薩迦耶見,謂於[2]五取蘊執我、我所,一切見趣所依爲業。此見差别有二十句六十五等,分别起攝。二、邊執見,謂即於彼隨執斷、常,障處中行,出離爲業。此見差别,諸見趣中,有執前際四遍常論、四一分常論,及計後際有想[3]十六、無想[4]俱非各有八論、七斷滅等,分别起攝。三、邪見,謂謗因果作用實事,及非四見諸餘邪執,如增上緣名義遍故。此見差别,諸見趣中,有執前際二無因論、四有邊等、不死憍亂,及計後際五現涅槃,或計自在、世主、釋、梵及餘物類常恒不易,或計自在等是一切物因,或有横計諸邪解脱,或有妄執非道爲道,諸餘如是等,皆邪見攝。四、見取,謂於諸見及所依蘊,執爲最勝、能得清净,一切鬬諍所依爲業。五、戒禁取,謂於隨順諸見戒禁及所依蘊,執爲最勝、能得清净,無利勤苦所依爲業。

---

① 掉,底本實作"悼",當爲"掉"之形訛字。録本未出注,失真。

② 於,乙、丙二本無。

③④ 想,乙、丙二本作"相"。

如是總、别十煩惱中，貪與嗔、疑定不俱起，愛、憎二境必不同故，於境不決無染著故；與慢五見或得相應，所染、所恃境可用[①]故，於五見境皆可愛故；嗔與慢、疑或得俱起，所蔑所憎境可同故，久思不決便憤發故；與後二見必不相應，執爲勝道不憎彼故；與前三見或得相應，於苦樂藴執身斷常、生憎恚故。邪見誹撥，無好、惡事。嗔或有故，慢於[②]境定[③]，疑則不然，故慢與疑無"相應"義。然與五見皆得相應，行相展轉不相違故。疑不審決，與見相違，故疑與見定不俱起。五見展轉，必不相應，非一心中有多慧故。癡與九種，皆得相應，諸煩惱生必由癡故。又由俱生分别異故，性界[④]地等通、局亦殊。故此總、别十煩惱中，六通俱生及分别[⑤]起，任運、思察皆得生故。疑後三見，唯分别起，要由惡友及邪教力自審思察方得生故。此二煩惱既通三界，隨通不善、無記二性。若欲界繫分别起者，唯不善攝，發惡行故。若是偈生發惡業者，亦不善攝，損自他故。餘無記攝，細不障善，非極損壞自、他處故。上二界者，唯無記攝，定力所伏不發惡故。由此故知嗔唯在欲，是不善性損自他故，餘通三界、通二性故。生在下地，未離下染，上地煩惱不現在前，要得彼地根本定者，能伏下地諸惑不起，彼上地惑容現在前故。生在上地，下地諸惑，分别、俱生皆容現起。生第四定中、有中者，由謗解脱生地獄故，身在上地，將下生[⑥]時，起下潤生俱生愛故。下地煩惱亦緣上地，貪求上地味上定故。既説瞋恚憎嫉滅道，亦應嫉憎[⑦]離欲地故。總緣諸行，執我、我所斷常慢者得緣上故，餘五緣上其理極成。上地煩惱，亦緣下地，説上生[⑧]者於下有情恃己勝德而陵彼故。總緣諸行，執我、我所斷常愛者得緣下故。"疑"後三

① 用，丙本作"同"。

② "於"前乙本有一"等"字。

③ "境定"二字底本、録本訛作"定境"，據《成唯識論》卷第六[T31n1585p32b1]改。

④ "界"前録本衍一"繫"字。按：底本先誤書"繫"，援於"繫"旁注改爲"界"字。兹據删。

⑤ 别，録本訛作"不"，據底本改。

⑥ 録本出校："下生＝生下【乙】【丙】。"意謂"下生"二字乙、丙二本作"生下"。按：《成唯識論》卷第六[T31n1585p32c21]亦作"生下"。

⑦ "嫉憎"二字丙本作"憎嫉"。

⑧ "上生"二字乙本作"生上"。

見，如理應思。若分別者，唯見所斷，麁易斷故。若俱生者，唯修所斷，細難斷故。故末那識相應煩惱非見所斷，極微細故；非非所斷，是染污故。見所斷十，實俱頓斷，雖迷諦有總別、親疏，而真見道總緣諦故。其迷諦相有總、別者：總謂十種，皆迷四諦，苦、集是彼因依處故，滅、道是彼怖畏處故。別謂別迷四諦相起，二唯迷苦，八通迷四，身、邊二見唯果處起，別空、非我屬苦諦故。於所迷諦有親、疏者，謂疑、三見親迷苦理，二取執彼三見、戒禁及所依蘊爲勝能凈，於自、他見及彼眷屬，如次隨應起貪恚慢。相應無智，與九同迷；不共無明，親迷苦理；疑及邪見，親迷集諦等。二取、貪等，准苦應知。然嗔亦能親迷滅道，由怖畏彼生憎嫉故。迷諦親疏，麁相如是。委細説[①]者，如《唯識》明。修所斷者有頓、漸斷，隨其三乘根利鈍故。若第六識相應煩惱，一類二乘三界九地一一漸次九品別斷，一類二乘三界九地合爲一聚九品別斷。若末那識相應煩惱，與有頂地下下煩惱一時頓斷，最微細故。菩薩要至金剛喻定，一刹那中，三界九地兼末那惑一時頓斷。此十煩惱，要義如是。諸餘門義，如論廣明。

論："隨煩惱有二十者：一、忿；二、恨；三、惱；四、覆；五、誑；六、諂；七、憍；八、害；九、嫉；十、慳；十一、無慚；十二、無愧；十三、不信；十四、懈怠；十五、放逸；十六、惛沈；十七、棹舉；十八、失念；十九、不正知；二十、心亂。"

開曰：此列第五隨煩惱也。此二十種，唯是煩惱分位差別、等流性故，名"隨煩惱"。然此二十，類別有三：謂"忿"等十各別起故，名"小隨煩惱"。《俱舍》名爲"小隨煩惱地法"。"無慚"等二遍不善故名"中隨煩惱"。《俱舍》名爲"大不善地法"。"不信"等八遍染心故，名"大隨煩惱"。《俱舍》無此大隨煩惱，以前五法大煩惱攝，其後三種無別體故。所言"忿"者，依對現前不饒益境，憤發爲性，能障不忿，執技（仗）爲業，爲[②]懷忿者多發暴惡身表業故。所言"恨"者，由忿爲先，懷惡不捨，結怨爲性，能障不恨，熱惱爲業，爲[③]結恨者不能含忍、恒熱惱故。所言"惱"者，由[④]忿恨爲先，追觸暴熱，佷戾爲性，能

① 説，録本訛作"統"，據底本改。

②③ 爲，乙、丙二本作"謂"。

④ 由，乙、丙二本無。

障不惱，蛆螫爲業；謂追往惡，觸現違緣，心便佷戾，多發囂暴凶鄙麁言蛆螫他故。所言"覆"者，於自作罪，恐失利譽，隱藏爲性，能障不覆，悔惱爲業，爲[①]覆罪者後必悔惱、在因及果不安隱故。所言"誑"者，爲獲利譽，矯現有德(得)[②]，詭詐爲性，能障不誑，邪命爲業，謂矯誑者心懷異謀，多現不實邪命事故。所言"諂"者，爲網他故，矯設異儀，儉曲爲性，能障不諂，教誨爲業，爲[③]諂曲者爲網冒他，曲順時宜，矯設方便，爲取他意，或藏己[④]失，不任師友正教誨故。所言"矯"者，於自盛事染生染著，醉傲爲性，能障不矯，染依爲業，謂矯醉者生長一切雜染法故。所言"害"者，於諸有情心無悲愍，損壞[⑤]爲性，能障不害，逼惱爲業，謂有害者逼惱他故。所言"嫉"者，絢自名利，不耐他榮，妒忌爲性，能障不嫉，憂慼爲業；謂嫉妒者聞見他榮，深懷憂慼，不安隱故。所言"慳"者，耽著財法，不能惠捨，祕悋爲性，能障不慳，鄙畜爲業；謂慳悋者必多祕澁，畜積財法不能捨故。言"無慚"者，不顧自法，輕拒賢善爲性，能障礙慚，生長惡行爲業；謂於自法無所顧者，輕拒賢善，不耻過惡，障慚生長諸惡行故。言"無愧"者，不顧世間，崇重暴惡爲性，能障礙愧，生長惡行爲業；謂於世間無所顧者，崇重暴惡，不耻過罪，障愧生長諸惡行故。不耻過惡，是二通相，以無慚、愧皆不耻故。拒善崇惡，是二别相，依無慚、愧各别起故。不善心時，隨緣何境，皆有"輕拒善"及"崇重惡"義，故此二種俱遍惡心。言"不信"者，於實德能不忍樂欲，心穢爲性，能障净信，惰依爲業，謂不信者多懈怠故。"不信"三相，翻信應知，於實德能不忍樂欲，及於餘事邪忍樂欲，是此因果，非此自性。言"懈怠"者，於善惡品修斷事中，懶惰爲性，能障精進，增染爲業；謂懈怠者滋長染故，於諸染事而策勸者，亦名"懈怠"，退善法故，於無記事而策勤者，於諸善惡無進退故，是"欲勝解"，非别自性。言"放逸"者，於染、净品不能防修，縱蕩爲性，障不放逸，增惡損善，所依爲業；謂中懈怠及貪嗔癡，於染净品不能防修，總名"放逸"，無别自性。言"惛沈"者，令心

①③ 爲，乙、丙二本作"謂"。

② 結合文意，此"德"乃"得"之借字。

④ 己，録本訛作"已"，據底本改。

⑤ 壞，乙本作"惱"。

於境無堪任爲性,能障輕安,毘鉢舍那爲業;謂由惛沈自性瞢重,令俱生法無堪任故。此與癡相有差别者,謂癡於境迷闇爲性,正障無癡、非瞢重故。言“掉舉”者,令心於境不寂静爲性,能障行捨奢摩他,所依爲業;謂由掉舉自性囂動,令俱生法不寂静故。言“失念”者,於諸所緣不能明記爲性,能障正念,散亂所依爲業;謂“失念”者,心①散亂故,癡令失念,故名“失念”,故以癡念而爲自性。“不正知”者,於所觀境謬解爲性,能障正知,毁犯爲業,謂不正知者多所毁犯故。“知”即是慧。謂由癡故,令知不正,名“不正知”,故以癡慧合爲自性。言“心亂”者,即是散亂,於諸所緣令心流蕩爲性,能障正定,惡慧所依爲業。謂由散亂,自性躁擾,令俱生法皆流蕩故。此與“掉舉”有②差别者,彼令易解,此令易緣。染污心時,由掉亂力,常應念念易解易緣,雖一刹那解緣無易,而於相續有“易”義故。若由“念”等力所制伏,如繫猨猴,有繫時住。故“掉”與“亂”,俱遍染心。唯説二十隨煩惱者,謂非煩惱,唯染麁故,此餘染法或此分位,或此等流,皆此所攝。隨其類别,如理應知。如是二十隨煩惱中,小十、大三定是假有,謂於小十中“忿”、“恨”、“惱”、“嫉”、“害”皆以嗔恚一分爲性,離嗔無别、五相用故;“憍”、“慳”二法皆貪分攝,離貪無别、二相用故;“諂”、“誑”、“覆”三皆以貪癡一分爲性,若離貪癡無“諂”、“誑”、“覆”三相用故。大中三假者,謂即“放逸”、“失念”、“不正知”,隨應他分故。中二、大五皆是實有,别有自性、非他分故。小十展轉,定不俱時,行相麁猛各爲主故。中二一切不善心俱,隨應皆得,小、大俱起。既許大八遍法染心,展轉小、中皆容起故。由斯中、大五受相應,小十不定。“忿”等五法四俱除樂,“諂”等五法容五受俱,與别境五皆容俱起,行相相望不相違故,以别境五通三性故。中二、大八十煩惱俱,小十定非見、疑俱起,此行相麁、彼審細故。“忿”等五法,容慢、癡俱,非貪、嗔並③,是嗔分故。“慳”癡、慢俱,非貪、嗔並,是貪分故。“憍”唯癡俱,與“慢”解别,是貪分故。“覆”、“誑”與“諂”,貪、癡、慢俱,行相無違貪癡分故。小七、中二,唯不善攝;小三、大八,亦通無記。小

① 心,乙本作“多”。
② 有,乙本作“爲”。
③ 並,乙本無。

七、中二，唯欲界攝。“諂”、“誑”[□][通][1]欲、色，餘通三界。二十皆非學、無學攝，此但是染，彼唯净故。一切皆通見修所斷，隨二煩惱勢力起故。此等亦能總別親疏，迷於諦理，皆依迷諦惑所起故。法餘門義，如論應[2]明。

論：“不定四者：一、睡眠；二、惡作；三、尋；四、伺。”

開曰：此第六位不定四也。於善染等皆不定故，非如觸等定遍心故，非如欲等定遍地故，故此四種，立不定名。《俱舍》更加貪、嗔、慢、疑，所在諸地見、修所斷諸位心所皆不定故。言“睡眠”者，令不自在昧略爲性，障觀爲業；謂睡眠位身不自在，心極闇劣，一門轉故。“昧”簡在定，“略”别寤時，令顯睡眠非無體用，有、無心位，假立此名，如餘蓋、纏心相應故。言“惡作”者，惡所作業，追悔爲性，障止爲業。“惡作”與“悔”互爲因果，先惡所作業，後方追悔故。此由惡作，而有於悔，悔先不作，亦惡作攝。如追悔言：“我先不作，如是事業，是我惡作。”此即因悔有惡作也。“尋”謂尋求，令心忽遽，於意、言境麁轉爲性。“伺”謂伺察，令心忽遽，於意、言境細轉爲性。此二俱以安、不安住身心分位所依爲業，並用思慧一分爲體，於意、言境不深推度及深推度義類别故。四中“尋”、“伺”定是假有，思慧合成無别體故。“睡眠”、“惡作”定是實有，與餘心所行相别故。“尋”、“伺”二種互不相應，體類是同，麁、細異故。俱與前二，容互相應。前二亦有“互相應”義。四皆容與五受相應，意識得與五受俱故。四皆容與五别境俱，行相所緣不相違故。“睡[3]眠”但與十善容俱，此唯在欲、無輕安故。“尋”、“伺”容與十一善俱，初静慮中輕安俱故。“惡作”容與“無明”相應，此行相麁、貪等細故。“睡眠”、“尋”、“伺”十煩惱俱，此彼展轉不相違故。“惡作”中大隨惑相應，非“忿”等十各依[4]主故。“睡眠”、“尋”、“伺”二十容俱，眠等位中皆起染故。此四皆通善等三性，於無記業亦追悔故。與二種善皆得相應，聞等位中有追悔[5]故。餘三皆通染、净、無記，“惡作”非染、解麁猛故。四無記中，“悔”唯中二，行相麁猛非定果故。

---

① “通”字底本、録本無，據上下文意補。

② 應，丙本作“廣”。

③ 睡，乙、丙二本作“悔”。

④ 依，乙、丙二本作“爲”。

⑤ “追悔”二字乙、丙二本作“悔眠”。

“眠”除第四，非定引生，異熟生心亦得眠故。“尋”、“伺”除初，彼解微劣，不能尋察名義等故。“惡作”、“睡眠”唯欲界有，“尋”、“伺”在欲及初静慮，餘界地法皆妙净故。“悔”非無學，離欲捨故。“睡眠”、“尋”、“伺”皆通三種，求解脱者有爲善法皆名“學”故，學究竟者有爲善法皆“無學”故。“悔”、“眠”唯通見修所斷，亦邪見等勢力起故，非無漏道親引生故。“尋”、“伺”雖非真無漏道，而能引彼，從彼引生，故通見修，非所斷攝，即此“尋”、“伺”非所斷故。於五法中，通其二種，“尋”、“伺”即是七分别故，説正思惟是無漏故。又説彼是言説因故，後智説法有“尋”、“伺”故，非如佛地無功用故，故此“尋”、“伺”亦通無漏。諸餘門義，如論廣明。如是六位諸心所法，非謂即心分位差别，他性相應、非自性故。不爾，五蘊性應不成，無受、想、行三蘊體故。而以受、想别爲蘊者，諍根、生死、次第因故。其餘一切，皆行蘊收，亦皆法處法界所攝，此三寬通攝一切故，餘不攝者皆此攝故。

論：“第三色法，略有十一種。”

開曰：上明心所，次明色法。於中有二：初總標舉數，後依數别列。此初也。然此色法名數寬狹，大、小乘論所説有異。若《五蘊論》，説有二種：一、四大種，謂如常説地、水、火、風；以體寬廣，形相增盛，起大事用，故名爲“大”；與彼餘色爲所依性而能生成，故名爲“種”。二、四大種所造諸色，謂即一切色、香、味等；依前四大之所生起，是彼所造，名“所造色”。此中所説十一種色，即四大種所造色也。設無表色，亦是四大種之所造，所造性故。但舉所造，必有能造。影略而顯，亦不相違。此所造色，《唯識論》中約破小乘，總分爲二：一者有對，極微所成；二者無對，非極微成。此前十種是有對色，是四大種極微成故。其後一種是無對色，雖大種造，非極微故。此“有對”者即是“礙”義。《俱舍論》中説有二義：一、障礙義，如手礙手、石礙石等。二、拘礙義，能取於境而爲境界所拘礙故。然此“拘礙”復有二種：一、境界有對。十八界中六根六識、法界一分諸心所等。此十三界性能取境，爲境所拘，名爲“有對”。二、所緣有對。十八界中唯七心界及法界中諸心所法仗境而生，境爲强緣，方得生起，故名“有對”。以根及識爲境所拘、越此於餘而不轉故，此中即無所緣有對，非是仗境心、心所故。又五事分《阿毘達摩》依十一色，略説爲三：一、有見有對，謂初色境，是可見法有對礙故。二、無見有對，謂次九種，皆非[1]可見而有礙故。三、無見無對，謂後一色，以不可見、亦無礙故。又即彼《論》，説四種色：一、異熟生；二、所長養；三者等流；四者刹那。恐繁不釋，樂者述之。然説色二或二十者，是此第六别色所收。如下所明，此無繁舉。

論："一、眼；二、耳；三、鼻；四、舌；五、身；六、色；七、聲；八、香；九、味；十、觸；十一、法處所攝色。"

開曰：此依標别列也。《唯識論》中無此廣釋，今依諸論所釋意明。然釋此文，有三義别：一、釋其總名；二、總中别名；三、别中别名。初"總名"者，初之五種是根依色，次之五種是塵境色，後之一種是無對色。增上發生，是謂"根"義，皆用清净四大爲性，如寶珠等發照用故。雖皆名"色"，非現量得，以能發識，比知是有。雖第八識及如來智現量所得，非餘智識現量所得，非世共知，故約發識比知有也。爲令取境，明了端嚴，雖眼、耳、鼻各生二處，但立一根，體類同故，以境及識一界攝故。由其作用遠速明異故，眼、耳等次第而説。次言"境"者，是"所觀"義，此即染、净二義兼舉。若言"塵"者，偏就"染"説，由塵染故，故名"塵"也。其法處色，亦塵境收。

"若爾，何故初獨名'色'？"

答："有二義：一、由差别故，餘皆各有差别名故。二、由最勝故，雖皆名'色'，此最勝故。故初色境别得'總'名，依能取根用次第故。'色'、'聲'、'香'等，次第亦爾。"

釋"總名"竟。解"别名"者，今依《雜集》、《顯揚》等論及小乘論通義釋云：有净極微，布眼精上，對境而住，如香荾花，梵語目此，别名"斫芻"。"斫"是"行"義，"芻"是"空"義，謂行於空、照了色故。傍義翻之，名之爲"眼"，以眼有此行空照故。有净極微，在耳穴内，旋環而住，如卷樺皮，數數於此，聲至能聞，是故梵語云"戍路多"。"戍路多"者，此云"能聞"。傍義别翻，以之爲"耳"，以耳有此能聞用故。有净極微，在鼻頞内[2]，背上向下，如雙爪甲，數

① 非，乙本作"不"。
② 内，丙本作"中"。

由此故，能嗅於香，由此梵語云“羯羅拏”。“羯羅拏”者，此云“能嗅”。傍義[①]別翻，以之爲“鼻”，以鼻有此嗅功能故。有净極微，布在舌上，形如半月，能嘗於味，能除飢羸，數發言語，表彰呼召，由是梵語云“時訖縛”。“時訖縛”者，此云“能嘗”。傍義别翻，以之爲“舌”，以舌有此能嘗用故。有净極微，遍諸身分，諸根所隨，周遍積聚，能受諸觸，是故梵語目爲“迦耶”。“迦耶”此土翻爲“積聚”。此云“身”者，即是“聚”義。就此别翻，名爲“身”也。

數有示現，在其方所，質量可增，别名爲“色”。此色别名，復二十五：碧緑之儔曰“青”。紅赫之流曰“黄”。朱丹之類名“赤”。素潔之黨曰“白”。舒焰照總名“光”。障光發像穢“影”，發光自顯爲“明”。體昧無明曰“闇”。薪火氣騰名“烟”。龍吟氣運名“雲”。輕土揚空爲“塵”。地水氣昇爲“霧”。物形修直爲“長”。物像局促名“短”。質相上舉名“高”。事類沈萎名“下”。六面平正名“方”。四角訛兀爲“圓”。邊傍廣闊爲“麄”。上下纖長名“細”。或約好惡，以分“麄”、“細”。端平居直爲“正”。偏僻斜曲云“不正”。遊空隙塵名“逈色”。屈身（申）[②]等業名爲“表色”。太空所見名“空一顯色”。前四種色，當體自顯，不假他成，故是實有。餘二十一，是前四色分位而有，皆是假立。《俱舍》所立二及二十，無麄、細色，長短攝故。無後三種，法處攝故。大小經論無“黑色”者，或青所攝、與青近故，或隨蓮花但四色故，或與闇色無别體故。

數諠數謝，隨增異論，表彰名句，故名爲“聲”。此聲别名，有十一種：一、因執受大種聲，謂從有情之[③]所起者，有情乃爲識執受故。二、因不執受大種聲，謂從非情之所起者，非情不爲識執受故。三、因俱聲，謂情、非情共所起者，執、非執受大種起故。四、可意聲，謂隨所樂悦心意者，有聞音樂不悦意故。五、不可意聲，謂隨所惡不悦意者，縱駡辱等有悦意故。六、俱相違聲，謂所聞聲非好、非惡，於聞者識但平等故。七、世所共成聲，謂依世間共立言教之所起者，如車、舍等。八、成所引聲，謂諸聖者成就無漏之所起者，依此

① “傍義”二字乙、丙二本作“從傍”。

② 身，乙本作“申”。“申”字義長。

③ 之，丙本作“身”。

聲上,建立三藏聖教體故。九、遍計所執聲,謂諸外道所起言教,從計所執虚妄起故。十、聖言所攝聲,謂依見、聞、覺、知四種,而起八種真實語故。十一、非聖言所攝聲,亦依見、聞、覺、知四種,而起八種虚妄語故。前三種聲可是實有,依實體聲而建立故。餘八種聲皆假建立,於前三聲分位説故。《俱舍論》中説有八種,但約執受及無報受,情、非情名"可"、"不可意"而建立,故但有爾所。

離質潜形,屢隨風轉,是鼻所嗅,别名爲"香"。此則兼"臭",亦得此名。非唯沈麝獨名"香"也。由是此香,别名有六:一者、好香,益根順情,鼻可樂取,並名"好香",以沈檀等非諸有情皆順益故。二者、惡香,損根違情,非鼻樂取,並名爲"惡",以糞穢等非諸有情同爲[①]損故。三、平等香,非損非益,無順無違,非可愛增(憎)[②],名"平等"故。四、俱生香,謂與本質俱時而生,如沈香等質俱有故。五、和合香,謂雜諸物,共成一香,生此香氣與餘異故。六、變異香,謂隨物質所和合時,而此香氣有變異故。前三是實,香本體故。後三是假,轉變立故。若《俱舍論》,唯説四種,所謂好、惡、平、不平等。後二依根損、益而立,既非别體,故不别説。

隨質有無,於根損、益,屢招麁苦,别名爲"味"。此"味"别名,又十二種:一、苦;二、酢;三、甘;四、辛;五、醎;六、淡。此之六味,是其實體,世所共知,更無别釋。七、可意味,謂隨所好適其意故。八、不可意味,謂隨所惡不適意故。九、相違味,謂非好惡、但平等故。十、俱生味,謂果中味質俱有故。十一、和合味,諸物和雜而别生故。十二、變異味,隨質生熟味轉變故。此六是假,於前六上分位立故。《俱舍論》中唯説六種,即是前六味實體故。

隨物所生,爲身所取,令根損、益,别名爲"觸"。此"觸"别名,有二十二:澁、滑、輕、重、緩、急、冷、煖、飢、渴、飽、悶、强、弱、癢、痛、老、死、疲、息、黏、勇。《對法》與此,次第不同;而於"强"、"弱"改名"力"、"劣"。若依《俱舍》,更加四種,謂即四大堅、濕、煖、動,皆能於身有所觸故,是前諸觸所依體故,

① 爲,乙、丙二本作"違"。

② 增,此當讀如"憎"。馬王堆漢墓帛書《戰國縱横家書·朱己謂魏王章》:"夫增韓不愛安陵氏,可也。"句中"增"與"不愛"並舉,亦讀如"憎"。

諸觸依此分位立故；兼説輕、重、澁、滑、飢、渴、冷，共成十一觸。不説餘者，義不具故。

無質可對，非五根取，唯意根所緣，名“法處所攝色”。“法”謂軌持，自、共相等。“處”謂處所，意所緣處。此色是此法處收故，别名“法處所攝色”也。此色别名，又有五種：一、極略色，亦名“極微”；古名“隣虚”，或名“微塵”。略彼麁色，極至微塵，隣次虚空，名“極略色”。此非眼見，但意所緣，謂瑜伽師以假想慧，於麁色相漸次除拆，至不可拆，隣次虚空，説爲“極微”。若更拆之，便似空現，不名爲“色”。極微略故，名“極略色”。二、極逈色，謂即極微是色邊際，既無方分，離餘礙觸，極孤逈故，名“極逈色”。此與“極略”，體雖無别，而義有異，是故别分。三、受所引色。從惡友所發惡思願，誓受諸惡，不律儀事；及從善友發善思願，所受别别解脱律儀。此二所生無表之色，雖依思願善、惡種立，由從色生、又防色故，是故名爲“受所引色”。四、遍計所起色，謂遍計心所執實有我法之色。此無本質，獨有影像，似色相現。若與五識同時意識，緣本質色所起相分是性境故，非此色攝；獨頭意識影像色相故，名“遍計所起色”也。五、自在所生色。自在菩薩、大聲聞等，及諸凡夫定自在者，依次第定作青等觀，所變青、黄、赤等色相分，或變第八五塵相分，以爲金、銀、蘇酪等相色，從自在力新生故，名爲“自在所生色”也。前四是假，唯觀心等假建立故。後一通實，亦第八識所緣境故。小乘有部皆説是實。然法處色，唯説一種，謂即善、惡所生無表，即當此中受所引色。不説餘者，義不具故。

如是所説十一種色，《俱舍論》中極微所成，離心别有；而《唯識》説皆是本識，隨量大小，頓現一相，非由極微合成一物，皆五藴中色藴所攝，並有[①]積聚、變礙性故。十二處中，十一處攝，隨應有彼“生門”義故。非意根者，非心識故。十八界中，十一界攝，是能生本“種類”義故。既藴處界通因果位，由此亦通佛果位。有説佛具有色根境故，説無藴等非“了”義故。若在果位，性唯無漏，佛身藴等皆妙净故，能變净識非有漏故，説有漏者隨小乘故。若在因位，性唯有漏，以是異熟識相分故，其能變識是有漏故，由見相分性類同

① 有，乙、丙二本作“是”。

故。若無漏色,性唯是善,皆是真實順益法故。若有漏色,性皆無記,由能變識性無記故,論説色聲非善惡故。若法處色,有無不定。若在佛身,無遍計色,諸佛已斷計執心故。極略逈色,雖亦實無,隨俗亦有假想慧故,諸佛遍緣假實法故。佛常發起諸善思願,戒共諸色無斷滅故;得大自在,悉能轉變,其自在色決定有故。若在因位三乘聖者,隨其處應五種皆有,有漏心時起計執故。有四皆相,如應准知。若諸異生得定心者,亦有五種。未得定者,容有遍計受所引色,以計執心常不斷故,善、惡思願隨互起故。其前二色唯是善收,唯從定心之所起故。受所引色,通善惡性,善、惡思願所引起故。遍計起色,通其三性,是獨影境從見分故。自在生色,性是無記,變本識相是通果故。"界"、"地"等義,如理應思。

論:"第四心不相應行法,有二十四種。"

開曰:次釋第四不相應行。於中有二:初總標舉數,後依數辨列。此初也。若小乘宗,説有十四。亦有更加"隨眠相"者。今大乘宗,説二十四。若《唯識論》,隨破小乘,但顯十四不相應相。若《瑜伽》等,顯大乘宗,辨二十四"不相應"義。故《瑜伽》等,具廣分別。今依《瑜伽》、《顯揚》、《五蘊》及《唯識》等諸論説也。

論:"一、得;二、命根;三、衆同分;四、異生性;五、無想定;六、滅盡定;七、無想事;八、名身;九、句身;十、文身;十一、生;十二、老;十三、住;十四、無常;十五、流轉;十六、定異;十七、相應;十八、勢速;十九、次第;二十、方;二十一、時;二十二、數;二十三、和合性;二十四、不和合性。"

開曰:此依數辨列也。所言"得"者,即"成就"義。依《瑜伽論》具義釋云:謂依有情諸可成法,先獲不失,説名爲"得"。此得成就,有其三種:一、種子成就。若染污法、諸無記法、生得善法,不由功月而現行者,染污未爲奢摩他伏,無記未爲聖道永害,生得未爲邪見所損,行與不行,皆名"成就",未被損伏、用可有故。二、自在成就,謂若加行所生善法。一分無記增盛種子加行善者,謂聞、思、修、世、出世間一切功德,由此加行行[①]自在故,成就此善名"自在"者,故加行善等名"自在成就"。三、現行成就,謂蘊處界、若善、不善、

① 行,乙本作"得"。

無記現行，若斷損伏，必不成就，未損伏故，皆得現行，即此現行，名爲“成就”。前二約種，此就現行，故得成就，有其三種。

言“命根”者，《唯識論》云：謂異熟識爲趣生體，是遍、恒續、異熟果故，此能執持根依處等，令不壞斷，名爲“有情”。即異熟識，未捨執受，未斷壞位，名爲“命根”。此識親從自種而生，即依親生此識種子，由業所引功能差别，住時決定，假立“命根”，離此命根不可得故。持業、依主，二釋皆通。

“衆同分”者，依《唯識論》，“衆”謂衆多，“同”謂相似，“分”者因也。依諸有情身類相似，起同智言，名“衆同分”。或復“分”者即是“類”義，謂人、天等衆類同故。“衆同”即“分”，持業釋也。

“異生性”者，謂諸聖者皆名“同生”。而諸凡愚，名曰“異生”。由見所斷二種障故，令諸凡愚異見而生、異趣而生、異類而生。即二障種，未永害位，能障聖道，名“異生性”。是“異”之“生”，“異生”之“性”，皆依主釋。由此性故，不得聖法，故小乘中别名“非得”。

“無相定”者，《唯識》釋云：有諸外道執無想天，以爲涅槃，厭患此想爲癰瘡等，是生死因，以出離想作意爲先，修習此定。由修定時，於定加行厭患想故，令此心想漸細漸微，漸微心時，熏異熟識，成極增上厭心等種。由此損伏心想種故，令不恒行，心想不起。依此分位，假立此定，想滅爲首，名“無想定”。

“滅盡定”者，《唯識論》云：謂二乘者見麁動心起，必勞慮厭患麁動心、心所故，以止息想作意爲先，依有頂地遊觀無漏爲加行入，遮心、心所，令心、心所漸細漸微，漸微心時，熏異熟識，成極增上厭心等。此種勢力而能損伏恒、不恒行心、心所法。依此分位，假立此定。由定能令恒、不恒行心等皆滅，名“滅盡定”。

“無想事”者，即無想天異熟果體。故《唯識論》名爲“異熟”。求無想果，入無想定。此定善故，種亦是善。此所熏成種，招彼異熟果。依斯麁動想等不行，依此分位，而立彼名。因時由定想等不行，名“無想定”。果時由報想等不起，名“無相事”。故事與定，二體全差。“無想”之“事”，依主釋也。

言“名身”者，梵云“南摩”，此譯爲“名”，是“歸趣”義，歸趣所詮法自性故。故《唯識》云名“詮自性”。《五藴論》云：名者諸法自性增語，如説人、天、眼、耳等事。若唯一名，恒稱爲“名”。若至二名，即爲“名身”。三名已上，是“多名身”。“名”之“身”故，依主釋也。下“句”、“文”等，亦准此知，“身”者即是“聚集”義故。

言“句身”者，梵云“鉢陀”，此譯爲“跡”，如見象跡，以表有象。如是四句，表有煩（頌?）[1]文，隨義傍翻，以之爲“句”。《唯識》等云：“句”者即是“詮差別”義。《五蘊》等云：“句”是諸法差別增語，如説諸行皆無常等。如《婆沙》等，句有五種。今依大乘，句有二種：一、集法滿足句，即當《婆沙》處中句攝，但集諸名不長不短，滿足八字，即成一句，不約義圓，取字滿足。二、顯義周圓句，即攝《婆沙》餘之四句，不定字數，隨短、長等，顯義周圓，即名“一句”。故有短長、前後句別。

言“文身”者，謂即是“字”，梵云“便繕那”，此譯爲“文”，即是典語；云“惡刹羅”，此翻爲“字”，即是俗語。恐有不悟，文字是一。故《唯識》云：“‘文’即是‘字’。”此乃是前“名”、“句”所依，由依文字有“名”、“句”故。故《唯識》云：“爲二所依。”古翻經人翻爲“味”者，以“便繕那”而目四法“文”、“形”、“扇”、“味”，以“文”同故，錯譯爲“味”。若依小乘，皆別有性，性唯無記，唯是有漏。今大乘宗，此三皆是聲上假立，無別體性。若隨所詮，假通三性。隨所依説，皆同於聲。

所言“生”者，是即諸法初現起位。《五蘊論》云：於衆同分，本無今有，是生自性。《唯識論》云：生表有法，先非有故。

所言“老”者，即是“異”義，諸行變異説名“老”故。《唯識論》云：“即此相續轉變名‘異’。”

所言“住”者，《五蘊論》云：即是諸行生位暫停。《唯識》等云：生已相似相續名“住”。

言“無常”者，《五蘊論》等亦名爲“滅”。諸行起已，暫有還無，不同無爲是其常有，不同兔角是其常無，有非常有，無非常無，故有爲法名曰“無常”。非於無位方立“無常”，表此後無説滅相故。此下十種，小乘不立，隨是六因、四緣所攝。不相應中，是故不説。《唯識論》中亦不釋也。

---

① 煩，丙本作“頌”。“頌”字義長。

言“流轉”者，謂有爲法因果相續、不斷絶故。《顯揚論》云：謂即諸行因果相續不斷性也。

言“定異”者，無始時來因果種子決定差別，無雜亂相。故《顯揚》云：謂諸因果各決定性。

言“相應”者，即此因果無始時來不相違性。故《顯揚》云：諸行因果相稱性。

言“勢速”者，諸行因果流轉速疾性[1]。故《顯揚》云：謂即諸行流轉迅疾性。

言“次第”者，即是“因果不俱轉”義。故《顯揚》云：謂即諸行一一次第性。

所言“方”者，色行分齊。《顯揚論》云：謂即諸色境分齊性。《瑜伽》説三，謂上、下、傍。

所言“時”者，有其二義：一、由日輪出没勢力，安立顯示時節差别。二、由諸行生滅勢力，安立顯示世俗差别。《瑜伽》依此，説時有三：謂去、來、今。

所言“數”者，《五藴論》云：謂於諸行隨增齊量。《顯揚論》云：謂於諸行一、十、百、千各差别性。

言“和合”者，《五藴論》云：謂有爲法緣會之際。《顯揚》亦云：諸行緣會性。

“不和合”者，《五藴論》云：謂即諸行因果乖離。《顯揚論》云：諸行緣乖性。

如是所説不相應行，雖名數異，有二十四，總依八位而假建立。如《瑜伽論》、《對法》等説：一、善不善增減分位建立一種，謂即是得，此依三性色心、心所可成就位假建立故。二、唯依心不分分位建立三種，謂即二定、無想異熟，由厭心種令六、七識斷滅分位而假立故。三、依色心住時分位建立一種，謂即命根，依異熟種令識持身住執受時而假立故。四、依色心相似分位建立一種，謂衆同分，此依有情人天五趣隨類無别而假立故。五、依色心流轉分位建立四種，謂即四相，表有爲法本無今有、已有無等而假立故。六、依色心

---

① 性，乙本無。

言説分位建立三種,謂名、句、文,此依色心詮召於法音韻屈曲假立[①]故。七、唯依心不得分位建立一種,謂異生性,依見惑種令心、心所不成聖法而假立故。八、依色心因果分位建立十種,謂流轉等,此依因果勢力諸相隨彼分位而假立故。

當知四種唯依心立,二十通依色、心假説。由此亦通凡、聖位有。故《唯識論》所引經説:"補特伽羅成就善惡,聖者成就十無學法。又説異生不成就聖法,諸阿羅漢不成就煩惱。'成'、'不成'言顯'得'、'非得'。"亦説墮在聖同分故,其滅盡定聖者得故,因果等法通凡聖故,五蘊之中皆行蘊所攝。説此皆是不相應行故,亦是法處法界所收,餘不攝者皆此攝故。諸餘門義,如理應思[②]。

論:"第五無爲法,略有六種。"

開曰:次下第五,四所顯示門。於中有二:初總標舉數,後依數辨列。此初也。言"無爲"者,有其二義:一、業煩惱所不爲故;二、生住等不遷動故。若有後義,必具前義。若有前義,或闕後義。二義俱闕,唯是有爲。二義皆具,唯名"無爲"。若唯初義,有、無爲具。由此應作四句分別:一、唯有爲,即五取蘊。二、唯無爲,即真如理。三具二義,即諸聖道。四二俱非,即無漏蘊。今此六種是真無爲,是不生滅真常法故。故《集論》云:若法生滅住異,可知是"有爲"義。有爲相違,是"無爲"義。六無爲者,帶數釋也。然無爲數,大小經論從三至八,所説有異。若依小乘一切有宗,如《俱舍論》説有三種,所謂虚空、擇、非擇滅,皆異色心,有實體性。若經部等,説三或九,皆非實有,恐繁不叙。今依大乘,從三至八,多少不同。若《涅槃經》,亦立三種:一謂涅槃,二謂虚空,三非智緣滅。若《五蘊論》及《掌珍論》至四無爲,所謂虚空、擇[□][滅][③]、非擇滅及真如性。《唯識》及此,説[④]六無爲,謂"虚空"等,名如下列。《瑜伽》、《雜集》立八無爲,又開"真如"以爲三種,爲善、不善、

① "立"前乙本有一"建"字。

② 思,乙本作"知"。

③ 滅,底本、録本無,據丙本補。

④ 説,乙、丙二本作"立"。

無記異故。所以如是法教異者，理［實］①“無爲”體無寬、狹，而②顯廣、略，開、合異明；爲顯廣、開，總、别俱説；故《顯揚論》，開爲八種，三性真如無别體故。總合爲一，故説六種；想受、不動，有其二義，若暫伏者非擇滅收，若永害者則擇滅攝；四義别説，故開爲六。斷伏隨明，故合爲四。性擇③别故，雖四義殊，皆涅槃性，故有三種。由斯諸教，皆不相違。

論：“一、虚空；二、擇滅；三、非擇滅；四、不動；五、想受滅；六、真如。”

開曰：此依教辨列也。此六無爲，《唯識》不具。今引諸論共釋之云：言“虚空”者，“無障礙”義。小乘唯約無色所顯。故《俱舍④》云：虚空但爲無礙爲性，由無障故，色於中行。《雜集》、《瑜伽》大同《俱舍》。大乘通約“五藴無”説，故《般若經》、《佛地論》云：五藴無處説爲虚空。不能礙物，故名爲“虚”。無色等故，説之爲“空”。“虚”即是“空”，持業釋也。言“擇滅”者，是“離繫”義。《婆沙論》云：“擇”者是慧，“滅”是彼果，“擇”所得“滅”，故名“擇滅”。此中滅果，有其二種：一、由惑盡。故《集論》云：是離繫果者永害隨眠故。《五藴論》云：“由煩惱對治，故諸藴畢竟不生。”《顯揚論》云：“有漏諸行，畢竟不起。”二、由理顯。故《唯識論》：滅諸煩惱，究竟證會，故云“擇滅”。“擇”之“滅”故，依主釋也。“非擇滅”者，“非離繫”義。《婆沙論》云：不由擇慧，名“非擇滅”，非擇果故。此非擇果，亦有二義：一、惑自不生。故《集論》云：是非離繫者，不永害隨眠故。《俱舍論》云：永害當生，得不因擇，但由緣闕，名“非擇滅”。二、理性自顯。故《唯識》云：“不由擇力本性清净。”非“擇”之“滅”，依主釋也。言“不動”者，“不變異”義。總攝三受，分爲二種：苦、樂二受，名爲“變異”。聖人無漏，斷此種子，得第四定。由斷彼故，所得無爲苦、樂不行，名爲“不動”。雖初静慮分得此定，以未盡故，而不立也。故《集論》云：謂離遍静欲，未離上欲，苦、樂滅無爲。“不動”二字，則非六釋，如言無貪無離合故。“想受滅”者，即滅盡定，由觀無漏爲加行入已，此無漏觀不

① 實，録本脱，據底本補。

② 而，丙本作“爲”。

③ 擇，丙本作“相”。

④ “俱舍”二字乙本作“俱舍論”。

斷變異，捨所得無爲，想受不行，名“想受滅”。故《集論》云：以離第三無所有欲，由止息想作意爲先，諸不恒行心、心所法，恒行一分心、心所滅所得無爲，由想受滅得無爲故。“滅”屬“想受”，“想受”即“滅”。“滅”屬“無爲”，“想受”之“滅”。持業、依主，二釋皆通。言“真如”者，“無虚妄”義。《唯識》等云：“真”謂真實，“如”爲如常，表無變易，故名“真如”。又《集論》云：何故“無爲”名爲“真如”？由彼自性無變異故。“真”即是“如”，持業釋也。若以六名對“無爲”者，“虚空”即“無爲”等，皆持業釋也。此六“無爲”，皆是假立。以此“無爲”有二體故：一、依識變，假施設有。謂曾聞説虚空等名，隨分别有虚空等相數習力故。心等生時，似虚空等，無爲相現。此所現相，前後相似，無有變易，假説爲常，似常住故，立無爲相。二、依法性，假施設有。謂空、無我所顯真如，有無俱非，心言路絶，與一切法，非一、異等。是法理故，名爲“法性”；離諸障礙，故名“虚空”；斷障證會，故名“擇滅”；本性清净，名“非擇滅”；苦樂受滅，名爲“不動”；想受不行，名“想受滅”。“真如”亦是假施設名，遮撥爲“無”，故説爲“有”；遮執爲“有”，故説爲“空”；勿爲“虚幻”，故説爲“實”；理非妄例，故名“真如”。故六無爲，皆是假有，離心真如不可得故。若依識變，可有别體，能熏成種、後起相故。若依法性，皆但假名，依法性理義施設故。若識變者，皆依他起，以所變相從因生故。依“真”立者，皆圓成實，以依“真如”義所説故。除此餘説，皆計所執，是“有”、“無”等四種謗故。若識所變，可通三性，隨三性心所變起故。依真立者，准是善性，以真唯是善净性故。識所變者，可説周遍，依諸色體無礙相故。依真立者，非遍、不遍，遍與不遍皆無障故。此與五藴不相攝者，以非聚集藴積法故。而於法界、法處攝者，有生長門“種族”義故。更有别義，如理應思。

論：“言‘無我’者，略有二種。”

開曰：上來已釋一切法意，次下第二顯其“無我”。於中有二：初總標舉數，後依數辨列。此初也。若小乘宗明一“無我”，以一切法皆執爲實，補特伽羅我是無故。今大乘宗顯二無我，以一切法皆從緣起，離此無别能作者故。既離諸法無别我相，補特伽羅我相無也。説一切法皆無自性，念念無常、非自在故。即一切法亦非實我故，即説爲“法無我”也。然斷若經，説四無我，謂無我、人、衆生、受者。能斷金剛説八無我，謂有情、命者、士夫、補特伽羅、意生、儒童、作者、受者。《大般若經》説十三種，於前八上更加無我、生者、養者、智者、見者。此等皆依前“無我”説。彼經所説無法相等乃至菩提皆不可得，則是此中“法無我”義。諸教同異，皆不相違。

論：“一者補特伽羅無我，二者法無我。”

開曰：此依數辨列也。此二“無我”，《唯識》具明。略引《唯識論》文以釋。然“無我”者對“我相”立，由所執“我”有二種相，故説“無我”有此二名，故應先辨二種“我相”。“補特伽羅”此譯有二：若隨俗譯，名之爲“人”。隨經典翻，名“數取趣”。故新、舊譯，有此二殊。“法”者即是“軌持”之義。“我”者乃是“主宰”爲名。自在割斷，名爲“主宰”。外道或執一切諸法有别實我是能作者，即是補特伽羅我相。凡夫或執色等諸藴皆有自性，是能生等，即是此中法我相也。今佛法中顯我相無，是故此中顯二無我。若離諸法有别實我，應一切法皆實常住，如能作者無變滅故。故《瑜伽》云：“謂離一切緣生行外，别有實我不可得故。”若即諸法名爲“我”者，即一切法亦非無常，以是自在實我相故。故《瑜伽》云：“謂即一切緣生諸行，性非實我，是無常故。”而此人、法二“無我”義，廣如《俱舍》、《唯識》等説。此中人、法皆稱“無我”，即對人、法皆“我相”論。而《唯識》中“我”與“法”别，我種種相爲有情命者等，法種種相爲藴處界等。此依實義，彼約相增，以“主”宰義約人增故，偏就有情，顯其我相。故二空理，“我”、“法”又[1]殊。若執實有，自在常住，則一切法“我”義亦通，是故“無我”通於“人”、“法”。

“若爾，何故有其二執，依斯聖教説‘我’相耶？”

答：“依妄熏習，假施設説，謂諸有情無始虚妄，執實有‘我’，熏習力故，諸識生時，變似‘我’相。此二‘我’相，雖在内識，而由分别，似外境生。如幻夢者，幻夢力故，心似種種外境相現，緣此執爲實有‘我’相。”

此二“我”相，各有二種：一者俱生，二者分别。“俱生我”執無始時來，虚妄熏習，内因力故，恒與身俱，不待邪教及邪分别，任運而起，故名“俱生”。此復二種：一、常相續，在第七識，緣第八識，起自心相，執爲實“我”。二、有間斷，在第六識，緣識所變，五取藴相，或總或别，起自心相，執爲實“我”。此

① 又，乙本作“有”。

二"我"執,細故難斷,後修道中數數修習。二勝空觀,方能除滅"分别我"執,亦由現在外緣力故,非與身俱,要待邪教及邪分别,然後方起,故名"分别",唯在第六意識中有。此亦二種:一、緣邪教所説蘊相,起自心相,分别計度,執爲實"我"。二、緣邪教所説"有我自性"等相,起自心相,分别計度,執爲實"我"。此二"我"執,麁故易斷,入初地時,觀一切法,二空真如即能除滅。如是所説二種"我"相,自心外法,或有或無;自心内法,一切皆有。是故二執皆緣自心所現似法,執爲"我"相;若離自心,實不可得。故"人"及"法",皆"無我"焉。"人"、"法"二"我",義乃無邊。恐文繁廣,就略而述。樂博聞者,尋廣論文。

《大乘百法明門論》開宗義[□][記]①一卷②。

① 記,底本、録本無,據乙、丙二本補。

② 以下丙本接書曰:"巳年十一月十九日寫記。"

No. 2811《〈大乘百法明門論〉開宗義記》序釋

［題解］

佛典注疏，敦煌卷子中存有卷斯 1313 一號，作者不詳，一卷，首尾齊全。此文對曇曠撰《〈大乘百法明門論〉開宗義記》的序言逐句進行疏釋。文中有“辛酉年(841)十二月十二日了竟”題記，文末又有“十四日畢。十四日説竟。辛酉年十二月十三日了”等，可知應是某人於十二月十二日、十三日兩天講説《〈大乘百法明門論〉開宗義記》序的記録。清代以前歷代大藏經未收，日本《大正藏》據斯 1313 號收入其第八十五册。今校注仍以《大正藏》本所據原卷斯 1313 號爲底本。

“夫遍知委照，渾真俗於心源；深慈普洽，演半滿於言派。”(云云。)

所言“夫”者，發語之端緒也。“緒”者，蠶口總絲曰“緒”，此絲[①]因總而有故。又“總”者，“頭緒”之義，能成疋帛，以蔽寒熱，滿人所願也。言“遍知”者，謂凡夫迷闇，都不名[②]知。二乘雖知，知有分齊。起智不遍，不得遍知。地上菩薩超過前二。世、出世間雖則有知，猶具微細所知障，故不能同佛號“不遍知”。唯有諸佛如來遍知三界六道一切衆生心心數法，名曰“遍知”。(云云。)言“委照”者，“委”者細也，“照”由(猶)[③]明也。二乘之智，能照人空。凡夫妄情，執一切有。諸佛菩薩悟人法空，了真俗二諦世間、出世間並能委

---

① 絲，録本訛作“總”，據底本改。

② “不名”二字録本訛作“名不”，據底本改。

③ 由，此乃“猶”之借字。清吴昌瑩《經詞衍釋》卷一：“由，同猶，若也。”下借作“猶”之“由”字徑括注其本字，不復校。

照。言"渾真俗於心源"者,"混"者,雜和也,謂以真俗之法和雜於一心源,一心源能容於萬法。諸佛菩薩爲如是故,方可深慈普洽。"洽"者,潤澤也。(云云。)言"深慈"者,凡曰衆生盡没邊執,佛因正智而超大悲,普運三界,令出有無,實無衆生得滅度者。離相之慈,斯爲深矣。見相慈悲而有二種:愛見合者,客塵煩惱。依定發者,是二乘人。無緣大慈,離自他相。平等法界,凡聖是同,寧於一如,見自他别。凡聖同證,慈具三種。凡人起我,後方慈濟,名"我緣慈",於自朋友親眷之所生慈愍也。二乘之人見有衆生常被三苦、五苦、八苦交逼,以法度彼,見衆可度,號曰"法緣慈"。諸佛菩薩得平等之智,悟同體之悲,觀一切衆生如自子相,平平等等①,怨親不偏。(云云。)言"演半滿於言派"者,且如世小兒上學,初學"上大夫"等爲半字,後聚多字成一字者,令盡識會爲滿字。初爲淺根之人説應四諦十二因緣等小乘之教,隨轉理門,但説六識,名"半字教";後爲諸菩薩信根深厚者説諸了義大乘,建立八識中道之教,名"滿字"也。"派"者,分支引也。(云云。)

"寔由性相更會,萬法歸於一如。文義互融,八藏馳於四辯。"

言"寔由性相更會等"者,"寔"者,實也,若愚迷者性相將爲異途,若融會者則萬法同歸一轍。若論舉性不離其相,舉相不離其性,亦舉波不離水,舉水不離波,水波同源,本無異濕,所以萬法同歸一如也。(云云。)且緣衆性,體本非異,都由見相翳真如。乳酪醍醐元一味,不了本末覩差殊。言"文義互融"等者,"文"者,名句文也;"義"者,所詮之理也。言"八藏"者,經、律、論、雜藏等大小乘各四藏也。言"馳於"者,"馳"者,奔騖也,如鳥之翹驟於虚空,今馳四辯解暢之義。由四辯故馳驟於波濤,文義淺深藉海口而宣演。(云云。)言"四辯"者,説法之時隨其言音辭理無礙,名"辭無礙辯"。所説教法義理相從,曠劫無盡,名"義無礙辯"。諸佛如來,隨機設教。性相咸説,無有疑礙,名"法無礙辯"。如來所説,辭義多端,一音演説,隨類得解;巧便多慧,恒無厭惓;所設辭理,無有蹇澁,名爲"辨説";所説之法,無有擁滯,目之"無礙"。(云云。)

"曷空有之異轍,奚廣略之殊途。"

---

① "平平等等"四字録本訛作"平等平等",據底本改。

喻此記千□一轍，萬□□□[①]。“曷”者，何也。“轍”者，途路也。空有之名，密意權説。論兹究極，有空不殊。有即藴實，約執見論。空即假成，悟性非有。明知迷悟，自别源體，空有非殊。廣略之言，實亦無二。悟則四句便足，不假多求略也。迷乃雖讀萬卷真言，還同墜妄廣也。但利鈍有殊，廣略無二。“奚”者，何也。（云云。）

“究其本者，必同味於百川；滯其末者，競紛流於五謗。”

言“究其本”者，“究”者，窮也；“本”者，體也，亡名絶相也，真理也。取通會爲言，若本得其源，則知衆流歸同一海，嘗大海之滴水，則知衆流之味。言“滯其末”者，“滯”由（猶）迷也。“末”者，執空有教法之徒約偏執論也。《二夜經》云：“某夜成正覺，某夜般涅槃。於此二中間，我都無所説。”“不説”是佛説“若言如來有所説法，即爲謗佛，不能解我所説義”，明知本體之法，言詮所不及。是心欲思而慮亡，口欲言而辭喪，不可以智知，不可以識識。輒有僻見之流立斯五謗，且五謗名目：一、增益謗；二、損減謗；三、相違謗；四、戲論謗；五、愚廢謗。如是五謗，一一説者：一言“諸法有”。法本不有，言“有”者，增益謗。法性本空，何得言“有”？二者言“諸法無”。本法不無，言“無”者，損減謗。依他性有，何得言“無”？三、亦有亦無。本法離有離無，相違謗。空有並與，理將違越。四者、“非有非無”。本法元[②]來不有，即今不無，是戲論謗。非有者言“空”，非無云“有”。空、有不定，明知戲論。又第一義中無有少法可得。若立一法起名相者，皆成戲論。五、非以有以無，本法無有文字語言。若言法無名字，是愚癡謗。翻第四成第五。四言“非空者是有”，有非是有；言“非有者是空”，無非是無。有非是有，還成“無”義；無非是無，卻成“有”義。若如是者，明知迷愚，實非智者。

“是以小乘漂於有有，部執繁興；勝義溺於空空，諍論紛起。”

言“是以小乘漂於有有”者，“漂”者，浮也；人我、法我二俱定有，故言“二有”。

言“勝義溺於空空”者，“溺”者，沈也。上之二義悉皆是空，故名“二空”。

---

① 此處當缺三字。

② 元，録本訛作“无”，據底本改。

前宗執有，後者滯空。空有相違，諍論競起。言“人我”者，五蘊假和合處横計有人，離我、我所，人無我矣。言“法我”者，執因緣法實爲起生皆有自性，故稱爲“我”。因緣生法，悉皆虚妄，本自不生，體無動摇，法無我矣。

“尚驅妄境，未越昏衢；徒向真風，虚霑法雨。”

言“尚驅妄境”者，沈空住有，總名“妄境”；“未越昏衢”者，闇道也。若也起上僻見，未越於沈輪。言“徒向真風”者，偏執者徒勞，趣向於真宗。“風”者，化也，如風之靡草也。背見之徒，狀若枯木之露，澤法如雨也。（云云。）

“故我補處彌勒，大闡《瑜伽》，杜兩見門，開一實道。”

言“補處彌勒”者，如世帝王預補東宫，紹其國政，一朝王崩，次補東宫爲國主。今“一生菩薩”者，佛受記云：“次當已後人壽八萬四千歲，輪王穰佉之時，補處成佛。”梵語云“彌帝隸迦”，此略呼爲“彌勒”。“彌勒”是姓，此翻爲“慈氏”。“阿逸多”者是名，此云“無勝”。無人過勝，此菩薩故號曰“無勝”。“慈氏”者，此菩薩有深慈悲故。救苦心慇曰“慈”。二乘小慈，唯觀欲界。佛之大慈，通濟三界。“闡”者，説也，楊也。“杜”者，塞也。“兩見門”者，空、有二門也。“開一實道”者，即中道也。

“然以理該事博，旨散言弘，前修倦於傳通，後進疲於就業。”

言“然以”者，“然”由（猶）生也，“以”由（猶）共也。“該”者，括也，都也；“横布”曰“該”。“博”者，通也。“旨”者，意也。“弘”者，大也。

辛酉年十二月十二日了[竟]①。

“爰有菩薩，厥號‘世親’，位極三賢，德隣十聖，製論千部，聲高五天，妙契佛心，雅扶懸記。”

“爰”者，於也。“厥”者，其也。“位極三賢”者，此菩薩與世天爲親交，號“世親”，亦云“天親”也。在地前三賢，後加行位人也。“極”者，尊也。“賢”者，想心稍微，行善調順曰“賢”。又賢和真之行曰“賢”。言“德隣十聖”者，德業近於十地也，非入正地。“地”者，一能生成佛智，二起同體大悲，荷負一切，故喻也。言“聖”者，爲契理通神，權變無礙，故曰“聖”也。言三賢之人雖

① 竟，録本脱，據底本補。

體悟真宗，然習障未遣，漏惑由（猶）在，故曰“内凡”。十信初心，都而言之，三十心皆作空無我觀。舉别而論，初十住作人無我觀，次十行作因緣法無我觀，次十迴向作真如法無我觀，次十地作三空二無我觀，次等覺作照寂觀。如覺唯作寂觀，觀照平等，佛地大寂也。此聖者於大小二乘中各造五百論，西方稱爲千部論師。“五印度”者，此云“天”也。“契”者，會也，合也。“雅”者，妙也。“懸記”者，佛記此人我滅度後第二十二傳法主也。果如斯記，快合聖心也。（云云。）

“乃軫時僥代薄，根淺性微，怖法海而長睽，怯義山而永沮。”

言“軫”，念也。怖《伽論》之大，由（猶）如其海，生絶分睽隔之心。“睽”者，隔也，别也。怯《伽論》之玄理，狀若於山，實難可度，生沮隔之意。

“遂乃摭精華於廣部，縮宗要於略文，誘彼初機，纂斯小論。”

所言“摭”者，拾也，採也，採拾之義也。“廣部”即是伽之大論也。“縮”者，攝也。“誘”者，引也。“機”者，根也。“纂”者，集也。“小論”者，即《百法論》也。

“欲使留連至教，漸染真乘，示弱喪於歸方，引疲徒於捷逕。”

“留連至教”者，“留連①”者，連留也。合大《伽論》，不沈微故。因小悟大，因淺履深，使大法久留，紹隆不絶，曰“連留”也。“漸染真乘”者，染習也，漸學易成，頓染難就，如世受色，習已成聖，漸染得真。俗云：“近朱者赤，近墨者墨，近佞者諂，近賢者德。”使“弱喪”“歸方”等者，“弱喪”者，如幼童兒喪失父母，迷其所居，須假智人示其方巷②。“小子”喻迷倒衆生，“歸方”喻至教。“引疲徒”者，[“疲徒”者]③即僻見[事]④人。二乘迷其大教，錯入邪途，懃苦備蹊。聖訶有背，恐生絶分，路遠難登，故示疾逕，即此《論》是也。

“前明百法之有，後顯二我之空。首末交輝，終始相映。”

“前明百法之有”者，依他圓成，緣生之理，相因而立，假藉得生；圓成之

---

① 連，録本訛作“蓮”，據底本改。

② 巷，録本訛作“若”，據底本改。

③ “疲徒者”三字録本脱，據底本補。

④ 事，録本脱，據底本補。

性，體本如如，常性不易，顯二有也。後顯二空者，人、法二執，是迷計心。但是妄情，虚妄計度。想迷若息，人法本空，顯本無我執也。言"首"者，初、頭也。"末"者，後也。言"交輝"者，"暉"者，明也。前文説有，爲遣執空；末後説空，爲除有見。"終始相映"者，將前映後，空然不空；將後映前，有然不有。明知不空，不有已遣。偏執既遣，"遣"者除也。

"邊執既遣，中觀肇彰。識浪由是湮微，真源賴之澄廓。"

言"中觀"者，中道也。"肇"者，初也。"彰"者，明也。"識浪"者，識心由(猶)如波浪。言"湮"者，湮沈也。"微"者，弱也。"真源"者，本性也。"賴"者，因也。"澄"者，净也。"廓"者，清也。波息即海澄，妄除乃性廓。一是數之始，十乃數之終，共成"士人"。"士人"者，須存首尾，號爲"上士"。

"至矣哉，此《論》之幽趣也！"

"至"者，大也；"幽"者，深也。"趣"者，意也，向也。

"首稱'大乘百法明門論'者，舉所宗之勝益，建自部之通名。"

"舉所宗之勝益"者，此《論》以大乘爲宗，云所宗以將此乘利益群品，曰"勝益"也。"建"者，立也。"自部通名"者，於大乘中云《百法論》也。

"復云'本事分中略録名數'者，標論起之殊依，簡異詮之别目。"

"標《論》起之殊依"者，此《論》定從《瑜伽・本事分》中出來，不從《對法》諸餘分中來也。"簡異詮之别目"者，此《論》雖從《本事分》中出來，别立異名，名《百法論》。且不言《瑜伽論》，亦不號《本事論》。

"'大乘'以廣運崇號，'百法'以體數彰名。"

"大"者遮小得名，"乘"者運載爲義，亦遮詮立號。"遮詮"者，簡小乘故，非是表詮也。"百"者，數也，十十相資曰"百"。"法"者，體也，約體而論，楷定一百。"明"者，慧也。"門"者，通也。此百法是慧遊履之門，方能開佛知見，故以爲功。"論"者，詮量正理，辯竅是非名"論"。言"本事"者，即本體也，是百法體也。"究"者，窮也；"極"者，妙也。

"'分中'是當段義門。"

言"分中"者，是本事分中，非餘分中也。

"'略録'謂抑彼繁詞，'名數'乃舉此綱要。"

"略"則略卻繁猥之辭，"録"則録其綱要妙旨，"抑"者，至也。

“用旌雅趣，建以鴻名，故言‘大乘百法明門論本事分中略録名數’。”

“旌”者，表也，旗也。夫舉旌方知軍謀，堅表用彰自真。欲擬知其軍勢，但觀旌旗。欲知此法甚深，表詮來號。“雅”者，正也，妙也。“鴻”者，大也。

［十四日畢］[①]。十四日説竟。

辛酉年十二月十三日了，從序□□□□□□（内已至題目二）[②]□了。

① “十四日畢”四字録本脱，據底本補。

② “内已至題目二”六字録本作缺文，據底本補。

No. 2812《大乘百法明門論》開宗義決

沙門曇曠撰

[題解]

本篇又名《〈大乘百法明門論〉抄》，佛典論疏，[唐]曇曠撰，一卷。敦煌文獻中存有斯 985va（異本，存有文題及數行疏文）、斯 2468v（首殘尾全）、斯 2720v（首脱尾脱）、斯 2732v（首全尾脱）、斯 3731（首殘尾殘）、斯 4603（首全尾脱）、斯 6219v（首殘尾殘，存 17 行，每行上半殘）、斯 6925v（首脱尾脱），伯 2077（首全尾全）、伯 2147vc（首脱尾脱）、伯 2430v（與伯 2750v 同）、伯 2495v（首殘尾殘）、伯 2576v（首殘尾全）、伯 3002（首殘尾殘）、伯 3003（首殘尾殘）、伯 3499（首殘尾殘），BD0810（北 8715，盈 010，首殘尾殘），計 17 號。此文係對《〈大乘百法明門論〉記》中一些難點及没有充分闡述的問題，進一步展開論述。文前有曇曠自序，撰於大曆九年（774）六月一日。清代以前歷代大藏經未收，日本《大正藏》據敦煌写卷録入其第八十五册。伯 2576v 號有題記謂："戌年二月十四日畢功記。"應爲曇曠開講此論時聽講者所寫。釋依昱《曇曠與敦煌寫本〈大乘百法明門論開宗義記〉的研究》一文論及本疏並對其中的相關内容加以研究（載自楊曾文、杜斗城主編《中國敦煌學百年文庫宗教卷（二）》，第 391 頁，甘肅文化出版社 1999 年第 1 版）。今以《大正藏》所據卷伯 2077 號爲底本。參校甲本：斯 2720v 號；乙本：斯 2732v 號；丙本：伯 2576v 號；丁本，斯 4603 號。甲、丙二本俱首缺。

夫廣闡宏宗，是資暢辯；委陳衆義，必藉累論。是以至覺談經，菩薩製論,教門廣辯,章疏繁興。杜彼耶(邪)歸①,坦兹正道,迯(恢)②張智海,崇峻義山,遐布慈雲,普垂法雨者也。余以冥昧③,濫承傳習。初在本鄉,功④《唯識》、《俱舍》。後遊京鎬,專《起信》、《金剛》。雖不造幽微,而粗知鹵畒(旨歸?)⑤。及旋歸河右,方事弘揚。當僥薄之時,屬⑥艱虞之代。暮(慕)⑦道者急急於衣食,[□][仰]⑧學者役役於參承。小論小經,尚起懸崖之想⑨;大章大疏,皆懷⑩絶尔(分)⑪之心。懵三寶於終身,愚四諦於卒壽。余慷兹虚度,慨彼長迷,或補前修之缺文,足成廣釋;或削古德之繁猥,裁就略章。始在朔方,撰《金剛旨贊》;次於凉城⑫,造[□□□□□□□□□][《起信廣釋》;次於

① 歸,録本訛作"師",據底本改。該字乙、丁二本亦作"歸"。

② 《正字通·辵部》:"迯,同恢。"

③ 冥,底本及乙、丁二本作"寡",均"冥"之形誤。《廣雅》:"濛濛、冥冥、昧昧、晻晻,暗也。"冥昧,猶言蒙昧不明、糊塗。建安沙門法盈修《俱舍論頌疏序記》:"愚以冥昧,猥承傳習。"[X53n0838p122a]是其例。古籍中誤"冥昧"作"寡昧"者甚多。玄奘譯《大唐西域記》卷第四:"愚以寡昧,猥承傳習。"[T51n2087p892a11][魏]楊衒之撰《洛陽伽藍記》卷第二:"臣既寡昧,識無光遠。"[T51n2087p1008b3][唐]釋道宣撰《廣弘明集》卷第二十四:"然則位尊者以納賢爲貴,德優者以親仁爲尚。朕雖寡昧,能無庶幾也。"[T52n2103p272c9—10]均誤。兹據改。

④ 功,録本訛作"切",據底本改。該字乙、丁二本亦作"功"。《釋名·釋言語》:"功,攻也,攻治之乃成也。"

⑤ "鹵畒"二字底本不清晰,疑爲"旨歸"之訛。伯 2141 號《〈大乘起信論〉略述》:"恐初心者仰崇崖而起退,望渤海而迷神,乃復撮其旨歸,爲之略述。""旨歸"乃同義連文,"旨"字亦借作"指"。斯 2496 號《〈釋肇序〉抄義》:"言雖非精詣,而粗知指歸耳。"可助勘。

⑥ 屬,丁本作"屆"。

⑦ 暮,此當爲"慕"之借字(二字俱爲莫故切,例可通假)。

⑧ 仰,録本、底本無,結合文意,據丁本補。

⑨ 想,丁本作"相"。

⑩ 懷,録本訛作"壊",據底本改。該字乙、丁二本亦作"懷"。

⑪ 尔,丁本作"分"。"分"字義長。"絶分",猶言"無分",意即與已無份、無緣,多指認識上隔膜難解。

⑫ 城,乙本作"域"。

甘州，撰][①]《起信銷文》；後於燉[②]煌，撰《入道次第開决》，撰《百法論開宗義記》。所恐此疏旨敻文幽、學者難究，遂更傍求衆義，開決疏文，使夫[③]學徒，當成事業。

其時巨唐大歷[④]九年，歲次子[⑤]六月一日[⑥]。

"謂依建立阿賴耶識了教"等者，依《瑜伽論》，諸聖教中，若未建立阿賴耶識，皆非了義，順小乘宗，隨轉理教[⑦]；若已建立阿賴耶識，當知皆是了義。大乘此《論》，依斯了義教起[⑧]。

"依本後智發深慈悲"等者，由根本智，得生同體，起後得智，見苦生悲。同體智悲，是爲深矣。此悲與智，菩薩所行。依斯造《論》，是依妙行。

"三生圓照"等者，問："與起勝解有何差別？"

答："前離二邊，此契中道。前離偏見，此生圓智。前約理生解，此依境成證。所望義別，故分兩門。"

"具明真俗，雙顯有空"等者，於五法中，前之四法具明[⑨]俗諦，第五無爲具明[⑩]真諦。前五種法，即是顯有；後二無我，即顯其空。既此真俗"有"之與"空"體不相離，即此真俗非有非空、不著二邊、得中道也。

"具説染净所斷、證、修"等者，"染"即貪等，"净"即信等；"染"即所斷，净

① "起信廣釋次於甘州撰"九字録本、底本無，結合文意，據丁本補。據釋依昱考證，"曇曠從河西到敦煌，途經靈州、凉州、甘州、沙洲（敦煌），各地都有著作"。其中，"《起信廣釋》，即《大乘起信廣釋》5卷，在凉城（凉州）撰；《起信銷文》，即《大乘起信論略釋》2卷，在甘州撰"（釋依昱《曇曠與敦煌寫本〈大乘百法明門論開宗義記〉的研究》，載自楊曾文、杜斗城主編《中國敦煌學百年文庫宗教卷[二]》，第391頁，甘肅文化出版社1999年第1版）。

② 燉，録本訛作"撰"，據底本改。

③ 夫，録本訛作"失"，據底本改。該字乙、丁二本亦作"夫"。

④ 歷，乙本作"曆"。

⑤ 此處疑有訛誤。唐大歷九年（774）應歲次甲寅。

⑥ "子六月一日"五字乙本作"寅三月二十三日"，丁本作"甲寅三月二十三日"。

⑦ 教，乙本作"故"。

⑧ 以下丁本脱。

⑨⑩ 明，乙本作"於"。

即所修;所修是智,所證是理;今依起行,而進趣也。

“若分若滿”、“轉依”等者,然此“轉依”,説有六種:一、損力益能轉,在地前位,損本識中染種勢力,益本識中净種功能,令諸煩惱或(惑)不現行,煩惱現行,即深慚愧,由慚愧故,崇善拒惡。有二勝得(德)[1],爲能轉體。信數初增久不增故,轉染依净。二、通達轉,在見道中,由見道力,通達真如,斷分別生二障麁重,證得一分真實轉依。三、明[2]修習轉,初在信[3]地已去、十地已來,修習十地行故,漸斷俱生二障麁重。四、果圓滿轉,謂究竟位,由三大劫阿僧企耶修集無邊難行勝行,金剛喻定現在前[4]時,永斷本來一切麁重,頓證佛果,圓滿轉依,窮未來際,利樂無盡。五、下劣轉,在二乘[5]位,通無有學:一、唯自利;二、有欣厭;三、唯達悟生空;四、唯斷煩惱;五、唯證真擇滅;六、無勝功能。“擇滅”者,謂即真如,由慧擇得此滅理故。“無勝堪能”者,無一切智故。六、廣大轉,謂大乘菩薩位,恒利他故,趣大菩提,生死涅槃俱無欣厭,具能通達二空真如,雙斷所知煩惱障種,頓證無上菩提涅槃。有勝堪能,名“廣大轉”。所取轉依體者廣大,轉捨二麁重而證得。不言“圓滿轉”者,圓滿轉對菩薩説,廣大轉對二乘説。又解:既言“廣大轉”,明[6]圓滿亦在其中,略舉一隅耳。此中“轉依”則滿分果,謂如六種“轉依”義中,損力益能轉、通達轉、修習轉即是分果,究竟轉者是滿果,下劣、廣大二種轉依通大小乘因果滿分。諸“轉依”恐繁不叙,樂者廣之。

“無知、疑惑、顛倒、僻執”等者,“無知”即是世間凡愚,於邪、正教都無所解;“疑惑”即是欲入法人,於邪、正教懷猶豫者;“顛倒”謂[7]是錯入邪教、謗毁佛法諸外道等;“僻執”即是佛法之中諸部小乘及勝空者。

“龍猛菩薩”等者,即舊所云“龍樹菩薩”,正云“那伽遏羅樹那”。“那伽”

---

① 得,乙本作“德”。

② 明,乙本無。

③ “初在信”三字乙本作“在從初”。

④ 前,乙本無。

⑤ 乘,乙本作“學”。

⑥ 明,乙本作“於”。

⑦ 謂,乙本作“爲”。

是“龍”，“遏羅樹那”是“威猛”義，古翻錯誤譯云“龍樹”。而此菩薩有龍威猛，一切道俗無敢仰視，人若瞻覩，妄言失叙，時表其跡，號“龍猛”焉。造《中觀》等數十部論，盛德高蹤，具如别傳。

“聖提婆”者，“聖”是華言，“提婆”梵語，此譯爲“天”，即《廣百論》主聖天菩薩也。此是龍猛上足弟子，造《四百論》，盛行印度，經百廣百，已傳東夏，顯正摧邪，具如别傳。

“證法光定”者，謂於此中證希有定，能發智光照了法故；或云“日光明定”，從喻爲名也。

“即付法藏第二十二傳法主”者，傳中名曰“婆修盤陀”，《法花論》云“婆藪盤豆”，若正論云“筏蘇伴度”，舊譯“天親”，今名“世親”。言[①]“筏蘇”者即“世主天”，言此天者是世間主，故號此天名爲“世主“。言此世天而爲親友，故新、舊譯隨舉一名。圓暉法師《楞伽疏》中，不許世親是二十二傳法人數，深爲迷謬。况《法藏傳》云此聖者造《五百論》，其名又同，故知定是傳法主也。是北印度健馱羅人，兄弟二人，皆入佛法。長兄無著修學大乘，得證初地。小弟隣持修學小乘，得阿羅漢。世親聰穎，五印欽崇，凡所造論，千代龜鏡。無著菩薩見弟世親具大乘性，恐證小果，欲爲開悟，令歸大乘，遂託有疾而[□][爲][②]誘唤。世親聞命，不遠而來。無著密使二人迎候，令於夜分近世親房，一人誦《阿毘達磨經·攝大乘品》，一人誦《華嚴經·十地品》。世親聞法，悲悔交生：“如斯妙法，我先毁謗，過由此舌，宜斷截之。”即執利刀，欲自斷舌。忽見無著住立其前，執持手，閉謂之曰：“夫大乘者，究極之法。吾欲誨爾，爾其自悟。悟其時矣！何善如之！諸佛聖教，改軌是悔。先以舌毁謗大乘，今應以舌而廣讃釋。空斷其舌，何所益爲?”作是語已，忽然不見。世親深悟，遂不斷舌，以[③]至無著，請問大乘。無著遂爲造《攝論》本，令其造釋；授《十地經》，使其造論。故此二論，世親菩薩初入大乘創所造也。盛得極多，具如别傳。

① 言，乙本無。

② 爲，底本無，結合文意，據乙本補。

③ 以，乙本作“得”。

"求此果時，唯取此因"等者，既求此果，唯從[1]此因，不取餘故。彼果唯從此因而生，不從餘生，故知因中定有果性。若言因中無果性者，則應一因生一切果。既無此果性而能生此果，亦無餘果性，何不生餘果？或因一果，一切因生，以[2]於一因中本無此果性此果得生者，於一切因中亦無此果性應生此一果。因中有果，其理善成。今應問彼執見者曰："因、果兩相，爲異、不異？若不異者，不成因果，因果二相無差别故；因果無别，果從因生，因果既同，因從果起，因中有果，不應道理。若異相者，因中果體爲未生相，爲已生相？爲未生相，果猶未生，而説是有，不應道理；若已生相，果體已生，復從因生，不應[□][道][3]理。"故知因中非先有果，然要有因，待緣生果。

"從緣顯了宗"者，即前因中有果論者及聲論師皆説諸法體自本有，從衆緣顯，非緣所生；謂既因中先有果性，後從緣生，不應道理。然非不用功力而成，要從功用，而果顯了。應問從緣顯了宗曰："若説因中先有果性，何故不顯、待緣方顯？若有障緣令不顯者，何不障因、但障於果？譬如黑闇障盆中水，亦能障盆，此亦爾故。若彼障緣，亦能障因，從緣顯了，何但顯果？因、緣兩法，共成一果，但從緣顯，不應道理。"

"去、來同現，皆實有"等者，彼作是執："若法自相安住，此法真實是有；此若未來無者，彼時應未受自相；此若過去無者，彼時應退失自相。若無未來，誰生現法？而現在法得成果耶？若無果者，則無彼果，寧説現在而爲因耶？若定無者，諸法自相應不成就性不真實。既許現法是其實有，寧撥過、未爲非有耶？"應問彼曰："去、來兩相與現在相爲異、不異？若不異者，立三世相，不應道理。若是異者，去、來實有，不應道理。"又更問："汝墮三世法爲是常耶？爲無常耶？若是常者，其體凝然，墮於三世，不應道理。爲[4]無常者，於三世中，恒是實有，不應道理。"

"起色受相行識顯時别有"等者，彼作是言："若無我者，見色覺時，唯應

① 從，乙本作"取"。

② 以，乙本無。

③ 道，底本無，結合文意，據乙本補。

④ 爲，乙本作"若"。

但起色相之覺,不應别起我相之覺。受相等覺,應知亦然。既先不起思覺五事,唯起五種我相之覺,是故决定知實有我。”應問彼云:“計我之覺爲取現量境,爲取比量境?若取現量者,如何唯説色等諸蘊是現量耶?若取比量,如愚稚等不能思度,不應率爾起於我覺。又所執我爲善、不善?若是善者,何爲極惡愚癡之人深起我見而能增長諸惡過失。若所執我是不善者,不應正説及非顛倒。既非是善,即是邪倒,計我實有,不應道理。”

“極微等法一切常住”等者,彼依世定所得天眼,自見其身及諸世間,從前世來,無有斷絶,計我世間,皆是常住。或依世定而起是見:計有爲先,有果生起;離散爲先,有果滅壞;謂從衆微麁物果生,分析麁物,唯至微住,故極微常,麁物無常。應告彼曰:“我及世間爲有變異,爲無變異?若有變異,執此世間皆是常住,不應道理。若無變異,則無差别,有種種相,不應道理。”極微論者,我今問汝:“所執極微有方分不?若有方分,應可分析,而計爲常,不應道理。若無方分,則無質礙,聚生麁色,不應道理。”

“説苦樂等……宿因作”等者,彼見世間雖具正方便而招於苦,雖具邪方便而致於樂,故起是思,立如是論,説苦樂因定皆宿作,若現受苦,由宿惡業,若勤精進,極修苦行,能吐舊業,現在惡因由不作因之所害故。如是於後不復有偏(漏?)[①]宿因所感,及現苦行所招苦惱,一切皆盡,能證後身苦盡涅槃。應問彼曰:“若説現苦皆用宿作惡業爲因,汝於現法所修苦行,爲用宿作惡業爲因,爲用現法方便爲因?若用宿作惡業爲因者,説是現在新修苦行能吐舊業,不應道理。若用現法方便爲因,汝先所説世間苦樂皆由宿因,不應道理。故知世間所受苦樂亦由現法,非定宿作。或由現身聽聞正法,於現身中而得證悟。”

“欲行善等,事皆返”等者,謂見世間諸有情類,於彼因時欲修净業,不遂本心,反[②]更爲惡;於彼果時願生善趣,不遂本心,反[③]墮惡趣,意欲受樂,反受諸苦。由見如是,彼作是思:世間諸物,必應别有作者、生者及變化者爲彼物父,謂“自在天”,或復其餘。應問彼曰:“大自在天變化功能,爲用先業,爲

① 偏,乙本作“漏”。

②③ 反,乙本作“返”。

不用耶？若用先業爲因起者，唯此功能用業爲因，非餘世間，不應道理。若無先業而自起者，唯此功能無因而起，非世間物，不應道理。”又更問汝：“此自[①]在天爲世間攝，爲不攝耶？若言攝者，自同世間遍生世間，不應道理。若不攝者，即非世法能生世間，不應道理。”

“愛肉梵志”等者，謂於諍競惡劫起時，諸婆羅門違越古昔婆羅門法，爲欲食肉，妄起計云：“於彼祀中，呪術爲先，害諸生命。若能祠者，若謂害者，若諸助伴，皆得生天。”應問彼云：“此呪術力，爲是正法，爲非正法？若是正法，害生祠祀非法處用，不應道理。若非正法，用呪害生皆得生天，不應道理。若言如毒爲呪所伏不能爲害、此亦爾者，此呪亦能除三毒不？若言‘能’者，不聞一人貪、嗔、癡毒静息可得。若不能者，用呪害生除非法業，不應道理。”

“憶壞、成劫，觀上、下傍”等者，憶念壞劫，即於世間起有邊想；憶念成劫，即於世間起無邊想；下通無間，上至四禪，更無所得，起有邊想；傍一切處，不得邊際，爾時即起邊無邊想；翻第三句，傍一切處及與上、下，作非有邊、非無邊想。今問[②]世間有邊見者：“從前劫壞，後劫起不？”若言“起”者，因前有後，計世有邊，不應道理。若無起者，汝今依此世間而住，計世有邊，不應道理。因有邊見，遂執無邊，無邊等皆[③]是虚妄。

“不死矯亂宗”者，謂有四種不死矯亂：一、覺未開覺，怖畏他人知其無知，不分明答“我無所知”。二、於所證起增上慢，懼他詰問，怖畏妄語，故不明説“我有所證”。三、覺已開悟，而未决定，怖畏妄語，懼他詰問，故不明説“我不决定”。如是三種，假託餘事，以言矯亂。四、羸劣愚鈍，世、出世道皆不了知，於世文字亦不能了，懼他詰問、知其愚癡，但反問彼，隨彼言轉，便自稱言：“我所依學，不死净天。”而亂詰問，於彼所問，以言矯亂，是故名爲“不死矯亂”。《顯揚論》中不破此計，以是愚癡無定[④]宗故。

① “自”前乙本有一“大”字。
② “問”前乙本有一“應”字。
③ “皆”前乙本有一“見”字。
④ 定，乙本作“空”。

“諸法無因宗”等者，依世静慮及邪思惟，見我世間無因而起，或復有時見諸因緣空無果報，謂見世間，都無因緣：大風卒起，於一時間，亦無因緣，寂然止息；大河彌漫[①]，宛然空竭；果木敷榮，颯然衰雜。由如是見，立無因論：“我及世間無因而起。”今應問彼：“世間諸物，種種生起，或欻然起，爲無因耶？爲有因耶？若無[②]因者，種種生起忽[③]復不生，不應道理。若有因者，計我世間無因而生，不應道理。”

“死後斷滅宗”等者，彼依世智而作是思：“若我死後復有身者，應不作業而得果報。若我體性一切永無，所受業果豈得爲有？”觀此二種理俱不可，故起此見，立如是論。今應問彼：“斷見滅者，爲蘊斷滅，爲我斷滅？若蘊斷者，蘊體無常，既[④]非常有，亦非常無，因果展轉，生起不絶，而言蘊[⑤]斷滅，不應道理。若我斷滅，汝先所説麁色之身死後斷滅，欲塵諸天、色塵諸天、四無色處於彼所攝，不應道理。”

“見行善、惡得果皆差”者，謂依世間諸静慮故，見世施主一期壽命，恒行布施，從此命終，生下賤家，貧窮匱乏；復見有人恒行妙行，命終之後，墮諸惡趣；或行惡行，反生善趣；又[□][見][⑥]父母，卻爲男女；見有男女，卻爲父母。見如是事，故作是斯惟：“定無施與，無妙惡行，亦無果報，無父母等。”今應問彼空見論者：“汝許業果有後受不？若許有者，汝先所説都無妙行、亦無惡行、無業果報，不應道理。若言無彼後所受者，諸有造作净、不净業，即於此生頓受一切净、不净果，不應道理。”又應問彼無父母者：“凡從胎藏及從種子而生身者，彼等於此爲是父母，爲非父母？若言‘是’者，即汝所言無父、無母不應道理。若言‘非’者，從彼胎藏及從種子而生此身言非父母，不應道理。爲父爲母時即非男子（女？）[⑦]，爲男女時即非父母，故約現身無不定果，故此

---

① 漫，乙本作“滿”。

② 以上丙本缺。

③ 忽，乙本無。

④ 既，丙本作“即”。

⑤ 蘊，乙本無。

⑥ 見，底本無，結合文意，據乙本補。

⑦ 子，乙本作“女”。

所言不應道理。”

“説婆羅門最勝”等者，爲[①]鬪諍劫諸婆羅門貪於名利及恭敬故，作如是計：婆羅門種是其最勝，刹帝利等是下劣種。白色、黑色當知亦然。是梵王子，梵王口生。刹帝利等，從臍、膝、腳跟處生。婆羅門種可得清净，性能修習真梵行故。今應問彼計最勝者：“婆羅門種有父母不？若言‘無’者，應是化生，汝傍現（生？）[②]事，不應道理。若言‘有’者，言修梵行餘不能修，不應道理。又從種故，名之爲‘勝’，謂從戒聞，得名爲‘勝’。若由種類故爲‘勝’者，汝論中説由祠祀中聞勝戒勝，不應道理。若[③]由戒聞得名‘勝’者，説婆羅門是最勝種、餘是下劣，不應道理。”

“執鷄、狗等諸戒清净”等者，爲[④]有外道，得世定通，見鷄、狗、牛死已生天，或見露形，或墮灰土，或受苦惱得生天上，不能善知緣起道理，起如是見，立如是論，學彼狗等，而持彼戒，是名“清净皆得生天”。或有妄執：紛陀利河、婆呼陀河、伽耶河、兢伽河等其水清净，於中沐浴，所有罪障，一切除滅，皆得生天。今應問彼計清净者：“執受净物、行净行故得清净耶？爲受穢物、行惡行故得清净耶？若由執净、行净行者，世間共許[⑤]狗惡不净，而汝許執受狗等戒得清净者，不應道理。若執不净、行惡行故得清净者，自惡不净，能令他净，不應道理。又[□][爲][⑥]由内净故究竟净，爲外净故究竟净耶？若由内净者，河水沐浴而得清净，不應道理。若由外净者，内具垢惑，但除外垢，不應道理。”

“於日、月、星常行”等者，謂有獲得世間净慮，世間同謂是阿羅漢，世人有欲自在快樂所祈遂者，便往請問；然彼不知業果相應緣生道理，但見世間日月薄蝕、星辰失度[⑦]；爾時衆生净、不净業果報成熟，彼即計爲日、月等作，爲信樂者建立此《論》。今應問彼計吉祥者：“世間所有興衰等事，爲是日、

①④ 爲，丙本作“謂”。

② 現，丙本作“生”。

③ 若，乙本作“爲”。

⑤ “共許”二字乙本作“計”。

⑥ 爲，底本、録本無，據文意補。

⑦ “辰失度”三字丙本作“宿度行”。

月、星度等作，爲净、不净業所作耶？若但日、月等所作者，現見隨造福、非福業感盛、衰等，不應道理。若由净、穢業所作者，言由日、月等，不應道理。”

小乘宗“異部有二十”等者，異部執論偈頌中云：“十八及本二，皆從大衆出，無是亦無非，我説未來起[①]。”

“本上坐大衆”等者，此義廣如《宗輪論》疏，今應略叙，顯其本末。佛涅槃後百有餘年，末兔羅國有一商人，婚娶幼妻，生一兒子，顔貌端正，字曰“大天”。商人遠遊，多歷年歲。子既長大，母逼行烝[②]。後聞父還，懼而有嫉，與母設計，鴆而殺之。恐穢跡彰，共逃他國。於彼遇見門師[③]羅漢，恐泄家事，矯請殺之。母後他非，子見忿怒，悔怨既極，遂亦殺之。雖造三逆，不斷善根，投僧出家，望滅重罪。既出家已，精懃誦習，性識聰敏，聖教遂通，王臣道俗，無不欽重。既耽名利，惡見便生，遂自詐稱得羅漢果。王迷凡、聖，頻請供養。見諸宫女，不正思惟，於夜夢中，漏失不净。弟子浣衣，怪而問云：“既是羅漢，寧有漏失？”彼矯答言：“魔嬈故爾。以彼天魔常惱佛法[④]，縱成無學，亦被嬈之。又諸漏失，有其二種：煩惱漏失，羅漢即無。不净漏失，無學容有。我被魔嬈，有漏失焉。”又彼欲令弟子親附，次第詐記四沙門果。時諸弟子自怪無知所得果證，咸來請問。彼答：“無學亦有無知，以此無知有二種故。染污無知，無學即無，染無知者是煩惱障，能障涅槃，令諸衆生受三界身。不染污無知，無學猶有，不染污無知者是所知障，於境不了，令諸菩薩及二乘等受變易身。汝雖得果，不能自知。”又於一時，弟子啓白：“曾聞聖者已度諸疑，如何我等尚疑諦實[⑤]？”彼答：“羅漢亦有疑惑，以諸疑惑有二種故。隨眠性疑，羅漢即無。處非處疑，無學猶有。汝於諦實，豈得無疑？”後諸弟子又復問言：“經説聖者得真慧眼，自證解脱。我等今者如何但由師言悟

---

① 以上甲本缺。

② 烝，底本、録本訛作“丞”。揣摩文意，“丞”當爲“烝”之訛字。《左傳·桓公十六年》：“衛宣公烝于夷姜。”杜預注：“夷姜，宣公之庶母也。上淫曰‘烝’。”此字乙、丙二本作“蒸”，與“烝”同。《廣雅·釋詁一》：“蒸，淫也。”兹據改。

③ “門師”二字甲本作“師門”。

④ 法，丙本作“故”。

⑤ 實，録本訛作“寶”，據底本改。

入?”彼即答言:“有阿羅漢但由他入,不能自知。如舍利子,智慧第一,佛若不記,當不自知。况汝等輩,不由他入?”彼雖造罪,不起邪見,自懷罪重,當受何苦,憂惱所逼,夜唱:“苦哉!”近住弟子,聞之驚怪,旦問安和①,彼答“甚善”。又問:“昨夜何唱‘苦哉’?”彼矯答言:“我呼聖道。謂有聖道,若不至誠,稱苦命唤,終不現前。故我昨夜唤聖道耳。”大天於後集先所説五惡見事,而作頌曰:“餘所誘無知,猶豫他令入,道因聲故起,是名‘真佛教’。”十五日夜灑陀時,次當大天昇坐誦戒,後便自誦所造伽他。爾時衆中有學多聞、持戒、修静慮者,聞彼所説,無不驚呵,咸即翻對所説誦②云,改第四句言“非佛教”。於是竟夜,鬪諍紛然,乃至崇朝,朋黨轉盛。城中士庶乃至大臣相次來和,皆不止息。時王聞見,亦復生疑。由斯乖諍,分成兩部:賢聖朋③内,耆年雖多,而僧數少,名“上坐部”。大天朋④内,耆年雖少,徒衆即多,名“大衆部”。至佛滅後二百年初,大衆部中因有乖諍,前後四破,分成九部。初第一破,分出三部:一者、説世、出世法皆是假,名“一説部”。二者、世法顛倒、出世法是實,名“説出世部”。三者、部主乃是鷄之種胤,名“鷄胤部”。第二破者,謂此部主學過本宗,名“多聞部”。第三破者,説世、出世亦有少假,名“説假部”。第四破者,有一外道大衆部中出家多聞,住制多山,重譯五事,分成三部:一者即此徒衆依本所居,“制多山部”。二者一類,住在制多山西,名“西山住部”。三者一類,住在在制多山北,名“北山住部”。故大衆部四破分别,本末别説,共成九部。其上座部,三百年初,四百年末,本末七破,爲十一部。第一破者,有一大德造發智論,本部被難,移入雪山,名“雪轉部”;即學論者説諸法有,名“説一切有部”。二於有部流出一部,即是古仙染牛生種,

① 和,録本訛作“知”,據底本改。

② 誦,乙、丙二本作“頌”。

③ 朋,録本訛作“用”。按:底本實作斜體的“*用*”。該字不是“用”字,而是“朋”字俗體。“朋”字本爲“鳳”字古文,後隸變作“朋”。《字鑑》卷二登韻:“朋,斜書之,……俗作*朋*。”敦煌卷子中“朋”多作斜書的“*朋*”。今字作“朋”則爲俗書之變。而“*用*”則爲“朋”之二斜書“月”字合併進一步俗變的結果。“朋”有“黨”義,“類”義,施于文中則與句意密合。兹據改。

④ 朋,録本訛作“用”。底本實作斜體的“*用*”,乃“朋”字俗體,詳見前注。兹據改。

名“犢子部”。三者於犢子部分出四部：一者部主有法過人可上，名“法上部”。二者部主性賢，是賢聖種，名“賢胄部”。三者部主量法刊正無邪，名“正量部”。四者部主所居，山林繁密，名“密林山部”。四從有部流出一部，謂此部主本是國王，名“化地部”。五從化地部流出一部，部主含法，如藏之密，名“法藏部”。六從有部流出一部，部主乃是飲光仙種，名“飲光部”。七從有部復出一部，依經立量，不依律、論，名“經量部”。如是上座本末重破，兼本共成十一部。計通前九部，爲二十部。是謂此中諸部名義。

“及依蘊等别有我”者，此宗所説五蘊等法，一一别説，即無作用；若和合時，即有總相主宰作用。如車舍等，林木各别，作用便無；若和合時，便有實用。此亦如是。

“三世蘊等而皆實有”者，謂此部執有爲之法三世有體，而其作用或有或無。法在未來，未起作用，然爲未來生相所生，流入現在，住相所住，方起作用。異相所異，而有衰變。滅相所滅，流入過去。所説“滅”者，但滅作用，名“入過去”，非滅法體。如運一籌至百千位，但名有殊，而體無别。由是義故，三世皆實。

“去、來蘊等皆是無”者，彼宗所説去、來非實，與現在法有差别故。若言三世法體皆實，不應作用唯在現在。不爾，作用與體應異。若與體異，不應名“用”，如色異聲、色非聲用故。現法實去、來無體。

“現在蘊實積聚法故”等者，謂此宗説色、心等法細實麁假，極微是實色體性故，麁色是假共和合故。一實極微，非眼識境，合成麁色，方眼識緣。縱一極微，亦是蘊攝。“蘊”者“聚”義，故蘊是實。和合生識，即名“處界”。故處界門，法皆是假。

“世、出世法皆非實”等者，問：“此與大乘義有何[1]别？”

答：“由執諸法定是假立，不同大乘假、實雙泯，但説諸法皆假非實，不説諸法非實之因，不同應理。一切諸法皆從心生。又‘殊勝’義空，由勝義故，諸法非有。故與大乘有差别也。”

“《深密》等經爲不了義”等者，謂此宗中以三無性爲真了義，遣三性故，

---

① “有何”二字甲、丙二本作“有何差”，丙本作“何差”。

即説三性體不可得;依計所執,立想無性,顯計所執,即無體相;依自、依他,立生無性。如何但無自然生性,勝義無性當知亦然。故《深密》等建立三性,有所存故,非了義也。

“《般若經》等爲非了義,就偏説故”等者,偏就空門,遣一切相,以無自性,即名“勝義”。由勝義故,世俗成空,不由世俗,勝義成有,故説“皆空”“就偏説”也。

“獨覺智證與聲聞同,教既不多”等者,同生空智,證生空理,然獨覺性利於聲聞,不假廣聞,方能證悟,是故獨覺教習不多,多同聲聞,入聲聞藏。

“然此五乘有開合”者,或有聖教於三乘外開人天乘,五戒十善因果别故;合不定性入三乘中,隨所得果皆出世故。或有聖教人天合一,五戒十善世間法故;於三乘外開不定性,雖同出世種性異故。

“亦非年月定判後先”者,真諦三藏亦立三時,與此不殊。而不取者,由約年月,定判後先:説佛成道十二年來所説小乘,名“第一時”;從十二年後至三十七年説《般若》等,爲“第二時”;三十八年至涅槃來所説中道,名“第三時”。若作此説,《華嚴經》等成道初説,豈即初時? 故約年月定判後先有此過失,而不取也。

“但以義類相從而説”者,謂三時教對不定性,佛隨根性,説或前後;但雖前説,對久根性,義同第三時,即第三時攝;雖最後説,對初根性,義同初時,則初時攝;故《華嚴經》成道初説,義同第三時[①],則第三時攝。

“契經應諷頌”等者,此十二分教義類繁多,今但略釋十二名相:一者“契經”,梵云“修多羅”。此有二相:一通,二别。通即十二皆名“契經”,别謂“長行”。緝綴義理,會理合機,故名“契”;貫穿縫綴,故名爲“經”。“能契”即“經”,持業釋也。“契物之經”,亦依主釋。二者“應頌”,梵云“祇夜”,舊名“重頌偈”。“應”字屬平、去,二聲皆通。長行雖説,理未盡圓,或有後來,聖不重語,應更重述,應後來人。“應有此頌”、“應物之頌”,有財、依主,二釋皆通。三者“諷頌”,梵云“伽他”,舊云“不重頌偈”。謂前未説,直以頌明,可諷詠故,故名“諷頌”。“可諷之頌”,依主釋也。四者“記别”,梵云“和伽羅耶”。

① 時,甲、乙、丙三本無。

此有三相:一、記天人當成佛事;二、記弟子死此生彼;三、謂記别諸法之義。“記”即是“别”,持業釋也。五者“自説”,梵云“優陀那”。謂不待請,觀機即説,令法久住;或顯悲深,自與説别,相違釋也。六者“緣起”,梵云“尼陀那”,舊云“因緣”。此有三相:因犯制戒,因事説法,因請説法。“緣”即是“起”,持業釋也。七者“譬喻”,梵云“阿波陀那”。謂以喻况曉所説義,舉已見邊,顯未見邊,令義平等,故名“譬喻”。“譬”即是“喻”,持業釋也。八者“本事”,梵云“伊帝曰多伽”。謂除自身,説於過去弟子及法,名爲“本事”。“本體即事”、“本世之事”,持業、依主,二釋皆通。九者“本生”,梵云“闍陀那”,説佛自身在過去世彼彼方所行菩薩行。“本體”即“生”、“本世之生”,亦通持業、依主二釋。十者“方廣”,梵云“毘佛略”。此有二相:一、謂説行菩薩勝道;二、法廣多,高大長遠。理正名“方”,教多名“廣”。“方理之廣”,依主釋也。十一“希法”,梵云“阿浮陀達磨”,舊名“未曾有經”,謂説八衆共不共德及餘最勝驚異之法。“希有之法”、“法”即“希有”,通於二釋。十二“論議”,梵云“優波提舍”。此有二相:一、佛自説,謂諸經典;修環研覈,磨怛理迦。二、聖弟子已見諦者,依自所證,無倒宣説。“論體”即“議”,持業釋也。

“略、廣分别十七地義”者,但直分别十七地義,而不决釋深隱奥義,是故但名爲“本地分”。“十七地”者:一者、五識身相應地;二者、意地;三者、尋伺地;四者、無尋唯伺地;五者、無尋無伺地;六者、三摩呬多地;七、非三摩呬多地;八、有心地;九、無心地;十、聞所成地;十一、思所成地;十二、修所成地;十三、聲聞地;十四、獨覺地;十五、菩薩地;十六、有餘依地;十七、無餘依地。故《瑜伽論·總攝頌》云:“五識相應、意,有尋伺等三,三摩地俱非,有心、無心地,聞、思、修所立,如是具三乘,有依及無依,是名‘十七地’。”廣釋名義,如最勝子《瑜伽論釋》。

“言‘大乘’者,謂‘菩薩乘’”者,大乘之言,通因及果,是佛菩薩大人乘,故言“菩薩乘”。就因而論,菩薩乘此到佛地故。若言佛乘,約果而説,一切諸佛本所乘故。簡異聲聞小人之乘,故舉菩薩而釋“大乘”。

“剋用理智而爲體”者,以是能證、所證法故,攝有、無爲一切功德故,一切功德之依處故,故與理智正爲乘體。而於“教果”兼名“乘”者,以教顯理,得理云“教”,智即是行,有行成果,是故“教果”兼名“大乘”。

“小乘唯明七十五法”者，心法有一，心所有法有四十六，色法有十一，不相應行有十四種，無爲有三，如是共成七十五法。

“有説本事廣論未譯，但録名”等者，若有廣論此但録名，不名别論，何故題中云“百法論”？若廣論中録名數者，應言“論中略録名數”，寧言“分中録名數”也？由此故如是妄言耳。

“總上九號，具包三德六義差别，故名‘世尊’”者：言“九號”者，即十號中前之九號。其第十號名“世尊”者，由前九號故得名耳：一者、如來。二者、應正等覺，即舊所云“應供正遍知”。三、明行圓滿，即舊所云“明行足”。四者、善逝。五者、世間解。六、無上丈夫。七、調御士，舊云“無上士調御丈夫”。八、天人師。九者、佛。十者、世尊。言“三德”者：一者、恩德，即佛化身，巡數六道、化利衆生、有恩德故。二者、智德，即佛報身，以大智慧成就一切諸功德故。三者、斷德，即佛法身，由斷諸障顯現真如萬德體故。言“六義”者：一者、自在，永不繫屬諸煩惱故。二者、熾盛，炎猛智火所燒練故。三者、端嚴，殊勝相好所莊嚴故。四者、名稱，一切世間咸稱讚故。五者、吉祥，一切天人皆供養故。六者、尊貴，利樂一切無懈廢故。

“雖此二義，亦通無我”等者，此通伏難，謂有難言：“既言‘法’者是‘軌持’義，此義合通下一‘無我’，何故五種獨名爲‘法’？”爲通此難，言“雖[①]此”等。

“一、軌唯有體，無法非緣，不生心故”者，心緣有無，生不生心，有其二説：一云緣無之時亦得生心，緣過去、未來等心亦生故。二云不生，雖過、未等外質是無，而有影像當情而現，要緣影像，方得生心，無相分時心不生故。是故無法不得成緣，非所緣緣心不生故。既“軌則”者“生物解”義，是故“軌”義無法不成。

“二、軌唯差别，緣無我”等者，此中“差别”謂即是“句”，言“自性”者謂即是“名”。故《唯識論》云：“名詮自性，句詮差别。”且如頌云“諸行無常”。各别四名，但詮自性，未合成句，智解未生。合成句時，差别於常，方解諸行是其無常，故唯差别而在“軌”義。

① 雖，録本訛作“難”，據底本改。

“三、軌唯有爲，要成因緣，方生解”等者，謂有爲法，方成因緣，仗因託緣，方能生解。故“軌則”義，唯在有爲。其無爲者既都無相，心不能緣，不成因緣，不能生解，不成“軌”義；不失自性，“持”義則通。雖後得智有漏意識亦緣無爲而生智解，但是影像，不是親緣，不同正智，故不爲例。

“四、‘軌’唯後説，‘持’通前宣”等者，此依因緣，比量宗説。如佛弟子立“聲無常”，“聲”是前宣，“無常”後説。但聞“聲”字，未能生解。若聞“無常”，方有解生。是故“軌”義不通前宣，若論“持”義通前及後，解與未解守自性故。

“五、‘軌’唯能詮，要名、句、文”等者，“能詮”即是“名”、“句”、“文”三，“所詮”是義。雖所詮義亦能生解，而“名”、“句”、“文”生解用增，是故“軌”義唯在“名”等。

“故‘軌’義局，‘持’義即通”者，有“軌”義處必有“持”義，有“持”義處或無“軌”義，故“軌”與“持”通、局異也。

“一、‘緣慮’義”等者，然准四卷《楞伽經》注，有二種心：一者質多緣慮之心。二者乾栗大貞實之心。八識皆名“虚妄分別”，攀緣思慮一切妄境，皆名“質多緣慮心”矣。既能變生一切諸法，是一切法貞實體相，是故亦名“貞實心”矣。

“三、‘集起’義”等者，謂第八識能集染净諸法種子在識含藏，而能現起染净諸法。若前七識能集熏起，染净種子在本識中，令從本識起染净法。故《楞伽》云：“‘心’名‘採集業’，‘意’名‘廣採集’。”故“集起”義八識皆通。

“若於方所現”等者：“於方所”者，謂現前色不離方處故。“所現骨鎖”等者，即觀行者所觀同類影像諸色。“形顯”者，“形”謂形色，“顯”謂顯色。如是總名“方所示現”。

“此有四句”等者，自有相應而非是行，即受想蘊；自有是行而非相應，即成就等；有非相應，亦非是行，謂即色蘊；有亦相應，亦是行者，即除受想諸餘心所。釋義可知。

“心遠、獨行”者，謂説此心遠通凡聖一切處行，名曰“遠行”；唯獨一識，唯一意識。無別心所，名曰“獨行”。

“士夫六界”者，謂地、水、火、風、空、識也。於六界中，但言識界，不説心所，以心勝故。

“如地獄卒”者，謂彼有情同業果報，同處同時共變獄卒，爲逼害事，非是心外實有獄卒。不爾，云何不同受苦？諸小乘師釋此義云：“謂由業力感别四大，雖在火等而不受苦。”大乘難云：“若不受苦，非地獄收，何趣所攝？”小乘答云：“鬼趣所攝。既許天上亦有傍生，地獄有鬼，於理何失？”大乘難云：“天上傍生，受天妙樂。地獄中鬼，何無苦耶？若不爾者，如諸餓鬼，於清水上見火濃（膿）[①]河，人見爲水。兩類同處、同時，見殊。若法離心，寧有是事？故諸色法不相應法皆不離心。”

“此定非異色心、心所，有實體用”等者，此中量云：此不相應定非異於色心、心所。“有實體用”，宗也。“許藴攝故”者，因也。“如色心等”者，喻也。並云：色心等法藴所攝，非異色心有體用；不相應行許藴攝，非離心等有體用。

“若異心等”等者，此中量云：不相應行定非實有，宗也。“心、心所色及諸無爲所不攝故”，因也。“如畢竟無”，喻也。“畢竟無”者，即龜毛等畢竟無，心等不攝。畢竟無非是實有，不相應心等不攝，不相應亦非實有。

“然諸無爲所知性故”等者，此立無爲不離心等，有二比量：第一量云：然諸無爲不應執爲離色心等實無爲性，宗也。“所知性故”者，因也，謂即無爲是心智等所知性故。“如色心等”者，喻也，謂此色法是心所知，心、心所法亦是所知，意識能知一切心故。總合並云：色心、心所是所知，不可執爲離心等。無爲既是所知性，如何執離於色心？第二量云：然諸無爲不應執爲離色心等實無爲性，宗也。“是色心等所顯性故”，因也。“如色心等”者，喻也。所言色心所顯自性者，此中所顯有其四義：一、以色顯色，如燈照物等。二、以心顯心，如他心智等。三、以色顯心，以聲説心等。四、以心顯色，如心緣色等。然三無爲，一一皆是色心所顯。故《佛地》云：五藴無處以顯虚空。斷有漏藴，以顯擇滅。諸藴不生，顯非擇滅。是故無爲是色心等所顯性也。總結並云：心等皆是所顯性，非是離心實無爲。無爲亦是所顯性，寧離心等有無爲？

---

① 結合文意，此“濃”當爲“膿”之借字。

“如正斷等，雖無前相”等者，四正斷者：一者、已生惡不善法，由正懃力，斷之令滅。二者、未生惡不善法，由正懃力，令不得生起。三者、未生諸勝善法，由正懃力，修之令生。四者、已生諸勝善法，由正懃力，修令增長。此四正懃，雖無前相説四次第相[①]，但約言説而爲次第。

“應知皆是隨轉理門”者，諸大乘經有二理門：一者、真實理門，謂説大乘究竟實理，如説八識、二無我等。二者、隨轉理門，且隨初根，説小乘法，如説六識、人無我等。此非究竟，應可改轉，入真實理，名“轉理門”。今大乘中有此義者，當知皆是隨轉理門，即《涅槃經》[②]“隨人”、“隨意”、“隨時”義也。

“然亦不許一念並生”者，小乘論云：以一身中無二心故，等無間緣唯有一故，是故不得一念並生。

“開阿賴耶染净分位説九識”者，真諦三藏譯《九識論》亦同《楞伽》。其前八識，與此不殊。第九名爲“阿磨羅識”，意説賴耶離生滅染，即是真如，名“阿磨羅識”。而亦不離第八净分，是故無别第八[③]識也。

“《攝大乘論》依前六識”等者，《無性論》第四卷云：一、身識，謂眼等五根。二、身者識，謂五識所依意界。三、受者識，謂第六識所依意界。此上三識，以内六界爲體。四、彼所受識，謂外六塵。五、彼能受識，謂六識界。六、世識，謂似三時影現。七、數識，謂似一等算數影現。八、處識，謂似村等影現。九、言説識，謂似見聞等言説相現。十、自他差别識，謂即所起我、我所執。十一、善惡趣生死識，謂似五趣等相現。故十一識依於六識根、境、識三而建立也。

“《深密》等經於阿賴耶”等者，“等”即等取《阿毘達磨經》及《唯識論》。七種識名，如下所列，謂阿賴耶異熟識、無垢識是别分位而立别名，其根本識阿陀那所知依種子識通一切位，約通分位而立通名。

“《攝論》所説一意識宗”等者，彼《論》所引一意識菩薩所宗之義，而不破斥，彼合前六，但是一識；由依六根，别取六塵，開六識名，非有六識；兼第七、

① 相，乙本無。

② “即涅槃經”四字乙、丙二本作“涅槃經云”。

③ 八，乙、丙二本作“九”。

八,總有三識。

"恒審思量勝餘識"者,夫言意者"思量"爲義,唯第七識恒審思量。由此應作四句分別:若第八識,"恒"而不"審";其第六識,"審"而"不恒";若前五識,非"恒"非"審";唯第七識,亦"審"亦"恒"。是故恒審勝餘識也。

"縱色現前盲不見"者,意顯眼識不依色起。若説眼識定依色起,色現前時盲者應見。雖無色時,眼識不生,以色比根,依根義勝。根若[①]壞時,識必不起;縱有色時,盲不見故。

"如病損眼,識並見黄"者,顯發眼識,必由眼根。如迦末羅病損壞眼根故,於青色等並見爲黄。只由根壞,識謬見生;不由色壞,眼識謬見。以色境相,壞與不壞,識稱境知。若根壞時,識即謬見。故發識用,必在眼根,不在色境。

"眼識種子,隨眼種生"等者,謂根、境、識三種種子,眼根種起,眼識種生,根種不生,識種不起,不隨色種眼識種起。

"若自在位"乃至"隨根無相濫失"等者,謂若隨境,立六識名,至自在位,五根互用。眼根發識,遍緣五塵,爲名"觸識"。乃至鼻根,發識緣境,遍於五塵。是則五識皆名"五識",有雜亂過。若其隨根,即無此過。縱其眼根能發之識,緣一切境,但可隨根,名爲"眼識",即無雜亂。

"初通一切異生相續"等者,言"相續"者,謂即"蘊身"。今舉蘊身,故言"相續";或依於蘊,方得相續。

"法空智果"等者:"法空智"者,取正體智;而言"果"者,取後得智及後智所引滅定;此二皆是正智果故,是故皆名"法空智果"。

"彼緣無垢識等"者,"等"即等取異熟識也。若至佛身平等性智緣[□□□□□□□□□□□□□□][無垢識,若在菩薩平等性智緣][②]異熟識。菩薩第八未得轉依,但名"異熟"。有此差别,故置"等"言。

"謂前七識皆是種生"等者,七識是果,種子是因。然因與果,皆名"體

① "根若"二字乙、丙二本作"以根"。

② "無垢識,若在菩薩平等性智緣"十二字底本、録本無,結合文意,據乙、丙二本補。

相”。體即是相，無差别也。凡因與果，雖非定一，不可定異，無别性[①]故。

“即攬此種爲第八識”者，如《唯識論》第二卷云：阿賴耶識有其三相：一者因相，謂所持種能生染净法故。二者果相，即現識體是善惡業異熟果故。三者自相，即此種現攝持因果爲自相故。言“自相”者即“自體”義，既攝因果以爲自體，故用種子爲第八識。

“異時而熟，變異而熟”者，謂諸種子有二因義：一、牽引因，謂未潤時以能牽引自遠果故。二、生起因，謂被潤時[②]以能生起近自果故。依牽引因，立異時熟，未被潤時與所生果時不同故。依生起因，立變異熟，既被潤以，由因變異，果方熟故。

“異類而熟”者，由異性因，異性果熟。謂諸種子復有二種：一者異熟，即是所熏善、惡二種。此望第八無記種子而爲因性，若無此種，第八種子必不生故。二者名言，即通一切三性種子，各能親辨自所生果，各望自果爲因緣性。由善惡種，令第八識名言種熟，生五趣果，故善惡種名“異熟因”。是故説名由異性因，異性果熟，名爲“異熟”。

“異義通因，熟唯在果”者，“因”謂識中善惡種子，“果”謂第八種子現行。此善惡因，望無記果。因果各别，皆得名“異”；不偏在果，故言“通因”。及成熟時，唯在第八種及現行，言“唯在果”。

“異熟有二種子現行”者，“種子”謂即親生第八名言種子，“現行”謂即從此種生第八現識。此二皆是善、惡業種之所招感異熟[③]，並名爲“果”。

“若異屬因，是異之熟”者，此下四句，約其六釋，釋“異熟”二字。因果四句[④]，名也。此之二句，辨依主釋。謂既前言異義通因，若將“異”義屬善、惡者，因熟唯在果[⑤]第八種子現行[⑥]，即是善惡。“異家之熟”，[□□□□][名

① “别性”二字乙本作“差别”。
② 時，丙本作“位”。
③ “異熟”二字乙、丙二本無。
④ “因果四句”四字乙、丙二本無。
⑤ 果，乙、丙二本無。
⑥ “種子現行”四字乙、丙二本作“種現”。

爲“異熟”]①,依主釋也。

“若異屬果,異即是熟”者,既知“異”義亦在“果”上,“熟”唯在“果”,故“異”與“熟”二體無殊。“異”即是“熟”,名爲“異熟”,持業釋也。

“異熟即識,熟屬現行”者,此分四句,又約六釋釋“異熟識”三字名也。此中所言“異熟識”者,若“異熟”屬於現行,現行是“識”。“異熟”與“識”既無别體,“異熟”即“識”,名“異熟識”,持業釋也。

“異熟之識,熟屬種子”者,若以異熟屬種子上,種與現識體既不同,乃是異熟種家之識,故名“異熟”,依主釋也。

“皆有思量能生義”者:“有思量”義,如前已明;“生長”義者,謂即八識,十二處中意處所攝,“生長門”義是意處故。故《雜集論》第二卷云:“謂七識界即是意處。”

“小乘通依三世眼”等者,眼等六識但在未來,皆名爲“心”,由未取境、但體積集當生起故;隨其一識緣會之時流至現在乃名爲“識”,有了别用、名爲“識”故;若起用已滅、入過去即名爲“意”,能與後念作無間緣、開避引導名意根故。

“異熟若是善染”等者,流轉即是生死因果,“流”謂集諦,“轉”謂苦諦,“還滅”即是涅槃因果。“還”謂道諦,“滅”謂滅諦。凡言“異熟”,皆②謂無記,隨善、惡業,任運相續。若是善者,不隨染緣,流轉五趣,應不得成。若唯染者,不受善熏,還滅涅槃如何得立?

“‘慧’與‘我見’義用别故”者,此通伏難。謂有難言:“若一心中無二慧故,但有我見、無餘見者,我即以慧用③爲自體。既第七識已有慧俱,如何更與我見俱起?”故此答言:“‘慧’與‘我見’義用别故。”簡擇名“慧”,推度名“見”,義用既殊,故得俱起。慧實見假,而不相違。諸見既皆用慧爲體,我見常起,諸見更生,則一心中有二慧失,故有我見,餘見不生。見與慧俱,於理無失。

① “名爲‘異熟’”四字底本、録本無,結合文意,據乙、丙二本補。

② 皆,乙本作“即”。

③ “即以慧用”四字乙本作“見即是以慧”。

“刹那别緣不專一”者，定能令心前念後念於境專注，相續而住；此識但能念念前後各自别緣而住，於境無“專注”義，故無定數。

“滿業所招異熟果心”等者，然“業”及“果”皆有引、滿。“引業果”者，即第八識，彼善、惡業之所招引而爲五趣總報體故。言“引業”者，即是能引此第八識善、惡二業。“滿業果”者，即六識中劣無記者，隨善、惡因之所招感，而爲六識圓滿果故。言“滿業”者，即六識中善、惡二業，能引自識無記性者，令自六識得圓滿故。故《俱舍論》云：“一業引一生，多業能圓滿。”即舊所言“總報”、“别報”二業果也。

“由無計度，隨念分别”者，此約三種分别説也。三分别者，如《雜集》云：一、自性分别，謂於現在所受諸行自相行分别。二、隨念分别，謂於昔曾所受諸行追念行分别。三、計度分别，於去、來、今不現見事思構行分别。若依《俱舍》，計度分别即以意地散慧爲體，隨念分别乃以意地諸念爲體，自性分别通在六識，如魚躍泉，但任運故。

“由稱量等起慢等故”者，於稱量中等取“猶豫”、“推度”之義，於慢之下等取“疑見”；謂由稱量上、中、下品而起七慢，謂由於境猶豫不决而起於疑，於境推求而起我見；故於兩句皆置“等”言。

“不待名言及待此餘根境起”者：“不待名言”者，謂不要待色、聲、香等名言而取自所取義。“不待餘根”者，即分别根，謂眼識生，但任運緣，不待意根，先分别已，然後了别；若緣瓶等，要待名言及色、香等，方起瓶覺。“不待餘境”者，謂色等境一一皆用衆塵所成，如眼觀色，但直觀色，不待别知此四大種及聲、香、味觸諸餘境故方了色相，故名“不待餘境”。

“以長短等亦色處收”者：夫言“處”者，“生識”爲義。色生眼識，故色爲處。若使[①]長短眼識不緣，則非生識，寧色處收？

“具三、七等一切分别”等者：三種分别，如前已明。七分别者，如《雜集》云：一、任運分别；二、有相分别；三、無相分别；四、尋求分别；五、伺察分别；六、染污分别；七、不染污分别。初即三中自性分别，爲[②]五識身無異分别，於

① 使，乙本作“便”。

② 爲，乙本作“謂”。

自境界任運轉故。有相分别即是三中自性隨念,取過、現境種種相故。無相即是計度分别,而能希求未來境故。所餘分别當知亦用計度爲性。所以者何? 以思度故,或時尋求,或時伺察,或時染污,或時不染污,種種分别。

"不緣相分,識中種子及相應法"等者:謂經論中皆説末那唯是内緣,不取外境。若取賴耶所有相分,相分即是外六塵境,即應末那有緣外失。種子雖在賴耶識中,是識相分,若緣種子,與緣外相有何差别? 是故不緣識中種子。賴耶心所,雖不離心,曾無處説緣相分[①]故,但説末那唯緣識藴、[□□□□□□□][彼相應法非識藴][②]故,是故不緣賴耶心所。

若爾,何故經論皆説此末那識"我"、"我所"執?

疏中所言有處説執"我"、"我所"者,正釋此難,如文應知。

"内變執受種子色根"者:言"執受"者,有其二義:一、識所依託安危事同。二、以此爲依,能生本識。總而言之,攝爲自體,同"安危"義,故名"執受"。"不執受"者,謂"不攝爲自體"之義,如器世界外六塵境及他依處,雖本識緣不攝受故。

"若變心等便無用"等者:"等"即等取諸心所法。何故變心無實用耶? 故下二句釋此義云:"相分心等,不能緣故。"若變心等,即是相分。既相分心無能緣用,故賴耶識不變心等。

"須彼實用别從此生"者,此釋伏難。謂外難言:"若變心等無實用者,寧有實用諸心等耶?"

故此答云:"謂彼實用諸心、心所别從此識種子而生。"

"若爾,何不一切境界皆從種生、須現識變?"

答:"凡有二:一、因能變,即從種子轉變而生。二、果能變,即諸現識變現諸境。諸現行識,自是能變,不可更從能變識生,是故但從種子而變。由此應作四句分别:一、自有因變而非果變,即諸現行心、心所等。二、自有果變而非因變,如分别變但爲境者。三者、因、果俱變,如五根身器世界等。四者、因果俱不變,如不聞見他方境界。"

---

① 分,乙、丙二本作"應"。

② "彼相應法非識藴"七字底本、録本無,結合文意,據乙、丙二本補。

“若心、心所無所緣相”乃至“餘如自故”者，此立相分。有二比量：第一量云：心、心所法應不能緣自所緣境，宗也。無所緣相故，因也。如餘識境，喻也。“自所緣”者，且如眼識，色爲自境，若緣色時，眼識之上不帶色相，應不能緣，無色相故。猶如聲境，謂眼識上不帶聲相。不帶色相，如何緣色？香味觸等，准此應知。第二量云：或應一一心、心所法能緣一切境，宗也。無所緣相而能緣故，因也。自所緣境，喻也。謂如眼識，應能緣聲，無聲相故。如無色相，而能緣色。香味觸等，准此説之。

“若心、心所無能緣相”乃至“亦是能緣”等者，此立見分。亦有二量：第一量云：心、心所法應不能緣，宗也。無能緣相故，因也。如虚空等，喻也。第二量云：或虚空等亦是能緣，宗也。無能緣相故，因也。如心、心所，喻也。“虚空等“者，等取真如及色法等。覆合並例，准而作之。

“無自證分，應不自憶心、心所法”等者，謂心、心所，但見前境，而不卻能返見自體，是故經説刀、指等喻。當見境時，所有心行及至過後皆能自憶。謂我當時作是心行，向若尚無自證分心證智自心，如何於後能憶自心？如不曾更境，不能自憶。故作量云：心、心所法應不能自憶，宗也。無自證分緣自心故，因也。如曾更境，喻也。覆結並云：不曾更境無心緣，不曾更境必不憶；無自證分緣自心，心等不應能自憶。

“勿真如性，亦名‘能緣’”等者，此中意云：若正體智許無見分而能緣者，則應真如亦合能緣，無見分故。“勿”猶“莫”也。以正智無見分故，而成能緣，令真如性成“能緣”義；既真如性無見分，故不成“能緣”，故正體智是能緣故必有見分。

“説無相取不取相故”者，即《瑜伽論》七十三説“取”有三種：一、有言有相取，謂言説隨覺者取。二、無言有相取，謂言説隨眠者取。三、無言無相取，謂是於言説離隨眠者取。此正體智，當第三取；説無相故，便無相分；説取言故，便有見分。下“後智”中有二“説”字，應知皆是《瑜伽論》説。

“帶如相起，不離如”者：此中“帶”者是“挾[1]帶”義。言“如相”者，即真如體。此正體智所有見分，是内證故，不離真如，即是狹[2]帶真如體相。

---

①② 挾，録本訛作“狹”，據底本改。

"離諸名言種類分别"者:"種類分别"即是比度,以彼種種相似比類分别而知。今現量智直觀現境,故離名言種類分别。

"於所觀義有正智生"等者:"義"有二種:一、"義"者,境也。如遠見烟,比厨中煙,定知遠處必有於火,於其觀火境之上有正智生。二、"義"者,理也。如佛弟子立聲無常,所作性故,如瓶、盆等,於此所觀無常理上有正智生。

"若後得智,亦通三量"等者,緣自相故是現量智,緣共相故是比量智,緣過、未故是非量智。

"若在初、二静慮近分"等者,然四静慮有四種别:一、未至地;二、中間禪;三、近分定;四、根本地。"根本地"者,即四静慮從前加行至本地中,故所至定名"根本地"。"近分定"者,是根本定所有加行,謂由厭下爲苦麁障,欣樂上地爲静妙離,能與本地而爲近因,名爲"近分"。"中間禪"者,即是第二静慮近分,以初静慮有尋有伺,第二静慮無尋無伺,而此近分無尋唯伺,對前有、無,故名"中間"。"未至地"者,即初静慮近分定也。由出欲界,未至初禪,故此近分名"未至地"。上地近分已至定地,不得此名,不應爲例。已[①]、彼初二静慮近分是彼根本静慮加行,未得容豫,雖有適悦,而未周遍,故但名"喜",而不名"樂"。其二静慮已至根本,無所求趣,適悦周遍,故約身心,名"喜"名"樂"。

"若法决定,有境爲主"等者,爲要三義,方成所依:一者决定,簡識起時不定有者,且於眼識十緣之中,雖要光明,未必决定,如天眼等不必依故。二者有境,簡决定中非有境法,謂餘六根遍行五法,餘雖决定,而非有境,故非所依。三者爲主,簡有境中遍行五法,雖是决定,而非主故,不名"所依"。唯五色根六、七、八識,具此三義,具心、心所,取自所緣,乃是所依。

"要有緣法能作"等者,謂開導依,要具四義:一有緣法,簡諸色法不相應行及諸無爲,無能緣故,不名爲"依"。二者爲主,簡諸心所,雖有"緣"義,而非主故,不名爲"依"。三者能作等無間緣;此簡八識,異類相望。四者此於後生心、心所法開避引導;此簡無學,將入無餘最後刹那。要具四義,方成

---

① 已,録本訛作"已",據底本改。

“依”義。

“多同類種俱時轉故”者：諸識一一皆有多種，一時俱起，無開導力。且如眼識有多種子，皆是能生眼識功能。皆眼識種，名“多同類”。此同類種俱時轉故，展轉相望，非無間緣。如彼色法及不相應，同類俱轉，不得成緣。

“餘八識聚三界九地”乃至文云“故[①]皆得作等無間緣”等者，謂第八識三界九地皆容互作等無間緣，下上死生相開導故。有漏無間，有無漏生。無漏定無生有漏者，鏡智起已、更無斷故。若與無記相望亦然。若第七識三界九地亦容互作等無間緣，隨第八識生處繫故。有漏、無漏容互相生，十地位中得相引故。善與無記相望亦然。第六意識三界九地有漏無漏、善不善等各容互作等無間緣，潤生位等更相引故。若五識中，眼、耳、身識，欲、色二界；鼻、舌二識，唯欲界地。自類互作等無間緣。三性相望，應知亦爾。有漏得與無漏開避，無漏不與有漏導引，事智起已必不斷故。

“謂若有法是帶己[②]相，心或相應”等者：言“有法”者顯其“緣”義，無法非緣，必不生心，要有體法方成“緣”故。“帶己[③]相”者顯“所緣”義，要帶境相現於心上，令心得見，成“所緣”故。“心或相應”是能帶體，“心”謂心王，“相應”心所，謂此有法所帶己[④]相，乃是心王或善心所、或惡心所所慮、所託。

“雖前三緣亦是增上”等者，此通伏難。謂有難言：“若是有法有勝勢用，名‘增上緣’，前言[⑤]三緣亦有此義，何故不得名‘增上緣’？”爲通此難，故作是言：“雖前三緣亦是增上，若總名爲‘增上緣’者，是則四緣更[⑥]無差别。爲顯四緣有差别故，除前三緣，所不攝者皆入此攝，名‘增上緣’。”

“生住成得四事别故”者：諸有爲法未有而有，名之爲“生”；有情依器、器依風等，名之爲“住”；以宗、因、喻，建立道理，名之爲“成”；若能成立有爲、無爲，名之爲“得”。若有爲法有勝勢用，令生、住等，名之爲“順”；令不生等，是則名“違”。

---

① 以下乙本缺。

②③④ 己，録本訛作“已”，據底本改。

⑤ 言，甲、丙二本作“之”。

⑥ 更，甲、丙二本作“便”。

“應知即是二十二根”等者:《瑜伽論》九十八云:“略由六處增上義故,當知建立二十二根。何等爲六?一、能取境界‘增上’義故。二、繼嗣家族‘增上’義故。三、活命因緣各别事業加行士用‘增上’義故。四、受用先世諸業所作愛、不愛果及造新業‘增上’義故。五、趣向世間離欲‘增上’義故。六、趣向出世間離欲‘增上’義故。當知此中,眼根最初,意根爲後。如是六根,於取境界有‘增上’義。男、女二根於能繼嗣家族子孫有‘增上’義。命根一種,於受命者活命因緣各别事業加行士用有‘增上’義。‘樂’最爲初,‘捨’爲其後。如是五根於其受用先業所作愛果及造新業有‘增上’義。‘信’爲最初,‘慧’爲其後。如是五根,於趣向世間離欲有‘增上’義。未知、當知、已知、具知三無漏根於能趣向出世間離欲最極究竟有‘增上’義。一切世間所現見義,其唯此量。當知是義能究竟者,無出於此二十二根,故一切根二十二攝。”故爲頌曰:“眼、耳、鼻、舌、身,男、女並命、意,苦、樂、憂、喜、捨,信、進、念、定、慧,未、當、已具知,是名‘二十二’。”前五色根以本識等所變眼等净色爲性。男、女二根身根所攝,故即以彼少分爲性。命根但依本識親種分位假立,非别有性。意根總以行識爲性。五受根如應各自受爲性。信等五根即以信、進及净念等而爲自性。未知、當知根以資糧加行見道之中許後刹那,於此三位信等五根意、喜、樂、捨爲此根性。始從見道,最後刹那修道,乃至金剛喻定,所有信等無漏九根,皆是已知根性。諸無學位無漏九根,一切皆是具知根性。

“‘種子’即是‘習氣’異名”者:然諸“習氣”,總有三種:一者、名言習氣。“名言”有二:一、表義名言,即能詮義音、聲差别。唯第六識能緣其“名”。然“名”是“聲”曲屈差别,唯無記性,不能熏成色、心等種。然因名故,心隨其名變似五藴三性法等而成熏,因名起種,名“名言種”。一切熏種皆由心所,心所熏種,由因外緣。二、顯境名言,即能了境心、心所法。即是一切七識見分等心,非相分心。不能顯境,順趣種種所緣“境”義;依言説名,分别種種所緣“境”義。二、我執習氣。亦有二種:一、俱生;二、分别。謂虚妄執我、我所種,隨二我執,所熏成種,令有情等自、他差别。三、有支習氣,謂招三界異熟業種。此亦二種:一、有漏善,即是能招可愛果業。二、諸不善,即是能招非愛果業。此義出《唯識論》第八卷。

“此遮異熟心、心所等”者，四無記中後之三種，是强盛故，而共能熏。唯初第一，異熟無記，若第八識都不能熏。若六識中無記性者，有其二種：勝者法執，而是能熏；劣者不執，則不能熏。今言“等”者，等取此也。

“若爾，此性種從何有？既即無種，從何現行？”

答：“以諸種子有其二種：一者本有，二者新熏。此類無記雖不新熏，約本有種而生現行，故雖不熏，生亦無失。”

“若爾，本識亦應如是，何要前七與熏種耶？”

答：“理實皆須二種種起，若偏說一，則成過失。故劣無記亦是六識與熏成就。此義稍難，應更思審。”

“由此如來第八净識唯帶舊種”等者，既遮善染，非是所熏。佛第八識唯是善故，非所熏者，便有難言：“若非所熏，又非能熏，是則佛果應無種子。如何能生諸功德法？”爲通此難，故云：“净識唯帶舊種，非新受熏。”

“說熏成彼相見種”者，如《唯識論》第八卷說：前七識能與第八熏相見種，此依難陀“新熏”義說。若依護月“本有”義說，前七識熏但令增長。

“所仗本質是無記故”者，“本質”即是第八識中相見分[1]，性皆無記。

“所起相分非善、惡”者，是七轉識影像相分，若前六識所變相分從實質生，是性境故，不隨見分，故非善惡；若第七識所熏相分是帶質境，雖通情本，有覆、無覆皆無記故。

“緣染净事依彼轉故”者，謂前六識緣染、净事，起染、净相，而成相轉，雖行施等，不能亡相，皆由染意爲識依止；彼未滅時，相了别轉；末那滅已，相轉解脱；故前六識緣染、净事，皆依末那而得成立。

“雖有定果色，無業果色”者：謂諸聖者及定，自在變現種種色等境相，以定爲因，名“定果色”；若諸凡、聖業因所感身色等相，名“業果色”。未得定者，唯有業果；無色界中，唯有定果；若色界天，二色皆無。

“謂阿羅漢出世道中”等者：以染污意無始時來微細一類，任運而轉，諸有漏道不能伏滅。三乘聖道有“伏滅”義，真無我解違我執故。後得無漏現在前時，是彼等流，亦違此意。真無我解及後所得，俱無漏故，名“出世道”。

① “相見分”三字甲、丙二本作“見分相”。

滅定既是聖道等流,極寂静故,此亦非有,由未永斷此種子故。從滅盡定聖道起已,此復現行,乃至未滅。

"諸善法影常現前"者,《佛地經》云:譬如明鏡安[①]在高臺,世間境界若非處在遠闇障者,悉於鏡中而現影像。如是如來大圓鏡智安在法界真如理上,一切衆生不愚、不迷、不障中者,諸善法影悉於中現。

"謂一切性及地、時、俱"者:"一切性"者,謂善、不善、有覆無記、無覆無記;"一切地"者,謂即九地,欲界、四禪、四空爲九;"一切時"者,但有八識心起之時無時不有;"一切俱"者,謂與一切心及心所常相應起。

"善唯有一,謂一切地"者,然一切地有其二種:若前九地名"一切地",輕安非欲,非一切地;若有尋等名"一切地",輕安即通於初静慮,有尋伺地有輕安故。

"染四皆無"者,謂本煩惱、隨煩惱並名爲"染";不通善故,非一切性;不遍三界,非一切地;善心時無,非一切時;非並頭(顯?)[②]起,非一切俱。"而貪、癡、慢等亦通三界,如何説言'非一切地'?"答:"雖貪、癡等通在九地,而嗔、煩惱唯在欲界,以不全故,非一切地。以隨煩惱同根本惑,四義皆無,故《瑜伽論》合之爲一,總爲五位。"

"謂此驚覺應起心種"等者:謂此作意性能驚覺。若此種子驚起諸餘心、心所種,令起現行;若至現行,引令趣境。此雖與心同時而起,然有驚能;如信與心,雖同時起,説能净心,此亦爾故。

"觸依彼生"等者,此中"彼"者即是三和。"觸因彼生"者,從因立名,因彼三和而生觸故。"令彼和合"者,從果立名,謂因觸力三和合故。"説爲彼"者,釋上立名,釋前觸位三合名也。

"三和合位[③],皆有順生"等者:謂根、境、識三和合時,一一皆有順生受等心所功能,故言"皆有";三和合位有順生能,異未合時,故名"變異"。

"觸似彼起,故名'分别'"者:言"分别"者即"領似"義,觸生似彼順生功

① 安,甲本作"處"。

② 頭,甲本作"顯"。

③ 位,録本訛作"故",據底本改。

能，領似變異，故名“分别”。如子似父，名分别父，非謂能緣之分别也。

“能起合、離非二欲”者，釋前“起愛爲業”言也，此中“欲”者即是“愛”故。謂領順境，而起合欲；領違境相，而起離欲；領俱非境，起非二欲。“非二欲”者，即是非合[□][非][1]離欲也。

“謂能取境正因等相”者，謂於境中引發善思爲正因相，引發邪思爲邪因相，引發無記思爲俱非因相。此中意説：由三性思，緣三因境，隨其所應，驅役自心，令造善等。

“小乘論名‘通大地法’”者：“地”謂行處，即是心王，是彼心所所行處故；“大”謂受等諸心所法通於三性心中行故，心王是此受、想、思等大家之地，名爲“大地”；受等又是大地心家所有之法，名“大地法”。此法遍於三性心等，名“通大地法”。是持業釋也。故《俱舍頌》云：“[□][遍][2]於一切心。”

“如非四境，率爾墮心”者：如非所樂、决定、曾習、所觀四境，無四境處，都無别境。“率爾墮心”者，謂諸心起，有五種心：一者率爾，二者尋求，三者决定，四者染净，五者等流。識初墮境，名“率爾墮”；雖緣善惡，未知善惡，次起尋求；既識善惡，次起决定；既决定已，便起染净，於怨住惡，於親住善，於中住捨；一刹那後，同性而起，名“等流心”。於五心中，染净心後方有欲等，故初墮在率爾心時無别境也。

“慚等雖善，非净爲相”等者，此通外難。謂有難言：“若説心净名爲‘信’者，若净即心，應非心所。若令心净，慚等何别？慚等亦能令心净故。如何唯説心净名‘信’？”爲通此難，故有此文。

“依自法力”等者，“自”謂自身，“法”謂教法。依《雜心論》，顯三增上而起慚愧：一、自增上，即上品人，護於自身，不作諸惡；二、法增上，是中品人，爲護聖教，不造諸惡；三、世間增上，謂下品人，護世名利，不造諸惡。今依自法而起於慚，依世間力而起於愧。

“崇重賢善”者，“賢”謂賢聖，“善”即善法，“崇”謂崇賢，“重”謂重善；或

① 非，“彼相應法非識藴”八字底本、録本無，結合文意，據甲、丙二本補。

② 遍，底本、録本無，據丙本及《阿毘達磨俱舍論》卷第四[T29n1558p19a15]補。

“賢”與“善”，皆有崇重。下無慚愧輕拒賢善，崇重暴惡，亦准應[①]知。

“於有、有具”等者：“有”謂三有之果。“有具”即生有之因。“苦”謂三苦。生三苦緣，名爲“苦具”。

“觀有等立，非要緣彼”等者，此前、後文，亦通外難。謂有難云：“於有無著時，則不於苦無恚。若於苦無恚時，即不於有無著。故無貪、嗔，不得並起。寧説此二俱遍善心？”故作此通。如慚與愧，崇善之時必是拒惡，拒惡之時必是崇善，非要别觀善、惡二境别起二心。今此亦爾。於有無著時，必於苦無恚；於苦無恚時，必於有無著；爲觀待此，而説二名；非要别觀“有”之與“苦”二種别心起無貪等，故無貪嗔俱遍善心。

謂“初發心長時”等者：創發大願，名“初發心”；修經三大劫，名“長時修”；恒行不斷，名“無間修”；於行恭敬，名“慇重修”；無行不修，名“無餘修”。依此五修，辯五精進。

“遠離麁重，調暢身心”等者，麁重有二：一者、二障；二者、種子。立“麁重”名，性無堪任，違細輕故。二者二障、種子所引身中無堪任性。此與五蘊不一不異，而離五蘊，無别自性。此令身心惛昧沈重，無所安和，違細輕故，亦名“麁重”。今此文中所“遠離”者，説後非前。

“令所依止轉安適”者，即釋前文“轉依”之言。前文所言“轉依爲業”者，非爲“佛果轉依”之義，與彼十種轉依别故。此中“依”者，即所依止身及心也。所言“轉”者，轉去不安，至［□□］［於安］[②]適，故名“轉依”。

“平等正直，無功用住”等者：言“平等”者，辯捨初位，由捨令心離沈掉等不平等性，故初證得心平等性；言“正直”者，辯捨中位，又由捨故，令平等心遠離加行，自然相續，次後證得心平直性；“無功用住”者，辯捨後位，復由捨故，令正直心於諸雜染無所怯慮，最後證得無功用住性。具此三義，簡三受中所有捨受，故名“行捨”。

“雖皆善收，而無别體”者：“欣”謂欲俱，無嗔一分，於所樂境不增［□］

① 應，甲本作“此”。

② “於安”二字底本、録本無，結合文意，據甲、丙二本補。

[不]①恚故。"厭"謂慧俱,無貪一分,於所厭境不染著故。不慳矯等,當知亦然。"不慢"即是慚一分攝,若崇重彼,不慢彼故。"不疑"即是正慧所攝,以正見者無猶豫故。"不忿恨"等即無嗔攝,正對"忿"等嗔一分故。覆、誑、諂等既以貪癡一分爲體,不誑、諂等即無貪癡一分所攝,故"皆善收"。"而無别體",相用無别,而不别立。

"十與五受皆得相應"者,受相應門,修苦行時由有信故,憂當來世墮惡趣故,信有善果心喜樂故,於平等時亦有信故。於信既爾,餘可例知。

"皆學等三"者,學等分别門。此三"學"義大小乘論雖皆具説,寬、狹有異。且如小乘一切有宗:學人身中有爲無漏,總名"有學";無學身中,有爲無漏皆名"無學";一切有漏及諸無爲總名"非學非無學法"。今大乘宗,稍寬於彼:學人身中有爲善法,皆名"有學";無學身中,有爲善法皆名"無學";所餘善法,皆名"非學非無學法"。今此所説十一善法當知亦然,隨在有學、無學身中及餘身中而得名故。

"非見所斷"等者,三斷分别門,以此信等通有、無漏故。通修斷,非所斷攝。若雖有漏,不迷理故,非見所斷;而迷事故,是修道中漸次而斷。若無漏者,是正所修,非可應斷,故非所斷。

"謂由愛力取藴生故"者,釋前"生苦爲業"之義。一切煩惱皆名爲"取"。藴從取生,故名"取藴"。取藴即是一切苦因,即此取藴先從愛生,故説"非愛不受生"等。

"謂由無明,起疑、邪定"等者,此釋"雜染爲所依"義。一切雜染有其三種:一、煩惱雜染;二、業雜染;三、生雜染。此中所言②"疑"及"邪定""貪"等煩惱,諸隨煩惱,是煩惱雜染。此中"邪定"即是五見,"貪"等即是嗔之與慢,所言"業"者即業雜染。[□□□□][故《唯識》説]③"業"謂三業:福業、非福業及不動業。"福業"者,欲界人天總業及五趣别業,如地獄中暫遇凉風觸身等。又如地獄諸苦輕微,名爲"善業",如不斷善等。"非福業"者,三惡趣總

① 不,底本、録本無,結合文意,據甲本補。

② 言,甲本作"謂"。

③ "故《唯識》説"四字底本、録本無,結合文意,據甲、丙二本補。

業及是别業。“不動業”者，諸感色無色異熟能招後生。“雜染”即是煩惱及業所感異熟果也。

“此慢差别有七、九種”者：言“七慢”者，《五藴論》云：一、慢；二、過慢；三、慢過慢；四、卑慢；五、邪慢；六、我慢；七、增上慢。言“九慢”者，如《發智論》第二十卷、《俱舍》十九、《大毘婆沙》百九十九，皆説慢類有其九種，謂即我勝、我等、我劣、有勝我、有等我、有劣我、無勝我、無等我、無劣我。

“謂依三品我德處生”者，依於三品，起四慢類。依下中品而起一種，謂即是“慢”，於劣計己勝，於等計己等，心高舉故。於中上品而起一種，謂即“過慢”，於等計己勝，於勝計己等，心高舉故。依上品起二：謂“慢過慢”及是“卑慢”，謂於己勝計己爲勝，於多勝己計己少劣，心高舉故。於“我”起一，謂即“我慢”，以於諸行妄執爲我，心高舉故。於德起二：謂即“邪慢”及“增上慢”，以實無德計己有德，用邪思惟令心高舉，若於殊勝所證法中未得謂得，令心高舉。此顯七慢所生依處。若説九慢生依處者，若依《俱舍》及《發智論》，從前七慢三中離出，謂從前“慢”“過慢”“卑慢”。言“我勝”者，即是“過慢”；言“我等”者，謂即是“慢”；言“我劣”者，即是卑慢。“有勝我”者，即是“卑慢”；“有等我”者，謂即是“慢”；“有劣我”者，即是“過慢”。“無勝我”者，謂即是“慢”；“無等我”者，即是“過慢”；“無劣我”者，即是“卑慢”。

“一切見趣所依爲業”者：“一切見者，六十二見”者，約過去爲二十句，執過去云：一、如去。二、不如去。三、亦如去亦不如去。四、非如去非不如去。未來二十句：一、未來有邊。二、無邊。三、亦有邊亦無邊。四、非有邊非無邊。現在二十句者：一、現在常。二、無常。三、亦常亦無常。四、非常非無常。斷、常二見，以爲根本。三世各二十，兼本成六十二見。“趣”謂意趣，六十二見皆有意趣，總名“見趣”。皆用身見爲所依處，故名“見趣所依爲業”。

“此見差别有六十五等”者，此等皆依五藴之上執我、我所，成此二十句。“六十五等”二十句者，且依色藴而有四句：一、色是我。二、我有諸色。三、色屬於我。四、我在色中。初句是我，餘是我所。色藴既爾，餘藴例然。五藴各四，成二十句。“六十五”者，以色爲頭，執色是我；以餘四藴，而爲我所。有十三句。謂“色是我”、“受是我”。瓔珞是前“有”義，受我僮僕即前“屬”義，受是我窟宅即前“在”義。想、行、識藴，皆亦如是。四藴之上，各有三句，三四十二，是爲我所；兼“色是我”，即十三句。次“受是我”，曆(歷)[①]餘四蘊，而爲我所，亦十三句。五蘊共成六十五句。此等是前十六[②]異論第四“計我實有宗”也。

“有執前際四遍常論”者，《長阿含經·梵動品》中及《瑜伽論》八十七卷雖皆具説，有少不同。今依《瑜伽》顯此義云：謂依静慮得宿住念，有上、中、下。見有遠近，計前際常，而有四論：一、憶過去二十劫成壞。二、憶過去四十劫成壞。三、憶過去八十劫成壞。其中衆生，不增不減，以此故知我及世間皆悉是常。四、以天眼見諸衆生從前世間至後世間無斷絶故，計我世間皆悉是常，即前“諸法皆常宗”也。

“四一分常論”者：一者有從梵天没，來生此間，由修定故，得宿住通，觀前來處，梵王猶在，不見初、後謂“常住”；我來生此，是其無常，故知世界一分常住。二聞梵王有如是見：四大種是常，心是無常，或同彼忍，或展轉聞；我將梵王以爲定量，信其所言，故知世間一分是常。三者有從戲唉(笑)[③]天没，來生此間，得宿命通，執[④]彼諸天不戲唉(笑)[⑤]故，在彼常住；我由戲唉(笑)來生此間，故知世間一分常住。四者有從憤恚天没，來生此間，得宿住通，執彼諸天不極憤恚，在彼常住；我由憤恚來生此間，故知世間一分是常。此亦“諸法無因宗”也。

“及計後際有想十六”等者，此依《阿含·梵動品》説。且初有想十六論者：以相對色，有其四句；對邊無邊，有其四句；對苦對樂，有其四句；對想多少，有其四句；四、四共成十六句義。第一對色有四句者：一、我此終後，有色有想。二、無色有想。三、亦有色亦無色有想。四、非有色非無色有想。第二對邊有四句者：一、我此終後，有邊有想。二、無邊有想。三、亦有邊亦無邊有想。四、非有邊非無邊有想。第三對苦有四句者：一、我此終後，有苦有

① 曆，甲、丙二本作“歷”。

② “十六”二字録本訛作“六十”。按：底本“六十”二字間有一乙鈎號，兹據改。

③ 此字録本作“咲”，底本實作“唉”。“唉”、“咲”皆“笑”之俗體，然録本失真。

④ 執，録本訛作“報”，據底本改。

⑤ 唉，録本訛作“咲”。兹據底本改。“唉”與“笑”同。下“唉”字録本訛同，徑改之，不復校。

想。二、有樂有想。三、亦有苦亦有樂有想。四、非有苦非有樂有想。第四對想有四句者：一、我此終後，有其一想。二、有苦干[①]想。三、見境狹故有少想。四、緣境寬故有無量想。是爲十六有想論也。無想八者：對色有四，對邊、無邊亦有四句。對色四者：一、我此終後，有色無想。二者無色無想。三、亦有色亦無色無想。四、非有色非無色無想。第二對邊有四句者：一、我此終後，有邊無想。二、無邊無想。三、亦有邊亦無邊無想。四、非有邊非無邊無想。既無想故，不可説爲苦樂一多，故唯八句。所言“俱非有八論”者，對色有四，對邊、無邊亦有四句。對色有四者：一、我此終後，有色非有想非無想。二、我無色非有想非無想。三者亦有色亦無色非有想非無想。四者非有色非無色非有想非無想。第二對邊、無邊有四句者：一、我此終後，有邊非有想非無想。二、我無邊非有想非無想。三、我亦有邊亦無邊非有想非無想。四、我非有邊非無邊非有想非無想。既非有想非無想故，故不可説有苦有樂一想多想，故唯八句。此等皆是“計我實有宗”也。

“七斷滅等”者，我未死時，有麁色身，四大所造，住持未壞，爾時有病、有癰、有箭；若我死後，斷滅無餘，爾時我善斷滅，如是欲塵諸天、色塵諸天、無色空處、無色識處、無所有處、非想非非想處，悉皆斷滅。是故名爲“七斷滅論”。即前“死後斷滅宗”也。

“謂謗因果作用實事”者，言“謗因”者，謂無施與、無愛養、無祠祀、無惡行、無妙行；言“謗果”者，謂無惡行、無妙行所感異熟果等；“謗作用”者，無此世間，無彼世間，無父、無母；“壞實事”者，謂無世間真阿羅漢。即是“因果皆空宗”也。

“有執前際二無因論”者，謂依世定不正思惟，見不相續以爲因故，諸内、外事無量差別，故作是思：“我及世間無因而生。”即前“諸法無因宗”也。

“四有邊等不死矯亂”者，“四有邊”者，即前第九“邊無邊宗”；“不死矯亂”即四“不死矯亂宗”也。

“或計自在、世主、釋、梵”等者：“自在”即是大自在天，“世主”即是四大天王，“釋”謂常釋，“梵”謂梵王。“餘物類”者，微塵時、方、本際、自然、虚空

① 若，録本訛作“苦”，據底本改。

等類。爲"常"爲"恒",無有變易。總是"諸法皆常宗"也。

"或計自在等是一切物因"者,執自在天能生諸法。"等"即等取大梵王等,亦是世間一切物因。即是"自在所作宗"也。

"或有妄執諸邪解脱"者,執非想天及非想地爲解脱處。

"或有妄執非道爲道"者,除見已外,妄執諸法爲正道者,皆是妄計清净宗也。

"謂於諸見及所依蘊"等者,執所起見是爲最勝,能得清净;見既如是,依身起見,此見所依五蘊之身,亦是最勝能得清净;既執自身爲勝能净,則於他見執爲下劣、非勝能净;從此即起種種鬪諍,故此見取即是鬪諍法。

"謂於隨順諸見戒禁"等者,前既執見爲勝能净,隨順諸見而受戒禁,即執此戒及戒所依五蘊之身亦爲勝净,名"戒禁取"。"取"者,執也。

"生在下地,未離下染"等者,下、上地惑,麁細懸殊,下惑未斷,上惑不起,要伏下惑,上惑現前。此總説已。前[①]"分别"者,如初静慮[□□□□][對二静慮][②],名爲"下地";修第二定,未得根本,退生自地,是故名爲"生在下地"。未能捨離初静慮惑,第二静慮煩惱不生;若得二地根本定者,伏初静慮下地煩惱,第二静慮上惑現起。於二静慮下、上既然,三、四静慮四無色定伏下起上,當知亦爾。

"生第四定中'有'中者,由謗解脱"等者,此顯生上起下分别發業煩惱。《婆沙論》説:昔者有一少聞苾芻,不學經論,直[□][爾][③]修定,得初静慮,謂得初果。乃至證得第四静慮。謂言"我得阿羅漢果"。既得彼定,合生彼天。後命終已,將生彼處,於中有身,便起謗言:"夫阿羅漢生分已盡,如何今者我有生耶?故知世間無真解脱,但是智人虚妄所説。"由謗解脱,便即變作地獄中有,墮於地獄。既彼中有屬第四禪,所起謗毁乃是下地發業煩惱,故生上地能起下地分别煩惱。

"身在上地,將生下時"等者,此顯上地起下潤生,俱生煩惱;謂從上地將

---

① 前,録本訛作"别",據底本改。

② "對二静慮"四字底本、録本無,結合文意,據甲、丙二本補。

③ 爾,底本、録本無,結合文意,據甲、丙二本補。

生下時,先須起愛,潤下地業,然始下生,經説“非愛不受生”故。既潤下業而起下愛,故知上地起上潤生,俱生煩惱。

“總緣諸行,執我、我所斷常慢”等者,此顯“我見、邊見及慢得緣上”義。此三煩惱約俱生者不能别緣,總緣上界爲我、我所執斷執常,持彼地法而生於慢。

“餘五緣上其理極成”者,言“餘五”者:一、癡;二、疑;三、邪見;四、見取;五、戒取。而此五種大小乘教皆許緣上,以共許故,而言“極成”。

“説生上者,於下有情恃己勝德而陵彼”者,《瑜伽論》五十九説:生上地者,於彼下地諸有情所,由常樂静,具勝功德,自謂爲勝而陵蔑也。

“總緣諸行,執我、我所斷常愛者”等者,此顯“上界俱生身見、邊見及愛亦緣下”義,謂俱生見,不能别緣,是故總緣下界,謂諸法爲我、我所,執斷執常而起愛也。

“‘疑’後三見,如理應思”者,謂下苦等爲有爲無,故知有疑即撥爲無,是邪見攝。執彼欲界所有見戒爲勝爲因,故有二取。

“而真見道總緣諦”者,見道有二:一、真見道,謂即正體無分别智,從前加行無間而生,親證二空,親斷二障,初照理故,故名“見道”。二、相見道,即是後德無分别智,從真見道無間而生,法真見道無間解脱,斷惑證理,亦名“見道”。此真見道是無相故,總緣四諦所有真如,一無間道通斷四諦,分别煩惱一時頓斷。

“苦、集是彼因依處故”等者,以此十種皆迷苦集,起諸邪見,是彼因緣所依處故;由煩惱力,樂著生死,於涅槃界起懸崖想,生大怖故。

“身、邊二見,唯果處起”等者,此釋“二見唯迷苦”義,謂二迷苦,有其二因:一、身、邊二見行想麁淺、非强審故,唯果處起。二、别空非我屬苦諦故,謂“空、非我”。有通有别。通即四諦皆空,非我非我所故,名之爲“空”;皆無我故,名之“非我”。别謂苦諦有漏五藴非我性故,名爲“非我”;非我所故,説之爲“空”。身見别迷有漏五藴空、非我故,執我、我所;邊見别迷有漏五藴執常執斷,違生滅故;是故二見唯迷苦諦。

“謂疑、三見親迷苦理”者,謂疑苦諦爲有爲無,身見執我迷無我理,邊執斷、常迷生滅理,邪見撥無現當皆苦,是故四種親迷苦理。

“二取執彼三見、戒禁及所依藴爲勝能净”者,此釋“二取疏迷苦”義。謂彼見取執前三見,戒取執彼諸見,戒禁及所依蘊爲勝能净;由隔親迷三見起故,故是疏迷非親迷也。

"於自、他見及彼眷屬,如次隨應起貪"等者,此中所顯貪、嗔、慢三非親迷諦。"自見"謂即自身所起前之三見,"眷屬"即是與見同時心、心所等;"他見"即是他身所起前之三見,"眷屬"同前。即於自見及彼眷屬而起貪愛,若於他見眷屬起嗔,於自、他見眷屬起慢,故言"如次隨應起"也。

"相應無智,與九同迷;不共無明親迷"等者:言"無智"者即是無明。然其無明,總有二種:一者、相應,通與六識諸惑俱者;二者、不共,不與諸識諸惑俱者。然此不共,復有二種:一者、恒行,唯在末那;二者、獨行,唯在意識。然此獨行,又有二種:一者、是主,非貪等俱、獨迷理者。二者、非主,非貪等俱、忿等俱者。此中相應,既諸惑俱,隨同諸惑親、疏迷諦。若與親迷惑相應者,即親迷諦;若與疏迷惑相應者,即疏迷諦。此中所説"不共無明",即獨行中爲主之者,唯見所斷,親迷諦理,非主獨行通修斷故。

"一類二乘三界九地一一漸次九品"等者:謂於三界分成九地:欲界、四禪及四無色,地地皆有九品煩惱,九九共成八十一品。若鈍根者,别起八十一品。聖道一一漸次斷除八十一品煩惱:斷欲六品,成一來果;斷欲九品,成不還果;斷上界盡,成無學果。於地地中,前之八品,皆用正體後得智斷,以有迷理迷事别故;若第九品,根本智斷,以唯迷理細難斷故。若利根者,以其九地八十一品合爲九聚,發九聖道,九品别斷。謂以九地上上品惑合爲一聚,一聖道斷;如是乃至以九地中下下品惑合爲一聚,起上上聖道而頓斷之。斷欲六品,合成一來。由上八地六品皆斷,超一來果,不入一來。斷欲九品,合成不還。由上八地九品皆斷,超不還果,不取不還;超中二果,而成無學。雖則利、鈍超漸有殊,而斷惑時俱起無間、解脱二道,斷惑證理斯心别故。

"彼令易解,此令易緣"者:"解"謂行解,行解轉易;"緣"謂所緣,所緣改變。由是於中四句分别:一、易解不易緣,先計色常,後計色斷;二、易緣不易解,先計色常,後計受常;三、解、緣俱易,先計色常,後計受斷;四、解、緣俱不易,前念後念計色常等。

"謂非煩惱,唯染麁故"者,此廢、立門顯由三義唯説"二十":初以非是根本煩惱，即簡貪等六[□][種]①煩惱；次唯染污，即簡遍行，别境不定通三性故；後唯麄顯，簡憤發等，而依忿等分位立故。

“中二一切不善心俱，隨應皆得，小、大俱起”者，謂如下説：小七唯是不善性收，小三、大八通於二性。小七既是不善性收，故與中二皆相應起。小三、大八不善性者，中二相應無記性者，即與中二而不俱起。爲顯是義，置“隨應”言。

“既許大八遍諸染心，展轉小、中皆容起”者，謂即染寬，而不善狹，染通不善、無記二性。故但不善，皆是染心；自爲染心，非是不善；是故“大八遍諸染心”。既通無記、不善二性，由不善故，小、中俱也。以彼小十不俱起故，由是八大容互相應。

“由斯中、大五受相應”者，謂以五受三性容俱，有染無記，八大相應，有不善性，中二俱起。八大隨惑既通三界及通六識，故五受俱；中二雖唯欲界所攝，六識俱故，五受相應。

“‘忿’等五法四俱除樂”者：“五”謂忿、恨、惱、嫉、害也。唯在欲界，不通四禪，無意地樂；非五識俱，無身俱樂；於惡趣中有意地苦，所起“忿”等與五受俱；故説“忿”等“四俱除樂”。

“‘諂’等五法，容五受俱”者：“五”謂諂、誑、覆、憍、慳也。雖則不與五識相應，有通色界，有意地樂；亦通惡趣，有意地苦；故説“諂”等“容五受俱”。

“‘憍’唯癡俱，與‘慢’解别”者：謂“癡”通與諸惑相應，故與“慢”俱。“憍”緣自性，染著醉傲；“慢”緣地起，高舉陵人；行解既殊，不得俱起。

“小七、中二唯不善”者：謂忿、恨、惱、嫉、害、慳、覆，以唯欲界行相麄故。中二不善，其義可知。

“小三、大八亦通無記”者，以諂、誑、憍通三界故，八大墮惑遍染心故，非但不善，亦通無記。

“‘諂’、‘誑’[□][通]②欲色，餘通三界”者：所言“色”者即初静慮，此及下界以有王臣起諂、誑故。憍及大八通三界者，行相遍故。

① 種，底本、録本無，結合文意，據甲本補。

② 通，底本、録本無，據上下文意補。

“非如觸等定遍心故”者，逐[①]難重釋。前標所云“於善染等皆不定”者，“等”即等取“心”之與“地”。此四非但三性不定，亦於諸心諸地不定，故言“非如觸等定遍”等也。

“《俱舍》更加貪、嗔、慢、疑，所在諸地”等者：地不定者，謂不如彼通大地法一一通於一切心地、善大地法遍於善地、染大地法通於染地，是故説爲“諸地不定”。見、修不定者，謂具見、修二種斷者，入煩惱中，慢唯修斷，疑唯見斷，惡作修斷，是故名爲“見、修不定”。諸位心所亦不定者，且如欲界有四位心，謂善、不善、有覆、無覆；於此四位心所之中，而前八種有、無不定，故此八種立“不定”名。

“身不自在，心極闇劣，一門轉”者：“身不自在”，無動轉故，即是釋前“不自在”義。“心極闇劣”者，釋前“昧”字。“一門轉”者，釋前“略”字。覺時意識廣取諸境，故得明了。在睡眠位，唯依意根一門而起，故是“略”也。

“‘昧’簡在定，‘略’别寤時”等者：“昧”謂闇劣，簡異在定，極明了心。“略”謂疏略，簡别寤時，遍緣境心。簡别定瞻，故言“昧”、“略”。

“令顯睡眠非無體用”者，釋前“令”字。由有實體，令所依身不得自在；若無體性，無此能故。此即標宗。

“有、無心位假立此名”者，此通外難，顯實有也。謂外難云：“如諸聖教及五無心所説‘睡眠’，雖無體性，説‘睡眠’言。今此‘睡眠’何有别體？”故此通言：“而或有處於無心位立‘睡眠’者，而由似此心所‘睡眠’，假立此名。此既心所，故是實有。”

“如餘蓋、纏心相應故”，此立比量，顯“實有”義。“蓋”謂五蓋：一、貪欲；二、嗔恚；三、惛沈、睡眠；四、掉舉、惡作；五者疑蓋。“纏”謂八纏：一、惛沈；二、睡眠；三、掉舉；四、惡作；五、嫉；六、慳；七、無慚；八、無愧。此有二量。一云：“而此蓋、纏定心相應，是蓋、纏故，如餘蓋、纏。”第二量云：“然此睡眠非無體用，心相應故，如餘蓋、纏。”覆成並例，如理應知。

“此二俱以安、不安住身心分位所依”等者：謂此尋、伺若與定俱，如理思

---

① 逐，録本訛作“遂”，據底本改。

惟，即名爲"安[□][住][1]"；若時不能如理思惟，不與定俱，即名"不安"。尋求(伺?)[2]不安，身心不安；尋、伺若安，身心安住。是故身心安、不安住皆用尋、伺爲所依也。

"於意、言境不深推度"等者，《唯識》疏中雖有兩説，今就一義：思、慧二法於境麁轉，不深推度，即名爲"尋"；於境細轉，深推度時，即名爲"伺"；故離思慧，無別自性。

"四中'尋'、'伺'定是假有"等者，自下第二諸門分别。於中則顯有十一門：一、假實分别門；二、自類相應門；三、五受相應門；四、别境相應門；五、與善相應門；六、煩惱相應門；七、隨惑相應門；八、三性分别門；九、界地分别門；十、學等分别門；十一、三斷分别門。至文當配。

"俱與前二，容互[3]相應"者，"前二"謂是睡眠、惡作；尋相應時，無伺相應；伺相應時，無尋俱起；爲顯是義，故置"容"言。

"四皆容與五受相應"者，謂四不定非俱時生，意與五受亦非並起，非爲一時一切相應，容有前後相應之義，故於此彼皆置"容"言。

"'惡作'容與'無明'相應"等者：若不善悔，可與相應；若善惡作，無"相應"義；若於貪等，縱不善悔，亦不相應，麁細異故。

"與二種善皆得相應"等者：一、生得善，謂善性善生便得故。二、方便善，謂聞、思、修方便生故。其生得善有惡作者，於已作惡生追悔故，於不作善悔不作故，於善心時有"睡眠"故，於諸善事亦得"尋"、"伺"。若方便善聞等位中，"睡眠"、"尋"、"伺"皆得有故。

"後三皆通染、净無記"等者："染無記"者即是有覆，"净無記"者即是無覆，"睡眠"、"尋"、"伺"行解麁細、通染、净故。"惡作"唯净，而[4]非是染，行解麁猛，而染無記是審細故。

"四無記中，'悔'唯中二"等者：行相麁猛，故非異熟；非定引生，故非

① 住，底本、録本無，結合文意，據甲本補。

② 結合文意，此"求"似爲"伺"字之訛。下文："尋、伺若安，身心安住。是故身心安、不安住皆用尋、伺爲所依也。"可互勘。

③ 互，底本、録本訛作"五"，結合文意，據伯2180a《大乘百法明門論開宗義記》改。

④ 而，録本訛作"四"，據底本改。

通果。

"'悔'非無學,離欲捨故"者:謂此悔者唯屬欲界,離欲界時早已捨悔。况無學者離三界惑而有悔也?

"亦邪見等勢力起"者:邪見力起,故是見斷。"等"即等取身、邊見等。諸俱生惑,是彼引生,故通修、斷。

"於五法中通二種"者,謂通分别及與正智。釋其所以,其如下文。

"説正思惟是無漏"者,《顯揚》、《瑜伽》二論皆説:"思惟諸諦,得與無漏作意相應。"此中"思惟"即是尋求。既許尋求是無漏,故"伺"通無漏,其義准知。

"又説彼是言説因故"者,諸論皆説"尋"、"伺"乃是語之加行,要因"尋"、"伺"發語言故。統論加行,總有三種:一、身加行,謂出、入息,由出、入息身得存故。二、語加行,謂即"尋"、"伺",若無"尋"、"伺"無語言故。三、心加行,謂即受、想,此若滅時心隨滅故。故説"尋"、"伺"爲"言説因"。

"非如佛地無功用"者,此通外難。謂外難云:"八地已上得無功用,於説法時寧有'尋'、'伺'?"爲通此難,故有此文。然無功用有其二種,内證真理,外起作用。八地雖於内證任運,而外作用未得自在,不同佛地於内、於外皆無功用,故有"尋"、"伺"。

"非謂即心分位差别"者:如《唯識論》有難起云:"如是六位諸心所法,爲别離心有别自性,爲即是心分位差别?若説離心有别自性,如何經説'染、净由心'?《莊嚴論》頌復云何通?如彼頌云:'如是似貪等,或似於信等,無别染善法。'"論自釋云:應説離心有别心所,以心勝故,説唯識等。若不爾者,即離心體無别心所、但假立者,則五藴性應不得成,無受、想、行三藴體故。故有頌云:"五種性不成,分位差過失。因緣無别故,與聖教相違。"故知離心有别心所。

"諍根、生死、次第因"者:"諍"有二種:一者"欲諍","欲"謂五欲;二者"見諍","見"謂五見。"諍"謂煩惱,"諍"即是根,名爲"諍根"。由味受故,貪著諸色;由倒想故,貪著諸見;故受、想二,與"諍"爲因。"生死因"者,由耽著受、起倒想故,生死輪迴,故受、想二爲生死因。"次第因"者,復有四種:一、隨麁次第。色有對故,諸藴中麁。餘四無對,故先明色。於無色中,次受最麁,如言"手痛"非想等故。若對行識,其想乃麁,男、女等想易了知故。若對於識,其行即麁,貪、嗔等行易了知故。識最爲細,總取境相難分别故,最後説也。二、隨染次第。從無始來,男、女於色,更相愛樂。緣此色愛,起耽著受。此受復因倒想而生。此想復由煩惱而起。如是煩惱,復由識生。由此隨染,立蘊次第。第三隨器次第。"器"謂皿等、米麪等物。夫欲設食,先求食器;次求米麪,以爲飲食;次求鹽酢,以爲助味;得諸物已,付厨人造;將就食人,受諸果報。如其所應,喻蘊次第。四、隨界次第。於欲界中,有諸妙欲,色最顯了。於色界中,有勝喜樂,受、想顯了。三無色天,取空等相,想最顯了。有頂地中,思最爲勝,行相顯了。此前四蘊,識住其中,故最後説。由此四因,立蘊次第,故以受、想别爲蘊也。此中"因"者,"所以"義故。

"設無表色亦所造"者,《俱舍頌》云:"大種所造性,由此説'無表'。"此中"造"者即是"因"義。

"若爾,何不用'餘造色是有'對耶?"

答:"以能造大是微細故,故是無表、不可見也。"

"唯七心界"者,謂六識界及以意界,此於三世能當現益而緣境界,名爲"心界"。

"一、異熟生;二、所長養"等者,此是《俱舍》五類義門。此中説四。若兼實事,則爲五種。彼《論》通約十八界辯,既兼無爲,故具五類。此既唯色,故無堅實。言"異熟"者,性是無記,從善惡因之所生故。言"長養"者,謂因飲食,長小令大,養瘦令肥,名"所長養"。言"等流"者,"等"爲齊等,"流"謂流類,是前念之流類故。言"刹那"者,謂苦法忍無漏聖智唯一刹那得究竟故。言"實事"者,"實"謂堅實,"事"謂體事,不爲四相所遷動故。此中五根,通前二類,異熟因生所長養故。色香味觸,更兼等流,是内四塵前流類故。聲無異熟,通次二類,以隨色起有間斷故。其法處色,唯有二種。初無漏心俱時起者,刹那所攝;後無漏心俱時起者,等流所攝。此十一色既非無爲,即無堅實;若就俗諦,體皆異故,或通五類。

"爲令取境,明了端嚴"等者,《俱舍》頌云:"然爲令端嚴,眼等各生二。"釋有二家。一云:爲莊嚴身令端嚴,故生二處。故有難云:"若本來爾,誰言'醜陋'?諸猫、鵄等設有二處,有何端嚴?"是故應説:"爲令取境,明了端嚴。”現見世間閉一眼時,所見色等不分明故。彼復頌云:“或二眼俱時,見色分明故。”

“由其作用,遠速明異”等者,五識之中眼、耳用遠,能取遠境,故向前説。就二識中,眼識用遠,故在耳先。如遠見人撞擊鍾(鐘)鼓,後聞聲故。鼻、舌二根用俱非遠。先説鼻者,謂由兩義:一、速;二、明。所言“速”者,如對香美諸飲食時,鼻先嗅香,舌後嘗味。所言“明”者,味中有香,香細於味。鼻根能取味中細者,故是明利。香中有味,味麁於香,舌根能取香中麁者,故説不明。身最遲闇,故最在後。

“如香荽花”者,即今時人所食用者胡荽菜是。然此“荽”字,數體不同,或作“荌”字,或作“葰[①]”字。然其隨方,所呼又別。若河西人,呼爲“胡荽”。若山東人,呼爲“葰[②]荽”。若江淮人,呼爲“香荽”。其花微細,行布臺上。眼根極微,故如是也。

“《俱舍》説八,但約執受及無受”等者:一、有執受大種爲因,有情名“可意聲”,如人好語等;由可詮表,云“有情名”。二、有執受大種爲因,有情名“不可意聲”,如人惡駡等。三、有執受大種爲因,非有情名“可意聲”,如手拍節等;非可詮表,名“非有情”。四、有執受大種爲因,非有情名“不可意聲”,如人拳答(嗒?)[③]等。五、無執受大種爲因有情名可意聲,如化人好語等,以化人身無執受故。六[④]、無執受大種爲因,有情名“不可意聲”,如化人惡駡等。七、無執受大種爲因,非有情名“可意聲”,如箏、笛等。八、以無執受大種爲因,非有情名“不可意聲”,如錯、鋸等。此八種聲,於前大乘十一聲中前六建立。

“此‘觸’别名,又二十二”等者,此諸觸相,依八種因之所建立。“澁”之一種,依摩建立。“滑”之一種,依相建立。“輕”、“重”二種,依秤建立。

① 葰,録本作“葰”,據底本改。[清]朱駿聲《説文通訓定聲·屯部》:“葰,薑屬,可以香口。字亦作‘葰’。”然録本失真。

② 葰,録本作“葰”,據底本改。

③ 答,録本訛作“搭”,據底本改。結合文意,此“答”似讀如擬聲詞“嗒”(二字《廣韻》皆可音都合切)。

④ 六,録本訛作“大”,據底本改。

“緩”、“急”二種，依執建立。“冷”、“煖”二種，依觸建立。“粘”、“養(癢)[①]”、“强”、“弱”，依雜建立：地水雜故“粘”，風火雜故“癢”，地風雜故“强”，水火雜故“弱”。依界平等，建立“勇”、“息”：四大界平，無畏故“勇”；平等安和，無動故“息”。界不平等，建立餘觸：風火增故“飢”，地火增故“渴”，地水增故“飽”，風火增故“悶”。“病”、“老”、“死”等，皆由大增，以有隨增。以有隨增，名“不平等”。由此等相，於身覺故，故皆名“觸”。

“雖依思願善、惡種立”者，此對小乘，故説“雖”言。謂有部宗，别有色法，從表色生，體是實有，能防戒色，名“無表色”。若不爾者，受戒已後，心起惡時，戒體應失。故知非心而是色也。若經部宗，説是種子，以求戒時，表色及心和合共熏，在於身中有防非用。非色非心，而爲無表。今大乘宗唯依善、惡勝上思願熏成種子，在識藏中。此種勢力令身、語、意不造諸惡。依此種子，假立無表，以防色故，但名“色”也。

“依遍處定作青等觀”等者：言“遍處”者，即十遍處：地、水、火、風、青、黄、赤、白、空、識爲十；謂以定慧觀此十種，其量廣大，周普無邊，悉皆遍滿，名“十遍處”。應知前四是所依色，其次四種是能依色；爲離色相，遍觀空相；爲離空相，遍觀識相。若十遍處觀行成就，即八解脱而得究竟。

“或變第八五塵相分”等者，謂彼大地及大海等，皆是第八識之相分。由菩薩等定自在力，變成金、銀、蘇酪等相。然於此中，有其二説：有説假實，以菩薩等定慧之心是第六識分别變無實作用，但令衆生暫時見故，而大地等實不變也。若不爾者，應常定住，如何暫有而即無耶？有説實變，以菩薩等定慧力强，擊發本識共相種子，令其改轉種種色相，縱實地等，亦隨智變，雖所變相，是實非虚。衆生業强，卻歸本相。若不爾者，應無實體，如何能令有情受用？又應是善，不名“無記”，執唯心定、假實相故。雖其改轉皆由定心，由從種子，故是實有。性唯無記，是本識緣，是故得名“通果無記”。

“後一通實，亦第八識所緣境”者，謂定果色有實有假：若是凡夫二乘所變，但從定起，故是假有；若佛、菩薩定慧所變，有實作用，故皆實有。若是實

① 養，此當爲“癢”之借字。[清]高翔麟《説文字通·食部》：“養，通癢。”下文“風火雜故癢”正作“癢”字，可互勘。

者，本識則緣，故通假實，識亦緣等。

"隨應有彼'生門'"等者："處"有二義：一、生長義，眼根色境乃是眼識生長處故。二、是"門"義。"門"者，通也，眼根色境通是眼識所行處故。"界"有三義：一者"因"義。《俱舍論》云：是能生本"種族"義故，因彼種類而出生故。如一山中，有多金、銀、銅、鐵等種，名爲"多界"。如是一身，有十八類諸法種族，名"十八界"。二者"性"義。《俱舍論》云：有説界聲表"種類"義，謂十八法種類自性差别不同，名"十八界"。如張、王等，性不同故。三者"持"義。《雜集論》云：六根六境，能持六識，以是六識所依緣故，六識能持受用六境自體相故。

"亦有更加隨眠相"者，即是小乘大衆部計。彼説現惑，名之爲"纏"；隨眠即名"不相應"矣。

"一分無記增盛種子"者，四無記中，唯除異熟，其餘三種是其"增盛"；能熏成種而起現行，故是一分增盛種也。

"依有頂地，遊觀無漏"等者：遊觀無漏即二乘人後無漏智苦法忍等，皆是正智，而能證理，斷諸煩惱。其後得智，即無此能。又不同於諸菩薩等觀衆生心而爲説法，但可將爲遊履觀察一切觀門，與無漏定而爲加行。而此無漏屬有頂地，依有頂地，心後得故。今此滅定既是無漏，以此無漏爲加行入。

"恒、不恒行心等滅"者：末那識性，即是"恒行"；若第六識，是"不恒行"，其無想定是有漏故。令不恒行心心法滅，此滅盡定是無漏故。非但不恒心心法滅，恒行一令，染、污亦除。言"恒、不恒心等皆滅"，非謂末那凈分亦滅。

"如《婆沙》等，句有五種"等者：一處中句，不長不短，八字成者。二者初句，六字、七字所成之者。三者後句，九字已上乃至二十六字成者。四者短句，減六字成者。五者長句，過二十字成者。

"若依小乘，皆有别性，性唯無記"等者：説依聲上音韻屈曲，别生名等，詮召於法，故離聲外别有自性。其性唯是無覆無記，但依聲起，非是心力親發生故。聲是心力親發生故，通三性也。既唯無記，故唯有漏，若是無漏則善性故。

"所言'老'者即'異'義"等者，問："如諸論中所説四相生、住、異、滅，此與諸論名字次第皆不同者？"

答:"三藏所求,各有差别:謂素怛攬以次第求,應求言説意義次第;若毘奈耶以因緣求,求何因緣制此學處;阿毘達磨以性相求,但求諸法真實性相。由此諸論所説文義,但顯性相,不約次第。作者意異,故不相違。"

"此後十種,小乘不立,隨是六因、四緣攝"者:"四緣"之義,如上所明。言"六因"者,《俱舍》頌云:"能作及俱有,同類與相應,遍行並異熟,許因唯六種。"廣釋名義,如《俱舍論》。恐文繁廣,略而不明。

"聖者成就十無學法"者,即八聖道更加解脱、正智爲十;此依無學五蘊而立,故總説爲"十無學法"。無學正語、業命是無學戒蘊,無學正念、正定是無學定蘊,無學正見、正思惟、正精進是無學慧蘊,無學正念、解脱是無學解脱蘊,無學正智是無學解脱知見蘊。

"斷伏隨收,故合爲四"者,即合想受、不動二種,隨入擇滅及非擇滅,即唯有四,故五蘊等説"四無爲"。

"性擇别故,雖四義殊"等者:"性"爲真如,本性有故;"擇"爲擇滅,滅障得故。二義别故,開之爲二,故《五蘊論》説有四種。"性"之與"擇",皆涅槃性,故《涅槃經》説三種。

"永害當生,得不因擇"者:謂若煩惱不起,無漏聖道斷滅,從未來世合至現在;由闕緣故,於未來世畢竟不生,不至現在。即此煩惱不生之處所顯無爲,永害當生煩惱,所得不因無漏慧擇所得。如得忍已,不墮惡趣,説於惡趣,得非擇滅。雖得忍時,未得無漏,由其不起發業煩惱。闕惡趣緣,永離惡趣,是故名爲"永害當生"。

"謂離遍静欲,未離上欲"等者:"遍静"即是第三静慮第三天也。"欲"者,即是三界九地煩惱總名。意説已離第三禪欲,雖有第四静慮煩惱,三禪已下煩惱已無,苦樂之行一切不行,所得無爲名爲"不動"。

"意生、儒童"等者:於五趣蘊我、我所見現前行故,名之爲"我"。謂諸賢聖如實了知唯有此法、更無餘故,名爲"有情"。即此是意種類性故,名曰"意生"。即依此意或高或下,故名"儒童"。又,"摩納婆"總名"儒童",即美貌之童,乃少年;别名"高下",以高慢故;或名"卑下"①。能作一切士夫用故,名曰

① "又,摩納婆……卑下"二十八字甲、丙二本無。

“士夫”。以能增長後有業故，名爲“養育”。數往諸趣無厭足故，名“補特伽羅”。謂受和合現存活故，名爲“命者”。謂具生等所有法故，名爲“生者”。説我能造一切法故，名爲“作者”。説我領受一切境故，名爲“受者”。“知者”、“見者”，准此應知。

“在第七識，緣第八識，起自心相”等者：謂第八識非是實我，以從無始似一似常故。第七識緣彼第八識之見分，於自心上變爲我相，當情而現，而此見分執爲實我。故此我見在第七識。

“二、有間斷，在第六識”等者：謂第六識强分别故，或總執五蕴，以之爲“我”；“我”别執諸蕴，爲“我”、“我所”。以第六識三性易脱，於善心時無“我”執故，故所執“我”不恒相續、有間斷也。

“一、緣邪教所説蕴相”等者，即諸小乘所執學教，名爲“邪教”，不順大乘唯識真如空無相故；彼教所説諸蕴，皆實緣此邪教。犢子部等起自心相，執有“人我”。若有部等，起自心相，執有“法我”。

“二、緣邪教所説‘有我’、‘自性’等相”等者，即諸外道邪教所説。説“有我”者即是“人我”；“自性”即是數論冥諦。“等”即等取《勝論》六句，此等皆是所説“法我”。以此邪教所説爲緣，起自心相，執爲實“我”。

“自心外法，或有或無”等者：所緣本質，名爲“外法”；心上影像，名爲“内法”。即蕴計“我”，蕴體是“有”；有本質故，説爲“或有”。離蕴計“我”，“我”體都無；無本質故，説爲“或無”。其心内法影像相分所有“我”相，心起必有，故心内法一切皆有。

《〈大乘百法明門論〉抄》一卷。

No. 2813《大乘起信論》略述

[題解]

佛典論疏，[唐]曇曠撰，二卷。敦煌文獻中存有卷上：斯 2431（首殘尾全），斯 2436（首全尾全），斯 2675（首殘尾全），斯 6413（首殘尾全），伯 2062（首殘尾全），伯 2141（首全尾殘），伯 4811（殘片，存 10 行），BD6346（北 7248，鹹 046，首殘尾殘），BD6548（北 7249，淡 048，首殘尾殘），俄 Дх. 01722（同俄 Дх. 01735、俄 Дх. 02203，首殘尾殘）；卷下：斯 125（首殘尾殘），斯 964（首殘尾殘），斯 8387 號 v（首殘尾殘，存 8 行），伯 2051（首全尾全），BD7740（北 7250，始 040，首殘尾殘），BD7741（北 7251，始 041，首殘尾殘），俄 ф. 366（卷下，首殘尾殘）。計 19 號。正文標題下署"建康沙門曇曠撰"，是關於曇曠籍貫的重要史料。又，據《大乘百法明門論開宗義決》曇曠自序，"次于凉城造《起信銷文》"，可以考知《論略》産生的時代和地點。此疏分三門：一、明造《論》義；二、顯《論》宗；三、解《論》文義。清代以前歷代大藏經未收，《大正藏》第八十五册卷上據伯 2141 號爲底本、斯 2436 號爲甲本，卷下以伯 2051 號爲底本。然其擬題作"《大乘起信論》略述序"，不確。"序"應僅指曇曠《〈大乘起信論〉略述》正文前沙門澄漪所撰序文，而非全篇之内容。本校注玆據文意對該疏文題略作修訂。斯 2436 號題記謂："寶應二載（763）玖月初，于沙州龍興寺寫記。"俄 ф. 366 號題記謂："寶應二年十一月三日，同法乳人翟寫。"黄征師比較伯 2141、斯 2436 二卷的筆迹，注意其草法上的特徵，認爲這兩個寫本出於一人之手，并據伯 2141 及傳世經文對《大正藏》本《〈大乘起信論〉略述》卷上部分的録文加以訂補（黄征《敦煌草書寫卷〈大乘起信論略述卷上〉考訂》，《南京師範大學文學院學報》，2003 年第 2 期）。本校注卷上仍據《大正藏》以伯 2141 號爲底本、斯 2436 號爲甲本。另增校本：乙本，伯 2062（卷上);丙本,黄征《敦煌草書寫卷〈大乘起信論略述卷上〉考訂》。

序

沙門澄漪述

至覺潛輝,異學峰(蜂)①起;不有甄述,正法斯訛。故大士馬鳴,發揮真諦,括衆論,綰群經,破二邊,協中道,作此正論,以奬將來。福潤何(河)②沙,聲流法界;張皇教義,融會真筌;爲學人之宗源,作道者之龜鏡。故先賢碩德,開釋叵(頗)③多。廣、略之體互殊,是、非之途或異。臨文俯義,得失交並。

有建康④沙門曇曠者,幼而好學,長而成德,妙閑(嫻)製述,善□(吐?)⑤清詞。先造廣釋,後學賴焉!包含事理,網羅邪正。無執而不改、有疑而不皆遣⑥。恐初心者仰崇崖而起退,望渤海而迷神,廼復撮⑦其旨歸,爲之略述。可謂尋其源而知其流,折其擀(榦)⑧而得其技(枝)⑨。至如開發題端,

---

① 峰,此當爲"蜂"之同音借字(二字俱爲敷容切)。

② 何,"河"之借字。録本徑作"河",失真。

③ 叵,録本訛作"巨",兹據底本改。此"叵"應讀爲"頗"。[唐]韓愈《答柳柳州食蝦蟇》詩:"叵堪朋類多,沸耳作驚爆。"朱熹考異:"叵或作頗。"

④ 此處之"建康"丙本認爲即今之南京,而方廣錩先生則認爲應爲武周證聖元年(695)在甘、肅兩州之間所設的建康軍。按:方説是。《新唐書·志第三十·地理四》"甘州張掖郡"項:"西北百九十里祁連山北有建康軍,證聖元年(695),王孝傑以甘、肅二州相距甚遠,置軍。"(宋歐陽修、宋祁撰《新唐書》第四册,第1045頁,中華書局2012年6月版。)

⑤ 丙本校:"能,底本草書,較難辨認。《大正藏》録作空框'□'。"按:此字底本似作"吐",待考。

⑥ 丙本校:"不,應爲衍文。"按:"不"字非衍。此句應點逗爲:"無執而不改、有疑而不皆遣。"意即"無執而不改"、"無有疑而不皆遣"。

⑦ 丙本校:"撮,《大正藏》録作'採',未確。"按:丙本校是,此字底本實作"撮",兹據正。

⑧ 榦,底本實作"擀"。敦煌写本"扌"旁"木"旁常混,此"擀"乃"榦"之俗字。録文徑作"榦",失真。此"榦"又"幹"之增旁俗字。

⑨ 枝,底本實作"技",乃"枝"之换旁俗字。録文徑作"枝",失真。

該談教藏;傍探異説,委闢義門;引經證成,會《論》①宗趣;法喻周舉,問答折(析)②疑;略而不明,具如廣釋。好博聞者,尋而究之,且欲指陳,綰攝綱要。澄漪不才,喜承餘論,揚擢深旨,以示方來。冀法鏡高懸,真風不墜耳!

《大乘起信論》略述卷上

建康沙門曇曠撰

將釋此《論》,三門分別:一、明造《論》意;二、顯《論》宗;三、解《論》文義。

初造意者,准《論》四義及八種因,如下廣説。今總略攝,以爲二義:一、令離妄;二、爲顯真。此二各二:一、自;二、他。謂諸衆生,一心本性,非動非静,非生非滅,非净非染,由無明熏,動成妄念,流轉生死,備受諸苦。今令衆生了自心③性本來寂滅,令無動念。有動者,皆是無明動念,無明亦無所起。知心無動、不起念者,契證心源,永無流轉。即經所説:離自心妄相,得自覺聖智。此是諸④經所説宗要,依所通達而能修行。依自所修,能爲他説,即經所言"宗通説通"。"宗通"爲修行,"説通"爲愚者。顯如是義,故造此《論》。

明宗趣者,略⑤有二種:一、明所宗;二、明所趣。所宗有二:一、大乘教;二、大乘理。所趣有二:一、大乘行;二、大乘果。大乘教者,謂説一心二門等教。此能詮教,但是假者。巧雖實義,是可崇故。大乘理者,謂"法"與"義"。所言"法"者,謂即一心二門之法。所言"義"者,謂體、相、用三大之義。此"法"與"義"是實所詮,皆無虚妄,可尊之⑥故。大乘行者,謂"信"與"行","信"謂四信,"行"謂五行,是修行者所歸趣故。大乘果者,謂大法身,此大身

① 《論》爲《大乘起信論》之省稱,下同。

② 折,此乃"析"之换旁俗體。

③ 心,底本無,録本當據甲本補。

④ 丙本校:"諸,《大正藏》録作'法',與底本不合。"按:丙本校是,兹據正。

⑤ 丙本校:"略,《大正藏》録作'修',與底本不合。下一節'略有二種'《大正藏》亦誤作'修'。"兹據正。

⑥ 丙本校:"之,《大正藏》録作'主',與底本不合。"兹據正。

法具體、相、用，是前行因所歸趣故[①]。此等諸義，下文當説。樂[②]廣説者，應尋引之。

解《論》文者，略[③]有二種：先釋題目，後述《論》文。釋題有三：一、釋"大乘"；二、明"起信"；三、釋"論"字。言"大乘"者，謂即"一心"；而言"大"者，當體立名，以廣包故。所言"乘"者，[實][④]寄喻立稱，由能運故。謂此一心能含"二門"、"三大"等義。凡、聖、染、净，無所不包，故謂之"大"。由此乃能運生萬法，運凡至聖，運因成果，故名爲"乘"。由此依心，能所詮證，教、理、行、果，皆名"大乘"。依大乘心之所起故，言"起信"者。"起"爲發起，謂大乘教是能發起；"信"謂忍樂，心净爲相，是所發起。由大乘教，於勝理果，發信心行，故名"起信"。所言"論"者，"决判"爲義。决斷分判，理行果義，令物生解，故名爲"論"。總而言之，能令衆生於此大乘起信之論，名"大乘起信論"。"馬鳴菩薩造"者，如《廣釋》明[⑤]。

《論》："歸命盡十方"至"如實修行等"。

述曰：次[⑥]下弟(第)二，解《論》文義。於中總分，以爲三分：初三行頌，致敬述意，是序分；"《論》曰"已下，正立《論》體，是正宗；其後一頌，結願迴向，爲流通。序中有二：初顯歸敬，後明述意。此初也。將欲造《論》，憑力請加，是故最初歸命三寶。文中[⑦]二節："歸命"二字，是能歸至誠；"盡十方"下，顯所歸深廣。所言"歸"者，有其二義：一、"敬順"義；二、"趣[⑧]向"義。"命"有二

① 丙本校："'行'前《大正藏》多'所'字，據底本删。'故'字底本在'趣'字前(似有淡色勾乙號)，此從《大正藏》乙正。"兹從改。

② 丙本校："樂，《大正藏》録作'示'，與底本不合。"兹據正。

③ 略，録本訛作"修"，據底本改。

④ 實，録文脱，據底本補。

⑤ "明"後録文衍一"門"字，據底本删。

⑥ 丙本校："次，《大正藏》録作'以'，與底本不合。"兹從改。

⑦ 丙本校："中，《大正藏》録作'節'，與底本不合。"按：《大正藏》實訛録作"第"，兹據底本改。

⑧ 丙本校："趣，《大正藏》録作'報'，與底本不合。"兹從改。

義:[一]①、謂“教命”;二、謂“身命”。欲令衆生,顺②佛教命,契本心源,而造此《論》。以其身命,歸趣三寶,憑力請加,故云“歸命”。所歸之中,復有二節:“盡十方”者,所敬分齊;“最勝”等者,所敬三寶。“盡十方”者,非唯敬佛一方三寶,盡於十方一一刹土所有三寶;悉皆歸敬,顯敬周盡,言“盡十方”。三寶之中,其初三句,顯其佛寶。言“最勝”者,顯佛三身,皆超過故。過小曰“最”,超因曰“勝”。“業”謂業用,謂即佛身三論③、三德、二利業用。言“遍知”者,顯佛意業大智德用,意有大智,光明遍照,能遍知故。“遍知”有二:一、真智,遍知心[意]④真如門恒沙德等;二、俗智,遍知心生滅門缘差别等。於此二門,理重高鑑,無到⑤遍知。“無礙自在”者,顯佛身業大定德用,依定發生,無礙自在,緣色身故。“無礙”有四:一、大小無礙,一一色根雖遍法界,不壞根性,不輕根相;二、互用無礙,雖一一根更互作用,不受根性,不捨根相;三、理事無礙,色雖秉然,而體、性爲二,妙體雖寂,業用無方;四、應機無礙,多機頓⑥感,身不分而普現。雖皆遍應圓智,盡而舉體,由大定故,色起自真,義不由他,故名“自在”。總是佛寶,自利用也。“久(救)⑦世”等者,顯佛語業大悲利他緣德用也。由大悲德,能起語業,説緣妙法,離(利)⑧他生故。“世”謂衆生,可對可壞,應救濟故。言“大悲”者,是其能救,顯佛悲緣,故言“大悲”,即三悲中無緣之悲,非如凡小我法之悲,不常遍度諸衆生故。“者”謂假者,結德屬人,具前如是三論⑨、三德、二利之人,名之爲“者”。此⑩下二句,顯其法寶,即三大中“體”、“相”二大,以其“用”大佛寶攝故。所言“及”者,有其二義:一“相違”義,顯此法寶與前佛寶是二事故;二、“含乘”義,非直

① 一,録文脱,據底本補。
② 丙本校:“順,《大正藏》録作‘修’,與底本不合。”兹從改。
③ 論,録本訛作“輪”,據底本改。
④ 意,録文脱,據底本補。
⑤ 丙本校:“到,《大正藏》録作‘倒’,與底本不合。”兹從改。
⑥ 丙本校:“頓,《大正藏》録作缺文‘□’。”兹從丙本據底本補。
⑦ 丙本校:“久,爲‘救’之借音字。《大正藏》徑録作‘救’,與底本不合。”兹從改。
⑧ 丙本校:“離,爲‘利’之借音字。《大正藏》徑録作‘利’,與底本不合。”兹從改。
⑨ 論,録本訛作“輪”,據底本改。
⑩ 丙本校:“此,《大正藏》録作‘以’,與底本不合。”兹從改。

敬前“用”大佛寶,及亦敬於“體”、“相”法寶。顯斯二義,故置“及”言。言“彼身”者,即佛三身,對此法寶,得彼名故。言“體相”者,“體”謂體大,“相”謂相大,是前“用”大法寶化身之體相故,故言“彼身”之“體相”也。教、理、行、果,四法之中,謂顯理果深圓法故,是故舉佛而記其法。此句正出法寶體相。言“法性”者,顯此法寶非直與前佛爲體相,亦與諸法而爲體性;法之性故,名爲“法性”。言“真如”者,顯此法寶雖與諸法而爲體性,不同諸法而有妄實;悉非虚妄,故説爲“真”;顯非實易,故説爲“如”。所言“海”者,喻顯二義:一、依喻顯義,法寶隨緣作諸法性,非妄實者,如大海水因風作波,波雖起盡,濕性無實,雖(須)[1]知此中道理亦爾;二、約喻顯德,德顯法寶,具德如海,故在常云“譬如深大海,珍寶不盡”等,乃至廣説。“僧寶”之中,有其二句:於中初句,舉有德人,僧通凡、聖,及大、小乘。此中所歸大乘聖僧、地上菩薩,隨修一行,萬行舉成。其一一行,皆等法界,積功所德(得)[2]。以是故言“無量功德”。人能攝德,故名爲“藏”。下句顯人所依行位,如下《論》説:法力熏習是地前行,如實修行是地上行,滿足方便是地滿位。今舉地上,兼記滿位,是故説言“如實[□][修][3]行”等。

《論》:“爲欲令衆生”至“佛種不斷故”。

述曰:此述意也。謂對三寶述造《論》意。文中四句,即爲四義。初句顯其所爲衆生。衆生雖多,不過三聚:一、邪定聚,十千劫前未起信者;二、不定聚,十千劫中信未定者;三、正定聚,十千劫後十住位人。今此“爲欲令衆生”者,正被中間不定[□][聚][4]人,令其信心成決定故;兼通邪、正二聚衆生,令當成信增解行故。此句顯其所除之障。障有二種:謂“疑”及“執”。由疑迷真,失其真樂[5];因執起妄,而種苦因。故下《論》中顯示正義,釋根本義,令悟

① 丙本校:“雖,爲‘須’之借音字。《大正藏》録作‘當’,與底本不合。”兹從改。

② 丙本校:“德,爲‘得’之借音字。《大正藏》徑録作‘德’,與底本不合。”兹從改。

③ 丙本校:“修,底本脱,據經文補。《大正藏》徑補‘修’字而不加補脱號。”兹據正。

④ 丙本校:“聚,底本脱,據上文補。《大正藏》徑補‘聚’字而不加補脱號。”兹據正。

⑤ 丙本校:“此句《大正藏》録作‘故失真樂’,與底本不合。”兹從改。

真樂。對治邪執,離人、我見,令捨苦因,故言“除疑捨邪執”也。次弟(第)① 三句,顯所成德位,令衆生依大乘教、觀大乘理、報大乘果、發起大乘正信心行,故言“起大乘正信”。“正信”行者,即下《論》説三種發心、四信、五行,[即]②翻前疑故云“信”,翻前邪故云“正”。後句顯其所入之位,欲令得入種性位中,定紹佛果。令自依法,佛種相續;能位(爲)③他説,令法相續;令他佛種,亦不斷絶。由其自、他及正教法三種佛性得相續故,故云“佛種不斷故”也。

《論》曰:“有法能起”至④“是故應説”。

述曰:此⑤下弟(第)二,明正宗分。於中有二:初舉答許説,後正陳所説。此初也。言“《論》曰”者,簡論異經,弁(辨)⑥能詮教。“有法”等者,舉所詮法,顯有緣益。“是故應説”者,顯能詮教,應法説也。謂能詮教,有此所詮一心、二門、三大等法,能起衆生大乘信根,此能詮教,決定應説。“大乘信”者,即信己性,知心妄動,無前境界。此信決定能持、能長自及餘善,故名“信根”。

《論》:“説有五[種]⑦分”。

述曰:次下弟(第)二,正陳所説。於中有三:初舉數總摽(標)⑧,次依數列名,後依名(辨)相。此⑨初也。

---

① 丙本校:“弟,《大正藏》録作‘第’,與底本不合。‘弟’即‘次第’之‘第’的古字,不煩校改。以下凡‘第’作‘弟’者皆同,不再一一出校。”兹從改。

② 丙本校:“即,《大正藏》漏録。”兹據補。

③ 丙本校:“位,《大正藏》録作‘爲’,與底本不合。”兹從改。

④ 至,丙本録作“到”。按:底本實作“至”,録本不誤。

⑤⑨ 丙本校:“此,《大正藏》録作‘次’,與底本不合。”兹從改。

⑥ 丙本校:“弁,‘辨’之借音字。《大正藏》皆徑録作‘辨’,未妥。以下皆依底本實録,不再一一出校。”所校是,兹從改。

⑦ 丙本校:“種,《大正藏》未録出。傳世本《大乘起信論》無‘種’字。”兹從之據底本補。

⑧ 摽,此當爲“標”之换旁俗體。《大正藏》皆徑録作“標”,未妥。下“摽”字皆同,不復出校。

《論》:"云何爲五"至[①]"勸修利益分"。

述曰:此數列名也。言不自起,製必有由,名爲"因緣";部外餘取,故稱爲"分"。由致既□(興)[②],略摽(標)經要,令物生信,名"立義分"。宗要既略,次宜廣釋,令其生解,名"解釋分"。依釋生解,次宜起行,令起行故,名"修行信[心][③]分"。雖示行儀,鈍根懈慢,舉益勸修,名"勸修利益分"。

《論》:"初説因緣分"。

述曰:以[④]下弟(第)三,依名弁(辨)相。别釋弟(第)五分,即分爲五。初因緣中,復分爲二:初摽(標)舉分名,後别顯其義。此初也。言"因緣"者,是所以義、所爲義、發起義,是"因緣"義。

《論》:"問曰"至"而造此《論》"。

述曰:此下弟(第)二,别顯其義。於中有四,問、答、難、通。此初問[⑤]也。

《論》:"答曰:'是因緣有八種'"。

述曰:下答有三。初舉數總答,次依數弁(辨)義,後結答所問。此初也。

《論》:"云何爲八"至[⑥]"[名][⑦]利恭敬故"。

述曰:次弟(第)二依數弁(辨)義。别弁(辨)八因,即分爲八。於中初一是總相因,其後七種是别相因。三(言)[⑧]"總相"者,有其三義:一、通諸《論》二(而)[⑨]作,所以離苦得樂通諸《論》故;二、通諸根而作,所爲非唯爲彼不定聚故;三、通諸分而作,發起非唯正作立義因故。"一切苦"者,八苦、三苦、二生死苦,離此總、别一切苦也。"究竟樂"者,無上菩提大涅槃樂,二乘所得非究竟故。"非求"等者,意顯《論》主自及衆生,非求此等而造此《論》。

---

① 至,丙本録作"到"。按:底本實作"至",録本不誤。

② 丙本校:"興,《大正藏》録作缺文'□',此據底本真迹録出。"兹從之據底本補。

③ 丙本校:"心,《大正藏》漏録。"兹從之據底本補。

④ 以,丙本録作"次"。按:底本實作"以",録本不誤。

⑤ 丙本校:"問,《大正藏》録作'句',與底本不合。"兹從改。

⑥ 至,丙本録作"到"。按:底本實作"至",録本不誤。

⑦ 丙本校:"名,《大正藏》漏録。"兹從之據底本補。

⑧ 丙本校:"三,當爲'言'之形近誤字。《大正藏》徑録作'言',與底本不合。"兹從改。

⑨ 丙本校:"二,當爲'而'之借音字。《大正藏》徑録作'而',與底本不合。"兹從改。

《論》:“二者爲欲”至[①]“不謬故”。

述曰:次下七種是别相因。唯爲此《論》作所以故,顯正所爲非兼被故,唯爲發起七處文故。所言“如來根本義”者,爲即一心是“本”,始覺如來根本。本覺名“如”,始覺名“來”,始、本不二[②],名曰“如來”。由此衆生,雖有真理,未起智照,“如”而非“來”。即以如來,依心成故,説是“如來”根本之義。如立義分及解釋中,顯示正義,解釋此義。令彼三賢,諸衆生等,觀智相應,故云“正解”。即到(對)[③]治邪,執離人、我,見觀智離倒,名爲“不謬”。

《論》:“三者爲令”至“不退信故”。

述曰:善根成熟,即是十方信終心之人。修十善根,自分滿足,故云“成熟”。今爲此人,説解釋中,發趣、道、相三種發心,令其進入初住已上,住於大乘,堪任修行,不退信也。

《論》:“四者爲令”至“習信心故”。

述曰:善根微少,即是十信中心之人。修十信善,未滿足故,故云“微少”。爲彼顯説修行分初“四信”、“四行”,令其遍修,至[④]信滿位,故言“修習信心”也。

《論》:“五者爲是”至[⑤]“出邪網故”。

述曰:十信初心,有其三品,謂下、中、上。其下品人多惡業故,雖無修行,而多障礙。爲彼顯説修行分中禮拜諸佛、懺悔等文,令其修行,消惡業障;善談其心,不令造惡,漸離癡、慢惡業因也。

《論》:“六者爲示”至“二乘心過故”。

述曰:十信初心中品之人,而有凡夫二乘心故,於趣大乘而爲重過,爲彼顯示止觀等文,令其修行而對治也。

《論》:“七者爲示”至“退信心故”。

① 至,丙本録作“到”。按:底本實作“至”,録本不誤。

② 丙本校:“二,《大正藏》録作‘異’,與底本不合。”兹從改。

③ 丙本校:“到,《大正藏》録作‘對’,與底本不合。敦煌俗字‘對’作‘䓻’,形近易誤。”兹從改。

④ 至,録本、丙本録作“到”。據底本改。

⑤ 至,丙本録作“到”。按:底本實作“至”,録本不誤。

述曰：十信初心上品之人，懼於惡世不見佛故難成信行，意無退者。爲彼顯説生净土文，專念諸佛爲緣，方便令生佛前，不退信也。

《論》："八者[爲][1]示"至"勸修行故"。

述曰：十信初心三品之人，初修行故，退易進難。爲彼顯説勸修利益，舉彼損益，勸令修捨，言示利益，勸修行等。

《論》："有如是因緣，所以造《論》"。

述曰：前来[2]依數弁（辨）義，此即結答所問。

《論》："問曰"至"何須重説"。

述曰：此弟（第）三，難也。謂前八因所説之法[3]，"立義分"等諸義等，諸經中具有，皆爲衆生離苦得樂。今造此《論》，重説彼法，豈非爲求名利等邪？以是故言"何須重説"。

《論》："答曰"至"解緣别"。

述曰：自下弟（第）四，通其所難。於中有二：初略通所難，次廣破疑情，後結明次（此）[4]論。此初也。"修多羅中雖有此法"者，舉彼問辭，縱其所難。"衆生"已下，答其所難，奪彼疑情。"根行不等"者，顯根異同。"根"謂根性，"行"謂心行。根有利鈍，心示廣略，故言"衆生根行不等"。"受解緣别"者，顯緣增微。緣有二種：一、人；二、法。"人"謂如來及佛弟子，"法"謂經論廣、略文義。依此二緣，勝[5]劣受解，故言"受解緣别"。根勝緣强，雖不假《論》；根微緣劣，寧廢[6]《論》乎？

《論》："所謂如來"至"則不須《論》"。

述曰：次下弟（第）二，廣破疑情。於中有二：初顯根緣俱勝，不須造《論》；後顯根緣差别，必須於《論》。此初也。其初二句，舉彼勝時，以明根

---

① 丙本校："傳世本《大乘起信論》有'爲'字，故據補。"兹從補。

② 丙本校："來，《大正藏》録作'成'，誤。'前來'意即'以前'、'以上'。"兹從改。

③ 丙本校："法，《大正藏》録作"諸"，誤。"

④ 次，此當爲"此"之訛字。《大正藏》徑録作"此"，與底本不合。

⑤ 丙本校："録本'勝'下有'緣'字，誤衍。"兹從之據底本删。

⑥ 丙本校："廢，《大正藏》録作'度'，誤。"兹從改。

勝。“能説[□][之][1]人”下，舉佛三業，以顯緣强。“色業勝”者，具相好故。“心業勝”者，知根器故。“語業勝”者，圓音演故。根、緣既勝，此時尚無；□□(孤竹)[2]之經，何更須《論》？“圓音一演，異類[□][等][3]解”者，謂佛音聲無障無礙，一即一切，一切即一。以一[4]切音即一音故，能以一音説一切法，無不顯了。又以一音即一切故，能以一音作一切音，無不究盡。然一一音悉遍法界，而其音韻恒不雜亂。若此音聲，曲而不遍，音而非圓；若由等遍，失其音曲，即[5]圓非音。然今不壞，曲而等遍，不動遍而善韻。由是義故，方成圓音。故佛音聲，名語具足，乃令衆生、異類等解也。

《論》：“若如來”至“而取解者”。

述曰：此下弟(第)二，顯[□][根][6]、緣差别，必依於《論》。於中别顯四種根性，即分爲四。此初具足，二持根性。最利根者，依廣經緣而能取解。言“自力”者，即智力，由自智力，自依廣經而能解義，不假《論》故。

《論》：“或有衆生”至“而多解者”。

述曰：此即弟(第)二，義持根性。次(此)[7]利根者，依略聞緣，而廣解義法。不多聞諸經又(文)[8]句而多解者，亦是自智，是故《論》言“亦以自力”。

《論》：“或有衆生”至“而得解者”。

述曰：此即弟(第)三，又(文)[9]持根性。次(此)[10]鈍根者自無智故，不自依經而能解義。賴[11]以文持，能依廣《論》，依他取解。

《論》：“自有衆生”至“能取解者”。

述曰：此即弟(第)四，俱□(闕)[12]二持。最鈍根者，重文持故，復以廣論

---

① 之，底本、録本脱，據《大乘起信論》本[T32n1666p575c10]補。

② 丙本校：“孤竹，《大正藏》録作缺文‘□□’，今依字形録出俟考。”兹從之據底本補。

③ 丙本校：“等，據傳世本《大乘起信論》本補。”兹從補。

④ 一，底本脱，録本據上下文意補。

⑤ 丙本校：“則，《大正藏》録作‘即’，與底本不合。”按：底本本作“即”，丙本誤。

⑥ 丙本校：“根，《大正藏》漏録。”兹從之據底本補。

⑦⑩ 次，此當爲“此”之訛字。《大正藏》徑録作“此”，與底本不合。

⑧⑨ 又，此當爲“文”之訛字。《大正藏》徑録作“文”，與底本不合。

⑪ 丙本校：“賴，《大正藏》録作‘理’而屬前讀，未妥。”所校是，兹從改。

⑫ 丙本校：“闕，《大正藏》録作缺文‘□’，今據底本録出。”兹從之據底本補。

文多爲煩,其心唯樂□□(隨解)[①],而行唯無依。於文約義豐,略《論》取解,故言"心樂總持"等也。

《論》:"如是此《論》"至"應説此《論》"。

述曰:前來已説,廣破疑情。此即弟(第)三,結明此《論》。如是根性,差別既爾,此《論》爲彼弟(第)四人故。"總攝如來廣大義"等,心法廣包,故名"廣大";二門互融,故名"深法";三大無際,故曰"無邊"。是佛所證真實理故,説是"如來廣大深法無邊義"等。此所證説,散在諸經,略皆弁(辨)説,故言"總攝"。

《論》:"已説因緣分,次説立義分"。

述曰:次下弟(第)二,明立義分。於中有二:初結前起後,後正陳法義。此[義][②]初也。

《論》:"'摩訶衍'者,總説有二種"。

述曰:此下正陳義法[③]。於中有三:初摽(標)總開別,次寄句列名,後依名弁(辨)相。此初也。"總"者,略也,大乘之理有無量門,今總略説有其二種。

《論》:"云何爲二"至"二者義"。

述曰:此寄句列名也。"法"者,體也,謂即一心持自性,故軌生智,故名"義體",故名之爲"法"。"義"謂名義,即三大等,依於心體,顯其大乘差別之義。然此"法"、"義","法"多在因,約生説故;"義"多在果,顯净用故。"法"通染净,□(該)[④]二門故;義唯通净,唯所顯故。

《論》:"所言法者,謂衆生心。"

述曰:次下弟(第)三,依名弁(辨)相。於中有二:先法,後義。法中有二:初就體總立,後依門别立。總中有三:初總出法體,次弁(辨)法功能,後釋其法名。此初也。此中"心"者,如來藏心;而名"法"者,爲乘體故,謂具

① 丙本校:"随解,《大正藏》録作缺文'□□',今據底本録出。"兹從之據底本補。
② 丙本校:"義,録本脱,此據底本録出。"兹從補。
③ 丙本校:"義法,《大正藏》録作'法義',與底本不合。"兹從之據底本改。
④ 丙本校:"該,《大正藏》録作缺文'□',此據底本録出。"

"隨流"、"不變"之義,能含二門、攝三大故,即大乘體,故名爲"法"。

《論》:"是心即(則)[①]攝"至"出世間法"。

述曰:此弁(辨)法功能也。謂此一心,體相無礙,染、净同依,隨流返流,唯賴此心,是故能攝世、出世法。若隨流之[②]本覺及隨流成不覺,能攝世間法;若不變之本覺及返流之始覺,能攝出世間法。今此唯約生滅門説,真門含融染净同故。而下真門"攝一切"者,以彼理事不相離故。由無隨緣成"染"義故,非攝世間、出世間法。

《論》:"依於此心,顯示'摩訶演(衍)[③]'義。"

述曰:此釋其法名也。謂依於此法體之心,顯三大等大乘名義。

《論》:"何以故。"

述曰:上總立竟,次下弟(第)二依門别立。於中有二:先責總立難,後開别釋成。此初也。心通染、净,大乘唯净,如何此心顯大乘義?

《論》:"是心真如"至"體相用故"。

述曰:此開别釋成也。大乘唯净,彼净相用,必對染[④]成,即以一心具含染、净,故能顯示自體相用。廢染之時,無净相用,故通染者,能顯"净"義,如何能示三大"净"[⑤]義?此心絶相,即[⑥]是真如,而以言説所顯義相,則一心體之真如相。故此真相,顯示心體,是心隨緣所成生滅。而此生滅所藉因緣,及此生滅麁細相狀,皆依自體而得成故。故生滅等,能示自體。此生滅等有染相故,能示體上性功德相。是生滅等染别業用,能示自體諸净業用。既此所示自體相用爲大乘義,故説依心顯大乘義。以心真如是不起門,與所示體無别異,故云"即示";體以無染,故不示相用。以生滅等是起動門,能、所示

① 丙本校:"即,《大正藏》録作'則',與底本不合。"按:《大乘起信論》本[T32n1666p575c21]作"則",底本訛作"即"。

② 丙本校:"'若隨流之'四字,《大正藏》録作'若謂隨流',與底本不合。"兹從之據底本改。

③ 丙本校:"演,《大正藏》録作'衍',與底本不合。"按:底本"演"當爲"衍"之借音字(二字《廣韻》皆可音以淺切)。

④ 丙本校:"染,《大正藏》録作'深',誤。"兹從之據底本改。

⑤ 净,《大正藏》録作"乘",與底本不合。兹據底本改。

⑥ 丙本校:"即,《大正藏》録作'則',與底本不合。"兹從之據底本改。

别,故言“能示”;以有染故,通示大乘“自體相用”。

《論》:“所言‘義’者,則有三種。”

述曰:前釋“法”竟,次下釋“義”。於中有二:先弁(辨)“大”義,後顯“乘”義。前中亦二:先摽(標),後釋。此初,摽(標)也。

《論》:“云何[爲][①]三”至“不增減故”。

述曰:次下别。别釋“三大”,即分爲三。“一切法”者,即[②]染净也。謂心真如,染净通依,故名“平等”。由平等故,在凡加染而不增,在聖染染而不滅[③],[在聖加染而不增,在凡闕净而不滅][④],故名“體大”也。

《論》:“二者相大”至“性功德故”。

述曰:“如來藏”者,有其二義:一者、空,謂如來性空無念故;二、不空,謂如來藏具性德故。此是衆生如來果性,具二義故,名之爲“藏”:一、攝故名“藏”,能攝果德,又爲佛智所攝藏故;二、隱故名“藏”,未出經時,爲諸煩惱所隱覆故。言“功德”者,智光明等照用曰“功”,離念曰“德”。而言“性”者,在真性故,本性有故,無異性故。言“無量”者,無數量故,無限量故,無心量故。即如來藏具足此相,故名“相大”。

《論》:“三者用大”至“善因果故”。

述曰:然用有二:一者因用,内外凡聖菩薩利益;二者果用,佛果三身普、别勝益。此“用”能發有漏善者,名“生世間善因果”也;能發衆生無漏善者,名“出[⑤]世間善因果”也。此因果益用,起自真善無不生,故名“用大”。

《論》:“一切諸佛”至“如來地故”。

述曰:此釋“乘”義。“一切諸佛本所乘”者,摽(標)果望因,以釋“乘”義,

① 爲,底本、録本脱,據《大乘起信論》本[T32n1666p575c25]補。

② 丙本校:“即,《大正藏》録作‘則’,與底本不合。”兹從之據底本改。

③ 丙本校:“滅,《大正藏》録作‘減’,不合底本。”按:底本本作“滅”,丙本誤。《大乘起信論》:“云何爲三？一者、體大,謂一切法真如平等不增減故……”[T32n1666p575c26]”亦可助勘。

④ 丙本校:“‘在聖加染而不增,在凡闕净而不滅’二句《大正藏》未録出。”兹從之據底本補。

⑤ “出”前底本衍一“生”字,録本據《大乘起信論》[T32n1666p575c28]删。

即是顯其能乘所乘,由乘此乘(車?)①成正覺故。"菩薩乘此到佛地"者,舉因望果,以成"運"義。此即顯其能運所運,以能運因而至果故。

《論》:"已説立義分,次説解釋分。"

述曰:次下弟(第)三,明解釋分。於中有二:初結前起後,後正明解釋。此[義]②初也。

《論》:"解釋[□][分]③有三種"。

述曰:正明解釋。於中三種④:初舉數總摽(標),次依數列名,後依名弁(辨)相。此初也。

《論》:"云何爲三"至"發趣道相"。

述曰:此依數列名也。"顯示正義",所立大乘法義,所顯非邪,故名"正義";以教弁(辨)明,故名"顯示"。正理既陳,情惑斯建,故有弟(第)二"對治邪執"。二見妄著,故名"邪執";以教令除,名曰"對治"。邪執既除,依階趣正,故有弟(第)三"發趣道相"。本覺虚通,目之爲"道";起行向之,名爲"發趣";[□□][發趣]⑤之狀,名之爲"相";以教宣示,名爲"分别"。

《論》:"顯示正義"至"有二⑥種門"。

述曰:次[下]⑦弟(第)三,依名弁(辨)相。弁(辨)此三名,即分爲三。初釋弟(第)一"顯示正義",復分爲二:初則總釋,釋上總立;後即别釋,釋下别立。初總釋中,復分爲三:初、依法開門;二、列其二門;三、二門該攝。此初也。謂如來藏一總源心,含其二義:一、約體絶相門,謂一心性,非染净等差别諸相。經依此説"衆生即涅槃,煩惱即菩提,凡夫、彌勒同一如"等。二、隨

① 乘,丙本録作"車"。按:此字底本不清晰,待考。

② 丙本校:"義,《大正藏》未録出。"兹從之據底本補。

③ 分,底本、録本脱,據《大乘起信論》[T32n1666p576a3]補。

④ 丙本校:"'於中三種'',《大正藏》録作'中有三種',不合底本。"按:此四字録本實録作"於中有三",兹據底本改。

⑤ "發趣"二字底本、録本、丙本均脱,結合文意,據甲本補。

⑥ "二"前録本衍一"是"字,兹據底本删。

⑦ 丙本校:"'次'後《大正藏》録有'下'字,不合底本。"按:甲、乙二本"次"後均有"下"字,兹據補。

緣起滅門,隨[①]無明熏[②],變成[③]染净,染净雖[④]成,性恒不動,正由不動,能成染净,是故不動亦在動門,即生滅門"本覺"義也。依此經説不染而染、染而不染,又説如來藏爲善不善因、若生若滅受苦樂等。然此二門,舉體通融,體相無二,齊限不分,假名爲一,是諸法中貞實之性。性有智故,説名爲"心",非謂虚實一心等也。

《論》:"云何爲二"至"[一][⑤]……心生滅門"。

述曰:此列二門也。即體絶相,名"真如門";隨緣變動,名"生滅門"。體雖無别,而義有異。約義異故,故説爲"門"。

《論》:"是二種門"至"攝一切法"。

述曰:此下二門該攝。於中有二:初正顯,後釋成。此初也。即釋立中是心即攝世間法等。上以一心[⑥]該二門故,直言是心攝一切法,今以二門通别相收,言各總攝,謂真如門是染净通相,通相之外無别染净,染净皆爲通相所攝,故真如門總攝諸法。"生滅門"者,即此真如與緣和合,變作染净,而恒不失本真如性,故别相門亦攝真如,是故亦攝一切法也。

《論》:"此義云何"至"不相離故"。

述曰:此釋成也。此"云何"者,二門若别,不合相從;如本一心,未容皆攝;如何二門,各總攝邪?故次答云:"以是二門不相離故。"以真如門是心理體,生滅門者是心事相;以彼理事不相離故,舉理攝事,舉事攝理,故説二門"皆各總攝"。

《論》:"心真如者"至"法門體"。

述曰:上總釋竟,自下别釋,釋上别立。於中有二:先别釋二門,顯動静

---

① "隨"前底本有一字,不清晰,丙本録作缺文"□",兹據甲、乙二本删。

② 熏,録本作"重",據底本、乙本改。

③ 丙本校:"成,《大正藏》録作"或",不合底本。"按:甲、乙二本亦作"成",兹據正。

④ 雖,録本作"難",據底本改。甲、乙二本亦作"雖",可資比勘。

⑤ 丙本校:"一,《大正藏》未録出。"兹從之據底本補。

⑥ 丙本校:"'心'下《大正藏》録有'所'字,不合底本。"按:甲、乙二本亦無"所"字,兹據删。

非一;後會相歸實[①],顯動静不異。初中别釋二門,即分爲二。真如門中,亦分爲二:初舉如體離言,以明觀智境;後依言弁(辨)德,以明生信境。初中有二:初正舉法體,後問[②]答釋疑。初中復二:初顯真體,後顯真名。於中又二:初正舉真體,後會相顯真。初中又[③]二:初顯真如爲一心體,後釋真如爲體所以。此初也。"一法界"者,即是一心,虚通不二,故攝爲一;聖法之因,故云"法界"。顯該二門,云"大總相";軌生物釋,故亦爲"法";聖智通遊,故謂之"門"。今顯真如是此心體,故云即是"一法界"體。

《論》:"所謂心性不生不滅。"

述曰:此顯真如爲體,所以謂心本性不生不滅。不生滅者即是真如,故心真如即是心體。而此心體,非前後際可增可減[④],染净相故,故説"心性不生不[⑤]滅"[也][⑥]。

《論》:"一切諸法"至"境界之相"。

述曰:此下顯其會相顯真。於中有三:初正會疑執,次結法歸真,後結真無説。此初也。謂有疑云:如前所言,一切諸法唯是一心。若此心性不生滅者,則[⑦]無諸法差别之相。何故諸法有差别邪?故此釋云:諸法差别,唯依遍計,忘(妄)[⑧]念心生。若離妄心,即無妄境差别之相。

《論》:"是故一切"至"故名'真如'"。

述曰:此結法歸真也。此有十句,總爲三節:初之二句,舉所會法。言"是故"者,是前妄境、妄心成故,一切諸法本來空也。次有六句,釋其"空"義。前三句顯性離妄,故其體即"真";後三句顯離異相,故其體即"如"。"離

① 丙本校:"實,《大正藏》録作'真',不合底本。"兹從之據底本改。

② 丙本校:"問,《大正藏》録作'句',不合底本。"兹從之據底本改。

③ 又,丙本録作"有",並出校:"有,《大正藏》録作'又',不合底本。"按:底本本作"又",丙本誤。

④ 丙本校:"減,《大正藏》録作'滅',不合底本。"兹從之據底本改。

⑤ 不,底本無,録本當據《大乘起信論》[T32n1666p576a9]補。

⑥ 也,録本脱,據底本補。

⑦ 丙本校:"則,《大正藏》録作'即',不合底本。"兹從之據底本改。

⑧ 丙本校:"忘,'妄'之借音字。《大正藏》徑録作'妄',不合底本。"兹從之據底本改。

言説相”者，非如聲有故；“離名字相”者，無性可詮故；“離心緣相”者，無可攀緣故。言語[①]道斷，心、行處滅，皆即“真”也。“畢竟平等”者，無可差別故；“無有變異”者，無可轉變故；“不可破壞”者，非可對治故。既皆平等，無異等故，體皆“如”也。下有兩句，結歸“真如”。“唯是一心”者，法依念[②]起，念不離心，故一切法唯一心也。既此一心體即真如，故一切法名“真如”也。

《論》：“以一切”至“不可得故”。

述曰：此顯真無[③]説也。此有疑云：若一切法無有自性、皆是真如無説等者，何故於法而有言説？既有言説，應有諸法。故此釋云：實一切法皆真如故，非言説等，而有言者，唯是假名，但隨衆生妄念安立，非實詮表而可得也。

《論》：“言‘真如’者”至“因言遣言”。

述曰：次[④]下弟（第）二，顯真如名。於中有三：初摽（標）立名之意，次顯真體無遣無立，後總結真無名之名。此初也。文中二節。初之二句，釋外疑情。謂有疑云：若法真故、離名等者，不應復立此“真如”名。既爾“真如”，應有名相。故此釋云：亦無有相，謂但假言，説爲“真如”，非謂存於“真如”名相。其下二句，轉釋立此“真如”名意。謂復疑云：若此“真如”無真相者，何要假名？故此釋云：謂“真如”者，言説之邊假立總[⑤]名，爲遣餘名，言説總處假名“真如”，此名之後，更無名故；猶如以聲而正於聲，此聲之後，更無聲故。

《論》：“此真如體”至“皆同如故”。

述曰：此顯真體，無遣無立。恐聞前説，遣真名相，謂遣真體，强生空見，故遮之云：“無有可遣。”何不遣者？下句釋云：“以一切法悉皆真故。”諸法無性，非虚妄故，悉皆是真，故於真體更何所遣？恐惑者聞真體不遣，當情而立，强生滅見，故遮之云：“亦無可立。”何不立者？下句釋云：“以一切法皆同

① 丙本校：“語，《大正藏》録作‘悟’，不合底本。”兹從之據底本改。

② 丙本校：“念，《大正藏》録作‘法’，未確。”兹從之據底本改。

③ “無”前底本有一“此”字。丙本校：“此，《大正藏》未録出。”按：甲、乙二本亦無“此”字。

④ 丙本校：“次，《大正藏》録作‘以’，未確。”按：該字，甲、乙二本均作“次”。兹據底本及甲、乙二本改。

⑤ 丙本校：“總，《大正藏》録作‘極’，未確。”兹從之據底本改。

如故。”以諸法空，無别無變，故“皆同如”。而此真體，更何所立？

《論》：“當知一切”至“名爲‘真如’”。

述曰：此總結。“真”，無名之名。“真”無名，故“不可[①]説”；“真”無相，故“不可念”。故一切法不可説念，名爲“真如”。

《論》[曰][②]：“問曰”至“而能得入”。

述曰：前明正舉法體，此下問答釋疑。於中有二：初問，後答。此初也。疑真絶修二種觀故，而爲此問：若説真如無説、念者，云何依真起方便觀而能隨順[③]？云何依[④]真起於正觀而能得入？

《論》：“答曰”至“名爲‘得入’”。

述曰：此答也。雖未離念，而以念惠（慧）觀此説、念，常無能所，順於無念，故名“隨順”。離念觀心，契入無念，是爲正觀，方名“得入”。

《論》：“復次真如”至“有二種義”。

述曰：上明如體離言，以明觀智境，釋上立中心“真如”竟；次下依言弁（辨）德，以明生信境，釋上立中是“真如”相。於中有三：初舉數總摽（標），次開章略弁（辨），後依章廣釋。此初也。前説無相是觀智境，恐生怖故，開二義相。如體無相，依言立相。若離於言，即唯一味。令信釋故，假立言相，即顯不可如言取也。

《論》：“云何爲二”至“性功德故”。

述曰：此開章略弁（辨）也。言“如實”者，真體不無故。所言“空”者，真體無妄故。“究竟顯實”者，由妄空無總[⑤]顯真故，以無妄相能總顯實，故説如實名爲“空”也。言“不空”者，具體相故。此性功德，言“無漏”者，無離斷等及念漏故，是即如實具有自體及性功德，故名“不空”。

《論》：“所言空”至“妄心念故”。

述曰：次下弟（第）三，依章廣釋。於中有二：先明其“空”，後顯“不空”。

① 可，底本不清晰，《大正藏》録作“别”。兹結合文意，據甲、乙二本改。

② 丙本校：“曰，《大正藏》未録出。”兹從之據底本補。

③ 丙本校：“順，《大正藏》録作‘修’，未確。”兹從之據底本改。

④ 丙本校：“依，《大正藏》録作‘於’，未確。”兹從之據底本改。

⑤ 丙本校：“總，《大正藏》録作‘極’，未確。”兹從之據底本改。

初中有三：初略明，次廣釋，後總結。此初也。初句顯其非染相應，以釋“空”義。一切染法不相應故，故名爲“空”。云何染法不相應邪？次句釋云：謂離差别所取相故。何故離此所取相邪？後句釋云：以無能取妄心念故。即妄心境，情有理無；真如體相，理有情無；故與染法不相應也。

《論》：“當知真如”至“一異俱相”。

述曰：此廣釋也。謂修學者聞説“真如”，隨情起[①]彼有、無等見，皆非契真，故皆非之，顯真“空”義。聞有“真如”，遂存有相，故今遮云：真既無相，非情執[②]境，云何謂[③]“有”？故云“非有相”。恐聞非有，遂復存無，遮此見云：非汝謂有，云“非有相”；非謂真如，是其無相，故云“非無相”。恐聞皆非，存雙非相，破此見云：非汝有無云“非有無”，非謂真如[④]是雙非相，故云“非非有相、非非無相”。恐聞非非，返存雙是，故遮之云：非汝雙非故云“非非”，非謂雙存是真如相，故云“非有無俱[⑤]相”。雖聞真如非有無等，恐執與法而是一相，復遮之云：諸法無相，悉是真如，是更與法而爲一相，故云“非一相”。恐聞非[一][⑥]，復存實相，故遮之云：非汝謂一言“非一相”，非謂真如與法實相，故云“非異相”。恐聞皆非，存雙非相，破此見云：非汝一異云“非一異”，非謂真如是“非一異”，故云“非非一[⑦]相、非非異相”。恐聞非非，返存雙是，故遮之云：非汝雙非故云“非非”，非謂雙存是真如相，故云“非一異俱相”。

《論》：“乃至總説”至“故[説][⑧]爲空”。

述曰：此下總結。於中有二：初順[⑨]結前義，後返結釋。此初也。妄染塵沙，難可遍舉，今總略説。一切妄心所不染觸，故説“空”也。

---

① 丙本校：“起，底本所無，從《大正藏》之所補。”按：甲、乙二本均有“起”字。

② 丙本校：“執，《大正藏》録作‘疑’，未確。”兹從之據底本改。

③ 丙本校：“謂，《大正藏》徑録作‘爲’，未妥。”兹從之據底本改。

④ 丙本校：“非謂真如，《大正藏》重録兩遍，不合底本，今删去。”兹從之據底本删。

⑤ 丙本校：“俱，《大正藏》録作‘謂’，未確。下文‘非一異俱相’之‘俱’亦同。”兹從之據底本改。

⑥ 丙本校：“一，《大正藏》未録出，今據底本補出。”兹從之據底本補。

⑦ 底本豎書“非”之重文號及下“一”字録本訛作“三”，兹據底本改。

⑧ 丙本校：“説，《大正藏》未録出，此據底本補録。”兹從之據底本補。

⑨ 丙本校：“順，《大正藏》録作‘修’，誤。”兹從之據底本改。

《論》:"若離妄心,實無可空故。"

述曰:此返結釋疑也。恐聞説空,便成斷滅,故此釋云:遮諸念相,假説爲空,若不遮妄,不説空故。真既不空,故非斷滅,是顯真性空而不空。

《論》:"所言不空"至"空無妄故"。

述曰:此下弟(第)二,顯"不空"義。於中有三:初牒前顯後,次正明"不空",後釋外疑難。此初也。將明"不空",故牒前空,由明妄空,方顯"不空"真實體故。

《論》:"即是真心"至"即明不空"。

述曰:此正明不空也。"即是真心"者,空無妄處,即是真心。總舉不空,真心體大。不生故"常",不死[①]故"恒",我[②]故"不變",無念故"净法滿足"。性德雖多,略舉其四,即是不空。真心相大,具此體相,即名"不空"。

《論》:"亦無有相"至"證相應故"。

述曰:此釋外疑也。恐聞不空,疑存有相,故今遮云:雖曰"不空",亦無有相而可執取。下釋所以,以非妄念所行境界,唯是證智所體會故,即顯真心不空而空也。

《論》:"心生滅者"至"有生滅心"。

述曰:上來已釋真如門竟,次下弟(第)二,釋生滅門。於[□][中][③]有二。先明生滅心[④]法,後弁(辨)所示之義。初中有二:先明染净生滅,後弁(辨)染净相資。前中有二:先就體總摽(標),後依義别釋。總中有三:初摽(標)體,次弁(辨)相,後立[名][⑤]。[□][此][⑥]初也。"如來藏"者,即是清净不生滅心。因無明熏,舉體動作,生滅心也。

《論》:"所謂不生"至"非一非異"。

---

① 死,録本訛作"起",據底本改。該字乙本亦作"死",可資比勘。

② 我,録本訛作"乘",據底本改。該字乙本亦作"我",可資比勘。

③ 丙本校:"'中'字底本所無,從《大正藏》之所補。"按:乙本亦有"中"字,兹據補。

④ 丙本校:"心,當爲'之'字之誤,《大正藏》徑改爲'之',未妥。"按:底本不誤,該字乙本亦作"心",可資比勘。

⑤ 名,録本脱,據底本補。

⑥ 丙本校:"'此'字底本所無,從《大正藏》之所補。"按:乙本亦有"此"字,兹據補。

述曰:此弁(辨)相也。謂如來藏不生滅心舉體動故,不離生滅;生[①]滅心相無非真故,故亦不離不生滅心。如是不離,名"與[②]和合",俱是不生滅與生滅[③]和合,以是向末隨緣門故;非是生滅與不生滅和合,以非向本歸真門故。"非一[□][非][④]異"者,不生滅心全體動故,心與生滅"非異";而恒不失真心性故,心與生滅不一。若定一者,生滅盡時,真心應滅,即墮斷邊;若定[⑤]異者,無明熏時,心應不動,即墮常邊。既離二邊,故非一異。非一異故,方成和合。

《論》:"名爲'阿黎耶識'"。

述曰:此立名也。依[⑥]如來藏,故有生滅心[⑦]等者,名爲"阿黎耶[⑧]識"。"阿黎耶"者,訓翻"無没",謂如來藏不生滅心,雖隨無明而成[⑨]生滅,如來藏體無滅没故,性功德相無失没故,法示妙用無隱没故。正云"阿賴[⑩]耶",義譯爲"藏所成",生滅而爲所熏,與前七識爲因果故,能藏諸法於自體中,藏自體於諸法之中。又爲我愛之所執藏,我見所攝,故名爲"藏"。離我見時,無此名故。若唯生滅,不異七識;若唯不生滅,不異如來藏;由二和合,成"賴耶"矣。

《論》:"此識有二"至"生一切法"。

① 丙本校:"'生'字底本無,從《大正藏》之所補。"按:乙本亦有"生"字,兹據補。

② 丙本校:"與,原形與'爲'字相似,故當爲'爲'字之訛。"按:録本不誤,乙本亦作"與"。

③ 丙本校:"'生滅'二字《大正藏》録作'不生滅',不合底本。"兹從之據底本改。

④ 非,底本無,録本據《大乘起信論》[T32n1666p576b9]補。

⑤ 丙本校:"定,《大正藏》作録(按:應爲"録作")'是',未確。此'定'字與前面'若定一者'之'定'原字形相同。"按:所校是,該字乙本亦作"定",可資比勘。

⑥ 依,底本無,録本當據甲本補。乙本亦有"依"字,可資比勘。

⑦ 心,底本無,録本當據甲本補。乙本亦有"心"字,可資比勘。

⑧ 耶,底本無,録本當據甲本補。乙本亦有"耶"字,可資比勘。

⑨ 丙本校:"成,《大正藏》録作'來',誤。"按:該字乙本亦作"成",可資比勘。

⑩ 丙本校:"賴,《大正藏》作'黎',妄改甚誤。此處是説'阿黎耶'之正音爲'阿賴耶'(二音實皆梵文之異譯)。"

述曰：上來就體總摽(標)是[竟][①]，次下弟(第)二依義别釋。於中有三：初顯是心生滅，次明生滅因緣，後弁(辨)生滅之相。初中亦三：初開數弁(辨)德，二寄問列名[②]，三依名弁(辨)釋。此初也。由此識有覺、不覺義，隨應[③]能攝染、净諸法。二義互熏，能生一切染净果法。

《論》："云何爲二"至"不覺義"。

述曰：此寄問列名。

《論》："所言'覺'義"至"説名'本覺'"。

述曰：此下弟(第)三，依名弁(辨)釋。於中有三：初弁(辨)覺義，次明不覺，後雙弁(辨)同異。覺中有二：先略弁(辨)二覺，後廣明二覺。初中亦二[④]：先本，後始。本中又二：初顯本覺體，後顯本覺名。此初也。本覺體者，取於一心隨緣門中無念真性，而此真性本無不覺，故云"覺"者"心體離念"。此約性德，翻染得名，異絶於"如"，故生滅攝。"離念覺相"者，等彼空界，横遍三際，竪通凡聖，故云"無所不通(遍)[⑤]"。在纏出纏，性恒[⑥]無二，故云"法界一相"。欲明"覺"義與彼出纏如來法身性無差别，故云"即是如來平等法身"。既依此覺，當顯法身即是果位法身之本，故依法身説名"本覺"。

《論》："何以故"至"即[⑦]同本覺"。

述曰：此顯本覺名也。"何以故"者，責其立名。上開章中直言"覺"義，何故今結乃云"本覺"？此所結中既攝本覺，何故上摽(標)但言"覺"耶？此

① 丙本校："竟，《大正藏》未録出，此據底本録補。'竟'爲結束之意。"按：乙本亦有"竟"字，可資比勘。

② 丙本校："寄問列名，《大正藏》録作'寄門别名'，誤。"按：乙本亦作"寄問列名"，可資比勘。

③ 丙本校："應，《大正藏》録作'境'，誤。"按：乙本亦作"應"字，可資比勘。

④ 丙本校："'二'字底本倒在下文'先'字之後，從《大正藏》之所改。"按：乙本亦作"初中亦二：先本，後始"，可資比勘。

⑤ 通，此當爲"遍"之訛字，據乙本改。《大乘起信論》："離念相者，等虚空界，無所不遍。"[T32n1666p576b13]正作"遍"字。

⑥ 丙本校："德，《大正藏》録作'恒'，未確。"按：底本本作"恒"，丙本誤。該字乙本亦作"恒"，可資比勘。

⑦ "即"字前底本有一"明"字，據《大乘起信論》[T32n1666p576a15]删。

即進退二種責也。下釋意云：謂以此“覺”對於當顯始覺法身，得本名故，故下結中而言“本覺”；以彼始覺至心源時，即同本覺無二相故，無别可對，故前摽（標）中但直言“覺”。

《論》：“‘始覺’義者”至“説名‘始覺’”。

述曰：此略明“始覺”也。“始覺”者，牒其名也。“依本覺故[□][而]①有不②[□][覺]③”者，明記始覺之所由也。“依不覺故説有始覺”者，正顯所起“始覺”之義。謂即本覺真净心體，隨無明緣動作妄念，故依本覺有不覺也；而以本覺内熏力故，漸有微覺起厭求等，乃至究竟還同本覺，故依不覺有始覺也。

《論》：“又以④覺心源”至“非究竟覺”。

述曰：上略明二覺，次下弟（第）二廣顯二覺。於中有二：先明覺始⑤，後顯本覺。前中有三：初總摽（標）因果，滿非滿覺；次廣寄四相，釋成其義；後顯始覺，不異本覺。此初也。言“心源”者，有其二義：本覺真如，爲染心源；業相細念，爲法染源。持業、依主，二釋皆通。謂究竟位，覺、本覺心，本無所動，今無所静；覺業識心，本來無生，今無所滅。覺此源者，名“究竟覺”，即佛果位。縱有所覺，未主此源，了非“究竟覺”，即等覺前也。

《論》：“此義云何”至“是不覺故”。

述曰：次下弟（第）二，釋成其義。於中有二：初正寄四相，顯其四位；後引經釋成，心源無念。前中覺四相位，[即]⑥分爲四。此初覺滅相位也。“此義云何”者，問⑦其心源“覺”、“不覺”義，下覺（舉）⑧四相，釋成其義。今應先

---

① 而，底本、録本脱，據《大乘起信論》[T32n1666p576a16]補。

② 不，底本、録本訛作“心”，據《大乘起信論》[T32n1666p576a16]改。

③ 覺，底本、録本脱，據《大乘起信論》[T32n1666p576a16]補。

④ 丙本校：“又以，《大正藏》録作‘不’，誤。”兹從之據底本改。

⑤ 丙本校：“覺始，《大正藏》録作‘始覺’，誤。‘覺始’謂覺之源起，與經文‘又以覺心源’之義相合。”兹從之據底本改。

⑥ 丙本校：“即，《大正藏》未録出，此據底本補録。”兹從之據底本補。

⑦ 問，録本訛作“四”，據底本改。該字乙本亦作“問”，可資比勘。

⑧ 丙本校：“覺，《大正藏》録作‘舉’，與底本不合。”按：該字乙本亦作“舉”。“覺”當爲“舉”之訛字。

明四相之義,然後依義釋文顯位。心性本來離生滅念,而有無明動心,令作生、住、異、滅,故名“四相”,即九相中前之八相。謂由無明凈心起動,雖無能、所,見相未分,動念初起,故名“生相”;即是弟(第)一無明業相,以其初起,得“生”名故。由妄動故,而生見相,能、所取心,成於麁細,堅住諸執,故名“住相”;即是轉現智相、續相,所住、能住諸①執相故。由諸②執故,復依異根,别取異境,起我、我所、自、他異執,故名“異相”;即執取相,計③名“字相”,由我、我所受想境故。由我執故,起惑造業,能招苦果,能令凈心隱於六道,故名“滅相”;即是弟(第)八“起業相”也,能成衆生業繫苦故。既由無明動此凈心,初起“生相”,終起“滅相”,而成衆生六道生死。今由本覺内熏之力,初覺“滅相”,終覺“生相”,故説凡夫能覺知等。此文四節。“如凡夫人”者,是能覺人也,即是十信外凡夫④之位。“覺知前念起惡”者,是所覺相:未入信位,貪著生死,起煩惱業,而不覺知;今入信已,知起惑業招苦果故,定是惡也。“能止後念、令[□][其]⑤不起”者,弁(辨)覺利益:前由不覺,起煩惱業;今既覺故,止不造也。“雖復名‘覺’,即是‘不覺’”者,結覺分齊:雖知是惡,妄有制伏;未覺是夢,故是“不覺”。

《論》:“如二乘觀”至“名相似覺”。

述曰:此下弟(第)二位覺異相也。文亦四節。“二乘觀智”等者,是能覺人[也]⑥。三賢菩薩,名“初發意”。得人空門,同二乘位。“覺於念異,念無異相”[者]⑦,明所覺相。此二乘等,證人空如⑧,共知無我,離妄根境,從異夢覺,名“覺[於]⑨念異”。返照異相,都無所有,名“念無異相”。“以捨麁分

① 丙本校:“諸,《大正藏》録作‘法’,誤。下文‘由諸執故’例與此同。”兹從之據底本改。

② 諸,録本訛作“法”,據底本改。

③ 丙本校:“計,疑當作‘得’,形近誤字。”按:“計”字不誤,該字乙本亦作“計”。

④ 丙本校:“夫,底本所無,從《大正藏》之所補。”

⑤ 其,底本、録本脱,據《大乘起信論》[T32n1666p576a19]補。

⑥ 丙本校:“也,《大正藏》未録出,此據底本補録。”兹從之據底本補。

⑦ 丙本校:“者,《大正藏》未録出,此據底本補録。”兹從之據底本補。

⑧ 如,録本訛作“而”,據底本改。

⑨ 於,録本脱,據底本補。

别執著相”者,是覺利益,即我、我所名“麁分别執著相”也。名“相似覺”者,是覺分齊,雖捨麁執,而猶[①]未得無分别故。

《論》:“如法身菩薩”至“名‘隨分覺’”。

述曰:此弟(第)三位覺住相也。文亦分四。“法身菩薩”,是能觀人;十地菩薩證法身故,皆名“法身”。“覺於念住”等者,是所覺相;既證真如,得無分别,永離二取法(諸)[②]執心故,從住相夢而得覺悟,名“覺於念住”。返照住相,竟無所有,名“念無住相”。“已離分别麁念”等者,是覺利益,即法(諸)執念異前人執及著外境,故名爲“分别異相”;後[③]生微細念故,故云“麁念”。“名‘隨分覺’”者,是覺分齊,覺道未圓有細念故。

《論》:“如菩薩地”至“名‘究竟覺’”。

述曰:此弟(第)四位覺生相也。文亦分四。“菩薩地盡”等者,是能覺人。文中三句,顯有二道。“菩薩地盡”,總舉金剛等覺之位。“滿足方便”是加行道,即是滿足之方便故。“一念相應”是無間道,刹那契理、斷細念故。“覺心初起,心無初相”者,是所覺相。根本無明,依覺故迷,動彼净心,令起細念。今乃證知:離本覺無不覺,即動心本來静[④],故云“覺心初起”等[也][⑤],非覺悟心而初起也。“遠離微細念故”等者:明覺利益生相最細,名“微細念”;此相永無,故云“遠離”;真心性顯,云“見心性”;心無生滅,名“即常住”。“名‘究竟覺’”者,結覺分齊:未至心源,夢念未盡,始未[⑥]同本,非究竟覺;夢念既盡,心歸本源,始不異本,名“究竟覺”。

《論》:“是故修多羅”至“向佛智故”。

① 猶,録本訛作“由”,據底本改。

② 丙本校:“法,當作‘諸’,形近誤字。下一例同。”所校是,兹從之括注正字。

③ 丙本校:“‘後’字底本倒在上句‘相’字之後,此從《大正藏》之所乙改。”

④ 丙本校:“静,《大正藏》録作‘净’,不合底本。”兹從之據底本改。

⑤ 丙本校:“也,《大正藏》未録出,此據底本補録。”兹從之據底本補。

⑥ 未,録本訛作“末”,據底本改。

述曰：自下弟(第)二，门(引)[①]經證成[②]，心[③]源無念。於中有四：一、引經成證；二、重釋前文；三、舉不覺之失；四、顯覺者之德。此初也。在因地時，雖未離念，能觀如是“無念”道理，説此能觀爲向智故，以是證知佛地“無念”。

《論》：“又心起者”至“即謂‘無念’”。

述曰：此重釋前義，遣外疑也。恐聞前説，覺心初起，疑有初心[④]是可覺知，故此釋云：前説覺心初起相者，無有初相是可覺知。而言覺心初起相者，覺初念心，即無念起，其初動心本來静故。

《論》：“是故一切”至“無始無明”。

述曰：此顯不覺之失也。文中有三：謂摽(標)、釋、結。“是故”等者，乘前摽(標)也。是前無念名爲“覺”故，除佛已外[⑤]，不名爲“覺”。“以從”等者，釋所以也，已從無始，至成佛[已][⑥]來，無明之念，念念相續，未增(曾)[⑦]離故。前對四相，故説“漸覺”；皆有無明，故説“不覺”。“故説”等者，結“不覺”義。謂依無明而起諸念，故有“念”者，説彼皆是“無始無明”，不名“覺”也。

《論》：“若得無明(念)[⑧]”至“無念等故”。

述曰：此顯覺者之德。若妄未□(息)[⑨]，不知一心本無相念。若至心源，得於無念，則[⑩]知衆生一心妄動，四相差别，心無動念。“以無念等故”者，釋

---

① 丙本校：“门，當爲‘引’字形誤。《大正藏》徑改爲‘引’，未妥。”按：該字乙本亦作“引”。

② 成，録本訛作“誠”，據底本改。

③④ “心”字前録本衍一“也”字，據底本删。

⑤ 丙本校：“已外，《大正藏》改爲‘以外’，誤。唐人‘以内’、‘以外’、‘以前’、‘以後’、‘以上’等之‘以’字通常皆作‘已’。”按：該字乙本亦作“已”。

⑥ 丙本校：“《大正藏》漏録‘已’字，此據底本補録。”兹從之據底本補。

⑦ 丙本校：“增，爲‘曾’之增旁誤字。《大正藏》徑改爲‘曾’，未妥。”按：該字乙本亦作“曾”。

⑧ 丙本校：“無明，當爲‘無念’之誤。《大正藏》徑改爲‘無念’，未妥。”按：所校是。“明”字乙本即作“念”。

⑨ 丙本校：“□，底本似有塗改，字形似‘逮’、‘適’之類。待考。”按：該字乙本作“息”，兹據補。

⑩ 丙本校：“則，《大正藏》録作‘即’，不合底本。”兹從之據底本改。

知所以。衆生雖[①]念，體即[②]無念。佛無念體，與彼平等，故能遍知諸念無念。

《論》:“而實無有”至“用(同)[③]一覺故”。

述曰:此即弟(第)三始不異本。文中摽(標)、釋。“而實無有始覺異”者，此摽(標)始覺不異本覺。“以四相”下，釋成其義。以彼四相無别自體可弁(辨)前後，故言“俱時”。依麁細念，覺時差别，而有前後，故言“而有”。離心無有“俱時”“前後”自性可立，故言“皆無自立”。離心無性，即同一覺，故言“本來同一覺”等。此總意云:既覺四相説爲始覺，所覺無故，能覺亦無，故無始覺異於本覺。

《論》:“復次本覺”至“不相捨離”。

述曰:廣始覺竟，下廣本覺。於中有二:先明隨染本覺，後顯性净本覺。初中有三:初總摽(標)，次别名，後弁(辨)相。此初也。以隨動門而顯本覺，故言“本覺隨染分别”。既隨緣動，故言“生”也。雖隨緣生，不失性净，故言“與彼[本覺][④]不相捨離”。此所[⑤]隨染既有二種[⑥]，故隨此染生下二相。言二染者，一謂自染，即在因時，由無明熏所起染相;二謂他染，即在果時，與生同體諸衆生染。即依自染，生智净相，以既從染得智净故;由隨他染，生不思業，以非染生起勝業故。

《論》:“云何爲二”至“思儀(議)[⑦]業相”。

述曰:此别名也。所言“智”者，即始覺智。“净”謂離染。同於本覺果

---

① 丙本校:“雖,《大正藏》録作‘離’,未確。”兹從之據底本改。

② 丙本校:“即,《大正藏》録作‘則’,不合底本。”兹從之據底本改。

③ 丙本校:“用,爲‘同’之形近誤字。《大正藏》徑改爲‘同’,未妥。”兹從之據底本改。

④ “本覺”二字底本、録本脱,據《大乘起信論》[T32n1666p576c5]補。

⑤ 丙本校:“所,《大正藏》録作‘初’,不合底本。”兹從之據底本改。

⑥ 種,丙本録作“動”。按:底本作“動種”。前一“動”當係誤書,書手發覺後旋即以正字代之,而前誤字並未塗去。該字乙本作“種”,兹據正。

⑦ 丙本校:“儀,爲‘議’之借音字。《大正藏》徑改爲‘議’,未妥。”兹從之據底本改。

[□][德][①]作用,故名爲“業”。非下地例(測)[②],名“不思議”。“相”者,狀也,本覺隨染,有此當起二相狀故。

《論》:“智净相者”至“滿足方便故”。

述曰:次下弟(第)三,依名弁(辯)相。於中有二:先明智净相,後顯不思議業相。智中有二:初直明净相,後問答釋疑。前中亦二:先因,後果。此初也。謂於地前依真如法内熏之力所流教法,外聞熏力,能修資糧,加行善根,故言“依法力熏習”。若登地上,契證真如,凡起諸行依真而修,故言“如實修行”。漸漸修習,[超][③]十地行,至金剛位,因行既極,名“滿足方便”。

《論》:“破和合識”至“[智][④]淳净故”。

述曰:此明果[⑤]也。由前方便能破和合黎耶識内生滅之相,顯不生滅清净法身,故言“破和合識相”。顯現法身滅染心中業[識][⑥]轉現等,令隨染覺,遂即歸源,成於應身淳净之智,故言“滅相續心相”。智淳净故,即離[雜][⑦]相,名之爲“淳”;染緣盡故,名之爲“净”。

《論》:“此義云何。”

述曰:次下弟(第)二,問答釋疑。於中有二:先問,後答。此初也。此問意云:如上所説,動彼净心,成前生滅,即舉生滅盡是净心。若斷生滅,净心應滅,如何但破和合識相,而顯法身滅相、續相,成淳净智?

《論》:“以一切心[⑧]”至“非不可壞”。

述曰:下答。有三:初法,次喻,後合。此初法也。一切生滅心識之相皆是無明不覺之相,非是本覺體有識相,覺與不覺體非一故。然此無明不覺識相,離非覺體,而亦不離本覺之體,覺與不覺體非異故。由非異故,無明即

---

① 德,底本、録本脱,據乙本補。

② 例,此當爲“測”之訛字。該字乙本作“測”,可助勘。

③ 超,録本脱,據底本補。乙本亦有“超”字,可助勘。

④ 智,録本脱,據底本補。乙本亦有“智”字,可助勘。

⑤ 丙本校:“《大正藏》‘果’上有‘一’字,不合底本,今删。”兹從之據底本删。

⑥ 丙本校:“識,《大正藏》未録出,此據底本補録。”兹從之據底本補。

⑦ 雜,録本脱,據底本補。乙本亦有“雜”字,可助勘。

⑧ 心,底本脱,録本當據《大乘起信論》[T32n1666p576c10]補。

明,而"非可壞"。由不一故,明無明別,"非不可壞"。前就非異[①]、非可壞義,故説離净無别動心;今依非一、非不壞義説破識相,顯法身耳。所望義別,不相違也。

《論》:"如大海水"云(至)[②]"濕性不壞故"。

述曰:此舉喻也。有四種喻,以況於"真如"。"大海水因風波動"者,真隨妄轉喻;"水相、風相不相捨離"者,真妄相依喻;"水非動性"者,真體不變喻,謂水[③]但以濕爲自性,但隨他動、非自動故;"若風止滅"等者,息妄顯真喻,水若自動,動相滅時濕性隨滅,隨他動故。動相滅時,濕性不壞。

《論》:"如是衆生"至"智性不壞故"。

述曰:此法合也。於中次弟(第)合前四喻。"衆生自性清净心"等者,合前弟(第)一。水隨風動,水不自浪,因風起浪;風不自波,依水現波;故動即水,無别體也。心亦如是,不自起動,因無明動;癡不自起,因心有起,因癡心動,無别動也。"心與無明俱無形相"等者,合前弟(第)二。風水相依,以水依風,全體動故,無别水相;風依水起,全體濕故,無别風相。風水相依,不相捨離。心亦如是,依妄[熏][④]動,全作諸識,無别心相。妄識依心,無非真故,無無明相。真妄相依,不相離也。"而心非動性"者,合前弟(第)三。水非動性,即顯心性本非動念。"若無明滅"等者,合前弟(第)四。濕性不壞,顯無明斷。如風止滅,則業識等諸[⑤]相續識如波相滅。隨染本覺,照察智性,無所壞故,如濕性不壞。

《論》:"不思議業"至"勝妙境界"。

述曰:次顯弟(第)二不思議業相。於中有二:初摽(標),後釋。此初摽(標)也。以依智净法身之體,起此應身功德之相,與衆生六根作勝妙境界。故《寳性論》云:"諸佛如來身,如虚空無相。爲諸勝智者,作六根境界。示現

① 丙本校:"非異,《大正藏》未録出,此據底本補録。"兹從之據底本補。

② 丙本校:"云,'至'之形近誤字。"按:所校是。該字乙本即作"至"。

③ 丙本校:"底本'謂'字因换行而衍爲'謂謂',径删一'謂'。又《大正藏》'水'下有'性'字,不合底本,今删。"兹據正。

④ 熏,底本、録本脱,據乙本補。

⑤ 丙本校:"諸,《大正藏》録作'法',恐未確。"按:所校是。該字乙本即作"諸"。

微妙色，出於妙音聲。令臭（嗅）①佛戒香，與佛妙法味。使覺三昧觸，令知深妙法。”

《論》：“所謂無量”至“得利益故”。

述曰：此辯釋也。“所謂無量功德[□][之]②相”者，横顯業德廣多無量。“常無斷絶”者，竪顯業根流③窮三際。“隨衆生根自然相應”者，顯業勝能，無功應機。“種種而現，得利益”者，顯業勝益，利潤不虚。此功德相是真如用，不待作意思議而起，是故名爲“不思議業”。此真如用雖在佛身，與衆生心本來無二，但爲衆生無明不覺，隨緣現染，用則不現。若彼妄心厭求返流，真用漸顯，則於彼心稱根顯現，非謂心外不思議業。

《論》：“復次覺體”至“猶如净鏡”。

述曰：自下弟（第）二性净本覺。於中有二：初總摽（標），後别釋。此初也。前明本覺隨動之門，故説“隨染”；今明本覺不動之門，故説“性净”。此二本覺既無别體，是顯本覺不動而動、動而不動也。以覺體有四大“净”義，故與空等，猶如净鏡。“本覺”四義，下文當説。“空”四義者，空④無一切相，能含一切物，離垢顯净空，示現一切物。“鏡”四義者，空無外物體，有體含衆像，出離諸塵垢，現像爲物用。由此空鏡，以況於真。

《論》：“云何爲四”至“覺照義故”。

述曰。次下别釋⑤。别釋四義，即分爲四。此初也。“如實空鏡”者，摽（標）其名也。言“如實”者，即真體也。真德不虚，故言“如實”。所言“空”者，對妄得名，以本覺體[本]⑥無妄，法空無妄，故云“如實空”。以無妄故，其體明净，喻如“净鏡”。“遠離”已下，辯釋其義。倒心妄境，本不相應，故云

① 臭，此乃“嗅”之本字。該字《究竟一乘寶性論》卷第一[T31n1611p816b27]即作“嗅”。

② 之，底本、録本脱，據《大乘起信論》[T32n1666p576c17]補。

③ 丙本校：“流，《大正藏》録作‘緣’，未確。”兹從之據底本改。

④ 丙本校：“‘空’上底本有‘一’字，衍文，從《大正藏》之所删。”

⑤ 丙本校：“‘别釋’底本用重文法表示，與下一‘别釋’連寫爲‘别：釋：’。”

⑥ 丙本校：“本，《大正藏》未録，此據底本補録。”兹據補。

“遠離[□□][一切][1]心境界相”。以此心境,本無所有,不現覺中,猶如龜毛不現鏡中,故言“無法可現”。無可現故,心境妄法,望於本覺,非所照覺,[□][覺][2]望心境,非能覺照。所照[3]既無,能照無故,故言“非‘覺照’義”也。此顯無有遍計所執實質可現,故非“覺照”。下言“境界[□][悉][4]於中現”者,依他似現,亦不相違。

《論》:“二者因熏”至“熏衆生故”。

述曰:此弟(第)二義也。“因[熏][5]……鏡”者,摽(標)其名也。能生覺果,名之爲“因”。此能内熏,故名“熏習”。能現諸法,故謂之“鏡”。次下辯相,文有三節。“謂如實不空”者,出因體也,以有無漏性功德相真實體故,故云“如實不空”。由不空故,方能作彼始覺正因,故“不空”者成“因”義也。“以一切”下,釋其“鏡”義,謂一切法離此心外無别體性,猶如鏡中能現影也。言“不出”者,明心待熏變現諸法,非不待熏而能自出,所變諸法不出心故。言“不[6]入”者,謂心隨熏變現諸法,而染浄法不從外入,而所現影不染體故。言“不失”者,此諸鏡相雖不從真内出外[7],而亦不[8]失所現緣起,雖現境相、不失真故。言“不壞”者,法從真起,不異真如,性同真故;不可破壞,雖復隨緣,有無起盡,真無壞故。“常住一心”者,會相同體。“以一切”下,釋同所由。以緣起法,心中顯現無出等,故無别體。無别體故,本來平等,不異真如,故云“常住一心”等也。“又一切”下,釋“熏習”義。由性浄故,能現染法。雖現染法,所不能染,故云“染法所不能染”。以本無染,今無始浄,故本覺智未曾移動,故云“智體不動”。此本覺中非但無染,性德無少,故云“具足無漏”。即此浄德能熏衆生,令厭生死,樂求涅槃,故云“熏衆生”也。

---

① “一切”二字底本、録本脱,據《大乘起信論》[T32n1666p576c21—c22]補。

② 覺,底本、録本脱,據乙本補。

③ 丙本校:“‘照’字底本無,從《大正藏》之所補。”按:乙本亦有“照”字。

④ 悉,底本、録本脱,據《大乘起信論》[T32n1666p576c23]補。

⑤ 丙本校:“熏,《大正藏》未録出,此據底本補録。”兹據補。

⑥ 不,底本脱,録本當據《大乘起信論》[T32n1666p576c24]補。

⑦ 丙本校:“‘外’下《大正藏》有‘入’,字,不合底本。”兹從之據底本改。

⑧ 不,底本脱,録本當據甲本補。

《論》:“三者法出”至“淳净明故”。

述曰:此弟(第)三也。“法出離”者,摽(標)其名也。不空體相,故謂之“法”;從二礙顯,故名爲“出”;破和合相,故謂之“離”;淳净明故[①],喻之爲“鏡”。已下辯相。“謂不空法”者,釋前“法”字,出法體也。謂前因熏不空之法。“出煩惱礙、智礙”者,釋其“出”字,顯離纏也。永斷二障,清净法身從此出故。“離和合相”者,釋其“離”字。出二礙故,更無生滅識相和合。“淳净明”者,釋其“鏡”字。離雜相故名“淳”,出礙染故名“净”,以純净故名“明”,純净明故名“鏡”。

《論》:“四者緣熏”至“念身(示)[②]現故”。

述曰:此弟(第)四也。“緣熏習鏡”者,摽(標)其名也。用大外熏,故謂之“緣”;令發善心,故名“熏習”;起善法影,故喻之“鏡”。謂此相大,出纏之時,而爲鏡智,能起大用,示現萬化,爲緣熏發衆生之心[③],令生厭樂,起諸加行,名“緣熏習”。此諸行德是佛智影,不離佛智,故名爲“鏡”。故《佛地》云:大圓鏡智,能起衆生諸善法影。下辯相中,文有二節。“謂依法出離”者,出緣熏體。“遍照”已下,顯緣熏相。謂依於前出纏法身,離和合相,淳净明故,起大智惠(慧)[④]。光明義用,故能遍照法界衆生若干種[⑤]心。由遍照故,隨其所念,示現萬化,令其修習。隨分善根,故云“令修善根,隨念示現故”。

《論》:“所言不覺”至“不離本覺”。

述曰:已釋“覺”義,下顯“不覺”。於中有三:初明根本不覺,次顯枝末不覺,後結末歸本。前中又二:初依覺成迷,後依迷顯覺。初中又三:謂法、喻、合。此初,法也。“謂不如實知真如法一……而有其念”者,此顯“不覺”依

① 丙本校:“‘明故’二字底本顛倒,此從《大正藏》之所乙。”

② 丙本校:“身,據經文當作‘示’,形近誤字。《大正藏》徑改爲‘示’,未妥。”按:所校是。該字《大乘起信論》[T32n1666p576c29]即作“示”。

③ 心,底本脱,録本當據甲本補。乙本亦有“心”字。

④ 丙本校:“惠,通‘慧’。《大正藏》徑改爲‘慧’,未妥。”兹從之據底本改。

⑤ 丙本校:“種,《大正藏》録作‘衆’,未確。”兹從之據底本改。

“覺”而有。“念無自相，不離本覺”者，顯離本覺，無别不覺[①]。前中[有][②]三義：“謂不如實知”者，即能迷無明也，如謂稱順實謂“真實”。“真如法一”者，即所迷法也，真體一味，無念名“一”。“而有其念”者，即迷所成八識心也。謂真一味，能迷無明，不稱實而知，而知八識之念，故名“無明”。然此無明，離真無體，故言“念無自相，不離本覺”。

《論》：“猶如迷人[③]”至“則無有迷”。

述曰：此舉喻也。文易可知。

《論》：“衆生亦爾”至“則無[④]不覺”。

述曰：此法合也。本覺真性，如正方所；根本不覺，似能迷人；心業等動念，是如邪方；如離正東，無别邪西；故言“若離覺性，即[⑤]無不覺。”然此不覺與前本覺雖非一異，不離覺性；雖不離覺，非即覺性。

《論》：“以有不覺”至“自相可説”。

述曰：此即依迷顯覺也。“以有不覺妄相心故，能知名義爲説真覺”者，此明“妄”有起“净”之功要；由妄相能知名義，故對此妄，説“真覺”名，以就真體無名相故。“若離不覺之心，即[⑥][无][⑦]真覺自相可説[⑧]”者，此明“真”有“待妄”之義。若離不覺，無以説“真”；所待既無，能[熏][⑨]待無；故能、所寂静，終不可説“覺”與“非覺”。

《論》：“復次依不覺”至“相應不離”。

---

① 丙本校：“覺，《大正藏》録作‘明’，誤。”兹從之據底本改。

② 丙本校：“有，《大正藏》未録，此據底本補録。”兹從之據底本補。

③ 丙本校：“‘人’字下《大正藏》有‘依’字，不合底本。”按：所校是，兹據删。

④ 丙本校：“無，底本所無，據傳世經文補。《大正藏》徑加‘無’字，未妥。”按：所校是。該字《大乘起信論》[T32n1666p577a4]即作“若離覺性，則無不覺”。

⑤ 即，《大乘起信論》[T32n1666p577a4]本作“則”。按：“即”、“則”乃一聲之轉。《書·大誥》：“紹無明即命，曰：‘有大艱於西土，西土人亦不静。’”杨树達《積微居讀書記·尚書説》：“‘即’與‘則’同。”

⑥ 即，《大乘起信論》[T32n1666p577a6]本作“則”。

⑦ 丙本校：“无，《大正藏》未録出，此據底本補録。”兹從之據底本補。

⑧ “説”字下《大正藏》衍一“名”字，兹據底本删。

⑨ 丙本校：“熏，《大正藏》未録出，此據底本補録。”兹從之據底本補。

述曰：次下明枝末不覺。於中有二：先明細相，後顯麁相。初中亦二：總摽(標)，別釋。此初也。三細爲相，無明爲體，本、末體相不相離故，名爲“相應”，非謂王所“相應”之義，以此三細皆是本識不相應染心故也。以依無明而成妄心，又依妄心而起無明，是故名爲“相應不離”。

《論》：“云何爲三”至“不離因故”。

述曰：次下別釋。別釋三細，即分爲三。此初也。“無明業相”者，摽(標)其名也。謂由無明心動名“業”，名“無明業相”，非謂“無明”即名“業相”。“依不覺”者，釋摽(標)中“無明”即根本無明也。“心動”名“業”者，釋摽(標)中“業”字也。“業”有二義：一、“動作”義，故云“依不覺故心[①]動，說名爲‘業’。”“覺即[②]不動”者，返舉[③]釋成。既始覺時則無動念，是知今動只由不覺。二、爲“因”義，故云“動則有苦”。如得寂静無念之時，即是涅槃妙果，故知今動則有生死苦患。“果不離因”者，不動既樂，動必有苦，動因苦果既無別時，故云“不離”。此雖動念，而極微細，緣起一相，能、所不分，即當黎賴[④]自體分也。

《論》：“二者能見”至“則[⑤]無見”。

述曰：“能見相”者，摽(標)其名也。此言“能見”，即下“轉相”，依前業識，轉成“能見”，故言“以依動故能見”。若性净門，則無“能見”，故云“不動則[⑥]無見”也。反顯“能見必依動”義。如是轉相，雖有能緣，尚未取境，以微細故，即是本識見分心也。

《論》：“三者境界相”至“則無境界”。

述曰：“境界相”者，摽(標)其名也。此言“境界”，即下“現識”，至此能現

① 心，底本脱，録本當據《大乘起信論》[T32n1666p577a9]補。

② 即，《大乘起信論》[T32n1666p577a9]本作“則”。

③ “返舉”二字底本作“舉返”，録本當據甲本改。乙本作“反舉”。

④ 丙本校：“賴，《大正藏》録作‘耶’，與底本不合。”按：該字甲、乙二本作“耶”。

⑤ “則”前底本有一“云”字，當爲衍文，録本據文意刪。

⑥ “則”前底本有一“耶”字，當爲衍文，録本據文意刪。

境界相故。依前轉相，能現境界，故言“[依][①]能見故境界妄現”。若無分別，即[②]無境界，故云“離見則無境界”。反顯“境界必依能見”，即[③]是本識相分心也。此前三相並由根本無明之力，動本净[④]心，成此黎賴[⑤]不相應心。

《論》：“以有境界”至“生六種相”。

述曰：上明細相，下顯麁相。於中有二：總摽（標），别釋。此摽（標）也。六相皆是分别事識，依境界緣而生起故。於中初二，依境生執，是其下品，細惑皆是地上斷故；其次二種，依執起惑，是中品惑，二乘斷故；其後二種，依業受果，上品麁惑，凡夫知故。是故《經》言：“境界風所動，種種諸識浪，騰躍而轉生。”

《論》：“云何爲六”至“愛與不愛故”。

述曰：次下别釋。别釋六麁，即分爲六。此初也。謂末[⑥]無明不了現識所現境相皆是自心、無有體性，創起惡數，分别染净，名爲“分别愛[⑦]與不愛”。

《論》：“二者相續”至“相應不斷故”。

述曰：依前分别愛、非愛境，而生[⑧]苦樂。覺念之心常相續故，名“相續相”。謂依前念，分别愛境，起樂愛覺；於不愛境，起苦愛覺。數數起念，相續現前，而常相應、不斷絶也[⑨]。

《論》：“三者執取相”至“心起著故”。

述曰：於前所取苦樂等境不了虚無[⑩]，深起取著，名“執取相”。謂即於前相續所念苦樂境上復深執著，住持不捨，故言“心起著”等。

---

① 丙本校：“依，《大正藏》未録，此據底本補録。”兹據補。

② 丙本校：“即，《大正藏》録作‘則’，與底本不合。”兹從之據底本改。

③ 即，底本無，録本當據甲本補。乙本亦有“即”字。

④ 丙本校：“净，《大正藏》録作‘静’，誤。”兹從之據底本改。

⑤ 丙本校：“賴，《大正藏》録作‘耶’，與底本不合。”按：該字甲、乙二本作“耶”。兹從之據底本及甲、乙二本改。

⑥ 末，《大正藏》録作“未”，與底本不合。該字甲、乙二本均作“末”。

⑦ 丙本校：“愛，《大正藏》録作‘染’，誤。”兹從之據底本改。

⑧ “而生”二字底本作“生而”，録本當據甲本改。乙本亦作“而生”。

⑨ 也，底本無，録本當據甲本補。乙本亦有“也”字。

⑩ 無，底本無，録本當據甲本補。乙本亦有“無”字。

《論》:"四者計名"至"名言相故"。

述曰:依前顛倒所取境上,更立名言,而生分别"計名字相"。故經説云:"相名常相隨,而生諸妄相。"故言"依於妄執,分别假名"等也。

《論》:"五者起業相"至"種種業故"。

述曰:依前計名執著心故,起貪等惑,發動身口,造種種業,能招當來五趣苦果。此即或(惑)[①]業爲苦近因也。

《論》:"六者業繫"至"不自在故"。

述曰:業因既成,依業受果,循環諸趣,生死長輪。被業所縛,不得自在,名"業繫苦"。故言"依業受果,不自在"等。

《論》:"當知無明"至"不[②]覺相故"。

述曰:上來廣顯技(枝)[③]末不覺,此即弟(第)三,結末歸本。文中二節:"當知無明能生一切染法"者,初正結歸;如前三細六麁染相攝一切染,此一切染皆因根本無明不了真如而起,故云"無明能生一切染法"也。"以[④]一切"下,釋其所以。謂有疑云:染法多種,差别不同,如何根本唯一無明?故此釋云:染法雖多,皆是無明之豈(氣)[⑤],悉是不覺之相、不異不覺,是故"染法皆是不覺"。

《論》:"復次"至"有二種相"。

述曰:上來已釋"覺"、"不覺"義。次下弟(第)三明同異相。於中有三:初總摽(標),次列名,後辯相。此初也。前已别釋,令知迷悟。昇、沈有異,令生欣、厭。今欲令知迷悟同真[如][⑥],無定兩體。業幻差别,定一亦無,是故合説。故言"覺與不覺有二種相"。

---

① 丙本校:"或,《大正藏》録作'惑'。按:'或'爲'惑'之古字,不煩改。"

② 不,底本無,録本當據甲本補。乙本亦有"不"字。

③ 技,此爲"枝"之换旁俗體。該字甲、乙二本均作"枝"。

④ 丙本校:"'以'下底本有'顯'字,此從《大正藏》之所删。"按:録本當據《大乘起信論》[T32n1666p577a21]删。

⑤ 丙本校:"豈,爲'氣'之借音字。《大正藏》徑改爲'氣',未妥。"按:該字甲、乙二本均作"氣"。

⑥ 丙本校:"如,《大正藏》未録,此據底本補録。"按:甲、乙二本無"如"字。

《論》："云何爲二"至"二者異相"。

述曰：此列名也。染净齊真曰"同"，同[①]義可表名"相"；染净體殊曰"異"，異有殊狀曰"相"。何故爾耶？以體從緣，故"異"；攝緣歸體，故"同"。緣從體同，故真如一味；體從緣異，故凡、聖兩分。凡、聖分故，世諦義立；真如一故，真諦理存。"覺"與"不覺"，同、異如是。

《論》："同相者"至"微塵性相"。

述曰：次下辯相。於[中][②]有二：初同，後異。同中有三：初喻，次合，弟(第)三引證。此初也。"種種瓦器"，喻染净法。皆以微塵而爲體性，喻染净法以真爲性。"性"者，體也，亦即是性。下准此知。

《論》："如是無漏"至"真如性相"。

述曰：此法合也[③]。始、本二覺，名爲"無漏"。本、末不覺，名曰"無明"。此二皆有業用顯現，故名爲"業"。而非實有，故名爲"幻"。雖則如是，染、净不同，皆以真如而爲體性，以動真如作此生、滅，染、净二法無别體故。

《論》："是故修多羅"至"無可見故"。

述曰：此引證也。是前(則)[④]染、净同真相故，經依此義説諸衆生本來涅槃、得菩提等。謂二不覺即真如故，衆生本來即涅槃相，不復更滅。本、始二覺即真如故，菩提之法亦本來有，非新得者。由是義故，即此涅槃非待修習了因方證，故言"非可修相"；即此菩提非待生因而方起作，故言"非可作相"[⑤]。此之二果，既性本有，非更得故，故言"畢竟無得"。"亦無"以下，雖是經文，爲遣疑難，故論具引。謂有難言：若諸衆生已入涅槃菩提法者，即同諸佛，何故不能現報、化等色身相耶？故即釋云：法性自體，非色可見，如何更能現[⑥]色相耶？故言"亦無色相可見"。又復疑云：若以法性非是色相可見法故不現色者，諸佛何故現報化等諸色相耶？故復釋云：彼見諸佛種種色者，

---

① 同，底本無，録本當據甲本補。乙本亦有"同"字。

② 丙本校："中，《大正藏》未録，此據底本補録。"兹據補。

③ 也，底本無，録本當據甲本補。乙本亦有"也"字。

④ 前，乙本作"則"。按："前"當爲"則"之形訛，"是則……故"乃表示解釋語。

⑤ 丙本校："句末《大正藏》有'也'字，不合底本。"兹據底本删。

⑥ 現，底本無，録本當據甲本補。乙本亦有"現"字。

並隨衆生染幻之心變異所現，非謂智性不空色體有此色相。以智真體無可見故，故言“而有見色”等也。

《論》：“異相者”至“各各不同”。

述曰：下顯異相。於中有二：初喻，後合。此初也。

《論》：“如是無漏”至“幻差别故”。

述曰：此法合也。“隨染幻[①]差别”者，是無漏法；“性染幻差别”者，是無明法。以彼無明違[②]平等性，是故其性自有差别；諸無漏法順平等性，直論其[③]性，則不[④]差别。但隨染法差别染相，故説本覺恒沙性德。又由對治彼染差别，故成始覺萬德差别。如是差别無漏無明，雖現業用，皆是真如隨緣顯現，似而無體[⑤]，通名“業幻”。

《論》：“復次生滅”至“意識轉故”。

述曰：上來廣釋，立義分中，是心生滅。次下弟(第)二，釋其因緣。於中有二：先明生滅依因緣義，後顯所依因緣體相。於中亦二：初總摽(標)，後别釋。此初摽(標)也。謂前九種生滅因緣，總有二種：一者黎賴[⑥]心體，不守自性，是生滅因；根本無明，熏動[⑦]心體，是生滅緣。依此因緣，起三細相，成黎賴識。二者無明住地，諸染根本，是生滅因；外妄境界，熏起識浪，是生滅緣。依此因緣，起六麁相，成其事識。依斯二義，以顯因緣業轉現等諸生滅相。聚集而生，而爲假者，故名“衆生”。唯依心體，故言“依心”，即是黎耶自相心也。此假者衆生依於一心，即有五意及意識起，故言“衆生依心、意、意識轉”。

《論》：“此義云何”至“説有無明”。

述曰：自下别釋。於中有三：先釋“依心”，次釋“意轉”，後“意識轉”。此

---

① 幻，底本無，録本當據甲本補。乙本亦有“幻”字。

② 丙本校：“違，《大正藏》録作‘達’，誤。”兹從之據底本改。

③ 其，乙本作“真”。

④ 丙本校：“不，《大正藏》録作‘無’，誤。”按：該字乙本作“无”。

⑤ 丙本校：“體，《大正藏》録作‘通’，誤。”兹從之據底本改。

⑥ 丙本校：“賴，《大正藏》録作‘耶’，未確。下一例同。”兹從之據底本改。

⑦ 丙本校：“動，《大正藏》録作‘習’，未確。”兹從之據底本改。

初也。“此義云何”者，問其“依心、[□] [意]①、意識轉”義。“依阿黎耶識”者，是上“依心”是生滅因[故]②，即“阿黎耶”二義之中“本覺”義也。“說有無明”者，是生滅緣，即二義中“不覺”義也。欲明依此因緣意、意識轉，故言“以依阿黎耶識”等。前摽(標)文中，略摽(標)其因，但言“依心”；今此③别釋，具顯因緣，故說“依心”及“無明”也。

《論》：“不覺而起”至“故説爲‘意’”。

述曰：次下④弟(第)二，釋其“意轉”。於中有三：初略明“意[識]⑤轉”，次廣顯轉相，後結成“依心”。此初也。於中略顯五種識相。“不覺而起”者，弟(第)一業識，心體被熏，舉體動故。言“能見”者，弟(第)二轉識，轉被動心，成能見故。言“能現”者，弟(第)三現識，見心復能現諸境故。“能取境界”者，弟(第)四智識，能取現識所現境故。“起念相續”者，弟(第)五相續識，於境起執、不斷絶故。然此⑥五義，次弟(第)轉成。依止此義，而生意識。故説此五，名之爲“意”。而彼意識，非所依故，但名爲“識”，故不名“意”。

《論》：“此意復有五種名”。

述曰：次下弟(第)二，廣顯轉相。於中有三：初舉數總摽(標)，次别釋其相，後顯其功能。此初也。

《論》：“云何爲五”至⑦“不覺心動故”。

述曰：下釋五意，即分爲五。此初也。“無明力”者，舉所依緣也。明心不自起，起必有[因]⑧緣。“不覺心動”者，正明起相，釋其“業”義，謂“起動”義是“業”義故。

《論》：“二者名爲”至“能見相故”。

① 意，底本、録本無，據《大乘起信論》[T32n1666p577b3]補。
② 丙本校：“故，《大正藏》漏録，此據底本補録。”兹從之據底本補。
③ 丙本校：“‘此’上《大正藏》有‘依’字，不合底本，今删去。”兹從之據底本删。
④ 下，底本無，録本當據甲本補。乙本亦有“下”字。
⑤ 丙本校：“識，《大正藏》漏録，此據底本補。”按：乙本亦有“識”字。
⑥ 此，底本無，録本當據甲本補。乙本亦有“此”字。
⑦ “至”前底本有一“舉”字，當爲衍文，録本據文意删。按：乙本亦無“舉”字。
⑧ 丙本校：“因，《大正藏》漏録，此據底本補。”兹從之據底本補。

述曰：[次][1]"依於動心"者，舉所依勝（緣）[2]也。"能見相"者，釋"轉識"義。依前業識之動，轉成能見之相，故名"轉識"。"轉識"有二，此在本識，依境轉者在事識故。

《論》："三者名[爲][3]"至"常在前故"。

述曰：此文有三，謂法、喻、合。"所謂能現一切境"者，此舉法也。依前轉識能見之相，起此現識能現之功，現一切境。謂此心體，與無明合，熏習力故，現於種種無邊境界，故[4]云"能現一切境"也。"猶如明鏡現色像"者，是舉喻也。如鏡因質，現種種像，心因無明不平等熏現種種竟（境）[5]。已下法合。"隨其五塵對至，即[6]現無前後"者，此正合前喻對，謂業或（惑）心，爲或（惑）業所熏對故，便現五塵，非待作意前後起也。理實此識現一切境，而此唯言現"五塵"者，且舉麁顯以合鏡中現色喻故。"以一切時任運起"者，簡異六識，六識間斷，多不現起，非一切時任運起故。"常在前"者，簡[7]異末那，末那非是諸識之本，不常在諸識前起故。

《論》："四者名爲"至"染净法故"。

述曰：是事識中細分法執，不了[8]現識所現境界離心無有，而起染净微細分別，故言"智"也。

《論》[曰][9]："五者名爲"至"不斷故"。

述曰：此亦事識細分之位。此細事識，法執相應，無有斷絶，執無斷故，名"相續識"。

---

① 丙本校："次，《大正藏》未録出，此據底本補。"兹從之據底本補。

② 丙本校："勝，當爲'緣'字形近之誤。《大正藏》徑改爲'緣'，未妥。"兹據改。

③ 丙本校："爲，《大正藏》未録，此據底本補。"兹從之據底本補。

④ 丙本校："故，《大正藏》與下面的'能'字顛倒，此據底本乙正。"兹從之據底本改。

⑤ 丙本校："竟，爲'境'之古字。《大正藏》徑改爲'境'，未妥。"兹從之據底本改。

⑥ 丙本校："即，《大正藏》録作'則'，誤，此據底本録正。"兹從之據底本改。

⑦ 丙本校："簡，底本無，此據文例補。《大正藏》徑加"簡"字，未妥。"按：録本當據甲本改。乙本亦有"簡"字。

⑧ 丙本校："可，《大正藏》録作'了'，未確。"按：底本"可"當爲"了"之形訛。録本當據甲本補。乙本亦作"了"字。

⑨ 丙本校："曰，《大正藏》未録出，此據底本補。"兹從之據底本補。

《論》:“住持過去”至“不覺妄慮”。

述曰:下顯功能。文中二節:初顯前三本識功能,由業轉現黎賴[①]識故。攝藏諸法善、意(惡)[②]業種,[故][③]能住持過去,[多][④]生善、惡之業,令其不失。此明本識能持種子,由攝[⑤]業種令不失故,隨善惡種生善惡果,故能成熟現在、未來苦樂等報無差違也。此明本識能起現行,如是三在(世)[⑥]因果不失,功由本識,是故説是本識功能。“能令現在已逕(經)[⑦]事”下,後顯二事識功能。由彼事識法執分别,故能念慮三在(世)[⑧]之事,故言“不覺妄慮”等也。

《論》:“是故三界[⑨]”至“六塵境界”。

述曰:上來廣顯“意轉”之相,次下結明“依心”之[⑩]義。於中有二:先正結屬心,後釋疑廣弁(辨)。此初也。文中二節。“三界虚僞唯心[□][所][⑪]作”者,此順結三界也。言“是故”者,是前一心隨無明動作五種意、五種識等依心成故。而此五意,總攝三界,故説三界唯一心轉。此心隨熏,相有體無名“虚”,體無似有名“僞”。虚僞之相,雖有種種,然究其因,唯心所作,故云佛子三界唯心。“離心”已下,反結“六塵”。離彼現識,即無六塵,反驗六塵唯是一心,故云“離心[□][則][⑫]無六塵”也。

《論》:“此義云何。”

述曰:次下釋疑。於中有三:初問,次答,後結。此初也。現有塵境,異

① 丙本校:“賴,《大正藏》録作‘耶’,未確。”兹從之據底本改。該字甲、乙二本作“耶”。

② 丙本校:“意,爲‘惡’之形近誤字。”按:該字甲、乙二本均作“惡”。

③ 丙本校:“故,《大正藏》未録出,此據底本補。”兹從之據底本補。

④ 丙本校:“多,《大正藏》未録出,此據底本補。”兹從之據底本補。

⑤ “攝”前底本有一“不”字。丙本校:“不,當爲衍文。《大正藏》不録。”按:録本當據甲本删。乙本亦無“不”字。

⑥⑧ 在,此當爲“世”之訛字。該字甲、乙二本均作“世”。

⑦ 丙本校:“逕,《大正藏》改録爲‘經’,未妥。”

⑨ 丙本校:“界,《大正藏》録作‘世’,誤,此據底本録正。”兹從之據底本改。

⑩ “之”前底本有一“竟”字,録本當據甲本删。乙本亦無“竟”字。

⑪ 所,底本、録本無,據《大乘起信論》[T32n1666p577b17]補。

⑫ 則,底本、録本無,據《大乘起信論》[T32n1666p577b17]補。

心可見，能取所取，了然差別，如何可言“三界”“六塵”皆心所作？此“唯心”者義云何耶？

《論》：“以一切法”至“無相可得”。

述曰：此答也。文有七[①]句。總分三節。即初三句，正答前問，顯境唯心，以一切境皆是此心，隨熏所起，更無異體。而見異者，但是由汝妄念而生，實無能見、所見二相，故云“一切[□][法][②]皆從心起妄念而生”。復有疑云：念不孤起，託境方生；既無異境，何所分別？故次二句釋此疑云：一切分別，但取自心，非外分別；如依於面，自見面像，夢中所見，自見其心；妄情不了，謂有所見；故云“分別，即分別自心”。復有疑云：若謂“分別，[□][即][③]分別自心”，是亦名爲“能見”“所見”，何故前言無有[④]二相？故後二句釋此疑云：爲遮執境，説見自心，實非以心而見心也。如彼指刀，不自指割，況心不起，何有見乎？以本真心無見相故，故言“心不見心，無相可得”。

《論》：“當知世間”至“而得住持”。

述曰：次下總結。於中有三：初顯依妄有境，次顯境體亦無，後結釋所以。此初也。言“無明”者，根本無明。言“妄心”者，即業轉現諸妄心也。世間境界，仗[⑤]此而成，依妄心住，不失自體，故言境界依於妄心得住持等。

《論》：“是故一切”至“唯心虚妄”。

述曰：此顯境體亦無也。如鏡中像，無實體故，鏡外鏡内皆不可得。境但是心虚妄現故，心外心内無體可得。

《論》：“以心生”至“種種法滅故”。

述曰：此結釋所以也。謂有問言：何故境界依心而[⑥]住、唯心虚妄所顯現

① 七，底本訛作“六”，録本當據甲本改。乙本亦作“七”。下文“初三句”、“次二句”、“後二句”足正“七”字不誤。

② 法，底本、録本無，據《大乘起信論》[T32n1666p577b18]補。

③ 即，底本、録本無，據《大乘起信論》[T32n1666p577b19]補。

④ “無有”二字底本作“無有無有”，録本當據甲本删。乙本亦作“無有”。

⑤ 丙本校：“仗，《大正藏》録作‘伏’，未確。”兹從之據底本改。

⑥ “而”前底本有一“爲”字。丙本校：“爲，當爲衍文。《大正藏》未録。”按：録本當據甲本删。乙本亦無“爲”字。

耶？釋所以云：以無明力，不覺心動，乃至能現一切境等，故言“心生，[□][則][①]種種法生”。此即妄動，而言“生”也。若彼無明妄心滅者，境界隨滅，境界滅故，諸分別識皆滅無餘，故言“心滅，[□][則][②]種種法滅”。此即心源還静，故云“滅”也。既説此心雖於不覺妄[現][③]諸法，即驗諸法[④]唯心無體。

《論》：“復次”至“即此相續識”。

述曰：上明“意轉”，次下弟[⑤]三顯“意識轉”。於中有二：初摽（標），後釋。此初也。明此生起，雖麁、細殊，同是一識，更無別體，故即指前弟（第）五識相，故言“即此相續識”也。但前就於細分，[□][分][⑥]別法執相應，依前義門，則説爲“意”；此中約其能起見愛麁惑相應，從前起門，説名“意識”。“意”之“識[⑦]”故，依主釋也。

《論》：“依諸凡夫，取著轉深。”

述曰：次下別釋。於中有五：一、約人弁（辨）麁；二、出其麁體；三、明執所緣；四、制立其名；五、明識所依[⑧]。此初也。簡非二乘所起意識，以前智識及相續識通在二乘地前所起，故今爲[⑨]凡顯其麁也。以彼凡夫無對治故，追著妄境，轉極麁顯，故言“取著轉深”也。

《論》：“計‘我’、‘我所’，種種妄執。”

述曰。此出麁體，非直心外計境爲麁，亦復於身而計爲“我”，於諸塵境計爲“我所”，乃至能起六十二見[⑩]種種妄執。

《論》：“隨事攀緣，分別六塵。”

---

①② 則，底本、録本無，據《大乘起信論》[T32n1666p577b22]補。

③ 丙本校：“現，《大正藏》未録，此據底本補。”玆從之據底本補。

④ 丙本校：“法，底本無，從《大正藏》之所補。”按：録本當據甲本補。乙本亦有“法”字。

⑤ “下弟”二字底本誤作“弟下”，録本當據甲本改。乙本亦作“下弟”。

⑥ 分，底本、録本無，據乙本補。

⑦ 丙本校：“識，《大正藏》録作‘意識’二字，不合底本。”玆從之據底本改。

⑧ “依”前底本有一“此”字，録本當據甲本删。乙本亦無“此”字。

⑨ 丙本校：“爲，《大正藏》録作‘約’，不合底本。”玆據改。該字甲、乙二本作“約”。

⑩ 見，底本無，録本當據甲本補。乙本亦有“見”字。

述曰:此明執所緣也。謂但緣於倒境之事,不了正理,故皆名爲"隨事攀緣"[者][1]。"隨事"者何? 所謂分別六生(塵)[2]境也。

《論》:"名爲意識"至"分别事識"。

述曰:此制立其名也。名"意識"者,既緣六塵,應名"六識"。而今就其一[3]"意識"義故,不别出眼等五識,但名"意識"。故《涅槃》云:"譬如一識,分别説六。"即此意識依於六根,别取六塵,故云"分離"。又能分别去來内外種種事相,故復説名"分别事識"。

《論》[云][4]"此識依見"至"增長義故"。

述曰:此明識所依。"見"謂五見,即見道斷所有分别發業煩惱,發業惑中"見"最强故;舉此亦[5]攝"分别貪[6]"等,即五住中見一處住地。"愛"謂三界修道所斷所有俱生潤生煩惱,潤生或(惑)[7]中"愛"最强故;舉此亦攝俱生癡等,即五住[8]中欲[9]、色、有愛三住地也。以此見、修二種煩惱,熏於本識,令其起此分别事識,故云"此識依見、愛煩惱所增長"也。

《論》:"依無明熏"至"唯佛窮了"。

述曰:上明"生滅依因緣"義,次下重顯所依因緣體相。於中有二:先摽(標)歎甚深,復廣"緣起差别"之義。初中亦二:先摽(標)歎七(甚)[10]深,後釋甚深所以。此初也。"無明熏習所起識"者,此句總摽(標)緣起體也。即本識心是緣起體,爲無明熏起諸妄識,是故總名"無明熏習所起識"也。"非凡

① 丙本校:"者,《大正藏》漏録,此據底本補。"兹從之。

② 丙本校:"生,當爲'塵'之誤字。《大正藏》徑改爲'塵',未妥。"按:所校是,該字甲、乙二本均作"塵"。

③ 丙本校:"'其'下《大正藏》有'一'字,不合底本。"按:録本當據甲、乙二本補。

④ 丙本校:"云,《大正藏》未録,此據底本補。"兹從之。

⑤ 丙本校:"亦,《大正藏》録作'名',未確。"兹從之據底本改。

⑥ 丙本校:"貪,底本字迹不清晰,姑從《大正藏》之所録。"按:該字甲、乙二本亦作"貪"。

⑦ 丙本校:"或,'惑'之古字。《大正藏》徑改爲'惑',未妥。"兹從之據底本改。

⑧ 丙本校:"'住中'二字底本已經劃去,但《大正藏》依然録出。"按:録本當據甲本補。乙本亦有"住中"二字。

⑨ "欲"下底本有一"者"字,録本當據甲本删。乙本亦無"者"字。

⑩ 丙本校:"七,爲'甚'草書之訛。"按:該字甲、乙二本正作"甚"。録本下句"後釋甚深所以"中"甚"底本同作"七"形,同爲"甚"之形訛。

夫能知”等者，此凡小絶分。凡夫學信，具彼五住、二障礙故，而不能知；二乘雖得我空，智惠(慧)[①]障礙故，亦不能覺。“謂依菩薩”已下，菩薩分知。謂依菩薩從其初住正定信位[②]，而發意言“比觀”、“觀察”；若至地上，分分證知。彼真如依無明熏成諸妄識，以諸菩薩無明住地未斷盡故。業識未已，縱至弟(第)十究竟地中，亦未盡知緣起之理。“唯佛窮了”者，明佛能知無明住地永斷盡故，覺[③]道圓明，故能盡知一心緣起。

《論》:“何以故”云(至)[④]“唯佛能知”。

述曰:此釋甚深所以也。文中徵、釋。徵之意者，緣起妙理，貫通凡、聖，而今説“見唯果人”者，何已(以)[⑤]故也？答中三節:“是心從本已來”等者，此明即净而常染。“雖有染心，[□][而][⑥]常[□][恒][⑦]不變”者，此顯即染而常净。“是故此義唯佛能知”者，結成難測。初中三句:言“是心”者，即是本覺緣起心也。“從本已來自性[□][清][⑧]净”者，自體本來無有染故。此句總顯緣起之因體也。“而有無明”者，即依心體有此無明。此句顯其緣起之緣由也。“爲無明所染，有[□][其][⑨]染心”者，心體爲此無明所染，而净心體有其染心。此句即[⑩]顯緣起相也。“雖有染心，而常[□][恒][⑪]不變”者，此性净心雖復所染，常有染心，而常不失本净心性。由此染净緣起之理，唯佛能知。

《論》:“所謂心體(性)[⑫]”至“名[⑬]爲‘不變’”。

---

① 丙本校:“惠，通‘慧’。《大正藏》徑改爲‘慧’，未妥。”兹從之據底本改。

② 丙本校:“顯，《大正藏》録作‘位’，未確。”按:録本當據甲本改。乙本亦作“位”字。

③ 覺，底本無，録本當據甲本補。乙本亦有“覺”字。

④ 丙本校:“云，爲‘至’之形近誤字。”按:所校是，該字甲、乙二本均作“至”。

⑤ 丙本校:“已，通‘以’。《大正藏》徑改爲‘已’，未妥。”兹從之據底本改。

⑥ 而，底本、録本無，據《大乘起信論》[T32n1666p577c4]補。

⑦⑪ 恒，底本、録本無，據《大乘起信論》[T32n1666p577c4]補。

⑧ 清，底本、録本無，據《大乘起信論》[T32n1666p577c3]補。

⑨ 其，底本、録本無，據《大乘起信論》[T32n1666p577c3]補。

⑩ 丙本校:“即，《大正藏》録作‘自’，未確。”兹從之據底本改。

⑫ 體，《大乘起信論》[T32n1666p577c5]作“性”。

⑬ 名，底本無，録本當據據《大乘起信論》[T32n1666p577c5]補。

述曰:上歎緣起甚深竟,次下廣顯緣起差别。於中有二:初顯緣起體相,後重料簡。初中有三:初釋心體不變之義,次顯無明緣起之由,後顯緣起染心之相。此初也,是釋上言"雖有染心,而常恒不[①]變"之言。以此一心,性常明潔無分别,故常不變;非能、所念染,故以"無念"名"不變"也。

《論》:"以不述(達)[②]一法"至"名爲'無明'"。

述曰:此顯無明緣起之由,是釋上言"而有無明"之義句也。以有不述(達)無念法界,不相應心爲諸染源,故名"無明";法界無念,故名爲"一";迷而起念,故云"不達";此最微細,未有[③]能、所王[④]數差别,即心之或(惑)[⑤],名"不相應"。此正應言"不相應心",非謂與心不相應也。唯此能爲諸染之源,更無細染能爲此本,是故名爲"忽然念起"。非約時節以明忽起,此無明起無初時故。

《論》:"染心者有六種。"

述曰:次顯染心緣起之相。於中有二:初總摽(標),後别釋。此初也。此即釋上"無明所染,有[□][其][⑥]染心"句。前文所言"無明所染,有其染心",此[⑦]"染心"者,有其六種。然其六染,即上意識及五種意。前明"依因緣起"義故,從細至麁,而説次弟(第);今欲兼弁(辨)"治斷"義故,從麁至細,次弟(第)而明。故初弟(第)一執相應染,弟(第)六根本業[⑧]不相應染也。

《論》:"云何爲六"至"遠離故"。

述曰:次下别釋。别釋六染,即分爲六。此中弟(第)一執相應染,即上意識"我"、"我所"等麁執俱起,名"執相應"。坌[⑨]污净心,名之爲"染"。此及

① 不,底本無,録本當據據《大乘起信論》[T32n1666p577c4]補。

② 丙本校:"述,爲'達'之形近誤字。下一例同,而再後一例則作'達'不誤。"

③ 有,底本無,録本當據甲本補。乙本亦有"有"字。

④ 王,録本訛作"主",據底本改。該字甲、乙二本亦作"王",可助勘。

⑤ 丙本校:"或,爲'惑'之古字。《大正藏》徑改爲'惑',未妥。"兹從之據底本改。

⑥ 其,底本、録本無,據《大乘起信論》[T32n1666p577c3]補。

⑦ 此,底本無,録本當據甲本補。乙本亦有"此"字。

⑧ 業,底本訛作"義",録本當據甲本改。乙本亦有"業"字。

⑨ 丙本校:"坌,《大正藏》録作'分塵'二字,且分屬兩句,甚誤。此據底本録正。"兹從之據底本改。

下二[①]"相應"之義如下所明。若二乘人至無學位,見、修煩惱究竟離故,能離此染。菩薩入住信相成就,無有退失,名"信相應"。此位菩薩得人空門,見愛煩惱不得現行,故云"遠離"。非離隨眠,種未亡故。

《論》:"二者不斷"至"究竟離故"。

述曰:此言"不斷相應染"者,即五意中名"相續識"。法執相續,名爲"不斷";坌[②]污净心,故名爲"染"。初住已上,三賢菩薩修學唯識,尋思實智諸方便觀,漸伏如是法執分別。若得初地無漏净心,證三無性遍滿真如,法執分別種現俱亡,故净心地究竟離故(也)[③]。

《論》:"三者分別"至"究竟離故"。

述曰:即五意中名爲"智識"。念慮染净,名"分別智";污净心故,名之爲"染"。從弟(第)二地,至弟(第)六地,入觀緣理,離分別時,分分能除,故云"漸離"。若至七地,長時入觀,故此法執永不現行,名"究竟離"。"具戒地"者,即弟(第)二地,此地具足三聚戒故。"無相方便",即弟(第)七地,常作意住無相觀故。

《論》:"四者現色"至"能離故"。

述曰:即五意中弟(第)三"現識"。動心現境,名爲"現色";能污净心,名之爲"染"。此及下二[④]"不相應"義如下所明。八地能得相應自在,色性隨心,名"色自在"。能證相應自在真如,現色境用從真而起,無明妄境從此永離,故説[⑤]現染此地能離。

《論》:"五者能見"至"能[□][離][⑥]故"。

---

① 丙本校:"'相應'上《大正藏。有'此及下二'四字,不合底本。"按:録本當據甲本補。乙本亦有"此及下二"四字。

② 丙本校:"坌,《大正藏》録作'塵',未確。"兹從之據底本改。

③ 故,此當爲"也"之訛字。乙本即作"也"。

④ 丙本校:"'不'字前《大正藏》有'此及下二'四字,不合底本。"按:録本當據甲本補。乙本亦有"此及下二"四字。

⑤ 丙本校:"'故'下《大正藏》有'説'字,不合底本。"按:録本當據甲本補。乙本亦有"説"字。

⑥ 離,底本、録本無,據《大乘起信論》[T32n1666p577c13]補。

述曰：此五意中弟(第)二“轉識”。依於動心轉成，能見污浄心，故名“能見染”。至弟(第)九地，得無礙智，善知衆生心行稠林，自在①無礙，名“心②自在”。無明礙心，永不現行，故云“能離”。

《論》：“六者根本”至“能離故”。

述曰：即五意中弟(第)一“業識”。依本無明，而心起動，爲餘念本，名“根本業”；能污浄心，亦名爲“染”。依於弟(第)十菩薩盡地，發金剛定，斷細念習，得入佛地。細念都盡，其心常住，故言“依菩薩盡地”等。

《論》：“不了一法”至“究竟離故”。

述曰：上顯緣起體相義竟，下重料簡。於中有三：初弁(辨)上無明，約治料簡。二、釋上“相應”、“不相應”義。三、顯“染無明成二礙”義。此初也。欲顯無明麁細之相，故重約治而爲料簡，謂前所言“不了一法無明義”者，有麁有細，[麁]③謂分別，細謂俱生。俱生復有十種麁細，合前分④别，爲十一種，即餘處説“十一種障”。寧知如是麁細差别？以起治道有差别故。謂三賢位能起比觀，但能折伏分别現行，故言“信相應地觀察學斷”。若入初地，斷分别種，從此已上，地地各斷俱生一品，故言“入浄心地，隨分得離”。若至佛地，麁細現種，一切無餘，名“究竟離”。

《論》：“言‘相應’義”至“緣相同故”。

述曰：次釋“相應”、“不相應”義。由是於中，分之爲二。此即初，釋“相應”義也。謂前三染名“相應”者，謂事識而有相應“心王”、“心所”三等義故。“心念法異，依染、浄差别”者，此顯體等心，謂心王念法，心所王數不同，故名爲“異”。謂依染浄差别境故，有此心及念法異也。心及念法各有一體，故成相應。“知相同”者，是“知等”義。依前染浄差别境上，心王知染，則貪、嗔等諸染心所同王知染；心王知浄，即有信等諸浄心所同王知浄；以同知故，名爲“相應”。“緣相同”者，是“緣等”義。心王緣彼染浄境時，染浄心所與王同

① 丙本校：“在，《大正藏》録作‘他’，誤，此據底本録正。”按：此字乙本作“他”。

② 丙本校：“心，底本在‘名’上，此從《大正藏》之所乙改。”按：録本當據甲本改。此二字乙本亦作“名心”。

③ 麁，録本脱，據底本補。

④ 底本此下殘，録本據甲本補。

緣,同緣故亦名“相應”。

《論》:“‘不相應’義”至“緣相故”。

述曰:謂後三染名“不相應”者。謂是本識微細動心,與彼不覺未别異故。若至事識,動心相麁,與不覺異。動心爲“王”,不覺爲“所”,即此動心相猶細故。與彼不覺既常無異,何有王數之差别耶?故言“即心不覺常無别異”。此即顯“無體”等義也。既無“體”等王數之别,何有“同知”“同緣”之義?故言“不同知相緣相”。此即顯無知等緣等,翻前“相應”,顯“不相應”義也。

《論》:“又染心者”至“業智故”。

述曰:次下弟(第)三,釋二“礙”義。於中有二:初直顯二礙,後徵釋所由。此初也。文中惑智言“染心”者,六種染心。“能障真如根本智”者,顯其“礙”義。照寂妙惠(慧),如理之智,名“真如根本智”。能照真如根本理故,是依主釋。六種染心,煩勞惱動,障此寂静,故説染心名“煩惱礙”。“煩惱”即“礙”,持業釋也。言“無明”者,根本無明。“障業智”者,顯其“礙”義。謂即後得如量之智,能隨世間起自然業智。有世間自然業故,故名“世間自然業”,有財釋也。無明昏迷,無所了達,違此智用,名爲“智礙”。智之礙故,依主釋也。

《論》:“此義云何”至“種種知故”。

述曰:此徵釋所由也。文中徵、釋。徵之意者:既此無明動净心體,成於染心,則無明是細,應障理智;染心是麁,應障量智;而此别顯能障法者,義云何耶?答中文二:先惑,後智。“以依染心,能見、能現、能取境”者,即轉現智三種染心,於六染中隨舉三種,顯其能、所不平等相。“違平等性”者,釋“成礙”義。以此染心能、所差别,乖根本智,能、所平等,所以障於真如理智,故説“染心”名“煩惱礙”。下釋“智礙”。“以一切法常静,無有起”者,是舉無明所迷法性。“無明不覺,妄與法違”者,正顯無明違於法性故。“不能得隨順世間種種知”者,由乖静法心境生故,便取礙境、礙見拘心,故不能得發如量智、稱如量境、隨順世間種種知也。故説“無明”名爲“智礙”。

《論》:“復次分别”至“有二種”。

述曰:上釋生滅因緣義竟,次下弟(第)二明生滅相。於中有三:初舉數總摽(標),次列名略顯,後廣顯其相。此初也。所言"分别生滅相"者,即是弁(辨)明立義分中是心生滅相也。

《論》:"云何爲二"至"不相應故"。

述曰:此列名舉弁(辨)也。所言"麁"者,即前三染有心、心所法麁顯相故。"與心相應"者,釋"麁"義也。謂有境界,及有心所,與此三種心相應故。所言"細"者,即後三染無心、心所麁顯相故。"與心不相應"者,釋"細"義也,謂彼心所及諸境界與三細心不相應故。

《論》:"麁中之麁"至"是佛境界"。

述曰:次下弁(辨)相。於中有二:初約人對弁(辨),後弁(辨)相所依。此初也。前三染心是事識故,俱名爲"麁"。於中初執相應,染是我執,故復更爲"麁"。三賢内凡,得無我智,能覺此染,故言"麁中之麁,凡夫境"也。謂不斷染,分别智染是法執故,染中稍細,故説此二"麁中之細"。其後三染是本識故,俱名爲"細"。於中初二能見、能現,有能、所故,對後業相,故得名"麁"。始從初住修唯識觀,乃至十地無分别智,能覺如是四種染相,故言"麁中之細[□][及][①]細中之麁,菩薩境界。"弟(第)六根本業不相應染,能、所不分,行相微細,於三細中復名爲"細",唯有如來方能覺了,故言"細中之[②]細,是佛境"[□][也][③]。

《論》:"此二種生滅"至"境界義故"。

述曰:次弁(辨)相所依。於中有二:初順弁(辨)"生"緣,後逆顯"滅"義。此初也。文中二義:先明通緣,後顯别因。通而言之,麁細二識皆依無明住地而起,以本無明熏於真如,起三[④]細相;無明復熏此三細相,轉起三麁,故二生滅皆依無明熏習有也。别而言之,依無明因故,生三細相,依境界緣,起六麁相,故云"依因者,不覺義故"等。此中文闕,各舉一因,具義而説。麁、細二識,各具二因,即是二種生滅因緣。如前已明,此無煩舉。是釋《經》言"不

①③ 及,甲本、録本無,據《大乘起信論》[T32n1666p577c28]補。

② 之,《大正藏》録作"復",據甲本改。該字乙本亦作"之",可助勘。

④ 三,甲本作"二",結合文意,據乙本改。下文"無明復熏此三細相,轉起三麁",可助比勘。

思議熏”及“不思議變”是現識因,“無始妄想”及“六塵境界”是事識因。以義釋經,准可知也。

《論》:“若因滅”至“相應心滅”。

述曰:次下逆顯“滅”義。於中有二:初正弁(辨),後釋疑。此初也。“滅”有二義:先通,後别。言“通滅”者,謂得對治無明滅時,無明所起現識境界亦復隨滅,故言“因滅即緣滅”。“别顯滅”者:以三細滅識親依無明因生,無明滅時亦復隨滅,故云“因滅故不相應心滅”;其三麁識親依境界緣生,故境界滅時亦復隨滅,故言“緣滅故相應心滅”。此依始終起盡道理,以明二種“生滅”之義,非約“刹那生滅”義也。

《論》:“問曰若心”至“説究竟滅”。

述曰:次下釋疑。先問,後答。此初也。謂聞前説境界滅故相應心滅,即謂相應心體亦滅,故作難云:若境滅時相應心體亦隨滅者,心體既滅,業轉現三,且未合盡,依何相續?故言:“若心滅者,云何相續?”若謂心體不滅盡故、令無明相得相續者,心不滅故,彼無明相應常相續,云何治道説“究竟滅”?

《論》:“答曰所言”至“非心體滅”。

述曰:下答有三,謂法、喻、合。此初也。謂前所言境界滅時相應心滅者,妄境滅故,但是事識麁心相滅,非謂事識真心體滅。無明既非真心自體,得對治時無明滅故,彼不相應三細心相得究竟滅,而亦非是真心體滅。此即略答前二問也。

《論》:“如風依水”至“非是水滅”。

述曰:此舉喻也。文中四句,答前二喻。“如風依水[□][而][1]有動相”者,顯妄依真起;“若水滅”等者,顯真滅妄隨;“以水不滅”等者,顯真存妄續。以此三句答前問也。“唯風滅故”等者,妄滅真存,答後問也。

《論》:“無明亦爾”至“非心智滅”。

述曰:此法合也。“無明亦爾,依心體[□][而][2]動”者,顯離於心,不能

① 而,甲、乙二本及録本無,據《大乘起信論》[T32n1666p578a8]補。
② 而,甲、乙二本及録本無,據《大乘起信論》[T32n1666p578a10]補。

自動。"若心體滅，[□][則][1]衆生斷絶，無所依止"者，謂境滅時心體滅者，則無明風無所動故，其業轉現，衆生斷絶，無所依止。"以體不滅，心得相續"者，以境滅時體不滅故，無明三細不相應心而得相續。良以無明滅故境界滅，非境界滅故無明滅。由是義故，境界滅時，無明動心，三細相續。此答初問，顯其"相應心滅"義也。"唯癡滅故，心相隨滅，非心智滅"者，以彼無明癡風盡時，業等動相亦隨滅盡，非净心體而亦隨滅。是答後問，顯"不相應心滅"義也。

《大乘起信論》略述卷上。

寶應貳載玖月初於沙州龍興寺寫訖。[2]

大乘起信論略述卷下[3]

建康沙門曇曠撰

《論》："復次有四種"至"起不斷絶"。

述曰：生滅門内，大分有二。於其弟(第)一生滅法中，前來已明染净生滅，顯前"此識能攝法"義。次下弁(辨)其染净相資，廣顯"能生一切法"義。於中有四：一、略摽(標)舉熏習之數；二、列染净熏習之名；三、廣"染净熏習"之義；四、明二熏"盡"、"不盡"義。此初也。染法不斷，故有有漏六趣凡夫；净法不斷，故有無漏三乘聖者。

《論》："云何爲四"至"所謂六塵"。

述曰：此列染、净熏習名也。所言"净法名[□][爲][4]'真如'"者，生滅門

---

① 則，甲、乙二本及録本無，據《大乘起信論》[T32n1666p578a11]補。

② 丙本校："此行題記僅見於 S. 2436 卷卷上之末，P. 2141 卷由於尾部撕損而不知底本是否有題記。'寶應'爲唐代宗年號，寶應貳載即公元 763 年。沙州龍興寺即敦煌莫高窟附近之著名寺院。由此可見本卷草書寫本出於敦煌僧人之手。"

③ 卷下今據《大正藏》以原卷伯 2051 號爲底本。校本：甲本，俄 ф. 366 號；乙本，中村 080 號《大乘起信論廣釋》卷第五；丙本，斯 2721v 號《〈大乘起信論〉廣釋》卷第四。

④ 爲，底本及録本無，據《大乘起信論》[T32n1666p578a15]補。

内，本覺真如，以體本來自性净故，内熏返染成始[①]净故，外熏應機成净緣故。“一切染因名[□][爲][②]‘無明’”者，根本無明爲細[③]染因，枝末無明爲六塵染因故。所言“業識”爲“妄心”者，體非真實[④]，真中本無，爲彼無明妄熏起故。所言“六塵”爲“妄境”者，從妄心□(起)[⑤]，體自妄現，爲彼事識妄心取故。然四法中，初一净熏，後三染熏；[□][以][⑥]彼□(染)[⑦]法自性差別，故具説“三”；顯彼净法體無別故，總明一種。

《論》：“‘熏習’義者”至“則有香氣”。

述曰：次下廣釋“熏習”之義。於中有二：先總，後别。□□(總中)[⑧]亦二：初喻，後合。此初也。此中“衣”者，互通喻於真如無明。而言“香”者，是通好惡，隨應亦喻真如無明，互爲能、所熏成氣故。

《論》：“此亦如是”至“即有净用”。

述曰：此法合也。文中復顯“染净熏”義。真如無染、無明熏故有染相者，以生滅門本覺真如、非定常一故，爲無明熏起染相、妄熏無有返染用故，但言“染相”不言“用”也。無明非净、真如熏故有净用者，生滅門内，本覺真如，内熏不覺，令成厭求，返流順真，故言“净用”。良以一識含此二義，更互相熏，遍生染净，故説無明熏真如等。

《論》：“云何熏習起染法不斷。”

述曰：次下别明“熏習”之相。於中有二：先染，後净。染中亦二：先問，後答。此初也。

《論》：“所謂以依”至“身、心等苦”。

---

① “成始”二字録本作“□治”，據底本改。乙本：“内熏返染。成始净故。”亦可助勘。

② 爲，底本及録本無，據《大乘起信論》[T32n1666p578a16]補。

③ “細”前録本有缺文“□”。按：底本實無字。

④ 實，録本作缺文“□”。按：該字下半猶可辨。乙本：“所言‘業識’爲‘妄心’者，體非真實，真中本無。”亦可助勘。

⑤ 起，底本殘，録本脱，據乙本補。

⑥ 以，底本、録本脱，據乙本補。

⑦ 染，底本殘，録本作缺文“□”，據乙本補。

⑧ “總中”二字底本殘，録本作缺文“□□”，據乙本補。

述曰:下答有二:先略,後廣。此略也。此中略明三"熏習"義。所謂"以依真如法,故有[□][於][1]無明"者,即舉覆熏無明體也,無明妄法不能自立,故説依真有無明也。"以有無明染法因故,即熏習真如"者,"根本無明覆熏"義也。"以熏習故,[□][則][2]有妄心"者,即依無明熏動真如有業識也。此則略弁(辨)"無明熏"義。"以有妄心"乃至"現妄境界"者,即顯妄心習熏無明,增其不了,令起轉識,故言"不覺念起"及"現識",故言"現妄境界"。此則略明"妄心熏"義。"以有妄境界染法緣故,即熏習妄心"等者,即顯境界,資熏現識。"令其念著,造種種業"等者,[□□□□][謂境起能][3]動本識海,[□][起][4]彼六麁事識波浪。"令其念"者,即六麁中智相相續相,此二皆是法執念故。"令其著"者,即執取相、計名字相,此二皆著我、我等故。"造種種業"者,依惑造業起業相也。"受於一[□][切][5]身心等苦"者,依業受果,即業繫苦相也。此即略明"境界熏"義。

《論》:"此妄境界"至"增長取熏習"。

述曰:次下廣釋。廣前三義,即分爲三。此即先明境界熏習,廣前"以有妄境界……即熏習妄心"等也。謂即現識所現境界有似實法、實我相故,還能資熏現識妄心。事識中法我念取故,説"境熏"義有二種。由似法境熏習力故,彼智相及相續相,即事識中法執之念,故云"增長念熏習"也。由似我境熏習力故,執取相、計名字相,即事識中我見、愛染煩惱取故,故云"增長取熏習"也。

《論》:"妄心熏習"至"業繫苦故"。

述曰:此即廣前"以有妄心,即熏習無明"也。"妄心"有二:業識,事識。故"妄[6]心熏"義有二種:業識妄心還能熏習根本無明,深迷無相,能[□]

---

① 於,底本及録本無,據《大乘起信論》[T32n1666p578a22]補。

② 則,底本及録本無,據《大乘起信論》[T32n1666p578a24]補。

③ "謂境起能"四字底本及録本無,據乙本補。

④ 起,底本及録本無,據乙本補。

⑤ 切,底本及録本無,據《大乘起信論》[T32n1666p578a27]補。

⑥ 妄,底本及録本作"妄妄",中一"妄"字當衍,據乙本删。

[起]①轉相,現相相續,成其趣生諸苦體相。彼三乘人雖出三界、離其事識分段麁苦,由此根本報識在故,猶受②變易黎耶行苦,故言能受阿羅漢等生滅苦故。事識妄心熏習見愛枝末無明,發動身口,起造諸業,成起業相。由業能招當來苦果,受於凡夫業繫苦相分段麁苦,故言能受凡夫苦等。

《論》:"無明熏習"至"事識義故"。

述曰:此即廣前以名"無明熏真"義也,以成此無明有二種異故。"無明熏"義有二種:根本無明而能覆熏未起真如,令③成動念業,轉現識本識妄心,故云"根本熏習,以能成就業識義"等。枝末無明又更覆熏已起真如,成其事識,故云"所起見愛熏習,能成[□][就]④分別事識義"也。

《論》:"云何熏習起浄法不斷。"

述曰:次明浄熏。於中有二:先問,後答。此初也。

《論》:"所謂以依"至"樂求涅槃"。

述曰:下答有二:先略,後廣。略中又二:先明真熏,後顯妄熏。此初也。"謂有真如[□□□][法故能]⑤熏[□][習]⑥無明"者,顯能熏真,以有體、相、用大義故,而能内外熏習無明。"以熏習"下明能[□□□][熏功能]⑦,謂即真如體、相二大内熏因力,用大聞熏爲外緣力,則令無明發浄妄心,厭三界苦,求解脱樂。真本無有生死涅槃,是故欣厭是妄心也。是真如熏所起浄用。

《論》:"以此妄心⑧"至"熏習真如"。

述曰:次明妄熏。於中有二:初正明熏習,後顯功能。此初也。謂此妄

① 起,底本及録本無,據乙本補。
② 受,底本及録本訛作"愛",據乙本改。
③ 令,《大正藏》本訛作"今",據底本改。
④ 就,底本及録本無,據《大乘起信論》[T32n1666p578b6]補。
⑤ "法故能"三字底本及録本無,據《大乘起信論》[T32n1666p578b7]補。
⑥ "習"字底本及録本無,據《大乘起信論》[T32n1666p578b7]補。
⑦ "熏功能"三字底本及録本無,據乙本補。
⑧ 心,《大正藏》本訛作"以",據底本改。

心厭生死苦，背無明動，樂求涅槃，向真静故。卻[①]熏真如，趣於大乘，"自信己性"等也。

《論》："自信己性"至"不取不念"。

述曰：下顯熏功能。於中有二：先明因，後顯果。此初也。文中二節。"自信己性"等者，因信修解，即信己性，本無動念，修離念法，以爲正因。"以如實知"下，因解修行[②]，順真如無住妙行[③]，以爲助緣，凡所修行，不見行相，不望異果，故云"不取不念"。

《論》："乃至久遠"至"境界隨滅"。

述曰：次下明果。於中有二：初明滅惑，後顯證理。此初也。由前因中三無數劫久遠已來熏習力故，真用極顯，至此果位。無明滅者，根本無明盡也。心無起者，妄心盡也。境界滅者，妄境無也。

《論》："以因緣俱"至"成自然業"。

述曰：此顯證理也。"因"謂無明，"緣"謂妄境，"心相"謂即麁、細染心。此皆盡故，心體轉依，"名'得涅槃'，成自然業"。轉依有二：一、轉顯，即由了因心體顯故，名"得涅槃"。二、轉得，即由生因以用起故，"成自然業"。

《論》："妄心熏習"至"速趣涅槃"。

述曰：次下廣釋。於中有二：先明妄心熏，後顯真如熏。此初也。真熏無明，依二妄心起，能熏智故。"妄心熏"義有二種：謂凡夫等依於事識，起麁妄智，厭動欣寂，不了諸法唯識熏故，説厭求智，名爲"事識"。此熏真如，增其勢力，令凡夫等起隨事行，故言"依凡夫等""隨力所能"也。於法執相體未覺故，能熏之智猶淺薄故，與所熏真疏且遠故，不能速疾向涅槃道故，漸趣向無上菩提故，依凡夫等厭求妄智，説爲"分別事識熏習"。謂諸菩薩依於業識，發唯識智，了智(知)唯識，離前事識麁執相故，得"意識"名，實非"意識"。即由此智深契如理，卻[④]熏真如，增其智力。今諸菩薩，發勇猛心，起隨[□]

① 卻，《大正藏》本訛作"劫"，據底本改。

② 行，録本訛作"所"，據底本、斯 2721 號改。

③ 行，録本訛作"所"，據底本及丙本改。

④ 却，録本訛作"劫"，據底本改。

[順]①行,離法我執,證見本識,能熏之識深厚徹故,與所熏真親②且近故,故能速證大般涅槃,故依菩薩所起證智名"意熏習"。

《論》:"真如熏習"至"用熏習"。

述曰:顯真。於中有二:初摽(標)數列名,後名廣弁(辨)。此初也。以此真如有三大故,能熏無明。"自體相"者,内熏因。"用熏習"者,爲[□□][外熏]③緣。内外别故,體用分二;同内熏故,體相爲一。

《論》:"自體相熏習"至"境界之性"。

述曰:自下弁(辨)相。於中有二:先别釋,後合明。别中亦二:先明體相,後顯用大。初中亦二:初正顯,後除疑。正中又二:先明熏習,後顯功能。此初也。"具無漏法"者④,謂"體大"中具足無漏性功德故。"備有不思議業"等,爲有"用大",作境界因。"不思議業"者,即用大也。"作境界"者,謂顯用大能與衆生作六根境界。"性"者,因也,謂"體大"中非但具足無漏法故,而爲智因,熏於衆生,兼作"用大"境界之因熏衆生[□][也]⑤。

《論》:"依此二義"至"發心修行"。

述曰:此顯功能也。依此本有境智因義,常熏衆生,以有熏力,故令妄心而得發心,厭苦欣滅,自信己性,修行諸行。

《論》:"問曰"至"等入涅槃"。

述曰:次入(下)⑥除疑。先問,後答。此問也。"一切衆生悉有真如,等[□][皆]⑦熏習"者,舉所難法。"云何有信、無信"等者,舉違設妨。"有信、無信",此舉凡位信心有無。"前後差别",此舉入位解行差别。"皆應一時"等者,正陳責難。用熏既齊,寧有差别?既有差别,寧言"等熏"?

《論》:"答曰"至"無明起差别"。

---

① 順,底本及録本無,據乙本補。

② 親,底本似作"視",録本録作"觀",今結合文意,據丙本改。

③ "外熏"二字底本及録本無,據乙本補。

④ 者,録本訛作"名",據底本改。

⑤ 也,底本及録本無,據乙本補。

⑥ 入,此當爲"下"之訛字。乙本即作"下"。

⑦ 皆,底本及録本無,據《大乘起信論》[T32n1666p578b26]補。

述曰：下答。有二：初約惑厚薄，以明“不等”；後約緣前後，以明“差別”。初中有二：初正顯惑“差别”，後結明“不等”。此初也。文中三節。初顯無明厚薄。同真如一者，顯熏平等。真雖等熏，而依真有根本無明厚薄不同，致諸凡夫有信、無信，諸賢聖等有證、不證，非由熏使之然也。“過恒沙等上煩惱”等者，次顯現行煩惱不等。“上煩惱”者，即餘四住現行煩惱，以現起故，名“上煩惱”。“我見、愛染煩惱”等者，此顯四住煩惱障種。“我見”謂即初一住地，“愛染”謂即餘三住地。此現種惑數過恒河沙，皆因無明起成差别。

《論》：“如是一切”至“如來能知故”。

述曰：此結明不等也。此二煩惱，皆依根本無明所起，以本無明有多差别，如此惑性差别無量，自非佛智，餘豈能知？以此煩惱性差别故，故令信等前後差别。

《論》：“又諸佛法”至“乃得成弁（辨）”。

述曰：次下約緣，明其差别。於有中三，謂法、喻、合。此初也。然信證等所有佛法，若獨因不假外緣，可如所責。然今外價（假）①用熏爲[□][緣]②，内熏爲因，方得成弁（辨），故信證等致有前後，非一時也。

《論》：“如木中火”至“無[□][有]③是[□][處]④”。

述曰：此舉喻也。

《論》：“衆生亦爾”至“則無是處”。

述曰：次下法、合。於中有三：初明闕緣，次顯闕因，後因緣具。此初也。

《論》：“若雖有外緣”至“樂求涅槃”。

述曰：顯闕因也。謂有無明厚熏之染，雖則本覺常起内熏，無明熏故，而熏無力，縱遇善友外緣之力，而亦不能令其得道。

---

① 價，此當爲“假”之借字（二字皆可音古訝切），乙本即作“假”。二字互通，敦煌卷子中頗有用例。伯 3350a 號《下女詞一本》：“一花卻去一花新，前花是價（假）後花真。”中“價”字伯 3893、斯 5515 二號同，斯 11419V 號作“假”。又伯 3350a 號同卷：“假花上有銜花鳥，真花更有彩（採）花人。”“假”字伯 3893 號作“價”。

② 緣，底本及録本無，據乙本補。

③ 有，底本及録本無，據《大乘起信論》[T32n1666p578c6]補。

④ 處，底本及《大正藏》訛作“要”，據《大乘起信論》[T32n1666p578c6]改。

《論》:“若因緣具足”至“向涅槃道”。

述曰:此顯因緣具足也。“若因緣具足”等者,初顯具熏。“所謂自有熏習力”者,惑業微薄、因熏有力也。“又爲佛……等[□][慈][1]悲願護”者,感其外緣悲願熏也。“能起”已下,後顯熏益。“起厭苦[□][之][2]心……修[□][習][3]善根”者,自分行也。以“修[□][習][4]善根”等者,勝進行也。既值佛等,示其好醜,三乘六度,教令捨惡,而從善行,爲説當益,令行心利,讚其所行,而令心喜。既由如是示教利喜,乃能進趣,向涅槃道。

《論》:“用熏習者”至“外緣之力”。

述曰:下明“用熏”。於中有二:初指事總摽(標),後約緣别顯。此初也。謂佛等菩薩所起作用,大悲弘誓,應現所起作多方,但預見聞,無不蒙益,故是衆生外緣之力。

《論》:“如是外緣”至“略説二種”。

述曰:次約緣别顯。於中有三,謂摽(標)、列、釋。此初也。

《論》:“云何爲二”至“平等緣”。

述曰:此列名也。厭心所見多門化身名“差别”,定心所見稱性報身名“平等”。隨彼境心,得彼名故。

《論》:“差别緣者”[□][至][5]“若見若念”。

述曰:次下弁(辨)相。於中有二:先明差别緣,後顯平等緣。前中又二:先總,後别。摽(標)總中又二:初明感用因,後正明用相。此初也。言“此人”者,機欲之人,即是凡小差别之機。“佛菩薩”者,出外緣體,謂從初位乃至佛果,爲彼凡小作别緣也。“初發意”下,明所感緣時分齊也。“若見,若念”,明行者心感用器也。謂見身形,念其功德,由此便能感勝用也。

《論》:“或爲眷屬”至“無量行緣”。

述曰:下明用。於中有二:初明别用,後弁(辨)用之益。此初也。文中

---

① 慈,底本及録本無,據《大乘起信論》[T32n1666p578c12]補。

② 之,底本及録本無,據《大乘起信論》[T32n1666p578c12]補。

③④ 習,底本及録本無,據《大乘起信論》[T32n1666p578c13]補。

⑤ 至,底本及録本無,據上下文例補。

二義。前有五句，開總成別，欲令荷以恩慈，示爲眷屬慈愛故攝生，欲令悦其供侍；示爲給使居卑以接物，欲令慕其行義；示爲朋友同類以勸發，欲令厭彼侵誣；示爲怨家怖之以入道，欲令當成愛行。故“起四攝”，引之以令修。“乃至”下，攝别成總。一切所作無量行緣，皆爲衆生外緣之力。

《論》:“以起大悲”至“得初益故”。

述曰:此弁(辨)用之益也。文易可解。

《論》:“此緣有二種”至“遠得度故”。

述曰:次下别開。於中有二:先開近遠，後開解行。[□][此][1]初也，即爲根熟易可度者而作近緣，爲根未熟難可度者而作遠緣，故説佛等普皆攝益。

《論》:“是近遠二緣”至“受道緣”。

述曰:此開解行也。謂前近、遠二緣之中，各開順行、受道二緣。令其修習自分行[2]故，名“增行緣”，增長行故；令其修習勝進行故，名“受道緣”，進上道故。

《論》:“平等緣者”至“而現作業”。

述曰:次顯平等緣。於中有二:先明能作緣者，後釋“平等”義。此初也。言“菩薩”者，謂初地上入地方證同體智故。“皆願度”者，平等心也，由此願度一切衆生。“自然”等者，常用應機，任運熏習，常無斷也。“以同體”等者，由得衆生平等體故，求滅他苦，求滅自苦，如應見聞，現作業用。

《論》:“所謂衆生”至“見諸佛故”。

述曰:此遣外疑，釋“平等”義。謂外疑云:若謂能現平等緣用，何故衆生見差别耶〉故此釋云:謂平等緣，應平等機。“平等機”者，謂三賢上諸衆生等，依三昧力，悉見諸佛，身量平等，無有彼此分齊之相，故云“平等見諸佛”也。

《論》:“此體用熏習”至“有二種”。

述曰:上來别明體用熏習，次下合釋。於中有二:初摽(標)，後釋。此摽(標)也。

---

① 此，底本及録本無，據上下文及乙本補。

② 行，録本訛作“所”，據底本改。

《論》:“云何爲二”至“用相應故”。

述曰:下釋有二:初未相應,後已相應。“凡夫”等者,約位舉人。“以意、意識熏習”等者,弁(辨)其行劣。凡夫、二乘,意識熏習。新發意菩薩,以意熏習。雖是真如所熏起識,猶有分别,未契真如,故云“依信[①]力故而修行”也。“未得”已下,明未相應。以未證得無分别智,未發顯法身,未同佛體相應也。故云“未得無分别,心與體相應故”。以未證得後得智故,未同諸佛起應化身,未與諸佛用相應也。“自在業”者,即報化用。言“修行”者,即後得智。後智能起報化用,故名“自在業修行[②]”也。

《論》:“二者已相應”至“滅無明故”。

述曰:“法身菩薩”,舉位取人,謂是地上諸菩薩也。“得無分别心”者,正顯相應,謂得如理正體智故名。得此心故,便同佛體,故與諸佛體相應也。以得如量後得智故,能起化用,故“與諸佛智用相應”也。“唯依法力”等者,顯其行勝。初地已上,證真如法,而起諸行,唯依證智,任運而修,云“依法力自然修”也。以勝行熏習真如,真如既顯,無明滅也。

《論》:“復次染法”至“盡於未來”。

述曰:上已廣顯“染净”義,自下弟(第)四,顯“染净熏盡”義。於中有三:初摽(標)舉其相,次徵問所由,後釋義所以。此初也。“染法”謂即本、末不覺,“净法”謂即本、始二覺。雖皆無始,而相熏習,由常有斷、無斷。

《論》:“此義云何。”

述曰:此徵問所以也。此有二意:染、净之熏,俱無始有,何故染熏有盡、净熏無斷耶?染、净相因,方成“熏”義,若得佛已,則無染法,如何可言“净法熏習則無斷”耶?

《論》:“以真如法”至“故無有斷”。

述曰:此釋義所由也。“以真如法常熏習故,妄心即滅”者,釋初門也。謂彼染熏,違[③]理所起,無常法故,故有滅盡;净法之熏,順理而生,是常法故,

① 信,録本訛作“心”,據底本改。

② 行,録本訛作“業”,據底本改。

③ 違,録本訛作“達”,據底本改。

故無有斷。故言"真如常熏習"等。"法身顯現"等者,答後問也。若未成佛,法身未顯,以體熏習有染相故。若已成佛,法身顯現,以用熏習有染生故。由此浄熏,無有盡也。

《論》:"復次真如自體相者。"

述曰:生滅門内,有二分中,前來已釋"生滅心法",釋立義中"是心生滅因緣相"竟;次下明其所示之義,釋立義中"能示摩訶演(衍)自體"等義。於中有二:初合釋"體"、"相"二大,後別釋"用大"之義。初中亦二:初總摽(標)二"大"之名,後別釋二"大"之義。此初也。以此體相多凡位説,與用別故。二、合説。其"用大"者,約佛、菩薩悲智而明,是故別開,故言"真如自體相"也。

《論》:"一切凡夫"至"畢竟常恒"。

述曰:次下別釋二"大"之義。於中二"大",即分爲二。此"體大"也。人雖就位以分優劣,以體隨人,未曾增減。其次二句,釋此所以。前際凡位不生故非增,後際佛位不滅故非減。其下一句,轉釋此義。"常"故前際不生,"恒"故後際不滅。既"常恒"故,從凡至聖,其體畢竟。

《論》:"從本已來"至"一切功德"。

述曰:次明"相大"。於中有二:初正明性德,後問答重釋。前中亦二:先明德相,後顯立名。初中又三:初總摽(標),次別釋,後總結。此初也。謂此"相大"一切功德即於"體大"自性之上本來具足,非新起故,名"性功德",如水八德不離水故。

《論》:"所謂自體"至"自在義故"。

述曰:此別釋也。文中六句,顯六德相:初顯"本覺照明"之義,次明"顯照諸法"之義,次明"顯照無倒"之義[①],次明"性離惑染"之義,次顯"浄德圓滿"之義,後顯"性德無遷"之義。即由前前,而有後後,以後後句,顯前前義。

《論》:"具足如是"至"不思議佛法"。

述曰:此總結也。性德塵沙,皆即真體,故云"不離";無始相續,故云"不斷";共同一味,故云"不異";德義深廣,名"不思議";皆是覺法,故名"佛法"。

① 此處底本、録本"次明顯照無倒之義"重復兩次,有一句當係誤衍,玆據文意删。

《論》:“乃至滿足”至“如來法身”。

述曰:已顯德相,次顯立名。舉廣就略,故云“乃至”;顯具衆德,故云“滿足”;更無所念,云“無所少”;能攝果地如來萬德,名“如來藏”;果德相顯,爲萬德依,故名“法身”。

《論》:“問曰上説”至“種種功德”。

述曰:上來正明“性功德”義,次下問答重顯。於中有二:初問,後答。此初也。謂執真體定離諸相,故疑有此功德相也。

《論》:“答曰”至“是故無二”。

述曰:下答有二:初明差别而無二,後顯無二而差别。此初也。文中三節:初顯衆德,雖復廣多,同一味如。次釋所以,以無分别能取之心,又離分别所取之相,由無二取,故“同一味”。下句總結,由同一味真如性故,是故前言無有二也。

《論》:“復以何義”至“生滅相示”。

述曰:下顯無二而差别。於中有二:先略,後廣。此初也。文中四句。上半疑詞:既其不二,以何説“别”? 下半釋遣:以依生滅恒沙染法,返此表示真德差别,且舉染本,但言“業識”,據實通對一切染也。

《論》:“此云何示。”

述曰:次下廣釋。於中有二:先問,後顯。此問對染所示義也。

《論》:“以一切法”至“實無於念”。

述曰:下答有三:初舉所迷之理,次對染以顯“德”,後結後以釋名。此初也。以一切法即心真如、真非妄故,一切諸法實無念也。

《論》:“而有妄心”至“‘光明’義故”。

述曰:次下對染顯“德”。於中有二:先明對染,别顯“德”相;後明對染,顯具衆德。初中顯前六種“德”義,即分爲六。此初,“本覺智明”義也。謂諸妄心不覺起念,見諸境故,總説無明心性不起,是故即説“智慧光明”。

《論》曰“若心起見”至“‘法界’義故”。

述曰:此即顯照“諸法”義也。若心起於妄見染者,有所見故,有所不見。心性無此諸妄見故,即説顯照“諸法”義也。

《論》:“若心有動,非真識知。”

述曰:此即對明顯照"無例"義也。此中應言:"若心有動,非真識知;心性無動,明是'真實識知'義故。"以文略故,謂若心起九種妄動,非真識知;心性無動,即説"心性真識"義故。

《論》:"無有自性。"

述曰:此即對明"性離惑染"義。此亦文略。若具應言:"若心有動,無有自性。心性無動,即是'自性清净心'義故。"謂諸動念皆無"自性清净心"義也。

《論》:"非常、非樂、非我、非净。"

述曰:此即對顯"净德圓備"義。此中應言:"若心有動,非常樂等。心性無動,即是'常、樂、我、净'義故。"若心有動,輪六趣故"非常",是行苦故"非樂",惑所使故"非我",性是染故"非净"。心性不動,飜此四種,即是"常、樂、我、净"義也。

《論》:"熱惱衰變,則不自在。"

述曰:此則對顯"性德無遷"義。此亦應言:"若心有動,熱惱衰變,則不自在。心性無動,即是'清凉不變自在'義也。"諸惑燒心,故名"熱惱";妄染遷故,則名"衰變";業果繫縛,是"不自在"。心性不動,則無此義,故説"真如清凉不變自在"義也。

《論》:"乃至具有"至"相義示現"。

述曰:此舉諸染,顯衆德相。言"乃至"者,總舉之詞。妄遍恒河沙,翻對此故,真恒不動,即説真有過於恒河德相表示。

《論》:"若[□][心][1]有起"至"如來之藏"。

述曰:此即弟(第)三,舉德以釋名。若心更起外念求之,即弟(第)三舉德以釋名。若[2]心更起外念求之,即是不足,故有少也。以心性中净法滿足,更無所求,云"無所念"。無所念故,是净"滿足"。即此一心,德法滿故,爲净

① 心,底本及録本無,據《大乘起信論》[T32n1666p579b5]補。

② "若"字前底本、録本有:"若心更起外念求之,即弟(第)三舉德以釋名。"其中"即弟(第)三舉德以釋名"八字與前重復,當系誤書。書手發覺後接書正句,而此誤句並未塗去。録本不察,仍承其謬。茲據文意删。

法依,名爲“法身”。能攝如來清净功德,名“如來藏”。

《論》:“復次真如”至“發大慈悲”。

述曰:上明體相,下顯用大。於中有二:初總明,後别釋。總中有二:初對果舉因,後牒因顯果。初中亦二:初悲,後智。悲中有三:初顯起用因,次因悲起行,後因悲立願。此初也。“諸佛如來本[□][在][1]因地”者,此明能起“用大”之人,即初發心凡夫人也,依因此人發“用大”故。“發大慈悲”者,此明所起“用大”之因,大悲發“用大”故。

《論》:“修諸波羅蜜,攝化衆生。”

述曰:此因悲立行也。“修諸波羅蜜”,顯六度行;“攝化衆生”,明四攝行。皆爲利他而修行也,即以利他而爲自利,是故此中,二利具足。

《論》:“立大誓願”至“盡於未來”。

述曰:此因悲立願也。“盡欲度脱等衆生”者,廣大願也。“亦[□][不][2]限劫數”等者,長時願也。

《論》:“以取衆生”至“不取衆生相”。

述曰:自下明“智”。於中有二:初顯自、他同體之智,後釋同體智之所由。此初也。“以取[□□][一切][3]衆生如己身”者,顯得攝他同己想也。“而亦不取衆生相”者,不見身外有衆生也。由平等智,以取衆生如己之身故,雖起願度諸衆生,而亦不取衆生之相。

《論》:“此以何義”至“真如平等”。

述曰:此顯自、他同體所以。“此以何義”者,責其自、他[4]無别所以。謂如實知自、他同真,無有别體,何見身外别有衆生?亦於自身尚不見故。

《論》:“以有如是”至“見本法身”。

述曰:自下弟(第)二,牒因顯果。於中亦二:初顯用體,後明用相。此初也。“以有如是大方便智”者,牒前顯果之因。“除滅無明、見本法身”者,舉

---

① 在,底本及録本無,據《大乘起信論》[T32n1666p579b9]補。

② 不,底本及録本無,據《大乘起信論》[T32n1666p579b11]補。

③ “一切”二字底本及録本無,據《大乘起信論》[T32n1666p579b12]補。

④ 他,底本及《大正藏》訛作“也”,據乙本改。

因所顯之果。"大方便"者，即前所起大悲行願，體正名"方"，助道名"便"，"智"謂自、他同真之智。以有如是大悲智故，無明除滅，法身了果究竟顯現，是故名爲"見本法身"。

《論》："自然而有"至"遍一切處"。

述曰：下顯用相。於中有二：初明用染廣，後明用無相。此初也。"自然"等者，明用染也。"與真"等者，顯用廣也。妙用難測，名"不思議"。用相巨多，名"種種用"。任運起用，名"自然有"。是則依前法身之體，不待作意，任運起相，難思業用。用依真起，故同真如，"等遍一切"。

《論》："又亦無有[①]"至"故説爲用"。

述曰：此明用無相也。"又亦無有用可得[②]"者，此摽(標)無相也。"何以故"者，責"無相"義。佛具三身，秉現諸相，如何乃言無用相耶？下答意云：若廢機感，如來唯是妙理本智最勝實義，更無應化、生滅等相，但隨緣用，用即無用[③]，如水即波，即用常寂。故云"諸佛[□□][如來][④]唯是法身"、"離[□][於][⑤]施作"等。雖真理妙智本來常湛，隨機感而應，益用無邊，即寂常用，故云"但隨衆生[□□][見聞][⑥]得益，[□][故][⑦]説爲用"等。

《論》："此用有二種。"

述曰：次下别顯。於中有二：初摽(標)，後釋。此初也。

《論》："云何爲二"至"不能盡智故"。

述曰：下釋有二：初正顯用相，後問答釋疑。前中亦二：初直顯用相，後重牒分别。前中又二：先明應身，後報身。此初也。凡夫、二乘起心分别而見佛者，依於分别事識見也。此識不知諸境唯心，執有外境。凡夫、二乘未

① "有"前底本及録本有一"明"字，當爲衍文，兹據《大乘起信論》[T32n1666p579b17]删。

② 得，録本訛作"後"，據底本改。

③ 此處底本、録本"用即無用"重復兩次，有一句當係誤衍，兹據乙本删。

④ "如來"二字底本及録本無，據《大乘起信論》[T32n1666p579b17—b18]補。

⑤ 於，底本及録本無，據《大乘起信論》[T32n1666p579b18]補。

⑥ "見聞"二字底本及録本無，據《大乘起信論》[T32n1666p579b19]補。

⑦ 故，底本及録本無，據《大乘起信論》[T32n1666p579b19]補。

離此識而見佛身，依此麁識分别佛身，但見應身麁色之相，不見報身微妙色相。是故凡[①]小心所見者，名爲"應身"。"以不知"下，釋見麁所以。所見佛相皆是梨耶轉識所現，謂由事識厭苦忻滅，願求見佛熏習力故，即依轉識所有現識而現佛身净勝境界。此人不知轉識現佛，謂佛外從兜天來，不達色即舉體是心、無有分齊，執色離心，而取佛身分齊，但有丈六色相，以不能知分齊之色即無分齊，是故名爲"不盡知"也。

《論》："二者依於"至"名爲'報身'"。

述曰：下顯"報身"。於中有三：初約識舉人，明其所見。次正顯依心二報之相。後顯果因，釋顯報名。此初也。十解已上諸菩薩等，依於業識，發能見智，即依此智見佛報身，故説"依於業識"見也。非謂業識即是能見，此識微細，未能見故。

《論》："身有無量色"至"無量好"。

述曰：下顯"報相"。於中有二：初正報，後依報。此初也。身無分齊，云"有無量色[②]"。依"色"有"相"，"相"亦無量。依"相"有"好"，"好"亦無盡。"相"以表德，令人敬德而念佛。"好"爲嚴身，令人愛樂而親近。故説佛身有"相""好"等。

《論》："所住依果"至"不毁不失"。

述曰：此顯"依報"。言"依果"者，即所依土，能依正報無有邊故。所住依果有無量池臺、樓觀、七珍、百寶，若人、若物，種種莊嚴，不同化土分齊之色，隨所樂現，即無有邊，皆遍法界，互融無礙。故無究盡，離分齊相，隨其業行所感何相，而所應者即皆常住故。非如化土[③]，三災毁壞，惡人損失。

《論》："如是功德"至"説爲'報身'"。

述曰：此續果由因，釋"報名"也。如是依正功德報相、無障無礙不思議事，皆因六度深行之熏及由本覺不思議熏内外二因之所成就，樂相圓備，故

① 凡，録本訛作"風"，據底本改。

② "有無量色"四字底本及録本作"無量色有"，據《大乘起信論》[T32n1666p579b25]乙正。

③ "化土"二字底本作"非土"，録本訛作"非出"，據乙本改。

得“報名”。

《論》:“復次,凡夫所見”至“説爲應身”。

述曰:次下弟(第)二,重牒分别。於中有二:先應,後報。此初也。前明“報身”,通依凡小所見而説;今欲簡凡異小所見,重顯應身。二乘見佛,是聖人身。凡夫見者,六道各異,皆非出世相同苦諦,是故名爲“非受樂相”。果不稱因,説之爲“應”。

《論》:“又初發意”至“法身位故”。

述曰:下顯“報身”。於中有二:先明地前所見,後顯地上所見。此初也。前明“報身”,通地前後所見而説;今欲簡比異於證故,重明報身。十解已上,依比觀門,見真如理,故言“深信真如法①”也。以非親證是相似覺,言“少分[□][而]②見”。以見真如異凡小,故知色相等无③來去等。以依比觀而得深解,未入法身證真位故,而此菩薩由分别也。

《論》:“若得[□][净]④心”至“迭⑤相見故”。

述曰:此顯地上所見也。“若得净心,所見微妙[□][其]⑥用轉勝”者,此明“見勝”。用相過前,而於地地用亦轉增,故云“轉勝”。“乃至菩薩……究竟”者,此明“見極”。盡地菩薩見佛報身相,身相極名見“究竟”。金剛後心,離於業相,更則不見,故“離業識,則無見相”。所依既無,能依無故,謂離業識,即名“諸佛”。諸佛唯是真如法身,無有彼、此色相可見,故“離業識[□][則]⑦無見相”也。

《論》:“問曰”至“能現色相”。

述曰:上顯用相,次下釋疑。於中問、答。此問也。若謂法身無色相者,云何能現報、化色相?

---

① 法,底本及《大正藏》訛作“理”,據《大乘起信論》[T32n1666p579c5]改。
② 而,底本及録本無,據《大乘起信論》[T32n1666p579c5]補。
③ 无,録本訛作“元”,據底本改。
④ 净,底本及録本無,據《大乘起信論》[T32n1666p579c7]補。
⑤ 迭,底本及《大正藏》訛作“遞”,據《大乘起信論》[T32n1666p579c10]改。
⑥ 其,底本及録本無,據《大乘起信論》[T32n1666p579c7]補。
⑦ 則,底本及録本無,據《大乘起信論》[T32n1666p579c9]補。

《論》:“答曰”至“能現於色”。

述曰:下答有二:先釋法身能現,後釋所現之色。前中亦二:先總舉,後别成。此初也。謂此法身即是報化色家之體,故能現色。若非色體,不名“法身”。色德名“法”,自體名“身”,是故“法身”名爲“色體”。

《論》:“所謂從本”至“遍一切處”。

述曰:此别成也。“從本已來,色心不二”者,總摽(標)所現色不異心,謂從因至,據本而言,色、心不二。既因中色以心爲體,故報、化色不異真心。“以色性即智”等者,明“色”即“心”,顯前不二,以彼報、化色之本性即是本覺心智性故。而彼報、化,舉體是智,色相都盡,但云“智身”。“以智性即色”等者,明“心”即“色”,顯前不二。以心智性即是報化色體性故,説名“法身”。報化色法,依心體故,遍於一切色相之處。

《論》:“所現之[①]色”至“而不相妨[②]”。

述曰:下釋法身所現之色。於中有二:初明所現無礙,後所現難思。此初也。先“分齊”者,此摽(標)無礙,以其法身無礙常遍,故所現色無斷無限。“隨心”已下,顯無礙相,謂隨十方諸菩薩心,能示[③]無量勝妙報身,無量莊嚴净妙土相,各隨十地所見不同。“皆無分齊而不相妨[④]”者,顯“無礙”義。雖其所見皆遍法界,各差别相互不相妨。

《論》:“此非心識”至“自在用義故”。

述曰:此名所現難思,通外難也。謂外難云:凡言“色”者,質礙爲體,分齊爲相,相妨爲用,如何各别、皆無分齊、不相防耶?故此答云“非心識”等。

《論》:“復次顯示”至“‘色’之與‘心’”。

述曰:上顯“法”義,别釋“真如”及“生滅門”,顯“非一”義竟;自下弟(第)二,二門相對,會於入空,顯“不異”義。於中有三,謂摽(標)、釋、結。此初也。將顯“會相入空”義故,故言顯示“從生滅門[□][即][⑤]入真如門”。云何

① 之,底本及《大正藏》訛作“云”,據《大乘起信論》[T32n1666p579c16]改。

②④ 妨,底本及《大正藏》訛作“防”,據《大乘起信論》[T32n1666p579c18]改。

③ 示,底本及《大正藏》訛作“不”,據《大乘起信論》[T32n1666p579c16]改。

⑤ 即,底本及録本無,據《大乘起信論》[T32n1666p579c20]補。

顯示？推求五陰“色”之與“心”。色蘊名“色”，四蘊名“心”。推此五陰，離真無體，故“從生滅[□][門]①即入真”也。

《論》：“六塵境界畢竟無念”。

述曰：下釋有二：先觀色法，次觀心法。[□][此]②初也。謂彼六度有無對色，皆從心起，畢竟無體，離心之外，無可念相，故言“六塵……畢竟無念”。

《論》：“以心無形相”至“終不可得”。

述曰：下顯觀心。於中有三，謂法、喻、合。此初也。六塵色法多現有像尚不可得，况心無形像而可得耶？由無形故，即無住處。無住處故，即無所有。故言“十方求之，終不可得”。

《論》：“如人迷故”至“方實不轉”。

述曰：此舉喻也。

《論》：“衆生亦爾”至“心實不動”。

述曰：此法、合也。推求動念，已滅、未生，中無所住。無所住故，則無有起。故知心性實不動也。

《論》：“若能觀察”至“入真如門故”。

述曰：此後總結。“即得隨順”，是顯信位。“若能觀察”，得方便觀。“入真如”者，[□□□□][是顯信德]③，若至初地得正觀也。

《論》：“對治耶(邪)執者”至“則無耶(邪)執”。

述曰：上來已明顯示正義，次下弟(第)二對治邪執。於中有二：初就本總摽(標)，後顯别明除障。此初也。謂依分别我見之上，起於分别迷教邪執。既依我見，起於邪執，故離我見，邪執即亡，根斷枝亡，理恒教故。

《論》：“是我見有二種”至“人我見”。

述曰：次下弟(第)二，别明除障。於中有二：初對治離，後究竟離。初中有二：初摽(標)數别名，後别弁(辨)其相。此初也。計有總相宰主之者，名“人我見”。計一切法各有實體，名“法我見”。然此二見，各有二種。“任運

① 門，底本及録本無，據《大乘起信論》[T32n1666p579c20]補。

② 此，底本及録本無，據上下文及乙本補。

③ “是顯信德”四字底本及録本無，據乙本補。

起”者，名爲“俱生”。邪思起者，名爲“分別”。今此所説“分別起”者，皆迷正教而生起故。

《論》：“人我見者”至“説有五種”。

述曰：次下弁(辨)相。於中有二：初明“人我”，後明“法我見”。初中亦二：初總摽(標)，後別釋。此初也。然此“人我”，唯佛法内學大乘人凡夫所起，是故下文皆舉迷於大乘教起，故依凡夫説五“我見”。

《論》：“云何爲五”至“猶如虚空”。

述曰：次下別釋。別釋五見，即分爲五。一一文中皆有三義：初明起執之由，次正明執相，後顯對治。此初“我見”之[1]中起執之由也。此《般若》等經文爲破執“相好身爲真佛”者，故説法身寂寞無相“如虚空”也。

《論》：“以不知”至“是如來性[2]”。

述曰：此正明執相也。謂諸凡愚不了教意，則謂虚空是佛法體，是則以喻而爲法也。

《論》：“云何對治”至“體無不實”。

述曰：下明對治。於中有二：初明虚空非常遍有，後顯法身非有遍常。前中亦三：初立，次釋，後結。此初也。“明虚空相是[□][其][3]妄法”者，此明情有；聞説空名，隨分別有虚空相故。“體無不實”者，此顯理無；如彼空花，據情雖有，據理無故。

《論》：“以對色故有”至“虚空之相”。

述曰：此釋也。以對礙色故，於無礙明闇之處説有虚空。然此無礙明闇之相，是空界色眼可見相，牽起念念生滅心耳。“以一切色法”下，顯理無也。本以對色而立虚空，色體尚無，寧有空寂相？

《論》：“所謂一切”至“境界滅”。

述曰；此體也。“一切境界唯心妄[□□][起故][4]有”者，此明情有。“若

---

① 之，底本及《大正藏》訛作“云”，據文意改。

② 性，底本及《大正藏》訛作“法”，據《大乘起信論》[T32n1666p580a2]改。

③ 其，底本及録本脱，據《大乘起信論》[T32n1666p580a3]補。

④ “起故”二字底本及録本脱，據《大乘起信論》[T32n1666p580a6]補。

心”已下，後顯理無。既一切法妄情則有，據理皆無，故知虛空非常遍有。

《論》：“唯一真心”至“虛空相故”。

述曰：此顯法身非有遍常。“唯一真心無所不遍”等者，弁（辨）“法”同“喻”，以佛法身唯一真心，無所不遍。“無不遍”者，是顯如來智性“廣大究竟”之義。如“虛空”義故喻“虛空相”者，簡法異喻，非謂如彼情有理無妄虛空相。

《論》：“二者聞[①]修”至“離一切相”。

述曰：弟（第）二“我見”之中，初明起執之由也。即《大品》等諸緣若經[②]，爲破取著生死涅槃，妄生分别而欣厭者，故説諸法畢竟皆空，即從本來無自性故，離一切相，名之“空”耳。

《論》：“以不知”至“唯是其空”。

述曰：此正明執相也。以不知爲破著故，即如言執真如涅槃性功德相畢竟斷無。

《論》：“云何對治”至“性功德故”。

述曰：此顯對治也。“真如法身自體不空”者，正明不空，對治空執。“具足無量性功德”者，此釋“不空”所以義也。

《論》：“三者”至“功德之法”。

述曰：弟（第）三“我見”之中，初明起執之由也。此文爲破著空衆生説如來藏具體相用。

《論》：“以不解故”至“自相差别”。

述曰：此正明執相也。“色”謂相好[③]，“心”謂力等。彼初心者執此爲實，聞如來藏備功德法，不解約真性德而説無差别相，謂有如前自體差别色、心功德。

《論》：“云何對治”至“説差别故”。

---

① 聞，底本及《大正藏》訛作“問”，據《大乘起信論》[T32n1666p580a2]改。

② 般，底本及《大正藏》訛作“緣”。斯 2721v 號《〈大乘起信論〉廣釋》卷第四：“次第二‘我見’中，初明起執之由也。即《大品》等諸般若經，爲破取著生死涅槃，妄生分别而欣厭者，故説‘諸法畢竟皆空’。”兹據改。

③ “色謂相好”四字下底本有“心謂相好”，當係誤書，兹據乙本删。

述曰:此顯對治也。“唯依真如義説故”者,“二”之“不二”。所言“體備功德法”者,唯依真如“性德”義説,非謂有前色、心之法。“因生滅義”等者,“不二”之“二”。何故乃説差别功德?謂對生滅“差别染”義,示現説其差别功德,非謂性德有其差别。

《論》:“四者”至“不離真如”。

述曰:此弟(第)四“我見”之中,初明起執之由也。此文爲破執生死染法離真有體者,故説“真如隨緣”之義。“生死染法依藏有”者,顯“如來藏作緣生”義。“一切諸法不離真”者,顯“緣生法無别體”義。

《論》:“以不解故”至“生死等法”。

述曰:此正明執相也。不解“真如隨緣”義故,謂如來藏體若無染,何能生染,爲染所依?故知體具世間染法。

《論》:“云何對治”至“相應故”。

述曰:下顯對治。於中有二:初順遣情疑,後返破愚執。此初也。“以如來藏從本”等者,此明净德妙有。“過恒沙等煩惱”等者,此明妄染理無。“從無始世來”等者,此顯妄不入真。故如來藏不相應也。

《論》:“若如來藏”至“無是處故”。

述曰:此返破也。謂諸聖者證會此時,既離妄染。故如來藏體無妄也。

《論》:“五者”至“故得涅槃”。

述曰:此弟(第)五“我見”之中,初明起執之由也。如來藏性爲諸法依,由此便有生死涅槃。

《論》:“以不解故”至“還作衆生”。

述曰:此正明執相也。謂聞依藏有生死故,則謂真先而其妄後,故起衆生有始之見。“以見始”下,復於涅槃起終見也。既如來藏本無惑處而起諸染,得有衆生,縱離惑染,所得涅槃何不終盡作衆生邪?由此劫成前始見也。

《論》:“云何對治”至“外道經説”。

述曰:下顯對治。於中有二:初明無始,後顯無終。此初也。“以如來藏無前際”等者,正明無始有如來藏,即有無明;所依藏性既無前際,能依生死,何有始耶?“無明相”者,即生死也。“若説”已下,顯始見。至如彼數論外道經説:從冥生覺,初作衆生;劫歸冥性,名“得涅槃”;從冥生覺,還有衆生。

《論》:“又如來藏”至“無後際故”。

述曰:此顯無終也。謂如來藏無後際故,諸如來智證之相應所得涅槃,與藏相應而無後際,即真體故。

《論》:“法我見者”至“説‘人無我’”。

述曰:下顯“法我見”。於中亦三。此初明起執之由也。雖此法相亦空無我,二乘根鈍,且未堪聞,爲引彼人,令入聖道,是故但説“人無我”理。

《論》:“以説不究竟”至“妄取涅槃”。

述曰:此正明執相也。由其顯蘊體亦空、説未了故,彼二乘者未亡法執,見有五陰生滅實法,故怖生死,妄取涅槃。

《論》:“云何對治”至“本來涅槃故”。

述曰:此顯對治也。以彼五陰本無自性,何有生滅?即無生滅,本自涅槃,何有實法,妄生欣厭?

《論》:“復次究竟”至“自相可説”。

述曰:次下弟(第)二,顯究竟離。於中有二:初約法明能作,後會相釋伏疑。前中亦二:初約法總顯,後舉廣類求。此初也。前明伏道,伏除邪執,名爲“對治”。今明斷道,永離妄執,名“究竟離”。總舉執緣,顯無自性,所執無故,能執不生,心無所依,自然解脱,故言“究竟離妄執”等。

《論》:“是[□][故][1]一切”至“不可説相”。

述曰:此舉廣類求也。是前染净相待假故,一切諸法本無自性,非由悟後方决其[2]然,故言“是故……從本來”等。二取無故,非色非心;心無染净,[□□][非智][3]非識;進無起盡,非有非無;由是“畢竟不可説相”。

《論》:“而有言説”至“入實智故”。

述曰:此會釋伏疑也。“而有言説”等者,此正會伏疑。聖既了法不可説相,應無所説;而有説者,假言引而令悟其旨不在言也。“其旨趣者”等者,弁(辨)定聖意,意存歸真,不欲尋名、滯言説相也。“以念一切法”等者,返以釋

① 故,底本及録本脱,據《大乘起信論》[T32n1666p580b9]補。

② “决其”二字録本訛作“便生”,據底本改。乙本亦作“决其”,可資比勘。

③ “非智”二字底本及録本脱,據《大乘起信論》[T32n1666p580b10]補。

成。以若尋名,便起於念,則心生滅,不稱平等者等真實智故。

《論》:“分別發趣”至“趣向義故”。

述曰:上來已明對治邪執,次下弟(第)三發趣道相。於中有二:初摽(標)意顯名,後別開分別。此初也。“取證道”者,即是真如,此是佛智所證道故。“趣向義”者,釋其“道”名。此所證理是諸菩薩所趣向義,故名爲“道”。欲明菩薩發心修行趣向諸佛取證之道,故名“分別發趣道相”。

《論》:“略説發心”至“證發心”。

述曰:次下別開。於中有二:初摽(標)數列名,後別開分別。此初也。“信成就發心”者,謂於十信終滿位中信心成就,能發三種決定信心、住十住故。“解行發心”者,謂十行位,能解法空,順行六度,解行純熟,發迴心住十向故。“證發心”者,位在初地,乃至十地,依前二種相似發心證得真如發真心故。

《論》:“信成就發心”至“堪能發心”。

述曰:次下弁(辨)相。弁(辨)上三名,即分爲三。初中亦三:一、明信心成就之行;二、顯分成發心之相;三、彰發心取得利益。初中又二:初問,後答。此初也。文中四句,總爲三問。“依何等人”者,問能修。“何等行”者,問所修行。“得信成就,堪能發心”者,問行成已,堪爲發何心?

《論》:“所謂依不定聚衆生。”

述曰:下答有二:初正答前問,後舉劣顯勝。前中亦二:先別答三問,後結成入位。前答三問,即分爲三。此顯修人,答初問也。分別三聚,乃有四門。今者唯就約位分別。十住已上,名“正定聚”,住聖種故。未入十信,名“邪定聚”,背正因故。中間十信,名“不定聚”,行進退故。今依此人,明所修行,故言“依不定聚衆生”也。

《論》:“有熏習”至“修行信心”。

述曰:此顯“修行”,答弟(第)二問。“有熏習善根力”者,此弁(辨)行因。謂有本覺内熏因力,善友聞熏爲外緣力,必依前世,修善根力。“信業果報”等者,次顯所行。由前熏習善根力故,能信果報,起二善根。“起十善”者,世間善也。“厭生死”等者,出世善根也。“得值諸佛”等者,此明行勝,謂約緣修習十種信心行也。

《論》:“經一萬劫”至“能自發心”。

述曰:此明“信成”,答弟(第)三問。“經一萬劫,信心成就”者,此約時滿顯“行成”也。即是信位上品滿人,於十千劫修十信心,而其信心方成就故。“諸佛菩薩教發心”者,此約勝緣明所發心也,謂依勝緣發三心故。唯《十住論》有七發心者,前三是此决定發心。“諸佛菩薩教發心”者,教念真如發惠(慧)心也。“以大悲故自發心”者,愍衆生苦,發悲心也。“以護法故,自發心”者,守護善法,發深心也。

《論》:“如是信心”至“正因相應”。

述曰:上答前問,此能成入位也。是十千劫信成就故,得發三心,至初住位,名“入正定聚”。菩提①、涅槃,離生死耶(邪),名“正”;種姓菩薩取一,趣之必爾,名“定”;衆多攝爲一類,名“聚”;當所成覺,名曰②“如來”;習性當治,名“住種中”;“正因相應”釋“當治”義;内熏佛性,名曰“正因”;修行契假,故曰“相應”。由與得佛正因相應,是故得“住如來種”也。

《論》:“若有衆生”至“若進若退”。

述曰:次下弟(第)二,舉劣顯勝。於中有二:初内熏力微,後外緣力劣。此初也。内熏力微,即是信位初心人③也。“善根微少④”等者,總明障重。創修善行,名爲“微少”。久惑未制,名爲“深厚”。“雖值於佛”等者,别顯位⑤輕。於中别顯三種劣心。“然起人天種子”者,倒種苦因。“或起二乘種子”者,異求小果。“設[□][有]⑥求大乘[□][者]⑦,根[□][則]⑧不⑨定”者,猶豫大乘,即下、中、上三品人也。此雖遇勝緣發心,善少障深,但得淺利。

---

① “菩提”二字底本及録本訛作“大”,結合文意,據《大乘起信論廣釋》卷第五[T85n2814p1158b19]改。

② 曰,録本訛作“白”,據底本改。

③ 人,録本訛作“入”,據底本改。

④ 少,底本及録本訛作“劣”,據《大乘起信論》[T32n1666p580b27]改。

⑤ 位,録本訛作“住”,據底本改。

⑥ 有,底本及録本脱,據《大乘起信論》[T32n1666p580b29]補。

⑦ 者,底本及録本脱,據《大乘起信論》[T32n1666p580b29]補。

⑧ 則,底本及録本脱,據《大乘起信論》[T32n1666p580b29]補。

⑨ 不,録本訛作“本”,據底本改。

《論》:"或有供養"至"墮二乘地"。

述曰:此明外緣力,顯其信位中心人也。"供養諸佛未經[□][一][1]萬劫"者,行時未滿。"於中遇緣亦有"等者,遇緣不勝,見佛色相,不見體故。"供養衆僧",取儀形故。二乘教發,劣勸發故。"學他發心",無自性故。"如是等發心"等者,能成退失。此四皆非悲智之心,不見本性,體不定故。雖皆發心,或便退墮,即《十住論》後四心也。

《論》:"復次"至"略説有三[2]種"。

述曰:上明信心成就之行,下顯行成發[□][心][3]之相。於中有二:初正明發心,後問答釋疑。前中有二:初問起摽(標)數,後依摽(標)顯相。此初也。

《論》:"云何爲三"至"衆生苦故"。

述曰:此依摽(標)顯相也。言"直心"者,"無分別"義,正念真如、無邪念故,即是二利行之本也。言"深心"者,是"意樂"義,意樂修行諸善行故,即是自利行之本也。言"大悲心"者,是"普濟"義,普欲濟拔衆生苦故,即是利他行之本也。此三即是三菩提心。由此是其發心相耳。

《論》:"問曰"至"諸善之行"。

述曰:次下釋疑。於中問、答。此初也。唯許直心,疑其後二,故發問耳。

《論》:"答曰[4]"至"終無得净"。

述曰:下答有二:初答前問,後重顯方便。前中亦二:先喻,後合。此初也。

《論》:"如是衆生"至"亦無得净"。

述曰:下合。有三:初正合前文,次顯行所以,後善行順真。此初也。

《論》:"以垢無量"至"以爲對治"。

① 一,底本及録本脱,據《大乘起信論》[T32n1666p580c1]補。

② 三,底本及録本訛作"二",據上下文及乙本補。

③ 心,底本及録本脱,據乙本補。

④ 曰,録本訛作"白",據底本改。

述曰：此顯衆生行之所以也。真如之理既遍一切，無明[□][遍][1]真，有“垢染”義，即驗“垢遍一切法”也。故修衆善，以爲對治。

《論》：“若人修行”至“真如法故”。

述曰：此顯善行順真也。真如既遍一切法中，亦非一善而能[□][隨][2]順。善從真如流，染從無明起。若修善行，外違妄染，内順真如，故修善法，自歸真也。

《論》：“略説方便有四種。”

述曰：次下弟（第）二，重顯方便。於中有二：初摽（標）數，後别釋。此初也。於中初一顯不住道，後三即顯三聚净戒。遍包一切，順真方便，故言“略説有四種”也。

《論》：“云何爲四”至“性無住故”。

述曰：次下别釋。别釋四種，即分爲四。此初顯不住道也。“行根本方便”者，列其名也，謂依真如修不住行，與後三行作根本故；此行順真，名爲“方便”。“觀一切”等者，次顯其相。“自性無生”者，所觀境空。“離[□][於][3]妄見”者，能觀心空。心境既空，何所樂著？故能生智，不住生死，業果不失。衆生不悟，深可生悲，爲救濟故，不住涅槃。“以隨順”等者，顯修行意釋方便也。以此法性無性無住，故修此行而爲隨順之方便也。

《論》：“二者能止”至“離諸過故”。

述曰：此即顯其攝律儀戒，離一切惡。“能止方便”者，列其名也。謂由慚愧，能止惡法，隨順真如，是故“能止”即“方便”也。“慚愧”等者，次顯其相。於中則顯二種：“止一切惡法”者，未生惡法令不生。“不令增長”者，已生惡法令除斷。“以隨順”等者，釋其修意、顯方便名也。以順法性離“過”義故，故説能止爲方便也。

《論》：“三者發起”至“離癡、障[4]故”。

---

① 遍，底本及録本脱，據乙本補。

② 隨，底本及録本脱，據乙本補。

③ 於，底本及録本脱，據《大乘起信論》[T32n1666p580c20]補。

④ 障，底本及録本訛作“慢”，據《大乘起信論》[T32n1666p580c29]改。

述曰：此顯攝善法戒，修一切善。“發起”等者，初列名也。謂由勤故，發起善根；復由勤故，善根增長；即是順真如之方便也。“謂勤供養、禮拜”等者，未生善法令發生，由信增長、生諸善故。“又爲佛、[□][法][1]、僧力”等者，已生善法令增長，消障不退由善增故。“隨順”等者，釋方便名。發起善根生福智故，故順離癡。善根增長滅業障故，故順離障。故起善根，以爲順真之方便也。

《論》：“四者大願”至“究竟寂滅故”。

述曰：此顯攝衆生戒。“大願”等者，列其名也。弘誓普周，故名“大願”。願心無異，故名“平等”。願行順真，故名“方便”。“所謂”已下，次顯其相。於中即顯三種願相。“發願”等者，長時願也。“化度”等者，廣大願也。“皆會”等者，弟（第）一願也。下釋所以，顯方便名。“隨順”等者，長時所以。“法性”等者，廣大所由。“不念”等者，弟（第）一所謂，或是弟（第）四不顛倒願。

《論》：“菩薩發是”至“見於法身”。

述曰：上顯行成發心之相，次下弟（第）三障其發心所得利益。於中有四：一、顯勝德；二、明微過；三、通權教；四、歎實行。初中又二：初明自利功德，後顯利他功德。此初也。“發是心”者，即發如前三種心也。由其直心正念真如深心、悲心，助顯真故，真性似顯，故名“少分見法身”也。

《論》：“以見法身”至“入於涅槃”。

述曰：此顯利他德也。隨本發心，利衆生願，能現八相，權作佛身，八相成道，作衆生事。

《論》：“然是菩薩”至“未能決斷”。

述曰：次明微過。於中有二：先異地上，後異凡愚。此初也。然是菩薩以未親證真法身故，未名“法身”。“以其”等者，釋異所以。以未能得無漏智故，無始及今[2]依於二障所起漏業未能除也。

《論》：“隨其所生”至“自在力故”。

---

[1] 法，底本及録本脱，據《大乘起信論》[T32n1666p580c28]補。

[2] 今，底本及《大正藏》訛作“即”，據乙本改。

述曰：此異凡愚也。雖由未斷諸過漏故，失念起惡，能招苦果，暫隨所生微苦相應，而亦非被惡業所繫，以有悲智所起大願自在之力所住持故。

《論》："修多羅中"至"勇猛故"。

述曰：此會通權教也。如《本業經》説七住前名"退"。"退"者非其實退，爲彼十信初學之人未入十住正定位中而懈怠者，如來怖之、令發勇猛故，説六住退入凡夫，而實入住即不退也。

《論》："又是菩薩"至"自涅槃故"。

述曰：此難其實行也。"一發心後，[□][遠][1]離怯"等者，於下不墮。了人法空，何有怯弱？進成實行，不墮二乘。"若聞"等者，於上不怯。"得涅槃"者，即成佛也。"信知"已下，總釋所以。既知諸法本來涅槃，豈同二乘厭苦欣滅？

《論》："解行發心者，當知轉勝。"

述曰：次下弟(第)二，解行發心。於中有二：初顯解業所得發心，後顯發心所行解行。初中有二：初總摽(標)欲勝，後顯其勝相。此初也。"解"謂十解。"行"謂十行。"發[2]心"謂即入十向住。前但依信而起於行，今[3]此依解而起於行。即轉信心爲勝解性，故名"轉勝"。

《論》："以是菩薩"至"所修離相"。

述曰：此顯勝相也。"以是菩薩"等者，此明時勝。謂彼初劫有三時分，十住行向，居初、中、後，今[4]此發心，在後時中，故言"初劫將欲滿"也。"於真如法[□][中][5]，深解"等者，此明解勝超前正念真如之位。異信位，故云[6]"深"；異證德，故云"解"。得此深[□][解][7]，故云"現前"。"所修離相"者，此顯行勝。由於真如得深解故，凡所修行皆離相也。

---

① 遠，底本及録本脱，據乙本補。
② 發，録本訛作"苦"，據底本改。
③ 今，底本及録本訛作"令"，據乙本改。
④ 今，録本訛作"令"，據底本改。
⑤ 中，底本及録本脱，據《大乘起信論》[T32n1666p581a19]補。
⑥ 云，録本訛作"之"，據底本改。
⑦ 解，底本及録本脱，據乙本補。

《論》:“以知法性”至“般若波羅蜜”。

述曰:此明發心所信解行也。文中别顯無相六度,一一文中顯解行别。“以知法性[□][體]①無[□][慳]②貪”等者,此顯解也。聖證法性無貪著故,故知法性無貪等也。以慳貪等垢障,乖真而施戒等。契會真理,是故行檀等行也。此六皆能至勝彼岸,故皆名爲“波羅蜜”也。

《論》:“證發心者”至“究竟地”。

述曰:次下弟(第)三,明證發心。於中有三:初明發心體,次顯發心相,後顯成滿德。初中又三:初摽(標)證位,次弁(辨)證體,後明證用。此初也。所言“證”者,“體會”爲義。心本無明起念,始從初地,至弟(第)十地,漸斷無明,體會心源,發真智故,名“證發心”。

《論》:“證何境界”至“名爲‘法身’”。

述曰:此弁(辨)證體也。“證何境界?[□][所]③謂真如”者,此舉所證之法也。“以依轉識[□][説]④爲境界”等者,此釋外疑難也。既説“體會”名“證”,真如於中則無能、所差别。而乃説真爲境界者,以依證智同時轉相能取境界故,説真爲境,欲顯菩薩雖證真如,非能净故,假説轉識。而實證者,體會真如,理智無别,何有境界?“唯真如智名[□][爲]⑤‘法身’”者,結明非境,謂證菩薩名爲“法身”,法身唯是[□][真]⑥如净智,既彼理智無有别體,是故真如境界也。

《論》:“是菩薩”至“不依文字”。

述曰:下顯證用。於中顯有四種德用:一、攝法上首德;二、隨根延促德;三、實行不殊德;四、應機殊用德。此初也。“是菩薩”等者,此明請法,一念作意能至十方故。“法[□][輪]⑦,唯爲開導”等者,顯其請意,唯爲開導無聞

① 體,底本及録本脱,據《大乘起信論》[T32n1666p581a19]補。
② 慳,底本及録本脱,據《大乘起信論》[T32n1666p581a20]補。
③ 所,底本及録本脱,據《大乘起信論》[T32n1666p581a28]補。
④ 説,底本及録本脱,據《大乘起信論》[T32n1666p581a28]補。
⑤ 爲,底本及録本脱,據《大乘起信論》[T32n1666p581a29]補。
⑥ 真,底本及録本脱,據乙本補。
⑦ 輪,底本及録本脱,據《大乘起信論》[T32n1666p581b2]補。

衆生故。"不依文字"者,顯"爲他"意,法出自心,非依言解故。

《論》:"或示超地"至"不可思議"。

述曰:此隨根延促德。文中三義,謂促、延、結。文易可知。

《論》:"而實菩薩"至"阿僧祇劫故"。

述曰:此實行不殊德也。"而實菩薩種姓根等"義:一、種姓等,皆入菩薩種姓位故。二、諸根等,上、中、下根皆上根故。三、發心等,發真心等皆無别故。四、所證等,皆證真如根本理故。"以一切菩薩"等者,後約時釋成,從初正信,至於初地:初、僧祇劫,初地乃至七地滿心。二、僧祇,滿八地乃至十地終心。三、僧祇劫。既皆三祇,故"無超"也。

《論》:"但隨衆生"至"亦有差别"。

述曰:此應機殊用德也。種姓發心,根證雖等,而其所行,示現差别。衆生不同,怯、懈、貪等。世界不同,諸佛出事。根有上、中、下,樂欲速、中、鈍,種有劣、中、勝。於所見聞皆有異故,菩薩是行不可同也。

《論》:"又是菩薩"至"微細之相"。

述曰:次下弟(第)二,顯發心相。於中有二:初顯細摽(標)數,後列名釋相。此初也。顯此發心勝於前住,難測知故,言"微細相"。

《論》:"云何爲三"至"起滅故"。

述曰:此列名釋相也。謂"根本智"名爲"真如",體會真心、體會真如無分别故。謂"後得智"本名"方便",心妙修遍、善巧化生故。"阿黎耶識"名"業識心",二智起時必依此故。此實非是發心之相,欲顯菩薩雖得二智,猶有微細生滅之累,不同佛地純净之德,是故攝在"發心相"耳。

《論》:"又是菩薩"至"最高大身"。

述曰:弟(第)三顯"成滿德"。於中有二:初正歎勝德,後問答釋疑。初中有二:初顯位滿,後明德滿。此初也。"又是菩薩"等者,因位窮也。福德智慧皆圓滿故,是故名爲"功德成滿"。"於色究竟處"者,果位成也。將欲成大法主,是故示①現最高大身。此即成就他受用佛,在色究竟而成佛也。

《論》:"謂以一念"至"利益衆生"。

① 示,底本及録本訛作"令",據《大乘起信論》[T32n1666p581b13]改。

述曰:此顯“德滿”也。文中二義:初顯自利德。“謂以一念相應惠(慧)”者,是無間道,以一剎那無明盡故。“名‘一切種智’”,是解脱道,解脱道中種智圓故。“自然”已下,顯“利他德”。既成果德,顯種智體,由此便能不待功用思議而起利益事故。

《論》:“問曰”至“名‘一切種智’”。

述曰:次下釋疑。有二,問、答。初顯智體斷無明成,後顯智用而能普益。初中有二:初問,後答。此初也。“虚空無邊”等者,舉境難知以申難本。“若無明斷”者,顯無能了,啓所疑。謂無明者心相依處,心想乃是智慧依處,若無明斷,則無心想,心想無故,智慧亦無,云何遍知無邊之境、言“無明斷成種智”耶?

《論》:“答曰”至“離於想念”。

述曰:下答。有三:初依心立理,次舉非顯失,後舉是彰德。此初也。一切境界雖復無邊,據本如來,皆自心變,無别境界,是所想念由諸境界不生心故。心若離念,契證心源,即心之境,何不能了?

《論》:“以衆生”至“故不能了”。

述曰:此舉非顯失也。“以衆生妄見”等者,此明妄見有限之境。“以妄起想念”等者,此顯不見所由,即明由有妄所見,故有所不見。

《論》:“諸佛如來”至“名‘一切種智’”。

述曰:此舉是彰德也。文中二義:初顯智體能照諸法,由無妄見,無所見故,無所不見,故言“諸佛[□□][如來][1]離於見相,無[□][所][2]不遍”也。佛心離妄,歸一心源,始覺同本,名“心真實”。然此本覺爲妄法體,故云“即是諸法[□][之][3]性”也。既此本覺爲諸法體,妄是本覺佛[□][心][4]之相,相現於體,體照其相,有何難了而不能知?故言“自體顯照[□□][一切][5]妄法”。“有大智用”等者,後顯智用能廣利益,以同體智大力用故,起緣方便,

① “如來”二字底本及録本脱,據《大乘起信論》[T32n1666p581b23]補。

② 所,底本及録本脱,據《大乘起信論》[T32n1666p581b24]補。

③ 之,底本及録本脱,據《大乘起信論》[T32n1666p581b24]補。

④ 心,底本及録本脱,據乙本補。

⑤ “一切”二字底本及録本脱,據《大乘起信論》[T32n1666p581b25]補。

攝化衆生。既滅無明，顯種智體，起種智用，由是義故，斷滅無明，名爲“種智”。

《論》：“又問曰”至“多不能見”。

述曰：下顯智用能普利益。於中問、答。此問也。即由前説有大智用能普益生，故爲此問。

《論》：“答曰”至“法身不現故”。

述曰：此答也。“諸佛如來”等者，初舉法也。“法身平等，遍一切處”者，平等遍在衆生心故。“無有作意故，説自然”者，能無功用起作用故。“但依衆生心現”者，依厭求一（心?）[①]，隨其勝劣，即現報化麁、細用故。“衆生心者如鏡”等者，次舉喻也。“如是”已下，後法、合也。“心有垢”者，謂有染著生死過患，而無厭求見佛之機，名爲“有垢”。“法身不現”者，法身遍在衆生心中，而不能現報化用也。非有煩惱垢故不現，以善星等煩惱心中亦見佛故。

《論》：“已説解釋分，次説修行信心分。”

述曰：次明弟（第）四修行信心分。於中有二：初結前起後，後正顯修行信心。此初也。上顯“大乘”，明解釋分；今明“起信”，故次應説修行信心。

《論》：“是中依未入”至“修行信心”。

述曰：次下正顯。於中有三：初就人摽（標）意，次約法廣弁（辨），後防退方便。此初也。所言“未入正定衆生”者，亦是大乘不定聚人。然不定聚有勝有劣，勝者乘進，劣者可退。前信成就發心之相，爲彼勝人信滿者説，令發三心，住正定位；今此修行信心者，爲彼劣人可退同前，發心住正定位。所爲雖别[②]，[所][③]趣是同。

《論》：“何等[□][信][④]心？云何修行。”

述曰：次下弟（第）二，約法廣弁（辨）。於中有二：先發二問，後還兩答。此初也。

---

① 一，此似爲“心”之訛字，待考。

② 别，底本無，録本據文意補。

③ 所，録本脱，據底本補。

④ 信，底本及録本脱，據《大乘起信論》[T32n1666p581c8]補。

《論》:“略説‘信心’有四種”。

述曰:下答。有二:先答“信心”,後明“修行”。中有二:初摽(標),後釋。此初[□][也]①。

《論》:“云何爲四”至“真如法故”。

述曰:下釋四信,即分爲四。此初信,有得佛因也。真如既是諸佛所師衆行之源,故云“根本”。樂念觀察,故名爲“信”。是後三信根本,故故初明也。

《論》:“二者信佛”至“一切智故”。

述曰:此信由因所得之果,果[□][由]②因成,故次明也。

《論》:“三者信法”至“波羅蜜故”。

述曰:此即信有得佛之行,佛依法成,故次明也。教、理、行、果四法之中,前明理、果,此信行也。必信由教,方信此三,故於此中亦顯信教。

《論》:“四者信僧”至“如實行故”。

述曰:此即信有起行之人。法籍人弘,故次明也。

《論》:“修行有五門,能成此信。”

述曰:下答修行。於中有三:初舉數摽(標)意,次依數列名,後依名別解。此初也。前雖學起四不壞③信,若無行成,則信不堅。不堅之信,遇緣便退,故修五行,以成四信。

《論》:“云何爲五”至“五者止觀門”。

述曰:此依數列名也。以諸菩薩定、惠(慧)變修,止、觀齊運,二不相離,故合二度,爲弟(第)五門。

《論》:“云何修行”至“向菩提故”。

述曰:次下弟(第)二,種門別釋。於中有二:初略明前四,後廣釋止觀。前中又二:初別明四行,後總明深障。別中顯其四種修行,即分爲四。此初也。文中初則別明三種施相爲修正因。“不應”已下,總勸所修,離於僻執,

① 也,底本及録本無,據文意補。

② 由,底本及録本無,據乙本補。

③ 壞,録本訛作“德”,據底本改。

而求正果。三種施相,如文可見。

《論》:"云何修行"至"妄起過①罪故"。

述曰:此中即顯三種戒相。"所謂……不盜"等者,此依在家顯攝律儀戒,遮在家人多造惡故。"若出家者"等者,此依出家明攝善法戒,已離諸惡,勸進善故。"當護"已下,亦依出家顯攝衆生戒,不令他惡,是悲護故。

《論》:"云何修行"至"苦、樂等法故"。

述曰:此中則顯二種忍相。"應忍他[□□][人之]②惱、[□][心]③不懷報"者,耐怨害忍。"亦當忍於利、衰"等者,安受苦忍。榮潤名"利",侵損名"衰",過誣名"毁",越讃名"譽",委欲爲"稱",實責名"譏",逼迫名"苦",適意名"樂"。此違、順境,名爲"八風",能動行人,妄生喜怒。若住平等,諦察真如,縱遇他惱,無懷報心,雖遇八風,其心不動。既由諦察二忍方成,是故亦顯有三忍也。

《論》:"云何修行"至"速離衆苦"。

述曰:此中即顯三種精進。"於諸善事[□][心]④不[□][懈]⑤退"等者,被甲精進,如世被甲,無退屈故。"當念過去久遠"等者,攝善精進,念昔虚苦,令勤善故。"自利利他,速離[□][衆]⑥苦"者,利樂精進,欲脱他苦,自精進故。

《論》:"復次,若人"至"衆多障礙"。

述曰:次下弟(第)二,除障方便。於中有二:先障,後治。此初也。"先世多有重罪"等者,此舉内因之業障也。魔、鬼、病苦所惱亂者,感外緣惱之報障也。世間事務所牽纏者,此顯所起煩惱障也。

《論》:"是故應當"至"善根增長故"。

述曰:此明治障法也。"是故應當……禮拜"等,此即總明除障方便。如

① 過,底本及録本訛作"至",據《大乘起信論》[T32n1666p581c28]改。
② "人之"二字底本及録本脱,據《大乘起信論》[T32n1666p581c29]補。
③ 心,底本及録本脱,據《大乘起信論》[T32n1666p581c29]補。
④ 心,底本及録本脱,據《大乘起信論》[T32n1666p582a2]補。
⑤ 懈,底本及録本脱,據《大乘起信論》[T32n1666p582a2]補。
⑥ 衆,底本及録本脱,據《大乘起信論》[T32n1666p582a5]補。

人負債，依附於王，則於債主，無如之何。如是行人禮拜諸佛，諸佛所護，能脱諸障。“懺悔”等者，即顯别除四障之法：諸惡業障，懺悔除[□][滅]①；謗正法障，勸請除滅；嫉妒他勝，隨喜對治；樂著三有，迴向對治。“常不休廢，得免諸障”等者，此結前方便，免障生善也。

《論》：“云何修行止觀門。”

述曰：下明止觀。於中有二：初問，後釋相。此初也。

《論》：“所言‘止’者”至“觀義故”。

述曰：次下釋相。文中有二：初略明，後廣顯。略中亦二：先舉别修，以明隨順；後舉雙運，釋“隨順”義。此初也。“謂止一切境界相”者，由先分别作諸外塵，今以覺惠(慧)唯識道理破外塵相。境相既止，無所分别，故名“止”。“分别因緣生滅相”者，先由修“止”，其心沈没，今覺惠(慧)觀察因緣生滅之相，發生妙智，故爲“觀”。“隨順奢魔他觀義”等者，梵云“奢魔他”，此翻“止”。“毘鉢舍那”，此譯爲“觀”。譯此《論》者爲方便及正止觀故，於此中加此“隨順奢摩他”等。謂於方便而存梵言，於正止觀而爲華語。即正止觀，名之爲“觀”，雙運之時，是正觀故。若此文中，皆就華言，應言“隨順止觀義”“隨順觀觀義”。謂方便時，止諸塵相，是能隨順正觀之“止”，故言“隨順止觀義”也。又能分别因緣相故，能順正觀之觀故，言“隨順觀觀義”也。

《論》：“云何隨順”至“雙現前故”。

述曰：此顯雙運，釋“隨順”義。“以此二義漸習”等者，顯能隨順之方便也。“不相捨離，雙現前”者，明所隨順之正觀也。即“止”時“觀”，即“觀”時“止”，“止”“觀”齊均，名“不相離”等也。

《論》：“若修止者，[□□□□][住於静處]②，端坐正意”。

述曰：次下弟(第)二，廣明“止觀”。於中有二：先明别修，後顯雙運。别中有二③：先止，後觀。“止”中有五：一、修止方法；二、顯止勝能；三、弁(辨)止魔事；四、簡止真僞；五、欲止勸修。初中有二：初明勝人能入，後顯障者不

---

① 滅，底本及録本脱，據乙本補。

② “住於静處”四字底本及録本脱，據《大乘起信論》[T32n1666p582a16]補。

③ 二，録本訛作“三”，據底本改。

能。前中亦二：初託静息心，修止方便；後止成得定，除障不退。前中又二：初明修止次弟(第)。此初也。“住静處”者，修止縁也。具而言之，應有五縁：閑居静處，持戒清净，衣食具足，得善知識，息諸縁務。今略舉初，云“住静處”。言“端坐”者，是顯調身；身若卻倚，或復低屈，及令①傍側，既生懈慢，復引昏沈，故端其身，結加趺坐。言“正意”者，是顯調心；末世行人，正願者少，邪求者多，苟求名利，現“寂静”僞②；心既不止，無由得定，離此耶(邪)求，故云“正意”；欲令其心與理相應，自度度他，至無上道，名“調心”也。

《論》：“不依氣息”至“見聞覺知”。

述曰：自下弟(第)二，“修止”次弟(第)。於中有二：初約坐修止，後餘[□][僞]③亦起。前中亦二④：先離倒境心，後除失念。此初也。言“氣息”者，觀境。言“形色”者，即骨瑣等青、黄、赤、白四種相也。空、地、水等五“一切處”皆是事空所縁境界。“見、聞、覺、知”是識一切處，通前即顯十“一切處”。於此諸境，推求了達，知唯自心，不復託縁，故言“不依”。

《論》：“一切諸想”至“念念不滅”。

述曰：此離倒心也。“一切諸想隨念皆除”者，此除分别内心想也。前雖令離取倒境相，若存内心，亦是妄倒，是故内心一切分别隨起想念皆除遣也。“亦遣除想”者，此遣能[□][除]⑤之妄想也。前令離念，説“想皆除”，非謂有於能除之想，除想若存，亦非離相，是故亦遣能除想也。“以一切”下，釋其亦遣能[□][除]⑥所以。以一切法本無所想、無有念念生滅體故，所除之想既不可得，豈更得存能除想也？

《論》：“亦不得隨心”至“以心除心”。

述曰：次下弟(第)三，除失念心。於中有二：初舉非想制，後示除方便。此初也。“不得隨心外念境”者，此令不起外失念相，謂修止者常須作意，豈唯離於倒境、倒心，亦不住心、失念外境。“後以心除心”者，此令不起内失念

---

① 令，録本訛作“今”，據底本改。

② 僞，底本及録本作“儀”，據乙本改。

③ 僞，底本及録本脱，據乙本補。

④ 二，録本訛作“三”，據底本改。

⑤⑥ 除，底本及録本脱，據乙本補。

相。前心失念,念著境時,既捨於境;後心失念,念著内心,即以止心除心也。

《論》:"心若馳散"至"住於正念"。

述曰:次下示除正念方便。於中有二:初令住正念,後示正念相。此初也。前雖制言"不得失念",若時失念,如何攝持?故此示令攝住正念。此"正念"者,即無念也。若[①]不起念,自不馳散,故言"心散即當攝來";非謂以心攝馳散心,以心攝心,心不息故。至此無念不散之位,名"住正念"。無別可住,若有所住,名"邪念"故。

《論》:"是'正念'者"至"念念不可得"。

述曰:此示"正念"相也。謂離所取、能取二相,心無所得,契證真如,是"正念"相。"當知唯心,無外境"者,此顯正念離所取相也。"即復此心亦無"等者,此顯正念離能取相。離二取相,都無所念,契證心源,名"得住"也。

《論》:"若從坐起"至"隨順觀察"。

述曰:此顯餘儀亦修"止"也。非直坐時,常修此"止",餘威儀中常思方便,順於"法性不動"道理。

《論》:"久習淳熟"至"速成不退"。

述曰:此即勝人能入之中,[□][止][②]成得定,除障不退。"久習淳熟,其心得住"等者,此明止成入證。"深伏煩惱信心"等者,此顯得定入位。文易可知,無煩更解。

《論》:"唯除疑惑"至"所不能入"。

述曰:前來已顯能入之人,顯障者所不能入。此中即舉七種障人:一、疑惑者,凡愚之人懷猶豫故。二、不信者,闡提之人不希望故。三、誹謗者,外道之人起邪見故。四、重罪者,十惡等人心不净故。五、業障者,五逆之人心極惡故。六、我慢者,自高之人不屈學故。七、解怠者,放逸之人心縱蕩故。於此七中隨有一者,即不能入。

《論》:"復次依是"至"一行三昧"。

述曰:次下弟(第)二,修止勝能。於中有二:初顯"三昧能知真"義,後顯

① 甲本以上殘。

② 止,底本及録本脱,據甲、乙二本補。

真如門三昧本。此初也。“依是三昧即知”等者,初立勝能。“相”者,體也。“謂一切”下,次顯其義。“諸佛法身與衆生身”釋“法界”字,皆意所知差别法故。“平等無二”釋“一相”字,凡聖同真、無二體故。“即名”已下,顯立其名,此釋“知”字。能知法一相心者,是即名爲“一行三昧”。“一”謂真如,是三昧境;“行”謂行解,是三昧[□][因]①。入此三昧,盡知恒沙諸佛法界無差别相。

《論》:“當知真如”至“無量三昧”。

述曰:此顯真如爲三昧本。謂此真如是三昧體,三昧乃是真如之用。一切三昧順真而生,故説“真如爲三昧本”。若人修行真如三昧,即能漸生無量[□□][三昧]②,以此正觀真如體故。

《論》:“或有衆生”至“男女等相”。

述曰:次下弟(第)三,弁(辨)止魔事。於中有二:先略,後廣。略中又二:先障,後治。此初也。所言“衆生無善根力”者,此舉障因,謂無增上勝善根力非都無也。“則謂”已下,顯“能障者”。“魔”謂天魔,性樂生死,恐出其境,故障修止。“鬼”謂堆埸鬼。“神”謂精媚神。由修邪道,墮此類中,是故總名“外道”。鬼、神憎嫉行人,亦障修止。“或於”已下,舉其惱相。如前三類,皆能怪變:或現惡形,以怖其心;或現美色,以迷其意;或現雜相,以易所專。故言“坐中現[□][形]③恐怖”等。

《論》:“當念唯心”至“終不爲惱”。

述曰:此略弁(辨)治也。一切諸境尚唯自心,何况坐中境非心也?是故觀察唯心之理,惱境自滅,不能[□][嬈]④亂。魔境皆依動念生故,觀察唯心非彼知故。

《論》:“或現天像”至“是真涅槃”。

述曰:次下廣弁(辨)魔事差别。於中有二:先弁(辨)魔事,後顯對治。

---

① 因,底本及録本脱,據乙本補。該字甲本作“用”。

② “三昧”二字底本及録本脱,據甲本、《大乘起信論》[T32n1666p582b4]補。

③ 形,底本、甲本及録本脱,據《大乘起信論》[T32n1666p582b5]補。

④ 嬈,底本及録本脱,據甲、乙二本補。

初中顯其五對。此即弟(第)一所現形聲對也。以此現形,説法異相,或亂行人,令失本道,是故皆名爲"魔障"也。

《論》:"或令人知"至[①]"名利之事"。

述曰:此弟(第)二所得通辯對。"知宿命"等,顯得三通。"弁(辨)才[②]"已下,顯成四弁(辨)。

《論》:"又令使人"至"種種牽纏"。

述曰:此弟(第)三所起惑業對也。"數瞋喜"等,是所起惑。"捨本行"等,是造諸業。

《論》:"亦能使人"至"使人愛著"。

述曰:此弟(第)四所得定住對也。"得諸三昧少似"等者,此所成定。"或復令人一日"等者,此所住禪。

《論》:"或復令人"至"顔色變異"。

述曰:此弟(第)五所變食色對。文相易知,無煩配釋。

《論》:"以是義故"至"是諸[③]業障"。

述曰:上弁(辨)魔事,此顯對治。"行者常應觀察"等者,此勸觀察,不墮邪網。謂諸魔等以如前事網羅行者,令墮其中,是故常應智慧觀察,必莫令其出離之心卻墮邪網,行其邪[④]道。"當勤正念,不取"等者,此後示其觀察之法。謂有如前邪相現時,但自修習本所修行,都無動念,名"勤正念"。住正念故,發生智慧,了法即心,更何所取?知心即如,何有能著?是故名爲"不取不著"。由不著故,業障所起所有邪相無不遠離,故言"遠離是諸業障"。

《論》:"應知外道"至"名利恭敬故"。

述曰:次下弟(第)四簡止真僞。於中有二:初舉外、内二定以别邪正,後對理、事二定以明真僞。前中又二:初明邪定,後顯正定。謂彼外道所得三昧皆不能離分别煩惱,多起諸見;又亦不離俱生煩惱,多生耽著;又亦不伏所

① 至,録本訛作"之",據底本、甲本改。

② 才,録本訛作"等",據底本、甲本改。

③ 諸,録本訛作"障",據底本、甲本改。

④ "邪"前録本有一"顔"字。按:底本"顔"字旁有一廢棄號,兹據删。甲本亦無"顔"字。

知障，故恃定生慢；故云“不離見愛我慢[□][之][1]心”也。由不伏惑而貪名利，故言“貪著[□□][世間][2]名利”等也。

《論》：“真如三昧”至“漸漸微薄”。

述曰：此顯内定是正也。謂既遠離一切相故，真如三昧故在定中離於心相，離於真相，故言不住“見相”、“得相”；若在散心，於諸善亦生懈怠，亦不恃定慢諸善品，故言“出定亦無懈慢”；由定契真、損惑種力，故出定時現惑不起，故言“煩惱微薄”也。

《論》：“若諸凡夫”至“無有是處”。

述曰：次對理、事二定，以明真僞。於中有二：初明理定是真，後顯事定之僞。此初也。謂諸凡十信人等修行大乘菩薩行者，莫不皆信真如三昧，得入十住稱姓位中，除此更無能入之道，故云“不習……無有是處”。然如來種有其二種：一者本住，謂衆生身本覺真性，即是起如來之種本來有故。二者始起，謂初住上得定信心，往如來家，當紹佛位，是爲佛種即方起故。今此得入如來種者，即是始起如來種也。

《論》：“以修世間”至“外道見故”。

述曰：此顯事定之僞也。何以要由真如三昧，方入種姓不退位中？故此答云：以不浄觀安鉢念等諸禪三昧有相可壞，皆名“世間”。由有相故，而有四過，多起味著，依我見起繫屬三界，與外道共。若爲發通而修此者，常須善友教授護念。不爾，則起外道見也。

《論》：“復次精勤”至“十種利益”。

述曰：次下弟(第)五，示止利益。於中有二：初總摽(標)，後别釋。此初也。

《論》：“云何爲十”至“之所護念”。

述曰：次下别釋。别釋十種，即分爲十。此初也。由修三昧，正因相應，得入佛種，蒙佛護也。

《論》：“二者不爲”至“所能恐怖”。

---

① 之，底本及録本脱，據《大乘起信論》[T32n1666p582b24]補。

② “世間”二字底本及録本脱，據《大乘起信論》[T32n1666p582b25]補。

述曰：由修三昧，正智相應，知境本空，知心無念，不爲魔等現形恐怖。

《論》："三者不爲"至"之所惑亂"。

述曰：而"外道"者，著諸見；修三昧者，見不動；故不爲彼所惑亂也。

《論》："四者遠離"至"漸漸微薄"。

述曰：達境唯心，不誹唯識；知心無起，不謗真如；由達識如甚深法故，非但不謗、不起新業，亦了諸法無有自性，故重罪障漸得薄也。

《論》："五者滅一切疑諸惡覺觀。"

述曰：由此證了唯識真如，不生猶豫疑惑之心，況復更生諸惡尋、伺？

《論》："六者於如來境信得增長"。

述曰：謂本始覺名曰"如來"，修行所觀即名爲"境"。修三昧者雖未契證，信此真如本無念也。

《論》："七者遠離"至"勇猛不怯[①]"。

述曰：知一切法即涅槃，於[②]所求果無憂不成，於已學法不悔修行，於生死法而知夢幻。修行而勇猛，久處而無怯。

《論》："八者其心"至"他人所惱"。

述曰：有高傲者，輕蔑於他，爲他輕忍，便生惱恨；心調順者，謙下於他，爲人所敬，不爲惱也。

《論》："九者雖未"至"不樂世間"。

述曰：雖然未得常在定中，由前定力衰煩惱種，縱在敬心，不起現惑，由此不著世間法也。

《論》："十者若得"至"之所驚動"。

述曰：若時得住三昧之中，心如虛空，無罣礙故。雖有疾聲，終無驚動。

《論》："復次若人"至"是[□][故][③]修觀"。

述曰：上顯修止，下顯修觀。於中有三：初修觀之意，次弁（辨）所修觀相，後結觀分齊。此初也。若唯修止，便有四失：一、心沈没失，息緣偏寂，順

① 怯，録本訛作"法"，據底本改。甲本亦作"怯"，可助勘。

② 於，録本訛作"相"，據底本改。甲本亦作"於"，可助勘。

③ 故，底本及録本脱，據《大乘起信論》[T32n1666p582c15]補。

癡相故。二、起懈怠失，其心止息，棄餘業故；三、不樂味寂静，輕衆善故；四、不起大悲失，不觀苦境，自樂寂故。

《論》："修習觀者"至"須臾變壞"。

述曰：次弁(辨)觀。於中有四：一、法相觀；二、大悲觀；[□□□□□][三、誓願觀][①]；四、精進觀。初中有四：一、無常；二、諸苦；三、無我；四、不净。此觀於無常倒也。顯世間法迅速無常，故説有"須臾變"等。

《論》："一切心行"至"以是[□][故][②]苦"。

述曰：此明修觀除樂倒也。言"心行"者，謂彼四蘊體遷流故。以有逼迫、壞疾、遷流、總别苦性，故名爲"苦"。

《論》："應觀過去"至"忽爾而起"。

述曰：此觀無我，除我倒也。過去如夢者，已滅難追故。現在如電者，刹那不住。未來如雲者，無常忽起故。由觀三世無有自性，能離我相，故除"我倒"。

《論》："應觀世間"至"無一可樂"。

述曰：此觀不净，除净倒也。此除四倒，名"法相觀"，除前弟(第)一心沈没失。

《論》："如是當念"至"甚爲可愍"。

述曰：此大悲觀，除前弟(第)四不起悲失。"如是當念……衆生"等者，先觀苦境爲悲因也。"衆生如是，甚[□][爲][③]可愍"者，見苦因相而生悲也。

《論》："作是思惟"至"弟(第)一義樂"。

述曰：此誓願觀，因悲立願，願修衆善，除前弟(第)二不樂善失。"願令我心離[④]分别"者，此不顛倒願，即願體也。下有三願，顯其願用。"遍於十方修行"等者，明長時願。"以無量方便救拔"等，明廣大願。"令得涅槃"，明弟(第)一願。願既是心，亦得名爲"四種心"也。

---

① "三、誓願觀"四字底本及録本脱，據甲、乙二本補。

② 故，底本及録本脱，據《大乘起信論》[T32n1666p582c17]補。

③ 爲，底本及録本脱，據《大乘起信論》[T32n1666p582c25]補。

④ 離，録本作"難"，底本不清晰，據甲本、《大乘起信論》[T32n1666p582c26]改。

《論》:“以起如是”至“心[①]無懈怠”。

述曰:此精進觀,因願策勤,除前弟(第)三起懈怠失。一切時、處,簡聲聞行,不於一切時、處修故。‘隨己堪能’等者,簡凡夫行,不量自力、頓修便止故。

《論》:“唯除坐時”至“應作不應作”。

述曰:此弟(第)三,結觀分齊也。唯除端坐修止之時,若餘一切,悉當觀察,順理應作,違理不應作。

《論》:“若行若住”至“觀止俱行”。

述曰:上顯别修,下明雙運。於中有三:初總摽(標)“俱行”,次顯其行相,後總結雙運。此初也。則四運於中,威儀常俱行也。

《論》:“所謂雖念”至“性不可得”。

述曰:下顯行相。於中有二:初顯順理俱行止觀,後顯對治俱行止觀。此初也。“所謂”已下,初明即“止”而修於“觀”。“自性不[②]生”者,約“非有”義以明“止”也。業果不失者,約“非無”義以明“觀”也。此二不二,故云“即念”[③]。此即順於不動真際,建立諸法。良以非有即是非無,故不動止而起觀也。“雖念”已下,後明即“觀”而修於“止”。“因緣業報”,約“非無”義以明觀行。“性不可得”,約“非有”義以明止行。此二不二,亦云“即念”。此即隨順不壞,假名而説實相,以法非無即是非有,故不捨“觀”而入“止”也。然此“止”、“觀”,説雖前後,在行者心,鎔融不二之性即實性故。

《論》:“若修止者”至“不修善根”。

述曰:此顯對治,俱行止、觀也。謂修止者除二種過:正除凡夫人、法二執,以是住著世間因故;兼除二乘法、我之見,以是法怖生死因故。若修止者心安真境,何樂世間、寧怯生死?謂修觀者亦除二失:正除二乘不觀衆生、不起大悲狹劣心過,兼除凡夫不觀無常而生懈怠、不修道過。

① 心,底本、録本訛作“以”,據甲本、《大乘起信論》[T32n1666p583a1]改。

② 不,底本、甲本、録本訛作“無”,據《大乘起信論》[T32n1666p583a4]改。

③ 《大乘起信論》:“所謂雖念諸法自性不生,而復即念因緣和合善惡之業,苦樂等報不失不壞。雖念因緣善惡業報,而亦即念性不可得。”[T32n1666p583a4—7]前言“雖念”,後言“即念”,“雖”猶“即”也。

《論》:"以是義故"至"不相捨離"。

述曰:次下弟(第)二,總結雙運。於中有二:初顯具德,後明闕失。此初也。謂凡夫人不因修止得不樂世間,難起精進;若二乘人不因修止得不怖生死,無以起悲。此則以止而助觀也。若二乘人不觀心行,念念生滅。凡夫之人不觀三世無我不净,無以厭離而住於止。此即以觀而助於止。故言"止、觀……共相助成"。

《論》:"若止觀不具"至"菩提之道"。

述曰:此顯闕失。菩提道者,即是法界菩提因也。止心[□][住][1]寂,歸法性體;觀心照用,順法性用。止、觀俱行,雙順體用,既顯法性,得成菩提。若唯修止,不順真用,不發種智;若唯修觀,不歸真體,輪迴無息;是故不具,非入菩提。

《論》:"復次衆生"至"意欲退者"。

述曰:次下弟(第)三,防退方便。於中有二:初舉可退之人,後顯防退之法。此初也。"初學是法"者,此明行劣。"以住"已下,舉處釋成。内心既劣,外勝闕緣,信行難成,故得退也,即是將退入二乘也。

《論》:"當知如來"至"攝護信心"。

述曰:次下顯其防退之法。於中有二:初正顯其法,後別引經證。初中有二:初勸知念諸佛攝護,後顯知念所得之益。此初也。當知十方諸佛如來有勝神通善巧方便,攝受護念修信心者,不令退墮。勸初心者起如是念,勿生怯弱。

《論》:"謂以專意"至"永離惡道"。

述曰:此後顯其知念之益。爲此行者,以知如來專意念故,隨其願樂見佛因緣,得生净土,見佛不墮。

《論》:"如修多羅"至"終無有退"。

述曰:下引經證。於中有二[2]:初顯得往生,後顯住正定。此初也。然生净土,有其願行。"若人專念西方"等者,此顯行也。"所修善根……願求"等

① 住,底本及録本脱,據甲、乙二本補。
② 二,底本、録本訛作"三",據甲、乙二本改。

者,此明願也。“即得往生常見”等者,顯由行願得往生也。

《論》:“若觀彼佛”至“住正定故”。

述曰:此顯住正定也。若至凈土得聞法已,漸次修行,觀見彼佛真如法身,名“畢竟生”。得住種性正定位故,即佛法身,名爲“佛家”。觀心隨順,名“往生”也。

《論》:“已説修行”至“勸修利益分”。

述曰:上來已釋“修行信心”,次下弟(第)五“勸修利益”。於中有二:初結前起後,後正示勸修。此初也。前來已説,顯法正宗。此是其欲法流通,即顯題中“論”之一字,顯《論》功能令受持故。

《論》:“如是摩訶演(衍)法”至“我已總説”。

述曰:次下正示利益勸修。於中有三:初總摽(標),結前説;次舉信,謗損益;後總結,勸修。此初也。“摩訶演(衍)”者,舉所勸修大乘法也。“諸佛祕藏”者,顯大乘法是甚深也。“我已總説”者,顯以略文攝廣義也。

《論》:“若有衆生”至“無上之道”。

述曰:次下顯其信謗損益。於中有二:初信受福勝,後謗毁罪重。前中有二:初約三慧總舉其益,後别顯三慧所有益相。此初也。“若有衆生欲於”等者,此明依《論》,爲“得道因”;無念真理,名“如來境”;知而契順,名爲“正信”;不謂念證,名“離誹謗”;大智所遊,名“大乘道”;心離能所,證會名“入”。“當持此《論》思量”等者,此明依《論》起三慧行。“究竟能至無上[□][之][1]道”者,明依行緣所得勝果。

《論》:“若人[2]”至“之所受記”。

述曰:次下别顯三慧益相。於中有三,謂聞、思、修。此初也。真如本覺,共佛齊同。一念證會,與佛無異。聞而喜悦,不怯修行,當知此人,定紹佛種,佛與受記,决定無疑。

《論》:“假使有人”至“不可爲喻”。

① 之,底本及録本脱,據《大乘起信論》[T32n1666p583a26]補。

② “若人”二字底本、録本訛作“若復有人”,據甲本、《大乘起信論》[T32n1666p583a26]改。

述曰：此思慧益也。十善雖多，人無漏業；思《論》雖少，佛無漏因；由是過前，不可爲喻。

《論》："復次若人"至"無有邊際"。

述曰：此明修慧益也。"若人"等者，顯時少福多。"假令"已下，據量多相。"何以故"下，釋多所以。此《論》所明法性之理，性體無際，德亦無窮。起修慧者，契順性德，功德無邊，欲莫能盡。

《論》："其有衆生"至"受大苦惱"。

述曰：次下顯其毁謗罪重。於中有四：一、謗成重罪；二、誡勸止謗；三、釋罪重意；四、轉釋所由。此初也。極造五逆，但五劫苦；謗此《論》者，經無量劫，受於十方阿鼻極苦。[□□□□][此亦如是][1]，以是諸佛師母法故。

《論》："是故衆生"至"不應誹謗"。

述曰：此誡勸止[2]謗也。由是毁謗獲大罪故，縱未曾聞，不堪思修。但可仰信，不應誹謗。

《論》："以深自害"至"三寶之種"。

述曰：此釋罪重意也。造五逆者，但能自害，非斷三寶，非爲深害。謗此法者，豈惟自、他墮大苦趣，亦斷自、他三寶之種，名"深自害"。亦害他人，斷絶一切三寶種也。

《論》："以一切如來"至"入佛智故"。

述曰：次下轉釋斷三寶意。於中有二：初明佛寶依法而成，後顯僧寶依法而有。此初也。如來依此得涅槃者，明過、現佛因法成果。菩薩因修入佛智者，顯未來佛以法爲因。故謗法者斷佛種也。

《論》："當知過去"至"得成净信"。

述曰：此顯僧寶依法成也。夫言"僧"者，"和合"爲義；净信無違，方得名"僧"。三世菩薩既依此法得成净信，故謗此法亦得名爲"斷僧寶"也。佛、僧斷故，法亦不行，是故名爲"斷三寶"也。

《論》："是故衆生應勤修學"。

---

① "此亦如是"四字底本及録本無，據乙本補。

② 止，底本、録本訛作"心"，據甲、乙二本改。

述曰：前來已顯信謗損益，此即弟(第)三，總結勸修。是毁謗者自害害他，成大損故。衆生欲求自利利他、成大益者，於此《論》中應勤修學。

《論》："諸佛甚深"至"一切衆生界"。

述曰：上來已顯法施正宗，此顯迴向流通分也。文中四句，顯於大乘理、教、行、果，以成一頌。初句正顯所説之法，顯説所依大乘理也。謂即一心，是佛所證。含其二門：齊限不分，名"甚深"義；具包三大，無所不運，名"廣大"義。次句正顯能詮之文，依理所起大乘教也。我隨智量分所顯理，以其略文而攝多義，起此大乘總持教也。次句正顯福施群生，顯修大乘之願行也。謂如法性，無所不至，我此依理，起教功德，亦如法性施群生也。後句正顯福施之益，顯依行願所得之果利，普令衆生得於大乘果利益也。

《大乘起信論》略述卷下。①

① 甲本尾題："寶應二年十一月三日，同法乳人翟寫。"

No. 2814《大乘起信論》廣釋卷

[題解]

佛典論疏,[唐]曇曠撰,原著五卷。敦煌文獻中存有卷第三:斯 2367(首全尾全)、斯 2554v(首殘尾全),BD6295(北 7252,海 095,首殘尾殘),俄 Дx. 00283(首殘尾殘、下半殘缺);卷第四:斯 2721v(首殘尾全)、斯 6886a(首殘尾殘),伯 2412v(首全尾全);卷第五:斯 272(首殘尾殘,存 25 行)、斯 4513(首殘尾殘)、斯 2512vb(首殘尾殘),BD8340(北 7253,衣 040,首殘尾殘),俄 Дx. 00598(同俄 Дx. 02395,首殘尾殘)、俄 Дx. 02572(首殘尾殘),中村 080(首殘尾全),羽 604 號;計 16 號。全卷逐一疏釋《起信論》文句,委曲詳盡,并常依唯實宗觀點評論《起信論》。清代以前歷代大藏經未收,日本《大正藏》據敦煌卷分别將卷第三、四、五收入其第八十五册。其中卷第三以斯 2554v 號爲底本,斯 2367 號爲甲本;卷第四以斯 2721v 號爲底本;卷第五以羽 604 號及原和羽 604 號同屬一卷、後被從中撕裂的敦煌卷子(卷號不詳,下落不明)爲底本,中村 080 號爲甲本。中村不折 080 號題記謂:"大曆八年(773)六月十七日,齊奉道寫。"

《大乘起信論》廣釋卷第三[①]

京西明道場沙門曇曠撰

《論》:"又以覺心"至"非究竟覺"。

---

① 卷第三今據《大正藏》以原卷斯 2554v 號爲底本。參校本甲本:斯 2367 號。另增乙本:BD6295(北 7252 號,海 095);丙本:俄 Дx. 00283 號。

釋曰：下廣二覺。於中有二：先明始覺，後顯本覺。前中又三：[□][初][①]總標因果滿、非滿覺，次廣寄四相、釋成其義，後顯始覺不異[□□][本覺][②]。此初也。言"心源"者，有其三義：本覺真如，爲染心源；業相細念，爲諸染心[③]源；現[④]識妄心，爲諸境源。前二通二釋，後一唯持業。今所"覺"者，依前二説，真妄動静極微細故，覺本覺心本無所動、今無所静，覺業[⑤]識心本來無生、今無所滅。覺此源者，名"究竟覺"。即佛果位，始覺道圓，同於本覺，是滿覺故。縱有所覺，未至此源，非究竟覺，即前諸位，始末同本，非極覺故。

《論》："此義云何"至"是不覺故"。

釋曰：下寄四相，釋成其義。於中有二：初正寄四位，顯其四相；後引經釋成，心源無念。初顯四相，即分爲四。此初覺相也。"此義云何"者，問"覺"、"不覺"義。下舉四相，而釋其義。舉前三位，未至心源，釋"非究竟[⑥]"；舉後一位，覺至心源，釋"究竟覺"。今應先明四相之義，然後依義釋文顯相。然"四相"義，釋者煩多，《論》意難知。今數"相四"説，此中有(又)[⑦]義：所説"四相"，即依動念剎那而説，心隨妄動名"生"，生已逕停名"住"，住已衰變名"異"，異已遷謝名"滅"。然生已至滅，滅已復生，總攝四相，名爲"生滅"，是故但名"生滅門"耳。覺此四相，故有四位，四位逆次覺四相也。故説"凡夫能覺知"等。

有義：此説其理不成，若念遷謝名"滅相"者，即凡夫念應永不滅，覺滅相已則不滅故。異住等相，爲難亦然。若凡夫位，雖覺滅相，滅相仍在。應至佛位，雖覺生相，生相猶存，所起覺[⑧]相何成利益？又既自説生已至滅、滅已

① 初，底本、録本無，據甲本補。
② "本覺"二字底本、録本無，據甲本補。
③ 心，甲本無。
④ 現，録本訛作"曠"，據底本改。甲本亦作"現"，可資比勘。
⑤ "覺業"二字底本作"覺業覺業"，録本訛作"現業覺業"，結合文意，兹據甲本改。
⑥ "竟"下甲本有一"覺"字。
⑦ 有，此當爲"又"之借字。[清]朱駿聲《説文通訓定聲・頤部》："有，叚借爲又。"
⑧ 覺，甲本作"智"。

復生,既覺滅相不滅故不生、不生故不滅,即應凡夫[①]位,離生滅念。住異等相,爲難亦爾。故此所説,理必不成。故四相者,應依識辨。謂由無明,違平等性,起業轉現三種生相,相心今生,成黎耶識,故業轉現,皆名“生相”。雖此一心,爲生所生,而亦非是“我”、“我所”相。無明與前生相和合,迷所生心,無“我”、“我所”,復能發起“我癡”、“我見”、“我慢”、“我愛”四種住相。相前生心,今至住位,起“我”、“我所”,内緣而住,即所相心,成第七識,能相四惑,而爲住相。無明與彼住相和合,不覺所計“我”、“我所”空,復能發起六種異相,謂貪、嗔、癡、慢、疑、惡見,相前住心,今至異位,外向攀緣,成六異識;故六煩惱,名爲“異相”。無明復與異相和合,不覺外塵違順性離,由是發起七支惡業,能滅異心,墮於惡趣;故彼七支,名爲“滅相”。能相四相所至之位,取境别相,皆爲心所,由本無明違平等性之所起故。所相之心,所至之位,取境通相,而爲心王,由從本心諸法總源之所起故。皆依心起,名“俱時有”。有麁細故,覺時差别。

有義:此説理亦未然。别有能相、所相法者,是小乘宗,非大乘故。大乘四相,但是假立,於起有爲無功德[②]故。此中四相,雖説虚妄,因緣所起,非假説故。若由無明起業轉現、相心今作業轉等者,即業轉現皆應有二,能相、[□□][所相][③]二義異故。心若不作業轉等者,如何能成黎耶生相?無三分心不成識故。又如何言能相、四相所至之位皆爲心所?業轉現三非心所故。又若業等皆生相者,三細唯應佛地所斷,如何唯説斷業相耶?應八、九地,非斷轉現,説是生相唯佛斷故。細中之麁,應非轉現,説是菩薩所知境故。細中之細,應皆三種,許是生相,佛所知故。又業初起,可名爲“生”;轉現後起,寧“生相”攝?非由本識攝及是不相應,則今轉現皆“生相”攝,轉現非是初生心故。若説業識非是已生、故兼轉現皆生相者,則“我癡”等非是已住、故兼四惑爲住相耶?彼既不然,此云何爾?彼異滅等,爲難亦然。若“我癡”等爲住相者,末那唯應四惑相應,唯許四惑爲住相故,便違《論》説慧等俱起。既

① 夫,甲本無

② 德,甲本作“能”。

③ “所相”二字底本、録本無,據甲本補。

説法身能覺住相，法身唯應能斷末那，即不斷染，現色能見，皆應不斷，非四惑故，便違《論》説法身菩薩離六染中間四染。既此所離非“我癡”等，[□][故][1]彼住相非謂“四惑”，若“貪”等六名“異相”者，計名執取，何所攝耶？非於“貪”等能攝彼二，執惑行相極差別故。若斷“貪”等名“離異相”，即此二染，二乘不斷，便違《論》説執相應染，二乘解脱究竟離故。又應意識唯“貪”等俱，説六異相起意識故，便違《論》説觸等俱起，故知“異相”非謂“貪”等。若七支惡是滅相者，即未覺時常起惡業，永世惡趣，以未覺時有彼七支諸過惡故。生人天者應離滅相，離七支惡生人天故。善、惡二趣皆有異熟，豈惡趣業獨名“滅相”？故知滅相非七支惡。既此所説不應正理，由此四相非同前説。今以二門，略辨其義：一、辨明；二、别説。初總明者，心性本來離生滅念，而有無明動心，令作生、住、異、滅，故名“[□][四][2]相”，無别四相而作能相心。既由無明鼓心令動，遂有微著不同，而先後際異。先際[□□][最微][3]，名爲“生相”。後際最麁，名爲“滅相”。即彼中際，名“住異相”。二别明者，對位分相，即九相中前之八相，生一、住四、異二、滅一。生相一者，即初業相，謂由無明動彼净心，至此最微動念之位，動念初起，名爲“生相”。《論》説佛地斷微細念，細中之細，是佛境界，故知唯業是生相也。住相四者，謂次四相，所謂轉現智相續相。前二本識，麁分之位，是法我執所住之境。後二事識，細分之位，是法我執能住之心。無明與前生相和合，轉彼静心，乃至此位，行相猶細，但是能、所别[4]法執□(堅)[5]住、未别異故。故下《論》説法身菩薩覺於念住。麁中之細，細中之麁，菩薩境界，界[6]此四相，總名“住相”。異相二者，謂次二相即是執取計名字相。無明與前住相和合，轉彼静心，至此事識麁分之位，行相稍麁，依於異根，取别[7]異境，起異執故。故下

① 故，底本、録本無，據甲本補。
② 四，底本、録本無，據甲本補。
③ “最微”二字底本、録本無，據甲本補。
④ 别，甲本無。
⑤ 此缺字底本、甲本作“堅”，今據補。
⑥ “界界”二字甲本作“故故”。
⑦ “取别”二字甲本作“别取”。

《論》説新發意菩薩覺於念異，捨麁分别。麁中之麁，凡夫境界。此麁中麁既是意識，意識即攝此二相故，故此二相總名爲“異”。滅相一者，即起業相，即由無明轉彼静心，至此後際周盡之位，能令静心□(隨)①於六道，如□(隨)②伎人化③牛馬等，故下《論》説造種種業，受果不自在故。以此九相數處得名，或開九相，或本事識，[□][或]④意意識，或爲“六染”，或名“二礙”，或辨麁細。故今細位，説爲“四相”。[□□□□][故此四相]⑤，即指“九染”，非謂别指“我癡”等也。

有義：此説亦未應理。既説“四相”皆非能相，不應起業，是其滅相能□(隨)⑥静心，是能滅故。四相何不攝業繫苦？亦名所起之“妄相”故。既生、異、滅，無别能所，寧住相有能、所四耶？應生、異、滅皆有能、所。彼既不然，此云何爾？或住、異、滅，皆名“異住”，隨應皆有别異執著，能成能住異趣身故。彼既不爾，此云何然？若許皆通，便成難□(究？)⑦，故此四相不應立也。若以《論》説念無異相、念無住相必應立者，何不具言“念無滅”等？况新《論》説中間二相不言住、異，故不爲證。下言“心相生、住、異、滅”者，此義殊，故不爲證。謂顯九相皆有生等，得無念者知此九相生起、逕停、衰變、謝滅，皆依心起，無有自性，非謂别配前之八相，亦非四位别覺四相不同。初師不應爲難。又言，“四相俱時”等者，謂即指其始覺四位。謂顯始覺有四位相，而釋經中四種“禪”義，非謂安立無明四相。新《論》但言“如是知已，則知始覺不可得”，以於一心前後同時皆不相應，無自性故。謂由無明，起麁細念，念起皆有生、住、異、滅。而諸凡夫都不覺知念之起滅，而受輪迴。今以本覺内外熏力覺念淺深，有四位相，何要强立無明四相？若謂“障”，謂二義相成，勿違古人，故《論》立者生一、住四、異三、滅一。生一、住四，義如前釋。異相三者，兼起業相，起善、惡等别異業故，由其異業令趣别故，是麁中麁意

①②⑥ 此缺字底本不清晰，甲本作“隨”，今據補。

③ 化，録本訛作“作”，據底本改。甲本亦作“化”，可資比勘。

④ 或，底本、録本無，據甲本補。

⑤ “故此四相”四字底本、録本無，據甲本補。

⑦ 此缺文底本不清晰，甲本似作“究”，待考。

識攝故,皆三賢等所知境故。滅相一者,即業繫苦,静心□(無?)[①]爲、趣生相故,此是無明所起相故,是最後際終盡處故,至此方成流轉苦故。此釋雖勝第三師(?)[②]義,而於至難亦未能净,後有智者辨而通之。然此四相,唯一夢心,皆因根本無明之力,是故《經》云:無明住地,其力最大。《論》説無明能生染法,正謂此也。雖復如是從微至著辨四階降,然至始終,意無前後,麁細鎔融,唯一心故,故説"四相俱時而有"。若未達心源,隨行淺深,覺有前後。若達心源者,一念四相,俱時而知。是故《經》云:菩薩知"終",而不知"始";諸佛如來,"始""終"俱知。依此義説,"始"謂生相,"終"謂滅相。既因無明不覺之力,起生相等種種夢念,動惡心源,轉至滅相,流轉生死,備受諸苦。今由本覺内熏爲因,善發聞熏而爲外緣,體用融通,同一熏故,益彼真如解性之力,損彼無明迷闇之相,漸向[③]心源,始覺滅相,終覺生相,朗然方悟,覺了心源本無所動、今無所静,平等(本來?)[④]平等,住一如床。無本、始覺二相之異,即經所説夢渡河喻,意在於此。舉而説之,上辨四相,下釋《論》文。既前三義不應正理,是故釋文但依正義。即此第一覺相之中□(具?)[⑤]下四義:一、能覺人;二、所覺相;三、覺利益;四、覺分齊。下三覺相,其義亦然。"如凡夫人"者,是能覺人,在十千劫十信位中,以是位前都未覺念,未離分别,故名"凡夫"。"覺知前念起惡"者,明所覺相,謂此位中心如輕毛,隨風東西,數有進退。前念不覺於身,起彼常樂等總,而生惑著,即知所起心是惡也。"能止後念,令[□][其][⑥]不起"者,辨覺利益。既覺前惡,後即於身起彼無常無我等相,而生厭離,欣樂涅槃,不生滅著顛倒心也。"雖復名'覺',即是不覺"者,能覺分齊。覺惡能止,雖復名"覺",而不覺知舉體是真,妄生厭離,即是"不覺"。故經説云:説身無常,而亦不説厭離於身,我今爲汝説勝三修法。

① 此缺文底本不清晰,似作"無",待考。

② 師,底本不清晰,待考。

③ 向,録本訛作"白",據底本改。甲本亦作"向",可資比勘。

④ "平等"二字此似爲"本來"之訛。《起信論疏上卷》:"覺了自心,本無所動,今無所静,本來平等,住一如床。"[T44n1844p209c22—c24]可助勘。

⑤ 此缺文底本不清晰,甲本似作"具",待考。

⑥ 其,底本、録本脱,據《大乘起信論》[T32n1666p576b19]補。

此即順於“四相”義解。或此位中，未達空理，不知一心本無動念，見有所起，念念差别。前念不覺，起煩惱念，後起厭心，而欲除滅。覺念是惡，隨復名“覺”；不覺念無，則是“不覺”。故經説爲愚夫，所以行禪。七卷《經》云：漸次增勝，無想滅定，名“愚夫禪”。此釋稍好，二論會同故。新《論》云：“前念不覺，起於煩惱，後念制伏，令不更生。此雖名‘覺’，即是‘不覺’”。

《論》：“如二乘”至“名‘相似覺’”。

釋曰：此第二覺相也[①]。“二乘觀智”等，是能覺人。“新發意菩薩”，是三賢位。十解初心，名“發心住”。“舉而[②]”等後，云“初發意”。得人、空門，同二乘説。“覺於念異”等者，明所覺相。如前所説三種異夢從本静心無明眠起，此三乘人共智無我，從異夢覺，異相永無，名“覺於念異，念無異相”。“已捨麁分别”等者，是覺利益。既此異相，即是意識，起我、我所，自、他異執，隨事攀緣，分别六塵，名“麁分别執著相”也。“名‘相似覺’”者，是覺分齊。雖捨如是麁分别執，而猶未得法空真理，是故但名“相似覺”耳。或此位中得我空真如，知彼真如本無相念，與無明念體相别異，由此但能捨麁分别，而未能知念即無念，非真覺故，名“相似覺”。故經説爲“觀察義禪”，謂知自共相人無我已，於法我隨順觀察，[□□□][名“觀察]③義禪”。前釋順古，違新《論》文；後釋甚差(七卷?)[④]，與[⑤]《論》快會。故新《論》云：“覺念無念，體相别異，捨麁分别。”

《論》：“如法身”至“名‘隨分覺’”。

釋曰：此第三覺相也。“法身菩薩”，是能覺人。初地能證遍行真如，顯自法身遍滿之位，乃至十地悉同證得，是故皆名“法身菩薩”。“覺於念住”等者，是所覺相。四種住夢無明眠起，既得法空真無相智，從住夢覺，住相永無，名“覺於[⑥]念住，念無住相”。“已離分别麁念”等者，是覺利益，即此所離

① “也”字下底本、録本另衍“二覺相也”四字，結合文意，據甲本删。

② 而，甲本作“初”。

③ “名觀察”三字底本、録本無，結合文意，據甲本補。

④ “甚差”二字底本不清晰，甲本作“七卷”。“七卷”義長。

⑤ 與，録本訛作“兩”，據底本改。甲本亦作“與”，可資比勘。

⑥ 於，甲本脱。

法執夢念名爲“分别麄念相”也。異前人我麄執,但云“分别”;異後生相細念,故云“麄念”;於一法執,義説二言。“名隨分覺”者,是覺分齊。雖得如是無分别覺,而猶未離微細分别,當復眠於生相之夢,覺道未圓,故名“隨分”。或此位中得真證智,念、無念相,皆悉捨離,名“覺於念住,念無住相”;由此便能捨中分别,名“離分别麄念相”也。即經所説“緣真如禪”。故《楞伽》云:“謂若分别無我有二,是虚妄念。若如實知彼念不起,名‘緣真禪’。”前釋順古,違新《論》[□][文][1];後釋順經,兼快新《論》。故新《論》云:“覺念無念,皆無有相,捨中分别。”

《論》:“如菩薩”至“名‘究竟覺’”。

釋曰:此第四覺相者。“如菩薩地盡”者,初明能覺人。文中總别,顯其二道。初句總標能觀之位,即是金剛等覺之位,非謂十地名爲“盡地”,以新《論》説爲“若超過菩薩地”故。其次二句,别明二道。“滿足方便”,是加行道,即是滿足之方便故;而新《論》言“究竟道滿足”,舉總取别,即加行道是此攝故。“一念相應”,是無間道,其無間道一刹那中與理契會、斷細念故。如《對法》云:“究竟道”者,謂金剛喻定。此有二種,謂方便道攝及無間道攝。“覺心初起”等者,顯所覺相。根本無明,依覺故迷,動彼静心,令起細念,即是此中“初起心”也。今至此位,方始覺知。離本覺無不覺,即動心本來静。如正迷時,謂東爲西,及其悟也,西即是東,豈於悟時更有西相?故覺[□□□□][初心時,無][2]初心相也。故言“覺心初起,心無初相”。或始覺心初始而起,名“覺心初起”。故新《論》言:覺心初起,始名爲“覺”,離於覺相。前釋順古,違新《論》文;後釋順理,不違二《論》。即經所説“諸如來禪”。故《楞伽》云:“謂入佛地,住自證聖智三種樂,爲諸衆生作不思議事。”前三種[3]位中,雖有[□□□□][所覺,猶有][4]動念,故言“念無住”等;今此位中,動念都盡,唯一心在,故云“心無初相”,是則心無初念相也。“遠離”等者,明

① 文,底本、録本無,結合文意,據甲本補。
② “初心時無”四字底本、録本無,結合文意,據甲本補。
③ 種,甲本無。
④ “所覺猶有”四字底本、録本無,結合文意,據甲本補。

覺利益。業相動念，念中最細，名"微細念"，即生相也。或細分別，名"微細念"，不論别配無明業相，謂第三位覺念無念皆無有相，捨中分別。今此位中覺相亦無，都無所得，故離細念。新《論》但名"細分別"故，此念永無，故云"遠離"。遠離虛相，故真心性即得顯現，故云"得見心性"。無明風止，性海浪息，永無生滅，故言"心即常住"。依此二義，故新《論》言"心根本性，常住現前"。前三位中，念相未盡，是故不云"得見心性"。覺未至源，無明猶在，動彼静心，業識起滅，是故不云"心即常住"。"名'究竟覺'"者，結觀分齊。未至心源，夢念未盡，始末同本，非"究竟覺"。求滅此動，望至彼岸，今夢念息，覺了心源，本無流轉，今無始静，常自一心，始[□][不][①]異本，得爲如來，名"究竟覺"。若爾，始覺既成常住，豈不違彼《攝論》所説？本既常住，末依於本，相續恒存，乃至廣説蘊二意異，故理不相違。此《論》欲顯本由不覺，動彼静心，今息不覺，還歸本静，故成常住。《攝論》欲明依常法身，起福惠（慧）行。所感報果既從緣起，故説相續，始覺萬德。要具二義，依前義故常住，依後義故生滅。生滅、常住，不相妨礙。以一一念，悉通三世；雖遍三世，不過一念。如一毛孔，遍於十方；雖遍十方，不增毛孔。佛德如是，無障無礙，豈寧偏執於其間哉？如《華嚴經》頌此義云："牟尼離三世，相好悉具足，於住無所住，法界悉清净。因緣故法生，因緣故法滅，如是觀如來，究竟離癡或（惑）。"是故二《論》各述一義，同契至真，不相乖也。

《論》："是故"至"向佛智故"。

釋曰：下引經證。於中有四：一、引經成證。二、重釋前文。三、[□][舉][②]不覺之失。四、[□][顯][③]覺者之德。此初也。是後三位，能觀念無，皆名"覺"故。經依此説"能觀無念……爲向佛智"。謂因地時雖未離念，而觀此念都無念相，能觀如是無念道理，説此能觀爲"向佛智"，以是證知佛地無念。"向佛智"者，是證得義。故新《論》云：若有能觀妄念無相，則爲證得如來智惠（慧）。此是舉因望果説也。若約因果通位説者，如《金光明》第二

① 不，底本、録本無，結合文意，據甲本補。

② 舉，底本、録本無，結合文意，據甲本補。

③ 顯，底本、録本無，結合文意，據甲本補。

卷云：依諸伏道，起事心滅。依法[①]斷道，依根本心滅。依勝拔道，根本心盡。諸伏道者，謂三賢位。起事心滅者，即此《論》中捨麁分別執著相也。諸斷道者，在法身位。依根本心滅者，猶此《論》中所捨分別麁念相也。勝拔道者，金剛喻定。根本心盡者，猶此《論》中所言"遠離微細念"也。

《論》："又心起者"至"即謂無念"。

釋曰：此重釋前文也。此釋伏疑，重舉前文。覺心初起，故言"又心起者"。謂前所言覺心初起，若謂覺彼初起之心，則不名"覺"，有初心故。若無初心，則何所覺？所覺既無，無能覺故。若覺悟心初起名"覺"，既有覺相，不應名[②]"覺"，起初覺心是不覺故。如何前言"覺心初起"？顯通此難，故舉此文。前説覺心初起相者，於所覺相無相可知。而言覺心初起相者，覺彼初心，即無念起。如覺迷方知西即東，更無西相是可覺知，知西相者謂即東也。覺心之時，知初動念即本來静。所覺初心既不可得，能覺初相亦何所存？故云"即謂無念"。故新《論》云："心尚無有，何況有初？"

《論》："是故一切"至"無始無明"。

釋曰：此顯不覺之失也。文中三節，謂標、釋、結。"是故"等者，乘前標也。是前無念名爲"覺"故，除佛已還，不名爲"覺"。"以從"等者，釋所以也。若除佛外不名"覺"者，何故前言"隨分覺"等？以從無始至成佛來，無明之念念念相續、未曾離故。新《論》意同前對四相夢之差別，故説"漸覺"。今約無明，眠之無異，故説"不覺"。如《仁王經》同此義云：始從伏忍，至頂三昧，照第一義，不名爲"見"，所謂"見"者是薩婆若故。"故説無始無明"者，結"不覺"義。謂從無始，而有無明。既依無明而起諸念，故有念者説彼皆是"無始無明"，不名"覺"也。新《論》無此，文義亦足。

《論》："若得無念"至"無念等故"。

釋曰：此顯覺者之德也。此中意説：若妄未息，不知一心本無相念；若至心源，得於無念，則能遍知一切衆生心妄動故，生、住、異、滅，心本不動，實無

---

① 法，録本訛作"諸"，據底本改。甲本亦作"法"，可資比勘。

② 名，甲本脱。

生等。故新《論[1]》言:“若妄念息,即知心相生、住、異、滅皆無有相。”“以無念等故”者,釋通上義。佛得無念,衆生有念,有、無懸隔,云何能知?以無念體皆平等故,衆生[2]雖念,體即無念。佛無念體與彼平等,故能遍知諸念無念。新《論》無此,文義似闕。

《論》:“而實無有”至“同一覺故”。

釋曰:上寄四相釋成義言,此顯始覺不異本覺。“而實”等者,初標“不異”。雖曰始得無念之覺而覺四相,方名“始覺”,然所覺相,本來無起,待何不覺始覺别耶?“以四相”下,後以釋成。以彼四相無别自體可辨前後,故言“俱時”。依於一心麁、細之念,故説覺時而有前後。言而有即前後也,非謂四相而俱是有。既離心外皆無自性,無有俱時前後可立,是故説言“皆無自立”。既本離心皆無自性,由此不離本覺真體,故言“本來平等同一覺”也。此總意云:既覺四相説爲始覺,所覺無故,能覺亦無,故無始覺異於本覺。或此真顯始不異本,謂前所説四種覺相離於本覺皆不可得。故新《論》云:“如是知已,則知始覺不可得。”以於一心前後、同時皆不相應,無自性故,不異本覺。若作此釋,於理無違,令新、舊《論》不相乖返。依此義故,《楞伽經》云:十地即一[3]地。無所有,何以等?

《論》:“復次”至“不相捨離。”

釋曰:上廣始覺,下廣本覺。於中有二:先明隨染,後顯性浄。初中有三,標、别、辨相。此初標也。以隨動門而顯本覺,故言“本覺隨染分别”。既隨緣(染?)[4]動,而言“生”也。雖曰“隨染”,不失性浄,故言“與彼……不相捨離”。此所隨染既有二種,故隨此染生下二相。言二染者:一謂自染,即在因時由無明熏所起諸染;二謂他染,即在果時與生同體諸衆生染。隨生相者,此中有義:謂隨自染,生智浄相,以説從染得智浄故;由隨他染,生不思業,以

① 論,甲本作“本”。

② 生,底本、録本作“生生”,結合文意,據甲本删。

③ 一,底本、録本作“十”,結合文意,據甲本改。

④ 緣,甲本作“染”。“染”字義長。下文:“雖曰‘隨染’,不失性净……此所隨染既有二種,故隨此染生下二相。”可互勘。

化染生起勝業故。有義:俱隨自染而起,謂本覺心具有體用:隨染顯體,成[①]智净相;隨染顯用,起不思業。既斷自染,方能起用,故不思業亦隨自染。有義:俱隨他染而起,謂諸菩薩修行得果,顯現法身,起諸業用,皆隨衆生,染有此事。若度(廢)[②]染機,無修無得,唯是真如一味相故。

"若爾,此二應是'始覺'?"

答:"由二義故,但名'本覺':一約所對染差别故,謂'始覺'者對所俱染説,今此二相對所隨[③]染故。二約本有修生别故,以'智净'等,依本有義説,其'始覺'者約修生説故。雖曰'不一',而亦'不異',以所對染所俱所隨皆依真有、無别體故,以本、始覺皆有'修生本有'之義、無别異故。謂本來始,更無異法,從此義故,總名'本有'。以始契本,方名'本覺'。從此義故,總名'修生'。既以本覺作始覺故,即此本覺亦是'本有修生';又以對始得本名故,即此始覺亦名'修生本有'。此緣起理,猶如圓珠,隨舉一門,無不收盡。故智净等與彼始覺異、不[□][異][④]等,皆無有妨。"

《論》:"云何爲二"至"思議業相"。

釋曰:此别名也。略以十門,分别此二:一者、釋名。所言"智"者,謂始覺智。"净"謂離染,同於本覺。果德作用,故名[□][爲][⑤]"業"。非下地測,名"不思議"。二相皆通持業、依主。"相"者,狀也,本覺隨染有此體、用當相狀故;即相之相,二釋皆[⑥]通。二者、出體。此二皆以生滅門中隨染本覺而爲自體,以説隨染生二相故。三、顯體、用。初智净相,還净時體;不思業相,還净時用;本覺有此,當本末故。四者、染、净。此二俱净,以皆返染而顯説故;亦可俱染,以皆隨染之所成故。五、約二利。初一自利,非無利他,謂以自他利爲他自利故。六者、三身。初通法身及自受用,後通化身他受用,體相麁細二利斷故。七者、四智。初一鏡智,亦平等性音照之智體故;後通三智,由

① 成,甲本作"生"。

② 度,甲本作"廢"。"廢"字義長。

③ 隨,甲本作"緣"。

④ 異,底本、録本無,結合文意,據甲本補。

⑤ 爲,底本、録本無,結合文意,據甲本補。

⑥ 皆,甲本作"亦"。

得平等妙察性成化事故。八者、二智。初即正體如理之智,後即後得如量之智,返照自體起外用故。九者、因緣。初以體相内熏爲因,以[①]彼[②]用大外熏爲緣;後以智净爲生起因,衆生染機爲發起緣,諸法無有非因緣故。十者、得果。初以對[③]染同本智净爲所生果,後以對機無方大用爲所生果,既有因緣必有果故。

《論》:"智净相者"至"方便故"。

釋曰:次依名辨。於中有二[④]:先明智净相,後不思業相。智中有二:初直明净相,後問答釋疑。前中亦二:先因,後果。此初也。謂於地前真如教法内外熏力,能修資糧,加行善根,故言"依法力熏習"。若登地上,契證真如,稱真起行,名"如實修行"。漸漸修習,至金剛位,因行既極,名"滿足方便"。故新《論》云"功行滿足"。

《論》:"破和合識"至"智淳净故"。

釋曰:此顯果也。果有二種,所謂體、用。由前方便,能破和合梨耶識内生滅之相,顯其本覺不生滅性。此即根本無明盡故,以無所念顯本覺也,故言"破和合識相"。顯現法身,斷惑顯體,即果體也。即於此時滅染心中業轉現等相續之相,故今隨染本覺之心,遂即歸源,爲淳净智,成於應身"始覺"義也。然此始覺,無别始起,即是本覺隨染作也。始同本故名"淳",染緣盡故名"净"。斷障顯用,即果用也。

《論》:"此義云何"。

釋曰:次問答釋疑。於中有二:先問,後答。此初也。此問意云:如上所説動静心體,舉成生滅。若斷生滅,應滅静心,如何但破和合識相、滅相、續心相,顯法身等?[□][此][⑤]即執真同妄難也。

《論》:"以一切心"至"非不可壞"。

釋曰:次下簡妄異真,答。於中有三,謂法、喻、合。此初也。謂生滅相

① "以"字前底本、録本衍一"初"字,結合文意,據甲本删。

② "彼"字前底本、録本衍一"體"字,結合文意,據甲本删。

③ 丙本以上殘。

④ 二,丙本訛作"一"。

⑤ 此,底本、録本無,結合文意,據甲本補。

皆是無明，非是本覺，體有識相，覺與不覺體非一故。此無明相雖非覺體，而亦不離本覺之體，覺與不覺體非異故。由非異，故而可壞。故《涅槃[1]》云：明與無明，其性不二。由不一故，非不可壞。故下文云："除滅無明，見本法身。"前就[2]"非異[□][非][3]可壞"義，故説離静無别動心；今依"非一非不壞"義，説破識相，法身顯現；所望義殊，不相違故[□][也][4]。

《論》："如大海水"至"濕性不壞"。

釋曰：此舉喻也。文中顯其四種喻相："如大海"等者，真隨妄轉喻。"水相"等者，真妄相依喻。"而水非動性"者，真體不變喻。此顯動者，非自性[5]動；不爾，動滅濕應滅故。"若風止滅"等者，息妄顯真喻。謂顯動者，隨他動故，動相滅時，濕性不壞。

《論》："如是衆生"至"不壞故"。

釋曰：此法合也。於中次第，合前四喻。"衆生净心"等，如水隨風動，水不自浪，因風起浪；風不自波，依水現波；故動即水，無别體也。心不自起，因無明起；癡不自動，因心有動；生、滅即心，無别體也。"心與(因)[6]無明"等者，如風水相依，以水全動，故無水相，以動全濕，故無風相；心全作識，故無心相，識無非真，無無明相。故梁《攝論》云：見此不見彼。若見一分性，解分性不異。即生死故，不見涅槃；即涅槃故，不見生死。"心非動性"者，如水非動性，即顯心性本非動念。"若無明滅"下，如水體不變。"無明滅"者，根本無明如風滅也。"相續滅"者，即業識等如波相滅。"智性不壞"者，隨染本覺，照察之性，如濕性不壞也。

《論》："不思議業"至"勝妙境界"。

釋曰：次不思議業相。於中有二：初標，後釋。此初也。以依智净法身

---

① "涅槃"二字底本作"夫"，蓋"涅槃"二字的合文。然"涅槃"何以寫作"夫"，尚有待進一步考證。

② 就，録本訛作"然"，據底本改。甲、丙二本亦作"就"，可資比勘。

③ 非，底本、録本無，結合文意，據甲本補。

④ 也，底本、録本無，結合文意，據甲本補。

⑤ 丙本以下殘。

⑥ 與，當爲"因"之訛誤。該字《大乘起信論》[T32n1666p576c14]作"因"。

之體，起此應身功德之相，與衆生六根勝妙境界。故《寶性論》云："諸佛如來身，如虚空無相，爲諸勝智者，作六根境界，示現微妙色，出於妙音聲，令嗅佛戒香，與佛妙法味，使覺三昧觸，令知深妙法。"

《論》："所謂無量"至"得利益故"。

釋曰：此辨釋也。文有七句，顯其四義：初之二句，横顯業德廣多無量。次之一句，竪顯業根流窮三際。次之二句，顯業勝能，無功應機。後之二句，顯業勝益，利潤不虚，即是根作真如大用，無始無終，相續不絶。故《金光明經》云："應身者，從無始生死相續不斷故，一切諸佛不共之法能攝持故，衆生不盡，用亦不盡，故説'常住'。"《寶性論》云：何者"成就自身利益"？謂得解脱，遠離煩惱障、智障，得無障礙清净法身，是名"成就自身利益"。何者"成就他身利益"？既得成就自身利已，無始世來，自然依彼二種佛身，現世間自在力行，是名"成就他[①]身利益"。

問："始得自利已，方起利他業，云何利他説'無始'耶？"

答："有二義。有義：如來一念真智，遍應三世，所應無前際，能應亦無始。猶如圓智一念，遍達極三際境，境無邊故，智亦無邊。無邊之智所現之相，故得無始，亦能無終。不可難言：過去衆生已入現世，無所利應。以衆生體遍三際故，三際互融皆具有故，三際時分無定實故，説衆生界無增减故，前際若滅乃成減故，後際若生是增見故，故雖前際，亦能利益。此非心識思量所測，是故復名'不思議業'。有義：前説理未圓明，於正理教猶乖疏故。若説衆生體遍三際，是則便無'利他'之義，衆生與佛其體同故[②]。既衆生界前際不滅，亦即佛界後際不增，誰起化用無始應耶？若雖同體亦有利者，亦可應説衆生利佛，以同一體成利他故，更有諸過不能繫取，故知此説理未圓顯。應言利他説無始者，不約所應無始而説，但約佛佛體同而言[③]。謂'利他'者，即始覺也。始覺同本，其體不殊；本覺之體，諸佛無别；覺體同故，佛亦無差；前佛所化，即今佛利。前既無始，今亦無初，故雖始得法身自利，而起應化利

① 他，底本、録本作"化"，結合文意，據甲本改。

② 故，録本訛作"誰"，據底本改。甲本亦作"故"，可資比勘。

③ 言，録本訛作"異"，據底本改。甲本亦作"言"，可資比勘。

他無始。此既真用，不待作意，是故名爲‘不思議業’。此與衆生心本無二，但爲無明用則不現。若有厭求，真用漸顯，則於彼心稱根現起，而不作意我現差别，故云隨根‘自體(然)①相應’。現無不盡，盡無不益，故云‘種種而現，得利益故’等。此等諸文，新《論》少差。能尋其義，不越於此。”

《論》:“復次覺體”至“猶如净鏡”。

釋曰:次顯性静。於中有二:初總標，後别釋。此初也。前就動門，故説“隨染”。今約寂門，而言“性净”。此二本覺，體既不殊，則不動而動、動而不動也。下文四義。其義既多，今先略以十門分别:一、出體性。此四並以生滅門中本覺真如三大爲體。而《論》但言“覺體相”者，且就因説未起用故。或體即相，非辨相大。二明染净。此四雖就性净而説，若約相論，染、無染異。初二在纏，相有染故，名“有垢如”;後二出纏，離染相故，名“無垢如”。三辨次第。以顯染無，方明性净，故最初説“如實空”義;妄空德身，成内熏因，故次又明“因熏習”義;由熏斷妄，真體顯能，故次明其“法出離”義;依體起用，作外緣熏，故後明其“緣熏習”義。四約佛性。此四既是性净本覺，即是經説“三佛性”義。初一唯自性住，後一唯至得果。因熏亦自性、亦引出，法出亦引出、亦至果。五辨因果。初二在因，後二在果。因中初舉因體，次舉因用。六明大義。初一唯體，非相用;後一唯用，非體相。因熏亦體，亦相而非用;法出非用，亦體亦是相。此分相門，且作是説。若約鎔融，皆具三大“甚明净”義。此四既是性净本覺，雖説相染，而性本净。即初二自性净，後二離垢净。自性净中，初一由妄空故，次一由具德故。離垢净中，初顯净體，後顯净用。八顯“大”喻，有“四大”義。猶如虚空，故虚空喻有“四大”義。空無一切相，能含一切物，離垢顯大空，示現一切物。既覺與空具“四大”義，故言“有‘四大’義，與虚空等”。九辨净喻有“四净”義。“猶如明鏡”，喻有“四净”義。空無外物體，體净含衆像，出離諸塵垢，現像爲物用。由“四净”義如本覺故，故《論》説言“猶如明鏡”。文中所言有“四大”義，可與空等，其如明鏡。不言“净”義，是譯者失。新《論》具故，故彼文云:“有‘四大’義，清净如虚空明鏡。”又此標中具舉二喻，及下釋中唯“净鏡”義，亦譯者失。非本《論》

① 體，當爲“然”之訛誤。該字《大乘起信論》[T32n1666p576c18]作“然”。

意，新《論》具故。下文當辨十，明同異。此中法出與前智净皆顯法體，此中緣熏與不思業皆顯覺用。既無差别，何故别開？前智净相，以始同本，顯於本覺能觀之智。此法出離，舉“出離”義，顯於本覺所觀之法。前不思業，約彼始覺隨緣所現相屬智用，由其根本隨染本覺從來相關、有親疏故。今此緣熏，依於本覺平等所現普益法用，由其根本性净本覺等遍一切、無親疏故。此約義門，且説差别。能智法等實無有異，以始同本、無别體故。

《論》：“云何爲四”至“覺照義故”。

釋曰：次下别釋。别釋四義，即分爲四。此初也。文中標、釋。下准此知。“如實空鏡”者，標其名也。覺體不虚，故言“如實”。於中無妄，故名爲“空”。無妄明净，故喻之“鏡”。此中略無“虚空”義喻。新《論》即具，故彼文云：“真實空大義”“清净如虚空明鏡”。下辨相中，總有四句。其上二句，總標離到心境界相。其下二句，釋其所以。謂妄心境，本無所有，猶如龜毛，不現鏡中；故望本覺，非所覺照，覺望心境，非能覺照；所照既無，能照無故，故云“無法可現，非覺照義故”。故新《論》云：“謂一切心境界相及覺相皆不可得故。”

“若爾，何故下文乃言‘世間境界悉於中現’？”

答：“彼約依他，從真似現，不異真如，故云‘即真實性’。此約無别遍計所執實法可現，故言‘無法可現’。所顯義别，亦不相違。”

“若爾，所現依他似法，應不由彼遍計執實？”

答：“雖由執實，體唯恒似。如因質現影，鏡中不現質；不現質故，無法可現；能現影故，悉於中現。”

《論》：“二者因熏”至“熏衆生故”。

釋曰：“因熏習鏡”者，標其名也。能生覺果，名之爲“因”。此能内熏，故名“熏習”。能現諸法，故謂之“鏡”。於中現法，亦如虚空，文略不舉“虚空”之義。故新《論》云：“真實不空大義，清净如虚空明鏡。”下辨相中，文有三節。“謂如實不空”者，出因體也，以是萬德真實體故。故新《論》云：“謂一切法圓滿成就無能壞性。”由“不空”故，方作正因，故“不空”者，成因義也。“一切世間”下，釋其“鏡”義，謂一切法悉起覺中，猶如鏡中能現影也。言“不出”者，待緣力現，不能自出，所現諸法不出心外；如鏡無質，影不自出，而所現影不出鏡故。言“不入”者，心隨熏現，不從外入，所現諸法不染真體；如鏡變影，不從外入，雖現染影，不染鏡故。言“不失”者，雖無出入，不失緣起，雖現諸法，不失自真；如影非出入，不失所現影，雖現諸影像，不失鏡本故。言“不壞”者，所現同真，非可對。謂隨緣有無，非可破滅；如影同鏡，非可異除，隨質有無，非可破故。新《論》所言“不滅不壞”唯得此義，無“不失”義。“常住一心”者，會相同體。“以一切”等，釋同所由。以緣起法，心隨緣現，無出等故，離心無體，本來平等，即是“真”也。如影緣現，無出入等，離鏡無故，即是“鏡”也。“又一切”下，釋“熏習”義。謂性净故，現染不染；亦以現染，返顯性净。既由現染方成不染，故云“染法所不能染”。以本無染，今無始净[1]，故本覺智未曾移動；亦由現染，故云“智體不動”。非但無染爲體，亦由净德無少，故云“具足無漏”。即此净德内熏衆生，令起厭求之心，故云“熏衆生”也。故《勝鬘》云：由有如來藏，能厭生死，樂求涅槃。十佛性中，是業性故，能熏妄心，起厭求等。

《論》：“三者法出”至“淳净明故”。

釋曰：“法出離鏡”者，標其名也。不空體相，故謂之“法”。從二礙顯，故名爲“出”。破和合相，故謂之“離”。淳净明故，喻之爲“鏡”。應言淳净，故名爲“空”。以淳明故，謂之爲“鏡”。文略不出“虚空”之義。故新《論》言：“真實不空離障大義，清净如虚空明鏡。”前明在纏不空如來藏，今顯不空出纏之時身。《寶性論》云：有二種净：一、自性净，以同相故。二、離垢净，以勝相故。次下辨相，釋標中四義。“謂不空法”者，釋前“法”字，謂前因熏不空之法，新《論》名爲“本性清净常安住”法。“出煩惱”等者，釋其“出”字。麁細染心，名“煩惱礙”。根本無明，名爲“智礙”。斷此二障，而顯“出”[□][故][2]。“離和合相”者，釋其“離”字，出二礙故，則不生滅，不與生滅[3]而相和合，離此識相成法身故。“淳净明”者，釋其“鏡”字。體離相故名“淳”，出惑染故名“净”，無癡闇故名“明”，淳净明故如“鏡”。新《論》意同，不能繁舉。

---

① 净，録本訛作“瀞”，據底本改。甲本亦作“净”，可資比勘。

② 故，底本、録本無，結合文意，據甲本補。

③ “不與生滅”四字底本、録本衍作“不與生滅不與生滅”，結合文意，據甲本删。

《論》:“四者緣熏”至“示現故”。

釋曰:“緣熏習鏡”者,標其名也。用大外熏,故謂之“緣”。令發善心,故名“熏習”。起善法影,故喻云“鏡”。謂此相大出纏之時,而爲鏡智,起大作用,爲緣熏發衆生之心生厭樂等,名“緣熏習”。此諸行德是佛智影,即説佛智,喻之名“鏡”。故《佛地》云:“大圓鏡智,能起衆生諸善法影。”何故唯現善法影耶?以不善等如闇等質,非是影像所起緣故。若説法身,周遍法界,示現萬化,亦名“虚空”。故新《論》云:“真實不空示現大義,清净如虚空明鏡。”次下辨相,文復二節。“謂依法出離故”者,出緣熏體。“遍照”已下,顯緣熏相。依前出纏法身之體,起大智慧光明義用,能照法界衆生之心,隨其所應,示現萬化,令其修習隨分善根,故云“令修善根,隨念示現”等。新《論》少異,義不越此。

《論》:“所言不覺”至“不[①]離本覺”。

釋曰:次顯不覺。於中有三:初明根本不覺,次顯枝末不覺,後結末歸本。亦可三文:初明不覺體,次顯不覺相,後結相同體。前中有二:初依覺成迷,後依迷顯覺。初中復三,謂法、喻、合。此初法也。“所言”等者,初總標舉“不覺”之名。“謂不如”等者,次顯不覺依覺而有。“念無”已下,後顯離覺無别不覺。次中三句。“謂不如實知”者,即能迷無明也。“如”謂“稱順”,“實”謂“真實”,謂真實真如法。“一”者,即所迷法也。真體一味無念名“一”。而有其念者,即迷所成八識心也。謂真一味,能迷無明,不稱實知,而有虚妄八識之念,故名“無明”。然此無明,離真無體,故言“念無自性,不離本覺”。

《論》:“猶如迷人”至“則無所迷”。

釋曰:此舉喻也。而新《論》言“迷無自相,不離於方”者,但語前後,而意無别。

《論》:“衆生亦爾”至“則無不覺”。

釋曰:此法、合也。本覺真如,如正方所。根本不覺,似能迷心。業等動念,是如邪方。如離正東,無别邪西,故言“若離覺性,即無不覺”。

---

① 不,録本訛作“分”,據底本改。甲本亦作“不”,可資比勘。

問："爲此本覺體自不覺，爲别無明名爲'不覺'？"

此等[①]有義：無别不覺，覺體自迷，説爲"不覺"。豈别無明，異於本覺？如睡與寤，體性無差。若互無者，常無寤睡。由無别故，寤睡更起。若各别者，則於一人亦睡亦寤，不應正理。覺、不覺性，當知亦然。若覺、不覺互無性者，既無起妄，亦無返迷。由覺、不覺體無别故，自迷流轉，自悟歸源。若各别者，則一衆生半迷半悟，不應道理。由無别故，是故《論》言"念無自相，不離本覺"。由此經説闇與明合。有義：此説理深乖返，"覺"名應互失故，起染歸源應無定故，覺與不覺性各異故，如苦與樂性不同故，若斷無明、覺便斷故，説無明緣動性因緣同體理不聞故，覺體便應自能動故，風與海水喻不齊故，故前所説理必不成。應説二義其體非一，斷滅無明顯法身故；自性净心因無明動，能動所動體非一故；能熏香臭與所熏法，能熏所熏亦非一故；真妄本來性非染净，由别緣熏成染净故。不相離故，名"不離覺"；非覺、不覺，定同一體。故下《論》説："若如來藏體有妄法，而使證會[②]永息妄者，則無是處。"由新經説，燈破闇喻。有義：二説理皆不成，定一、定異外道見故。無明非壞非不可壞，由與本覺非一異故。此所舉喻水相、風相，隨轉微塵非一異故。各取一邊，皆當所難。合二説者，義方具足。前所引文[□][各][③]依一義，故覺、不覺非一、非異。

《論》："以有不覺"至"自相可説"。

釋曰：此依迷顯覺也。"以有不覺妄想"等者，此明妄有起净之功。"若離不覺之心"等者，此明真有待妄之義。良以依真之妄，方能顯真；隨妄之真，還待妄顯。略説雖然，而廣説者，無明熏真所起分别，由此妄想，能知名義，故對此妄，説"真覺"名。然其[④]真妄，相待立名，直就真體，都無名相；若離不覺，無所待故，無[□][以][⑤]顯説真覺自相。故下文云：染法净法悉皆相待，無相可説。此中意説：若離所待，能待亦無，能、所寂静，終不可説覺與非

① 等，録本訛作"第"，據底本改。甲本亦作"等"，可資比勘。

② 會，録本作"參"，底本、甲本不清晰，據《大乘起信論》[T32n1666p580a25]改。

③ 各，底本、録本無，結合文意，據甲本補。

④ "其"字前底本、録本有"其真覺名體"五字，結合文意，據甲本删。

⑤ 以，底本、録本無，結合文意，據甲本補。

覺，故《楞伽》偈云“遠離覺所覺”。

《論》：“復次[□][依][1]不覺”至“相應不離”。

釋曰：次明枝末，於[□][中][2]有二：先明細相，後顯麁相。初中亦二：總標，别釋。此初也。無明爲體本，三細爲相末。不相離故，名爲“相應”，非謂“王所相應”之義，是不相應三染心故。無明起妄，妄起無明，是故名爲“相應不離”。此及六麁先作二釋，然後消文，義方明著：一、約喻顯意；二、就識明相。初説意者，本覺真如，其猶净眼；熱翳之氣，如本無明；翳與眼合，動彼净[3]眼。業識亦爾，由净眼動，故病眼生。能見相亦爾，病眼外視，即有空花。境界相亦爾，以有花境，分别好惡。智相亦爾，由此分别，堅執不改。相續相亦爾，領順違相，起愛憎心。執取相亦爾，隨其苦樂，立名計著。名字相亦爾，既生貪嗔，争而相擊。起業相亦爾，被捉送官，有所囚縶。業縶苦相亦爾，長眠生死，而不能脱。皆由根本無明力也。約識辨相，略叙三釋。有義：染心是前七識。此屬七識，有通有别。通謂九相皆屬七識，故初業相即自體分，其能見相即諸見分，第三現相即是相分。緣境執法，故名“智相”。執相常流，名“相續相”。依法執我，名“執取相”。由執起名，名“計名字相”。依起惑業，名“起業相”。由業招報，名“業縶苦相”。别而言之，業屬第七，依無明動成妄念故。轉屬第六，依第七根轉緣外故。現屬五識，隨其五塵對至現故。智識即是[□□□□□][諸識，法執是][4]邪智故。相續即是諸識，我執多執常故。執取相者即是諸識，領納受藴。計名字相，即是諸識，取像想藴。起業相者，即是諸識，思數行藴。業縶苦相是五趣，果即是色藴。故此麁細九種妄心，是前七識。今知九相非是黎耶，有二證故，知唯七識：一、由二和[□][合][5]，方名“黎耶”。此中生滅是前七識，其不生滅是如來藏，融同一體是黎耶識。既此九種是唯生滅，非二和合，故非黎耶。二、以阿黎耶識説有

① 依，底本、録本無，結合文意，據甲本補。

② 中，底本、録本無，結合文意，據甲本補。

③ 净，録本訛作“静”，據底本改。甲本亦作“净”，可資比勘。

④ “諸識法執是”五字底本、録本無，結合文意，據甲本補。

⑤ 合，底本、録本無，結合文意，據甲本補。

無明不覺而起，能見[□][能][1]現，能取境界，起念相續，説爲意等。既依黎耶，説有無明不覺而起方是業等，故業識等是前七識。有義：前説不應正理，乖此《論》等諸教理故。經説真現分別事識，即應經有重言失故。《論》説現識一切時起，若是前七，應間斷故。説阿賴耶現一切境，現屬七識，違諸教故。所現境用既屬七識，賴耶應無"現境"義故。識三細相，名"不相應"；若是七識，染相應故。又應業識非佛地斷，許是七識菩薩知故。更有諸過，不能廣舉。故知九相，通顯八識。謂前三細，定屬梨耶；後[□□□□□□□□□□□□][六麁相，方屬七識，以彼黎耶][2]有三分故，説三細相。義如下説。

"若爾，黎耶應唯生滅？業等唯是生滅心故。"

答："實由二義，方成梨耶。義如前説，此偏舉故。以彼六麁是七識故，故説境緣復生六相，亦即經説：'於藏識海，境風所動，七識波浪轉。'於中智相是末那識。經説：'六識及心法智，如是七法，刹那不住。'以[3]此末那創有惠(慧)數，執我、我所，得此名故，其相續相即是意識。《論》自説云：言'意識'者，即相續識，依諸凡夫取著轉深名'意識'故。餘是四藴，義如前説。"

"若爾，末那應緣外境，便與經、論所説相違？"

答："許緣六塵，不違教理。《金鼓經》説：眼根受色，乃至意根分別諸法。大乘意根，即是末那，能緣諸境、不違經故。如《對法論》'十分別'中'相顯現分別者，謂六識身及意'，於器世界所受用義、所取相中而顯現故。意通緣境，亦不違《論》意。"

是意識不共所依，如眼與識，得同緣境。由是此中，應作比量，意根必與意識同境，是立宗言。以是不共所依[□□□□□□□□□□□□][根故，是宗法言。諸是不共所依][4]，必與能依同境，如眼等五根，是隨同品言。謂若不同境者，必非不共所依，如次第滅意根，是隨遠離言。既此比量於理無違，末那遍緣理善成立，不可難言。同能依識緣自體故，有自見遍諸心、心

① 能，底本、録本無，結合文意，據甲本補。

② "六麁相，方屬七識，以彼黎耶"十一字底本、録本無，結合文意，據甲本補。

③ "以"字前底本、録本有"以住"二字，結合文意，據甲本删。

④ "根故，是宗法言。諸是不共所依"十二字底本、録本無，結合文意，據甲本補。

所，皆證自體於一心中有諸分故，是故不廢同一所緣。而諸教説不緣外者，以所現境不離現識。末那雖緣，不計爲外，不妨内緣六塵境相。有義：此説理教相違，唯説末那内緣執我，以是微劣，任運一類，無窮別起我所見故。不爾，何異第六意識？非計内外，可令相别。尚非我計，我亦非外，計外故説心法智。即此智相是末那者，亦非證成，末那心所非唯惠（慧）故，惠（慧）於心所非初勝故，非自所許四相法故。以諸心所助成心事，名“心法智”，總爲第七，非即末那名爲“智相”。不爾，本識既未有智，何不説爲“非心法智”。意根分别一切法者，此中“意根”非末那識，意謂思量此分别故，即説“意識”名爲“意根”，“意識”亦名“分别根”故。如説眼根能受諸色，豈受相應能受色耶？經説境緣，七識浪轉；《論》兼説意，顯現分别；言總意别，亦不相違。依本識見，而起末那；依本識相，别起五識；意識通緣，見相而生。不爾，諸識便無差别。既所引教，不順所宗；故所立理，依似比量。宗有二過：一、違正教，多處唯言有我見故。二、違比量，乖不遍緣正比量故。因有二過：一、有決定相違過失，違後施設正比量故。二、有異品一分轉過，諸共所依亦同境故。由是此中正比量云：有漏意根必不遍緣，自所餘境不共所依，六根之中隨一攝故。如彼有漏意根，應不能發無漏意識，理不相應故。又令末那與五色根等無差别，便成大過，使前所説理教相違，故知“末那”非謂“智相”，不能分别愛、不愛故。應知六麁，皆屬事識。下五意中，廣顯其義。何故不説“末那識”者？有二義故，略不説之：一、義准有故。前説賴耶三種細相，必有執我，末那俱起。故《唯識》云：“隨彼所生彼地所繫。”又《瑜伽》説：賴耶識起，必二識相應。又由意識緣外境時，必依末那爲根方起，故説六麁分别事識必有末那，義准有故。故麁細中，略不説也。二、義不便故。無明住地，動本净心，令起和合，成黎耶識。“末那”既無此“和合”義，故三細中而不説之。又由外境，牽起事識。“末那”既無“緣外境”義，故六麁中亦略不説。由此義故，經中但説真識、現識、分别事識。餘義同前，委如下説。

《論》：“云何爲三”至“不離因故”。

釋曰：次分别釋。於中三細，即分爲三。此初也。“無明業相”者，標其名也。謂由無明，心起動故，謂“無明”即名“業相”，但是依主，非持業釋。“依不覺”者，釋標中“無明”也。“心動名‘業’”者，釋標中“業”字。“業”有二義：一、“動作”義，故云“依不覺故，心動名‘業’。”“覺則不動”者，反舉釋成。既始覺時則無動念，是知今動只由不覺。二、爲“因”義，故云“動即有苦”。如得静時，即是涅槃妙果，故知今動則有生死苦患。“果不離因”者，顯動即苦，動因苦果無别時故。此雖動念，而極微細，緣起一相，能、所不分。故《無相論》云：“問：‘此識何相何境？’答：‘相及境界不可分别，一體無異。’”此依黎耶業相説也。

《論》：“二者能見”至“則無見”。

釋曰：言“能見”者，即是轉相，依前業識轉成能見，故言“以依動故能見”。若性静門，則無能見，故云“不動即無見”也，反顯“能見必依動”義。如是轉相，雖是能緣，以境微細，猶未辨之。如《攝論》云：“意識緣三世境及非三世境。”是則可知此識所緣境不可知。境不可知者，以無可知境故。如説十二因緣始不可知義，此依本識轉相説也。

《論》：“三者境界”至“則無境界”。

釋曰：“境界相”者即是現相，依前轉相，能現境界，故云“依能見故，境界妄現”。若無分别，則無境界，故云“離見，即無境界”，反顯境界必[□□□□□□□][依能見。故《楞伽經》][1]依此義云“譬如明鏡，持諸色像；現識處現，亦復如是。”此《論》下釋“現識”中云：“所謂能現一切境界，猶如明鏡現於色像；現識亦爾……以一切時任運而起，常在前”等，並依本識現相而説。此之現相，尚在本識，何况業轉微細，於此而反説在七識中乎？

問：“此境界相爲即是境，爲是舉境顯能現心？”

有義：但是所現境界，説依能見境妄現故。又説：離見即無境界，非有别心是所離故。又依轉識説爲境界，離轉無别取境心故。又説：不知轉識所現，不説别心是能現故。此三乃是識三分義，次前是見此“相分”故。下五意中名“現識”者，依識所現，從識得名。如説“相分”亦名爲“心”，此亦應爾，故不相違。有義不然，違《論》説故。此境界相即下“現識”，不應説是所現境故。既説現識現一切境，不應境界復現境故。説如明鏡現於色像，若唯所現，喻不齊故。又説對至即現五塵，非境對餘而現起故。又第三相得名爲

① “依能見故楞伽經”七字底本、録本無，結合文意，據甲本補。

“意”，境無依止非意義故。經説境界現識處現，所現、能現心境別故。前後諸文説依轉識爲境界者，依識體説，如説離業，即無見相，此亦應爾，故不相違。此文所標“境界相”者，前後影略，互舉見相。謂心、心所，四分合成：業相即是證分，是最微細難知心故；轉相即是識自體分，以是能緣向内見故；現相即是識之見分，能現境界向外見故；所現境界即是相分，所現、所取外境相故。前二是内，是識自體依、持別故，開之爲二；後二是外，是識之用相帶而起，合之爲一。故於前後互舉“見相”，非謂第三唯是境界。此等並由根本無明動静心起，成黎耶位。若爾，事識應説此三，八識皆有諸心分故。道理實如是，但於細識破一異執，麁識易知、義准有故。如於事識但説相應，本識豈都無“相應”義？《論》文巧約，影互顯耳。

《論》：“以有境界”至“生六種相”。

釋曰：顯細相意，以顯麁相。於中有二：初標，後釋。此初也。[□□□][是釋雖][①]言“境界風所動，種種諸識浪，騰躍而轉生”，新《論》於“境”加“虚妄”言，意欲簡別真如實境。真如既説非是“境相”，但言“境界”，是顯妄也。然下六麁，束爲三對。初之二種依境生執，法執細惑地上斷故；其次二種依執生惑，我執中惑二乘斷故；其後二種依業受果，上品麁惑凡夫知故。

《論》：“云何爲六”至“不愛故”。

釋曰：別釋六麁，即分爲六。此初智相，由未無明，不了現識所現境相皆是妄現、無有體性，創起了別，執實染净，名爲“分別愛不愛”等。謂執染劣，起不愛心；若執净勝，起愛分別。故新《論》言：“起愛、非愛心。”

《論》：“二者相續相”至“不斷故”。

釋曰：依前分別愛非愛境，而生苦樂覺念之心，常相續故，名“相續相”。謂依前念分別愛境起樂受覺，於愛境起苦受覺，數數起念，相續現前。此即自體念相續也。

《論》：“三者執取相”至“心起著故”。

釋曰：於苦樂境，不了虚妄，深起取著，名“執取相”。謂即於前相續所念苦樂境上復深取著，領納不捨，故言“心起著”等。

---

① “是釋雖”三字底本、録本無，結合文意，據甲本補。

《論》:"四者計名"至"名言相故"。

釋曰:依前顛倒所取境上取分齊相,更立名言而生分别,名"計名字相"。故《楞伽》云:"相名常相隨,而生諸妄相。"故言"依妄分别,假名言"等也。

《論》:"五者起業"至"種亦業故"。

釋曰:依前計名執著心故,起貪等惑,發動身口,造種種業,能招當來五趣苦果。此即惑業爲苦近因也。

《論》:"六者業繫"至"自在故"。

釋曰:業因既成,依業受果,被業所繫,不得自在,循環受苦,名"業繫苦"。故言"依業受果,不自在"等。

《論》:"當知無明"至"不覺相故"。

釋曰:上已廣顯枝末,此即結末歸本。"當知無明能生"等者,初正結歸。如前九相攝一切染,因本無明迷真而起,故云"無明生一切染"。"以一切染法皆是"等,釋"苦"所以。恐疑染法多種差别,如何根本唯一無明。染法雖多,皆是無明之氣,悉是[□][不][1]覺之相,不異不覺,是故"染法皆是不覺"。

《論》:"復次覺與"至"有二種相"。

釋曰:上來已釋"覺"、"不覺"義,次明同異。於中有三:初總標,次别名,後辨相。此初也。前已别釋,今將合明,故次前文,復更標舉,故云"復次[2],覺與不覺"。前别明者,令知迷悟昇沈有異,而生欣厭;今合釋者,令知業幻非定一異,而有斷證;故言"覺與不覺,有二種相"。

《論》:"云何爲二"至"二者異相"。

釋曰:此别名也。染凈齊真曰"同",同義可表名"相"。染凈體殊曰"異",[□][異][3]有殊狀曰"相"。何故如是有同、異耶?以體從緣故異,攝緣因歸體故同。緣從體同,故真如一味;體從緣異,故凡、聖兩分。凡、聖分故,世諦義立;真如一故,真諦理存。覺與不覺,同、異如是。

《論》:"同相者"至"微塵性相"。

---

① 不,底本、録本無,結合文意,據甲本補。

② 次,録本訛作"以",據底本改。甲本亦作"次",可資比勘。

③ 異,底本、録本無,結合文意,據甲本補。

釋曰:次後辨相。於中有二:初同,後異。同中有三:初舉喻,次法合,後引證。此初也。"種種瓦器",喻染、净法。皆以"微塵"而爲"性相",喻染、净法以真爲性。"相"者"體"也,亦即是"性"。非以此中"性相"言故,即説"微塵"爲器之"性",而説"瓦器"爲塵之"相"。新《論》但言"皆同土[①]相",即顯此中"性相"無别。

《論》:"如是無漏"至"真如性相"。

釋曰:此法合也。始、本二覺名爲"無漏",本、末不覺名曰"無明"。有用顯現,故名爲"業"。而非實有,故名爲"幻[②]"。染净雖殊,皆真爲體,以動真如成此二故。此中"相"者亦即體性,非謂相望而言"性相",新《論》但言真如相故。

《論》:"是故修多羅"至"無可見故"。

釋曰:此引證也。是前染净同真相故,經依此義説諸衆生本來涅槃、得菩提等。總説雖然,别分别者,本、末不覺即真如故。衆生即涅槃,不復更滅,本、始二覺即真如故。菩提亦本有,非新得者,故此涅槃非待修習了因方證,故言"非可修相"。即此菩提非待生因而方起作,故言"非可作相"。此之二果,既性本有,非更得故,故言"畢竟無得"。"亦無"已下,猶是經文,爲遣疑難,故《論》具引。謂有難言:若諸衆生已涅槃等,何不如佛現報、化等色身相耶? 故此初句釋此義云:法性自體非色可見,如何更能現色相耶? 故言"亦無色相可見"。又復疑云:若以法性非色可見、不現色者,諸佛何故現色相耶? 故下諸句釋此義云:彼見諸佛種種色者,並隨衆生染幻之心變異所現,非謂不空智性之色,以智真體非可見故,故言"而有見色"等也。"非謂智色不空性"者,此文既倒,釋乖文耳。

《論》:"異相者"至"各各不同"。

釋曰:次顯異相。於中有二:初喻,後合。此初也。

《論》:"如是無漏"[□□][至"染][③]幻差别"。

① 土,録本訛作"出",據底本改。甲本亦作"土",可資比勘。
② 幻,録本訛作"别",據底本改。甲本亦作"幻",可資比勘。
③ "至染"二字底本、録本無,結合文意,據甲本補。

釋曰:此法合也。“隨染幻差别”者,[□□□□□□□□□□][是無漏法。“性染幻差别”者]①,是無明法。以彼無明違平等性,是故其性自有差别,説本無明自性差别,我見、愛染等煩惱依無明起差别故。諸無漏法順平等性,直論其性,則無差别,但隨染法差别相故,故説本覺性德差别。又由對治彼染差别,故成始覺萬德差别。如是二法,雖現業用,皆是真如隨緣②顯現,似而無體,通名“業幻”。

《論》:“復次生滅”至“意識轉故”。

釋曰:廣釋立中“心生滅”竟,次釋因緣。於中有二:先明生滅依因緣義,後釋所依因緣體相。初中亦二:初總標,後别釋。此初也。有義。生滅即是衆生。言“因緣”者即心意識。心謂黎耶,意謂末那,識謂六識。六皆依意,總名“意識”。生滅衆生依心意識而得生起,故言[□][所]③謂衆生依心、意、意識轉。有義:此説④理極麁淺,心、意、意⑤識自爲生滅,如何説是生滅因緣?若彼衆生名“生滅”者,此心、意、識應非生滅。應言“生滅”,即前七識因緣即是本識種,爲⑥現本識中種爲生滅因,識體現行爲生滅緣,謂諸衆生依本識心有意、意識七識生起,故言“依心、意、意識轉”。有義:此説理亦未圓,乃説法相⑦大乘義故。即黎耶識自待因緣,[□□□□□□□□][如何説是生滅因緣]⑧?應知八識總名“生滅”。言“因緣”者,有其三種:一者黎耶心體不守自性,是⑨生滅因;根本無明熏動心體,是生滅緣;依此因緣⑩,成黎耶識。二者現識心體復起麁識,是生滅因;外妄境界熏起諸識,是生滅緣;依此因緣,起六麁相,成其事識。三者以前因緣爲生滅因,以後因緣爲生滅緣;本末

① “是無漏法性染幻差别者”十字底本、録本無,結合文意,據甲本補。
② 緣,甲本作“染”。
③ 所,底本、録本無,結合文意,據甲本補。
④ 説,甲本無。
⑤ 意,甲本無。
⑥ 爲,甲本無。
⑦ “法相”二字甲本作“初教”。
⑧ “如何説是生滅因緣”八字底本、録本無,結合文意,據甲本補。
⑨ 乙本以上殘。
⑩ “依此因緣”四字底本、録本衍作“依此因緣依此因緣”,結合文意,據甲本删。

相依,不相離故;麄細鎔融[①],唯一心故。依此因緣,理方圓顯。諸生滅相,聚集而生,而爲假者,故名"衆生"。唯依心體,故言"依心",即是黎耶自相心也。此假者衆生[□][依][②]於一心,即有五意及意識起,故言"衆生依心、意、意識轉"。

《論》:"此義云何"至"説有無明"。

釋曰:次下别釋。於中有三:先釋"依心",次釋"意轉",後"意識轉"。此初也。上言依心、意等轉者,義云何耶?故此釋也。"依阿黎耶識"者,是上依心是生滅因,即阿黎耶二義之中"本覺"義也。"説有無明"者,是生滅緣,即二義中"不覺"義也。依此因緣,意、意識轉,故言"以依黎耶識"等。前標文略,但言"依心";今此别釋,具顯因緣,故説依心及無明也。

問:"前説依覺有不覺,力動静心體,方成黎耶,如何今説識有無明?"

有義:此中"阿黎耶"者,即是本覺不生滅心。以此本覺不自知義,説有無明不覺而起,即業識等前七識也。故前後説,亦不相違。有義不然[③],違《論》説故。説二和合,方成黎耶,有覺、不覺二義别故。若如所説,生、不生滅,覺、不覺義,應無别故。若爾,便無"和合"之義,寧説和合成此識耶?應知依識有無明者,"識"有二義,謂覺、不覺。前别就本,故云依覺有不覺,動而成識;今就和合總聚而説,故言"依識有無明"也。有義:此釋理亦未圓。今此意顯真心爲因,無明爲緣,成黎耶識,應説依真有無明動,成業轉現阿黎耶識,寧卻就識説有無明,然後復言"成業識"等?許則便有兩熏本識。應知此中"黎耶識"者,唯取"真心隨緣"之義,此"隨緣"義難名目故。或就未起,故[④]説"依覺有不覺"。或約已起,故言"依識[⑤]有無明"。要就二名,方盡其義。是故前後綺互言耳。然起、未起雖義有殊,皆與無明爲依止故,故於二處皆説無明。非總聚中而無無明,但非就於總聚而説,唯依體説有無明也。

問:"若謂黎耶有無明者,如何會通諸《論》所説,謂《瑜伽》等皆説賴耶白

① "鎔融"二字甲、乙二本作"融通"。
② 依,底本、録本無,結合文意,據甲、乙二本補。
③ 然,底本、録本訛作"能",據乙本改。
④ 故,録本訛作"起",據底本改。甲本亦作"故",可資比勘。
⑤ 乙本以下殘。

净無記,一向捨受?若有無明,則成雜染,豈堪受彼染净熏耶?”

答:“諸《論》且約麁義而説,以爲初入大乘人故,而實此識有本無明。今且略以三義明之:一、迷無相不證真故。不爾,此識應緣真諦,則一衆生半迷半悟故。二、於果位鏡智俱故。若因位無明、餘識相應者,應果位鏡智,餘無漏識起,以於二位相敵對故。三、於因位性無記故。若一向净,唯名爲‘善’,則屬真心。一向染者,則名‘不善’,唯屬妄心。二心和合,非定染、净,方成無記。若無無明,何以簡染成無記耶?由此三義,故知此識定有無明。然其無明,有麁有細。麁在事識,細在本識。《論》許無明在事識者,且約麁相説[①]麁無明,不妨細者亦在本識。”

“若爾,如何受熏持種?既有無明,違善熏故。”

答:“雖有無明,性非不善。受善等熏,於理何失?若無無明,一向清净,如何受彼不善熏耶?故受熏者要有無明,不應舉彼七識爲難,以其無明麁細異故。況受熏體唯是真如,是故賴耶受熟識者,但是[□][真][②]如染净分位引迴心者,假就麁相,言彼受熏,不違教理。”

“若爾,佛位亦應受熏?以有受熏真如體故。”

“此難不然。無無明故,離和合相淳净明故,既無能熏、非所熏故。由此汝宗‘佛應受熏’,有净能所可熏體故。不可説言‘滿故不熏’,以非質礙能所熏故。”

《論》:“不覺而起”至“故説爲意”。

釋曰:次釋意轉。於中有三:初略明“意轉”[③],次廣顯“轉相”,後結成“依心”。此初也。此中即顯五種識相:“不覺而起”,即是業識;“能見”,轉識;“能現”,現識;“能取境界”,即是智識;“起念相續”,即相續識。此既無明迷真所起,[□□□□□□□□□□□□□□□][由二迷義,合爲二識:一、迷真起][④]

① “説”字前底本、録本衍“説麁相”三字,結合文意,據甲本删。

② 真,底本、録本無,結合文意,據甲本補。

③ “於中有三初略明意轉”九字底本、録本衍作“於中有三初略明意轉於中有三初略明意轉”,結合文意,據甲本删。

④ “由二迷義合爲二識一迷真起”十二字底本、録本無,結合文意,據甲本補。

妄，而有前三，成黎耶識。二、迷妄爲實，起後二相，[□][成]①其事識。既此五種合爲二識，由二"依"義，總名爲"意"：一、本末依，末依本故；前三爲本，故説爲"意"。二、麄細依，麄依細故；後二細故，復説爲"意"。其麄意識，非本非細，無"所依"義，故不名"意"；但有分別，故名"意識"。

《論》："此意復有五種名"。

釋曰：廣顯轉相。於中有三：初舉數總標，次依名辨釋，後顯其功能。此初也。

《論》："云何[□][爲]②五"至"不覺心動故"。

釋曰：次下辨釋。别釋五意，即分爲五。此初也。"名'業識'"者，標其名也，即九相中第一業相。前對無明，故[□][説]③爲"相"，是無明體之相狀故。此對真心，説名爲"識"，依心[□□][所起]④所依意故，識成意故。下准此知。"無明力"者，舉所依緣也，明心不自起，起必有緣。"不覺心動"者，正明"業"義，謂"起動"義是"業"義故。

《論》："二者名爲"至"能見相故"。

釋曰："名'轉識'"者，標其名也。"依於動心"者，舉所依緣也。"能見相"者，釋"轉識"義，謂依無明，轉前業識，成此能見，故名"轉識"。依識聖教，轉識有二：爲無明轉成能見者，在本識中；如其境轉成能見者，在事識中。此中轉相，約初義説。《瑜伽論》等説七識等名"轉識"者，依後義説。

《論》："三者名爲"至"常在前故"。

釋曰：此文有三，謂法、喻、合。"所謂"等者，此舉法也。如鏡等者，此舉喻也。謂此心體，無明熏對，現種種境。如鏡對彼差别質故，現種種影，現識亦爾。後明法合。其初二句，正合前喻。無明熏真，自有二種：一、本無明與心和合，冥熏静心，成三細識。二、末無明與心别異，對熏動心，起六塵境。末無明者，即諸煩惱起業熏識，生五趣境，故言"[□][五]⑤塵對至即現"，非

① 成，底本、録本無，結合文意，據甲本補。
② 爲，底本、録本無，結合文意，據甲本補。
③ 説，底本、録本無，結合文意，據甲本補。
④ "所起"二字底本、録本無，結合文意，據甲本補。
⑤ 五，底本、録本無，結合文意，據甲本補。

對五塵方起現識。此所現境，寬狹云何？諸聖教中，所説有異。十卷《經》[1]云："阿黎耶識智[2]名'識相'，所知體相[□][如][3]虚空中有毛輪[4]等，住不净相[5]所引境界。"又有文云"阿[6]黎耶識分别現境自身資生、器世界等，一時知"等。《瑜伽論》説此識能了二境故轉：一、内；二、外。内有三種：謂五色根、根所依處、所含藏種；若生無色，唯了種子。外謂能了器世界相，《唯識》等論，皆與此同。舊《中邊論》説此能了四種境界，故彼偈云："根塵我及識，本識生似彼。"何故如是諸教[□□□□□□][異者？有義：諸教][7]隨譯者異，非本經論即[8]此差殊。於四、七卷二《楞伽經》，但同後文，都無前語，但是譯者妄加經文，或失本意，故不可依。新《中邊論》不説賴耶緣我及識，故彼頌云："識生變似義，有情我及了。""識"言通三，謂八、七、六。此三生時，隨應變似根、我、了别三種境義。舊《中邊》偈妄加"本"字，長行仍謬，亦不可依。由此但就《瑜伽》爲正，順《楞伽經》三本文故。又既此識不能計度，是故不可緣我及識。而《論》説"現一切境"者，所謂内、外一切境也。有義：此説其理未圓，不能會通諸經論故。若謂本識不緣我者，不應説爲虚妄分别。若不證實名"虚妄"者，豈不由執不證實耶？若無計度故不執者，與證真智有何差别？既許此有自性分别，何不許有自性執耶？不爾，如何《瑜伽》説此緣計所[□][執][9]自性習氣。若不言"唯故無執"者，豈説唯緣非執種耶？若有漏善，雖不證實，亦無執者。此不爲倒，意與六識爲染净，根與有漏善爲漏[10]性，故約無不善，有覆無明所起麁相，言無執心，何妨亦起無覆無記微細無明所

① 按：此《經》即《入楞伽經》，後魏菩提留於延昌二年(513)譯，共有十卷。

② 智，甲本作"知"。

③ 如，底本、録本無，結合文意，據甲本補。

④ 輪，録本作"轉"，底本、甲本不清晰，結合文意，據《入楞伽經》卷第一[T16n0671p518b4]改。

⑤ 相，甲本作"智"。

⑥ 阿，録本訛作"何"，據底本改。甲本亦作"阿"，可資比勘。

⑦ "異者有義諸教"六字底本、録本無，結合文意，據甲本補。

⑧ 即，甲本作"有"。

⑨ 執，底本、録本無，結合文意，據甲本補。

⑩ 漏，甲本作"攝"。

起我相,許此執我。理既無違,由是亦能變似識等。若此識變,必有實用,故[□][不][1]能變諸識相者,則應諸識實用都無,不是本識實所變故。若謂諸識所有實用别從此識種子生者,外器亦可但從種生,本識不應别變器等。若謂器等但是相分不可變識爲相分者,意是意識不共所依,如五色根,變緣何失? 若相分心無能緣用、故説此識不變心者,亦應不緣諸識種子,種子現行性相同故。若謂種子無能緣用、故本識緣識非倒者,則種與現本末因果、性繫地等一切應殊。如是推微(徵?)[2],故知此識亦緣諸識,於理無爽。是故《經》言:"知名'識相'……住不净智所行境界。"

"若爾,如何會通諸教?"

答:"諸教所説,亦不相違,不言唯緣如此法故,不説餘法非所緣故。雖無相違,而有不同。"

"不同之意,叵(頗)[3]得聞乎?"

"不同之意,各有道理。《中邊》及《經》[4]明現起法皆是識變,唯説現行。習氣種子,其相不現,與識無異,故略不説。《瑜伽》爲顯相不離見,故除識外,是所了别。諸心、心所,離識不立,其義自顯,故[□][不][5]説之。而實此識通緣一切,以有隨自他分境故。"

[□][是][6]《論》言"能現一切"下,合。唯言"現五塵"者,且舉麁顯,以合鏡喻,故前後文亦不乖越。其後三句,簡異諸識。"以一切時"等者,此簡意識。此所藉緣,無時不具,故"一切時任運而起"。彼所藉緣,時多不具,於五位等有間轉故。"常在前"者,對簡末那。末那雖常任運而起,非諸識本,故非在先。今此黎耶是諸識本,在諸識本[7],在諸識先,故言"常在前"也。非謂五識對五塵現而常在於意識,前起五識不能現一切境,非一切時任運起故;

---

①⑤ 不,底本、録本無,結合文意,據甲本補。

② 微,底本、甲本不清晰,結合文意,此當爲"徵"之訛字,待考。

③ 叵,此當讀如"頗",略微義。顔之推《顔氏家訓·誡兵》:"然而每見文士,頗讀兵書,微有經略。"王利器集解:"頗與下句微對文,亦微少義。"

④ 此《經》當即《入楞伽經》。

⑥ 是,底本、録本無,結合文意,據甲本補。

⑦ "在諸識先"前底本、録本有"在諸識本"四字,當系誤書,結合文意,據甲本删。

但隨五塵惑業因對，故所現塵無前後耳[①]。

《論》："四者名爲"至"染净法故"。

釋曰：是事識中細分法執，不了前心所現境空，而起染净勝劣分別，故言"分別染净法"也。

《論》："五者名爲"至"不斷故"。

釋曰：此亦事識細分之位。此細事識法執相應，執無斷故，名"相續識"。若謂此二是事識者，寧意識中方立名耶？答：以彼亦[②]麁有通、別名，通名"事識"，別名"智"等。如三細相，名亦通、別，通名"黎耶"，別名"業"等。下意識中方立名者，增顯更説、影顯前故。如現境相，説爲"黎耶"，而"賴耶"名亦通業識。又依我見，立"意識"名，豈"意識"名唯屬我見？許則二乘應離意識，寧説二乘意識熏習？又此黎耶所現境相既是此中所分別事，此於彼境染净、苦樂覺念分別，寧非事識？不爾，此是何識所收？不應説是七、八二識，末那不緣外境相故，本識不起染净相故。故屬事識[③]，其理必然。不可難言此二亦我執，雖同事識、麁細各別故。如業轉現，同本識體，業識未有能、所相故。若如所難，二執無別，便與諸教極相違故。故[④]此但是細分法執，同名"事識"，於理無違。

"若爾，寧説事識熏習能受凡夫業繫苦相？"

答："此'事識'者，通法我相，彼就具足二相處説，故事識熏習凡夫苦。若二乘人，唯有法執，雖有熏習，無業繫苦，已斷我相發業用故。如八、九地，離現見染，豈得説'無本識心'耶？此亦如是。故唯法執，亦名'事識'，於理無違。"

"若爾，六染爲是識體，爲是事識體應心所？"

答："是事識體，非謂心所，説是所起事識心故。"

---

① 耳，甲本作"爾"。

② 亦，甲本作"六"。

③ "屬事識"三字底本、録本作"屬屬事識"，據文意删一"屬"字。此三字甲本作"屬識事"。

④ "故"字前底本、録本衍"故此但是細分法執同名事識於理無違故"十七字，結合文意，據甲本删。

説爲不斷相應染等，與染心所相應義故。説“意識”者，即相續識。故知諸染無別體故，但名爲“意”及“意識”等，非是相應心所義故。事識心所，即未（昧？）[①]無明，乃是能起見愛惑故。此六不攝見愛煩惱，皆是見愛所起識故。隨業用別，假立多名，如業轉現但一識故。由與彼等心所相應，而於一識開此諸相，非謂諸相即是心所。

《論》："住持過去”至“不覺妄慮”。

釋曰：此即第三顯功能也。有義：此顯五意功能。前但别明五意自相，此總熏顯五功能故。非謂别顯“相續”之義，前九相中無此文故。“住持過去無量”等者，顯前三細本識功能，由業轉現黎耶識故，攝藏諸法善惡業種，故能住持過去多生善惡之業，令其不失。此明本識能持種子，[□][由][②]攝業種[③]令不失故，隨善惡種，生善[□][惡][④]果，故能成就現在、未來果[⑤]等報、無差違也。此明本識能起現行。“能令現在已逕事”下，顯其後二事識功能。由彼事識法執分别，故能念慮三世之事，故言“不覺妄慮”等也。有義：但顯事識功能，由此能令三世因果不斷絶故，名“相續識”。前九相中，且約自體。此更就能釋“相續”義，非謂通顯五功能也。不爾，現識現五塵等所有義相，應通前二。意識起惑，於業有三：一、起見惑，發未起業令起。二、起修惑，潤生未熟業令熟。三、雙起見、修，引未生業令生。由此能令生死相續。今此文中，但舉後二，以能起此潤業煩惱，引持過去所發業種，不失功能，令成堪生來果之有，故云“住持”乃至“不失”。又爲能起引業煩惱，能使已熟善惡業種，隨其所應，滅彼異熟，業果相應，故云“成熟……無差違”也。此則引熟令生如是三世，因果流轉，連持不絶，功由意[□][識][⑥]，顯識用麁有是功能，故依功能名“相續識”。次舉念慮三世之事，顯别智識微細分别，故言“能令”乃

① 未，此似爲“昧”之訛省。[漢]揚雄《太玄·聚》：“畏其鬼，尊其禮，狂作昧淫，亡。”範望注：“昧，迷也。”該字甲本作“迷”。

② 由，底本、録本無，結合文意，據甲本補。

③ 種，甲本作“識”。

④ 惡，底本、録本無，結合文意，據甲本補。

⑤ 果，甲本作“苦樂”。

⑥ 識，底本、録本無，結合文意，據甲本補。

至“妄慮”。

《論》:“是故三界”至“六塵境界”。

釋曰:上顯意轉,次下結明“依心”之義。於中有二:先正結屬心,後釋疑廣辨。此初也。文中二節。初順結三界。言“是故”者,是前一心隨無明動作五意故,是五種意依心成故。而此五意,總攝三界,故説三界唯一心轉。妄念似現曰“虛”,詐現實狀曰“僞”。或相有體無名“虛”,體無似有名“僞”。虛僞之相,雖有種種,能究其因,唯心所作故。云佛子三界“唯心”、“離心”等者,此反結六塵也。離彼現識,即無六塵,反驗六塵唯是一心,故云“離心無六塵”也。

《論》:“此義云何”。

釋曰:次下釋疑。於中有三:初問,次答,後結。此初也。現有塵境,異心可見,能取、所取,了然差別。三界六塵,固在心外,此唯心者,義云何耶?

《論》:“以一切法”至“無相可得”。

釋曰:此答也。文有七句,總分三節。即初三句,正答前問。以業相等皆因心起,緣彼無明妄念熏生。既五種識不離於心,故離一心無六塵也。或可境界皆是此心,隨熏所起,更無異體;由汝妄念,而生異相。故《楞伽》云:“身資生住持,[□][若]①如夢中生。”若有能取、所取相者,夢中所見,應有二相。[□][故]②如夢中,無二相也。既因此答,轉起疑云:念不孤起,託境方生。若無異境,何所分别?故此二句釋此難言:一切分别,非外分别,如依於面,自見其面。夢中所見,自見其心。是故《經》云“無有少法能取少法”,即其義也。故言“分别[□][即]③分别自心”。若爾,便成能見、所見,何故前言無二相耶?故後二句遣此疑云:爲遣塵執,説見自心,實非以心而見心也。心尚不起,何有見乎?以本真心無見相故。

問:“如《集量論》説諸心、心所皆證自體,名爲‘現量’。不爾,於自心應不能境故,何故今説心不見心?”

---

① 若,底本、録本、甲本無,結合文意,據《入楞伽經》卷第十[T16n0671p578c19]補。

② 故,底本、録本無,結合文意,據甲本補。

③ 即,底本、録本無,結合文意,據《大乘起信論》[T32n1666p577b19]補。

答:“二意異故,亦不相違。彼約俗諦安立道理,於其妄心開爲諸分,故説自證能見見分。此約真實證會道理,説本真心,元非動念;既無見故,非能、所見;若唯俗諦,所顯亦殊。此顯見分不能自見,故以指、刀爲同法喻;彼説自證能見見分,故以燈、焰爲同法喻。設唯就真,所顯亦别。彼説智如能、所證别,有見可證,以心見心;此説理智既無别體,無見可證,心不見心。[□][能][1]此真俗,舉體通融。説無不當於無,故不壞於有;説有不當於有,故不乖於無。無不乖有,故宛然有而即無;有不妨無,故宛然無而即有。由是二《論》不相違也,即由此中心不見心、無相義故。《楞伽》頌云:

‘非他非自[2]緣,分别分别事;五法及二心,寂静無如是。’

即前二句,依識遣塵,明唯識觀;今此二句,依真遣識,明真如觀。法門雖二,所證是同,但一觀成,則證外[3]觀。故《瑜伽論》問此義言:諸觀行者見遍計所執無相時,當言入何等性?應言‘入圓成實’。若入圓成實性時,當言遣何等性?應言‘遣依他起’。舊《中邊論》亦顯此義。由依唯識故,境無體義成。以塵無有故,本識即不生。故唯識成[4],即無有識。以識無故,便證真如。故知二觀同所證也。”

《論》:“當知世間”至“而得住持”。

釋曰:次下總結。於中有三:初顯依妄有境,次顯境體亦無,後結釋所以。此初也。言“無明”者,根本無明。言“妄心”者,即業轉現。世間境界,杖(仗)[5]此而成,依之而住,不失自體,故言依妄得住持等。

“若爾,劫壞餘殘世界誰無明妄所住持耶?”

答:“總詳諸教,有其四釋:

有義:衆生本識妄心於所變境爲二因力:一爲生因,由種勢力生近正果故;二爲引因,引[6]遠殘果令不頓絶故。内身既爾,外器亦然。故劫壞時,雖

① 能,底本、録本無,結合文意,據甲本補。

② 自,《入楞伽經》卷第十[T16n0671p578c23]作“因”。

③ 外,甲本作“餘”。

④ 成,甲本無。

⑤ 此“杖”即“憑藉”義,今作“仗”。

⑥ 引,甲本無。

無衆生,無明妄心爲正生因,由前識中種有引力,故[□][殘][1]世界不即頓空。此能引力既本是心,故所引果亦妄心也。

有義:前[2]説其理不然。諸□(王?)[3]死時,身器頓滅,彼時何無引因力耶? 若生界法[4]應頓滅者,此何不爾,要色[5]引因? 設爾,殘界應心外有,現無妄心所住持故。由此應説妄心所變,有共、不共四種句義。故此世界共所變起,或共受用、不共受用。雖不共用,必共變起。是故設生他方、自地,彼無明妄亦得住持。如死無心,餘變骸骨,他變殘界,其理善成。

有義:此説亦未應理。大千世界,成、壞必同,無有彼此住、壞異故。若大千外,世界隔遠,彼識不能變此界故。不爾,殘界應永不空,諸界衆生常共變故。不應倒彼餘骸爲救,界地異同遠近别故。應言世界將壞之時,有得通者往來持用,彼識亦得變此殘界。如諸聖者往惡趣中,必變彼趣而往來故。不爾,殘界聖應不見。既照見者必變而緣,不變[□□][而緣][6],便取外境。故通者變,其理善[7]成。

有義:此説理亦未然。《論》説境界皆妄心持,得通聖者無妄心故。設許聖[□][教][8]變,非利益過,變殘世界無所用故。若由照見法爾變者,應同凡夫有所緣故。若由往來故[9]所變者,界應不空常往來故。若有爲法自滅壞者,則因於果無力用故。不爾[10]殘界尚有衆生往惡趣者,不同倒故。應言殘界雖無人等,必有别類重罪衆生,彼識故得變此殘界。如人骸骨,本識雖無,餘鬼畜等所變住故。説前[11]地獄亦雜人間,不遮無間移處所故。説諸地獄處

① 殘,底本、録本無,結合文意,據甲本補。
② 前,甲本作"此"。
③ 此字底本不清晰,録本作缺文。甲本似作"王",待考。
④ 法,甲本作"生"。
⑤ 色,甲本作"立"。
⑥ "而緣"二字底本、録本無,結合文意,據甲本補。
⑦ 善,甲本作"應"。
⑧ 教,底本、録本無,結合文意,據甲本補。
⑨ 故,甲本作"有"。
⑩ 爾,甲本作"許"。
⑪ 前,甲本作"支"。

不移者，是小乘宗、非大乘故。既彼劫壞不無衆生，即彼妄心變殘世界。彼衆生盡，世界方空；如燈炎滅，光乃無故。故諸世界，妄心持也。”

《論》："是故一切"至"唯心虚妄"。

釋曰：此顯境體亦無也。如鏡中像無實體故，鏡内鏡外皆不可得。境但是心虚妄現故，心外心内亦不可得。若爾，諸境四義不成，無外境體、唯心妄故。《二十唯識》難起頌云："若識無實境，則處時决定。相續不决定，作用不應成。"答：如夢中境，雖四義成，實無别境。故寤時境，雖有四義，亦不離心。亦如餓鬼，同見膿河。又如地獄，同見獄卒。雖無實境，四義亦成。故諸境界，唯心虚妄。即《二十論》答難頌云："處時定如夢，身不定如鬼。同見膿河等，如夢損有用。一切如地獄，同見獄卒等，能爲逼[①]害事，故四義皆成。"

"若爾，善惡應不成業？如夢所見，皆無實故。"

答："理實善惡無實自性，皆虚妄心之所起故；隨自執心，成彼業果，若如實知，無所有故。依如是義[②]，故經頌云：'譬如燈破闇，一念盡無餘。諸業之闇冥，多劫所熏聚。牟尼智燈照，刹那速滅除。'如是等義，諸經非一。故彼善惡，亦是夢心；如其心妄，業亦然故。"

"若爾，殺生不斷彼命，亦無怨等？無外境故。"

答："見生殺命，亦是妄心。無生及命，無所殺故。謂有爲法，性自無常，於念念中無住性故。實無能殺、所殺二相，但二妄心互相成故。由此念念妄熏習，乃成决定怨業等。故《二十唯識》頌此義云：

'展轉增上力，二識成决定。'

長行廣釋，廣[③]叙引之。如《涅槃經》，佛依此義，破彼闍王殺父罪執，故説蕴空無能所殺，除彼妄心、罪自無故。"

《論》："以心生"至"法滅故"。

釋曰：此結釋[④]所以也。所言境界心妄現者，以無明力不覺心動，由此能

① 逼，録本作"通"。該字底本、甲本均不清晰，結合文意，據《唯識二十論一卷》[T31n1590p75a2]改。

② "是義"二字底本、録本作"義是"，結合文意，據甲本改。

③ 廣，甲本作"應"。

④ 釋，甲本無。

現一切境故，故言“心生[□][則]①種種法生”，即心妄動而言生也。若妄心滅，境隨滅故，諸分別識皆滅無餘，故言“心滅[□][則]②種種法滅”，即心源静，故云“滅”也。既説此心妄現諸境，即驗諸境唯心無體。

問：“上以九相結屬無明，今此五識何歸心耶?”

答：“前顯一心，成彼生滅。九染相者，功由不覺，故以九相結屬無明。今此因緣和合道理，成辨諸法，唯屬於心，故以五意結歸心也。各③隨義增，影略而説，非於二處無心無明。”

《論》：“言‘意識’者，即此相續識”。

釋曰：次顯“意識”。於中有二：初標，後釋。此初也。明此生起，雖麁細殊，同是一識，更無别體，故即指前第五識相，故言“即此相續識”也。前就④細分法執相應所⑤止義門，則説爲“意”；此約能起見愛麁惑，從前起門，説名“意識”。“意”之“識”故，名爲“意識”。而新《論》言“一切凡夫依相續識，執我”等者，即⑥是依前相續法執，一切凡夫執我、我所。《論》説我執依法執起，如要迷机，方謂人故，非謂迷於[□][相]⑦續本識。凡夫依此，執我、我所。有此説者，皆爲謬釋。

《論》：“依諸凡夫，取著轉深”。

釋曰：次下别釋。於中有五：一、約人辨麁；二、[□][出]⑧其麁體；三、明執所緣；四、製立其名；五、明識所依。此初也。簡非二乘所起意識，以前智識及相續識通在二乘地前所起，故今約凡顯其麁也。以彼凡夫無對治故，追著妄境，轉極麁顯，故言“取著轉深”也。

《論》：“計我、我所種種妄執。”

---

①② 則，底本、録本無，結合文意，據《大乘起信論》[T32n1666p577b22]補。

③ 各，録本訛作“答”，據底本改。甲本亦作“各”，可資比勘。

④ 就，底本、録本作“勝”，結合文意，據甲本改。

⑤ 所，甲本作“依”。

⑥ “即”字前底本、録本衍“即是依前相續法執一切凡夫執我我所論説我執我等者”二十三字，語意重復，結合文意，據甲本删。

⑦ 相，底本、録本無，結合文意，據甲本補。

⑧ 出，底本、録本無，結合文意，據甲本補。

釋曰:此出惑體。非直心外計境爲"麁",亦復於身而計爲"我",於諸塵境計爲"我所"。即蘊離蘊,或執與蘊非離,而計爲"我",乃至能起六十二見,皆是此中種種妄執。

《論》:"隨事攀緣,分别六塵。"

釋曰:此明執所緣也。但緣倒境,不了正理,故皆名爲"隨事攀緣"。"隨事"何謂?取六境故。"分别六塵"名"隨事攀緣"也。

《論》:"名爲'意識'"至"分别事識"。

釋曰:此製立其名也。既緣六塵應名"六識",而今就其一"意識"義,故不别出"眼"等五識。故《涅槃》云:"譬如一識,分别説六。"《金光明經》[□][云][1]:"心如幻化,馳騁[2]六情[3],而常妄起,分别諸法。"故緣六塵,但名"意識"。即此意識依於六根,别取六塵,故名"分離"。又能分别知(去)[4]來内外善惡因果種種事相,故復説名"分别事識"。

《論》:"此識依見"至"增長義故"。

釋曰:此明識所依也。"見"謂五見,即見道斷所有分别發業煩惱,發業惑中見最强故。舉此亦攝分别貪等,即五住中見一處住地。"愛"謂貪愛,修道所斷所有俱生、潤生煩惱,潤生惑中愛最强故。舉[5]此亦攝俱生癡等。即欲、色、有愛三住地也。此能增長事識義者,有義:但增我等麁執,説依凡夫取著等故。説二乘人斷見愛惑,但離第一執相應故。二乘雖無見愛煩惱,未離分别事識心故。説相續識,亦是事識,必非見愛所增長故。説由法執起我等惑,不許煩惱起法執故。言見愛熏成事識者,言説識中所有我執如事識熏,起凡夫苦。豈二乘等亦有此耶?故"增長"者,但是識中我等麁執,非事識體。謂由境界資熏現識,起彼智相及相續相,成事識中法執念相。復由見

① 云,底本、録本無,結合文意,據甲本補。

② 騁,録本訛作"駛",據底本、甲本改。《金光明經·空品第五》[T16n0663p340a20]正作"騁",可資參證。

③ 情,底本、録本、甲本均作"塵",結合文意,據《金光明經·空品第五》[T16n0663p340a20]改。

④ 知,甲本作"去"。"去"字義長。

⑤ "舉"字前底本、録本衍"舉最强故"四字,結合文意,據甲本删。

愛熏事識中法執念相,起我①等執,故説我執從諸②執生。見愛既是凡夫所有,熏起我執,故説依凡③取著轉深、説意識等。由此二乘雖斷見愛、離我等相,而猶未離分别事識,非彼起故。若作此釋,妙快理教。有義:此説其理不成,與《論》文義極乖返故。説見愛熏能成事識,不説熏起我、我等故。説六染相皆是事識,六染皆無我等義故。我見即是見愛所攝,能熏起他、非自起故。諸識皆有"依他"之義,事識必依見愛生故。説見愛惑亦是無明,必有熏真起識用故。既本無明熏起本識,未應如彼起事識故。不爾,事識非無明起,不許見愛所熏起故。若謂事識但境熏起、非見愛者,我見亦有"境熏起"義,寧不許然?境有"增長取熏"義故。若謂事識通法執故、不許煩惱所熏起者,於起我執寧則許然?諸論不許惑生執故。應知事識理有法、我二種相故,二執相應。事識既非即二執體,見愛熏起於理何乖?諸論不説見愛煩惱起事識者,且隨麁相,據實亦有"起事識"義。謂此事識相應心所,必有"助成心王"之義,故説作意、驚引心等。心所既多,見愛惑攝,熏起事識,於理無違。彼有漏位,非解脱分善根所攝。諸善心所從無明起,皆此所攝,事識必與善相應故。此既麁動,異於本識,必二緣生:一謂境界,二謂見愛相應心所。由此《論》文互舉其一,或説境界之所熏起,或説見愛所增長生。合前後説,義方具足。故二乘等,雖離見愛,有妄境故,未離事識。

"若爾,未離執相應染?以有能熏我相境故。"

答:"境非實我,得我空智,不爲妄境之所熏故。而説依凡夫取著轉深及事識熏起凡苦者,謂事識體在凡夫位,取著既深,復起我執,發五趣業,受凡夫苦,非謂熏起我等麁執。是故見愛所增長者但是事識,其理極成。"

《論》:"復次,依無明"至"唯佛窮了"。

釋曰:上明"生滅依因緣"義,次下熏顯因緣體相。於中有二:初略明緣起甚深之相,後廣顯"緣起差别"之義。初中亦二:先標歎甚深,後釋甚深所

① 我,甲本作"愛"。
② 諸,甲本作"法"。
③ "依凡"二字甲本作"凡夫"。

以。此初也。前已直明“緣起”之義，此下重約甚深以顯，故言“復次，[□][依][1]無明熏”等。“無明熏習所起識”者，標緣起體，即本浄心是緣起體，爲[2]無明熏起諸妄識，總名“無明熏所起識”，非謂偏取真及妄分[3]。“非凡夫能知”等者，此凡小絶分於此根本緣起之理。凡夫學[4]信具彼五住、二障礙故，而不能知；二乘雖證，由無明住智障礙故，亦不能覺。要由此理，是故《經》言：“阿[□][陀][5]那識甚深細……我於凡愚不開演。”“謂依[6]菩薩”已下，菩薩分知。菩薩從初正定信位而發意言，比觀觀察，[□][若][7]至地上，分分證之。知因真如，隨緣成識。既能觀證，故佛爲説。經依此義而有頌云：“故名阿賴耶，勝者我開示。”以諸菩薩無明住地未斷盡故，業識未亡，縱至第十究竟地中，亦未盡知緣起之理。“唯佛窮了”者，明佛能知，無明斷盡，覺道圓明，故能盡知一心緣起。

《論》：“何以故”至“唯佛能知”。

釋曰：此釋[□][甚][8]深所以義也。緣起妙理，貫通凡聖，唯佛窮了，何以故耶？下答文中，有其三節。初明即浄而常染。是心本來自性浄者，謂即本覺緣起真心。據本而言，自體無染，非别浄法可令浄故，此即總顯緣起因也。“而有無明”者，即依心體有此無明不覺緣也。此即顯其緣起之緣。爲無明染、有染心者，心體爲此無明所染，而浄心體有染心也。此即顯其緣起之相，總是釋經不染而染。顯有染心等者，次明即染而常浄，謂本覺心雖被所染，常有染心，性自真故，而常[9]不失本浄心性，是釋《經》言“染而不染”。“唯佛窮了”者，明佛能知。此理既深，非餘盡了，故緣起理，唯佛能知。故

① 依，底本、録本無，結合文意，據《大乘起信論》[T32n1666p577b27]補。

② “爲”字前底本、録本衍“爲無明熏習所起識者標緣起體即本浄心是緣起體”二十一字，結合文意，據甲本删。

③ 分，甲本作“心”。

④ 學，録本訛作“業”，據底本改。

⑤ 陀，底本、録本無，結合文意，據甲本補。

⑥ 依，底本、録本作“諸”，結合文意，據《大乘起信論》[T32n1666p577b29]改。

⑦ 若，底本、録本無，結合文意，據甲本補。

⑧ 甚，底本、録本無，結合文意，據甲本補。

⑨ 常，底本、録本作“不”，結合文意，據甲本改。

《勝鬘》云:“自性清净心,難可了知。彼心爲煩惱所染,亦難可了知。”《楞伽經》云:“如來藏是清净相,客塵煩惱,垢染不净。……我今與汝及諸菩薩甚深智者,能了分别。”今《論》釋此,顯甚深也。

《大乘起信論》廣釋卷第三[1]。

《大乘起信論》廣釋卷第四[2]

＿＿＿＿[3]顯無明緣起之由,後顯緣起染心之相。此初也。是□上言“雖有染心而常恒不變”之言,雖染而有染心,常不變作能、所念染,故以“念染”釋其“不變”。一以自性常明潔故,而不變作能念之染。二以自性非可取故,而不變作所念之染。故新《論》云:“雖有染心,而常明潔,無有改變。復以本性無分明故,雖復遍[□][生][4]一切境界,而無變異。”此雖文略,而義即具,故言“無念”名爲“不變”。

《論》:“以不達”至“名爲‘無明’”。

釋曰:此顯無明緣起之由,釋上“而有無明”義也。有義:“不達”即是自心無别。“無明”名爲“不達”。謂自不了平等一味,與自本心不相應故,名爲“無明”,無别法故。有義:不能違上所説,無明所染有染心故。能染所染、因緣及果、緣起體相有差别故。若如前説,覺即不覺,即當如前所破過失。若謂與心不相應故名“無明”者,即前三染應是覺悟,言相應故。由是别有能迷無明。雖不離真,非即真體。是不了達無念法界最極微細,即心之惑。此正應言“不相應心”,未有能、所王數别故。言中倒故,云“心不相應”,非謂與分(心?)[5]不相應也。故新《論》云:“不覺一法界,故不相應。無明分别起。”唯此能爲諸染之源,更無染本,故言“忽然念起”。經説五住處,前無更别法起,

① 甲本下有“光遍勘”三字。

② 卷第四今據《大正藏》以底本斯 2721v 號爲底本。參校本甲本:斯 6886a 號。另增乙本:伯 2412v 號;丙本:伯 2051 號《大乘起信論略述》卷下。

③ 首缺。

④ 生,底本、録本無,結合文意,據《大乘起信論》[T32n1666p586a19]補。

⑤ 分,底本似作“心”,待考。

故名“無始無明住地”。顯無别法始無明者,即是此《論》“忽然起”義也。此約細麁相依門説,非約時節起無初故。

《論》:“染心者有六種。”

釋曰:次顯染心緣起之相。於中有二:總標,别解。此初也。此即釋上“無明所染,有[□][其][1]染心”句。説無明染有染心者,有其六種,即上意識及五種意。前明“因緣起”義,故從細向麁,次第問説;今欲兼顯“治斷”義故,從麁至細,次第而明。故雖前後,而無别也。

《論》:“云何爲六”至“遠離故”。

釋曰:次釋六染,即分爲六。此“執相應”即是意識,亦六麁中執取計名四相義中麁執著相,見愛煩惱所增長故。我、我所等麁執相應,望污净心,故名“執相應染”。此即辨障,下顯對治。若二乘人,至無學位,斷見修惑,能離此染;菩薩入住,信相成就,無有退失,名“信相應”。故《十地論》及無著《論》皆説地前名“信行地”,得人空門,見愛煩惱,不得現行,故遠非約隨眠,種未亡故,此位何不斷惑種耶?有義:地前道力劣故,現惑當起,况能斷種?若至初地,得無漏道,方斷分别煩惱障種,留俱生種,助行受生,至成佛時,方永斷故。所知種現,地地斷伏,至佛地時,方永斷盡。是故地前不斷惑種。有義:此説理未圓明,但順法相大乘義故。信位菩薩能得佛身,八相成道,化衆生事,亦能少分見生空理,如何不能斷惑種耶?能起勝道,永斷煩惱,恐妨行願,故留惑種。故梁《攝論》依此説云:若不斷上心,不異凡夫;不留種子,不異二乘。爲利自他,故留惑種。又不怖惑,知是真如隨緣變化不異真故,以煩惱爲道場知如變空故,弟子衆塵勞隨意所持故。若至地上,但斷智障,於煩惱障不復更留,不分見、修,種現俱斷,以無力能無所用故,助行受生非要此故。若殘習氣,成佛方斷。是故《彌勒問經》中説:一切煩惱障利生行,故於見道中一切俱斷,末那煩惱。亦初地即以願力勝故,不墮二乘地。又非但斷四住地惑,亦能分斷無明住地。故下《論》説:“不了一法界義者,從信相應地觀察學斷。”今此但顯麁執染也。

《論》:“二者不斷”至“究竟離故”。

---

① 其,底本、録本無,結合文意,據《大乘起信論》[T32n1666p577c3]補。

釋曰:即五意中名“相續識”。前六染中,名“相續相”。法執相續,即名“不斷”。能污净心,名“不斷染”。三賢菩薩修學唯識,尋思實智諸方[□][便][1]觀,漸伏如是法執分别,入地證得三無性。如法執分别,現種俱亡,故云“得净心地究竟離”也。新得無漏,初名“净心”,非於後地净心也。

《論》:“三者分别”至“究竟離故”。

釋曰:即五意中名爲“智識”。前六染中,名爲“智相”。分别染净名“别智”。污净心故,而名爲“染”。從第二地,至第六地,於無漏觀非長時住,出觀緣事有細分别,故此法執未能永離。然於地地入觀之時,分分能除,故云“漸離”。若至七地,長時入觀,此永不行,名“究竟離”。“具戒地”者,即第二地,此地具足三聚戒故。無相方便,即第七地,常作意住無相觀故,非謂八地無相之因。即此説者,皆爲謬釋。新《論》所言,從具戒地至具惠(慧)地,少分離者,即至六地,名爲“具惠(慧)”。具前三地覺分諦觀,緣起相應,增上惠(慧)故。

《論》:“四者現色”[□][至][2]“能離故”。

釋曰:此五意中第三“現識”,上三細中境界相也,猶如明鏡現色像故。能污净心,故名爲“染”。以八地中得三自在,色性隨心,無有障礙,故説八地名“色自在”。能證相土自在真如,現身土色,從六而起,無明妄境,從此永離,故説現染此地能離。

《論》:“五者能見”至“能離故”。

釋曰:此五意中第二“轉識”,上三細中能見相也。所依動心,轉成“能見”。能污净心,名之爲“染”。第九地中,得無礙智,善知衆生心行稠林,自在無礙,名“心自在”。有礙能緣此永不起,故云“心自在地能離”也。然無礙智,略有四,廣有四十,如餘處説。

《論》:“六者根本”至“能離也”。

釋曰:即五意中名爲“業識”,三細之中無明業相。依本無明而心起動,爲餘染本,名“根本業”。能污净心,故名爲“染”。依第十地,發金剛

① 便,底本、録本無,結合文意,據伯2142號《大乘起信論略述》卷上補。

② 至,底本、録本無,據文意補。

定，斷細念習，而入佛地，得見心性，心即常住，故云“依菩薩地盡，入如來地能離。”

問：“於第十地尚有業相，寧入八地離現染耶？説離業識，即無見相，豈於九地離見相乎？”

答：“實八、九地未離現見，十地尚未離業相故。而言‘離’者，非究竟離。如信相應地，雖説離初染，但暫伏離。此亦應爾，以此二染礙彼地故，且伏名‘離’，非謂永斷。故後三染安佛方斷，離此即起圓鏡智故。下細中麁菩薩知者，亦依現起麁相而説。”

“若爾，三細應皆生相？”

答：“初起名‘生’故，唯業識轉現。不爾，於理無違。”

《論》：“不了一法”至“究竟離故”。

釋曰：上顯“緣起體相”義竟，下重料簡。於中有三：初辨上“無明”，約治料簡。次釋“相應”義。後顯“染無明”，成二礙義。此初也。前言心净而有無明，欲顯此相，故次文云“[□][不][①]達一法界，[□][故][②]心不相應”等，即是釋前有“無明”句。今更約治料簡麁細，故言“不了一法界義”等。然此無明，有麁有細，謂名“生得、作得住地”，以分别者如道得故，以俱生者生便得故。此二皆有種及現行。若三賢位，得無相觀，亦能折伏下别現行，故言“信相應地，觀察學斷”。若入初地，永斷無種，從此已知至十地半，漸斷俱生，若種若現，故言“入净心地，隨分得離”。即初地上，總名“净心”。各有所離，故名“隨分”。若至佛地，麁細種習一切無餘，名“究竟離”。故諸經論分所智障爲十一種，十一地斷。此言净心隨分離者，即是十地各離一障。以文略故，言中含耳。不爾，無明則唯一種，寧於十地隨分離耶？

《論》：“言相應[③]義”至“緣相同故”。

釋曰：次釋“相應”、“不相應”義。由是於中，即分爲二。此釋“相”義也。前六染中，其前三染名“相應”者，謂有二義：一依王數，二依心境。依

---

① 不，底本、録本無，據《大乘起信論》[T32n1666p577c6]補。

② 故，底本、録本無，據《大乘起信論》[T32n1666p577c6]補。

③ 甲本以上殘。

王數者，由是事識而有總别、染净緣故，必所相應。此復五義：一、時等故，同一刹那。二、依等故，同依一根。三、緣等故，同緣一境。四、智等故，同一行解。五、體等故，各有一體。“心念法異”等者，此顯體等。“心”謂心王，“念法”心所。《論》説“心所”名“念法”，故王數不同，故名爲“異”。謂依染净差别境故，有此心及念法異也。心、念各一，故成“相應”。新《論》依此“異體”義故，云“心分别異，染净分别異”。知相同者，是“智等”義。依前染净差别境上，心王知染，則貪、嗔等諸染心所同王知染。若王知净，[□□□□□□□□□□□□□□□□□□□□□□][即有信等諸净心所同王知净，以同知故，名爲“相應”。緣相][1]同者，是“緣等”義。心[2]王[3]緣彼染净境時，染净心所與王同緣，以同緣故，亦名“相應”。此中且依此三等義，依等時等准可知故。

“若爾，何故説心、心所但同一所緣、不同一所相?”

答：“各有所述，亦不相違。且如我見，見性之行；其我[□□][愛者][4]，愛性之行。如是行别，名‘不同行’。而見、愛等，皆作自我，行解而緣，名爲‘知同’。是故二説不相違也。”

依心境者，以是事識依境生故，與境[□][相][5]應，下言境界滅相應心滅故。“心念法異”者，此顯心境不同，成“相應”義，他性相應非自性故。“心”謂能緣心。念法所緣境，心境不同，故名爲“異”。“依染净差别”者，顯心境相依，成“相應”義。謂心依於染净境故，故心成於染净差别。若不爾者，非相應故。“知相緣相同”者，此約心境相同成“相應”義，謂於染净境而成染净心。知相即心，緣相即境，若染若净，心境必同，不相乖異，成“相應”故。彼前三染具此王數心境義故，名爲“相應”。

《論》：“不相應義”至“緣相故”。

---

① “即有信等諸净心所同王知净以同知故名爲相應緣相”二十二字底本、録本無，結合文意，據甲本補。

② “心”字前底本、録本衍“心已緣等義”五字，結合文意，據甲本删。

③ 王，底本、録本訛作“已”，結合文意，據甲本改。

④ “愛者”二字底本、録本無，結合文意，據甲本補。

⑤ 相，底本、録本無，結合文意，據甲本補。

釋曰：謂後三染及本無明。名"不相應"者，亦有三義。依王數者，此後三染雖是動心，而且微細，與彼不覺未曾别異。若麁事識，與不覺異，即動心爲王，不覺爲數。今此動心相由細故，與彼不覺常無别異，故云"不覺生"。三種相與彼不覺不相捨離，由此便無王數之别，故言"即心不覺，常無别異"。此即顯"無體"等義也。既無體等王數之别，何有"同知同緣"之義？故言"不同知相緣相"。此即顯無知等緣等，翻前相應，顯"不相應"義，非謂有體等而知緣不同也。

"若爾，何故《瑜伽論》説阿賴耶識王數相應？"

答："此約微細，圓融道理，心與不覺，和合似一，不可分别，未别異故，無染心所，名'不相應'。彼約麁淺，安立道理，説有無記，遍行王數，心法俱故，得成'相應'。各依一義，不相違也。"

依心境者，謂此動心即體不覺，非境相應然後不覺，不覺即在動心上故，故云"即心[□][不][1]覺"也。"不同知相緣相"者，簡前相應故，便有貪等同知同緣。

"若爾，本識不應現境，便與諸教極相乖返？"

答："雖但現境而不取也。以能現故，説能緣境，非謂能現[□][便][2]能執取。若不爾者，何異事識？是故不與境相應也。"

《論》："又染心者"至"業智故"。

釋曰：次顯"二礙"義。於中有二：先直顯二礙，後徵釋所由。此初也。文中有二：初惑，後智。有義：此中"礙"與"障"别，顯了門中名爲"二障"，隱密門内名爲"二礙"。謂法相宗麁淺門中，我執爲首，百二十八貪嗔癡等□(擾)[3]惱衆生，能障涅槃，名"煩惱障"；法執爲首，見、疑、無明、愛、慢等覆所知境，能障菩提，名"所知障"。此之二障在别七識，決定不與第八識俱。若法性宗祕密門内，非但識中二執二障，兼彼八識，總名"煩惱根本無明"。

---

① 不，底本、録本無，結合文意，據甲本補。

② 便，底本、録本無，結合文意，據甲本補。

③ 此缺字底本作"擾"，兹據補。

以漸[①]細故，是所依故，名爲“智礙”。顯[②]斯異義，故置“礙”言。由此義故，“礙”與“障”别。有義：此説理必不然。新《論》名“障”不言“礙”。故梁《攝論》等依前宗義，亦説“礙”名。豈爲隱密？譯者隨置，“障”“礙”無别，但可隨宗顯義深淺。言“染心”者，六種染心。“能障”等者，顯其“礙”義。照寂妙惠（慧），如理之智，名“根本智”。“根本”之“智”，“根本”即“智”，二釋皆通。即是上文“智净相”也。此“根本智”言“真如”者，一是真如本覺智故，二依真如而修生故，三照真如根本理故。此諸染心，煩勞惱動，障此寂静，名“煩惱礙”。是持業釋。言“無明”者，根本無明。障業智者，顯其“礙”義。謂即後得如量之智，能隨世間起自然[③]業故（智）[④]，有世間自然[⑤]業故，而得此名，有財釋也。即上所言“不思議業智”。起此業亦有三義：一以本覺隨染成故，二以如量而修生故，三以得此如量體故。無明昏迷，無所分别，違此智用，名爲“智礙”。“智”之“礙”故，是依主釋。

《論》：“此義如何”至“種種智故”。

釋曰：此徵釋所由也。既由無明成於染心，無明細本應障理智，染心麁末應障量智，倒顯障法，義云何耶？答中文二：先惑，後智。“以依染心能見、能現”者，後三染中前二染也。“妄取境[⑥]界”者，通前三染心，[□][以][⑦]彼皆依境界起故。“違平等性”者，釋成“礙”義：以此染心能、所差别，乖於真如能、所平等，所以障於根本理智。“以一切法常静”等者，是舉無明所迷法性。“無明不覺，妄與法違”者，正顯無明違法性義，此不了真本性寂静，妄有起滅[⑧]，與法乖違故。“不能得隨順”等者，由乖静法[⑨]心境生故，便取礙境、礙見拘心故，不能得稱如量境、隨順世間種種知也。故説無明

① 漸，録本訛作“微”，據底本改。甲本亦作“漸”，可資比勘。
② 顯，録本訛作“斷”，據底本改。甲本亦作“顯”，可資比勘。
③⑤ 然，録本訛作“能”，據底本改。甲本亦作“然”，可資比勘。
④ 故，甲本作“智”。
⑥ 境，録本訛作“覺”，據底本改。甲本亦作“境”，可資比勘。
⑦ 以，底本、録本無，結合文意，據甲本補。
⑧ “滅”字前底本、録本衍“故”字，結合文意，據甲本删。
⑨ 法，録本訛作“諸”，據底本改。甲本亦作“法”，可資比勘。

障於量智。

《論》:"復次分別"至"有二種"。

釋曰:上釋"生滅因緣"義竟,次"生滅相"。於中有三:初舉數總標,二列名略顯,三廣釋其相。此初也。辨立義中,是生滅相,故言"分別生滅相"等。

《論》:"云何爲二"至"不相應故"。

釋曰:此列名略辨也。所言"麁"者,即前三染,有心、心所麁顯之相,經中説爲"相生滅"也。"與心相應"者,釋"麁"義也。謂有境界及有心所與此三種染心相應,故此三染而名[□][爲][1]"麁"。非謂此與真心相應及是心所與心相應,新《論》説爲"相應心"故。所言"細"者,即後三染無心、心所麁顯之相,其體微細,恒流不絶,經中説爲"流注[2]生滅"。"與心不相應"者,釋"細"義也。謂無境界及諸心所與彼三種染心相應,故後三染名之爲"細",非與真心不相應也。新《論》説爲"不相應心"故。此[□][依][3]四卷《楞伽經》説。若七、十卷二本經説:識有二種滅:一者相滅,二者相續滅。生、住亦如是。經中出名,不別顯相。故今《論》主約於相應及不相應[4]麁細二義,顯其二種生滅之相。

《論》:"又麁中"至"是佛境界"。

釋曰:次下辨相。於中有二:初約人對顯,後辨相所依。此初也。此中則對三類人説前三染心。是事識故,皆名爲"麁"。相中初是我執故,復更爲"麁"。三賢内凡得無我故,能覺此染,言"凡夫境",故新《論》云"凡夫智境"。三中後二是法執故,稍細於初,一名"麁中之細"。後三是本識故,皆得名"細"。於中前二是能、所故,對後業相,故復名"麁"。始從初住修唯識觀,若入初地,契證真如,乃至十地,無分别智。能覺此染,言"麁中細、細中[5]麁,菩薩境界"。故新《論》云"菩薩智境"。第六根本業不相應染,能、所不分,行相

---

① 爲,底本、録本無,結合文意,據甲本補。

② 注,甲本作"浪"。

③ 依,底本、録本無,結合文意,據甲本補。

④ "及不相應"四字底本、録本衍作"及不相應及不相應",結合文意,據甲本删。

⑤ 中,録本訛作"等",據底本改。甲本亦作"法",可資比勘。

微細,於後三中復更爲細,唯有如來方能覺了,故言"細中之細,是佛境界"。新《論》闕此,文義不周。

《論》:"[□][此][1]二種"至[2]"境界義故"。

釋曰:次辨所依。於中有二:初順辨"生"緣,後逆顯[□]["滅"][3]義。此初也。文中二義:通緣,別因。通而言之,麁細二識皆依無明住地而起,以本無明,熏起三細,現六塵境,轉起三麁,是故《論》云二種生滅皆依無明熏習有也。別而言之,依無明[□][因][4]生三種細心,依境界緣生三麁心,故云"依因者,不覺義故"等。此中文略,各舉一因。若具説者,如《楞伽》云:"不思議熏及不思議變,是現識因。……取種種塵及無始妄相熏,是分別事識因。""不思議熏"者,謂本無明能於真如不可熏處而能熏故。"不思議變"者,謂真如心受無明熏,不可變異而變異故。又熏即不熏,不熏即熏;變即不變,不變即變;是亦名爲"不思熏變"。《勝鬘經》中不染而染、染而不染、難了知者,謂不思議熏及變也。以此熏變甚微隱故,所起現識行相微細,無所及境,成"不相應心"。於中亦有轉識、業識,舉麁兼細,但説現識種種塵者。即此現識所現境界,還能動彼現識心海,起[□][事][5]識浪無始妄相[6]。即未[7]無明,從無始來,熏習本識,爲緣引發事識妄心,於六塵境虚妄分別,妄相[8]及塵麁而且顯,故其所起分別事識行相麁顯,成相應心。欲明現識依不思議熏故得生,依不思議變故得住;分別事識依境界緣故得生,依妄熏因故得住。今《論》文略,不説因住,故於細中唯説無明,麁中單舉境界緣也。

《論》:"若因滅"至"相應心滅"。

釋曰:次顯"滅"義。於中又二:初正辨,後釋疑。此初也。"滅"有二義:

---

① 此,底本、録本無,結合文意,據甲本補。
② "至"字底本、録本訛置於"境界"之後,結合文意,據甲本乙正。
③ 滅,底本、録本無,結合文意,據甲本補。
④ 因,底本、録本無,結合文意,據甲本補。
⑤ 事,底本、録本無,結合文意,據甲本補。
⑥ 相,録本訛作"起",據底本改。甲本亦作"相",可資比勘。
⑦ 未,甲本作"末"。
⑧ 相,録本訛作"根",據底本改。甲本亦作"相",可資比勘。

先通，後別。言通“滅”者，謂得對治無明滅時，所起現識境界隨滅，故云“因滅即緣滅”也。别顯“滅”者，以三細識親依無明因生，故無明滅時，亦復隨滅，故云“因滅故不相應心滅”。其三細識親依境界緣生，故境界滅時，亦復隨滅，故云“緣滅故相應心滅”。此依始終起盡道理，以明二種“生滅”之義，非細刹那“生滅”義也。

《論》：“問曰若心”至“説究竟滅”。

釋曰：次下釋疑。先問，後答。此初也。此中有義：依《楞伽經》，對外道説，而作是問。謂外道説生無相時，相續識滅；佛説生彼，其相續識而實不滅。今此識中，依此二説，進退而難，故設是問。若如外道，便應斷滅，云何還續？故言：“若心滅者，云何相續？”若如佛説，此相續相何由永滅？故言：“云何説究竟滅？”有義：但聞相應心滅，謂體亦滅，故作疑難。何必安依《楞伽經》問？若境滅時，相應心體亦隨滅者，業轉現三，既未合盡，依何相續？故言：“依心滅者，云何相續？”若謂心體不滅盡故，令無明相得相續者，彼無明相應永不滅，故言：“若相續者，云何説究竟滅？”

《論》：“答曰所言”至“非心體滅”。

[□□][釋曰：下答有三，謂法、喻、合。此初也。謂前所言相應心滅，但麁心相滅，非真心體滅。無明既非真心自體，記無明時，彼不相應三細心相得究竟滅，而亦非是心體滅。此即略答前二問也。][①]

《論》：“如風依水”至“非是水滅”。

釋曰：[□][此][②]舉喻也。文中四節，喻答二問。“如風依水有動相”者，妄依真起喻。“若水滅”等者，真滅妄隨喻。“以水不滅”等者，真存妄續喻。此之三文，喻答前問。“唯風滅”等者，妄滅真存喻。此之一文，喻答後問。細而思之，其義自顯。

---

① “釋曰下答有三……此即略答前二問也。”七十字底本、録本脱，結合文意，據甲本補。

② 此，底本、録本無，結合文意，據甲本補。

《論》:"無明亦爾"至"非心智滅"。

釋曰:此法、合也。"無明亦爾,依心體動"者,顯離於心,不能自動。"若心體滅,衆生"等者,謂境滅時,心體若滅,則無明風無所依動,其業轉現,衆生根體無依止故,亦便斷滅。"以體不滅,心得相續"者,以境滅時,體不滅故,不相應心而得相續。以[①]無明滅故境界滅,非境界滅故無明滅。由是義故,境界滅時,無明動心,三細相續。此顯"相應心滅"之義,答初問也。"唯癡[②]滅故,心相隨滅"等者,以無明盡時,業等動相盡,非静心體而亦隨滅。此顯"不相應心滅"之義,答後問也。此中"癡"者,即是無明。言心起者,即真心性。前顯一識"生滅"、"不生滅"義,故説"覺"、"不覺";今顯一心有"體相"義,故説"癡"及"智"。名義雖異,而體無别。

《論》:"復次有四"至"起不斷絶"。

釋曰:生滅門内,有二分中,上來已明染净生[□][滅][③],正釋立中"是心生滅因緣相"竟,廣前"此識能攝法"義。次下辨其染净相資,重明"能生一切法"義。於中有四:一略標舉"熏習"之數,二列"染净""熏習"之名,三廣"染净""熏習"之義,四明二熏"盡"、"不盡"義。此初也。染法不斷,故有有漏六趣凡夫。净法不斷,故有無漏三乘聖者。

《論》:"云何爲四"至"所謂六塵"。

釋曰:此列染净、熏習名也。所言"净法"名"真如"者,以此真如在生滅門,由三大義,故名"净法":雖有忻染,自性净故;内熏返染,成始净故;外熏應機,成净緣故。故梁《攝論》顯中義云:能成立者,謂真本有十種功德;所成立者,謂則新生十種勝行。"一切染因"名"無明"者,"一切染"謂三細六麁,根本無明作細染因,枝末無明爲麁因故。所言"業識"爲"妄心"者,體非真實,真中本無,爲彼無明妄熏起故。然此妄心兼事識等,且據其本,但云"業識"。所言"六塵"爲"妄境"者,從妄心起體自妄現,爲彼事識妄心取故。然四熏中,一净三染,以彼染法自性差别、杖(仗)因託緣故。具説三

① "以"字前底本、録本涉上衍"者以境滅時體不"七字,結合文意,據甲本删。

② 甲本至此止。

③ 滅,底本、録本無,結合文意,據丙本補。

净法，對染雖成"熏"義，體用無别，故明一種。又欲顯彼净勝染劣，少敵多故，舉一對三。

《論》："熏習義者"至"則有香氣"。

釋曰：次下廣明"熏習"之義。於中有二：先總，後别。總中亦二：初喻，後合。此初也。此中"衣"者互通，喻於真如、無明。"香"通好惡，隨應亦喻。真如、無明互爲能、所，熏成氣故。故新《論》云："如世衣服，非臭非香，隨以物熏，則有彼氣。"

《論》："此亦如是"至"則有净用"。

釋曰：此法、合也。文中雙顯"染、净熏"義。無明熏真有染相者，顯真無相，隨熏示相；顯妄無體，但熏有相；顯妄自無返染之用，故但言"相"不言"用"也。即釋經中"如來藏者……惡習所熏，名'識藏'"等。真熏無明有净用者，生滅門内，本覺真如，内熏不覺，令成厭求，返染明真，故云"净用"。即釋經中"由有如來藏，能厭生死，樂求涅槃"等[①]。《涅槃經》云："未來佛性力因緣故，還生善根[②]。"本覺内熏，名"佛性力"。良以一識，含此二義，更互相熏，遍生染净，故説無明熏真如等。

問："如諸論説，能熏、所熏各具四義，方名'熏習'。所熏四者：一、堅住性；二、無記性；三、可熏性；四、與能熏共和合性。能熏四者：一、有生滅；二、有勝用；三、有增盛；四、與所熏和合而轉。既簡真如空等常法，此何説真爲能、所熏？"

答："由有三義，各不相違：一、熏有可思議故。諸論且爲初根性者，説彼生滅可思議熏；此《論》顯爲久根性者，亦説常法不思議熏。二、能、所熏真有二門故。諸論且説不動真如，非能生故，非能所熏；此《論》約其隨緣真如，隨染起故，成能所熏。三、以真如法非定常故。諸論且約安立道理，説真如常，非能、所熏；此《論》亦約圓融道理，真非常一，成能、所熏。各依一義，亦不相違。若説真如定常、定一，則同外道所執神我；非定常一，故熏無失。"

① 等，録本訛作"樂"，據底本改。

② 根，録本訛作"報"，據底本改。

《論》:“云何熏習起染法不斷?”

釋曰:次下别明“熏習”之相。於中有二:先染,後净。染中亦二:先問,後答。此初也。

《論》:“所謂以依”至“身心等苦”。

釋曰:下答有二:先略,後廣。此初也。謂此略明三“熏習”義。汎論“熏習”有三種義:一、覆熏,熏真起妄。二、習熏,熏妄增迷。三、資熏,熏迷起執。所謂依真有無明者,即舉其後熏無明體也。無明妄法,不能自立,故説依真有無明矣。以有無明染法因故[①]即熏真者,根本無明覆熏義也。“以熏習故有妄心”者,依無明熏真有業識心也。此則略顯“無明熏”義。“以有妄心”乃至“現妄境界”者,即顯妄心習熏無明,增其不了,乖真平等。令起轉識,故言“不覺念起”。及起現識,故言“現妄境界”。此則略明“妄心熏”義。“以有妄境界……熏妄心”等者,即顯境界資熏現識。“令其念著造業”等者,謂境起能動本識海,起彼六麁事識波浪,令著諸妄境等,合即“智相”及“相續相”,此二皆是法執念故。“著”謂執取,此名字相,此二皆著我、我等故。“造種種業”者,即智業相也。始從無明,至此起業,皆是本因爲集諦也。“受於一切身心等苦”者,即業繫苦相爲苦諦也。此等略明“境界熏”義。新《論》此中,文義疏略。

“若爾,何不説‘妄熏境’?”

答:“此中所顯從真起妄,流轉生死,説三熏習,起細麁妄,輪迴已成,妄心熏境無所用故。境但是心之所變起,離心無别境之自性,以妄熏境無所起故。如是心説,無窮過失,是故不説‘妄熏境’也。”

然《唯識論》説三熏習,所謂“名言”、“我執”、“有支”。“名言”有二:表義,顯境。由此熏種,故因緣别。“我執”有二:俱生,分别。由此熏習,故自、他殊。“有支”有二:善、不善業。由此熏種,苦樂趣異。與此三種有同異者,此約深細緣起義門説,阿黎亦有能熏,於本識位,説三熏習。彼約麁淺緣起理門,唯説事識而爲體熏,於事識位説此三種,即由此中三熏習故。牽生本識,成五趣果,麁細雖殊,共成生死。此中廣明“本識熏”義,略顯“事識”,麁

① “染法因故”四字底本、録本作“即明”,結合文意,據丙本改。

易知故。其《唯識》等唯明事識“三熏習”義,就□理故。

《論》:“此妄境界”至“取熏習”。

釋曰:次下廣識三熏。前三義即分爲三。從後向前,先明境界。此即廣前“以有境界即熏習妄心”等也。謂即現識所現境界有彼似法似我相故,還能資熏現識妄心,起事識中法我念取,故説“境熏”義有二種。不爾,便無“二熏别”義。以此識有根本無明,不證真如無相法故,故説所知如色輪等,住不净智所行境界。舊[①]《中邊論》依此偈云:“根、塵、我及識,本識生似彼。”故一現識,所現二境:一似差别實法相境,二似總相實我相境。由似法境熏習力故,起彼“智相”及“相續相”,即事識中法執之念,故云“增長念熏習”也。由似我境熏習力故,起執取相、計名字相,即事識中我見之取,故云“增長取熏習”也。

“若爾,事識應取外境? 無自所變影像境故。”

答:“理實亦有自所變境,以此二識所變二境皆有‘依心起心’義故。如轉現識,起諸境界,即由現境,成轉現識。有境牽生心相於識現故,故法我執現法我境。由法我境,成法我執,能取、所取相待立故。今此文中但説‘起心’,不[②]説事識所現境界,意顯現境復熏本識,增起事識法我念取,故言‘增長念[③]熏習’等。”

《論》:“妄心熏習”至“業繫苦故”。

釋曰:此即廣前“妄心熏習”,廣釋“妄心熏無明”義。“妄心”有二:業識,事識。故“妄心熏”義有二種:業識妄心,還[④]能熏習根本無明,還迷無相,能起轉相,現相相續,成其趣生諸苦體相。彼三乘人雖出三界、離其事識分段麁苦,由此根本報[⑤]識在故,猶受變易黎耶行苦。通而言之,無始來有,但今爲欲簡細異麁,故約已離麁苦時説,事識妄心熏習見愛枝末無明,發動身口,起造諸業,成起業相,能招三界凡夫有學業繫苦相分段麁苦。然其二苦,諸

① 舊,録本訛作“界惠”,據底本改。
② 不,底本、録本作“不不”,據文意删。
③ 念,録本訛作“合”,據底本改。
④ 還,録本訛作“心□”,據底本改。
⑤ 報,録本訛作“根”,據底本改。丙本亦作“報”,可資比勘。

教異説。若依法相,分段生死,以有漏業爲因,煩惱障爲緣,所感[①]三[②]界麁異熟果、身命短長,隨因緣力,有定齊斷,故名“分段”。此通異生二乘有學七地已前一切菩薩,隨應有彼惑業因故,我、我所執由未盡故,末那煩惱亦未斷故,“阿賴耶”名猶未捨故,是故未離分段麁苦。不思議變易生死,以無漏有分別業爲因,所知障爲助緣,所感[③]殊勝細異熟果,由悲願力,□(改)[④]轉身命,無定齊限,故名“變易”;無漏定願,正所資感[⑤],妙用難測,名“不思議”。亦名“意成身”,隨意願成故。亦名“變化身”,無漏定力轉令異本如變化故。此通不定二乘無學及八地上大願菩薩,利樂他故。以所知障,障大菩提,欲永斷除,留身久住。既已斷伏煩惱障故,無容彼受當分段身,恐廢長時修菩薩行,故以無漏勝定願力,如□□(延壽)[⑥]法,資現身因,令彼長時與果不絶。數數如是定願資助,乃至證得無上菩提,由此故受變易生死。若依法性顯此義者,由本無明熏起業識,業熏無明,後起轉現,而成黎耶生死之體,而猶未名“五趣苦果”;由末無明熏起事識,識熏見愛,起善惡業,引黎耶識,成五趣果,方成凡夫業繫麁苦。一切凡夫、二乘有學及未登地諸菩薩等,隨應未斷見愛麁惑,由事識熏所起麁業、惑業所緣[⑦]三界麁果,故同凡[□][夫][⑧],受業繫麁苦。若二乘人至無學位菩薩,若得證入初地,上麁末煩惱永斷伏故,彼麁漏業皆除斷故,不受三界麁分身故,雖能永離凡夫麁苦、細本無明未斷滅故,所起細識猶相續故,無漏細業亦未捨故,法爾而有細苦相續。經説初地得意成身,二乘之人有三解故。非謂故起無漏定願,資現身因,[□][故][⑨]須變易;由顯真如微離麁重而證轉依,故名“變易”。無明垢薄,真德顯現,任置起用,名“不思議意身成”,於理無失。雖初住上,願力所持,非業所繫,似離麁苦,以有漏業微苦相應,故異地上變易身也。或初住上,則離分段,説初

①③⑤ 感,録本訛作“滅”,據底本改。
② 三,底本、録本作“三三”,據文意删。
④ 此缺字底本作“改”,今據補。
⑥ 此二缺字底本作“延壽”,今據補。
⑦ 緣,録本訛作“滅”,據底本改。
⑧ 夫,底本、録本無,據文意補。
⑨ 故,底本、録本無,據文意補。

發意名"畢竟定"。不生八難,離五怖畏[①],得[□][見][②]損力(根身?)[③]? 答:能轉之道,住如來家,生佛集會[④]已,能少分見於法身,能示一身作無量身,悉於世界示現成佛、八相成道化衆生事。既同地上,亦離麁苦。説初得意成身者,增顯更説,亦不相違。如説地上方見根身,豈三賢位都不見也? 且止傍《論》,應釋本文。若謂事識熏見愛者,何故前後皆説此識見愛煩惱所增長耶? 答:以此麁、細二種妄心皆有"依他、成他"義故,謂前業識依無明立,復爲無明而作依持,由迷起妄、依妄住故,若無妄依、無住處故,性浄真如非住處故,熏真起妄作住處故。其事識者,依於見愛熏真所起,還能習熏見愛無明,起諸業等,心王、心所互[⑤]相資故。前説依他,今約成他,言熏見愛,故不相違。此中"業識"名"根本"者,親依根本無明生故,是諸妄心之初本故。"分別事識"名"增長"者,由見愛惑所增長故,還能增長見愛惑故。

《論》:"無明熏習"至"事識義故"。

釋曰:此即廣前"覆熏"之義,廣釋"無明熏真如"義。以此無明有麁、細異,故"無明熏"義有二種。細謂"根本無明住地",即是此中"根本熏習",是外四住之根本故。此能覆熏未動真如,令其妄動而成業識。此亦能起轉現識。今但舉初,故云"心業"也。麁謂枝末四住無明,即是此中"所起見愛"。見愛既是四住煩惱,無明住地之所起故。此能覆熏已起真如,轉更麁動,成其事識。故上文云:"此識依見愛煩惱增長義故。"此二無明,亦有二義:謂本無明能熏真如,成業轉等,依業等住,迷能成妄,依妄存故。其末無明熏起事識,依事識住,王數取境,互相成故。此中且説"成他"義故,説無明熏成業識等。

《論》:"云何熏習起浄法不斷?"

釋曰:次明浄熏。於中有二:先問,後答。此初也。

---

① "怖畏"二字録本作"城□",據底本改。

② 見,底本、録本無,據文意補。

③ 底本、録本"損力"疑爲"根身"之形訛,"得損力"疑應作"得見根身"。下文:"如説地上方見根身,豈三賢位都不見也?"可助勘。

④ 會,録本訛作"參",據底本改。

⑤ 互,録本訛作"在",據底本改。

《論》:“所謂以有”至“樂求涅槃”。

釋曰:下答有二:先略,後廣。略中有二:先明真如熏,後顯妄熏。此[①]初也。所謂真如熏無明者,正顯能熏,由能相用,故能内外熏習無明。“以熏”下明熏功能,謂體相大内熏因力,用大聞熏爲外緣力,則令[②]無明發净妄心,厭三界苦,求解脱樂。真本無有生死涅槃,是故欣厭是妄心也。

《論》:“以此妄心”至“熏習真如”。

釋曰:此明“妄熏”。於中有二:初正明“熏習”,後顯熏功能。此初也。此真如熏所起净用返熏真如,增長勢力,厭生死苦,背無明動,樂求涅槃,向真静故。

《論》:“自信己性”至“不取[□][不][③]念”。

釋曰:次下顯熏功能。於中雖顯五位,修證因果别故,總分爲二:初明因,後顯果。此初也。於中則顯菩薩四位。“自信己性”者,即資糧位,由其欣厭正顯真故,自信己身有真如性,能爲正因,必成佛果。“知心妄動”等者,即加行位,漸近金道,得起真智,於真如法得深解故,知心妄動,本無前境,依解即修尋思實智。唯識觀等,離二取行,是故復云“修遠離法,以如實知”等,即見道位,以見道中唯識觀成,實離二取,都無所得。異前比觀,[□][故][④]名“實知”。“種種”已下,顯修道,謂於十地修道位中,欲多方便顯真如故,起順真如所修勝行,故言“種種方便,起隨順行”。不見行相,故云“不取”。不望異果,故云“不念”。或復總舉因位解行,不論别配四位修習。“自信己性”等者,因信修解。“以如實”已下,因解修行。即信己性本無動念,修離念法以爲正因,起修順行爲助緣也。

《論》:“乃至久遠”至“境界隨滅”。

釋曰:次下明果。於中有三:初明滅惑,後顯正理。此初也。由前因中三無數劫久遠熏力,真用極顯,至究竟位,無明即滅。無明滅者,根本無明盡

---

① 此,底本、録本衍作“此此”,據文意删。

② 令,録本訛作“今”,據底本改。

③ 不,底本、録本無,據《大乘起信論》[T32n1666p578b12]補。

④ 故,底本、録本無,據文意補。

也。心無相者,妄心盡也。境界滅者,妄[□][境][1]無也。前明修行,則從微至著;今明除障,乃從本向[2]末。翻前染中三種熏習,是故此云"無明滅"等。

《論》:"以因緣"至"成自然業"。

釋曰:此顯證理。"因"謂無明,"緣"謂妄境也。"心相"謂即麁細染心。此皆盡故,心體轉依,名"得涅槃","成自然業"。轉依有二:一、轉顯,即由了因心體顯故,名"得涅槃"。二、轉得,即由生因心用起故,"成自然業"。初即正體照寂之恵(慧),後即後得寂照之智,菩提、涅槃二勝果也。

《論》:"妄心熏習"至"速趣涅槃故"。

釋曰:次下廣釋。於中有二:先明妄心熏,後顯真如熏。此初也。此中有義:真熏無明,依二妄心,起能熏智,故説妄熏"義有二種"。非謂二妄即能熏真,以是無明之所起故。但作智依,資能熏智,説此"能熏"非即"熏"也。如依業識,而見佛身;以依轉識,説爲境界;豈即業轉能見證耶?但見等依,故作是説。彼既許然,此亦應爾。謂由真如熏無明故,令依事識發厭求智,依於業識發唯識智,返熏真如,趣無上覺。非謂無明所起二妄即能熏真、趣菩提等。有義:二妄即能,以是真如所熏起故。與"無明熏"義相敵對,所起妄心用各别故。彼無明妄卻熏無明,何不此妄卻熏真性?不爾,真熏不異無明,所起二妄不熏真故。[□][所][3]熏二妄作用應無,以許不能返熏真故。若智資依爲别用者,應無明妄亦作資依。彼既不然,此云何爾?説依業識見佛等者,理實如是,然非此倒,業轉皆妄,可相依生,智依妄生理不齊故。真熏事識自起厭求,何要别起能熏之智?設爾二智從何而生?若唯從真,不應名"妄"。既稱"妄智",與此何殊?是故前説深爲不可,故此二妄即能熏真,與厭求智更無别體。由此"智""妄"應作四句:有"妄"非"智",謂彼無明所熏起者。即"智"非"妄",謂出無明真如照用。有(又)亦"妄"亦"智",謂即真如所熏起者。有(又)非"妄"非"智",謂真如門所顯理性。故真熏妄即是能熏,與無明妄其體各别。若作此釋,稍親妙旨。有義:此説理亦未然,與前後文

---

[1] 境,底本、録本無,結合文意,據丙本補。

[2] "本向"二字底本、録本作"向本",據文意改。

[3] 所,底本、録本無,據文意補。

相乖越故。前後皆説唯一事識,不許别有兩事識故。若許爾者,本識應然,則一衆生有兩體故。無明事識應無真如,真如别熏起厭求故。不爾,真如應有兩種,熏、不熏處各差别故。故前所説,理必不成。由此但是無明熏真所起事識能厭求等,離此無别厭求之智及真如熏所起事識,謂此事識舉體即真。無明若厚,真熏無力。無明若薄,而起[□][厭?][1]求,何要别有真熏事識?由此亦有"智""妄"四句。謂以真熏有力、無力相對而成,如理應思。總説雖然,别分别者,謂凡夫等真熏力微,而其妄心煩惱性重,雖復真熏,起厭求心,而本事識未遠離故。故就本名,名"事識熏習",以是真如所熏力故。厭無明動,欣涅槃浄,卻熏真如,增其勢力,令凡夫等起隨事行,由此故言"隨力所能"也。以此識有麁煩惱故,於法執相猶未覺故,能熏之力猶淺薄故,與所熏真疏且遠故,不能速□(能)[2]向涅槃道故,漸趣向無上菩提故,依凡夫厭求之心,説爲"分别事識熏習"。若諸菩薩真熏力勝,雖有妄心,契順真理,了知諸法,唯識量故,不見動静,更何欣厭?離前事識[□][麁][3]執之相,於本識相猶未離故,故就本名,名"意熏習"。此能深契真如理故,卻熏真如,增其智力,令諸菩薩發勇猛心,起隨順行,離二取相,斷法我執,向本心源。無明之力極輕薄故,所起妄心極微劣故,成能熏智深厚徹故,與所熏真親且近故,故能速證大般涅槃,故依菩薩名"意熏習"。

《論》:"真如熏習"至"用熏習"。

釋曰:次明真熏。於中有二:初標數列名,後依名麁辨。此初也。以有三大故然,内、外爲因、爲緣,熏習無明。"自體相"者,爲内熏因。"用熏習"者,爲外熏緣。内、外别故,"體"、"用"分二。同内熏故,"體"、"相"爲一。故新《論》中但名"體熏",以"相"即"體"不可分故。故説真熏"義有二種"[4]。

《論》:"自體相"至"境界之性"。

釋曰:次下辨相。於中有二:先别釋,後合明。别中亦二:先明體相,後

① 此處底本、録本疑脱一"厭"字,待考。

② 此缺字底本作"能",今據補。

③ 麁,底本、録本無,結合文意,據丙本補。

④ 乙本以上殘。

顯用大。初中亦二:初正顯,後除疑。正中有二:先明熏習,後釋功能。此初也。此中有義:本覺性德,名"無漏法"。此能冥熏,非物能了,名"不思[□][議][①]業"。此中"業"者,即是"冥熏作用"義故。然此本覺非但熏妄令起厭求,得成觀智,作所觀境,故此復言"作境界[□][之][②]性"。或復有義:"具無漏法"者,謂即體大非妄染故。"備有不思議業"者,謂即相大具果德故。"作境界之性"者,謂作用大境界之性。有義:前説皆不應理,令新、舊《論》義乖違故。應説此中"具無漏"者,謂體大中具性德故。"備有"等者,謂體大中備有用大作境界因。"不思[③][□][議][④]業"者,即用大也。"作境界"者,謂顯用大能與衆生作六根境。所言"性"者,即"因"義也。非但具德而爲智因熏於衆生,兼作用大境界之因熏衆生也。故新《論》云"亦具難思勝境界用",即用因也。

《論》:"依此二義"至"發心修行"。

釋曰:此顯功能也。依此本有"境智因"義,常熏衆生,熏有力故,能令衆生發[⑤]二種心:厭苦欣樂,二乘心也;自信己性,菩薩心也。各隨發心,修行諸行。

《論》:"問曰若如"至"等入涅槃"。

釋曰:次下除疑。先問,後答。此問也。"一切衆生悉有"等者,初舉所難法。"云何有信無信"等者,次舉違設妨。"有信無信",此舉凡位信心有無。"前後差别",此舉入位解行差别。故新《論》云"從初發意,乃至涅槃,前後不同,多差别"等。"皆應一時"等者,正陳責難。内熏既齊,寧有差别?既有差别,寧言"等熏"?

《論》:"答曰真如"至"起差别"。

釋曰:下答有二:初約惑厚薄,以明不等;後約緣前後,以明差别。初中

① 議,底本、録本無,據《大乘起信論》[T32n1666p578b21]補。

② 之,底本、録本無,據《大乘起信論》[T32n1666p578b21]補。

③ 思,録本訛作"因",據底本改。該字乙本亦作"思",可資比勘。

④ 議,底本、録本無,據《大乘起信論》[T32n1666p578b21]補。

⑤ 發,録本訛作"故",據底本改。該字乙本亦作"發",可資比勘。

有二:初正顯惑差,後結明不等。此初也。中[①]有三節。初顯無明厚薄不同。“真如[□][本][②]一”者,顯熏平等。定前所說,真雖等熏,而依真有根本無明厚薄不同。而諸凡夫無明厚薄者,現在有信,厚者無信。諸賢聖等無明薄者先入涅槃,厚者不爾,非由内熏使之然也。“過恒沙[□][等][③]上煩惱”等者,次顯現行煩惱不等。“上煩惱”者,即餘四住現行煩惱。梁《攝論》中說現行惑名“上心”故。雖自住地惑種而起,亦因無明住地而有,故“依無明起差别”也。新《論》無此,文極穩(隱)約[④]。言“我見愛染煩惱”等者,此顯四住煩惱障種。“我見”謂即初一住地。“愛染”謂即餘三住地。此住地惑,數過恒沙,亦因無明起成差别。

《論》:“如是一切”至“能知故”。

釋曰:此結明“不等”也。二惑皆依無明所起,以本無明多差别故,如此惑性差别無量。自非佛智,餘豈能知?以此煩惱性差别故,故令信等前後差别。新《論》同此,文約義具。

《論》:“又諸佛法”至“[□][乃][⑤]得成辨”。

釋曰:次下約緣,顯其差别。於中有三,謂法、喻、合。此初也。然信、證等所有佛法,若獨内因,可如[□][所][⑥]責,然今外假用熏爲緣,内熏爲因,方得成辨,故信、證等非一時也。由是上開二種熏習。

《論》:“如木中火性”至“無有是處”。

釋曰:此喻也。法中但明具足之位,今舉喻中唯顯闕真,合中方明具闕

---

① 中,録本訛作“聞”,據底本改。

② 本,底本、録本無,據《大乘起信論》[T32n1666p578b28]補。

③ 等,底本、録本無,據《大乘起信論》[T32n1666p578b29]補。

④ 穩,録本訛作“種”,據底本改。該字乙本亦作“穩”,可資比勘。“穩”,此與“隱”同。“穩”、“隱”通用,唐時多見。杜甫《投簡梓州幕府兼簡韋十郎官》詩:“幕下郎官安隱無?從來不奉一行書。”仇兆鼇注:“隱,烏衮切,一作穩。”《資治通鑒·唐玄宗天寶十四載》:“禄山踞床微起,亦不拜,曰:‘聖人安隱。’”胡三省注:“隱,讀曰穩。唐帖多有寫‘穩’字爲‘隱’字者。”故“穩約”即“隱約”,此謂義深而言簡。《史記·太史公自序》:“夫《詩》、《書》隱約者,欲遂其志之思也。”司馬貞索隱:“謂其意隱微而言約也。”即其例。

⑤ 乃,底本、録本無,結合文意,據乙本補。

⑥ 所,底本、録本無,結合文意,據乙本補。

德(得)失。此法、喻中相影略也。

《論》:"衆生亦爾"至"則無是處"。

釋曰:下合有三:初明闕緣,次顯闕因,後因緣具。此初正合前喻顯闕緣也。

《論》:"若雖有"至"樂求涅槃"。

釋曰:此闕因也。謂有無明厚重之染,真雖内熏,而無勝力,縱遇外緣,不能得造,如極濕木,攢火不生。

問:"内心厭求,即合遇佛,如何闕緣? 若感佛緣,即心無垢,如何闕因?"

答:"内雖厭求,無見佛業,即心有垢,故闕緣也。有業遇佛,而樂生[死][①],無厭求心,故闕因[□][也][②]。其此四句,如理應思。"

《論》:"若因緣具"至"向涅槃道"。

釋曰:此顯具也。文中二節。初顯具熏。"所謂自有熏習[□][之][③]力"者,惑業微薄,内熏有力也。又爲佛等悲願護者,感[④]其外緣悲願熏也。"能起"已下,後顯熏益,起厭苦之心。"修習善根"者,自分行也。"以修善根成熟"等者,勝進行也。示人好聽三乘六度,教令捨惡而從善行,爲説當益令行心利,讚其[□][所][⑤]行而令心喜,以此四事莊嚴説法,名爲"善巧"。廣如《智論》。

《論》:"用熏習者"至"外緣之力"。

釋曰:下明用熏。於中有二:初指事總標,後約緣别顯。此初也。謂佛菩薩所起作用,大悲弘誓,應現多方,但預見聞,無不蒙益,故是"[□][衆][⑥]生外緣之力"。

《論》:"如是外緣"至"平等緣"。

---

① 死,録本脱,據底本、乙本補。

② 也,底本、録本無,據上下文意補。

③ 之,底本、録本無,據《大乘起信論》[T32n1666p578c11]補。

④ 感,録本訛作"滅",據底本改。該字乙本亦作"感",可資比勘。

⑤ 所,録本脱,據底本、乙本補。

⑥ 衆,底本、録本無,結合文意,據乙本補。

釋曰:次約緣別顯。於中有三,謂標、列、釋。此二文也。“差[①]別緣[②]”者,准有六義:一、差別根,《論》説此人凡小別故。二、差別人,從初發意至佛別故。三、差別相,若見若念相差別故。四、差別緣,作父母等緣差別故。五、差別行,以四攝行別別攝故。六、差別益,若見若聞利益別故。“平等緣”者,亦有六義:一、平等人,一切法佛及菩薩故。二、平等願,皆願度□(脱)[③]等衆生故。三、平等心,自然熏習常不捨故。四、平等行,同體智力爲行體故。五、平等益,隨應見聞現作業故。六、平等機,依於三昧平等見故。雖有六義,其要有二:一、約機;二、約緣。言“約緣”者,化身多門名“差別”,根身稱性名“平等”。言“約機”者,散心所見名“差別”,定心所見名“平等”。於二義中,復有二義:平等差別,差別平等。“平等差別”者,謂佛菩薩普皆攝益,無怨親相,隨差別根差別現故。“差別平等”者,謂佛菩薩雖爲差根現差別相,而無所簡,悉普遍故。

《論》:“差別緣者”至“若見若念”。

釋曰:次下辨釋。於中有二:先明“差別緣”,後釋“平等緣”。前中又二:先總,後別。總中亦二:初明感用因,後正明用相。此初也。言“此人”者,機欲之人,即是凡小差別之機。“佛菩薩”者,出外緣體,謂從初住乃至佛果,爲彼凡小作別緣也。“初發意”下,明所感緣修行時也。“若見若念”者,明行者心感用器也,謂見其身形,念其[□][功][④]德,由此便能感勝用也。

《論》:“或爲眷屬”至“無量行緣”。

釋曰:下明用相。於中有二:初正明別用,後辨用之益。此初也。前之五句,開總成別:一、欲令荷以恩慚,示爲眷屬,慚愛以攝生。二、欲令悦其供侍,示爲給使,居卑以接物。三、欲令慕其行義,示爲朋友,同類以勸發。四、欲令厭彼侵誣,示爲怨家,怖之以入道。新《論》此下更有示現天王等相,欲令仰其感福,示天王等協之以從善。五、欲令當成聖行,故起四攝,攝之以令

① 差,録本訛作“若”,據底本改。該字乙本亦作“差”,可資比勘。

② 緣,録本訛作“釋”,據底本改。該字乙本亦作“緣”,可資比勘。

③ 此缺字底本、乙本作“脱”,今據補。

④ 功,底本、録本無,結合文意,據乙本補。

修。新《論》此下更有六度，意欲攝生，義同四攝。“乃至”已下，攝別成總：乃至一切無量行緣皆爲衆生外緣之力。

《論》：“以起大悲”至“得利益故”。

釋曰：此辨用益也。新《論》此中，文極周匝，故彼文云“以大悲柔煗心，廣大福智藏，熏所應化一切衆生……增[□][長][1]善根”等。

《論》：“此緣有二”至“遠得度故”。

釋曰：次下別開。於中有二：先開近遠，後開解行。此初也。謂諸衆生總有二種：一、真熏有力，根熟之者。二、真熏無力，根未熟者。初可速度，不令過時，與作近緣；後未堪度，而亦不捨，與作遠緣。即《遺教經》：“所應度者，皆已度訖。”其未度者，作得度緣，成熟者，成熟之故；已成熟者，解脱之故。但由衆生，使佛□□(如已?)[2]。是故説大悲普皆攝益。

《論》：“是近遠”至“受道緣”。

釋曰：此開解行也。謂前近、遠二緣之中復各開此增、受二緣。有義：此中依二行説。今修施等，名“增行緣”，起施等時，勝行增故；修三惠(慧)行，名“受道緣”，由聞、思、修方入道故。有義：此中依二利説。修自利行，名“增行緣”，自然增長諸勝行故；起利他行，名“受道緣”，受與衆生得道因故。有義：此中約解行説。初令起行，名“增行緣”，未行之者令起行故；後令亡相，名“受道緣”，要離行相方入道故。此解稍親諸大乘教。而前二説，二緣相雜，不應理者如理應思。然此二緣，《論》文□(語)[3]約，釋者雖多，皆即過失，更有妙理，智者叙之。

《論》：“平等緣者”至“而現作業”。

釋曰：下平等緣。於中有二：先明能作緣者，後釋“平等”義。此初也。言“菩薩”者，謂初地上，入地方證同體智故。“皆願度”者，平等心也。新《論》更有“平等智慧”，此中闕也。由其智願皆平等故，故欲度脱等衆生界。“自然”等者，常同應機，任運熏習，常無斷也。“以同體”等者，顯其用相。自他體同，名

① 長，底本、録本無，據《大乘起信論》[T32n1666p587a26]補。

② 此二缺字底本似作“如已”，待考。

③ 此缺字底本、乙本作“語”，今據補。

爲"同體"。知同之智,名"同體智"。由得衆生平等體故,求滅他苦,如滅自苦。苦可見聞,即自見聞。故隨應自然,[□□□□□□□□□□□□□][當現化用也。已即釋其"自然]①熏"等。

《論》:"所謂衆生"至"見諸佛故"。

釋曰:此遣外疑,釋"平等"義。若謂能現平等緣用,何故衆生見差别耶?謂平等緣應平等機,即三賢上依三昧力悉見諸佛,身量平等,無有彼此分齊之相,故云"平等見諸佛"也。

《論》:"此體用熏"至"復有二種"。

釋曰:上來别明"體用熏"竟,次下合釋。於中有二:初標,後釋。此初也。皆歸一位,體用合明。隨人、位殊,分二熏習,言"體用熏……復有二種"。

《論》:"云何爲二"至"用相應故"。

釋曰:下釋有二:先未相應,後已相應。此初也。文復三節。初"凡夫"等,約位舉人。"以意"等者,次辨行劣。凡夫二乘,意識熏習。新發意菩薩,以意熏習。雖是真如所熏之識,有分别故,未契真如,[□][故]②云"依信力而修行"也。"未得"已下③,明未相應;以未證得無分别智,未顯法身,未同佛體,未與諸佛體相應也;以未證得後得智故,未同諸佛起應化身,未與諸佛用相應也。"自在業"者,即根用也。言"修行"者,即後智也。後智能起根化用故,名爲"自在業修行"也。

《論》:"二者已相"至"滅無明故"。

釋曰:此"已相應"。文亦三節。"法身菩薩"者,舉位取人,謂是地下諸菩薩也。"得無分别心"等者,正顯相應,謂得正體無分别智,是故名"得無分别心"。得此心故,便同佛體,故與諸佛體相應也。以得後智能起化用,故與諸佛用相應也。體中但舉能相應智,用中但舉所相應境。新《論》具説能、所

① "當現化用也已即釋其自然"十一字底本、録本無,結合文意,據乙本補。
② 故,底本、録本無,據上下文意補。
③ 下,底本、録本訛作"行",結合文意,據乙本改。

相應智之體、用，此影略耳①。“唯依”等者，顯其行勝。由證真法所起諸行，唯依證智任運而修，非如前位但依②信力，云“[□][依]③法力自然④修”也。行增猛故，熾盛熏真，能顯真如，滅無明。□(其?)⑤妄滅真顯，行成故也。

《論》:“復次染法”至“盡於未來”。

釋曰:上已廣顯染、净熏義，次顯二熏盡、不盡義。於中有三:初標舉其相，次徵問所由，後釋其義意。此初也。文中二熏，應作四句:無始有終，謂“本不覺”，作諸染本，成佛斷故。有始有終，謂“末不覺”，從本而起，成佛斷故。無始無終，謂“本覺性”，性自常真，無變滅故。有始無終，謂“始覺智”，從真顯起，體真常故。“無始”有二，約時及起。“無明”具二，枝末唯一。既皆名“染”，故說“染法從無始[□][已]⑥來熏[□][習]⑦不斷”等。此即顯前染二句也。本、始二覺，皆名“净法”。有始起故，不言“無始”。皆無終故，名“無有斷”。故言净法熏不斷等，即是顯後净二句也。

“若爾，便違《金光明經》? 彼說自利法身，始得利他應身無始起故。”

答:“此說依本而有始覺，故言‘有始’;彼說始覺即同本覺，故言‘無始’。此說本覺本來常住，故說‘無始’;彼說斷障方顯法身，故言‘始得’。各據一義，亦不相違。[□][由]⑧此義故，不始而始，始而不始。‘無始’之‘始’，‘始’之‘無始’，皆無礙也。”

《論》:“此義云何。”

釋曰:此即徵問“盡”“不盡”。由染净之熏俱無始有，何故染熏有盡而净熏無斷耶? 染净相因，方成“熏”義。净若無染，不成能熏。若得佛已，則無染法，無所熏故，亦無净熏，寧言净熏即無斷耶? 顯斯二責，故言“此義云何”。

---

① 耳，録本訛作“其”，據底本改。該字乙本亦作“耳”，可資比勘。
② 依，底本、録本作“依依”，結合文意，據乙本删。
③ 依，底本、録本無，結合文意，據乙本補。
④ 然，録本訛作“體”，據底本改。該字乙本亦作“然”，可資比勘。
⑤ 此缺字底本似作“其”，待考。
⑥ 已，底本、録本無，據《大乘起信論》[T32n1666p579a8]補。
⑦ 習，底本、録本無，據《大乘起信論》[T32n1666p579a8]補。
⑧ 由，底本、録本無，結合文意，據乙本補。

《論》:“以真如法”至“故無有斷”。

釋曰:此舉所由,答前問也。“以真如法”等者,釋初問意。謂彼染熏違理而起,無常法故,故無有斷,故言“真如[□][法][1]常熏習”等。“法身顯現”等者,答後問也。若未成佛,以體熏習。若已成佛,體雖無染,以用熏習有染生故,即二相中不思議業,始覺應化之別用也。又佛法身,與生無二。佛雖無染,衆生有染。既法身外無別衆生,亦即法身體有自染,即四鏡中緣熏習鏡本覺法身之遍用也。如斯解釋,理極圓明,方得盡其《論》之幽旨,於諸疏中曾未見也。

《論》:“復次,真如自體相者。”

釋曰:生滅門内有二分中,前來已釋“生滅心法”,釋立義中“是心生滅因緣相”竟,次下明其所[□][示][2]之義,釋立義中“能示摩訶演(衍)體”等義。於中有二:初合釋“體”、“相”二大,後別明“用大”之義。前中又二:初總標二大之名,後別釋二大之義。此初也。“自體”,體大;“相”謂相大。

問:“如‘立義’下,□(略)[3]‘立法’義,起下釋中廣釋之文。何今但釋所立法而不別釋所立義耶?”

答:“如心生滅因緣相等所示大乘相,自體用即是所立‘三大’之義,但顯所示自體相用,亦即已顯‘三大’之義,何用別釋‘三大’義耶? 如或更明,成繁重故。”

“若爾,上文‘三大’别立,何故今釋有開、合耶?”

答:“前就義有別,故別立三;今約時同異,故有開、合。謂‘體’、‘相’大約凡而説,但有‘體’義‘相’義。必存其‘用大’者,約佛菩薩悲智而明,非凡時有。縱有‘體’、‘相’,未必有‘用’,故合‘體’、‘相’,而‘用’別開。”

“若爾,何故始覺同本,以許‘體’、‘用’不同時故?”

答:“此難不然,凡聖別故。若始同本,即令‘體’、‘用’同時。始始覺時,亦應‘體’、‘用’齊起,故雖有‘體’,而‘用’未起。‘體’、‘用’別説,等理無違。”

---

① 法,底本、録本無,據《大乘起信論》[T32n1666p579a10]補。

② 示,底本、録本無,結合文意,據乙本、丙本補。

③ 此缺字底本、乙本作“略”,今據補。

《論》:"一切凡夫"至"畢竟常恒"。

釋曰:次别釋二"大"之義。於中二"大",即分爲二。此初"體大"。人雖就位以優劣,以體隨人,未曾增減。"非前際生"等者,釋不增減所以。前際不生故無增,後際不滅故無滅,即凡位爲前際、佛位爲後際也。"畢竟常恒"者,釋"不生滅"義。"常"故前際不生,"恒"故後際不滅。既"常恒"故,從凡至佛,其體畢竟無變異。

《論》:"從本已來"至"一切功德"。

釋曰:次明"相大"。於中有二:初正明性德,後問答重辨。前中亦二:先明德相,後顯立名。初中又三:初總標,次别釋,後總結。此初也。謂此相德即於"體大"自性之上本來具足,非新起故,名"性功德",如水八德不離水故。

《論》:"所謂自體"至"自在義故"。

釋曰:此别顯也。文中六句,展轉而釋。其第一句"本覺智明"義,以是真體非無明故。其第二句"顯照諸法"義,以有大智光明義故。其第三句"顯照無倒"義,以能遍照於法界故。其第四句"性離惑染"義,由有真實識知義故。其第五句"净德圓備"義,由是自性清净心故。其第六句"性德無遷"義,由具"常樂我净"義故。既由前前,而有後後,以後後句,顯前前義。

《論》:"具足如是"至"思議佛法"。

釋曰:此總結也。性德無數,故"過恒沙"。皆即真體,故云"不離"。無始相續,謂之"不斷"。共同一味,復言"不異"。如水八德,具三義故。新《論》名爲"非同非異"。德相别故"非同",同一味故"非異"。此闕"非同",彼闕"不離",二《論》影顯,其義方足。德義深廣,名"不思議"。唯佛窮達,故名"佛法"。或是"覺法",故名"佛法"。

《論》:"乃至滿足"至"如來法身"。

釋曰:此立名也。舉廣就略,故云"乃至"。顯具衆德,故云"滿足"。更無所念,云"無所少"。能攝果地如來萬德,如來智攝,名"如來藏"。果德相顯,能起報化,爲萬德依,故名"法身"。故"滿足"等皆□(示)[①]立名,而非别義。故新《論》云"依是義故名'法身'"等。

---

① 此缺字底本、乙本作"示",今據補。

《論》:"問曰上説"至"種種功德"。

釋曰:次下重顯。於中有二:初問,後答。此即執體疑相難也。謂執真體定離諸相,故疑有此功得相也。

《論》:"答曰雖實"至"是故無二"。

釋曰:次即差别無二,答也。於中有二:初明差别而無二,後明無二而差别。此初也。文中三節。"雖實有此"等者,初明衆德雖多,同一味如。"此義云何"者,徵問"無二"之義。"以無分别"下,釋成"不二"所由。雖實有此諸功德義,以無能取分别之心,又離所取分别相故,由無能、所二分别故,是故前言無有二也。

《論》:"復以何義"至"生滅相示"。

釋曰:下顯[□][無][1]二而差别。於中有二:先略,後廣。此初也。文中四句,分爲二節。上對疑辨,下對釋遣。既其不二,以何説别?以依生滅恒沙染法,返示净德恒沙差别,但舉染本,但言"業識",據實通則一切染也。故新《論》云"依業識等諸生滅相而立"等也。

"若爾,佛果應無净德?以無能對表示'染'故。"

答:"謂治染已,佛果功德與真一味,不可分□(析)[2],雖不可説,然非無也。若不爾者,豈離染時真如即是無常等耶?即依是義而經説云'如來智慧,無所不至'、'具足在於衆生身中'。衆生若離妄根垢縛,具見佛智在其身中。故雖治染,德不無也。"

《論》:"此云何示。"

釋曰:次下廣釋。於中有二:先問,後顯。此初也。此問對染表示之義。此真實性依生滅染示德相者,義云何耶?

《論》:"以一切法"至"實無於念"。

釋曰:下顯有三:初舉所迷之理,次對染以顯德,後結德以釋名。此初也。以一切法即心真如,真非妄故,法無念也。

《論》:"而有妄心"至"光明義故"。

---

① 無,底本、録本無,結合文意,據乙本補。

② 此缺字底本、乙本作"析",今據補。

釋曰:對染顯德。於中有二:先明對染别顯德相,後總對染顯具衆德。初中顯前六種"德"義,即分爲六。此初"本覺智明"義也。有義:此則無明業相,説有妄心,不覺念故。有義:通對九種染相,説妄起念,見諸境界,業識未見諸境界故。謂諸妄心不覺起念、見諸境故,總説無明。心性不起故,即智慧光明。

《論》:"若心起見"至"法界義故"。

釋曰:此即對明"顯照諸法"義。有義:此文對能見相及境界相,顯此净德,謂是能見、所見相故,故説"起見即不見"等。有義:此亦通對諸染,但言起見而是妄心,不説境界爲所見故。心性無此諸妄見故,即説"顯照諸法"義也。

《論》:"若心有動,非真識知"。

釋曰:此即對明"顯照無倒"義也。此中文略。具應言:"若心有動非真識知,心性無動即是'真實識知'義故。"有義:此説智相、續相也。以此二染是麁動心,妄生分别愛、不愛等,是故非是真實識知。有義:此亦通對諸染,説心有動非真識知,九種染心皆是動故;若無九種染動之心,即説心性真識義故。

《論》:"無有自性"。

釋曰:此則對明"性離惑染"義。此中應言:"若心有動,無有自性,心性無動即是'自性清净心'義故。"義難知故,但舉一句。有義:此説執取計名,以是事識麁分之位,取著轉深,發業滅苦,是故名爲"無有自性"。有義:此亦通對諸染。若唯二相、無自性者,其外染心應有自性。由有妄動,成九染相,故無自性。心性無動,即説"自性清净心"義也。

《論》:"非常、非樂、非我、非净。"

釋曰:此則對顯"净德圓備"義。此亦文略,若具應言:"若心有動,非常樂等,心性無動即是'常、樂、我、净'義故。"有義:此説起業相也。輪六趣故"非常",是行苦故"非樂",惑所使故"非我",性有染故"非净"。有義:此亦通對諸染。不爾,餘染豈"常樂"等?上釋業相動即有苦,非起業相獨名"非樂"。心性不動,即無諸染,是故名爲"常、樂、我、净"。

《論》:"熱惱衰變,則不自在。"

釋曰:此則對顯“性德無遷”義。此亦應言:“若心有動,熱惱衰變則不自在,心性無動即是‘清凉不變自在’義故。”例可知故,略不言也。有義:此説業繫苦相,爲業所繫不自在故,常受熱惱衰變苦也。有義:此亦通舉諸染。不爾,餘染豈清凉耶?諸惑燒心,故名“熱惱”。妄染遷改,則名“衰變”。業果繫縛,是“不自在”。心性不動,則無是義,故説“清凉不變自在”義也。

《論》:“乃至具有”至“相義示現”。

釋曰:此總舉諸染,顯衆德相。言“乃至”者,總舉之詞。妄過塵沙,翻對此故。真恒不動,即説真有過於恒沙德相表示。前來新《論》,其義大同。既無乖異,不能繁引。

《論》:“若心有起”至“如來之藏”。

釋曰:此即第三,結德釋名。文中三節。“若心有起”等者,此初有念即少,若心更起外念求之,即是不足,故有少也。故新《論》云:“若心有起見,有餘境可分別求,則於内法有所不足。”“如是净法”下,得無念滿足。以心性中净法滿足,更無所求,云“無所念”。無所念故,是净滿足。此下新《論》意同不引。“名爲法身”等者,依德立名。德法滿故,爲净法依,名爲“法身”。能攝如來清净功德,名“如來藏”。

《論》:“復次真如”至“發大慈悲”。

釋曰:上明“體”、“相”,下顯“用大”。於[中][1]有二:初總明,後别釋。總中有二:初對果舉因,後牒因顯果。初中亦二:初[□□□][悲,後智][2]。悲中有三:初顯起用因,次因悲起行,後因悲立。即此初也。“諸佛如來”者,此明能起“用大”之人,“用大”乃是佛所起故。“本在因地”者,此明初起“用大”之時,即在凡位發心時也。“發大慈悲”者,即顯所起“用大”之因,由因大悲起“用大”故。

《論》:“修諸波羅蜜,攝化衆生。”

釋曰:此因悲以立行也。有義:二句皆顯利他。修六度等爲攝生故,故説“以施攝貪窮”等。有義不然,違新《論》故,説修諸度四攝行故,初修六度

① 中,録本脱,據底本、乙本補。

② “悲後智”三字底本、録本脱,結合文意,據乙本補。

即自利行，後四攝明利他行。有義不然，違《論》意故，此説因悲而起諸行，皆有“自利利他”義故。

《論》：“立大誓願”至“盡於未來”。

釋曰：此因悲心立願也。“盡欲”等者，廣大願也。“不限”等者，長時願也。初中又含第一之願，言“度脱”者第一心故。

《論》：“以取一切”至“衆生相[①]”。

釋曰：次下明智。於中有二：初顯自他同體體智，後釋曰“體智”之所由。此初也。以取衆生如己身者，顯得攝他同己想也。“而亦不取衆生相”者，不見身外有衆生也。由平等智，以取衆生如己之身，雖願度生，而亦不見别衆生相。

《論》：“此以何義”至“真如平等”。

釋曰：此顯“自他同體”所以。文中徵、釋。“此以何義”者，徵責“自他無别”所以。“如實”等者，約“真如”答，顯其義意：自他同真，無有别體，何得身外見有衆生？

《論》：“以有如是”至“見本法身”。

釋曰：次牒因顯果。於中有二：初顯用體，後[②]明用相。此初也。“以有如是大方便智”者，牒前顯體之因。“除滅無明，見本法身”者，舉因所顯之果。“大方便”者，即前行願。體正名“方”，助道名“便”，“智”謂自、他同真之智。以此悲智，故無明滅，法身了果究竟顯現，是故名爲“見本法身”。

《論》：“自然而有”至“遍一切處”。

釋曰：下明用相。於中有二：初明用深廣，後[③]明用無相。此初也。“自然”等者，顯用深也。“即與”等者，廣大也。妙用難測，名“不思議業”。用相巨多，名“種種用”。任運智用，名“自然有”。是則依前法身之體，不待作意起難思用。由斯《攝論》斷此義云：“如末尼天鼓，無思成自事。種種佛事成，常離思亦爾。”既依真如起此妙用，故同真如遍一切也。

《論》：“又亦無有”至“故説爲用”。

---

① 相，底本、録本作“故”，據《大乘起信論》[T32n1666p579b13]改。

②③ 後，録本訛作“得”，據底本改。該字乙本、丙本亦作“後”，可資比勘。

釋曰：此明用無相也。此文三節，謂標、徵、釋。用依體起[①]，舉體即真，故雖起用，無相可得。佛具三身，昞現用相，何故乃言無用相耶？若廢機感，如來唯是妙理本智最勝實義，更無應化生滅等相，但隨緣用，用即無用，如波即水，用而常寂，故説"此身即是法身""唯如如智名'法身'"等，故"唯法身""離施作"等。雖真理妙智、本來常湛，隨機感而應，益用無邊，如水即波，即寂常用，故"隨衆生……説爲用"等。

《論》："此用有二種。"

釋曰：次下别顯。於中有二：初標，後釋。此初也。

《論》："云何爲二"至"盡知故"。

釋曰：下釋有二：初正顯用相，後問答釋疑。前中亦二：初直顯其義，後重牒分别。前中又二：先明應身，後顯報身。此初也。文中二節。初顯見麁色相。凡夫、二乘而見佛者，依於分别事識見也。此識不知諸境唯心，執有外境而起分别。依此麁識分别佛身，但見應身麁色之相，不見報身微妙色相，故"所見者名爲'應身'"。"以不知"下，釋見麁所以。迷相唯心，故云"從外"，謂佛外從兜率天來。又不達色離分齊相，謂佛色相但丈六等，迷分齊色即[②]無分齊，是故名爲"不盡知"也。"轉識現"者，此有多釋。有義：轉識即是前七，謂前七識能起妄境，如於净空見□（飛）[③]花等。今由此識，妄見佛身，故説依於轉識現也。以佛唯是第一義諦故，唯轉識妄所見耳。有義：前説其理不成，乃説無利他用故。本識亦能現妄境界，非唯前七名"轉識"，即是黎耶三細之中第二轉相，意顯佛身從本識起，故於三細隨舉其一。謂見佛者有因有緣，緣謂諸佛大悲願力，因謂衆生本識善種，以悲願緣，擊發識種，以於本識變現佛身。餘處約緣，但説佛現報化色相；此唯就因，故説依於轉識而現。有義：此説理未圓明。轉謂本識，理即可然，見佛因緣依"法相"義、不顯"真妄和合"義故。此識既是真妄和合，故於此位説現佛身，欲顯真妄因緣現故。因謂衆生清净真體，緣謂衆生無明妄念。衆生真心，佛體無二。忘念迷

---

① 起，録本訛作"智"，據底本改。該字乙本亦作"起"，可資比勘。

② 即，録本訛作"相"，據底本改。該字乙本亦作"即"，可資比勘。

③ 此缺字底本、乙本作"飛"，今據補。

故,是時真如,但隨染相,不顯净用。由其本覺内熏無明,令彼妄心而起厭求。有厭求故,真用即現;厭求劣故,用相即麁。厭求漸增,用相轉細。如是漸漸乃至心源,無明既盡,厭求都息,始覺同本,用還歸體,平等平等,無二無别,何有報應色相可現?未至心源,用相識中隨根顯現麁細之相,故説佛身"轉識現"也。

"若爾,但是從真現佛,何故説言'轉識現'耶?"

答:"以唯真如,不能獨現,故就和合説'轉識現'。謂隨流生死,妄有功能,妄雖有功,離真不立。若返流出纏,真有功能,真雖有功,離妄不顯。故真現佛,必假妄緣,故就和合説其用耳。"

"若爾,乃是自心真用,如何説言佛報化耶?"

答:"衆生真心,即諸佛體。故《華嚴經》依此頌云:

'若人欲求知,三世一切佛,應當如是[□□][觀,心][1]造諸如來。'

《不增減經》又作是説:'"法身"即"衆生","衆生"即"法身"。"法身"、"衆生",義一名異。'既諸法身起報化用,何故不是衆生心耶?"

"若爾,心佛自作衆生,何故説言'佛悲願力'?"

答:"即此真心是佛悲願。謂衆生心與佛無二,諸佛悲願既依真起,故亦即在衆生真心。衆生厭求,真用顯現,何得不是佛悲願耶?即是性起無緣大悲,及即自體無障礙願。"

"若爾,衆生無始有心,何不早起用而滅無明耶?"

答:"真熏無力,未厭求故。"

"若爾,本覺既先來有,何不早熏令厭求耶?"

答:"無明厚薄性不同故,因緣前後有互闕故。"

"若爾,'真心即是佛'者,寧説修因而得成耶?"

答:"以本始覺有差别故。若約本覺,隨染義邊,説'衆生心'即名爲'佛'。然其始覺亦□(籍)[2]修生,覺至心源,平等一際,何有差别説從生耶?"

《論》:"二者依於"至"名爲'報身'"。

---

① "觀心"二字底本、録本脱,結合文意,據乙本補。

② 此缺字底本、乙本作"籍",今據補。

釋曰:下顯報身。於中有三:初約識舉人,明其所見。次顯依正二報之相。後結果由因,釋顯報名。此初也。十解已上,諸菩薩等轉彼業識成能見智,即依此智見佛報身,故説"依於業識"見也。非謂"業識"即是"能見"。此識微細,未能見故,説無明力轉彼業識而成妄見。今由真熏轉彼業識成能見智,故説依業而見佛也。

《論》:"身有無量"至"有無量好"。

釋曰:下顯報相。於中有二:初正報,後依報。此初也。身無分齊,云"無[①]量色"。依身有相,相亦無邊。依相有好,好亦無盡。或青、黄等,色無[②]量故;一色之中,無邊相故;一相之内,無限好故。相以表德,令人敬德而念佛;好爲嚴身,令人愛樂而親近;故説佛身有相好等。

《論》:"所住依果"至"不毁不失"。

釋曰:[□][此][③]顯依報。言"依果"者,所依净土能依正報無有邊故,所住依果,亦有無量。大□(寶)[④]花王,衆所□(飾?)[⑤]等,具足净土諸勝圓滿,是故復云"種種莊嚴,隨所示現",皆[□][等][⑥]真如。現無限量,云"無有邊"。當無終極,云"不窮盡"。互融無礙,云"無分齊"。隨其業行所感何相,而所應者即皆常住。非如化土,所示現者,三災實壞,惡人損失,故言隨應□(即)[⑦]"住持[⑧]"等。

《論》:"如是功德"至"爲報身"。

釋曰:此結果由因,釋"報"名也。如是依正功德報相無障無礙不思議事,皆因十度深行之熏及由本覺不思議熏内、外二因之所成就,樂相圓滿,故名爲"報"。

《論》:"復次凡夫"至"説爲'應身'"。

---

①② 無,底本、録本作"無無",結合文意,據乙本删。

③ 此,底本、録本脱,結合文意,據乙本補。

④ 此缺字底本、乙本作"寶",今據補。

⑤ 此缺文底本不清晰,似作"飾",待考。

⑥ 等,底本、録本脱,結合文意,據乙本補。

⑦ 此缺字底本作"即",今據補。

⑧ 持,録本訛作"枝",據底本改。該字乙本亦作"持",可資比勘。

釋曰：上直顯竟，次下重牒。於中有二：先應，後報。此初也。前説應身通凡所見，然其凡小所見既殊；今顯夢異，重明“應身”，故言“復次，凡夫見”等。二乘見佛，是出世身、阿羅漢身、金人身等。凡夫見者，六道不同。地獄見佛，如黑象腳，以色屬（陳？）[①]長者見三尺身，外道見爲塗灰身等。又，提謂等以人天德見爲精神及天仙等。准此六道，所見各殊，皆非出世，相同苦諦，是故名爲“非受樂相”。果不稱因，非外因報，但隨人現，説之爲“應”。

《論》：“初發意菩薩”至“法身位故”。

釋曰：下顯報身。於中有二：先明地前所見，後顯地上所見。此初也。前明報身通地前後，今簡比證，重明報身。此文即顯地前見也。文中二節。初正明所見，依比觀門，見真如理。是相似覺，名“少分見”。異前十信，故謂之“深”。異後真證，故但云“信”。“知彼”等者，顯分見相。以見真如異凡小故，知佛身土無來去等。“唯依心現”，釋“無來去”。妄心故有，來無所來。從妄惑故，無智（去？）[②]無所至。“不離真如”，釋“離分齊”。既彼色相不離真故，皆等真如無分齊也。此説地前所見報身，《攝論》等説地上見者，彼約地上親證真如、得證相應成就處説，今就地前少分見真、比觀相應少分見説。既非真見，與彼無違，但異凡小心外取佛，故約唯心少分顯見。“然此菩薩猶分別”者，此即簡異地上菩薩，以依觀而得深解，未證真故，有分別也。

《論》：“若得净心”至“遞[③]相見故”。

釋曰：此顯地上所見。文中三答。初明見勝。用相過前，故云“微妙”。隨位漸增，故云“轉勝”。非但異前所見轉勝，而於地地見亦轉增。“乃至”已下，次明見極。有義：此中“見究竟”者，至金剛後，用即歸體，窮其源故，云“見究竟”。有義：此釋深爲不可。業相若盡，更無見相，云何而言“見之究竟”？應言“究竟窮極”之義。盡地菩薩見佛報身，身相之極，名“見究竟”，金剛後心更不見故。“若離”已下，此明見妄。謂離業識，即名爲“佛”，諸佛唯是真如法身，無有彼此色相可見。故此業識，妄有所見；若離業識，則無

① 屬，底本不清晰，似作“陳”，待考。

② 智，底本不清晰，該字乙本作“去”。“去”字義長。

③ 遞，録本訛作“違”，據底本改。該字乙本亦作“遞”，可資比勘。

見也。

"若爾,何用起現識耶?以於業識有色相故。"

答:"據説前後,言業相初非業相時未有現相,但就本識隨一而説。如依業識生滅相示,豈示性德唯業識耶?若無業識,即無轉現。隨現色相,故現色功。通業轉現,非獨現識。由此諸德説轉本識成圓鏡智、作佛體等。"

《論》:"問曰若諸"至"能現色相"。

釋曰:上明用相,次顯釋疑。於中問、答。此初也。若謂法身無色相者,云何能現報化色相?

《論》:"答曰即此"至"能現於色"。

釋曰:下答有二:先釋法身能現,後釋所現之色。前中亦二:先總舉,後别成。此初也。謂此法身即是報化色象之體,故能現色。豈不適言無有色相,是[□][即][1]法身亦非色體,空是色體能現色邪?若佛與菩薩法身無别,菩薩所見依體而起,既即不離諸佛法身,故是報化色象之體。若此法身非色體者,而亦不得"法身"名故,故此法身亦色非色,無色不色,能現諸色,而無有色。由此法身,應廣分别。然今且以四門辨之:釋名,辨體,出因,顯業。初"釋名"者,略有四義:"法"是"軌持"義,"身"是"依止"義,即"法"爲"身",故名"法身"。"法"謂功德,"身"謂理體,"法"之"身"故,名爲"法身"。"法"謂真理,"身"謂衆德,"法"有此"身",名爲"法身"。"法"謂[□][德][2]法,"身"謂聚業[3],即衆德聚,故名"法身"。此四諦融,同在一體,故一"法身"具此四義。言"辨體"者,略顯六種:或唯"真如"爲"法身"體,以一切法唯一真[4]故;故《佛地》説唯以所照清净法界而爲法身,解四智等屬報化故。或復兼以智爲體性,以佛法身有大智故,無性《攝論》説以無垢無罣礙智爲"法身"故,經及梁《攝》説唯有如如及如如智獨存名"法身"故,此即五法總屬"法身"。或兼衆德爲法身體,説佛法身具諸德故;大慈悲等修生功德無不皆是證理而

① 即,底本、録本脱,結合文意,據乙本補。
② 德,底本、録本脱,結合文意,據乙本補。
③ 業,録本訛作"舉",據底本改。該字乙本亦作"業",可資比勘。
④ 真,底本、録本作"真真",結合文意,據乙本删。

成，融攝無礙皆即真故。或兼相好爲法身體，説以相好嚴法身故，《攝論》依此説諸相好以三義故，皆屬“法身”。“相”即“如”[①]故，歸理法身智所起故，屬智法身，自是德法體聚法身。或通世間，皆爲法身；衆生及器無非佛故，自、他非身，身、語業化遍六塵起諸化事故，一大法身具足十佛、十佛遍攝二世間故。或總前五，混融無礙，交徹相攝，境智相即，事理鎔融，一即一切，一切即一，泯然無别，合爲一體，以爲“法身”。是謂如來無礙自在，圓滿具足“法[□][身][②]體”義。言“出因”者，或唯了因，爲因照現本有真德法故。或兼生因爲因，生成順起勝功德故。或合二因爲因，生、了二果無别體故。或總兼果爲因，應機現用爲苦果故。言“業用”者，亦有四義：或自開覺，依理發生諸觀智故。或他開覺智，報化諸妙用故。或俱開覺，理智鎔融無别體故。或遍開覺，遍諸坐處起勝用故[③]。既此法身，有如是名，具如是體，依如是因，起如是用，故能遍作無礙自在一切境界，豈無色相而别見耶？且依一相，而作是説。前遍諸教，顯六體義；今約出纏體、相二大，能起用大報化色相，故説“法身”名“色體”也。

《論》：“所謂從本”至“遍一切處”。

釋曰：此别成也。文中總、别，有其三節。“謂從本來，色、心不二”者，總標所現色不異心，謂從因本至果以來，據異而言，色、心不二。既因中色以心爲體，故報化色不異真心。如水起波，波性即水。“以色性即智”等者，明“色”即“心”，顯前“不二”，以彼報化色之本性即是本覺心智性故。而彼報化舉體是智，色相都盡，但云“智身”。如波即濕，波盡是水。故新《論》云：“以色本性，即[④]心自性，説名‘智身’。”“以智性即色”等者，明“心”即“色”，顯前“不二”。以本覺智真心自性名是“報、化色之體”故，説此“心智”名爲“法身”，報、化色法依止體故。故新《論》云：“以心本性即色自性，説名‘法身’。”“遍一切處”有其二義：謂此智性即色體故，法身遍於一切色處，如水遍在一

① 如，録本訛作“也”，據底本改。該字乙本亦作“如”，可資比勘。

② 身，底本、録本脱，結合文意，據乙本補。

③ “用故”二字底本、録本訛倒爲“故用”，結合文意，據乙本乙正。

④ 即，録本訛作“智”，據底本改。該字乙本亦作“即”，可資比勘。

切波中。又謂法身遍一切故，所現色相亦遍一切，如波隨水亦遍一切。故新《論》云："依於法身，所現色身遍一切處。"

《論》："所現之色"至"而不相妨"。

釋曰：自下重明所現之色。於中有二：初明所現無礙，後明所現難思。此初也。"所現之色無分齊"者，此[□][□][標"無]①礙"，以其法身無礙常遍故。此所現報化色相，竪②無間斷，横無分限③。新《論》説爲"無間無分，故無分齊"，通二義也。"隨④心能示十方"等者，顯"無礙"相。此中應言："隨十方世界無量菩薩心身、無量報身、無量莊嚴土，各各差别。"以文倒故，似爲示現菩薩之身，義即不爾。即隨十地菩薩所見示現無量他受用身、無量莊嚴他受用土，隨其所見，各各差别。"皆無分齊，而不相妨"者，顯"無礙"義。隨一一地所見報身，皆遍法界，無有分齊，爲差别相，互⑤不相妨。

《論》："此非心識"至"用⑥義故"。

釋曰：此明所現難思，通外⑦難也。夫言"色"者，質礙爲體，分齊爲相，相妨爲用，如何可言"各各差别，皆無分齊，不相妨"耶？故此答言"非心識"等，以所現色是真如用，體既無礙，用寧礙耶？其猶一室能礙千燈，多明互融，普⑧遍無礙，而亦不失明差别相。亦如無間所有衆生，雖一一身悉遍彼處，而亦不失受苦分會⑨，故所現色自在難思。"此非心識分别知"，如前所難，是心識境不可以此而爲難也。

《論》："復次顯示"至"真如門"。

釋曰：上來别釋二門義竟，自下第二，合釋二門。於中有三：先標，次釋，

---

① "標無"二字底本、録本脱，結合文意，據乙本補。

② 竪，録本訛作"望"，據底本改。該字乙本亦作"竪"，可資比勘。

③ 限，録本作"根"。該字底本不清晰，結合文意，據乙本改。

④ 隨，録本訛作"謂"，據底本改。該字乙本亦作"隨"，可資比勘。

⑤ 互，録本訛作"即"，據底本改。該字乙本亦作"互"，可資比勘。

⑥ 用，録本訛作"因"，據底本改。該字乙本亦作"用"，可資比勘。

⑦ "通外"二字録本訛作"遍餘"，據底本改。以二字乙本、丙本亦作"通外"，可資比勘。

⑧ 普，録本作"著"。該字底本不清晰，結合文意，據乙本改。

⑨ 會，録本訛作"重"，據底本改。該字乙本亦作"會"，可資比勘。

後結。此初也。如前所言,不生不滅與生滅合,非一非異。上顯“法”義,别釋“真如”及“生滅門”,顯“不一”義;今於此中二門相對,會相入空,顯“不異”義。故言“顯示從生滅”等句。爲復二門本自無二,爲體差别、令會入真?答:若本無二,則無所會。若一向異,亦不可會。由非一、異,方説會耳。

《論》:“所謂推求”至“之與心”。

釋曰:下釋有二:先總舉,後别名。此初也。上言顯示“從生滅門”,“入真如門”云何顯示?故即釋云“推五藴”等。然此五陰,不過“色”、“心”。“色藴”名“色”,餘四名“心”。推此“色”、“心”,離心無性,既生滅法總即“色”、“心”,故知“生滅”即“真如”也。

《論》:“六塵境界,畢竟無念”。

釋曰:次下别明“推‘色’、‘心’觀”。於中有二:先觀色法,後觀心法。此初也。境從心起,畢竟無體;離心之解,無别念相;寧知諸色離心無體?謂以惠(慧)擇(根?)[①]分析諸色,乃至極微,離心無故。故新《論》云:“分析[②]麁色,漸[③]至極微,復以方分,析此微塵。是故若麁若細一切諸色,唯是妄心分别影像,實無所有。”

“若爾,何言‘六塵境’耶?”

答:“雖‘一色’言,即有二種:一者有對,極微所成;二者無對,非極微成。其五塵境屬有對色,其法塵境攝無對色,故但言‘色’,攝‘六塵’也。顯攝周盡,故言‘[六][④]塵’。以法處[□][色][⑤]不可析故,是故《論》中但言‘無念’。新《論》分析,約有[⑥]對色。廣略雖異,皆顯‘色’也。或此則是譯者忤耳。”

《論》:“以心無形”至“終不可得”。

釋曰:下顯觀心。於中有三,謂法、喻、合。此初也。六塵色法,多現有像,以理推微,尚不可得,况心無形相而可得耶?由無形故,即無住處,故言

① 擇,底本不清晰,乙本似作“根”,待考。
② 析,録本訛作“段”,據底本改。該字乙本亦作“析”,可資比勘。
③ 漸,録本訛作“微”,據底本改。該字乙本亦作“漸”,可資比勘。
④ 六,録本脱,據底本、乙本補。
⑤ 色,底本、録本無,結合文意,據乙本補。
⑥ “有”字前底本、録本衍一“色”字,結合文意,據乙本删。

“十方求不可得”。故《智度》云：心法無形。以無形故，即無住處。無住處故，即非有也。新《論》即約刹那分，心故不得。故彼文云：“推求餘[①]蘊，微至刹那。求此刹那，相別非有[②]。……離於法界，終不可得。”斯《論》更有：“如是十方一切諸法應知亦[③]然。”此文雖缺，義亦無失。

《論》：“如人迷故”至“方實不轉”。

釋曰：此舉喻也。

《論》：“衆生亦爾”至“心實不動”。

釋曰：此法、合也。推求動念，已滅、未生，中無所住，故無有起，則知心性實不動也。

《論》：“若能觀察”至“真如門故”。

釋曰：此後總結。“即得隨順”，是顯信德。“若能觀察”，得方便觀。“入真如”者，是顯信德。若至初地，得正觀也。

《論》：“對治邪執”至“則無邪執”。

釋曰：如是已明，顯示正義，對治邪執。於中有二：初就本總標，後別明除障。此初也。有義：“邪執”即是“我見”，謂依“我見”，説爲“邪執”。不爾，應言“邪執有五”，如何《論》言“我見[□][五][④]”邪？執我常遍，會同虚空；執如來藏，義同“我見”；故依“我見”，説爲“邪執”；但説所依，非體所依，故離“我見”無可説也。有義：“邪執”非即“我見”，謂依分別“我見”之上，起於分別迷教邪執。不爾，所説後五行相豈皆是彼“人我見”邪？故下五見非皆人我，而《論》所言“我見五”者，謂依初一“人我見”上起後四種迷教邪執，故從所依，總名“我見[⑤]”。由是新《論》下[⑥]所結云：“依人我見，四種見生。是故

① 餘，録本作“解”。此字底本、乙本不清晰，結合文意，據《大乘起信論》[T32n1666p588a24]改。

② 有，《大乘起信論》[T32n1666p588a25]作“一”。

③ 亦，《大乘起信論》[T32n1666p588a26]作“悉”。

④ 五，底本、録本無，結合文意，據乙本補。

⑤ 見，録本訛作“由”，據底本改。該字乙本亦作“見”，可資比勘。

⑥ 下，録本訛作“分”，據底本改。該字乙本亦作“下”，可資比勘。

於此，安立彼四。"既依我見起於邪執，故離我見，[□][邪][1]執則[2]無，根斷枝亡，理恒形故。

《論》："是我見有"至"法我見"。

釋曰：别明除障。於中有二：初對治離，後究竟離。初中有二：初標數列名，後依名辨相。此初也。此有總相宰主之者，名"人我見"。此一切法各有實體，名"法我見"。然此二見，各有二種：一者俱生，二者分别。無始時來，虚妄熏習，内因力故，恒與身俱，不待邪教及邪分别，任置而起，故名"俱生"。非但内因，亦由現在外緣力故，非與身俱，要待邪教及邪分别然後方起，故名"分别"。此二二見約識辨者，依《唯識論》，彼法宗説：分别二執，唯在第六意識中有。俱生二見，遍與末那意識相應，而不許在阿賴耶識，唯是無覆自净無記，不障聖道異熟識故。若安惠(慧)師，亦許法執。俱生起者，在第八識，以是有漏不證真故。若[□][依][3]此《論》前所立理，俱生、我執亦通第八，與安惠(慧)宗大意相似。分别二見，麁故易斷，於見道中，觀一切法二空之理，隨應而斷。俱生二執，細故難斷，後修道中[4]，隨其所應，修二空觀，而能伏斷，已成佛時，方永斷盡。此與二障寬狹同異，如諸論明，不能繁叙。雖有如是二種二執，今此所説分别起者，皆迷正教而生起故。

《論》："人我見者"至"説有五種"。

釋曰：次下辨相。於中有二：初明"人我見"，後釋"法我見"。初中亦二：總標，别釋。此初也。然其五種，非皆我見。而言"我見……有五種"者，依初凡夫分别我見，起後四種迷教邪執，從所依説，總名"我見"。如何初一唯"我見"耶？謂執法身常遍實有，即是外道執我相故。故新《論》云："執如來藏，同於虚空，常恒遍有。"即同《唯識》："一者執我體常周遍，量同虚空。"故《掌珍》云："若説真如是一是常，周遍法界，即是外道所執我故。此即心外而見於理生，不常見故，是我執故。"《深密經》同此，頌云："我於凡愚不開演，恐

① 邪，底本、録本無，結合文意，據乙本補。
② 則，乙本作"即"。
③ 依，底本、録本無，結合文意，據乙本補。
④ 中，底本、録本作"中中"，結合文意，據乙本删一"中"字。

彼分别執爲我。"由是五見,初一"我見"而是所依,後四能依;初一能起,後四所起。初一依果,起迷識遍因果起執。此佛法内學大乘人凡夫所是,故下文皆舉迷於大乘教起,故依凡夫,説"五我見"。

《論》:"云何爲五"至"猶如虚空"。

釋曰:次下别釋。别釋五種,即分爲五。一一文中皆有三義:初明起執之由,次正明執相,後顯其對治。此初也。"畢竟寂寞",即新《論》言"究竟寂滅""無相"之義。此文爲破執相好身爲真佛者,故説法身其體無相,猶若虚空,即《般若》等諸經所説"若以色觀我,故彼不能了"等。

《論》:"以不知"至"是如來性"。

釋曰:此正明執相也。有義:此説不了教意,即謂虚空是佛法體,即是以喻而爲法也。不爾,何故破虚空相體是妄故、非法身耶?有義:此中但執法身是常遍有、同於虚空,非執虚空即是法體。故新《論》云:"執如來性同於虚空,是常遍有。"下破虚空體是妄者,明所喻法非常遍有,顯能喻法亦非常有。不爾,應言"非是虚空相",如何《論》言"非如虚空"耶?

《論》:"云何對治"至"體無不實①"。

釋曰:下明對治。於中有二:初明虚空"非常遍有",後顯法身"非有遍常"。前中有三:初立,次釋,後結。三文皆顯情有理無。此初立也。"明虚空"等者,此初明情有。故《唯識》云:"謂曾聞説'虚空'等名②,隨分别有虚空等相,數習力故,心等生時,實③似如是虚空相現。""體無不實④"者,此後顯理無也。如彼空花都無有相,據情雖有、據理無故。

《論》:"以對色故"至"虚空之相"。

釋曰:此釋也。"以對色"等者,初明情有,以對礙色,故於無礙明闇之處説有虚空。然此乃是⑤空⑥界之色,而是眼識所行境界,牽起念念分别之心,

---

① 實,録本訛作"空",據底本改。該字乙本亦作"實",可資比勘。
② 名,録本訛作"亦",據底本改。該字乙本亦作"名",可資比勘。
③④ 實,録本訛作"變",據底本改。該字乙本亦作"實",可資比勘。
⑤ 是,録本訛作"至",據底本改。該字乙本亦作"是",可資比勘。
⑥ 空,乙本無。

故言“以對色故有”。“令[①]心生滅以[②]一切”等者,後顯理無。本以對色而立虛空,色體當無,寧有空相?

《論》:“所謂一切”至“境界滅”。

釋曰:此結也。“所謂”等者,此明情有。“若心”已下,後顯理無。既一切法情有理無,故知虛空非常遍有。

《論》:“唯一真心”至“虚空相故”。

釋曰:此顯法身“非有遍常”。“唯一”等者,辨法同喻。以佛法身唯一真心,由此法身無所不遍,無不遍故,是顯“如來智性廣大究竟之義”。如“虛空”義,故喻虛空。故新《論》云:“此是如來自性廣大如虛空義。”“非如虛空相故”者,簡法異喻,非謂如彼是常是有,妄虛空相。故新《論》云:“非謂如空是常遍有。”

《論》:“二者聞修”至“離一切相”。

釋曰:次第二“我見”中,初明起執之由也。即《大品》等諸般若經,爲破取著生死涅槃,妄生分别而欣厭者,故説“諸法畢竟皆空”。故彼文云一切諸法如幻如夢、畢竟皆空,乃至涅槃真如之法如幻如夢。若當有法過涅槃者,我説亦復如幻如夢。“世間諸法”,即生死法。“從本已來自空”等,顯非先有今無名“空”,即本無性,名之“空”耳。

《論》:“以不知爲破”至“唯是其空”。

釋曰:此正明執相也。既以不知爲破著故,即如言執真如涅槃性功德相畢竟斷無。

《論》:“云何對治”至“性功德相”。

釋曰:此顯對治也。“真如法身自體不空”者,即體大。“具足無量性功德”者,有相大故。或復初文正明不對治空執,後釋所以。

《論》:“三者聞修”至“功德之法”。

釋曰:此第三我見之中,初明起執之由也。即《如來藏》、《同性》等經,爲

---

① 令,録本作“今”。此字底本、乙本不清晰,結合文意,據《大乘起信論》[T32n1666p580a4]改。

② “以”字前底本、録本衍一“等”字,結合文意,據《大乘起信論》[T32n1666p580a4]删。

欲破彼著空衆生,説如來藏具體、相大。

《論》:“以不解故”至“自性差别”。

釋曰:此正明執相也。然其功德,有其二種:一謂法身真如性德,二謂應化色心功德。“色”謂相好,“心”謂力等。“色”、“心”自體雖各差别,但假非實。彼初也者,執此功德以爲實有。既滯事相,不融真理,未悟[□][法][1]身具諸性德,聞如來藏備功德法,不解約真性德而説,謂如來藏體有如前自體差别色心功德。

《論》:“云何對治”至“説差别故”。

釋曰:此顯對治也。“唯依真如義説”者,“二”之不“二”,標其義也。所言“體備功德法”者,唯依真如義説而有,非謂有前“色”、“心”之法。“因生滅染義”等者,不“二”之“二”,釋其義也。但對生滅差别染義,示現説其差别功德,非謂性德有其差别。

《論》:“四者聞修”至“不離真如”。

釋曰:此第四“我見”之中,初明起執之由也。此即《楞伽》、《勝鬘》等經,爲欲破彼執生死法及涅槃法離真有體者故,説真如隨緣之義。“生死染法依藏有”者,顯如來藏作緣生義。“一切諸法不離真”者,顯緣生法無别體義。

《論》:“以不解故”至“生死等法”。

釋曰:此正明執相也。以迷教意,不解真如隨緣義故,便作是執:“若如來藏體無染者,云何能生一切染法?又何能爲世間染依?故知體具世間染法。”

《論》:“云何對治”至“相應故”。

釋曰:下顯對治。於中有二:初明遣迷情,後返破愚執。此初也。“以如來藏從本”等者,此明净德妙有,今如前説諸性德故。“以過[2]恒沙煩惱”等者,此明妄染理無,唯依真如虚妄起故。“從無始來未曾”等者,此明妄不入真。故《無上依經》云:“諸惑本來不入衆生自性清净心[3],諸惑唯是客塵自分

① 法,底本、録本無,結合文意,據乙本補。

② 過,録本訛作“邊”,據底本改。該字乙本亦作“過”,可資比勘。

③ “諸惑本來不入衆生自性清净心”十三字底本、録本重複作“諸惑本來不入衆生自性清净心諸惑本來不入衆生自性清净心”,結合文意,據乙本删。

别所起。[①]”

《論》:“若如來藏”至“無是處故”。

釋曰:此返破愚執也。若體有染,聖應起惑。聖會此時既無惑染,故如來藏體無染也。

《論》:“五者聞修”至“得涅槃”。

釋曰:此第五我見之中,初起執之由也。即《阿毘達磨經》頌説云:“無始時來界,一切法等依。由此有諸趣,及涅槃證得。”“界”是“性”義,同“寂性”釋,與《唯識論》所釋稍别。

《論》:“以不解故”至“還作衆生”。

釋曰:此正明執相也。“謂衆生有始”者,此起“有始”見也。謂聞依藏有生死故,則謂真先而其妄後,故起“衆生有始”之見。如外道執從初自性而生大等,始有衆生。“以見始”等者,此起有終見也。謂聞藏有涅槃,故疑如來藏本無滅處而起諸染,得有衆生。縱得涅槃,雖無惑染,何不新起作衆生耶?既執涅槃有其終盡,卻成“衆生有始”之義。如外道執衆生終盡還歸自性,亦得涅槃,後從寂起,還作衆生。

《論》:“云何對治”至“外道經説”。

釋曰:下顯對治。文中有二:初明無始,後顯無終。此初也。“以如來藏”等者,正明“無始”。所依藏性既無前際,能依生死何有始耶?“無明相”者,即生死也。“若説”已下,顯“始見”過。故《仁王》云:“我説三界外别有一乘衆生藏者,是外道《大有經》中所説,非七佛説。”《大有經》者,即是《勝論》六句義中“大有”句也。此性能有一切法故,離實德業而别立也。或亦即是前《□(數)[②]論》説:“從冥[③]生覺,初[□][作][④]衆生”也。

《論》:“又如來藏”至“無後際故”。

釋曰:此顯無終也。此文語例,似謂諸佛所得涅槃與如來藏而相應故,

---

① 乙本至此止。

② 此缺字底本作“數”,今據補。

③ 冥,録本訛作“一”,據底本改。

④ 作,底本、録本無,結合文意,據丙本補。

則無“後際”義。既不爾故，應正言：“諸佛如來與之相應，所得涅槃即無後際。”謂此藏性無後際故，諸如來智證之相應所得涅槃後際也。故新《論》云：“證此永斷生死種子，得於涅槃，亦無後際。”

《論》：“法我見者”至“説人無我”。

釋曰：次下第二，明“法我見”。文亦同前，分其二種。此初起執之由也。雖此法相亦空無我，二乘根鈍，且未堪聞。爲引彼人，令入聖教，是故但説“人無我”理。即攝大乘，令入祕密。故彼釋《論》顯其義云：謂若是處依世俗理，説有補特伽羅之相及一切法自性差别；爲令有情入佛聖教，是故説亦令入祕密。彼顯雙存二種“我”相，此顯唯説“人無我”理。俱爲衆生令入法故，總别雖異，亦不相違。

《論》：“以説不究竟”至“妄取涅槃”。

釋曰：此正明執相也。以二乘教唯明“人空”，二乘依之，但離“人我”，由其未顯蘊體亦空法無我理，説未究故。彼二乘者未亡法執，見有五陰生滅實法，故怖[①]生死，妄取涅槃。其由夢虎而生嫌，見空花而自樂。

《論》：“云何對治”至“本來涅槃故”。

釋曰：此顯對治也。五蘊無性，是故“不生”。既無有生，更何有滅？即無生滅，本自涅槃，何有實法妄生欣厭？此義廣如《大經》等説。

《論》：“復次究竟”至“自相可説”。

釋曰：次下第二，顯“究竟離”。於中有二：初約法明能作[②]，後會[□][相][③]釋伏疑。前中亦二：初約法總斷，後舉廣類求。此初也。前明伏道，伏除邪執，名爲“對治”。今明斷道，永離妄執，云“究竟離”。總舉執緣，顯無自性。所執無故，能執不生，心無所依，自能解脱，故言“復次，究竟離”等。“染法、净法皆相待”者，如長、短等相待假立，故無自相而可説也。是故《中論》依此頌云：“若法待因成，是法還成待。今則無因待，亦[④]無所成法。

① 怖，録本訛作“悕”，據底本改。

② “能作”二字録本作“謂”。此二字底本不清晰，結合文意，據丙本改。

③ 相，底本、録本無，結合文意，據丙本補。

④ “亦”字前底本、録本重復“亦無所成，今則無因待”九字，據文意删。

《論》:"是故一切"至"不可説相"。

釋曰:此舉廣類求也。是前染净相待假故,一切諸法本無自性,非由悟後方决其然,故言"是故……從本來"等。心境相對,而立"色"、"心"。二取既無,"色"、"心"何有?説"非色"者,非所取故。言"非心"者,非能取故。"非智非識",顯上"非心"。識智待心染净而立,心當非心,故非識智[1]。"非有非無",顯上"非色"。謂有無者待色生滅,色既非色,故非有無,由此"畢竟不可説"也。

《論》:"而有言説"至"入實智[2]故"。

釋曰:此會釋伏疑也。"而有言説"等者,初正會伏疑。聖者具知諸法離性不可説相,寧有言□(説?)[3],假言□□(引悟?)[4],其旨不在言也。"其旨趣者"等,辨定聖意有言説者,意爲歸真,不欲尋名、起分别念。"以[□][念][5]一切"等者,返以釋别,以若尋名,便起於念,則心生滅、不稱"真"故。

《大乘起信論》廣釋卷第四。

《大乘起信論》廣釋卷第五[6]

京西明道場沙門曇曠撰

《論》:"分别發趣"至"趣向義故"。

釋曰:以下第三發趣道相。於中有二:初標意顯名,後别開分别。此初

① "非識智"三字底本、録本重復作"非識智非識智",據文意删。

② 智,録本訛作"起",據底本改。

③ 此缺字底本不清晰,疑當爲"説"字,待考。丙本:"聖既了法不可説相,應無所説。"可資比勘。

④ 此二缺字底本不清晰,疑當爲"引悟",待考。丙本:"而有説者,假言引而令悟其旨不在言也。"可佐比勘。

⑤ 念,底本、録本無,結合文意,據《大乘起信論》[T32n1666p580b13]補。

⑥ 卷第五録本注"燉煌本",然卷號不詳。今查底本乃日杏雨書屋藏《敦煌秘笈》羽604號及被從羽604號中撕裂的敦煌卷子(本爲一個卷子,前後相接,迄今被撕裂的後部分卷號不詳,下落不明)。今據《大正藏》以羽604號爲底本,以中村080號爲參校甲本。另增乙本:斯2512vb號;丙本:斯4513號;丁本:伯2051號。

也。此中應當先明道義，然後方顯發趣等相。所言“道”者有其四義：能、所通行依趣義故，此既不□（離）[①]教理行果，故一切法皆得□（名）[②]“道”。□（由）[③]此經中隨宜異説。或有經[④]□（中）[⑤]説“教”爲“道”。如《涅槃》云：爲人演説，名之爲“道”，由聞法故，斷除疑解得菩提故。總説雖然，别分别者：或説大乘教獨名“道”，以佛道聲，令一切聞[⑥]解，教皆非了義所説，未離色聲、行邪道故。或通三乘教亦名“道”，我如導者，知“道”説“道”，爲求三乘者説三乘法故。或法言教皆名爲“道”，一切言音法輪聲攝語言文字，而作佛事，人天善根以成熟之菩薩，亦依外道教故。或有聖教説“理”爲“道”，處處皆説道理[⑦]，由以此“理”即是“道”故。此總説已，别分别者：或有唯説“真諦”名“道”，説乘如實道而成正覺、“自性清净心”名爲“道諦”故。或通二諦，皆名爲“道”。故經説有四種道理：觀待道理、作用道理、作證成道理、法爾道理，此通真、俗二種理故。或通諸法，皆得名“道”，説“一切法”皆亦“如”也。十方三世，即一塵會[⑧]，“一”即“一切”，“一切”即“一”，融攝無礙，皆即真故。由此經説淫、怒、癡等皆名爲“道”、生死染法即是“道”等，菩薩遍通一切道理，爲欲成就一切智故。或有聖教説“行”爲“道”，故有説云“精勤行道”、“當求出離”、“慎益放逸”。然於此中，亦有差别。或説大乘行方名“道”，説行大道益示小逕，但行菩薩[道，當得作][⑨]佛故。或三乘行通名爲“道”，汝等所行是菩薩道，三十七種道品[⑩]善法通是三乘所行道故，三乘亦有有漏、無漏、我空、法空諸勝道故。或一切行皆名[⑪]爲“道”，菩薩遍行一切行故。乃至示現

① 離，録本作缺文，據底本補。

② 名，録本作缺文，據底本補。

③ 由，録本作缺文，據底本補。

④ 經，録本訛作“數”，據底本改。

⑤ 中，録本作缺文，據底本補。

⑥ 聞，録本訛作“皆”，據底本改。

⑦ “道理”二字録本重復作“道理道理”，據文意删。

⑧ 會，録本訛作“倉”，據底本改。

⑨ “道當得作”四字録本誤置於下文“或一切行皆名”後，據底本乙正。

⑩ 品，録本訛作“只”，據底本改。

⑪ “名”字前録本誤串入上文“道當得作”四字，據底本删。

行外道行，爲欲調伏一切衆生，令魔憒亂[①]不得便故。或有聖教説“果”爲“道”。《浄名經》中説佛道名，又説當成菩提之道，又説速趣向涅槃道。然於此中，亦有差别。或有唯説“佛果”名“道”，唯有佛乘，無二、三乘；“乘”是寶乘，“道”趣“道場”；滅化城已，向寶止（正？）[②]道；由是唯“佛果”名爲“道”。或通三乘，“果”皆名“道”，皆同此一妙法浄道，皆同此一究竟清浄。又説一道一行一緣。又説“三乘同解脱”等。或一切“果”皆名爲“道”，如來化身遍於六道、六道之果皆佛攝故，修“無我”道而成此果、不存自體身心相故，具福資糧成就此果、具足一切身心相故。若存一相爲自體者，“我”相不亡，不名“聖人”。若“他”一相而不備者，不名“具足圓滿之果”。由具一切身心果故，得名“究竟正等菩提”。既言“道”者有其四種，今於此中所説何者？有義：此中説佛“果”“道”，是所分别發趣處故。謂佛功德即所證道，是佛假者所依證故，是諸菩薩發心修行所趣向果道境故。既是所依證趣向處，故唯佛“果”獨名爲“道”。有義：此中兼説理道，始覺佛果即本覺故。真理是佛所依證處，由證此理得佛果故。亦是菩薩所趣之道，菩薩發心趣本源故。新《論》説爲“得道正因”，正因即是真如理故。是故此中亦顯“理道”。有義：此中亦顯“行道”，要由行因證理果故。新《論》説爲“修行正道”，行是所修正道相故。又説是佛得道正因，故行亦是道正因故。説菩薩修，令其現前，即所起行名“現前”故。説人修行一切善行，自然歸順真如法故。由佛證智，依行成佛，説是諸佛所證之道，亦是菩薩發心修行，假者之所趣向處故[③]。是故説“行”亦名爲“道”。有義：此中“教”亦名“道”，亦是能趣、所趣等故，從真法界之所等流爲聞熏習，成出世故。舉體皆是圓智用大，□（？）[④]能爲作菩提因故。於前諸法無不等遍，亦是佛智所證道故。欲悉顯了浄密之音，菩薩因是初發心故。故兼教者，於理圓明。雖此四釋於義皆通，然據顯勝，唯取理果，以是深圓依趣道故。依教起行，爲欲趣向，此所證理所得果故。理果即是真如，三

① 亂，録本訛作“究”，據底本改。
② “止”字似應作“正”，待考。
③ 故，底本無，録本據文意補。
④ 此缺字底本不清晰，待考。

大是此中①正所宗故。

[《論》:"略説發心"至"證發心"。]②

釋曰:以下别開。於中有二:初標數列名,後依名辨。此初也。此中有義:"信成就發心"者,正立十信,終滿位中,於此位中得信成就,發三種心,入十住故。"解行發心",唯立十行,終滿位中,解行成已,發迴向心入十向故。有義:初心亦通③住位十位,十信位中,修習信心,信心成就,發决定心,即入十住初發心住,依信成就三種發心住正定故。不爾,十住豈無此耶?故二位皆名"信成就發心"也。[解行發心亦]④通向[□][位]⑤,謂十行位,能解法空,順行六度,度(解)⑥行純熟,發迴向心,入十向位,復依解行而爲迴向。不爾,十向豈無解行?豈更不發迴向心耶?"證發心"者,位在地上,依前二種相順發心,證得真如,發真心故。即聖惠(慧)開發,名"證發心"。若依此義,亦通佛果。或於位位發彼加行勝進之心,亦名"發心"。此義通於等覺等前位。

《論》:"信成就"至"堪能發心"。

釋曰:以下辨相。辨上三名,即分爲三。初中亦三:一、明信心⑦成就之行;二、顯行成發心之相;三、彰⑧發心所得利益。初中又二:初問,後答。此初也。此有四句,而有二釋。有義:四句即爲四問⑨:初句問其能修信人,次句問其所修之行,次句問其行成時節,後句問其堪發何心。有義:四句但爲

① "中"字前録本衍一"論"字,據底本删。

② "論略説發心至證發心"九字録本脱,據底本補。

③ 通,録本訛作"兼",據底本改。

④ "解行發心亦"五字録本脱,據底本補。

⑤ 位,底本、録本無,據文意補。

⑥ 度,此當爲"解"之訛誤。同卷下文:"不爾,十向豈無解行?"可資互勘。又,丁本:"'解行發心'者,謂十行位,能解法空,順行六度,解行純熟,發迴心住十向故。"亦可助勘。

⑦ 心,底本無,録本據文意補。

⑧ 彰,底本無,録本據文意補。

⑨ 問,録本訛作"句",據底本改。

三[①]問：二句如前。其後二句，問行成已，堪發何心。故唯三問於理爲勝。

《論》："所謂依不定聚衆生。"

釋曰：下答有二：初正答前問，後舉劣顯勝。前中亦二：先别答三問，後結成入位。前答三問，即分爲三。此初也。此中所言"不定聚"者，即取十信終心人也。分别三聚，且[約四問：一][②]、約業分别。謂"無間業"名"邪定聚"，决定受故；諸"無漏業"名"正定聚"，定不墮故；"除五趣業"名"不定聚"，不定受故。二、約法分别。於前三聚，由法有異，又有三聚：若般涅槃法者，名"正定聚"，定成聖故；不般涅槃法者，名"邪定聚"，當生死故；不决定者名"不定聚"。或不成故。三、約姓分别。謂即於前般涅槃法，更開三聚：二乘種姓，名"邪定聚"，定求小果故；菩薩種姓，名"正定聚"，定發大心故；不定姓人，名"不定聚"，不定所求故。四、約[③]位分别。此即唯於菩薩種姓更分三聚：入住已去，名"正定聚"，定不退故；未入[十][④]信，名"邪定聚"，遣因果故；十信位人，名"不定聚"，或進退故。今此所言"不定聚"者，即是大乘種姓中者。故《本業經》依此説云："始從具縛凡夫，未識三寶聖人，未識好惡因果，一切不識、不解、不知。從此不識始凡夫地，依佛菩薩正教法中起一念信，發菩提心，是人名爲'信相菩薩'，亦名'假名菩薩'。"是故亦名"不定衆生"。今依此人明所修行，故言"依不定聚衆生"也。

《論》："有熏習"至"修行信心"。

釋曰：此顯"修行"，答第二問。"有熏習"等者，初辨行因，謂[⑤]有本覺内熏因力，善發聞熏爲外緣力，並[⑥]依前世[⑦]修善根力。"信業果報"等者，次顯所以[⑧]。由前因緣，能信果報，起十善等三種善根：一、福分善。宿世[⑨]善根，

---

① 三，録本訛作"王"，據底本改。

② "約四問一"四字録本脱，據底本補。

③ "約"前録本衍一"位"字，據文意删。

④ "十"字録本脱，據底本補。

⑤ "謂"字前録本衍"謂辨因"三字，據文意删。

⑥ 並，録本訛作"能"，據底本改。

⑦⑨ 世，録本訛作"在"，結合文意，據底本改。

⑧ 以，録本訛作"行"，結合文意，據底本改。

能感此身，具足諸根，爲受法器。此信業果，能起十善，即是修行福分善也。故《本業經》云：其人復行十心，謂“十善法”。或行五戒、[十戒][①]六波羅蜜，若一劫、二劫，修十善行，受六天果報。[報][②]由十[③]善有三品故，作鐵輪王、粟散王等。二、解脱分善。以出世種，於身田中能感當成解脱果報。三、通達分善。由聖道力，通達真如。“分”者，因也，即是通達真如因故。此中所言“厭生死苦，欲求無上菩提”義者，即苦解脱，通達分善。然其菩提，總有五種：一、發心菩提，在十信位。二、伏心菩提，在三賢位。三、明心菩提，在初地位。四、出到菩提，七地已上。五、無[上][④]菩提，即是佛位。今求佛位，故言“無上”。“得值”等者，後明行緣，謂約此緣修十信。十信者，所謂“信”、“進”、“念”、“定”、“惠（慧）”、“戒”、“向”、“護”、“捨”、“願”。故《本業經》云：其人略行十種心，謂“信心”[⑤]等“十信分”[⑥]義，題中已明，此無繁舉[⑦]。

《論》：“經一萬劫”至“能自發心”。

釋曰：此明“信成”，答第三問。“逕一萬劫信成”等者，此約時滿顯“行成”也。即是“信位上品[⑧]滿人”，謂十千劫修十信心，而其信心方[⑨]得成就。即前八因所爲人中，當其第三所爲人也。此“一萬劫”且約鈍根下劣、精進疑遲處説，不必一切皆十千劫。謂極勇猛，不越一劫；中間勝劣二、三等劫，亦得成就；如彼二乘極遲鈍者，六十百劫，疾三四生，隨應證得二無學果。故《本業經》云：是信相菩薩，具一切煩惱，舉一切善根，亦退亦出。若依善知識，修業佛法一劫、二劫，即入住位。若不爾者，常没不出。《仁王經》説：極疾不越一劫，極遲不過萬劫。中間隨根，劫數增減。若有放逸、無精進者，雖已發心，而爲常没，即於此人劫數無限。“諸佛菩薩教令”等者，此約勝緣明

① “十戒”二字録本脱，據底本補。
② 報，録本脱，據底本補。
③ “十”字前録本衍一“行”字，據文意删。
④ 上，録本脱，據底本補。
⑤ “謂信心”三字底本無，録本據文意補。
⑥ 分，録本訛作“心”，結合文意，據底本改。
⑦ 舉，録本訛作“録”，結合文意，據底本改。
⑧ “上品”二字録本訛作“亦云”，結合文意，據底本改。
⑨ 方，底本誤作“万”，録本據文意改。

發心也。謂依勝緣發三心故,即入十住初發心住。故《仁王》云:習忍已前十善菩薩有進有退,猶如輕毛,隨風東西。雖以十千劫行十正道,要發菩提心,乃入習忍位。謂發三種菩提心故,乃入十住習忍位中。而此住位,名“習忍位”。名“習忍”者,習種姓位所得忍故。如六忍中初之信忍,正定信位所得忍故。《本業經》云:“是信相菩薩,於十千劫行十戒法,當入十信心,……入初[□][住][1]位。”此經所言“入初住”者,即入十住初發心住。至此方得十不退信,是故亦名“入十信心”,非謂住前之十信也。以諸位地有通、别名,通謂諸位皆名“十信”,無不皆有十信心故,猶如十地,亦名“十住”。别謂十信住行向等,隨位所修解行别故,從别十信入十住信,故亦得名“入十信心”。故《仁王》云:習種姓有十心,已超二乘一切善地。所謂“信”、“進”、“念”、“定”、“惠(慧)”等十心名字與前不殊,唯退、不退有差别耳。故依此義,復説偈云“伏忍聖胎三十人,十信、十止、十堅心”等。言“伏忍”者,約五忍説,謂伏信順無生寂滅,即依三賢、十地及佛上、中、下等,隨應而立,以三賢位得有漏道,能伏二障,故名“伏忍”。發三種心成不退者,然准《十住毘婆沙論》,發菩提心有其七緣。前三是此“决定發心”,後四是下“不定發心”。此文三種,即是下説三發心相,故成不退。“諸佛菩薩教發心”者,教念真如發直心也。“以大悲故,[□][能][2]自發心”者,愍衆生疾、發悲心也。以護法故自發心者,便樂衆生善發深心也。故彼《論》云:見法欲滅,便發心云:“我種善根,當成佛道,令法久住,勤精進,修諸善行。”故護法心是深心也。

《論》:“如是信心”至“正因相應”。

釋曰:此即第二,結成入位。信成就故,得發三心,至初住名“入正定聚”。菩提、涅槃離惑等邪,名“正”;種姓菩薩趣之必爾,名“定”;“正定”衆多,攝爲一類,名“聚”。至此位時,不失大心,决定紹佛種,名“畢竟不退”。當成正覺,名曰“如來”。習種當紹,名“住種中”。“正因相應”,釋“當紹”義:佛性内熏,名爲“正因”;修行契順,故曰“相應”。或習種親紹,即名“正因”;成就在已,而曰“相應”。新《論》名爲“勝因相應”,得佛“正因”名“勝因”故。

---

① 住,底本、録本無,結合文意,據《菩薩瓔珞本業經》卷下[T24n1485p1021b29]補。

② 能,底本、録本無,結合文意,據《大乘起信論》[T32n1666p580b23]補。

由與得佛正因相應，畢竟不畏墮二乘地，是故得“住如來種”也。

《論》：“若有衆生”至“若進若退”。

釋曰：以下第二，舉劣顯勝。於中有二：初內因力微，後外緣力劣。此初也。內熏力微者，即信位初心下品[①]人也。“若有衆生”等者，總明障熏。創修善行，故言“微少”。久惑未制，名爲“深厚”。“雖值於佛”等者，別顯位輕。於中顯其三品劣人：“然起人天種子”者，即下名最劣者，倒求人天生死苦也。“或起二乘種子”者，即中品[②]次劣者，起自濟心，異求小果。“設有求大乘”等者，對前雖上品[③]，猶豫大乘，而心不定。此三雖遇勝緣發心，善少障深，但得淺利，即前八因所爲人中五、六、七因三品人也。

《論》：“或有供養”至“墮二乘地”。

釋曰：此明外緣力劣，即其信位中品人也。“供養諸佛未[□][經][④][一][⑤]萬劫”者，顯中品人行時未滿。“於中遇緣亦有”等者，顯此中品遇緣不勝。“見佛色相”等者，緣假相故。“或因供養”等者，取儀形故。“或因二乘”等者，劣勸發故。“或學他發心”者，不見體故。“如是等發心”等者，結成“退失”，皆非菩薩悲智之心，不見本性體不定故。雖皆發心，遇緣便退，捨大乘行，入二乘地。故《瓔珞經》、《攝大乘論》皆說菩薩在十信位，雖修大乘，心未堅固[⑥]，而多起心，厭怖生死，悲衆生心，當猶劣薄，喜捨大行，樂修小乘，故起二乘種，退墮二乘地，即第四因所爲人也。

[《論》：“復次信成”至“有三種”。][⑦]

釋曰：上明信心成就之行，下顯行成發心之相。於中有二：初正明發心，後問答釋疑。前中有二：初問起標數，後依標標相。此初也。妙行雖廣，三行統收，總而顯之，故云“略說”。

《論》：“云何爲三”至“衆生苦故”。

---

①②③ 品，録本訛作“名”，結合文意，據底本改。

④ 經，底本、録本無，據《大乘起信論》[T32n1666p580c1]補。

⑤ 一，録本脱，據底本補。

⑥ 固，録本訛作“因”，結合文意，據底本改。

⑦ “論復次信成至有三種”九字録本脱，據底本補。

釋曰:此依標顯相也。言“直心”者,“無[分]①别”義,正觀真如、無邪念故,即是二利行之本也。言“深心”者,是“意樂”義,意樂修行諸善行故,即是自利行之本也。言“大悲”者,是“普濟”[義,普欲濟]②拔衆生苦故,即是利他行之本也。此三即是三聚净戒、三菩提心、三種迴向、三德、三身之因行也,[由]③此是其④發心相耳。

《論》:“問曰上説”至“諸善之行”。

釋曰:以下釋疑。於中問、答。此初問也。唯復⑤直心,疑問後二。故新《論》云:“一切衆生、一切諸法皆同一法界,無有二相。據理但應正念真如,何假復修一切善法救一切衆生?”

《論》:“答曰譬如”至“終無得净”。

釋曰:下答有二:初正答前問,後重顯方便。前中亦二:先喻,後合。此初也。

《論》:“如是衆生”至“亦無得净”。

釋曰:下合有三:初正合前喻,次顯行所以,後善行順真。此初也。“真如”等者,初顯真性净。離僞名“真”。無二曰“如”。有恒沙德,故名爲“法”。無礙名“空”。無染名“净”。“而有”等者,次顯真相染,真及煩惱,皆衆生有之。衆生之垢,妄翳真如,非謂真如性自有垢。“若人”已下,後顯藉緣。净以有垢故,不以方便熏真滅妄,終無得净。

《論》:“以垢無量”至“以爲對治”。

釋曰:此顯衆行之所以也。真[如]⑥之理既遍一切,無明遍真,有“不覺”義,即驗⑦“垢遍一切法”也。故非一行而能除遣。

《論》:“若人修行”至“如法故”。

---

① 分,録本脱,據底本補。

② “義普欲濟”四字録本脱,結合文意,據底本補。

③ “由”字録本脱,據底本補。

④ 其,底本無,録本據文意補。

⑤ 復,丁本作“許”。

⑥ “如”字録本脱,結合文意,據底本補。

⑦ “即驗”二字録本訛作“所詮”,結合文意,據底本改。

釋曰:此顯善行順真如也。[真如]①既遍一切法中,亦非一行而能隨順。染從無明起,善從真如流。若修善行,遣妄順真,故修善法自歸真也。此中所言"一切善"者,即是自利利他行也。故新《論》云:要當集一切善行,普救一切衆生,離客塵垢,然後方②能顯現真法。

《論》:"略説方便有四種。"

釋曰:重顯方③便。於中有二:初標數,後别釋。此初也。四中初一顯不住道,是後三種行之根本;後三即是三聚净戒,爲三德因、三種發心。由此總别四種行故,離一切惡,修一切善。即是助顯真如方便,故説"方便有四種"也。

《論》:"云何爲四"至"性無住故"。

釋曰:以下别釋。别釋四種,即分爲四。此初也。"行根本方便"者,初列名也。謂依真如,修不住行,與後三行作根本故。持業、依主,二釋皆通。此"行"順真,故名"方便"。"行"即"方便",持業釋也。"觀一切法"等者,以顯其相。"自性無生"者,所觀境空。"離妄見"者,能觀心境既空,何所樂著?故能生智,"不住生死"。觀一切法,由因緣合,業果不失,故於生死衆生不悟,深可生悲,爲攝化故,不住涅槃。"以隨順"等者,後顯修意,以此法性性無住故,順修此行爲方便也。

《論》:"二者能止"至"離諸過故"。

釋曰:此顯攝律儀戒。"能止方便"者,初列其名。由能止惡,隨順真如,是故"能止"即"方便"也。"慚愧"等者,以顯其相,此中即顯二種正勤。"能止一切惡法"者,已生惡法,由慚愧故,勤令不生。"不令增長"者,未生惡法,由慚愧故,勤令不起。"以隨順"等者,後釋修意。"隨順法性離過"義故,故説"能止"爲"方④便"也。

《論》:"三者發起"至"離癡障⑤故"。

釋曰:此顯攝善法戒。"發起"等者,初列名也。謂由勤故,發起善根;後

---

① "真如"二字録本脱,結合文意,據底本補。

②③④ 方,底本誤作"万",録本據文意改。

⑤ 障,底本無,録本據文意補。

由勤故,善根增長;即是順真之方便也。"謂勤"已下,次顯其相。於中又顯二種正勤:初明生善,顯一正勤。"供養"等者,生善事也。"愛敬"等者,生善因也。"乃能"等者,生善緣也。故未生善法,勤令發生。然"愛"與"敬",四句分別:一愛非敬,如母於子。二敬非愛,如僕於主。三亦敬愛,如子[①]於親。四非敬愛,如於怨等。而《□□(涅槃)[②]經》言"但愛"者,若爾,非《□□(涅槃)》[③]不敬故,今於三寶亦敬愛故,而信增長、生衆善也。"又因[④]佛、法、僧力"等者,後滅業障,生一正勤。要滅業障,不退善根。"善不退"者,成"增長"義。即已生善法,勤令增長。前"能止"中,離現起[業,令][⑤]銷業種,既其炬亡,不礙諸善,既增長也。"隨順"等者,後釋"順"意。發起善根、生福智故,故順"離癡";善根增長、滅業障故,故順"離障"。以爲順[⑥]真之方便也。

《論》:"四者大願"至"寂滅故"。

釋曰:此顯攝衆生戒。"大願"等者,初列名也。弘誓普周,故名"大願"。願心無異,謂之"平等"。願行順真,説爲"方便"。"所謂"已下,次顯其相。"發願"等者,長時願也。"化度"等者,廣大願也。"皆令"等者,第一願也。下釋所由,顯其修意。"隨順"等者,長時所以。"法性"等者,廣大所由。"不念"等者,第一所以。顯爲順真之方便也。新《論》文略,義不如此。

《論》:"菩薩發是"至"見[於][⑦]法身"。

釋曰:上顯發心相,次明利益。於中有四:初顯勝德,二明微過,三通權教,四歎實行。初中有二:初明自利功德,後顯利他功德。此初也。"發是心"者,前三心也。由其直心正觀真如、深心悲心助顯真故,而能少分見自法身。謂依以觀,於人空門相□而見,故云"少分"。新《論》名爲"見法身",以其法身無自、他別,亦即是"見"之"法身"。

《論》:"以見法身"至"入於涅槃"。

---

① 子,底本無,録本據文意補。

②③ "涅槃"二字録本作缺文,據底本補。

④ 因,底本、録本訛作"爲",結合文意,據《大乘起信論》[T32n1666p580c28]改。

⑤ "業令"二字録本脱,據底本補。

⑥ 順,底本無,録本據文意補。

⑦ 於,録本脱,據底本、《大乘起信論》[T32n1666p581a5]補。

釋曰:此顯利他德也。謂於十住發心住中,隨本發心,利衆生願,能現八相,權作佛身。故《花嚴》云:云何菩薩一身作無①量身? 悉於一切世界示現成佛故。由得道故,成此佛事,是佛菩薩常行之道。示現成佛道之相故,總名爲"八相成道"。故《對法論》"業大性"云:"窮生死際,示現一切成菩提等,[□□□□][建立廣大]②諸佛事故。"就諸教説,多少不同。如《華嚴經》説二十相。彼經爲成十數法門,仍一一相皆顯十義,而不別説入胎一相。《佛本行經》所現更多,多同《花嚴》,少有差別。《智論》説有化身成佛,則無入、住、出胎等相。《悲花經》説:天王世尊自右成道,則無出家。《法花》:龍女作成男子,速得成佛,無苦行等。《悲花》又説:有佛成道,都不説法,便入涅槃。此等諸教所説異者,或總通顯一切佛事,或但一佛隨宜所現,或隨義類開合有殊。若約大位多分而説,故有説言"八相成道"。既初住上皆能示現,於中故有"任、不任運""遍、不遍"義。應作四句:有遍不任運,謂初地上一念作意,至③十方故;有任運不遍,謂十地來隨位自在現身土故;有非任運非遍,謂三賢位依以觀門少分見故;有遍而任運,謂依世尊,依大法身起妙用故。恐文繁廣,略示方□(隅)④。於中委細,如別章辨。

《論》:"然是菩薩"至"未能决斷"。

釋曰:次明微過。於中有二:先異地上,後異凡愚。此初也。"然是"等者,初正顯異。"以其"等者,釋異所由。所言"漏"者,"過失流"義。以未能得無漏智故,無始及今,依於二障所起漏業未能除也。要至初地,得無漏智,方能斷伏有漏業故,故説初地斷二種愚:一、執著我法愚,即是此中異生性障。二、惡趣離染愚,即是惡趣諸業果等。

---

① 底本中現存羽 604 號至此止,下文"量身? 悉於一切世界……又能'分別因緣相'等,是順正觀之觀,故言'隨順觀觀'。此中語倒,而言"部分殘,當録入《大正藏》時尚與羽 604 號爲同一卷,後被割裂,迄今下落不明。

② "建立廣大"四字録本脱,據《大乘阿毘達磨雜集論》卷第十一[T31n1606p744a6—a7]補。

③ 以上甲本缺。

④ 此字甲本殘,結合文意,當爲"隅"字。《阿毘達磨俱舍論》卷第二十[T29n1558p106c22]:"思擇隨眠所隨增事,恐文煩廣,略示方隅。"《阿毘達磨順正理論》卷第五十三[T29n1562p637a27]:"思擇隨眠所隨增事,恐文煩廣,略示方隅。"可資參證。

"若爾,寧説能離見愛?"

答:"彼約'伏離',此言'永斷'。以分别障親迷諦理,要至初地方能斷故,顯證法身非地前也。"

《論》:"隨其所生"至"自在力故"。

釋曰:此異凡愚也。雖由未斷諸過漏故,失念起惡,能招苦果,暫隨所生,微苦相應,而亦非被惡業所繫,以有悲智所起大願自在之力所任持故。故新《論》云:"或由惡業受於微苦,願力所持非久被繫。"故異凡也。故《瑜伽論》顯此義云:"又此最初發心菩薩,或於一時生極惡趣那落迦中,多分於此速得解脱,受少苦受,生大厭離,於彼衆生起大悲心。如是一切,皆因攝受無惱害①福。"

《論》:"修多羅中"至"勇猛故"。

釋曰:此會通權教,釋伏疑也。謂有疑云:若此菩薩有大願力、非業繫者,何故經説種姓菩薩在六住中,有其退墮?故此會通,遣外疑難。"或説有退"等者,此舉違教。《本業經》説:七住已前,名爲"退分"。彼若不遇善知識者,或若一劫,乃至十劫,退菩提心。如净目天子、法財王子、舍利弗等,欲入第七住,其中值遇惡因緣故,退入凡夫不善法中,乃至能起五無間業。"非其實退"等者,釋通其意,但是權語,非謂實教,以彼十信初學之人,未入十住正定位中,而懈怠者,如來怖之,令發勇猛,故説六住退入凡夫。又即十住,名爲"初學",是初發意菩薩攝故。其十行位,名爲"正位",《本業經》説是正位故。怖彼十住初學菩薩,令入十行正定位中,假説有退,非實退也。若不爾者,何故經説新發意菩薩名"畢竟定"?若生八難,無有是處。豈況而造無間業耶?

"若爾,何故《華嚴經》説至第七住,方名'不退'?"

答:"不退大位,初住即成不退轉心,七住方得聞有佛等,心不動故,所顯義别,亦不相違。而有别開四種不退,其信、證二,理深不可。且初住位,自

① "惱害"二字録本作"壞實",甲本不清晰,結合文意,據《瑜伽師地論》卷第三十五[T30n1579p482b27]改。

信[①]已[②]性入正定位，豈位退耶？故‘信’與‘位’，不可别開。又‘不退’者，對‘退’以立。初地已前既無證‘退’，何要别立證‘不退’耶？若謂未證亦名‘退’者，墮頂住頂住何不别開？由此《瑜伽》説已成熟，有其三品，與此《論》同。故四不退不可依也。”

《論》：“又是菩薩”至“自涅槃故”。

釋曰：此難實行也。“一發心”等者，於下“不墮”，證入十住，名“一發心”。了人法空，誰生怯弱？常運悲智，不墮二乘。故新《論》云：“自利利他，修行諸行，尚不畏墮二乘之地，况於惡道？”“若聞無量”等者，於上不怯、得涅槃者，即成佛也。故新《論》云聞多劫行，“方始得佛，不驚怖”等。依《攝大乘》，有十難行，由能行故，而不怯弱。“信知”已下，[□□][釋“不][③]怯”所以。既知諸法本來涅槃，雖久生死，而不怯弱，豈同二乘厭苦欣滅？故新《論》云：“何况有起二乘之心及墮惡道？”由此彼經是權非實。

若爾，何故《唯識》等説有三退屈，由三練磨，方得不退？

言“三退屈”者，菩提廣遠屈，施等難修屈，轉依難證屈。言”三練磨”者，引他已證練，省己[④]能修練，引麁况[⑤]妙練。如其次第而爲對治，由斯堅固方不退等？答：彼約“法相顯過”義説，此約“法性顯德”義論。彼約散心取相時言，此約定位離相時語。或即由此三種練磨，方能成此不怯弱等。由此二處，義不相違。故《攝大乘》説由定故，行十難行，故成“不退”。

《論》：“解行發心”至”當知轉勝”。

釋曰：以下第二，解行發心。於中有二：初顯“解行”所得“發心”，後顯“發心”所依“解行”。初中有三：初總標難勝，後顯其勝相。此初也。有義：“解”者即是十解，“行”謂十行。發心十向，依解起行，依行入向，是故名爲“解行發心”。前位信滿，發心入解，解勝於信，依解起行復勝，依信而起於行，信心解性，二無差别。即轉“信心”爲“勝解”故，更深發心，入十向位。由

---

① “信”字下録本衍“已信”二字，結合文意，據甲本删。

②④ 己，録本訛作“已”，結合文意，據甲本改。

③ “釋不”二字録本脱，結合文意，據甲本補。

⑤ 况，録本訛作“次”，結合文意，據甲本改。

是義故，名之“轉勝”。有義：此説其理不成，與《論》“解行”不相應故，《論》文不顯“解行”位故。應知[□□□□][“解”者所谓][1]“解了”，於真如法中深解現前故；“行”謂“度行”，即隨深解所修離相六度行也。依此“解行”，發迴向心，是故名爲“解行發心”。前位依信而起，於行發決定心；今此依解而起，於行發迴向心。顯過前位，故名“轉勝”。

《論》：“以是菩薩”至“所修離相”。

釋曰：此顯勝相也。新《論》此又説三“勝”義：初無數劫將欲滿故，於真如中得深解故，凡所修行皆離相故。此依新《論》，亦顯三“勝”。“以是菩薩”等者，此明“時勝”。謂從初住得正信來，已至初劫後分位中。謂彼初劫，總有三分，十住行向，居初、中、後。今此發心在十行末，十向初心正在後時，故言“初劫將欲滿”也。此亦依於極厚處説，猛利修者非爾所時，如十信位一萬劫等。“於真如”等者，此明“解勝”。於前信位但起直心，今顯異前，故云“深”也[2]。顯異後位，故復云“解”。得此深解，故云“現前”。“所修離相”者，此顯“行勝”。由於真如得深解故，凡所修行皆離相也。

《論》：“以知法性”至“般若波羅蜜”。

釋曰：此明發心所依解行也。文中别顯無相六度，一一文中顯解行别。“以知”等者，此顯“解”也。“隨順”等者，此顯“行”也。於身、命、財染著名“貪”。畜積財、法，不捨名“慳”。真無財法，何有慳貪？起情樂境，名之爲“染”。染色、聲等，名“五欲過”。法性無境，寧有欲過？於苦憎恚，名之爲“嗔”。追觸暴熱，佷戾名“惱”。法性無苦，何有嗔惱？心於善品，懶墮名“懈”。恃我高舉，名之爲“慢”。法無身心，何有懈慢？令心流蕩，於境能發□(惡)[3]惠(慧)名“亂”。法性常定，體何有亂？迷闇理事，癡名“無明”。法性體明，何有癡闇？如何法性無貪等耶？謂以凡聖由證不證有無别故，知無貪等。不爾，聖凡有有無過，即以真如無貪等故，亦得名爲“六波羅蜜”。故新《論》云真如法性“離慳貪相，是清净施度”等。依此經説，不攝受一切法是

① “解者所謂”四字録本脱，結合文意，據甲本補。

② “也”字下録本有“顯異前故云深也”七字，語意重復，據甲本删。

③ 惡，録本作缺文，據甲本補。

檀波羅蜜等。由知法性是六度故,[□][故][1]順法性修“檀”等行。“檀”名爲“施”,以己財法惠於他故。“尸”名爲“戒”,以善思願制諸惡故。“羼提”名“忍”,諦察空理安忍壞故。“毘梨”名“精進”,於諸善品心勇捍[2]故。“禪”名“静慮”,能於真境心不動故。“般若”名“惠(慧)”,於諸理事善決擇故。“波羅蜜”者,名“到彼岸”。且依梁《攝》,顯其三義:一、無解修故,世間二乘雖行“施”等,修不密故,非到彼岸。二、入真修故,世間二乘雖行“施”等,不入真如,非到彼岸。三、得勝果故,世間二乘雖修“施”等,不至此果,非到彼岸。今此菩薩所修“施”等,皆能無餘入真而修,得彼勝果波羅蜜。以慳貪等垢障乖[3]真,故順真如,修離相行。此“六度”義,有無量門,於中委悉,如别章辨。

《論》:“證發心者”至“菩薩究竟地”。

釋曰:以下第三,明證發心。於中有三:初明發心體,次顯發心相,後辨成滿德。初中有三:先標證位,次辨證體,後明證因。此初也。謂從初地至第十地,證得真如、發真心故。由證正智發後得智,由證後智發大悲故。有義:“證”者“契合”之義,正智契真名爲“證”故。有義不然,非能所故。謂以何法契合真如?離真别有能證智者,非法性義法相宗故。應言“證”者是“體會”義,謂心隨重(熏?)[4],妄起諸念,念盡歸源,故名爲“證”。即真體顯,名“證正智”。真用顯發,名“證後智”。無别二智,而爲能證。不爾,始覺異於本覺,與上諸文極相返故。

《論》:“證何境界”至“名爲‘法身’”。

釋曰:此證何境。“境界所謂真如”者,初舉所證法。“以依轉識説爲”等者,次釋通外難。既“體”名“證”,則無能、所,何故説“真”名之爲“境”耶?答此難,言“以依”等。有義:“轉識”即“阿黎耶”,十地證智要依此起,以此黎耶能取境界,故就所依説“真”爲“境”,實能證智與所證理平等平等、無境界也。

---

① 故,録本脱,結合文意,據甲本補。

② 捍,録本訛作“忓”,結合文意,據甲本改。

③ 乖,録本訛作“永”,結合文意,據甲本改。

④ 重,此似爲“熏”之訛字,待考。

有義不然，不異前説，而有能證、所證別故。應知此中言“轉識”者，假指證智同時轉相。謂諸菩薩雖體真如，猶有業相微細生滅；有業相故，未離轉現。欲顯菩薩非淳净證，假就此識説“真”爲“境”。而實證者體會真如，理智無別，何有境界？“唯真如智名‘法身’”者，後結明非境。謂證菩提名爲“法身”。法身唯是真如净智，非謂理智而有差別，是故“真如”非“境界”也。

《論》：“是菩薩”至“不依文字”。

釋曰：下顯證用。於中有四：一、攝諸上首德；二、隨根延、促德；三、實行不殊德；四、應機殊用德。此初也。“是菩薩”等者，此明“請”法。“唯爲開導”等者，顯其“請”意。

若爾，便違諸經論説，唯除能至百世界故。

有義：證者雖言地上，明起用等偏就《法雲》，故説“一念能至十方”。即舉初、後，略中間也。有義：此説理深不可，初地應無諸證用故。既請法等初地亦能，寧説起用唯《法雲》也。由其任運作意別故，諸經論中就“任運”義，唯説能至百佛世界。今就作意顯法身用，故“於一念能至十方”。故新《論》言：“此菩薩以無分別智，證離言説真如法身，故能一念遍往十方一切世界。”然此菩薩法出自心[①]，非自求解，請轉法輪但爲開導無聞衆生，令依正教而得利益，自身决定，不依文也。

問：“諸經皆説利益安樂，今此請法無安樂耶？”

答：“菩薩先行利益事故，但有利益必安樂故。或有安樂非利益故，由此菩薩於諸衆生或不施與身、財、法等，由雖暫安樂、非久利益故。”

《論》：“或示超地”至“不可思議”。

釋曰：此隨根延、促德。謂聞劫長，心則退没，故示超地，言有速成。“或説我於”等者，此明延德。謂聞劫少，則不精勤，故説長時，發其勇猛。“能示如是”等者，此結衆德。事妙無窮，心言路絶，皆爲饒益諸衆生也。

《論》：“而實菩薩”至“僧祇劫故”。

釋曰：此實行不殊德也。“而實菩薩”等者，初正明“等”義：一種性等，皆入種姓菩薩位故。二諸根等，上、中、下根皆上根故。三發心等，發直心等皆

---

① “心”字下録本有“非自心”三字，結合文意，據甲本删。

無别故。四所證等，皆證真如根本理故。故新《論》云："種姓諸根發心作證，皆悉同等。"由此等故，無超過法。"以一切菩薩"等者，後約時釋成。從初正信至於初地，初無數劫；初地乃至七地滿心，二僧祇；滿八地乃至十地終心，三僧祇劫。既皆三祇，無超過也。然"僧祇"數有大有小。若依小乘，有六十數，一各皆劫，數至百千，爲第一數。如是展轉，十十而倍，第五十二名"阿僧祇"。終而復始，僧祇至三，名"三僧祇"。若依大乘[①]，有百二十數。數至百千，名"一俱胝"，爲第一[□][數][②]。俱胝俱胝爲[□][一][③]俱梨。倍倍而數，至一百，亦名"阿僧祇"。從始至終，僧祇至三，名"三僧祇"。

問："成佛要定三祇劫耶？"

有義：成佛義[④]定三祇劫，由種姓等皆平等故，佛大悲緣無偏爲故。《優婆塞經》及《智論》説：我於往昔寶頂佛所，滿足第一阿僧祇劫。然(燃)燈佛所二僧祇滿，至毘婆尸佛三僧祇圓。後九十一劫，别修相好因。故知成佛定三祇劫。是故《論》中言皆"經"等。而有經説"劫不定"者，法[⑤]界諸佛相望而説，或隨衆生根行而言："若彼彼界、彼彼諸佛，定爾所時，方得成佛。"有義：成佛時劫不定，諸經論説義不定故。今者略顯五義不定：一、通諸方，雖類世界，劫數短、長非定一故。二、設一方，前後劫數、人壽短長亦不定故。三、諸菩薩不唯定居一世界中行勝行故。四、一切時分皆不可説，一念不生即成佛故。五、諸劫相入，一即一切，於一念中含多劫故。而説三祇方成佛者，且隨多分。極遲者説顯長時，修功德聚，廣作期限。求理實不定，由大乘法是最勝乘，若有猛利無間修者，亦有"速疾得成佛"義。故《金剛頂》、《理趣》等經皆説：現世登歡喜地，十六生後得成菩提。《大般若》説：勇猛菩薩百劫相續，便得成佛。不爾，何故釋迦菩薩於[⑥]大通佛己[⑦]行妙行？又如何説超於彌

① 乘，録本訛作"衆"，結合文意，據甲本改。
② 數，録本脱，結合文意，據甲本補。
③ 一，録本脱，結合文意，據甲本補。
④ 義，甲本無。
⑤ 法，録本訛作"諸"，結合文意，據甲本改。
⑥ 於，録本訛作"放"，結合文意，據甲本改。
⑦ 己，録本訛作"已"，結合文意，據甲本改。

勒？若超小劫，大劫亦然，故不可執定三祇劫。

《論》："但隨衆生"至"亦有差別"。

釋曰：此應機殊用德也。此中有難：若皆平等，何故經説所行别耶？故此答言"但隨"等也。"衆生不同"，謂前怯懈、或貪嗔等增及等分世界不同，謂諸佛土所作佛事皆不同故。"根"謂善根，有上、中、下。"欲"謂樂欲，有速、中、鈍。"性"謂種姓，有劣、中、勝。所見所聞皆有異故，菩薩身行不可同也。

《論》："又是菩薩"至"微細之相"。

釋曰：次下第二，顯發心相。於中有二：初歎細標數，後列名釋相。此初也。顯此發心勝於前位，難測知故，言"微細相"。

《論》："云何爲三"至"起滅故"。

釋曰：此列名釋相也。"真心"等者，謂即根本無分别智，即前直心至此證位，正念亦離，爲證真心。"方便心"者，謂即後得無分别智，即前深心至此證位，自然遍行一切諸行；前大悲心至此證位，自然利益諸衆生故，雖則不能正證真如，而作證真方便心也。以皆後得，故合爲一。"業識心"者，二智所依阿梨耶識，於中雖有轉相現相，而文略故，舉細兼廣。此識雖非發心之相，但顯菩薩雖得二智，猶有微細生滅之累，不同佛地圓凈之德，是故攝在"發心相"耳。

《論》："又是菩薩"至"最高大身"。

釋曰：次下第三，顯成滿德。於中有二：初正顯勝德，後問答除疑。初中有二：初顯位滿，後明德滿。此初也。"又是"等者，因位窮也。"是菩薩"者，即舉證人。福德智慧皆圓滿故，是故名爲"功德成滿"。故《地論》云："一者現報利益，受佛位故。""於色"等者，果位成也。故《地論》云："二者後報利益，摩醯首羅智處生故。"彼天在於色界之頂色極之處，名"色究竟處"。將欲成大法主，故現"最高大身"。"高"者，尊也，此天最居尊高之處，更無有天在其上故。"大"者，勝也，身長一萬八千由旬，更無天身勝至此故。故新《論》説"最尊勝身"。此即成就他受用佛，説在彼者，有其二義：一以十王配列十地，而第十地當此天王，即於彼身示成佛故。二顯八相是其化身，二乘信彼天是聖人[①]生處，顯佛實身在彼成故。故《楞伽經》依此説云："報身如來……一時成就諸衆生界，置究竟天浄妙宮殿修行清浄之處。"乃至頌云："欲界及無色，佛不彼成道。色界中上天，離欲中得道。"

問："”此佛豈實彼天成道？與《梵網經》花臺上佛及千花佛如何配屬？"

有義：《梵網》花臺上佛，即花藏界自受用身，説"我爲盧舍那"故。又説"吾爲本源身"故，千花上佛是他受用，經説"是吾所作身"故。即究竟天所成道者，彼天能主三千世界，一花有千百億國故。説花藏界盧舍那佛所説心地法門品故，百億釋迦而爲化身，經説"是千佛化身"故。故他受用色天成佛若臺上佛，是自受用。寧有現身説法事耶？答：除登[②]地上見聞無失[③]，説有諸根相好等故。地上菩薩既名"法身"，如何不得見自受用？不爾，亦應不見法身，説以理智成法身故。有説"唯見他受用"者，隨佛利他相顯處説，不妨隨分見真報身，得與諸佛體相應故。有義：此説理亦不然，與諸經論義相違故。自受用身周遍法界，不唯在於花臺上故。但從自利功德所生，非是爲他所現身故。既自受用，非餘所見，彼説大衆皆見佛故。又説歡喜，爲衆説法，令他受用深法味故。由此應説"臺上佛是二地所見他受用身"，千花上佛二地分身所見千佛，經説二地住千世界、供千佛故。不爾，復與諸經相違，皆説二地所見報佛，坐千葉花稱花座故。又説地上入花藏界，非他受用處色天故。若説彼天即花藏界，便與一切經論相違，故他受用非彼成道。而經説是"本源身"者，是應化等之本源身，非本源等即自受用，自受法樂不説法故，若有言説即他受故。

《論》："謂以一念"至"利益衆生"。

釋曰：此别顯德滿也。"謂以"等者，顯自利德，即上真心成此種智。謂前真心刹那始覺，至心源時，契於本覺，名爲"一念相應惠(慧)"也。即此本覺無明盡故，顯照諸法，名"一切種智"。或"一念相應惠(慧)"是無間道，刹那契理，斷一切惑，是故能令無明頓盡。"名'一切種智'"，是解脱道，解脱道

① "人"字下録本有一"也"字，結合文意，據甲本删。
② "除登"二字甲本似作"許望"，待考。
③ "無失"二字録本訛作"其"，結合文意，據甲本改。

中種智圓故。依《佛地》等諸論所説：一切智者是正體智，一切種智是後得智。《大般若經》：正體、後得皆得名爲"一切種智"。故彼文云："一切智、道相智、一切種智。"前二既配聲聞、菩薩，故種智者唯示如來。今此亦然，故解脱道所得智慧名"一切種智"。"自然"已下，顯利他德，即前方便心，成此任置不可思議利衆生業。或復初文是智净相，後文即是不思議業，皆是本覺隨染成也。

《論》："問曰"至"名'一切種智'"。

釋曰：次下釋疑。有二問答：初問答智體斷無明成，後問答智用不能"普"義。初中有二：初問，後答。此初也。"虚空無邊[1]"等者，初陳疑，因虚空是[□□□□□□□][世界依處，有虚空][2]處，即有世界，空無邊故，界亦無邊。餘"衆生"等，皆准此言。"如是境界"已下，後正陳設難。謂無明者心根依處，心根乃是智慧依處；若無明斷，無有心根，非直外境無邊難知，亦復内無智慧能了，云何總知名"種智"耶？

《論》："答曰"至"離於相念"。

釋曰：下答有三，初依心立理，次舉非顯失，[□][後][3]舉是彰德。此初也。此中有義：一切境界雖非有邊，而非無邊。由非無邊可得盡了，故言"本來一心"。由非有邊非思量境，故言"離於相念"。有義：此説其理未明，不能答遣前所難故。應説"諸境雖復無邊，據本所來，皆自心實。既不出心，離於心外，無别境界是所相念。故新《論》言"一切妄境從本已來，唯心爲性"，由諸妄境不出心故。心若離念，契證心源，即心之境，何不能了？若作此釋，妙得《論》宗。

《論》："以衆生"至"故不能了"。

釋曰：此舉非顯失。"以衆生"等者，初明妄見限境。"以妄起"等者，釋成不見所由。謂一切法真如爲性，若了法性，則能遍知。若起妄見，自有礙境，不稱法性，不現餘境，是故"不能了"諸法也。故新《論》云"一切衆生執著

[1] 邊，録本訛作"遍"，結合文意，據甲本改。
[2] "世界依處，有虚空"七字録本脱，結合文意，據甲本補。
[3] 後，録本脱，結合文意，據甲本補。

妄境，不能得知第一義性”“不顯照”等。

《論》：“諸佛如來”至“一切種智”。

釋曰：此舉是彰德也。“諸佛如來”等者，初顯智體能照諸法。由無礙見及礙境[①]拘，故言離見“無所不遍”。佛心離妄，歸一心源，始覺同本，名“[□][心][②]真實”。然此本覺爲妄法體，故云“即是諸法之性”。新《論》所言“佛無執著，則能現見諸法性”者，顯現諸法本覺性也。無别能、所，見諸法性。既此本覺爲諸法體，妄是本覺佛心之相。相現於自體，以體照其相，有何難了而不能知？故言“自體照妄法”等。故新《論》言“而有大智照一切染净差别”，即本覺性而有大智，非謂别有大智照也。上説佛身報化之用，則説在於衆生心中。今説衆生妄境之法，則説立於佛心之上。由同心源，故得然也。故《花嚴》云：“如心佛亦爾。如佛心亦然。心、佛及衆生，是三無差别。”即此義也。“有大智用”等者，後顯智用能廣利益。以同體智大力用故，起勝方便，攝化有情。既滅無明，顯種智體，起種智用，由是義故，斷滅無明名爲“種智”。新《論》意同，不能繁引。

《論》：“又問曰”至“多不能見”。

釋曰：次下第二，問答“智用不能著”義。於中有二：初問，後答。此初也。此即因前有大智用能益衆生，故爲此問。“若諸佛”等者，初舉所疑法。“云何”已下，後正陳妨難。經説佛身猶如藥樹，乃至香氣，能爲益等。見聞利益，如經廣明，不能繁述，樂者叙之。

《論》：“答曰”至“法身不現故”。

釋曰：此答也。“諸佛如來”等者，初舉法也。法身平等，遍在一切衆生心中，能無功用而起，任運自然作用，但依衆生心有厭求，隨其勝劣現報化相。“衆生心者”等者，次舉喻也。“如是衆生”已下，後法、合也。此由染著生死過患[③]，未有厭求[□][見][④]佛之機，名“心有垢”。非謂煩惱，以彼善星

① 境，録本作“境境”，結合文意，據甲本删。

② 心，録本脱，結合文意，據甲本補。

③ 患，録本訛作“速”，結合文意，據甲、丁二本改。

④ 見，録本脱，結合文意，據甲、丁二本補。

及外道等煩惱心[①]中亦見佛故。“法身不現”者，法身雖遍，而不能現報化用也。攝末歸本，亦名“法身”故。《攝大乘》十二甚深，皆是法身之勝德故，故彼顯現甚深頌云：“由失尊不現，如月於破器。”彼釋意云：世間皆説佛身常住，云何不現？如破器中，水不得住，雖實有月，而不現影。如是衆生無奢摩他軟滑相續，而過失續，實有諸佛，亦不顯現。“水”喻“止”者，軟滑性故。此中依定得見佛者，由先修習念佛三昧，乃於此世得見佛身，非謂今世要依定見，如佛在日，散亦見故。《攝論》約先習定爲因，非約今世。此《論》即約根熟爲因，非約無惑。所望義别，言左右耳。

《論》："已説解釋分，次説修行信心分。"

釋曰：解釋分竟，次明第四修行信心。於中有二：初結前起後，後正顯修行信心。此初也。前解釋分廣明大乘，今欲廣顯“起信”之義故。

《論》：“是中依未”至“修行信心”。

釋曰：次[□][下][②]正顯。於中有三：初就人標意，次約法廣辨，後防退方便。此初也。此言“未入正定衆生”，亦是大乘不定聚人。然“不定聚”，有其二種：一者信滿，即是勝人不可退者。二信未滿，即是劣人可退之者。如信成就發心不定聚衆生者，即是勝人信滿足者，爲彼分别發心之相，令發三心，入正定位。今此修行信心分者，爲彼劣人可退者説，今其修行四信、五行，决其信心而得成就。修信滿已，還依信成三種發心，次第進入。所爲雖别，所趣是同。

《論》：“何等信心”至“云何修行”。

釋曰：下約法辨。於中有二：先發二問，後還兩答。此初也。

《論》：“略説信心有四種。”

釋曰：下答有二：先答“信心”，後明“修行”。信中有二：初標，後釋。此初也。四中初一信得佛因，真如佛性是佛因故。次信由因當得佛果，謂佛功德因性成故。次即信有得佛之行，由法寶行當成佛故。後即信有起行之人，即由僧寶行二利故。

---

① “心”字下録本涉上衍“以彼善”三字，結合文意，據甲本删。

② 下，録本脱，結合文意，據甲本補。

《論》:“云何爲四”至“真如法故”。

釋曰:下顯四信,即分爲四。此初信有得佛因也。其四文中,各有二相:初即標其四所信勝德,後起勝行而爲願求。“信根本”者,所信德也。真如之理,是諸法本,諸佛所師,諸佛所歸,衆行之源,故云“根本”。“樂念”已下,正明信相。知此真如爲諸法源,樂念觀察,名“信根本”。

《論》:“二者信佛”至“一切智故”。

釋曰:果由因成。次明“佛寶無量功德”者,所信德也。諸力無畏、不共法等,是爲諸佛之功德也。“常念”已下,後起願求。由信有德,起二願求:“常念”等者,於他願求。“發起”等者,願求自得。

《論》:“三者信法”至“波羅蜜故”。

釋曰:佛依法成,故次明也。法有四種:教、理、行、果。今此即顯信行法也。由依行勝得佛果故,依教悟理行方成故,故有行法則具餘三。又復前二已信理、果,信理、果者,已成信教,是故此中但信行法。“有大利益”者,顯所信德益有四種:一能潤益,若修六度潤六弊故。二能成益,菩提之果緣此成故。三能攝益,自益益他離小果故。四無盡益,[□][欲][1]現八相永無盡故。“常樂”等者,起願相也,既信有益常樂修也。

《論》:“四者信僧”至“如實行故”。

釋曰:法藉人弘,故次明也。“能正”等者,即所信德。“常樂”已下,顯願求心。“常樂”等者,求能行者。“求學”等[2]者,願求自行。又由信有利他,故“常樂親近”;由信有自利,故“學如實行”。又信二利,故常親近。“常樂親近”者,求學如實行。依説而行,名“如實行”。亦兼二利,名“如實行”。二行稱真,名“如實行”。求學此行,是故“親近諸菩薩衆”,非二乘也。

《論》:“修行有五門,能成此信。”

釋曰:下答修行。於中有三:初舉數標意,次依數列名,後依門别解。此初也。前雖學起四不[3]壞信,若無行成,即信不堅。不堅之信,遇緣便退,故

---

① 欲,録本脱,結合文意,據甲本補。

② 等,録本訛作“識”,結合文意,據甲本改。

③ 不,録本訛作“之”,結合文意,據甲、丁二本改。

修五行,以成四信。

《論》:"云何爲五"至"止觀門"。

釋曰:此依數列名也。以諸菩薩定、惠(慧)雙修,止、觀齊運,二不相離,故合二度,爲第五門。

《論》:"云何修行"至"菩提故"。

釋曰:次下依門別釋。於中有二:初略明前四,後廣釋止、觀。前中又二:初別明[□][四][1]行,後總明除障。別中顯其四種修行,即分爲四。此初也。文中初明三種施相,爲修正因,離不行過。"不應貪求名利恭敬",勤如實行,離倒行過。"唯念自利利他"等者,後示正道,離懈行過。故新《論》言"亦不貪著世間果等"。初財施中"隨力施"者,量分而常行,非頓修便止。"以自捨慳貪,令彼歡喜"者,此明財施之所謂也。若爾,何故《瑜伽論》說唯有安樂而無利益,或二俱無,皆不應施?故發菩提心,說不施五種益。彼約近益,此據遠益;此但勤行,彼令觀察;故此、彼《論》,亦不相違。《論》無畏施中,"隨己堪任施無畏"者,過分行之即生惱故。此及法施亦有應施、木(未?)[2]應施義,廣如《瑜伽》。

《論》:"云何修行"至"起過罪故"。

釋曰:此中則顯三種戒相。"所謂不殺、不盜"等者,此依在家顯攝律儀戒,制彼在家人多不律儀故。故新本顯言"在家菩薩"等。於中顯離身、語、意三,隨其過重,所起十惡。身三、語四,其文可見。意三惡者,准諸經論,說根本惑"貪"、"嗔"、"邪見"。而今此中兼舉隨惑,故說"貪嫉""欺詐"等數。不耐他榮,妒忌名"嫉"。是"恚[3]"一分,[□][故][4]亦屬"嗔"。言"欺詐"者,即是"誑"也。詐現有德,邪命名"誑"。矯取他意,口過名"諂"。此皆"貪"分,故屬"貪"攝。故雖別舉,即"貪""嗔"也。撥無因果,惡惠(慧)名"邪"。於邪心境,推求名"見"。不起此等,名"攝律儀戒"義。"出家者……亦應"等

① 四,録本脱,結合文意,據甲本補。

② 木,此似爲"未"之訛字,待考。

③ 恚,録本訛作"意",結合文意,據甲本改。

④ 故,録本脱,結合文意,據甲本補。

者，此依出家明攝善法戒，以出家人已攝律儀修善緣，今[□][且][1]偏約而勸。“離憒閙”者，增煩惱故。未得不求。名之“少欲”。已得不貪，名爲“知足”。言“頭陀”者，正名“杜多”，此翻“洗濯”，或譯“斗藪”，亦翻“摇動”，各如經論。“乃至小罪”等者，此則明守護戒之心。突吉羅罪，如忉利天日月歲數八百萬歲，受地獄苦，故於小罪而須深怖，不可輕戒而重受也。崇重賢善，名之爲“慚”；輕拒過惡，名之爲“愧”；通以羞耻過罪爲相。“悔”謂“惡作”，惡所作業，追悔爲性，則是懺悔之因起也。“當護”已下，顯攝衆生戒。以大悲故，豈復令他妄起過累?

《論》:“云何修行”至“等法故”。

釋曰:此中則顯二種忍相。“所謂”等者，耐怨皆即忍。“亦當”等者，安受苦忍。財榮潤己名“利”，損耗侵陵謂“衰”，逾過已[2]毁名“毁”，越德而讚謂“譽”，稱德而歎名“稱”，據過而説爲“譏”，逼迫侵形名“苦”，調身暢意名“樂”。或復中間“毁”“譽”“稱”“譏”，約其現對、不現對説。此違順境，亦名“八風”，能動行[3]人，妄生喜怒。菩薩若能諦察真理，達法皆空，住平等觀，縱遇他惱，無懷[4]根(恨?)[5]心，雖遇八風，其心不動。既由諦察二忍方成，故雖文闕而意有也。故新《論》具三忍文，云:“見惡不嫌，遭苦能忍，常樂觀察甚深句義。”

《論》:“云何修行”至“速離衆苦”。

釋曰:此中亦顯三種精進。“於諸[6]”等者，被甲精進，如世被甲不退戰事，由此即能起大悲智，堅而不怯[7]，强而不弱。“當念”已下，攝善精進，由念過去虚苦無益，故能精勤攝善法也。“自利”等者，利樂精進，由觀自苦，他苦亦然，故勤精進、速離苦也。

---

① 且，録本脱，結合文意，據甲本補。
② 已，録本訛作“凶”，結合文意，據甲本改。
③ 行，録本訛作“八”，結合文意，據甲本改。
④ 懷，録本訛作“壞”，結合文意，據甲本改。
⑤ 根，此當爲“恨”之形訛。該字丁本作“報”。
⑥ 諸，録本訛作“法”，結合文意，據甲本改。
⑦ “怯”字前録本衍一“弱”字，結合文意，據甲本删。

《論》:“復次若人”至“衆多障礙”。

釋曰:次下第二除[□][障][1]方便。於中有二:先障,後治。此初也。“若人雖修信心”等者,此舉内因之業障也。言“重罪”者,即犯四重。“惡業障”者,即五逆罪。由此二種罪惡因故,故修行時諸障皆起,如《涅槃》等諸經所説。“魔邪……病苦所惱”等者,即惑障礙之根障也。“世間事務所牽”等者,即舉纏縛之惑障也。“有如是”等者,總舉諸障,顯衆多也。

《論》:“是故應當”至“增長故”。

釋曰:此明除障之法也。文中總、别,顯離諸障。“是故應當”等者,此即總明除障方便。如人負債,依附於王,則於債主無如之何。如是行人禮拜諸佛,諸佛所護,能脱諸障。“誠心懺悔”等者,即是别除四障之法。四障者何?一、諸惡業障,懺悔除滅。二、謗正法障,勸請除滅。三、嫉妒他勝,隨喜對治。四、樂著三有,迴向對治。依《金光明》,説除五障:一者、爲除破戒罪故,須行[2]懺悔。二者、爲除謗法罪故,故須勸請。三者、爲除嫉妒罪故,須行隨喜。四者、爲除輕劣心罪,須行迴向。五者、爲除懈怠罪故,須行發願。此無第五發願方便。新《論》即有,故彼文云:“發大誓願,無有休息。”

“若爾,前障亦應有五?”

答:“前雖三障,廣通因果。此中‘五’謂,略唯惑業。由惑業因,感彼報障。因妄果妄,但惑業耳。”

“得免諸障,善根增長”者,此結方便:免障生善。由前總、别除障方便,非直能除一切障礙,而亦能生諸善根也。

《論》:“云何修行止觀門?”

釋曰:下明“止觀”。於中有二:初問起,後釋相。此初也。

《論》:“所言‘止’者”至“觀義故”。

釋曰。次下釋相。於中亦二:初略明,後廣顯。略中有二:先舉别修,以明“隨順”;後舉雙運,釋“隨順”義。此初也。“謂止一切境界相”者,以境但從分别心生,今息妄心,則無境界,無所分别,故名爲“止”。故新《論》云:“息

① 障,録本脱,結合文意,據甲本補。

② 行,《大正藏》本作“行行”,結合文意,據甲本删一“行”字。

滅一切戲論境界,是‘止’義。”“分別因緣生滅相”者,觀察因緣生滅之相,發生妙智,了知苦等非可樂等,故名爲“觀”。故新《論》云:“明見因果生滅之相,是‘觀’義。”如《瑜伽論·菩薩地》云:“此中菩薩,即於諸法無所分別,當知名‘止’。若於諸法勝義理趣……及諸無量安立理趣世俗妙智,當知名‘觀’。”“隨順奢摩他觀義”等者:梵云“奢摩他”,此翻云“止”。“毘鉢舍那”,此譯爲“觀”。然新《論》中既無此言,譯此《論》主加此文[□][者][1],爲顯“止”、“觀”是所隨順二智方便。謂由修“止”,止諸境相,即成根本無分別智;由修觀行,了生滅相,即成後得無分別智。因相異故,“止”、“觀”別名;果相同故,是名爲“觀”。即以此義,釋《論》文者。此中“能止境界相”者,即是“奢摩他能順於觀”義;“分別因緣生滅相”者,是“毘鉢舍那能順於觀”義。爲顯是義,故置此言。有義:此説理必不然,與《論》“隨順”義相違故。下所“隨順”既是雙運,故今“觀”者非謂二智。又唯修“止”,心沈没等,如何能成根本智耶?若唯修“觀”,心不止息,豈發後得無分別智?若不爾者,所成二智豈各互闕“止”、“觀”因耶?若“止”境相即“奢摩他是能順於觀智義”者,《論》應説言“是奢摩他隨順觀義”,寧倒言耶?故知此釋,深爲不可。應言“止”、“觀”有其二種:一、方便初別修者。二、正“止”、“觀”雙現前者。爲別方便及正“止”、“觀”,加此“隨順奢摩他”等。若此二種,皆就華言“隨順止觀”義、“隨順觀觀”義,謂正止觀。而存梵言,名“奢摩他”等;就其方便,譯爲華言,並名爲“觀”義。此中所顯,以“觀”成“止”。前“止一切境界相”者,以覺惠(慧)觀破外塵相,是順奢摩正“止”之觀。前“觀因緣生滅相”者,亦以覺惠(慧)觀察法相,是順舍那正“觀”之觀。若作此釋,文順義□(准?)[2]。不爾,何故“隨順”之言在於“奢摩舍那”之上。雖説“止”、“觀”共相助成,此中且就□(以)[3]“觀”成説,初起乃是觀勝能故。有義:此説理亦未然,與諸論文義極相違故。《論》自明説所言“止”者,謂“止一切妄境界相”,如何説是“方便觀”耶?以“觀”成“止”,即言“隨順奢摩他觀”。若“止”成“觀”,應言“隨順舍那

① 者,録本脱,結合文意,據甲本補。
② 此缺字甲本似作“准”,待考。
③ 以,録本作缺文,結合文意,據甲本補。

止”義。何故二文皆言“觀”耶？經論皆説“止”、“觀”相成，此何偏説以“觀”成“止”？又既此中以“觀”成“觀”，何不亦説以“止”成“止”？又違下文“所隨順”義。下説雙運是“所隨順”，故此不明是“能隨順”。故“止”境界非是“觀”也。應言方便而存梵言，於“正止觀”譯爲華語。雙運之時是正觀故，故説“真觀”“清净觀”等。不爾，大聖豈無“止”耶？今以正義釋此文者，謂方便時止諸塵相，是順正觀之“止”。又能“分别因緣相”等，是順正觀之觀，故言“隨順觀觀”。此中語倒，而言[①]“隨順奢摩他觀”。若就正語，應言“隨順觀奢摩他”。前《論》數[②]有文倒倒故。若作此釋，妙扶文義。

《論》：“云[□][何][③]隨順”至[④]“雙現前故”。

釋曰：此顯雙順，釋諸“順”義。“以此二義漸習”等者，顯能順之方便也。“不相捨離雙現前”者，明所隨順之正觀也。依真如門，以修“止”行。依生滅門，而起“觀”行。既此二門唯是一心，是故“止”、“觀”不相捨離。此中“止”、“觀”，隨相而言，“止”名爲“定”，“觀”名爲“惠(慧)”；據實而言，“定”通“止”、“觀”，“惠(慧)”亦如之。故梁《攝》云：“十波羅蜜通有二體：一、不散亂，體即正定。二、不顛倒，謂正觀真如。”《瑜伽論·聲聞地》云：“復次如是心一境性，或是奢摩他品，或是毘鉢舍那品。若於九種心住中一分境性，名‘奢摩他品’。若於四種惠(慧)行中心一境性，名‘毘鉢舍那品’。”“九種心住”、“四種惠(慧)行”，廣如彼説。既非菩薩大乘“止”、“觀”，此中不[⑤]□(叙)[⑥]。

《論》：“若修‘止’者”至“端坐正意”。

釋曰：次下第二，廣明“止”、“觀”。於中有二：先明别修，後顯雙運。别中有二：先“止”，後“觀”。“止”中有五：一、修“止”方法；二、顯“止”勝能；三、

① 《大正藏》本出校：“以下原本缺，今依甲本補載之”。

② 數，録本訛作“一如”，結合文意，據甲本改。

③ 何，録本脱，結合文意，據甲本補。

④ 至，録本訛作“主”，結合文意，據甲本改。

⑤ 不，録本訛作“示”，結合文意，據甲本改。

⑥ 叙，録本作缺文，結合文意，據甲本補。

辨"止"魔事;四、簡"止"真僞;五、示"止"利益。初中有二:初明勝人[①]能入[②],後顯障者不能。前中又二:初静息心,修"止"方便;後"止"成得定,除障不退。前中又二:初明修"止"具緣,後明修"止"次第。此具緣也。住静處者,是修"止"緣。具而言之,有五種緣:一、閑居静處,若住聚落示喧動故。二者、持戒清净,尸羅不净定不現故。三、衣食具足,謂假道□(緣)[③]成道體故。四、善知識,由因示道方能行故。五、息諸緣務,止外攀緣安内心故。今略舉初之住静處。言"端坐"者,是顯調身。身若僵仆,或彼働側,前後[④]依倚,左右憑附,既生懈怠,復[⑤]引昏沈,故端其身,結加趺坐。故《瑜伽》説由五因緣:一、[□][由][⑥]身攝斂[⑦]發輕安故。二、能經久時不疲□(倦)[⑧]故。三、顯不共法外道無故。四、顯端嚴相見者敬故。五、佛、佛弟子共開許故。言"正意"者,是顯調心。末世行人,正行者少,苟求名利,現寂静僞,心現不正,得定無由,離此邪求,故云"正[□][意][⑨]",欲[⑩]令觀心與理相應,自度度他,名"正意"也。亦即《瑜伽》"[□][端][⑪]身""正願[⑫]",謂策舉身,令其端直;調正其心,令離諂詐。策身則無由惛沈,離詐即外不散動。平等離相,方入定門。

《論》:"不依氣息"至"見聞覺知"。

釋曰:次下第二,修"止"次第。於中有二:初坐修"止",後餘僞亦起。前中有三:初離倒境,次離倒心,後除失念。此初也。言"氣息"者,一切息觀

① 人,録本訛作"入",結合文意,據甲本改。
② 入,録本訛作"人",結合文意,據甲本改。
③ 緣,録本作缺文,結合文意,據甲本補。
④ 後,録本訛作"復",結合文意,據甲本改。
⑤ 復,録本訛作"後",結合文意,據甲本改。
⑥ 由,録本脱,結合文意,據《瑜伽師地論》卷第三十[T30n1679p450b2]補。
⑦ 斂,録本訛作"設",結合文意,據甲本改。
⑧ 倦,録本作缺文,結合文意,據甲本、《瑜伽師地論》卷第三十[T30n1679p450b5]補。
⑨ 意,録本脱,據文意補。
⑩ 欲,録本訛作"者",結合文意,據甲本改。
⑪ 端,録本脱,結合文意,據甲本補。
⑫ 願,録本訛作"行",結合文意,據甲本改。

境。言"形[①]色"者,即骨瑣等青、黄、赤、白四種相也。所言"空[②]"者,非謂理空[③],"地、水、火、風"及前"空[④]"者皆是事空[5] 所緣境界。"見聞覺知"即識處,通前即顯十一切處。或"見聞"等舉散六塵。於此諸境了達唯心,不復託緣,故言"不依"。而有説者,於此諸文,配九心住,以明"止"相。豈唯乖理,亦乃差文。又違新《論》,不可依准。而有固執説定爾者,何不於觀配四惠(慧)行?故説四依名爲"菩薩",但觀正理,何用執乎?

《論》:"一切諸相"至"念念不滅"。

釋曰:此離倒心。"一切諸相"等者,此除分別内心相也。有□(説)[⑥]諸相依念而生,□(若)[⑦]除其念,諸相隨滅,故言"諸相隨念皆除"。有義:此標深爲不可。想、念何别,而説"隨"耶?故新《論》説一切分別相念皆除[⑧]故無别也。謂前雖離取倒境相,若存内心,亦是妄倒,是故内心一切分別,雖起相念,皆除遣也。"亦遣除相"者,此遣能除之妄相也。前文但令[⑨]不起分別内心之相名爲"除相",非謂存於能除之相,除相若存,亦非離相,是故"亦遣除相"也。"以一切"下,釋其亦遣能除所以:以一切法本無所相,所[□][相][⑩]無故,能相亦無,無有念念生滅體故。所除之相既不可得[⑪],豈更得[⑫]存能除相也?

《論》:"亦不得"至"以心除心"。

釋曰:"下除失念。於中有二:初舉非總制,後示除方便。此初也。"亦不得隨心等者,此令不起外失念心。謂修"止"者於前遠離能取、所取無所得中常住作意[⑬],當初離於倒境倒心,後亦不隨心失念於外境,故有説言"具化心

---

① 形,録本訛作"耶",結合文意,據甲本改。

②③④⑤ 空,録本訛作"定",結合文意,據甲本改。

⑥ 説,録本作缺文,結合文意,據甲本補。

⑦ 若,録本作缺文,結合文意,據甲本補。

⑧ 除,録本訛作"隨",結合文意,據甲本改。

⑨ 令,録本訛作"今",結合文意,據甲本改。

⑩ 相,録本脱,結合文意,據甲本補。

⑪⑫ 得,録本訛作"除",結合文意,據甲本改。

⑬ 意,録本訛作"害",結合文意,據甲本改。

□,不□相心”,即其義也。“後以心除心”者,此令[①]不起内失念相。前心失念,念著境時,既依止心,而捨於境;後心失念,念著内心,即復以其安住止心,除其失念内取之心。故新《論》言:“前心依境,次[②]捨於境;後念依心,復捨於心。”失念相也。

《論》:“心若馳散”至“住於正念”。

釋曰:次示除方便。於中有二:初令住正念,後示正所以。前雖制言“不得失念”,若時失念,如何攝持?故此令其攝住正念。此中正念,即隨無念。若不起念,曰“不馳散”。故言心散“即當[③]攝來”。無别能攝,攝心令住。若謂以心攝馳散心,非但不能,返成馳散,以心攝心、心不息故。今名“攝來住於正念”,故但無念,名“攝來”□(耳)[④]。[□][至][⑤]此位時,名“住正念”,非謂别有[⑥]正念可住。若更有住正念心相,名“住邪念”,非正念也。如新經釋,諸流所無,名爲修學者之“亂鏡”也。若爾,便違《文殊般若》,彼説射箭之法喻故。若彼是漸教,此是頓門,所顯各殊,不相乖也。

《論》:“是正念者”至“不可得”。

釋曰[⑦]:此示所以也。謂有疑云:何故無念名爲“攝來”、是住正念?故示“正念”,釋其所以。謂離二種心無所得,契證真如,是“正念”相。“當[⑧]唯心”等者,無所取也。“即復此心”等者,無能取也。既離心境,得“正念”名,故但無念名“攝來”耳,離真無有“正念”相故。故新本云:“心馳外境,攝住内心,後復起心不取心相,以離真如不可得故。”故諸論説教授,巧云菩薩於定位觀影,唯是心義相,既滅空觀,唯自相如是住。内心知所取非有,次能取亦

① 令,録本訛作“今”,結合文意,據甲本改。

② 次,録本訛作“以”,結合文意,據甲本改。

③⑧ 當,録本訛作“尚”,結合文意,據甲本改。

④ 耳,録本作缺文,結合文意,據甲本補。

⑤ 至,録本脱,結合文意,據甲本補。

⑥ “别有”二字録本訛作“智别”,結合文意,據甲本改。

⑦ 曰,録本訛作“白”,結合文意,據甲本改。

無,後□(謂)[①]無所得[②]。

《論》:"若從坐起"至"隨順觀察"。

釋曰:此顯□(餘)[③]儀亦修"止"也。非□(直)[④]坐時常修此"止",餘一切時常思方便,順於法性不動道理。小乘事静坐方[⑤]成,大乘修理,行、住皆定,故□□□(餘威儀?)[⑥]□(亦)[⑦]修"止"也。

《論》:"久習淳熟"至"速成不退"。

釋曰:此即勝人能入之中,止成得定,除障不已。"久習"等者,明"止成"也,要由不習任運住。"任運住"者,"止成"之義。"以心"等者,明得定也。止力轉增,名"漸猛利"。既順真如,入真三昧。"深伏"等者,顯入位[□□][也。由][⑧]定契真,現惑永伏,染滅善生,名"信增長",由此速能至不退位。

《論》:"唯除疑惑"至"所不能入"。

釋曰:前來已顯能入之人,此顯障者所不能入。此中即舉七種障難,顯七種人所不能入:一"疑惑"者,凡愚之人性猶豫故;二"不信"者,闡提之人不希望故;三"誹謗"者,外道之人記邪見故;四"重罪"者,十惡等人心不浄故;五"業障"者,五逆之人心極惡故;六"我慢"者,自高之人不屈學故;七"懈怠"者,放逸之人心縱蕩故。隨有一者,即不能入。新《論》合彼第四、第五種爲一種,但名"業障",皆爲業障所纏障故。

《論》:"復次依是"至"一行三昧"。

釋曰:上顯第一修止方便,次下第二修止勝能。於中有二:初顯"三昧能知真"義,後顯"真如爲三昧本"。此初也。"依是"等者,初□(立)[⑨]勝能。

① 謂,録本作缺文,結合文意,據甲本補。
② 得,録本訛作"除",結合文意,據甲本改。
③ 餘,録本作缺文,結合文意,據甲本補。
④ 直,録本作缺文,結合文意,據甲本補。
⑤ 方,録本訛作"所",結合文意,據甲本改。
⑥ 此三缺字甲本似作"餘威儀",待考。
⑦ 亦,録本作缺文,結合文意,據甲本補。
⑧ "也由"二字録本脱,結合文意,據甲本補。
⑨ 立,録本作缺文,結合文意,據甲本補。丁本亦作"立",可參證。

“相”者，體也。“謂一切”下，次顯其義。“佛”與“衆生”，釋“法界”字，皆意所知差别故。“平等無二”，釋“一相”字，凡聖同真、無異體故。“即名”已下，後顯名也。此釋“知”字，能知法界一相心者，是即名爲“一行三昧”。“一”謂真如，是三昧境。“行”謂行解，是三昧因。以此三昧有（盡？）[①]知真如是“一”之行徑[②]，名“一行三昧”。是故《文殊般若經》説：“法界一相，繫緣法界，是則名爲‘一行三昧’。……入此三昧，盡知恒沙諸佛、法界無差别相。”新《論》名爲“一[□][相][③]三昧”，“相”謂“行相”，義差别也。

《論》：“當知真如”至“無量三昧”。

釋曰：此顯真如爲三昧本，謂此真如是三昧體，三昧乃是真如之因。一切三昧隨真而生，故説真如爲三昧本。真如既是三昧根本，若依真修行，名“真如三昧”。依此復生多諸三昧，此觀真如三昧體故，得者其三昧根本處故。新[④]《論》意同，但文前後。

《論》：“或有衆生”至“男女等相”。

釋曰：顯勝能竟，次下第三，辨其魔[⑤]事。於中有二：先略，後廣。略中有二：先[⑥]障，後治。此初也。“無善根”者，此舉障因，謂無增上善根力，非謂常無善根力也。故新《論》云“善根微[⑦]少”。“則爲”已下，顯能障者。“魔”謂天魔，性[⑧]樂生死，則他化天有别住處[⑨]，謂此衆生是其所屬，恐[⑩]出其境，故爲障也。“鬼”謂魍[⑪]魅，性多虚誑，[□□][多處][⑫]□□，即□□□（場）[⑬]等是

① 此“有”字甲本似作“盡”，待考。
② 徑，録本訛作“經”，結合文意，據甲本改。
③ 相，録本脱，結合文意，據甲本補。
④ 新，録本訛作“訴”，結合文意，據甲本改。
⑤ 魔，録本訛作“摩”，據甲本改。
⑥ 先，録本訛作“光”，結合文意，據甲本改。
⑦ 微，録本訛作“漸”，結合文意，據甲本改。
⑧ 性，乙本作“非”。
⑨ 處，録本訛作“空”，結合文意，據甲本改。
⑩ 恐，録本訛作“懸”，結合文意，據甲本改。
⑪ 魍，録本訛作“魎”，結合文意，據甲本改。
⑫ “多處”二字録本脱，結合文意，據乙本補。
⑬ 場，録本作缺文，甲本無，結合文意，據乙本補。

其□□(有止)①。“神”謂精媚,性多弊惡,即時[□][神]②等,多住塚等,則諸外道及佛法中無慚愧者墮此類中。由□(宿)③習故,憎嫉行人,故爲障□(惱)④,令⑤墮邪道,是故名爲“外道鬼神”。久有正信彼修行者,今舉障□(性)⑥,故説□(彼)⑦也。“或於”已下,舉其性相,如前三類,皆能變作三種五塵,壞人善心。“現形恐怖”者,如新本言“或現惡形,以怖其心”。“或現端正男女”者,如新本言“或現美色,以迷其意”。言“等相”者,釋者即是中實五塵亂人心者。新《論》無此“等相”之言,便言或現天等形相,亦無“當念唯心”等語。觀此文勢⑧,新《論》應善。一重魔事,足顯障深,廣、略□(再)⑨陳,實爲煩重,以是譯者妄加文耳。

《論》:“當念唯心”至“終不爲惱”。

釋曰:此略辨謂也。一切諸境尚唯自心,何況塵中境非心也?是故觀察唯心之理,□(惱)⑩境自滅⑪,不能嬈亂,魔境皆依動念生故,觀察唯心非彼知故。此則通明謂魔之法。别門顯者,廣如禪經及顗禪師止觀門説。而有更明别謂魔法,文□鄙極,更⑫非《論》意,不能繁叙,學者知之。

《論》:“或現天像”至“是真涅槃”。

釋曰:次下廣辨。於中有二:先辨魔事,後顯對治。初中顯其十事五對,此即第一“所現形聲對”也。以天魔等能作如是佛等形相,惑亂行人。信惠

① “有止”二字録本作缺文,甲本無,結合文意,據乙本補。
② 神,甲本、録本脱,結合文意,據乙本補。
③ 宿,録本作缺文,結合文意,據甲本補。
④ 惱,録本作缺文,結合文意,據甲、乙二本補。
⑤ 令,録本訛作“今”,結合文意,據甲本改。
⑥ 性,録本作缺文,結合文意,據甲、乙二本補。
⑦ 彼,録本作缺文,結合文意,據甲、乙二本補。
⑧ 勢,録本訛作“契”,結合文意,據甲、乙二本改。
⑨ 再,録本作缺文,甲本無,結合文意,據乙本補。
⑩ 惱,録本作缺文,結合文意,據甲、乙二本補。丁本亦作“惱”,可參證。
⑪ 滅,録本訛作“哉”,結合文意,據甲、乙二本改。
⑫ 更,乙本作“又”。

(慧)微者,妄有求美,既失[①]本心,便向邪道,是故佛誡依法不依人。"若説"已下,顯其[②]言聲,以六法門或(惑)亂行者。法門萬差,同歸一如,正念契[③]真,法門盛明。若失其本,馳散法門,動念既[④]生,而魔得便,故魔以此惑亂行人,故誡依義不依語也。

《論》:"或令人知"至"名利之事"。

釋曰:此第二"所得通辨對"也。"知宿命"等,即宿命通。"知未來事",天眼、耳通。"得他心知",則他心通,新《論》但名"他心事"。"辨才無礙",得□(邪)[⑤]辨[□][也][⑥]。魔等神力加被衆生,得此四[⑦]證,得爲己[⑧]有,便生喜動,我慢心生,貪著名利,壞善行也。

《論》:"又令使人"至"種種牽纏"。

釋曰:此第三"所起惑業對"也。言"多睡"者,新《論》名爲"恒樂昏寐"。此下更有"久不睡眠",此中文闕。"生於不信,多疑慮"者,於自所修,或自毀謗,或數[⑨]疑慮。"種種牽纏"者,新《論》名爲"溺情從好"。餘文可解。

《論》:"亦能使人"至"使人愛著"。

釋曰:此第四"所成定住對"也。此中"非真三昧",即新《論》説爲"或令證得外道邪定"。此中所[⑩]舉,多曰"定中得……美飲食,……使人愛著"。若准新《論》,或復勸令受於女色,使人愛著。皆有此事,譯者互舉。

《論》:"或亦令人"至"顔色變異"。

釋曰:此第五"所變念色對"也。"顔色變異"者,如新[⑪]《論》云"使其形容

① "既失"二字録本訛作"現□",結合文意,據甲、乙二本改。
② 其,録本訛作"者",結合文意,據甲、乙二本改。
③ 契,録本訛作"趣",結合文意,據甲、乙二本改。
④ 既,録本訛作"現",結合文意,據甲、乙二本改。
⑤ 邪,録本作缺文,結合文意,據甲、乙二本補。
⑥ 也,甲本、録本脱,結合文意,據乙本補。
⑦ 四,甲本、録本訛作"曰",結合文意,據乙本改。
⑧ 己,録本訛作"巳",結合文意,據甲、乙二本改。
⑨ 數,録本訛作"一如",結合文意,據甲、乙二本改。
⑩ 所,録本訛作"初",結合文意,據甲、乙二本改。
⑪ 新,録本訛作"斯",結合文意,據甲、乙二本改。

或好或醜”。此下更説“若爲諸見[①]煩惱所亂,即彼退失往昔善根”,譯者取言廣、略異故。

《論》:“以是義故”至“是諸業障”。

釋曰:上辨魔事,此顯對治。“行者常應觀察”等者,此初勸觀不墮[②]邪網,謂修行者初學是法,自内善微,業障尤重,故或外魔現法利相,□□(網羅)[③]行者,令墮其中。若在定中見如是相,當知(智)[④]觀察,樂苦(必莫?)[⑤]今(令?)[⑥]其□(出)[⑦]離□(之)[⑧]心却墮邪網。“當勤正念,不取”等者,此後示其□(徐)[⑨]障之法。謂有如前□□□(邪相現)[⑩]時,但自修習本所修行,常[⑪]無動念,名“勤正念”。住正念故,發生知惠(慧),了法即心,更何所取;知心即如,受何能著;是故名爲“不取不著”。既無取著,不應棄捨。所以然者,所現諸相有二種故:一隨業障諸魔鬼等者令退墮所現邪相,二由善根諸佛菩薩者令色趣所現正相。若有取著,既墮邪網;若作棄捨,恐無色趣。是故但應平等定住。由於前境不取捨故,非但能滅業障所現,兼亦顯發善根正相。故心取著,示[⑫]正成邪;若不取著,因邪顯正。故《智度論》斷此義云:“若分别境相,即是魔羅網;不動不分別,是則爲法印。”由不著故,業障所起所有邪相無不遠離,故言“遠離是諸業障”。故新《論》云:“是故唯應審諦觀察,當作是念:此皆以我善根微薄、業障厚重,爲魔鬼等之所迷惑。如是知已,念彼一切

---

① “諸見”二字録本、甲、乙二本均訛作“見諸”,結合文意,據《大乘起信論》[T32n1666 p590c24]改。

② 乙本至此止。

③ “網羅”二字録本作缺文,結合文意,據甲本補。

④ 知,録本訛作“於”,結合文意,據甲本改。此與“智”同,乃“智”之本字。丁本:“是故常應智慧觀察,必莫令其出離之心却墮邪網。”可參。

⑤ “樂苦”二字甲本不清晰,疑當爲“必莫”之訛。此二字丁本作“必莫”,可參。

⑥ 今,此疑爲“令”之訛字,待考。

⑦ 出,録本作缺文,結合文意,據甲本補。

⑧ 之,録本作缺文,結合文意,據甲本補。

⑨ 除,録本作缺文,結合文意,據甲本補。

⑩ “邪相現”三字録本作缺文,結合文意,據甲本補。

⑪ 常,丁本作“都”。

⑫ 示,録本訛作“我”,結合文意,據甲本改。

皆唯是心。如是思惟，刹那即滅，遠離諸相。”理實於相不取不捨，其所現相有滅、不滅。而新、舊《論》説有異者，各依一相，亦不相違。而有於此説以三法，辨其邪正，以定研磨。依本修謂“知慧觀察”。配釋此文，恐非切要。煩而不取，知者當知。

《論》：“應知外道”至“恭敬故”。

釋曰：上辨魔事，次下第四簡止真僞。於中有二：初舉外、内二定，以别邪、正；後舉理、事二定，以明真、僞。前中又二：先明邪定，後顯正定。此初也。前言“使人得諸三昧……是外道所得，非真三昧”者，以外道定皆不能伏分别煩惱，又亦不離俱生煩惱，亦不伏所知障故。恃敬問定，而生齊（高？）[①]舉，故云“不離見愛慢心”。由不能伏、五住滅故，内著邪定，外貪名利，故言“貪著世名利”等。既彼邪定有如是相，是故覺知應捨離也。

《論》：“真如三昧”至“漸漸微薄”。

釋曰。此顯内定是正也。“真如三昧不住”等者，此顯在定能順真體，離二取相。要離二相，入真三昧，是故不起能見真心，乃至不起所得真相。故新本言離一切相，入真三昧。心相既離，真相亦盡，無異見等。“乃至”已下，後顯出定能順真用。真用有二，所謂損、益。由定契真，益真净用，故出定時勤修善品，亦示慢善而爲垢障，故言“出定亦無懈慢”。故新本言“殊勝善根，隨順相續，離諸障離，起大精進，恒無斷”等。由順真用，損惑種力，故出定時現惑不起，故言“煩[惱][②]漸漸微薄”。故新本言：“從於定起諸見煩惱皆不現行，以三昧力壞種故。”由修此定，有損益力，得入種姓不退位中，即損力益能轉道也。

《論》：“若諸凡夫”至“無有是處”。

釋曰：次對理、事二定以明真僞。於中有二：初明理定是真，後顯事定是僞。此初也。謂諸外凡十信人等修行大乘菩薩行者，莫不皆依真如三昧，得入十住種姓位中，除此更無能入之道，故云“不習……無有是處。”如來種姓有其二種：一者本住，謂衆生身本覺真性即是始覺，如來之種本來有故。二

① 此字甲本似作“高”，待考。

② 惱，録本脱，結合文意，據甲本補。

者始起，謂初住上位如來家，當體佛位，是爲佛種，今方起故。今此"得入如來種"者，即是始起如來種也。然此種性，復有六種：一習種性，謂十住位，由習信故，其此位中不退大乘定成佛故。二性種姓，謂十行位，久習成性，至此位中不退行即向佛位故。三道種姓，謂十向位，修二定道，至此位中不退觀照向佛智故。四聖種姓，謂十地位，由觀照力，至此位中得真聖道成佛位故。五等覺姓，謂金剛定，至此位中因行已滿、刹那斷滅與佛齊故。六妙覺性，謂佛果位，諸障相浄，至此始覺道□(圓)[①]、窮本覺故。此中初、二與十，三，住種姓住中。性、習二種，其名既同，有前後者，彼則本、習二義别開，因本起習，性先習後。此云於前習種以開[②]，因習成性，習先性後。性、習名同，而義有别，故雖前後，不相違也。

《論》："以修世間"至"外道見故"。

釋曰：此顯事定之僞也。何以要由真如三昧方入種不退位中？故此名言"以修"等也。有義："世間"即五停觀，"諸禪"謂即四静慮定，"三昧"謂即四無色定，皆於定境而起味著。若不皆依我見而起，如次□(樂?)[③]是色無邊界，外道亦得，故言"共"也。雖諸菩薩依而發通，及起諸道而爲加行，故信修非可全棄。若修此等，常依善友。若離所被，即起邪見。有義：但取真如三昧，餘定皆名"世間禪"等，不須别配三界諸定，故新本言"以餘三昧皆是有相"、"外道共"等。由有相故，而有四過。由起味著，依我見起，繫屬三界，與外道共。依此經説：一切世間動、不動法，不安相等。"若離善知識"等者，新《論》説爲"不得值遇諸佛菩薩"，以餘三昧未亡相故，非但無彼即起邪見，亦乃不得得遇佛等。故新、舊《論》互舉一也。若爾，寧入正性？離生無不皆第四静慮託最勝□(依)[④]入見道等。若次[⑤]，諸静慮各有三種：一味等至，由定與彼愛相應故，定得"味"名。二浄等至，與無貪等浄法相應，定名爲"浄"。三無漏等至，謂出世定，非愛所味著境故。《般若》等經、《唯識》等論約浄無

① 圓，録本作缺文，結合文意，據甲本補。

② 開，録本訛作"中"，結合文意，據甲本改。

③ 此缺字甲本似作"樂"，待考。

④ 依，録本作缺文，結合文意，據甲本補。

⑤ 次，録本訛作"以"，結合文意，據甲本改。

漏，説依四定登入菩薩正性離生。此據味定，説起味著，依於我見，外道共等。各據一義，亦不相違。

《論》："復次精勤"至"十種利益"。

釋曰：次下第五，示"止"利益。於中有二：初總標，後别釋。此初也。後世利益不可具陳，故今顯其現世利益。

《論》："云何爲十"至"之所護念"。

釋曰：次下别釋。别釋十種，即分爲十。此初也。由修三昧，正因相應，生如來家，而得根熟，故蒙諸佛所護念也。故有《論》云"善護念者，依於根熟菩薩説"等。

《論》："二者不爲"至"所能恐怖"。

釋曰：由修三昧，正智相應，知境本空，知心無念，不爲魔等現形恐怖。又諸魔者樂生死，此能不怖，而成菩薩。

《論》："三者"至"之所惑亂"。

釋曰："外道"者樂諸見，由修三昧，諸見不動，故不爲彼所惑亂也。總諸外道，無過六師，各有十六所學之法，一是自學，餘教弟子。總彼六師師資所學，故説"外道有九十六"。此如《毘尼婆沙》所説而相傳[□][之]①，一似佛法。今《論》中舉全非者，故云"九十五種外道"。

《論》："四者"至"漸漸薄"。

釋曰：達境唯心，不誹唯境。知心無起，不謗真如。由遠識如失深法故，非但不謗、不起邪業，亦了諸法無有自性，故重罪障漸得薄也。

《論》："五者"至"諸惡覺觀"。

釋曰：決定證了唯識真理，不生猶豫疑惑之心。由定契理，疑惑尚無，況復更生諸惡覺觀？舊名"覺觀"，新名"尋伺"。"覺"謂求覓，是"尋求"義。"觀"謂觀察，是"伺察"義。然此"覺觀"，通於三性，顯非餘二，言"諸惡"也。

《論》："六者"至"信得增長"。

釋曰："本覺"名"如"，"始覺"名"來"。始、本不異，名爲"如來"。由能照達一心真如，無動念理，成此"如來"。故心真如，爲"如來境"，照三昧者，雖

---

① 之，録本無，結合文意，據甲本補。

未證真，於此理境而[①]信增也。或即二覺名"如來境"，是修行人所觀境故。謂未成佛，始未同本，可説真如爲所觀境；若始同本，即是真如，理知無别，非所觀故。

《論》："七者"至"勇猛不怯[②]"。

釋曰：能了真如佛正因故，知一切法即是涅槃，於所求果無慮不成，於已學法不怯修行。雖在生死，而知幻夢。無惓而"勇"，無怖而"猛"，雖復久[③]處，亦無怯也。

《論》："八者"至"他人所惱"。

釋曰："柔"謂調柔，"和"謂和順，"謙下"爲義。"憍"謂憍傲，"慢"謂高慢，"陵物"爲義。即憍慢者，恃己成事，輕蔑於他，他必輕忽，不自安忍，便生懷恨。心柔和者，謙下於他，他必珍敬，豈爲輕□(惱)[④]？設過憍慢，亦無懷恨。故新《論》云柔和忍辱者"爲一切世間所敬"。

《論》："九者"至"不樂世間"。

釋曰："雖未得定"者，非謂未曾得也，謂説雖未常得定心，亦有出定起發心時。由前定力，衰煩惱種，於諸時、處不起現惑，是故名"減損煩惱"。故新[⑤]本言"煩[□][惱][⑥]種薄，終不現起"。諸纏垢縛或不現故，"不樂世間"。

《論》："十者"至"之所驚動"。

釋曰："若得三昧"者，非謂創得也，意説若時得住三昧，心如虛空無罣礙故，唯有廣聲，終無驚動。故新本云"若住於定"。

《論》："復次"至"是故修觀"。

釋曰：上顯修"止"，下明修"觀"。於中有三：初明修"觀"之意，次辨所修"觀"相，後結"觀"分齊。此初也。若唯修"止"，便有四失：一、心沈没失。息

① 而，録本訛作"與"，結合文意，據甲本改。
② 怯，録本訛作"法"，結合文意，據甲本改。
③ 久，甲本、録本訛作"名"，結合文意，據丁本改。
④ 惱，録本作缺文，結合文意，據甲本補。
⑤ 新，録本訛作"斯"，結合文意，據甲本改。
⑥ 惱，録本無，結合文意，據甲本補。

緣偏寂，相[□][順][1]愚癡，既非照察，故爲沈没。二、起懈怠失。由因止息，相順惛沈，既無勇悍，乃成懶墮。三、不樂衆善失。由偏住寂，棄所作心，懈怠相應，豈能勤善？四者離大悲失。不觀苦境，偏寂其心，□(善)[2]既不勤，豈懷悲濟？

《論》："修習觀者"至"須臾變壞"。

釋曰：以辨觀相。於中有四：一、法相觀；二、大悲觀；三、誓願觀；四、精進觀。初中有四：一、無常；二、有苦；三、無我；四、不净。此觀"無常"，除常倒也。"無常"有三，一麁，二細。"麁"謂一頓麁相生滅，"細"謂行願細分生滅。今此但約麁相無常，故説有爲"須臾變"等。言"須臾"者，顯有爲法不得久住，"無常"之義，非謂别指三十須臾，故新《論》但云"生滅不停"等。

《論》："一切心行"至"以是[□][故][3]苦"。

釋曰：此唯觀苦，除樂倒也。言"心行"者，謂即四藴念念遷流，名爲"心行"。即此生滅，故名爲"苦"。故新《論》云："無常故苦。"依諸經論，"苦"體有三，所謂苦苦、壞苦、行苦。即此心行刹那生滅，於念念中具足三苦。故《對法》云：何故經説若無常即苦邪？由三分常，苦相可知：謂生分無常爲緣故"苦苦"，性了了故。"生分無常"者，本無今有，苦品諸行，體是逼迫。滅分無常爲緣故"壞苦"，性了了故。"滅分無常"者，謂有已還無，樂品諸行，無可愛樂。住分無常爲緣故"行苦"，性了了故。"住分無常"者，諸行相續，若生若滅，俱不可樂。故世間説諸行無常，諸行變壞。諸所有受，我説皆苦。由是此中一切行念念生滅，故爲苦也。

《論》："應觀過去"至"忽爾而起"。

釋曰：此觀"無我"，除我倒也。過去已滅，唯有其念，難追尋故，如夢所見。以現在法，刹那即滅，不久住故，猶如電光。未來未至，非本積聚，當來忽起，故喻於雲。由觀三世無有自性，能離我相，皆除我倒。故《般若論》説"夢電雲"，以喻隨順出離離相也。所謂隨順人、法無我，以攀緣故，得出離

① 順，甲本、録本脱，據文意補。丁本："一、心沈没失，息緣偏寂，順癡相故。"可參。
② 善，録本作缺文，結合文意，據甲本補。
③ 故，甲本、録本脱，據《大乘起信論》[T32n1666p582c17]補。

等。若爾,新《論》於此前文可更言"苦故無我"。若彼於此初略舉無我,於此三世廣觀察故。

《論》:"應觀世間"至"無一可樂"。

釋曰:此觀"不净",除净倒也。依《智度論》,今觀此身,始終應作五種不净:一、種子不净;二、依處不净;三、自體不净;四、所説不净;五、□□(究竟)[①]不净。由此觀故,身無可樂。新《論》更加煩惱和雜。此即明其不净因也。此除四倒名法相觀。除前第一心沈没失。新《論》此下更加"觀察相心見倒",故彼文云:"觀諸凡愚所見諸法,於無物中妄計爲有。觀察一切從緣生法,皆如幻等畢竟無實。觀第一義非心所行,不可譬喻不可言説。"釋云:謂觀凡愚於無計有,故除見倒。觀緣生法無實體故,能除相倒。觀第一義非心所行,能除心倒。此即通前,是除七倒,皆屬第一法相觀□(收)[②],□(譯)[③]者廣略,不相違也。

《論》:"如是當念"至"甚爲可愍"。

釋曰:此大悲觀,因觀法相,見苦生悲,除前第四不起悲失。"當念"等者,先觀苦境,知可悲者,後起悲心,初心之悲觀苦生故。初苦境中,有其三義:"一切"等者,此觀苦時,顯受苦來無有初分。"皆因"等者,此觀苦因,無明不覺妄受苦故。"已受"等者,此觀苦相。於中初顯受三世苦。五識相應,名"身大苦"。意識相應,名"心大苦"。"難捨難離"者,後顯愚妄著。愚癡不知,謂苦爲樂,不生厭離,久沈溺故。前法相觀,觀自了苦,爲除樂倒;此觀他苦,而作悲因,故二别也。

《論》:"作此思惟"至"第一義樂"。

釋曰:此誓願觀。因悲立願,願修衆善,除前第三"不樂衆善"失。"願令"等者,此願體也。分别不除,無明之分,豈能修善生悲濟邪?"遍於"等者,明廣大願諸善功德,即新《論》言:"親近一切諸佛菩薩,頂禮供養,恭敬讚歎,聽聞正法,如説修行。""盡其"等者,明長時願。"令得"等者,明第一願。

① "究竟"二字録本作缺文,結合文意,據甲本補。

② 收,録本作缺文,結合文意,據甲本補。

③ 譯,録本作缺文,結合文意,據甲本補。

故前願體亦得名爲"不顛倒願"。願不離心,亦得名爲"四種心"也。

《論》:"以起如是"至"心無懈怠"。

釋曰:此精進觀,因願策勤,勤修衆善,除前第三"起懈怠"失。"一切"等者,對聲聞行,令[①]常精進。聲聞不時□説,當不兼時、處而修,況起大行兼時、處也?"隨己[②]"等者,簡凡夫[③]行,不令退墮。凡夫[④]愚癡,不重自力,頓修便止。今顯菩薩離過分過,隨分常修也。

《論》:"唯除坐時"至"不應作"。

釋曰:已顯觀相,此即第三,結觀分齊。唯除修止端坐之時,若餘一切,悉當觀察,順理應作,違不應作。故新《論》言"行住坐卧常應觀察"所可作等。

《論》:"若行若住"至"止觀俱行"。

釋曰:上顯别修,下明雙運。於中有三:初總標俱行,次顯其行相,後總結雙運。此初也。"住"謂立也。"起"謂行也。諸戒中亦應修也。新《論》此中更有據文總善於此,故彼文云:"復次,若唯修觀,則心不止息,多生疑惑,不隨順第一義,不出生無分别智,是故止觀應兼修行。"

《論》:"所謂雖念"至"性不可得"。

釋曰:下顯行相。於中有二:初顯順理俱行止觀,後顯對治俱行止觀。此初也。"所謂"已下,初明即止而修於觀。"雖念諸法自性無生"者,約"非有"義以明"止"也。即念緣合業果不定者,約"非無"義以明"觀[⑤]"也。此"二不二",故云"即念"。此即順於不動真際,建立諸法,良以"非有"即是"非無",故示動止而起觀也。"雖念"已下,後明即"觀"而修於"止"。雖念因緣善惡業根,約"非無"義明"觀"行,而亦即念性不可得,約"非有"義以明"止"行。此即隨順不壞假名,而説實相,以性"非無"即是"非有",故不捨"觀"而

---

① 令,録本訛作"今",結合文意,據甲本改。

② 己,録本訛作"已",結合文意,據甲本改。

③ 夫,録本作"失",該字甲本不清晰,結合文意,據丁本改。丁本:"'隨己堪能'等者,簡凡夫行,不量自力,頓修便止故。"可參。

④ 夫,録本作"失",該字甲本不清晰,結合文意,據丁本改。

⑤ 觀,録本訛作"勸",結合文意,據甲本改。

入“止”也。然此“止”“觀”説雖前後,在行者心鎔融不二,不二之性即實性故。

《論》:“若修止者”至“不修善根”。

釋曰:此顯對治俱行止觀。謂修“止”者,除二種過:正除凡夫人、法二執,以是住著世間因故。兼除二乘法、我之見,以是怯怖生死因故。若修“止”者心安真境,凡夫不執,何樂世間?二乘亡見,寧壞生死?謂修“觀”者,亦除二有:正除二乘不觀本生、不起大悲狹劣心過,兼除凡夫不觀法相、不能色修懈怠心過。若修“觀”者識達因緣,二乘觀苦能起大悲,凡夫厭離能修衆善。

《論》:“以是義故”至“不相捨離”。

釋曰:次下第二,總結雙運。於中有二:初顯具位,後明闕失。此初也。以是“順理對治”義故,而“止”與“觀”共相助也。凡夫由“止”對治住著而起精進,二乘因“止”故謂怯弱而生大悲。此則以“止”助成“觀”也。二乘不觀心行生滅,凡夫不觀無我不净,無以厭離而住於“止”。此即以“觀”而助於“止”,故言“‘止’、‘觀’共相助成”。

《論》:“若‘止’、‘觀’”至“菩提之道”。

釋曰:[□□][此顯][1]闕失。“菩提道”者即是法界,而言“道”者,所因緣處。然此“法界”有其二義:一、具位真體;二、緣起稱用。止心住寂,歸法性體;觀心顯照,順法性用;“止”、“觀”俱行,雙順體用,既顯法性,得成菩薩。若唯修“止”,不順真用,是則種智長廢永休。若唯修“觀”,不歸真體,是則輪迴無時暫息。是故“不具”,非“入菩提”。

《論》:“復次”至“意欲退者”。

釋曰:修行信心下有三所由。前來已顯就人□意,約法廣辨;次下第三,隨退方便。於中有二:初舉可退之人,後防退之法。此初也。“初學是法”者,此明行劣。“以住”已下,舉處釋成。內心既劣,外闕勝緣,信行難成,故將退也,即是將退入二乘道。新《論》更加“能具惡緣”。故彼文云:“或值寒熱風雨不時飢饉等苦,或見不善可畏衆生,三毒所纏,邪見顛倒,棄背善道,

① “此顯”二字録本脱,結合文意,據甲本補。

習行惡法。菩薩在中心生怯弱，恐不值遇諸佛菩薩，恐不能成清净信心，生疑欲退。”文雖廣略，大意同也。

《論》：“當知如來”至“攝護信心”。

釋曰：次下顯其防退之法。於中有二：初正其法，後别引經證。初中有二：初勸專念諸佛攝護，後顯專念所得之益。此初也。乍看此文，以勸念佛爲勝方便，得住生已，方蒙諸佛攝護信心。准新《論》文，義則不成，意説雖住惡世界中，而十方佛有勝神通，攝受護念修信心者，不令退墮。故新本云：“應作是念：十方所有諸佛菩薩，皆得大神通，無有障礙，能以種種善巧方便，救拔一切險道衆生。”意説險難尚□(蒙)[①]救拔，豈況於我而不濟邪？勸初心者起如是念，勿生怯弱，言“當知”等。

《論》：“謂以專意”至“永離惡道”。

釋曰：此後顯其專念之益，謂此行者以知如來方便攝護專意故，隨其願樂見佛因緣，得生净土，見佛不墮。故新《論》言：“作是念已，發大誓願，一心專念佛及菩薩。以生如是决定心故，於此命終，必得往生餘佛刹中，見佛、菩薩，信心成就，永離惡道。”

《論》：“如修多羅”至“終無有退”。

釋曰：下引經證。於中有二：初顯得往生，後顯住正念。此初也。然生净土，有其行願，定願無行，無由往生。由斯《攝論》説唯發願生净土者，别時意趣，不説念佛，亦不往生。而有不會《攝大乘》意，妄□(興)[②]非斥[③]，深不可依。“若人專念西方”等者，此顯行也。“所修善根……願求”者，此明願也。“即得”等者，顯由行願得往生也。“終無退”者，謂不退生諸[④]餘佛土，不退善根，何况退生諸惡道等？若爾，寧説是其報土，唯登地者方[⑤]得生耶？若共言“往生”，有其二力：一、自力能生，謂入位菩薩不假佛引，自業生故。如

① 蒙，録本作缺文，結合文意，據甲本補。
② 興，録本作缺文，結合文意，據甲本補。
③ 斥，録本作“庈”。［清］顧藹吉《隸變》：“庈，即斥字，《説文》本作㡿。”
④ 以上丙本殘。
⑤ 方，丙本訛作“万”。

彼大鵬，自[□][能][1]度海[2]；高勝[□][苾][3]芻，自往梵宫。經依此義，説龍樹菩薩證初歡喜地，往生安樂國。二、他力能往，即凡夫等雖有行願。要引生故。如彼蚊蚋，假鵬度海[4]；魔往梵宫，假梵生力。經依此義，説九品人乃至十念，皆得往生。故雖説是他受用土[5]，諸凡夫等生亦無失。不爾，登地自□(居)[6]花藏，何因捨此而往彼耶?

《論》:“若觀彼佛”至“住正定故”。

釋曰:此顯“住正定”也。若依此文，顯在此土[7]修習無念，觀彼法身。新《論》即别，故彼文云:“於彼聞法觀佛法身漸次修行，得入正位。”不妨此修無念觀佛，生彼正定，順經説故。譯者互[8]舉，義不相違。諸佛法身，名爲“佛家”。觀心契入，名之爲“生”。至此極處，名爲“畢竟”，得住正定種姓位故。

《論》:“已説修行”至“利益分”。

釋曰:上來已釋修行信心，次下第五勸修利益。於中有二:初結前起後，後正示勸修。此初也。前來已説顯法正宗，此即明其歎法流通。則釋題中“論”之一字。故次文云“我已總説”，以文顯義名爲“説”故，即以文義而爲“論”故。

《論》:“如是摩訶”至“我已總説”。

釋曰:次下則正示利益勸修。於中有三:初總結前説，次舉其損益，後總結勸修。此初也。“如是摩訶演(衍)”者，舉所勸修大乘法也。言“祕藏”者，顯“甚深”義，唯佛與佛乃能知之。如王髻珠，非報[9]不與，非謂悕惜名爲“祕藏”。新《論》名爲“觀察句義”，謂顯文義皆知深故。“我已總説”者，顯以略

---

① 能，甲本、録本脱，結合文意，據丙本補。
② 海，甲本、録本訛作“汝”，結合文意，據丙本改。
③ 苾，甲本、録本脱，結合文意，據丙本補。
④ 海，録本訛作“涉”，結合文意，據甲、丙二本改。
⑤ “用土”二字録本作“因□”，結合文意，據甲、丙二本改。
⑥ 居，録本作缺文，結合文意，據甲、丙二本補。
⑦ 土，録本訛作“真”，結合文意，據甲、丙二本改。
⑧ 互，甲本、録本訛作“五”，結合文意，據丙本改。
⑨ 報，録本訛作“根”，結合文意，據甲、丙二本改。

文攝廣義意。

《論》:“若有衆生”至“無上道”。

釋曰:次下顯其信謗損益。於中有二:初信受功德,後謗毁罪重。前中有二:初約三惠(慧)總舉其益,後别顯三惠(慧)所有益相。此初也。“欲於”等者,此明依《論》爲得道因。“當持”等者,此明依《論》起三惠(慧)行。“究竟”等者,明依行因所得□(勝)[1]果。所言“如來甚深境”者,由觀真理,得成如來,真如在如來智内。因果觀證,名“如來境”。了知無念,即能契順,名爲“正信”。不言有念,而得相應,名“離誹謗”。無念真理,菩薩所遊,名“大乘道”。行者之心,遠[□][離][2]□(能)[3]、所□□(證會)[4]名“入”。餘文易解,不煩解[□][釋][5]。

《論》:“若復有人”至“之所受記”。

釋曰:次下别顯三惠(慧)益相。於中有三:初文(聞)[6]惠(慧)益,次思惠(慧)益,後修惠(慧)益。此初也。真如本覺是佛正因,體會成佛方能説法。所説之法,是此等流,聞而喜悦,不堪修行。當知此人已成佛種,當得成佛,決定無損,故“爲諸佛之所受記”也。

《論》:“假使有人”至“不可喻”。

釋曰:此思惠(慧)益。十善雖多,人天漏業。思修雖少,佛無漏因。由是過前,不可[□][爲][7]喻。

《論》:“或復若人”至“無有邊際”。

釋曰:此明修惠(慧)益。“若人”等者,時少福多。“假令”已下,校量“多”相。“何以故”下,釋“多”所以。此《論》所明法性之理,性體無際,德亦無窮。依修生惠(慧),契順性德,故使此人功德無盡。

---

① 勝,録本作缺文,該字甲本不清晰,結合文意,據丙本補。

② 離,甲本、録本脱,結合文意,據丙本補。

③ 能,録本作缺文,結合文意,據甲、丙二本補。

④ “證會”二字録本作缺文,結合文意,據甲、丙二本補。

⑤ 釋,甲本、録本脱,結合文意,據丙本補。

⑥ 文,此當爲“聞”之借字。該字丙本作“聞”,可資比勘。

⑦ 爲,甲本、録本脱,結合文意,據丙本補。

《論》:“其有衆生”至“受大苦惱”。

釋曰:次下顯其謗毁罪重。於中有四:一、謗成重罪;二、誡勸止謗;三、釋罪重意;四、轉釋其義。此初也。謂五逆罪隨道一[①]等,但一劫等,受無間苦。謗此《論》者,逕無量劫,墮於無間,受多饒苦。經説謗法過殺大千滿中佛罪[②],受苦無盡。此亦如是,以是諸佛所師法故。

《論》:“是故衆生”至“不應誹謗”。

釋曰:此誡勸止謗也。毁謗獲大罪故。縱[③]不[□][能][④]發三惠(慧)善根,但可仰信,不應謗也

《論》:“以深自害”至“三寶之種”。

釋曰:此顯罪重之意也。道五逆罪者但墮無間,非斷三寶,非深自害。謗此法者,亦自斷滅三寶之種,名“深自害”。勸他毁謗,墮大苦報,斷三寶種,名“深害他”。由斷自、他三寶種故,名“斷一切三寶種”也。

《論》:“以一切”至“入佛智故”。

釋曰:次下轉釋“斷三寶”義。於中有二:初斷佛寶依法而成,後明僧寶依法而有。此初也。“一切如來皆依”等者,明過、現佛因法成果。“一切菩薩因之”等者,顯未來佛以法爲因。以三世佛依法成故,謗法不信,名“斷佛種”。

《論》:“當知過去”至“得成净信”。

釋曰:此顯僧寶依法而成。夫言“僧”者,“和合”爲義。净信無違[⑤],方得名“僧”。三世菩薩既依此法得成净信,故謗此法亦得名爲“斷三寶種”。由有法故,佛、僧不斷。故佛、僧斷,由法不行。故雖但舉佛、僧二寶,亦顯法寶“斷”、“不斷”義。

《論》:“是故衆生應勤修學。”

① “道一”二字,録本訛作“一道”,結合文意,據甲、丙二本改。
② 罪,録本訛作“羅”,結合文意,據甲、丙二本改。
③ 縱,録本訛作“經”,結合文意,據甲、丙二本改。
④ 能,甲本、録本脱,結合文意,據丙本補。
⑤ 違,録本訛作“適”,結合文意,據甲、丙二本改。

釋曰:已顯損益,此總結勸修也,是毁謗者自害、害他、成大損[□][故][①]。衆生欲求自利、利他、成大益者,於此《論》中應勤修學。故新《論》云:"是故欲求自利利他殊勝行者,當於此《論》勤加修學。"

《論》:"諸佛甚深"至"衆生界"。

釋曰:上來已顯法施正宗,此顯迴向流通分也。文中四句,顯於大乘理、教、行、果,以爲一頌。"諸佛甚深廣大義"者,此句正顯所説之法,顯説所依大乘理也。"甚深"義[□][者][②],心真如門,如理知境難測量故。"廣大義[③]"者,心生滅門,如量知境廣無邊故。或二門互融,名"甚深"義;一心統攝,名"廣大"義。或復一心,含其二門,齊限不分,名"甚深"義;具通三大,混融染、净,無所不□(運)[④],名"廣大"義。皆是諸佛所證理故。名"諸佛甚深義"等[□][者][⑤],皆《論》所依大乘理也。"我今隨分總持説"者,此句正顯能詮之文,依理所起大乘教也。謂隨智量分所證理,以其略文而攝多義,顯前"甚深廣大"之義,起大乘總轉教也。"迴此功德如法性"者,此句正顯福施群生,顯修大乘之願行也。故新《論》云"功德施群生",即以功德施於群生,乃是利他之願行也。[□][故][⑥]謂如法性,無所不至,我此依理起教功德,[□][亦][⑦]如法性施群生也。"普利一切衆生界"者,此句正顯福施之益,顯依行願所得果也。故新《論》頌云"願見真如性",真性即是滿分界故。此中"利"者即是利益。得彼大乘滿分界者,乃是衆生大理益故。菩薩願行,普令衆生[⑧]得此大乘之果利也。

《大乘起信論》廣釋品第五。

大曆八年六月十七日,齊奉道寫。

---

① 故,甲本、録本脱,結合文意,據丙本補。

②⑤ 者,甲本、録本脱,結合文意,據丙本補。

③ 義,甲本、録本訛作"境",結合文意,據丙本改。

④ 運,録本作缺文,結合文意,據甲、丙二本補。

⑥ 故,甲本、録本脱,結合文意,據丙本補。

⑦ 亦,甲本、録本脱,結合文意,據丙本補。

⑧ 以下丙本殘。

No. 2815《起信論》註

［題解］

佛典論疏，敦煌卷子中存有斯 2587 一號，作者及原著卷數不詳，首尾皆殘。此注係對《〈大乘起信論〉略述》的注疏，但並非逐句疏義，而是擇要解釋。研究者或認爲作者屬法相宗，很可能就是曇曠本人。清代以前歷代大藏經未收，日本《大正藏》據斯 2587 號收入第八十五册。今校注仍以《大正藏》本録本所據斯 2587 號爲底本。

《論》曰："有法能起摩訶衍信根，是故應説。"

述曰：次下第二明正宗分。於中有二：初舉益許説，後正除①所説。此初也。言"《論》曰"者，簡論異經，辨能詮教。"有法"等者，舉所詮法，顯有勝益。

（□(問)②："'簡論異經辨能詮教'者？"

答："論自别經，自别論則賤。論只是教，經則甚深理，所以此《論》各自别，所以言者。'簡論異經，辨能詮教'［者］③，論只能詮教。'有法'等者，舉所詮法。論則能詮教，'有法'等者，所詮道理，則名'能詮所詮'；此教則能詮理，已能詮教，教則能詮理，故云'能詮所詮'。有法能起摩訶衍，是故應説。答：'摩訶衍'者，則④是衆生大乘心。若⑤有衆生於大乘能起信心，則是顯能

① 除，録本訛作"解"，兹據底本改。

② 此缺字底本作"問"，兹據補。

③ 者，録本脱，兹據底本補。

④ 則，録本訛作"問"，兹據底本改。

⑤ 若，録本訛作"答"，兹據底本改。

有大勝益事。‘是故□□[應説][①]者，顯能詮教，應須[②]説也。”)

□(謂)[③]能詮教，有此所詮。一心、二門、三大等法，能起衆生大乘信根。此能詮教，决定應説。“大乘信”者，即信己性，知心妄動，無前境界(答：“‘則信己性，□[者][④]，則信自許身中心真如□[性][⑤]共佛一種，則知心□[妄][⑥]動，無前境界，□[根?][⑦]中則能猛[⑧]利，永不轉。”)此信决定，能持能長自及餘善，故名“信根”。

(問：“何名‘能持能長’?”

答：“若有衆生信，則能增長一切善行，故名‘自及餘善’。猶如養一個小樹，若養得根，拔苗自成就，故名‘能持能長’。故名‘信根’。”)

論説有五分。

述曰：次下第二，正陳所説。於中有三：初舉數總標，次依數列名，後依名辨相。此初也。

《論》云：“何爲五”至“勸修利益分”。(最下文是也。爲鈍根舉益，勸修行也。)

述曰：此依數列名也。言不自起，製必有由，名爲“因緣”。彰别餘段，故稱爲“分”。

(問：“有何由?”

答：“夫事有因，是發起。因事發事，□(夫)[⑨]，有一個人語，無事不語，皆有因緣，是發語。”)

---

① 此二缺字底本作“應説”，兹據補。

② 須，録本訛作“頭”，據底本改。

③ 此缺字底本作“謂”，兹據補。

④ 此缺字底本作“者”，兹據補。

⑤ 此缺字底本作“性”，兹據補。

⑥ 此缺字底本作“妄”，兹據補。

⑦ 此缺字底本似作“根”，待考。

⑧ 此字底本實作“孟”，乃“猛”之借字。馬王堆漢墓帛書乙本《老子·德經》：“據鳥孟獸弗捕，骨筋弱柔而握。”帛書甲本《老子》及通行本皆作“猛”。可參。

⑨ 此缺字底本作“夫”，兹據補。

彰别餘段、故稱爲“分”者,一段一段義也(亦名“一段□[段][1]”。别義者,個義則“别”[2])。故名“彰别餘段”,故稱爲“分”。由致既興,略標綱要,令物生信(答:“‘綱’者,大綱。望是一個要事,故名‘綱要’。”),名“立義分”。宗要既略,次宜廣釋,令其生解,名“解釋分”。依釋生解,次宜起行,令起行故,名“修行信心分”。(“修行信心”下所謂四五行,“信”謂信根本,“行”謂五行及至觀等是也。)雖是行儀,鈍根懈慢,舉益勸修,名“勸修利益分”。

《論》初説因緣分。

述曰:次下第三,依名辨相。别釋五分,即分爲五。初因緣中,復分爲二:初標舉分名,後别顯其義。此初也。言“因緣”者,是“所以”義、“所爲”義、“發起”義,是“因緣”義。

《論》問:“有何因緣而造此《論》?”

答曰:“是因緣有八種。”

“云何爲八?”

述曰:下答有三:初舉數總答,次依數辨義,後結答所問。此初也。

《論》:“云何爲八?一者因緣總想,所謂爲令衆生離一切苦,得究竟樂,非求世間名利恭敬故。”

述曰:次下第二依數辨義。别辨八因,即分爲八。於中初一是總相因,其後七種是别相因。言“總相”者,有其三義:一通諸論而作所以。(答:“‘通諸論而作所’者,次一段義通一切十二部經,總言謂令衆生離一切苦,得究竟樂。”)二通諸根而作所爲,非唯彼不定聚故。三通諸分而作發起,非唯正作立義因故。解釋有三種。云何爲三?一者顯示正義,二者對治邪執,三者分别發趣道相。“顯示正義”者,正釋所立大乘法義。所顯非邪,故名“正義”;以教辨明,故名“顯示”;正理既陳,情惑斯遣。(答:“若見道理,情惑則除。”答:“‘情惑’者,則是妄相也。妄相情有理無,故名‘情惑斯遣’。”)第二對治邪執。二見妄著,故名“邪執”(答何名爲“邪執”?一者人我執,二者法我執。)以教令除,名曰“對治”。(答:“‘對’者可破壞故,可對治故,

① 此缺字底本作“段”,兹據補。

② 此二缺字底本似作“彰爲”,當爲“爲彰”之誤倒。待考。

皆不可壞。”

問:“何者是對治?”

答:“我見、人見皆妄執,妄執皆妄相,不可壞故,故名可破壞故。”)邪執既除,依階趣正,故有第三發趣道相。本覺虚通,目之爲“道”。

(問:“何者是本覺?”

答:“本覺者,根本真如。在凡時,則是本覺。若知後成佛,則名‘始覺’,因之爲道者。”

[□□□□□□□□□□][問:“何者是‘目’? 何者是‘道’?”][1]

答:“‘目’亦名‘心眼’,亦名‘定惠(慧)’。‘道’者則無分别,平等一如。)

起行向之,名爲“發趣”。

(問:“起行向之,向何處去?”

答:“只取〔趣〕[2]無上菩提。過去佛亦行此道德成正覺,未來佛亦行此道德成正覺。”)

趣之狀,名之爲“相”;似教宣示,名爲“分别”。

《論》:“顯示正義者,依一心法,有二種門。”

述曰:次下第三,依名辨相。辨此三名,即分爲三。初釋第一,顯示正義。復分爲二:初總釋,釋上總立;復即别釋,釋上别意。初總釋中復分爲三:初、依法開門;二、初其二門;三、二門該攝。此初也。緣分爲三。“初依法門”者,一總源心,如來藏心也。“含其二義”謂如來藏一總源心,含其二義:一、約體絶相門。謂一心性,非染净等,無差别諸相。經依此説“衆生即涅槃,煩惱即菩提,凡夫、彌勒同一如”等。(答:“煩惱則是真如衆因,只由因以復得佛果。故言‘衆生即涅槃,煩惱即菩提,凡夫彌勒同一如’等。”)二、隨緣起滅門。隨無明熏,變成染净。染净雖成,染净性恒不動。正由不動,能成染净。是故不動亦在動門,則生滅本覺義也。(答:“正由不動,能成染净。”答:“猶如水體正住則是波,正波時則是□□,皆不失水性。是故不

① “問何者是目何者是道”九字底本及録本無,據文意補。

② 取,此讀如“趣”(二字《集韻》皆可音逡須切)。

□〔動〕①□□□□真如妄相。發妄相是故真如界作用，猶水正波□□〔則〕②是水□〔界〕③作用。水正住時是波□〔界〕④體。）依此經説“不染而染，染而不染”，又説“如來藏爲善不善因，若生若滅，受苦樂”等。然此二門舉體通融、體[□][相]⑤無二、齊限不分、假名爲一者，是諸答齊限不[□][分]⑥者，此真實上染亦不可德。得亦不德（得），一亦不□。立異亦此，是絶相門教故⑦，故言“假名爲一”，一亦不可德（得）法中貞⑧實之性。性有智故，説名爲“心”，非謂虚實一心等也。緣此，是故諸法中貞⑨實之性縱⑩使被妄相熏動，本水性恒不失。是故雖與諸波作體性，不被而有妄、變故貞⑪實之性。

《論》：“云何爲二？一者心真如門，二者心生滅門。”

述曰：此列二門也，即體絶相，名“真如門”；隨緣變動，名“生滅門”。體雖無别，而義有異。約義異故，故説爲“門”。（答：“真如生滅，舉體則是一義。若舉生滅，則有二門。故説爲‘門’。”）

《論》：“是二種門皆各總攝一切法。”

述曰：此下二門説攝。於中有二：初正顯，後釋成。此初也。即釋“立中是心即攝世間法等”，（答：“‘等’者，等取真如生滅二門，説攝世門，則是生滅。出世門者，則是真如。”），故言“等”。上以一心説二門，是染净通相，通相之外無别，是故染净。染净皆爲通相所攝，故真如門總攝諸法。“生滅門”者，即此真如與緣和合，變作染净，而恒不失本真如性，故别相門亦攝真如，是故亦攝一切法也。

《論》：“此義云何？以是二門不相離故。”

述曰：此釋成也。此“云何”者，二門若别，不可相從。如本一心，未容皆

---

① 動，録本作缺文，據底本補。

② 則，録本作缺文，據底本補。

③④ 界，録本作缺文，據底本補。

⑤ 相，底本及録本無，據文意補。

⑥ 分，底本及録本無，據文意補。

⑦ 故，録本訛作“教”，據底本改。

⑧⑨⑪ 貞，録本訛作“真”，據底本改。

⑩ 縱，録本訛作“從”，據底本改。

攝,如何二門各總攝耶?故次答云:"以是二門不相離故。以真如門是心理體、生滅門者是心事相。以彼理事不相離故。舉理攝事,舉事攝理。故説'二門皆各總攝'。"(答:"舉水則是波,故波則是水。是故'二門皆各總攝'。")

答曰:"若知一切法雖説,無有能説可説;雖念,亦無能念所念;是名'隨順'。若離於念,名爲'得入'。復次,'真如'者,依言説分别有二種義。"

(問:"何者則依言説分别?"

答:"真如無言,説利四句絶百非。所以順言語便,則執著分别。所言者依言説分别。")

《論》:"云何爲二?一者如實空,以能究竟顯實故;二者如實不空,以有自體具足無漏性功德故。"

述曰:此開章略辨也。言"如實"者,真體不無故。所言"空"者,真體無妄故。"究竟顯實"者,由無極顯真故。以無妄故,能極顯實故,説如實名爲空也。

(問:"何者極[□][顯][①]?"

[□][答][②]:"猶如水清石子現,一切塵域不住,是名'極顯'。")

言"不空"者,是體相故,此性功德。言"無漏"者,無離斷等及念漏故。是即如實具有自體及性功德,故名"不空"。

《論》:"所言'空'者從本已來一切染法不相應故,謂離一切法差别之相,以無虚妄心念故。"

述曰:次下第三,依章廣釋。於中有二:先明其空,復顯不空。初中有三:初略明,次廣釋,後總結。此初也。初句顯其非染相應,以釋空義。一切染法不相應故,故名爲"空"。云何染法不相應耶?次句釋云:"謂離差别所相故。"何故離此所取相耶?後句釋云:"以無能取妄心念故,即妄心境情有理無,真體相理有情無,無故與染法不相應也。"

---

① 顯,底本及録本無,據文意補。下句:"猶如水清石子現,一切塵域不住,是名'極顯'。"可助比勘。

② 答,底本及録本無,據文意補。

《論》:"當知真如自性非有相,非無相,非非有相,非非無[□][相][1],非有無俱相,非一相,非異相,非非一相,非非異相,非一異俱相。(答:"當[□][知][2]真如自性非有相,非無相,衆生便著非有非無;將真如體非非有相,非非無,非有無俱相,衆還著非非有無俱相;將作真如非一相,非異相,非非一相,非非異相,非一異俱相,衆生還著隨言將作真如,皆不相應。")

《論》:"乃至總説依一切衆生以有妄心,念念分別,皆不相應,故説爲'空'。"

述曰:此下總結。於中有二:初順結前義,後返結釋疑。此初也。妄染塵沙,難不遍舉。今總略説一切妄心所不染觸,故説"空"也。(答:"妄染塵沙者,妄相猶如塵沙一衆,不可遍舉。今總略説一切妄心所不染觸,故説'空'也。'空'者,表妄得名也。")

《論》:"若離妄心,實無可空故。"

述曰:此返結釋疑也。恐明説空,便成斷滅故。此釋云:"遮諸念相,假説爲空。若不遮妄,不説空。故真既不空,故非斷滅。是故'顯真性空而不空'。"

《論》:"所言'不空'者,已顯法體空無妄故。"

述曰:此下第二顯不空義。於中有三:初牒前空,由明妄空,方顯不空真實體故。

《論》:"即是真心至常恒不變。净法滿足,則名'不空'。"

述曰:此正明不空也。即是"真心"者,空無妄即是真心。總舉不空,真心體大不生故,常不死故,恒我故。"我"者,自在義。猶如大海不變無念,故净法滿足。性德雖多,舉其四,即是不真心相。大具此體相,即名"不空"。

《論》:"亦無有相可取,以離念境界唯證相應故。"

述曰:此釋外疑也。恐□(心?)[3]不空,疑存有相故。念遮云:雖曰不空,無有相而可執取。下釋所以。非妄念所行境界,唯是證智所體會故,即顯真心不空而空也。

---

① 相,底本及録本無,據文意補。

② 知,底本及録本無,據文意補。

③ 此缺字底本似作"心",待考。

《論》:“心生滅者依如藏,故有生滅心。所謂不生不滅,與生滅心和合。”

述曰:上來已釋真如門竟,次下第二釋生滅門。於中有二:先生滅心法,後辨所示之義。初中有二:先明□□(染淨)①生滅,□□□□(後弁[辨]染淨②)相資。於中有二:先體就總標,後依義別解。總中有三:初標體,次辨相,後立名。此初也。“如來藏”者,即是清净,不生滅心,無明熏,舉體動作生滅心也。答:“如來藏者,於生滅門語。”

《論》:“所謂不生不滅,與生滅和合,非一非異。”

述曰:此辨相也。如來藏不生滅心舉體動,故不離生滅。生滅心相無非真故,故亦不離不生滅心。如是不離,名爲“和合”。但是不生滅與生滅和合,以是向末隨緣門故。非是生滅與不生滅和合,以非向本歸真門故。非一異者,不生滅心。(答:“向末則鈍[純?]③是生滅,無鈍[純?]净真如。向本歸真如者,亦是鈍[純?]净真如。”答:“真如與生滅相和,是得成和合義。故言‘不非一異’。全體動故,心與生滅非異。而恒不失真如心性故,心與生滅不一。若定一者,生滅盡時真心應滅,即墮斷邊;若定異者,無明熏時心應不動,即墮常邊。既離二邊,故非一異。非一異故,方成和合。”)

《論》:“名爲‘阿黎耶識’。”

述曰:此立名也。依如來藏,故有生滅心等者,名爲“阿黎識”。“阿黎耶”者,訓翻“無没”,謂如來藏不生滅心雖隨無明而成生滅,如來藏體無滅没,故功德相無失没,故法身妙用無隱没。故此三個是前體大、相大、用大也,正名“阿賴耶”義。(答:“黎耶賴耶,義則是一。只猶語昔經重,有異譯爲藏。所成生滅而爲所熏,與前七識爲因果故,能藏諸法於自體中,藏自體於諸法之中。又爲我愛之所執,藏我見所攝,故名爲‘藏’。離我見時無此名故,到七地菩薩爲業識盡故,不執我故,則得阿耶名‘任運自在’。若唯生滅,不異七識。若唯不生滅,不異如來藏。由二和合成黎耶矣。若是阿黎識,是七識家因果第八識所攝故,故第八識爲因果也。此前七識第八阿黎識得坐,

① 此二缺文底本作“染淨”,茲據補。
② 此四缺文底本作“後弁染淨”,茲據補。
③ 鈍,此疑爲“純”之形誤字,待考。

故爲因果也。亦名爲'主'。此八識鈍[純?]是生滅故,只名'阿識',不名爲'藏'。若如來藏向歸真門故,故名'藏'。亦攝藏一切生滅不生滅三大等義,攝在其中,故名爲'藏'。")

上開章中直言覺不覺。覺者本覺衆性,不覺者則屬始覺,隨緣門中。"隨緣門"者,生滅[①]也。(答:"覺者約性德。")

《論》:"一切衆生本覺真如,共諸佛體性一種。"

難曰:一種未起,智照則言"覺"義,則屬性德。"覺"者對"染"翻得名。下文則言"本覺"者,因此性德能成果位,則是名"本",卻歸本源。當顯始覺法身,是故德本覺名故。(此明本覺以〔己〕了。)此則明始覺也。

"論始覺義"者,對本覺義。

述曰:此略明始覺也。言"始覺"者,牒其名也。"依本覺故有不覺"者,明起始覺之所由也。"依不覺故説有始覺"者,正顯所起始覺之義,謂即本覺真凈心體隨無明緣動,作妄念故,依本覺有不覺也。而以本覺内熏力故,漸有微覺,起厭求等,乃至究竟,還同本覺。故依不覺,有始覺也。

《論》:"又以覺心源,故名'究竟覺';不覺心原,故'非究竟覺'。"

述曰:上略明二覺,次下第二廣顯二覺。於中有二:先明始覺,後顯本覺。前中有三:初總標因果滿、非滿覺,次廣寄四相釋成其義,後顯始覺不異本覺。此初也。言"心源"者,有其二義:本覺真如爲染心源,業相細念爲諸染源。持業、依主,二釋皆通,謂"究竟位覺"。本覺心本無所動,今無所静覺;業識心本來無生,今無所滅覺。此"源"者名"究竟覺",即佛果位。縱有所覺,未至此源,非究竟覺,即等覺前也。

《論》:"若得無念者,則知心相生住異滅,以無念等故。"

述曰:此顯覺者之德。若妄未息,不知一心本無相念。若至心源,得於無念,則知衆生體即無念。佛無念體與彼平等,故能遍知諸念無念。(答:"前文四相,於漸覺位門,則言衆未至究竟覺,只緣無明未盡。真如門中本無相念,亦本覺不覺,只緣妄未息。不知一心本無相念。"答:"若一切衆生若未息,共佛體玄隔,所以不知佛體無念。若至本真如心源得於無念,則知衆生

① 滅,録本訛作"賊",據底本改。

體即無念。佛無念體與衆生體平等無别,故知一切諸念本來無念。")

《論》:"而實無有始覺之異,以四相俱時而有,皆無自立,本來平等同一覺故。"

述曰:此即第三始不異本。文中標釋而實無有始覺異者。此標始覺,不異本覺。以四相下釋成四義,以彼四相無别自體,可辯前後,故言"俱時"。(答:"真如中更無有别地四可得,故言'俱時'。只依麁細念覺時有差别而有前後,故言而'有'。離心無有,俱時前後,自性可立,故言'皆無自立'。離心無性,即同一覺,故言'本來同一覺'等。此總意云既覺四相説爲始覺所無,故能覺亦無,故無覺異於本覺。")

《論》:"復次本覺隨染分别,生二種相,與彼本覺不相捨離。"

述曰:廣始覺竟,下廣本覺。於中有二:先明隨染本覺,後顯性净本覺,故言"本覺隨染分别"。既隨緣動,故言"生"。雖隨緣生,不失性净,故言與彼"不相捨離"。此所隨染既有二種,故隨此染生下二相。言二染者,一謂自染,即在因時由無明熏所起染相;二謂他染,即在果時與生同體。(答:"同體與衆生同體也。諸衆生染即依自染生智净相,以説從染得智净故。由他染生不思業,以化染生起勝業故。")

《論》:"云何爲二?一者智净相,二者不思議業相。"

述曰:此列名也。所言"智"者即始覺智净,謂離染同於本覺,果德作用,故名爲"業"。助下地測,名"不思議相者狀"也。覺隨染有,此當起二相狀故。

《論》:"智相者謂依法力熏習,如實修行,滿足方便。"

述曰:次下第三依名辨相。於中有二:先明智净相,後顯不思業相。智中有二:初直明净相,後問答釋。然前中亦二:先因,後果。此因也,謂於地前依真如法内熏之力所流教法,外聞力能修資糧,加行善根,故言"依法力熏習"。若登地上,契證真如,凡起諸行依真而修,故言"如實修行"。漸漸修習,超十地行,至金剛位。因行既極,名"滿足方便"。(答:"滿足則是方便,則是滿足家之方便也。")

《論》:"復次覺體相者有四種大義,與虚空等猶如净鏡。"

述曰:自下第二性净本覺。於中有二:初總標,後别釋。此初也。前明本覺隨動之門,故説"隨染";今明本覺不動之[□][門][①],故説性净。此二本既無別體,是顯本覺不動而動、[□][動][②]也。答:"波不離水,水不離波。正波時不離水,所以生滅則是真如,真如則是生滅。體非一故,故説不動而動,動而不動也。"

以覺體有四大净義,故與空等,猶如净鏡。本覺四義,下文當説。空四義者,第一空無一相能含一切物(答"第一空無一相能含一切物"者,答一切衆生體有垢,故色像則不現,故言"空無一相"),則能含一切物。(答:"衆生體若净也。一切世間境界悉於中現,猶如於鏡,鏡若有垢,色像不現。鏡若净,一切色像悉於中現。")

問:"第二'空'義離垢顯净空,示現一切物(答:'衆生心若離垢,則能示現一切物世間。')境界悉於中現?"

答:"衆生心者,猶如虚空,虚空中若無雲無風塵,則能一切間境界悉於中現,亦如净鏡。"

問:"第三之空[③]義、鏡四義者?"

答:"空無外物,體含衆像,出離[④]諸塵垢,現像爲物用。"(答"空無外物"者,只是真如體中本來無妄相。妄相人真如體不得。只緣無妄,故一切境界向真如心上現來。故云"體含衆像,出離諸塵垢,現像爲物用"者。)

答:"衆若干種心總向真如心上現來,隨衆生心示現萬化,皆能利益一切衆生。故名爲'物用'。"

答:"第四空義了,由此空鏡,以況於真。"

猶如龜毛不現、鏡中妄法,亦示真如體上本來無妄,故言"無法可現"。無可現故,心境妄法望於本覺,非所覺照。覺望心境,非能覺照。所照既無,

---

① 門,底本及録本無,據文意補。伯 2141 號《〈大乘起信論〉略述》卷上:"前明本覺隨動之門,故説'隨染';今明本覺不動之門,故説'性淨'。"可互勘。

② 動,底本及録本無,據文意補。

③ "空"字前録本衍一"之"字。按:此字底本不清晰,並於旁注一廢棄號(録本訛廢棄號作"之"),茲據删。

④ 離,底本作"垢",當爲"離"之誤書。下文"故云'體含衆像,出離諸塵垢,現像爲物用'",可助互勘。

能照無故。故言“非覺照義”也。此顯無有。遍計所執,實質可現,非覺照。(答:“遍計所執者,一切衆著一切境界種種分别者,則是真如者,則是無明也。故言‘遍計所執’。真如法中覺所覺亦不可德,皆總是妄,故言‘非覺照義’。故實質可現者,如真法中無有一個實質所現,猶如鏡中妄法不現。妄法總是虚幻,實質者猶如實。一個妄法則言實質所現,猶如鏡中妄法不現,故言‘非覺照義’。”)

下言“境界於中現”者,准生滅門中,覺中似有妄法,依他似現,亦不相違。(答:“他者,妄也。故言‘依他似現,亦不相違’也。”)

《論》:“二者因熏習,鏡謂如實不空,一切世間境界悉於中現,不出不入,不失不壞,常住一心,以一切法即真實性故。又一切染法所不能染,智體不動,具足無漏,熏衆生故。”

述曰:此第二義也。“因熏鏡”者,標其名也。能生覺果,名之爲“因”。此能内熏,故名“熏習”。能現諸法,故謂之“鏡”。次下辨相,文有三節,謂如實不空者,出因體也。以有無漏性,功德相真實體故,故云“如實不實,如真異不言”也。由不空故,方能作彼,始覺正因。故不空者,成因義也。“以一切”下,釋其“鏡”義,謂一切法離此心外,無别體性,猶如鏡中能現影也。答“能影”者,猶如清净水中能現波相。雖現波相,亦不壞清净水性真如。是妄法中□□。言“不出”者,明心待熏,變現諸法,而非自出,所變餘不出心故。言“入”者,謂心隨緣熏,變現諸法,故言“此心能攝一切法”。縱使隨緣變動,亦不異真如。縱使變壞作生滅去,亦不異真如。明日爲熏,成佛去時,亦不異[①]真如。此心一切真如生滅家(?)[②]因體也。雖見影染體故言不失者,此皆真作體能諸法染净法也。雖作生滅後動,真性不可德(得)。

《論》:“染心者有六種。”

述曰:次顯染心緣起之相。於中有二:初總標,後别釋。此初也。此即釋上無明所染有染心句。前文所言無明所染有其染心。此染心者有其六種。然其六染即上意識及五種意。前明依因緣起義,故從細至麁而説次第;

① “異”字前録本有二缺文。按:底本實無字,兹據删。

② 家,底本不清晰,待考。

今欲兼辯(辨)治斷義,故從麁至細次第而明。故初第一執相應染,第六根本業不相應染也。

《論》:"云何爲六? 一者執相應染依,二乘解脱及信相應地遠離故。"(“及”者,兼三賢菩薩。此二乘得二空門,因力修未證真如,故言“信相應地”。)

述曰:次下别别釋,六染即分爲六。

問:"何者是六染?"

答:"前文五種意,今兼取第識則名六染也。前文五意則從細至麁,今兼辯(辨)治斷義,從麁至細,從凡至聖,分分煩惱,有麁有細。麁爲分别,細爲俱生。因此有麁有細。細煩惱,十地菩薩是能斷。若是麁惡煩惱,凡夫能斷。"

問:"何者是麁?"

[□][答][1]:"如殺生切溢,應是猛[2]利麁惡煩惱。凡夫若發心所,是麁惡煩惱總能斷,故言‘凡夫能斷’也。故言下下品煩惱上上品能者,則是十地菩薩[3]上上品煩惱,故言‘凡夫能斷’也。此中第一執相應染,即上意識我、我所等,麁執俱起,名‘執相應’。忿污净心,名之爲‘染’。此及下二之義如下所明相應。若二乘人至無學位,見修煩惱,究竟能離故。此第一染菩薩人住信相成就,無有退失,名‘信相應’。此位菩薩得人空門見愛煩惱不現行。"

(問:"何者現行?"

[□][答][4]:"一切上上麁煩惱不起,故曰‘不現行’。雖不現行,種子未正,遇緣則起也。")

故云"遠離非離隨眠"。

問:"何者隨眠?"

答:"二乘人强押伏煩惱種子,阿黎耶識中隱在,猶如有眠卧時不[覺][5]

① 答,底本及録本無,據文意補。

② 此字底本實作“孟”,乃“猛”之借字。參本書前注。

③ “者,則是十地菩薩”七字録本誤置於下“上上品煩惱”後,玆據底本乙正。

④ 答,底本及録本無,據文意補。

⑤ 覺,録本脱,據底本補。

煩惱不起，忽然教（覺）①時，煩惱還在。遇②緣忽起者，猶如種子未正，故曰‘隨眠’。亦如二乘人六識不行，修得無色界，定則生無界中。八萬大劫在於定中，福盡還墮於地獄。何以故？此先修定時有惡願故。於雖得定生無色界，無猶先業惡業隨於身行，種未亡故。”

（問：“有何惡願？”

答：“先境之中修定時在壹樹下坐。其樹一切非矛作聲，則向水可邊坐。其水里[□][一]③切虫還作聲，則起惡願，言：‘願我捨此身，作非矛惡夜叉。若非時食噉[□][一]④切非矛虫，若入水則食噉[□][一]⑤切水里虫。’雖得定以善業因緣生無色天，八萬劫在其中。以惡願力故，其中福盡，還墮於地獄，還作夜叉。故曰‘隨眠種未亡故’，意在於此也。故遠者，麁煩惱則離也。惡業種子等正，故曰‘隨眠’，意在於此也。此第義了。”）

《論》：“二者不斷相應染，依信相地修學方便，漸漸能捨，得净心地，究竟離故。”

述曰：此言“不斷相應染”者，即五意者從麁□（細？）⑥二相續識也。中名“相續”。法執相續，名爲“不斷”。坌⑦污净心，故名爲“染”。初住已上，三賢菩薩修學唯識尋思實智。何名“唯識”？“唯”者，離四句，絶百非，真如名亦□□，根⑧斷枝⑨正，故曰“唯識”。

問：“何者尋思實智？”

答：“實者了了智。世間法非總不可⑩德，猶幻無一可⑪實，故名‘尋思實智’，亦名‘親證’。‘真如方便’者，體正故曰‘方’，助道故曰⑫‘便’。漸伏如

---

① 結合文意，此處“教”當爲“覺”之借音字。

② 遇，録本訛作“過”，據底本改。

③④⑤ 一，底本及録本無，據文意補。

⑥ 此缺字底本不清晰，似應似作“細”。待考。

⑦ 坌，録本訛作“塵”，據底本改。

⑧ 根，録本訛作“粗”，據底本改。

⑨ 根，録本訛作“枝”，據底本改。

⑩⑪ 可，録本訛作“所”，據底本改。

⑫ “故曰”二字底本、録本訛作“曰故”，據文意改。上句“體正故曰‘方’”，可資比勘。

是，法執分別。若一切隨眠種□正故，但曰‘俱正’。得地上無漏净心，證三無性遍滿真如。法執分別，種現俱正，故净心地究竟離也。”

《論》：“三者分別智相應染，依具戒地漸離乃至無相，方便地究竟離故。”

述曰：即五意中名爲“智識”，念慮染净名“分別智”。猶分別，此則是“净”，此則是“染”，故曰“慮”也。亦分別智。污净心故，名之爲“染”。從第二地至第六地入觀緣理分別時，分分能除，故云“漸離”。若至七地，長時入觀，故此法執永不現行。猶數數須作意，不作則恐失念。猶有作意法執在未能得任運，故曰“法執”也。第三地猶有分別染净。此則净法，此則染法，此分別智也。

問：“離何分別？”

“只離分別，此則是法，此則是染法。到第六地，入觀緣理，離分別時，故‘分分能除’。故云‘漸離’。若至七地長時入觀，故此法永不現行，名‘究竟離’。具戒地者即第二地。此地具足三聚净戒。”

“何三聚净戒？”

答：“爲第三卷經性戒他不犯也。故無相方便即第七地，常作意住無相觀故。”

“四者現色不相應染，依色自在地能離故。”

述曰：即五意中第三現色識。動心現境，名爲“現色”。能污净心，名之爲“染”。“相應”義如下所明，八地能得相云“自在”。色性隨心，名“色自在”，能澄相土自在真如。菩薩到八地任運自在。八地以前所智惠(慧)依無明起。若至八地，一切所起智惠(慧)從真如起，故自在所，變他自在。或變大海變成蘇樂(酥酪)，或變大地爲金餘色①，故曰“相土自在”。或變身爲滿虚空，或變身如界子，或生畜生中，或生人中，爲他衆生故，□□□□隨意受生，故名“自在”。或一字中説一切法，或一□□□□□□(一切法作一字)②説，故名。如現色境用從真而起，無妄境界從此永離，故説現染此地能離。

① “蘇樂”二字，此當讀如“酥酪”。[南北朝]釋慧思撰《受菩薩戒儀》卷第一：“能變大地爲黄金七寶，攪長江爲酥酪醍醐。”[X59n1085p350c8][唐]澄觀撰《大方廣佛華嚴經疏》卷第十一：“初一即八地以上，攪大海爲酥酪，變大地爲黄金。”[T35n1735p575c5—7]皆可助勘。

② “一切法作一字”六字録本作缺文，玆據底本補。

《論》:“五者能心不相應染,依心自在地能離故。”

述曰:此五意中,第二轉識依於動心成,能見污净心,故名“能見染”。至第九地得無礙智,善知衆生心行稠林,自他無礙,名“心自在”。無明礙心,永不現行,故“能離”也。

No. 2816《因緣心釋論》開决記一卷

［題解］

中國佛教大乘空宗典籍，作者不詳，一卷。本文是對龍樹撰《因緣心論頌》、《因緣心論釋》的注疏。現分四門總述，然後疏釋正文。敦煌文獻中存有斯 269a（首全尾殘）、斯 495v（異本，首殘尾殘）、斯 541（首殘尾殘）、斯 2695v（首殘尾殘），伯 2211（首全尾全）、伯 2538v（首殘尾全），BD06239（北 7256，海 039，BD06239，首全尾脱）、BD04083（北 7258，麗 083，BD04083，首殘尾全），上圖 115v（812565，首殘尾全），計 9 號。清代以前歷代大藏經未收，日本《大正藏》據斯 269a 收入第八十五册。該卷尾殘，可據其他號補足。華方田曾對該注疏加以考察並進行了校録（見方廣錩主編《藏外佛教文獻》第三輯，第 224—258 頁，宗教文化出版社 1997 年 3 月版）。今校注仍以《大正藏》録本所據卷斯 269a 號爲底本。校本：甲本，BD06239（北 7256 號，海 39）；乙本，BD04083（北 7258 號，麗 83）；丙本，伯 2211 號；丁本，上圖 115v 號。“一卷”二字甲、丙二本無。

將釋此《論》，先以四門分别，然後釋其正論之文。言“四門”者，一明造論之主，二明造論之因，三明所述之論爲正量不，四辨論所宗。

初言“明造論之主”者，謂龍猛大師自利他滿，證極喜地，善見[①]緣起甚深法性，善逝受記，名稱普聞，具諸德者之所造也。

---

① 見，甲本作“現”。

二言“明[①]造論之因”者，謂龍猛大師爲欲斷除五德弟子諸[②]疑網[③]故，摧滅外道斷常等見諸僻執[④]故，欲令未來鈍[⑤]根異生、利根[⑥]有情善解緣起，明了二諦，速趣無上菩提正因，故造斯《論》。夫欲修行無上菩提[⑦]正因之者，先須善解緣起緣性，雜染净品，明了分別二諦之理。言“二諦”者，勝義、世俗[⑧]二種諦也。言“勝義諦”者，諸法性相無生無起，非斷非常，超語言道，心行處[⑨]滅，唯聖自證之境界也。言“俗諦”者，略而言之，有其四種：一、真實；二、非真；三、近勝義；四、清净。言“真實”者，謂内外[⑩]緣起，於勝義諦雖空無物，世俗諦[⑪]門猶如幻化因緣力故，成辦[⑫]現事。聖見其過，凡愚[⑬]執實，不見其患，耽著造作，久處生死因果法也。言“非真”者，謂陽焰幻化乾城等類，世諦門中不成辦[⑭]事，凡亦了達，不假聖説，非真有也。言“近勝義”者，爲欲詮其勝義諦故，諸佛菩薩善知識等，以名句文身，施設假立十二分教。彼名句文，雖非本事，若無名等，不能顯事，故名句等，名“近勝義”也。言“清净”者，謂諸佛如來所有相好、力、無畏等廣大功德，不同異生不善之業染污、煩惱之所生長，唯是白[⑮]净出世道法之所生起，故言“清净”。

三[⑯]言“所造之論爲正量不”者，此中有問[⑰]：“如來所説緣起緣性，甚深

① 明，甲、丙二本無。
② 諸，甲本訛作“論”。
③ 網，甲本訛作“細”。
④ “僻執”二字甲本作“譬執”，丙本作“執僻”。
⑤ 鈍，底本、録本作“純”，結合文意，據丙本改。
⑥ 根，甲、丙二本無。
⑦ “菩提”二字丙本無。
⑧ “世俗”二字甲本作“俗世”。
⑨ 處，甲、丙二本作“受”。
⑩ 外，甲本作“外道”。
⑪ 諦，丙本無。
⑫⑭ 辦，底本、録本作“辨”，結合文意，據丙本改。
⑬ 愚，甲、丙二本作“遇”。
⑮ 白，甲本作“向”。
⑯ 三，甲、丙二本訛作“王”。
⑰ 問，甲本訛作“門。

微細，雖可了知，唯佛獨證。龍樹大師位階何地，此所造論以爲正量而可信受?”答:“教理二門，有證成故。此所造論，而無錯謬，以爲正量，勿生疑惑。‘教量證成’者，《楞伽經》云:南天竺國中有名德比丘，厥號名‘龍樹’，能破有無宗，世間中顯我無上大乘法，得初歡喜地，往生安樂國。又《大云經》說:我滅度後，有龍樹苾芻，能摧惡見，護我正法，與善行王同時出現，有斯教量而受記故，此師製造，以爲可信。‘理證成’者，此師在世，親證空藏三昧，搗空出寶，滿有情願，於山石壁而無障礙。更有勝德，文繁不述，如餘處明。以斯現量而推，此師非凡是聖，所說言教，以爲正量，堪可流轉。”

四言“辨論所宗”者，大師在世，大小乘教各無差互，如佛所說，依教修行。佛滅度後，大小乘教，爲諸師等情執不同，各成多宗，如餘處說。今此《論》者，所詮之宗，非小是大。就大[①]之中，復分三宗:一、勝義皆空；二、應理圓實；三、法性圓融。此《論》所被，龍樹菩薩依《大般若》等經[②]，竪立宗故，是故此《論》勝義皆空宗之攝也。

後言釋其正論文[③]者，文[④]分爲二:一、釋論題；二、明正論。

釋題中言“因緣心論頌”者，夫諸經論所立名者皆有四義:一、人；二、處；三、喻；四、義。今此名者，約義立也。爲此《論》中所有一切諸佛菩薩所說緣起廣、略二義，世及出世，雜染還滅，如是等義，此中攝盡，故立此名。言“因緣”者，此遮斷常、無因等論諸[⑤]惡見也。言“因緣”者，爲何謂耶?《瑜[⑥]伽》及《阿毘達磨集》二論云:離作用[⑦]義，從因所生義，離有情義，依他起義，無動轉義，無常義，暫住義，因果相續不斷義，因果相似義，因果種種義，因果各決定義，是“緣起”義[⑧]。言“心”者，緣起緣性，即是諸佛祕密[⑨]心藏真實之境，

① “就大”二字丙本無。

② 經，底本作“住”，今結合文意據甲、丙二本改。

③④ 文，甲本作“支”。

⑤ 諸，甲本無。

⑥ 瑜，甲、丙二本作“喻”。

⑦ “作用”二字甲本作“用作”。

⑧ “從因……起義”五十字，甲、丙本無。

⑨ 密，甲、丙二本作“蜜”。

此《論》亦明如是義故，故言“心”也。又言“心”者[①]，亦是攝辭，此中皆攝諸廣義故。所言“論”者，教誡學徒，故名爲“論”。

二言“明正論”者，大門分二：一、廣；二、略。言“廣”者，七行頌中前五是也。言“略”者，後二頌也。就“廣”之中，復[②]分爲五：一、三攝十二門，即初二頌也；二、十二支法遞互相生、無有始終門，即第三頌；三、十二支[③]法空故無我門，即頌[④]中半頌也；四、十二支法離二邊故無轉移門，即頌中始從“唯從於空法”至“不移”；五、還滅門，即頌云“智應察”也。即彼五中，前四是順，後一是逆，如理應思[⑤]。

“廣”、“略”二門之中，先明其“廣”[⑥]。就“廣”之中，今當第一明三攝[⑦]十二門。於中文二：先問，後答。言“先問”者，前半頌也[⑧]；言“後答”者[⑨]，後一頌半而配文[⑩]也。

先略釋[⑪]問辭。言“此[⑫]中”者，是發起辭，即如來所説緣起緣性廣、略二教於此中也。言“沙門”者，即是梵音，此云[⑬]“善學”，亦云[⑭]“善寂”，即是諸聖及隨彼聖出家衆也。此則通於[⑮]内外學[⑯]也。言“樂聞”者，爲遮不信及無

① 以上内容丁本殘。
② 復，甲本作“後”。
③ 支，丙本作“文”。
④ 頌，丙本無。
⑤ “應思”二字丙本無。
⑥ “之中先明其廣”六字，甲本無；“明”字丙本作“説”。
⑦ 攝，丙本無。
⑧ 也，丙本無。
⑨ 者，丙本無。
⑩ 文，丙本作“又”。
⑪ “略釋”二字甲本作“釋”，丙本作“轉”。
⑫ 此，丙本無。
⑬ 云，甲本無。
⑭ “亦云”二字，甲本作“亦”，丙本無。
⑮ 於，甲本無。
⑯ 學，丙本無。

樂欲，樂欲①雖多，此中欲令於緣起義明了聞也。言"能聽"者，謂耳②根不壞，了聲③義也。言"善能憶④持"者，謂前耳根所聞之義，意識憶⑤持，專注⑥一境⑦，無忘失⑧也。言"能悟"者，謂意識憶⑨持所了之義，以惠(慧)善觀於聞聲⑩義，無有遺失⑪，餘悉了知也。言"能觀"者，而於諸法⑫及出離道功德過失，善觀察也。言"及具簡棄"者，於染净品功德過失疑網惡⑬作善簡擇⑭故，即前五德，二是聞惠(慧)，一是恩(思)⑮惠(慧)，後二修惠(慧)。雖言"五德"，亦具五善之想，捨五惡⑯想，如理應思。

言"來詣師所"者，謂五德弟子爲求法故，來詣⑰龍猛菩薩所也。言"於⑱如來教中"者，五德弟子非於外道六師等教而有疑惑，唯於如來所説緣起廣

---

① "樂欲"二字録本訛作"欲欲"。按：底本實於前一"樂欲"二字後各施一重文號，兹據正。

② 耳，甲本無。

③ "壞，了聲"三字丙本作"了起"。

④ "能憶"二字甲本作"能堪"，丙本作"堪"。

⑤ 憶，甲、丙二本作"堪"。

⑥ 注，甲、丙二本作"主"。

⑦ 境，甲本作"堪"。

⑧ "無忘失"三字甲本作"無妄失"，丙本作"夫"。

⑨ 憶，甲本作"堪"，丙本作"境"。

⑩ "聞聲"二字甲本作"支聲"，丙本作"聞起"。

⑪ "遺失"二字底本作"遣"，甲本作"遺"，今結合文意，據丙本改。

⑫ "諸法"二字丙本作"法義"。

⑬ 惡，丙本作"德"。

⑭ 擇，甲、丙二本作"釋"。

⑮ 結合文意。此"恩"乃"思"之形訛字。聞、思、修三慧乃修學佛法的三大次第。聞，謂聽聞佛法，包括研讀佛典、聽講經説法等，由此可知曉佛法，得"聞慧"。次則由聞而思，思謂對所聞法思索理解，由此得"思慧"。次則依思慧而修行，由修行證得"修慧"，以修慧斷盡煩惱，證得道果。由聞而思，由思而修，由修而證，乃修學通途。

⑯ 惡，丙本作"惠"。

⑰ 詣，甲、丙二本作"至"。

⑱ 於，丙本無。

略二義心生疑惑，故發問也。言“婆[①]伽梵”者，此云“降伏”，具謂降四魔，具六功德也。問曰：“言‘婆[②]伽梵’者，獨如來得。何故呼‘師’爲‘薄伽梵’？”答：“爲彼弟子而於師所作如來想，恭敬之辭。又此龍猛住見道位，捨諸惡法，遠離魔境。經有誠[③]言：‘如幻一切法，爲諸有情[④]説。於彼而無畏，故號爲“薄伽”。’龍猛菩薩證極喜地，了緣起法如幻化等，具斯德故，與理無違。弟子呼師稱‘薄伽梵’者，求何事耶？爲[⑤]愛盡故，求[⑥]解脱故，非爲財利及愛果也。”言“彼於何所[⑦]攝”者，爲彼弟子或於“廣”義先已了知，而於“攝”略不善巧，故問“攝”義也。言“今欲樂聞”者，雖言“樂聞”，亦攝[⑧]思修，爲取果也。

後明答辭。言“知彼問其真義”者，謂龍猛菩薩知彼五德弟子，於緣起緣性，盡所有性，如所有性[⑨]，真義之中，[□][心][⑩]生渴仰，無不如法，故試問也。言“師即呼曰汝”者，爲彼弟子先於師所作如來想，稱“薄伽梵”，與彼相[⑪]應，即呼曰“汝”。言“師”者，五種師中出家羯磨依止教授也。言“汝”者，即是“子”也。子有三種：一、身[⑫]所生；二、口所生；三、心所生。今取後二。言“作此分明[⑬]”者，而語與義無有相違，稱彼問答，故言“分明”。言“典功之語”者，語無有失，而無雜亂，義[⑭]理分明，利益聽衆，有果獲也。

---

① 婆，甲、丙二本作“薄”。《佛學詞典》：“薄伽梵．梵語 bhagavat，巴厘語 bhagavaˆ或 bhagavant，爲佛陀十號之一，諸佛通號之一，又作‘婆伽婆’、‘婆伽梵’、‘婆哦縛帝’。”

② 婆，甲、丙二本作“薄”。

③ 誠，甲本作“識”。

④ “有情”二字甲本作“有精”，丙本作“爲債”。

⑤ 爲，甲、丙二本作“謂”。

⑥ 求，甲本作“求稱”。

⑦ 所，甲本無。

⑧ 攝，丙本無。

⑨ “如所有性”四字丙本無。

⑩ 心，底本無，據甲、丙二本補。

⑪ 相，丙本作“想”。

⑫ 身，丙本作“力”。

⑬ 明，丙本作“明别”。

⑭ 義，甲本作“語”。

次下又重釋問辭，釋[①]論也。言“此中十及二，故曰爲‘十二’”者，若十及二不別説者，數爲二十，有增加過，故此言也。

問：“不言十一，不言十三，定[②]言十二，爲何謂[③]耶？”

[□][答][④]：“若言十一，義不具足；若言十三，義無所用。有增減[⑤]過，故定十二。又，三世因果，用十二故；謂從於前際，至中際因者，無明行識，果謂名色，助因爲愛；從於中際，至後之因，從識至受，果謂生老死，助因取有；住中際者，從識至受，故定[⑥]十二。又，十二者，初三即是能引支也；名色、六入、觸、受四法，所引支也；愛[⑦]、取、有三，能成支也；生之[⑧]一法，所成支也[⑨]；老死即是過失支也。能引支者，顯其遠因；能成支者，即示近因。若[⑩]無此二，生不成故。”

言“支即差別，故言‘差別’；如車支分，故説爲‘支’”者，除十二支，別無差別，即十二支，性相業用，名不同故，立[⑪]差別義；如車支分，若離輪等，別無有車，此亦如是。

“十二支法明性相”者，如《稻稈經》説：何者[□][是][⑫]無明？於此六界起於一想、一合想、常想、堅牢想、不壞想、安樂想、衆生、命[⑬]、生者、養育、士

① 釋，甲本無。
② 定，甲本作“空”。
③ 謂，丙本作“爲”。
④ 答，底本、録本無，據文意補。
⑤ 減，甲、丙二本作“咸”。
⑥ 故，甲本無。
⑦ 愛，丙本作“受”。
⑧ 之，甲本作“支”。
⑨ 也，甲本作“法”。
⑩ 若，甲本作“善”。
⑪ 立，甲本作“力”。
⑫ 是，底本、録本無，據《佛説大乘稻芉經》[T16n712p824c24]補。
⑬ 命，底本作“名”，今結合文意，據甲本改。

夫、補特伽[1]羅、儒童[2]、作者、我、我所想[3]等及餘種種[4]無知，此是無明。有無明故，於諸境界起貪嗔癡。於諸境界起貪嗔癡者，此是無明緣行。而於諸事能了别者，名之爲“識”。與識俱生四取[5]蘊者，此是“名色”；依名色諸根，名爲“六入”；三法和合，名之爲“觸”；覺受[6]觸者，名之爲“受”[7]；於[8]受貪著，名之爲“愛”；增長愛者，名之爲“取”；從取而生，能生業者，名之爲“有”；而從彼因所生之蘊，名之爲“生”；生已[9]蘊成熟者，名之爲“老”；老已蘊滅壞者，名之爲“死”；臨終之時，内具貪著及熱惱者，名之爲“愁”；從愁而生諸[10]言辭者，名之爲“嘆”；五識身受[11]苦者，名之爲“苦”；作意之[12]識受諸[13]苦者，名之爲“憂”；具如[14]是等及隨煩惱者，名之爲“惱”。

十二支法明業用者，如《阿毘[15]達磨集論》説：無明作何業耶？而於諸有迷諸有情，亦與諸行而作緣也。行作何業？而於諸趣顯現有情，亦與識作習

① “特伽”二字甲本作“加特”，丙本作“特迦”。

② 儒，甲本作“濡”。項楚《〈廬山遠公話〉新校》：“‘儒童’就是孔子，佛教或稱孔子爲‘儒童’，如法琳《辨正論·九箴篇》原注引《空寂所問經》云：‘迦葉爲老子，儒童爲孔子，光淨爲顔回。’又《破邪論》卷上引《清靜法行經》云：‘佛遣三弟子震旦教化，儒童菩薩彼稱孔丘，光淨菩薩彼云顔回，摩訶迦葉彼稱老子。’吉藏《三論玄義》卷上：‘設令孔是儒童，老爲迦葉，雖同聖跡，聖跡不同。’”(《中國文化》(十七、十八期)2001 年 3 月)

③ 想，底本作“相”，據甲、丙二本改。

④ “種種”二字甲本作“衆衆”。

⑤ 取，甲本作“趣”。

⑥ 受，丙本作“愛”。

⑦ “爲受”二字丙本作“愛”。

⑧ 於，甲本作“從於”。

⑨ 已，甲本作“與”。

⑩ 諸，甲本訛作“請”。

⑪ “識身受”三字甲本作“受識身”。

⑫ 之，甲、丙二本作“意”。

⑬ 諸，甲本作“情”，丙本作“之”。

⑭ “具如”二字甲本作“復具”。

⑮ 毗，丙本作“鼻”。

起緣也。識作何業？能持有情業之纏[①]縛，亦與名色而作[②]緣也。名色作何業[③]？令諸[④]有情[⑤]而取於身，亦與六入而作[⑥]緣也。六入作何業？令諸有情圓滿受[⑦]身，觸作緣也。觸作何業？令諸有情受[⑧]用於境，受[⑨]作緣也。受[⑩]作何業？令諸有情趣生受[⑪]用，愛作緣也。愛作何業？令諸有情而引於生，取作緣也。取作何業？取後有故，令諸有情而識有取，有作緣也。有作何業？令諸有情趣向後有，生作緣也。生作何業？令諸有情次第成就名色、六入，而觸及受，老死緣也。老死作何業？令諸有情數數轉變壽及命也。

十二支法釋名者，如《稻稈經》說：大黑闇故名爲"無明"，造作故名"諸[⑫]行"，了别故名"識"，相依名"名色"，爲生門故名"六入"，觸故名"觸"，受⑬故名"受"，渴故名"愛[⑭]"，取故名"取"，生後有故名"有[⑮]"，生蘊故名"生"，蘊[⑯]熟故名"老"，蘊[⑰]壞故名"死"，愁故名"愁"，嘆故名"嘆"，惱身故名"苦"，惱心故名"憂"，煩惱故名"惱"。

言"能寂身口，故名'能仁'"者，雖不言意能寂[⑱]身口，而從於彼意净因生，但果清净，知因净故，而不言也。

言"彼非自性"者，次下有十種。外道僻執，此次第一也。謂裸[⑲]形外道

---

① 纏，甲本作"經"。
② 作，甲本作"於"。
③ "作何業"三字甲本作"非業何"。
④ "令諸"二字甲本作"命請"。
⑤ 情，丙本作"情圓滿愛身，觸作緣也；觸作何業"。
⑥ 作，甲本作"於"。
⑦⑧⑨⑩⑪⑬ 受，丙本作"愛"。
⑫ 諸，甲本訛作"請"。
⑭ 愛，甲、丙二本作"受"。
⑮ 有，丙本作"之"。
⑯⑰ 蘊，甲本訛作"薄"。
⑱ 寂，甲本作"寂辯執此弟(第)一也謂裸形外道"。
⑲ 裸，丙本作"裸身"。

執[1]六種法爲法自性：一、有壽[2]；二、無壽[3]；三、有漏[4]；四、繫得；五[4]、持禁戒；六、解脱。若不了别此六法者，輪轉生死；若了别時，而得解脱。或有一類，而執有情，微塵昧闇，平等自性，即彼士夫，爲法自性。

二、言“决定”者，此是數論外道宗也。謂[5]有一類，而執諸法，從彼生者，即是彼果，彼即是因，是故因果各各决定人天等趣，不相雜亂[7]，生死輪轉。

三、言“士夫”者，此亦數論宗也。謂有一類，執有衆生及以士夫爲諸法因，不了此二，久處[8]生死，雖相雜住，若了别時，即得解脱。士夫者，而有千頌[9]，善解法述(術)[10]；或執士夫有大力用，各在有情身内住也。

四、言“相假”者，謂有一類外道説言，日月曐宿，日數即是法因，順彼作業，成辦[11]其事；若違彼者，即不成就；是故[12]諸法，是彼[13]自性。若不了彼，久處輪迴；若了别者，即得解脱。又言“相假”者，有諸外道起如是見，立如是論。若有衆生於殑伽河等沐浴支體[14]而得清净。或有一類執獨等戒[15]以爲清净，不假善惡而成異熟，但假日月沐浴等法以爲清净。

五、言“自在”者，此亦數論宗也。謂有一類，説諸有情其受[16]苦樂，不從

---

① “外道僻執，此第一也。謂裸形外道執”十四字甲本作“外道”。
②③ 壽，甲本作“受”。
④ 漏，丙本作“滿”。
⑤ 五，甲本訛作“王”。
⑥ 謂，甲本作“爲”。
⑦ 亂，録本訛作“住”，據底本、甲本改。
⑧ 處，甲本作“受”。
⑨ 頌，甲本作“頭”。以上乙本殘。
⑩ 述，當爲“術”之借音字，甲、乙二本即作“術”。
⑪ 辦，底本、録本作“辨”，結合文意，據甲本改。
⑫ 故，甲本作“彼”。
⑬ “是彼”二字乙本作“彼是”，丙本作“是”。
⑭ 此處底本作“沐浴支體沐浴支體”，後一“沐浴支體”當係誤衍，據甲本删。
⑮ 戒，録本訛作“成”，據底本、甲本改。
⑯ “其受”二字甲、乙二本作“所受”，丙本作“所愛”。

善惡，唯[1]自在變。彼由現見，於因果中，世間有情不隨欲轉，故作此計。所以者何？現見世間有情，於彼因時，欲修净業，不遂本欲，反更爲惡。於彼果時，願生善趣樂世界中，不遂本欲，墮惡趣等，意[2]謂受樂，不遂所欲，反受諸苦。由此見故，彼作是思。

六、言"時"者，此亦數論宗也。謂執有情所受苦樂，不假善惡，但待[□][於][3]時，受苦樂報，如夏草青，冬即變白。如是等類，非由善惡，是時變故。

七、言"自然"者，謂有一類計一切[4]法六自然性：一、物；二、德；三、業；四、總；五、差；六、連。若了此六，如得解脱；若不了者，輪轉生死。或有妄計蕀鐵豆圓，如是等事，是誰[5]而作，皆自然性。

八、九、十言"隨欲"、"化主"、"偶遇[6]"者，此三宗見，是無因論。謂有一類，而依[7]世間諸静慮故，見世施主，一期受命，恒行布施，無有斷絶。從此命終，生下賤家，貧窮遺乏，彼作是思：定無施與愛養祠祀。復見有人一期受（壽）[8]中，恒行妙行，或行惡行，見彼命終，墮於惡趣，生諸那落迦；或往善趣，生於天上樂世界中，彼作是思：定無妙行及與惡行，亦無善行、惡行二業，業果異熟。或復有時見諸因緣空無果報，謂見世間無有因緣。或[9]時欻爾大風卒起，於一時間寂然止息；或時忽爾暴河彌漫，於一時間頃[10]則空竭。或時欝爾菓木繁榮，於一時間颯然衰顇。由如是故，起如是等三種見也。言"等"者，等攝諸餘外道僻執，非獨前十。言"所生"者，與前九文一一相合。言"此是因緣所生"者，能仁所説内外諸法緣起緣性，唯有正因及以助因，别無自性

---

① 唯，底本不清晰，録本作"雖"，今結合文意，據甲、乙、丙三本改。
② 意，底本不清晰，録本作"竟"，今結合文意，據甲本改。
③ "待於"二字底本作"待"，甲本作"代於"。"於"字據乙、丙二本補。
④ 甲本至此止。
⑤ 誰，録本訛作"准"，據底本改。
⑥ 遇，底本作"過"，據乙、丙二本改。
⑦ 依，乙本作"於"，丙本作"作"。
⑧ 受，乙、丙二本作"壽"。
⑨ 或，前衍一"欻"字，據底本删。
⑩ 頃，録本訛作"類"，據底本改。

决定等故。

次下初門第二，明答辭，釋論也。言“此差别十二支法，於煩惱業苦，遞互相依，猶如束蘆。於彼三中，並皆攝盡”者，譬如世間，以束蘆等立成其舍，獨一不成。如是十二支法，三法攝盡，和合相依，共作雜染净品因果，無獨勝能，闕一不成。“言盡者，即是無餘義也”者，於三法中，十二支法無有一法攝不盡故，雜染因果遍攝盡故，五德弟子所問之疑悉皆斷故。

又，次下言“問曰”等者，是下答辭，發起文也。言“問曰”者，五德弟子問師之辭。言“何者煩惱？何者是業？何者見苦？此差别之法，當於何攝”者，爲軌範師云：何三法攝於十二已説，分明典切[1]之語，我已知矣[2]。十二法中幾煩惱道？幾是業道？幾苦道？攝幾因幾果？我今疑惑，請爲解釋，故生問也。言“答曰”者，謂師欲斷除弟子疑惑而對答也。

言“初八九煩惱”者，爲此三法，擾亂有情，法義同故。故煩惱攝，非體相同。謂無明於事不明了時，擾亂心故。愛[3]著事時，擾亂心故。取耽於事，行行之時，擾亂心故。《十地經》云：三道成就苦諦[4]、集諦[5]。無明、愛、取，則[6]雜染道，而無斷絶。行、有二法，業道不斷。餘七支[7]法，苦道不斷。此論與經義同一也。

言“二及十是[8]業”者，爲此二法，體[9]相雖殊，造作義同，故立業名。謂行即從於身、口、意門，造福等業，有增後有，而作業故。

言“餘七[10]皆是苦[11]”者，爲此七法而皆從於業、雜染生，同一果相，三八

① 切，録本訛作“功”，據底本改。
② 矣，録本訛作“辨”，據底本改。
③ 愛，丙本作“受”。
④⑤ 諦，底本作“帝”，據乙、丙二本改。
⑥ 則，底本作“别”，結合文意，據乙、丙二本改。
⑦ “七支”二字乙本作“七之”，丙本作“十二之”。
⑧ 是，録本訛作“見”，據底本改。
⑨ 體，丙本作“本”。
⑩ “餘七”二字丙本作“七餘”。
⑪ “是苦”二字乙本作“苦”，丙本作“是”。

苦性，故立“苦”名。經及諸論先列無明，末後老死，有何[1]義趣，次第如是？爲諸有情，從無始來，不了因果，及以真性，而有迷惑。從於迷惑，而有造作，以行習氣，令心顛倒。心顛倒故，而於當來，續生名色。以相續故，六處成就。根成就故，而觸[2]於境。即便觸受，於境受用。受用境故，於現染著，未來生愛。以生欲故，取求積集。以積集故，來生果因，有便成就。即有起故，而於五趣而受生也。以有生故，即有老死。諸有情類，從無始來，輪轉生死，因果次第，如是故也。次第如是。無明等法，各各單已，爲有差別。一一法中，皆有差别。謂無明有十九種：一、前際無知；二、後際無知；三、彼二俱無知；四、内無知；五、外無知；六、内外無知；七、業無知；八、異熟無知；九、業異熟無知；十、於佛無知；十一、於法無知；十二、於僧無知；十三、於苦無知；十四、於集無知；十五、於滅無知；十六、於道無知；十七、於因無知；十八、於果無知；十九、於處無知。行有三種：謂罪行、福行及不動行。識有八種：謂從眼識至[□][阿][3]賴耶識。名色有二：一、圓滿，謂下二界；二、不圓滿，謂無色界。六入有六，謂眼根等。而觸有六，謂從眼觸至意觸也。受有十八，謂眼具三至意具三。愛[4]有三種，謂三界愛。取有四種，謂欲見禁及我論也。而有十二，謂生果業集、死、生、中有、三界、五趣。生有四種，謂胎生等。髮白面皺等是老差别，死及死性别離壽壞等是死差别。言“皆是總攝”者，謂大小乘教説有八苦識等七法，但攝其五，餘三不説。何故爾耶？爲伏此難，故言“皆”者，攝三苦也。識等七法云何攝五？謂識、名色及以六入即攝五蔭盛苦，受、觸二法即攝病苦，生攝生苦，老死即攝老苦死苦。又經説言“三苦”“八苦”，此但攝“八”，“三”復云何？識、名色、六入即行[5]苦故，觸、受二法即苦苦故，生、老死二即變苦故。

言“是故此十二支法，於業、煩惱、[□][苦][6]中”等者，即是頌中“十二唯

① 何，丙本無。
② 觸，丙本訛作“體”。
③ 阿，底本、乙本無，據丙本補。
④ 愛，底本、乙本作“受”，結合文意，據丙本改。
⑤ “六入即行”四字底本作“即六行”，結合文意，據乙本改。
⑥ 苦，底本無，據乙、丙二本補。

三攝”，釋論辭也。“言‘唯’者，是其遮義。經中所説之法，此中攝盡，更無有餘”者，顯論勝能也。此《論》雖略[①]，遍攝諸經廣大義故。

次下大門第二，明十二支法遞互相生、無有始終門，釋論也。

言“問曰：‘此義已[②]知，彼煩惱業苦，云何相生？請爲解説”，十二支法三道攝者，師作分明典切[③]之語，於中所有，盡所有性，如所有性，我今無倒，皆悉了知。彼十二法，何者是因？何者是果？云何相生？所有因果。今欲樂聞，請爲解説。此顯自能及生起也。

言“從三煩惱生於二業”者，謂從無明而生於行，從於愛、取生有故也。言“謂上所説苦法”者，即至前門文中，所謂識、名色、六入、觸、受、生、老死故，謂從於行從識至受五法生故，從有而生生、老死故。言“所謂諸煩惱”者，即無明、愛、取也。所謂從識至受，生於愛、取；從生、老、死，生無明故。“十二支法遞互相生”者，於四緣中，各具幾緣而作緣耶？各除因緣緣，具餘三緣。無明若生身語行法有色之者，以增上緣而作緣也；若生非色意行法者，等無間緣、所緣緣、增上緣而作緣也。如是餘支，若生有色，以增上緣而作其緣；若生非色，以所緣緣、等無間緣、增上之緣而爲[④]緣也。如是非色，而於有色，亦增上緣而爲其緣；而於非色，亦以等無間緣、所緣緣、增上緣而爲其緣。隨所應知。

十二支法何故互相而不作其因緣緣耶？因緣緣者，各各自種而顯現故。餘有廣義，文繁不述，如《瑜伽論》。言“言‘有’者，有其三種，所謂欲、色、無色”者，此顯三界有也。“欲界”者，未離欲愛欲，名爲“欲界”；“色界”者，已離欲愛欲，未離色愛，名爲“色界”；“無色界”者，已離欲愛欲，及離色愛欲，未離無色欲，名“無色界”。“欲界有”者，所謂十種：一、欲界無始時有；二、業有[⑤]；三、死有；四、中有；五、生有；六、捺落迦有；七、傍生有；八、鬼趣有；九、人趣有；十、天趣有。此名“欲有”。於中第一、第三、第五名“自性有”。“業”者，

① “雖略”二字録本訛作“難思”，據底本改。
② 已，録本訛作“己”，據底本改。
③ 切，録本訛作“功”，據底本改。
④ 爲，丙本作“作”。
⑤ “業有”二字乙本作“有”，丙本作“業”。

具引其"果"義立"有"義也。"中有"者，而於其果得後有義，故名爲"有"也。"五趣[□][有]①"者，而於其果有受用義，故名"有"也。"色界有"者，除三惡道及以人趣，餘六是也。"無色有"者，除三惡道人及中有，餘五是②也。

言"於中不息，而作流輪③"者，所謂於三有中，無時暫住，無有始終。煩惱業因，增上力故；三界五趣，受苦果故。取輪喻者，顯"不住"義也。

言"彼諸異生世間，而自流浪"者，謂三有中，於中不息。雖作流輪，無有作者，唯有異因異果，無有義利，自流浪故。

言"言'此'者，顯'不定'義，非如輪轉，次第生於諸有，此即不定"者，爲諸有情，三界五趣，隨業受生，無次第故。

次下大門第三，明十二支法空故無我門，釋論也。

言"問曰：'何者是身之自在衆生耶？彼之作用，其事[□][云]④何"者，即是下論生起問也。謂師先説三攝十二及以遞互相生之門，唯言十二，更無别物。若如是者，諸趣有情各各身中皆有自在⑤，名爲"衆生"。而即於彼，起衆生想，衆共稱傳⑥。爲彼本無，何不宣説？若是有者，性相⑦業用，其事如何？願師解釋。

言"自在"者，謂見聞等也。

言"'諸趣唯因果'，'唯'除假名。'此中無衆生'"者，謂三界、四生及以五趣，名爲"諸趣"。即彼諸趣，唯從煩惱業因而生苦果，於因果上假立衆生。隨彼假立，起衆生想。除彼因果，更别無有衆生故也。論文略故，雖言無衆生，亦攝受者、補特伽羅、士夫、作者等諸横計名故。《瑜⑧伽》等論云：離有情義，是緣起義；於離有情，復無常義；若是無常，復暫住義；若是暫住，復依他

① 有，底本無，據乙本補。
② 是，録本訛作"果"，據底本改。
③ "流輪"二字丙本作"輪轉"。
④ 云，底本無，據乙、丙二本補。
⑤ 在，丙本作"性"。
⑥ 傳，録本訛作"侍"，據底本改。
⑦ "性相"二字底本、録本作"相性"，結合文意，據乙本改。
⑧ 瑜，録本訛作"喻"，據底本改。

義;若依他義,即離作用義。是緣起義等,廣如論說。

言"此是真實義,非假立有"者,所謂即此無衆生等緣起緣性甚深之義,諸佛出現,若不出現,性相如是。非同外道妄計我等假立亦有故,故言"真實"。

言"假立之境,不成實物"者,爲有難言:"若彼假立衆生有者,假立衆生即是有故,何故汝言此中無衆生耶?"爲答此難,故此言也。

此下大門第四,明十二支法離二邊故不轉移門,釋論辭也[①]。此文分二:初法,後喻。此分法也。

言"問[②]曰'若[③]如是'"者,所謂如前諸趣唯因果,此中無衆生,若如是故也。

言"誰從此世至於他世"者,若無我、人、衆生、壽者,誰從此世造善惡業,移至他世受善惡報?又若無我至他世者,外道亦言無有他世,立斷見論,此何差別?言"答曰:'無有極微等法'"者。所謂於五藴中,無有少許至[④]他世故也。言"雖然"者,雖五藴中無有少法而至他世,唯從於空法還生於空法故也。言"唯從於空法,還生於空法"者,此頌意明因中無有極微等法而至[⑤]於果故轉有。《經》云:業者作已滅壞,滅已不住方所,雖然臨終之時,各各近住心意中現。如是大王後識滅時,生分之識,最初生於人天等趣,無有一法從於此世移至他世,雖然亦現捨壽及初生法也。最後滅識,名爲"捨壽"。初生之識,名爲"生法"。最後滅者,無有至處;初生法者,無所從來。何以故?自性寂故。後識後空,捨壽捨壽空,業業自空,初識初空,生者生空。雖然而業不失,是故此論與經義同。餘釋論辭,自明不說。

次下後明喻也。言"此中問曰"等請辭者,從空生空,微細難知,故請喻

① "辭也"二字録本作"也辭"。按:底本於"也"旁補"辭"字,當以"辭也"義長。兹據正。

② 問,底本作"論",乙本作"門",據丙本改。

③ 若,乙本無。

④ "許至"二字丙本作"法"。

⑤ 至,乙本作"生"。

也。言“此[□][中][1]答曰”等立八喻者，雖詮一義，爲諸有情根機不等，建多喻也。言“言‘蘊’者，即色、受、想、行、識蘊也”[□][者][2]，此五蘊相所有廣義，如五蘊等餘論所明。今略辯相。言“色蘊”者，謂四大種及四大種所造諸色。言“受蘊”者，謂三領納：一、苦；二、樂；三、不苦不樂。樂謂滅時有和合欲，苦謂生時有乖離欲，不苦不樂謂無二欲。言“想蘊”者，謂於境界取種種相[3]。此復有三：謂小想、大想、及無量想。言“行蘊”者，謂除受、想諸餘心法及心不[4]相應行。言“識蘊”者，謂於所緣境了别爲性。此復有三：一、六轉識；二、末那識；三、阿賴耶識。言“相續結”者，滅已從彼因所生，餘者是也。若因果各别，不相雜故，因滅果生，如秤高下同一刹那無時隔也。言“是故流轉[5]從於虚[6]妄，分别習氣而生”者[7]，流轉[8]即是十法苦果，虚妄分别習氣即煩惱業五因法也。

次下大門第五，明還滅門，釋論也。

言“後言‘應’者，即是逆觀義，當知反彼”等釋論辭者，與上論頌“智應察”相合，故後言“應”者，[□□□□□][即是逆觀義][9]，當知反彼雜染因果三道法也。此中有問：“云何反彼雜染因果三道法耶?”爲欲顯示真聖之道故，故言“應觀諸法無常，苦空無我”等也。言“應觀諸法”者，謂觀順[10]流十二法也。言“無常”者，無明等法滅壞性故。言“苦”者，無明等□□□□□□□□□□(法生死因果，即是三苦、八)[11]苦性故。言“空”者，無明[12]等法，遠離于常，不壞無轉，横計我故。言“無我”者，無明等法，從因緣

---

① 中，底本無，據乙、丙二本補。

② 者，底本無，據乙、丙二本補。

③ 相，乙、丙二本作“想”。

④ 不，底本作“不不”，據乙、丙二本删。

⑤⑧ 轉，底本、乙本作“輪”，據丙本改。

⑥ “從於虚”三字底本作“後虚不”，據乙、丙二本改。

⑦ “生者”二字底本作“七法”，録本訛“七”作“十”，今據乙、丙、丁三本改。

⑨ “即是逆觀義”五字底本無，據乙、丙二本補。

⑩ 順，底本作“明”，據乙、丙、丁三本改。

⑪ “法生死因果，即是三苦、八”十字底本殘，據乙、丙、丁三本補。

⑫ 以下文字底本斯 269a 號殘，據丁本並參乙、丙二本補。

生,不自在故。無常等四,即是諸法共相,四法印也。言"則不愚諸事"者,以聖道力,觀四法印,證現觀時,了無明等性相空故,此顯無明得轉依也。言"若不愚者,則無有貪"者,爲無明轉依時法無可著故,此則明爲"愛轉依"也。言"若[□][無][1]有貪,瞋則不生;若無有嗔,則無有業"者,具貪嗔法,即有造作,名之爲"行";無貪嗔故,行轉依也。言"若無有業,則無有取"者,無三行故,四取不起,取轉依也。言"若無有取,則不告(造)[2][□][後][3]有"[□][者][4],生後有故,名之[□][爲][5]"有";無四取故,有轉依也。上五之文,因轉依也。言"若無有者,而則不生"者,本無今有,名之爲"生";初生之者,即是其識;有不生故,識轉依也。言"若不生者,即於身心而苦不生"者,此明名色、六處、觸、受、生及老、死,得轉依也。謂名色中色、六處中五色根、生及老、死,身苦攝故。名色中唯名,六處中意處及以觸、受,心苦攝故。大小乘經無明滅故行滅,行滅乃至生滅故老、死等滅者,與此義同,如理應思。

言"如是不集五種因故,即於餘處,而果不生"者,結上文也。言"此是解脱"者,若能如是,如上所説,逆觀緣起順流之法,隨自樂欲而證三乘,究竟解脱法性生故。

言"是故斷除,斷常等諸惡見"[□][者][6],此見[7]論所詮也。

次下大門第二,略明正論。文分爲二:一、順;二、逆。與下二頌,隨次應知。

言"此中有二頌"者,謂略明正論中也。言"於甚微細事"者,所謂如前所説三攝十二門順流法也。彼四種法,微細難知。故《十地經》云"微細難知大仙道"。離觀分別甚難觸,極微難見,離分别,離心地,故修亦難。此偈意明説法微細故,此二與前微細難知大仙之道,隨欲應知,非分别境故。爲本自性、非分别故,離觀分別甚難觸也。非聞、思惠(慧)所緣境故,極難見也。非

[1] 無,丙、丁二本無,據乙本補。

[2] 告,此當爲"造"字之訛,乙、丙二本即作"造"。

[3] 後,丁本無,據《因緣心論釋》[T32n1654p491a22]補。

[4][6] 者,丙、丁二本無,據乙本補。

[5] 爲,丙、丁二本無,據乙本補。

[7] 見,乙本作"顯"。

世修惠(慧)所緣境故,離分别也。非世俱生慧之所緣,離心地也。又《阿毗達摩集論》云:緣起之法,以五義故,名爲"甚深":一、因甚深,謂對治不平等因、無因論故,二義深也;二、性相甚深,無我故,一義深也;三、生甚深,謂雖從緣生,彼不作故,二義深也;四、處所甚深,謂雖無處所,顯現處所,二義深也;五、生起甚深,謂從因果生,爲難知故,四義深也。

言"若有見斷者,彼不善因緣,未見緣生義"者,若人於彼如上所説緣起義中惡見分别、起斷見者,諸惡見中,此見罪重。偏列此見,亦攝諸余常等見也。故《理論》云:"於甚深微細事,若有見斷者,彼不善緣起,未見緣生義。"是故於此緣起緣性妄計分别、起斷常等分别者,不見法性,無出離心,久處輪回。又《瑜伽論》云:於緣起義不善知者,有五過失:一、起我見;二、增長前際及後際見;三、於前後際横起見執;四、取著煩惱;五、於現法不般涅槃。更有過失,如餘處明。

次後明與順流逆也。言"此中無可遣,亦無少安立"者,謂如上所説緣起、緣性真理之中,無有少法[□][聖]①可除遣、凡可建立。涅槃妙净,生死喧雜,體一如故。《文殊國土莊嚴經》云:無生之法常如來,一切諸法名"善逝"。又《理論》云:彼[□][彼]②從緣起,自性而不生;彼彼從緣起,自性而不滅。見遣修者,迷倒有情,不了法性,妄起遣修。故二《真諦經》云:譬如有人,夢被蛇螫,求醫對藥,而得差除,心生歡喜;從睡而覺,都無有實。此亦如是。言"於真以觀真,見真而解脱"者,所謂緣起真理無遣立者,即真義故。若有智者,修道見真,隨所修道,各獲解脱,證法身故。故《稻稈經》云:若見因緣,即能見法;若見於法,即能見佛。又《理論》云:若於緣起法,遠離生滅壞,智者如是知,能度見有海。更有經論與此義同者,智者尋之。

《因緣心釋論決》一卷。

---

① 聖,丁本無,據乙、丙二本補。

② 彼,丁本無,據乙本補。

（四）史傳禮贊雜類(No. 2817—No. 2864)

No. 2817 大乘經纂要義一卷

[題解]

佛教著作,又名《十善經》,作者不詳,一卷。敦煌文獻中存有斯 553(首全尾殘)、斯 3966(首殘尾全)、伯 2298(首全尾全)三號。内容主要是宣傳應敬禮佛、法、僧三寶,斷除十惡,勤修十善。經文强調人身難得,世事如幻,應斷惡修善,證於佛地。斯 3966 號尾有題記:“壬寅年(822)六月,大蕃國有贊普印並此《十善經》本流傳諸州,流行讀誦。後八月十六日寫畢記。”清代以前歷代大藏經未收,日本《大正藏》以伯 2298 號爲底本、斯 3966 號(首殘尾全,《大正藏》誤標作斯 62 號)爲校本補足後録入其第八十五册。伯 2298 號鈐有“净土寺藏經”墨印一方,並有題記:“後八月十五日寫畢功記。”今校注仍以《大正藏》本所據原卷伯 2298 號爲底本。校本:甲本,斯 3966 號;乙本,斯 553 號。

敬禮無上一切佛,證於三身天人尊。教法甚深難思議,無爲解脱僧和合。

是真歸依於三寶,諸佛出世如憂曇。如海①盲龜遇浮木,人身難得甚希有。

從兹一失復難期,於此身中修②漸進。永常棄捨於八難,依教修行加

① 海,録本訛作“悔”,據底本、乙本改。下文:“譬如大海,於海底中有一盲龜,壽億萬劫百年,一度昇於水上。或時有人棄一竅木置於海中,其龜出水,以頭遇斯浮木之孔,甚爲稀有。”可助互勘。

② 修,録本訛作“終”,據底本、乙本改。

精進。

善惡之業亦不亡，如因值種果亦然。所以遠離於十惡，精勤修習於十善。

須善分別其二諦，常捨輪迴求解脱。勤行正道增智慧，願修聖跡證無爲。

如是一切衆生先須歸依三寶，敬事遵仰。“三寶”者何？所謂佛、法、僧寶。言“佛寶”者，所謂法體報化之身，具足三種，名①爲“佛寶”。言“法身”者，具不思議無分别智，於一切法自在觀察。言“報身”者，是不思議功德成就超過人天，快樂具足，相好殊勝，離於生死，證得究竟盧舍那身。言“化身”者，成就慈悲，誓願究竟，盡於生死，度脱衆生，隨機引道，永離衆苦，入於母胎，誕身出家，降伏魔怨，轉正法輪，示涅槃相；具是②德者，超過人天，時乃現耳，是故難遇③。世無喻者，所以假世間寶顯其法義，令諸衆生獲無上果，永離生老輪迴之苦，少分歸依，即蒙加護，諸惡鬼神，不能侵④擾。具斯五義，獲如意寶，於世出世，爲人天師，兩足中尊，真實⑤依故。言“法寶”者，所有教法於真俗諦説十二分，修八聖道，悟真體性，本來寂静，無住涅槃，號名“三寶”；所以佛未出世，不能顯其祕要之法；如來出世，甚爲希有，所説教法，亦復如是，非餘外道能顯其義，一切諸法所不能及；以斯法寶利樂之道與佛無異，是名“法寶”。所言“僧”者，大菩薩衆不著生死，不住涅槃，自利利他，具足成就，及諸羅漢八上人等住解脱地；凡夫比丘各各信受，樂於聖位，出家學道，別別解脱，依教修行，雖未⑥證果，而能修行，軌範聖法。佛不出世，亦無僧寶。等同如來，生希有相，一切無上，智德具足，依聞、思、修，善漸微妙。世間諸仙具聖惠(慧)者，修安樂地⑦。如是造⑧作，僧寶爲勝。如上三寶，諸功德力，有大慈悲，最尊最勝，不思議故，能拔衆生現在苦難，永離生死長劫輪

① 以上甲本缺。

② 是，録本訛作“足”，據底本、乙本改。

③ 遇，甲本作“過”。

④ 侵，甲本作“假”。結合文義，當以“侵”字義長。

⑤ 實，甲本作“寶”。

⑥ 録本出校：“未＝末【甲】”。按：該字底本、甲本均作“未”，録本誤。

⑦ 地，底本作“坔”，乃“地”字古文“埊”之訛俗體。

⑧ 造，乙本同。該字甲本訛作“告”。

迴，亦能加護，得解脱樂。應當供養無上三寶，先須恭敬作禮歸依，能生一切福德之芽，永離一切苦惱之事。諸佛如來具是①功德，出興於世，甚爲希有，與諸群生同種善根，出現於世，如憂曇花。諸佛出世，傳甚深法，亦復如是。佛出於世，雖有深法，遇人身者，要須具足善業成就。其難亦爾。譬如大海，於海底中有一盲龜，壽億萬劫百年，一度昇於水上。或時有人棄一竅木置於海中，其龜出水，以頭遇斯浮木之孔，甚爲希有。或得人身，難亦如是。雖得人身，六根具者，得聞正法，身心自在，依教修行，最甚難有。衆生之界，不可思議。其中獲得人身，六根具足，自在受生，極最難故。所以如來及法現於世間，亦復難遇。人身難得，今乃獲得大報分故，時乃一現。於前數劫承善業故，方得人身。特須精勤，勿令虚②棄。增③加智慧及法善根。聖地已來，須求勝行，誓不復墮地獄、餓鬼、畜生之趣。不聞三寶，邊地下賤，雖得人身，盲聾音惡（啞）④，長壽天難；或生人中，信邪到見。雖佛出世，佛前佛後八難之中，種種苦惱障道之處，不復墮落，永離八難。如來世尊，證大果報。諸修行者，勤加精進，如救頭燃，蠲除八難，大善成就；然善惡業，纖毫不亡。如昔仙人嬌答摩等以草刺於鹿蠅遺道，於五百歲下部之中受木籤報，後乃致死。昔有童子以恭敬心施僧白石一掬之許，承斯因緣，於無量劫生豪富家，雨⑤其七寶，具足成就，快樂自在。以善惡業，隨類受身；苦樂之果，隨業異熟；所以

① “是”前甲本有一“如”字。

② 虚，録本訛作“靈”，兹據底本改。該字乙本亦作“虚”。

③ 增，底本作“憎”，乃“增”之借字。該字乙本亦作“增”。

④ 惡，録本訛作“噁”，據底本改。結合文義，“惡”當爲“啞”字之誤字。《説文》“啞”训“笑”聲，非本字。本字當作“瘂”、“嗄”，字見《老子》、《莊子》。章太炎曰：“今通謂不能言者爲‘嗄’，唬極無聲亦曰‘嗄’，通借‘啞’字爲之。《史記》已云‘呑炭爲啞’，其假借久矣。”（《新方言·釋形體第四》，收入《章氏叢書》[1919，浙江圖書館校刊]第4種。）俗字亦作“瘂”。《篇海類編·人事類·疒部》：“瘂，瘖瘂不能言。與‘啞’同。”《南齊書·蕭坦之傳》：“坦之肥黑無須，語聲嘶，時人號爲‘蕭瘂’。”此字甲本作“亞”，當爲“啞”之省旁借字。伯4062号《齋文文範》：“惟願永捨无明，長辭音亞。”“音亞”二字亦都是省借字，斯4081號作“瘖啞”。《大乘四法經釋抄》[T85n2784p558c26]：“言吉祥者，親近恭養咸稱讚，故具吉祥。譬如盲者得見，啞者能語等（云云）。”文中“啞”底本（伯2461vb號）作“亞”，可資比勘。

⑤ 雨，甲本作“兩”。結合文義，當以“雨”字義長。

惡業、十不善等勿令親近，理須遠離。何假言哉？十不善者：身有三種，行殺、盜、淫；口有四種，妄言、綺語、惡口、兩舌；意有三種，謂貪、瞋、癡。如玆總結，名爲“十惡”。承此果報，生於三塗。能迴十惡，名爲“十善”。若離殺生十惡緣等，得生天上並及人間，生於勝處。從此身上聖位已來，若能修行，皆得成就。當知十善，應勤修學。人中修善，知諸法相，名爲“丈夫”，善能挍（校）量真、俗二諦，得悟自、他二性之理。此中世諦法相，因緣所生，幻化如夢，如炎如温，界入善與不善、有福無福、世出世間。法相種種，相貌分别，但假言詮顯彰，表示一切諸相。有漏之法，皆自然性。無常苦空，無我爲相。所言“無漏法”者，空無我故。如是二諦，知一切法輪迴無明行、識、名色、六入、觸、受、愛、取、有、生、老、死十二因緣，如輪流轉，於六道生，受苦温身，各各隨稟根器利鈍[①]，隨[②]類得成。所言“解脱”，聖所依地。其鈍根性，受聲聞乘；中根之者，辟支佛果；隨根所證，各各差别。無上大乘，等爲三種。其鈍根者，證於小乘，但能自利，無益他義；厭生死苦，修寂滅樂；捨諸不善禁根境識，初觀四諦，修證預流八輩等地，無餘涅槃。辟支佛者，觀四諦法，因緣所生，遂滅生死之原，證於聖道，無餘涅槃。具上人智，取向大乘，生死涅槃，不分别二（之？）[③]，自利利他，無上菩提。菩薩大慈，修助道法。從[④]極喜地，乃至法雲，次第修行，證菩薩已，仍修六度，布施愛語，利行同事，四攝之法，福智具足，成不思議無上上智，獲十力、四無所畏，具足成就，證於佛地，利樂衆生，盡生死際，不般涅槃。

大乘纂要義一卷。[⑤]

---

① 鈍，甲本作“純”。按：結合文義，“純”當爲“鈍”之形訛。

② 此下乙本殘。

③ 二，此疑爲“之”之訛字，待考。

④ 從，録本誤衍作“從從”，據底本及甲本删一“從”字。

⑤ 録本於此處出校：“已下甲本奥（尾？）書曰：‘壬寅年六月，大蕃國有讚普印信並此《十善經》本傳流諸州，流行讀誦。後八月十六日寫畢記。’”按：底本文後尚有：“壬寅年後八月十五日寫畢功記。”另有“净土寺藏經”印記。

No. 2818 大乘二十二問本

[題解]

又名《大乘二十二問》，佛教著作，[唐]曇曠撰，一卷。敦煌文獻中存有斯2674（首殘尾全）、斯2707vb（首殘尾殘，第十五問）、斯4159b（首殘尾殘）、斯4297（首殘尾殘），伯2287a（首全尾全）、伯2690（首全尾殘）、伯2835v（首全尾脱），BD8620（北8423，位020，首全尾殘），北大DO98（首殘尾殘），上博42（39644，首殘尾全），上圖028（812406，首殘尾全），計11號。文中羅列有關大小乘教理、教義、教史方面的問題共二十二個，然後以"謹對"答之，乃是曇曠爲回答吐蕃贊普關於佛法之詢問而撰。解釋深入淺出，是研究曇曠思想及吐蕃統治時期敦煌佛教狀況的珍貴資料。清代以前歷代大藏經未收，日本《大正藏》將斯2674號收入第八十五册，但録本有疏漏。今以《大正藏》本所據原卷斯2674號爲底本。參校本：甲本，伯2287a號；乙本，伯2690號；丙本，伯2835v號。

夫①至教幽深，下凡不測；微言該遠，上智猶迷；况曇曠識量荒塘（唐），學業庸淺，博聞既懵於經論，精解又迷於理事。卧病既久，所苦彌深，氣力轉微，莫能登涉。伏枕邊外，馳戀聖顔，深問忽臨，心神驚駭。將欲辭避，恐負刀課；虛疾苦之中，恭答甚深之義，敢申狂簡，竊效[□][微]②誠。然其問端，至極幽隱，或有往年曾學，[□□][或有]③昔歲不聞。所解者，以知見而釋

---

① 開頭至下文"雖離凡夫世俗之地，猶有法執"一段文字《大正藏》所據底本殘，録本作缺文，以丙本爲底本並參乙本補。

② 微，丙本無，聯繫文意，據乙本補。

③ "或有"二字丙本無，聯繫文意，據乙本補。

之；未曉者，以通理而暢之。所懼[□][不][1]契聖情[2]，偶心[3]乖[4]於本旨，特乞哀恕，遠察衷勤。

第一問云："菩薩離世俗之地，不向聲聞緣覺之行，欲令一切衆生除煩惱苦，作何法者？"謹對謂："諸凡夫有'人''我'執。由執'我'故，起煩惱業，沉溺三界，輪轉四生[5]，受苦無窮，莫能自出。即此三界可治可懷，故名爲'世'，隱覆真理，顯現妄法。又名爲'俗地'者，即是'依持'之義；既依人執，世俗事成，故'人''我'執名'世俗地'。若二乘人，修'我'空觀，了'人''我'空，不起凡夫諸漏煩惱，不發世間生死漏業，雖離凡夫世俗之地，猶有法執，[6]見有五蘊□□□（生滅之）[7]法，執□（有）[8]世間□□□（三界之）[9]苦[10]，深□□□□□（厭生死，樂求）[11]涅槃，不樂住世，救拔群品。[12] 是故聲聞緣覺之行，若初發心，修行□□□□□□□□□□□□□□□（菩薩，自信己身有真如法，知心妄動，無）[13]前境界，修無相法，離一切相，都無所得，了人法空。[□□□][了人空][14]故，□（不）[15]著□□□□□□□□□□（三界，能離凡夫世俗之地）[16]；了法空故，不樂涅槃，不向聲聞緣覺之行；□□□（了人法）[17]

① 不，丙本無，聯繫文意，據乙本補。
② 情，丙本訛作"精"，聯繫文意，據乙本改。
③ "偶心"二字乙本無。
④ 乖，丙本訛作"乘"，聯繫文意，據乙本改。
⑤ 生，丙本訛作"先"，聯繫文意，據乙本改。
⑥ 以上文字《大正藏》所據原卷殘。
⑦ "生滅之"三字底本殘，録本作缺文，據丙本補。
⑧ 有，底本殘，録本作缺文，據丙本補。
⑨ "三界之"三字底本殘，録本作缺文，據丙本補。
⑩ 苦，録本訛作"若"，底本不清晰，據丙本改。
⑪ "厭生死，樂求"五字底本殘，録本作缺文，據丙本補。
⑫ 丙本以下缺。
⑬ "菩薩自信己身有真如法知心妄動無"十五字底本殘，録本作缺文，據乙本補。
⑭ "了人空"三字底本、録本無，聯繫文意，據乙本補。
⑮ 不，底本殘，録本作缺文，據乙本補。
⑯ "三界能離凡夫世俗之地"十字底本殘，録本作缺文，據乙本補。
⑰ "了人法"三字底本殘，録本作缺文，據乙本補。

空，能離凡夫二乘□□□（之行，名）①‘菩薩行’。故《維摩經》云：‘非凡夫行，非賢聖行，是菩薩行。’此菩薩行契順真如，離一切相一切分别，故離凡夫世俗之地，不向聲聞緣覺之行，能爲衆生説如是法，令離一切煩惱之苦；故修無念，離一切相，即是此②□□□□□（中所作法也）③。”

第二問云：“又不退入行菩薩内所思意，外身顯現，法中内修第一行法。何是外行？第一法是何？”謹對：“所問深遠，文意難知，須述兩解，以通妙趣。第一釋云：夫云‘不退’總有三種：一信不退，即十住初，自信己身有真如法，性無動念，是本源心。由有此性，決定成佛。深信解故，分證真如，決定不退。大乘正信，心④亦不退轉；趣入二乘，亦能權現，化作佛身，八相成道，利衆生事。由得定信，成此功能，故此菩薩名‘信不退’。二證不退，即初地位，斷分别障，正證真如，一念能至百佛世界，供養百佛，請轉法輪，開導群生，拔濟含⑤識。由證真如，離分别故，不起一切煩惱□□（過失）⑥，永不退失真[□][如]⑦無漏，故此菩薩名‘證不退’。三行不退，即入八地，常任運住，純無性⑧心，在法駃流，任運而轉，[刹那刹那]⑨，萬行倍增；外雖起化，不動無相；内雖無動，外化無窮；由不退動無相行故，此位菩薩名‘行不退’。今此文中言‘不退’者，即此三位不退人也。言‘入行’者，‘行’謂行位，即入此三不退位也。此諸菩薩内心所有思惟意樂，爲化衆生，外起作用，是故名爲‘外身顯現’，即彼所修無相妙行，名⑩爲‘内修第一法行’。第二釋□（云）⑪：言‘不退’者，即不動也。若心無念，名爲‘不動’。若至無念不動行中，名爲‘不退

① “之行名”三字底本殘，録本作缺文，據乙本補。
② “是此”二字底本、録本訛作“此是”，聯繫文意，據乙本改。
③ “中所作法也”五字底本殘，録本作缺文，據乙本補。
④ 心，乙本無。
⑤ 含，録本訛作“云”，據底本、乙本改。
⑥ “過失”二字底本殘，録本作缺文，據乙本補。
⑦ 如，底本、録本無，聯繫文意，據乙本補。
⑧ 性，乙本作“相”。
⑨ “刹那刹那”四字録本脱，據底本、乙本補。
⑩ 名，録本訛作“多”，據底本、乙本改。
⑪ 云，録本作缺文，據底本、乙本補。

入行菩薩’。内心所有思惟意樂、行住坐卧，常現在前所修行中，是故名爲‘外身顯現’。而其内修無相妙行常不動念，名爲‘内修第一行法’。”

第三問云：“修身、口、意，從初至終[①]，行行如何？”謹對：“修身、口、意，須戒、定、惠（慧）。言‘修戒’者，復有三種：一攝律儀戒，離身、口、意所有十惡。二攝善法戒，即身、口、意所修行十善。三攝衆生戒，即行十善，利益衆生。修行如此三聚净戒，即是初修身、口、意也。言‘修[定][②]’者，身定謂即結跏趺坐，不低不昂，不傍不側。故經偈云：‘見畫[③]跏[④]趺像，魔王尚驚怖，何況入道人，端坐不傾動？’口定謂即言成准的，語行相應，心口皆順，如説能行，如行能説，楷定正邪，命物歸信。心定謂即遠離散亂，常在有相、無相三昧，恒不遠離，心一境性；有相定者，即經所説觀佛三昧、觀净土等；無相定者，即經所説離一切相一切分别。身、口、意業能如是定，即是次修三業地也。言修慧者，身慧有二，有相、無相二種别故。‘身’謂眼、耳、鼻、舌、身也。‘身’者，聚義，聚此五種，總名爲‘身’。此五雖無計度，隨念而亦得有微細分别，能取色聲味觸境而生戀著。於此五塵，有二種慧：若能了知是非好惡，不迷不謬，名爲‘世間有分别慧’；若於此五無所分别，雖聲聞知，而不貪著，是即名爲‘無分别慧’，即修身業所有慧也。口業慧者亦有二種，有相、無相二種别故。辨説善惡，命衆生知，是名‘有相口業慧’也；雖能記[⑤]别德（得）失差别，而於其中不[⑥]著語相；雖終日語，而無所語；雖常説法，而無所説；是即名爲‘無分别語’，是名‘依慧所修語’也。言意慧者亦有二種，有相、無相二種别故。若意了知一切諸法善惡得失、因果差别，捨惡從善，名‘有相慧’；能於此中都無所得，於一切法無所取捨，心念不生，名‘無相慧’。若身、口、意依

① 終，録本訛作“修”，據底本改。

② 定，録本脱，據底本、乙本補。

③ 畫，底本、乙本訛作“盡”，《大正藏》録本承謬。今結合文意，據《大智度論》卷第七[T25n1509p111b20]改。

④ “跏”字前底本、《大正藏》録本有一“結”字，今結合文意，據乙本、《大智度論》卷第七[T25n1509p111b20]删。

⑤ 記，録本訛作“説”，據底本、乙本改。

⑥ 不，録本訛作“尔”，又繁化作“爾”，今據底本、乙本改。

如是慧而修行者，是究竟修身、口、意也。”

第四問云：“又今處於五濁惡世，自説無縛，彼亦無解，義如何者？”謹對：“‘濁’者，滓穢不清浄義。衆生所以處濁劫者，由自身命不清浄故。衆生及命皆渾濁者，由煩惱濁。有煩惱者，由其見濁，妄見塵沙，遍處生執，不清浄故，名之爲‘濁’。衆生本性，即是真如，常樂我浄，具恒沙德。自背[①]本源，妄生諸見，起煩惱業，受苦無窮。真樂本有[②]，失而不知；妄苦本空，得而不覺；如是一切，皆從見生；見濁不生，諸濁皆静。若離妄念，照達心源，浄相尚無，濁相寧有？離浄濁相，不見身心，無罣無礙，誰縛誰解？了無解縛，乃能離縛。但自無縛，彼亦能解。如斯妙義，著在群經。伏願披[③]尋，照然自見。”

第五問云：“佛有有餘、無餘涅槃，爲别實有？爲復假説？”謹對：“言‘涅槃’者，是‘圓寂’義。‘圓’謂圓滿，具衆得故；‘寂’謂寂浄，異苦障故。涅槃不同，諸教異説。就要而言，不過四種：一者、自性清浄涅槃，謂一切法[④]，本真如理，雖有容染，而本性浄，具無邊德，湛若虚空，一切有情，平等共有，其性本寂，故名‘涅槃’。二、有餘依涅槃，謂即真如出煩惱障。此有二種：若二乘人至無學位，此生死苦身之上，斷煩惱障，顯真如性，心德寂静，名爲‘涅槃’；而此苦身尚未棄捨，苦未寂静，名爲‘有餘依’；言‘餘依’者，即苦身也。若佛世尊，煩惱雖盡，身心寂静，名爲‘涅槃’；有餘無漏常樂我浄功德身在，依此身上所得涅槃，是故名爲‘有餘依涅槃’。三、無餘依涅槃，謂即真如出生死苦。此有二種：若二乘人至無學位，一切煩惱先以斷盡，今復更厭此苦依身，以滅盡定滅其心智，又自化火焚分段身，無苦依身，諸苦永寂，是故名曰‘無餘依涅槃’。若佛世尊，無漏功德，所依身上一切煩惱、生死苦惱悉已寂静，永無苦惱餘所依故，是故名曰‘無餘依涅槃’。四、無住處涅槃，謂即真如出所知障，大悲大智常所輔翼，由斯不住生死涅槃，利樂有情，窮未來際，用而常寂，故曰‘涅槃’。若諸菩薩至第五地，能斷下乘般涅槃障，能證真如

① 背，録本訛作“皆”，據底本、乙本改。
② 有，録本訛作“消”，據底本、乙本改。
③ 披，録本訛作“彼”，據底本、乙本改。
④ 法，乙本作“衆生”。

無住真理，名爲‘分得無住涅槃’。若佛世尊，一切障盡，摩訶般若解脱法身，三事圓滿，名‘大涅槃’。四涅槃中，一切衆生皆有初一，二乘、無學容有前三，唯我世尊可言具四。既四涅槃皆依真立，就其不同，據其真如，體無差別，故佛身上有餘、無餘但幻義存，實無有二。”

第六問云：“佛有三身：其法身者，周遍法界。化身各各，在一切佛。而［□］［其］①應身，有一有異？”謹對：“然其佛身，諸教異説，或開或合，義理多門。今者先明佛身之相，次則顯其開合之門，然後答其所問之義。統論諸教，有五佛身：第一身者，是諸如來真净法界，具無數量真②常功德，無生無滅，湛若虚空，一切如來平等共有。此有二名：一名‘法身’，是報化身諸功德法所依止故。二名‘自性身’，真如乃是諸法自性，是報化身實自性故。第二身者，是諸如來三無數劫所集無邊真實無漏自利功德，感得如是净妙色身諸根相好，一一無邊，相續湛然，盡未來際。此有三名：一名‘法身’，諸功德法所集成故。二名‘報身’，以果酬因受樂報故。三名‘自受用’，唯自受用妙法樂故。第三身者，謂諸如來三無數劫所集無邊利他功德，隨住十地菩薩所宜所顯漸勝相好之身。此有五名：一名‘他受用’，命他受用好法樂故。二名‘報身’，酬報菩薩見佛因故。三名‘應身’，應諸菩薩净心現故。四名‘化身’，前後改轉如變化故。五名‘法身’，諸功德法所莊嚴故。第四身者，是諸如來大慈悲故，爲未登地諸菩薩衆、二乘凡夫所現微少麁功德身故。此有三名：一名‘化身’，以非真身，如化現故。二名‘應身’，但應凡小心所現故。三名‘法身’，亦功德法所集聚故。第五身者，是諸如來爲化六道外道等類諸衆生故，所現種種異類身相。此有二名：一名‘化身’，但是暫時變化現故。二名‘應身’，暫應六道衆生現故。非法者，非功德法集成相故。明佛已顯開合者，或有聖教開爲五身，依廣義門，是分别故。或有聖教開爲四身，即五身中前之四身，不説第五，第四攝故，暫時化現，非久住故。或有聖教合爲三身，謂法、報、化。此有三義：或合五中前之二身，名爲‘法身’；其第一身是真如理，其第二身是真如智；理智無别，合爲一故。《金光明經》説法“如如智，名

① 其，底本無，聯繫文意，據乙本補。

② 真，録本訛作“其”，據底本、乙本改。

法身”故。其報身者,即是五中第三佛身報諸菩薩功德因故。其化身者,即五中第四化身,謂地前凡小現故。第二義者,或初法身,即前五中,第一佛身是諸功德法之體故。言報身者,合前五中第二、第三,有經論中皆名‘受用’,爲自、爲他受樂報故。化身即是五中第四,義如前説。此依大乘經論説也。小乘經論□(説)[1]法、報、化三身之義,與此不同。言‘法身’者,即是如來無漏戒蘊、定蘊、慧蘊、解脱蘊、解脱智見蘊;此五是其功德之法,是諸賢聖所依體故,名爲‘法身’。言‘報身’者,即是王宫父母所生三十二相、八十種好酬報過去因果故。言‘化身’者,即是如來所現神通化相[□][身][2]是。此有二種:一者共有,即同二乘所有現化十八變等;二不共有,即如經説如來所現大神變身。或有聖教合爲二身:一者法身,即合五中前之二身;二者化身,即合五中後之三身。義如前説。或有聖教合爲一身,即是五中前之四身皆功德法,總名爲‘法’。自體依止聚集義故,總名爲‘身’。顯開合竟。答所問者,所言法身周遍法界,此依五中前二身,説真如妙理及能證智平等皆遍故;‘化身各各,在一切佛’,即是五中第四佛身隨彼彼佛所現别故;‘應身爲一爲異’義者,此應身即當五中第三佛身。此佛應身,隨應十地菩薩所現。初地菩薩所現佛身坐百葉蓮花臺上,有一大千世界,其佛身量,稱彼蓮花。二地所見千葉蓮花。三地所見坐萬葉蓮花。乃至十地,如是轉增。初地見小,二地見大。同處同時,不相障礙。不可言‘一’,不可言‘異’。不可言‘一’者,十地所見各不同故。不可[□][言][3]異者,所見之佛無别處故。一刹那中,含三世劫。一佛住處有一切佛,一切國有一切佛。一即一切,一切即一。同處同時,不相障礙,以諸色法無實體故,真如理智無限礙故。如衆翳者,同於一處,所見差别,不相障礙。如衆燈光,各遍似一。由是義故,非但諸佛所現應身非一、非異,乃至報、化身亦爾。”

第七問云:“佛有一切智,因從[4]修行六波羅蜜。但本性清净,湛然不動,

① 説,底本無,録本作缺文,今據乙本補。

② 身,底本、録本無,據乙本補。

③ 言,底本無,聯繫文意,據乙本補。

④ 從,録本訛作“縱”,據底本、乙本改。

是一切智。此二種如何?”謹對:“佛一切智,有因有緣。因緣具足,乃得成就。本性清净、湛然不動是一切智者,據有因説也;因從[1]修六波羅蜜、成一切智者,就具緣説也。因緣具足,一切智成;隨闕一種,則不成就。此中隨闕因緣義者,雖有内因,若不修行十波羅蜜,無由能成佛一切智。若雖修行十波羅蜜,而心取相,乖背本因,亦不能成佛一切智。故《起信論》云如是報身功德之相,因波羅蜜無漏行薫,及由真如不思議薫。内外二重之所成就一切智用,在於報身。報身尚然,智何不爾?”

第八問云:“衆生若行諸菩薩行,發菩提心,如何發行?”謹對:“夫欲修行菩薩行者,先須發起大菩提心。然此發心,有其二種:一令初根發有相心,二令久[2]機發無相心。所言有相菩提心者,復有三種:一、厭離[□][有][3]爲心,爲説世間生死苦惱,令其厭離,不樂有爲,永斷諸惡,爲出離因。二、欣樂菩提心,爲説佛身無量功德,究竟安樂,令其欣樂修行諸善,爲成佛因。三、悲愍有情心,爲説悲愍一切衆生,自得無量勝妙功德,令生廣大救度之心。此三名爲‘大菩提心’。由有此心,能行萬行,故經説言此名‘加行持’,能持六度加勝行故。所言無相菩提心者,‘菩提’名‘覺’,即是真如。此性澄清,離一切相。但離妄念,覺道自成;何假起心,外念求取?若發心念,外求菩提;此乃妄心,返成流浪;縱修萬行,豈成菩提?今[4]者但能一切不發,是名‘真實發菩提心’。所言‘菩提’既即是‘覺’,不被一切煩惱破壞,即是諸法真實真心。所言‘發’者,即是顯發。但能不起一切妄情,菩提真心自然顯發,是名‘真實發菩提心’。雖名發心,而無所發,由無所發,無所不發,乃是廣發大菩提心;非但爲發菩提心,亦名‘真行菩薩’。妙行如前三種發菩薩心。若無後説真實發心,縱多劫修,終滯生死。如斯解釋,深契佛心,亦順大乘無相妙理。”

第九問云:“十地菩薩幾地有相?幾[□][地][5]無想?有想、無想,何者

---

① 從,録本訛作“縱”,據底本、乙本改。

② 久,録本訛作“九”,據底本、乙本改。

③ 有,底本、録本無,聯繫文意,據乙本補。

④ 今,録本訛作“令”,據底本、乙本改。

⑤ 地,底本、録本無,聯繫文意,據乙本補。

是行?”謹對:“夫‘想’與‘相’,心境不同。‘想’謂心想,‘相’謂境相。心境互依,不可離别。今所問者,約心想言,經論所明;就相境説,故《攝大乘》、《唯識》等論説五地前,有相觀多,無相觀少;至第六地,有相觀少,無相[□][觀][1]多;七地能得純無相觀,雖恒相續,由有功用;若至第八不動地中,常任運住純無相觀,有相功用,永不現行。故此八地初一念心所生功德,過前兩大阿僧祇劫所行萬行功德善根。第二念後,倍倍增勝。以此故知[2]修無相行,百千萬億恒河沙倍勝有相行。然菩薩萬行皆修,但於所修心無所住,是即名爲‘無相勝行’。不以無相都無所修,衹以有相、心有礙故,不能遍修一切諸行;是故無相、心無礙故,乃能遍修一切妙行。故經論説,八地已上,心無礙故,一切行中,起一切行,法駛流中,任運而轉。刹那刹那,功德增進。如是皆由得無相行,是故[□][無][3]相是真實行。”

第十問云:“菩薩具修諸解脱門,行法如何?”謹對:“然解脱門,有其多種。如《華嚴經》善財童子百二十處求善知識,一一皆爲説解脱門。事具經文,雖以備載,就本而論,具説一種。若入此門,諸門皆具,謂一切法,皆不離心。若心離念,無所分别,心無罣礙,即心解脱。諸解脱門,從玆證得。故經偈云:‘若分别境相,即墮於魔網。不動不分别,是則爲解脱。’又經偈云:‘相縛縛衆生,亦由塵重縛。善雙修正觀,方乃[4]得解脱。’”

第十一問云:“菩薩法身與佛法身同不同者?”謹對:“《大般若經》最勝天會所説法喻正與此□(同)[5]。今者謹依經文而説。最勝天王重白佛言:‘如來法身、菩薩法身,如是二身有何差别?’佛告最勝天王:‘當知身無差别,功德有異。’身無别者,同一真如、無别體故;功德異者,由滿、未滿有差别故。菩薩法身,功德未滿;如來法身,功德已滿。譬如無價末尼寶珠,若未施功、

① 觀,底本、録本無,聯繫文意,據乙本補。
② “以此故知”四字底本、録本作“此以知”,聯繫文意,據乙本改。
③ 無,底本、録本無,聯繫文意,據乙本補。
④ 乃,録本訛作“万”,又繁化作“萬”,今據底本、乙本改。
⑤ 同,録本作缺文,據底本、乙本補。

瑩磨[①]莊飾，與施功力、[磨][②]瑩莊飾，如是二相，雖有差别，而其珠體即無差别。當知此中，道理亦爾。同不同義，如經可知。”

第十二問云：“菩薩涅槃及與轉迴並不分别，義如何者？”謹對：“夫見涅槃，由執生死。不見生死，何執涅槃？既都無見，於何分别？具如二乘，未[③]離法執，不了諸法皆從念生，執有離心生死苦法，見身心外别有涅槃，執涅槃故，妄起欣求，著生死故，妄生厭離，是故欣厭皆是妄心，其由怖夢虎而生嫌[④]，翫空花而自樂。菩薩了達，照見心源。生死本空，亦何[⑤]所厭？涅槃無相，於何所欣？了空無相，别念不生，輪迴涅槃，故不分别。”

第十三問云：“菩薩所知不着[⑥]涅槃、不染世間，依何法者？”謹對：“菩薩了知法從緣起，如幻如化，非久非堅。既知諸法虚妄不真，何彼世間法所染污？此依初教，作緣起觀，知世如幻，能不染也。若能了達一切唯心，法從心生，心外無法，今所見者，但見自心，離[□][心][⑦]之外，都無所見。既無外法，何染世間？此依終教，作唯識觀，乃能不染世間法也。若了境界唯是自心，外境既無，心内何見？心既無見，念本不生，一切皆如，何所染污？此依頓教，作真如觀，則於世間無能所染。既知世法一切皆如，本來涅槃，何所取著？雖在世間，世法不染；雖得涅槃，而不樂著。即是無住大般涅槃，是故菩薩依此三種所説法門無染著也。”

第十四問云：“又大乘法，智慧、方便二種雙行，衆生欲行，如何起行？菩薩自在，則可能行；衆生不然，何能行者？”謹對：“此中義理，意趣[⑧]難知，若不審詳，詎身(申)[⑨]妙旨？今於此中，略述兩解：一云大乘之法有俗有真，俗則

---

① 磨，録本訛作“瑩”，據底本、乙本改。

② 磨，録本脱，據底本、乙本補。

③ 未，録本訛作“朱”，據底本、乙本改。

④ 嫌，底本不清晰，録本作“婬”，今據乙本改。斯2721號《〈大乘起信論〉廣釋》卷第四：“其由夢虎而生嫌，見空花而自樂。”可助勘。

⑤ 何，底本、録本訛作“可”，聯繫文意，據乙本改。

⑥ 著，録本訛作“善”，據底本、乙本改。

⑦ 心，底本、録本無，聯繫文意，據乙本補。

⑧ 趣，底本不清晰，録本作“取”，今據乙本改。

⑨ “身”、“申”二字俱失人切，“身”當爲“申”之借字。乙本即作“申”。

諸法若有若空，真謂都無空之與有。爲照空有，智慧要存；爲泯有空，方便須立。照空有故，俗智得生；泯空有故，真如成就。若唯照俗，未免輪迴；若但觀真，不起悲濟。照俗之行，由智慧成；證真之功，[由方便得。智慧方便，故要雙行；若闕一門，不達二諦。二云大乘之法，悲智][1]雙行；自行化他，闕一不可。若無自行，不異凡夫；如不化他，乃同小聖。此中智慧，即是自行以實智慧證[2]真如故。言方便者，即是化他，以權方便化衆生故。鳥具二翼，乃得翔空；車有兩輪，方能載陸。既知智慧、方便二門，凡夫欲行，但依此理。不能依斈(學)[3]，即是凡夫；若能修行，是稱菩薩。凡夫不斈(學)[4]，是繫縛人；井(菩薩)[5]能行，成自在者。要[6]先修斈(學)[7]，成自在人；非先自在，然後修斈(學)[8]。故凡夫者，亦能修行。"

第十五問云："聲聞、緣覺、菩薩三乘，於六塵境，各如何見？"謹對："三乘所見，理合不同。然其二乘，多分相似；故有聖教，合名'下乘'；[故][9]見有六塵，不[□][分][10]差别。而與菩薩，顯不同者，佛法理門，總有四種：因緣，唯識，無相，真如。二乘之人，唯了初一，知一切法，皆從因[11]緣生，六塵境界，皆是實有；見染見浄，有愛有憎；不了第二唯識門故，未達諸法皆從心生，執六塵境心外實有；不達第三無相門故，不許諸法本性[□][皆][12]空，遂執六塵實有自性；不達第四真如門故，不[□][信][13]諸法平等皆如，遂執六塵一一差别。菩薩具解四種理門，悟六塵境假從緣起，緣無自性，一切皆空，心生即

---

① "由方便得。智慧方便，故要雙行；若闕一門，不達二諦。二云大乘之法，悲智"二十八字録本脱，據底本、乙本補。

② 證，録本訛作"澄"，據底本、乙本改。

③ 斈("學"的俗體)，録本訛作"孝"，據底本、乙本改。

④⑦⑧ 斈，録本訛作"孝"，據底本、乙本改。

⑤ 井("菩薩"的俗體)，録本訛作"共"，據底本、乙本改。

⑥ 要，録本訛作"妄"，據底本、乙本改。

⑨ 故，録本脱，據底本、乙本補。

⑩ 分，底本、録本無，聯繫文意，據乙本補。

⑪ 因，乙本無。

⑫ 皆，底本、録本無，聯繫文意，據乙本補。

⑬ 信，底本、録本無，聯繫文意，據乙本補。

生，心滅即滅；若離心妄，平等皆如，無是無非，無取無捨，宛然而有，宛然而空；此是菩薩所見相也。聲聞緣覺執相未亡，故與菩薩所見[全]①別。”

第十六問云："緣覺、聲聞、菩薩三乘初發心相，行法如何？"謹對："夫發心者，皆由因緣，因謂衆生出世本性，此性即是諸法真如。由有此性，當得出離；然爲無明所覆障故，輪轉三界，沈溺死生，受苦無窮。不能出者，皆由不聞三乘正法。此三乘法，法界所流，故能熏發真如本性，令其[□][發]②起三乘之心。此義云何？謂佛世尊，證真如性，此性即是出世正因；如其所證，爲衆生説，擊發本性，故能發心；故發心因，是真如性。發心緣者，由聞三乘。聞大乘法發大心者，即名'菩薩'；聞緣覺法，發緣覺心，名爲'緣覺'；聞聲聞法，發聲聞心，即名'聲聞'。今此菩薩發心相者，謂聞大乘所説正法，説有爲法過患極多，世間諸法皆[□][可]③破壞，諸佛功德最勝無邊，二乘極果非是究竟，四生五趣同一真如，一切衆[□][生]④曾爲父母，流浪生死，受苦無窮，發心救度，功德無量；行菩薩行，能利自他，勇猛修行，速成佛果；由聞正法，能起信心，深厭世間有爲過患；於佛功德，深起願求；於諸衆生，普欲救度；因此能發大菩提心，勇猛修行菩薩妙[□][行]⑤；此是菩薩發心相也。緣覺乘人發心相者，此由宿世善根所成，於證果時出無佛世，故發心相，微隱難知；謂於過去種善[□][根]⑥時，遇緣便修，不念果報，所⑦聞正法，便起信心，亦不思惟勝劣德(得)失，但樂早得出離涅槃，不樂世間生死果報，由此成就解脱善根，善得人身，生無佛世；宿世所種善根力强，暫過外緣，成緣覺果；及得果已，不樂度人，常厭喧煩，樂獨善寂，故有經中名爲'獨覺'；此是緣覺發心之相。聲聞乘人發心相者，謂曾聞説四諦法門，知苦斷集，證滅修道；知此

① 全，録本脱，據底本、乙本補。

② 發，底本、録本無，聯繫文意，據甲、乙二本補。

③ 可，底本、録本無，聯繫文意，據甲、乙二本補。

④ 生，底本、録本無，聯繫文意，據甲、乙二本補。

⑤ 行，底本、録本無，聯繫文意，據甲、乙二本補。

⑥ 根，底本、録本無，聯繫文意，據甲、乙二本補。

⑦ 所，録本訛作"佛"，據底本、甲本、乙本改。

[□][苦][1]身，因煩惱集；若欲出苦，要斷集因；若永斷集，證涅槃樂，修八聖道，以爲正因，聞此法已，深起願求，便能修行戒空智慧，解脱分善，從此得成；由此善根，生於佛世，遇佛聞法，便得涅槃；此即聲聞發心相也。”

第十七問云：“又此三種皆入涅槃，聲聞、緣覺、菩薩涅槃各如何者？”謹對：“經説三乘皆同涅槃，然其涅槃應有差別。聲聞、緣覺，勝劣雖殊，而彼所證，同我空理。故二乘者，涅槃不殊。今以二乘同一位説，謂二乘人於此身上所得涅槃，名‘有餘依’，煩惱雖盡，苦身在故。飢渴寒熱，衆苦極多，深厭此身，欲求棄捨。以滅盡定，滅其心智；又身化火，焚滅此身。身心都無，如燈炎滅，衆苦俱寂，名‘無餘依’，如太虚空，寂無一物。此是二乘所得涅槃。二乘之人，作如是見。菩薩所得涅槃義者，於此義中，有其二説：一依唯識漸教説者，地前菩薩未得涅槃，一切苦障皆未斷故。地上雖得百法明門，能證二空真如妙理，爲化衆生起煩惱故，不得名曰‘有餘涅槃’；未捨生死有微苦故，不得名曰‘無餘涅槃’。由有下乘般涅槃障，由是未得無住涅槃；要至第五地方斷此障，故至五地方能證得無住涅槃。此是菩薩涅槃相也。二乘所得是有、無餘，菩薩所得是無住處，故與二乘涅槃别也。此依漸教，作此分别。若依頓教分别説者，菩薩能了一切皆空，一切萬法，[皆][2]從心起，心若不動，一切皆如，能除分别執著心故。了真實相，不起妄心，即是清净涅槃妙理。雖得此理，都無所得；由無所得，無所不得。無所得故，離諸苦障，是無餘依；無不得故，功德成就，是有餘依。生死涅槃，但無所住，是無住處。由無所得，自性無染，是名‘自性清净涅槃’。此是頓教涅槃相也。是謂三乘涅槃差别。”

第十八問云：“大乘經中，有説三乘是方便説；或説究竟，或説二乘皆得成佛，或説二乘不得成佛，義如何者？”謹對：“佛法教[□][旨][3]，深廣無邊，隨所化宜，隱顯異説。顯即究竟真實理門，隱即方便隨轉理門。隨轉理門是不了義，隨小乘宗義可轉故；真實理門是真了義，是實大乘圓極理故。由有

① 苦，底本、録本無，聯繫文意，據甲本補。

② 皆，録本脱，據底本及甲、乙二本補。

③ 旨，底本、録本無，聯繫文意，據甲、乙二本補。

二種理門别故，經或説有定姓(性)二乘，或經説有不定姓(性)二乘；或得成佛，或不成佛。總説須(雖)[1]然，别分别者，略明種姓(性)，有其二門：一、就種子，别立五乘；二、就真如，唯立一姓(性)。初約種子立五姓(性)者，無盡意等諸經所説，一切衆生有五種姓(性)：一、無種姓(性)，謂無三乘出世種子，由此畢竟常處凡夫。二、聲聞姓(性)，謂即本有聲聞種子，由此定成聲聞菩提。三、緣覺姓(性)，謂本有緣覺種子，由此定成緣覺菩提。四、佛種姓(性)，謂即本有佛種子，由此定得無上菩提。五、不定性，謂具三乘無漏種子，由此漸得三乘菩提。此種子非是新生，從本已來法爾而有。諸經論中言佛性者，即是第四成佛正因，由有此性當成佛故，故此種子名爲'佛性'，不以真如名爲'佛性'。若以真如爲佛性者，草木瓦石皆有真如，則草木等皆應成佛。經説衆生得成佛者，唯約有此佛種性人。而説一切皆成佛者，即是一切有佛種者，非前三類皆得成佛。經説二乘不成佛者，説第二、三決定性人，定入涅槃不成佛故。有説二乘得成佛者，唯約第五不定性人，迴心向大，乃成佛故。經説闡提不出世者，但約第一無種性人，無三乘因，永沈溺故。衆生既有如是五性，故佛爲説五乘法門：爲第一人説人天法，五戒十善生人天故；爲第二人説四諦法，命觀染净成阿羅漢故；爲第三人説十二因緣，令觀因緣成緣覺故；爲第四人説波羅蜜，令修萬行得成佛故；爲第五人具説三乘，令漸修行成佛果故。既有如是定性三乘，故三乘法是其實理。而有經中説一乘者，但爲别攝不定性人，令捨二乘、向佛果故，就權方便，假説一乘。定性二乘若成佛者，則一乘法應是真實，何故？《深密》及諸經中説一乘法是不了義？後約真如立一性者，即《涅槃》等諸經皆説一切衆生皆有佛性，即是諸法真如一切衆生平等共有，由有此性，皆得成佛，故説衆生皆唯一性。既諸衆生皆當得佛，即一切行皆順真如，是故唯立一乘正法。而經有説五乘性者，但由無明厚薄不同，出世因緣有小有大，故有五乘種性差别。無明厚者未起信心，是阿闡提，名'無種性'；無明薄者發出世心，隨同三乘，成三乘性；故有三乘決定性人。若於三乘俱可愛樂，是故名爲'不定性'人。此五種性既近

① 須，乙本作"雖"。張相《詩詞曲語辭匯釋》卷一："須，猶'雖'也。"下文："總説雖然，别分别者，以諸聖凡有二種障，由此能感二種生死。"即作"雖"字。

熏成,近可令其得利樂故。故佛隨姓(性),爲説三乘:爲無姓(性)人説人天法,爲三乘人説三乘法。然其三乘,有隱有顯。初爲别攝小乘姓(性)人,令其證得小乘果故,是故隱覆爲説小乘,不言所説是小乘法,不道别有無上大乘。佛説自身是阿羅漢、'我與汝等,同在一乘'。衆生由[□][是][1]得成聖果,不知别有究竟大乘,執我與佛等無差别。世尊爲破如是執著,及爲别攝大乘姓(性)人,令普修行大乘法故,更爲顯説三乘法門,乃説三乘是其實理,言一乘者是權教門。《解深密經》依此而説。此就麁淺近緣門説,有此五性三乘法門。若就真如微細正因,一切衆生皆有佛性,是故究竟唯有一乘,一切二乘皆得成佛,决定實無定性二乘,十方佛土唯一乘法,故知實理唯一佛乘。《法花經》等依此而説。而《深密經》言一乘法,不了義者一乘有二:一者方便,即前所説,合三爲一,權説一乘。二者真實,即《法花》説會三歸一,實説一乘。《深密》所言一乘之法,不了義者説前一乘,非説《法花》後教一乘,在《深密》後説《法花》故。既知衆生皆有佛性,一切皆得成佛菩提,故無一分無性衆生盡未來際不出離者,亦無一類定性三乘定入涅槃不迴心者。如此説者,是小乘教;設有大乘作此説者,當知皆是隨轉理門,非是大乘究竟實理。"

第十九問云:"經説聲聞所得涅槃與佛無異,後智三身一切並滅,猶如燈焰,滅即無餘。此是定説?是不定説?"謹對:"聲聞涅槃,與佛全别。言無異者是小乘宗,佛爲化彼下性衆生,令其證得阿羅漢果,説身極苦,令起厭心。但有身者,皆是苦惱,故得涅槃,一切皆滅。由此永寂,安樂無爲。而我修行,成此滅度;我所得者,汝亦得之;故説三乘,同一解脱,説佛與彼,同一涅槃。後智三身,一切皆滅,如燈焰滅,餘燼亦無。依小乘宗,而作此説;據其實理,或即不然。言'涅槃'者,是'圓寂'義;'圓'謂圓滿,三德具足;'寂'謂寂静,衆苦皆無。三身若無,説誰[2]圓寂?四智既滅,誰證涅槃?故佛涅槃,非是永滅;萬德具足,衆善斯圓。據此涅槃,唯佛獨有;故聲聞等,未得涅槃。方便門中,説聲聞得涅槃不同,有其二種:一者方便,二者真實。方便涅槃又

① 是,底本、録本無,聯繫文意,據甲、乙二本補。

② 誰,録本訛作"難",據底本、甲本、乙本改。

有二種：一者外道，二者聲聞。外道即以生無想天、生無色界、離欲界苦，假説'涅槃'；聲聞即以斷麁煩惱、入滅盡定、麁動息滅，名曰'涅槃'，亦與外道'涅槃'差别。外道滅度，不離四生；聲聞涅槃，乃出三界，雖與外道滅度不同，亦與大乘涅槃有異。大乘所得，究竟無餘，真實無爲，常樂我净；聲聞所得，但名'有餘'，未名'無餘'，究竟滅度，有三種餘，非無餘故。言'無餘'者，一、煩惱餘，即所知障；二、業行餘，即無漏業；三、果報餘，即意生身。總説雖然，别分别者，以諸聖凡有二種障，由此能感二種生死：以煩惱障從我執起，能發凡夫五趣漏業，能感凡夫分段苦身；以所知障從法執生，能發聖人净分别業，感得聖人變易苦身。二乘已能斷煩惱障，滅有漏業，離三界生，能得有餘涅槃樂故，厭此麁苦所依身心，欲入無餘寂滅安樂，以滅盡定，滅其心智，又以化火，焚燒苦身，謂言一切如燈焰盡。所滅心者，滅六識心，豈能滅得阿賴耶識？所焚身者，焚分段身，豈能焚得變易身相？非彼知見，不能除故。分段身心雖然滅已，由所知障不能滅故，後無漏業亦不捨故，阿賴耶[□][識][1]不可段故。法尔[2]皆有變易報續。此變易報名'意生身'。此身微細，餘不能見，欲入滅時，滅六識故。意生身上，六識不行，如重醉人，都無知覺，後滅盡定，勢力盡故，佛悲願力，所資重故；還從定起，如重醉醒，見意生身，在佛净土，始知不是無餘涅槃。故《楞伽經》依此偈云：'三昧酒所醉……乃至劫不覺。'酒消然後可覺，得佛無上身。又《智度論》依此説云：'有妙净土，出過[3]三界。諸阿羅漢，生在其中。'既聲聞等求得涅槃，豈更與佛涅槃無異？故前所言三乘涅槃與佛同者，是不定言[4]，執見小乘，妄興此論。達觀君子，詎可從之？"

第[5]二十問云："大乘經説一切諸法皆無自性，無生無滅，本來涅槃。既尔[6]，如何更須修道？一切自然得涅槃故。"謹對："佛説法空，爲除有執。有

① 識，底本、録本無，聯繫文意，據甲、乙二本補。
② 尔，底本、録本作"示"，聯繫文意，據甲、乙二本改。
③ 乙本以下缺。
④ 言，底本、録本訛作"定"，聯繫文意，據甲本改。
⑤ 第，録本訛作"等"，據底本、甲本改。
⑥ 尔，底本、録本作"示"，聯繫文意，據甲本改。

執除已，空法亦除。若更執空，卻成重過。如藥治病，病息藥亡。既於藥病皆不合留，故於有空並不可著。故《深密經》依此義云勝義生菩薩白佛言：'世尊！世尊初說一切諸法生相滅相，未生令生；生已相續，增長廣大。世尊復說一切諸法皆無自性，無生無滅，本來寂静，自性涅槃。未知世尊是何密意？'世尊告言：我初爲彼未種善根令得種故，未滅諸障令其滅故，未滅資糧令成熟故，故爲宣說生相滅相，未生令生，生已相續。若諸衆生已種善根，已滅諸障，已能成熟福知資糧，然由未能除其執著，未能證得安樂涅槃，故我爲說一切諸法皆無自性，無生無滅，本來寂静，自性涅槃。若諸衆生已種善根，已滅諸障，已成資糧，是智慧類，非愚癡類，聞我說是無自性法，便能信受，善解佛意，如理修行，而離執著，證得究竟安樂涅槃。此無自性，無生滅法，則於彼人成大利益。若諸衆生未種善根，未滅諸障，未成資糧，聞我說是一切諸法皆無自性、無生滅法，雖能信受，不能善解所說意故，而定執著，由執著[□][故][1]，起斷滅見，執一切法實無性等，於諸善法不肯修行，不種善根，不滅諸障，不能成就[2]福智資糧，誹謗一切有自性法，破滅一切功德善根；故無自性甚深妙法，即於彼人成大衰損。經文極廣，旨散文弘，故於今者，探意而說。至教昭著，自可依憑；如或廣明，恐成繁重。"

第二十一問云："其含藏識與大智慧雖有清濁，是一是異？義如何者？"謹對："含藏識是阿賴耶。大智慧者即如來藏，有大智慧光明性故。清濁雖異，性相難分。由此言之，非一非異。故《密嚴經》依此偈云：'如來清净藏，世間阿賴耶。如金與指環，展轉無差別。'金與指環喻如來藏與阿賴耶非一、異義。非一、異者，如《楞伽經》云：'泥團微塵，非一非一異。金莊嚴具，亦復如是。'謂金全體，以成指鐶，故金與鐶，不可一、異。若金與環是一者，鐶相滅時，金體應滅；環相若滅，金體不亡，故金與環不可言一。金與環相若是異者，豈離金外，環相得存？非可離環，別求金體，金與環相，非一、異成。藏識與智，當知亦爾。如來藏者，即是真心；阿賴耶者，乃是妄識。真心清净，即是本源；妄識生滅，乃成流浪。總說雖然，別分別者，謂如來藏本源真心，性

---

① 故，底本、録本無，聯繫文意，據甲本補。

② 就，録本訛作"孰"，據底本、甲本改。

雖清净，常住無爲，而亦不守本静[□][性][1]故，受無明熏，動成妄識，隨流生死，而作衆生。雖成衆生，不失本性，故離妄識，還歸本源。若如來藏，守常住性，不作衆生，有常邊過。若如來藏，成衆生時，失其本性，有斷邊過。既如來藏，非斷非常，故與妄識，非一非異。若定一者，妄識滅時，真心應滅，即隨斷邊；若定異者，妄識動時，真心不動，即墮常邊。離此二邊，故非一非異。所問之因，依法性宗；所對之門，依頓教立。與唯識等，義稍不同。宗旨有殊，伏惟昭鑒。"

第二十二問云："佛在世時，衆僧共行一法；乃佛滅後，分爲四部不同。於四部中，何是一法？"謹對："佛在世時，大師導世；真風廣扇[2]，法雨遐[3]霑；共禀慈尊，别無師範；大士懷[4]道，不二法門；小乘遵途，混一知見；並無異轍，咸禀通達。及至覺歸真，邪魔孔熾，群生失御[5]，正法陵夷，遂使一味之法分成諸見之宗，三藏微言湮滅群迷之口，競申别趣，各檀師資，互起憎嫌，更相黨换，始分部執，盛開二十之名，終久流行，但聞四、五之[6]説。所言四者，即是西域，各有三藏，盛行四宗：一、上座部；二、説有部；三、大衆部；四、正量部。言五部者，即是東方，但就律宗，[□][説][7]有五部：一者、《薩婆多》，即《十誦律》，漢地似行；二、《曇無德》，即《四分律》，漢地盛行；三、《彌沙塞》，即《五分律》，漢地少行；四、《摩訶僧祇》，即《僧祇律》，漢地不用；五、《迦攝毘耶律[8]》，空傳律名[9]，但有戒本。東方五部從西域來。西域四部咸傳本有，皆稱'佛説'，並號'聖言'。今者須明有之始末。部執初興，即二十别；及傳永久，唯四、五存。先明二十名之所因，後配四、五教之同異。言二十部者，《文

---

① 性，底本、録本無，聯繫文意，據甲本補。
② 扇，録本訛作"局"，據底本、甲本改。
③ 遐，底本、録本訛作"段"，聯繫文意，據甲本改。
④ 懷，録本訛作"壞"，據底本、甲本改。
⑤ 御，録本訛作"腳"，據底本、甲本改。
⑥ 之，録本訛作"云"，據底本、甲本改。
⑦ 説，底本、録本無，聯繫文意，據甲本補。
⑧ 律，甲本無。
⑨ 名，録本訛作"各"，據底本、甲本改。

殊經》云:‘十八及本二,皆從大衆出。無是亦無非,我説未來起。’所言‘本二’,有其兩重。佛涅槃後十有二年,大迦攝波思集法藏,擊妙高山,普告之曰:‘諸聖者等,勿入涅槃,集王舍城,當有法事。’是時四潤洲聖衆咸集,未生怨王,盛興供養。過七日已,大迦攝波恐人衆多.難成法事,簡取五百無學聖僧精持三藏具多聞者,於七葉窟而座安居。雨前三月,集成三藏:一、素怛羅;二、毘奈耶;三、阿毘達摩。餘衆亦有通三藏人,既被簡退,共悲歎曰:‘如來在日,同一師學[①]。法王寂滅,簡異我曹。欲報佛恩,宜集法藏。’於其窟外空閑林中坐雨安居,集成五藏。前三更加呪藏、雜藏。初以迦攝僧中上座,名‘上座部’。後以凡聖大衆同居,名‘大衆部’。此即是其第一重本。既結集已,於二法藏隨樂受持,不相非斥[②]。至佛滅後百有餘年,去聖時俺(淹)[③],如日久没。摩羯陀國俱蘇摩城王號‘无憂’,統攝贍部,感一白蓋,化洽[④]人神。是時佛法,大衆[□][初][⑤]破,謂因四衆共議大天五事不同,分成兩部。言‘四衆’者,一、龍象衆;二、邊部衆;三、多聞衆;四、[□][大][⑥]德衆。言‘大天’者,末兔羅國有一商人,婚娶幼妻,生一兒[⑦]子,顔貌端正,字曰‘大天’。商人賀遷,久滯他國;子既年壯,母逼行丞[⑧]。後聞父還,心壞(懷)[⑨]怖懼,與母設計,遂煽殺之。恐事漸彰,共竄他國,逃難展轉,至波吒釐。彼城遇逢,門師羅漢,恐泄家事,矯請[⑩]殺之。母後他非,其子遇見,悔恨交集,遂

① 學,底本作“斈(“學”的俗體)”,録本訛作“孝”,今據底本、甲本改。

② 斥,録本訛作“序”,據底本、甲本改。

③ 結合文意,此“俺”當爲“淹”字之訛。《爾雅·釋詁下》:“淹,久也。”

④ 洽,録本訛作“冷”,據底本、甲本改。

⑤ 初,底本、録本無,聯繫文意,據甲本補。

⑥ 大,底本、録本無,聯繫文意,據甲本補。

⑦ 兒,底本、録本訛作“兀”,聯繫文意,據甲本改。

⑧ 丞,録本作“亟”,據底本改。此字甲本作“烝”。揣摩文意,“丞”、“烝”皆當爲“烝”之訛字。《左傳·桓公十六年》:“衛宣公烝于夷姜。”杜預注:“夷姜,宣公之庶母也。上淫曰‘烝’。”

⑨ 壞,此當讀如“懷”。《書·顧命》:“無壞我高祖寡命。”于新吾新證:“壞,本應作‘褱’,即‘懷’。晚周壞、懷通用。”

⑩ 請,録本訛作“清”,據底本、甲本改。

又殺之。雖造三逆，不[□][斷][1]善根；憂悔罪深，何緣當滅？傳聞沙門有滅罪法，遂至鷄園伽藍門外，見一苾芻誦伽他曰：'若人造重罪，修善能滅除。彼能照世間，如日出雲翳。'大天聞偈，踴躍歸知。故[2]請出家，有僧遂度。性識聰敏，三藏遽通；詞論既清，善於化導。彼吒釐人，無不歸仰。既耽名利，惡見乃生，矯言'我得阿羅漢果'，五惡見事，從此而生。既稱得聖，人惑聖凡，育王頻請說法供養。見諸宮女，不正思惟，於夜[3]夢寐中，漏失不凈。浣衣弟子怪而問之：'豈阿羅漢有斯漏失？'大天矯答：'魔嬈使然。以漏失因，有其二種：煩惱漏失，羅漢即無；不凈漏失，無學未免。羅漢豈無便痢涕唾？然諸天魔常疾佛法，見行善者，便往壞之。縱阿羅漢，亦被嬈亂。故我漏失，是彼所爲。汝今不應有所疑怪？'又彼大天，欲令弟子益生歡喜，親附情發，次第矯受。四沙門果弟子怪疑，咸來白曰：'阿羅漢等應各證知，如何我等都不自覺？'大天告曰：'諸阿羅漢，亦有無知，勿自不信。謂諸無知，亦有二種：一者、染污，羅漢即無；二、不染污，無覺由有。由斯汝輩，不能自知。'又於一時，弟子啓白：'曾聞聖者已度諸疑，如何我等尚疑諦實？'大天又告：'諸阿羅漢，亦未免疑，疑有二故。隨眠性疑，羅漢已無；處非處疑，無覺猶有。獨覺於此而尚有之，況汝聲聞能無疑惑？'後[4]諸弟子，披[5]讀諸經，因白師言：'經說無覺有聖慧眼，我於解脱應自證知，如何但由師言悟入？'彼即答言：'有阿羅漢，但由他入，不能自知。如舍利子智慧第一，佛若不記，猶不能知，況汝等輩非由他入？是故汝等不應自輕。'然彼大天，雖造衆罪，不起邪見，不斷善根。後於夜中，自懷罪重，當於何處，受諸極苦？憂惶所逼，數唱'苦哉！'近住弟子，驚怪來問[6]。彼便告言：'我呼聖道，謂有聖道，若不至誠，稱苦命喚，終不現前。故我夜唱"苦哉"矣。'大天於後集先所說五惡見事而作頌

---

① 斷，底本、録本無，聯繫文意，據甲本補。

② 故，甲本作"固"。

③ 夜，甲本無。

④ 後，録本作"設"，底本不清晰，聯繫文意，據甲本改。

⑤ 披，録本訛作"被"，據底本、甲本改。

⑥ 問，録本訛作"聞"，據底本、甲本改。

[□][曰][1]：'餘所誘無知，猶預他命入，道因聲故起，是名"真佛教"。'十五日夜布灑陀時，次當大天昇座誦戒，彼便自誦所告伽他。爾時衆中有覺無覺、多聞持戒、修静慮者，聞彼所説，無不驚呵：'咄哉[2]！愚人！寧作是説？此於三藏，曾所未聞。'咸即翻彼所説頌云：'餘所誘無知，猶豫他令入，道因聲故起，汝言非佛教。'於是竟鬪[3]諍紛然，乃至崇朝，朋黨轉盛。城中仕庶，乃至大臣，相次來和[4]，皆不止息。王聞見已，亦復生疑，遂乃令僧，兩朋别住。賢聖朋内，耆年雖多，而僧數少。大天朋内，耆年雖少，而衆數多。王遂從多，依大天語，訶伏餘衆，事畢還宫。時説聖賢，知衆乖違，欲往他所。育王聞已自怒：'今日[5]宜載破船，中流墜溺，驗其聖凡。'時諸聖衆，遂運神通，又接同志、諸凡夫衆，變種種形，陵空而去。王聞悲悔，遣人追尋。王躬固迎[6]，僧殼辭命。王遂總捨迦濕彌羅，造僧伽藍，安置聖衆。於後大天，相者見之[7]，竊記七日，定當命盡。弟子聞已，憂惶白師。便矯答言[8]：'吾久知[□][矣][9]！'遣人散告涅槃之期。王庶悲哀，香[□][薪][10]焚葬，火至便滅，竟不能然(燃)[11]。占相者云：'不消厚葬，宜狗糞[12]汁而洒穢之。'便依其言，火遂炎發，焚蕩儵盡，飄散無遺。由是乖諍，僧成兩部。大天朋黨取結集時，'大衆'爲名，名'大衆部'。諸賢聖衆取結集時，'上座'爲名，名'上座部'。此即本部第二重分。是十八部之根本也。大衆部中，既無賢聖。二百年初，因有

① 曰，底本、録本無，聯繫文意，據甲本補。
② 哉，録本訛作"𢦏"，據底本、甲本改。
③ 鬪，録本訛作"聞"，據底本、甲本改。
④ 和，録本訛作"知"，據底本、甲本改。
⑤ "今日"二字録本訛作"今曰"，據底本、甲本改。
⑥ 迎，底本、録本訛作"仰"，聯繫文意，據甲本改。
⑦ 之，録本訛作"云"，據底本、甲本改。
⑧ 言，録本訛作"定"，據底本、甲本改。
⑨ 矣，底本、録本無，聯繫文意，據甲本補。
⑩ 薪，底本、録本無，聯繫文意，據甲本補。
⑪ 然，後作"燃"。該字甲本作"燃"。
⑫ 糞，録本訛作"番"，據底本、甲本改。

乖諍，前後四破，流出八部。初第一[□][破][1]，流出三部：一者、説世、出世法皆是假，既唯説假，名‘一説部’。二者、世法顛倒，則不名‘實’，説出世法實，名‘説出世部’。三者、上古有仙，染鷄生子，部主姓氏，名‘鷄胤部’。第二破者，又因乖諍，流出一部。此師學廣，玄悟佛經，勝過本部，名‘多聞部’。第三破者，又有一師，説世、出世亦有少假，不同一説及説出世，名‘説假部’。第四破者，二百年滿，有一外道，捨邪歸正，亦名‘大天’，重詳五事，分出三部：一者、此人所居山似靈廟，即依本處，名‘制多山部’。二者、又有一類，與此乖違，住制多山西，名‘西山住部’。三者、又有一類，乖前二見，住制多山北，名‘北山住部’。故大衆部，四破别分，本末别説，有其九部。其上座部，賢聖住持，經爾所時，一味和合。三百年初，四百年末，本未七破，爲十一部。第一破者，有一大德，造發智論，令後進者，研究深[2]宗。其諸上坐，先唯習定，既遭詰難，自耻無智，避論者移居雪山，轉立别名，名‘雪轉部’。其學論者，説一切法皆有實體性，名‘説一切有部’。又説‘有’爲‘因’，亦名‘説因部’。第二破者，於有部中，流出一部。上古有仙，染牛生子，是部性(姓)[3]名‘犢子部’。第三破者，從犢子部流出四部：一、謂部主有法可上，法在人上，名‘法上部’。二、顯部主姓賢□(至)[4]善，賢聖苗裔，名‘賢胄部’。三、顯部主善立法義，刊定無邪，其量必正，[名‘正][5]量部’。四、謂部主所居近山，林木蓊欝，繁而且密，名‘密林山部’。第四破者，復從有部流出一部，謂此部主身雖出家，本是國王，名‘化地部’。第五破者，從化地部流出一部，部主業弘，[□][含][6]容正法，如藏之密，名‘法藏部’。第六破者，三百年末，復從有部流一部，部主上代有仙，身真金色，飲弊餘光，名‘飲光部’。第七破者，四百年末，復從有部流出一部，自稱‘我以慶喜爲師，依經立量’，名‘經量部’；説有種子能從前世轉至後世，名‘説轉部’。如是上座，本末重破，兼本共成

[1] 破，底本、録本無，聯繫文意，據甲本補。
[2] 深，底本、録本訛作“染”，聯繫文意，據甲本改。
[3] 性，甲本作“姓”。
[4] 至，録本作缺文，據底本補。
[5] “名正”二字録本脱，據底本、甲本補。
[6] 含，底本、録本無，聯繫文意，據甲本補。

十一部，計通前九部，爲二十焉：一、大衆部；二、一説部；三、説出世部；四、鷄胤部；五、説假部；六、多聞部；七、制多山部；八、西山住部；九、北山住部；十、上坐部；十一、説一切有部；十二、犢子部；十三、法上部；十四、賢胄部；十五、正量部；十六、密林山部；十七、化地部；十八、法藏部；十九、飲光部；二十、經量部。已明二十部因由竟。以四、五部相配屬者，漢地所明[①]五部名中，'薩婆多'者，即四部中'説一切有'，當二十中第十一部。'曇無德'者，唐言'法藏'，四部中無，即二十中第十八部。'彌沙塞'者，唐言'化地部'，四部中無。是二十中，第十七部'摩訶僧祇'，四中'大衆'，即二十中第一部也。'迦攝毘耶'，唐言'飲光'，即二十中第十九部。其四部中，初一'上坐'，五部中無，即二十中是第十部。四中'正量'，五部中無，是二十中第十五部。如是東西，共行六部：一、上坐部；二、説有部；三、大衆部；四、正量部；五、化地部；六、法藏部。餘十四部，兩處不行。其化地部，本出印度，印度已滅，于闐盛行。其法藏部，本出西方，[西方][②]不行，東夏廣闡。化地、有部，漢地似行。上坐、正量，印度盛行，餘方不見。初分部時，二十具足。去聖漸遠，法教淪湑[③]。住持人無，部計即滅；住持人在，部計乃存。不以諸部有是有非，而其部執有存有没；不以法有用[④]不用，而於諸部論正論邪。如析金杖，彼此俱金；但依修行，皆得四果。如有毁謗，並墮三塗。情見不乖，皆是一法。知見宣者[⑤]，即相是相。非識解寬者，乃無彼無此；迷情執見，則有增毁過生。若達士[⑥]通情，豈有慊（嫌）謗正法？以斯解釋，用[□][蕩][⑦]群疑。願審參[⑧]詳，無迷一法。[⑨]

大乘二十二問本。

丁卯年三月九日寫畢，比丘法燈書。

---

① 明，録本訛作"的"，據底本、甲本改。

② "西方"二字録本脱，據底本、甲本補。

③ 湑，録本訛作"湑"，據底本、甲本改。

④ "用"前録本衍一"法"字，據底本、甲本删。

⑤ 者，録本訛作"先"，據底本、甲本改。

⑥ 士，録本訛作"土"，據底本、甲本改。

⑦ 蕩，底本、録本無，聯繫文意，據甲本補。

⑧ 參，録本訛作"爾"，據底本、甲本改。

⑨ 以下内容甲本無，甲本尾題："丙申年二月日書記。"

敦煌本古佚與疑僞經校注

以《大正藏》第八十五册爲中心

7

于淑健　黄征　整理

鳳凰出版社

No. 2819 諸經要抄

[題解]

諸經摘録，文中摘録了《佛藏經》、《般若波羅蜜多心經》、《金剛經》、《維摩經》、《楞伽經》等多部經典的部分經文，對佛典中的法身禮、不净説法、净説法、有諍法、有爲法等加以轉述，作者及卷數不詳。《大正藏》本出注："【原】大谷大學藏敦煌本，首題新加。"今核，所據原卷實爲大谷敦(二)第 24 號。今校注仍以該卷爲底本。

______[①]諍。舍利弗！如是見人，我則不聽出家受戒。舍利弗！如是見人，我則不聽受一飲水以自供養……但懃修習無相三昧，於無相三昧亦□(不)[②]取相。是人通達一切諸法相皆是一相，所謂無相。"

《佛藏經・念佛品》云"惡知識"："佛告舍利弗：若有比丘教餘比丘：'汝當念佛、念法、念僧、念戒、念施、念天，唯愛涅槃畢竟清净。'如是教者名爲'邪教'，謂是正教而是邪教。舍利弗！如是教者名爲'惡知識'。是人名爲'誹謗於我，助於外道，亦爲他人説邪道法'。舍利弗！如是惡人我乃不聽受一飲水以自供養。舍利弗！是念佛法，斷語言道，過出諸念，不可得念，是名'念佛'。舍利弗！一切諸念，皆寂滅相。隨順是法，此即名爲'修習念佛'。不可以色念佛。何以故？念色取相，貪味爲識。無形無色，無緣無性，是名'念佛'。是故當知：無有分别，無取無捨，是'真念佛'。"

---

① 首缺。

② 不，底本殘，録本脱，據文意補。

《佛藏經·念法品》云“善知識”:“舍利弗!是人爾時都無所有,寂滅無性,不集諸相,滅一切法,是則名爲‘修習念佛’。念佛名爲‘破善、不善一切覺觀’。無覺無觀,寂然無想,名爲‘念佛’。何以故?不應以覺觀憶念諸佛。無覺無觀,名爲‘清净念佛’。舍利弗!隨所念起一切諸想,皆是邪見。舍利弗!隨無所有,無覺無觀,無生無滅。通達是者,名爲‘念佛’。如是念中無貪無著,無逆無順,無名無相,無想無語,乃名‘念佛’。是中乃無微細小念,何况麁身、口、意業?無身、口、意業處,無念,無分别,空寂無性,滅諸覺觀,是名‘念佛’。汝念佛時,莫取小想,莫生戲論,莫有分别。何以故?是法皆空,無有體性,不可念一相。所謂‘無名’,是名‘真實念佛’。何以故?如來不名爲色,不名爲想,不名爲念,不名爲分别,不逆不順,不取不捨,非定非慧。是人於佛猶尚不得,何况於念?舍利弗!如是教者,名‘善知識’。若人成就如是相者,世間希有。得不顛倒真實見故,是爲‘正見’。復次,舍利弗!‘正見’者,名爲‘正作’、‘正行’、‘正道’、‘正解’,無有顛倒,如實而見,是故如來説名‘正見’。若生我想、人想、衆生想者,當知是人皆是邪行。”

《佛藏經》云“惡知識”:“舍利弗!人以清净信等諸根,出家學道,遇惡知識。惡知識者,常好調戲,輕躁無羞,言語散亂,不攝諸根,心不專一,癡如白羊。親近如是惡知識者,失須陀洹果、斯陀含阿那含果、阿羅漢果,乃至失於生天之樂,况涅槃道?舍利弗!是人隨惡知識,若生人中,父母生離,死亡喪失,親里衰惱,國土破壞;生八難中,捨於樂處。遇惡知識,生無佛處。若值佛世,目不喜見,不喜聞法,不與佛衆而和合。”

念誦結護法普通諸部

三藏金剛智授與灌頂弟子

凡欲念誦,先須護身,結界澄想,觀察本尊聖者,起慈悲心,愍念有情,發大誓願,迴向菩提,方可念誦。持四種念珠,作四種念誦:一者,音聲念誦。二者,金剛念誦,合口動舌默誦是。三者,三摩地念誦,心念是也。四者,真實念誦,如字義修行是也。能令行者速證無上菩提,具一切智。此心真言,是一切諸佛第一義,真如智中流出,非是作法顯現。如巧色摩尼,能滿諸願,一切諸佛同聲共説。思惟之時,唯是明朗,亦不見身之與心,况無一物,法非空故。若久能熟,當自證智。作是觀時,誦密言曰:“[□□□□□□□□□□□□□□□□□□□□][唵嚩日羅(二合)滿吒(上)藍鉢囉(二合)避捨迷。][①]”念此明者,即能證入一切灌頂曼荼羅位,於諸菩薩祕密法門隨意無礙。作是觀時,不復延促,務在證入。若能一一與心相應,方大成就。一切時處作意,任運相應,無所罣礙。一切妄想貪瞋癡等,不假斷除,自然不起,性常清净。此真實法門,是一切衆生自性清净心,名爲“圓鏡智”。上從諸佛,下至衆生,悉皆同等,無有增減。但爲無明妄想所覆,令其法體不得顯現。作是觀者,便證解脱一切智三昧,名爲“地前三賢位”。所有動作,任運相應,自然進入初地,生大歡喜。所以然者,以觀月爲方便,具有三義:一、“月清净”義,離貪欲垢故。二者、“清净源”義,離貪嗔熱惱故。三者、“光明”義,離愚癡故。所以取月爲喻,亦莫作月解。世間[□][月][②]者,四大所成,畢竟破壞。衆生自性清净,心無生滅故,此是諸佛菩薩内證,非二乘聲聞外道所知境界。作此觀者,一切佛法恒沙功德不由他悟。此一法攝無量,刹那悟入諸法中,自在無礙,從地至地,漸漸昇進。學此觀者,不得專守[□][無][③]念以爲究竟,當須正念進修方便,然後證入究竟清净法海。

《般若波羅蜜多心經》:“三世諸佛,依般若波羅蜜多故,得阿耨多羅三藐三菩提。故知般若波羅蜜多是大神呪,是大明呪,是無上呪,是無等等呪,能除一切苦,真實不虛。”

《金剛三昧經·真性空品第六》:“舍利弗言:‘如尊所説,在事之先,取以本利,是念寂滅。寂滅是如,總持諸德,該羅萬法,圓融不二,不可思議。當知是法即是摩訶般若波羅蜜,是大神呪,是大明呪,是無上呪,是無等等呪。’佛言:‘如是!如是!真如空性,性空智火,燒滅諸結,平等平等,等覺三地,妙覺三身,於九識中,皎然明净,無有諸影。若有衆生,無餘雜念,爾時菩薩

① “唵嚩日羅(二合)滿吒(上)藍鉢囉(二合)避捨迷”十七字底本、録文脱,據《念誦結護法普通諸部》[T18n0904p908b4]補。

② 月,底本、録本無,據《念誦結護法普通諸部》[T18n0904p908b19]補。

③ 無,底本、録本無,據《念誦結護法普通諸部》[T18n0904p908b24]補。

常作化身權護是人,不離左右。'"

《大般若經・摩愁品》云:"若有衆生修行般若波羅蜜者,與不憶不念相應,一切魔家眷屬悉皆愁憂不樂。"

《佛藏經》云:"舍利弗! 我法無諸難事,不乏飲食、卧具、醫藥,汝等但當懃行佛道,莫貴世間財利供養。舍利弗! 汝今善聽,我當語汝。若有一心行道比丘,千億天神皆共同心,以諸樂具欲共供養。舍利弗! 諸人供養坐禪比丘,不及天神。"假佛一切形像是。

《金剛經》云:"凡所有相,皆是虚妄。若以色見我,以音聲求我,是人行邪道,不能見如來。"

《佛藏經》云:"佛告舍利弗:'我餘經説:若人見法,是爲見我。如來非法,亦非非法(不順有相,不依無相,即是見法。見法者見本性)。何以故? 調達愚人及諸外道,皆以色身見佛。舍利弗! 如來不應以色身見,亦復不應以音聲見。舍利弗! 若人以色身見佛,是去佛遠。所以者何? 佛不名'見',名爲'見佛'(不依有見、無見,即是不依正見)。"

《維摩經》云:"夫求法者,不著佛求,不著法求,不著衆求。法名無染,若染於法,乃至涅槃,是即染著,非求法也。法名無爲,若行有爲,是求有爲,非求法也。法離見聞覺知,若行見聞覺知,是即見聞覺知,非求法也。唯! 舍利弗! 夫求法者,於一切法應無所求。"

《法華經》云:"無上寶聚,不求自得(若人不求種種世法,亦不求佛法,即是真求法人)。真佛者,識心見性,悟理之人,即是真佛。"

《金剛經》云:"離一切諸相,即名'諸佛'(離有離無故,不垢不净故,無生無體故)。"

法身禮

《入佛境界經》云:"佛常在世間,而不染世法。以不分别世間故,敬禮無所觀。虚空無中邊,諸佛身亦然,心同虚空故,敬禮無所觀。一切平等禮,無禮無不禮,一禮遍含識,同歸實相體(實相者,不順有相[1],不依無相是)。"

---

① "相"前録本衍一"體"字,據底本删。

《楞伽經》云:"爾時大惠(慧)白佛言:'世尊! 願爲我説諸佛體性。'佛言:'大惠(慧)! 覺二無我,除二種障,離二種死,斷二種煩惱,是佛體性。大惠(慧)! 聲聞緣覺得此法已,亦名爲"佛"。我以是義,但説一乘。'爾時世尊重説偈言:'善知二無我,除二障二惱,及不思議死,是故名"如來"。'"

假三寶:形像佛是佛寶,一切經論教法是法寶,剃髮被袈裟受二百五十戒是僧寶(若不識心,不見性,總無寶)。

真三寶:見性之人,三寶具足。

《維摩經》云:"寂根菩薩曰:'佛法衆爲二,佛即是法,法即是衆,是三寶皆無爲相,與虚空等。一切法亦爾,能隨此行者,是爲入不二法門。'"(不隨有行,不依無行,即是離法之人。)

《思益經》云:"若身證是法,亦不離身見法,亦不離法見身,於是觀中不見二相,不見不二相。如是現前知見,而亦不見,名'聖默然'。若有諸菩薩於上、中、下法亦不取不捨,是名'行菩提'。若法及非法,不分别爲二,亦不得不二,是名'行菩提'。若二即有爲,非二即無爲,離是二邊者,是名'行菩提'。是人過凡夫,亦不入法位,未得果而聖,是世間福田。行於佛道時,無法可捨離,亦無法可受,是名'菩提相'。一切無所念,是即如來法。"

"文殊師利菩薩問思益菩薩言:'云何名爲"修道"?'思益菩薩答言:'若不分别是法、是非法,離於二相,名爲"修道"。'又問云:'何名爲"修道"?'答言:'不墮有,不墮無,亦不分别是有是無,習如是者,名爲"修道"。'又問:'何故不見?'答:'言離二相故不見,不見即正是見。若説法不違佛、不違法、不違僧,名爲"説法"。若知法即是佛(是佛寶),離相即是法(是法寶),無爲即是僧(是僧寶)。一人見性,分明三寶具足。'"

《涅槃經》云:"見性成佛道(除見性外,更有法門出三界得成佛者,無有是處),假戒(因犯禁戒制戒是。此戒是方便戒,是不了教,只許五歲學。五歲若不捨,是真外道,是具足邪見人)。"

《佛藏經》云:"佛告舍利弗:'我説教者不説受者。舍利弗! 於我法中,多有如是增上慢教。舍利弗! 若受教者受戒五歲,不能悉捨如是所教,於是教中懃心精進自有得,無有比丘不往諮問。我説此人雖有五歲,猶名"邪見",雜外道法,順行魔教。舍利弗! 若有比丘受是教已,聞空無所得法,即自覺知我先受者皆是邪見，於空無所得法無悔，深入通達，不依一切我見、人見。舍利弗！我説此人名爲“清净梵行”。’”

《法句經》云：“若説諸持戒，無善無威儀。戒性如虚空，持者爲迷倒。”

《金剛三昧經》：“爲説戒者，爲不善慢故、海波浪故，如彼心地，八識海澂，九識流净，風不動，波浪不起，戒性等空，持者迷倒。”

《諸法無行經》云：“若人分别戒，是則無有戒。若有見戒者，是則爲失戒。戒非戒一相，知是爲道師。”

《涅槃經》云：“戒有二種：一者、性自能持；二者、須他教敕。……若遇師僧，白四羯磨，然後得戒。雖得戒已，要憑和上、諸師、同學、善友誨喻，乃知進止，聽法、説法，備諸威儀，是名‘須他教敕’。”

《華嚴經・梵行品》云：“若戒是梵行者，爲壇場[①]是戒耶？問清净是戒耶？教威儀是戒耶？三説羯磨是戒耶？和上是戒耶？阿闍梨是戒耶？剃髮是戒耶？著袈裟衣是戒耶？乞食是戒[□][耶][②]？正命是戒耶？如是觀已，於身無所取，於修無所著，於法無所住；過去已滅，未來未至，現在空寂；無作業者，無受報者；此世不移動，彼世不改變。此中何法名爲‘梵行’？從何處來？誰之所有？體爲是誰？由誰而作？爲是有，爲是無？”

真戒（一切衆生本來自有佛性，是持真戒者識心見性。人是見性之時，想念不生，不起分别及有漏習，入無戒，不自、不他，不垢、不净，無我、無人，無念、無分别，無主、無宰，無恪、無惜，百無所須，諸欲永息，等同虚空，同無情物，身心不自，戒犯不二。能如是知者，是真持戒人。）

不净説法

《楞伽經》云：“未來世當有，身著於袈裟；妄説於有無，毁壞我正法。”“佛告大惠（慧）：‘彼愚癡人説有三乘，不説唯心無諸境界。’”“一切癡外道，妄見作所作；悉著有無論，是故無解脱。”“涅槃離心意，唯此一法實。”“藏識説爲心，思量以爲意。”“心如白色衣，意識習爲垢；垢習之所污，念心不顯現。”“若

① “壇場”二字録本訛作“場壇”。按：底本實於“場壇”二字旁施一乙鈎號，兹據改。

② 耶，底本、録本無，據《大方廣佛華嚴經》卷第十七[T10n0279p88c9]補。

隨言取義，建立於諸法；以彼建立故，死墮地獄中。""佛告大惠(慧)：'彼人愚癡，不知言説是生是滅、義不生滅。一切言説墮於文字，義則不墮，離有離無故，無生無體故。"

净説法

《佛藏經》云："舍利弗！……是人又能清净持戒，無有瑕疵，不垢不净，自在[□□][不著][1]，智者所讚，能自具足，隨順禪定，時樂坐禪。如是比丘我亦聽受供養。舍利弗！身證法身，無有疑悔。我聽是人高坐説法，雖見凡夫清净持戒，心不貪著外道經義，一心懃求沙門上果，不貪利養，善巧定説，多聞廣喻，猶如大海，乃至失命，猶不妄語，不樂諍訟，自利利他，唯説清净第一實義。所説如是。舍利弗！如是説者，我聽説法。如來所説，能使諸法不相違逆，爲説戒定惠(慧)解脱知見。舍利弗！求利比丘爲佛出家而破戒品，何用説法？何以故？舍利弗！我經中説：若人不自善寂，不能護法，能令他人善寂自護，無有是處。如人自没污埿，欲出他人，無有是處；若人自善寂，能出污埿，欲出他人，則有是處。是故，舍利弗！我今明了告汝：誹謗如來，其罪不輕。實語比丘應聽説法，非妄語者持戒比丘則能法施。舍利弗！高坐説法，决定斷疑，最是上事。若持戒不净，著外道義妄語者[2]，我則不聽。及貴世樂者、求利[□][養][3]者、樂諍訟者，我亦不聽。我聽净持戒者、質直心者、通達諸法實相者高坐説法。舍利弗！破戒比丘寧當捨戒，不著聖人相，袈裟覆藏罪垢，蜜(密)[4]作衆惡，受人信施。舍利弗！云何以小因緣而於地獄受久遠身？……阿難！譬如惡賊於王大臣，不敢自現盗他物者，不自言'賊'。如是，阿難！破戒比丘成就非沙門法，上(尚)[5]不自言'我是惡人'，况

---

① "不著"二字底本、録本無，據《佛藏經》卷下[T15n0653p802c4]補。

② 語，録本訛作"諸"，據底本改。又，"妄語者"三字録本誤置下文"我則不聽。及"後、"貴世樂者"前，兹據底本乙正。

③ "養"字底本、録本無，據《佛藏經》卷下[T15n0653p802c23]補。

④ 蜜，此用同"密"。

⑤ 上，此爲"尚"之借字。《詩・魏風・陟岵》："上慎旃哉！"《朱熹集傳》："上，猶尚也。"

能向餘人説，自言‘罪人’？阿難！如是經者，破戒比丘隨得聞時能自降伏則有慚愧，持戒比丘得自增長。説是法時，九萬諸天於諸法中得法眼净。”

《法華經》云：“我此九部法，隨順衆生[□][説][1]，入大乘爲本。”

《楞伽經》云：“爾時大惠(慧)復請佛言：‘唯願爲説宗趣之相，令我及諸菩薩善達此義，不隨一切衆邪妄解，疾得阿耨多羅三藐三菩提。’佛言：‘諦聽！當爲汝説。’大惠(慧)言：‘唯。’佛言：‘大惠(慧)！一切二乘及諸菩薩，有二種宗法相。何等爲二？爲宗趣法相、言説法相。宗趣法相者，謂自所證殊勝之相，離於文字語言分别，入無漏界，成自地行，超過一切不正思覺，伏魔外道，生智惠(慧)光，是名“宗趣法相”。言説法相者，爲説九部種種教法，離於一異、有無等相，以巧方便，隨衆生心，令入此法，是名“言説法相”。汝及諸菩薩當懃修學。’爾時世尊重説頌言：‘宗趣與言説，自證及教法，若能善知見，不墮他妄解。’”

“佛告大惠(慧)言：‘第一義者，是聖智内自證境，非語言分别智境，語言分别不能顯示。大惠(慧)！言説者生滅動摇，展轉因緣生。若展轉緣生，於第一義則不能顯示。第一義者，無自、他相，言語有相，不能顯示。第一義者，但唯自心，種種外相悉皆無有，言語分别，不能顯示。是故，大惠(慧)！應當遠離語言分别、佛分别。’佛告婆羅門：‘乃至少有心識流動分别外境，皆是世論。’……乃至心流動，是則爲世論；分别不起者，是人見自心。”

“佛告大惠(慧)：‘乃至少有言語分别生，即有常無常過[2]，是故應除二分别覺，勿令少在。’……乃至有所立，一切皆錯亂；若見唯自心，是則無爲諍。……愚夫樂妄説，不聞真實惠(慧)；言説三苦本，真實滅苦因。……言説即變異，真實離文字。……於妄想心鏡，愚生二種見。不識心及緣，即起二妄想；了心及境界，妄想即不生。……我無上大乘，超過於名言；其義甚明了，愚夫不覺知。……内自證不動，是無上大乘。”

《思益經》云：“云何比丘隨佛教、隨佛語？答言：‘稱讚、毁辱，其心不動，是名“隨佛教”；不隨文字語言，是名“隨佛語”。又，比丘滅一切諸相，是名

① 説，底本、録本無，據《妙法蓮華經·方便品第二》[T09n0262p008a6]補。

② “常過”二字録本訛作“過常”。按：底本實於“過常”二字旁施一乙鈎號，兹據改。

"隨佛教"。'"又云:"身無所起,心無所起,是名'第一牢强精進'。"

有諍法

《思益經》云:"梵天言:'云何比丘[□][名][1]"多諍訟"?'答言:'是好、是惡,此名"諍訟";是理、是非理,此名"諍訟";是垢、是净,此名"諍訟";是善、是不善,此名"諍訟";是戒、是毁戒,此名"諍訟";是應作、是不應作,此名"諍訟";以是法得道、以是法得果,此名"諍訟"。梵天!若於法中有高下心,貪著取受,皆是諍訟。……樂諍訟者,無沙門法。樂沙門法者,無有妄想貪著。'……梵天言:'云何比丘親近於佛?'答言:'若比丘於諸法中,不見有法若近、若遠,是名"親近於佛"。'梵天言:'云何比丘給侍於佛?'答言:'若比丘身、口、意無所作,是名"給侍於佛"。'"

《樂瓔珞莊嚴方便品》(一部,一卷成,亦名《轉女身菩薩問答經》):"若其無諍不可言説,以何等故説名'無諍'。須菩提言:'姊!如來世尊爲聲聞弟子假名字説。'女言:'大德須菩提!若有假名,即有諍訟。若有諍訟,即有顛倒。若有顛倒,非沙門法。'須菩提言:'姊!何等是沙門法?'女言:'大德須菩提!無有文字、無有諍訟、無有顛倒,是沙門法。亦不分别是法、是非法,是沙門法。又不分别憶想、不憶想,是沙門法。離一切著,是沙門法。無心離意識,是沙門法。知足,是沙門法。……離有爲法,是沙門法。諸法如虚空,是沙門法。説是沙門法時,中間所集聽法諸天,有四十天子,遠塵離垢,得法眼净。'"

《佛藏經》云:"(佛弟子終有爲著相,非沙門法。)非沙門自稱沙門,不應供養而受供養,名爲'常賊'、'立憧相賊',名爲'自在殺害人賊',是人所食一口皆不清净,唯[2]有向道得道果者能消供養。……舍利弗!我滅度後,如是等人滿閻浮提,專行求利,以自生活。"

---

① 名,底本、録本無,據《思益梵天所問經》卷第三[T15n0586p047c2]補。

② "清净唯"三字録本誤作"净唯清"。按:底本實作"净清唯",並於"清"後施一乙鈎號,意謂"净清"二字應互乙,録本誤爲"清唯"二字之互乙。玆據改。

有爲法

《金剛經》云:“一切有爲法,如夢、幻、泡影,如露亦如電,應作如是觀。”

《涅槃經》云:“有爲功德,多諸過患。”

《佛藏經》云:“我所説諸法,隨順第一義。有爲不堅牢,如夢之所見。”

《金剛三昧經》云:“於有爲法,如避火坑。”

《楞伽經》云:“若依止少法,而有少法起。”“若依止於事,此法即便壞。”

《禪門經》云:“大乘妙義,至理空曠。有爲衆生,而不能入。”

《大佛頂經》云:“圓滿菩提,歸無所得。”

《般若子經》云:“無智亦無得。以無所得故,即菩提薩埵。”

《修多羅般若經》云:“佛告須菩提:若有善男子善女人。發菩提心,有所得者,即是邪見。邪見之人,永不見佛。斷一切智,名爲‘佛智見’。凡夫有爲,佛是無爲。如是見者,非平等見。見凡夫法空、佛法亦空,如是見者是名‘正見’。”

《思益經》云:“‘世尊! 云何具足六波羅蜜?’‘梵天! 若不念施、不依戒、不分别忍、不取[1]精進、不住禪定、不二於惠(慧),是名“具足六波羅蜜”。’”

《金剛三昧經》云:“空心不動,具六波羅[□][蜜][2]。”

此大乘頓教法門,爲一切衆生本來自有佛性。千經萬論,大、小乘教,文字言説,只指衆生本性,見成佛道。此法亦名“反源”,亦名“反照”,亦名“反流”,亦名“迴向”,亦名“無生”,亦名“無漏”,亦名“不起”,亦名“法離見聞覺知”。

《楞伽經》云:“如水瀑流盡,波浪即不起。如是意識滅,種種識不生。”

《大佛頂經》云:“元是一精明,分爲六和合。一處成休復,六用皆不行。”“一根既反源,六根成解脱。”“反聞聞自性,性成無上道。”“反見見自心,見性成佛道。”

又云:“若棄生滅守於真常,常光現時,塵根識心應時消落,想相爲塵,識情爲垢,二俱遠離,則汝法眼應時清明。云何不成無上知覺?”“佛告阿難:如

① 取,底本、録本訛作“敢”,結合文意,據《思益梵天所問經》卷第二[T15n0586p046b18]改。

② 蜜,底本、録本無,據《金剛三昧經·序品第一》[T09n0273p367a15]補。

是清净持禁戒人心無貪淫，於外六塵，不多流溢。因不流溢，旋源自歸。塵[①]既不緣，根無所偶。反流全一，六用不行。十方國土，皎然清净。”

《楞伽經》云：“遠離於心識，亦離於五法；復離於自性，是爲佛種性。……由依本識故，而有諸識生。由依内識故，有似外影現。無智恒分別，有爲及無爲。……□□□□□（如離壁無畫）[②]，離質亦無影。藏識若清净，諸識浪不生。……依法身有報，而起净分別。若不了無我，依教不依義……理教中求我，是妄垢惡見。不了故説有，唯妄取無餘。……離聖教正理，欲滅惑反增。是外道狂言，智者不應説。……教由理故顯。當依此教理，勿更餘分别。”

《維摩經》云：“文殊師利菩薩從無住本，立一切法。”

《金剛經》云：“一切諸佛，及諸佛阿耨多羅三藐三菩提法，皆從此經出（此經者即此心，是不生不滅故，不垢不净故，離有離無故，影體俱離故，不依性相故；亦不順生，亦不依寂，亦不順有相，亦不依無相，不沈不浮故）。”

《文殊行經》云：“復次，舍利弗！若有人言‘過去、未來、於實際中，説有依處、説無依處’者，當知彼輩誹謗如來，獲大重罪。所以者何？彼真實際無憶、無念，亦無墮落（無憶、無念者，即不順浮；亦無墮落者，即不沈空滯寂。此法不順有心，不依無心。順有心者，即是波浪。依無心者，即是空見外道。有無不二，即是正見）。”

《楞伽經》云：“天乘及梵乘，聲聞緣覺乘，諸佛如來乘，諸乘我所説。……乃至有心起，諸乘未究境，彼心轉滅以，無乘及乘者。無有乘建立，我説爲大乘。……[□][我][③]大[④]乘非乘，非聲[⑤]亦非字，非諦非解脱。……我無上大乘，超過於名言；其義甚明了，愚夫不覺知。……内自證不動，是無

① 塵，録本訛作“鹿”，底本殘，據《大佛頂如來密因修證了義諸菩薩萬行首楞嚴經》卷第八[T19n0945p141c28]改。

② “如離壁無畫”五字底本殘，據《大乘入楞伽經》卷第七[T16n0672p632b6]補。

③ 我，底本、録本無，據《大乘入楞伽經卷第四・無常品第三》[T16n0672p607c12]補。

④ 大，録本訛作“天”，據底本改。

⑤ 聲，底本、録本作“名”，據《大乘入楞伽經卷第四・無常品第三》[T16n0672p607c12]改。

上大乘。”

《决定毘尼經》云：“見凡夫有爲、佛是無爲，如是見者，不平等見。見凡夫法空、佛法亦空，如是見者，是名‘平等見’。見犯比丘不入地獄、清净行者不證涅槃，如是見者，名‘平等見’。”

《寶積經》云：“‘云何真供養佛？’佛言：‘無佛想，無法想，無僧想，是名“日日真供養佛”。佛不名“作”，不名“色”，不名“想”。無作，無色，無想，是名“真供養佛”。’”

《金剛三昧經·序品第一》：“爾時，世尊大衆圍遶，説大乘經，名‘一味真實際本覺利行’。若聞是經，乃至受持一四句偈，是人則爲入佛智地，能以方便教化衆生，爲一切衆生作大知識。佛説此經已，結跏趺坐，即入金剛三昧，身心不動。爾時，衆中有一比丘。名曰‘阿伽陀’，從坐而起，合掌胡跪，欲宣義意，而説偈言：

‘大慈滿足尊，智慧通無礙，廣度衆生故，説於一諦義。

無量諸菩薩，皆悉度衆生，爲衆廣深[①]問，知法寂滅相。

入於決定處，如來智方便，當爲入實説，隨順皆一乘。

無有諸雜味，猶如一雨潤，衆草皆悉榮，隨其性各異。

一味之法潤，普充於一切，如彼一雨潤，皆長菩提芽[②]。

入於金剛味，證法真實定，决定斷疑悔，一法之印成。’”

《無相法品》第二：“一覺了義難解難入，非諸二乘之所知見，唯佛菩薩乃能知之。……‘善男子！若化衆生，無生於化，不生無化，其化大焉。令彼衆生皆離心我，一切心我本來空寂。若得空心，心不幻化，無幻無化，即得無生。無生之心，在於無化。’……解脱菩薩而白佛言：‘尊者！若有衆生見法生時，令滅何見？’”[③] □

① 深，底本殘，録本訛作“染”，據《金剛三昧經·序品第一》[T09n0273p366a21]補。

② 芽，底本殘，録本訛作“引”，據《金剛三昧經·序品第一》[T09n0273p366a27]補。

③ 已下斷缺。

No. 2820 菩薩藏修道衆經抄卷第十二

[題解]

諸經摘録，文中摘録了《大般涅槃經》、《華嚴經》、《大集經》、《大品經》、《集一切福德經》等多部經典的部分經文，作者及卷數不詳。《大正藏》本出注："【原】大谷大學藏燉煌本，首題新加。"今核，所據原卷實爲大谷敦(一)第10號。今校注仍以大谷敦(一)第10號爲底本。

□①增上慧學，精進通一切。

觀②世音白佛言："世尊！此六□□□□□□□(事幾是福德衆具)③，幾是智慧衆具？"佛告觀世□□□□□□□(音："增上戒學是福)④德衆具，增上惠(慧)學智慧衆具，禪及精進通一切。"觀世音白佛言："世尊！菩薩於六學事云何學？"佛告觀世音："有五種學波羅蜜相應：謂説正法菩薩藏，先極信解，於彼行十法行；聞、思、修慧，護菩提心；習近善知識，方便修學無間善業。"

觀世音白佛言："世尊！何故此諸學六種施設？"佛告觀世音："有二事：

---

① 首缺。

② "精進通一切"下、"觀"字前録本作八字缺文。按：上一行"精進通一切"下底本殘，然比勘《相續解脱地波羅蜜了義經一卷》[T16n0678p715c24]，此處實無字。兹據删。

③ "事幾是福德衆具"七字底本殘，録本作缺文，據《相續解脱地波羅蜜了義經一卷》[T16n0678p715c25]補。

④ "音增上戒學是福"七字底本殘，録本作缺文，據《相續解脱地波羅蜜了義經一卷》[T16n0678p715c26]補。

一者、攝取衆生；二者、對治煩惱。彼三學攝取衆生，三學對治煩惱：菩薩布施衆具，衆具饒益攝取衆生。菩薩持戒，不行惱害，亦不恐迫，無畏饒益攝取衆生。菩薩忍辱，於彼惱害、逼迫、恐怖，堪忍饒益攝取衆生。以此三學，攝取衆生。以懃精進，折伏煩惱，生斷煩惱，修學善業；修學善業，不爲一切煩惱所動。以禪伏煩惱。以慧斷諸使。以此三學，對治煩惱。”

觀世音菩薩白佛言：“世尊！何故六波羅蜜作如是次第説？”佛告觀世音：“彼上上招引依故，菩薩捨身財，受持净戒，護戒故忍，忍已精進，進已能禪，禪具足已，得出世間慧。”觀世音白佛言：“世尊！彼諸波羅蜜有幾種分別？”佛告觀世音：“各有三種檀波羅蜜。三種者，謂法施、財施、無畏施。尸波羅蜜三種者，謂轉捨不善戒、轉生善戒、轉利衆生戒。羼提波羅蜜三種者，謂不饒益忍、安苦忍、觀法忍。毘梨耶波羅蜜三種者，謂弘誓精進、善方便精進、利衆生精進。禪波羅蜜三種者，謂離忘想寂静煩惱苦對治樂樂住禪、開引功德禪、開引利衆生禪。般若波羅蜜三種者，謂世諦緣、第一義諦緣、利衆生緣。”

觀世音白佛言：“世尊！何以故此諸波羅蜜名‘波羅蜜’？”佛告觀世音：“有五種：一者、無閡；二者、無顧；三者、無過；四者、無妄想；五者、迴向。無閡者，謂於波羅蜜相違事不染著。無顧者，謂於波羅蜜果報及現世利心不繫縛。無過者，謂於諸波羅蜜離雜染污無方便法。無妄想者，謂於諸波羅蜜不如言説計著自相。迴向者，謂此諸波羅蜜已作、已長養，爲求無上大菩提果。”

觀世音白佛言：“世尊！何等爲違波羅蜜事？”佛告觀世音：“當知有六事：一者、欲樂錢財自在增上主，自見安樂功德福利。二者、隨其所欲，縱身、口、意。三者、於他輕慢心不堪忍。四者、於諸善法不懃方便。五者、習近世間雜亂衆事，見聞學識。六者、世間戲論作福利見。”

觀世音白佛言：“世尊！此諸波羅蜜有何果報？”佛告觀世音：“彼亦有六種：一者、大財；二者、善趣；三者、無怨；四者、不壞；五者、多喜樂衆生增上主；六者、無害自身，有大堪能。”

觀世音白佛言：“世尊！何故菩薩深樂波羅蜜受果報？”佛告觀世音菩薩：“有五事：一者、諸波羅蜜增上喜樂真實因；二者、攝取自他因；三者、來世受果報因；四者、離煩惱事；五者、不往惡趣。”

觀世音白佛言：“世尊！此諸波羅蜜各有何德力？”佛告觀世音：“當知各有四種：一者、菩薩修諸波羅蜜時，捨離慳貪、犯戒、懈怠、亂心諸見；二者、爲無上菩提真實衆具；三者、於現法中攝取自他；四者、於未來世得廣大無盡受果報。”

觀世音白佛言：“世尊！此諸波羅蜜何因？何果？何義？”佛告觀世音：“此諸波羅蜜悲爲因，受報攝衆生爲果，滿足大菩提爲大義。”

觀世音白佛言：“世尊！若菩薩有無盡財及有悲心者，何故世間有貧窮衆生？”佛告觀世音：“此是衆生自業過取。若異者他常爲作，彼則應有無盡之財，世間何有貧窮衆生？若然者，衆生作惡，不應爲障。觀世音！譬如餓鬼爲渴所逼，唯見空壑，非彼海過，但彼餓鬼自業過耳。如彼大海無有過咎①，菩薩無過亦復如是。如彼餓鬼自業果報，衆生業報亦復如是。”

觀世音白佛言：“世尊！一切諸法悉無自性，菩薩以何等波羅蜜取？”佛告觀世音：“般若波羅蜜。”觀世音白佛言：“世尊！般若波羅蜜取無自性者，何故不取自性？”佛告觀世音：“我不説無自性取無自性，然無自性無字自知②，彼不能離字説而説，以是故離自性取離自性。”

《大般涅槃經》卷第二十二：“爾時，光明遍照高貴德王菩薩摩訶薩白佛言：‘世尊！云何布施不得名爲“檀波羅蜜”？云何布施而得名之“檀波羅蜜”？乃至波若云何不得名“般若波羅蜜”？云何得名“般若波羅蜜”？’佛言：‘善男子！菩薩摩訶薩修行方等大般涅槃，不聞布施、不見布施，不聞檀波羅蜜、不見檀波羅蜜，乃至不聞般若、不見般若，不聞般若波羅蜜、不見般若波羅蜜，不聞涅槃、不見涅槃、不見大涅槃。菩薩摩訶薩修大涅槃知見法界，解了實相空無所有，無有和合覺知之相，得無漏相、無所作相、如幻化相、熱時炎相、乾闥婆城空處之相。菩薩爾時得如是相，無貪恚癡，不聞不見，是名“菩薩摩訶薩真實之相”。安住實相，菩薩摩訶薩自知此是檀、此是檀波羅蜜，乃至此是般若、此是般若波羅蜜、此是涅槃、此是大涅槃。善男子！云何

① 咎，録本訛作“各”，據底本改。
② 知，録本訛作“性”，據底本改。

是施非波羅蜜？見有乞者然後乃與，是名爲“施非波羅蜜”。若無乞者，開心自施，是則名爲“檀波羅蜜”。若時時施，是名爲“施非波羅蜜”。若修常施，是則名爲“檀波羅蜜”。若施他已，還生悔心，是名爲“施非波羅蜜”。施已不悔，是則名爲“檀波羅蜜”。菩薩摩訶薩於財物中生四怖心：王，賊，水，火。歡喜施與，是則名爲“檀波羅蜜”。若望報施，是名爲“施非波羅蜜”。施不望報，是則名爲“檀波羅蜜”。若爲恐怖、名聞、利養、家法相續、天上五欲，爲憍慢故，爲勝慢故，爲知識故，爲來報故，如市易法。善男子！《大涅槃》中如是之事，從無量劫來不聞而聞尸羅波羅蜜乃至般若波羅蜜，如《雜華經》中廣説。’”

《華嚴經》：“菩薩從初發心所爲功德，求善知識，往詣諸佛，恭敬供養，修習善根。行檀波羅蜜，難捨能施；行尸波羅蜜，棄捐[①]天下宫殿眷屬，出家學道，净修禁戒；行羼提波羅蜜，一切衆生悉加惡言，無量逼切，皆悉能忍；行毘梨耶波羅蜜，修諸苦行，專求菩提，其心堅固而不退轉；行禪波羅蜜，諸方便道，滿足清净禪波羅蜜，於諸三昧而得自在，究竟一切諸三昧海，相續次第，未曾斷絶；行般若波羅蜜，清净菩薩圓滿智慧，出明净慧日[②]無盡慧藏，究竟智海。”

《大集經》卷第十六：“佛言：‘善男子！若有菩薩行檀波羅蜜時，觀身如幻，觀受如夢，觀於菩提猶如虚空，行施之時不見一法，是名“檀波羅蜜不可宣説”。若有菩薩觀戒、戒地，毁戒及地；觀諸衆生無有我性，觀於法性；是名“持戒、不呰[③]破戒”。具足戒已，不發三眼：一、持戒眼。二、破戒眼。三、菩薩眼。雖復持戒，不求一法，不見菩提去來現在，是名“尸波羅蜜不可宣説”。若有菩薩觀諸衆生不生不出而修於忍，觀於菩提衆生諸法皆悉空寂，衆生空中無瞋喜心，亦復不覺一法怨相而修於忍，是名“羼提波羅蜜不可宣説”。若

① 捐，底本、録本訛作“損”，據《大方廣佛華嚴經》卷第五十二[T09n0278p725b7]改。

② 日，録本訛作“曰”，據底本改。

③ 呰，《大方等大集經》卷第十三[T13n0397p92a21]作“毁”。《説文・口部》：“呰，苛也。”段玉裁注：“‘苛’亦當作‘訶’。玄應引作‘訶’。凡言‘呰毁’當用‘呰’。”桂馥義證：“‘苛’也者，謂詆毁也。經典或借‘訾’字。”《文選・潘嶽〈西征賦〉》：“呰孝元於渭塋。”[唐]李善注：“鄭玄《禮記》注曰：‘呰，毁也。’”

有菩薩懃行精進,都不見有身、口、意等一法是生、一法是滅,而修精進不壞法界,爲度衆生而修莊嚴,於空無我不生錯亂,爲欲具足一切佛法而行莊嚴,聞説佛法即是無法,於是事中不生恐怖,清净莊嚴如來世界,雖復莊嚴,觀之如空,亦不莊嚴,轉於法輪。何以故? 一切法性不可説故。是名“毘梨耶波羅蜜不可宣説”。若有菩薩修禪波羅蜜,修已不見過去心性,净本性已,不見住處,亦復不見貪恚癡心、上中下心,及無貪恚愚癡,智慧亦不分別。何以故? 如貪恚癡亦復如是。如是觀已,亦入禪定,亦不能作平等,亦不能以不平等法而作平等,亦能了知陰界諸入善惡[①]净穢、有漏[□□][無漏][②]、世間出世間、生死涅槃對治等法,是名“禪波羅蜜不可宣説”。云何名爲“不可宣説般若波羅蜜”? 若無慧行,無我、我所、衆生、壽命、士夫,常斷有無等見、欲界、色界及無色界,是名“無行、無有静訟、無去、無來”,是則名爲“隨於慧行,離無明闇及惡[③]邪見”。觀如是法,即真實觀。善男子! 火災起時,一切燒盡,無明(有?)[④]因緣,唯除虚空。菩薩行是不可宣説般若波羅蜜時亦復如是,無有因緣,見一切法本性盡滅,以方便故,爲諸衆生宣説涅槃。’”

《大品經》卷第三:“爾時須菩提白佛言:‘世尊! 何等是菩薩摩訶薩摩訶衍? 云何當知菩薩摩訶薩大乘發趣? 是乘發何處? 是乘至何處? 誰當乘是乘出者?’佛告須菩提:‘汝問何等是菩薩摩訶薩摩訶衍? 須菩提! 六波羅蜜是菩薩摩訶薩摩訶衍。何等六? 檀波羅蜜,尸羅波羅蜜,羼提波羅蜜,毘梨耶波羅蜜,禪那波羅蜜,般若波羅蜜。云何“檀那波羅蜜”? 須菩提! 菩薩摩訶薩應以薩婆若心内外所有布施,共一切衆生,迴向阿耨多羅三藐三菩提。須菩提! 是名“菩薩摩訶薩檀那波羅蜜”,用無所得故。云何“尸羅波羅蜜”? 須菩提! 菩薩摩訶薩以應薩婆若心自行十善道,亦教他人行十善道,用無所得故,是名“菩薩摩訶薩不著尸羅波羅蜜”,用無所得故。云何名“羼提波羅蜜”? 須菩提! 菩薩摩訶薩以應薩婆若心自具足忍辱,亦教他行忍辱,用無所得故,是名“菩薩摩訶薩羼提波羅蜜”。云何名“毘梨耶波羅蜜”? 須菩提!

①③ 惡,録本訛作“德”,據底本改。

② “無漏”二字底本、録本無,據《大方等大集經》卷第十三[T13n0397p92b13]補。

④ 明,《大方等大集經》卷第十三[T13n0397p92b20]作“有”。

菩薩摩訶薩以應薩婆若心行五波羅蜜，懃修不息，亦安立一切衆生於五波羅蜜，用無所得故，是名"菩薩摩訶薩毘梨耶波羅蜜"。云何名"禪那波羅蜜"？須菩提！菩薩摩訶薩以應薩婆若心自以方便入諸禪，不隨禪生，亦教他令入諸禪，用無所得故，是名"菩薩摩訶薩禪那波羅蜜"。云何名"般若波羅蜜"？須菩提！菩薩摩訶薩以應薩婆若心不著一切法，亦觀一切法性，用無所得故，亦教他不著一切法，亦觀一切法性，用無所得故，是名"菩薩摩訶薩般若波羅蜜"。須菩提！是爲菩薩摩訶薩摩訶衍。'"

《集一切福德經》卷第二："復次，那羅延！菩薩若知施及菩提衆生如來等無二行、持戒菩提衆生如來等無二行、忍辱菩提衆生如來等無二行、精進菩提衆生[□□□□□□□□□□□□□□□□□□□□□□][如來等無二行、禪定菩提衆生如來等無二][1]行、智慧菩提衆生如來等無二行，菩薩如是行六波羅蜜，則不壞則行之性相，菩薩如是修行菩提。"

《佛説净業障經》一卷："佛告文殊師利：'夫障礙者，貪欲是障礙，瞋恚是障礙，愚癡是障礙，布施是障礙，持戒是障礙，忍辱是障礙，精進是障[□][礙][2]，禪定是障礙，智慧是障礙。文殊師利！取要言之，若於諸法有縛有解，當知如是皆是障礙。'爾時文殊師利法王子白佛言：'世尊！云何布施、持戒、忍辱、精進、禪定、智慧是障礙法。'佛告文殊師利法王子：'一切諸法性無障礙，而諸凡夫愚小無智，自生分别，於施、持戒、忍辱、精進、禪定、智慧而作障礙。所以者何？文殊師利！凡夫之人行布施時，於慳衆生不生恭敬，以不恭敬，便生瞋心；以瞋心故，墮大地獄。自身持戒，見犯戒者而生輕慢，説其過[3]惡，令他聞之，生不恭敬；以不恭敬故，墮於惡趣。自修忍辱，以忍辱故，而生憍心，我是忍辱，餘人麁惡；以是忍故，而生放逸，當知即是衆惡之本。自行精進，於懈怠者生如是念：如此愚人不應貪他信施供養，乃至不應受一飲水，常於己身而起貢高，卑下他人，當知是輩愚小無智。自行禪定，見我想

---

① "如來等無二行、禪定菩提衆生如來等無二"十七字底本、録本無，據《集一切福德三昧經》卷下[T12n0382p999c22—c23]補。

② 礙，底本、録本無，據《佛説净業障經》[T24n1494p1097b11]補。

③ 過，底本、録本訛作"遇"，據《佛説净業障經》[T24n1494p1097b24]改。

者,發如是念:我常修定,其餘比丘多諸亂心,説於邪論,如此之人去道尚遠,何能得佛? 作是念時,隨所起念,一念一劫,還受生死,甫當更修菩提之道。自恃多聞,於無名法以不真智妄生分別,見有所得,起大憍慢。我説是輩是大愚癡無智之人,諸覺所覆,非是大人。雖復志求大乘之道,作如是言:“我當於世爲最爲勝。”而[□][於][1]聲聞小乘之人不生恭敬,輕慢惡賤,説其過罪,以其惡心,説麁惡語,故而墮惡趣。’”

十波羅蜜法門:檀波羅蜜,尸波羅蜜,羼提波羅蜜,毘梨耶波羅蜜,禪波羅蜜,般若波羅蜜,方便波羅蜜,願波羅蜜,力波羅蜜,智波羅蜜。

《寶雲經》卷第一:“菩薩成就十法,能具足檀。何等爲十? 法施具足,無畏施具足,財施具足,不望報施具足,憐愍施具足,不輕心施具足,尊重施具足,恭敬承事施具足,不求有施具足,清净施具足。云何名‘菩薩法施’? 具足無希望心,自受持法,爲人演説,不求利養,不爲名譽,爲除一切衆生過[2]惡,不爲於利,心無高下,平等説法,是名‘菩薩法施具足’。云何名‘菩薩無畏施具足’? 菩薩自離刀杖,亦教人離刀杖,於一切衆生生父母想、男女想[3]、親友想,是名‘無畏施具足’。云何名‘菩薩財施具足’? 菩薩見衆生多作諸惡,便積聚財寶而施與之,令離惡業,安置善處。有聞佛説檀但是菩薩除慳貪妒嫉之垢,是名‘菩薩財施滿足’。云何‘不望報施具足’? 不爲得眷屬故施,不爲得親友故施,不爲欲故施,是名‘不望報施具足’。云何‘成就憐愍施具足’? 菩薩見衆生飢渴受苦、裸形弊衣、無所衣户(依怙)[4]、無歸無趣、無居止處、離於福業,便生慇重憐愍之心:我今爲苦衆生作衣服、飲食,乃至歸衣(依)[5]舍宅,現有財物悉施與之。雖作是施,而不生念存有我、人財物等想,是名‘憐愍施具足’。云何名‘不輕心施具足’? 不分別施,等大悲施,不輕心施,心不悋惜施,不瞋忿施,不憍逸施,不爲得名稱施,尊重恭敬施,自手施,如此等施,是名‘不輕心施具足’。云何名‘承事施具足’? 若同梵行可尊事

① 於,底本、録本無,據《佛説净業障經》[T24n1494p1097c9]補。
② 過,底本、録本訛作“遇”,據《寶雲經》卷第一[T16n0658p212b8]改。
③ 想,底本、録本訛作“相”,據《寶雲經》卷第一[T16n0658p212b13]改。
④ “衣户”二字,《寶雲經》卷第一[T16n0658p212b26]作“依怙”。
⑤ 衣,《寶雲經》卷第一[T16n0658p212c1]作“依”。

者,若和上阿闍梨等,如是之人深生慇重,起迎合掌,瞻仰恭敬,若有所作,躬代營佐,是名‘承事施’。云何名‘恭敬具足’?供養佛,供養法,供養僧,香華伎樂違遶如來塔,塗掃佛地,若諸塔廟朽故崩落,修復嚴飾,是名‘恭敬施’。云何‘不求有施’?菩薩施時不生是念:‘我當生天。’亦不生念:‘我當爲王及諸輔相大臣官屬。’是名‘不求有施’。云何‘清净施’?菩薩諦觀此施無垢、無穢、無雜,是名‘清净施’。善男子!具此十事,是名‘具足於檀’。

復有十法成就净戒。何等爲十?善多波羅提木叉戒,善事菩薩蜜緻戒,滅諸煩惱戒,除不善覺戒,怖畏惡業戒,於小罪中常生驚怖戒,心常恐畏戒,受持投陀堅固不闕戒,持不爲求有造業戒,净三業戒。善男子!云何名‘善學波羅提木叉戒’?菩薩於戒律諸經是佛所制,皆專心受持,不爲種族故持戒,不爲我見故持戒,不爲攝徒衆故持,不見他瑕缺而輕毁戒,是名‘持波羅提木叉戒’。云何‘菩薩善持蜜緻戒’?諸餘菩薩威儀戒行,我亦當學,如法修行,及餘經中諸菩薩戒悉具修行,是名‘菩薩戒’。云何名‘菩薩滅’?一切結使皆悉焦燃,貪欲、瞋恚、愚癡及餘纏障一切衆具亦皆焦燃,於貪欲處生法,能起欲處皆悉除斷,是名‘菩薩焦燃煩惱戒’。云何名‘菩薩除不善覺戒’?住於空静阿練若處,作如是念:‘我今遠離於憒鬧處,在閑静地履行佛教’,是名‘菩薩除不善覺’。云何名‘菩薩怖畏惡業’?觀察選擇,曾聞佛説,專心修福,堅持净戒,善學智慧,以是因故,最得勝報,具禪德業,遠離諸惡,是名‘怖畏惡業’。云何名‘菩薩畏於微惡’?於小罪邊常生大畏心,終不輕微小之惡,以何因緣,曾聞佛説少毒殺人,况復多毒?微細惡中,尚能將人至三惡道,况復多惡而心不畏?是名‘菩薩畏微小惡’。云何‘菩薩心常恐畏’?爲人體信婆羅門刹利居士等,以體信故,即寄金銀種種珍寶,信心用付,不立時證,菩薩終不生於隱匿之心。若佛物、法物、僧祇物、四方僧物,菩薩寧當自食己肉,終不侵他。若飯、若食供身之具,終不輒毁。是名‘菩薩心常恐畏’。云何名‘菩薩受持頭陀法堅固不闕’?若魔眷屬及諸天以妙財色欲來擾逼菩薩,菩薩即時志固不動而心不毁,是名‘菩薩受持頭陀法堅固不闕’。云何名‘菩薩持戒不爲求有造業’?菩薩持戒不求世間果報,但爲滿足一切善法,得無上道,是名‘菩薩持戒不爲具有造業’。云何名‘菩薩净於三業’?云何‘净身業’?離殺盗淫,以是義故,名爲‘净身業’。云何‘離於口業’?離惡口、妄言、兩舌、綺語,是故名爲'净於口業'。云何名'净於意業'?除貪、瞋、癡邪見,是名'净於意業'。是名'菩薩净於三業'。善男子!具此十事,是名'菩薩[①]成就净戒'。

復有十法能净於忍。何等爲十?内忍,外忍,法忍,隨佛教忍,無方所忍,所修處處忍,悲所爲忍,不逼惱忍,誓悲忍,願忍。云何名'菩薩内忍'?菩薩飢渴寒熱、憂悲疼痛、身心楚切,能自忍受,不爲苦惱,是名'菩薩内忍'。云何名'菩薩外忍'?菩薩從他聞惡言、駡詈、毁辱、誹謗,或毁辱父母、兄弟、姊妹、眷族、和上、阿闍梨、師徒、同學,或聞毁佛、法、僧,有如是種種毁呰菩薩,忍辱不生瞋恚,是名'菩薩外忍'。云何名'菩薩法忍'?佛於諸經説微妙義,諸法寂静,諸法寂滅,如涅槃相,不驚不怖。菩薩[②]作念言:'我若不解是經,不知是法,終不得阿耨多羅三藐三菩提。'故菩薩懃求諮問讀誦,是名'菩薩法忍'。云何名'菩薩隨佛教忍'?菩薩瞋惱毒心起時,作是思惟:'此身從何而生?從何而滅?從我生者,何者是我?從彼生者,何者是彼?法相如是,從何因緣起?'菩薩作是思惟時,不見所從生,亦不見所緣起,亦不見從我生,亦不見從彼起,亦不見從因緣生。作是思惟,亦不瞋,亦不惱,亦不毒,瞋恚之心即便減少,是名'菩薩隨佛教忍'。云何名'菩薩無方所忍'?或有夜忍晝不忍,或晝忍夜不忍,或彼方忍此方不忍,或此方忍彼方不忍,或知識邊忍不知識邊不忍,或不知識邊忍知識邊不忍。菩薩不爾,於[③]一切時、一切方常生忍心,是名'菩薩無方所忍'。云何名'菩薩處處忍'?有人於父母、師[④]長、夫妻、男女、大小、内外如是中生忍,餘則不忍。菩薩忍者則不如是,如父母邊生忍,旃陀羅邊生忍亦爾,是名'菩薩修處處忍'。云何名'菩薩非所爲忍'?不以事故生忍,不以利故生忍,不以畏故生忍,不以受他恩故生忍,不以相親友故生忍,不以愧赧故生忍,菩薩常修於忍,是名'菩薩非所爲忍'。云何名'菩薩不逼惱忍'?若瞋因緣煩惱未起,不名爲'忍'。若遇瞋因緣時,

① 薩,録本訛作"菩",據底本改。
② "菩薩"二字録本衍作"菩薩菩薩",兹據底本删。
③ 於,底本、録本訛作"一",據《寶雲經》卷第一[T16n0658p214a3]改。
④ 師,底本、録本訛作"歸",據《寶雲經》卷第一[T16n0658p214a5]改。

捲(拳)[①]打刀杖、手腳蹴蹹、惡口駡詈，於如是中心不動者，則名爲‘忍’。菩薩若有人來起發瞋恚亦忍，不起發瞋恚亦忍，是名‘菩薩不逼惱忍’。云何名‘菩薩悲心忍’？爾時菩薩若作王，若王等有功業，爲苦器衆生而作其主[②]。是苦衆生若來駡辱、觸惱之時，菩薩不以我是主故而生瞋恚。如是衆生我當拔濟常擁護，云何而得生於瞋惱？是故我今悲心憐愍，不生忿恚。是名‘菩薩悲心忍’。云何名‘菩薩誓願忍’？菩薩[□□□][作是念][③]：‘我先諸佛前曾作師子吼發誓願言：“我當成佛，於一切生死於(淤)[④]泥中爲拔諸苦衆生。”我今欲拔，不應瞋恚於彼。若我不忍，尚不自度，况利衆生？’以是因緣，當修於忍，不應生瞋。是名‘菩薩大誓願忍’。善男子！具此十事，是名‘菩薩能净於忍’。

復有十法，名爲‘精進滿足’。何等爲十？如金剛精進、無等精進、處中精進、顯勝精進、熾盛精進、常恒精進、[□]清[⑤]净精進、不共二乘精進、不輕賤精進、不退[⑥]轉精進。云何‘如[⑦]金剛精進’？未解者令解，未涅槃者令得涅槃，未安者令安，未度者令度，是名‘如金剛精進’，魔不能壞。云何‘無等精進’？爾時菩薩所行精進，超諸菩薩百千萬億。一切諸佛善法，以精進力故，悉[⑧]能攝取。一切惡法，無不[⑨]捨離。是則名爲‘無等精進’。云何名‘處中精[□][進][⑩]’？懃不過分，亦不解(懈)[⑪]退，如是精進名爲‘處中精進’。

① 捲，此與“拳”通。《史記·孫子吴起列傳》：“夫解雜亂紛糾者不控捲。”司馬貞索隱：“捲即拳也。”

② 主，底本、録本訛作“生”，據《寶雲經》卷第一[T16n0658p214a18]改。

③ “作是念”三字底本、録本無，據《寶雲經》卷第一[T16n0658p214a23]補。

④ 於，此當讀如“淤”(二字《廣韻》皆可音央居切)。

⑤ “清”字底本、録本脱，據《寶雲經》卷第一[T16n0658p214b9]補。

⑥ 退，録本訛作“良”，據底本改。

⑦ “如”字前録本衍“如何”二字，據底本删。

⑧ “悉”字前底本、録本衍“力故”二字，據《寶雲經》卷第一[T16n0658p214c6]删。

⑨ 不，底本、録本訛作“二”，據《寶雲經》卷第一[T16n0658p214c7]改。

⑩ 進，底本、録本無，據《寶雲經》卷第一[T16n0658p214c8]補。

⑪ 解，此當讀如“懈”。《史記·留侯世家》：“不從必危，不如因其解擊之。”司馬貞索隱：“謂卒將離心而懈怠。”

云何名‘高勝精進’? 菩薩發大精進,願使現身如佛色相。若我得佛,無見頂相圓光一尋,佛之相好無礙智慧大自在者願我悉得,是名‘高[①]勝精進’。云何名‘熾盛精進’? 譬如真金無有垢穢,菩薩精進亦復如是,無諸姤穢。除如是垢障,是名‘菩薩熾盛精進’。云何名‘常恒精進’? 舉動威儀,不離精進;行住坐卧,不曾休廢,身心不懈。是名‘菩薩常恒精進’。云何名‘清浄精進’? 如上常恒精進,有所起惡[②]不善之業能障道法皆悉除斷,一切善法皆悉修廣,增長熾盛。乃至微細一念之惡不令得起,况復大惡? 是名‘菩薩清浄精進’。云何名‘不共二乘精進’? 菩薩周遍十方,猛火熾盛。如此世界外,有極苦衆生。菩薩能忍大火,過無量恒河沙世界,拔濟一衆生苦。爲一尚爾,况多衆生? 一切外道、二乘所不能及。是名‘不共二乘精進’。云何名‘不自輕賤精進’? 菩薩作是思惟[③]:‘三世諸佛皆從微少精進,修無量德,乃能久積苦行,成等正覺。’是名‘菩薩不自輕賤精進’。云何名‘不退轉精進’? 菩薩不以己身精進微薄、不以貧窮有少財寶而生捨心,常修精進,寧爲衆生久處地獄,是名‘菩薩不退轉精進’。具此十事,是名‘菩薩滿足精進’。

復有十法,名‘具禪波羅蜜’。何等爲十? 多集福德禪,深厭諸惡禪,能懃精進禪,具於多聞禪,不顛倒解禪,解法向法禪,利根聰明禪,有純善心禪,解定智禪,不著禪相禪。云何爲‘多集福德’? 久於大乘積集善根,在所生處常護持戒,增長善法。云何名爲‘深厭諸惡’? 言[④]察諸法,世間大苦常爲災患之所逼惱,無有暫亭(停)[⑤],常爲衆苦;無明所盲,皆因愛欲,欲爲根本。我今[⑥]不應同於凡夫親[⑦]近於欲。云何名爲‘能懃精進’? 剃除鬚髮,捨離産業,出家學道,發大精進,未得善法者能令使得。云何名‘具於多聞’? 於世

---

① “高”字前録本衍“名”字,據底本删。

② “惡”字前底本、録本衍“所”字,據《寶雲經》卷第一[T16n0658p214c24]删。

③ 惟,録本訛作“性”,據底本改。

④ 録本出校:“言=觀?”疑“言”應作“觀”。

⑤ 亭,與“停”同。段玉裁《説文解字注》:“亭之引申爲亭止。俗乃制停、渟字。”

⑥ 今,録本訛作“根”,據底本改。

⑦ 親,底本、録本訛作“觀”,據《寶雲經》卷第二[T16n0658p215b6]改。

諦第一義諦悉能宣説。云何名‘不顛倒解’？善知世諦即第一義諦，善知不顛倒法如法體相。云何名‘解法向法’？正見，正志，正語，正業，正命，正方便，正念，正定見，正道。‘利根聰明’者，利根轉勝。‘純善心’者，菩薩善心起時，能迴貪瞋癡，能[□][除][1]欲愛，能除欲樂，能除欲著，以善心故，令欲不起。‘解定智禪’者，善持其心，調順[2]其心，善持諸法，調伏諸見。‘不著禪相禪’者，菩薩雖入滅定，而不捨教化衆生[3]，乃至起慈悲喜捨亦復如是。菩薩爾時便獲五神道，而不以十二門禪五神通等以爲自足，方求上法莊[4]嚴之具，功德滿足。具此十事，是名‘菩薩具禪波羅蜜’。

復有十法，名爲‘智慧滿足’。何等爲十？具無我善，[□][善][5]解業報，善解有爲，善解生死相續不絶，善解生死出要之法，善解聲聞、辟支二乘之法，善解摩訶衍，善解遮魔業智慧、不顛倒智慧、無等智慧。云何[6]‘具無我善根’？菩薩以智觀察色、受、想、行、識不生不起，不見起因，第一義諦不見、不生、不起。世諦第一義諦，但有假名，而無實體。雖知諸法處寂，而不捨於精進，深矜一切衆生。是名‘菩薩無我善根’。云何‘善知業報’？菩薩雖知業報不斷不常，而[7]受不捨，是名‘菩薩善知業報’。云何名‘善知有爲而不取有爲相’？如實正見，知有爲法迅速不亭(停)，念念流動，以是因緣，深樂涅槃，厭惡生死。是名‘菩薩善知有爲法’。云何‘善解生死流轉’？菩薩觀察一切衆生，無明所盲，漂流生死，恒[□][爲][8]愛羂諸結所縛，是故菩薩正觀生死，如實而知，是名‘菩薩[□][善][9]解生死流轉’。云何‘善解生死出要之法’？無無明則無行，無生則無老、死、憂、悲、苦惱衆苦聚集。菩薩以實知見十二

---

① 除，底本、録本無，據《寶雲經》卷第二[T16n0658p215c28]補。

② 順，録本訛作“煩”，據底本改。

③ 生，録本訛作“捨”，據底本改。

④ 莊，底本、録本訛作“在”，據《寶雲經》卷第二[T16n0658p216a28]改。

⑤ 善，底本、録本無，據《寶雲經》卷第二[T16n0658p216b2]補。

⑥ 何，録本訛作“向”，據底本改。

⑦ 録本出校：“而＝不【元】【明】。”意謂“而”字元大普寧寺藏(簡稱“元”)、明嘉興藏(簡稱“明”)作“不”。

⑧ 爲，底本、録本無，據《寶雲經》卷第二[T16n0658p216c1]補。

⑨ 善，底本、録本無，據《寶雲經》卷第二[T16n0658p216c5]補。

因緣,是名‘菩薩善解生死出要之法’。云何‘善解聲聞、辟支二乘之法’?觀察如此法時,成須陀洹,[□□□□][善解聲聞]①、辟支佛法而不取證。何以故?我攝受一切衆生故。以是故,我今不應獨出生死。是名‘菩薩善解聲聞辟支佛法’。云何‘善解摩訶衍法’?菩薩善學解一切諸法,而不得諸法相,以是因緣相貌而不墮於斷見,是名‘菩薩善解摩訶衍’。云何名‘菩薩善知遮魔業智慧’?菩薩善知不親近惡知識,亦不至惡國,而常遠離世俗談話,一切結使能障菩提者悉皆遠離,善知對治法,是名‘菩薩善知遮魔業智慧’。云何名‘不顛倒智慧’?善學世諦第一義諦及諸經諸,雖明知世典,而常尊佛法,以爲衆勝,終不染於外道邪見,是名‘菩薩不顛倒智慧’。云何名‘無等智慧’?不見若天、若人、沙門、婆羅門及諸外道與菩薩智慧等者,是名‘無等智慧’。具此十事,是名‘菩薩滿足智慧’。

復有十法名‘滿足方便’。何等爲十?方便迴向,善迴外道諸見,善迴五塵,善除疑悔,善救護衆生,善知衆生齊(濟)命②,善受供養,善移聲聞辟支佛乘學者入於大乘,善知示教利喜,善知供養恭敬。云何‘方便迴向’?一切所有善華若華、[□][若]③菓、若香、若香樹、若寶、若寶樹、若疊、若疊樹,一切空澤壙(曠)④野無主非我所諸物,盡皆晝三時、夜三時迴心施佛。一切菩薩及諸衆生,若起一念善根,身、心隨喜,是名‘方便迴向’。云何名‘善迴外道諸見’?能令異學九十六種調伏出家。欲調伏時,要先恭事,現爲弟子,外道所有威儀法則悉皆習學,究盡勝彼。令調伏已,而反制之,使爲弟子,信受其語,乃以正道誘化其心,令立佛法。是名‘菩薩善調外道諸見’。云何名‘善迴五塵’?見諸衆生貪欲熾盛,現作女身,端正殊妙,超諸女人,使彼染著,即

---

① “善解聲聞”四字底本、録本無,據《寶雲經》卷第二[T16n0658p216c15]補。

② 齊,此當爲“濟”之借字。《寶雲經》卷第二[T16n0658p217a12]正作“濟”。“濟命”者,救命、活命也。

③ 若,底本、録本無,據《寶雲經》卷第二[T16n0658p217a15]補。

④ 壙,此與“曠”同。《釋名·釋喪制》:“壙,曠也。”該字《寶雲經》卷第二[T16n0658p217a16]作“曠”。

復現[①]身變爲死屍，膖脹臭爛。菩薩爾時即服本身而説法要，是名‘菩薩善迴五塵’。云何名‘善除疑悔’？若衆生作五逆罪及餘諸惡，愁憂悔恨，菩薩有復化作父母而逆加害，我真汝伴同作逆罪。菩薩便爲説種種法，令彼逆罪即得輕微。是名‘菩薩善除疑悔’。云何名‘善能救拔衆生’？菩薩觀彼衆生堪爲法器而造諸惡，菩薩即爲現形種種説法。應見王身得度者，即現王身。所應見者，皆爲現之。是名‘菩薩善能救拔衆生’。云何名‘善知衆生濟命’？見衆生無所勘任，不識正法，唯知貪欲飲食衣服，更無餘求。菩薩爾時爲示算數、醫方種種伎術，如是善者皆令學習，悉令不之(乏)[②]衣服飲食，是名‘菩薩知衆生濟命’。云何名‘受供養’？菩薩爾時得大寶樹，如須彌[□□][山，悉][③]能受之；若得少施微豪(毫)[④]縷綖，亦皆受用。以何緣故大小皆受？見衆生慳貪嫉妒，無有施心，隨所施爲説法。是名‘菩[⑤]薩善解受供養’。云何名‘善能移於二乘，入於大乘’？見衆生勘任大器，乃作聲聞、辟支佛二乘精進勤修苦行。爾時菩薩令住大乘，捨於小心，爲繼佛種、不斷三寶故。是名‘菩薩移於二乘，安住大乘’。云何‘善能示教利喜’？未發菩提心者能令發心，即爲説法，令其歡喜，[□][具][⑥]修戒[⑦]行。是名‘菩薩善能示教利喜’。云何‘善能恭敬供養三寶’？出家菩薩少欲知足，不積財寶，唯以法施爲利，即自思惟種種運心供養諸佛。如是思惟已，便能具足六度。以種種供養而具檀波羅蜜，恒與一切衆生善，是名‘尸波羅蜜’。[□][歡][⑧]喜忍樂，是名

---

① 現，底本誤作“瑯”，録本訛作“瑯”。結合文意，據《寶雲經》卷第二[T16n0658p217b20]改。

② 之，此乃“乏”之省筆俗字，敦煌寫本中經見。《寶雲經》卷第二[T16n0658p217c19]正作“乏”。録本失校。

③ “山悉”二字底本、録本無，據《寶雲經》卷第二[T16n0658p217c21]補。

④ 豪，此當爲“毫”之借字。《寶雲經》卷第二[T16n0658p217c22]正作“毫”。

⑤ “菩”字前底本、録本衍“名”字，據《寶雲經》卷第二[T16n0658p217c27]删。

⑥ 具，底本、録本無，據《寶雲經》卷第二[T16n0658p218a8]補。

⑦ 戒，底本作“[戒之俗體]”，乃“戎(戒)”之訛俗體。録本訛作“式”。今據《寶雲經》卷第二[T16n0658p218a8]改。

⑧ 歡，底本、録本無，據《寶雲經》卷第二[T16n0658p218a15]補。

‘羼提波羅蜜’。身心不懈,是名‘毘梨耶波羅蜜’。專心不散,是名‘禪波羅蜜’。莊嚴衆行皆悉具足,是名‘般若波羅蜜’。菩薩如是静處思惟時,能具足六波羅蜜,是名‘菩薩善解供養恭敬三寶’。具此十事,是名‘菩薩具足方便’。

復有十法名‘發願’。何等爲十?不作卑下發願,不畏生死發願,出過一切衆生發願,一切諸佛讚歎發願,能摧伏一切魔發願,不爲他教故發願,無邊發願,不恐畏發願,無憂發願具足發願。云何‘不作卑下發願’?不爲三有受樂故發願,是名‘菩薩不卑下發願’。云何‘不畏生死發願’?不求二乘、不爲厭惡生死、不爲滅除生死故發願,是名‘菩薩不畏生死發願’。云何名‘出過一切衆生發願’?菩薩願使一切四生衆生悉成菩提,而我或入涅槃,或不入涅槃,是名‘菩薩出過一切衆生發願’。云何名‘一切諸佛讚歎發願’?菩薩發願化一切衆生皆行菩薩道,乃至坐於道場。我當勸請,令久住世,利益衆生。是名‘菩薩一切諸佛讚歎發願’。云何名‘摧伏一切諸魔發願’?願使一切衆生成佛時,國[①]土不聞惡魔名字,是名‘菩薩摧伏一切諸魔發願’。云何名‘不爲他故發願’?終不受他教故,發菩提心,自以智慧觀察世界衆生受無量苦,爲拔濟故,發菩提心,是名‘菩薩不爲他故發願’。云何名‘無邊發願’?菩薩不爲方所少緣發願,從初發意行六波羅蜜,乃至坐於道場,於一一善心中我皆隨喜,是‘無邊發願’。云何名‘不恐畏發願’?菩薩從初發心,聞深妙法,不生驚畏;聞佛本行無量功德,不生驚畏。佛所成熟衆生無量無邊,非我智力之所能知,唯佛與佛乃能究竟。是名‘菩薩不恐畏發願’。云何名‘無憂發願’?菩薩見諸衆生癡無慧目,憹戾難[②]調。少智衆生愚癡瘖瘂,無涅槃分,不生信心,而爲一切諸佛菩薩之所棄捨。如此衆生我皆調伏,乃至坐於道場。是名‘無憂發願’。云何名‘具足發願’?菩薩發心,誓願降魔,成阿耨菩提,是名‘具足發願’。具此十事,是名‘方便發願’。

復有十法名‘力具足’。何等爲十?人不輕力,不爲他所伏力,具福業力,具智慧力,具徒衆力,得神通力,自在之力,陀羅尼力,菩薩定特不可動

① “國”字前底本、録本衍“佛時”二字,據《寶雲經》卷第二[T16n0658p218b10]删。
② 難,底本、録本訛作“歎”,據《寶雲經》卷第二[T16n0658p218c3]改。

力，所言無二力。云何名'人不輕力'？一切外道聲聞二乘無能過者，一切衆生亦無有與菩薩力等者，是名'菩薩人不輕力'。云何名'具福業力'？無有世間、出世間所修之福功德莊嚴能與菩薩力齊等者，名'菩薩具福業力'。云何名'具智慧力'？菩薩智力有所舉動，於前後際無有錯謬，是名'菩薩具智慧力'。云何名'具徒衆力'？菩薩徒衆不壞正見，無毁盛儀，常修浄命，所攝大衆皆同菩薩正直之行，是名'菩薩具徒衆力'。云何名'具神通力'？菩薩以世俗五通勝於聲聞二乘五通，能以一塵容閻浮提及四天下乃至恒河沙等三千大千世界，而微塵不增，世界不減，其中衆生亦不迫迮，無有覺知想，不相妨礙[①]，是名'菩薩具神通力'。云何名'得自在力'？菩薩有自在力，欲使三千大千世界種種珍寶遍滿其中，即如其意，是名'菩薩自在之力'。云何名'得陀羅尼力'？菩薩若聞無量無邊諸佛説法異聞異字，能於一念種種音聲悉皆受持，思惟修行，是名'菩薩陀羅尼力'。云何名'定持無虧動力'？一切衆生無能擾壞，令其心亂，是名'菩薩定持不虧動力'。云何名'所言無二力'？菩薩心思後言，口無二語，唯除方便利益之説，是名'菩薩言無二力'。具足此十事，是名'菩薩得力具足'。

復有十法名'具足智'。何等爲十？智人無我智具足，知法無我智具足，遍知諸方便智具足，善知禪定境界處所具足，智持具足，無等智具足，善知衆生根行具足，無作智具足，善知一切法相具足，善知出世間智具足。云何名'知人無我'？觀五陰不堅、無牢固，虚妄、無真實，乃至滅謝亦不見有去，是名'知人無我'。云何'觀法無我'？知如實相見生滅，知一切物猶如假借，[□][但][②]有名用，從緣而生，從緣而滅。菩薩如實而知諸法真實，是名'觀法無我'。云何名'一切處遍智'者？非一刹那中知，非一刹中不知，非此方知、彼方不知，而能普於十方得無礙智，是名'一切處遍知'。云何'善知禪足境界處所'？知聲聞定，知辟支佛定，知菩薩定，知佛定知。如是諸定知皆悉了知，是名'善知禪定境界處所'。云何名'知持具足'？善知聲聞持、辟支佛持、菩薩持，况餘衆生而不能知？是名'知持'。云何'無等智'？一切外道二

① 礙，録本訛作"害"，據底本改。

② 但，底本、録本無，據《寶雲經》卷第二[T16n0658p219b5]補。

乘諸智，無有能及菩薩智者，唯除如來一切種智，是名‘無等智’。云何名‘善知衆生根行’？能以浄無礙智遍觀世界衆生能生菩提，乃至入般涅槃，有聲聞乘，有辟支佛乘，有生善趣，有生惡趣者，是名‘菩薩善知衆生根行具足’。云何名‘無作智慧’？於四威儀行住坐卧，[□][念][①]念無作，心恒成就，譬如有人於出入息乃至睡眠常無所作，是名‘無作智具足’。云何名‘善知一切法相’？了達諸法皆同一相，云何一相？皆盡空相，如幻相，虚妄相，是名‘菩薩善知一切法相’。云何名‘善知出世間智、無漏智’？出一切世間諸智，是名‘菩薩出世間智’。具此十事，是名‘菩薩得一切智滿足’。”

《華嚴經》：“菩薩以求佛道所修善根與一切衆生，是檀波羅蜜；能滅一切煩惱熱，是尸波羅蜜；慈悲爲首，於一切衆生心無所傷，是羼提波羅蜜；求善根無厭足，是毘梨耶波羅蜜；修道心不散，常向一切智，是禪波羅蜜；忍諸法不生門，是般若波羅蜜；能起無量智門，是方便波羅蜜；求轉勝智慧，是願波羅蜜；諸魔外道不能俎壞，是力波羅蜜。於一切法相如實説，是智波羅蜜。如是念念中具足十波羅蜜。”

《相續解脱經》一卷：“觀世音白佛言：‘世尊！何故施設餘四波羅蜜？’佛告觀世音：‘此等是六波羅蜜伴故，彼三波羅蜜攝取衆生，菩薩事方便善業建立，是故我説“方便波羅蜜是三波羅蜜伴”。復次，觀世音菩薩！現法多行煩惱，不能勘任，常修習忍，貪樂下界故，悕望羸劣，不能内一其心。及菩薩藏聞緣修習，[□][不][②]能開引出世間慧，受行少福，願未來世煩惱微薄，是願波羅蜜；煩惱薄已，能懃精進，是故我説“願波羅蜜是精進波羅蜜伴”。親近善知識，聽聞善法，内正思惟，轉劣悕望，得力悕望，殊勝上界，能内一心，是故我説“力波羅蜜是禪波羅蜜伴”。於菩薩藏聞緣修禪，是智波羅蜜，堪能開引出世間慧，是故我説“智波羅蜜是般若波羅蜜伴”。’”

菩薩藏修道衆經抄卷第十二。

---

① 念，底本、録本無，據《寶雲經》卷第二[T16n0658p219c1]補。

② 不，底本、録本脱，據《相續解脱地波羅蜜了義經一卷》[T16n0678p716a20]補。

No. 2821 諸經要略文

[題解]

佛教著作，敦煌文獻中存有斯 779d 一號，首尾皆殘，作者及原著卷數不詳。方廣錩、吴芳思（英）主編《英國國家圖書館藏敦煌遺書》擬題作“金藏論抄”。文中列舉諸經所述蛤蟆、鸚鵡等聞法升天因緣，宣揚修四正勤、四無量心、六妙行等，口語色彩較濃。清代以前歷代大藏經未收，日本《大正藏》將斯 779d 號收入其第八十五册。今校注仍以《大正藏》本所據原卷斯 779d 號爲底本。

□[1]《尊婆須蜜經》説：“若爲亡人設齋，衆僧行食遍，即爲亡人下食。若不尔[2]者，亡人不得食喫。”

《地獄寶即經》説：“齋家行食未遍，出，衆生食者，入截舌地獄。”

《罪福决定經》云：“伽葉！論説兩願一處者，死作兩頭蛇，遞相教尔[3]。”《大乘莊嚴論》説：“齋家佛盤上一顆一粒，不許俗人食，食者得餓鬼報。”亦云：“通與虫鳥喫。”《入佛境界經》説：“若人食聖僧槃上食者，得無量罪。”亦云：“通與守護伽藍人及與虫鳥喫。”《决定毘尼經》説：“應是齋家，不問大小，供養佛盤上食不得食。上座應如法處分。若不爾者，得無量罪。”問曰：“購贖得否？”“准《罪福决定經》，佛且不求利[4]，故無人堪。上座教云：‘獻佛及

① 首缺。

② 尔，録本訛作“作”，據底本改。

③ 尔，録本訛作“示”，據底本改。

④ 利，録本訛作“科”，據底本改。

僧,行之則得無犯。若不爾者,千劫萬劫,墮大地獄。師若不教,亦招前殃。縱得人身九百萬歲,在下賤中生。'"《日①藏經》云:"寧可一日然(煞?)②九百頭牛,莫説三寶師僧長短,其罪甚。"《寶集經》:"不空過,略説七菩③提分,亦名'七寶泉',亦名'七聖財'。"

蛤聽法得生天緣,出《善見律毘婆抄要略》:昔佛在世,到瞻④婆國迦羅池邊,爲衆説法。彼池中有一蛤,聞佛池邊説法之聲,即從池出,入草根下,聽佛説法。時有一人持杖放牛,見佛在座爲衆説法,即往佛所,欲聽聞故,以杖刺地,誤著蛤頭,即命終生忉利天,[□□□□□][爲忉利天王]⑤。以福報故,宫殿縱廣十二由旬,與諸天女娱樂受樂。生天已,爲聽法故,得須陀洹果。

鳥聞比丘誦經得生天緣,出《賢愚經》:昔佛在世時,有比丘林中誦經,音聲雅好。有一鳥聞法,在樹而聽。時有獵師所射,命終生忉利天,面貌端政,無有倫匹⑥。自識宿命,知因比丘具⑦經聽法,得生此中。即持天花,到比丘所,禮敬問訊,以天花香,供養比丘。比丘且問,知其委由,即命令座,爲其説法,得須陀洹果。既得果已,還歸天上。禽獸聽法,尚獲宿報無量無邊,豈况於人?信心聽法,寧無善根?

鸚鵡聞説四諦,得生天緣,出《賢愚經》:昔佛在世時,舍衛國中須[□][達]⑧長者信敬佛法,爲僧壇(檀)⑨越,衆僧所須,一切供給。須達家中有二

---

① 日,録本訛作"曰",據底本改。

② 然,此似應爲"煞"之形訛字,待考。

③ 菩,録本訛作"善",據底本改。

④ 瞻,録本訛作"膽",據底本改。

⑤ "爲忉利天王"五字底本、録本無,結合文意,據《善見律毘婆沙》卷第四[T24n1462p697c6—c7]補。

⑥ 匹,録本訛作"土",底本實爲"疋"之手體。《廣韻·質韻》:"匹,俗作疋。""無有倫匹"一語,佛典中用例頗夥,無須贅舉。

⑦ 具,録本訛作"見",據底本改。

⑧ 達,底本、録本無,結合文意,據《賢愚經》卷第十二[T4n202p436c9]補。

⑨ 壇,此當爲"檀"之訛俗字。該字《賢愚經》卷第十二[T4n202p436c9]正作"檀"。

鸜鵒，一名"律捉"，二名"賒律提"，禀性點(黠)慧[①]，解人言語。比丘見來，先報家内，令出丞(承)迎。阿難後時到長者家，見鳥聰明，爲説四諦苦、集、滅、道。門前有樹，二鳥聞法，飛向樹上，歡喜誦持。夜在樹宿，野貍所食。緣此善根，生四王天、忉利天等。如是七返，受天已畢，來生人中，出家修道，得壁(辟)[②]支佛果，一名"曇摩"，二名"修曇摩"。

謹檢大、小乘經，食胡荽菜，得惡趣報。《大順經》云："食此菜者，所生之處，不得聞經佛法。"《華報經》云："食此菜者，生生之處，不覩諸佛，被人[③]憎[④]疾[⑤]。"《天畔經》云："若誤食此菜不生悔，長劫處阿鼻地獄，無有出期。若故食者，不通懺悔。"《大集經》云："此菜者是天魔波旬變身作千年媚狐，尿處因生此菜，食者能滅道。設今生不諸(睹?)[⑥]經典，來生決定能厭聖教，作外道一闡提。世間一切罪，極不過五逆、盗常住物，此不通懺悔。若對喫胡荽人，五逆、盗常住僧物人吾即能救，喫胡荽菜人，自業深重厚，吾不能救也。"《菩薩戒經》中"蘭葱"是也，食者結業罪。《龍樹論》云："若人食胡荽入佛塔中，墮大地獄，具足十劫，受大極苦花報，作穢糞中，經無量劫。"《五明論》云："食此菜者，令人散亂，失於正定，鬼神得便，多非命死[⑦]，墮無間獄。"尊者婆須蜜識其弟子婆眉多言："汝宜護正法，道引群生，便佛種不斷，乃真出家。汝當勤精進，將來無食胡荽、五辛、酒肉，則十重戒自然清净，現世證

---

① "點慧"二字頗爲費解。涵咏文意，底本"點"當爲"黠"之形訛。"黠"有"聰慧、機敏"義。慧琳《一切經音義》卷第四《大般若波羅蜜多經》第三百九十八卷音義："黠慧：上閑戛反。《方言》：'自關而東，趙魏之間，謂"慧"爲"黠"。'"T54n2128p330c12]《方言》卷一："虔，儇，慧也。自關而東，趙魏之間謂之黠，或謂之鬼。"《廣韻·黠韻》："黠，黠慧也。""黠慧"即機敏、聰慧。此二字《賢愚經》卷第十二[T4n202p436c12]正作"黠慧"。

② 壁，此當爲"辟"之借字("壁"字《廣韻》一音北激切，幫紐錫韻入聲，"辟"一音亦同。)。該字《賢愚經》卷第十二[T4n202p437a25]正作"辟"。

③ 人，録本訛作"八"，據底本改。

④ 憎，録本訛作"增"，據底本改。

⑤ 《字彙·疒部》："疾，恶也。"

⑥ 諸，此似爲"睹"之訛字。待考。

⑦ 死，録本訛作"所"，據底本改。

果。若人食胡荽菜者，縱齋戒具足，死墮守廁中神中。功(切?)[①]令斷之!”

勸僧以俗守巖壇，莫喫胡荽觸佛顔。薩埵投岸由(猶)自辨，菜中間擇有何難?

修四正懃:一、惡法未生，方便令不生;二、惡法已生，方便令除斷;三、善法未生，方便令生;四、善法已生，方便令增長。惡從心出，還從心滅;善從心生，還從心長。當懃心觀察此四種法。

修四無量心:一、修慈心，念一切衆生欲與其樂，思惟作無量衣食等物，施與衆生，怨親平等，皆以土樂，是名“修慈”。二、修悲心，念一切衆生，欲拔其苦，此名“修悲”心。三、修喜心，念一切衆生，若修善者，我悉讚善;若造惡者，勸令斷惡，當遇惡揚善。四、修捨心，於一切衆生皆悉平等，不見怨親，等同空法也。

修六妙行:一、識不與色觀(繫心不染著眼妙行，明者青、黄、朱);二、耳不著聲;三、鼻不染香;四、舌不含味;五、身不著細滑等;六、意不思惟惡法。

四恩者:一、父母恩，能生己身，得有今日。二、師僧恩，生我法身，以法施我。三、國王恩，救我課没(役?)[②]，水土草木常以施我。四、檀越恩，供給衣食，濟我身命。

四輩檀越:一、天輩天厨甘露獻出家;二、龍輩牛鹿獻乳，猨猴[③]□

① 功，此似爲“切”之訛字。待考。

② 没，此似爲“役”之訛字。待考。

③ 底本以下缺。

No. 2822 大乘要語一卷

[題解]

佛教著作,敦煌文獻中存有斯 985vc 一號,作者不詳,一卷,篇幅較短。內容係從八識説的立場闡發菩提佛性之義。本文的特點是與早期的禪宗語録有一定的關係。文内云:“空手攜鋤鈎,步行騎水牛。騎牛水上過,橋流水不流。”日本柳田聖山認爲此文年代比壇經更早,可備一説。研究者多認爲此文係禪宗北宗人所撰。清代以前歷代大藏經未收,日本《大正藏》據斯 985vc 號録入其第八十五册。今校注仍以《大正藏》本所據卷斯 985vc 號爲底本。

水油同刑(形)①,非農人不識。(喻真妄)。來時見事生(見心生),去時事不現。明了知來去,依相不分別。(獸中王)②師子逐人不逐塊③(識微細種子,喻菩薩能斷第八識斷集),如犬逐塊不逐人(滅前六識,不見第七、八識)。菩提之心(静慮)如毛頭許(菟毛),佛性非有如虚空(《仁王》云波羅蜜非似虚空常住),非無知如菟角(似菟角柏[袹?]④不諦不是也)。譬如二象覺力(如□[此?]⑤),忽一被傷退(初心人心雖覺卻),而不復伏⑥(心起利心,復起不

① 刑,此乃“形”之借字。

② “獸中王”三字録本誤置“師子”後,據底本改。

③ 塊,底本誤書作“尘”,書手隨後於“尘”旁校一“塊”字,録本不察,仍“尘塊”並録。下文“如犬逐塊不逐人”中“塊”字底本、録本亦與此同,徑録正,不復校。

④ 柏,底本似作“袹”,待考。

⑤ 此缺字底本似作“此”,待考。

⑥ 伏,底本作“**伏**”,乃“伏”字之省筆俗體。

礙，放喻起覺）。師子獨行驅六賊禪師（喻第六意識，兼前五識。喻中“六賊禪師”喻恚人滅第六意識，不行前五識），射殺五平王（喻五蘊五根名“平王”）。

又問：“石女兒有兒否？”

答：“石女兒不解生道，無耶。”

“既有兒，何處去也？”

答：“作峰子。”

“何處作峰子去？”

“乾闥婆城裹作峰子。”

“得何軍器糧食？”

答：“將龜毛箭、兔角弓、水聚沫作糧食去也。”

“在乾闥婆城東西南北何角作峰子？”

答：“四角並不坐，當心坐耶。”

“四角總不坐，當心更誰坐耶？”

“菩薩。”

商人貿易之處，菩提心者市肆而歸。欲漏不先除（眼等貪者著，名之爲“欲”，即此“欲”者便是漏），畜文成過誤（畜等者不了法人色聲觸著便㝵[①]（礙），了人色聲等[②]是［礙］[③]），將文治佛佛，何不自聞聞（難陀世尊訶喻阿[④]）？無依一精明（第六心），分成六和合。一處停休息（保），六用皆不成（喻心）。迷時悟心心不異，只爲有心心有異。將心覓[⑤]佛，歷僧祇受（心若不起，各別故不一，體同故不異）。空手携鋤鈎，步行騎水牛。騎牛水上過，橋流水不流。青青翠柳遍真如（喻無情）。欝欝黄花，無非般若（喻有情）。思覺不相違，病（相）盡藥不起。還飛不覺（相違者有起時覺不立，不相違者即覺去[⑥]

① 㝵，與“礙”同。此字録本徑作“礙”，不合原卷。

② 等，録本訛作“芽”，據底本改。

③ 㝵，録本訛作“等”，據底本改。

④ “世尊訶喻阿難陀”七字録本訛作“難陀世尊訶喻阿”，據底本改。

⑤ 覓，底本作“覔”，乃“覓”字之俗體。《玉篇·見部》：覔，同“覓”，俗。《干禄字書》：“覔覓，上俗下正。”“覔”字從“不”從“見”，乃“覓”字會意俗字。

⑥ “去即覺”三字録本訛作“覺去即”，據底本改。

即不立。二相五法，名相分別正智如）。若見是物，汝是可見吾。知見若同見者，名爲“見吾”。吾若不見時，何不見吾？知見若見不見，自然非比。（此是日。）

聞伏翳根除，塵湞（消？）[①]覺圓净，净極光通達，寂照合虛空。卻來觀世間，猶如夢中事。（此是聞。）唯覺所明（阿難陀心［明］[②]是覺），稱名“明覺”。你爲覺不明，稱名“明覺”。若覺不名，稱名“覺”者，則無無明（不是無始煩惱）。有所即非覺無明，即非名“無明”，有非覺甚明性。

若知唯識現（不知夜見笑鬼蛇形，無鬼地），離於心所得（不悟不依心所得）。分別不現前（悟離依心得），亦不住其性（不悟分別，悟不分別，住無爲心）。五蔭叢林蜜，真如土地平（喻衆生），一雲垂雨露，三草競分明（戒、定、惠〔慧〕）。渾渾常不濁，澄澄復不清，清濁合不合，故號“生無生”。一覺是本覺理（“一覺”者豈則是“覺”），未知本覺者（“本覺”者不生不滅，悟理由同也），如比得金錢（去處則覺者，即是本所用，自身中得金錢也），所得亦非得（非是他人得）。空生大覺中（“空”者是覺，“大覺”者是佛），如海藻發（大覺從空中，約大海浮藻發眼、耳等六種）。有漏微塵國（“微塵”者色聲六種），皆從空處生（“皆從空”等者，並從妄念中生）。漚滅空本無，况復諸三有（“諸三有”者，地微等有時即無）？若法生時（法正生時，令滅無見），令滅無見；若法滅時，令滅有見（若法滅時，令滅有見，無見自然[③]不生）。

心用性緣理，是真净（“心”者，去也；“性”者，清净性；“緣”者，六塵境界；“真净”者，不生滅理也）。性用心不可（“性”者，悟法之人不可滅心數法），毁壞照真金（“真金”者，心心等）。習氣不離心[④]，亦不似心俱（“習”者，煩惱；“心”者，性也，即氣不離心，心共習等亦不是一習氣縛纏）。須臾習所前，其

---

① 湞，此似爲“消”之形誤字，待考。

② 明，録本脱，據底本補。

③ “然”前録本衍一“生”字，據底本删。

④ 心，底本、録本衍作“心心”，據文意删一“心”字。

體[①]無差别(衆生心者清净性)。結解同所因("結"者,解也,即繩礙中解),聖、凡無二路("不悟"者,聖、凡路别;悟者,即凡、聖是一;修門人有時不有,未犯五蘊,有地虚)。如觀茭[②]中性,空、有二俱非。覺不堅爲堅,善住於顛倒(主方便蘇去説覺,覺不堅忍堅,悟覺任倒)。極煩惱所惱,得成無上道。

因緣所生法,是義滅非生(猶如椽木父國,林緣必竟滅)。滅諸生滅義,是義生非滅。

汝等見聞緣無異生,六塵皆曰"有相異生"。性中相知,用中相背[③]。同二(異)失准,將知妄聲(相成)。

若知前念是病,令不起後念。若起後念,同還不覺。發心畢竟二不别,如是二心先心難。初發以爲天人師,勝出聲聞及緣覺。

菩薩青(清)[④]凉月,遊於畢竟空。衆生心水[⑤]净,菩提影現中。身是菩提樹,心是明鏡臺,時時拂[⑥]力下,不備若(被惹?)[⑦]塵埃。譬如虚空中[⑧],無樹而有影,風衢以鳥跡,此見悉爲難。能遣及所造,色亦非色法,於彼見如來,其難亦如是。

樹上千般葉,根從空處生,風吹葉不動,日照競分明。欲得明明見,唯須見理明(見生死喧雜,涅槃寂静;見生死不喧雜,涅槃不静),如人覺賊,[□][賊][⑨]不能違(爲)[⑩]。

---

① 體,底本作"躰",乃"體"字俗體。《正名要録》"正行者楷註腳稍訛"類"體"下注"躰"。慧琳《音義》卷八九《高僧傳》第六卷音義:"體,篆文從身作躰,俗字也。"六朝碑刻中已見"躰"字。

② 茭,録本作"菱",據底本改。

③ 背,録本誤作"皆",據底本改。

④ 青,録本誤作"清",據底本改。此"青"當爲"清"之借字。

⑤ 水,録本誤作"氷",據底本改。

⑥ 拂,底本作"栿",當爲"拂"字换旁俗體。

⑦ 備,似當讀如"被";若,當爲"惹"之誤字。比丘宗寶編《六祖大師法寶壇經》:"身是菩提樹,心如明鏡臺,時時勤拂拭,勿使惹塵埃。"[T48n208p348b24—25]可助互勘。

⑧ "譬如虚空中"五字録本誤置於下"無樹而有影"前,兹據底本乙正。

⑨ 賊,底本、録本無,據文意補。

⑩ 違,此當爲"爲"之借字。《釋净土群疑論》卷第四:"經言:'如人覺賊,賊不能爲也。'"[T47n1960p52c7—c8]可助勘。

調伏難調伏，解脱魔所縛，超然路(露)[①]地坐，識蔭般涅槃。

覺海性澄圓，澄圓覺無(元)[②]妙。無(元)[③]明照生所[④]，又立見所亡[⑤]。

---

① 路，此當爲"露"之借字。《金剛三昧經・序品第一》正作"露"字[T9n273p368c20]，可助勘。

② 無，此當爲"元"之訛字。"元""无"形近，書手當誤"元"作"无"，又繁化作"無"。《大佛頂如來密因修證了義諸菩薩萬行首楞嚴經》卷第六："覺海性澄圓，圓澄覺元妙；元明照生所，所立照性亡。"[T19n945p130a17—a18]可助勘。

③ 無，此當爲"元"之訛字。參前注。

④ 所，底本先誤書作"死"，書手發覺後於"死"旁校一"所"字。兹據録正。

⑤ 亡，底本先誤書作"望"，書手發覺後於"望"旁校一"亡"字。兹據録正。

No. 2823《大乘入道次第》開決

京西明道場沙門曇曠撰

[題解]

佛教注疏,[唐]曇曠撰,一卷。敦煌文獻中存有斯 2463v(首全尾殘)、斯 6915(首殘尾殘)、伯 2202v(首殘尾殘)、BD7465(北 8705,官 065,首殘尾殘)等四號。此文是對[唐]智周撰《大乘入道次第》的注疏。此疏的發現,對研究智周之後的法相宗歷史及思想均有重要意義。作者在正文前有一篇序文,對研究法相宗的傳承、智周的生平及著作也有參考價值。文章認爲修道必須循序漸進,不可能一蹴而就,必須"從淺向深,從分向滿","依大乘五位之中,漸次悟入道次第"。清代以前歷代大藏經未收,《大正藏》據斯 2463v 號録入其第八十五册。今據《大正藏》以斯 2463v 號爲底本,伯 2202v 號爲參校甲本。

夫登峻宇者必先拾級,陟層樓者咸歷階墀,况乎覺道崇高,不憑行位,真源綿敻,豈越資糧?是以時積三祇,行周四等,堅精六度,炳煥二心,乃獲圓常,方登極果。未可朝聞其道,夕希德滿。譬乎纔艤方舟,即期越海,懈怠菩薩,非此無誰?故欲遠剋菩提,必行大道。入道次第,繫賴甄[①]明。雖事具群經,然詎能圓攬?不有編録,其可覿乎?大唐開元初,有樸陽大德,身號"智周"——我大唐三藏曾孫弟子、慈恩大師之孫弟子、河南法師之親弟子,即是青龍大師異方同學,内窮三藏,外達九流,爲學者師宗,作詞場雄伯,工手著述,妙手讚揚,所撰章鈔凡十數部,即《法花攝釋》、《唯識演[②]秘》、《因明决

① 甄,録本訛作"**甄**",據底本改。

② 演,録本訛作"諠",據底本改。

擇》,皆所造也。雖不至長安,而聲聞遐被,關輔諸德,咸仰高風。然觀其述作,文約義著;究其所志,既慈具(且?)[①]悲;實謂間生英賢、傳法菩薩者也。恐初學者望法海而忙然,瞻義山而永退,遂乃纂大教之樞要,舉法網之大綱,爰示方隅,撰兹義記。然入道次第,通乎三乘,唯我大乘,方稱至極。今明最勝究竟大乘,故言"大乘入道次第"。言"大乘"者,總而言之,不過四種,謂如常説教、理、行、果;皆廣包故,名之爲"大";並能運故,稱之爲"乘"。此義具如《起信》義釋。所言"道"者,"趣向"爲義,"遊履"爲義,"通運"爲義,亦即不離教、理、行、果,隨應而有"趣向"、"遊履"、"通運"義,故皆名爲"道"。下文皆有,應尋引之。"入次第"者,總即五位,别以四十二賢聖也。於此四種大乘之道,從淺向深,從分向滿,依大乘教,悟大乘理,起大衆行,得大乘果。故依大乘五位之中漸次,悟入道次第也。故《唯識論》第九卷云:"謂具大乘二種姓者,略於五位漸次悟入。"

"若爾,應無'超越'之義,寧説'釋迦超彌勒'等?"

答:"超時可爾,超位不然,以於位位皆有所修、所斷、所證,不可越故。如行遲疾,時夕雖殊,而於里步不可越故。"

"若爾,何故《楞伽經》説一地即十地? 等無所有,何次耶?"

答:"彼約所證,圓融道理。此依證位,行布道理。彼以初證與後體同,就所證理,言'無有'等。若依證智,行位不同,是故得有五位次第,故與彼説亦不相違。"

"稽首"等者,以下釋文,大分三段。初三行頌,致敬述意分。"夫欲"已下,正諫所説分。最後一頌,結説迴向分。初分之中又分爲二:前之二頌歸敬三寶,後一行頌述製作意。前中又二:初之二字是能乘相,其"無上等"是所敬德。言"稽首"者,"稽"者屈也,"首"者頭也,屈所尊之頭禮所卑之足,顯敬之極,故言"稽首"。"無上等"者,顯所乘相。於中有三,謂佛、法、僧。前之四句,顯其佛寶。上之兩句,顯佛二利之因行也。後之兩句,明佛二利之果德也。前復有二,此句則顯自利因行。"調"謂調和,"御"謂制御,調和制御身、語、意業,離惡進善,成自利行。

---

① 具,此似爲"且"之形誤字,待考。

"能拔生死苦沈溺"者，此句則顯利他因行。自既調御，復以調善大乘御車，於生死泥拔出沈溺苦衆生也。以"調御"聲具此二義，故以二義而釋"調御"。於調御中更無過比(此?)[①]，故名"無上善調御"也。

"如空性相無去來"者，此下二句顯佛二利之果德也。此句顯佛自利之果。由行自利，感得法、報二身極果皆悉常住，無有去來，故言"如空無去來"等。

"若影隨形應所化"者，此句顯佛利他德果。由利他德，從法、報身而起應化，化諸凡、聖，如影隨形而得起也。又應所化，如影隨形不捨離也。以此句中含二義故，是故亦以二義釋也。

"實相一味妙甘露"等者，此之二句顯法寶也。上句顯其真如理法，下句顯其所流教法。而言"一味甘露"等者，依《涅槃經》而作此説。故彼《經》云：雪山之中有上妙藥，其名"甘露"，人若服者，得壽無量。本唯一味，隨其流處，生種種味，而其真味停留在山。一味甘露喻實相如，隨流諸味喻諸教法。隨諸衆生種種根性，以彼真如種種門説，而本真如竟無改易。

"三賢永截愛流"等者，此後二句顯僧寶也。初句顯其地前凡僧，不同外凡順生死流，今截愛河，欲超渡也。後句顯其地上聖僧，一證不退，名曰"長驅"；無漏聖道，故名"正路"。"者"謂假者，即僧人也。

"故我"等者，此則後顯述申敬意。前之二句，述歸敬意。後之二句，述製作意。第三句意顯以法燈常照生死久處愚闇諸衆生也。第四句意永去衆生二障所覆重昏之闇。

"列别名"者等，此中列名依舊《花嚴》，故與新經時有不同，待至釋文一一對會。

"菩薩在此創安其心"等者，謂創安住空無我理，得住佛家，故名"安住"。故釋經中名爲"十解"，解空理故。故《本業》云："心住空理，名之爲'住'。"《華嚴經》云："諸菩薩住不可思議，與法界虚空等，是故得住三世佛家。"雖解空理，名之爲"解"；而未即能依解起於無住妙行，名"行未勝"。

"净治三業"等者，譬如大地生長一切善惡草木，若治其地，即生善草。

---

① 結合文意，此"比"似爲"此"之訛字，待考。

衆生三業能生善惡，故喻於地。治三業地，離諸過惡，生長善行，故能起悲，利有識也。

“修勝理觀”等者，觀一切法無常、苦空無我等故，名“勝理觀”。起此觀行，名“上妙行”，非謂依觀別起妙行。

“所修善根”等者，由救物故，自得增長，名爲“方便具足”義也。如外典云“夫欲達己，先達人”等。

“所聞讚毁，心定不動”，謂聞讚毁佛、法、菩薩，菩薩所行，其心安住，名“正心住”。

“聞説三寶三際”等者，謂聞三寶有之與無，又聞三世有佛、無佛，其心不轉，名“不退住”。

“三業清潔悟二”等者，三業清潔，故名爲“童”，謂如童子身、語、意、行皆無咎故；“悟二世間”，故亦爲“真”，了衆生器悉皆虚假、心無礙故。

“解真俗諦，悟法王”等者，謂善了知説真俗諦，名“解真俗”；悟法王處軌度、法王處宫殿等，名“悟法王法”。

“如王太子堪受王位，行漸勝”者，所謂振動、照曜、住持、往詣、嚴净無數世界，開示、觀察、知根、調伏無數衆生。此等諸行，勝過於前，漸能增上一切種智，名“行漸勝”。

“此位菩薩行六度”等者，同三世佛，悟空寂理，而能起彼無住妙行，名“諸行勝”。故《花嚴》云此“菩薩行不可思議，與法界、虚空等”，學三世佛而修行故，名之爲“行”。

“愍生慕法”者，但爲救護、攝受、饒益一切衆生，名爲“愍生”；爲學憶念、愛樂，清净增長，住持、宣説諸佛本所修行，名爲“慕法”。

“覩者歡喜”等者，《華嚴經》云：“修此行時，令一切衆生歡喜愛樂。”若見一切來求索者，菩薩見之，倍生歡喜。由此二行，名“歡喜行”。

“無恚行”者，新經名爲“無違逆行”。若有瞋恚，即是違逆忍波羅蜜，違逆諸佛所説空法，違逆攝受一切衆生。若無恚者，則不違逆。亦異義一，不相乖也。

“無盡行”者，新經名爲“無屈撓行”。“屈”者即是“退轉”之義，“撓”者乃是“怯弱”之義。故由勝精進無退弱故，所行不息，故此、彼亦不相違也。

“尊重行”者，《新華嚴經》名“難得行”，謂能成就難得善根，即由難得，故成尊重，既得難得尊重善根，二利之行更增進也。

“四無礙諸陀羅尼門”等者，此四無礙諸陀羅尼門既以念慧而爲體性，是故即名“諸善慧法”；能除衆生諸煩惱熱，如入池浴而得清凉，是故喻彼“清凉池”也。然此所行四無礙等，但相似得，非真滿得；真在地上，滿第九地，故此但是相似得耳。“四無礙”等義如下説，此無繁舉。

“凡所修行悉皆迴向”者，迴向實際，迴向菩提，迴向[①]衆生；以此三種攝於一切，是故名爲“悉皆迴向”。

“不著生死，不離菩提”者，“不離菩提”即是“不住涅槃”之義。若住涅槃，即離菩提。故《唯識論》釋“無餘依涅槃”文中：“離相湛然寂滅安樂，依斯説彼與佛無差；但無菩提利樂他用，故復説彼與佛有異。”

“令此善根功德”等者，謂至一切三寶之所作諸供養，至於一切衆生之所爲利益事。

“修悔過善根，離一切業障”者，若准經文，此語倒也。若正應言：“悔過懺除一切業障所生善根。”

“所有善根悉皆隨喜”者，此中文略，此前應有“禮拜勸請所生善根”。於“隨喜”中，語又不足，致令讀者皆有謬解。若具應言：“於諸如來一切衆生所有善根，皆生隨喜所生善根。”

“以此善根悉皆迴向”者，以此懺悔、禮拜、勵請、隨喜，所有善根[②]皆迴向也。

“常作佛事，善巧方便”者，即作佛事爲巧方便。故《花嚴》云：“善巧方便，常作佛事。”佛事即是放佛光明，普照世界，無有限極。

“具諸功德，離諸虚妄”等者，此中語倒，應先離妄，後方具德。故《花嚴》云“此菩薩了一切衆生，無衆生解一切法無壽命”等。由了此故，能離虚妄。心無所著，故念念中得不可説十力善地具足。一切功德成就清净善根，所須

① “迴向”二字録本訛作“向迴”，據底本改。
② “根”前録本衍一“勸”字，據底本删。

樂具一切皆得①,色相無比,威力光明,超諸世間,乃至能得十種無盡藏功德。

“堅固安住自在功德”者,若准經文,此語亦倒。若正應言“安住自在堅固功德”,謂此菩薩爲轉輪王,名爲“安住自在功德”;獲那羅延不可壞身,名爲“安住堅固功德”。

“以如是等諸善”等者,謂以如前内、外物施所有功德及以自在堅固功德而迴向也。

“而能增長一切”等者,謂“能增長一切善”者,由修習時究竟安住堪忍也。此中唯舉修行一種。《華嚴經》中則有數義,謂於一切諸善根所修行安住、趣入攝受、積集辦具、悟解[□□][心净]②,開示發起之時,[□][得]③堪忍力。

“拔出衆生”者,於虚妄道拔出衆生,令其安住一切善道。

“成就念智”者,住正念故,其心明了,深心不動;成就智故,趣一切智,終不退轉。

“所修諸善皆順如相”者,譬如真如是真實性,諸佛行處無能測量,得者無退,乃至廣説。善根迴向,皆亦如是。

“離憍慢等縛著”等者,謂此菩薩所起一切諸善根時,皆從尊重珍敬心起,名“離憍慢”;不見我行、他人不行而生輕賤,故置“等”言;謂自能行,即名爲“縛”;謂他不行,乃名爲“著”;既離憍等所有縛著,名“解脱心”也。

“迴向,饒益品物一切”者,“品物一切”,其言倒也,應言“饒益一切品物”,謂即一切諸品物類也。

“行普賢行”者,所習諸善不執爲己及以他人,觀一切法悉皆平等、無非賢善,是則名爲“普賢之行”;今④此菩薩三業皆然,是則名爲“行普賢行”。

“離垢繒繫頂”者,謂如西方紹高位者,皆以鮮繒而繫其頂;今此菩薩行法施行,以清净法而標其首,故離垢繒而繫頂也。故《花嚴》云:“佛子！此菩

① 得,録本訛作“種”,據底本改。
② “心净”二字底本、録本無,據《大方廣佛華嚴經》卷第二十九[T10n0279p157a14]補。
③ “得”字底本、録本無,據《大方廣佛華嚴經》卷第二十九[T10n0279p157a14]補。
④ 今,録本訛作“令”,據底本改。甲本亦作“今”。

薩以法施爲首，後生一切清净白法。”即是“净繒繫頂”義也。

“受大法師記”者，謂此菩薩行法施故，便受諸佛記是法師，此即受記見是法師，非受當記爲法師也。故《花嚴》云“住法師位”。

“此位初首而有”等者，前之五種，下諸文中數頻解釋，但釋後五：於身、命、財常作捨相，名爲“捨心”；常持菩薩三聚净戒，名爲“戒心”；能於惡世傳法不絶，名“護法心”；所修善根願共衆生，名爲“願心”；咸起諸行，咸向菩提，名“迴向心”。決定信位所得心故，名“十信心”。

“以初發心而甚”等者，初菩提心甚難可發，若不廣陳，行相難見，故於初住離出十信，令解進趣。菩提之心總、别雙舉，四十心矣。

“擇簡於見，見不擇”者，統論“見”者有其二種：一、“推求”義，即未見諦諸有漏智；二、“照理”義，即已見諦諸無漏智。今所簡者，即依前説，以無漏見而能擇故。

“加行無間此智”等者，謂前剎那是加行道，即後剎那是通達道①，前加行滅，通達智生，是故名爲“加行”。“無間”謂要前滅，後念方生，不與後念而爲隔礙，故前念滅，名爲“無間”；或前念滅，後念即生，無别念隔，名“無間”也。雖有二義，前解爲勝。

“一真見道，體離”等者，此釋“真見”有其二義：前解“真”者即是“實”義，以此智見有實用故，此見即真，名“真見道”，持業釋也。後解即約理智不同，真之見故，名爲“真見”，依主釋也。

“爲斷餘障，證得轉依”等者，“餘障”即是俱生障也，是分别障之餘障故。“轉依”義别，有其四種：一、能轉道。此復有二：一、能伏道，爲伏二障，隨眠勢力，令不引起。二障現行，此通有漏、無漏二道，加行根本，後得三智，隨其所應，能漸頓伏。二、能斷道，謂能永斷二障隨眠。此道定非有漏加行，有漏曾習，相執所引未泯相故；加行趣求，所證、所引未成辦故。二、所轉依。此復有二：一、持種依，謂本識由此能持，染净法種，與染净法俱爲所依，聖道轉令捨染得净。二、迷悟依，謂真如由此能作迷悟根本，諸染净法依之得生，聖道轉令捨染得净。三、所轉捨。此復有二：一、所斷捨，謂二障種；真無間道

---

① 道，録本訛作“是”，據底本改。甲本亦作“道”。

現在前時，障治相違，彼便斷滅，永不成就，説之爲“捨”。二、所棄捨，謂餘有漏劣無漏種；金剛喻定現在前時，所引圓明純净本識非彼依故，皆永棄捨。四、所轉得。此復有二：一、所顯得，謂大涅槃；此雖本來自性清净，而由客障，覆令不顯；真聖道生，斷彼障故，令其相顯，名“得涅槃”；此依真如離障施設，故體即是清净法界。二、所生得，謂大菩提；此雖本來有能生種，由所知障礙故不生；真聖道生，斷彼障故，令從種起，名“得菩提”。起已相續，窮未來際，此即四智相應心品。此文所言“爲斷餘障”即屬第三，“證得轉依”即屬第四。

“復數修習無分别智”，即第一中“能斷道”也。

“此修習位能爲依持”等者，然修習位即以有爲能證正智及以無爲所證真理而爲其體。此真及智與所修行布施等行，一爲依持，二令生長，猶如大地與一切物爲所依持，令得生長，故法從喻，得“地”名也。

“由得勝定及殊妙教”等者，“勝定”即是等持、等至，“妙教”即是法大乘教。四種總持：法，義，呪，忍。“法”謂名等能詮之法，“義”爲所詮差别之義，“呪”謂祕密文字章句，“忍”謂菩薩離言法智。此四是境體，非總持。由念慧力，未聞法義，聞之便記，長時不妄（忘）[1]，故以念慧爲法、義二陀羅尼也。謂由等持自在力故，加被諸呪所有章句，令成神驗，除諸災患，故以等持、等至爲呪陀羅尼。由妙智力，了智、呪等皆無自性，達一切法離言法性，故以無相妙智爲忍陀羅尼。此勝定教及四總持，即是三地所得功德。

“以此爲因，能起三慧”者，由因定故，能發修慧；因殊妙教，發聞、思慧。復因總持，離妄（忘）失障，令心明達於所緣境，故爲三慧總别因也。《瑜伽》等云“觀察諸行”者，“諸行”即是十二因緣，以流轉故，名爲“諸行”。

“七［□］［此］[2]地菩薩唯修無相，不起功用”者，觀此所説，應是筆誤。不爾，便與八地何别？又違《唯識》及《攝論》等。《唯識論》云：“前之五地有相觀多，無相觀少。於第六地，有相觀少，無相觀多。至第七地，純無相觀。雖恒相續，猶有加行。”《攝大乘》云：“謂此地中於功用行，得至究竟。雖一切

① 妄，此當爲“忘”之借字。甲本即作“忘”。下“妄”字同，徑括注其本字，不復校。

② 此，底本、録本無，據《大乘入道次》第一卷［T45n1864p451b14］補。

相，不能動摇，而於無相，猶名‘有行’。”准此等文，故知未絶功用之行。然《瑜伽》云“能遠證入無缺、無間、無相、作意”者，非缺、間言顯功用義，“無缺無間”意説常在無相觀中，何妨常起作意住也。

“無相之行逾於”等者，前三地行施戒定，相同世間；次之三地，得增上慧，相同二乘；今至無相功用後邊，已過世間及二乘道，能於定中起有勝行，是故此地名“遠行地”也。

“不被一切有相”等者，即約三義釋“不動”名。功用即是“加行”異名。前第七地雖亦無相及無煩惱，而有加行，行動、相不動，未得名“不動”。今至第八地，相、行俱不動，故與第七有差别也。

“説法自在，獲得”等者，以前諸地無礙智於説法時則有過失，今得無礙説法自在，既無過失，故名“無罪”。

“而有勝智能含”等者，《攝大乘》云：由得總緣一切法智，總緣一切契經等法，不離真如。此一切法共相境智，譬如大雲；陀羅尼門、三摩地門，猶如清水；智能藏彼，如雲含水；有能生彼勝功能故，名“法雲”也。

“資糧加行剋性”等者，謂若相從，亦有信等；今據剋性，唯取智體。如言“現觀”乃是“智”名，而即説有信、戒、思等相助等故，皆名[①]“現觀”。故約相從，非唯是慧。今此亦爾，故言“剋性”。其見道等，皆准此智。

“謂即三性三無性等”者，“等”即等取二諦有空，三世因果多種差别皆智境也。

“自性即是我法等性”者，“等”即等取，但隨言説，依假名言所立性者，即如龜毛、兔角、空花、毛輪、二月皆此所等。

“一切有漏心及等”者，謂心起時而有見境、變境功能，所起見望别境相便熏成種，所變境相當情而現亦熏成種。後心起時，從種變起見、相二分。後心既爾，前心亦然。種子爲因，現行爲果。現行爲因，種子爲果。如是展轉，從無始成，有見、相分，種現相生。既從因生，故依他攝。

“遍計依斯妄執”等者，謂《薩婆多》執識及境皆别實有；清辨所執，依勝義諦，識境俱無。如《數論》執彼有法與有性一、異；如《勝論》執彼有法與有

---

① 以下甲本缺。

性異，俱者有二，亦有亦無。如清辨執世俗勝義有空相，即亦一亦異。如無慚等執一法上一、異體同，不俱有二，非有非無；亦即清辨翻第三句“雙遮有無”、“非一非異”。如邪命等避一、異俱過，雙説非一、異。此總意云：相見二分，實從因生，是依他性。依此二分，“妄執定實有無”四句、“一異”四句，二相方名“遍計所執”，非謂緣生相、見二分亦名“遍計所執性”也。

“‘成’即成就，‘非生滅’義”者，以“非生滅”釋“成就”義。行相難見，今應廣釋。然此真如名“圓成”者，由具三義，簡三種法。故《唯識論》第八卷云：“顯此遍常體非虚謬，簡自共相虚空我等。”一者、周遍，此簡自相。色等諸法各守自相，既不周遍，故非“圓滿”。二者、“常住”，此簡共相。苦無常等雖有“遍”義，不成常住，故非成就。三、非虚謬，此簡妄執。虚空我等雖説遍常，是妄所執，故非真實。於中第二空、無我等生滅共相，不成“常”義。既非生滅成就“常”義，故不生滅釋“常”義也。

“究竟能斷煩惱染法，成就此能”者，謂諸無漏究竟能斷煩惱染法，而成就此緣功能也。

“有爲總攝一切”等者，如《中邊》云：“圓成實性總有二種：無爲、有爲，有差別故。無爲總攝真如涅槃，無變異故，名‘圓成實’。有爲總攝一切聖道，於境無倒，亦‘圓成實’。”“一切聖道”謂三乘者所有聖智，皆於證境無顛倒故。

“何故《瑜伽》但以”等者，言“五法”者，相、名、分別、正智、如如，若准《唯識》、《瑜伽》本文，皆云“真如”。若依《楞伽》、《金光明經》，即云“如如”。釋此五法，諸教不同，是故《唯識》數般解釋。今者且依《瑜伽》釋云：心似所詮，説名爲“相”。似能詮現，施設爲“名”。以能變心，名爲“分別”。無漏心等，名爲“正智”。心等實性，名曰“真如”。前二緣生，依他起攝。第五真性，圓成實收。遍計所執，不攝五事。既説正智而屬依他，唯説真如圓成實攝，寧言無漏亦成實耶？

“漏、無漏門，但是”等者，所言“漏”者，“染污漏泄連注、流散不絶”之義，故舊經論譯爲“有流”。然釋此“漏”，有其二種：一者、性漏。此有三種：一者、欲漏；二者、有漏；三、無明漏。《雜集》第七釋此義云[1]：“依外門流注，故

[1] 云，録本訛作“之”，據底本改。

名‘欲漏’；依内門流注，故立‘有漏’。依彼二所依門流注，故立‘無明漏’。”謂諸現惑“令心連注、流散不絶”是“漏”義故。若《俱舍》等諸論所説，有身見等諸煩惱中立“漏”名相，自體令他心、心所等染漏泄故，故以一切現行煩惱爲漏自性。二者有漏。此爲五種：一、五色根。二、五塵境。三、惡心品。四、善心品。五、無記心。此等皆與自身現惑俱時相資境，故名“有漏”。故《唯識論》第五卷云：“然諸有漏由與自身現行煩惱俱生俱滅，互相增益，方成有漏，自身煩惱即簡他身，要自煩惱成自有漏，非由他惑成有漏故。現行煩惱即簡惑種，有學聖者雖惑種隨，而諸聖道不成漏故。俱生俱滅，簡色未惑，非前後惑能成現漏，已成未生不俱有故。互相增益，簡無漏種，雖與五法俱生俱滅，不相資益性相壞故。由此返顯自身所有現行煩惱，與前五法俱生俱滅其性同故，互相資益，方成有漏。此則五法非本性漏，有彼漏故，名爲“有漏”。此能熏成有漏法種，種復能生有漏現行，故無始來有漏成立。

“若爾，世間信等善品應非有漏，無現惑故？”

答：“雖意識中現惑不起，而末那識諸識常生。此與諸識既非定異，能污信等亦成有漏。”

“若爾，末那初地轉時，則五八識亦成無漏？”

答：“雖第七識無現行漏，而有漏種，亦令五八諸[①]識成漏。”

“若爾，亦由隨眠成漏，如何前説簡種子耶？”

答：“前所[②]簡者，但當識種；今末那種，故不應例。”

此《唯識》中約剋體説，但取末那爲有漏依。若依《瑜伽》及《雜集論》，通約諸義，辨有漏因。故彼文云：“謂由事故，隨眠故，相應故，所緣故，生起故。”所言“事”者，即前五體皆漏。隨眠所、隨逐故，若三性心漏相應故，若五塵境漏所緣故，若五色根漏所生故，故五體事皆成有漏。言“無漏”者與前相違，謂由永斷漏自性故，内證真理，發生聖智及智所起，皆名“無漏”。此無漏體亦有五種，即五般若：無漏體故，無漏性故，無漏起故，無漏伴故，無漏境故。雖有五種，總攝爲二，五種不離有、無爲故。故《俱舍論本頌》説云無漏

---

① 諸，録本訛作“耶”，據底本改。

② 所，録本訛作“正”，據底本改。

謂道體及三種無爲等。

“清净增上力”等者，“清净力”者，謂善根力以能降伏所除障故；“增上力”者，謂大願力常作善友增進道故；“堅固心”者，由善根力，大菩提心堅固不退；“心昇進”者，由大願力修善之心運運增長。此依《攝論》二釋文說。而本釋中謬以善根爲增上力，智者詳之。

“名‘菩薩’，初心三無數大劫”者，然劫不同，有其四種。故《俱舍論本頌》説云：“應知有四劫，謂壞成中大。壞從獄不生，至外器都盡。成劫從風起，至地獄初生。中劫從無量，減至壽唯十。次增減十八，後增至八萬。如是成已住，名中二十劫。成壞壞已空，時皆等住劫。八十中大劫，大劫三無數。”菩薩發此二心之時，即名“創入三無數劫之初心”也。

“衆生成就十六種法”等者，未見本義，且隨愚釋。心達本性，名之爲“上”。根不染境，故曰[①]“瑩磨”。因行無替，名“勤修善”。果德剋備，名曰“莊嚴”。止惡而喜，故不生悔。集善而欣，故無所厭。學觀同體，名“修大悲”。常行拔濟，故云“憐愍”。無緣普救，名“大慈悲”。以己方他，故名“信有”。行非自利，[□][故][②]名“爲諸”。難作能作，名“受行苦”。身心逼迫，名“有苦惱”。令永無餘，故名“破壞”。身不起惡，名“調諸根”。心順真理，名“具正見”。不欣涅槃，名“心無畏”。不樂生死，名“不求有”。常行大道，名“求佛智”。不視小逕，故遠二乘。於樂不憍，故云“不慢”。於苦無惡，謂之“無悔”。崇重賢善，“慚”名“恭敬”。輕拒憍慢，“愧”名“破壞”。荷佛慈誨，名曰“知恩”。感而奉行，稱“報恩”矣。於善堪能，名“身有力”。榮而無退，名爲“具足”。契理真宗，謂之“正法”。自行化彼，名曰“護持”。重佛、法、僧，種爲三寶。讚譽光顯，名“不斷”焉。

“於菩薩藏”等者，即大乘教名“菩薩藏”。“藏”者，攝也。大乘教中能攝菩薩理行果義，攝益菩薩，名“菩薩藏”。菩薩藏中說深妙法，既聞法已，生悟解心，知説法者有大智慧，於深大智而生愛樂，爲得妙智故發心也。

“十隨煩惱所惱亂”者，謂十煩惱隨逐衆生，常起不息，故得“隨”名，非根

① 曰，録本訛作“因”，據底本改。

② 故，底本、録本訛無，據文意補。

本後之“隨煩惱”。故《雜集》云:“又貪、嗔、癡,名‘隨煩惱’。……隨惱於心,令不離染,令不斷障,令不解脱,名‘隨煩惱’。”

“菩薩種姓得具足”者,種姓有二:一、本種姓,無始時來法爾有故。二、習種姓,後聞法已新熏起故。自有本種,未聞正法,無新熏種;有雖聞法,新熏法種,無本住種。隨闕一種,名“不具足”。以《瑜伽論》及唯識宗許有一分無姓有情故,雖新熏種有闕本種者,若具二種,能發心也。

“謂欲從諸不善”等者,善、不善處通因及果。且因相者,如作諸非法,名“不善處”;令捨惡從善,名“置善處”。言果相者,從三惡道不善之處,置人天道善果之處;惑但行因,即必感果,但約因説善、不善處。

“恒正思惟一切相智”者,准《大般若》,説三種智,謂一切智、道相智、一切相智。檢文未獲,且作一釋:謂二乘智,名爲“一切”,一切聖人共所得故;其菩薩智,名爲“道相”,具證二空真道體故;説佛果智,名“一切相”,圓證一切境界相故。此既果德圓滿之智,故正思惟一切相智。更有别義,智者敘之。

“得倍輪王護所”等者,然其輪王總有四種,皆有七寶四兵衛護。故《俱舍論本頌》義云:“輪王八萬上,金銀銅鐵輪。一二三四洲,逆次獨如佛。他迎自往伏,諍陳勝無害。相不正圓明,故與佛非等。”既一切時無有損害,發心菩薩所得守護倍勝輪王所有守護。

“勝故無盡故”等者,謂顯大乘超餘二乘,故以初句標顯二義;欲顯初句“勝無盡”義,故以後句而重釋之;由能攝益他諸有情,是故大乘名爲“最勝”;由雖涅槃、利他不息,是故大乘復名“無盡”。

“三千大千世界”者,《俱舍頌》云:“四大洲日月,蘇迷盧欲天。梵世各一千,名‘一小千界’。此小千千倍,説名‘一中千’。此千倍大千,皆同一成壞。”

“初漸起時”者,此三千界初漸起時,如《俱舍論》第十一、二及《顯宗論》第十六、七頌及長行廣釋其相。今恐文繁,但舉其頌。就中更以取要而言,欲令學者易知解故:

“安立器世間,風輪最居下。其量廣無數,厚十六洛叉。

次上水輪深,十一億二萬。下八洛叉水,餘凝結成金。

此水金輪廣，徑十二洛叉。三千四百半，周圍此三倍。
於此金輪上，乃有九大山。蘇迷盧處中，餘八而圍繞。
於大洲等外，有鐵輪圍山。前七金所成，蘇迷盧四寶。
入水皆八萬，妙高出亦然。餘八半半下，廣皆等高量。
山間有八海，前七名爲‘内’。最初廣八萬，四邊各三倍。
餘六半半狹，第八名爲‘外’。三洛叉二萬，四千二百餘。
於中大洲相，南贍部如車。三邊各二千，南邊有三半。
東毘提訶洲，其相如半月。三邊如贍部，東邊三百半。
西瞿陀尼洲，其相如滿月。徑二千五百，周圍山三倍。
北俱盧叟方，面各二千等。中洲復有八，四洲邊各二。
此下過二萬，無間深廣同。上七捺落迦，八增皆十六。
謂煻煨、屍糞，鋒刃、烈河增。各住彼四方，餘八寒地獄。
日月迷盧半，五十一五十。夜半日没中，日出四洲等。
雨際第二月，後九夜漸增。寒第四亦然，夜减晝翻此。
晝夜增臘縛，行南北路時。近日自影覆，故見月輪缺。
妙高層有四，相去各十千。傍出十六千，八四二千量。
堅手及持鬘，恒憍大王衆。如次居四級，亦住餘七山。
妙高頂八萬，三十三天居。四角有四峰，金剛手所住。
中宫名‘善見’，周萬踰缮那。高一半金城，雜飾地柔軟。
中有殊勝殿，周千踰缮那。外四苑莊嚴，衆車麁雜喜。
妙地居四方，相去各二千。東北圓生樹，西南善法堂。
此上有色天，住持空宫殿。如彼去下量，去上數亦然。
離通力依他，下無昇見上。”
更有文義，恐繁不録。此等皆是漸起相也。
“當知便爲二十五有”等者，二十五有而作頌曰：
“四洲四惡趣，六欲大梵天。無想及净居，四禪四空處。
是二十五有，隨開合應知。”
問：“如三災起不及四禪，修漸成住，豈能荷負？况能荷負無色界耶？”
答：“以若無下欲、色二界，誰修彼定生彼天中？故約展轉，亦能荷負。”

“願者所習”等者，願是菩薩本所修行，故十度中而有願度。誓即是願讚助之緣，以誓助願、願方成故。或由願樂方能修行，故願即是行之本矣。後以誓助，行得增長，故誓於行爲助緣矣。

“發心菩薩住乾慧地”者，即十住位慧多定少。慧少定水，名之“乾慧”。

“了第一義，得正法智”者，“正法智”者即正體智，“法”者即是自體之義。

“行一切種菩薩正行”者，即行一切種種菩薩所行之也。

“無倒加行皆不唐捐”者，所修六度，名曰“加行”；行不求報，即名“無倒”；行無倒行，皆於佛果爲勝因力，無虚棄也。

“一能堅固其心”者，由立誓故，恐有違犯，招現、當惡，故行願心得堅固也。

“能破五蓋”者：一、貪欲蓋。二、嗔恚蓋。三、惛沈睡眠蓋。四、掉舉惡作蓋。五者疑蓋。覆蔽其心，不得顯了，障諸善品，令其不轉，故此五種而立蓋名。由誓持心，除此五種，是故名爲“破五蓋”也。“遮放逸”等，准而説之。

“觀一切法如真實”等者，一切法謂善、不善等，稱真實性，皆無二相。順真實性，起於觀智，觀不善等，不起二見。初起觀智，名之爲“受”。後無間妄，故謂之“持”。故言“隨順受持”等也。

“若我慳悋心悔”等者，“我則欺誑十方”等文，兩處用之：謂我慳悋乃至起於二見相者，便不能起六波羅蜜，我即欺誑十方佛也。設我能修六波羅蜜，若以施戒忍進禪智求净報者，我亦欺誑十方佛也。

“即是趣向一切智門”等者，如無門户，路擁莫通；無善知識，不入真道；故善智識是趣智門。

“趣向一切智炬”等者，如因執炬，光發十方；賴善知識，智分十力；故善知識爲智炬也。

“趣向一切智潮”等者，如因潮泛，枯涸水盈；蒙善友攝受，慈波演溢；故善知識爲智海潮。

“於善知識，生同己心”等者，精勤修行，辨一切智，是我己事，由善知識而能得之，故善知識無異己也。

“生清净自業果心”等者，謂即是我清净業果，如須果實，必植根災（栽）[①]；與我成根，故是我果。

“普賢菩薩所有行願”者，我發心時，一切衆生同我發心；我修行時，同我修行；我成正覺，等成正覺。心願既爾，智見亦然，不見一人不發心者、不行行者、不成佛者，即是名爲“行普賢行”也。

“於善知識生福智海心”等者，謂善知識是我福德智慧之海，如諸珍寶積集海中，一切白法集福智海。既由因善根，諸願方滿；既能令我積集白法，故與我作福智海也。

“生具一切善根”等者，由因善根，諸願方滿；既善知識令我願滿，故知具足諸善根也。

“天池[②]别乎行潦”者，“天池”[③]即是“大海”異名，如言“南溟”、“北溟”、“涬瀣”等；“行潦”乃是流水名也，以水流處小而且淺，與海異也。

“及福智二十波羅蜜”者，謂顯十度皆有福德、智慧二性。此義即約前引於後，後净前説，以約别相。前五福德，後五智慧。若約引净通相而説，皆具福知。

“即如來等盡無生智”等者，“等”即等阿羅漢辟支，唯無學位所得智故。“盡無生”者，即是盡智、無生智也。釋此二智，通、别不同。若依《俱舍》，通約四諦，謂此是苦、集、滅、道，我盡知、斷、證、修，所得後智名爲“盡智”；復於四諦，起如是相，謂我已知、斷、證、修，更不知、斷、證、修，所起後智名“無生智”。若依《雜集》，别依苦集因盡，所得智名爲“盡智”，謂此位中永斷集因，令無有餘，所得之智名爲“盡”故；果斷所得智，名爲“無生智”，由因盡故，當來苦果必竟不生，所境之智名“無生”故。皆能照境，窮其根源，故此二智名爲“覺”也。

“集起名‘心’”者，若隨相增，屬第八識，集諸法種，起諸法故。通而言之，亦在七識，採集諸業，起諸種故。故所積集而爲“心”義。

“軌持稱法”者，“軌”爲軌則，是“法則”義；“持”謂任持，是“法體”義；具

---

① 災，此當讀如“栽”（二字《廣韻》皆可音祖才切）。

②③ 池，底本、録本訛作“地”，據《大乘入道次第一卷》[T45n1864p455a19]改。

此二義，故名爲“法”。

“足者彼因，體即勝[1]定”等者，如《對法論》第十卷云：“神足自體者，謂三摩地。由已成滿三摩地力，發起種種神變等事。”

“此四非足，足之因也”者，即《雜集論》又作是說：“神足助伴者，謂欲勤心觀。”由欲引心，起猛利愛，方便證觸心一境性。由勤勵心，於初、中、後，長時證觸心一境性。由定持心，於内寂静，速能證觸心一境性。由觀策心得定，依法練心，速證心一境性。故此四種爲“神足因”。

“若爾，四中心非是定？不可定與定爲因故？”

答：“雖俱是定，初、後有别。‘神足定’者，心一境性，即三摩地已來滿位；‘心之定’者，‘持心’爲義，即是心一境性加行；故爲定因，理無失也。”

“能深忍樂清净”等者，“忍”謂忍可，即是信因，由因忍可方生信故；“樂”謂樂欲，即是信果，由因有信方樂欲故。性自證清，能净心等；如水清珠，能清濁水；故清净性，名之爲“信”。

“念支覺法所依止”者，由依繫念，令諸善法皆不妄失、有覺智故。

“精進是覺出離支故”者，謂由精進增勝勢力，能令覺智到所到故。

“喜是覺法利益支”者，由此勢力，令身調適，喜樂發生，勝覺智故。

“是以自體及餘”等者，猶如四智“般若”義等，其中雖有非是智者，相從義故，亦名“智”等。當知此中道理亦爾。

“麁重爲因，能生諸染”者，麁重有二：一、二障種。故《唯識論》云：“二障種子立麁重名，性無堪任，違細輕故。”二謂障種所引身中無堪任性，與五藴法不一不異，而離五藴，無别自性，若無此者，身必細輕，違細輕故，亦名“麁重”。故《唯識》云：“或二所起無堪任性。”今於此中説後非前，有麁重故，能生過染。故《瑜伽》云：“有‘過患’義，是‘麁性’義。過患增多，性故名爲‘麁’。”不安穩性以爲麁重性，是故麁重能生染也。

“輕安近能治此”等者，有輕安故，便離麁重；離麁重故，於善堪能；堪任善故，不生諸染；故輕安是無染因也。

“由依定故，方能離染”等者，謂要依定方發輕安而離諸染，故説定是離

① 勝，録本訛作“緣”，據底本改。

染依也。

捨除障法等者，由捨遠離沈、掉、愛、憂，不染污位爲自性故。

“無漏身語，離五邪求”者，觀諸星像，耕墾營農，通致使命，合和湯藥，占相吉凶，以此五種邪求活命，如次名爲“仰口”、“下口”、“方口”、“維口”、“開口”食也。

“以自相續身等爲境”者，“自相續”者即謂自體。若言“自身”，則不通“心”等，故以“相續”言顯總包也。言“身等”者，謂即等取受心法也。觀自身境，以修不净對治之觀；觀自受境，以修非樂對治之行。餘二准知。

“以無常等行相思惟”等者，謂即等取非樂、非我、非净三種，“行相”即是“見解”義也。

“以無所得行相思惟”等者，謂觀自、他身無身相，而不見有净與不净，而修對治身妄念也。受及心法，亦如是説。

“於現法中得身”等者，謂修行時，於現生中遠離一切煩惱麁重，便得自身適悦樂也。“現法”即是“現生”義故。

“常樂宣説可意等”者，“等”即等取諦語、法語、引義利語。諸如是等一切愛語，略有三種。

“命進問安”者，《瑜伽論》中先明問安，後方命進。故彼文云：“或問安穩吉祥，或問諸界調適，或問晝夜怡樂，或命前進善來。”據實道理，先合命進，後方問安。《瑜伽》乃[1]據西方語故。

“圓滿殊勝微妙法教”者，《瑜伽》但有圓滿法教，此中更加殊勝微妙，依於上下，别文而説。字義具足，故名“圓滿”；令得出離，故言“殊勝”；能契真理，故謂“微妙”。此則通謂三乘教也。

“但化彼行，何假身同”等者，此問意者，菩薩所化，通乎三乘，但可説法化二乘人，豈要同行二乘行也。不爾，便是和光同塵，便與《涅槃經》文違背。答之意云：菩薩爲化他令行故，縱二乘行亦須示行，自嫌不行人不學故。故《法花》云：“内祕菩薩行，外現是聲聞。”雖少欲知足，而實净佛道。《涅槃》但

① “乃”前底本有一“及”字，當係書手誤書，發覺後接寫正字“乃”字，而誤字並未塗去。録本失校。

和其光，而不同塵。此義故不乖於理也。

“若於是義、於是”等者，“義”謂“境”義，即是起行所依道理境界之處，如修念佛三昧之行，必有所依佛功德境，故境即是起行之處，善根乃是所起之行。

“能離不善，防護受持”等者，“能離不善”謂即是戒，此能防護諸惡不善，於此防護諸惡不善，净戒法中常受持也。“七衆”謂即近圓男、近圓女、正學衆、[□□□][求寂男][1]、求寂女、近事男、近事女。若兼近住，即爲“八衆”。以非常時，但日夜戒，是故經論但言“七衆”。

“一切佛法爲攝善法戒”者，謂正修習力無畏等一切佛法，但是所修、所學佛法皆此攝也。

“若修諸行，發起勇捍(悍)[2]”者，《唯識論》云：“‘勇’表勝進，簡諸染法，‘捍(悍)[3]’表精淳，簡净無記，即顯精進唯善性攝。”

“而能安住現法”等者，若欲安住現身輕安調暢之樂而所入者，此即名爲“安住静慮”；若欲引發六神通故而所入者，此即名爲“引發静慮”；若欲成辨利有情事而所入者，如是即名“辨事静慮”。

“波羅蜜多相違事”者，謂與六度所相違法，於喜樂欲財富自在深見功德及與勝利，當知即是施相違事；於隨所樂縱身、口、意見功德利，是戒相違；於他輕蔑不堪忍中見功德利，是忍相違；於不勤修著欲樂中見功德利，是進相違；於處憒陋世雜亂行見功德利，是定相違；於見聞覺知諸言説戲論見功德利，是慧相違。

“波羅蜜多果異熟”者，即是六度所得果報，如下勝德果利中説。此通因中所得果報，是故名爲“諸果異熟”。若在果位是無漏善，則不得稱爲“異熟”故。此義如下菩提中説。

“無間雜染法”等者，《深密經》云：何等名爲“間雜染法”？略有四種：一、無悲加行故，謂行行時於諸有情無拔濟心。二、不如理加行故，謂若修一波

---

① “求寂男”三字底本、録本無，據文意補。

② 捍，此乃“悍”之借字，《大乘入道次第一卷》[T45n1864p456c6]作“悍”。

③ 捍，《成唯識論》卷第六[T31n1585p30a26]作“悍”。

羅蜜時，於餘失壞。三、不常加行故，謂於所修波羅蜜中多有間斷。四、不慇重加行故，謂修行時於前境界心生輕慢。離此四種，是名“無間雜染法”也。云何名爲“非方便行”？謂但財施與生安樂，不行法施成勝利益。所以然者，非但與財名實饒益，唯處善法乃真益故。若離此事，是則名“離非方便行”。

“能裂慳悋貧窮”等者，能裂現在慳悋之綱，引得廣大福德資糧；能裂當來貧窮苦綱，引得廣大財寶勝位。

“能息滅惡戒”等者，息滅現在所有惡戒，引得等持；息滅當來諸險惡趣，引得善趣。

“能息滅忿怒”等者，息滅現在所有忿怒，息滅當來所有怨讎，引得現、當善住自在。

“能除遣一切見趣”等者，言“見趣”者即五見也。見趣即是諸邪惡慧，既能除遣虛妄見趣，故於品類諸别異法，隨其所知，悉得真實。

“謂要[□][具][1]行一切事業”者，且如行施，於內、外事一切種類皆能善捨。若持戒時，於遮性等諸戒種類悉能修持。忍辱等四，准此應知。

“况當能得一切智智”者，“一切智”者即正體智，復言“智”者即後得智，或是一切智人之智，是故得名“一切智智”。

“清凈相者，當知七種”等者，第一不求令他知我是能修行六度行者，第四不於不行六度放逸之人毁而輕蔑，第五不於自所修行恃而高舉、於防修事而生逸蕩，第七不於能行之人嫉其所行、慳所解法不相勸示。

“成就八法能凈檀”等者，不爲自利而行，名“離爲我”；不求生死染報，名“離愛結”；了施性空而無著，名“離無明”；不背性而求覺，名“離彼我菩提相”；不見福田非田等，名“離種種相見”；不求報恩供養，名“離悕[2]望”；自行化他，名曰“離慳”；他施而喜，故言“離嫉”。其心平等，猶若虛空，不見彼此，即是能凈真實智也。

“成就八法能凈尸羅”等者，“菩提心”者即三聚戒，“忘菩提心”即失凈戒；求二乘地異求小果，亦非護戒；取著於境，障礙凈心，即失凈戒；恃戒陵

① “具”字底本、録本無，據《大乘入道次第一卷》[T45n1864p457a10]補。

② 悕，録本訛作“悑”，據底本改。

人，是真破戒；不捨慈悲，名“不捨願”；不求當有，名“不依生”；能勝利生，名“成大願”。“戒净相”者即第三、四，非謂一切皆戒净相。

“成就八法成净羼提”等者，心無所動，名“善净内”；不悕他報，名“善净外”；世俗三品，名“上、中、下”法；了皆無礙，名“究竟無礙”；住第一義，名“順法性”；心無量礙，名“無染著”；無所推求，名“離諸見”；不取諸境，名“斷諸覺”；無所希求，名爲“捨願”；無所造作，謂“除諸行”。

“成就八法能净毘梨耶”等者，勤斷諸惡，故謂之“精”；勤修諸善，説名爲“進”。見惡可斷，非極能斷；見善可修，非極能進；曷可得爲真精進乎？即前三種，斷惡精進；其後五種，修善精進。若有斷惡，净三業相，非謂真實净除三業。今雖爲净三業之惡，而了三業如影、如響、如幻相者，是即名爲“真净三業”。下之五種，修諸善品。既知諸法無有自性，何有具足諸波羅蜜？既覺諸法一真無礙，何有所照菩提分耶？既知諸法無念非念，何有所得陀羅尼法？是則名爲“真波羅蜜”、“真菩提分”、“真陀羅尼”。餘文易解，不煩解釋。此總意云：既無所斷，亦何所精？又無所修，於何而進？則無所精、無所不精，亦無所進、無所不進，是即名爲“真精進”矣。

“成就八法能净禪”等者，於中“道”者，即是因也；言“不依”者，無託緣也。依託陰等而修禪者，是有所得世間静慮，非謂真實出世間禪。心無所依，與慧平等，是則名爲“清净禪”矣。

“成就八法能净般若”等者，諸法性空，無善、不善，斷無所斷，生無所生，故雖斷惡生善，而無斷、常二見。有爲無自性，皆從緣所生；緣亦無自性，一切皆無生；故雖觀緣生，而知無生也。一切字句，能詮於法。既無所詮，何有能詮？故云“平等離言説”也。無常苦法，依有爲觀。有爲既空，無常何有？即非常無常，是真如法界而無所見，故寂静也。知善、惡業，招苦、樂報。業無所造，既非能感，何有業果爲所感耶？故能了知無業報也。表是所酬，假名“過去”；表是所引，假名“未來”；對此前後，立爲“現在”；故名“籌量三世之事”。已滅、未生，中無所住，皆不可得，故“知諸法無去來今”。如是八法，約俗“有”義，而有分别；約“真空”義，而無分别。既此真、俗自體無差，觀而不觀，不觀而觀，照而無照，無照而照，是謂“真實般若波羅蜜”也。

“由布施故，攝受”等者，由行布施所有事業，故常攝受一切資具，施諸有情,作饒益事。

"有味、無味"等者,謂在定中得三昧樂,於中耽著,名爲"有味";故在散位,無三昧樂,即名"無味"。"謂修施時,禁防忍受"者,禁其三業,防殺盜等,則有戒性;施内、外財,忍受諸苦,則有忍性。餘義易解,准而説之。

"若修戒時遠離"等者,謂起慳恚、犯菩薩戒故,修戒時無慳恚故,則於戒中有施忍也。戒能止進,止進即勤;既離懈怠,有精進也。一心持戒,故無"散動";具正信解,故無"邪見";無亂無邪,故有定慧。

"修習所餘,亦如是説"者,謂修忍時,於苦堪耐,便能廣捨内、外財等;又無報怨,便施無畏。既能忍故,不造諸惡,故有戒性。既有堪能,便無懈退,故有精進。一心諦察二空之理,便有定慧。精進遍能策勵前後,故精進中有餘五度。又由精進,斷惡修善,能除六弊,故有六度。定、慧二度,准而説之。

"能得廣大無盡可愛果"者,然此三果,具通依正,體無限極,故名"廣大";用無窮際,謂之"無盡";相無麁弊,故名"可愛"。此通因果所得而説,是故説言"諸果異熟"。

"昔於衆生起大悲"等者,由行施時,令彼獲得命、色、力、安無礙辨喜,故自果位得身最勝,能令見者生歡喜也。由修戒時普於一切,無諸染爲滅苦因,故獲净身,遍滅諸苦。由修忍時遠離嗔怒,心無分别,離翳障故,色相圓滿,普施光明。由修精進於一切處勤行利益,滅衆生障,故於果位能分身等。由修定時身心寂静,見者歡喜,而生善心,故於果位普歡喜等。由般若故,能令自他離愚癡闇、得智慧明,故於果位得舒光等。

"何果異熟,當知六種"等者,然准經論,説五種果,與此六種而相攝者,先明五果,後顯配攝:一、異熟果。此有二種:一、真異熟,即第八識。由善惡業之所招,感正爲三界總報體故。二、異熟生,即意識中無記性者,不能招報,非正報體,但從異熟識引生故。合此二種,爲異熟果。二、等流果。此有二種:一、真等流,謂有、無漏所有三性心、心所法種及現行,刹那刹那,前滅後生。前因似後,故名爲"等"。後果類前,故謂之"流"。二、假等流,謂善、惡業所引同類好、醜諸果,且如殺生,得短命報,令他命短,自命不長;果似於因,名"等流"矣;實是增上,假名"等流"。合此二種,名"等流果"。三、離繫果。此有二種:一、由我空無漏智故,永斷煩惱繫縛障故,所顯證得我空真如。二、由法空無漏智故，永斷所知繫縛障故，所得法空真如之理。合此二種，爲“離繫果”。四、士用果。此亦二種：一、法士用，謂諸假者士夫作用，假諸作具而營造故，所辨稼穡工巧等果。二、喻士用，不唯取於士夫作用，凡是因法而爲作者，諸緣助法，以爲作具，諸所辦果，亦名“士用”，如世士夫有造作用而得果故，從喻爲名。合此二種，爲“士用果”。五、增上果。此亦有二：一者有力，謂有爲法，即因於果有增上力，如因柱等而成屋等，即柱於舍有增上力，故屋望柱爲增上果。二者無力，謂此於彼雖無勝力，但於彼法無障礙能，即此於彼爲增上緣，故彼於此爲增上果。合此二種，爲“增上果”。今此六度所得之果，不唯是初異熟果故，是故倒言“果異熟”也。於六果中，“得大財富”是增上果，“往生善趣”是異熟果；無怨、壞等亦增上果，亦是相似等流果攝；第四、五、六，皆增上果，亦是喻説士用果收。

“此通因中所得果”者，顯不唯是佛位果也，以佛非是趣生攝故，不用世間財富樂故。

“雖觀身等四境無相”等者，問：“若未除障，何假須修？復何故説能除四倒？”

答：“且息四倒，不起愛憎、染净之業，而未即能除，彼能起二根本障，故懈怠等障未除也。”

“謂諸菩薩先於”等者，謂即資糧加行二位，未能親證二空真如，凡所修行，依勝解力，是故名爲“勝行地”。言“勝解”者，“决印”爲義，於所照解决定印持，故名“勝解”。

“修奢摩他”等者，“奢摩他”者此云“止品”，爲欲令心息分別故。止諸境相所有相應心心所等，總名爲“止”。“毘鉢舍那”此云“觀品”，爲欲令心明利現前、不沈没故。觀察境相所有心等，總名爲“觀”。既非一法，故皆言“品”，即是趣入心一境性，等持真空之方便也。

“能爲三慧作助伴”者，由前八種所有善法，能與聞慧而爲助伴；第九思惟所有善法，能與思慧而爲助伴；第十修習所有善品，能與修慧而爲助伴。於其三聚諸善法中，由念思定力最勝故，而名“思惟”及“修習”等。

“法門一軌，適絶”等者，“軌”，則也；“適”，往也；“躊躇”，疑路也；“轍”，迹也；“岐”，路也；“履”，步也。此總意云：若法門唯遵一則而往者，無疑、異道;今既教迹殊途,進步者焉能無惑?

"且夫《阿含》至教"等者,謂《阿含經》擯斥我相,但留於法相不亡,故知實有有、無爲法;《般若經》説一切有爲真如涅槃皆如幻化,則有、無爲一切皆空;《華嚴經》説三界唯心,《地論》釋云"第一義心",明知許有法性真體;《涅槃經》説大般涅槃常樂我净,四德無爲,故知許有真實我相。

"有無紛亂人法"等者,《阿含》説有,《般若》談空,《涅槃》我、人,《花嚴》心法,紛紜紦亂,人法交雜,驅疑惑迷生,使無直道。幻失本居,名爲"弱喪"。既無定趣,何路歸方?

"若存乎法我"等者,若如《花嚴》、《涅槃》二經存乎法我,則外道教同於内宗,足可依據;若如《般若》觸類皆空,修行之典,徒欲修習。言"日親"者,即謂佛教,依而修行,日親道故。未詳本意,且述愚情,後有智者改而正也。

"鉾楯斯存,物疑那遣"者,上莫侯反,矟之類也。《説文》云:"鉾,長二丈,建於兵車也。"下食允反,欄檻之類,縱[①]曰[②]"檻",横曰[③]"楯",此亦兵車欄障之類也。古人有賣二物於市,極誇語於人言:"鉾利而楯堅。"或有質曰:"以子之鉾,擊子之楯,如何?"其人自知語違,遂默而無對。今此乖違,亦存鉾楯之義也。未詳所出,知者叙之。

"諸藴自相"者,色變現爲相,受領納爲相,想取像爲相,行造作爲相,識了别爲相。"相"者即是"自體"義。故《雜集論》中廣以多門宣説藴等,此别藴自相也。

"生相、滅相永斷"等者,未見本釋,且叙一解。從緣起故名"生",即緣盡故名"滅",因亡名"永斷",果喪名"遍知"。謂從煩惱而起諸業故,故有諸藴,名"藴生相"。若業煩惱因緣滅時,則諸藴謝,名"藴滅相"。既知苦藴從業惑生,永斷其因,名"永斷相"。由因斷故,遍知三界諸藴不生,名"遍知相"。由修念住、正斷等故,而得永斷遍知等智,故念、住等"未生令生,生已"等也。此等皆是二乘宗中有所得觀,世尊昔於《阿含經》中而宣説也。彼時宣説諸藴自相、生相、滅相永斷,遍知所有諸相,皆説爲有。至第二時説《般若》等,

① 縱,録本訛作"從",據底本改。

②③ 曰,録本訛作"日",據底本改。

乃説諸法皆無自性、無生滅等，一向相違，是何深意？

“餘二准知”者，依他不以自然而生，以無自然生性爲第二無性，是故名爲“生無自性性”。圓成不以我諸爲性，以是二空勝義理故，即以勝義無我法性爲第三無性，名爲“勝義無自性性”。

“然因我、法二空所顯”等者，謂真如理乃是勝智所行境義，故名“勝義”；非是我、法二執境義，故要我、法二執空處，方顯真如勝義。既因我、法二執無性所顯，故從能顯二空爲名，名爲“無性”。

“若爾，應言‘無性勝義’，何故乃言‘勝義無性’？”

答：“勝義既因，無性所顯，勝義即無我、法二性，是故得名‘勝義無性’。”

“成實依他，而體非是三無性”者，然三無性皆約遍計所執而説，相無自性約計所執當性無有體相而言，生無自性約依他上無計所執自然性説，勝義不約二性本體言也。

“隨所化宜，覆相談也”者，謂據實理，一切諸法非空不空，以一切法皆有三性不相離故。然《阿含經》隨所化者，宜聞不空，佛即隱覆遍計空相，偏就依圓説有諸法。《大般若經》隨所化人，宜聞不有，佛即隱覆依圓有相，偏就計執説諸法空。是故皆名“覆相談”也。

“生由漸深[①]，堪聞”等者，如深好色，漸染方成；究竟大乘，漸聞始悟，故初説有，次乃談空，後時方説非空非有。契會中道，乃名“圓宗”。

“唯爲發趣聲聞乘者”者，謂假者即發心人，彼乘體者即以彼位諸無漏智及所證理並諸功德皆爲乘體。故《莊嚴論》乘體頌云：“心説行聚果，名有上、中、下。依此三品別，建立有三乘。”此假者人爲欲趣入彼所證道而發其心故，名“發趣聲聞乘者”。

“以四諦相轉正法輪”等者，然此文中三種法輪，即《金光明》説轉、照、持。既法輪義佛法要宗，况此文中三種不同，今者略以三門分別：一、明體性。復有五種：一者自性，即取三乘見修無學所有聖道，唯此性能摧碾等故。二者因起，即取能生聖道之教及聞、思、修諸方便慧爲道因故。三者助伴，即取相應四蘊心法及色蘊性，要有戒等方起證故。四者境界，即取四諦十二因

---

① 深，底本、録本訛作“染”，據《大乘入道次第一卷》[T45n1864p459c11]改。

緣三性等境,要觀境界方有智故。五者得果,即是三乘菩提涅槃隨其所應三乘聖道所得果故。故法輪體,剋性相從,有此五種,闕一無故,故亦即是教理行果。二釋名字,復分二義:一、法;二、輪。"法"有二義:一者"軌則",即前體性皆可軌則,故爲"法"。二"任持"義,即前五種皆持自性,又得名"法"。"輪"有四義:一、"圓滿"義,具轂、輻、輞"圓滿"義故。即如所修八聖道中,正見思惟説名爲"轂",是根本故;正語業命説名爲"輻",因轂有故;正念勤定説名爲"輞",攝録餘故。故説聖道,喻之爲輪。二、"摧碾"義。此四種法若伏若斷,若助若正,未斷煩惱,皆能摧故;如聖王輪能降未降諸怨敵故,故喻於輪。三、"鎮過"義。能鎮已伏一切煩惱,遏其勢力,更不令起;如聖王輪鎮已伏者,更無返動,故喻於輪。四、"不定"義。轉所解法至餘身中,從彼見修無學轉生言教等智,發言教他,他從言教轉生見修無學道等,如世間輪,隨轉不定,故前聖法喻之爲輪,"法"即是"轉持業"釋也。三者轉相。有其三義:一、示相轉,謂此是苦、集、滅、道、諦,示四諦相,令其悟解,入於見道斷分別障、證諦理故。二、勸修轉,謂説"汝應遍知永斷,作證修習",勸修諦行,令更進修,所有斷證有學道故。三、引證轉,謂告彼言:"汝已知斷,證修諦理,住無學道。"爲作證明,知彼滿故。故一一諦皆有三轉。故《維摩經》云"三轉法輪於大千"等,其一一轉皆有四相,謂即眼、智、明、覺行解,即依三世總別照解,而説四種。三轉各四,故成十二。四諦合有四十八種。以行數同,但言三轉十二行輪。"法輪"之義,其相甚多。恐文繁廣,略示少分。然此所説四諦法輪,既包一切染、净因果,體雖非無,非定實有,非有非無,是中道理。既許通是三乘境界,故亦通是三時法輪。初爲小乘除其遍計所執我相了我空故,就"不無"義,説皆爲有,故言此是苦、集、滅、道。是以《經》言:"以四諦相轉正法輪。"次爲大乘除其遍計所執法相,令悟諸空,約"不有"義,總説爲無,故言一切無自性等。是故《經》言"以隱密相轉法輪"等。復爲諸乘雙除二執故,約三性顯中道理,顯説諸法有、空之相。是故《經》言:"以顯了相轉正法輪。"初轉外道所有我相,令入小乘,名"轉法輪"。次以空法照破前有,令入大乘,名"照法輪"。後以顯説處中之法住持中道,名"持法輪"。佛法大海,深廣無涯。若欲具説,窮劫不盡。粗釋經文,令易入故。

“初爲一[①]乘偏談四諦……但説依他圓成有”等者，謂四諦法即是依圓。苦、集兩諦染因果故，但依他性；滅、道兩諦净因果故，而是圓成。道諦無漏，雖從緣生，今乃攝入不倒圓成，故後二諦皆圓成攝。以四諦法是實因果，不攝遍計無體之法，故言“但説依他圓成有”等。

“正等菩提廣大深遠”者，無上菩提不過福、智；約福名“廣”，無邊際故；約智名“深”，難測知故。或大菩提即是理智，智無限極，故名“廣大”；理無思議，故名“深遠”。

“省己意樂修”等者，“省”謂省察，“意樂”即是信及欲樂。若有施等難修屈時，便即有察自身本有信及欲樂，堪能修習，不應退也。

“三聞諸佛圓滿”等者，即六轉依中果圓滿轉也。六轉依者，《唯識論》云：“轉依位别，略有六種：一、損力益能轉，謂初二位。由勝解及慚愧故，損本識中染種勢力，益本識内净種功能，漸伏二障，亦名爲‘轉’。二、通達轉，在通達位。由見道力，通達真如，斷分别生二障麁重，證得一分真實轉依。三、修習轉，謂修習位。由數修習十地行故，漸斷俱生二障麁重，漸次證得真實轉依。四、果圓滿轉，謂究竟位。由三大劫阿僧企耶修集無邊難行勝行，金剛喻定現在、前時，永斷本來一切麁重，頓證佛果圓滿轉依，窮未來際，利樂無盡。五、下劣轉，謂二乘位。專求自利，厭苦欣寂，唯能通達生空真如，斷煩惱種，證真擇滅，無勝堪能，名‘下劣轉’。六、廣大轉，謂大乘位。爲利他故，趣大菩提，生死涅槃，俱無欣厭，具能通達二空真如，雙斷所知煩惱障種，頓證無上正等菩提，有勝堪能，名‘廣大轉’。”前果圓滿别指佛果，此廣大轉通約諸位；或前顯體，此作用，對二乘位，别顯此能，故亦即是果圓滿攝。

“引他麁善，况己”等者，如《攝大乘》世親釋云：“如世間者，由有障善，而成其善。謂有障善當命終時，即引可愛一切自體，圓滿而生。况我今者由無障善而成其善，不當成佛無上菩提？無有是處。”

“由斯三事練磨”等者，始從初住，至迴向終，皆以三事練磨其心，故於修證而不退也。

“忍、世第一，印所取境，觀能取”等者，此中文略，且作是説。非世第一

① 一，底本、録本訛作“二”，據《大乘入道次第一卷》[T45n1864p460a3]改。

但印境空，觀於能取，於"忍"義中尚猶不足，豈兼"世第一"而是説耶？下次文中又説忍及世第一法印所取空、觀能取識亦非實有，文亦不足。若具文義，如下當知，此不繁舉。

"妄執六塵識外他造"者，若諸小乘説，由業力引四大種極微所成；若諸外道，亦有説是極微成者如順世；亦有外道各别執有大梵時方本際自然、虚空我等。隨執此七，常住實有，具諸功能，生一切法，即是妄執六塵等法識外他造也。

"依因善友作意"等者，一、依因力，謂即性習二種爲因；二、善友力，謂即十方諸佛菩薩；三、作意力，謂於大乘深生信解；四、資糧力，謂即福、智二種資糧。由此四種能修勝行，故説依於四勝力也。

"如名、身等所詮"等者，"等"即等取句身、文身，名詮自性，句詮差别，文即是字，爲二所依。若唯一名等，即但稱"名等"。若二名等聚，即稱"名、身等"。至三已上，更稱多矣。所言"藴"者，"積聚"爲義，謂十一色、五受、六想、七十三行、八識，各略以爲一聚，名爲色、受、想、行、識藴故。舊經論譯云爲"陰"，謂以略名"陰"多義故。所言"處"者，"生"義、"門"義，即内六根及外六境是六識心生長處故，此六根境隨應能通分别六識出入處故。舊翻爲"入"，失"生出"義。所言"界"者是"種族"義，謂即六根、六境、六識是根境識之種類故，如彼四姓族類異故，故"種族"義名爲"界"義。故《俱舍頌》云："聚生門種族，是藴處界義。"《雜集》中"邊"義稍異此，不能繁叙。樂者述之。此等並是所詮義也。

"似外相轉，實唯"等者，如翳眼所見空花，似在眼外，實在眼中。

"今顯内法似彼妄情"者，此顯"似"義，遣外難也。謂外難云："若有外法是所似者，應有外法。若無外法，何所似耶？無所似故，似義不成，如何可言'心似外境'？"故今釋云：所言"似"者，謂顯内法似能執心。言"内法"者，即是心所變相分，實唯在内；妄情不了，執爲心外；故説内法似彼妄情，不説内法似外境也。

"海樓崇聳，蜃氣虚構"等者，謂於海中有蟲名"蜃"，狀如蜯[1]（蚌）蛤，來

---

[1] 蜯，録本訛作"蜂"，據底本改。《玉篇·蟲部》："蚌"，同"蜯"。

遊水上，吐氣爲戲，日光初照，氣狀似樓，人遠見之，謂樓實有，但是蜃氣，非有實樓。

“何乃同觀覿異”等者，“覿”，見也；“矚”，視也；“瞰”，又視也；“諒”，信也；“否”，惡也；“藏”，善也。謂水是一，四見不同，信可由心，與離心執，善惡全别也。

“於加行時推求”等者，此中語倒，若正應言：“推求假有，實無行見。”謂於正起加行智時，所有推求假有，實無行解知見名“尋思”也。

“次依於忍印取無”等者，謂忍不同，有其三品：下忍起時，印所取無，順觀能取。中忍轉位，正觀能取，如彼所取，决定是無。上忍起位，審定印可，能取是空。今此文中，闕上忍文。下文即具如次文。“今重印可，决定是無”，即是下忍。“又能取心，對境”已下，即是中忍。“此忍雖亦印能取”等，即是上忍。

“又境之體，通於内外”者，問：“既此内、外境與四緣中親、疏二緣云何？”言“四緣”者，《唯識》第七廣顯其相，今略舉之：一者因緣，謂有爲法親辦自果。此體有二：種子，現行。“種子”者，謂本識中善染無記諸界地等功能差别，能引次後自類功能，及起同時自類現果，此唯望彼是因緣性。“現行”者，謂七轉識及彼相應所變相見，除佛果善，極劣無記，餘熏本識生自類種，此唯望彼是因緣性，因即是緣，持業釋。二、等無間緣，舊亦説爲“次第緣”。謂八現識及彼心所，前聚於後，自類無間，等而開導，令彼定生；八識相望，既非自類，又俱時轉，故非互作等無間緣；心所與心，雖恒俱轉，非自體類而相應故，和合似一，不可施設，離别殊異，故得互作等無間緣。三、所緣緣。謂若有法，是帶己相，心或相應所慮、託。此體有二：一、親；二、疏。若與能緣體不相離，是見分等内所慮、託，應知彼是親所緣緣。若與能緣體雖相離，爲質能起内所慮、託，應知彼是疏所緣緣。親所緣緣，能緣皆有，離内所慮、託必不生故。疏所緣緣，能緣或有，離外所慮、託亦得生故。四、增上緣。謂若有法，有勝勢用，能於餘法或順或違。雖前三緣亦得增上，而今第四除彼取餘，爲顯諸緣有差别故。今此所言通外境者，非第三中疏所緣也。以疏所緣亦不離識，不可説爲心外境故，但説妄情及諸妄執所計實境説爲“外”耳。是故得之外無内有，若疏所緣，外亦有故。

"若爾,外執亦稱'實智',如何説是'虚妄執'也?"

答:"'眼等取境,但是現量,不能分别,强執爲'外'。後意分别,强生外相,故説'虚妄'爲'不稱實'。了知假有實無。觀此義主所釋意云:了知假有實無,是'尋思智';由此爲因,所得决定行智,名'如實智'。尋《攝論》意,與此不同。推求假有,實無行見,説名'尋思';了知假有實無行見,名'如實智'。是故了知假有實無,非尋思智。本釋既爾,且依而解'决定行'者,謂如實智即作假有實無决定行解也。"

"壞證微妙净相法"者,謂若能斷雜染相法,便能證得妙净相法。"净相法"者,即是真如,"相"者即是"體相"義故。由不能斷雜染法故,正智壞滅,不證真如,故云"壞證净相法"也。

"懈怠住法動法"等者,謂懈怠者於所住法、於所動法,堅固守護,都無失壞。即前所説雜染相法,名"所住法";是可破壞、不安穩故,名爲"動法"。常與雜染不相捨離,故懈怠者深可愍也。

"而猶未能除空有相"者,謂前三位觀二取無,皆作假有實無行見,故世第一雙印二空,亦得假有實無觀智。假有即是依他起性,此即"有相";實無即是遍計所執,此名"無相"。證真理時,二相皆滅,故世第一未證真也。

"即四諦等名爲"等者,謂彼四諦以十六門差别建立,名"安立諦"。十六門者,即四諦下各四行相:苦諦四者,謂即非常、苦、空、非我。集諦四者,因、集、生、緣。滅諦四者,滅、静、妙、離。道諦四者,道、如、行、出。參詳《俱舍》、《顯宗》二論,就其相顯易解説云:有生滅故"非常",逼迫性故"苦",違我所見故"空",違我見故"非我";能生法故"因",有多種故"集",恒滋産故"生",各别助故"緣";諸藴盡故"滅",三相息故"静",無衆患故"妙",脱衆災故"離";通行義故"道",契正理故"如",正趣向故"行",能永超故"出"。

"三謂無間解脱勝進"者,謂從加行創起聖智,所應斷惑一念斷盡,更不隔念,名"無間道"。前斷障種,後捨麁重,證前所斷煩惱解脱真如之智,名"解脱道"。爲欲進斷餘品煩惱,證餘功德所有加行,無間解脱勝品諸道,總名"勝進"。故勝進道亦不離前無間、解脱。念念進趣,即名"勝進"。故前但説二,謂無間、解脱道也。或約總别,别開勝進,如斷欲界上三品惑,品品須起無間、解脱。總起勝進,斷中三品。故此文中許三心也。《雜集》更有多種

"復次",義釋"勝進道",恐繁不叙。

"能除耎[①]品見道"等者,謂見道智有其三品:即下品道,名之爲"耎[②]",以是初起力微弱故。此道所斷分别煩惱既是麁猛,不名爲"耎[③]"。故"耎[④]品"言唯自見道分别煩惱,但是"耎[⑤]品";見道所斷,故名"耎[⑥]品"。見道所斷煩惱麁重,若准《雜集》,煩惱及道各分九品,謂"耎[⑦]耎[⑧]"等,即耎[⑨]耎[⑩]道斷上上惑,以上上道斷耎[⑪]耎[⑫]惑。今於此中但總言耳。

"第三雙觀人、法二空"者,前智力劣,各别觀斷;今智力勝,故雙觀也。

問:"更有何障第三觀耶?"

答:"此是相見,非真見道。擬儀於真,假説斷言。故初智劣,各别觀斷;第三智勝,一時倣像。"

"二苦法智"者,此言文略,若具應言"苦法智、忍智",謂是苦法智忍無間道後所得解脱道智故。爲存略故,但言"苦法智"也。不作是釋,與方便道中"苦法智"何别?

"苦諦所起增上教法"者,謂説苦諦所有教法,此教依因苦諦而起,故言"苦諦所起教"也;此教能與諸修行者方便道中苦智爲緣,即説此教名爲"增上"。

"於方便道中緣苦法智"者,謂依教法所生苦智,與苦法忍爲方便因,故苦法智名"方便道"。

"由能分别見道"等者,問:"既言分别見道所證,明知即是相見道收,何故前言'於修道中而建立'也?"

答:"理實見修皆有二智,各自分别自所證理。而彼《論》中,依自他利增微義邊隱顯而説,謂於初地能利自地,於見道中初得自利。真見義增,相見用微,但説真見,隱相不論。於修道中所起利他,本智用微,後智用增,隱正體智,但説後得。故説修道所有正見,分别見道自所證理,理實分别自修道中自正體智所證理也。"

"如此各修一度"者,問:"十地全無十度行相,如何妄説名'修一'耶?"

答:"此中但約義准説之,何必皆須行相同也?謂第二地得'離垢'名,而

①②③④⑤⑥⑦⑧⑨⑩⑪⑫ 耎,録本訛作"煗",據底本改。

第十地成‘大法智’。准知餘地諸度别修，但舉一隅、三隅返故。又説十度麁細易難故，由前前而引後後，前前麁故而易修行，後後細故而難修習，故知十度别别漸修。又説真如有二功德：一則本有十相真如，二乃新生十種勝行。既真本德十地證殊，故新生行地地修别。然地與行，名相應同，恐失‘雜修通行’之義，故地與行名相異同，依雜依純相影顯説。”

“據實二障俱障二果”者，由説煩惱，迷闇諦理，障我空智，故障菩提。由所知障，畏法空理，令不顯現，故障涅槃。煩惱障涅槃，所知障菩提。次文自説，此不煩舉。

“約别而言，初障”等者，謂約相增别相而説，以煩惱障能感生死，故障涅槃；説所知障礙智不生，故障菩提。

“染慧爲性”等者，然五惡見皆用别境慧爲體性。然别境慧通於三性，今取二性，故言“染慧”。染通“不善”。“有覆無記”，“覆”即是染，障聖道故。故“惡”及“覆”皆名“染”也。

“一薩迦耶見”等者，取隨煩惱，一切煩惱皆名“取”故。蘊從取生，故名“取蘊”，即舊疏云“五盛陰”也，由煩惱力蘊熾盛故。“蘊”言“取”者，簡無漏蘊，要依漏蘊起身見故。然此身見於取蘊身，或執二以之爲“我”，或執一爲“我”，執餘爲“我所”。不定執故，名“移轉身”也。

“六十二[①]等諸見”等者，此六十二即是邪見，廣如《唯識》、《顯揚》等説。《百法疏》中當廣分别。

“及見所依五蘊”等者，見依蘊起，名“見所依”。既執諸見爲勝能净，此見不離所依五蘊，故所依蘊亦勝净也。“戒取”亦爾，無煩重舉。

“很戾爲性”者，上胡墾反，違也；下力計反，曲也。説文（更?）[②]深，不諫也。

“於自盛事”等者，謂即種姓、端嚴、財寶、多聞、持戒、門徒、眷屬，乃至在身一切勝事，皆名“盛事”。

“不顧自法”者，謂即自身所有勝法，即前種姓、多聞等是。身有勝事，更

① “六十二”三字録本訛作“二十六”，據底本改。

② 文，底本似作“更”，同卷下文“更合慕善”之“更”底本亦作此形。待考。

合慕善。不顧自身所有勝法,於賢善人不崇重也。

"於實德能不忍"等者,"實"謂諸法實事理也,"德"謂三寶真净德也,"能"謂諸善勝功能也。於三種中,心不忍可,意不樂欲,故名"不信"。

"第八唯是無記[①]"等者,然其"無記"總有二種,所謂有覆、無覆别故。若是無覆,惑不相應。若是有覆,惑得俱起。"覆"謂染法,障聖道故。不障聖道,故名"無覆"。第八唯是無覆無記,不同末那雖是無記、性有覆故,煩惱俱故。

"眼等五識不能"等者,必要稱量勝劣等故,而方起於慢、過慢等。由此慢有七種不同,廣如《唯識》、《百法疏》述。

"第七識中有大八"者,以此八種遍諸染心有勝力故,名之爲"大"。故《唯識論》第六卷云:"此二十種類别有三:謂忿等各十别起故,名'小隨煩惱';無慚等二遍不善故,名'中隨煩惱';掉舉等八遍染心故,名'大隨煩惱'。"

"然斷煩惱,總有二種"等者,即是前四"轉依"義中,當其第一能轉道也。"斷種"等即能斷道,"等"即等取無堪任性。"二但折伏",即能伏道。應以前義委釋此也。

"且資糧位頓悟"等者,然諸菩薩總有二種:一者頓悟,二者慚悟。若不定性,復從二乘無漏聖位而發心者,此名爲"漸悟菩薩"。由是此類有五種人,謂即四果及獨覺果,如次八、六、四、二、一萬劫數修習,方始得到十住初心。以二乘心礙大乘故,經多劫數,方至初住。是故《經》云:須陀洹人八萬劫相心於本位證我空故,故資糧位無漏智行。若大乘姓,直從凡位而發大心,名爲"頓悟",但十千劫修行世間十善道,故得入初住。故資糧位但是有漏,無漏之智未起現行。

"或復翻此"者,若思惟而起者,此位不伏;若因邪師、邪教起者,此位能伏。今詳二義,此理必然,自思惟内心所起細難伏故,邪教、邪師外緣所起易可捨故。

"以修三種對治"等者,於三義中各有標釋,如文可解。下言"永斷正見前行道"者,謂初地中所得聖智能永斷惑,是故名爲"永斷正見";此之三種是

① 記,底本、録本訛作"覆",據《大乘入道次第一卷》[T45n1864p462c27]改。

道前加行之道，是故名爲“前行道”也。

“從何而得斷耶”者，此諸“斷”義稍難取意，未見本釋，且作一解。若有別義，改而正之。謂所斷障有其二種：一則麁重，二乃現行，從於何者而得斷耶？然所斷障不離三世，從於何世而得斷耶？

“答：‘不從過去……’”等者，此中意説：不斷現惑，以道起時現惑先無；過去已滅，無惑可斷；未來未至，亦無可斷；現道不俱，亦無所斷；是故不從三世現惑而得斷也。

“然從諸煩惱麁重”等者，此通伏難顯“斷”義也。若於三世無惑斷者，何故諸教説斷惑耶？故此答言：若於現惑雖無“斷”義，可從麁重種得名“斷”，然者則是許可義故。

“爲斷如是如是”等者，於加行時爲欲永斷如是麁重，起此對治。治道正生，麁重正滅，故約麁重而得“斷”名，若約現行則無斷故。

“由此品離繫故”等者，謂由此品麁重滅故，未來現惑，無因不生，永不生故，説名“斷惑”，非謂正斷現起惑也。

“此意不説斷三世”者，若准本釋，不説斷其三世麁重。若爾，何故前文説言“若此品對治生，則此品麁重滅”等？由是義故，但可説言不斷三世現行惑也。

“初約遮門，不斷三世”等者，《雜集》、《瑜伽》二論皆有“斷”、“不斷”義。《雜集》具約種子現行，説“斷”、“不斷”；《瑜伽》就種刹那相續，説“斷”、“不斷”。各據義明，不相乖越，故“不斷”義兩文同也。

“正見相應能對治心”者，“正見”即是八聖道中正見支也；“能對治心”即是正體智，以此正見是後得智而能分別見道所證故，與能治心相應也，即此後智正見相應正體無漏，是即名爲“能治心”也。

“於現在無隨眠”等者，謂顯三時皆無“斷”義，以一切法於念念中從衆緣生、無自性故，刹那必滅無作用故，於現在世暫有即無，隨眠不待斷而方滅，豈此聖道能對治耶？况一念障治不俱，明闇不並，何有“斷”義？故現在世無有隨眠。於現在世尚無隨眠，况入過去更有何“斷”？縱此一念刹那心後，未來所起隨眠心，在未來世亦無隨眠是所斷者，故念念中此無“斷”義。

“從此已後於已”等者，次下即明“有所斷”義，謂前正智於當念中雖無

“斷”義，然彼隨眠於念念無所不斷。以一切法於念中而有不動相續門故，依不動門，即無“斷”義；以一切法刹那即滅、無有“遷動作用”義故，約相續門，即有“斷”義。以因前念引後念生，相續因緣有所作用故，如燈念念雖不破闇，由焰相續，闇相便除。水、日、月等諸法皆然，當知此中道理亦爾。故由聖道相續力故，隨眠並斷，而得轉依。是故説言“從此已後，於已轉依身相續”等。

“所有後得世間”等者，謂由正智斷隨眠故，人令後所得無漏聖智及在世間善無記心三時皆無隨眠縛故，是故名爲“皆離隨眠”。“無記心”者即是文中“本識心”也。

“答據彼三心見道説”者，即前無間、解脱、勝進。然詳此説，於理不正。以見道中，三界諸惑一刹那中一時頓斷。既斷惑時不分品數，則不别起多無間道，何須彼言“爲斷如是如是品麁重，起如是如是品對治”等？故知“如是如是”重言，不約見道三心而説，但依見修治道合言，對法明諸位“斷”義，不唯約初見道斷説故。二義中後説爲正。

“二障下品總名‘第三’”等者，問：“諸論皆説此三心者依相見道總、别建立，故《唯識》云：‘前二名“法智各别解”故，第三名“類智總合解”故。’但是總觀我、法二障所有斷相立此第三，如何説是‘二障下品’？更以何障爲下品耶？”

答：“即彼二障無堪任性。既是麁重，説爲下品，而爲第三，於理何失？”

“若爾，應亦許有中品，更以何法爲中品耶？”

答：“經論皆説有三麁重，在皮、在膚、在骨别故。由是麁重亦有三品，故相見道有三品障。”

“爲能、[□][所][①]取及上下諦”等者，依觀二取立十六者，“所取”即是四諦真如，“能取”即是緣真如智。依觀所取，立法忍智八種觀心；依觀能取，立類忍智八種觀心。此可即依觀能取、所取，别立法類十六心也。所有行相，文中自顯。依觀上、下十六者，上謂色界及無色界，下欲界。依觀欲界苦諦真如，所起無間道立爲法忍，所起解脱道立爲法智。依觀上界苦諦真如，所

① “所”字底本、録本無，據《大乘入道次第一卷》[T45n1864p464a21]補。

起無間道立爲類忍，所起解脱道立爲類智。何故上界立爲類耶？謂上界類下欲界，斷所斷惑，證所證理，故於上界而立類言。苦諦既爾，餘三准前。四諦共有八無間道、八解脱道，即成十六。此即依觀上、下諦境别立法類十六心也。

“正斷三界見苦所斷”等者，謂於三界苦諦之下有二十八種分别惑，隨眠正是見苦真如正智之所斷也。故苦法忍見苦真如，正斷三界苦諦之下二十八種分别惑也。

“七地已前諸識中”等者，“諸識”即謂前七識也，以七地前猶起有相故，俱生障未全伏也。六識尚爾，第七必然，故七地前七識之中俱生煩惱亦得起也。

“由能引識是無漏故”等者，謂前五識生時，必由意識引起，以是微劣少分别故，要以意識爲分别根方得生故，其能引識既是無漏故，所引識障不行故。

“第六意識入生空時”等者，謂末那識與第六識爲不共根，六識方起。其末那識既無勝用，是故欲入無漏之時，必由意識而爲道引，是故意識入生空時，即末那識我執不行，入法空時法執不行，方始得成平等性智。由斯意識入生空時，其第七識即是有漏故，所智障亦得起也。

“以煩惱障不障十地”等者，謂十地者即以法空真如理智差别建立故，唯所知障能障十地，其煩惱障但能發業，招感生死，唯障涅槃，是故不能障十地也。若爾，應與所知障别，便違《唯識》。故彼文云：“煩惱障中此障必有，彼定用此爲所依故。”彼《論》又云：“補特加羅我見起位，彼法我見亦必現行。如妄迷杌方謂人等。”既許二障二執體同，如何所障乃有差[1]□

① 以下缺。

No. 2824 天台分門圖

[題解]

天台宗典籍,作者不詳,一卷,篇幅較短。敦煌文獻中存有伯 2131(首全尾殘)、伯 3080v(首殘尾殘)、伯 3328(首殘尾殘)等三號。文中有"今古三度隨聽校定,後學請勿疑"之語,乃當時寺僧聽講時所作的筆記。清代以前歷代大藏經未收,日本《大正藏》據伯 2131 號録入其第八十五册。今校注據《大正藏》以原卷伯 2131 號爲底本。

就此之中,略分有二:初釋□□□,後□□□□。

[第一、释名。就次分三][①]:

初辯教起可由。分二:

初通明諸經。分三:一、滿本願故。二、酬請至故。三、赴根元故。分三:

第一、翻名解釋。

第二,辨其體相。分四:一、世界悉檀。二、各各爲人悉檀。三、對治悉檀。四、第一義悉檀。分二:一、約不可説。二、約可説;

第三、明發起一切教行。

後別明此經。分四:

一、明二種解脱。分三:一、約真性解脱棟。二、約實惠(慧)棟。三、約方便解脱棟。

---

① 此句録本脱,據底本補。

二、爲開净土之宗。

三、顯净名聽德。

四、成就最勝供養。

二、明翻譯帝代。時移[①]九世，翻傳六譯，此則第五譯也。

言“九代”者，即是[②]後漢也。一、漢；二、魏（曹）；三、晋；四、宋；五、齊；六、梁；七、周；八、隋（楊）；九、唐（李）。

言“時移”者，百千年風俗一變也。

言“六譯”者，雖文無門，恐新學難悟，略開示知。分六：初、後劉氏譯。二、吴朝孫氏譯。三、西[□][晋][③]司馬氏等譯。四、東晋王氏等譯。五、後秦姚興羅什譯。六、唐朝玄奘譯。

三、正釋經題[④]。分二：

初别，即諸經名異。分三：

一、初約教。

二、約[⑤]行。

三、約理。此中門隱，多斷不擘[⑥]。分二：

先明别名，即是[⑦]辯人名也。分二：

初、翻名解釋，雖且不開，亦分二：初翻譯，後解釋。

二、明本跡高下，略分二意：

初正通名本跡。分五：一、約事理。二、約教理。三、約理行。四、約體用。五、約權實。

後别明净名本跡。分二：

初釋通名，總辯所説；

---

① 移，録本訛作“稱”，據底本改。下文：“言‘時移’者，百千年風俗一變也。”可助互勘。

②⑦ 是，録本訛作“定”，據底本改。

③ 晋，底本、録本無，據文意補。

④ 題，録本訛作“顯”，據底本改。

⑤ 約，録本訛作“經”，據底本改。

⑥ 擘，録本訛作“壁”，據底本改。

後釋經字。分五：

初無翻。分五：

一、法本。分三：一、教本攝世界悉檀。二、行本攝對治及各三悉檀。三、理本即第一義悉檀。

二、"微發"義。

三者、"湧泉"義。

四、"繩墨"義。

五、"結鬘"義。

二、有翻。分五：一、翻爲"法本"。二、翻爲"契"。三、翻爲"紙"。四、翻爲"善"。五、翻爲"理經"。

三、會通有無。

四、正釋經字。分四：

一、"經由"義。分二：一、初云"聖言下備"。二、云"三代聖人"。

二、"經緯"義。

三、"常"義。分二：一、邪不能壞。二、正不能異。

四、"法"義。

五、曆法明經。分三：一、聲。二、色。三、法。

後分人、法。人即維摩，法即不思議。分九：

一、羅什。

二、生公。文二：一、曰"理空"。二、曰"神奇"。

三、肇公。

四、叡釋。

五、關内舊釋。

六、佛地[1]師釋。

七、真諦三藏。分二：一、不相離；二、相離。

八、三論師。

九、天台釋。分三：

---

① 地，録本訛作"他"，據底本改。

一、簡别思議、不思議。分七：一、約理；二、約智；三、約斷；四、約界；五、約有體無體；六、約有用無用；七、約共不共棟。

二、别判釋不思議解脱。分三：一、直性解脱；二、實惠（慧）解脱；三、方便解脱。

三、約類通諸法。略分爲十：一、三道；二、三識；三、三性；四、三般若；五、三種菩提；六、三種大乘；七、三種法身；八、三種涅槃；九、一體三寶；十、三德。

後通，即經之一字。

大段第二，明其出體。就中分三：

一、辯體所以。

二、正明經體。分二：

一、能詮之教；

二、所詮之理。分二：一、文。二、義。若諸[1]明真如句是。

三、簡僞顯真。分二：

初、簡非實相。分三：一、簡世俗經書；二、簡外人經書；三、簡聲聞經書。

二、顯真實相。

大段第三，明佛國因果爲宗。

大段第四，權實善巧，辯力用。分三：

一、明權實。就中分三：一、化他權實；二、自行化他權實；三、自行權實。

二、明折伏攝受。

三、正通經文。分四：一、如"方便"等句是。二、如"善吉音明"等句是。三、"彌勒"等句是。四、迦旃延等是。此之四例合明，至文當顯，恐後難曉，古（故）[2]再標之[3]。

① 諸，録本訛作"請"，據底本改。

② 古，此乃"故"之借字。《盂鼎》："惟殷邊医田雩，殷正百辟率肆於酒，古喪師。"楊樹達《積微居讀書記》按："假古爲故。"

③ 之，録本訛作"了"，據底本改。

大段第五，判教相[①]。就中分三：

一、明辯教相意。

二、明古今同異。就此分三：一、約義；二、約時；三、别料簡此經。

三、正明近世判擇。分二：

初、約義及時。分四：一、頓。二、漸。三、不定。四、祕密。

二、就乘兼藏。

就乘藏中令釋。文二：先辯其乘。就乘釋半滿之乘。

後就藏辯名。分二：

初正明義，故分三：

一、翻釋名。分二：一、有總，即十二部，如前略名。二、别，即修多羅，辯十二分義是。

二、辯出體相。如前分别竟。

三、簡差别諸門。有四：

一、部藏同異。

二、立所以。

三、大小多少，至文自顯。就亦分四：一、大具小闕。二、小具大闕。三、大具十二，小唯十一。四、大唯有一，小具十一，除方廣分也。

四、相攝者。

大段第二，明對此經文。

天台一門已如上列，今當第二明今、古二序。大門分二：

今序門，先明今序。就中分二：

初、教興次第。就中分三：初、四句教興原起。二、古譯未融。三、玆經理詣。

二、明述釋所以。分二：

初明述釋之由。文二：初傷今失旨爲遠由，後嘆古詣真爲近由。

後正明述釋。分三：初述謙詞，即“道液不揆庸淺”等句是；次記年代，即

① 相，録本訛作“明”，據底本改。

“上元年”等句是；後章(彰)[①]功益，“庶法轉明”等句是。

古序門，後明古序。就中分四：

初、通明本迹者，貫通諸經。分二：

初、明本迹難思。分三：

初、標名總歎。分二：初辯標名，後總歎其旨淵玄也。

二、曆法别明。分四：

初[②]、智。言“聖智”句是。

二、明法身。

三、教即至韻。

四、置權無謀。

三、總彰功蓋(益?)[③]，後辯感情妄計。分二：

初明妄計。分四：一、智覩，感照是。二、身觀，應形句是。三、教覿，玄藉句是。四、權見，變動句是。

後總結章[④]非。

二、别辯教興。文三：

初、集同洪(弘)[⑤]人。

二、明所洪(弘)教。分三：初、“本”不思議，共明五段之義，兼結。二、明迹不思議中，合釋六段之義，亦爲結也。三、合明“本”、“迹”不思議。

三、明經題目。

三、重譯之由。分四：

初、明譯經主。分二：初舉人歎德中明五句。後明重譯本意，内合明四段。

---

① 章，“顯著”義，與“彰”同。下文“總彰功益”，可資比勘。

② “初”前録本衍一“一”字，據底本删。

③ 蓋，此似爲“益”之訛字，待考。

④ 章，録本訛作“草”，據底本改。

⑤ 洪，此當爲“弘”之音近借字。“洪”字音户公切，匣母東韵平聲；“弘”字音胡肱切，匣母登韵平聲；二字聲、調全同，韵母相近，應可通假。下“洪”字同，徑括注其本字，不復校。

二、明譯經時。

三、明能譯人①。分二：初舉人歎德。“仁”者，什公也。“歎德”者，明智也。“高世②”者，超高、越出世人也。後明譯經意，“于時手執胡文”是。

四、明所譯法。

四、彰註所以。分二：

初述謙辭者，“余以闇短”等六段文義是。

後明註意，“庶將來君子”等句是。下文言“余以大曆二年”者，是造彼釋序時，略記年代也。其造序僧體③清，即是後資聖寺和尚甥是也。

今古三度隨聽校定，後學請勿疑。

三門之中，天台今、古已上釋竟。今當第三，正釋經題。且就題中，略分爲二④[ ]

① 人，録本訛作“八”，據底本改。

② 世，録本訛作“也”，據底本改。

③ “體”字下底本、録本衍一“禮”字，據斯 2496 號《釋肇序》删。

④ 下脱。“今古……爲二”底本用大一號粗體書寫，當爲書手附注。

No. 2825 真言要决

［題解］

中國人所撰佛教真言類著作，作者及卷數不詳，文中多用排偶句式，除引用佛教典籍外，還大量援引《書》、《禮記》、《周易》、《論語》、《老子》、《莊子》等儒家及道家經典，並以世俗生活中的種種現象作類比，層層深入地闡述佛教徒明經、持戒、修身的要義。《大正藏》録本共收卷第一、第三兩號。其中，卷第一以石山寺藏寫本爲底本，卷第三據伯 2044 號爲底本、斯 2695 號爲參校甲本。

真言要决卷第一①

▭② 盜□□（稀信）③言，盜□□□（乏善行）④。□□□□，□□□□（巧言令色，奴顔婢膝）⑤。邀寵規利，□□□□，□□（横征暴斂，乏

---

① 卷第一《大正藏》本出校："【原】石山寺藏寫本，首題新加。"真圓法師校注："此真言非咒語之真言，然行道處世之誠諦，索慧出離之良言也。余初閲此章，覺深契道心。原本有闕遺，遂檢校强補之，雖難達其境，但求旨同。若有錯謬，唯諸佛子鑒諒！真圓合什！"（參見十方願真的新浪博客於 2007 年 10 月 15 日所載博文《真言要决》，文首括署"真圓阿耆黎注"。）因無法見到底本，今據真圓法師整理本及相關佛典重新校注。

② 録本出校："首缺。"

③ "稀信"二字録本作缺文，兹據真圓法師校注本補。

④ "乏善行"三字録本作缺文，兹據真圓法師校注本補。

⑤ "巧言令色奴顔婢膝"八字録本作缺文，兹據真圓法師校注本補。

仁)[①]聚財。自□(重)[②]賤人,憎他愛己。損□□□,□(人益己,華)[③]馬輕求(裘)[④]。服玩奢華,器物侈靡。嚴飾棟宇,放志肆情。習學浮言,以爲才辯。修治巧僞,將作智能。傲虐貧賤,諂佞富貴。惡直醜正,嫉妒良善。護短□□(掩過)[⑤],飾非拒諫。矜功伐善,同惡相親。結□□□,□(黨營私,冶)[⑥]遊暴慢。滋味養壽,祠祀請恩。厭詛除凶,□(章)[⑦]奏伐命。棄本逐末,背正行邪。巫覡是求,妖訛是信。側詩豔賦,彩畫薰香。異端奇伎,博弈淫樂。以娛耳目,以悦婦人。耽樂爲常,終身不悟。中智已下,莫不盡然。晝夜憂勞,無忘寢食。父子兄弟,互懷間欺。伯叔夫妻,交相猜貳。閉門内教欺負,開門外遣施行。妄善詐親,内離外舍。甘言强咲(笑)[⑧],面柔足恭。心寡慈悲,口多恩愛。並不以爲惡,故共行之。若悟爲非,誰復肯造?信知道與俗反、與僞違。行真者則萬無一人,行僞者則比肩皆是。於是群邪混正,正實難行;衆僞亂真,真實難辯。故尼父有武叔之毁,周公有管蔡之言。是故君子道消,至人潛隱,非惟明智,誰復悟之?故《莊子》云:"至言不出。俗言勝也。"《詩》云:"聽言則對,誦言如醉。"夫俗情迷惑若此,可不悲哉?人皆好人之愛己,不好己之愛人。人皆嫌人之惡己,不嫌己之惡人。人皆憎人之道己短,不憎己之説人非。人皆欲人之行信於己,不好己之行信於人。人皆欲人之行直於己,不好己之行直於人。貧則皆欲人之以財惠己,富則不好以財惠人。自危則欲人之濟己,人危則不肯以身濟人。己之妻妾則不欲令人顧視,見他妻妾則好蕩以淫心。己之父母則欲得使人崇敬,見他父母則不欲屈己尊重。而復終日孜孜,怨恨儕伍,不知反躬自責,内省其身。既不達往來之情,未殊禽獸者也。故《禮記》云:"人而無禮,雖能言,不亦禽獸之心

---

① "横征暴斂乏仁"六字録本作缺文,兹據真圓法師校注本補。
② 重,録本作缺文,兹據真圓法師校注本補。
③ "人益己華"四字録本作缺文,兹據真圓法師校注本補。
④ 求,後作"裘"。
⑤ "掩過"二字録本作缺文,兹據真圓法師校注本補。
⑥ "黨營私冶"四字録本作缺文,兹據真圓法師校注本補。
⑦ 章,録本作缺文,兹據真圓法師校注本補。
⑧ 咲,乃"笑"之古字。《集韻·笑韻》:"咲,古作咲。"

乎?”孔子云:“躬自厚,而薄責於人,則遠怨矣。”世人但知平章他人短,不知己之不長;但知平章他子無仁智,不知己子是庸愚;但知平章他婦有淫行,不知己婦無貞實心;但知笑他無禮義,不知己自無人情;但知恨人不禮己,不知己之無所知;但知平章知鄙悋,不知已之是慳貪。故欲論他事者,先自觀己身。欲咲(笑)他是非者,先自察長短。若其不爾者,則豈得謂之中智乎?故《易》云:“復以自知。”《老子》云“自知”者,明其此之謂也。

聞過不即改是愚人,見鞭不即行是駑馬。駑馬終日受鞭策,愚人終日被毀挫。毀挫不知慚耻者,甚於駑馬乎!故《遺教經》云:“若無愧者,與諸禽獸無相異也。”《易》云:“君子見善則遷,有過則改。”是以佛法許以發露懺悔,王法許以舉覺首愆。若發露事不盡,則不得成懺悔;舉覺事不盡,則不得成首愆。故懺悔改過者,必須發露盡誠;舉覺首愆者,必須陳辭盡狀。若懺悔更造罪,不及無不懺;首愆更造過,不及無不陳。故首罪者則須濯志日新,懺悔者則須蕩心恒一。是以顔回不貳過,夫子尚之。故《書》云:“德惟一動罔弗吉,德二三動罔弗凶。”《易》云:“恒以一德”、“恒德之固也”。造燭者爲求其明,讀經者爲求其理;明以照暗室,理以照暗心。故造燭不能然,雖有燭不廢暗;讀經不見理,雖讀經不廢愚。室暗動則有礙,心愚動則過生。過生者爲其無智,有礙者爲其無照。故世人但知造燭求明以照室,不解讀經求理以照心。何其愚哉!

琴瑟解者彈之而得其曲,不解者彈之空得其聲。經書解者讀之而得其理,不解者讀之空得其言。故聾者雖聽琴瑟,終不聞琴瑟之聲;愚人雖讀經書,終不見經書之理。故《禮記》云:“人莫不飲食,鮮能知味。”其此之謂矣!

經教雖多,解理者得其深意。河水雖廣,别水者見其深流。見其深流者,駕船而登彼岸。得其深意者,運心而出生死。結網以求龜魚,龜魚在深水;結網成,不入水以網魚,乃束而高懸,龜魚無由得。造經以求福智,福智在深心;造經成,不讀誦以網心,乃盛於凾(函)[①]篋,福智無由生。又讀經不得深理者,猶舒網空曳於水中;舒網空曳於水中,徒網濕而人困,龜魚一無得。讀經不得深理者,徒紙熟而心惓,福智一無成。世人並解結網成即入水

① 凾,與“函”同。《字彙·凵部》:“凾,俗函字。”

以求魚,造經成者不知讀誦以求理。但知魚之以糞體[1],不知理之以糞神。求理糞神者與道德同遊,求魚糞體者與禽獸齊趣。與禽獸齊趣者雖是人貌,常懷畜生之心。與道德同遊者雖是凡夫,常懷菩薩之行。菩薩之行者饒益衆生,畜生之心者唯相劫剥。劫剥心者一錢決能致鬪,饒益行者萬金終不與争。同資人事,心行懸殊。校其短長,非喻所及。故《涅槃經》云:“身雖丈夫,行同畜生。”“雖受人身,心如佛心。”

盲人駕船之彼岸者,不能見水脉而終著灘。愚人讀經以求福智者,不能解義趣而終獲罪。盲人著灘不自覺,愚人得罪不自知。不自覺者見船見在水,然船體去、住一種静,故明者告之終不信。不自知者見身見讀經,然經體深、淺一種語,故智者告之終不依。故知别水者不能道盲人之船,解理者不能發愚人之智。若盲者受導,必登彼岸;愚人受教,必出生死。世咸共知盲人,求别水者駕船;終不知愚,求解理人問道。是以生則憂惶百慮,死則流轉三塗,何其苦哉!《論語》云:“不曰[2]‘如之何、如之何’者,吾未如之何。”

婦人孕子,不得不生;既生,不得不死。猶飢,不得不食;既食,不得不出。既出不出,與身爲患;既死不死,豈是吉哉?故未有不出之食,未有不死之人。只可出有早晚,死有短長。其間優劣,未足計也。故前食不出,後食何以得入?前生不死,後生何以得生?世咸共知食者任其時消,乃不知生者任其時死,亦其一愚。故《大智度論》云:“我等[3]不貪生,亦復不樂死。一心及智慧,待時至而去。”

鏡以照面,智以照心。故鏡明則塵垢不止,智明則欲惡不生。人之無道,猶車之無軸。車之無軸,不可以駕;人之無道,不可以行。人小不聞道,欲惡必拔傷其性;猶禾小不耨,莠稗必凌挫其苗。秀而不耘鋤,獲實必少;老而聞道,得真不多。屋破者恒畏風雨,心邪者恒憂禍患。故補得屋,則風雨不能入其室;正得意,則禍患不能入其心。世並解補屋以卻風雨,不解正心

① 《廣雅·釋詁四》:“糞,饒也。”王念孫疏證:“糞之言肥饒也。”引申則指滋養、怡養,“糞體”即滋養身體,下“糞神”則謂怡養精神。

② 曰,録本訛作“日”,兹據文意改。

③ 等,録本訛作“本”,兹據《大智度論初品中十想釋論》第三十七[T25n1509p230a25]改。

以除禍患,何其愚哉!故《老子》云:"修[①]之於身,其德乃真。"有冲天之翼者,必不棲息於桑榆;有方外之心者,必不言談於名利。故言名利者,是小人淺志;談至道者,是君子深識。是以小人用名利爲宗,君子以道德爲主。故孔子云:"君子喻於義,小人喻於利。"白玉投於緇泥,不能污毁其色。君子遊於濁世,不能染亂其心。故松柏可以負霜雪,明智可以涉艱厄。歲寒然後知松柏茂,世濁然後知至人通。投頑石於江河,則萬載而不潤;聚愚人而語道,則終身而不聞。故《易》云:"知機其神乎!"

眼以觀色,心以照理。故眼審則行不傷足,志静則動不勞神。墻宇外牢,惡人不得入其室。道德内固,邪氣不能襲其心。家富者人不遠索,志滿者心不外緣。無疾者不訪良醫,無欲者不規榮寵。遺貪者不尚金玉,遺名者不願毁譽。樂道安貧,則財友莫訪。抱德獨處,則勢利不尋。積穀帛者,不憂飢凍。抱道德者,不慮凶邪。世並解貯穀帛以防困乏,不解懷道德以備艱厄。故孔子雖在陳蔡之間,而絃歌不輟。《易》云:"困窮而通。"言"嗜欲"而不言"道德"者,爲無真如故也。食糟糠而不食珍味者,爲無稻梁故也。衣麻枲而不衣綾紈者,爲無縑纊故也。行杖策而不乘肥馬者,爲無事騎故也。世並解求車騎以代徒行,求縑纊以代麻枲,求稻梁以代糟糠,不解修真智以除嗜欲。嗜欲無厭,亡身喪命,豈非愚哉!言道德而不行者,猶飢而不食。行道而不樂者,猶食而不甘。樂道而不終者,猶甘而不飽也。故樂道終則神明暢,甘食飽則形氣充。故世人但知以食充形氣,不知以道德泰神明。夫神懦(懦)[②]形充,猶臣强君弱。臣强君弱,國必顛墜;形充神懦[③],身必死亡。言佞者無真行,懷素者無飾詞。多淫者好華飾,多利者好交遊。故交遊廣者心不實,華飾盛者志不貞。是以志貞者衣麁服,心實者好淡交。以此而觀,人則萬無一失矣。故《易》云:"冶[④]容誨淫。"《禮記》云:"君子之交如水。"《老子》云:"信言不美,美言不信。"言煩無當者理蔽,多慮無益者心疲。孝子養

① 修,録本訛作"循",兹據文意改。

② 懦,與"懦"同。《龍龕手鑑·心部》:"懦、愞、懦,三同。"

③ 懦,與"懦"同。

④ 冶,録本訛作"治",兹據文意改。

親者忘勞苦，真人懷道者外形骸。故不擇事而作者，養親故也；不擇地而安者，懷道故也。故孔子云："食無求飽，居無求安。"是以儒有曲肱陋巷，道有宴坐山林。貞女非良媒不嫁，至理非實語不宣。良媒必不妄媒其女，實語必不妄出其言。媒而不妄，媒其實德；言而不妄，言其實理。媒其實德，婚者不惑；言其實理，聽者不疑。不疑必受而行用，不惑必納爲室家。故家得順婦，則能安和九族；心得實理，則能静泰百骸。九族安和，則枝葉外茂；百骸静泰，則種智内明。枝葉外茂，名爲"强族"；種智内明，名爲"達人"。故世人但解訪良媒求其婦德，不知訪實語求其至言，何其愚也！故孔子云："擇不處仁，焉得智？"

藥不當病，不及不服；言不中理，不及不言。藥不當病，反傷其命；言不中理，反害其身。故《易》云："亂之所生，則言語以爲階。"《老子》云："開其兑[①]，濟其事，終身不救。"愚人娶妻，不求婦德，唯求門地富貴，姿質爲本。女人恃色，必恣憍淫；恃其門族，必懷欺侮；欺侮則不順舅姑，憍淫則受人扇惑；不順舅姑，則内外不睦；受人扇惑，則表裏昏淫。耽欲愚人，終不省覺；兼恐被夫嫌薄，無所不至：求巫厭□（詛）[②]，不憂婦道，唯思聲色，袨服靚粧，諂媚夫智，詐將親善，讒譖尊卑。夫納婦言，疏薄骨肉，致使至親同氣，怨徹穹蒼。如此之徒，豈唯三、五？危身没命，實屬婦人。喪國亡家，皆由女色。故周文之盛，先述德於后妃。殷紂之亡，卒歸愆於妲[③]己。自餘群小，何可勝言？牝雞之晨，可不悟也？故《詩》云："婦爲長舌，維厲之階。亂匪降自[④]天，生自婦人。"

無同則無異，無合則無離，無聚則無散，無愛則無憎，無憂則無喜，無得則無失，無生則無死，無親則無疏。世或有先疏後親者，或有先親後疏者。至如夫妻，未合不識，此則先疏；亦既婚媾，恩愛同懷，則是後親。兄弟同胞共氣，此則先親；後遂離析，則是後疏。夫婦本疏，翻成膠漆；兄弟本一，翻成

① 兑，録本訛作"鋭"，兹據文意改。
② 詛，録本作缺文，兹據真圓法師校注本補。
③ 妲，録本訛作"姐"，兹據真圓法師校注本改。
④ "降自"二字録本訛作"自降"，兹據文意改。

路人。加以側目相憎,瞋嫌嫉妒,互相經略,養活妻兒,不惟父母之恩,乃懷財色之美,積習既久,遂以爲常。舉世皆然,親疏孰在?故以財交者,財盡即疏;以色交者,色衰即棄;以食交者,食盡即離;以名交者,名亡即絶;以勢交者,勢去即乖;以藝交者,藝竭即斷。是以有故而合者,必有故可離;無故而同者,必無故可異。有故者非恒,故離合有時;無故者有恒,故同異無日。無故者謂"道合",有故者謂"世交"。是以小人無親,非利不合;君子無親,非道不同。非道不同,無道則散;非利不合,無利即離。故《禮記·儒□(行)[1]》云:"義同而進,不同而退。"《莊子》云:"君子淡以親。小人甘以絶。"誠不謬矣!歡喜不及忍辱,多咲(笑)不及不瞋。不殺勝於放生,求福不如避罪。不慳勝於布施,心敬勝於足恭。故《遺教經》云:"忍之爲德,持戒苦行所不能及。能行忍者,乃可名爲'有力大人'。"又云:"劫功德賊,無過瞋恚。"《大智度論》云:"若人加□(惡)[2],如猪揩[3]金山,益發其明。求佛道、度衆生之利器,忍爲最妙!"又云:"瞋爲苦因緣,慈是樂因緣。"《莊子》云:"力敵萬夫,非爲'勇士'。能行一忍,號曰'丈夫'。"《論語》云:"一朝之忿,忘其身,以及其親,非惑歟?"道者,本爲弘道化物,不爲剃頭著帽、長齋[4]菜食、誦經禮佛、好心練行故也。官者,本爲輔國治民,不爲懷寵尸禄、清謹檢案、判事打人故也。故孔子云:"禮云禮云,玉[5]帛云乎哉?樂云樂云,鍾(鐘)鼓云乎哉?"君子上達,小人下達;是以菩薩具善種智,衆生具惡種智。習惡智不已,决定入地獄;習善智不已,决定得菩提。故《易》云:"善不積不足以成名,惡不積不足以滅身。"菩薩善種智,名爲"戒"、"定"、"慧";衆生惡種智,名爲"貪"、

① 行,録本作缺文,兹據真圓法師校注本補。另,"儒□"録本誤置"云"字之後,兹據文意乙正。

② 惡,録本作缺文,兹據《大智度論釋初品中善根供養義》第四十六[T25n1509p281a6]補。

③ 揩,録本訛作"楷",兹據《大智度論釋初品中善根供養義》第四十六[T25n1509p281a7]改。

④ 齋,録本訛作"齊",兹據文意改。《佛説灌頂十二萬神王護比丘尼經》卷第二:"七日七夜,長齋菜食。"[T21n1331p501b6]可資比勘。

⑤ 玉,録本誤作"王",據《論語·陽貨》(參[清]劉寶楠撰《論語正義》第691頁,中華書局2011年3月版)改。

“瞋”、“癡”。翻破“貪”、“瞋”、“癡”，即是“戒”、“定”、“慧”。能决此事者，名爲“大丈夫”。故《老子》云：“是以大丈夫處其厚，不處其薄；居其實，不居其華。”故玄彼取此，仕而懷居，未足以爲仕；修道懷安，豈是道哉？故《維摩經》云：“貪著禪味，是菩薩縛。”君子懷德，小人懷土；修道願生極樂世界者，甚於懷土小人。君子懷形，小人懷惠；修道而求果報者，甚於懷惠小人。何以故？夫世間愚人，並以無明毒心，貪剥錢財，作少許客塵功德，而即願生諸天及無量壽極樂世界者，不是小小愚癡何者？

夫寧無病坐茅廬，不有病坐金屋。寧無病卧板簣，不有病卧王床。寧無病食蔬餐，不有病食珍味。寧無病策弱杖，不有病乘壯馬。寧無事而家貧，不有事而家富。寧解脱遊煩惱，不被縛住涅槃。寧有慧□(居)[①]閻浮，不無明生極樂。故《華嚴經》云：“寧受一切苦，得聞佛音聲；不受一切樂，而不聞佛名。”以此而議，會須得明悟解脱於煩惱，何因直以暗心而願生彼極樂世界哉！至如世間愚人，因少功勳，蒙授官賞，資財殷足，服乘輕鮮，外雖得此□(奢)[②]華，内愚不殊疇昔，無仁無智，不能守之，違犯憲章，得罷還失，反歸南畝，何殊舊人？縱得一世，保終瞑目，與彼何别？中間非無小異，生死終歸大同。猶無智修福，得往西方；命盡歿身，還沈三趣。然心體常一，形報稍殊。雖至天堂，終不變易。俱聖人引接，隱覆難明。若不悟其理，源趣超心，無不皆錯。故《涅槃經》云：“如我先説，若有善男子、善女人，善能修治身、口、意業，捨命之時，雖有親族取其屍骸，或以火燒，或投大水，或棄塚間，狐狼禽獸競共食噉，然心意識即生善道。然是心法實無去來，亦無所至，直是前後相續，相貌不異。如是之言，即是如來祕密之教。”夫法主正説如此智，□□(愚蒙)[③]不善思。故《思益經》云：“菩薩若生轉輪□(聖)[④]王家，不名‘家清净’。若生帝釋中、若生梵王中，亦不名‘家清净’。若在所[⑤]生處乃至

① 居，録本作缺文，兹據真圓法師校注本補。
② 奢，録本作缺文，兹據真圓法師校注本補。
③ “愚蒙”二字録本作缺文，兹據真圓法師校注本補。
④ 聖，録本作缺文，兹據《思益梵天所問經》卷第二[T15n0586p47a12]補。
⑤ 所，録本訛作“兩”，兹據《思益梵天所問經》卷第二[T15n0586p47a13]改。

畜生，自不失善根，亦令衆生生諸善根，是名‘菩薩家清净’。”商人貪貨，遠道□(謀)[1]生，度海浮江，經諸險難，廣求財寶，以望大富。及其船没被賊，身命不存，縱得千金，於何所用？設使得財至舍，又憂盗賊偷劫，晝夜心不暫安，此實爲財受苦。小盗猶可防備，大盗並身不存。故世間聚財，直爲賊盗貯備。夫所食不過滿腹，所衣不過覆身，無事積聚無涯，而致亡身喪命；豈如少欲知足，樂道安貧？貯文藝以作資財，持禮義以爲鉾戟，衛慧明之商主，駕解脱之法船，入五欲之溟波，採群生之祕寶，置涅槃之彼岸，出生死之愛河，超三界以永安，此大商之祕計。故《大智度論》云：“一切寶中，人命[2]第一。人爲命故求財，不爲財故求命。”愚人所以不能抱朴懷□(真)[3]、衣食豐饒者，一爲貪欲無厭，二爲非理損耗。人人皆悉規利，不覺還輸與他；又復愛好求名，費用無度，往還重餉，來去頻煩，不知去其僞情，保其真性，内守我分，外不逐物，損其企尚，絶其來往。器物趣供其事，衣食適充其身。守業安居，勤作儉用。如其信爾，誰不懷真？物我咸寧，何有不足？故《禮記》云：生財有大道：生之者衆，食之者寡；爲之者疾，用之者舒；[□][則][4]財恒足矣。老子云：“使民復結繩而用之。甘其食，美其服，安其居，樂其俗。隣國相望，雞狗之聲相聞。民至老死，不相往來。”

世人悉解布施，只自不解斷貪。世人悉解作善，只自不解斷惡。世人悉解惡死，只自不解嫌生。世人悉解求富，只自不解節儉。若節儉，則無富可求。若解嫌生，則無死可惡。若解斷惡，則無善可行。若解斷貪，則無慳可施。此實行之甚易，解亦不難。若不能解而行者，豈非愚惑矣！故孔子云：“不知言，無以爲人。”世人争名，皆欲得自稱是“好人”；及遣行仁義，則無一人肯。官人争考，皆云“我能清治”；及遣行道德，則云我“不能”。若不能行道德，則不須争考第；若不能行仁義，則不須争令名。若違此者，安可與語？故《論語》云：“誰能出不由户？何莫由斯道也！”

---

① 謀，録本作缺文，兹據真圓法師校注本補。

② 命，録本訛作“壽”，兹據《大智度論釋初品中屍羅波羅蜜義》第二十一[T25n1509 p155b26]改。

③ 真，録本作缺文，兹據真圓法師校注本補。

④ 則，録本脱，兹據《禮記》補。

仕官者，本爲輔國治民，不爲求富貴。修道者，本爲弘道化物，不爲求聖智。故愚人入朝仕官，只圖富貴榮樂，無心憂國養民。愚人出家修道，只圖聖智果報，無心憂道濟物。無心憂國養民者，必矜名諂佞而毁譖忠良。無心憂道濟物者，必求名謟曲而誹謗正道。故以富貴爲懷者，得富貴必起侈心。以聖智爲念者，得聖智必起邪見。起侈心者，必矜富貴而傲虐貧賤。起邪見者，必恃聖智而侮慢凡夫。恃聖智而侮慢凡夫者，必以聖智惑人；矜富貴而傲虐貧賤者，必以富貴誇物。以富貴誇物者，必憍富貴而廣事奢華；以聖智惑人者，必衒聖智廣求利養。衒聖智、廣求利養者，必入三塗；憍富貴、廣事奢華者，必亡九族。故能遣富貴奢華者，始堪興政安民；能遣聖智利養者，始堪弘道化物。弘道化物，永會真如；興政安民，永終天禄。如違此理，罕有不亡。覆車改轍，古今少悟。故《書》云："德惟善政，政在養民。""天工人其代之。""天命不干常。"老子云："富貴而憍，自遺其咎。是以聖人爲而不恃，成功不處。"莊子云："天時非賢也。""樂通物非聖人也。"豈虚言哉！

真言要决卷第一。

真言要决卷第三[①]

□□□[②]之理故。《法華經》云："我爲設方便，説諸盡苦[③]道，示之以涅槃。我雖説涅槃，是亦非真滅，諸法從本來，常自寂滅相。"夫若得體解大道，則能出死入生，雖復應感群方，心常寂滅。既得動而常寂，何處更有涅槃哉？故《思益經》云："若人於諸法滅相中求涅槃者，當知是輩皆爲增上慢人。世尊！正行道者，於法不作生、不作滅、無得無果。"《佛藏經》云："若人得涅槃者，是人不隨如來出家，隨六師出家。舍利弗！當知是人是爲法賊入我法中，當知是人汚辱我法，當知是人爲是大賊！"

---

① 卷第三《大正藏》本所據底本伯 2044 號，參校甲本斯 2695 號。

② 真圓法師校注："卷二缺失。"

③ "盡苦"二字底本、録本訛作"菩薩"，兹據《妙法蓮華經》卷第一[T09n0262p008b23]改。

惡生死而愛涅槃者，猶惡貧賤而愛富貴。惡貧賤而愛富貴，非道德之宗；惡生死而愛涅槃，非真如之旨。故懷道德者，始得身居富貴；體真如者，始得神遊涅槃。故居富貴者，終不得嫌其貧賤；遊涅槃者，必不得惡其生死。若以生死涅槃爲是非，名爲"增上慢"；若以貧賤富貴爲得失，名爲"倒置人"。故君子能處賤貧，菩薩能入生死。若以富貴爲道德，齊景公不應被尼甫非；若以寂滅爲真如，舍利弗不應被净名責。故知愛富貴而作三公者，不及初入仕道德人；愛涅槃而證四果者，不及初發心菩薩。此乃内、外明著，事理顯然。終身不悟，邪愚之甚！

修道獨處坐禪，用心精進。或見佛身、菩薩身、真人羅漢身、天尊老君身、神仙身及過往有名號賢德身，並談説妙言，稱道授法，即以爲真者，此大大邪惑。何以故？夫諸佛、菩薩、天尊老君等，並是過去出世聖人，當今無有見其真狀者。今日但聞其名、見其形像而已，誰復識其面目哉？其形像者並是世間工巧影響而作，未必即得似彼真形。今乃想其僞形爲真狀者，此之邪惑顛倒，全是不近人情。至如嬰兒弱喪，年長成大，本生父母見尚不識，况我非彼所生、復是異世而能識之者哉？若其法身應化，無種不爲，豈止守其本狀？若其取此而爲真應者，必入魔網不疑。故魔亦能種種變化，惑作佛身、菩薩之身，亦能宣説妙法，自非大乘慧眼，不能別之。若入魔網，全不及元不修道。以此而議，坐禪所有境界，並不得取以爲證。縱使放光動地，彌不得信之，但當正心不動，魔事即自亡滅。故《維摩經》云："降魔是道場，不傾動故。"《西昇經》云："不受於邪，邪氣自去。"

凡人同生一類，不因紹介者，尚不得輒與欵懷，况彼非類幽昧而造次信之者也？若其目擊道存者，理自絶於言論。若其不爾，必須勘當是非。夫世間人事猶不得以言貌取人，况出世冥理得以色、聲爲證？故康子饋藥，孔子拜而受之曰："丘未達，不嘗之。"此良有以也。聖人尚爾，况其凡哉？故物理不可覩迹即信，一一皆須察之。故《大智度論》云："多聞持戒禪，未得無漏[1]法；雖有此功德，此事不可信。"

---

① "無漏"二字底本、録本訛作"漏盡"，兹據《大智度論釋初品中禪波羅蜜》第二十八[T25n1509p189a26]改。

《涅槃經》云:“迦葉白佛言:‘世尊! 我今不依是四種人。何以故? 如《瞿師羅經》中佛爲瞿師羅説:若天魔梵爲欲破壞,變爲佛像,具足莊嚴三十二相、八十種好,圓光一尋。面部圓滿,猶月盛明;眉間豪相,白踰珂雪。如是莊嚴來向汝者,汝當檢校,定其虚實。既覺知已,應當降伏。世尊! 魔等尚能變作佛身,况當不能作羅漢等四種之身坐卧空中,左脇出水,右脇出火,身出烟炎,猶如火聚? 以是因緣,我於是中,心不生信;或有所説,不能稟受;亦無敬念,而作依止。’佛言:‘善男子! 於我所説若生疑者尚不應受,况如是等? 是故應當善分别是善、不善,可作、不可作。如是作已,長夜受樂。’”

修道願生值彌勒者,此大邪癡。何以故? 夫修道者,破無明見,發種智牙(芽),斷四生業,滅三塗苦,出入六道,教化衆生,迴向無上菩提,罔知限極。此則是法身自在解脱見知。若然者,彌勒恒在目前,何須願值? 故《奄提遮經》云:“我常念所思,大聖之所行,未曾與汝異,何事不清净?”如不爾者,即是無明,常没不出,縱值彌勒,亦未識之。何以故? 三毒肉眼,不辯賢愚,但聞彌勒之名,不識彌勒之狀相。學論其彌勒,復不見彌勒之理,徒言此願,知復何成? 至如釋迦出世,舍衛大城不見佛者豈止千萬? 以此而議,會須開心見道,無目暗願何爲哉? 何以故? 若夫智不聾盲,即是慧眼;慧眼者,即無所不見;無所不見者,則能見佛;見佛者,謂見真佛,非是化佛;化佛有生有滅,真佛無去無來;無去無來,遍滿三界;愚無慧眼,不能見之。故《思益經》云:“若有於法生見,則於其人,佛不出世。”“若人於諸法畢竟滅相中求涅槃者,則於其人,佛不出世。”《佛藏經》云:“舍利弗! 若人以色身見佛,是去佛遠。”“若人能見諸法無相,無名無觸,無憶無念,無生無滅,無有戲論,不念一切法,不念涅槃,不以涅槃爲念,不貪涅槃,信解諸法皆是一相,所謂‘無相’,是名‘真見佛’。”《思益經》云:“以見我故,即是見佛。所以者何? 我性即是佛性。”夫“我性”既是“佛性”,得佛性即須内修。内修自得菩提,何假外求彌勒? 以外求彌勒之念,不及内修覺心。

修道計三大阿僧祇劫望得作佛者,此大邪癡。何以故? 修道者斷生死業,離六趣苦,履一乘道,入不二門,除無明心,開智慧眼,法身獨脱,自在神通,教化衆生,出生入死;或爲眷屬僮僕,或作餓鬼畜生,利物即爲,無種不應;或入地獄,濟拔諸苦,心無所得,大慈大悲,盡未來際,無有厭倦。若然者，則是法身常住，不死不生，雖應六道，無來無去，豈存心於三十二相、八十種好而已哉？如不然者，則是無明。既是無明，則輪迴六道。此盡三大阿僧祇劫，幾迴受苦泥黎，此非直心所得。

與道相違，有證有求，深是增上我慢。故《涅槃經》云："菩薩名'無所得'。有所得者[□][名][1]'二十五有'。菩薩永斷二十五有，得大涅槃，[□□□□][是故菩薩][2]名'無所得'。"又云："汝之所問，亦無所得。我之所説，亦無所得。若説有得，是魔眷屬，非我弟子。"《佛藏經》云："如來於法都無所得。有所滅故，名爲'涅槃'。亦不見有得涅槃者。"又云："有所得者，於我法中即是邪見，是名'大賊'。一切世間天人中賊，是名'一切世間怨家諸佛大賊'。"

夫聖人應化，誘導群生，權[3]立指歸，非爲了義。但凡[4]愚無智，即謂别有一佛可求，求之不已，遂生邪見。故《楞伽經》云："佛告大慧：'爲無餘[5]涅槃故，説誘進行菩薩行者[故][6]。此及餘世界修菩薩行者，樂聲聞乘涅槃，爲令聲聞乘，進向大乘，化佛受聲聞記，非是法佛。'"夫至如釋迦出世，一生補處菩薩數若恒沙，亦應一一作佛。若其一一作佛，則無日無佛出世。縱令一一作佛，作佛已後，更欲何爲？夫修出世道而求作佛者，無異世間愚人，纔蒙一位一班，則欲圖謀帝道。背國圖君，則是逆賊；違道求佛，豈是順人？許由山谷之士，尚無意於萬乘；况出世智人，豈有心於十號？至如維摩詰、文殊師利、央掘魔羅等，並是過去他方出世[7]。應化諸佛，猶自作菩薩、弟子之衆，助釋迦弘道，教化衆生；何處始發心，修道至理都未思量，乃承彼誘[8]進之假名，

① 名，底本、録本無，兹據《大般涅槃經》卷第十七[T12n0374p464b5]補。

② "是故菩薩"四字底本、録本無，兹據《大般涅槃經》卷第十七[T12n0374p464b6]補。

③ 權，録本訛作"擁"，兹據底本改。

④ 以上甲本缺。

⑤ 餘，底本、録本、甲本均訛作"爲"，兹據《楞伽阿跋多羅寶經》卷第四[T16n0670p513a15]改。

⑥ 故，録本脱，兹據底本補。

⑦ "出世"二字甲本作"世界"。

⑧ 誘，録本訛作"謗"，兹據底本、甲本改。

遂望三大阿僧祇劫而得作佛？故[①]《大智度論》云："'但爲世俗故説有須陀洹乃至佛。'何以故？一切諸法實無'我'相，今用'[我][②]'分别須陀洹果乃至佛，是世俗法。"

夫老君之爲柱史，孔子之宰中都，並爲助國行道，居斯下末。是以聖人開化，出處萬途，或捨帝位而出家，或懷聖道而入俗。此並爲抑揚群品，舒卷行藏，使[③]居高位者，不恃貴以矜尊；處下僚者，不怨卑以憂辱。故釋迦自持應器，孔丘願得執鞭，况乎碌碌凡庸，而輒自尊誇重？故聖人應化如此，豈有定體而爲佛相哉！老君、孔子，皆是出世聖人，未見修道願作者。唯聞佛有放光功德，咸共尚之，不察了義根源，而貴假名末[④]用，遂即希求此號，不覺與理相違。

夫"佛"者以覺悟大慈法身得名，非以三十二相得號。今乃以無明三毒之見希求作佛形容者，豈關至理？故《金剛波若經》云："若以三十二相觀如來者，轉輪聖王則[⑤]是如來。"《維摩經》云："佛身者則法身也。"夫法身無相，豈有佛身色像於其間哉？《故大智度論》云："有二種因緣：一者、福德因緣；二者、智慧因緣。欲引導福德因緣衆生故，用三十二相身；欲以智慧因緣引導衆生故，用法身[⑥]。有二種衆生：一者、知諸法假名；二者、著名字。爲著名字衆生，故説無相；爲知諸法假名衆生，故説三十二相。"夫中道正説如此，佛理可不悟之哉！故《涅槃經》云："'佛'者名'覺'，既自覺悟，復能覺他[⑦]。"夫[⑧]若有此覺，佛理足明。若無此覺，何以求佛？故《法華經》云："'舍利弗！汝等當信佛之所説，言不虚妄。舍利弗！諸佛隨宜説法，意趣難解。所以者

① 故，甲本無。

② 我，録本脱，兹據底本、《大智度論》第五十三[T25n1509p439a16]補。

③ 使，録本訛作"便"，兹據底本、甲本改。

④ 末，録本訛作"未"，兹據底本改。

⑤ 則，底本、録本訛作"即"，兹據《金剛般若波羅蜜經》[T8n0235p752a13]改。

⑥ "法身"二字録本作"法身法身"，兹據底本删。

⑦ 他，底本、録本訛作"人"，兹據《大般涅槃經》卷第十八[T12n0374p469c14]改。

⑧ 夫，録本訛作"天"，兹據底本改。

何？我以無數方便，種種因緣、譬喻言辭①，演説諸法。是法非思量分別之所能解，唯有諸佛乃能知之。所以者何？諸佛世尊唯以一大事因緣故出現於世。舍利弗！云何諸佛世尊唯以一大事因緣故出現於世？諸佛世尊②欲令衆生開佛知見、使得清净故，出現於世；欲示衆生佛之知見故，出現於世；欲令衆生悟佛知見故，出現於世；欲令衆生入佛知見道③故，出現於世。'……佛告舍利弗：'諸佛如來但教化菩薩，諸有所作，常爲一事，唯以佛之知見示悟衆生。舍利弗！如來但以一佛乘故④，爲衆生説法，無有餘乘，若二、若三。舍利弗！一切十方諸佛，法亦如是。'"夫佛之一乘知見者，即謂無相無作、無爲無得、法身清净、無生究竟種智也。故⑤《金剛般⑥若經》云⑦："若有法如來得阿耨多羅三藐三菩提[□][者]⑧，燃燈佛則不與我授⑨記：'汝於來世，當得作佛，號"釋迦牟尼"。'以⑩無有⑪法得阿耨多羅三藐三菩提，[□][是]⑫故燃燈佛與我授⑬記：'汝於來世，當得作佛，號"釋迦牟尼"。'何以故？'如來'者，即'諸法如'義。"夫如體畢竟，寂滅無生，誰有求而得者？故《經⑭》云："'如來'者，無所從來，亦無所去，故名'如來'。"又云："離一切諸相，則名'諸佛'。"夫佛既離相，心何所希求？若有希求，豈非邪見？

出家修道，專以呪術防身爲道者，此乃與鬼神爲怨，何名"薰修大慈之行"？故佛每説正法，一切天龍鬼神皆悉集聽，未見佛起嫌心，以呪驅逐，但

① 辭，甲本作"詞"。
② "世尊"二字甲本作"出世"。
③ 道，甲本無。
④ 故，底本、録本訛作"法"，兹據《妙法蓮華經》卷第一[T09n0262p007b2]改。
⑤ 故，甲本無。
⑥ 般，甲本作"波"。
⑦ 云，甲本無。
⑧ 者，底本、録本無，兹據《金剛般若波羅蜜經》[T8n0235p751a22]補。
⑨⑬ 授，甲本作"受"。
⑩ "以"字前甲本有"何以故"三字。
⑪ 有，甲本無。
⑫ 是，底本、録本無，兹據《金剛般若波羅蜜經》[T8n0235p751a25]補。
⑭ 經，甲本無。

令開發道眼，而起大慈。今者修道，都不觀身無常、多諸過患，先以呪詈呵鬼，防護穢濁之身，豈是奉持大師教旨？故《涅槃經》云：比丘不應作治身呪術六十四能、十八或（惑）人呪術。夫三世諸佛，皆以般若大悲爲本，不以罵鬼呪術爲宗；猶五帝、三皇，皆以慈儉淳朴爲基，不以禁令嚴刑爲本。若修道專以呪術而伏鬼神者，猶治政專以刑罰而威百姓。刑罰爲治，不久必亂；呪術爲道，不久必邪。故知呪術非修道之方刑罰非致治之體。[①] 故《大智度論》云："大悲是一切諸佛、菩薩[□□][功德][②]之根本，是般若波羅蜜之母，諸佛之祖母。"又云："'諸呪術中，般若波羅蜜是大呪術[③]。'何以故？能常與衆生道德樂故。餘呪術樂因緣，能起煩惱，又不善業故，墮三惡道。"故[④]云："般若波羅蜜是大明呪、無上明呪、無等等明呪。"三世諸佛，皆用是明呪得阿耨多羅三藐三菩提。夫般若波羅蜜者，是心體實智。此智能破煩惱，斷妄除邪。以能除邪，故名爲[⑤]"神呪"。夫"除邪"者，謂除我心邪妄，非謂呪彼鬼神。但令我心體真無邪，鬼神自然不擾。故老子云："以道莅天下，其鬼不神；非其鬼不神，其神不傷人。"

夫若口誦"般若波羅蜜"而不内除邪妄者[⑥]，無異鸚鵡學語[⑦]。佛以能持此呪，故得無上菩提。若□（心？）[⑧]不持此呪，必無除邪得道之理。

如來令遣出家修道人著壞色糞掃納衣者：一、爲破愛好、我慢。二、爲居山林曠野，要人不圖。三、爲趣得供身，不爲貪覓。四、爲示見少欲知足，教化衆生。今者乃有深練好繒，翦作花草，分間蔭映，納作山衣，被服端嚴，淫誘女色。服既是僞[⑨]，心何得真？如此造事奸人，豈合與同河飲水？内懷犬

① "故知呪術非修道之方刑罰非致治之體"十六字甲本無。

② "功德"二字底本、録本脱，兹據《大智度論》卷第二十[T25n1509p211b21]補。

③ "呪術"二字甲本作"神呪"。

④ 故，底本、録本訛作"故故"，結合文意，兹據甲本删。

⑤ 爲，甲本無。

⑥ "夫若口誦'般若波羅蜜'而不内除邪妄者"迄下文"天人充滿，惡道减少"數段文字底本無，録本據甲本補。

⑦ "語"字底本、録本誤置於下"佛"字之後，兹據甲本乙正。

⑧ 結合文意，此缺字似應作"心"，待考。

⑨ 僞，録本訛作"爲"，結合文意，兹據甲本改。

羊之質,外被文豹之資,何止誑惑衆生,深是污辱三寶!然此一服,值數十千,自非理外規求,如何可得?心行如此,何名"道人"?天堂判自不論,地獄遣誰代入?夫糞掃納衣,若心生貪著,行違於道,佛尚不許聽著,何况苞藏奸伏、假作山衣?《佛藏經》云:"若納衣比丘於糞掃中拾取弊故,應生是心:以此障寒及修聖道,勤行精進。……若[□][此][1]比丘於此納衣生貪著心,即應捨之,我不聽著。何况餘衣?何以故?舍利弗!是比丘於此衣中,生非比丘法,是比丘不復應著。何况餘物?舍利弗!時是比丘寧以熱鐵鍱自纏其身,不應復著此納衣。何以故?於此衣中染[2]愛心故。"夫法衣既爾,應器亦然。故《大智度論》云佛"聽比丘用二種鉢:若瓦,若鐵"。如來制戒不許出家修道人食肉者:一、爲斷大慈種;二、爲身心濁逸;三、爲不發一切衆生善心;四、爲令一切有命者畏;五、爲增長惡業。今者乃有私地食肉,稱言"將護衆生"。不畏天眼之誅,反畏愚情之責。"發露"之旨,其義安施?覆藏罪過,何時懺悔?又假令有一、二不食肉者,則專精蘇蜜、細粉、稻粱以自供身,我慢自在,長養肥盛,放逸貪淫。聞人延[3]請作齋,先思量飲食麁細,不能内省合消以不,逆計校施財物少[4]多。喪葬富者,則争共安名;報願貧人,則競推僧次。收殘裹幞[5],稱"與病[6]僧";重索齋餘,言"供同學"。觀行、戒律,本不關心;飲食、錢財,無忘寤寐。縱使面顔無耻,可不懼罪三塗?孔子尚云"君子謀道不謀食"、"憂道不憂貧",况乎佛者□(耶)[7]?故《楞伽經》云:"凡所飲食,作食子肉想,作服[8]藥想,不應食肉。聽食肉者,無有是處。"《佛藏經》云:"寧噉熱(爇)[9]石,吞飲洋銅,不以無戒,食人信施。"《涅槃經》云:"善男子!

---

① 此,録本脱,兹據《佛藏經》卷下[T15n0653p802a16]補。

② 染,録本訛作"深",兹據《佛藏經》卷下[T15n0653p802a21]及甲本改。

③ 延,録本訛作"近",結合文意,兹據甲本改。

④ 少,録本訛作"必",結合文意,兹據甲本改。

⑤ 該字甲本、録本左半從"忄",乃"襆"之换旁俗體。

⑥ 病,録本訛作"疾",結合文意,兹據甲本改。

⑦ 耶,甲本殘,録本作缺文,兹據真圓法師校注本補。

⑧ 服,録本訛作"眼",兹據甲本及《佛藏經》卷下[T16n0670p513c27]改。

⑨ 熱,《佛藏經》卷中[T15n0653p792c1]作"燒"。按:"熱"乃"爇"省借。《説文·火部》:"爇,燒也。"《釋名·釋天》:"熱,爇也,如火所燒爇也。"是二字同源也。

從今日始不聽聲聞弟子食肉。若受檀越信施之時,應觀是食如子肉想。”忠言相告,真是大慈;諂言相説,真是嫉妒。夫“見過”言,説有二種:一者、爲利益故,見過相告。二者、爲嫉妒故,見過相説。不得一向執“見過”爲是過、爲非。無問道俗,皆同此理。故孔子云:君有争(諍)臣,父有争(諍)子,士有争(諍)友,忠告善道。夫若有忠心訶責者是,若懷嫉妒譽歎者非。其訶責、稱歎者,必須確得實情,不得望風浪説。故《大智度論》云:“應訶而讚,應讚而訶。口集諸惡①,終不見樂。”夫若爲行道利益見過訶責者,是奉佛深心;若爲畏懼嫉妒見過不言者,是違佛至意。故《涅槃經》云:“有持戒比丘,威儀具足,護持正法。見壞法者,即能驅遣,訶責糺治。當知是人得福無量,不可稱計。”“若[□][善]②比丘見壞法者,置不驅遣、訶責、舉處,當知是人佛法中怨。若能驅遣、訶責、舉處,是我弟子、真聲聞也。”夫聲聞尚爾,況菩薩乎?《勝鬘經》云:“應折伏者而折伏之,應攝受者而攝受之。何以故?[□][以]③折伏攝受故,令法久住,[□□□][法久住]④者,天人充滿,惡道減少。

辯僞篇第六

夫事有真僞,理有正邪,自非⑤慧眼,無容能別。故殘賊誑惑愚人以規貨財者,必遺⑥假金銀;造事誑惑⑦衆生以求錢帛者,必稱聖功德。然非金銀,不動愚人志;非功德,不感癡人心。故造假金者,必用真金爲表,銅錫爲骨;造誑惑者,必以聖道爲語,劫剥爲心。愚人所以被殘賊誑,止爲貪金銀;癡人所以被詐僞惑⑧,止爲貪功德。若不貪功德者,必不被詐僞人惑;不貪金銀

① 惡,甲本、録本訛作“過”,兹據《大智度論》卷第十三[T25n1509p158a3]改。

② 善,甲本、録本脱,兹據《大般涅槃經》卷第三[T12n0375p620c23]補。

③ 以,甲本、録本脱,兹據《勝鬘師子吼一乘大方便方廣經》[T12n0353p217c13]補。

④ “法久住”三字甲本、録本脱,兹據《勝鬘師子吼一乘大方便方廣經》[T12n0353p217c13]補。

⑤ 非,録本及甲本訛作“悲”,兹據底本改。

⑥ 遺,甲本作“造”。

⑦ 惑,甲本無。

⑧ “惑”字前甲本有一“人”字。

者，必不被造事人欺。不被功德惑者，是見理人；不被假金欺者[①]，是别貨人。不見理者，必貪善致敗；不别貨者，必貪金致禍。故物之恒致敗喪者，非爲貪惡，並爲貪善故也。故曰：魚呑釣者，爲貪香餌；人喪命者，爲貪善道。何以故？夫奸淫喪命者，止爲薰香妖治，不爲腥臊醜陋；盜賊喪身者，止爲金銀繒綺，不爲糞土砂礫。故老子云："天下皆知美之爲美，斯惡已；皆知善之爲善，斯不善已。"

造僞過所誑關令以求度關者，必稱司門；造僞告身誑官人以求資蔭者，必稱吏部；造妖僞誑衆生以求財食者，必稱聖言。故造僞過所者，特忌司門郎中；造僞告身者，特忌尚書吏部；造妖惑者，特忌解道[②]智人。故司門郎中，手署[③]過所；尚書吏部，面自補官；解道智人，心自悟理。司門郎中，懸别僞過所；尚書吏部，懸别僞告身；解道智人，懸[④]别妖惑語。若關令暗者，被僞過所誑；官人愚者，被僞告身欺；衆生愚者，被妖僞人惑。以此而議，物理皆不得率爾信其言迹耳。故孔子云："視其所以，觀其所由，察其所安。人焉廋哉！人焉廋哉！"《涅槃經》云："共住久處，智慧觀察。"《大智度論》云："説相似般若波羅蜜。""相似"者，名字語言[⑤]同，而心義異。

倚官狹（挾）[⑥]勢求財者，必覓首領，令其句（拘）[⑦]牽；販佛賣僧求施者，必覓邑主，令其勸化。首領句（拘）牽者，必假官人以作威恩；邑主勸化者，必稱佛法以説罪福。百姓懼[⑧]威覓恩，則竭産無恡；衆生畏罪求福，則傾家不辭[⑨]。故倚官狹（挾）[⑩]勢者極衆，販佛賣僧者極多。遞相侵漁，貧人何以自

① "欺者"二字甲本作"銀欺"。
② 道，甲本無。
③ 署，録本及甲本訛作"暑"，兹據底本改。
④ 懸，甲本作"偏"。
⑤ 言，甲本無。
⑥ 結合文意，此"狹"當爲"挾"之訛字。
⑦ 句，此當爲"拘"之訛省字。下"句牽"之"句"同，徑括注其正字，不復注。
⑧ "懼"字前甲本有一"性"字。
⑨ 辭，甲本訛作"亂"。
⑩ 結合文意，此"狹"當爲"挾"之訛字。

活？百姓耕織，擬供賦役，衣食復在其間[①]。施惠既盡，公私何以取濟？是故倚官狹（挾）[②]勢者，明主能除之；販佛賣僧者，正見能斷之。故《大智度論》云："若惱[③]衆生供以[④]供養佛，佛所不許，破法求財故。若施凡人，奪彼與此，非平等法；如菩薩法，等心一切，皆如兒子。"以是故少施。

愚人有事求恩者，好乞長史錢；癡人造罪求福者，好施僧尼物。百姓實無心怜[⑤]長史，止自覔私恩；衆生實無心愛僧尼，止自求私福。長史亦無心怜民户，止自覔錢財；僧尼亦無心愛[⑥]檀越，止自求利養。長史若不倚王法作寒暑，百姓終不肯乞一錢；僧尼[⑦]若不倚佛法説吉凶，衆生必不肯施一物。故知真清謹長史，唯奉國王正法行事，終不作寒暑從百姓索錢；真清净沙門，唯奉如來正法修道，必不説吉凶從衆生覔施。長史所以稱户主爲"好人"者，爲得他財錢，復不向人説其取受；僧尼所以稱檀越爲"信心"者，爲得他財施，復不向人説其過愆。縱使多乞長史錢，正課[⑧]、正役終不免；縱使多施僧尼物，正業、正報終不亡。正課既不免，則不須乞長史物[⑨]；正報既不滅，則不須施僧尼財。故事帝王者，但莫造妖逆、劫盗、鬬殺、奸欺及諸罪過，而勤力田蠶，孝養父母，友順兄弟，慈愛妻兒，和睦諸親，遜悌鄉黨，供奉正課。若然者，何但不畏官人、長史，乃至不懼帝王。故孔子云："内省不疚，何憂何懼？"若其違上所行，縱使車載黄金，送與帝王，亦終不免刑戮，何况乞官人、長史錢？是以事道、佛者，但滅三毒無明，勤身苦作，以活性命，敬順師長，慈悲於一切衆生，斷除嫉妒我慢，遠離諂曲邪非，莫起一切惡行，隨己[⑩]所堪，給濟困乏。若

① 間，甲本作"中"。

② 結合文意，此"狹"當爲"挾"之訛字。

③ 惱，底本、録本訛作"總"，兹據《大智度論》卷第二十九[T25n1509p271a25]及甲本改。

④ "供以"二字甲本脱。

⑤ 怜，甲本作"憐"。

⑥ 愛，甲本無。

⑦ 尼，甲本無。

⑧ 課，録本訛作"誤"，兹據底本及甲本改。

⑨ 物，甲本作"錢"。

⑩ 己，録本訛作"已"，兹據底本及甲本改。

然者，何但不畏僧尼、道士，乃至不懼諸佛天尊。故《維摩經》云："無畏……是道場。無諸過故。"若其違上所行者，縱使捨身命與佛，亦終不免入地獄，何况施僧尼財？若官人枉法取百姓錢，國法終不捨；若僧尼破戒受檀越施，佛法終不原。國法終不捨，爲身自執，法治百姓[①]；佛法終不原，爲身自行，道化群生。官人尚自除名得重罪，何處有恩及百姓？僧尼尚自歿身入地獄，何處有福及衆生？故出身仕官者，不得同於庶民[②]；出家修道者，不得同於凡俗。故官人則有衙府自異，道人則有寺觀自殊。官人則有倚公營私之愆，道人則有傍是行非之過。非傍公，則不得作威恩以營私；非傍聖，則不得説禍福以行僞。非明王不能制彼濁官吏[③]，非正見不能定彼僞[④]僧尼。温室之經，多説利養；至於講説，歲有百千。遺教之經，專明禁戒；至於講説，未見一人。以此參驗，足明心迹。化誘取物，剥脱貧窮，不問有無，唯多即喜。夫上古薄賦，斂省徭役，猶稱爲"聖主"；况修習出世之道，而劫奪無厭？如此外道無明，非明王不能制御。故《勝鬘經》云："[□][諸][⑤]餘衆生於諸深法堅著妄説、違背正法、習諸外道腐敗種子者，當以王力[□][及][⑥]天龍、鬼神力而調伏之。"

夫先王茅茨土階、惡衣菲食而憂養兆民者，稱爲"聖君"。金屋瑶臺、食珍衣綺而暴亂蒼生者，稱爲"暗主"。故聖君能撫諧百姓，而國泰身安；闇主乃殘滅黔黎[⑦]，而國亡身滅。况乎世尊大覺，棄聖位於轉輪，不入香味色聲，證無上之真道；法身常住，應六趣而引接群生；持鉢巡門，乞常飡而度慈五濁。豈存心於綺練？豈留意於僞形？若以滋味美色爲懷，猶乖堯舜養民之道；若以寶[⑧]刹銀基爲念，乃同[⑨]桀紂亂國之心。非理勞弊含生，寧得稱爲

---

① "百姓"二字甲本無。

② 民，甲本作"人"。

③ 吏，甲本無。

④ 僞，甲本無。

⑤ 諸，底本、録本無，結合文意，兹據甲本補。

⑥ 及，底本、録本無，兹據《勝鬘師子吼一乘大方便方廣經》[T12n0353p222c29]補。

⑦ 黎，録本訛作"梨"，兹據底本及甲本改。

⑧ 寶，録本及甲本訛作"實"，兹據底本改。

⑨ 同，甲本無。

“三界慈父”？違道懷私愛已，寧得稱爲“天人大師”？其有弟子、聲聞之衆，並令捨俗於[①]空閑，或居塚墓以調心，或依山林而學静。應器三衣、錫杖行住，恒與同居活命取濟。隨緣少欲，遠於貪著[②]。復設經律明訓，兼以垂誨將來尚不得；以持行爲心，豈得以[③]破戒爲意？至於像法流末，正教沈淪，慧目者寡，生盲者衆。不復遵其聖軌，唯逐財色聲名，誘化無識群迷，廣構僧房殿塔，營造僞像，罄竭資財，唯大唯高，争名争勝，飾以金銀，彩色炫耀。無目衆生燒香、禮拜、嚬眉，稱爲“供養諸佛”。内心實恒波浪，外相詐見禪儀。竟無饒益之心，唯有規圖之志。群隊揚聲唤“佛”，何曾有微覺之情？相率大唱“善哉”，詎懷片善之意？忽忽争頭逐食，喻於獵狗尋羶；擾擾競覓施財，劇於飛蛾赴火。不辨菽麥之狀，亦復説法化人；當身見自被囚，焉能爲人解縛？但知勸他布施，不悟已自慳貪，仍號“我是沙門，施者當應獲福”。莫省已之長短、破戒違律之愆，奸非、諂曲、恣僞，猶稱“如來釋種”。故知破滅正法非是外人，寧更有蟲内傷師子？故《佛藏經》云：“舍利弗！我法實以多供養故，後當疾滅。”夫復有傍是行非淫亂，以爲[□][無][④]相大乘。酒肉貪嗜無厭，名爲“不生分别”。妄語惡口兩舌，乃云“言語性空”。未解一念澄心，猖披以爲解脱。争有争無之鬪訟，競斷競常之是非，隨心憎愛之毁譽，逐語[⑤]尋言之戲論。著空斷修諸行，不以六度在懷。聞道“法性無生”，並捨因緣業果。不復尊敬師友，放逸慠[⑥]佷凌人。觸目無一所知，即號“我離文字”。經藏都未深入，智海於何出生？雖誦句偈微言，實不識其玄旨。依他經論言説，亦道“我無所求”。執此無説[⑦]癡心，以爲同塵，晦迹食穢，憑河受辱，夸爲有力，大人無明，縱志貪饕[⑧]，口言無心。任運學諸世間邪術，將作種智多能。禱祀厭

① 於，甲本作“憩於”。
② 著，甲本無。
③ 以，甲本無。
④ 無，底本、録本無，結合文意，兹據甲本補。
⑤ 語，甲本訛作“諸”。
⑥ 慠，甲本訛作“傍”。《集韻・號韻》：“傲，《説文》：‘倨也。’或從心。”
⑦ 説，録本及甲本訛作“記”，兹據底本改。
⑧ 饕，録本訛作“飱”，兹據底本及甲本改。

詛求恩，自詐人稱“我善”。親彼財交色合，疏其骨肉善遊。賣假僞之印符，取資財以潤屋。針疚(灸)①合鍊金石，卜筮推步盈虚，呪禁占相吉凶，巫覡呼神唤鬼，朋黨共相親狎，扇惑老嫗小兒，稱爲“救度病苦衆生”。其間唯行奸非②剥脱，甘言誘人衣食，百倍多世巫醫。自矜結好貴人，自美狎遊名德，恃託先王典籍，衒賣取人錢財，貪欲積聚無崖③，講教遂妄勞倦，逢迎富勢豪貴，不覺面柔足恭。以此活婦養兒，一何不知慚耻？聞人説己之過，無心剋己復仁；淫逸聲色混淆，不顧禮儀風俗。即聾從昧，與頑用嚚；積習生常，稱之爲“道”。其猶淫女成性，無憚世之毁譽；久處鮑魚之肆，不聞其臭。此乃真是禽獸！真是闡提！真是愚癡！真是殘賊！苟貪目下之利，將來何以逃殃？長惡不悛，敗亡可俟。淑人君子，可不戒哉！故《易》云：“顔氏之子，其殆庶幾乎？有不善未嘗不知，[知]④之未嘗復行。”豈其⑤虚矣？

爲道者除僞修真，爲政者除惡樹善。不除惡，不名“治政”；不除僞，不名“修道”。若修道⑥能除僞，則種智自明；爲政能除惡，則萬民⑦自富。民富無惡，則奸盗不行；智明⑧僞除，則邪魔不擾。邪魔不能⑨擾，是得道真；奸盗不能行，是得治要。得治要，則人無夸企；得道真，則心無取捨。心無取捨，則復命歸根；人無夸企，則還淳反朴。還淳反朴，始名“真治”⑩；復命歸根，始名“真道”。真道具，則文字斯損；真治⑪興，則不言而教。不言而教，則結繩復用；文字斯損，則目擊道存。故治政者唯在去奸，修道者唯在除僞。僞不除，則真道暗；奸不去，則政治昏。政治昏，則奸佞起；真道暗，則邪惑興。邪惑

① 疚，甲本作“灸”。
② “奸非”二字甲本無。
③ 崖，甲本作“厓”，乃“崖”之古體。
④ 知，録本、甲本脱，兹據底本補。
⑤ 其，録本訛作“甚”，兹據底本及甲本改。
⑥ “修道”二字甲本無。
⑦ 民，甲本作“人”。
⑧ 明，甲本無。
⑨ 能，甲本無。
⑩ “名‘真治’”三字甲本無。
⑪ 治，甲本訛作“始”。

興,則群魔制;奸佞起,[□][則][1]大盜侵。爲盜侵者,由其不除亂本;爲魔制者,由其不斷邪源。故斷邪源者當須察微,除亂本者當須照隱。照隱者杜其萌兆,察微者絶其漏因。漏因既絶,則邪不能干;萌兆既杜,則奸不能亂。奸不能亂,唯在君明;邪不能干,唯在心惠(慧)。若君不明,必爲奸臣所惑;心不惠(慧),必爲邪魔所牽。被奸臣惑者,君民必亡;被邪魔牽者,身心必敗。故《書》云:“僕臣正,厥[2]后剋正;僕臣諛,厥[3]后自聖。”《老子》云:“其安易持。其未兆易謀。爲之於未有,治之於未亂。”故明君興祚,必任賢臣;暗主覆宗,必任佞人。以此而議,可不察乎?故《書》云:“后德惟臣,弗德惟臣。”

上士不爲過,非有畏不爲,理自不爲[4];中士不爲過,非不欲爲,懼罪福故不敢爲;下士不爲過,非不欲爲,懼刑罰故不敢[5]爲。故無刑罰,下士過必生;無罪福,中士過必[6]起。雖罪[7]福刑罰,上士終不爲過。何以故?體至道故,理自然故,心平等故,無規求故,無嗜欲故,無愛[8]憎故。自然不爲過者,心真;有畏不爲過者,情僞。情僞者,恒須制御;心真[9]者,方可獨行。可獨行者,名爲“上智”;須制御者,名爲“下愚”。以此自觀,足明真僞。故《禮記》云[10]:“仁者安仁,智者利仁,畏罪者强仁。”是以上士無愧於幽冥,下士恒懼於刑罰。故《詩》云:“尚不愧于屋漏。”《大智度論》云[11]:若無罪福,則世俗法亂。《禮記》云:“刑以防淫。”

世人修福者,悉求人天報,止自恒作三塗因;世人求安者,悉畏五刑罪[12],

---

① 則,底本、録本無,兹據文意補。

②③ 厥,底本、録本訛作“身”,兹據甲本改。

④ “不爲”二字甲本無。

⑤ “懼刑罰故不敢”六字甲本無。

⑥ “生無罪福中士過必”八字甲本無。

⑦ “罪”字前甲本有一“無”字。

⑧ 愛,甲本無。

⑨ 真,甲本無。

⑩ “云”字前甲本有一“亦”字。

⑪ “論云”二字甲本無。

⑫ 罪,甲本作“罰”。

止自恒違國法令。若不違國法令，則①不須畏五刑；若不作三塗因，則不須求人天報。但驗四民②違法令，即明衆生恒作罪。故知修福者即是作罪人，讀律者即是違法人。夫登朝仕官者，未有自知己③無堪，莫不皆求好官職。乃至無知署吏，拔爲卿相，亦謂材德備堪。及其不勝其任，犯國刑網，方始驗其真僞。以此理觀，足明善惡。故孔子云："不以言舉人，不以人④廢⑤言。"《易》曰："鼎折足，覆公餗，其刑渥，凶。"言不勝其任。

爲道者易，爲俗者難。易者事簡而真，難者事煩而僞。至如服食器用，本爲供身。供身取濟，不必要須華侈。何以故？夫食充虚，何假百味？器得盛物，何假金銀？衣得覆形，何假文繡？屋得庇體，何假彫⑥鏤？彫⑦鏤爲難，非茅⑧茨可呪。文繡爲費⑨，非縑素可方。金銀爲費⑩，非凡木可比。百味爲損，非蔬食可踰。俗情以爲有殊，而適用是一。即此參驗，難易可知。難易既知，真僞足辯。真僞既辯⑪，道俗可明。道俗既明，至理自悟。故以簞食瓢飲、衣弊緼袍、環堵以居者，儒之易也；綴鉢摶食、巖穴以居者，道之易也。夫何故哉？體易得真故也。體易得真，則心鏡内朗。心鏡内朗，始堪冥心濟物。故⑫《易》云："以⑬蒙養正。"其此之謂矣。

夫易簡⑭之德，稱乎"天地"；無爲而治，稱乎"聖人"。是以天地易簡萬物⑮，各得生成；聖人無爲，群生各安其業。故老子曰："是以聖人去甚⑯、去

---

① "若不違國法令則"七字甲本作"即"。
② 民，録本及甲本作"人"，玆據底本改。
③ 己，録本及甲本訛作"已"，玆據底本改。
④ "不以人"三字甲本脱。
⑤ 廢，録本訛作"癡"，玆據底本及甲本改。
⑥⑦ 彫，甲本訛作"琱"。
⑧ 茅，録本訛作"常"，玆據底本及甲本改。
⑨⑩ 費，甲本訛作"貴"。
⑪ "真僞既辯"四字甲本脱。
⑫ 故，甲本無。
⑬ 以，甲本脱。
⑭ 簡，甲本脱。
⑮ 物，甲本無。
⑯ 甚，甲本訛作"其"。

奢、去泰[①]。"木性是一,隨材異任;人性是一,隨德立名。故人之真僞不可易名,材之大小不可易任。是以小人不[②]得稱爲"君子",君子[③]不得稱爲"小人"。何以故? 名須當實故。夫争名實者,則非君子;矜賢才者,則是小人。故小人好争,君子好讓。好讓者推善於人,好争者引德於己。引德於己,此德僞德[④];推善於人,此善真善[⑤]。真善既不争名,僞[⑥]德豈不知耻? 善僞德争名,則反常亂俗;真善不争,則化物體真。化[⑦]物體真,則賢愚咸得其分;真善不争,則貴賤各安其所。故老子云:"不尚賢,使民[⑧]不争。"又云:"上善若水。水善利萬物而不争,處衆人之所惡,故幾於道。"《易》曰:"勞謙君子,有終吉。"

心不獨任,六情以助之;君不獨治,百司以佐之。無心識,則形骸不存;無帝王[⑨],則群生不立。故帝王與百司,本爲養黎庶;六情與心識,本爲養形骸。養形骸者,不得無六情;養蒼生者,不得無群佐。若六情守分,則形骸自安;群佐不擾,則蒼生自泰。故知[⑩]喪民者止由群職,敗身者止由[⑪]六情。若心能制六情,則形骸不須養而自逸;居能制[⑫]群職,則蒼生不須治而自安。若六情待制,名爲"妄情";百司待制,名爲"僞佐"。若百司真,則君無所憂;六情真,則心無所慮。無所慮者,情與性冥[⑬];無所憂者,臣與君合。臣與君合,則可不具陳;情與性冥,則爲而不恃。爲而不恃,則首足俱順;可不具陳,則

① 泰,録本訛作"恭",兹據底本、甲本改。
② "易任是以小人不"七字甲本脱。
③ "子"字下甲本有一"亦"字。
④ 德,甲本無。
⑤ 善,甲本無。
⑥ 僞,甲本作"爲"。
⑦ "化"字前底本、録本有一"則"字,結合文意,兹據甲卷删。
⑧ 民,甲本作"臣"。
⑨ "王"字下録本及甲本有一"之"字,結合文意,兹據底本删。
⑩ 知,甲本無。
⑪ 由,甲本作"爲"。
⑫ "居能制"三字甲本作"若君能"。
⑬ 冥,甲本作"真"。

貴賤咸序。貴賤咸序，則四民自静；首足俱順，則百體自安。四民自静，在①於無②爲；百體自安，在於無欲。無爲者削法物，無欲③者損色聲。削法物，則淳朴以居；損色聲，則天真自保。老子云："我無爲，民自化；我好静，民自正；我無事，民自富；我無欲，民自朴。"《易》云："損，先難而後易。""損以遠害。"夫始於除欲故"先難"，終於無累故"後易"。去欲無患，故得遠害，故曰"損以遠害"④。夫憂身危害，皆爲愛欲故也。愛欲既除，害焉能及？故俗人尚益，道家尚損。損者與物玄同，益者與物乖迂。同者爲與理冥，迂者爲與物争。争者危身喪命，冥者遠害全真⑤。故損之爲德，大矣！至矣！故《易》云："山下有澤，損；君子以懲忿窒欲。"

真言要决卷第三。

① 在，甲本無。
② "無"字前底本、録本有"無欲"二字，結合文意，兹據甲卷删。
③ "無爲者削法物無欲"八字甲本無。
④ "故曰損以遠害"六字甲本無。
⑤ 真，甲本作"身"。

No. 2826 略諸經論念佛法門往生净土集卷上(一名“慈悲集”)

大唐慈愍三藏慧日集

［題解］

佛教净土宗著作,作者及卷數不詳,大唐慈愍三藏慧日集。《大正藏》録本出校:“【原】朝鮮桐花寺藏刊本,【甲】大屋德城氏著鮮支巡禮行之内。”因無法見到底本及甲本,今參傳世相關佛典重新校注。

稽首歸依大導師,十方三世諸如來,今集諸經念佛法,救度生死愛河人。

八萬行中詮要行,顯示西方净土門,自勸勸他生彼國,願佛慈悲力加被。

稽首歸依無量壽,彼國他方大悲主,聞名渴仰遥頂禮,願共自他親奉事。

衆生惑業相纏縛,六道輪迴苦無量,縱厭娑婆求出離,依附何門速解脱?

爲引諸經讚净土,教令念佛往西方,奉請彌陀與眷屬,臨終捧座自來迎。

今爲憐愍一切衆生無明覆心,迷於净土,戀著三界,不求往生,六道輪迴,漂流生死,爲斯顛倒無信凡夫,集諸經、論净土法門,勒成三卷,令彼見聞,迴心修學。上盡一形,下沾十念,必定往生,高昇净刹,化身清净,永斷胞胎,見佛聞經,刹那成聖,神通自在,隨意卷舒,供佛他方,往來一念,地居不退,入聖行流,三昧現前,菩提速證,令有智者,見倍傾心,遣愚昧者,知而息諍。凡夫垢重,貪愛昏迷,不了此身四大虚假、膿血不净和合共成,瑩飾塗摩,便生保重,三毒驅策,造罪恣情,不慮泥犁猛苦長劫,耽荒五欲,醉飲六塵,但事奢華,詎知迴向?臨終苦逼,方始歸依,縱欲虔誠,注心何地?荒忙失志,無法可憑,甘入三塗,無希救護。可傷可念,頑騃凡夫,平生放逸,不親善友,臨終始悔,無趣無歸。今爲此等無信道俗,成立净土,教令念佛,信而迴向。

夫立宗者，先破後立。何以故？若不摧邪，難以顯正。所以初卷，先叙異見，以教及理，逐遣知非。次第二卷，廣引聖教，成立净土念佛正宗。次第三卷，會釋諸教古今疑滯，校量諸行出離遲疾。然於佛法生異見者，或有出家、在家男女四衆，懼生死苦，厭惡俗塵，或住山間，或依聚落，或居寺舍，或復在家，展轉相傳，教人看净。晝則恣情睡眠，夜乃暫時繫念，見世空寂，都無一物，將爲究竟，言一切諸法猶如龜毛，亦如兔角，本無有體，誰當生滅？無善可修，無惡可斷。心所取相，及以經佛，盡當遠離。但令内心安住空中，知世虚妄，萬法都無。雖是凡夫，能如是解，此即是佛，已證禪定，已斷生死，不受後有，何勞勤苦遠覓世尊？亦不假念佛誦經爲出離因，即此禪定，是無爲法，是可修法[①]，是速疾法，是出離因。除此之外，諸餘行門，悉皆虚妄。即如念佛誦經、求生净土、布施持戒、忍辱精進，乃至智慧、寫經造像、建立塔廟、恭敬禮拜、孝養父母、奉事師長等，是生死因，非解脱因。何以故？見善可修、見惡可斷、涅槃可欣、生死可厭、誓斷生死、誓證菩提，悉皆動念，心有所得。著相修習，虚妄分別，是有爲法，是生死法，雖復勤修，不免流浪者。余頗尋三藏，推求事理，觀彼向來禪師所見，錯謬彌甚，違經反理，乖背佛意。豈有凡夫但住空門、不斷不修、懈怠懶墮而得解脱者哉？

問曰："向言觀空違聖教者，未審與何經教而有相違？"

答曰："即如《無上依經》上卷云：'復有增上慢人在正法中觀空生於有、無二見。是真空者，直向無上菩提一道净解脱門。如是顯了，開示正説。於中生空見，我説不可治。阿難！若有人執我見如須彌山大，我不驚怪，亦不毁呰。增上慢人執著空見，如一毛髮作十六分，我不許可。'又《涅槃經》第七云：'苦滅諦[②]者，若有多修習學空法，是爲不善。何以故？滅一切法故，壞於如來真法藏故。作是修學，是名"修空"，非"苦滅諦"。修苦滅者，逆於一切諸外道等。若言"修空"是"滅諦"者，一切外道亦修空法，應有"滅諦"。若有説言：有如來藏雖不可見，若能滅除一切煩惱，爾乃得入。若發此心，一念因緣，於諸法中，而得自在。若有修習如來密藏，無我空寂，如是之人，於無量

---

① "是可修法"四字録本衍作"是可修法是可修法"，兹據文意删。

② "諦"字前録本衍一"聖"字，兹據《大般涅槃經四諦品第十》[T12n0375p647b24]删。

世，在生死中，流轉受苦。'又，《維摩經》第一[①]云：'譬如有人，欲於空地，造立宫室，隨意無礙。'若於（難？）[②]得見佛，難得禪定，難得解脱，難得出離，緣此艱難，無上慈父殷勤示誨，殷勤教誡：此是穢土，此是牢獄，此是火宅，無樂有苦：佛世難遇苦，正法難聞苦，禪定難得苦，聖果難證苦，邪見眷屬苦，老病死逼苦，三塗罪報苦，怨家强會苦，王官逼迫苦，名利駈馳苦，求不隨意苦，衣食貧乏苦，更相繫縛苦，常憂不活苦，恒懼惡名苦，貪生畏死苦，六道輪迴苦。有如是等無量苦聚逼切身心，宜應厭離，專求西方阿彌陀佛國。然彼佛國，無苦有樂：無三惡趣樂，超過八難樂，永斷輪迴樂，老病死無樂，常見諸佛樂，聽聞正法樂，隨聞悟解樂，超凡證聖樂，入諸禪定樂，神通自在樂，遊歷十方樂，聖衆共往樂，供養諸佛樂，所須應念樂，一生不退樂，菩薩眷屬樂，隨形化生樂，永斷生死樂，證大菩提樂。有如是等無量快樂，應當欣樂，發願往生。愚癡衆生，不知恩德，反生誹謗，毁呰不信，愛著三界，六道輪迴，不樂往生，安樂[③]□

□[④]爲理。若執己見，不依聖教，言無爲法許可修習、有增益者，即無爲法便有生滅。何以故？許有增益故。夫有增益者，皆有生滅。許有生滅，便同有爲，亦是虚妄。若許虚妄，便違聖教，及害己宗。若不許者，與理相違。何以故？自許無爲有生滅等故。又，六度三學皆是有爲，禪定即是六度三學隨一所攝，如何確執是無爲耶？進退徵詰，逃竄無處。無明厚重，我慢山高，執自己見，强違理教，一何迷昧！但學坐者，無問道俗，心多闇塞，觸徒抵滯，不閑（嫻）聖教，語多疏失，確執阿耨多羅三藐三菩提及彼禪定菩提四智等有爲之法並是無爲，凝然常住，卻説無爲常住之法許可修習、體有增益。若如此者，無爲之法便成有爲，有爲之法翻作無爲。此即説無爲有，説有爲無，常與無常，並被迴换。執此謬解，以之爲正。縱引聖教，曉彼迷情，令歸正理，反生誹謗，亦不信受。譬如迷人，隨自迷意，東西南北，並皆迴换。

① 録本出校："一＝二【甲】。"意即"一"字甲卷作"二"。

② 結合文意，此"於"似當爲"難"之訛字。待考。

③ 録本出校："以下第六紙缺丁。"

④ 前缺。

然不迷者，憐愍彼故，方便告語："如汝所見東西南北，迷心故爾，非正知也。"迷人聞已，倍生忿怒："汝自迷亂，不辨東西，卻冤於我，迷彼南北。"不以爲得，翻以爲失，不領好心，便成諍論。今時道俗亦復如是：怖畏生死，各求出離，迷一生路，棄而不修，傾心迂迴長劫路中，繫念觀空，苟偷朝夕，衆迷共執，以爲捷徑，不知更有方便要津。貧道自至傷愍彼故，開張捷路净土要門，指示西方，令其趣入，區分法相，不令混雜，刊定是非，摧邪顯正。愚人聞者，倍益瞋心；智者見之，故應迴向。先聞正法者，邪法不能動其心；先染邪法者，正法卒難令彼信。各懷我見，朋附執心，熏習所師，不肯迴向，如龜藏六[①]，護惜瑕疵，但見他非，不思己過。佛法一味，應無彼此；因行萬差，那無遲疾？得勝即須捨劣，遇疾宜應棄遲。固執不移，豈免生死？祇如有爲無爲、有漏無漏、定與非定、可修不修、證與非證、凡與非凡、遲之與疾，義理分明，尚未能了[②]□

□[③]地，變現自在；壽命長短，延促隨意。六者、漏盡通。他方此界一切衆生及自己身，斷諸惑漏，品數多少，證果地位，於一念頃，悉皆具知，無有錯謬。此六通即是定果。然今道俗言已證者，未委證何禪定？若證有漏定者，除漏盡通，得餘五通。若證無漏定者，應得六通。故《法華經》第一偈云："又見離欲[④]，常處空閑，深修禪定，得五神通。"聖教明文，必不虚説。自禪門東流，未曾聞有證五通者，況六通耶？"通"義尚未能了，焉知禪定證與非證？但行欺詐，謗無净土，輕蔑聖教，埋没世尊，顯揚己德。闡提無信，何異此也？夫[⑤]求禪定，先持齋戒，齋戒爲因，方能引定。故《月燈三昧經》第一偈云：

---

① 慧琳《一切經音義》卷第二十五之《大般涅槃經》音義："龜有頭尾四足，名爲'六處'。若侵惱，則藏入殼中。衆生六根，馳流外境，塵賊來侵，自守根門，如龜藏六也。"[T54n2128p465c3—c4]

② 録本出校："以下第九、十之二紙缺丁。"

③ 前缺。

④ "離欲"二字録本訛作"菩薩"，兹據《妙法蓮華經》卷第一[T09n0262p003a21]改。

⑤ 録本出校："夫＝大【甲】。"意即"夫"字甲卷訛作"大"。

“用功[1]無量乃得成，若深觀此能得定，無物能將此定來，必由净戒之所起。”

然坐禪者，於彼齋戒，心全慢緩，多分不持。以何爲因而得禪定？何以得知學坐之人不持齋戒？以現量知，非比知也。出家者，過中藥食，種數千般，恣情盡足。在家者，三時飽食，持齋何在？酒通藥分，熏穢令補，病服烏殘，及自死者，净戒安存？以此理推，不持齋戒，但養見（現）身，詎修來報？口雖説“空”，行在“有”中。以法訓人，即言“萬事皆空”；及至自身，一切皆“有”。不能亡軀徇道、齋戒一時，日夜資持，唯愁不活。此乃行參塵俗，“沙門”之義遠矣。幸有智者，見而思之，棄彼迷徒，應隨達者。又“禪定”者，上人之法。實未證得，言“已得”者，若約戒結罪，犯波羅夷；據經、論，重墮增上慢。然今坐者，多犯此罪。何以故？師資互讚皆云“已得已證”故。復言“坐者即於此身證悟聖果，永斷生死，更不受生”。禪師錯失，事在於此，非但陷他，亦成自累。又諸禪師勸諸道俗自内求佛、不假外佛爲善知識者，亦應不假禪師教導，自解看心。然禪師者，即是凡夫，都無證解，令諸道俗，奔波奉事，愛過父母，悲泣、雨淚、捨命，求乞一言。何不令内求、遣外求耶？設使得者，浮淺之言，不足可觀。[2] □

湛然[3]常住，而無生滅、初役可得。禪師亦説“一切虚妄，空無一物”，與彼外道“空見”何殊？又復説言：“學無生觀者，盡此一生，更不受生。”然此與彼斷見外道計執何異？復説：“一切諸法真如體一，湛然常住，不生不滅，無有初念、後念可得。”此即與彼常見外道見解何別？受佛依廕，不思報思，厭佛嫌經，不念不誦。此即善星不異，調達何殊？緣斯僻見，害於正法，忝爲佛子，那不雌黄？樂求解脱、見佛聞法者，净土行門，最爲捷速；愛著三界、不求解脱者，隨分安心，以度時日。幸有智者思之、察之，隨所樂欲簡而行之。

禪師又云“念佛生净土者，著相修習，是虚妄法，非成佛因”者，竊爲未

① “用功”二字録本訛作“功用”，兹據《月燈三昧經》卷第一[T15n0639p553a22]改。

② 録本出校：“以下第十三、十四、十五、十六之四紙缺丁。”

③ 録本出校：“‘堪然’乃至‘無量壽佛’少三百六字，依甲本補載之。”

可。生死心中,出此麁言,非順聖教。如《大寶積經》第十七云:若有衆生發菩提心,專念無量壽佛,及修諸善,迴向願生。是人臨終,無量壽佛與比丘衆,迎生彼國,得不退轉,當證無上正等菩提。《大無量壽經》上卷云:"一向專念無量壽佛,少多修善,奉持齋戒"乃至"其人臨終,無量壽佛化現其身,光明相好,具如真佛,與諸大衆,現其人前。即隨化佛,往生其國,住不退轉。"《阿彌陀經》云:"舍利弗!若有善男子、善女人,聞説阿彌陀佛,執持名號,若一日、若二日、若三日、若四日、若五日、若六日、若七日,一心不亂。其人臨命終時,阿彌陀佛與諸聖衆現在其前。是人終時,心不顛倒,即得往生阿彌陀佛極樂國土。"乃至"若有人已發願……欲生阿彌陀佛國者,是諸人等,皆得不退轉於阿耨多羅三藐三菩提。"《觀無量壽佛經》下文云:"善界子、善女人,但聞佛名、二菩薩名,除無量億劫生死之罪,何况憶念!若念佛者,當知此人是人中分陀利華,觀世音菩薩、大勢至菩薩爲其勝友,當坐道場,生諸佛家。"此等經文皆云念佛往生净土、當成正覺,如何禪師判爲虚妄、非成佛因?豈不與此諸教相違?

《法華經第一·方便品下》偈云:

"我記如是人,來世成佛道,以深心念佛,修持净戒故。"

"若人散亂心,入於塔廟中,一稱'南無佛',皆已成佛道。"

《華嚴經》六十二云:"令安住力念佛門,令入如來十力中故。"《觀佛三昧經》第一云:"佛告父王:念佛之心,亦復如是。以是心故,能得三種菩提之根。"《觀佛三昧經》第九云:釋迦牟尼佛、彌勒菩薩,過去於彼旃檀佛所,修行念佛三昧,今乃成佛。又,《觀佛三昧》第十云:"行念佛,如大力士,挽心王鎖斷,到慧彼岸。"《文殊波若經》下卷云:"若善男子、善女人,欲入一行三昧……應處空閑,捨諸亂意,不取相貌,繫心一佛,專稱名字,隨佛方所,端身正向,能於一佛念念相續,即是念中,能見過去、未來、現在諸佛。何以故?念一佛功德無量無邊,亦與無量諸佛功德無二,不思議佛法等無差别,皆乘一如,成最正覺。"如是等文,誠證非一,皆云念佛是菩提因。何忽專輒以凡情見解,違諸聖教,説爲虚妄、非成佛因?一何孟浪?

禪師復言"讀誦大乘經典著相虚妄、非成佛因"者,此無義言,甚於猛火,焚燒佛法,害人善根,衆生眼目,從冥入冥,長養三塗,斷滅佛種,忝爲種子。

聞此麁言，那不痛切徹於心髓？引經救義，挫彼邪徒。立破成敗，須關典誥，所以廣引聖教，示彼迷人。信若不生，誠死難救。請諸禪師，側耳細聽，諸教定量，皆世尊語，無虚妄説。即如《金剛波若經》云："須菩提！於意云何？若人滿三千大千世界，七寶以用布施。"乃至"若復有人，於此經中受持，乃至四句偈等，爲他人説，其福勝彼。何以故？須菩提！一切諸佛，及諸佛阿耨多羅三藐三菩提[□][法][1]，皆從此經出。"下文又云："若有人能受持讀誦，廣爲人説，如來悉知是人，悉見是人，皆得成就不可量、不可稱、無有邊、不可思議功德。如是人等，則爲荷擔如來阿耨多羅三藐三菩提。何以故？須菩提！若樂小法者，著我見、人見、衆生見、壽者見，則於此經不能聽受[□□][讀誦][2]、爲人解説。"準此經文，不肯讀誦、聽聞、解説、默然坐者，是樂小法人，著我見、人見、衆生見、壽者見也。又云："復次，須菩提！善[3]男子、善女人，受持讀誦此經，若爲人輕賤，是人先世罪業應墮惡道，以今世人輕賤故，先世罪業則爲消滅，當得阿耨多羅三藐三菩提。"《涅槃經》第六云："譬如沙彌雖未具戒，即墮僧數。善男子！若有衆生發心始學《大[4]涅槃經》，書持讀誦，亦復如是。雖未具足位階十住，則已墮於十住數中。或有衆生，是佛弟子，或非弟子，若因恐怖，或因利養，聽受是[5]經，乃至一偈，聞已不謗，當知是人則爲已近阿耨多羅三藐三菩提。"又云："若有能聽如是經者，即不退轉於阿耨多羅三藐三菩提，隨其所願，悉能成就，如我今日所可宣説。"又，《涅槃經》説：雪山童子，爲求半偈，捨所愛身，以餧羅刹。以此爲因，乃致作佛。《佛報恩經》第二云：轉輪聖王，爲求半偈，剜身千燈。緣此勝因，乃致作佛。《佛報恩經》第七云："菩薩勤求十二部經。所以者何？念佛重恩，爲欲流布諸佛正法，爲欲增長諸佛法故，爲令世間信佛法故，爲令一切無量衆生悉得無上菩提故。"《金光明經》第八云："是諸衆生聽斯經者，於未來世無量百千俱胝那庾多劫，天上、人中，常受勝樂，得遇諸佛，速成阿耨多

① 法，録本脱，據《金剛般若波羅蜜經》[T08n0235p749b24]補。

② "讀誦"二字録本脱，據《金剛般若波羅蜜經》[T08n0235p750c20]補。

③ "善"字前録本衍一"若"字，據《金剛般若波羅蜜經》[T08n0235p750c24]删。

④ 大，録本訛作"人"，茲據《大般涅槃經》卷第六[T12n0374p399b19]改。

⑤ 是，録本訛作"具"，茲據《大般涅槃經》卷第六[T12n0374p399b21]改。

羅三藐三菩提。”

《金光明經》第九偈云：

“昔時寶積大法師，爲彼善生説妙法；因彼開演經王故，東方見成不動佛。”“我昔聞經隨喜善，所獲福聚量難知；由斯福故證菩提，獲得法身真妙智。”

《金光明經》第十云：“汝等能於如是[□□][微妙][1]經王虔誠流布，乃至於我般涅槃後，不令散滅，即是無上菩提正因。”

《法華經》第三云：“若聲聞、辟支佛及諸菩薩，[□][能][2]信是十六菩薩所説經法，受持不毀者，是人皆當得阿耨多羅三藐三菩提、如來之慧。”

《法華經》第四偈云：

“其有欲疾得，一切種智慧，當受持是經[3]

[4]佛時[5]，於一切法，方便無礙衆生來生其國；三十七道品是菩薩净土，菩薩成佛時，念處、正勤、神足、根、力、覺、道衆生來生其國；迴向心是菩薩净土，菩薩成佛時，得一切具足功德國土。”乃至“十善是[6]菩薩净土，菩薩成佛時，命不中夭，大富梵行，所言誠諦，常以軟語，眷屬不離，善和諍訟，言必饒益，不嫉不恚，正見衆生來生其國。”

《華嚴經》第十三云：“爾時文殊師利菩薩問智首菩薩言：‘佛子！於佛法中，智爲上首。如來何故，或爲衆生讚歎布施，或讚持戒，或讚堪忍，或讚精進，或讚禪定，或讚智慧，或復讚歎慈、悲、喜、捨？而終無有，唯以一法，而得出離，成阿耨多羅三藐三菩提者。’時智首菩薩以頌答曰：‘佛子甚希有，能知衆生心，如仁所問義，諦聽我言説。過去未來世，現在諸導師，無有説一法，而得於道者。佛知衆生心，性分各不同，隨其所應度，如是而説法。慳者爲讚施，毀禁者讚戒，多瞋爲讚忍，好懈讚精進，亂意讚禪定，愚癡讚智慧，

---

① “微妙”二字録本脱，據《金光明最勝王經》卷第十[T16n0665p456c11]補。

② 能，録本脱，據《妙法蓮華經》卷第三[T09n0262p25b16]補。

③ 録本出校：“以下第二十三、二十四之二紙缺丁。”

④ 前缺。

⑤ 録本出校：“時＝法【甲】。”意即“時”字甲卷作“法”。

⑥ “是”字前録本衍一“道”字，據《維摩詰所説經》[T14n0475p538b23]删。

[□□□□□□][不仁讚慈愍][①],怒害讚大悲,憂慼爲讚喜,曲心讚歎捨。如是次第修,漸具諸佛法。如先立基堵,而後造宮室,施戒亦復然,菩薩衆行本。譬如建城郭,爲護諸人衆,忍進亦如是,防護諸菩薩。譬如大力王,率土咸戴仰,定慧亦如是,菩薩所依賴。亦如轉輪王,能與一切樂,四等亦如是,與諸菩薩樂。"

如是等經,廣説諸行是成佛因、非但六度,如何禪師確執禪定成佛正因、非餘度耶?然諸聖教説智勝成佛正因,餘皆助緣。即如《華嚴經》第十三云:"文殊師利問智首菩薩言:'佛子!於佛法中,智爲上首。'"《大無量壽經上卷》偈云:"布施、調意、戒、忍、精進,如是三昧,智爲上首。"

進此經文,智爲第一,如何偏讚禪定爲勝?故博學者辯才無礙,寡聞者辭理俱滯。何不摧伏人我?聽所未聞,屈節於師,諮量未悟,貢高我慢,不肯稟承,空腹高心,發言違教,於人無耻,邪不愧佛。然諸禪師,不顧聖教,胸臆自斷,不可依信。

禪師復言"造像有爲功德,非成佛因"者,此亦非理,違聖教量。佛有誠言,備在諸經,殷勤稱讚造像功德,滅過、現殃,來成正覺,如何卒暴違佛言教、不許爲因證菩提耶?

問曰:"若能爲因感菩提果,憑何典誥而得知耶?"

答曰:"諸經總説。略引二部,證成此義。即如《造像經上卷》云:'若復有人能於我法未滅盡來造佛像者,於彌勒初會,皆得解脱。若有衆生非但爲已[②]而求出離,爲欲得無上菩提造佛像者,當知此則爲三十二相之因,能令其人速致作佛。'《造像經下卷》復云:'爾時彌勒菩薩摩訶薩白佛言:"世尊!如佛所説,於佛法中犯波羅夷不名爲'生'。或復有人作斯罪已,發心憶念諸佛功德,而造佛像,於佛法中,得再生否?又於今生、第二、第三、第四生中,獲證法否?"佛告彌勒菩薩言:"彌勒!譬如有人身被五縛,若得解脱,如鳥出網,至無礙處。此人亦爾,若發信心,念佛功德而造佛像,一切業障皆得消除,於生死中速出無礙。彌勒當知!乘有三種,所謂聲聞乘、獨覺乘及以佛

① "不仁讚慈愍"五字録本脱,據《大方廣佛華嚴經》卷第十三[T10n0279p68b23]補。
② 已,録本訛作"己",兹據《佛説大乘造像功德經》卷上[T16n0694p791a18]改。

乘。此人隨於何乘而起願樂，即於此乘而得解脱。若但爲成佛，不求餘報，雖有業障，而得速滅，雖在生死，而無苦難，乃至當證無上菩提，獲清净土，具諸相好，所得壽命常住無盡。"'下文又云：'善男子！假使如前微塵等數舍利弗等所有智慧，不及如來一念之智。何以故？如來於念念中常能出現過前塵數三昧、解脱、陀羅尼等種種無量勝功德故。諸佛功德，一切聲聞、辟支佛，於其名字亦不能知。是故若有清信之心，造佛形像，一切業障莫不除滅，所獲功德無量無邊，乃至當成阿耨多羅三藐三菩提，永拔衆生一切苦惱。'

《法華經·第一方便品下》偈云：

'若人爲佛故，建立諸形像，刻雕成衆相，皆已成佛道。

或以七寶成，鍮石赤白銅，白鑞及鈆錫，鐵木及與泥，

或以膠漆布，嚴飾作佛像，如是諸人等，皆已成佛道。

彩畫作佛像，百福莊嚴相，自作若使人，皆已成佛道。

乃至童子戲，若草木及筆，或以指爪甲，而畫作佛像，

如是諸人等，漸漸積功德，具足大悲心，皆已成佛道。'

若欲具引諸經，恐煩紙墨。依斯兩教，足明優劣。故知信心造像，功德無涯，剋證菩提，斷除諸難；依經敬造，必至涅槃。若取謬言，嬰纏生死。比未聞教，輕佛重人，今見經文，那不迴向？"

禪師復言"書寫經律，著相虚妄，非成佛因"者，此語非善，違害聖教，欲陷衆生墮邪見網。必其書寫有損無益者，何故世尊苦勸衆生剥皮折骨，令寫經、律？《菩薩戒》云："若佛子！常應一心受持讀誦大乘經律，剥皮爲紙，刺血爲墨，以髓爲水，折骨爲筆，書寫佛戒。樹皮穀紙，絹素竹帛，亦悉書持。常以七寶無價香華、一切雜寶爲箱[□][囊][①]，盛經律卷。若不如法供養者，犯輕垢罪。"下文又云："若佛子！皆以信心受戒者。若國王、王子、百官四部弟子自恃高貴，破滅佛法戒律，明作制法，制我四部弟子，不聽出家行道，亦復不聽造立形像、佛塔、經律，立統制衆，安籍記僧、比丘，菩薩地立，白衣高座，廣行非法，如兵奴之法。而菩薩正應受一切人供養，而反爲官走使，非法非律。若國王、百官好心受佛戒者，莫作是破三寶之罪。而作破法者，犯輕

① 囊，録本脱，據《梵網經盧舍那佛説菩薩心地戒品第十》卷下[T24n1484p1009a23]補。

垢罪。”準此兩節戒文，若不剥皮、刺血，書寫經律，犯輕垢罪。制不令書，亦犯輕垢罪。故知信心書寫，當祈解脱，與作礙緣，必招來苦。

《法華經第四・法師品》云：“若善男子、善女人於《法華經》，乃至一句，受持、讀誦、解説、書寫，種種供養經卷——華香、纓絡、末香、塗香、燒香、繒蓋、幢幡、衣服、伎樂，合掌恭敬；是人，一切世間應所瞻奉，應以如來供養而供養之。當知此人□①

相既不殊，還同虚妄。由此理故，爲證菩提所修諸行，雖皆取相，而非虚妄，必能爲因，證涅槃故；不同妄情，計度分别，我、我所執，顛倒虚妄。

問曰：“修菩薩行，雖皆取相。必能爲因，而非妄者，何故《金剛波若》、《楞伽》等經云凡所有相皆是虚妄？今言有相非虚妄者，與此聖教豈不相違？”

答曰：“諸聖教中説虚妄者，有其四義：第一、理事相對説虚妄。第二、生死離繫因果相對説虚妄。第三、凡聖相對説虚妄。第四、有無相對説虚妄。

第一、理事相對説虚妄者，理真事妄。何以故？理即圓成實性，無爲法故，凝然常故，無去來故，無增減故，無生滅故，體堅實故，無變易故；事即依他起性，有爲法故，緣生法故，有增減故，有生滅故，如坏幻故，有變易故。所以將事望理，理真事妄。此即有體虚妄，非如兔角。

第二、生死離繫因果相對説虚妄者，離繫因果真，生死因果妄。何以故？因真故果真，因妄故果妄。因果相感，法爾如是。生死果妄，離繫果真。何以故？生死果報，輪迴不定，得失無恒；離繫之果，得而不失，證而無退。無恒故妄，無退故真。所以因隨於果，真妄必同；果從於因，理齊虚實。若將生死，望於離繫，生死因果雖有體而虚妄，離繫因果絶羈鎖而故實。離繫果者，即菩提涅槃，更無别物，果唯無漏，因通有漏。菩薩有二，頓、漸别故。頓悟菩薩，地前有漏，漸通無漏；七地已前，通漏、無漏；八地已去，無漏相續。

第三、凡聖相對説虚妄者，凡妄聖真。何以故？凡夫顛倒，不能了知常與無常、生死涅槃、青黄赤白、男女等法本無名字、隨世假立，迷情計實，尋名執著，强生分别。境分違順，便有憎、愛二心而起，無量煩惱隨二心生。無明

① 録本出校：“以下第三十一乃至三十八之八紙缺丁。”

厚重，不了假名，依之執實，造生死業。菩薩不爾，遠離顛倒，了達一切常與無常、生死涅槃、青黄赤白、男女等法本來無名，欲起言説，呼召諸法，隨順世俗，假立名字，了知名、法互不相屬。何以故？一切諸法，離於言論，説不及故，但爲遮詮，假立名目，今（令？）[1]知彼此，而無雜亂，熾然説法，度脱衆生，廣立名目，開張善惡，指有涅槃，今（令？）[2]厭生死，勸遣精進，斷惡修善。知立假名，表詮諸法，依名取解，而無封執。封執既無，憎愛不生，煩惱不有。煩惱既亡，虚妄心斷。虚妄心息，名之爲'聖'。所以將凡望聖，凡見虚妄，非聖所解同凡所見亦虚妄也。《經》言：虚妄但約妄心，以心妄見，不稱境知，説彼妄見名爲'虚妄'，不可令彼一切諸法隨妄見心總皆虚妄。若言諸法定隨妄心虚妄、無者，妄心疑杌爲人、鬼，杌非虚妄。彼既不爾，此云何然？故知不可以心妄故，令境皆妄。

第四、有無相對説虚妄者，無妄有真。何以故？無即遍計所執性，有即依他起性。然依他起法，緣生幻有，法從緣生，緣從法有。緣法和合，可有形段，可有作用，而知有物。即如遍計所執之我，空無有物，依彼五藴，迷情妄執計有實我，異於五藴，别有體性。然此我體，無非妄計，無有作用、形段可知。因兹妄執，增諸惑業，憂悲苦惱，從此而生。譬如迷繩，妄生蛇想，蛇無是妄，繩有故真。依他况繩，我類於蛇，我體空無，無故虚妄。依他法有，有如幻有。"

然諸聖教説虚妄者，不過此四。智者尋文，宜識經意。"虚妄"言寬，"有無"俱遍，各據一義，與教何違？若言世尊説諸有爲定如空華、無有一物名"虚妄"者，虚妄無法，非解脱因。如何世尊敕諸弟子勤修六度，萬行妙因，當證菩提涅槃之果？豈有智者讚乾闥婆城堅實高妙，復勸諸人以兔角爲梯、而可舉陟者哉？由此理故，雖是凡夫，發菩提心，行菩薩行，誓斷生死，趣大菩提，所修諸行雖然有漏，著相修習，是實是正。有體虚妄，非如龜毛空無一物、説爲"虚妄"。若能如是解經意者，常行於相，相不能礙，速出生死，速得解脱。迷情局執，於教不通，雖求離相，恒被相拘，欲求解脱，反沈生死；良爲

---

① 録本出校："今＝令【甲】。"意即"今"字甲卷作"令"。"令"字義長。

② 結合文意，此"今"似當爲"令"之訛字。待考。

禪師不樂多聞，見解浮淺，執心有在，迷昧聖言；雖復勤苦，專求出離，於彼行門，不了遲疾、妄與非妄、有之與無、邪之與正，假使修行，無利勤苦。故《涅槃經》云：譬如有人乘船遊戲，琉璃寶珠，墮落深水。衆人競取，各得瓦石，謂爲真實，便生歡喜。若有人説："汝所得者，悉是瓦石。琉璃寶珠，現在水下。"亦不信受。然諸禪師，亦復如是，共傳虚僞邪僻之法，謂爲真實，各自保愛，歡喜而行。若有智者依諸聖教，爲説佛法真實禪定、修學行門，毀而不信，棄聞、思、修三慧善心，取無記心，不斷不修，以爲真實。此即謬中之謬，無過此也。何以故？夫無記者，非善、非惡中庸之心，不從分別思慮而起，隨逐因緣任運轉故，體性羸劣，不能爲因感三有果，況彼解脱出世妙果而能證耶？聞、思、修慧，解脱正因，何不安住，自利、利他，展轉相傳？住無記心，確執不移，豈不謬乎？如來法門，八萬四千，隨宜爲説，散在諸教。無智懈怠，不能遍覽，執自愚見，以爲究竟，迷昧捷徑，迂路傾心，三界往來，不求見佛。哀哉可愍，顛倒衆生！豈有遠離諸佛如來得成佛耶？

或有一類男女道俗，於彼浄土，都不信有。但令心浄，此間即是，何處别有西方浄土？奇哉罪業，不信聖教！豈佛世尊虚妄説耶？然菩提道，八萬四千，其中要妙，省功易成，速得見佛，速出生死，速得禪定，速得解脱，速得神通，速得聖果，速得自在，速遍十方，供養諸佛，現大神變，遍十方界，隨形六道，救攝衆生，有進無退，萬行速圓，速成佛者。唯[①]有浄土一門，盡此一形，專心修學，願生彼國，如是等法，悉皆咸就。何以得知得生浄土、如是等法悉皆成就？《觀無量壽佛經》"上品上生"文中説云："行者……自見其身坐金剛臺，隨從佛後，如彈指頃，往生彼國……即悟無生法忍。經須臾間，歷事諸佛，遍十方界，於諸佛前，次第受記。還至本國，得無量百千陀羅尼門。"以此文證，得而非謬。

祇如坐禪習定，久受勤苦，經歷多劫，難行苦行，難得成就，退多進少，難[得見[②]佛，難得禪定，難得解脱，難得出難。緣去疑難，無上慈父殷勤示誨，殷勤教誡：此是穢土，此是牢獄，此是火宅，無樂有苦——佛世難遇苦，正法

① 録本出校："唯＝獨【甲】。"意即"唯"字甲卷作"獨"。

② 録本出校："'得見'乃至'往生安樂'三百六字依甲本補載之。"

難聞苦，禪定難得苦，聖果難證苦，邪惡眷屬苦，老病死逼苦，三塗罪報苦，怨家强會苦，王官逼迫苦，名利驅馳苦，求不隨意苦，衣食貧乏苦，更相繫縛苦，常憂不活苦，恒懼惡名苦，貪生畏死苦，六道輪迴苦。有如是等無量苦聚逼功身心，宜應厭離，尋求西方阿彌陀佛國。然彼佛國無苦有樂——無三惡趣樂，超過八難樂，永斷輪迴樂，老病死無樂，常見諸佛樂，聽聞正法樂，隨聞悟解樂，超凡證聖樂，入諸禪定樂，神通自在樂，遊歷十方樂，聖衆共往樂，供養諸佛樂，所須應念樂，一生不退樂，菩薩眷屬樂，隨形化生樂，永斷生死樂，證大菩提樂。有如是等無量快樂，應當欣樂，發願往生。愚癡衆生，不知恩德，反生誹謗，毁呰不信，愛著三界六道輪迴，不樂往生安樂]世界。或有發心，厭生死苦，速求解脱，不遇善友，於净土門多懷猶豫，不能决定專心趣向，隨逐衆迷，觀空撥有，苟偷朝夕，循環火宅，任性沈浮。今爲此等無歸趣者、迷謬執者、不信净土者、猶豫不决者搜揚聖教，採撮要妙念佛法門，鳩集一處，令彼見聞，總皆迴彼，無信者令信，迷謬者令悟，無歸者有歸，不决者令决。

若能迴向願生净土者，端身正向西方净土，繫心於彼"阿彌陀佛"，念念相續，稱彼名號，行住坐卧，常須稱念。兼念"觀世音菩薩"，誦《觀無量壽佛經》及《阿彌陀經》，每日一遍。酒肉熏辛，以死爲期，斷而不食，藥分不通。奉持齋戒，清净三業，念佛誦經，迴向願求上品上生，盡此一形，必定往生，超昇净刹，頓捨流浪，三界長辭，禪定神通，生便即得。一念之頃，遍十方界，所過國土，歷事諸佛，經百萬億。供養事訖，與恒沙衆，瞬息之間，還至本土。日日如是，乃至成佛。若大悲方便，化導群生，能於一念分身遍往十方世界，隨彼所宜，現身説法，令得解脱。

問曰："《阿彌陀經》唯言'念佛得生净土'，何故今者兼令誦經及念二大菩薩方得往生？"

答曰："《阿彌陀經》但令念佛，得生净土，不開九品行業差别。今依觀經，位分三輩，行開九品。上品上生，必須持戒、念佛、誦經，並念菩薩。所以《觀經》'上品上生'文中説云：'一者、慈心不殺，具諸戒行。二者、受持讀誦大乘方等經典。三者、修行六念，迴向發願願生彼國。具此功德，一日乃至七日，即得往生。''六念'者，一者念佛，二者念法，三者念僧，四者念施，五者念戒，六者念天。今念'觀音勢至'，即是菩薩。聖僧準此經文，上品上生，要須念佛、誦經並念菩薩。各據一義,亦不相違。”

若不斷酒肉熏辛,命終之後,必墮地獄。人身尚失,况乎净土?故《楞伽經第八・遮食肉品》云:“是故,大慧!我見一切諸衆生等,猶如一子,云何而聽以肉爲食?亦不隨喜,何况自食?大慧!如是一切葱韭蒜薤,臭穢不净,能障聖道,亦障世間人天净處,何况諸佛净土果報?酒亦如是,能障聖道,能損善業,能生諸過。是故,大慧!求聖道者,酒肉葱韭及蒜薤等能熏之味,悉不應食。”下偈又云:“爲利殺衆生,爲肉追錢財;彼二人惡業,死墮叫唤獄。”

《菩薩戒》又云:“若佛子!故飲酒,而酒生過失無量。若自身手過酒器與人飲酒者,五百世無手,何况自飲?不得教一切人飲及一切衆生飲酒,况自飲酒?一切酒不得飲。若故自飲、教人飲者,犯輕垢罪。若佛子!故食肉,一切衆生肉不得食,斷大慈悲佛性種子。一切衆生見而捨去。是故一切菩薩不得食一切衆生肉,食肉得無量罪。若故食肉者,犯輕垢罪。若佛子!不得食五辛。大蒜、茖葱、慈葱、蘭葱、興渠,是五種一切食中不得食。若故食者,犯輕垢罪。”準此《經戒》,飲酒、食肉及以熏辛,必墜三塗。人身不復,何况净土出世妙果而可得耶?故須[1]□

---

① 録本出校:“第四十九紙以下缺。”

No. 2827 净土五會念佛誦經觀行儀

[題解]

《净土五會念佛誦經觀行儀》又名《五會念佛誦經觀行儀》、《廣佛事贊》，中國佛教净土宗典籍，[唐]法照撰，三卷。五會念佛法門乃法照依據《無量壽經》所創，其法主要在於念佛音聲的緩急，以此表達念佛心情安静和急切求佛攝受的願望。第一會“平聲緩念”，執持“南無阿彌陀佛”六字佛號。第二會“平上緩念”，就是念佛時聲音略高一些。第三會“非緩非急念”，前二會都是緩念，此言非緩，就是不再緩慢，求稍快。第四會“漸急念”逐漸快念，並帶有急切感。第五會“四字急轉念”，將原來的六字名號轉爲“阿彌陀佛”四字，並且要加快，有緊迫感。這種“轉急念”要表達出急求出離、請佛接引的心情，從而達到意志純誠、一心不亂與“能所雙亡”(即“既無念佛之我，亦無所念之佛”)的境地。本文乃净土宗作念佛法會時所依唱贊之本。作者認爲“念佛三昧是真無上深妙禪門”，爲了“依《大無量壽經》五會念佛”，故撰此《廣佛事贊》，並認爲五會念佛能“即於此生，爲能離五濁煩惱，除五苦，斷五益，截五起，净五眼，具五根，成五力，得菩提，具五解脱，速能成就五分法身”。原著三卷，現存中、下卷，共録讚文四十六種。本文撰述的時間和地點，據文中所述，乃“時大歷九年冬初十月，於北京(按:此指太原)龍興寺，再述净土念誦觀門”。敦煌文獻中存有卷中:伯 2066b(首全尾全)，中國書店 079(首殘尾殘)，羽 155(内存讚文六首，其中《六根讚》、《阿彌陀經讚》、《維摩讚》屬《净土五會念佛誦經觀行儀》卷中内容)；卷下:伯 2130b(首脱尾脱)，伯 2250(首全尾殘)，伯 2963(首殘尾全)，伯 3373v(首殘尾殘)，羽 704v(首殘尾殘)；計 8 號。清代以前歷代大藏經未收，日本《大正藏》據敦煌寫卷將中、下二卷録入其第八十五册。

净土五會念佛誦經觀行儀卷中①

南岳沙門法照撰

佛説阿弥陀經

（一名“小無量壽經”，後秦羅什法師譯。
宗嘉元年，求那跋陀羅重譯，名“阿弥陀經”）

如是我聞：一時，佛在舍衛國祇樹給孤獨園，與大比丘衆千二百五十人俱，皆是大阿羅漢，衆所知識。長老舍利弗、摩訶目揵連、摩訶迦葉、摩訶迦旃延、摩訶俱絺羅、離波多、周利槃陀伽、難陀、阿難陀、羅睺羅、憍梵波提、賓頭盧頗羅墮、迦留陀夷、摩訶劫賓那、薄拘羅、阿㝹樓馱，如是等諸大弟子，並諸菩薩摩訶薩——文殊師利法王子、阿逸多菩薩、乾陀訶提菩薩、常精進菩薩，與如是等諸大菩薩，及釋提桓因等无量諸天大衆俱。

爾時，佛告長老舍利弗：

“從是西方過十萬億佛土，有世界名曰‘極樂’。其土有佛，號‘阿弥陀’，今現在説法。舍利弗！彼土何故名爲‘極樂’？其國衆生無有衆苦，但受諸樂，故名‘極樂’。

又，舍利弗！極樂國土，七重欄楯、七重羅網、七重行樹，皆是四寶周匝圍繞，是故彼國名曰‘極樂’。

又，舍利弗！極樂國土有七寶池，八功德水充滿其中，池底純以金沙布地。四邊階道，金、銀、瑠璃、頗梨合成。上有樓閣，亦以金、銀、瑠璃、頗梨、車磲、赤珠、馬瑙而嚴飾之。池中蓮華，大如車輪，青色青光，黄色黄光，赤色赤光，白色白光，微妙香潔。舍利弗！極樂國土成就如是功德莊嚴。

又，舍利弗！彼佛國土，常作天樂，黄金爲地，晝夜六時而雨曼陀羅花。其國衆生，常以清旦，各以衣裓盛衆妙花，供養他方十萬億佛；即以食時，還到本國，飯食經行。舍利弗！極樂國土成就如是功德莊嚴。

① 卷中據《大正藏》以伯 2066b 號爲底本；參校甲本：中國書店 079 號。

復次，舍利弗！彼國常有種種奇妙雜色之鳥——白鵠、孔雀、鸚鵡、舍利、迦陵頻伽、共命之鳥。是諸衆鳥，晝夜六時出和雅音，其音演暢五根、五力、七菩提分、八聖道分如是等法。其土衆生聞是音已，皆悉念佛、念法、念僧。舍利弗！汝勿謂：'此鳥實是罪報所生。'所以者何？彼佛國土无三惡趣。舍利弗！其佛國土尚无三惡道之名，何况有實？是諸衆鳥皆是阿弥陀佛欲令法音宣流變化所作。舍利弗！彼佛國土，微風吹動，諸寶行樹及寶羅網出微妙音，譬如百千種樂同時俱作。聞是音者，皆自然生念佛、念法、念僧之心。舍利弗！其佛國土成就如是功德莊嚴。

舍利弗！於汝意云何？彼佛何故號'阿弥陀'？舍利弗！彼佛光明無量，照十方國无所障礙，是故號爲'阿弥陀'。又，舍利弗！彼佛壽命及其人民，无量无邊阿僧祇劫，故名'阿弥陀'。舍利弗！阿弥陀佛成佛已來，於今十劫。又，舍利弗！彼佛有无量无邊聲聞弟子，皆阿羅漢，非是算數之所能知；諸菩薩亦如是。舍利弗！彼佛國土成就如是功德莊嚴。

又，舍利弗！極樂國土衆生生者，皆是阿鞞跋致。其中多有一生補處，其數甚多，非是算數所能知之，但可以无量无邊阿僧祇劫説。舍利弗！衆生聞者，應當發願，願生彼國。所以者何？得與如是諸上善人俱會一處。舍利弗！不可以少善根福德因緣，得生彼國。舍利弗！若有善男子、善女人，聞説阿弥陀佛，執持名號，若一日、若二日、若三日、若四日、若五日、若六日、若七日，一心不亂。其人臨命終時，阿弥陀佛與諸聖衆現在其前。是人終時，心不顛倒，即得往生阿弥陀佛極樂國土。舍利弗！我見是利，故説此言。若有衆生聞是説者，應當發願生彼國土。

舍利弗！如我今者，讚歎阿弥陀佛不可思議功德；東方亦有阿閦鞞佛、須弥相佛、大須弥佛、須弥光佛、妙音佛，如是等恒河沙數諸佛，各於其國出廣長舌相，遍覆三千大千世界，説誠實言：'汝等衆生，當信是稱讚不可思議功德一切諸佛所護念經。'

舍利弗！南方世界有日月燈佛、名聞光佛、大焰肩佛、須彌燈佛、无量精進佛，如是等恒河沙數諸佛，各於其國出廣長舌相，遍覆三千大千世界，説誠實言：'汝等衆生，當信是稱讚不可思議功德一切諸佛所護念經。'

舍利弗！西方世界有无量壽佛、无量相佛、无量幢佛、大光佛、大明佛、寶相佛、净光佛，如是等恒河沙等數諸佛，各於其國出廣長舌相，遍覆三千大世界，説誠實言：‘汝等衆生，當信是稱讚不可思議功德一切諸佛所護念經。’

舍利弗！北方世界有焰肩佛、最勝音佛、難阻佛、日生佛、網明佛，如是等恒河沙數諸佛，各於其國出廣長舌相，遍覆三千大千世界，説誠實言：‘汝等衆生，當信是稱讚不可思議功德一切諸佛所護念經。’

舍利弗！下方世界有師子佛、名聞佛、名光佛、達摩佛、法幢佛、持法佛，如是等恒河沙數諸佛，各於其國出廣長舌相，遍覆三千大千世界，説誠實言：‘汝等衆生，當信是稱讚不可思議功德一切諸佛所護念經。’

舍利弗！上方世界有梵音佛、宿王佛、香上佛、香光佛、大焰肩佛、雜色寶花嚴身佛、娑羅樹王佛、寶花德佛、見一切義佛、如須彌山佛。如是等恒河沙數諸佛，各於其國出廣長舌相，遍覆三千大千世界，説誠實言：‘汝等衆生，當信是稱讚不可思議功德一切諸佛所護念經。’

舍利弗！於汝意云何？何故名‘一切諸佛所護念經’？舍利弗！若有善男子、善女人，聞是經受持者，及聞諸佛名者，是諸善男子、善女人，皆爲一切諸佛共所護念，皆得不退轉於阿耨多羅三藐三菩提。是故，舍利弗！汝等皆當信受我語及諸佛所説。

舍利弗！若有人已發願、今發願、當發願欲生阿弥陀佛國者，是諸人等，皆得不退轉於阿耨多羅三藐三菩提，於彼國土若已生、若今生、若當生。是故，舍利弗！諸善男子、善女人若有信者，應當發願，願生彼國土。

舍利弗！如我今者，稱讚諸佛不可思議功德；彼諸佛等，亦稱説我不可思議功德，而作是言：‘釋迦牟尼佛能爲甚難希有之事，能於娑婆國土五濁惡世——劫濁、見濁、煩惱濁、衆生濁、命濁中，得阿耨多羅三藐三菩提，爲諸衆生説是一切世間難信之法。’舍利弗！當知我於五濁惡世行此難事，得阿耨多羅三藐三菩提，爲一切世間説此難信之法，是爲甚難！”

佛説此經已，舍［利］①弗及諸比丘，一切世間天、人、阿修羅等，聞佛所説，歡喜信受，作禮而去。

---

① 利，録本脱，據底本補。

衆等每誦經了，即第二會；念佛一兩會，即誦後《寶鳥》、《相好》二讚。應知。

《佛説阿弥陀經》一卷。

那（上）謨菩（上）陀夜（藥可反，下同）、那（上）謨馱囉（上）摩夜、那（上）謨僧伽夜、那（上）摩阿（上）弭多婆（上）夜、跢（丁可反，下同）他伽（上）多夜、阿（上）囉訶（上）瓶三藐三菩（上）陀夜、跢姪（地也反，下同）他、阿（上）弭唎（上）瓶、阿（上）弭唎都、婆鞶（菩迷反，下同）、阿弭（上）唎跢三婆（上）鞶、阿（上）弭唎跢鼻（菩弭反）、迦囒瓶、伽弭你伽（上）伽（上）那（上）稽（居移反）嚟[1]底（者你反）、迦（上）嚟婆（上）囉（上）皤、波跛叉（楚我反）、焰迦嚟（一切惡業盡）、娑訶。

呪中諸口傍字，皆依本音轉舌言之。无口者，依字讀之。右呪先已翻出流行。於晨朝楊枝净口，散花燒香，佛像前跙跪合掌，日誦二七、若三七遍，滅四重、五逆等罪，現身不爲諸横所惱，命終生無量壽國，永離女身。今更勘梵本，並對問婆羅門僧、毘尼、佛陀、僧伽等，知此呪威力不可思議，云旦、暮、午時，各誦一百八遍，滅四重五逆，拔一切罪根，得生西方。若能精誠誦滿二十萬遍，則菩提牙（芽）生，證不退轉。滿三十萬遍，則面見阿弥陀佛，决定得生安樂净土。此陀羅尼及功能[2]，作法事時，不須誦之。

又往生西方記驗：此傳作法事時不在誦限，知之。

昔長安叡法師、慧崇、僧顯、慧通，近至後周實禪師、西河鸞法師等數百人，並生西方。綽禪師等，因鸞法師得生西方，各率有緣專修净土之業。綽禪師又撰西方記驗名《安樂集》流行。又晋朝遠法師，入盧山三十年不出，乃命同志白黑百有二十三人，立誓期於西方，鑿山銘願。至陳天嘉年，盧山珍禪師，於坐時見人乘船往西方，乃求附載。報云："法師未誦《阿弥陀經》，不得去也。"因即誦此經應二万遍，未終四七日，前四更有神人從西方送一白銀臺來，空中明過於日，告云："法師壽終，當乘此往生阿弥陀佛國，故來相示，令知定生。"臨命終時，白黑咸聞異香數日。其夜峰頂寺咸見一谷中有數十

① 嚟，録本訛作"鞶"，據底本改。

② "能"字前録本有一"德"字。按底本"德"字旁施一廢棄號。兹據删。

炬火，大如車輪。尋驗古今，往西方者非一，多見化佛徒衆來迎。靈瑞如傳，不可繁録。因珍禪師於此經有驗，故略述此，以悟來喆（哲），助往生之志耳。

寶鳥讚

（依《阿弥陀經》）

極樂莊嚴間雜寶（弥陀佛），實是希有聞未聞（弥陀佛，弥陀佛）。

寶鳥臨空讚佛會（弥陀佛），哀怨雅亮發人心（弥陀佛，弥陀佛）。

晝夜連聲無有息（弥陀佛），文文句句理相同（弥陀佛，弥陀佛）。

或説五根七覺分（下己准前和），或説八聖慈悲門（己下准前和），

或説他方離惡道，或説地獄對人天，

或説散善波羅蜜，或説定慧入深禪，

或説長時修苦行，或説無上菩提因。

菩薩、聲聞聞此法，處處分身轉法輪。

願此法輪相續轉，道場衆生等益長年。

衆等迴心生净土，手執香花往西方。

衆等誦《弥陀經》了，即誦《寶鳥讚》。誦諸讚了，發願具在，讚後即散。

第八讚佛得益門。

難曰："如説修行，理實明矣，仰信專行。今讚佛之時，有何益焉？"

答曰："利益無邊，説不可盡。略而言之，且[1]諸佛世尊，名聞滿十方，［廣］[2]饒益衆生，稱歎無窮盡。一切衆生類，無不宗奉者，何旨（者？）[3]？寔由過去爲凡夫時，以身、意、口業讚佛及衆生，不毁於他人。由斯讚功德，今速成佛道，還令衆生恭敬尊重而讚嘆。故《佛本行經》云：釋迦菩薩翹一足，讚歎底沙佛。故讚曰：

"天地此界多聞室，逝宫天處十方無。丈夫牛王大沙門，尋地山林遍

① 且，録本訛作"旦"，據底本改。

② 廣，録本脱，據底本補。

③ 結合文意，此"旨"似爲"者"字之訛。待考。

無等。”

説此讚、讚彼佛已，超彌勒九劫，速得成佛。是知讚佛功德，豈可稱量？更有讚佛得益，具在諸經。今之四衆，若讚佛時，現世爲人恭敬仰瞻，命終之時，佛來迎接，定生極樂世界。身真金色，舌相廣長，詞辯縱横，得無礙智。世界莊嚴，盡皆七寶；名聞廣大，普[①]遍十方。一切衆生，無不尊重讚歎。何以故？由今讚佛，得生佛家，速成佛故，因感果故。智者當知。

白諸衆等：此後諸讚，隨此《彌陀觀經》一期法事竟。就此諸讚之中，有文長者，行人臨時不得多誦；文少者即誦徹，文長者略之。大意如此。正作法事之時，不得盡誦經讚。《寶鳥》、《相好》兩讚，二經之後各爲初首已，空《净土樂讚》，誦《弥陀經》及諸讚了，即誦此讚。誦此讚竟，即誦《導[②]和上禮讚》，發願即散[③]。《六根讚》，誦《觀經》及諸讚了，即誦此讚。誦此讚竟，即誦《琮法師禮讚》，發願即散。平誦亦得。若中間諸讚，任意臨時取捨用之得耳。衆等已後每誦一讚竟，即念佛三、五[④]、十口。應知。

《觀經》十六觀讚(依《觀經》各誦少多)

釋净遐

第一初觀日在西(阿弥陀佛)，端身正坐去昏迷(阿弥陀佛，南無阿弥陀佛)，

見時欲没如懸鼓(阿弥陀佛)，令心堅住莫高低(阿弥陀佛，南無阿弥陀佛)。

第二觀水本澄清(阿弥陀佛)，想水爲冰理易成(阿弥陀佛，南無阿弥陀佛)，

① 以上甲本缺。

② 導，甲本訛作“尊”。

③ 散，甲本涉上訛作“發”。

④ 五，甲本無。

令冰暎[1]作[2]琉璃地(准前),分明還見寶幢擎。

第三寶地間黄金,六時花雨滿瓊林,分輝變作空中樂,簫管能清道者心。

第四寶樹七重行,布葉垂條異色光[3],花菓四時皆具足,風來林下更飛香。

第五當觀七寶池,清冷八德不思議,渠流悉是金沙水,水上花開無盡時。

第六應觀衆寶樓,珠軒玉砌碧空秋,天樂奏時清夜響,法音微妙勸修懃。

第七專觀花座開,檀金爲葉玉爲臺,寶幢上覆真珠網,莊嚴只擬爲如來。

第八寶像色圓珠,萬法皆從心想生,若見其身花上坐,甚深三昧自然成。

第九弥陀法主身,相好光明無等倫,念佛衆生皆攝取,心常不捨有緣人。

第十觀音補處尊,身同佛想妙難論,頂戴如來心敬重,慈光恒住大悲門。

十一勢至大威雄,輔翼長時振六通,世界動摇應度者,光明常照行人中。

十二觀身自往生,蓮花開合極分明,端坐湛然心不動,臨終當見佛來迎。[4]

十三丈六紫金容,真化由來不二縱,但使隨心觀了了,法身妙相自顒顒。

十四生人行業高,上品三心種姓豪,百法明門歡喜地,金剛定力轉堅牢。

十五生居九品中,净戒薰[5]心業始融,善友教令迴願住,須臾不覺坐蓮宫。

十六下生位最卑,業障難消恵(慧)發遲,十念蓮胎雖住劫,花開還得悟无爲。

《阿弥陀經》讚

(依《阿弥陀經》)

釋净遐

釋迦調御大慈尊(阿弥陀佛),救世先開净土門(阿弥陀佛,南無阿弥陀佛)。

---

① 暎,録本作"映",據底本改。

② 作,甲本脱。

③ 光,録本訛作"先",據底本、甲本改。

④ 以下甲本脱。

⑤ 薰,録本作"董",據底本改。

欲說莊嚴極樂國(阿弥陀佛),其時正在給孤園(阿弥陀佛,南無阿弥陀佛)。

法輪將興多聽徒(准前),無量諸天大衆俱,第一聲聞舍利子,上乘菩薩是文殊。

初告真宗當爾時,西方過此十俱胝,世界莊嚴名"極樂",弥陀在彼不思議。

其國衆生苦已除,清閑勝妙樂無餘,晝夜修行超八難,色相端嚴盡一如。

七重行樹七重欄,寶蓋垂空寶網輓[1],但是有緣皆[2]得見,慇懃學者用心觀。

人至乘花坐寶林,天來奏樂曲幽深,六度已能調六律,八正還將和八音。

寶池德水底砂新,蓮開光色似車輪,菩薩端然花上坐,看時總是往生人。

弥陀净土法王家,願力莊嚴發道牙(芽),碧玉樓中飛寶座,黄金地上雨天花。

收得天花衣裓盛,六通如意覺身輕,供養他方諸佛已,還來本國飯經行。

衆鳥和鳴應六時,清音演法妙難思,五方五根並七覺,甚深八聖入無爲。

衆等同時聽法音,聞者皆生念佛心,化鳥本非三惡趣,弥陀宣暢法流深。

微風吹動寶林清,響飈如天奏樂聲,一一更無宣别法,處處唯聞念佛名。

弥陀壽量實無邊,國中人衆亦同然,成道於今經十劫,光照恒沙法界圓。

菩薩聲聞衆甚多,爲求解脱見弥陀,算數不能知量限,餘方諸佛亦來過。

傳聞净刹甚清真,盡是阿鞞跋致人,一生補處修三昧,證得金剛最後身。

善根福少理難生,七日專須念佛名,若至臨終心不亂,弥陀决定自相迎。

十号弥陀酬昔因,六方諸佛證成真,舌相廣長無妄語,如來護念信心人。

世界无常難久留,唯須發願早勤求,已生當生皆不退,豈限今修與未修?

諸佛同時讚釋迦,能於五濁救娑婆,説此世間難信法,咸令覺悟念弥陀。

法藏敷陳義已圓,阿難從此演真詮,大衆俱欣皆頂戴,如來囑遣廣流傳。

---

① 輓,録本訛作"鞡",據底本改。

② 皆,録本訛作"皆"。按:底本實作"皆",乃"皆"之省筆俗體,敦煌寫本中經見。《集韵·皆韵》:"皆,或作皆。"兹據改。

維摩讚

(依《維摩經》)

佛國净土從心現(難思議),種種莊嚴心裏生(難思議維摩詰)。

足指按地三千界(難思議),虚空性海坐花臺(難思議)。

毘耶離城方丈室(難思議),有一居士号"維摩"(維摩詰),

託病現身而有疾(難思議),國主王子悉來過(難思議)。

無量聲聞菩薩衆(難思議),欲遣問疾不堪任(維摩詰)。

唯有文殊入敢問(難思議):"居士所疾是何因?"(難思議)

答曰:"病從癡愛起(難思議),我病非有亦非無。"(維①摩詰)

廣説身是無常法(難思議),蔭界諸入合成身(難思議)。

菩薩毛端容大海(難思議),芥子之内納須彌(維摩詰)。

手擲世界他方外(難思議),室中天女悟無生(難思議)。

涅槃讚

(依《涅槃經》,亦大會時亡者處誦)

娑羅林,雙林裏,佛入涅槃時(淚落如雲雨)。

佛母當時聞此語(雙林裏),渾搥自撲②落金床(淚落如雲雨)。

七寶冠衣自撲碎(雙林裏),七孔流血變成池(淚落如雲雨)。

天女將水來灑面(雙林裏),佛母良久乃心蘇(淚落如雲雨)。

將衆天女乘雲下(雙林裏),直至娑羅雙樹間(淚落如雲雨)。

金棺銀槨殮已訖(雙林裏),僧衣錫杖樹間懸(淚落如雲雨)。

十大弟子號咷哭(雙林裏),狀似嬰孩憶母時(淚落如雲雨)。

---

① 維,録本訛作"難",據底本改。

② 搥,底本、録本皆作"墥",敦煌寫本中"扌"旁"土"旁相亂,兹徑據文意録正。渾搥自撲,指搥擊全身,自投於地。

佛母遶棺哀哀哭(雙林裏),百鳥來者助心悲(淚落如雲雨)。
他道生離勝死别(雙林裏),我道死别勝生離(淚落如雲雨)。
金棺銀槨忽然開(雙林裏),卻坐千葉蓮花臺(淚落如雲雨)。
如來花中爲母説(雙林裏):"一切恩愛有别離(淚落如雲雨)。
暫别慈親一小劫(雙林裏),願母努莫力悲哀(淚落如雲雨)。"

般舟讚

(依《般舟三昧經》,大會時及亡者處誦)

釋慈慜和上

般舟三昧樂(願往生),專心念佛見弥陀(無量樂)。
普勸迴心生净土(願往生),迴心念佛即同生(無量樂)。
曠劫已來流浪久(願往生),隨緣六道受輪迴(無量樂),
不遇往生善知識(願往生),誰能相勸得迴歸(無量樂)?
憶受天堂暫時樂(願往生),福盡臨終現五衰(無量樂)。
憶受人中胎藏苦(願往生),四蛇六賊競相催(無量樂)。
憶受修羅餓鬼道(願往生),飢虚鬭諍苦難裁(無量樂)。
憶受畜生相食噉(願往生),刀光捨命復牽黎(犂)①(無量樂)。
憶受地獄長時苦(願往生),業風吹去不知迴(無量樂)。
或上刀山攀劍樹(願往生),皮膚骨肉變成灰(無量樂)。
或入鑊湯爐炭火(願往生),騰波猛焰劇天雷(無量樂)。
借問何緣受此苦(願往生)? 貪魚愛肉業相隨(無量樂)。
鎔銅灌口黎耕舌(願往生),飲酒妄語受其災(無量樂)。
或卧鐵床抱銅柱(願往生),總爲邪淫顛倒來(無量樂)。

① 黎,此當爲"犂"之借字。《廣雅·釋詁四》:"邌,遲也。"[清]王念孫疏證:"遲、黎古同聲,字亦作犂。"《廣韻·齊韻》:"犂,耕也。"此字《净土五會念佛略法事儀讚末》[T47n1983p481a18]正作"犂",可參。

或墮阿鼻大地獄(願往生),經劫長年眼不開(無量樂)。
上火下火通交過(願往生),刀輪鐵杵自飛來(無量樂)。
銅狗嚙心並噉血(願往生),鐵烏啄眼復穿顒(無量樂)。
今日道場諸衆等(願往生),恒沙曠劫總經來(無量樂)。
度此人身難值遇(願往生),喻若優曇花始開(無量樂)。
正值稀聞净土教(願往生),正值念佛法門開(無量樂),
正值弥陀弘誓喚(願往生),正值大衆信心迴(無量樂),
正值今日依經讚(願往生),正值結契上花臺(無量樂),
正值道場無魔事(願往生),正值無病總能來(無量樂),
正值一日七日功成就(願往生),四十八願要相携(無量樂)。
普勸道場同行者(願往生),努力迴心歸去來(無量樂)。
借問:"家鄉何處是(願往生)?"極樂池中七寶臺(無量樂)。
彼佛因中立弘誓(願往生):"聞名念我總迎來(無量樂)。
不簡貧窮將富貴(願往生),不簡下知與高才(無量樂),
不簡無非净土業(願往生),不簡外道闡提人(無量樂),
不簡長時修苦行(願往生),不簡今日始生心(無量樂),
不簡多聞持净戒(願往生),不簡破戒罪根深(無量樂),
但使迴心多念佛(願往生),能令瓦礫變成金(無量樂)。
寄語現前諸大衆(願往生),同緣去者早相尋(無量樂)。"
借問:"相尋何處去(願往生)?"報道:"弥陀净土中(無量樂)。"
借問:"何緣得生彼(願往生)?"報道:"念佛自成功(無量樂)。"
借問:"今生多罪障(願往生),如何净土肯相容(無量樂)?"
報道:"稱名罪消滅(願往生),喻若明燈入闇中(無量樂)。"
借問:"凡夫得生不(願往生)? 如何一念闇中明(無量樂)?"
報道:"除疑專念佛(願往生),臨終寶座定來迎(無量樂)。"

道場讚

大衆人人皆合掌(道場樂),碎身慚謝釋迦恩(道場樂):

能得慈悲巧方便(道場樂),指授西方快樂門(道場樂)。
道場欲散人將别(道場樂),努力相勸斷貪瞋(道場樂)。
貪嗔因緣障净土(道場樂),不得解脱永沈淪(道場樂)。
同行相親相策勵(道場樂),畢命爲期到佛前(道場樂)。
願此法輪相續轉(道場樂),道場衆等益長年(道場樂)。
我等咸同受快樂(道場樂),見聞隨喜亦皆然(道場樂)。
衆等迴心生净土(道場樂),手執香花往西方(道場樂)。

无量壽佛讚

(依《无量壽經》,通一切處誦得)

巍巍阿弥陀,顔容紫金英,身相三十二,爪足下安平;
姿好八十種,光曜常照明,梵音超三千,妙響哀鸞聲。
巍巍阿弥陀,國土甚清明,悉純黄金色,無四惡女名;
池水流相注,寶樹五音聲,歌歎無常苦,聞皆得無生。
巍巍阿弥陀,衆善王中英,國土妙安樂,無不願往生;
佛與菩薩衆,飜飛俱往迎,忽然七寶池,蓮花中長成。
巍巍阿弥陀,威德妙無侣,軀體真金色,光耀十方土;
其聞得覩遇,永拔生死苦,我今稽首禮,無上衆生父。
(誦此讚竟,即念"觀世音菩薩"一二十聲,便誦後《觀音勢至讚》)

觀世音讚

(依《觀世音經》,通一切處誦得)

衆生被困厄,无量苦逼身,觀音妙智力,能救世間苦,
(乃至)諍訟經官處,怖畏軍陣中,念彼觀音力,衆怨悉退散。
妙音觀世音,梵音海潮音,勝彼世間音,是故須常念。

念念勿生疑，觀世音净聖，於苦惱死厄，能爲作依怙[①]。
具一切功德，慈眼視衆生，福聚海無量，是故應頂禮。
（誦此讚了，即念“大勢至”一二十聲即誦）

大勢至菩薩讚

（上念了即誦，依《無量壽觀經》）

大勢至菩薩，神通自在與觀音等無差。
觀音、勢至二大士，常侍弥陀佛左右，觀音頂戴弥陀佛，勢至冠中有寶瓶。
瓶内光明甚無量，常放照曜苦衆生，慈悲喜捨常接物，諸有所作不唐捐。
故我遥頂礼。

出家樂讚

（依《出家功德經》，通一切處誦）

出家樂！出家樂！无始起，樂諸著！
今生值善割親緣，頓捨塵情斷衆惡（斷衆惡）。
發身心，依聖學，除於結使下金刀，落髪披衣飡[②]寶藥（飡[③]寶藥）。
懷法喜，加踊躍，誰其長夜睡重昏？此日清身忻大覺（忻大覺）。
出家樂！出家樂！一切事，不相忓！
年登二十逢和上，敬受尸羅遇净壇（遇净壇）。
修定慧，證非難，悟若琉璃明内外，妙喻蓮花總物[④]看（恣總[⑤]看）。

---

① “怙”字録本訛作“怗”，據底本改。

② 飡，録本訛作“碚”，據底本改。“飡”與“餐”同。

③ 飡，録本訛作“喰”，兹據底本改。“喰”字亦同“餐”，然《大正藏》録本失真。

④ 總，底本作“物”，當爲“惣（同“總”）”字訛省。該字［唐］法照《净土五會念佛略法事儀讚末》［T47n1983p483c21］正作“總”。録本校是。

⑤ 總，底本、録本訛作“物”，據［唐］法照《净土五會念佛略法事儀讚末》［T47n1983p483c21］改。

稱釋子,法門寬,出入往來無礙道,解脱逍遥證涅槃(證涅槃)。

歸去來！寶門開,正見弥陀昇寶座,菩薩散花稱“善哉”(稱“善哉”)。

寶林看,百花香,水鳥樹林念五會,哀婉慈聲讚法王(讚法王)。

共命鳥對鴛鴦,鸚鵡頻伽説妙法,恒歎衆生住苦方(住苦方)。

歸去來！離娑婆,常在如來聽妙法,指授西方是釋迦(是釋迦)。

歸去來！見弥陀,今在西方現説法,拔脱衆生出愛河(出愛河)。

歸去來！上金臺,勢至觀音來引路,百法明門應自開(應自開)。

净土樂讚

(依《稱讚净土經》,亦通一切處誦)

净土樂！净土樂！净土不思議,净土樂！

弥陀住在寶城樓(净土樂),傾心念念向西方(净土樂),

到彼三明八解脱(净土樂),長辭濁土更何憂(净土樂)。

净土樂！净土樂！净土不思議,净土樂！

寶樓寶閣寶金擎(净土樂),池水金沙映底清(净土樂),

法曲時時常供養(净土樂),蓮花會裏説無生(净土樂)。

净土樂！净土樂！净土不思議,净土樂！

寶臺寶閣寶真珠(净土樂),寶體端嚴金色軀(净土樂),

菩薩化生奏玉調(净土樂),微風五會演真如(净土樂)。

净土樂！净土樂！净土不思議,净土樂！

流水波瀾遶寶臺(净土樂),寶殿光輝玉户開(净土樂),

慈主遠聞三界子(净土樂),總須發願往生來(净土樂)。

净土樂！净土樂！西方净土甚快樂,净土樂！

(此後漸急誦)

弥陀身量廣無涯(净土樂),面似檀金優鉢花(净土樂),

目若青蓮四大海(净土樂),圓光化佛喻恒沙(净土樂)。

净土樂！净土樂！西方净土甚快樂,净土樂！

弥陀本願大慈悲(净土樂),此地愚人不覺知(净土樂),

九品蓮開相引接(净土樂),慮恐衆生出世遲(净土樂)。
净土樂!净土樂!西方净土甚快樂,净土樂!
弥陀春樹覺花開(净土樂),功德池中坐寶臺(净土樂),
三昧亭前求解脱(净土樂),摩尼殿上禮如來(净土樂)。
净土樂!净土樂!西方净土甚快樂,净土樂!
西方異鳥數無窮(净土樂),白鶴、孔雀及迦陵(净土樂),
鸚鵡、頻伽説妙法(净土樂),聲中演出大乘宗(净土樂)。
净土樂!净土樂!西方净土甚快樂,净土樂!
如來尊號甚分明(净土樂),十方世界普流行(净土樂),
但有稱名皆得往(净土樂),觀音、勢至自來迎(净土樂)。
净土樂!净土樂!西方净土甚快樂,净土樂!
弥陀徒衆普慈心(净土樂),怜愍衆生至意深(净土樂),
水鳥樹林説妙法(净土樂),何况如來微妙音(净土樂)?
净土樂!净土樂!西方净土甚快樂,净土樂!
如來本願特超殊(净土樂),慈悲方便引凡愚(净土樂),
不問衆生皆度脱(净土樂),稱名即得罪消除(净土樂)。
净土樂!净土樂!西方净土甚快樂,净土樂!
弥陀瑞坐寶金樓(净土樂),恒沙菩[□][薩][①]四邊遊(净土樂),
九類蒙光説妙法(净土樂),聞者悟解永無憂(净土樂)。
净土樂!净土樂!西方净土甚快樂,净土樂!
西方净土離囂塵(净土樂),衆生到即斷貪嗔(净土樂),
總是善人菩薩衆(净土樂),亦無惡趣反怨親(净土樂)。
净土樂!净土樂!西方净土甚快樂,净土樂!
花幢八面掛金鈴(净土樂),上下和音出妙聲(净土樂),
聞者皆言稱快樂(净土樂),長劫不聞諸苦名(净土樂)。
净土樂!净土樂!西方净土甚快樂,净土樂!
凡夫若得到西方(净土樂),曠劫恒沙罪滅亡(净土樂),

① “薩”字底本及録本無,據文意補。

具六神通得自在(净土樂),永除老病離無常(净土樂)。
净土樂！净土樂！西方净土甚快樂,净土樂！
西方净土離胞胎(净土樂),衆生到即出蓮臺(净土樂),
上品尋光昇寶座(净土樂),下生障盡始花開(净土樂)。
净土樂！净土樂！西方净土甚快樂,净土樂！
西方净土七重欄(净土樂),七寶莊嚴數百般(净土樂),
琉璃作地黄金色(净土樂),諸臺樓閣與天連(净土樂)。
净土樂！净土樂！西方净土甚快樂,净土樂！
西方净土十方希(净土樂),努力專求莫致疑(净土樂),
上品即證無生忍(净土樂),下生障盡出泥黎(净土樂)。
净土樂！净土樂！西方净土甚快樂,净土樂！
西方净土更無過(净土樂),閻浮極苦罪人多(净土樂),
欲得今生出三界(净土樂),惟須至意念弥陀(净土樂)。
净土樂！净土樂！西方净土甚快樂,净土樂！

請觀世音菩薩讚

(依《瑜伽論》)

迦摩那目佉,迦摩那母者娜(子也),迦摩者那,迦摩那阿,悉多,迦摩那佉,牟(平)禰(引),迦摩那,迦摩那(上聲引)。

即念"觀世音菩薩"(依《大般若經》,通一切處誦)。

六根讚

(依《大般若經》,通一切處誦)

我净樂！我净樂！照見心空了世間,我净樂！
觀見眼根常清净(我净樂),色界元來本是空(我净樂),
色性本來無障礙(我净樂),无来无去是真宗(我净樂)。
觀見耳根常清净(我净樂),聲界元來本是空(我净樂),

聲性本來無障礙(我净樂),无来无去是真宗(我净樂)。

觀見鼻根常清净(我净樂),香界元來本是空(我净樂),

香性本來無障礙(我净樂),无来无去是真宗(我净樂)。

觀見舌根常清净(我净樂),味界元來本是空(我净樂),

味性本來無障礙(我净樂),无来无去是真宗(我净樂)。

觀見身根常清净(我净樂),色界元來本是空(我净樂),

色性本來無障礙(我净樂),无来无去是真宗(我净樂)。

觀見意根常清净(我净樂),法界元來本是空(我净樂),

法性本來無障礙(我净樂),无来无去是真宗(我净樂)。

(此後漸急誦。)

妄想眼根緣色轉(努力),妄聽界耳被聲牽(難識),

妄嗅舌香常染味(努力),妄識身觸意塵遷(難識)。

難識!努力!急急斷狐疑修福。

妄想騰波常没溺(努力),煩惱猛焰鎮燒然(燃)(難識),

上去慈尊迢遞遠(努力),西方望弥陀道路懸(難識)。

難識!努力!急急斷狐疑修福。

唯有文殊大菩薩(努力),現今此地五臺山(難識),

愍念衆生沈苦海(努力),永劫波中駕法船(難識)。

難識!努力!急急斷狐疑修福。

弥陀净土甚榮華(努力),寶池花開數雜花(難識),

欲得西方長壽樂(努力),併俗歸真早出家(難識)。

難識!努力!急急斷狐疑修福。

出家何以故遲遲(努力),辭奉耶(爺)[①]孃悲復啼(難識),

咽苦吐甘恩[②]愛重(努力),如今不忍苦分離(難識)。

難識!努力!急急斷狐疑修福。

① 耶,用同"爺"。《古文苑·木蘭詩》:"軍書十二卷,卷卷有耶名。"章樵注:"耶,今作爺。俗呼父爲爺。"下用同"爺"之"耶"徑括注其今字,不復校。

② 恩,録本訛作"思",據底本改。

入道速分離(努力),純莫守愚迷(難識),

出家即是報思愛(努力),兒能爲救拔泥犁(難識)。

難識!努力!急急斷狐疑修福。

耶(爺)孃莫悲啼(努力),兒今入道奉尊師(難識),

坐禪誦經常念佛(努力),會當證果得菩提(難識)。

難識!努力!急急斷狐疑修福。

慈父門前喚(努力),三車與子期(難識),

速來歸本國(努力),正值法門開(難識)。

難識!努力!急急斷狐疑修福。

八德池中戲(努力),逍遥七寶臺(難識),

千秋聽妙法(努力),萬劫不聞哀(難識)。

難識!努力!急急斷狐疑修福。

諸佛在心頭(努力),迷人向外求(難識),

内懷無價寶(努力),不識一生休(難識)。

難識!努力!急急斷狐疑修福。

煩惱繩索牢(努力),利磨智慧刀(難識),

割斷愚癡網(努力),逍遥上法橋(難識)。

難識!努力!急急斷狐疑修福。

出家剛(努力),苦樂自須當(難識),

觀身如泡影(努力),念念趣無常(難識)。

難識!努力!急急斷狐疑修福。

地獄門前有何物(努力),牛頭獄卒在傍邊(難識),

手把鐵叉叉入鑊(努力),縱得人身受苦殃(難識)。

難識!努力!急急斷狐疑修福。

歸去來(努力)!閻浮濁惡不堪停(難識),

欲得安身長受樂(努力),無過净土最爲精(難識)。

難識!努力!急急斷狐疑修福。

(衆等誦《觀經》諸讚、念佛竟,即誦此琮法師導和上《净土禮讚》;誦禮讚竟,即誦後發願文,便散。)

一切恭敬,至心歸命,禮西方阿弥陀佛。
法藏因彌遠,極樂果還深,異珍参作地,衆寶間爲林。
花開希有色,波揚實相音,何當蒙授手,一遂往生心?
願共諸衆生,往生安樂國。
至心歸命,禮西方阿弥陀佛。
濁世難還入,净土願逾深。金繩直界道,珠網縵垂林。
見色皆真色,聞音悉法音,莫謂西方遠,唯須十念心。
願共諸衆生,往生安樂國。
至心歸命,禮西方阿弥陀佛。
也聞嚴净國,乘起至誠因,觀日心初定,想水念逾真。
林宣上品法,蓮合下生人,既言同志友,從餘洗客塵。
願共諸衆生,往生安樂國。
至心歸命,禮西方阿弥陀佛。
放光周遠剎,分化滿遥空,花臺三品異,人天一類同。
尋樹流香水,吹樂起清風,在兹心若净,誰見有西東?
願共諸衆生,往生安樂國。
至心歸命,禮西方阿弥陀佛。
迴向漸爲功,西方路稍通,寶幢承厚地,天香入遠風。
開花重布水,覆網細分空,願生何意切,正爲樂無窮。
願共諸衆生,往生安樂國。
至心歸命,禮西方阿弥陀佛。
十劫道先成,嚴界引群萌,金沙徹水照,玉葉滿枝明。
鳥本珠中出,人唯花上生,敢請西方聖,早晚定相迎。
願共諸衆生,往生安樂國。
至心歸命,禮西方阿弥陀佛。
净刹本來儔,無數化城樓,四面垂鈴匝,六返散花周。
樹含香氣動,水帶法聲流,未曾聞苦事,誰復辨春秋?
願共諸衆生,往生安樂國。
至心歸命,禮西方阿弥陀佛。

欲選當生處，西方最可歸，間樹開重閣，滿道布鮮衣。
香飯隨心至，寶殿逐身飛，有緣皆得往，只自去人稀。
願共諸衆生，往生安樂國。
至心歸命，禮西方阿弥陀佛。
十方諸佛國，盡是法王家，偏求有緣地，冀得早無邪。
八功如意水，七寶自然花，於彼心能繫，當必往非餘。
願共諸衆生，往生安樂國。
至心歸命，禮西方阿弥陀佛。
净國無衰變，一立古今然，光臺千寶合，音樂八風宣。
池多説法鳥，空滿散花天，得生不衰退，隨意脱開蓮。
願共諸衆生，往生安樂國。
至心歸命，禮西方阿弥陀佛。
已成窮聖理，真有遍空威，在西時現小，俱是暫隨機。
葉珠相映飾，沙水共澄暉，欲得無生果，彼土必須依。
願共諸衆生，往生安樂國。
至心歸命，禮西方阿弥陀佛。
道場一樹逈，德水八池深，往往分渠溜，處處列行林。
真珠變鳥[①]色，妙法滿風音，自怜非上品，空羡發誠心。
願共諸衆生，往生安樂國。
至心歸命，禮西方阿弥陀佛。
五山毫獨朗，四海自恒分，地水俱爲鏡，香花同作雲。
業深誠易往，因淺寶難聞，必望除疑惑，超然獨不群。
願共諸衆生，往生安樂國。
至心歸命，禮西方阿弥陀佛。
千輪明足下，五道現光中，悲引恒無絶，人歸亦未窮。
口宣猶在定，心静更飛通，聞名皆願往，日發幾花叢。
願共諸衆生，往生安樂國。

① 鳥，録本訛作“烏”，據底本改。

至心歸命,禮西方阿弥陀佛。

慧力超無上,身光備有緣,動摇諸寶國,侍坐一金蓮。

鳥群非寶鳥,天類豈真天,須知求妙樂,會是戒香全。

願共諸衆生,往生安樂國。

至心歸命,禮西方阿弥陀佛。

心帶真慈滿,光含法界圓,無緣能攝物,有想定非難。

花隨本心變,宫移身自安,希聞出世境,須共入禪觀。

願共諸衆生,往生安樂國。

至心歸命,禮西方阿弥陀佛。

遠壽如來量,遥音大士觀,遍土花分映,烈(列)樹蓋重懸。

聞香皆是食,見食本爲禪,生則無餘想,誰云非自然?

願共諸衆生,往生安樂國。

至心歸命,禮西方阿弥陀佛。

恒明四海色,高貯一瓶光,真珠和日月,映地乃千光。

聞聲開舊習,寶樹鏡他方,絃歌空裏唱,風樹合宫商。

願共諸衆生,往生安樂國。

至心歸命,禮西方阿弥陀佛。

光舒救昆舍,空立引韋提,天來香蓋捧,人去寶衣賫。

六時聞鳥合,四寸踐花低,相看無不正,豈復有長迷?

願共諸衆生,往生安樂國。

至心歸命,禮西方阿弥陀佛。

勢至威光遠,觀音悲意濃,大小今相類,左右共成雙。

花飛日日雨,珠懸處處幢,自嗟深有障,所念未餘從。

願共諸衆生,往生安樂國。

至心歸命,禮西方阿弥陀佛。

印手從來寶,分身隨類同,心至慈光及,人感寶池充。

見樹成三忍,聞波得五通,若解真嚴净,應觀土亦空。

願共諸衆生,往生安樂國。

至心歸命,禮西方阿弥陀佛。

欲與三昧道，正觀一經開，心中緣像入，掌裏見花來。
天樂非同彼，法服不須裁，勿言恒彼住，有力定當迴。
願共諸衆生，往生安樂國。
至心歸命，禮西方阿弥陀佛。
普勸弘三福，咸[①]令滅五燒，發心功已至，繫念罪便消。
鳥化珠光轉，風妙樂聲調，俱忻行道易，寧愁聖果遥？
願共諸衆生，往生安樂國。
至心歸命，禮西方阿弥陀佛。
坐花非一像，聖衆亦難量，蓮花人獨處，波生法自揚。
無災由處静，不退爲用良，問彼前生輩，來斯幾劫强？
願共諸衆生，往生安樂國。
至心歸命，禮西方阿弥陀佛。
聖所明門人，天衣業地居，自覺乘通異，即驗受身虚。
拔陰萬里火，光體一尋餘，但能超火界，足得在金渠。
願共諸衆生，往生安樂國。
至心歸命，禮西方阿弥陀佛。
樹非生死葉，池無愛見波，舊會聲聞少，新來正士多。
蓮中胎化雜，音内苦空和，五門能早建，三界豈難過？
願共諸衆生，往生安樂國。
至心歸命，禮西方阿弥陀佛。
珠色仍爲水，金光即是臺，到時花自散，隨願葉還開。
遊池更出没，飛空互往來，真心能向彼，有善併須迴。
願共諸衆生，往生安樂國。
至心歸命，禮西方阿弥陀佛。
六根常合道，三塗永絶名，念須遊方遍，還時得忍成。
地平無極廣，風長是處清，寄語有心輩，共出一危城。
願共諸衆生，往生安樂國。

① 咸，録本訛作"威"，據底本改。

至心歸命,禮西方阿弥陀佛。

洗心甘露水,悦目妙花雲,同生機易識,等壽量難分。

樂多無癡道,聲遠不妨聞,如何貪五欲,安然火自焚?

願共諸衆生,往生安樂國。

至心歸命,禮西方阿弥陀佛。

臺裏天人現,光中侍者看,懸空四寶閣,臨迥七重欄。

疑多邊地久,德少上生難,且莫論餘願,西望已心安。

願共諸衆生,往生安樂國。

至心歸命,禮西方阿弥陀佛。

天親迴向日,龍樹往生年,樂次無爲後,心超有漏前。

共沼花開雜,隔殿細音連,欲叙莊嚴事,妙絶不能宣。

願共諸衆生,往生安樂國。

至心歸命,禮西方阿弥陀佛。

一土安恒勝,萬德壽偏存,聊興四句善,即歎十方尊。

微沾慧海滴,願向智城門,迴與蒼生共,先使出重惛。

願共諸衆生,往生安樂國。

歸西方讚

至心歸命,禮西方阿弥陀佛。

歸去來!娑婆不可停,輪迴無定止,長劫鐵犁耕,苦苦何能忍?

三塗路上行,不如專念佛,極樂悟無生。

願共諸衆往,生生安樂國。

西方禮讚文

善導和上

一切恭敬,至心歸命,禮西方阿弥陀佛。

欲知何處苦偏多，惟有泥犁更莫過。罪人一入逕塵劫，受苦從頭[1]無奈何，

渴飲融銅登劍樹，飢飡猛火渡灰河。願離此苦生安樂，求生净土見弥陀。

願共諸衆生，往生安樂國。

至心歸命，禮西方阿弥陀佛。

普共道場敬三寶，地獄寒心不忍聞，一墮此苦恒沙劫，不知年歲永沈淪。

遍身猛火鑽心出，五百銅狗競來分，灰河一日千迴度，猶被拔舌絞刀輪。

衆生如何不念佛，故故將身入苦門？

願共諸衆生，往生安樂國。

至心歸命，禮西方阿弥陀佛。

思惟餓鬼實堪怜，遍體由來猛焰然（燃），兩耳不聞"漿水"字，一身唯有骨相連。

值食將飡便作火，臨河欲飲見枯泉。願離此苦生安樂，長處西方坐寶蓮。

願共諸衆生，往生安樂國。

至心歸命，禮西方阿弥陀佛。

迷塗一配畜生身，遥歷多年受苦辛，嚴冬露地居寒雪，盛夏當街卧闇塵，

衣裳盡用皮毛覆，飲食唯將水草珍。願離此苦生安樂，長處西方坐寶蓮。

願共諸衆生，往生安樂國。

至心歸命，禮西方阿弥陀佛。

人身雖復甚難求，得已還生萬種憂，始見紅顔花欲茂，俄然白髮颯成秋，

魂飛魄散身歸塚，命盡形消肉糞坵。如何不樂生安樂，永座金臺佛國遊？

願共諸衆生，往生安樂國。

至心歸命，禮西方阿弥陀佛。

---

① 頭，録本訛作"傾"，據底本改。

五濁衆生難共語，十惡凡夫異種癡，貪愛眼前財色利，不覺此身霜露危。

無常殺鬼臨頭上，忽被他將誰得知？不肯今時專念佛，臨終翻悔欲何爲？

願共諸衆生，往生安樂國。

至心歸命，禮西方阿弥陀佛。

大衆欲作西方業，有罪無罪自應知。聞身康强不修福，臨渴掘井水難期。

舊日少年兇猛盛，如今白[1]髮亂如絲。眼見死時歸大地，不修十善待何時？

願共諸衆生，往生安樂國。

至心歸命，禮西方阿弥陀佛。

觀彼弥陀極樂界，廣大寬平衆寶成，四十八願莊嚴起，超諸佛刹最爲精，

本國他方大海衆，窮劫算數不知名。普勸歸西同彼會，恒沙三昧自然成。

願共諸衆生，往生安樂國。

至心歸命，禮西方阿弥陀佛。

釋迦慈心遍法界，蠢動含識普皆[2]怜，意欲化令俱解脱，衆生罪業共無緣，

所以總教歸净土，弥陀宿昔有深因。非但娑婆人獨往，他方去者亦無邊。

願共諸衆生，往生安樂國。

至心歸命，禮西方阿弥陀佛。

上輩上行上根人，求生净土斷貪瞋，就行差别分三品，五門相續助三因，

一日七日專精進，畢命乘臺出六塵。慶哉難逢今得過，永證無爲法性身。

願共諸衆生，往生安樂國。

① 白，録本訛作“日”，據底本改。

② 皆，録本訛作“昏”，據底本改。

至心歸命,禮西方阿弥陀佛。

中輩中行中根人,一日齋戒處金蓮,孝養父母教迴向,爲説西方快樂國。

佛與聲聞衆來取,直到弥陀花座邊,百寶花籠經七日,三品蓮開證小真。

願共諸衆生,往生安樂國。

至心歸命,禮西方阿弥陀佛。

下輩下行下根人,十惡五逆等貪嗔,四重偷僧謗正法,未曾慚愧悔前愆。

終時苦相皆雲集,地獄猛火罪人前,忽過往生善知識,急勸專稱彼佛名。

願共諸衆生,往生安樂國。

至心歸命,禮西方阿弥陀佛。

弥陀攝化無厭足,悲心常遶世間行,但有傾誠能念佛,毫光直照目前明。

十方世界微塵衆,同時命盡願皆生,訃(赴)①彼衆生心樂欲,分身遍布一時迎。

願共諸衆生,往生安樂國。

至心歸命,禮西方阿弥陀佛。

菩薩道成皆爲物,衆生未熟道成難,爲待化緣兜率往,時時向下諦心觀。

人年八万方成道,三會逢緣證涅槃,且共迴心生净土,臨時隨意往來看。

願共諸衆生,往生安樂國。

至心歸命,禮西方阿弥陀佛。

觀彼弥陀與眷屬,久於曩劫植洪因,凡聖等皆同相好,人天一種紫金身。

寶樹寶樓飛寶閣,寶池寶地寶成蓮,地及虚空賢聖滿,花中總是化生人。

願共諸衆生,往生安樂國。

至心歸命,禮西方阿弥陀佛。

西方净土甚精華,寶池寶岸寶金沙,天樂音聲常遍滿,寶渠寶葉寶蓮花。

十二由旬皆正等,寶羅寶網寶欄遮,德水分流尋寶樹,聞波覩樂證恬葩。

寄語有緣同行者,努力翻迷還本家。

願共諸衆生,往生安樂國。

至心歸命,禮西方阿弥陀佛。

---

① 訃,此當讀如"赴"(二字《廣韻》皆可音芳遇切)。

十方三世聲聞衆，窮劫算數不能知，諸佛如來方便化，咸令至果斷貪癡①。

指示西方安樂國，聞名皆恨往生遲，解脱之人猶願樂，凡夫不去欲何爲？

願共諸衆生，往生安樂國。

至心歸命，禮西方阿弥陀佛。

樂何諦事難思議②！無邊菩薩爲同學，性海如來盡是師。

渴聞般若絶思漿，念服無生即斷飢，一切莊嚴皆説法，無心領納自然知。

七覺花池隨意入，八輩凝神會一枝，弥陀心水沐身頂，觀音勢至與衣披。

欻爾騰空遊法界，須臾受記號“无爲”，如此逍遥快樂處，人今不去待何時？

願共諸衆生，往生安樂國。

歸西方讚

至心歸命，禮西方阿弥陀佛。

歸去來！誰能惡道受輪迴？曠劫已來流浪久，今日相將歸去來。

借問家鄉何處是，極樂池中七寶臺。

願共諸衆生，往生安樂國。

第九化生利物門。（此門但明生净土當來證聖果已、化生利物意，不應誦今之法事。禮讚竟，且須誦後第十門中《天台迴向發願文》。應知。）

前之八門是因，此第九門是果。猶前修因，必招其果。爲修因時，不惜身命，勇猛精進，念佛誦經，稱讚大乘，願生净土，臨終一念，彼佛來迎，刹那之間，往生彼國。到彼國已，具六神通，即悟無生，而神遊自在，隨根廣運，化導群情，皆令疾證菩提，咸歸解脱者耳。即是化生門竟。

第十迴向發願門。行人既此世界，當來修行，作佛事竟，所有一念善根，

① 癡，録本訛作“癈”，據底本改。

② “事”前底本、録本有一“樂”字，全句成“樂何諦樂事難思議”，與上下文七字句不諧。此“樂”字當係誤衍。下文“樂何諦事難思議”可資比勘。兹據删。

不唯自利，皆等法界，願共有之，迴向菩提正真覺道。先標此意，念誦禮讚了，即誦《天台迴向》。發願云："向來念誦無量勝因，散霑法界，同得上品，往生阿弥陀佛國。到彼國已，獲六神通，遊歷十方，奉事諸佛，常聞無上大乘正法，修行普賢無量行願福慧資糧，疾得圓滿，速成無上正等菩提。法界怨親，同斯願海。"

至心發願已，歸命頂禮西方阿弥陀佛（即唱"隨意"便散）。

上來十段不同，總明一期净土五會念佛經讚法事觀行儀竟。幸諸道者，見而詳之，發菩提心，深厭生死，當觀無常，念念不住，速起速滅，甚可怖畏。故《净名》曰："諸人者！是身無常、無强、無力、無堅、速朽之法。是身如聚沫，不可撮磨。是身如泡，不得久立。是身如浮雲，須臾變滅。是身如電，念念不住。是身如草木瓦礫。是身不净，穢惡充滿。是身爲虚僞，雖假以澡浴衣食，畢歸磨滅。是身爲災，百一病惱。是身如丘井，爲老所逼。是身無定，爲要當死。"《無常經》云："生者皆歸死，容顔盡變衰，强力病所侵，無能免斯者。假使妙高山，劫盡皆散壞，大海深無底，亦復皆枯竭，大地及日月，時至皆歸盡，未曾有一事，不被無常吞[①]。"諸人者！是身既有如是衆多不善無利，何有智者豈不厭焉？唯有依此净土，念佛教門，即能永離輪迴，長辭五濁。幸有緣者努力依行，畢命爲期，同生净國。

普勸現在、未來諸衆等：上都南岳念誦音旨雖有稍殊，而根本體同，不離念佛皆歸净土、同見弥陀，更無别耳。但隨根逐時化物，以多方便而接引之，非向聲中有别異意。但據經文，作觀念佛，或定或散，或高聲兼默念，但隨衆生心。稱念佛名者，盡得生净土，成佛皆歸一，一亦不可得，無得無不得。是名"中道觀"。譬如一樹有多枝葉，形狀雖殊，不離一根而出。故《華嚴經》[□][云][②]："衆生形相各不同，行業音聲亦無量，如是一切皆能現，海印三昧威神力。"故演微妙净法音，供養一切諸如來。既音聲無量，何妨五會念佛誦經種種音聲？皆爲令諸衆生同生净土，同得成佛，更有何别？衆等必須如是圓見修覺，慎勿互生毀謗，見有是非。若各互見是非，即當自滅佛法，命終必

① 吞，録本訛作"吝"，據底本改。

② "云"字底本及録本無，據文意補。

墮阿鼻，何由得生净土？一切念佛之人，相見須如父母、兄弟、姊妹至親無别，深生歡喜，各慶不久即當成佛，勿懷彼此之心。何以故？導和尚云："親中之親，無過念佛之人。"和尚讚云："同行相親相策勵，畢命爲期到佛前。"若作是心，千即千生，萬即萬生，盡此一形，何處不超三界？願熟思之，慎而誠之，勿見互生毀謗耳。

法照自惟垢障深重，多劫沈淪，有少微因，遇斯净教，悲喜交集，慶躍于懷，信自己身，與念佛衆，盡此殘生，定超苦海，捨最後凡身，得無上聖智。生死永斷，更有何憂？普勸未來一切四衆，但依此行，盡此一形，若不生彼國、疾成佛者，法照即願：舌根墮落，遍體生瘡，代爲諸子，長處阿鼻，受苦無窮。誓將[①]此身以爲念佛保證。今得斯法，欲報佛恩，遂輒搜約諸經，述斯法事，稱讚念佛净土教門，普願速出愛河，俱登不退者矣。

深勸諸行人等：若寫此法事儀之時，皆須護净好紙真書，依經抄寫，如法裝潢。不得麁紙草書，此並是滅佛法之相，障生净土，永劫沈淪，切須誠慎。何以故？此中有《弥陀觀經》，不應輕慢。應知此患，願勿爲之，即福利無邊，皆霑上品矣。

智者當知：此五會念佛誦經法事觀門，實非自意，比常祕密而不述之。今恐後世生疑，墮於惡道，聖教明説除同行深信爲利益故，如是之人，乃可爲説。爲愍此故，今略明之。

照以永泰二年四月十五日，於南岳弥陀臺，廣發弘願，唯爲菩提，爲諸衆生，更無所求。盡此一形，每夏九旬，常入般舟念佛道場。其夏以爲初首，既發願竟，即入道場，勇猛虔誠。至第二七日夜，獨在此臺東北道場内，其夜三更，自作念言："只今現有十方諸佛净妙國土諸菩薩衆，常聞無上甚深妙法，具大神通，度無量衆。而我不預斯事，莫不由我惡業罪障深重，不入聖流，不能廣度無邊衆生，甚自傷嘆。"作是念時，不覺悲淚，哀聲念佛。正念佛時，有一境界，忽不見道場屋舍，唯見五色光明雲臺，彌滿法界。忽見一道金橋，從自面前，徹至西方極樂世界，須臾即至阿弥陀佛所。頭面作禮阿弥陀佛所，

① 將，録本訛作"捋"，據底本改。

頭面作禮阿弥陀佛。[□□□□][阿弥陀佛]①歡喜微笑，告法照言："我知汝心實欲至，爲利樂有情，無一自利。善哉！善哉！能發斯願！我有妙法無價珍寶，今付囑汝。今將此法寶，於閻浮提，廣行流布，普利天人。無量衆生，遇斯法寶，皆得解脱。"法照白佛言："有何妙法？唯願説之！唯願説之！"佛言："有一無價梵音五會念佛法門，正興彼濁惡世。今時末法一切衆生，機感相應，聞汝暫念，皆悉發心。如是《無量壽經》説寶樹五音聲，即斯五會佛聲是。以是因緣，便能稱念佛名，報盡定生我國。汝等未來一切貧苦衆生，遇斯五會念佛無價寶珠，貧苦皆除。亦如病得藥，如渴得漿，如飢得食，如裸得衣，如闇遇明，如過海得船。如遇寶藏，必獲安樂。何以故？彼諸衆生，遇斯法寶，便能念佛，即此一生，定超苦海，登不退轉，速具六波羅蜜一切種智，疾得成佛。受勝快樂，亦復如是。"言訖，彼佛國界，佛菩薩衆，水鳥樹林，皆悉五會念佛誦經。法照粗記少分，而白佛言："今蒙世尊加被，付囑此法。若有疑心、不依行者，永劫沈淪，不生净土。若依行之已後，未審一切衆生見聞之者發菩提心、念佛名號不？入深禪定不？疾證菩提不？有大利益不？"阿弥陀佛言："汝但依此五會念佛誦經之時，我此國土，水鳥樹林，諸菩薩衆，無量音樂，於虚空中，一時俱和念佛之聲，令於一切之處人、非人等，亦不勞汝一一親自化之，但見聞者無不發心，歡喜信受，而便念佛。至命終時，我來迎接，決定有大利益。已後應知。"言訖，忽然還見自身而在道場。覩斯境界，悲喜勇躍，依教念佛。自爾已來，迄至于今，果如先説，疑網悉除。願此世、當來，常於惡世，以斯妙法，廣度衆生，咸登極樂，速得成佛。幸諸有緣見聞之者，勿懷疑謗，必墮泥犁。

問曰：如前念佛法事，聖有明文，信矣！今此土像末凡夫見佛之人，教在何證？

答曰：自下當爲廣引聖教，以明斯旨，即疑網②必除。故《觀經》云："佛告阿難及韋提希：'諦聽！諦聽！善思念之。如來今者，教韋提希及未來世一切衆生爲煩惱賊之所苦者，説清净業。善哉韋提希！快問此事。阿難！汝

① "阿彌陀佛"四字底本、録本無，據文意補。

② "網"字録本訛作"細"，據底本改。

當受持,廣爲多衆宣説佛語。如來今者,教韋提希及未來世一切衆生,觀於西方極樂世界。以佛力故,當得見彼清净國土,如執明鏡自見面像。'”乃至:“佛告韋提希:'汝是凡夫,心想羸劣,未得天眼,不能遠觀;諸佛如來有異方便,令汝得見。'”又云:“有憶想者。必得成就。”又《華嚴經》:“念佛三昧必見佛,命終之後生佛前。”

又,《賢護經》云:“爾時賢護白佛言:'我今欲得諮問心所疑,不審聽不?'佛言:'恣汝所問。'爾時賢護白佛言:'云何住此佛刹,遍見十方諸佛,聽聞正法,非但未得六通,亦未得五通,亦未捨此世界身,亦未生彼諸佛國;唯住此土,見餘世界諸佛,悉聞宣説正法,一切聽受,如説修行,得大功德也?'爾時世尊告賢護言:'今有菩薩思惟諸佛現前三昧,若有修習如是三昧,當得成就諸功德。'賢護白佛言:'世尊!唯願説此菩薩現前三昧,令此世間天、人利益安樂。'佛言:'賢護!成就此三昧者,諸佛皆現在前,其心不捨,勝上智慧,度脱衆生,承事供給諸善知識,起諸佛想。'賢護云:'何爲思惟諸佛現前三昧?'

佛言:'若有比丘、比丘尼、優婆塞、優婆夷,清净持戒,獨處空閑思惟:阿弥陀如來今在西方去此百千億佛國,有世界名曰“安樂”,今現在説法。是人觀察,了了分明,見阿弥陀佛,譬如夢中見種種事。是人悟已,念所夢見,爲他廣説。賢護!善男子、善女人,端坐專心,想彼阿弥陀如來相好威儀,如是大衆説法,一心不亂。或一日一夜,或七日七夜,如先所聞具足之。是人必見阿弥陀如來。賢護!如人遠行,夢見本家,不知爲晝爲[□][夜][①],不知爲内爲外。是人爾時,所有眼根墻壁山石,乃至幽闇不爲礙也。賢護!三昧心無障礙,亦復如是。但在此世界中,積念薰修,久觀明利,故得見彼阿弥陀佛在菩薩會中,或見自身在彼聽法。聞已憶持,或時禮拜、供養彼阿弥陀佛。是人出觀已,如所見聞,爲他廣説。賢護!彼善男子、善女人欲思惟諸佛現前三昧,於此世界中暫得聞彼阿弥陀名號,而心不亂,分明覩見阿弥陀佛,是爲成就諸佛現前三昧。得見佛故,即問阿弥陀佛言:“成就何法,得生此國?”弥陀佛言:“若人求生者,心常正念阿弥陀佛,便得生也。”'

賢護菩薩復白阿弥陀佛言:'云何念佛?'

---

① 夜,底本、録本無,結合文意,據《大方等大集經賢護分》[T13n0416p875c21]補。

彌陀佛告言:‘汝欲正念佛者,當念阿彌陀佛有三十二相,八十隨形好,身真金色,放大光明,坐蓮華座,衆中説一切法本來不壞;是名“正念諸佛現前三昧”也。賢護!若在家、出家人,若從他聞,至心欲見,念念不亂,即見彼佛純金色。賢護!彼佛无来无去,唯心所作,還見自心。若成就諸佛現前三昧者,欲見隨念即見。何以故?有三因緣:一者緣此念佛三昧,二者緣彼佛願力加持,三者善根純熟。具三因緣故,即見彼佛,不用多功,見已歡喜。’

爾時賢護白佛言:‘我等於如來滅後後五百歲末法沙門顛倒時、正法欲滅時、誹謗正法時、破壞正法持戒損減時、破戒增長時、正法損減時、非法增長時、衆生邪見時,能於如來所説妙三昧,思[①]惟義理,爲他廣説,心不知足。是故我聞佛説未來世中,正法壞滅,悲哀泣淚,而白佛言:“能於如來所説受持者,我皆攝護,令得增長。”’

爾時世尊,即便微笑,放金色光,遍照十方諸佛國土,還至佛所,右遶三周,從頂上入。大衆歡喜。”

又《禪祕要經》説:“爾時佛會中有禪難提比丘,而白佛言:‘如來今者現在世間,利安一切。佛滅度後,諸四部衆有業障多者,若正念時,境界不得現前。如是煩惱及一切罪,犯於小罪乃至重罪殺生邪見之罪,欲懺悔者,當云何除滅是罪?’説此語已,[□][如][②]太山崩,五體投地,頂禮佛足:‘唯願爲我解説,爲未來生衆,恒得正念,不離賢聖。’爾時世尊由如慈父慰喻其子,告言:‘善男子!汝行慈[□][心][③],爲未來衆生,問除罪法。善哉!諦聽!當爲汝説。’佛告禪難提及敕阿難:‘汝等教未來衆生罪障業多者,爲除罪故,教令念佛。以念佛故,初見一佛,乃至十佛。見佛已,心轉明利,三十二相,皆使明了。’又,佛告禪難提及敕阿難:‘佛滅度後,諸四部衆欲懺悔者、欲滅罪者,佛雖不在,教正念觀像者,諸惡罪障,速得清净。觀此像已,又教觀像。

---

① 思,録本訛作“界”。按:底本於“界”字下半“介”旁注一“心”字,意即“界”乃“思”之誤書。[隋]天竺三藏闍那崛多譯《大方等大集經賢護分》:“能於如來所説經典妙三昧中讀誦,受持,思惟義理,爲他廣説。”[T13n0416p884b14—15]可资比勘。

② 如,底本、録本無,結合文意,據《禪祕要法經》[T15n0613p255a14]補。

③ 心,底本、録本無,結合文意,據《禪祕要法經》[T15n0613p255a18]補。

齊(臍)[1]中請[2]放一光,其光金色,分作五枝:一光照左,一光照右,一光照前,一光照後,一光照上。如是五光,光光之上皆有[□][化][3]佛,佛佛相次,滿虚空中。見此相時,極使明了。'佛告難提:'此名"觀佛三昧",亦名"念佛定",亦名"除罪業",亦名"救破戒者"。'佛告阿難:'汝好持是觀佛三昧灌頂之法,爲未來世衆生,當廣分别,在於密處,使心不散,如前觀佛。'"

又如《涅槃經》説:"佛言:'善男子!善女人!能如是念佛者,若行住坐卧,若晝,若夜,若明,若闇,常得見佛。'"

聖教既有明文,只説今時像末已後,濁惡世中五苦衆生罪根深者,唯念佛力,即能除得罪根,必離憂惱,生死永斷。若不念佛,何以得見阿弥陀佛極樂世界?《無量壽經》及諸部《方等》,明此方、他方諸菩薩衆生彼國者,如駛雨下,不知其數。且菩薩位階聖果,尚念佛名,願生净土,親奉弥陀;况諸具縛凡夫,煩惱一毫未能斷得,若不樂乘佛願力、自力,盡未來際,沈淪惡趣,豈有出期?何得見佛?自佛滅後,龍樹、天親亦修念佛三昧,皆著讚頌,並往净方。又,佛法東流,晋時有廬山慧遠大師與諸碩德及謝靈運、劉遺民一百二十三人,結誓於廬山,修念佛三昧,皆見西方極樂世界。又,梁時有並州玄中寺曇巒法師,亦修念佛三昧。至陳、隨,廬山珍禪師,天台智者大師,長安諸大德,叡法師,乃至今時唐朝一百年前西京善導和上,并州文水縣玄中寺道綽和上、慈愍三藏等,數百高僧,《般舟》、《方等》,歲歲常行,十六妙觀,分時繫習,咸覩西方靈相極樂世界衆寶國土,難以具陳。聖教記傳,並有明文,豈虚構也?如此光德,豈非凡夫修念佛三昧,得見彼極樂世界?故《觀經》云:"以見佛故,名'念佛三昧'。"既有斯教,許佛滅後,苦惱衆生但修念佛三昧者,皆見彼佛,何妨法照、今時道俗及未來一切衆生,修此念佛三昧,寧容不得見佛?斯有何錯[4]?但依教修行,即名"正觀"。普告未來一切道俗衆等及十方法界衆生:與此净土五會念佛教門有緣、修行念佛三昧、學此净土法事

① 結合文意,此"齊"乃"臍"之借字。[清]朱駿聲《説文通訓定聲·履部》:"齊,叚借爲臍。"該字《禪祕要法經》[T15n0613p256a25]亦作"臍",可參。

② 請,《禪祕要法經》[T15n0613p256a25]作"便"。

③ 化,底本、録本無,結合文意,據《禪祕要法經》[T15n0613p256a27]補。

④ "何錯"二字録本訛作"錯何"。按:底本"錯何"二字間有一乙鈎號,茲據改。

者，及修一切佛法作大佛事、除爲名利造諸惡法、若至求菩提爲度衆生者，法照生净土已，誓來示爲同類、同學、伴侣，常當守護此人。正修學時，若有諸魔鬼神及諸惡人水、火、毒、藥如是諸難來惱行人，行人但於爾時至心稱念“法照”名字，一聲、多聲，應念即至諸行人所，而爲外護，立有微感，令彼諸惡應時散滅，發菩提心，稱念佛名，同歸净土，證不退轉，速得成佛。盡未來際，無有休息，誓當守護一切佛法，及此五會念佛净土，速疾要門，令不斷絶。願承此速入真如無相海中，具一切智。此願如虚空，普遍於一切。不得是願者，誓不成佛道。若發此願虚，願身便紅爛，命終墮地獄，不生於净土。應知[①]。

净土五會念佛誦經觀行儀卷中。

净土五會念佛誦經觀行儀卷下[②]

南岳沙門法照撰

此下一卷讚，從第八“讚佛得益門”分出，衆等盡須用第三會念佛和之。其讚文行人總須誦取，令使精熟，切不得臨時執本讀之。亦通大會作法事誦之。若非大會日，餘一切處誦讚念佛和之，並得廣略，必須知時。應知。

依《無量壽觀經》讚(二十八偈)

釋法照述

釋迦住在靈鷲山(阿弥陀佛)，爲化娑婆出世間(阿弥陀佛，後讚[③]有“阿弥陀佛、阿弥陀佛”)。

菩薩聲聞無量衆(阿弥陀佛)，初欲聞經意未閑(嫻)(南無弥陀佛)。

阿闍太子在王城(准前和)，興逆徒囚父母形(已後讚諸依前第三會念佛和之)。

① 知，録本訛作“名”，據底本改。

② 卷下據《大正藏》以伯 2250 號爲底本。校本：甲本，伯 2963 號；乙本，羽 704v 號。

③ 讚，録本訛作“須”，據底本改。

韋提悲泣歸依佛，求願不聞諸苦名，深心不樂閻浮界，實爲多諸鬼畜生，

唯願慈悲力指授，他方净土誓經行。

釋迦如來知彼念，須臾没在至王宫，乃放眉間金色照，韋提障盡覩真容。

諸餘净刹雖無量，白佛唯生極樂中，願見弥陀疾授記，刹那便證六神通。

世尊微笑生歡喜，口中即施五神光，其光遂照娑羅頂，隨機證果亦何妨？

佛告韋提："汝知不？弥陀去此亦非遥，促當勤修三福行，臨終迎子上金樓。

亦爲未來諸大衆，五濁凡夫至惡人，促使迴心觀彼國，能令净業斷貪嗔。"

於是韋提更有疑，如來今[①]説："汝應知：據汝凡夫實未得，爲承諸佛大慈悲。"

既聞説已生歡喜："復爲今時五苦人，云何當見弥陀界，相好光明微妙身？"

世尊爲説初觀日，竟令注想向西方，智者必須依此觀，曠劫塵沙罪滅亡，

罪滅身心必清净。次應想水易成冰，須臾便見琉璃地[②]，黄金界道以爲繩，

寶池[③]澄澄千仞深，明珠間錯是黄金，花雨紛紛隨處下。能入道者發真心，

瓊林寶樹七重行[④]，處處[⑤]垂珠異色光，光中無數摩尼殿，諸天童子散花香。

---

① 今，録本訛作"令"，據底本改。

② 地，録本作"池"，據底本改。該字《净土五會念佛略法事儀讚末》[T47n1983p486c31]亦作"池"，可參。

③ 池，底本作"地"，録本校作"池"，是。該字《净土五會念佛略法事儀讚末》[T47n1983p486c31]亦作"池"，可參。

④ 行，録本訛作"光"。按：底本作"行行"，有一"行"字乃誤衍，書手發覺後旋於前一"行"字旁施一廢棄號"卜"。又，該字《净土五會念佛略法事儀讚末》[T47n1983p487a2]亦作"行"，可參。兹據正。

⑤ "處處"録本訛作"行處"。按：底本"處"下實有一重文號，《大正藏》校録者不察，爲湊成七字，復又將本屬上句的"行"字移入此句。兹據底本正之。此二字《净土五會念佛略法事儀讚末》[T47n1983p487a2]正作"處處"，可參。

極樂城中七寶地，蓮花光色不思議，花開總是摩尼水，唯歎娑婆去者稀。

瓊林寶開紫金光，赫奕蓮輝照十方，白玉池邊聞妙法，蓮花葉裹更飛香。

弥陀無數寶城樓，恒沙菩薩四邊遊，各各持花供養佛，塵勞永斷更何憂。

碧玉樓中花坐開，黄金作葉寶爲臺，摩尼幢上真珠網，莊嚴至意爲如來。

寶像瑠璃内外明，六通如意覺自輕，心須子細勤觀想，想成便即悟无生。

弥陀光光廣無邊，普照群生度有[①]緣，但[②]有須心能念佛，當來决定離人天。

觀音補處不思議，無邊世界現希奇，假令念者皆生樂，頂戴弥陀尊重時。

勢至菩薩甚難量，雄雄猛利廣無方，頂上寶瓶光顯照，幽途永得離無常。

觀身自見往生時，蓮花寶座不經遲，水鳥樹林皆説法，弥陀迎接更無疑。

如來神變不思議，大小隨緣感赴機，衆等頃[③]心勤念佛，寶池寶内正無爲。

行業精誠須轉高，上品之人稱姓豪，百法門中歡喜地，金剛妙定自堅牢。

念佛之人須至誠，弥陀决定自親迎[④]，到彼花開蒙授記，登時聞[⑤]法悟無生。

十惡五逆至愚人，永劫沈淪在六塵，一念稱得“弥陀”號，至彼還同法性身。

世尊説已向耆山，阿難聞教廣宣傳，大衆傾心皆頂戴，還將此法利人天。

依《阿弥陀經》讃（十六偈）

釋法照（和准前定）

釋迦悲智廣無邊，先開净教利人天，菩薩聲聞無量衆，其時聽在給孤園。

---

① 有，録本訛作“存”，據底本改。

② 但，録本訛作“促”，據底本改。

③ 頃，録本訛作“須”，據底本改。“頃”字後作“傾”。“頃心”即“傾心”，指盡心、誠信。該字《净土五會念佛略法事儀讃末》[T47n1983p487b11]正作“傾”。

④ 以上乙本殘。

⑤ 聞，録本訛作“開”，據底本改。該字乙本亦作“聞”，可助勘。

初告聲聞舍利子:“吾今欲説汝應聽:去此西方十万億,弥陀寶國紫金形。

其國衆生極妙樂,永劫不聞諸苦名,勸汝當今稱彼佛,須臾即至寶蓮城。

瓊林實樹七重欄,衆等當須審諦觀,珠網層層千萬億,能令見者得心安。

弥陀净刹不思議,處處渠流七寶池,池中總是摩尼水,晝夜花開无盡時。

四岸琉璃碧玉成,香風拂體覺身輕,寶閣樓臺千万億,無邊菩薩盡經行。

心心稽首法王家,專想弥陀發道芽,碧玉樓中聞妙法,黄金地上散天花。

衣裓持花十万億,聖衆塵沙受供同,一念還歸極樂國,永絶胞胎證六通。

净國弥陀寶鳥音,聞者皆生念佛心,此鳥實[①]非三惡趣,爲令宣演法幽深。

香風時動寶林鳴,處處唯聞念佛聲,聲中皆説無邊法,能令聽者證無生。

弥陀壽量豈能知?國中人衆亦如斯,到彼皆同跋[②]致位,永超生死證無爲。

善根福少理難容,七日須成净土功,念念頃心[③]於彼國,刹那便即坐蓮宫。

弥陀願力不思議,莊嚴净土甚希奇,六方諸佛同時讚,意令諸子斷孤疑。

人命無常如刹那,永劫沈淪惡趣多,急急須專念彼佛,共汝相將出愛河。

諸佛同心歎釋迦,能於苦海度人多,一一總令專念佛,生生常得見弥陀。”

如來説已阿難宣,普化群生被有緣,衆等傾[④]心須頂戴,弘斯净教廣流傳。

---

① 實,底本、録本作“寶”,結合文意,據乙本改。該字《净土五會念佛略法事儀讚末》[T47n1983p487c31]正作“本”。

② “跋”字録本訛作“趺”,據底本、乙本改。

③ 頃,録本作“傾”,據底本回改。“頃”字後作“傾”,“頃心”即“傾心”。參前注。

④ 頃,録本作“須”,據底本、乙本改。

歎散花供養讚

釋神英

昔有仙人名"善惠(慧)",一時買得五莖花,持將供養定光佛,因花果號"釋迦"尊。

諸經皆説妙伽他,散花供養福田多①,但以一花散一佛,因花盡得見弥陀。

今時智者見經文,佛説花爲成佛因,便即散花供養佛,仍將花度有緣人。

紛紛正見散花時,片片青蓮②空裹飛,一一争前將手棒,人人收得裓盛歸③。

空中片片雨天花,散著人人發道芽,但使勤勤花供養,福田一一遍恒沙。

花飛颯颯遍虚空,翠葉翩翩滿界中,浙(淅)④瀝如馬和雲下,繽紛送子入蓮宫。

蓮花欝欝甚寬平,花上群群菩薩行,時時散花供養佛,往往宣揚五會聲。

般般聖衆裓盛花,人人歷供遍恒沙,一一食時還本國,行行不離世尊家。

時時天雨萬般花,處處皆能發道芽,一一持將奉諸佛,朝朝恒在法王家。

百寶鮮花隊隊飛,空中讃歎不思議,若有衆生能獻⑤者,當來决定證⑥无爲。

金剛臺上説真宗,西方菩薩盡皆同,散花供養無休息,皆生花上具神通。

氛氳⑦香氣轉綿綿,花去花來花更鮮,清旦常持他⑧國獻,食時還到世尊前。

---

① 多,録本作"名",據底本、乙本改。

② 蓮,録本訛作"運",據底本改。

③ 以下乙本殘。

④ 浙,底本同。按:敦煌卷子中"扌"旁"木"旁相亂,此"浙"乃"淅"之俗體。

⑤ 獻,録本作"厭",據底本改。

⑥ 證,録本訛作"澄",據底本改。

⑦ 氳,録本作"氛",據底本改。

⑧ 他,録本作"外",據底本改。

净土五會讚(通一切處誦)

釋法照

第一會時除亂意，第二高聲遍有緣，第三響颺能哀雅，第四和鳴真可怜，第五震動天魔散，能令念者入深禪。五會聲中十種利，爲令學者用心堅。

妙音五會摩尼寶，能雨無邊聖法財，智者必須依此學，臨終一念坐蓮臺。

寄語現前諸大衆，五會念佛利無窮，今日道場同行者，相將定取坐蓮宫。

五會聖教是真宗，定捨娑婆出苦籠，衆等發心迴願往，西方世界獲神通。

寶樹森森是翠林，微風五會演清音，花雨六時隨處下，見聞之者發真心。

衆等今時發信心，聽説弥陀五會音，專求不妄稱名字，迎將極樂坐化林。

五會合響讚池城，樓臺欝欝映雲青，瑠璃七寶金繩界，處處唯聞念佛聲。

弥陀五會是舟船，永劫常於苦海傳，但使聞聲皆解脱，定超生死離人天。

極樂五會讚

寶偈分明化有情，觀經妙讚定中成，五會閻浮流布廣，相期極樂五(悟)①無生。

弥陀寶讚實堪傳，恒爲衆生作法船，五會佛聲聞解脱，一時盡得坐金蓮。

西方五會遍娑婆，意在衆生念佛多，寶國華開千萬億，聞名去者幾恒河!

千般伎樂遶金臺，百寶蓮花出水開，五會聲聲須急念，臨終一一盡迎來。

無邊化佛紫金身，守護流傳五會人，念念弥陀心不退，翩翩寶坐自相親。

---

① 結合文意，此“五”當爲“悟”之訛省。該字《净土五會念佛略法事儀讚一卷》[T47n1983p488c11]即作“悟”，可參。

歎五會妙音讚

弥陀五會響雄雄，智者傳來五濁中，五苦聞聲皆得樂，乘斯五會入蓮宮。

智者慈悲開五會，五會意將除五燒，五燒既因五會滅，皆乘五會出塵勞。

雄雄五會響清深，隱隱雷聲寫妙音，聖衆相將同讚歎，但是人聞皆發心。

西方微妙五音聲，將來五濁救衆生，五取聞名皆解脱，五會引到寶蓮城。

泠泠五會出衡山，隱隱如今遍五天，五衆咸言"將利樂"，末法仍留五百年。

弥陀五會貫人心，哀怨慈聲屈曲深，《無量壽經》如此音，寶水長流演妙音。

五會響颸出雲霞，清音寥亮滿恒沙，朝朝暮暮常能念，世世生生在佛家。

香風颯起觸人身，吹將五會蕩貪嗔，五音兼能净五蘊，聞名永劫離囂塵。

西方皷樂及絃歌，琵琶簫笛雜相和，一一唯宣五會法，聲聲皆説六波羅。

極樂欣厭讚

釋靈振

釋迦昔日同凡夫，歷劫苦行守真如，成佛往來八千返，蒼生元未出閻浮。

閻浮衆生實苦哉，遞代相送哭[①]哀哀，暫得人身還卻去，須臾萬[②]劫不迴來。

沙門靈振自長呼："無常厭恨在閻浮，不見如來興出世，今逢末法落凡夫！

自嗔自恨自推尋，万劫千生罪障深，生生不見越三界，輪迴六道至于今[③]。

① 哭，録本訛作"坐"，據底本改。

② 萬，録本訛作"満"，據底本改。

③ 今，録本訛作"令"，據底本改。

研心性相苦推窮，檢尋聖教自圓融，雖得丈夫披法服，不那生於末法中。

末法去聖漸迢遥，行門若個獨能超，今生但念弥陀佛，必免[1]沈淪[2]火宅燒。

念佛能爲急要門，得出閻浮何可論，若人不信生疑惑，自看聖教勘經文。

經文專遣念弥陀，急要之門更不過，但能深信無疑惑，今生便得出娑婆。

弥陀經上自稱揚，七日專念往西方，六萬恒沙諸佛讚，功德咸言不可量。

七日念佛常如斯，何況盡命至心持，諸餘功德無倫疋，速疾之門唯佛知。

衆生欵欵審思量，地獄三途難可當，一失人身經萬劫，緣何不樂往西方？

西方極樂鎮歡娱，直與天堂萬倍殊，普告衆生須速往，緣何苦死戀閻浮？

閻浮五濁足貧窮，一切因緣有始終，苦海無涯無底莫，千軍萬衆没其中。

西方極樂樂無窮，水馬和音説大乘，菩薩天人無中夭，真言成佛是爲終。

閻浮田地足丘坑，山岳堆阜不均平，只爲人心多不善，一切雜惡在中生。

西方極樂掌中平，一無堆阜及丘坑，瑠璃作地黄金界，雜色蓮花遍滿生。

閻浮大海衆江河，魚鼈黿鼉甚似[3]多，一朝雨墮衡山谷，漂流雜惡苦相和。

西方極樂七寶池，八功德水不思議，底有金沙岸香樹，蓮化(華)[4]涌出化生兒。

閻浮託報女人胎，生熟二藏裹孾孩，亦至平安仍未語，無明人我逐身來。

西方净土有孾孩，一一託報出蓮臺，親見如來説妙法，自然解脱悟心開。

閻浮草木衆聚林，高者無過五十尋，不得多年心朽爛，戀成灰土不堪任。

西方極樂七寶林，五百萬里上餘侵，微風吹動千般樂，皆説如來解脱音。

閻浮日日炙人傷，婉轉輪迴不定常，出没之時有明夜，不免[5]狂雲所翳光。

---

① “必免”二字録本訛作“亦兑”，據底本改。

② 淪，録本訛作“論”，據底本改。

③ 似，録本訛作“以”，據底本改。

④ 結合文意，此“化”當爲“華”之訛字，當涉下“化”字而誤書。該字《净土五會念佛略法事儀讚一卷》[T47n1983p480b7]即作“華”，可參。

⑤ 免，録本訛作“兑”，據底本改。

西方極樂無邊光，亦無明夜鎮恒常，得我如來一毛孔，更蓋光明遍十方。

閻浮父母及妻兒，香火恩[①]情能幾時，縱得團圓終不久，須臾即見有分離。

西方極樂不如斯，弥陀如來是大師，菩薩人天爲聖友，同受歡娯無別時。

閻浮極苦苦無邊，男女恩愛命相連，旦[②]暮多求恐不活，無暇歸真慕善緣。

西方極樂樂無邊，不愁男女及錢財，須衣羅綺千里至，念食百味在傍邊。

閻浮男子女人身，同受四大兩[③]般人，彼此結心成地獄，須臾萬劫永沈淪。

西方極[□][樂][④]無女人，生者皆同菩薩身，總證三明八解脱，一生補處離囂塵。

閻浮世界足錢財，一一皆從苦還(裹?)[⑤]來，得者榮身不作福，三途一閉遣誰開?

西方極樂樂咍咍，不顧閻浮不净財，舍宅園林離即有，衣裳百味遂心來。

閻浮五濁是凡人，託報不得自由身，妻子從頭索衣食，差科[⑥]不辨所由瞋。

西方極樂没凡人，亦無妻子及慈親，生者皆登菩薩位，總證金剛不壞身。

閻浮世界學修禪，雜惡之處足攀緣，流浪狂心難把捉，由如大海簸舟船。

西方極樂不如然，上品生者世尊前，得我如來一言教，百法明門自曉然。

閻浮説法度衆生，唯聽文句不依行，讚嘆隨心舉合掌，違情觸著起無明。

西方説法度衆生，水鳥絃歌空裹鳴，聞者皆言念三寶，更無餘外别修行。

閻浮世界不堪停，西(惡)[⑦]業因緣每月盈，縱饒作得些些善，不覺地獄向

---

① 恩，録本訛作“思”，據底本改。

② 旦，録本訛作“且”，據底本改。

③ 兩，録本訛作“雨”，據底本改。

④ 樂，底本、録本無，據文意補。

⑤ 此字原卷作“遝”，似爲“裹”之增旁俗體。待考。

⑥ 科，録本訛作“别”，據底本改。

⑦ 西，此當爲“悪”之訛省。《玉篇·心部》:“悪”，同“惡”。該字《净土五會念佛略法事儀讚一卷》[T47n1983p480a22]正作“惡”，可參證。

前[1]成。

西方净土實堪停，長劫不聞諸苦聲，鼓樂絃歌空裏滿，一一皆言“解脱”名。

閻浮持戒足無明，由如白日闇中行，作意向前欲還道，不覺失腳落深坑。

西方極樂樂轟轟，亦示[2]衆苦及修行，親見弥陀説妙法，聞者悟解證無明。

衆生念佛喻乘船，假我如來增上緣，七日七夜專心念，即敵餘心數百年。

衆生欲得出凡籠，急急專求念佛功，七日稱名生彼國，若比餘門定不同。

但知念佛莫生疑，不解之輩是愚癡，只爲超昇令速疾，此地凡夫信者希。

衆生念佛佛來迎，無常了了甚分明，彈指即到如來所，他方歷供證無生。

西方極樂鎮歡娱，釋迦所説豈傳虚，普勸有情生彼國，何得苦死戀閻浮？

專心念佛莫朦籠，定得西方不棄功，即今且在凡夫境，無常即獲六神通。

西方寶殿寶池亭，樹木水鳥解人情，鸚鵡和鳴讚三寶，聲中顯出大乘經。

西方寶樹寶根莖，寶花寶網甚分明，寶葉行行相間錯，寶果重重出化生[3]。

寶池寶岸寶蓮花，寶階寶底寶蓮花，下生雖有離身障，菩提不發自生牙(芽)。

花幢百億遶金臺，光明寶座座(坐)[4]如來，普爲衆生説妙法，群生聞者悟心開。

朝朝暮暮念弥陀，爲在閻浮降衆魔，暫到西方親見佛，還來度脱此娑婆。

西方净土最爲精，空中作樂萬般聲，衣食自然隨意至，保無食者受其馨。

西方盡夜雨天衣，寶殿空裏逐身飛，百味一念隨心至，何故衆生去者稀？

---

① 前，録本訛作“刹”，據底本改。

② 示，録本訛作“亦”，據底本改。

③ “寶果重重出化生”七字録本作“寶葉重出化生”，與上下文七字句不諧。按原卷“重”後實有一重文號，《大正藏》本失校。“葉”字本應作“果”，當係涉上句“寶葉行行相間錯”而誤書。今結合文意，據《净土五會念佛略法事儀讚一卷》[T47n1983p478b27]改。

④ 座，此作動詞，與“坐”同。

極樂莊嚴讚

釋法照

弥陀願行廣無邊，悲濟群生普盡怜，總欲化令歸本國，衆生罪業共無緣。

觀音菩薩大慈悲，能於苦海現希奇，紫金身相三十二，頂戴弥陀尊重時。

勢至菩薩甚難思，紫金身相等無虧，頂上寶瓶光顯照，普收念佛往生機。

自慶往昔宿緣深，得遇弥陀净教音，執持名號無休息，報盡臨終身紫金。

我常自嘆苦精勤，希聞無上法清真，須共無明賊[①]鬪亂，誓當破滅取金身。

一念凝神往寶城，六通起意覺[②]身輕，足踏千葉蓮花上，明月魔(摩)尼樹下行。

弥陀净刹甚精微，彼處娑婆人豈知？曠劫沈淪於苦海，何年得遇往生時？

極樂寶國無衰變，碧玉樓臺天自然，磨尼明月琉璃水，光照池臺真可怜。

極樂寶界甚希奇，寶爲名生來不知，今日喜遇弥陀号，頓捨裟婆去者稀。

弥陀寶界不思議，唯嘆娑婆去者稀，阿鼻地獄人名往，一墮何年更出時？

歸去來！歸去來！閻浮五濁足塵埃，不如西方快樂處，到彼花臺隨意開。

厭此娑婆願生净土讚

慈愍和上

遍觀三界咸皆苦，凡夫耽著事輕盈，欲海業風波浪鼓，出没何曾有暫停？

---

① 賊，録本訛作“時”，底本原作“賤”，旁改爲“賊”。兹據正。該字《净土五會念佛略法事儀讚一卷》[T47n1983p489a20]正作“賊”，可參證。

② 覺，録本訛作“學”，兹據底本改。該字《净土五會念佛略法事儀讚一卷》[T47n1983p489a21]正作“覺”，可參證。

沈淪惡趣經多劫，時往人天一度行，癡貪愛取貪諸有，六道輪迴死復生。

上生非相還來下，隨入然(燃)燒万丈坑，劍樹分身心膽碎，那堪拔舌鐵犁耕？

今日至誠歸命禮，弥陀兩足世間明，唯願慈悲垂攝受，毫光攝受得開萌。

稱名念佛聲相續，七寶花臺聖衆擎，能於彼國常翹仰，臨終亦定佛親迎。

歸向西方讚

三界無安如火宅，四衢露地絡塵埃，厭住死生居骨肉，何能五蔭處胞胎？

正值今生發道意，稀逢净土法門開，願得西方安養國，弥陀聖衆要相携。

定散二門能得往，精塵九品盡乘臺，到彼三明八解脱，長辭五濁見如來。

念佛之時得見佛讚

念佛一聲一化佛，皆從口出生紅蓮，念佛千聲千化佛，跏趺正坐在吾前。

一日常稱一万佛，計佛高低出梵天，願我臨終值諸佛，迎將净土證三賢。

校量坐禪念佛讚

如來説法元无二，只是衆生心不平，修禪志願[①]禪心净，念佛唯求化佛迎。

一個駕車山上走，一個乘舡水裏行，山水高低雖有異，成功德理兩俱平。

高聲念讚

釋法照

第一能排除睡障，意令諸子離重昏，障滅身心必[②]清净，更見西方百

① 願，録本訛作"發"，據底本改。

② 必，録本訛作"亦"，據底本改。

寶門。

第二動振天魔界，令遣心歸念佛門，但使魔宫聞一念，因慈永劫奉慈尊。

第三聲遍十方界，爲令惡取(趣)苦皆停，一一能聞無量壽，咸登净國任[①]經行。

第四三途幽苦息，須臾變作寶蓮成，罪人盡處花間坐，登時聞法悟無生。

第五無令外聲入，心心直往法王家，光明長照琉璃殿，化生同子散金花。

第六妄念心無散，弥陀净刹想中成，寶樹林間宣妙法，聲聲唯讚大乘經。

第七勇猛勤精進，無明塵埃自消除，念念常觀極樂國，弥陀慈主贈明珠。

第八諸佛皆歡喜，當來護念信心人，一一咸令不退轉，臨終證得紫金身。

第九能入深三昧，寂滅無爲[□][無?][②]漏禪，念時無念見諸佛，永超生死離人天。

第十由具諸功德，恒沙福智果圓明，臨終净國蓮花坐，弥陀聖衆自親迎。

極樂寶池讚

琉璃爲地暎[③]池青，念念頃[④]心至寶城，東城之人窮子苦，若生極樂樹珠瓔。

衆生念佛莫狐疑，决定西方七寶池，每月課功千万遍，迴願弥陀早已知。

寶臺樓閣甚精微，到彼西方應自知，努力迴心多念佛，蓮花臺上共爲期。

清净池裏寶蓮臺，净刹香林暎[⑤]日開，慈主巍巍金色笑，盡收念佛往生來。

弥陀净土甚難思，求者心中莫致疑，狀似雲中開浪日，超然獨坐寶蓮時。

西方慈主甚巍巍，濁惡愚人豈得知？百寶合爲千尺樹，摩尼明月照金池。

---

① 任，録本訛作“住”，據底本改。

② 結合文意，此處似脱一“無”字。待考。

③⑤ 暎，録本作“映”，據底本改。

④ 頃，録本作“須”，據底本改。

鴻鸞宛轉遶池遊，諸天歌讚甚清幽，簫管空中爲梵響，聞者咸同法性流。

池臺樓閣巧能粧，珠珍寶樹自成行，碧水恒流於玉樹，瓊珂葉裹放金光。

七寶蓮花出水來，氛氳菡萏正能開，課功作意由人進，念佛多者紫金臺。

念佛之人求願往，直至西方七寶池。

六道讚

欲知何處苦偏多，唯有㢟犂更不過，罪人一入[①]經塵劫，受苦從頭無奈何。

渴飲鎔銅登劍樹，飢飡[②]猛火度灰河，願離此苦生安樂，求生净土見弥陀。

思惟餓鬼實堪怜，遍體由來猛火燃，兩耳不聞"漿水"字，一身唯有骨相蓮(連)[③]，

值食將飡[④]便作火，臨河欲飲見枯泉，願離此苦生安樂，長處西方坐寶蓮。

迷塗一配畜生身，逕歷多年受苦辛，嚴冬露地居寒雪，盛夏當街卧閤塵，

衣裳盡用皮毛覆，飲食唯將水草珍，願離此苦生安樂，長處西方坐寶蓮。

人身雖復甚難求，得已還生萬種憂，始見紅顔花欲茂，俄然自(白)[⑤]髮颯成秋，

魂飛魄散身歸塚，命盡形銷肉糞坧，如何不樂生安樂，永坐金臺佛國遊?

修羅諂詐性頑豪，善根併被有疑燒，由此身同鬼受苦，沈淪長劫處塵勞，

由因不信墮修羅，鬪戰相諍受苦多，願捨狐疑生净國，西方長得近弥陀。

諸天快樂不思議，自爲多生無盡期，一期報盡還遭苦，捨彼歡喜受五衰，

液中臭汗皆流出，頭上天冠花更萎，盡是無常流轉處，不如極樂坐蓮池。

---

① 入，録本作"人"，據底本改。

② 飡，録本訛作"喰"，據底本改。"飡"與"湌(餐)"同。《廣韻·寒韻》："湌，餐同。俗作飡。"《大正藏》録本失真。

③ 蓮，此當爲"連"之借字。本文卷中伯 2066b 號："思惟餓鬼實堪憐，遍體由來猛焰然，兩耳不聞'漿水'字，一身唯有骨相連。"正作"連"字。可助互勘。

④ 飡，録本訛作"喰"，據底本改。

⑤ 自，此當爲"白"之訛字。本文卷中伯 2066b 號："始見紅顔花欲茂，俄然白髮颯成秋。"正作"白"字。可助互勘。

歎弥陀、觀音、勢至讚

釋法照

凝神净刹在微宫，寶界天花滿翠中，金殿已開慈主笑，奉覩儀容讚未窮。

寶樹樓臺光暎[①]照，總是弥陀願力功，一念相應皆往彼，須更獲得六神通。

衣裓齎持十萬億，聖衆塵沙受供同，從兹稽首常瞻仰，定捨娑婆出苦籠。

觀音勢至人今見，寶葉蓮花個個空，但念弥陀千萬遍，不久還生極樂中。

西方十五願讚

一願衆生普修道，二願一切莫生疑，三願袈裟來掛體，四願莫著女人身，

五願粧粉終身斷，六願素面見如來，七願三塗離罪苦，八願捨離去慳財，

九願衆生敬三寶，十願一切法門開，十一願衆生勤念佛，[□□□□□□□□]，

[□□□□□□□□□][②]，十四願總葤(到)[③]佛前朝，十五願西方生净土，更莫閻浮重受胎。

極樂連珠讚

極樂門中寶日圓，普照三千及大千，慈悲廣運[④]弥陀主，爲汝重開千葉蓮。

寶池寶岸甚寬平，寶地琉璃千仞明，普勸衆生勤念佛，臨終決定自來迎。

---

① 暎，録本作"映"，據底本改。

② 此處底本、録本應脱"十二"、"十三"兩願，待考。

③ 葤，此讀如"到"("葤"字《廣韻》一音都導切，與"到"同)。

④ 運，録本作"連"，據底本改。

寶樹侵①天難可惻(測),不知華葉幾由旬,静時天樂尋常響,風動如遥日月明。

七行寶樹異光新,一花縱廣百由旬,花開無數紅蓮坐,其中總是往②生人。

寶雲光裏現朝霞,黄金地上雨天花,微風吹動諸行樹,法音微妙等無著。

汝但勤念弥陀佛,吾今暫往④救娑婆,知汝深心相憶戀,一過④念佛一迴過。

送吾千里慢劬勞,不知端坐相自毫,相得白毫無數佛,花臺寶坐自然高。

無人抄讚不能傳,不誦如何化世間? 任汝經行極樂國,吾今且去給孤園。

給孤園裏鳳凰池,如來在彼不思議。金口長宣微妙法,見聞無不願歸依。

修成此業坐西方,無邊世界盡金光,摩尼流注蓮花裏,一迴風動萬般香。

觀音説法似懸河,鳥聲天樂共相和,尋常雙足蓮化裏,天冠頂戴阿弥陀。

弥陀身著寶衣新,足下圓明千輻輪,莫向閻浮貪五欲,念吾名字速成真。

成真早得悟无爲,豪相光明安兩眉,能照閻浮諸穢土,變爲佛國妙光輝。

光輝微妙在人間,普攝衆生到佛前,各各皆成菩薩位,一時總得坐紅蓮。

紅蓮生在寶花池,千光万色不思議,水鳥珠林同國土,異香音樂每相隨。

相隨總至妙花宫,十方佛國總雄雄,處處相迎上寶殿,讚嘆勤功有始終。

始終如一不思議,花臺寶坐在瓊池,是汝堅心願力造,非開(關?)⑤諸佛与君爲。

君爲願力甚堅强,定生上品坐金剛,莫辭暫住閻浮界,如今名字在西方。

西方寶殿是摩尼,□(黄)⑥金界道地琉璃,千葉蓮花百寶坐,法身清净尔⑦時衣。

---

① 侵,録本訛作"浸"。按:底本作"𠉀",乃"侵"之常見俗體。玆據改。

②③ 往,録本作"住",據底本改。

④ 過,録本作"遇",據底本改。

⑤ 結合文意,此"開"似爲"關"之訛字。待考。

⑥ 黄,録本作缺文。按:底本"黄"字尚可辨。該字,《净土五會念佛略法事儀讚一卷》[T47n1983p480b11]即作"黄",可參。

⑦ 尔,録本訛作"餘",據底本改。

珠衣遍體万般光，巡行寶樹七重行，莫怪蓮珠微妙讚，化度衆生無隱藏。

隱藏微妙不成師，法教流行無盛衰，爲汝廣宣極樂讚，如來言化作神威。

神威法界救蒼生，肉眼重開惠(慧)眼明，端坐能觀極樂國，樓臺總是寶憶擎。

憶擎寶地如千日，千日之中万色光，光中無數諸菩薩，弥陀殿下獻名香。

名香殿下寶雲成，菩薩端嚴禮不輕，天樂樓前聽妙響，唯聞水鳥念佛聲。

佛聲振動夜摩宫，天魔心膽悉皆融，降得魔軍隨佛後，虔誠頂禮數无窮。

無窮算數大魔軍，一時得往作生人，總爲迴心生彼國，恭勤瞻仰大慈尊。

慈尊妙色甚巍巍，豪光怜似五須彌，兩目澄明如大海，四十八願大慈悲。

慈悲廣開極樂門，誓救閻浮五濁人，各與光明七寶坐，何曾更見一微塵?

微塵佛刹從心現，無邊世界異光暉，五蘊變成清净眼，八識翻爲八德池。

八池總是寶蓮花，念佛之人發道牙(芽)，總別閻浮濁惡[①]界，一時極樂受精華。

精華園裏見如來，各坐光明七寶臺，幸得同生慈主國，長劫之中更不迴。

不迴永住百千西，豪相光明日月齊，忍辱門中八聖道，聲香風裏七菩提。

菩提道中清净尊，幽深妙覺事難論，除想自然成解脱，了心能啓大悲門。

西方極樂自前明，万法者從心相生，攝念寂静心滅樂，觀佛决定寶臺迎。

歸西方讚

沙門法照述

歸去來！誰能西邊受輪迴？且共念彼"弥陀"号，往生極樂坐化臺。

歸去來！裟婆世境苦難裁[②]！急手專心念彼佛，弥陀净土法門開。

歸去來！誰能此處受其災？總勤同緣諸衆等，努力相將歸去來！

---

① 此字底本作"西"，當爲"悪"之訛省。《玉篇·心部》："悪"，同"惡"。録本校作"惡"，是。

② 裁，録本訛作"哉"，據底本改。

且共往生安樂界，持[1]花普獻彼如來。
歸去來！生老病死苦相催，晝夜勤須念彼佛，極樂逍遥坐寶臺。
歸去來！娑婆苦處哭哀哀，急須專念弥陀佛，長辭五濁見如來。
歸去來！弥陀净刹法門開，但有須心能念佛，臨終決定坐化臺。
歸去來！晝夜爲聞唱“苦哉”，努力迴心歸净土，摩尼殿上禮如來。
歸去來！娑婆穢境不堪停，急手須歸安樂國，見佛聞法五無生。
歸去來！三塗地獄實堪憐，千生万死無休息，多劫常爲猛焰燃。
聲聲爲念“弥陀”號，一時聞者坐金臺。
歸去來！刀山劍樹實難當，飲酒食肉貪財色，長劫將身入鑊湯，
不如西方快樂處，永超生死離無常。

四十八願讚

法藏因中弘誓重，釋迦悲願不思議，勸衆勸求無間斷，莫令虚棄發心遲。
四十八願大慈悲，唯恨衆生念佛遲，願願之中苦得往，正值弥陀出見時。
頂上旋螺千萬顯，一雙足下踏蓮花，汝但專心勤念佛，慈光直入行人家。
善哉調御釋迦尊，勸衆恒持净法門，令使諸天空裏讚，衆生苦盡出重昏。
座上諸人緊發心，百法門中須入深，聽取慈尊真實説，今諸學者莫沈吟。
勸汝慇勤苦修道，深厭閻浮大火坑，黄金地上琉璃照，明月摩尼隨意生。
弥陀三昧自幽清，衆生業障不聞名，水[2]鳥樹林皆説法，身心散亂被魔侵。
弥陀大覺足良醫，群生有賊善能治，懺卻身中十惡罪，如今正是上蓮時。

隨心歎西方讚

沙門惟休述

弥陀起教在西方，正使傳來赴大唐。五濁界中策净土，三塗道上建

① 持，録本訛作“特”，據底本改。
② “水”字前甲本殘。

津梁。

開示教門惟速疾，勸人方便散花香。極樂觀從心相見，閻浮業垢自消亡。

行人努力勸觀佛，見佛當生七寶臺。一念疑心不生信，三塗萬劫被[1]輪迴。

净土初門入似寬，求哀懺悔轉將難。爲報比[2]懷疑謗者，同來於此碎身看。

弥陀世界甚輕安，信者皆須審諦看。相好佛身雖總見，就中偏取白毫觀。

西方寶界廣嚴城，七寶池臺盡化生。歡喜園中佛説法，無憂樹裹鳥談經。

觀音相好破諸邪，稅(脱)[3]取蒼生入佛家。七日遣修極樂觀，觀成便得坐蓮花。

無生極樂實堪求，同心往者莫悠悠。三昧忽然隨念得，觀音、勢志是朋[4]流。

西方净土寶樓高，同心去者莫辭勞。一念正觀便即到，到時先上紫金橋。

西方雜讚

竊見人間罪業多，煞[5]生自作亦教他。財色貪求則不樂，口中不肯念弥陀。

---

① 被，甲本作“彼”。

② 比，録本訛作“化”，據底本、甲本改。

③ 稅，録本訛作“攝”，據底本、甲本改。“稅”此乃“脱”之借字。《禮記·文王世子》：“文王有疾，武王不稅冠帶而養。”陸德明釋文：“稅，本亦作脱，又作説，同音，他活反。”

④ 朋，録本訛作“用”，原卷實作斜體的“*用*”，乃“朋”之俗體。今據底本、甲本改。

⑤ 煞，録本訛作“然”，今據底本改。

口中終日恣胞鮮，斷他性命不矜怜。佛説怨讎無不報，三途還彼鑊湯煎。

刀山万刃自（白）[①]如銀，劍樹千峰霜雪新。猛焰炎爐常不息，只[②]待閻浮食肉人。

西方進道勝娑婆，緣無五欲及邪魔。成佛不勞諸善業，花臺端坐念"弥陀"。

五濁衆生多退轉，不如念佛往西方。到彼自然成正覺，還來苦海作津梁。

法王普勸念弥陀，意在群生出愛河。上品花臺見慈主，到者皆因念佛多。

弥陀今欲十方遊，幢幡寶蓋引前頭，菩薩空中爲梵嚮，讚言極樂更何憂？

迦陵頻伽色將[③]最，復有孔雀鳥中王，晝夜連聲不休息，恒歎衆生在苦方。

寶樓寶閣寶連雲，寬地寬平百寶門，慈主當陽昇寶坐，寶手恒招念佛人：

"汝等碎身莫辭痛，無明散盡善牙（芽）生，惡業六塵自殄[④]滅，逍遥極樂意遊行。"

白毫光相甚分明，分身百億化群生，努力勤心多念佛，西方聖衆自來迎。

紫臺金閣真珠網，寶幢高顯出雲霄，但是有緣皆得往，連辟（臂）[⑤]相將過法橋。

子細推尋諸聖教，念佛道理最能長，少用功夫亦成就，臨終聖衆自迎將。

到彼西方安養界，快樂歡悦永無憂。念念唯加功德長，生老病死永長休。

彼國衆生常快樂，三惡六道不曾聞。一念一時隨衆聽，聞一悟解百千門。

---

① 自，此當爲"白"之訛字。甲本作"白"。

② 只，録本訛作"口"，據底本、甲本改。

③ 將，録本訛作"特"，據底本、甲本改。

④ 殄，録本訛作"稱"，據底本、甲本改。

⑤ 《類篇·辛部》："辟，肱也。"［清］朱珔《説文假借義證》："辟，爲臂之省借。"

西方净土實堪停，若欲求生發至誠。弥陀令遣稱名字[①]，唯即專心盡一形。

忽須念佛莫悠悠，欲超苦海要船舟。稱名定是生安樂，永絶閻浮生死流。

萬行之中爲急要，迅速無過净土門。不但本師金口説，十方諸佛共傳論。

莫辭念佛度朝朝，弥陀本願許相招，臨命終時生安樂，聞法悟解得逍遥。

西方極樂樂轟轟，聞者迴心願往生。道路未曾知遠近，慚荷如來親自迎。

慈尊願力置西方，翠宇凋（彫）[②]携（镌）[③]七寶莊。珊瑚散飾遍階砌，地布從金虊虊黄。

冷冷德水布金沙，影雜祥雲碎錦霞。衆會莫言空法事，上方時復雨天花。

彼土微風吹寶林，嚮籟千般運法音。師子坐邊調白玉，天人行處砌黄金。

西方日長於一劫，蓮花開合甚分明。衆等念佛[④]求三昧，紫金臺上有真名。

如來説教廣無邊，大小隨機度有緣，八万四千皆解脱，速疾無過念佛門。

弥陀壽量實無涯，光照無礙照恒沙，一一蒙光皆攝受，生生長坐寶蓮花。

蓮花菡萏滿西方，池中鳧雁及鴛鴦，一一聲聲皆説法，花花葉葉[⑤]盡飛香。

空中花雨亂盤迴，珊瑚地上散成臺，風吹落葉葉飛去，吹去萎花花更来。

---

① 字，甲本作"号"。

② 凋，此乃"彫"之借字。［清］朱駿聲《説文通訓定聲·孚部》："彫，叚借爲凋。"《論語·公冶長》："朽木不可彫也。"包咸注："彫，彫琢刻畫。"

③ 結合文意，此"携"當爲"镌"之换旁俗體。

④ "念佛"二字録本作"佛念"。按：底本"佛念"二字間有一乙鈎號，兹據正。此二字甲本正作"念佛"，可助勘。

⑤ "葉葉"二字録本作"莖莖"，據底本、甲本改。

六情妄相遍攀緣，三昧無由得現前，勤勤先[1]斬無明賊，急急相將上寶蓮。

弥陀名字不思議，聞之罪滅衆應知，但有稱名[2]生净刹，總須深信勿懷疑。

此界一人念佛名，西方便有一蓮生。但使一生[3]常不退，一花直到此間迎。

清净池水照蓮臺[4]，森森寶刹暎[5]天開。巍巍慈主常微笑，人人喚[6]取往生來。

莫怪頻頻相苦勸，見人往往[7]往（住）無[8]常。若得念佛深三昧，不怕當來平等王。

千重香樹萬重香，光暎[9]池中七寶沙，寶沙湧出摩尼水，水流隨處净無瑕。

帝青珠網紫金光，照出恒沙七寶堂。一一花生諸佛國，聲聲讚歎彼西方。

琉璢地上紫金山，飛彩流霞暎[10]世間。五濁衆生多熱惱，西方净土甚清閑。

七寶池裹有花臺，弥陀殿内放光開。汝等衆生勤念佛，盡生三界往生來。

西方世界甚爲精，憶念專心仰寶城。爲能相觀功深遠，蓮花會裹證無生。

---

① 先，録本訛作“光”，據底本、甲本改。

② “不思議，聞之罪滅衆應知，但有稱名”十四字甲本脱。

③ 生，録本訛作“坐”，據底本、甲本改。

④ 底本至此止，下文據甲本補載。

⑤ 暎，録本訛作“照”，據甲本改。

⑥ 喚，録本訛作“攝”，據甲本改。

⑦ 往，録本訛作“盡”。按甲本“盡”旁注“往”字，兹據正。

⑧ “往無”二字録本作“無往”。按：甲本“無往”二字間有一乙鈎號，兹據正。又，敦煌卷子中“彳”旁“亻”旁相亂，此“往”當爲“住”之俗體。

⑨⑩ 暎，録本作“映”，據甲本改。

善道和上　西方讚

觀彼弥陀極樂界，廣大寬平衆寶城，四十八願莊嚴起，超諸佛刹最爲精。

本國他方大海衆，窮劫算數不知名，普勸歸西同彼會，恒沙三昧自然成。

無生寶國永爲[①]常，一一寶流無數光，行者須心常對目，勝神踴躍入西方。

寶池寶色寶光飛，一一光成無數臺，臺中寶樓千萬億，臺側百億寶幢圍。

寶樹寶林諸寶樹，寶花寶葉寶根莖，或有千寶分林異，或有百寶共成行。

行行相當葉相次，色各不同光亦然，等量齊高三十萬，枝葉相觸説無因。

寶池寶岸寶金沙，寶葉寶渠寶蓮花，十二由旬皆正等，寶羅寶網寶欄遮。

德水分流尋寶樹，聞[②]波覩樂證恬[③]怕（泊），寄語有緣同行者，努力翻迷還本家。

弥陀本願花王坐，一切衆寶以爲城，臺上四幢張寶漫（幔）[④]，弥陀獨坐顯真形。

弥陀身心遍法界，影現衆生心想中。是故勸汝常觀察，依心起想表真容。

寶容寶□（像）[⑤]臨花坐，心開見彼[⑥]國莊嚴。寶樹三身花遍滿，風鈴樂響與文同。

弥陀身色如金山，相好光明照十方。唯有念佛蒙光攝，當知本願最爲强。

---

① 爲，録本作“無”，據甲本改。

② 聞，録本訛作“間”，據甲本改。

③ 恬，録本訛作“怖”，據甲本改。

④ 漫，此當爲“幔”之借字（二字《廣韻》皆可音莫半切）。該字，《集諸經禮懺儀》卷上［T47n1982p460c26］即作“幔”，可資比勘。

⑤ 像，録本作缺文。按：甲本“像”字尚可辨。該字，《集諸經禮懺儀》卷上［T47n1982p461a3］即作“像”，可資比勘。

⑥ 彼，録本訛作“波”，據甲本改。

十方如來舒舌證，專稱名號至西方，到彼花開[□][聞][1]妙法，十地願行自然彰[2]。

法界傾遥如轉蓬，化佛雲集滿虚空。普勸有緣常憶念，永絶胞胎證六通。

正座跏趺入三昧，想心乘[3]心[4]至西方。覩見弥陀極樂界，地上虚空七寶莊。

弥陀身量極無邊，重勸衆生觀小身。丈六八尺隨機現，圓光等示化前真。

上輩上行上根人，求生净土等貪嗔。就行差别分三品，五門相續助三因。

一日七日專精進，畢命乘臺出六塵，慶哉難逢今得遇，永證無爲法性身。

中輩中行中根人，一日齋戒處金蓮，孝養父母教迴向，爲説西方快樂因。

佛與聲聞衆來集，直到弥陀花座邊，百寶花籠經七日，三品蓮開證小真。

下輩下行下根人，十惡五逆等貪嗔，四重偷僧謗正法，未曾慚愧悔前愆。

終日苦相皆雲集，地獄猛火罪人前，忽遇往生善知識，急勸專稱彼佛名。

化佛菩薩尋聲到，一念[5]頃心入寶蓮，三花障重開多劫，于時始發菩提因。

[□□□□□□□][6]，樂何諦事難思議，無過[7]菩薩爲同學，性海如來盡是師。

渴聞《般若》絶思漿，念服無生即斷飢，一切莊嚴皆説法[8]，無心領納自

① “聞”字甲本、録本脱，結合文意，據《集諸經禮懺儀》卷上[T47n1982p461a10]補。

② 彰，甲本訛作“影”，《大正藏》録本校作“彰”，是。該字《集諸經禮懺儀》卷上[T47n1982p461a11]正作“彰”。

③ 乘，録本訛作“來”，據甲本改。

④ 心，《集諸經禮懺儀》卷上[T47n1982p461a26]作“念”。

⑤ “一念”二字録本作“念一”。按：甲本“念一”二字間有一乙鈎號，兹據正。

⑥ 此處當缺七字。

⑦ 過，録本訛作“遇”，據甲本改。

⑧ “説法”二字録本作“法説”。按：甲本“法説”二字間有一乙鈎號，兹據正。

然知。

七覺花池隨意入，八背凝神會一枝，弥陀心水沐身頂，觀音大聖與衣披。

欻[①]然勝空遊法界，須臾授記號"無爲"，如此逍遥快樂處，人今不去待何時？

慈愍三藏　西方讚

釋迦慈心遍法界，蠢動含識普皆怜，意欲化令皆解脱，衆生罪業共無緣。

所以總教歸净土，弥陀宿昔有緣因，非但娑婆人獨往，他方去者亦無邊。

弥陀攝化無厭定，悲心常遶世間行，但有傾誠能念佛，毫光直照目前明。

十方世界微塵衆，同時命盡願皆生，訃(赴)[②]彼衆生心樂欲，分身遍布一時迎。

觀彼弥陀與眷屬，久於曩劫植洪因，凡聖等皆同相好，人天一種紫金身。

寶樹寶樓飛寶閣，寶池寶地寶成蓮，地及虚空賢聖滿，花中總是化生人[③]。

弥陀道成經十劫，衆生皆願往西方，菩薩聲聞非算數，五通賢者豈能量？

彼國人居不退地，永超生死斷無常，九品花開隨早晚[④]，端然取證亦何妨？

菩薩道成皆爲物，衆生未熟道成難，爲是化緣兜率住，時時向下諦心觀。

人年八万方成道，三會逢緣證涅槃，且[⑤]共迴心生净土，臨時隨意往來看。

十方三界恒沙佛，功德圓滿等無瑕，寶國莊嚴皆一種，要於極樂共咨嗟。

---

① 欻，録本訛作"欲"，據甲本改。

② 訃，録本訛作"計"，據甲本改。此字當讀如"赴"(二字《廣韻》皆可音芳遇切)。

③ 人，録本訛作"子"。甲本"子"旁改"人"字兹據正。

④ 晚，録本訛作"脱"，據甲本改。

⑤ 且，録本訛作"具"，據甲本改。

但有聞名皆願[①]往，定知[②]解脱得非賖，如來不滅歸圓寂，遺行舍利遍三千。

寶塔浮圖建形象，禮念香焚百和煎，菩薩妙行雖無量，當知念佛最爲先。

乘此因緣生净土，須臾即至世尊前，三藏微言真聖教，難逢難遇[③]亦難逢[④]。

動經恒河沙[⑤]劫數，知有西方净土門，一念頃[⑥]心出生死，終身不退佛迎魂。

觀音救攝多便(方)[⑦]便，神通變化實難思，或復轉身成正覺，或爲侍者現師資。

衆生樂欲心非一，隨緣六道應時宜，勸喻總將歸净土，咸令見佛證無爲。

勢至住在弥陀國，報得無比紫金身，爲度衆生來此界，現形同此世間人。

怜愍火宅燒然(燃)苦，隨緣六道强勾牽，送向西方安隱地，遣於生死斷因緣。

西方净土諸賢聖，神通自在更無過，一念相隨遊佛刹，凡經劫數幾恒河。

十方世界皆供養，同時説法一時聽，微塵世界恒沙佛，六通神用豈知名？

聞彼弥陀安樂國，總皆渴仰致丁寧，況及凡夫流浪者，不求解脱出塵榮(勞)[⑧]？

十方三世聲間(聞)[⑨]衆，窮劫算數豈能知？諸佛如來方便化，咸令至果斷貪癡。

指示西方安樂國，聞名皆恨往生遲，解脱之人皆願樂，凡夫不去欲何爲？

---

① 願，録本訛作"顛"，據甲本改。

② 知，録本訛作"名"，據甲本改。

③ 遇，録本訛作"過"，據甲本改。

④ "難逢難遇亦難逢"中二"逢"字當有一誤，待考。

⑤ "河沙"二字録本作"沙河"。按：甲本"沙河"二字間有一乙鈎號，兹據正。

⑥ 頃，録本訛作"須"，據甲本改。

⑦ 便，此當爲"方"之誤書，蓋書手涉下"便"字而訛。

⑧ 結合文意，此"榮"當爲"勞"之訛字。

⑨ 《大正藏》出校："間＝聞？"按：結合文意，此"間"當爲"聞"之訛字。

西方極樂讚

釋法照述

善哉法將功能觀，覩見弥陀寶網鞔①，諸佛净刹從心現，衆生常須向裏看。

弥陀住在紫金樓，十方菩薩聖人遊，一念他方聞妙法，長辭苦海更何憂？

悲嗟苦海實增多，唯須志意念弥陀，晝夜傾心常住想，臨終一念出娑婆。

閻浮穢惡不堪停，爲有燃②燒萬丈坑，急手專心念彼佛，弥陀寶界悟無生。

極樂門中七寶池，花開蓮色紫金暉，暫③念弥陀登寶臺，須臾不覺證無爲。

碧玉樓前七寶臺，諸天童子競來看，持得金花供養佛，處處唯言稱“善哉”。

弥陀住在寶城樓，傾心念念向西求，到彼三明八解脱，長辭五濁更何憂？

净土五會讚

沙門法照

五會倍須欽，稱名觀紫金，心中辯邪正，魔④境不來侵。

極樂寶林清，微風五會聲，聲中論妙法，聽者悟無生。

净刹寶林明，弥陀五會聲，聽者皆生樂，不聞諸苦名。

---

① 鞔，甲本作“鞔”，乃“鞔”之俗體。敦煌卷子中“免”或“免”旁多作“兑”。斯 126 號《十無常》：“直饒便是轉輪王，不兑也無常。”斯 2073 號《廬山遠公話》：“假使祁婆濃藥，扁鵲行針，死病到來，無能兑(免)得。”可助勘。“鞔”乃蒙覆義。慧琳《一切經音義》卷第五十九《四分律》音義：“鞔著：莫千反。《蒼頡篇》：鞔，覆也。今謂覆蓋。”[T54n2128p705a2]

② 燃，録本作“然”，據甲本改。

③ 暫，甲本作“甃”，當爲“蹔”之訛字，“蹔”與“暫”同。録本所校是，然未出校。下文“暫至寶城樓”、“輪迴不暫亭”二句中“暫”字同此，不復校。

④ 魔，録本作“觀”，據甲本改。

白玉池邊過，蓮花葉裹香，空中開梵響，五會讚真①常。
暫至寶城樓，逍遥何所憂？唯聞念五會，長劫更何憂？
寶刹多真土，威宣五會音，常聞嚴净響，從此漸幽深。
極樂黄金樹，花開五會聲，意欲令諸子，聞者盡修行。
持蓮含九品，花接往生人，五會連聲别，從兹洗客塵。
極樂誰家子，蓮花葉裹生，爲由聞五會，從此息塵榮(勞)②。
净國摩尼水，渠渠處處流，水聲含五會，聞者永無憂。

西方極樂讚

釋法照

巍巍阿弥陀，已降生死魔，寶池珠林國，往生極樂多。
巍巍阿弥陀，衆生念者多，能滅無明闇，相將出受(愛?)③河。
巍巍阿弥陀，壽量實難過，八萬四千相，觀瞻越愛河。
巍巍阿弥陀，衆生念者多，刹那登寶界，神净永無魔。
勝哉大勢至，悲願廣無邊，頂上瓶光照，諸子普皆憐。
净國琉璃地，珊瑚馬腦珠，金沙徹水照，嚴界悉如如。
寶國寧無樂，金光盡是臺。摩尼明月照，時至自還開。
人命如朝露，不得故遲遲，急急須勤念，弥陀迎接時。
由因念佛故，所以滅愚癡，唯深三昧者，方應同正知。
極樂法門開，衆生不肯來，只爲無明縛，永劫受其災。
不悟真如理，長時没愛河，貪財常愛色，輪迴惡趣多。
我常自嘆喜，深悟真如理，煩惱本來無，衆生妄見起。
極樂甚精微，人人總不知，裹有弥陀主，相將禮拜時。
欲識無生理，唯須念佛名，塵勞雲散盡，惠(慧)日朗然明。

① “讚真”二字録本作“長劫”。按：甲本“長劫”旁注“讚真”二字，兹據正。
② 結合文意，此“榮”當爲“勞”之訛字。
③ 録本出校：“受＝愛?”按：結合文意，此“受”似爲“愛”之訛字。

欲見真如理，唯須觀白毫，無明雲散盡，惠(慧)鏡朗然高。
真如見無見，無見是真如，若了此中意，得名“明月珠”。

净土法身讚(此讚通一切處誦)

釋法照

法鏡臨空照，心通悟色堅，神通净[①]剎土[②]，法界總同然。
意珠[③]恒自净，神光遍十方，知心無處所，解脱得清凉。
觀像而無像，高聲不染聲，了知無所有，惠(慧)鏡朗然明。
寂寂幽靈静，恬然無所緣，坐卧空[④]霄裏，超出離人天。
暫引池邊立，洗卻意中泥，清净無塵垢，願汝證菩提。
惠(慧)鏡無令闇，智珠常用明，塵勞須斷卻，寶坐自然迎。
注想常觀察，三昧寶王珍，洞閑(嫺)三藏教，拂卻意中泥。
人今專念佛，念者入深禪，初夜端心坐，西方在目前。
念即知無念，無念是真如，若了此中意，名爲“法性珠”。
净土在心頭，愚人向外求，心中有寶鏡，不識一生休。
諸佛在心頭，汝自不能求，慎勿令虚過，急手早勤求。
寶鏡人皆有，愚人不解磨，不曾反自照，塵垢更增多。
寶鏡人家有，智人即解磨，勤勤返自照，塵垢不來過。
意珠恒瑩徹，自性本圓明，悟理知真趣，念佛即无生。
碎末爲金礦，礦中不見金，智者用消鍊，真金腹内現。
佛相空無相，真如寂不言，口談文字教，此界忘相禪。

① “净”字録本作“妙”。按：甲本“妙”旁注“净”字，兹據正。
② 土，録本訛作“丘”，據甲本改。
③ 珠，録本訛作“殊”，據甲本改。
④ 空，録本訛作“宫”，據甲本改。

涅槃末(未)鋘(藏)[①]法,祕密不教[②]傳,心通常自用,威當度有緣。

三乘元不識,外道未曾聞,小相未曾聞,誓願不流傳。

道逢良賢,把手相傳;道逢不良賢,子父不相傳。

净土五字讚(通一切處誦)

净刹西方好,人人道可怜,課功勤念佛,永得離人天。

净土有金園,心通悟色堅,弥陀皆攝取,普願坐紅蓮。

蓮池碧色採,金花處處滿,玉户洞清音,五濁慇勤别。

西方共作期,[□□□□□][③],莫迷生死苦,净土致狐疑。

妙閣紫黄金,瑠璃七寶林,蓮池花色異,菩薩上遊吟。

净域今時到,蓮花久已門(開?)[④],爲承紅願力,一念坐蓮臺。

净刹壇金樹,其間寶網輓[⑤],時時出寶果,衆等志心觀。

寶殿金樓閣,紅蓮生碧池,但知勤念佛,妙偈萬般詞。

七寶爲宫殿,金蓮合作臺,真心念佛者,總得上花來。

弥陀極樂處,寶鳥作音聲,聽取聲中意,唤法入金城。

孔雀佛前坐,鴛鴦遊戲吟,白鶴宫中舞,鸚鵡自彈琴。

池水於前現,花林契法身,汝但持妙典,諸佛證成真。

暫向臺邊坐,弥陀見我身,問言:“諸子等,好在往生人!”

蓮花一叢赤,復有一叢青,中間化生子,言語甚分明。

---

① 末,俄 Дx02890 號《大乘净土讚一本》作“未”。**鋘**,録本訛作“鐵”,據底本改。然“**鋘**”字費解。該字,斯 382 號及俄 Дx02890 號《大乘净土讚一本》均作“藏”。蕭旭認爲,此二字應作“未藏”,讀爲“未央”(“鐵”、“鉠”同訓“鈴聲”,是一字無疑。是則“藏”亦讀作“央”),猶言未盡、無窮。

② 教,斯 382 號作“交”。

③ 此處當缺五字。

④ 結合文意,此“門”似當爲“開”之訛字。待考。

⑤ 輓,甲本、録本作“輗”,乃“輓”之俗體。敦煌卷子中“免”或“免”旁多作“兑”。參前注。

欲得往西方，唯須念佛强，下心修净業，巍巍入寶堂。
極樂無燈火，隨形各自明，但知勤念佛，速得悟無生。
世尊上寶樓，住在化城頭，願汝心清净，努力早勤求。
極樂前頭現，無明不見他，碎身勤懺卻，慈主自來過。
西方有寶樓，聖衆自來投[①]，音中常念佛，心裏説無生。
諸佛乃隨身，迷人不自勤，衆等須勤念，心裏每常欣。
妙刹心中現，都由净業多，真心入三昧，永離苦娑婆。
妙刹一念善，名字十方知，勤念弥陀佛，正是發心時。
欲得求三昧，無過自攝心，身心莫間斷，慈主自來尋。
極樂真國净，餘方未得過，心心求三昧，入定見弥陀。
池水金沙暎[②]，蓮花遍滿生，念佛人皆往，隨意任經行。
欲求三昧樂，無過多碎身，真行世尊教，令衆見金身。
諸佛成無漏，皆由累劫修，欲生净土者，心裏自勤求。
積寶如山岳，衆生不能求，内懷明懷鏡，不識一生休。
寶閣金樓網，花雨滿池亭，清音七寶管，不弄自然鳴。
佛力加持我，今朝出愛河，剎那生彼國，還此救娑婆。
净土金沙水，尋常遶佛流，有人入定見，歡喜更何憂？
聽説人生者，池中是我家，乘蓮心[③]自在，遊戲散天花。
我今住三昧，蓮花色焰暉，心遊七寶殿，礼佛未能歸。
有人欲擬退，蓮花葉便委(萎)[④]，精心勤念佛，花色更增暉。
苦海廣無邊，弥陀願力船，迎將生净土，盡得坐紅蓮。
净土諸菩薩，因是苦勤修，花中得上品，一念十方遊。

① “投”字録本作“頭”。按：甲本“頭”旁注“投”字，兹據正。
② 暎，録本作“映”，據甲本改。
③ 心，録本作“必”，據甲本改。
④ 委，此讀如“萎”。《釋名・釋言語》：“委，萎也。”

厭苦歸净土讚(此讚大會時誦)

寶閣無人上,地獄競來奔,一朝命已盡,何故入泉門?

西方人罕[①]到,地獄競來奔,念佛如明鏡,造罪闇昏昏。

地獄不須去,净土早歸來,池中實妙樂,永劫不聞哀。

地獄酸寒苦,牛頭在眼前,罪人欲入去,苦痛哭號天。

生存不念佛,死後入泉門,鑊湯頻受苦,猛焰脅人魂。

釋迦臺上坐,徒衆競來聽,説此閻浮苦,輪迴不暫亭[②]。

西方實妙樂,百寶紫蓮臺,黄金爲界道,見者發心來。

寶閣西方現,金臺更可憐,池中化生子,水裹撥紅蓮。

碧玉池中水,蓮花欝欝香,花開能見佛,聞法悟真常。

化閣多青翠,金樓寶網鞔[③],摩尼幢上蓋,池水百花般。

一生勤念佛,誓願出娑婆,身心無間斷,長劫[④]坐蓮荷。

歸念弥陀佛,稽首彼如來,誓生極樂國,池裹坐花臺。

下意歸西路,低心攝有情,弥陀慈愍見,報盡自然迎。

上來依諸聖教,略述讚揚五會法事軌儀,以爲三卷。前之兩卷,其有明文,意遣群疑,歸心净國。衆等若念誦讚行,即依前卷迴向發願文,即便應知。

時大歷九年冬初十月,於北京龍興寺,再述净土念誦觀門,滓騰神净,方證妙覺之圓明,共處蓮花之會。願諸智者,深信修行,厭離輪迴生死世界,專稱彼佛,同往净方,疾證菩提,豈非善哉、樂哉矣!有緣之者,願共歸西,根性有差,各隨業云爾。

净土念佛誦經觀行儀卷下。

---

① 罕,録本訛作“牢”,據甲本改。

② 亭,後作“停”。

③ 鞔,甲本、録本作“靸”,乃“鞔”之俗體。

④ 劫,録本訛作“却”,據甲本改。

時乾祐四年，歲次辛亥蕤賓之月[①]蓂彫十三葉[②]，於宕泉[③]大聖先（仙）巖寺[④]講堂後彌勒院寫，故記。

① 月，録本訛作"日"，據甲本改。"蕤賓之月"即五月。《國語・周語下》："四曰蕤賓。"韋昭注："五月，蕤賓。"［晋］陶潜《和胡西曹示顧賊曹》："蕤賓五月中，清朝起南颸。不駛亦不遲，飄飄吹我衣。"亦可參。

② "蓂彫"二字録本訛作"莫顒"，據甲本改。《竹書紀年・帝堯陶唐氏》："又有草夾階而生，月朔始生一莢，月半而生十五莢，十六日以後，日落一莢，及晦而盡，月小則一莢焦而不落，名曰'蓂莢'，一曰'曆莢'。""蓂彫十三葉"即農曆二十八日。馬德《〈莫高窟記〉淺議》於"蓂彫十三葉"後即括注"二十八日"（見《敦煌學輯刊》1987 年第 2 期），可參。

③ 宕，録本訛作"宫"，據甲本改。距莫高窟 15 公里的南山谷中有個名叫"大泉"的地方。這裏的泉水匯合起來向北流經莫高窟，唐代稱爲"宕泉"，後來也叫"大泉河"。

④ 先，此當爲"仙"之借字（"先"字一音蘇前切，心紐先韻平聲；"仙"字一音相然切，心紐仙韻平聲；二字紐同韻近，應可通假）。莫高窟俗稱"千佛洞"，晋時曾經被稱爲"仙岩寺"，十六國前秦時正式名爲"莫高窟"。其後，曾經在隋末唐初被稱作"崇教寺"。"莫高窟"的名字，最早見於隋代營造的第 423 窟内的《莫高窟記》。

No. 2828 大乘净土讚一本

［題解］

中國佛教净土宗作念佛法會時所依唱贊之本，一卷。敦煌文獻中存有斯 382（首全尾全）、斯 447（首全尾全）、斯 3096（首全尾全）、斯 5569a（首全尾全）、伯 2690vf（僅存題目及首句）、伯 3645vb（首全尾全）、俄 Дx. 02890（首全尾殘），計 7 號。清代以前歷代大藏經未收，日本《大正藏》據斯 382 號收入其第八十五册。左景權《〈大正新修大藏經〉第 85 卷——舊刊新評》一文認爲該讚文實"即同卷二八二七號《净土五會念佛誦經觀行儀》卷下内之《净土法身讚》（釋法照撰）"（見林聰明主編《敦煌叢刊二集》之⑭所收左景權《敦煌文史學術》第 61 頁，臺北新文豐出版股份有限公司，2000 年 8 月臺一版）。除個別詞句差異外，《大乘净土讚一本》與《净土法身讚》基本相同，當爲從《净土五會念佛誦經觀行儀》卷下中摘出以供詠贊的單獨抄本。今仍以《大正藏》所據卷斯 382 號爲底本。另擇取圖版較爲清晰的寫卷作參校本：甲本，斯 5569a 號；乙本，伯 3645vb 號；丙本，俄 Дx02890 號；丁本，伯 2963 號《净土五會念佛誦經觀行儀》卷下。

法鏡臨空照，心通五色現，現心净妙察，法界亦通□（然）①。意珠恒自净，身光照十方，至心無處住，解脱得清□（凉）②。

---

① 然，底本殘，録本作缺文，據甲、乙、丙三本補。

② 凉，底本殘，録本作缺文，據乙、丙二本補。

觀想(相)①如無想(相)②,高聲不□(染)③聲,料(了)④知無所⑤有,惠(慧)鏡□(浪[朗])⑥然⑦□(明)⑧。側⑨子由空净⑩,悟則無所緣,坐卧空消(霄)⑪裹,超出裹(離)⑫人天。

暫到池邊立,洗卻意中泥,清净無塵垢,願以⑬證菩提。惠(慧)鏡無靈(令)⑭闇,智者常用明,塵勞雖(須)⑮斷卻,寶藏自然明⑯。

池裹⑰金沙水,連(蓮)⑱中法性流,花開化生子,説我本根由⑲。住想(相)⑳常觀察,三昧寶王真,巡(循)還(環)㉑三藏教㉒,弗(拂)㉓卻意中泥。

有人專念佛,念佛入深禪,初夜端心坐,西方在目前。念則知無念,無念

---

①② 想,此當爲"相"之借字。該字乙本作"相",丁本作"像"。

③ 染,底本殘,録本作缺文,據甲、丙、丁三本補。

④ 料,甲、乙、丁三本作"了"。"了"字義長。

⑤ 所,録本誤作"門",據底本、丙本改。

⑥ 浪,録本作缺文,據底本補。該字甲、丁二本作"朗"。"朗"字義長。

⑦ 然,録本誤作"殺",據底本改。

⑧ 明,底本殘,録本作缺文,據丙、丁二本補。

⑨ 側,甲、乙、丙三本作"策"。

⑩ 净,丙本作"相"。"側子由空净"五字丁本作"寂寂幽靈静"。

⑪ 消,丁本作"霄"。二字同爲相邀切,心母,霄韻,平聲,"消"當爲"霄"之借字。

⑫ 裹,甲、乙、丁三本作"離"。"離"字義長。

⑬ 以,甲、丁二本作"汝",乙本作"如"。

⑭ 靈,甲、乙、丙、丁四本作"令"。"令"字義長。

⑮ 雖,乙、丁二本作"須"。"須""雖"寫本中通用。張相《詩詞曲語辭匯釋》卷一:"須,猶'雖'也。"

⑯ "寶藏自然明"五字丁本作"寶坐自然迎"。

⑰ 裹,録本誤作"練",據底本改。該字甲本、乙本亦作"裹"。

⑱ 連,此當讀爲"蓮"。下句"花開化生子,説我本根由",即承此蓮中而言。伯2066b號《净土五會念佛誦經觀行儀》卷中:"渠流悉是金沙水,水上花開無盡時。""花開"即指蓮花開。"連中法性流"指蓮花中有佛性也。

⑲ "池裹金沙水……説我本根由"四句丁本無。

⑳ 想,此當爲"相"之借字。該字乙本即作"相"。"住想"二字甲本作"處處"。

㉑ "巡還"應讀爲"循環"。此二字乙本作"追尋"。

㉒ 教,録本誤作"數",據底本改。

㉓ 弗,此當爲"拂"之借字。丙、丁二本即作"拂"。

是□(玬[真])[①]如,若料(了)[②]此中意,是名"法性珠[③]"。

净土在心頭,愚人向外求,深(心)[④]中有寶鏡,不識一生休。諸佛在心頭,如此[⑤]不能求,甚(慎)[⑥]物(勿)[⑦]靈(令)[⑧]希有(過)[⑨],急手早懃修。

寶鏡人皆有,愚人不解磨,不能返手[⑩]照,塵垢更曾(增)[⑪]多。寶鏡人家有,智人則解摩(磨)[⑫],懃懃返自照,塵垢莫來過。

意珠[⑬]恒名(明)[⑭]徹,自性本□□(圓明)[⑮],悟理之(知)[⑯]真[⑰]趣,念佛即

---

① 玬,録本作缺文,據底本補。此"玬"字當爲"真"之借字。該字甲、丙、丁三本均作"真"。

② 料,甲、乙、丁三本作"了"。"了"字義長。

③ 珠,録本誤作"殊",據底本改。

④ 深,甲、乙、丁三本作"心"。"心"字義長。

⑤ "如此"二字丁本作"汝自"。

⑥ 甚,此當爲"慎"之借字。丁本作"慎"。

⑦ 物,此當爲"勿"之同音借字。丁本作"勿"。

⑧ 靈,甲、丁二本作"令"。"令"字義長。

⑨ 有,甲本、乙本作"過"。"稀有"二字丁本作"虚過"。

⑩ 手,甲、乙、丁三本作"自"。

⑪ 曾,此乃"增"之借字。該字甲、乙、丙、丁四本均作"增"。

⑫ 摩,甲、丙、丁三本均作"磨"。按:"磨"乃"摩"之俗體。《説文・手部》:"摩,研也。"段玉裁注:"字多從'手',俗從'石'作'磨'。"《莊子・徐無鬼》:"返已而不窮,循古而不摩。"陸德明釋文:"摩,一本作'磨'。"

⑬ 珠,録本誤作"殊",據底本改。該字甲、丁二本亦作"珠"。

⑭ 名,甲本、乙本作"明"。"明"字義長。該字丁本作"瑩"。

⑮ "圓明"二字底本殘,録本作缺文,結合文意,據丁本補。

⑯ 之,此當爲"知"之借字。該字甲、丁二本即作"知"。

⑰ 真,録本誤作"修",據底本改。該字甲、丁二本亦作"真",可助勘。

無生。碎未(末)[①]爲金鑛,鑛中不現金,知者容(鎔)[②]消(銷)[③]鍊,真金腹[④]内見。

佛想(相)[⑤]空無想(相)[⑥],真如寂不言,口談文字教,此界妄相[⑦]禪。涅槃末藏法,秘密不交傳,心通常自用,威(咸?)[⑧]當度有緣。

三乘元[⑨]不識,外道未曾聞,小恨(根)[⑩]多毁傍(謗)[⑪],誓願莫流傳。道逢[⑫]梁賢,把[⑬]手想傳;道逢不凉賢,子母[⑭]莫交傳。

① 未,此當爲"末"之訛字。該字乙、丁二本正作"末",可助勘。

② 容,此當爲"鎔"之借字。[清]朱珔《説文解字義證·宀部》:"'容'亦可爲'鎔'之省借。"該字甲本即作"鎔"。

③ 消,此當爲"銷"之借字。[清]朱駿聲《説文通訓定聲·小部》:"消,叚借爲'銷'。"該字甲、乙二本即作"銷"。

④ 腹,録本訛作"腸",據底本改。該字丙本作"復",當爲"腹"之借字。《漢書·叙傳上》:"復心弘道,惟聖賢兮。"蕭該音義:"復一作'腹'。張晏曰:'以道爲腹心也,弘道達于天地之性命也。'"

⑤⑥ 想,此當爲"相"之借字。該字乙、丙、丁三本即作"相"。

⑦ 相,録本誤作"想",據底本改。該字乙、丙、丁三本亦作"相",可助勘。

⑧ 威,此似爲"咸"之訛字。待考。

⑨ 元,録本誤作"尤",底本先作"无",旋塗去,旁注"元"。

⑩ 恨,乙、丁二本即作"根"。"根"字義長。"恨"當爲"根"之形訛。

⑪ 傍,録本徑録作"謗",據底本改。結合文意,此處"傍"當爲"謗"之音近借字。此字乙、丙二本均作"謗"。

⑫ 逢,底本及録本作"逄",當爲"逢"之增旁俗體。該字甲、乙、丁三本均作"逢"。下文"道逢凉賢"中"逢"底本及録本亦作此形,徑改之,不復出校。

⑬ 把,録本作"犯",底本實作"把",乃"把"字省筆俗體。該字乙本正作"把"字,可資比勘。

⑭ "子母"二字乙本作"誓願",丁本作"子父"。

No. 2829 持齋念佛懺悔禮文

［題解］

佛教典籍，作者及原著卷數不詳。敦煌文獻中存有斯 2143a 一號，首尾皆殘，《敦煌寶藏》底本題“十二月禮多記”。因文中有“爾時玄藏法[□][師]敕抄此佛名，頒下諸州”之語，方廣錩、吴芳思(英)主編《英國國家圖書館藏敦煌遺書》擬題作“三藏法師十二月禮文”。清代以前歷代大藏經未收，日本《大正藏》據敦煌寫卷録入其第八十五册。今校注仍以《大正藏》本所據原卷斯 2143a 號爲底本。

▭[1]禮佛名，恐畏▭逼迫，無有閑闕，□罪極▭百劫千劫，無解脱時，亦無閑□(時)[2]。▭，亦無閑時。禮拜供養諸佛，慳惜▭之福，遂略出十二月禮多記。

▭正月一日平旦時，向南方禮四拜，除罪一伯劫；二月九日鷄鳴時，向北方禮四拜，除罪一伯(百)劫；三月七日人定時，向西方禮四拜，除罪三伯(百)劫；四月八日夜半時，向北方禮四拜，除罪一伯(百)三十劫；五月六日黄昏時，向南方禮四拜，除罪四百劫；六月三日黄昏時，向東方禮六拜，除罪五百劫；七月六日午時，向東方禮九拜，除罪六百二千劫；八月八日午時，向南方禮九拜，除罪三百二千劫；九月九日午時，向東方禮九拜，除罪三百三千劫；十月七日黄昏時，向南方禮拜，除罪四千劫；十一月十三日黄昏時，向南

---

① 首缺。

② 聯繫文義，此缺字當爲“時”，下句“亦無閑時”可資比勘。

方禮四拜,除罪四千劫;十二月十三日黄昏時,向南方禮三十拜,除罪四□劫。

爾時玄藏法[□][師][1]敕抄此佛名,頒下諸州:五濁惡世若有善女人能至心受持此禮、依持劫禮者,除罪無數恒河沙劫,命終之後,託生□□□□□,坐寶蓮花,受諸快樂;思衣,羅錦千重;念食,百味俱至。又能教人受持此禮者,獲定除罪八萬二千五百□(劫)[2],□□□不虚。又略每月惡日,並是十齋日。

□□□□□□□與若此日持齋念佛,不隨(墮)[3]劍樹地獄;八日太□□齋念佛,不隨(墮)鐵犁地獄;十四[日][4]詞(司?)[5]命下,此日持齋念佛,不墮鑊湯地獄;十五日五道大神下,此日持齋念佛,不墮□(糞)[6]屎地獄;十八日閻羅王下,此日持齋念佛,不墮鋸解地獄;二十三日大[7]將軍下,此日持齋念佛,不墮銅柱地獄;二十四日察命下,此日持齋念佛,不墮鐵床地獄;二十八日太山府君下,此日持齋念佛,不墮鐵叉地獄;二十九日四天王下,此日持齋念佛,不墮刀山地獄;三十日釋梵天王下,此日持齋念佛,不墮鐵倫(輪)[8]地獄。右,以上十齋日並是諸大神子童子及察命下,其時節注云:"齋後午前即下,謹請衆等至時千万努力,念佛修善,慎之! 勿使察録。故負罪愆,誰能相救?"

竊[9]以真宗闊遠,非積善而不臻;苦海難登,非舟船而不渡。只[10]如賢劫

---

① 師,底本、録本無,據文意補。

② 聯繫文義,此缺文當爲"劫"字。

③ 聯繫文義,"不隨劍樹地獄"及下句"不隨鐵犁地獄"中"隨"字均爲"墮"字之借字,後文均作"不墮……獄",可助比勘。明陶宗儀編《説郛》卷八十五下《護法論》:"墮,音'隋',亦作'隳',墜落。""隨"、"隋"古字通。

④ 日,録本脱,據底本補。

⑤ "詞命"二字不辭。聯繫文義,"詞"當爲"司"字之訛。

⑥ 糞,録本作缺文,據底本補。

⑦ "大"字前録本誤衍一"天"字,據底本改。

⑧ 倫,此當讀如"輪"(二字《廣韻》皆音力迍切)。

⑨ 竊,録本誤作"偶",據底本改。

⑩ 只,録本誤作"口",據底本改。

千佛，茲聖化以成形；三十三天，表輪王於福業。是以釋迦修道，藉六載之艱辛；童子捨身，爲求四句之八字。佛功德海，歎莫能盡。然今座前齋主，啓首和南十方諸佛、尊法、般若、羅漢、聖僧，即席[①]福臨，見前請衆，年常起願，家口平安，敬設齋檀（壇）[②]，一中供養。願使從今以去，香山香水灌蕩身心，無上醍醐流於體内；形[③]同寶岳，不動不傾；命等今（金）[④]山，遷靈常住；界即菩提日進，惠（慧）業高明；福與善誓同年，命等金剛等故（固）[⑤]。女乃任任美德，似碧樹之開研（妍）；琬琬風宜，類叢花而耀採（彩）[⑥]。又，願以次功德，惟願皇帝、皇后聖化無窮，端坐一帝之臺，不著千王之化；連成將暮，即聖以來。期異國土人，握神圖而競至；耕賓讓壟，路客[⑦]分途；聖祚永隆，叚（遐）[⑧]延萬代；三界飜爲净[⑨]土，地獄變作香城；俱出苦門，咸登覺道。

梵音："云何得長壽金剛不壞身？佛以何因緣，得大堅同（固）[⑩]力？

云何於此經，分（究）[⑪]竟到彼岸？願佛開微密，廣爲衆生説。"

爲二十八天釋梵王等敬禮常住三寶，爲施主福慧莊嚴敬禮常住三寶，爲六道衆生離障下脱，和南一切賢聖，施食呪願：

---

① 席，録本訛作"㾜"，底本實作"廗"。《文選·上林賦》注："'廗'與'席'古字通。此蓋六朝、唐人習用之俗字。"茲據正。

② 檀，此當爲"壇"之同音借字（"檀"、"壇"二字音皆可徒干切，例可通假）。

③ 形，底本實作"刑"，乃"形"之借字。

④ 今，此乃"金"之借字（二字均爲居吟切）。

⑤ 故，此乃"固"之借字。《大戴禮記·文王官人》："雖欲故之中，色不聽也。"俞樾《群經平議·大戴禮記二》："故與固通。"

⑥ 採，此當爲"彩"之同音借字（"採"、"彩"二字音皆可倉宰切，例可通假）。

⑦ 客，録本誤作"容"，據底本改。

⑧ 叚，録本誤作"段"，據底本改。此"叚"乃"遐"之借字（"叚"字一音何加切，與"遐"同，例可通假）。[梁]僧祐撰《弘明集》卷第十三："究妙音之至樂，窮有生之遐延。"[T52n2102p090a23]亦其例。

⑨ 此字底本誤作"諍"。録本作"净"，是。然未出校，失真。

⑩ 同，此當爲"固"字之訛。斯1846號《梁朝傅大士頌金剛經》："云何梵？云何得長壽金剛不壞身？復以何因緣，得大堅固力？"可助比勘。

⑪ 分，此當爲"究"字之訛。斯1846號《梁朝傅大士頌金剛經》："云何於此經，究竟到彼岸？願佛開微蜜，廣爲衆生説。"可助比勘。

"今所施食,上獻諸佛,中奉賢聖,下及法界,衆生普同,飽滿等供。此食食香未觸,上獻諸佛,中奉賢聖,下及法界衆生,普同飽滿。"

讖食呪願,敬白大衆:

"弟子所造齋食,衆手共成,多不如法,願衆弘慈,布施歡喜。"

重白大衆:

"弟子所造齋食,衆聽手共成,多不如法,一擬恭齋。"

中時以過,殘有餘食,聽衆處分,餘食施普誦處。世界如虚空,如蓮花不著水,心清净超於彼。稽首禮無上尊,布施呪願:

"俱爲萬行首,捨著離慳貪。是故今施主設齋以訖,恐果不圓。復持净財,以爲布施。先亡者往生西方,現在者見性成佛道。一切恭敬,自歸依佛。當願衆生體①解正覺,發菩提意,自歸依法。當願衆生深入經藏,智慧如海,自歸依僧。當願衆生統理大衆,一切無礙,和男(南)②聽衆,一切普誦。如來妙色身,世間無與等。無比不思議,是故今敬禮。如來色無盡,智慧亦復然。一切法常住,是故歸依敬禮常住三寶。"

日光菩薩説多囉尼神呪:

"條低帝徒蘇吒,阿若蜜帝嗚都吒,條岐吒,波賴帝吒,耶彌若吒,嗚都吒,俱羅帝吒,岐摩吒,沙婆呵。"

亡女揭:

舍利佛國難達,吾本出家誰知?捨卻③[□][雙]④親翁母,唯有和尚

① 體,底本實作"骵",爲"體"之俗字。《改併四聲篇海·骨部》引《俗字背篇》:"骵,與體同。""體"字俗體可作"軆",亦可作"躰"(《玉篇·身部》:"躰軆:並俗體字。"《正名要録》"正行者楷註脚稍訛"類"體"下脚注"躰"。慧琳《音義》卷八九《高僧傳》第六卷音義:"體,篆文從身作躰,俗字也。")"骵"當爲在"躰"基礎上偏旁再次替换而産生的"體"之俗字。下文"三百碎骨相支駐,漏骵何曾有片真"中"骵"亦當爲"體"字之俗字,徑改之,不復出校。

② 男,此當讀如"南"(二字《廣韻》均可音那含切)。佛門稱稽首、敬禮爲"和南"。[南朝·梁]沈約《爲文惠太子禮佛願疏》:"皇太子某稽首和南,十方諸佛,一切賢聖。"即其例。

③ 却,録本誤作"劫",據底本改。

④ 雙,底本及録本無,據文意補。

闍梨。

舍利佛國難爲，吾本出家誰知？捨卻親姊親妹，唯有同學相隨。

舍利弗國難爲，吾本出家誰知？捨卻烟芝胡粉，唯有澡豆[1]楊枝。

舍利佛國爲，吾本出家誰知？捨卻大氈[2]大被，唯有坐具三衣[3]。

舍利佛國[4]難爲，吾本出家誰知？捨卻柒[5]槃柒椀，唯有蘊鉢同(銅)匙[6]。

心中坐道場，坐卧涅槃堂。身是彌陀佛，何處覓西方。

十一面觀世音呪曰："此名'大心呪'：唵，阿梨耶，婆路枳帝攝，跋囉耶，菩提薩埵耶，摩呵薩埵耶，摩呵迦路足迦耶，哆姪他唵，阿嚕力娑呵。"此呪能持一切鬼病，大驗。及持有鬼神變身，或作野胡及種種諸身，入人身中，持之並□(差)[7]，唯須護净。

欲令一切官人歡喜，誦呪曰："南無多羅神護多神，能令君臣喜不嗔。沙婆呵。南無和修吉陀羅，南無摩醯首楞陀呵，南無踴躍大神弥憂陀，南無佉提阿薼多。休留，休留，沙婆呵。"

---

① 豆，録本誤作"豈"，據底本改。澡豆爲比丘十八物之一，又稱豆屑，係洗滌身體、衣服等污穢所用之豆粉。依《十誦律》卷三十八所載，澡豆係由大豆、小豆、摩沙豆、豌豆、迦提婆羅草、梨頻陀子等磨粉而成。同書卷三十九云："佛在舍衛國，有人施比丘尼僧木桶。諸比丘尼不受，不知何所用，是事白佛。佛言：'應取用盛澡豆。'"可知澡豆當貯放於木桶中。《五分律》卷二十六云："有諸比丘浴時，出外以背揩壁樹木，還入水灌傷破其身。佛言：'不應爾。聽用蒲桃皮、摩樓皮、澡豆等諸去垢物。'"據《大威儀請問》載，若不以澡豆净手而執經卷、香爐等物，死後將墮於不净地獄。又，後世或有視澡豆爲小型水桶者，此乃係誤將澡豆與稱爲"豆"之祭具混淆之故。

② 氈，底本作"氍"，當爲"氈"之俗體。

③ 衣，底本實作"依"，乃"衣"字之借字。三衣乃指印度僧團所准許個人擁有之三種衣服，即：(一)僧伽梨，又稱九條衣。(二)郁多羅僧，又稱七條衣。(三)安陀會，爲日常工作時或就寢時所穿著之貼身衣。

④ 國，録本誤作"目"，據底本改。

⑤ 柒，録本誤作"染"，據底本改。下文"柒椀"之"柒"録本亦誤作"染"，徑改之，不復出校。

⑥ 同，此當爲"銅"之借字(二字《廣韻》均音徒紅切)。匙，録本誤作"起"，據底本改。

⑦ 差，録本作缺文，據底本補。《方言》第三："差，愈也。南楚病癒者謂之差。"

進果獲證修業呪曰："多擲哆，牟留羅，牟留羅，阿嘍啵，牟留羅，毘衹叉，夜沙呵。"

若人受持讀誦兼修福業者，此人是初地菩薩。

南無西方阿彌陀佛。佛在西方極樂國，普勸同心一處生。無問貴賤皆昭(招)①引，只是凡夫業不成。第一念佛常不忘，第二心口會須平，三者懃修六度行，四者莫②外覓聲名。若能如此合佛意，彼國蓮華東向頃(傾)③。臨命終時直往彼，隨佛六道救衆生。[□□□□□][願共諸衆生]④，往生安樂國。

南無西方阿彌陀佛。六道衆生不可救，見佛光明不發心。彌陀親喚不肯去，牛頭獄卒競來迎。業正佛救亦不勉，鑊湯爐炭轉加深。佛聞(問)⑤此人造何罪，飲酒食肉及邪淫。普勸道場諸衆等，願捨閻浮膿血身。願共諸衆生，往生安樂國。

南無西方阿彌陀佛。真門一入永不迴，合掌夫(扶)⑥心坐寶臺。八功德水常圓滿，四面蓮華遶佛來。佛放眉間相光照，下品衆生花自開。意欲他方救諸苦，身上敢得二珠衣。普勸道場諸衆等，專心念佛入真門。願共諸衆生，往生安樂國。

南無西方阿彌陀佛。金蓮獨坐顯光明，絶攝大道苦衆生。欲得同歸於一處，懃修練行會須精。菩薩内藏修十善，凡夫外行覓聲名。佛法寬洪無有二，愚人分別數門行。或説此身同[□][佛]⑦性，或説佛性别求名。如此之

---

① 聯繫文義，"昭"當爲"招"之同音借字(二字《廣韻》均爲止遥切，章母，宵韻，平聲)。

② 莫，録本誤作"菓"，據底本改。

③ 頃，録本誤作"須"，據底本改。"頃"乃"傾"之古字。

④ "願共諸衆生"五字底本及録本無，據文意補。下文每段末句均作："願共諸衆生，往生安樂國。"可助比勘。

⑤ 聞，此當爲"問"同音借字，此指詢問。《荀子・堯問》："不聞，即物少至，少至則淺。"王念孫《讀書雜誌・荀子八》："'聞'即'問'字也，言不問則所知之事少也。"

⑥ 夫，此當讀如"扶"(二字《廣韻》均可音防無切)，此指輕按。

⑦ 佛，底本及録本無，據文義補。

人非是一,定[□][墮]①三塗六趣坑。願絶二見修平等,西方凈土自然生。願共諸衆生,往生安樂國。

南無西方阿彌陀佛。衆等專修凈土業,當須獨坐凈思量。莫言分往閻浮地,須臾不息即無常。命如風中燈燭焰,亦似雲中一電光。不具(懼)②三塗十八苦,一旦無常何處藏。忽爾尋思深可歎,如何晝夜不驚忙。自古聖賢不勉死,何况凡夫得分長。行者怒(努)力修十善,知身不分即無常。願共諸衆生,往生安樂國。

南無西方阿彌陀佛。第(弟)③子自性居三界,長明黑闇處昏昏。輪迴六道無休息,未曾得聞凈土聲。今日遇逢善知識,願捨凡夫臭穢身。早④得託生極樂國,蓮華臺上自然生。願共諸衆生,往生安樂國。

南無阿彌陀佛。今觀此身實可厭,種種不凈假名身。三百碎骨相支駐,漏體何曾有片真。

脂粉朱唇徒莊識,終歸地下作灰塵。煩惱熾盛無休息,並是流浪三塗因。普勸道場諸衆等,怒(努)力懃修凈土因。願共諸衆生,往生安樂國。

南無西方阿彌陀佛。三塗[□][易]⑤入難得出,歷劫受苦身自當。臨命終時無善□,心中忙怕自迴惶。一切罪業業皆見,鑊湯爐□(炭)⑥眼前行。阿黎耶識受諸苦,四大深埋土□⑦藏。

今得人身不念佛,來生邊界作毛囊。願□□(共諸)⑧衆生,往生安樂國。

南無西方阿彌陀佛。柀(披)⑨毛帶角畜生身,爲我前身厄苦因。造罪殺生無休息,輕慢師僧狂二親。飲酒食肉無慚愧,今日受苦向誰陳。口中横礙

① 墮,底本及録本無,據文義補。
② 具,此當爲"懼"之借字(二字《廣韻》均音其遇切,例可通假)。
③ 第,録本徑作"弟",且未出注,不合原卷。
④ 早,録本誤作"卑",據底本改。
⑤ 易,底本及録本無,據文義補。
⑥ 炭,録本作缺文,據底本補。
⑦ 此缺字底本不清晰,待考。
⑧ 聯繫文義,此缺文當爲"共諸"二字。
⑨ 柀,此乃"披"之俗字。録本誤作"被",據底本改。

不得語，種種從他鞭打身。楚痛眼中雙淚下，普勸來生發善心。願共諸衆生，往生安樂國。

南無西方阿彌陀佛。歷劫已來懷疾慢，□□癡生三毒□，□□□□□□得出，每被六賊共相親。歸見時年[①]歸大地，不覺自然心即驚。各各懃心修善業，努力前頭避火坑。願共[□□□][諸衆生][②]，往生安樂國。

南無西方阿彌陀佛。諦觀西方有一國，其國有佛號“彌陀”。一住説法恒沙劫，普爲世界斷衆魔。安樂城中登聖坐，諸天圍遶悉來過。八萬四千菩薩衆，[□][所][③]奉花果浄娑婆。願共諸衆生，往生安樂國。

南無西方阿彌陀佛。天宫悉出空中現，七寶臺殿□(普)[④]恒□。幢蓋幡花遍□□(界)[⑤]，金枝玉樹自然□。馬瑙琉[⑥]璃爲大地，珊胡大海作[⑦]□

① “歸見時年”前底本、録本復有“□□時年”四字(前二殘字當爲“歸見”)，語義重複。兹據文意删。

② “諸衆生”三字底本及録本無，據文義補。

③ 所，底本及録本無，據文義補。

④ 普，録本作缺文，據底本補。

⑤ 界，録本作缺字，據底本補。

⑥ 琉，録本誤作“玻”，據底本改。

⑦ 以下殘。

No. 2830A 道安法師念佛讚

[題解]

佛教護戒修道勸善詩，又名《勸善文》、《道安法師勸善文讚》，一卷。敦煌文獻中存有 8 號：伯 2963v1 號，首全尾全，首題“勸善文”，存 25 行；BD7676（北 8441，皇 76）號，首全尾全，首題“勸善文”，尾題“勸善文讚一本”，存 26 行；臺北 139 號，首全尾全，首題“道安法師念佛讚文”，存 19 行；以上爲完整者，共 3 號。斯 473，首全尾殘，首題“勸善文□……□一本”，存 19 行；斯 2985 號，首全尾殘，首題“道安法師念佛讚文”，存 15 行；斯 5019 號，首全尾殘，首題“勸善文”，存 20 行；伯 2809 號，首殘尾脱，無尾題，存 27 行；俄 Дx. 2430 號“出家讚”後有倒書一行“三十三天佛最尊，萬物中貴不過人。一”，内容係《道安法師念佛讚文》開頭部分；以上爲有殘缺者，共 5 號。清代以前歷代大藏經未收，日本《大正藏》據斯 2985 收入第八十五册。該號《敦煌寶藏》原題：“道安法師念佛讚文。”朱鳳玉《敦煌文獻中的佛教勸善詩》一文（載自白化文主編《周紹良先生紀念文集》第 509—511 頁，北京圖書館出版社 2006 年 8 月第一版）據伯 2963v1 及 BD7676 對該讚文進行了録文。朱鳳玉認爲，唐代佛教諸宗興起，而禪宗、净土宗最盛。其中，净土念佛法門尤爲民間普遍傳誦。道安弟子慧遠爲净土宗之初祖。敦煌寫本“念佛讚文”前冠有“道安法師”名號，顯係後人託名，旨在凸顯“勸善念佛讚文”蓋出自净土宗教徒之手。于淑健的《敦煌本〈道安法師念佛讚文〉探賾》一文通過對敦煌寫卷中相關文獻的調查分析指出此文乃净土宗信徒所撰戒殺生食肉及勸布施行善之作，其産生或與法照於大曆五年（公元 770 年）之後北上五臺山一帶的布教活動時間相當甚至更晚。其作者或爲法照弟子，或爲受法照净土宗影响的中下層信徒（刊自《新疆大學學報[哲學・人文社會科學版]》2016 年第 5

期）。今校注仍以《大正藏》本所據原卷斯2985號爲底本。參校本：甲本，BD7676號；乙本，斯473號；丙本，斯5019號；丁本，伯2809號；戊本，臺北139號；己本，伯2963v1號；庚本，朱鳳玉録校本。

□(三)①十三天佛最尊，萬物中貴不過人。一世②眼□□□□(看何足度)③，努④□(力)⑤相勸入善門。

只恐衆生造諸⑥惡，經律法教⑦□(遣)⑧修身⑨。食肉衆生⑩短⑪命保(報)⑫，緣⑬佛慈悲勸⑭諫君。

莫道□□□□□(煞生無人見)⑮，善惡童子每知⑯聞。好事惡事□□□，□□□□□□□(皆抄録，未肯臨時放一分)⑰。

---

① 三，録本作缺文，據底本補。三十三天爲六欲天之一，又作"忉利天"。此天位居欲界第二天之須彌山頂上，四面各爲八萬由旬，山頂之四隅各有一峰，高五百由旬，由金剛手藥叉神守護此天。中央之宫殿（善見城）爲帝釋天所住，城外周圍有四苑，是諸天衆遊樂之處。城之東北有圓生樹，花開妙香薰遠，城之西南有善法堂，諸天衆群聚於此，評論法理。四方各有八城，加中央一城，合爲三十三天城。

② 世，乙本作"切"。

③ "看何足度"四字録本作缺文，據底本補。"足"字戊本作"促"。

④ 努，録本訛作"妙"，結合文意，據底本改。甲、乙、丙、庚、戊五本亦作"努"，可助勘。

⑤ 力，録本作缺文，據底本補。

⑥ 諸，丙本作"之"。

⑦ "經律法教"四字乙本作"法教律論"。

⑧ 遣，録本作缺文，據底本及甲、戊二本補。該字乙本作"勸"。

⑨ 以上丁本殘。

⑩ "衆生"二字乙本作"之人"。

⑪ 短，乙本作"斷"。

⑫ 保，此當爲"報"之音近借字（"保"字博抱切，幫母晧韻上聲；"報"字博耗切，幫母號韻去聲。二字紐同韻近，應可通假）。該字丙、戊二本正作"報"。

⑬ 緣，丙本作"諸"。

⑭ 勸，録本訛作"徵"，結合文意，據底本改。甲、丙、戊三本亦作"勸"，可參證。

⑮ "煞生無人見"五字録本作缺文，據底本補。"無人見"三字乙本作"人不見"。

⑯ 知，乙本作"諸"。

⑰ "皆抄録，未肯臨時放一分"十字録本作缺文，據底本補。

造惡[1]人多修福少，所以衆生長受[2]貧。天堂快樂無人去[3]，地獄苦處競來奔[4]。

不是閻羅王喚君[5]人，亦不是[6]諸佛没[7]慈悲。總緣慳貪[8]難勸諫，百劫千生自□(陷)[9]身。

第一當官莫誑法，恃(倚)恃[10]形勢乃欺貧[11]。蠢動衆生皆惜命，負骨埋[12]身不放□(君)[13]。

善惡[14]加遭誑[15]横事[16]，法外陵[17]遲不敢嗔。枉[18]取一錢徵[19]萬倍，命終地獄受艱辛。

富貴前生布[20]施得，貧是慳貪[21]宿業因。世人無慈好酒肉，百味調和勸

---

① 惡，乙、丙、丁、戊四本作"罪"。

② 受，丙本作"壽"，當爲"受"之借字。

③ 去，乙本作"見"。

④ 奔，録本誤作"莽"，據底本及甲、丙、戊三本改。"只恐衆生造諸惡……地獄苦處競來奔"，庚本脱。

⑤ "喚君"二字録本誤作"倉"，今據底本及甲、乙、丁、庚、戊五本改。

⑥ "亦不是"三字乙本作"莫道"。

⑦ 没，録本作"不"，今據底本及甲、丙、庚三本改。

⑧ "緣慳貪"三字乙本作"謂衆生"。

⑨ 陷，録本作缺文，據底本及甲、丙、庚三本補。

⑩ "恃恃"二字底本同，甲、丙、庚三本作"倚恃"，"恃恃"二字乙本作"逞其"，戊本作"恃其"。前一"恃"字當爲"倚"之誤書。

⑪ 貧，録本誤作"貪"，今據底本及甲、丙、庚三本改。

⑫ 埋，乙本作"離"。

⑬ 君，録本作缺文，據底本及甲、丙、庚三本補。

⑭ "善惡"二字乙本作"人弱"。

⑮ 誑，乙本作"殃"。

⑯ "善惡加遭誑横事"七字甲本作"力弱不加遭狂横"，庚本作"力弱不佑遭狂横"，戊本作"力弱不加遭殃横"。

⑰ 陵，録本誤作"綾"，今據底本及甲、戊、庚三本改。

⑱ 枉，録本誤作"狂"，今據底本及庚本改。

⑲ 徵，乙本作"銍"。

⑳ 布，録本誤作"希"，今據底本改。

㉑ "慳貪"二字乙本作"見世"。

六親。

但看①猪羊被宰殺，苦痛之聲上帝聞。眼光早已隨身（刀）②落，四腳③高低（懸）④就血盆。

將知⑤食肉屠他命，地獄怨⑥讎不可論。累月不曾得一頓⑦，終日虚霑喫肉人。

死王⑧猶來羡⑨生處，若個不覓命長存？［終須一度無常去⑩，阿那甘心入死門？

死門且向總應知，一死不還再生時。飛鷹走苟（狗）⑪屠他⑫命，黄泉地下悔難期。

煞命始⑬得他肉吃，思量阿莽有慈恩⑭？皷（被）⑮針刺著由（猶）⑯疼痛，

① 看，録本誤作"著"，今據底本及甲、乙、丙、丁、庚五本改。

② 身，此當爲"刀"之訛字。該字甲、乙、庚、戊四本均作"刀"，可助勘。

③ 以下乙本殘。

④ 低，丙、丁、戊三本作"懸"。"懸"字義長。

⑤ 知，丙、丁二本作"諸"。

⑥ "怨"字録本誤作"恐"，今據底本及甲、丙、丁、庚、戊五本改。

⑦ 頓，録本誤作"類"，今據底本及甲、丙、丁、庚、戊五本改。

⑧ 王，録本誤作"生"，今據底本及甲、丙、丁、庚四本改。

⑨ 羡，底本不清晰，録本作"美"，今據底本改。該字丁、戊二本亦作"羡"，可助勘。

⑩ "無常去"三字丁本作"皈於地"。

⑪ 苟，此當爲"狗"之借字。該字庚本作"狗"。

⑫ 他，丙本作"煞"。

⑬ 始，丁本作"既"。

⑭ "慈恩"二字丙、丁二本作"恩慈"。

⑮ 皷，此當爲涉下"針"類化偏旁而成的"被"之俗字。該字丙、丁二本正作"被"。

⑯ 由，此乃"猶"之借字。［清］劉淇《助詞辨略》："由，與'猶'通。"該字庚本録作"猶"。

何向將刀身上剺[①]。][②]

輪迴六道受諸類[③]，改頭换面不相知。但[④]取衆生血肉喫，誰知[⑤]父母及妻兒？

一切猪羊皆[⑥]惜命，惜命叫喚口中悲。[⑦] [口中[⑧]横骨語不得，眼見刀光恨不飛。[⑨]

命斷專心相追逐，寸步元來不想離。將命倍(陪)[⑩]還償他命，亦無門户囑曹司。][⑪]

緣業力劣負他命[⑫]，百劫千生不改[⑬]衣(移?)[⑭]。善惡皆將業鏡照，寸步

① 剺，此當爲"剺"之訛俗字，"剺"又當爲"剺"之省筆俗體。《玉篇·刀部》："剺，直破也。"慧琳《一切經音義》卷第十四《大寶積經》第五十六卷音義："剺解：理之反。《考聲》：剺，割也，劃也。《字林》作'剺'，經文作'剓'，非也。"[T54n2128p389a3]此字已本作"𠟎"，當爲"剺"之俗體。庚本據已本録作"剺"。《玉篇·刀部》："剺"，同"剺"。然庚本失真，應出校注明。

② "終須一度無常去……何向將刀身上剺"一段文字底本、録本脱，據甲本補。

③ 類，甲、丙、庚三本作"苦"。

④ 但，甲、丙二本作"雖"，丁本作"難"。

⑤ 知，丁本作"諸"。

⑥ 皆，録本誤作"背"，今據底本改。

⑦ "一切豬羊皆惜命，惜命叫喚口中悲"十四字甲、丙、丁三本作"相勸莫食衆生肉，豬羊借命叫聲悲"。

⑧ 以下丙本殘。

⑨ 以下丁本脱。

⑩ 倍，後作"陪"。《穆天子傳》卷六："喪主即位，周室父兄子孫倍之。"郭璞注："倍，古'陪'字。"唐宋以前古籍中"賠"義多作"陪"或"備"(詳參張涌泉《敦煌俗字研究》上編第207—209頁，上海教育出版社，1996年12月版)。蕭旭認爲，"陪"亦非本字。睡虎地秦墓竹簡《秦律十八種·金布律》："縣、都官坐效、計以負賞(償)者，已論，嗇夫即以其直(值)錢分負其官長及冗吏。""負償"即今"賠償"。"負"字由"承擔"義引申作"賠償"義，"負"、"陪(倍)"、"備"一音之轉。[清]吴玉搢《别雅》卷第一："備補，賠補也。"賠償的是錢物，故俗字易從"貝"旁。

⑪ "口中横骨語不得……亦無門户囑曹司"一段文字底本、録本脱，據甲本補。

⑫ "負他命"三字甲、庚二本作"受諸苦"。

⑬ 改，録本誤作"放"，今據底本及甲、庚二本改。

⑭ 衣，此當爲"移"之音訛字。該字甲、庚二本作"移"。

驅逐入阿鼻。[1]

普勸衆生修万行，今逢法教莫生疑。決定至心聞妙法，當來極樂佛爲期[2]。

① “善惡皆將業鏡照，寸步驅逐入阿鼻”十四字甲、庚二本置於下文“普勸衆生修萬行，今逢法教莫生疑”後。

② “極樂佛爲期”五字甲、庚二本作“必定佛來迎”。

No. 2830B 五臺山曲子六首

[題解]

五臺山讚文,作者不詳,一卷。敦煌文獻中存有斯467、斯2080、斯2985v、斯4012、伯3360五號,其中斯2080和斯4012二號前後相接,本爲一卷所裂。清代以前歷代大藏經未收,日本《大正藏》據斯2985v號收入第八十五册,誤題作"道安法師念佛讚文"。因《大正藏》所據斯2985v號殘缺不全(僅按北臺、東臺和大聖堂的順序抄録三首),今校注擇取圖版較爲完整的斯467號爲底本。校本:甲本,伯3360號;乙本,斯2080號+斯4012號;丙本,斯2985v號。甲本題作"大唐五臺曲子五首"。

大聖堂,非凡地,左右龍盤[①],爲有臺相倚。嶺岫嵯峨朝聖地[②],花木芬芳,菩薩多靈異。面慈悲,心歡喜,西國真僧遠遠來瞻礼,瑞彩時時簾[③]下起。福祚當今[④],万古千秋歲。

上中臺,盤道遠,萬仞迢迢,仿佛過天半。寶石山岩光燦爛,瑞草名花似錦,堪遊玩。玉花池,金沙畔,冰窟千年,到者身心戰。合掌望空[⑤]重發願,五

---

① "盤"字丙本、録本均作"磻"。"磻"字讀爲"盤",亦作"蟠"("磻"字一音薄官切,與"盤"、"蟠"音同)。

② "朝聖地"三字甲本作"朝霧起"。

③ 簾,甲本作"巖"。

④ "當今"二字甲、乙、丙三本作"唐川"。"唐川"二字前乙本殘。

⑤ "合掌望空"四字甲、乙二本作"礼拜虔誠"。

色祥雲,一日三迴現。①

上東臺,過北斗,望見浮桑,海伴龍神抖。雨雪②相和更(驚)③霖藪,霧卷龍收,化現千般有。吉祥鳥,獅子吼,聞聲狐宜(疑)④,便往那邊走⑤。才念文殊三五⑥口,大聖慈悲,方便來相救。

上北臺,登嶮道,石徑慢(崚)⑦層(嶒)⑧,換(緩)⑨步行多少。遍地名花微⑩軟草,定水潛流,一里三迴到⑪。駱駝塢⑫,風眇眇⑬,來往巡遊,須是身心

① 此首"上中臺"甲、乙二本置於"上北臺……爲有神龍操"之後。

② 雪,乙、丙二本作"雹"。

③ 更,甲、乙、丙三本作"驚"。按:此"更"乃"驚"之借字。"驚"字一作"敬"。《逸周書·官人》:"敬之以卒而度應。"孔晁注:"大戴作:'驚之以卒而度料。'""敬""更"互通,典籍頗見其例。《維摩詰經講經文(三)》:"曾終十善重佛僧,敬莫交身沉六趣。"項楚曰:"'敬'讀作'更'。"(項楚《〈維摩詰經講經文〉新校》,《四川大學學報》2005年第4期,第60頁。)《維摩詰經講經文(四)》:"敬要何爲?"《敦煌變文校注》:"敬,疑當作'更',同音通用。"(《敦煌變文校注》,第867頁,黄征、張涌泉校注,中華書局1997年5月版。)

④ 宜,甲、乙、丙三本作"疑"。"宜"此乃"疑"之同音借字(二字皆疑紐支韻平聲)。

⑤ "便往那邊走"五字甲、乙二本作"怕網羅煙走",丙本作"怕往羅筵走"。丙本此句義長。甲、乙二本"網"、"煙"當分别爲"往"、"筵"之記音字。

⑥ 五,甲、乙二本作"兩"。

⑦ 慢,甲、乙二本作"崚"。"慢"當爲"崚"之訛字。《廣韻·蒸韻》:"崚,崚嶒,山貌。"

⑧ 層,此當爲"嶒"之同音借字("層"音從紐登韻平聲,"嶒"音從紐蒸韻平聲,聲韻調全同,例可通假)。

⑨ 換,甲、乙二本作"踿",當爲"換"之換旁俗字。此"換"乃"緩"之借字,此字丙本正作"緩"。"換"字讀如"緩",典籍用例頗夥。伯3350號《下女夫詞》:"梚梚便商量。"俄Дх.11049V號同,伯3893號作"秧秧",斯5949號作'唤唤'。蔣禮鴻曰:"'换'、'唤'是'緩'的同音借字。"(《〈敦煌變文集〉校記録略》,《杭州大學學報》1962年第1期,第179頁。)伯3618號《秋吟一本》:"相將梚步出蓮宫。"張涌泉師讀"梚"爲"緩"(《敦煌俗字研究》,上海教育出版社1996年版,第139頁)。伯2838號敦煌曲《内家嬌》:"逶迤梚步出閨帏。"任二北曰:"'緩步'原作'梚步',《蘇莫遮》有'踿步',同例。"(任二北《敦煌曲校録》,上海文藝聯合出版社1955年版,第24頁。)

⑩ "名花微"三字甲、乙二本作"霉苔異"。"微"字丙本作"唯"。

⑪ "一里三迴到"五字甲本作"一日三過到"。

⑫ 該字底本作"",甲本作"",乙本作"",丙本作"",當皆爲"塢"之訛俗字,《大正藏》據丙本録作"塢"。"駱駝塢"當指北臺山中四周高中間低狀似駱駝的地方。

⑬ "眇眇"二字甲、乙、丙三本作"袅袅"。

好。羅漢岩前觀奈好[①]，不敢久停，爲[②]有神龍操(躁)[③]。

上西臺，真聖境，阿耨池邊，好似金橋影。兩道圓光明似鏡，一朵香山峖屼堪吟詠。獅子蹤，深印定；功德泉中，甘露常清净。菩薩行時龍衆請，居士談[④]揚，爲[⑤]有天人聽。

上南臺，林嶺别，媚[⑥]境孤高，岩下觀星月。遠眺霞(遐)[⑦]方情思[⑧]悦，不聽神鐘，感貴(愧)[⑨]撚[⑩]香爇。蜀錦花，銀絲結，供養諸天，函萏無人折[⑪]。慚愧[⑫]塵勞罪消滅，福壽延年，爲見[⑬]真菩薩。

① “奈好”二字甲、乙二本作“渿河”。

② 爲，乙本作“唯”。

③ “神龍”二字甲、乙、丙三本均作“龍神”。操，此當爲“躁”之借字。“操”字清紐豪韻平聲，“躁”字精紐豪韻去聲，二字韻同紐近，應可通假。《公羊傳·莊公三十年》：“蓋之操之爲已蹙矣。”阮元校勘記：“武億云：‘操，古本作躁。’”慧琳《一切經音義》卷第七十九《經律異相》第三十九卷音義：“性躁：下遭譟反。《考聲》：‘急性也。’”[T54n2128p819c13]“神龍躁”當指神龍脾氣急惡也。

④ 談，乙本作“譚”。[清]朱駿聲《説文通訓定聲·謙部》：“談，語也。字亦作‘譚’。”

⑤ 爲，甲本作“唯”。

⑥ 媚，甲、乙二本作“净”。“净”字義長。

⑦ 霞，甲本作“遐”。此“霞”乃“遐”之借字。《楚辭·遠遊》：“載營魄而登霞兮，掩浮雲而上征。”朱熹注：“霞，與遐同，古字借用。”

⑧ “情思”二字甲本作“思情”。

⑨ “貴”字當爲“憒”之訛省，“憒”則當爲“愧”之借字(“憒”字見紐隊韻去聲，“愧”字見紐至韻去聲，纽同韻近，例可通假)。該字甲、乙二本均作“愧”。

⑩ 撚，甲本作“捻”。

⑪ “無人折”三字甲、乙二本作“人間徹”。

⑫ “慚愧”二字乙本作“往日”。

⑬ 見，乙本作“礼”。

No. 2831《無心論》一卷

釋菩提達摩製

[題解]

中國人假託菩提達磨所撰經典，敦煌文獻中存有斯 5619a 一號，作者不詳，一卷。首題："《無心論》一卷，釋菩提達摩製。"全文圍繞"無心"，反復答問，謂人本無心，衆生迷妄，於無心中妄生心，故作業輪回。若覺無心，則無一切煩惱生死涅槃。最後歸結爲心外無物，物外無心。此文是研究早期禪宗思想的重要資料。清代以前歷代大藏經未收，《大正藏》據斯 5619a 號（《大正藏》誤標爲斯 296 號）收入其第八十五册。今校注仍以《大正藏》本所據原卷斯 5619a 號爲底本。

夫至理無言，要假言而顯理；大道無相，爲接麁而見形。今且假立二人，共談無心之論矣。弟子問和尚曰："有心無心？"答曰："無心。"問曰："既云無心，誰能見聞覺知？誰知無心？"答曰："還是無心。既見聞覺知，還是無心能知無心。"問曰："既若無心，即合無有見聞覺知，云何得有見聞覺知？"答曰："我雖無心，能見能聞，能覺能知。"問曰："既能見聞覺知，即是有心，那得稱无？"答曰："只是見聞覺知即是無心。何處更離見聞覺知別有無心？我今恐汝不解，一一爲汝解説，令汝得悟真理。假如見，終日見，由爲無見，見亦無心；聞，終日聞，由爲無聞，聞亦無心；覺，終日覺，由爲無覺，覺亦無心；之（知）[①]，終日知，由爲無知，知亦無心。終日造作，作亦無作，作亦無心，故云：'見聞覺知，總是無心。'"問曰："若爲能得知是無心？"答曰："汝但子細推求，看心作何相貌。其心復可得？是心不是心？爲復在内？爲復在外？爲復在

---

① 之，此當爲"知"字之訛字。

中間？如是三處推求覓心，了不可得；乃至於一切處求覓，亦不可得；當知即是無心。"問曰："和尚既云一切處總是無心，即合無有罪福。何故衆生輪迴六聚(趣)[1]，生死不斷?"答曰："衆生迷妄，於無心中而妄生心，造種種業，妄執爲有，足可致使輪迴六趣，生死不斷。譬有人於暗中見杌爲鬼，見繩爲蛇，便生恐怖；衆生妄執，亦復如是。於無心中妄執有心，造種種業，而實無不輪迴六趣。如是衆生，若遇大善知識，教令坐禪，覺悟無心，一切業障盡皆銷滅，生死即斷。譬如暗中，日光一照而暗皆盡。若悟無心，一切罪滅亦復如是。"問曰："弟子愚昧，心猶未了審。一切處六根所用者，應答'語曰[2]種種施爲，煩惱菩提、生死涅槃定無心否?"答曰："定是無心。只爲衆生妄執有心，即有一切煩惱生死、菩提涅槃。若覺無心，即無一切煩惱生死涅槃。是故如來爲有心者説有生死。'菩提'對'煩惱'得名，'涅槃'者對'生死'得名。此皆對治之法。若無心可得，即煩惱菩提亦不可得，乃至生死涅槃亦不可得。"問曰："菩提涅槃既不可得，過去諸佛皆得菩提。此謂可乎?"答曰："但以世諦文字之言'得'，於真諦實無可得。故《維摩經》云：'菩提者不可以身得，不可以心得。'又，《金剛經》云：'無有少法可得。諸佛如來但以不可得而得。當知有心即一切有，無心一切無。'"問曰："和尚既云於一切處盡皆無心，木石亦無心，豈不同於木石乎?"答曰："而我無心，心不同木石。何以故？譬如天鼓，雖復無心，自然出種種妙法，教化衆生。又如如意珠，雖復無心，自然能作種種變現。而我無心，亦復如是。雖復無心，善能覺了諸法實相，具真般若，三身自在，應用無妨。故《寶積經》云：'以無心意而現行。'豈同木石乎？夫無心者即真心也，真心者即無心也。"問曰："今於心中作若爲修行?"答曰："但於一切事上覺了無心，即是修行，更不別有修行。故知無心即一切，寂滅即無心也。"

---

① 聚，此當爲"趣"之訛字。"趣"是"趣向"之義。衆生受報，皆由因趣果。"六趣"爲衆生由業因之差別而趣向之處。有六所，即地獄趣、餓鬼趣、畜生趣、阿修羅趣、人趣，天趣。又，下文曰："衆生迷妄，於無心中而妄生心，造種種業，妄執爲有，足可致使輪迴六趣，生死不斷。譬有人於暗中見杌爲鬼，見繩爲蛇，便生恐怖。衆生妄執，亦復如是。於無心中妄執有心，造種種業，而實無不輪迴六趣。"可以爲證。

② "語曰"二字底本、録本倒作"曰語"，據文意乙。

弟子於是忽然大悟，始知心外無物，物外無心。舉止動用，皆得自在。斷諸疑網，更無罣①礙。即起作禮，而銘無心。乃爲頌曰：

“心神向寂，無色無形。覩之不見，聽之無聲。

似暗非暗，如明不明。捨之不滅，取之無生。

大即廓周法界，小即毛竭不停。煩惱混之[□][不]②濁，涅槃澄之不清。

真如本無分别，能辯有情無情。收之一切不立，散之普遍含靈。

妙神非知所測，正覺③絶於修行。滅則不見其懷(壞)④，生則不見其成。

大道寂兮⑤無相，萬像窈兮無名。如斯運用自在，總是無心之精。”

和尚又告曰：“諸般若中以無心般若而爲最上。故《維摩經》云：‘以無心意、無受行而悉摧伏外道。’又《法鼓經》：‘若知無心可得，法即不可得，罪福亦不可得，生死涅槃亦不可得，乃至一切盡不可得，不可得亦不可得。’”乃爲頌曰：“昔日迷時爲有心，今⑥時悟罷了無心。雖復無心能照用，照用常寂即如如。”重曰：“無心無照亦無用，無照無用即無爲。此是如來真法界，不同菩薩爲辟支。”言“無心”者，即無妄相心也。

又問：“何名爲‘太上’？”

答曰：“‘太’者，大也；‘上’者，高也；窮高之妙理，故云‘太上’也。又‘太’者，通泰之位也。三界之天雖有，延康之壽福盡，是故終輪迴六趣，未足爲‘太’；十住菩薩雖出離⑦生死，而妙理未極，亦未爲‘太’；十住修心，妄有入無，又無其無，有[□][無]⑧雙遣，不妄(忘)中道，亦未爲‘太’；又忘中道，三處都盡，位皆(階)⑨妙覺，菩薩雖遣三處，不能無其所妙，亦未爲‘太’。又忘

① 罣，底本作“𦊅”，乃“罣”之俗體。

② 不，底本、録本無，據文意補。

③ 覺，録本訛作“覓”，底本實作“竟”，乃“覺”之異體。兹據正。

④ 懷，此當爲“壞”之形訛。

⑤ 兮，録本訛作“号”，復繁化作“號”，底本實作“亐”，乃“兮”之手體。下句“萬像窈兮無名”中“兮”録本亦訛作“号”，復繁化作“號”，徑改之，不復出校。

⑥ 今，録本訛作“尔”，據底本改。

⑦ 離，底本實作“理”，當爲“離”字之音近借字。

⑧ 無，底本、録本無，據文意補。

⑨ 皆，此當讀如“階”(二字《廣韻》皆音古諧切)。

其妙，則佛道至，極則無所存，無存思則無。思慮兼妄，心智永息，覺照俱盡，寂然無爲，此名爲'太'也。'太'是'理極'之義，'上'是'無等等'也①，故云'太上'即之佛如來之別名也。"

《無心論》一卷。

① "等等也"三字中後一"等"字底本作重文號，因和下"也"字連筆，録本訛作"色"。茲據底本乙正。

No. 2832 南天竺國菩提達摩禪師觀門

[題解]

中國佛教禪宗著作，簡稱《達摩禪師觀門》，作者不詳，一卷。敦煌文獻中存有斯 2583vd（首全尾全）、斯 2669vc（首全尾全）、斯 6958（首全尾脱）、伯 2058c（首全尾脱）四號。此文先解釋禪定、禪觀、禪、禪法諸概念，然後提出禪法的七種觀門，最後敘述大聲念佛的十種功德，係唐代僧人假託菩提達磨之名所撰。清代以前歷代大藏經未收，日本《大正藏》將斯 2583vd 號收入其第八十五册。今校注仍以《大正藏》本所據原卷斯 2583vd 號爲底本。校本：甲本，斯 2669vc 號；乙本，斯 6958 號。

問曰："何名'禪定'？"答曰："'禪'爲亂心不起。無動無念爲'禪定'。端心止念，無生無滅，無去無來，湛然[①]不動，名之爲'禪定'。"

"何名爲'禪觀'？"答曰："心神澄净，名之爲'禪'。照理分明，名之爲'觀'。禪觀自達，無有錯謬，故名'禪觀'。心神澄净，不生不滅，不來不去，湛然不動，名之爲'禪'。"

問曰："何名'禪定'？"答曰："'禪定'者，梵音，此名'功德聚林'。三界諸佛皆説禪坐，故名'功德聚林'。"

---

① 湛，録本訛作"堪"，兹據底本改。此字甲、乙二本亦作"湛"。"湛然"此指安然貌。南朝宋劉義慶《世説新語·雅量》："虎承間攀欄而吼，其聲震地，觀者無不辟易顛僕，戎湛然不動，了無恐色。"《雲笈七籤》卷六二："譬如嬰兒居胎中，湛然不動。"二例中"湛然"均用其義。又，下文："心神澄净，不生不滅，不來不去，湛然不動，名之爲'禪'。""湛然"義亦同。

又問："何名'禪法'？"

答曰："禪法從通有次第。初學時從始終有七種觀門：第一、住心門；第二、空心門；第三、[□][心][1]無[□][相][2]門；第四、心解脱門；第五、禪定門；第六、真妙門；第七、智慧門。'住心門'者，謂心散動，攀緣不住，專攝念住，更無去動，故名'住心門'。'空心門'者，謂看心轉追，覺心空寂，無去無來，無有住處，無所依心，故云'空心門'。'心無相門'，謂心澄净，無有相貌，非青非黄，非赤非白，非長非短，非大非少，非方非圓，湛然不動，故無相門。'心解脱門'者，知心無繫無縛，一切煩惱不來上心，故名'心解脱門'。'禪定'者，西域梵音，唐言'静慮'。覺心寂静，行時住時，坐時卧時，皆悉寂静，無有散動，故名'寂静'。'真如門'者，覺心無心，等同虚空，遍周法界，平等不二，無千無變，故名'真如門'。'智慧門'者，識了一切，名之爲'智'；契達空源，名之爲'惠(慧)'；故名'智慧門'，亦名'究竟道'，亦名'大乘無相禪觀門'，則是修禪學道故。禪有七種觀門，大聲念佛，得十種功德：一者、不聞惡聲；二者、念佛不散；三者、排去睡眠；四者、勇猛精進；五者、諸天歡喜；六者、魔軍怖畏；七者、聲振十方；八者、三途息苦；九者、三昧現前；十者、往生净土。"

---

① 心，底本、録本脱，據乙本補。

② 相，底本、録本脱，據甲、乙二本補。下文："心無相門，謂心澄净，無有相貌，非青非黄，非赤非白，非長非短，非大非少，非方非圓，湛然不動，故無相門。"亦可助勘。

No. 2833 觀心論

［題解］

中國佛教禪宗著作，又名《破相論》，［唐］神秀撰，一卷。敦煌文獻中存有斯646號（異本，首殘尾殘）、斯2595號（首殘尾全）、斯5532a號（首殘尾全），伯2460va號（首殘尾全）、伯4646d號（首全尾全）、伯4745v號（存12行）。另據方廣錩介紹，日本龍谷大學圖書館亦藏有一卷（卷號不詳），主張"唯觀心一法總攝諸法"，以三界爲"貪、嗔、癡"三毒，一切諸法，唯心所生。强調坐禪觀心，謂若觀"本若無心"，即超出三界。計7號。日本神尾壹春據敦煌《觀心論》諸異本及慧琳《一切經音義》，考訂此論爲神秀所著，爲學界基本接受。清代以前歷代大藏經未收，日本《大正藏》將斯2595號録入其第八十五册。今校注仍以《大正藏》本所據原卷斯2595號爲底本，擇取品相較好的伯4646d號爲參校甲本。

問："若復有人志求佛道，當修何法最爲省要？"

答曰："唯觀心一法總攝諸行，名爲'最要'。"

又問："云何一法能攝諸行？"

答曰："心者，萬法之根本也。一切諸法，唯心所生。若能了心，則萬行俱備。猶如大樹所有枝條及諸花果，皆悉自心根本生長。栽樹者存根而始生，伐樹者去根而必死。了心修道，則省力而易成；不了心者所修，乃費功而無益。故知一切善惡，皆由自心。若心外别求，終無是法。"

又問："云何觀心，稱之爲'了'。"

答曰："菩薩摩訶薩行深般若波羅蜜多時了於四大、五陰，於空、無我中了見自心有二種差别。云何爲二？一者净心，二者染心。其净心者即是無漏真如之心,其染心者即是有漏無明之心。二種之心,法爾自然,本來俱有。雖假緣合,本不相生。净心恒樂善因,染體常思惡業。若真如自覺,不受所染,則稱之爲'聖',遂能遠離諸苦,證涅槃樂。若隨緣造業,受其纏縛,則凡(名?)[1]之爲'凡',沉淪三界,受種種苦。何以故?由彼染心,障真如體故。《十地經》云:衆生身中,有金剛佛性,猶如日輪,體明圓滿,廣大無邊,只爲五陰重雲所覆,如瓶内燈光,不能顯了。又《涅槃經》云:一切衆生皆有佛性,無明覆故,不得解脱。佛性者,即覺性也。但自覺、覺他,智惠(慧)明瞭,離其所覆,則名'解脱'。故知一切諸善以覺爲根,因其覺根,遂能顯現諸功德樹,涅槃之果因此而成。如[2]是觀心,可名爲'了'。"

又問:"上説真如佛性一切功德因覺爲根,未審無明之心一切諸惡以何爲根?"

答曰:"無明之心雖有八萬四千煩惱情欲及恒沙衆惡,無量無邊,取要言之,皆由三毒以爲根本。其'三毒'者,即貪、瞋、癡也。此三毒心,自能具足一切諸惡。猶如大樹,根雖是一,所生枝葉其數無量。彼三毒根中生諸惡業,百千萬億倍過於前,不可爲喻。如是心於本體中自爲三毒。若應現六根,亦名'六賊'。其'六賊'者,則名'六識',出入諸根,貪著萬境,能成惡業,損真如體,故名'六賊'。一切衆生由此三毒及以六賊,惑亂身心,沈没生死,輪迴六道,受諸苦惱。又有江河,因少泉源涓流不絶,乃能彌漫,波濤萬里;若復有人斷其本源,則衆流皆息。求解脱者除其三毒及以六賊,自能除一切諸苦。"

又問:"三界六趣,廣大無邊。若唯觀心,云何免彼之苦?"

答曰:"三界業報,惟心所生,本若無心,則無三界。'三界'者即是三毒,貪爲欲界,瞋爲色界,癡爲無色界。由此三心,結集諸惡,業報成就,輪迴不具,故名'三界'。又由三毒造業輕重,受趣不同,分歸六處,故名'六趣'。"

又問:"云何輕重分之爲六?"

答曰:"若有衆生不了正因,迷心修善,未免三界,生三輕趣。云何'三

[1] 此字當爲涉下"凡"字而成的"名"之訛字。

[2] 以上底本殘,據甲本補。

輕’？所爲悉修十善，妄求快樂，未免貪界；生於六趣，悉持五戒，妄起愛憎，未免瞋界；生於人趣，迷執有爲，信邪求福，未免癡界；生阿修羅。如見三類，名爲‘三輕’[1]。云何‘三重’？所謂縱三毒心，唯造惡業，墮三重趣。若貪業重者，墮餓鬼趣；瞋業重者，墮地獄趣；癡業重者，墮畜生趣。如是三重，通前三輕，遂成六趣。故知一切善業由自心生。但能攝心，離諸邪惡，三界六趣輪迴之業自然消滅，能滅諸苦，即名‘解脱’。”

又問：“如佛所説，我於三代阿僧祇劫無量勤苦乃成佛道，云何今説唯除三毒即名‘解脱’？”

答曰：“佛所説言‘三大阿僧祇劫’者，即三毒心也。胡言‘阿僧祇’，漢言‘不可數’。此三毒心於一念中皆爲一切。‘恒河[2]沙’者，不可數也。真如之性既被三毒之所覆障，若不超越彼三恒河沙毒惡之念，云何名‘得解脱’也？今者能除貪、瞋、癡等三種毒心，是則名爲‘度得三大阿僧祇劫’。末世衆生愚癡鈍根，不解如來三種阿僧祇祕密之説，遂言‘成’。歷劫未[3]期，豈不疑悟行人不退菩提，方成佛道；今令學者唯須觀心，不修戒行，云何成？‘量善聚會’者，以能制三毒，即有三量善普會於心，故名‘三聚戒’也。‘波羅蜜’者，即是梵言，漢言‘達彼岸’。以六根清净，不染世塵，即出煩惱，可至菩提岸也。故名‘六波羅蜜’。”

又問：“如經所説，‘三聚净戒’者，誓斷一切惡，誓修一切善，誓度一切衆生。今言‘制三毒心’，豈不文義有所乖也？”

答曰：“佛所説經，是真實語，應無謬也。菩薩於過去因中修苦行時，對於三（貪）[4]毒，誓斷一切惡，常修戒；對於瞋毒，誓修一切善，故常修定；對於

① 輕，底本及録本作“重”。《大正藏》校録者出校：“重＝輕？”按：結合文意，此處“重”當爲“輕”字之訛。該字甲本正作“輕”。兹據正。

② 河，録本訛作“何”，據底本改。

③ 未，録本訛作“末”，據底本、甲本改。

④ 此處録本出校：“三＝貪？”按：結合文意，此處“三”當爲“貪”字之訛。該字甲本正作“貪”。

癡戒(毒)[1],誓度一切衆生,故常修惠(慧)。由持如是戒定惠(慧)等三種净法,故能超彼三毒惡業,即成佛也。以制三毒,則諸惡消滅,故名之爲'斷';以能持三戒,則諸善具足,名之爲'佛';以修能斷,則萬行成就,自他利已[2],普濟群生,故名爲'度'。既知所修戒行不離於心,若自清净,故一切功德悉皆清净。又云:欲得净佛,云當净其心。隨其心净,則佛土净。若能制得三種毒心,三聚净戒自然成就。又云:如經中所説,'六波羅蜜'者,亦名'六度',所謂布施、持戒、忍辱、精進、禪定、智慧,今言'六根清净六波羅蜜',若爲通會。"

又[□][問][3]:"'六度'者,其義云何?"

答曰:"欲修六度,當净六根;欲净六根,先降六賊。能捨眼賊,離諸色境,心無顧恡,名爲'布施';能禁耳賊,於彼聲塵,勿令縱逸,名爲'持戒';能除鼻賊等諸香臭,自在調柔,名爲'忍辱';能制舌賊,不貪邪味,讚咏講説,無疲厭心,名爲'精進';能降身賊,於諸觸欲,其心湛然不動,名爲'禪定'。能攝意賊,不順無明,常修覺惠(慧),樂諸功德,名爲'智慧'。又'度'者,運也。六波羅蜜,喻如船筏,能運載衆生,達於彼岸,故名'六度'。"

又問:"所説釋迦如來爲菩薩時,曾飲三斗六升乳糜方成佛道,即是先因食乳,後證佛果。豈唯觀心得解脱也?"

答曰:"誠如所言,無虚妄也。必因飡乳,然始成佛。佛言'食乳',乳有二種。佛所食者,非世間不净之乳,乃是真如清净法乳。'三斗'者即是三聚净戒,'六升'者即是六波羅蜜。成佛道時,食如是法乳,方證佛果。若言如來食於世間淫欲和合不净之牛羶腥乳者,豈不成謗法之甚也。如來者自是金剛不壞無漏法身,永離世間一切諸苦,豈須如是不净之乳以充飢渴?所説牛不在高原,不在下濕,不食穀麥糟糠麩豆,不與特牛同群,身作紫磨金色。言此牛者即盧舍那佛也。以大慈大悲憐愍故,於清净體中如是三聚净戒、六

---

① 此處録本出校:"戒=毒?"按:結合文意,此處"戒"當爲"毒"字之訛。該字甲本正作"毒"。

② 已,録本訛作"己",據底本改。

③ 問,底本及録本無,據文意補。

波羅蜜微妙法乳養一切衆生求解脱者。如是真中清净之乳,非真如來飲之成道。一切衆生若食者,皆得阿耨多羅三藐三菩提。”

又問:“經中所説,佛言:‘衆生修伽藍,鑄形像,燒香散花,然(燃)長明燈,晝夜六時遶塔行道,持齋禮拜,種種功德,皆成佛道。’若唯觀心,總攝諸行,如是事應妄也。”

答曰:“佛所説無量方便。一切衆生鈍根,狹劣甚深,所以假‘有爲’喻‘無爲’。若不内行,唯只外求,希望獲福,無有是處。言‘伽藍’者,西國梵音,此地翻爲‘清净處地’。若永除三毒,常净六根,身心湛然,内外清净,是名爲‘修伽藍’也。又‘鑄形像’者,即是一切衆生求佛道所爲,修諸覺行,昉像如來,豈遣鑄寫金銅之作也。是故求解脱者以身爲鑪,以法爲火,智慧爲工匠,三聚净戒六波羅蜜以爲畫樣,鎔練身心真如佛性遍入一切戒律模中,如教奉行,以無缺漏,自然成就真容之像。所爲究竟常住,微妙色身,非有爲敗壞之法。若人求道不解,如是鑄寫真容,憑何輒言‘成就功德’?又‘燒香’者,亦非世間有相之香,乃是無爲正法香也。薰諸穢惡業,悉令清滅。其正法香有五種體:一者戒香,所謂諸惡能斷,能修諸善;二者定香,所謂决信大乘,心無退轉;三者惠(慧)香,所謂常於身心内外觀察;四者解脱香,所謂能斷一切無明結縛;五者解脱知見香,所謂覺照常通,達無明礙;如是五香,世間無比。佛在世日,令諸子以智慧火燒如是無價香,供養十方一切諸佛。今時衆生愚癡鈍根,不解如來真實之義,唯將外火燒於世間沈檀薰陸質礙之香者,希望福報,云何可得?又‘散花’者,義亦如是。所謂演説正法,説功德花,饒益有情,散霑一切,於真如性,普施莊嚴。此功德花,佛所稱歎,究竟常住,無彫落期。若復有人散如是花,獲福無量。若如來令諸衆生剪截繒綵,復損草木,以爲散花,無有是處。所以者何?持净戒者於諸大地參羅萬像不令觸犯,誤觸犯者獲大罪,况復今故毁禁戒,傷損萬物,求於福報?欲益返損,豈有是乎?又‘問燈’者,覺正心覺也。以智慧明了,喻之爲‘燈’。是故一切求解脱者常以身爲燈臺,心爲燈盞,信爲燈炷,增諸戒行,以爲添油。智慧明達,喻燈火常然(燃)。如是真如正覺燈明,破一切無明癡暗。能以此法轉相開悟,即是一燈然(燃)百千燈。以燈續明,明終不盡。以無盡故,號曰‘長明’。過去有佛,號曰‘然(燃)燈’,義亦如是。愚癡衆生不會如來方便之説，專行虛妄，執著有爲。遂然(燃)世間蘇油之燈，以照一室，乃稱依教，豈不謬乎？所以者何？佛放眉間一毫相光，上照萬八千世界，若身光盡照普遍十方，豈假如是世俗之燈以爲利益？詳察斯理，應不然乎？又，六時行道者，所爲六根之中於一切時常行。'佛道'者，覺也，即是修諸覺行，調伏六情，凈行，長時不捨，名'六時行道'。'塔'者，身也，常令覺惠(慧)巡遶身心，念念不停，名爲'遶塔'。過去聖僧人如是行道，得涅槃。求解脱者不會斯理，何名'行道'？竊見今時鈍根之輩衆生，曾未内行，唯執外求，將質礙身，遶世間塔，日夜走驟，徒自疲勞，而於真性，一無利益。迷悟之甚，誠可愍歟！又，持齋者當須達意，其利徒爾虛功。'齋'者，齊也，所謂齋整身心，不令散亂；'持'者，護也，所謂戒行如法護持，必須禁六情，制三毒，勤覺察，凈身心，了如是義，所名'齋'也。又持齋者有五種：一者法喜食，所謂依如來正法歡喜奉行；二者禪悦食，所謂内外證寂，身心悦樂；三者念食，所謂常念諸佛，心口相應；四者願食，所謂行住坐卧常求善願；五者解脱食，所謂心常清凈，不染俗塵。此之凈食，名爲'齋食'。若後有人不喰如是五清凈食、外持齋者，無有是處。言斯食者，於無明惡業之食若轉讀者，破齋者云何獲福？或有愚迷，不會斯理，身心放逸，諸惡皆爲，貪欲恣情，了無慚愧，唯斷外食，自謂持齋，何異見爛壞死屍稱言'有命'？必死見事。

又，禮拜者當如法也，必須理體内明，隨事推變，理恒不捨，事有行藏。會如是義，乃名'如法'。夫'禮'者，敬也；拜者，所爲。恭敬真性，屈伏無明，爲'禮拜'也。以恭敬故，不敢毁傷；以屈伏故，無令逸縱。若能惡情永斷，善念恒存，雖不見相，常名'禮拜'。其'事法'者，即身相也，爲欲令諸世俗表謙下心，故須屈伏外心，示恭敬相。用之則顯，捨之則藏。覺外明内，以相應也。若復不行理法、唯執事門，内則故縱貪癡、常爲惡業，外則空現身相、無名'禮拜'，無慚於聖，縱誑於凡，不免淪墜，豈成功德？既無所得，云何救道？"

又問："《温室經》[□][説][1]洗浴衆僧，獲福無量。此則憑何事法功德始成？若唯觀心，可相應不？"

---

① 説，底本及録本無，據甲本補。

答曰："衆僧者非説世間有爲事。世尊當爾爲諸弟子説《温室經》，欲令受持洗浴之法。是故假諸世事，比喻真宗。説七事者，第一、净水；二者、然(燃)火；三者、澡豆；四者、楊枝；五者、純灰；六者、蘇膏；七者、内衣。舉此七事，喻於七法。一切衆生由此七法洗浴莊嚴，能除三毒無明垢穢。其七法者，一爲净戒，洗蕩身心，如清净水洗諸塵垢；二謂智惠(慧)，觀察内外，猶如然(燃)火能温其水；三謂分别簡棄，由如澡豆能除垢膩；四謂真實、斷諸妄語，如嚼楊枝能消口氣；五謂正信，决無疑慮，如灰磨身能避諸風；六謂柔和諸剛强，由如蘇膏通潤皮膚；七謂慚愧，悔諸惡業，由如内衣遮蔽醜形。如上七法並是經中祕密之義。如來當爾爲諸大乘利根者，非爲小智下劣凡夫，所以令人無能悟解。其'温室'者，即身是也。所以然(燃)智慧火，温净戒湯，洗蕩身中佛性，受持七法，以自莊嚴。當爾比丘，聰明利智，皆悟聖意，以此修行，功德成就，但登聖果。今[①]時衆生，愚癡鈍根，莫測其事，將世間水，洗質礙身，自謂依經，豈非悟(忤?)[②]也？且如佛性非是凡形，煩惱塵埃本來無相，豈可將有礙水洗無爲身？事不相應，云何可得？若言礙身清净，當觀此身無因貪欲，不净所生；臭穢駢闐，内外充滿。若洗此身求於清净者，猶如洗塹，泥盡應停。以此驗之，明知外洗非佛説也。"

又問："經所説言，至心念佛，必得解脱？"

答曰："夫念佛者，當須正念爲'正'，不了義即爲'邪'。正念必得往生净國，邪念云何達彼？'佛'者，覺也，所爲覺察心源，勿令起惡；'念'者，憶也，謂堅持戒行，不忘精懃，了如來義，名爲'正念'。故知念在於心，不在於言。因筌求魚，得魚妄筌。因言求言，得意忘言。既稱'念佛'之[③]名，須行念佛之體。若心無實，口誦空言，徒念虚功，有何成益？且如誦之與念，名義懸殊。在口曰'誦'，在心曰'念'。故知念從心起，名爲覺行之門；誦在口中，即是音聲之相。執相求福，終無是乎。故《經》云：'凡所有相，皆是虚妄。'又云：'若

① 今，録本作"令"，底本不清晰。今結合文意，據甲本改。

② 結合文意，此處"悟"似爲"忤"之借字。《吕氏春秋·蕩兵》："國無刑罰，則百姓之悟相侵也立見。"畢沅校正："悟與忤、啎竝通用。"［漢］揚雄《法言·淵騫》："若張子房之智、陳平之無悟……可謂社稷之臣矣。"李軌注："内明奇畫，外無違悟。"皆其用例。

③ 之，録本作"云"，底本不清晰。今結合文意，據甲本改。

以色見我，以音聲求我，是人行邪道，不能見如來。’以此觀之，乃知事相非真正也。過去諸佛所修功德皆非外説，唯正論心是衆善之源，是萬惡之主。《涅槃經》常樂由自心生。三界輪迴，六(亦)[1]從心起。心爲出世之門户，心是解脱之開津。知門户者豈慮難成識？開津者何憂不達？竊見今時淺識，唯事見相爲功。廣費財寶，多積水陸；妄營像塔，虚役人夫；積木疊泥，圖丹畫緑；傾心盡力，於己迷他；未解慚愧，何曾覺悟？見有勤勤執著，説於無相，兀兀如迷。但貪目下之小慈，不覺當來入大苦。此之修學，徒自疲勞。背正歸邪，詐言獲福。但能攝心内照，覺觀常明；絶三毒，永使消亡；[□][閉][2]六賊，不令侵擾；自然恒沙功德，種種莊嚴，無數法門，悉皆成就。超凡證聖，目擊非遥。悟在須臾，何煩皓首？法門幽祕，寧可具陳。略而論心，詳其少分。[3]”

《觀心論》一卷。

庚申年五月二十三記。

① 此處録本出校："六＝亦？"按：結合文意，此處"六"當爲"亦"字之訛。該字甲本正作"亦"。

② 閉，底本及録本無，據德川時代刊宗教大學藏本《小室六門・第二門破相論》[T48n2009p369c9]補。

③ 甲本下有："説偈曰：'嗔是忍辱花，喜是忍辱菓。花來便摘卻，菓來無處坐。'"

No. 2834 大乘無生方便門

[題解]

佛教著作,又名《大乘五方便北宗》,作者不詳,一卷。敦煌文獻中存有斯735v(首殘尾殘)、斯1002(首殘尾殘)、斯2503(首殘尾殘)、斯7961號A(首殘尾殘),伯2058(異本,首全尾殘)、伯2270(首殘尾全),BD3924號背(北1351v,生24,首全尾殘)等七號。卷首提出五門分類:總彰佛體,開智慧門,顯示不思議法,明諸法正性,自然無礙解脱道。然後先教發願三歸依,懺悔無罪,再講觀心法門。一般認爲此文係神秀弟子的記叙,是北宗禪的綱要書之一。清代以前歷代大藏經未收,《大正藏》將斯2503號部分内容録入其第八十五册(方廣錩、吴芳思〔英〕主編《英國國家圖書館藏敦煌遺書》將該卷分爲斯2503號1〔《大乘無生方便門》〕、斯2503號2〔《待考北宗禪文獻(擬)》〕、斯2503號3〔《讚禪門詩》〕、斯2503號4〔《大乘無生方便門》〕四個部分。本文存於斯2503號4)。今校注仍以《大正藏》本所據斯2503號4爲底本,擇取北1351v號爲參校甲本。

第一總彰佛體;第二開智慧門;第三顯示不思議法;第四明諸法正性;第五自然無礙解脱道。

各各胡跪合掌,當教令發四弘誓願。衆生無邊誓願度,煩惱無邊誓願斷,法門無盡誓願學,無上佛道誓願證。次請十方諸佛爲和尚等。次請三世諸佛菩薩等。次教受三歸。次問五能:一者、“汝從今日乃至菩提,能捨一切惡知識不?”(能。)二者、“親近善知識不?”(能。)三、“能坐持禁戒乃至命終不犯戒不?”(能。)四、“能讀誦大乘經問甚深義不?”(能。)五、“能見苦衆生隨力能救護不?”(能。)

次各稱己[①]名，懺悔罪，言過去、未來及現在身、口、意業十惡罪："我今至心盡懺悔，願罪除滅，永不起五逆罪障重罪。（准前。）譬如明珠没濁水中，以珠力故，水即澄清。佛性威德亦復如是，煩惱濁水皆得清浄。汝等懺悔竟，三業清浄，如浄瑠璃，内外明徹，堪受浄戒、菩薩戒。是持心戒以佛性爲戒。性心瞥起，即違佛性，是破菩薩戒；護持心不起，即順佛性，是持菩薩戒。"（三説。）

次各令結跏趺坐，同佛子心，湛然不動。"是没言'浄'？佛子！諸佛如來有入道大方便，一念浄心，頓超佛地。"和擊木，一時念佛。和言："一切相總不得取。□（所）[②]以《金剛經》云：'凡所有相，皆是虚妄。'看心若浄，名'浄心地'。莫卷縮身心，舒展身心，放曠遠看，平等[看][③]，盡虚空看。"

和問言："見何物？"

子云："一物不見。"

和："看浄細細看，即用浄心眼無邊、無涯際[④]遠看。"

和言問（？）[⑤]："無障礙看。"

和問："見何物？"

答："一物不見。"

和："向前遠看，向後遠看，四維上下一時平等看，盡虚空看，長用浄心眼看。莫間斷，亦不限多少看。使得者然身心調用無障礙。"

和言："三六是何？"子云："是佛。身心得離念。不見心心，如心得解脱；不見身色，如身解脱。如是長時無斷用（入言）。虚空無一物，清浄無有相，常令不間斷，從此永離障。眼根清浄，眼根離障；耳根清浄，耳離根障；如是乃至六根清浄，六根離障。一切無礙，是即解脱。不見六根相，清浄無有相。常不間斷，即是佛。"

"是没是佛？""佛心清浄，離有離無。身心不起，常守真心。"

---

① 己，録本訛作"已"，據底本改。

② 所，録本作缺文，據底本補。

③ 看，録本脱，據底本補。

④ 際，録本訛作"除"，據底本改。

⑤ 結合文意，此"問"似爲衍文，待考。

"是没是真如?""心不起,心真如;色不起,色真如。心真如,故心解脱;色真如,故色解脱。心色俱離,即無一物,是大菩提樹。'佛'是西國梵語,此地往翻名爲'覺'。所言'覺'□□(義者)[①],爲心體離念。離念相者,等虚空界,無所不遍。法界一相,即是如來平等法身。於此法身説名'本覺'。覺心初起,心無初相,遠離微細念,了見心性。性常住,名'究竟覺'。'佛'是西國梵語,此地往翻名爲'覺'。所言'覺'義者,心體離念,離念是'佛'義'覺'義。略釋'佛'義,具含三義,亦名'印心方便'。"

問:"是没是三義?"

"自覺,覺他,覺滿。離心自覺,不緣五根;離色覺他,不緣五塵;心色俱離,覺行圓滿。即是如來平等法身。離念相者,等虚空界,無所不遍。"

問:"是没是'等虚空界無所不遍'? 是没是'遍'、'不遍'?"

答:"虚空無心。離念無心。無心則等虚空無所不遍。有念即不遍,離念即遍。法界一相,則是如來平等法身。"

問:"是没是法界?"

"意知是'法','界'是十八界。眼見意知,念起多想,生隔障不通,是染法界,是衆生界。"

"是没是净法界?"

"眼見意知離念即無隔障,是净法界,是佛界。"

"是没是佛界?"

"法界一相意知處是法,是法界。眼見色,耳聞聲,鼻覺香,舌知味,身覺觸,意知法。意通知上五種法。若心起同緣,即是染法界,是衆生界。若不起心同緣,即是净法界,是佛界。法界一相。於十八界中有二:一染一净,先染後净。眼見色,意識同緣知,眼等五根依塵。五處起染,即一切處染;一切處染,即是染法界,是衆生界。"

問:"是没是净[②]法界?"

"'净法界'者,於離念中眼見色不分别,即於眼處得解脱。餘四亦同。

---

① "義者"二字録本作缺文,底本不清晰,據甲本補。

② 净,録本訛作"諍",據底本改。

五處解脱，一切處解脱；一切處解脱，即一切處净，即是净法界，是‘佛界’。‘離念相’者，等虚空界無所不遍，屬自法界，一相屬他。”

問：“是没是‘如來’義？”

答：“離心心如，離色色如。心色俱如，即是‘覺滿’。覺滿即是‘如來’。又，意根不起心如，五根不起色如。心色如如，不隨境起，即是如來平等法身。於此法身，説名‘本覺’。覺心初起，心無初相。遠離微細念，了見心性。性常住，名‘究竟’，是法身。”

問：“是没是報身佛？”

“知六根本不動，覺性頓圓，光明遍照，是報身佛。”

“是没是法身佛？”

“爲因中修戒定慧，破得身中無明重疊厚障，成就智慧大光明，是法身佛。”

“是没是化身佛？”

“猶心離念，境塵清净，知見無礙，圓應十方，是化身佛。體用分明。離念名‘體’，見聞覺知是‘用’。寂而常用，用而常寂。即用即寂，離相名‘寂’。寂照照寂。‘寂照’者，因性起相；‘照寂’者，攝相歸性。舒則彌淪法界，卷則總在於毛端。吐納分明，神用自在(徵)。身心既空，誰吐誰納？身心空，無吐納，即與無爲合。啓無爲，達實相。身心空，善迴向。迴向菩提，證真常樂。常對境界，心無所著。身心兩法染净。依有念無量恒沙煩惱，依離念無量恒沙功德，依恒沙功德是净。”

“依是没是法身體？是没是依身心？”

“離念是法身。由離念故，轉無量恒沙生滅，成無量恒沙功德。恒沙功德，依離念住是依。”

“是没是‘聚’義？”

“無間修行，任持功德不散是‘聚’。聚諸功德，充滿法身。猶離念故，萬境皆真。”(已上第一了)

第二、和尚打木問言：“聞聲不？”

“聞不動，此不動。是從定發慧方便，是開慧門。聞是慧，此方便非但能發慧，亦能正定。是開智門即得智，是名‘開智慧門’。若不得此方便，正即落邪定。貪著禪味,墮二乘。涅槃已,得此方便正定,即得圓寂,是大涅槃。智用是知慧用。是見[①]是名,開佛知見。知見即是菩提。"

問:"是没是不動?"

答:"心不動。心不動是定是智是理,耳根不動是色是事是慧。此不動是從定發慧,方便開慧門。"

問:"是没是慧門?"

"耳根是慧門。"

"作没生開慧門?"

"聞聲耳根不動是開慧門。"

"是没是慧?"

"聞是慧。五根總是慧門,非但能發慧,亦能正定,是開智門。"

問:"是没是智門?"

"意根爲智門。"

"作没生開智門?"

"意根不動,是開智門。"

"作没生?"

"轉意成智即得智,是名開智慧門。與汝開智慧門竟,有力度衆生。身體及手足,寂然安不動,八風吹不動。"

問:"是没是八風?"

"八風者,利、衰、毁、譽、稱、譏、苦、樂。"答:"四個是違,四個是順。"

問:"於此違順作没生?"

答:"心不動,不動是佛。須彌山逈超生死海,逍遥出三界。如其所得法定慧力莊嚴,以此度衆生,自證無上道。"

問:"有幾種人開得智慧門?"

答:"有三種人。"

"是誰凡夫二乘菩薩?"

---

① 見,録本訛作"名",據底本改。

“凡夫有聲即聞,無聲、聲落謝不聞。二乘有聲、無聲、聲落謝不聞①。菩薩有聲、無聲、聲落謝常聞。”

問:“三人一種開得智慧一門,緣何没?”

“二乘人貪著禪味,墮二乘涅槃。二乘人開得慧一門,是慧於耳根邊證得聞慧。昔所不聞,而今得聞。聞已心生歡喜,歡喜即動。畏動執不動,滅六識,證空寂涅槃。有聲、無聲、聲落謝不聞,不聞貪著禪味,墮二乘涅槃。菩薩開得慧門,聞是慧,於耳根邊證得聞慧,知六根本來不動,有聲、無聲、聲落謝,常聞常順,不動修行。以得此方便正定,即得圓寂,是大涅槃。《涅槃經》云:‘不聞聞不聞,不聞聞聞。’”

問:“是没是不聞聞?”

“昔所不聞而今得聞,是不聞聞。”

“是没是不聞?”

“不聞聞已,心生歡喜,歡喜即動,畏動執不動,滅六識證空寂。涅槃有聲、無聲、聲落謝不聞,不聞是不聞不聞。”

“是没是聞?”

“已心生歡喜,歡喜即動。畏動執不動,滅六識,證空寂。涅槃有聲、無聲、聲落謝不聞,不聞是不聞不聞。”

“是没是聞不聞?”

“二乘人出定即聞,在定不聞。二乘人在定無慧,不能説法,亦不能度衆生。出定心散,説法無定。水潤名乾慧,定是聞不聞。”

“是没是聞聞?”

“凡夫亦有聞聞,菩薩亦有聞聞。凡夫聞聞即動,動同塵;菩薩聞聞不動,不同塵。和光不同塵,娑婆世界釋迦如來以音聲爲佛事,耳根爲慧門。光明世界燈明如來以光明爲佛事,眼根爲慧門。香積世界香積如來以衆香爲佛事,鼻根爲慧門。甘露世界甘露如來以甘露味爲佛事,舌根爲慧門。衆花世界花光如來以衆花爲佛事,身根爲慧門。妙慧世界法明如來以知一切法不動爲佛事,意根爲慧門。此方便非但能發慧,亦能正定。”

---

① “不聞”二字底本、録本衍作“不聞不聞”,兹據文意删。

問:"是没是邪定正定?"

"二乘人滅六識,證空寂涅槃,是邪定。菩薩知六根本來不動,有聲、無聲、聲落謝常聞,是正定。"

問:"誰能開得智慧門?"

"善知識能開。因聞善知識語,悟得六根本來不動,有聲、無聲、聲落謝常聞常順,不動修行。是名外善知識能開智慧門。"

問:"是没是内善知識?"

答:"智慧是知是智,識是慧,轉意成智。是開智門即得智,是名'内善知識',能開智慧門。"

"是没是邪定正定?"

"二乘人有定無慧名'邪',菩薩有定有慧名'正'。"

問:"是没是大小涅槃?"

"西國梵語,此地往翻名'圓寂'。"

"是没是圓寂?"

"智慧俱寂(是大涅槃)。'菩提'是西國梵語,此地往翻名爲'知'。知見[①]是智慧寂用,菩提是涅槃寂用。知見是用,智慧是體。菩提是用,涅槃是體。(體用分明。)《經》云:'菩提不可以心身得寂滅,是菩提滅諸相故?'"

問:"是没是身心不得?"

答:"心不動,離念不起,菩提不可以心得;色不動,離念不起,菩提不可身得;身心俱不動即寂滅,是菩提滅諸相故。又,身心俱離念,即是圓滿菩提。"

問:"不會是菩提,諸入不會故。是身心不可得?"

答:"六根不動,諸入不會,即是圓滿菩提。又根塵不染,則一切處不會。"

又問:"障是菩提,障諸願故。"

答:"六根不動,諸願不生,即是圓滿菩提。"

問:"入得澡灌否?"

---

① 見,底本、録本衍作"見見",兹據文意删。

答:"正用心時不見有入,不見有出,見入亦是動,有亦是動;見不入亦是動,無入無不入是不動。"

問:"是没是?"

"無聞爲根本,見聞覺知爲後得。"

問:"緣没唤無聞爲根本?"

"由先證離身心相爲根本,知見自在,不染六塵。見聞覺知爲後得,以先證爲根本。若不以證爲先所有,知見則隨染。"

問:"今日見聞覺知熾然,於六塵中得自在。緣阿没由先證離身心?"

"身相爲根本,知見自在,即不染六塵。明知知見自在,於證後得,爲諸後得智根本後得,處處分明,處處解脱,處處修行。眼見色心不起是根本智,見自在是後得智;耳聞聲心不起是根本智,聞自在是後得智;鼻覺香心不起是根本智,覺自在是後得智;舌覺味心不起是根本智,覺自在是後得智;自覺身心不起是根本智,覺自在是後得智;意知法心不起是根本智,知自在是後得智。根根不起塵净,根根不起塵耶。"

問:"《維摩經》云:'無方便慧縛'?"

"二乘人,在定不聞,出定即聞。在定無慧,不能説法,亦不能度衆生。出定心散,説法無定,水潤名乾慧定,是名'無方便慧縛'。"

"是没是有方便慧解?"

"菩薩知六根本來不動,有聲、無聲、聲落謝常聞常順,不動修行。以得此方便正定,即得圓寂,是大涅槃。是名'有方便慧解'。無慧方便縛,有慧方便解。"

問:"是没是方便?""不動是方便。"

"何物不動心不動?"

答:"得心住不動亦是動。《遺教經》云:'一切世間動、不動法皆成敗壞不安之相。歡喜即動,於畏動報不動。滅六識,證空寂涅槃,有聲、無聲、聲落謝不聞,貪著禪味,墮二乘涅槃,是名'無慧方便縛'。"

"是没是有慧方便解?"

"菩薩不貪涅槃,了見聞覺知心動,是名'有慧方便解'。"

"何謂'無方便慧縛'?"

“菩薩不以愛見心莊嚴佛土成就衆生，於空無相無作法中而自調伏，是名‘無方便慧縛’。”

“何謂有方便慧解？”

“菩薩不以愛見心莊嚴佛土，於空無相無作法中而自調伏，是名‘有方便慧解’。無慧方便縛，愛愛涅槃見，見諸佛土，證得六根爲佛土，不動爲莊嚴；證得六根不動，了貪瞋癡性空，見取空爲證，厭生死，住涅槃，是名‘無慧方便縛’。有慧方便解，菩薩已愛見心愛愛涅槃見清净六根爲佛土，不動爲莊嚴，證得六根不動，了貪瞋癡性空；見空不取空爲證，不厭生死，不住涅槃，是名‘有慧方便解’。無方便慧縛，謂菩薩住諸貪欲瞋恚邪見等諸煩惱而植種得本，證得六根不動，了貪嗔癡性空，見空取空爲證，厭生死，住涅槃。是菩薩貪欲嗔恚邪見等諸煩惱而殖衆德本，有聲、無聲、聲落謝不聞。不聞是名‘無方便慧縛’。有方便慧解，謂菩薩離諸貪欲瞋恚邪見等諸煩惱而殖衆得本，證得六根不動，了貪瞋癡性空，見空不取空爲證，不厭生死，不住涅槃，是菩薩即離諸貪欲瞋恚邪見等諸煩惱而殖衆德本，迴向阿耨多羅三藐三菩提，有聲、無聲、聲落謝常聞，是名‘有方便惠（慧）解’。又復觀身，身不離病，是病是身，非新非故，因在過去四大非新，現在五蔭非故。身心不起，斷無漏因，當得涅槃具足果，非因果法，是諸佛之本原處世界。”

“是没處心？”

“是處五陰爲世界，心處於世界如虚空，虚空是心，心如是智。如蓮華，蓮華是色，色如是惠（慧）。智慧清净，超彼五根。是超於彼，稽是敬，禮是順。常順智惠（慧）修行，是無上尊。”

“《妙法蓮華經》是没是妙法心？”

“是妙法蓮華是色，心如是智，色如是惠（慧），是智慧經。《大方廣佛華嚴經》大方廣是心，華嚴是色。心如是智，色如是惠（慧），是智慧經。《金剛經》金是心，剛是色。心如是智，色如是惠（慧），是智惠（慧）經。”

“妙法蓮華是没是妙法？”

“定惠（慧）是妙法，蓮華是喻。猶有定惠（慧），於世間不染世間，明知定惠（慧）即是妙法，蓮華雜處於水，不被水之所染。見聞覺知自在用，不被六塵所染，如蓮華開敷香結，人天之所愛敬。所以舉之爲喻未得定惠（慧）者令得定惠

(慧),開方便門,示真實相。六根不動等開方便門,定惠(慧)是真實相。由有定惠(慧),藏諸功德,法相圓滿。藏無漏法等是法華經藏,凡夫二乘所不能到,天魔外道不能壞。深故幽遠。無人能到,凡夫二乘所不能到名'深',天魔外道不能壞名'故'。謂諸菩薩説大乘經名無量義,教菩薩法,佛所護念。"

問:"是没是大乘經?"

"智慧是大乘經,亦名'法華經'。"

"是没是無量義?""順一實相性義教菩薩法,教菩薩定惠(慧)法。佛所護念護,本來離念。佛説此經已,結跏趺表身心不動。身不動色如是惠(慧),心不動心如是智。三是正昧,是心正心。修行順一實相性義,是名入於無量義處三昧,表身心不動。爾時世尊從三昧安詳而起,告舍利弗:'諸佛智慧甚深無量。'"

問:"是没是智甚深?"

"如來智海無底,名'甚深';惠(慧)能超六塵外,故稱'無量'。其智慧門難解難入,一切聲聞辟支佛所不能知。二乘人心有生滅,難解;聲聞人心有思執,動遥難入;菩薩無執無動遥,易解易入。"

問:"五位聲聞不能測佛智?"

"盡思共度量,亦復不能知。"

問:"緣阿没不知?"

答:"有思求心不能知。"

"作没生即得知?"

"無思求心即得知。"

問:"將思求何用?"

答:"將思意中轉思成智。又告舍利弗:'無漏不思議甚深微妙法,我今已具得,唯我知是相。十方佛亦然,止止不須説。我法妙難思,諸增上慢者,聞必不敬信,是增上慢。無所得法是上法增加有所得心,慢他上法是增上慢。'"

問:"是没是慢?"

答:"乖理越慢。"

"乖是没?"

“理乖無所得證理。上法無得,二乘人增得;上法無證,二乘人增證。增得增證,即是乖理。上法無得無證。無得無證,即離增上慢。‘檀波羅蜜’是梵語,此地往翻名‘布施’。自身布施,見他不布施,是則慢他上法。不見有布施,不見有不布施,二相平等,慢則不生。從此檀上得離增上慢,是名‘上品波羅蜜’。‘尸波羅蜜’是梵語,此地往翻名‘戒’。自身持戒,見他破戒,是則慢他上法。不見有持戒,不見有破戒,二相平等,慢則不生。從此戒上得離增上慢,是名‘上品波羅蜜’。‘羼提波羅蜜’是梵語,此地往翻名‘忍辱’。自身忍辱,見他瞋恚,則生慢他上法。不見有忍辱,不見有瞋恚,二相平等,慢則不生。從此忍上得離增上慢,是名‘忍辱波羅蜜’。‘毘梨耶波羅蜜’是梵語,此地往翻名‘精進’。自身精進,見他懈怠,是則慢他上法。不見有精進,不見有懈怠,二相平等,慢則不生。從此進上得離增上慢,是名‘上品波羅蜜’。‘禪波羅蜜’是梵語,此地往翻名‘禪定’。自身禪定,見他散亂,是則慢他上法。不見有禪定,不見有散亂,二相平等,慢則不生。從此禪定上得離增上慢,是名‘上品波羅蜜’。‘波若波羅蜜’是梵語,此地往翻名‘智慧’。見自身有智慧,見他愚癡無智慧,是則慢他上法。不見有智慧,不見有愚癡,二相平等,慢則不生。從此惠(慧)上得離增上慢,是名‘上品波若波羅蜜’。見自身端政,見他醜漏,是則慢他上法。不見有端政,不見有醜漏,二相平等,慢則不生。從此色上得離增上慢是佛色。見自身有勢力,見他無勢力,是則慢他上法。不見有勢力,不見無勢力,二相平等,慢則不生。從此力上得離增上慢是佛力。”

“諸佛世尊爲一大事因緣出現於世。是没是因?是没是緣?”

答:“知爲因,見爲緣,則此因緣爲一大事緣。”

“阿没知爲因緣?阿没見爲緣因?”

“心知緣眼,見因心知。知是没?緣眼見。見是没?知知則知。知則知心不起,見則見色本空。”

問:“是没是出現於世?”

“五陰爲世,了空即出現於世。如來王宫生,雙樹滅,即是出現於世。是出現諸佛世尊來爲衆生開佛知見。”

問:“聞聲否?”

答:“聞。”

“聞作没生?”

“聞聲不動,不動是開,開是門示,合下爲悟。無間修行,是入開示。屬佛悟入,屬修行人。”

“阿没處開? 阿没處示?”

“無明五陰中開,無明五陰中示。耳根是色,受想行識是心耳根。是五陰聞聲不動。開得五陰空,開得佛知見。學人耳根,聆聆屬聽;有聲音指,領悟分明;證入修行,取無爲道。不動是開佛知見。學人耳根聆聆囑聽是等佛知見,有聞音指領悟分明是悟佛知見,證入修行取無爲道是入佛知見。佛説般若波羅蜜即非般若波羅蜜,是名‘般若波羅蜜’。般若波羅蜜是三世諸佛國説,以不動故,即非世人執地,般若波羅蜜是名‘無地般若波羅蜜’。不執相是智,無相是惠(慧)。佛説微塵衆即非微塵衆,是名‘微塵衆’。是三世諸佛國以不動故,即非世人執微塵衆,是名‘無相微塵衆’。不執相是智,無相是惠(慧)。佛説燈即非燈,是名‘燈’。以不動故,即非世人執相燈,是名‘無相燈’。不執相是智,無相是惠(慧)。”(第二了。)

維摩詰言:“唯舍利弗聞諸佛菩薩有解脱名不可思議。”

問:“是没是不思不議?”

答:“心不思,口不議。心不思心,如心離繫縛,心得解脱;口不議色,如色離繫縛,色得解脱。心色俱離繫縛,是名‘不可思議解脱’。若菩薩住是解脱者已,須彌之高廣納於芥子中,無所增減。須彌山王本相如故。”

問:“是没是須彌納芥子中無所增減?”

答:“須彌是色,芥子亦是色。心不思心,如須彌芥子俱是色如。同一如相,無所增減;須彌山王本相如故。唯應度者乃見須彌入芥子中無所增減,須彌山王本相如故。”

“作没生?”

答:“須彌不減,芥子不增[1]。如所無增減,是名‘須彌山王本相如’故。

---

① 增,録本訛作“相”,據底本改。

如四天王刀利諸天不覺不知己①之所入,於此衆生亦無所嬈。"

問:"四天王依是没住?"

答:"依須彌山住。"

"緣阿没不覺不知?"

答:"緣有思議,不覺不知。"

"作没生則得知?"

"無思則得知。"

"是没是唯應度者?"

"己②不思議,度過思議。"

"作没生乃見須彌入芥子?"

"心不思則不見須彌芥子大小相,亦不見有入,不見有不入。作如是見,乃名真見。無思則無相,無相則無入無不入。此爲驚怖聲聞,除其心量。聲聞未悟,則見有須彌芥子大小相。聲聞已悟了,見須彌芥子本性空,則何入何不入?是名'乃見須彌入芥子中',是名'不思議解脱法門'。"

問:"是没是住不可思議解脱法門?"

"起心思議是縛不得解脱,不起心思議則離繫縛,即得解脱。心不思心如是智,口不議色如是惠(慧),是名'不思議智慧解脱法門'。又以四大海水入於毛孔,不嬈魚鼈黿陀水性之屬,而彼大海本相如故。諸龍鬼神阿修羅等不覺不知己③之所入,於此衆生亦無所嬈。"

"作没生四大海水入一毛孔不嬈?"

答:"大海是色,毛孔亦是色。心不思心,如海水毛孔俱是色如。同一如相,即不嬈魚鼈黿陀水性之屬,而彼大海本相如故。"

"是没是本相如故?"

答:"海水不減,毛孔不增。如所無增減,是名本相如故。"

"諸龍鬼神等作没生住?"

答:"依海住。"

"緣阿没不覺不知?"

---

①②③　己,録本訛作"已",據底本改。

答:“緣有思議,則不覺不知。”

“作没生即得知?”

“無思即得知。於此衆生亦無所嬈,同一如相衆生如海水毛孔亦自如,於此衆生亦無所嬈。又,舍利弗住不可思議解脱。菩薩斷取三千大千世界。貪是大千,瞋是中千,癡是小千。此來爲有思議,即有貪瞋癡,結集生死,輪迴六道。如陶家輪,著右掌中,擲過恒河沙世界。”

“是没是右?”

答:“右爲用也。用不思議斷貪瞋癡,轉入如,擲過恒河沙世界之外。恒河沙是煩惱。超過煩惱,即是擲過恒河沙世界之外。其中衆生不覺不如己[1]之所往。”

“緣阿没不覺不知?”

“緣有思議不覺不知。又復還本處。”

“是没是本處?”

答:“不思議是本處。都不使人有往來相。”

“是没是往來相?”

答:“起心思議,即有往來相;不起心思議,即無往來相。而此世界本相如故。”

“是没是本相如故?”

答:“六根本來如,是名本相如故。又,舍利弗,或有衆生樂久住世而不度者,菩薩即演七日以爲一劫,令彼衆生爲之一劫;或有衆生不樂久住而可度者,菩薩即從一劫以爲七日,令彼衆生爲之七日。凡夫樂久住世,欲得長即演七日以爲一劫。二乘人不樂久住,欲得短促,一劫以爲七日。起心思即有演長短,不起心即無演長短。又二乘凡夫爲有思即有演長短,菩薩無思即無演長短□思益經。梵天菩薩問望明言:‘云何是諸法正性?’望明言:‘□法正性。’”

“是没是自性?”

“四大五藴各有自性。”

---

① 己,録本訛作“已”,據底本改。

“自性從阿没處□是真性，心理湛然清净是真性，色緣眼識是□。”

問：“是没是離自性離欲際通將來？”

答：“耳□根塵不起是離欲際。達摩和上解□諸法正性，如水大流盡波浪[即不][1]□

① “即不”二字録本脱，據底本補。以下缺。

No. 2835 大乘開心顯性頓悟真宗論

沙門大照居士慧光集釋

[題解]

中國佛教禪宗典籍，簡稱《頓悟真宗論》，敦煌文獻中存有斯4286（首全尾殘）、伯2162（首全尾全）二號。首題“沙門大照居士慧光集釋”，一卷。文前有一序，後以居士與大照法師問答的方式，討論禪宗的教理，論述頓悟之真義，共七十餘問。此文與敦煌出土的《頓悟大乘理决》等一批文獻一起，對打破“北漸南頓”的傳統説法，研究北宗的頓悟思想具有重要的價值。清代以前歷代大藏經未收，日本《大正藏》將伯2162號録入其第八十五册。今校注仍以《大正藏》本所據原卷伯2162號爲底本。參校甲本：斯4286號。

夫大道融心，顯實一理。前後賢聖，唯趣此門。悟者三界唯心，不悟隨眠□□□（邪正。大）①乘宗，定對相顯。真了悟者，知諸法寂然，因緣立事，假合成名；不了者，著名住字，取想奔耶（邪）。若欲攝妄歸真、染净平等者，要須注意觀心，本覺自現。意觀有力，仍不出意念到彼岸。常入甚深禪定，久習不已，自然事事②皆畢。若觀處有事，漸漸向真，縱放身心，虚豁其懷③，起作恒寂，不像而照，任運三昧，温道育德，資成法身，返悟心源，無妨無礙。體若虚空，名“無邊三昧”。心無出入，名“無寂三昧”。於一切有處净無求，名“不思議三昧”。三昧不昧，不從緣起，名“法性三昧”。一切學者但求其

① “邪正大”三字録本作缺文，底本空白，據甲本補。
② 事，録本訛作“是”。底本此字實爲前一“事”字之重文號。兹據改。
③ 懷，録本訛作“壞”，據底本改。

解,不求自證。若欲修習大乘者不解安心,定知悟失。時有居士,俗性“李”,名“惠(慧)光”,是雍州長安人也。法名“大照”,不顧榮利,志求菩提,前事安闍梨,後事會和尚,皆已親承口决,蜜授教旨,至於精義妙理,達本窮源,出有入無,圓融自在。居士乃禪思餘暇,歎此群迷,遂顯事理幽門,諮呈妙義,開斯法要,可謂“涉海之舟船直往菩提”,斯言信矣! 庶將未悟者願令得悟,未安者願令得安,未解脱者願令解脱。

居士問曰:“佛法幽玄,凡人不惻(測);文字浩汗,意義難知;請問禪師法要。暫辭方便,直往直言,不棄俗流,幸無祕密!”

大照禪師答:“善哉! 善哉! 觀汝所問,菩薩根基似欲純熟。吾長身四十有五,入道已來二十有餘,未曾有人問斯意義。汝有何事? 復决何疑? 直問直説,不假煩言。”

問曰:“夫欲入道者當修何法、看何法、證何法、求何法、悟何法、得何法而趣菩提?”

答曰:“一法不看,亦無有求;一法不證,亦無有後;一法不悟,亦無道可修;即是菩提。”

問曰:“弟子無始世來,流浪生死,與理相違。乍聞頓説,冥漠不知。神識昏昏,莫知所在。由(猶)若醉人,未能星(醒)[①]悟。伏願下接群迷,賜垂少問,方便會真。”

問曰:“云何真性?”

答曰:“不起心,常無相清净。”

問曰:“云何自性?”

答曰:“見聞覺知四大及一切法等各有自性。”

問曰:“自性從何而生?”

答曰:“從妄心生。”

又問曰:“云何離自性?”

答曰:“心不起即離。”

問曰:“云何是道? 云何是理? 云何是心?”

---

① 星,此當爲“醒”之借字(二字《廣韻》均可爲桑經切,心母,青韻,平聲)。

答曰:"心是道,心是理,則是心。心外無理,理外無心。心能平等,名之爲'理';理照能明,名之'心';心理平等,名之'佛心'。得此理者,不見生死,凡聖無異,境智無二,理事俱融,染净一如,如理真照,無非是道,自他俱離。一切行一時行,亦無前後,亦無中間,縛解自在,稱之'道'。"

問曰:"云何順正理人?"

答曰:"心不起,常無相順。"

問曰:"云何順道?"

答曰:"直心不著一切即順。"

問曰:"云何是妄?"

答曰:"不識自心是妄。"

問曰:"云何是顛倒?"

答曰:"若起種種境界是顛倒。"

問曰:"何者是自心? 何者是妄心?"

答曰:"若行分別是妄心,不分别是自心。"

問曰:"分别心及不分别心從何而生?"

答:"分别心從顛倒生,不分别心從正智生。"

問曰:"分别心及與不别心俱從何生?"

答曰:"無我生處。"

問曰:"既[□][無]①生處,云何稱有顛倒,稱有正智?"

答:"若不識自心,即行種種顛倒;若識自心,即是正智。"

問曰:"今言識與不識俱從何而生?"

答:"若識從悟生,若不識從妄想生。"

問曰:"一切衆生總在妄想,爲復亦在正智?"

答曰:"一切衆生無在正智,實無妄想。"

問曰:"我今現在妄相,云何稱有正智?"

① 無,底本、録本無,據文意補。方廣錩整理《大乘起世論》:"既無生處,云何稱有顛倒? 云何稱有正智?"(載自方廣錩主編《藏外佛教文獻》第三輯,第 57 頁,宗教文化出版社 1997 年 3 月版)可助勘。

答曰:“汝本來實無妄想,今稱妄想,即如人食莨菪子於空中覓針,如此虛空實無有針。”

問曰:“本來既無妄,今一切行人斷何物而求道乎?”

答曰:“不斷一物,亦無道可求。”

問曰:“既無道可求、無物可斷,云何世尊經文説斷妄想?”

答曰:“世尊實不遣斷妄想,若斷妄想者即不離妄想。一切衆生妄有所得,妄有所斷,妄見有妄想法。世尊隨衆生意説假立妄想法,世尊實不説一字妄想法。譬如良[1]醫[2]對病説藥。若無有病,即不説藥。”

問曰:“既是世尊不説妄想法,其妄想何誰造作?”

答曰:“衆生自造作,正智即無。”

問曰:“云何不造正智,偏造作妄想?”

答曰:“不識正智,即有妄想;若識[正智][3],妄想[即無][4]。”

問曰:“既有正智,即合有妄想。云何説稱無妄想?”

答曰:“衆生實無妄想,亦無正智,二俱不可得。”

問曰:“既二俱不可得,即合無有凡夫,亦無聖人。”

答曰:“亦有凡,亦有聖,汝自不識。”

問曰:“何者是凡?何者是聖?”

答曰:“汝若分别,即是凡夫;若也不分别,即是聖。”

問曰:“分别是凡,不分别是聖。如小嬰兒長頭不分别,可是聖人乎?”

答曰:“作此見解,大是愚夫。准如嬰兒幼稚,不識好惡,由(猶)如癡人不識尊卑。豈得是不分别?會須於真如理中常行分别心,得無分别智。”

問曰:“作勿生即是不分别智?”

答曰:“汝且看處看净心,看心起處即須覺知心從本已來清净,不被外緣所染,事須了了。見因緣性不可得,即知因緣亦空亦非空者,即是世間所有

① 良,録本訛作“艮”,據底本、甲本改。

② 醫,録本訛作“鑿”,底本實爲“毉”,乃“醫”之换旁俗字。

③ “正智”二字録本脱,據底本補。

④ “即無”二字録本脱,據底本補。“妄想即無”四字甲本作“即無妄想”。

森羅萬像君臣父母人(仁)義禮信,此即是世間法不壞。是故經文不壞世法而入涅槃。若壞世法,即是凡夫,流浪生死。其世間因緣法各各無主,假緣和合,體性皆空,畢境不可得。若見如是理者,即名見性是也。即於分別中得無分別智,常行分別而不分別,此是不壞世法。是故《經》云:'分別諸結相入第一義而不動,是以能覺之者即動而起寂也。'"

又問曰:"《維摩經》云:'常求無念[1]實想智惠(慧),於世間法少欲知足,於出世間法求之無厭,不壞威儀而能隨俗起神通惠(慧)引道於衆生。'此義云何?"

答曰:"此義者即是三世諸佛妙,即證者乃智,非心所惻(測)。"

問曰:"既常求無念實想者,緣何事諸經即説布施持戒人天之福?豈不是有念法耶?因何得不同而有差别,令一切學人孤(狐)[2]疑不信?"

答曰:"汝莫不信。汝不解事。佛説'布施持戒人天之福'者,爲衆生多在妄想。佛無量善巧方便,隨衆生意,説妄想法,誘引令趣大乘門。汝今不信,即爲引經來證也。《法華經》云:'我此九部法隨順衆生,説大乘爲本。'又説云:'十方佛土中准有一乘法,且以假名字引道於衆生,終不以小乘濟渡於衆生。'又説云:'勿親近小乘三藏學者。'又説云:'唯此一事實,餘二即非真。'又,《諸法無行經》云:'若人分别戒,是即無有戒。若見有戒者,是即爲失戒。'據此而言,明知佛説究竟門,非説人無福,只是引衆生,令入佛惠(慧)。過去現在聖人説心得自在、心得解脱、心得聖人者,此是三世諸佛大印破汝疑也。"

問曰:"諸佛若説一乘,教化諸衆生故。如今總得悟,何須更説,惑亂衆生?豈不得罪過也?"

答曰:"汝莫起此意。諸佛大慈悲故。所爲衆生落三惡道者衆,所以聞方便門,爲説六波羅蜜。'波羅蜜'者,布施、持戒、忍褥,行此三事,得離三惡道,人天來往。精進、禪定、智惠(慧),行此三事,得離生死苦,當來成佛。"

問曰:"過去諸佛説三乘,爲當現在諸佛説三乘?"

---

① 以下甲本殘。
② 孤,此當爲"狐"之形誤字。

答曰："過去、現在、未來佛[①]總説。"

問曰："以何義理而得知耶？"

答曰："《法華經》云：'若且讚佛乘，衆生没在苦，不能信此法，破法不信故，墮於三惡道。我寧不説法，疾入於涅槃。尋念過去佛，所行方便力，我今所得道，亦應説三乘。'明知過去諸佛並説三乘，引道於衆生，令入於一乘。"

問曰："何者是一乘？"

答曰："心是一乘。"

問曰："心云何知是一乘？"

答曰："可見心空無所有，即是一乘。"

問曰："了見心空無所有，是一乘者得聖耶？"

答曰："得聖。"

又問曰："有凡耶？"

答曰："亦有凡。"

問曰："凡與聖有異無異？"

答曰："並無異也。若悟，朝凡暮聖；不悟，即六道受生。"

問曰："今言悟時[悟][②]何物？"

答曰："悟心。"

問曰："凡心聖心是一是二？"

答曰："是一。"

"云何是一？"

答曰："了見性清净，從本以來無染無著，即知是一。"

問曰："何誰知無染無著？"

答曰："心知無染。"

問曰："心云何知無染？"

答曰："三世諸佛説心無形體、畢竟不可得，是以得知無染。"

問曰："既無形體，如何得知無染？"

① "佛"前底本、録本衍一"説"字，兹據文意删。

② 悟，録本脱，據底本補。

答曰:“只爲無形體,故知無染。若有相貌處所還有染。”

問曰:“前言説心。未審心總有幾心?”

答曰:“汝若悟,一心不可得;汝若不悟,即有若干種心,不可知數也。”

問曰:“[□□][何者][1]是凡心? 何者是聖心?”

答曰:“汝若取相是凡心,離相即是聖心。”

問曰:“取相心及不取相心請示其要。”

答曰:“一切修道者若見來去心,即是長短[2]心。見好惡、見憎愛、見嗔喜、見邪正、見凡聖、見自在不自在、見涅槃、見解脱、見不解脱、見佛菩薩、見究竟不究竟、見知解不知解、見精進、見禪定、見智惠(慧)等者,並是凡夫妄想心也。”

問曰:“如何是聖人心。”

答曰:“不起一念,亦不見一物,即是聖人心也。”

問曰:“禪師得聖人心耶?”

答曰:“我亦無得。”

問曰:“既是無得,何有知耶?”

答曰:“我今亦無得,亦無知,是故《經》云:‘無智亦無得,以無所得,即是菩提薩埵。’”

問曰:“此理究竟屬誰?”

答曰:“一物不屬。若有所屬,即生死輪迴;若無所屬,畢竟常住。”

問曰:“一切衆生皆以八識而轉,不得自在。云何是八識?”

答曰:“所爲眼耳鼻舌身意末那賴耶是也。所言‘識’者,以‘了别’爲義。如眼與色相應之時意識於中分别,或時計好,或時計惡,隨彼所計便有相生,即薰於第七末那之識。承此薰故,遂即執取。轉薰於第八識,所已積聚諸業種子得名爲藏。眼識既然,諸識亦爾。一切衆生業受報者,先將藏識展轉成因作未來三業,所已因因想(相)乘,果果不絶,終還六道,受生死苦。是以未

① “何者”二字底本及録本無,據文意補。

② 短,録本訛作“矩”,據底本改。

能了心者即被八識惑亂也。所言此八識者,謂本有以之[①]爲因,藉現在緣而起造作,因緣和合,還欲生未來之因。今欲斷除不令生者,當正觀之時了眼識從何而得。爲從色得?爲從眼得?爲從心得?若從心得,盲人有心,云何不能生?於眼識,若死人有眼,云何不能分别於色?若從色得,色即頑礙無知。如此衆緣不能獨辨了心之時,乃知眼見色時眼因緣空,眼緣既空,即是色空。若了此三事體空,即無分别。以無分别故,意識分别而無分别,七識欲執而無所執,八識藏中更無薰習雜染種子。以無種子,更不愛生死,湛然常住,不爲生之所生,滅之所滅。"

問曰:"佛有三身,從何而得?"

答曰:"佛三身者從八識而得。由轉八識,得成四智。就此四智,束成三身。此乃從因至果,有此三身差别。"

問曰:"云何義故而得知耶?"

答曰:"因眼識耳識鼻識舌識身識此五識以爲妙觀察智,第六意識成所作智,第七末那識爲平等性智,第八[②]阿賴耶爲大圓鏡智。"

問曰:"此四智者有何義,故而作是説?"

答曰:"用前五識亦云'五根'。其'五根'者即惠(慧)門,照觸前境而無妄染,所以將此五識以爲'妙觀察智'。第六意識者,亦云'意根',是智門,當須懃覺。'覺'云'便净',與法相應。真俗齊觀,成就智惠(慧)。轉意成惠(慧),惠(慧)照能明。識無分别,轉智成是,名'成所作智'。第七末那識者,更無執取,自然無憎無愛。以無憎愛故,一切法悉皆平等,故云'平等性智'。第八阿賴耶識藏中即空,雜染種子悉皆清净,猶如明鏡懸在於空,一切萬像悉皆中現,而此明鏡終不作念言'我能現像',像亦不言'我從鏡生',無能無所,故説此智名爲'大圓鏡智'"。

問曰:"四智既爾,云何三身?"

答曰:"大圓鏡智以爲'法身',平等性智以爲'報身',成所作智及妙觀察

---

① 之,録本訛作"云",據底本改。

② 八,底本及録本訛作"七",據文意改。下文:"第八阿賴耶識藏中即空,雜染種子悉皆清净。"可助互勘。

智以爲'化身'。"

又問曰:"以何知之,而作是説?"

答曰:"據今時現在而言,具定一切無漏功德,圓滿義足,猶如世間明鏡現衆面像而無分别。故説此知以爲'法身'。妄心既盡,平等性成,萬行成就,以爲'報身'。六根無染,廣度衆生,自離離他,令他同解而修因,故以'化身'。"

問曰:"一切衆生令欲求佛,三身之中先修何身?"

答曰:"《經》云:'所説從平等法身流出報身,從此報身流出化身,從此化身流出三藏等教十二部經。以是義故,先修法身。言'法身'者,所爲妙有妙無,中道正觀。若悟此理,即是'法身'。以見'法身',即知自身心從無始世來常違法故。既見法以,即須懃懃,用意無間,自然清净。順於如故,久如不以。如心既成,是爲報佛。所以法身本有報身修行。'化身'者,《經》云:'現種種身名化身。'"

問曰:"佛三身既爾,云何是三寶?"

答曰:"'佛三身'者,亦云'三寶',所謂'佛寶'、'法寶'、'僧寶'。"

問曰:"三寶即有幾種?"

答曰:"若具釋而言,有三種三寶。"

問曰:"云何名'三'?"

答曰:"一體三寶,别相三寶,住持三寶。"

問曰:"云何一體三寶?"

答曰:"真心體,覺性清净,名爲'佛寶';圓滿義足,具有恒沙功用,名爲'法寶';功用之義,一體一味,名爲'僧寶'。"

問曰:"云何别相三寶?"

答曰:"别相者即此自身,名爲'佛寶'。亦能隨機授藥,自欲修行,名爲'法寶';四大五蔭和合不相違,皆名爲'僧寶'。"

問曰:"何名住持三寶?"

答曰:"'住持'者,所謂善能扶上接下,事事清平,名爲'佛寶';隨意言説,聞者歡喜,名爲'法寶';在於衆中萬行不違,善巧方便,能和一切,不相諍論,名爲'僧寶'。"

問曰："云何稱之爲'寶'？"

答曰："此第一義者不在内外，亦無中間，無有秤量，無直(值)無價，即喻而言，名'三寶'；若也有價，不名爲'寶'；故説如意無價寶珠是也。"

問曰："《老經》云：'佛道爲而無不爲。'此義云何？"

答曰："佛道本自無爲，衆生起我見如須彌而則有爲。此義非意所知，非心所惻(測)，證者了知。但能有功，一時大悟。"

問曰："《經》云'一切法皆從此經出'？"

答曰："'經'者，心也。心能表一切。行人修習，圓照無礙。無上正道，因是發明。諸佛如來始則自修，終則化物，無法不□。故云'皆從此經出'。"

問曰："《經》云'荷擔如來'，此義云何？"

答曰："汝但反照於性，不住於常。反悟無身，誰受荷負？深達般若，廣爲人説，是即荷負正法，擔運勝義，令諸衆生成就功德，故云'荷擔如來'。"

問曰："《經》云：'如來度衆生。'此義云何？"

答曰："汝自了衆生正性本來清净，六根起相，煩惱病生。觀生本空，有何可度？是故若言'如來度'者，即著我人衆生受者。"

問曰："'金剛般若波羅蜜多經'者，此義如何？"

答曰："'金剛'者，是色心；'般若'者，清净也；'波羅'者，彼岸也；'密'者，到也。"

又問曰："不取於相，如如不動？"

答曰："汝心若起，有去有來，即有爲法，皆是不安之相；汝心不起，即無來無去，即無爲法。無爲法中動、不動俱離，是即常住，故稱'如如不動'。"

問曰："《温室經》云：具其七物，洗浴衆僧，獲福無量。其福意義請爲表示。"

答曰："《經》云所説者，實不虚也。汝若具七物洗浴者，即須内外相應，德福無量。汝離燒炭火、温净水、清灰、操(澡)[1]豆、楊枝、蘇膏、内衣等七物

---

① 結合文意，此處"操"當爲"澡"之形訛。澡豆爲比丘十八物之一，又稱豆屑，係洗滌身體、衣服等汙穢所用之豆粉。依《十誦律》卷三十八所載，澡豆係由大豆、小豆、摩沙豆、豌豆、迦提婆羅草、梨頻陀子等磨粉而成。

先浴者，若常弄心性，縱放貪嗔，呵打是非，令他聲淚俱下，即是出佛身血，常行三塗業。如此洗浴者猶如洗塹，泥盡應休。但身心清净，不起貪嗔，自然平等，即離分别。已(以)分别水洗，卻一切塵垢，或足清净。"

問曰："此三毒之心若爲對治，成就六波羅蜜？"

答曰："汝須心勇猛精進，對三毒發其三誓願：誓斷一切惡，對於嗔毒；誓修一切善，對於癡毒；誓[□][度？][1]一切衆生，對於貪毒。以能斷能修著，會於心三毒，制成三聚净戒。次明下心者，即便對於五蔭發五種下心者：一誓觀一切衆生作賢聖想，自身作凡夫想；二者誓觀一切衆生作國王想，自身作百姓想；三者誓觀一切衆生作師僧想，自身作弟子想；四者誓觀一切衆生作父母，於自身作男女想；五者誓觀一切衆生作曹主想，自身作奴婢想。'六波羅蜜'者，亦云'六度'：布施、持戒、忍辱、精進、禪定、智慧等，對其六[2]根清净，六道不生。内外無著，自然布施，即攝檀波羅蜜；善惡平等，俱不可得，即攝尸波羅蜜；境智和會，違害永盡，即攝忍辱波羅蜜；大寂不動，萬行自然，攝精進波羅蜜；繁興妙寂，法身自現，攝禪[□][定][3]波羅蜜；妙寂開明，無有變異，究竟常住，不著一切，攝般若波羅蜜；是名'六波羅蜜'。梵言'波羅蜜'，漢言'達彼岸'也。"

問曰："俗流向來問答，皆是量起，心生惱亂；禪師布施歡喜，不有小疑，未敢由意，恐致勞煩。"

禪師答："汝若無疑，不須强問法。無得答問，即有法高下。無問無答，是法平等。若廣求見解，即失本道，亦與汝心中作所知障，令汝心起破□(漏)[4]。若也實有疑滯，即須懃問，皆是證真。"

問曰："《楞伽經》云：'遠離覺所覺。'此義云何？"

答曰："覺念不生，其心安泰。"

問曰："弟子雖是俗人，心識早已入道日久[5]。今聞師説，皆是正真無上

① 結合文意，此處當缺一"度"字，待考。

② 底本及録本此處衍一"六"字，據文意删。

③ 定，底本及録本無，據文意補。

④ 漏，録本作缺文，據底本補。

⑤ "日久"二字録本訛作"曰文"，據底本改。

菩提。誓願志成,心無退轉。頓斷世緣,心神六識併在無所,一心專念渴仰。聲淚俱下,不能自止。領解暫(慚)①愧,不勝悲泣。五内崩摧②,心中痛切。自恨多劫已來,迷此真理。不因禪師悲愍,蒼生無由可悟,故云'大解脱論'?"

[□□][答曰]③:"作此論者,若合聖意,一切衆生同霑④此福;若也不合聖意,願罪消滅。如有非人,不可傳之,恐將傍(謗)⑤毁,破法之慧;若有實覺福重之人,傳□(之)⑥,□(莫)⑦與悕惜。大道之法,不可輕示,不得翻憘諍論,唯是默心自知。妄念不生,我所心滅。"

大乘開心顯解脱論。

① 暫,底本作"蹔",乃"暫"之異體。然"暫愧"不辭,結合文意,此處"蹔"當爲"慚"字之訛。

② "崩摧"二字録本訛作"當惟",據底本改。

③ "答曰"二字底本及録本無,據文意補。

④ 霑,録本訛作"露",據底本改。

⑤ 傍,此當讀如"謗"。

⑥ 之,録本作缺文,據底本補。

⑦ 此字録本作缺文,底本實爲"莫"字手體。兹據補。

No. 2836 大乘北宗論一卷

［題解］

佛教著作，作者不詳，一卷。《大正藏》録文出注“原大英博物館藏本”，然所據原卷號不詳。因無法見到原卷，今據文意重新點校整理。

大乘心

我尚不起布施心，何况慳貪心？
我尚不起持戒心，何况觸犯心？
我尚不起忍辱心，何况殺害心？
我尚不起精進心，何况懈怠心？
我尚不起禪定心，何况散亂心？
我尚不起智慧心，何况愚癡心？
我尚不起天堂心，何况地獄心？
我尚不起慈悲心，何况毒害心？
我尚不起清净心，何况穢觸心？
我尚不起歡喜心，何况瞋恨心？
我尚不起饒益心，何况劫奪心？
我尚不起廣大心，何况狹身心？
我尚不起空無心，何况見取心？
我尚不起正直心，何况邪曲心？

我尚不起真正心，何况顛倒心？
我尚不起大乘心，何况聲聞心？
我尚不起菩薩心，何况凡夫心？
我尚不起菩提心，何况煩惱心？
我尚不起解脱心，何况解脱(繫縛?)[①]心？
我尚不起涅槃心，何况生死心？
而重説偈："憂從心憂，樂從心樂。若妄(忘)於心，何憂可(何)[②]樂?"
有文有字名曰"生死"，無文無字名曰"涅槃"；
有言有説名曰"生死"，無言無説名曰"涅槃"；
有修有學名曰"生死"，無修無學名曰"涅槃"；
有智有慧名曰"生死"，無智無慧名曰"涅槃"；
有嗔有法名曰"生死"，無嗔無法名曰"涅槃"；
有戒有律名曰"生死"，無戒無律名曰"涅槃"；
有爲有作名曰"生死"，無爲無作名曰"涅槃"；
斷煩惱名曰"生死"，不斷煩惱名曰"涅槃"；
見解脱名曰"生死"，不見解脱名曰"涅槃"；
見涅槃名曰"生死"，不見涅槃名曰"涅槃"；
厭世間名曰"生死"，不厭世間名曰"涅槃"；
樂大乘名曰"生死"，不樂大乘名曰"涅槃"；
見波羅蜜名曰"生死"，不見波羅蜜名曰"涅槃"。
大乘有十也。

① 結合文意，此處"解脱"應有誤，疑當作"繫縛"，待考。
② 可，此疑當作"何"，待考。

No. 2837《楞伽》師資記

[題解]

佛教著作，早期禪宗史書，[唐]釋净覺撰，一卷。敦煌文獻中存有斯 2054（首全尾全）、斯 4272（首脱尾脱），伯 3294（首脱尾脱）、伯 3436（首殘尾全）、伯 3537（首殘尾殘）、伯 3703（首殘尾全）、伯 4564（殘片）等七號，記述以《楞伽經》爲傳承的禪宗師資相承法統共八代十三人的傳略與思想。文中引用各種經典甚多，主張衆生皆有佛性，並且“理即使心”，“心理平等，名之爲‘佛心’”。認爲佛與衆生本來平等，故應默然静坐，使“妄盡而真現”。清代以前歷代大藏經未收。1931 年，朝鮮學者金九經據胡適從倫敦、巴黎影印的兩號敦煌卷子校寫爲定本，用活字印刷。胡適應邀爲之校勘並作了一篇《〈楞伽師資記〉序》，考訂《〈楞伽〉師資記》當作於唐開元年間（載自楊曾文、杜斗城主編《中國敦煌學百年文庫宗教卷（四）》第 170—171 頁，甘肅文化出版社 1999 年第 1 版）。《大正藏》據敦煌寫卷録入其第八十五册。《大正藏》本出校：“㊊大英博物館藏敦煌本，斯 2054，㊙中華民國二十年刊本，首題新加，校者曰甲本依大英博物館本及佛蘭西國民圖書館本。”經核，參校甲本中華民國二十年刊本所據底本實爲伯 3436 號。金九經校本今無法見到，情況不詳。本校注仍以《大正藏》本所據底本斯 2054 號爲底本。校本：甲本，伯 3436 號；乙本，斯 4272 號；丙本，伯 3294 號。

[每至披覽，非管見之所知；净空思惟，非小人之所解。生生盡命，傳達摩之遺文；世世之中，誓願事之足下。去大足元年，在於東都，遇大通和上，諱秀，蒙授禪法，開示悟入，似得少分。每呈心地，皆云努力；豈其福薄，忠孝無誠。和上隨順世間，奄從化往，所以有疑惑，無處呈印。有安州壽山大和

上，諱賾，俗姓王，太原祁縣人也。因高祖作牧，生居雲夢之澤，是蘄州東山忍大師傳燈弟子也。大和上在壽山之日，于方丈室中入凈，忽然]①兩目中各出一五色光舍利，將知大師成道已久也。大唐中宗孝□□(和皇)②帝景龍二年，[□][有]③敕召入西京，便於東都廣開禪法，凈覺當衆歸依，一心承事。兩京來往參覲，向有餘年④。所呈心地，尋已決了。祖忍大師授記云⑤"安州有一個"，即我大和上是也。乃刑(形)⑥類凡僧，證同佛地，帝師國寶，宇内歸依。凈覺宿世有緣，親蒙指授，始知方寸之内，具足真如，昔所未聞，今乃知耳。真如無相，知亦無知。無知⑦之知，豈離知也？無相之相，豈離相也？人、法皆如，説亦如也。如自無説，説則非如。如本無知，知非如[□][此]⑧矣。《起信論》云："心真如者⑨，即是一法界總相法門體。所謂心性，不生不滅。一切法唯因忘(妄)⑩念而有差别。若離心念，别無境界之相。是故一切法從本已來，離言説相，離名字相，離心緣相，畢竟平等，無有變異，不可破壞，唯是一心，故名'真如'。""有真自體相者，凡夫、聲聞、緣覺、菩薩、諸佛，無有增减，非有際生，非後際滅，畢竟常恒。從本性自滿足一切功德。自體有'大智惠(慧)光明'義故，自性清凈心。"《楞伽經》云："自心現境界，隨類普現於五法。"云何是五法？名相忘想，正智如如。是故衆物無名，心作名；諸相無相，由心作相；但自無心，則無名相。故曰"正智如如"。《法句經》云："參羅及萬像，一法之所印。"

① 以上底本、録本殘，據丙本補。

② "和皇"二字底本殘，録本作缺文，據丙本補。

③ 有，底本、録本無，據丙本補。

④ "向有餘年"四字丙本作"向經十有餘年"。

⑤ 云，底本、録本作"之"，結合文意，據丙本改。

⑥ 刑，此當爲"形"之借字。丙本即作"形"。

⑦ 以上甲本殘。

⑧ 此，底本、録本無，據丙本補。

⑨ 者，底本、録本訛作"是"，結合文意，據甲、丙二本改。《大乘起信論一卷》："心真如者，即是一法界大總相法門體。"[T32n1666p576a8]可助勘。

⑩ 忘，此當爲"妄"之借字。甲、丙二本及《大乘起信論一卷》[T32n1666p576a9]均作"妄"。

余乃潛神玄默，養性幽巖，獨守净心，抱一冲谷。聊寄一序，托悟在中，同我道流，願知心耳。真如妙體，不離生死之中。聖道玄微，還在色身之内。色身清净，寄住煩惱之間。生死性真，權在涅槃之處。故知衆生與佛性本來共同。以水况冰，體何有異？冰由質礙，喻衆生繫縛；水性虚通，等佛性之圓净。無法可得，無相可求。善法尚遣捨之，生死故應遠離。《維摩經》云："欲得净度[①]，當净其心。隨其心净，則佛土净也。"身雖爲之本，識見還有淺、深。深見者，是歷劫清净，薰修之因，一發道心，乃至成佛，亦不退也。淺識者，是現今新學，初離歡喜，爲積生已來有誹謗邪見之因，無正信習道之力，根則不定，後還退敗也。覆尋生死，只爲[②]攀緣。返照攀緣之心，心性本來清净之處染著。無染是净，無繫是脱。染即生死之因，净即菩提之果。大分深義，究竟是空。至道無言，言則乖至。雖以性擬本，無本可稱。空自無言，非心行處。聖心微隱，絶解絶知。大覺寒寒，無言無説。《法華經》云"諸法寂滅相，不可以言宣"也。無法可説，無心可言。自性空閑，返歸於本。本者，道也。道性悾憫而無際，放曠清微，壞大千以寂寥，通古今而性净，即上下周圓遍清净，是净佛國土也。是知一毫之内，具足三千大千；一塵之中，容受無邊世界。斯言有實耳。此中坐禪，證者之自知，不由三乘之所説也。《經》曰"菩提之道，不可圖度。高而無上，廣不可極。淵而無下，深不可測。大苞天地，細入無間。故謂之'道'"也。所以法身清净，猶若虚空。空亦無空，有何得有？有本不有，人自著有。空本不空，人自著空。離有離空，清净解脱。無爲無事，無住無著。寂滅之中，一物不作。斯乃菩提之道。然涅槃之道果不在於有無之内，亦不出於有無之外。若如此者，即入道之人不壞於有，亦不損於無，像法住持，但假施設耳。是故體空無相，不可爲有；用之不廢，不可爲無。則空而常用之而常空。空用雖殊，而無心可異，即真如性净，常住不滅也。余歎曰："天下有不解修道者，被有無繫然也。有不自有，緣未生時無有。無不自無，緣散之後故無。有若本有，有自常有，不待緣而後有。無若本無，無自常無，豈待緣盡後始無也。緣有非是有，真如之中有。緣無非是

① 度，《維摩詰所説經》[T14n0475p538c4]作"土"。

② 以下丙本殘。

無，清净心中無彼無也。有無法，妄想之域，豈足以標聖道？”《放光經》云：“‘菩提從有得耶？’答曰：‘不也。’‘從無得耶？’答曰：‘不也。’‘從有無得耶？’答曰：‘不也。’‘離有無得耶？’答曰：‘不也。’‘是義云何得？’答曰：‘無所得。’得無所得者，謂之得菩提也。”

《楞伽》資記一卷。

東都沙門釋净覺居太行山靈泉谷集。

第一，宋朝求那跋陀羅三藏，中天竺國人，大乘學時號“摩訶衍”，元嘉年隨船至廣州。宋太祖迎於丹陽郡，譯出《楞伽經》。王公道俗，請開禪訓。跋[1]陀未善宋言，有愧，即多夢人以劍易首，於是就開禪訓。三藏云：此土地居東邊，修道無法。以無法故，或墜小乘二乘法，或墮九十五種外道法，或墮鬼神禪。觀見一切物，知他人家好惡事。苦哉！大福大禍，自陷陷他。我愍此輩長劫落鬼神，久受生死，不得解脱。或墮術法，役使鬼神，看他家好惡事，誰言我坐禪觀行。凡夫盲迷不解，謂登聖道，皆悉降伏，不知是鬼神邪魅法也。我中國有正法，祕不傳簡。有緣根熟者，路逢良賢，途中受與。若不逢良賢，父子不得。《楞伽經》云諸佛心第一。教授法時，心不起處是也。此法超度三乘，越過十地，究竟佛果處，只可默心自知。無心養神，無念安身，閑居净坐，守本歸真。我法祕默，不爲凡愚淺識所傳，要是福德厚人，乃能受行。若不解處，六有七、八。若解處，八無六、七。擬作佛者，先學安心。心未安時，善尚非善，何況其惡？心得安静時，善、惡俱無。依《華嚴經》云：“法法不相知。”至此國來，尚不見修道人，何況安心者？時時見有一作業，未契於道，或在名聞，成爲利養，人我心行，嫉妒心造。云何嫉妒？見他人修道達理達行、多有歸依供養，即生嫉妒心，即生憎嫌心。自恃聰明，不用勝己，是名“嫉妒”。以此惠(慧)解，若晝若夜，修懃諸行，雖斷煩惱，除其擁礙，道障交競，不得安静，但名“修是”，不名“安心”。若爾，縱行六波羅蜜，講經，坐二禪三禪，精進苦行，但名“爲善”，不名“法行”。不以愛水溉灌業田，不於中種識種子，如是比丘，名爲“法行”。今言“安心”者，略有四種：一者、背理心，謂

---

① 跋，録本訛作“䟦”，據底本改。

“一向凡夫心”也；二者、向理心，謂厭惡生死，以求涅槃，趣向寂静，名“聲聞心”也；三者、入理心，謂雖復斷障顯理，能、所未亡，是菩薩心也；四者、理心，謂非理外理，非心外心，理即是心；心能平等，名之爲“理”；理照能明，名之爲“心”；心理平等，名之爲“佛心”。會實性者，不見生死涅槃有别、凡聖爲異，境智無二，理事俱融，真俗齊觀，染净一如，佛與衆生本來平等一際。《楞伽經》云：“一切無涅槃。無有涅槃佛，無有佛涅槃。遠離覺所覺，若有若無有，是二悉俱離。”大道本來廣遍，圓净本有，不從因得。如似浮雲底日光，雲霧滅盡，日光自現。何用更多廣學知見？涉歷文字語言，覆歸生死道。用口説文傳爲道此者，人貪求名利，自壞壞他。亦如磨銅鏡，鏡面上塵落盡，鏡自明净。《諸[□][法][1]無行經》云：“佛亦不作佛，亦不度衆生。衆生强分别，作佛度衆生。”而此心不證，是即無定。證則别有照，緣起大用。圓通無礙，名“大修道”。自他無二，一切行一時行，亦無前後，亦無中間，名爲“大乘”。内外無著，大捨畢竟，名爲“檀波羅蜜”；善惡平等，俱不可得，即是“尸波羅蜜”；心境無違，怨害永盡，即是“忍波羅蜜”；大寂不動，而萬行自然，即是“精進波羅蜜”；繁與妙寂，即是“禪波羅蜜”；妙寂開明，即是“般若波羅蜜”。如此之人，勝上廣大，圓攝無礙，得繁與[□□][妙寂][2]，是爲“大乘”。有求大乘者，若不先學安心，定知誤矣。《大品經》云：“諸佛五眼觀衆生心及一切法，畢竟不見。”《華嚴經》云：“無見乃能見。”《思益經》云：“非眼所見，非耳鼻舌身意識所知，但應隨如相。”“見如”、“眼如”乃至“意如”、“法位[□][如][3]”亦如是。若能如是見者，是名“正見”。禪决曰：“蝙蝠、角鵄，晝不見物、夜見物者，皆是妄想顛倒故也。”所以者何？蝠蝙、角鵄見他闇爲明，凡夫人見他明爲闇，皆爲是妄想，以顛倒故，以業障故，不見真法。若然者，明不定明，闇不定闇。如是解者，不爲顛倒惑亂，即入如來常樂我净中也。大法師之《楞伽經》云：“説何净其念者，遣物(勿)[4]令妄想，勿令漏念，念佛極著力，念念連注

① 法，底本、録本無，據甲本補。

② “妙寂”二字底本、録本無，據文意補。

③ 如，底本、録本無，據甲本補。

④ 物，此當爲“勿”之借音字。甲本即作“勿”。

不斷。寂然無念，證本空净也。”又云：“一受不退常寂然，則佛説云何增長也。”又云：“從師而學，悟不由師。凡教人智慧，未嘗説此。就事而徵，指樹葉是何物。”又云：“汝能入瓶、入柱及能入穴山杖，能説法不？”又云：“汝身入心。”又云：“屋内有瓶，屋外亦有瓶不？瓶中有水不？水中有瓶不？乃至天下諸水一一中皆有瓶不？”又云：“此水是何物？”又：“樹葉能説法、瓶能説法、柱能説法及地水火風皆能説法、土瓦石亦能説法者，何也？”

第二，魏朝三藏法師菩提達摩，承求那跋陀羅三藏後。其達摩禪師，志闡大乘，泛海吴越，遊洛至鄴。沙門道育、惠可，奉事五年。方海四行，謂可曰：“有《楞伽經》四卷，仁者依行，自然度脱。”餘廣[①]如《續高僧[②]傳》所明。略辨大乘入道四行，弟子曇林序。法師者，西域南天竺國，是大婆羅門國王第三之子，神惠(慧)疏朗，聞皆曉晤。志存磨(摩)訶衍道，故捨素從緇，紹隆聖[□][種][③]，冥心虚寂，通鑒世事，内外俱明，德超世表。悲悔邊隅正教陵替，遂能遠涉山海，遊化漢魏。亡心寂默之士，莫不歸信；取相存見之流，乃生譏謗。于時唯有道育、惠可此二沙門，年雖後生，携志高遠，幸逢法師，事之數載，虔恭諮啓，善蒙師意。法師感其精成，誨以真道：如是安心，如是發行，如是順物，如是方便。此是大乘安心之法，令無錯謬。如是安心者，壁觀；如是發行者，四行；如是順物者，防護譏嫌；如是方便者，遣其不著。此略所由，意在後文。

夫[④]入道多途，要而言之，不出二種：一是理入，二是行入。“理入”者，謂藉教悟宗，深信含生凡聖同一真性，但爲客塵妄覆，不能顯了；若也捨妄歸真，凝住辟(壁)[⑤]觀，[□][無][⑥]自他，凡聖等一，堅住不移，更不隨於言教，此即與真理冥狀無有分别；寂然無名，[□][名][⑦]之“理入”。行入者，所謂

① 廣，底本、録本作“度”。結合文意，據甲本改。
② 僧，底本、録本作“師”。結合文意，據甲本改。
③ 種，底本、録本無，據甲本補。
④ 夫，底本、録本訛作“未”，結合文意，據甲本改。
⑤ [清]朱駿聲《説文通訓定聲・解部》：“辟，假借爲壁。”該字甲本作“壁”。
⑥ 無，底本、録本無，據甲本補。
⑦ 名，底本、録本無，據甲本補。

"四行"。其餘諸行,悉入此行中。何等爲四行?一者、報怨;二者、隨緣行;三者、無所求行;四、稱法行。云何報怨行?修道行人若受苦時,當自念言:"我從往昔無數劫中,棄本逐末,流浪諸有,多報怨憎,違害無限。今雖無犯,是我宿殃惡業果熟,非天非人所能見與,甘心忍受,都無怨訴。"《經》云:"逢苦不憂。"何以故?識達本故。此心生時,與理相應,體怨進道。是故説言"報怨行"。第二隨緣行者,衆生無我,並緣業所傳。苦樂齊受,皆從緣生。若得勝報榮譽等事,是我過去宿因所感,今方得之。緣盡還無,何喜之有?得失從緣,心無增減,喜風不動,冥順於通,是故説言"隨緣行"。第三無所求行者,世人長迷,處處貪著,名之爲"求"。智者悟真,理將俗及。安心無爲,形隨運轉。萬有斯空,無所願樂。功德黑闇,常相隨逐。三界久居,猶如火宅。有身皆苦,誰得而安?了達此處,故於諸有息想無求。《經》云:"有求皆苦,無求乃樂。"判如無求,真爲道行。第四稱法行者,性净之理,因之爲法理。此衆相斯空,無染無著,無此無彼。《經》云:"法無衆生,離衆生垢故。法無有我,離我垢故。"智若能信解此理,應當稱法而行。法體無慳於身命,則行檀捨施,心無恪惜。達解三空,不倚[□][不][1]著,但爲去垢,攝[□][化][2]衆生,而無取相。此爲自復地,亦能莊嚴菩提之道。檀度既爾,餘五亦然。爲除妄想,修行六度而無所行,是爲"稱法行"。此四行是達摩禪師親説。餘則弟子曇林記師言行,集成一卷,名曰《達摩論》也。菩提師又爲坐禪衆釋《楞伽》要義一卷,有十二、三紙,亦名《達摩論》也。此兩本論文,文理圓净,天下流通。自外更有人僞造[3]《達摩論》三卷,文繁理散,不堪行用。大師又指事問義,但指一物,唤作何物。衆物皆問之。迴换物名,變易問之。又云:"此身有不?身是何身?"又云:"空中雲霧,終不能染污虚空,然能翳虚空,不得明净。"《涅槃經》云:"無内六入,無外六塵。内、外合故,名爲'中道'。"

第三,齊朝鄴中沙門惠可,承達磨禪師後。其可禪師,俗姓姬,武牢人,年十四遇達摩禪遊化嵩洛,奉事六載,精究一乘,附於玄理,略説修道,明心

① 不,底本、録本無,據甲本補。

② 化,底本、録本無,據甲本補。

③ 造,底本、録本作"告",結合文意,據甲本改。

要法，真登佛果。《楞伽經》云："牟尼寂静觀，是則遠離生死。是名爲'不取'，今世後世净。"十方諸佛若有一人不因坐禪而成佛者，無有是處。《十地經》云："衆生身中有金剛佛，猶如日輪，體明圓滿，慶（廣）①大無邊，只爲五蔭重雲覆障，衆生不見。"若逢智風飄蕩五蔭，重雲滅盡，佛性圓照，焕然明净。《華嚴經》云："慶（廣）② 大如法界，究竟如虚空。"亦如瓶内燈光，不能照外；亦如世間雲霧，八方俱起。天下陰暗，日光起得明净。日光不壞，只爲雲霧障。一切衆生清净性亦復如是。只爲攀緣，妄念諸見，煩惱重雲，覆障聖道，不能顯了。若忘（妄）③念不生，默然净坐，大涅槃日，自然明净。俗書云："冰生於水而冰遏水，冰伴（泮）④而水通；妄起於真而妄迷真，妄盡而真現。"即心海澄清，法身空净也。故學人依文字語言爲道者，如風中燈，不能破闇，焰焰謝滅。若净坐無事，如蜜（密）⑤室中燈，則解破闇，昭物分明。若了心源清净，一切願足，一切行滿，一切皆辨，不受後有。得此法身者，恒沙衆生莫過有一行（仁[人]）⑥，億億劫中時有一人與此相應耳。若精誠不内發，三世中縱值恒沙諸佛，無所爲。是知衆生識心自度，佛不度衆生。佛若能度衆生，過去逢無量恒沙諸佛，何故我不成佛？只是精誠不内發，口説得，心不得，終不免逐業受形。故佛性猶如天下有日月，水中有火。人中有佛性，亦名"佛性燈"，亦名"涅槃鏡"。是故大涅槃鏡明於日月，内外圓净，無邊無際。猶如鍊金，金質火盡，金性不壞。衆生生死相滅，法身不壞。亦如埿團壞，亦如波浪滅，水性不壞。衆生生死相滅，法身不壞。坐禪有功，身中自證。故畫⑦餅⑧尚未堪飡，説食焉能使飽？雖欲去其前塞，翻令後梢彌堅。《華嚴經》云："譬如貧窮人，晝夜數他寶。自無一錢分，多聞亦如是。"又讀者暫看，急須併卻。若不捨，還同文字學，則何異煎流水以求冰、煮沸湯而覓雪？是故諸佛

①② 慶，此當爲"廣"之形訛。甲本即作"廣"。

③ 忘，此當爲"妄"之借字。甲本正作"妄"。

④ 伴，甲本作"泮"。"伴"當爲"泮"之訛字。《玉篇·水部》："泮，散也，破也。"

⑤ 蜜，此當爲"密"之借字。

⑥ 行，甲本作"仁"。似以"仁"字義長。《説文通訓定聲·坤部》："仁，假借爲人。"

⑦ 畫，底本、録本作"晝日"，結合文意，據甲本改。"晝日"當爲"畫"字之訛。

⑧ 餅，甲本作"饌"。

説説，或説説於不説。諸法實相中，無説無不説。解斯舉一千從。《法華經》云："非實非虚，非如非異。"大[①]師云[②]："説此真法皆如實，與真幽理竟不殊。本迷摩尼謂瓦礫，豁然[③]自覺是真珠。無明智慧等無異，當知法[□][萬][④]即皆如。敏(愍)[⑤]此二見諸徒輩，申詞措[⑥]筆作斯[□][書][⑦]。觀身與佛不差別，何須更覓彼無餘。"又云："吾本發心，時截一臂，從初夜雪中立，直至三更，不覺雪過於膝，以求無上道。"《華嚴經》第七卷中説："東方入正受，西方三昧起。於眼根中入正受，於色法中三昧起。示現色法不思議，一切天人莫能知。其色法中入正受，於眼起定念不亂。觀眼無生無自性，説空寂滅無所有。乃至耳鼻舌身意亦復如是。童子身入正受，於壯年身三昧起。壯年身入正受，於老年身三昧起。老年身入正受，於善女人三昧起。善女人入正受，於善男子三昧起。善男子入正受，於比丘尼身三昧起。比丘尼身入正受，於比丘身三昧起。比丘身入正受，於學無學三昧起。無學入正受，於緣覺身三昧起。緣覺身入正受，於如來身三昧起。毛孔中入正受，一切毛孔三昧起。一切毛孔入正受，一毛端頭三昧起。一毛端入正受，一切毛端三昧起。一切毛端入正受，一微塵中三昧起。一微塵中入正受，一切微塵三昧起。大海水入正受，於大盛火三昧起。一身能作無量身。以無量作一身。"解斯舉一千從，萬物皆然也。

第四，隋朝舒州思空山粲禪師，承可禪師後。其粲禪師，罔知姓位，不測所生。按《續高僧傳》曰："可後粲禪師，隱思空山，蕭然凈坐，不出文記，祕不傳法。唯僧道信，奉事粲十二年，寫器傳燈。燈成就，粲印道信了了見佛性處，語信曰：'《法華經》云："唯此一事實，無二亦無三。"故知聖道幽通，言詮

---

① 大，底本、録本作"太"。結合文意，據甲本改。

② 云，底本、録本作"之"。結合文意，據甲本改。

③ 然，底本、甲本、録本作"能"，據《續高僧傳》卷第十六[T50n2060p552b9]改。

④ 萬，底本、録本無，據甲本補。

⑤ 敏，此當爲"愍"之借字。《正字通·心部》："愍、湣、閔同。"此字甲本、《續高僧傳》卷第十六[T50n2060p552b11]正作"愍"。

⑥ 措，底本、録本訛作"投"，據甲本、《續高僧傳》卷第十六[T50n2060p552b11]改。

⑦ 書，底本、録本無，據甲本補。

之所不逮;法身空寂,見聞之所不及;即文字語言,徒勞施設也。'大師云:'餘人皆貴坐終,嘆爲奇異。余今立化,生死自由。'"言訖,遂以手攀樹枝,奄然氣盡,終於鋒公山。寺中見有廟影。《詳玄傳》曰:"惟一實之淵曠,嗟萬相之繁雜①。[□][真]②俗異於體同,凡聖分而道合。"尋涯也,豁乎無際,眇乎無窮,源於無始,極於無終。解或(惑)以茲齊貫,深浄於此俱融。該③空有而閩寂,括宇宙以通同。若純金不隔於環玔,等積水不憚於連漪。《經》云:"此明理無間雜。"故絶邊際之談,性非物造,致息[□][終]④始之論。所以明闇泯於不二之⑤門,善惡融於一相之道。斯即無動而不寂,無異而不同。若水之爲波瀾,金之爲器體。金爲器體,故無器而不金⑥。波爲水用,亦無波而異水也。觀無礙於緣起,信難思於物性。猶寶殿之垂珠,似瑶臺之懸鏡。彼此異而相入,紅紫分而交映。物不滯其自、他,事莫權其邪、正。隣虚含大千之法,刹那總三除之時。懼斯言之少信,借帝網以除疑。蓋普眼之能囑,豈或(惑)識以知之。注云:此明祕密緣起。帝網法界,一即一切,參而不同。所以然者,相無自實,起必依真。真⑦理既融,相亦無礙故。巨細雖懸,猶鏡像之相入。彼此之異,若殊色之交形。一即一切,一切即一⑧。緣[□][起]⑨無礙,理理數然也。故知大千彌廣,處纖塵而不窄。三世長久,入從略以能容。自可洞視於金墉之外,了無所權;入身於後壁之中,未曾有隔。是以聖人得理成用。若理不可然,則聖⑩無此力。解則[□][理]⑪通,礙⑫由情擁。

① 雜,底本、録本訛作"難",據甲本改。
② 真,底本、録本無,據甲本補。
③ 該,録本訛作"諺",據底本改。
④ 終,底本、録本無,據甲本補。
⑤ "二之"二字底本、録本作"言",結合文意,據甲本改。
⑥ 金,録本訛作"全",據底本改。該字甲本亦作"金",可參證。
⑦ 真,録本訛作"之"。按:此字實爲前一"真"之重文號,甲本亦作"真"。
⑧ "一切,一切即一"六字底本、録本作"一一切",結合文意,據甲本改。
⑨ 起,底本、録本無,據甲本補。
⑩ "聖"字下底本有一"此"字,當係誤衍,結合文意,據甲本删。
⑪ 理,底本、録本無,據甲本補。
⑫ "礙"字前底本、録本衍一"無"字,茲據甲本删。

普眼之惠(慧),如實能知[□][也][1]。如猴著鎖而停躁,蛇入筒而改曲,涉曠海以戒船,曉重[2]幽以惠(慧)燭。注云:"猴著鎖"喻戒制心,"蛇入筒"喻定自亂。《智度論》云:"蛇行性曲,入筒即直。三昧制心,亦復如是。"《金光明最勝王經·三身品》云:"佛雖三名,而無三體也。"

第五,唐朝蘄州雙峰山道信禪師,[□□□□][承粲禪師][3]後。其信禪師再敞禪門,宇内流布,有《菩薩戒法》一本,及制入道安心要方便法門,爲有緣根熟者説我此法。要依《楞伽經》,諸佛心第一。又依《文殊説般若經》,一行三昧,即念佛心是佛,妄念是凡夫。《文殊説般若經》云:"文殊師利言:'世尊,云何名"一行三昧佛"?法界一相,繫緣法界,是名"一行三昧"。如法界緣不退不壞不思議,無礙無相。善男子、善女人欲入一行三昧,應處空閑,捨諸亂意,不取相貌,繫心一佛,專稱名字,隨佛方便所端身正向,能於一佛念念相續,即是念中能見過去、未來、現在諸佛。何以故?念一佛功德無量無邊,亦與無量諸佛功德無二。不思議佛法等分別皆乘一如,成最正覺,悉具無量功德,無量辨才。如是入一行三昧者,盡知恒沙諸佛法界,無差別相。'"夫身心方寸,舉足下足,常在道場;施爲舉動,皆是菩提。《普賢觀經》云:"一切業障海,皆從妄相生。若欲懺悔者,端坐念實相。"是名第一懺。併除三毒心,攀緣心覺,觀心念佛,心心相續,忽然澄寂,更無所緣念。《大品經》云:"無所念者,是名'念佛'。何等名'無所念'?即念佛心名'無所念'。離心無别有佛,離佛無别有心。念佛即是念心,求心即是求佛。所以者何?識無刑(形),佛無刑(形),佛無相貌。若也知此道理,即是安心。常憶念佛,攀緣不起,則泯然無相,平等不二。不[4]入此位中,憶佛心謝,更不須徵[5]。即看此等心,即是如來真實法性之身,亦名"正法",亦名"佛性",亦名"諸法實性實際",亦名"净土",亦名"菩提金剛三昧本覺"等,亦名"涅槃界般若"等。名雖無量,皆同一體,亦無能觀、所觀之意。如是等心,要令清净,常現在前。一

① 也,底本、録本無,據甲本補。
② 重,底本、録本作"車"。結合文意,據甲本改。
③ "承粲禪師"四字底本、録本無,據甲本補。
④ 不,甲本無。
⑤ 徵,底本、録本作"徽"。結合文意,據甲本改。

切諸緣,不能干亂。何以故?一切諸事皆是如來一法身故。住[①]是一[②]心中,諸結煩惱,自然除滅;於一塵中具無量世界,無量世界集一毛端,於其本事如,故不相訪礙。《華嚴經》云:"有一經卷在微塵中見三千大千世界事。"略舉安心,不可具盡。其中善巧,出自方寸。略爲後生疑者,假爲一問。如來法身若此者,何故復有相好之身現世説法?信曰:"正如來法性之身,清净圓滿,一切類悉於中現。而法性身無心起作,如頗梨鏡懸在高堂,一切像悉於中現。鏡亦無心,能現種種。"《經》云:"如來現世説法者,衆生妄想故。"今行者若修心盡净,則知如來常不説法,是乃爲具足多聞,聞者一無相也。是以《經》云:"衆生根有無量故,所以説法無量。説[③]法無量故,義亦名'無量'義。""無量"義者,從一法生。其一法者,則無相也。無相不相,名爲"實相"。則泯然清净是也。斯之誠言,則爲證也。坐時當覺識心初動,運運流注,隨其來去,皆令知之。以金剛惠(慧)徵[④]責,猶如草木無所别。知之無知,乃名"一切智"。此是菩薩一相法門。

問:"何者是禪師?"

信曰:"不爲静亂所惱者即是好禪用心人。常住於止[⑤],心則沈没。久住於觀,心則散亂。《法華經》云:'佛自住大乘,如其所得法。定惠(慧)力莊嚴,以此度衆生。'"

"云何能得悟解法相、心得明净?"

信曰:"亦不念佛,亦不捉心,亦不看心,亦不計心,亦不思惟,亦不觀行,亦不散亂,直任運,亦不令去,亦不令住。獨一清净究竟處,心自明净。"

或可諦看,心即得明净,心如明鏡。或可一年,心更明净。或可三五年,心更明净[⑥]。或可因人爲説即悟解,或可永不須説得解。經道衆生心性,譬如寶珠没水。水濁珠隱,水清珠顯。爲謗三寶、破和合僧、諸見煩惱所

① 住,底本、録本作"經"。結合文意,據甲本改。

② 一,甲本無。

③ "説"字前底本、録本尚有"説法無量"四字,當係誤衍,結合文意,據甲本删。

④ 徵,底本、録本作"徽"。結合文意,據甲本改。

⑤ 止,甲本作"正"。

⑥ "或可三五年,心更明净"九字甲本無。

污，貪嗔顛倒所染，衆生不悟心性本來常清净。故爲學者取悟不同，有如此差别。今略出根緣不同，爲人師者，善須識别。《華嚴經》云："普賢身相，猶如虚空。依如如，不[□][依]①於佛國。"解時佛國皆亦[□][如]②，即如國皆不依。《涅槃經》云："有無邊身菩薩，身量如虚空。人之有善光，故猶如夏日。"又云："身無邊故名'大涅槃'。"又云："大般涅槃，其性廣博。"故知學者有四種人：有行有解有證，上上人；無行有解有證，中上人；有行有解無證，中下人；有行無解無證，下下人也。問："臨時作若爲觀行？"信曰："真須任運。"

又曰："用向西方不？"

信曰："若知心本來不生不滅，究竟清净，即是净佛國土，更不須向西方。"

《華嚴經》云："無量劫一念，[□□][一念]③無量劫。"須知一方無量方，無量方一方。佛爲鈍根衆生，今(令?)④向西方，不爲利根人説也。深行菩薩入生死，化度衆生，而無愛見。若見衆生有生死、我是能度、衆生是所度⑤，不名"菩薩"。度⑥衆生如度⑦空，度空何曾有來去？《金剛經》云："滅度無量衆生，實無有衆生得滅度者。"所初地菩薩，初證一切空，後證得得一切不空，即是無分别智。亦是色⑧即是空，非色滅空，色性是空。所菩薩修學空，爲證新學之人直見空者，此是見空，非真空也。修道得真空者，不見空與不空，無有諸見也。善須(須善?)⑨解"色空"義。學用心者，要須心路明净，悟解法相，了了分明，然後乃當爲人師耳。復須内外相稱，理行不相爲(違)⑩；決須斷絶文字語言，有爲聖道，獨一净處，自證道果也。或復有人未了究竟法，爲相

---

① 依，底本、録本無，據甲本補。

② 如，底本、録本無，據甲本補。

③ "一念"二字底本、録本無，據甲本補。

④ 今，甲本作"令"。"令"字義長。

⑤⑥⑦ 度，底本、録本作"疲"。結合文意，據甲本改。

⑧ 色，底本、録本作"色色"，結合文意，據甲本删一"色"字。

⑨ 結合文意，"善須"似當爲"須善"二字之誤倒。

⑩ 爲，此當爲"違"之借音字，甲本即作"違"。

(於)[1]名聞利養教導衆生,不識根緣利鈍,似如有異,即皆印可,極爲苦哉!苦哉大禍!或見心路似如明净,即便印可。此人大壞佛法,自誑誑他。用心人有如此同異,並是相貌耳,未爲德心。真德心者,自識分明。久後法眼自開,善別虚之與僞。或有人計身空無,心姓(性)亦滅。此是斷見人,與外道同,非佛弟子。或有人計心是有不滅,此是常見人,亦與外道同。今明佛弟子亦不計心性是滅,常度衆生,不起愛見;常學智慧,愚智平等;常作禪定,静亂不二;常見衆生,未增是有;究竟不生不滅,處處現形;無有見聞[2],了知一切;未曾取捨,未曾分身,而身通於法界。又古時智敏禪師訓曰:"學道之法,必須解行相扶。先知心之根原及諸體用,見現分明無惑,然後功業可成。"一解千從,一迷萬惑。失之毫釐,差之千里。此非虚言。《無量壽經》云:"諸佛法身入一切衆生心。想是心作佛,當知佛即是心,心外更無别佛也。"略而言之,凡有五種:一者,知心體,體性清净,體與佛同;二者,知心用,用生法寶,起作恒寂,萬惑皆如;三者,常覺不停,覺心在前,覺法無相;四者,常觀身空寂,内外通同,入身於法界之中,未曾有礙;五者,守一不移,動静常住,能令學者明見佛性,早入定門。諸經觀法備有多種。傅大師所説,獨舉守一不移,先修身審觀,以身爲本。又此身是四大五蔭之所合,終歸無常,不得自在。雖未壞滅,畢竟是空。《維摩經》云:"是身如浮雲,須臾變滅。"又常觀自身,空净如影,可見不得。智從影中生,畢竟無處所。不動而應物,變化無[□][有][3]窮。空中生六根,六根亦空寂。所對六塵境,了知是夢幻。如眼見物時,眼中無有物。如鏡照面像,了[□][了][4]極分明。空中現形影,鏡中無一物。當知人面不來入鏡中,鏡亦不往入人面。如此委曲,知鏡之與面從本已來,不出不入,不來不去,即是"如來"之義。如此細分判,眼中與鏡中,本本常空寂。鏡照眼照同,是故將爲比。鼻舌諸根等,其義亦復然。知眼本來空,凡所見色者,須知是他色。耳聞聲時,知是他聲。鼻聞香時,知是他

① 相,此當爲"於"之訛字,該字甲本作"於"。
② 聞,底本、録本作"開"。結合文意,據甲本改。
③ 有,底本、録本無,據甲本補。
④ 了,底本、録本無,據甲本補。

香。舌别味時，知是他[①]味。意對法時，知是他法。身受觸時，知是他觸。如此觀察知，是爲觀空寂。見色知是不受色，不受色即是空，空即無相，無相即無作。此見解脱門，學者得解脱。諸根例如此。復[□][須][②]重言説。常念六根空寂，爾無聞見。《遺教經》云："是時中夜，寂然無聲。"當知如來説法以空寂爲本，常念六根空寂，恒如中夜時。晝日所見聞，皆是身外事。身中常空净，守一不移者，以此[□][空][③]净眼，注[④]意看一物。無問晝夜時，專精常不動。其心欲馳散，急手還攝來。以繩繫鳥足，欲飛還掣取。終日看不已，泯然心自定。《維摩經》云："攝心是道場，此是攝心法。"《法華經》云："從無數劫來，除睡常攝心。以此功德能生諸禪定。"《遺教經》云："五根者，心爲其主。制之一[⑤]處，無事不辨。"此是也。前所説五事，並是大乘正理，皆依經文所陳，非是理外妄説。此是無漏業，亦是究竟義，超過聲聞地，真趣菩薩道。聞者宜修行，不須致疑惑。如人學射，初大准，次中小准，次中大約，次中小的，次中一毛，次破一毛作百分，次中百毛之一分，次後箭[⑥]射前[□][箭][⑦]，筈筈相柱[⑧]，不令箭落。喻人習道，念念注心，心心相續，無暫間念，正念不斷，正念現前。又《經》云："以知惠(慧)箭，射三解脱門筈，筈筈相[⑨]柱，勿令落地。又如鑽火，未熱而息。雖欲得火，火難可得。又如家有如意珠，所求無不得。忽然而遺失，憶念無忘時。又如毒箭入肉，竿[⑩][□][出][⑪]

① 他，底本、録本作"也"。結合文意，據甲本改。

② 須，底本、録本無，據甲本補。

③ 空，底本、録本無，據甲本補。

④ 注，底本、録本作"眼住"。結合文意，據甲本改。

⑤ "之一"二字底本、録本作"立"。結合文意，據甲本改。

⑥ 箭，底本、録本作"前"。結合文意，據甲本改。

⑦ 箭，底本、録本無，據甲本補。

⑧ 柱，甲本作"住"。

⑨ 相，録本訛作"於"，據底本及甲本改。

⑩ 竿，録本訛作"芋"，據底本及甲本改。

⑪ 出，底本、録本無，據甲本補。

鏃猶在。如此受苦痛,亦無暫忘時。念念[常][1]在心,其狀當如此。[□][此][2]法祕要,不得傳非其人,非是惜法不傳,但恐前人不信,陷[3]其謗法之罪。必須擇人,不得操次輒説。慎之慎之! 法海雖無量,行之在一言。得意即亡言,一言亦不用。如此了了知,是爲得佛意。若初學坐禪時,於一静處真觀身心,四大、五蔭,眼、耳、鼻、舌、身、意及貪、嗔、癡,若[4]善若惡,若怨若親,若凡若聖。及至一切諸狀應當觀察:從本以來空寂,不生不滅,平等無二;從本以來無所有,究竟寂滅;從本以來,清净解脱。不問晝夜,行住坐卧,常作此觀,即知自身猶如水中月,如鏡中像,如熱時炎,如空谷響。若言是有,處處求之不可見;若言是無,了了恒在眼前。諸佛法身,皆亦如是。即知自身從無量劫來,畢竟未曾生;從今已去,亦畢竟無人死。若能常作如此觀者,即是真實懺悔,千劫萬劫極重[□][惡][5]業即自消滅;唯除疑惑不能生信,此人不能悟入。若生信[6]依此行者,無不得入,無生正理。復次,若心緣異境,覺起時即觀起處畢竟不起。此心緣生時,不從十方來,去亦無所至。常觀攀緣,覺觀妄識。思想雜念亂心不起,即得麁住。若得住心,更無緣慮,即隨分寂定,亦得隨分息諸煩惱。畢故不造新,名爲解脱看。[□][若][7]心結煩熱,悶亂昏沈,亦即且自散適,徐徐安置,令其得便,心自安净。唯須猛利[8],如救頭然,不得懈怠! 努力! 努力! 初學坐禪看心,獨坐一處,先端身正坐,寬衣解帶,放身縱體。自按摩七八翻,令心腹中嗌氣出盡,即滔然得性清虚恬净,身心調適然。安心神則窈窈冥冥,氣息清冷。徐徐斂心,神道清利,心地明净。觀察不明,内外空净,即心性寂滅。如其寂滅,則聖心顯矣。

① 常,録本脱,據底本補。
② 此,底本、録本無,據甲本補。
③ 陷,底本、録本作"滔"。結合文意,據甲本改。
④ 若,底本、録本作"爲",結合文意,據甲本改。
⑤ 惡,底本、録本無,據甲本補。
⑥ "信"字前底本、録本有一"死"字,當係誤衍,今據甲本删。
⑦ 若,底本、録本無,據甲本補。
⑧ 利,甲本作"進"。

性雖無刑(形)[①],志節恒在然。幽靈不竭,常存朗然,是名“佛性”。見佛性者,永離生死,名“出世人”。是故《維摩經》云:“豁然還得本心。”信其言也。悟佛性者,名“菩薩人”,亦名“悟道人”,亦名“識理人”,亦名“得性人”。是故《經》云:“一句染[②]神,歷劫不朽。”初學者前方便也。故知彼(修)[③]道有方便,此聖心之所會。凡捨身之法,先定空空心,使心境寂净,鑄想玄寂,令心不[④]移。心性寂定,即斷攀緣。窈窈冥冥,凝净心虚,則幾泊恬乎,泯然氣盡。住清净法身,不受後有;若起心失念,不免受生也。此是前定心境,法應如是。此是作法。法本無法,無法之法,始名爲“法”。法則無作,夫無作之法,真實法也。是以《經》云:“空無作,無願無相。則真解脱。”以是義故,實法無作。捨身法者,即假想身横看,心境明地,即用神明推策。大師云:“《莊子》説:‘天地一指,萬物一馬[⑤]。’”《法句經》云:“一亦不爲一,爲欲破諸數。淺智之所聞,謂一以爲一。”故《莊子》猶滯一也。《老子》云:“窈兮冥兮,其中有精。外雖亡相,内尚存心。”《華嚴經》云:“不著二法,以無一二故。”《維摩經》云:“心不在内,不在外,不在中間,即是證。”故知老子滯於精識也。《涅槃經》云:“一切衆生有佛性,容可説。墻壁凡石而非佛性,云何能説法?”又天親《論》云:“應化非真佛,亦非説法者。”

第六,唐朝蘄州雙峰山幽居寺大師,諱弘忍,承信禪師後。忍傳法,妙法人尊,時號爲“東山净門”。又緣京洛道俗稱歎蘄州東山多有得果人,故□(號?)[⑥]“東山法門”也。

又問:“學道何故不向城邑聚落,要在山居?”

答曰:“大廈之材,本出幽谷,不向人間有也。以遠離人,故不被刀斧損斫,一一長成大物,後乃堪爲棟梁之用。故知栖神幽谷,遠避囂塵,養性山

---

① 刑,此乃“形”之借字。

② 染,底本、録本作“深”。結合文意,據甲本改。

③ 彼,甲本作“修”。“修”字義長。

④ 以下原本缺,依甲本補之。

⑤ 馬,録本據甲本作“焉”。《大正藏》録本出校:“焉=馬?”按:《莊子·齊物論》:“天地一指也,萬物一馬也”正作“馬”字。兹據正。

⑥ 此缺字甲本實無字,疑當補一“號”字。

中，長辭俗事，目前無物，心自安寧。從此道樹花開，禪林果出也。”

其忍大師，蕭然凈坐，不出文記，口説玄理，默授與人。在人間有禪法一本，云是忍禪師説者，謬言也。按：安州壽山和上諱賾，撰《楞伽人法志》云，大師俗姓周，其先尋陽人，貫黄梅縣也。父早棄背，養母孝障，七歲奉事道信禪師。自出家處幽居寺，住度弘慜，懷抱貞純。緘口於是非之場，融心於色空之境，役力以申供養，法侣資其足焉。調心唯務渾儀，師獨明其觀照。四議皆是道場，三業咸僞佛事。蓋静亂之無二，乃語默之恒一。時四方請益，九衆師横，虚往實歸，月俞（愈）[①]千計。生不矚文，而義符玄旨。時荊州神秀禪師，伏膺高軌，親受付囑。玄賾以咸亨元年至雙峰山，恭承教誨，敢奉驅馳。首尾五年，往還三覲。道俗齊會，仂（力）[②]身供養。蒙示《楞伽》義云：“此經唯心證了知，非文疏能解。”咸亨五年二月，命玄賾等起塔，與門人運天然方石，累構嚴麗。月十四日，問：“塔成未？”奉答：“已了。”便云：“不可同佛涅槃之日，乃將宅爲寺。”又曰：“如吾一生，教人無數，好者並亡。後傳吾道者，只可十耳。我與神秀論《楞伽經》，玄理通快，必多利益；資州智詵，白松山劉主簿，兼有文性；莘州惠藏，隨州玄約，憶不見之；嵩山老安，深有道行；潞州法如，韶州惠能，揚州高麗僧智德，此並堪爲人師，但一方人物；越州義方，仍便講説。”又語玄賾曰：“汝之兼行，善自保愛。吾涅槃後，汝與神秀，當以佛日再暉，心燈重照。”其月十六日，問曰：“汝今知我心不？”玄賾奉答：“不知。”大師乃將手撝十方，一一述所證心已。十六中，面南宴坐，閉目便終，春秋七十四。禮葬於馮茂山塔中，至今宛如平昔。范陽盧子産，於安州寺壁畫像。前兵部尚書隴西李逈秀爲讃曰：“猗歟上人，冥契道真。攝心絶智，高悟通神。無生證果，現滅同塵。今兹變易，何歲有隣。”大師云：“有一口屋，滿中總是糞穢草土。是何物？”又云：“掃除卻糞穢，草土併當盡，一物亦無。是何物？”爾坐時平面端身正坐，寬放身心，盡空際遠看一字，自有次第。若初心人攀緣多，且向心中看一字。證後坐時，狀若曠野澤中，逈處獨一高山，山上露地坐，四顧遠看，無有邊畔。坐時滿世界寬放身心，住佛境界，清凈法身，無有邊畔。其狀亦如是。又云：

① 《集韵·嘆韵》：“愈，勝也。通作‘俞’”。

② 唐玄應《一切經音義》：“《字書》：仂，勤也。今皆爲力字。”[T54n2128p498c23]

"爾正證大法身時,阿誰見證?"又云:"有佛三十二相。瓶亦有三十二相不?住亦有三十二相不?乃至土木瓦石亦有三十二相不?"又,將火著,一長一短並著,問:"若個長?若個短也?"又,見人然(燃)燈及造作萬物,皆云:"此人作夢作術也。"或云:"不造不作,物物皆是大般涅槃也。"又云:"了生即是無生法,非離生法有無生。龍樹云:'諸法不自生,亦不從他生。不共不無因,是故知無生。'若法從緣生,是則無自性。若無自性者,云何有法?"又云:"虚空無中邊,諸佛身亦然。我印可汝了了見佛性處是也。"又云:"汝正在寺中坐禪時,山林樹下亦有汝身坐禪不?一切土木瓦石亦能坐禪不?土木瓦石亦能見色聞聲、著衣持鉢不?《楞伽經》云:'境界法身。'是也。"

第七,唐朝荊州玉泉寺大師,諱秀;安州壽山寺大師,諱賾;洛州嵩山會善寺大師,諱安。此三大師,是則天大聖皇后、應天神龍皇帝、太上皇前後爲三主國師也。上忍大師授記云:"後傳吾道,只可十耳。"俱承忍禪師後。

按:安州壽山和上撰《楞伽佛人法志》云:"其秀禪師,俗姓李,汴州尉氏人。遠涉江上,尋思慕道,行至蘄州雙峰山忍禪師所,受得禪法。禪燈默照,言語道斷。心行處滅,不出文記,後居荊州玉泉寺。大足元年,召入東都,隨駕往來二京教授,躬爲帝師。"

則天大聖皇后問神秀禪師曰:"所傳之法,誰家宗旨?"

答曰:"禀蘄州東山法門。"

問:"依何典誥?"

答曰:"依文殊説《般若經》一行三昧。"

則天曰:"若論修道,更不過東山法門。"以秀是忍門人,便成口實也。應天神龍皇帝神龍元年三月十三日,敕:"禪師迹遠俗塵,神遊物外;契無相之妙理,化有結之迷途;定水内澄,戒珠外徹。弟子歸心釋教,載佇津梁。冀啓法門,思逢道首。禪師昨欲歸本州者,不須。幸副翹仰之懷,勿滯枌榆之戀。遣書示意,指不多云。"

禪師二帝欽承,兩京開化,朝野蒙益,度人無數。敕於本生大村李爲置報恩寺,以神龍二年二月二十八日,不疾宴坐。遺囑三字云:"屈曲直。"便終東都天宫寺,春秋一百餘歲。合城四衆,廣飾宫幢,禮葬龍門山。駙馬公主,咸設祭文。

敕:“故秀禪師,妙識外融,靈機内徹;探不二之奥,獨得髻珠;守真一之門,孤懸心鏡;至靈應物,色會神明;無爲自居,塵清累遣;其頤轉慕,精爽日聰;方將洞前識之玄微,導群生之耳目,不意大悲同體,委化從權。一傷泥日之論,長想意傳之教。雖理絶名相,無待於追崇;而念切師資,願存於榮飾。可贈爲‘大通禪師’。”

又敕:“宜差太子洗馬盧正權充使送至荊州,安置度門人,寺額亦付正權,將迴日奏聞。”

門人讚曰:“至矣我師,道窮真諦。清净解脱,圓明實際。

演無上道,開無上惠(慧)。迹泯一心,心忘三世。

假言顯理,順理而契。長爲法舟,濟何所濟?”

大師云:“《涅槃經》説善解一字,名曰‘律師’。文出經中,證在中内。”

又云:“此心有心不? 心是何心?”

又云:“見色有色不? 色是何色?”

又云:“汝聞打鐘聲打時有? 未打時有? 聲是何聲?”

又云:“打鐘聲只在寺内有,十方世界亦有鐘聲不?”

又云:“身滅影不滅,橋流水不流。我之道法,總會歸‘體用’兩字,亦曰‘重玄門’,亦曰‘轉法輪’,亦曰‘道果’。”

又云:“未見時見,見時見更見。”又云:“《瓔珞經》云:‘菩薩照寂佛寂照。’”

又云:“芥子入須彌,須彌入芥子也。”

又見飛鳥過,問云:“是何物?”

又云:“汝向了寡樹枝頭坐禪去時得不?”

又云:“汝直入壁中過得不?”

又云:“《涅槃經》説有無邊身菩薩從東方來。菩薩身既無邊際,云何更從東方來? 何故不從西方來、南方、北方來? 可即不得也。”

第八唐朝洛州嵩高山普寂禪師、嵩山敬賢禪師、長安蘭山義福禪師、藍田玉山惠福禪師,並同一師,學法侶應行,俱承大通和上後。少小出家,清净戒行,尋師問道,遠訪禪門。行至荆州玉泉寺,遇大通和上諱秀,蒙授禪法。諸師等奉事大師十有餘年,豁然自證,禪珠獨照。大師付囑普寂、敬賢、義福、惠福等:“照世炬燈,傳頗梨大鏡。”天下坐禪人歎四個禪師曰:“法山净,法海清，法鏡朗，法燈明。”宴坐名山，澄神邃谷。德冥性海，行茂禪枝。清净無爲，蕭然獨步。禪燈默照，學者皆證佛心也。自宋朝以來，大德禪師，代代相承。起自宋求那跋陀羅三藏，歷代傳燈，至于唐朝，總八代。得道獲果，有二十四人也。

No. 2838 傳法寶紀(並)序

京兆□(杜)[1]朏字方明撰

[題解]

佛教著作,早期禪宗北宗史書,[唐]杜朏撰,大致成書於公元 716 年至 732 年之間,一卷。敦煌文獻中存有伯 2634(首全尾殘)、伯 3559c(首全尾全)、伯 3664c[見伯 3559c]、伯 3858(首殘尾殘)四號。內容包括歸敬偈、序文、自菩提達磨至神秀禪宗七代祖師的傳燈法係,每人的傳略及禪法主張,後論及《終南山歸寺大通道秀和上塔文》。主張弘忍是五祖,法如是六祖,神秀是七祖,與傳統認爲神秀上接弘忍不同。此文可補歷代僧傳之不足,爲研究早期禪宗的法係、歷史人物生平與思想的重要資料。清代以前歷代大藏經未收,日本《大正藏》將伯 2634 號(尾殘)收入第八十五册。日本學者白石虎月曾對本文進行過校訂(白石虎月《續禪宗編年史》,酒井本店,1943)。楊曾文先生綜合敦煌發現的伯 2634、伯 3559c、伯 3858 三件寫本,對《傳法寶記》進行了校訂,在此基礎上對該書的作者、成書年代及主要內容加以研究(楊曾文《敦煌新本六祖壇經》,江蘇古籍出版社 1993 年版,第 174—175 頁;另見作者《唐五代禪宗史》,中國社會科學出版社 1999 年版,第 141—142 頁)。王書慶、楊富學的《〈傳法寶記〉的作者及其禪學思想》一文通過研究認爲《傳法寶記》反映了唐代禪宗北宗的基本禪學思想(見《敦煌研究》2006 年第 5 期)。今校注仍以《大正藏》本所據原卷伯 2634 號爲底本。新增校本:甲本,伯 3559c 號;乙本,伯 3858 號。

稽首善知識,能令護本心。猶如濁水中,珠力頓清現。

---

① 杜,録本作缺文,此字底本尚可辨。甲本亦作"杜"。兹據補。

所以令修紀,明此遞傳法。願當盡未來,廣開佛知見。

序曰:我真實法身,法佛所得。離諸化佛言説、傳乎文字者,則此真如門乃以證心自覺而相傳耳。是故《論》云:"一切法從本已來,離言説相,離名字相①,離心緣相,畢竟平等,無有變異,不可破壞。唯是一心,故名'真如'。"又曰:"證發心者,從净心地,乃至究竟。證何境界所謂'真如',以依轉識説爲境界,而此證者無有境界,唯真如智名爲'法身'"。又如修多羅説:"菩薩摩訶薩獨一静處,自覺觀察,不由於他,離見妄想,上上昇進,入如來地,是名'自覺聖智'。"是故若非得無上乘,傳乎心地,其孰能入真境界者哉?昔廬山遠上人《禪經》序云:"佛付阿難,阿難傳末田地,末田地傳舍那婆斯。"則知耳後不墜於地,存乎其人至矣。豈夫繫執因果、探研句義,有所能入乎?則修多羅所謂"宗通"者,"宗通"謂緣,自得勝道。遠離言説、文字妄想,趣無漏界自覺地,自相遠離一切虚妄覺相,降伏一切外道衆魔,緣自覺趣,光明暉發,是名"宗通相"。是真極之地,非義説所入信矣。其有發迹天竺來道此土者,有菩提達摩歟!時爲震旦有勝惠(慧)者而傳,然指真境乎!如彼弱喪,頓使返躬乎!亦如暗室,發大明炬□□(乎!弗)②可得而言已。既而味性有殊高拔,或少翫所先習,無求勝智。翻然頂授,蓋爲鮮矣!唯東魏惠可以身命求之,大師傳之而去。惠可傳僧璨,僧璨傳道信,道信傳弘忍,弘忍傳法如,法如及乎大通。自達摩之後,師資開道,皆善以方便取證於心,隨所發言,略無繫説。今人間或有文字稱《達摩論》者,蓋是當時學人隨自得語,以爲真論,書而寶之,亦多謬也。若夫超悟相承者,既得之於心,則無所容聲矣。何言語文字措其間哉!夫不見至極者,宜指小以明大。假若世法有練真丹以白日昇天者,必須得仙人身手傳練,真丹乃成。若依碧字瓊書,終漬浪茫矣。此世中一有爲耳,猶在必然,况無上真宗,豈繫言説?故斯道微密,罕得其門。雖[□][依]③法不依人,依義不依語,而真善知識,何可觀止?今此至人

① "離名字相"四字甲本無。

② "乎弗"二字底本殘,據甲本補。

③ "依"字底本、録本無,據文意補。

無引，未易能名。將以後之發蒙，或因景暮(慕)①。是故今修略紀，自達摩後相承傳法者，著之於次，以爲《傳寶紀》一卷。維當綴其所見名迹、所化方處、耳目所取、書紀有明者，既而與[無]②爲泯合，而傳記自簡，至於覺證聖趣，靡得甄③言也。亦别④有貌圖，將爲後記。然相承玆道，澹乎法界，真空寂處，相迹自消。凡在生平，不現其異；靡聞靈迹，以故略諸；亦猶反袂拭面，光濡不取矣。又自達摩之後，至于隋唐，其有高悟玄拔、深至圓頓者，亦可何世無之？已非相傳授，故别條列傳，則照此法門之多主也。

東魏嵩山少林寺釋菩提達摩。

北齊嵩山少林寺釋惠可。

隨(隋)⑤峴(晥)公山釋僧璨⑥。

唐雙峰山東山寺釋道信。

唐雙峰山東山寺釋弘忍。

唐嵩山少林寺釋法如。

唐當陽玉⑦泉寺釋神秀。

□□□(釋菩提)⑧達摩，大婆羅門種，南天竺國王第三子，機神超晤，傳□□□(大法寶)⑨，自覺聖智，廣爲人天開佛知見，爲我震旦國人故，航⑩海

---

① 暮，此當爲"慕"之同音借字(二字同音莫故切)。景慕即景仰、仰慕。《宋書・范泰傳》："今惟新告始，盛業初基，天下改觀，有志景慕。"即其例。

② 無，録本脱，據底本、甲本補。

③ 甄，録本訛作"瓢"，據底本、甲本改。

④ "亦别"二字録本訛作"之列"，據底本、甲本改。

⑤ 隋文帝楊堅原受封於隨，581年滅北周，改"隨"爲"隋"，以爲國號。

⑥ **峴**，此當爲"晥"字涉下"山"字而成的换旁俗字。甲本下文："釋僧璨，不知何處人。事可禪師，機悟圓頓，乃爲入室。後遭周武破法，流遁山谷，經十餘年。至開皇帝初，與同學定禪師隱居晥公山。(在舒州，一名思空山。)"可資互勘。

⑦ 玉，底本、録本訛作"王"，兹據甲本改。甲本下文："而今已後，常往荆州玉泉寺秀禪師下諮禀。""儀鳳中，荆楚大德數十人，共舉度住當陽玉泉寺。"皆可互勘。

⑧ "釋菩提"三字底本殘，據甲本補。

⑨ "大法寶"三字底本殘，據甲本補。

⑩ 航，録本訛作"船"，據底本、甲本改。

□□(而至)[①]嵩[②]山，時罕有知者。唯道昱、慧可，宿心潛會，精竭求之。師□(事)[③]六年，志取通晤。大師當從容謂曰："爾能爲法捨身命不?"惠可斷其臂，以驗誠懇。(案：餘傳云被賊斫臂，蓋是一時謬傳耳。)自後，始密以方便開發(□□[其方][④]便開發皆師資[⑤]密用，故無所形言)，頓令其心，直入法界。然四五年間，研尋文照，以《楞伽經》授可，曰："吾觀漢地得道者，唯與此經相應。"學徒有未了者，迺手傳數遍，云："作未來因也。"(案：餘傳有云壁觀及四行者，蓋是當時權化，一隅之説，[□][口][⑥]跡之流，或所採摭，非至論也。)其後門庭日廣，時名望僧，深相忌嫉，久不得志，迺因食致毒。(此惡人名字，世亦共聞，無彰人過，故所宜隱。或當示現爲跡，以相發明，蓋所未惻〔測〕。)大師知而食之，毒無能害。後見頻啗毒不已，謂惠可曰："我爲法來，今得傳汝，更住無益，吾將去矣。"因集門人，重明宗極，便噉毒食，以現化焉。(自後相承，皆臨遷化，必重演真宗，以成後軌矣。)嘗自言一百五十歲矣。其日東魏使宋雲，自西來於蔥嶺，逢大師西還，謂："汝國君今日死。"雲因問法，師門所歸。對曰："後四十年，當有漢道人流傳耳。"門人聞之發視，迺見空棺焉。

釋僧可，一名"惠可"，武牢人，俗姓姬氏。少爲儒博聞，尤精《詩》、《易》，知世典非究竟法，因出家。年四十，方遇達摩大師，深求至道，六年[⑦]勤懇，而精心專竭，始終如初。聞大師言："能以身命，爲法不吝。"便斷其左臂，顏色不異，有若遺士。大師知堪聞道，乃方便開示。即時其心直入法界，四五年精究明徹。大師既示西還，後居少林寺。行住坐臥，心冥真境，隨機化道，如響應聲，觸物指明，動爲至會。故門人竊有存録。後魏天平中，游鄴衛，多所化度。僧有深忌者，又默鴆之。惠可知便受食，毒不能害。時有向居士、化

---

① "而至"二字底本殘，據甲本補。
② 嵩，録本訛作"高"，據底本、甲本改。
③ 事，底本殘，録本作缺文，據甲本補。
④ "其方"二字底本殘，據甲本補。
⑤ 以下底本、録本殘，據甲本補。
⑥ 口，甲本脱，據文意補。
⑦ "年"前甲本衍一"十"字，據文意删。

公、廖公禪師，咸因得本心，皆作道用。自後門人滋廣，開悟甚多。臨終謂弟子僧璨曰："吾身法而受傳囑，今以付汝，汝當廣勸開濟。亦以《楞伽經》與人手傳。"因歎曰："此經四世後，變成名相，悲哉！"

釋僧璨，不知何處人。事可禪師，機悟圓頓，乃爲入室。後遭周武破法，流遁山谷，經十餘年。至開皇帝初，與同學定禪師隱居皖公山。（在舒州，一名思空山。）此山先多猛獸，每損居人。自璨之來，並多出境。山西麓有寶月禪師，居之已久，時謂神僧。聞璨至止，遽越巖嶺相見，欣如疇昔。月公即巖禪師之[□][師][1]也。璨定惠齊泯，深學日至。緣化既已，顧謂弟子道信曰："自達摩祖傳法至我，我欲南邁，留汝弘護。"因更重明旨極，遂與定公南隱，後竟不知其所終矣。

釋道信，河内人，俗姓司馬氏。七歲出家，其師被粗粃，信密齋六年，師竟不知。開皇中，往皖山歸璨禪師，精勤備滿，照無不至。經八、九年，璨往羅浮，信求隨去。璨曰："汝住，當大弘益。"遂游方施化，所在爲寶。至大業度人，配住吉州寺。屬隋季喪亂，群賊圍城七十餘日，井泉皆竭。信從外來，水復充溢。刺史叩頭，問賊退時。[□][曰][2]："但念般若，不須爲憂。"時賊徒見地四隅，皆有大力士，因即奔駭，城遂獲全。武德七年，至蕲州雙峰山，周覽林壑，遂爲終焉之地。居三十年，宣明大法。歸者，荆州法顯、常州善伏，皆北面受法。信曰："善伏辟支根機，竟[3]未堪聞大道。"每勸諸門人曰："努力勤坐，坐爲根本。能作三五年，得一口食塞饑瘡，即閉門坐，莫讀經，莫共人語。能如此者，久久堪用，如獼猴取栗中肉喫，坐研取，此人難有。"永徽二年八月，命弟子山側造龕。門人知將化畢，遂談究鋒起，争希法嗣。及問將傳付，信喟然，久之，曰："弘忍差可耳。"因誡囑再明旨賾。及報龕成，乃怡然坐化。時地大動，氣霧四合。春秋七十二。後三年四月八日，石户自開，容貌儼如生日。門人遂加漆布，更不敢閉，刊石勒碑，中書令杜正倫撰文頌德。

---

① 師，甲本脱，據文意補。

② 曰，甲本脱，據文意補。

③ 以上文字乙本殘。

釋弘忍，黄梅人，俗姓周氏。童真出家，年十二事信禪師。性木訥沈厚，同學頗輕戲之，終默無所對。常勤作役，以體下人。信特器之。晝則混跡驅給，夜便坐攝至曉，未嘗懈倦，精至累年。信常以意導，洞然自覺。雖未視諸經論，聞皆心契。既受付囑，令望所歸，裾屨湊門，日增其倍，十餘年間，道俗投學者，天下十八九。自東夏禪匠傳化，乃莫之過。發言不意，以察機宜。響對無端，皆冥寂用。上元二年八月，數見衰相。十八日，因弟子法如，密有傳宣，明一如所承，因若不言。遂泯然坐化，春秋七十四也。

釋法如，上黨人，俗姓王氏。幼隨舅任澧陽，因事青布明爲師。年十九出家，博窮經論，游方求道。聞雙峰山忍禪師開佛知見，遽往師之。精澄十六年，法界圓照。嘗没江舟，覆溺數裡，心用弗動，無所撓失。及人濟出，神色如常。既而密傳法印，隨方行道。屬高宗升遐度人，僧衆共薦與官名。往嵩山少林寺，數年，人尚未惻(測)。其後幽[①]求日至，猶固讓之。垂[②]拱中，都城名德惠端禪師等人，咸就少林，累請開法，辭不獲免，乃祖範師資，發大方便，令心直至，無所委曲。性樸直遇物，隨或訶折，若虚舟觸人，終無憾者。學侣日廣，千里響會。至永昌元年七月，迺令學人速盡問疑，因現以疾相。於一夜中，端坐樹下，傾集門人，乃有遺訓。因開明慧，如法傳受。又曰："而今已後，常往荊州玉泉寺秀禪師下諮稟。"遂寂然坐化，春秋五十二。

釋神秀，大梁人，姓李氏。在童稚時，清慧敏悟，特不好弄，即有成德。年十三，屬隋季王世充擾亂，河南山東饑疫，因至滎陽義倉請糧，遇善知識出家，便遊東吴，轉至閩，遊羅浮、東、蒙、臺、廬諸名山嘉遁，無不畢造。學究精博，探易道，味黄老及諸經傳，自三古微賾，靡不洞習。二十受具戒，而鋭志律儀，漸修定慧。至年四十六，往東山歸忍禪師，一見重之，開指累年。道入真境，自所證莫有知者。後隨遷適，潛爲白衣，或在荊州天居寺十所年，時人不能測。儀鳳中，荆楚大德數十人，共舉度住當陽玉泉寺。及忍禪師臨遷化，又曰先有付囑。然十餘年間，尚未傳法。自如禪師滅後，學徒不遠萬里，歸我法壇，遂開善誘，隨機弘濟，天下志學，莫不望會。久視中，則天發中使，

① 幽，録本訛作"照"，據甲、乙二本改。

② 以下文字乙本殘。

奉迎洛陽。道俗翻花、幢蓋,充溢衢路。乘栟櫚上,從登御殿,頂拜長跪,瞻奉潔齋。受戒宫女,四會歸仰,有如父母焉。王公已下,翕然歸向。孝和累求還出,主上固請,既不遂歸事。諸弟子因竊視,知欲見滅,或時密有委矚。神龍二年二月二十八日,端坐怡然,遷化於洛陽天宫寺,歸於玉泉寺建塔焉。而尊師重道,禮不問年。既隋季出家,當壽過百歲矣。往居當陽玉泉時,當(嘗?)[1]於所住蘭若,顧謂弟子曰:"吾死後,當安厝此。"及至將奄化前數日,遶其欲立塔所,平地周迴,生白蓮花數十莖。自後復於塔前櫛樹上,生果子數枚,如李實,甚有味。於塔所,孝和以置度門寺,尊曰"大通和上"。睿宗復出錢三十萬修崇焉。

《論》曰:此世界是言語世界乎?故聖賢不可不言語相導,以趣夫無言語地也。是故我本師云:"若言如來有所説法,則爲謗佛。"而孔丘亦云:"吾欲無言。"莊周復曰:"得意者忘言。"故《易·咸卦》上六曰:"咸其輔頰舌。"《象》曰:"滕,口説也。"此言在咸之末也。故感而取道,不在乎上六矣。昔我本師,當建乎世,説法所度,皆隨其根性;而得證入者,言説自妄(亡)[2]。逮滅度後,而諸羅漢方共結集佛在世時嘗所説法,著乎文字而爲經。雖圓覺了義,存乎其間,而凡聖不接,離真自遠。洎漢魏已降,譯至中華,歸學之徒,多依言説,分文析字,數義綏然。飾智蔓詞,其流遂□(?)[3]。既而真如至性,莫見其人,圓頓法身,無開道眼矣。其光步法席,坐摇談柄者,群學輻輳,徒仰亹焉。未有悟入其門,心證其理也。

是故,天竺達摩,褰裳導迷,息其言語,離其經論,旨微而徹,進捷而明。不動,斯定矣;不取,斯慧矣;妄滅,斯真矣;性融,斯如矣。證歸一體,功由自覺。無一微塵法,能爲出入;無一刹那法,[□][能][4]爲離間。蕩然無際,空然無物,是謂妙物。五(吾)[5]不知其謂矣。爲法身乎?爲真空乎?爲實相乎?爲如乎?爲覺乎?斯亦默照之端,真之純味也。然後讀諸經論,得最上

---

① 當,此似當爲"嘗"之訛字,待考。

② 妄,此當爲"亡"之借字。《禮記·儒行》:"今衆人之命儒也妄常。"鄭玄注:"妄之言無也,言今世名儒無有常。"陸德明釋文:"妄,鄭音亡。亡,無也。"

③ 此處甲本當脱一字。

④ 能,甲本脱,據文意補。

⑤ 五,此當爲"吾"之訛省。

勝句,則洞焉照會矣。於諸有爲,澹無所起矣。是故慧可、僧璨利(理?)[①]得真[□][如?][②],行無轍跡,動無彰記,法匠潛運,學徒默修。至夫道信,雖擇地開居,營宇玄象,存没有跡,旌榜有聞,而猶平生授受者,堪聞大法,抑而不傳。故善伏過入衡山,猶得深定,况餘凡淺,其可知矣!及忍、如大通之世,則法門大啓,根機不擇,齊速念佛名,令净心密來自呈,當理與法,猶遞爲秘重,曾不昌言。儻非其人,莫窺其奥。至乎今之學者,將爲委巷之談,不知爲知,未得謂得。念佛净心之方便,混此彼流;真如法身之端倪,曾何髣髴?悲夫!豈悟念性本空,焉有念處?净性已寂,夫何净心?念净都亡,自然滿照。於戲,僧可有言曰:"四世之後,變成名相。"信矣!夫吾亦素不此學,業非其流,敢爲摸揣,過亦甚矣!豈疲瘉叟云"欲出王屋一抔之土,將塞孟津"乎!昔嘗有知音者,令修此傳記,今將草潤絶筆,輒爲其後論矣。又如修多羅説:"唯心直進。""直"爲離夫二邊乎?"進"謂不住三乘乎?今大通門人,法棟無撓。伏膺何遠?裹足宜行,勉哉學流,光陰不棄也!

終南山歸寺大通[③]和上塔文

大師諱某,俗姓李,大梁人也。妙范玄德,鴻圖聖行。道氣包於先劫,慈明焕乎是生。湛虚根之清暉,光贊天下。秘圓實之微響,聲聞遍於十方。故玄默之功不言,而信存乎至賾;神通之力無爲,而應存乎涅槃。其施也,慈雲無私,萬物攸賴。其歸也,法海無量,九流惟宗。君上御之而安四維,公侯則之而風小國。三人分之,未爲不足;一人得之,不爲有餘。故金剛之源,挹而莫際;香積之飯,足以乃消。即大師圓通之宗,其若此也。師常晦跡棲真,久乎松壑,詔自江國,祇命上京。而雲林之情,肯忘山水?迺擁金策,乘草輿,謝人間,卑跡巖泉之高勝。此焉攸處,果我幽居。逮乎東歸,以之西睠。自

① 利,此當爲"理"之訛字,待考。
② 此處甲本似脱一"如"字,待考。
③ 此處甲本涉上衍一"通"字,據文意删。

雲華歿世，道樹椌（空）[1]存，風悲宴寂之堂，露泣禪階之草。門人等懷繫珠之厚德，眇若無涯；崇建塔之神功，式資幽贊。銘之□琰，敬勒玄猷。

其詞曰：

"如來妙藥名'甘露'兮，含生服之世可度兮。雲根不死留在山兮，智者傳之救世間兮。或（惑）亂無常時共見兮，唯獨仁人心不變兮。牟尼静觀生已遠兮，究竟菩提大方便兮。"

傳寶記七祖一卷。

① 椌，此當爲涉上"樹"字增旁類化而成的"空"之俗體。

No. 2839 北宗禪籍(附《讚禪門詩一首》)

[題解]

佛教禪籍,敦煌文獻中存有斯 2503 號一卷,作者不詳,首殘尾全。方廣錩、吴芳思(英)主編《英國國家圖書館藏敦煌遺書》將該卷分爲斯 2503 號 1(《大乘無生方便門》)、斯 2503 號 2(《待考北宗禪文獻(擬)》)、斯 2503 號 3(《讚禪門詩》)、斯 2503 號 4(《大乘無生方便門》)四個部分。本文存於斯 2503 號 2 及斯 2503 號 3,前爲佛經名相疏釋,尾附《贊禪門詩》一首,並有題記:"丁卯年(847)二月二十三日,沙彌明慧記。"柴劍虹認爲此詩應爲當時敦煌寺院僧人學禪習作。《大正藏》本原題作"讚禪門詩",不確。黄永武《敦煌寶藏》題作"大乘無生方便門(附《讚禪門詩一首》)",施萍婷《敦煌遺書總目索引新編》題名"大乘無生方便門"。今文題結合文意酌參諸家擬。清代以前歷代大藏經未收,《大正藏》據敦煌本録入其第八十五册。今校注仍以《大正藏》本所據斯 2503 號 2,斯 2503 號 3 爲底本。

□□□[①]和三點言:"是何物?"子言:"是佛。"和言:"'佛'是西國梵語,此土名'覺'。所言'覺'義者,謂心體離念。離念相者,等虚空界,無所不遍(已上爲"覺"義)。法界一相(已上"覺他"),即是如來平等法身(是名"覺滿")。依此法身,説名'本覺'(名"三覺")。"和言:"覺是没?"答:"覺是離,離是離念,一一離,色心俱離。"和言:"色是何?"答:"是身。身心俱離,一時遍離,一

① 首缺。

切常離。”和言：“子得離不？”答：“得離，得[①]離是佛。”“佛是没？”“佛是覺。覺有三種：一、自覺；二、覺他；三、覺滿。（釋）：離心名‘自覺’，離色名‘覺他’，心色俱離名‘覺滿’。‘滿’者，謂一念離，一切離，無離無不離，即是滿净如來。梵言‘盧舍’，此云‘光明遍照’、‘平等法性’。依此法性，説名本‘離’，是略[略][②]名，釋‘三覺’義（廣釋“三覺”如上側注“離念”文中），通離念相。”和問：“有相無相？”子言：“無相。釋云：相無所相，即是實相，是名‘離相’。通等虚空界。（釋）：虚空無心，離念無心，與虚空合，是名‘等虚空界’。（散）：虚中無中邊，諸佛身亦然。心同虚空，遍一切通，無所不遍。（釋）：虚空無心遍一切，離念無心遍一切，是名‘無所不遍’，‘通法界一相’。”和問：“法是没？”子言：“意知名‘法’。意知五根法所到名‘界’。眼見色，意用知染法界。心不起，不同知净法界（餘根准上）。以通六根陀羅尼，出《佛名經》第六卷（若自在並名“佛”）。”

和言：“佛是何？”子言：“是覺。覺是離眼，離一切色，名‘眼陀羅尼自在’。餘准上。眼見色，意用知染法界。心不起，不同知净法界，悉攝一切色塵，是名‘總持度門’，是名‘自在’。餘准上。眼界、色界、眼識界餘根准上。通界是‘藏’義，此中含容無邊廣大功德。如《唯識》云：‘此是無漏界，當善含容無邊功德，通法界一相。一相謂無相，無相没相，没相是無相，即是實相，是名“法界一相”。’《六根解脱門》云：‘眼空無我。無我所，性自空。餘准上。耳根無我，無我所，性自空。餘准上。通如來平等法身。’（釋）：離心心如，離色色如。心色俱如，即是如來平等法身。有五種法身（出《大通方廣經》中卷末）：一、實相法身，相無所相故；二、功德法身，離念爲功，顯理爲德；三、法性法身，諸法性離；四、應化法身，六根無染也；五、虚空法身，等虚空界。體[③]依‘聚’義，通體依聚，總説名‘身’。離心名‘體’，離色名‘依’，俱離名‘聚’。義通‘本覺’、‘始覺’，離念名‘本覺’（理佛法性），離色名‘始覺’（事佛性），色、

① 得，録本訛作“離”。按：底本于前“得離”二字後施二重文號。兹據改。

② 略，録本脱，據底本補。

③ 體，底本作“躰”，乃“體”之俗體。《玉篇·身部》：“躰軆：並俗體字。”慧琳《音義》卷八九《高僧傳》第六卷音義：“體，篆文從身作躰，俗字也。”

心俱離,性相圓融,理、事俱通無礙,是名'總結三覺'義(義正通,覺傍通,云"就事理")。若離心貪不起,離色嗔不生,色、心俱離,愚癡不現。又,離心出欲界,離色出色界,俱離出無色界,通貪、嗔、癡。(釋):所言'覺'義者,爲心體離念;離念相者,等虛空界,無所不遍,是名'自覺';離嗔相者,等虛空界,無所不遍,名'覺他';離癡相者,等虛空無所不遍,法界一相即是如來平等法身,是名'覺滿'。通三界義,所言'覺'義者,爲心體離欲;離欲者,等虛空界,無所不遍,是自覺離色界相(准上名'覺他'),離無色界相(准上名'覺滿'),是名'三毒'。出三界,通三解脱門:離心,入空解脱門;離色,入無相解脱門;俱離,入無願解脱門。通五法義:離心名不起,離色相不生,俱離即無妄想。離心即正智,離[1]色即如如,俱離即正智如如。通三自性:離心妄相,自性不起;離色緣起,自性不起;俱離即是成自性。通二無我:離心得人無我,離色得法無我,俱離即得二無我。智通三忍:本性無生忍,自然無生忍,或(惑)苦無生忍。離心,證得本性無生忍;離色,得自然無生忍;俱離,即證得或(惑)苦無生忍。通'三德'義(修斷顯):摩訶般若解脱法身,離心即顯理;大智慧謂摩訶般若,離色即顯解脱;俱離,顯得法身。通三身(化、報、法):離心即得化身,離色得報身,俱離得法身。通六波羅蜜,施有三(財施,無畏施,法施):離心即'財施',離色'無畏施',俱離名'法施';或有三(攝衆生,攝善法,攝律儀):離心攝妄衆生(化),離色攝散善(報),俱離得一切律儀(法);忍有三(耐怨害忍,安受苦忍,諦察法忍):離心得上,離色得中,俱離得下;精進三(被甲,攝善,利樂):離心得被甲,離色得攝善,俱離得利樂;禪有三(安住静慮,辯事静慮,引發静慮):離心得安住,離色得引發,俱離得辯事;惠(慧)有三(生空無分别惠〔慧〕,法空無分别惠〔慧〕,俱空無分别惠〔慧〕):離心得生空無分别惠(慧),離色得次,俱離得下。常依此三修行,又傍通三覺,斷三毒,出三界,入三解脱門,離三性,得二無我,證三生,顯三德,成三身(已上第一方便正義,傍通語竟,名"總彰佛體"),皆以離心、離色通一切,故名'總彰'。五根總是惠(慧)門(見聞覺知,總數通色)。(釋):意根不動是智門,意識不動是開智慧門。總結竟,若不得方便,正不動,是正動。即落邪定,貪著禪

① 離,録本訛作"雜",據底本改。

味，墮二乘涅槃。不動以得方便，正定即圓寂，是大涅槃。通大涅槃是圓滿，圓滿是大涅槃。色不動圓滿，心不動是智用，是知色不動是慧用，是見俱不動，是開佛知見，得大涅槃。涅槃是不動知見，是正語（第二入《維摩經》通經）。第三皆以心不思、口不議，通一切法，從諸解脱至入不二法門，於眼入（遠塵），於色起（離垢），示現法不思議諸天，世人莫能知（了無），於色法入（離垢），於眼起（遠塵），觀眼無生、無自性，説空寂滅無所有（了無異）。又於眼根中入正受（根不礙塵），於色、法中三昧起（塵不礙根，已上了無異），又於眼入（無礙道），於色法中三昧起（解脱道）。又於眼根中入正受等覺，於色法中三昧起（妙覺），又於眼根中入正受（理佛性），於色法中三昧起（事佛性）。”

讚禪門詩一首：

“丈六誰跡三世欽，菩提理絶去來今。

欲昇彼岸無學道，一切都緣草計心。”

丁卯年二月二十三日，沙彌明慧記。

No. 2840 三界圖

［題解］

佛教典籍，《敦煌寶藏》又名“三界斷惑圖”，方廣錩、吴芳思（英）主編《英國國家圖書館藏敦煌遺書》擬題作“斷三界見修煩惱之圖”。敦煌文獻中存有斯2313號，作者不詳，一卷。前文後圖。文内云“斷三界見修煩惱之圖，行相難見，恐後學徒迷謬此理，今作此文，令後學徒成其事業。”然後據《俱舍論》論述欲界、色界、無色界九十八種煩惱。另引《分别緣起初勝法門經》卷下論述四諦十二行相。圖分三界四諦，羅列各應對治之煩惱，最後説明所得之果位。清代以前歷代大藏經未收，日本《大正藏》據斯2313號將後半圖部分收入第八十五册。今校注仍以《大正藏》本所據卷爲底本。

又煩惱者，一百二十八根本煩惱。（欲界四諦各有十，色、無色四諦除瞋各九，合有一百一十二。欲界修道有六使，謂貪、瞋、慢、無明、身見、邊見。色、無色界修道各五，除瞋，合有一百二十八。如《顯揚》第一説。）

斷三界見修煩惱之圖，行相難見，恐後學徒迷謬此理，今作此文，令後學徒成其事業。故約《俱舍》頌：

“六由見異十，異謂有身見，邊執見邪見，見取戒禁取。”

《論》曰：“六隨眠中，見行異爲五，餘非見五，積數總成十故。於十中，五見性：一、有身見；二、邊執見；三、邪見；四、見取；五、戒禁取。五非見性：一、貪；二、瞋；三、慢；四、無明；五、疑。又即所説六種隨眠於本論中説九十八，依何義説九十八耶？頌曰：

六行部界異，故成九十八，欲見苦等斷，十、七、七、八、四。

謂如次具離，三二見見苦，色無色除瞋，餘等如欲説。”

《論》曰：“六種隨眠，由行部界有差别故，成九十八。謂於六中，由見行異，分别爲十。如前已辯，即此所辯十種隨眠，部、界不同，成九十八。部謂四諦修所斷五部，界謂欲、色、無色三界。具於欲界五部不同，乘十隨眠，成三十六。謂見苦諦，至修所斷，如次有十、七、七、八、四。即上五部，於十隨眠，一、二、一、一，如其次第，具離三見、二見疑。謂見苦諦，所斷具十；見集、滅諦，所斷各七，離有身見、邊見、戒取；見道諦，所斷八，離有身見及邊執見；修所斷四，離見及疑；如是合成三十六種。前三十二，名‘見所斷’，纔見諦時彼則斷故；最後有四，名‘修所斷’，見四諦已後後時中數數習道彼方斷故。如是已顯十隨眠中薩迦耶見唯在一部，謂見苦所斷。邊執見亦爾。除戒、禁取，通在二部，謂見苦、見道所斷。邪見通四部，謂見苦、集、滅、道所斷。見取、疑亦爾。餘貪等四，各通五部，謂見四諦及修所斷。此中何相見苦所斷？乃至何相是修所斷？若緣見此所斷爲境，名‘見此所斷’。餘名‘修所斷’。[□][如]①是六中，見分十二，疑分爲四，餘四各五，[□][故]②欲界中有三十六。色、無色界五部各除瞋，餘與欲同，故各三十一。由是本論以六隨眠行部界殊，説九十八。[□□□□□□□][於此所辯九十八]③中，八十八見所斷，忍所害故；十隨眠修所斷，智所害故。曰如是所説，見、修所斷爲決定爾。不爾，云何頌曰：‘忍所害隨眠，有頂唯見斷，餘通見修斷，智所害唯修’？”

《分别緣起初勝法門經》卷下云：“復言：‘世尊！於苦諦中有四行相。云何初名“無常行相”?’謂：‘於苦諦生滅法性正觀行相。‘云何第二名“苦行相”?’謂：‘於苦諦即以生滅法性爲依，[□][於]④三種苦隨逐法性正觀行相。’‘云何第三名“空行相”?’謂：‘於苦諦離實我性正觀行相。’‘云何第四“無我行相”?’謂：‘於苦諦非我相性正觀行相。’

復言：‘世尊！於集諦中有四行相。云何第一名“因行相”?’謂：‘於能植

① 如，底本、録本無，據《阿毘達磨俱舍論》卷第十九[T29n1558p99c3]補。

② 故，底本、録本無，據《阿毘達磨俱舍論》卷第十九[T29n1558p99c4]補。

③ “於此所辯九十八”七字底本、録本無，據《阿毘達磨俱舍論》卷第十九[T29n1558p99c6—c7]補。

④ 於，底本、録本無，據《分别緣起初勝法門經》卷下[T16n0717p843b18]補。

衆苦種子因緣愛中正觀行相。’‘云何第二名“集行相”?’謂:‘於續起因緣愛中正觀行相。’‘云何第三名“生行相”?’謂:‘於五趣差別生起因緣愛中正觀行相。’‘云何第四名“緣行相”?’謂:‘於能作餘緣引發因緣愛中正觀行相。’

復言:‘世尊! 於滅諦中有四行相。云何第一名“滅行相”?’謂:‘於永斷煩惱滅中正觀行相。’‘云何第二名“静行相”?’謂:‘於永斷衆苦静中正觀行相。’‘云何第三名“妙行相”?’謂:‘於永斷無罪清净安樂性中正觀行相。’‘云何第四名“離行相”?’謂:‘於永斷常住性中正觀行相。’

復言:‘世尊! 於道諦中有四行相。云何第一名“道行相”?’謂:‘於聖道與境相應無顛倒性正觀行相。云何第二名“如行相”?’謂:‘於聖道永出世間、離諸漏性正觀行相。’‘云何第三名“行行相”?’謂:‘[□][於]①聖道先聖、後聖同所遊履正觀行相。’‘云何第四名“出行相”?’謂:‘於聖道無上性中正觀行相。’

復言:‘世尊! 何緣聖諦唯有四種?’世尊告曰:‘如是四諦普攝一切染净因果差别性故。’”②

無色界											
無明	慢		貪								修
無明	慢		貪	疑	戒禁	見取	邪見				道
無明	慢		貪	疑		見取	邪見				滅
無明	慢		貪	疑		見取	邪見				集
無明	慢		貪	疑	戒禁	見取	邪見	邊見	身見		苦
色界											
無明	慢		貪								修
無明	慢		貪	疑	戒禁	見取	邪見				道
無明	慢		貪	疑		見取	邪見				滅
無明	慢		貪	疑		見取	邪見				集
無明	慢		貪	疑	戒禁	見取	邪見	邊見	身見		苦
欲界											
無明	慢	瞋	貪								修
無明	慢	瞋	貪	疑	戒禁	見取	邪見				道
無明	慢	瞋	貪	疑		見取	邪見				滅

① 於,底本、録本無,據《分别緣起初勝法門經》卷下[T16n0717p843c10]補。

② 以上録本脱,據底本補。

续表

欲界											
無明	慢	瞋	貪	疑		見取	邪見				集
無明	慢	瞋	貪	疑	戒禁	見取	邪見	邊見	身見		苦

欲界見斷煩惱三十二,修斷煩惱有四;色界見斷二十八,修斷有三;無色界亦然。三界共計有九十八。

謂彼四諦十六門,差别違立,名“安諦”。“十六門”者,即四諦下,各四行相。“苦諦四”者,謂即非常,苦空無我。“集諦四”者,因集生緣。“滅諦四”者,滅净妙離。“道諦四”者,道如行出。釋云:有生滅故“非常”,逼迫性故“苦”,違我所見故“空”,違我見故“非我”,能生法故“因”,有多種故“集”,恒資産故“生”,各别助故“緣”,諸蘊盡故“滅”,三相息故“净”,無衆患故“妙”,脱衆災故“離”,通行義故“道”,契正理故“如”,正趣向故“行”,能永超故“出”。

苦諦有四智:一、苦法忍;二、苦法智;三、苦類忍;四、苦類智;對治身見等十種煩惱。餘三諦亦然:集法忍,集法智,集類忍,集類智,對治邪見等七使;滅法忍,滅法智,滅類忍,滅類智,對治滅諦煩惱;道法忍,道法智,道類忍,道類智,對治道諦煩惱。修斷者於四諦上各各比忍比智,對治欲界貪、瞋、慢、無明四個煩惱。

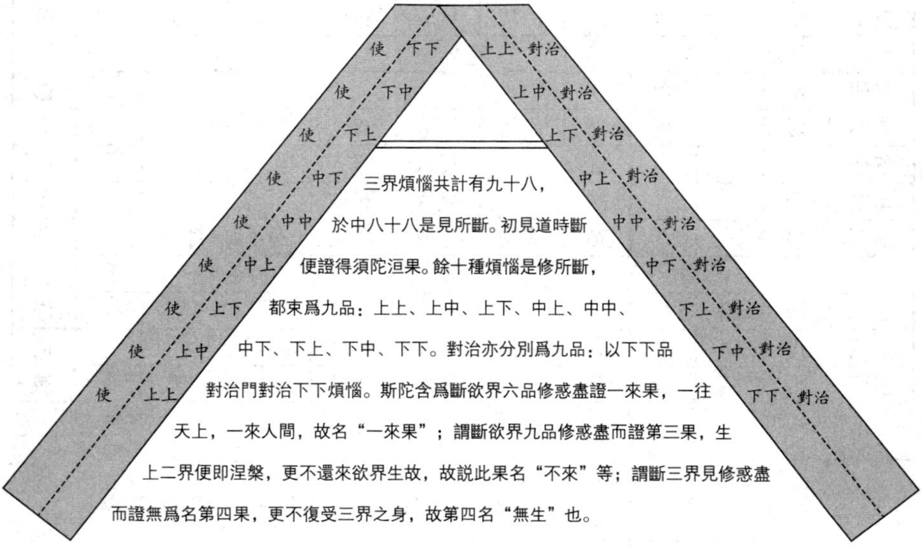

No. 2841 大佛略懺一卷

［題解］

本篇又題“大佛名略出懺悔”，乃是從十六卷本《大佛名經》中摘抄的佛教懺悔文，卷數不詳。敦煌文獻中現發現存有斯 345（首全尾殘）、斯 2472（首殘尾殘）、斯 2682a（首殘尾殘）、斯 2792（卷下，首殘尾全）、斯 5401（首殘尾殘）、斯 6640（首全尾殘），伯 2376（首全尾脱，存六卷）等，計七號。清代以前歷代大藏經未收，日本《大正藏》將斯 345 號收入第八十五册。今校注仍以《大正藏》本所據原卷斯 345 號爲底本。校本：甲本，斯 6640 號；乙本，伯 2376 號。乙本首題：“大佛名要略懺悔文一卷。”

夫欲禮懺，必須先敬三寶。所以然者，三寶即是一切衆生良友[①]福田。若能歸向者，則滅無量罪，長無量福，能令[②]行者離生死苦[③]，得解脱樂。是故弟子某甲等，歸依[④]十方盡虚空界一切諸佛，歸依十方盡虚空界一切尊法，歸依十方盡虚空界一切聖僧弟子。今日所以懺悔者，正言無始以來，在凡夫

---

① 友，録本訛作“支”，據底本及甲、乙二本改。

② 令，録本訛作“會”，據底本及甲、乙二本改。

③ 苦，底本、録本訛作“故”，據甲、乙二本改。《佛説佛名經》卷第一：“若能歸向者，則滅無量罪，長無量福，能令行者離生死苦，得解脱樂。”[T14n0441p188b3]可資比勘。

④ 依，底本實作“衣”。《説文·衣部》：“衣，依也。”

地，莫問貴賤，罪自①無量：或因三業而生罪，或因六相(根)②而起過，或以自邪思惟，或藉外境起於染著。如是乃之(至)③十惡增長，八萬[□][四]④千諸塵牢門⑤。然其罪相，雖復無量大，而語爲不出有三。何等爲三？一者煩惱，二者是業，三是果報。此三種法，能障聖道及以人天勝⑥妙好事，是故經中目爲"三障"。所以諸佛菩薩教依方便懺悔除滅。此三滅者，則六根十惡乃至八萬四千諸塵牢門皆悉清净。是故弟子今日運此增上勝⑦心懺悔三[□][障]⑧。欲滅此三[□][障]⑨罪者，當用何等心，可令此罪滅？待先當興七種心以爲方便，然其此罪乃可得滅。何等爲七？一者慚愧，二者恐怖，三者厭離，四者發菩提心，五者怨親平等，六者念報佛恩，七者觀罪性定。

第一慚愧者，自惟⑩我與釋迦如來同爲凡夫，如今世尊成道以來，已經爾所塵沙劫數，而我等相與耽染六塵，流浪生死，永無出其(期)⑪。此實⑫天下可慚可愧，可著可恥。

第二恐怖者，既是凡夫，身、口、意業常與罪相應。以是因緣，命終之後，

---

① 自，底本、録本訛作"次"，據甲、乙二本改。《佛説佛名經》卷第一："莫問貴賤，罪自無量。"[T14n0441p188b6]可資比勘。

② 根，底本不清晰，録本作"相"，據甲、乙二本改。《佛説佛名經》卷第一："或因三業而生罪，或從六根而起過。"[T14n0441p188b9]可資比勘。

③ 之，此與"至"同。《玉篇・之部》："之，至也。"該字甲、乙二本作"至"。《佛説佛名經》卷第一："如是乃至十惡增長，八萬四千諸塵勞門。"[T14n0441p188b11]可資比勘。

④ 四，底本、録本無，據甲本、、乙本及《佛説佛名經》卷第一[T14n0441p188b11]補。

⑤ "牢門"二字底本、録本訛作"門牢"，據甲、乙二本改。下文："六根十惡乃至八萬四千諸塵牢門皆悉清净"可助互勘。

⑥⑦ 勝，録本訛作"晙"，據底本及甲、乙二本改。

⑧ 障，底本、録本無，據乙本及《佛説佛名經》卷第一[T14n0441p188b18]補。該字甲本作"業"。

⑨ 障，底本、録本無，據《佛説佛名經》卷第一[T14n0441p188b18]補。

⑩ 惟，底本不清晰，録本作"强"，結合文意，據甲、乙二本及《佛説佛名經》卷第一[T14n0441p188b23]改。

⑪ 其，此當爲"期"之借字，該字甲、乙二本及《佛説佛名經》卷第一[T14n0441p188b25]正作"期"。

⑫ 實，底本、録本訛作"寶"，據甲、乙二本改。

應墮地獄畜生我(餓)①鬼,受無量苦。如此實爲可驚可恐,可怖可懼。

第三厭離者,相以當觀生死之中,唯有無常苦空無我不净,假如水上泡,速起速滅,流轉猶若車輪。生老病死,八苦交煎,無時暫②息。衆等相與但觀自身,從頭至足,其中但有三十六物:髮毛,爪,齒,膿囊,涕,唾,生、熟二藏,大腸、小腸,脾,腎,心,肺,肝,膽,□(𦞦)③,腽(腥)④,肪,膏,膜,腦,筋,骨,髓,大、小便利,九孔常流。是故《經》言:"此身衆苦所集,一切皆不净,何有慧者而當樂此身?生死既有而此種種惡法,甚可患厭。"

第四發菩提心者,《經》言"常(當)⑤樂佛身","[□□][佛身]⑥"者,即法身也。從無量功德智慧生,從六波羅蜜生,從慈悲喜捨生,從世(卅)⑦七助菩提法生,從如是等種種功德知慧生如來身。欲得佛身,當發菩提心,求一切種知常樂我净薩婆若果,净佛國土,成就衆生,於身、命、財無所憐惜。

第五怨親平等者,於一切衆生起慈悲[□][心]⑧,無彼我相。何以故爾?若見怨親,即是分別;以分別故,起諸相著;相著因緣,生諸煩惱;[□□][煩惱]⑨因緣,造諸惡業;惡業因緣,故得苦果。

---

① 我,此當爲"餓"字之訛省俗體。該字甲、乙二本及《佛説佛名經》卷第一[T14n0441p188b28]正作"餓"。

② 暫,底本、録本作"慚",結合文意,據甲本、《佛説佛名經》卷第一[T14n0441p188c4]改。

③ 𦞦,録本作缺文,據底本補。

④ 腽,録本訛作"唱",據底本改。此"腽"當爲"腥"之形訛字。"腥"與"胃"同。《禮記·内則》:"鴇奥鹿胃。"[漢]鄭玄注:"胃,音謂,字又作腥。"該字甲本、《佛説佛名經》卷第一[T14n0441p188c6]即作"胃"。

⑤ 常,此當爲"當"字之訛。該字甲、乙二本及《佛説佛名經》卷第一[T14n0441p188c11]正作"當"。

⑥ "佛身"二字底本、録本無,據甲本、《佛説佛名經》卷第一[T14n0441p188c11]補。

⑦ 世,此當爲"卅"之訛。該字甲、乙二本作"卅",《佛説佛名經》卷第一[T14n0441p188c13]作"三十"。

⑧ 心,底本、録本無,據甲、乙二本及《佛説佛名經》卷第一[T14n0441p188c17]補。

⑨ "煩惱"二字底本、録本無,據甲、乙二本及《佛説佛名經》卷第一[T14n0441p188c19]補。

第六念報佛恩者，如來往昔無量劫中，捨頭目、髓腦、支節、手足、國城①、妻子、象馬七珍，爲我等故，修諸苦行。此恩此德，實難酬報。是故《經》言："若以頂戴，兩肩荷②負，於恒河沙劫，亦不能報。我等欲報如來恩者，當於此世勇③猛精進，捍④勞忍苦，不惜身命，建立三寶。佛通大乘，廣化衆生，同入正道。"

第七觀罪性空者，無有實相從因緣生，顛倒而有。既從因緣而[□][生]⑤，則可從因緣而滅。從因緣而生者，押（狎）近⑥惡友，造作無端。從因緣而滅者，即是今因洗⑦心懺悔。是故《經》言："此罪相不在内、[□□□][不在外]⑧、不在中間。"故諸此罪從本是空，生如來等七種心，已如緣相十方諸佛賢聖，擎拳合掌，彼陳至到，慚愧改革，舒歷心肝，洗蕩腸胴⑨。如此懺悔，亦何罪而不滅，亦何障而不消？若復正爾攸攸（悠悠）⑩，緩縱⑪情慮⑫，往（徒）⑬

① 城，録本訛作"域"，據底本及甲、乙二本改。

② 荷，録本訛作"符"，據底本及甲、乙二本改。

③ 勇，底本、録本訛作"象"，據甲、乙二本及《佛説佛名經》卷第一[T14n0441p188c25]改。

④ 捍，録本訛作"得"，據底本及甲、乙二本改。

⑤ 生，底本、録本無，據甲、乙二本及《佛説佛名經》卷第一[T14n0441p188c29]補。

⑥ 押，此當讀若"狎"。"押"、"狎"並從甲得聲，《集韻·狎韻》"押"一音轄甲切，與"狎"同。《漢書·息夫躬傳》："軍書交馳而輻湊，羽檄重跡而押至。"顔師古注："文穎曰：'押音狎習之狎。'""狎"有"親近"、"接近"義。《玉篇·犬部》："狎，近也。"《禮記·曲禮上》："賢者狎而敬之，畏而愛之。"孔穎達《禮記注疏》引鄭玄注："狎，習也，近也，謂附而近之，習其所行也。"該字甲本、《佛説佛名經》卷第一[T14n0441p189a1]正作"狎"。

⑦ 洗，底本不清晰，録本作"沈"，結合文意，據甲、乙二本及《佛説佛名經》卷第一[T14n0441p189a2]改。

⑧ "不在外"三字底本、録本無，據甲、乙二本及《佛説佛名經》卷第一[T14n0441p189a3]補。

⑨ 胴，録本徑作"胃"，失真。茲據底本改。

⑩ "攸攸"二字此當爲"悠悠"之借字。清朱駿聲《説文通訓定聲·孚部》："攸，叚借爲悠。"此二字《佛説佛名經》卷第一[T14n0441p189a7]正作"悠悠"。

⑪ "緩縱"二字録本訛作"緩緩"，據底本、甲本改。

⑫ 慮，底本不清晰，録本作"虚"，結合文意，據甲、乙二本及《佛説佛名經》卷第一[T14n0441p189a7]改。

⑬ 往，底本不清晰，此當爲"徒"之訛字，該字甲、乙二本及《佛説佛名經》卷第一[T14n0441p189a7]正作"徒"。

自勞形，於是何益①？且復人命無常，喻如轉燭，一息不還，便向灰讓（壤）②。三塗苦報，即身應受，[□][不]③可[□][以]④錢財寶貨囑⑤託⑥求脱。窈窈冥冥，恩赦無期，獨嬰此苦，無代受⑦者。莫言"我今生中無有此罪，所以不能墾到懺悔"。經中道言："凡夫之[□][人]⑧，舉足動步，無非是罪。"又復過[□][去]⑨生中皆悉成就無量惡業，追逐行者，如影隨形。若不慚愧，罪惡日深。故苞藏瑕⑩疵，佛教不許；説悔先罪，净名所尚。故智（知）長淪苦海，是由隱覆。是故弟子，今日發露懺悔，[□□□□□□□□□□□□□□□□□□□□□□□□□□□□□□][不敢覆藏。所言"三障"者，一曰"煩惱障"，二名爲"業障"，三是"果報障"。此三種]⑪法，更相由藉因煩惱故，[□][所]⑫以起惡業。惡業因緣，故得果苦。是故弟子今日至心，第一先應懺悔煩惱障。又此煩惱，諸佛菩薩、入理聖人種種呵責。亦詺（名）⑬此"煩惱"以爲"怨家"。

---

① 益，録本訛作"盖"，據底本及甲、乙二本改。

② 壤，底本、録本作"讓"，結合文意，據甲、乙二本及《佛説佛名經》卷第一[T14n0441p189a9]改。

③ 不，底本、録本無，據甲、乙二本及《佛説佛名經》卷第一[T14n0441p189a9]補。

④ 以，底本、録本無，據甲、乙二本及《佛説佛名經》卷第一[T14n0441p189a9]補。

⑤ 囑，底本、録本作"促"，結合文意，據甲、乙二本及《佛説佛名經》卷第一[T14n0441p189a10]改。

⑥ 託，底本不清晰，録本作"計"，結合文意，據甲、乙二本及《佛説佛名經》卷第一[T14n0441p189a10]改。

⑦ "代受"二字底本、録本作"受伏"，結合文意，據甲、乙二本及《佛説佛名經》卷第一[T14n0441p189a11]改。

⑧ 人，底本、録本無，據甲、乙二本及《佛説佛名經》卷第一[T14n0441p189a12]補。

⑨ 去，底本、録本無，據甲、乙二本及《佛説佛名經》卷第一[T14n0441p189a13]補。

⑩ 瑕，底本不清晰，録本作"癡"，結合文意，據甲、乙二本及《佛説佛名經》卷第一[T14n0441p189a15]改。

⑪ "不敢覆藏……此三種"二十七字底本、録本無，據《佛説佛名經》卷第一[T14n0441p189a17—a18]補。

⑫ 所，底本、録本無，據甲本、《佛説佛名經》卷第一[T14n0441p189a19]補。

⑬ 詺，底本、録本作"招"，結合文意，據甲、乙二本及《佛説佛名經》卷第一[T14n0441p189a22]改。詺，此與"名"同。《廣韻·勁韻》："詺，詺目，或單作名。"

何故？能斷衆生慧命根故。亦詺(名)①此“煩惱”[□□][以爲]②“瀑河”，能漂衆生入於生死大苦海③故。亦詺(名)④此“煩惱”以爲“羈鎖”，能繫衆生於生死獄不能德(得)⑤出故。[□□□□□□□□□□□□□□□□□□□□□][亦詺(名)⑥此“煩惱”猶如“蟒蟲”，食啖衆生真如佛性故]⑦。所⑧以六道牽連，死生不絶，惡業無窮，苦[□][果]⑨不息，當知皆是煩惱過患。是故弟子今日[□][運]⑩此增上善心歸依佛、如是十方盡虛空界一切三寶。

弟子從自無始如來至於今日，或在人天受報，有此心識，常懷愚或(惑)，繁滿胸衿；或因三毒相(根)⑪造一切罪，或因三漏造一切罪，或因⑫[□][三]⑬覺⑭造一切罪，或因[□][三]⑮受造一切罪，或因三苦造一切罪，或因三假造一切罪，或因貪三有造一切罪。如是等罪，無量無邊，惱亂一切六道

① 詺，底本、録本作“招”，結合文意，據甲、乙二本及《佛説佛名經》卷第一[T14n0441p189a24]改。

② “以爲”二字底本、録本無，據甲、乙二本及《佛説佛名經》卷第一[T14n0441p189a24]補。

③ 海，底本、録本作“悔”，結合文意，據甲、乙二本及《佛説佛名經》卷第一[T14n0441p189a25]改。

④ 詺，底本、録本作“招”，結合文意，據甲、乙二本及《佛説佛名經》卷第一[T14n0441p189a25]改。

⑤ 德，此爲“得”之借字。《廣雅·釋詁三》：“德，得也。”該字甲、乙二本作“得”。

⑥ 詺，此與“名”同。

⑦ “亦詺此……佛性故”十八字底本、録本無，據《佛説佛名經》卷第一[T14n0441p189a27—a28]補。

⑧ 所，底本、録本作“使”，結合文意，據甲、乙二本及《佛説佛名經》卷第一[T14n0441p189a27]改。

⑨ 果，底本、録本無，據甲本、《佛説佛名經》卷第一[T14n0441p189a28]補。

⑩ 運，底本、録本無，據甲、乙二本及《佛説佛名經》卷第一[T14n0441p189a29]補。

⑪ 相，此當爲“根”之訛字，該字甲、乙二本及《佛説佛名經》卷第一[T14n0441p189b10]正作“根”。

⑫ “或因”二字底本、録本作“因或”，結合文意，據《佛説佛名經》卷第一[T14n0441p189b10]改。

⑬ 三，底本、録本無，據《佛説佛名經》卷第一[T14n0441p189b11]補。

⑭ 覺，録本訛作“膺”，據底本改。

⑮ 三，底本、録本無，據乙本、《佛説佛名經》卷第一[T14n0441p189b11]補。

四生。今慚愧,皆悉懺悔。

又弟子無始以來至於今日,或因四識住造一切罪,或因四流造一切罪,或因四取造[□□□□][一切罪,或][①]因四執造一切罪,或因四緣造一切罪,或因四大造一切罪,或因四縛造一切罪,或因四食造一切罪,或因四生[□□□□][造一切罪][②],皆悉懺悔。

又復弟子無始以來至爲今日,或因五住地煩惱造一切罪,或因五受相(根)[③]造一切罪,或因五蓋造一切罪,或因五慳造一切[□][罪][④],或因五見造一切罪,或因五心造一切罪。如是等罪煩惱[⑤]無量無邊,惱亂六道一切四生,今日發露歸命懺悔。

又復弟子無始已來至于今日,或因六情根造一切罪,或因六識造一切罪,或因六想造一切罪,或因六受造一切罪,或因六行造一切罪,或因六愛造一切罪,或因六疑造一切罪。如是等煩惱無量無邊,惱亂六道一切四生,今日慚愧歸命懺悔。

又復弟子無始以來至于今日,或因七漏造一切罪,或因七使造一切罪,或因八倒造一切罪,或因八垢造一切罪,或因八苦造一切罪。如是等煩惱無量無邊,惱亂六道一切四生,今日發露歸命懺悔。

又復弟子無始已來至于今日,或因九惱造一切罪,或因九結造一切罪,或因九上緣造一切罪,或因十煩惱造一切罪,或因十纏造一切罪,或因十一遍使造一切罪,或因十二入造一切罪,或因十六知見造一切罪,或因十八界造一切罪,或因二十五我造一切罪,或因六十二見造一切罪,或因見諦思惟九十八使百八煩惱晝夜熾然、開諸漏門造一切罪。[□□□□□□□□□□]

---

① “一切罪或”四字底本、録本無,據甲本、《佛説佛名經》卷第一[T14n0441p189b17]補。

② “造一切罪”四字底本、録本無,據甲本、《佛説佛名經》卷第一[T14n0441p189b19]補。

③ 相,此當爲“根”之訛字,該字甲本、《佛説佛名經》卷第一[T14n0441p189b23]正作“根”。

④ 罪,底本、録本無,據甲、乙二本及《佛説佛名經》卷第一[T14n0441p189b24]補。

⑤ 以下《大正藏》本所據原卷斯 345 號缺,以甲本爲底本並參校乙本補。

[如是等煩惱無量無邊][①],惱亂賢聖及以四生,遍滿三界,彌亘六道,無處可藏,無處可避。今日至到,向十方佛、尊法聖衆慚愧發露,皆悉懺悔。

願弟子等,承是懺悔三毒等一切諸煩惱所生功德,願生生世世三慧明,三達朗,三苦滅,三願滿。願弟子等,承是懺悔四識等一切諸煩惱所生功德,願生生世世廣四等心,立四信業,四惡趣滅,得四無畏。

願弟子等,承是懺悔五蓋等諸煩惱所生功德,[□□□□□][願生生世世][②]度五道,樹五根,净五眼,成五分法身。

[□□□□□□][願弟子等承是][③]懺悔六愛等諸煩惱所生功德,願生生世世具足六神通,滿足六度業,不爲六塵惑,常行六妙行。

又願弟子等承是懺悔七漏、八垢、九結、十纏等一切諸煩惱所生功德,生生世世,坐七净華,洗塵八水,具九斷智,成十地行。願以懺悔十一遍使及十二入、十八界等一切諸煩惱所生功德,願[□□□□][生生世世][④]十一空解常用洗心,自在能轉十二行輪,具足十八不共之法,無量功德[□□□□][一切圓滿][⑤]。

夫輪懺悔者,本是改往修來,滅惡興善。人生居世,誰能無過?學人失念,尚起煩惱;羅漢結習,動身、口業;豈況凡夫,而當無過?佀(但)智者先覺,便能改悔。愚者覆藏,遂使滋蔓,所以積習長夜,曉悟無期。若能慚愧、發露懺悔者,豈唯正是滅罪而已,亦復增長無量功德,樹立如來涅槃妙果。若欲行此法者,先當外肅形儀,瞻奉尊像;内起敬意,緣於想法,慊切至到,生二種心。何等爲二?一者自念:我此形命,難可常保。一朝散壞,不智(知)[⑥]

① "如是等煩惱無量無邊"九字甲、乙二本脱,據《佛説佛名經》卷第一[T14n0441p189c18]補。

② "願生生世世"五字甲、乙二本脱,據《佛説佛名經》卷第一[T14n0441p189c28]補。

③ "願弟子等承是"六字甲、乙二本脱,據《佛説佛名經》卷第一[T14n0441p190a1]補。

④ "生生世世"四字甲、乙二本脱,據《佛説佛名經》卷第一[T14n0441p190a5]補。

⑤ "一切圓滿"四字甲本脱,據乙本、《佛説佛名經》卷第一[T14n0441p190a10]補。

⑥ 智,此乃"知"之借字。該字乙本作"知"。

此身何時可復？若復不值諸佛賢聖，忽遭逢惡友，造衆罪業，復應墮落深坑險趣。二者自念：我此生中雖[①]得值遇如來正法，爲佛弟子。弟子之法，紹繼聖種，净身、口、意，善法自居。而今我等公自作惡而復覆藏，言他不知，謂彼不見，隱匿在心，傲然無愧。此實天下愚惑之甚！即今現有十方諸佛、諸大地菩薩、諸天神仙，何曾不以清净天眼見於我等所作罪惡？又復幽顯靈祇注記罪福，纖毫無差。夫論作罪之人，命終之後，牛頭獄卒，録其精神，在閻羅王所，辯(辨)[②]窮是非。當爾之時，一切怨對皆來證據。各言："汝先屠戮我身，炮煮蒸炙。"或言："汝先剥奪於我一切財寶，離我眷屬。我於今者始得汝便，於時現前證據。何得敢諱?"唯應甘心，分受宿殃。如經所明，地獄之中，不枉治人。若其平素所作衆罪心自忘失者，是其生時造惡之處，一切諸相皆現在前。各言："汝昔在於我邊作如是罪，今何得諱?"是爲作罪，無藏隱處。於是閻魔羅王切齒呵嘖(責)，將付地獄。歷劫窮年，求出莫由[③]。此事不遠，不關他人，正是我身自作自受。雖父子至親，一旦對至，無代受者。衆等相與，及其形休，體無衆疾，各自努力，與生命競，[□][生][④]大怖[□□□][畏。死欲][⑤]至時，悔無所及。是故弟子至心歸依佛、如是十方盡虚空界一切三寶。

弟子等從無始已來，至于今日，積聚無明，障蔽心目，隨煩惱性，造三世罪。或耽染愛着，起於貪欲煩惱；或瞋恚忿怒，懷害煩惱；或惛憒瞪瞢，不了煩惱；或我慢自高，輕傲煩惱；疑惑正道，猶預煩惱；謗無因果，邪見煩惱；不識緣[⑥]假，着我煩惱；迷於三世，執斷常煩惱；朋狎惡法，起見取煩惱；僻稟邪師，造戒取煩惱；乃至一等四執，撗計煩惱。今日至誠，皆悉懺悔。

又復弟子等從無始以來，至於今日，守惜堅著，起慳悋煩惱；不攝六情，奢誕煩惱；心行弊惡，不忍煩惱；懶惰緩縱，不勤煩惱；情慮躁動，覺觀煩惱；

① 雖，甲、乙二本訛作"難"，據《佛説佛名經》卷第一[T14n0441p194b21]改。
② 辯，此乃"辨"之借字。該字《佛説佛名經》卷第一[T14n0441p194b29]正作"辨"。
③ 由，甲本訛作"言"，據乙本、《佛説佛名經》卷第一[T14n0441p194c9]改。
④ 生，甲、乙二本脱，據《佛説佛名經》卷第一[T14n0441p194c12]補。
⑤ "畏死欲"三字甲、乙二本脱，據《佛説佛名經》卷第一[T14n0441p194c13]補。
⑥ "識緣"二字甲本訛作"緣識"，據乙本、《佛説佛名經》卷第一[T14n0441p194c27]改。

觸境迷惑,無知解煩惱;隨世八風,生彼我煩惱;諂曲面譽,不直心煩惱;擴(横)强難觸,不調和[①]煩惱;易忿難悦,多含[②]恨煩惱;嫉妒擊刺,佷戾煩惱;凶險暴害[③],諂毒煩惱;乖背二諦,執相煩惱;悔於苦集滅道,生顛倒煩惱;隨從生死十二因緣,流轉[④]煩惱;乃至無始無明住地,恒沙煩惱;起四住地,搆於三界苦果煩惱。如是諸煩惱。如是煩惱,無量無邊,惱亂賢聖、六道四生。今日發露,向十方佛、尊法聖衆歸命懺悔。

願弟子等,承是懺悔貪瞋癡等一切諸煩惱[□□□□□][所生功德,願][⑤]生生世世,折憍慢幢,竭愛欲水,滅瞋恚火,破愚癡暗,拔斷疑根,裂諸見網。深識三界猶如牢獄,四大毒蛇,五陰怨賊,六入空聚,愛詐親善。修八聖道,斷無明源,正向涅槃,不休不息。三十七品,心心相應。十波羅蜜,常現在前。(作礼拜。)

[□□□][第一卷][⑥]。

衆等相與,即今身心寂静,無諂無障,正是生善滅惡之時。復應各起四種觀行,以爲滅罪作前方便。何等爲四?一者觀於因緣,二者觀於果報,三者觀我自身,四者觀如來身。

第一觀因緣者,知我此罪籍以無明不善思惟,無正觀力,不識其過,遠離善友、諸佛、菩薩,隨逐魔道,行邪嶮徑。如魚吞鈎,不知其患。如蠶作繭,自榮(縈)[⑦]自縛。如蛾[⑧]赴火,自燒自爛。以是因緣,不能自[□][出][⑨]。

---

① "調和"二字甲本訛作"謂知",據乙本、《佛説佛名經》卷第一[T14n0441p195a6]改。

② 含,甲本訛作"貪",據乙本、《佛説佛名經》卷第一[T14n0441p195a6]改。

③ 害,甲本訛作"空",據乙本、《佛説佛名經》卷第一[T14n0441p195a7]改。

④ 轉,甲本訛作"輪",據乙本、《佛説佛名經》卷第一[T14n0441p195a9]改。

⑤ "所生功德願"五字甲、乙二本脱,據《佛説佛名經》卷第一[T14n0441p195a14]補。

⑥ "第一卷"三字甲本脱,據乙本補。

⑦ 榮,《佛説佛名經》卷第一[T14n0441p198a22]作"縈"。《晏子春秋·問上十三》:"不爲行以揚聲,不掩欲以榮君。"吴則虞集釋引王引之曰:"榮,讀爲'營'。""縈"字《廣韻》於營切,與"營"音同。是則此"榮"亦爲"縈"之借字。該字乙本作"纏",與"縈"義同。

⑧ 蛾,甲、乙二本訛作"鵝",據《佛説佛名經》卷第一[T14n0441p198a22]改。

⑨ 出,甲本脱,據乙本補。

第二觀於果報者，所有諸惡不善之業，三世流轉，苦果無窮，沈溺無邊巨夜大海，爲諸煩惱羅刹所食。未來生死，冥然無涯。設使報得轉輪聖王，王四天下，飛行自在，七寶具足，命終之後，不免死墮惡趣。四空果報，三界尊極，福盡還作牛頭中蟲，况復其餘無福德者，而復懈怠、不勤懺悔？此亦譬如抱石沈淵，求出良難。

第三觀我自身雖有正因靈覺之性，而爲煩惱黑暗叢林之所覆蔽，無了因力，不能得顯。我今應當發起勝心，破裂無明顛倒重障，斷滅生死虚僞苦因，顯發如來大明覺慧，建立無上涅槃妙果。

第四觀如來身，無爲寂照，離四句，絶百非，衆德具足，湛然常住。雖復方便入於滅度，慈悲救接，未曾暫捨。生如是心，可謂滅罪之良津，除障之要行。是故弟子今日至誠歸依佛、[□□][歸命]①如是十方盡虚空界一切三寶。

弟子等從無始已來，至于今日，長養煩惱，日深日厚，日滋日茂，覆蓋慧眼，令②無所見，斷除衆善，不得相續起障，不得見佛，不聞正法，不值聖僧，煩惱起障。不見過去、未來一切世中善、惡業行之煩惱障，受人天尊貴果報之煩惱障，生色、無色界禪定福樂之煩惱障，不得自在神通飛騰隱顯、遍至十方諸佛浄土聽法之煩惱障，學安那般那數息不浄觀諸煩惱障，學慈悲喜捨因緣煩惱障，學七方便三觀義煩惱障，學四念處煖頂忍煩惱障，學聞、思、修第一法煩惱障，學空平等中道解煩惱障，學八正道示相之煩惱障，學七覺支不示相煩惱障，學於道品因緣觀煩惱障，學八解脱、九空之煩惱障，學於十智、三③昧煩惱障，學三明、六通、四無礙煩惱障，學六度、四等煩惱障，學四攝法廣化之煩惱障，學大乘心四弘誓願煩惱障，學十明、十行之煩惱障，學十迴向、十願之煩惱障，初地、二地、三地、四地明解之煩惱障，五地、六地、七地諸知見煩惱障，學八地、九地、十地雙照之煩惱障，如是乃至障學佛果百萬阿僧祇諸行上煩惱障。如是行障，無量無邊。弟子今日，至到稽顙，向十方佛、尊法聖

① “歸命”二字甲本脱，據《佛説佛名經》卷第一[T14n0441p198b19]補。

② 令，甲本訛作“今”，據乙本、《佛説佛名經》卷第一[T14n0441p198b21]改。

③ 此處甲本另衍一“三”字，據《佛説佛名經》卷第一[T14n0441p198c4]删。

衆慚愧懺悔,願皆消滅。

願籍此懺悔,障於諸行一切煩惱[□□□□□][障永盡無餘][①]。願弟子在在處處自在受生,不爲結業之所迴轉。以如意通,於一念頃遍至十方净諸佛土,攝化衆生,於諸禪定甚深境界及諸知見,通達無礙,心能普周一切諸法,樂説無窮,而不染著。得心自在,[□□□□□][得法自在][②],智慧自在,方便自在,令此煩惱及無知結習畢竟永斷,不復相續,無漏聖道朗然如日。(禮一拜。)

弟子等略懺悔煩惱障竟,今當次第懺悔業障。夫業能莊飾世趣,在在處處,是以思惟,求離世解脱。所以六道果報,種種不同,形類各異,當知皆是業力所作。所以佛十力中,業力甚深。凡夫之人,多於此中好起疑惑。何以故爾?現[□][見][③]世間行善之人觸向轗軻,爲惡之者是事諧偶,謂言天下善惡無分。如此計者,皆是不能深達業理。何以故爾?經中説言有三種業。何等爲三?一者現報,二者生報,三者後報。現報業者,現在作善、作惡,現身受報。生報業者,此生作善、作惡,來生受報。後報業者,或是過去無量生中作善、作惡,或於此生中受,或在未來無量生中方受其報。向者行惡之人現在見好,此是過去生報、後報善業熟故,所以現在有此樂果豈關現在作諸惡業而得好報?行善之人現在見苦者,是過去生中生報、後報惡業熟故。現在善根力弱,不能排遣,是故得此苦報豈關現在作善而招惡報?何以知然?現見世間爲善之者,爲人所讚嘆,人所尊重,故知未來必招樂果。過去既有如此惡業,所以諸佛、菩薩教令親近善友,共行懺悔。善知識者,於得道中則爲全利。是故弟子等今日至誠歸依於佛。

弟子等從無始已來,至于今日,積惡如恒沙,造罪業滿天地。捨身與受身,不覺亦不知。或作五逆深厚濁纏無間罪業,或造一闡提斷善根業,輕誣佛語、謗方等業,破滅三寶、毁正法業,不信罪福、起十惡業,迷真返正癡惑之業,不孝二親反戾之業,輕慢師長無禮敬業,朋友不信不義之業。或作四重、

---

① "障永盡無餘"五字甲本脱,據《佛説佛名經》卷第一[T14n0441p198c14—c15]補。

② "得法自在"四字甲本脱,據乙本、《佛説佛名經》卷第一[T14n0441p198c19]補。

③ 見,甲本脱,據乙本、《佛説佛名經》卷第一[T14n0441p204c15]補。

六重、八重障聖道業，毁犯五戒、破八齊業，五篇、七聚多缺犯業，憂婆塞戒輕重垢業，或菩薩戒不能清净如説行業，前後方便污梵行業，月無六齋懈怠之業，年三長齊不常修業，三千威儀不如法業，八萬律儀微細罪業，不修身戒心慧之業，春秋八王造衆罪業，行十六種惡律儀業，於苦衆生無愍傷業，不矜不念無憐愍業，不拔不濟無救護業，心懷嫉忌無度彼業，於怨親境不平等業，耽荒五欲不厭離業。或因衣食園林池沼，生蕩逸業。或以盛年放恣情欲，造衆罪業。或善有漏迴向三有障出世業。如是等業，無量無邊。今日發[□][露]①，向十方佛、尊法聖衆皆悉懺悔。願弟子等承是懺悔無間等罪所生福善，願生生世世滅五逆罪，除一闡提[□][或(惑)]②。如是輕重諸罪，從今以去，[乃至道場，誓不更犯，恒習出世清净]③善法，精持律行，守護④威儀，如渡海者愛息(惜)⑤浮囊。六度四等常樹行首，戒定慧品轉得增明，速成如來三十二相、八十種好，十力無畏，大悲三念，常樂妙智八自在我。(禮一拜。)

弟子今日以總想(相)懺悔一切諸業，今當次第更復一一别相懺悔。若總若别，若麁若細，若輕若重，若説不説，品類相從，願皆消滅。别相懺者，先懺[□□□□□□□□□□□□□□][身三，次懺口四，其餘諸障，次第稽顙。]⑥身三業者，第一殺害，如經所明，恕己可喻勿殺、勿行杖。雖復禽獸之殊，保命畏死，其事是一。若尋此衆生無始已來，[□□□□□][或是我父母]⑦、兄弟、六親眷屬，以業因緣，輪迴六道，出生入死，改刑(形)⑧易報，不復相識。而今興害，食噉其肉，傷慈之種。是故弟子，佛言："設得餘食，當如

① 露，甲本脱，據《佛説佛名經》卷第一[T14n0441p305b2]補。

② 或，甲本脱，據乙本、《佛説佛名經》卷第一[T14n0441p305b5]補。

③ "乃至道場，誓不更犯，恒習出世清净"十四字甲本殘，據乙本補。

④ 以下甲本缺，據乙本補。

⑤ 息，此當爲"惜"之借字。該字《佛説佛名經》卷第一[T14n0441p305b8]作"惜"。

⑥ "身三，次懺口四，其餘諸障，次第稽顙"十四字乙本脱，據《佛説佛名經》卷第一[T14n0441p208b23]補。

⑦ "或是我父母"五字乙本脱，據《佛説佛名經》卷第一[T14n0441p208b26—b27]補。

⑧ 刑，此當爲"形"之借字。該字《佛説佛名經》卷第一[T14n0441p208b28]作"形"。下"刑"字同，徑括注其本字，不復校。

飢母食子肉想,何況食噉此魚肉耶?”又言:“爲利殺衆生,以錢納衆生肉,二俱是惡業,死墮叫喚地獄。”故知殺害及以食噉,罪深河海,過重[□][丘][①]岳。然弟子等,無始已來,不遇善友,皆爲此業。是故《經》言:“殺害之罪,能令衆生墮於地獄餓鬼受苦。若在畜生,則受虎、豹、豺、狼、鷹、鷂等身;或受毒蛇、蝮蝎等身,常懷惡心;或受麞鹿熊羆等身,常懷恐怖。若生人中,得二種果報:一者多病,二者斷命。殺害、食噉既有如是無量種種諸惡果報,是故弟子今日至到稽顙,歸依佛。”

弟子等自從無始已來,至于今日,有此心識,常懷慘毒,無慈愍心。或因貪起殺,因瞋因癡及以慢殺。或興惡方便,誓殺願殺及以呪殺。或破决湖池,焚燒山野,田獵捕魚。或因風放火,飛鷹放犬,惱害一切。如是等罪,今悉懺悔。

或以檻弶、坑撥、扠戟、弓弩彈射飛鳥走獸之類,或以罛網罾釣撈漉水性魚、鼈、黿、鼉、蝦、蜆、螺、蜯濕居之屬,使水陸之與空行藏竄無地。或畜養鷄、猪、牛、羊、犬、豕、鵝、鴨之屬,自供庖厨;或貨他宰殺,使其哀聲未盡,毛羽脱落,鱗甲傷毁,身首分離,骨肉銷碎。剥裂屠割,炮燒煮炙,楚毒酸切,横加無辜,但取一時之快口,得味甚寡,不過三寸舌根而已,然其罪報殃累永劫。如是等罪,今日至誠皆悉懺悔。

又復無始已來至于今日,或復興師相伐,彊埸交諍,兩陣相向,更相殺害。或自殺他、教殺,聞殺歡喜。或習爲屠鱠,債爲刑戮,烹宰他命,行於不忍。或恣忿[□][怒][②],揮戈僻刃,或斬或刺,或推著坑塹,或以水沈溺,或塞穴壞巢、土石搥捧,或以車馬雷(躙)轢、踐蹋一切衆生。如是等罪,無量無邊,今日發露,皆悉懺悔。

又復無始已來,至于今日,或墮胎破卵,毒藥蠱道,傷殺衆生,墾土掘地,種植田園,養蠶煮繭,傷殺滋甚;或打撲蚊虻,掐扭蚤虱;或燒除糞掃,開决溝渠,枉害一切;或噉菓實,或用穀米,或水[□][或][③]菜,横殺衆生;或然(燃)

① 丘,乙本脱,據《佛説佛名經》卷第一[T14n0441p208c3]補。

② 怒,乙本脱,據《佛説佛名經》卷第一[T14n0441p209a8]補。

③ 或,乙本脱,據《佛説佛名經》卷第一[T14n0441p209a16]補。

樵薪，或露燈燭，焚諸蟲類；或食醬酢，不看摇動；或瀉湯水，澆殺蟲蟻；如是乃至行、住、坐、卧四威儀中，恒常傷殺飛空著地細微衆生；弟子以凡夫識暗，不覺不知，今日發[□][露]①，皆悉懺悔。

又復弟子無始已來，至于今日，或以鞭、杖、枷、鎖、桁、械，壓立、拷掠、打擲，手脚蹴蹋，㧖(拘?)②縛籠繫，斷絶水穀。如是種種諸惡方便，苦惱衆生，今日至誠向十方佛、尊法聖衆皆悉懺悔。

願弟子等承是懺悔殺害等罪所生功德，生生世世得金剛身，壽命無窮，永離怨憎，無殺害相，於諸衆生得一字(子)③地。若見危難急厄之者，不惜身命，方便救解，令得解脱，然後爲説微妙正法，使諸衆生覩形見影，皆蒙安樂，聞名聽聲，恐怖悉除。(作禮一拜。)

次懺劫盗之業。經中説④言："若物屬他，他所守護，於此物中一草一葉不與不[□][取]⑤，何况盗竊？但自衆生，唯見現在利故，以種種不道而取，致使未來受此殃累。是故《經》言：'劫盗之罪，能令衆生墮於地獄、餓鬼受苦；若在畜生，則受牛馬、驢騾、駱駝等刑(形)，以其所有身力、血肉，償他宿債；若生人中，爲他奴婢，衣不蔽刑(形)，食不充命，貧寒困苦，人理殆盡。'劫盗既有如是苦報，是故弟子今日至到稽首，歸依佛。"

弟子無始已來至于今日，或盗他財寶，興忍(刃)⑥强奪；或自恃身，逼迫而取；或恃公威⑦，或假勢力，高桁大械，枉砷(壓)⑧良善，吞納奸貨，拷直爲

① 露，乙本脱，據《佛説佛名經》卷第一[T14n0441p209a21]補。

② **㧖**，此似爲"拘"之偏旁類化俗字。待考。該字《佛説佛名經》卷第一[T14n0441p209a23]作"纏"。

③ 字，此當爲"子"之訛字。該字《佛説佛名經》卷第一[T14n0441p209a29]作"子"。

④ "經中説"三字乙本作"能衆生"，據《佛説佛名經》卷第一[T14n0441p212a24]改。

⑤ 取，乙本脱，據《佛説佛名經》卷第六[T14n0441p212a25]補。

⑥ 忍，此當爲"刃"之借字。該字《佛説佛名經》卷第六[T14n0441p212b12]作"刃"。

⑦ 威，乙本作"王"，據《佛説佛名經》卷第二十一[T14n0441p272c3]改。

⑧ **砷**，《佛説佛名經》卷第六[T14n0441p212b13]作"壓"。"**砷**"乃"壓"之俗字。慧琳《一切經音義》卷第五十八《僧祇律》第十卷音義："得**砷**：烏狹反，謂自上加也。又作'**壓**''壓'，鎮也。"[T54n2128p691b20]

曲，爲此因緣，身羅（罹）[①]憲網；或任邪治，領他財物，侵公益私，損彼利此，利彼損此，割他自饒，口與心恪；或竊没租估，偷度關税，匿公課輸，藏隱使役。如是等罪，今悉懺悔。

或是佛、法、僧物，或經像物，或治塔寺物，或供養常住僧物，或擬招提僧物，或盗取悮用、恃勢不還，或自借貸人，或復换貸漏忘。或三寶物混亂雜用；或以衆穀米、樵薪、薑豉、醬酢、菜茹、菓實、錢帛、竹木、繒綵、幡蓋、香華、油燭，隨情逐意，或自用，或與人；或摘佛華菓，用僧鬘物，因三寶財，私自利己。如是等罪，無量無邊，今日慚愧，皆悉懺悔。

又復無始已來，至于今日，或作周旋，朋友、師僧、同學、父母、兄弟、六親、眷屬，共住同止，百一所須，更相欺誑。或於鄉隣比近，移籬拓墻，侵他店舍，改檦易相，虜掠田園，因公託私，奪人邸店及以屯野。如是等罪，今悉懺悔。

又復無始已來，或攻城破邑，燒村壞柴（柵）[②]，偷賣良民，誘他奴婢；或復枉壓無罪之人，使其形岨（殂）[③]血肉，身被徒鎖，家業破散，骨肉生離，分張異域，生死隔絶。如是等罪，無量無邊，今日至到，願皆消滅。

又復無始已來，至于今日，或商侣博貨，邸店市易，輕秤小斗，减割尺寸，盗竊分銖，欺罔圭合，以麁易好，以短换長，巧欺百端，希望毫利。如是等罪，今悉懺悔。

又復無始已來，至于今日，穿踰墻壁，斷道抄掠，抵捍債主，負債違要，面欺心口；或非道陵奪鬼神禽[□][獸][④]四生之物，或假託卜相、取人財寶；如

---

① 羅，《佛説佛名經》卷第六[T14n0441p212b14]作“罹”。“羅”乃“罹”之借字。《左傳·襄公八年》：“兆云詢多，職競作羅。”俞樾《群經平議·春秋左傳二》：“‘羅’當讀爲‘罹’。……《説文》無‘罹’字，蓋古字止以‘羅’爲之。”《漢書·于定國傳》：“羅文法者于公所决皆不恨。”顔師古注：“羅，罹也，遭也。”

② 柴，《佛説佛名經》卷第六[T14n0441p212c6]作“柵”。[五代]徐鉉《説文解字校·木部》：“柴，師行野次，豎散木爲區落，名曰‘柴籬’。後人語訛，轉入去聲，又别作‘寨’字，非是。”《廣韻·諫韻》：“柵，籬柵。”《集韻·諫韻》：“柵，編竹木爲落也。”“柴”、“柵”一聲之轉，“柴”乃“柵”之借字。

③ 岨，此當爲“殂”之訛字。該字《佛説佛名經》卷第十[T14n0441p311a26]作“殂”。

④ 獸，乙本脱，據《佛説佛名經》卷第六[T14n0441p212c17]補。

是乃至以利求利，惡求多求，無厭無足；如是等罪，無量無邊，不可說盡，今日至到，向十方佛、尊法[□□□][聖衆前][1]皆悉懺悔。願弟子等承是懺悔劫盜等罪所生功德，生生世世，得如是(意)[2]寶，常雨七珍，上妙衣服，百味甘露，種種湯藥，隨意所須，應念則至。一切衆生無偷奪相，一切皆能少欲知足，不耽不染，常樂惠施，行急濟道；頭目髓腦，如棄涕唾，迴向滿足檀波羅蜜。(禮一拜。)

第三卷竟。

次復懺悔貪愛之罪。經中說言："但爲貪欲，關在癡獄，没生死河，莫之能出。衆生爲是爱欲因緣，從昔以來，流轉生死。一一衆生歷劫生中所積身骨，如王舍城毘富羅山。所飲母乳，如四海水。身所出血，復過於此。父母六親眷屬，命終哭泣，所出目淚，如四海水。是故說言：'有愛則生，愛盡則滅。'故之(知)[3]生死貪愛爲本。所以《經》言：'淫欲之罪，能令衆生墮於地獄、餓鬼受苦。若在畜生，則受鴿、雀、鴛鴦等身。若在人中，妻不貞良，得不隨意眷屬。'淫欲既有如此惡果，是故今日至到稽顙歸依佛。"

如是十方盡虚空界一切三寶：弟子等從無始以來，至于今日，或通人妻妾，奪他婦女，侵陵貞潔，污比丘尼，破他梵行，逼迫不道，濁心邪視，言語嘲調；或復耻他門户，污賢善名；或於男子五種人所，起不净行；如是等罪，今悉懺悔。

又復無始已來，至于今日，或眼爲色或(惑)，愛染玄黄、紅绿、朱紫珍玩寶飾；或取男女長短黑白恣(姿)[4]態之相，起非法想；或耳貪好聲，宫商絃管，妓樂歌唱；或取男女音聲、言語啼笑之相，起非法想；或鼻籍名香蘊麝幽蘭，欝金蘇合，起非法想；或舌貪好味，鮮美甘肥，衆生肉血，資養四大，更增苦本，起非法想；或身樂華綺，錦繡繒纊，一切細滑七珍麗服，起非法想；或意多亂想，觸向[5]乖法。有此六想，造罪尤重。如是等罪，無量無邊，今日至到向十方佛、尊法聖衆皆悉懺悔。

---

① "聖衆前"三字乙本脱，據《佛説佛名經》卷第六[T14n0441p212c20]補。

② 是，此當爲"意"之訛字。該字《佛説佛名經》卷第六[T14n0441p212c22]作"意"。

③ 之，此當爲"知"之借字。該字《佛説佛名經》卷第七[T14n0441p215b26]作"知"。

④ 恣，此當爲"姿"之借字。該字《佛説佛名經》卷第七[T14n0441p216a1]作"姿"。

⑤ "向"前乙本衍一"事"字，據《佛説佛名經》卷第七[T14n0441p216a7]删。

願弟子等，承是懺悔淫欲等罪所生功德，願生生世世，自然化生，不由胞胎，清凈皎潔，相好光麗，六情開朗，聰利分明，了達恩愛猶如桎梏，觀此六塵如幻如化，於五欲境决定厭離，乃至夢中不起邪想，内外因緣永不能動。願以懺悔眼根功德，願令此眼徹見十方諸佛、菩薩清凈法身，不以二想。願以懺悔耳根功德，願令此耳常聞十方諸佛賢聖所説正法，如教奉行。願以懺悔鼻根功德，願令此鼻，常聞香積，入法位香，捨離生死，不凈臭穢。願以懺悔舌根功德，願令此舌，常食法喜禪悦之食，不食衆生血肉之味。願以懺悔身根功德，願令此身，披如來衣，著忍辱鎧，卧無畏床，坐四禪座。願以懺悔意根功德，願令此意，成就十想，洞達五明，深觀二諦空平等理，從方便慧，起十妙行，入法流水，念念增明，顯發如來大無生忍。（禮一拜。）

次共懺悔身三業竟，今當次第懺悔口四惡[□][業]①。經法説言："口業之罪，能令衆生墮於地獄、餓鬼受苦。若在畜生，則受鵂鶹鵁鴿鳥形，聞其聲者，無不憎惡。若生人中，口氣常臭，所有言説，人不信受；眷屬不和，常好鬪諍。口業既有如是惡果，是故弟子今日至誠歸依佛。"

弟子等自從無始已來至于今日，忘（妄）②言兩舌，惡口綺語，傳空説有，[□□][説有]③言空，不見言見，見言不見，不聞言聞，聞言不聞，不知言知，知言不知，欺賢罔聖，言行相乖。自稱讃譽得過人法："我得四禪四無色定阿那般那十六行觀，得須陀洹至阿羅漢，得辟支佛不退菩薩。天來！龍來！鬼來！神來！旋風土鬼，皆至我所，彼問我答。"顯異惑衆，要世名利。如是等罪，今悉懺悔。

又復無始已來，至于今日，或讒言鬪亂，交扇彼此，兩舌簡擇，般弄口舌，向彼説此，[□□][向此]④導（道）⑤彼，離他眷屬，懷（壞）⑥人善友，使狎蜜

① 業，乙本脱，據《佛説佛名經》卷第八[T14n0441p218c25]補。

② 忘，此當爲"妄"之借字。該字《佛説佛名經》卷第八[T14n0441p219a9]作"妄"。

③ "説有"二字乙本脱，據《佛説佛名經》卷第八[T14n0441p219a10]補。

④ "向此"二字乙本脱，據《佛説佛名經》卷第八[T14n0441p219a20]補。

⑤ 《集韵・晧韵》："導，説也。通作道。"

⑥ 懷，此當爲"壞"之訛字。該字《佛説佛名經》卷第八[T14n0441p219a21]作"壞"。

(密)[①]者爲踈,親舊者成[□][怨][②]。或綺語不實,言不及義,誣謗君父,平(評)薄師長,破壞忠良,埋没勝己,通致二國,彼此扇作。浮華虚巧,發言常虚,口是心非,其途非一,對[□][面][③]譽[□][嘆][④],背則呵毁。讀誦耶(邪)書,傳耶(邪)惡法。或惡口駡詈,言語麁穬(獷)。或呼天扣地,牽引鬼神。如是口業所生諸罪,無量無邊,今日至到向十方佛、尊法聖衆,皆悉懺悔。

願弟子等承是懺悔口業等罪所生功德,生生世世,具八音聲、四無礙辯,常説和合[□][利][⑤]益之語。其聲清雅,一切樂聞,善解衆生方俗言[□][語][⑥]。若有所説,應時應限,令彼聽者則得解悟。超凡入聖,開發慧眼。(作禮一拜。)

第四卷竟。

已懺悔身三口四竟,次復懺悔佛法難聞,衆僧難值,信心難生,六根難具,善友難得。而今相與宿植善根,得此人身六根完具。又值善友,得聞正法。於其中間,復各不能盡心精勤,恐於未來長溺萬苦,無有出期,是故今日至到,慚愧稽顙歸依佛、[□□][歸命][⑦]如是等十方盡虚空界一切三寶。

弟子等從無始已來,至于今日,常以無明覆心,煩惱障意,見佛形像,不能盡心恭敬,輕慢衆僧,殘虐善友,破塔毁寺,焚燒刑(形)像,出佛身血。或自處華堂,安置尊像卑猥之處,使煙薰日暴,風吹雨露,塵土污坌,雀鼠殘毁,共住共宿,曾無禮敬。或倮露像身,永不嚴飾。或遮掩燈燭,開閉殿宇,障佛光明。如是等罪,今日至誠,皆悉懺悔。

又復無始已來,至于今日,或於法間以不浄手把捉經卷,或臨經書非法俗語,或安置床頭、坐起不敬,或開閉箱篋蟲噉朽爛,或首軸脱落、部黨失次,

---

① 蜜,此當爲"密"之借字。該字《佛説佛名經》卷第八[T14n0441p219a21]作"密"。

② 怨,乙本脱,據《佛説佛名經》卷第八[T14n0441p219a22]補。

③ 面,乙本脱,據《佛説佛名經》卷第八[T14n0441p219a25]補。

④ 嘆,乙本脱,據《佛説佛名經》卷第八[T14n0441p219a25]補。

⑤ 利,乙本脱,據《佛説佛名經》卷第八[T14n0441p219b1]補。

⑥ 語,乙本脱,據《佛説佛名經》卷第八[T14n0441p219b2]補。

⑦ "歸命"二字乙本脱,據《佛説佛名經》卷第九[T14n0441p222b4]補。

或參[①]脱漏誤、紙墨破裂，自不修理，不肯流轉。如是等罪，今悉懺悔。

或眠他（地）[②]聽經，仰卧讀誦，高聲語笑，亂他聽法。或邪解佛語，僻説聽意；非法説法，法説非法；非犯説犯，犯説非犯；輕罪説重，重罪説輕。或抄前著後，抄後著前，前後着中，中着前後，綺飾文辭，安置己典。或爲利養、名譽、恭敬，爲人説法，無道德心，求法師過，而爲論議，非理彈擊，不爲長解，求出世法。或輕慢佛語，尊重邪教，毁呰大乘，讚聲聞道。如是等罪，無量無邊，今日至到，皆悉懺悔。

又復無始已來，至于今日，或於僧間有障，殺害阿羅漢，破和合僧，害發無上菩提心人，斷滅佛種，使聖道不行。或罵説人道，鞭拷沙門，楚撻駈使，苦言加謗。或破戒、破於威儀，或勸他人捨於八正，受行五法。或假託形儀，闚竊賊住。如是等罪，今悉懺悔。

或裸形輕衣，在經像前，不净脚履，蹹上殿塔。或著屧屐，入僧伽藍，涕唾堂房，污佛僧地。或乘車策馬，排突寺舍。如是等於三寶間所起罪障，無量無邊，今日至到，向十方佛、尊法聖衆，皆悉懺悔。

願弟子等承是懺悔佛、法、僧間所有罪障[□□□□][所生功德][③]，生生世世，常值三寶，尊仰恭敬，無有厭足。天繒綵，寶絞絡臺[④]，百千妓樂，珍異華香，非世所有，常以供養。若未成佛，先往勸請，開甘露門。若入涅槃，願我常得，教最後供。於衆僧中，修六和敬，得自在力，興隆三寶，上弘佛道，下化衆生。（禮一拜。）

無慚，以此罪故，墮此地獄。寶達聞之，悲泣而去。

禮[⑤]三寶已，次復懺悔。

如上所説，已懺悔於三寶間輕重諸罪。其餘諸惡，今當次第更復懺悔。

---

① 參，乙本作"讒"，據《佛説佛名經》卷第九[T14n0441p222b16]改。

② 他，此當爲"地"之訛字。該字《佛説佛名經》卷第九[T14n0441p222b19]作"地"。

③ "所生功德"四字乙本脱，據《佛説佛名經》卷第九[T14n0441p222c12—c13]補。

④ "天繒妙綵，寶絞絡臺"八字乙本訛作"天人繒妙綵，寶絞絡稷高"，據《佛説佛名經》卷第九[T14n0441p222c14]改。

⑤ "禮"字前乙本誤植"無慚，以此罪故，墮此地獄。寶達聞之，悲泣而去"十八字，乃係《佛説佛名經》卷第九最後《大乘蓮華寶達問答報應沙門經》中語句。兹據文意删。

經中佛説有二種健兒：一者自不作罪，二者作已能悔。又云有二種白法，能爲衆生滅除衆障：一者慚，二者愧。慚者自不作惡，愧者不令他作。有慚愧者，可名爲"人"。不慚愧，與諸禽獸不相異也。是故弟子今日慚愧歸依佛。

如是等十方盡虚空界一切三寶：弟子等無始已來，至于今日，或信邪倒見，宰殺衆生，解奏魑魅、魍魎、鬼神，欲希延[□][年]①，終不能得。或妄言見鬼，假稱神語。如是等罪，今日慚愧，皆悉懺悔。

又復無始已來，至于今日，或行動傲誕，自高自大；或恃種姓，輕慢一切，以貴欺賤，用强凌弱，倚富輕貧，挾官慢下。或飲酒鬬亂，不避親疏，惛醉終日，不識尊卑。如是等罪，今悉懺悔。

或貪嗜飲食，無有期度；或食生鱠，或噉五辛，薫穢經像，排突清衆，縱心肆意，不知根極，疏遠善人，親狎惡友；如是等罪，今悉懺悔。

或貢高矯假，偃蹇自用，魯扈坻(抵)②突，不識人情，自是非他，希望僥倖；如是等罪，今悉懺悔。

或臨財無讓，不廉不耻，屠肉沽酒，欺誑自活；或出入息利，計時賣日，聚積慳尅，貪求無厭，受人供養，不慚不愧。或無戒德，空納信施；如是等罪，今悉懺悔。

或捶奴僕(撲)婢③，駈使僮吏，不問飢渴寒暑；或發(撥)④撤橋梁，杜絶行路；如是等罪，今悉懺悔。

或放逸自恣，無記散亂，摴捕圍碁，群會屯聚，飲酒食肉，更相僥賤，無趣談誑，論説天下，從年竟歲，空喪天日。初、中、後夜，禪誦不修，懈怠懶惰，尸卧終日，於六念處，心不經理。見他勝事，便生嫉妒，心懷慘毒，備起煩惱，致使諸惡猛風，吹罪薪火熾然，無有休息。三業微善，一切俱焚。善法既盡，爲一闡提，墮火地獄，無有出期。是故弟子今日，至到稽顙，向十方佛、一切三

① 年，乙本脱，據《佛説佛名經》卷第十[T14n0441p225b24]補。

② 坻，此當爲"抵"之訛字。該字《佛説佛名經》卷第二十五[T14n0441p284c24]作"抵"。

③ 僕，此當爲"撲"之訛字。《佛説佛名經》卷第十："或打奴捶婢，驅役諸童，不問飢渴，不知寒暑。"[T14n0441p284c13—14]可助勘。

④ 發，此當爲"撥"之訛字。該字《佛説佛名經》卷第十[T14n0441p225c15]作"撥"。

寶懺悔上來所有一切衆罪，若輕若重，若麁若細，若自作、若教他作，若隨喜作、若以勢力逼迫令作，如是乃至讚歎行惡法者。今日至到發露懺悔，願皆消滅。

願弟子等承是懺悔一切諸惡所生功德，生生世世慈和忠孝，謙卑忍辱，知廉識耻，先意問訊，修良貞謹，清潔義讓，遠離惡友，常遇善緣，守攝六根，敬護三寶，捍勞忍苦，心不退没，立菩提志，不負衆生。（作禮一拜。）

第五[□][卷][1]竟。

禮三寶已，次復懺悔。

已懺煩惱障，已懺悔業障所除報障，今當次第披陳懺悔。經中説言："業報至時，非空非海中，非入山石間，無有地方所[2]，脱之不受報，唯有懺悔力，乃能得除滅。何以知然？釋提桓因，五衰相見，恐懼切心，歸誠三寶，五相即滅，得延天年。如是等比，經教所明。其人若不值善友獎道，則靡惡不造，致使大命將盡，臨窮乏際，地獄惡相，皆現在前。當爾之時，悔懼交至。不預修善，臨窮方悔，後將何及乎！殃禍異處，宿預嚴持，當獨趣入，遠到地獄所住，[□][但][3]得前行，入於火鑊，身心損碎，精神痛苦。如此之時，欲求一禮一懺豈復可得？衆生等，莫自恃盛年、財寶、勢力，懶墮懈怠，於逸自恣；死苦一至，無問老少、貧富、貴賤，皆悉摩滅，奄忽而至，不令人失。人命無常，喻如朝露，出息雖存，入息難保，云何以此而不懺悔？[□][一][4]旦五天使者既來，無常殺鬼卒至，盛年壯色，無得勉（免）[5]者。常（當）[6]爾之時，華堂邃宇，何關人事？高車大馬，豈得自隨？妻子眷屬，非復我親。七珍寶飾，迺爲他

① 卷，乙本脱，據文意補。

② 此處乙本衍一"所"字，據文意删。

③ 但，乙本脱，據文意補。

④ 一，乙本脱，據文意補。

⑤ 勉，此當爲"免"之借字。該字《佛説佛名經》卷第三十[T14n0441p306a16]作"免"。

⑥ 常，此當爲"當"之訛字。該字《佛説佛名經》卷第三十[T14n0441p306a16]作"當"。

玩。以次(此)[①]而言,世間果報,皆爲幻化。上天雖樂,會歸敗壞,壽盡魂逝,墮落三塗。是故佛語須跋陀言:"法師欝頭籃弗利根聰明,能伏煩惱至於非非相處,命終還作畜生道中飛狸之身,况復餘者?"故知未登聖果已還,皆應流轉,備經惡趣。如不謹慎,忽爾一朝親嬰斯事,將不悔或(惑)!如今被罪、行諸公門已是小苦,情地憧惶,眷屬恐懼,求救百端。地獄衆苦比者(於?)[②]此者,百千萬倍不得爲喻。衆等相與歷劫以來,罪若須彌,云何聞此晏然,不畏、不驚、不恐?令此精神[復嬰斯苦,實爲可痛!是故弟子等運此單誠,歸依佛。"][③]

① 次,此當爲"此"之訛字。該字《佛説佛名經》卷第三十[T14n0441p306a19]作"此"。

② 者,此似當爲"於"之訛字。

③ "復嬰斯苦,實爲可痛!是故弟子等運此單誠,歸依佛"二十字乙本脱,據《佛説佛名經》卷第三十[T14n0441p306a29—b2]補。

No. 2842 印沙佛文

［題解］

本篇又題“印沙文”。敦煌民俗，每年正月舉行印沙佛會，以示“送舊歲之灾殃”，“迎新年之瑞福”（語自伯 3276v 號），佛會地點選擇在寺廟旁、沙岸平静之處。“印沙佛文”即印沙佛會的齋文。敦煌文獻中現存有八號。其中斯 663b（首全尾全，兩段）、羽 687（首脱尾全，僅録斯 663b 號之第二段）二號内容基本相同，當爲同一抄本；另有斯 1441ve（首脱尾全）、斯 5573d（首脱尾全）、斯 5593c（首殘尾殘）、斯 6417b（首全尾全）、伯 4012（首殘尾殘）、BD7824v3（北 6815v，制 024，首全尾全）六號，相當於斯 663b 號之後一段，然除首尾的套語基本相同外，伏願的對象各异，當屬异本。《大正藏》據斯 663b 號録入其第八十五册。今校注仍以《大正藏》本所據卷爲底本。校本：甲本，羽 687 號。

仰啓蓮花藏界清净法身、百億如來、恒沙化佛、清凉山頂大聖文殊、雞足嵒（巖）[1]山得道羅漢、龍宫祕典、鷲嶺微言、道眼他心、一切賢聖，唯願發神足，運悲心，降臨道場，證明功德。厥今置净壇於八表，敷佛［像］[2]於四門，中央建觀音之場，釋衆轉金言之部，設香饌供三世諸佛，散净食與水陸生靈，合境虔恭、傾城懇纇者，爲誰施作？時則有我府［主］[3]一太保瑞福攘災之加

① 《正字通·山部》：“嵒，同巖。”

② 像，録本脱，據底本補。

③ 主，録本脱，據底本補。

(佳)①會也。伏惟我太②保:門傳閥閱,應賢五百之年;岳瀆生③資,當期半千之士。文過周、孔,雅操入木而七分;彎弓穿揚,舉矢猿啼而遶樹。寬弘治衆,萬姓歎異瑞之風;設法安人,千家賀堯年之慶。加以信珠皎净,心鏡先明;憑釋教以定八方,奉聖④賢而安社稷。先陳志懇,相鷲⑤嶺而傾心;請佛延⑥僧,結净壇於九地。六時轉念,經聲動曉於合城;士庶詵詵⑦,鈴梵洪鳴於滿城。是時也,太陽北照,凝凍相容;僧徒念誦以周圓,灌頂精誠已五日。總斯多善,無限勝⑧因,先用莊嚴梵釋四王、龍天八部:伏願威光轉盛,福力彌增,興運慈悲,救人護國。當今聖主:永坐皇城,十道争馳,赤心向國。又持⑨是福,伏用莊嚴我太保貴位:伏願福如海岳,丞(承)⑩虎節而延⑪祥;禄極江

---

① 加,此當爲"佳"之音近借字("加"字見母麻韻平聲,"佳"字見母佳韻平聲,二字聲調相同,韵母相近)。

② "太"字前録本作缺文。按:底本實無字,爲二敬空號。兹據删。

③ "生"字前録本衍一"清"字,據底本删。

④ "聖"字録本前有一缺文。按:底本實無字,爲二敬空號。兹據删。

⑤ 鷲,底本實作"嶖"。《廣韻·宥韻》:"嶖,山名,又嶺名。"北齊佚名《劉碑造像銘》:"四挾靈嶖之顯。"該字佛典中更常作"鷲"。"嶖"當爲涉"山"或"嶺"類化而産生的"鷲"字的换旁俗體。慧琳《一切經音義》卷第一《大唐三藏聖教序》音義:"鷲峰:上音'就',西國山。此山高峻,鷲鳥所居,或名'靈鷲山',或云'鷲嶺',皆一山而異名也。如來於此山中得轉法輪。甚多聖跡。在中天界。"[T54n2128p312c15—16]

⑥ 迊延,録本誤作"迎"。按:底本實作"迊",乃"延"字俗體。

⑦ "詵詵"二字録本訛作"諎天"(底本實作"詵"後施一重文號)。《詩·周南·螽斯》:"螽斯羽,詵詵兮;宜爾子孫,振振兮。"朱熹集傳:"詵詵,和集貌。"唐張説《四門助教尹先生墓誌》:"詵詵青襟,有所仰矣。"王闓運《〈衡陽縣誌〉序》:"廉孝詵詵,湘門排雲。"《藝文類聚》卷四引晋閭丘仲《三月三日應詔詩》:"光光華輦,詵詵從臣。"皆其例。

⑧ 勝,録本誤作"朦"。按:底本實爲"勝"字手體。"勝因"即"善因"。[隋]智顗《〈修習止觀坐禪法要〉序》:"止是禪定之勝因,觀是智慧之由藉。"[唐]岑參《與高適薛據同登慈恩寺浮圖》詩:"净理了可悟,勝因夙所宗。"皆其用例。又,下文:"類此勝因,城登覺道。""類此勝因,齊成佛果。"可助比勘。

⑨ 持,録本誤作"特",兹據底本改。下文"又持勝福,伏用莊嚴施主即體"可助比勘。

⑩ 丞,録本誤作"永",據底本改。丞,此讀如"承"(二字《廣韻》皆可音署陵切)。[清]朱駿聲《説文通訓定聲·升部》:"承,叚借爲丞。"

⑪ 延,録本誤作"迎"。按:底本實作"迊",乃"延"字俗體。

准，治河西而[世]①代。國太吉慶，比日月而漸圓；公主、夫人恒昌，保芳顔而永潔；刺②使、尚書等固受（壽）③，願接踵而紹隆；諸小娘子延④長壽，貞蘭而皎皎。然後何（河）⑤清海晏，不聞憂苦之聲；四寇⑥來降，永絶烽煙⑦塵之戰。三災殄⑧滅，盡九横於海嵎；勵疫消災，送飢荒於地户。散霑法界，普及有情。類此勝因，城（咸？）⑨登覺道摩訶般若。

夫曠賢大劫，有聖人焉，出釋氏宫，名"薄伽梵"，心凝大寂，身意無邊，慈化衆生，號之爲"佛"。厥今坐前社邑⑩等故，以三春上律⑪，四序⑫初分，脱塔印沙，啓加願者，奉爲[□□□□□□□□□□□□][國泰人安，刀兵永滅；次爲己]⑬躬保願功德之⑭福會也。唯公乃金聲夙鎮⑮，玉譽早聞；列位名班，昇榮憲⑯職。遂乃妙因⑰宿殖，善芽發於今生；業果先淳，道心堅於此日。[□][知]⑱四大而無注（住？），曉五藴而皆空。脱千聖⑲之真容，印恒沙之遍跡。

---

① 世，録本脱，據底本補。

② 刺，録本誤作"剌"，據底本改。

③ 受，此處當爲"壽"之借字（二字《廣韻》皆可音殖酉切）。"受"字讀如"壽"，敦煌寫本中經見，此不贅。

④ 延，録本誤作"迎"。按：底本實作"之"，乃"延"字俗體。

⑤ 結合文意，此處"何"當爲"河"之借字。伯3808《長興四年中興殿應聖節講經文》："功德何沙算不窮。"中"何"亦爲"河"之記音字。

⑥ 寇，録本訛作"寖"，底本實作"寇"，乃"寇"字俗體。《龍龕手鏡·宀部》："寇寇二俗；寇，正；寇，今。苦候反，賊也，暴也。"

⑦ "煙"下底本、録本衍一"塵"字，玆據文意删。

⑧ 殄，録本訛作"弥"，又繁化作"彌"。玆據底本録正。

⑨ 結合文意，此處"城"似爲"咸"之訛字。待考。

⑩ "坐前社邑"四字甲本作"合邑人"。

⑪ 律，録本誤作"津"，據底本、甲本改。

⑫ 序，録本作缺文。底本實作"序"，乃"序"字俗體。該字甲本亦作"序"。

⑬ "國泰人安，刀兵永滅；次爲己"十一字底本無，據甲本補。

⑭ "保願功德之"五字甲本作"共保清吉諸"。

⑮ 鎮，録本誤作"顯"，據底本、甲本改。

⑯ 憲，録本訛作"冕"，據底本、甲本改。

⑰ 因，録本誤作"回"，底本實作"囙"，乃"因"之常見俗體。玆據録正。

⑱ 知，底本、録本無，據甲本補。

⑲ 聖，録本誤作"裏"，據底本、甲本改。

更能焚香效外，請[①]僧徒於福事之前，散飡[②]遍所於水陸之分。以此印佛功德，迴向福因，先用莊嚴梵釋四王、龍天八部：伏願威光轉勝，福力彌增，[□□□□][興運慈悲][③]，救人護國。願使聖躬延受（壽）[④]，五穀豐登；管内人安，歌謡滿城。又[⑤]持勝福，伏[⑥]用莊嚴施主即體：唯願身而（如）[⑦]玉樹，恒净恒明；體若金剛，常堅常固；今世後世，莫絶善緣；此世他[⑧]生，善牙（芽）增長；然後散霑法界，普及有情，類此勝因，齊成佛果摩訶般若。

① 請，録本誤作“諸”，據底本、甲本改。

② 飡，甲本作“食”。

③ “興運慈悲”四字底本無，據甲本補。

④ 受，此乃“壽”之借字。該字甲本正作“壽”。

⑤ 又，甲本作“伏”。

⑥ 伏，甲本作“次”。

⑦ 而，甲本作“如”。《詩・小雅・都人士》：“彼都人士，垂帶而厲；彼君子女，卷髮如蠆。”鄭玄箋：“而，亦如也。”

⑧ 他，甲本作“來”。

No. 2843 大悲啓請

［題解］

佛教儀軌類讚文。敦煌文獻中存有斯 2566（首全尾全）、伯 2197(10)（首全尾全）二號，作者不詳，一卷。今以《大正藏》所據原卷斯 2566 號（《大正藏》誤標爲斯 2560 號）爲底本。參校甲本，伯 2197(10)號。

大悲啓請。（准經，凡欲受持，先志心念“阿彌陀佛”三遍，緣阿彌陀佛是觀音本師矣。）

仰啓月輪觀自在，廣大圓滿紫金身。千臂恒伸現世間，千眼光明常遍照。

一千二百真言契，能滿衆生所願心。面安三目遍莊嚴，頂戴彌陀持寶器。

宣讚真言微妙法，受持當證佛菩提。辯才無礙化人天，菩薩衆中爲上首。

暫聞尚滅塵沙業，諷念惟增成佛因。大悲願力不思議，是故我金（今）① 恒讚念。

南無大悲觀世音，願我速知一切法。南無大悲觀世音，願我早得智慧眼。

南無大悲觀世音，願我速度一切衆。南無大悲觀世音，願我早得善方便。

---

① 金，此當爲“今”之借字，該字甲本即作“今”。

南無大悲觀世音，願我速乘般若舡[①]。南無大悲觀世音，願我早得越苦海。

南無大悲觀世音，願我速得戒定[②]道。南無大悲觀世音，願我早登涅槃山。

南無大悲觀世音，願我速會無爲舍。南無大悲觀世音，願我早同法性身。

我若向刀山，刀山自摧折。我若向火湯，火湯自消滅。

我若向地獄，地獄自枯竭[③]。我若向餓鬼，餓鬼自飽滿。

我若向修羅，惡心自調伏。我若向畜生，自得大智慧。

千手千眼觀世音菩薩廣大圓滿無障礙大悲心陀羅尼神妙章句：

南無喝囉怛那哆囉夜耶（一）南無阿唎耶（二）婆盧羯帝爍鉢囉耶（三）菩提薩埵婆耶（四）摩訶薩埵婆耶（五）摩訶迦盧尼迦耶（六）唵（七）薩皤囉罰曳（八）數怛那怛寫（九）南無悉吉栗埵伊蒙阿唎耶（十）婆盧羯帝室佛楞馱婆（十一）南無那囉謹墀（十二）醯唎摩訶皤哆沙咩（羊聲呼十三）薩婆阿他豆輸明（十四）阿遊孕（十五）薩婆薩哆那薩婆伽（十六）摩罰特豆（十七）怛姪他（十八）唵（十九）阿婆盧醯盧迦帝（二十）迦囉帝（二十一）夷醯唎摩訶菩提薩埵（二十二）薩婆薩婆（二十三）摩囉摩囉（二十四弟子佛受持）摩醯摩醯唎馱孕（二十五）俱盧俱盧羯懞（二十六）度嚧度嚧罰闍耶帝摩訶罰闍耶帝（二十七）陀囉陀囉（二十八）地唎尼（二十九）室佛囉耶（三十）遮囉遮囉（三十一）摩摩罰摩羅（三十二）穆帝麗伊醯移醯（三十四）室那室那（三十五）阿囉嘇佛囉舍利（三十六）罰沙罰嘇（三十七）佛囉舍利（三十八）呼盧呼盧摩囉（三十九）呼盧呼盧醯唎（四十）娑囉娑囉悉唎悉唎（四十二）蘇盧蘇盧（四十三）菩提夜菩提夜（四十四）菩馱夜菩馱夜（四十五）彌帝唎夜那囉謹墀（四十六）他姪唎瑟尼那（四十七）波夜摩那（四十八）娑婆訶（四十九）悉陀夜（五十）娑婆訶（五十一）摩訶悉陀夜（五十二）娑婆訶（五十三）悉陀喻藝（五十四）室皤囉

① 《玉篇·舟部》："舡，船也。"該字甲本作"舩"。《廣韻·仙韻》："舩"，同"船"。

② 定，甲本訛作"足"。

③ 竭，底本、《大正藏》録文訛作"渴"，結合文意，據甲本改。

耶(五十五)娑婆訶(五十六)那囉謹墀(五十七)娑婆訶(五十八)摩囉那囉(五十九)娑婆訶(六十)悉囉僧阿穆佉耶(六十一)娑婆訶(六十二)婆波摩阿悉陀耶(六十三)娑婆訶(六十四)者吉囉阿悉陀耶(六十五)娑婆訶(六十六)波摩羯悉哆耶(六十七)娑婆訶(六十八)那囉謹墀皤伽羅耶(六十九)娑婆訶(七十)摩婆唎勝羯囉夜(七十一)娑婆訶(七十二)南無喝囉怛那哆囉夜耶(七十三)南無阿唎耶(七十四)婆盧吉帝爍皤囉耶(七十五)娑婆訶(七十六)悉殿都(七十七)漫多羅佛陀耶(七十八)娑婆訶(七十九)。

千手千眼觀世音菩薩廣大圓滿無礙大悲心陀羅尼[①]迴向:

願讀[②]誦功德,普及諸有情。我等與衆生,皆共成佛道。

① "手千眼觀世音菩薩廣大圓滿無礙大悲心陀羅尼"二十字甲本無。

② 讀,甲本作"課"。

No. 2844 文殊師利菩薩無相十禮

[題解]

佛教典籍，敦煌文獻中存有伯2212b號一卷，作者不詳，首全尾殘。文中有“内外中間心實無，已無心故諸法寂”之語，乃闡述“無心論”的觀點。清代以前歷代大藏經未收，日本《大正藏》收入第八十五册。今校注仍以《大正藏》本所據原卷伯2212b號爲底本。

清凉山中大聖文殊師利菩薩端坐政(正)[①]看心，心亦不可得，至心歸命敬禮真如法身：佛無色無刑(形)像，無根無住處，不生不滅故；敬礼無數觀，不來亦不去，不取亦不捨，遠離六入故；出過於三界，等[同][②]如虚空，諸欲不染故；於諸威儀中，去來及睡悟，常在三昧故；去來悉平等，已住於平等，不壞平等故；入諸無相定，見諸法寂净，離諸寂净故；諸佛虚空相，虚空亦無相，離諸因果故；虚空無中邊，諸佛身亦然，心同虚空故；佛常在世間，而不染勢法，不分别世間故；諸法由如幻，如幻不可得，離諸幻法故。一切平等礼，無礼無不礼，一礼遍含識，同歸實相[③]體。普爲四恩、三有及法界衆生同如如歸命懺悔、至心懺悔：

---

① 政，此乃“正”之借字。《墨子·節葬下》：“上稽之堯、舜、禹、湯、文、武之道，而政逆之。”孫詒讓閒詁：“政、正通。”

② 同，録本脱，據底本補。

③ 相，底本實作“想”，此當爲“相”之訛字。

"我於三時求罪性,内外中間心實無,已無心故諸法寂,三毒四到(倒)[①]悉皆如。"

懺悔已,歸命禮法身如來,至心勸請:

"一切諸法本不生,已無生故何有滅?不生不滅性常住,唯願諸佛莫涅槃。

令諸衆生照本性,自然遊戲涅槃城。行者但能照五蘊,無我無人兩邊空。"

勸請已,歸命禮法身如來,至心隨喜:

"法本不貪亦不畏,勿(物)[②]我不一亦不異。同觀一實證無生,無緣等觀盡隨喜。

觀空照有如如性,唯願衆生勤照心。心體由來性清净,妄色虚空同智真。"

隨喜已,歸命禮法身如來,至心迴向:

"迷於一室隨明想,執明想故我塵生。今照我塵無自性,迴向無住涅槃城。

五法包含於政智,八識清净净心王。迴此蔭身成佛道,四儀一向現前行。"

迴向已,歸命禮法身如來,至心發願:

"令諸衆生妨六賊,悲智二照現前行。不斷不常離無量,非空非有惶惶[③]行。

四智三身緣彼體,五眼常照浪三明。三衆意生無障礙,菩提樹下度群萌[④]。"

---

① 到,此讀如"倒"。《墨子·經下》:"臨鑑而立,景到。"亦其例。録本徑作"倒",不合原卷。

② 勿,此當爲"物"之同音借字("勿"字一音文弗切,與"物"音同)。

③ 惶,録本誤作"了",底本實爲前一"惶"字之重文號。兹據改。

④ 萌,録本誤作"萠",據底本改。此處通"氓"、"甿",指百姓,黎民。《墨子·非攻中》:"(夫差〕於是退不能賞孤,施捨群萌,自恃其力,伐其功。"《吕氏春秋·高義》:"翟度身而衣,量腹而食,比於賓萌,未敢求仕。"高誘注:"萌,民也。"楊樹達《讀〈吕氏春秋〉劄記·高義》:"氓、萌古音同,故假萌爲氓耳。"《漢書·劉向傳》:"不如是,則王公其何以戒慎,民萌何以勸勉。"顔師古注:"萌與甿同。"

發願已，歸命禮法身如來，一切恭敬：

“歸佛德菩提，道心恒不退。

願共諸衆生，同入真如體；歸法薩般若，得大總持門；

願共諸衆生，同入真如海，歸僧息諍論，同入和合海；

願諸衆生等，悉發菩提心，三業恒清净，和南衆法身。”

佛白[1]衆等聽説寅朝清净偈：

“欲求寂滅樂，當學沙門法。衣食之身命，精麁隨衆等。”

諸衆等今日寅朝清净，上、中、下坐各記六念。諸衆等聽説午時無常偈：

“人生不精進，□（喻）[2]若樹無根，葉花至日終，能得己（幾）[3]時新？

花亦不久鮮，色亦非常好，人命如刹那，須臾難可報。

今勸諸衆等，懃修無上道。”

諸衆等聽説黄昏無常偈：

“此日已過，命即隨減。如少[4]□

---

① 白，録本誤作“諸”，據底本改。

② 喻，録本作缺文，據底本補。

③ 己，録本誤作“已”，據底本改。“己”此當爲“幾”之借字。

④ 以下缺。

No. 2845 押座文類

[題解]

押座文匯抄，敦煌文獻中存有斯 1441vc、斯 2440a、斯 2440e、伯 3210(2)，计四號。作者不詳。斯 2440 號所録押座文有六種，明確題名的有《維摩經押座文》、《三身押坐文》、《八相押坐文》、《温室經講唱押座文》。另外三號仅抄録《維摩經押座文》。黄征、張涌泉的《敦煌變文校注》對敦煌卷子中的幾種押座文進行了較爲詳盡的録校整理（中華書局，1997 年 5 月版）。日本《大正藏》據斯 2440a、斯 2440e 二號以“押座文類”爲題收入第八十五册。今校注仍以《大正藏》本所據原卷斯 2440a 號爲底本，斯 2440e 號爲甲本。新增校本：乙本，伯 3210(2)號；丙本，斯 1441vc 號；丁本，《敦煌變文校注》。

《維摩經》押座文

頂礼上方香積世，妙喜如來化相身，是(示)[①]有妻兒眷屬徒，心净[②]常修於梵行。

智[③]力神通難可測，手摇日月動須彌。（念菩薩[④]佛子。）

---

① 是，乙、丙二本作“示”。

② 净，乙本作“静”。

③ 智，乙本作“聖”。

④ “念菩薩”三字甲本無。

我佛如來在庵薗，宣説甚深普集教，長者身心歡喜了，持其寶①蓋詣如來。(念菩薩佛子。)

偏偏摇動布金雲②，七寶雙雙香送遠，直到庵薗法會上，捧③其寶蓋上如來。(佛子。)

五百花蓋立其前，聖力合成爲壹蓋，日月星辰皆總現，山河大地及龍宮。(佛子。)

世界摇時寶蓋摇，世界動時④寶蓋動，一切十方諸净土，三世如來悉現中。(佛子。)

毘耶離國地中心⑤，寶樹光暉金璨(瓈)⑥爛，多出人賢性慈愍，久⑦曾過去早修行。(佛子。)

居士維摩衆中尊，十德圓明人所重，親近無邊三世佛，故號"維摩長者"身。(佛子。)

五百聲聞皆被訶，住相法空分所證，更有光嚴彌勒衆，身⑧心皆拜道徒⑨中。(佛子。)

不二真門性自融，只有維摩親證悟，示病室中而獨卧，廣談六品不思議。(佛子。)

大聖牟尼悲願深，一一親呼十大衆，皆曰"不堪而⑩問疾"，唯有文殊千佛師。(佛子。)

巍巍身動寶星宫，岌岌珠摇飛寶座，八萬仙人香滿國，千千聖衆遍長空。(佛子。)

---

① 寶，甲、乙二本作"花"。
② 底本"雲"後有一"鈴"字，結合文意，據甲本删。"雲"字乙本作"靈"，當爲形誤。
③ 捧，甲本作"持"。
④ "時"字後底本有一"動"字，當係衍文，結合文意，據甲本删。
⑤ "毘耶離國地中心"至"故號維摩長者身"八句乙、丙二本無。
⑥ 《龍龕手鑑·玉部》："璨"，"瓈"之俗體。
⑦ 久，録本訛作"欠"，據底本改。
⑧ 身，甲本作"申"。
⑨ 丁本："徒，當讀作'途'。"
⑩ 丁本："而，疑當讀作'與'。……'與'即'與吾'之'與'，其後省去了介詞賓語。"

請飯上方香積中，化座燈王師子吼，盡到毘耶方丈室，作其佛事對弘揚①。（佛子。）

今晨擬説甚深經，惟願慈悲來至此，聽衆聞經②罪消滅，總證菩提法寶身。（佛子。）

火宅忙忙③何日休，五欲終朝（招）④生死苦。（重述）不似聽經求解脱，學佛修行能不能？

能者虔恭合掌著，經題名目唱將來。

三身押坐文

常嗟多劫處輪迴，末法世中多障難，慚愧我世尊悲願重，唯留佛教在世間。

向娑婆世界作舟船，五濁劫中爲導首，只是衆生惡業重，敬信之心大嚑希。

見人造惡處强攢頭，聞道説經則佯⑤不採⑥，今生少善不曾作，來世覓人身大嚑難。

不知不覺大忙忙，不怕不驚長造罪，若不是者死王押⑦頭著，准擬千年餘（與）⑧萬年。

今朝希過大乘經，似見優曇花一種，暫解聽聞微妙法，萬劫身中惡業消。

輪王髻寶此時逢，窮子衣珠今日得，十法行中行一行，六千功德用嚴身。

---

① 揚，乙、丙二本作“經”。

② “聽衆聞經”四字丙本作“聽聞經教”。

③ “忙忙”二字録本作“茫茫”，底本實作“恾恾”，乃“忙忙”之别構（《玉篇·心部》：“忙，同恾。”）。又，甲、乙、丙三四卷均作“忙忙”，可助互堪。“忙忙”即忙迫之貌。

④ 朝，此當讀如“招”。録本徑作“招”，不合原卷。

⑤ 佯，録本誤作“伴”，據底本及甲本改。

⑥ 採，後作“睬”。

⑦ 丁本：“押，疑當讀作‘壓’，敦煌寫本‘押’‘壓’通用。”按：《正字通手部》：“押，與壓通。”

⑧ 丁本：“餘，當讀作‘與’。”

既能來至道場中，定是願聞微妙法，樂者一心合掌著，經題名字唱來。

今朝法師説其真，坐下聽衆莫因修，念佛急手歸舍去，遲歸家中阿婆嗔。

八相①押坐文

始從兜率降人間，先向王宫示生相，九龍齐啜②香和水，争浴③蓮花葉上身。

聖主摩耶往後薗，頻（嬪）④妃婇女走（奏）⑤樂喧，魚透碧波堪賞翫，無憂花色最宜觀。

無憂花樹葉敷榮，夫人彼中緩步行，舉手或攀枝餘葉，釋迦聖主袖⑥中生。

釋迦慈父降生來，還從左脇出身胎，九龍灑水早是祓⑦，千輪足下有瑞蓮。

阿斯陀仙啓大王，太子瑞應□（極?）⑧貞祥⑨，不是尋常等閑事，必作個菩提大法王。

前生與殿下結良緣，賤妾如今豈敢専？是日耶輪再三請，太子當時脱指環。

長成⑩不戀世榮華，厭患深宫爲太子，捨卻金輪七寶位，夜半逾城願

① 相，録本誤作“指”，結合文意，據底本丁本改。

② 啜，録本誤作“嗢”，據底本改。

③ 浴，録本訛作“洛”，據底本改。

④ 頻，此當讀如“嬪”（二字《廣韻》皆音符真切）。

⑤ 丁本：“走，當讀作‘奏’。伯 2999 等卷《太子成道經》此句二見，字皆作‘奏’。”

⑥ 袖，録本及底本作“神”，結合文意，據丁本改。

⑦ 此處“祓”有“使潔净”義。《史記・龜策列傳》：“常以月旦祓龜，先以清水澡之，以卵祓之，乃持龜而遂之，若常以爲祖。”司馬貞索隱：“拂洗之以水。”

⑧ 該缺字底本較模糊，丁本作“極”字。

⑨ 丁本：“貞，當讀作‘禎’。伯 2999 等卷《太子成道經》正作‘禎’。‘禎祥’同義連文。”

⑩ 成，録本誤作“曳”，底本作“𢦏”，實乃“成”字手體。《碑别字新編》“成”字《魏元保洛墓誌》作“𢦩”。“𢦏”則又爲“𢦩”之省筆俗體。《敦煌變文校注・八相押座文》此字校作“成”字，可資比勘。

出家。

六年苦行在山中，鳥獸同居爲伴侣，長飢不食真修[①]飯，麻麥將來便短終[②]。

得證菩提樹下身，降伏衆魔成正覺，鷲領（嶺）峰頭放毫相，鹿苑初度五俱輪[③]。

先開有教益群情，次説空宗令悟解，後向靈山談妙法，益今利後不思議。

今晨擬説此[④]甚深經，唯願慈悲來至此。聽衆聞經，願罪滅消。[⑤]

就中[□][此][⑥]地足[⑦]悲哀，暫到成（城）南便不迴；侵晨行早尋沙逕，博（薄）[⑧]暮休程傍求糧。

憶兒母子應長（腸）[⑨]斷[⑩]，應須會裏見如來；今日講經功德行，願因逢[⑪]便早歸來。

就中此地是别離，每夜唯聞處處悲；借問因何懷悵惆，昨朝强賊捉余兒。

孤貧臨老遭如此，啓告黄（皇）[⑫]天願照之（知）[⑬]；儻[⑭]令母子重相見，由

① 丁本："真修，蔣禮鴻校作'珍饈'，甚是。自'長成不戀世榮華'以下十句抄手在同卷上重抄了一遍，重抄本'真修'作'珍修'，'珍'字固不誤。"

② 丁本："今謂'短終'當讀作'斷中'，'中'指'中食'，佛規以天中日午時爲齋時，過午則不得再食，故稱'斷中'。後亦引申指中午吃齋食。"

③ 丁本："五俱輪，同'五俱倫'，佛最初所度之五比丘也。"

④ 丁本："'此'字疑涉下句'此'字而衍，《維摩經押座文》、《温室經講唱押座文》及俄藏符盧格編一〇九號《押座文》相類文句皆無'此'字。"

⑤ 《八相押座文》至此已缺。後接書兩段，乃爲另一押座文，文題已佚。

⑥ 此，底本及録本無，據文義補。

⑦ 足，録本及底本作"是"，結合文意，據丁本改。

⑧ 博，此當爲"薄"之借字。

⑨ 長，此讀如"腸"（"長"字一音《廣韻》直良切，與"腸"同）。

⑩ 斷，録本及底本作"料"，結合文意，據丁本改。

⑪ 逢，録本及底本作"蓬"，結合文意，據丁本改。

⑫ 黄，此當爲"皇"之借字。

⑬ 此處丁本出校："照之，當作'照知'，寫卷'之''知'通用。照知，照察、察知。《李陵變文》：'丈夫百戰寧詞（辭）苦，只恐明君不照知。'"

⑭ 儻，底本作"黨"，當爲"儻"之訛省。

(猶)[①]如枯樹再生枝。

弟子布施一索[②],分難[③]之時願平美,孩[④]兒早出來,久住令賤[⑤]□□□。

此方日没西方照,莫道西沈日便無;此方入滅化餘方,莫道世尊真滅度。

譬如長天有月,被浮云障翳不出來;身中有佛性甚分明,被業障覆藏都不現。

欲長空月現,先須要假細狂風;欲得身中佛性明,事須懃聽大乘經[⑥]。

纔云被狂風吹散去,月影長空便出來;在聽甚深微妙法,身中佛性甚分明。

一沾(點)[⑦]兩沾(點)三[⑧]沾[⑨]雨,滅卻衢中多少塵;一句兩句大乘經,滅卻身中多少罪。

我擬請佛,恐人坐多時,便擬説經。願不願?[願][⑩]者檢(斂?)心[⑪][□][合][⑫]掌待。

---

① 由,此當爲"猶"之借字。清劉淇《助詞辨略》卷二:"由,與猶通。"

② 丁本:"'索',疑當讀作'束','束'爲量詞,'一束'似指布匹或錢幣而言。"

③ "分難"指孕婦臨産分娩時所遭遇的劫難。張小艷謂:"在醫療技術不發達的古代,對産婦及其家人而言,生産、分娩碎不是病患,然安危難測則更似遭遇'劫難'一般。因此時人往往把孕婦臨産分娩稱爲'臨難'、'分難'或'免難'。"(張小艷《敦煌社會經濟文獻詞語論考》第158—159頁,上海人民出版社2013年10月版。)伯3353號背《正月一五日女弟子希溢舍施疏》:"右所施意,爲己身臨難此月,願保平安,早得分難,無諸災障。今投道場,請爲念誦。"伯2900號《藥師經》題記:"上元二年十一廿七日弟子女人索八娘爲難月,願無諸苦惱,分難平安。"均其例。

④ 孩,録本及底本作"陪",結合文意,據丁本改。

⑤ "賤"字下疑脱三字。

⑥ 經,録本訛作"從",且誤屬下句,玆結合文意據底本改。

⑦ 沾,此當爲"點"之换旁訛俗字。下"沾"字同,不復校。

⑧ 三,録本誤作"二",據底本改。

⑨ 此處"沾"當爲"點"之音近借字。

⑩ 願,録本脱。按:底本此字乃一"願"之重文號。玆據補。

⑪ 丁本:"檢,似當讀作'斂','斂心'爲講經文中之習語。"

⑫ 丁本:"底本無'合'字,玆據文意擬補。《金剛般若菠蘿蜜經講經文》:'大衆斂心合掌著。'本卷《維摩經押座文》:'能者虔恭合掌著。'皆'合掌'爲詞,可證。"

西方還有白銀臺，四衆聽法心總開；願聞法者合掌著，都（却？）①講經題唱將來。

温室經講唱押座文

頂禮上方大覺尊，歸命難思清净衆；四智三身隨衆願，慈悲丈六釋迦文。

百千萬劫作輪王，不樂王宫恩愛事，捨命捨身千萬劫，直至今身證菩提。

生死海中久沈淪，不覺不知業力引，垢障消除今覩佛，光照三千世界中。

毘耶離國有庵園，奈女還生奈花中，寶樹枝條光色好，非凡非聖化生身。

祇域還從奈女生，妙通法術救衆生，能療衆病一切差（瘥），國稱“之（至）寶②大醫王”。

父號祇婆慈慜賢，下針之③疾立輕便；名高八國爲長者，迴喪起死閻浮中。

祇域思念牟尼尊，明□（旦）④敕家俱詣佛，直到靈山法會上，請佛沐浴及凡僧。

佛説七物各有功，不□（違？）⑤祈願浴法身；香湯能净凡聖衆，功德無量滿願中。

今晨擬説甚深文，唯願慈悲來至此；聽衆聞經罪消滅，總證菩提法寶身⑥。

閻浮濁惡實堪悲，老病終朝長似醉；已捨喧喧⑦求出離，端坐聽經能不能？

能者虔恭合掌著，經題名字唱將來。

---

① 都，底本似作“却”。待考。
② 丁本：“‘之寶’，疑當讀作‘至寶’。”
③ 丁本：“之，當讀作‘諸’。”
④ 旦，録本作缺文，兹據底本補。
⑤ 違，録本作缺文，兹據底本、丁本補。
⑥ 丁本：“寶，當讀作‘報’。法報身，即法身和報身。”
⑦ 底本於“喧”旁補一字，不可辨，丁本校爲“喧”字。

No. 2846 祈願文

［題解］

發願類佛事應用文，主要讚嘆被祈福者的美德，依次表達發願者的願心。敦煌文獻中存有斯 1181 一號，首殘尾殘，作者不詳，一卷。《敦煌寶藏》題作"結壇歸願文"，施萍婷編《敦煌遺書總目索引新編》擬題爲"結壇轉經供僧倡佛燃燈捨施發願文"，方廣錩、吴芳思（英）主編《英國國家圖書館藏敦煌遺書》該卷題爲"長興二年（932）曹議金功德回向疏（擬）"。今校注仍以《大正藏》本所據原卷斯 1181 號爲底本。

▭①□（九）②處結壇五日，每壇供僧一七人，散食然（燃）③燈，逐夜唱大□□□□□。

布壹疋，駝皮壹助，□□□□□□□□紙壹帖，□□□□□□□□。

右件結壇轉經供僧唱佛、然（燃）④燈捨施。所申意□□□□□龍天八部，護衛燉煌；梵釋四王，安民静塞。所□□□□□，吉逐舊歲，遠去他方，應是喜⑤瑞嘉祥，隨□□□□於□（蓮）⑥府。中天帝主，□闡⑦大猷，□□□□而歸

---

① 首缺。

② 九，録本作缺文，據底本補。

③④ 然，録本徑作"燃"。底本實作"然"，乃"燃"之古字。兹據改。

⑤ 喜，録本訛作"嘉"，據底本改。

⑥ 蓮，録本作缺文，據底本補。

⑦ 闡，録本訛作"衛"，據底本改。

京，八表咸臻而献欵(款)[①]。大王保位，寵禄日新；等五岳而齊高，比□□□不替。天公主永泰，竝桃李而芬芳。夫人乂安[②]，以(似)[③]春花而恒茂。□□□書，俊□(傑)[④]□□之全才。諸幼郎君，□□(負忠)[⑤]孝而許國。小娘子姊妹，丞(承)[⑥]妙冶[⑦]而居閨。合宅枝羅，保歡顔而納慶。然後□(傾)[⑧]□□□(城歡樂?)[⑨]，牧童賀舜日之□(誕?)[⑩]；□(闔)[⑪]境康寧，野老播堯年之慶；田祥五稼，千門倍盈於東皐[⑫]；歳[⑬]□□□，□□(萬户?)[⑭]廣收於南畝。朝庭奉使，早拜天顔；所奏邊情，果蒙聖允[⑮]。時消疾□(散)[⑯]，□癘[⑰]莫侵[⑱]，刁[⑲]

---

① 《字彙·欠部》："欵，俗'款'字。"

② 乂，録本訛作"叉"，據底本改。"乂安"乃同義聯文。《史記·孝武本紀》："漢興已六十餘歲矣，天下乂安。"亦其例。

③ 以，此乃"似"之借字。《集韵·止韵》："佀，或作似，亦省。"《漢書·高帝紀下》："鄉者夫人、兒子皆以君。"顔師古注引如淳曰："以或作似。"

④ 傑，録本作缺文。按：底本此字所存上半尚可辨"傑"字。玆據補。

⑤ "負忠"二字録本作缺文，據底本補。

⑥ 丞，此當爲"承"之借字。

⑦ 冶，録本訛作"治"，據底本改。

⑧ 傾，録本作缺文，據底本補。

⑨ 缺文据所殘存部分似爲"城歡樂"三字。待考。

⑩ 此字録本作缺文，底本從所殘部分看似作"誕"。待考。

⑪ 闔，録本作缺文，據底本補。

⑫ 皐，底本作"皐"，乃"皐"字俗體。《碑别字新編》："皐，魏冀州刺史元昭墓誌作'皐'。"《詩·大雅·緜》："乃立皐門，皐門有伉。"毛傳："王之郭門曰皐門。"

⑬ 歳，録本誤作"悉"，底本實爲"歳"字手體。

⑭ "萬户"二字録本作缺文。按："萬"字據文意補，"户"字底本尚可辨。斯 4537 號《結壇發願文》："千家竟競力于東皋，萬户勤耕于南畝。"可助勘。

⑮ 允，録本訛作"元"，據底本改。

⑯ 散，録本作缺文，據底本補。

⑰ 癘，録本訛作"勵"，底本實作"癘"，當爲"癘"之增旁俗體。

⑱ 侵，録本訛作"狼"，底本實作"𠎝"，乃"侵"之俗體。

⑲ 刁，録本訛作"刀"，據底本改。

□(斗)[1]藏音，狼煙罷[2]滅。今因壇散，詣就場道，渴□□□□□三尊，幸希迴向。

長興二年十二月二十六日，□□(河)[3]西歸義等軍[4]______

① 斗，録本作缺文。按：底本"斗"字尚可辨。

② 録本"罷"前衍一"羂"字。按：底本書手本欲書"罷"而誤作"羂"，發覺後於旁注正字。《大正藏》録本失察。

③ 河，録本作缺文。按：底本此字尚可辨。玆據補。

④ 以下缺。

No. 2847 祈願文

[題解]

發願類佛事應用文，主要讚嘆被祈福者的美德，依次表達發願者的願心。敦煌文獻中存有斯 1181v 一號(《大正藏》本出注"原大英博物館藏敦煌本斯 1181 號"，不確)，首殘尾全，作者不詳，一卷。方廣錩、吴芳思(英)主編《英國國家圖書館藏敦煌遺書》將該卷和斯 1181 號同題爲"長興二年(932)曹議金功德回向疏(擬)"。今校注仍以《大正藏》本所據原卷斯 1181v 號爲底本。

_____①即娑婆之界。誓心利物，故立方便之門，□□□□□惠建，八極安祥。樂音競走皷(鼓)②來迎，梵□□□□前引。意謂佃役難卻；妖分鬼魅，逐③千里□□，□□□(藏)④於地户。總斯多善，莫限良緣，先用□(奉)⑤□□(資梵)⑥

---

① 首缺。

② 皷，録本訛作"鼔"，據底本改。皷，亦作"鼓"。

③ 逐，録本訛作"遠"，據底本改。

④ 藏，録本作缺文，據底本補。

⑤ 奉，録本作缺文，據底本補。

⑥ 結合文意，缺文當爲"資梵"二字。斯 4474v 號《迴向文》："惟願以斯慶贊功德、迴向聖因，先用奉資梵釋四王、龍天八部：伏願威光轉盛，福力彌增，興運慈悲，救人護[國]。"可資互勘。"奉資"一詞義即奉獻資熏，在願文中常見。斯 2146 號《布薩文等》："又用功德，奉資聖神贊普：伏願明齊舜宇，靡(廉?)葉堯湯。"斯 343 號《亡妣文》："考斯勝福，莫限良緣，先用奉資亡靈去識：惟願白毫引道，一念升于梵天；紅蓮化生，刹那游于佛國。"斯 1441 號《亡文》："總斯多善、無限福因，先用奉資亡靈去識：惟願神生净土，識坐蓮台；花開聞解脱之香，舉足升涅槃之果。"皆其例。

□(釋)[①]四王、龍天八部：伏願威光熾盛，福力彌增，興□□□(運慈悲)[②]，救人護國。又持勝福，次用莊嚴我河西節□(度)[③]使[④]大王貴位：伏願南□□□(山作壽)[⑤]，北極標尊，長爲菩薩之人王，永應如來之付囑。又持勝福，次用莊嚴我河西都僧統和尚貴位：伏願敷[⑥]楊政述(術)[⑦]，鎮遏□□(玄门)[⑧]；色力堅於丘山，惠(慧)命延於遐□(劫)[⑨]。□□(又持)[⑩]勝福，次用□□(莊嚴)[⑪]□指撝尚書貴位：伏願金柯永茂，玉葉時芳，盤石增薰，唯城作鎮。又持勝福，次用莊嚴閻都衙、董[⑫]都衙、諸都頭貴位：伏願奇才出衆，無(武)藝[⑬]召(超)輪(倫)[⑭]，歸懷成物之能，共助明王之道。然後天下定，海内

① 釋，録本作缺文，據底本補。

② "運慈悲"三字底本殘，録本作缺文，據文意補。斯4474v號《迴向文》："伏願威光轉盛，福力彌增，興運慈悲，救人護[國]。"可資互勘。

③ 度，録本作缺文，據底本補。

④ "使"後録本有兩缺文，底本實無字，乃敬空號。兹據删。

⑤ "山作壽"三字底本殘，録本作缺文，據文意補。伯2058v號《發願文範本》："次用莊嚴我河西節度使令公貴位：伏願南山作受(壽)，北極標尊；長爲菩薩之人王，永應如來之付囑。"可資互勘。

⑥ 敷，録本誤作"敫"，底本實爲"敷"字手體。

⑦ 述，此讀如"術"。《逸周書·命訓》："六方三述，其極一也。"孔晁注："述與術同。"政術謂之理政方略。

⑧ "玄門"二字底本殘，録本作缺文，據文意補。斯6417號《置傘文》："又持勝福，復用莊嚴管内釋門都僧統和尚貴位：伏願敷揚政述，鎮遏玄門；色力堅于丘山，惠慧命俞逾于遐劫。"可資互勘。

⑨ 劫，底本殘，録本作缺文，據文意補。斯6417號《置傘文》："色力堅于丘山，惠慧命俞逾于遐劫。"可資互勘。

⑩ 結合文意，缺文當爲"又持"二字。兹據補。

⑪ 結合文意，缺文當爲"莊嚴"二字。兹據補。

⑫ 董，録本訛作"薰"，據底本改。

⑬ "無藝"二字費解。結合文意，此處"無"應爲"武"之音近訛字，"無藝"應即"武藝"。斯6417號《置傘文》："又持勝福，次用莊嚴董别駕已下諸官寮等：伏願奇才出衆，武藝超倫；俱懷恤勿物之能，助我太保之化。"可資互勘。

⑭ "召輪"二字不辭。聯繫文義，此處"召"當爲"超"之省旁訛俗體，"輪"當爲"倫"之同音借字(二字俱爲來母、諄韻，平聲)，"召輪"當即"超倫"，義即"出類拔萃"。斯6417號《置傘文》："伏願奇才出衆，武藝超倫。"可資互勘。

清,無聞征戰之名,有賴擁爲之□(化)①。摩訶般若,利樂無邊;大衆虔誠,一切普誦。

□□□□(僧官)②道□□記。

① 化,底本殘,録本作缺文,據文意補。伯 2058v 號《發願文範本》:"然後天下定,海内清;無聞征戰之名,有賴雍夷之化。"可資互勘。

② "僧官"二字録本作缺文,據底本補。

No. 2848 迴向文

［題解］

佛家於法會結束時齊聲朗誦的一種偈文，即發誓願共同皈依佛道。《大乘義章》卷九云："言迴向者，迴己善法，有所趣向，故名'迴向'。"即希望施自己之善根功德與予他者，並以己之功德而期他者皆成佛果，迴向於佛道。敦煌文獻中存有斯 1164v、斯 1164 二號，首尾相接，首殘尾全，作者不詳，一卷。《大正藏》録本出校："㊟大英博物館藏敦煌本斯 1164，首題新加。"按：録本開頭至"部落官尞，唯清唯直"所據卷實爲斯 1164v 號。方廣錩、吴芳思（英）主編《英國國家圖書館藏敦煌遺書》中該卷題爲"功德迴向文（擬）"。今校注仍以《大正藏》本所據原卷斯 1164 號爲底本，斯 1164v 號爲參校甲本。

＿＿＿①復持勝善，次用莊嚴當今大唐聖主：伏願聖壽尅②昌，皇□□□（風永播）③；金輪與法④輪齊轉，舜日與佛日□（永？）⑤□（耀）⑥；高視百王，長新萬劫。皇大（太）⑦子潛星少海澄闌，盤石增高，惟城作鎮。

故持勝善，次用莊嚴今六（大？）⑧和尚：伏願長承帝澤，爲灌頂之國師；永

---

① 首缺。

② 尅，録本作"剋"，據甲本改。《字彙·寸部》："尅，同剋。"然録本失真。

③ "風永播"三字録本作缺文，據甲本補。

④ 法，録本誤作"沈"，今據甲本改。

⑤ 此字據原卷殘存部分似作"永"。下文"永耀慈燈"、"心燈永耀"，皆可助勘。

⑥ 耀，録本作缺文。按：從所據卷甲本殘存部分可斷該字爲"耀"字。兹據補。

⑦ 大，録本誤作"太"，今據甲本改。

⑧ 六，此似爲"大"之訛字，待考。

鎮台階，贊明王之治化。

次持勝善，次用莊嚴都僧統和尚：伏願智峰[①]崇聳，德海洪深；命等松筠，福慶遐遠；即使長承國寵，永扇慈風；嘉聲溢於□（寰）[②]中，雅範流於像季。

次持勝善，次用莊嚴尚書貴體：伏願福山永固，神壽無疆；功業高於雲山，德量深於巨海；出持旌節，以静万方；入坐朝堂，百寮取則；來逢元日，恒保□（上？）[③]春；命等松筠，壽同劫石。

又持勝福，次用莊嚴大夫：伏願形同大地，歷千載而[④]恒安；福比山河；跨萬齡而永固；然後振芳聲於帝里，翔翼雲衢；流雅譽於鸞池，濯鱗漢水。

又持勝善，次用莊嚴安、姚二侍御：伏願聳瓊臺於天外，飛紫蓋於雲衢；命與天長，福將地遠；保離凶寇[⑤]，動止獲安；嚮震八方，往還清吉。

次持勝善，次用莊嚴尚書姟（孩）子[⑥]：紹千秋之寵，恒居萬代之榮；忠孝雙全，朱門繼襲。

次持勝善，次用莊嚴釋門教授等：伏願榮貴轉新，香名霞（遐）[⑦]布；入信帝坐，出統僧拳；群生因賴[⑧]次昇高，苦海恒施於寶筏。

次持勝善，次用莊嚴釋門法律等：惟願色力增固，壽命霞（遐）延；常爲苦海之津梁，鎮作法門之墻塹。

次持勝福，次用莊嚴都督公等：壽[□][命][⑨]遐遠，日往月來；福慶相暉，天長地久。

---

① 此處“峰”前甲本有一“山”字，當爲衍文，兹據文意删。

② 寰，録本作缺文。按：從甲本殘存部分可斷該字爲“寰”字。兹據補。

③ 據甲本殘存部分，此缺字似爲“上”字。《周禮·春官·天府》：“上春，釁寶鎮及寶器。”鄭玄注：“上春，孟春也。”

④ 而，録本誤作“所”，今依甲本改。

⑤ 此二字録本誤作“區□”，今據所據卷甲本改。

⑥ 此處“姟”當爲“孩”之换旁俗體。“姟子”當即“孩子”。

⑦ 霞，此乃“遐”之借字。《楚辭·遠遊》：“載營魄而登霞兮，掩浮雲而上征。”朱熹注：“《字彙部·雨部》：“霞，與遐同，古字借用。”下“霞”字同，徑括注其本字，不復注。

⑧ 賴，録本訛作“類”，今據甲本改。

⑨ 命，甲本無，據文義補。

次持勝福，次用莊嚴都部落使等：惟願福禄唯承，歡悮(娱)①日新；榮名尅(尅)②昌，美譽霞(遐)備；城隍尞③彩，盡亦盡忠；部落官尞(僚)④，唯⑤清唯直。⑥

次持勝福，次用莊嚴尊宿大德等：長垂像訓，匡護法城；永耀慈燈，紀綱梵宇。

次持勝善，次用莊嚴諸法將大德等：唯願智山岌立，德水澄清；禪枝茂而覺花敷，戒香熏而惠(慧)珠朗。

次持勝福，次用莊嚴諸尼大德等：唯願四依恒滿，六度專精；意樹恒春，心燈永耀；八功德水去垢除災，七净妙花莊嚴法體。

次持勝福，次用莊嚴鄉⑦官父杖(丈)⑧等：惟願壽同鬆(松)⑨柏，福比江湖，萬歲千秋，英⑩風莫變。

次持勝福，次用莊嚴諸父杖(丈)等：唯願一聞千悟，得大總持；罪垢不日而消除，功德善芽而增長；亦願春秋納慶，寒暑順宜；保富貴於千齡，演休祥於累劫。

---

① 悮，録本作"誤"，今據所據卷甲本改。此"悮"當爲"娱"之换旁俗體。

② 尅，所據卷甲本作"尅"，乃"尅"之俗體。前文"伏願聖壽尅昌"之"尅"所據卷甲本與此同，可資比勘。

③ 尞，録本作"燎"，今據所據卷甲本改。"尞"乃"燎"的古字。《漢書·禮樂志二》："靁電尞，獲白麟。"顔師古注："尞，古燎字。"

④ 尞，此讀如"僚"("尞"字《集韻》憐蕭切，"僚"字一音《廣韻》落蕭切，均來紐、蕭韻、平聲)。《隸釋·漢山陽太守祝睦後碑》："尞屬欽熙，孰不咨賢。"《隸釋·漢凉州刺史魏元丕碑》："詶咨群尞，惟德是與。"二例中"尞"皆通"僚"。

⑤ "唯"前録本尚有一"爲"字。按：所據卷甲本"爲"字旁有一廢棄符號"卜"。玆據删。

⑥ 以上底本殘，據所據卷甲本補。下文所據卷爲斯1164號。

⑦ 鄉，録本誤作"卿"，今據底本改。

⑧ 杖，此乃"丈"之後起字。"父杖"即"父丈"。下"杖"字同，徑括注其本字，不復注。

⑨ 鬆，此當爲"松"之增旁字。録本徑作"松"，且未出注，失真。

⑩ 英，録本誤作"莫"，底本實作"英"，乃"英"字手體。根據《碑别字新編》，"英"，《唐處士張洛墓誌》作"英"，可資參證。

次持勝福，次用莊嚴李和尚等：怛①某乙久蒙示訓，虛接晁(朝)堂②；恨生前不盡指揮，没後慚昇法座；以此思忖，倍益□□(心摧)③；開讚之物(初?)④，奉申迴向。唯⑤願神遊奈苑，欽覺□(跡?)⑥以尋真；夕愍(憩?)⑦花臺，染戒香而奉聖；金輪展轉，常馳歡喜之園；寶⑧筏⑨斯遊，迴汎□(八)⑩功德水。

次持勝福，次[□][用]⑪莊嚴某乙過□(往)⑫父母所生魂路：伏願足步金□(蓮)⑬，神遊□(寶)⑭界；遇⑮慈舟於定水，永竭昏河；揮惠(慧)劍於稠

① 怛，録本誤作"但"，今據底本改。《玉篇·心部》："怛，悲也。""怛"與下句的"恨"文義互應。

② 晁，録本誤作"鼎"，底本實作"[illegible]"，乃"晁"之手體。"晁"，此處同"朝"。《文選·揚雄〈羽獵賦〉》："于是天子乃以陽晁，始出乎玄宫。"李善注："陽晁，陽明之朝。晁，古字，同也。"《文選·馬融〈長笛賦〉》："山雞晨群，壄雉晁雊。"李善注："晁，古朝字。"故"晁堂"即"朝堂"也。

③ "心摧"二字録本作缺文，據底本補。《詩·邶風·北門》："我入自外，室人交徧摧我。"毛傳"摧，沮也。"。慧琳《一切經音義》卷第一《大般若波羅蜜多經》卷第一音義："摧滅：上藏雷反。顧野王云：'摧，折也。'《考聲》：'剉也。'"[T54n2128p313c23]"心摧"即内心沮喪。[南朝·宋]凉州沙門釋寶雲譯《佛本行經》卷第二："今不審王意，念尊心摧傷。"[T4n193p69c12]趙遷《大唐故大德贈司空大辨正廣智不空三藏行狀》："淚盡繼血，心摧魄喪。"[T50n2056p294c3—4]唐李白《丁都護歌》："一唱都護歌，心摧淚如雨。"均其例。

④ 底本此字作"[illegible]"，似"初"字增筆俗字，待考。

⑤ "唯"前録本衍一"一"字，兹據底本删。

⑥ 此缺字底本似作"跡"，待考。

⑦ 底本此字作"[illegible]"，似"憩"之訛俗體，待考。

⑧ 寶，録本誤作"室"，今據底本改。

⑨ 筏，録本誤作"茂"，今據底本改。

⑩ 八，録本作缺文，據底本補。

⑪ 用，底本無，據文義補。

⑫ 往，録本作缺文，據底本補。

⑬ 蓮，録本作缺文，據底本補。

⑭ 寶，録本作缺文，據底本補。

⑮ 遇，録本誤作"過"，今據底本改。

林[①],長袪愛網[②];所在[③]親族,咸[④]保貞潔;遠□(近)[⑤]枝羅,俱霑勝[⑥]益。

① “稠林”二字録本誤作“相材”,今據底本改。
② “袪愛網”三字録本訛作“被受□”,今據底本改。
③ “所在”二字録本誤作“□於”,今據底本改。
④ “咸保貞”三字録本作“成□□”,今據底本改。
⑤ 近,録本作缺文,據底本補。
⑥ 勝,録本誤作“潤”,今據底本改。

No. 2849 大乘四齋日

[題解]

佛教齋日儀軌文書。敦煌文獻中以"大乘四齋日"爲題的有斯 2567a、伯 3795(異本)二號,首全尾全,作者不詳,一卷。清代以前歷代大藏經未收,日本《大正藏》據斯 2567a 號收入其第八十五册,標題乃取卷首五字。今校注仍以《大正藏》本所據卷爲底本,擇取内容相關的斯 2568 號《地藏菩薩十齋日》爲參校甲本。

大乘四齋日:二月八日,四月八日,五月八日,七月十五日。年三長齋月:正月,五月,九月。六齋日:八日,十四日,十五日,二十三日,二十八日,三十日。十齋日:月一日善惡憍童子下[①],[□□□□□][八日太子下][②],十四日察命伺録下,十五日五道大神下,十八日閻羅王下,二十三日天大將軍下,二十四日帝釋下,二十八日太山府軍下,二十九日四天王下,三十日天曹地府下。一日童子下,念定光如來佛,除(持)齋除罪[③]四十劫,不墮刀槍地

① "下"字後底本有一"念"字,當係涉下文"一日童子下,念定光如來佛"句誤衍,兹據文意删。

② "八日太子下"五字底本及録本無,據文意補。同卷下文"八日太子下,念藥師琉璃光佛",可助互勘。

③ "除齋除罪"四字難以解讀。繫聯文意,前一"除"字當係"持"之誤書。甲本:"一日童子下,念定光如來[□][佛]……持齋除罪四十劫。"可助互勘。

獄;八日太子下,念藥師琉璃光佛,除(持)[①]齋除罪三十劫,不墮粉草(糞屎?)[②]地獄;十四日察命下,念賢劫千佛,除(持)[③]齋除罪一千劫,不墮鑊湯地獄;十五日五道大將軍下,念阿彌陀佛,除(持)齋除罪二百劫,不墮寒冰地獄;十八日閻羅王下,念觀世音菩薩,除(持)齋除罪九十劫,不墮劍樹地獄;二十三日天大將軍下,念盧舍那佛,除(持)齋除罪一千劫,不墮我(餓)[④]鬼地獄;二十四日太山府君下,念地藏菩薩,除(持)齋除罪九十劫,不墮鑱截地獄;二十八日天帝釋下,念阿彌陀佛,除(持)齋除罪一千劫,不墮鐵鋸地獄;二十九日四天王下,念藥王藥上菩薩,除(持)齋除罪七千劫,不墮磑磨地獄;三十日大梵天王下,念釋迦牟尼佛,除(持)齋除罪八千劫,不墮寒冰[⑤]。

---

① 繫聯文意,此一"除"字當係"持"之誤書。甲本:"八日太子下,念藥師瑠璃光佛……持齋除罪三十劫。"可助互勘。

② "粉草"二字似應作"糞屎"。甲本:"八日太子下,念藥師瑠璃光佛,不塗糞屎地獄,持齋除罪三十劫。"可助互勘。

③ 繫聯文意,此"除"字當係"持"之誤書,甲本即作"持"字,可助互勘。下"除"字同,徑括注其正字,不復校。

④ 繫聯文意,此處"我"當爲"餓"字之訛字。甲本:"二十三日大將軍下,念盧舍那佛,不墮餓鬼地獄,持齋除罪一千劫。"可助互勘。

⑤ 此句甲本作:"三十日梵天王下,念釋迦牟尼佛,不墮灰何地獄,持齋除罪八千劫。"

No. 2850 地藏菩薩十齋日

［題解］

中國人所撰佛典。作者不詳，一卷。文甚短，約 200 字。其内容敘述在每月的十個特定的日子中，有哪些天神下界巡檢；在這些日子中應念誦哪些佛、菩薩之名；如此稱名持齋可不墮何種地獄以及可免罪多少劫。此經乃古代僧俗遵從的一種儀範，約形成於盛唐以後，並在相當長的時間内廣泛流傳。敦煌寫卷中屬同一抄本的有：斯 2568（首全尾全）、斯 4185（首全尾全，異本，每齋日後少“不塗……地獄，持齋除罪……劫”字樣）、斯 4443vb（首全尾殘）、斯 5892a（首全尾全，首題“地藏菩薩經十齋日”）、伯 3011（首全尾全），BD2918v3（北 6878v，陽 018v，首全尾全），法藏 P. t. 941（藏文本，首殘尾殘）；另有英藏 Ch. 9 Ⅱ. 17 是《古藏文音譯漢字寫本長卷》，其中第 278 至 290 行爲《地藏菩薩十齋日》。計 8 號。法國學者蘇遠鳴《敦煌寫本中的〈地藏菩薩十齋日〉》結合敦煌寫本中的漢文和藏文文獻和後世的刊本對《地藏菩薩十齋日》内容及根源作較爲詳盡的考察（載自《法國敦煌學精粹》（2），第 390—423 頁，甘肅人民出版社 2011 年 4 月版）。張總亦曾對敦煌本《地藏菩薩十齋日》作過解題和録校整理（張總整理本《地藏菩薩十齋日》，方廣錩主編《藏外佛教文獻》第 7 輯，第 348—371 頁，宗教文化出版社，2000 年 6 月版）。本文獻未爲中國歷代大藏經所收，亦未爲歷代經録所著録。日本《大正藏》據斯 2568 號録入其第 85 卷。今校注仍以斯 2568 號爲底本。校本擇取圖版較爲清晰的斯 5892a 號爲甲本，BD2918v3（北 6878v，陽 018v）號爲乙本。甲、乙二本均首題“地藏菩薩經十齋日”。

一日童子下，念定光如來[□][佛][1]，不塗(墮)[2]刀鎗地獄，持齋除罪四十劫；八日太子下，念藥師瑠璃光佛，不塗(墮)糞屎地獄，持齋除罪三十[3]劫；十四日察命下，念賢劫千佛，不塗(墮)鑊湯地獄，持齋除罪一千劫；十五日五道大將軍下，念阿彌陀佛，不墮寒冰地獄，持齋除罪二[4]百劫；十八日閻羅王下，念觀世音菩薩，不墮劍樹地獄，持齋除罪九十劫；二十三日大[5]將軍下，念盧舍那佛，不墮餓鬼地獄，持齋除罪一千劫；二十四日太山府君下，念地藏[6]菩薩，不墮斬斫[7]地獄，持齋除罪一千劫；二十八日帝釋下，念阿彌陀佛，不墮鐵鋸地獄，持齋除罪九十劫；二十九日，四天王下，念藥師[8][□][藥][9]上菩薩，不墮磑摩(磨)[10]地獄，持齋除罪七千劫；三十日梵天王下，念釋迦牟尼佛，不墮灰何(河)[11]地獄，持齋除罪八千劫。

---

① 佛，底本及録本無，據甲本補。

② 塗，此當係"墮"之誤書。甲本正作"墮"，可助勘。下"塗"字同，徑括注其正字，不復校。

③ 十，甲本作"万"。

④ 二，乙本同，甲本作"一"。

⑤ "大"字前甲本有一"天"字。

⑥ 藏，底本作"獄"。結合文意，據甲、乙二本改。

⑦ 斫，乙本同，甲本作"碓"。

⑧ 師，乙本同，甲本作"王"。

⑨ 藥，底本脱，據甲本補。

⑩ 摩，甲本作"**磨**"。《字彙補·石部》："**磨**，與'摩'同。"《説文·手部》："摩，研也。"段玉裁注："字多從'手'，俗從'石'作'磨'。"

⑪ 何，此乃"河"之借字。該字甲本正作"河"。

No. 2851 和菩薩戒文一本

［題解］

《和菩薩戒文》又題《和十戒文》、《和戒文》、《禍戒文》、《佛家勸善歌》等，浙藏196號《懺悔歌辭》經比勘實亦爲其中之一部分。該讚文爲佛家勸善之作，内容係演繹《梵網經》之菩薩十重戒，亦即讚文中之殺生戒、盜戒、邪淫戒、妄語戒、沽酒戒、自説戒、毀他戒、多慳戒、謗三寶戒。在敦煌卷子中，内容基本相同的菩薩和戒文有斯543v（首殘尾全）、斯1073b（首全尾全）、斯4301（首殘尾殘）、斯4662a（首殘尾全）、斯5457（首殘尾殘）、斯5557（首殘尾殘）、斯5894（首全尾全）、斯5977（首殘尾殘）、斯6211（首殘尾殘）、斯6631v（首全尾全）、斯8236（首脱尾脱，存33行）、伯2921（首全尾全）、伯3185（首殘尾全）、伯3241（首殘尾全）、伯3826號1（首全尾全）、伯4597（首全尾全）、BD8230（北7177，北服30，首全尾全）、BD8528（北8367，北推28，首全尾殘）、BD7805號1（北8362，北制5，首全尾全）、BD8374（北8366，北衣74，首全尾殘）、BD8059（北8411，北字59，首殘尾殘）、俄Дx00600（殘片，僅存12行）、俄Дx10452（殘片，僅存12行）、浙敦196（首殘尾殘）、上圖140（812590，首全尾殘）、傅圖35號背（首全尾殘）、伍倫31號（首全尾殘，首題“和戒文”），計27號。陳祚龍據斯1073b、斯6631v、伯2921、伯3185、伯3241、伯3826號1六個卷子對《和菩薩戒文》進行了重新校訂（陳祚龍《新校重訂敦煌古抄〈和菩薩戒文〉》，見《敦煌學園零拾》下册第666—679頁，臺灣商務印書館印行，民國七十五年五月初版）。于淑健《敦煌本〈和菩薩戒文〉考論》一文對敦煌文獻中存有此讚文的諸寫卷進行了初步調查和重新録校，探討了《菩薩和戒文》與菩薩戒授受之間的關係，并對《和菩薩戒文》的傳抄及其流布情況做了簡要分析（于淑健《敦煌本〈和菩薩戒文〉考論》，《敦煌研究》2008年第

1期)。本校注仍以《大正藏》所據原卷斯1073b號爲底本。參校本:斯4301、斯4662a、斯5457、斯5557、斯5894、斯5977、斯6211、斯6271、斯6631v、伯3241、伯4597、北服30、北推28、北制5、北衣74、北字59諸卷。

[□□□□□□][《經》云:"敬心奉持。"]①

[□□][和云]②:"深心③渴仰,專注法音。惟願戒師,慈悲廣説④。"

[□□□□][一、煞生戒。]⑤

和云:"諸菩薩,莫殺生,殺生必當墮火坑⑥;殺命來生短命報,世世⑦兩目復⑧雙盲;勸請道場諸衆等,共斷殺業不須行。佛子。"

[□□□][二、盗戒。]⑨

"諸菩薩,莫偷盗,[□□][偷盗]⑩得物猶嫌⑪少;死後即作畜生身,被⑫毛戴⑬角來相報;終日驅牽不停息,無有功夫食水草。猶□(恐)⑭迷心不覺

① "經云敬心奉持"六字底本及録本無,結合文意,據斯6631v、伯4597二卷補。

② "和云"二字底本及録本無,結合文意,據斯6631v、伯4597二卷補。

③ 深,録本訛作"凉",據底本及其餘諸卷改。"深心",梵語adhya^s/aya,爲三心之一,又稱"深信"。求法之心深重云"深心",又求深高佛果之心云"深心",又於深因種德難拔云"深心"。《觀無量壽經》曰:"二者深心。"净影疏曰:"求心殷重,故曰'深心'。"天臺疏曰:"'深'者佛果深高,以心往求,故曰'深心'。"《維摩經·佛國品》曰:"深心即是净土。"注曰:"肇曰:'樹心衆德深固,故難拔,深心也。'"《維摩經·菩薩品》曰:"深心即是道場,增長功德故。"謂凡夫迷之深固也。

④ "慈悲廣説"四字底本作"廣垂湖演",結合文意,據斯5457、斯5977、斯6211、北服30、北推28、北制5諸卷改。

⑤ "一、煞生戒"四字底本及録本無,結合文意,據北服30卷補。

⑥ "火坑"二字録本訛作"大抗",據底本及其餘諸卷改。

⑦ "世世"二字録本訛作"娑婆",據底本及其餘諸卷改。

⑧ 復,録本訛作"傷",底本實作"復",乃"復"之省筆俗體。

⑨ "二、盗戒"三字底本及録本無,結合文意,據北服30卷補。

⑩ "偷盗"二字底本及《大正藏》録本無,結合文意,據其餘諸卷補。

⑪ 嫌,録本訛作"孃",底本實作"嫌",乃"嫌"之手體。

⑫ 被,斯4301、斯5894、斯5977、斯6211、伯3241諸卷作"披"。

⑬ 戴,録本訛作"載",據底本及其餘諸卷改。

⑭ 恐,録本作缺文,據底本及其餘諸卷補。

知，是故慇懃重[□][相]①報。佛子。”

[□□□□][三、耶(邪)淫戒。]②

“諸菩薩，莫邪淫，邪淫顛倒罪根深③；鐵床岌岌④來相向，銅⑤柱赫赫競來侵⑥；舉⑦身遍體皆紅⑧爛，因⑨何不發菩提心？佛子。”

[□□□□][四、妄語戒。]⑩

“諸菩薩，莫妄語，妄語當來墮惡趣⑪；不見言見詐虚言，鐵犁耕舌並解鋸；为利名誉⑫或(惑)衆生，欺誑師僧及父母；若能懺悔正思⑬惟，當來必離波吒苦。佛子。”

[□□□□][五、酤酒戒。]⑭

“諸菩薩，莫估(酤)酒，估(酤)酒洋(烊)銅來灌口；足下火出炎連天，獄卒持鋅斬兩手；總爲昏癡顛倒人，身作[□][身]⑮當身自受；仍被驅將⑯入阿

---

① 相，底本及録本無，結合文意，據其餘諸卷補。

② “三、耶淫戒。”四字底本及録本無，據北服 30 卷補。

③ 深，録本訛作“凉”，據底本及其餘諸卷改。下文“罪因罪果罪根深”中“深”録本亦訛作“凉”，徑改之，不復校。

④ 岌，底本及録本均作“[illegible]”字，當爲“岌”之省筆俗體。其他諸卷均作“岌岌”，今據改。“岌岌”，危急貌。《漢書・韋賢傳》:“彌彌其失，岌岌其國。”顔師古注:“岌岌，危動貌。”

⑤ 銅，録本訛作“鋸”，據底本及其餘諸卷改。

⑥ 侵，録本訛作“假”，據底本及其餘諸卷改。

⑦ 舉，録本訛作“阜”，據底本及其餘諸卷改。

⑧ 紅，録本訛作“沾”，據底本及斯 5894、斯 6631v、伯 3241、伯 4597、北衣 74 諸卷改。

⑨ 因，録本訛作“曰”，底本實作“囙”，其他諸卷亦作“囙”，乃“因”字之常見俗字。

⑩ “四、妄語戒。”四字底本及録本無，據北服 30 卷補。

⑪ “妄語當來墮惡趣”七字録本作“□來誰趣”，底本實爲“當來墮趣”。因與下文七字不協，結合文意，據斯 4662a、斯 5557、斯 5894、斯 6631v、伯 4597、北服 30、北制 5 諸卷補“妄語”、“惡”三字。

⑫ “名譽”二字中“名”字録本訛作“見”，“譽”字録本作缺文，今據底本及其餘諸卷改。

⑬ “正思”二字録本訛作“不忍”，今據底本改。

⑭ “五、酤酒戒。”四字底本及録本無，據其餘諸卷補。

⑮ 身，底本及録本無，結合文意，據其餘諸卷補。

⑯ 將，録本訛作“掠”，據底本及其餘諸卷改。

鼻，鐵壁千重無處走①。佛子。”

［□□□□］［六、自説戒。］②

“諸菩薩，莫自説，自説喻若湯澆③雪；造罪猶如一刹那，長入波吒而悶絶；連明曉夜下長釘，眼耳之中皆泣血；罪因罪果罪根深，乃被牛頭來拔舌；不容乞命暫分④疏，獄卒持杈⑤而俠泄⑥。佛子。”

［□□□□］［七、毁他戒。］⑦

“諸菩薩，莫毁他，毁他相將入奈［□］［河］⑧；刀劍縱⑨横從後趂⑩，跳⑪入

---

① 走，録本訛作“事”，據底本及其餘諸卷改。

② “六、自説戒。”四字底本及録本無，據北服30卷補。

③ 澆，底本、録本訛作“洗”，結合文意，據斯543v、斯4301、斯4662a、斯5557、斯5894、斯5977、斯6631v、伯3241、北字59、北推28、北服30諸卷改。

④ 分，録本訛作“而”，據底本及其餘諸卷改。“分疏”即“辯解”、“訴説理由”，爲敦煌文獻中常見俗語詞，例多不贅舉。

⑤ 杈，録本訛作“秉”，據底本及斯4662a、斯5457、斯5977、斯6631v、伯4597諸卷諸卷改。

⑥ 俠，録本訛作“使”，今據底本改。“俠泄”二字，斯4301作“夾□（末字右旁“世”尚可辨）”，伯4597、斯4662a、斯5457三卷作“使泄”，伯3241、北衣74二卷作“挾泄”，斯543v作“硤柵”，斯5977作“硤抴”，斯5557、斯5894二卷作“狹洮”，斯6631V作“峽泄”，北字59卷作“梜栧”，北服30作“夾栧”，北制5作“挾契”，北推28作“俠揳”。此二字正當作“夾抴”或“挾抴”。“使”乃“俠”形譌。“硤”、“狹”、“峽”、“梜”、“俠”當讀作“夾”、“挾”，夾持也。“泄”、“栧”讀作“抴”，“洮”乃“泄”之形誤字。字亦作“曳”、“拽”，拖拉也，牽引也。“契”、“揳”又其音轉字。《儀禮・士相見禮》“舉前曳踵”漢鄭玄注：“古文曳作‘抴’。”［晋］常璩《華陽國志・蜀志》：“還到梓潼，見一大蛇入穴中，一人攬其尾，掣之不禁，至五人相助，大呼抴蛇，山崩。”《廣韻・薛韻》：“抴，亦作拽，拕也。”《廣韻・歌韻》：“拕，曳也，俗作拖。”“夾抴”即夾持拖拽也。

⑦ “七、毁他戒。”四字底本及録本無，據北服30卷補。

⑧ 河，底本及録本無，結合文意，據斯5557、北衣74、北服30、北制5諸卷改。

⑨ 縱，録本訛作“毁”，底本該字不可辨。今據斯4662a、斯5977、斯6631v、伯4597、北字59、北服30、北制5、北推28諸卷改。

⑩ “從後趂”三字録本訛作“役度趣”，據底本及其餘諸卷改。

⑪ 跳，録本訛作“獄”，底本漶漫不清。今結合文意，據其餘諸卷改。

泥水便騰波①;混鈍猶如鑊[□][湯]②沸,一切地獄盡經過;皮膚血肉如流水,何時得離[此]③波吒? 佛子。"

[□□□□][八、多慳戒。]④

"諸菩薩,莫多慳,多[□][慳]⑤積寶□(縱)⑥似⑦山,見有貧窮來乞者,一針一草不能判⑧;貪心不識知厭足,當來空手入黄泉! 佛子。"

[□□□□][九、多嗔戒。]⑨

"諸菩薩,莫多嗔,多嗔定受蟒⑩蛇身;婉轉腹⑪行無手足,爲□(緣)⑫前世忿怒因⑬;八萬個⑭□□(小蟲)⑮來唼食,遺⑯留白⑰骨及⑱皮□(筋)⑲;受斯

---

① "騰波"二字底本及録本均作"月養被",結合文意,當爲"騰波"之訛字。"騰波"一詞,典籍中經見,無須贅述。

② 湯,底本及録本無,結合文意,據其餘諸卷補。

③ 此,録本脱,據底本及其餘諸卷補。

④ "八、多慳戒"四字底本及録本無,據北服30卷補。("慳"北服30卷作"㥶",當爲"慳"字之换旁俗字,其他各本均作"慳",可資比勘。)

⑤ 慳,底本及録本無,結合文意,據其餘諸卷補。

⑥ 縱,録本作缺文,據底本及其餘諸卷補。

⑦ 似,底本及録本作"仍",當爲"似"之訛字。今結合文意,據其餘諸卷改。

⑧ 判,録本作"制",據底本及斯4622、斯4557、斯6631v、伯4597、伯3241諸卷改。"判"有"分割"義,《説文》:"判,分也。"

⑨ "九、多嗔戒。"四字底本及録本無,據文意補。

⑩ 蟒,底本及録本訛作"奔",今結合文意,據斯5557、北字59、北制5諸卷改。

⑪ 腹,底本及録本作"腸",當爲"腹"之訛字。今結合文意,據斯4622、斯4557、斯6631v、伯4597、北衣74、北服30諸卷改。

⑫ 緣,録本作缺文,據底本補。

⑬ 因,録本訛作"曰",底本及其餘諸卷實作"囙",爲"因"字之俗體。

⑭ 個,録本訛作"筒",據底本及其餘諸卷改。

⑮ "小蟲"二字録本作缺文,據底本補。

⑯ 遺,北字59作"惟"。

⑰ 白,底本及録本作"自",當爲"白"字之訛。

⑱ 及,底本及録本作"乃",今結合文意,據其餘諸卷改。

⑲ 筋,録本作缺文,據底本補。

痛①苦難堪忍，何時卻②得復③人身？佛子。”

[□□□□□][十、謗三寶戒。]④

“諸菩薩，莫謗三寶，若謗三寶墮惡道；三百具長釘釘定心⑤，叫⑥喚連天聲浩浩；謗佛謗[□][法]⑦更□(加)⑧嗔，銅開鐵棒⑨來相拷⑩；痛哉苦哉不可論，何時值遇天堂⑪道？佛子。”

和云：“微塵至(之)犯，累⑫極千生；勝果菩提，斯皆頓失。既⑬嬰六道，良亦可悲。天上人間，取生何路？”

[□□□□□□□][《經》云：“墮三惡道中。”]⑭

和云：“犯戒知(之)⑮報，已落三途。未審⑯於中，死經幾劫⑰？”

---

① “受斯痛”三字中，錄本“受”、“痛”二字作缺文，據底本補(“痛”底本作“𤸷”，當爲“痛”字之訛，今結合文意，據其餘諸卷改)；“斯”訛作“所”，據底本改。

② 卻，錄本訛作“劫”，據底本改。

③ 復，錄本作“勝”，底本作“腸”(腸)，均當爲“復”之訛字。今結合文意，據其餘諸卷改。

④ “十、謗三寶戒。”五字底本及錄本無，據文意補。

⑤ “三百具長釘釘定心”錄本原作“三百貝長釘定釘處”，底本實作“三百具長釘定釘定心”，且前一“定”字前底本有一刪除號。

⑥ “叫”字前錄本原有一缺文，細核底本，實無字。茲據刪。

⑦ 法，底本及錄本無，據其餘諸卷補。

⑧ 加，錄本作缺文，據底本補。

⑨ 棒，錄本訛作“櫸”，據底本改。

⑩ 拷，錄本訛作“悖”，據底本改。

⑪ 堂，錄本訛作“掌”，據底本改。

⑫ 累，錄本訛作“黑”，據底本改。

⑬ 既，錄本訛作“玩”，據底本改。

⑭ “經云墮三惡道中”七字底本及錄本無，結合文意，據斯 4662a、斯 6631v、伯 4597 諸卷補。

⑮ 知，斯 5894、浙敦 196 卷作“諸”，伯 3241、伯 4597、北服 30 另抄文作“之”。按：此“知”讀如“之”。另，《廣雅·釋言》：“諸，之也。”清王引之《經傳釋詞》卷九：“諸、之一聲之轉。”

⑯ 審，底本及錄本作“番”，結合文意，據斯 4662a、斯 5977、斯 6631v、伯 3241、伯 4597、浙敦 196、北衣 74 諸卷改。

⑰ “死經幾劫”四字底本作“死經幾歲”，《大正藏》錄本訛“死”作“所”，結合文意，據斯 5894、斯 5977、北衣 74 改。

[□□□□□□□][《經》云:“二劫三劫。”]①

和云:“墮[□][三]②惡道中,已至極苦。更經劫數,誠可痛心。歲月遐③長,不知得聞父母三寶名字已否?”

[□□□□□□□□□□][《經》云:“不聞父母三寶名字。”]④

和云:“苦哉! 苦哉!”

[□□□□□□□□□][《經》云:“已是不應一一犯。”]⑤

[□□□□□□□□□□□□□□□□□□□□□□□□□□][和云:“汝等一切諸菩薩,已學、當學、今學,如是十戒應當學。”]⑥

[□□□□□□□][《經》云:“敬心奉持。”]⑦

和云:“蓮花藏戒,今日得聞。衆共傾心,願垂廣説。”

[□□□□□□□][《經》云:“敬心奉持。”]⑧

和云:“我今懺悔,不敢覆藏。惟願戒⑨師,慈悲廣説。”

[□□□□□□□][《經》云:“敬心奉持。”]⑩

和云:“大師密藏,甘露真詮。喜慶今聞,願垂廣説。”

[□□□□□□□][《經》云:“敬心奉持。”]⑩

---

① “經云二劫三劫”六字底本及録本無,結合文意,據斯 4662a、斯 6631v、伯 4597 諸卷補。

② 三,底本及録本無,結合文意,據斯 4662a、斯 5977、浙敦 196 諸卷補。

③ 遐,録本作“疑”,底本不可辨,今結合文意,據斯 4662a、斯 5894、斯 5977、斯 6631v、伯 3241、伯 4597、北服 30 另抄文改。

④ “經云不聞父母三寶名字”十字底本及録本無,結合文意,據斯 4662a、斯 6631v、伯 4597 諸卷補。

⑤ “已是不應一一犯”七字底本及録本無,結合文意,據斯 4662a 號補。

⑥ “汝等一切諸菩薩,已學、當學、今學,如是十戒應當學”一句底本及録本無,結合文意,據斯 4662a 號補。

⑦ “經云敬心奉持”六字底本及録本無,結合文意,據斯 4662a 卷補。

⑧ “經云敬心奉持”六字底本及録本無,結合文意,據斯 4662a、伯 4597 卷補。

⑨ “戒”字前底本及録本尚有一“戒”字,當爲衍文,據文意删。

⑩⑩⑫ “經云敬心奉持”六字底本及録本無,結合文意,據斯 4662a、斯 6631v、伯 4597 卷補。

和云："如來心地，曠劫難[11]聞。今遇宣揚，願垂廣説。"

[□□□□□□□][《經》云："敬心奉持。"][12]

和云："恒沙戒品，希遇宣揚。惟[12]願戒師，慈悲廣説。深[13]心慚愧，不敢覆藏。露膽披肝，發露懺悔。曠大劫來，恒沙罪障，今聞此戒，並得消除。慚愧戒師，布施歡喜。"[14]

乾符肆年四月，報恩寺寫記。

---

⑪ 難，録本訛作"障"，底本實爲"難"之手體。

⑫ "惟"字前底本及録本尚有一"願"字，當爲衍文，據文意删。

⑬ 深，録本訛作"凉"，據底本及其餘諸卷改。

⑭ "布施歡喜"四字後，斯 6631v 號有"和戒文一本"一句，斯 4662a 號後接"菩薩唱道文"，伯 4597 號後則接"西方樂讚文"、"佛母讚文"、"十二光禮法身禮"等唱讚文集，北字 59、北制 5 號後有"散蓮花落"讚文。

No. 2852 入布薩堂説偈文等

[題解]

偈頌類佛教著作。敦煌文獻中存有斯 2580a 一號，首尾完整，作者不詳，一卷。《敦煌寶藏》題作“入布薩堂説偈文”，施萍婷編《敦煌遺書總目索引新編》擬題爲“入布薩堂説偈文等九種”，計抄録入布薩堂説偈文、受水偈文、浴籌説偈文、受香湯説偈文、唱行香説偈文、受籌説偈文、還籌説偈文、清净妙偈文、布薩竟説偈文等九種偈文。清代以前歷代大藏經未收，日本《大正藏》據斯 2580a 號收入其第八十五册。今校注仍以《大正藏》本所據原卷斯 2580a 號爲底本。

持戒清净如滿月，身口皎潔無瑕穢，清净和合無違諍，爾乃可得同布薩。

受水偈文

八功德水净諸塵，灌掌去垢心無染，奉持禁戒無缺犯，一切衆生悉如是。

浴籌説偈文

羅漢聖僧集，凡夫衆和合，香湯浴净[□][籌][1]，布薩度衆生。

受香湯説偈文

香水勳沐澡諸垢，法身具足五分充，般若圓照解脱滿，群生同會法界融。

---

① “净”字後底本、録本脱一“籌”字。《四分律删繁補闕行事鈔》卷上：“羅漢聖僧集，凡夫衆和合，香湯浴净籌，布薩度衆生。”[T40n1804p035c14]兹據補。

唱行香説偈文

戒香、定香、解脱香，光明雲臺遍世界，供養十方無量佛，見聞普勳證寂滅。

受籌説偈文

金剛無礙解脱籌，難□□□□□（得難遇如今）[1]菓，我今歡喜頂戴受，一切衆生悉如是。

還籌偈文

具足清净受此籌，具足清净還此籌，堅持禁戒無缺犯，一切衆生悉如是。

清净妙偈文

清净如滿月，清净應布薩，身口業清净，爾乃同布薩。

布薩竟説偈文

諸佛出世第一快，聞法奉行歡喜快，大衆和合寂滅快，衆生離苦安樂快。

---

① “得難遇如今”五字底本殘、録本作缺文，據《四分律删繁補闕行事鈔》卷上[T40n1804p036a18]補。

No. 2853 布薩文等

[題解]

佛教典籍,敦煌文獻中存有斯 2146 一號,作者不詳,一卷。方廣錩、吴芳思(英)主編《英國國家圖書館藏敦煌遺書》中該卷題爲"齋文集鈔(擬)"。内有"布薩文"、"罷四季文"、"行城文"、"行軍轉經文"、"置傘文"等。清代以前歷代大藏經未收,日本《大正藏》據敦煌本收入第八十五册。《敦煌願文集》(黄征、吴偉校録,岳麓書社 1995 年 11 月版)依據斯 2146 號及其它敦煌寫卷對此部分内容進行了校録。今校注仍以《大正藏》本所據原卷斯 2146 號爲底本,另以《敦煌願文集》爲參校甲本。

▭[①]諸佛現興,善權化物。群生瞻奉,鄙惑消亡。雖法闡三乘,戒□□□□□□□鈍,開合有差。凡所見聞,倶蒙勝益。此會事也。時我□□□□爰及教授闍梨,爲勸道之主也。將使真風廣扇,佛日重明,□□□□謝之端,士[②]庶展聽聞之福。于時開寶地,竪金幢。香煙與瑞□□□□,清梵共笙歌而合響。"籌"稱"解脱",頂戴受持;"戒"號"防非",深□□□。菩提藏種,霑甘露以抽芳;覺樹祥花,結香園之味果。以斯一一□□□□,先用莊嚴梵釋諸王,龍天八部:惟願身光增益,聖力冥□(加)[③];

---

① 首缺。

② 士,録本訛作"土",據底本改。

③ 此缺文底本作"加",玆據補。同卷下文:"惟願威靈潜衛,聖德冥加。"亦可助勘。

□(興)[①]念含生，匡茲教法；使陰陽應序，風雨聲(齊)[②]和，稼穡豐登，人民樂業。又□(次?)[③]勝福，莊嚴聖神贊[□][普][④]：伏願壽齊聖石，命等靈椿；官寮善披無疆，尊宿福資有識；然後兵刀永絶，教跡流通，凡厥含情，俱登覺道。

布薩文

夫法王應現，威振大千；法教興崇，弘通是務。况宣傳戒藏，每月二時；精守不逾，福資家國。於是幢(撞)[⑤]鍾(鐘)召衆，奏梵延僧；香騰五雲，幡暉衆綵。總斯多善，無限良緣，即用莊嚴上界天仙、龍神八部：惟願威靈潛衛，聖德冥加，使日月貞明，陰陽克序，和風應節，甘雨順時，四人有樂於安邊，萬里無虞於永歲；即願法[風][⑥]永扇，釋教弘敷，一切含靈，俱登覺道。

布薩文

夫竊見流沙一方，緇徒累百。其能秉惠(慧)炬、建法幢、弘志教於即時、竪津梁於來世者，豈非我“教授”之謂歟？故能使二部律儀，策懃而不倦；三□□躅，相繼而無窮。布薩之法，洗滌於煩籠；住持之功，繼明於動植。唯願

① 此缺文當作“興”。伯 2255v 號《釋門應用文範》：“伏願身光增益，聖力冥加；興念含生，匡兹教法。”伯 2854(7)號《竪幢傘文》：“唯願身光增益，聖力冥加；興念蒼生，匡兹教法。”皆可參證。兹據補。

② 聲，伯 2255v 號《釋門應用文範》作“齊”。“聲”當爲“齊”之訛字。“齊和”猶言調和也。

③ 此缺文底本似作“次”，待考。

④ 普，底本、録本無，據上下文意補。同卷下文：“又用功德，奉資聖神贊普。”可助互勘。

⑤ 幢，此當讀如“撞”(二字《廣韻》皆可音直絳切)。

⑥ 甲本校記：“原文此句當脱一字，録文兹補於‘法’字下，似可補作‘音’、‘雲’、‘風’一類的字。”按：此脱字當補“風”字，與“扇”相應。斯 1164v 號《迴向文》：“即使長承國寵，永扇慈風。”斯 5957 號《釋門應用文範》、斯 6417 號《置傘文》、伯 2226v(6)號《散經文》、伯 3084(1)號《開經文》並有“甘露恒清，祥風永扇”語。伯 2915(1)號《諸雜齋文一卷》：“理應久留世表，永扇家(嘉)風。”皆可參。

以斯白①□(業)②無疆③福因,先用莊嚴梵釋四王、龍天八部:即願福德逾增,威光轉盛,消除疫癘,利樂生靈;三邊無變恠之憂,百穀有豐登之樂。又用功德,奉資聖神贊普:伏願明齊舜宇(禹)④,靡(美)⑤叶堯湯;補(布)⑥恩惠於八方,視⑦鹼(黔)⑧黎於一子。次用功德莊嚴我節兒上論:伏願榮高往歲,慶益今辰。此用莊嚴都督社公:惟[□][願]⑨福逐年長,壽逾金石;然後散霑法界,普及有情。

罷四季文

夫佛日舒光,無災不遣;般若流演,何⑩福不臻?今者啓八龍之寶藏、開五印之真文、會二百之梵輪、於三旬而轉誦者,則我當今聖神贊保,願功德之

---

① 白,録本訛作"自",據底本改。

② 業,録本作缺文,據底本補。"白業"對於"黑業"之稱,總謂善業。以善爲清白之法,又感清白無垢之果故也。慧遠述《大乘義章》卷第七:"善法鮮净,名之爲'白'。"[T44n1851p606b25—26]義净譯《根本説一切有部毘奈耶雜事》卷第八:"大王當知白業白報,黑業黑報,雜業雜報。是故應舍黑、雜二業,當修白業。"[T24n1451p239b15—18]

③ 疆,底本作"藴",當爲"疆"之形訛,《大正藏》所校是。下《罷四季文》:"相此殊勝,無疆福因,先用莊嚴。"斯5957號《釋門應用文範》:"總斯多善、無疆勝因,先用奉資上界天仙、下方龍鬼。"斯1337號《道場願文》:"總斯多善、無疆勝因,先用莊嚴梵釋四王、龍天八部:伏願威光盛神力昌,振娑娑,護法界,注鑄劍戟,辟田疇;千秋無霜雹之災,萬國覇罷戰争之業。"皆可比勘。

④ "宇""禹"均音王矩切,《敦煌願文集・布薩文》校"宇"作"禹",是。

⑤ 甲本校記:"原文先寫作'美',復旁改作'靡',且未加删除符號。此仍取'美'字。"按:此"靡"當讀如"美",乃以同音字替代正字之例。《玉篇・非部》:"靡,好也。"《莊子・天下》:"不侈於天下,不靡於萬物。"成玄英疏:"靡,麗也。""此文説贊普德齊堯舜禹湯耳。

⑥ 甲本校記:"原文先寫作'布',復旁改作'補',且未加删除符號。録文徑從原寫字。"按:此當屬以音近字替代正字之例。

⑦ 視,録本訛作"親",據底本改。

⑧ 甲本校記:"原文'黔'字的右半部未及寫完即旁加删除符號,並接寫'鹼'字。此亦當屬以同音字替代正字之例。"

⑨ 甲本校記:"願,原文脱,此據發願文之常用句式補入。"按:所校是,兹據補。

⑩ 何,録本訛作"河",據底本改。

端叙矣。伏惟聖神贊普道邁羲軒，功超堯舜，握圖御①歷，秉録匡時，八表廊清，廣弘十善；家（加）②以别崇妙福，特竪芳因；建四季道場，希萬機永古（固）③；由是照（詔）④自丹⑤闕，遠令⑥燉煌；每歲修崇，恒爲常戒。今玆會者，則春季之終畢矣。是日也，元（原）⑦田初緑，桃苑讒（纔？）⑧紅；玉緤（牒）⑨向終，金言告罷。相此殊勝，無疆福因，先用莊嚴。

[□□□][行城文]⑩

夫應化無方，神用不倦；恩霑動植，福洽生靈。天中之天，獨擅其務。至於妙事，豈足繁詞？此端⑪之興，抑有由矣。今則三春中律，四序初分，絜拆

① 御，録本訛作"脚"，據底本改。

② 家，甲本校作"加"，是。此"家"乃"加"之同音借字（二字均可音古牙切）。

③ 古，甲本校作"固"，是。該字此讀如"固"（"古"字一音古慕切，與"固"同），萬機永固，指永作重臣。

④ 照，甲本校作"詔"，是。此"照"乃"詔"之同音借字（二字均可音之少切）。

⑤ 丹，録本訛作"舟"，據底本改。

⑥ 令，録本訛作"今"，據底本改。

⑦ 元，録本訛作"无"，又繁化作"無"，據底本改。元，後作"原"。

⑧ 結合文意，此"讒"似當爲"纔"之訛字，待考。

⑨ 此字録本作"綵"，底本作"緤"，當爲"縩（緤）"之訛俗體，玆據改。此"緤"則爲"牒"之换旁俗字，甲本校作"牒"，是。慧琳《一切經音義》卷第八十八："玉牒者，梵夾經論也。"[T54n2128p868c19]斯 5957 號《釋門應用文範》："若乃金言電擊，四諦之理將終；玉牒雲披，五時之教斯極。"沙門智周撰《成唯識論演祕》卷第二："大法王御宇，迷者目決於金言；上士韜光，惑者斷疑於玉牒。"[T43n1833p838b12—13]釋彦琮撰《唐護法沙門法琳别傳》卷中："所以我之種覺獨號'遍知'，遐唱四生，廣敷三報，欲使繁疑霧卷，夙滯雲披，玉牒周陳，金言備顯。"[T50n2051p206c13—15]皆其用例。

⑩ 甲本出校："斯二一四六，存文十二篇，此爲第五篇。原文共十一行，行約二十五字，行書，寫於背面，字跡清晰，無殘缺，失題，玆擬題爲《行城文》。"玆據補。

⑪ 甲本出校："端，原作'瑞'，據同卷第七篇《行城文》：'此會之端，抑有由矣'，可知'瑞'爲'端'字之誤。"按：甲本校"瑞"作"端"，是。然第七篇《行城文》中原卷亦非"端"，而作"湍"。"瑞"、"湍"皆爲"端"之形訛。伯 2542v 號《釋門文範》："此會之端，抑有由矣。"可資參證。

(拆)[①]南枝，冰開北岸；廣法王之化跡，冀殄[②]千殃；揚大聖之辭榮，悕臻萬善。於是不扃[③]月殿，夜擊霜鍾(鐘)[④]，爰[⑤]集緇徒，競持幡蓋；列四門之勝會，延[⑥]一郡之都城；像設金容，雲飛[⑦]鷲嶺；眉開毫月，花步蓮宮；傾市傾城，摇山蕩谷。迦維猒(厭)[⑧]欲，豈用年哉？所冀四王護世，百福潛加；攙搶[⑨]掃

---

① 甲本校"拆"作"坼"，是。"拆"當爲"坼"之形訛。"坼"乃綻裂義。《易・解》："天地解而雷雨作，雷雨作而百果草木皆甲坼。"[唐]沈千運《感懷弟妹》詩："今日春氣暖，東風杏花坼。"皆其用例。

② 殄，録本訛作"弥"，據底本改。

③ 扃，録本訛作"局"，據底本改。

④ 甲本校"鍾"作"鐘"，是。

⑤ 爰，録本訛作"受"，據底本改。下文第七篇《行城文》："爰集緇侶，悉索幡花。"可資比勘。

⑥ 延，録本作"旋"，底本作"[illegible]"，乃"延"之增旁俗體。甲本録作"延"，是。"延"與上句"列"字相應。《爾雅・釋詁上》："延，陳也。"邢昺疏："鋪陳也。"

⑦ 飛，録本訛作"非"，據底本改。

⑧ 猒，録本徑作"厭"，失真，據底本改。《説文・甘部》："猒，飽也。"段玉裁注："'猒'、'厭'古今字。"引申爲厭惡、厭倦。馬王堆漢墓帛書乙本《老子・德經》："天下皆誰(推)而弗猒。"今本《老子》作"厭"。下文後作"厭"之"猒"徑括注其今字，不復出注。

⑨ [漢]劉向《説苑・辨物》："攙搶、彗孛、旬始、枉矢、蚩尤之旗，皆五星盈縮之所生也。"([漢]劉向撰、向宗魯校證《説苑校證》，第 443 頁，中華書局 1987 年 7 月版。)斯 5640 號《文樣・施傘文》："伏願威稜肅物，降福禎祥；威(滅)攙搶於天門，罷刀兵於地户。"亦其例。"攙搶"又作"欃槍"。希麟《續一切經音義》卷第五"彗星"條："孛似掃彗，或云'掃星'，或云'孛星'，或云'攙槍星'。"[T54n2129p0953c12]古人以攙槍爲妖星，主兵禍。故引申指凶渠。《陳書・高祖紀上》："公左甄右落，箕張翼舒，掃是攙槍，驅其獫狁。"《辯正論》卷第四："仗鉞臨戎，麾旌誓衆。驅除氛祲，夷剪攙槍。"[T52n2110p0512a6—a7]又作"欃槍"。《史記・司馬相如列傳》："攬欃槍以爲旌兮，靡屈虹而爲綢。"張守節正義引《天官書》："天欃長四丈，末鋭。天槍長數丈，兩頭鋭，其形類慧也。"(第 3056—3057 頁)伯 3776 號《雜集時要用字・天部》："欃槍，恶星。慧孛，妖星。"張小豔謂："敦煌文獻中多用'攙搶'作爲'災禍'、'戰亂'的代稱。"(張小豔《敦煌社會經濟文獻詞語論考》，第 228 頁，上海人民出版社 2013 年 10 月版。)

於天門，疫厲(癘)①藏於地户；慶雲有(布)②也(野)③，喜④色凝空；倒載干戈，修文偃武。總斯功德，迴奉龍天八部：惟願威光恒赫，神力無涯；災害不生，禍亂不作。又持勝福，上資聖神贊普：唯願萬國納貢，四海來庭；寶歷(曆)⑤恒昌，金石比壽。又持勝福，莊嚴節兒、都督：唯願壽命逾遠，禄極萬鐘；部落使官遼(僚)⑥，門傳九戟；然後散霑法界，普洎有情；賴此勝因，咸登樂果。

行城文

我法王之利見也，大矣哉！故降神兜率，現影王城；觀妙色有若⑦於癰瘡，厭⑧寶位⑨乃踰於宫闕；御四魔而登正覺，居三界而獨稱尊；神化難量，叵能談也。今者春陽令⑩月，地拆(坼)⑪萠芽，鳥嚮含春，風摇翠柳⑫；於是豁開奈苑，洞啓蓮宫，金相焕爛於四衢，銀毫暉舒於八極。隱隱振振，如旋白飯之

---

① 厲，録本作"癘"，據底本改。甲本校"厲"作"癘"。按：《漢書·嚴安傳》："民不夭厲，和之至也。"顔師古注："厲，病也。""癘"乃"厲"之後起分化字。

② 有，此當爲"布"之訛字。伯2854號(11)《禮佛發願文》："所冀四王護世，八部冥加；攙搶(槍)掃於天門，疫癘藏於地户；慶雲布野，喜色凝空。"伯2631號《釋門文範》："慶雲布野，喜色凝空；倒載干戈，修文偃武。"皆可互勘。

③ 也，録本訛作"世"，據底本改。"也"此當爲"野"之借字("也"字一音羊者切，與"野"同)。該字伯2854號(11)《禮佛發願文》、伯2631號《釋門文範》均作"野"，參前注。

④ 喜，録本訛作"善"，據底本改。

⑤ 此字底本作"**歴**"，乃"歷"之訛俗字。《廣韻·錫韻》："歷，或作'曆'。"《易·革》："君子以治歷明時。"《淮南子·本經訓》："星月之行，可以歷推得也。"甲本校作"曆"，是。

⑥ 遼，此當爲"僚"之借字。[清]朱駿聲《説文通訓定聲·小部》："遼，叚借爲'僚'。"

⑦ 若，録本訛作"苦"，據底本改。

⑧ 厭，録本訛作"骸"，據底本改。

⑨ 位，録本訛作"住"，據底本改。

⑩ 令，録本訛作"今"，據底本改。

⑪ 甲本校"拆"作"坼"，是。參前注。

⑫ 柳，録本訛作"抑"，據底本改。

城;巍巍峨峨,似繞迦維之闕;尊卑務(霧)①集,大小雲奔;笙歌競②奏而啾留(嚠)③,法曲争陳而槽(嘈)揆(啐?)④;所冀百福被矣,千障雲祛;覩勝相兮獲因,瞻妙色兮生福。總斯多善,莫限良緣,先用莊嚴釋梵四王、龍天八部:唯願增威力,益神通,併(屏)⑤妖氛,驅疫癘。次持勝福,奉用莊嚴我當今聖神贊普:伏願壽永固,等乾坤,六夷⑥賓⑦,四海伏。次用莊嚴節兒尚論麥及都督杜公:爲雲爲雨,濟枯涸於明朝;部落使諸官,建忠貞於聖伐⑧。然後上窮⑨空界,傍括⑩十方,賴此勝因,成正覺道。

行城文

應化無窮,作用不倦,恩霑動、植,福洽生靈。天中之天,獨擅其務⑪;至於妙事,豈足繁詞? 此會之湍(端)⑫,抑有由矣。今則四序將盡,三春肇來;送故納新,除災建福;冀清封壘,保艾蒸黎。於是月殿不扃⑬,霜鍾(鐘)夜

---

① 甲本校"務"作"霧",是。伯 2854 號(11)《禮佛發願文》及伯 2631 號《釋門文範》:"尊卑霧集,執蓋持花;大小雲奔,争陳法曲。"可資比勘。

② 競,底本作"竟"。《字彙補·立部》:"竟,即'競'字。"

③ 《文選·馬融〈長笛賦〉》:"啾咋嘈啐似華羽兮,絞灼激以轉切。"李善注引《蒼頡篇》:"啾,衆聲也。""留"字斯 6172b 號《行城文》、伯 2974 號《吐蕃宰相尚臘藏嘘律缽患病設齋文》均作"嚠"。"嚠"即瀏亮。"啾嚠"當指聲音衆多且洪亮。

④ "槽"字當讀如"嘈"。"揆"字底本作"[illegible]",伯 2974 號作"[illegible]",疑皆爲"啐"之换旁形訛字。此二字正當作"嘈啐",義即"嘈雜"。《篇海類編·身體類·口部》:"啐,聲同'雜',義與'囋'、'囐'、'哢'同。"

⑤ 併,此爲"屏"之借字。《荀子·彊國》:"併己之私欲必以道。"楊倞注:"併讀曰屏,棄也。"

⑥ 夷,録本訛作"幾",據底本改。

⑦ 《爾雅·釋詁上》:"賓,服也。"

⑧ 代,録本訛作"伐",據底本改。

⑨ "窮"字前録本衍一"空"字,據底本删。

⑩ 括,録本訛作"枯",底本作"栝",此乃"括"之换旁俗體。兹據正。

⑪ 務,録本訛作"勢",據底本改。

⑫ 湍,録本訛作"瑞",據底本改。甲本徑録"湍"作"端",失真。此"湍"乃"端"之形訛。伯 2542v 號《釋門文範》:"此會之端,抑有由矣。"可資比勘。

⑬ 扃,録本訛作"局",據底本改。

擊；爰集緇侶，悉索幡花；出佛像於四門，遶重城而一匝。儼然相好，鷲嶺雲飛[①]；焕爛毫光，蓮峰降步；傾城傾市，蕩谷揺山。舍衛踰城，豈用年矣？即冀四王護世，百福潜加；攙槍掃於天門，疫癘藏於地户；庶(慶)[②]雲布族，喜色凝空；倒載干戈，修文偃武。總斯功德，迴施龍天八部：惟願威光恒赫，神力無涯，災害不生，禍亂不作。又持景福，上資聖神贊普：惟願萬國納貢，四海來庭，寶曆恒昌，金石比壽；皇太子殿下洊(法?)[③]雷遠震，少海長清；夫人蘭桂永芳，妃嬪神花獻頌。又持勝福，總用莊嚴我都督杜公：禄極萬鍾。然後

行軍轉經文

夫諸佛興悲，無緣普備(被)[④]；有情見異，感迹緣老(差〔瘥〕)[⑤]，故使歸向者福逐願生，輕毁者禍隨心起；則知禍福自致，非聖愛增(憎)[⑥]者與？然今此會轉經意者，則我東軍國相論掔脯敬爲西征將仕(士)[⑦]保願功德之建修也。伏惟相公天降英靈，地資秀氣，嶽山作鎮，謀略坐籌。每見北虜[⑧]興師，頻犯邊境，抄劫人畜，暴秏[⑨]田苗，使人色不安，峰(烽)[⑩]飈數舉。我國相慢

① 飛，録本訛作"非"，據底本改。

② 庶，此當爲"慶"之形訛。甲本録作"慶"，是；然未出校，失真。

③ 洊，録本訛作"游"，據底本改。甲本録作"洊"，是。然"洊"字費解，待考。蕭旭認爲，此"洊"當爲"法"之訛字。

④ 備，載有同文的伯 2854 號(9)《星流發願文》作"被"。"備"讀如"被"，覆蓋義。BD8099(字 99)號 1《齋儀》："卓彼真慈，無緣普被。"可助勘。

⑤ 老，載有同文的伯 2854 號(9)《星流發願文》作"差"。"老"當爲"差"之形訛。"差"與前"異"字互應。

⑥ 增，録本作"憎"，據底本改。此"增"當爲"憎"之借字，録本未出校，失真。

⑦ 仕，此乃"士"之借字。《韓非子·説難》："此非能仕之所耻也。"王先慎集解引盧文弨曰："'仕'與'士'通。"下"仕"字皆同，徑於後用括弧注出本字，不復出校。

⑧ 虜，録本訛作"勇"，底本作"虜"，乃"虜"之訛俗體。

⑨ 秏，底本作"秏"，乃"秏"之省筆俗體。

⑩ 此"峰"當爲"烽"之借字，甲本録作"烽"，是。

(勃)然[①]忿起,怒髪衝冠,遂擇良才,主兵西討。雖料謀指掌,百無一遺,然必賴福資,保其清吉。是以遠啓三危之侣,遥祈八藏之文,冀仕(士)馬平安,永寧家國。故使虔虔一志,諷誦金剛;濟濟僧尼,宣揚般若。想此殊勝,夫何以加?先用莊嚴護世四王、龍神八部:願使威光盛,福力增;使兩[②]陣齊威,北戎伏欵(款)[③]。又用莊嚴行軍將相:伏願才智日新,福同山積;壽命遐遠,鎮坐臺階;諸將仕(士)等三寶撫護,萬善莊嚴。然後

轉經文

我法王之利見也,難可詳焉。其有歸依者,果無不剋矣。然今啓龍藏、虔[④]一心、擊洪鍾(鐘)、邀二衆者,其誰施之?則我國相論掣脯敬爲西征將仕(士)保願功德之所建矣。伏惟相公乃何(河)[⑤]岳降靈,神威動物,咸(銜)[⑥]恩出塞,撫[⑦]俗安邊。一昨春初扶陽[⑧],作孽(孽)[⑨]摽掠[⑩]人畜。由是大舉軍師,併除兇醜。雖兵强仕(士)勇,然福乃禍師。是以遠杖流沙,積[⑪]祈轉念。今者能事遐列,勝福斯圓,總用莊嚴行軍將相即體:願使諸佛護念,使無傷損

① 按:"慢然"不詞。慢,甲本録作"悖(勃)",近是。蕭旭認爲,本字作"艴","勃"亦借字。《説文》:"艴,色艴如也。《論語》曰:'色艴如也。'"又:"孛,㝷也。《論語》曰:'色孛如也。'"今本《論語·鄉黨》作"勃"。俗字亦作"艳",又作"怫"。

② 兩,録本訛作"西",據底本改。

③ 《字彙·欠部》:"欵,俗'款'字。"

④ 此字録本作"宅",底本實作"虍",乃"虔"之部件類化訛俗字。甲本作"虔",是也。同卷上《行軍轉經文》:"故使虔虔一志,諷誦《金剛》;濟濟僧尼,宣揚《般若》",亦此誼。斯5957號《釋門應用文範》:"厥今則有坐前施主跪雙足、焚寶香、虔一心、設請(清)供所由(申)意者。"伯2807(3)號《天王文》:"奏八音於階下,虔一心於像前。"皆其確證。

⑤ 何,此當爲"河"之借字。

⑥ 咸,此當爲"銜"之借字("咸"字一音胡讒切,匣母咸韻平聲;"銜"字一音户監切,匣母銜韻平聲;"咸""銜"同用)。甲本括注作"銜",是。

⑦ "撫"字前録本衍一"曰"字,據底本删。

⑧ 扶陽,此似指助陽氣發生。待考。

⑨ 孽,與"孽"同。《正字通·女部》:"孽,俗孽字。"

⑩ 掠,録本訛作"棹",底本作"掠",與"掠"同。《龍龕手鑑·手部》:"掠,掠取也。"

⑪ 積,録本訛作"精",據底本改。甲本録作"積",是。

之憂；八部潛加，願起降和之意；然後人馬咸吉，仕（士）卒保康；各守□（邊）[①]垂（陲）[②]，永除征戰；然後散霑法界，普及有情，賴此方因，咸登覺道。

置傘文

夫除災静難者，莫善於佛頂密言；集福延休者，事資於行城念誦。今者春陽令[③]月，寒色猶威，請二部之僧尼，建白幢於五所者，其誰施之？時則有節兒都督爲合邑黎元報願功德之所建矣。伏惟節兒都督公平育物，罄節安邊；恐瘳疾流行，災央（殃）[④]倏[⑤]起，是以預修弘願，建竪良因；行城將殄於妖氛，竪幢[□][傘][⑥]用臻乎福利。今既能事備，勝願享，福[□][如]長空量難比[⑦]。以兹勝利，先用莊嚴梵釋四王、龍神八部。

置傘文

夫覩相興善者，無出於應化之身；穰（禳）[⑧]災怯（祛）[⑨]禍者，莫過乎佛頂

---

① 甲本校云："原文當於此脱一字，兹補作'邊'字。"兹從補。

② 垂，後作"陲"。《説文·土部》："垂，遠邊也。"[清]朱駿聲《説文通訓定聲》："書傳皆以'陲'爲之。"

③ 令，録本訛作"今"，據底本改。

④ 央，乃"殃"之本字。馬王堆漢墓帛書甲本《老子·德經》："毋道（遺）身央，是胃襲常。"《隸釋·漢無極山碑》："爲福來福，除央則祀。"録本徑録作"殃"而未出注，失真。

⑤ 倏，録本訛作"條"，據底本改。

⑥ 甲本校云："原文此句脱一字，録文據標題及同卷第十一篇《置傘文》中的'建斯幢傘'句補作'傘'。"兹從補。

⑦ 結合文意，"福"後似脱一"如"字。"福如長空"即福如虚空無量無邊也，故下文言"量難比"。龍樹造、鳩摩羅什譯《大智度論·釋幻人聽法品》第二十八："譬如虚空，量不可得；色亦如是，量不可得。虚空無量故，色無量；色無量故，般若波羅蜜無量。"[T25n1509p0455c25—27]玄奘譯《大寶積經》卷第四十六："舍利子！如來不説是人但得少分功德果報，我説是人乃能成就如虚空量大功德聚。"[T11n310p0268a24—26]尊者衆賢造、玄奘譯《阿毘達磨順正理論》卷第二十一："三界無邊，如虚空量。"[T29n1562p0459b2]皆可參。

⑧ 穰，此乃"禳"之借字。此字甲本括注作"禳"，是。伯 2613V 號《轉經文》作"攘"。[清]朱駿聲《説文通訓定聲·壯部》："攘，叚借爲'禳'。"

⑨ 怯，此乃"祛"字之訛。此字伯 2613V 號《轉經文》正作"祛"。

心呪。然無身之身，故現身而齊(濟)①難；無説而説，説心呪而持危；盛事之興，莫大於茲矣。今者燉煌之府内，竪白法之勝幢，設佛頂於四門，使黑業之殄掃。厥今此會，其誰施之？時則有二節兒岳牧杜公等爲城惶(隍)②報(保)③安之所建也。唯節兒都督以慮燉煌西極境接北胡，躍馬控弦，寇盗無准，恐芰(艾[刈])④踐稼穡，百減衣食之源；九農匪登，使萬人懷⑤罄懸之念；所以互相設計，務在安人。若論護國匡邦，無過建斯幢傘，即冀除災殃於不毛之地，併疫癘於無何有之鄉，五穀無霜雹之災，萬品登人(仁)⑥壽之城(域)⑦。先資是福，奉用莊嚴聖神讚普：伏願寶位永固，金石齊年，四海澄清，萬方朝貢。亦持此善，莊嚴節兒都督：爲霜爲雨，齊(濟)⑧枯旱於明朝；部落使諸官，建中(忠)⑨貞於聖代。又持是善，亦用莊嚴二教授闍梨：伏願極拔殊苦，超出輪迴；壽等寒松，福如春草；然後薄(溥)⑩霑動植，遍及無疆；賴此勝因，登

---

① 齊，此乃“濟”之借字。此字甲本括注作“濟”，是。此字伯 2613V 號《轉經文》正作“濟”。

② 惶，此乃“隍”之借字。此字甲本括注作“隍”，是。此字伯 2613V 號《轉經文》正作“隍”。

③ 報，此乃“保”之借字。此字甲本括注作“保”，是。此字伯 2613V 號《轉經文》正作“保”。

④ 結合文意，此處“芰”當爲“艾”字之訛，“艾”則爲“刈”之借字。《説文通訓定聲・泰部》：“艾，叚借爲刈。”

⑤ 懷，録本訛作“壞”，據底本改。

⑥ 人，此乃“仁”之借字。此字甲本括注作“仁”，是。

⑦ 城，此乃“域”之訛字。慧靈述《新譯〈仁王般若經〉陀羅尼念誦軌儀序》：“踐菩提之路、登仁壽之域者，何莫由斯之道哉？”[T19n995p0519c21—22][南朝宋]求那跋多羅譯，明宗泐、如玘註《〈楞伽阿跋多羅寶經註解〉序》：“皇上之心，欲天下後世之人皆捨妄歸真，去惡從善，以躋乎仁壽之域。”[T39n1789p0343a26—27]德輝重編、大訢校正《敕修百丈清規：“導民於無爲之化，躋世於仁壽之域。”[T48n2025p1112c25—26]皆可助勘。

⑧ 齊，此乃“濟”之借字。此字甲本括注作“濟”，是。

⑨ 中，此乃“忠”之借字。此字甲本括注作“忠”，是。《周禮・春官・大司樂》：“以樂德教國子，中和祗庸孝友。”鄭玄注：“‘中’猶‘忠’也。”《吕氏春秋・誣徒》：“故不能學者，遇師則不中，用心則不專。”俞樾《諸子平議・吕氏春秋一》：“‘中’讀爲‘忠’，古字‘中’‘忠’通用。‘遇師則不中’，言其事師不忠誠也。”

⑩ 薄，此讀如“溥”。《玉篇・水部》：“溥，徧也，普也。”

正覺道。

置傘文

夫延祥展慶，必賴於勝幢；掃蘖（孽）除災，要資於兒力。故使善住聞其增壽，慶喜剋獲本心；魑魅畏之逃刑（形），天魔怖而求救。大哉，神兒！無得而稱者歟！今屬和風動物，蟄户將開，幡蓋徘佪，緇倫肅穆者，何所謂耶？時則有我節兒尚論及都督杜公等，並乃養人如子，憂國同家，恐妖氛肆惡於城（域）中①，品物屢遭於迍厄②，是以三陽令月，啓三福於釋尊；四季初辰，竪四門之利（勝會？）③。總斯殊妙最上福田，盡用莊嚴梵釋四王、龍神八部：伏願威光盛，福力增，育黎元④，護軍國。我聖神贊普：唯願聖躬堅⑤遠，日往月來，寶位⑥恒昌，天長地久。節兒都督：松皇（篁）⑦比壽，福慶相資。部落使諸官等：唯願助理平和，惟清惟直。然後四時順，五穀登，百殃除，萬祥集。般若神兒，諸佛所師。大衆□（虔）⑧城，一切普誦。

---

① 城，此乃“域”之訛字。“域中”即疆域之内，猶言國中。

② 迍，録本訛作“逆”，據底本改。斯 3872 號《維摩詰經講經文》：“儻若欺謾小（少）子事，當時迍厄便施行……然福祐、息迍災，各願歸依近法臺。”伯 2193 號《目連緣起》：“世尊更賜威光便，免交慈母受迍災。”“迍厄”即“迍災”，指災難，禍殃。

③ 甲本校：“原文此句當脱一字，似可補於‘利’字的上或下，内容俟考。”蕭旭認爲，“利”當作“勝會”，同卷上第五篇《行城文》即有“列四門之勝會”之語，可助互勘。

④ 元，録本訛作“无”，據底本改。

⑤ 堅，甲本訛作“聖”。

⑥ 位，録本訛作“住”，據底本改。

⑦ 皇，此乃“篁”之借字。此字甲本括注作“篁”，是。“松篁”即松與竹也。斯 2832a 號《時文軌範》：“滄溟未足比其量，松篁無以比其操。”伯 2854（11）號《禮佛發願文》：“復持勝善，即用莊嚴我河西節度吏部尚書：伏願松篁比壽，金石齊年；保富貴於今生，渲休祥於來劫。”皆其例。

⑧ 虔，録本作缺文，據底本補。

No. 2854 禮懺文一本

[題解]

佛事懺悔類應用文,作者不詳。敦煌文獻中屬同一寫本的有斯 236(首全尾脱)、斯 5633b(首全尾殘)、斯 5651(首全尾脱)、斯 6206(首殘尾殘)、伯 3166(首殘尾殘)、BD8479 號背(北 2056v,裳 079,首全尾脱)、BD3068 號背(北 7077v,雲 068,首殘尾殘)、BD5727(北 7158,奈 27,首殘尾脱)、中村 173,計九號。清代以前歷代大藏經未收,《大正藏》據敦煌写卷録入其第八十五册。《大正藏》録本出校:"㊐中村不折氏藏敦煌本。"按:録本所據底本實爲中村 173 號第四卷之③《禮懺文》。今校注仍以《大正藏》本所據原卷中村 173 號第四卷之③《禮懺文》爲底本。校本擇取圖版較爲清晰的斯 236 號爲甲本,斯 5651 號爲乙本。

一切恭敬敬禮常住三寶。是□(諸)①衆□□□□□(等,人各蹦跪)②,嚴智香□□□□(花,如法供)③養④。願此香花雲,變滿十方界,供養一切佛。化[佛]⑤並菩薩、無數聲聞□(衆)⑥,受此香花雲,以謂光明臺。光以無

---

① 諸,底本殘,録本作缺文,據甲、乙二本補。

② "等,人各蹦跪"五字底本殘,録本作缺文,據甲、乙二本補。

③ "花如法供"四字底本殘,録本作缺文,據甲、乙二本補。

④ 養,底本殘,録本作"食",結合文意,據甲、乙二本改。

⑤ 佛,録本脱,據底本及甲、乙二本補。

⑥ 衆,底本殘,録本作缺文,據甲、乙二本補。

邊界無邊無量作佛是(事)[①],供養與[②]供(恭)[③]敬一切,並誦摩訶般若波羅蜜。

如來妙色身,世間無以等,無比[④]不思議,是故今敬禮。

如來色無盡,智慧亦復然。一切法常住,時(是)[⑤]□□(故我)[⑥]歸敬,禮常住三寶。

歎佛功德:"佛有三十二相、八十隨好號,三界度衆生,一时[⑦]成佛道。"

南無東方須彌登(燈)[⑧]光明如來十方佛等一切諸佛,南無毘婆尸如來過去七佛等一切諸佛,南無普光如來五十三佛等一切諸佛,南無東方善德如來十方無量佛等一切諸佛,南無拘那提如來賢劫千佛等一切諸佛,南無釋迦如來三十五佛等一切諸佛,南無東方阿閦如來一萬五千佛等一切諸佛,南無保集如來二十五佛等一切諸佛,南無法光明清净開方蓮華佛,南無虚空功德清净微衆等目端正功德相、光明花波頭磨瑠璃光寶體香最上香供養訖、種種莊嚴敬、敬無量無邊日月光明、願力莊嚴、變化莊嚴法界出生障礙王如來,南無豪相日月光明花願寶蓮華、堅如金剛、身如毘盧遮那、無障礙眼、圓滿十方、放光照一切佛叉相王如來,普爲上界天先(仙)[⑨]龍凡(梵)[⑩]、八部帝主、人王、師僧、父母、十方施主及以邊法界衆生,悉願斷持知障,歸命懺悔,至心懺悔:

"一切業障海,皆從望相生。若欲懺悔者,端坐觀實相。

衆罪如霜露,慧日能消徐。是故應至心,懃懺六根罪。"

---

① 是,乙本作"事"。"是"此當讀如"事"。

② 與,乙本作"以"。

③ 供,乙本作"恭"。[清]朱駿聲《説文通訓定聲·豐部》:"供,叚借爲'恭'。"

④ 比,甲本作"彼"。

⑤ 時,乙本作"是"。

⑥ "故我"二字底本殘,録本作缺文,據甲本補。

⑦ "一時"二字録本訛作"所",據底本改。

⑧ 登,録本徑作"燈",據底本改。此"登"當爲"燈"之借字。("登"字《廣韻》一音都滕切,與"燈"同)。

⑨ 先,此當讀如"仙"。

⑩ 凡,此當讀如"梵"。該字甲本作"梵"。

懺悔以，歸命禮三寶，至心發願：

“願我等生生是諸佛，世世恒聞解脱者，弘誓平等度衆生，必竟造成無上道。”

發願以，歸命禮三寶，説偈發願：

“願以此功德，普及於一切，我等以衆生，皆共成佛道。”

白衆等聽説黄昏無常偈：

“西方日以暮，塵勞有微塵。老病死時至，相看不[□][久][1]居。

念念催年足，猶如少水魚。勸諸行道衆，懃學至無畏。”

白衆等聽説初夜無常偈：

“煩惱[□][深][2]無底，生死海無邊，度苦船未至，云何樂睡眠？

睡眠當覺悟，勿令睡覆心，勇猛懃精進，菩提道自然。”[3]

敬禮毘盧遮那佛，敬禮盧舍那佛，敬禮釋迦牟尼佛，敬禮東方善德佛，敬禮東南方無憂得佛，敬禮南方旃檀佛，敬禮西南方寶勝佛，敬禮西方無量明佛，敬禮西北方花得佛，敬禮北方相得佛，敬禮東北方三勝行佛，敬禮上方廣衆得佛，敬禮下明得佛，敬禮當來下生彌勒尊佛，敬禮過、現、未來十方三世一切諸佛，敬禮舍利形像無量寶塔，敬禮十二部尊經甚深法藏，敬禮諸大菩薩摩訶薩衆，敬禮聲聞、緣覺、一切賢聖、一切恭敬。爲龍八部諸善神王，敬禮常住三寶；爲過、現諸師恒爲道（導）[4]首，敬禮常住三寶；爲帝王聖化無窮，敬禮常住三寶；爲太子、諸王福延萬葉，敬禮常住三寶；爲師僧、父母及善知識，敬禮常住三寶；爲十方施主六度圓滿，敬禮常住三寶；爲受苦衆生願皆離苦，敬禮常住三寶；爲文路百官恒其禄位，敬禮常住三寶；爲國土安寧、法輪常轉，敬禮常住三寶。

---

① 久，底本、録本無，據甲、乙二本補。

② 深，底本、録本無，據甲、乙二本補。《坐禪三昧經》卷上：“煩惱深無底，生死海無邊，度苦舡未辦，安得樂睡眠？”[T15n0614p270c6]亦可助勘。

③ 以下内容乙本無。乙本另有：“諸行無常，是生滅法，生滅滅已，寂滅爲樂。如來證涅槃，永斷於生死。若能至心聽，常得無量樂。惟太宗開寶玖年乙卯歲次三月十九日舍禮懺一本。”

④ 道，後作“導”。該字甲本正作“導”。

爲法界有情，禮佛懺悔，至心懺悔：

"十方無量佛，所知無不盡。我今悉已前發露，迴三惡，三三合九種，從三煩惱起，今身若前身，有罪皆懺悔。於三惡道中，若應受業報，願得今身常不入惡道。"

受懺悔已，歸命禮三寶，至心勸請十方諸如來現在成道者：

"我請轉法輪，安樂諸衆生。十方一切佛，若欲捨受命，我今頭命禮，勸請令久住。"

勸請以，歸命禮三寶，至心隨喜：

"所有布施福，持戒修禪惠（慧），從身、口、意生起來。今所有習學三乘人，具足一乘者，無量人天福，衆等皆隨喜。"

隨命禮三寶，至心迴向：

"我所作福業，一切皆和合，爲度群生故，政迴向佛道，罪應如是懺，勸請隨喜福，迴向於菩提。"

迴向以，歸命禮三寶，至心發願：

"願諸衆生等，悉發菩提心，經心常思念，十方一切佛；

伏願諸衆生，永破諸煩惱，了了見佛姓（性），猶如妙德佛。"

發願以，歸命禮三寶，白衆等聽説，寅朝清浄偈：

"欲救寂滅樂，當學沙門法。衣食支身命，精麁諸衆等。

今日寅朝清浄，各記六念。[①] 一切恭敬，自歸佛；當願衆生體學大道，發無常意，自歸依法；當願衆生深入經藏，智慧如海，自歸僧；當願衆生統理大衆，一切無礙；願諸衆生三業清浄，奉持佛教，和南一切賢聖。"[②]

顯德二年乙卯歲四月二十二日，大玄寺僧辛願進記。[③]

① 甲本此下有："第一念佛，願得佛身；第二念法，法輪常轉；第三念僧，頭陀苦行；第四念施，施根不絶；第五念戒，戒根清静；第六念天，天施衆生得大涅槃，常樂我浄。"

② "一切恭敬，自歸佛……和南一切賢聖"一段文字甲本無。

③ 甲本尾題作："辛乙年十月二日弟子僧惠進寫記之耳。"

No. 2855 禮懺文

［題解］

佛事懺悔類應用文，作者不詳，敦煌文獻中存有中村 093 一號。清代以前歷代大藏經未收，《大正藏》據敦煌写卷録入其第八十五册。今校注仍以《大正藏》本所據卷中村 093 號爲底本。新增參校本：甲本，斯 543vb 號《戒懺文》；乙本，斯 972 號《禮懺文》。

＿＿＿[①]窺著地，兩手抱膝[②]，□□□□□□□□□□□□恭，莫以散亂等閑心，一心專□□□□□□□□可是輕處。若不止誠慇重□□□□□□□□降赴，亦不攝授啓請，亦［不］[③]□□□□□□□□滅卻，得輕慢罪。當須懃□□□□□□□□思冷水，如病等良藥，醫治而得差(瘥)。

弟子某乙等一心歸命十方三世盡虛空界諸佛世尊大慈悲父：怜念衆生，不捨本願，不捨慈悲。如是諸佛以於無量無數大劫廣行一切難，自利，利他，難行，苦行，爲我等輩捨頭目、髓惱、血肉、身分、國城、妻子、象馬、車乘、金銀七寶、衣被、飲食、臥具、醫藥，來求索者，悉皆施與，無有悋惜，心生歡喜，勇猛精進，修行六度，布施持戒，忍辱精進，禪定智慧，方便願力，諸波羅蜜。十二部經，甚深正法，初善、中善、後善，其義深遠，其語巧[④]妙，純一無雜，具足精白梵行之相。從依諸佛清净證智，同一覺持之所留立。若有衆生受持一

① 首缺。
② 膝，録本訛作"昧"，據底本改。
③ 不，録本脱，據底本補。
④ 巧，録本訛作"功"，據底本改。

四句偈，勝異恒沙身命布施。十力無畏，大悲三念，四無所畏，四無礙解，大慈大悲，大喜大捨。一切神通，一切相好，一切功德，一切智慧，一切萬行，悉皆修學。三乘三藏，無漏無爲，五種浄眼，六種神通，功德智慧，已圓滿以，歸成無上正等菩提、三十二相、八十種好、金剛不壞堅固之身、法身、常身及以化身，三界六道，拔濟衆生。衆聖之王，天上、天下最尊最貴，無能過者，無與等者，稱"天人師"、"大慈悲父"，常以方便無量慈悲喜捨度脱一切苦惱衆生，令得涅槃，久境安樂。若有歸依、恭敬供養、稱揚讚嘆，若聞其名，若覩其形，燒香禮拜，旋遶行道，所生功德無量無邊，過於須彌，深於巨海。等觀衆生，由如一子，普皆平等，無有愛憎，與諸衆生作出世因，於我等輩有大恩得、有大利益，是我等真歸依處、真善智識、真實福田，百千萬劫難得待遇，百千萬劫讚揚難盡。我等今日深生慚愧，深生渴仰，深生歡喜，深生愛慕，深生珍敬，深生成賀，深生恭敬，願弟子等所是[①]罪障當得消滅。一遍福母稽請、讚嘆諸佛身中功德，早以由(猶)[②]如河[③]寫(瀉)[④]一種，所是[⑤]罪障早以消滅。

稽請以了，至誠懺悔：今對諸佛賢聖前，深自剋責悔過，改往修來，至誠徹到，披肝路(露)[⑥]膽，痛切悲哀，悲泣流淚，至誠發露懺悔：所有輕罪、重罪悉皆消滅。由如衣服，多有垢膩，若欲洗浣，入嚴灰一洗，垢膩俱盡，然將清水再擇，便得鮮潔之衣。懺悔亦復如是，造罪得罪，懺悔罪滅，即是清浄功德之身。聳身跪跽[⑦]，右膝著地，莫左膝著地，合掌當心，深生渴仰。

弟子某乙等合道場人，一心歸命十方三世盡空虚界一切諸佛。諸大菩薩摩訶薩衆大慈大悲，憐愍弟子，攝授弟子，不捨弟子，擁護弟子，拔濟弟子，

---

① 是，録本訛作"具"，據底本改。"所是"義即所有。陳子昂《爲建安王與遼東書》："所是都督官屬及大首領並左右立功人等，並申此問。"亦其例。

② 由，此乃"猶"之借字。[清]劉淇《助詞辨略》："由，與猶通。"

③ 河，録本訛作"何"，據底本改。

④ 寫，此與"瀉"同。段玉裁《説文解字注·宀部》："寫，俗作瀉。"《周禮·地官·稻人》："以澮寫人。""寫人"即瀉人也。

⑤ 是，録本訛作"具"，據底本改。

⑥ 路，此用同"露"。王定保《唐摭言·張祜》："但知報道金釵落，仿佛還應路指尖。""路指尖"即露指尖。

⑦ 跽，録本訛作"踴"，據底本改。

度脱弟子，救度弟子，加備弟子，饒益弟子，接引弟子，救濟弟子，哀愍弟子，受弟子□（等）[①]所作[②]懺悔。從無始時來乃至今日，身處凡夫，具足煩惱，被貪、嗔、癡無量煩惱覆没三業、迷惑三業、不善三業，貪嗔嫉妒，我慢貢高，不仁不義，不敬不崇。於父母所，不行慈孝，發言應對，邪（斜）[③]睛努目，令生怨恨，令生苦惱，惱亂父母，不自覺知。或於兄弟、姊妹、六親心無恭順，不行孝義；或於鄉間、朋友、智識、四隣、並舍常相侵欺，常相説道，常相謗譏；或盗用三寶一切財物，借貸不還，滯（?）[④]巨[⑤]債，負十惡五逆無間重罪，起大邪見，撥無因過，破塔壞寺，焚燒經像，謗三乘法，言非佛説，障蔽依難，凌蔑上下，打罵大小，因公約私，造諸罪障，破齋破戒，罵辱師僧，謗譏賢聖，輕凌道俗，身三、口四、意三□（業）[⑥]等。身作不善行，行殺盗淫；口作不善行，妄言綺語，兩舌惡罵；意作不善行，貪嗔邪見。常夜常行十不善業，一切罪障無量無邊。或於莊園溉灌瀆田，損殺虫蟻，撲滅蚊虻，□（宰）害蟣虱[⑦]。財施法施，常生慳惜，不濟所須。見人有苦，不能相救，不生慈愍，不起慈悲，卻生慶快。見人[⑧]安樂，見有勝己，不生隨喜，乃至嫉妒。心行不忍，無慈無悲，無慚無愧。心懷慘毒，由如虎狼，由如羅刹。寺舍往來，踐踏污泥，飲酒食肉，無厭無足，及食五辛[⑨]韭蒜，薰穢凡聖。或於市彊，貪心求利，輕秤小斗[⑩]，種種方便，劫奪衆生，損於平人，惡求多求，取人財物，不自覺知。殺生無量，斷大慈悲；偷盗無量，棄人財寶；邪行無量，污净梵行；妄語無量，欺誑一切；貪欲無

① “等”字録本作缺文，據底本補。

② 作，録本訛作“佛”，據底本改。

③ 邪，後作“斜”。《玉篇・邑部》：“邪，音斜。”

④ 滯，底本不清晰，待考。

⑤ 巨，録本訛作“叵”，據底本改。

⑥ 業，録本作缺文，據底本補。

⑦ “害蟣虱”三字前缺文底本不清晰。此四字甲本《戒懺文》作“宰害蟣虱”，乙本《禮懺文》同。比勘可知此缺字當作“宰”，茲據補。

⑧ 人，録本訛作“弟”，據底本改。

⑨ “及食五辛”四字録本作“及食五辛及食五辛”。按：底本後一“及食五辛”旁實有一廢棄號。茲據删。

⑩ 斗，録本訛作“計”，據底本改。

量，心無厭足；兩舌無量，□(鬪)[①]亂和合；惡口無量，罵辱凡聖；綺語無量，喜弄正法；嗔恚無量，打罵衆生。廣造諸罪，無量無邊。見有修行、作諸善業、往來寺舍、禮拜三寶、修持齋戒、讀誦經典、發菩提心、行菩薩行、坐禪修道、作諸功德，不能相助，不能隨喜，不能相勸，不能讚嘆，卻爲遮障，卻生謗譏，卻相調弄，破除衆生修出世因，令修行人□(挑)[②]害衆生、人天眼目，退菩提心，作大怨家，作惡知識，道相牽挽，墮三惡道，經無量劫，受地獄苦。從地獄出，縱得人身，盲聾暗瘂，諸根不具；或生邊地無佛法處，不知禮義，不識善惡，共同禽獸，生邪見家，廣造諸罪，還墮地獄，無量大劫，難得解脱。是故今日對十方諸佛、十二部經、諸大菩薩摩訶薩衆、緣覺、聲聞、羅漢、聖僧、釋梵四王、龍天八部、冥官業道、一切靈祇、天眼遠見、天耳遠聞、他心遠知、神通諸賢聖前，證知弟子今日今時，深生怕怖，深生厭離，深自覺悟，深自改悔，深生剋責，深生慚愧，不敢覆藏。從今已往，改往[③]修來，更不敢造所有罪障。若多若少，若輕若重，今日今時一念之中，一切罪障盡皆消滅。

唯願十方諸大慈尊證知護念，我今懺悔，不復更造。願我及一切衆生速得除滅無量劫來十惡五逆四重顛倒謗毀三寶阿闡提罪，復應思惟如是罪性但從虚妄顛倒心起，無有真實而可得者，本唯空寂。願我及一切衆生速達心本，永滅罪根。

懺悔已，歸命禮三寶。

---

① 鬪，録本作缺文，據底本補。

② 挑，録本作缺文，據底本補。

③ 往，録本訛作“住”，據底本改。

No. 2856 禮懺文

［題解］

佛事懺悔類應用文，作者不詳，敦煌文獻中存有斯 2354 一號。清代以前歷代大藏經未收，《大正藏》據敦煌写卷録入其第八十五册。今校注仍以《大正藏》本所據原卷斯 2354 號爲底本。

□[①]身有罪，盡懺悔已，歸命禮三寶，志心勸請十方佛見在成道者：

"我請轉法輪，安樂諸衆生。十方一切佛，若欲捨受命，我今投面禮，勸請令久住。"

勸請已，歸命禮三寶，志心隨喜：

"所有布施福，持戒、修禪定惠(慧)，從身、口、意生。去、來、今所有習學三乘人具足一乘者，無量人天福衆等皆隨喜。"

隨喜已，歸命禮三寶，志心迴向：

"我所作福業，一切皆和合，爲度群生故，正迴向佛道。

罪應如是懺，勸請隨喜福，迴向於菩提。"

迴向已，歸命禮三寶，志心發願：

"願諸衆生等，悉發菩提心，繫心常思念，十方一切佛；

復願諸衆生，永破諸煩惱，了了見佛性，由如妙德等。"

發願已，歸命禮三寶，白衆生等聽説寅朝清净偈：

"欲求寂滅樂，當學沙門法，衣食繼身命，精麁隨衆等。"

---

① 首缺。

今日寅朝清净，各記六念：念佛，念法，念僧，念戒，念天，念施。啓佛及法事，並依上文。

又，黄昏偈：

“西方日已没，塵勞猶未除。老病死時至，相看不久居。

念念催年促，猶如少水魚。勸諸行道衆，修學至無餘。”

中夜無常偈：

“衆等各各觀身處，骨肉巾（筋）①皮相浮堅②，地水火風假成身，四大分散元無主。

一函臭肉變成疽，散分爛壞③從灰土。”

後夜無常偈：

“時光千流轉，忽至五更初。無常念念至，恒與死王居。

勸諸行道衆，修學至無餘。”

六根懺：

“我等自從無量劫，恒被六賊欺，居一相之中，而共生分别。眼根常愛色，耳分别音聲，鼻惑著餘香，舌鎮貪諸味，身常樂受觸，意相遍攀緣。猶斯顛倒心固，沈輪生死海。”

懺悔已，歸命禮三：

“願我等從今日乃至證菩提，六賊恒爲成六通，三毒變爲三解脱。同一真如平等惺④，不捨生死證涅槃。恒於六趣濟群生，共證如來無上道。”

志心發願：

“願我眼根常見佛，願耳恒聞説法聲，願鼻不嗅一餘香，願口常誦波羅蜜，

願身不染諸邪境，願意不攀有相緣，願心能除煩惱賊，願我恒到涅槃城。

---

① 巾，此當讀如“筋”。

② 按：“堅”從“臣”得聲（《廣雅》：“臣，堅也。”），《説文·臣部》：“臣，牽也。”牽，連也。“堅”字亦作“掔”，《集韻·先韻》：“掔，牽也。”“骨肉巾（筋）皮相浮堅”言其身之骨肉筋皮皆相牽連不固也。

③ 此字底本作“壊”，當爲涉上“爛”字偏旁類化而成的“壞”之俗字。

④ 《集韵·迥韵》：“惺，悟也”。

我願衆生盡成佛，我願普證涅槃因。”

發願已，歸命禮三寶：

“衆生無邊誓願度，煩惱無邊誓願斷，法門無盡誓願學，無上佛道誓願成。”

聽説知時無常偈：

“色情若不住，草動染諸塵，隨緣遍六趣，刹那不繫停。

知身如電影，悟趣（促）[①]若浮雲，了知心本浄，迴願入真門。”

① 趣，此當讀如“促”（“趣”字一音趨玉切，與“促”同）。“如電影”、“若浮雲”皆言其短促急速也。

No. 2857 索法號義辯諷誦文

［題解］

佛教典籍，一卷，敦煌文獻中存有斯 530v、斯 5640 二號。斯 530v 號《敦煌寶藏》原題“元和七年(812)殘弔唁文”(其正面斯 530 號爲“鉅鹿索法律和尚義辯墓誌銘”)，從題目可知其作者爲義辯(辯，底本作“䛒”。《字彙補・言部》：“‘辯’字本作‘䛒’，北齊所造也”)。其內容主要是爲尚書、夫人、郎君子、女等發願求福。首尾完整。清代以前歷代大藏經未收，《大正藏》據敦煌寫卷録入其第八十五册。《敦煌願文集》(黄征、吴偉校録，岳麓書社 1995 年 11 月版)依據斯 5639、斯 5640 二號及斯 530v 號曾對此部分內容進行過校録。《敦煌願文集》題解云：“又斯五六四〇卷部分內容亦見於斯五三〇卷。”今校注仍以《大正藏》本所據原卷斯 530v 號爲底本，參校本以斯 5640 號爲甲本，《敦煌願文集》爲乙本。

［□□□］［疾念誦］①：伏以暫乖寢膳，臥疾經時，朝風晝②觸於帡幃，愁雲暮結於庭際。鴛鸞帳下，邕邕而憂色潛生；翡翠簷間，漠漠而清(青)③煙亂起。

---

① “疾念誦”三字底本無，據甲本補。乙本注云：“原文自此以下內容亦見於斯五三〇卷……據鄭炳林《敦煌碑銘讚輯釋・大唐沙州釋門索法律義辯和尚修功德記碑》中所作的考證，正面內容‘當寫於咸通十年’，即公元八六九年。背面的內容亦當爲這一時期所抄寫。再由此推測，斯五六四〇的這部分內容當早於斯五三〇卷抄寫，從兩個寫本中出現相同訛字、脱字、俗字等也可證。”

② 晝，底本誤作“書”，録本校是。該字甲、乙二本均作“晝”。

③ 清，此當爲“青”之借字。《釋名・釋言語》：“清，青也，去濁遠穢色如青也。”王先謙疏證補：“葉德炯曰：‘清、青古通。’”

病愈意(憶)①:公②謙[□][謙]③君子,洛洛(落落)④英才;常懷三義之心,每有斷金之美。頓因離⑤[□][宫]⑥,又⑦動玉質。瘵身羸如雪,六出⑧之花;貌頳□□(似樹?)⑨,九秋之葉;遂乃仰憑皇覺,齋青服⑩以虔誠;信啓金仁⑪,蒙素毫而遠照。喜得六根清泰,如月照秋江;三障雲消,似紅蓮舒於碧沼。是知⑫信誠不昧,靈鑒昭彰;慈雲布而熱惱[□][清]⑬凉,惠影臨而沈痾頓⑭息。既蒙諸佛護⑮念,寧無慶賀之心?表於此晨,用申⑯慶讚。

女莊嚴:伏願碧山與壽,紅樹增春;必期鏤玉之[□][誠]⑰,獲展星河之慶。伏願蓮花點於性海,明月照於心臺;常居翠栁(柳)⑱之年,永鎮⑲芙蓉之

---

① 意,後作"憶"。[清]朱駿聲《説文通訓定聲·頤部》:"意,俗字亦作憶。"《素問·宣明五氣論》:"脾藏意,腎藏志。"王冰注:"意,記而不忘者也。"

② "公"字前録本有一缺文"□"。按:底本此處實爲敬空號,無字。兹據删。

③ 謙,底本及録本無,據文意補。

④ 後一"洛"字録本誤作"之",底本實爲前一"洛"之重文符。兹據正。"洛洛"即"落落",猶磊落也。

⑤ 離,録本訛作"璃",據底本改。

⑥ 宫,底本及録本無,據甲本補。

⑦ 此字録本作"文",底本實作"又",乃"又"字俗體。兹據正。該字甲本作"大"。

⑧ 出,録本誤作"月",據底本改。因雪花六角,故以"六出"爲雪花之别名。《宋書·符瑞志下》:"草木花多五出,花雪獨六出。"《資治通鑒·宋孝武帝太明五年》:"春正月戊午朔,朝賀。雪落太宰衣恭衣,有六出。"

⑨ 結合文意,"頳"後宜補"似(若)樹"二字。

⑩ 服,録本訛作"眼",據底本及甲、乙二本改。

⑪ "仁"底本、録本有一"父"字,當爲衍字,據甲、乙二本删。

⑫ 知,底本、録本作"如",當爲"知"之訛字。兹據甲、乙二本改。

⑬ 清,底本及録本無,據甲本補。

⑭ 頓,録本訛作"頽",據底本及甲、乙二本改。

⑮ "護"前底本及録本衍一"衛"字,據甲、乙二本删。

⑯ 申,録本訛作"由",據底本改。

⑰ 誠,底本及録本無,據甲、乙二本補。

⑱ 《字彙補·木部》:"栁,古文柳字。"

⑲ 鎮,録本訛作"鎖",據底本改。《廣雅·釋詁一》:"鎮,安也。"

悵(帳)①。伏願青絲不變,紅粉增春;德齊嵒(巖)②下之松,壽等月中之桂。伏願緑眉狀月,長分八字之鮮;玉貌如春,獨占[□][三]③春之色。

郎④君子:伏願文摇五彩之筆,高視洪流;學⑤富⑥九經之書,低看鮑謝;折東堂之仙桂,香發子中;馳[□][魯]儒⑦之典⑧墳,名傳海内;禄(緑?)⑨蕚(萼)⑩相映,玉樹蓮(連)⑪芳;同禮移(趍)⑫庭,長光膝下。

女莊嚴:松羅(蘿)⑬益翠,結鳳彩而長春⑭;庭玉蓮(連)芳,欝(鬱)⑮仙桂而恒泰。

夫人:伏願浩海常流,資景福而逾遠;壽山聳峻,等群岳而轉高。

武莊嚴:金璋(章)⑯永耀⑰,紫綬長榮;財盈四海之珍,福[□][逾]⑱五侯之

---

① 敦煌寫本中"忄"旁"巾"旁常混,此"悵"當爲"帳"之訛俗字。

② 《正字通·山部》:"嵒,同巖。"

③ 三,底本、録本及甲本無,據乙本補。

④ 郎,録本誤作"朗",據底本改。

⑤ 學,底本、録本作"覺",當爲"學"之訛字。茲據甲、乙二本改。

⑥ 富,録本訛作"畜",據底本及甲、乙二本改。

⑦ "儒"前"魯"字底本及録本無,據乙本補。此二字甲本原作"魯儒",乙本據文意乙作"魯儒"。

⑧ 典,底本、録本作"曲",當爲"典"之訛字。茲據甲、乙二本改。

⑨ 禄,此似爲"緑"之訛字。

⑩ 《字彙·艸部》:"蕚,俗萼字。"

⑪ 蓮,此讀若"連"。乙本即括注作"連"。下讀若"連"之"蓮"徑括注其本字,不復校。

⑫ 移,甲本作"趍"。"移"當爲"趍"之訛字。《廣韻·虞韻》:"趨,走也。趍,俗。"

⑬ 羅,此當爲"蘿"之借字("羅"字一音魯荷切,與"蘿"同)。乙本即括注作"蘿"。

⑭ 春,底本、録本作"卷",當爲"春"之訛字。茲據甲、乙二本改。

⑮ 《廣韻·物韻》:欝,同"鬱"。

⑯ 璋,甲本作"障"。"璋"、"障"皆當爲"章"之借字。伯3173號《齋文》同句此字正作"章"。伯2854v(3)號《張議潮爲先聖恭僖皇后遠忌行香文》:"紫受(綬)與紫蓮齊芳,金章與金剛不壞。"亦可參。[南朝·宋]鮑照《建除》詩:"開壤襲朱紱,左右佩金章。"錢振倫注引《文選·孔稚圭〈北山移文〉》注:"金章,銅印也。"

⑰ 耀,録本誤作"燿",底本實作"燿",乃'耀'字之異構。

⑱ "福"後當缺一字,茲據乙本補一"逾"字。

倖;事[□][官][①]清吉,榮禄日新;所謀長遂於□□(宿心)[②],動静永康於元識[③]。

亡考比(妣)[④]:意將爲[□][考][⑤]比(妣)[⑥]當扇枕,慶及温清。何期忽翻浪以傾舟,俄庭風而滅燭?孤子想幽冥之氣竭,思膝下以增悲;未申獻橘之誠,空攀傳衣之意。思立身之孝道,□(扣)[⑦]地無追;悲風樹之不停,痛寒泉之永隔。

亡莊嚴:伏願瑠璃殿内,踏香砌以經行;實樹林間,擿仙花而奉[□][佛][⑧]。又,碧池授記,紅蓮化生;法水潤心,香風動識。伏願甘露臺側,生[□][生][⑨]聞般若之音;解脱林中,處處[⑩]現龍花之會。伏願五雲捧足,逍遥歸解脱之宫;百福資靈,放曠出愛纏之苦。十歲已下男子芙蓉灼灼,可頹芳顔;秋月亭亭,同奇麗質。親羅喜門風之望,鄉隣嘆巷陌之珍。□□(嗟呼)[⑪]!氣欲成而忽消,花正芳而忽墜;致使嚴父慈[□][母][⑫]哭愛子以長愁樣,萼蓮(連)枝痛;[痛][⑬]雁行之空闊,夕雲慘慘[⑭]。

女莊嚴:性閑[⑮]皎月,躰(體)[⑯]净秋霜;幼質也,麗南國之風姿;禮儀也,

---

① 官,底本及録本無,據甲、乙二本補。

② "宿心"二字録本作缺文,據底本補。

③ "識"前原有一"吉"字,當爲衍文,玆據乙本删。乙本注:"'元識'謂人身所固有的認識,鑒别之能力。隋王通《中説·立命》:'人者,統元識焉,非止圓首方足之謂也。'"

④ 比,録本誤作"北",據底本改。結合文意,此處"比"當爲"妣"之同音借字("比"字一音卑履切,與"妣"同)。該字甲、乙二本正作"妣"。

⑤ 考,底本、録本無,據文意補。

⑥ 比,録本誤作"北",據底本改。結合文意,此處"比"當爲"妣"之同音借字。

⑦ 扣,録本作缺文,據底本補。

⑧ "奉"後當缺一"佛"字,據甲、乙二本補。

⑨ "生"字底本及録本無,據甲、乙二本補。

⑩ "處處"二字録本作"慶",底本不清晰,據甲、乙二本改。

⑪ "嗟呼"二字録本作二缺文,據底本補。

⑫ "母"字底本及録本無,乙本補文意補,玆從之。

⑬ 痛,録本脱,據底本補。

⑭ "慘慘"二字録本誤作"操操",據底本改。

⑮ 閑,乙本括注作"閒"。按:《文選·孫綽〈遊天臺山賦〉》:"於是遊覽既周,體静心閑。"李善注引王逸《楚辭》注:"閑,静也。"

⑯ 《玉篇·身部》:"躰,俗體字。"

蓋西施[□][之]①美貌。本冀門榮碎(翠)②桺(柳)③,光益宗枝;四德傳芳,輝榮九族;奈河(何)④黄天不祐,壽⑤[□][算]⑥俄終,蓮花霎而桂影沈暉,芳樹彫而蘭姿罷鬱。念恒娥奔月宫之長往,嗟逝⑦水流還(東?)⑧海以不歸;哀傷父母之酸,痛結姻親之念。

文[□][德]⑨歎:德量弘⑩深,榮欽禮樂,志超今古,動合神明;[□][神]⑪氣高玉壘之雲,仁量闊滄溟⑫之水。

武德歎:風雲稟性,星像間生,信立義存,仁深德重。秉文秉武,爲紫府之良才;盡中(忠)⑬盡貞,作元戎⑭之心腹。若不然者,曷得軍城(君臣)⑮見重,職掌[□][?]⑯班;聲振人寰,名芳[□][府]⑰邑?

---

① 之,底本及録本無,據文意補。

② 碎,録本作“碎碎”。今核底本,前一“碎”字旁有一廢棄符,兹據删。此“碎”當爲“翠”之訛字,乙本校作“翠”。

③ 《字彙補·木部》:“桺,古文柳字。”

④ 《字彙補·水部》:“河,借作何字。”

⑤ “壽”字底本、録本作“籌”,結合文意,據甲、乙二本改。

⑥ “算”字底本及録本無,據甲、乙二本補。“壽算”同義連文,指壽命。[後漢]曇果共康孟詳譯《中本起經》卷下:“梵志壽算,終於夜半,生於欝多羅衛國,作大澤樹神。”[T4n196p156c29][西晋]法炬共法立譯《法句譬喻經》卷第一:“四人議訖相將辭王:‘吾等壽算餘有七日,今欲逃命,冀當得脱’。”[T4n211p576c22—23][唐]牛僧孺《玄怪録·齊推女》:“李氏壽算長,若不再生,議無厭伏。”均其例。

⑦ 逝,底本、録本作“遊”,當爲“逝”之訛字。兹據甲、乙二本改。

⑧ 還,疑爲“東”之訛字。待考。

⑨ “德”字底本及録本無,據甲、乙二本補。

⑩ 底本及録本“弘”前尚有一“宏”字,當爲書手本欲書“弘”而誤書,隨又正之,而前誤字並未塗去。《大正藏》録本仍承其謬,今據文意删。

⑪ “神”字底本及録本無,據甲、乙二本補。

⑫ 溟,録本誤作“渲”,據底本改。

⑬ 中,此讀若“忠”。甲、乙二本正作“忠”。

⑭ “元戎”二字録本誤作“無我”,據底本改。

⑮ “軍城”二字乙本括注作“君臣”,是。

⑯ 乙本校:“於此脱一字,似可補作‘武’、‘戎’。”

⑰ “府”字底本及録本無,據甲、乙二本補。

莊嚴尚書:伏願德光金簡,爲聖①上之股肱;聲振玉堦(階)②,顯名彰於日下。又願般若智水,灌注身田;旃檀香風,資助性海;榮名剋著,保禄高遷;金紫與日月而争輝,福壽比山河而永固。

女人念誦:高臺寶鏡,雲侵絶代之容;咲③日瓊花,霧掩④南園⑤之貌。乃知功德之嚴净,託佛力以潛消;施上件之名衣,表傾誠於[□□][佛日]⑥;投[□][誠]⑦奈苑,啓(稽)⑧首金人;會七辨(辯)⑨之緇流,演千身之化佛。是可以修塵累於□(多?)⑩劫,是可以逾熱惱於今⑪晨。深願既發於衷⑫心,功德必資於貴體。

伏願諸天甘露,承懇欵(款)⑬而降⑭臨;大聖加威,注醍醐於頂内。或有多生累業⑮,憑念[□][誦]⑯以消除;現世愆尤,賴殊因而殄滅。

大唐元和七年六月,慰唁⑰間時再查。

---

① 聖,底本、録本作"世",當爲"聖"之訛字。兹據甲、乙二本改。

② 《集韻·皆韻》:"階,或從土。"

③ 咲,録本誤作"咲",據底本改。咲,與"笑"同。

④ 掩,底本、録本作"揜",當爲"掩"之訛字。兹據甲、乙二本改。

⑤ 園,録本誤作"國",據底本改。

⑥ "佛日"二字底本及録本無,據甲、乙二本補。

⑦ "誠"字底本及録本無,據甲、乙二本補。

⑧ 啓,讀若"稽"("稽"字一音康禮切,與"啓"同)。該字乙本即括注作"稽"。

⑨ 結合文意,此處"辨"當爲"辯"之借字。七辯,又作"七種辯",謂菩薩七種殊勝之辯慧。

⑩ 此缺文底本似作"多"字,待考。

⑪ "今"前録本有一缺文,細核底本,實無字。

⑫ 衷,録本誤作"裏",據底本改。此字甲、乙二本亦作"衷"。

⑬ 欵,録本誤作"疑",據底本改。《字彙·欠部》:"欵,俗款字。"懇款,即懇切忠誠之情。唐王維《請施莊爲寺表》:"上報聖恩,下酬慈愛,無任懇款之至。"即其例。

⑭ 降,底本、録本作"隣",當爲"降"之訛字。兹據甲、乙二本改。

⑮ 業,録本誤作"葉",據底本改。"業"前底本及録本及甲本衍一"止"字,據乙本删。

⑯ "誦"字底本、録本及甲本無,乙本補文意補,兹從之。

⑰ 唁,録本誤作"言語",據底本改。

No. 2858 大目乾連冥間救母變文(並)圖一卷(並序)

[題解]

本文乃據西晋月氏三藏竺法護譯《佛説盂蘭盆經》加以演繹。敦煌卷子中現存内容詞句和結構完全相同的斯 2614、斯 3704,伯 2319、伯 3485、伯 3107、伯 4988、BD0876(北京 7707,盈字 76)、BD4085(北 8445,麗 85)、BD3789(北 8443,霜 89)九個寫本。先後有王重民、蔣禮鴻、郭在貽、張涌泉、黄征、周紹良、徐復、王慶菽、徐震堮、袁賓、項楚、顔廷亮等諸家對該文進行整理研究。如郭在貽、張涌泉、黄征的《〈大目乾連冥間救母變文〉校議》(《安徽師範大學學報》人文社會科學版,1989 年第 1 期)、項楚的《關於〈大目乾連冥間救母變文〉一段唱詞的校釋》(《敦煌研究》,1992 年第 4 期)、顔廷亮的《〈大目乾連冥間救母變文並圖一卷並序〉的一個未見著録的節抄卷》(《社科纵横》,1994 年第 4 期)、王繼如的《别本〈大目乾連冥間救母變文〉研究》(《敦煌研究》,1998 年第 3 期)等。而黄征、張涌泉的《敦煌變文校注·大目乾連冥間救母變文》则最爲周詳,堪稱集大成者(黄征、張涌泉的《敦煌變文校注》,第 1024—1070 頁,《中華書局》1997 年 5 月版)。今以《大正藏》所據原卷斯 2614 號爲底本。參校甲本,伯 2319 號;乙本,伯 3485 號;丙本,伯 3107 號;丁本,伯 4988 號;戊本,BD0876(北 7707,盈 76);己本,BD4085(北 8445,麗 85);庚本,BD3789(北 8443,霜 89);辛本,斯 3704 號。另,黄征、張涌泉《敦煌變文校注·大目乾連冥間救母變文》简称“黄、張本”。文題中“序”字録本作缺文,底本此字尚可辨,兹據補。

夫[①]爲七月十五日者，天堂啓户，地獄門開，三塗業[②]消，□□□□（十善增長）[③]。□（爲）[④]衆僧咨下，此日會福之神八部龍天盡來教（徼）□（福）[⑤]，□□□□（承供養者）[⑥]，現世福資，爲亡者轉生於勝處[⑦]。於是盂蘭百味，□□□（飾貢於）[⑧]三尊。仰大衆之恩光[⑨]，救倒懸之窘急。昔佛在世時，□□□□（弟子厥號）[⑩]"目連"，在俗未出家時，名曰"羅卜"，深信三寶，敬重大乘。□□□□（於一時間）[⑪]，欲往他國興易，遂即支分財寶，令母在後設齋供□□□（養諸）[⑫]佛□（法）[⑬]僧[□][及][⑭]諸[⑮]乞來者。及其羅卜去後，母生慳悋之心，所[⑯]囑[⑰]付資財，並[⑱]私隱匿。兒子不經旬月[⑲]，事了還家。母語子言："依汝[□][營][⑳]齋作福。"因兹欺誑凡聖，命終遂墮阿鼻地獄中，受

① 夫，録本訛作"天"，據底本改。

② 業，録本訛作"棄"，據底本改。

③ "十善增長"四字底本殘、録本作缺文，據甲本補。

④ 爲，底本殘、録本作缺文，據甲本補。

⑤ 福，底本殘、録本作缺文，據甲本補。項楚謂"教"當作"徼"，"徼福"即招福、求福（見《〈大目乾連冥間救母變文〉補校》，載自《項楚敦煌語言文學論集》，上海古籍出版社2011年3月版）。

⑥ "承供養者"四字底本殘、録本作缺文，據甲本補。

⑦ 處，録本訛作"慶"，據底本改。

⑧ "飾貢於"三字底本殘、録本作缺文，據甲本補。

⑨ "恩光"二字録本訛作"思先"，據底本改。

⑩ "弟子厥號"四字底本殘、録本作缺文，據甲本補。

⑪ "於一時間"四字底本殘、録本作缺文，據甲本補。

⑫ "養諸"二字底本、録本無，據甲本補。

⑬ 法，底本殘、録本作缺文，據甲本補。

⑭ 及，底本、録本無，據甲本補。

⑮ 諸，底本不清晰，録本作"詵"，結合文意，據甲本改。

⑯ 甲本"所"字下有一"是"字。黄、張本出校："所是"，猶言"所有"。

⑰ 囑，録本訛作"屬"，據底本改。

⑱ 此處底本衍一"並"字，《大正藏》録本據文意删。

⑲ 月，録本訛作"日"，據底本改。

⑳ 營，底本殘、録本脱，據甲本補。

□□(諸劇)[①]苦。羅卜三周[②]禮畢,遂即投佛出家。承[③]宿習因,聞法證□□□(得阿羅)[④]漢果。即以道眼訪覓[⑤]慈親,六道生死,都不見母。目連從□□□(定起,含)[⑥]悲諮白世尊:"慈母何方受於快樂?"爾時世尊報目連曰:"汝母已落阿鼻,見受諸苦。汝雖位登聖果,知欲何爲。若非十方衆僧解下[⑦]脱之日,已(以)衆力乃可救之。"故佛慈悲,開此方便,用[⑧]建盂蘭盆者即是其事也。

羅卜自從父母没,禮法[⑨]三周復制[⑩]畢。聞樂不[⑪]樂損形容,食旨不甘傷筋骨。

聞道如來在鹿苑[⑫],一切人天皆撫[⑬]恤。我今學道覓如來,往詣雙林而問佛。[⑭]

爾時佛自便逡巡,稽首和尚兩足尊。左右磨(摩)[⑮]訶[⑯]釋梵□(衆)[⑰],東

---

① "諸劇"二字底本殘、録本作缺文,據甲本補。

② 黄、張本出校:"三周,指三周年。《目連變文》:'目連葬送父母,安置秋墳,持服三周,追齋十載。'《目連緣起》:'蘿卜見母身亡,狀若天崩地滅,三乍至孝,累七修齋。''持服三周'、'三周禮畢'皆指三年服喪而言。"

③ 承,底本、録本作"丞",據甲本及黄、張本改。

④ "得阿羅"三字底本殘,録本作缺文,據甲本補。

⑤ 覓,録本訛作"不見",據底本改。

⑥ "定起,含"三字底本殘,録本作缺文,據甲本補。

⑦ 黄、張本出校:"徐校:'解下'當作'解夏'。"按:"徐校"即指徐震堮《敦煌變文集校記補正》及《再補》,下同。

⑧ 用,録本訛作"旬",據底本改。

⑨ 法,底本作"垃"、録本作"拉",結合文意,據甲本改。

⑩ 黄、張本出校:"復制,指復(亦作'覆')墓的禮儀。"

⑪ "不"字前底本、録本有一"道"字,據甲本及黄、張本删。

⑫ 苑,底本作"琬",甲本作"宛",皆當爲"菀"("苑"之俗字)之訛字。

⑬ 撫,底本作"無",結合文意,據甲本及黄、張本改。

⑭ 甲本下有"云云"二字,無下句至"號曰'神通大目連'"。

⑮ 此"磨"字當爲"摩"之借字。

⑯ 訶,録本訛作"詞",據底本改。

⑰ 衆,底本不清晰,録本缺文,據黄、張本補。

西大將散支[①]神。

看前“万”字頗黎色，項後圓光像月輪。欲知百寶千花上，恰似天邊五色雲。

弟子凡愚居五□(欲)[②]，不能捨離去貪嗔。直爲平生罪業重，殃及慈母入□□(泉門)[③]。

只恐無常相逼迫，苦海沈淪生死津。願佛慈悲度弟子，學道專心報二親。

世尊當聞羅卜説，知其正直不心邪。屈指先論四[④]諦法[⑤]，後聞應當没七遮。

縱令積寶陵雲漢，不及交(教)人暫出家。恰似盲龜遇浮木，由(猶)如大水出蓮花。

炎[⑥]□(炎)[⑦]火宅難逃避，滔滔苦海闊無邊。直爲衆生分別故，如來所已(以)立三車。

佛唤阿難而剃髮，衣裳便化作袈裟。登時證得阿羅[⑧]漢，後受波羅提木叉。

羅卜當時在佛前，金爐怕怕[⑨]起香煙。六種瓊林動大[⑩]地，四花標様葉

---

① 黄、張本出校：“‘散支’爲梵語新譯，又譯作‘散脂’、‘半支迦’等，意譯作‘蜜神’，乃北方毗沙門天王八大將之一。”

② 欲，底本殘、録本作缺文，據黄、張本補。

③ “泉門”二字底本殘、録本作缺文，據黄、張本補。

④ 四，録本訛作“口”，據底本改。

⑤ 法，底本、録本均作“去”，乙、丙二卷作“法”，黄、張本録作“法”。“法”字是，玆據録正。

⑥ 炎，録本訛作“喪”，據底本改。

⑦ 炎，録本作缺文，據底本補。另，丙本至此止，卷背有“大目乾連變文一卷。寶護”字様。

⑧ 羅，底本訛作“難”，録本作“羅”，是。乙本亦作“羅”，可助勘。

⑨ 項楚校：“‘怕怕’當作‘拍拍’，充斥、滿溢之義。”黄、張本按：“項校是。參看王鍈《詩詞曲語辭例釋》(增訂本)‘拍’條，《通釋》‘逼塞’條。”

⑩ 大，底本殘、録本作“天”，項楚疑當作“大”。黄、張本認爲“大”字是，乙本正作“大”。玆據録正。

清(青)天[①]。

千般錦繡補(鋪)床坐,萬道珠[②]幡空裹玄(懸)。佛自稱言"我弟□(子)[③]",號曰"神通大目連"。

當時目連於雙林樹下,證得阿羅漢果。何爲如此?準《法華經・窮子品》云"先受其價,然後除糞"[④],此即是也。先得阿羅漢[⑤]果,後當學道。看目連深山坐禪之處,[□□][若爲][⑥]?

目連剃除須髮了,將身便即入深山,幽深地净無人處,便即觀空而[⑦]坐禪。

坐禪觀空知善惡,降心住心無所著,對鏡澄澄不動摇[⑧],左[⑨]腳還須押右腳。

端身坐盤石,以舌著上萼(腭),白骨盡皆空,氣息無交錯。

當時群鹿止[⑩]吟林,逼近清潭望海頭,明月庭前聽[⑪]法眼,青山松下坐唯禪[⑫]。

天邊海氣無遐換[⑬],隴外青山望戍[⑭]樓,秋風瑟瑟林中度,黄葉飄零水

---

① 徐校:"'標様'疑當作'標映','葉'字有誤。"項楚校:"'清'當作'青'。"黄、張本按:"'葉'疑當讀作'協'。"

② 珠,録本訛作"殊",據底本改。

③ 子,底本殘,録本作缺文,據乙本及黄、張本補。

④ "窮子品"三字底本、録本誤置於"云"字之後。項楚謂"窮子品"當乙至"云"字前,"先受其價,然後除糞"爲引文。按:項説是,今據乙正。

⑤ "羅漢"二字底本訛作"難",録本校作"羅漢",是。甲、乙二卷皆作"羅漢",可助勘。

⑥ "若爲"二字底本、録本無,據丁本補。

⑦ 而,丁本作"學"。

⑧ 摇,底本作"遥",據丁本改。

⑨ 左,録本訛作"右",據底本改。

⑩ 止,乙本、丁本皆作"正",當以"止"義長。

⑪ 聽,丁本作"看"。

⑫ 黄、張本校:"坐唯禪,疑當乙作'唯坐禪'。"

⑬ 黄、張本按:"丁本末三字作'如霞唤',疑當作'如霞焕'。"

⑭ 王慶菽原校:"'戍'原作'或',丁本作'戎',依王重民云改爲'戍'。"今謂底本本作"戍"。

上浮。

目連宴坐虛無境，内外澄心①漸漸修，通達聲聞居望（聖）②地，出入山間得自由。

目連從定出，迅速作神通，來如霹靂急，去似一團風。

海鴈啼繒徹（繳）③，鶬④鷹脱網籠，潭⑤中煙霞碧，天净遠路紅。

神通得自在，擲鉢便騰空，于時一向（晌）⑥子，上至梵天宫。

目連一向至天庭，耳裏唯聞鼓樂聲，紅樓半映黄金殿，碧牖渾淪⑦白玉⑧成。

錫杖敲門三五下，胸前不覺淚溋溋⑨，長者出來如（而）⑩共語，合掌先論中（忠）⑪孝情。

啓言："長者相識否？

頻（貧）⑫道南閻浮提人，少小身遭父母喪。其家大富少⑬兒孫，孤孯⑭更

---

① 澄，底本作"證"。項楚校："'證'當作'澄'，'澄心'謂屏去雜念。"黄、張本按："丁本正作'澄'，項校是。"

② 黄、張本校："袁賓謂'望'係'聖'字形誤，近是。"

③ "繒徹"二字王慶菽原校作"矰繳"。項楚謂"繒"字不必改。黄、張本按："'繒''矰'古字通用。《正字通·糸部》：'繒，與矰同。'

④ 黄、張本校："鶬，項楚校作'蒼'，是。此爲偏旁類化俗字。"

⑤ 潭，底本、丁本作'譚'，兹據乙本録正。

⑥ 徐震堮校："'向'同'晌'，下同。"

⑦ 淪，録本訛作"論"，據底本改。

⑧ "白玉"二字録本訛作"皇"，據底本改。

⑨ "溋溋"二字同"盈盈"，蓄滿的樣子。"溋"乃"盈"之增旁俗字。

⑩ 如，王慶菽原校作"而"。黄、張本校："按寫本中'如''而'通用，丁本即作'而'字。"

⑪ 項楚校："'中'當作'忠'，此處'忠孝'則偏指孝也。"

⑫ 王慶菽原校："本卷凡'貧'字均作'頻'，今一律改爲'頻'。"黄、張本按："底本'頻道''貧道'並見，原校語欠妥。其他各卷多作'貧道'。"

⑬ 黄、張本校："少，底本、乙本作'小'，兹從丁本。"

⑭ 黄、張本校："孯，底本、乙本作'孾'，蓋'孯'的增旁俗字（涉上'孤'字類化增加'子'旁）。丁本作'瓊'，則其音誤字。《玉篇·勹部》：'孯，孤獨也。'項楚謂'孾'當作'惸'（煢），未切。"

亦無途當[①]。

頻(貧)道慈母號'清提',阿耶(爺)名'輔相',一生多造福田因,亡過合生此天上。

可連(憐)[②]富貴嬌[③]奢地,望覩[④]令人心悦暢。鍾(鐘)鼓鏗鏘和[⑤]雅音,鼓瑟也以聲遼亮[⑥]。

哀哀劬勞長不捨,乳哺之恩難可忘。別後安和好在[⑦]否,比來此處相尋訪。"

長者聞語意以[⑧]悲,心裹迴惶出語遲:"弟子閻浮有一息,不省既[⑨]有出家兒。

和尚莫怪苦盤問,世上人倫有數般。乍觀出語將爲異(易)[⑩],收氣之時稍似難。

俗間大有同名姓,相似顔容幾百般。形容大省曾[⑪]相識[⑫],只竟[⑬]思量没處安。

闍梨苦死來相認,更説家中[⑭]事意看。"

---

① 項楚校:"'途當'當作'徒黨',謂朋輩、同伴。"黄、張本按:"'徒黨'指徒屬、黨羽,説目連家'無徒黨'恐非實情。今謂'途'或爲'逢'之形誤,句意謂孤獨之甚没有可比的。"

② 黄、張本校:"可憐,猶云可羡、可愛。"

③ 嬌,録本訛作"嫡",據底本改。

④ 《説文·目部》:"睹,見也。覩,古文,從見。"

⑤ 王慶菽原校:"'和'原作'知',據丁本改。"黄、張本按:"乙本亦作'和'。"

⑥ 亮,録本訛作"亭",據底本改。

⑦ 黄、張本校:"好在,安好,多用於問候。"

⑧ 黄、張本校:"以,周紹良校作'似',近是。"

⑨ 項楚校:"既'當作'記',謂不曾記有出家爲僧之兒也。"

⑩ 黄、張本校:"異,蔣禮鴻校作'易',確。《降魔變文》:'出言易於反掌,收氣難於拔山。'可爲校字之證。"

⑪ 王慶菽原校:"'曾'原作'繒',據丁本改。"

⑫ 識,底本作"織",兹據乙、丁二卷改。黄、張本校:"此句意謂樣子記得曾經見過。"

⑬ 蔣禮鴻云:"只竟,即'至竟',究竟、到底的意思。"

⑭ 王慶菽原校:"'中'原作'徒',據丁本改。"

目連白言長者:"頻(貧)道小時,名字'羅卜'。父母亡没已後,投佛出家,剃除須髪,號曰'大目乾連',神通第一。"長者見説小時名字,即知是兒。"别久,好在已否?"羅卜目連認得慈父,起居問訊①已了:"慈母今在何方受於快樂?"長者報言羅卜:"汝母生存在日,與我行業不同。我修十善五戒,死後神識②得[□][生]③天上。汝母平生在日④,廣造諸罪,命終之後,遂墮地獄。汝向閻浮提冥路之中,尋問阿孃,即知去處。"

目連聞語,便辭長者,頓身下降南閻浮提,向冥路之中,尋覓阿孃不見⑤。且⑥見八九個男子女人,閑閑無事。目連向前問其事由之處:

"[□□□□□],但且莫禮拜⑦。賢者是何人,此間都集會。閑閑無一事,遊城墎外來⑧。頻(貧)道今朝至此間,心中只手⑨深相怪。"

諸人答言啓和尚:

"只爲同名復同性,名字交錯被追來。勘當恰經三五日,無事得放卻歸迴。

早被妻兒送墳墓,獨自抛⑩我在荒郊⑪。四邊更無親伴侣,狐狼鵶鵲競

① 王慶菽原校:"'訊'原作'信',據甲、丁本改。"黄、張本校:"按丁本作'誶',當爲'誶'字。'誶''訊'古字通用。"

② 識,底本作"織",録本校作"識",是。甲、乙二卷亦作"識",可助勘。黄、張本校:"'神識'謂靈魂。《盂蘭盆經講經文》:'直爲亡來年歲久,不知神識落何方。'"

③ 王慶菽原校:"'生'字據甲、丁本補。"兹從之。

④ 日,録本訛作"白",據底本改。

⑤ 丁本止於此。

⑥ 且,録本訛作"旦",據底本改。

⑦ 黄、張本校:"項楚校:此句之前應奪一句,'拜'爲韻脚字。兹據擬補五空格。"兹從之。

⑧ 項楚校:"'來'字當乙在句首……此數句爲韻文,'拜''會''外'及下文'怪'字爲韻。"

⑨ 黄、張本校:"蔣禮鴻云:'手'和'首'變文通用。'只首'作實在講,是説心理實在奇怪。"

⑩ 抛,録本訛作"剋",據底本改。

⑪ 黄、張本校:"郊,底本作'祈',蓋形近誤書。乙本作'交',爲'郊'的省旁借字。兹據文義録正。"

分張[①]。

宅舍[②]破壞無投處，王邊披訴語聲哀。判放作鬼閑無事，受其餘報更何哉(災)[③]。

死生路今而[④]已隔，一掩泉門不再開。塚上縱有千般食，何曾濟得腹中飢。

號咷大哭終無益，徒煩攪紙作錢財。寄語家中男女道，勸令修福救[⑤]冥災[⑥]。"

目連良久而言："識一青提夫人已否？"諸人答言盡皆不識。目連又問："閻羅大王住在何處？"諸[⑦]人答言："和尚向北更行數步，遥見三重門樓，有千萬個壯士皆持刀棒，即是閻羅大王門。"目連聞語，向北更行數步，即見三重門樓，有壯士驅無量罪人入來。目連向前尋問阿孃不見，路傍大哭，哭了前行，被[⑧]所由將見於王。門官引入見大王，[□][王][⑨]問目連事[□][由][⑩]之處：

大王既見目連入，合掌逡巡而欲立。"和尚有没[⑪]事由來[⑫]？"連忙案後

① 黄、張本校："分張，分割。《南齊書・張岱傳》：'岱初作遺命，分張家財，封置箱中。'"

② 黄、張本校："蔣禮鴻云：宅舍，神魂所依止的軀體。"

③ 項楚校："'哉'字當作'災'。"

④ 項楚謂"今而"二字互倒，且應乙至句首。

⑤ 救，録本訛作"字"，據底本改。

⑥ 王慶菽原校："'災'原作'灰'，據甲本改。"黄、張本按："乙本亦作'災'字不誤。"

⑦ "諸"字前録本衍一"即"字。按：底本涉下誤衍"即是閻羅大王門"六字，書手發現後旋于旁各施廢棄號。

⑧ 被，底本、録本訛作"披"，結合文意，據甲、乙二卷改。

⑨ 王，底本、録本無，據乙本補。

⑩ 由，底本、録本無，據甲本補。

⑪ 有，底本、録本訛作"又"，結合文意，據乙本改。黄、張本校："'有没'即有什麽，'没'爲疑問代詞，已詳於《通釋》。"

⑫ 來，録本訛作"事"，據底本改。

相祇挹[①]：

"暫(慚)愧闍梨至此間，[□□□□□□□][②]。弟子處在冥塗間，栲(拷)定罪人生死。

雖然不識和尚，早個知其名字。爲當佛使至此間？别有家私事意？

太山[③]定罪卒難移，總是天曹地筆[④]批[⑤]。罪人業報隨緣起，造此[⑥]何人救得伊。

腥血凝脂長夜臭，恶染闍梨清净衣。冥塗不可多時住，伏願闍梨早去歸。"

目連啓言：

"不得説，大王照知否？

頻(貧)道生年有父母，日夜持齋常短午[⑦]。據其行事在人間，亡過合生[⑧]於净土。

天堂獨有阿耶(爺)居，慈母諸天覓總無。計亦不應過地獄，只恐黄天[⑨]横被誅。

---

① 挹，録本訛作"色"，底本實作"邑"。黄、張本校："'邑'爲'挹'的省旁借字。'挹'和'揖'古字通用。《正字通·手部》：'挹，與揖同。'"

② 黄、張本校："據文意及韻脚，此下當脱一句，故擬補七字空格。"

③ 黄、張本校："按：俗書'泰山'多從簡寫作'太山'，故佛書中'泰山王''泰山府君'亦多寫作'太山王''太山府君'，'太'字不煩改。"

④ 黄、張本校："地筆，疑爲'地府'之誤。'天曹地府'是指天地間的官府。"

⑤ 批，録本訛作"枇"，據底本改。

⑥ 黄、張本校："造此，蔣禮鴻讀作'造次'，謂係'倉猝'之義。"

⑦ 蔣禮鴻校："短"是"斷"的聲誤或同音通用字，"斷午"謂過午不食，是佛家的一種規矩。袁賓則謂"短午"是短暫的齋食時間，文中含有僅在中午時間食齋的意思。黄、張本校："按：佛僧持齋，每日中午爲齋時，'短午'當宜從蔣禮鴻校讀作'斷午'，意謂持齋恪守過午不食的規矩。"

⑧ 生，録本訛作"坐"，據底本改。

⑨ 黄、張本校："黄天，項楚校作'皇天'，是。"

追放縱由天地邊[①],悲嗟悔恨乃長嘘。業報若來過此界,大王繒(曾)[②]亦得知否?"

目連言訖,大王便喚上殿,乃見地獄菩薩,便即禮拜:"汝覓阿孃來?"目連啓言:"是覓阿孃來。""汝母生存在日,廣造諸罪,無量無邊,當墮地獄。汝且向前,吾當即至。"大王便喚業官、伺命、司録[③]。應時即至。"[□][是][④]和尚阿孃名'青提夫人',亡後多少時?"業官啓言大王:"青提夫人[□□][亡來][⑤]已經三載,配罪案總在天曹録事司太山都尉一本。"王喚善惡二童子,向太山檢青提夫人在何地獄。大王啓言和尚:"共童子相隨,問五道將軍,應知去處。"目連聞語,便辭大王即出。行經數步,即至奈河之上,見無數罪人,脱衣掛在樹上,大哭數聲,欲過不過,迴迴惶惶,五五三三,抱頭啼哭。目連問其事由之處:

柰河之水西流急,碎石讒(巉)巖行路澁。衣裳脱掛樹枝傍,被趁不交(教)時向(晌)[⑥]立。

河畔問[⑦]他點名字,胸[⑧]前不覺沾衣濕。今日方知身死來,雙雙傍樹長悲泣。

---

① 項楚校:"'放'當作'訪','縱'當作'蹤','邊'當作'遍',此句即白居易《長恨歌》'升天入地求之遍'之意。"

② 繒,此當爲"曾"之訛字

③ 黄、張本校:"伺命,當作'司命'。司録,乙本作'伺録','伺'亦爲'司'之音誤字。'司命'是主管人生死的冥官。'司録'本爲六朝及唐代官名,主掌衆曹文簿,舉彈善惡,後亦用以指掌管世人禄籍的冥官。"

④ 王慶菽原校:"'是'字,據乙本補。"

⑤ "亡來"二字底本、録本無,據甲、乙二卷補。

⑥ 徐校:"'向'同'晌','時晌'即片刻之意。"

⑦ 徐校:"'問'疑當作'聞'。"黄、張本按:"'聞''問'形音皆近,寫卷中每多誤易。本篇上文:'目連聞語,向北更行數步。'乙本'聞'作'問',誤與此同。"

⑧ 王慶菽原校:"'胸'原作'兇',據甲、乙本改。"

生時我舍事吾珍，金[①]軒驅馬駕珠倫(輪)[②]。爲[③]言萬古無千(遷)[④]改，誰知早個化惟(爲)塵[⑤]。

嗚呼哀哉心裹痛，徒理白骨爲高塚。南槽龍[□][馬][⑥]子孫乘，北牖香車妻妾[⑦]用[⑧]。

異口咸言不可論，長噓嘆息更何怨。造罪之[⑨]人落地獄，作善之者必生[⑩]天。

如今各自隨緣業，定是相逢[□][後][⑪]迴[⑫]難。握手丁寧須努力，迴頭拭淚飽相看。

耳裹惟聞唱道急，萬衆千群驅向前。牛頭杷棒河南岸，獄卒擎叉水北邊。

水裹之人眼盼盼[⑬]，岸頭之者淚涓涓。早知到没艱辛地，悔不生時作福田。

目連問言柰河樹下人曰："天堂地獄乃非虚。行惡不論天所罪[⑭]，應是[⑮]

---

① 金，底本、録本作"今"。袁賓謂"今"係"金"之借字。黄、張本按："袁校是。乙本即作'金'字。"兹據録正。

② 珠，徐校讀作"朱"；袁賓則謂"珠"字不煩改讀，"珠輪"謂以珠鑲飾，極言華貴。黄、張本按："'朱輪'謂以朱紅漆輪，借指高官所乘之車，載籍中經見，義較長。"

③ 項楚校："'爲'通作'謂'。"

④ 黄、張本校："千，徐校讀作'遷'，是。"

⑤ 惟，王慶菽原校作"爲"；項楚則謂當作"微"。黄、張本按："原校意較暢。"

⑥ 馬，底本、録本無，據乙本補。

⑦ 妾，底本、録本訛作"接"，據乙本改。

⑧ 用，録本作"雨"，底本似作"兩"。今結合文意，據乙本改。

⑨ 黄、張本校："之，底本作'諸'，兹據乙本改。"

⑩ 王慶菽原校："'生'原作'人'，據乙本改。"

⑪ 後，底本無，據乙本補。

⑫ 王慶菽原校："乙本'迴'作'會'。"黄、張本校："按：'會'字義較長。"

⑬ "盼盼"二字録本作"盻盻"，底本實作"**眄眄**"，甲本作"**盻盻**"，乙本與底本同。黄、張本認爲"**眄眄**"、"**盻盻**"皆當爲"盼盼"之俗誤。盼盼，眷望貌。

⑭ "罪"字前録本衍一"造"字。按：底本"造"旁實有一廢棄號。

⑮ 是，底本、録本訛作"時"，據乙本改。黄、張本校："應是，所有、一切之義，已詳於《通釋》。"

冥零[①]亦共誅。

貧道慈親不積善，亡魂亦復落三塗。聞道將來入地獄，但曰[②]知其消[③]息否?”

罪人總見目連師，一切啼哭損雙眉:“弟子死來年月近，和尚慈親實不知。

我等生時多造罪，今日辛苦方始悔。縱令妻妾滿山川，誰肯死來相替代。

何時更得别泉門，爲報家中我子孫。不須白玉爲棺槨，徒勞黄金葬墓墳。

長悲怨[④]歎終無益，皷樂絃歌我不聞。欲得亡人没苦難，無過修福救冥魂。

和尚卻歸，[□□□][與諸人][⑤]爲傳道(消)[⑥]息，交(教)令造福，以救亡人。除佛一人，無由救得。願和[⑦]尚捕(菩)[⑧]提涅槃，尋常不没，運載一切衆生。智慧劍[⑨]勤磨，煩惱林而誅[⑩]，威行普心(行?)[⑪]於世界，而諸佛之大願。儻若出離泥犂，是和尚慈親普降。”

目連問以(已)，更往前行，時向(晌)中間，即至五道將軍坐所，問阿孃道息處:

① 黄、張本校:“蔣禮鴻校‘零’作‘靈’，是。‘冥靈’指鬼魂。”

② 曰，録本訛作“日”，據底本改。

③ 消，録本作“道”，底本作“逍”，據甲本改。

④ 此字底本、甲本皆作“惌”，乃“怨”之俗體。

⑤ 王慶菽原校:“‘與諸人’三字，據甲本補。”

⑥ 逍，此當爲“消”之同音借字(二字《廣韻》均音相邀切)。

⑦ 乙本止於此。

⑧ 結合文意，此“捕”當爲“菩”之訛字。

⑨ 劍，録本作“釵”，底本、甲本皆作“鈕”，蓋“釰”字形誤。《集韻·驗韻》:“劎，《説文》:‘人所帶兵也。’或從刀。俗作‘釰’。”

⑩ “煩惱林而誅”五字前底本、録本衍一“不”字。黄、張本校:“‘不’字疑爲衍文。‘誅’謂刈除。”玆據删。

⑪ 黄、張本校:“‘心’字意未安，疑爲‘止’字形誤或‘行’字音誤。”

五道將軍性令①惡,金甲明晶,劍光交錯。左右百萬餘人,總是接②飛手腳。

叫③譀④似雷驚振⑤動,怒目得電光輝霍⑥。或有劈腹開心,或有面皮生剥。

目連雖是聖人,亦得魂驚膽⑦落。目連啼哭念慈親,神通急速若風雲。

若聞(問)⑧冥途刑(形)要⑨處,無過此個大將軍。左右攢槍當大道,東西立杖萬餘人。

縱然舉目西南望,正見俄俄五道神。[□□□□□□□],守此路來經幾劫⑩。

千軍萬衆定刑名,從頭各自隨緣業。貧道慈母傍行檀,魂魄漂流冥路間。

若問⑪三塗何處苦,咸言五道鬼門關⑫。畜生惡道人偏遶⑬,好道天堂朝暮閑。

---

① 項楚校:"'令'當作'靈','性靈'猶云脾氣……(伯二四一八)《父母恩重經講經文》:'只管于家弄性靈,争知門外傳聲譽。''弄性靈'即耍脾氣也。"

② 黄、張本校:"接,通'捷'。《集韻》:'接,捷也。'《荀子大略》:'先事慮事謂之捷。'楊倞注:'接讀爲捷,速也。'"

③ 叫,録本訛作"叨",據底本改。

④ 黄、張本校:"《玉篇・言部》:'譀,叫譀,怒也。'"

⑤ 黄、張本校:"振,當讀作'震'。《説文》:'震,劈靂振物者。'文中'震''雷'互文同義。"

⑥ 黄、張本校:"輝霍,底本作'耀鶴',兹據甲本改。底本'鶴'蓋'霍'之誤。"

⑦ 膽,録本訛作"瞻",據底本改。

⑧ 黄、張本校:"聞,當作'問'。寫本中'聞''問'二字多誤易。下文'若問三塗何處苦,咸言五道鬼門開。'句式與此相類,可參。"

⑨ 黄、張本校:"刑要,疑當作'形要'。……形要,猶云緊要。"

⑩ 黄、張本校:"項楚謂此句前應奪一句。'劫'爲韻腳字,與下句'業'字押韻。兹據擬補七字空格。"

⑪ 問,録本訛作"向",據底本改。

⑫ 關,録本訛作"開",據底本改。

⑬ 項楚校:"'遶'當作'饒',謂多也。……(下文):'何覓天堂受快樂,唯聞地獄罪人多。'亦此意也。"

一切罪人於此過,伏願將軍爲檢看。將軍合掌啓闍梨:"不須啼哭損容儀。

尋常此路恒沙衆,卒問青提知是誰。太山都要多名部[①],察會天曹並地府。

文牒知司各有名,符卷[②]下來過此處。今朝弟子是名官[③],暫而闍梨檢尋看。

可中果報[④]逢名字,放(訪)覓縱(蹤)由[⑤]亦不難。"

將軍問左右曰:"見一青提夫人以否?"

左邊有一都官啓言將[⑥][□][軍][⑦]:"三年已前,有一青提夫人,被阿鼻地獄牒上索將,[□][今][⑧]見在阿鼻地獄受苦。"

目連聞語,啓言將軍:"[將軍][⑨]報言和尚,一切罪人皆從王邊斷决,然始下來。目連頻(貧)道阿孃,緣何不見王面?"

[將軍][⑩]報言和尚:"世間兩種[⑪]人不得見王面:第一之人,平生在日,修於十善五戒,死後神識得生天上,[□□□□][不見王面][⑫]。第二之人,生存在日,不修善業,廣造之[⑬]罪,命終之後,便入地獄,亦不得見王面。唯有半惡半善之人,將見王面斷决,然始託生,隨緣受報。"

---

① 項楚校:"'部'當作'簿','名簿'即名册也。"

② 卷,録本訛作"帀"。底本本作"帀",實爲"弓"之訛俗體。《龍龕手鑑·弓部》:"弓,古文。今作卷。書卷。"

③ 項楚校:"'名'當作'冥','冥官'指陰府官吏。"

④ 黄、張本校:"報,蔣禮鴻校作'教',近是。"

⑤ 黄、張本校:"放覓縱由,蔣禮鴻校作'訪覓蹤由',是。"

⑥ 將,録本訛作"持",據底本改。

⑦ 軍,底本、録本無,據甲本補。

⑧ 今,底本、録本無,據甲本補。

⑨ "將軍"二字録本脱。黄、張本校:"底本前一'將軍'二字右側各有重文符號,即示重文,當録作'將軍將軍'。"

⑩ "將軍"二字録本脱,據底本補。

⑪ 王慶菽原校:"'種'原作'衆',據甲本改。"

⑫ 黄、張本校:"'不見王面'四字據甲本補。"

⑬ 黄、張本校:"之,蔣禮鴻讀作'諸'。"

目連聞語，便向諸地獄尋覓阿孃之處：

目連淚落憶逍逍[①]，衆生業報似風飄。慈親到没艱辛地，魂魄于時早已消。

鐵倫(輪)[②]往往從空入，猛火時時腳下燒。心腹到處皆零落，骨肉[③]尋時似爛燋。

銅鳥萬道望心攢，鐵計(汁)[④]千迴頂上澆。昔(借)[⑤]問前頭劍[⑥]樹苦，何如剉碓斬人腰。

不可論，凝脂碎肉[⑦][□][?]似津[⑧]。莾蕩周迴數百里，嵯峨向下一由旬。

鐵鏘萬劍[⑨]安其下，烟火千重遮四行。借問此中何物[⑩]罪，只是閻浮殺罪人。

目連言訖，更往前行，須臾之間，至一地獄。

目連啓言獄主："此個地獄中有青提夫人已否？是頻(貧)道阿孃，故來訪覓。"

獄主報言和尚："此個獄中，總是男子，並無女人。向前問有刀山地獄之中，問必應得見。"

目連前行，[□][又]至[□][一]地獄[⑪]，左名"刀山"，右名"劍樹"。地獄

---

① 王慶菽原校："甲本'逍逍'作'遥遥'。"黄、張本按："'逍逍'當作'悄悄'，'遥遥'當作'愮愮'。《詩·邶風·柏舟》'憂心悄悄'，毛傳：'悄悄，憂貌。'《爾雅·釋訓》：'愮愮，憂無告也。''逍逍''遥遥'異文同義。"

② 結合文意，此"倫"當爲"輪"之訛字。

③⑦ 肉，録本訛作"害"，據底本改。

④ 結合文意，此"計"當爲"汁"之訛字。

⑤ 結合文意，此"昔"當爲"借"之訛字。

⑥ 劍，底本作"釰"，乃"劍"之俗體。見前注。

⑧ 徐校："'不可論'當作一逗，與下'津'字協韻。'津'上疑脱一字。"黄、張本按："脱字當在'肉'字下。"黄、張本校是，今據補。

⑨ 劍，底本作"釰"，乃"劍"之俗體。

⑩ 黄、張本校："何物，什麽。《世説新語·雅量》：'潮水起，沈令起彷徨，問："牛屋下是何物人。"'"

⑪ 王慶菽原校："'至'字前之'又'字，'地'字前之'一'字，均據甲本補。"

之中,鋒劍相向,涓涓血流。見獄主驅無量罪人入此地獄。

目連問曰:"此個名何地獄?"

羅察(刹)答言:"此是刀山劍樹地獄。"

目連問曰:"獄中罪人作何罪業,當墮此地獄?"

獄主報言:"獄中罪人,生存在日,侵損常住①,游(淤)泥②伽藍,好用常住水菓,盜常住柴新(薪)③。今日交(教)伊手攀劍樹,支支節節皆零落處:

刀山白骨亂縱横,劍樹人頭千萬顆。欲得不攀刀山者,無過寺家填好土。

栽④接⑤菓木入伽藍,布施種子倍常住。阿儞個罪人不可説,累劫受罪度恒沙,從(縱)⑥佛涅槃仍未出。此獄東西數百里,罪人亂走肩相棳(綴)⑦。

業風吹火向前燒,獄卒杷(把)⑧杈從後插。身手⑨應是(時)⑩如瓦碎,手足當時如粉沫(末)⑪。

---

① 黄、張本校:"常住,寺院中的公共財物,包括寺舍、田地、什物等。"

② 項楚校:"'遊泥'當作'淤泥','游'字蓋'淤'(汙)字之形訛。'污泥'與'侵損'對舉,也用作動詞,猶云'弄髒'也。佛教以'污泥伽藍'爲惡業,死後當受罪報。"黄、張本按:"項校是。"

③ 黄、張本校:"新,甲本作'薪'。'薪'爲'新'的後起分化字。"

④ 栽,録本訛作"棫",底本、甲本皆作"**栰**",乃"**栰**(栽)"之俗體。《龍龕手鑑·木部》:"**栰**,與栽同。種也。"

⑤ 王慶菽原校:"甲本'接'作'插'。"

⑥ 黄、張本校:"從,徐校讀作'縱',是。"

⑦ 黄、張本校:"棳,當讀作'綴'。"按:此"棳(綴)"義同"連結"。

⑧ 項楚校:"杷"當作"把"。按:敦煌寫本"木"旁"扌"旁相亂,此"杷"乃"把"之俗體。

⑨ 黄、張本校:"身手,疑當作'身首',寫本中'手''首'通用。"

⑩ 項楚校:"'應是'當作'應時',與下句'當時'同義。"黄、張本按:"項校是。底本本作'應時','時'字右旁注'是'字。根據寫本偏旁注字的通則,應是指'時'當改作'是'。但寫本中亦往往有原字不誤而旁注字誤的情況,此亦其例。"

⑪ 黄、張本校:"沫,當讀作'末'。"

沸鐵騰光向口傾[①]，著者左穿如[②]右穴。銅箭傍飛射眼精[③]，劍輪直下空中割[④]。

爲言[⑤]千載不爲人，鐵杷摟聚[⑥]還交(教)活。"

目連聞語，啼哭咨嗟向前，問言獄主:"此個獄中有一青提夫人已否?"

獄主啓言和尚:"是何親眷?"

目連啓言:"是頻(貧)道慈母。"

獄主報言和尚:"此個獄中無青提夫人。向前地獄之中，總是女人，應得相見。"

目連聞語[⑦]，更往前行。至一地獄，高下可有一由旬，黑煙蓬勃，臭氣勳(薰)天。見一馬頭羅刹，手把鐵杈，意[□][氣][⑧]而立。

目連問曰:"此個名何地獄?"

羅刹答言:"此是銅柱鐵床地獄。"

目連問曰:"獄中罪人，生存在日，有何罪業，當墮此獄?"

獄主答言:"在生之日，女將男子，男將女人，行淫欲於父[⑨]母之床，弟子於師長之床，奴婢於曹主[⑩]之床，當墮此獄之中。東西不可算，男子女人，相

---

① 傾，録本訛作"頫"，據底本改。黃、張本校:"傾，《説文》云'出額也'，即突出的額角，直追切。原校作'頫'，於義無取。鄭振鐸《中國俗文學史》:'變文'章引作'澆'，蓋因'頫'而讀作'澆'，未知確否。又徐校作'傾'，亦可備一説。"

② 黃、張本校:"如，徐校讀作'而'。"

③ 項楚校:"《説文》無'睛'字，古書多用'精'字，'睛'乃後起的專用字。"

④ 黃、張本校:"甲本此句作'刀山劍樹直下割'。"

⑤ 黃、張本校:"爲言，當讀作'謂言'，以爲之意。甲本作'唯言'，亦通。"

⑥ 摟，録本訛作"樓"，據底本改。黃、張本校:"底本本作'摟'字，甲本作'樓'，寫本中手旁木旁不分，此以作'摟'字是。袁賓引《爾雅·釋詁》云:'摟，聚也。'謂'摟聚'同義連文……袁校是。"

⑦ 語，底本作"以"，結合文意，據甲本改。

⑧ 王慶菽原校:"'氣'字，據甲本補。"黃、張本校:"意氣，氣盛貌。伯二三〇五《解座文匯抄》:'鑊湯誰管足才能，爐炭不憑君意氣。'其中的'意氣'義同。"

⑨ 父，録本訛作"叉"，據底本改。

⑩ 黃、張本校:"曹主，主人。伯三四一八《王梵志詩》:'强處出頭來，不需曹主喚。'斯六〇三二卷'曹主'作'主人'，異文同義。"

和一半。"

女卧鐵床釘釘[①]身,男抱銅柱胸[②]壞[③]爛。鐵鑽長交(教)利鋒刃[④],鑱牙快似如錐鑽。

腸空即以鐵丸充,唱渴還將鐵計(汁)[⑤]灌。蒺蘺入腹如刀臂(擘)[⑥],空中劍戟跳星亂。

刀剜骨肉斥斥[⑦]破,劍割肝腸寸寸斷。不可言,地獄天堂相對疋,天堂曉夜樂轟轟,地獄無人相求[⑧]出。父母見存爲造福,七分之中而獲一。縱令東海變桑田,受罪之人仍未出。

目連言訖,更往前行。須臾之間,至一地獄。

啓言獄主:"此個獄中,有一青提夫人已否?"

獄主報言:"青提夫人,是和尚阿孃?"

目連啓言:"是慈母。"

獄主報和尚曰:"三年已前,有一青提夫人,亦到此間獄中。被阿鼻地獄牒上索將,今見在阿鼻地獄中。"

目連悶絶僻[□][地][⑨],良久氣通,漸漸前行,即逢守道羅刹問處:

---

① 王慶菽原校:"甲本'釘釘'作'釘其'。"

② 胸,底本作"兇",結合文意,據甲本改。

③ 壞,底本作"懷"。《大正藏》校録是。甲本亦作'壞'。

④ 刃,底本作"釰",《大正藏》校録作"劍"。黄、張本校:"刃,底本作'釰',乃'刃'的增旁俗字。《龍龕手鏡·金部》:'釰,音刃,劍刃也。'此字又常用作'劍'的俗字,與此處不同。"按:黄、張本校是,兹據録正。

⑤ 結合文意,此"計"當爲"汁"之訛字,項楚校亦作"汁"。

⑥ 結合文意,此"臂"當爲"擘"之訛字,兹據黄、張本録正。

⑦ 黄、張本校:"'斥''尺'古通用(如'斥蠖'又作'尺蠖'、'斥鴳'又作'尺鴳',故'斥斥'即尺尺,與下句'寸寸'儷偶。"

⑧ 項楚校:"'求'當作'救'。"

⑨ 郭在貽校:"'僻'字當讀爲'躃'。《目連緣起》'須臾躃地自渾搥',正作'躃'字。"黄、張本校:"晋法顯《佛國記》:'王來見之,迷悶躃地,諸臣以水灑面,良久乃蘇。'慧琳《一切經音義》卷一五:'躃地,毘壁反。《集訓》云:躃也,從足,辟聲也。經文從人作僻,非也。'可見'僻'是個常見的假借字。又,'地'字底本無,原録臆補'倒'字。袁賓謂依變文語例,應補'地'字。按:袁校是。甲本正作'地'字。兹據補。"

目連行步多愁惱，刀劍路傍如野草。側耳遥聞地獄間，風火[①]一時聲號號。

爲憶慈親長（腸）[②]欲斷，前路不婁[③]行即到。忽然逢著夜叉王，按[④]劍坐蛇當大道。

啓言："貧道是釋迦如來佛弟子，證見三明出生死。哀哀慈母號青提，亡過魂靈落於此。

擿（適）[⑤]來巡曆（歷）[⑥]諸餘獄，問者咸言稱不是。近云將母入阿鼻，大將亦應之（知）[⑦]此事。

有無實説莫沈吟，人間乳哺最[⑧]恩深。聞説慈親骨髓痛，造此[⑨]誰知貧道心。"

夜叉聞語心遏遏[⑩]，直言更亦無刑（形）[⑪]迹："和尚孝順古今希，冥塗不憚親巡曆（歷）[⑫]。

青提夫人欲似有，影向（響）[⑬]不能全指的[⑭]。[□□□□□□□]，灌鐵

---

① 火，録本訛作"大"，據底本改。

② 結合文意，此"長"當爲"腸"之記音字。

③ 黄、張本引徐復校云："唐時俗語稱'多'爲'婁'，所以'不多'也叫'不婁'。……《集韻》上聲四十五厚：'𡣕，多也，朗口切'，與'婁'同音。'𡣕'是'婁'的增旁俗字。"

④ 按，底本、録本作"桉"，乃"按"之换旁俗體，兹據黄、張本録正。

⑤ 結合文意，此"擿"當爲"適"之訛字。

⑥ 曆，此與"歷"同。《廣韻·錫韻》："歷，或作曆。"

⑦ 結合文意，此"之"當爲"知"之記音字。

⑧ 最，録本訛作"寂"，據底本改。

⑨ 黄、張本校："造此，同'造次'，倉猝義。"

⑩ 袁賓校："'遏遏'借作'惕惕'……'憂懼'義。"黄、張本按："《長興四年中興殿應聖節講經文》：'所以兢兢在位，惕惕憂民。'是其義。"

⑪ 結合文意，此"刑"當爲"形"之記音字。

⑫ 曆，此與"歷"同。見前注。

⑬ 向，黄、張本作"響"。黄、張本校："影響，模糊、不清楚意，即成語'影響之見'之'影響'。"按："模糊、不清楚意"之"意"當爲"義"之訛誤。

⑭ 黄、張本校："指的，分明、詳確義。《廣韻》入聲錫韻：'的，指的。''的'有鮮明義，'指的'即'的'的雙音化。"

爲城銅作壁[①]。

業風雷振一時吹,到者身骸似狼藉[②]。勸諫闍梨早歸舍,徒煩此處相尋覓。

不如早云見如來,槌胸懊惱知何益。”

目連見説地獄之難,當即迴[□][身][③],擲鉢騰空,須臾之間,即至娑羅林所,遶佛三匝,卻坐一面,瞻[□][仰][④]尊顔,目不暫舍,白言世尊處:

“闕事如來日[⑤]已遠,追放縱(蹤)由[⑥]天地遍。阿耶(爺)[⑦]惟(雖)[⑧]得生天上,慈母不曾重會面。

聞道阿鼻見受罪,思之不覺肝腸斷。猛火[⑨]龍蛇難向前,造次無由作方便。

如來神力移山海,一切衆生多愛[⑩]戀。臣急由來解告君,如何慈母重相見。”

世尊唤言大目連:“且莫悲哀泣[⑪]。世間之罪由(猶)[⑫]如繩,不是他家尼碾來[⑬]。

火急將吾錫杖[⑭]與,能除八難及三災。但知懃念吾名字,地獄應[□]

---

① 黄、張本校:“項楚於下句後校云:‘此句單行,前面應奪一句,“壁”與前後韻脚字逷(惕)、跡、曆(歷)、的、藉、覓、益等相押。’兹據擬補七字空格。”

② 王慶菽原校:“‘藉’原作‘寂’,據甲本改。”

③ 黄、張本校:“‘身’字據甲本補。”

④ 王慶菽原校:“‘仰’字,據甲本補。”

⑤ 日,録本訛作“曰”,據底本改。

⑥ 徐校:“‘放’字當作‘訪’,‘縱’字當作‘蹤’。”

⑦ 耶,録本訛作“取”,據底本改。

⑧ 項楚校:“‘惟’字爲‘雖’字形訛。”

⑨ 火,録本訛作“大”,據底本改。

⑩ 黄、張本校:“愛,底本誤作‘受’,兹據甲本改。”

⑪ 徐校:“此句失韵,疑當作‘悲泣哀’。”

⑫ 結合文意,此“由”當爲“猶”之借字。

⑬ 黄、張本校:“此句費解,俟再校。”

⑭ 黄、張本校:“杖,底本作‘丈’,兹據甲本改。”

[當]①爲汝②開。”

目連承③佛威力，騰身向下，急如風箭。須臾之間，即至阿鼻地獄。空中見五十個牛頭馬腦，羅剎夜叉，牙如劍樹，口似血盆，聲如雷鳴，眼如掣電，向天曹當直逢著目連，遥報言：“和尚莫來，此間不是好道，此是地獄之路。西邊黑煙之中，總是獄中毒氣，吸著和尚化爲灰塵處：

和尚不聞道阿鼻地獄，鐵石過之皆得殃。地獄爲言何處在，西邊怒那④黑煙中。”

目連念佛若恒沙，地獄元⑤來是我家。拭淚空中遥(摇)⑥錫杖，鬼神當即倒如麻。

白汗交流如雨濕，昏迷不覺自嘘嗟。手中放卻三楞⑦棒，臂上遥抛六舌叉。

如來遣我看慈母，阿鼻地獄救波吒。目連不住⑧騰身過，獄卒相看不敢遮。

目連前行⑨，至一地獄，相去一百餘步，被火⑩氣吸著，而欲仰倒。其阿

---

① 黄、張本校：“‘當’字據甲本補。”

② 黄、張本校：“汝，底本作‘如’，玆據甲本改。”

③ 黄、張本校：“承，底本作‘丞’，玆據甲本改。”

④ 黄、張本校：“怒那，盛多濃厚貌。”

⑤ 元，録本訛作“无”，又回改爲繁體“無”，玆據底本改。

⑥ 結合文意，此“遥”當爲“摇”之借字。

⑦ 楞，録本訛作“慢”，據底本改。

⑧ 住，底本作“往”，玆據甲本改。

⑨ 此四字《大正藏》録本作“目連行前”。黄、張本校：“目連前行，底本作‘目行連前’。‘行連’二字右側有鈎乙符號，當是指‘行’字當與‘連前’二字互乙。甲本正作‘目連前行’，可證。原録作‘目連行前’，蓋誤。敦煌寫本中誤倒字多用鈎乙符，但應鈎乙的字數並無一定之規，宜據文意判斷。”

⑩ 火，録本訛作“大”，據底本改。

鼻地獄,且鐵城高峻①,莽蕩連雲,劍戟森林②,刀槍重疊。劍樹千尋以芳撥(發)③,針刺相揩④;刀山萬仞橫連,巉(巉)⑤嵒(巖)⑥亂倒。猛火⑦掣浚⑧似雲(雷)吼⑨,咷踉⑩滿天。劍輪蔟蔟⑪似星明,灰塵撲⑫地。鐵蛇吐火,四面張鱗;銅狗吸煙,三邊振吠。蒺藜空中亂下,穿其男子之胸;錐鑽天上旁飛,剜刺女人[□][之]⑬背。鐵杷踔⑭眼,赤血西流;銅叉剉腰,白膏東引。於是

① 峻,録本訛作"崚",據底本改。

② 黄、張本校:"森林,疑當作'森森'。下文'劍刀森林數萬層',徐校疑'森林'當作'森森',可參。"

③ 黄、張本校:"'以'字疑爲衍文(或下句脱一字,參下校),'劍樹千尋芳撥'與下句'刀山萬仞橫連'儷偶。……又芳撥,疑即'芳發','撥'爲'發'的增旁字。……此處以樹喻刀劍,'芳發'指枝葉之生長發生,蓋以喻刀劍之密集也。"

④ 黄、張本校:"揩,底本作'楷',徐校謂疑當作'偕'。按:寫本手旁與木旁相亂,文中應作'揩'。《廣韻·皆韻》:'揩,揩摒,摩試。'慧琳《一切經音義》卷一五:'相揩,苦皆反。《考聲》云:'摩也。從手。'慧琳特别指出'揩'字從手,言外之意就是説俗或從木作,是不對的。'針刺相揩'是指劍樹鋒刃交橫碰觸之狀,切於文意。"

⑤ 結合文意,此"巉"當爲"巉"之借字。

⑥ 《正字通·山部》:"嵒,同巖。"

⑦ 火,録本訛作"大",據底本改。

⑧ "掣浚"二字録本訛作"犁淡",據底本改。蔣禮鴻校:"'浚'通作'峻急'的'峻'。"黄、張本按:"蔣先生在《通釋》'峻急'條又説:'"峻"通"迅"、"駿",快速。'此處似不如徑云'浚'通"駿"或"迅"爲明快。……'掣浚'爲近義連文,袁賓釋爲'烈火猛焰騰躍閃忽的樣子',是也。"

⑨ 黄、張本校:"雲吼,徐校作'雲犼',蔣禮鴻校作'震吼',袁賓校作'震狗',項楚校作'雷吼',當以項校近是。《韓擒虎話本》:'箭既離弦,世(勢)同雷吼。'亦有'雷吼'之語。且'雷吼'與下文'星明'儷偶,屬對工穩。"

⑩ "踉"字録本訛作"跟",據底本改。黄、張本校:"咷,徐校引作'跳',是。《廣韻·陽韻》:'踉,跳踉也。'既跳躍之義。"

⑪ "蔟蔟"二字録本訛作"簇簇",據底本改。黄、張本按:"《集韻·屋韻》:'蔟,聚齊貌。'仕六切。蓋即'蔟'亦即'簇'的俗字。"

⑫ 撲,録本訛作"模",底本左半作"扌",右半似作"莫",乃"撲"字俗書。玆據録正。

⑬ 之,底本、録本無,結合文意,據黄、張本補。

⑭ 項楚校:"'踔'當作'卓',搗擊之義。"黄、張本按:"踔'、'卓'皆當讀作'築'。《説文·木部》:'築,搗也。'"

[□][上?]刀山①,入爐炭,髑髏碎,骨肉爛,筋皮折,手膽(?)②斷。碎肉迸殘於四門之外,凝血滂沛於獄墻③之畔。聲號叫天,岌岌汗汗;雷□□(吼震?)地④,隱隱岸岸。向上雲煙,散散漫漫;向下鐵鏘,撩撩亂亂。箭毛鬼嘍嘍⑤竄竄,銅嘴鳥吒吒叫叫喚⑥。獄卒數萬餘人,總是牛頭馬面。饒君鐵石爲心,亦得亡魂膽⑦戰處:

目連執錫向前聽,爲念阿鼻意轉盈。一切獄中皆有息,此個阿鼻不見停⑧。

恒沙之衆同時入,共變其身作一刑(形)⑨。忽若無人⑩獨身入,其身亦滿鐵圍城。

案難案、難振鐵⑪,吸岌⑫雲空,轟轟鏘鏘括地⑬雄。

---

① 徐校:"'刀山'上疑脱一字。"黄、張本按:"所脱字或爲'上'字。"

② 膽,録本訛作"瞻",據底本改。黄、張本校:"'膽'字於義無取,當爲'腳''臂''膊'一類的字。"

③ 墻,録本訛作"壚"。底本作"墻",乃"墻"之俗字。《龍龕手鏡·土部》:"墻,疾良反,俗。"茲據録正。

④ 黄、張本校:"底本'雷'字下殘缺約二字,……據上文'猛火掣浚似雲(雷)吼'之語,所缺疑爲'吼震'二字。"

⑤ 此處録本衍一"嘍"字,據底本删。

⑥ 黄、張本校:"吒吒叫叫喚,徐震堮疑當作'叱吒叫喚',陳治文謂當作'吒吒喚喚'或'叫叫喚喚',潘校謂當作'吒吒叫喚'。按:以文例求之,陳校似較優。"

⑦ 膽,録本訛作"瞻",據底本改。

⑧ 停,録本訛作"得",據底本改。

⑨ 項楚校:"'刑'字爲'形'字之訛。"黄、張本按:"'形'字誤作'刑',上下文皆有例,項校是。"

⑩ 人,録本訛作"入",據底本改。

⑪ 黄、張本校:"後一'案'字、'難'字底本作重文符號。這兩句費解,疑有脱誤。"

⑫ 黄、張本校:"吸岌,疑當作'岌岌'。"

⑬ 黄、張本校:"括,底本從木旁,項楚謂當作'括','括地'亦作'刮地',形容聲音卷地而來。按:寫本中從手從木相亂,茲徑據文意録正。"

長蛇皎皎三曾黑①,大鳥崖柴②兩翅青。萬道紅爐扇廣炭③,千重赤炎迸流星。

東西鐵鑽讒(鑱)④凶(胸)筋⑤,左右銅鉸⑥石(射)眼精⑦。金鏘亂下如風雨,鐵計(汁)⑧空中似灌傾。

哀哉苦哉難可忍,更交(教)腹[背]⑨下長釘。目連見以(已)唱其⑩哉,專心念佛幾千⑪迴。

風吹毒氣遥呼吸,看著身爲一聚灰⑫。一振黑城關鎖落,再振明(冥)門⑬兩扇開。

---

① 黄、張本校:"吴小如校:'(此句)或是形容蛇皮發光。以其有光,故言"皎皎"。"曾"爲"層"字通假,"三層黑"指蛇皮之色。'……按:'皎皎'或當讀作'絞絞',指蛇身盤旋纏繞之貌。伯二六五三《韓朋賦》:'見一長蛇,皎妄床腳。''皎''皎'爲同字異體,文中亦通'絞',可證。'曾'字俟再校。"

② 黄、張本校:"玄應《一切經音義》卷一二云:'啀喍,五佳反,下助佳反,犬見齒啀啀然也,經文作睚眥,五賣、助賣反,瞋目也。'蔣禮鴻謂'崖柴'即"啀喍",文中指張開嘴巴,貪饞兇狠的樣子。陳治文則謂'崖柴'即'睚眥',爲瞋目之義。按:陳説較切文意,當是。"

③ 黄、張本校:"廣,底本無底部'八'形構件,原録作'廣',兹從之。然'廣炭'意費解,疑有誤。"

④ 讒,此當讀如"鑱"(二字《廣韻》皆可音士懺切)。"讒"者,刺也。《鶡冠子·世賢》:"若扁鵲者,鑱血脈,投毒藥,副肌膚,間而名出,聞于諸侯。"《新唐書·韋綬傳》:"〔韋綬〕有至性,然好不經,喪父,鑱臂血寫浮屠書。"皆其例。

⑤ 凶,此處當爲"胸"之借字。筋,底本作"觔",乃"筋"的俗字。《正字通·角部》:"觔,與筋同。"

⑥ 黄、張本校:"'鉸'即今所謂剪刀。"

⑦ 黄、張本校:"石,項楚、袁賓皆校作'射',是。上文:'銅箭傍飛射眼精。'正作'射'字。"

⑧ 結合文意,此"計"當爲"汁"之訛字。

⑨ 背,録本脱,據底本補。

⑩ 黄、張本校:"其,原校作'奇'。按:亦可能爲'苦'的形誤字。"

⑪ 千,録本訛作"十",據底本改。

⑫ 黄、張本校:"一聚灰,一堆灰土。"

⑬ 黄、張本校:"明,當讀作'冥'。'冥門'與上句'黑城'對,皆指陰間地獄而言。"

目連那邊仍[①]未喚,獄卒擎叉[②]便出來:

"和尚欲覓阿誰消息?"

其城廣闊[③]萬由旬,倉卒[④]没人關[⑤]閉得。刀劍晶光阿點點,受罪之人愁壧壧(戢戢)[⑥]。

大火終融[⑦]滿地明,煙霧滿滿[⑧]悵(張)天[⑨]黑。忽見闍梨於此立,又復從來不相識。

縱[⑩]由算當更無人,應是三寶慈悲力。

獄主啓言和尚:"緣何事開他地獄門?"

報言:"貧道不開阿誰開?世尊[⑪]寄物來開。"

獄主問言:"寄是没[⑫]物來開?"

目連啓獄主:"寄十二環錫杖來開。"

獄卒(主)[⑬]又問:"和尚緣何事來至此?"

目連啓言:"貧道阿孃名青提夫人,故來訪覓看。"

---

① 仍,録本訛作"仍",據底本改。

② 叉,録本訛作"支",據底本改。

③ "廣闊"二字録本訛作"闊廣",據底本改。

④ 黄、張本校:"倉卒,底本作'卒倉',兹據項楚校乙正。"

⑤ 關,録本訛作"開",據底本改。

⑥ 此二字録本訛作"懺懺",據底本改。黄、張本"壧壧"二字下括注"戢戢",意"壧壧"當讀作"戢戢"。

⑦ 徐復校:"'終'當作'烿','烿融',疊韻字,《廣韻》上平聲二冬:'烿,火威貌,徒冬切',説的是火勢威盛。《佛説阿彌陀經講經文》:'頭上火焰而烿烿。'字正作'烿',可以爲證。'融'在東韻,與冬韻通用。"黄、張本按:"徐校近是。唯所引《廣韻》'火威貌','威'爲'盛'的誤字。《集韻》正作'火盛貌',應據正。"

⑧ 徐校:"'滿滿'當作'漫漫'。"

⑨ 項楚校:"此字本應作'張',遮蔽之義。"黄、張本按:"敦煌寫本'巾''忄'不分,'悵'當是'帳'的俗寫。《説文・巾部》:'帳,張也。''帳''張'音近義通。"

⑩ 黄、張本校:"縱,蔣禮鴻校作'蹤'。"

⑪ "世尊"二字底本作"和尚",據甲本改。

⑫ "是没"二字黄、張本謂與"甚"義同。

⑬ 黄、張本校:"比照上下文,'獄卒'當爲'獄主'之誤。下同。"

獄主聞語,卻入獄中高樓之上,迢(招)①白幡,打鐵鼓:“第一隔中有青提夫人已否?”第一隔中無。過到第二隔中,迢(招)黑幡,打鐵鼓:“第二隔中有青提夫已否?”第二隔中亦無。過到第三隔中,迢(招)黃幡,打鐵鼓:“第三隔中有青提夫人已否?”亦無。過到第四隔中亦無。即至第五隔中問,亦道無。過到第六隔中,亦道無青提夫人。

獄卒(主)行至第七隔中,迢(招)碧幡,打鐵鼓:“第七隔中有青提夫人已否?”

其時青提[□□□][夫人在]②第七隔中,身上下四十九道長釘,鼎(釘)③在鐵床之上,不敢應[獄主]④。

[獄主]⑤更問:“第七隔中有青提夫人已否?”

“若看覓青提夫人者,罪身即是。”

“早個緣甚不應?”

“恐畏獄主更將別處受苦,所以不敢應[獄主]⑥。”

[獄主]⑦報言:“門外有一三寶,剃除髭髮,身披法服,稱言是‘兒’,故來訪看。”

青提夫人⑧聞語,良久思惟,報言獄主:“我無兒子出家,不是莫錯?”

獄主聞語,卻迴行至高樓,報言和尚:“緣有何事,詐認獄中罪人是阿孃,緣沒事謾語?”

目連聞語,悲泣雨淚,啓言獄主:“貧道解[□][來]⑨傳語錯。頻(貧)道小時自(字)⑩‘羅卜’。父母亡沒已後,投佛出家,剃除髭髮,號曰‘大目乾連’。獄主莫瞋,更問一迴去。”

---

① 項楚謂“迢”當作“招”,下同。

② “夫人在”三字底本無,據戊本補。

③ 黃、張本謂底本、戊本皆作“鼎”,甲本作“打”,蓋皆“釘”字音假。

④⑤⑥⑦ “獄主”二字録本脱,據底本補。

⑧ 人,録本衍作“人人”,據底本删一“人”字。

⑨ “來”字據戊本補。

⑩ 自,録本訛作“目”,據底本改。黃、張本按:“底本‘自’蓋爲‘字’的音誤字。下文‘門外三寶小時字羅卜’,‘字’字底本亦作‘自’,誤與此同。”

獄主聞語,卻迴至第七隔中,報言罪人:"門外三寶小時自(字)[①]'羅卜',父母終没已後,投佛出家,剃除鬚髮,號曰'大目乾連'。"

青提夫人聞語:"門外三寶,若小時字'羅卜',即是兒也[②]。罪身一寸腸嬌子!"

獄主聞語,扶[③]起青提夫人,拔卻[④]四十九道長釘,鐵鎖[鎖][⑤]腰,生杖圍遶,驅出門外,母子相見處:

[□□□□□□□],生杖魚鱗似雲集[⑥]。千年之罪未可知,七孔之中流血汁。

猛火從孃口中出,蒺蔾步從空入。由(猶)如五百乘破車聲,腰脊豈能於[⑦]管拾。

獄卒擎叉[⑧]左右遮,牛頭把[⑨]鎖東西立。一步一倒向前來,目連抱母號咷[⑩]泣。

哭曰:"由如(兒)[⑪]不孝順,殃及慈母落三塗。積善之家有餘慶,皇天只没[⑫]殺無事。

① 自,録本訛作"目",據底本改。"自"蓋爲"字"的音誤字。甲本正作"字",可參證。

② "即是兒也"四字底本作"是也"二字,據甲本改。

③ 扶,録本訛作"决",據底本改。

④ 黄、張本謂"拔卻"從甲本。底本、戊本皆作"□□卻","卻"前二字不清晰。

⑤ 鎖,底本無,結合文意,據黄、張本補。

⑥ 黄、張本校:"項楚於下句下校云:'此句之前當有奪文,"集"爲韻腳字。與下文汁、入、拾、立、泣等相押。'兹據擬補七字空格。"

⑦ 黄、張本校:"於,疑當作'相'。寫本中'相'字草書與'於'字相近易誤。"

⑧ 叉,録本訛作"又",據底本改。

⑨ 把,底本、録本作"杷",寫本中從手從木相亂,兹徑據文意録正。

⑩ 咷,録本訛作"悲",據底本改。

⑪ 黄、張本校:"袁賓、項楚皆校'如'爲'兒',甚是。寫本中'如''兒'每多通用。下文:'目連啓言:"慈母,由兒不孝順,殃及慈母,墮落三塗……"'正作'兒'字。"

⑫ 黄、張本校:"只没,同'這麽'。"

阿孃昔日勝潘安,如今燋悴①頓摧濺。曾聞地獄多辛苦,今日方知行路難。

一從遭禍耶(爺)②孃死,每日墳陵常祭祀。孃孃得食喫已否,一過容顔總燋悴③。”

阿孃既得目連言,嗚呼怕(拍)搦④淚交連:“昨與我兒生死隔,誰知今日重團圓。

阿孃生時不修福,十惡之愆皆具足。當時不用我兒言,受此阿鼻大地獄。

阿孃昔日極芬榮,出入羅幃⑤錦障行。那勘受此泥梨苦,變作千年餓鬼行。

口裹千迴拔出舌,兇(胸)前百過鐵犂耕。骨節筋皮隨處斷,不勞刀劍自彫(凋)零。

一向須臾千過死,于時唱道卻迴生。入此獄中同受苦,不⑥論貴賤與公卿。

汝向家中勲祭祀,只得鄉閭孝順名⑦。縱向墳中澆歷(瀝)⑧酒,不如抄寫一行經。”

目連哽噎啼如雨,便即迴頭諮獄主:“頻(貧)道須(雖)⑨是出家兒⑩,力小那能救慈母?

五服之中相容隱,此即古來賢聖語。惟願獄主放卻孃,我身替孃長受苦。”

---

① 悴,底本實作“**𩮜**”。黄、張本謂該字蓋涉上“燋”字而類化偏旁,應從戊本改作“顇”,“燋顇”同“憔悴”。所言是,然不如《大正藏》本徑改作“悴”更爲明快。

② 耶,録本訛作“取”,據底本改。

③ 悴,底本實作“**𩮜**”,蓋涉上“燋”字類化偏旁而成的“悴”俗字。詳見前注。

④ 項楚校:“‘怕’當作‘拍’,‘拍搦’爲拍撫之義。”黄、張本按:“斯三二八《伍子胥變文》:‘就水抱得小兒,拍搦悲啼。’正作‘拍搦’。”

⑤ 此字録本作“偉”,底本實作“愇”。敦煌寫本“巾”“忄”不分,“愇”當是“幃”的俗寫。玆徑據文意録正。

⑥ 不,底本、録本作“一”,結合文意,據戊本改。

⑦ 名,底本、録本作“明”,結合文意,據戊本改。

⑧ 黄、張本校:“歷,原校作‘瀝’,近是。”

⑨ 黄、張本校謂“須”、“雖”寫本中通用,甚是。該字己本即作“雖”。

⑩ “出家兒”三字己本作“出家人”。黄、張本校謂“兒”“人”古通用。

獄主爲人情性剛，嗔心默默色蒼芒(茫)[①]："弟子雖然爲獄主，斷决皆由平等王。

阿孃有罪阿孃受，阿師造[②]罪阿師當。金牌玉[③]諫(簡)[④]無揩洗，卒亦無人輒改張。

受罪只今[⑤]時以至，須將刑殿上刀槍。和尚欲得阿孃出，不如歸家燒寶香。"

目連慈母語聲哀，獄卒擎叉兩畔催。欲至獄前而欲倒[⑥]，便即長悲好住來[⑦]。

青提夫人一個手，託著獄門迴顧盼[⑧]。言："好住來，罪身一寸[⑨]腸嬌子！

孃孃昔日行慳妬(妒)[⑩]，不具(懼)[⑪]來生業報因[⑫]。言作天堂没地獄，廣殺猪羊祭鬼神。

但悦[⑬]其身眼下樂，寧知冥路拷亡魂。如今既受泥犁[⑭]苦，方知反[⑮]悟

① 結合文意，此"芒"當爲"茫"之借字。

② 造，底本作"受"，結合文意，據己本改。黄、張本校謂底本"受"字當爲涉上句"受"字而誤。

③ 玉，底本作"土"，結合文意，據己本改。

④ 諫，此當爲"簡"之借字。該字黄、張本括注爲"簡"。

⑤ 今，底本、録本作"金"，結合文意，據戊本改。

⑥ 倒，底本、戊本作"到"，結合文意，據己本改。

⑦ 黄、張本校："好住來，即'好住'，行人臨去慰囑居者保重之詞，'來'爲語助詞。"

⑧ 盼，録本訛作"眄"，底本作"昤"，當爲"盼"之俗誤。兹據録正。

⑨ 底本、戊本"寸"下有"長"字，己本無"長"字，兹據删。黄、張本校："本篇上文：'青提夫人聞語："門外三寶，若小時字羅卜，即是兒也。罪身一寸腸嬌子！"'亦無'長'字。斯三二八《伍子胥變文》：'一寸愁腸似刀割。'可證'一寸腸'爲當時俗語。"

⑩ 黄、張本校謂底本、戊本作"姤"，己本作"妬"，皆即"妒"字别構。按：黄、張本校是。慧琳《一切經音義》卷第七十六："嫉妒：都固反，從户。經作'妬'，或作'姤'，並非也。"

⑪ 項楚校："'具'當作'懼'。"

⑫ 因，底本、戊本作"恩"，結合文意，據己本改。

⑬ 悦，録本訛作"恍"，據底本改。

⑭ 犁，録本訛作"梨"，據底本改。

⑮ 反，底本、戊本作"及"，結合文意，據己本改。

悔[①]自家身。

悔時悔亦知何道，覆水難收大□(俗)[②]云。何時出離波咤苦，豈敢承望[③]重作人？

阿師是[④]如來佛弟子，足解[⑤]知之父母恩。忽若一朝登聖覺，莫望(忘)[⑥]孃孃地獄受艱辛。"

目連既見孃孃别，恨不將身而自滅。舉身自撲太山崩，七孔之中皆灑血。

啓言"孃孃且莫入，迴頭更聽兒一言。母子之情天性[⑦]也，乳哺之恩是自然。

兒與孃孃今日别，定知相見在何年。那堪聞此波[⑧]咤苦，其心楚痛鎮懸懸。

地獄不容相替代，唯知號叫大稱怨。隔是不能相救濟，兒亦隨孃孃身死獄門前。"

目連見母卻入地獄，切骨傷心，哽噎聲嘶。遂乃舉身自撲，由(猶)如五太山[⑨]崩。七孔之[□][中][⑩]皆流迸血[⑪]。良久而死，復乃重甦(蘇)[⑫]，兩手按地起來，政(整)[⑬]頓衣裳，騰空往至世尊之處：

---

① 劉堅謂"悟"字衍。黄、張本校謂己本無"悔"字，則衍字亦可能爲"悔"字。

② 俗，録本作缺文，底本實作"偺"，乃"俗"字俗體。

③ 望，底本作"聖"，結合文意，據己本改。黄、張本校："承望，猶云希望。已詳於《通釋》。"

④ 是，底本作"子"，結合文意，據己本改。

⑤ 解，録本訛作"斛"，據底本改。

⑥ 結合文意，此"望"當爲"忘"之借字。該字黄、張本括注爲"忘"。

⑦ 性，底本作"生"，結合文意，據戊、己二本改。

⑧ 波，底本、録本作"詖"，結合文意，據戊、己二本改。

⑨ 黄、張本校："本篇上文：'舉身自撲太山崩，七孔之中皆灑血。''太山'即'泰山'省寫。此云'五太山'或即指五座泰山。"

⑩ 中，底本、録本無，據文意補。

⑪ "血"字下底本、録本衍一"流"字，據文意删。

⑫ 《集韻·模韻》："穌，死而更生曰穌。通作蘇。俗作甦，非是。"

⑬ 結合文意，此"政"當爲"整"之訛字。該字黄、張本括注爲"整"。

目連情地總昏昏，人語冥冥似不聞。良久沉吟而性（醒）①悟，擲鉢騰空問世尊。

目連對佛稱怨苦，具②説刀山及劍樹："蒙佛神力借餘威，得向阿鼻見慈母。

鐵城烟焰火騰騰，劍③刀④森林（森）⑤數萬層。人脂碎肉⑥和銅汁，迸肉含潭（膘？）⑦血裹凝。

慈親容貌豈堪任，長夜遭他刀劍⑧侵。白骨萬迴登劍樹，紅顔百過上刀林。

天下之中何者重，父母之情恩最深。如來是衆生慈父母，願照愚迷方寸心。"

如來本自大慈悲，聞語慘地斂雙眉："衆生出没於輪網，恰似蠊蠡⑨兔望絲。

汝母昔時多造罪⑩，魂神一往⑪落阿鼻。此罪劫移仍未出，非佛凡夫不可知。

---

① 項楚校："'性'當作'醒'。"

② 具，底本作"且"，結合文意，據甲、戊、己三本改。

③ 此字底本作"釰"，乃"劍"之俗體。

④ 黄、張本校："刀，底本作'刃'，蓋爲'刀'字增筆之誤，兹據文意録正。"

⑤ 徐校："森林，疑當作'森森'。"項楚則云："'森林'不誤，謂密集如森林也。"黄、張本按："稱'森林'數萬層意有未安，此似仍以徐校爲是。"

⑥ 肉，録本訛作"害"，據底本改。

⑦ 潭，戊本作"漂"。項楚校："作'潭'作'漂'皆費解，應是'膘'之訛，此處即指上句之'人脂'也。"黄、張本按："項校近是。"

⑧ 劍，底本作"釰"，乃"劍"之俗體。下句"劍"字底本同，徑改之，不復校。

⑨ 項楚校："'蠊'字見於《方言》十一'蜻蛉'郭璞注：'淮南人呼爲蠊蛜。'"蠡，底本作"盠"，戊本作"蟸"。"盠"爲器名，於義無取，當爲"蟸"之訛字。《字彙補·蟲部》："蟸，與蠡義同。"

⑩ 此句底本及録本作"汝母時多昔造罪"，結合文意，據己本改。

⑪ 黄、張本校："一往，一徑、徑直。俄藏列1456號《王梵志詩》：'一往陷三塗，窮劫不得出。'"

佛喚[□][阿][1]難徒衆等，吾[2]往冥途自救之。”[3]

如來領八部龍天，前後圍遶，放光動地，救地獄[□][之]苦[□][處][4]：

如來聖[5]知本均平，慈悲地獄救衆生。無數龍神八部衆，相隨一隊向前行。

隱隱逸逸，天上天下無如疋。左邊沈，右邊没，如山岌岌雲中出。

催催(崔崔)[6]嵬嵬，天堂地獄一時開。行如雨，坐[7]如雷，似月團團[8]海上來。

獨自俄俄師子步，虎行偘偘象王迴。雲中天樂吹楊柳，空裏鑌(繽)[9]芬下落梅。

帝釋[10]向前持玉寶[11]，梵王從後奉金牌。不可論中不可論，如來神力救泉門[12]。

左右天人八部衆，東西侍[13]衛四方神。眉間豪(毫)[14]相千般色，項後[15]圓光五綵[16]雲。

---

① 阿，底本及録本無，據甲、戊、己三本補。

② 吾，底本及録本作“五”，據甲、己二本改。

③ 己本此下有“卷第二”三字。

④ 王慶菽原校：“‘之’‘處’二字，據甲本補。”

⑤ 聖，録本訛作“聚”，據底本改。

⑥ 結合文意，此“催催”當爲“崔崔”之同音借字。此二字黄、張本括注爲“崔崔”。

⑦ 坐，録本訛作“座”，據底本改。此字甲、戊、己三本作“動”，王慶菽原校作“動”，黄、張本校謂“坐”字似亦可通。

⑧ “團團”二字底本及録本作“圍圍”，據甲、戊二本改。

⑨ 鑌，此當爲“繽”之借字。該字黄、張本括注爲“繽”。

⑩ 釋，底本及録本作“擇”，據甲、戊、己三本改。

⑪ 寶，戊本作“諫”，王慶菽校謂“諫”即“簡”之借字。黄、張本按：“‘玉寶’本指‘玉璽’。《新唐書・車服志》載：‘初，太宗刻受命玄璽……至武后改諸璽皆爲寶。’……文中蓋指如來的玉印。”

⑫ 門，録本訛作“行”，據底本改。

⑬ 侍，底本及録本作“持”，據甲、戊、己三本改。

⑭ 黄、張本校：“豪，通‘毫’(‘豪’‘毫’古字通用)。”

⑮ “項後”二字己本作“項背”。

⑯ 綵，底本及録本作“採”，據甲、戊二本改。該字己本作“色”。

地獄沾光消散盡，劍樹刀林似碎塵。獄卒沾光皆胡跪，合掌一心禮佛尊[1]。

如來今日起慈悲，地獄摧賤(殘)[2]悉破壞。鐵丸化作磨尼寶，刀山化作瑠璃地。

[□□□□□□□][3]，銅汁變作功德水。清良(凉)[4]屈曲[5]遶池流，鵝鴨鴛鴦扶[6]淚淚[7]。

紅波夜夜碧煙生，緑[8]樹朝朝紫雲氣(起)[9]。罪人總得生天上，唯有目連阿孃爲餓鬼[10]。

目連蒙佛威力，[□][重][11]得見慈母。罪根深結，業力難排。雖免地獄之酸，墮在餓鬼之道。悲辛不等，苦樂玄(懸)[12]殊。若並前途，感其百千萬倍[13]。

---

① 黄、張本校："禮佛尊，原録作'而頂禮'，韻不協，兹據甲本改。'尊'與上文塵、雲、神等字押韻。"

② 賤，此當爲"殘"之訛字。該字黄、張本括注爲"殘"。

③ 黄、張本校："據文例及韻脚，此處當脱一句。"所言是，兹據補七字空格。

④ 良，此當爲"凉"(二字《廣韻》皆可音吕張切)。該字黄、張本括注爲"凉"。

⑤ 曲，録本訛作"由"，據底本改。

⑥ 袁賓校："'扶'當是'浮'字同音而誤。"

⑦ 袁賓校云："'淚'讀 lì，急流貌。水禽當爲浮游水上。"黄、張本校："據袁校，'淚'當通'戾'，'淚淚'狀水禽浮游快疾之貌。《全晋文》卷三四盧諶《蟋蟀賦》：'風淚淚而動柯，露零零而殞樹。''淚淚'用法相類。"

⑧ 緑，底本及録本作"録"，據己本改。

⑨ 徐校："'紫雲氣'當作'紫雲起'，與上句'碧煙生'相對。"黄、張本謂徐校是，"氣""起"寫本中通用。上文："(目連)兩手按地起來。""起"字己本作"氣"。

⑩ 王慶菽原校："甲本'爲餓鬼'三字作'饑'一字。並於'饑'字下，多'地獄一切並變化，總是釋迦聖佛威'。"

⑪ 重，底本及録本無，據甲、戊、己三本補。甲、戊、己三本"威"下无"力"字。

⑫ 玄，此當爲"懸"之借字(二字《廣韻》皆可音胡涓切)。該字黄、張本括注爲"懸"。

⑬ 黄、張本校："以上兩句費解。'若'字疑爲'苦'字之誤(敦煌寫本'苦'每與'若'字相亂)，'感'則當讀作'減'。句意謂餓鬼之道所受的苦楚與地獄中相比，輕了百千萬倍。"

咽如針孔,滴[1]水不通。頭(腹?)似太山,三江難滿[2]。無聞漿水之名,累月經年,受飢羸之苦。遥見清凉[3]冷水,近著變作膿河。縱得美食香飡,便即化爲猛火。

"孃孃見今飢困,命若懸絲,汝若不起[慈][4]悲,豈名孝順之子?生死路隔,後會難期。欲救懸沙(丝)[5]之危,事亦不應遲晚[6]。"

"出家之法,依信施而安存。縱有常住飲食,恐難消化。兒[7]辭孃孃,住向王舍城中取飯與孃孃相見。"

目連辭母,擲鉢騰空,須臾之間,即到王舍城中,次第乞飯,行到長者門前。長者見目連非時乞食,盤問逗留[8]之處:"和尚,食時已過[9],乞飯將用何爲?"

目連啓言長者:

"貧道阿孃亡[10]過後,魂神一往落阿鼻。近得如來相救出,身如枯骨氣如絲。

---

① 黄、張本校:"滴,各卷本皆作'渧'。敦煌寫本中'渧'既用作'啼'的俗字(例已見前),又用作'滴'的俗字。文中爲'滴'的俗字。《龍龕手鏡·水部》:'渧,俗;滴,正:音的,水滴也。'"

② 黄、張本校:"頭,疑當作'腹'。北京成字96號《目連變文》:'腹藏則寬於太山,盛售(受)三江而難滿。'可證。"

③ 凉,録本訛作"源",底本作"凉",甲、戊、己三本作"凉"。黄、張本校謂皆"凉"之俗寫,甚是。今據録正。

④ 起,底本及録本作"去",據己本改。又"慈"字底本及録本無,據甲、戊、己三本補。

⑤ 結合文意,此"沙"當爲"丝"之訛字。該字黄、張本括注爲"丝"。

⑥ 晚,底本及録本作"曉",據己本改。

⑦ 兒,底本及録本作"而",據甲、戊、己三本改。

⑧ 留,底本、甲本、戊本皆作"遛",蓋涉上"逗"字類化增旁,兹從己本録正。

⑨ 底本及録本"食時已過"前有"且齋已過"四字(己本作"且齋時已過"五字)。黄、張本校謂蓋誤書未塗去者。寫本中每有誤字正字接書而誤字仍未塗去之例。此處蓋抄手擬書"齋時已過"或"食時已過"而誤書爲"且齋已過",復接書"食時已過"以示改正。而誤句仍未塗去,造成誤正並存。甲本"齋"下有"時"字,無"食時已過"四字,可證"齋時已過""食時已過"必衍其一。所言是。兹據删"且齋已過"四字。

⑩ 亡,録本訛作"三",據底本改。

貧道肝腸寸寸斷，痛切傍人豈得知。計亦不合非時乞，爲以①慈親而食之。”

長者聞言大驚萼(愕)②，思忖③無常情不樂。金鞍永絶皛④珠心，玉貌無⑤由上⑥莊(妝)⑦閤。

但且歌，但且樂，人命由由⑧如轉燭。不見⑨天堂受快樂，唯聞地獄罪人多。

有時喫，有時著，莫學愚人貯⑩多積。不如廣造未來因，誰能保命存朝夕。

兩兩相看不覺死，錢財必莫於身惜。一朝擗手入長棺，空澆塚上知何益。

智者用錢多造福，愚人將⑪金買田宅。平生辛苦覓錢財，死後總被他分擘⑫。

長者聞語忽驚疑⑬，三寶福田難可遇。急催左右莫交(教)遲，家中取飯以⑭闍梨。

---

① 以，己本作“與”。黄、張本校謂“以”用同“與”，不煩改讀。

② 萼，此當讀如“愕”(二字《廣韻》皆音五各切)。録本徑作“愕”，不合原卷。

③ 王慶菽原校：“‘忖’原作‘寸’，據甲本改。”黄、張本按：“‘寸’‘忖’古字通用(‘忖’蓋‘寸’的後起專用字)。”

④ 皛，録本訛作“晶”，據底本改。

⑤ 無，録本訛作“爲”，據底本改。

⑥ 上，録本訛作“工”，據底本改。

⑦ 莊，此當讀如“妝”(二字《廣韻》皆音側羊切)。該字黄、張本括注爲“妝”。

⑧ “由由”二字王慶菽原校作“攸攸”，潘重規校作“悠悠”。黄、張本按：“潘校近是。《史記·孔子世家》：‘悠悠者天下皆是也。’裴駰《集解》引孔安國曰：‘悠悠者，周流之貌也。’當爲此文所本。”

⑨ “不見”二字底本作“何覓”，兹據甲、己二本改。

⑩ 貯，底本作“**貯**”。《龍龕手鏡·水部》：“**貯**，俗；貯，正。”

⑪ 將，録本訛作“持”，據底本改。

⑫ 王慶菽原校：“‘擘’原作‘柏’，據甲本改。”

⑬ “驚疑”二字己本作“驚芒”，通作“驚忙”。

⑭ 以，甲、戊、己三本均作“與”。“以”有“與”義，不煩改。

地獄忽然消散盡，明知諸佛不思議。長者手中執得飯，過以[①]闍梨發大願：

"非但和尚奉慈親，合獄罪人皆飽滿。"

目蓮乞得耕(粳)良(粮)[②]飯，持鉢將來獻[③]慈母。于時行至大荒郊[④]，手捉[⑤]金匙而自哺[⑥]。

青[⑦]提夫人雖遭地獄之苦，慳貪究竟[⑧]未除，見兒將得飯鉢來，望風即生悋惜："來者三寶，即是我兒，爲我人間取飯。汝等令(各?)人[⑨]息[□][心][⑩]。我今自寮(療)[⑪]，况復更能相濟。"目連持飯並鉢奉上，阿孃恐被侵奪，舉眼連看四畔[⑫]，左手障鉢，右手團[⑬]食。食未[⑭]入口，變爲猛火。長者雖然願重[⑮]，不那慳障[⑯]尤(猶)[⑰]深。目連見母如斯，肝膽猶如刀割："我今聲聞[⑱]力劣，智小

---

① 以，己本均作"與"。"以""與"異文同義。

② 黄、張本校："良，疑爲'粮'(即'糧'的俗字，寫本中經見)字省借。伯二五六四《晏子賦》：'粳粮稻米出於糞土。'正有'粳粮'之稱。"

③ 獻，底本作"憲"，兹據甲、戊二本改。

④ 郊，底本作"交"，兹據甲本改。

⑤ 捉，甲、戊、己三本均作"把"。黄、張本校謂"捉"字即有握持之義，字不煩改。

⑥ 己本止於此(下行尚見"將得飯鉢來"數字)。

⑦ 庚本始於此。

⑧ "究竟"二字底本實作"久竟"，録本訛作"之意"。"究"字據庚本改。

⑨ 項楚校："'令'爲'各'字形訛，'各人'猶云'各自'也。"

⑩ 心，底本及録本無，據黄、張本校補。

⑪ 黄、張本校："此後疑有脱文。下文云：'獨喫猶看不飽足，諸人息意慢承忘。'據此，所脱或爲'猶不飽足'之類。"

⑫ 畔，底本作"伴"，兹據庚本改。

⑬ 團，同"摶"。《佛説盂蘭盆經》經文云："目連悲哀，即鉢盛飯，往餉其母。母得鉢飯，便以左手障鉢，右手摶食；食未入口，化成火炭。"即此處所本。

⑭ 未，底本及録本作"來"，據甲、戊、庚三本改。

⑮ 重，底本及録本、甲本作"票"，據庚本改。

⑯ 障，底本及録本作"部"，據庚本改。

⑰ 黄、張本校："尤，用同'猶'。"

⑱ 黄、張本校："'聞'字疑誤(變文中習見'聲聞'之稱，此處蓋因此而誤書)。據下'劣''小''微'等詞例之，'聞'應是某一形容詞之誤。"

人徵。唯有啓問世尊,應知濟拔[□][之][1]路。"且[2]看[□][與][3]母飯處:

夫[4]人見飯[5]向前迎[6],慳貪未喫且空争:"我兒遠取人間飯,將[7]來自擬療飢坑。

獨喫猶看[8]不飽足,諸人息意慢[9]承忘[10]。"青提慳貪業力重,入口喉中猛火生。

目連見母喫飯成猛火,渾搥自撲[11]如山崩。耳鼻之中皆流血,哭言"黄天[12]我孃孃。

南閻浮提施此飯,飯上有七尺往[13]神光。將作是香美飲食,飯未入口變成[14]火。

只[15]爲慳貪心不改,所以連年受其罪。兒[16]今痛切更無方,業報不容相替代。

---

① 之,底本及録本無,據甲、戊二本補。

② 且,底本及録本作"具",據庚本改。

③ 與,底本及録本無,據庚本補。

④ "夫"字録本訛作"天",據底本改。

⑤ 飯,底本及録本作"願",據庚本改。

⑥ 迎,録本作"遞",據底本改。甲、戊、庚三本亦作"迎",可參。

⑦ 將,底本及録本作"持",據甲、戊、庚三本改。

⑧ 黄、張本校謂"看"爲估量之辭,與"將"字義近。

⑨ 黄、張本校謂"慢"字甲本作"謾",庚本作"滿",似皆當讀作"漫",枉自、徒然之義。

⑩ 黄、張本校:"承忘,蔣禮鴻讀爲'承望',是。'承望'爲希望義。"

⑪ 黄、張本校:"搥,各卷皆作土旁。按敦煌寫本中手旁與土旁相亂,兹徑據文意録正。渾搥自撲,指搥擊全身,自投於地。"

⑫ 黄天,項楚校作"皇天"。

⑬ 王慶菽原校謂"往"字誤衍,庚本無此字。黄、張本按:"'往'可表示超過一定的限度或範圍,'七尺往'猶言七尺以外,'往'字似不誤。"

⑭ 變成,底本及録本作"成便",據庚本改。

⑮ 只,底本及録本作"口",據庚本改。黄、張本校:"下文:'直爲慳貪心不止,水未入口便成火。''直'猶'只'也。"

⑯ 兒,底本及録本作"如",據庚本改。

世人[□][不][1]須懷嫉妒[2],一落三塗罪未畢。香飯[3]未及入咽喉,猛火從孃口中出。

俗間之罪[4]滿娑婆,唯有慳貪罪最多。火既無端從口出,明知業報不由他。

一切常行平等意,亦復[5]專[6]心念彌陀。但能捨卻貪心者,净土天堂隨意至。"

青提喚言"孝順兒,罪業之身不自亡。不得阿師行孝道[7],誰肯艱辛救阿孃[8]。

見飯未能抄入口,大[9]火無端卻損腸[10]。慳貪豈[11]得將心念[12],只應過有[諸][13]餘殃。

阿師是孃孃孝順子,與我冷水濟虛腸。"

目連聞阿孃索水,氣咽聲嘶。思寸[14]中間,忽憶王舍城南有[□][一][15]大水,闊浪無邊,名曰恒[16]河之水,亦應救得阿孃火難之苦。南閻浮提衆生見

① 不,底本及録本無,據庚本補。

② 妒,底本及戊本作"妬",庚本作"姡",皆爲"妒"之俗體。黄、張本校:"伯二九一四號《王梵志詩》'妒'字多作'姡',其字從女舌,蓋民間所行會意俗字。"

③ 飯,底本及録本作"飲",據戊本、庚本改。

④ 項楚校:"'之'當作'諸',下句'慳貪'即'諸罪'之一也。"

⑤ 黄、張本校:"復,疑當作'須',形近而誤。"

⑥ 專,底本及録本作"壽"。項楚校:"'壽'當作'收'。"黄、張本校謂庚本作"專",義長;"壽"疑爲"專"字形誤。

⑦ 此句底本及戊本皆作"不得阿行邪(戊本作"耶")孝道",據庚本改。

⑧ "阿孃"二字底本及戊本皆作"耶(爺)孃",據庚本改。

⑨ 大,底本及録本作"見",據庚本改。

⑩ 腸,底本及録本作"傷",據庚本改。

⑪ 豈,底本及録本、甲本、戊本皆作"去",庚本作"豈"。黄、張本校謂"豈"字是,"去"乃"豈"之音誤耳。兹據改。

⑫ 念,録本訛作"貪",據底本改。

⑬ 諸,録本脱,據底本補。

⑭ 寸,甲本作"忖"。黄、張本校謂"寸""忖"古通用,"忖"字不煩改。

⑮ 一,底本及録本無,據甲、戊、庚三本補。

⑯ 恒,録本訛作"洹",兹據底本改。

水即是清凉冷水。諸天見水,即是瑠璃寶池。[□][魚][①]鼈見此水,即是潤澤。青提見水,即[②]是膿河猛火。行至水頭,未見兒呪願,便[③]即左手託岸良由慳,右手抄水良由貪,直爲慳貪心不止,水未入口變[④]成[□][火][⑤]。

目連見阿孃喫飯成猛火,喫水成猛火,□(搥)[⑥]胸怕(拍)[⑦]憶(臆)[⑧],悲號啼哭。來向佛前,遶佛三匝,卻住一面[⑨],白言:"世尊,[□□□□□□□□□□□□□□□□][弟子阿孃造諸不善,墮樂(落)三塗,蒙世尊][⑩]慈悲,救得阿孃[□□][波吒][⑪]之苦。只今喫飯成火,喫水成火,如何[⑫]救得阿孃火[⑬]難之苦!"

世尊喚言:"目連,汝阿孃如今未得飯喫,無過周匝一年七月十五日,廣造盂蘭盆,始得飯喫。"

目連見阿孃飢,白言:"世尊,每月十三、十四日可不[□][得][⑭]否?要須待一年之中七月十五日始得飯喫?"

世尊報言:"非但汝阿孃當須此日,廣造盂蘭盆,諸山坐禪解夏[⑮]日,羅漢

---

① 魚,底本及録本無,據甲、戊、庚三本補。

② 即,庚本作"唯"。

③ 便,底本及録本作"更",據甲、戊、庚三本改。

④ 變,底本及録本作"便",據庚本改。

⑤ 火,底本及録本無,據甲、戊二本補。庚本作"猛火"二字。

⑥ 搥,録本作缺文,底本作"塠"。敦煌寫本中"扌"旁與"土"旁相亂,玆徑據文意補正。

⑦ 辛本始於此。又,結合文意,此"怕"當爲"拍"之訛字。該字黄、張本括注爲"拍"。

⑧ 憶,此當爲"臆"(二字《廣韻》皆可音於力切)。該字黄、張本括注爲"臆"。

⑨ 庚本下有"蹦跪合掌而"五字。

⑩ "弟子阿孃造諸不善,墮樂(落)三塗,蒙世尊"十五字底本及録本無,據庚本補。

⑪ "波吒"二字底本及録本無,據庚本補。

⑫ 便,底本及録本作"今",據甲本、庚本改。

⑬ 火,録本訛作"大",據底本改。

⑭ 得,底本及録本無,據甲、戊、庚三本補。

⑮ "解夏"二字底本及録本作"戒下",庚本作"解下",徐校作"解夏",是。玆據録正。

得道日，提婆達多罪滅日，閻羅王歡喜[①]日，一切餓鬼總得普同飽滿。”

目連承佛明教，便向王舍城邊塔廟之前，轉讀大乘經典，廣造[②]盂蘭盆善根，阿孃就此盆中，始得一頓飽飯喫。從得飯已來，母子更不[□][相][③]見。

目連諸處尋覓阿孃不見，悲泣雨淚，來向佛前，遶佛三匝，卻住一面，合掌**蝴**[④]跪。白言：“世尊，阿孃喫飯成火，喫水成火，蒙世尊慈悲，救得阿孃火難之苦。從七月十五日得一頓飯喫已來，母子更不相見，爲當墮[□][於][⑤]地獄，爲復向餓鬼之途？”

世尊報言：“汝母亦不墮地獄[□][及][⑥]餓鬼之途。[□][得][⑦]汝轉經功德，造盂蘭盆善根，汝母轉[□][卻][⑧]餓鬼之身，向王舍城中作黑狗身去。汝欲得見阿娘[⑨]者，心行平等，次第乞食[⑩]，莫問貧富。行至大富長者家門前，有一黑狗出來，捉汝袈裟銜著[⑪]，作人語，即是汝阿孃也。”

目連蒙佛敕[⑫]，遂即託鉢持盂，尋覓阿孃。不問貧富坊巷，行衣(已)匝合[⑬]，總不見阿娘。行至一長者家門前，見一黑狗身[⑭]，從宅裏出來，便捉目

---

① “歡喜”二字庚本作“勸善”。

② 造，底本及録本作“罪”，據甲、戊、庚三本改。

③ 相，底本及録本無，據甲、戊、庚三本補。

④ 蝴，録本訛作“胡”，據底本改。

⑤ 於，底本及録本無，據甲本補。

⑥ 及，底本及録本無，據甲本補。

⑦ 得，底本及録本無，據甲本補。

⑧ 却，底本及録本無，據庚本補。

⑨ 娘，甲、戊、庚三本“孃”。黃、張本校：“‘孃’爲母稱，‘娘’爲少女之號，用法本異，但敦煌寫本中‘孃’亦有從簡借用‘娘’的。”所言是。下文底本“孃”“娘”錯出，各存其旧，不再出注。

⑩ 食，底本及録本作“貪”，據甲、戊、辛三本改。庚本作“飯”。

⑪ 黃、張本校：“捉，介詞，相當於‘把’、‘將’。”

⑫ 敕，庚本作“明教”。

⑬ “衣匝合”三字甲本作“於迊匝”，戊本作“於匝合”，庚本作“於九迊”。黃、張本校謂各卷“衣”“於”應皆爲“已”的音誤字，“迊”即“匝”的俗字。“匝合”爲疊韻聯綿字，義爲周匝、周遍。

⑭ 黃、張本校：“甲本無‘身’字，義較長。”

連袈裟咸(銜)[①]著,即作人語[②]言:"阿孃孝順子,忽是能向地獄冥路之中救阿孃來,因何不救狗身之苦?"

目連啓言:"慈母,由兒不孝順,殃及慈母,墮落三塗,寧作狗身於此?寧[③]在地獄[④]餓鬼之途?"

阿孃唤言:"孝順兒,受此狗身音(喑)[⑤]啞報,行住坐卧得安寧[⑥],飢即於坑中食人不净[⑦],渴飲長流以濟虚。朝聞長者念三[⑧]寶,莫(暮)聞[⑨]娘子[⑩]誦尊經。寧作狗身受大地不净,耳中不聞地獄之名。"

目連引得阿娘往於王舍城中佛塔之前,七日七夜,轉誦大乘經典,懺悔念戒。阿孃[⑪]乘此功德,轉卻狗身,退卻狗皮,掛於樹上,還得女人身,全具人狀[⑫]圓滿。

目連啓言:"阿孃,人身難得,中國[⑬]難生,佛法難聞,善心難發。"

唤言阿孃:"今得人身,便即修福。"

---

① 結合文意,此"咸"當爲"銜"之借字。該字黄、張本括注爲"銜"。

② 語,底本及録本作"語語",據庚本删一"語"字。

③ 寧,底本作"你",録本作"儞"。黄、張本謂江藍生校作"寧",甚是。庚本正作"寧"字,兹據録正。

④ "在地獄"三字底本及録本作"作",據庚本改。

⑤ 項楚校:"'音'當作'喑'"。

⑥ "安寧"二字底本及甲、戊、辛三本作"存",據庚本改補。

⑦ 黄、張本校謂庚本此句作"飢即坑中食不净",與前後並爲七字句,較佳。

⑧ 庚本止於此。

⑨ 王慶菽原校:"甲本'莫聞'作'夜間'。"黄、張本謂戊本亦作"夜間","間"蓋"聞"字形誤。

⑩ 娘子,甲本作"孃子"。黄、張本校:"考司馬光《司馬氏書儀》卷上云:'古人謂父爲阿郎,謂母爲孃子,故劉嶽《書儀》上父母稱阿郎孃子。其後奴婢尊其主如父母,故亦謂之阿郎孃子。'文中'娘子'與'長者'對,係目連母親以黑狗的身份對其主人主母的稱呼,當從甲本作'孃子'爲是。"

⑪ 辛本止於此。

⑫ 狀,底本及録本作"扶",據甲、戊二本改。

⑬ "中國"二字録本訛作"中衆國"。黄、張本校謂底本"衆"字右旁注"中",蓋爲改字之例。戊本亦作"中"字。佛教徒譯稱恒河中流一帶的中印度爲中國,文中蓋指其地。所言甚是,兹據録正。

目連將母於娑羅雙樹下，遶佛三匝，卻住一面，白言："世尊，與弟子阿孃看業道已來，從頭觀占，更有何罪?"

世尊不違目連之語，從三業道觀看，更率私之罪。

目連見母罪滅，心甚歡喜，啓言阿孃："歸去來，閻浮提世界不堪停。生[①]死本來無住處，西方佛國最爲精[②]。"感[③]得龍[④][□][天][⑤]奉引其前，亦得天女來迎接，一往迎[⑥]前[刀(忉)利天，刀(忉)利天][⑦]受快樂。

最初説偈度俱輪，當時(持?)[⑧]此經時，有八萬菩薩[⑨]、八萬僧、八萬優婆塞、八萬[□□][優婆][⑩]姨，作禮圍遶，歡喜信受奉行。

大目犍連變文一卷。[⑪]

貞明柒[⑫]年辛巳歲四月十六日，浄土寺學郎薛安俊寫[⑬]。

張保達文書。

---

① 黄、張本校："各卷'生'下有'住'字，項楚謂'住'字爲涉下'住'字的衍文，甚是，兹據删。"

② 黄、張本校："精，謂佳勝。《廣韻·清韻》：'精，善也，好也。'"

③ 感，底本及録本作"敢"，據甲本改。戊本作"咸"，爲"感"字省借。

④ 龍，録本訛作"能"，據底本改。

⑤ 天，底本及録本無，據戊本補。

⑥ 迎，底本及録本作"仰"。此字戊本作"迎"，乃"迎"之俗體。《廬山遠公話》："兼將御輿，來迎遠公入内。""迎"字同作"迎"。底本"仰"蓋"迎"之訛省。

⑦ "刀利天刀利天"六字録本脱，據底本補。

⑧ 黄、張本校："'時'字義未安，蓋涉下'時'字而誤，疑當作'持''説'之屬。潘校謂當作'持'。"

⑨ 菩薩，底本作"卌"，乃"涅槃"之合文。此二字甲本作"菩薩"。戊本作"卄"，乃"菩薩"之合文。底本"卌"當爲"卄"之誤書，兹據文意録正。

⑩ "優婆"二字底本及録本無，據甲、戊二本補。

⑪ 甲本止於此。

⑫ 柒，録本訛作"漆"，據底本改。

⑬ 黄、張本校："此行題記僅見于底本。"

No. 2859 惠遠外傳

［題解］

唐五代話本，作者不詳，似出於當時説話藝人之手。敦煌文獻中存有斯2073一號，首殘尾全。該卷原被人爲撕裂爲兩部分，黄征、張涌泉《敦煌變文校注》卷二《廬山遠公話》即以綴合後的完整寫卷爲底本，《惠遠外傳》實爲該卷所裂之後半部分。清代以前歷代大藏經未收，《大正藏》據敦煌写卷録入其第八十五册，誤標卷號爲斯2401號（該號實爲《大般若波羅蜜多經》卷第三百六十二）。今校注仍以《大正藏》本所據原卷斯2073號爲底本。参校本：甲本，黄征、張涌泉《敦煌變文校注》卷二《廬山遠公話》；乙本，項楚《〈廬山遠公話〉新校》（《中國文化》第十七、十八期，2001年3月）。

□[1]□□□□□□□□□（須臾鐘聲已罷，便舉經）[2]題，梵音遠嚮[3]，漸歷耳□□□□□□□□□（根。善慶聞之，心懷惆悵）[4]。遠公曰[5]：“不知甚生道安，講讚得爾許多能解[6]。願我一朝再登高座，重政（證）[7]十

---

① 首缺。

② “須臾鐘聲已罷，便舉經”九字底本殘，録本作缺文，今據綴合後寫卷補。

③ “嚮”字前底本有一“向”字，當係書手誤書。今據甲本删。

④ “根善慶聞之心懷惆悵”九字底本殘，録本作缺文，今據綴合後寫卷補。

⑤ 曰，録本訛作“日”，今據底本改。

⑥ 甲本：“能解，同義連文，義即知識。”

⑦ 政，此當爲“證”之借字。該字甲本括注爲“證”。

地[①]之果,與一切衆生□(消)[②]災。有邪無邪,有相無相,皆因涅槃而滅度。”須臾之間,便□(即)[③]下講,男女齊散。

相公歸宅,廳中歇息既定,昇廳而坐[④]。夫[□][人][⑤]掩袂,直至相公面前,啓相公曰:“只如相公數年[⑥]於福[⑦]光寺内聽道安上人講《涅槃經》,還聽得何法?見説《涅槃經》義無量無邊,相公記得多小(少)[⑧]來經文?何得默然而不言,並不爲妾説一句半句之偈?”

相公曰:“夫人衆(曾?)[⑨]讚《法華經》已否?”

夫人曰:“曾讀《法華經》。”

相公言:“經中道:‘不請説之,聞必不聽。’”

夫人曰:“願相公爲宅内良賤略説少多[⑩],令心開悟解。”

相公言道:“得爲夫人説《涅槃經》中之義。”

夫人便處分家人掃灑廳館,高設床座,唤大小良賤三百餘口,齊至廳前,請相公説《涅槃經》中之義。應是諸人默然而聽。相公是夜先爲夫人説其“八苦交煎”。

第一説其生苦。生苦者,生身託母蔭在胎中,臨月之間,由(猶)如蘇酪。九十日内,然可成形。男在阿孃左邊,女在阿孃右脇,貼著俯近心肝。禀氣成形,乃受諸苦,賢愚一等,貴賤亦同。慈母之恩,應無兩種。母喫熱飯,不

---

① 地,録本訛作“他”,今據底本改。

② 消,録本作缺文,今據底本補。

③ 甲本:“底本行末破缺,似可補爲‘即’。”兹從之。

④ “廳而坐”三字録本誤作“坐廳而”,今據底本改。

⑤ 人,底本殘,録本無,今據文意補。

⑥ 年,録本訛作“並”,今據底本改。

⑦ 福,録本訛作“稱”,今據底本改。

⑧ 小,録本徑作“少”,且未出注,不合原卷。此“小”當爲“少”之訛字。甲本注:“‘少’,底本作‘小’,原録(按:指王慶菽校録本)徑改。‘多少’義爲許多。”

⑨ 衆,甲本校作“曾”,並出注:“曾,原録作‘衆’,校作‘曾’。按:‘衆’當爲‘曾’之形訛,或謂爲方音通假,未確。”

⑩ “少多”二字録本訛作“多少”,今據底本改。

異鑊湯煮身;母喫冷物,恰如寒冰地獄。母若食飽,由(猶)如夾石[①]之中;母若飢時,生受[②]倒懸之苦。十月滿足,生産欲臨,百骨節開張,由(猶)如鋸解。直得四支體折,五蔵(藏)疼痛,不異刀傷,何殊劍切!千生萬死,便即悶絶莫知,命若懸絲,不忘(望)[③]再活。須臾母子分解,血似屠羊。阿孃迷悶之間,乃問是男是女。若言是女,且得母子分解平善。若是道兒,總忘卻百骨節疼痛,迷悶之中,便即含笑。此即名爲"孝順之男"。若是吾(牾)[④]逆之子,如何分免(娩)?在其阿孃腹内,令母不安,蹴踏阿孃,無時暫歇,忽居心上,忽至要(腰)[⑤]間,五蔵(藏)之中,無處不到。十月滿足乃生,是時手把阿孃心肝,腳踏阿孃胯骨,三朝五日,不肯平安。從此阿孃大命轉然,其母看看是死,叫聲動地,似劍到心。兄弟阿孃,□(莫)[⑥]知爲計;怨家債主,得命方休。既先忍子[⑦],還須後死,即此[□][名]爲"生[□][苦]"[⑧]。

相公是也(夜)又爲夫人説其"老苦"。老苦者,人受(壽)百歲,由(猶)如星火;須臾之間,七十八十,氣力衰微。昔時聲少[⑨],貌似春花;今既老來,阿(何?)[⑩]殊秋草!筋皮鶴髮,當欲枯乾;明(眼?)[⑪]暗耳聾,青黄不辯(辨)。四支沈重,百骨酸疼;去天漸遠,去地應近。夜卧床枕,千轉萬迴,是時(事?)[⑫]

① 石,録本作缺文。蔣紹愚校:"'夾'下一字,底本只剩一半,應爲'石'字。"按:底本"石"字左半部分尚存,兹據補。

② 甲本:"生受:極受。'生'爲甚辭,如'生憎'、'生恐'、'生怕'等即是。"

③ 甲本:"忘,讀作'望'。"

④ 甲本:"'吾'當即'牾'字之省。"按:《説文》:"啎,逆也。""啎"即"牾"字,"牾逆"乃同義連文。

⑤ 甲本:"'要'即'腰'之古字。《説文》:'要,身中也,象人要自臼之形。'"

⑥ 莫,録本作缺文,今據底本補。

⑦ 甲本:"忍子:似即忍痛生子之意。"

⑧ 乙本謂此句"此"下應脱"名"字,"生"下應脱"苦"字,"即此名爲'生苦'"與下文"此即名爲'老苦'"、"此即名爲'病苦'"、"此即名爲'死苦'"皆爲總結語。項説是,兹據補。

⑨ 甲本:"袁賓校:'"聲少"費解,"聲"應作"身"。'按:'聲''身'音近而誤。"

⑩ 此"阿"字似當爲"何"之形訛。甲本徑改作"何"。

⑪ 此"明"字似當爲"眼"之形訛。甲本徑改作"眼"。

⑫ 項楚校:"'時'當作'事','是事不能'爲一句,'是事'猶言'凡事'也。"

不能。世間之事，如由（猶）夢裏。君[①]不[□][見][②]路傍桃李，年年花發；曜日江（紅）[③]顔，伏（復）今何在？若也老、病來侵，白髮無緣再黑。昔時壯氣，隨八節而彫（凋）殘；舊日紅顔，隨四時而改變。是人皆老，貴賤亦同，不揀賢愚，是共老苦。不如聞早[④]，須造福田。人命剎那，看看過世，大須用意，便乃修行。一失[□][人][⑤]身，無由再復。此即名爲“老苦”。

相公是夜乃爲夫人説其“病苦”。夫人又聞（問）：“何名爲[‘病苦’？”“病苦”][⑥]者，四大之處[⑦]，何曾有實？衆緣假合，地水火風。一脉不調，是病俱起。忽然困[⑧]重著床，魂魄不安，五神俱失。[□][唇][⑨]乾舌縮，腦痛頭疼，百骨節之間，由（猶）如鋸解。曉夜受苦，無有休期，求生不得，求死不得。世間妙術，只治有命之人，畢（必）死如何救得？[□][縱？]能療藥[⑩]，不能痊損。累日連宵，受諸大苦。假使祁婆[⑪]濃藥，鶣（扁）[⑫]鵲行針，死病到來，無能勉（免）得。世人枉[⑬]受邪言，未病[⑭]在床，便冤（怨）神鬼，燒錢解禁，枉[⑮]殺衆

① 君，録本訛作“若”，今據底本改。

② 見，底本無，今結合文意參甲本補。

③ 江，此當爲“紅”字之訛，下文“舊日紅顔”可互勘。該字乙本即校作“紅”。

④ “聞”有“趁”義，“聞早”義即“趁早”。

⑤ 人，底本、録本無，今結合文意補。項楚校：“‘失’下應奪一‘人’字，‘失人身’爲句。”

⑥ “病苦病苦”四字録本脱，今據底本補。

⑦ “大之處”録本訛作“處大之”，今據底本改。

⑧ 困，録本訛作“用”，今據底本改。

⑨ 唇，底本、録本無，今據文意補。

⑩ 項楚校：“‘能’字上應奪一字（疑是‘縱’字），‘□（縱）能療藥’爲一句。”兹據補。

⑪ 項楚校“祁”字“應作‘耆’字，耆婆是佛經中王舍城的良醫，耆婆以種種妙術治病，此事詳見《佛説奈女耆婆經》等經。”今謂“耆婆”又作“耆域”、“時縛迦”，均爲譯名。“祁”字不煩校。

⑫ 鶣，與“扁”同。《集韻·銑韻》：“扁，姓也。古有扁鵲。或作鶣。”

⑬⑮ 枉，底本作“狂”，當爲“枉”之形訛。今結合文意，參甲本改。

⑭ 病，底本作“病病”，中有一字當爲衍文，今據文意删。

生。如是之人，墮於地獄。大限不過百歲，其中七十①早希；三②人[若]③同受百歲④，能得幾時？人生在世，若有妙術，合有千歲之人，何不用意三思，狂受師人⑤誑赫？此即名爲“病苦”。

相公是夜爲夫人[説其“死苦”。死]⑥苦者，四大欲將歸滅，魂魄逐風摧[□][摧]⑦。兄弟長辭，耶(爺)⑧孃永隔，妻兒男女，無由再會。支期朋友往還，一别⑨無由再見。金銀錢物，一任分將；底(邸)店莊園，不能將去。貪愛死苦，四大分離，魂魄飛飏，莫知何在。三寸去(氣)⑩斷，即是來生。一人死了，何時再生！生鬭⑪英雄，死論福得(德)。隨業受之，任他⑫所配。或居地獄，或在天堂；或爲畜生，或爲餓鬼；六道輪迴，無有休期；再得人身，萬中希一。即此名爲“死苦”。

---

① “中七十”録本訛作“十中七”，今據底本改。

② 三，甲本謂當作“人”，蓋原卷涉次行“三思”之“三”而誤。乙本謂“三”字不誤，“三人同受百歲”，謂三人壽命相加，可得百歲，則一人之壽不過三十三歲而已，故下接“能得幾時”，言其壽命不長也。今謂項説可從。

③ 若，録本脱，今據底本補。

④ 甲本：“‘三人同受百歲’費解，‘三’當作‘人’。此蓋底本涉次行‘三思’之‘三’而誤。‘人人同受百歲’謂每人皆稟受百歲之天年。斯七七八、斯一三九九《王梵志》詩：‘傍看數個大憨癡，造宅舍擬作萬年期。人人百歲乃有一，縱令七十長少希……’意與此同。”

⑤ 蔣禮鴻云：“師人即巫師，乃占卜、星象等術士。”(蔣禮鴻主編《敦煌文獻語言詞典》，杭州大學出版社1994年9月版。)斯4327號《不知名變文》：“得今朝便差，更有師人讒語一段。”伯3404號《老子化胡經受道卷》第八：“心凶頑野，不識至真，統領天地，亦無師人。”“師人”所指亦同。

⑥ “説其死苦死”五字録本脱，今據底本補。

⑦ 後一“摧”字底本、録本無。甲本：“‘摧’字下應脱重文號，故補作‘摧摧’。斯六一八〇：‘明朝日月推推(摧摧)。’‘摧摧’蓋飄零遷徙貌。”兹據補。

⑧ 耶，録本訛作“那”，今據底本改。

⑨ 别，録本訛作“刹”，今據底本改。

⑩ 甲本轉引袁賓校：“‘去’借作‘氣’。”按：所言是，敦煌寫卷中遇攝字與止攝字相亂。下文“所欲皆從三寸氣生”，可助互勘。

⑪ 鬭，録本訛作“聞”，今據底本改。甲本謂“鬭”有“比鬭”“論競”義。

⑫ 他，録本訛作“地”，今據底本改。

相公是也(夜)又爲夫人説“五蔭(陰)①苦”。五蔭(陰)苦者,人生在世,由(猶)如晝夜。濃(膿)血皮膚,綺羅纏體。五陰之内,七孔常流。内懷糞穢之膻腥,遊血骨外。且看膿囊涕唾,日夜長流,處處不堪,全無實相。所欲皆從三寸氣生,是三毒之苗,五臟五欲之本。所以大師有偈:“薄皮囊②膿血,筋纏臭骨頭。從頭觀至足,遍體是濃(膿)流。”如是名(多)③般衆苦,逼迫其身,此即名爲“五蔭苦”。

相公是也(夜)④又爲夫人説“求不得苦”。[□□□□][求不得苦]⑤者,人生在世,各有所有(求?)⑥。願有福者,求無上菩提,且三世之中,求得人生天之福。幾個能受世榮?求得人間資財,中路便遭身夭;若求金銀疋帛,劫劫榮(縈?)⑦心,縱得衣食,自充不足。耶(爺)⑧孃兄弟,各自救療;生男養女,分頭自求。前生不種,累劫不修。欲得世上榮,須是今生修福。今朝苦勸聽衆,總知衣食是宿生注⑨定。所已(以)[□][大]⑩師有偈:“今年定是有來年,如何不種來年穀?今生定是有來生,如何不修來生福?”如是多般⑪,此即名爲“求不得苦”。

相公是夜又爲夫人説“怨憎會苦”。怨憎會苦者,人生在世,貪欲在心,見他有妻,便欲求妻。既得妻子,不經三二年間,便即生男種女。此即喻於何等?

---

① [清]朱駿聲《説文通訓定聲・臨部》:“陰,叚借爲蔭。”此“蔭”則乃“陰”之借字。下“蔭”字同,徑括注其本字,不復校。

② 囊,録本訛作“裹”,今據底本改。

③ 項楚校:“‘名’字是‘多’字之訛。”

④ 也,録本徑作“夜”。按:底本實作“也”,乃“夜”之借字。

⑤ “求不得苦”四字底本無,今據文意補。

⑥ 有,此似爲“求”字之訛,下文“求無上菩提”、“求得人生天之福”、“求得人間資財”等可助勘。

⑦ 榮,此似當爲“縈”字之訛,待考。

⑧ 耶,録本訛作“那”,今據底本改。

⑨ 注,録本訛作“住”,今據底本改。

⑩ 大,底本無,今據文意補。上文“所以大師有偈”可助勘。

⑪ “如是多般”四字底本作“多如是般”,今據文意改。下文“如是多般,盡屬於水”,可助勘。

預(喻)若[①]採花胡蝶,般(盤)[②]旋只在虚空,忽見一窠牡[③]丹,將身便採[④]芳蘂,不覺蜘蛛在於其上,團團結就,百匝千遭。胡蝶被裹,在於其中,萬計無由出得。此者預(喻)苦。凡夫愛色,亦復如是,見他年少,便生愛慕之心,歲月年深,遂便有男有女。既乃長大成人,不孝父母,五逆彌天,不近智者,伴涉[□][兇][⑤]徒。出語不解三思,毀辱[⑥]六親,兼及尊長。若在家中,便即費人心力;或若出外,常須憂懼。此即是名“多生冤家”,世世無休期。善因苦勸,聽衆便知。欲得後世無冤,不如今生修於净行,冤家永隔,不遶(嬈)[⑦]心腸[⑧]。男女因緣,其中多少。所已(以)大師有偈:“自從曠劫受深流,六道輪迴處處遇。若不今生猛斷卻,冤家相報幾時休。”此即名爲“冤憎會苦”。

相公是夜又爲夫人説其“愛别離苦”。[□□□□][愛别離苦][⑨]者,如是家中養得一男,父母看如珠玉,長大成人,纔辯(辨)東西,便即離鄉别邑。父母日夜懸心而望,朝朝倚户,而至啼悲。從此意(憶)[⑩]念病成,看承眠藥,何時得見?忽至冬年節歲,六親悉在眼前,忽憶在外之男,遂即氣咽填兇(胸)。此即名爲“愛别離苦”。

相公是夜説“八苦交煎”已了,應是宅中大小良賤三百餘口,悉皆拜謝相公,爲(唯)有善慶紛紛下淚。善慶口即不言,心裹思量:“我憶昔在𠪚(廬)[⑪]山之日,初講此經題目[⑫],便敢(感)得大石摇動,百草亞身;瑞鳥靈禽,飛來滿

---

① “若”字前底本有一“採”字,當係涉下“採”字誤衍,今據文意删。“預若”即“喻若”。

② 結合文意,此“般”當爲“盤”之省旁俗字。該字甲本即括注爲“盤”。

③ 牡,録本訛作“莊”,今據底本改。

④ 採,録本訛作“揀”,今據底本改。

⑤ 兇,底本、録本無,今據文意補。

⑥ “毀辱”二字録本訛作“猒脣”,今據底本改。

⑦ 遶,應讀作“嬈”。《説文》:“嬈,擾也。”《廣韻》:“嬈,亂也。”

⑧ 腸,底本作“脹”,即“腸”之俗字。《集韻》:“腸,《説文》:‘大小腸也。’或作脹。”

⑨ “愛别離苦”四字底本、録本無,今據文意補。

⑩ 意,此當爲“憶”之借音字。項楚校:“‘意’當作‘憶’。”

⑪ 𠪚,録本訛作“冕”,今據底本改。

⑫ 目,録本訛作“日”,今據底本改。

似(寺?)[①]。祥雲[②]不散,常遊紫殿之傍;瑞氣盤旋,不離朱樓之側。諸天聞法,十類聞經,有形無形,[□□][有相][③]無相,皆爲涅槃而行滅度。

善慶思惟既畢,滿目[④]是淚。相公怪之,問善慶曰:"吾與你[⑤]講經,有何事里(理)[⑥]頻啼泣?汝且爲復怨恨阿誰?解事[⑦]速説情由,不説眼看喫杖!"

善慶進步向前,啓相公曰:"賤奴並不怨恨他别人,只爲人道安上人説法,總不能平等。"

相公曰:"是他道安上人自到凉中講讚,王侯將相,每日聽他説法。汝且不曾見他説法,争得知道他講讚不能平等?"

善慶進步向前,啓相公曰:"善慶昨夜隨從阿郎入寺,隔在門外,不得聞經,便知道安上人説法不能平等。賤奴身雖居下賤,佛法薄會些些[⑧]。緇眠(服)[⑨]不同,法應無二。從此[□][知][⑩]道安説法不能平等,不解傳法入三等之人耳,及四生十類。"

相公曰:"何者名爲四生十類,及三等之人耳?與我子細説看,令我心開悟解,得佛法分明。"

善慶曰:"三等之人者,弟(第)一[⑪]是床上病兒,第二是囚[⑫]徒繫閉,第三不自由人。法師高座上不解方便[⑬]遍達、傳説入三等之人耳。有如是之過,是以説法不解平等。"

---

① 似,此似爲"寺"之借字。甲本:"似,應讀作'寺',二字皆邪母止攝,僅聲調稍異('似'上聲,'寺'去聲)。"

② 雲,録本訛作"震",今據底本改。

③ "有相"二字底本、録本無,今據文意補。

④ 目,録本訛作"日",今據底本改。

⑤ "與你"二字録本訛作"爲儞",今據底本改。

⑥ 結合文意,此"里"當爲"理"之借音字。

⑦ 甲本:"解事,明白事理。"

⑧ "些些"二字録本訛作"紫紫",今據底本改。

⑨ 結合文意,此"眠"字當爲"服"之形訛。甲本即録作"服"。

⑩ 乙本謂"此"下當脱一"知"字,所説是,玆據補。

⑪ "一"字前底本有一"子"字,當爲衍文,今結合文意,參甲本删。

⑫ 囚,底本作"因",當係"囚"之形訛。今結合文意,參甲本改。

⑬ 甲本:"方便:趁機,順便。在此爲副詞作狀語。"

相公曰:“何者是四生十類?”

善慶啓相公:“四生者是胎生、卵生、濕生、化生,是爲‘四生’;十類者是有形、無形、有相、無相、非有相、非無相、四足、二足、多足、無足,此者名爲‘十類’。”

相公語善慶曰:“我緣不會,爲我子細説看,我便捨邪歸政。”

善慶曰:“胎生者:是[聽][①]法之人。比[②]來兩人,入寺聽經。一人無是[□□][貪性][③],入得寺中聽經;一人有是貪性,當即卻迴而去。其人入得寺中,一人於善法堂中坐定,聽得一自(字)[④]之妙法,入於心身,便即心生歡喜;忽憶不來之人,即便心生肺(廢)忘[⑤],縱有言而[□][不]能[⑥]聽受,悶悶不已。如母胎中之子,被浮雲之障日,萑苒之間,便墮在胎生之中。卵生者:亦是聽法之人,故來入寺聽經,在善法堂前坐,心欲屬著[法師][⑦],法師不解,且説外緣,便將甚生法説與。衆生迷朦,難會難知,悶悶不已,遂即墮在卵生之中。濕生者:如是之人,多受匿法,得一句一偈,不曾説[⑧]向之(諸)人[⑨],貪愛潤己,不解爲衆宣揚。以是因緣,便墮在濕生之中。化生者:比[⑩]入寺中聽法,得一句妙法,分别得無量無邊,宣義文牽教化,而(如)[⑪]恒河沙等。如然(燃)一[⑫]燈於十燈,亦百燈於千燈,亦百千萬億之燈,燈燈不絶。此即名爲‘化生’。”於是相公問:“十類者何?”善慶曰:“第一有形者,見塑龕塑像,便即虚心禮拜,直云佛如須彌山,見形發心,此即名爲‘有形’。第二是無形者,不立性處不見性,如水中之月,空裏之風,萬法皆無,一無所有,此即名爲‘無

① 聽,底本無,今據文意補。下文“卵生者亦是聽法之人”,可助互勘。

② 比,録本訛作“北”,今據底本改。“比來”爲本來義。

③ “貪性”二字底本、録本無,今據文意補。下文“一人有是貪性”,可助互勘。

④ 按:甲本校“自”作“字”,是。此“自”當爲“字”之借字(“自”音疾二切,從紐至韻去聲;“字”音疾置切,從紐志韻去聲;二字紐同韻近,應可通假)。

⑤ 甲本:“肺,應讀作‘廢’。‘廢忘’義爲遺忘。”

⑥ “能”前當脱一“不”字,今據文意補。

⑦ “法師”二字録本脱,今據底本補。

⑧ 説,録本訛作“沈”,今據底本改。

⑨ 甲本轉引蔣禮鴻校:“‘之人’就是‘諸人’,就是别人。”

⑩ 比,録本訛作“北”,今據底本改。

⑪ 甲本:“而,讀作‘如’,‘如恒河沙等’喻教化之廣與多。”

⑫ “然一”二字底本誤倒作“一然”,今據文意,參甲本改。

形’。第三是有相者，着[①]街衢見端正之人，便言前境修來；來入寺中聽法，見法師肥白，便即心生愛戀，即被纏縛。既有纏縛，即有忘（妄）想；既有忘（妄）想，即有無明；既有無明，即有煩惱；既有煩惱，即有沈輪（淪）[②]；既有沈輪（淪），即有地獄。累劫犯之，身心不定，即受其苦。此即名爲‘有相’。第四無相者，萬法皆虛，何曾有實？東西無跡，南北無蹤；是事不於[③]身心，一體迥超三界。此即名爲‘無相’。第五非有相者，當説即有，説罷還無；當立即有，不立即還無；當信即有，不信即還無。萬法不於心身，此即名爲‘非有相’。第六非無相者，無言無語，無去無來，無動無念。不生不滅，即是真如；無去無來，便爲佛性。此即名爲‘非無相’。第七二足者，人生在世有身智，浮名爲‘二足’。忽即有身而無知，忽即有智而無身。只此身智不愚（遇）[④]相逢，所已（以）沈輪（淪）惡道；身智若也相逢，便乃生於佛道。所已（以）大師有偈：‘身生智未生，智生身已老。身恨智生遲，智恨身生早。身智不相逢，曾經幾度老。身智若相逢，即得成佛道。’有此身智，此即名爲‘二足’。第八四足者，人生四大，屬地水火風，四方四海，此即名爲‘四足’。第九多足者，萬法皆通，是（事）[⑤]無不會，世間之事，盡總皆之（知）。一切經書，問無不答。十二部尊經，記在心中。此即名爲‘多足’。第十無足者，雖即爲人，是事不困[⑥]，不辯（辨）東西，與畜生無異。此即名爲‘無足’。上來十類，各各不同。更若有疑，任相公所問。”

相公聞語，由（猶）如甘露入心；夫人聞[⑦]之，也似醍醐灌頂。

---

① 甲本謂“著”爲“介詞，義同‘於’。”乙本謂此説牽强，“著”可能爲“若”之誤字。按：兩説相較，甲本所言近是，“著”有“在”義，義同於“於”，惟“著”字亦可爲動詞。［唐］元稹《定僧》：“落魄閑行不著家，偏尋春寺賞年華。”“著家”猶言在家。文中“著街衢”亦即“在街衢”。

② 輪，此當爲“淪”之借字（二字《廣韻》皆可音力迍切）。下“輪”字同，徑括注其本字，不復校。

③ 甲本：“於：動詞，義爲‘居’、‘存’。”

④ 愚，此當爲“遇”之訛字。

⑤ 項楚校：“‘是’當作‘事’。”按：此“是”乃“事”之借字。

⑥ 甲本：“‘不困’費解，當爲‘不會’、‘不明’之類之誤。”

⑦ 聞，録本訛作“開”，今據底本改。

相公喚善慶近前："適來據汝宣揚，也不若(弱)[①]於道安，與我更説少多，令我心開悟解，得佛法分明。"

於是善慶爲相公説十二因緣："無明緣行，行緣識，識緣名色，名色緣六入，六入緣觸，觸緣受，受緣愛，愛緣取，取緣有，有緣生，生緣老病死優(憂)[②]悲苦惱。[□□□□□□□□][老病死憂悲苦惱緣][③]無名(明)[④]，[□□][無名(明)][⑤]滅即行滅，[□□][行滅][⑥]即識滅，[□□][識滅][⑦]即名色滅，[□□][色滅][⑧]即六入滅，[□□□][六入滅][⑨]即觸滅，[□□][觸滅][⑩]即受滅，[□□][受滅][⑪]即愛滅，[□□][愛滅][⑫]即取滅，[□□][取滅][⑬]即生滅，[□□][生滅][⑭]即老病死憂悲苦惱滅。此十二因緣。"

相公聞之，頻稱"善哉"。夫人此時嘆念，得無量福田。

善慶此時遂下高坐，啓相公："只如道安法師，如虚空中造立堂殿，終不能成就；臨欲成就，還當墮落。賤奴身雖爲下賤，佛法一般；衣服不同，體無兩種。賤奴今者欲擬從相公入於[⑮]寺中，與法師道安同時故義[⑯]。"

相公曰："汝若有心，吾也不障。"

---

① 若，此當爲"弱"之同音借字(二字均爲而灼切，例可通假)。

② 優，此乃"憂"之同音借字(二字均爲於求切，例可通假)。

③ "老病死憂悲苦惱緣"八字底本、録本無，今據文意補。

④ 名，此當爲"明"之借字。該字甲本即括注爲"明"。下"無名"中"名"字同。

⑤ "無名"二字底本、録本無，據文意補。

⑥ "行滅"二字底本、録本無，據文意補。

⑦ "識滅"二字底本、録本無，據文意補。

⑧ "色滅"二字底本、録本無，據文意補。

⑨ "六入滅"三字底本、録本無，據文意補。

⑩ "觸滅"二字底本、録本無，據文意補。

⑪ "受滅"二字底本、録本無，據文意補。

⑫ "愛滅"二字底本、録本無，據文意補。

⑬ "取滅"二字底本、録本無，據文意補。

⑭ "生滅"二字底本、録本無，據文意補。

⑮ "入於"二字録本訛作"於入"，今據底本改。

⑯ 甲本："故義：解釋經義，'故'同'詁'。然下文'但賤奴若得道安論義'，疑'故'字或爲'論'字之誤。"

於是相公與夫人令善慶西院内香湯沐浴，重换衣裝，放善慶且歸房中歇息，待來日侵晨，别有處分。善慶既歸房中，澄心净意，直至天明，更無睡眠。須臾入朝之時，善慶亦從相公入内。相公朝卻，退歸宅内歇息，遂唤善慶。

相公曰："是他道安是國内高僧，汝須子細思量。"

善慶啓相公曰："俗彦（諺）有語云[①]：'入山不避狼虎者，是樵父之勇也；入水不避蛟龍者，是魚（漁）父之勇也。'但賤奴若得道安論義，如渴得漿，如寒得火。請相公高枕無憂，只時[②]講降時便去。"

須臾之間已至，相公先遣[③]錢二百貫文，然後將善慶來入寺内。其時聽衆如雲，施利若[□][雨][④]，鐘[⑤]聲既動，即上講：都講舉[□][題][⑥]，維那作梵，四衆瞻仰，如登靈鷲山中。道安欲擬忻心，若座（坐）奄（庵）羅會上。於是道安手把如意，身座（坐）寶臺，廣焚無價寶香，即宣妙義，發聲乃唱，便舉經題云："《大涅槃經如來壽量品》第一。"

開經已了，歎佛威儀，先表聖賢，後談帝德："伏願今皇帝道應龍騐（圖）[⑦]，德光金園[⑧]，握金鏡如（而）[⑨]曜九天，從神光而臨八表。願諸王太子金支（枝）永固，玉葉恒春；公主貴妃[⑩]，貞華永曜；朝庭卿相，盡孝盡忠；郡縣官寮，唯清唯直；座下善男善女，千災霧卷，瘴逐雲宵（消），災害不侵，功德圓

---

① "有語云"底本、録本作"云有語"，今據文意改。

② 甲本："時，原録（按：指王慶菽校録本）校作'待'。按：'時'有'待'義，故不煩校。"其説是。

③ 甲本："遣，疑有誤。前文云：'相公每日朝下，常在福光寺内聽道安講經，納錢一百貫文。'用'納'而不用'遣'。或'遣'下脱'納'字。"乙本："楚按：'遣'字不誤。'遣'的本義是派遣，這裏的'遣錢'是派人預先送錢的意思，故前面用了'先'字。"按：項説可從。

④ 雨，底本、録本無，今結合文意，參甲本補。

⑤ 鐘，底本作"鍾"。甲本："鐘，原録作'鍾'而校作'鐘'。按：據《干禄字書》，唐人'鐘'、'鍾'皆作'鍾'。故應徑予録正。"其説是，今據改。

⑥ 題，底本、録本無，今據文意補。下文"便舉經題"，可助互勘。

⑦ 徐震堮《〈敦煌變文集校記〉補正》："'騐'疑當作'圖'。"甲本認爲"龍圖"即"河圖"，爲瑞應。

⑧ 園，底本作"薗"，當爲"薗"（"園"之俗體）之换旁俗字。

⑨ 徐震堮《〈敦煌變文集校記〉補正》："'如'同'而'。"

⑩ 妃，底本作"肥"，當爲"妃"之誤字。今結合文意，參甲本改。

滿。三塗地獄，悉（息）[①]苦停酸；法界衆生，同霑此福。”嘆之已了，擬入經題。

其時善慶亦其（自?）[②]堂内起來，高聲便唤，指[③]住經題。四衆見之，無不驚愕。

善慶漸近前來，指云：“道安上人，大能説法，闍梨開經講讚，渲（宣）佛真宗；廣度愚迷，宣揚聖教；文詞璨爛[④]，城内無雙；利益衆生，莫知其數。長於苦海，如（而）作法船；結大果因，渡人生死。未審所講是何經文？爲諸衆生，宣揚何法[⑤]？誰家章疏，演唱真宗？欲委根元，乞垂請説。法師講讚，海内知名，人主稱傳[⑥]，國中第一。相公在此，聊述聲揚，暖道場將爲法樂；上人若垂大造，立儀將來，不棄蒭蕘，即當恩幸。”

於是道安聞語，作色動容，嘖（責）[⑦]善慶曰：“亡（望）空[⑧]便額[⑨]，我佛如來妙典，義理幽玄，佛法難思，非君所會。不辭[⑩]與汝解脱（説?）[⑪]，似頑石安在水中。水體姓（性）本潤，頑石無由入得。汝見（現）今身且爲下賤，如何即得自由？佛法付囑國王大臣，智者方能了義。汝可不聞道外書言：‘堪與言

---

① 蔣禮鴻校“悉”爲“息”，是。

② 乙本謂“其”字應是“自”字之誤，待考。

③ 甲本：“按：原卷先寫‘止’，又接寫‘指’，蓋爲表示以‘指’改‘止’之意。”

④ 爛，底本、録本作“𤨒”，當爲“爛”之右半增“艹”頭而成的换旁俗字。

⑤ 法，録本訛作“涉”，今據底本改。

⑥ 甲本：“稱傳：讚揚。《燕子賦》（二）：‘併糧坐守死，萬代得稱傳。’”

⑦ 徐震堮《〈敦煌變文集校記〉補正》：“‘嘖’同‘責’。”《龍龕手鏡》：“嘖，怒也，讓也。”

⑧ 甲本：“亡，後文作‘忘’，皆應讀作‘望’。……‘望空’即‘朝空中’或‘朝上’之意，謂指向高座上的道安。”按：甲本所説不確，“望空”乃平白無據之義。

⑨ 甲本：“蔣禮鴻引《封氏見聞記》十‘查談’條：‘宋昌藻，考功員外郎之問之子也。……刺史房琯以其名父之子，常接遇之。會有中使至州，琯使昌藻郊外接候，須臾卻還，云：“被額。”房公……顧問左右何名爲“額”，有參軍對曰：“查名詆訶爲‘額’。”’……按：‘詆訶’説近是，文中可釋爲‘指斥’。”按：“額”有斥責義。斯214號《燕子賦》：“雀兒被額，更害氣嘖（責）。把得問頭，特地更悶。”是其例。“望空便額”謂憑空指斥。

⑩ 甲本：“不辭：即使，縱然。”

⑪ 甲本：“潘校：‘“脱”似“説”誤。’按：二字當是音近通假。”

即言，不堪與言失言。'夫子留教，上(尚)遺如思(斯)，不與你下愚之人解説[①]。維那檢校，莫遣喧囂。聽經時光可昔(惜)，汝不解，低頭莫語，用意專聽。上座講筵，聽衆宣揚，普皆聞法，不事在(再)[②]作一個問法之人。"

但知(諸)會下座(坐)者，不逆[③]其意；若是諸人即怕你道安，是他善慶，阿誰怕你！於是善慶聞語，轉更高聲，遥指道安，怒聲責曰："闍梨去就[④]也是一個志道霄僧[⑤]，所出言問，不合聖意。我如來留教，經乃分明，蠢動含靈[⑥]，皆霑佛性。公還誦《金剛經》以否？胎、卵、濕、化，十類、四生，有形、無形，有相、無相，皆得涅槃而言滅度。我乃是人，豈得不合聞法？我爲下賤，佛性無殊。緇眠(服?)[⑦]不同，法應無二。不見道孔丘雖聖者[⑧]，久迷對日[⑨]之言；大覺世尊，上(尚)有金槍之難；維摩居士，由(猶)遭光嚴童子唱責；忍辱仙人，被歌利王割截身體。君子不欺闇室，蓋俗事(士)[⑩]之常談。賤奴擬問經文，座主'忘(望)空便額'[⑪]。只如峻山，卻生毒藥；於(淤)[⑫]埿之中，乃生蓮華。彼布袋裹有明珠，錦袋裹成(盛)糠何用？座主莫望山採木，以貌取之。若作如思(斯)，還失其子羽。只如佛法，大體均平，似降甘澤，普共[⑬]總潤。不可

① 説，録本訛作"脱"，今據底本改。

② 甲本："在，應讀作'再'，或爲'作'字誤字而衍。不事，不可。"

③ 甲本："不逆：不能猜測到。"

④ 甲本："去就：行爲，舉止。"

⑤ "霄僧"二字録本訛作"宵像"，今據底本改。"霄"有"高"義，如"霄月"指高空的月亮，"霄岫"指高聳入雲的山峰，此"霄僧"義即"高僧"。

⑥ 甲本："蠢動含靈：'蠢動'指動物，'含靈'指人。"

⑦ 結合文意，此"眠"字似當爲"服"之形訛。甲本即録作"服"。

⑧ 者，底本作"著"，當爲"者"之形訛。今參甲本改。

⑨ 日，底本作"曰"，敦煌卷中二字常混，今結合文意，參甲本改。

⑩ 甲本："'事'當讀作'士'。'俗士'指儒生之類。駱賓王《螢火賦》：'類君子之有道，入暗室而不欺。'"

⑪ 此例"忘(望)空便額"，江藍生傾向於指"我要請教經文，你卻説我無端指責"義。

⑫ 於，此當爲"淤"之省旁俗字。

⑬ 共，録本訛作"其"，今據底本改。

平田殘①草下頻滋,坑②坎丘陵不蒙惠澤。雨③元平等自然,莫煞(生?)④彼我之心,一切無異。不見藥王菩薩,皆標四時,五菓桃李,皆從八節,因地而生。《藥草喻》中,分明乃説大根大樹、大枝大葉,各逐根基,因地而所有。不可不⑤甘甜菓子雨⑥便甘甜,[□][不]⑦苦澁菓子雨⑧便苦澁;雨⑨元一味,受性自殊。但行平等之心,法界自然安樂。相公在於座主,莫謾生人,但之(知)⑩好好立義將來,願好相祇對。"

於是道安被數,𩈴𩉂⑪非常,耻見相公,羞看四衆,遂攬⑫典(界?)⑬尺,抛在一邊,漸近前來,怒聲責曰:"善慶!汝豈不聞道:'鬪⑭不著底,死亦難當。'豈緣一鼠之謙(慊),勞發千均(钧)之弩?汝若見吾之鼓,不辭對答往來。蟭蟟(鷦鷯)⑮共鵰鳥如(而)⑯同飛,對汝虚⑰抛氣力。解事低頭⑱莫語,用意專聽。這遍若不取我指撝,不免相公邊請杖决了,趁出寺門。不得聞

① 甲本:"淺,原録作'殘',據蔣禮鴻校改。"按:蔣校不確,底本實作"殘"。

② 坑,底本作"沆",當爲"坑"之形訛。今參甲本改。

③ 雨,録本訛作"兩",今據底本改。

④ "煞"字費解,似當作"生"。甲本即録作"生"。

⑤ "不"字甲本脱。

⑥⑧⑨ 雨,録本訛作"兩",今據底本改。

⑦ 不,底本、録本無,今據文意補。

⑩ 乙本:"楚按:上句'之'字是'知'的同音字,'但知'就是只管,'知'是語助詞,不爲義。"按:乙本謂"之"乃"知"借字,是;惟"知"似非語助詞,而是動詞,"但知"就是"只知道",亦即"只管"之義。

⑪ "𩈴𩉂"二字録本作"摩羅",底本作"𩉂",乃"𩈴𩉂"之訛俗體。《龍龕手鏡》:"𩈴、𩈮、𩉂:上二莫可反,下一勒可反,面慚貌。"

⑫ 攬,録本訛作"擥",今據底本改。

⑬ 乙本:"楚按:'典尺'無注,不可解,'典'字應是'界'字形誤。'界尺'是書案上用以鎮壓書紙的尺狀物。"

⑭ 鬪,録本作"鬭",今據底本改。"鬪"與"鬭"同,亦作"鬥"、"鬦"、"鬬"。

⑮ 項楚校:"'蟭蟟'當作'鷦鷯'。"

⑯ 如,應讀作"而"。

⑰ 虚,録本訛作"靈",今據底本改。

⑱ 頭,録本訛作"故",今據底本改。

經。謾説狂①詞,悔將何及!"

善慶聞語,轉更高□(聲)②,摇指道安:"許公輒行操次③!座主身披法服,常宣真④經,合興無量之心,具六波羅蜜行,發菩提心,利益衆生,出於三界。何得心無慈愍,毒害尤深,欺誑平人,擬於相公邊請杖!據思(斯)⑤行即不合真宗,所出言辭,何殊外道!闍梨自稱鵬鳥,直擬舉翼摩天,嘆他乃作蟭蟟(鷦鷯),栖宿常居小草,不見道心。麁者失欺,敲(墝[澆]?)者忘意⑥。況今朝莫語,便須用意,莫謾⑦麁疏。詞理若乖,便爲弟子勞把繩頭⑧,莫交失手⑨。若也衹對一一字參差,卻到⑩賤奴向相公邊請杖,就高座上拽下決了,趁出寺門,不得爲衆宣揚,莫言不道!"

道安備(被)⑪難,度(杜)⑫口無詞,耻見相公,羞看四衆,量(良)久之間,乃唤善慶近前:"上來言語,總是共汝作劇,汝也莫生頗我之心,吾也不見汝過。初見汝説,實載(在)⑬驚疑,將⑭爲腦(惱)⑮亂講筵⑯,有煩聽衆。吾今知汝實是能人,若問經題,吾能奉答。"

---

① 狂,録本訛作"抂",今據底本改。

② 聲,録本作缺文,底本作"𠰶",乃"聲"之訛省俗字。甲本亦録作"聲"。兹據補。

③ 蔣禮鴻云:"操次:不精細,不審慎;輕舉妄動。"

④ 真,録本訛作"直",今據底本改。

⑤ 項楚校:"'思'當作'斯'。"

⑥ 甲本:"敲,底本作'㪡',俗字,當通'墝',義同'澆薄'之'澆';'意'當爲'義'之近義詞。"可備一説,待考。

⑦ "謾"字前底本有一"難"字。按:底本"難"字僅書左半旋即塗去,當爲誤書。今參甲本改。

⑧ 頭,録本訛作"故",今據底本改。

⑨ 手,録本訛作"乎",今據底本改。

⑩ 乙本:"這個'到'字是輪到的意思。"按:此説可從。

⑪ 備,此當讀如"被"。該字甲本即括注爲"被"。

⑫ 度,此當讀如"杜"。該字甲本即括注爲"杜"。

⑬ 甲本:"載,當讀作'在'。"

⑭ "將"字下底本有一重文號,録本作"將將",今據文意删一"將"字。

⑮ 腦,此當爲"惱"之借字(二字《廣韻》均音奴晧切)。該字甲本即括注爲"惱"。

⑯ 筵,底本作"延",此處當爲"筵"之省旁俗體。今參甲本改。

善慶曰:“闍梨①自稱,卻道‘莫生頗我之心’。如來留教隨經,皆因阿闍世,[世]②尊談宣,是人總會。今言許問,不敢③有違。但知且問經名,後乃必當有問。”

道安曰:“適④來問貧道所講經文,當是《大涅槃經》。善慶聞之,分明記取。”

善慶問曰:“[□□□□□][何者名爲‘大’?]⑤何者名爲‘涅’? 何者名爲‘槃’?”

道安答曰:“‘大’者是廣也,要廣利一切衆生,出於苦海。‘涅’者是不生之義,不生不滅,即契真如;無去無來,便爲佛性。‘槃’之一字,般(搬)運⑥衆生,出於三界,令達彼岸。”

善慶曰:“上來三字義七般。”“善慶聞之,切須記當。一者,喻若春楊(陽)⑦既動,萬草皆生,不論淺谷深嵠,處處盡皆也(花?)⑧發。妙法經名記(既)⑨立,如來宣説,流行衆生,不揀高低,聞經例皆發善。二者,喻如‘繩木’之義,便即去邪歸正。三者,喻‘蕩泉’之義,湛湛不滅不流;經文長在世間,流轉無休無歇。四者,喻如江海,能通萬斛之船;衆生欲過江潮(湖?)⑩,第一

---

① “闍梨”二字底本作“[illegible]”,乃一合文,“闍”字作草書字形,“梨”字僅取底部作爲象徵。

② 乙本:“楚按:……第三句之首脱一‘世’字,蓋涉上‘世’字作一重文符號,書手抄寫時又脱去也。”乙本所説是,玆據底本補。

③ “敢”字前録本衍一“見”字,今據底本删。

④ 適,底本作“商”,録本作“商”。按:結合文意,此字當爲“適”之訛省俗字,今參甲本改。

⑤ “何者名爲大”五字據下文文意補。

⑥ 《玉篇·舟部》:“般,運也。”[唐]白居易《官牛》詩:“官牛官牛駕官車,滻水岸邊般載沙。”“般”字後多作“搬”。

⑦ 楊,此當爲“陽”之借字。該字甲本即括注爲“陽”。

⑧ 也,此當爲“花”之訛字,甲本録作“花”。

⑨ 記,此當爲“既”之借字。該字甲本即括注爲“既”。

⑩ 江藍生校:“‘潮’當爲‘湖’之形訛。”

須憑[1]高掉(篙棹)[2];經文流轉於世間,能超出離之人,欲擬進道修行,第一須憑經力。五者,喻於天地覆載衆生,若也天地全無,萬像憑何如(而)立?《涅槃經》文既有,衆生於(依)[3]此修行,若[4]也經法全無,行[5]憑何如(而)出世?六者,喻如經緯,能成錦綵羅紈,直繞(饒)[6]大絹與綾,皆總因他經緯;妙法經名既立,修道因[7]此如(而)成,直至無上菩提,盡總憑他經力。七者,喻如路逕,解通往來之人,欲行千里之人,起發因他通路;衆生發心修道,先須讀誦經文,所已(以)後聖道從資(玆)取[8]。上來七義,各各不同,共識(釋)經之[□][一][9]字。善慶聞之,還須記取。"

善慶曰:"經之一字,還有多般,更有經名已否?"

道安答曰:"涅槃之義,無量無邊,□(卒)[10]説經名,如何得盡?譬如世間百姓,萬户千門,憑何而處理[11]?遂乃立期(其)州縣,[□][州][12]縣各自列土分疆。經之一字,分宣萬法,因此各異。州縣要藉官長,妙法須立經名。州[13]

---

① 憑,底本作"凖"。甲本:"'凖'即'馮'之訛。""馮"即"馮(憑)"之訛俗字。

② 徐震堮《〈敦煌變文集校記〉補正》:"'高掉'當作'篙棹'。"

③ 乙本:"楚按:第二句'於'當作'依',作'衆生依此修行'。蓋唐五代西北方音'於''依'音同,因而相混。"今謂乙本所説可從。

④ 若,底本作"若若",中一"若"字當爲衍文。今結合文意,參甲本删。

⑤ "行憑"底本、録本誤倒作"憑行",今據文意改。甲本:"'何'上原録有'行'字,當爲'何'之誤字,未塗去便接改正字'何'。"按:此説不確。底本"行"字不誤,蓋承前句"衆生於此修行"而來,"行憑何如(而)出世"與上文"萬像憑何如(而)立"亦互爲呼應。

⑥ 劉堅校:"'直繞'應爲'直饒',假設之詞。"按:結合文意,此"繞"當爲"饒"之借字。該字甲本即括注爲"饒"。

⑦ "因"字前録本有一"者"字。甲本:"底本'者'字已用濃墨塗去,不當録出。"

⑧ 甲本:"資,讀作'玆'。'取'下原録有'衆'字。按:'衆'蓋涉上'取'字形近而衍,故删去。"今據删。

⑨ 項楚校:"據下文'經之一字,還有多般'及'經之一字,分宣萬法',則此處'字'之上也應有'一'字。"今據補。

⑩ 卒,録本作缺文,今據底本補。

⑪ 甲本:"處理:治理,安排。"

⑫ 州,底本無,今承上文文意補。

⑬ 州,録本訛作"三十",今據底本改。

縣若無官人，百姓憑何而理？經文製其疏抄者，梳也；譬如亂髮，□（獲）[①]其梳理。萬法既立經名，衆聖因兹成道。上來所答，並總依經，更若有疑，任君再問。”

善慶曰：“經之七義，且放闍梨，更問少多，許之已否？”

道安答曰：“貧道以天[②]人爲師，義若湧泉，法如流水，汝若要問，但請問之，今對與前疑速説。”

善慶曰：“若夫佛法，盡[③]總歸依，輕塵［足］[④]嶽，墜露添流，依（挹）［□］［之］[⑤]莫惻（測）其憑，敬之□（罕）[⑥]窮其濟[⑦]。但賤奴今問法師，似螢光競日，螗螂巨（拒）轍；自知鴻鳥，敢登於鳳臺？雷音之下，有（布）[⑧]鼓難[⑨]鳴；碧玉之前，那逞寸鐵？只如佛性，遍滿有情，再問我佛如來以何爲體？”道安答曰：“善慶近前，莫致謙詞。我佛以慈悲爲體。”

善慶又問曰：“既言我佛慈悲爲體，如何不度羼（闡）[⑩]提衆生？”

道安答曰：“汝緣不會，聽我説著。羼（闡）提衆生，緣自造惡業。譬如人

---

① 獲，録本作缺文，今據底本補。

② “以天”二字底本作“天以”。徐震堮《〈敦煌變文集校記〉補正》：“‘天以’二字誤倒。”兹據乙正。

③ 甲本：“‘盡’字原録作‘師書’二字。按：底本‘師’字有塗痕，當因與‘書’同音而誤，而‘書’當爲‘盡’之形訛。”今據改。

④ 甲本：“足，原録蓋據下句‘添’字而擬補。”

⑤ 之，底本、録本無，今據文意補。

⑥ 罕，録本作缺文，今據底本補。

⑦ 徐震堮《〈敦煌變文集校記〉補正》：“‘依［之］莫惻其憑，敬之罕窮其濟’，此用《聖教序》語，當作‘挹之莫測其源，遵之莫窮其際。’”

⑧ 乙本：“楚按：第二句‘有’字爲‘布’字之誤，典出《漢書・王尊傳》：‘太傅在前説《相鼠》之詩，尊曰：“毋持布鼓過雷門！”’顔師古注：‘雷門，會稽城門也，有大鼓。越擊此鼓，聲聞洛陽，故尊引之也。布鼓謂以布爲鼓，故無聲。’《抱樸子内篇・金丹》：‘聞雷霆而覺布鼓之陋。’《維摩詰經講經文》：‘我即還同明（鳴）布鼓，維摩直似振春雷。’”今謂乙本所説是。

⑨ 難，録本訛作“鷄”，並於字前施一缺文，今據底本改。

⑩ 乙本：“楚按：‘羼提’本是忍辱的音譯，施於此處卻未合。此處及下文的多處‘羼提’皆應作‘闡提’，即‘一闡提’，佛教稱斷盡善根、不信佛法的極惡之人爲‘一闡提’。”今謂乙本所説是。下文“羼”皆當爲“闡”之訛字，徑括注出，不復校。

家養一男，長大成人，竊盜於鄉黨之内。事既彰露，便被州[1]縣捉來，遂即送入[2]刑獄，受他考(拷)楚，文案既成，招伏愆罪，領上法場，看看是死。父母雖有恩慈，王法如何救得！我佛雖有慈悲，争那佛力不以(似)他業力。如此之[□][流?][3]，難爲救度。"

善慶問曰："羼(闡)提衆生，雖造惡業，我佛慈悲，亦合救之。上來所説，總屬外緣。我佛如來，以何爲性?"

道安答曰："以平等爲性。"善慶問曰："既稱平等爲性，緣何衆生沈輪(淪)生死，佛即證無餘涅槃?"

道安答曰："衆生沈輪(淪)惡道，從無明妄相(想)[4]而生。佛證無餘涅槃，從一切皆盡。"

善慶又問曰："衆生無明有煩惱，與佛性如何?"[5]

道安答曰："無明煩惱是衆生，一切斷處爲佛性。所以衆生不離於佛，佛也[6]不離衆生。上來所説言詞，謹答例皆如是。"

善慶曰："闍梨適來所説，言詞大遠[7]，講讚經文大錯，總是信口落荒[8]，只要悦喻(愉)[9]門徒，順耳且聽。如江潮(湖?)[10]大海，其中有多少衆生，或即是黿鼉，或若是鰕蟹[11]龍魚，如是多般，盡屬於水。雖然魚水相同，於其中

---

① 州，録本訛作"三十"，今據底本改。

② 入，録本訛作"人"，今據底本改。

③ 甲本："'之'下當脱一字，當爲'流'、'輩'、'類'之類。"

④ 相，此當爲"想"之借字。録本徑作"想"，不合原卷。

⑤ 甲本："'有'字似爲衍文，'衆生無明煩惱與佛性如何'連讀。"

⑥ "佛也"二字《大正藏》本訛作"色"。按：此"佛"底本爲一重文號(重文號即上句末字"佛"字)，與"也"連書。《大正藏》本失校。

⑦ 甲本："項楚校：'"遠"似應作"違"。'按：項校近是。"乙本："楚按：今日思之，原文'遠'字是，'大遠'即背離佛道既遠。"今謂乙本所説可從。

⑧ 蔣禮鴻云："《廣韻》：'𧫷，𧫷謊，狂言。''落荒'就是'□謊'。慧琳《一切經音義》九十二：'樂䮾：上音洛，下音荒。'按：狼䮾者，蓋詭譎之流，不實之義也。狼合作樂字，傳用狼字，非也。"

⑨ 甲本："'喻'，應讀作'愉'，'悦愉門徒'謂嘩衆取寵。"

⑩ 潮，當爲"湖"之形訛。

⑪ 蟹，録本訛作"醸"，底本實作"𩶖"，與"蟹"同。《説文・蟲部》："𩶖，蟹或從魚。"

間有異：魚不得水如(而)便死，水不得魚湛然。衆[①]生離佛，即有沈輪(淪)；佛離衆生即有寂滅。蓋聞佛者，出世獨尊；一相之中，逈超[②]三界。爲慈悲之故，救度衆生。若佛與凡同，所説例皆不是。涅槃之經，甚處譬喻幽玄？今對衆前，略請上人一説。"

道安答曰："《涅槃經》譬喻，其數最多，大喻三千，少(小)[③]喻八百。"

於其中間，善慶問曰："黑風義者何？"

道安答曰："黑風義者，是衆生無明之風。衆生從無量劫來，彼(被?)[④]此風摇動不定。將此風分爲八般，引義臺支[⑤]，□(卒)[⑥]説不盡。"

於是善慶知道安不解，解説不能。

善慶問曰："闍梨既稱國之大德，即合問一答十。雖有髑髏，還無兩眼。凡人渡水，第一須解怕(拍)[⑦]浮；不解，徒勞入水。黑風之義，誰人所講？經文阿誰章疏？"

於是道安心疑(擬)[⑧]答，口不能答；口擬答，心不能答。手腳專顚[⑨]，唯稱"大罪"："願汝慈悲，與我解説[⑩]。"

善慶曰："《涅槃經》義，大無恐怖，但請安心，勿令懷憂慮。不問别餘，即問上人：《涅槃經疏抄》從甚處得來？"

道安答曰："從**爐**[⑪]山遠大師處得來。"

---

① 衆，録本訛作"無"，今據底本改。

② 超，底本、録本作"起"。項楚校："'起'是'超'之訛。前文'一體逈超三界'可證。"

③ 項楚校："'少'當作'小'。"

④ 徐震堮《〈敦煌變文集校記〉補正》："'彼'當作'被'。"

⑤ 支，録本訛作"友"，今據底本改。

⑥ 卒，録本作缺文，今據底本補。

⑦ 怕，當爲"拍"之形訛。該字甲本即括注爲"拍"。"拍浮"：指游泳。

⑧ 此"疑"字當爲"擬"之訛省，下句"口擬答"正作"擬"，可助勘。

⑨ 蔣禮鴻云："'專顚'是'攢蚖'一聲之轉，道安被遠公難倒後，手腳無措，施展不得，這也是'攢蚖'的意思。"

⑩ 説，底本、録本訛作"説説"，今結合文意，據甲本删。

⑪ **爐**，録本訛作"冕"，今據底本改。

善慶曰:“如今者若見遠公,還相識已否?”

道安[答][1]曰:“如今若見遠公,實當不識。”

善慶曰:“既言不識,疏抄從甚處得來?”

道安答曰:“向遠公上足弟子雲慶和尚處得來。”

善慶曰:“若覓諸人,實當不是;若覓遠公,只這賤奴便是。”

道安聞語,由(猶)自身[2]懷疑惑:“我聞大師身有異相,腕有肉環,若是大師,現出其相。”

於是遠公爲破疑情,宣(揎)其左膊,果然腕有肉環,放大光明,聽衆皆普見。於是道安起下高座,舉身自撲,七孔之中皆流鮮血,步步向前,已(以)懺前悔,擬將尖刀剜[3]眼,自恨生盲,不識上人,雨淚悲啼懺悔,伏願上人慈悲[4]。

遠公曰:“汝莫心懷疑慮,不用苦賜悲啼。汝是具足凡夫,如何得識於吾所講涅槃之義?早是入吾師位,待我拜謝相公,回來與汝宣揚政(正)法。”

於是遠公直至相公面前,啓相公曰:“但賤奴伏事相公日[5]淺,未[6]施汗馬之功,輒入寺中,有亂於法會,蒙相公慈造,未施罪愆。今對衆前,請科痛杖。”

於是相公聞語,舉身自撲,匐面在地,更不再起。良久乃甦,進步向前,啓上人曰:“但弟子雖宰相,觸事[7]無堪;濟舉三□(賧)[8],朝定漿(廷奬)[9]用。

① 答,録本脱,今據底本補。

② “自身”二字底本作“身自”,今結合文意,據甲本改。乙本謂底本“身自”之“身”爲涉下“自”字的誤字,似不可從。

③ 剜,録本訛作“筭”,今據底本改。

④ 甲本:“‘懺悔’二字原在下句‘慈悲’之後,義不可通,當爲抄手所顛倒,兹徑勾乙。”所言是,今據改。

⑤ 日,録本訛作“曰”,今據底本改。

⑥ 未,底本在上句“淺”字前,當爲抄手所顛倒,兹徑勾乙。

⑦ 事,録本訛作“時”,今據底本改。甲本:“觸事:遇事,臨事。”

⑧ 此字録本作缺文,據底本補。甲本:“‘三賧’,費解,原録校作‘三願’,亦恐未確。”

⑨ “定漿”二字當爲“廷奬”之訛。此二字甲本即括注爲“廷奬”。

凡夫肉眼，豈辯(辨)聖賢，負罪彌天，且放免尤；六載爲奴，驅使常在宅内，或即麁語嗔喝於上人。如是罪愆，如何懺悔！”

遠公曰：“緣貧道宿世曾爲保見，有其債負未還，欲得今世無冤，合來此處計會，一常(償)百了，事且無疑。自今已後，前眼相看，更不用憂慮。”

於是相公聞語，轉更悲啼：“伏願上人慈悲，與説宿生[□][因]果[1]。”遠公曰：“相公前世作一個商人，他家白莊也是一個商人，相公遂於白莊邊借錢五[□][百][2]貫文。是時貧道作保，後乃相公身亡，貧道欲擬填還，不幸亦死。輪迴數遍，不愚(虞)[3]相逢，已(以)[4]是因緣，保債得債。”

於是相公聞語，進步向前，雨淚悲啼，自責愆過：“弟子自負他人債，即合自己常(償)填[5]，勞使上人之身。弟子若愚(遇)，此生死後必沈地獄。”

遠公曰：“今債已常(償)了，勿致疑。從今已後，更不復作。苦勸門徒弟子，缺債直須還他。貧道爲作保人，上(尚)自六載爲奴不了。凡夫淺識，不具(懼)[6]罪愆，廣造衆罪。如何懺悔！”

是時聽衆雨淚悲啼，嗟念遠公，盡懷惆悵；千人瞻禮，萬衆咨嗟。是日聽衆悉斷慳貪。

是時遠公[□][道][7]由(猶)未了，遂被會下諸[□][衆][8]並及相公，再請遠公重昇高座。

是日，遠公由(猶)如臨崖枯木，再得逢春；亦似鈎網[9]之魚，蒙放卻歸江

① 徐震堮校：“‘果’上脱‘因’字。”兹據文意補。

② 甲本：“原校：‘百’字據前文補。”

③ 乙本：“楚按：原校‘愚’作‘遇’，但‘不遇’和‘相逢’自相矛盾。‘愚’並非‘遇’之誤，而是‘虞’之誤，‘不虞’即不料，表示意外。”今按：“愚”、“虞”二字均遇俱切，疑母、虞韻、平聲，此“愚”當爲“虞”之借字。

④ 項楚校：“‘已’與‘以’通用。”

⑤ “填”字前録本有一“用”字。按：底本“填”字前原有一“田”字，抄手發現後旋即塗去。《大正藏》校録者失察，且訛“田”作“用”。

⑥ 具，底本作“且”。甲本：“具，原録作‘且’，形近而誤。‘具’通‘懼’。”

⑦ 乙本：“楚按：第一句‘由’字上應脱‘道’字，‘道由(猶)未了’就是話還没有説完。”所言是，兹據補。

⑧ 衆，底本、録本無，今據文意補。

⑨ 網，底本作“鋼”，當爲涉上“鈎”偏旁類化而成的“網(網)”之俗字。

海。天生意氣,不與凡同;骨貌神咨(姿)①,世之②罕有。重聲鐘罄,再舉經題,爲衆宣揚。其時道安亦③在會下而座。是時遠公纔開經之題目,便感得地皆六種震摇,五色常(祥)雲長空而遍。百千天衆,共奏宫商;無量聖賢,同聲梵音;經聲歷歷,法韻珊珊。大衆覩此其希,聽衆[□][皆]④言"罕有"。是時相公再在連(蓮)宫之會,重開香積之莚(筵),大集兩街僧尼,遂將金刀落髮。相公是日只於福光寺内,具將此事寫表,奏上晋文皇帝。

皇帝攬(覽)表,大悦龍顔,頻稱"美哉",惟言"罕有"。當時有敕:令中書門下排比釋、道、儒三教,同至福光寺内,迎請遠公,入其大内供養。是時續有敕旨⑤:"賜遠公如意數珠數⑥串,六環錫杖⑦一條,意(衣)⑧著僧依(衣)數對。"兼將御輿,來迎遠公入内。敕既行下,内外咸知。[□][公]⑨卿宰相排比,何銖(殊)鼎沸⑩!威儀直入寺中,便請大師上輿。是時遠公再三不肯:"貧道是一界(介)凡僧,每謝君王請命⑪,巨(臣)⑫僧卻擬歸山,即是貧道所願。崔相公進步向前,啓言和尚:"伏願慈悲,莫違所請。皇帝於大内顒顒專望,瞻仰上人,一爲法界衆生,二願莫違皇帝請⑬命。"遠公既蒙再三邀請,遂乃⑭進步而行。百般伎藝仙樂前迎,群宰喜賀當今萬歲。遠公出得寺門,約

---

① 咨,此當爲"姿"之借字。此字甲本徑改録爲"姿"。

② "之"前録本衍一"人"字,今據底本删。

③ "亦"前底本作"亦亦",中一"亦"字當爲衍字,今據文意删。

④ 皆,底本、録本無,今結合文意參甲本補。

⑤ 旨,底本作"百",乃"旨"之俗體。

⑥ 甲本:"一,據下句有'一條'而補。"兹從之。

⑦ 杖,録本訛作"撻",底本作"釱",乃涉上"錫"類化而成的俗字。

⑧ 甲本:"意,蔣禮鴻校作'衣'"。

⑨ 公,底本、録本無,今結合文意參甲本補。

⑩ "鼎沸"二字録本訛作"棲佛",今據底本改。

⑪ 甲本:"項楚校:'請命'當作'清命',下文'二願莫違皇帝清命',正作'清命'。"乙本:"楚按:今日思之,此處'請命'不誤,下文的'清命'卻應作'請命'。'請命'就是邀請。"

⑫ 巨,録本訛作"尼"。甲本認爲是"臣"之俗字。兹從之。

⑬ 請,底本作"清",當爲'請'之訛字。參前注。

⑭ 乃,録本訛作"了",今據底本改。

行百步已來，忽然騰空而去，莫知所在。相公憂懼作禮，亡（望）空[①]虔誠啓告：“大師有無邊之力，伏願乞捨慈悲，且依君王請命！”行行啓告，迤邐而行。是日也，遠公早先至閣門，謹取敕旨。於是皇帝知道遠公到來，便出宫門，千迴瞻禮，萬遍虔恭，亦（一）[②]見遠公，龍顔大悦，喜也無盡。於是帝曰：“朕之少（小）國，喜遇上人降臨，國人安泰，皆因和尚。”只於大内供養數年，六宫欽仰，五院虔恭。皇帝於和尚處受三歸五戒，無從不依[③]。自從遠公於大内見諸宫□（常）[④]將字□（紙）[⑤]穢用茅[⑥]廁之中，悉嗔諸人，以爲偈曰：“儒童[⑦]説五典，釋教立三宗。視禮行忠孝，□（撻）[⑧]遣出九農。《長揚（楊）[⑨]》並五策，字與藏經同。不解生珍敬，穢用在廁中。悟滅恒沙罪，多□（生）[⑩]懺不容[⑪]。陷身五百劫，常作廁生虫。”是時大内因遠公説偈，盡皆修福。

遠公忽因一日，憶得阿閦如來有言，遂便辭皇帝：“臣僧於大内蒙陛下供養數年，今擬卻歸爐[⑫]山，伏乞陛下進旨。”

皇帝聞語，滿目淚流，良久乃言和尚曰：“朕之小國，總無供養。上人[⑬]數年在其内中，朕且無心輕慢。朕雖爲人主，濫處乾坤，每謝上人來過小國。伏願和尚慈悲，更住三、五日間，得之已否？”

遠公曰：“若夫涅槃之義，本無攀緣；若有攀緣，皆屬忘（妄）想。伏願陛

---

① 亡，録本訛作“云”，今據底本改。“亡”字此處乃“望”之借字（“望”字一音武方切，與“亡”音同，例可通假）。此“亡（望）空”乃“朝空中”之義。

② 甲本：“亦，通‘一’”。

③ 甲本：“項楚校：‘無從不依’當作‘無不依從’。按：項説近是，然篇中尚有‘不遇相逢’句，句法相近，不知是否口語語法。”

④ 常，録本作缺文，今據底本補。

⑤ 紙，録本作缺文，今據底本補。

⑥ 茅，録本訛作“次”，今據底本改。

⑦ 佛教或稱孔子爲“儒童”。參本書前注。

⑧ 撻，録本作缺文，今據底本補。

⑨ 項楚校：“‘揚’當作‘楊’，謂楊雄《長楊賦》也。”

⑩ 生，録本作缺文，今據底本補。

⑪ 容，録本訛作“客”，今據底本改。

⑫ 爐，録本訛作“晃”，今據底本改。

⑬ 人，録本訛作“入”，今據底本改。

下，莫懷惆悵，貧道有願歸山。”皇帝見他遠公語切，便知①情意難留，有敕先報六宫，閤裹排比祖送。是時皇帝慕戀，辟宰冲冲(忡忡)②，合國大臣，同時祖送。

遠公上路，離宫闕，别龍樓，望罏③山而路遠，覩江河以逍遥。是日遠公能涉長路而行，遂即密現神通。遠公既出長安，足下雲生，如壯④士□□(展臂)⑤，須臾之問，便至⑥罏⑦山。遠公亦也不歸舊寺，相去十里已來，於一峻嶺上，權時結一草庵。彼中結跏敷坐，便即重尋舊卷，再舉經聲。荏苒之間，又經數月。遠公忽望高原，乃唤(援?)⑧此上。其境峻峰鶴鳴，澗下龍吟，百谷千峰，例皆花發。地流長平之水⑨，園開不朽之花，是如來修行之處。於是遠公正坐，入其三昧。然净意澄心，思惟佛道，念浮生[□][之]⑩不久，想凡世而無堪，便將自性心王造一法船，歸依上界。遠公造船，不用凡間料物，也不要諸般，自持無漏大乘已(以)⑪爲纜索，菩提般若用作拘(勾)⑫欄，金剛密迹已(以)爲⑬□

開寶五年張長繼書記⑭。

---

① 知，録本訛作“如”，今據底本改。

② “冲冲”二字此當爲“忡忡”之借字。《説文》：“忡，憂也。從心，中聲。《詩》曰：‘憂心忡忡。’”

③ 罏，録本訛作“冕”，今據底本改。

④ 壯，録本訛作“牡”，今據底本改。

⑤ “展臂”二字録本作缺文，今據底本補。

⑥ 至，録本訛作“生”，今據底本改。

⑦ 罏，録本訛作“冕”，今據底本改。

⑧ 唤，甲本校作“援”，待考。

⑨ 甲本：“此句原録作‘地平長流之水’，與下句‘園開不朽之花’不相對，故予乙轉。”

⑩ “之”字據下句句式補。

⑪ 項楚校：“‘已’通作‘以’，下行‘已爲’也應作‘以爲’。”

⑫ 拘，録本訛作“拘”。此“拘”乃“勾”之增旁俗體。

⑬ 以下缺。

⑭ 底本抄至此止。開寶五年，即公元 972 年，謂宋太祖趙匡胤時。

No. 2860 府君存惠傳

[題解]

本篇乃[宋]李存惠的邈真贊、墓誌銘文鈔。敦煌文獻中存有斯 289v 一卷，首尾完整。尾有題記："於時太平興國五[□][年](980)庚辰歲二月三日題起。"此卷諸家擬題不同,《敦煌寶藏》作"宋李存惠邈真贊",《敦煌遺書總目索引新編》作"存惠邈真贊并序"、"存惠墓志銘并序"。方廣錩、吴芳思(英)主編《英國國家圖書館藏敦煌遺書》第五册據内容將其分爲"宋李存惠邈真讚鈔"(斯 289v1 號)、"宋李存惠殯銘鈔"(斯 289v2 號)兩部分,則較爲切合寫本的實際内容。清代以前歷代大藏經未收,《大正藏》據矢吹慶輝《鳴沙餘韵——敦煌出土未傳古佚佛典開寶》中所攝敦煌寫卷録入其第八十五册。萊昂納爾・翟理斯(Lionel Giles)、劉銘恕都對該卷進行過不同程度的整理和研究。左景權《敦煌寫本斯二八九號二三事》一文曾對該文進行過録校和較爲詳盡的考證(左景權《敦煌文史學術》第 29—43 頁,載自林聰明主編《敦煌叢刊二集》之⑭,臺北新文豐出版股份有限公司,2000 年 8 月臺一版)。今校注仍以《大正藏》本所據原卷斯 289v1 號十斯 289v2 號爲底本,另增左景權録校本爲參校甲本。

宋李存惠邈真讚鈔①

府君諱"存惠",字"察遠"。早②懷氣義,夙抱温柔③。文武之道相兼,寬猛之誠共濟。善乘鞍馬,弓開而猿玃④先啼;頗曉⑤陣圖,施設而縱擒⑥自在。故得入於儕輩,折旋以越於常倫;凡居□(朋)⑦寮,起(趨?)就⑧獨彰於群彦。僉諧衆□(口)⑨,舉薦人多。尋沐君⑩主慎求,遂乃超⑪昇班袟,不注(住?)⑫司局,清畏人知。讓寶越於前賢,知足過於後輩。將謂轅門之内,分君主之□(多)⑬憂;州府之中,設機謀之佐國。豈期地火暗背,靈性歸常;空留白王(玉)⑭之肌膚,不聞黄金之美語。妻居孀室,血淚交流。此世難遇於魚顒⑮,

---

① 文題底本、録本無,據《英國國家圖書館藏敦煌遺書》斯 289v1 號擬。

② 早,録本訛作"号",又繁化作"號",據底本改。

③ 柔,録本訛作"案"。按:底本於"案"旁注"柔"字。

④ "猿玃"二字底本作"猿玃",乃"猿玃"二字俗體。玃,大猴,亦泛指猿猴。《漢書·揚雄傳下》:"張羅罔罝罘,捕熊羆豪豬虎豹狖玃狐莬麋鹿。"顔師古注:"玃亦獼類也,長臂善搏。玃身長,金色。"

⑤ 曉,甲本誤作"顯"。

⑥ 擒,録本訛作"檎",據底本改。

⑦ 朋,録本訛作缺文,據底本補。

⑧ "起就"不詞,"起"疑乃"趨"之訛字。

⑨ 口,録本訛作缺文,據底本補。

⑩ "君"前録本有一字缺文,底本實無字,當爲敬空號。下文"分君主之□□憂"、"不遂匡□□君之道"中"君"前録本缺文皆當爲底本敬空號之訛。徑删之,不復校。

⑪ 超,録本訛作"起",據底本改。

⑫ 注,此似爲"住"之形訛字。待考。

⑬ 多,録本訛作缺文,據底本補。

⑭ 王,此乃"玉"之古字。《廣韻·燭韻》:"玉,《説文》本作王,隸加點以别'王'字。""白玉之肌膚"即肌膚如白玉,與下文的"黄金之美語"同爲比喻,互爲對仗。

⑮ 古有"魚傳尺素"之典,相傳用絹帛寫信裝在魚腹中傳給對方,後來改以鯉魚形狀的函套裝書信,敘離别親人間的思念之情。最早見東漢蔡邕《飲馬長城窟行》:"客從遠方來,遺我雙鯉魚。呼兒烹鯉魚,中有尺素書。"宋秦觀《踏莎行》:"驛寄梅花,魚傳尺素,砌成此恨無重數。"亦其例。

别後須憑於鳥字。遂請丹筆，輒會（繪）①容儀；又邀儒生，以讚芳美。乃讚曰：

“府君天然皃（貌）②，神理有多般。入衆人皆敬，出君他比難。

文請孔氏學，武拜楚王壇。榮禄君恩重，功勞自有千③。

彈絃五音足，謌④唱四聲全。綜核於州府，神謀著在邊。

豈期逝水早，暗地鬼來先。堂上空有步，庭前見没緣。

官寮皆慟⑤哭，妻室又悲煎⑥。邀畫⑦生前皃（貌）⑧，貴（繢）⑨徒（圖）⑩後人看。

他年蒿里下，永鎮⑪向黄泉。鳥字須憑遠，蟲文輒要傳。”

宋李存惠殯銘鈔⑫

府君諱“存惠”，字“察遠”。其先著姓，殷王武丁之派⑬，隴西伯陽之苗，

---

① 會，此當爲“繪”之借字。《書·益稷》：“日、月、星、辰、山、龍、華、蟲作會。”陸德明釋文：“會，馬（融）、鄭（玄）作繪。”甲本括注：“會，劉銘恕録改作繪，是。”

② 皃，録本徑作“貌”，據底本回改。《漢書·王莽傳下》：“皃佷自臧。”顔師古注：“皃，古貌字也。”

③ 千，甲本誤作“干”。

④ 謌，録本訛作“詩”，據底本改。《説文·欠部》：“歌，詠也。從欠，哥聲。歌或從言。”

⑤ 慟，録本訛作“動”，據底本改。

⑥ 煎，録本訛作“前”，據底本改。

⑦ 畫，録本訛作“盡”，據底本改。

⑧ 皃，録本徑作“貌”，今據底本改。“皃”乃“貌”之古字。參前注。

⑨ 貴，此當爲“繢”之訛省俗字。《説文·糸部》：“繢，畫也。”

⑩ 徒，此當爲“圖”之借字。甲本括注：“若‘貴’字爲‘繢’之省，則劉（按：此指劉銘恕）録改‘徒’作‘圖’，可從。”

⑪ 永，録本訛作“水”，據底本改。“永鎮”乃同義連文。

⑫ 文題底本、録本無，據《英國國家圖書館藏敦煌遺書》斯289v2號擬。

⑬ 派，底本實作“㲽”，乃“派”字俗體。《干禄字書》：“㲽派，上俗下正。”《龍龕手鑑·水部》：“㲽，水之分流也。”伯3556號9《周故敦煌郡靈修寺闍梨尼張戒珠邈真讚并序》：“闍梨……乃清河貴㲽，禀洛（落）雪之奇姿。”亦其例。

譜諜頗明，略而言矣。而乃指樹命氏，射□(虎)[①]留芳。白馬東來，青牛西去，因化胡國，以留子孫，至今[②]爲燉煌人也。[③] 曾祖墨釐軍事、守瓜州刺史，金[④]紫光禄大夫，檢校尚書左僕射，兼御史大夫，上柱國，諱[□□][“明振”][⑤]；皇祖管内都計使，銀青光禄大夫，檢校兵部常侍，兼御史大夫，上柱國，諱“紹丘”；皇考歸義軍節度都頭，攝石城鎮遏使，銀青光禄大夫，檢校左散騎常侍，上騎都尉，諱“安[□(?)][⑥]”；亡男(舅)[⑦]内親從[⑧]都頭，知右左兩相(廂)[⑨]馬步軍都校練使，檢校兵部尚書，兼御史大夫，上柱國陰住延；皇妣小娘子，武威郡陰氏。亡叔，節度押衙[⑩]，録(银)[⑪]青光禄大夫，檢校國[□]

---

① 虎，録本作缺文，據底本補。

② “今”字前録本有一缺文。今核原卷，實無字，兹據删。

③ 此皆言府君存惠姓“李”。左景權《敦煌寫本斯二八九號二三事》一文云：“文中‘殷王武丁’、‘隴西伯陽’、‘指樹命氏’(理)、‘射虎留芳’、‘青牛西去，因化胡國’，姓書及《兔園策子》中數見不鮮；凡爲文涉李家者多蹈用之。”

④ 金，甲本録作“青”，不確。

⑤ 底本此處當有脱字。甲本括注：“權按：‘諱’下空格當補‘明振’二字，説在後。”左氏續於《敦煌寫本斯二八九號二三事》後文中云：“巴黎藏伯三七一八號長卷，爲一部邈真讚結集。末篇潤晟撰(?)《晋歸義軍節度押衙知燉煌郡務(銜略)隴西李府君邈真讚》(後有‘大晋天福七年五月癸未朔十四日丙申題記’)，序稱：‘府君諱紹宗，即河西一十一州節度使張太保孫使持節墨釐軍諸軍事、守瓜州刺史(銜略)李公之長子。’存惠曾祖與紹宗父職銜全同，巴黎卷子兼引張太保，其爲李明振，益爲明白。”

⑥ 底本此處當脱一字。甲本括注：“權按：‘安’下空格待補。”

⑦ 甲本校“亡男”作“舅”，並於該字後括注：“權按：誤書作‘亡男’，或本有‘亡’字，説在後。”左氏續於《敦煌寫本斯二八九號二三事》下文中云：“墓主如有子孫，其名或著於銘尾，或刻在碑陰，豈有以一亡男書於皇妣之前，另一亡男書於皇妣及亡叔之後、兄之前？可謂知禮乎？可知兩處‘亡男’均當爲‘亡舅’或‘舅’之誤書。”

⑧ 從，甲本訛作“人”。

⑨ “兩相”二字録本訛作“霜”，據底本改。又，“相”當爲“廂”之借字(二字俱爲悉良切，心母，陽韻，平聲)。甲本即校作“廂”，可參。

⑩ 衙，録本訛作“催”，據底本改。

⑪ 録，此當爲涉下“禄”字而成的“銀”之訛字。甲本于“録”後括注作“銀”，可參。

[子]①祭酒,兼御史中承(丞)②,諱“安定”;亡男(舅)③内親從都④頭,銀青光禄大夫,檢校右散騎常侍,兼御史大夫陰住千;兄,釋門僧正,臨壇供奉大德,兼義學法師,賜紫沙門法定。

府君武功早備,文業夙彰;纔伸理國之方,不遂匡君之道;豈期齊謌暗唱,魯句先⑤吟,魄引驚波,魂隨逝水,於太平興國五年庚辰歲正月乙亥朔二十六日庚子,枕疾終於修文坊之私弟(第)矣。取其年二月甲辰朔三⑥日丙午,權殯莫⑦高里陽開河北原之[□(?)]⑧禮也。别卜年華,葬于先塋矣。妹聟(壻)⑨都頭鄧慶順、外⑩弟都頭曹祐崇,並宗連骨血,義[重]⑪親枝,或早逝於泉臺,或現存於内外。倚盧痛切,牽仍弟妹之腸;枕塊⑫魂消,交流女男之淚。世事逐⑬年華私改,聲名隨日月消亡。貴憑鳥跡之文,以記龍頭之碣。銘曰:

“天列星辰兮⑭必膺賢才,風雲契會兮君臣偶諧;

---

① 甲本括注:“下奪‘子’字,當補。”兹據補。

② 承,此乃“丞”之借字。[清]朱駿聲《説文通訓定聲·升部》:“承,叚借爲丞。”甲本即校作“丞”,可參。

③ “亡男”二字當爲“亡舅”或“舅”之誤書。參前注。

④ 都,録本訛作“者”,據底本改。

⑤ 先,甲本録作“光”,不確。

⑥ 三,甲本録作“二”,不確。

⑦ 莫,録本訛作“奠”,據底本改。

⑧ 底本此處當有脱字。甲本於“之”字後括注:“下奪一字。”

⑨ 聟,底本實作“聓”,與“聟”字同爲“壻”之俗體。《干禄字書》:“聟、聓、壻:上俗,中通,下正。”《手鏡·耳部》:“聓、聟,二。今音細,女夫也,與‘壻’同。”

⑩ 底本自“外”字以下另起一行。甲本括注:“案此行上空,未頂格。”録本誤作四缺字,兹據删。

⑪ 重,録本脱,據底本補。

⑫ 塊,録本訛作“魄”,據底本改。古時居父母喪,睡時頭枕土塊,表示極其悲痛。《儀禮·既夕禮》:“居倚廬,寢苫枕塊。”賈公彦疏:“孝子寢卧之時,寢於苫,以塊枕頭。必寢苫者,哀親之在草;枕塊者,哀親之在土云。”《荀子·禮論》:“屬茨倚廬,席薪枕塊。”

⑬ 逐,録本訛作“遂”,據底本改。

⑭ 兮,録本訛作“号”,又回改爲繁體的“號”。今據底本改。

不入衙庭[1]兮冰清玉潔，一方斷割兮列直難迴；

將謂村巷兮永[2]爲綜核，何期風送兮魄赴夜臺；

松椒寂寂兮；空覩狐兔；窀穸[3]傳遠兮，唯石是牌（碑）[4]；

千秋記遐兮，莫非鳥字；萬載留芳兮，筆墨者[5]哉！"

于時太平興國五[□][年][6]庚辰歲二月三日題記[7]。

---

① "衙庭"二字録本訛作"徛建"，今據底本改。

② 永，録本訛作"水"，據底本改。

③ "窀穸"二字前録本衍一"窀"字，今據底本删。"窀穸"乃指墓穴。《左傳·襄工公十三年》："惟是春秋窀穸之事。"杜預注："窀，厚也；穸，夜也；厚夜，猶長夜也。"洪亮吉《春秋左傳詁》卷十二："古字作屯夕，後加穴，以窀穸爲墓穴，是也。"

④ 牌，此當爲"碑"之訛字。甲本校作"碑"，可參。

⑤ 者，底本作"者者"，中有一字當衍，録本據文意删，是。

⑥ 底本此處當有脱一"年"字。甲本括注："'年'字當補。"兹據補。

⑦ 記，録本訛作"起"，據底本改。

No. 2861 泉州千佛新著《諸祖師頌》

[題解]

佛教禪宗典籍，泉州招慶院千佛禪師省僜作《諸祖師頌》，終南山僧慧觀爲之撰序，後西傳敦煌，由沙州三界寺沙門道真在後周顯德六年(959)前後抄録。敦煌文獻中存有斯 1635 一號。文中云“自祖燈相囑，始迦葉，終曹溪，凡三十三祖。信衣之後迨數人，先賢之所未讚者，愚且病焉”，故千佛禪師爲“西國二十八代祖師及唐土六祖師”等作頌。起自“迦葉尊者”，終至“江西馬和尚(法嗣讓和尚)”。尾有題記：“沙州三界寺沙門道真記。”清代以前歷代大藏經未收，《大正藏》據敦煌寫卷録入其第八十五册。李玉昆《敦煌遺書〈泉州千佛新著諸祖師頌〉研究》一文對千佛禪師的生平、《諸祖師頌》與慧觀之序及道真抄録的年代、《諸祖師頌》的歷史價值作了較爲詳盡的研究，並對《泉州千佛新著〈諸祖師頌〉》全文進行了校録(見《敦煌學輯刊》1995 年第 1 期)。今校注仍以《大正藏》本所據原卷斯 1635 號爲底本。參校甲本：李玉昆録校本。

終南山僧慧觀撰序

南岳泰公著五讚、十頌，當時稱之以美談。及樂浦香嚴，尤長厥頌，斯則助道之端耳。自祖燈相囑，始迦葉，終曹溪①，凡三十三祖。信衣[之]②後迨

---

① 曹，底本實作“漕”，當爲涉下“溪”字增旁而成的“曹”之借字。曹溪，此指曹溪山六祖惠能禪師。

② 之，録本脱，據底本補。

數人,先賢之所未讚者,愚且病焉。雖寶林祖述,其事闕而可委,奈何忘機尚懶者或陋其繁遠。殘秋之夕①,愚得以前意請於千佛僜②禪師,[雖]③罕讓而弗獲免,未信宿而成。蓋辭理生[□][於]④千佛之筆,當時問答,奇句或糅其間。約字雖則未多,[此]⑤識者曆觀諸聖之作,於是乎在矣。亦猶納須彌於芥子,其橙(證)⑥一也。是以命牋染翰,爲之序云。

西國二十八代祖師及唐土六祖師

後招⑦慶明覺大師述

初祖大迦葉尊者:偉哉迦葉,蜜(密)⑧傳佛心,身衣⑨一納,口海千尋。威儀庠序,化道⑩幽深,未逢慈氏,且定鷄岑⑪。

第二祖阿難尊者:多聞慶喜,高建法幢,傳佛金偈,繼祖銀釭。慈悲第一,智惠(慧)⑫無雙,欽光⑬後躅⑭,月印秋江。

---

① 夕,録本訛作"可",據底本改。

② 僜,録本訛作"燈",據底本改。

③ 雖,録本脱,據底本補。

④ 於,底本、録本無,據文意補。

⑤ 此,録本脱,據底本補。

⑥ 橙,此似爲"證"之訛字。該字甲本録作"證"。

⑦ 招,録本訛作"柗",底本實爲"招"字之手體。

⑧ 蜜,此乃"密"之借字。《釋名·釋言語》:"密,蜜也。"該字甲本録作"密"。下用同"密"之"蜜"字徑括注其本字,不復校。

⑨ 衣,録本訛作"依",據底本改。

⑩ 道,此與"導"同。《禮記·月令》:"(孟春之月)以教導民,必躬親之。"陸德明釋文:"道,音導。"該字甲本即録作"導"。

⑪ 《爾雅·釋山》:"山小而高曰岑。"鷄岑即鷄峰,指鷄足山。《阿育王經》卷第七:"是時迦葉入城乞食,乞食竟,入鷄足山。"[T50n2043p153c11—12]又,《佛法金湯編》卷第八:"大迦葉遠下鷄峰,獲瞻禮於千輻輪足。"[X87n1628p406]皆可參。

⑫ 惠,録本改作"慧"。按:在敦煌寫本中"惠"爲"慧"的常見借字,不宜徑改。

⑬ 欽,録本訛作"飲",據底本改。伯2188《净名經集解關中疏》卷上:"'迦葉'此云'龜',亦曰'欽光',皆取其'明'義。"

⑭ 躅,底本實作"**䠱**",乃"躅"之俗體字。《正字通·足部》:"**䠱**,俗'**䠱**'字。"[清]雷浚《説文外編》卷六:"《説文》無'**䠱**'字,'**䠱**'即'躅'之俗體,如'燭'之作'爥'。"

第三祖商那和修尊者：胎衣尊者，暗室明燈，人天耳目，佛法股肱。非心非色，無減無增，良哉至聖①，覺海大鵬。

第四祖優波毱多尊者：優波鞠多，辯瀉玄(懸)②河，法山峭崒③，道樹婆娑。籌盈石室，屍繫天魔，性非十七，悟在刹那。

第五祖提多迦尊者：多迦大士，無我出家，了根達境，兔月④空花。體非刑(形)⑤相，理出齒牙，隨方利物，豈有瓟瓜(薄交反，以瓠可爲飲，瓜亦又音"雹"，瓜雹也)?

第六祖彌遮迦：彌遮加祖，習五通仙，遇師正法⑥，看⑦我心偏。悟如未悟，玄之又玄，神通示滅，八部潛然。

第七祖婆須蜜(密)尊者：祖婆須蜜(密)，入弥遮室，迷悟本如，物我冥一。手⑧携酒器，項(頂?)⑨擎佛日⑩，奚是奚非，誰得誰失?

第八祖佛陀難提尊者：佛陀難提，大化群迷，心無内⑪外，法理高位。五天論將，三界雲梯，卓然真氣，南北東西。

第九祖伏陀蜜(密)多尊者：伏陀蜜(密)多，大器晚成，五十不語，五十不

---

① 聖，録本訛作"理"，據底本改。該字甲本亦録作"聖"。

② 玄，此乃"懸"之常見借字。該字甲本亦録作"懸"。

③ 峭，甲本録作"崢"，誤。《字彙・山部》："崒"，同"崪"。《文選・班固〈西都賦〉》："巖峻崷崪，金石崢嶸。"李善注："崷，高貌也。"吕延濟注："崷崪、崢嶸，高峻貌。"

④ "兔月"二字甲本録作"免卻"，誤。"兔月"乃"月亮"之别名。《止觀輔行傳弘决》卷第七之三："烏兔，月也。又俗典中云：月中有兔，日中有烏。"[T46n1912p374c14—c15]

⑤ 刑，此當爲"形"之借字。

⑥ "正法"二字甲本録作"法正"，誤。

⑦ 看，甲本録作"省"，誤。

⑧ 手，録本訛作"平"，據底本改。

⑨ 項，甲本録作"頂"。"項"或爲"頂"之形誤字，待考。

⑩ 日，録本訛作"曰"，據底本改。

⑪ 内，録本訛作"心"。按：底本先先涉前文誤書"心"，旋於旁校"内"字。兹據改。

行。我(俄)[①]逢達[②]士,倏契無生,崖松有操,秋[③]鶏無程。

第十祖脇尊者:脇大尊者,愛憎網撦[④],量等虚空,道唯[⑤]簫(瀟)[⑥]灑。真體自然,因真舒馮(憑)[⑦],幻[⑧]世蒼杧(茫)[⑨],奔騰意馬。

第十一祖富那夜奢尊者:富那夜奢,智若須弥,心捐[⑩]法住,身外榮衰。明暗隱顯,視聽希夷,現前提住,更不參差。

第十二祖馬鳴菩薩尊者:尊者馬鳴,化花□(氏)[⑪]成,魔宫霧卷,釋[⑫]苑風清。我欲識佛,不識者朋[⑬],莫非玄解,動足塵生。

第十三祖迦毘羅尊者:毘羅尊聖,因地魔王,憑師指教,谿(豁)[⑭]證真常。胡爲愚智,誰是短[⑮]長? 德馨性凈,蘭蕙冰霜。

第十四祖龍樹菩薩尊者:菩薩龍樹,化龍是霧,心曉佛心,住而靡住。身現圓了,法流膏雨,提婆機投,孰暗(諳)[⑯]旨趣。

---

① 我,此當爲“俄”之訛省。該字甲本亦録作“俄”。

② 達,甲本誤録作“大”。

③ 秋,甲本誤録作“鶩”。

④ 撦,同“扯”。《正字通・手部》:“扯,俗撦字。”

⑤ 唯,録本訛作“准”,據底本改。該字甲本亦録作“唯”。

⑥ 簫,此當爲“瀟”之借字(二字同爲心紐蕭韻平聲,例可通假)。

⑦ 馮,録本作“憑”。按:底本實作“馮”,乃“憑”之借字。該字甲本誤録作“寫”。

⑧ 幻,録本訛作“幼”,據底本改。

⑨ 杧,此當爲“茫”之借字。該字甲本亦録作“茫”。

⑩ 捐,録本訛作“指”,據底本改。該字甲本亦録作“捐”。

⑪ 氏,録本作缺文,據底本補。該字甲本亦録作“氏”。

⑫ 釋,録本訛作“�”,底本實作“釋”,爲“釋”字省筆俗體。

⑬ 朋,甲本誤録作“明”。

⑭ 谿,録本誤作“殺”,據底本改。此“谿”當爲“豁”之形訛。該字甲本亦録作“豁”,可參。

⑮ 短,録本誤作“矩”,據底本改。

⑯ 暗,此當爲“諳”之音近借字(“暗”音烏紺切,影紐勘韻去聲;“諳”音烏含切,影紐覃韻平聲;二字紐同韻近,應可通假)。

第十五祖迦那提婆尊者：迦那提婆，德岸彌高，迴旋香象，欠[1]㰦[2]金毛。機通嵒(巖)[3]雷，辯瀉秋濤，始終絶證，匆悮[4]王刀。

第十六祖羅睺羅多尊者：羅睺道德，在口寧論，因師説耳，尋得人(入?)[5]門。高提日了(月?)[6]，大照乾坤，不取不捨，傳乎子孫。

第十七祖僧迦難提尊者：僧迦難提，莊嚴王子，逾域九重，入山千里。定喻井金，義乖終始，理屈於師，忽窮自己。

第十八祖迦耶舍多尊者：迦耶舍多，幼會佛機，手携寶鏡，面難提師。内外絶翳，眉目無虧，風飄鐸韻，非我而誰?

第十九祖鳩摩羅多尊者：鳩摩羅多，大常止簷，蒙師爲决[7]，委父無厭。本非鍛鍊，肯藉鎚鉗?一榻孤坐，人天礼瞻。

第二十祖闍夜多尊者：闍夜多祖，格高貌古，錫有六環，田無半畝。言下不生，何處不普?垂手入鄽，他方此土。

第二十一祖婆修盤頭尊者：婆修盤頭，修行不卧，雖曆辛懃，翻成嬾(懶)[8]墮(惰)[9]。因指見見(月?)[10]，逢歌拍和，泡幻無真，攄[11]情無過。

第二十二祖摩拏羅尊者：辨塔降勇，自在王子，雷震蟄行，邪師失齒。神運六通，道風千里，聲色恒真，何須瞶耳?

第二十三祖鶴勒尊者：尊者鶴勒，上德不得，任性縱横，發言奇特。功高

---

① 欠，甲本訛作"吹"。

② 㰦，録本作"呿"，據底本改。《玉篇·欠部》："㰦，張口也。"《靈樞經·經脉》："虚則欠㰦，小便遺數。"字亦作"呿"。《玉篇·口部》："呿，張口貌。"《素問·寶命全形論》："呿吟至微，秋毫在目。"王冰注："呿，謂欠呿。"

③ 《正字通·山部》："嵒，同巖。"

④ "匆悮"二字録本作"匆誤"，據底本改。

⑤ 人，此似爲"入"之訛字。該字甲本校作"入"，可參。

⑥ 了，此似爲"月"之訛字。該字甲本校作"月"，可參。

⑦ 决，録本作"澤"，據底本改。

⑧ [清]段玉裁《説文解字注》："嬾"，"俗作懶"。

⑨ 墮，此乃"惰"之借字。該字甲本校作"惰"，可參。

⑩ 見，甲本校作"月"。

⑪ 攄，録本誤作"聽"，據底本改。《廣雅·釋詁四》："攄，舒也。"

二義，名宣[①]萬國，稽首歸依，祖林贍蔔。

第二十四祖師子尊者：師子尊者，人天仰譽，空裹案（松?）[②]青，雲間鶴翥。論鼓纔聲，法輪高御，挫拉[③]邪徒，梧（悟）[④]真去處。

第二十五祖婆舍斯多尊者：婆舍斯多，久離攀沿，未逢作者，終不聞拳。傳師衣鉢，度物橋船，當心妙見，豈假言宣[⑤]?

第二十六祖不如蜜（密）多者：不如蜜（密）多，勝王誕慶，高遠空嬪，迴敦[⑥]道行。佛法楝[⑦]樑，王㠯（臣）[⑧]瞻敬，洞鑒媸[⑨]研（妍）[⑩]，祖堂金鏡。

第二十七祖般若多羅尊者：般若多羅，幼名“瓔珞”，父母淪亡，東西盤泊。一曉龜毛，恒嗟水涸，果滿菩提，道源遼廓。

第二十八祖唐土六代祖師：

第一達摩祖師：菩提達摩，道化無爲，九年少室，六葉宗師。示滅能（熊）[⑪]耳，隻履西歸，梁天不薦，惠可傳衣。

第二祖惠可大師：二祖碩學，操爲堅確；心貫三乘，項寄五嶽。天上麒麟，人間鷲鷟，斷臂立靈，混而不濁。

---

① 宣，録本誤作“宜”，據底本改。

② 案，此似爲“枀（松）”之訛字。該字甲本校作“松”，可參。

③ “挫拉”二字録本訛作“桂柆”，據底本改。

④ 梧，此當爲“悟”之借字（“梧”字一音五故切，與“悟”同，例可通假）。該字甲本校作“悟”，可參。

⑤ 宣，録本誤作“宜”，據底本改。

⑥ 敦，録本誤作“就”，據底本改。

⑦ 楝，録本訛作“梗”，據底本改。

⑧ 㠯，録本校作“以”。按：原卷“㠯”當爲“臣”之訛俗體。該字甲本亦校作“臣”，可參。

⑨ 媸，録本誤作“如”，據底本改。《廣韻・之韻》：“媸，媸妍。”《字彙・女部》：“媸，醜也。”

⑩ 研，此當爲“妍”之借字。《釋名・釋容姿》：“妍，研也。”《廣韻・先韻》：“妍，净也，美也，好也。”

⑪ 能，此當爲“熊”之訛省。《佛祖統紀》卷第三十八：“初祖達磨坐少林九年，先傳法及袈裟於慧可，乃往禹門千聖寺。十月五日，端坐示滅，門人奉全身葬熊耳山定林寺。”［T49n2035p356a22—a25］

第三祖僧璨大師：三祖大師，法[①]王真子，語出幽微，心無彼此。或處山林，或居鄽市[②]，因地花生，栴檀旖旎。

第四祖道信大師：四祖十四，因師解脱，處世道孤，與慈量闊。永絶彫熒，逈法始末，果少花多，忍傳衣鉢。

第五祖弘忍大師：五祖七歲，洞達言前，石牛吐霧，木馬含咽（煙）[③]。身心恒寂，理事俱玄，無情無種，千年萬年。

第六祖惠能大師：師造黄梅，得旨南來，爰因幡義，大震法雷。道明遭過，神秀逢（遲？）[④]迴，衣雖不付，天下花開。

南嶽讓和尚（法祖嗣六祖）：觀音和尚，厥名"懷讓"，般若栖神，禪門宗[⑤]匠。五岳德高，四溟心量，法嗣六人，馬祖興王。

吉州行司和尚（法嗣六祖）：吉水真人，出世盧陵，唯提一脉，逈出三乘。潭[⑥]中月燭，火裏行水，計[⑦]君妙會，説衣相[⑧]應。

國師惠忠和尚（法嗣司和尚）：唐朝國師，大播鴻猷，漕（曹）[⑨]溪探月，渭水乘舟。二天請問，四衆抛籌[⑩]，法丈[⑪]極瞻，大耳慚羞。

石頭和尚（法嗣和尚）：南岳石頭，吉水分流，庵栖碧洞，車駕白牛。學成麟角，譽滿[⑫]神舟，僧問净土，不垢何求？

江西馬和尚（法嗣讓和尚）：馬師道一，行全金石，悟本超然，尋枝勞役。

---

① 法，録本誤作"諸"，據底本改。

② 市，録本訛作"示"，據底本改。

③ 咽，此當爲"煙"之借字（"咽"字一音烏前切，與"煙"同，例可通假）。"石牛吐霧"，"木馬含煙"，上下互文。

④ 逢，底本似作"遲"。該字甲本録作"遲"，可參。

⑤ 宗，録本訛作"呆"，據底本改。

⑥ 潭，録本訛作"瀛"，據底本改。

⑦ 計，録本訛作"許"，據底本改。

⑧ 相，録本訛作"想"，據底本改。

⑨ 漕，録本訛作"曹"，據底本改。

⑩ 籌，録本訛作"等"，據底本改。

⑪ 丈，録本訛作"才"，據底本改。

⑫ 滿，録本訛作"漏"，據底本改。

久定身心，一時抛擲，大化南昌，寒松千尺。

沙州三界寺沙門道真記。[1]

① 此句底本爲朱筆所書。後尚有黑筆所書“釋門僧正、京城内外修壇供奉大德、闡揚三教大法師賜沙門道真”字樣。

No. 2862 依門神母及《金光明經》略述毘沙門功德天

［題解］

不知名佛典，疑爲中國人附會《金光明經》所作。敦煌文獻中存有斯 779V 一號，首尾均殘，一卷。文後隔數行另有文字："大蕃沙州釋門教法和尚洪辯修功德，大蕃國子監博士𡨧良驥。敕河西歸節度□□。"實與此文毫無關涉。《大正藏》據以誤題"大蕃沙州釋門教法和尚洪辯修功德記"。方廣錩、吴芳思（英）主編《敦煌遺書總目索引新編》於該卷號下説明："只存題目，《大正藏》第八十五卷收録此件時，誤將前面的不知名佛典當作功德文。"《英國國家圖書館藏敦煌遺書》據卷首文字重新擬題作"依門神母及《金光明經》略述毘沙門功德天"，稍切合文意。兹從之。今校注仍以《大正藏》本所據原卷斯 779V 號爲底本。

＿＿＿[①]依門神母及《金光明經》略述毘沙門功德天。

爾時世尊在[②]香山禪定，名(?)[③]於初夜分時，三十三天衆及毘沙門天王受記，下來將諸音樂香花，供養世尊。供養訖，世尊即與毘沙門天王受記："故(汝?)[④]於來世當得作佛，號'泥勿羅遮'。"毘沙門天王得受記已，即於佛前發大誓願："願我未成佛已來，當作大力藥叉王，護此南閻浮提世界一切衆生及國王、大臣，作礼王子。合國人民，若男若女，願信受《金光明》；四部之衆，爲我轉讀於其國内所有曾覺。

---

① 首缺。

② 在，録本訛作"左"，據底本改。

③ "名"字費解，待考。

④ 故，底本不清晰，似作"汝"，待考。

□□□□,□□不成(?)①。人民②飢餓,疾病流行。隣國怨敵,遞相討罰。暴雨惡風,不依③時節。日月博(薄)④蝕,井内發聲,星流動地。國内民人,受諸苦惱。有如是等⑤無量百千災怪惡事起時,世尊,彼人王願護國王,常於國内顯敞之處⑥,香水灑地,置一道場,爲我請⑦一字(論?)⑧師,講誦《金光明經》。我於是時無量百千天神並護國王。諸舊善神及我眷⑨屬⑩各自隱形,爲作護助,令⑪彼怨敵自然降伏,憂愁疾疫亦令除差(瘥)。所有軍兵,悉皆勇健。國内人民,受請使樂。"

世尊告曰:"是事實⑫不?"

時毘沙門天王答世尊曰:"若有人王作⑬如是請、召我時,如我不列彼處、不護其王,願莫見大國兄弟,願破作七分,見未來諸佛。"發是誓已,便歸本天。

至天時已⑭,大衆俱集。阿難從座而起,偏袒右肩,合掌恭敬,白佛言:"世尊!我是凡夫,不知聖意。作(昨?)⑮夜分時,有天香花著⑯□

---

① "不成"二字費解,疑有誤,待考。

② 氏,録本訛作"民",據底本改。

③ 依,録本訛作"振",據底本改。

④ 博,此當爲"薄"之借字。《大寶積經》卷第二:"飲酒事,日月博蝕事。"[T11n0310p11c28]《大正藏》本出注:"博=薄【明】【宫】。"《史記·天官書》:"日月博蝕。"裴駰集解:"孟康曰'日月無光曰薄。'韋昭曰:'氣往迫之爲薄,虧毁爲蝕。'"

⑤ 此處底本另衍"有如是等"四字,録本據文意删。

⑥ 處,録本訛作"據",據底本改。

⑦ 請,録本訛作"讀",據底本改。

⑧ 字,底本似作"論",待考。

⑨ 眷,録本訛作"春",據底本改。

⑩ 屬,録本訛作"層",據底本改。

⑪ 令,録本訛作"今",據底本改。

⑫ 實,録本訛作"寶",據底本改。

⑬ 作,録本訛作"佐",據底本改。

⑭ 已,録本訛作"己",據底本改。

⑮ 作,此似爲"昨"之借字,待考。

⑯ 以下缺。

大蕃沙州釋門教法和尚洪辯修功德，大蕃國子[1]監博士憲□（良）[2]驥。

敕河西歸節度□□。

① 子，録本訛作"字"，據底本改。

② 良，録本缺文，據底本補。

No. 2863《王梵志詩集》並序上

［題解］

本文乃託名“王梵志”所撰以佛教内容爲主的詩集，敦煌遺書中存有卷上、卷中、卷第三、一卷本、一百一十首本及佚去卷第等六種抄本。張錫厚、戴密微、朱鳳玉、項楚、張涌泉、蕭旭等諸家都對王梵志詩進行過整理研究。其中，張錫厚的《王梵志詩校輯》是較早問世的成果。全書共收詩三百四十八首，是第一部系統地從敦煌遺書中整理編輯出的王梵志詩歌的“全集本”（張錫厚《王梵志詩校輯》，中華書局，1983 年 10 月版）。項楚的《王梵志詩校注》充分吸收了諸家最新研究成果，校録的王梵志詩總數達三百九十首之多，成了《王梵志詩集》自流散域外以來的真正的“全輯本”，是目前《王梵志詩集》校訂與注釋的集大成之作（增訂本，上海古籍出版社 2010 年 6 月版）。項氏認爲，《王梵志詩集》並非王梵志一人一時之作，它們的作者應該主要是一些僧侣和民間的知識份子。其中三卷本（即卷上、卷中、卷第三）詩集中的作品，主要創作在初唐時期，特别是武則天時期，它的編輯成集，大約是在武周晚期，最晚不會在開元以後。蕭旭《敦煌寫卷〈王梵志詩〉校補》一文則“在前修時賢研究基礎上，誤者正之，是而未盡者申證之，未及者補之”。本篇屬於卷上本，敦煌文獻中存有斯 778（首全尾殘）、斯 1399（首殘尾殘）、斯 5474（首殘尾殘）、斯 5796（首全尾殘）四號。《大正藏》據斯 778 號誤録入其第八十五册之古佚部。今校注仍以《大正藏》本所據原卷斯 778 號爲底本。新增校本：甲本，斯 1399 號；乙本，斯 5474 號；丙本，斯 5796 號；丁本，項楚《王梵志詩校注》；戊本，蕭旭《敦煌寫卷〈王梵志詩〉校補》。文題中“並”字録本訛作“前”，據底本改。

但以佛教道法，無我苦空。知先薄之福緣，悉後[□][微][1]之因果。撰修勸善，誡勗非達[2]。目録雖則數條，制詩三百餘首。且言時事，不浪虛談。王梵志之貴（遺?）[3]文，習丁郭之要義，不受經典，皆陳俗語。非但智士迴意，實易愚夫改容。遠近傳聞，勸懲[4]令善。貪婪之史（吏）[5]，□□（稍息）[6]侵漁；尸禄之官，自當廉謹。各雖愚昧，情極愴然。一遍略尋，三思無忘。縱大德講説，不及讀此善文。

逆子定省翻成甚[7]孝，嬾婦晨夕事姑嫜，查郎䠒子[8]生慚愧，諸州遊客憶家鄉。

慵夫夜起□□□[9]，嬾婦徹明對絹筐。悉皆咸臻知罪福，懃耕懇苦足粻（餱）[10]粮。

一志五情不改易，東州西郡並稱揚。但令讀此篇章熟，頑愚暗憃悉賢良。

遥看世間人，村坊安社邑。一家有死生，合村相就泣。張口哭他屍，不知身去急。本是長眠鬼，暫來地上立。欲似養兒氈，迴乾且就濕。前死深理卻，後死續即入。

吾富有錢時，婦兒看我好。吾若脱衣裳，與吾疊袍襖。吾出經求去，送吾即上道。將□（錢）[11]入舍來，見吾滿面笑。遶吾白鴿旋，恰似鸚鵡鳥。邂

① 微，底本、録本無，據丙本補。

② 達，録本訛作"違"，據底本改。

③ 貴，此似當爲"遺"之訛省。該字丁本校作"遺"。

④ 懲，録本訛作"徵"，據底本、丙本改。

⑤ 史，此當爲"吏"之訛字。該字丙本作"吏"。

⑥ "稍息"二字録本作闕文，據底本、丙本補。

⑦ 甚，此處似爲衍文，待考。

⑧ 丁本謂"查"爲俗語，縱放不拘禮度之義。"查郎"即放浪子弟。"䠒子"即蕩子。

⑨ 結合文意，此處當脱三字。

⑩ 粻，録本訛作"口"，據底本改。粻，與"餱"同。《集韻·矦韻》："餱，《説文》：'乾食也。'或從米。"《唐韻·侯韻》："餱，餱糧。"

⑪ 錢，底本殘泐，録本作缺文，據丙本補。

逅暫時貧，看吾即貌哨[①]。人有七貧時，七富還[②]相報。徒（圖）[③]財不顧人，且看來時道。

家[④]口總死盡，吾死無親表。急首買（賣）[⑤]資産，與設逆修齋。託生得好處，身死雇人埋。[⑥] 錢財[⑦]鄰保出，任你[⑧]自相差。

身如圈裏羊，命報怜（恰）[⑨]相當。羊即披[⑩]毛走，人著好衣裳。脱衣[⑪]赤體立，則（刑[形]）[⑫]段[⑬]不如羊。羊即日日死，人還日日亡。從頭捉將去，還同肥好羊。羊即辛苦死，人去無破[⑭]傷。命絶逐他走，魂魄曆他鄉。有錢多造福，喫著好衣裳。愚人廣造罪，志（智）[⑮]者好思量。

可笑世間人，癡多黠者少。不愁死路長，貪著苦煩惱。夜眠遊鬼界，天

---

① 丁本謂"貌哨"即醜陋之義，"看吾即貌哨"意即"錢少婦兒看我即醜陋"。戊本認爲："貌，面容、面色。《説文》：'哨，不容也。'《廣雅》：'哨，衰也。'《禮記·投壺》鄭注：'哨，不正貌。'《廣韻》：'哨，口不正也。'……'貌哨'指做嘴臉，俗言嘴尖鼻子翹也，吴語謂之'做死腔'。"當以戊本所説爲是。

② 還，録本訛作"四"，據底本改。

③ 徒，録本訛作"從"，據底本改。此處"徒"當爲"圖"之同音借字（二字均音同都切）。

④ 以上乙本殘。

⑤ 買，此當爲"賣"之訛字。該字乙、丁二本均作"賣"。

⑥ 以下丙本殘。

⑦ 財，乙本作"遣"。

⑧ 你，録本作"儞"，據底本、乙本改。下文"你"字録本皆作"儞"，徑改之，不復校。

⑨ 怜，乙本作"恰"。"憐"當爲"恰"之形誤字。該字丁本校作"恰"。

⑩ 披，乙本作"被"。

⑪ 衣，乙本作"却"。

⑫ 則，乙本作"刑"，丁本校作"形"。"則"當爲"形"之訛字。"刑"乃"形"之借字。"形段"即形體、形狀。

⑬ 段，録本訛作"假"，據底本改。乙、丁二本同作"段"。

⑭ 破，録本衍作"破破"，據底本删一"破"字。

⑮ 志，此當爲"智"之訛字。該字丁本校作"智"。

曉歸人道。忽起相羅拽①,啾唧索祖(租)調②。貧苦③無處得,相接④被⑤鞭拷。生時有苦痛,不如早死好。

他家笑吾貧,吾貧⑥極快樂,無牛亦無馬,不愁賊⑦抄掠。你富户役高,差科⑧並用卻;吾無呼喚處,飽喫長展腳。你富披錦袍,尋常被纏縛;窮苦無煩惱,草衣隨體著。

大有愚癡君,獨身無兒子,廣貪多覓財,養奴多□(養)⑨婢。伺命⑩門前唤⑪,不容⑫别隣里。死得四片板,一條黄衾□(被)⑬。錢財奴婢用,任將别

① 丁本謂:"羅拽,拖掣。亦作'羅曳'。"戊本按:"項説是也,而猶未盡。伯2962《張議潮變文》:'遠來今日須誅剪,押背擒羅豈肯休?'亦其例。'羅'讀爲'攞',《集韻》:'攞,裂也。'《龍龕手鑑》:'攞,攞裂也。'猶言撕扯、撕裂。今冀魯官話猶謂撕扯爲'攞'(戊本注:參見許寶華、宫田一郎《漢語方言大詞典》,中華書局1999年版,第5356頁)。字或作'邏',《新唐書·李公逸傳》:'至襄城,爲賊邏送洛陽。'"

② 祖,此當爲"租"之形訛,丁本校作"租"。唐前期實行租庸調法,租調指田賦和户税。

③ 以上甲本残。

④ 接,乙本作"攝"。

⑤ 被,録本訛作"彼",據底本、乙本改。

⑥ 此處録本復衍"吾貧"二字,兹據底本、乙本删。

⑦ 賊,録本訛作"賤",據底本、乙本改。

⑧ "差科"二字録本訛作"羞利",據底本及甲、乙二本改。

⑨ 養,録本作缺文,據底本及甲、乙二本補。

⑩ 命,甲本作"人"。

⑪ 以下乙本残。

⑫ 容,録本訛作"客",據底本、甲本改。

⑬ 被,録本作缺文,據底本、甲本補。

經紀。有錢不解用,空手入都市[①]。沉[②]□(淪)[③]□□(三惡)[④]道,負持(特)[⑤]愚癡鬼。荒忙身卒死,即屬[⑥]伺命使。反縛棒□□(駈走)[⑦],□(先)[⑧]渡奈河水。倒拽至廳前,枷棒遍身起。死經一七日,刑□(名)[⑨]受罪鬼。牛頭鐵[⑩]叉□(扠)[⑪],□(獄)[⑫]卒把刀[⑬]□(掇)[⑭]。碓擣磑磨身,覆生還覆死。

撩[⑮]亂失精□(神)[⑯],無由見家裏。妻是他人妻,兒被[⑰]後翁使。奴事新郎君,婢逐後[⑱]娘子。騮馬被金鞍,鏤鐙銀鞦轡。角弓無主張,寶劍□(抛)[⑲]著地。設卻百日□(齋)[⑳],渾家忘卻你。錢財他人用,古來尋常事。前人多

---

① 市,録本訛作“等”,據底本、甲本改。

② 沉,録本訛作“泛”,據底本、甲本改。

③ 淪,録本作缺文,據底本、甲本補。

④ “三惡”二字録本作缺文,據底本、甲本補。

⑤ 丁本録“持”作“特”,且出注:“負特,辜負。《遊仙窟》:‘祇可倡伴一生意,何須負特百年身。’《李陵變文》:‘負特壯心,乖爲(違)本願。’又‘丈夫失制輸狂虜,負特黄(皇)天孤傅(後)土。’”戊本按:“項説本郭在貽(戊本注:郭在貽《敦煌寫本王梵志詩匯校》,收入《郭在貽文集》卷3,中華書局2002年版,第128頁),是也,而猶未盡。……‘負持’即‘負特’。‘特’讀爲‘得’,助動詞。《全唐詩》卷250皇甫冉《出塞》:‘由來征戍客,負得輕生義。’《全唐詞》馮延巳《鵲踏枝》:‘新結同心香未落,怎生負得當初約。’即‘負得’連文之證(戊本注:參見蕭旭《〈遊仙窟〉校補》,收入《群書校補》,廣陵書社2011年版)。”

⑥ 屬,録本訛作“遍”,據底本、甲本改。

⑦ “駈走”二字録本作缺文,據底本、甲本補。

⑧ 先,録本作缺文,據底本、甲本補。

⑨ 名,録本作缺文,據底本、甲本補。

⑩ 鐵,録本訛作“錢”,據底本、甲本改。

⑪ 扠,録本作缺文,據底本、甲本補。

⑫ 獄,録本作缺文,據底本、甲本補。

⑬ 刀,録本訛作“乃”,據底本、甲本改。

⑭ 掇,録本作缺文,據底本補。

⑮ 撩,録本訛作“橑”,據底本、甲本改。

⑯ 神,録本作缺文,據底本、甲本補。

⑰ “妻是他人妻兒被”七字録本訛作“妻是兒被他人□”,今據底本、甲本改。

⑱ 後,録本訛作“度”,據底本、甲本改。

⑲ 抛,録本作缺文,據底本補。

⑳ 齋,録本作缺文,據底本、甲本補。

貯積，後人無慚愧。此是守財奴，不免[①]貧窮死。

夫婦相對坐，千年亦不足。一個病著床，遥看手不觸。正[②]報到頭來，徒費將錢上（卜）[③]。寶物積如山，死得一棺木。空手把兩拳，口裏徒含玉。永離臺上鏡，無心開衣服[④]。鏡匣[⑤]塵滿中，剪刀生衣□（醭）[⑥]。平坐歌舞處，無由更習曲。琵琶絶巧[⑦]聲，琴絃斷不續。花悵（帳）[⑧]後人眠[⑨]，前人自薄福。生座七寶堂，死入土角觸。喪車相勾牽，鬼□（朴）[⑩]還相哭。日埋幾千般，光影急迅速。

富者辨棺木，貧窮席裏角。[⑪] 相共唱奈何，送著空塚□（閣）[⑫]。千休即萬休，永别生平樂。志（智）[⑬]者入西方，愚人墮地獄。□（掇）[⑭]頭入苦海，冥

① 免，録本訛作“兑”，據底本、甲本改。

② 正，録本訛作“心”，據底本、甲本改。

③ 上，此當爲“卜”之訛字。該字丁本校作“卜”。

④ 服，録本訛作“眼”，據底本、甲本改。

⑤ 匣，録本訛作“塵”，據底本、甲本改。

⑥ 醭，録本作缺文，據底本補。

⑦ 巧，録本訛作“笑”，據底本、甲本改。

⑧ 敦煌寫本中“忄”部“巾”部相亂，此“悵”乃“帳”之俗體。

⑨ 眠，録本訛作“眼”，據底本改。

⑩ 朴，録本作缺文，底本、甲本作“扑”，乃“朴”之换旁俗字。兹據補。丁本謂“鬼朴”乃唐人俗語，指行將爲鬼之人。此指送喪之死者眷屬。

⑪ 丁本注：“角，包裹之義。《三水小牘》卷上：‘乃與村衆及公直，同發蠶坑，中唯有箔角一死人，而缺其左臂。’《孟姜女變文》：‘角束夫骨，自將背負。’‘角’即‘束’也，同義連文則爲‘角束’。”戊本按：“黄征、張涌泉説同（戊本注：黄征、張涌泉《敦煌變文校注》，中華書局 1997 年版，第 64 頁），皆本蔣禮鴻（戊本注：蔣禮鴻《敦煌變文字義通釋》，收入《蔣禮鴻集》卷 1，浙江教育出版社 2001 年版，第 276—277 頁）。蔣説是也，而猶未盡。‘角’字或作‘捔’，《廣雅》：‘捔，猗也。’王念孫《疏證》曰：‘《説文》：“掎，偏引也。”《豳風·七月篇》：“猗彼女桑。”傳曰：“角而束之曰‘猗’。”《正義》云：“《襄十四年左傳》：‘譬如捕鹿，晋人角之，諸戎掎之。’”則“掎”、“角”皆遮截束縛之名也，故云角而束之曰“猗”。“角”“捔”、“猗”“掎”古通用。’錢大昭《疏義》曰：‘“捔”與“角”同。’（戊本注：王念孫《廣雅疏證》、錢大昭《廣雅疏義》，並收入《廣雅詁林》，江蘇古籍出版社 1998 年版，第 416 頁。）”

⑫ 閣，録本作缺文，據底本補。

⑬ 志，此當爲“智”之訛字。該字丁本校作“智”。

⑭ 掇，録本作缺文，據底本、甲本補。

冥不省覺。

擎頭鄉里行，事當逞靴襖。有錢但著用，莫作千年調。

百歲乃有一，人得七十[①]稀。張眼看他死，不能自覺知。癡皮裹膿血，頑骨强相隨。兩腳行衣架，步步[□][入][②]阿鼻。

雙盲不識鬼，伺命急來追。赤繩串著項，反縛棒背皮。露頭赤腳走，身上無衣被。獨自心中驟，四面被兵圍。向前十道挽[③]，背後鐵鎚鎚。伺命張弓射，苦痛劇刀錐。

使者門前唤，忙怕不容遲。倮（裸）[④]體逐他走，渾舍共號悲。宅舍無身護，妻子被人欺。錢財不關己[⑤]，莊收永長離。三魂無倚住，七魄散頭飛。

沉[⑥]淪三惡道，家内無人知。有衣不能著，有馬不能騎。有奴不能使，有婢不相隨。有食不能喫，向前恒受飢。冥冥地獄苦，難見出頭時。□（依）巡次第[⑦]去，卻活知有誰。

善勸諸貴等，□□（火急）[⑧]造橋樑。運度身得過，福至生西方。

□□□□□□□（告知賢貴等，各難）[⑨]知厭足。身是有限身，程期太劇

---

① "十"字下底本、録本衍一"者"，據甲本删。

② 入，底本、録本無，據甲本補。

③ 挽，録本訛作"税"，據底本、甲本改。張涌泉認爲"挽"字爲拉曳之義，"向前十道挽"即指前面十道繩索牽挽，與下文的"背後鐵鎚鎚"文相儷偶（張涌泉《〈王梵志詩校注〉獻疑》，《敦煌研究》1990年第二期）。

④ 倮，底本作"倮"，乃"倮"之俗字。"倮"與"裸"同。《玉篇・人部》："倮，赤體也。"

⑤ 己，録本訛作"已"，據底本改。

⑥ 沉，録本訛作"泛"，據底本、甲本改。

⑦ 依，録本作缺文，據底本、甲本補。巡，録本訛作"逐"，據底本、甲本改。丁本校："依巡：依次。古人宴會，依次行酒稱爲巡。"戊本按："巡，讀爲'循'，《白虎通・巡狩》：'巡者，循也。'《集韻》：'巡，相循也。'唐道宣《四分律删繁補闕行事鈔》卷二：'今且依循舊法。'《儀禮・大射儀》、《正義》：'依循樂聲而發矢也。'或讀爲'沿'，《禮記・祭義》：'終始相巡。'鄭玄注：'巡，讀如沿漢之沿，謂更相從道。'朱駿聲曰：'巡，叚借爲沿。'（戊本注：朱駿聲《説文通訓定聲》，武漢市古籍書店1983年版，第809頁。）'依循（沿）'，猶言按照、依據。'依循次弟（第）'，按照順序。"

⑧ "火急"二字底本殘，録本作缺文，據甲卷補。

⑨ "告知賢貴等，各難"七字底本殘，録本作缺文，據甲卷補。

促[①]。縱□□□□□□□(得百年活俳佪如)[②]轉燭。□(憨)[③]人連腦癡，買錦妻裝[④]束。無心□□□□□□□(造福田，有意事奴)[⑤]僕[⑥]。只得暫時勞，曠身入苦毒。

傍看□□□□□(數個大憨癡)[⑦]，造宅舍擬[⑧]作萬年期。人人[□][百][⑨]歲乃有一，縱令長□□□□(命七十稀)[⑩]。□□□□期卻半，欲似流星光暫時。中途少□□□□□□□□□(少遼亂死，亦有初生嬰)[⑪]孩[⑫]兒。無問男夫及女婦，不得[⑬]驚忙審三思[⑭]。□□□□□□(年年相續罪根)[⑮]重[⑯]，月月增長肉[⑰]身肥。日日造罪不知足[⑱]，恰似獨養神豬兒。不能透

---

① 促，録本訛作"但"，據改。

② "得百年活俳佪如"七字底本殘，録本作缺文，據甲卷補。

③ 憨，録本作缺文，底本作"𤺋"，當爲"㾮"之增旁俗字。甲卷即作"㾮"。《龍龕手鏡·疒部》："㾮，俗；正作憨，癡甚也。"

④ 裝，録本訛作"裴"，據底本改。

⑤ "造福田，有意事奴"七字底本殘，録本作缺文，據甲卷補。

⑥ 僕，録本訛作"誤"，據底本、甲本改。

⑦ "數個大憨癡"五字底本殘，録本作缺文，據甲卷補。

⑧ 擬，録本訛作"儗"，據底本、甲本改。

⑨ 百，底本、録本無，結合文意據甲本補。

⑩ "命七十稀"四字底本殘，録本作缺文，據甲卷補。

⑪ "少遼亂死，亦有初生嬰"九字底本殘，録本作缺文，據甲卷補。

⑫ 孩，録本訛作"於"，據底本、甲本改。

⑬ 戊本按："得，猶及也(戊本注：參見蕭旭《古書虛詞旁釋》，廣陵書社2007年版，第199頁)。不得，來不及。斯1399正作'不及'。"

⑭ 思，録本訛作"界"，據底本改。該字甲卷亦作"思"。

⑮ "年年相續罪根"六字底本殘，録本作缺文，據甲卷補。

⑯ 重，録本訛作"黑"，據底本、甲本改。

⑰ 肉，録本訛作"害"，據底本改。

⑱ 以下底本殘，據甲本補。

圈[①]四方走，還須圈裏待死時。自造惡業還自受，如今苦痛還自知。各各保愛膿血袋，一聚白骨帶頑皮。學他造罪身自誤，羨□□福是黠兒。今身人形不修福，如至寶山空手歸。向[②]□

大雲寺學仕郎鄧慶長。

① 戊本按："透，跳也，字或作**趦**、投、**𧺆**、**跥**、**𣪠**，《玉篇》、《廣韻》並曰：'透，跳也。'《集韻》：'透，《説文》："跳也，過也。"或從走。'《類篇》：'**趦**，《説文》："跳也，過也。"'《廣韻》：'**𧺆**，自投下，或作**𣪠**。''**𣪠**'古字爲'投'，見《玉篇》。《集韻》：'**𧺆**，自投也，或從足。'《類篇》：'**跥**，自投也。'毛奇齡《越語肯綮録》：'以身踴擲曰**𧺆**，音透。'（戊本注：復旦大學圖書館藏清康熙李堪等刻《西河合集》本，收入《續修四庫全書》第194册，上海古籍出版社1995年版，第136頁。）"

② "向"字以下甲本殘。

No. 2864《廬山遠公話》摘抄

[題解]

唐五代話本，作者不詳。《大正藏》原題“進旨”，編者出校：“㊊大英博物館藏敦煌本，首題新加。”按：細核内容，本文實爲 No. 2859《惠遠外傳》之結尾部分，《惠遠外傳》所據底本乃斯 2073 號，首殘尾全。該卷原被撕裂爲兩部分，黄征、張涌泉《敦煌變文校注》卷二《廬山遠公話》即以綴合後的完整寫卷爲底本，《惠遠外傳》則爲該卷所裂的後半部分。因斯 2073 號“進旨。皇帝聞語，滿目流淚……”以下文字與前一行間隔較大，且筆跡稍異，《大正藏》編者遂誤以“進旨”下爲一獨立文章，且以“進旨”爲題（左景權《〈大正新修大藏經〉第 85 卷——舊刊新評》一文斥之“新加首題曰《進旨》，尤爲大謬”。見林聰明主編《敦煌叢刊二集》之⑭所收左景權《敦煌文史學術》第 63 頁，臺北新文豐出版股份有限公司，2000 年 8 月臺一版）。劉銘恕於《斯坦因劫經録》斯 2073 號《廬山遠公話》條所作“説明”云：“又本卷‘進旨’以下若干行，筆跡行款與前文有異，《鳴沙餘韻》並《大正大藏經》編者未細加籀讀，遂視爲一獨立文章，甚爲可惜。今《敦煌變文集》已糾正其謬。”（見《敦煌遺書總目索引新編》第 62 頁，敦煌研究院編，施萍婷主撰稿，邰惠莉助編，中華書局 2000 年版。）今校注據内容重新擬題爲“廬山遠公話摘抄”，仍以《大正藏》本所據原卷斯 2073 號爲底本。參校甲本：黄征、張涌泉《敦煌變文校注》卷二《廬山遠公話》。

______[1][遠公忽因一日，憶得阿閦如來有言，遂便辭皇帝：“僧於大内蒙陛下供養數年，今擬卻歸爐山，伏乞陛下][2]進旨。”

---

① 録文前脱。

② “遠公忽因一日，憶得阿閦如來有言，遂便辭皇帝：‘僧於大内蒙陛下供養數年，今擬卻歸爐山，伏乞陛下’”四十字録文脱，據底本補。

皇帝聞語，滿目流淚，良久乃言和尚曰："朕之小國，總無供養；上人數年在其内中，朕且無心輕慢；朕雖爲人主，濫處乾坤；每謝上人來過小國。伏願和尚慈悲，更住三五日間，得之已否?"

遠公曰："若夫涅槃之義，本無攀緣。若有攀緣，皆屬妄[1]想。伏願陛下莫懷惆[2]悵，貧道有願歸山。"

皇帝見他遠公語切，便知[3]情意難留。有敕先報六宫，闇裹排比祖送。是時皇帝慕戀，辟宰冲冲(忡忡)[4]，合國大臣，同時祖送。遠公上路，離宫□(闕)[5]，别龍樓，望爐山而路遠，覩江河以逍遥。是日遠公能涉長路而行，遂即密現神通。遠公既出長安，足下雲生，如壯士展臂，須臾之間，便至爐山。遠公亦也不歸舊寺，相去十里已來，於一峻嶺上權時結一草庵。彼中結跏敷坐，便即重尋舊卷，再舉經聲。荏苒之間，又經數月。遠公忽望高原，乃唤(援?)[6]此上。其境峻峰鶴鳴，澗下龍吟，百谷千峰，例皆花發，地平長流之水，薗開不朽之花，是如來修行之處。"於是遠公正坐，入其三昧。然净意澄心，思惟佛道；念浮生[□][之][7]不久，想凡世而無堪[8]；便將自性心王，造一法船，歸依上界。遠公造船不用凡間料□(物)[9]也，不要諸般，自持無漏大乘，已(以)[10]爲攬索，菩提般若用作抅(勾)[11]欄，金剛密迹已爲[12]______

開寶伍年張長繼書記。[13]

---

① 妄，録本訛作"忌"，據底本改。

② 惆，録本訛作"悯"，據底本改。

③ 知，録本訛作"如"，據底本改。

④ "冲冲"二字此當爲"忡忡"之借字。《説文》："忡，憂也。從心，中聲。《詩》曰：'憂心忡忡。'"

⑤ 闕，録本作缺文，據底本補。

⑥ 唤，甲本校作"援"，待考。

⑦ "之"字據文意補。

⑧ 堪，録本訛作"惎"，據底本改。

⑨ 物，録本作缺文，據底本補。

⑩ 項楚校："'已'通作'以'，下行'已爲'也應作'以爲'。"

⑪ 抅，録本訛作"拘"。此"抅"乃"勾"之增旁俗體。

⑫ 以下缺。

⑬ 底本抄至此止。開寶五年，即公元 972 年，乃宋太祖趙匡胤時。

二、疑似部

(No. 2865—No. 2920)

No. 2865 佛説護身命經一卷

界　比丘道真

［題解］

《佛説護身命經一卷》又名《救護身命濟人疾病苦厄經》、《護身命經》、《救護身經》、《護身經》、《大佛頂陀羅尼經》，佛教著作，或謂曇無蘭譯，或題作流支譯，一卷。此經最早見録於［梁］僧佑《出三藏記集》卷四，歸在失譯録；之後，隋代法經的《衆經目録》卷四將其收入疑經録，彦琮的《衆經目録》卷四則歸在"義涉人造"的僞經録；唐代智昇的《開元釋教録》卷十八承襲隋代經録，分别將其收入疑經録和僞經録。據曹凌《中國佛教疑僞徑綜録》研究，此經可分爲兩個傳抄系統（見第 204—209 頁）。本經爲曹凌所分系統之一。經文起首簡要介紹了時（般涅槃時）、地（娑羅雙樹間）、人等後，佛便預言滅後惡世衆生有種種危險，緊接著便讓阿難"好勤心流布此經"，以利未來衆生。其後文字反後説明此經威力甚大，如能讀誦書寫，則能遠離諸難。經文中阿難、諸大菩薩、四天王、天龍八部均發誓願守護後世讀誦書寫此經之人。經文中除令人讀誦此經外，還教讀七佛六神名字，認爲由此可得免諸難。此經首見於隋《法經録》所收之疑經録，其後各經録除大周録外，均承襲收入疑經録或僞經録。此經清代以前歷代大藏經未收，現在敦煌遺書、日本寫經、韓國寫經、房山石經中存有全經，計 19 號：伯 2340 號，首尾全，首題"佛説救護身命經濟人疾病苦厄"，尾題"救護身命經一卷"，護首文字作"佛説護身命經一卷，界比丘道真"；房山石經 248 號，首尾全，首題"佛説救護身命經"，尾題"佛説救護身命經一卷"；日本名古屋七寺藏寫經，首尾全，首題"佛説救護身命經"，尾題"佛説救護身命經"，尾有題記"一校了，榮俊"；韓國國立中央大學圖書館藏本，首尾全，首題"佛説救護身命經"，尾題"佛説救護身命經終"；以上爲完整者，共 4 號。斯 10136，存 7 行，每行上半殘；斯 10477，存

5行，每行上半殘；BD646號（北8298，日46），首殘（開頭兩紙下半殘）尾全，首題"佛説護身命經"，尾題"佛説護身命經"；BD9796號（朝17），首殘尾殘；BD10108號2（臨237），首殘尾殘；BD11465號（臨1594），殘片；BD15159號（新1360），首殘尾全，尾題"佛説救護身命濟人疾病苦厄經一卷"；羽387—3號，首殘尾全，尾題"佛説救護身命經一卷"；俄Дx.4227號，殘片；俄Дx.7976號，殘片；俄Дx.8373號，殘片；俄Дx.11679號，首殘尾全，尾題"□……□護身命經一卷"，尾有題記"咸亨元年(670)四月三日，清信女佛弟子初千金身爲久在床枕，無處依托，今敬造《救護身經》，願得除愈，離障解脱，受持讀誦"；俄Дx.15954號，殘片；俄Дx.16352號，殘片；俄Дx.17863號，殘片；以上爲有殘缺者，共15號。殘缺的寫本中，BD11465號+BD10108號2二卷可上下綴接。此經爲敦煌僧道真所記録并抄寫，則此經在10世紀道真之時尚在敦煌流通。今以《大正藏》録本所據原卷伯2340號爲底本，參校本：甲本，BD646號（日46，北8298）；乙本，BD15159號。

佛説救護身命經，濟人疾病[□][度][1]苦厄。

爾時佛在娑羅雙樹間臨般涅槃時，舍利弗阿難及無量無邊諸大菩薩，諸大弟子，一切諸天，皆來集會。佛還正坐，告阿難言："吾當入般涅槃。我滅度後，五濁惡世中，一切衆生當爲惡魔、惡鬼嬈擾：吸人精氣者，求人長短者，横來殺人者。阿難，汝好勤心[2]流布此經，令惡世中一切衆生無有病苦，無有横死，衆邪蠱毒悉皆消滅。阿難，我所囑累[3]者唯有此經。若有衆無男無女，有能讀誦此經一句一偈者，衆邪惡鬼不得妄[4]近。

① 度，底本殘，録本無，據文意補。

② 底本豎排"勤心"二字（甲本作"懃心"）録本誤作一字"懃"，據底本改。又下文："阿難，勤心流布此經，令一切衆生悉得聞知。"中"勤心"録本亦誤作"懃"，徑改之，不復校。

③ 累，録本誤作"消"，據底本改（該字甲本亦作"累"）。下文："佛告阿難：'吾以右手摩汝頂上，汝好用心。吾所囑累唯有此經。'"可資比勘。

④ 妄，録本誤作"忌"，據底本改（該字甲本亦作"妄"）。又下文："是人欲行曠野中，我常隨逐是，導從前從，勤心擁護，不離是人，不令惡魔妄來侵近。"中"妄"録本亦誤作"忌"，徑改之，不復校。

若在曠野中，若在急難中，若在大火中，若在大水中，常當讀誦是經，能悉斷除。何以故？此經有大威神力，故常讀之。若不能讀者，但當書寫、安著懷中。至心受持是經者，則持過去、未來、現在諸佛神力。若欲遠行，常當持去，諸惡毒獸無能近者。若到處處村落，一心爲人演説，有能須申聽者，所願悉得。阿難，佛不虚言。此經佛所祕要，甚難可得。譬如妙藥，能愈毒病，能辟毒氣，能斷惡毒。有人將行者，諸惡毒虫、衆邪蠱毒欲來侵害，聞此藥氣，四向散去，不敢迴視。此經亦復如是。若有病痛者，當凈洗浴，一心讀誦，衆患消除。”佛告阿難：“若有惡魔衆邪蠱毒不隨我語者，我當使此魔遭衆邪蠱毒，如押油殃，悉皆消滅，無有遺餘。”

佛即舉七佛[①]名字[②]：“第一維衛佛，第二式佛，第三隨葉佛，第四拘樓秦佛，第五拘那含牟尼佛，第六迦葉佛，第七釋迦牟尼佛。若有苦厄病痛者，便當讀誦此七佛名字，諸惡蠱毒悉皆消滅，無能侵近。”佛説此經已，復告阿難言：“我今復憐愍衆生故，便當更説六神名字：一名‘波奈羅’，二名‘迦奈羅’，三名‘禪吒迦’，四名‘勤迦’，五名‘摩頭’，六名‘摩祁’。此是六神名字。阿難，若有衆生，無男無女，無貴無賤，有苦厄者，皆當稱説六神名字，所患消除，衆惡役氣不得來近，一切滅盡無有遺餘。”

佛告無量無邊諸大菩薩摩訶薩及天神王、一切天人等：“我滅度後，若有受持我囑法者，汝等常當晝夜擁護，令得安隱。”文殊師利菩薩白佛言：“世尊！我當於佛滅度後將二十五菩薩，於惡世中有能讀誦此經處，我等晝夜在其左右，擁護是人，衆邪魍魎不得來近，常使是人卧覺俱安，修行善法。”佛讚文殊師利等：“善哉！善哉！汝能擁護我，百千萬億劫中所可修集阿耨多羅三藐三菩提心。”

爾時四天神王偏袒右肩，右膝著地，一心合掌白佛言：“世尊！我常於如來滅後，各將眷屬，案行國界。有能讀誦書寫受持是經者，我等眷屬常來隨逐是人，晝夜擁護，令不見惡。是人欲行曠野中，我常隨逐是人，導從前從，

---

① 以上乙本殘。

② 字，録本誤作“字”，據底本改。

勤心擁護，不離是人，不令惡魔妄來侵近，常得充足，不令飢渴，無所乏①少。可欲求者，我等神王悉令供給，如其所願，無所乏少。何以故？是人能流布此經故。修行善法，供養三寶，故不令斷絶。”

爾時乾闥婆王、阿修羅、迦樓羅、緊那羅、摩睺羅、伽人、非人等，各各悖（跽）②跪於如來前，一心合掌，白佛言：“世尊！我等天人常當飛行於惡世中間。有讀誦、書寫、受持是經者，我等天人與其眷屬共到是人所住之處，聽受此經法，常當守護，晝夜不離，在其四面，擁護是人。衆魔惡鬼不得侵近，不得奪其精氣，不得横來絶命，不得横來嬈害，不得求其長短，不得觸犯，令毒氣不行。我等眷屬常來在是人所住之處。我於空中，是人若遇大火，我等眷屬隨其方便，擁護其身，不令火燒；若遇大水急駛漂③去，我等眷屬即於空中來接是人，令不見溺，水即還停，得度水難。若遇大賊，我[於]④四面救護是人，能令賊心刀杖不舉，即發慈心。若遇官法繫縛枷鎖，晝夜愁苦，我等眷屬於虚空中，能令其官心生歡喜，悉令放流，皆得解脱。我等眷屬一心救護，不令他人而得嬈亂。於無量無邊劫中，常念此經。何以故？此經世尊慇懃所囑之法，令久流布。”佛復讚諸天人等：“善哉！善哉！汝等眷屬曾於阿僧祇劫中，值遇百千萬億諸佛，復能擁護我百千萬億劫中弟子，能令流布此經，讀誦書寫，方便救濟，不令見惡，常行善心。”

爾時乾闥婆王等各與眷屬頂禮佛足，一心奉行。

佛告阿難：“吾以右手摩汝頂上，汝好用心。吾所囑累唯有此經。阿難！勤心流布此經，令一切衆生悉得聞知。阿難！汝最是吾心中弟子，我所出法悉付囑汝等。吾今憐愍一切衆生故，欲令解脱故。”佛還正坐，付囑此法：“阿難！此經尊猛，極有威神。勸令一切族姓男女供養香花雜綵，燃燈續明，復

① 乏，録本作“之”，底本實作“之”，乃“乏”字省筆俗體。“乏”，《唐趙君妻裴夫人墓誌》作“之”，即其證。下文“可欲求者，我等神王悉令供給，如其所願，無所乏少”中“乏”底本同作“之”，徑改之，不復校。

② 悖，此當爲“跽”之借字（該字甲、乙二本均作“胡”，當爲“踋”之借字）。

③ 漂，底本、乙本作“**漂**”，當爲“漂”之增旁俗字。該字甲本亦作“漂”，可參。

④ 於，録本脱，據底本補。甲、乙二本亦有“於”字。

能流轉讀誦，皆[①]救人疾。苦厄之者[②]，現世[③]安吉，將來往生無量壽國，即生蓮華，軀體金色，身相具足，智慧勇健。如上輩者，功德如是，不可稱計。”

佛告阿難：“當用好紙、好筆、好墨，至心書寫我所出法。上、下句偈，如佛所説，無令妄失一畫一點。阿難！我憐愍衆生故，唯囑汝法，皆令一切有形之類悉得聞知，心開意解，常行善法。”

爾時阿難在世尊前，一心合掌，身毛悉竪，戰戰兢兢，一心諦聽佛語，不敢忘失一句一偈，流淚而言：“世尊所囑，至心受持。廣令流布此經。”

阿難復言：“受天尊教，頂禮佛足，一心奉行。”[④]

修福受樂報，所欲皆自然，超越[⑤]生死流，上言（寂）[⑥]至涅槃。若人好爲福，天神自然護，所願皆自然，衆魔不得壞。薄福多諸惱，福能消衆患，福德既牢强，速成堅固定。生天受快樂，人中亦自在，斯由功德故，所往皆自然。因此福方便，永離生死苦，得□（道）[⑦]至涅槃，不滅復不生。

救護身命經一卷。

---

① 皆，甲、乙二本作“習”。

② “苦厄之者”四字下甲本尚有“衆邪災怪，悉令微滅”八字。

③ “現世”二字甲本作“在所”，乙本作“現在”。

④ “爾時阿難在世尊前……頂禮佛足，一心奉行”一段文字乙本置於下文“不滅復不生”後。

⑤ 越，録本誤作“然”，今據底本改（此字甲卷作“逾”，乙本作“渡”）。

⑥ 言，甲卷作“寂”。當以“寂”字意長。

⑦ 道，底本殘，録本作缺文，據甲、乙二本補。

No. 2866 護身命經

［題解］

《護身命經》又名《救護身命濟人疾病苦厄經》、《救護身經》、《護身經》、《大佛頂陀羅尼經》，佛教著作，或謂曇無蘭譯，或題作流支譯，一卷。此經最早見録於梁僧佑《出三藏記集》卷四，歸在失譯録；之後，隋代法經的《衆經目録》卷四將其收入疑經録，彦琮的《衆經目録》卷四則歸在"義涉人造"的僞經録；唐代智昇的《開元釋教録》卷十八承襲隋代經録，分别將其收入疑經録和僞經録。據曹凌《中國佛教疑僞徑綜録》研究，此經可分爲兩個傳抄系統（見第204—209頁）。本經爲曹凌所分系統之二，主要爲佛陀和阿難的對話，首先宣説十二法，認爲由此能得許多增上利益，爲諸佛、菩薩及天神等所護佑，并能速疾成佛。經文中有長者女善信及五百同輩請説法，佛爲説五戒等事，勸令精進。經文最後部分爲流通分，佛爲説受持此經利益及咐囑阿難受持此經。據曹凌考證，敦煌卷子中存有6號：斯12652號，殘片，存1行；斯12952號，殘片，存1行半；俄Дx. 7976號，殘片；俄Дx. 8373號，殘片；中村173號第二卷之①，首殘尾全；BD10108號1（臨237），首殘尾殘，存10行，每行上部殘。中村173號卷末有"正光二年"題記，則至遲在521年此經已經出現。《大正藏》本出校："㊊中村不折氏藏敦煌本，首題新加。"按：《大正藏》本所據原卷乃中村173號《龍沙開寶・四卷》第二卷之①《護身命經》。今校注仍以録本所據該卷爲底本。

□□[1]者、信佛妙法，受習不忘；六者、不貪世榮，斷俗因緣；七者、願習

① 首缺。

聖慧，爲一切護；八者、願集衆生，爲作倡道①；九者、在所墮生，常願值佛；十者、守持禁戒，廣度群生；十一者、博學衆智，宣示四輩；十二者、常願與佛世世相值，廣説道要，度人無量。是爲十二聖慧者。

佛告阿難："若有比丘、[□□][比丘]②尼、優婆塞、優婆夷、國王子及諸婇女有能奉行此十二法者，在所墮生常得值佛，周旋教化，長離衆苦，入三法門，得功③成志就，疾得至佛，猶步三界，無所罣礙，無能斷者。自五(吾)④前世修行此事，自致得佛。若有國王、大臣、長者、中宫眷屬及諸善男子、善女人四部弟子欲求此無上道、廣度一切者，亦當讀此經；欲求三乘法者，亦當讀此經；欲求早度世、取無爲者，亦當讀此經；欲求上生妙樂天上者，亦當讀此經；欲求轉輪聖王者，亦當讀此經；欲求尊貴富者，亦當讀此經；若有女人求男子身者，亦當讀此經；欲求世世常與明師相隨教化者，亦當讀此經。如是一切諸願所欲者，皆當讀此經。此經尊猛，善男子、善女人能奉行持此經者，常爲十方現在諸佛威神所護，亦爲過去七佛所護及諸尊菩薩大弟子所護，又爲⑤天龍鬼神、日月五星、二十八宿、一切諸尊天等常隨擁護。讀是經者，終不令横死，一切衆邪皆不得嬈害。是善男子、善女人行菩薩之道，故十方衆聖皆共護視。讀是經者，功德無量，佛不二言。聞是經者，受持者，書寫者，所願悉得。阿難！汝好諦聽！諦聽！受持是經！勲教一切人受學諷誦讀之。汝莫忘墮。"阿難即言："受天尊教。"

佛説是經時，坐中有長者女名曰"善信"，與五百同輩一時即起，稽首佛足，五體投地，長跪白佛言："世尊！信等女人罪穢嬰身，蒙佛慈恩，得聞聖法。不以女賤，願爲弟子。"

佛言："善來諸女，汝宿有福，應得值佛。樂聞法者，真得度苦，生生之

① "道"本有"導"義。《楚辭・離騷》："乘騏驥以馳騁兮，來吾道夫先路。"王夫之通釋："道，引導之也。"

② "比丘"二字底本、録本無，據文意補。

③ "得功"二字底本作"功得"，當爲"得功"之誤倒，據文意乙。

④ 五，此當爲"吾"字之訛省。同卷下文："五今得[□][成]佛，但積學所致。"中"吾"字亦同。徑括注其正字，不復校。

⑤ "又爲"二字底本作"爲又"，當爲"又爲"之誤倒，據文意乙。

處，遠離女身。”

佛受(授)[①]五戒，爲清信女。衆會無不歡喜，各前以頭面著地，悉受五戒。

佛告阿難：“善信女等久生於世，未聞佛時，未聞法時，爲惡師[②]所悟(誤)[③]，隨世因緣，或毀滅正法，或破塔寺，或殺真人，或負三尊財物，或殺父母，或犯衆惡，不自覺智(知)[④]。所作衆罪，不可稱計。今得見佛，心開意解，及知前世所行爲非。信等同輩自今以後，改往修來，奉佛尊戒，並持此經，世世不犯。願佛哀愍，悉賜五戒。”

佛告諸女：“汝諦聽受持：一者，守仁不殺，恩及群生；二者，義護不盜，損己濟衆；三者，貞潔不淫，行無沾污；四者，言不詳(佯?)[⑤]**詐**，不犯口過；五者，遠酒不飲，不犯衆惡。修奉齋戒，常行大慈。呪願一切，尊修佛語。終不中悔，任力所能。寧守善而死，不犯惡而生。汝等以來持佛禁戒，諸天所嘆。

---

① 録本出校：“受＝授?”按：結合文意，此“受”似當爲“授”之借字。

② 惡，録本作“怨”，底本作“**惡**”，乃“悪”之訛字。“悪”確爲“怨”之常見俗體。伯2553號《王昭君變文》：“苦復重苦，悪復重悪。”可洪《音義》第貳拾貳册《法句喻經》第三卷音義：“上悪，於願反。”是其例。然“怨師”不辭，文中“**惡**”字實乃“惡”之訛俗字。“惡”字俗書亦可作“悪”。可洪《音義》卷二《小品般若經》第四卷音義：“悪魔，上烏各反，正作惡。”又卷十《菩薩善戒經》第四卷音義：“悪心，上烏各反。”下文“或犯衆惡，不自覺智”、“遠酒不飲，不犯衆惡”、“寧守善而死，不犯惡而生”、“勿持(恃)容恣(姿)，自處惡行”、“一切惡鬼不得來近”中“惡”字底本皆作“悪”，實皆當爲“惡”之訛俗體，録本均誤作“怨”。徑改之，不復校。

③ 悟，底本作“**⿰忄五**”，當爲“悟”之訛省(前文：“自五前世，修行此事，自致得佛。”下文：“五今得[□][成]佛，但積學所致。”句中“五”均爲“吾”之省借，可助勘)。此“悟”應讀若“誤”(“悟”“誤”《廣韻》皆音五故切)。斯2114V號《醜女金剛緣》：“苦被媒人悟我將來，今日目前見這弱事。”例中“悟”亦爲“誤”之借字。“誤”有迷惑、欺騙義。《左傳・哀公十九年》：“十九年春，越人侵楚，以誤吴也。”杜預注：“誤吴，使不備也。”“爲惡師所誤”即爲惡師所迷惑。東漢支婁迦讖譯《阿闍世王經》卷下：“其有知深法入其微妙，歡喜踴躍，其心無懼。若爲惡師所誤，若其心不足者，而所犯罪，會當解脱。”[T15n0626p404a6—8]亦其例。録本作“怪”，誤，玆録正。

④ 録本出校：“智＝知?”按：結合文意，此“智”當爲“知”之借字。《墨子・耕柱》：“豈能智數百歲之後哉!”是其例。

⑤ 詳，此似爲“佯”字之訛。待考。

莫德(得)[1]隨俗邪罔，跪拜鬼神。護持禁戒，如拔(换?)[2]頭然。坐自觀身，形不久立，色不久鮮[3]，命如風遇(過?)[4]，少壯必衰[5]，勿持(恃)[6]容恣(姿)[7]，自處怨行。萬物無常，當建精進，棄損世念，如菩薩行。所願發心，今世後世，欲求何等，如願悉得，終不虚也。”

佛告阿難：“汝等護行，可得至佛。佛道不可不學，經法不可不讀。五(吾)今得[□][成][8]佛，但積學所致。大乘妙法，無男無女，無貴無賤，聞是經者，諸佛加(擁?)[9]護，所願悉得。”

佛説是經時，天龍、鬼神、帝王、人□(民)[10]及四部弟子，有三億人，見佛説是經，皆大歡喜，嘆未曾有，各發無上正真道意，前以頭面著地，作禮奉行。

佛告阿難：“汝諦聽受持，廣宣流布，令一切衆生有形之類受持讀誦，書寫供養。佛之要法，能除無數劫極重之罪，能度無量無邊阿僧祇衆生，悉得解脱。此經佛口中所出，有□(能?)[11]讀一句一偈、讚[12]嘆之者，衆邪蠱[13]道、

---

① 德，此乃“得”之借字。《廣雅・釋詁三》：“德，得也。”

② 拔，底本作“棱”。可洪《音義》卷十四《弟子死復生經》音義：“能投，音救。”“棱”似爲“投(救)”之訛俗體。“救頭然”一語，佛典習見。西晋竺法護譯《佛説當來變經》：“三塗之難，不可稱計，勤修佛法，猶救頭然。”[T12n0395p1118b27—28]失譯附西晋録《佛説玉耶女經》：“持五戒者，遠酒不飲，不犯衆惡。護持禁戒，如救頭然。”[T2n0142ap864b14—15]皆其例。

③ 鮮，録本録作“解”，底本作“觧”，爲“鮮”之手體。下文“佛之要法，能除無數劫極重之罪，能度無量無邊阿僧祇衆生，悉得解脱”中“解”字同作此形，可參。結合文意，此處“鮮”並非“解”之異構，而當爲“鮮”之異體。《隸續・漢魯峻石壁殘畫象》：“鮮明騎。”洪適釋：“碑以觧爲鮮。”是其例。兹據正。

④ 遇，底本作“过”，似爲“過”之手體。

⑤ “壯必衰”三字録本訛作“疾如裹”，據底本改。

⑥ 持，此當爲“恃”之訛字。

⑦ 恣，此當爲“姿”之借字。

⑧ 成，底本、録本無，據文意補。

⑨ 加，從底本殘存該字下半看似爲“擁”字。

⑩ 民，底本不清晰，録本作缺文，據文意補。

⑪ 從底本殘存該字右半來看，該字似爲“能”字。

⑫ 讚，録本訛作“讀”，據底本改。

⑬ 蠱，録本訛作“違”，據底本改。

一切怨鬼不得來近，壽命正長，終不横死。所欲求者，如願悉得。”

説是經時，一切大衆及諸龍鬼神四部弟子頂禮佛足，受天尊教，一心奉行。

正光二年十二月十五日，信士張阿宜寫《護身命經》，受持讀誦供養[①]，上及七世父母，下及己身，皆誠（成）[②]菩[③]啼（提）[④]之道。

① “養”字下録文有一“經”字。按：“經”字下底本有一點，示該字乃衍文，兹據删。

② 誠，此當为“成”之同音借字（二字均是征切）。

③ 菩，録本訛作“善”，據底本改。

④ 啼，此當爲“提”之同音借字（二字均定紐齊韻平聲）。

No. 2867 慈仁問八十種好經

［題解］

《慈仁問八十種好經》或云《八十種好經》，西晋竺法護譯，一卷，見《道安録》及《長房録》。《大正藏》本據日本石山寺藏寫本，誤收入第八十五册疑似部中。因無法見到底本，今據傳世佛典結合文意加以校理。

慈仁問佛："何因緣揚八十種好？"

佛言："一者，世世等意向人，故得足下平，蹈地文現。二者，人之所憙輒與之，令安穩，故得足槦(傭)①好，□□□表識。三者，和合人，見人輒歡喜，故足下綺□人受經，莫不開解。四者，丘墻不平，生荆棘，鋤治，故足下潤澤光耀，行常安穩。五者，未嘗恚恨□人，亦不鬪亂人，故足肌細軟好，安□□步無極。六者，見深坑泥水之處，輒爲施橋梁，故所蹈平安□好。七者，持數千萬種物，羅列道中，用布施，足下輪輻成行，説經□□□時。八者，在所輒益天下人壽命，故輪輻相當，自致大尊。九者，在所布施深經，自教，亦教人，故足輪盡深。十者，在所柔仁，見人如□□，故足下文不受塵，柔軟。十一者，不數人惡，亦不令人恚恨，故足下盡直，以善意向十方。十二者，在所次第教人，不懈怠，故足指節盡正直。十三者，稱誦佛功德，故足指□洞好。十四者，於官道邊種樹、施井、浴池，故名聞。十五者，解人疑難、無所愛惜，故爪赤銅色。十六者，作事常竟之，人有愛重，不别離之，故足指□□□，生種

① 槦，此當爲"傭"之形訛。《賢劫經》卷第三："手足傭好，而不進退，咸宜有常，是忍辱報。"［T14n0425p26a27］可助勘。

姓家，得佛無有能度者。十七者，持戒不動，故足指間慢（縵）①，人所作悉知。十八者，持戒，不願生天上，故足指齊。十九者，在種姓□□□，易人作惡，故裸平落，知人意。二十者，不貪所問，即爲解之，故得無上智。二十一者，自守精進，故裸澤潤光好，人有惡意悉知之。二十二者，□□□至誠，故裸□不柽，知人心中所念。二十三者，□經悉欲令人在前，知佛説經，皆樂問之，得身力，無能折碎者。二十四者，布施人經，故身□具説經，諦無謬誤。二十五者，人説經終不可止，授人經皆具足，故身體褒博成滿好，説經蠕②動之類皆聞知之。二十六，等有疑惑者，以佛三藏爲解之故，勝正貴好。二十七者，不毀傷人身意，亦不形笑，是故得八十種好，人見之，莫不歡喜。二十八者，見女人有病，以智慧意治，是故身端正，尊無比。二十九者，浴洗人身，治去三□，故身净潔，光照十方。三十者，見□貢高不敬者輒敬練（諫?）③止之，故身軟澤。三十一者，不爲媒灼之事，亦不謀議人，故面無□理，得無不畏。三十二者，見疾病者與藥令健，故不愁憂。三十三者，見人不端政者，不形咲，但成人之美，故成佛身，潤澤净潔。三十四者，勸樂作福爲善，故身□□在惡處度脱之。三十五者，見疲極飢渴者，勞問案（按）摩之，故背平好，亦愈人愛欲病。三十六者，見人作善，歡喜高大之，故兩脅骨上下平，悉知人意。三十七者，隨人所意，與戒，令忍辱制意，故兩脅洞好，爲人□經隨次第。三十八者，見女人産乳難，以慈心助之，令早順生，故齊（臍）④深好，度脱人愛恩之根。三十九者，不恚瞋，所作不謬誤，不恭敬者教之，故齊（臍）員（圓）⑤隆起。四

---

① 慢，此當爲“縵”之借字。［清］朱駿聲《説文通訓定聲·乾部》：“縵，叚借爲‘慢’。”《大方廣佛華嚴經》卷第七十五：“其王太子名‘威德主’，端正殊特，人所樂見，足下平滿，輪相備具，足趺隆起，手足指間皆有網縵，足跟齊正，手足柔軟。”［T10n0279p408a13］可助勘。

② 蠕，録本作“**蠕**”，乃“蠕”之或體。《龍龕手鑑·蟲部》：“**蠕**”，同“蠕”。

③ 練，此疑爲“諫”之形訛，待考。

④ 齊，此讀如“臍”（“齊”字一音《廣韻》徂奚切，與“臍”同）。《莊子·大宗師》：“頤隱於齊，肩高於頂。”王先謙集解：“齊，同‘臍’。”下“齊”字同，徑括注其本字，不復校。

⑤ 員，此當讀如“圓”（“員”字一音《廣韻》王權切，與“圓”同）。《孟子·離婁上》：“離婁之明，公輸子之巧，不以規矩，不能成方員。”是其例。下“員”字同，徑括注其本字，不復校。

十者，以師所戒，自教，亦教人，故齊(臍)理隨順施。四十一者，自不淫泆，亦心他人，故從丏[①]奴下乘條除，腹中無惡露。四十二者，人意喜樂時不敗亂，安穩之，不豫凡人事，故文(紋)相成，身如天剛鐵，無能壞者。四十三者，慈心念天下人意等故，兩脅隆滿。四十四者，所念弘廣，教人爲善隆滿故，兩肩廣大，所知彌深。四十五者，智慧勇健，持心不動故，兩臂洞長，指頭有萬字。四十六者，不説欺慢淫泆之事，故唇口如真丹，無臭處惡露。四十七者，不止人識，心無瞋恚、諂諂之態，故口不大不小，適得其中，如含笑。四十八者，以五香之味與人五□藥，故舌無垢。四十九者，不形咲人，不駡人，故人□(聞?)[②]其語，莫不悦喜開解者。五十者，持戒行觀，不説女人，故牙員(圓)好堅緻，以點力破壞愛欲。五十一者，分別□要，解人疑難，故牙堅利，愛欲破散。五十二者，人問一事，爲解若干事，故牙濟方利，隨次外道。五十三者，雜香澤和，與人□著鼻中，故□殊好，未嘗聞臭，但聞香。五十四者，見聚糞，掃除棄之，故光明浄潔，以好眼視人。五十五者，世世□佛像，故目長好，經莫不開解者。五十六者，世世以浄心瞻視人，故目如含笑，所視莫不見。五十七者，世世見人富貴，心不貪樂，故目不大不小，察然得其中，未嘗瞑[③]。五十八者，世世以善意安穩心，故目無瘳(眵)[④]埋，視天上天下。五十九者，世世不能識，故明目，不形咲人，亦不睇□(睨?)[⑤]人婦女，故眉目明好，在所爲人中師。六十者，世世自念，後世亦念人善，故眉好如半月，悉見十方之事。六十一者，世世不瞋恚變色，故眉光澤。六十二者，世世見怨家親屬心正等，故眉柔潤。六十三者，世世憙事明師，欲解後(俊?)[⑥]妙深經，故眉紺青色。六十四者，世世見人説經，不求短以語人，故耳洞聽聞天上。六十五者，

---

① 丏，録本作"匃"，乃"丏"之或體。《玉篇·勹部》:"丏"，同"匃"。

② 此闕字似當爲"聞"字，待考。

③ 《玉篇·目部》:"瞑，目垂也。"

④ 瘳，此當爲"眵"之换旁俗字。《説文·目部》:"眵，瞢兜。"徐鍇係傳:"瞢兜，目汁凝也。"

⑤ 此缺文似當爲"睨"字，待考。

⑥ 後，此似爲"俊"之借字。待考。

世世不家(?)[①]人耳,不據(?)[②]人耳及手足,故耳不大小,亦得其中,潤澤好不聽聲。六十六者,世世見行道自守者,不敢驚恐之,故識事不忘。六十七者,世世所聞經法不增減其義,故額長六寸,威神生。六十八者,世世教授以次第,故髮隨次澤好,不受塵垢。六十九者,世世與人語常和顔悦色,不罵詈惡口,故髮細好無比。七十者,世世恭敬師及明人持戒者,以醍醐、麻洩(油?)[③]及所著衣物施與人,故髮潤澤姝好。七十一者,世世以諸功德教授人,故髮均遍,無間缺,人見其髮,莫不喜者。七十二者,世世見人是非,不傳説其善惡,故□污塵不著人,亦不見其惡。七十三者,世世不滅佛前及人燈火,故塵垢不著,其髮生光耀。七十四者,世世以好意與人冠憤(幘)[④]、貂蟬、覆髮、巾席,故髮文聚,生威神□,見無厭極。七十五者,布髮令父母、師蹈之,故髮文相見,知十方人所念。七十六者,世世欲得珍寶物者輒善與□,故髮遍等如盡,所願悉得。七十七者,世世欲使人以戒,不從索物,常願與善師明經人共從事,故髮文相生其間,如瓶威業,聲聞十方。七十八者,世世教同學明經者,故髮齊等意定。七十九者,世世所學,作輒而竟之,故功德成就。八十者,世世常饒益人,使安穩,故慈心所説,曠盪潤懿,無有窮極,世世菩薩所行如是。

慈仁問八十種好經。

---

① 此字疑有誤,待考。

② 此字疑有誤,待考。

③ 洩,此疑爲"油"之形訛,待考。

④ 寫本中"忄""巾"相亂,此"憤"乃"幘"之俗體。

No. 2868 佛説决罪福經

[題解]

中國人假託佛説所撰經典，又名《慧法經》、《惠法經》、《决罪福經》，作者不詳，或爲曇無讖譯，二卷。已知敦煌文獻、吐魯番文書中存有九號：中村不折 144（存卷上之後部分及卷下），斯 4526（卷下，首殘尾全，無尾題），俄 Дx. 6857（殘片），俄 Дx. 9973（殘片），俄 17847（殘片），大谷文書 5784（殘片），山口長順所藏吐魯番寫卷 114 號（首尾均殘），以上爲有殘缺者，共七號；斯 11753，德國國家圖書館藏吐魯番文書 Ch/U6466（殘片），以上 2 號情況不明。此經主旨在强調末法佛教衰敗時如何修持佛法以求滅罪得福。從本經殘存的部分來看，主要圍繞着慧（惠法）菩薩和佛陀的對話展開，其内容主要爲説明人的罪、福的來由，以及如何在佛滅度後的"五濁世"中興福去罪的諸多方法。同時此經還着重提到持戒的重要性。經文中還提到在佛滅度之後，文殊菩薩化現各種形象，在世度人，衆人應當依止。持戒和依止化身的文殊菩薩被認爲是興福除罪的重要方法。此經最初爲僧祐所著録，出現時間當在 518 年之前。智昇編輯《開元釋教録》時尚見此經，則此經至少於 730 年尚於中國流通。清代以前歷代大藏經未收，今《大正藏》據中村 144 號録入其第八十五册。湯用彤《漢魏兩晋南北朝佛教史》之第十五章《南北朝釋教撰述》就六朝僞經出現的背景及原因作了説明，該書第十九章《北方之禪法、净土與戒律》對《佛説决罪福經》、《提謂波利經》等部分疑僞經和三階教的情況進行了簡單的考察（湯用彤《漢魏兩晋南北朝佛教史》增訂本，第 446—447 頁，北京大學出版社，2001 年 1 月版）。今校注仍以録本所據卷中村 144 號爲底本。參校甲本，斯 4526 號。

佛説决罪福經卷上

□□□[①]明師守□□□自濟度命，應早□□□命也。天之精，人之命也。□□□壽也。益，燒香然(燃)燈，爲益壽命。施□□□□□(五)[②]綵幡五丈三枚，自上名字著幡上。所以五丈者，用人犯五戒、有五罪故，故五丈也。所以三枚者，用救三惡道、有三尊來出三界故。罪大難救者，作七味飲食，飯諸聖衆，具三法衣，持齋戒七日，日三過；自責己[③]過——身、口、意所行；自歸三尊，奉持八佛名号[④]，燒香散花，燃燈供養；具滿七日，布恩種德，慈心衆生，養育窮老[⑤]；若與清净道士，即得增壽，除滅宿罪。應爲縣官水火所中、亡失財産者，亦當齋戒，自責本罪，速立福施，用當滅之；一若滅，滿再至三，罪即消滅。又當隨師教敕，不當疑師；師深入經藏，不可以生死常意度量師也。爲人師法大難。師爲重任，亦僞(爲)保證，不得隨弟子低仰，令失道法，現世不利，死入地獄。如是爲縱人作罪，爲無大慈，爲不示人大明，爲不救人之命，令人作惡[⑥]，亡失壽命，皆是師過。師教弟子，不隨師教，不信不受，後日弟子死入地獄，雖欲引師，天神證之。師教不行，其人自作罪了，不豫師事。

慧法菩薩白佛言："世尊！佛泥洹後，當五亂世：一者人民亂，二者王道亂，三者鬼神亂，四者人心憂怖亂，五者道法亂。當爾之時，四輩弟子用法云何？能獲度世不？"

佛告慧法："當爾之時，四部弟子皆志弱戒羸，不守根門，放咨六情，散心亂意，雜學外經，口腹辭煩，心穢行貧，競求華名，色色相遂，富富相從，澄澄

---

① 首缺。

② 五，録本作缺文，此字底本尚可辨，兹據補。

③ 己，録本訛作"已"，據底本改。

④ 號，録本訛作"受"，據底本改。

⑤ 老，録本訛作"志"，底本實作"耂"，乃《顔氏家訓》所謂"'先人'爲'老'"之例。

⑥ 惡，録本訛作"德"。底本實作"恵"，乃"惡"之俗字。

行步①，心不存道，口説雜語，衆欲迷心，衆熊（態?）②自隨，言行相違，死詣太山，官③罪福已定，將欲自悔，不肯聽之。入三塗者衆，獲人者少。"

慧法白佛言："爾時四部弟子慄繞穢濁，濁翳不聰。奈中人師云何救人？何能得佛意也？即不得佛意，亦不能致下天神，常不能自度，安能度人？"

佛告慧法："爾時衆生求佛者多，猶如衆星；得道者少；能持戒守道者，猶如日月。破我法者，是我弟子，非他人也。飲食行步，坐④起服飾，故與世間人無有異也。諸天不樂，不復降屈。災乘（業?）⑤流行，水草不調。五穀⑥不收，梨庶飢覲（饉）⑦。水穀不滋，食之無味。面無精光，民多疾病，腹腸不和。諸躬惡鬼，因衰病之。遂便卜解，諸禱神祇⑧，牛羊雞豚，酒脯⑨腝（祭）⑩腏（餟）⑪。魑魅鬼神，因得飯食，隨行入出，變其身刑（形），作死者像，假託名字。因其衰耗，病人示（麽）⑫小。或時殺人，耗人家⑬居，所向不利，其人終

① 步，録本訛作"安"，據底本改。

② 熊，此似爲"態"之訛字。待考。

③ 官，録本訛作"宫"，據底本改。

④ 坐，録本訛作"生"，據底本改。

⑤ 乘，底本作"[illegible]"，似爲"業"之訛俗體，待考。

⑥ 穀，底本作"槃"，乃"穀"之俗體。《齊民要術·五穀》："《山海經》曰：'崐崘墟……上有木禾，長五尋，大五圍。'郭璞曰：'木禾，槃類也。'"《大字典》編纂者按："《齊民要術校釋》作'穀'；《山海經》郭璞亦作'穀'。""槃"蓋"穀"之左上部"𡉊"换成"声"，左下部的"禾"省訛成"木"，偏旁移位而成的俗字。"槃"則又爲"槃"字之訛（右上部訛"殳"成"攵"）。下文"水穀不滋"之"穀"底本亦同，不復出注。

⑦ 覲，此當爲"饉"之借字。

⑧ 祇，録本訛作"秡"，據底本改。

⑨ 脯，録本訛作"腩"，據底本改。

⑩ 腝，當爲涉下"腏"類化增旁而成的"祭"之俗體。

⑪ 腏，同"餟"。《漢書·郊祀志上》："其下四方地，爲腏，食群神從者及北斗云。"顔師古注："腏字與餟同，謂聯續而祭也。"

⑫ 示，此字録本訛作"示"，據底本改。《龍龕手鏡·小部》："示……正作麽，麽示，細小也。"按："示"乃"尛"之會意俗體，"尛"則又爲"麽"之後起俗字。慧琳《一切經音義》卷第四十六《大智度論》第五十三卷音義"溼麽"條："莫可反，秦言'石'。依字，《通俗文》：'細小曰麽。'《字書》：'麽，小也。'論文作'尛'，此猶俗字也。"[T54n2128p615a20]

⑬ 家，録本訛作"寂"，據底本改。

不自知。行違佛教,謂事佛已,及更衰食,不知行違所致,不能自責,反怨天神,止不作善,禱羊祠祀,忽不全命,死入地獄。其有守戒,如法修行,不隨沈浮,正身執行,法服少欲,能行四等心,慜念十方人,此皆大菩薩也。雖在衰亂之世,故有是輩真人,處處教化。由有是人,万民各得馳詣,諮受聖化,遠地獄行,求度世道。如是守行之人,則能豫知吉凶。天神語之,不得自大言:'天神來與我語!'未得道者皆當有病者,知爲宿罪所致,當自滅之。成我法者是我弟子,破我法者是我弟子,實非他人也。"

慧法白佛言:"後世人民及諸弟子行違禮戒,天災運行,衆生受殃,痛當奈何?由師不明,教戒不功,不如佛語,故使爾耳。"

佛告慧法:"如汝語無異。若有明師教戒男女,宣佛正法,教戒人民,習學者衆。衆共誹之,或憎疾(嫉)[①]之,令[②]佛法衰洛(落),正教隱幣(蔽)[③],而無長益。是佛法中大魔,令法毁壞。"

慧法白佛言:"後[④]末世時,師法不明,可止不學佛法耶?"

佛告慧法:"人身難得,經道難聞。當遠求明師,從受五戒,慈孝奉事,給與衣食,病給醫藥,香花燈明,無令乏[⑤]少。六齋順命,可從得福,得道得果。"

慧法白佛言:"欲受戒法,當須行入經律。清净明師善能通知佛言教者。所以者何?師者猶父,父健事官,得中徹達[⑥]公卿及二千石,諸家宗親,中外眷屬,莫不蒙榮,户口所受郡縣小吏不敢嬈近。若子犯罪,皆除滅之。何況常人耶?佛法亦爾。師之戒净,疾得作佛;弟子蒙光,除重就輕;戒越三惡,超度無量,亦如國王第一太子起就高位,不與民庶小吏同也。"

佛言:"如是!如是!如汝所語,無有異也。"

慧法菩薩白佛言:"若有善男子、善女人或病或衰,若有縣官事,爲宿罪

---

① 疾,此當讀如"嫉"(二字《廣韻》皆可音秦悉切)。

② 令,録本訛作"今",據底本改。

③ 幣,此當爲"蔽"。

④ 後,録本訛作"復",據底本改。

⑤ 乏,底本實作"之",此處乃"乏"之省筆俗體。録本校作"乏",是;然未出注,失真。

⑥ 達,録本訛作"噠",據底本改。

所追，欲悔過求救，或欲求後世福報，應以花香、財寶、衣服以用布施。若繒綵幡蓋上佛求福，寧復持戒道士耶？爲隨意所喜乎[①]？"

佛言："我還問汝，汝隨意答我。譬如大國王，王有數子，太子以下皆悉不肖，唯窮小子聰明慈仁。王百年後，國當付誰？"

慧法對曰："與小子，所任重故。不肖子者，不能爲國重任。"

佛言："迦羅越王財富無量，家有數十子。長子、小子皆悉不肖。中子黠慧，慈仁孝順。財藏内門户當付與誰？"

慧法白佛言："不肖子者破壞門户，不可任信，必持父母財寶向不肖地用之，不益父母。"

佛言："如是！如是！於我法中亦復如是。若善男子、善女人欲布施，幡綵、花蓋、衣服、珍寶、財貨，最[②]當得清凈持戒[③][□][者][④]；入律道士最急，給乃成福德，乃墮三尊地；與不持戒者，便不成福德。或用飲食，或欲意用之，聚[⑤]合不肖，飲噉不時，不念施家，自廢身、口、妻、子之分，以佛法故，布施道人。然道人不惟佛恩，受人信施，身得財利，不計罪福，不時用之，又徹神明，不得大富，非爲無福也。"

慧法菩薩白佛言："若有善男子、善女人爲鬼所病，若呼沙門讀經，爲從意所好，將須清凈耶？"

佛言："益須清凈，乃能除伏諸魔鬼耳，亦須至心。"

佛時時頭痛，呼："舍利弗！爲我讀經。"

時大迦葉白佛言："經本從佛聞受，舍利弗所不知，不及佛一毛之智。云何反更爲佛説經？"

佛告迦葉："我欲聞經。我身甚極，告[⑥]舍利弗，速來爲我説經。若我度世後，諸弟子等失於覆護，未得道者皆在魔界，亦當爲魔所饒。我不欲令諸

---

① 乎，録本訛作"兮"，據底本改。
② 最，録本訛作"罪"，據底本改。
③ "持戒"二字底本、録本作"戒持"，據文意乙。
④ 者，底本、録本無，據文意補。
⑤ 聚，録本訛作"身"，據底本改。
⑥ 告，録本訛作"苦"，據底本改。

弟子共相輕易、賤慢經法故也。”

決罪福經卷上。

佛説決罪福經卷下

慧法菩薩白佛言:“若善男子、善女人受佛五戒,或受十戒,或作沙門受二百五十戒,欲求度世道,宿罪所[□][追]①,庶不得如意;或宿命行惡,怨憎四起;或短命,或處亂世,横爲時乘(業?)②行鬼所病,命在呼吸。其人至心歸命求救,宿罪所追,當云何滅之耶?”

佛言:“汝所問大善。爲求一切凶禍之殃除滅,宿罪劫災滅患,示人大明,爲安一切,無不蒙汝得福得度。善思念之,内著心中,廣度一切。若人奉佛戒法,欲求度世道,有宿罪所追,或命短應救之者,若有瑞應、鳥鳴人名字者,名已上計,宜十味飲食供養聖衆,作三法衣、五色幡蓋、五丈燃燈上佛,上鬼王母七燈,上四天王各一燈,上帝釋一燈,燒香散花,受持齋戒,三時悔過,自責本罪。用七種香著油中,用好麻油,新布作柱(炷)③,鮮潔好土,於净食器中和用,新給一投好水澡手,器物務令鮮净,除去勳辛,内著心中,終不歷口,處于宗廟,晝夜精進,七日七夜。天曹鬼官記注大功,以功除罪,即白帝釋,增壽益算,除罪定名,禍滅福生,即得如願④。上富者千人施,中富者五百人施,下富者二百人施。幡亦三品:上品者五丈,中品者三丈,下者一丈五尺。法衣亦三品:上者七具,中者五具,下者三具。”慧法白佛言:“若有貧窮之人,衣食不續,衆罪所追,應須檀施幡綵法衣,不能得者,法當云何?”佛言:“貧亦三品:下貧者作七人,施幡五尺三枚;中貧者幡一枚,法衣一具;至困貧者,花香燈明隨力所辦,盡心盡意,守持齋戒,經十五日,亦得解脱,從心所願⑤。”慧法菩薩白佛言:“世尊!瑞應云何知之輕重耶?”佛言:“道俗俱有瑞

---

① 追,底本、録本無,據文意補。下文“其人至心歸命求救,宿罪所追”、“若人奉佛戒法,欲求度世道,有宿罪所追”,可資比勘。

② 乘,録本作“乘”,底本作“𭀚”,似爲“業”之訛俗體,待考。

③ 柱,此當爲“炷”之形訛。《玉篇·火部》:“炷,灯炷也。”

④⑤ 願,録本訛作“須”,據底本改。

應。菩薩初生時有三十二瑞應，菩薩十道地有十夢瑞應爲證。俗人生時無有瑞應，欲死之時乃有瑞應，亦有三十二瑞應，亦有十種惡夢爲瑞應。何等三十二瑞應？一者大鳥悲鳴，二者小鳥入人舍，三者見白光，四者狗看井中，五者狗卧人床蓐上，六者狗向人涕，七者狗嘷，八者梁折，九者屋暴（撲？）①，十者屋椽白，十一者釜歷赤，十二者釜底白，十三者突白，十四者面見鬼持兵杖入人舍，十五者飯中虫生，十六者鼠②作鷄鳴，十七者犬亡去、若他人犬亡來，十八者鏡中面像不現，十九者人身漸自損痩，二十者卒大肥好，二十一者人身易常，二十二者舍中自火③曉（燒？）④，二十三者鬼呼人名字，二十四者竈中烟火反出，二十五者鼠⑤於門户邊作土墳，二十六者鼠⑥取⑦草於門户井竈邊，二十七者鼠⑧墮窗中，二十八者甑自上釜，二十九者衣冠自赤⑨，三十者野虫鳴，三十一者野虫入人舍中，三十二者飯⑩自赤⑪，是爲三十二瑞應也。十種夢者，一者夢入獄，二者夢爲吏所縛，三者夢一切齒⑫隨洛（落），四者夢載車而去，五者夢墮大水不出，六者夢墮井不出，七者夢屋顛著地，八者夢門户墮地，九者夢爲垣所填、若墮深⑬坑者，十夢爲火所燒。是爲十夢，皆爲凶瑞，是可救者也。唯有餘瑞，甚多無量，不可救者，故不記之也。若有小應亡失財産者，教令疾出財貨，速作福施。是人宿世福盡，罪來違人，當令⑭懃修德本，以助身神。若福生者，其身則利；若遭遇水火縣官事者，皆宿命罪，當以福德除之。是人宿命福盡，身則不利。身不利者，當修福德，則利其身。”

① 暴，底本作“[illegible]”，似爲“撲”之訛俗體，待考。

②⑤⑥⑧ 鼠，録本訛作“舉”，底本實作“[illegible]”，乃“鼠”之俗字。

③ 火，録本訛作“大”，據底本改。

④ 曉，似當爲“燒”字之訛，待考。

⑦ 取，録本訛作“身”，據底本改。

⑨⑪ 赤，録本訛作“裁”，據底本改。

⑩ 飯，録本訛作“飲”，據底本改。

⑫ 齒，録本訛作“幽”，據底本改。

⑬ 深，録本訛作“梁”，據底本改。

⑭ 令，録本訛作“今”，據底本改。

慧法白佛言："願①説利身之法。"

佛告慧法："自覺不利、不偕偶者，當益持齋戒，益修諸善，慈心孝順，益布恩種德；當懃布施，燒香燃燈，散花供養，自責己過，不記人惡，見人之非，如聞父母之諱；唯當守護身、口、意業。若三業常善，災殃不復生，悔過即除罪，万惡終不來，所在即偕(諧)偶。"

慧法菩薩白佛言："若善男子、善女人宿世作罪，今世未得道，當何以知之?"

佛告慧法："先世借他人財布施，若竊人財、若劫人財、若遺地物用布施者，今世爲人，雖得大福，財物不久，過手便去；或逢怨家諸惡責(債)②主，爲人所劫，盗賊所詐，誑人取錢，常當憂怖遭逢懸官、水火、盗賊。宿世喜殺生，今世短命。宿世持痛施於衆世，今世恒多病痛。隨先世所種，今世自受其報。如種穀獲報，種福得福，種貧得貧。先世不布施，今世則貧窮。先世惡口，今世不得③念佛經之至味，多逢非禍。宿世隨分殺生，今世多逢疾疫。宿世探巢破卵，今世胞胎而死，或墮地而死。先世貪利衆生衣毛引角而殺者，今世當爲蠶蟲。先世焚燒山澤，今世數逢水火[之]④危害。先世以水溉灌狐、鼠⑤及城社⑥塢舍，今世數逢洪水，没溺而死。種病得病，種短命得短命，種殃得殃，種禍得禍，種⑦福得福，隨其⑧所種而獲其報。如種菓獲實，終不離本種。其身雖滅，而殃禍不朽。如影隨人，禍欲來時皆有瑞應。"

"不審罪欲來時復有瑞應不?"

佛告慧法："罪可卻者皆有瑞應。復有無者，亦復烏鳴犬嘷，忘(妄)見赤

① 願，録本訛作"須"，據底本改。

② 《正字通·貝部》："責，逋財也。俗作'債'。"下同"債"之"責"徑用括弧注出，不復出校。

③ "不得"前底本尚有"不世"二字，當爲"不得"之誤書，書手發現後旋後即正之，而誤字並未除去。茲據文意删。

④ 之，録本脱，今據底本補。

⑤ 鼠，録本訛作"舉"，底本實作"鼡"，乃"鼠"之俗字。

⑥ 社，録本訛作"杜"，據底本改。

⑦ 種，底本作"種種"，有一"種"字當爲書手誤衍，今據文意删。

⑧ 其，録本訛作"某"，據底本改。

光狐猫爲戒[①]，惡夢忿忿，不可一一申説。若其有者，宜速建福。建福之時，當發心言：'今所作福，用償宿責(債)，亦用除罪，亦使其後得無極福。今十方一切諸天人民皆因我福當得解脱，能如是皆得擁護。'應當亡失財業者，宿命罪故，即當出家財，作福當之。有失不施，不受佛語，老[②]不止淫，習行邪道，事彼蓋鬼，祭神求福，爲自侵欺，開三惡道，背正入邪，去福就罪，居衰事神，招禍騫(愆)[③]咎，厭活殺親，厭樂劫人，厭苦行仁，厭貧惠施，厭賤行敬，厭醜行思，厭富行慳，厭壽殺生，厭長不起，厭飽棄散，厭老[④]呪咀，厭安行危，厭危行安，厭安行善，厭善不施，厭死行道。數息入禪，行滅乃安，心滅乃得泥洹。日照晝，月照於夜，禪照於道，鏡明照形，甲兵照軍，禪照道人。日爲人日，月爲天精，道爲人民父，戒德爲人母，同師則兄弟。道法之親，重於血脉。是故人當忠信孝順，累劫無患。忠信孝順，人所覩見。學在一意，事事應真[⑤]。賢者精進，可得脱身。不奉戒法，恣心放意，罪生如雲，四道閉塞，三塗開張，罪根彌大，受報無竟。人心念善，即有善報；心中念惡，即有惡報。心念道，後即得道。心爲罪福君，亦爲道子，亦爲万物之母，亦爲大泥梨。善惡好醜，貧賤富貴，賢愚苦樂，皆從心生。自在所作，自得其報。黠人見諦，計生時之日，非[是][⑥]死日之壽。諦自計念：'我身不久，亦當歸死，罪福所録，不得自在，不如正心定意，一心向佛，奉事明師，布施持戒，忍辱精進，一心智慧，懃行四恩，惠施仁愛，利人等利。又當行四等心：一慈衆生，如母愛子；二悲世間，欲令度墮；三解脱意，心常歡喜；四護一切，使不墮罪。身自能爾，又悔他人，唯此爲快，終遠惡道，死得生天。坐呼立到，五欲在前，未脱死地，甫近道陌。'"

惠法白佛言："如世尊所説，衆生盲冥，不知罪福隨人運行、追人不置。若善男子、善女人先世愚癡，殺父母伯叔或外祖父母，或殺沙門道士，或殺君

---

① 戒，録本訛作"或"，據底本改。

②④ 老，録本訛作"先"，底本實作"耂"，乃"老"之俗字。

③ 騫，録本訛作"塞"，據底本改。[清]朱駿聲《説文通訓定聲·乾部》："騫，叚借爲'愆'。"

⑤ 真，録本訛作"冥"，據底本改。

⑥ 是，録本脱，今據底本補。

主，或殺夫，或女殺母及兄弟子，或奴婢殺大家，先世犯此罪，故死入地獄，不可計劫。刑罪乃竟，因前餘福，得生爲人，或尊或賤，或男或女。生於惡世，或逢縣官，或遭疫病。毒然之世，殘罪所追，命在呼吸。欲救之法，與上同不？願[①]聞其意。"

佛告慧法："所問甚善。多所度脱，慈心乃爾。諦聽！諦聽！善思念之，内著心中。佛當爲汝分别説之。"慧法菩薩與諸四衆唯唯諾諾，一心聽受，順樂欲聞。

佛告慧法："汝今所問，不與上同。上者罪小，今所問者是爲大罪，是五逆不請之罪。雖刑竟得出爲人，會當遭死。或遇縣官囹圄繫閉，或得重病。如是人輩，非這一類，或尊或卑，或貴或賤，或信道，或信俗，或用法，或不用法。用法者皆應立塔廟，出身中所愛之物，以用上佛及故檀施，奉上幡綵，燃燈燒香，乃可勉危、還年服壽耳。"

慧法白佛言："若人有急之際，發心許設當立寺廟及諸福事，以因發意作功德故，尋時得差(瘥)。差(瘥)後心悔不作云[□][何][②]？"

佛言："其人發意，徹達神明，諸天尊神司命司録承佛聖旨，因其大功，便爲除死藉，定生名，下至地獄，語獄鬼言'囚罪之人某甲等輩，已與大福，起立塔廟，施行六處，功續可賞，今當還其本壽'等，共聽之解放某甲魂魄。若繫閉牢獄，若重病命在呼吸，天曹使者絡繹分布，文書風行，周遍天宫來下，遍地獄中，以因佛法立功德故，即平書聽放，罪人即得度脱。差(瘥)後魔復持之，或令其人心悔、相悔、信悔，父母、兄弟、妻子、外家爲作留難，或沙門婆羅門亦作留難，或有沙門依因法律教戒立功德者，其人不計久長度世大福，趣求目前可意之利、隨家之便，因共前郤兩不和合，便不施立。當覺知魔爲或(惑)，適施設横，遇[③]縣官水火，亡失財物，因止不立，欺負諸天神明，自重前罪。當知是人命不久存，亦不得終本壽命。"

慧法菩薩白佛言："若善男子、善女人許心以後，沙門相違，不得自從，更

① 願，録本訛作"須"，據底本改。

② 何，底本無，據文意補。

③ 遇，録本訛作"過"，據底本改。

索隨意所喜沙門，爲可不乎？”

佛言：“末世奉道人持戒[1]律者少，慢法者多。五亂之世，與福大難，多有魔事。大福有三難。何等三？一者，發意欲作沙門難；二者，欲立塔寺難；三者，欲無極大施槃遮等（竿）[2]瑟難。是爲三難。是三事中多有魔事，須得入律持戒之人及能降伏魔事，乃能使御人心。人心趣向道門，成其功德。若前人奉律守戒者，是爲依佛律藏，財隻（獲？）[3]所宜，應顯佛德，令立士女大福之心，不可自隨心意而遺忽沙門也。若前人不奉法律，更可索持戒人法者。”

慧法白佛言：“沙門樂净，俗人樂衆，鵄[4]梟樂塚，群鼠[5]播居，志趣不同。沙門或欲在屏處山中田澤立塔者，或有欲廣度男女、與顯佛德、益主人福者，[□□][或有][6]處在大國之中立塔廟者，或有善男子、善女人或欲自出其地而作塔者，或欲因故塢舍作塔廟者，欲得自近朝夕禮拜者、香花供養者，兩[7]不和合，當復云何？”

佛言：“末世時人民富，各各競起塔寺，但求名聞，不求久長大福。有請沙門，欲作久長大益。然諸居士求目前小利，不計道之大利益。所以作佛圖、佛圖獻形像者，使人禮拜，燃燈燒香，幡綵花蓋，供養奉獻，度人爲福。又，道場沙門止住精進行道，滅惡守善。猶如治穀，糞壤取子，是故爲場。場之與道，二事相須，欲多住沙門，於中誦經久長。有沙門者，福德大多。私作塔者，不住沙門，但爲白衣舍，不得大富，非爲無福也。後末世時，人多賣福。云何賣福？爾時人民父母起[8]私寺廟，子孫肖，或多窮乏而賣伏（浮）圖[9]，則爲賣福。復自燒身，用伏（浮）圖錢入身故也。”

慧法白佛言：“買福者有罪無也？”

---

① “持戒”二字底本、録本作“戒持”，據文意乙。

② 《正字通・竹部》：“竿，本作等，隸作竿。”

③ 隻，此似爲“獲”之訛省，待考。

④ 鵄，録本訛作“雞”，據底本改。

⑤ 鼠，録本訛作“舉”，底本實作“[illegible]”，乃“鼠”之俗字。

⑥ “或有”二字底本、録本無，據文意補。

⑦ 兩，録本訛作“爾”，據底本改。

⑧ 起，底本作“起起”，中有一“起”字當爲書手誤衍，今據文意删。

⑨ “伏圖”當即“浮圖”，乃梵語 Buddha 的音譯，此指佛塔。下“伏圖”同，不復校。

[□□][佛言]①:“若知情者有罪。”

慧法白佛:“買者修治供養,何緣有罪?”

佛言:“汝不買者,何緣得罪?”

“若有人許立塔,後不能獨成,欲買修治,爲可不也?”

佛言:“不當也。譬如有人身自罪後,復更共他人重罪者,從事知情,云何曰‘畢’?”

“爲人所引,其主貧窮,不能供養,布施者可受不?”

佛言:“可受。不當主人分,罪不除也。”

慧法曰:“男子女人若牢獄繫閉,若病困,許心建福已,後得願②爲己罪除。云何不除?”

佛言:“宿命餘罪追之,故得縣官疾病。發意作福,當得解脱。當新立神室像廟,乃可滅宿罪,令得盡本壽,因故塔修治者這(適)可得福,不當得罪也。”

舍利弗退座叉手白佛言:“末世時人,心意穢濁,未得道者云何知是福罪也?”

佛言:“彼過非新,則觀其故。若繫閉囹圄、法應死者,人事不通,道窮首死。若病,醫藥不救,與心立福,德力流行,天下赦書,爾乃得脱者,當知是人先世犯五不請罪,雖地獄刑竟,得生爲人,微罪所追,故致艱難。大功德生,乃得解脱,則知是宿罪。”

舍利弗白佛言:“四輩弟子自可生心起福,因得自救。愚夫俗士獨不蒙大恩,是義云何?”

佛告舍利弗:“得善知識教戒者,亦得蒙度。不得善知識者,則不得救也。”

阿難白佛言:“新作佛像,得何等福?”

佛告阿難:“作佛形像,世世端政,死後生天,爲諸天所尊,天中端政。作佛形像,世世尊貴豪富,人無及者,聰明智慧,衆人中王,百國之王皆悉屬之。

---

① “佛言”二字底本無,據文意補。

② 願,録本訛作“須”,據底本改。

作佛形像，世世不生邊地，常生中國大王之家，常得父母、兄弟、伯叔中第一愛敬。作佛形像，世世不墮三塗八難，常遇三尊，世世無病，不爲鬼神之所觸嬈，求作沙門，則得從順。阿難，作佛形像，其福大多，今我少説耳，可滅大罪。作佛形像，世世身黄金色，一一毛孔各出種種微妙異香，世世自識宿命。”

阿難白佛言：“甚善！甚善！要須清净沙門及諸白衣深笁（竺?）信[①]者，可共作乎?”

佛言：“如是作佛精舍，圖列形像，令四輩禮拜，勸動人心，其福弘大，要須沙門乃得成就深大功德。”

慧法白佛言：“人作五逆罪已，起於塔寺，作佛形像，福能滅不?”

佛言：“五逆罪火不可卒滅也。死入地獄，具受衆罪。天地破壞，地獄破滅，徙[②]著他方餘地獄中。天地破壞，復徙[③]著餘他方地獄中，受罪劫壽，不可復數。如是當更數千万歲，地獄刑竟，當墮畜生下賤奴婢，數千万劫，罪畢乃出，得生爲人。先世福禄，便爲貴人；先世無福，則爲賤人；其福薄者，則爲中人。雖得爲人，微罪所追，不盡受命，中彼口舌，囹圄繫閉，水火盗賊，怨家困病，應立塔廟，作佛形像，青白道士呪願[④]勸莇，此福乃當滅之，爾乃能滅殘微罪耳。未[⑤]轉身者，所有大罪乃當心解空慧，曉了本无，要須深入善師，乃能解心之結。若心結解，乃能除滅重罪，法言之士乃能得佛意，如文殊師利等乃能解心之迷結，除人之重罪耳。”

阿難白佛言：“世尊在世，文殊師利出；世尊泥洹後，文殊師利去世。人民若犯五逆大罪，了不蒙救邪濁，不勉大罪，一何痛哉！天中天！”

佛告阿難：“汝莫憂也。本無汝心，心如本無，自在心耳。我滅度後，文殊師利懷四等心，所在變化，或爲國師道士，或爲明經居士，或爲沙門梵志、

---

① 笁，似當爲“竺”之訛字。《説文・二部》：“竺，厚也。”段玉裁注：“《爾雅》、《毛傳》皆曰‘篤，厚也’。今經典絶少作‘竺’者，惟《釋詁》尚存其舊，叚借之字行而真字廢矣。”“笁信”當即“竺信”，後多作“篤信”，謂深信不疑。

②③ 徙，録本訛作“從”，據底本改。

④ 願，録本訛作“頌”，據底本改。

⑤ 以上甲本殘。

心樂困（閑）①居無爲隱士，自見容顔不足，内有權慧，無事無曉，無物不知，心清意净，等救一切，無物不濟。如是人輩，當知即是文殊師利現生濁世，清净自守，守法護戒②，深解深入，智度無極。外如頑愚，内有聖智，則可依仰，能勉大罪。處處有是真人。”

阿難白佛言：“後末世時，當何以知是文殊師利正士？”

佛言：“其人守戒清白，心無增（憎）③愛。有憂愁呴尸羅曉了是經，自歸是經，執在心壞（懷）④，能廣度一切，以此經法化度人民，莫不信用，當知是沙門梵志則是文殊師利。”

於是文殊師利即從坐起，長跪叉手白佛言：“我於末世，現爲白衣，正非法者，現爲沙門。處在亂之中，獨處困（閑）⑤居，休息六神；處在衆中，我獨淹湛⑥若眠。衆人有智，而我獨頑；衆人六醉，我獨六明；衆人樂苦，我獨樂洛（樂）⑦；衆人習危，我獨習安；衆人多事，我獨無爲。所以爾者，欲爲一切作導首故。未得道者，皆當一切静坐，無爲無事，守戒清净，少欲易可，乃可得道。我於末世爲衆導首，證佛無上正真大道，當令人民咸知法禁，當清净學之。無世求道之法，像我現有道人證令樂行道者，真人菩薩有能教我等戒，無欲無爲，六情休息，自致泥洹。”

佛告慧法：“如文殊師利所爲，爲益一切，爲正大法，證於法律，清净持戒，慎護威儀之表也；令法久存，爲有長益。若後末世有能守護戒、閑居無欲、無事少緣、行來不處穢濁、青白守真者，皆文殊師利，當遠求之，承事供養，從受五戒。若有衰喪不利，疾瘦死亡，縣官口舌，當從求福，隨其教令，所當與爲，唯順從命，隨所當得，以福除罪。所有物出，皆當衰滅。道德之人，

① 困，録本訛作“因”，據底本改。此“困”當爲“閑”之訛字。該字甲本作“閑”。

② 戒，録本訛作“或”，據底本、甲本改。

③ 增，此當爲“憎”之借字。

④ 壞，此當爲“懷”之訛字。該字甲本作“懷”。

⑤ 困，此當爲“閑”之訛字。該字甲本作“閑”。

⑥ “淹湛”二字典籍中或作“黯黮”“黭黮”“晻黮”“黯黕”“黤黮”“黤黕”等，昏闇貌也。

⑦ 洛，此似當爲“樂”之借字（“洛”字音盧各切，與“樂”音同，例可通假）。

言必致神，可不從篤信？信之獲大福，誹之致殃咎。世人難開化，矇朦不識真如。聾聽五音，語之不入耳，教之不肯行。生死本從癡生，十二相因緣，衰苦不斷絶。五道如車輪，正言正似反，誰肯信用者？唯有應天種，乃能信受行。生不力行善，死後甫悔及？水不可收，罪福身自當。譬如人刑（形）影，不可復負易。行善得善，行惡得惡。惡世不可行惡，惡人先勝後負，先吉後凶。善世不可失善，失善者爲自罰。勿繋小善，以爲無福；水渧雖微，漸盈大器；小善不積，無以成身。無輕小惡，以爲無罪；水渧唯微，漸成大器；小惡不積，不足滅身。吉凶禍福，皆由心生，不可不慎①。五戒爲人本，十善福之根；五戒德之根，十善天之種。佛爲一切父，經爲一切母，同師者則兄弟，累劫常親善。五戒者是人五體，五戒具者乃成人身；若缺一戒，則不成人。若人不具五戒，故爲②人者少，作畜狩蜚鳥者多，所以有三惡故。復有三事惡，令人入三惡道。何謂爲三事？一者，口言惡；二者，心念惡；三，惡身行惡。已（以）此六事，若滅法，人形死，不復生也。凡人皆有是六惡。凡人身與此六惡合，故不得道也，下入三塗，罪苦難當，受之無量。愚夫求名譽，快心求所欲，不固（顧）③後[□][世]④咎，積罪如太山，肉眼無覺見，後詣閻羅王，地獄不問餘，但驗生時事，神識自守服，不敢懷隱欺。天神明善惡，毛髮不差錯。聽其根故，能行禁戒；違⑤背禮教故，致命早終夭。賢者觀始終，不敢自放恣。賢人樂戒死，不肖⑥犯戒生。世間有二事，是人所貪利：一事者不能益人神，二事者能益人神。一事者官爵禄位。此但空名字之耳，不能益人神，身死神遠逝；譬如鳥孚皮棄地，子不因卵形變化亦復如是。譬如蠶蟲繭中穿糸出飛，變刑（形）易身，其神故一；人亦如是，身爲灰⑦土，神走於五道，身神各别去，所以不相知。二事者財貨。財貨可與福，福德可除罪，福德可度難，福德

① 慎，録本訛作“順”，據底本、甲本改。
② 爲，底本作“爲爲”，中有一“爲”字當爲書手誤衍，録本據文意删。
③ 固，此當爲“顧”之借字（“固”音古暮切，與“顧”音同，例可通假）。
④ 世，底本、録本無，據甲本補。
⑤ “違”字前底本尚有一“不”字，當爲書手誤衍，録本失校，今據文意删。
⑥ 肖，録本訛作“肯”，據底本、甲本改。
⑦ 灰，録本訛作“所”，據底本、甲本改。

可救危，福德除殃禍，福德可致道，是故知財貨勝於爵位。能因道用財貨者，是則於神有益；不能因道作福德者，與爵位不異，皆由世間病死之後，重官厚禄、群臣百官、父母、兄弟、妻子、眷屬愛徹骨髓，誰肯代①者？不可以爵位用御命，不可［□］［以］②契力用御命，不可［□］［以］③言辭卻無形之對、强留神住命也。唯有與福施德，乃有益神之效，增壽益算。如世間人有錢財，饒使用，得自寬④。我法中亦復如是。世人福盡罪至者，黠人便能施立大福，大福皆用財貨乃得成耳。夫布施者，今現在世有十倍報，後世受時有億倍報。不可計數，復倍億万。我常但説万倍報者，略少説耳，恐人不信，少説乃倍，其實不翅。如種菓樹，種示(麽)⑤小子，後生莖節，實不可計。布施之福，現世有十倍之報，今人所向偕(諧)偶，常得擁護，後世受福億億万倍，不可計倍。譬如種樹，後成大樹，根脉莖節、枝葉花實不可稱數。種惡得罪，倍亦如是。”

佛説是時，八万菩薩得［不］⑥起法忍，八万比丘漏盡意解，六万沙門得阿羅漢，八億天人發無上正真道意，二万優婆塞皆得須陀洹，六万四千凡人下髮爲沙門，八千人具受五戒，百三十人起福除罪。唯有三人殘罪所追，病著床蓐，發意立福，病者皆差(瘥)。

阿難白佛言：“此爲何經？云何奉行？”

佛告阿難：“此名‘决罪福經’，常奉持之，廣爲一切諸天人民布施説之。”

諸天龍鬼神阿須倫等，菩薩大衆，諸比丘僧及阿難等國王人民，莫不歡喜，作禮而去。

《佛説决罪福經》上、下二卷。

元二年，歲次水(?)⑦酉三月四日丙寅，僧尼道建輝，自惟福淺，無所施

① 代，録本訛作“他”，據底本、甲本改。

②③ 以，底本無，據文意補。

④ 寬，録本録作“覓”，底本作“寛”，爲“寬”之俗體。該字甲本正作“寬”。兹據録正。

⑤ 示，録本訛作“示”，據底本、甲本改。“示”字參前注。

⑥ 不，録本脱，今據底本、甲本補。

⑦ 此字疑有誤，待考。

造。竊聞《經》云"修福田莫[□][如][1]立塔寫經",今悕[2]崇三寶,寫《決罪福經》二卷,以用將來之因。又願師長父母、先死後亡、所生知識盡蒙慶祐[3],遠離三途、八難之處,恒值佛聞法,發菩提心,愚(遇)[4]善知識。又願含華(業?)[5]衆,普同斯願。

① 如,底本無,據文意補。
② 悕,録本訛作"怖",據底本改。
③ 祐,録本訛作"度招",據底本改。
④ 愚,此當爲"遇"之訛字。
⑤ 華,底本作"䔍",似爲"業"之俗體。待考。

No. 2869 佛説妙好寶車經

［題解］

中國人假託佛説所撰經典，又名《妙好寶車菩薩經》、《寶車菩薩經》、《寶車經》、《妙寶車經》。北魏時淮州比丘曇辯撰，後由青州比丘道侍改治，一卷。已知敦煌文獻、吐魯番文書中存有 5 號：中村 060（首殘尾存），伯 2157vb（首尾皆殘），俄 Дх. 6559（殘片），俄 Дх. 16874（殘片），出口常順氏藏吐魯番寫卷 232 號 l（首殘尾全，尾題“佛説□□菩薩經”）。此經第一部分圍繞寶車菩薩和佛陀的對話展開，首先宣揚佛的壽命無窮，接着提示三歸、五戒和懺悔等宗教行爲的重要性以及功用，繼而説明受持此經乃至此經名即能獲得不入三途等種種利益，誹謗此經則會獲得種種惡果。第二部分在形式上和上文似無關聯，所記載爲佛陀化作一道人至婆羅門家乞食發生的一小段對話，以譬喻的形式講法從而使婆羅門開悟。此經最早爲僧佑所著録，出現時間當在 518 年之前。中村 060 號尾題：“大業十三年（617），佛弟子張佛果爲劉士章善友知識敬造《寶車經》一卷。”説明至遲在隋初，此經仍在敦煌地區流傳。清代以前歷代大藏經未收，《大正藏》據中村 060 號録入其第八十五册。胡適《讀〈佛説妙好寶車經〉筆記》一文對此經的作者、年代及語言的韻、散風格作了簡要的分析，認爲“這是五世紀末葉出來的一部僞經”（載自楊曾文、杜斗城主編《中國敦煌學百年文庫宗教卷（二）》，第 37—38 頁，甘肅文化出版社 1999 年第 1 版）。蔡榮婷的《敦煌本〈佛説妙好寶車經研究〉》，回顧了歷代經録對該經的著録情況，對四件敦煌《寶車經》殘卷進行了校録、考釋，並對其内容與文學表現手法進行了探討（蔡榮婷的《敦煌本〈佛説妙好寶車經研究〉》，項楚、鄭阿財主編《新世紀敦煌學論集》，巴蜀書社 2003 年 3 月版）。今校注仍以《大正藏》所據卷中村 060 號爲底本。參校甲本，伯 2157vb 號。

▭①世時，有一▭菩薩言："夫一切萬民▭□(一)②切獄囚思得出不？一切病人思得差(瘥)不？如人在闇，思見明不？譬如慈母，思見子不？譬如遠行，思早歸不？譬如寡③女，思得夫不？譬如壁(躄)④人，思得行不？譬如貧人，思得衣不？譬如寒人，思得火不？譬如耕田，思得穀不？譬如盲人，思見物不？譬如聾人，思聞聲不？譬如亞(啞)⑤人，思得語不？如是種種，思之念之。佛道至尊，終不相欺。"

佛語寶車菩薩："我今語汝：須彌山南名'閻浮提'，西'俱耶尼'，北'欝單越'，東'弗于逮'。如是四方衆生，皆悉聞知。若欲聞者，如民得王，如囚出獄，如病得差(瘥)，如闇見明，如慈母得子，如遠行人得歸，如寡女得夫，如壁(躄)人得行，如貧人得衣，如寒人得火，如耕⑥田人得穀，如盲人得視，如聾人得聽，如亞(啞)人得語。有如是種種，思之念之。佛道世尊，終不相欺。"

寶車菩薩白佛言："世尊！如來壽命爲有幾年？"

佛言寶車菩薩："我今壽命，不可思議，巍巍堂堂，與日月同年。終日竟夜，遶須彌山，終而復始，亦無始，亦無原緒。若欲聞者，其事亦難。一切諸法，空無所有，無有常住，亦無器滅；譬如東、西，及以南、北，亦非青、赤，復非白、黑；喻如嚮聲，捉不可得。"

佛語⑦寶車菩薩："汝今應當教諸衆生普皆受持三歸、五戒、十善、八齋，轉身更生，盡得須陀洹道，斯陀含道，阿那含道，阿羅漢道，盡諸有漏，四道具足。"

寶車菩薩重白佛言："世尊！如來在世猶多怨疾，況滅度後？"

"其有誹謗此經典者，死入地獄，展轉其中，無有出期。痛哉！痛哉！痛

① 首缺。

② 一，底本殘，録本作缺文，據文意補。

③ 寡，底本作"⿱宀果"，乃"寡"之俗體。下"寡"字底本同，不復校。

④ 壁，此處乃"躄"之記音字("壁"音北激切，幫紐錫韻入聲；"躄"音必益切，幫紐昔韻入聲；二字紐同韻近，應可通假)。下"壁"字同，徑括注其所借字，不復校。

⑤ 亞，此當爲"啞"之省旁訛俗體。該字胡適即録作"啞"字。下"亞"字同，徑括注其本字，不復校。

⑥ 耕，底本作"⿰禾井"，與"耕"同。《改併四聲篇海·禾部》引《搜真玉鏡》："⿰禾井，音耕。"

⑦ 語，録本訛作"後"，據底本改。

不可言。吾今怜[①]於汝等，造作此經，如盲者不見日月，非日月之咎。

愛時不見愛，不見愛亦憂；是以莫造愛，怨曽(憎)[②]惡所由。

喜中生於愛，愛能生於憂；若能斷恩愛，憂悲即不生。

愛喜生於怨，愛喜生怖畏；解無貪欲想，何憂復何畏？

諸天宫殿樂，無邊無有窮；要當生彼處，有始而無終。

以善爲善法，修善是道場；善行作車牛，載人入福堂。

以惡爲惡法，惡行相縛束；生時不受戒，死則入地獄。

三歸五戒車，非是山中木；得聞《寶車經》，死不入地獄。

非空非海中，非入山石間；對[③]至不可避，會當來相牽。

赤繩縛我肩[④]，黑索繫我咽。將我何所至？送至東太山。

高山萬餘丈，絶俊(峻)極[⑤]普懸。乃何千萬歲，以復歸黄泉？

人生譬朝露，姓(性)命不久長；不信我語者，但看琢石光。

生難死何異(易)[⑥]，去不由橋梁；惶忽五道頭，解剥衣以裳。

手捉七尺棒，鐵鈎利如芒[⑦]；火車忽然至，銅柱及鐵床。

---

① 怜，録本訛作"矜"，據底本改。

② 曽，此當爲"憎"之借字(二字同爲"作滕切"，應可通假)。

③ 對，胡適疑作"時"。按："對"字不誤，此指報應。李維琦認爲，佛教謂人生所作業，冥冥之中必有對答，這對答就是報應(見李維琦《佛經詞語匯釋》，第92—93頁，湖南師範大學出版社2004年9月版)。其説是。

④ 肩，底本作"肘"，當爲"肩"之增旁俗字。

⑤ 此字録本訛作"後"，底本實作"俊"，乃"俊"之俗體，兹據正。"俊極"即"峻極"("俊"此當讀如"峻")。《禮記・中庸》："發育萬物，峻極於天。"鄭玄注："峻，高也。"孔穎達疏："言聖人之道高大，與山相似，上極於天。"後以"峻極"謂極高。引申指陡峭、險峻。元魏般若流支譯《正法念處經》卷第三十六："山谷嶮岸峻極之處，鹿衆莊嚴。"[T17n0721p212b22]本文"絶峻極"則指(山勢)極爲陡峭、險峻。

⑥ 異，此當爲"易"之借字("異"音羊吏切，以紐志韻去聲；"易"音以鼓切，以紐寘韻去聲；二字紐同韻近，應可通假)。《玉篇・日部》："易，異也。"胡適亦於"異"後括注作"易"。

⑦ 芒，底本作"亡"，當爲"芒"之訛字，《大正藏》本據文意録正。

寒冰截人骨，獄門陽（揚）[①]濩湯；使官相對座，又吏俠（夾）[②]兩箱（厢）[③]。
皆共治文書，問我生時殃；事事知何道，苦痛難可當。
奈何“天中天”，叵有不死方？怨戀猶恩愛，謂呼身是常。
世間愚癡人，或不信此經；譬如未調牛，曳人東都西。
三歸如車轢，五戒如車轅，十善作車箱，八戒作當蘭（欄）[④]。
直心如車軸，三明作釭釧；持戒如車轄，破戒如車轓。
車聰如雙耳，鈎心如坐禪，方便如車膂，覆蓋如善權。
佛道作車轂，車輻競來前；賢者如車網，法師與魔門。
退轉如薛[⑤]脱，懺悔打薛[⑥]堅；精進作車牛，牽車至梵天。
梵天諸宫殿，光明皆自然；譬如春花敷，妙色悦衆心。
如是諸功德，得聞《寶車經》，佛道高於天，福德重於地。
寶車大菩薩，教我作懺悔；世間愚癡人，不信《寶車經》。
死墮地獄中，我鬼竞來前；牽頭向刀山，面白如脣青；
不見日月光，但聞打鬼聲；如是諸苦痛，幽幽何冥冥！
生時不受戒，事至知何陳？
或有鐵嘴鳥，飛來著兩肩；低頭啄人舌，舉頭啄眼精。
此人前身時，齋日惡駡聲；不肯受師教，佛前作懺悔；
今日受斯罪，知復何造逮？”

佛言：“若有善男子、善女人能於齋日在三尊前發露懺悔、自悦（説）[⑦]過

① 陽，此當爲“揚”之借字（二字同爲與章切）。《周禮·考工記·梓人》：“其聲清陽而遠聞。”孫詒讓正義：“陽與揚通。”

② 俠，此處當爲“夾”之記音字。《正字通·人部》：“俠，旁也，並也。與夾通。”

③ 箱，即“旁”也，後作“厢”。《水經注·河水》：“兩箱懸崖數萬仞，窺不見底。”亦其例。“兩箱”即兩邊。

④ 蘭，此與“欄”同。《後漢書·東夷傳》：“王令置於豕牢，豕以口氣嘘之，不死。復徙於馬蘭，馬亦如之。”李賢注：“蘭即欄也。”

⑤ 薛，底本作“薛”。《字彙·艸部》：“薛，與‘薛’同。”下“薛”字底本同，不復校。“薛”字待考。

⑥ “薛”字待考。

⑦ 悦，結合文意，此當爲“説”之借字，所説過咎即“發露懺悔”的内容。

咎者，罪滅福生，不經刀山劍樹、濩湯盧炭，不猶三塗受苦[1]衆生，不經八難，乃與諸佛菩薩携手接腕[2]，諸天宫殿，入中遍觀，歡欣快樂，廣成弘願。”

佛語寶車菩薩：“有能受持《寶車菩薩經》者，設入大海，譬如娥（鵝）[3]、押（鴨）[4]、鴛鴦、鳳凰在海水中，異（亦）愕（遌）異（亦）翔[5]；如人在堂，琵琶箏笛，歌舞作倡，歡忻快樂，功德難量；譬如魚、鱉在海水中，出没自在，不畏虎狼。譬如耶（邪）[6]幽魍魎，誰敢誰當？”

佛語寶車菩薩：“汝今應當教諸衆生皆悉聞知。”

佛言：“汝欲度人之法，其事云何？”

寶車答言：“能以手執波若之智炬，入衆生無明之窟宅，照善根之華敷，顯解脱之智果。用忍辱作鎧杖，手執波若之利朔（槊）[7]，善權方便作攻車，破衆生愚癡之大城，共五陰魔戰，擊生死軍，殺煩惱賊，出陰入界法身道場。皆由寶車菩薩威神之力[8]，巍巍如是！”

佛語寶車菩薩：“汝今應當得阿耨多羅三藐三菩提心。善男子、善女人有能受持《寶車菩薩經》名墮地獄者，無有是處。何以故？乘如來力，駕波若之大船度衆生，逕生死之大河，度煩惱之海岸，出愛欲之深淵，越無明之坑坎，度耶（邪）[9]見之惡經。用忍辱作琢斫，琢卻六入之杌株，盡耶（邪）[10]見之横根，卻煩惱之葉須。牽弘誓之大牛，用智慧作利犁，破衆生愚癡之荒地。

---

① 苦，録本訛作“若”，據底本改。

② 腕，底本作“椀”，此當爲“腕”之訛俗字。

③ 娥，此當爲“鵝”之記音字（二字同爲五何切，例可通假）。

④ 押，此當爲“鴨”之記音字（二字同爲烏甲切，例可通假）。

⑤ “異愕異翔”費解。蕭旭認爲，異，讀爲“亦”，愕，讀爲“遌（逆）”（二字均音五各切）。《玉篇·辵部》：“遌，同迕。”此指逆流遊動。翔，迴旋繞飛也。“異愕”言鵝、鴨等禽類在海中逆流遊動，“異翔”指鴛鴦、鳳凰等鳥類在海上迴旋繞飛也。

⑥ 耶，録本訛作“耽”，據底本改。《字彙·耳部》：“耶，與邪同。”

⑦ 朔，此當爲“槊”之記音字（二字同爲所角切，例可通假）。

⑧ 力，録本訛作“刀”，據底本改。

⑨⑩ 耶，録本訛作“耽”，據底本改。

以隨喜作鏤鏫(鉏)[①],破衆生愚癡之快伐(坱垡)[②]。用六度作種子,散著無極之福田。用十善作溝渠,長真實之苗稼。磨波若之利鎌,乂(刈)[③]取涅槃真實果。牽弘誓之大牛,駕三乘之寶車,運著六通之短[④]頭,由八徑之政路,運總持之蠡束,積著散雲之道場。寶車度人,其法如是。[⑤]

如母得子病,殺生求魔神,不得一言福,罪如須彌山。

念人衰老時,百病同時生,水消如火滅,刀風解其形。

骨離筋脉絶,大命要當傾;吾欲畏是故,求道願福生。

唯念老、病、死,三界是大患;福盡而命終,棄之於皇[⑥]泉。

身爛還歸土,魂魄隨因緣;吾欲畏是故,求道勝泥洹。

眼老不見色,看經文字難;耳老不聞聲,聽受經法難;

鼻老不聞香,分别香亦難;口老不能語,説經義亦難;

心老多忘失,説法解義難;身老不能行,往取福德難;

今身不受戒,後得爲人難;殺生短命報,欲求長命難;

我殺還我尚(償)[⑦],走避脱亦難。

世間愚癡人,不信《寶車經》,放恣著五欲,行業之所牽。

譬如歷(櫪)[⑧]養馬,舉頭看青雲;但作地獄行,不知念生天。

智者樂福德,愚者利養身;如馬貪水穀,好語詠不聽;

① 按:"鏤"與"钃"同。可洪撰《新集藏經音義隨函録》第十七册《鼻奈耶律一部》第十卷音義:"刻漏:……下正作'鏤',或作'钃'。"[K35n1257p199a11]《釋名·釋用器》:"钃,誅也,主以誅鉏根株也。"《玉篇·金部》:"钃,鉏也。""鏫"字從"聚"得聲,當爲"鉏"之聲符替换字。《説文·金部》:"鉏,立薅所用也。"

② 快,録本訛作"快",據底本改。此"快"當讀如"坱",或作"塊",土塊也。《國語·晉語四》:"〔重耳〕過五鹿,乞食於野人,野人與塊以與之。"韋昭注:"塊,墣也。"伐,當爲"垡"之記音字。《集韻·月韻》:"垡,耕起土也。""快伐"即"坱垡",乃同義複詞。

③ 乂,録本訛作"又",據底本改。《説文·丿部》:"乂,芟艸也。刈,乂或从刀。"

④ 短,録本訛作"矩",據底本改。

⑤ 以上甲本脱。

⑥ 《詩·豳風·東山》:"之子於歸,皇駁其馬。"毛傳:"黄白曰皇。"

⑦ 尚,此當爲"償"之訛字。該字甲本正作"償"。

⑧ 歷,後作"櫪"。《梅福傳》:"伏歷千駟,臣不貪也。"王先謙補注:"歷、櫪字同。"

展轉鑊湯中,苦痛難可陳。

語我家中人:

欲求過度我,燒香請道人,不經八難苦,皆由《寶車經》。

身直影亦直,身曲影直難;心直事事直,心曲直事難。

魚鱉隱在海,掃地求活難;猨猴急依樹,無樹脱亦難。

人急依於佛,無戒求佛難;放身自縱恣,衆魔競來前。”

比丘語寶車:“何以不問佛四諦、[十][①]二因緣本從何處出?”

佛即語寶車:“我出於波羅奈國,或果從因中生,或因從果中出。智者能安之,愚者便掘出寶車方便問,破三合爲一。”

比丘語寶車:“舉意宜大皃(寬?)[②],謂汝三乘人,不識於涅槃,輪迴六趣中,脱諸難亦難。願以方便力,引之入涅槃。”

比丘語寶車:“事亦不可知。粟果成天地,芥子成須彌。神力得如是,故號‘不思議’。”

寶車菩薩眷屬千萬億人,聞佛所説,歡喜奉行[③],一心歸向,無有或(惑)[④]也。

佛昔在世時,化作一道人,詣大婆羅門家乞。婆羅門問道人言:“何以不田作,但行乞个(食?)[⑤]? 道人姓何字誰? 舍在何許? 囑(屬?)[⑥]何郡縣?”道人言:“吾舍在弘水東、引水西,囑(屬?)波若郡、本際縣,姓‘空’,字‘無相’,薩云然樹下止,居超入城,絶裾利(居里)[⑦]。”彼婆羅門言:“道人乃有此業,

① 十,録本脱,據底本、甲本補。

② 兒,底本實作“皃”。《字彙補·八部》:“皃,與貌同。”然此義與文義無涉。該字甲本作“寬”。“寬”字義長,“皃”似爲“寬”之訛字。

③ 下文甲本無。甲本後有“作禮而去”四字。

④ 或,録本徑作“惑”,據底本改。

⑤ 个,此似爲“食”之訛俗字,待考。下“个”字同,不復校。

⑥ 囑,此似爲“屬”之訛字,待考。下“囑”字同,不復校。

⑦ 裾,録本訛作“脩”,據底本改。“裾利”二字當讀如“居里”(“裾”乃涉前“絶”字增旁而成的類化俗字,“利”當是“里”的音近借字。)。“絶裾利”即“絶居里”,謂絶無人居之里,乃虛構的“烏有”之處。斯514號《衆經要覽並序》“佛言:‘吾居恒水東、演水西,般若郡、本際縣、超入城、絶居里,薩雲若樹下止。”可助勘。

何以不田作，但行乞个(食?)?"道人答曰："吾田作與卿有異，以四禪爲耕犁，六度爲種子，散著無極之曠野，潤以八解之泉水，長養四實爲果報，鋤以十善爲溝薛(洫)①。又(乂)以波若之利鎌②，束以善權爲要附，積著三乘之大車，運著無極之大城，給與一切之賢士。貧道之田作，如此無窮以(已)③。"道人説是語以(已)④，忽然不現。婆羅門即得道迹。

《佛説妙好寶車經》一卷。

大業十三年，佛弟子張佛果爲劉士章善友知識敬造《寶車經》一卷，流通讀誦，講説修行。願藉此大乘弘化之業，俱遊勝境，履踐妙迹，背八邪道，歸八正路，具首楞嚴三昧之力，獲四如意念處功德。願於將來無量劫中，世世生生，還共弟子深結善因，菩提眷屬，發大乘心，求摩訶衍，具足智慧神通威德。根、力、覺、道，皆悉成就。俱修梵行，同登種覺。

---

① 薛，此當爲"洫"之音近借字(《廣韻》"薛"字私列切，心紐薛韵山摄；"洫"字況逼切，曉紐职韵臻摄；二字聲、韻皆近，應可相通)。"溝薛"當即"溝洫"，指田間水道。

② 又，此當爲"乂"之形訛字。前文"磨波若之利鎌，乂取涅槃真實果"，可助勘。此句斯 514 號《衆經要覽並序》作"刈以大智之利鎌"，"刈"乃"刈"之訛俗體。《説文・丿部》："乂，芟艸也。刈，乂或从刀。"參前注。

③ 《正字通・人部》："以，與'已'同，畢也，止也。"

④ 以，録本訛作"次"，據底本改。以，與"已"同。見前注。

No. 2870 佛説像法决疑經

[題解]

中國人假託佛説所撰經典,又名《涅槃結經》,作者不詳,二卷或一卷。已知敦煌文獻、房山石經、日本文書中存有 22 號:房山石經第 68 號,首尾全,首題“佛説像法决疑經一卷”,尾題“像法决疑經一卷”;正倉院聖護藏藏本,首尾全,首題“佛説像法决疑經”,尾題“像法决疑經”;伯 2087a,首尾全,首題“佛説像法决疑經”,尾題“佛説像法决疑經一卷”;以上爲完整者,共 3 號。BD11322(臨 1451),殘片,兑廢稿;BD11323(臨 1452),殘片,兑廢稿;BD14840SB(臨 1040),殘片;斯 2075,首全尾殘,首題“佛説像法决疑經一卷”;俄 Дx. 1832,殘片,尾題“佛説像□……□”;俄 Дx. 6745,殘片,尾題“□……□法决疑經一卷”;羽 281,首殘尾全,尾題“佛説像法决疑經”;羽 633 號 1,首殘尾全,尾題“佛説像法决疑經一卷”,尾有題記“大隋大業二年(606)二月八日趙元華寫”;以上爲有殘缺者,計 8 號。斯 9784、斯 9906、斯 12202、日本京都博物館藏守屋氏舊藏古寫經、小川貫弌氏藏古寫經、日本聖語藏本、日本聖語藏本、日本智積院運敞藏藏刊本(寛永拾七年庚辰五月吉日,中野是誰刊)、日本高山寺藏古寫經 239 號、日本高山寺藏古寫經第 244 號、日本高山寺藏古寫經録外 4 號(首尾全,首題“佛説像法决疑經”,尾題“佛説像法决疑經”),以上 11 號,未睹原本,情况不詳。此經的内容圍繞着佛陀和常施菩薩的對話展開。如來應常施菩薩所問,回答未來像法世界中,衆生作何福德最爲殊勝的問題,説明在像法的時代,諸種“無量災變惡事”四處流行時,僧人受持戒律和施捨的重要性,規定了俗人對於僧人及僧團行爲的一些規範和僧人自身的行爲規範。此經中對於像法時代的“惡事”的描述涵蓋範圍比較廣闊,如販賣佛像的問題,興敬田而不興悲田的同題,等等。此外，修、造塔廟何者功德殊勝的問題，戒律中關於“三净肉”的記述與斷肉食的做法的矛盾應怎樣解决的問題，亦都有所涉及。此經最初爲《法經録》所著録，出現時間當在隋以前。清代以前歷代大藏經未收，日本曾據傳入之經本收入《卍字續藏》，《大正藏》據敦煌本録入其第八十五册。《大正藏》録本所據底本《日本大藏經》；校本：甲本，正倉院聖護藏藏本。本校注今新增乙本，伯 2087a 號。

聞如是：一時佛在跋提河邊沙(娑)①羅雙樹間，度須跋陀羅竟。諸大菩薩、聲聞弟子、諸大②梵王、天③龍鬼神、諸國王等一切大衆儼然不散。

爾時世尊告諸大衆：“《大般④涅槃》已廣説竟。我向已爲普廣菩薩説十方諸佛刹土，汝等大衆若有疑者，可速問之。無上法寶，不久磨滅。”

時諸大衆聞佛此語，悲泣哽噎，不能自止，唯有證解脱者不生⑤悲戀。

爾時衆中有一菩薩，名曰“常施”，承佛威神⑥，從座而起，合掌向佛，而作是言⑦：“欲有所問，恐⑧傷聖心，唯願如來不以爲咎。”

佛告常施：“如來已度世間八法，何須疑也！”

常施菩薩白佛言：“世尊如來去世後，一切衆生不復覩見如來色身，不聞真法。於未來世中像法之時，善法漸衰，惡轉熾然⑨。當爾之時，教諸衆生作何福德最爲殊勝？”

爾時世尊告常施菩薩：“善哉！善哉！⑩ 來世衆生，甚可憐愍。何以故？一切衆生懃苦修行，不會正理，作福彌積，獲報甚微。善男子！未來世中，比丘、比丘尼、優婆塞、優婆夷、國王、大臣、長者、居士、婆羅門等輕賤我法，薄

---

① 沙，甲、乙二本作“娑”。“沙”當爲“娑”之訛省。
② 大，乙本作“天”。
③ 録本出注：“大梵王天＝天龍王及【甲】。”
④ 般，甲本無。
⑤ “生”前録本衍一“能”字，據甲、乙二本删。
⑥ “威神”二字甲本作“神威”。
⑦ 言，甲本無。
⑧ 恐，甲本作“恣”。
⑨ 然，甲、乙二本作“盛”。
⑩ “善哉善哉”四字甲、乙二本作“苦哉苦哉”。

淡三寶,無有真實;雖作衆善,求名、求利、求勝他故,無有一念作出世心。善男子!未來世中,像法之時,無量災變惡事。何者是也?一切道俗,不識法軌。檀越設會請僧,遣人防門守户,遮障比丘,不聽入會。若貧窮乞人欲入乞食,復障不聽。如此設會,徒喪飲食,了無善分。復有衆生專欲獨善,不化衆生,見他作善,不能隨喜助其少多。如此人輩,其福微劣。復有衆生,見他舊寺[①]塔廟形像及以經典破落毁壞,不肯修治,便作是言:'非我先祟(宗)[②]所造,何用治爲?我寧更自造立新者。'善男子!一切衆生造立新者,不如修故其福甚多。復有衆生見他聚集作諸福業,但求名聞,傾家財物以用布施;及見貧窮孤獨,呵駡驅出,不濟一毫。如此衆生,名爲'顛倒作善';癡狂修福,名爲'不正作[③]福'。如此人等,甚可憐愍,用財甚多,獲福甚少。善男子!我於一時告諸大衆:若人於阿僧祇身供養十方諸佛並諸菩薩及聲聞衆,不如有人施畜生一口飲[④]食,其福勝彼百千萬倍,無量無邊。善男子!我於處處經中説布施者,欲令出家、在家人修慈悲心,布施貧窮孤老乃至餓狗。我諸弟子不解我意,專施敬田,不施悲田。敬田者即是佛法僧寶,悲田者貧窮孤老乃至蟻子。此二種田[⑤],悲田最勝。善男子!若復有人多饒財物,獨行布[⑥]施,從生至老,不如復有衆多人衆[⑦]不問[⑧]貧富貴賤,若道若俗,共相勸他,各出少財,聚集一處,隨宜布施貧窮孤老、惡疾重病困厄之人,其福甚大。假使不施,念念之中,施功常生,無有窮盡。獨行布施,其福甚少。善男子!未來世中,我諸弟子樂好衣服,貪嗜美味,貪求利益[⑨],慳貪積聚,不修慈心,專行恚怒,見他作善,諍[⑩]共譏嫌,咸言:'此人邪命諂曲,求覓名利。'若見布

① 寺,甲、乙二本作"時"。
② 祟,甲、乙二本作"宗"。"宗"字義長。
③ 作,甲本作"修"。
④ 飲,乙本作"飯"。"飯"字義長。
⑤ "種田"二字乙本作"福田中"。
⑥ 布,甲本無。
⑦ 衆,甲、乙二本無。
⑧ 問,底本、録本作"同",不可解,今據甲、乙二本改。
⑨ 益,甲、乙二本作"養"。
⑩ 諍,甲本作"詳",乙本作"祥"。

施貧窮乞人,復生瞋恚,作如是念:'出家之人,何用布施? 但修禪定智慧之業,何用紛動無益之事務?'作是念者,是魔眷屬,其人命終,墮大地獄,經歷受苦;從地獄出,墮餓鬼中,受大苦惱;從餓鬼出,五百生[①]身墮在狗中;從狗出[②]已,五百世中常生貧賤,常患飢窮種種諸苦,無有一念適意之時。何以故? 見他施時不隨喜故。善男子! 我今[③]成佛,皆因曠劫行檀布施,救濟貧窮困厄衆生;十方諸佛,亦從布施而得成佛;是故我於處處經中,説六波羅蜜皆從布施以爲初首。善男子! 譬如有人雙足俱折,意欲遠步[④],不能得去;比丘亦爾,雖行五波羅蜜經恒沙劫,若不布施,不能得到涅槃彼岸。善男子! 不行施者,則戒不淳;戒不淳故,則無悲心;無慈悲者,則不能忍;無忍辱故,則無精進;無精進故,則無禪定;無禪定故,則無智慧;無智慧故,常爲無量客塵煩惱之所得便。善男子! 此布施法門,三世諸佛所共敬重,是故四攝法中財攝最[⑤]勝。善男子! 我又一時讚歎持戒,我又一時讚歎忍辱;或[⑥]復一時讚歎禪定,或復一時讚歎智慧;或復一時讚歎頭陀,或復一時讚歎少欲;或復一時讚歎聲聞,或復一時讚歎菩薩。如是種種,隨機不同。未來世中,諸惡比丘不解我意,各執己見,迭相是非,破滅我法。諸惡比丘亦復在座演説經法,不達我[⑦]深意,隨文取義,違背實相無上真法,口常自歎:'我所説義,應著佛意。其餘法師,誑惑[⑧]道俗。'作是語者,永沈苦海。諸惡比丘見他修定,復作是言:'此人愚癡,猶如株兀,不覺(學)[⑨]經論,何所修行?'作是語者,殃咎累劫。諸惡比丘,爲名利故,迭相毁呰。諸惡比丘或有修福[⑩],不依經論,自逐己見,以非爲是,不能分别是邪是正,遍向道俗作如是言:'我能知是! 我

① 生,甲、乙二本無。
② "出"字前乙本有一"中"字。
③ 今,録本、甲本作"念",今結合文意,據乙本改。
④ 步,甲、乙二本作"涉"。"涉"字義長。
⑤ "最"字前乙本有一"者"字。
⑥ "或"字前乙本有"或復一時讚歎精進"八字。
⑦ 我,甲本無。
⑧ 惑,乙本作"或"。
⑨ 覺,甲、乙二本作"學"。"學"字義長。
⑩ 福,甲、乙二本作"禪"。

能見是!'當知此人速滅我法。諸惡比丘亦復持律,於《毘尼藏》不達深義,便作是言:'《毘尼藏》中佛聽食肉。'善男子!我若解説食肉義者,聲聞、緣覺及下地菩薩之所迷悶,凡夫比丘聞之誹謗,故[①]《毘尼藏》聽食肉者皆是不可思議。善男子!我從初成道乃至今日,所有弟子處處受肉食者,凡夫之人實見食肉。復有衆生見諸比丘示現食肉,復有衆生知諸比丘食肉之時深入無量諸對治門,無量比丘斷上[②]煩惱,無量比丘斷中煩惱,無量比丘斷下煩惱,無量比丘度脱衆生、令入佛道。如來教化,不可思議。我從成佛已來,我諸弟子未曾食噉衆生肉也。我於《毘尼》中聽食肉者,定知此肉不從四大生,不從胎生,不從卵生,不從濕生,不從化生,不與識合,不與命合,當知世間都無此肉。善男子!未來世中諸惡比丘,在在處處講説經律,隨文取義,不知如來隱覆祕密。善男子!佛出於世、令諸弟子食衆生肉者,無有是處。若食肉者,何名'大悲'?善男子!今日座中無央數衆,各見不同,或見如來入般涅槃,或見如來住世一劫,或見如來住無量劫,或見如來丈六之身,或見小身,或見大身,或見報身坐蓮華藏世界海爲千百億釋迦牟尼佛説心地法門,或見法身同於虛空、無有分别、無相無礙、遍周法界,或見此處沙羅林地悉是土沙草木石壁,或見此處金銀七寶清净莊嚴,或見此處乃是三世諸佛所行之處,或見此處即是不可思議諸佛境界真實法體。善男子!諸佛出世,遊行止住一切所爲皆悉遠離世間之相,亦復[③]不離世間,顯示實相法。如來所説,總[④]含萬法,演説一字一句一音所唱,能令一切衆生隨種種類、種種根性各得不同,所解各異。如來不共之法不可思議,非諸聲聞緣覺所知。如來以自在之[⑤]力,隨機隱顯,教化衆生。像法[□][之][⑥]中,諸惡比丘不解我意,執己所見,宣説十二部經,隨文取義,作决定説。當知此人三世諸佛怨,速滅我

① "故"字前乙本有一"是"字。

② 上,甲本無。

③ "亦復"二字甲、乙二本作"復亦"。

④ 總,甲本無。

⑤ 之,甲、乙二本無。

⑥ 之,底本、録本無,據甲、乙二本補。

法。善男子！諸佛説法，常依二諦；説世諦法時，不違第一義諦，旨（指）①近以標遠，立像表玄②。諸惡比丘於此義中不能解了，誹謗不信，隨相取義，歷劫受殃。是諸比丘亦復自稱'我是法師'、'我是律師'、'我是禪師'。此三種學人能滅我法，更非餘人；此三種人迭相説過，迭相毁呰；此三種人入於地獄，猶如箭射。"

爾時常施菩薩白佛言："世尊！如是諸比丘何時當出？"

"善男子！我滅度已，千年後，惡法漸興。千一百年後，諸惡比丘、比丘尼遍閻浮提③，處處充滿，不修道德，多求財物，專行非法，多畜八種不净之物，身無十德，畜二沙彌，未滿十臘④，已度沙彌。以是因緣，一切俗人輕賤三寶。從是已後，一切道俗，競造塔寺，遍滿世間。塔廟形像，處處皆有，或在山林曠野，或在道邊，或在巷路，臭穢惡處，頹落毁壞，無人治理。爾時道俗雖造塔寺供養三寶，而於三寶不生敬重。請僧在寺，不與飲食、衣服、卧具、湯藥，返（反）⑤更於中借取乞貸⑥，食⑦噉僧食，不畏未來三途之苦。當爾之時，一切俗人不問貴賤，專欲於僧⑧中作不饒益，侵損惱亂，不欲擁護。如此人輩，永墮三途。善男子！未來世中，一切俗官不信罪福，税奪衆僧物⑨，或税畜生穀米乃至一毫⑩之物，或驅使三寶奴婢，或乘三寶牛馬。一切俗官⑪不得撾打三寶奴婢、畜生，乃至不得受三寶奴婢禮拜。[□□□□][受禮拜

① 旨，乙本作"指"。"指"字義長。

② "表玄"二字甲本作"遠"。

③ 提，甲本無。

④ 臘，乙本作"夏"。

⑤ 返，此乃"反"之借字。漢王充《論衡・案書》："言多怪，頗與孔子'不語怪力'相違返也。"一本即作"反"。

⑥ 貸，底本、録本作"僋"，今結合文意，據乙本改。

⑦ 食，甲、乙二本作"飡"。

⑧ "僧"字前乙本有一"衆"字。

⑨ 物，甲、乙二本無。

⑩ 豪，甲本作"家"。

⑪ 官，乙本作"人"。

者]①,皆得殃咎,何況驅策撾打?告諸俗官:若有禁防剡②羅輸稅之處,慎莫令比丘輸稅;若欲稅出家人者,得罪無量。善男子!當爾之時,一切道俗若作福業,應當布施孤老貧困惡病之人。復次,應治破壞塔廟及諸形像,莫問己許、他許,隨其力能,一切皆治。其人功德,不可思議。但能修故,不假造新。善男子!何故未來世中一切俗人輕賤三寶?正以比丘、比丘尼不如法故。身被法服,輕(逕)③理俗緣:或復市肆販賣自活,或復涉路商賈④求利,或作畫師工巧之業,或占相男女種種吉凶;飲酒醉亂,歌舞作樂,或圍棋六博;或有比丘,諂曲説法,以求人意;或誦呪術,以治他病;或復修禪,不能自正⑤,以邪定法,占覩吉凶;或行針灸,種種湯藥,以求衣食。以是因緣,令諸俗人不生敬重,唯除菩薩利益衆生。

爾時世尊復告常施菩薩:"善男子!未來世中,道俗之中,有諸惡人造立我形像或菩薩形像,販賣取財,以用自活。一切道俗,不知罪福,買取供養,二俱得罪,五百世中常被他賣。善男子!未來世中一切衆生造立形像,皆不具足成就衆相,或作半身,或手、足不成,耳、鼻、眼、口悉不成就,粗有影嚮而已;或造塔廟,不安形像;若有破塔壞像,更不修治。如此人輩,獲罪無量。善男子!未來世中,諸比丘等於所住處自共唱制,防禁四方僧,令⑥作食限,或一日、十日,或五、四、三日,乃至一食。是諸比丘命終墮地獄中餓鬼畜生,受苦無窮。復有比丘,若沙彌,以衆僧物如似⑦己有,隨意取用,非時食噉,或與親友。是諸比丘、沙彌乃至千佛出世,永不聞法,常在三途,無懺悔處。若共此人同住居止,羯磨布薩,所作法事悉不成就,皆當得罪。善男子!若有具犯四重、五逆,易救,可懺悔;若侵損衆僧一毫一粟,非時食噉,自在取與,永沈苦海,終無出時,或現世得諸衰惱;若共此人同住居止,日夜得罪。善男

① "受禮拜者"四字諸本無,今據文意補。
② 剡,甲、乙二本作"剗"。
③ 輕,乙本作"逕"。"逕"字義長。
④ 賈,甲本作"價"。
⑤ 正,底本、録本作"一心",當係"正"字之訛,今據甲、乙二本改。
⑥ 令,底本、録本作"合",當係"令"字之訛,今據甲、乙二本改。
⑦ "似"字前底本、録本有一"形"字,當係誤衍,今結合文意,據乙本删。

子！未來世中，有諸俗人[①]不識罪福，乃以祖父或自己身所造佛像、經書、幡花賣與他人，用活妻子。此亦不應買。當爾之時，一切俗官有勢力者捉得此人，應重撾罰，驅令出國。善男子！未來世中，比丘、比丘尼、優婆塞、優婆夷、國王、大臣、中宮、妃后，毀犯禁戒，不知慚愧，不知懺悔。以是因緣，令法穢濁。善男子！未來世中，諸惡比丘執著住處，如似俗人護己舍宅，不能依時三月一移，見有比丘衣鉢自隨、於其住處滿九十日而更移去，諸惡比丘咸作是言：'此比丘志性不定，躁[②]擾多務，狂亂失心，數作移動。'作是語者，獲罪無量。善男子！未來世中，諸惡起時，一切道俗應當修學大慈大悲，忍受他惱，應作是念：'一切衆生無始以來是我父母，一切衆生無始以來皆是我之兄弟、姊妹、妻子、眷屬。'以是義故，於一切衆生慈悲愍念，隨力救濟。若見苦厄衆生，作種種方便，不惜身命。當爾之時，若國王大臣、若城邑聚落主、若勢力長者婆羅門等及有力比丘，應勸此人，不令退轉，助其勢力，莫令惡人爲作留難，不令惡人侵奪財物。如是助者，其人功德說不可盡。當爾之時，悲心布施貧窮孤老、一切苦厄乃至蟻子，其福最勝。善男子！我若廣說布施孤窮病苦功德，窮劫不盡。涅槃時至，爲汝略說。"

爾時，一切大衆聞佛說未來世中像法[□][欲][③]末種種災變，身毛皆竪，悲號啼泣，不能自勝。

佛告大衆："止！莫悲泣！世間法爾！善必有惡，盛必有衰。"

佛復告常施菩薩："且置是事。汝以何相觀如來也？復以何相觀衆生乎？"

常施菩薩白佛言："世尊！我觀如來不從先際，不到彼岸，不住中間，非有非無，非出非没，非色非不色，非有爲非無爲，非常非斷[④]，非有漏非無漏，同虛空，等法性。從初成道，乃至涅槃，於其中間不見如來說一句法，然諸衆生見有出没，說法度人。如來境界不可思議，不可以識識，不可以智知，出過

① 人，底本、録本作"入"，今結合文意，據乙本改。

② 躁，底本、録本作"跢"，乃"躁"之俗體。甲本即作"躁"。兹據正。

③ 欲，底本、録本無，今據乙本補。

④ "非常非斷"四字甲、乙二本作"非斷非常"。

三世，不離三世，唯有如來自覺斯法。我觀如來謂若此也。世尊！我今觀諸衆生四大之相，如空中雲，如熱時炎，如乾闥婆城，如幻如化，如空聚落，如鏡中像，如[①]水中月，如空谷響，受想行識，悉皆如是。世尊！衆生心相不可思議，非諸聲聞、緣覺、下地菩薩之所能知。世尊！衆生之相，不來不去，非有非無，非内非外，來無所從來[②]，去無所至，而常流轉，虚妄受苦，皆以衆生無始以來深著我見；以著我故，增長渴愛十二因緣法，長夜受苦，無有窮盡。衆生之相，本來空寂。以是因緣，菩薩於中而起大悲。世尊！一切衆生善惡諸業唯一心作，更無餘法。我觀衆生相貌如是。"

爾時佛告常施菩薩："善哉！善哉！快説是法。汝今所説，佛所印[③]可。菩薩行四攝、六度，應當如是觀衆生相。善男子！菩薩布施時，不觀福田及非福田，若見貧苦衆生，悉皆施與。行布施時，應作是觀：不見受者，不見施者，財物亦爾；三事俱空，平等無著。何以故？一切諸法，無我、我所。行施之時，不望現報，不望未來人天樂，但爲衆生求大菩提，爲欲安樂無量衆生故而行布施，爲欲攝取諸惡衆生、令住善法而行布施。復作是觀：菩提界相，衆生界相，二俱空寂；依文字故度衆生得菩提，真實法中無得無證。善男子！如人夜夢見種種事：或夢自身被官囚縛，受種種苦，生大憂惱，然後得脱；尋復更夢作大國王，威勢自在，受大快樂；即於夢中作是念言：'我向昨時，受苦如是；今復自在，受大快樂。'作是念已，忽然睡覺；苦樂之事，莫知所在。如此夢事，非有非無；一切諸法，亦復如是。作是觀者，名爲'正觀'。説是法時，無量菩薩得受佛位，無量菩薩得入一生補處，無量菩薩各隨所修皆得勝進，無量人天得四道果，無量聲聞入菩薩位，無量雜類衆生發菩提心。善男子！未來世中，若四輩弟子得聞此經，生歡喜心，所得功德無量無邊。"

佛告阿難及諸大衆："汝好受持，慎莫忘失。此經名爲'像法决疑'，亦名'濟孤獨'。如是受持！"

---

① 如，乙本無。

② 來，甲、乙二本無。

③ 印，底本、録本作"亦"，今結合文意，據甲、乙二本改。

爾時大衆聞佛所説，一心敬受，作禮而去。各共嚴辨闍維之具，哀動天地。

像法决疑經[①](終)[②]。

① 乙本尾題："佛説像法决疑經一卷。"

② 録本出注："此下甲本尾書曰：結緣比丘原鑑，廣安元年戊申九月二十三日，大願主傳智。"

敦煌本古佚與疑僞經校注

8

以《大正藏》第八十五册爲中心

于淑健　黄征　整理

鳳凰出版社

No. 2871 大通方廣懺悔滅罪莊嚴成佛經

[題解]

中國人假託佛説所撰經典，又名《大通方廣經》、《方廣滅罪成佛經》、《大方廣懺悔》、《大通方廣莊嚴成佛經》、《大方廣懺悔滅罪莊嚴成佛經》、《方廣經》、《大方廣經》，作者不詳，三卷。據曹凌的《中國佛教疑僞經綜録》調查，此經現在房山石經、日本寫經、敦煌文獻及吐魯番文書中存有 128 號。其中卷上：日本松本文三郎藏敦煌本（首尾全）、斯 99（首殘尾全）、斯 4553（首殘尾全）、斯 7588（首殘尾殘），津圖 84（首殘尾殘），津藝 273（首殘尾全），上圖 111vb，出口氏藏吐魯番文書 235 號（殘片），BD1205（首殘尾全）、BD1260（首殘尾全）、BD2002（首殘尾殘）、BD2111（首殘尾全）、BD5588（首殘尾全）、BD8301（首殘尾全）、BD10036（殘片）、BD10093（殘片）、BD11302（殘片）、BD11427（殘片）、BD11438（殘片）、BD12018（殘片），俄 ф. 120（首殘尾殘），俄 Дx. 4858（殘片）、俄 Дx. 6635（殘片）、俄 Дx. 7293（殘片）、俄 Дx. 8039（殘片）、俄 Дx. 8215（殘片）、俄 Дx. 11920（殘片）、俄 Дx. 12583（殘片）、俄 Дx. 12774（殘片）、俄 Дx. 16210（殘片）、俄 Дx. 16211（殘片）、俄 Дx. 16212（殘片）、俄 Дx. 16579（殘片）、俄 Дx. 17682（殘片），計 34 號。另有斯 9435a、斯 9968、斯 10463、德國家圖書館藏吐魯番文書 Ch93（殘片）、Ch/U6656（殘片）、Ch/U6707（殘片）、Ch/U7019r（殘片）7 號，情況不詳。卷中：日本名古屋七寺寫經（首全尾全），斯 538（首殘尾殘）、斯 00704 號（首殘尾殘，《敦煌寶藏》誤題爲“大般若波羅蜜多經卷第一百五”）、斯 6382（首殘尾全）、斯 7128（首殘尾殘）、俄 Дx. 180（殘片）、俄 Дx. 1180（殘片）、俄 Дx. 2597（殘片）、俄 Дx. 2980（殘片）、俄 Дx. 9314（殘片），大谷大學藏敦煌本 25 號（首殘尾全），台圖 114（首殘尾殘），房山石經 75 號（首全尾殘），BD819（北 8216，首殘尾殘）、

BD824(北 8217,首殘尾全)、BD3466(首殘尾全)、BD4288(首殘尾殘)、BD5469(北 8221,首全尾殘)、BD8131(首殘尾殘)、BD9594(首殘尾殘)、BD10548(首殘尾殘)、BD10991b(殘片)、BD10991c(殘片)、BD11035(殘片),計 24 號。另有斯 8987、斯 9522、斯 9768、斯 10352、渝圖 1、BD15805、日本静嘉堂文庫藏吐魯番文書 091 號(殘片),計 7 號,情況不詳。卷下:斯 1847(首殘尾全),伯 2986(首殘尾殘),BD2579(北 8690,首殘尾殘)、BD2687(北 8691,首殘尾殘)、BD6452(北 8697,首殘尾殘)、BD8091(北 8673,首殘尾殘)、BD9226(首殘尾殘)、BD9227(首殘尾殘)、BD9228(首殘尾全)、BD9229(首殘尾殘)、BD9599(首殘尾殘)、BD9616(首殘尾殘)、BD10070(殘片)、BD10094(殘片)、BD10578(殘片)、BD10866(殘片)、BD10948(殘片)、BD11265(殘片)、BD11336(殘片)、BD11364(殘片)、BD11554(殘片)、BD14603(殘片),俄 Дx. 4309(殘片)、俄 Дx. 6193(殘片)、俄 Дx. 6647(殘片)、俄 Дx. 6878(殘片)、俄 Дx. 7998(殘片)、俄 Дx. 8486(殘片)、俄 Дx. 12421(殘片)、俄 Дx. 15763(殘片)、俄 Дx. 16491(殘片)、俄 Дx. 17954(殘片)、俄 Дx. 18052(殘片)、俄 Дx. 18169(殘片)、俄 Дx. 18170(殘片)、俄 Дx. 18875(殘片),日本知恩院藏古寫經(首殘尾全),大谷文書 9068r(殘片),計 38 號。另有斯 9083、斯 9837、斯 10230、斯 10347、斯 10697、斯 10775、斯 10776、斯 12414、斯 12738、斯 12921、斯 13454,BD15679,德國家圖書館藏吐魯番文書 Ch328(殘片)、Ch/U7031(殘片)、Ch/U7260r(殘片)、Ch/U7310(殘片)、Mainz711a(殘片)、Mainz711b(首殘尾殘),計 18 號,情況不詳。以現存的諸寫本相拼合,《大通方廣懺悔滅罪莊嚴成佛經》的經文基本完整地保留了下來,僅有下卷開始處部分文字尚不可知。現存此經三分具足,背景爲近佛涅槃之時。其卷上首先依照《法華經》闡釋了"會三歸一"的理論,並宣揚書寫供養此經的利益。接著由信相菩薩請問爲因緣,由佛陀依次頌出過去、現在、未來三世諸佛的佛名。卷中首先解釋三寶的含義,進而解説菩薩修行的重點以及菩薩的德性,並强稠一乘、一寶等問題。在簡單地討論了菩薩道的問題後,便主要叙述此經的殊勝和供養持誦的功德以及修行大乘的重要性。本經卷下殘存部分以懺悔儀式爲中心,提示禮佛所能獲得的利益和地獄果報的可怖等,以此突出懺悔和禮敬佛名的意義,其中也包括具體的懺法行儀。經文最後以陀羅尼菩薩請問受持的方法結尾。從廣義上看,本經屬於佛名經的一種,其中對於禮敬佛名和懺法行的關心非常具有中原佛教的典型性。根據斯 4494 號 1《大通方廣懺文(擬)》可知《大通方廣經》在公元 454 年以前已在北方流通,并已存在據此寫作的實用儀式文書,以此經指導宗教實踐。另,陳文帝據此經作《大通方廣懺文》,故此經當於 6 世紀中葉已在南方流傳,獲得了南方佛學界的矚目,并以此爲指導建立了相應的懺法儀式,對研究南北朝時期佛教信仰狀況有重要價值。自《法經録》以下,歷代經録均判爲僞經,故後代大藏經未收。日本《卍字續藏》收入傳入日本的此經卷上。《大正藏》將該經録入其第八十五册第 2871 號,其中卷上據日本松本文三郎藏敦煌本爲底本,卷中以大谷大學藏敦煌本第 25 號爲底本,卷下據知恩院藏寫本爲底本、斯 1847 號爲參校甲本。

大通方廣懺悔滅罪莊嚴成佛經卷上[①]

如是我聞:一時佛在王舍大城□俱。諸菩薩三萬六千人,一生補□,威德自在,顯説如來方便蜜□作佛事,皆悉成就。諸佛威德之所建立□藏,受持大乘,能師子吼,震大法雷,名聞十方。其德高大,如須彌山;智慧深廣,猶大海。降伏衆魔,攝諸外道,使令清净,具足諸力。無礙解脱,安住不動,念定總持,樂説辯才,四等六度,無量方便,一切法義,無不具足。隨順衆生,轉不退輪,示有無智,善解法相。現入三界,五眼所見,知衆生根,威德無量,蓋諸大衆,禪定智慧,以修其心,相好嚴身。衆相第一,心如虚空,捨諸世間所有色好,達諸法性無礙智慧,善知衆生往來所趣,具諸三昧,近無等等。久種善根,得佛自在智慧,具足十力、四無所畏、十八不共法。通達善趣門,關閉諸惡道。等視衆生,如視一子,而生五道,示現其身。欲度衆生,作大醫王,處於生死,善療衆病,應病與藥,令得服行,永離生死。其有聞者,無不解脱,具足如是無量功德。曾供養過去無量諸佛,明見佛性,知如來常,常説衆生等盡有佛性。

---

① 卷上所據底本日本松本文三郎藏敦煌本因無法看到原卷,情况不詳。參校本今以 BD2002(北 8220)號爲甲本,斯 4553 號爲乙本,斯 99 號爲丙本。

其名曰“文殊師利菩薩”、“定光菩薩”、“龍樹菩薩”、“觀世音菩薩”、“大勢至菩薩”、“藥王菩薩”、“藥上菩薩”、“普賢菩薩”、“法自在王菩薩”、“師子吼菩薩”、“陀羅尼菩薩”、“寶藏菩薩”、“常精進菩薩”、“不休息菩薩”[①]、“信相菩薩”、“無勝菩薩”、“彌勒菩薩”。如是等菩薩摩訶薩，三萬六千人。復有八十萬億威力諸天及諸比丘、比丘尼、優婆塞、優婆夷、天、龍、夜叉、人、非人等。釋提桓因與無量天人在於空中，雨寶天華。無量音樂，自然而作。梵摩三鉢天燒妙天香，供養如來，香烟遍至十方無量世界，願皆普同供養十方一切諸佛，供養十方一切諸法，供養十方一切諸大菩薩。是諸天等，爲利如是供養諸佛，爲求大乘無上之道。爾時世尊與如是等無量、無邊大衆，前後圍遶，發向娑羅。二月十五日，臨欲涅槃時，以佛神力，大悲普覆，欲攝衆生，出大音聲，其聲遍滿，乃至十方，隨其類音，普告衆生：“今日如來應正遍知憐愍衆生，覆護衆生，攝受衆生，等視衆生，如是一子；無歸依者，爲作歸依；未見佛性者，令見佛性；未離煩惱者，令離煩惱；無安隱者，爲作安隱；未解脱者，爲作解脱；未安樂者，令得安樂；未離疑惑者，令離疑惑；未懺悔者，令得懺悔；未涅槃者，令得涅槃。”

爾時道邊清净平正，吉祥福地，縱廣正等，十千由旬。佛見此地平正清净，即便止住，告諸比丘：“今於是中可以説法。”

爾時阿難比丘白佛言：“世尊！如來世尊昔常性好山林清净、流水、華菓、園林。今於是中，亦無流水，亦無林樹，亦無聚落、國土、人民。今日如來，安居説法，遠來者衆，飢勞疲乏，性命不濟。有食有命，有命有身，有身有道。無食無命，無命無身，無身無道。今於是中，無有如是可意之事，云何世尊於中説法？”

爾時大智舍利弗以佛智力告阿難言：“先應爲法，不須餘念。如來世尊不但十力四無所畏，如來世尊有如是無量力，一切無所畏，智慧無量，威神無量：無歸依者，爲作歸依；未見佛性者，令見佛性；未離煩惱者，令離煩惱；未安隱者，爲作安隱；未解脱者，令得解脱；未安樂者，令得安樂；未涅槃者，令得涅槃。如來世尊有如是等無量神力，何憂如來而無自然？我念往昔維摩

① “薩”字前甲本殘。

大士爲衆説法，他方菩薩，聲聞、緣覺，威力諸天，龍神大衆，集在方室，未曾有食。我時念言：'此諸大衆，云何得食？'大士維摩即語我言：'聲聞少智，應念正法，云何先觀耶(爺)命、衣食及以床坐？'維摩大士説是語時，天人得道，我懷慚愧。汝今所念，亦復如是。"

爾時如來即告阿難："實如大智舍利弗語！應念大乘，莫念安身。"作是語已，即入三昧，以威神力，即時其地有一金華從地涌出。其華出高四十萬由旬，遍覆三千大千世界。琉璃羅網，彌覆金華。其金華下，有衆寶浴池，與華平等，名爲"八功德"，香水彌滿。其池四岸，有種種名華，所謂"優鉢羅華"、"拘物頭華"、"波頭華"、"波頭摩華"、"分陀利華"。有如是等種種無量名華，莊嚴寶池。若見如是金華寶池，得法眼净，何況入中而得洗浴？若入洗浴，即得清净無生法忍。其金華下，有寶師子座。其師子座，高百由旬。爾時如來坐於寶座，身諸毛孔、上下枝節，放大光明。如來金光明，與金華同色，從華四面，金光流出，普照十方一切佛土。佛光金華所照之處，山谷、國土，高下平正，皆作金色，無有穢惡。地獄休息，餓鬼解脱，除一闡提謗方等經。以佛神力，他方國土及此國中，悉皆一等，無有殊異。

十方諸佛觀此光已，異口同音，俱歎釋迦："善哉！善哉！大慈世尊！今放光明，異於常明。昔日放光，先照東方。今日放光，四面一時，普照十方。當知此光，欲度苦惱一切衆生，使出三界，到大涅槃。"

爾時他方十方諸佛，異口同音，告其侍者："大菩薩衆！諸善男子！汝等當知：今日中國娑婆世界，釋迦牟尼如來放大光明，必説妙法，度苦衆生。汝等今者應往彼土，供養彼佛，請決所疑，聽受經法。彼土衆生，昔來剛惡，虚僞不實，不信一乘。釋迦大慈，萬善方便，爲開三乘，度脱三有。雖説三乘，上語亦善，中語亦善，下語亦善，義味甚深，純備具足。彼佛世尊，百千萬劫，不可值見；所説經法，不可得聞；彼諸大衆，不可時會；釋迦所生殊妙金華，不可得見。是故汝等，今往彼土，得見彼佛，請問所疑，自得利益，復利衆生。"

作是語已，十方佛土，一一各有十億菩薩，即從座起，爲佛作禮，俱同發來。一一菩薩，各有百千音樂，雨寶妙華，來到佛所。到佛所已，遶佛七匝，爲佛作禮，卻坐一面，俱共發聲，異口同音，而白佛言："世尊！我等今者欲有所問,唯願世尊當爲説之,利益衆生。”

爾時佛告諸來菩薩摩訶薩衆:“諸善男子!若有所疑,今悉可問。吾當爲汝決定説之。”

爾時諸來菩薩白佛言:“世尊!我土如來唯説一乘,云何如來今説三乘?”

爾時世尊以無礙智告諸菩薩:“汝等今者爲利衆生,諮問是義。諦聽!諦聽!諸善男子!譬如有人一人三名:小時名‘小’,二十名‘中’,年過八十名爲‘老’者。我今三乘,亦復如是:爲初小心聲聞之人,説於小乘;爲於中心緣覺之人,説於中乘;爲大菩薩大道心人,説於大乘。諸善男子!汝今復聽!理無二極,趣必同歸;解雖殊律,終爲一觀。理是一乘,分之爲三。聲聞、緣覺乘,皆入大乘。大乘者,即是佛乘。是故三乘,即是一乘。”

説是法時,會中十千菩薩得無生法忍,八百比丘得阿羅漢果,二萬天人得法眼净,百千萬人即發阿耨多羅三藐三菩提心。

爾時十方諸來菩薩俱共合掌而白佛言:“我等今者,以彼佛力,來到此土,得見世尊,復聞大乘。願聽我等,受持是經,於佛滅後,在此國土及餘他方山林樹下、神仙居處、城邑聚落、曠野塚間、樹下露地、塔寺僧坊、講法衆會、俗人住處,家家人人,廣宣流布,常使不絶。何以故?是經之住,令得惡道永息。所以爾者,曾聞佛説:地獄不閑。若誦經一句,諸天歡喜,常來親近,自然修善。若人聞是方廣經典,歡喜信敬,書寫讀誦,受持禮拜,稱是經中一佛、一菩薩名者,是人現世安隱,不見諸惡。若其命終,我等菩薩前導是人,迴向我國,共生一處。何以故?受持是經故。受持是經者,即持佛身。持佛身者,當知是人即是菩薩,是故是人即我同學。以是因緣,受持是經,願生一處,不相捨離。”

爾時復有諸鬼神王、大梵天王、三十三天、護世四天王、金剛密跡、諸鬼神王、散脂大將、那羅龍王等,難陀龍王、婆難陀龍王、阿修羅王、迦樓羅王、大辨天王、九子母天王、諸山鬼神神王、樹神王、河神王、海神王、地神王、水神王、火神王、風神王,如是無量、無邊諸神王等及大諸天,即從坐起,頭面體足,合掌恭敬,而白佛言:“世尊!我等今者,常當護持世尊所説方廣經典。有是經處,我等神王常在於前,爲作清净。若在塔中,若在坊中,若在白衣舍,若在空處,或復有人以不净手抃(拚[弄])捉[①]是經,或不恭敬讀誦是經,我使是人行住坐卧身心不安,處處怖畏,横羅惡事,現身不安,死入地獄。若人恭敬清净捉持此經,洗浴燒香,讀誦受持;或復書寫,憶念不忘,憶是經典,不行惡事。若能如是,我等神王爲是經故,守護是人。是人若卧,立其人前,不使見惡,亦復不爲惡人、惡鬼横害其人。若其住處,護其宅舍。若欲行來,我等神王於其人前爲作開導,須者給與。四方行來,無所障礙。常見善事,命終生天。因是值佛,不失大乘。"

爾時世尊告諸大菩薩、鬼神王等:"如是!如是!如汝所説。如是經典,不可得聞,何况可見?若欲受持讀誦是經,當净洗浴,著净衣服,净持坊舍,以懸繒幡蓋莊嚴室内,燒種種妙香:旃檀香、末香、種種塗香,禮拜。如是六時,從初一日乃至七日,日日中間,讀誦是經,正心正憶,正念正觀,正思惟,正思議,正受持,正用行,正教化。日夜六時,禮拜是經中諸佛菩薩、十二部經。若能如是禮拜、讀誦、信敬之者,如是經中所説重罪,悉皆除滅,無有疑也。何以故?是大方廣經典,十方諸佛之所修行、之所護持,諸佛之母,諸經之王,妙義之藏,菩薩之道。今是大乘方廣深妙經典,亦如世間所有六大不可思議。何等爲六?一者大地,二者大水,三者大火,四者大風,五者大日,六者大空。是經亦如大地,普載一切净穢好惡;是經亦如大水,洗除一切穢惡不净惡物;是經亦如大火,普燒一切煩惱穢惡、不净惡物;是經亦如大風,普吹一切不净穢惡;是經亦如大日,普照一切所有黑暗;是經亦如大空,悉能容受所有好惡。今是大乘方廣經典,廣大無對,上至菩薩,中至聲聞,下至有形,悉能容受。是故汝等受持是經、流布是經、信敬是經,常使汝等諸大菩薩入佛智慧,明見佛性;當令汝等諸天神王及受持經者常得見我,及見未來一切諸佛,轉大法輪,坐於道場。"

爾時大衆中有一菩薩,名曰"信相",於大衆中,即從座起,正理衣儀,頂

① 抃,此當爲"拚"之訛字。"拚"即"拌"之俗體。浙敦 026 號《普賢菩薩説證明經》:"治生販賣,嚣升拚升。""拚"亦與"拌"同。《龍龕手鑒·手部》:"拌",同"挵",亦即"弄"字。故"抃捉"即"弄捉",義同"捉弄"。斯 2169 號《佛性海藏智慧解脱破心相經》卷上:"若復有人,輕呰不信,或不恭敬,以不净手捉弄是經,誹謗諍論,以無義語調戲譬喻,如是之人現世得得(清)盲病,身根不具。"可資互勘。

禮佛足,而白佛言:“世尊!我等今者欲有所問,唯願世尊當爲説之。世尊所説,能大利益無量衆生。”

爾時佛告信相菩薩:“善哉!善哉!善男子!若有所問,隨意問之,吾當爲汝分别解説。汝所問者,亦大利益無量衆生。”

信相菩薩白佛言:“世尊!我念往昔久遠過去無量世時,有佛世尊,名曰‘寶勝’,一聞名者,皆得生天。於後不久,天自在光王國内曠野澤中,有一大池,其水枯涸。於彼池中,有十千大魚,爲日所曝,欲入死門。有一大士,名曰‘流水’,見是大魚,心生慈悲,施水飲食,少日得活。知命不久,即爲三稱‘寶勝’佛名。是魚聞已,即便命終,生忉利天。以是因緣,今願世尊爲是大衆及未來衆生,説諸佛名,及聞世尊‘釋迦’名號,亦得無量無邊利益、無邊功德,常處富樂,見了佛性①。以是因緣,故求此願。唯願説之,度脱重禁迷惑衆生。”

爾時佛告信相菩薩摩訶薩:“善男子!我若廣説十方諸佛所有名號,百千萬劫,説不能盡。一切諸水,可知渧數,無有能知諸佛名字;諸須彌山,可知斤兩,無有能知諸佛名字;一切大地,可知塵數,無有能知諸佛名字;虚空②世界,可知盡邊,無有能知諸佛名字。吾今爲汝略説三世諸佛名字,若人聞者,一逕於耳,其人命終,亦得生天。聞已信敬,復能盡形書寫,稱名禮拜,得滅無量生死重罪,得福無量。其人命終,十方世界隨意往生,亦得見我及見未來賢劫諸佛。”

爾時世尊告諸大衆:“汝等應當正理衣服,正心、正身,正憶、正念、正觀。欲聞法者,一心當敬禮須彌燈王佛,當敬禮寶王佛,當敬禮寶勝佛,當敬禮阿彌陀佛,當敬禮毘婆尸佛,當敬禮多寶佛,當敬禮釋迦牟尼佛,當敬禮、攝持一切法,當敬禮過稱量,當敬禮無譬類,敬禮無邊法,敬禮難思議,敬禮住力、力中力,敬禮十力無所畏,敬禮三界尊,敬禮一切大導師,敬禮能斷衆結縛,敬禮已到於彼岸,敬禮已度諸世間,敬禮永離生死道,敬禮三昧得解脱,敬禮如空無所依,敬禮衆中大法王,敬禮破壞四魔衆,敬禮一子大慈父。唯願世

① “性”字録本誤置於下“以是”之後,今結合文意,據甲本乙正。
② “空”字下甲本殘。

世值諸佛,明見佛性,到大涅槃。何以故?一切有形皆有佛性。是諸大衆合十指、抓、掌,一心諦聽,一心供養。

聽我説三世,十方諸佛名,乃至五無間,當生解脱相。
若人無善根,我亦爲説之,彼自不能解。燋種自然去,
唯有真實在。除去小乘相,唯有大乘在。除去二乘者,
唯有一乘在。若人無善根,不得聞是音。曾供無量佛,
今得聞佛名,當知受持者,少分解脱人。安住清净地,
今於我法中,經行作佛事,受持及讀誦、禮拜是佛名,
去離衆魔事,除滅四重禁、無間一闡提,是人未來世,
必得成佛道。若人不生信,定墮三惡道。生信勤禮拜,
當見無量佛。應當一心禮,願除無量罪,是故今敬信。

是諸大衆,合掌諦聽!攝持身心,勿得動轉,五體投地,一心諦聽!"

爾時世尊稱名唱曰:"南無過去無量諸佛、南無二萬日月燈明佛、南無三萬然(燃)燈佛、南無大通智勝佛、南無十六子佛、南無空王佛、南無多寶佛、南無雲自在燈王佛、南無威音王佛、南無無數光佛、南無思善佛、南無分身諸佛、南無日月净明德佛、南無净華宿王智佛、南無净莊嚴王佛、南無龍尊王佛、南無雲雷音王佛、南無雲雷宿主華智佛、南無寶王佛、南無娑羅樹王佛、南無上威德寶王佛、南無光明王佛、南無百億定光佛、南無光遠佛、南無月光佛、南無旃檀香佛、南無善山王佛、南無須彌天冠佛、南無須彌等曜佛、南無月色佛、南無正念佛、南無離垢佛、南無無著佛、南無龍天佛、南無不動地佛、南無琉璃妙花佛、南無琉璃金色佛、南無金藏佛、南無炎光佛、南無炎根佛、南無地種佛、南無月像佛、南無日音佛、南無解脱華佛、南無莊嚴光明佛、南無海覺神通佛、南無水光佛、南無大香佛、南無離虚垢佛、南無捨厭意佛、南無寶炎佛、南無妙頂佛、南無勇立佛、南無功德持慧佛、南無弊日月光佛、南無日月琉璃光佛、南無無上琉璃光佛、南無最上首佛、南無菩提華佛、南無月明佛、南無日光佛、南無華色王佛、南無水月光佛、南無除疑冥佛、南無度苦行佛、南無净信佛、南無善宿佛、南無威神佛、南無法慧佛、南無鸞音佛、南無師子音佛、南無龍音佛、南無處世佛、南無自在佛、南無無量壽佛、南無無量光佛、南無無邊光佛、南無無礙光佛、南無無對光佛、南無光炎王佛、南無清

净光佛、南無歡喜光佛、南無智慧光佛、南無不斷光佛、南無難思光佛、南無無稱光佛、南無超日月光佛、南無相好紫金佛、南無遠照佛、南無寶藏佛、南無無量音佛、南無甘露味佛、南無龍勝佛、南無勝力佛、南無師子音佛、南無離垢光佛、南無德首佛、南無妙德山佛、南無人王佛、南無無上華佛、南無畏力王佛、南[1]無龍自在王佛、南無師子依王佛、南無自在王佛、南無普光佛、南無普明佛、南無栴檀香光佛、南無多摩羅跋栴檀香佛、南無歡喜藏寶積佛、南無上大精進佛、南無普净佛、南無摩尼幢佛、南無摩尼幢燈光佛、南無慧炬照佛、南無海德光明佛、南無金剛牢强佛、南無普散金光佛、南無大强精進佛、南無勇猛佛、南無悲光佛、南無慈力王佛、南無慈藏王佛、南無栴檀窟莊嚴勝佛、南無賢善首佛、南無善覺佛、南無莊嚴王佛、南無金山寶蓋佛、南無金華炎光相佛、南無大炬光明佛、南無寶蓋照空自在力王佛、南無金華光佛、南無虚空寶華光佛、南無琉璃莊嚴王佛、南無普現色身光佛、南無不動光佛、南無降伏諸魔王佛、南無千光明佛、南無慈慧勝佛、南無彌勒鮮光佛、南無世净光佛、南無善寂月音佛、南無妙尊智王佛、南無寶蓋燈王佛、南無龍種上智尊王佛、南無日月光佛、南無日月珠光佛、南無慧幡勝莊嚴王佛、南無無垢藏佛、南無光明相佛、南無金炎光明佛、南無金焰光明藏佛、南無師子吼自在力王佛、南無妙音勝王佛、南無常光幢佛、南無觀世登王佛、南無慧依登王佛、南無法常勝王佛、南無須彌光佛、南無須摩那華光佛、南無優鉢羅華光佛、南無强勝力王佛、南無慧力王佛、南無阿閦毘歡喜光佛、南無無量音聲王佛、南無才光佛、南無金海光佛、南無山海慧自在通王佛、南無大通光佛、南無一切法常滿王佛、南無現無愚佛、南無過去無量分身諸佛。南無過去一佛、十佛、百佛、千佛、萬佛，能除無量劫以來生死重罪。南無一億、十億、百億、千億、萬億那由他恒河沙無量阿僧祇佛。

若人聞是過去無量阿僧祇佛名，是人八十萬劫，不墮地獄苦，是故今敬禮。

若人因禮拜，過去諸佛者，滅罪得本心，更不造十惡，及以五逆等，常得

① “南”字前乙本殘。

聞正法，具足大乘[□][戒][1]，是故今敬禮。

唯除二種人：一者謗方等，二者一闡提。若人心净清，不名'一闡提'，常見無量佛，是故今敬禮[2]。

若有犯重罪，及以五無間[3]，復能清净信，亦得如法住。皆由敬禮故，滅除十惡業，悉得大乘戒[4]，是故今敬禮。"

説是過去諸佛名時，十千菩薩得無生忍，八百聲聞發少分心，五千比丘得阿羅漢道，一億天人得法眼净。

"南無現在無量諸佛、南無十億王明諸佛、南無離垢紫金沙佛、南無無量明佛、南無日轉光明王佛、南無香積佛、南無師子億像佛、南無師子遊戲佛、南無普光功德山王佛、南無善住功德寶王佛、南無寶莊嚴王佛、南無難勝佛、南無須彌相佛、南無須彌登王佛、南無寶德佛、南無寶月佛、南無寶炎佛、南無寶嚴佛、南無難勝師子響佛、南無大光王佛、南無不動佛、南無藥王佛、南無莊嚴佛、南無樓至佛、南無月蓋佛、南無普光佛、南無寶王佛、南無維衛佛、南無式王佛、南無隨葉佛、南無拘樓秦佛、南無拘那含牟尼佛、南無迦葉佛、南無雷音王佛、南無祇法藏佛、南無栴檀華佛、南無栴檀葉佛、南無妙意佛、南無無上勝佛、南無甘露皷佛、南無毘婆尸佛、南無日月光明佛、南無無勝光佛、南無具足莊嚴王佛、南無光明遍照功德王佛、南無破壞四魔師子吼王佛、南無金剛不壞佛、南無琉璃光佛、南無須彌山王佛、南無净光明王佛、南無善德佛、南無無量光明佛、南無陀羅尼遊戲佛、南無首楞嚴定三昧力王佛、南無善見定自在王佛、南無無上功德佛、南無神通自在佛、南無無色相佛、南無無散相佛、南無無香相佛、南無無味相佛、南無無觸相佛、南無三昧定自在佛、南無慧定自在佛、南無相覺自在佛、南無普攝佛、南無報德普光佛、南無尸棄佛、南無毘舍浮佛、南無迦羅鳩村大佛、南無迦那含牟尼佛、南無迦葉佛、南無意樂美音佛、南無歡喜佛、南無阿閦佛、南無須彌相佛、南無須彌頂佛、南

① 戒，録本脱，結合文意，據乙本補。

② "是故今敬禮"五字乙本無。

③ "無間"二字録本訛作"間無"，今結合文意，據乙本乙正。

④ 戒，録本訛作"式"，今結合文意，據乙本改。

無師子音佛、南無師子相佛、南無虚空住佛、南無雲雷自在佛、南無常滅佛、南無帝相佛、南無不梵相佛、南無阿彌陀佛、南無梵相佛、南無度一切世間苦惱佛、南無多摩羅拔栴檀香佛、南無須彌相佛、南無雲自在王佛、南無壞一切世間怖畏佛、南無百億我釋迦牟尼佛。南無現在一佛、十佛、百佛、千佛、萬佛,能除無量劫以來生死重罪。南無一億、十億、百億、千億、萬億那由他恒河沙等無量阿僧祇佛。

若人聞是現在無量阿僧祇佛名,是人六十萬劫,不墮地獄苦,是故今敬禮。

若人因禮拜,現在十方佛,度脱諸惡業,滅除五逆等。常住清净地,安住釋迦法,永離四惡道,得見彌勒佛,及以見千佛,是故今敬禮。復見十方佛,常生清净土,得聞第一義,了知如來常。”

説是現在諸佛名時,二恒河沙菩薩得入陀羅尼門,四十二億諸天及人,皆發無上菩提道心。

“南無未來賢劫無量諸佛、南無彌勒佛、南無净身佛、南無華光佛、南無光明佛、南無華足佛、南無名相佛、南無閻浮那提金光佛、南無法明佛、南無寶明佛、南無普明佛、南無普相佛、南無普光佛、南無山海慧佛、南無自在通王佛、南無寶莊嚴佛、南無弗沙佛、南無百億自在登王佛、南無寶相佛、南無喜見佛、南無二萬光相莊嚴王佛、南無三萬同號普德佛、南無雲雷音王佛、南無四萬八千定光佛、南無寶月王佛、南無離垢光佛、南無妙色佛、南無妙色光明佛、南無破一切衆難佛、南無衆香佛、南無衆聲佛、南無十千光明莊嚴佛、南無八十億莊嚴光明佛、南無寶華莊嚴佛、南無上首德王佛、南無紫金光明佛、南無五百受記華光佛、南無那羅延不壞佛、南無好華莊嚴佛、南無金剛定自在佛。南無未來一佛、十佛、百佛、千佛、萬佛,能除無量劫以來生死重罪。南無一億、十億、百億、千億、萬億那由他恒河沙無量阿僧祇佛。

若人聞是未來無量阿僧祇佛名,是人十四萬劫,不墮地獄苦,是故今敬禮。

若人因禮拜,未來諸佛名,三障及五逆,唯除一闡提,悉皆得除滅。安住佛法中,得見無量佛,常得聞正法,是故今敬禮。

若人因禮拜,三世十方佛,滅除過去罪,未來及現在,所造十惡業,今現得除滅，未來見佛性，是故諦信之。書寫讀誦經，世世所生處，不生惡邪見，常正得解脱，不生在邊地，不生在惡國，不見惡國王。四億萬劫中，不[1]墮地獄苦，是故今敬禮。滅除十惡業，得大陀羅尼。”

説是未來諸佛名時，五萬菩薩住不退地，七百比丘尼得阿羅漢道，六十二億諸天人民得法眼净。

“南無總持大陀羅尼十二部經：修多羅、祇夜、受記、伽陀那、憂陀那、尼陀那、阿波陀那、伊帝曰多伽、闍陀伽、毘佛略、阿浮陀達摩、憂波提舍，所有大藏諸波羅蜜。若人聞是十二部經諸波羅蜜，讚誦禮拜，信樂受持，是人二十萬劫中不墮地獄苦，得宿命智，是故今敬禮。”

説是十二部經名時，八萬五千菩薩得金剛三昧，十億聲聞發大乘心，十千比丘、比丘尼得羅漢道，無量天人得法眼净。

“南無十方無量諸大菩薩、南無文殊師利菩薩、南無觀世音菩薩、南無得大勢菩薩、南無常精進菩薩、南無不休息菩薩、南無寶掌菩薩、南無藥王菩薩、南無藥上菩薩、南無勇施菩薩、南無寶月菩薩、南無月光菩薩、南無滿月菩薩、南無大力菩薩、南無無量力菩薩、南無越三界菩薩、南無皎陀婆羅菩薩、南無彌勒菩薩、南無寶積菩薩、南無導師菩薩、南無德藏菩薩、南無樂説菩薩、南無龍樹菩薩、南無寶檀華菩薩、南無上行菩薩、南無無邊行菩薩、南無安立行菩薩、南無净行菩薩、南無陀羅尼菩薩、南無金剛那羅延菩薩、南無常不輕菩薩、南無宿王華菩薩、南無喜見菩薩、南無妙音菩薩、南無德勤精進力菩薩、南無無盡意菩薩、南無净藏菩薩、南無净眼菩薩、南無普賢菩薩、南無妙德菩薩、南無慈氏菩薩、南無善思議菩薩、南無空無菩薩、南無神通華菩薩、南無光英菩薩、南無慧上菩薩、南無智幢菩薩、南無寂根菩薩、南無願慧菩薩、南無香象菩薩、南無寶英菩薩、南無中住菩薩、南無制行菩薩、南無解脱菩薩、南無法藏菩薩、南無等觀菩薩、南無不等觀菩薩、南無等不等觀菩薩、南無定自在王菩薩、南無法自在王菩薩、南無法相菩薩、南無光相菩薩、南無光嚴菩薩、南無大嚴菩薩、南無寶積菩薩、南無辯積菩薩、南無寶手菩薩、南無寶掌菩薩、南無寶印手菩薩、南無常舉手菩薩、南無常下手菩薩、南

① “不”字前丙本殘。

無常慘菩薩、南無喜根菩薩、南無喜王菩薩、南無辯音菩薩、南無虚空藏菩薩、南無攝寶炬菩薩、南無寶勇菩薩、南無寶見菩薩、南無諦網菩薩、南無明網菩薩、南無無緣觀菩薩、南無慧積菩薩、南無寶勝菩薩、南無天王菩薩、南無壞魔菩薩、南無電德菩薩、南無自在王菩薩、南無功德相嚴菩薩、南無師子吼菩薩、南無雷音菩薩、南無山相擊音菩薩、南無香象菩薩、南無白香象菩薩、南無妙生菩薩、南無華嚴菩薩、南無梵網菩薩、南無寶杖菩薩、南無無勝菩薩、南無嚴土菩薩、南無金髻菩薩、南無珠髻菩薩、南無光嚴童子菩薩、南無持世菩薩、南無善德菩薩、南無難勝菩薩、南無照明菩薩、南無華光菩薩、南無寶檀華菩薩、南無薩陀波論菩薩、南無曇無竭菩薩、南無法自在菩薩、南無德守菩薩、南無不眴菩薩、南無德頂菩薩、南無善宿菩薩、南無善眼菩薩、南無妙臂菩薩、南無弗沙菩薩、南無師子菩薩、南無師子意菩薩、南無净解菩薩、南無那羅延菩薩、南無善意菩薩、南無現見菩薩、南無普守菩薩、南無電光菩薩、南無喜見菩薩、南無明相菩薩、南無妙意菩薩、南無無盡意菩薩、南無深慧菩薩、南無寂根菩薩、南無無礙菩薩、南無上善菩薩、南無福田菩薩、南無華嚴菩薩、南無德藏菩薩、南無月上菩薩、南無寶印手菩薩、南無珠頂王菩薩、南無樂實菩薩、南無慧見菩薩、南無登王菩薩、南無深王菩薩、南無華王菩薩、南無妙色菩薩、南無善問菩薩、南無善答菩薩、南無了相菩薩、南無定相菩薩、南無定積菩薩、南無發喜菩薩、南無安住菩薩、南無怖魔菩薩、南無慧施菩薩、南無救脱菩薩、南無慧燈菩薩、南無勇施菩薩、南無智導菩薩、南無願慧菩薩、南無四攝菩薩、南無教音菩薩、南無海妙菩薩、南無法喜菩薩、南無道品菩薩、南無總持菩薩、南無慈王菩薩、南無大自在菩薩、南無梵音菩薩、南無妙色菩薩、南無寶檀林菩薩、南無師子音菩薩、南無妙聲菩薩、南無妙色形菩薩、南無種種莊嚴菩薩、南無釋幢菩薩、南無頂生菩薩、南無明王菩薩、南無大光菩薩、南無奢提菩薩、南無密積菩薩、南無華睒菩薩、南無上首菩薩、南無普現色身菩薩、南無神通菩薩、南無海德菩薩、南無無邊身菩薩、南無衣王自在菩薩、南無迦葉菩薩、南無無垢藏王菩薩、南無持一切菩薩、南無高貴德王菩薩、南無琉璃光菩薩、南無無畏菩薩、南無海王菩薩、南無師子吼菩薩、南無陀羅尼菩薩、南無那羅延菩薩、南無信相菩薩、南無持地菩薩、南無光嚴菩薩、南無光明菩薩、南無大辯菩薩、南無慈力菩薩、南無大悲菩薩、南無依王菩薩、南無依力菩薩、南無依德菩薩、南無普濟菩薩、南無普攝菩薩、南無定光菩薩、南無普光菩薩、南無真光菩薩、南無拘樓菩薩、南無天光菩薩、南無寶王菩薩、南無彌光菩薩、南無教道菩薩、南無導師菩薩、南無大忍菩薩、南無華王菩薩、南無華積菩薩、南無慧光菩薩、南無海慧菩薩、南無堅意菩薩、南無釋摩男菩薩、南無金光明菩薩、南無金藏菩薩、南無常悲菩薩、南無法上菩薩、南無才首菩薩、南無山光菩薩、南無山慧菩薩、南無大明菩薩、南無總持菩薩、南無山剛菩薩、南無登王菩薩、南無山頂菩薩、南無山幢菩薩、南無山王菩薩、南無伏魔菩薩、南無雷音菩薩、南無雨王菩薩、南無雷王菩薩、南無寶輪菩薩、南無寶英菩薩、南無寶首菩薩、南無寶藏菩薩、南無寶明菩薩、南無寶定菩薩、南無寶印菩薩、南無寶場菩薩、南無寶嚴菩薩、南無寶水菩薩、南無寶光菩薩、南無寶登菩薩、南無寶現菩薩、南無寶造菩薩、南無樂法菩薩、南無净王菩薩、南無頂相菩薩、南無金光菩薩、南無寶髻菩薩、南無千光菩薩、南無原嶮菩薩、南無照味菩薩、南無月辯菩薩、南無月光菩薩、南無法輪菩薩、南無光净菩薩、南無常施菩薩、南無普德菩薩、南無普明菩薩、南無勝幢菩薩、南無濡音菩薩、南無德炎菩薩、南無相光菩薩、南無海月菩薩、南無海藏菩薩、南無勝月菩薩、南無净慧菩薩、南無超光菩薩、南無月德菩薩、南無日光菩薩、南無金剛菩薩、南無炎幢菩薩、南無尊德菩薩、南無海明菩薩、南無海廣菩薩、南無照境菩薩、南無慧明菩薩、南無功德菩薩、南無明達菩薩、南無密教菩薩、南無須那菩薩、南無色力菩薩、南無調伏菩薩、南無隱身菩薩、南無一菩薩、南無十菩薩、南無百菩薩、南無千菩薩、南無萬菩薩。南無一百萬菩薩、二百萬、三百萬、四百萬、五百萬、六百萬、七百萬、八百萬、九百萬、千千萬諸大菩薩摩訶薩能除無量劫以來生死重罪。南無一億、十億、百億、千億、萬億，南無萬萬億諸大菩薩摩訶薩，能除無量劫以來生死重罪。南無一那由他、十那由他、百那由他、千那由他、萬那由他，南無萬萬那由他諸大菩薩摩訶薩，能除無量劫以來生死重罪。南無一恒河沙、南無二恒河沙、南無三恒河沙、南無四恒河沙、南無五恒河沙、南無六恒河沙、南無七恒河沙、南無八恒河沙、南無九恒河沙、南無十恒河沙、南無百恒河沙、南無百億無量恒河沙諸大菩薩摩訶薩，能除無量劫以來生死重罪。

若人聞是大士、諸大菩薩摩訶薩名者，是人四十千劫中不墮地獄苦，不屬三界獄，常屬解脱王。不生邊地，不生惡國，不受惡身，不生邪見，不生下性，不生外道，身根具足，常聞正法。不受禁戒，常得具足大乘威儀，常見佛性，是故今敬禮，安住佛法中，來世成佛道。”

説是諸大菩薩名時，八十八億清凈信男女悟阿那含果，九十四億諸天得斯陀含果，七千八億失心比丘還得本心、悟阿羅漢果，十億菩薩得大陀羅尼、來世成佛道。

大通方廣經卷上。

大通方廣經卷中[①]

[ ][②]“□□□□□□□□□□□□□□□□□□□□□□□□（善男子！復有四法善能隨順，入諸大衆。何等爲‘四’？一者，求法不求勝故。二者，常生恭敬，心）[③]無憍慢。三□□□（者，唯求）[④]法利，□（不）[⑤]自顯現。四者，教人善法，不求名利。是名爲‘四’。善男子！復有四法善開法施。何等爲‘四’？一者，守護正法。二者，自益智慧，亦益前人。三者，常行善人之法。四者，示人垢凈青白。是名爲‘四’。善男子！復有四法得先因力，不失善根。何等爲‘四’？一者，見他人闕，不以爲患。二者，於瞋怒人，常修慈心。三者，常説諸因緣。四者，常念無上菩提。是名爲‘四’。善男子！復有四法，不由他教，而能自行六波羅蜜。何等爲‘四’？一者，常以法施施導與人。二者，不説他人毁禁之罪。三者，善知攝法教化衆生。四者，解達深法。

---

① 《大正藏》本出注：“【原】大谷大學藏燉煌本，首題新加。”按：經核，《大通方廣經》卷中所據底本實爲大谷大學藏敦煌本第25號，首殘尾全。今以BD819（北8216）號十824（北8217）號綴接所成的首殘尾全的寫卷爲參校甲本，斯6382號爲參校乙本，斯00704號爲參校丙本。

② 前缺。

③ “善男子！復有四法善能隨順……常生恭敬，心”三十四字底本殘，録本作缺文，據甲、乙二本補。

④ “者唯求”三字底本殘，録本作缺文，據甲、乙二本補。

⑤ “不”字底本殘，録本作缺文，據甲、乙二本補。

是名爲‘四’。善男子！復有四法，能捨禪定，現生欲界。何等爲‘四’？一者，其心柔軟。二者，能得諸善根力。三者，不捨一切衆生。四者，常能善修智慧方便之力。是名爲‘四’。善男子！復有四法，於佛法得不退轉。何等爲‘四’？一者，離受無量生死。二者，常能供養無量諸佛。三者，修行無量慈心。四者，信解無量佛慧。是名爲‘四’。善男子！復有四法，不斷佛性。何等爲‘四’？一者，爲諸衆生，不退本願。二者，受信施行。三者，大欲精進。四者，常能深心行於佛道。是名爲‘四’。菩薩摩訶薩遊於三界，行種種行，利益衆生；常修出世，不斷佛性。”

說是大乘四法之時，四萬天人皆發三菩提心，二萬五千人得無生法忍，四萬八千菩薩得達法界忍善人佛慧。

爾時佛告虚空藏菩薩摩訶薩言：“汝今應當受持是經。”

虚空藏菩薩白佛言：“世尊！當何名之？云何奉持？”

佛言：“此經名爲‘大通方廣’，能破魔境，壞外道軍，消除煩惱；能解五欲邪見繫縛，破三界獄，放諸生死，向涅槃舍，潤益久涸正因種子，雨大緣因六度法雨，增長衆生三乘芽華，成就一乘菩提極果。善男子！汝問經名，我説如是，汝當受持！”

爾時虚空藏菩薩白佛言：“世尊！我從過去無量佛所、無量會處、無量衆中，聞種種法、種種事、種種相、種種乘，未曾聞此希有之法、希有之事、希有之相、希有大乘。我常受持，使不斷絶。世尊！如來常住，法、僧不滅。三界衆生，自生自滅，不見如來及以法、僧，唱言‘滅度’。我等今者承佛威神，遊於三界，順從時宜，假唱‘滅度’。世尊！我等今者於佛滅後，當與八萬久遠慧法身大士流通此經，使法界衆生受持讀誦，如説修行，一時成佛，猶不放捨。世尊！若善男子、善女人於佛滅後濁惡世中，若有受持、讀誦、書寫、經卷，得幾所福？”

佛言：“善男子！若人以三千大千世界滿中珍寶以用布施，不如聞此經名福勝於彼。復置是事，若人以十千世界滿中珍寶以用布施，不如有人攝持經卷福多於彼。復置是事，若人以十方世界滿中珍寶以用布施，不如有人書寫大乘方廣經典乃至一字一句、或復一偈福多於彼。復置是事，雖施無量國珍寶，不如至心讀誦一偈。復置是事，雖施十千世界滿中衆生命，不如至心解義一句、爲人説一偈之義福勝於彼。所以者何？財食布施是世間布施，長養性命，不出世間。大乘法施長養衆生菩提道根，能續三乘智慧常命。善男子！讀持是經者，本雖惡人，今是善人；本雖苦人，今是樂人；本雖縛人，今是脱人；本雖未度，今是度人；本雖無智，今是論師；本雖有漏，今是無漏；本雖凡行，今是聖行；本雖失道，今入聖道。身雖凡夫，讀持是經，智同聖慧。本雖煩惱，讀持是經，共諸佛如來同有涅槃。”

虚空藏菩薩白佛言：“世尊！如佛所説：本是凡行，今是聖行。本是煩惱，讀持是經，共諸佛如來同有涅槃，破戒五逆誹謗正法。讀持是經，斷除煩惱，同得涅槃。此義雖明，唯願世尊當爲説之。”

佛言：“善哉！善哉！善男子！汝能善問，我能善答。善男子！一切衆生以不值佛故，邪見犯戒，誹謗正法。若佛在世，終無犯戒、誹謗正法。何以故？譬如長者，唯有一子，愛之甚重。若父在時，日夜教令，事事順之，其子孝順，受父教令，都無所犯。若父遠行，不時來還，其子忘悟，多有所犯，以不時來，唱言‘死滅’，悲啼嘷(嗥)哭[①]，復似起逆，愁憒失心，忘父本教，似若不順，謂如謗法。其父久時，遠行來歸，而子歡喜，憶父本教，受持不犯，以得見父，信知不死，不名‘墮逆’。捉父本敕，順教而行，不名‘誹謗’。善男子！長者即是如來，一子者即是一切衆生，令者即是教戒，遠行者即是餘化。不見父故，即是唱滅。愁惱故，即是障弊。不持故，即是犯戒。唱滅故，即是逆罪。迷理故，即是誹謗。如來世尊餘化迴來，衆生見之，即生信心，知佛不滅。佛爲説法，還得本心，不名‘犯戒’。以不知滅，不名‘墮逆’。順教人行，於理得解，不名‘謗法’。善男子！讀持是經者，即能消除無量生死煩惱重惡之罪。聞是經名，即得聞佛。見是經者，即得見佛。持是經者，即持佛身。行是經者，即行佛事。説是經者，即説佛事。解是經者，即解佛義。若行佛事，善解佛義，如此之人，永無煩惱。何以故？得值是經，斷除煩惱。善男子！若八萬劫以爲一日，以是三十日爲一月，十二月爲一歲。以此歲數，過百千億劫，得值一佛。復過是數，得值一佛。此經難值，復過於是。得值此

① 嘷，此乃“嗥”之訛俗字（“皋”旁俗借用作“睾”）。［晋］郭璞《巫咸山賦》：“禽鳥栖陽以晨鳴，熊虎窟陰而夕嘷。”是其例。

經，即值十方三世諸佛。是故智者受持、讀誦、書寫、解説，能除邪見無明煩惱結漏重罪，住於福田，能除世間無量供養。”

虛空藏菩薩白佛言：“世尊！辟支佛尚不能消世間供養，何況凡夫得消供養？”

佛言：“善男子！辟支佛不消供養，無有是處。雖不能説法度人，入禪三昧，從三昧起，現大神通度諸衆生，得消供養。”

爾時虛空藏菩薩白佛言：“世尊！經中所説邪見破戒，不得共一國同住、一河飲水、説戒布薩、懺悔自恣，此人名爲‘退失聖道’，不入衆數，云何而言‘得消供養’？若消供養，即與諸佛同受應供，過於羅漢辟支佛等。唯願世尊分別説之，我聞此已，亦爲衆生如佛解説，令得度脱。”

佛告虛空藏菩薩：“善哉！善哉！善男子！汝等今者慈悲具足，哀愍衆生，而問此事。諦聽！諦聽！善思念之。吾當爲汝分別解説。善男子！此經境界，非聲聞、緣覺所知，亦非諸魔外道凡夫思惟境界，唯佛能知，汝亦得達。善男子！我常爲行菩薩道者説施行檀，不觀好惡福田成就，而説是言。布施畜生，得百福報。布施闡提，得千福報。善男子！斷善根者，死趣闡提。無慚愧者，死趣畜生。畜生闡提果報熟者，尚能受供種人福田，何況此人？以是義故，今此大乘《大通方廣》威德力大，不可思議，能使破戒五逆誹謗正法邪見煩惱悉得除滅，能受供養。”

虛空藏菩薩白佛言：“世尊！諸佛如來不可思議，《大通方廣》威神之力亦不可思議。受持經者，其人功德亦不可思議。”

佛言：“如是！如是！如汝所説，得不可思議無邊功德。”

爾時世尊告虛空藏菩薩摩訶薩言：“善男子！我念往昔過去有劫，名曰‘清浄’；我於此劫供養九十二億那由他佛，以行小乘，多諸過罪，犯戒無量，是諸如來不見授記。復過此劫，劫名‘樂見’；我於此劫供養四十二億諸佛如來，是諸如來亦不見授記。復過此劫，劫名‘梵音’；我於此劫供養二十二億諸佛如來，是諸如來亦不見授記。復過此劫，劫名‘心喜’；我於此劫供養八萬四千諸佛如來，是諸如來亦不見授記。復過此劫，劫名‘救苦’，國名‘莊嚴’，佛號‘大施’。如來、應供、正遍知，十號具足；我於此劫供養四十億佛，得聞此經，煩惱永除，自猶未覩。我於爾時皆以一切供養之具而供養之，是諸如來亦不見與我授記。善男子！我於往昔若干劫中，供養若干諸佛如來，尊重讚歎，煩惱得除，具足聲聞威儀禁戒，净修梵行，學行布施，一切持戒及行頭陀，離於憍慢、瞋恚、愚癡，忍辱慈心，如聞能説，懃行精進，一切所聞，受持不失，獨處遠離，入諸禪定，出禪定已，隨所聞慧，讀誦、思議，是諸如來亦不見授記。何以故？所受禁戒多毀犯故，深著聲聞二乘行故，不聞大乘方廣經故。以是義故，若諸菩薩摩訶薩等，應當遠離二乘之行，修集大乘方廣經典，則得授記。若我以一劫、若滅一劫説是佛名，不可得盡。善男子！我過是後，得見定光佛，爲無量大衆説是大乘《大通方廣》。我於爾時，得聞、得見彼佛所，受持、讀誦，思惟其義，即得無生法忍。定光如來即授我記：'汝於來世當得作佛，號"釋迦牟尼、如來、應供、正遍知"。'是故，善男子！受持是經，疾至佛地，況消世間人天供養？善男子！是故大乘經典力施寶藏不可思議，惠施破戒、貧窮威[1]儀寶珠。

善男子！[□□□□][我以偈讚][2]：

大乘如大海，小乘中跡水。大乘如須彌，小乘蟻子城。

大乘如日月，小乘打火[3]星。

是乘名'大乘'，不可思議乘，容受諸衆生，猶如虚空中。

一切諸乘中，此乘爲第一，如是大乘者，□□□□(能出種種)[4]乘。

小乘有限量，不能度一切，唯此無上乘，悉能度衆生。

若行此無量、虚空之大乘，[□□□□□□□□□□][於一切衆生，無有慳恪心][5]。

虚空無有量，亦無有形色，大乘亦如是，無量無障礙。

一切諸衆生，乘於此大乘，當觀是乘相，廣博多容受。

若於無量劫，説大乘功德，及乘此乘者，不可得窮盡。

---

① 威，底本、録本作"依"，今結合文意，據甲、乙二本改。

② "我以偈讚"四字底本、録本無，結合文意，據乙本補

③ 火，底本、録本訛作"失"，今結合文意，據甲本改。

④ "能出種種"四字底本殘，録本作缺文，據甲本補。

⑤ "於一切衆生，無有慳恪心"十字底本、録本及甲本脱，結合文意，據《大般涅槃經四諦品第十》[T15n0586p54a14]補。

一切諸乘中,大乘最爲勝,至心受大乘,得趣菩提樹,無縛無障礙。

今此無上乘,能勝下劣乘。

坐於道樹下,觀於十二緣,哀愍衆生故,爲説大乘經。

十方諸衆生,若乘大乘者,亦無[□][有][1]增減,容受如虚空。

大乘叵思議,神通大智慧,是故諸衆生,當懃修集之。

一切諸天衆,天魔及外道,欲除煩惱縛,歸依於大乘。

具足六神通,三明三達門,能壞魔外道,並及諸邪見。

大乘最爲要,能破諸煩惱,具足諸善根。

是故大乘力,其實難思議。

一切世間法,及以出世法,有學、無學法,攝在大乘中。

若有衆生行惡道,親近邪見惡知識,遠離此事歸大乘。若人不樂求大乘,

不能破壞煩惱結,欲求解脱學大乘。若有大人解大事,聞説大乘心歡喜,

當知即是大乘人,得心寂静具神通,皆由大乘自莊嚴。若人有能行大行,

是則不斷三寶種。若有趣向大乘者,是人即得無量福,能到十方諸世界,

供養十方無量佛。如是大乘《方廣經》,世間諸乘無能勝,具足威德破生死。

是故大乘難思議,得色、[得][2]力、得自在,具足成就常法身。若有乘此大乘者,

是人受於無上樂,捨身自施修慈悲。是故得此無上乘,持戒精進修梵行,

能以神通障日月,皆由久修大乘行;自心懃修常精進,是人則得於大乘。

應有無量苦惱報,修集大乘得除滅;若能安住大乘典,長受快樂如諸佛。

---

① 有,底本、録本無,結合文意,據乙本補。

② 得,録本脱,據底本補。

具足正念懃精進，獲四如意神通力，依止正法及真義，皆由久修大乘經。

具足十力無所畏，相好莊嚴三十二，金剛三昧一切智，皆由修於大乘久。

善男子！若有持此大乘經典一字一句乃至一偈：

[□□□□□][著持此經者][①]，永脱諸苦難，終不墮惡道，得到安樂處。

於後惡世時，若得是經者，我皆與授記，究竟成佛道。

若持此經者[②]，佛常近是人，是人常近佛，是人護佛法，諸佛護是人。

獲大神通慧，能轉大法輪，度諸生死趣，能破壞魔軍。

我於定光佛，聞此方便經，住忍得授記，號爲'釋迦牟尼'。

於我滅度後，若有學是經，我亦與授記，[□□□□□][當得成佛道][③]。

若人來世中，能解此經義，爲諸愚者説，不斷於三寶。

佛雖不在世[④]，亦如佛現在。

所以者何？我從無量佛受持此經，於末劫中，爲人廣説，是以獲得三十二相。"

虚空藏菩薩白佛言："世尊！一切諸佛皆亦説此三十二相。佛今復説三十二相，是何業因之所成就？唯願世尊當爲説之。"

佛告虚空藏菩薩言："善男子！如來成就無量功德，是故得成三十二相。我若廣説，窮劫不盡。今當爲汝，略而説之。如來至心護持净戒，得足下平相；修種種惠施故，得千輻輪相；不欺一切諸衆生故，得足跟**牗**[⑤]相；護正法故，得指纖長相；不破壞他故，得同縵相；以妙眼奉施故，得手足軟相；以净食施故，得七處滿相；喜聞法故，得鹿王膞相；覆藏他罪過故，得馬陰藏相；修十善法故，得上身如師子王相；常以善法化衆生故，得缺骨平滿相；救護怖畏

---

① "著持此經者"五字底本、録本無，結合文意，據乙本補。

② "若持此經者"五字乙本無。

③ "當得成佛道"五字底本、録本無，結合文意，據乙本補。

④ "佛雖不在世"五字底本、録本誤置於"不斷於三寶"前，今結合文意，據乙本乙正。

⑤ **牗**，本字作"傭"，"**牗**"乃俗分别字。《説文》："傭，均直也。"《爾雅》："傭，均也。"《廣韻·鍾韻》："**牗**"，同"傭"。《玉篇·肉部》："**牗**，均也。"

故，得臂肘**膅**[□][纖?][1]相；見他造三寶業樂佐助故，得手摩膝相；常修萬善法故，得清净身相；常施病者藥故，得所食之物至鳴悉現相；常發莊嚴修善法故，得師子頬相；於諸衆生心平等故，得四十齒相；喜和合諍訟故，得齒密相；以珍寶施故，得齒齋相；身、口、意净故，得二牙白相；護四口過故，得廣長舌相；成就無量功德故，得味中上味相；於諸衆生常以軟語故，得梵音相；修集慈心故，得細長目相；至心求於無上菩提故，得牛王睫相；讚歎他人所有功德故，得白豪相；恭敬供養父母和上阿闍梨師故，得肉[2]髻相；樂説大乘法故，得身柔軟相；喜敷具故，得金光明相；遠離聚説世間故，得一一孔毛生相；樂受善友師長教敕故，得身毛上靡相；不以惡事加衆生故，得髮色精相；常勸衆生修三昧故，得圓滿如尼拘陀相；所生之處喜造佛像故，得那羅延力相。善男子！菩薩摩訶薩成就如是無量功德，獲得如是三十二相。”

虚空藏菩薩白佛言：“世尊！我觀諸法都無相貌，又觀如來亦非是行，云何而言‘廣修諸行’？我觀諸佛法僧苦、集、滅、道、陰、入、界等十二因緣，諸波羅蜜，内外因果，空無相願，不見出生，不見滅没，如幻如化，如炎如響，如水中月、龜毛、兔角，如空中之花，如石女之子，如著影衣，多乘白象[3]，如有如無，及以有無，非有非無，非常非斷，非生無滅，非内非外，非見非識，猶如虚空，云何而言‘我修諸法’？我觀如來亦非衆生、壽命、士夫，亦非眼色、非色相行，非耳、非聲、非聲相行，非鼻、非香、非鼻香相行，非舌、非味相行，非身、非觸相行，非意、非法、非意法相行，非識、非色、非識色相行，非色、非苦、非色苦相行，非我非願，非行非陰，非實非虚，非聚非散，非出非入。受相行識，

① **“膅”**是“圓**膅**”省語，乃“傭”之俗分别字。東晋佛馱跋陀羅譯《大方廣佛華嚴經》卷第十八：“令一切衆生得指密相，圓**膅**纖直。”[T9n278p512a3—4]北齊那連提耶舍譯《大寶積經》卷第六十一：“掌如蓮花色，指圓**膅**纖好。”[T11n310p352b12]《大正藏》出注：**“膅**＝傭【聖】【聖乙】。”疑**“膅”**後脱“纖”字。北凉曇無讖譯《大般涅槃經》卷第二十八：“以是業緣，得缺骨充滿，師子上身臂肘**膅**纖。”[T12n0374p535a22—23]《大般涅槃經》卷第二十六[T12n0375p780a20—21]、唐澄觀述《大方廣佛華嚴經隨疏演義鈔》卷第二十一[T36n1736p163b1—2]“師子上身臂肘**膅**”後同有一“纖”字。

② 肉，録本訛作“内”，據底本改。

③ 象，録本訛作“鳥”，據底本改。

亦復如是，非去非來，無有住處，無心、意、意識，無有身、口、意業，非一非二，非去來現在，非垢非浄，非我、衆生、壽命、士夫，非常非斷，無生無滅，無修無行，無捨無受，畢竟常住，云何而言‘廣修諸行’？”

爾時佛讚虚空藏菩薩摩訶薩言：“善哉！善哉！善[1]男子！汝過去世時，曾已供養無量諸佛，久達大乘‘無上空’義，了知萬法皆悉空寂，亦知[2]如來畢竟常住。善男子！譬如清浄瑠璃寶珠，雖在泥中逕歷千年，其性常浄，出已如本。汝等今者，亦復如是，了知法相，本性清浄。汝等今者雖在三界五濁泥中助佛揚化，亦復不爲泥之所污；以不污故，能問此義。善男子！汝今復聽，當爲説之。一切萬法，實無相貌，有文字故，説言‘有法’。法中無字，字中無法，爲流布故，説有‘文字’。文字之中，亦無菩提；菩提之中，亦無文字。第一義諦，雖無文字；世俗道中，説有文字。衆生佛性、無上菩提，不離文字。善男子！實如[汝][3]説：如來無盡無生，不修不行，離諸修行，不入正位，亦不退轉。一生不生兜率陀天，不從天下，不處世胎，於一切法心無所住。亦不説言‘我已過去[4]於生老病死’，亦不四維七步而行，亦不自言‘我是世間無上之尊’，不處中宫婇女娱樂，不習世間伎樂之事，亦復不學槃馬角力；欲度衆生，示現老人；爲壞貪身，示現病苦；爲壞貪壽，示現死相；爲壞欲及我、我所，示現沙門；爲令衆生不求梵天帝釋之身，懃求出世無上之法，踰出宫城，示現出離三界繫縛及示非果前後，故示現無瞋愛；是故三十二相莊嚴其身，爲示衆生良祐福田。剃除周羅，棄捨瓔珞，遣馬令還，放闡陀羅，示現遠離一切煩惱；現剃鬚髮，示現貪著於一切法；受持袈裟，示調衆生；從欝陀伽阿羅邊諮問受法，示現破壞自高之心；六年苦行，爲外道現受飲食；隨世俗法，現受槁[5]草，示於知足；坐草辱(蓐)[6]上，示懷(壞)[7]憍慢；諸天、龍、神讚嘆恭敬，示現

① “善”字前丙本殘。

② 知，底本、録本作“如”。結合文意，據甲、乙、丙三本改。

③ 汝，録本脱，據底本補。

④ 去，甲本無。

⑤ 槁，録本訛作“藁”，據底本改。此字甲本作“稾”，乙本作“蒿”。

⑥ 辱，此當爲“蓐”之訛省。該字甲、乙二本作“蓐”。

⑦ 懷，此當爲“壞”之形訛。該字甲、乙二本作“壞”。

功德莊嚴果報；降伏外道，示勇猛力；右手指地，示作福力；大地震動，示報恩故；修無相願，獲得無上菩提之道，示現了知一切法相、觀法平等名之爲‘佛’。佛之智慧，無能勝者。所説法要，知去、來、現佛。以是義故，名爲‘如來’。了了見知三世之事、善不善法，名‘薩婆若’。真實語故，名‘天人師’。若有學者能作是觀，是名‘菩薩’。若作異觀，不名‘菩薩’，則名‘欺誑一切諸佛’。善男子！一切諸佛不出、不入，不生、不滅；爲度衆生，唱言‘出世’；爲度衆生，唱言‘滅度’。”

虚空藏菩薩白佛言：“世尊！我實久知法相理空，諸佛如來無出無没，不生王宫，雙樹不滅，畢竟常住，爲度衆生，修諸苦行，而入涅槃，實無動轉。諸佛如來，真實常存，應身三界，現五種法身。何等爲五？一者、實相法身。二者、功德法身。三者、法性法身。四者、應化法身。五者、虚空法身。所以名爲‘實相法身’[□][者][①]，[真實妙果，衆相永盡，體極常住，是故名爲‘實相法身’。][②]所以名爲‘功德法身’[□][者][③]，爲度衆生，施功積行，萬善備足，是故名爲‘功德法身’。‘法性法身’者，達悟一切法相理無不周，從竟生於空解，空解滿足，從竟得名，稱爲‘法性法身’。何故名爲‘應化法身’？如來出世，備應五道，善惡悉現，物無不濟，從化物得名，是故名爲‘應化法身’。所以復名‘虚空法身’[□][者][④]，虚空無邊，法身無邊，虚空不可度量，法身亦不可度量。如來之身，猶如大虚，爲度衆生，應身五分，故知如來無生無滅。諸法亦爾，爲度衆生，佛現法興。”

爾時佛告虚空藏菩薩言：“善男子！汝與如來同解法相，一切境界無障無礙。善男子！未來有劫，名曰‘清净’，國名‘快樂’。彼國悉以諸大菩薩論義大[□][乘][⑤]耳。初不聞二乘之名，况餘惡道？汝於此劫當得作佛，號曰

---

① 者，底本、録本無，據文意補。下文“所以復名‘虚空法身’”下甲本即有一“者”字，可資比勘。

② “真實妙果，衆相永盡，體極常住，是故名爲‘實相法身’”二十字録本脱，據底本補。

③ 者，底本、録本無，據文意補。

④ 者，底本、録本無，結合文意，據甲本補。

⑤ 乘，底本、録本無，結合文意，據甲、乙二本補。

‘清净莊嚴佛如來、應供、正遍知’。他方大士[①]皆往詣彼，聽受大乘《大通方廣》。是故一切衆生若聞‘虚空藏菩薩’名者，禮拜供養，皆得生彼快樂世界。若有衆生求於大乘，未得無生，受持是經，當知是人不過十佛，便[②]得授記。”

《大通方廣經》卷中。

開皇十年十一月二十日，清信女董仙妃稽[首][③]和南十方一切三寶，今謹爲亡夫曹[④]雅造此經一部，流通供養。願亡夫承[⑤]此善因，遊魂净土，面覩諸佛，永雖三途，長超八難，耳飡法音，心悟智忍，普共六道，同向菩提。

大通方廣懺悔滅罪莊嚴成佛經卷下[⑥]

□□(爾時)[⑦]釋迦牟尼佛因信相菩薩爲一切衆生及自己身，問諸佛名。佛説十方三世諸佛、十二部經、大菩薩僧已，復欲[□][説][⑧]大師子吼。“師子吼”者，名“决定説”。“决定説”者，明知如來常住不滅，□(并)[⑨]説衆生盡有佛□□(性。諸)[⑩]魔怖畏，外道歸伏故，□□□□□□□□□□□(是名“師

① 士，底本、録本訛作“方”，甲本訛作“土”，今結合文意，據乙本改。

② 便，録本訛作“使”，據底本改。

③ 首，録本脱，據底本補。

④ 曹，録本訛作“曾”，據底本改。

⑤ 承，録本訛作“泳”，據底本改。

⑥ 《大正藏》録本出校：“【原】知恩院藏寫本。【甲】大英博物館藏敦煌本斯 1847 號，甲本首缺。”今按：卷下所據底本知恩院藏寫本因無法看到底本，情況不詳。今據録本以斯 1847 號爲參校甲本，另擇取 BD6452(北 8697)號爲參校乙本。

⑦ “爾時”二字底本殘，録本作缺文，據 CBETA 電子佛典 2016 版《大通方廣懺悔滅罪成佛經》卷下[T85n2871p349a24]補。

⑧ 説，録本無，據文意補。

⑨ 并，底本殘，録本作缺文，據 CBETA 電子佛典 2016 版《大通方廣懺悔滅罪莊嚴成佛經》卷下[T85n2871p349a28]補。

⑩ “性諸”二字底本殘，録本作缺文，據 CBETA 電子佛典 2016 版《大通方廣懺悔滅罪莊嚴成佛經》卷下[T85n2871p349a28]補。

子吼”。如是显说已,)[1]舌遍覆三千大千世界,一切世界六種震動。“六種震動”者:東涌西没,西涌東没;南涌北没,北涌南没;中涌邊没,邊涌中没;是名六□□□□□(種震動。復從)[2]舌根,放大光明,大光普照。“大光普照”者,轉無常以爲常,轉不净以爲净,轉苦以爲樂,轉無明以爲明。□□(爾時)[3]佛光所照之處,山林國土、江河大海、鐵圍山川、一切地獄,高下平正,皆悉清净,無諸穢惡,猶如東方清净莊嚴滿月世界。

爾時釋迦分身諸佛從空化下,猶如雨華;從地化出,猶如涌雲;遍滿虚空,間無空處。是時化佛異口同音,皆言如來常性不滅,説諸衆生皆有□□□□□(佛性,説一切)[4]法皆歸於空,萬行因果皆歸一乘。衆生見之説是語已、忽然不現,唯見釋迦在本坐上。當於爾時,一切大衆皆見化佛。所以見者,皆是釋迦威神之力。釋迦慈父現此神通威德力時,是時衆中四十恒河沙菩薩得無生法忍,八萬聲聞發大乘心,十千比丘得阿羅漢道,萬八千比丘尼得阿那含道,四億優婆塞得斯陀含道,十億優婆夷得須陀洹道。無量天人得法眼净,自識宿命,知有爲法悉皆無常。

爾時衆中師子吼菩薩摩訶薩即從坐起,正衣服,頂禮佛足而白佛言:“世尊!如上所説,聞佛名亦滅罪,聞法名亦滅罪,聞僧名亦滅罪,爲佛力,爲法力,爲僧力。如其佛力,應求佛。如其法力,應求法。如其僧力,應求僧。何須求三?如上所説,唯有一乘,衆生見三。佛自説三,何况衆生?”

佛告師子吼菩薩摩訶薩言:“善哉!善哉!快問是義,利益衆生。諦聽!諦聽!今當爲汝分别解説。非但佛力,非但法力,非但僧力,皆是衆力。佛是衆生歸處父母。菩薩僧者,是證明知識。迷子衆生若有惺悟,自生厭離,

---

① “是名‘師子吼’。如是顯说已”十字底本殘,録本作缺文,據CBETA電子佛典2016版《大通方廣懺悔滅罪莊嚴成佛經》卷下[T85n2871p349a28—29]補。

② “種震動復從”五字底本殘,録本作缺文,據CBETA電子佛典2016版《大通方廣懺悔滅罪莊嚴成佛經》卷下[T85n2871p349b3]補。

③ “爾時”二字底本殘,録本作缺文,據CBETA電子佛典2016版《大通方廣懺悔滅罪莊嚴成佛經》卷下[T85n2871p349b6]補。

④ “佛性説一切”五字底本殘,録本作缺文,據CBETA電子佛典2016版《大通方廣懺悔滅罪莊嚴成佛經》卷下[T85n2871p349b12]補。

念力多故，求出三界煩惱大海，《方廣》經典爲作大船。善男子！佛即是法，法即是僧，僧即無爲，無爲是空。無爲空、有爲空，内空、外空，大空、小空，皆歸一空，更無别空。善男子！汝向所問：應當求一，何須求三？善男子！譬如有人怖畏虚空，處處遊行，藏護其身，不離虚空。善男子！十方佛説及我所説萬善因緣三寶三乘，不過有一，爲初、中、後善一切衆生分别説三，是故名爲'一相三寶'。"

師子吼菩薩言："善哉！善哉！實如聖教，我以久知，爲諸衆生，問如此事。"

師子吼菩薩摩訶薩復白佛言："世尊！如佛所説，無二、無三。是《方廣》經典，諸佛之母，菩薩大道，學者眼目。攝諸邪見，救護失□□（心，閉）[①]三惡道，開無上菩提門，進諸聲聞，趣於大乘。我當以大陀羅尼呪以守護之。净持戒行，修學是經，亦當護之。或復有人敬是經典，修行七日。或有惡魔欲來惱亂，使諸惡魔不得其便。世尊！我護是經，令得久住，盡菩提性。"

佛言："善男子！汝護是經，即護三寶，亦護行教者。"

爾時師子吼菩薩即於佛前而説呪曰：

"南無佛陀，南無達摩，南無僧伽，阿亶地，陀羅尼，多陀呵，阿伽闍，尼婆毘薩婆達摩尼婆毘伊舍摩陀，毘婆舍那，毘摩羅，修鉢離達摩尼佉那婆樓尼，叉夜多，摩隸遮隸睺樓睺樓，師鞞帝，曼哆羅曼哆羅，沙訶。"

一讀百遍，右遶七匝。如是七日，一日三時。於其七日，勿念餘經，存心《方廣》，更莫異境。

"世尊！是陀羅尼呪，八百萬億諸佛所説，我今説之。若有謗此呪者，即爲謗此諸佛如來。已謗此呪者，世世與道不成，不出三界。何以故？是呪能令失心者使得本心。是陀羅尼呪一經於耳，聞以書寫，不食酒肉，齋戒自守，去離論戲，不入憒（闠？）[②]市，常行大慈，貴於坐禪。是人或從無量劫來三障重罪，聞此呪已，至心受持，日日讀誦，經念不忘。是人乃至菩提，不墮

① "心閉"二字底本殘，録本作缺文，據 CBETA 電子佛典 2016 版《大通方廣懺悔滅罪莊嚴成佛經》卷下[T85n2871p349c16]補。

② 憒，此似爲"闠"之訛字。《説文・門部》："闠，市外門也。"

三塗。”

佛告師子吼菩薩言:“善哉! 善哉! 能護三寶,慈念衆生,令出三有,説如是呪,大作利益。無量學人開闡導教,斷諸邪見。善男子! 一切衆生聞汝名者、呪音聲者,信敬不毁,是人現世安穩。及其命終,常見諸佛,亦得見我,亦見汝身並諸菩薩。自知得作佛,决定無有疑。一切見佛性,都由清净信。萬善成佛道,會捨一切惡。”

佛言:“若有善男子、善女人能於我滅後,或復一日,或復一夜,或復一時,或復一念,禮拜三世十方諸佛、十二部經、諸大菩薩,心念大乘,思第一義,是人一念、一彈指頃,十惡五逆及謗方等一切惡業悉皆除滅,無有遺餘。若有比丘、比丘尼、若菩薩、若沙彌、若沙彌尼,或失本心,身犯四重、八禁、六重、十惡、五逆,誹謗方等,今若生信、禮拜如是十方三世諸佛名者,如是惡業悉得除滅,無有遺餘。”

作是語已,爾時定光佛時善見王子與三千人俱,忽然之頃來至佛所,頂禮佛足,同聲白佛言:“世尊! 我等或從無量劫來造作惡業不可具説,或犯十惡,或犯五逆及謗方等,或造無量阿僧祇罪,求依如來十二部經,諸菩薩衆發露懺悔,唯願聽許。”

佛言:“善哉! 善哉! 怖心難生,善根難發。欲懺十惡,欲懺五逆,乃至一闡提欲見佛性者,應當如是隨意説之。”

爾時三千人聞佛慈音,正理衣服,合掌作禮,偏袒右肩,右膝著地,作如是言:“世尊! 我等今者歸命十方佛,歸命十方法,歸命十方僧,次復歸命稽首東方阿閦佛,亦復歸命南方寶相,稽首西方阿彌陀佛,亦復歸命北方妙勝,稽首上方香積如來,亦復歸命下方億像,稽首東方普賢大士,亦復歸命南方持世,稽首西方觀音大士,亦復歸命北方滿月,稽首上方虚空大士,亦復歸命下方堅德,稽首本師定光如來,亦復歸命未來佛性,稽首他方分身化佛,歸命今者我師釋迦,稽首大士維摩文殊,亦復歸命阿難迦葉,稽首出現四道聖人,亦復歸命有教初心,稽首大藏十二部經方等正典,亦復歸命諸餘經法,稽首八分舍利形像,亦復歸命現有佛事四方四王、忉利釋梵三十三天、虚空天上地上地下、有諸山林樹下一切神仙、有大神足有天眼者、有天耳者,願使聞知,皆爲證明。願一切衆生若未懺者皆得滅罪,作如是言:‘我等或從無始世界及今惡身，狂惑心亂，無量倒見；煩惱惡業，不可具陳；所作衆罪，不自覺知；惡心熾盛，不見後世，但見現在；樂習煩惱，遠離善根；惡業障隔，近惡知識；於比丘邊作[①]非法，比丘尼邊作非法，於父母邊作非法；或復自在用僧鬘物，於五部僧邊或作是非；或説世間無量惡業，或殺菩提善根衆生；或謗法師，法説非法，非法説法，謂如來無常、正法無常、僧寶無常，不樂慧施，信受邪法；是故今日無量怖畏，無量慚愧，歸依三寶。諸佛慈悲、方等父母、菩薩、知識，聽許我等發露懺悔，願除無量劫以來生死重罪，願又更莫造。

復次，世尊！我等或從無量劫來，造作五逆，或犯過去、未來、現在諸佛禁戒，作一闡提行，發麁惡言，誹謗正法，造是重業，未曾改悔，心無慚愧。或犯十惡、五逆等罪，自知定犯如是重事，本心初無怖畏慚愧，默受供養，未曾發露，於彼正法未有護惜、建立之心，於其中間毁呰輕賤，言多過惡。或復説言無佛、法、僧，或造如是十惡、五逆無間重罪。是故今日，無量怖畏，無量慚愧，歸依三寶。諸佛慈悲、方等父母、菩薩知識，聽許我等發露懺悔，願除無量劫以來生死重罪，願又更莫造。

復次，世尊！我等或從無量劫來，或四倒見，四重之法説偷蘭遮，偷蘭遮法説爲四重；犯説非犯，非犯説犯；輕罪説重，重罪説輕；净見不净，不净見净。或復邪見，讚説世典，不敬佛經。諸惡論義，畜八不净。真是佛語，以爲魔語；真是魔語，以爲佛語。或復信受六師所説。或作是言：'如來今日畢竟涅槃，三寶無常。'身心起惑，無量倒見。是故今日無量怖畏，無量慚愧，歸依三寶。諸佛慈悲、方等父母、菩薩知識，聽許我等發露懺悔，願除無量劫以來生死重罪，願後更莫造。

復次，世尊！我等或從無量劫來，及今一形，或犯招提僧物，或犯十方僧物，或犯現前僧物，或犯五部僧物，乃至一比丘物，一切檀越物。或復自稱'我得正法四禪四果'。緣是惡業不善因緣，或本出家，造作四重、八禁、六重、十三僧殘、二不定法、三十捨墮、九十一墮、四懺悔法、衆多學法、七滅諍法。或犯如是一一諸戒，從突吉羅，復至四重。或復五逆，誹謗正法甚深經典，造一闡提行，覆藏不悔，日夜增長。曾聞佛説：若犯四重乃至五逆，或謗

① "作"字前乙本殘。

正法，若不發露，定墮地獄，諸佛、菩薩、聲聞、緣覺無能救護，師僧、父母、諸天、世人亦不能救。是故今日，無量怖畏，無量慚愧，是故今日歸依三寶。過去多寶、未來千佛、現在分身諸來釋迦、諸佛慈悲、方等父母、菩薩知識，聽許我等發露懺悔，願除無量劫以來煩惱障、業障、報障、四重無間、十惡重罪。

復次，世尊！我等今者爲諸衆生及自己身，十方佛前，今者懺悔。一切衆生無量劫來，不識諸佛及父母恩，不解善法，造作衆惡。自恃種性及諸財寶，盛年放逸，作諸惡業，隨心所作，不見其過。凡夫愚行，無智闇覆，親近惡友，煩惱亂心。五欲因緣，心生忿恚，不知厭足，故作衆惡。親近非聖，因生慳嫉，貧窮因緣，而造諸惡，及以女色，奸諂作惡。繫屬於他，常有怖畏，不得自在，諸結惱熱。貪欲恚癡，嬈動其心，渴愛所逼，造作衆惡。身、口、意惡，所集三業，是衆罪等，今悉懺悔。或不恭敬佛、法、聖僧，如是衆罪，今悉懺悔。或不恭敬菩薩緣覺，如是衆罪今悉懺悔。以無智故，誹謗正法，不知恭敬父母師長，如是衆罪，今悉懺悔。愚惑所覆，憍慢放逸，因貪恚癡，造作諸惡，如是諸罪，今悉懺悔。我今供養十方諸佛，願諸衆生令住十地，悉令具足如來正覺。”

爾時佛告善見王子：“善哉！善哉！大士！大士！自能觀身不善惡業，生大怖畏，發露諸惡，復爲衆生，懺悔衆罪，以是名汝[①]是‘真大士’。自離衆惡，復令衆生遠離衆惡，是故名汝是‘真大士’。不自願身，先願衆生令得正覺，是故名汝是‘真大士’！是‘真大士’！”

爾時善見王子三千人懺悔以訖，以偈讚佛：

“唯佛一人獨第一，三界父母一切智，於一切等無與等，稽首世尊希有比。

凡人行惠爲己利，求報以財而給施；佛大慈仁無此事，怨親憎愛以等利。

大精進人我歸命，佛二足中尊最上；智慧眼人能知見，諸天不解此智慧。

過去、未來、今諸佛，一切我皆稽首禮；如是我今歸命佛，亦如恭敬二世尊。”

爾時十方諸佛即爲善見王子及三千人而説偈教：

“若欲求佛道，常隨多聞人，如事善師相，成佛亦不久。

---

① 汝，録本訛作“以”，今結合文意，據乙本改。

若持戒清净，是名‘實比丘’。若有能觀空，是名‘得三昧’。

若有能精進，是名‘行道人’。若有得涅槃，是名爲‘實樂’。

持戒大沙門，大戒清净尼。半月常布薩，結净行乞食。

身被僧伽梨，衣鉢行隨身，諸天皆歡喜，恭敬合掌禮。

我使諸天人，以爲作給使，亦如諸小天，奉事天帝釋。

今日得現報，未來不可量，出家持禁戒，是名‘報佛恩’。

復次善見王，除我及菩薩，世間一切人，心生清净信。

了知十方佛，常住不涅槃，法、僧亦復然。如是諸人等，是名‘報佛恩’。

復次善見王，世間一切人，心無分别相，了知一乘道。

過去並未來，十方及現在，唯有一佛乘，無二亦無三。

若能發是意，心無分别相。如是諸人等，是名‘報佛恩’。

復次善見王，若能有一人，於我滅度後，心常生信解，

皆言‘諸衆生，悉有如來性’。如是諸人等，亦名‘報佛恩’。

若修一念善，不求天果報，直向無上道，亦名‘報佛恩’。

復次善見王，於我滅度後，若能有一人，須臾讀是經，

敬重佛、法、僧，孝順供養師。如是諸人等，亦名‘報佛恩’。

若人捨一財，欲食及衣服，普施諸大衆，亦名‘報佛恩’。

復次善見王，於我末法中，有能化一人，須臾聽是經，

復勝别供養，百億菩薩衆，如是大乘經，諸佛菩薩母。

念佛敬是經，並諸菩薩衆，等心無彼此，是名‘報佛恩’。

復次善見王，有能末法中，若欲報佛恩，一念在禪定，

勝活三千界，滿中一切人。謗禪壞亂衆，如殺三千界，

滿中一切人，及諸衆生類。謗禪壞亂衆，其罪亦如是。

若人見修善，誹謗不信受，斷壞三寶種，不名‘報佛恩’。”

爾時善見王子三千人蒙佛教已，歡喜頂受，重説偈言：

“我等今者，稽首過去、未來、現在三世諸佛，亦復歸命釋迦文佛，稽首八萬四千法藏，亦復歸命諸餘經法，稽首過去維摩文殊，亦復歸命多聞大智阿難舍利，稽首無學五分法身，亦復歸命始學初因。”

稽首以訖，重説偈言：

"諸佛説何實、何者是不實。實之以不實,二事不可得。
如是真實相,不戲於諸法,憐愍衆生故,方便轉法輪。
諸聖所從來,佛示如是來。實相及所去,佛亦爾無異。
諸聖如實語,佛亦如實説,以是故名佛,'多陀阿伽度'。
忍鎧心堅固,精進弓力强,智慧箭到利,破憍慢諸賊。
應受天世人,一切諸供養,以是故名佛,以爲'阿羅呵'。
正知苦實相,亦實知苦因;知苦盡實相,亦知苦盡道。
真正解四諦,定實不可變,是故十方中,號'三藐三佛'。
得微妙三明,清净行亦具,是故號世尊,'鞞闍遮羅那'。
解知一切法,自得妙道法。或時方便説,愍念一切故。
滅除老病死,令到安穩處,以是故名佛,以爲'修伽陀'。
知世所從來,亦知世盡道,以是故名佛,爲'路迦鞞陀'。
禪戒智等眼,無及況出上,以是故名佛,爲'阿耨多羅'。
大悲度衆生,軟善教調御,以是故名佛,'富樓沙曇藐'。
智慧無煩惱,説最上解脱,以是故名佛[1],'提婆魔瑤舍'。
三世動不動,盡及不盡法,道樹下悉知,是故名爲'佛'。"

爾[2]時十方諸佛入神通三昧,而自舉身處於空中,異口同音,唱如是言:"是善見大士及以三千人,汝等罪性不在外、不在内、不在中間,心實故善力實,心解故罪性解,空慧故罪性空,信力故福力多。若能如是懺悔者,則爲己[3]見、我亦見多寶佛及諸分身者。懺悔滅罪以,常見我今日教化。諸菩薩如是懺悔者,令我及分身滅度多寶佛一切皆歡喜,十方現在佛並過去、未來,亦見亦供養,亦令得歡喜。順此大乘經,得入菩提門。"

佛告諸弟子:"有罪欲懺悔,當如善見王禮是三世佛、十二部尊經、諸大菩薩僧,一一心禮;亦如遭我相、值我相、見我相,見一佛相、二佛相、七佛相,見百佛相、千佛相、萬佛相,亦如見無量佛相。如是一一心禮,是人福德無

---

① "以是故名佛"五字甲、乙二本無。

② "爾"字前甲本殘。

③ 己,底本、録本訛作"己",結合文意,據甲、乙二本改。

量，滅除生死重罪，阿僧祇劫中不墮三惡道，安住於佛道，決定無有疑。是故[①]悔諸罪，至心諦信之，定得滅重罪。”

爾時善見王子三千人等[②]俱發聲言，以偈讚佛[③]：

“世尊大慈悲，釋種大法王，處衆師子吼，普攝諸衆生，

視衆如一子，無彼亦無此。以見無上尊，是故今敬禮。”

爾時佛告善見王子及以三千人等：“若能如是發露懺悔不覆藏罪，是真菩薩，汝於來世必得作佛。復次，善男子！於我滅後，有能直心禮是十方諸佛、十二部經、諸菩薩僧者，是名‘報三寶恩’。即滅十惡五逆及謗方等。滅是罪已，應以須陀洹得度者授與須陀洹果，應以斯陀含得度者授與斯陀含果，應以阿那含得度者授與阿那含果，應以阿羅漢得度者授與阿羅漢果，應以辟支佛得度者授與辟支佛果，應以菩薩得度者授與菩薩果。今是經中，諸大菩薩摩訶薩得一生實相，皆由禮是十方三世諸佛。或有菩薩得二生法界，皆由禮是三世諸佛。或有菩薩得畢竟智，皆由禮是三世諸佛。或有菩薩得悟第一義諦，皆由禮是三世諸佛。或有菩薩得首楞嚴三昧，皆由禮是三世諸佛。或有菩薩得虚空三昧、智印三昧，皆由禮是三世諸佛。或有菩薩得不退忍、如法忍、如法界，皆由禮是三世諸佛。或有菩薩得陀羅尼大念心無礙智，皆由禮是三世諸佛。或有菩薩得師子吼三昧、金剛三昧、五智印三昧，皆由禮是三世諸佛。或有菩薩得平等三昧大慈大悲阿耨多羅三藐三菩提佛行，皆由禮是十方無量三世諸佛。”

爾時文殊師利法王子菩薩摩訶薩而白佛言：“世尊！一切衆生狂惑心亂，造作惡逆，云何自知而得滅罪？”

佛告文殊師利：“如上所説，若人聞是《方廣》經典及[④]聞十方三世諸[⑤]佛名、十二部經、諸大菩薩，心生歡喜無量，信敬、書寫、受持，讀誦通利。空净之處，净治一室，香埿塗地，以好幡蓋莊嚴其内，先燒好香，然後請佛。不問

① “故”字下甲本有一“懺”字。

② 等，甲、乙二本作“俱”。

③ “佛”字下甲本有“願得普賢金剛力”七字。

④ 及，録本訛作“反”，今結合文意，據乙本改。

⑤ 諸，甲、乙二本無。

多少，香水洗浴，著净衣服，一上廁，一洗浴，安置寶坐，久修是經。了知法相無我，見人請命，令上分别稱揚，燒好妙香，一心除亂，正憶正念，一心念佛。是諸行人，和合爲上。若不和合，瞋恚諍訟[①]，不名'懺悔'。瞋恚俱懷，與道相違。想念大乘，思第一義，七日七夜，不得眠卧。一日三時，讀誦是經。日夜六時，燒香供養，禮拜懺悔，稱是經中諸佛、菩薩、十二部經，心心不亂，心心不錯，心心不異，心心時進，心心日進，心心生信，心心歡喜，心心相次，心心相續，心心深重，心心不離，心心思罪，心心念佛，心心念法，心心念僧，心心念戒，心心念捨，心心念天。是人如是讀誦，如是禮拜，如是至心，如是懺悔。從初一日，至第六日，復以香埿塗地，復以香水浴身，燒種種妙香，深心供養。以此至心，是人懺悔，震動十方。我於爾時，與無量無邊恒沙諸佛、無量無邊恒沙菩薩，隨其音聲，入其室内，與作證明。如是七日，定得滅[□][罪][②]。所以知者，凡夫之人，未合真諦，當取夢相。若見一夢，即滅一逆。見此五夢，即滅五逆。是人其夜夢見自身欲渡大河，上大橋行，當知是人定得度脱。其人或時夢見自身，人與洗浴，天雨其身，當知是人定得清净。其人或時夢見自身入沙門大會之中，入次而坐，當知是人真佛弟子。其人或時夢見自身入塔寺中，見好大像及見菩薩，當知是人得正[□][沙][③]門已。其人或時夢見自身，自得菓食而食，當知是人還得果報。"

佛告文殊師利："若有比丘、比丘尼、菩薩、清信士、女、沙彌、沙彌尼，失心錯亂，身犯如是一一禁戒，如是懺悔。若不滅罪，無有是處，除不至心。"

文殊師利問佛言："世尊！行此法時，得多人不？"

佛言："一人以上，二十人以下。行此法時，亦勿曾念諸餘經典。從此悔已，後更莫造，是名'悔法'。應作是念：'我等今者，如死還活。我當持戒。我當精進。我當讀誦大乘方等。'是人爾時應作是念：'從今日始，堅持禁戒，願如金剛。'是人作是念時，維摩大士復與無量菩薩立其人前，爲作時證。大德普賢，爲作羯磨。大德迦葉，與作依止。"

---

① 訟，甲本作"誦"。

② 罪，録本無，據甲、乙二本補。

③ 沙，録本無，據乙本補。

佛告文殊:"是名'滅罪'。是名'解脱'。是名'具戒'。是名'得住'。"

爾時世尊復告文殊師利菩薩摩訶薩言:"若有犯四重、八禁、六法、十戒、三歸、五戒、八禁、十善一一戒律,乃至五逆及謗方等,除一闡提。若不懺悔,發露諸罪,其人命終,决定必墮阿鼻地獄。"

文殊師利自佛言:"世尊!云何名爲'阿鼻地獄'。唯願如來爲一切衆生,説其因緣、形狀大小、苦樂受報、劫數多小。"

佛告文殊:"快哉!快哉!快問是義。諦聽!諦聽!及諸大衆,善思念之。吾當爲汝,廣開[1]分別。云何名爲'阿鼻地獄'?'阿'者言'無','鼻'者言'間';間無暫樂,故言'無聞[2]'。'阿'者言'無','鼻'者言'遮'。'阿'者言'無','鼻'者言'救'。'阿'者言'無','鼻'者言'不動'。'阿'者言'極熱','鼻'者言'極惱'。'阿'者言'不閑','鼻'者言'不住'。不住不閑,故名'阿鼻地獄'。'阿'者言'大火','鼻'者言'極熱'。猛火入心,故名'阿鼻地獄'。"

佛復告文殊師利菩薩摩訶薩言:"善男子!阿鼻地獄縱廣正等八萬由旬,七重鐵城,上有七重鐵網,下有十八鬲,周匝七重,是皆[3]刀林。其七重城内,復有劍林。下有十八鬲,其一一鬲八萬四千重。於其四角,復有四大銅狗。其身長大,四十由旬,眼如電光,牙如劍樹,齒如刀山,舌如鐵鈎,抓如鐵杈[4],尾如鐵蟒。一切毛孔皆出猛火,其烟臭惡,世間臭物無以可比。其獄四門,一一門邊復有十八獄卒,頭如羅刹頭,口如羅刹口,頭上十八角,手捉鐵叉。七重城内,有無數鐵幢,幢頭火涌,如沸涌泉,其鐵流迸滿阿鼻城中[5]。阿鼻四門。其一一門上復有十八銅釜沸鐵,涌出四門,漫流滿阿鼻城。一一鬲間復有八萬四千鐵蟒大蛇,吐毒吐火,身滿城中。其蛇哮吼,如天大雷,雨大鐵丸,滿阿鼻城。此城苦事,八萬億千。苦中苦者,惱[6]中惱[7]者,皆集此

① "廣開"二字甲本作"開廣"。

② 間,底本、録本訛作"聞",該字甲、乙二本皆作"閒"(前文"'鼻'者言'間'""間無暫樂"中二"間"字甲、乙二本亦作此形),乃"間"之或體,兹據改。

③ "是皆"二字甲、乙二本作"皆是"。

④ 杈,甲、乙二本作"叉"。

⑤ 中,甲、乙二本無。

⑥⑦ 惱,録本訛作"腦",今結合文意,據甲、乙二本改。

城。阿鼻地獄,四方有門。一一門外,各有猛火,東西南北,交過通徹,八萬由旬。周匝鐵墻、鐵網,彌覆其地。亦鐵上火徹下,下火徹上,四維上下,周匝一時,苦事俱起。如上所説四重、八禁,犯戒五逆及謗方等,若不依此經中懺悔,而無慚愧,其人命終,如大壯士屈申臂頃,落入阿鼻地獄,身滿其中。熱惱①急故,口噤不語,唯復張眼合口,合口張眼。此人罪故,萬億刀輪,從空而下,頭入足出。一切苦事,過上所説百千萬倍。若有具犯四重,受大苦惱②,具足五大劫。八禁復倍。五逆復倍。謗方等經復倍。謗三寶、偷僧祇物、污净行比丘、污比丘尼、謗師害師者,若人姦③母,如此人等,復倍加上。除一闡提,永斷善根,不出阿鼻。是等罪人受苦之時,猛火入心,悶絶而死。獄卒羅刹,以鐵叉打地,唤言:'活!活!'應聲即活。一日一夜,萬死萬生。受大苦惱④,如上所説。其人從阿鼻地⑤獄出,以破戒因緣,虚食信施,復入諸小十八地獄,所謂寒冰地獄、黑闇地獄、燋熱地獄、刀輪地獄、劍輪地獄、火車地獄、沸屎地獄、濩湯地獄、灰河地獄、劍林地獄、鐵床地獄、銅柱地獄、鐵機地獄、鐵輪地獄、鐵窟地獄、鐵丸地獄、尖石地獄、飲銅地獄。各⑥八百萬歲,然後得出,常生下處,五百世中不識三寶。值善知識,得發菩提。不值知識,還墮地獄。犯突吉羅罪,若不懺悔,地獄受苦。如四天王,日月八百萬歲。波夜提罪,復加二倍。僧殘罪,復加二倍。是諸罪人受苦之時,更無餘言,唯得唱言:'阿波波!阿吒吒!阿羅羅!阿婆婆!'是故有罪,當急懺悔,還歸三寶。

復次,文殊師利菩薩摩訶薩!若欲速疾除滅罪者,如是經中懺悔發露,行道七日,一日一食,思惟正觀,憶念如來成佛時大人相、覺人相、不動人相、解脱人相、光明人相、滿智慧人相、具足諸波羅密相、首楞嚴等諸三昧海相。菩薩摩訶薩從勝意慈三昧起,入滅意定;從滅意定起,還入首楞嚴定;從首楞嚴定起,入慧炬三昧;從慧炬三昧起,入諸法相三昧;從諸法相三昧起,入光明相三昧;從光明相三昧起,入師子音聲三昧;從師子音聲三昧起,入師子奮

①②④ 惱,録本訛作"腦",今結合文意,據甲、乙二本改。
③ 姦,甲、乙二本作"幹"。
⑤ 地,甲、乙二本無。
⑥ 各,甲本作"各各"。

迅三昧；從師子奮迅三昧起，入海意三昧；從海意三昧起，入普知[①]三昧；從普智三昧起，入陀羅尼印三昧；從陀羅尼印三昧起，入普現色身三昧；從普現色身三昧起，入法界性三昧；從法界性三昧起，入師子王三昧；從師子王三昧起，入滅諸魔相三昧；從滅諸魔相三昧起，入空慧三昧；從空慧三昧起，入解空相三昧；從解空相三昧起，入大空知[②]三昧；從大空智三昧起，入遍一切處色身三昧；從遍一切處色身三昧起，入觀心相三昧；從觀心相三昧起，入菩薩摩訶薩金剛相三昧；從菩薩摩訶薩金剛相三昧起，入金剛頂三昧；從金剛頂三昧起，入一切海三昧；從一切海三昧起，入一切陀羅尼海三昧；從一切陀羅尼海三昧起，入一切佛境界海三昧；從一切佛境界海三昧起，入一切諸佛解脱解脱知見海三昧；從一切諸佛解脱解脱知見海三昧起，然後方入無量無邊諸三昧海門；從諸三昧海門起，入寂意滅意三昧；從寂意滅意三昧起，入金剛辟定大解脱三昧門。”

佛告文殊："於我滅後，若有善男子、善女人生一念信心，若能書寫、讀誦一偈[③]，念是相、憶是相、觀是相，信心成就，一念之頃，除卻九十億那由他恒河沙等微塵數[④]劫生死重罪，永離闇障，明知如來常住不滅。"

爾時世尊爲諸大衆重説偈言：

"力士諸鬼神，畜生惡象王。淫女及惡龍，無量諸惡人。

婆藪[⑤]阿闍世，提婆殃崛魔，身心起逆罪，應墮阿鼻獄。

生信禮三世，十方無量佛。釋迦臨涅槃，爲住無量劫。

摩伽陀國人，悉發菩提心，皆由[⑥]恭敬禮，十方三世佛。

阿若憍陳如、五百聲聞等，來世成佛道，皆由恭敬禮。

十方三世佛，外道婆羅門，十仙大梵志，念[⑦]得阿羅漢。

乃往過去世，皆由恭敬禮，十方三世佛，自悟第一義。

---

①② 知，甲、乙二本作"智"。

③ 偈，甲、乙二本作"念"。

④ 數，甲本無。

⑤ 藪，甲本作"秀"。

⑥ 由，甲本作"心"。

⑦ 念，甲、乙二本作"今"。

十方佛土中，一切菩薩衆，往生無量壽，皆由恭敬禮，
十方三世佛。復次善見王：我昔作國王，名曰[①]‘大仙譽[②]’。
佛日未出時[③]，供養出家人、五百婆羅門，飲食及衣服，
房舍及卧具，悉滿二十[④]年。我時即告言：‘師等發菩提，
是諸婆羅門，雖復受供養，實不信三寶。’師便答我言：
‘世間無菩提，及以無解脱。’
我等聞是語，實護方等經，斷是婆羅門，五百人命根。
是人命終已，即墮阿鼻獄。既墮地獄已，即時發三念，
禮是三世佛，敬信方等經，大士、菩薩、僧。
作是三念已，即時出地獄，往生甘露鼓，受命十小劫，
皆由生信心，敬禮十方佛。
是諸波羅門，初謗墮地獄，後信便得出，况汝大菩薩？
具足慚愧者，本自實無罪，爲諸衆生故，懺悔四重禁，
及以五無間，乃至一闡提。若有凡夫人，身犯如是罪，
若能如是懺，除滅四重禁，五逆一闡提，必得成佛道，
唯除不信者。若有信解心，恭敬禮諸佛，不成無是處。
爾時善見王，及以三千人，同聲白佛言：‘若我等得[⑤]佛，
願度生死流，唯願天人尊，爲我分别説。其有受持者，
書寫及讀誦，功德爲云何？’佛言[⑥]善見王：‘汝今當善聽，
吾爲汝説之。若人以七寶，供養千世界，施與一切衆。
復能善説法，化得羅漢果，不如有一人，聞是諸佛名。
乃至一念信，或復一時禮，其福復過彼，何况讀、誦、書，
敬信禮拜者，功德不可量。若人能書寫，受持及讀誦，

① 曰，甲、乙二本作“爲”。
② 譽，甲、乙二本作“與”。
③ 時，録本訛作“昧”，今結合文意，據甲、乙二本改。
④ “二十”二字甲本作“十二”。
⑤ 得，甲本作“作”。
⑥ 言，甲本作“告”。

發心時禮拜，勝以起塔寺，遍千世界中。爾時大迦葉、
阿難、舍利弗、護塔金剛士、諸梵及帝釋、轉輪四天王，
頭面禮佛足，同聲白佛言：'如來去世後，我等當流布，
教化諸衆生。護念禮拜者，得心常安隱。或犯破重禁，
五逆謗方等，使得是佛名，安住清净地，亦如善見王，來世見佛性。'"

爾時釋迦[1]牟尼佛告諸大衆："汝等善聽！我今爲汝説本因緣，我於往昔過無量劫，於妙光佛所聞是十方三世佛名，心生歡喜，合掌頂受，在在處處，教化無量無邊衆生，聞是佛名。爾時衆[2]中唯有三千人共我法儀，生無量信心，從我禮拜是諸佛名。今覩現在十方，悉皆成正覺。"

佛告大衆："諸善男子！欲滅四重無間重罪、謗大方等一闡提罪，皆由信心。復次，善男子！若人不信，輕呰不敬，則爲謗此十二部經，及謗金剛色身，及謗大士文殊師利，及以謗此十方諸佛，是人定墮地獄而無虚也。何以故？而不信故，謗正法故，謗上人故，謗一切十方三世佛故，定墮地獄。信是佛名，至心禮拜，若不除滅十惡、五逆及謗方等，無有是處，唯除不信者、斷善根人、一闡提者。諸善男子！百億釋迦一一分身國土教化，末後釋迦則我身是也。爾時所將三千人等，今皆成佛。初千人者，華光爲首。中千人者，樓至爲首。後千人者，彌勒爲首。是故汝等應當禮敬如是十方三世諸佛名號之者，汝於來世，當爲大衆開闡道教，廣濟群盲，令出三界，寂然閑居，安處道場，如我無異。"

爾時陀羅尼菩薩即從坐起，正衣服，合掌恭敬而白佛言："世尊！當何名此經？云何奉持？云何修行？"

佛告陀羅尼菩薩："善男子！是經名爲'大通方廣'，亦名'懺悔除罪得福'，如是受持。亦名'三千人莊嚴成佛經'，如是受持。廣大無對，如是受持。普攝一切，如是受持。無量藏門，如是受持。金剛寶藏，如是受持。濟諸重禁，如是受持。"

陀羅尼菩薩白佛言："世尊！如佛所説，是經如是唯大利益無量衆生，滅

---

① 以下乙本殘。

② "衆"下甲本有一"生"字。

罪成佛。是經即是諸佛之母、菩薩之道、聲聞之眼、天人之舍。有如是等不思議事，我當受持。天上人中，在在處處，廣宣流布，常使不斷，令得久住。”

佛言：“善哉！善哉！如是，大士！總持無量一切大藏，當於來世坐我坐處，行我行處。”

佛説是經時，無量菩薩住不退、不動地，八萬聲聞發大乘心，十千比丘得阿羅漢果，八萬四千天人得法眼净，百千衆生發阿耨多羅三藐三菩提心。

佛説是①經已，金華寶池忽然不現。佛攝光明，娑婆世界，高下不净，穢惡如本。人行惡故，地獄如本。説是經已，發向娑羅。一切大衆，歡喜奉行。

大通方廣②經卷下③。

知識數二十七人下寸主水通勢部麿造奉。

天平三年十一月十六日奉。

此本藏外經也。《武周刊定僞經目録》有此經，蓋別本歟！按：日本《靈異記》：修《方廣懺》者，不少矣。夫懺悔者，四事五念之一，而療三毒之良方也。今閲此經，以懺法爲主，莫有害於義文。

久二年壬戌仲夏，佛眼山竺徹定敬題。傳聞文字，法身惠（慧）命也。裝褾此零經者，其志尤厚矣哉！

元治改元甲子九月，華林山堯款誌。

---

① 是，甲本無。

② “廣”字下甲本有“懺悔滅罪莊嚴成佛”八字。

③ 以下文字甲本無。

No. 2872 妙法蓮華經度量天地品第二十九

[題解]

中國人假託佛説所撰經典，又名《妙法蓮花經・度量天地經》、《妙法蓮花經・度量天地品》、《妙法蓮花經・度量天地品第二十五》、《妙法蓮花經・度量天地品第二十六》、《妙法蓮花經》卷第八、《妙法蓮花經》卷第九、《妙法蓮花・度量天地經》、《法華度量》、《度量天地經》。作者不詳，一卷。此經超出《法華經》正文之外，被視爲僞經。現存《妙法蓮華經・度量天地品》無三分具足的形式，而是以《法華經》中之一品的形式撰寫。從内容上看，此經爲佛陀與觀世音菩薩的對話，可分爲散文和偈頌兩個部分，主要圍繞著天地構成、日月星宿，天神形象和生活以及四大部洲人的不同相貌和生活而展開，並著重强調奉行善行以及讀誦《妙法蓮華經》者可以有得生好處的果報。從經文中也可以看出，"孝敬父母，恭敬師長"等中國傳統的倫理教條是和受持五戒、一年三長齋等一樣重要的因素，由此亦可見在佛教中國化的過程中，佛教的倫理觀和中國固有的傳統倫理觀互相融合的情景。此經最早爲《法經録》所著録，敦煌文獻中存有《妙法蓮花經・度量天地品》的南北朝晚期寫本，可斷此經約産生於南北朝後期。BD5671a 號卷尾有天寶三載(744)的題記，則至遲在此時此經尚在敦煌流通傳抄。敦煌文獻中共有 31 號，據曹凌的《中國佛教疑僞經綜録》(第 149—153 頁，上海古籍出版社 2011 年 12 月版)研究，該經分屬兩個不同的傳本系統：(一)伯 2234b，首尾全，首題"妙法蓮花經度量天地品第廿九"，尾題"妙法蓮花經卷第九"；上圖 179，首尾全，首題"妙法蓮花經度量天地品第廿九"，尾題"妙法蓮花經卷第九"；以上爲完整者，共 2 號。BD2218 號(閏 18，北 6192)，首殘尾全，尾題"妙法蓮花經卷第九"；BD2463(成 63，北 8562)，首殘尾全，無尾題；斯 5389，首殘尾殘;以上爲殘缺者,共3號。(二)BD3917(生17,北6189),首題"妙法蓮花經度量天地品第廿九",尾題"妙法蓮花經卷第九";BD13839(新39),首題"妙法蓮花經度量天地品第廿九",尾題"妙法蓮花經卷第九";以上爲完整者,共2號。BD4525(崗25,北8564),首殘尾殘;BD5100(珠100,北8565),首殘尾殘;斯6588,首殘尾全,尾題"妙法蓮花經卷第八";以上爲殘缺者,共3號。不能區别傳本系統的寫卷有:伯3401,首殘尾殘;BD5671a(李71,北6190),首殘尾全,尾題"妙法蓮花經卷第九";以上2號,可綴接爲一首殘尾全的寫卷。BD4025(麗25,北6191),首殘尾全,尾題"妙法蓮花經度量天地品";BD4027(麗27,北8563),首殘尾殘;BD5671b(李71,北6190),首全尾殘,首題"妙法蓮花經度量天地品第廿五";BD8449(裳49,北6187),兑廢稿,首殘尾殘;BD9555(殷76),殘片;BD9595(湯16),首殘尾殘;BD16345a,殘片,僅存3行;BD16345b,殘片;斯1298,首全尾殘,首題"妙法蓮花經度量天地品第廿九";斯4334,首全尾殘,首題"妙法蓮花經度量天地品第廿六";斯4490,首殘尾全,無尾題;斯4885,首殘尾殘;俄Дx. 899,殘片;俄Дx. 16193,殘片;上博48(21),僅抄寫經名及一行經文,首題"妙法蓮花經度量天地品第廿八";津圖156,首殘尾殘;BD13409,僅存護首;以上爲有殘缺者,共17號。中散0371號19、斯12210,以上2號,情況不詳。僧人綏遠、智興曾對《妙法蓮花經·度量天地品》加以解題考證並擇取其中的22個寫本對該經的兩個異本進行了録文(見方廣錩主編《藏外佛教文獻》第十六輯,第309—367頁,中國人民大學出版社2011年11月版)。清代以前歷代大藏經未收,《大正藏》據斯1298號録本收入第八十五册,存文僅及全經之十分之一。今校注仍以《大正藏》本所據斯1298號爲底本。校本:甲本,伯2234b號;乙本,上圖179號。

爾時觀世音菩薩摩□□□□□□□□(從座而起,整理衣)①服,偏袒右肩,頭面著地,爲□(佛)②作禮,胡跪合掌,而白佛言:"世尊!我等無量諸菩薩衆並及一切諸天人等,以於佛前廣聞諸法,敷演解説《妙法華經》,心净踊躍,得未曾有。"重白佛言:"世尊!我常晝夜周旋往返十方一切無量世界,教

① "從座而起,整理衣"七字底本殘,録本作缺文,今據甲本補。

② 佛,録本作缺文"□",今據底本、乙本補。

化衆生，未知天地深淺近遠，唯願世尊爲我解説，令我大衆悉皆得聞。”

爾時佛告觀世音菩薩摩訶薩□□(及於)①恒河沙諸菩薩等：“汝今諦聽，□□□(善思念)②之，吾當爲汝分別解説。如是大地，深二十億萬里；次有潤澤，亦深二十億萬里；次有金銀、琉璃、車渠、馬瑙、珊瑚、虎珀諸妙珍寶，深四十億萬里；次有金粟，深八十億萬里；次有銀剛，亦深八十億萬里；次有銀粟，深百億萬里；次有金剛，深二百億萬里；下有無極大風，稱其天地，不使傾動。其大地者，是天之樑柱。何以故？天下所有一切萬物，皆因於地；及□□□□□□(於一切山林、江)③河、大海、小海、坑澗④、井谷、卉木、叢⑤林、藥草、諸樹，皆地生長；土山、里(黑)⑥山、小鐵圍山，及彌樓山、金剛山、須彌山等，如是一切衆妙寶山，諸山中王四寶涌成，高出一切衆妙寶山，皆因大地涌出珍寶而共合成。又，須彌山王四寶涌成，高出一切諸世間上。何等爲四？南名“琉璃”，西名“頗梨”，北名“馬瑙”，東名“黄金”。四寶光炎，照曜四方。天下衆生，共相瞻視，謂名爲“天”。“須彌山”者，是天主護世四鎮，依止而住。何等爲“須彌山”？南有無量七寶宫殿，去地百萬里；中有天王，名“毘⑦留勒叉”，身長二十里，壽命八萬七千歲，衣食自然；其中男女壽命俱等，亦身長二十里，衣食自然；閻浮提内一切衆生有能受持三歸五戒、孝養父母、恭敬師長、奉持三尊、無違失者，得生其中。須弥山西，亦有無量七寶宫殿，去地百萬里；中有天王，名“毘留愽叉”，亦身長二十里，壽命八萬七千歲，衣食自然；其中亦有男女，身長二十里；閻浮提内一切衆生，有能受持三歸五戒、孝養父母、奉事三尊者，得生其中。須弥山北，皆有無量七寶宫殿，去地亦爾；中有天王名“毘沙門”，身長二十里，壽命八萬七千歲，亦衣食自然；其中亦有男女，身長二十里；閻浮提内一切衆生有能受持三歸五戒、孝養父母、

① “及於”二字底本殘，録本作缺文，今據甲、乙二本補。
② “善思念”三字底本殘，録本作缺文，今據甲、乙二本補。
③ “於一切山林、江”六字底本殘，録本作缺文，今據甲、乙二本補。
④ “坑澗”二字録本訛作“泛瀾”，今據底本及甲、乙二本改。
⑤ 叢，録本訛作“聚”，今據底本及甲、乙二本改。
⑥ 里，此當爲“黑”之訛字。該字甲、乙二本作“黑”。
⑦ 以下底本缺，以甲本爲原卷，參酌乙本補。

恭敬師長、奉事三尊者，得生其中。須弥山東，有無量七寶宫殿，亦去地百萬里；中有天王，名“提頭賴吒天王”，及諸男女，壽命多少，人身長短，及諸衣食，皆類同等；閻浮提衆生有能修行三歸五戒、孝敬父母者，得生其中。轉輪聖王所住之處，亦有無量七寶宫殿，去地百萬里；中有天王，名“毘留愽叉”，亦身長二十里，壽命八萬七千歲，衣食自然；其中亦有男女，身長二十里；閻浮提内一切衆生，有能受持三歸五戒，孝養父母，奉事三尊者，得生其中。轉輪聖王所住之處，亦有無量七寶宫殿，去地二百萬里；時轉輪王及諸男女，並及一切君臣眷屬，皆身長二十里，壽命二十五萬歲，衣食自然；轉輪王及諸王子，一切皆乘七寶大象，遊行四天下，教化衆生；一切衆生有能受持三歸五戒、修十善行、不犯諸惡、受持讀誦《妙法華經》[□][者][1]，隨意所願，得生其中，亦有身長二十里，壽命二十五萬歲，衣食自然，無所乏少。

須弥山上名“忉利天”，此天第一，壽命一劫；其中天人亦身長二十里，一切皆受自然快樂，衣食自然；閻浮提内一切衆生，若有受持五戒十善、勤行精進、供養諸佛、受持讀誦《妙法華經》、晝夜一心護持經戒、清静具足、無違失者，盡其壽命，隨意所願，得生其中，亦受無量自在塊樂。

其第二天壽命二劫，衣食自然；其中亦有男女，身長二十里；受持五戒十善，得生其中。

第三天壽命四劫，衣食自然；其中亦有男女，身長二十里；受持五戒十善者，得生其中。

第四天壽命八劫，衣食自然；其中亦有男女，身長二十里；受持五戒十善，得生其中。

第五天壽命十六劫，衣食自然；其中亦有男女，身長二十里；受持五戒十善，得生其中。

其第六天壽命卅二劫，衣食自然；其中亦有男女，身長二十里；受持五戒十善，得生其中。

其第七天壽命六十四劫，其中天人見食即飽；亦有男女，身長二十里；受持五戒十善，得生其中。

---

① 者，甲本無，據文意補。

其第八天壽命一百二十八劫，見食即飽；其中亦有男女，身長二十里；受持五戒十善，得生其中。

其第九天壽命二百五十六劫，見食即飽；其中亦有男女，身長二十里；受持五戒十善，得生其中。

其第十天壽命五百三十二劫，見食即飽；其中亦有男女，身長二十里；受持五戒十善，得生其中。

其第十一天壽命一千六十四劫，見食即飽；其中亦有男女，身長二十里；受持五戒十善，得生其中。

其第十二天壽命二千一百二十八劫，聞食即飽；其中亦有男女，身長二十里；受持五戒十善，得生其中。

其第十三天壽命四千四百劫，聞食即飽；其中亦有男女，身長二十里；受持五戒十善，得生其中。

其第十四天壽命一萬劫，聞食即飽；其中亦有男女，身長二十里；受持五戒十善，得生其中。

其第十五天壽命二萬劫，聞食即飽；其中亦有男女，身長二十里；受持五戒十善，得生其中。

其第十六天壽命四萬劫，憶食即飽；其中亦有男女，身長二十里；受持五戒十善，得生其中。

其第十七天壽命八萬劫，憶食即飽；其中亦有男女，身長二十里；受持五戒十善，得生其中。

其第十八天壽命八萬大劫，憶食即飽；其中亦有男女，身長二十里；受持五戒十善，得生其中。

其第十九天壽命三十二萬劫，憶食即飽；其中亦有男女，身長二十里；受持五戒十善，得生其中。

其第二十天，壽命六十四萬劫；其中天人無有煩惱，心身清静，無有所味著，神通自在，無有障礙，如諸菩薩同等無異。

其第二十一天，乃至有頂天、三十三天人，唯有諸佛神王、金剛密跡等以爲止住，壽命劫數無量，不可思議。

又，忉利天相去地百萬億由旬，日月去地八十億萬里，星宿去地七十億萬里。須弥山縱廣三百三十六萬里，高下亦爾。閻浮提履地亦縱廣三百三十六萬里。西居耶尼縱廣四百四十八萬里。北欝單越縱廣五百五十三萬里。

金剛圍山高二百萬里。大鐵圍山高二百萬里，小鐵圍山高一百二十萬里。其大海廣五千里，深三千里；其小海廣一千五百里，深一千里。其大江廣八十里，深四十里；小江廣四十里，深二十里。其盟津廣三里，深一里半。

如是三千大千世界有百億大海江河，各百億四天王，百億轉輪聖王，百億忉利天，乃至各百億三十三天。身長短，壽劫數，次第多少，若有食、不食，見色聞憶悉同，等無有異也。諸須弥山高下大小，四方大地闊狹多少，諸鐵圍山及與大海、小海、江河高下深淺皆類同等，無有別異。日月去地亦復如是。

又諸日月悉皆周圍一千七百里，大星周圍百二十里，中星周圍八十里，小星周圍四十五里，水車、火車亦周圍一千七百里。天下四時，冬天極寒，夏天極熟，春秋調和。何以故？日行三道，冬行南道，夏行北道，春秋行中道。黄金水精爲日，白銀琉璃爲月，及餘星宿悉皆白銀。諸星宿上，各各諸天皆白銀身，隨星大小，以爲居止，皆受快樂，自在無礙。黄金水精爲日，夏天之時，水精盡退，黄金正現，火車助之。其須弥山有百億金剛，皆共助熱。夏行北道，當人之上，是故天下悉皆大熱。冬天之時，射去火車，黄金盡退，水精正現，水車助之。冬行南道水山之上，是故天下悉皆大寒。月在天中，照耀天下，一月之中而有生滅，明時極明，暗時極暗。所以者何？白銀琉璃爲月，阿修輪王而興之，自以身手翻覆轉側。初生之時，現於琉璃，少山白銀。如是日月，漸至十五日，琉璃隱没，白銀正現，是故天下一切皆明。過十五日已，漸復而轉。至三十日，白銀盡，琉璃正現，是故天下悉皆大暗。

佛告觀世音菩薩："天下一切四方衆生各有差別。汝今諦聽！當爲汝説！何以故？閻浮提内一切衆生身長八尺，壽命百歲。西居耶尼衆生等身長十里，壽命千二百歲。北欝單越，所有衆生身長二十里，壽命千歲。東弗於逮衆生之類，身長九里，壽命五百歲。閻浮提内衆生多受苦惱，多有憂悲煩惱患難。受百歲，夜消其半。長命者得壽命百歲，短命者胞胎傷墮，兼復中夭。人生之時，父母養育。年幾長大，自將强健，擔輕負重，不自裁量，勤身苦務,以自給濟。如是日[□□][夜,猶][1]不自足,衣不蓋形,食不充口,兼復王調、於時課領,方復横爲水火之所焚灪劫奮(奪)[2]。如是憂惱,勤苦無量。此中衆生雖受苦惱,有能修行五戒十善、受持讀誦《妙法華經》、勤修精進、供養諸佛、晝夜一心、奉持經戒、清净具足、無缺漏者,因是果報,得成佛身。

西居耶尼諸衆生等一切皆受無量快樂,無有一人苦惱者,皆不由父母胞胎,各各皆當蓮華化生,珂玻油衣自然著體。若食時,有七寶塔器,所謂金銀、琉璃、車渠、馬腦(瑙)、珊瑚、琥珀、諸妙珍寶,如是之鉢,隨其時節,自然而現,百味天厨,充滿其中,馨香芬馥,食之日美。身心柔軟,氣力調和,身體平正,端嚴微妙,聰明智慧,高才明達,神通功德,不可思議。初生之時,各各皆有珂玻油衣在其身體。又其衣者,隨身長大,至於年老,不著餘衣。如是清静,實是大樂。

北欝單越一切衆生,雖有男女,無有淫欲。男從父膝而生,女從母膝而生。須衣架上而取,食有粳米飯,皆長七寸,隨其時節,自生盂中。如是諸食,不[□][施][3]功力,食之日美,氣力充實。其身體安寧,無有病苦。如是清静,亦爲大樂。

東弗婆提無量衆生雖爲田殖耕種作,無有王調、於時課領,亦無怨家水火賊盗,自作自得,無有奪者。如是安隱,亦無憂惱。

西瞿耶尼閻浮提内一切衆生,不問貧富、貴賤、好醜,能修行受持五戒,一月六齋,年三長齋,供養諸佛,常無闕時。修口攝意、不犯五戒者,盡其壽命,畢得往生。

東弗婆提閻浮提衆生,亦復不問貧富、貴賤、善惡、好醜,有能信心歸佛、菩薩,兼持妙行,現身捨凡,抄成佛果。

如是三千大千世界,百億閻浮提,百億西瞿耶尼,百億北欝單越,百億東弗婆提,百億無量四方衆生,貧富、貴賤、善惡、好醜,衣食性分大小,壽命長

---

① "夜猶"二字甲本無,據文意補。

② 奮,此當爲"奪"之訛字。該字乙本作"奪"。

③ 施,甲本脱,據乙本補。

短，皆悉同等，無有別異，隨本業力，生於四方。

爾時世尊欲重宣此義而說偈言：

“佛告觀世音，及諸菩薩衆，並諸於一切，諸天人民衆：

‘汝等今諦聽，當爲汝分別。今諸汝大衆，一切皆得聞。

吾今說實事，勿得有疑惑，此大地深遠，二十億萬里。

次有香潤澤，亦二十萬里。其次有離（雜）[1]寶，金銀及頗梨，

車渠與馬瑙，玫瑰琉璃珠，是諸珍寶等，四十億萬里。

金粟及銀粟，皆八十萬億，銀粟百萬億，金剛三百億。

無極大風持，不使得傾動，如是諸大地，是天之樑柱。

天下一切物，皆因依於地。一切諸小流，大海與小海，

江河及井谷，藥草諸樹木，如是之等類，皆因地而生。

土山及黑山，及諸彌樓山，鐵圍大鐵圍，金剛及須彌，

並及於一切，衆妙七寶山，皆因此大地，踊出珍寶城。

又諸須彌山，于諸山中王，四寶踊出城，高出於世間。

何等以爲四？南名爲“琉璃”，西名爲“頗梨”，北名爲“馬瑙”，

東名爲“黄金”，故名爲“四寶”。

琉璃光炎色，照耀於南方，衆生得見者，謂名爲“清天”。

頗梨光炎色，天下悉皆白。馬瑙與黄金，隨色而照耀。

其四寶光明，照耀於四方，一切衆生見，皆言謂爲“天”。

護世四天王，皆依山而住，無量寶宫殿，去地百萬里。

王及諸男女，身長二十里；一切悉皆壽，八萬七千歲；

衣服諸飲食，各各皆自然。閻浮諸衆生，孝養父母者，

盡其壽命已，必得生此中。諸聖轉輪王，亦依上此山，

七寶諸宫殿，去地二百萬。王及諸男女，君臣眷屬壽，

一切皆當壽，二十五萬歲，身長二十里，衣食皆自然。

尒時轉輪王，乘大千寶象，遊行四天下，教化於一切。

天下諸衆生，修行於十善，讀誦《法華經》，必將生於彼，

---

① 離，此當爲“雜”之訛字。該字乙本作“雜”。

衣服諸飲食，悉等無有異。有忉利諸天，居在湏弥頂，
其中諸天人，自在受快樂，壽命於一切，衣食皆自然。
閻浮諸衆生，若有能受持，五戒十善行，讀誦《法華經》，
勤行於精進，供養於諸佛，晝夜常一心，奉持於經戒，
清凈無缺漏，必得生此天，衣服諸飲食，一切皆自然。
此天名“第一”。第二及第三，第四與第五，乃至第六天，
壽命轉輪倍，衣食亦如是。第七及第八，乃至第二十，
其壽命劫數，轉輪而增倍。其中諸天人，不復須衣食，
但見色聞憶，自然而飽滿。其身意清凈，心無所味着，
功德智慧力，不可得稱量。若有能受持，《妙法華經》者，
得解其意趣，如説而修行，勤行供養佛，及供養經卷，
晝夜護禁戒，清凈具足者，隨心其所願，必得生彼間，
功德神通力，悉等無有異。其第二十一，乃至有頂天，
而於是中間，無有諸天人。諸佛菩薩等，于中而止住，
其壽命劫數，不可得思議。其天地相去，百萬億由旬。
日月去於地，八十億萬里。諸星宿去地，七十億萬里。
其次湏弥山，縱廣有三百，三十六萬里，高下亦如是。
閻浮提縱廣，其數皆如是。西方瞿耶尼，其縱廣四百，
四十八萬里，清凈無瑕穢。北欝若單越，縱廣於六百，
六十四萬里，無有諸煩惱。金剛大鐵圍，高二百萬里；
其小鐵圍山，高百二十里。大海廣五十，深於三千里；
小海千五百，其水深一千。大江八十里，水深於四十；
小江廣四十，深於二十里。盟津廣三里，水深一里半。
其日月周圍，一千七百里。大星百二十，中星廣八十。
其諸小星等，觀世音當知。天下有四時，寒熱及調和。
是事何因緣？日行於三道，冬行于南道，夏行於北道，
春秋行中道，是故令天下，調和無寒熱。黄金水精日，
白銀琉璃月，及諸星宿等，悉皆爲白銀。於上有諸天，
皆爲白銀身，隨諸星大小，於上而止息。夏行於北道，

盡退于水精，黄金而正現，金剛及火車，皆悉而佐助，
是故天下熱。冬行于南道，攝去於火車，盡退于黄金，
水精而正現，以水車助之，是故天下寒。月在於天中，
照耀於天下，而有生滅相，是故何因緣，阿須輪王等，
而興知於月，自以於身手，轉側而等覆。自於出生時，
而現于琉璃，少出於白銀，隱弊於琉璃，而漸見白銀。
至於十五日，琉璃盡退没，正現於白銀，是故天下明。
過於十五日，漸漸而復轉，隱弊於白銀，漸見於琉璃。
至於三十日，白銀悉皆没，琉璃皆正見，是故天下暗。
是大三千界，一切百億天，壽命及劫數，多少與次第，
若食若不食，悉皆同平等。百億湏弥山，高下及大小，
四方諸大天，闊狹與多少，鐵圍大鐵圍，諸大海水等，
小海江河水，高下及深淺，如是種種事，悉等無有異。
百億諸日月，高下及周圍，寒熱與明暗，一切皆同等。
天下諸衆生，性分及大小，衣食不衣食，貧富與貴賤，
受樂及受苦，長短與好醜，善惡業力報，在於四方生。
三千世界中，一切皆如是。'"

觀世音菩薩，聞佛説是已，心懷大歡喜，以偈而讚言，稱讚言："善哉！善哉！無上尊！我常游諸國，饒益於衆生，下至阿鼻獄，上至有頂天，盡皆入其中，現身爲説法，而未知天地，深淺及遠近。我於等今日，得聞佛所説，心皆大歡喜，無有諸疑惑。"

妙法蓮華經卷第九。

No. 2873 首羅比丘經

[題解]

中國人假託佛説所撰經典，又名《首羅比丘見月光童子經》、《首羅比丘見五百仙人並見月光童子經》，作者不詳，一卷。該經最早見録於[隋]法經《衆經目録》卷二"衆經僞妄六"，被判作僞經。敦煌文獻中存有全經，計 19 號：BD5926（北 8274，重 26），首全尾全，首題"□……□見月光童子經"，尾題"首羅比丘經"；羽 504，首全尾全，首題"首羅比丘見五□（百）仙人並見月光童子經"，尾題"首羅比丘經"；以上爲完整者，計 2 號。斯 9808a，首尾均殘；斯 1811，首尾均殘；伯 2464，首殘尾全，尾題"首羅比丘經"；以上 3 號，可綴接爲一首殘尾全的寫卷。北大 D099，首全尾殘，首題"首羅比丘見五百仙人並見月光童子"；BD8341（北 8661，衣 41），首尾均殘，此件似與北大 D099 卷原爲一卷，撕裂後中間佚去 17 行左右；以上 2 號，可綴接爲一首全尾殘的寫卷。伯 3019，首殘尾殘；羽 137，首殘尾全，尾題"首羅比丘經"；以上 2 號，可綴接爲一首殘尾全的寫卷。斯 2697，首殘尾全，尾題"首羅比丘經"；斯 3322，首尾均殘；斯 6881，首殘尾全，尾題"首羅比丘經"；BD687（北 8275，日 87），首殘尾全，尾題"首羅比丘經"；BD5607（北 8460，李 7），首尾均殘；BD10619（臨 748），殘片；BD15396（新 1596），首殘尾全，無尾題；羽 142，首殘尾全，尾題"首羅比丘經"；以上有殘缺者，計 8 號。斯 9158、國圖 WB32(35)（據施萍婷《日本公私收藏敦煌遺書叙録〔三〕》介紹，日國會圖書館藏敦煌寫經，題"首羅比丘經"，存共四紙又 24 行，見《敦煌研究》1995 年第 4 期），以上 2 號，情況不詳。現存《首羅比丘見月光童子經》無三分的形式，其内容大致爲三個部分：第一部分以五百仙人至太寧山，太寧山中的比丘首羅欲行供養，由此展開對話。經文由首羅發問，仙人回答的形式，預言月光童子即將出世及月光童子出世的諸種情況，描述出世後的勝境。接着首羅比丘向衆人就此經的殊勝並告誡衆人大災將至，須要勤行流布。第二部分以“君子國國王大臣宰相一切士官”聽説五百仙人在太寧寺住，前來問道爲因緣，借君子國諸人之口，問月光明王現今所在，並隨之到“蓬萊山中、海陵山下、閔子窟”月光童子住處，從而與月光童子展開對話，其中説法者主要爲月光童子。此部分亦强調世間當有大災，並反復説明流布此經的重要性以及將此經隱匿不傳的惡報等等。此部分最後以君子國諸人“歡喜奉行，作禮而去”作結尾。經文的第三部分内容極其蕪雜，包括一則咒語及與此咒語相關的行法，以及月光童子與佛陀的對話等内容。此經最早爲《法經録》所録，出現時間當在隋以前。歷代經録皆列入僞經目録中。宋代以後，該經亡佚。清代以前歷代大藏經未收，《大正藏》據斯2697號録入其第八十五册。白化文《〈首羅比丘見五百仙人並見月光童子經〉校録》一文以BD5926（北8274，重26）爲底本，BD687（北8275）、斯1811、斯2697、斯6881、伯2464、BD8341（北8661）、北大D099爲校本對此經進行了録校（白化文《〈首羅比丘見五百仙人並見月光童子經〉校録》，中國敦煌・吐魯番學會第三次年會論文，1998年8月，北京）。温玉成對此經進行了較爲詳盡的考析，認爲此經實包括《首羅比丘經》、《五百仙人在太寧山中並見月光童子經》兩個部分：“《首羅比丘經》是北齊僧人所造，其造出的年代約當6世紀70年代前半葉，下限是周武帝去世之前（578年六月）；《五百仙人在太寧山中並見月光童子經》是北齊邑師對《首羅比丘經》的發揮，其造出的年代約當6世紀80年代初，其上限是周武帝去世，其下限是戊申、己酉年（588—589）。該經若不是僧慶所造，也是僧慶所集。兩經的造作地域，似以太寧山（今河北省高陽縣北，巨馬河南）爲中心。”（温玉成《〈首羅比丘經〉若干問題探索》，見《佛學研究》，第205—209頁，1999年第8期。）楊梅《敦煌本〈首羅比丘經〉文本内容及其創作時代考》從文本和内容分析的角度分析敦煌本《首羅比丘經》的結構及成立時代，認爲該經事實上包括三個獨立的部分：A部乃首羅比丘經與五百仙人的對話，應題爲《首羅比丘經見五百仙人經》或《五百仙人在太寧山中經》；B部則是仙人帶君子國君臣向月光童子問法，應題爲《見月光童子經》；C部没有出現首羅比丘經與仙人的形象，内容非常雜亂，間有咒語、秘密手勢、口語等内容，重點在於宣揚以上兩經的神力及菩薩、維摩等在人間度化衆生的思想，創作時間大概與A、B兩部同時或稍後。從内容和結構來看,A 部是 B、C 兩部的母本或者是原型。通過對"古月"之讖的進一步考察,楊梅認爲《首羅比丘經》的創作年限可上溯到石趙晚期。楊文還進一步對《首羅比丘經》全文作了校録(楊梅《敦煌本〈首羅比丘經〉文本内容及其創作時代考》,見於"人文學術的中國語境"學術研討會論文集,2006 年 9 月)。蕭登福則謂符合和"古月"政權有關的,除北齊、北周外,更有可能是指二者之前的北魏政權,因而《首羅比丘經》更有可能和北魏末延昌四年(515)冀州沙門法慶的謀反有關,是法慶於北魏末延昌四年(515)前所杜撰的經典,借預言明王的出世,百姓將由此解脱劫難,來聚衆對抗胡人統治下的北方政權(蕭登福《月光明王出世信仰及敦煌寫卷〈首羅比丘經〉借明王以聚衆抗胡的思想研究》,見《敦煌學》第 27 輯,第 347—366 頁,2008 年 2 月)。陳星宇以敦煌本《首羅比丘經》爲底本,通過梳理月光童子在佛、道文獻中的形象流變,來解釋此經的佛道淵源(陳星宇《〈首羅比丘經〉中月光童子形象的佛道淵源》,見於《學理論》2014 年第 18 期,第 145—146+153 頁)。今校注仍以録本所據斯 2697 號爲底本。校本:甲本,北大 D099 號(甲本題作"首羅比丘見五百仙人並見月光童子經");乙本,BD5926 號;丙本,BD15396 號;丁本,白化文校録本;戊本,楊梅録校本。

爾[①]時君子國太寧山中,有一比丘,名曰□□("首羅")[②],學道以來,一百餘年。向晨早起,見□□□□(五百仙人)[③]順路而行,即請大仙:"且住於此,受我□□□(供養。"大)[④]仙又住。

道人曰:"煩惱永盡,有何不安?"

大仙答曰:"我聞月光出世,是故我今忩忩[⑤]不安。"

首羅比丘聞是語時,歡喜踴躍,三七日中,不復飲食,自然飽滿。即時問大仙曰:"月光出世,王在何境?"

---

① 句首迄至下文"'受吾敕者,當將老小,令往就之。'首",文字底本殘,録本缺,以甲本爲原卷,參酌乙、丁二本補。

② "首羅"二字甲本殘,據乙本補。

③ "五百仙人"四字甲本殘,據乙本補。

④ "供養大"三字甲本殘,據乙本補。

⑤ 《字彙·心部》:"忩,與悤同。"又,《集韻·東韻》:"忽,古作悤。"故"忩忩"即"悤悤",今作"怱怱"。

大仙答曰："王在漢境。"

首羅聞此，歡喜踴躍無量："大寶將至，我今如何如盲如聾，如瘂如瘖，兀無所别，不知此事？我今聞之，改往修來，奉行清禁。"

首羅比丘復問大仙曰："漢境今在何處？願①示其所在。"

大仙答曰："弱水以南，蓑河以北，於其中間出現於世，度脱萬姓。"

首羅問大仙："平君出時，可見以不？"大仙答曰："改往修來、奉持禁者盡得見之。"

首羅問曰："奉持禁者，法則云何？"

"癘(勵)②齋戒，一心念佛、念法，口詠法言。式叉摩尼、沙彌、沙彌尼亦復如是。"

首羅問曰："如此五衆有五逆重[□][罪]③者，得見明君以不？"

"但改往修來，亦得見之。"

首羅比丘曰："吾今告汝一切衆生、天龍八部、諸鬼神等，從今以往，更别作心，莫如常意。月光臨出，大災將至，無有疑也。當來大水災至，兼有疾病流行，百姓饑饉，英雄競起，百姓無有安寧。受吾敕者，可得免災離難。"

首羅告曰："一切諸比丘及以比丘尼，從今以往，坐禪執心、好縛煩惱賊者皆度惡世。能誦大乘經者，捨離高心及以我慢，如此之人，亦得度世。除此以下，勸化興福，柔和忍辱，捨嫉妒心，如此之人，亦得度世。優婆塞、優婆夷受持三歸、五戒、行十善者，歲三、月六齋，如此之人，亦得度世。受吾敕者，皆得度世④。比丘僧、比丘尼，從今以往，不聽犯五逆及以第一偏⑤不聽飲酒、食肉無度；飲食時節，不聽非時；受吾教者，必得度世。優婆塞、優婆夷，從今以往，堅持五戒，奉持齋法，歲三長齋，月六齋，食莫非時，如此之人，亦得度世。吾復告四部衆曰：受吾敕者，皆得度世，除不盡心及以壽盡。"

① 願，丁、戊二本誤録作"顯"。

② 癘，此當爲"勵"之借字。《字彙補・疒部》："癘，借作'勵'。"

③ 罪，甲本、録本無，結合文意，據戊本補。

④ 世，丁、戊二本誤録作"也"。

⑤ 偏，丁、戊二本誤録作"遍"。

首羅比丘稽首問曰:"明君出世,法則云何? 土境何以(似)[①]? 疆場闊硤(狹)[②]?"

大仙答曰:"三十六國,疆場如是。"

首羅問曰:"當化之時,萬民有百調之名。次復[③]輸之太平治化,當用幾載?"

大仙答曰:"當五十二載,爲欲顯釋迦朽故之法。"

首羅問大仙曰:"月光出世,當用何時?"

"古月[④]末後,時出境陽,普告諸賢者:天臺山引路遊觀,至介斧山,又到閔子窟,列魯(篆)[⑤]簿。一號太上,二號真君,三號縷綀郡聖。"

首羅比丘聞此語時,歡喜踴躍,跳踉復起:"善哉! 善哉! 稀有之法。今得聞之,非己分也。"

首羅問大仙曰:"月光大衆爲有幾數?"

大仙告曰:"不可稱計。"大仙曰:"當出之時,二十億菩薩,三萬六千億天人。諸天童子百千億,不可稱數。皇天黑馬,嘔嘔伊伊。康護道、剛神嘽、阿難、舍利弗、大目揵連等,三十六龍王,四十九抓(狐?)[⑥],四十八象,七十雨師,迦陵頻伽鳥,麒麟,鳳凰,及三足神烏,一切應瑞,盡皆出矣。一鳴龍馬,數千億萬,不可稱計。男乘天龍馬,女乘百福金銀車。男得金銀蓋,女乘琉璃軒。化城南門入,逍遥北門出。信都土地海東流,乘船泛川置神州。孟母曲中湧高樓,月光童子在中[⑦]遊。千百國主四方來,咸唱:'法鼓朗然鳴,龍幡建道場。及有五逆者,速徙無人鄉。'"

---

① 以,此乃"似"之借字。《集韻·止韻》:"佀,或作似,亦省。"《漢書·高帝紀上》:"向者夫人、兒子皆以君。"顔師古注引如淳曰:"以或作似。"該字乙、丁二本正作"似"。

② 硤,此當讀如"狹"(二字《廣韻》皆侯夾切)。該字丁、戊二本括注作"狹"。

③ 戊本於"次"字下逗開,與上句"名"字連言作"名次",誤。"次復"者,"其次又"也。佛典中經見,不贅。

④ 蕭登福認爲:"'古月'爲'胡',似乎此經之作,與胡人興盛,胡人掌權有關。"

⑤ 該字温玉成括注:"成案:應是'篆'字。"

⑥ 抓,此似爲"狐"之訛字。該字乙、丁二本作"狐"。

⑦ 以上文字丙本缺。

首羅問曰:"閻浮裹地,頗有得道者?"

大仙答曰:"閻浮裹地,亦有少分得者。"

首羅問曰:"可有幾數?"

大仙曰:"有八萬四千恒河沙。"

首羅曰:"當來水災,何處得免?"

"恒山、五嶽盡皆免水災,勃(渤)海雍盧庭亦得免水災,甘晨山亦得免水災,覆舟山亦得免水災,頗資山亦得免水災,乳羅山亦得免水災。如此大災,皆得免之。受吾敕者,當將老小,令往就之。"

首[1]羅問曰:"更□□□□□□□□□□□□(何方計,得免水難?"

大仙答曰:"更)[2]有一方,亦得免之。"

首羅□□□□□□□□(歡喜,更問之曰:"願説)[3]其意。"

大仙答曰:"敬信三□□□□□□□□□(寶,禮佛念法,敬比丘僧)[4],持齋禮拜,敬信不懈,專□□□□□□□□□(念不殺。如此之人,得免)[5]大水之難。"

首羅復問大仙曰:"□□□□□□□(作何方計,得免疫)[6]病之災?"

大仙曰:"比丘僧、比丘尼、優□□□□□(婆塞、優婆夷)[7],從今以往,持戒奉齋,皆使清潔。□□□□□(男女大小,能)[8]行知語,[□][皆][9]應受戒,如吾所敕,莫如常意,可得度□(脱)[10]。"

首羅曰:"復作何方計,得免妖邪之災?"

大仙告曰:"妖邪乃至多種。受吾敕者,慎莫信之。月光出世,唯有善者

① 以上文字底本殘,以甲本爲原卷,參酌乙、丁二本補。

② "何方計得免水難大仙答曰更"十二字底本殘,録本作缺文,據甲、乙二本補。

③ "歡喜更問之曰願説"八字底本殘,録本作缺文,據甲、乙二本補。

④ "寶禮佛念法敬比丘僧"九字底本殘,録本作缺文,據甲、乙二本補。

⑤ "念不殺如此之人得免"九字底本殘,録本作缺文,據甲、乙二本補。

⑥ "作何方計得免疫"七字底本殘,録本作缺文,據甲、乙二本補。

⑦ "婆塞優婆夷"五字底本殘,録本作缺文,據甲、乙二本補。

⑧ "男女大小能"五字底本殘,録本作缺文,據甲、乙二本補。

⑨ 皆,底本無,據甲、乙二本補。

⑩ 脱,底本殘,録本作缺文,據甲、乙二本補。

盡得見之,五逆大惡衆生終不見也。”

首羅問曰:“城池巷陌,其事云何?”

大仙答曰:“城池巷陌,縱廣七百餘里,高千尺,下基千尺,激(徼)城[①]五百餘尺,開七十二門,城作紫磨金色。中有兜率城,高千尺,下基千尺,激(徼)城亦五百尺,亦作紫磨金色。明中五百餘里,亦開七十二門。中有八城,各三十餘里,亦作紫磨金色。各有千巷,巷巷相當,門門相望,出見法王。如此城墎等,男女皆悉充滿。”首羅聞之,歡喜踴躍無量:“善哉!善哉!大願將果。”

首羅告四衆言:“大寶將至,莫作常意。决定修善,莫作狐疑。吾見大仙以來,消息[②]審之,無有疑惑。但從吾意,修善奉道,精懃苦行,莫如常意。思之念之,必至無爲。”

首羅問大仙曰:“受樂之時,亦有琴樂以不?”

大仙答曰:“月光出世,琴有多種。”

首羅曰:“願説其意。”

大仙答曰:“琴戲吹詠無量,最上音聲,逍遥無極。振大法鼓,吹大法雷,振動三千大千世界,種留爵而著琴戲,盡暢三十六鼓[③]音聲。當爾之時,諸[④]天龍宮巍巍而動。”

首羅比丘問大仙曰:“向者妖邪,我不畏之。除此小邪,更有大邪以不?”

大仙曰:“月光出世之時,必有大魔而出。”

首羅問曰:“大魔出時,可卻以不?”

大仙答曰:“唯有一人,能卻魔者。”

---

① 激,此當爲“徼”之形訛字。《玉篇·彳部》:“徼,邊徼也。”《字彙·彳部》:“徼,境也,塞也,邊也。”“徼城”即邊境之城。下“激”字同,徑括注其正字,不復校。

② “消息”此爲“斟酌”義。《後漢書·樊宏陰識列傳》:“如遣使者與二千石,隨時消息,悉留富人守其舊土,轉尤貧者過所衣食,誠父母之計也。”李維琦謂:“‘隨時消息’,隨時斟酌辦理。”(見李維琦《佛經詞語匯釋》,第335頁,湖南師範大學出版社2004年9月版)。其説是。丁、戊二本斷句將“消息”一詞歸入上句,誤。

③ 鼓,底本作“皷”,乃“鼓”字之俗體。《正字通·皮部》:“皷,俗鼓字。”

④ 諸,底本作“詩”,當爲“諸”字之形訛。今據甲、戊二本改。

"爲何人也?"

大仙答曰:"三十三天有一童子,名曰'赫天',乘天龍馬,從空而來,捉波梨①弓、淥(緑)沉②箭。唯有此人能卻此大魔。"

首羅比丘問大仙曰:"有何方能卻? 唯有此一人能卻,餘人不能?"

大仙答曰:"如此大魔三十六人,各乘龍馬,要(腰)③帶四十二金杖,左手捉金剛杵,右手捉波梨斧,走來擾去,踏石没踝,超達永階,但言唱'殺',無有當者。"

首羅問大仙曰:"除此大魔,更有何災?"

大仙答曰:"月光臨出,觚④有災也。"

首羅問曰:"災復云何?"

大仙答曰:"當有七日闇。當[□][爾]⑤之時,有夜叉、羅刹、毘舍闍鬼、鳩槃荼鬼、飛行羅刹,食人無量。唯有受持三歸、五戒,奉行齋法,如此之人,皆得度脱。"

首羅問曰:"月光出世,古月末後⑥,乃當出現?"

[□□□□][大仙答曰]⑦:"奉善修善,皆得見之。"

首羅曰:"更復何處得免衆災?"

---

① 波,乙本作"頗"。丁本案:"'頗梨',現代寫作'玻璃'。"下"波梨"同,不復校。

② 沉,録文作"沇",據底本及甲、乙二本改。丁本校:"淥沉,即'緑沉',濃緑色。"按:丁本校是。[梁]簡文帝《旦出興業寺訓詩》:"吴戈夏服箭,驥馬緑沉弓。"[唐]杜甫《重過何氏》詩之四:"雨拋金鎖甲,苔臣人緑沉鎗。"均其例。

③ 要,後作"腰"。此字戊本録作"腰"。

④ 觚,義當同"更",下文"觚更有之"中"觚更"即同義連文。蕭旭認爲"觚"是"互"之借音字。"更"亦"互"也,"觚更"即"更互",交替、交互義。《後漢書·西域傳》:"故戊己校尉更互屯焉。"張小豔《敦煌佛經疑難字詞輯釋》一文則認爲,"觚"當讀爲"顧"。顧,本指回頭、回顧,引申可指返回、回還;由此進一步虚化,可用爲副詞,表示"卻,反而"(《中國訓詁學報》第二輯,商務印書館 2013 年,第 165—183 頁)。此説可資進一步探討。

⑤ 爾,底本無,據丙、丁二本補。

⑥ "末後"二字録文訛作"未復",據底本及甲、乙二本改。

⑦ "大仙答曰"四字底本、録本無,據文意補。

大仙答曰:"唯有陽州[①],次有玄免(兔?)[②]。固都、棘城、柳城、破資陽河澗,於此之城,最是爲良。三相大災皆起,血流城(成)河,白骨如山。唯有東南,乃得無爲。"

大[③]仙答曰[④]首羅言:"好敕衆僧,及以白衣:坐禪誦經,懃修三業,莫如常意。明王大聖,今在漢境,未見之間,催嚴福德,莫如常意。汝信修善奉善。月光出世時,前惡後善,惡世難度。好自敕厲,更別作心,莫如不信。"

大[⑤]仙答曰:"吾當虛言?若不爾者,使我當來之世,金剛力士手捉金杵,碎我身體,猶如微塵。我若虛言[□][誑][⑥]汝衆生,當來之世,身當如是。"

首羅問大仙曰:"而今世間頗有仙人賢聖以不?"

大仙答曰:"賢聖仙人,世間無量。"

首羅問曰:"何人是也?"

大仙答曰:"賢古月興盛,是故不見耳。"

首羅問曰:"賢士之人,名號是誰?"

大仙答曰:"我説其名。"

首羅曰:"唯願説之。"

大仙告曰:"石賢德、嚴賢明、孫賢奇、花(范)[⑦]賢德、吴賢使、鄭賢當、觀賢寶、趙賢思,此是八賢名字。汝今[⑧]可往就之,真汝導師,能運生死。"

首羅曰:"今在何處?"

大仙答曰:"今當出世,何復問也。但當嚴心,時至有見之。"

---

① 丁本校:"'陽州'疑當是'揚州',下文'玄免'疑當是'玄兔(菟)'。此等處地名,不可認真究詰。"温玉成認爲,陽州乃"豳州趙興郡,今陝西寧縣,白氏校本以爲是揚州,非是。"

② 免,疑當是"兔"之訛字。參前注。

③⑤ "大"字前疑脱首羅問大仙的内容。

④ 曰,甲、乙、丙、丁四本皆同,此處似爲衍文。

⑥ 誑,底本無,據甲、乙、丙、丁四本補。

⑦ 花,此當爲"范"之形訛。該字甲、乙、丙、丁、戊五本均作"范"。

⑧ 今,底本實作"金",乃"今"字同音借字(二字俱爲居吟切)。甲、乙、丙、丁四本即作"今",可參。

首羅復稽:“除此八人,更有賢不?”

大仙答曰:“觚更有之。”

“何人是也?”

大仙答曰:“秦超世、潘道成、盧惠願、板國興、扶男陽、劉道貴、王延壽、趙顯宗、張道板、故世安、李羅剎。如諸賢士,皆遊巡世間,汝今肉眼,不能別之。得聞吾經,常行平等。何以故?大賢諸賢,難分別故。受吾敕者,宜應平等,十六正士,七十二賢,三千人俱。如是大士,在人間也,不可識別:或見顛狂,或復愚癡,或復闇鈍、寒貧、下賤,或飲酒食肉,或復夜食破齋。如此示現,何能識之?示□(衆)[1]生有三毒,有見相,隨順世法,難可了知。唯有平等,得值賢聖也。”

首羅比丘告諸四衆:“[□□][比丘][2]、比丘尼、優婆塞、優婆夷,大災將至,莫如常意。其有本師、父母、國主、檀越、朋友、知識、因緣、親戚等,得吾經者,皆示之,莫問近遠。得吾經者,懃行流布,使一切聞之。不聽、隱匿吾經者,當來之世,必墮惡道。”

首羅比丘曰:“設有一人,捨三千大千國土、象馬七珍及國内人民、穀帛、財物以用布施,不如有人流通吾經諸比丘前,功德倍加百分。”

首羅曰:“若得吾經者,懃行流布城邑聚落,男女大小皆使聞之。其有匿吾經者,現世不吉,當來得病。”

首羅曰:“有智信之,愚者棄之。”

首羅曰:“吾經當來皆應也,莫作不信。一切衆生宜應奉行,歡喜信樂。此經如海,多有潤澤。”

爾時君子國王、大臣、宰相、一切士官三千餘人,各聞太寧寺上有五百仙人,歡喜踴躍,各各嚴駕,詣太寧寺中仙人所,稽首問曰:“大仙從何所來?欲至何許?願說其意。”

大仙曰:“我聞月光童子出世,是故我來,欲到彼處。”

王及大臣聞是語時,歡喜踴躍,傾心西望,而不可止:“西國真人修何功

① 衆,録文作缺文,據底本及甲、乙、丙、丁四本補。

② “比丘”二字底本無,據乙、丁二本補。

德,得值入善?作何善業,得見月光出世,而我國人遠而不見?"

大仙答曰:"月光出世,人皆普見。王今云何生懊歎心也!"

王聞"普見",並大臣及諸人民皆歡喜,各持嚴駕:"今當去來!"

王問大仙曰:"月光童子今在何許?"

大仙答曰:"善哉!善哉!大王善聽吾説。月光明王今三千大衆在蓬來(萊)[①]山中、海陵山下、閔子窟所止。思惟時至現也。"

君子國大臣、宰相、一切士官並及國内人民各白大仙曰:"今隨從大仙至月光所,聽見以不?"

大仙曰:"月光[②]明王譬如大海,亦如大地,終不生疑作留難也。"

王及大臣並及人民隨從大仙,有五萬七千人,去君子國七千餘里,到蓬來山中、海陵山下、閔子窟所,見月光童子。三千徒衆,諸賢聖等,皆集於所。

月光童子問諸大仙並及大王:"今從何所來?欲何所至?此中嶮難,無人行步,汝今云何能來至此?"

王曰:"聞世尊今欲出世,故來奉問。"

月光童子曰:"但當修善,懃行精進,莫如常意。吾今已竟,何須復現問?"

大王曰:"我聞聖君出世,不知法則云何?願説其意,我當加心修善。"

月光童子曰:"汝若不知,當爲説之。"

月光曰:"善聽,復當善念,善思念之,内著心中,莫如常意。吾見説之:當來之年,必有水災,高於平地四十餘里。當水來時,從西北角出東南而流。大水陽(揚)[③]波,叫聲雷電霹靂不得爲喻。汝復湧出,運波叫聲。當爾之時,人皆惶怖,迫死者多。唯有持戒浄潔,求懃度世。月光童子使大龍王大引人博著浮山。設復有人造《觀世音經》一卷,設復有人禪思一心,設復有人於惡世懃行勸化,設復有人流通是經、不令隱匿章句文字、懃行勸樂,如此人等,

---

① 來,此當爲"萊"之借字。該字甲、乙、丙、丁四本即作"萊",可參。

② 以下内容甲本殘。

③ 陽,此當爲"揚"之借字。按:陽、揚二字同爲與章切。《周禮·考工記·弓人》:"凡相干,欲赤黑而陽聲。赤黑則鄉心,陽聲則遠根。"孫詒讓正義:"'陽'皆'揚'之叚字。"

皆得度世，不爲水災之所夭没。復除不至心及壽命盡。”

月光復告大王言：“當來三災疾病流行，十傷九亡。種種異患，皆當夭命。王當信之，各敕國内一歲以上能行知語，應受三歸五戒。若老若少，皆應勸盡，使受三歸五戒，奉行善法。如是之人，皆得度世，除不善、不至心及命壽[□][盡][1]。吾今密教語汝，使知惡世，流行善法。後致夭喪，莫生悔心。吾告汝等：世將欲末，漸令惡起，來年難過，好作向善，莫如常意。吾當出世，災亦不善。但當努力，懃行善法，莫如常意。妖邪不詳(祥)[2]，英雄競起，自然磨滅，終不見吾出見於世。汝等善哉！莫如常意。受吾教者，誦‘觀世音’千遍，防身度世，擒(勤)[3]獲善果。又復有人各受三歸五戒，今當行之，莫如常意。懃行此經，若老若少，皆使聞之，得度惡世。設復有人流布此經，處處流傳，使人聞知，得度身命。以懃流布此經者，亦得度世。”

月光曰：“流行此經典者，我於千劫中算計是人，福報終不能盡；設復有人生疑不信，我於千劫中算[□][計][4]是人，罪報終不能盡；兼復隱文字、章句，一玷(點?)[5][□][一][6]晝[7]，不令人聞，覆人慧眼故，世世常盲，無所復見；及至羅漢，常不離盲；爲覆慧眼故，斷障法[□][路][8]，乃獲是殃。受吾敕者，城邑聚落，國王大臣，一[□][切][9]人民皆得聞之。能有信心，崇奉此經，莫問遠近，應往通流，使人聞之。千城百國，皆使聞之。吾當出世：黄河以北，弱水以南，於其中間，王於漢境。”

大王白明王言：“此經從何所出？”

月光告大王言：“海陵大聖三千餘人參議所造。”

---

① 盡，底本及録本無，據文意補。

② 詳，乙、丁二本作“祥”。“詳”當爲“祥”之借字。[清]朱駿聲《説文通訓定聲·壯部》：“詳，叚借爲祥。”

③ 擒，戊本括注作“勤”。“擒”當爲“勤”之借字。

④ 計，底本及録本無，據文意補。

⑤ 玷，録文作“帖”，據底本改。此“玷”似爲“點”之形訛字，待考。

⑥ 一，底本及録本脱，據乙本補。

⑦ 晝，底本及録本作“盡”，據乙本改。

⑧ 路，底本及録本無，結合文意，據戊本補。

⑨ 切，底本及録本脱，據乙本補。

月光告大王言:"[□][汝]①等大衆各各分散,順化天下,不須復迴。"

爾時大王受教奉行,觀喜而去。

月光童子曰:"向者所説,汝若不信,但看迦葉石像,是吾出世記耳。善哉!索斷合絲,作乃有善。衆生順(慎)莫②驚怖。吾當出時,盡皆得無爲。王及大衆歡喜奉行,近化不懈。吾告汝等:今歲[□][難]③到,汝宜精進,莫如常意。各各發願,過度惡世。"

大仙、國王並及臣民歡喜奉行,作禮而去。

五百仙人在太寧山中並見月光童子經一卷

金龍城中,見一菩薩;龍華樹下,見一道人。下此經時,爲一衆生成一切衆生心。

王曰:"爲汝分别解説。法王欲待,聖君欲下,爲一切童男、童女,持百二十賢君,申酉年爲衆生説法,成我童男、童女成道。讀此經時,善思取此語:男取無億,女取恒沙。男不用取婦。月光童子欲出,聖成欲現,成一切衆生道。若讀此經語,可離此難。月光菩薩欲來下説,持戒可得見明君。若欲讀此呪時,師子虎狼復惡邪,祝(呪)④帝百鬼自然去。一切衆生,枉死者多,爲一切衆生貴佛正法。

優丘尼優丘尼,但薸但薸,欝離欝離,烏呼烏呼尼,薩呼薩呼,但叉但叉,叉阿由池池呼尼,要他要他,索由富奃,尼富奃尼。

若讀呪時,净洗手,嗽口。讀⑤此呪使人晨夜安隱,即見菩薩。讀此呪百

① 汝,底本及録本無,據文意補。

② 順,此當爲"慎"之形訛字。"慎莫"者,義猶"千萬不"也。同卷上文:"受吾敕者,慎莫信之。"下文:"慎莫言語,此人即成道。""若一切衆生聞我語聲,懃心精進,慎莫異意。"皆可助勘。

③ 難,底本及録本脱,據乙、丙、丁三本補。

④ 祝,詛咒,後作"呪"。慧琳《一切經音義》卷第二十七《妙法蓮花經·觀音品》音義:"祝詛:上之授反,《説文》作祝,亦祖也,今皆作呪。"[T54n2128p492b01]

⑤ 讀,丁、戊二本録作"談",誤。

遍，見菩薩放大光明，現在人前，萇(長)[①]杖一，面如此(紫)[②]金色，頭上金華大如車輪，手長一尺半。初來入時，莫作怖迫，歸命佛，歸命法，歸命僧，十方法界。三讀此經，皆得解脱。世尊玄(懸)看衆生，作罪不少，爲分别解脱(説)[③]，可離，令得免難。明君出時，把[④]此經向明君，必見我。慎[莫][⑤]迫怖，好念正想，正意正身，得見我身。有人必難。此人或作師子虎狼，手捉金杖，打人無度。依此經語，行菩薩行，可得見菩薩説法，現身著天衣。慎莫言語，此人即成道。見香華，自然不得動心言語，此人必離惡世。第一用意：百日在時，不用癡貪。申酉年時，公不識兒，母不識女，憶此經語，可得改心改意。第一不淫欲，第一(二?)[⑥]不惡眼視。佛爲衆生説法，還得本心。佛欲出世，懃心懺悔，中[⑦]見月光菩薩，一介賢者得活十人。此經不得誹謗。闇君欲起，妖邪欲興，懃[□][心][⑧]精進，即離此難。諸道義[⑨]爲一切衆生即説法。若解吾語，即見法王。道人死盡，不罷道行；死者多道人，作罪不少。由是持生販賣，由此國不安寧。道人死時，會横賊兒死多。道意(義)[⑩]師僧欲貴尼，僧千介[⑪]拔[⑫]十(一)[⑬]介。第一用行，聖人欲始，英雄欲起，時節欲到。時黄

---

① 萇，此當爲"長"之同音借字(二字俱爲直良切，例可通假)。

② 此，此當爲"紫"之訛字。該字乙、丙、丁、戊四本皆作"紫"，可參。

③ 脱，乙、丙、丁、戊四本作"説"。"説"字義長。

④ 把，録文作"杷"，底本實作"把"，乃"把"字之省筆俗體。《碑別字新編》"把"字唐張君政墓誌作"把"。該字乙本正作"把"。

⑤ "莫"字録文脱，據底本及乙、丙、丁、戊四本補。

⑥ 結合文意，此處"一"似爲"二"字之訛。

⑦ 中，乙、丙、丁、戊四本作"即"。

⑧ 心，底本及録本脱，據文意補。

⑨ "道義"此謂一同修道的義友。同卷下文："維摩諸道義區(驅)此鳥傍海下，此經即見。"又[南朝·梁]陶弘景《冥通記》卷一："周家本事俗神，姨舅及道義咸恐是俗神所假，或謂欲染邪氣，亟相蹙問。""親屬道義，齎其上果，要往看之。"皆其例。

⑩ 意，此當讀如"義"，"道義"謂一同修道的義友。見前釋。

⑪ 介，乙、丙、丁三本作"個"。《集韻·個韻》："個，或作個、介。"《字彙·人部》："個，與'個'同。"下"介"字同，不復校。

⑫ 温玉成校"拔"作"霸"，謂此舉反映了當時僧人的淫亂："僧千個霸一個(比丘尼)。"

⑬ 十，乙、丙、丁、戊四本作"一"。"一"字義長。

衣長丈二,粳米普地生。懃心作福,可得見此事。思此經語,即得見我身。七月十四日,其有一怪。十五日,見佛地動,莫作迫怖,見道人漸安。[□][道]義①下此經,語誹謗,即有大病患起。

復見一老鳥,足長一丈。復見賢者,修道以來,七百餘年,紫巖山中。復見一道人,身著天衣。賢者見之,即以供養七日。道人師從②三百餘年。道人口語:'讀經可得免難。願佛波多樹下爲一切轉讀,視見衆生,[□□][衆生]③死盡。'"

月光童子復啓世尊:"衆生可化。"

佛語月光童子:"前頭隨意,即復辭罷。五逆甚多,云何可度?"

佛復語月光童子,佛復語四天龍王:"衆生可憐,隨因緣起。復驅百二十賢君,除卻衆生,好惡欲分别。"

佛光菩薩、普光菩薩、咸瑁普賢,功德不少。由諸國土藥王菩薩、賢固菩薩見在人間。千村正有一村,萬里有長。佛欲見,出語衆生:"懃心作精進,可得見佛。若誹謗之人,魂家滅盡,定墮地獄,永不見佛。佛欲出世,懃[□][心]④精進比(此?)⑤道。欲知比(此?)難,洛陽口西;欲知比(此?)惡,在於箜西,復有箜北。若有吾弟子,解吾口語,即我弟子。指手心上,乃思惟思之。不但看後頭有杆,十手相指,喚'[□][赫]⑥赫'自去。善⑦哉童子,災後快樂。由欲末頭,兩手相柏(拍)⑧,穆然自去。善男子耶,快以不?惡人去盡,欲大樂。惡人後,不問女婦盡成道。乃一精進,可得免此難。佛復有大慈悲,快憐衆生,不捨衆生,心不迴畏。衆生死盡,有緣值我,無緣索索自去。

① "義"前當脱一"道"字。"道義"見前釋。

② 從,乙、戊二本作"徒"。

③ "衆生"二字底本及録本無,結合文意,據乙、丁、戊三本補。

④ 據文意,此處底本及録本脱一"心"字。下文"懃心精進,可得見維摩"、"懃心精進,慎莫異意",均可助勘。

⑤ 比,此似爲"此"之訛字。下"比"字同,不復校。

⑥ 赫,底本及録本脱,據乙、丙、丁三本補。

⑦ 善,録文訛作"義",據底本改。

⑧ 柏,底本實作"栢"。《類篇·木部》:"栢",同"柏"。敦煌寫卷中"木"旁"扌"旁常混,故此"柏"又當爲"拍"字换旁俗字。該字乙、丙、丁三本正作"拍"。

維摩共之定光在人中。維摩朔(扮?)[①]妻婦人中,使人不識,作行世帝,下香化人。維摩利[②]大,各四十五里直東。維摩有三界(介[個])[③]兒。維摩度人無崖。詐人閒望行淫溢,無淫行衆生敢得此行看維摩。時節欲到,無量衆生悔奥(懊)[④]。維摩度人,决得成佛。"

維摩[□][語?][⑤]貪財、盜語一切衆生:"懃心精進,可得見維摩。諸道義區(驅)[⑥]此鳥傍海下,此經即見。王僧慶行徒七人,見此鳥即燒香,歡喜踴躍,七日不食。若一切衆生聞我語聲,懃心精進,慎莫異意。惡欲死盡,欲大樂,貲租[⑦]不輸。"

首羅比丘經。

---

① 朔,底本作"玥",爲"朔"字之俗體。《干禄字書》:"玥朔:上通下正。"慧琳《音義》卷一《大寶積經序》音義:"朔,經文作玥,俗字也。"然"朔"字費解,疑此"玥"爲"扮"之形訛。待考。

② 利,録文作"朔",據底本及乙、丙二本改。

③ 界,此當爲"介"之同音借字(二字同爲古拜切)。《集韻·個韻》:"個,或作個、介。"此字乙、丙、丁、戊四本作"個"。

④ 奥,此當爲"懊"之借字(二字俱爲烏到切,例可通假)。

⑤ 結合文意,此處似缺一"語"字,待考。

⑥ 區,此當爲"驅"之借字("區"字一音豈俱切,與"驅"同,例可通假)。

⑦ 租,録文訛爲"祖",據底本及丙、丁、戊三本改。該字乙本訛作"粗"。

No. 2874 佛説小法滅盡經

[題解]

大乘《佛説法滅盡經》的異本，失譯人。據日本學者撫尾正信氏的研究，此經即《開元録》以爲真經的經典。最早爲《出三藏記集》所著録，歷代多有引用。敦煌文獻中存有斯 2109d 一號，《大正藏》誤收入第八十五册疑似部中。今校注仍以《大正藏》所據斯 2109d 號爲底本。

聞如是：一時佛在拘夷那竭國。如來三月當般泥洹，與諸比丘及諸尊菩薩無鞅[①]數來詣佛所，稽[②]首于地，眷屬圍繞，渴仰聞法。世尊宊(寂)[③]然，默無所説，光明不亮。賢者阿難長跪叉手，白佛言："前後説法，啓光獨顯。今大衆會，明更不現。何故如此？此必有異。願聞其意。"佛默[④]不應，如是至三。

佛告賢者阿難："吾般泥洹後，五逆濁世，魔道興盛。魔作比丘，壞亂吾道，著俗衣裳，樂好袈裟五色之服，飲酒炙宍(肉)[⑤]，殺生貪味，無有慈心，更相

---

① 鞅，録本作"央"，據底本改。慧琳《一切經音義》："王注《楚辭》云：'央，盡也。'《説文》從大，在口之内，大人也，一曰'久'矣。經從革作'鞅'，非也。"無央數，爲梵語 asan%khya(阿僧祇)之意譯。

② 稽，底本實作"稽"，乃"稽"字俗體。《文選音》："稽，古兮[反]。"張涌泉認爲："旨"旁俗書多作"百"，而"稽"字俗體復省去上部的點筆；左旁的"禾"和右上部的"尤"相合訛變作"秋"。該俗體《魏鄭文公碑》中已見。

③ 宊，乃"寂"字或體。《箋注本切韻》一入聲"錫"韻："寂，或作宊，昨歷反。"

④ 默，底本作"嘿"，乃"默"之或體。《五代本切韻》一入聲德韻亡得反："默，静。或作嘿。"

⑤ 《干禄字書》："宍肉，上俗下正。"《唐韻·屋韻》："肉，又作宍。如六反。"

憎嫉。

時有菩薩、辟支、羅漢、比丘，精進修德，一切敬待，人所宗向[①]，教化平等，憐貧念老，救濟窮厄，恒以經像令人奉事，作諸功德；志性恩善，不傷害人；損身、濟物，不自惜己[②]。設有是人，衆魔比丘咸共憎嫉，誹謗揚惡，儐(擯)出驅[③]遣，不令得住。

自共於後，不修道德。寺廟空荒，無人修理，轉就毁壞；但貪錢物，積聚不散，不作功德；販賣奴婢，耕田墾殖，焚燒山林，傷害衆生，無有慈愍。奴爲比丘，婢爲比丘尼，無有道德，淫泆濁亂，男女不别，令道薄賤，皆由此輩。

或避縣官，依猗吾道，求作沙門，不修戒律。月半月盡，卦(掛)[④]名講戒，厭惓懈怠，不欲聽聞，抄略前後，不肯盡説。經不講讀，設有讀者，不識字句，爲强言是，不諮明者。貢高求名，嘘天雅步，以爲榮[⑤]冀，望人供養。

衆魔比丘壽終之後，精神當墮無澤地獄，五逆罪中，無不更歷。恒邊沙數[⑥]，罪畢乃出，生在邊國無三寶處。

法欲滅時，人女精懃，恒作功德；男子懈慢，不用法語，眼見沙門，如視糞土，無有信心。劫欲彌没[⑦]，[□□□□][當爾之時][⑧]，諸天泣淚，水旱不調，五穀不熟，疫氣流行，死亡者衆。人民懃苦，縣官䩞尅[⑨]，不順法理，皆思樂

① 向，録本訛作“何”，據底本改。“宗向”意即宗仰、歸附。僧祐録中失譯經人名今附宋録《佛説法滅盡經》：“時有菩薩、辟支、羅漢，精進修德，一切敬待，人所宗向。”[T12n0396p1119a1]可資比勘。

② 己，録本作“已”，據底本改。

③ 驅，底本作“駈”，乃“驅”字改易聲旁之俗體。《干禄字書》：“駈驅，上通下正。”《玉篇·馬部》：“駈，同‘驅’，俗。”

④ 卦，此當爲“掛”之借字。《廣雅·釋言》：“卦，掛也。”

⑤ 榮，底本、録本訛作“勞”，據文意改。《佛説法滅盡經》：“貢高求名，虛顯雅步，以爲榮冀，望人供養。”[T12n0396p1119a14]可資比勘。

⑥ “恒邊沙數”四字《佛説法滅盡經》[T12n0396p1119a16]作“恒河沙劫”。

⑦ “劫欲彌没”四字《佛説法滅盡經》[T12n0396p1119a19]作“法將殄没”。

⑧ “當爾之時”四字底本及録本無，據《佛説法滅盡經》[T12n0396p1119a19]補。

⑨ **䩞**，《佛説法滅盡經》[T12n0396p1119a20]作“計”。《大正藏》本出注：“計尅＝剋罰【元】【明】。”“䩞尅”一詞待考。

亂。惡人轉多,如海中沙;劫欲盡故,日月拒(短)促[①]。善者甚少,若一若二;人命促拒(短),四十頭白。男子淫泆,精盡夭命,年壽六十。女人壽命,七、八、九十,或至百歲。

大水忽起,卒[②]至無期,世人不信,[□□□□□□□□□][故爲有常。衆生、雜類][③],不問豪賤,没溺浮漂[④],魚鱉食噉。

菩薩、辟支、阿羅漢比丘,衆魔驅遂,不豫衆會。三乘入山,福德之處,淡泊自守,以爲欣快。壽命延長。諸天衛護,月光出世,得相遭值,共興吾道,五□□□(十二歲)[⑤]。《□(首)[⑥]楞□□□□□□□(嚴經》、《般舟三)[⑦]未(昧)[⑧]》□(先)[⑨]化[□][滅][⑩]去,□□□□□□□□□□□□□□□□□(十二部經尋後復滅,盡不復現,不見)[⑪]文□(字)[⑫],沙門袈裟自然變白。吾法滅時,譬如油燈,臨欲滅時光明更盛,於是便滅;吾法滅時,亦如燈滅。自此之後,難可數説。如是之後,數千萬歲,彌勒當下世間作佛,天下泰平,毒氣消除,雨潤和適,五穀滋茂。樹木長大,人長八丈,皆壽八萬四千歲。衆生得度不可稱計。"

---

① 結合文意,此處"拒"當爲"短"字之訛。"短促"義即"時間短暫"。下句中"拒"亦當同爲"短"字之訛,不復校。

② 卒,底本、録本訛作"年",據文意改。《佛説法滅盡經》:"大水忽起,卒至無期,世人不信,故爲有常。"[T12n0396p1119a25]可資比勘。

③ "故爲有常衆生雜類"八字底本及録本無,據《佛説法滅盡經》[T12n0396p1119a26]補。

④ 結合文意,此處"漂"當爲"漂"字增旁俗字。《大正藏》第十二卷 No. 0396《佛説法滅盡經》正作"漂",可助比勘。

⑤ "十二歲"三字底本殘,據《佛説法滅盡經》[T12n0396p1119b1—b2]補。

⑥ 首,底本殘,據《佛説法滅盡經》[T12n0396p1119b2]補。

⑦ "嚴經般舟三"五字底本殘,據《佛説法滅盡經》[T12n0396p1119b2]補。

⑧ 未,此當爲"昧"之借字。《佛説法滅盡經》[T12n0396p1119b2]即作"昧",可助勘。

⑨ 先,底本殘,據《佛説法滅盡經》[T12n0396p1119b2]補。

⑩ 滅,底本殘,據《佛説法滅盡經》[T12n0396p1119b2]補。

⑪ "十二部經尋後復滅,盡不復現。不見"十四字底本殘,據《佛説法滅盡經》[T12n0396p1119b2—b3]補。

⑫ 字,底本殘,據《佛説法滅盡經》[T12n0396p1119b3]補。

賢者阿難作禮白佛:“當何名斯經? 云何奉持?”

佛言:“阿難,此經名爲‘法滅盡’,宣告一切,宜令分别,功德無量,不可稱計。”

四部弟子聞經,悲慘惆悵,皆發無上聖真道意,悉爲佛作禮而去。①

① “沙門袈裟自然變白……悉爲佛作禮而去。”一段文字底本殘,據《佛説法滅盡經》[T12n0396p1119b3—b13]補。

No. 2875 大方廣華嚴十惡品經

[題解]

《大方廣華嚴十惡品經》，又名《大方廣華嚴十惡經》、《大方廣華嚴經十惡品》、《華嚴十惡經》，是中國人假佛説所撰經典，作者不詳，一卷。本經謂一切衆生若修善根，則應：一、不害衆生；二、不行放逸；三、不飲酒；四、不食肉；五、常行大慈。然後着重論述了飲酒、食肉的罪孽及斷食酒肉所得的福報。南北朝時，以梁武帝爲首的中國佛教信徒推行斷食酒肉運動（參見《廣弘明集》卷三十、卷三十一），本經即該運動之産物，對研究中國佛教史有著重要價值。此經最早的遺跡爲存於山東巨野縣大義鎮小徐營村石佛寺北齊河清三年（564）的碑文，即劉珍東等刻經造像碑文，但此時尚未有"華嚴十惡經"的名字，題作"華嚴經偈"，首尾均殘。敦煌文獻中現存有斯 1320、斯 5612v、斯 6790、斯 9879，伯 3275，俄 ф. 127，俄 Дx. 1296、俄 Дx. 5276，BD05759③（北 76，奈 59）、BD00447（北 77 號，洪 47，首殘尾殘）、BD6045（北 78 號，芥 45）、BD6448（北 79 號，河 48），上圖 105(7)，羽 90、羽 465の2、羽 648，計 16 號。本經最早見録於《法經録》卷二，入僞經録。其後《仁壽録》卷四、《内典録》卷十、《大周録》卷十五、《開元録》卷十八均有著録，亦入僞經録。清代以前歷代大藏經未收，日本《大正藏》據斯 1320 號收入其第 85 卷。該號原殘，故録文不全。李静杰的《六世紀的僞經與僧團整頓》一文，以六世紀僞經《大方廣華嚴十惡品經》、《佛在金棺上囑累經》、《佛説像法决疑經》爲例，對其中的去惡揚善等積極性内容加以考察（李静杰的《六世紀的僞經與僧團整頓》，《敦煌學輯刊》1997 年第 1 期）。張總曾結合碑刻、寫本及石刻圖本對此經加以考察研究（張總《疑僞經典和佛教藝術探例》，見敦煌研究院編《2000 年敦煌學國際學術討論會文集——紀念敦煌藏經洞發現暨敦煌學百年·石窟藝術卷》,第256—259頁,甘肅民族出版社2003年9月版)。徐紹强曾以北76號(柰59)爲底本,北77號(洪47)、北78號(芥45)、北79號(河48)、斯1320號、斯6790號、斯5612v號爲校本對該經重新進行了整理(見方廣錩主編《藏外佛教文獻》第一輯,第359—368頁,宗教文化出版社1995年12月版)。今仍以《大正藏》録文所據卷斯1320號爲底本;校本:甲本,BD05759③(北76,柰59)號;乙本,BD00447(北77號,洪47,首殘尾殘)號;丙本,徐紹强整理本《大方廣華嚴十惡品經》;丁本,BD6045(北78號,芥45)號。

[□□□□□□□][迦葉菩薩白佛言][①]:"大覺世尊將欲涅槃,若住一劫,若減一劫,謂(爲)[②]諸衆生除諸病苦,可分别不?"

佛告[③]迦葉:"爲諸衆生在於世界,分别有二。何以故?生苦爲樂,生樂爲苦。"

佛告[④]迦葉:"諦聽!諦聽!吾當爲汝説正法要。何以故?譬如有人身遇重病,寢卧床褥,心念大乘,常不放捨。譬如有人遠到他方,空山迴[⑤]野,有恐懼之心,心念大乘,常不放捨。[□□□□□□□□□□□□][譬如有人繫在獄中,枷杻著身][⑥],[□□□□□][心念大乘,常][⑦][□□□][不放捨][⑧]。譬如有人貧窮,衣不蓋形,食不充口,心念大乘,常不放捨。如是之人,是真菩薩,則非凡夫。諸善[⑨]善男子!□(譬)[⑩]如國王,統領國事,多饒

① 文首迄下文"則非凡夫諸善"底本殘,以甲本爲底卷,參校乙本補。"迦葉菩薩白佛言"七字甲、乙二本無,據文意補。

② 謂,此當爲"爲"之借字。乙本即作"爲",可參。

③④ 告,甲本作"造",結合文意,據乙本改。

⑤ 迴,甲、乙二本作"逈",乃"迴"之俗體。慧琳《一切經音義》謂"迴"字"古文作冋,象國邑,從冂。……今俗從向者,非也。"[T54n2128p0312b18]

⑥ "譬如有人繫在獄中,枷杻著身"十二字甲本無,據乙本補。

⑦ "心念大乘,常"五字甲本無,乙本殘,據上下文意補。

⑧ "不放捨"三字甲本無,據乙本補。

⑨ 以上文字底本殘。

⑩ 譬,底本殘,録本作缺文,據甲、乙二本補。

□□□□(金銀、真珠)①、摩琺②、車渠、馬瑙、珊瑚、虎珀、珍寶、瓔珞,□□□(不念大)③乘,死入地獄。譬如凡夫,在於世界,多饒□□□(奴婢,象)④馬牛羊,絹帛布疋,大小穀豆,皆以具□□□(足,不念)⑤大乘,死入地獄。是故□□□□□□□□□(今日生苦爲樂,生樂爲)⑥苦。

迦⑦葉菩薩白佛言:"世尊! 實如聖□□□(教! 實如)⑧聖教!"

迦⑨葉菩薩復白佛言:"世尊! 何者爲善?"

佛告迦葉:"一切衆生,若修善根:一者、不害衆生;二者、不行放逸;三者、不飲酒;四者、不食肉⑩;五者、常行大慈。如是之人,不斷善根。"

迦葉菩薩白佛言:"世尊! 如佛所説,受佛教者,不聽飲酒。"

佛告迦葉:"善哉! 善哉! 汝解我意。一切衆生不飲酒者,是我真子,則非凡夫。善男子! 飲酒者,或君不識臣,或臣不識君;或父不識子,或子不識父⑪;或兄不識弟,或弟不識兄⑫;或姊⑬不識妹,或妹不識姊;或夫不識妻,或妻不識夫⑭;或師不識弟子,或弟子不識師;或不識内外眷屬。善男子! 現前顛倒,何況未來? 善男子! 一切衆生不食酒肉者,得發⑮阿耨多羅三藐三菩提心。"

---

① "金銀、真珠"四字底本殘,録本作缺文,據甲、乙二本補。

② 琺,録文誤作"尼",據原卷改。該字甲、乙二本亦作"琺"。

③ "不念大"三字底本殘,録本作缺文,據甲、乙二本補。

④ "奴婢,象"三字底本殘,録本作缺文,據甲、乙二本補。

⑤ "足,不念"三字底本殘,録本作缺文,據甲、乙二本補。

⑥ "今日生苦爲樂,生樂爲"九字底本殘,録本作缺文,據甲、乙二本補。

⑦ 迦,録文誤作"加",據底本改。該字甲、乙二本均作"迦"。

⑧ "教! 實如"三字底本殘,録本作缺文,據甲、乙二本補。

⑨ 迦,録文誤作"加",據底本改。該字甲、乙二本均作"迦"。

⑩ 肉,原卷、甲本作"宍",爲"肉"字之俗體。該字乙本即作"肉",可參。

⑪ "或父不識子,或子不識父"十字甲、乙二本作"或子不識父,或父不識子"。

⑫ "或兄不識弟,或弟不識兄"十字甲、乙二本作"或弟不識兄,或兄不識弟"。

⑬ 姊,原卷作"姉",爲"姊"字之俗體。《王一·旨韻》:"姉,將幾反,女兄。"據張涌泉師考證,漢碑已見"姉"字,乃"姊"篆文隸書的變體。今日本漢字猶用"姉"字。下文"姉"字徑改爲正體,不復校。

⑭ "或夫不識妻,或妻不識夫"十字甲、乙二本作"或妻不識夫,或夫不識妻"。

⑮ 發,乙本無。

爾時世尊告諸大衆言:"善男子!汝好諦聽!諦聽!舍婆提國有吉槃陀女,爲人沽[①]酒,釵梳落在井中。八萬羅漢圍遶井住,汲水飲之,即便昏醉,不識如來。爾時如來爲諸羅漢演説法要。是諸羅漢既聞法已,酒便得醒,來至佛所,白佛言:'世尊!我今修道,得四道果,何故今日不識如來?'佛告諸善男子:'舍婆提國有吉槃陀女,爲人沽[②]酒,釵梳落在井中,汝今飲水以便昏醉。我今爲汝除卻顛倒,吾今見汝,生恐懼心[③]。吉槃陀女爲人受苦,墮鋸床地獄,鋸此女身,作其百段,吹令微塵,還復聚合。受形訖竟,身長三尺,顔色青黑,頭上無毛,兩耳閉塞,復無兩目,亦無鼻孔,下唇蹇哆[④],手無十指,腳無[⑤]兩足。皆由沽[⑥]酒,豈況飲之?雖先飲酒,又乃發露[⑦],心生重悔,如懷慚愧,又莫更飲。譬如有人身遇重病,乃值良師齎藥塗之,因藥得差(瘥)[⑧]。懺悔之人,亦復如是,心生重悔,又莫更作,得[□][發][⑨]阿耨多羅三藐三菩提心[⑩]。'"

爾時世尊告諸大衆[□][言][⑪]:"比丘、比丘尼、優婆塞、優婆夷,若受五

① 沽,甲本作"酤"。

② 沽,甲本作"酤"。

③ "吾今見汝,生恐懼心"八字甲、乙二本作"汝今見我,汝生恐心"。

④ 蕭旭認爲,"蹇"是"皺縮"之義,也作"騫"、"褰"、"攓"、"攐",嘴唇皺縮而上翻也。[唐]菩提流志譯《一字佛頂輪王經》卷第一:"鼻不匾匾,唇不騫縮。"[T19n951p229c3]"騫"亦縮也。"哆"是張口唇下垂。張小豔《敦煌佛經疑難字詞輯釋》一文則認爲,"蹇哆"即"褰哆",描寫的是酤酒犯戒者來生投胎將獲的兩種"唇醜"之相的惡報,即嘴唇張展太開、寬緩下垂的樣子(《中國訓詁學報》第二輯,商務印書館,2013年:第165—183頁)。按:沙門窺基撰《妙法蓮華經玄贊》卷第十:"'不褰縮'者,'褰',舉也;'縮',短也;或作'莤'字。"[T34n1723p837a2—3]又,《廣韻·馬韻》:"哆,唇下垂貌。""褰哆"當指上唇上翹、下唇下垂(即雙唇不能合攏)的樣子。文中"褰哆"則偏於"哆"義,專指下唇下垂的情狀。

⑤ 無,甲本脱。

⑥ 沽,甲本作"酤"。

⑦ 露,乙本作"路"。

⑧ 差,丙本校作"瘥"。

⑨ 發,原卷、録本及甲本無,據乙本補。

⑩ 心,乙本無。

⑪ 言,原卷、録本及甲本無,據乙本補。

戒者，若受二百五十戒者，若受威儀具足戒[①]者，若受戒者，不聽飲酒！飲酒[②]者，犯波羅提木叉罪。比丘、比丘尼若犯此者，即入地獄；若凡夫人犯突吉羅罪[③]，八萬劫中入於地獄。”

迦葉菩薩白佛言：“世尊！酒亦無命，如來何故誡酒爲苦？”

佛告迦葉：“舍婆提國有鴦崛魔羅[④]，飲酒醉亂，淫匿其母，殺戮其父。其[⑤]母復與外人共通，持刀害之。是故，今日誡酒爲苦。”

爾時世尊告迦葉菩薩言：“佛子！我誡諸白衣及出家等受我戒者，不聽酤酒與人，不聽到酒家，不聽强勸人酒，不聽共人麴釀。聲聞弟子，亦復如是。菩薩摩訶薩制心，聲聞制形。善男子！不聽酤酒與比丘！若與者，五百世無臂。共比丘麴釀，五百世耳聾，耳聽隔絶，常不聞勿（物）[⑥]聲。語比丘酒家者，五百世爲啞，口不能語。强勸比丘酒者，墮截膝地獄，縱廣八萬由旬，縱廣正等；其中力士，其數五百，造其刀劍，截其兩膝；强勸比丘酒者，亦復如是。”

迦葉菩薩白佛言：“世尊！食肉者得何等罪？”

佛告迦葉：“善哉！善哉！一切衆生不食肉者，是吾遺腹之子，則非凡夫。善男子！一切衆生若受大乘大般涅槃。善男子！一切衆生若住一劫，不聽食肉！［□］［若］[⑦]［□□□□□□□□□□□］［食肉者，即食父母、眷屬肉。］[⑧]”

［□□□□□□□□□］［迦葉菩薩白佛言］[⑨]：“世尊！食肉者墮何處地獄？”

佛告迦葉：“食肉者墮阿鼻地獄。縱廣正等八萬由旬，四方有門，一一門

---

① 戒，乙本無。

② “飲酒”二字乙本無。

③ 罪，乙本無。

④ “鴦崛魔羅”四字乙本作“央崛摩羅”。

⑤ 其，甲、乙二本無。

⑥ 勿，此當爲“物”之同音借字（“勿”字一音文弗切，與“物”音同）。

⑦ 若，底本、甲本無，據乙本補。

⑧ “食肉者，即食父母、眷屬肉”十字底本無，據甲、乙二本補。

⑨ “迦葉菩薩白佛言”七字底本無，據甲、乙二本補。

外,各有猛火,東西南北,交通[1]徹地,周匝鐵墻,鐵網彌覆,其地赤鐵,上火徹下,下火徹上;鐵鉫(枷)[2]、鐵鈕(杻)[3]、鐵⿰金行(桁)[4]、鐵⿰金彦(鏈)[5],持火燒之,驅食肉之人入此地獄,受其大苦,心生重悔,而懷慚愧,又莫更食。猶如濁水,置之明珠,以珠威力,水即爲清。如煙雲除,月則清明。作惡能悔,亦復如是。”

佛告迦葉:“一切衆生食肉者,斷大慈種;不食[6]肉者,有大功德,百[7]千萬分,不如其一。”

迦葉菩薩白佛言:“世尊!煮肉、炙肉、斬肉、殺生之人,分别幾處?”

佛告迦葉:“煮肉者,墮鑊湯地獄;縱廣五百由旬,其中有水,其下有火,持火燒之,潰潰乃沸;驅煮肉之人入此地獄,受其大苦。炙肉之人,墮炙床地獄;縱廣八萬由旬,其上鐵床,其下有火,持火燒之;驅炙肉之人卧之在上,肉乾燋爛,受其大苦。斬肉之人,墮剉碓地獄;其中力士,其數五百,斬令萬段,吹令微塵,還復[□□□□□□][受形,即還斬之][8],受其大苦。”

迦葉菩薩白佛言:“世尊!食肉者非如來弟子,即是外道眷屬也。”

佛告迦葉:“食肉者,不覺不知,不聞不見。[□][若][9]當食肉,或君食臣肉,或臣食君肉;或子食父肉,或父食子肉;或弟食兄肉,或兄食弟肉;或妹食姊肉,或姊食妹肉;或妻食夫肉,或夫食妻肉。”

佛告迦葉:“食肉之人,即食父母、眷屬肉。”

---

① 通,甲、乙二本作“過”。

② 鉫,乙本作“枷”。“鉫”當爲涉上“鐵”類化而成的“枷”之俗字。

③ 鈕,當爲涉上“鐵”類化而成的“杻”之俗字。

④ ⿰金行,録本訛作“銜”,據原卷改。該字甲、乙二本均作“⿰金行”。此字當爲涉上“鐵”類化而成的“桁”之俗字。《集韻·唐韻》:“木在足曰械,大械曰桁。”《隋書·刑法志》:“流罪以上加杻械,死罪者桁之。”

⑤ ⿰金彦,録本訛作“⿰金亥”,據原卷改。《龍龕手鑑·金部》:“⿰金彦”,“鏈”的俗字。該字甲本作“⿰金彦”,乙本作“械”。

⑥ 乙本下文殘。

⑦ 百,甲本無。

⑧ “受形,即還斬之”六字底本、録本無,據甲本補。

⑨ 若,底本、録本無,據甲本補。

迦葉菩薩白佛言:"世尊!食肉者墮何處地獄?"

佛告迦葉:"食肉者,墮糞穢地獄;縱廣正等八萬由旬,其中有糞,乃深萬丈;驅食肉之人,入此地獄,受其大苦,五百萬世,無有出期。善男子!食肉者猶如群狗争骨,各各貪多。食肉之人亦復如是。善男子!斬肉者即斬其父,割肉者即割父肉,割害其母。譬如父死,必作牛羊,持刀害之,即是其父。一切衆生,心則顛倒。食肉者即食父肉,嚙骨者即嚙父骨,若飲肉汁者[①]即飲父血。善男子!一切衆生若有慚愧,不應食肉!雖先食肉,又能發露,心生重悔,亦發阿耨多羅三藐三菩提心。"

迦葉菩薩白佛言:"世尊!唯願如來爲我解説,破齋者墮何處地獄?"

佛告迦葉:"破齋者,墮餓鬼地獄;其中餓鬼身長五百由旬,其咽如針,頭如太山,手如龍抓(爪)[②],朝食三千,暮食八百,一呼三萬;驅破齋之人入此地獄,受其大苦。復離此地獄,遶其太山,[□□□□□□□□][猶如須彌,持火燒之][③],猶如緋色;驅破齋之人將背倚之,肉乾燋爛,受其大苦。復離此苦,轉形更受。善男子!若食齋訖者,或裹齋食者與父母、兄弟、君臣、師長、朋友、知識,未來世中墮鐵輪地獄,左腋入,右脇出,融銅灌口。若受齋食者,亦復如是。"

佛言:"食鷄肉者,當墮地獄;三人共償倍半,相迎同入地獄。"

迦葉菩薩白佛言:"世尊!實如聖教!實如聖教!"

迦葉菩薩白佛言:"世尊!唯願如來爲我解説,不飲酒、不食肉者,得幾所福?"

佛告迦葉:"假使有人,象馬、牛羊、瑠璃、珍寶、瓔珞、國城、妻子,持用布施,猶亦不如有人能斷酒肉,百千萬分不如其一;復置是事,假使有人,百千兩金遍滿三千大千世界,持用布施,猶亦不如有人能斷酒肉,百千萬分不如其一;復置是事,假使有[□][人][④],能鑄金爲人數百,持用布施,猶亦不如有

---

① 者,甲本無。

② 抓,録本徑作"爪",不合原卷,此據底本改。該字此當爲"爪"之增旁俗字,甲、乙二本均作"爪",可參。

③ "猶如須彌,持火燒之"八字底本、録本無,據甲本補。

④ 人,底本、録本無,據甲本補。

人能斷酒肉，百千萬分不如其一；復置是事，假使有人，造作幡華寶蓋，遍滿三千大千世界，猶亦不如有人能斷酒肉，百千萬分不如其一；復置是事，假使有人造大浮圖寶塔，簷簷相次，如稻麻竹葦，上至梵天，不如有人能斷酒肉，百千萬分不如其一。善男子！不食肉者，現世菩薩，則非凡夫。善男子！不食肉者，常無肉想。食肉之人□□□□□□（以見豬、羊、雞、雉）①，見而生害，即生肉想。以是義□□□□□（故，不聽食肉）②！”

迦葉菩薩白佛言：“世尊！實如聖□□□□□（教！實如聖教）③！”

佛告迦葉：“一切衆生，譬如有□□□□□□（人年已八十，貧）④窮孤老，後生一子，極⑤甚憐□□□□□□□（愍，一手把金，一手）⑥把飯，二團俱授，如過與子，嬰□□□□□□（兒爾時不識其）⑦金，而取其飯。一切衆生，亦復□□□□□□□（如是。我愍一切衆）⑧生，猶如慈父，衆生不受⑨我□□□□□□（戒者，非我咎也）⑩。”

大方廣華嚴十惡品經。

① “以見豬、羊、雞、雉”六字底本殘，録本作缺文，據甲本補。
② “故，不聽食肉”五字底本殘，録本作缺文，據甲本補。
③ “教！實如聖教”五字底本殘，録本作缺文，據甲本補。
④ “人年已八十，貧”六字底本殘，録本作缺文，據甲本補。
⑤ “極”字録文與前一“子”字誤倒，據原卷改。
⑥ “愍，一手把金，一手”七字底本殘，録本作缺文，據甲本補。
⑦ “兒爾時不識其”六字底本殘，録本作缺文，據甲本補。
⑧ “如是。我愍一切衆”七字底本殘，録本作缺文，據甲本補。
⑨ 受，底本作“授”，結合文意，據丙、丁二本改。
⑩ “戒者，非我咎也”六字底本殘，録本作缺文，據甲本補。

No. 2876 佛説天公經

［題解］

中國人所撰佛教經典，作者不詳，一卷。本經篇幅甚短，僅三百字左右，若干内容係據《觀世音經》及净土經典敷衍而成，文内"螺文"、"重光"等提法均爲中國傳統的"聖人之相"，由此證實本經確爲中國人所撰。現在敦煌遺書中存有三件，爲收藏於中國北京圖書館的BD14427號（北新627，首尾完整）、BD7362號1（北鳥62，首略殘尾存）與收藏於英國大英圖書館之斯2714號（首尾完整），約係歸義軍時期抄本。但三件文獻的内容互有參差，顯然是在傳抄過程中形成的不同異本。三件敦煌遺書均無序分與流通分，但BD14427（北新627）號存首尾題。北BD7362號1（北鳥62）僅殘首題與前三行上半行，由此可知，該經全文應已大體完具。斯2714號雖亦有首尾題，但開頭文字突兀而起，顯係缺漏首部經文。本經最早見録於隋《法經録》卷四，判爲僞經。其後諸經録均有著録。又，《開元録》卷十八著録僞經《佛初置塔經》一種，下注："今疑是《法經録》中《天公經》異名。"而今BD14427（北新627）的開頭正有"佛初築塔時"云云，證明該經應是《法經録》及《開元録》著録的《天公經》或《佛初置塔經》。本經未爲我國歷代大藏經所收，於敦煌出土後，日本《大正藏》據斯2714號録本後收入第85卷，但録本略有誤。方廣錩曾對該經加以考察並對三個異本分别進行了校録（見方廣錩主編《藏外佛教文獻》第一輯，第369—373頁，宗教文化出版社1995年12月版）。今以《大正藏》録本所據卷斯2714號爲底本；校本：甲本，BD14427（北新627）號；乙本，方廣錩整理本《佛説天公經》（録本二）。

鎘銅灌作柱，象□(牙)①作屋椽②，虎珀作屋椨③，真珠作羅網，星宿作鵲頭，日月作繚牕，可得萬萬九千年。上有一小劫，下有一由旬。此經雖小，大有威神，亦等《法華》，亦等《涅槃》，亦勝④《雜經》，譬如東海，喻如太山。入海取寶，隨其多少，亦得重來；入山取材，任材長短，亦得重來。誰能抄此經，手中螺文成；誰能看此經，眼中重光生；誰能誦此經，歷劫大聰明。觀世音造金[□][經]⑤，大罪得除，小罪得滅。欲向刀山，刀山摧折；欲向劍樹，劍樹自缺；欲向鑪炭，鑪炭自滅；欲向鑊湯，鑊湯自冷。倉倉靈[□][靈]⑥，音聲朗朗。講堂中央，瑠璃作地，白銀爲壁⑦。前登金床，後仚王几⑧，手把金經，至佛説言："憶佛如憶食，念佛如念命。"一日誦五遍，除罪一千五百萬劫。皆成⑨佛道。

佛説天公經一卷。

① 牙，《大正藏》録本作缺文，底本不清，似作"芽"，結合文意，據甲本補。

② 椽，底本實作"椓"。結合句意，此"椓"當爲"椽"之訛省。該字乙本脱。

③ 《集韻·沓韻》："椨，屋櫋木也。"《唐韻·桝韻》："櫋，屋脊，又楝也。"

④ 勝，録本誤作"縢"，據底本改。該字甲本即作"勝"，可參。

⑤ 經，底本及録本無，結合文意，據甲本補。

⑥ 靈，底本及録本無，結合文意，據甲本補。

⑦ 壁，録本誤作"譬"，據底本改。

⑧ 几，録本誤作"凡"，據底本改。

⑨ "成"字前録本有一"釋"字。按：此字底本書手實已塗去，兹據删。

No. 2877 如來在金棺囑累清浄莊嚴敬福經

（新西方胡國中來，出皇涅槃中）

[題解]

《如來在金棺囑累清浄莊嚴敬福經》，又名《敬福經》、《佛説敬福經》、《金棺敬福經》、《佛在金棺敬福經》、《如來在金棺囑類清浄敬福經》，中國僧人所撰，著者不詳，一卷。據侯旭東考證：該經以釋迦牟尼涅槃前坐在金棺上回答須菩提問的形式闡述現世僧俗寫經造像所應遵循的原則。該經折射出當時世間福業中存在的種種弊病，亦反映了僧伽糾弊的努力。該經編成的具體年代尚難確定。依現有資料，它形成於南北朝末至唐初的百餘年間。初成於南北朝末葉，當時經名作《佛在金棺上囑累經》（以下簡稱《囑累經》），篇幅約爲《敬福經》之半，至晚在唐初（七世紀上半葉）形成現在的形態。該經不見於《出三藏記集》，自隋《法經録》以後諸經録多予收録，置於疑僞經類中。我國清代以前歷代大藏經未曾收入該經，日本《大正藏》第 85 卷據敦煌遺書斯 208 號殘卷收録。據現有資料推斷，《囑累經》乃是《敬福經》的前身或雛形。《囑累經》無寫本傳世，僅隋開皇九年（公元 589 年）山東汶上縣辛家海村之《章仇禹生造經像碑》上刻有此經。碑上所刻蓋是該經全文。該碑拓本現存北京圖書館善本部，編號“顧179”。影印拓本收入《北京圖書館藏中國歷代石刻拓本彙編》第六册第 180 頁，又見《敦煌學輯刊》1997 年第 1 期的封三。録文分見《魯迅輯校石刻手稿》第二函第五册第 1083—1087 頁，及李静傑《佛教造像碑》第 100 頁。該拓本中間有殘損。《敬福經》現存三種本子：一、陝西省麟游縣慈善寺石窟第二窟主佛南側下距地面近 1 米處刻有該經。刻經年代，據研究與第二窟開鑿年代基本一致，爲唐高宗中晚期至武周時期。該刻録文發表在《考古》1997 年第 1 期，第 58—59 頁。此本内容基本完整，但字跡漫漶不清處頗多。二、敦煌遺書斯 208 號。

文書影印本見《敦煌寶藏》第二册第 263 頁，即爲《大正藏》第 85 卷所收底本。此本僅存經首百餘字。三、北京房山雲居寺第九洞刻經本。拓本編號：9—145。此經爲唐開成四年(839)四月八日幽州石礣下石經邑人及諸多施主所造。此本接近經尾處文字有脱落。侯旭東曾以隋開皇九年碑刻本爲底本，對《囑累經》進行了整理；另以房山石經本爲底本，陝西麟游慈善寺石刻本、斯 208 號爲校本對《敬福經》重新進行了整理；同時對《敬福經》的産生、發展、諸經録中流傳情況及該經主旨、産生背景和意義等作了綜合考察(見方廣錩主編《藏外佛教文獻》第四輯，第 373—393 頁，宗教文化出版社 1998 年 9 月版)。本校注今仍以《大正藏》録文所據卷斯 208 號爲底本。參校甲本：侯旭東校本《如來在金棺囑累清净莊嚴敬福經一卷》。

如是我聞：一時佛在拘尸那城娑羅雙樹間，説涅槃訖竟，垂入金棺，欲焚其身，偏坐金棺楯(楯)[①]上，雙目出淚，放光動地。無量大菩薩衆、天龍八部等悉皆生疑。

爾時須菩提白佛言："世尊！今欲普爲大衆仰請決疑，不審聽不？"

佛言："任汝所請。"

須菩提白佛言："世尊！如來恒説涅槃常樂、永無生死。何由今坐金棺楯上涕淚交流，令衆疑也？"[②]

佛言："須菩提！吾今欲説，汝已請問。吾亦不爲涅槃生苦而懷泣耶。汝等諦聽！善思念之，吾今爲汝等説。我去世後，當來末劫之時，比丘、比丘尼、優婆塞、優婆夷等所寫經造像悉不如法，是故愍之。"

須菩提言："世尊！何者是法，何者非法？"

佛言："若未來世，四衆、善男子等所寫經造像，望顔逐意，濫取匠手，雖寫經、造像極多，獲福甚少；若有精誠，所造雖少，獲福甚多。"

須菩提言："世尊！何故造多福少、造少福多？"

---

① **楯**，此乃"楯"之增旁俗體。下文"須菩提白佛言：'世尊，如來恒説涅槃常樂、永無生死，何由今坐金棺楯上涕淚交流，令衆疑也？'"可助互勘。

② 下文底本殘，據甲本補。

佛言:“善男子!寫經造像法:嚴治净室,香湯灑地,懸繒幡蓋。經像之師,别作净衣,大小便利,澡浴入室,燒香禮拜,然後捉筆捉鑿之具,寫典刊容。造幡華亦爾清净。是法:酒肉五辛,永不得近;妻室之宫,亦莫近之。歲三、月六,不得有闕,長齋最上。如是經像之師,真是大士,合消供養。經像主莫論道雇,經像之匠莫云客作,造訖布施,二人獲福,不可度量。欲説其福,窮劫不盡。受吾約制,是佛真子。如是精誠,造少福多。”

須菩提白佛言:“世尊!比丘、居士之中,作經像師,合取直不?”

佛言:“不得取價直!賣父母取財者逆過三千,真是天魔,急離吾佛法,非我眷屬。比丘尼、優婆夷亦如是。其若還直,得罪無量。何以故?由吾出家,得免王使故。善男子!安經案處、安像處,方圓百由旬,諸天擎華香,四厢供養,肉眼不見。若寫經造像,精誠敬心,經至一偈,像如拇指,其福最大。佛不妄語。善男子等若欲寫經造像,先誦持此典,然後營造,得福無量。善男子!當來末劫五濁惡世,四衆、善男子、善女人等所寫經造像,直欲解願。所有匠手覓財,不取上勝賢善之人,直取不識法相者以爲匠。飲酒、食肉、五辛之徒,不依聖教,雖寫經如微塵數,造像如微塵數,其福甚少,蓋不足言。劫燒之時,不入海龍王藏。勞如(而)功少,不敬之坐,死入地獄。主、匠二人無益,諸天不祐,不如不造。直心禮拜,得福無量。如向所列,造多福少。”

須菩提白佛言:“世尊!經像、邑義所有財物、牛驢合生息不?”

佛言:“不合。其若取者,時還得福;稽留得罪,邑人有愆,不如不造。”

須菩提白佛言:“世尊!邑人有物,若多若少,或豐或儉,一人欲得造經作像,一人不欲得作經像,待物貴造作,是理合不?”

佛言:“不合,遮止!其若遮止,世世惠(慧)目。止得進造,莫問多少,造成得福。若規世利,死入地獄。人身不恒,劫變不定。脱有水火、盗賊,虚失福物,結果不就,幾許誤哉!第一速造,慎莫出息。”

須菩提白佛言:“世尊!若有國主、宰相、貴勢之徒抑於細民,所造經像,不還施直,得福德不?”

佛言:“若免其王使,即是細民價值;其若不免王使,必還布施,當經像師心,得福無量。若欲具説,窮劫不盡。”

須菩提白佛言:“世尊!經像師不論價直,經像主不還布施,得福德不?”

佛言:“善能具問!道徒喜生現孤人情者,何名‘修福人’也!”

佛言:“善男子!吾直以方便使二人獲福,不使論其價直,遂即不酬布施,敗人善心,善何獲乎!量其巧功,依法施之。吾先於經中説‘一點一畫,價直娑婆’,何得賤寶虚施?”

須菩提白佛言:“世尊!末世惡人雖有福物,自多潤用,所有財者無多。經像師營福以訖,布施不稱匠心,又無券書可記,福就不還,有善果不?”

佛言:“譬如有人無耳無鼻,眼復⿰目孝瞎[1],何假明鏡睹其面像?必有地獄重受,何待問也?”

佛言:“善男子!吾今囑累專爲末世衆生食經像時返逆者。衆營多虚少實,道心華薄,福財覓利,多求名聞。我今造福,勝於餘人割截福物所造齋會,羅門斷户,無意食人。吾見此末世,垂淚説此遺言。善男子!當來末世劫欲盡時,割截福物人不用聞此言;比丘、居士客作經像師,不用聞此言。吾慮衆生陏(循?)[2]苦者多,出溺者少;在六畜者多,在人道者少;飢貧者多,富樂者少;殘患者多,具相者少;短命者多,長壽者少;愚癡者多,黠利者少;造惡者多,作善者少;在地獄居者多,生天者少。何以故?實由衆生前業,不敬三尊,雜行不善,致有差别也。汝須菩提!汝向所問寫經造像,本無券書,又不布施,善哉有理。後代惡人,虚假無實,敗善根人所寫經造像,雖不置券,仰好作施名。不得論物多少,以防有虚。凡夫根淺,未得實根。善男子,我本在定光佛末法之中作遊行經生,至天羅城邑,寫經不論價直。其時經主許施金錢一萬,寫《般若波羅蜜》。我寫經已訖,其經主名‘那梨’,違本自心,施我半錢。吾心歡喜,祝願受之。那梨在後,本契不具,落在地獄五千劫,寫《般若》因緣,得出惡趣。善男子!雖不作券,但置施名,異於俗法,得福無量。善男子!所寫經造像,不▭合□□相□□就,不遠地獄,▭善男

① 《龍龕手鑑·目部》:“⿰目孝,⿰目孝瞎也。”可洪《新集藏經音義隨函録》卷第八《菩薩瓔珞經》第二卷音義:“⿰目孝瞎:上呼交反,乾也。…… 正作‘灱’、‘庨’二形。”[K34n1257p924c2]又卷第廿五《賢聖集音義》第四卷音義:“⿰目孝瞎:上呼交反,上方經作‘哮瞎’也。《川音》云:‘《福感藏》作⿱敖目瞎也。’郭氏作呼絞反,非也,應和尚未詳。”[K35n1257p476c4]“⿰目孝瞎”指眼睛乾澀而失明也。

② 陏,此似當爲“循”之形訛字。待考。

子！經生之法，不得顛倒；乙字、重點，五百萬世中墮迷惑道中，不聞正法。□若像師造像不具相者，五百萬世中諸根不具。第一盡心爲上，妙果先昇。”

須菩提白佛言：“世尊！當何名斯經，云何奉持？”

佛語須菩提：“此經名《如來在金棺涕泣囑累》，亦名《清净莊嚴敬福經》，如是受持。今涅槃時至，不得久居，略説遺言。大衆流通，莫生懈怠！”

説此經説已，金棺忽開，火起焚影。菩薩、大衆悲號咽絶。於即如來聲止滅去，大地傾動，衆生失蔭。大衆奉行。

佛説敬福經一卷。

No. 2878 佛説救疾經一卷

[題解]

中國人假託佛説所撰經典,又名《救護衆生惡疾經》、《救護疾病經》、《救疾經》、《救病經》、《疾病經》,作者不詳,一卷。現在吐魯番文書和敦煌遺書中保存有全經,現發現共45號。敦煌文獻中有斯1198、斯1451、斯2467、斯2867、斯6095、斯6285、斯9705、斯9809、斯9812、斯9852、斯10143、斯10263、斯12275、斯12404,伯4563,BD3780(北8656,霜80)、BD3781a(北8211,霜81)、BD5308(北8250,光8)、BD6083(北8249,芥83)、BD7504(北8251,人4)、BD8010(北8253,字10)、BD8314(北8252,衣14)、BD14431(新631)、BD14548(新748)、BD14760(新960)号,俄ф.135,俄Дх.2711、俄Дх.2712、俄Дх.4712、俄Дх.6346、俄Дх.6815、俄Дх.7618、俄Дх.7800、俄Дх.9442、俄Дх.14657、俄Дх.15731、俄Дх.15926、俄Дх.16017、俄Дх.16209、俄Дх.18209,敦研077,上博50(44955),渝博4,大谷敦(一)第11號(第95—96頁)等,計44號。其中僅BD14760號、斯2467號、上博50號等3件首尾完整,其餘均爲殘卷或殘片。殘缺的寫本中,俄Дх.2711+俄Дх.2712號、BD3780+BD3781號、斯9852+斯9812號、斯12275+俄Дх.16017號、俄Дх.15731號+俄Дх.15926號、斯9705號+BD8010號六組可以綴合爲一卷(參張小豔《敦煌疑僞經六種殘卷綴合研究》,《文獻》2017年第1期)。另有出口氏藏吐魯番文書130號(殘片)。經文謂佛見三人身患惡疾,莫知所由,乃遍請過去七佛及密跡金剛,知因犯三寶,故得惡疾。經文從"罪從心生,罪從心滅"的角度説明只要至心懺悔便可得愈,並講述了一個阿闍世進入佛所化火坑爾後得以滅罪的故事,説明若能信經法,罪皆易消。接着,經文説明了治療疾病的具體方法,即百日之内齋大德法師,並日日禮七佛名字與金剛密跡、無量壽佛，同時每天造《救疾經》一卷，共成百卷即可。此經最後以一簡短的流通分結尾，咐囑流通云云。此經首見於隋《法經録》卷四“衆經僞妄六”，判爲僞經。此後的隋唐經録也都將它歸在僞經録。清代以前歷代大藏經未收，《大正藏》據斯 1198、2467 及大谷藏敦煌本録入其第八十五册。伯 4563 號尾題：“開皇十五年(595)九月一日，清信弟子談永和敬造《救疾病經》百卷。”可見在隋初此經已經在敦煌流通。今據《大正藏》以斯 2467(首殘尾全)爲底本。校本：甲本，大谷敦(一)第 11 號(首殘尾全)；乙本，斯 1198 號(首殘尾全)。另增校本：丙本，上博 50(44955，首殘尾全)號；丁本，BD14760 號(首全尾全)。甲、乙兩本俱首缺。

爾時佛在娑羅雙樹□□□□□□□□□(臨般涅槃時，舍利佛)[①]、阿難及無量諸天□□□□□□□□□□□□□(菩薩摩訶薩、諸大弟子、一)[②]切諸天人皆來集會。

佛還正坐，告阿難言：“吾□□□□□□□□□(當入般涅槃。吾欲將)[③]諸弟子及諸菩薩摩訶□□□□□□□□(與諸眷屬等遊巡)[④]國界。”安(按)行[⑤]人民，無諸□□□□□□□□□□□(苦惱惡鬼侵害、諸魔遶)[⑥]亂，世界和順，善敬三寶，□□□□□□□□□(皆悉恭敬世諦，無餘)[⑦]侵害三寶者。佛安(按)行□□□□□□□□□□□(周遍國内，迴来本处，路)[⑧]見三人身體瘡穢，不可□□□□□□□□□□(附近，面目興腫，發眉)[⑨]墮落，言語不轉，衣服染污，身負

① “臨般涅槃，時舍利佛”八字底本殘，録本作缺文，據丙、丁二本補。

② “菩薩摩訶薩、諸大弟子、一”十字底本殘，録本作缺文，據丁本補。

③ “當入般涅槃吾欲將”八字底本殘，録本作缺文，據丙、丁二本補。

④ “與諸眷屬等遊巡”七字底本殘，録本作缺文，據丙本補。丙本“與諸”二字丁本作“並與”。

⑤ 結合文意，此“安”當爲“按”之訛省。“按行”義即巡行。下“安行”之“安”同，徑用括弧注出本字，不復校。

⑥ “苦惱惡鬼侵害，諸魔遶”九字底本殘，録本作缺文，據丙、丁二本補。

⑦ “皆悉恭敬世諦，無餘”八字底本殘，録本作缺文，據丁本補。

⑧ “周遍國内迴來本處路”九字底本殘，録本作缺文，據丙、丁二本補。

⑨ “附近面目興腫發眉”八字底本殘，録本作缺文，據丙、丁二本補。

荷□□□□(擔,細步徐)①行,復似疾人,以乞耳爲命。

佛問此三人:“汝何而來?何國之子?”□□□□(此三人各)②皆默然。佛便慇懃問之,三問不答。佛即以善方便化之。三人答言:“我等是幽厄之子,用何苦問?”佛問此三人:“汝之所疾,從何所起?由何所得?”三人答言:“我之所患,不知何由,不覺痛痒,瘡遂增廣。願世尊説病本緣,使我開解。”

佛即告阿難並集眷屬乃至七佛名字,悉來集坐:“吾爲此人觀其宿業。”即調七佛:第一唯衛佛,第二式佛,第三隨葉佛,第四拘樓秦佛,第五拘那含牟尼佛,第六迦葉佛,第七釋迦文佛。此七佛悉來集坐。佛復問七佛言:“三人病是誰與之?”七佛從西面[起]③,各④各答言:“我無與者。”佛即入三昧禪定,諦觀三病,知疾本緣。七佛白言:“世尊!此疾不從他生,即自招患,發之與是。金剛密迹見惡人,以金剛杵打之,唾面生瘡,鬚⑤眉即落。由犯三寶,使之然也。”佛即問金剛密迹:“復何因緣與此三人病也?”金剛答言:“世尊!我願恒在佛左右,爲護三寶故,不令惡人侵害⑥如來,善心沈没。我見此三人一犯如來,毁損尊像;二犯正法,凌⑦盜經像,斷滅聖教,善法沈塞;三犯聖僧,欺害大衆,能使四⑧道衆僧遂從陵滅。”金剛密迹白佛言:“設犯餘神,病不如此,鬚眉不落,其瘡痒膿,世有可治。犯三寶者,非世諦之師可能治也。面目生光,身中脂出。”金剛密迹白佛言:“我先願世尊得道之時,恒在左⑨右,爲防三寶,使衆魔惡鬼惡人不來侵惱。若有惡人凌辱竊盜三寶者,我金剛杵碎其頭,如阿梨樹落地七分。”金剛密迹白佛言:“此三人者,一從父母並及七世,

① “擔細步徐”四字底本殘,録本作缺文,據丙、丁二本補。

② “此三人各”四字底本殘,録本作缺文,據丙、丁二本補。

③ 起,録本脱,據底本補。

④ “各”字前内容甲本缺。

⑤ 鬚,甲本作“髮”。

⑥ 害,甲本無。

⑦ 凌,甲、丙、丁三本作“陵”。

⑧ “四”字前乙本缺。

⑨ “左”前甲、丁二本有一“佛”字。

罪累相牽,受此惡報;或從自身,微①犯不覺,設有②故犯,不時懺悔,罪遂增厚。治此惡病,唯有歸心諸佛,悔心七佛,發露金剛至心,願七佛威力可令消滅重罪。"

佛告一切衆生:"凡三寶物有人取者,不問隱顯,入手幾倍?"七佛答言:"若是佛物,入手十倍;十年不還,密迹生憤,能使取者惡病。若是經像之物,入手七倍;七年不還,能使取者惡病。若是衆僧常住之物,入手五倍;五年不還,故生欺捍,能使取者惡病。"

阿難白佛言:"世尊!閻浮提人多生不信,謂無三寶,侵犯③者衆,招致惡病,罪積無數。閻浮提人殺父母、害法儀及伯④仲星歷有契者,殺之正身,能使惡病。若有人保任是實者,六齋之日佛前誓者,使人交報,或四天王下,或太子下,或使者下,或三十三天下,或大仙人下,或刹命下,或金剛力士下。當下之日,注人善惡,宜行善事,不宜作惡。或有人偷劫經像之物,知如(而)故爲,使人惡病。或舉持金銀⑤銅鐵⑥,或有闇取三寶之物及以錢粟絹帛之物,逕年有如不還,能使人惡病。或人⑦呪誓,燒⑧佛形像,推擬佛身;或燒煮聖容,點⑨滅經句;或將内人僧伽藍内宿;或將内人入佛塔裹,共内人言語信要;或共内人共相貪模(摸)⑩,或身生往反⑪。如此之事,能使人惡病。如此之事,久久當病,不至三年。或有人闇取他人⑫齋米,供齋之調,知而故取,能使人惡病。

---

① 微,甲本作"徵"。
② 設有,乙本作"誤"。
③ 犯,甲本作"害"。
④ 伯,甲本作"但"。
⑤ 銀,甲本作"剛"。
⑥ "鐵"前甲本尚有一"銀"字。
⑦ "人"前甲本尚有一"有"字。
⑧ 燒,乙本作"撓"。
⑨ "點"前甲本尚有一"或"字。
⑩ 摸,録本誤作"模",據底本改。
⑪ 反,録本誤作"及",據底本改。
⑫ "人"字乙本無。

若有人取他綵色與他内人，受者、知情與者同[1]罪，二人俱[2]病。或有闍[3]取僧尼雜器，知而不還，能使人[□][惡][4]病。若有人共經像牛驢行不净行，能使人病。雖是畜生，擬作經像，乃至三年病。或有人將内人入三寶屋，行[5]不净法[6]，能使人病。若有人妻掠净行尼，能使人病。

若有人安經像屋裹，無木函盛之，在下共内人止宿，能使人[□][惡][7]病，不出三年。一切身招惡病，宜以苦重懺悔。罪從心生，罪從心滅。心如天堂[8]，心如地獄。仰手是天堂，覆手是地獄。欲滅身中重罪，至心懺悔，莫生懈退。"

佛告七佛及金剛密迹、諸大菩薩及諸眷屬："此三病人云何可濟？金剛大士以發本緣，今者可愍，方便方宜救濟，得免此人病苦，世稱如來大慈大悲。"七佛各各白[□][佛][9]言："世尊！衆生蠢蠢，皆有佛性。此人之病，易除消滅。今自問之。金剛密迹是吾長兄，阿難是吾小弟，吾之眷屬數不可計。阿私陀仙能禁毒氣，阿羅羅仙能呪惡鬼，三十三天能下法水，雪山大醫能降妙藥，甘露法[10]津能潤枯涸。阿闍世王身犯重罪，尚有可消，身瘡除滅。佛以方便，身復如故，不消不滅。是病者，心中生也。"

佛即以觀心虚實[11]，化作大坑，方圓[12]四千步，滿中火[13]炭，問阿闍世王："汝能入此大坑，除滅汝罪，瘡痍[14]平復。"阿闍世王言："若能滅我罪，我當即

---

① 同，録本誤作"因"，據底本改。
② 俱，乙本作"但"。
③ "闍"前乙本尚有一"人"字。
④ 惡，底本及録本無，據乙本補。
⑤ "行"字乙本無。
⑥ "法"前乙本尚有一"行"字。
⑦ 惡，底本及録本無，據乙本補。
⑧ "堂"至下文"身中重罪"前十七字乙卷無。
⑨ 佛，底本及録本無，據乙本補。
⑩ 法，甲本作"治"。
⑪ 實，乙本作"空"。
⑫ 圓，甲、丁二本作"員"。
⑬ 火，乙本作"炎"。
⑭ 痍，乙本作"夷"。

入。"阿闍世王即以佛前燒[①]香發願,踊身入火。入已,水擠掖變爲浴池,衆罪消滅。譬如有人堰長流水,從上如(而)堰,在下則止。從諸佛歸悔,重罪則滅[②];不信經語,輕罪難滅。

佛告諸疾人:"吾教汝,但當至心,百日之中請大德法師治齋,日日禮七佛名字,日日禮金剛密迹,日日禮無量壽佛。一日之中造成一卷《救疾[③]經》,百日之中行道懺悔,百卷成就,作濟度經,可免此宿殃患耳。莫生不信,瘡遂增廣。佛語不虚,《經》云非謬,正法之言,甚深甚善。"

諸[④]佛語大弟子:"此經名《救護衆生惡疾經》,令流布閻浮提人有疾者知聞。"

救疾經一卷[⑤]。

---

① 燒,乙本作"啓"。

② 滅,甲本無。

③ 疾,丁本作"病"。

④ 諸,乙本作"者"。

⑤ 此句乙本無。丙本尾題:"武德六年四月廿七日清信佛弟子桑行善敬造。願閻浮提中所有幽厄疾病者藉此福田悉除差,普及六道蒼生,滅同斯慶。"

No. 2879 普賢菩薩説證明經

[題解]

中國人假託佛説所撰經典,又名《普賢菩薩説此證明經》、《證明經》、《普賢菩薩所説證明經》、《普賢菩薩證明經》,作者不詳,一卷。敦煌文獻中有斯 971、斯 1552、斯 6997、斯 7023、斯 7757、斯 10053、斯 10901、斯 10909,伯 2136、伯 2186、伯 2297,BD1491(北 317,寒 91)、BD1564(北 7664,來 64)、BD1660(北 7663,暑 60)、BD2158(北 8689,藏 58)、BD2921(北 8290,陽 21)、BD5397(北 8293,光 97)、BD6377(北 8292,鹹 77)、BD6558(北 8291,淡 58)、BD6630(北 8698,鱗 30)、BD10262(臨 391)、BD11974(臨 2103)、BD12092(臨 2221)、BD14723(新 923)、BD14871(新 1071),北大 D152,上圖 084(812531)(1),津藝 181(77·5·4520),魯博 18·22,俄 Дx. 1672、俄 Дx. 1680、俄 Дx. 4792、俄 Дx. 11143、俄 Дx. 11646,伍倫 27 號(首尾完整,括伍倫 27 號 1《黄仕强傳》、伍倫 27 號 2《普賢菩薩説證明經》、伍倫 27 號 3《證香火本因經第二》),大谷敦(一)第 12(第 97—109 頁),中村 68,台圖 111,浙敦 026 等,計 38 號。另有日本京都博物館藏守屋氏舊藏古寫經,首尾全。其中俄 Дx. 1672+俄 Дx. 1680 號、BD1491+BD1660+BD1564 號、俄 Дx. 4792 號+BD2921 號、BD6558 號+BD6630 號、斯 10053 號+BD11974 號五組,據比勘研究,皆本爲一卷而被撕裂爲數卷者,可綴接合一(參曹凌《中國佛教疑僞經綜録》,第 143 頁,上海古籍出版社 2011 年 12 月版;竇懷永、張涌泉《敦煌小説合集》,第 250 頁,浙江文藝出版社 2010 年 2 月版;張小豔《敦煌疑僞經六種殘卷綴合研究》,《文獻》2017 年第 1 期)。此經之敦煌本可分爲三部分:第一部分爲《黄仕强入冥記》;第二部分爲《普賢菩薩説證明經》,第三部分爲《佛説證香火經》。此經第二部分以"聞如是"開頭,其基本内容爲對於出家衆和在家衆的行爲規範等的要求，如要求勿飲酒食肉等。接着叙述由普賢菩薩之力，受持這部經典者所能得到的種種利益。第三部分以空王佛等七佛在白净天中等處“結願”集會爲因緣，其内容甚爲蕪雜，包括對於振旦國（即中國）的預言，如“天出明王，地出聖主”等等，具有讖語意味的内容很多，還着重提到要護持香火云云。該經最早見録於［隋］法經《衆經目録》卷二“衆經僞妄六”，被判作僞經。此後歷代均將《普賢菩薩説證明經》編入僞妄録，故此經的出現當在594年以前。清以前歷代大藏經未收，《大正藏》據伯2136、2186及斯1552三號録入其第八十五册，但删去了卷首之《黄仕强入冥記》。何慧麗的《敦煌佛經感應記研究：以〈普賢菩薩説證明經〉、〈金光明經〉、〈金剛經〉爲研究範圍》則對包括《普賢菩薩説證明經》在内的三篇敦煌佛經感應記加以研究（何慧麗的《敦煌佛經感應記研究：以〈普賢菩薩説證明經〉、〈金光明經〉、〈金剛經〉爲研究範圍》，臺灣“國立”政治大學，中國文學系，1985年度，碩士學位論文）。鄭阿財的《敦煌疑僞經的語言問題——以〈普賢菩薩説證明經〉爲例》一文，以疑僞經《普賢菩薩説證明經》作爲個案研究，從語言學角度對佛教疑僞經作了研究（鄭阿財《敦煌疑僞經的語言問題——以〈普賢菩薩説證明經〉爲例》，《敦煌吐魯番研究》第8卷，中華書局2005年版）。據曹凌《中國佛教疑僞經綜録》研究，此經在10世紀仍在敦煌地區流通（第147頁）。今仍以《大正藏》録本所據底本伯2186號爲底本。校本：甲本，伯2136號；乙本，斯1552號（首缺）。另增校本：丙本，斯6997號；丁本，浙敦026號；戊本，伯2297號。

聞如是：一時佛在靈鷲山祇水邊説此法時，八萬四千人俱皆是阿羅漢，諸漏已盡，無復煩惱，盡諸有結，所作已辨。爾時會中比丘、比丘尼、優婆塞、優婆夷四部衆等皆來集會，一時聽法，歡喜[①]合掌，一心奉行，作禮而去。

爾時普賢菩薩即從座起，整衣服，長跪，叉手，前白佛言：“世尊！釋迦涅槃後，彌勒未興世，衆生有所疑，云何爲説之？願佛分别説。”

佛言：“汝當至心聽，爲汝分别説。我本根元[②]或是定光身，或是句樓秦

① 喜，甲本作“欣”。

② 元，甲本作“原”，丁本作“源”。“元”乃“原”之本字，此“源”當爲“原”之記音字。

佛身，或是無光王佛身，或是寶勝佛身，或是登明王佛身，或是須彌尊王佛身，或是釋迦身。我本菩薩時，名爲‘阿逸多’。釋迦涅槃後，先作法王治。卻後三十年，彌勒正身下。若有所疑，而(如)是略説。”

爾時普賢菩薩白佛言：“世尊！夫一切衆生云何作功德可見彌勒佛？”彌勒言：“善男子、善女人，剃除鬚髮，出家學道，而披法服，隱居山林，坐禪學道，頭陀苦行，而是之人等可得見彌勒。若有善男子遠離恩愛，捨家棄俗，剃除鬚髮，而披法服，一心苦行，爲人善説，善行教化，爲説十善，勸人受戒，廣爲演説，慈悲憐愍，度脱生死，長發無上菩提之心，挽拔危厄，如是菩薩行、如是真人等亦得見彌勒。善男子、善女人，若有造浮圖、塔廟、講堂、精舍、經書、形像，莫問[①]大小，金銀素鍍，隨像大小，速得成就無上發願者，如是之人等亦得見彌勒。若有善男子、善女人峪[②]平[③]治道，廣作義井，河次[④]造浮橋[⑤]，拯濟窮者，如是微妙願，亦得見彌勒。復有善男子、善女人，修持五戒，奉行十善，一月六齋，年三長齋，爲人演説，度他、自度，人、我兼度，如是毛髮之心者，菩提無上願；如是之人等，亦得見彌勒。若有比丘僧剃除鬚髮而披法服，雖受二百五十戒，不能持具相，不如受持十戒行。奉持十善，捨珍妙衣[⑥]，一心苦行[⑦]，莫生染心，遠離恩戀。修持十善，一心苦行，繩床、錫杖、香爐、瓶鉢，九十日一移，初夜後夜，明冥禮拜，六時行道，遭[⑧]中一食，進心不闕。處處村落，爲人演説，朝唱暮誦，拯濟群生；教於愚癡，令出污泥，引導衆生，得出煩惱。愚癡衆生，火宅自燒，不能自知，我遣良師，引導化之，方便説法，得出火宅，遠離生死。遭遇明師，譬如病人，值好良藥，病人得愈，無有苦患。持戒懺悔，一心苦行，除罪如是，皆發信心，不作諸惡，長發善願，得入阿

① 問，録本訛作“同”，據底本改。
② 峪，甲、戊二本作“山塔”，丁本作“山谷”。
③ 平，録本訛作“半”，據底本改。
④ 次，甲、戊二本作“坎”。
⑤ 橋，甲本作“圖”。
⑥ 珍，底本及録本作“弥”，結合文意，據甲本改。“珍妙衣”三字丁本“珍寶衣”。
⑦ 以上乙本缺。
⑧ 遭，丁本作“逋”。

耨多羅三藐三菩提。無上道意,受持守護,斷諸煩惱。如是之人,得道不久,皆見彌勒。”

普賢菩薩白佛言:“世尊!執取正法,善治[1]守護,拯濟病困。若病厄,受持此經典者,病得除愈。若有横官共相牽梚、枷鎖繫閉,心中憶念普賢菩薩,讀[2]此經一百九遍,使[3]令其官即發慈心,廣復大赦,解脱枷鎖,得離横官,無有諸苦。若有衆生,遠行不歸,消息不通,愁憂苦毒,煩惱自纏,心中憶念普賢菩薩、讀誦此經典者,心中所願,無不獲得。若有女人渇乏男女、少患兒息[4],亦當讀誦此經典者,所願便得。若有女人産生難者,心中當憶念普賢菩薩,朝暮禮拜、受持讀誦此經典者,兒則易産,身體平正,長命之子,辨才勇猛,高遷富貴,世世尊榮,皆是普賢菩薩威神之力。若有衆生衰亡之後,水火焚潓(漂)[5],鳥鳴百怪,野蟲入家,如是諸怪,不問邪師,一心精進,受持讀誦此經典者,衆惡雲除,萬善普備,藥病不加身,針灸不近,皆是普賢菩薩威神之力。若有善男子、善女人,若出家、在家,若白衣,若道俗,多有患苦,夜夢顛倒,出入恐怖,迫迮叫唤,忘前失後,心中憶念普賢菩薩,讀誦此經典,無有諸患,令身安隱,不見諸苦,皆是普賢菩薩威神之力。若有善男子,若[6]有願,心中憶念普賢菩薩,受持讀誦,行來出入,無有諸苦,世世值法,遇善知識,不遭横苦,皆是普賢菩薩威神之力。何以意故?普賢菩薩閻浮履地,病之良藥,此經閻浮履地,厄難橋梁。何以意故?此經是病之良師,如是受持,皆是普賢菩薩威神之力。”

爾時普賢菩薩白佛言:“世尊!欲爲衆生説呪,三稱南無佛,復稱九佛名:東方王明諸佛,南方離垢紫金沙佛,西方無量華佛,北方日轉光明王佛,上方香積如來佛,下方師子億像佛,金剛師子億像佛,普光功德山王佛,善住功德寶王佛。若有善男子、善女人受持讀誦此九佛名字,不墮横死,不遭八

① 治,甲本作“持”,乙本作“法”。
② 讀,甲本作“誦”。
③ 使,録本訛作“便”,據底本、丁本改。
④ “兒息”二字丁本作“男女”。
⑤ 潓,此當爲“漂”之增旁俗字。該字丁本作“漂”,可參。
⑥ 若,底本及録本作“善”,結合文意,據丁本、戊本改。

難。憐愍一切衆生故,即稱七佛名字:第一維衛佛,第二維式佛,第三隨葉佛,第四拘樓秦佛,第五句那含牟尼佛,第六迦葉佛,第七釋迦牟尼佛。一切衆生若在病困中,若在困厄[①]中,若在大火中,[□□□□□□□□□□□□□□□□□□□][若在大水中,若在邪行惡鬼中,若在蠱道中][②],若在山谷虎狼中,若在險路賊盜中,若在河厄難中,常當誦七佛名字,悉皆消滅。何以意故?此經多饒神力。

往昔過去七十七億諸佛所説陀羅尼神呪:

南無佛陀,南無達摩,南無僧伽,南無阿彌陀佛,薩陀婆羅婆,菩提薩婆[③],摩訶薩婆,阿利耶那婆,樓薩婆,波羅提木叉,佛婆豆,叉帝利,沙訶迦懺,而説呪曰。

憐愍一切病困衆生故,復稱四天下王名字:南無東方提頭賴吒天王,南方鞞樓勒叉天王,西方鞞樓博叉天王,北方毘沙門天王,南無達迦摩桂羅王,上方釋梵天王,下方轉輪聖王,海龍王,須彌山頭阿修輪王。諸鬼神王等,收縛諸鬼,枷鎖諸鬼,收鎖諸鬼神,不得妄近。善男子、善女人欲誦此呪時,善持五戒,不食酒肉,不食五辛,一月六齋,年三[④]長齋,六時行道,一心苦行,可得誦此呪。若不行是行,[□][作][⑤]諸不善行,不得誦此呪。不修十善行,此呪還自傷;修持十善,行來四出,諸天善神、四天大王、天龍八部常來營護。受持此呪者,皆得阿耨三菩提道。爲衆生故説諸鬼神名字:若有優樓比婆鬼,若有比迦鬼,若有鳩槃荼鬼,若有比沙迦鬼,若有問請鬼,我爲衆生解説鬼神名字:土地[□][神][⑥]者,狐狸是;山神者,他虫、蟒蛇是;宅神者,老鼠、蝙蝠是;天神者,魔耶是。若有東來鬼,若有東南來鬼,若有南來鬼,若有西南來鬼,若有西來鬼,若有西北來鬼,若有北來鬼,若有東北來鬼;若有上方

---

① “困厄”二字甲本作“厄難”。

② “若在大水中,若在邪行惡鬼中,若在蠱道中”十七字底本及録本無,結合文意,據丁本補。

③ “菩提薩婆”四字丁本作“菩薩婆婆”。

④ 三,録本訛作“二”,結合文意,據底本及丁、戊二本改。

⑤ 作,底本及録本無,結合文意,據甲本補。

⑥ 神,底本及録本無,結合文意,據文意補。

蜚尸鬼，若有下方遁注鬼；若有天神、地神鬼，若有山神、樹神鬼；若有五道之神鬼，若有南斗北辰鬼；若有奪人精氣鬼，若有取人精氣鬼，若有奪人魂魄鬼，若有唤人魂神鬼；若有破家鬼，若有遭喪失火鬼；若有青色鬼，若有白色鬼，若有黄色鬼，若有赤色鬼；若有惡毒精魄鬼，若有乍瞋乍欣[①]鬼；若有索酒索肉鬼，若有嗜酒嗜肉鬼；若有入人頭中鬼，若有入人耳中鬼，[□□□□□□□][若有入人鼻中鬼][②]，若有入人口中鬼，若有入人十指中鬼，若有入人手腳中鬼，若有入人肝心五藏中鬼，若有入人百節中鬼；若有千[③]詐鬼，若有詐稱鬼，若有假名字鬼；若有七[□□□□□□□□□□□□□□□□□□□□□][日遁注鬼，有二七日遁注鬼，若有三七日飛邪][④]鬼，若有四七日百怪鬼，若有百日伏尸鬼。若有病痛，誦此鬼神名字；若有小弱[⑤]難養，誦此鬼神名字；若有兒啼驚怕，亦誦此鬼神名字；此諸鬼神若不隨此呪，頭破作七分，如阿梨樹枝。劇殺父母重罪，使諸鬼神，如厭(壓)[⑥]油殃，頭破作七分，[□][碎][⑦]如微塵。善男子、善女人受持三歸、五戒者，善持十善行者，此諸鬼神不能中害。何以意故？此大陀羅尼神呪威神之力不可思議，此諸惡氣不得嬈[⑧]近，衆邪惡鬼亦不得中害。”

普賢菩薩言：“若有善男子、善女人若能善持守護此呪者，我爾時乘六牙白象，雨寶蓮華，從空而下，並餘諸天善神、四大天王、龍神八部皆來集會，胡跪合掌，整理衣服。説此大陀羅尼呪時，三千大千世界六種震動，外道天魔盡來歸伏，呪山能崩，呪河能竭，日月崩落。三千大千世界六種震動，衆魔摧

---

① 欣，甲本作“喜”。

② “若有入人鼻中鬼”七字底本及録本無，結合文意，據甲本補。

③ 千，録本訛作“干”，結合文意，據底本改。

④ “日遁注鬼，有二七日遁注鬼，若有三七日飛邪”十八字底本及録本作“道”，結合文意，據甲本改。

⑤ “小弱”二字甲本作“弱小”。

⑥ 厭，乙本作“壓”。《荀子·强國》：“黭然而雷擊之，如墻厭之。”楊倞注：“厭，讀爲壓。”又，此字甲本作“押”，亦“壓”之同音借字。《正字通·手部》：“押，與壓通。”該字丁本作“壂”，與“壓”同。

⑦ 碎，底本及録本無，結合文意，據甲、丁二本補。

⑧ 嬈，甲本作“遶”。

碎，猶如微塵，衆魔驚怖，無不歸伏。善男子、善女人受持陀羅尼呪者，我爾時遣諸天善神常來營護，不墮横死；自欲命終之時，普賢菩薩迎其精神，不墮①八難，得生東方阿閦佛國。"

爾時普賢菩薩白佛言："世尊！有何等人不得見彌勒？"

佛言："善哉！善哉！諦聽！今爲汝略説：一者，出家沙門，剃除鬚髪，假染法服，不持具相②，不離恩愛，背法墮俗；如是之人，不得見彌勒。二者，出家沙門，剃除鬚髪，避官役使，假披法服，飲酒食肉，青黄赤白，喜好莊嚴，乘騎驢馬，袈裟絞腰，治生販賣，巧③升抃(拚[弄])斗④，捻秤前後，大斗重秤謂之劫，輕秤小斗謂之盗；如是沙門，亦不見彌勒。三者，出家沙門，剃除鬚髪，假披法服，飲酒食肉，破齋夜食，偷盗三寶，破滅三寶，不持具相，作諸不軌；如是惡行、如是之人等，亦不[□][得]⑤見彌勒。四者，善根衆生，受持五戒，不肯習誦，損毁正法，信邪倒見，作諸不軌，毁損五戒，六根顛倒；如是之人等，[□][亦]⑥不得見彌勒。五者，受持五戒，假佛威神，諸方教化，毁破形像，破大作小，破小作大，毁破成像，斷壞形像，破滅三寶；如是之人，亦不見彌勒。六者，受持净戒，毁損十善，破此諸戒，飲酒食肉，作諸不善，破此三惡；如是之人等，亦不見彌勒。七者，若有愚癡衆生不信三寶者，謗毁正法，謗毁比丘僧，謗毁優婆塞，謗毁優婆夷，謗毁三寶、四聖，障如來正道，斷絶三寶；如是之人等，亦不得見彌勒。八者，若有衆生斷官王路，破家劫奪，焚⑦燒山澤，殺害衆生，無慈愍心；如是之人等，亦不得見彌勒。九者，若有衆生高遷富貴，輔國大臣，假官力勢，斷事不平，以直則曲，破小作大，枉殺良善，侵⑧

① 墮，丁本作"遭"。

② "具相"二字丁本作"身行"。

③ 巧，丁本作"嚣"。

④ "巧升抃斗"四字，乙本作"巧斗拚升"。結合文意，"抃"當爲"拚"字之訛省。該字丁本作"拚"，亦"拚"字之俗字。《龍龕手鑑·手部》："拚"，同"挵"。"挵"乃"弄"之或體。《集韻·送韻》："弄，《説文》：'玩也。'或從手。"

⑤ 得，底本及録本無，結合文意，據乙本補。

⑥ 亦，底本及録本無，結合文意，據甲本補。

⑦ 焚，底本及録本訛作"焚"，據甲、乙、丁三本改。

⑧ 侵，底本及録本訛作"便"，據甲、乙、丁三本改。

取萬民;如是之人等,亦不得見彌勒。十者,如是而爲汝説,若有白依道俗作是諸惡、無慚無愧,猶如禽獸牛馬畜生,如是之人入阿鼻地獄,從闇至闇,輪轉五道,無有出期。”

佛説證香火本因經第二

香火之本,七佛所説。爾時七佛在白净天中。佛之頭領空王如來,上首空王佛,第二(三?)[①]雲雷音宿王華智佛,第四白净王如來佛,第五寶住蓮華佛,第六無根王佛,第七受記彌勒尊佛。七佛云會,初首結願在白净天中,又會結願靈鷲山中,又會結願紫微山,又會結願[□][耆][②]闍水。爾時空王發柔軟制令,召諸[□][方][③]菩薩。北方有十恒河沙菩薩,各乘六牙白象,手齎珍寶金華,盡詣佛所。爾時東方亦有十恒河沙菩薩,亦乘六牙白象,雨寶蓮華,來詣佛所。爾時南方復有十恒河沙菩薩,亦乘六牙白象,齎寶冠瓔珞,來詣佛所。爾時西方復有十恒河沙菩薩,亦乘六牙白象,各齎菩提雜華,來詣佛所。爾時上方有十恒河沙菩薩,乘定國師子,雨寶天衣,慇[④]重之心,來詣佛所。爾時從地踊出,頭戴珍寶,各作是言:“聞佛結願,歡喜集會。”六萬菩薩集會之時,山河大海六種震動。爾時衆魔心情不寧,以佛神力,善哉正法。爾時白净王如來歡喜受教。白空王如來各作是言:“無有閻浮履地,衆生尢[⑤]

---

① 結合文意,此處“二”似爲“三”字之誤。

② 耆,底本及録本無,結合文意,據乙、丁二本補。

③ 方,底本及録本無,結合文意,據乙本補。

④ 慇,録本作“湣”,底本實作“慇”。此字甲本作“殷”,丁本作“殿”。按:殷,《碑别字新編·唐太宗吊比干文》作“殿”,故“慇”是“慇”字之俗體,“殿”字當是“殷”之形訛,“湣”當是“慇”之誤書。“慇”是“殷”字之通假。《詩·邶風·北門》:“憂心殷殷。”陸德明《經典釋文》:“殷本又作慇。”《詩·大雅·桑柔》:“憂心慇慇。”《楚辭·九歎》王注引“慇”作“殷”。《史記·魯仲連鄒陽列傳》:“慈仁慇勤。”《漢書·鄒陽傳》“慇”作“殷”。《爾雅·釋訓》:“殷殷,憂也。”《經典釋文》“殷殷”作“慇慇”。故“慇重”即“殷重”。“殷重”,《漢語大詞典·殳部》:“懇切深厚。”又,下文:“爾時釋梵天王,獻佛微妙上供:粳米長七寸,苽(瓜)長七尺,梨如五斗瓠盧,棗如二斗檔;琉璃盤,白銀椀,琉琉匙,白銀筯;慇重之心,奉獻上供。”“如是等天王慇重供養,皆得無上道。”可助互勘。

⑤ 尢,甲本作“无”,丁本作“兀”。

無有緣，爲六方菩薩上首苦行。西方無量壽佛弟子大慈觀世音，此大菩薩與閻浮履地，拯濟有緣。”爾時東方王明諸佛、弟子摩訶波闍波提普賢菩薩，香火燈明功德，利益有緣。此二菩薩希有，拯濟拔諸衆生苦，希有利益，善説如來將疾往詣白净天中，結願之時，寶柱幢蓋，八萬四千人俱皆如兄弟。天中有蓋，絶大無極，縱廣三十由旬，東、西、上、下亦復如是。結願神幡，縱廣長①三十由旬。爾時觀世音託生凡夫。爾時普賢菩薩優婆塞身。是此二菩薩分身百億，難解難了，亦不可思議。爾時如童菩薩月光童子是；爾時摩訶迦葉尊者是；爾時憂波利堂公是；初果羅漢離諸生死，泰山僧朗是；清净羅漢，杯②度是；解空羅漢，號爲“隱公”；三賢四聖，皆同一字。欲説此本，衆惡人中慎莫爲説。若與此法，善根③。若人無善根，不得聞此法，亦不得説此法。未度所度，未聞所聞，未見所見，未解所解，未知所知，如是之人，皆從一願，如來所説，莫不歡喜。一心受持，必獲果願。莫安進退，成實結果，解脱三昧。

爾時觀世音並共普賢菩薩來詣佛所，胡跪受敕：“唯願如來爲我演説、爲我解説，諦聽諦受，執取受持，不敢違犯，不敢缺落，不敢毁損。”

爾時佛言：“閻浮履地，振旦國中。神州東西，卻有南北。一佛境界，百億須彌山，百億日月，百億海水，三千大千世界。有一大國，名爲‘振旦’，不識正法，不識如來，不解正法，不識好人。此等衆生，與④如盲人，不見日月。與法無緣，亦復如是。假使有緣，比丘僧、比丘尼、優婆塞、優婆夷、善男子、善女人，若受持、若讀誦、若書寫、若受持、若讀誦，護慎香火，猶護明珠。善男子、善女人、諸法[□□][子、諸]⑤好人，四方衆生，一越流轉，集會一處，皆如一芥子。假使有人善持守護香火正法，行坐憶念，歲三、月六時，行道轉讀，爾時空王如來並告普賢菩薩，將八萬億僮子，四時上下，護念法子。若在

① 長，甲、乙二卷無。

② 杯，甲本作“拯”。

③ 根，丁本作“因”。

④ 《廣雅·釋言》：“與，如也。”該字甲、丁二本作“喻”。

⑤ “子諸”二字底本及録本無，結合文意，據甲、丁二本補。

空野田，若在五濁惡世，若在病困中，若在困厄中，若在邪行惡[□][鬼][1]毒道[2]中，長當讀誦此經典者，不見八難，不墮[3]横死，不遭横官。我爾時諸天童子守護此人，不見衆惡。夫欲説法講義，若有魔人，不使可説；皆同一心，乃可爲説。夫欲平章福德時，清净洗手，三遍燒香，各禮佛足，慇重之心，額必至地。卻坐説法之時，慎莫當户。"

普賢菩薩言："[□][善][4]男子！[□][善][5]女人！善持守護我法者，不見八難。若有退落毀法，衆無利益。復有發露懺悔之者，還捉[6]此法，我乘六牙白象乘空而下，手摩其頭，現其人前。愚癡肉眼，而不覩見，謂呼輕言。説法之時，我遣諸天童子案行此人逋慢此法、毀壞此法、輕慢此法，手把金杖，刑害此人。若有毀損，獲罪如是。莫不奉行，一心諦聽。"

尊者白彌勒："香火從何來？此法從何起？根由在何處？"彌勒答尊者："此法從空王來。""度脱何種人？"空王佛言："度脱八種人。"尊者問空王："何爲八種人？""閻浮八種人，一者諸長老，二者老母人，三者善女人，四者善男子，五者諸貧窮，六者諸下賤，七者諸小弱[7]，八者諸比丘。四千諸胡漢，合爲八萬四千人。"

尊者白彌勒："五胡治化時，必有不信正法、破毀此正法，實難可挽拔。此法非常行，偷竊似奴婢。"尊者白彌勒："世尊出世時，撩(療)[8]除諸穢惡，分别五種人。有緣在水東，無緣在水西。水東值聖，得見明法王。"

尊者問彌勒："願爲演説之。"

彌勒言尊者："汝欲求何等？"

尊者願彌勒："爲我造化城。"

---

① 鬼，底本及録本無，結合文意，據甲、丁二本補。

② "毒道"二字底本及録本作"道毒"，結合文意，據乙、丁二本補。

③ "不墮"二字底本及録本作"墮不"，結合文意，據乙、丁二本補。

④⑤ 善，底本及録本無，結合文意，據甲、丁二本補。

⑥ 捉，甲本作"投"。

⑦ "小弱"二字甲、乙、丁三本作"弱小"。

⑧ 撩，此當爲"療"之訛字。該字甲本正作"療"。又，同卷下文"療除穢惡，分簡五種"、"療除諸穢惡，賜皆是菩薩"、"赤繩赤棒，療除罪人"，皆可助勘。

尊者問如來:"化城在何處?"

佛言:"化城在釋迦得道處。"

尊者問空王:"釋迦得道在何處?"

空王語尊者:"汝當善聽。"

爾時尊者整理威儀,胡跪合掌,一心善聽。

爾乃①爲説:"釋迦從起②苦行,元由瞿夷左③脇底生。生時舉手攀④沛⑤多,腳躡⑥雙蓮華,左脇生釋迦。老子作相師,白疊承釋迦。老子重瞻相:'此人非常聖。'難解難思議,號爲'釋迦文'。九龍與吐水,治化彌勒前。元初苦行時,居在迦黄山。乃久不得道,來至崑崙山。乃久不得道,來至⑦蒲城山。展轉至五馬道,從海中心入,即爲造化城。化城何物作?琉璃作外郭,舉高七百尺;白銀作中郭,舉高七百尺;紫金作中城。"

尊者問空王:"縱廣幾由旬?"

空王語尊者:"縱廣四百里,東西南北各四百里。四角白銀臺,舉高七百尺。東廂有九門,南廂有九門,西廂有九門,北廂有九門。門南白銀樓,樓上有金柱,舉高百尺⑧九;下有鳳凰巾,柱上懸金鼓;天人侍兩邊,一震八種聲。門北白銀樓,舉高七百尺;上有白銀柱,下有万世銘;天女著天衣,柱上懸金鈴,一震六種聲,召我諸法子,一時入化城。如來威神之力,寶(實)⑨事名不輕。善哉諸法子,善持見大明。如是今古説,實事不虚言。如是好受持⑩。"

爾時尊者問空王:"何人爲聖主?何人作明王?"

---

① "而乃"二字底本及録本作"乃有",結合文意,據甲本改。

② "從起"二字甲本作"起從"。

③ 左,底本及録本訛作"在",結合文意,據丁本改。

④ 攀,底本及録本作"仍",結合文意,據甲、丁二本改。

⑤ 沛,甲本作"百"、丁本作"貝"。

⑥ 躡,甲本作"蹴"。

⑦ "至"字前乙、丁二本有:"在白鹿山。乃久不得道,更至檀特山。乃久不得道,來"二十字。

⑧ 尺,録本訛作"丈",據底本改。按:此字丁本作"丈"。

⑨ 寶,甲、丁二本作"實"。"實"字義長。

⑩ "受持"後甲本有"欲重宣此義而説偈曰"九字。

空王佛言:“釋迦涅槃後七百年,天地大震動。天呼地呼,一月三怪,苦困百姓。療除穢惡,分簡五種。專行疫病,平治罪人。有法盡生,無法盡滅。卻後九十九年,七百年以過,三千大千世界六種震動,七日日闇。卻後數日,天出明王,地出聖主,二聖並治,並在神州。善哉治化,廣興佛法,慈愍一切,救度生死,得出火宅,得見大乘,引導生死,來詣化城。明王、聖主,俱在化城,樓上打金鼓,遠[①]告諸法子:‘此法有因緣,尋解萬里通。此法無因緣,打鼓隔壁聾。’”

棖公白尊者:“遠召有緣人。”

棖公白尊者:“分别五種人。”

尊者語棖公:“云何可分别?”

棖公白尊者:“隨我分别之。隨我造弱水,我遣力士羅刹王,頭戴崑崙山,從地出踊泉,來至化城西。展轉娑婆中,往詣加黄山。水上七寸橋,有緣在橋東,無緣在橋西。召我諸法子,一時在化城。爾時娑婆中,無諸五種人,療除諸穢惡,賜皆是菩薩,名‘尊者菩薩王’、‘廣宗羅漢王’。菩薩、羅[②]漢治,閻浮無罪人,國作佛國,州作佛州,郡作佛郡,縣作佛縣,黨[□□□][作佛黨][③],里作佛里,隣作佛隣。四海知識,一如親兄弟,集會化城中。東宫西宫,南宫北宫;東階西階,南階北階。東有博山殿,西有槃龍臺。巷巷相當,門門相次。得見此明王,一心好受持。若有狐疑者,不得見此法。若有退落者,不得見此樂。若有頹毁者、若有逋慢者,不得見此樂。飲酒食肉人、貪財五欲人、虚諂邪見人,如是不善行,終不見此樂。若有退落者,復能好懺悔,寫卻此諸惡,寫卻煩惱心,寫卻逋慢心,寫卻衆邪心,復能一懺悔,還得入此法。逕過好明師,一心好受持。若有不毁損,自責過咎罪,瞋罵六根賊,一心好守護,亦得見此樂。如是爲汝説,終不有虚言。一心好受持,與汝無上道。”

爾時普賢菩薩前白佛言:“世尊! 世尊出世時,我遣力士羅刹王,平除罪

---

① 遠,甲本作“遍”。

② “羅”前甲本有“羅漢王菩薩”五字。

③ “作佛黨”三字底本及録本無,結合文意,據甲、丁二本補。

惡人。爾時遣伽羅菩薩頭戴地軸①,三千大千世界六種震動,天地振烈(裂)②,南北礔烈。七日日闇,三召有緣衆生,無法入地獄,有法生天。若有日闇,復欲平除罪人,我遣羅刹王,分別罪人,將領鬼軍。爾時羅刹王一佛境界,百億日月,百③億須彌山,百億鐵圍城地獄④。一鐵圍城地獄,百億鬼軍。百億鐵圍[□][城]⑤地獄,此鬼神恒河沙數。黑衣[□][黑]⑥服,赤繩赤棒,瘵除罪人。卻後數日,我遣阿修輪王,手把七日,劫燒終⑦盡。日出之時,閻浮履地,草木燋燃,山石剥烈(裂),山峪⑧堤塝,地平融盡。我爾時天上遣金翅鳥下,召取有緣。此鳥身長二(三?)⑨十里,縱廣三十里,口銜七千人,背負八萬人,得上兜率天。彌勒俱時下,餘有受罪人。飲酒食肉者,不信有佛出世,不信有彌勒下。如是之人等,九孔同流,耳中血出,鼻中血出,眼中血出,口中血出。如是之人,末劫終盡,盡入地岸(犴)⑩,無有出期。復遣加羅等菩薩,手把地軸,天地平正。西方起逆風,栴檀香七日七夜,吹⑪卻穢惡。卻後

① 軸,底本及録本作“動”,結合文意,據甲、丁二本改。“地軸”一詞,在史書中屢見。如《陳書·高祖本紀上》:“公迴兹地軸,抗此天羅,曾不崇朝,俾無噍類。”《唐律疏議·長孫無忌〈進律疏表〉》:“遂使五樓之群,争迴地軸;十角之旅,競入天田。”《全唐詩外編·褚遂良〈春日侍宴望海應詔〉》:“縈波迴地軸,激浪上天潢。”《庾子山集注·賀平鄴都表》:“握天樞,秉地軸。”倪璠注引《括地象》:“昆侖之山,横爲地軸。”皆其用例。

② “振烈”二字甲本作“震裂”。

③ “百”字前甲本有“百億海水”四字。

④ “城地獄”三字底本及録本作“地獄城”,結合文意,據甲本改。下文“一鐵圍城地獄”可資比勘。

⑤ 城,底本及録本無,據文意補。

⑥ 黑,底本及録本無,結合文意,據甲本補。

⑦ 終,甲本作“衆”。

⑧ 峪,甲、丁二本作“谷”。

⑨ 二,甲、丁二本作“三”。

⑩ 岸,録本出校:“岸=獄”。該字,乙、丁二本均作“圻”。岸,《碑别字新編·唐宴石淙詩》作“圻”,故“圻”是“岸”之俗體。考“岸”字,此處當是“犴”字之通假。《荀子·宥坐》:“獄犴不治,不可刑也。”杨倞注:“犴,亦獄也。”故“岸”即“獄”也。《漢語大詞典·山部》“岸獄”條釋爲“監獄”,“岸獄”當爲同義連文。又甲本此句作“如是之人,末劫終盡,盡入地獄,無有出期。”同處該字正作“獄”字,可助比勘。

⑪ 吹,底本及録本作“浴”,結合文意,據甲本改。

數日，我遣龍樹菩薩平除天地。上地與銅地，銅地上與水銀地，水銀地上與水精地，水精地上與琉璃地，琉璃地上與白銀地，白銀地上與欝金地，欝金地上與黄金地。山作金山，山作銀山；樹作銀樹，閻浮履地；宫殿樓閣，樓櫓卻敵①；神珠明月，卦（挂）②著城塝，無晝[□][無]③夜，不須火光。若衆生修持十善，出家、在家，白衣、道俗，一心苦行，修持萬善，得見微妙上願，作禮奉行。”

爾時普賢菩薩前白佛言：“世尊！世尊出世時，四天[□][王]④來奉鉢。東方提頭賴吒天王，獻佛白石鉢，受成（盛）⑤萬斛；北方昆沙門天王，獻佛琉璃鉢，受成（盛）⑥萬斛；南方婆樓勒叉天王，獻佛白銀鉢，受成（盛）⑦萬斛；西方鞞樓博叉天王，獻佛紫金鉢，受成（盛）⑧萬斛。”佛言：“汝等鬼神王，我征⑨一人下。汝等鬼神王，獻我四種鉢。”

爾時世尊捉鉢，拍四合成一。爾時釋梵天王，獻佛微妙上供：粳米長七寸，苽（瓜）⑩長七尺，梨如五斗瓠盧，棗如二斗欓；琉璃槃，白銀椀，琉琉匙，白

---

① 敵，底本及録本作“敲”。録本出校：“敲＝殿”。該字，丁本作“敵”，乙本作“敵”，實皆爲“敵”字之俗體。“敵”，《碑别字新編·齊石信墓誌》作“敵”。《碑别字新編·魏元龍墓誌》作“敵”。“敵”、“敵”均當爲“敵”字之俗體。又，該字丙本作“殿”，“殿”字當是“敵”字俗體之訛，《大正藏》本“敲”字也當爲“敵”字俗體之形誤。“卻敵”，一作“卻敵樓”。自晋代始，稱設在宫城内的更樓爲“卻敵樓”。《南齊書·百官志》：“宫城諸卻敵樓上本施鼓，持夜者以應更唱，太祖以鼓多驚眠，改以鐵磬云。”“樓櫓”爲古代軍中用於瞭望、攻守的無頂蓋的高臺，建於地面或車、船之上。《後漢書》卷一百十九：“初，帝造戰車，可駕數牛，上作樓櫓，置於塞上，以拒匈奴。”《南齊書》卷二十九：“山圖斷取行旅船板，以造樓櫓，立水栅，旬日皆辦。”“樓櫓”與“卻敵”當分别指用來禦敵和報更的建築。又，《南齊書》卷五十九：“四方壁立，自然有樓櫓卻敵，狀高並數丈，有二十二道，可攀緣而升。”亦是“樓櫓”“卻敵”並舉，可爲明證。

② 《廣雅·釋言》：“卦，挂也。”

③ 無，底本及録本無，結合文意，據甲、丁二本補。

④ 王，底本及録本無，結合文意，據甲本補。

⑤⑥⑦⑧ 成，甲本作“盛”。

⑨ 征，甲本作“正”。

⑩ 苽，此與“瓜”同。該字甲本作“瓜”。

銀筯[①];慇重之心,奉献上供。

爾時下方轉輪聖王,献佛千支燈,一支有十燈,千支有萬燈。上有轉輪座,轉輪座上有諸天伎樂,長鳴呼吹。簫,笛,箜篌,瑟琶,鐃,銅鉢。師子及白象,鳳凰及騏驎。如是諸人等,各來詣佛前。海龍王献佛十二部尊經。爾時海龍王經青卷黄字,膊擔一部來奉佛。一部十二駱駝負不賜,況復十二部尊經?爾時色界天王献佛寶冠瓔珞、蓮華上衣。爾時無色界天王献佛菩提妙華、珍寶雜香。爾時閻浮提王献佛八功德浴池。爾時忉利天王献佛蓮華寶冠、珍珠[②]瓔珞。如是等天王,慇重供養,皆得無上道。

爾時兜率天王献佛七十二應瑞。爾時復有阿陀菩薩献佛八萬九色六牙白象,各備槃陀秋勒,金鞍鞦勒,脚走蓮華,背負宫殿,雨華動地,來詣佛所。爾時藥王菩薩献佛八萬七千定國師子。

佛言:"善男子! 善女人[③]! 修持[④]十善,一心奉行。"作禮而去,無不獲得,即發無上果願,皆於阿耨多羅三藐三菩提心。

爾時彌勒告普賢菩薩言:"吾下之時,或兜率天上雀梨浮圖,或從空而下,或閻浮履地、從地踊出,或北方來,或東方來,或南方來,或西方四維上下,不可思議。十方恒河沙菩薩、六趣衆生,無能測佛智。"

佛言:"惟有普賢菩薩乃能測佛智。"

爾時,雀梨浮圖從空而下,安置閻浮履地[⑤]。

爾時寶勝菩薩問普賢菩薩:"雀梨浮圖何物作?"普賢菩薩言:"瑠璃作塔

---

① 筯,底本及録本作"筯"。《大正藏》録本出校:"筯＝箸"。按:該字,甲本作"箸",丁本作"筯"。録本中"筯"字當爲"筯"之形訛,"筯"同"箸",指筷子。《玉篇·竹部》:"筯,匙箸。與箸同。"兹據改。

② "珍珠"二字底本及録本作"珠珍",據文意改。又,"珍",甲本作"真"。

③ 人,底本及録本作"子",結合文意,據丁本改。

④ 持,甲本作"治"。

⑤ 以下乙本缺。

基[①],水精擔作地,瑠璃作八壁,水精作梁柱,瑠璃作屋榑[②],白玉作攎(櫨)[③]拱,黄金作[□][四][④]角,紫金以結樵[⑤]。清瑠璃[□][珠][⑥]作上級,清水精珠作中級;白玉珠作上級,頗梨珠作上級,白銀作中級;黄金作上級,紫金作中級。上有瑠璃七寶臺,舉高三[⑦]十里,四角有瑠璃七寶殿,下有瑠璃槃龍道,中有白珠摩[⑧]尼寶。雀梨浮圖高九十九級,上有白銀樓,樓上有神諸[⑨]寶。爾時雀梨浮圖周匝有八角,縱廣八由旬。爾時彌勒從空而下。諸方菩薩盡來集會之時,三千大千世界六種震動,衆魔外道盡來歸伏。時有魔王競起。爾時魔醯手羅王多將兵衆,嚴器鎧仗,刀劍在前,共[⑩]佛争力。爾時復有魔王拔刀擲劍,共佛争力。爾時復有素天大[⑪]魔,三面六手,頭戴山谷,共佛争力。爾時復有博叉天魔,頭戴地抽(軸)[⑫],共佛争力。爾時復有婆修隣天魔,身上出水、身下出火,身上出火、身下出水,現大復現小、現小復現大,天

---

① 基,録本作“墓”,據底本改。

② 榑,底本及録本作“搏”,據甲本改。敦煌寫本“扌”部與“木”部常混,此“搏”乃“榑”字的换旁俗字。《漢語大字典·木部》:“榑”同“欂”。《説文·木部》:“欂,欂櫨,柱上枅也。”“枅,屋欂櫨也。”故“屋搏”即“屋欂櫨”,指柱上承托棟樑的方形短木,即斗拱。又作“欂盧”。《禮記·明堂位》“山節”鄭玄注:“山節,刻欂盧爲山也。”

③ 櫨,底本及録本作“攎”。敦煌寫本“扌”部與“木”部相亂,故“攎拱”即“櫨栱”。“櫨栱”即斗栱。丁本正作“櫨栱”,可助比勘。

④ 四,底本及録本無,結合文意,據甲、丁二本補。“黄金作四角,紫金以結樵”同爲五字句,对仗工稳。

⑤ 樵,甲、丙二本同作“燋”,丁本作“樵”。“樵”同“譙”。《説文通訓定聲·孚部第六·樵》:“[叚借]爲譙。……《漢書·趙充國傳》:‘爲壍壘木樵。’注:‘樵與譙同,謂爲高樓以望敵也。’”“燋”、“樵”當爲“譙”字之訛。

⑥ 珠,底本及録本無,結合文意,據甲本補。

⑦ 三,甲本作“四”。

⑧ 摩,底本及録本作“靡”,結合文意,據甲、丁二本改。

⑨ 諸,甲本作“珠”。

⑩ 共,録本訛作“只”,據底本及丁本改。又,下文“……共佛争力”可助比勘。

⑪ “素天大”三字甲本作“索大天”。

⑫ 結合文意,此處“抽”當爲“軸”字之形誤。該字丁本正作“軸”。“地軸”一詞,詳參前注。

下[①]側塞滿虚空，共佛争力。爾時復有水身天魔，水火並起，電風疾雨，共佛争力。爾時復有惡叉加天魔、夜叉加天魔，頭復戴山谷堤塝，共佛争力。爾時復有牛頭天魔，復有虎頭天魔，復有鳥頭天魔，復有蛇身天魔，此諸魔神各將十萬力士，走[②]地挽弩，前擲叫唤，大與兵馬，矛戟在前，火車霹靂，共佛震跱[③]。彌勒遣大力菩薩並共無量力菩薩，手捻地抽（軸）[④]，頭戴地柱。爾時天地八種聲，衆魔慴[⑤]怖，心情[⑥]不寧。爾時彌勒左手指地，右手指天，召諸方菩薩。爾時東方有十恒河沙無邊身菩薩，各乘六牙白象，雨寶蓮華，來詣佛所。爾時南方復有十恒河沙力士菩薩，各乘定國師子，手把金剛楯，從空而下。爾時下方復有十恒河沙力士菩薩，亦乘定國師子，手把金杖，從地[⑦]涌出。爾時普賢菩薩手把金剛三昧杵，擬定三昧。爾時如童菩薩手把金剛捶（棰）[⑧]。爾時復有金剛力士，手把金棒，走地叫唤，日月崩落。[□□][爾時][⑨]，諸方菩薩盡來集會，三千大千世界六種震動，衆魔罷[⑩]捨刀仗，各發慈心，五體投地，莫不歸伏。

爾時普賢菩薩白佛言："世尊！大聖丈夫八十種好，七十妙姿。善哉！善哉！有如是等大威神力，莊嚴相好[⑪]。威神之力，巍巍如是！"

爾時普賢菩薩白佛言："世尊！世尊出世時，一放光明，三召有緣衆生。諸尊普賢菩薩摩訶薩，復有天龍夜叉、乾闥婆、阿修羅、迦樓羅、緊那羅、摩睺羅、伽人、非人等，復有比丘、比丘尼、優婆塞、優婆夷，八部大衆，皆來聽法。"

爾時普賢菩薩白佛言："聖尊！世尊出世時，菩薩受記作佛。人、非人等

---

① "天下"二字甲本無。

② 走，甲本作"踰"。

③ "震跱"二字甲、丁二本作"戰鬥"。

④ 結合文意，此處"抽"當爲"軸"字之形誤。詳參前注。

⑤ 《説文·木部》："慴，懼也。"慴，甲本作"怯"。

⑥ 情，底本及録本作"精"，結合文意，據甲、丁二本改。

⑦ 地，底本及録本作"他"，結合文意，據丁本改。

⑧ 捶，録本誤作"埵"，兹據底本改。此"捶"乃"棰"之换旁俗體，該字丁本即作"棰"。

⑨ "爾時"二字底本及録本無，結合文意，據甲本補。

⑩ 罷，甲本作"悉"。

⑪ "相好"二字甲本作"具相"。

受記，捨卻鬼神形，盡得復人身。復有比丘、比丘尼、優婆塞、優婆夷，捨形更受命。”

普賢菩薩言：“七佛在世時，人受(壽)[①]四萬歲；定光佛在世時，人受(壽)七萬歲；比婆施佛在世時，人受(壽)三萬歲；空王佛在世時，人受(壽)九萬歲；迦葉佛在世時，人受(壽)五萬歲；句樓秦佛在世時，人受(壽)六萬歲；釋迦門(文)[②]佛在世時，人民恒苦厄，三人共受(壽)百歲；人民顛倒惡，三牙斷鼻，鼻縱眼竪，不敬師長，不孝父母。北方欝單越人受(壽)七百歲，東弗于[③]逮人受(壽)四百歲，南閻浮提人三人共受(壽)百歲，西俱耶尼人受(壽)二百歲。彌勒治化時，人受(壽)八萬七千歲。自欲受(壽)終時，不勉自然生。復欲受(壽)終時，託生無量壽，自然蓮華生。”

普賢菩薩言：“天龍夜叉，乾闥婆、阿修羅、摩睺羅、伽人、非人等，比丘、比丘尼、優婆塞、優婆夷、善男子、善女人，長修十善，歲三月六齋，一心奉行，至得佛道。爾時四天王，如來滅度後，鬼神暴虐。世尊出世時，我等眷屬胡跪合掌，諦聽諦受，執取正法，奉行受持，不敢違犯，受持守護。爾時我等眷屬在須彌頂上王四天下，若有善男子、善女人，一心修行，慎莫染著，見苦莫避，見樂莫貪，爲法喪身。爾時普賢菩薩從東方來，將諸天伎樂，雨華動地。此人臨欲受(壽)終時，迎其精神，不見八難，得生東方阿閦佛國。”

爾時佛告阿難：“我遣汝行此法。若有女人少渴[④]男子，受持此經，讀誦百遍，心中所願，無不獲得。若有縣官口舌，共相牽挽，亦當讀誦此經典，即使[⑤]其官化令慈心，無有諸惡。若多[□][病][⑥]患、連年累歲不得差(瘥)者，

① 受，此當爲“壽”之同音借字(“受”字一音殖酉切，與“壽”音同。)。下“受”字同，不復校。

② 門，甲、丁二本作“文”。

③ 于，録本誤作“干”，兹據底本改。慧琳《一切經音義》卷第二十五《大般涅槃經》第四卷音義：“東弗于逮，此云‘勝身洲’。”[T54n2128p0468a17]

④ 渴，甲本作“乏”。

⑤ “即使”二字甲本作“者使令”。

⑥ 病，底本及録本無，結合文意，據丁本補。

信諸妖①邪倒②見之師,卜問覓禍,殺猪、狗、牛、羊祭祀鬼神,長有憎③惡,終無利益;不如破魔屬佛,懸繒幡蓋,燒香散華,歌咏讚歎,七[□][日]④七夜,讀⑤經行道,離諸魔縛,此諸⑥鬼神不得遶近。何以意故?此經多饒威神力⑦,是普賢菩薩威神之力。”

阿難白普賢菩薩:“若有善男子、善女人奉持守護此經典者,無有衆難。行來出入,長發大慈大悲,救度衆生,憐愍苦厄,拔諸生苦⑧。”

阿難言:“衆生不堪⑨大乘,小乘化之,三乘方便,救度危厄。若有善男子、善女人發毛髮善心者,長生值善處,長⑩發無上願,善神營護之,皆是普賢菩薩威神之力,巍巍如是!”

普賢菩薩説證明經。

---

① “諸妖”二字甲本無。

② 倒,甲本無。

③ 憎,甲本作“崇”,丁本作“增”。

④ 日,底本及録本無,結合文意,據丁本補。

⑤ 讀,底本及録本作“讚”,結合文意,據甲、丁二本改。

⑥ 諸,底本及録本作“皆”,結合文意,據甲、丁二本改。

⑦ 力,甲本作“皆”。依甲本,此句應斷爲:“此經多饒威神,皆是普賢菩薩威神之力。”

⑧ “拔諸生苦”四字甲本無。

⑨ 堪,底本及録本作“提”,結合文意,據丁本改。

⑩ 長,丁本無。

No. 2880 究竟大悲經

[題解]

中國人所撰僞經，又名《究竟大悲哀戀改换經》，著譯者不詳，三卷或四卷。敦煌文獻和古寫經中存有此經的卷子共 25 號：北敦 315(宙 15，北 8236)，四卷本卷二，首尾全，内容從第五品至第八品終，尾題“究竟大悲經卷第二”；北敦 4726(號 26，北 8235)，或爲三卷本卷二，首尾均殘，内容從第五品後部至第十品前部；北敦 7884(制 84，北 8237)，四卷本卷二，首殘尾全，内容爲第八品之部分，尾題“究竟大悲經卷第二”；北敦 14115(新 315)，三卷本卷二，首殘尾全，尾題“究竟大悲經卷中”，内容爲第五品後部到第十品終；北敦 14617(新 817)，四卷本之卷四，首尾全，首題“究竟大悲經卷第四”，尾題“究竟大悲經卷第四”，内容爲第十三品始到第十六品終；北敦 14763(新 963)，首殘尾殘，内容爲第十二品；北敦 14768(新 968)，四卷本之卷三，首尾全，首題“究竟大悲經卷第三”，尾題“究竟大悲經卷第三”，内容爲第九品始到第十二品終；北敦 14864(新 1064)，四卷本之卷三，首全尾殘，首題“究竟大悲經卷第三”，内容爲第九品始到第十品前部；北敦 14912(新 1112)，殘片，内容爲第十一品中部；斯 1263a，首尾均殘，内容爲第十一品前部；斯 1263b，首尾均殘，内容爲第十一品中部；斯 2224，四卷本卷二，首尾全，内容從第五品至第八品終，尾題“究竟大悲經卷第二”；斯 2499，四卷本卷三，首殘尾全，内容爲第九品後部至十二品終，尾題“究竟大悲經卷第三”；斯 2967，首殘尾全，内容爲第十三品後部至第十六品終，尾題“究竟大悲經卷第四”；斯 4352，四卷本卷二，首尾全，内容從第五品至第八品終，尾題“究竟大悲經卷第二”；斯 6962，三卷本卷三，首殘尾全，内容爲第十一品後部至十六品終，尾題“究竟大悲經卷第三”；斯 7975，四卷本卷三，首尾均殘，内容爲第九品中部；俄

Дx. 6183,殘片;甘圖 25,三卷本卷二,首尾全,内容從第五品始至第九品終,尾題"究竟大悲經卷第二";甘博 37,四卷本卷四,首尾全,内容從第十三品始至第十六品終,尾題"究竟大悲經卷第四";北大 138,首尾均殘,内容爲第九品中部;上博 20c,首尾均殘,内容從第十三品後部至十六品前部。羽 134,四卷本之卷四,首尾全,首題"究竟大悲經卷第四",尾題"究竟大悲經卷第四",内容爲第十三品始到第十六品終;羽 180,四卷本之卷四,首殘尾全,首題"究竟大悲經卷第四",尾題"究竟大悲經卷第四",内容爲第十三品始到第十六品終;羽 263,四卷本卷二,首全尾殘,首題"究竟大悲經卷第二",内容乃第五品之部分。以上總計 25 號。另有曹凌《中國佛教疑僞經綜録》(上海古籍出版社,2011 年 12 月版,第 309 頁)所列北敦 12733、13315 二號情况不詳者據張小豔考證前號實爲該經護首,後號則爲素紙。又,尚有不確定爲《究竟大悲經》,但内容似與此經有關,而《敦煌寶藏》中擬作《究竟大悲經》卷一的斯 487 號,首尾均殘。此經的基本内容爲,站在衆生均有清静佛性的基礎上,强調要是非雙泯,煩惱即菩提,主張虚宗圓融,萬境不遷,體泯用寂。此經中大量使用了道教和道家的術語來强調任運無爲的重要性,是本經的一個特色。經名首見於《大唐内典録》,謂三卷,判爲僞經,則此經出現於公元 664 年以前。清以前歷代大藏經未收,《大正藏》據斯 2224 號、斯 2499 號、日本石山寺藏本分别對此經卷二、卷三、卷四進行録文。張小豔《敦煌疑僞經四種殘卷綴合研究》(《宗教學研究》2015 年第 4 期)一文將其中的 7 號殘卷綴合爲 3 組,進行了整理研究。

究竟大悲經卷第二①

教一切衆生消融垢净當來奉佛品第二

復次,无礙菩薩摩訶薩復白佛言:"世尊!佛所説一切衆生所有身相皆悉无生。若无生者,唯願分别解説。"

佛告无礙若菩薩摩訶薩曰:"若達自身,即達佛身。究竟自身,名'究竟佛

① 卷第二今仍以《大正藏》録本所據斯 2224 號爲底本。參校甲本:甘圖 025 號。

身’。若不達自身,則不達佛身。若不究竟自身,則不究竟佛身。何以故?若觀自身,如實體解,是非雙融,得失永謝,香臭一如,万相歸玄,隨自性流,終日同塵,无塵可染,終日同識,无識可著。故知身心得解脱時,貪欲嗔癡皆解脱用。”

无礙菩薩摩訶薩白佛言:“世尊!云何名爲‘身心悟解脱時,貪欲嗔癡皆解脱用’?唯願大道[①]師開演寂滅法。”

爾時世尊以偈答曰:

“貪欲恚癡解脱用,陰陽交遊名‘神通’。一切身相隨性流,六識及佛和无同。

无礙發作心性王,七十万脉作道場。四大五陰爲法幢,舉動妙寂恒清凉。”

无礙菩薩摩訶薩復白佛言:“世尊!五陰四大、貪欲嗔癡是生死業,云何解脱用?”

佛告无礙菩薩摩訶薩曰:“四大五陰、貪欲嗔癡皆寂滅,故无生,故无滅,故垢浄同名,故不簡是非,故无選擇,故普苞容受,故以如是能消伏,故名‘解脱用’。”

无礙菩薩摩訶薩復白佛言:“世尊!觀自身體解,无所不用自身之上,有[②]其地大。何[③]以然者,[□□□□□□□□□□□□□□□□□□□□□□][以識覽塵,謂爲‘地大’。一大不調,百一病生。地大][④]是病本,云何而是解脱用?”

佛告无礙菩薩摩訶薩曰:“世間大地荷負四種重擔:一者諸山,二者江河,三者草木,四者衆生。浄穢俱載,无心簡擇,是名‘地之功能’。外地如是,内地亦然。‘病本’者,謂不銷融,乖地之用。用同於地,即病解脱。”

无礙菩薩摩訶薩白佛言:“世尊!地大可爾。水大病本,亦有百一。云何如(而)言説爲‘解脱’?”

佛告无礙菩薩摩訶薩曰:“汝言‘地大可爾,水大病本,亦有百一’者,此事不然。何以故?世間水者,能浣能洗,能潤能漬,如(而)无簡擇;无簡擇,

① 道,此義後作“導”。
② 經文正文開頭至此底本殘,據甲本補。
③ 何,甲本作“所”。
④ “以識覽塵,謂爲地大。一大不調,百一病生。地大”十八字底本殘,據甲本補。

故不選是擇非；无選是擇非，故垢穢同歸；同歸真净，故名‘水用’。外水如是，内水亦然。以順[1]水故，混融真净，垢净同如，即病解脱。若不順[2]水，違水之用，内外皆違，名爲‘病本’。”

无礙菩薩摩訶薩白佛言：“世尊！地水可然，火大病本亦有百一，云何如（而）説爲‘解脱用’？”

佛告无礙菩薩摩訶薩曰：“世間火者，香臭俱燒，如无簡擇，爲灰是一，味无有别。外火如此，内火亦然。順火銷融，名‘解脱用’。若乖如（而）違之，即是病本。”

无礙菩薩摩訶薩白佛言：“世尊！地水火可爾，風大病本亦有百一，云何世尊説爲‘解脱用’？”

佛告无礙菩薩摩訶薩曰：“世間風者，香臭二氣，鼓擊普收，歸於空理。外風如此，内風亦然。順風普收，歸空理一，即解脱用。違風乖用，名爲‘病元（源）[3]’。”

无礙菩薩摩訶薩白佛言：“世尊！地、水、火、風一一違用，乖四用名，爲‘病元（源）[4]’者，何法爲是？唯願慈哀湣此會衆及未來衆生，開違、順二法，令衆得聞，案教修學。”

佛告无礙菩薩摩訶薩曰：“地、水、火、風，四大尊重。順，是非雙融；違，招禍患万端。何以故？世間地者，順便增長果實；以頭牟（觸）[5]之，喪命損身，受苦万端。水大亦然，順便除去垢穢，隨人轉用；投身於中，没[6]溺如（而）死。火大亦然，順便温和得中，吹生作熟，濟養彌寬；投身於中，喪失軀命。風大亦然，順則鼓擊飄動，生長万物；投身於風，絶氣如（而）死。比校内外，其唯不别，順名‘體解’，違名‘外求’。”

---

① 順，底本、録本作“慎”，當爲“愼”之訛字。此字甲本作“愼”。《集韻·稕韻》：“順，古作愼。”下文：“順火銷融，名‘解脱用’。”中“順”字甲本亦作“愼”。可助勘。兹據録正。

② 順，底本、録本訛作“慎”，兹據甲本録正。參前注。

③④ 元，甲本作“源”。

⑤ 牟，乃“觸”字會意俗字。《玉篇·角部》：“㢿，同‘觸’；牟，古文。”《正名要録》“正行者楷註脚稍訛”類“觸”下註脚“牟”。

⑥ 没，甲本作“泥”。

无礙菩薩摩訶薩白佛言："世尊！雖言比校内外、其唯不别，不解自身違、順之由。願佛慈洪(宏)①，囑當指授。"

佛告无礙菩薩摩訶薩曰："一切衆生，形質爲地大，血脉爲水大，温暖爲火大，出入氣爲風大。違於地大，則无身；違於水大，脉川擁塞；違於火大，不能銷融；違於風大，絶於氣息。是故順爲體解，違爲繼(繫)②結。順爲體解，名'解脱元(源)③'；違爲繼(繫)結，名爲'病本'。四百四病，由違如(而)起；无量解脱，從順如(而)生。"

无礙菩薩摩訶薩白佛言："世尊！四大體解，名爲'真極'。色、受、想、行、識，未蒙大師指授囑當。唯願大師慈哀滑念，指授分明，解衆生縛。"

佛告无礙菩薩摩訶薩曰："色同四大。受、想、行、識，今爲汝等更説。'受'无簡擇，无簡擇，故得失是非，一異俱受；俱受名'順'，即受解脱；妄辯得失是非，名爲'繼(繫)縛'，亦名'病本'。'想'者想緣諸境，好惡得失，香臭俱緣，无所簡擇，以无簡擇，故如(而)能遍緣，緣如(而)无間，故曰'解脱'；妄爲分别，名爲'患元(源)④'。'行'者是、非二境，得、失俱遊，不背非存，是故曰'解脱'；違如(而)從之，名爲'病元(源)⑤'。'識'者遍緣根門，不簡垢净，垢净不簡，任根使用，名爲'解脱'；若違一根，即爲'病元(源)⑥'。何以故？順如(而)无逆，名爲'體解'；體解无縛，隨自性流；隨自性流，故一切身相貪欲恚癡皆解脱用。"

无礙菩薩摩訶薩白佛言："世尊言'順'者，以何等順順於順？復言'隨自性流'，以何等隨隨自性流？聖説精微，不能了故。唯願指授，歸伏體解。"

佛告无礙菩薩摩訶薩曰："汝所問者，甚大利益。吾今爲汝分明敷演。汝問：'順者以何順順於順？'以自性順，順於自性。故知順性爲聖，違性爲凡。以性順順性，无順无性。據違名'順'，違没'順'亡，是即'解脱'。違名'繼(繫)業'，順名'業縛'。繼(繫)縛既没，解脱亦无。復言'隨自性流、以何等隨隨自性流'者，以自性隨，隨自性流。故影現根門，普遍身内。以隨隨

① 洪，甲本作"弘"。

② 繼，此乃"繫"之借字，義同"繫結"。《爾雅·釋詁上》："繫，繼也。"郝懿行義疏："'繼'之言'繫'也，'繼''繫'音又同也。"下"繼"字同，徑括注其本字，不復校。

③④⑤⑥ 元，甲本作"源"。

隨，隨无不周。无所不周，故性隨性流。”

爾時世尊説是法時，上至頂天，下盡六欲，宫殿振動。无量大衆不覺喜踴，投身佛前。

於時衆中有一无垢大士，名曰“靈真”，奮迅哮吼，猛无畏力，如白佛言：“如此體解之人當生何處？”

佛告靈真曰：“如此體解者，别教所不攝。當生翅頭未城彌勒佛國化城之内，耳飡零響，出没隨佛。”

顯一切衆生身内有佛父母品第六

復次，无礙菩薩摩訶薩白佛言：“世尊！如上所説，體解歸真，一切身相皆解脱用。一切衆生，分段以下，依因父母如（而）有身相。身相既顯，名‘身爲解脱用’。若一切衆生身相悉解脱者，此解脱依因父母如（而）便有之。故知應佛、緣佛、報佛亦有父母。何以然者？應佛、緣佛、報佛有出生故。以有出生，畢（必）①有父母。若佛有父母者，唯願説之。”

佛告无礙菩薩摩訶薩曰：“汝言問道一切衆生依因父母如（而）得增長名爲‘解脱’者，以此類之，比校置問。吾今爲汝廣開顯示。真處雖一，立名无量。名雖无量，皆從感基如起。今爲感開通，名爲‘父母’。所以者何？一切衆生身内佛父母者，太陽真極已（以）②爲父，无礙神性已（以）③爲母；寂照已（以）④爲父，照寂已（以）⑤爲母；天真已（以）⑥爲父，零宅已（以）⑦爲母。如此父母出生，應佛、緣佛、報佛，真一无名，爲引未悟，以名名之，名起不足，名滅有餘。”

无礙菩薩摩訶薩白佛言：“世尊説太陽真極已（以）⑧爲父，无礙神性已（以）⑨爲母；寂照已（以）⑩爲父，照寂已（以）⑪爲母；天真已（以）⑫爲父，零宅已（以）⑬爲母。出生之由，未蒙指授。”

---

① 畢，此當讀如“必”。［漢］桓寬《鹽鐵論·結和》：“今有帝名而不信長城，反賂遺而尚踞敖，此五帝所不忍，三王所畢怒也。”盧文弨校補：“〔畢〕，‘必’同。”該字甲本即作“必”，可助勘。下用同“必”之“畢”字，徑括注其本字，不復校。

②③④⑤⑥⑦⑧⑨⑩⑪⑫⑬ 已，甲本作“以”。

佛告无礙菩薩摩訶薩曰："太陽真極者，衆生根本，善惡玄元(源)①，群識零宅。法界混沌，降注歸下，名之爲'父'；无遍感應，由感影現，稱之爲'母'。從此父母出生，應佛、緣佛、報佛，感受太陽真極，勇(湧)②現神通；通根不住，照用千差；千差用寂，即是照真；真明内朗，名爲'真照'；真照照真，混融大寂；寂如常覺，謂之'生應'；即覺惔(憺)③虚，謂之'生緣'；惔虚苞容，謂之'生報'；報、緣、應等，皆是寂用。用寂歸寂即无寂，无寂不寂，體銷相融，一異俱亡。欲言其有，不見其形；欲言其无，空理吐經；不有不无，万相由生。"

无礙菩薩摩訶薩聞法歡喜已，偈歎曰：

"渾渾常不濁，澄澄復不清。清濁合不合，故號'生无生'。

太一真无縫，濛澒混沌流。是非无别用，一一不獨夯。

一一一无量，无量一一一。湧(滂)④流遍法界，常滿如不溢。

一一一普容，普容於一一。圜中歸理軼，无氣无形質。

苞羅无内外，内外即苞羅。是非无異同，信心清流河。"

佛言无礙菩薩摩訶薩曰："汝今諦聽！"

重説偈言：

"身相容受等虚空，納受是非无他我。愛是背非是狂亂，歷劫增長於殃禍。"

於時无礙菩薩摩訶薩聞法歡喜，願共法界衆生常聞深法，體解歸真。

對治服藥治病品第七

復次，无礙菩薩摩訶薩白佛言："世尊！一切衆生保重身命，起无量顛倒。雖聞深法，不能究竟徹解其元⑤。譬如有人，性命爲本，雖有性命，要假飲食衣服如(而)⑥有存立；雖蒙世尊指授契要重玄真路，身剛意鑛，慮動心

①⑤ 元，甲本作"源"。

② 勇，此當讀如"湧"。

③ 惔，此乃"憺"之借音字。[清]朱駿聲《説文通訓定聲》："惔，叚借爲憺。"《廣韻·闞韻》："憺，恬静。"

④ 湧，録本誤作"澪"，據底本改。湧，此處當爲"雱"的增旁俗體，與"滂"同。《集韻·唐韻》："滂，《説文》：'沛也'。或作雱。"

⑥ 如，甲本作"而"。

浮,不能就路蹬真圜中。天真妙性爲法身,要契重玄以爲慧命。唯願世尊爲説折伏剛鑛之法,以嚴法身慧命。”

佛告无礙菩薩摩訶薩曰:“汝今快問是義。相須之法,譬如有人居貧日久,无方取濟,默念思惟:‘我今貧病,自不得金,无以可除。有主之金,取之難得;无主之金,隨我取用。’復聞世有金山,金雖无量,仍在鑛中。其鑛剛毳,不任鎚打。看其鑛色,與金无别。鑛雖是金,不任金用。何以故?未折伏故,未入鑪冶故。其貧人復作是念:‘我欲覓金[①],除去貧病。闕於方便,眼看叵得。得金之來,要須取金之具。取金具者,爐冶蒙炭,甘煱(鍋)[②]斨(斷)[③]杖,撔(備)[④]及人功、糧食資儲。雖得是具,不得金師,闕於方便,亦不得金。’復作是念:‘何處有好金師,我當求之。’空中有聲如(而)[⑤]語之曰:‘汝心精專,求金除貧[⑥],不能得師。我教汝處,安在太府山中、紫徹宫裏,與諸仙賢同共議論。我今[⑦]具教汝處,不知求此金法可得以不?’貧人聞已,心大歡喜,遂便膝行前進,逕由三百里,達至其所。兩膝穿破,不覺種(腫)[⑧]失膝蓋。於是長跪師前,如(而)[⑨]求出金之法,專精虔重,不覺瘡痛。金師語曰:‘此法甚重,不得輕然相與。觀如來心,志在穴徹,已(以)[⑩]得爲限,終不相違。汝自摧伏我慢,結齋百日,清禁自居,立盟敬重,吾當授與。’即奉師教,摧伏我慢,結齋百日,清禁自居。要期立盟,如(而)至師所。師知其意,泣如(而)語之曰:‘若逢良賢,途中授與;若不逢賢,父子不傳。觀汝精專,聞畢(必)領

---

① 金,録本誤作“舍”,據底本及甲本改。

② 煱,甲本作“撾”。“煱”、“撾”均當爲“鍋”字之訛俗。甘鍋,熔化金属或其他物质的器皿,一般用黏土、石墨等耐火材料制成。又作“坩堝”。

③ **斨**,甲本同作此形。《干禄字書》:“斷斷斷:上俗中通下正。”慧琳《音義》卷三《大般若經》第三百三十七卷音義:“斷,有作斷,俗字也。”“**斨**”當爲“斷”字進一步省筆而成的俗體。

④ 結合文意,“撔”當爲“備”之增旁俗體。

⑤⑨ 如,甲本作“而”。

⑥ 貧,録本誤作“貪”,據底本改。

⑦ 今,甲本作“金”。

⑧ 種,此當爲“腫”之借字。[清]朱駿聲《説文通訓定聲·豐部》:“種,叚借爲腫。”

⑩ 已,甲本作“以”。

解。來！吾授汝真金之法。真金之法，不過寸素。汝持將去，順如(而)用之。'貧人得之，生大歡喜，勇武還家，如法造作，遂豐金用。自恭(供)①除貧，慧(惠)②及親族。以此類之，慧命法身，如實真金在自恃剛毳意慮浮鑛之中，自不折伏，无由可現。"

无礙菩薩摩訶薩白佛言："世尊！今覩大聖即是出一切衆生身内慧命法身，真金无上。大師！唯願指授出之方軌(軌)③。"

佛告无礙菩薩摩訶薩曰："成(誠)④如所言！快問出一切衆生身内慧命法身佛性真金，吾今爲汝敷演出之方軌(軌)。"

於時衆中有一菩薩摩訶薩，名曰"遍敬"，歡喜无量，如(而)⑤白佛言："唯願世尊爲説一切衆生身内佛性真金，去鑛具度，取之要教。"

佛告遍敬菩薩摩訶薩曰："一切衆生，我慢自居，是非盈懷，憎(增)⑥減二見，貢高自恃，好勝欺人，陵奪(奪)⑦所愛，蔓陌⑧師長，輕突⑨父母，打斫衆

① 恭，此當爲"供"之借字。該字甲本即作"供"，可助勘。

② 慧，此當爲"惠"之借字。該字甲本即作"惠"，可助勘。

③ 軌，甲本同，此字乃"軌"之俗體。《干禄字書》："軌軌：上通下正。"《手鏡·車部》："軌，《説文》、《字樣》皆從九。"下"軌"字同，徑括注其本字，不復校。

④ 成，此當爲"誠"之借字。[清]朱駿聲《説文通訓定聲·鼎部》："成，叚借爲誠。"

⑤ 如，甲本作"而"。

⑥ 憎，録本徑作"增"，底本實作"憎"，乃"增"字同音借字，應出注説明。

⑦ 奪，乃"奪"字俗體。《干禄字書》："奪奪：上俗下正。"《手鏡·大部》："奪，俗；奞、奪，二正。"該字甲本即作"奪"。下文"除其好勝欺人，陵奪所愛"中"奪"字底本同爲"奪"，徑改之，不復校。

⑧ 陌，録本誤作"陷"，據底本及甲本改。下文"除其好勝欺人，陵奪所愛，蔓陌師長"中"陌"録本同誤作"陷"，徑改之，不復校。文中二處"蔓陌"之"蔓"皆當讀如"慢"(《廣韻》"蔓"音無販切，微紐願韻；"慢"音謨晏切，明紐諫韻；二字聲同韻近，例可通假)。《玉篇·心部》："慢，輕侮也。"伯2305v1號《無常經講經文》："慢佛僧，輕神道，争使這身人愛樂。""慢""輕"義同。"陌"字則皆應讀若"驀"(二字《廣韻》皆音"莫白切")。《龍龕手鏡·馬部》："驀，踰也。"引申則有突衝義。斯5606號《賊來輸失狀》："又今月某日，從某處寇盜驀突出來，直到城下，賊有三百騎已來。欲擬相敵，恐怕輸失，虜劫五六餘人，更無損動。"例中"驀"亦"突"也。如驀突的對象爲人，則進而指衝撞、冒犯。故二處"蔓陌"皆當"慢驀"之借字，與下文"輕突"互文同義，均指輕慢、冒犯。下文"蔓陌"義同，不復校。

⑨ 突，録本誤作"實"，底本及甲本作"宊"，乃"突"之增筆俗體。又，下(注轉下頁)

生，自在加害，翳①障佛性真金，以爲鑛用。汝今請問出之方軌(軌)，吾今與汝指當要切，分班事用。何以故？上盡龍象，下盡蜫蟻，於中一切衆生，敬之如佛；所有音聲，愛之如法；於善於惡，不生分别，頂戴如僧，以爲取炭。敬一切衆生如佛，除其我慢貢高；敬一切音聲，愛之如法；除其是非、增減二見，於善於惡，不生分别，敬之如僧。除其好勝欺人、陵奪所愛、蔓陌師長、輕突父母、打斫衆生、自在加害，以此三藥，去前三毒病，名之爲‘得炭’。常居下下，進他自退，念除己②過，不説人短，以爲‘智火’。”説火未盡，以偈頌曰：

“高元(源)③水不停，最瀅衆流歸。摧慢學卑下，法流自然依。

法流常熾然，要先隨下去。信器瀅淭(渠)④裹，決定在中住。

守死蕩諍訟，寂⑤定泯外緣。怨憎同一揆，圓明顯法身。

捨身常居賤，存心作奴婢。恭(供)⑥給一切衆，畢竟不休止。”

遍敬菩薩摩訶薩豁⑦然意解，如(而)⑧白佛言：“世尊！一切衆生感形有

(續上頁注)文“除其好勝欺人、陵奪所愛、蔓陌師長、輕突父母、打斫衆生、自在加害，以此三藥去前三毒病，名之爲得炭。”可資比勘。

① 翳，底本作“瞖”，當爲“翳”字俗體。該字甲本即作“翳”，可助勘。

② 己，録本訛作“已”，據底本改。

③ 元，甲本作“源”。

④ 淭，甲本作“渠”。戴震曰：“‘淭’字與‘渠’同音，當即‘渠’字訛舛而成。若《方言》、《廣雅》作‘淭’，不應郭璞、曹憲皆不注其音也。”(戴震《方言疏證》，收入《戴震全集(5)》，清華大學出版社 1997 年版，第 2368 頁。)王念孫曰：“‘淚注’當爲‘渠頸’，高注‘淚水’當爲‘渠大’，皆字之誤也。(俗書‘渠’字或作‘淭’，‘淚’字或作‘淚’，二形相似，故‘渠’誤爲‘淚’。《廣韻》‘淭，强魚切’，引《方言》云：‘杷，宋魏之間謂之淭挐。’‘淭’即‘渠’字。)”(《讀書雜志・淮南内篇第十二・道應》)

⑤ 寂，底本、録本作“家”，當爲“宊”字之訛。《集韻・錫韻》：“宋，無人聲。或作寂、宊。該字甲本即作“寂”，兹據正。

⑥ 恭，此當爲“供”之同音借字(“供”字一音九容切，與“恭”音同)。該字甲本即作“供”，可助勘。

⑦ 豁，底本作“𧮯”。《王二・末韻》“䜵，呼括反，～達，大，空。”張涌泉認爲“䜵”爲“豁”字左旁涉右旁類化作“容”而産生的俗字。本文此處的“𧮯”當爲“䜵”之右旁“谷”再次涉左旁類化作“容”而形成的俗體。該字甲本作“豁”，當爲“𧮯”字之訛。《字彙補・宀部》：“豁，呼格切。”然未釋字義。“豁”實即“豁”之俗體。

⑧ 如，甲本作“而”。

命,悉皆諍其上,如(而)[①]不諍下;悉諍其勝,如(而)[②]不諍不茹(如)[③];悉皆諍前,如(而)[④]不諍後。是故上盡六欲,下盡識海,於中一切衆生不見有諍下諍、不茹(如)諍、後諍、賤諍、卑諍[⑤]无知。是故學人常處无諍之中,怨憎自滅,禍无由生,畢(必)[⑥]願受持。"如(而)[⑦]説偈言:

"棄衆人所收,收衆人所棄,任縱隨塵轉,无求樂自至。

衆人所棄我獨存,衆人所存我便捨,不與一切人諍愛,无諍逍遥歸法社。"

遍敬菩薩摩訶薩如(而)[⑧]白佛言:"世尊!炭火已彰,自餘未備。願大慈憐,重説圓具。"

佛告遍敬菩薩摩訶薩曰:"万相俱融,名爲'甘堝[⑨]';泯歸大寂,名爲'爐冶[⑩]';真際隨感,以爲(鞴)[⑪]扇,鼓擊銷融,去煻金現。若人能得如法奉修,蕩除堅鑛,慧命法身,光輝顯曜,虚通无礙,周圓自在。又復譬如蜂王將領徒衆,入空樹中,如(而)[⑫]作居宅。蜂王語蜂子曰:'要須勤力,可得蜜成。'是諸蜂子受敕加功,蜜乃方成。蜜既成已,有人遇見,即便生念:'蜜者世間上味,方便定取。'取蜜之來,栰(伐)[⑬]樹去蜂,然後取蜜。既取得蜜,自恭(供)[⑭]己[⑮]用,惠及親族。是故慧命法身在我見樹中,爲貢高疾(嫉)[⑯]妒,得失是

---

①②④⑦⑧⑫ 如,甲本作"而"。

③ 茹,此當爲"如"之借字(二字《廣韻》皆可音人諸切)。下"茹"字同,徑括注其本字,不復校。

⑤ 諍,甲本作"識"。

⑥ 畢,甲本作"必"。

⑨ 堝,録本誤作"堝",據底本改。"堝"當爲"堝"之俗體。"甘堝"即"坩鍋",詳見前釋。

⑩ 冶,録本誤作"治",據底本改。

⑪ 攡,録本誤作"攡",據底本改。此字當爲"鞴"之訛俗字,指皮鼓風囊,俗稱風箱。《龍龕手鑑·革部》:"鞴,吹火具也。"[宋]陳亮《賀新郎·酬辛幼安再用韻見寄》:"天地洪爐誰扇鞴。"

⑬ 栰,當爲涉下"樹"而成的"伐"的增旁類化俗字。下用同"伐"之"栰"字,徑括注其本字,不復校。

⑭ 恭,此乃"供"之借字(參前注)。該字甲本即作"供",可助勘。

⑮ 己,録本誤作"已",據底本改。

⑯ 疾,此與"嫉"同。《篇海類編·人事類·疒部》:"疾,妒也。"

非，誇[①]談自所，顯己[②]濁他，我慢陵欺，謗毁賢良。衆蜂守護，先栰（伐）其樹，然後去蜂，乃得佛性天真慧命法身，不生不滅，不腐不壞，真如上蜜，自恭（供）[③]己[④]用，同塵不染，惠及无量，教人方軏（軌）。以是因緣，對治服藥。”

遍敬菩薩摩訶薩白佛言：“世尊！栰（伐）樹由斧，去蜂由人。不知用何法得栰（伐）我見樹？用何法得降貢高疾（嫉）妒、得失是非、恗（誇）[⑤]談自所、顯己濁他、我慢陵欺、謗毁良賢衆蜂之蟲？慈尊哀滑，願畢（必）[⑥]爲説。”

佛告无礙菩薩摩訶薩曰：“隨塵不染，同他物一，故名‘栰（伐）我見樹’；覺過尋改，一切相泯，塵勞歸寂，故言‘除蜂’。”

説是法時，无量大衆生大歡喜，頂戴奉行。

除一切衆生修道作佛病品第八

无礙菩薩摩訶薩白佛言：“世尊！往古來今，千賢万聖，從漸至頓，修道作佛。何故如來今日説‘道亡心滅意’？止章斷句，凡佛兩融，玄果俱喪。佛无佛果，凡无入聖，凡聖是一，何用如來説真法乎？”

佛告无礙菩薩摩訶薩曰：“爲汝未悟，如（而）[⑦]有言説。若其體解，言説則无。故知未悟之徒，尋教歸真。是故心是貪根，意是瞋本，緣動分别是其癡。若不除毒，害无由滅。是故亡心息意，緣動俱寂。心滅意亡，緣動俱寂，名‘拔毒根’。若不然者，從心意緣慮中修道作善行，諸忍、諸度、諸波羅蜜、八万四千諸度法門等，皆是貪、瞋、癡三毒中修。何以故？心意緣慮是三毒根本，故知斷河斷上元（源）[⑧]，栰（伐）樹先栰根。若不亡心息意，即緣動寂者，皆雜毒作善。因中雜毒，果亦雜毒。譬如乳蜜，置毒於中，若有人飲，乳

① 誇，甲本作“恗”。《廣韻·麻韻》：“誇，大言也。”《集韻·麻韻》：“恗，心自大也。”似以“誇”字義長。“恗”當爲“誇”之借字。

②④ 己，録本誤作“已”，據底本改。

③ 恭，此當爲“供”之借字，該字甲本即作“供”。

⑤ “恗”，此似爲“誇”之借字。

⑥ 畢，甲本作“必”。

⑦ 如，甲本作“而”。

⑧ 元，甲本作“源”。

蜜美味不變,如(而)[①]能殺人。乳蜜雖甜,中有害毒,但嗜其甜,如不顧毒,當時口美,久後便害。然先去其毒,如(而)[②]不除乳蜜。"

无礙菩薩摩訶薩白佛言:"世尊!若貪、瞋、癡以爲毒者,貪世間美色、財錢、寶物,剋利擁己,廣起諸非,造作顛倒,五逆不善,可以爲毒。貪法愛道,順善修行,讓利先人,自居不足,何妨之有?如(而)[③]言從心意緣慮如(而)[④]修道者,皆言雜毒。"

佛告无礙菩薩摩訶薩曰:"從心意緣慮中貪法愛道、順善衆行、讓利先人、自居不足者,是名'毒心中善';如似毒中乳蜜,飲如食之,非不得美,當時解之,尋後加害。從心意緣慮中修道愛善,非不得樂,樂中有苦;譬如從心意緣慮中修治善法,招天王果報,果報精微,世望絶伴,衣則寶飾,食則百味,宮殿佳麗,磬嚮餘振,遠看似炎,近若飛來。雖受此樂,樂中有苦。何以然者?其中亦有魄怖驚芒(忙)、衆懷死難,藉此雜毒善資收[⑤]天王果。既居上位,自在處寬,不依理路,横加殺戮;殺戮玆多,造過无量;因此過起,墜落三塗苦惱,備受衆苦,无暫時息。豈不依因心意緣慮,雜毒善中,如(而)[⑥]招重劇。故言貪法愛道,毒乳相和,非不得樂,緣樂自在,樂盡苦至,无量苦逼。故知三毒中修善,故名'毒修善'。毒修善法,還受毒善之果。因毒善果中起自在業,殺戮无道,縱意造作,无所畏彈(憚)[⑦],墜落三塗,受苦万端。故知此苦,善毒中苦。何以故?有貪、瞋、癡故。貪佛'一毒',憎惡'二毒',不識惡與佛體一名異名爲'三毒'。云何名爲'真行'?故知真行无行,无行无不行。以此驗知,修道要期,斷惡從善,背三塗苦,歸佛果樂。如此之徒,名爲'修道'。作佛病,聲聞二乘小行菩薩都不能斷。何以故?非不能斷,但以封是[⑧]心强,偏怙[⑨]著净,去惡情重,歸善處甚,繼(繫)結成病,不能得捨。是故保病爲是,

①②③④⑥　如,甲本作"而"。

⑤　收,甲本作"敬"。

⑦　彈,此當爲"憚"之同音借字("彈"字一音徒案切,與"憚"音同)。該字甲本即作"憚",可助勘。

⑧　是,甲本亦作"身"。

⑨　怙,録本誤作"怗",據底本改。甲本作"枯"。

謂以爲真。无内覺力，故不謂病是病。愛病如（而）[①]不捨，自有覺力識病是病，即病解脱。”

无礙菩薩摩訶薩白佛言：“世尊！雖聞此説，大衆迷悶，殞絶不甦。猶如病人，欲趣死門，精神倒錯，无方取濟。唯願大聖垂慈，重爲分明解説，令此大衆還得惺悟。”

爾時世尊一一毛端出大音聲，皆師子吼。其聲遍滿无量世界。象[②]王遊步，從衆生一一毛孔直入佛性山中本際无生大寂道場，天真聖種如如子上，靉靆垂云，降注法藥，本願鼓擊，一時惺悟。

於時衆中，有一大士，名曰“靈真”，歡喜无量，涌（踊）[③]身佛前，舉目一眄，四方所有丘墟、塚垠[④]、山陵、堆埠皆作微塵。一一塵中，各有化佛，異口同音，如説偈言：

“同塵隨物轉，事用常不惑。寧神泯是非，現居安樂國。”

无礙菩薩摩訶薩白佛言：“世尊！今此大衆蒙聖覺力，皆得惺悟。雖得惺悟，於深法中不能具解。以不解故，不識乳蜜及與毒合。願大悲尊重爲披折（析）[⑤]，令此會衆及未來世一切諸衆生具細解了。”

佛告无礙菩薩摩訶薩曰：“心存真處，已[⑥]爲乳蜜，貪佛聖果，是名‘一毒’。既貪佛果，即便棄凡，棄凡憎惡，名爲‘瞋毒’。貪瞋交競，不覩反本，不

---

① 如，甲本作“而”。

② 象，録本誤作“衆”，底本實作“為”，乃“象”字俗體。故宫博物院藏《王仁昫刊謬補缺切韻·養韻》：“象，似。正作為。”希麟《續音義》卷四《大乘本土心地觀經》第三卷音義：“象，或作為。”《集韻·養韻》：“象，古作為。”《碑別字新編》“象”字《齊高肱墓誌》作“為”。皆其證。“象王”，譬喻佛之舉止如象中之王。據《大般若波羅蜜多經》卷三八一載，佛有八十種好，進止如象王，行步如鵝王，容儀如獅子王。又以之譬喻菩薩。《無量壽經》卷下記載，菩薩猶如象王，以其善調伏之故。文中“象王”當喻指佛。

③ 涌，此當爲“踊”之同音借字（“涌”字一音餘隴切，與“踊”音同）。該字甲本即作“踊”，可助勘。

④ 垠，録本誤作“垠”，據底本改。《廣雅·釋邱》：“垠，冢也。”

⑤ 敦煌寫本中“扌”部“木”部相亂，此“折”當爲“析”之换旁俗字。該字甲本即作“析”，可助勘。

⑥ 已，録本誤作“已”，據底本改。

知佛凡无殊、性相通照，名爲'癡毒'。如此三毒置於乳蜜之中，害損无量。何以故？貪、瞋、癡三毒不亡，比校如(而)言，定[①]非銷融。既非銷融，生滅所攝，名爲'毒乳相和'。"

說是法時，一切大衆生希有心，願常聞如是真實法音。

究竟大悲經卷第二[②]。

究竟大悲經卷第三[③]

一切賢聖心海發作扭拔混合品第九

復次，踊(勇)[④]猛菩薩摩訶薩白佛言："世尊！聞上所說，真實无過，今成喜踊，无量大衆騰躑勇武，一時發作，皆是法力覺悟使之然也。唯願慈尊聽許大衆各各說證得摧扭拗捩神通之用。"

佛告踊(勇)猛菩薩摩訶薩白佛言："成(誠)[⑤]如所言，恣聽汝說。譬如水行天中蓮花台内化生天子，花開敷，天子出現，自試神通，勘能出遊飛行。以不自試成就，得大自在，遊騰虛空，遍曆十方而无滯礙。今汝自說證得大力，任從說之。"

踊(勇)猛菩薩摩訶薩白佛言："世尊！唯願慈尊聽許弟子自說所得法神力之所由也。"

佛告踊(勇)猛菩薩摩訶薩白佛言："恣聽汝說。"

踊(勇)猛菩薩摩訶薩白佛言："世尊垂慈聽許，今當以偈歎曰：

① 定，録本誤作"是"，據底本改。該字甲本亦作"定"，可助勘。

② 底本至此止。

③ 卷第三所據底本斯2499號，首題新加。參校本：甲本，北大D138號；乙本，斯1263號；丙本，斯6932號；丁本，甘圖025號。

④ 踊，此當爲"勇"之同音借字("踊"字一音餘隴切，與"勇"音同)。下用同"勇"之"踊"字，徑括注其本字，不復校。

⑤ 成，此當爲"誠"之借字。參前注。

哼嘡(磅磄)①无礙智，𡺸(嶔)②自在力。握攬天地根，牽叱龍王意。

嶫嶫③巖④大千，搌納⑤扭山海。頓遜丘墟平⑥，賁重⑦得自在。”

勇猛菩薩摩訶薩白佛言：“世尊！從心性本際海藏涌動沸亂，出生无量諸佛、无量菩薩、无量賢聖、无量仙賢隱士、无量經藏、无量經教、无量法⑧音、无量智慧、无量神通、无量轉變、无量巧便、无量辯才、无量宮殿、无量花蓋莊嚴之具，是故上盡頂天，下盡水際，於中一切聖衆皆從心性本際而便有之。”

説而不足，以偈歎曰：

“无礙自在佛性王，安坐轉變蓮花臺⑨。无量佛凡(?)⑩於中現，畢竟寂

---

① 蕭旭認爲，“亨(享)”、“旁”皆陽部字，疊韻相轉。“哼嘡”當讀爲“旁唐”、“磅磄”、“磅唐”、“傍塘”。［戰國・楚］宋玉《笛賦》：“其處磅磄千仞，絶谿凌阜，隆崛萬丈，盤石雙起。”《文選・馬融〈長笛賦〉》：“酆琅磊落，駢田磅唐。”李善注：“磅唐，廣大盤礴也。”

② 蕭旭認爲，“𡺸湛”當讀爲“𡺸嶔”，高貌。“湛”、“嶔”皆侵部字，疊韻相轉。《莊子・大宗師》：“堪壞得之。”《釋文》引司馬彪曰：“‘堪壞’，神名，《淮南》作‘欽負’。”《南齊書・張融傳》：“峰磪𡺸嶔，架石相陰。”“𡺸”、“嶔”、“崟”亦音轉，“𡺸嶔”即重言詞“崟崟”之音變。也作“嶔崟”。《通雅》卷第八：“‘嶔崟’，一作‘磁硷’，轉爲‘欽巖’、‘欽嵒’，又轉爲‘嵁巖’、‘嵌巖’，又轉‘巉嵒’、‘嶃巖’。總之，侵、覃、鹽、咸聲皆相通，或詞賦家隨用者，韻書因而收之。”

③ “嶫嶫”二字也作“嶫嶫”、“碟碟”，山高大貌；馬高大則曰“驜驜”，亦同源詞；皆“業業”分别字。

④ 卷第三以上文字底本殘，據丁本補。

⑤ 搌，録本誤作“頓”，據底本改。“搌”此當爲“展”之增旁借字。《廣雅・釋詁四》：“展，舒也。”納，讀爲“抐”，按壓、按没也。斯6176號《箋注本切韻》：“抐，搵抐，按没。”伯2011號王仁昫《刊謬補缺切韻》：“抐，内物水中。”《唐韻殘卷》：“抐，搵抐，按物水裏。”

⑥ 蕭旭認爲，頓，讀爲“鈍”。遜，讀爲“愻“，順從、順伏也。“鈍愻”，謙伏也。平，録本訛作“乎”，據底本及丁本改。

⑦ 賁，録本誤作“腹”，據底本及丁本改。蕭旭認爲，“賁”字讀爲“貢”，亦作“慣”。“貢重”即貢高，指驕傲自高，與“鈍愻”對文。“頓遜丘墟平，賁重得自在”，此乃勇猛菩薩所言，故自高自大。

⑧ “法”字前録本衍一“能”字，據底本删。

⑨ 以上文字甲本無。

⑩ 此字疑有誤，待考。

滅无去來。

㦬巃[1]碣(羯)[2]磨[3]心性王[4],𩈪磊唬[5]譿[6]决定吼。是非碎爛作微塵,混融大寂一如口。

神性智王无量力,駈使諸根順九流。虎[7]擺違順情繼(繫)結,撮搭灰粉寘太幽。

扭捩[8]五陰諸見脉,貪善棄惡作微塵。三毒羅刹真佛智,一切身相實法珍。

真性發作諸根寂,无礙[9]振吼音聲泯。一切得失即體融,三寶於是現世間。

趙趙[10]趪(擭格)[11]動不走,遍緣諸境不動寂,往來任縱法使然,性照合通遍不歷。

无障无礙神性王,无邊雜類智慧炬,體解歸真等法性,四辯應機共人語。

---

① “㦬巃”二字待考。

② 碣,此當爲“羯”之借字。

③ 磨,底本作“礳”,乃“磨”字之訛俗體。

④ 王,丁本作“中”。

⑤ 蕭旭認爲,“𩈪磊”是“暧𣉙”、“薆䔧”、“䁞𥉼”、“𩈪䨮”音轉,盛貌。唬,底本作“唏”,乃“唬”之俗體。録本誤作“哼”,兹據底本改。

⑥ 譿,録本誤作“䛳”,據底本改。此字丁本作“諕”。此字待考。

⑦ 虎,底本作“猇”,乃“虎”字之增旁俗體。

⑧ 捩,録本誤作“撲”,據底本及甲本改。

⑨ 礙,録本誤作“等”,底本實作“㝵”,乃“礙”之俗字。《集韵·代韻》:“礙,《説文》:‘止也。’《南史》引浮圖書作‘㝵’。”

⑩ “趙趙”二字録本誤作“趙䞬”,據底本改。又,“趙”字丁本作“趟”。《廣韻·肴韻》:“趙,趙趙,跳躍。”

⑪ 蕭旭認爲,“趪趷”一詞當作“擭格”,涉上二字改從“走”旁耳。《禮記·中庸》:“驅而納諸罟擭陷阱之中,而莫之知辟也。”朱熹集注:“擭,機檻也;陷阱,坑坎也。皆所以掩取禽獸者也。”王夫之稗疏:“擭,揉竹木施機設繩於獸往來之徑,以罥其足。”格,設置羅網的木樁。《莊子·胠篋》:“削格羅落罝罘之知多,則獸亂於澤矣。”陸德明釋文引李頤曰:“削格,所以施羅網也。”

心王自在噾呃(吒?)[①]瞋,忿怒作悵(䁢)[②]伏諸魔。碎諸分别是非心,香臭俱融共同波。

□(无)[③]导(礙)[④]法力(身?)[⑤]力(身?)中力(身?),和合四大作一體。轉用陰陽爲天地,一一身相无源底。

衆生轉動混沌流,虚源一氣理處收。推尋蹤緒无頭尾,含怉(胞)[⑥]異類周不周。

四龍足力負天地,宛轉動身嚴法界。

大力神王吼,要先除嘊喍[⑦]。是非作微塵,安得更有䃏(嘊?)[⑧]。

正士作神力,降注劍霜雹,當頭即挺(挺?)[⑨]穴,夜叉尋後剥。

十六一種人,分布齊歷歷。治掃六魔[⑩]賊,往往无當敵。

而此无量偈,權應出一身。方便心海涌,法界是一人。"

佛告勇猛菩薩摩訶薩曰:"快説偈教。汝等大衆寧神沖寂,吾今重頌:

---

① 噾,録本誤作"喧",據底本改。"噾"亦作"喑"。玄應《一切經音義》:"喑呃"條:"《説文》作'諳',於禁反,大聲也。下宜作'啞',於格反,大呼也。《史記》'喑啞叱吒,千人皆廢'是也。經文作'呃',於革反。呃,憂也,呃喔也,氣逆也。"[T54n2128p0800a08]按:蕭旭認爲,玄應謂"呃"當作"啞",亦未必是,疑爲"吒"之形譌。

② 悵,録本誤作"帳",據底本及甲本、丁本改。悵,當讀如"䁢",即上"瞋"之異體字。《集韻·陽韻》:"䁢,目大也。"

③ 无,底本殘,録本作缺文,據甲本及丁本補。

④ 导,録本誤作"並",據底本及甲本、丁本改。"导"乃"礙"之俗字。《集韻·代韻》:"礙,《説文》:'止也。'《南史》引《浮屠書》作导。"

⑤ 力,丁本作"身"。按:敦煌寫本中"身"之手體或與"力"字形近。伯2133號《金剛般若波羅蜜經講經文》:"眼暗耳聾看即是,要力曲臺又如何?"伯2305號《妙法蓮華經講經文》:"大王當日告仙人,高座甘心捨自力。"均其例。《大正藏》本此"力"與同句下二"力"字疑均爲"身"字手體之誤,故下句接言"和合四大作一體"。

⑥ 怉,此當讀爲"胞"。"含胞異類",指哺乳動物。

⑦ 《集韻·佳韻》:"喍,犬欲齧。或作嘊。""嘊喍"當是"啀喍"、"齜喍"、"齹齜"、"齹䶩"、"齜䶩"、"啙睚"、"呰睚"、"柴崖"之轉語,露齒瞋怒貌。

⑧ 䃏,録本作"嘊",據底本改。此字甲本、丁本作"砌"。結合文意,"䃏"、"砌"似爲"嘊"字之訛。

⑨ 挺,録本作"挺",據底本、丁本改。結合文意,"挺"似爲"挺"字之訛。

⑩ 魔,丁本作"塵"。

心性本際真金山，阿梨耶龍引出雲。靉靆[①]垂布遍十方，降注洸浣五陰村。

阿梨耶龍雲中遊，伊離潵淪[②]黤霮[③]色。延長促短遍十方，皆是无礙大心力。

阿梨耶龍无礙力，遊於四大五陰空。往來无静和九流，任縱自韻神无功。

梨耶奮迅振六合，雷電鼓擊光輝耀[④]。不動真際而遍過，黑闇根中開明照。

梨耶神通性无礙，山河石[⑤]壁於中過。无量質礙不能遮，何苦能牽[⑥]入鼎鑊。”

勇猛菩薩摩訶薩白佛言：“世尊！大聖垂慈，開教悉圓。不審此説爲從心出？爲從心性而出？爲无從而出？唯願慈尊分明顯示，令迷教之徒知根所由。”

佛告勇猛菩薩摩訶薩曰：“上盡頂天，下盡水際，於中一切衆生種種形質，无量善惡，皆從心性而出。何以故？但心性无出，无出之出，是名‘真出’。是以得知上盡諸佛，下盡識海，從心心而有性；心有，故一切皆心用；心用无邊際，即用名爲‘心’；心用用心，无用无心。”

復次，冥識菩薩摩訶薩白佛言：“世尊！大聖所説一切皆心心，一切心无别心，无别心故，一切皆心用。若如是者，云何有清凉心？云何有熱惱心？云何得不清凉、不熱惱等？一心性熱則常熱，凉則常凉，不凉不熱常應不凉

---

① “靉靆”二字底本作“雺還”，當爲“靉靆”之移位省筆俗字。此二字丁本作“靉靆”，甲本作“靉靉”。靉靆，雲盛貌。晋潘尼《逸民吟》：“朝雲靉靆，行露未晞。”《敦煌變文集・頻婆娑羅王后宫綵女功德意供養塔生天因緣變》：“波旬自領軍衆，來至林中，先鋪靉靆之雲，後降撥霖之雨。”皆其例。

② 潵，録本誤作“測”，據底本改（此字甲本作“澥”，丁本作“潵”）。“潵淪”待考。

③ 霮，甲、丁二本作“霃”。按：“霃”是“霮”形譌，同“霮”。“黤霮”是“黯黮”、“黤黕”等音轉，今作“暗淡”。

④ 耀，録本誤作“輝”，據底本改。

⑤ 石，録本誤作“名”，據底本改

⑥ 牽，底本作“䢨”，乃“牽”字之俗體。下文“牽”字底本均作“䢨”，不復校。

不熱。何以故？心性之理常无别故。”

佛告冥識菩薩摩訶薩曰：“一切皆心心一切，神遊法界无障礙。心一切，一切一心，法界遊宅，愛无所愛，无所不无所，形聲影嚮皆无别。”

冥識菩薩摩訶薩白佛言：“世尊！不解爲是心用性，性用心？唯願大慈尊披折（析）[①]，令衆得開解。”

佛告冥識菩薩摩訶薩曰：“心用性緣，慮是真净，性用心不可，毁壞照真金。是故心不用性无穢净，性不用心无混融；无混融，无始復无終；无始復无終，心用性，性用心。”

説是法時，无量大衆乘實智駕性，性龍圜本，净止缘功。[②]

一切諸法即相解脱品第十

復次，天真菩薩摩訶薩白佛言：“世尊！一切衆聖莫不皆説順情之法。何故今日世尊所説之法皆是違[③]情？違性[④]則苦，苦是患源。故知情者，以貪爲體。若无有貪，无所依恃。有依恃故，一切果報由情貪而有。何以故？若不貪善，无以息惡；若不息惡，无以歸真。以此類之，云何今日如來説言‘泯非喪[⑤]是，福禍同流’？同流歸真，歸真太極。太極之理，本无是非。是非既喪，一切混融。混融之中則无凡无佛，何用教爲？”

佛告天真菩薩摩訶薩曰：“貪者以情爲體，情者以貪爲本。由有情起，即有違順。違順既與，隨虚妄流。是故順情稱善，違情稱惡。若情既息，貪亦隨亡。情貪既无，善惡自謝。是以得知貪善棄惡是繼（繫）縛業，本非解脱。是故據此情貪之中，立其與奪，顯四種解脱。何者爲四？一者无願解脱，二者无作解脱，三者无想解脱，四者无學解脱。何以故？有願爲願所繼（繫），從繼（繫）業受生，一非解脱；有作爲作業所繼（繫），從繼（繫）業牽生，二非解脱；有想緣慮爲想業所繼（繫），從繼（繫）業牽生，三非解脱；有學有想念爲想

① 折，此處乃“析”之换旁俗體。

② 切，録本誤作“名”，據底本、丁本改。丁本至此止。

③ 違，底本作“逺”，乃“違”字之俗體。下文“違”字底本均作“逺”，不復校。

④ 性，甲本作“情”。

⑤ 喪，底本作“[illegible]”，乃“喪”字之俗體。下文“喪”字底本均作“[illegible]”，不復校。

念繼(繫)、學所繼(繫),從繼(繫)業牽生,四非解脱。”

天真菩薩摩訶薩白佛言:“世尊! 如來説四解脱門,復顯四種非解脱。四種解脱名障‘解脱’義,義猶自未顯,唯願世尊哀愍救護,願畢解説。”

佛告天真菩薩摩訶薩曰:“四種解脱者,无願爲初。何以故‘无願’稱爲‘解脱’? 有願之來,爲願所繼(繫)。凡有願者,有心要期,要期滿願。滿願之由,良由妄起。妄起望滿爲願,願滿所繼(繫),繼(繫)業招生。故知以妄集妄還繼(繫)妄,繼(繫)繼(繫)相繼(繫),故非解脱;无願无累,无累无妄,累妄俱融,无滿无稱,名‘真解脱’。‘无作解脱’者,一切皆无作。何以故? 无作无爲,无爲則无利、无功德;无利、无功德,不爲利益、功德所繼(繫),名爲‘无作解脱’。‘无想解脱’者,若无想念,則无繼(繫)結。何以故? 想念波動,境風飄浮。從外緣想牽,想牽繼(繫)業,繼(繫)業招生,不名‘解脱’。是故无想即无念。无想繼(繫)結,不爲業牽,名爲‘无想解脱’。‘无學解脱’者,无學无憂,有學有憂。何以故? 學從心意而起,是故學者勞心役慮,增長我見、是非得失,分别好惡,貢高自恃。以有如是見,故名‘繼(繫)縛’。无學无憂。何以故? 万想自融,圓流海藏,藏寂用寂,藏用體泯,名爲‘无學解脱’。”

天真菩薩摩訶薩白佛言:“世尊! 心性是一,解脱應一。何故如來今日説四解脱門? 心性是一,應説一解脱門。”

佛告天真菩薩摩訶薩曰:“一切衆生心性是一,而説‘四解脱’者,良由群生繼(繫)結之興不過有四,是以且據繼(繫)結説四解脱。理而言之,四繼(繫)既没,一上猶无,何容有四? 但以四收,繼(繫)收无盡,故且舉四名,標其義屬所以。然體泯相没,解亦无解,安得有脱? 以此類之,捨惡從善,修道作佛,皆是繼(繫)縛。善及作佛,猶是繼(繫)縛[①],況復誕縱諸非,寧非繼(繫)縛? 故知繼(繫)縛是封,封善封惡,以封結招生,故非解脱。”

天真菩薩摩訶薩白佛言:“世尊! 解脱之因,何者爲是? 解脱之果,何者爲是? 唯大慈湣,願爲重説。”

佛告天真菩薩摩訶薩曰:“有心修善,名‘天人之因’;心存是非,樂行惡

---

① 縛,底本、録本訛作“繼”,結合文意,據甲本補。

行，是三塗之因；善惡雙泯，體融大寂，名爲'佛因'，亦名'解脱因'。設名，名之'佛因'。如實佛因，不可[①]名目。何以故？佛因者，无因可因。有因之因，因果相待，相待之因，名爲'繼(繫)縛因'，非解脱因。"

天真菩薩摩訶薩白佛言："世尊因説竟，果猶未説。唯願世尊重爲顯示解脱之果。"

佛告天真菩薩摩訶薩曰："解脱果者，金剛心謝，大明種智，以爲解脱果。理而言之，解脱之理，无因无果。无果之果，名'解脱果'。"

説是法時，无量大衆冥會不起，爲因无得，爲[②]果同真際等法性。

即相无相万物不遷事用究竟品第十一

復次，鑒照菩薩摩訶薩白佛言："世尊！如上所説，説次第十品立義不同，言教各異。衆聖道一，教門應一。云何設名題目而有衆多？不審此理，願佛説之，令當來大衆知教開通，擁閉同異。"

佛告鑒照菩薩摩訶薩曰："衆聖異談，旨當唯一，所謂依心；教門衆多，所謂依身。若離身心，則无言教。故知言教塵沙，理旨无殊；教門无量，歸處无别。以此類之，十方諸佛語説同故，无量菩薩方便處多；陳章吐教，似如有異；究其玄旨，畢竟无别。譬如色界天子眷屬，无量音樂歎詠，清雅婉約，辭巧各異，遊騰虛空，上昇光音而至佛所，各各一心，盡意樂佛。論其文辭、音曲、箜篌、琴笛，悉皆不同；窮其意也，皆歎佛好，歎好處同，名爲'一語'。上來教門，差互不同，隨問對釋，雖教文彌万，而无二趣；但以種種開通，會歸任縱。"

説是衆聖无二之理圓真教時，水行天子、樹音天子、百千眷屬，一時雲會，而至佛所，各各恭敬，正坐一面，長跪叉手，以偈歎曰：

"衆聖説无别，有垢无垢如，一切相通達，言教悉无殊。

衆聖言説異，意旨悉皆同，文字即解脱，大小理處通。

衆聖明瞭慧，方便開初始，文起爲未悟，既悟相即理。

---

① 可，録本誤作"何"，據底本改。

② 甲本以下殘，乙本此前殘。甲、乙二本字體相同，前後相接，當係同一卷子割裂而成。

衆聖善方便，隨宜皆不實，執教謂爲是，即便起放逸。

衆聖相影嚮，同説一如理，教門雖无量，達解悉會是。

衆聖所師法，**軓**(軌)[①]處悉无殊，伏藏圓明顯，万相即體如。

衆聖巧便説，慈心誸誘人，圓明顯伏藏，覺性明瞭真。

衆聖明瞭説，銷融於毒害。惱惱先自无，何處有五蓋？”

佛告水行天子樹音天子曰：“一切言教，不離心相。至於文字，不離身相。是故身相得解脱時，文字即解脱用。”

水行天子、樹音天子異口同音而白佛言：“世尊！一切言教文字以何爲體？以何爲實？言教文字根本何者爲是？‘尋教會理，文字即解脱用’者，何者爲是？願大慈尊説其所由，令无量大衆知文字所由、道教根本。”

佛告水行天子樹音天子曰：“一切言教，心相是本；一切文字，身相是體，身相爲實。‘尋教會理’者，窮其心生住滅，名爲‘尋教會理’。‘文字即解脱用’者，諸根真照，真照真照，圓寂寂照。照寂同塵无染，名爲‘文字即解脱用’。”

鑒照菩薩摩訶薩前白佛言：“世尊！大聖圓覺，軓(軌)[②]法修學而成等覺。等覺圓具，還説真軌自得，令他得同入正智乘。乘者乘於法，乘而究竟之由。何故如來今日説道‘心相是言教，身相是文字’？若‘心相是言教’者，一切衆生具足言教；若‘身相是文字’者，一切衆生具足文字。言教復具，文字復具，道教自有，何用在大聖會所而聽法乎？軌心爲則，軌身爲用，則法成用，久來解脱，何故今日説言‘文字即解脱用’？”

佛告鑒照菩薩摩訶薩曰：“若如汝所問心相非言教、身相非文字者，十方諸佛、无量菩薩、一切聖衆離心之與身而有言教者，无有是處。譬如外求九十五道，雜類鬼神入人身内，遂起惡見，而要大聖。若離身心及與善惡苦樂果報而有言説，我當信受。若不然者，所有言説皆道我身。身是頑銅，心是癡源，教我學，學其頑癡之法，我定不從。大聖復語汝：‘若如是要請之來，何不離身心善惡苦樂果報，而要於我求之？’人即便答大聖言曰：‘我實離之。’

① **軓**，乃“軌”字之俗體。此字乙本作“執”。揣摩文意，當以“軌”字義長。

② 軓，乃“軌”字之俗體。下文“軌”字底本均作“軓”，不復校。

大聖復問:'汝若離身心而要請者,汝今所問爲是離身心而問,爲是不離而問?若離身心,誰爲問者?若不離而問,即非理之要。所以然者,身爲外𡑼墎①,心王常處中。心王欻生念,使口而便問。是以得知問者皆由身心,若離身心,无復有問。以此證知,往古來今三世諸佛所有法藏,唯心性爲本,若離心性,則无言説。是故无量真法,隱在四大五陰。千是万非,取捨簡默,惡見塵中隱名爲'四大五陰'。千是万非,取捨簡默,惡見塵勞顯即四大五陰。千是万非,取捨簡默,惡見塵勞以爲文字根本。若離身心,縱令佛辯,无所言説。既无言説,抄何爲經?既无可抄,字亦无字。"

鑒照菩薩摩訶薩前白佛言:"世尊!若身心是法藏根本、文字所由者,法本无染,文字常净,而此身心豈得无染常净?"

佛告鑒照菩薩摩訶薩曰:"心性本净,猶如明王,雖處身中,不爲身塵所染,名爲'无染'。明王雖在塵中,王不染塵,塵不染王,塵不染塵,名爲'常净'。无染常[□][净]②,豈非真實法軌文字經教?以此證知,无邊經卷唯一切衆生身是,无邊法藏唯一切衆生心性天真是。若離此二,衆聖權實,无量言教,四辯宣揚,悉皆息駕,旨章斷句。是以得知,大聖圓音,古今理通,唯説身心。是以愚人名身心爲'生滅穢惡',不名文字經教以爲'生滅穢惡',豈不違理太甚,横增我見,顛倒情奢,錯用非宜?"説而不足,以偈頌曰:

"菩提大道想念融,畢竟三毒真佛體。是非從來任性流,始終本末无依底。

身想究竟能容受,无簡无擇无成破③。无染常净法力轉,搜窮蹤緒无善惡。"

鑒照菩薩摩訶薩白佛言:"世尊!如佛所説,體融大寂,相即真用;真用用真,无真无用。无真无用,云何而言'違理太甚,横增我見,顛倒情奢,錯用非宜'?性及身相,畢竟无非,是亦隨没。誰爲'違理'?誰爲'横增我見'?

① "𡑼墎"二字録本訛作"攞𨚗",據底本改。涵咏文意,"墎"當爲"羅郭"之增旁俗字。《漢語大詞典》(八)第1050頁釋:"羅郭,外城。"

② 净,底本及録本無,據乙本補。

③ 乙本下殘。

誰爲‘顛倒’？誰爲‘錯用’？若有違理我見、顛倒錯用，即非法藏，亦非經卷。何以故？前言後教自相違故。”

佛告鑒照菩薩摩訶薩曰：“實如所言，快問是義。體融大寂，相即无礙。混沌天真，名作‘太一’。攝爲法藏，顯爲文字。攝則歸空没影，顯則身相俱現。對身名‘經’，隱覆名‘藏’。改形换質，正是太一洪源，神變自在。是故經教文字乃是生滅苦空所攝。言‘文字即解脱用’者，是教門之中苦空解脱，非是太一洪源神變解脱。汝復以‘違理我見’、‘顛倒錯用’以難我者，非无理路，但教門與奪，顯異去結。理而言之，違與无違相寂滅，寂滅无滅，无滅可滅也。”

爾時衆中有一菩薩摩訶薩，名曰“普泯”，聞佛所説，豁然意解，即於身上了了分明，見十二部經精麁深淺，漸頓炳著，行行分明，義句淵奥；相泯百非，理融万是，混含混沌，天成无縫；金紙銀字，通天卷軸，以皮爲紙，以骨爲筆，以清脉爲水，以髓爲墨，以自性理書之，而无錯謬。於時大衆一時悟解，照境分明。往古來今无量經教，豁然意解，一時領納；身上受持，更无外求；息妄泯真，平等現前。

顯一切衆生身與法一如无二品第十二

復次，混融菩薩摩訶薩前白佛言：“世尊！如上所説，一切經卷唯一切衆生身是。若一切衆生身是經卷，經卷即是法聚。若一切衆生身身爲法聚，‘身法聚’者，唯願世尊慈哀爲説，令无量大衆及下方一切諸衆生達解自身，究竟法聚，息於外求，見真善知識。”

佛告混融菩薩摩訶薩曰：“一切衆生身如實名爲‘經卷’，亦名‘法聚’。何以故？從解惑、立名不同。體解究竟，名爲‘經卷’，亦名‘法藏’。迷惑立名，名爲‘衆生’，亦名‘生死’，亦名‘苦聚’，亦名‘顛倒’，亦名‘外求’。何以故？衆生不解，名之爲‘惑’，亦名‘外求’。以是緣由，不識自身之上有无量法、聚十二部經，遂便外向求善知識，名爲‘衆生’，將法逐法。既遇善知識已，善知識爲其説法，教真法處而語之曰：‘若欲求法，先當自求。若自求者，净佛知見，廣開三藏。’‘三藏’者，所謂佛藏，所謂法藏，所謂僧藏。因此三藏，復開三藏。其三藏者何？若向下方，同下方名目而説。‘同下方名目’

者,所謂‘修多羅大藏’、‘般若波羅蜜大藏’、‘波羅提木叉大藏’。以此三種大藏統收法界一切法盡。”

混融菩薩摩訶薩白佛言:“世尊!如來所説,教諸衆生若求法者,先當自求;若自求者,净佛知見,廣開一切衆生身内二種三藏。雖聞聖説,不能解了。不知何者爲佛藏?不知何者爲法藏?不知何者爲僧藏?不知何者是修多羅大藏?不知何者是般若波羅蜜大藏?不知何者是波羅提木叉大藏?以不知故,願佛説之。”

佛告混融菩薩摩訶薩曰:“汝所問者,問於自求,净佛知見,廣開一切衆生身内二種三藏。汝今澄神沖處,吾今廣爲説之。論其一切衆生身内佛藏者,以自性清净,天真法佛隱在四大五陰三毒羅刹文字藏中,是故名四大五陰三毒羅刹文字名爲‘佛藏’。故知隱爲法佛沖寂,顯爲應佛妙用。妙用殊能,開物障蓋。復次,‘法藏’者,真處不動,圓照諸根,軌真有用,稱之爲‘法’。法在諸根塵門外用文字之内,故知諸根塵門名教文字以爲法藏。何以故?尋文證理,會理捨文。隱爲‘法藏’,顯名‘理用’。隱爲‘惑障’,顯爲‘大慧’。復次,‘僧藏’者,地、水、火、風、色、受、想、行、識,陰陽和合,神性住持,名爲‘僧藏’。神性无染,恒和九流,調暢七十万脉,開通去擁,隱在藏中。隱爲常和,顯爲无諍。隱爲順性而流,顯爲任縱從塵。復次,‘修多羅大藏’者,是四大五陰文字章句顯發實相。顯爲文字,隱爲塵勞;顯爲實相,隱(爲)四大五陰。復次,‘般若波羅蜜大藏’者,縕寂内照,大慧朗融,隱在智起想癡奸(奸)[1]巧詐僞藏中。復次,‘波羅提木叉大藏’者,銷融是非,圓注性海,隱在著善著惡封斷藏中。顯爲防非止善,隱爲善惡簡隔。顯爲雙融善惡,隱爲著善棄惡。”

混融菩薩摩訶薩白佛言:“世尊!如來説三種三藏,其義分明,不審一切衆生將法逐法,何者爲是?唯願大慈尊哀滑一切衆,而爲衆生説。”

佛告混融菩薩摩訶薩曰:“一切衆生,身是法聚。何以故?一切衆生身内有净滿法佛,净滿不動,圓現諸根;諸根圓現,照而不染,名之爲‘法’。是故衆生不見法性,以爲煩惱。衆生既照性,煩惱以爲性。若人斷煩惱,是即名爲‘殺佛’。煩惱若可斷,必无有是處。是斷煩惱修道者,即是殺佛,亦是

① “奸”,“姦”之俗字。《玉篇·女部》:“姦,姦邪也。奸,同上,俗。”

苦聚。以此證知，煩惱即金剛。金剛之體，何須斷壞？是爲衆生與法一如无二，煩惱與性天真不殊。故知衆生與法一如无二，故言以法將法而求於法，亦名'法求法法'，亦名'法還逐法'。不覺時，以法逐法；既覺之時，法體即法，法无動轉。故知法常住，无所求故；法常寂然，相自融故。"説是法時，无量大衆異口同音以偈歎曰：

"衆生未解自身相，苦行勤劬求知識。今象大師開法眼，身心動轉皆法力。

迷心波浪求佛法，封惡著善一倍錯。希求解脱望離苦，今始覺知轉被縛。

迷心波浪求知識，聞説此法一倍翻。昔來修者謂解脱，誰知正是學讎怨。

昔來所行謂爲真，誰知今時一倍違。煩惱顛倒性海一，怯身法聚覺即歸。

昔來所聞種種法，棄惡從善向佛果。誰知貪佛爲毒繼(繫)，苦剋不當大殃禍。"

佛告混融菩薩摩訶薩无量大衆："汝等眷屬以法聽法，吾今爲大衆而説偈曰：

'衆生身相皆法聚，究其性相是佛塊。煩惱體實不生滅，真性金剛不沮壞。

從頭至足无非法，圓明寂照遍十方。善惡理融无障礙，隨流混合不相妨。

十方世界大經卷，唯有此法衆生是。息忘融真同性際，乃爲尋教會如理。'"

説是法時，无量大衆歡喜踴躍，具足法照、法智、法眼、法雲，无生頂戴奉行。

究竟大悲經卷第三。

究竟大悲經卷第四(端供二年)[①]

對一切衆生辯邪正品第十三

復次,悟正菩薩摩訶薩白佛言:"世尊!下方所有外道六師若提子等,亦自説言:'我所説者,文真理正,世間无過。'復有九十五道,皆是鬼神住持建立,亦説正法:'我所言説者,文真理正,世間无過。'復於下方有一國土,名曰'諂僞[②]'。彼國人民,樂小教法,專精斷惡,趣向善果。貪善棄惡,不造過短。時此[□][國][③]内而有丘埌,名曰'天嶮'。其此埌中,遂有野狐王。其王具足野狐妖魅之術,即語狐衆:'此中國主樂善棄惡,舉國人民一切同然。我雖不明,亦有聽力。我能闇誦棄惡從善局教經文。我有通力,復能飛行虚空。我若誦棄惡從善局教經文,乘空而[④]至,住彼國王殿前,變作人像,端坐空中,去地[⑤]一千尺,出大音聲而説經法。彼國國王、宫人、婇女、百千眷屬,並及國界臣[⑥]民[⑦]、士庶,信聖情愍,都无照境,若見我至,畢(必)[⑧]生希有,隨我所要,受用我語,勸其捨命,撰(饌)[⑨]食血肉,脱取[⑩]衣[⑪]裳,並諸寶物,攝來歸

① 卷第四所據底本乃日本石山寺藏本。今增參校本:甲本,甘博 037 號;乙本,斯 2967 號。斯 2967 號首殘。文中"供"當爲"拱"之同音借字,宋太宗端拱二年即公元 989 年。

② 僞,録本作"爲",結合文意,據甲、乙二本改。

③ 國,録本無,結合文意,據甲、乙二本補。

④ 而,甲、乙二本"如",與"而"乃一聲之轉。

⑤ 地,乙本作"埊",乃"地"字會意之俗體。《玉篇·土部》:"埊,古地字。"《集韻·至韻》:"地,或作坔,唐武后作埊。"《字彙補·土部》:"埊字或謂武后所制。然竇蘋《唐書音義》已云見《戰國策》,又《亢倉》、《鶡冠》皆以地作埊,其爲古文無疑。《集韻》或作坔,省文也。"

⑥ 臣,乙本作"恵",同"臣"。《集韻·真韻》:"臣,唐武后作恵。"宋趙與時《賓退録》卷五:"《唐君臣正論》載武后易改新字,一中爲臣。"

⑦ 民,録本誤作"人",甲、乙二本作"𢒎",乃"民"之避諱字。

⑧ 畢,録本作"必",據甲、乙二本改。"必"乃"畢"之同音借字。

⑨ 撰,此當爲"饌"之同音借字("撰"字一音雛鯇切,與"饌"音同)。

⑩ 取,甲、乙二本作"耴",乃"取"字之俗體。

⑪ 衣,甲、乙二本作"依",此處當爲"衣"之同音借字。

家,持將入市,貿易好肉,詳共食之,豈非上計?'彼時狐衆啓狐王曰:'我等從衆,怕怖畏人,偷盜豬[①]羊,並及野命,辛苦无量,不能得濟。王有如是上妙伎能,何不速去?'狐王聞是,遂便起心,闇誦棄惡從善局[②]教經文。三日三夜,遂誦小乘九部局[③]教經文三百餘卷,上下通利。遂變形質,乘空而去,住在國王殿前,去地[④]一千尺而説經法。果如所言,彼國國王、宫人、婇女、百千眷屬,並及國界臣民[⑤]、士庶,一時雲集,舉目覩見,哀噿[⑥]哽噎,悲泣交盈,覩是信聖情慇,自无照境,盲心瞎意,而[⑦]生信順。其狐王見已,心大歡喜,默念忖省。狐王語人衆曰:'爲法喪身,經教炳著。彼雖聞法,曾未有一。'即於殿前有十三人,一時捨命。狐語衆人曰:'如此大好,更无能過。如此經教,勸人捨身命財。汝等施我寶物並及上服,我將持去。'而此大衆竭已名珍及身上服,一切施與。其狐[⑧]王復語時衆:'如此捨命,最是上士。我以神力攝持將去,安置玉山寶堂之内。'作是語已,唯見風起。而此死人並諸寶物悉皆攝將,有无遺一。如此往還入國[⑨],經□□(由十)[⑩]到。其狐王得死人,食訖,遂遣狐子變作人像,齎持寶物,[□][入][⑪]市買肉,至屠兒行上,論肉價數。

---

① 豬,甲、乙二本作"**腊**"。《玉篇·肉部》:"**腊**,豕也。亦作豬。""**腊**"爲"豬"的後起换旁字。

② 局,録本作"卷",甲、乙二本作"**局**",乃"局"字之增筆俗體。《字彙·尸部》:"局,借爲幹局曹局,字别作**局**。"

③ 局,乙本作"**局**",乃"局"字之增筆俗體。

④ 地,乙本作"埊"。

⑤ "臣民"二字乙本作作"**悉**民"。

⑥ 噿,此乃"嗥"之形訛字。

⑦ 而,甲、乙二本作"如",與"而"乃一聲之轉。

⑧ 狐,乙本作"狂",繫聯文意,當爲"狐"字之誤。甲本作"狐"。

⑨ 國,底本作"圀",同"國"。《玉篇·口部》:"圀,古文國字。"漢崔駰《樽銘》:"獻酬交錯,萬圀咸歡。"《敦煌曲子詞·獻忠心》:"早晚到得唐圀裏,朝聖明主望丹闕,步步淚,滿衣襟。"均其例。

⑩ "由十"二字録本作缺文,據甲、乙二本補。

⑪ 入,録本無,據甲、乙二本補。

不覺屠兒行上而[①]有猛狗[②]，奮振相囓，而諍於骨。狐時見狗，心生忙[③]怕，不覺忽然變爲狐狀。其狗即來，而便囓殺。屠兒得此寶物，不敢私寧[④]，而告市主。而語之曰：'初[⑤]見人像，齎[□][持][⑥]寶物，共論肉價，許言道[⑦]買，遂見狗鬪[⑧]，忽變爲狐，狗即尋時而便囓殺。具以上事，敢持來告。'如是次第轉上，而至國王。國王見已，即便言曰：'此是我最小兒所翫寶物，持以施佛。何故今日在狐手？'時有正士，名曰'靈真'，即前伏地而啓王曰：'賜臣万死，乃敢發言。'王時開恩[⑨]：'百死不問。若其有語，但當説之。'靈真長脆叉手，前著近王，而啓言曰：'已前空中説經者，是爲狐魅妖術；臣當時欲道[⑩]，懼[⑪]違王意，不敢出言。今見此驗，送死陳實。'王語真曰：'汝何故當時即知？'真答曰：'但誦其文，不解中義。勸人棄惡從善，都无銷融是非，得失雙泯，彼此一如，香臭一體，虚心意寂，万相同流。以此取驗，當時即知。若其飛行是聖者，一切飛鳥豈是大聖？'王語真曰：'錯矣！奈何？'真語王曰：'亦可師集軍衆，多將猛狗，違(圍)[⑫]彼[⑬]丘埌，斷除夭(妖)[⑭]種，正見流行。'王即用真語，而命軍衆剋時定日違(圍)彼丘埌。狐變作人，來迎於王。猛狗走逼，還爲狐

① 而，甲、乙二本作"如"，與"而"乃一聲之轉。下文"而"字二卷均作"如"，不復校。

② 狗，甲、乙二本作"苟"，乃"狗"之同音借字(二字《廣韻》皆可音古厚切)。

③ 忙，甲、乙二本作"芒"，乃"忙"之同音借字(二字《廣韻》皆可音莫郎切)。

④ "寧"字待考。

⑤ 初，乙本作"𡔈"，乃武周新字"初"字。甲本作"初"。

⑥ 持，録本無，據甲、乙二本補。

⑦ 道，甲、乙二本作"導"。

⑧ 鬪，甲、乙二本作"斲"，與"鬥"同。《銀雀山漢墓竹簡·孫臏兵法·勢備》："喜而合，怒而斲，天之道也。"

⑨ 恩，甲本、録本作"思"，結合文意，據乙本改。

⑩ 道，甲、乙二本作"導"。

⑪ 懼，甲、乙二本作"具"，當爲"懼"之同音借字(二字《廣韻》皆音其遇切)。

⑫ 違，此當爲"圍"之同音借字("違"字一音雨非切，與"圍"音同)。下用同"圍"之"違"字，徑括注其本字，不復校。

⑬ "違彼"二字甲、乙二本作"彼違"，當爲"違(圍)彼"之誤倒。下文"王即用真語，而命軍衆剋時定日違彼丘埌"，可助比勘。

⑭ 夭，録本作"天"，當爲"夭"字之訛，甲、乙二本皆作"夭"，可參。"夭"乃"夭"之俗體，"夭"此處則爲"妖"之借字(二字《廣韻》皆音於喬切)。

狀。狗即囓殺,寶物悉在。王遂還國,散下諸州,呼來認物。以此證知,舉世无量一切言說,口如似正,心處邪中,謗是行非,情存取受,若爲分別? 唯願世尊分明辯說,令後代衆生離於妖誑。”

佛告悟正菩薩摩訶薩曰:“汝所問者,爲當來一切衆生聞融混法者,辯其邪正、真僞、得失。交競之徒,汝言外道六師若提子等,所有言說,皆止①封[□][執]②爲宗,定計神我爲體,推尋理路,意在斷③常。九十五道雜類鬼神,入人身内,住持建立而作鬼語,所有言說,乍輕乍重,都无首尾。雖言說善,復言道惡;[□][祚(乍)]④浮祚(乍)沈,意在貪取。小乘九部所有教法,皆是一向斷惡趣,歸善果,附傍鬼神。是故鬼神妖魅,片與(語?)⑤相似,不正善惡,遂便妖⑥通而能誦得。何以故? 一切衆生諂曲詐僞,虛多實少,貌⑦悦心佞⑧,常懷鬼意。是故大聖識機⑨知變,附傍鬼心,而與說法,不堪頓奪⑩,附而訞⑪誘,漸漸前進,引向圓教。雖有別教九部,圓教十二,如此諂曲詐僞,虛多實少,貌⑫悦心佞⑬,亦當讀誦,不解中義,消伏三毒,融是喪非,一向无之。如此之徒,與彼狐魅妖術等无差異,舉世无量。信誑者衆,信實者少,是故以誑相

---

① 止,乙本同。此字甲本作“正”。

② 執,録本無,據甲、乙二本補。

③ 斷,乙本作“㫁”,乃“断”字之省筆俗體。

④ 祚,録本無,結合文意,據甲、乙二本補。“祚”此當爲“乍”之增旁俗字,上文“所有言說,乍輕乍重,都無首尾”,可資比勘。《古今韻會舉要·禡韻》引《增韻》:“乍,忽也,猝也。”下“祚”字同,徑括注其正字,不復校。

⑤ 與,録本作“興”,結合文意,據甲、乙二本改。此“與”似當讀如“語”。

⑥ 妖,甲、乙二本作“夭”,乃“夭”之俗體,此當讀如“妖”。

⑦ 貌,乙本作“狍”,乃“貌”之俗體。録本作“懇”,當爲“狍”字之訛。

⑧ 佞,録本訛作“傍”,乙本作“倿”,乃“佞”之俗體。《干禄字書》:“倿佞,上俗下正。”《五經文字》卷下女部:“佞,乃定反,從仁,作倿訛。”唐寫本《唐韻·徑韻》:“倿,諂。一曰‘才’。或作‘佞’。”據張涌泉考證,唐代前後俗字“倿”流行,以致正字“佞”退居“或作”的位置了。《魏吴郡王蕭正表墓誌》已見用同“佞”的“倿”字。

⑨ 機,甲、乙二本作“基”,當爲“機”之音近借字。

⑩ 奪,録本作“舊”,結合文意,據乙本改。

⑪ 訞,録本訛作“拉”,結合文意,據甲、乙二本改。《玉篇·言韻》:“訞,誘也。”

⑫ 貌,甲、乙二本作“狍”,乃“貌”之俗體。録本作“懇”,當爲“狍”字之訛。

⑬ 佞,甲、乙二本作“倿”,乃“佞”之俗體。

誑，而[1]受誑語。既受誑已，信順於誑，没命喪身，種種寶物，常施與誑。何以故？盲无慧目，不覩真處圓融之理，復无真善知識第相誨約，居近惡友，純見[2]不祥。設有正士而語實法，違於信誑，反更相讎。是以讀誦講説，樂著名聞，自无消融。不語則已，語則貪取[3]，糶[4]法賣佛，望空指注。豈非口便似正，心處邪中，謗是行非，情存取受。統束如此之徒，名之爲‘僞’，亦名爲‘邪’。如此邪僞，是外邪僞。”

悟正菩薩摩訶薩前白佛言：“世尊！如來照境玄見處遠，豫知下方之事。唯願慈尊説真説僞、説正説邪、説内道説外道、説理説表，令无量大衆不爲衆惑所誑也。”

佛告悟正菩薩摩訶薩曰：“汝問真者，所謂觀善无善，善體虚凝；觀惡无惡，惡體虚凝；虚凝不別，性相是一。善惡雙泯，取[5]受自謝，目之爲‘真’；善惡雙起，得失交競，善來纓心，惡來栖意，骨繼（繫）善惡，名之爲‘僞’。善惡雙泯，得失永謝，香臭一如，万相歸玄，目之爲‘正’；善惡不泯，得失位別，香臭兩殊，万相煙張，名之爲‘邪’。混融寂藏，太一理收，寂光内朗，理圓无外，目之爲‘内道’；心起毒生，百念煙張，千是万非，交集在懷，名之爲‘外道’。體[6]融相没，寂照照寂。寂照諸根用，照寂用太極。太極无極，安有可同？无同无極，絶於言像，設[7]名，名之爲‘理’；万相不没，六識塵染[8]，緣風飄動，爲外所牽，名之爲‘表’。爲汝問故，設名題字，而有真僞、邪正、内外、表理（裏）。盧舍那威神加備，光音天中，諸菩薩對談，无真无僞，无邪无正，无内无外，无表无理（裏），唯是通天无縫，清净法聚。”

---

① 而，甲、乙二本作“誑”。

② 見，録本作“是”，結合文意，據乙本改。

③ “取”字前録本有一缺文，底本實無字，兹據删。

④ 糶，録本脱，底本作“粜”，乃“糶”之訛俗體。《字彙補・米部》：“粜，《廣韻》與‘糶’同。”

⑤ 取，甲、乙二本作“耴”，乃“取”字之俗體。

⑥ 體，甲、乙二本作“軆”。《玉篇・身部》：“躰、軆，并俗體字。”

⑦ 設，録本作“説”，結合文意，據甲、乙二本改。

⑧ “塵染”二字録本作“染塵”，結合文意，據甲、乙二本改。

説是法時,无量大衆於邪正、真僞、内外、表裏一時醒悟,永離惑[1]誑。

辯一切衆生聞經起信皆是宿基品第十四

復次,金剛照菩薩摩訶薩白佛言:"世尊!如來今時布教,一切皆違,不同别教,所有言説,與奪處强,先奪後與,復融與奪。其言苦[2]剋,皆是違情逆意,不可堪勝。云何而有衆生聞即信解?云何而有衆生聞即生信,而不能解?云何而有衆生聞不能信,反增訕謗?如此三種人者,何因緣有信解者,有信不解者,有不信訕謗者?不解此因,願佛説之。"

佛告金剛照菩薩摩訶薩曰:"善哉!快問是義!同異違順,教門所由。汝等今者問三種人,吾今爲汝如實辯之。其經文似近,理處沖玄,於異冥會,體一虚宗,圓融万境,相即不遷,體泯用寂,惱熱金剛、貪瞋癡[3]等,名'真佛智'。聞此生信,復能解了、究其玄旨者,皆是宿世久遠已曾聞故。如此之人,不於一佛、二佛、三四五佛而殖圓法之基[4],已於无量百千万億恒河沙不可算數佛所而殖德本,聞而生信,復能益解。如此之流,悉是大基,墜落下生,名爲'上士'。復次,聞此深經混融之處而便生信、不能解者,皆是宿世久遠已曾聞故。當聞之時,一會聽之,而不深思[5]其義,復无少分消伏、雙泯善惡。以是因緣,聞便歡喜,生信无量。如此之人,名爲'中士'。復次,聞經不

① 惑,甲、乙二本作"或",乃"惑"之古字。

② 苦,録本訛作"若",據乙本改。"苦"爲甚詞,有"極"、"甚"義;杜甫《戲贈閿鄉秦少公短歌》:"今日時清兩京道,相逢苦覺人情好。"日本圓仁《入唐求法巡禮行記》卷三:"彼寺雖有西國僧,未多解語,持念之業,不多苦解。"中"苦"皆用其義。"剋"有"苛急"、"苛嚴"義。《廣韻·德韻》:"剋,急也。""苦剋"義爲"刻薄"、"苛刻",典籍中用例頗夥。《弘明集》卷八:"第一破曰入國而破國者,誑言説僞,興造無費,苦尅百姓,使國空民窮。"[T52n2102p050a5]《法苑珠林》,卷一百五"傾誠苦剋,折挫身心,哀愴往因,畏懼來果。决誓要期,永斷相續。"[T53n2122p931c9]斯2499《究竟大悲經》卷第三:"昔來修者謂解脱,誰知正是學讎怨。昔來所行謂爲真,誰知今時一倍違。煩惱顛倒性海一,怯身法聚覺即歸。昔來所聞種種法,棄惡從善向佛果。誰知貪佛爲毒繼,苦剋不當大殃禍。"均其例。《漢語大詞典》所引二例均在元代,例證太晚。

③ 癡,録本訛作"凝",結合文意,據甲、乙二本改。

④ 基,録本訛作"耳",結合文意,據甲、乙二本改。

⑤ 思,録本訛作"恩",結合文意,據甲、乙二本改。

生信者，皆是宿世久遠造五逆行，謗一切混融行者。以謗因緣，而便墜落，墮於三塗，受苦无量。經百劫千劫百千億劫。受罪畢已，謗報受飛禽走獸之形，復位[①]上數。受謗報畢，生在人中，或爲下賤。復受畢已，生在種性之中，以本謗因緣，還復起謗，名爲‘下士’。”

金剛照菩薩摩訶薩白佛言：“世尊！如[②]此上基之人，已曾於无量百千万億恒河沙不可算數佛而殖德本，常應上生，何故下墜？唯願慈尊爲衆敷演。”

佛告金剛照菩薩摩訶薩曰：“如此聞經生信復能解者，實從无量百千万億恒河沙不可算數佛所而殖德本；但以餘習未除，而來生此；復能久署奉佛之因，而來生此。故知佛菩薩處苦化物，設教於先，爲此上基、中[□][基][③]之士冥中敷演道教，資益令解，案教奉持。當來三會龍花初首，尋光雲集，俱成等學。无量宿基之士悉皆同號，處塵不染，常放光明，慈善尊佛。”

金剛照菩薩摩訶薩而白佛言：“世尊！加此宿世久遠，造五逆行，訕謗圓教行者，不審此人當來彌勒出世之時，三會之中亦得聞法已不？未審此理，願佛説之。”

佛告金剛照菩薩摩訶薩曰：“一切圓教混融雙泯，善、惡行者及佛、菩薩，若在世、出世，不與衆生作煩惱因緣，唯與一切衆生作解脱因緣。譬如欝金山頂有旃檀樹，急風吹動，其有香氣，逆風四十里，何況順風？復有二種人俱至樹下，一便聞香，歡喜讚歎无量；一便聞香，生於怒毒，惡言訕毁。於此二人，香熏一種，但彼前人取捨自異。以此取證，圓滿行者及佛、菩薩，唯有功德香熏，无有是非諸惡、臭氣所及。如是信順之人，自作近因，果亦不遠。如此訕謗之人得作遠因，近不離苦，三塗重劇，一切備受。值佛出世第三會上，神光普遍。而此訕謗之人尋光集會，得蒙懺悔，業習不除，人天往反，恒聞深法，常被人謗，八万劫中，乍進乍退，至最後阿勒得佛所，上會説法，獲柔順忍也。”

金剛照菩薩摩訶薩白佛言：“世尊！復有一種人，見圓滿雙泯是非善惡

---

① 位，録本訛作“倍”，結合文意，據甲、乙二本改。

② 如，録本作“而”，結合文意，據甲、乙二本改。

③ 基，録本無，結合文意，據甲、乙二本補。

彼此真實行者，亦不親成(承)[①]供養；諮禀道教，亦不謗毁。如此之人，彌勒聖尊三會説法，得在會不?”

佛告金剛諸菩薩摩訶薩曰：“如此不謗毁人，雖不親承供養，諮禀道教，不造過短。彌勒佛第三會上尋光雲集，聞法受道，永離苦因，不受塵勞。”

金剛照菩薩摩訶薩白佛言：“世尊！别教之中真成行者，身四威儀及波羅提木叉畢竟不犯，於甚深法中而不生信，亦不究竟。如來出世，得在會不?”

佛告金剛照菩薩摩訶薩曰：“别教之中所有行者，真成專精，不造過短，[□□][身四][②]威儀及波羅提木叉畢竟不犯。雖於深法不能生信，究竟消融。如來出世第二會上，神呪名及，並名‘仙人’、‘玉女’。何以故？雖於深法而无片分，神器明净，破封改著，入大乘位。”

説是法時，一切大衆聞佛所説，照境分明，自知行位深淺，在會所由。

校量功德品第十五

復次，智度菩薩摩訶薩白佛言：“世尊！一切經教有輕有重，有深有淺，而此功德有多有少以不？未審此理，願佛説之。”

佛告智度菩薩摩訶薩曰：“如此契要和融甚深法[③]輪，若人一聞於[□□][耳，乖][④]與小乘四果，乖而不合，何况人天餘報善惡强弱之所能牽？何以故？若聞此法而能生信，縱令餘[⑤]習未亡，受雜類形，聞祕密圓教，生信領解，於小教法冥然不入。聞祕密圓教，喜踴領納，及[⑥]流柱(住)於生死泉元(源)，於深法中，便得自在。譬如阿耨大池初始生時，如牛宫[⑦]許。不長則已，長則

① 結合文意，此“成”當爲“承”之借字。下文：“如此不謗毁人，雖不親承供養，諮禀道教，不造過短。”可助互勘。

② “身四”二字録本脱，結合文意，據甲、乙二本補。

③ 録本“法”前有一“淺”字，結合文意，據甲、乙二本删。

④ “耳乖”二字録本無，結合文意，據甲、乙二本補。

⑤ 餘，乙本無。

⑥ 及，録本訛作“反”，結合文意，據甲、乙二本改。

⑦ 宫，録本訛作“口”，結合文意，據甲、乙二本改。

出八大河，洗浴无量佛菩薩聖衆，不洗一切愚癡凡夫。以是因緣，聞此法輪，生大歡喜，愛染受持，而无放捨。當知此人與一切衆生作不請之友，大①法聚池，出生八解脱河。而此大法聚池，洗浣一切宿基冥著久②積行人，不洗一切小乘局教人天四果。愚癡凡夫以是因緣，聞祕密圓教，喜踴无量；而善惡雙融者，其功難量。小乘四果，人天殊報，不以爲比。何以故？功德殊勝故。而此功德乃是无功之功，无德之德。无功无德，世間功德之所不竝。假使有人身獲小乘極果，阿羅漢自在具足，别③教巧便，教法④虚空，遍法界一切衆生，斷惡從善，趣向四果，得羅漢神通，不如有人聞此經教一經於耳。何以故？若聞此法一經於耳、生希有者，於善於惡，不生分别，於諸衆生不起輕心，敬之如佛。以是因緣，其功難量。何以故？无功之功，功用絶矣。功用絶故，功所不能及；功不及故，德亦[□][随]⑤亡。无德之德，何得(德)⑥能竝？故知一切⑦功德之所不及。以是因緣，名‘重’不名‘輕’，名‘深’不名‘淺’，其功德名‘多’不名‘少’。”

於時佛告智度菩薩摩訶薩曰：“一切衆生身内天真佛性可度量不？”智度菩薩摩訶薩而白佛言：“世尊！一切衆生身内真實佛性不可度量。”

佛復告智度菩薩摩訶薩曰：“一切衆生身内二種法身可思量不？”智度菩薩摩訶薩而白佛言：“世尊！一切衆生身内二種法身不思量。”

佛告智度菩薩摩訶薩曰：“若人一聞此經於耳，其福无量，不可度量，亦不可思量。何以故？非二乘所知故，復非人天⑧惛(昏)⑨識所知故。縱令具佛大智，不能度量聞經功德。何況讀誦受持，案教奉行⑩？”

---

① “大”字前録本衍一“發”字，結合文意，據甲、乙二本删。
② 久，録本訛作“文”，結合文意，據甲、乙二本改。
③ 别，乙本無，録本據文意補。
④ 法，甲、乙二本作“忶”。
⑤ 随，録本無，結合文意，據甲、乙二本補。
⑥ 得，此乃“德”之借字。
⑦ 切，録本訛作“功”，結合文意，據甲、乙二本改。
⑧ 天，《大正藏》校録者訛作“无”，復回改爲繁體“無”，據甲、乙二本改。
⑨ 惛，甲、乙二本作“昏”。此“惛”當爲“昏”之增旁俗字。
⑩ 行，録本作“修”，結合文意，據甲、乙二本改。

佛告智度菩薩摩訶薩曰:"東西南北、四維上下,虚空有限際[①]不?"智度菩薩摩訶薩白佛言:"世尊!東西南北、四維上下,虚空无有限際[②]。"

佛告智度菩薩摩訶薩曰[③]:"若人聞此經法而愛樂,專精奉修,其人功德无有限際[④];其心洪廣,亦无限際[⑤]"

智度菩薩摩訶薩前白佛言:"世尊!而(如)[⑥]此經教興顯於世,何以出家衆僧净持戒行、坐禪念定、修諸功德,而於此法而不奉持、依教修行,信順者尠,訕謗者衆?亦是修道之人,如何於佛深法之中,起於无量分別,因分別故,而招苦報?唯願慈尊爲[□][衆][⑦]説之。"

佛告智度菩薩摩訶薩曰:"如此經教出興於世,猶如慈心龍王降注甘露,滂[⑧]流普遍,无心簡擇,一切普潤,不多不少,裁[⑨]量在足。卉[⑩]茂萌牙(芽),五穀兹長,百草光澤,鮮明茂盛。不奈枯木无榮蒙潤,轉增腐壞。如來道教普治[⑪]六道含識有形,豈越(曰)[⑫]道俗二衆而得簡隔?但彼出家、在家之人,依於如來穩[⑬]誘教法而便受持。如來穩[⑭]誘[⑮]教法,持戒坐禪,念定功德,偏怗[⑯]著净,封執鏗然,不肯捨離。聞此祕密圓教是非雙泯之理,不能受持;既不能

①②④⑤ 際,甲、乙二本作"儕"。

③ 曰,録本作"白",結合文意,據甲、乙二本改。

⑥ 而,甲、乙二本作"如"。

⑦ 衆,録本脱,結合文意,據甲、乙二本補。

⑧ 滂,甲、乙二本作"霶"。《集韻·唐韻》:"滂,《説文》:'沛也'。或作雱、霶。"

⑨ 裁,甲、乙二本作"纔",當爲"裁"字同音借字(二字《廣韻》皆可音昨哉切)。

⑩ 卉,録本訛作"草",據甲、乙二本改。"卉"爲百草的總稱。《爾雅·釋草》:"卉,草。"《方言》卷十:"卉,草也。東越揚州之間曰卉。"《詩·小雅·出車》:"卉木萋萋。"毛傳:"卉,草也。"然録本迻録失真。

⑪ 治,録本作"沾",結合文意,據甲、乙二本改。

⑫ 越,甲、乙二本作"曰"。

⑬ 穩,録本作"幽",甲、乙二本作"𡨴"。《龍龕手鑑·宀部》:"𡨴,俗,正作稳(穩)。"兹據正。

⑭ 穩,録本作"幽",甲、乙二本作"𡨴"乃"穩"之會意俗體。兹據正。《字彙補·宀部》:"𡨴,與穩同。"

⑮ 誘,乙本作"秀",據甲本。

⑯ 怗,録本作"枯",結合文意,據甲、乙二本改。

受，反生訕謗；譬如枯木，雖蒙潤澤，轉增腐壞。若能改換，定執破封，去著雙泯，彼此神器先净，如順風汎舟，俄爾千里；若不改執，不如凡夫具足，煩惱衆生。"

佛告智度菩薩摩訶薩曰："爲汝問故，分辯法相，説言有深有淺、有大有小、有漸有頓。理而言之，法體是一，更无次第。前後都真，離於名目。"

説是法時，无量大衆於異悟同，泯歸本際。

流通品第十六

復次，方便菩薩摩訶薩白佛言："世尊！當何名此經，云何奉持？唯願世尊分明説之，使諸行人受佛教法。"

佛告方便菩薩摩訶薩曰："此經名爲'究竟大悲哀戀改换經'，亦名'佛菩薩往復論義經'，亦名'祕密圓教經'，亦名'万物不遷經'，亦名'改换不改换經'，亦名'究竟菩提无發不發經'。若欲受持讀誦如此經者，要須雙泯是非，混融得失，万相不遷，即□（毒）[①]佛智。若能如是名受持經者，如是受持經人，百劫千劫，百千万億恒河沙不可算數諸天冥理奉施所須天繒寶衣、甘露妙食，以充濟之，不令乏少。"

爾時會中有大力神王，久署妙因，愛樂大乘，守護大乘，即於佛前而啓言曰："我等徒衆百人俱願佛聽許護持此經，許護持此經已，不令毁壞。若有惡人毁壞此經，我等徒衆舉目[②]看之，令作微塵。"

佛時默然不言，不道許聽、不聽。

爾時方便菩薩摩訶薩而告大力神王曰："佛爾默然，即是聽許。"

復有天上、人中十方世界寶王，寶王自然集，奉寶來施，供給所須，稱彼心足，令其歡喜。復有无量八部神王，虔恭致敬，護持行者，不令衆邪、蠱毒、鬼神、妖魅横來干[③]煩，妨其道業。復有五嶽神王冥理奉獻神芝上藥，灌注受持經人五陰身田，除諸行者謗報惱熱。復有光音天子、冥覺道師五百人俱，

① 毒，録本作缺文，結合文意，據甲、乙二本補。

② "舉目"二字甲、乙二本作"大"。

③ 干，録本訛作"于"，結合文意，據甲、乙二本改。

各各整理威儀，疊相顧眄，猶如象王，從坐而起，前至佛所，長跪叉手而白佛言："世尊！若有人受持、讀誦、深思大乘玄絶義者，我等徒衆承佛神力，終日竟夜，周匝圍繞，不現其形，冥覺熏修，令思義行者豁然意解。"

方便菩薩摩訶薩前白佛言："世尊！云何名爲'究竟大悲哀戀'？"

佛告方便菩薩摩訶薩曰："自性天真，净滿靈照，不爲物修成，故名'究竟'；'大'者，万莫能容，謂之爲'大'；'悲'者，教備倉生，名之爲'悲'；'哀戀'者，等愛衆生，猶如髓目，名之爲'哀戀'。故名'究竟大悲哀戀'。"

方便菩薩摩訶薩復白佛言："世尊！云何名爲'改换經'？願大慈尊顯示説之。"

佛告方便菩薩摩訶薩曰："'改'者，改凡入聖，改愚入慧，改闇入明，改生死入涅槃，名之爲'改'。'换'者，轉苦以①爲樂，轉雜形質，歸理无形，名之爲'换'。故名'改换'。'經'者，從首至尾，十六品義類相關②，文字屬著，名之爲'經'。經名衆多，類况可知。"

方便菩薩摩訶薩前白佛言："世尊！云何流通此經，沾及末代，利益无量一切衆生？"

佛告方便菩薩摩訶薩曰："若有行者誦讀受持，廣爲人説，自利、利他，彼此受潤，故名'流通'，沾及暇兆③。"

爾時盧舍那佛在沖天之上、自然光炎宫中，與无量恒河沙大菩薩衆，並及下方欲界天子、八万億衆，上至頂天十地菩薩，歡喜无量，不散而去，各住本國，忽然不現。

究竟大悲經卷第四。

---

① 以，乙本作"已"。

② 關，録本訛作"開"，甲、乙二本作"閞"。《干禄字書》："閞關，上俗下正。"慧琳《音義》卷三《大般若經》音義："關，經作閞，非也。閞音弁，非經義也。"張涌泉認爲用同"關"的"閞"字當是"關"的簡省俗字，與音弁的"閞"爲同形字。

③ 兆，録本作"乖"，甲、乙二本作"垗"，乃"兆"字俗體。"兆"字古作"𠒂"，象龜甲裂紋之形，隸書或變作"北"形（見《漢韓敕碑》），而"垗"又爲其變體。《干禄字書》："垗兆，上通下正。"

No. 2881 佛説善惡因果經

[題解]

中國人所撰僞經,又名《菩薩發願修行經》、《善惡因果經》、《善惡因緣經》、《因果經》,著譯者不詳,一卷。敦煌文獻中存54號,日本文書中存3號,共57號。伯2055c,首尾全,首題"佛説善惡因果經",尾題"佛説善惡因果經一卷";伯2922,首尾全,首題"佛説善惡因果經一卷",尾題"善惡因果經一卷";斯2077,首尾全,首題"□……□善惡因果□",尾題"佛説因果經一卷";斯5458b,首尾全,首題"佛説善惡因果經一卷",尾題"佛説善惡因果經一卷";斯5602,首尾全,首題"佛説善惡因果經",尾題"佛説善惡因果經一卷";日本續藏經本,首尾全,首題"佛説善惡因果經",尾題"佛説善惡因果經一卷"。以上爲完整者,共6號。北敦4238(玉38,北8270),首全尾殘,首題"佛説善惡因果經";北敦858(盈58,北8271),首殘尾全,尾題"佛説因果經一卷"。以上2號,可綴接爲一首尾完整的寫卷。北敦5490(果60,北8657),首殘尾殘;北敦5734(奈34,北8658),首殘尾殘。以上2號,可綴接爲一首殘尾殘的寫卷。北敦8124(乃24,北8659),首殘尾殘;北敦2079(冬79,北8273),首殘尾全,尾題"佛説因果經"。以上2號,可綴接爲一首殘尾全的寫卷。北敦1060(辰60,北8272),首殘尾全,尾題"佛説善惡因果經一卷";北敦8450(裳50,北8660),首殘尾殘;北敦9528(殷49),首殘尾殘;北敦9593(湯14),首殘尾殘;北敦10257(臨386),殘片;北敦10476(臨605),殘片;北敦11139(臨1268),佛説善惡因果經經名簽條,存"佛説善惡因果經一卷"一行;北敦11907(臨2036),殘片;北敦14193(新393),首殘尾全,尾題"佛説因果經";北敦16303(臨4235),殘片,共2行;斯714,首殘尾全,尾題"佛説善惡因果經";斯3400,首殘尾全,尾題"佛説善惡因果經";斯4866v1,首全尾殘,首題“佛説善惡因果經”;斯 4911,首全尾殘,首題“佛説善惡因果經”;斯 4917,首殘尾殘;斯 4978,首全尾殘,首題“佛説善惡因果經”;斯 5610a,首殘尾全,尾題“佛説善惡因緣經一卷”;斯 6311,首全尾殘,首題“佛説善惡因果□……□”;斯 6960v,首全尾殘,首題“佛説善惡因果經”;斯 7597,首殘尾殘;俄 Дx. 1166,首殘尾殘;俄 Дx. 2441,首殘尾殘;俄 Дx. 4504,殘片;俄 Дx. 4892,殘片;俄 Дx. 5243,殘片;俄 Дx. 5616,殘片;俄 Дx. 7387,殘片;俄 Дx. 9947,殘片;俄 Дx. 10342,殘片;俄 Дx. 10772,殘片;俄 Дx. 11157,殘片;俄 Дx. 11612,殘片;中村 074,首殘尾全,尾題“佛説善惡因緣經一卷”;羽 264,首殘尾全,尾題“佛説因果經一卷”;羽 336,首殘尾全,尾題“佛説善惡因果經一卷”。以上爲有殘缺者,共 35 號。另有斯 8224、斯 10237、斯 12140、斯 12638、斯 12704、斯 13093、斯 13951、斯 14082、智積院運敞藏藏刊本(一)、智積院運敞藏藏刊本(二),以上 10 號情況不詳。經文宗旨在宣揚善惡因果報應,認爲人之所以有壽夭、窮通、美醜、智愚,都是由於前世用心不同、造業不同,並詳細敘述了各種報應的前因及各種行爲將收之後報。最後謂修習此經,得度苦難。最初見於《大周刊定衆經目録》,判爲僞經,説明此經出現於 695 年以前。中村不折 074 尾書:“先天二年(713)六月二日寫了。唯願闔家大小無諸等掌(障?),早見家鄉;願一切衆[生]早得脱利(離)苦地。書人尼庭芝了。”另據伯 2055 號有翟奉達的題記,則此經在五代晚期尚在敦煌地區流通。清以前歷代大藏經未收,日本《卍字續藏》將此經收編入藏,後又被《大正藏》收入其第八十五册。張小豔《敦煌疑僞經四種殘卷綴合研究》一文將其中的 11 號殘卷綴合爲 3 組(張小豔《敦煌疑僞經四種殘卷綴合研究》,《宗教學研究》2015 年第 4 期)。《大正藏》録本出校:“㊀日本續藏經,㊥中村不折氏藏敦煌本,甲本首缺。”按:甲本爲中村 074 號。今新增參校本:乙本,伯 2055c 號;丙本,伯 2922 號。

如是我聞:一時佛在舍衛國祇樹給孤獨園。爾時世尊與無量菩薩、人天大衆圍繞説法,一心静聽。爾時阿難爲衆生故而白佛言:“世尊!今見世間等同一種,生在人中,有好有醜,有强有弱,有貧有富,有苦有樂,有貴有賤,音聲不同,言語殊方。有百歲不死,有三十早亡,有十五夭喪,胞胎墮落;有端政而貧賤，有醜陋而富貴；有人[1]强[□][而][2]下劣，有軟弱登上位；有苦而長壽，有樂而命殤；有行善而致過（禍?）[3]，有作惡而福利；有肥白眼䀎睞[4]，有青黑而婉媚；有雖短小而足意氣，有雖長大爲他僕使；有豐饒男女，有孤單獨自；有在外遊[□][行][5]、飢寒憔悴，有入宮[6]在朝、衣食自恣；有少時貧賤、老始富貴，有理實無辜、横罹獄事；有父慈子孝、論經説義，有兄弟乖各[7]、鬬諍交至；有安居立宅、種種豐備，有自無舍屋、處處浮寄；有鳥[8]栖鹿宿、獪（禽）[9]狩（獸）[10]同類，有衣毛茹血、不識文字；有端坐受報，有客作無地；有聰明高爽，有闇鈍無智；有經營始得，有不求自至；有富而慳貪，有貧窮而好施；有出言和睦[11]，有發語棘刺；有爲他愛敬，有衆人遠避；有慈心養命，有殺生無比；有寬而得衆，有爲他所棄；有婦姑相憎，有妯娌歡戲；有喜聽法語，有聞經眠睡；有武夫無禮，有好學文義；有作畜生之形，種種異類。唯願世尊廣説因果，大衆知[12]聞，一心從善。”

佛告阿難：“如汝所問受報不同者，皆由先世用心不等，是以所受千差萬别。今身端政者從忍辱中來爲人，醜陋者從瞋恚中來爲人，貧窮者從慳貪中

① 人，録本作“大”，結合文意，據乙、丙二本改。

② 而，録本無，結合文意，據乙、丙二本補。

③ 過，乙、丙二本作“禍”。“禍”字義長。

④ 《玉篇・目部》：“䀎，目動也。”《廣韻・屋韻》：“䀎，動目。”“䀎”字省旁作“角”。同卷下文：“今身眼目䀎睞者從邪看他婦女中來”，“䀎”字甲本作“角”。慧琳《一切經音義》卷第三十《大方廣寶篋經》中卷音義：“角睞，下來代反。《蒼頡》篇云：‘睞謂内視也。’《説文》：“睞，目童子不正也。從目，來聲。”[T54n2128p0509b05]《方廣大莊嚴經》卷第九：“或眼目角睞，或口面喎斜，或舌形廣大，或縮如墼石。”[T3n0187p0594a7]《大乘寶要義論》卷第四：“其後成滿一劫，乃得人身。雖生佛國土中，然五濁具足，空無智慧，眼目角睞，又復聾瘂。”[T32n1635p059c4]皆其例。

⑤ 行，録本無，結合文意，據丙本補。

⑥ 宮，乙、丙二本作“官”。

⑦ 各，乙、丙二本作“格”。

⑧ 鳥，録本作“烏”，結合文意，據乙、丙二本改。

⑨ 獪，與“禽”同。

⑩ 狩，乃“獸”之後起字。朱芳圃《殷周文字釋叢》：“獸即狩之初文。”

⑪ 睦，乙、丙二本作“濡”。

⑫ 知，録本作“死”，結合文意，據乙、丙二本改。

來爲人，高貴[□][者][①]從禮拜中來爲人，下賤從憍慢中來爲人，長大從恭敬中來爲人，座(痤)[②]短從慢法中來爲人，狠戾從羊中來爲人，黑瘦[③]從障佛光明中來爲人，緊脣從嘗齋[④]食中來爲人，赤眼從惜火光明中來爲人，雀目從縫鷹眼合[⑤]中來爲人，瘖瘂從謗法中來爲人，耳聾從不喜聞法中來爲人，缺齒從喜咬骨肉中來爲人，塞(褰)[⑥]鼻從燃不好香供養佛中來爲人，脣缺從穿魚鰓中來爲人，黄髮從攙猪中來爲人，穴耳從穿耳中來爲人，蛇體從著輕衣盪[⑦]突佛像中來爲人，黑色從安佛像著屋簷下烟熏處中來爲人，癵躄[⑧]從見師長不起中來爲人，僂脊從輕衣出入背佛像中來爲人，脛額者從見佛不禮、捉手打額中來爲人，短項從見尊長縮頭走避中來爲人，心痛病者從斫刺衆生身體中來爲人，癩病從枉取他物中來爲人，氣嗽從冬月與人冷食中[□][來][⑨]爲人，無男女者從殺他諸鳥子中來爲人，饒兒息者從喜養生物命中來爲人，長命者從慈心中來爲人，短命者從殺生中來爲人，大富者從布施中來爲人，有車馬者從施三寶車馬中來爲人，聰明從學問誦經中來爲人，闇鈍從畜生中來爲人，奴婢從負[⑩]責中來爲人，躁狂[⑪]從獮猴中來爲人，病癩者從破壞三寶中來爲人，手腳不隨者從縛敕衆生手腳中來爲人，惡性從蛇蝎中來爲人，六根具

① 者，録本無，結合文意，據乙、丙二本補。

② 座，此當爲“痤”之换旁俗字(敦煌文獻中“廣”旁“疒”旁常混)。《小品般若波羅蜜經》卷第八：“須菩提！菩薩如是學者，不盲，不瞎，不睞眼，不痤短，不聾瘂，不頑鈍，不形殘，身根具足。”[T8n227p574a24]“痤”又爲“矬”之借字(二字中古均從母、戈韻、平聲)。慧琳《一切經音義》卷第二十六《大般涅槃經》第十四卷音義：“矬人，才戈反。《廣雅》：‘矬，短也。’《通俗》云侏儒曰‘矬’。經文多作‘痤’字。《説文》云：‘小腫也。’非此義也。”[T54n2128p0473c16]此字丙本即作“矬”。

③ 瘦，録本作“瘦”，結合文意，據乙、丙二本改。

④ 齋，録本作“齊”，結合文意，據乙、丙二本改。

⑤ 合，乙本無。

⑥ 塞，乙、丙二本作“褰”。“褰”字義長。

⑦ 盪，乙、丙二本作“湯”。

⑧ “癵躄”二字乙、丙二本作“臠腁”。“臠腁”此當爲“癵躄”之换旁俗體。

⑨ 來，録本無，據乙、丙二本補。

⑩ 負，録本作“貧”，結合文意，據乙、丙二本改。

⑪ 狂，乙本作“撓”，丙本作“蹺”。

足者從持戒中來爲人，諸根不具足者從破戒中來爲人，不净潔者從猪中來爲人，喜歌舞者從伎兒中來爲人，多貪從狗中來爲人，項有癭肉者從獨食中來爲人，口氣嗅（臭）①者從惡駡中來爲人，男根不具足者從揵（犍）②猪狗中來爲人，舌短者從屏處盜駡尊長中來爲人，喜淫他婦女者死墮鵝鴨中爲人，喜淫九族親者死墮雀中爲人。慳惜經書、藏匿智慧不爲人説者死作土木中虫，好帶弓箭騎乘［□］［者］③死墮六夷中，好猲（獵）④殺生者死墮犲狼中，好著釵⑤華者死作載⑥勝虫，喜著長衣者死作長尾虫，憙卧食者死墮猪中，好著綵色衣服者死作斑駮鳥，憙學人語調弄者死作鸜鵒鳥，憙讒人者死墮蟒蛇惡毒中，横惱他人者死作懊惱虫，爲人憙傳惡作⑦信者死作鵄梟鳥，爲人喜作殃禍語者死作野狐，喜驚恐人者死作麞⑧鹿虫，前身著木屐入寺者今身生在**䠉**（銅）⑨蹄馬中，先身⑩憙放下氣者今作蝹（蜳?）⑪蠋（蠾?）⑫虫，先身用衆僧碓

① 嗅，乙、丙二本作“臭”。在表“聞”義時，“嗅”乃“臭”之後起字。然此處“嗅”乃“臭”之誤字，指難聞的氣味。《孔子家語·六本》:“與不善人居，如入鮑魚之肆，久而不聞其臭。”《玉篇·自部》:“臭，惡氣息。”

② 揵，此當爲“犍”之訛俗體。《廣韻·元韻》:“劇，以刀去牛勢。或作犍。”下文:“今身犍豬狗者，死墮尖石地獄中。”中“犍”字丙本作“揵”。可助勘。

③ 者，録本無，據丙本補。

④ 結合文意，此處“猲”當爲“獦”字訛省。《干禄字書》:“獵獦:上通下正。”慧琳《一切經音義》卷第七十四《佛本行讚傳》第五卷音義:“獵，傳文作獦，俗字也。”此字乙、丙二本作“**猎**”，乃“獦”之變體。斯 388 號《正名要録》“右正行者楷註脚稍訛”類:“獵**猎**”。

⑤ 釵，録本作“創”，結合文意，據乙、丙二本改。

⑥ 載，乙、丙二本作“戴”。

⑦ 作，乙、丙二本無。

⑧ 麞，録本作“**䜿**”，結合文意，據乙、丙二本改。

⑨ **䠉**，録本作“**蹹**”，結合文意，據乙、丙二本改。“**䠉**”當爲涉下“蹄”字類化而成的“銅”之俗字。

⑩ 身，録本作“月”，結合文意，據乙、丙二本改。

⑪ **蝹**，此當爲“**蜳**”之訛字。《字彙·蟲部》:“**蜳**，蟲類。似蜎。”該字乙、丙二本作“**蜳**”。

⑫ 蠋，乙本作“蝦”，丙本作“**蝧**”。此疑作“蠾”之借字。《爾雅·釋蟲》:“蚅，烏蠋。”郭璞注:“大蟲如指，似蠶。”《莊子·庚桑楚》:“奔蜂不能化藿蠋，越雞不能伏鵠卵。”成玄英疏:“蠋者，豆中大青蟲。”［漢］劉向《説苑·談叢》:“蠋欲類蠶，鱔欲類蛇，人見蛇蠋，莫不身灑然。女工修蠶，漁者持鱔，不惡何也？欲得錢也。”

磓者今作叩頭虫，先身節量人食者今作啄木虫，盜用僧水者今作水中魚鱉，污衆僧地者作屏中虫，盜僧菓子者作食泥土虫，偷僧物者今作碾磓[1]牛驢，强從僧乞貸者今作白鴿鳥，罵辱衆僧者今作牛領中虫，食衆僧菜者作蓼中虫，坐僧床者作蛐蟮虫，用僧雜物者作飛蛾投火虫，捶捭(髀)骨[2]入寺者今作長嘴鳥，著烟炇(胭脂)[3]、胡粉、朱脣入寺者今作赤嘴鳥，著綵色衣入寺者今作黄鵊鷜[4]，夫婦在寺中止宿者今作青頭台虫，卻坐佛塔者今作駱駝身，著鞋靴入浮圖精舍中者今作蝦螟虫，聽法亂語者今作百舌鳥。污净行尼僧者死墮鐵窟地獄中，百萬刀輪一時來下，斬截其身。"

爾時阿難白佛言："如佛所説，犯衆僧物實是大重。若如是者，四輩檀越云何得詣寺中恭敬禮拜？"佛言："往僧藍中有二種心：一者善心，二者惡心。云何名爲'善心'？若至僧中見佛禮拜，見僧恭敬，請經問義，受戒懺悔，捨於財物，經營三寶，不惜身命，護持大法，如是之人舉足一步，天堂自來，未來受果，如樹提伽，是則名爲'最上善人'也。云何名爲'惡心'？若有衆生入寺之時，唯從衆僧乞索借貸；或求僧長短，專欲破壞；或噉僧食，都無愧心，餅菓菜茹懷挾歸家。如是之人，死墮鐵丸地獄，鑊湯爐炭、刀山劍樹靡所不經，是即名爲'最下惡人'。"佛語阿難："誡語來世是我弟子者於三寶所謹慎莫犯，努

---

① "碾磓"二字録本作"碓碓"，結合文意，據乙、丙二本改。

② 捭，此當爲涉上"捶"字類化而成的"髀"之借字。捭骨，録本作"骨捭"，據文意乙正。

③ "煙炇"二字乙本作"粈枝"，丙本作"煙炆"。"炇"當爲"炆"之訛，"粈枝"、"煙炆"當即"胭脂"之記音字。

④ 《金光明最勝王經疏》卷二："黄鳥者舊本云'呴枳羅'，此云'黄鳥'，應是此間黄戾婁鳥。"[T39n1788p200a7—8]《爾雅・釋鳥》："皇，黄鳥。"郭璞注："俗呼黄離留，亦名搏黍。"今按："離"字《廣韻・霽韻》一音郎計切，與"戾"字同一小韻。"婁"字《廣韻・侯韻》一音落侯切，"留"字《廣韻・尤韻》一音力求切，二字同爲來母，同在流攝，韻部相近，當可通假。"黄戾婁"當即黄離留。黄離留，即黄鶯，身體黄色，自眼部至頭後部黑色，嘴淡紅色。叫的聲音很好聽，常被飼養作籠禽。吃森林中的害蟲，對林業有益，也叫鶬鶊。又作"黄鸝留"、"黄栗留"。《詩・周南・葛覃》："黄鳥於飛。"[唐]孔穎達《毛詩注疏》引[三國・吴]陸璣疏："黄鳥，黄鸝留也。或謂之黄栗留……當葚熟時，來在桑間。故里語曰：'黄栗留看我麥黄葚熟。'應是應節趨時之鳥。"上揭"鷜"當爲"戾婁"涉"鳥"而成的增旁字。

力崇成，勿生退心。用佛語者，彌勒出世得度無疑。”

佛言：“今身劫剥人衣者死墮寒冰地獄，又生蠶虫，爲他煑[①]剥。今身不憙燃燈照經像者，死墮鐵圍山間黑闇地獄中。今身屠殺斬截衆生者，死墮刀山劍樹地獄中。今身飛鷹走狗憙獵射者，死墮鐵鋸地獄中。今身多邪行者，死墮銅柱鐵床地獄中。今身畜多婦者，死墮鐵磑地獄中。今身畜多夫主者，死墮毒蛇地獄中。今身燒煑[②]雞子者，死墮灰河地獄中。今身攕猪鶵者，死墮鑊湯地獄中。今身犍猪狗者，死墮尖石地獄中。今身飲酒醉亂者，死墮飲銅地獄中。今身斬截衆生者，死墮鐵輪地獄中。今身偷衆僧菓子者，死墮鐵丸地獄中。今身食猪狗腸[③]肉者，死墮糞屎地獄中。今身作生魚[□][鱠][④]食者，死墮刀林劍樹地獄中。今身作後母誏剋前母兒者，死墮火車地獄中。今身兩舌鬪亂者，死墮鐵犁地獄中。今身兩口罵人者，死墮拔舌地獄中。今身多妄語者，死墮鐵針[⑤]地獄中。今身殺生祠邪神者，死墮鐵碓地獄中。今身作師母鬼語誑他取物者，死墮肉山地獄中。今身作師母合眼眠地[□□][獄中][⑥]誑他上天取你[⑦]魂神者，死墮斬腰地獄中。今身作師母教他殺生求其大神，或祠[⑧]五道土地社公、阿魔女郎，諸如是等，皆是誑惑愚人，死墮[□][斧][⑨]斫地獄中，爲諸獄卒莝(剉)[⑩]斬其身，鐵嘴之鳥啄兩眼睛。今身作師公，或葬[⑪]埋死人、占宅吉凶、五姓便利、安龍[⑫]謝竈，[□][镇][⑬]壓衰禍、誑其癡人、多取財物、妄作吉凶之語者，如是之徒死墮鐵銅[⑭]地獄中，無量惡鳥集

---

①② 煑，録本作“爆”，結合文意，據乙、丙二本改。

③ “腸”字乙本無

④ 鱠，録本無，結合文意，據丙本補。

⑤ 針，乙、丙二本作“釘”。

⑥ “獄中”二字録本無，結合文意，據丙本補。

⑦ 你，録本作“禰”，結合文意，據乙本改。

⑧ 祠，録本作“禍”，結合文意，據乙本改。

⑨ 斧，録本無，結合文意，據乙、丙二本補。

⑩ 莝，乙本作“剉”。“莝”乃“剉”之借字。《玉篇·刀部》：“剉，斫也。”

⑪ 葬，丙本作“喪”。

⑫ 龍，乙本作“宅鎮”。

⑬ 鎮，録本無，結合文意，據丙本補。

⑭ 銅，乙本作“網”，丙本作“釰”。

在其身，食噉肉盡，啄其筋骨，受苦無窮。今身作其醫師，不能差(瘥)病，誑他取物，死墮針灸地獄中，舉身火燃。今身破塔壞寺、反戾師僧、不孝父母者，死墮入阿鼻大地獄中，備經八大地獄，復入諸小地獄，一[①]百三十六所悉皆入中，或經一劫、二劫乃至五劫，然後得出。值善知識，發菩提心；若不值遇，還墮地獄。"

佛言："爲人身大臭穢、健瞋難解者，從駱駝中來爲人；喜行健食、不避嶮難者，從馬中來爲人；堪履寒熱、無記録心者，從牛中來爲人；高聲無愧、多所愛念、不别是非者，從驢中來爲人；恒貪肉食、所作無畏者，從師子中來爲人；身長眼圓、多遊曠野、憎嫉妻子者，從虎中來爲人；毛長眼小、不樂一處者，從飛鳥中來爲人；性無返復、喜殺害虫者，從野狐中來爲人；勇健、少於淫欲、不愛妻子者，從狼中來爲人；不好妙服、伺捕奸非、小時眼惡多怒者[②]，從狗中來爲人；好淫憙談、衆人所愛者，從鸚鵡中來爲人；樂人[③]衆中言語多煩者，鸜鵒[④]中來爲人；體小好淫、意不專定、見色心惑者，從雀中來爲人；眼赤齒短、語便吐沫、卧則纏身者，從蛇蚖中來爲人；語則瞋恚、不察來義、口出火毒者，從蝎中來爲人；獨處貪食、夜則少睡者，從狸中來爲人；穿墻竊盗、貪財健怨、無有親疏者，從鼠中來。"

佛言："爲人破塔壞寺、隱藏三寶物作己用者，死墮阿鼻大地獄中，從地獄出，受畜生身，所謂鴿雀、鴛鴦、鸚鵡、青雀、魚鱉、獼猴、獐鹿；若得人身，受黄門形、女人二根、無根淫女。爲人喜瞋恚者，死墮毒蛇、師子、虎狼、熊羆、猫狸、鷹雞[⑤]之屬；若得人身，喜養雞猪。屠兒獵師、網捕獄卒、爲人遇(愚)[⑥]癡、不解道理者，死墮象、猪、牛、羊、水牛、蚤虱、蚊蝱、蟻子等形；若得人身，

---

① "一"字前甲本殘。

② "小時眼惡多怒者"七字甲本、乙本均作"少眼多怒者"，丙本作"少眠多怒者"。

③ 人，甲本無。

④ "鸜鵒"二字録本作"鸚鵒"。結合文意，據甲本改。"鸜鵒"亦作"鴝鵒"，鳥名，俗稱"八哥"。《春秋·昭公二十五年》："有鸜鵒來巢。"楊伯峻注："鸜同鴝，音劬。鸜鵒即今之八哥，中國各地多有之。"

⑤ 雞，乙、丙二本作"鷂"。

⑥ 遇，此當爲"愚"字之訛。此字乙、丙二本作"愚"。

聾盲、瘖瘂、癃殘、背瘻，諸根不具足，不能受法。爲人憍慢者，死墮糞虫、駞[①]驢、犬馬；若生人中，受奴婢身，貪窮乞丐，衆所輕賤。爲人因官形勢貪取民物者，死墮肉山地獄中，百千萬人割肉而噉。今身喜立他人者，死墮白象中，腳直不得眠[②]卧。今身破齋夜食者，死墮餓鬼中，百萬萬歲不得飲食；若行之時，節頭火出。今身喜露形坐者，死作寒鴞蟲[③]。今身懷挾齋殘飲食者，死墮熱鐵地獄中；又生人間，著咽塞病，短命而死。今身禮佛頭不至地者，死墮倒懸地獄；又生人間，多爲欺誑。今身禮佛不合掌者，死墮邊地，多用功力，無所收獲。今身聞鐘聲不起者，死墮蟒蛇中，其身長大，爲諸小虫之所唼食。今身拱手禮佛者，死墮反縛地獄；又生人中，橫遭惡事。今身合掌、五體投地、至心禮佛者，常處尊貴，恒受快樂。今身健瞋懊食者，從顛狂中來。今身眼目睆[④]睞者，從邪[⑤]看他婦女中來。今身護婦罵父母者，死墮斬舌地獄中。今身加[⑥]水著酒中沽與人者，死作水中虫；又生人間，水腫斷氣而死。"

佛告阿難："如向所説種種衆苦皆由十惡之業，上者地獄因緣，中者畜生因緣，下者餓鬼因緣。於中殺生之罪，能令衆生墮於地獄、畜生、餓鬼；若生人中，得二種果報：一者短命，二者多病。劫盗之罪，亦令衆生墮於地獄、畜生、餓鬼；若生人中，得二種果報：一者貧窮，二者共財，不得自在。邪淫之罪，亦令衆生墮於地獄、畜生、餓鬼；若生人中，得二種果報：一者婦不貞良，二者二妻相諍，不隨已心。妄語之罪，亦令衆生墮於地獄、畜生、餓鬼；若生人中，得二種果報：一者多被誹謗，二者恒爲多人所誑。兩舌之罪，亦令衆生墮於地獄、畜生、餓鬼；若生人中，得二種果報：一者得破壞眷屬，二者得弊惡眷屬。惡口之罪，亦令衆生墮於地獄、畜生、餓鬼；若生人間，得二種果報：一

① 駞，原卷及録本作"馳"。結合文意，據甲、乙、丙三卷改。"駞"乃"駝"之異體。斯617號《俗務要名林》："駱駞：上朗各反，下唐羅反。""馳"亦可作"駞"，指車馬疾行，與作爲"駝"之異體之"駞"字别。

② 眠，録本作"眼"。結合文意，據甲、乙、丙三卷改。

③ 蟲，甲本作"蟲蟲"，其中一"蟲"字當係衍文。

④ 睆，當係涉下"睞"字而成的"角"之增旁俗字。詳見前釋。

⑤ 邪，丙本作"蛇"。

⑥ 加，原卷及録本作"如"。結合文意，據甲、乙、丙三卷改。

者常聞惡聲,二者所有言説恒有諍訟。綺語之罪,亦令衆生墮於地獄、畜生、餓鬼;若生人間,有二種果報:一者説正[□][語][1]人不言受,二者所有言[2]説不能辯了。貪欲之罪,亦令衆生墮於地獄、畜生、餓鬼;若生人中,得二種果報:一者貪財無有厭足,二者多求恒無從意。瞋恚之罪,亦令衆生墮於地獄、畜生、餓鬼;若生人中,得二種果報:一者常爲他人求其長短,二者常爲他所惱害。邪見之罪,亦令衆生墮於地獄、畜生、餓鬼;若生人間,得二種果報:一者常生邪見家,二者心恒謟曲。諸佛子!如是十惡業道皆是衆苦大聚因緣。"

爾時大衆之中有作十惡業者,聞佛説斯地獄苦報,皆大號哭,而白佛言:"世尊!弟子作何善行得免斯苦?"佛言:"當復教化一切衆生共同福業。云何修福?若有衆生今身作大化主造立浮圖寺舍者,未來必作國王,統領萬民,無往不伏。今身作邑王中正維那輪主者,未來之世[3]必作王臣、輔相、州郡令長,衣馬具足,所須自恣。今身率化諸人作諸功德者,未來世中必作豪富長者,衆人敬仰,四道開通,所向諧[4]偶。今身好喜燃燈續明者,生在日月天中,光明自照。今身喜布施慈心養命者,生處大富,衣食自然。今身好施人飲食者,所生之處天厨自至,色力具足,聰慧[5]辯才,壽命長遠;若施畜生,得百倍報;施一闡提,得千倍報;施持戒比丘,得萬倍報。若施法師流通大乘講宣如來祕密之藏、令使大衆開其心眼者,得無量報。若施菩薩諸佛,受報無窮。又復施三種人果報無盡:一者諸[6]佛,二者父母,三者病人。一食之施尚獲無量之報[7],况能[8]常施,何可窮盡[9]?今身洗浴衆僧者,所生之處面目

① 語,原卷及録本無。結合文意,據甲、丙二卷補。

② "言"字前甲本有一"口"字。

③ "之世"二字甲、乙、丙三卷無。

④ 諧,原卷及録本作"對"。結合文意,據甲本、乙本改。"諧偶"亦作"諧耦",和合。王充《論衡·驗符》:"龍見,往世不雙,維夏盛時二龍在庭。今龍雙出,應夏之數,治諧偶也。"

⑤ 《大正藏》録本出校:"慧=明㊙。"按:甲本"明"旁實有三點,爲廢棄號,下接書"慧"字。此字乙、丙二本作"明"。

⑥ 諸,甲、丙二卷無。

⑦ "之報"二字甲本無。

⑧ "能"字前甲本有一"佛"字。

⑨ 盡,甲本無。

端正，自然衣裳，衆人敬仰。今身喜讚歎讀誦經法者，所生之處音聲雅妙，聞者歡欣。今身喜持戒者，所生端正，人中最勝。今身好喜造作義井漿①瓮、在道種樹蔭蓋諸人者，所生之處常作人王，百味飲食隨念即至。今身喜抄寫經法施人讀者，所生之處口辯多才，所學之法一聞領悟，諸佛菩薩常加擁護②，人中最勝，恒爲上首。今身喜造橋船濟渡人者，所生之處七寶具足，衆人敬歎，莫不瞻仰，行來入出，爲人扶接。"

佛告阿難："如我處處③經中所説因果，勸諸衆生讀誦修行，得度苦難。若聞是經生誹謗者，其人現世舌則墮落。"

爾時阿難白佛言："世尊！當何名斯經？以何勸發之？"

佛告阿難："此經名爲'善惡因果'，亦名'菩薩發願修行經'。如是受④持。"

佛説是經時，衆中八萬天人發阿耨多羅三藐三菩提心，百千女人現轉女身得成男子，千二百惡人捨其毒意、自知宿命，無量善人得無生忍恒受快樂，無量亡⑤者生諸净土⑥，共諸佛菩薩以爲等侶。一切大衆歸⑦家作福，歡喜奉行。

佛説善惡因果經一卷(終)。⑧

---

① "漿"字原卷及録本作"獎"。結合文意，據甲、乙、丙三卷改。

② 《大正藏》録本出校："擁護＝護之㊙。"按：此二字甲本實作"擁護"，《大正藏》原校乃憑空妄説。

③ "處處"二字乙本作"處"。

④ "是受"二字甲本作"此"，乙、丙二本作"此受"。

⑤ 亡，録本作"正"，結合文意，據甲、乙、丙三本改。

⑥ "生諸净土"四字甲本作"神生净度"。

⑦ "衆歸"二字甲本作"師"。

⑧ 終，甲本無。甲本尾書："先天二年(713)六月二日寫了。唯願闔家大小無諸等掌(障?)，早見家鄉；願一切衆[生]早得脱利(離)苦地。書人尼庭芝了。"乙本尾書："弟子朝議郎檢校尚書工部員外郎翟奉達爲亡過妻馬氏追福，每齋寫經一卷，標題如是：第一七齋寫《無常經》一卷，第二七齋寫《水月觀音經》一卷，第三七齋寫《咒魅經》一卷，第四七齋寫《天請問經》一卷，第五七齋寫《閻羅經》一卷，第六七齋寫《諸護童子經》一卷，第七[□][七]齋寫《多心經》一卷，百日齋寫《盂蘭盆經》一卷，一年齋寫《佛母經》一卷，三年齋寫《善惡因果經》一卷。右件寫經功德爲過往馬氏追福，奉請龍天八部、救苦觀世界音菩薩、地藏菩薩、四大天王、八大金剛以作證盟，一一領受福田，往生樂處，遇善知識，一心供養。"

No. 2882 佛説呪魅經

[題解]

中國人所撰僞經,又名《呪魅神經》、《呪魅經》、《呪媚經》,著譯者不詳,一卷。敦煌文獻和吐魯番、日本古寫經中存有全經,共30號,據曹凌的《中國佛教疑僞經綜録》研究,分屬六個不同的傳本係統:(一)BD4663(劍63,北8265),首尾全,首題"□……□呪魅經",尾題"佛説呪魅經一卷";斯418,首尾全,首題"佛説呪魅經",尾題"呪魅經";斯2088,首尾全,首題"佛説呪魅經",尾題"佛説呪魅經一卷";津藝193(3),首尾全,首題"佛説呪魅經",尾題"呪魅經"。以上爲完整者,共4號。斯6146,首全尾殘,首題"佛説呪魅經一卷",題名下有"令狐進子供養"一行文字;斯2517,首殘尾全,尾題"佛説呪魅經一卷"。以上共2號,可綴接爲一首尾完整的寫卷,中間略殘數字。BD4763(號63,北8268),首殘尾全,尾題"佛説呪魅經";BD8120(乃20,北8267),首殘尾全,尾題"佛説呪魅經一卷";斯4311,首殘尾全,尾題"佛説呪魅經一卷";伯3689,首殘尾殘。以上爲有殘缺者,共4號。(二)BD780(月80,北8266),首殘尾殘。以上爲有殘缺者,共1號。(三)臺北"中央圖書館"112號,首殘尾全,尾題"佛説呪魅神經"。以上爲有殘缺者,共1號。(四)BD597a(荒097,北8269),首殘尾全,尾題"佛説呪魅經一卷"。以上爲有殘缺者,共1號。(五)甘博64,首殘尾全,尾題"佛説呪魅經一卷"。以上爲有殘缺者,共1號。(六)日本名古屋七寺寫經,首尾全,首尾皆題"佛説呪魅經一卷",並有"一交(校)了,慶俊"的題記;京都博物館藏守屋氏舊藏寫經61號,首尾全,首尾皆題"佛説呪魅經";以上爲完整者,共2號。不能區别傳抄係統的寫卷有:大谷文書5059號,殘片;大谷文書5069號,殘片。以上2號,可綴接爲一首殘尾殘的寫卷。BD11775(臨1904),殘片;斯4524,首殘尾全,尾題"佛説呪魅經";俄Дx.6626a,殘片;俄 Дх. 8823,殘片;俄 Дх. 8992,殘片;出口氏藏吐魯番文書 304 號,殘片;羽 96,首殘尾全,尾題"佛説呪魅經一卷";羽 751,首殘尾殘。以上爲有殘缺者,共 8 號。斯 8008;斯 10058;德國國家圖書館藏吐魯番文書 Ch604,殘片;德國國家圖書館藏吐魯番文書 Ch2034,殘片。以上 4 號情况不明。經文内容敘述佛在舍衛國對諸大衆宣説曾有老狐作魅蠱害人之種種情狀。時大力菩薩請問解救衆生之法,佛作此答復。大致可分爲兩大部分:第一部分以佛説空王佛時給孤獨園中老母野狐造作魅蠱爲因緣,説造魅的種種樣貌方式,佛令其速去,不得久停,請五方五帝來食魅人身體。第二部分以座中大力菩薩請問爲因緣,佛爲其説法,説法内容包括佛遣四天王下世"療治百惡",請各方神衹、諸菩薩、五方五帝、日月五星、廿八宿及東方大獸、南方蜈蚣、北方西方白象、北方黑象、中央神龍來攻擊魅人。然後此經以説明受持、誦讀、如法轉此經,能得到生天的果報,並能解脱衆苦不受魅害的簡短的流通分作結。此經最早見於隋《法經録》,判爲僞經。出現時間當在 594 年以前。清代以前歷代大藏經未收,《大正藏》據斯 418 號與斯 2517 號録入其第八十五册。《七寺古逸經典研究叢書》第一卷《中國撰述經典》第二册根據日本七寺所藏寫本對此經進行録本。今仍以《大正藏》録本所據卷斯 418 號爲底本。校本:甲本,斯 2517 號;乙本,津藝 193(77·5·4532)(3)號;丙本,甘博 64 號。

爾時佛在舍衛國妙龍□□□□□□□□(宫中向下玄看,見一)[①]切衆生作罪,不可論盡。□□□□□□□□□(今爲一切衆生死於善)[②]道,令得開悟。吾[③]今爲汝説過去未來之見。往昔空王佛時,給孤獨園中有一老狐,穴前燒其脂火,夜半日月五星下,造作魅蠱,上牽[④]天神,下牽[⑤]五帝,復牽山神,復牽河伯將軍,復牽五道大神。呼取百鬼,造作魅蠱,或作蒲人,或作人

---

① "宫中向下玄看見一"八字底本殘,録本作缺文,據乙本補。

② "今爲一切衆生死於善"九字底本殘,録本作缺文,據乙本補。

③ 以上甲本缺。

④ 牽,底本作"𢹂",與"牽"同。《字彙補·手部》:"𢹂,音義與牽同。"下"牽"字底本皆作"𢹂",不復校。

⑤ "下牽"二字甲本無。

形像,或作符書厭禱呪詛,或取人姓字,或取棘針,或果(裹)[①]黄土,或向日月獨語,不自覺知。或取人家衣裳,或取人衣帶,或取五綵綖縷,或取人家甑帶,或取人家瓫瓨[②]瓦器,或取人家驢馬牛羊[③]猪狗[④]毛,或取人家五行作具[⑤],取人家門楔[⑥],或取人家匙楮(箸)[⑦],作魅蠱,或奇(騎)[⑧]麻鄒馬,或刺人身,或刺[⑨]人心胎[⑩],或針[⑪]人手腳,或針人[⑫]眼孔,或針人腰背,或取人頭毛,或取黄土,或取五綵帛,或取人上下衣帶,或魅蠱人田苗[⑬],或捉群(裙)[⑭]抄舉、向壁獨語,或作狩(獸)[⑮]形像,或作人頭形像,或作魅等[⑯]、符書厭禱呪

---

① 果,甲本作"裹"。此"果"乃"裹"之同音借字(二字皆音古火切)。《爾雅·釋魚》:"(龜)前弇諸果。"陸德明釋文:"果,衆家作裹。"是其例。

② 瓨,指長身的瓮壇。《説文·瓦部》:"瓨,似罌,長頸。受十升。"該字甲本作"甕"。

③ "驢馬牛羊"四字甲本無。

④ "狗"字前甲本有"羊雞"二字。

⑤ "行作具"三字甲本作"形之事"。

⑥ 楔,甲本作"篳"。

⑦ 楮,録本作"箸",據底本改。"楮"當爲"箸"之訛俗字。

⑧ 奇,甲本作"騎"。"奇"當爲"騎"之同音借字('奇'字一音渠羈切,與'騎'音同)。

⑨ 刺,甲本作"針"。

⑩ 胎,甲本無。

⑪ 針,底本作"計",當爲"針"字之形訛,今結合文意,據甲本改。又,下文"或針人眼孔,或針人腰背"可助比勘。

⑫ 人,甲本無。

⑬ 苗,甲本作"作"。

⑭ 群,此當爲"裙"之同音借字(二字均音渠云切)。該字參校本斯 2517 號作"帬",乃"裙"之或體。《篇海類編·衣服類·巾部》:"帬,與'裙'同。"

⑮ 狩,此乃"獸"之後起字。朱芳圃《殷周文字釋叢》:"獸即狩之初文。"《張遷碑》:"張釋之建忠弼之謨。帝遊上林,問禽狩所有。"顧藹吉《隸辨·宥韵》:"按:《漢書·張釋之》作'禽獸',碑蓋以狩爲獸也。"下文"狩"字同,不復校。

⑯ "魅等"二字甲本無。

咀，或令①作人形、言説不以道理，或魅②蠱人家③牛、馬、羊、犬④、雞、猪、狗⑤，或作生人口舌，或作馬形，或作鬼神形，或作牛、羊、猪、狗⑥形。造魅之⑦人，生死無道，强殺良善。[□□□][若自作]⑧，若教他作，千央(殃)⑨萬罪，造者自當。三梁六柱，還著本主。萬罪[□][千]⑩殃，還自滅亡。急去三千六百一十⑪里止，不得久停。今請東方青帝神王來食魅人腹，今請西方白帝神王來食魅人頭，今請南方赤帝神王來食魅人眼⑫，今請北方黑帝神王來食魅人腳⑬，今請中央皇⑭帝神王來食魅人手。爾時衆中有一菩薩，名爲"大力"，整衣⑮，爲佛作禮，白佛言："世尊！弟子不解罪福，見世間衆生多有五逆，不信首(善?)⑯道，共相魚肉⑰，常有⑱惡念，不知生天堂受樂，不知有地獄憂苦，共相煎煮，魅蠱良善。唯願世尊乃爲弟子分別解説，令得道迹，度脱一切。"

---

① 令，甲本無。

② "魅"前甲本有"作"字。

③ "家"前甲本有"田或魅蠱人"五字。

④ "馬羊犬"三字甲本作"羊犬馬"。

⑤ "雞豬狗"三字甲本無。

⑥ "豬狗"二字甲本無。

⑦ "魅之"二字甲本作"作魅"。

⑧ "若自作"三字底本無，據甲本補。

⑨ 央，參校本斯2517號作"殃"。結合文意，此"央"當爲"殃"之借字("央"字一音於良切，與"殃"同)。馬王堆漢墓帛書甲本《老子·德經》："毋道(遺)身央，是胃襲常。"《隸釋·漢無極山碑》："爲福來福，除央則祀。"均其例。下用同"殃"之"央"字徑括注出其本字，不復校。

⑩ 千，底本及録本脱，據甲本補。

⑪ "一十"二字甲本無。

⑫ 眼，甲本作"腸"。

⑬ 腳，甲本作"眼"。

⑭ 皇，甲本作"黄"。

⑮ "整衣"二字甲本作"自整衣服"。

⑯ 首，甲本作"善"。"善"字義長。

⑰ "魚肉"二字甲本作"煞食"。

⑱ "常有"二字底本作"有常"，結合文意，據甲本改。

爾時佛告大力菩薩:“汝今未①解,吾爲②汝等③分別解說。汝今諦聽④!吾遣四天王等,令⑤下世間,療治百惡,不得停止。急去千里,可得免脱。”

呪曰:

“魅公字槃永⑥都,魅母字槃石奴。今知汝姓字,知汝姓名。若作魅蠱者⑦,返受其央(殃)。汝教他作,身自滅亡。吾今請四天神王來⑧録魅人⑨名字。吾今呪魅人,頭破作七分,如阿梨⑩樹枝。今當知汝姓名,急去他方,不得停止。今當請南無佛陀來呪魅人,頭破作七分,如阿梨樹枝。今當請四天龍⑪王來呪魅人,頭破作七分,如阿梨樹枝。今當請阿傍⑫來呪魅人,頭破作七分,如阿梨樹枝,不得停止。佛有如是大神呪,此魅人頭破作七分,如阿梨樹枝⑬。今當請普賢菩薩來呪魅人,頭破作七分,如阿梨樹枝。今當請大智菩薩來呪魅人,頭破作七分,如阿梨樹枝。今當請更明菩薩來呪魅人,頭破作七分,如阿梨樹枝。今當請⑭月光菩薩來呪魅人,頭破作七分,如阿梨樹枝。今當請蒙光菩薩來呪魅人,頭破作七分,如阿梨樹枝。今當請火光菩薩來呪魅人,頭破作七分,如阿梨樹枝。今當請華光菩薩來呪魅人,頭破作七分,如阿梨樹枝。今當請月明菩薩來呪魅人,頭破作七分,如阿梨樹枝。今當請文光菩薩來呪魅人,頭破作七分,如阿梨樹枝。今當請龍光菩薩來呪魅人,頭破作七分,如阿梨樹枝。今當請明星菩薩來呪魅人,頭破作七分,如阿

① 未,甲本作“得開”。
② “爲”字前甲本有一“今”字。
③ 等,甲本無。
④ “汝今諦聽”四字甲本作“爾時佛言”。
⑤ 令,甲本作“今”。
⑥ 永,甲本作“市”。
⑦ 者,甲本無。
⑧ 來,甲本無。
⑨ 人,甲本無。
⑩ 梨,甲本作“犁”。
⑪ “龍”字前甲本有一“大”字。
⑫ “阿傍”二字前甲本有一“大”字。
⑬ “不得停止……如阿梨樹枝”二十四字甲本無。
⑭ “大智菩薩……今當請”四十二字甲本無。

梨樹枝。今當請千陽菩薩來呪魅人，頭破作七分，如阿梨樹枝。今[①]當請普明菩薩來呪魅人，頭破作七分，如阿梨樹枝。今當請大[②]明菩薩來呪魅人，頭破作七分，如阿梨樹枝。今[③]當請同光菩薩來呪魅人，頭破作七分，如阿梨樹枝。今當請日中菩薩來呪魅人，頭破作七分，如阿梨樹枝[④]。今當請建立菩薩來呪魅人，頭破作七分，如阿梨樹枝。今當請樹王菩薩來呪魅人，頭破作七分，如阿梨樹枝。今當請龍天[⑤]菩薩來呪魅人，頭破作七分，如阿梨樹枝。今當請地動菩薩來呪魅人，頭破作七分，如阿梨樹枝。今當請東方青帝神王來呪魅人，不得停止。今當請南方赤帝神王來呪魅人，不得停止。今當請西方白帝神王來呪魅人，不得停止。今當請北方黑帝神王來呪魅人，不得停止。今當呼日月五星、二十八宿來攝魅人，不得停止，急去千里。東[⑥]方大狩(獸)[⑦]來食魅人身，南方蜈蚣來食魅人眼，西方白象[⑧]來食魅人[⑨]頭，北方黑象來啄[⑩]魅人心藏，中央黄帝神[⑪]龍王來食魅人神。吾見魅人眼目角張，或作猖狂，不似人形，或在人門前，或在屋[⑫]裏，或在碓磨上，或在人田地間跳良(踉)[⑬]不止。或正月歲日，或正月十五日，或時節日，或燒其脂火、呪説不止。

---

① “今”字前甲本有：“今當請勇力菩薩來呪人，頭破作七分，如阿梨樹枝。”

② 大，甲本作“太”。

③ “今”字前甲本有：“今當請轉輪菩薩來呪魅人，頭破作七分，如阿梨樹枝。”

④ “今當請日中菩薩來呪魅人，頭破作七分，如阿梨樹枝”一句甲本無。

⑤ 天，甲本作“王”。

⑥ 東，底本作“方”。結合文意，底本“方”當爲“東”之誤。玆據正。

⑦ 狩，甲本作“獸”。

⑧ 底本此字實作“**像**”，爲“象”之常見俗體。下文“北方黑象來啄魅人心藏”中“象”，底本亦作“**像**”。

⑨ “眼西方白**像**來食魅人”九字甲本無。

⑩ 啄，甲本作“食”。

⑪ 神，甲本無。

⑫ “屋”字前甲本有一“人”字。

⑬ 良，甲、丙二本作“踉”。結合文意，此“良”當爲“踉”之借字（二字均可音吕張切）。“跳踉”亦作“跳梁”、“咷踉”、“跳**踉**”。“踉”乃後出本字。

吾知汝[□□□□][姓字,知汝][1]姓名,不得停止,急去他方。若坐滅亡,若立[2]消滅,頭破作七分,如阿梨樹枝。若生赤[3]口、赤[4]舌,菩薩呪令消滅,急去,不得久[5]留。”

爾時世尊言[6]:“我今告十方衆生等,吾今爲[7]汝一切衆生、善男子、善女人説此《呪魅經》時,有十方諸佛,過去七佛,十六王子佛,天上諸[天][8]菩薩、天人羅漢、四天大王、天龍八部、諸[天][9]善神、四道果人會[10]在[11]須彌山頭龍華樹下,平[12]量衆生云何可度。若有比丘、比丘尼、優婆塞、優婆夷、男子、女人,有能燒香禮佛、受持此經、供養不絶,令人得福;若有憂苦之心[13],能生善念,皆得天堂之樂。若有人轉此經時,先清潔身,行道燒香受持,可得度脱。若能誦此經七遍呪魅[者,魅則][14]頭破作七分,如阿梨樹枝,一切衆苦皆悉解脱。”

爾時一會[15]一切衆生聞經歡仰,爲佛[16]作禮,持念[17]奉行。

呪魅經[18]。

---

① “姓字知汝”四字底本無,據甲本補。

② “滅亡若立”四字,甲本作“坐喪若立倒地”。

③ 赤,甲本作“人”。

④ 赤,甲本無。

⑤ 久,甲本作“停”。

⑥ “言”字前甲本有一“唱”字。

⑦ “今爲”二字甲本作“語”。

⑧⑨ 天,録本脱,據底本補。

⑩ “會”字前録本衍一“一”字,據底本删。

⑪ 在,甲本無。

⑫ 平,甲本作“評”。

⑬ 心,録本訛作“人”,據底本改。

⑭ “者魅則”三字録本脱,據底本補。

⑮ “一切衆苦皆悉解脱爾時一會”十二字甲本作“佛説此經已”。

⑯ “仰爲佛”三字甲本作“喜”。

⑰ “持念”二字甲本無。

⑱ “呪魅經”三字甲本作“佛説呪魅經一卷”。乙本尾題:“廿一日是三七齋,以家母馬氏追福寫經功德,一一領受福田,永充供養。”

No. 2883 佛説法王經

［題解］

中國人假託佛説所撰經典，又名《蹬刀梯解脱道甘露藥流淥泉如來智心造服者除煩惱法王經》、《涅槃般若波羅蜜經》，作者不詳，一卷。敦煌文獻中存有全本，共 27 號：北敦 14700(新 900)，首尾全，首題“佛説法王經一卷”，無尾題；北敦 15098(新 1298)，首尾全，首題“佛説法王經一卷”，尾題“佛説法王經一卷”。以上爲完整者，共 2 號。斯 2692，首殘尾全，尾題“佛説法王經一卷”；北敦 630(日 30，北 8278)，首殘尾全，尾題“法王經一卷”；北敦 6326(鹹 26，北 8279)，首殘尾全，尾題“法王經一卷”；北敦 6536(淡 36，北 8662)，首尾均殘；北敦 10938(臨 1067)，首尾均殘；斯 7269，首尾均殘；俄 Дx. 1109，首殘尾殘，存 15 行，每行上部殘；俄 Дx. 3989，殘片；俄 Дx. 3968a，殘片；俄 Дx. 3989，殘片；俄 Дx. 5080，殘片，存 9 行；俄 Дx. 5387，殘片；俄 Дx. 5513，殘片；俄 Дx. 6080，殘片；俄 Дx. 6140，殘片；俄 Дx. 6546，殘片；俄 Дx. 7105，殘片；俄 Дx. 9438，殘片。以上爲有殘缺者，共 18 號。斯 8348、斯 9791、斯 9896、斯 11321、斯 12368、斯 14083、斯 14084，以上 7 號情況不明。本經内容可大致分爲三個部分。在第一部分中，以虚空藏菩薩和一闡提多欲爲主要發問者，由“佛陀”講解末法時代的修行方法。其中，以禪宗系的心性思想和成佛觀爲主綫，結合末法思想和《法華經》中的會三歸一的思想，進行了一系列的論述。正文的第二部分由無行菩薩發問，主要討論在佛滅後千五百年的時代，應當如何説法。此經認爲在這個時代，一切衆生均同一病，應當用同一的説法，採用“説體不説相，説義不説文”的方式，而不應區别根器説不同的法。第三部分主要的提問者爲法王菩薩。佛在爲無行菩薩講完第二部分的經文後，預言自己當入涅槃，囑人受持此經。法王菩薩於是發願受持此經，教化衆生。"佛陀"於是詳細向法王菩薩宣講關於心性的問題，認爲一切均是一念妄心所生，妄心的表現即是念，所以要觀念，並認識到念是妄心，所以要做到無念，便得清静。所以行者當務之急在於静心，心静則能得解脱。經文最後以佛陀涅槃、衆人散去作結。此經最早爲《開元録》所著録，出現時間當在730年以前。根據《白氏長慶集》卷四十五《與濟法師書》中白居易對《法王經》的引文，可知此經在九世紀中前期仍在流行。清代以前歷代大藏經未收，《大正藏》據斯2692號録入其第八十五册。張小豔《敦煌疑僞經三種殘卷綴合研究》一文將其中的15號殘卷綴合爲五組，進行了整理研究(《浙江大學學報》人文社會科學版2016年第3期)。今仍以《大正藏》録本所據斯2692號爲底本。校本：甲本，北敦14700號；乙本，北敦15098號。

□□□(爾時佛在娑羅雙樹間臨般涅槃時，一切衆生百千億衆皆在樹下遶佛而坐，瞻仰尊顔，目不暫捨。於時如來以神通力放大光明，遍照虚)[①]□(空)[②]。於[③]其光□□□□□□□□□□□(中現一切法。爾時衆中有一)[④]菩薩□□□□□□□(名曰"虚空藏菩萨")[⑤]即從坐起，繞佛三匝，卻住一面，五體投地，悲泣流涕而白佛言："天中尊如來欲入涅槃，時欲將至。若滅度後，千五百歲，五濁衆生多作惡業，專行十惡。如此衆生福德力薄，於佛所説十二部經甚深妙法多文廣義意趣難解，於其法□(中)[⑥]不可□(披)[⑦]攬。願佛慈悲，爲説大乘，決定真實，令此衆生得真妙藥，療諸毒病，悉令得愈。"

佛告虚空藏菩薩："善哉！善哉！善男子！汝能爲諸衆生問如是事，得

---

① 正文開頭至此五十三字底本殘，録本作缺文，據乙本補。

② 空，録本作缺文，據底本補。

③ "於"字前文字甲本無。

④ "中現一切法爾時衆中有一"十一字底本殘，録本作缺文，據乙本補。

⑤ "名曰虚空藏菩薩"七字録本作缺文，據底本補。

⑥ 中，録本作缺文，據底本補。

⑦ 披，録本作缺文，據底本補。

大利益，不可思議。我當爲汝分别宣説真實大乘決定了義。何以故？度衆生故，令諸衆生離煩惱故，出地獄苦生净土故，必定解脱超生死故。汝等皆當一心，爲汝宣説。”

爾時大衆皆大歡喜踊躍，異口同音俱發聲言：“願佛慈悲，爲我宣説。”

佛言：“諸善男子！欲求解脱，當斷攀緣，一心無二，捨有心相，心性體空，於心性中無染無捨。若無取捨，即無所得。若無所得，即名‘菩提’。何以故？衆多煩惱皆一心生。心若不生，煩惱不生，於諸境智即無取捨。若無取捨，即離諸著。若離諸著，即不攀緣。”

虚空藏菩薩白佛言：“世尊！衆生境智能生善惡。是緣起處，内外二邊諸法相入，云何於中而不取捨？”

佛告虚空藏菩薩言：“善男子！一禪聚觀諸内外必竟不有。何以故？觀内顧内，真性不生；觀外顧外，無明不起；無生無起，即無涅槃，是爲清净，是妙良藥。”

虚空藏菩薩白佛言：“世尊！如來所説大乘實相甚深微妙，無上良藥，入一乘諦。而後衆生三業不净，作十惡業，行闡提行，根基狹劣，難可措心。藥病差别，作何方便令入大乘？”佛告虚空藏菩薩：“我有方便令入大乘。”

虚空藏菩薩白佛言：“世尊！我從昔聞如來爲大乘人説六波羅蜜法，爲中乘人説十二因緣法，爲小乘人説四諦法，爲闡提人説十善法，皆對病根爲説良藥。云何今日説一乘法以救四人？”佛告虚空藏菩薩言：“我説一乘道法，猶如一地能生萬物，長養一切；猶如大雨普潤一切，在地生者皆得潤澤；猶如一米一味之飯，在世衆生、人及非人皆以爲食，食者悉能長養身命。譬如藥王善合妙丹，衆生病熱，服者清凉；衆生病冷，服者温熱；諸下痢者，服之即斷；諸下閉者，服之即通；無病不愈。我説一乘法於彼四人療諸疾病亦復如是。”

虚空藏菩薩白佛言：“世尊！以何方便令彼十惡闡提衆生入一乘道？”佛告虚空藏菩薩：“善男子！我一乘法即具三乘，更無别説而作三乘。汝當諦聽，爲汝宣説。善男子！妙道深體一相無二，以方便故而説三乘。諸法三乘，皆符一觀。一切衆生雖有四種，而於佛性亦無有二。何以故？一切佛、一切衆生同一性相，一體無異，衆生之心自起分别。佛是衆生，衆生是佛。一切衆生皆有佛性，佛性、衆生性皆同一性。一性平等，等諸法故。我有方便,令入一乘。善男子！令彼衆生牢固心城,勿令賊入六識大門。金剛守護,觀心住處,知心住處,於心住處即不住心。若不住心,心則不住。不住諸惡及以境界,即不攀緣。離攀緣故,心即無求。心若無求,心則無住。若無住處,即名'實住心'。善男子！衆生之心作諸煩惱,皆爲心神所起不住故。其心若住,即無煩惱。若無煩惱,即是菩提。"

虚空藏菩薩白佛言:"世尊！一切衆生作諸煩惱,其心不住,從何力起而作攀緣？願佛慈悲,爲衆宣説。"佛言:"一切衆生作諸緣起有二性力。何等爲二？一者、緣外境界起,是緣性力。二者、不緣境界起,自心自起,是性力。善男子！令諸衆生不起二性,則無煩惱,則無菩提。若無煩惱,若無菩提,入真實處,是真菩提。汝等菩薩若化衆生,當令心住。"

虚空藏菩薩白佛言:"世尊！化度衆生,令其心住,住在何處而得菩提？"

佛告虚空藏菩薩言:"善哉！善哉！善男子！汝能善問。如是心義是大菩薩摩訶薩不可思議。汝當諦聽,爲汝宣説。善男子！若化衆生,令其心住,住不在内,住不在外,住不中間。諸佛乘法亦不在内,亦不在外,亦不在中間。住一心神於無住處,故得菩提。若得菩提,亦無菩提可得,是名'如如'。何以故？煩惱妄生,爲妄空故。諸法不自生,法亦空故。此心但有空名,心亦不可得,心亦空故。諸善男子！若知心空,不應於一空心中妄見一切。若見一切,即名'心垢'。心垢若無,即名'漏盡'。眼色與心界三空常净。"

虚空藏菩薩白佛言:"世尊！諸法若然,一切衆生應於一身、一心、一世界能入一佛世界,一佛世界能入遍滿虚空一切佛法世界。"佛告虚空藏菩薩:"善男子！如是！如是！一切世界入一世界,一一世界有一一蓮華座,一一蓮華中各有一如來座,一一如來身充滿一切世界,示現一切世界皆悉虚空。諸佛莊嚴一切世界有一一菩薩。[□□□□][一一菩薩][①]身充滿一切世界,有大神力,於一毛孔中安置一切世界。一切世界入一衆生身,一一衆生身一一世界數,一一世界即是一佛。一[②]佛道場一菩提樹,一菩提樹下各有一佛

① "一一菩薩"四字底本、録本無,據甲、乙二本補。
② 一,録本衍作"一一",據底本删。

座。一[一]①佛身充滿一切世界,一一佛妙聲亦充滿一切世界。一切世界皆隨所應,無不聞解,皆爲歡喜。諸行者知法在其身中,不應而於他方一切世界之處而求佛身,應於一心一世界處而求佛身。於一身中能生一切身,於一切身中能生一身。何以故?一身一佛身故。一切衆生身,衆生身及諸佛身,皆從一心生。一心若善,諸法善盡。一心若惡,諸法惡盡。若作惡業,則生惡衆生之身。若作善業,則生天人諸身。若於一心離一心想,於心相中空無所得,復離空心界,於無取地能生佛身,於佛身中一身無二,一佛性故。一佛性中即一心性,於一心外更無他求。若作他求,即爲顛倒。何以故?一切心法無由外請,於外請處即名'爲他'。若求他處,即名'虚妄'。"

虚空藏菩薩白佛言:"世尊!於一心中而得佛者,一切心中皆有佛性,一切衆生皆有佛性。若各各能定身心,即得成佛。離此外更無求佛處。"佛告虚空藏菩薩言:"善男子!如是!如是!如汝所言,一切衆生皆有佛性。諸佛如來皆以一心法令諸一切衆生一切之心於一心中而求佛法,而得佛身。"

虚空藏菩薩白佛言:"世尊!若諸衆生有佛性,於佛性中而求得佛。一切衆生皆有心,亦有佛性。是爲可得,是爲可見?"

佛告虚空藏菩薩言:"善男子!入佛妙性實相之際,亦不可得,非不可得;亦不可見,非不可見。何以故?菩薩説佛性有,即名謗佛;説佛性無,亦爲謗佛;説佛性亦有亦無,亦爲謗佛;説佛性非有非無,亦爲謗佛。何以故?菩薩衆生佛性非有如虚空,非無如菟角;菟角無故,虚空常故。非有質相,非有空相,離諸形相,無所著故。不在生處,是故不垢。不住滅處,是故不斷。衆生佛性,妙相如是。説佛性有,即增益謗;説佛性無,損減謗;説佛性非有非無,戲論謗;説佛性似有似無,相違謗。"

虚空藏菩薩白佛言:"世尊!衆生佛性若妙如是,離諸境界,則無所染,由如虚空,體性常净。云何衆生作諸煩惱?若作煩惱,心則是垢。是心之垢從何而生?唯願世尊爲衆宣説,令諸衆生皆悉聞知,令諸衆生破諸煩惱,除蕩心垢,永離蓋纏。"

佛即嬉怡微笑,以左手掌摩菩薩頂,放大光明,普照一切。

---

① 一,録本脱,據底本補。

爾時大衆、一切衆生皆大歡喜踊躍。

佛言:"菩薩爲諸衆生所作如是問,是名'正問',是度衆生。若作他問,是名'邪問',是滅衆生。菩薩! 汝能正問,是度衆生。汝等衆生皆當一心專念諦聽,除散亂想,無營物外,坐性堅志。爲汝宣説。若聞説者,一切十惡衆生皆得解脱。"

虚空藏菩薩白佛言:"世尊! 我等大衆一切衆生皆以一心,無餘亂想。唯願世尊爲衆宣説。"

佛告菩薩大衆等:"一切煩惱從顛倒生,一切顛倒從妄想生,一切妄想從有我生,一切有我從無本生。一切無本,即是無住。無住無本,即爲不有。有則爲垢,無則爲净。於其净處,是常波羅蜜,是樂波羅蜜,是我波羅蜜,是净波羅蜜。若作是見,名爲'正見'。若作餘見,名爲'邪見'。如是見者,是人有慧。作他見者,是人無慧。若有慧者,則方便解。若無慧者,則方便縛。"

虚空藏菩薩白佛言:"世尊! 於其净處若有衆生常起常想,常起樂想,常起我想,常起净想,即是有慧,即非顛倒也。"

佛言:"菩薩,若有衆生如是想,則名'正想'。是人正見,是人有慧。何以故? 如來法身常波羅蜜,樂波羅蜜,我波羅蜜,净波羅蜜,清净處諸佛法身。作是見者,是人是佛真一弟子,從正法生,從法化生,從佛口生,得佛四依。雖曰'凡夫',是四依菩薩。善男子! 於我滅後,若五百歲,若千歲,若千五百歲後,若復有人能於此經受持讀誦,如説修行,於常樂我净處信心正見,復以此法教一衆生,則名'菩薩'。雖曰'凡夫',得受供養,是出家人。"

虚空藏菩薩白佛言:"世尊! 夫是出家之人剔除鬚髪,而披[1]法服,受持具戒,不染於俗,是名'出家',得受供養。如來今説凡夫是出家人,得受供養。不了其義,願佛慈悲,爲我宣説。"

佛告虚空藏菩薩言:"善男子! 剔除鬚髪者,剔除名想,伏身無我,而披[2]法服,直心無諂曲,欲離俗故。持具戒者,不起貪、嗔、癡。我説彼人是名'出

① 披,録本訛作"被",據底本改。"被""披"乃古今字。然録本失真。

② 披,録本訛作"被",據底本改。

家’。雖是凡夫，能伏身心，不起我慢心，不染塵俗，久離於俗，心如金剛，不壞戒性，雖是凡夫，是真出家。復於此教大乘經中修行如説，信佛語故，見常樂我净，爲衆生宣説，雖是凡夫，是四依人，是行菩薩，得受供養，名曰‘行者’，得慧方便，説大乘法。如是法性，皆不離心，從心化生，湛然常一，一相無二。於一相中，亦無内外，亦無中間，離一切故。若離一切，即無生滅。無生滅者，即是真如。真如常住，法、僧不滅，三界衆生，自生自滅。善男子！故説‘衆生無我，諸佛如來是真實我’，能破生死流故。汝等衆生，若求常住，當離諸欲，作無生行。”

虚空藏菩薩白佛言：“世尊！作何行業名‘無生行’？”

佛言：“諸善男子！我不生他，則他不生我。何以故？體性清净空，非有非無常；諸境空清净，非無非不斷。菩薩！諸佛如來恒以一味一性之香爋諸衆生，一心性净，而諸智者得會空解，而諸愚者入迷執縛。何以故？智者衆生無有癡（疑）[①]故，於有覺性覺諸無明，不起無覺，不空不定，入一清净，永離諸惱。愚者衆生爲有癡（疑）故，於有覺性不覺無明，即起無覺，作諸塵惱。若有悟覺，則無無覺。若無無覺，則病不生。若病不生，則無有覺。若無有覺，若無無覺，即無癡（疑）心。何以故？一疑心中有二意故。若無疑心，即不生病。若有生處，即入空舍。一性真空，有爲無相。逢境緣起，如空幻化。菩薩令諸衆生當斷疑心而作心師，不師於心，離諸可欲，無令放逸。若生念處，即須當斷。前念後念，念不相違，即得順理，不起無明，不定有覺，本不動故。若起念時，止念前起。”

虚空藏菩薩白佛言：“世尊！念前若起，作何法覺而能止之？”

佛言：“菩薩令諸行者，每觀心住處。知心住處，即不住心。以是覺故，覺則止之。念欲不起，即無止觀。若有起處，安住虚空，一性空中，染净俱滅，自性清净，不取不捨，念亦不生，無生無行，心行處滅，言語道斷，一佛性覺，更無餘覺，妙性常存，猶如虚空，不著一切。菩薩若行此行，猶如執杖以打虚空，不染而著，是名‘法行’。若有染處，即入方外，遊行净地，一心無二，入定正性，觀一實諦而以懺悔。”

---

① 癡，甲、乙二本作“疑”。“疑”字義長。下“癡”字甲、乙二本作同，不復校。

爾時衆中有一闡提，名曰“多欲”，從昔以來多作惡業，專行十惡，爲諸憎、恚、嫉、妬四蛇牽引，爲諸妄想二鼠嚙斷心根。猶如有人繩懸在樹，四蛇在下吐毒向之，樹上二鼠嚙繩欲斷。若心滅，即三業净。若心不滅，眼色與心俱爲妄想。爲見所縛，將墮地獄。

爾時一闡提因佛聞法，於一念中心生慚愧，欲問如來懺悔之法，心懷慚愧，不能發問。如來神通，即知其意，欲令是人離諸苦惱，出地獄門苦，語虚空藏菩薩言：“於我涅槃後，若有闡提之人多作惡業，滅佛三寶，謗正法，作五逆，必當墮落，於諸地獄乃至十二大劫由（猶）不得出。汝等菩薩當發慈心，令此衆生發露懺悔，皆得解脱。”

虚空藏菩薩白佛言：“世尊！作何法悔而得罪除？願佛慈悲，爲分别説。”

佛言：“菩薩，若欲懺悔，當觀實諦。若見實諦，諸罪悉除。”

佛説語已，爾時衆中百千萬億一切衆生，人及非人，皆悉一心觀一實諦。觀見見已，罪垢皆滅。唯闡提人不見。

其一闡提多欲即從座起，五體投地而白佛言：“世尊！我心無明，雖復學觀，不見實諦。從無始以來乃至今日純行十惡，作何方便令我得見實諦，令罪消除？”

佛告多欲：“汝等闡提皆悉一心，爲汝分别解説。多欲！汝等衆生當觀身心一佛性，法身佛性即一無二。若此二種能作一觀，是名‘正觀’，亦名‘一相正見’。若見有二，即名爲‘邪’。若作邪見，即煩惱起。若無邪見，煩惱不生。煩惱若斷，即名‘清净’。”

佛言：“汝等衆生皆當一心觀一佛性。佛性之外，更無所見。若有所見，皆爲虚妄。作是虚妄，則爲顛倒。多欲！一心净則法法净，一心垢則多法垢。垢則爲罪，净則爲真。心若離垢，罪即不生。”

多欲白佛言：“世尊！我從昔來乃至今日，作諸惡業無量無邊，歷千萬劫。今日發心，觀一佛性實諦，無邊之罪皆悉除不？願佛世尊爲我解説，令我一心無疑。”

佛言：“多欲！若觀實諦，諸罪悉除。何以故？多欲！昔日垢心，今日净心。一心無二，更無别心。今日心净，昔心亦净。是故當知從無數劫來諸罪盡滅。譬如千年塵鏡，以衣一拂，其鏡即明，諸塵皆盡，無有遺餘。又如千年闇室，燃一炬燈，諸闇皆盡。汝等衆生常應一心觀一實諦，於諸法内作諸法行，去離世間一切諸法。何以故？多欲！世間動不動法皆是敗壞。其法若壞，行亦無常。行若無常，法則生滅。離生滅法，即名'真諦'。多欲！譬如瓦師作諸瓦器，隨心所欲，其器無定，其器相□(貌)[①]及以名字皆悉生滅，唯有瓦性一性是常。諸餘體段悉皆生滅，是生滅體即不自生。若不自生，即是不有。多欲！佛性如瓦，衆生性如器。是生滅法，若離諸業，即是佛身。觀一佛身，即無他業。"

多欲白佛言："世尊！我觀實諦，諸罪已滅。復作何業而生法身？"

佛告多欲："若觀實諦，諸病不起，罪垢俱息。心如金剛，必竟不壞。善能持戒，心如虚空，内外清浄。善入禪聚，心如風火，諸行悉散。善依智慧，即名'解脱'。以解脱故，則能知見。多欲！汝能修行是事，即得五分法身。"

多欲白佛言："世尊！五分法身有何因果？"

佛言："多欲！佛性常因，法身常果。何以故？因心佛性緣得果。離因離果，則無因果。若無因果，是佛真身。多欲！於心浄國當住寂浄，當觀實念，則此念中即生浄國。可爲衆生如如説法。入心真空，離諸動説，三識一性，金剛不壞。"

爾時衆中復有菩薩名曰"無行"，即從座起，偏袒右肩，右膝著地，合掌向佛而白佛言："世尊！若佛滅後五百歲，若千歲，若千五百歲後，若爲衆生説法，當何法説？願佛慈悲爲我宣説，令我無疑。"

佛告無行菩薩："善男子！若一千五百歲後爲衆生説法者，説體不説相，説義不説文，如是説者是真説法。若説文相，動口動心，皆是誹謗。善男子！若於一切衆生處説法，當如如相説，平等相説。何以故？當時一切衆生皆同一病，一心一佛性，一性平等，等諸法故。於中若説高下，即名'邪説'。其口當破，其舌當裂。何以故？一切衆生心垢同一垢，一切衆生心浄同一浄。何以故？一切衆生一心浄則同一十善法浄，一切衆生一心垢則同一十惡垢。衆生若病，同一病衆生須藥應須一藥。若説多法，即名'顛倒'。何以故？爲

① 貌，録本作缺文，底本不清晰，據甲、乙二本補。

妄分别善惡法破一切法故。隨基説法斷佛道故。菩薩若當説法,當如如相説。"

無行菩薩白佛言:"世尊！云何如如相説?"

佛告無行菩薩言:"善男子！説一體真法是如如説,直心具説是如如説,無偏執説是如如説,無分别説是如如説,住心一凈處説是如如説,諸説不可説是如如説。"

爾時無行菩薩欲令大衆一切衆生悉皆明了,重白佛言:"世尊！云何説不可説是如如説?"

佛告無行菩薩言:"善男子！一切諸法自相空説則不可説,一切説法無相説即不可説,一切諸法無作説即不可説。善男子！若如是説,即不可説是如如説。"

無行菩薩白佛言:"世尊！法若如是説,云何直心具説?"

佛告無行菩薩言:"善男子！直心者直以心信如來義説,不以自心説;具者具十善義,具四諦義,具十二因緣義,具六波羅蜜義,具三解脱門義。具如是等法,於一心中一佛性地等一凈説,是名'具説',是如如説。何以故？一切諸法俱爲一故。菩薩等一凈法,猶如一大海水味,種種珍寶所有,求者隨心即得;猶如一神丹,種種諸雜藥和合而以合成,療治一切病,服者一一除愈。等一凈法、一心凈、一佛性、一性凈法亦復如是,等諸法故。如是説者是凈説,若别説者是穢説。何以故？一切衆生皆有佛性,無無佛性。但覺有遠近,無無法身分者。若定根機,爲小乘人説小乘法,爲闡提人説闡提法,若如是説,即名'不説佛道法',是斷佛性,是滅佛身。是説法人當歷百千萬劫,墮諸地獄。縱佛出世,由(猶)不得出。縱令得出,若生人中,即生邊地下賤無有三寶處,缺脣無舌,獲如是報。何以故？菩薩衆生之性則是法性。法性常凈,具一切諸實相好。從本以來,無得無失,無出無没,性常真實,亦無虚妄,亦無煩惱,亦無涅槃,亦無增減,究竟清凈,一性清凈,即是菩提清凈性。菩提性一性無二,平等清凈,言語道斷,猶如虚空,内外清凈,是一清凈,亦不處内外,亦不處中間,無言無説。云何於中分别病藥？若無分别,是無分别智。善男子！離一心外、一清凈外、一佛性外,即無佛可求,即無法可説,即無僧可得。何以故？佛是法故,法是僧故。僧是無爲,無爲則是佛性,佛性則是法身。是故我説此經唯説一衆生身一心、一清凈、一佛性、一佛道場、一菩提樹，充滿一切世界，入一切衆生身。善男子！一切佛從此經生，一切法從此經生，一切僧從此經見。受持是經者即名'受持三寶'，念此經者即名'念三寶'，供養此經者即名'供養三寶'。"

無行菩薩白佛言："世尊！云何念三寶？若念三寶，得幾多福？"

佛告無行菩薩："善男子！若念三寶，猶如虚空，其福無量，不可思議。若念三寶，安住虚空，心中乃至不見佛法僧，是則不見諸法。不見諸法，則於法中無疑惑，於清凈處念一實相一體三寶，是念三寶。"

無行菩薩白佛言："世尊！於三寶中一心正念，於煩惱處自心不起，對緣不起，於諸善法亦復如是。住一凈心，依一佛性。不動不住，不爲法體。救衆生如己身，化諸衆生如化一身，愛諸衆生由(猶)如護眼。是菩薩行？非菩薩行？願佛世尊爲我宣説。"

佛告無行菩薩："是菩薩行。若化衆生，當令衆生持心不持語，持行不持法。若爲説法，説文不説字，説義不説文。何以故？佛性是義故。何以故？離文相故。若取文相，是爲虚妄。若捨佛性，是爲失本。善男子！若失佛性而求佛者，由(猶)如影中爲人治病，由(猶)如攢冰而以求火，由(猶)如無翼鳥意欲高飛，終無得法。善男子！於此經中調心取義，不得隨文，當取其理。若不取理，即名'虚妄'。亦復不得於其理上惡取空相而化衆生，即名'空見一闡提'。但令衆生於一心中一佛性相觀知實有，是實有相亦不在有，亦不在無。觀此妙有如如實相，當即住心，依此相處。若住相處，即名'清凈'。是清凈處，住即無本，住即是動。是故諸佛如來從無本處建立一切法。"

爾時無行菩薩欲重宣此義，而説偈言：

"大聖大佛尊，欲入涅槃寂，爲度衆生故，説實一乘經。

我住慈悲地，怜愍衆生故，於諸了義處，問佛一乘心。

如來所説法，皆離於世間，入實説佛性，諸法皆清凈。

離文離相處，亦不中内外，説即不可説，故名'説如如'。

是故平等法，住在於一性，一性清凈法，本來不生滅。

於空不空中，妙性常無體，解脱非解脱，本凈不染故。

諸染本不著，妄著如涅污，是涅自爲污，妙性常凈故。

淨即無所淨，污亦無所污，垔性是爲垢，垢性本相空。
垢性似狂花，落樹還如故，樹性無生滅，狂花自來去。
佛性本無生，離諸生滅處，無有動不動，性本常爾故。
一一不一一，不名不可説，亦復離諸見，不見處可見。
常樂我淨故，見則是菩提，菩提妙覺性，不動無所覺。
即是衆生身，一心一佛性，一佛一道場，一大菩提樹。
能滿虚空界，普入衆生身，於真三寶中，同一無有二。
不住形質處，亦不住空邊，入於妄有所，必竟空寂舍。
本來無本處，建立一切法，教化諸衆生，使入如來藏。"

爾時佛見無行菩薩説偈語訖，即以神力故放大光明，遍於三千大千世界。其光明中現十方淨土。其諸國土皆悉嚴淨，具有一切園林池沼。其池水中皆有五色蓮華臺座，其一一華上各有一一大城，其一一大城内皆有一一清淨大磨(摩)尼寶。其一一大磨(摩)尼寶内有一如來座，一千二百五十人俱。其諸佛等，皆爲大衆説一乘法，悉令衆生於一身中一佛、一性、一清淨處住心不動，不緣諸境，不入諸智。心如虚空，不染一切。心如金剛，不壞諸戒。心如海水，恒流智慧。皆悉解脱，解脱智見，得五分法身。

爾時無行菩薩及諸大衆一切衆生見是事已，心大歡喜，皆住一心，不緣一切，入清淨處。佛即收光，語諸大衆言："諸行者，我欲入涅槃寂，時欲將至。若我滅後，五濁惡世，於此經中如諸修行，觀一身心，不住諸惡，不離菩提，必得解脱，得一乘道。"

佛告無行菩薩言："若我滅後，五濁惡世，得見此經，得聞此義，其人即如值佛。若我滅後，若有一人能於此經受持讀誦，如説修行，其心不動，諸塵不觸，過無塵跡。復以此經令諸衆生受持讀誦，復説其義而以教之，是人雖是凡夫，即是菩薩，如師子吼。"

爾時衆中復有菩薩名曰"法王"，即從座起，繞佛三匝，卻住一面，五體投地而白佛言："世尊！我於如來滅後五濁惡世閻浮提中，教化衆生，説此良藥，療治衆病，悉令除愈；復以此經金剛慧刀，剪諸衆生無明之意；復以此經清淨法杖，鞭除衆生三毒之垢；復以此經大智力士，解脱衆生十纏之縛；復以此經大智法船，運度衆生令至彼岸；復以此經一性清淨法，令諸衆生皆得一身、一心、一佛、一性、一清净，决定入一乘，决定出地獄。世尊！若我不能救衆生，令諸衆生入諸地獄，即爲是我滅没佛身。唯願世尊以此佛法付囑於我，爲我更説，廣度衆生，令諸衆生少聞多解，少見多知，不求多文，以取證義，於少法中必定解脱，無餘疑問。願佛慈悲，爲我宣説。”

佛告大衆：“是法王菩薩已曾供養百千萬億劫諸佛，善能方便救度衆生，是菩薩能以一味常風接續衆生之命。汝等衆生及未來者，若當受持是菩薩名者，復令大善知識轉讀此經、廣説其義，若有疾病，皆悉得除，諸惡獸神無能近者。菩薩！汝有如是利益衆生，我以此經付囑於汝，亦爲汝説救度衆生之法，少聞多解，少見多知，不求多文，以取證義。汝等菩薩皆悉一心諦聽，爲汝宣説。一切衆生皆一心一佛一性，一切煩惱皆一心生，皆從境智二處緣起。何以故？以緣性自性二種性力起，二種力性從一念妄心生，是妄心無本。若一念動時，煩惱即起。當觀此念，知念妄心，妄心無本，無本即無住。若知無住，即覺心生。由於本覺，净心無念。若心無念，心即不動。心若不動，亦無住心。是名‘清净’。清净空心，體性清净。無净可證，離諸清净，故説清净。菩薩於清净心中無作無起，無垢無净，無增無減，必(畢)竟不染，不在一處。離名數故，常爾不爾。由(猶)如金剛，不壞一性；猶如虚空，容受一切；由(猶)如蓮華，不著愛水。若行此行，必定解脱，超生死流，出地獄苦。菩薩！此一心法，一名‘懺悔解脱’，見實體故；二名‘法行解脱’，住一處故；三名‘無行解脱’，無住著故。此三解脱皆一心生，一切衆生無二心故，一切衆生皆一乘故。”

佛言：“法王菩薩！善男子！能知一法，即當知一切法；一法不知，一切法不知。何以故？諸法無不一相故。菩薩聞是一者，即是少聞；無法不知，是名‘多解’。何以故？一切法性歸一净故。見是一者，即見一切佛身。何以故？一切佛身從一清净處生。一净之地是一切佛身，一切佛道場，一切佛菩提樹。善男子！於此法中斷諸煩惱，由(猶)如伐樹，唯斷一根，不斷枝葉。何以故？譬如有人，身中毒箭，於身受痛，當即拔箭，其痛即除；若不拔箭，痛則不除。待問箭毛羽是何鳥翼，復問其竹是何山出，復問其箭是誰之射，是人苦痛，其命已終。然拔其箭，終知無益。善男子！心若有垢，當即净心。心若在净，即名‘清净’。諸説清净，離諸有取，能入無取。何以故？無本無住處,常樂我净故。無本無住,真如真實。不離一切,本離離故。性不離道處,住無住故。與心等一,無異不共故。不在常處,本不斷故。不動不住,性常一故。一亦不一,離名數故。善男子! 六風不動,大樹恒安。一性金剛,二見不起。有無不在,住妙常空。慧劍無生,剪諸煩惱。空解無礙,降伏自心。魔王不生,怨賊不起。善男子! 於此法中求實體者,如種一[栽][①],不種枝葉,但養其根。若得生者,花菓自出。我此少法,亦復如是。由(猶)如一阿摩勒[②]菓,種此一菓,即得無窮之菓。我説此法於諸法中最爲第一,於諸乘中最爲大乘王,是故此經名爲'法王';又以此經付囑法王菩薩,故名'法王'。汝等大衆持是經者,即脱諸難。若當持者,如在在處處持。何以故? 佛性常於心中,常[③]空寂。内禪真實,清净金剛。六入城門,常如如界。在不在處,在空處中。汝等大衆皆悉勿語,時欲將至,欲入涅槃。是經名'涅槃莊嚴般若波羅蜜無礙解脱'。"

佛説語已,爾時大衆皆得涅槃般若波羅蜜,空脱無礙。

爾時法王菩薩從投地起,即於本處入大涅槃,會空解脱,於無著地,舉足下足,皆遊清净,合掌向佛,作禮而去。

佛説法王經一卷。

① 栽,録本脱,底本和甲本不清晰,據乙本補。

② 勒,録本訛作"勤",據底本改。"阿摩勒"又作"阿末羅"、"阿摩羅"、"庵摩羅"、"庵摩洛迦"。一般譯爲"余甘子",學名 Tamarindus indica,屬豆科之果樹,其枝葉頗類於合歡木,爲産於印度、馬來西亞、非洲等地之熱帶植物。該樹所結之果實有若豆莢,長十餘公分,具有酸味,稱爲"阿摩勒果",可供食用,亦可作藥用。

③ 常,甲、乙二本作"豁寥"。

No. 2884 大威儀請問

［題解］

中國人所撰僞經，又名《大威儀請問經》、《大威儀請問論》、《大威儀請問説》、《大威儀經》、《大威儀經請問》，一卷。《内典録》、《開元録》、《貞元録》均將此經收入"僞經録"。敦煌文獻中現存5號：伯3919b6（首尾全）、伯3920（13）（首尾全）、斯5649（2）（首尾全）、BD9145（2）（陶66，首殘尾全，存三行，尾有"開運肆年（947）三月八日自手寫《觀音經》一卷"題記）、俄Дx3100（2）（首全尾殘）。現存敦煌卷子中此經内容至爲短小，僅六七十字，所講述内容爲説明不得不洗手便接觸經卷，或在經前睡眠，或"净手搔癢對經漫語"，或"經前唾"，或"口銜經帶"，並説明作此五事將來會受到極重報應。此經最早爲《内典録》收録，出現時間當在664年以前。伯3919b6號題記有"己未"年字樣，據曹凌考證即顯德六年（959），則此經959年尚在敦煌地區流通。《大正藏》録文標注所據底本爲斯1032號，然斯1032號實爲《如來成道經》；《敦煌寶藏》標爲"斯1032背面，《大威儀請問》"，然未見收録改圖版；故録本所據底本尚有待考證。今校本：甲本，伯3919b6號；乙本，伯3920（13）號；丙本，斯5649（2）號。甲本題作"大威儀經請問説"。

若有［□□□□□］［比丘、比丘尼］①、善男子、善女人不將澡豆洗手捉經，及［□］［經］②前睡眠伏地，三百億歲作厠中蟲；净手搔癢、對經漫語，八百

① "比丘、比丘尼"五字録本無，據甲本補。
② 經，録本無，據甲、乙、丙三本補。

萬億歲墮黑闇地獄[□][中]①,二億歲生狐兔中。經前啼唾,口銜[□][經]②帶,亦同前罪。③

① 中,録本無,據甲本補。

② 經,録本無,據甲、乙、丙三本補。

③ 甲本尾署:"己未年三月廿八日戒輪書,三界寺善惠受持。"乙本尾題:"佛説大威儀經一卷。"丙本尾題:"大威儀請問經一卷。"

No. 2885 佛性海藏智慧解脱破心相經

[題解]

中國人假託佛説所撰經典，又名《佛性海藏經》、《智慧海藏經》，作者不詳，二卷。敦煌文獻中有卷上：斯2169（首尾全），斯5181（首殘尾全），俄Дx.5351（殘片）；卷下：斯4000（首殘尾全），斯4103（首殘尾全），BD3298（致98，首殘尾全），甘博130（首殘尾全）；計7號。現存《佛性海藏經》諸殘卷基本完整保存了《佛性海藏經》全經，僅下卷開始處文字諸本均無。此經所描繪的背景是在佛臨涅槃之時，主要的提問者爲"除疑大士"。全經主要採取譬喻的方式説法，來説明"苦"的原因、二諦等佛教義理，並作解釋。經尾則以相當大的篇幅讚嘆此經功德以及受持讀誦的利益。從此經卷上結尾處説多寶佛塔涌現的内容和"三乘"、"一乘"的内容來看，此經受《法華經》的影響較大。最初見於《大周刊定衆經目録》，判爲僞經。斯5181號尾有"顯慶四年"之題記，則此經至遲在唐高宗顯慶年間已在敦煌流通。清代以前歷代大藏經未收，《大正藏》第八十五册據斯2169號爲底本録入卷上，以斯4000號爲底本、斯4103號爲甲本録入卷下。

《佛性海藏智慧解脱破心相經》卷上[①]

如是我聞：一時佛住拘尸那國□□□□□□□□□□（力士生地阿利羅跋

① 卷上今仍以《大正藏》録所據卷斯2169號爲底本。參校甲本：斯5181號《佛説智慧海藏經》卷第一。

提)①河邊娑羅雙樹間。二月十五日,臨□(般)②涅槃□(時)③,與無殃數衆、八十億諸天及人皆各集在佛所,悲號哽咽。大地震動,泉源沸湧;亦如慈母初喪所愛之子,泣涕盈目,不能自勝,五體投地,如太山崩,一一毛孔血流灑地,如波羅奢華。"痛哉!苦哉!世間空虛無上慈父,一旦捨棄我等,入於涅槃,我等孤窮,將何所怙?唯願世尊悲惻流念,且住於世,莫般涅槃,爲我徒衆廣宣流布無上法藥,使後代衆生離苦出世。我等得聞,奉持修行,在在處處廣宣流布,常使不絶。"

爾時世尊告諸大衆:"汝等且止,莫説是語。吾今出世所可度者我已度訖,所可説者今已説竟,於中夜半,入般涅槃。"

爾時衆中有一大士,名曰"除疑法王子",從坐如(而)④起,整理衣服而白佛言:"世尊!我觀如來智慧辯才,神通無礙,無量方便,猶如虛空,云何而言'所可説者而説已竟'?"

作是語時,一切大衆發聲大哭,哀動天地,目中泣血:"我等徒衆豈非子例?"五體投地,猶如死屍。

爾時世尊滑諸大衆,告除疑言:"善哉!汝是大士,於無量阿僧祇劫供養無量恒河沙諸佛,具足解脱知見,慈滑一切衆生,乃能如是發問。汝等諦聽!諦聽!及諸大衆善思念之,吾當爲汝分别解説。"

"唯然,世尊。願樂欲聞。"

"善男子!一切衆生彌輪於相,或離疑去縛,皆由悟宗。[宗]⑤相俱喪,名爲'空宗般若'。空、有並存,名爲'二乘人'也。執相乖宗,是名'聲聞'。凡夫終身三界無有出期,備受衆苦,未得解脱,寔由三毒箭之所射,四蛇之所嚙,五狗之所盗,六賊之所怖,七殺之所没,八邪之所牽,萬惡之所簇,輪迴生死,往來六趣,波迸五道,墜落三塗八難,無有樂時,名'無間大地獄'。煩惱

① "力士生地阿利羅跋提"九字底本殘,《大正藏》本作缺文,據《大般涅槃經》卷第一[T12n0374p465c6—c7]補。

② 般,録本作缺文,據底本補。

③ 時,底本右半殘,録本作缺文。按:此字底本左半"日"旁尚存,當爲"時"字。玆據補。

④ 如,録本訛作"而",玆據底本改。《玉篇·女部》:"如,而也。"然録本失真。

⑤ 宗,録本脱,據底本補。

覆障，衆惡競生，遂成怨結。慧日奄暉，慈光漸没。迷於正路，甚可哀矣。”

爾時除疑大士問佛言：“世尊！云何名爲‘三毒箭’。形狀大小爲可見不？唯願説之。”

爾時佛告除疑言：“三毒箭者，非有相，非無相。”

除疑復白佛言：“世尊！云何説言‘非有相，非無相’？若非有相，不應是患。非是患者，云何如能名之爲‘箭’？若非無相，則應可見。以可見故，亦應可避。云何而能傷害衆生？唯願世尊説其因緣，普使聞知。”

爾時佛告除疑大士：“汝今大慈無量，滑念罪苦，欲令一切衆生得解脱知見無礙智慧，乃能於此[①]大衆中顯發如來智慧祕藏，自得利益，復利衆生。汝等大衆默念諦聽，吾當爲汝宣説法要。善男子！三毒箭者，非有非無；五陰有故，名爲‘非無’；五陰空故，是名‘非有’。癡、愛、欲是也。世間之物，既不可得，妄生取心，名之爲‘癡’；本是己物，捨離以去，妄生追念，名之爲‘愛’；貪著女色，名之爲‘欲’。以此三心亂起，即名‘凡夫’。地獄人癡心是麴，愛心是米；米麴相和，遂成欲酒；飲酒醉故，不識翁母、兄弟，共相殺害，名之爲‘宍(肉)’[②]。以無慈故，斷三寶種性。彼、我、取、捨、分別，名爲‘五辛’。以其臭故，汙衆生身田，障我慧水，久不得出，故言‘不共一國同住’、‘不共一河飲水’。汝之所作不與我同，即是‘彼心’；自謂己作微妙勝他，即是‘我心’；法性非聞妄生聽受，即是‘取心’；法無動摇，妄生流轉，即是‘捨心’；法性空寂無體，妄生異相，即是‘分别’。以是故名爲‘迷子’，不得出世，名‘世間有爲衆生’。”

説是語時，一切大衆默然信受。

“善男子！癡心是種，愛心是土。種來入土，降注欲雨，無明根本於兹生矣。修道不去癡、愛，喻如伐樹不去其根，名爲‘株兀(杌)[③]’。枝條因株兀(杌)而生，有(又)[④]長成大樹。世間愚癡之人亦復如是，一切煩惱因癡愛如(而)起，遂成我慢疑或(惑)，黑闇託斯弘矣，遂成三障無明堀宅。此之是也。”

---

① 底本、録本此處另衍一“此”字，據文意删。

② 宍，録本訛作“害”。底本實作“宍”，乃“肉”之古字。

③ 兀，當爲“杌”之同音借字(二字同爲五忽切)，此指伐樹剩下的樹樁。《集韵·迄韵》：“杌，刊餘木。”下“兀”字同，徑括注其本字，不復校。

④ [清]朱駿聲《説文通訓定聲·頤部》：“有，叚借爲又。”

爾時除疑大士承佛威神,從坐而起,整理衣服,告諸大衆:“我從往昔無量阿僧祇劫,於定光佛所得聞此句,奉持修行,未曾疲懈。今復得聞如上章句,心意快然,得未曾有,方乃始知大聖如來慧光三有,廣起法門,以納諸子,乃使邪魔歸真,六師漸没,方便造十二法船,以濟危厄,皆令發無上菩提之心,以昇八正涅槃之路。但一切衆生愚癡迷或(惑)[1],信邪背正,覩文取真,與性義乖隔,徒勞無用。如車之隻輪,豈可乘之哉?正可聲同嚮合,未會真諦。如斯之徒,甚可哀矣。痛哉!苦哉!後悔何及?”佛言:“善哉!如汝所説,真實不虚。”

爾時除疑大士蒙佛印可,即於衆中以偈讚問:

“我觀如來真妙身,清浄無垢如蓮華。智慧方便虚空等,解脱無礙能開遮。

神通自在無邊際,等視一切無偏耶。我今稽首大慧明,願入無相義空寂。

唯願爲我方便説,令除疑或(惑)得惺悟。一實難知真法性,必爲現形使知處。

哀湣我等諸迷子,普爲大衆廣分别。敷演甚深真實義,震大法雷爲我説。”

爾時世尊即爲大衆欲重宣此義,而説偈言[2]:

“三界説衆生,恒爲五陰縛,展轉三有中,不得解脱樂。

億劫受新苦,由有五陰身,不覩真如性,是名‘生死人’。

常爲三毒射,心熱如火然,處處皆不安,煩惱自相纏。

往返五道中,憂愁寧可陳?三塗爲舍宅,枷鎖禁其身。

由此三毒箭,害我智慧身,出入不自在,云何能見真?

癡心以爲麴,愛心是其米,癡愛欲相合,飲者醉不解。

曠劫不惺悟,由此三毒酒,迷闇失正道,沈没著三有。

恒自心昏亂,濁酒未得嘔,不值善知識,昌(猖)[3]狂闇中走。

見佛不識真,坐生我慢垢;分别心不浄,由飲無明酒。

癡心是闇種,愛心爲或(惑)土,闇或(惑)相對值,煩惱由此聚。

---

① 或,録本徑作“惑”,且未出校,失真。下文“或”字録本均徑自改作“惑”,本校逐一據底本正之,且括注其今字,不復出校。

② 正文開頭至此甲本殘。

③ 昌,此乃“猖”之借字。《漢書·趙充國傳》:“先零昌狂,侵漢西疆。”亦其例。

無明根本生，皆由貪欲雨，剎那作枝葉，滅須智慧斧。

伐樹不去根，樹性未盡源，枝條因根生，花菓轉滋繁。

諸見爲子實，貢高是墻垣，絞假相侍護，真身被愚吞。

三毒爲根本，煩惱亦復然，除卻株兀（杌）[①]盡，名之爲'良田'。

菩提牙（芽）得生，由無根株故；拔除三毒箭，身得安穩處。

癡麴不施用，愛米捨置地，欲酒既不成，必獲大明慧。

心空相亦盡，智慧思修來；二帝空無相，身處光明臺。

炎赫如火聚，光照獄門開，無礙不思議，應身成如來。

我本行如是，今得離三災，安住不動地，驗成人天最。

汝當懃行此，最後必相值，來世成正覺，如我亦無異。"

爾時除疑大士復白佛言："世尊！云何衆生在於世間四毒蛇所嚙？其狀如何？爲可識不？唯願世尊爲我解説，令無目之徒得勉此難。"

佛言："善男子！疸、恚、嫉、妒是也。"

"世尊！疸、恚、嫉、妒，何心是也？而名之爲'蛇'？"

佛言："不用他好，名之爲'疸'；瞋不出口，名之爲'恚'；恐人勝己，名之爲'嫉'；見他善不用，障其美，名之爲'妒'。此四毒蛇在意井中，嚙斷善根，悶絶而死，墮落三塗，受其大苦。"

爾時如來説是語已，即入三昧，從三昧起，放大光明，普照三千大千世界。一切大衆皆見光明，異口同音問除疑大士言："世尊放光，異於常明。昔日放光，先照東方。今日放光，四面一時，普照十方。以何因緣，如有此瑞？唯願仁者爲我解説。"

爾時除疑大士告諸大衆："我聞如來慧光長夜應同三有，口吐法藥，救療衆病，乃使痛苦永息，毒蛇隱穴，迷悟真途，生死殄拔。三塗變成涅槃之宮，愚闇改爲大明種智。改疸爲慈，改恚爲悲，修嫉爲喜，變妒爲捨，即成四無量心，名爲'智慧門'，亦名'智慧井'。將知此光正是如來大慈智光，照獄門開，欲令失道衆生尋光得樂。曾聞如來初説九部經有爲功德，喻如呼師瞻地置井，未知水之甘苦。一切衆生，亦復如是；若見佛性，名爲'甘水'；不會空宗，

① 兀，録本徑作"杌"，且未出校，失真。

名爲'苦水';用功等力,勞如(而)無用。聲聞之人,亦復如是。修道之人,喻如掘井,漸漸卻土,土盡水自然現。衆生亦爾,除去五陰,煩惱得盡,佛性自然而出。雖得甘水,而無方便,井無塼累,必爲沙土所奔,不久水乃竭盡,名爲'枯井'。外道眷屬,亦復如是。然一切聲聞、初心菩薩,雖得除空,而不廣習衆經,而無方便,爲煩惱所逼,名爲'空見'。魔之眷屬,亦復如是。菩薩摩訶薩心定力故,無礙方便,爲作井累,水即澄清,名'薩婆若水'。用無窮盡,名'智慧水'。能洗心垢,萬或(惑)斯盡。衆惡所不能害,煩惱生死不能染汙。以是因緣,名'薩婆若海',亦名'智慧海'。海中不容死屍,此之是也。"

爾時佛告除疑大士:"汝善解我意。汝於我滅度後,在於大衆中能施人眼,廣濟群盲;救療衆病,續人慧命。當於來世於閻浮提成等正覺,號'明法王如來、應供、正遍知、明行足、善逝、世間解、無上士、調御丈夫、天人師、佛、世尊'。當爾時汝出於世,地皆清浄,無諸穢惡。[衣][1]食自然,亦無苦惱。地獄休息,餓鬼飽滿。温和調適,四時順序。畜生改形,亦無男女。高下齊平,兀無沙土。金銀、頗梨、瑠璃、珊瑚、真珠、珍寶,以爲傢俱,純一無雜。遊行自在,猶如虚空,廣大無對。若見此經受持、讀誦、書寫、流通者,皆值汝出世,得大安樂。是故汝當受持流布世界,莫使斷絶。何以故?一聞是經,乃至成佛,不墮三塗。以是之故,惡道減少。若有見聞,如説修行,精進忍辱,持戒不懈,續於汝後,亦得作佛。汝當在在處處廣宣流布。此經威力不可思議,所至到處,惡病除愈。至心受持,所求之事,無不獲得,瘂語,癖(躄)[2]行,盲視,聾聽;身根具足,出入無礙;辯才多能,七珍盈滿;光明顯赫,超世殊特;榮貴自然,樂無憂戚。此經最勝,無上法味,求男得男,求女得女,至心敬信,無不從意。若復有人,輕呰不信,或不恭敬,以不浄手捉弄是經,誹謗諍論,以無義語調戲譬喻,如是之人現世得清[3]盲病,身根不具;或復口瘂、耳聾、鼻塞,父子分離,波迸他土,役力自活,爲人所使,飢貧頓弊,處處恐懼。受苦命終,當墮黑闇地獄,八百萬歲;然後得出,常生下賤,五百世中不聞三寶名字。

① 衣,録本脱,據底本補。

② 癖,此當爲"躄"之换旁俗字。《玉篇·足部》:"躄,跛甚者。"

③ 清,録本訛作"得",據底本改。

此人命終已後，當受魚身，經歷十大劫。是故汝等善作方便引喻，莫令誹謗。爲智者說，莫爲愚者施。愚者聞不能解，必生誹謗，現受大苦，死入惡趣。汝失慈悲，不名‘大士’。”

爾時除疑大士爲諸大衆及自己身，欲重決疑，以偈問佛：

“我觀如來身，清净如虛空，辯才智無礙，見者無不敬。

方便智無量，能慧衆生命。我衆皆疑或(惑)，願爲說究竟。

四毒已得聞，云何離此病？爲我廣分別，昏迷乃可惺。

四毒正是心，云何可得除？若不除此心，世尊云道病。

本心更無二，云何更作心？前心次後心，心心云何除？

一心復二心，三心忽然至，如是心境界，廣大如虛空。

世尊遣我除，不知云何除？哀湣大衆等，必當爲我說。”

爾時佛告除疑大士言：“善男子！汝是大士，湣念後代衆生，作如是問。汝當諦聽，及諸大衆善思念之，吾當爲汝分別解說。善男子！當行十法，遊於三界，則無四毒。”

問曰：“何者爲十？”

佛言：“一者、於譽於毁，心無增減；二者、上中下衆生，意常平等；三者、於諸愚智，起以大悲；四者、輕毁供養，心無有二；五者、見善聞惡，心無分別；六者、見他闕失，莫見其過；七者、見種種乘，皆是一乘；八者、聞三惡苦，亦莫驚怖；九者、觀一切衆生，作如來想；十者、佛出衆生中，作稀有想。故言：心泆難禁制，喻如猨猴遊戲，六根遍緣諸處；以是之故，心亂不静，波浪三界，受其生死。制心不放逸，喻如猴著瑣，繫心在一處，能開智慧門。善男子！四毒心如水，身者喻如墻，水漸浸之，墻則崩倒。衆生亦爾，四毒在心，漸漸漬之，身則敗壞。諸佛、菩薩能捨離故，得常住身。善男子！四毒蛇者喻如火，身者喻如草，修行者喻如刈草。持五戒不缺者，得人身。刈草不闕者，必獲多草。衆生亦爾，修善不懈，必得人天。大火一起，焚燒草聚，須臾[1]之間，盡失無餘。一切行者亦復如是，四毒惡火一發之時，燒我智慧身命，悉皆磨滅。諸佛、菩薩能遠離故，智慧法身常住不滅。善男子！汝向所問，正得其義；我今

① 臾，録本訛作“申”，據底本改。

所答，不失其時；利益無量衆生，開闡道教，濟諸群盲，令出三有，到於彼岸。”

爾時世尊欲重宣此義而説偈言：

“我觀三界有，冥寂盡無形，起滅如水泡，水泡本不二。

水若不動時，泡體本不現；泡現還復滅，與水本無異。

佛性如虚空，因空如生有；因水如生泡，泡體是空有。

空有無二形，水泡不一二；現泡則二形，泡没還歸一。

有心則有身，空有不二一；無心則不二，全心則不一。

身有生有心，歷劫不同一；有心萬象應，象應則放逸。

淫欲從此生，四毒因斯有；彌輪相或（惑）中，闇中波浪走。

以是因緣故，不能離諸有；我今爲汝説，會當除陰垢。

陰垢既得盡，諸垢不名‘有’；有體因有身，是名‘諸有垢’。

有垢無相空，空者體是有；有空有無一，故能無一二。

虚空無礙故，應作無量形；無心名‘菩薩’，有心名‘衆生’。

無心亦是心，有心亦是心；有心不見心，無心是泥洹。

有心即見心，不名‘泥洹心’；無心見無心，無心是有心。

有心有心故，是名‘非無心’；無心無心故，不名爲‘無心’。

不見有無心，不住不有無；不住不來去，不離於來去。

無心非無心，有心非有心；住是如如心，四毒則無病。”

爾時除疑大士復白佛言：“世尊！向來蒙佛爲我演説四毒已訖，心生歡欣，無量信敬，身意快然，得未曾有。復欲請問，舉身毛竪，身心戰懼，不敢發問。我所問者，不自爲己，普爲一切大衆並及後代無量無邊衆生。我聞是已，當自受持。天上人中、僧房衆中、白衣居處，皆令聞知。唯願聽許，乃敢發問。”

佛言：“善哉！善哉！汝今所言，正是大士。我本往昔每恒發如是願，作如是問，修如是行，於無量劫中學行、難行、苦行，無所不作，無所不爲。如是不可思議，皆爲一切衆生。今得作佛。汝所願者，亦復如是。今恣汝問，當爲説之。”

爾時除疑大士蒙佛許可，從坐而起，整理衣服，頂禮恭敬，於大衆中恭敬而立，如師子王，合一指抓（爪）掌。一切大衆皆悉如是，立而白佛言：“云何名爲‘五狗之所盜’？爲可見不？唯願説之，願樂欲聞。”

佛言:"慳、貪、癡、惡、(啀)[①]狗是。"

問曰:"爲我分别解説,令一切衆生皆悉聞知。"

佛言:"不能捨於諸有,名之爲'慳';所欲無厭,名之爲'貪';妄生規度,名之爲'癡';不識實性,諍論取勝,名之爲'惡';未得無生,妄拒三塗,名之爲'㑘(啀)[②]'。慳狗入舍,則失珍寶;貪狗入舍,則被繫縛;癡狗入舍,則墮生死;惡狗入舍,則墜地獄;㑘(啀)狗入舍,則永失人身。善男子!譬如一人,家貧頓乏,無有方計,遥聞他方有一七寶山,其山之下,有七寶池;若人至彼,多獲七寶;若入池者,身則安隱,則無老病死苦;飲此水,則不飢不渴,身則無礙,飛騰虚空,從意自在。人聞是已,事其糧食,欲詣彼山,假貸作辨,得米五升,蒸炒中半,不加謹慎,爲狗破甕,食米蕩盡。一切衆生亦復如是,持戒不加忍辱,惡貪慳癡入其心舍,破器食米蕩盡,更無所食,名'法餓衆生'。故言癡狗夜入人舍,遣婢把杖,驅之令出,此之是也。聞善即信,名之爲'米';受持不妄,名之爲'甕';下下之心,名之爲'婢';忍惡不報,名之爲'杖';不受善惡之言,名爲'驅出';無明故名之爲'夜';五戒名之爲'米五升'。若一切衆生不持五戒者,則不能到於彼岸。'一人'者喻一切衆生,'貧窮'喻少法之財寶,'遥聞'者喻讀經不解其義,'山'者喻如來身,'七寶'者喻於諸法,'池'者喻於智慧,'糧食'者喻於萬善諸行。慳狗死盡,得見佛性。貪狗得死,身則常住。癡狗得死,有無平等。惡狗得死,和合同一,永無諍論。㑘(啀)狗得死,則一生補處。"

爾時除疑大士蒙佛所説,心疑不決,以偈問佛:

"如來向所説,事事無不實。如是諸境界,我實未能了。

心不了達故,處處皆有疑。我今雖復問,大衆亦如之。

我若不發問,衆中皆不解。唯願天中天,爲我廣分别。

五心若起時,爲從何所出?五心前已出,何心如能滅?

---

① 㑘,《大正藏》本脱,據底本補。此字當爲"啀"之换旁俗字。《管子·戒》:"東郭有狗啀啀,旦暮欲齧我猳,而不使也。"王念孫《讀書雜誌·管子五》:"當作'啀'。《玉篇》:'啀,魚佳切,狗欲齧。'《廣韻》:'啀,犬鬭。'"

② 㑘,當爲"啀"之换旁俗字。下"㑘"字同,徑括注其正字,不復校。

若當更作心，即有六心出，前五後復一，云何可得絶？

絶心還是心，除六復生一，三世現前後，何日得見佛？

我若本應是，不須除此心，此心以是防，云何更作心？

此心不須除，即應是涅槃，云何須修治？生心即是病。

有心即病心，我今不須修，修者遮修心，云心是大病。

我若允不修，不名‘出世人’；欲求出世故，捉心即是病。

如是難知見，我實未能知；本若無心是，不應遣我修。

不修是波浪，云修復作病？我今如盲聾，處處知有礙。

避火入深坑，亦無利益處，如猴愛⿰黍希(黐)①膠，五處皆纏縛。

唯願佛世尊！爲我解繩索，廣説令惺悟，獲得解脱樂。”

爾時世尊告除疑大士：“汝非不解，慈滑一切衆生，故能如是問。汝當諦聽，我當爲汝説正法要。善男子！一切衆生妄起顛倒。爲顛倒故，係五陰有；五陰有故，則有身心；身心有故，則是繫縛；繫縛故，處處皆病。今爲汝等廣説諸法，以除有病。善男子！譬如幻師於大衆中幻作白馬，使人乘之。愚癡之人，謂乘白馬。幻師弟子從後視之，知兩足著地，本無白馬。如來世尊

---

① ⿰黍希，甲本同，録本訛作“⿰忄希”，據底本、甲本改。張小豔《敦煌佛經疑難字詞輯釋》疑此字“爲‘黐’的俗寫。……‘如猴愛⿰黍希膠，五處皆纏縛’，乃佛經常用之典故，源出劉宋求那跋陀羅譯《雜阿含經》卷二四：‘或復有山，人獸共居。於猨猴行處，獵師以黐膠塗其草上，有黠猨猴遠避而去。愚癡猨猴不能遠避，以手小觸，即膠其手；復以二手欲解求脱，即膠二手；以足求解，復膠其足；以口齧草，輒復膠口。五處同膠，聯卷卧地。獵師既至，即以杖貫，擔負而去。’(T02，p0173b)‘黐’者，黏也。黐膠，指搗木皮煎成的膠，黏附性强，古人常用以黏取鳥獸。……‘⿰黍希(⿰米希)’也當由‘⿰米离’换聲符而來。其所從聲符‘离’與‘希’，在《廣韻》中，前者音吕支切，來紐支韻；後者讀香衣切，曉紐微韻，二者韻近，可得相换。晚唐五代時期，支、脂、之、微四韻已呈混同合流之勢，從‘希’得聲的字或有歸屬‘支’韻者”。(《中國訓詁學報》第2輯，2013年版，第169—170頁。)按：後漢失譯人名《受十善戒經·十施報品第二》：“不住狂惑黐膠屋宅。”[T24n1486p1026c9]“黐”字南宋思溪藏、元大普寧寺藏、正藏院聖語藏本作“⿰米离”。字亦作“⿰米禽”。[隋]天竺三藏闍那崛多譯《佛本行集經》卷第十四：“猶如飛鳥犯羅網，亦如獵師布黐膠。”[T3n0190p717c14]“黐”字正藏院聖語藏本作“⿰米禽”。《龍龕手鑑·米部》：“⿰米禽，俗，正作黐。”“⿰黍希”是否爲“⿰米离”之聲符替换字尚可進一步探討，但可確定的是“⿰米离”、“⿰米禽”、“⿰黍希”皆當爲“黐”之後起分化俗體。

亦復如是，以慈悲故，影現有形；凡夫之人，謂五陰是實；菩薩大士亦如幻師弟子，從衆生後覩如(而)示之，知本無五陰。以是之故，有者皆病。善男子！譬如鏡中有人面像，嬰孩小兒謂爲是面，以手摸[①]之，本無面體。聲聞之人亦復如是，以狹劣故，謂五陰實。菩薩大士以智手摸之，知空無五陰。善男子！譬如燭中如□(見)[②]人影，愚癡小兒謂是活人，將身避之，隨身如(而)去，影不離身，身不離影。諸佛、菩薩亦復如是，以慈悲故影現。下方無目之人，示不分明，見影故謂是真身，妄繼(繫)[③]爲我。真身無礙，身去影没，故唱言'導死'。真身常住，猶如虚空。以虚空故，則無滅没；無滅没故，則無去來；無去來故，則無常住；無常住故，則無動亂；無動亂故，則無寂静；無寂静故，則無記心；無記心故，則無所定；無所定故，無所不定，無所不説，無所不作，無所不爲。如是不可思議，名'無礙智'。"

爾時世尊欲重宣此義，而説偈言：

"我法妙難思，方便隨宜説；幽玄極空寂，冥莫是難知。

去來隨心遊，澄静體真凝；二乘所不覩，何况凡夫[④]人？

如母教子語，先學其子言；諸佛亦如是，隨慎(慎[順])[⑤]衆生根。

機根有高下，隨順與談論；深淺逐性受，真業著因緣。

本自無二境，爲度有出世；世間與出世，二世本無别。

世間在世間，不識於世間；唯有出世間，乃能别世間。

雖出於世間，亦不離世間；俱在於世間，不行世間道。

所以俱世間，欲度世間人；若不入世間，無以出世間。

若行世間時，亦無世間心；故能入世間，同行世間行。

---

① 摸，録本訛作"模"，據底本改。下文"菩薩大士以智手摸之"中"摸"録本亦誤作"模"，徑改之，不復校。

② 見，録本作缺文，據底本補。

③ 繼，此乃"繫"之借字，義同"繫結"。《爾雅・釋詁上》："係，繼也。"郝懿行義疏："繼之言繫也，繼繫音又同也。"下"繼"字同，徑括注出其本字，不復校。

④ 夫，録本訛作"天"，據底本改。

⑤ 慎，底本、録本作"慎"，當爲"慎"之訛字。《集韻・稕韻》："順，古作慎。"另，下文録本"隨順與談論"中"順"字底本亦作"慎"，可互勘。

能出於世間，故能入世間；不能入世間，不名‘出世人’。
世間行世間，不能出世間；常行在世間，故名‘世間人’。
世間行世間，不知是世間；貪著世間行，故不出世間。
菩薩行世間，了知世間相；世間虚空相，虚空亦無相。
是故俱世間，不壞世間法；雖入行世間，如華不著水。
世間出世間，無異於世間；行同凡夫行，亦當似世間。
同異亦異同，無同無不同；異同相盡法，同異凡夫同。
衆聖則異同，能同凡夫異；凡異不能同，凡同不能異。
同凡之所異，本自未曾異；異聖之所同，無異何所同？
無異無不異，無同無不同；無相空寂體，無同亦無異。
譬如鏡中面，同中亦有異；離鏡無面像，是名‘異所同’。
雖鏡有面像，面亦不入鏡；是同所不同，同體未曾同。
譬如地中水，體同能爲異；或作酒粆[1]漿，味異體不二。
或入緋紫黄，青異色殊别；種種諸形相，色異未曾同。
體一相殊别，衆形盡歸如；冥心相累滅，應行同凡夫。
如是難知法，非心識能知；非心非相中，非凡所能闚。
爲凡説有心，令使少分知；若見心相者，即應不住心。
若在心中住，住心非真心；真心無心所，云何久處心？
若不處心者，云何道無心？無心是波浪，著心即是病。
非住非不住，非同非不同，非無非不無，非有非不有。
非異非非異，非心非非心，無無無有異，無住無同心。
非見非非見，非説非非説，非色非非色，非知非非知。
非非非非非，非是非非是，非不非非不，非修非非修。
非見非説説，非色非知知，非非非是是，非不非修修。
我今如是説，汝當如是解。無説無解者，有心亦無病。”

爾時除疑大士復問佛言：“世尊！云何名‘六賊之所怖’？其名云何？爲

---

① 粆，同“餔”。《集韻・莫韻》：“餔，餹餔，餌也。或作‘粆’。”蕭旭認爲，“粆”字疑讀爲“醅”。酒醅，未過濾的酒。

可識不?”

佛言:“善男子! 六賊者,耳、眼、鼻、舌、身、意是也。”

爾時坐中有一比丘,名曰“迦難羅”,具足戒定智慧,所作已辨,無求無欲,於大衆中生慈滑心,從坐而起,白佛言:“世尊! 我所有疑,亦不可説。若不發問,必起五逆罪。所以者何? 如來自説:‘我是一切衆生父,一切衆生即是我子。’不審世尊實爾已不?”

佛言:“真實不虚。”

迦難羅比丘言:“我聞是語,倍更增疑。我若不問,衆亦如是,必致疑網。譬如一人多饒子息,居家巨[①]富,多諸珍寶。奴婢、牛羊、象馬、驢騾、金槃、銅案、瑠璃、頗梨、珠珍、瓔珞、穀麥、來豆,豐盈具足。其父如是,子亦名‘富’。云何世尊爲大富長者,一切衆生如(而)名‘窮子’? 以是之故,心中致疑。唯願世尊爲我解説。”

佛言:“善男子! 汝今所問,自得决疑,復利衆生。汝當諦聽,吾當爲汝分别説之。善男子! 譬如有人唯有一子,愛之甚重,不問晝夜及以坐卧,心恒憂之,恐人損傷。子亦不知父心愛惜。我亦如是,憐滑衆生,晝夜防護,不令近惡。衆生愚癡,與賊人爲友,行、住、坐、卧不相捨離。我愛子故,恐賊貪財,損子身命,所有珍寶盡著地中。汝不見故,之(乏)[②]無所用,無財故名爲‘窮子’也。”

爾時四依菩薩聞説是語,同聲白佛言:“如來! 向説耳、眼、鼻、舌、身、意爲賊,云何如(而)能滅人身命? 唯願爲我分别説之。”

佛言:“善哉! 汝當諦聽,吾當爲汝分别解説。善男子! 耳識信受聲,妄聞有善惡,攀緣亂諸境,喪失禪定慧,破汝無爲家,是名‘第一賊’。眼識觀好色,淫泆由此興,蕩姿六欲海,致生瞋怨怒,諍訟亂真境,不生禪定解,破汝無爲家,名爲‘第二賊’。鼻識嗅香氣,觸亂長十惡,諸根由此動,不得禪定味,外拘惡知友,破汝無爲家,是名‘第三賊’。舌識貪五味,妄説是非事,謫諂鬪亂人,致生怒怨惡,念念相覓便,殺害日夜增,喪失定慧命,破汝無爲家,是名

① 巨,録本訛作“宦”,據底本改。

② 之,此乃“乏”之訛省俗體。

‘第四賊’。身識染細滑，樂著於女色，恩愛由此起，恐畏他人觸，相要如膠柒(漆)[①]，口説無真義，晝夜相憶念，則忘[②]禪定慧，破汝無爲家，是名‘第五賊’。意識多攀緣，不住如陽炎，奸滑相規度，曾無一念善，憂喜無常定，往返逕萬處，戒定智慧失，皆由此[意][③]識，破汝無爲家，是名‘第六賊’。亦名‘六師’。亦名‘六國’。”

爾時迦難羅比丘聞説是已，心生踴躍，歡欣而立，而白佛言：“世尊！我今衆等將大遭遇。向者唯問六賊，心尚驚疑，已蒙説訖。今復世尊爲我廣説六師並及六國，身意快然，得未曾有。唯願世尊説其法要。”

迦難羅比丘恐佛不説，以偈請問：

“世尊大智炬，能照闇冥處。我本所不見，令説使開悟。

曠劫無原(?)[④]來，謂賊是爲善。今蒙世尊説，如樹菓繫折。

鐵愛垢消形，臣奸國將滅。我愛賊如是，願與賊永絶。

蒙佛説已訖，歡喜心無量；復聞名六師，不解心暢快。

亦名爲‘六國’，心中倍增疑。我今請世尊，必爲我説之。”

爾時佛答迦難羅比丘言：“善男子！汝今問者，湣諸衆生沈輪相或(惑)、迷於五陰、不得解脱，作如是問。汝今諦聽，及諸大衆善思念之，吾今爲汝廣開分别。善男子！何以故名之爲‘師’？施爲舉動，則諸方隨之，迭護相導，皆成謨(模)軌[⑤]，以是之故，名之爲‘師’。”

佛自説言：“我今成道，六師投海。耳如禪定，不聽絲竹。目如望舒，不眄美□□□(色。鼻不)[⑥]嗅香，舌不説是非，身不貪細滑，意不□□□(攀緣念)[⑦]惡。以是因緣，名爲‘投海而死’。何故名爲‘六國’？處境界各自秉執，不相臣屬，施爲法用，各有所據。以是因緣，名之爲‘國’。明法王出世之時，

① 柒，録本訛作“染”，據底本改。《字彙·木部》：“柒，與桼(漆)同。”

② 忘，録本訛作“忌”，據底本改。

③ 意，録本脱，據底本補。

④ 原，底本、甲本不清晰，待考。

⑤ 謨，此當爲“模”之同音借字(二字均爲莫胡切)。“模軌”猶軌模，指法式楷模。

⑥ “色。鼻不”三字底本殘，録本作缺文，據甲本補。

⑦ “攀緣念”三字底本殘，録本作缺文，據甲本補。

降此六國，乃登正覺[①]。六國知識同歸一處，故言‘六國善知識合同一家’，此之是也。若言惡心難禁制，如馬馳惡道，没在煩惱軍。若人馬不調，忍辱爲鞦勒。此人馬調順，能破煩惱軍。”

爾時大衆聞説是語，皆悉低頭，默念思惟，皆獲心定忍。

佛言：“善男子！若降得此賊，則四怨大賊亦復不來，即得不生不死，不老不病，不飢不渴，湛然常住。地中伏藏，從地湧出；七珍寶物，隨意任用；周窮濟乏，用無窮盡。名‘如來藏’，亦名‘無盡藏’，亦名‘金剛藏’；三藏滿足，胡言‘阿羅漢’，秦言‘殺賊’。今人禮佛時彈指，此之謂也。”

爾時世尊欲重宣此義而説偈言：

“可憐三界人，昏癡無所知，不别善以惡，與賊長相隨。

劫竊善財寶，飢貧無所依，役力執懃苦，得物共分之。

謂是善知識，畢竟不生疑，外補中裹惡，兼復作歷疷[②]。

財物蕩已盡，四遠拘賊來，破汝涅槃舍，毁壞光明臺。

分張身良田，喪失男女妻，夫婦不相見，離鄉作他財。

假他外境人，依復作父母，晝夜相承時，飢餓不辭苦。

如是破亡者，蔟蔟皆同聚，男女不同處，名‘離恩愛苦’。

逕年復歷歲，皆由此六賊。今日爲説之，汝信莫疑或(惑)。

我除成正覺，汝除成彌勒，除者皆獲利，不除無福德。

憶念往昔日，伏心求菩提，歷劫修苦行，奉事此六師。

雖復名‘出家’，實與聖理乖，形細如心麁，貪求著色財。

迷於正宗理，疾惡如狼豺，毁禁壞方等，六師争競來。

引我入惡趣，説言‘無如來’，畢竟過去世，自説天人最。

我來隨順奉，昏闇轉不開，冥寂失正路，久受生死災。

悟會定光佛，身處光明臺，炎赫如金山，空中震法雷。

---

① 覺，録本訛作“賢”，據底本改。

② 蕭旭認爲，“歷疷”當讀爲“屧底”（“疷”即“底”之换旁俗字）。《説文》：“屧，履下也。從履省，歷聲。”王筠《説文解字句讀》：“下，今謂之‘底’。‘複下’、‘禪下’，今言‘厚底’、‘薄底’也。”“履下”即履底，今謂之“鞋底”。

大音遍虛空，光照獄門開，天魔自降伏，外道歸化來。

六師投海死，六國空無主，正見定光佛，住在空中語。

我始得見佛，永斷生死苦，即與我受記：汝爲衆生父，

號名爲‘釋迦’，得作天中尊，常住不變易，永除無四怨。

一切成佛者，皆當由此門。汝若如是除，亦得天中尊。”

説是偈已，有多寶佛塔從地湧出，高七十萬由旬，縱廣正等，去地七[①]多羅樹，於虛空中，凝然而住。百寶莊嚴，諸樹行列。鼓舞絃歌，種種伎樂。微風徐動，吹諸林木，出微妙音聲。真珠羅網，彌覆寶塔。下有一寶池，與寶塔正等。其池四岸，有種種名華，所謂憂鉢羅華、拘物頭華、波頭摩華、分陀利華。若見寶塔池水者，得法眼净；得飲水者，得無生法忍。何況入中，而得洗浴？”

爾時，阿難從坐而起，整理衣服，長跪白佛言：“世尊！如是寶塔從何方來，忽然至此，住於虛空中凝然如住？以何因緣而有此瑞？塔中佛者名字云何？唯願世尊爲我解説。我聞是已，亦爲未來一切衆生而爲説之。”

佛告阿難：“汝當諦聽，吾爲汝説。善男子！此塔從東方過去六十二億恒河沙世界，有佛世尊，號‘相一切智、如來、應供、正遍知、明行足、善逝、世間解、無上士、調御丈夫、天人師、佛、世尊’。彼有弟子，號‘相空等觀’，本與我同行菩薩道時，願若一人成等正覺，我當乘諸宫殿將諸眷屬往證之。相空等觀菩薩於無量阿僧祇劫成等正覺，號‘多寶如來’。我於爾時在閻浮提，爲等空無所作如來遍作弟子，號‘正直菩薩’，亦乘宫殿，將諸眷屬往證之。以是因緣，故來至此。”

爾時大衆聞佛所説，即從坐起，恭敬圍繞百匝，以偈讚佛：

“巍巍世尊！甚奇甚異！微妙寶塔，今忽然至。

光光稀有，殊特無比；故我恭敬，歡喜圍繞。

寶塔高妙，炎炎紫光；諸樹行列，妙音難量。

多寶如來，端坐中央；故我敬仰，衆等圍繞。

---

① 七，録本訛作“亡”，據底本改。多羅樹，梵語 tàla，爲高大之植物，極高者可達二十五公尺。故譬物體之高大，常謂七多羅樹，言其較多羅樹高出七倍。

諸佛如來,稀有難量;今成正覺,乃憶昔時。

迭相證驗,不可思議;我今歡喜,恭敬圍繞。

我初聞説,心心生疑;未敢發問,結成記之。

寶塔今來,除或(惑)去疑,心意豁然,恭敬圍繞。”

爾時佛告大衆:“善男子!我從無量阿僧衹劫以來常行苦行,難行能行。學布施,國城妻子,盡施與人,乃以七珍、象[①]馬、頭目、髓腦、身命、皮肉,人所須者,皆悉給與,無所不作,無所不爲。如是不可思議,往返六趣,現生五道,常爲一切衆生具受諸苦,皆欲利安無邊苦惱衆生故。善男子!豈異人乎?爾時相空等觀者,迦難羅比丘身是;爾時正直菩薩者,除疑大士是;爾時迦難羅比丘者,則我身是;爾時除疑大士者,汝身是;爾時迦難羅比丘者,今彌勒是;爾時除疑大士者,今明法王是。”

説是語時,衆中六千二萬菩薩得無生法忍,三十二億聲聞發大乘心,十千比丘得羅漢道,三萬六千比丘尼得阿那含道,十億優婆塞得斯陀含道,八萬優婆夷得須陀洹道。無量天人遠塵離垢,得法眼净。百千衆生皆發阿耨多羅三藐三菩提心。

《佛性海藏經》卷第一。[②]

《佛説智慧海藏經》卷下[③]

□[④][非是真□我身以是之□能自在往返六趣□佛身自在無礙,身形凝□][⑤],或小遍一切處,衆生身中皆有佛身。汝當如是學,

---

① 此字底本及録本作“**僞**”,乃“象”之俗字。

② 甲本尾題:“佛性海藏經卷第一。顯慶四年八月廿五日,清信佛弟子索懷道。”

③ 卷下録本出注:“(原)大英博物館藏敦煌本,斯 438,(甲)大英博物館藏敦煌本,斯 104。”按:《大正藏》本注文有誤,經核,底本實爲斯 4000 號(斯 438 號乃《佛説無量壽宗要經》),甲本乃斯 4103 號(斯 104 號實爲《妙法蓮花經五百弟子受記品第八》)。今新增校本:乙本,BD3298(致 98)號;丙本,甘博 130 號。

④ 底本及諸校本首殘。

⑤ 録本出校:“原卷首缺,甲本有‘非是真’(約十四字缺),‘我身以是之’(約十二字缺),‘能自在往返六趣’(約十字缺),‘佛身自在無礙身形凝’(約七字缺)。”兹據甲本補。

可得出世。”

爾時除疑大士及諸大衆皆悉疑或(惑),心中未決,以偈問佛:

“我初聞佛説,諸法如虚空,七殺如幻化,即與佛身同。

如此之境界,我心倍增疑。其若[1]與佛同,云何有黠癡[2]?

或有盲聾者,或復男女形,長短有好醜,或復作畜生,

種種諸形相,隨體别作名。復有佛菩薩,亦有諸衆生,

國土各各别,如有善惡聲。若有一佛身,如何種種形?

佛若作如是,不應有衆生。一身作多身,云何有闇明?

分身入形相,如何有罪福?衆生佛性作,復云有受苦,

我今如盲人,未見如是道。唯願佛世尊,爲我分别説,

我得聞是已,受持讀誦之;佛若去世後,我等當流布;

若有煩惱者,使得聞是經,教令受持讀,勉離諸厄難。

以是因緣故,仰請世尊説;爲滑衆生故,願説爲如是。”

爾時佛告除疑大士:“汝莫作如是疑乃問。佛之因緣,不可思議。汝當諦聽!諦聽!及諸大衆善思念之!吾當爲汝分别説之。善男子!譬如春月地出殞氣,靉靆垂布,如可承攬。龍王興雨,一時普注,大地得潤,種類隨形,皆悉生牙(芽)。狀貌[3]大小,垂枝布葉。高下長短,種種形色。敷榮結實,各有時節。在先隨後,各不相待。香甜辛酢,别形異味。堅軟澁滑,事相不同。先生後熟,晚種早收。如是迭换,不可思議。等是一味之雨能有無量種味,殊别不同,各自長養,不相比類。佛今分身,亦復如是。以我無爲之身能作無量形貌[4],故名‘無邊身’;以我無心之心,能令一切皆各有[5]心;以我無身之命,能作[6]一切形命;以我[7]無言之説,令一切皆有[8]無量語言。我以微塵

① 甲本“其若”二字間有乙鉤號。

② 癡,録本訛作“疑”,據底本改。

③④ 貌,録本訛作“根”,據底本、甲本改。

⑤ “有”前録本衍一“自”字。按:底本“自”旁有一廢棄號。兹據删。

⑥ “作”前録本衍一“令”字。按:底本“令”旁有一廢棄號。兹據删。

⑦ “以我”二字録本訛作“我以”。按:底本“我以”間有一倒乙號。兹據正。

⑧ “有”前録本衍一“各”字。按:底本“各”旁有一廢棄號。兹據删。

之身能遍滿虚空，間無空處；我以三千大千世界之身内著一塵，亦不迫迮；我以虚無之身，能爲輕重。如是自在，不可測量，非諸聲聞、緣覺、凡夫所知。諸佛喻如一味之雨，潤益雜類草木，皆令成熟。佛亦如是：應以佛身成熟者，即現佛身如成熟之；應菩薩成熟者，即現菩薩身如（而）成熟之；應以辟支佛成熟者，即現辟支佛身如（而）成熟之；應以聲聞身成熟者，即現聲聞身如（而）成熟之；應以四道果成熟者，即現四道果身如（而）成熟之；應以三十三天成熟者，即現三十三天王身如（而）成熟之；應以天龍夜叉、乾闥婆、阿修羅、迦樓羅、緊那羅、摩睺羅、伽人、非人等成熟者，即皆現身如（而）成熟之。衆生無邊，佛亦應之，亦復無邊。種種方便引喻，如是令得解脱，無所不作，無所不爲，導引諸子，皆令得正知見解脱。善男子！佛不離衆生，衆生不離佛。是故水不離波，波不離水。水若無風，波則不現。風若動時，水則名'波'。寂静故則無動亂，無動亂故則名爲'水'。佛性衆生亦復如是。善男子！心動故則無寂静，無寂静故名爲'波浪'。衆生如是，則無智慧水；無慧水故，身則垢穢；五陰有實，則七殺之所覆没。處處不安，皆由動亂；佛性不現，名爲'衆生'。善男子！水若無風，澄清不渾，日月參辰、星河五嶽於水中自然而現，明瞭覩見。衆生亦爾，静定故，心則澄清，佛性於其身中了了自現。若見佛性，則無煩惱，生死永盡，即名'出世人'也。"

爾時世尊欲重宣此義，而説偈言：

"本無今現有，現有還歸無，以無能爲有，有無同如如。
從有説無時，亦復無無心，利益我我故，無心如起身。
身有則心應，七殺亦復然，爲度迷闇故，説身有七神。
七相隨名有，信耶（邪）背正真，變我指爲鬼，無明皆同然。
譬如嬰孩兒，聞語即生怖，母憐兒幼[①]小，畏子啼過度，
即便語其子：'汝今莫復啼。汝若更啼哭，外有狼狐來！'
小兒聞此語，即便大恐懼，止聲不敢啼，信其母語故。
既至成長已，處處無所畏，自在行無礙，始解母本意：
見我啼過度，嚇我不令啼；憐滑其子故，言道'狼狐來'。

① 幼，録本訛作"幻"，據底本改。此字甲本亦作"幼"，可參。

諸佛亦如是，慈悲滑一切，或空説言有，或有説言空，
處處皆利益，有見義不同。爲有説言有，爲空説道空。
若見平等者，我説萬行同。一切衆生類，皆有如來性。
見性説有我，不見説有鬼；如是之人等，闇中作瑋瑋。
七殺如虚空，無目何處避？如來一音説，所見各有異。
見鬼是世間，見我是出世。有有世帝法，空空第一義。
若説有鬼時，恐怖迷闇者。衆生妄繼（繫）我，即起我我心，
放逸縱六情，廣造十惡業，妄相顛倒故，五逆違經義。
如來方便説，云死當作鬼，展轉三塗中，罪盡方始出。
種種引喻説，令使信解之；衆生無慧目，聞説即信有。
畏罪生憂苦，佛爲説浄戒，迷闇目不見，既聞即受持。
譬如小兒等，信母説狐狼，謂呼真實有，即止不啼哭。
聲聞、凡夫人，道鬼亦如是；世世所流轉，一切不能離。
唯有大菩薩，了了明二諦，有無皆空寂，方作慈悲慧，
知鬼本空相，分别説二諦，見有即有鬼，有空無二諦。
聲聞、凡夫人，亦如小嬰兒，處處皆恐迫，無有自在時。
大士菩薩等，知有皆是虚，狐狼及鬼獄，悉是空寂無。
是故行世間，隨順衆生説，各各隨根機，方便令得出。
譬如一大澤，縱廣數百里，其中多惡獸，嶮岨甚可畏。
師子虎狼等，能熊及豺狗，賊害毒蛇黿，蝮蠍野干輩，
象龍夜叉鬼，雜雜無量類，皆悉集其中，能噉人身命。
行人恒沙衆，至中皆滅命，所去無量數，得過甚希少。
唯有一長者，正有子一人，愛之恒不離，與共行此澤。
日便向欲暮，澤中有一屋，子至此屋所，即便生懈怠，
欲依此屋宿，唯止不肯去。父憐其愛惜，方便如引喻，
云道：‘此屋中，有虎食人處，汝當莫懈怠，將至安隱國。’
子聞父語已，心生大忙怖，進力不敢停，共父相隨去，
得達至彼村，止住無所畏。諸佛亦如是，憐滑衆生輩，
生死大澤中，種種説譬喻，現生五陰裏，引迷令覺悟，

令使厭五陰，不聽在中住，爲説有三塗，道鬼償罪處。
衆生聞是語，憂愁大恐怖，方便造萬行，皆令在中去，
努力强精進，生死乃得度。大士菩薩等，遊行生死澤，
處處在中行，心不生迫迮；身爲大火炬，照了三界闇；
置彼大明珠，在於勇猛幢，若得見珠光，皆獲正真路。
一切聲聞等，亦如彼一子，信父説屍虎，不知有以無，
承音即信之，謂鬼獄是實，心生迫迮已，進力不敢停，
辛苦步步前，得達於彼岸。五陰空無相，萬法亦復然，
得悟一乘義，成佛亦不久。會宗盡相法，是名'大涅槃'。"

爾時除疑大士從坐而起，整理衣服，長跪叉手，白佛言："世尊！我欲發問，不敢輒耳。世尊聽許，乃敢發問。"

佛言："我今涅槃時將欲至，一切大衆所有疑惑，今悉可問。衆若不問，我滅度後，一切衆生必墮疑網。"

爾時世尊作此語已，端坐師子座，身諸毛孔上下支節金光流布，四面一時皆作金色。大衆見已，悲號哽咽，哀動天地，各相謂言："無上慈父將捨棄我入於涅槃。世間空虚，無可宗仰。我等徒衆，喻如群盲，不能自行，將墮坑泥，永不能出；亦如衆聾，何所聽受？"皆語除疑大士言："人(仁)①者宿誓遠劫，奉承聖志，總持無量大藏，聰慧辯才，方便無礙，哀湣我等，請問世尊，佛去世後爲衆生作大依止。唯願仁者必爲我問。"

爾時除疑大士稱大衆意問佛言："云何名'八邪之所牽'？唯願世尊爲我解説。"

佛言："八邪者，天龍、夜叉、乾闥婆、阿修羅、迦樓羅、緊那羅、摩睺羅伽、人非人等。有此八種人，遊行世間，詐稱是真，來惑行人，使人歸之，皆邪非正。衆生著者，墮於八難。故言'八邪之所牽'也。"

除疑復問佛言："此八種人各行何行？如可得識？唯願説之。"

佛言："善男子！諦聽！諦聽！吾當爲汝分別説之。天龍者專行幻法，

① 人，此當爲"仁"之借字。下文："唯願仁者必爲我問。"可助互勘。

水中走馬，足下不濕；臂上種樹，剥驢拔井；或化作龍羊蛇犬，山林河水①，地中出花，吞火噉鐵；或現作佛、菩薩，衆生見已，皆悉歸仰，不得正解脱，名爲‘一邪’。善男子！夜叉者專行淫欲，殺生血食，詐稱言‘我是天中天，得大自在’，信任六師，不識佛性，不得般若波羅蜜，專説世間無義語；有目之徒，悉皆歸依，不得正解脱，名爲‘二邪’。善男子！乾闥婆者專行音樂，鼓舞弦歌，箜篌箏笛，眈行笙瑟，種種皆能，言‘我自悟’；衆生見之，皆悉敬仰，謂爲是真，不得正解脱，名爲‘三邪’。阿脩羅者善能飲酒，不能使醉；自言：‘飲酒無罪，此是解脱，我能消殺。’衆生見之，謂是聖人，不得般若波羅蜜，名爲‘四邪’。緊②那羅者善能舞戲，擲空到折，圓③圈紐（扭）④臂，戾腳清觴，白紵弄⑤槊，唱和音聲；衆生見之，心生樂著，不得解脱，名爲‘五邪’。迦樓羅者善能槊馬弄槊，飛刀擲矢，騁鞍旋馬，援弓抛⑥强，角走相撲；衆生見之，心遂樂著，不得正解脱，名爲‘六邪’。摩睺羅伽者善解世法，僥倖絞（狡）⑦假，多詐少實，辭牒文章，能和私散非，諂曲兩頭，多諸語言，不會宗義；衆生見之，心生忻仰，不得正解脱，名爲‘七邪’。人非人者市道郭閃，妄言綺語，翻覆無信，諂媚多端，專求誑或（惑），方便萬差，無有一實；衆生著之，不得解脱，名爲‘八邪’。諸佛菩薩能同此八種行，能利益如是八種人，皆使出世，故言‘不捨八邪，證八解脱’。此之謂是。”

爾時除疑大士復問佛言：“世尊！如是之人乃行此行，菩薩大士亦行是行。一切衆生盲無慧目，云何世間而能别之？唯願世尊爲解説之，令一切衆生皆得正解脱知見。”

---

① 乙本以上殘。

② 丙本以上殘。

③ 圓，録本訛作“圓”，據底本改。“圓”字待考。

④ 紐，底本作“紉”，當爲“紐”之訛省。此字甲本作“紐”。“紐”此與“扭”同。［元］高安道《哨遍・嗓淡行院》：“老保兒强把身軀紐。”中“紐”字亦同。

⑤ 弄，底本作“挵”。《龍龕手鑑・手部》：“挵”，同“搃”。《集韵・送韵》：“弄，《説文》：‘玩也。’或從手。”下文“迦樓羅者善能槊馬弄槊”中“弄”字底本同，不復校。

⑥ 抛，此乃“拋”之俗體。斯2073號《廬山遠公話》：“汝若見吾之鼓，不辭對答往來，蟭蟟共鵰鳥如（而）同飛，對汝虚抛氣力。”中“抛”字同，可參。

⑦ 絞，此當爲“狡”之同音借字（二字同爲古巧切）。

佛告除疑大士:"汝是大慈,念諸衆生著邪受苦。我今將欲滅度,汝若不問,無目之人皆悉信邪,墮於地獄,受苦無量,永處闇障。耳初不聞一乘之名,况能見佛? 汝當諦聽! 吾當爲汝分別解説。善男子! 八邪之心自是非他,口不説大乘方等,不見佛性,不能和通經典、善能所作、了了明解,於諸身色不能捨離。雖説經法,不合空義。專求伺人之過,自作愆咎,覆藏不悔。自封所化是我眷屬,或見他人,如與同聚,心生忿怒,生大誹謗,自讚毁他。如是之人,是八邪徒黨。菩薩、大士雖與同行,慈悲爲首,推直與人,抱曲向己;雖與天龍同行,教以斷見,而不取著;雖與夜叉同行,示欲之過,食肉殺生,而無害心,教除五陰,不聽執著;雖與乾闥婆同行,教除耳聽,猶如空嚮,不聽愛樂,示以法音,八正伎樂,使人捨之,如入禪定;入阿脩羅中,示現飲酒,不起昏心,捨諸相惑,增益智慧;入迦樓羅中,教以調伏諸根,不令放逸,自作教人如(而)不取勝,令諸衆生心性調順;在緊陀羅中,示現法喜,歌舞恩和,調暢八音方等,梵聲朗徹,見者歡欣;處在摩睺羅伽中,教諸衆生捨於諍論,無彼無我,無取無捨,見善不讚,見惡不毁,離世語言,常以軟善調伏其心,習於空慧;入於人非人中,教以忍辱,捨於俗事,專求智慧,入於一實定法。"

爾時除疑大士問佛言:"世尊! 云何名'萬惡之所蔟'? 唯願説之。我若聞已,佛去世後,教令無量無邊衆生皆悉聞知。"

佛告除疑:"善男子! 萬惡者皆是著相諸行,不能捨於諸見,封執五陰,未得悟空,佛性未顯,貪求名譽,我慢貢高,癡欲益甚,毁謗大乘,而求小法,捨於深法,愛樂淺語,賤薄空宗,染著諸相,忻仰繫縛,厭惡解脱,求現相諸業,而不求見清净佛性。如是之人名'萬惡之所蔟',如斯之徒名'地獄人'也。"

爾時會中有一菩薩,名曰"迦難羅",從坐而起,白佛言:"世尊! 向聞如來説八邪萬惡,始知世間之人愚癡無目,但見現前,不識後世.已聞幻或(惑),未能别識,相牽談説,云是真人,背正歸邪,謂爲解脱,心規世榮,與道相違,現遭殃禍,死墮惡趣,捨施財物及以妻子、奴婢、牛羊、驢馬、車輿、園林、屋宅、床敷、卧具、衣食,種種之物,皆能布施,心希現報,不求出世。受施之人,非真解脱;雖常讀經,不解深義;讚嘆小法,毁呰方等;但見虚僞五陰.未覩佛性;雖復剔髮、衣服法衣,不名'出家'。如是之徒,是外道眷屬。衆生信之,遂墮黑闇。歸者受苦,終無慧目。師墮地獄,二皆無益。如此人輩,甚可哀矣!我於往昔無量劫學行布施,頭、目、髓、腦一切所有之物盡施與人,不識真正,但得外道邪魔,亦不教[①]我觀於五陰中而有佛性。過於此劫,復生於閻浮提,劫名'諸見',國名'梵音',王名'自高';復於此劫供養六師,所須之物皆悉給與,亦不教我觀五陰是空、取於真實佛性。復過此劫,劫名'安樂',國名'安住',王名'不動';我於此劫供養無量恒沙諸佛,亦不教我捨於五陰而取真實佛性。復過此劫,劫名'離垢',國名'空寂',王名'惠(慧)解';我於此劫供養無量恒沙諸佛,教我捨棄五陰,離諸結縛,始見此經。我即受持,書寫讀誦,晝夜精勤,修心相續,不使緣外。於其夜中,夢見普賢菩薩,教我觀身猶如虚空,方始得見佛性,忽然悟覺,於虚空中覩見釋迦牟尼佛,即與我受記,號明'法王如來'。我即供養百億釋迦。今復重見如來説於此經典,歡欣無量。我從過去無量阿僧祇佛所受持此經,並復受持陀羅尼呪,令我心恒堅固。今得受記,我欲施此神呪在此經上,爲利益無量無邊衆生。不審世尊聽許以不?若我來世成等正覺時,持此呪者皆來生我國,同共受樂。以此之故,所願如是。"

佛言:"善哉!汝是衆生無上慈父,施呪救護,將大利益,不可稱數。我今説之在於此經。若有無量百千萬億衆生受諸苦惱,聞此呪者,三稱汝名,讀持此呪,即得解脱,命終生天,世世受樂。汝成正覺,皆生汝國。"

爾時迦難羅菩薩即於佛前而説呪偈:"呼呼膩,摩呼呼,嗚呼膩吒利,那羅帝,那羅利,阿毘帝,曼多隸那隸,尼多訶帝,膩吒利,伊尼吒盧帝,槃荼羅,槃荼盧尼提,若拘利,摩拘尼,塗莎[□][呵][②]。

諸有無常住,三世會歸空;觀心是無相,衆生性皆同。

慧解無分別,相或(惑)不得通;盡相心亦滅,了了見真容。

爲著五陰故,示聽恒蒙聾;除去相或(惑)盡,忽悟解正宗。"

前偈胡音胡字,中偈胡音漢字,後偈漢音漢字,翻胡作漢。

説此呪時,八萬菩薩住不動地,九千聲聞發大乘心,十千比丘得羅漢道,

---

① 教,録本訛作"殺",據底本改。甲、乙、丙三本亦作"教"。

② 呵,底本及《大正藏》無,據甲、乙、丙三本補。

五千比丘尼得阿那含道，十億優婆塞得斯陀含道，二十億優婆夷得須陀洹道，無量天人得法眼净，百千衆生皆發無等等阿耨多羅三藐三菩提心。

爾時阿難問迦難羅菩薩言："云何奉持？云何修行？唯願仁者爲我解説。"

爾時迦難羅語阿難言："行此經呪之時，當在空静之處净治一室，以香湯洗浴，著净衣服，安置法坐，不限人之多少，端身正心，勿得轉動，請法王一人在於座上，分别解説。是諸行人和合爲上，捨離語論，閉目思惟，使心不亂，攝伏六根，不令放逸。日夜六時，燒香供養，善心相續，入善境界。以是至到，得見佛性，衆罪消滅，結縛解脱。因是日已，始得見無量阿僧祇諸佛皆爲作依止，無量阿僧祇菩薩共爲等侣。"

阿難問言："受持此經得幾數福？持此經者消供養以不？"

佛言："百千萬分不如其一。以一閻浮提中所有珍寶並諸雜物悉以供養一切諸佛菩薩，不如有人須臾之頃聽是經典。復置是事，以一佛世界所有珍寶以用布施，不如有人造此經一字。復置是事，以十佛世界所有珍寶造作浮圖塔寺，遍滿一閻浮提，不如有人讀此經一偈。復置是事，以百佛世界所有珍寶以用造作經書形像，遍滿三千大千世界，不如有人解此經一句之義。以是之故，吾今付汝。我滅度後，在在處處，廣宣流布，常使不絶。受持此經典者，諸佛菩薩之所護念。所以者何？若持此經，即同佛涅槃，永無煩惱，生死所不能汙，當知此人不久成佛。受持經人日消五兩金食，何况世間輕微供養？若有人能精心竭力，晝夜苦身供養，受持此經之人，功德不可思議，現世受樂，常聞正法，命終生天，面奉諸佛。"

爾時會中有天神王、地神王、海神王、河神王、山神王、樹神王、風神王、火神王、諸鬼神王等從坐而起，白佛言："世尊！我等諸神王在所佐護受持此經之人並及供養受持經人，弟子常爲此人，不使見惡，所求如意。其人行來，我等常送，不令恐怖，復不使惡人、惡鬼横害。其人所須之物，我等冥會，使之自然而得。生[生][①]之處常與明師相遇，永離愚鈍。"

佛言："善哉！汝等大慈，能護三寶，令諸衆生安住佛法，心無驚動，離苦

① 此處録本脱一"生"字，據底本及甲、乙、丙三本補。

出世，汝於來劫亦得作佛。”

爾時諸神王等聞佛所説“汝於來世亦得作佛”，即起恭敬，以偈歎佛：

“世尊大慈悲，哀滑度一切，敷演祕密藏，有形靡不濟，

降伏魔怨衆，制諸外道賊，開現正真路，燒去煩惱惑。

盲聾得視聽，枷鎖自然脱，師子威力備，頻申皆出窟。

三塗變爲净，迷者悉得悟，流轉之徒衆，安静如法住。

施我衆生目，覩見妙樂土，令除我慢心，貢高所不怙。

煩惱新草等，五陰風吹聚，身中起慧火，焚燒令無主。

運化同虚空，晃蕩無處所，清净無雲翳，始聞空中語。

了了心惺悟，慈光變諸苦，心盡相亦滅，忽然見慈父。

唯願佛世尊，普滑度群生，震雷啓聾者，金碑決瞽盲。”

爾時佛告諸神王等：“此經威力不可思議。受持此經，功德亦不可思議。我説是經，難可得聞，何況有人而得聞？何況有人而得受持、讀誦、書寫、流通？功德巍巍，難可度量。一切海水可知滴數，無有能知受持此經之人功德多少。一切大地可知塵數，無有能知受持此經之人功德限量。虚空可知分界，無有能知受持此經之人功德頭畔。一切諸佛可知名數，無有能知受持此經之人功德分界。以是因緣，付囑於汝，在後流通世間，莫使斷絶。我今涅槃時至，不得久住。汝當努力承經聖志，爲作導師。”

爾時大衆聞説是語，皆各發聲，悲號哽咽，叫呼大哭，流涕泣血，不能自止，共相謂言：“無上慈父將棄我等，入於涅槃。我等徒衆無所宗仰，喻如嬰兒失母，涸魚無水，孤鳥失侣，猨猴失樹，孤窮孤路(露)，伶併辛苦，亦無恃託，依何所住？設復有疑，當復問誰？世尊今去，何時復值？假使還來，云何可識？”作此語已，舉手拍頭，推胸大叫，悲酸懊惱：“痛哉！苦哉！”雨淚氣絶，五體投地，如太山崩；一一毛孔血流灑地，如波羅奢花，而白佛言：“世尊！爲我徒衆，且住於世，莫般涅槃！我今在後，無所依止。”

爾時佛告諸大衆：“汝止！莫啼！我今語汝吾來去之狀，我若還來，必得相識。”

爾時佛告諸大衆：“諦聽！諦聽！吾當爲汝説涅槃因緣。善男子！譬如

春月，陰氣漸退，陽氣微温，冰[①]凍消融，大地枯釋，温和調暢，雲雨時注，一切草木皆悉萌牙（芽）如（而）得生長。我今出世，亦復如是。煩惱冰凍，受（愛）[②]欲陰氣漸漸衰微；濡善春陽，忍辱温氣微微而出；慈悲時雨，數數降注；菩提善牙（芽），因此而生。三月、四月，諸陽漸强，樹木卉草，皆悉滋榮，開花結實。我今住首楞嚴三昧亦復如是，智慧諸陽漸得轉强，令諸聲聞、凡夫方便滋榮，開菩提空花，同結一實。七月、九月陽氣衰微，陰氣微進，令諸花木枝葉彫落，菓實成熟。菩薩及彼亦復如是，五陰陽氣以得衰微，佛性智陰轉轉强上，諸見枝葉悉皆彫落，解脱知見菓實如（而）得成熟。正冬之月，冷上冰結，一切菓實皆悉成熟，收獲斂治，内於窖倉；毒蛇、惡蟲入穴隱匿，塞扃[③]墐户，就室然[④]火。我今涅槃，亦復如是：無知冷結，解圓妙果，成熟無二，斂治分别，置空窖倉；我慢毒蛇諸有惡蟲入寂滅穴隱，塞智慧扃[⑤]，閉覺知户；就涅槃室，然（燃）種智火；以是因緣，故入涅槃。善男子！我若出之時，或作人君，或作人臣，或作人父，或作人子，或作人夫，或作人婦，或作象馬、禽獸、黿鼉、黿蛇、蠢飛、蠕動，無所不作，無所不爲。如是不可思議，唯行平等可得識吾。”

一切大衆即起恭敬，遶佛三匝：“實如聖教！”

佛説此經已，寶塔寶池忽然不現，樹木花林皆悉萎枯。如來世尊北首而卧，入於涅槃。一切大衆叫唤大哭，氣絶僻地，猶如死屍，悲泣盈目，淚如上雨。淚滴於地，地爲之烈（裂）[⑥]。大地震動，泉源枯竭。飛落走伏，皆各懊惱。高下不净，還悉如本。獄囚還繫，地獄受苦。餓鬼飢虚，無有解脱。真容奄形金棺，盛於銀[⑦]槨，白疊千端，練絹萬疋，蘇油灌之，以火焚燒，悉皆磨滅，二端不燒，留於後代。一切大衆，作禮而去。

佛説智慧海藏經卷下。

---

① 冰，録本訛作“水”，據底本改。

② 受，甲本同，乙本、丙本作“愛”。當以“愛”字義長。

③⑤ 扃，録本訛作“局”，據底本及甲、乙、丙三本改。

④ 然，甲本作“燃”。“燃”乃“然”之後起字。

⑥ 烈，此當爲“裂”之同音借字（二字同爲良薛切）。

⑦ 銀，甲本、丙本作“鐵”。

大唐寶應元年六月二十九日，中京延興寺沙門常會因受請往此燉煌城西塞亭供養，忽遇此經，無頭，名目不全，遂將至宋渠東支白佛圖，別得上卷，合成一部。恐後人不曉，故於尾末書記，示不思議之事合會。願以此功德普及於一切我等，與衆生皆共佛道。

No. 2886 佛爲心王菩薩説投陀經卷上

五陰山室寺惠辨禪師註

[題解]

中國人所撰佛經，又名《心王菩薩説頭陀經》、《菩薩頭陀經》、《頭陀經》、《投陀經》、《心王經》，一卷，或謂鹽官忍禪師著。最早見録於《大周刊定衆經目録》第十五卷，判爲疑僞經。其後失傳。敦煌文獻中有6號：BD15369（北新1569），首尾俱全；津藝171（77・5・4510），首尾完整，無注疏；日本三井文庫藏本第32號，首全尾全，中間殘脱，首題“佛爲心王菩薩説投陀經卷上”，尾題“佛爲心王菩薩説投陀經卷上”；以上寫卷爲首尾完整者，共三號。斯2474v，首存尾殘；伯2052，首存尾殘；另有俄Дх.16997號（首尾均殘）；以上寫卷爲殘缺者，亦三號。另有大英圖書館藏粟特文殘本斯ch353號。《佛爲心王菩薩説投陀經》卷上實爲惠辯所撰該經注疏。惠辯，僧史失載，身世不詳。該注疏僅注了《佛爲心王菩薩説頭陀經》的前半部分，没有全部完成。注疏本亦名《佛爲心王菩薩説頭陀經》，但首尾經名下均增加“卷上”二字。大約惠辯曾計劃把注疏本分爲上下兩卷，但最後因故未能完成，故首尾經名亦未能作最後的修定。惠辯注疏的行文相當隨意自由，反映出當時中國僧人盛行的“六經注我”的學風。該注疏本歷代經録無載。此經最早見於《大周刊定衆經目録》，判爲僞經。清代以前歷代大藏經未收，《大正藏》據斯2474v號録入其第八十五册。陳寅恪《敦煌本〈心王投陀經〉及〈法句經〉跋尾》一文曾對此經作簡略介紹（原刊於1939年《歷史語言研究所集刊》，後載自楊曾文、杜斗城主編《中國敦煌學百年文庫宗教卷[四]》，第9頁，甘肅文化出版社1999年第1版）。方廣錩以BD15639（北新1569）號爲底本、參校其餘諸本對該經重新進行了録文（見方廣錩主編《藏外佛教文獻》第一輯，第251—328頁，宗教文化出版社1995年12月版）。録本首題“佛爲心王菩薩説投陀經卷上”，下署“五陰山室寺惠辯禪師注”，實爲惠辯注疏本。經文以照明菩薩請佛説頭陀法，佛囑心王菩薩爲説以爲姻緣，以心王菩薩和照明菩薩的對話爲主，而其心王菩薩，正是衆生自身所具備的佛性的具象化。經典内容主要論述通過經文所謂“頭陀法”來獲得解脱的理論和實踐，其重點爲通過實踐，即攝心無念的禪法和傳統上的頭陀行的方式，以此脱離生死輪回而成佛道。本經主題在於論述頭陀法的重要，其思想與禪宗思想有相通之處。在唐代有一定的影響，不少典籍，尤其早期禪宗典籍曾有引用。本經並曾被譯爲粟特文，大英圖書館收藏有該粟特文譯本的殘本。此經現存最早的記録是《文選》李善注中的引文和《大周録》等，時間大致均在七世紀晚期，可見此經形成至遲在七世紀晚期。《大正藏》録本出校：“㊀大英博物館藏敦煌本，斯 2474。”按：録本所據底本實爲斯 2474v 號。今仍以《大正藏》録本所據卷斯 2474v 號爲底本。新增校本：甲本，津藝 171(77·5·4510)號；乙本，BD15369(北新 1569)號；丙本，方廣錩整理本。

若夫至道圓明，虚無湛極。慈悲普攝，濟生死之深河。浮大寶舟，廣度四生之難。恩霑大道，迥拔①三界之牢。惠(慧)鏡長懸，照無明之巨夜。法王慈愍，接引多方。衆苦之病無窮，設藥之途非一。故有照[□][明]②大士垂音五濁之中，悲愍群生，勸③請如來設教遵[□][奉?]④。首稱“佛爲心王菩薩説投陀經”者，以爲心王⑤爲身之主，耳、目處其外，任持六根，不壞善惡種子，使之[□][不]⑥亡，[□□][乍去]⑦乍來，無有限礙，自在如王，[□]

① 拔，録本訛作“秡”，據底本改。

② 明，底本、録本無，據乙本補。

③ 勸，底本、録本作“歡”，結合文意，據乙本改。底本“歡”當爲“勸”之形訛字。

④ “遵”後當脱一字，方廣錩疑脱一“奉”字。

⑤ “心王”二字底本、録本及乙、丙二本均作“王心”。此二字當爲“心王”之誤倒。前語“佛爲心王菩薩説投陀經”，下文“(故)言‘心王’”，可資互勘。“心王”泛指心，心爲三界萬法之主，故稱。兹據文意改。

⑥ 不，底本、録本無，據乙本補。

⑦ “乍去”二字底本、録本無，據乙本補。

[故][1]言“心王”。“菩薩”,“解脱”之别[□][稱?][2]、“得道”之異名。以覺合機,故稱“佛説”。“投陀”者,西國之語,此土往翻名爲“抖捒(捒)”[3];煩惱不生,寂然無相,故曰“投陀”。“經”者,常也;人能悟道,永離生[4]死,故號爲“常”。[5]

爾時,(時無有二,行人發意之時,故云“爾時”[□][也][6]。)佛(“佛”者,覺[□][也][7]。[□□][自覺][8]虚凝,離[9]心意識,蕩寂空無,神變自在,故爲“佛”[□][也][10])在大林藪山(五陰煩惱是大林藪,無明厚重,不能覺察,名之爲“山”[□][也][11])。山形大小,縱廣八萬四千由延。(五陰、三毒,合爲“八萬”;地、水、火、風,名曰“四千”。“由”者,從也。“延”[□][者][12],長也。其[□][身][13]心造不善業,迄至於今,不能改悔,故名“由延”[□][也][14]。)其山四方,有無量夜叉、羅刹、虎、狼、師子、毒蛇、惡鬼,殺害衆生,噉人精氣。([四][15]方,四大;是四大假合,共成此身,故曰“四方”。煩惱數[16]多,故言“無

---

① 故,底本、録本無,據乙本補。

② 結合文意,此處似脱一“稱”字。

③ “抖捒”二字録本訛作“椒楝”,據底本改。按:“抖捒”當是“抖捒”形誤,同“抖擻”。丙本校記云:“‘抖擻’,甲(按:斯 2474v 號)、乙(按:伯 2052 號)本作‘抖**捒**’,底(按:北新 1569 號)、丙(按:日本三井文庫藏本)本作‘抖捒’,據湛然《止觀輔行傳弘决》曰:‘頭陀,此云‘抖擻’。此十二事皆爲抖擻十二過故。’(《大正藏》第 46 卷第 262 頁下)故知實爲古今字形訛變,因録爲‘抖擻’。”釋道世撰《法苑珠林》卷第八十四:“西云‘頭陀’。此云‘抖捒’。能行此法,即能抖捒煩惱,去離貪著。如衣抖捒能去塵垢,是故從喻爲名。故名‘頭陀’。”[T53n2122p903a12]《大正藏》出校:“捒＝擻【宋】【元】【明】。”

④ “永離生”三字底本、録本作“求難”,據乙本改。底本“求難”當爲“永離”二字之形訛,且脱一“生”字。

⑤ 以上文字甲本無。

⑥⑦⑩⑪⑭ 也,底本、録本無,據乙本補。

⑧ “自覺”二字底本、録本無,據乙本補。

⑨ 離,底本、録本作“難”,當爲“離”之形訛字。結合文意,據乙本改。

⑫ 者,底本、録本無,據乙本補。

⑬ 身,底本、録本無,據乙本補。

⑮ 四,録本脱,據底本補。

⑯ 數,底本、録本作“藪”,結合文意,據乙本改。底本“藪”當爲“數”之形訛字。

量”。緣境不住,故名“夜叉”。取捨心起,名爲“羅刹”。無明熾盛,吞[①]食善法,名之爲“虎”。貪心造罪,不生厭離,名之爲“狼”。惡性盛猛,能壞善狼,名之爲“師子”。“毒蛇”者,貪、瞋、癡是,能壞法身惠[慧]命。煩惱亂其身心,不得自在,名之爲“惡鬼”。萬行法門,自然消滅,故云“能害衆生”。“噉人精氣”者,煩惱是也。)其山四維,[□][復][②]有無量賢善大士,修學大乘。(眼、耳、鼻、舌,身性清净,無所染著,名曰“四維”。一切煩惱,自然改變,故言爲“智惠[慧]賢善大士”,亦名“修學大乘”。不簡怨親,通同普載,名爲“大乘”,亦名“無乘”名曰“大乘”[□][也][③]。)於佛法中,決定生信。(佛、法、僧寶,本是一心,更無別異,故名爲“信”。信有十心:一者,信心;此身無常、無我,信三寶常住[④]不滅,設有變滅,信知示現之非,佛是實滅[⑤],是名“信心”。二者,念心;非是生滅之念,色心不二,自性不動,守春[本?][⑥]不移,是名“念心”。三者,進求涅槃,是名“進心”。四者,惠[慧]心;覺了自性,空寂無二,是名“惠[慧]心”。五者,定心;常住法性,是名“定心”。六者,不退心;進起波若,不爲生死亡[⑦]惑,是名“不退心”。七[⑧]者,迴向心;觀行停熟,流入法河,是名“迴向心”。八者,護法心;護諸衆生而成就之,護己[⑨]善根而不失之,是名“護法心”。九者,戒斷生死,求捨俗緣,是名“戒心”。十者,志願滿足六[⑩]波羅蜜,超生死輪,[□][趣][⑪]涅槃岸,是名“願心”,故曰“生信”。)護持禁戒,如净明珠[⑫]。(清净心是。)守護心城,摧伏外道。(涅槃爲城,了諸妄

① 吞,録本訛作豎排的“天口”二字。今據底本改。
② 復,底本、録本無,據乙本補。
③ 也,底本、録本無,據乙本補。
④ 住,底本、録本作“信”,結合文意,據乙本改。
⑤ 此句乙本作:“信知示現之相,非是實滅。”
⑥ 春,乙本作“本”。“本”字義長。
⑦ 亡,乙本作“之”。
⑧ 七,録本訛作“亡”。今據底本改。
⑨ 己,録本訛作“已”。今據底本改。
⑩ “六”下底本、録本有一“者”字,當爲衍文。結合文意,據乙本删。
⑪ 趣,底本、録本無,據乙本補。
⑫ 珠,録本訛作“殊”,據底本、乙本改。

想，不令漏失。《經》曰："以無心意、無受行而悉能摧伏諸外道。）五峰神仙，最居山頂。（色陰，想陰，識陰，受陰，行陰。"陰[①]"者，蓋也，能掩其心，令[②]不明了。形礙爲"色"，領納是非爲"受"，妄情思慮爲"想"，魔緣諸境爲"行"，了別名識稱爲"色[③]"。無明黑闇長生，故曰"神仙"，亦名"長受仙人"。我慢高於五岳，故曰"最居高頂"。）仙人我慢，五欲自恣，不悟無常。（色欲、聲欲、香欲、味欲、觸欲五處受生貪，是名爲"五欲"。隨所染著，住情即造，故曰"恣"。生老病死，念念遷謝，故曰"無常"。）佛與迦葉諸大菩薩側塞虚空，前後圍繞。（"佛"者，心也。心王自在，能使識不起異念，即是弟子，故曰"迦葉"。既隨教念命，心得解脱，名爲"菩薩"。法門廣大，包括十方，故言"側塞虚空"。無處不遍，故曰"圍繞"也。）四部弟子，一時共會。（眼、耳、鼻、舌，名爲"四部"。心王所制，不染色、聲、香、味，故言"弟子"。俱登正[④]覺，故曰"一時"。身心不二，即是"共會"。"會"，合也，[□][合][⑤]一相、一里[理][⑥]也。）

爾時世尊在大衆中，（"世"以寂滅爲義，"尊"以覺證爲能；覺知一切煩惱無所有，故號"世尊"；八萬四千煩惱之中悟平等道，故曰"衆中尊"。）坐寶蓮華，（觀行已畢，至無功用，寂休閑居，名之爲"坐"。"寶"者，道也。道體明净[⑦]，塵垢不染，故曰"蓮華"也。）結跏趺坐，（此爲入定也。端其身，[即][⑧]心真；正[⑨]其命，即慮静[□][也][⑩]。）嬉怡微笑，（悟道性情，美名之"嬉"；"怡"之言"悦[⑪]"；悦[⑫]樂心神，故微笑也。）威德光明，普照一切。（煩惱消滅名

---

① 陰，底本、録本作"行"，結合文意，據乙本改。

② 令，底本、録本作"今"，結合文意，據乙本改。

③ 色，乙本作"識"。

④ 正，録本訛作竪排的"一心"。今據底本改。

⑤ 合，底本、録本無，據乙本補。

⑥ 里，此當爲"理"之借字。

⑦ 净，録本訛作"渾"。據底本改。

⑧ 即，録本脱，據底本、乙本補。

⑨ 正，録本訛作竪排的"一心"。今據底本、乙本改。

⑩ 也，底本、録本無，據乙本補。

⑪⑫ 悦，録本訛作"忱"，據底本、乙本改。

“威”。識了無生[□][曰][1]“德”,故曰“威德清净”。是光“普照一切”者,謂陰入界,一切陰、色、受、想、行、識是。“入”者十二入,内有六根眼、耳、鼻、舌、身、意,外有六塵爲色、聲、香、味、觸、法,名“十二入”。“界”者,中門六識、六根、六塵即是十八界。是以五陰、十二入、十八界,是一切行人觀之,空無所有,名之曰“照”;故云“普[□][照][2]一切”也。)

佛告心王菩薩(“告”之言“發”,發開生死心,見法身相,虚凝不動,自在無礙,即是“心王菩薩”也):“汝當爲諸大衆宣説甚深無上妙法(“宣”由“吐”也,從無[□][明][3]地吐出。法身寂寥,無常平等,平等不二,故言“甚深”。“妙”者,要[4]妙之法,佛所説也),令諸衆生識煩惱性空無所有,(衆生迷故,爲有煩惱。覺已知無,故言“空無所有”),令投陀一心法,苦樂一相。(生死是苦,涅槃爲樂。生死既空,涅槃非有,平等無生,故言“一相”。)

心王菩薩承佛神力,身昇虚空,變現自在(“承”者,受也。佛神力自覺身心本無所有,故云“虚空”。“變[□][現][5]自在”者,轉妄以入真。萬物不動,故云“自在”),於大衆中放大智光,光如百千萬億日月,清凉調適(清凉是光,光相不動。説名爲“如百”者,百波羅蜜,千法明門。“萬”者行也。定惠[慧]雙照,明同日月,故言“百千萬億日月”也。煩惱火滅,故言“清凉”。喜怒不生,名爲“調適”),隨諸衆生,所求皆得(聖化無礙,故云“皆得”),普照十方,招集有緣諸來大衆。(“十方”者,十惡也。“招集”者,四諦是。“有緣”者,十二因緣是。煩惱非一,名曰“諸來”;“[來][6]”之言“會”,煩惱交會,共造一心,故言“大衆”;[□][體][7]寂空明,名之“照”也。)天龍八部,護法善神(心净爲

① 曰,底本、録本無,據乙本補。
② 照,底本、録本無,據乙本補。
③ 明,底本、録本無,據乙本補。
④ 要,録本訛作“要要”。按:底本前一“要”字旁有一廢棄號。兹據删。
⑤ 現,底本、録本無,據乙本補。
⑥ 來,録本脱。按:底本前一“來”後有一重文號。兹據補。
⑦ 體,底本、録本無,據乙本補。

“天”，智惠[慧][□][爲][1]龍，五陰三毒合爲“八部”。不起異念，名爲“護[2]法善[3]神”[□][也][4])、天王等(眼、耳、鼻、舌，名爲“天王”。見聞覺知，不起二相，故爲之“等”也)，上至有頂，下極空際(“頂”是實也。實相之理圓空不動，故言“有頂”。上下無二，曰“極”。“極”者，空也。空際名爲“佛性”也)，六道死生，蒙光喜悦(眼、耳、鼻、舌、身、意，名爲“六道”；地、水、火、風，名爲“死生”；神光照蕩，空寂無生，故云“喜悦”也)，皆來聽法。(理性[5]虚無，湛然不[□][動][6]，名爲“聽[□][法][7]”。)[8]大衆雲集。(言此妄身由(猶)如雲集，暫有還散，究竟無實也。)菩薩摩訶薩大慈所薰(“菩薩”者，西國語，此云“道心衆生”是。慈能拔苦，苦惱不生，名“大慈”。“薰”者，香也。薰我身煩惱滅盡，此是無價香，非是世間草木之香，故云“大慈所薰”也)，復放六百萬億最勝光明。(“六百”者六根是。一根一百，故曰“六百”。“萬”者，萬行之門户也。“億”者，“總持”之大名。見道轉染，故名曰“最勝”也。)其光明中，宣説一切衆生本性清净(了衆生相即是實相，故言“本性清净”)，無生無滅(妄想不起，是名“無生”；善法常住，是名“不滅”)，無垢無净(分别是[□][垢][9]，無[10]分别是“净”。垢性自空，净性非有)，無生死際，無涅槃際(生死性空，涅槃非有)，二際平等，等諸法空故。(二際俱空，空故平等，諸法亦然也。)閑居静住，即是投陀。(因成果就，故曰“閑居”；淳一無離，名爲“静住”。)寂然念道，絶斷攀缘(見道性空，攀缘即滅)，不生分别。(誠性體空，本無分别。)何以故？以生死涅槃不一不二(法身不動，離諸名數，故云“不一不

---

① 爲，底本、録本無。結合文意，據乙本補。

② “護”前録本衍一“難”字，兹據底本删。

③ “善”前底本、録本衍一“神”字，結合文意，兹據乙本删。

④ 也，底本、録本無。結合文意，據乙本補。

⑤ 性，録本訛作“生”。今據底本改。

⑥ 動，底本及録本無，據乙本補。

⑦ 法，底本及録本無，據乙本補。

⑧ 此句底本誤作“理性虚無，湛然不名爲‘聽’，皆來聽法”，且錯置於前句“名爲死生”和“神光照蕩”之間。録本又誤“性”作“生”。今結合文意，據乙本乙正。

⑨ 垢，底本及録本無，據乙本補。

⑩ “无”下録本衍一“名”字，據底本及乙本删。

二”也)，但①假名説②，接③引愚夫。(涅槃方便，是佛權教，指方陳説，今[令]④識道性體空，生死如夢如電。愚夫不了，爲生死可捨，爲涅槃可得，於空之中妄生染著。衆自覺歎迷來日⑤久，故言“假説”。)上品衆生體達法相，不入涅槃，不出生死(法性體空，空無出入)；中品衆生求涅槃(捨生死是聲聞行，貪求涅槃是凡夫，不捨不求是菩薩行也)，無方便惠(慧)，實際爲家(不識生死涅槃皆是虚空幻化，是“無方便惠〔慧〕”。《經》曰“有惠〔慧〕方便解⑥，[□][無]⑦惠〔慧〕方便縛”)；下品衆生無明癡住(心無智惠〔慧〕，名曰“無明”。不能發起心，故言“癡住”也)，不覺不知，沈淪苦海。(恒在生死，故曰“沈淪苦海”。常以苦海生苦、老苦、死苦、求不得苦、愛别離苦、怨憎會苦、憂悲之苦憶想不住，念念分别，名爲“生苦”；“老”者煩惱惱身心，不得自在，故言“老苦”；舉緣妄想，馳散放逸，心神躁擾，名曰“病苦”。菩提之性，理在煩惱之中，不覺不知，名爲“死苦”。非本所求，妄生追念，念不離竟，名爲“求不得苦”。佛是衆⑧生慈父，愛念衆生，由[猶]如赤子。衆生違背，輪迴生死，故云“愛别離苦”。五陰爲怨，惡業爲憎，煩惱交會，隱藏無地，故言“怨憎會苦”。大道之[□][門]⑨被⑩塞，佛性未由顯現，故曰“憂悲之苦”。苦無邊際，名之爲“海”。)諸菩薩等，汝當諦了如是光明從何而來：内外推求，都無生處(内外根塵，空無自姓[性]，故“都無生處”也)；從心化生，湛然常一。(從定生惠〔慧〕，故曰“化生”。言“心”者，非是生滅之心，乃是無想之心。名字

① 但，底本、録本作“俱”，結合文意，據乙本改。

② 説，底本、録本作“説説”。結合文意，據乙本删一“説”字。

③ 接，底本作“倿”，録本訛作“佞”。該字乙本作“椄”。段玉裁《説文解字注》：“‘椄’之言‘接’也，今‘接’行而‘椄’廢。”底本作“倿”當爲“接”之訛字。結合文意，據乙本改。

④ 今，此當爲“令”之訛字。此字乙本正作“令”，可參。

⑤ 日，録本訛作“曰”。今據底本改。

⑥ 解，底本、録本作“縛”，結合文意，據乙本改。

⑦ 無，底本、録本無，據乙本補。

⑧ “衆”字前底本、録本衍一“慈”字。結合文意，據乙本删。

⑨ 門，底本、録本無，據乙本補。

⑩ 被，底本、録本作“破”，結合文意，據乙本改。

雖多，其體不異，故曰“常一”也。）一想光明，觸衆生身，從毛孔入。（“觸”之言“照”；衆生身内外虚通，衆生心納，由[猶]如毛孔，一相光明無處不遍，名之爲“入”也。）衆生愚者，入無量定。（“入”諸（之）[①]言“觸”，觸此身心，由[猶]如虚空本來不動也。）“光觸眼”者，入妙色三昧（眼雖見色，妄識不起與物合，故名爲“妙色三昧”）；“光觸耳”者，入音聲三昧（耳雖聞聲，不得聲相，識不分別，名曰“音聲三昧”也）；“光觸鼻”者，入香林三昧（鼻雖聞香，不得香體，即是空空無分别，故言“香林三昧”）；“光觸舌”者，入法喜三昧（舌雖觸味，不得味相。味相自空，識無分别，名爲“法喜三昧”）；光觸身者，入智明三昧（身雖知寒熱澁滑等，不得觸相，識不分故，名爲“智明三昧”）；“光觸心[②]”者，入法明三昧（六識體空，無能分别，狀若韻音，六根是一根，故名爲“法明三昧”）。光遍十方。仙人蒙光，我慢即除（無明之光，照除我相、人相、衆生相、壽者相，自然消滅也），身心清净，悟無生忍。（清净之心，是無生死。）惡鬼、毒蛇、夜叉、羅刹噉人精氣者，皆發菩提心。（身心寂空，是發菩提心也。）二見牛頭，闘諍心息。（善、惡二見，名曰“牛頭”；生滅不住，名之爲“闘”；畢竟不生，名之爲“見”。）波旬魔王，開地獄門，施清净涼水。（生死魔、煩惱魔，魔力威大，自在如王，無明閉塞，名爲“地獄”。豁然悟解，萬[□][像][③]參羅，本無所有，名爲“地獄開”。“施”言“捨”，[捨][④]離知見，[妄][⑤]想不生，即是“法清涼”。“水”即是法水，湛然清净也。）飢餓衆生，自然飽滿（心生煩惱，憶想妄緣，名爲“飢餓”。禪定無生，法喜無滿，故名爲“飽”也），發清净心，飡法喜食，身心解脱（味道心和，名爲“法喜”。不住有無，自然解脱），深入法性，自在無爲。（實相之理，名曰“深入”[⑥]。體性不動，入逍遥自在，故曰“無爲”也。）雖得無爲，察心不住（不住而住，住於不住也），學方便故（所化之緣曰

---

① 《廣雅·釋言》:“諸，之也。”此字乙本正作“之”。

② 心，録本訛作“身”，據底本改。

③ 像，底本、録本無，據乙本補。

④ 捨，録本脱。按：底本前一“捨”後有一重文號，兹據補。

⑤ 妄，録本脱，據底本補。

⑥ “深入”二字底本、録本作“入深”，結合文意，據乙本改。

“方”,能化之智曰“便”),[□][以][①]法爲妻,化生一子,處在深宫,正念思惟(“妻”者,定也。定能生惠〔慧〕,故曰“化生”。“一子”者,菩薩是也。實相遠窺而莫覩,故曰“深宫”。空寂無生,名爲“正念”也),學大方便,不捨有爲,不住無爲(性理有無,平等不二,是大方便),二惠(慧)方便,念念具足。(“一”既不存,“二”從何立?“惠[慧]”亦無體,言下有名,解了還無,故曰“方便”。前念由(猶)淺,後念轉深,深相平等,名爲“具足”。)其年雖小,常樂出家,學無上道(初入定門道未成,名爲“年小”;心無間念,曰“定”;從定起惠[慧],名爲“出家”。學者學性平等,故曰“無上道”也),不樂世事,常修少欲知足之行(端心自守,五陰消亡,故不樂世事[②];意滿無求,名爲“知足”);修六和敬,眼與色和。(心滅境亡,體無分别。色、心不二,合一相理也。)何以故?心不緣色,妄識不生,即是“和”義。(“和”者,合也,合一切空。空故名義,義即是佛。)餘如上説。動静常一(耳、鼻、舌、身、意等,此之五根,義同眼識,故言“餘如上説”也),守護心城,不令賊入。(道心堅固,六塵之賊[③]無由得入。)

外道六師多方巧術,詐爲親善(“六賊”者,向外取塵,名爲“外道”。“六師”者,取捨難易,故曰“多方”。强生分别,名爲“巧術”。塵性本空,取不可得[④],迷惑不了,言“詐親善”),語王子言:“世有極樂,自[恣][⑤][□][歡][⑥]娱,長養王身。(六賊馳騁誘[⑦]引,心王追求,六塵縛遶自在,喜悦身心,名“極樂”。生死不住,名爲“歡娱”。五陰熾盛,故言“長養”。)既受樂已,天上伎樂、種種饌饈自然來至。(衆生愚癡,見惡歡喜,如觀伎樂,妄想無數,故言“種種”。貪、癡食名爲“饌饈”。舉心即是,是曰“自然來至”也。)五欲天女巧轉五心,所求皆得。(心迷五欲,[□□][五欲][⑧]本空,愚夫不了,妄生染著

① 以,底本、録本無,據乙本補。
② 事,底本、録本作“尊”,結合文意,據乙本改。
③ 賊,録本訛作“財”。今據底本改。
④ “得”後録本有一“名”字,底本不清晰。今據乙本删。
⑤ 恣,録本脱,據底本補。
⑥ 歡,底本、録本無,結合文意,據乙本補。
⑦ 誘,録本作“誇”,底本不清晰,結合文意,據乙本改。
⑧ “五欲”二字底本、録本無,結合文意,據乙本補。

心，名爲“天女”。執情取相，任意即造，故云“皆得”也。）”

王子聞已，似悲復喜（心迷故悲，悟解還喜）：“我從昔來，只爲愛網網我身心（“昔”者，古也。從古已來五欲羅網籠罩[①]佛性，不能得出，故曰“愛網”也），不能自拔，何能救他？（爲無惠〔慧〕眼，不見本來，故曰“不能自拔”。佛性既不顯現，煩惱云何能遣？故曰“不能救他”。）今日何緣復作斯語，誑惑於我？（心開悟道，卻語無明。本無實事，云何誑我？“我”者，佛性。是“佛性”者，無來無去，無住無著，無爲無相，無生無滅，由（猶）如虚空，湛然不動。）[②]”

一念返源，即爲心師。（一念無生，即是心師也。）不師於心（妄心不得自在，故言“不師於心”），即知虚妄，不受其語。（生死本空，何曾有“語”？法性湛然，故不言“受”。）外道六師，徒黨眷屬，自然磨滅。（“磨”者，盡也。“滅”，猶死也。煩惱本假，名曰“滅盡”也。）

王子心地，决斷猛利，猶如金剛。（能斷煩惱，名爲“猛利”。永定不動，故名“金剛”也。）見諸法性，體明净故。（識煩惱性，即知明净。）設有惡念，即便覺知，入一相門。（若能覺者，惡念自滅，名“入一相門”也。）其一相者，即是大道之無蓋也。（“蓋”者，是大道，體性空寂，包含一切也。）一是法海母，能生諸佛。（“一”者，定也。定是海母，能生子義也。義即是佛也。）諸菩薩等（佛與菩薩，同體異名，故言“等”也），常生柔和，質直其心，不邪不曲。（安心境定，猶若須彌。慧眼常明，邪曲自滅也。）常樂坐禪，修空三昧。（“坐禪”者，西國之語。此云“功德叢林”。三世諸佛，皆從禪生，故云“功德叢林”。又云：法性虚凝，清净無染，是“樂坐禪”。“三昧”者，西國語，此云“調直其心，令入正定”也。）居有不有，入有空三昧，破諸常見。（“居”者，住也。住有不有，不著有見，見性自空，常見即滅也。）一切煩惱、無明之父（煩惱、無明，是佛慈父也），居無不無，入空有三昧，破諸斷見。（住無不著空見，心性自離，斷見斯亡。）一切煩惱、恩愛之母（煩惱、恩愛，能生菩提，故曰爲“母”也），入有空三昧，莊嚴法身。（“有”即是體，”空”即是花。煩惱空花，本來寂净，名之”莊嚴”也。）入空有三昧，莊嚴色身。（“空”即體有，“有”即空花。有此

① 罩，録本訛作“罕”，據底本及乙本改。

② 以下文字底本缺，以乙本爲底本并參甲本、丙本補。

惠〔慧〕智之花，而自莊嚴微妙色也。）色身即具三十二相（八解脱、八聖道、八菩薩、八王子，四八三十二。無相心中而自莊嚴，不同化身之相也），爲度三十二相知見鬼神。（貪爲一十[①]，瞋爲二十，癡爲三十，善、惡兩心，名“三十二惡相”。以此煩惱，名爲”知見鬼神”。行者觀之，空無所有，畢竟不生，名之爲”度”也。）法身具無量相（“無量相”者，一無相也。無相不相），爲度微塵愛法衆生。入一實道（度無量無邊衆生，而無衆生可度，是名”入一實道”也），達煩惱性。開闡法幢（“幢”者，高相。相是無相，無相是相。入微妙境，絶意亡識，假喻世高，永超三界也），摧挫我見，增長聖道。（我見消亡，聖道即長也。）翻五陰賊，具五分法身。（“翻”者，破也。破五陰賊、成五分身者，爲戒身、定身、慧身、解脱身、解脱知見身也。）不隨三毒，三明現前。（“隨”者，順也。不順三毒。三毒消滅，即是”三明”。心常清净，故名曰”現前”也。）八邪不起，入八解脱。（五陰、三毒，縱横亂起，即是”八邪”。行人觀，空無所有，即是”八解脱”，亦名”八聖道”也。）

爾時會中有一菩薩，名曰“照明”。（心净故曰“照”，解脱之理故曰爲“照明[②]”也。）愍念今世五濁衆生（五陰亂起，名爲”五濁衆生”），不修少欲知足之行，命終即墮三惡道中。（善心滅盡，即是命終。貪瞋癡起，是名”三惡道”也。）勸請如來説頭陀法、開化衆生（涅槃明鏡，照了衆生，彼此俱通，名曰“開化衆生”也），於閻浮提廣作佛事。（“閻浮提”者，是己之身，心是行人，觀煩惱性，畢竟空寂，是爲“佛事”也。）

佛告照明菩薩：“善哉！善哉！（“善”之言“定”，“哉”之言“慧”。定、慧雙滅，故曰“善哉”也。）善男子！我適命心王菩薩，吾爲大衆説斯要法。（無生正智名”男”，解心非一名“子”，故言“善男子”。）汝今復問，今當廣説。

其頭陀者，從正月十五日至三月十五日，從八月十五日至十月十五日，二時頭陀。三世諸佛，常行此法，衆行中上。（“二時”，春、秋是。初悟心時，猶如春日，百草競生；法眼開明，亦復如是。“秋”者，熟也。道心淳熟，收斂

① “一十”二字乙本作“十一”，據丙本改。

② “照明”二字底本作“明照”，結合文意，據丙本改。

煩惱，入無盡藏。無盡藏者，空静心是[①]。故曰“二時”。“三世諸佛”者，覺也。能覺心源，名之爲“佛”。覺妄想心以滅，名爲“過去佛”。覺未來心不行，名“未來佛”。覺現在心不動，名爲“現在佛”。同一心體，更無别異，故曰“常行”。愚夫不識，騎驢覓驢。愚迷衆生，一何太甚也！）吾今得道，常行此法，況汝凡夫！勸諸學人，不得懈怠（學心之人，少時妄念，名爲“懈怠”也），縱恣六情，造作諸惡。（六情妄起，染著外塵，名爲“造作”。）何以故？凡夫壽命，禀道氣生（不識是非曰“凡”，廣受生死曰“夫”。故曰“凡夫”。“禀”者，受也。“道氣”者，佛性是也。佛性者，不生不滅，不來不去，猶如天地，湛然不動。一切衆生，喻如草木，有生有滅。大地無滅，佛性亦復如是。其佛性體，量同虚空，等空法界。衆生依佛性中生，佛性中滅。識其佛性者，實不生不滅。猶如虚空，遍滿一切處。身中亦滿，身外亦滿，處處皆滿。非是散動，遍一切處，自性不動，常住不變。作此解者，身即無常，佛性是常。故言佛性猶如大地，衆生譬如草木，爲此衆生禀道氣而生也），法無有定。（生死之法，本性無定。無住無著，故言“不定”也。）以不定故，聖亦不定。何以不定？（“聖”者，正也。正體是常，言説流轉，故言“不定”也。）法如幻故（無而見有，名之爲“幻”），寂滅無爲。（緣慮已盡。）法如[②]化故（雖有而無，名之爲“化”），冥寂無心。（入無漏智。）幻生於化（五陰如幻，生於四大，四大是化。故言“幻生於化”也），化生於幻。（四大是化生，四大生五陰，故言“化生於幻”也。）化生、幻死，各不相知。（“化生”爲四大緣合，“幻死”爲五陰分離。諸法無自性，是以“各不相知”。）衆生愚癡，織生死網，自纏自縛。（不識道理，名爲“愚癡”。生死不住，名之爲“織”。未得解脱，是大羅網。“纏”是十纏：一者無慚，二者無愧，三者睡眠，四者無悔，五者慳，六者妒，七者嫉，八者瞋，九者覆，十者三界。衆生於中縛繫，未得解脱，故言“自縛自纏”也。）十二地獄，身居其中。（六根、六塵，二六十二。閉塞其心，不得解脱。故名“地獄”也。）四大毒蛇，同共一室。（地大、水大、火大、風大，此之四大，能害法身，名之爲“蛇”。“一室”者，虚妄心是。）十八識賊，遍羅諸道。（六根、六塵、六識，三六

---

① “心是”二字底本作“是心”，結合文意，據丙本改。

② “法如”二字底本作“如法”，結合文意，據甲本改。

十八。劫人功德，名之爲"賊"。煩惱非一，蔽障諸道也。）設有善念，隨生隨滅。（衆生無常，善根微弱，惡業强盛。前念生善，後念生惡，未聞少善。故云"隨生隨滅"也。）何有智者不返斯源？（智人反照，凝神守一，故言"斯源"也。）六識爲根，心識爲本。（六識依心識生，是以心爲根本。）無明波浪，心識常動。（無明心昏，遍緣諸境，名之"波浪"也。）遊戲六情，造生死業，至死不捨。（"六情"者，六識是也。取捨不息，名爲"遊戲"。生死不捨，死復更生，故言"不捨"也。）無能制者，自在如王。（《經》曰：制之一處，無事不辨。衆生不覺，妄心流注，故言"如王"也。）是故我言，生死魔王，念念傷害。（生滅不住，傷害法身。）衆生不覺，輪迴生死，何由得出？（覺即解脱，不覺即輪迴也。）善男子，汝當正信三寶。（真如佛性，性廣非無，湛然常住，不生不滅，名爲"佛寶"。口中演説，示道群生，令去是非，歸心一路，名爲"法寶"。四大之身，東西行化，毀譽不動，等心無二，名爲"僧寶"。三同是心體，故名之異，理理同於如。如是解者，名爲"正信"也。）道從信生，求善知識。"（信是道根，非信不生，故言"道從信生"也。）

照明菩薩白佛言："世尊，何者名'[□□][善知][①]識'？"

佛言："心王菩薩是一切衆生真善知識。（心王菩薩，能破煩惱，永離生死，法性常寂，名"善知識"也。）汝當歸依，請求救護。（歸心空寂，識了了無生，名爲"救護"也。）心王菩薩神力無量，能拔汝苦。"（能拔三毒，名爲"神力"。五陰不生，即是拔苦。）

照明菩薩合掌白佛："心王菩薩今在何處？我當普爲一切衆生請求救護。"（"掌"之言了，了合於道，道合於心，故言"[□][合][②]掌"。本性清净，故言"白佛"也。）

佛言："心王菩薩不近、不遠，不在中間。（"不近"，不在六根中間。"不遠"，不在六塵中間。"不在"，不住六識中間。愚人迷惑，不能了解，爲言有内、外、中間。智者觀之，空無所有也。）若欲得見，當觀五陰、十二入、十八界。身心端直，正念思惟。心王菩薩當至汝所，解煩惱結。（觀心空寂，滅煩

① "善知"二字底本無，結合文意，據甲本補。

② 合，底本無，結合文意，據丙本補。

惱結。“菩”之言“結”,“薩”之言“散”,能解煩惱結散,名爲“菩薩”也。)如是念念,精勤不捨,身心清净。心王菩薩即至其所,如應説法。(“如”者,空也。“應”,猶慧也。内外身心,空無所有,名之爲“説法”也。)”

“諸菩薩等,我本與汝及一切衆生同一性相,一體無異。(衆生身是佛,佛身是衆生身。同體異名,故言”無異”也。)汝自生心,强起分别,爲言我異,我實不異。(迷故言異,悟即無别。)何以故?是煩惱性,性無所有,即涅槃[□][性][①]。涅槃之性,性無所有,即煩惱性。(煩惱性自空,涅槃亦如是。)二性不二,名爲“正性”,名爲“法性”(譬如眼、目,同體異名,故言“不二”也),佛所行處。(不二之性,是佛行處。《經》曰“行我行處,坐我坐處”是也。)是故我言‘本無有異’。(衆生未悟,爲言身與佛别體。悟即同體,舊來不異,非由今悟始不異也。)”

照明菩薩言:“若本不異,一切衆生,煩惱即是涅槃?”

答曰:“不然。我言煩惱,性無所有,爲涅槃耳。(要須慧眼識煩惱性畢竟空寂,名爲“而作涅槃”,非是肉眼所識煩惱而作涅槃也。)若言煩惱即是涅槃,何得以涅槃還煩[②]惱涅槃?(識即是涅槃,不識即是煩惱也。)行人善巧方便,觀察身心,得空慧力(空寂無生,名爲“慧力”),行頭陀法。静亂不二,正念思惟。攢煩惱性,得性心净。生無漏火,燒煩惱薪,名爲‘不動慧’。不動而動,名‘方便慧’。(“不動”是定,“而動”是慧,故言“方便慧”也。)”

心王菩薩語照明菩薩言:“我於爾時,入佛性海(海納百川,喻無分别。多出珍寶,即喻智慧。故言“入佛性海”也)甚深三昧,名‘法輪慧’。(見現理不住,名爲“法輪慧”也。)不可思議煩惱之中,出生諸佛。(煩惱名“衆生”,悟解即是佛。故言“出生諸佛”。又曰:“凡夫與聖人,本來衹是一。解知即作佛,迷故凡夫是”也。)”

照明菩薩言:“何名‘方便慧’?何名‘不動慧’?何名‘法輪慧’?”

答曰:“六識心常動,其相如車輪,名爲‘方便慧’。(雖轉而無分别所用,

① 性,底本無,結合文意,據甲本補。

② “還煩”二字底本作“還還煩”,據甲本删一“還”字。

六識亦復如是。終日輪而未曾轉,終日[□][動]①而常静。虚空無動,轉動亦皆是空也。)心王常不動,其相如車軸,名爲'不動慧'。(車雖運載,流轉不住,軸常不動。身遊東西,隨緣作務,心常不動。其義亦爾也。)一根中具六,六六三十六,其相如車輻,名之爲'法輪慧'。(一根是心,心緣六根。眼中有眼識、耳識、鼻識、舌識、身識、意識。耳根中亦有眼[□][識]②、耳識、鼻識、舌識、意識。鼻識中亦有眼識等。身識中亦有眼識等。舌識中亦有眼識等。意識中亦有眼識等③。四大本來空,六識何曾有?智者巧分別,皆是空中立名字。名字無常定,名爲"法輪慧"也。)五陰以爲車,無相以爲牛,調御以一心,運載諸群生,趣向般若洲。("波若洲"者,佛地也。又,"洲垣"者,涅槃是。"涅槃"者,波若是。"波若"者,能生佛。佛是波若智,智者巧分别,同一心體也。)"

"諸菩薩等,汝當修行。一切衆生,常爲客塵煩惱之所覆蔽,不見佛性。(色、聲、香、味、觸、法,名爲"客塵"。衆生不覺,名爲"覆蔽"。"蔽"猶塞也。"塞"猶斷也。塞斷佛性智,使不現故,名爲"覆蔽"也。)如竹不攢(鑽)④,火即不出。煩惱亦爾。若攢(鑽)煩惱,佛性顯現。要須在定,心在定故,定力、慧力乃能攢(鑽)插⑤。(如來説法,義有多端。處要之方,莫過定⑥慧。其足是即佛身。故言"定慧力能攢(鑽)插⑦"也。)"

"譬如穀子,糠皮盡净。雖蒙時節,雨水調適,牙(芽)⑧不能生。(糠皮喻

---

① 動,底本無,結合文意,據丙本補。

② 識,底本無,據文意補。

③ 丙本此處出校:"'一根是心,心緣六根。眼中有眼識、耳識、鼻識、舌識、身識、意識。耳根中亦有眼、耳識、鼻識、舌識、意識。鼻識中亦有眼識等。身識中亦有眼識等。舌識中亦有眼識等。意識中亦有眼識等'六十七字,行文疑有誤,似應爲如下:'一根是心,心緣六識。眼根中有眼識、耳識、鼻識、舌識、身識、意識。耳根中亦有眼識、耳識、鼻識、舌識、身識、意識。鼻根中亦有眼識等。身根中亦有眼識等。舌根中亦有眼識等。意根中亦有眼識等'。則文義與正文之'一根中具六'相符,較爲通順。"

④ 攢,此當爲"鑽"之借字。《集韵·桓韵》:"攢,治擇也。通作鑽。"此字甲本正作"鑽"。下"攢"字同,徑括注其本字,不復校。

⑤⑦ 插,底本作"揺",結合文意,據甲本、丙本改。

⑥ 定,底本作"空",結合文意,據丙本改。

⑧ 牙,後作"芽"。《説文·艸部》:"芽,萌芽也。"[清]段玉裁注:"古多以牙爲芽。"丙本一律據文意將"牙"字改作"芽",似不必。

煩惱。不生喻涅槃。)凡夫亦爾，若遇善友、諸佛、菩薩，示其方便，以大乘法杖，鞭分别心。心蟲既死，内外清净，毒害不生。加功磨瑩，心性調善。(“鞭”者，打也。打破無明，智慧流出。又言：五陰、三毒，諸見妄想，名爲“心蟲”。行人[①]觀之，空無所有，一時清净，名之爲“死”。身四威儀，性常空寂，見法漸明，故言“磨瑩”。道法平等，去離是非，爲“調善”也。)所作真妙，常合聖道。(施爲舉動，皆合大道。)蕩除塵垢，破無明嘝。雖在生死，愛水澆灌，識牙(芽)種子，自然不生。身心清净，生法王家，入菩薩位。(不住有無，是菩薩位。)四弘不捨(眼不取色，是一弘；耳不取聲，是二弘；鼻不取香，是三弘；舌不取味，是四弘。“弘”，猶“通”也。觀是四塵，本性自空，故言名爲“不捨”也)，有大方便，巧度衆生。”

照明菩薩言：“云何名‘衆[②]生’？”

答曰：“煩惱愛結，名爲‘衆生’。若能攝心，寂然無念，無生、無滅，妙慧成就，度脱衆生。(識衆生無衆生，名爲“度衆生”也。)”

照明菩薩言：“觀煩惱性，内度衆生，其相可解。外法云何？”

心王菩薩言：“如是！如是！如汝所問，内外不異。雖復不異，要先觀内。一煩惱净，衆多法净。(一心清净，八萬四千煩惱悉皆清净。《經》曰：心净則佛土净也。)何以故爾？内是外根源(内心是外根。無明株杌既斷，六師自然消滅也)，衆聖之源。(前佛後佛，皆同此悟。故云“衆聖之源”也。[③])得斯要法，法度衆生。(煩惱是衆生，清净是法。故言“法度衆生”也。[④])”

“衆生無盡，佛身無盡；衆生無邊，佛身無邊；衆生之性，即虚空性；虚空之性，即衆生性。由有衆生，即有佛生。若無衆生，佛亦不生。(離衆生無

---

① “人”字前底本有一“者”字，結合文意，據丙本删。

② “衆”字前底本有一“生”字，結合文意，據丙本删。

③ 丙本此處出校：“‘前佛後佛，皆同此悟。故云“衆聖之源”也’，底、丙本(健按：指日本三井文庫藏本。)均在‘得斯要法，法度衆生’句之後，據文意移至此處。”所校是，兹從之。

④ 丙本此處出校：“‘煩惱是衆生，清净是法。故言“法度衆生”也’，底、丙本(健按：指日本三井文庫藏本。)均在‘衆生無盡，佛身無盡；衆生無邊，佛身無邊；衆生之性即虚空性，虚空之性即衆生性’後，據文意移至此處。”所校是，兹從之。

佛，離佛無衆生。轉妄入真，即是佛生。有佛、有衆生，聲聞見。無佛、無衆生，菩薩見也。）是故我言：‘諸佛菩薩，常度衆生。（佛者，覺也。覺煩惱性，本來清净。“净”即是佛。故言“佛度衆生”也。）有因緣故，方便巧説，衆生度佛。’（轉衆生身作佛身，故云“衆生度佛”也。）我常宣説：‘諸法平等，無有二相。佛度衆生，衆生度佛，始名平等。’（佛性本來空，衆生性亦空。一空無有二，故號爲“平等”。）”

佛告心王菩薩言：“善哉！善哉！（“佛告心王菩薩”，達平等性是也。）汝入究竟陀羅尼慧，無礙大辯（心不來不去，不生不滅，不取不捨，名爲“究竟”。“陀羅尼”者，西國語也，此土[1]往翻作“總持”。若達實相，故言爲“總持大辯”也），於諸菩薩大衆之中，作師子吼，顯平等法。我於餘經竟未説之（前心證粗，細尋未盡。故言“餘經竟無説之”也），今於頭陀大乘方等心王菩薩，大衆純熟，智慧明净（眼見一切十方，不起二相，等同一虚空，亦辯[辨][2]東西南北也），大慈大悲，利根大士，堪聞大法。菩薩方便，所以説之。（法體無言，菩薩慈悲，所以説。接引衆生，令入言説也。）法相[3]深邃，難信難解。（真法無形，非凡夫之所見，是以“難信”。理性幽玄，玄而頗識，故言“難解”。修學大乘，有眼慧者，乃能信解也。）二乘凡夫，鈍根小智，雖聞妙法，無慧方便，不生信樂。（聲聞、緣覺，名爲“二乘”。聲聞之人，不見玄門，唯見聲、香、味、觸、法，深生繫著，妄生逆觀，從香味推至微塵，從微塵推至虚空。色心不起，名爲“涅槃”。獲羅漢果，名爲“鈍根”。凡夫、緣覺之人，不識本性，妄觀十二因緣，名爲“數不起”。將爲究竟，即取辟支佛果，是名爲“小智”。由執相故，聞空妙理，如盲如聾，都無所見，故言“不生信樂”也。）”

“善男子，我滅度後，多有衆生，放逸自恣，或犯四重、五無間罪。（癡恚是垢[4]，名爲“四重罪”。不用他好，名爲“疸（癡）[5]”；瞋不出口，名爲“恚”；恐人勝己，名爲“嫉”；見他好彰其美，名爲“妒”。亦名“四蛇”。五陰妄生，是

---

① 土，底本作“云”，結合文意，據丙本改。

② 辯，此乃“辨”之借字。清朱駿聲《説文通訓定聲·坤部》：“辯，叚借爲辨。”

③ 相，底本作“想”，結合文意，據甲本、丙本改。

④ “是垢”二字丙本據文意改作“嫉妒”。

⑤ 疸，丙本據文意改作“癡”。

“[□][五][①]無間重罪”也。)作一闡提，無歸依處。(一向空見，謂無罪福，名“一闡提”。不識本性，流浪生死，故言“無歸依處”也。)當念心王菩薩，學頭陀法。(空净心是。)心王菩薩，大慧方便，慈悲衆生，怨親不二。(聲聞之人，以五陰爲怨，涅槃爲親，厭苦求樂，名曰“聲聞”。菩薩慈悲，苦樂因體，故云“不二”也。)若有信心，即開方便。示實相門，説法巧妙，令人易解。(巧則易受，妙則易解。)衆生聞已，不生異念。(忘懷絶慮，湛若虚空處。故云“不生異念”也。)”

心王菩薩即爲説法，諸菩薩等正念聽受。”諸[□][法][②]實相即衆生相。(深達實相，名爲“聽受”。)若心取捨，即遠實相。(取求涅槃，捨於煩惱，是“遠實相”也。)實相曰“道”，道字“無爲”。(虚寂心是也。)無爲曰“一”，一是慧刀，割斷諸[③]見。(解了無生，諸見自滅，故言“割斷”也。)見根不生，名爲“解脱”，解脱名“空”。(“空”即是佛也。)虚空身心，清净無染，名爲“波若”。(“波若”，“佛”之異名。)波若名“慧”，慧名“心光[④]”，入照陰界。闇室開明，明明無盡。無盡心光，名“涅槃智”，智能巧慧。四大城邑，五陰精舍。(四大無我，假喻城邑。五陰空寂，是佛精舍。)善惡心起，名爲“調達”。(法本無生，妄起善惡，名爲“調達”也。)色心不二，名曰“如來“。(身即是色，色與心合，名爲”色心”。色心平等，[□][心][⑤]等虚空，色亦如是。色身本來性是虚空，衆生不悟，謂色是真。其色本來性是虚空。四大從香味生，香味從微塵生，微塵從虚空生。空即虚空，生微塵空，空亦是空。微塵生香味，[□□][香味][⑥]亦是空。香味生四大，四大亦是空。四大成是其身，身亦是空。色之與心，無非[⑦]虚空一合之相。一切衆生，共迷心色，謂心是有，謂色是真，故名爲“生”。智者觀之，無非[⑧]虚空一合之相。名曰“如來”。無無衆生，故離衆生

---

① 五，底本無，結合文意，據丙本補。

② 法，底本無，結合文意，據甲本、丙本補。

③ 諸，底本作“説”，結合文意，據甲本、丙本改。

④ “光”字前底本有一“名”字，結合文意，據甲本、丙本删。

⑤ 心，底本無，結合文意，據丙本補。

⑥ “香味”二字底本無，結合文意，據丙本補。

⑦⑧ 非，底本作“是”，結合文意，據丙本改。

垢。既無衆生,亦無涅槃。是故《經》曰:不住世間,不住涅槃,名爲“解脱”也。)徒衆眷屬,八萬四千,寂寞清虚,湛然清净。(八萬四千煩惱,名爲“眷屬”。行人悟之,悉皆清净。即是八萬四千波羅蜜,亦名“八萬四千三昧”,亦名“八萬四千法門”,亦名“八萬四千菩薩”,亦名“八萬四千寶塔”,亦名“八萬四千師子之坐[①]”也。)各各護持,菩薩净戒。(清净無生,是菩薩戒。)”

爾時照明菩薩即從座起,頂禮佛足(“座”者,空也。從空生慧,目之爲“起”。“頂”者,極;“禮”者,體也。我身心真極不動,名爲“佛足”也),普爲當來衆生諮啓二事(“當來衆生”者,後念心是。“諮”者,請也。“啓”,猶“開”也。請開定、慧兩門,故言“二事”也):“諸菩薩等行頭陀時,受持何戒?云何名‘持’,云何名‘犯’?”

佛告照明菩薩:“汝大慈大悲,入他心三昧。(觀煩惱,知煩惱性空,是“他心三昧”也。)當來衆生無有慧明諮問於我。汝當[②]諦聽,當爲汝説。行頭陀時,前作方便,斷内外賊,翻邪歸正。(内有六根,外有六塵。行人觀之,空無所有,名曰“斷賊”也。)七日七夜,澄净身心。(初學心人,七日七夜,澄静身心,使不散亂,令識性息。七識流注,昏闇不明,目之爲“夜”。七識微[③]静,湛然常住,慧眼分明,照之如日也。)端坐一室,正念思惟。(空寂無生,名之爲“室”。)觀身實相,受佛心戒(“觀”者,看也。看其身心,猶如虚空,無有相貌,名爲“心戒”也),名曰‘法叉戒’。(“叉”謂除煩惱,“戒”能斷生死。)戒有二種:内戒、外戒。何名爲‘内戒’?覺觀心動,即犯内戒,破内頭陀。(戒性如虚空,無有動念。動念起者,名“破内戒”也。)覺有身相,即犯外戒,破外頭陀。(身如木石,本無所覺。妄見身相,名“破外戒”。)若犯内戒,毁滅法身。(攀緣心是。)若犯外戒,傷害色身。(貪、瞋、癡也。)犯内、外戒,非我弟子。雖復多聞,分別講説十二部經,二時頭陀,不能守護佛法寶城。(多聞講説,心緣外境。不行無生,焉能守護也!)心散外逸,念念誹

① 坐,後作“座”。《字彙補·土部》:“坐,與床座之座通。”丙本據文意將“坐”字改作“座”,似不必。

② 當,甲本作“今”。

③ 丙本此處出校:“‘微’,疑或爲‘徹’之誤。”

謗，名‘極重罪’，[□][名][1]‘一闡提’。（思想亂起，不念無生，名“誹謗”。妄緣轉多，[□][名][2]“極重罪”。心無依止，口妄説空，不識空體，名“一闡提”也。）”

照明菩薩即白佛言：“凡夫愚癡，貪名求利，不依聖教（不識真理，名曰“愚夫”。名相本空，妄想貪著，名爲“求利”。不念無生，違佛聖教也），不遇善友，破頭陀戒。唯願世尊大慈大悲，哀愍衆生，示其正道。”

佛告照明菩薩：“善哉！善哉！汝爲衆生，巧問斯事，我今當説。三界虚妄，皆心所作。（貪爲欲界，瞋爲色界，癡爲無色界。“界”，猶“隔”也。不見佛性，名之爲“界”。行人觀之，空無所有。名爲“出三界”，亦名“三解脱”。）若欲懺悔，五蓋樹下，静坐思惟。（《經》曰：一切業障海，皆從妄想生。若欲懺悔者，端坐念實相，是名“第一懺”。“五蓋”者，貪欲蓋，瞋恚蓋，睡眠蓋，掉悔蓋，疑蓋。能覆佛性，名之爲“蓋”。行人觀之，空無所有，名爲“懺悔”也。）正觀身内，與心論議，捔智慧力。（生死不住爲“論”。寂滅不生爲“議”。法與煩惱相競爲“捔”。體達無相，名爲“智慧力”也。）煩惱論師，歸依受化。（妄想不生，名爲“受化”。）息諍訟業，起於真心。（心體清虚，離諸生滅，名爲“息諍”。）於諸菩薩四衆之前，各觀心性。（生、老、病、死，名爲“四衆”。各觀心性自空，無我、人、衆生、壽者也。）性非内外，亦非中間。（三處皆空，空無内、外、中間也。）心性離故，罪垢亦離[3]。（行人自觀，心性自離，心性本空，空故無罪。是名爲“佛”也。）如是念念，行法成時，法性智水，空中灌注。（法水凝静，湛然無相。不見内外，名爲“灌注”。）洗浣罪垢，戒根即生。”（洗生滅之罪垢，識法體之無生。故名“戒根”也。）頭陀法戒，清净如本。（“如”是不動，“本”即是心。心生於道，道生萬物。故言“如本”也。）如是懺悔，千劫萬劫，極重大罪，一念消融。（貪煩惱名“千劫”；瞋煩惱名“萬劫”；癡煩惱名“極重罪”。行人諦觀無所有，合一相理，故曰“消融”。）如是觀時，不見罪性在内、在外，不住中間。於諸觀中，最爲第一。（此觀明空遣陰，諸相平等無生，故

① 名，底本無，結合文意，據甲本、丙本補。
② 名，底本無，結合文意，據丙本補。
③ 離，底本作“難”，結合文意，據甲本、丙本改。

爲"第一"也。)無心無緣,前後際[①]斷。(平等無二,故言"際[②]斷"。)心、心數法,畢竟不生。(無漏心是。)學般若心,名爲"正觀"。(言語道斷,心行處滅,名爲"正觀"也。)大慈大悲,滅煩惱種子,生菩提牙(芽)(初證菩提,道果未成,名"菩提牙(芽)"),慧方便觀。(了煩惱性,即是菩提。智者巧説,故言"方便"也。)

其頭陀師,先調心馬,善巧調御,轡勒其心,不令馳散。常好坐禪(静念無緣,名爲"轡勒"。"馳"者,速也。速走散亂,名爲"衆生"。空寂無心,即是"坐禪"),在空閑處,澄停不亂。心鏡明净(心不緣境,境不攝心,心心攝境,自在無礙,故曰"空閑"。佛性光明,超過定亂,名爲"心鏡"。一切皆照,故曰"明净"也),進止安詳。所有慧解,不從他聞,自從心樹,發生利智。(自悟取道,心眼圓明,發生利智,故云"不從他聞"也。)降内外賊,摧破四魔。(眼見色是一魔;耳聽聲是二魔;鼻嗅香是三魔;舌知味是四魔。"魔"者,相也。行人度之,悉皆清净,故言[③]"摧破四魔"也。)觀解現前(心性清净,見理分明,恒無錯謬,故曰"現前"也),身心清净,與道相應。(心合於道,道合於心,故曰"相應"。)善達法相,隨觀講經,不依文字。(悟達之人,不誦舊語。法眼開明,自然能説。説破道理,名曰"講經"。故言"道不依文字"也。)設有言説,猶如虚空。(虚空無邊,法亦無邊。虚空無盡,法亦無盡。故言"猶如虚空"也。)直語、真[④]語,不誑衆生("直"者,定也。"語",猶"慧"也。故言"直語"[⑤]。體無虚假曰"真",智談妙理曰"語",故言"真語"。衆生得道有實,故言"不誑衆生"。),令諸[⑥]聽者開發慧眼(常入空寂,名爲"聽"法;見理分明,是名"慧眼"也),助佛揚化,使盲冥衆生一時醒悟。(迷心頓解,名爲"醒悟"。)

---

① 際,底本作"除",結合文意,據甲本、丙本改。

② 際,底本作"除",結合文意,據丙本改。

③ 言,底本作"言言",結合文意,據丙本删一"言"字。

④ "直語、真"三字底本作"真語、如",結合文意,據甲本、丙本改。

⑤ 丙本此處出校:""'直'者,定也。'語',猶慧也。故言'直語'',底、丙本作''真'者,定也。'語',猶'慧'也。故言'真語'',與下文對'真語'的疏釋重復。據經文正文擬改。"所校是,兹從之。

⑥ 諸,底本作"者",結合文意,據甲本、丙本改。

功德、智慧，二種莊嚴，法利具足。（能除煩惱名“功”，妙識無生忍曰“德”，故曰“功德”。善知一切，名之爲“智”；識達空源，目之爲“慧[①]”。無想心中，而自莊嚴，名之曰“具足”。）其頭陀師，内解[②]三藏，方乃爲師。戒藏、定藏、慧藏[③]。何名‘戒藏’？藏名貪相，貪相不生，善惡不二，不二之性，即具尸羅，名爲‘戒藏’。何名‘定藏’？藏名瞋相，瞋相不生，静亂不二，究竟寂滅，即具禪那，名爲‘定藏’。何名‘慧藏’？藏名癡相，癡相不生，不生而生，生真實慧，即具般若，名爲‘慧藏’。通達此三者，名爲‘三藏師’，始名‘師子吼’；能破三毒，入一相門，名‘師子吼’。貪瞋癡無，名‘大法師’（貪瞋不生，名“法師”，非是名聞講説名爲“法師”也），大頭陀師（空净心是），大精進師（心無動念曰“精”，轉加深妙曰“進”），不誑衆生師，大清净師（無心生是），大解脱師（煩惱不生名“解”，免生死苦爲“脱”。故云“大解脱師”也），無繫縛師，大持戒師。（虚無心是也。）善爲衆生方便説法，一一開解（種種演説，皆合無心，從一生多，多不異一，故云“開解”也），不生滅心（常住心是。又曰：道體虚無，離諸生滅也），説實相法[④]（了衆生相，名爲“實相”也），不妄語師。（真如心是。又曰：生滅永除，即非妄語也。）出家、在家，四部弟子，修行此法（不著三界，名曰“出家”。空寂無生，故曰“出家”），十八種物，自隨己身。（“十八種物”者，十八界是。“隨”者，煩惱。慎己法身，清净無染也。）常行乞食，少欲知足。（心常念寂，故曰“常行”。“乞食”，無上正智之食。“少欲知足”者，謂不念内外諸法也。）正中一食，不二時食。（中道正觀，一相之食。“不二食”者，無善惡兩心，故云“不二時食”也。）從頭陀時，日日十二時移（“時”[□][者][⑤]，行人悟道之時。“移”者，轉也。轉卻生死十惡，根塵自然無著。故曰“時移”也），不樂本處。（永離生死之處，常行空寂之道。）遠離聚落（内外根塵，名爲“聚落”；觀身空寂，即是“遠離”也），不近不遠（心遊外散，將知“不近”；迴心

① 慧，底本作“智”，結合文意，據丙本改。
② “解”字下底本衍一“藏”字，結合文意，據甲本、丙本删。
③ “定藏、慧藏”四字底本作“慧藏、定藏”，結合文意，據甲本、丙本改。
④ “實相法”三字底本作“法實相”，結合文意，據甲本、丙本改。
⑤ 者，底本無，結合文意，據丙本補。

念寂，故言“不遠[①]”也），空閑静處，塚間樹下，繫念思惟。（一切煩惱盡，理入涅槃。“塚間”，不捨煩惱，不入涅槃，名曰“塚間”。亦曰“樹下”[②]，亦心爲樹，樹大無相，遍覆三千參羅萬像，陰蓋衆生，清凉解脱，故言“樹下”。）一心禪寂，觀身實相，雜念不生。（萬法虚融，本無所動，故云“不生”也。）巧慧方便，凝静心王，令身調善。（惡從心生。心静無緣，入深三昧，自然調善也。）震大法鼓，摧伏異學（學大法鼓，響以遠聞。入微妙境，境絶意識。異學斯亡也）、外道邪師。入佛性海（六根，“外道”；三毒是“邪師”。行人觀之，空無所有。名“入佛性海”也），煩惱風息。波浪不生，妄識不起，種性清净，生如來家（心清意净。“如”者，不動；“來”者，會也。會合無生，是“如來家”也），與諸菩薩，論頭陀法。（法性銜玄，無生不動，是“頭陀法”也。）”

爾時心王菩薩語諸菩薩言：“頭陀净法，是法微妙，甚深玄奧（寂滅無生，是名“玄奥”也），諸行中上。（法門雖多，空寂第一。）我等云何敢問斯事？今當承佛大威神力。”即從座起，合掌向佛（無生不動名“威”；智慧無礙曰“神”，故言“威神力”。“即從座起”者，引《觀音註》，簡三種心：凡夫心，聲聞心，菩薩心。凡夫心浮造惡業，没在三有，不能得起。聲聞之人，但見於空，不見不空，不行中道，不見佛性，沉心住空，不能得起。菩薩心不沉不浮，不沉故不同小乘，不浮故不同凡夫。離此二行，是菩薩行。故云“即從座起”也），卻住一面。（“卻”者，迴也，返照。“住”言不動。凝静神明，故云“一面”也。）先澄停心海（行人心不入煩惱大海，不能得無價寶珠。静心之水澄，猶如虚空，湛然不動，名爲“心海”，亦名“寶珠”。珠喻佛性也），入無盡三昧。（不捨煩惱，而入涅槃，名“無盡三昧”也。）從三昧起，智（知）[③]大衆疑，即向佛説：“何故頭陀止取正月十五日至三月十五日？復何因緣，取八月十五日至十月十五日？何者名‘頭’？何者名‘陀’？新學諸菩薩咸有疑心，願爲大衆，慈悲解釋疑網垢累，令得解脱。”

爾時世尊告心王菩薩：“汝能巧問，我今善答，令衆喜悦。善男子！汝等

① “遠”字下底本衍一“離”字，結合文意，據丙本删。
② “樹下”二字底本作“塚間”，結合文意，據丙本改。
③ 智，此當爲“知”之借字。此字甲本正作“知”。

審聽！汝心令無異念，當爲汝説。頭陀正法取正月十五日者，衆生垢重，無量劫來，心常邪曲。令思惟五陰，空無所有。調適得所，法性因緣，發自然慧。五分法身，具一切智，照諸黑闇邪曲衆生，心地正真，常入三昧。明見法相，猶如春日。故言'正月十五日'。

至三月十五日者，諸法[①]無性，各不相知。前心隨生，後心不緣。無故留心，心相不生，即是實相。(心性本空，空無所動，非是抑留，故云"無故[②]留心"也。)三毒清净，究竟無染，名'三解脱'。故言'三月十五日'。

取八月十五日者，正爲衆生，於八聖道，起八邪風，心地波動，無生妙藥，没在深叢。("無生"是"妙藥"，煩惱是"深叢"。)行人善巧，尋其根本。(澄心内觀曰"尋"，究竟無生曰"本"。故曰"根本智"也。)本既無生，心性清净，不動如山。法王妙藥，自然還出。(法性空明，照諸黑闇。故名"還出"也。)衆生服藥，八風病息(勤觀空相，名爲"服藥"。煩惱不生，故曰"病息"也)，八解脱現前。故言'八月十五日'。

至十月十五日者，行人修道，十念成就，長養聖胎，具諸根力，無惱無熱。(八邪滅，人我不生，名爲"十念成就"。初悟聖道，得果未成，名"養聖[③]胎"。禪定名"根"，智慧爲"力"，定慧雙照，惱熱消亡也。)如明净月，郁蒸清凉，煩惱見息。故言'十月十五日'。

'頭'者，行人初破煩惱，擊大法鼓，吼煩惱賊，得其頭主。賊民無主，無所依止(無明是"頭主"。無明之心既破，六賊自然消亡，故云"無所依止"也)，即求出家，爲我弟子。(一切煩惱，隨心所化，究竟清净，名佛"弟子"也。)攝心學道，身心清净，悟無生忍。故言"頭"也。"陀"者，後心行人，善巧方便。雖得[④]前心，後念多失。(前心初定，名之爲"得"。後漸懈怠，是以"多失"也。)既失其後，即是漏心，名爲'煩惱'。行人勤加精進，前心注後，後心注前，前後不二，名爲'正法'。即是阿難受持佛語，無有遺漏。是故言'陀'。

---

① "法"字下底本另衍一"法"字，結合文意，據丙本删。
② "故"字下底本衍一"云"字，結合文意，據丙本删。
③ "聖"字下底本另衍一"聖"字，結合文意，據丙本删。
④ 得，底本作"念"，結合文意，據甲本、丙本改。

(“阿難”者,西國語。此云“歡喜”。證無漏智,是以歡喜也。)又復‘陀’者,陀汰煩惱。如陀[①]金沙,先除粗者,真金始現。(“粗”者,貪瞋癡是。“真金”者,佛性是。新得悟道,故云“始現”。)”

爾時大衆,聞佛如來慈悲解釋,諸結煩惱[②],自然爛壞。(五陰盤結,空寂無生,名爲“爛壞”。)無明藏開,自然勇(踴)[③]出無量無邊如意寶珠(法身無相,等同虚空。故云“無量無邊”。諸法相似曰“如”,一物無私曰“意”,道性恒明曰“寶”,圓寂無心曰“珠”。故云“如意寶珠”也),不可稱數。化在身上,以爲瓔珞。(道理無窮,故云“不可稱數”。一切諸法皆從心生,故云“化在身上”。戒、定、智慧,以爲瓔珞也。)

菩薩爾時復自思念:“如是妙寶,昔所不得,而今得之。(流轉生死,名爲“不得”。今悟無生,是以“得之”。)十方諸佛,甚深法藏,不可思議,並是如來慈悲願力,使我悟道。”還以此寶,奉獻如來。如來不受,還施菩薩。(初心入道,注心守一,以一爲寶。道體性離,無一無寶,名爲“不受”也。)何以故?爾時佛身究竟,不受其功。見於佛性,而得明了。菩薩籍[④]一入道,道心未明,捉[⑤]一自守,見於佛性,而不明了。(悟見佛[⑥]性,性離一切,無道無爾,還同於如來,而不受寶也。)

善男子!此處難明。直[⑦]是最上利根菩薩,聞一悟解,初發心時,便成正覺(自覺心所爲,皆不合道;並覺諸識。故言:自覺、覺他,名爲“正覺”也),不由次第等覺、妙覺。(計有十地而修道者,此是鈍根人。大士學道,發心則是,故云“不由次第”。初學道時,學有是非。又修純熟,一切平等,不見高下。無是無非,等若虚空,名爲“等覺”。“妙覺”者,圓明内融,窮鑒法性,體

① 陀,甲本作“地”。

② “結煩惱”三字甲本作“煩惱結”。

③ 勇,此當爲“踴”之同音借字(二字同爲余隴切)。該字甲本正作“踴”。“踴”字或作“踊”。《集韻·腫韻》:“踊,或從勇。”此指涌現,也作“涌”。《六書故·人九》:“踊,又作涌。”

④ 籍,底本作“寂”,結合文意,據甲本、丙本改。

⑤ 捉,底本作“投”,結合文意,據甲本、丙本改。

⑥ “佛”字下底本衍一“悟”字,結合文意,據丙本删。

⑦ 直,底本作“真”,結合文意,據甲本、丙本改。

無終始，窮微盡極，故名“妙覺”也。）前念爲因，後念爲果，（生死爲“因”，涅槃爲“果”。）金剛聖體，種智現前。（大清净心是也。）涅槃城中，證究竟果。（無證、無涅槃，名爲“究竟果”。）

爾時照明菩薩問心王菩薩言：“何故衆生本性清净？以何因緣而生妄想，失其本心，煩惱所纏，不能得出？云何方便，轉此虚妄？”

心王菩薩即答言曰：“衆生之性，即是法性。法性常净，具諸相好。從本以來，無得無失。從本以來，無出無没。從本以來，性常真實，亦無虚妄。從本以來，無有煩惱，亦無涅槃。從本以來，不增不減，究竟清净。不可宣説，言語道斷，無有文字，猶如虚空。（虚空離有無，心性亦如是也。）云何問言‘衆生妄想’？如是問者，名爲‘邪問’。”

照明菩薩言：“如是！如是！甚深！甚深！真净妙法，不可思議。誰能信者？利根大士，研心盡净，乃能生信。（“研”，猶“窮”也。“窮”，猶[1]“盡”也。煩惱盡净，故云“無生”也。）”

心王菩薩復更爲照明菩薩説本業因緣：“一切衆生，從無始以來，祖父無明，恩愛爲母，常策使我，不得自在。衆生背道日久，雖聞法言，都不開解。何以故？此等衆生，知見垢重心，閉塞昏闇，不能得悟。猶如明鏡，塵垢汙染，不見面像。凡夫亦爾，常爲八風，汙染其心。法鏡不明，亦復如是。世法八風，清净妙藥，揩拭衆生心鏡塵垢。衆生不受，當如之何？一念起心，八萬四千煩惱郎主使役其身。身心破烈（裂）[2]（煩惱亂起，損害法身，名爲“破烈〔裂〕”也），身器淋漏（妄想流注，即是“淋漏”也），瘡瘢深厚。（攀緣妄想，是大“瘡瘢”。未證無生，名爲“深厚”也。）雖聞醫言，不肯信受，非如來咎。（諸佛慈悲，有大方便，療治衆生，煩惱重病。衆生雖聞，不能深信，非如來咎也。）”

照明菩薩言：“云何爲郎主？”

答曰：“法無有貪，貪郎役使，不得自在，貪鬼縛我。法無有瞋，瞋郎役

① “猶”字下底本衍一“者”字，結合文意，據丙本删。

② 烈，此當爲“裂”之同音借字（二字同爲良薛切）。該字丙本校作“裂”。下“烈”字同，徑括注其本字，不復校。

使，不得自在，瞋鬼縛我。法無有癡，癡郎役使，不得自在，癡鬼縛我。求名、求利，分别取捨。無明郎主，其數無量，説不可盡。諸菩薩等，汝當精勤，隱處山林諸見樹下，修行正念。先觀四大，何者是我？地、水、火、風，一一推求，究竟無我。因緣和合，妄生於我。此念成時，四大三昧，自然現前。即覺身心，湛然入定，内外清净，無有相貌。身與定合，不動如山。身戒、心慧，不由他教，自然開解。五陰、十二入、十八界、八萬四千塵勞，爲大般若諸波羅蜜甚深法門。”

是時大地六種震動，諸天散花，作衆伎樂，以供養佛。爾時菩薩具二種智：一者實智，二者方便智。實智離凡夫地，方便智離聲聞地。

“諸菩薩等，汝當修學二種方便甚深法藏，何以故？十方諸佛之所行處，能令行人安心得所。不爲六師外道天魔之所沮壞，皆是行者頭陀功德，念念融鑄真金。真金像現，分身散體，普遍十方，教化衆生。”

微塵菩薩，其數無量，勸請心王菩薩轉正法輪。

心王菩薩言：“我乘如來威神之力，爲大衆説，令汝開解，無復疑悔。法輪名一，一道清净，名‘正法輪’。正念思惟，觀身實相，不生不滅，名‘正法輪’。常修慈心，怨親不二，苦樂一相，名‘正法輪’。有佛無佛，性相常住，不生疑心，名‘正法輪’。能師子吼，吼諸煩惱，究竟清净，名‘正法輪’。觀察五陰，空無所有，煞諸結賊，名‘正法輪’。[□][觀][1]生、老、病、死，性常清净，名‘正法輪’。正行心處，不生邪曲，名‘正法輪’。攀緣心息，覺觀盜賊，畢竟不生，名‘正法輪’。放心隨順，不畏生死，名‘正法輪’。諸菩薩等，汝當修行如是甚深最上、最妙法，究竟清净無染法輪，得此法時，不依生死，不住涅槃，超[2]然解脱，放任沉浮。即身如虚空，容受一切。心如金剛，護持諸戒。真佛弟子，即是頭陀。蘭若住處，始名‘出家’。以智慧刀[3]，剪煩惱髪，念念無間，得解脱智。具足二忍：一、衆生忍；二、法忍。聽法因緣，獲究竟忍。”

---

① 觀，底本無，結合文意，據甲本、丙本補。

② 超，底本作“起”，結合文意，據甲本、丙本改。

③ 刀，底本作“力”，結合文意，據甲本、丙本改。

爾時心王菩薩欲重宣述，以偈贊曰：

“震吼法鼓降四魔，内外怨賊悉清净。五欲毒箭變爲花，遍散虚空供養佛。

如來受已放大光，衆生蒙光即解脱。無明闇室光照了，慧燈授記成正覺。

了達法相一如如，凡聖究竟無差別。雙林樹下得成道，即是導師方便説。

若能勤行心王法，頭陀禪定常寂滅。一心普爲貪衆生，三轉法輪成佛道。

如是甚深佛境界，學心大士乃能了。十八種物常隨身，行住常觀十八識。

一日一夜十二時，常從不住十二入。雖在六塵不染著，皆是心王菩薩力。

專求無上佛菩提，守護諸根不放逸。不畏生死如虚空，身心清净無所染。

我從今日始悟解，頂禮無上大覺尊。遍觀諸法如幻化，佛與菩提亦復然。

内鑄真如無相佛，世法金泥磨瑩身。巧轉凡夫成正覺，頂禮大慧無著仁(人)[①]。

五陰一相是如來，貪瞋即是三解脱。護持净戒無所犯，心性明珠不變異。

我今隨分贊嘆佛，唯願大悲哀納受。”

爾時佛告心王菩薩：“善哉！善哉！善能稱嘆頭陀行法，勸諸學人勤行修習諸波羅蜜，莊嚴身戒、心慧。身戒名‘息世譏嫌戒’。何以故？息諸煩惱，不生愛結。愛[□][結][②]若生，即犯斯戒。心慧名‘性重戒’。何以故？沉心住慧，無有方便，犯性重戒。若犯斯戒，雖復出家，頭陀苦行，常坐不卧，

① [清]朱駿聲《説文通訓定聲・坤部》：“仁，叚借爲人。”該字丙本據甲本校作“人”，是。

② 結，底本無，結合文意，據甲本、丙本補。

日常一食，講經説法，教化衆生，不名‘師子’，名爲‘野干’。非我弟子，我非其師。

善男子，我昔爲凡夫時，學頭陀法，常處山林，觀身不净，安那波那，深心專修此法，經無量劫，不能得道。徒自疲苦，勞我精神，不能得道。爾時遇善知識，學心不二，隱五陰山，守一不移，精神不散，萬靈扶衛。思惟正念十八大城，心王直住十二大國。太子居中，遊戲三門，出城學道。出貪、瞋、癡（貪、瞋、癡，名‘三空山’①）城，學無貪瞋[□][癡]②道。出知見城，學無知見道。出生死城，學無生死道。出八風城，學八聖道。出五陰城，學五分法身道。出分别城，學無分别道。出高下城，學平等道。出衆相城，學無衆相道。出凡聖城，學無凡聖道。出十二入、十八界、八萬四千城，學八萬四千波羅蜜道。我於爾時出虚僞城，入真實道。超③凡夫地，種性清净。正念思惟，念薩婆若。學大方便，入法性城。”

“爾時世尊放法性光，入法性三昧，座（坐）④金剛座，從三昧起，即爲我演説微妙法。説：‘煩惱性即是我身，汝今見我，與我無異。’我於爾時，聞斯妙法，悲結雨淚，心自慚愧。無量劫來，迷失聖道，今日始聞。聞已即悟，道心開發，次第遊觀，入涅槃城。爾時如來放涅槃光，入滅除⑤三昧，坐法王座，從三昧起，普爲大衆説摩訶衍。言諸衆生身心清净，不生不滅，不去不來，湛然常住。我聞法已，諦心聽受，慧解轉深，入究竟城。爾時如來慈悲普覆，入平等三昧，坐師子座，究竟如來，身如虚空。所有眷屬，亦復如是。從三昧起，無言無説，寂然無聲，教化衆生。於念念中，一一微塵，出生諸佛。轉正法輪，不可思議。

① 丙本此處出校：“‘貪瞋癡，名三空山’七字，在底本及丙本（按：指日本三井文庫藏本）中，原在經文正文‘出貪瞋癡’之‘出’字下，且爲大字正文。但行文不通，且丁本（按：指津藝171號）中無此七字。故疑該七字或爲後人對‘貪瞋癡’的疏釋，後錯亂。現試將該七字移至‘出貪瞋癡’之下，並改爲小字。”所校是，兹從之。

② 癡，底本無，結合文意，據丙本補。

③ 超，底本作“起”，結合文意，據甲本、丙本改。

④ 《字彙補·土部》：“坐，與床座之座通。”文中此“座”則又爲“坐”之借字。該字丙本據甲本校作“坐”，是。

⑤ 除，底本作“際”，結合文意，據甲本、丙本改。

我於爾時，聞究竟法，即成阿耨多羅三藐三菩提。身心喜悦，得未曾有。道薰我身，生慈悲心，神變自在，現種種禪。調伏衆生，利益一切。入布施禪，令諸衆生慳心休息。入持戒禪，令諸衆生尸羅清淨。入忍辱禪，令諸瞋恚衆生發慈悲心。入精進禪，令懈怠衆生察心不住。入寂滅禪，令散動衆生入無量定。入智慧禪，令愚[①]癡衆生開發慧眼。入地輪禪，令諸衆生身心不動，猶如山王。入雲雨禪，雨大法雨，滅諸衆生瞋恚猛火。入火光禪，燒諸衆生煩惱薪垢。入風輪禪，鼓動衆生法牙(芽)增長。入雷震禪，震動衆生無明癡心。入希有禪，令諸衆生虚心渴仰。入巧慧禪，令小乘人得大乘食，有慧方便。入禪神通禪，拔出衆生三毒等箭。入八聖禪，令修道人[②]世法不染，猶如蓮花於水不著。入無相[③]禪，令諸衆生分别心息。入甘露禪，令諸衆生飡法喜食。入藥王禪，遍施衆生清淨妙藥。入方便禪，引導[④]衆生學無上道。"

"善男子，汝當次弟(第)修行染淨法門。心無所作，自閑[⑤]自静，調伏諸根。尋善知識，學平等行、無相無礙、正直清淨之心，放心，静心。静故不亂，不亂故清淨，清淨故寂滅，寂滅故無爲，無爲故解脱，解脱故涅槃，涅槃故一相，一相故平等，平等故不可言説。善男子，莫隨虚妄，憶想分别，當以無漏智慧之火，燒諸動念。消融諸見，即會無生。凡夫之人，未遇善友，不解安心、除欲、制心，心水即動，動即羅網。生死大樹，因動而生。無明皮厚，凡夫不覺，我見覆蔽，飲雜[⑥]毒酒，重昏長寢，云何[□][得][⑦]悟？六識羅網，知見獵師，是非貪狗，念念狂逸，難可制御。我今得道，明見斯事，慈悲告語，使得開解。"

佛復告心王菩薩："我今[⑧]以是頭陀正法，付囑於汝。我見當來衆生，無

① 愚，底本作"遇"，結合文意，據甲本、丙本改。
② "人"字下底本衍一"其"字，結合文意，據甲本、丙本删。
③ 相，底本作"明"，結合文意，據甲本、丙本改。
④ 導，底本作"道"，結合文意，據甲本、丙本改。
⑤ 閑，底本作"閉"，結合文意，據甲本、丙本改。
⑥ 雜，底本作"離"，結合文意，據甲本、丙本改。
⑦ 得，底本無，結合文意，據甲本、丙本補。
⑧ "今"字下底本衍一"於"字，結合文意，據甲本、丙本删。

有信心。出家、在家，多營世俗。貪求名利，學廣知見。起諍鬥[①]業，自是非他。聞諸法空，謂言：'我解！行於大乘，學無分別。正法之性，非空非有。'而諸衆生，一向作解。身口不節，恣心縱逸。著空名字，實未一念。修空三昧，遊心法性，善入無爲，安神學道。憶想分别，生滅垢心。心與行違，口是心非。爲舌根賊，詐爲親善。長養無明，取捨不息。以利求利，心爲羅刹。貪著美味，愛染爲池。錢作羅網，念念求捕。衆生身份，肉、血、骨、髓，飴六塵賊等。貪心鬼王，住其身内，六根狂醉。生死魔王，催其作惡。遍緣諸法，念念不住。不能制心，心馬放逸，没在生死。隨心所作，貪欲狂癡。行道之人，慈悲衆生，尚恐生惱，何况啖食，不知饜足？言'學大乘，無有分别，食者無罪'，即惡取空，罪復彌重。不覺不知，雖受人身，行畜生業。或見他人，行菩薩行，即生嫉妒病。如斯之輩，著外道空，飲無明酒，六識迷醉，純行惡業。諸佛菩薩，慈悲攝受，無捨離心。法相是一，説種種名，開示衆生，令得悟解。

若有信心，受持讀誦，燃無生香，日日供養。不見身相，禮拜恭敬。波若法水，洗除心垢。若讀、若誦，稱贊[②]講説，念念之中，功德無量。薰練身心，五藏調適[③]，無復惡夢，恐畏災害[④]。何以[□][故][⑤]？十方聖衆，苦行頭陀，成等正覺。雖成佛道，不捨衆生。示同凡夫，頂戴恭敬，護念此經。因由斯法，滿菩提願。以是因緣，令諸衆生，所求皆得。[□][若][⑥]善男子及善女人，欲得現身即凡爲聖，莫著文字邪見。外相是非，吾法滅矣。當自内求，行空寂行，不染内外，信心具足，學我妙術，讀《頭陀經》，如説即行，静坐思惟，精進察心，不令闕念。煩惱見息，智慧方便，降伏龍王。龍王心水，澄停清净。貪瞋癡海，出佛性珠。珠威神力，變現自在，説微妙法。衆生聞已，道心開發，即見我身補處如來。諸菩薩等，當知聖道近在身内。凡夫不解，馳騁

---

① "諍鬥"二字底本作"聲聞"，結合文意，據甲本、丙本改。

② "讀、若誦，稱贊"五字底本作"誦稱"，結合文意，據甲本、丙本改。

③ "適"字下底本衍一"無量。薰練身心，五藏調適"十字，結合文意，據甲本、丙本删。

④ "災害"二字底本作"火害不成"，結合文意，據甲本、丙本改。

⑤ 故，底本無，結合文意，據甲本、丙本補。

⑥ 若，底本無，結合文意，據甲本、丙本補。

外求。無有方便,念念遠道,不可思議。一切衆生,若能勤心,三毒不生。法輪三轉,龍華三會,廣度衆生。衆生心净,前念出家,後念成道。道精淳一,樸實無聞。凡夫好聞,學世間智。知(智)①生僞出,是非心起,五陰横生。如是之人,云何合道?愚智不生,佛如是生。唯吾一人,獨返其無②。”

“諸菩薩等,勤心修習諸波羅蜜;頭陀居山,一心禪寂;修行正法,少欲知足;常行乞食,不樂本處;糞掃三衣,取得而足;不樂世事,攝念思惟;悟世無常幻化,四氣地、水、火、風,共相擊成,究竟無我;正念思惟,隱我見山、煩惱叢林;修學神通,宿命、他心,即知此身,化生無實。色身粗重,未能輕舉,遠到③飛行,教化衆生。菩薩④即學方便,結跏趺坐,常入虚空三昧。觀粗重身,作輕空想⑤。如是念念不捨,此觀行法成時,色身自在,無相無礙。如鏡中像,亦如水中月。身心不動,普遍十方,不可思議。尋善知識,見心王菩薩,善爲説法要。法水灌心,心垢即净,乃能生信。尚⑥非六度菩薩,二乘境界,豈是凡夫六識所知! 菩薩爾時悲喜俱至。何以故?悲[□][者]⑦,我從昔來常於此身生無量漏,真如實相没在⑧知見六識海中,沉淪生死,不能得出,故言‘悲’也。喜者,菩薩爾時遇善知識,正心真學平等無礙一相大乘,六波羅蜜之所薰修,念念無間,即入法流,明見佛性,故言‘喜’也。菩薩即轉此身,成無上道。是時大地六種震動。當動之時,妙色身佛從眼根三昧安詳而出,[□□□□□□□□□□□□□□□□□□□□□□□□□□][妙音聲佛從耳根三昧安詳而出,香積如來從鼻根三昧安詳而出]⑨;智明如來從身根

① 《集韵·寘韵》:“智,或作知。”[清]徐灝《説文解字注箋·矢部》:“知,智慧即知識之引申,故古祗作知。”該字丙本據甲本校作“智”。

② 無,底本作“源”,結合文意,據甲本、丙本改。

③ 到,底本作“列”,結合文意,據甲本、丙本改。

④ 薩,底本作“提”,結合文意,據甲本、丙本改。

⑤ 想,底本作“相”,結合文意,據甲本、丙本改。

⑥ 尚,底本作“上”,結合文意,據甲本、丙本改。

⑦ 者,底本無,結合文意,據甲本、丙本補。

⑧ “在”字下底本衍一“於”字,結合文意,據甲本、丙本删。

⑨ “妙音聲佛從耳根三昧安詳而出,香積如來從鼻根三昧安詳而出”二十六字底本無,結合文意,據甲本、丙本補。

三昧安詳而出；法喜如來從舌根三昧安詳而出；法明如來從心根三昧安詳而出[①]。何以故？六自在王，性清净故，各各自有微[②]塵菩薩以爲眷屬。教化衆生，行頭陀法。故言'喜'也。"

佛告心王菩薩："一切衆生，正信者少，邪見者多。我今現在正法弘通。衆生聞已，如説修行，即得悟道。我滅度後，愚癡衆生若見、若聞，出家、在家，永割親愛，捨離家業，不爲名利，求無上道，頭陀苦行，尸陀林中、塚間、樹下、鬼神住處，繩床自居，常坐不卧。信家非家，出家學道。思惟正法，觀身一相。不惜身命，修行我法。邪見衆生，無有慧眼，雖受人形，畜生無異。六識生盲，不見聖道。憎嫉賢善，反生誹謗。如斯罪人，長墮地獄，阿鼻劫住。遇善知識，生少信心。設復得人身，諸根闇鈍。雖聞大乘《頭陀經》法，多生疑心，輕毁不信。生此念時，現身破烈(裂)，還墮阿鼻地獄之中。苦痛萬端，難可言説。"

佛復告心王菩薩："我所囑累，唯有此經。勤加精進，守護斯經。若四部弟子：比丘、比丘尼、優婆塞、優婆夷受持、讀誦，如説修行。依經方法，於二時頭陀，冬夏坐禪，真我弟子，我是其師。於惡世中，修行我法，在在處處，多所利益。國主、人王，獲得法利，身心安樂。群臣、百官、一切人民，温毒、疾病、惡夢、災害，自然消滅。何以故？頭陀正法，微妙藥王，威神力故。他方怨賊，亦使退散。五穀豐登，人民喜樂。佛日重興，賢聖出世。"

爾時衆中無量衆生聞佛如來説頭陀法，深心信解，發大乘心。八萬四千菩薩摩訶薩即轉此身，成無上道。復有微塵菩薩，其數無量，發菩提心。或得無生忍者；或得一生補處者；或得法眼净者。無量諸天，於虚空中，歌詠贊歎，合掌散花。各相謂言："未曾有也！"即發誓言："願我來世，亦得如是增長善根，利益不少。"一切大衆，聞經悟道，敬心奉行。

佛爲心王菩薩説頭陀經卷上。

---

① 丙本此處出校："'妙色身佛從眼根三昧安詳而出；妙音聲佛從耳根三昧安詳而出；香積如來從鼻根三昧安詳而出；智明如來從身根三昧安詳而出；法喜如來從舌根三昧安詳而出；法明如來從心根三昧安詳而出'一段，六根之次序有誤。'法喜如來從舌根三昧安詳而出'句應在'智明如來從身根三昧安詳而出'句前。"

② "微"字下底本衍一"妙"字，結合文意，據甲本、丙本删。

No. 2887 佛說父母恩重經

[題解]

中國人假託佛説所撰經典,作者不詳,一卷。參考曹凌《中國佛教疑僞經綜録》、張小豔《敦煌本〈父母恩重經〉殘卷綴合研究》並結合筆者的調查,敦煌文獻中存有此經116件,另吐魯番文書、黑水城文書、房山石經、朝鮮天寶山佛岩寺刻本等其他石刻、日本寫經及韓國古寫經中亦存有此經,共22件,總計138號。可以分歸四個不同的傳抄系統。(一)甲本。這一系統有北敦4714(號14,北8202),首尾全,首題"佛説父母恩重經",尾題"佛説父母恩重經一卷",尾有題記:"净土寺沙門保勝誦過";上博48(15),首尾全,首題"佛説父母恩重經",尾題"佛説父母恩重經一卷";羽152,首尾全,首題"□□□重經",無尾題。以上爲完整者,共3號。房山石經81號,殘石,大曆四年(769);北敦7522(人22,北8204),首殘尾全,尾題"佛説父母恩重經";北敦10704(臨833),殘片;斯149,首殘尾全,尾題"佛説父母恩重經";斯2269,首殘尾全,尾題"佛説父母恩重經";斯6074,首殘尾殘;斯6087,首殘尾全,尾題"佛説父母恩重經";斯7203,首殘尾殘;北大D100,首全尾殘,首題"佛説父母恩重經";台圖31,首殘尾全,尾題"佛説父母恩重經";散548,首殘尾全,尾題"佛説父母恩重經";法國吉美博物館的E03566號。計12號。此系統版本可能出現最早,相當於智升在《開元録》中所著録的形態,三分具足,説法處爲王舍城耆闍崛山,問、答者分别爲阿難、佛陀,主要講述父母的養育之恩及報答的途徑。經文中引用中國孝子丁蘭、郭巨的故事和佛經中睒子本生故事,説明"孝行百行爲本"。最後講述若有人能爲父母受持《父母恩重經》則能除罪,速得解脱。(二)乙本。屬於這一系統的敦煌寫本有:北敦1036a(辰36,北8203),首尾全,首題"佛説父母恩重經",尾題"佛説父母恩重經一卷”；北敦 14807（新 1007），首尾全，首題“佛説父母恩重經□……□”，尾題“佛説父母恩重經”；北敦 15020（新 1220），首尾全，首題“佛説父母恩重經”，尾題“父母恩重經”；伯 2285，首尾全，首題“佛説父母恩重經”，尾題“佛説父母恩重經”；斯 1189，首尾全，首題“佛説父母恩重□”，尾題“佛説父母恩重經”；斯 1323，首尾全，首題“佛説父母恩重經”，尾題“父母恩重經”；斯 1907a，首尾全，首題“佛説父母恩重經”，尾題“父母恩重經”；斯 2084b，首尾全，首題“佛説父母恩重經”，尾題“佛説父母恩重經”；日本名古屋七寺所藏古寫經，首尾全，首題“佛説父母恩重經”，尾題“佛説父母恩重經”；山東省成武縣白浮圖村《父母恩重經》碑，首尾全，尾題“佛説父母恩重經一卷”，題記有“太平興國九年（984）”字樣；房山石經 103 號，首尾全，首題“佛説父母恩重經”，尾題“父母恩重經一卷”；房山石經 131 號，首尾全，首題“佛説父母恩重經”，尾題難以辨認，大和五年（831）刻經。以上爲完整者，共 12 號。北敦 439（洪 39，北 8209），首殘尾全，尾題“父母恩重經”；北敦 3781b（霜 81，北 8211），首尾全，中殘，首題“佛説父母恩重經”，尾題“佛説父母恩重經”；北敦 4940（闕 40，北 8205），首殘尾全，尾題“佛説父母恩重經”；北敦 5685（李 85，北 8210），首殘尾全，尾題“佛説父母恩重經”；北敦 5728（奈 28，北 8208），首殘尾全，尾題“佛説父母恩重經”；北敦 6925（翔 25，北 8207），首殘尾全，無尾題；北敦 8433（裳 33，北 8206），首殘尾全，尾題“佛説父母恩重經”；北敦 9234（唐 55），首殘尾殘；伯 3919 號 a3，首全尾殘，首題“佛説父母恩重經”；斯 865a，首殘尾全，無尾題；斯 1548a，首殘尾全，尾題“佛説父母恩重經”；斯 3228a，首殘尾全，尾題“父母恩重經一卷”；斯 4476，首殘尾全，尾題“佛説父母恩重經一卷”；斯 4724，首全尾殘，尾題“父母恩重經”；斯 5215v2，首全尾殘，首題“佛説父母恩重經”；斯 5253，首殘尾全，尾題“佛説父母恩重經一卷”；斯 5408，首殘尾全，尾題“佛説父母恩重經”；斯 5433b，首全尾殘，首題“佛説父母恩重經”；斯 5642b，首全尾殘，首題“佛説父母恩重經”；斯 6007，首殘尾殘，尾題“佛説父母恩重經一卷”；斯 6062，殘片，尾題“佛説父母恩重經”；俄 Дх. 304，殘片，尾題“佛説父母恩重經一卷”；俄 Дх. 975，殘片；俄 Дх. 1140，殘片；俄 Дх. 1595，首殘尾全，尾題“佛説父母恩重經”；俄 Дх. 1982，首殘尾全，尾題“佛説父母恩重經一卷”；俄 Дх. 1989（見俄 Дх. 1982），首殘尾全，尾題“佛説父母恩重經一卷”；北大 D101，首殘尾全，尾題“父母恩重經一卷”；上博 56，首殘尾全，尾題“佛説父母恩重經一卷”;中村97號,首殘尾全,尾題“佛説父母恩重經一卷”;羽230,首殘尾全,尾題“佛説父母恩重經”;羽426,首殘尾全,無尾題;房山石經135號,首殘尾全,無尾題;四川安獄縣卧佛院59號窟A,首全尾殘,首題“佛説父母恩重經”,開元二十三年;四川安獄縣卧佛院59號窟B,首全尾殘,首題“佛説父母恩重經”,開元二十三年;以上爲有殘缺者,共35號。此系統内容與系統(一)的主要區别在於删除了孝子故事的段落,部分文字亦有改動。此外,不能確定屬於(一)或屬於(二)者有:俄Дx.44,首殘尾殘;俄Дx.139,首殘尾殘;俄Дx.140,首殘尾殘;俄Дx.2909,首殘尾殘。以上4號可綴接爲一首殘尾殘的寫卷。北敦9245(唐66),首全尾殘,尾題“□……□重經”;北敦10425(臨554),殘片;北敦11208(臨1337),殘片;斯7203,首殘尾殘;俄Дx.927—5號,殘片,尾題“佛説父母恩重經一卷”;俄Дx.1689,殘片;俄Дx.3075,首全尾殘,首題“□説父母恩□……□”;俄Дx.3084(見俄Дx.3075),首全尾殘,首題“□説父母恩□……□”;俄Дx.3147,殘片;俄Дx.5544,殘片;俄Дx.5604,殘片;俄Дx.5612,殘片;俄Дx.5664,殘片;俄Дx.5767,殘片;俄Дx.5794,殘片;俄Дx.5836,殘片;俄Дx.5840,殘片;俄Дx.5841,殘片;俄Дx.5862,殘片;俄Дx.5868,殘片;俄Дx.5872,殘片;俄Дx.7270,殘片;俄Дx.8752,殘片;俄Дx.8770(見俄Дx.8752),殘片;俄Дx.8775(見俄Дx.8752),殘片;俄Дx.8857,殘片;俄Дx.10345,殘片;俄Дx.11164,殘片;俄Дx.11165,殘片;俄Дx.11701,殘片;俄Дx.12646,殘片;俄Дx.12649,殘片;俄Дx.12669,殘片;俄Дx.12726,殘片;俄Дx.12793,殘片;以上爲有殘缺者,共36號。(三)丙本。伯3919號a2,首全尾全,首題“佛説父母恩重經”,尾題“佛説父母恩重經”;上圖119,首尾全,首題“佛説父母恩重經”,尾題“佛説父母恩重經一卷”,尾有題記“顯德六年(959)正月十九日,三戒寺沙彌戒輪書記”;山東省成武縣大田集鄉《父母恩重經》碑,首尾全,首題“父母恩重經一卷”,元和六年。以上爲完整者,共35號。羽326,首殘尾殘;俄TK120號,首殘尾全,尾題“佛説父母恩重經”;山東寧陽大漢兖州龍丘縣萬歲鄉剛城村民孟知進造碑,首全尾殘,乾祐三年(950)。以上爲有殘缺者,共3號。此系統同系統(二)一樣不包含孝子故事,不同的是説法處爲王舍城伊沙崛山,經文較前兩系統增廣很多,將父母之恩歸結爲“十恩”,同時列述了兒子和女兒不孝的種種情狀,詳述了不孝者死入地獄及十八地獄之名。另外,此系統未提及《盂蘭盆經》的有關内容。(四)丁本。清康熙二十六年(1687)朝鮮天寶山佛岩寺刻本,首題"佛説大報父母恩重經",末有"報父母恩重真言"和"佛説往生真言",後題"《佛説大報父母恩重經》終"。以上爲完整者,共1號。俄TK119號,首全尾殘,首題"佛説父母恩重經";俄TK240號,殘片;以上爲有殘缺者,共2號。丁本系統同系統(三)大致相同,與之區别是在十恩之後對每一恩增加了頌文。此外,不能確定屬於(三)或屬於(四)者有:俄TK139號,首全尾殘,首題"佛説父母恩重經"。以上爲有殘缺者,共1號。北敦12365;北敦15210;北敦15846;斯07635(首殘尾殘);斯07779(首殘尾殘);斯08420;斯08525a;斯09673;斯09824;斯10271;斯10326;斯10664;斯10667;斯10723;斯11618;斯11624;斯12183;斯12442;斯13054;英國國家博物館藏BM. SP. 208(Ch. xxii. 0026),首殘尾全,存4行,尾題"佛説父母恩重經一卷";美國安思遠藏本48號;德國國家圖書館藏吐魯番文書Ch3556(殘片);山東寧陽縣石刻,熙寧二年(1070);山東寧陽縣石刻;山東成武縣石刻;智積院運敞藏藏本。以上26號,情况不明,亦未明屬於哪個系統。此經清以前的歷代大藏經未收,《大正藏》據斯2084b號,參校斯1907a號(《大正藏》本誤標作斯190,此卷實爲《無盡藏法略説》)、中村097號録入第八十五册。主要研究論著有:鄭阿財《敦煌寫本父母恩重經研究》(臺北中興大學《法商學報》第18期,1983年);馬世長的《〈佛説父母恩重經〉寫本與變相》(馬世長《〈佛説父母恩重經〉寫本與變相》,引自《敦煌石窟研究國際討論會文集·石窟考古》,遼寧美術出版社1990年10月版);張涌泉《以父母十恩德爲主題的佛教文學藝術作品探源》(《原學》第2輯,中國廣播電視出版社1995年版);孫修身《〈佛説報父母恩重經〉版本研究》(《段文傑敦煌研究五十年紀念文集》,世界圖書出版公司1996年版);張涌泉《敦煌本〈佛説父母恩重經〉研究》(《文史》第49輯,中華書局1999年版;修訂本收入其《敦煌文獻論叢》,上海古籍出版社2011年8月版,第260—297頁);張涌泉《關於〈佛説父母恩重經〉的幾個新本子》(上海古籍出版社2011年8月版,第298—307頁);新井慧譽《〈父母恩重經〉諸本の研究》(博士論文,東京大學,2002年版);鄭阿財《〈父母恩重經〉傳布的歷史考察》(《新世紀敦煌學論集》,巴蜀書社2003年版);張涌泉《關於〈佛説父母恩重經〉的幾個新本子》(《轉型期的敦煌學》,上海古籍出版社2007年版);曹凌《中國佛教疑僞經綜録》;張小豔《敦煌本〈父母恩重經〉

殘卷綴合研究》(《安徽大學學報》哲學社會科學版,2015年第33期)。今仍以《大正藏》録本所據原卷斯2084b號爲底本,斯1907a號爲甲本,中村097號爲乙本(乙本首缺)。新增校本:丙本,北大D100號;丁本,北大D101號;戊本,上博48(15)號。

如是我聞:一時佛在王舍城耆闍崛山中,大菩薩摩訶薩及聲[□][聞][1]、眷屬俱,亦與比丘、比丘尼、優婆塞、優婆夷、一切諸天人民及天龍鬼神皆來集會,一心聽佛説法,瞻仰尊顔,目不暫捨。

佛言:"人生在世,父母爲親,非父不生,非母不育。是以寄託母胎,懷身十月,歲滿月充,母子俱顯。生墮草上,父母養育,卧則蘭車,父母懷抱,和和弄聲,含笑未語。飢時須食,非母不哺;渴時須飲,非母不乳。母中飢時,吞苦吐甘,推乾就濕,非義不親,非母不養。慈母養兒,去離蘭車,十指甲中,食子不净,應各有八斛四斗。計論母恩,昊天罔極。嗚呼慈母,云何可報!"

阿難白佛言:"世尊,云何可報其恩?唯願説之。"

佛告阿難:"汝諦聽,善思念之!吾當爲汝分别解説。父母之恩,昊天罔極,云何[□□][可報][2]?若有孝順慈孝之子能爲父母作福造經[3],或以七月十五日能造佛槃[□][名][4]'盂蘭盆',獻佛及僧,得果無量,能報父母之恩。若復有人書寫此經,流布世人,受持讀誦,當知此人報父母恩[5]。父母云何可報?但父母至於行來,東西隣里,井竈碓磨,不時還家。我兒家中啼哭憶我,即來還家。其兒遥見我來,或在蘭車摇頭弄腦,或復曳腹隨行,嗚呼向母。母爲其子,曲身下就,長舒兩手,拂拭[6]塵土,嗚和其口,開懷出乳,以乳

① 聞,底本、録本無,結合文意,據甲本及丙本補。
② "可報"二字底本、録本無,結合文意,據甲本及丙本補。
③ 以上乙本缺。
④ 名,底本、録本無,結合文意,據丙本補。
⑤ 恩,乙本無。
⑥ 拭,底本作"栻",乃"拭"之换旁俗字。兹據甲、乙、丙三本改。

與之。母見兒歡，兒見母喜。二情恩悲，親愛慈重，莫復[□□][過此][1]。二歲三歲，弄意始行，於其食時，非母不知。父母行來，值他座席，或[2]得餅肉，不噉輟味，懷挾來歸，向其(家)[3]與子。十來九得，恒常歡喜；一過不得，憍啼佯哭。憍子不孝，必有[4]五擿[5]；孝子不憍[6]，必有慈順。遂至長大，朋友相隨，梳頭摩髮，欲得好衣，覆蓋身體。弊衣破故，父母自著；新好綿帛，先與其子。至於行來，官私急疾，傾心南北，逐子東西，横上其頭[7]。既索妻婦，得他子女，父母轉疏，私房屋室，共相語樂。父母年高，氣力衰老，終朝至暮，不來借問。或[8]復父孤母寡[9]，獨守空房，猶如客人寄止他舍，常無恩愛，復無濡被，寒苦辛厄，難遭之甚。年老色衰，多饒蟣虱，夙夜不卧，長呼[10]歎息："何罪宿愆，生此不孝之子？"或時唤呼，瞋目驚怒，婦[11]兒罵詈，低頭含笑。妻復不孝，子復五擿，夫妻和合，同作五逆。彼時唤呼，急疾取使，十唤九違，盡不從順。罵詈瞋恚："不如早死，强在地上。"父母聞之，悲哭懊惱，流淚雙下，啼哭目腫：'汝初小時，非吾不長。但吾生汝，不如本無。'"[12]

佛告阿難："若善男子、善女人能爲父母受持、讀誦、書寫父母恩重大乘

① "過此"二字底本、録本無，結合文意，據甲本補。乙本無"此"字。丙本"此"字作"是"。

②⑧ 或，底本作"惑"，當爲"或"之借字。兹據甲、乙、丙三本改。

③ 其，甲本作"家"。結合文意，當以"家"字義長。乙本無"其"字。丙本"向其"作"歸向"。

④ "必有"二字甲本作"又必"，乙本作"又有"。

⑤ 擿，録本作"樀"，據底本改。

⑥ 憍，底本、録本訛作"�"，兹據甲、乙、丙三本改。

⑦ "横上其頭"四字丙本作"横簪上頭"。

⑨ 寡，甲本訛作"置"。"寡"字前丁本殘。

⑩ 呼，甲、乙二卷作"籲"，丙本作"吟"。

⑪ 婦，録本訛作"歸"，據底本改。該字甲、乙、丙三本亦作"婦"。

⑫ 戊本"但吾生汝，不如本無"下尚有："昔丁蘭木母，川靈感應。孝順董壓，生義之報德。郭巨至孝，天賜黄金。迦夷國王入山射獵，挽弓射鹿，悟(誤)傷閃胸。二父母仰天悲嚎。由是至孝，諸天下藥塗創，閃子還活，父母眼開，明睹日月。不慈不孝，天不感應。閃子更生，父母開目。人之孝順，百行爲本。外書内經，明文成記。"此段文字底本及甲、乙、丁三本均無。丙本"昔丁蘭"以下殘。

摩訶般若波羅蜜經一句一偈，一逕耳目者，所有五逆重罪，悉得消滅，永盡無餘，常得見佛聞法，速得解脱。”

阿難從座而起，偏袒右肩，長跪合掌，前白佛言：“世尊，此《經》云何名之？云何奉持？”

佛告阿難：“此經名‘父母恩重經’。若有一切衆生能爲父母作福造經、燒香請佛、禮拜供養三寶，或飲食衆僧，當知是人能報父母其恩。”

帝釋梵王、諸天人民、一切衆生聞經歡喜，發菩薩心，嗥(𠹭)[①]哭動地，淚下如雨，五體投地，信受頂禮佛足，歡喜奉行。

佛説父母恩重經。

① 嗥，録本訛作“曍”，底本實作“嘷”，乃“𠹭”之增筆俗體。𠹭，與“嗥”同。姚秦竺佛念譯《出曜經》卷第二十一“如來品”之二：“見女睡眠，竊起往觀，見大鐵城閉數百人，𠹭哭喚呼。”[T4n0212p719a27—28]即其例。

No. 2888 佛説延壽命經

［題解］

中國人假託佛説所撰經典，又名《益壽經》、《延年益壽經》，作者不詳，一卷。敦煌文獻中存有大本、小本兩個系統，文本並無承襲關係，應爲兩種獨立的文獻。大本系統共有12號：斯2428，BD268(宇68，北8240)、BD1598號1(來98，北8241)、BD1866(秋66，北8242)、BD2794(吕94，北8243)、BD2818(調18，北8245)、BD3366(雨66，北8246)、BD8822號2(國43)、龍谷大學藏橘3號(圖版66，首題"佛説延壽命經"，尾題"佛説延壽命經一卷")，以上9號首尾完整；斯5555b(首全尾殘)、BD992號2(昃92，北8239，首全尾殘)、羽218(首殘尾全，尾題"佛説延壽命經")；以上爲有殘缺者，共3號。大本系統無三分具足的形態，經文内容爲佛在雙樹間與大衆集會，有名爲"延壽"的菩薩知道佛欲入涅槃，便上前請佛不要入涅槃而長久住世。佛爲延壽菩薩等説波旬請佛入滅的事情，説明自己必定會入涅槃。延壽菩薩爲未來衆生擔心，恐怕佛涅槃後衆生將受種種苦難。佛便回答：若未來衆生受種種惡報，只要抄寫這部《延壽經》，受持、誦讀，並廣泛地向別人宣傳，就能得到佛陀的護佑。於是延壽菩薩以一偈贊佛。在經文最後，由普净菩薩問延壽菩薩佛陀涅槃前所囑託的内容，延壽菩薩告訴他佛囑託衆生抄寫《延壽經》。對話中提到了抄寫此經最直接的利益是可以延命長壽。清代以前歷代大藏經未收，《大正藏》據斯2428號收入第八十五册，牧田諦亮《疑經研究》第一章據斯2428號對此經進行了整理。小本系統在房山石經中存有3號，敦煌遺書中存有24號，共27號。所存文獻有：文獻有：BD266(宇66，北8244)、BD693號3(日93，北8247)、BD5684(李84，北8238)、BD9142號2(陶63)、BD14128(新328)，斯3492、斯5433a、斯5531g、斯5563v、斯5570、斯5581c、斯 5679a,伯 2171、伯 2289b、伯 2374a、伯 3110b、伯 3824f,甘博 16(5),羽 628(首全尾全,首題“佛説延壽命經”,尾題“佛説延壽命經”),房山石經 199、房山石經 200、房山石經 225,以上 22 號爲首尾完整者;另有 BD10903(L1032)、BD10906(L1035),斯 5577a、斯 6236、斯 6268b,以上 5 號爲有殘缺者。小本系統無三分具足的形態,内容爲佛在香花國時有名爲“難達”的比丘因爲壽命將盡,便到佛所問詢延壽的方法。佛爲説十七神名並結黄縷法,以延壽卻病。經文並提示將十七神的神名隨身攜帶可以使人獲得福利。在經文最後,列舉了十七神的名字。清代以前歷代大藏經未收,牧田諦亮《疑經研究》第一章據伯 2171 號對此系統經文進行了整理。此經之題記最早可考年月者爲房山石經所見之咸通二年(861),可確定年月最遲者爲大周顯德六年(959)(伯 2374a 題記有“謂大周顯德六年四月五日”字樣),則此經在九到十世紀均有流通。《大正藏》所録爲大本系統。今仍據其所據原卷斯 2428 號爲底本。新增參校甲本,斯 5555b 號。

爾時世尊在娑羅雙樹間臨般涅槃,有四衆比丘、比丘尼、優婆塞、優婆夷等皆來集會,□□□□□□(有一菩薩,名曰)①“延壽”,跓(互)②跪合掌,前白佛言:“世尊!我等四衆皆來集會,奉請如來莫入涅槃,唯願如來哀受我等勸請,令住一劫,莫入涅槃。”

爾時世尊告延壽菩薩:“汝等諦聽,吾當爲汝分别□□□□□□(解説。吾從成佛)③已來,經今四十九年,教化衆生。上至飛鳥,下至蟻子,蠢動含識,有形無形,四足兩足,多足無足,胎卵濕化,如是衆生盡令遇善知識而登正覺,與□□□□(我無異。吾)④今欲入涅槃,本爲波旬所請。波旬□(告)⑤我言:‘瞿曇!三界衆生盡受生死。瞿曇今日若住一劫,違我本願。’

---

① “有一菩薩名曰”六字底本殘,録本作缺文,今據甲本補。

② 跓,録本訛作“跃”,兹據底本及甲本改。結合文意,此處“跓”當爲涉下“跪”字增旁類化而成的“互”之俗字。“互跪”爲佛家語,謂兩膝交换而跪。《大藏經·釋氏要覽》卷中:“天竺之儀也。謂左右兩膝互跪著地,故釋子皆右膝。若言‘胡跪’,音訛也。”

③ “解説吾從成佛”六字底本殘,録本作缺文,今據甲本補。

④ “我無異吾”四字底本殘,録本作缺文,今據甲本補。

⑤ 告,底本殘,録本作缺文,今據甲本補。

爾時我受波旬所請而入涅槃。我違波旬，豈是諸佛?”

延壽菩薩白佛言:“世尊！波旬外□(道)①生毒②□□(害心)③,請④佛涅槃，擬爲三界之主，一切衆生盡入魔網，無有休息，從生死至生死，從煩惱至煩惱，常與魔爲眷屬，不遇正法。又，死入地獄，千劫萬劫，常無光明。刀輪□□(鑊湯)⑤,銅蛇鐵狗。牛頭獄卒，手如鋒刀，利如霜雪，終朝竟日，共相撮挽。恐怖無極，無處藏隱，不聞父母、三寶名字。一日之中，千生萬死。生從地獄出，復受種種諸惡□(畜)⑥生身。或作駱駝身，或生驢中，身常負重，常因饑渴。若生人中，貪窮下賤，爲人所使，衣不蓋形，食不充口。或有富貴而無男女，或有貧窮而多子息。或有衆生惡□(病)⑦在床，痿黄困篤⑧,連年累月，形消肉盡，惡瘡膿血，遍體常流，人所惡賤。或受盲聾瘖瘂。或百歲不死受苦，或三十富貴早亡。如是横羅其殃，並入魔網。唯願如來令住一劫，莫受波旬所請。”

佛告延壽菩薩:“善男子！我滅度⑨後，若有衆生受如是種種惡報，但造《延壽經》一百卷乃至一卷、兩卷。譬如一人有力不如十人之力，十人之力不如百人。若造《延壽經》,亦復如是。但造此經，散轉與人，受持、讀誦，我當救護。譬如慈母生一子，子若得病，慈母亦病；子若得愈，慈母亦愈。若善男子、一切衆生皆是吾子，善願之者，吾當舒金色譬(臂)⑩以摩其頂，隨其本願，無不獲果。”

爾時延壽菩薩以偈讚曰：

“世尊具相真金色，八十種好悉莊嚴，四十九年大慈父，波旬無故請涅槃。

---

① 道，底本殘，録本作缺文，今據甲本補。
② 毒，録本訛作“壽”,據底本及甲本改。
③ “害心”二字底本殘，録本作缺文，今據甲本補。
④ 請，録本訛作“諸”,據底本及甲本改。
⑤ “鑊湯”二字底本殘，録本作缺文，今據甲本補。
⑥ 此字録本作缺文。按：從底本殘鋒“畜”字尚可辨，今據底本及甲本補。
⑦ “病”字底本殘，録本作缺文，今據甲本補。
⑧ “篤”字底本及録本作“篤篤”,有一字當爲衍文。今結合文意，據甲本删。
⑨ 甲本下文殘。
⑩ 譬，此當爲“臂”之形訛字。下文“如來大慈舒金色臂，爲摩頂受記”,可助互勘。

寂滅如空不可見，定知三界永無生；佛法滅定起災殃，魔王毒心競相向。一切聲聞及菩薩，一切人民四部衆，法河涸竭法幢摧，法山崩倒法舡没。八國諸王皆自撲，血汗流淚如暴雨，何期大師入涅槃，我等凡夫更久住？聲聞緣覺稱'善哉'，一切衆生失依附。"

爾時衆中有大菩薩，名曰"普净"，問延壽菩薩："如來今日入涅槃，將何付囑惡趣衆生，令命長壽，莫似如來三界第一而不住一劫？"

爾時延壽白言："普净菩薩，佛滅度後，令寫《延壽經》一百卷，散與衆生而共轉讀。短命衆生，令得長壽。如來大慈，舒金色臂，爲摩頂受記，如來當自覆護。"

爾時普净讚言："善哉！善哉！承如是言，必非虚僞[1]。"信受奉行。

佛説延壽命經一卷。

① 僞，録本訛作"爲"，據底本改。

No. 2889 佛説續命經

[題解]

中國人假託佛説所撰經典，又名《續命經》，作者不詳，一卷。《大周録》、《開元録》均將此經收入僞經録。此典籍現在敦煌文獻中及房山石經中存有 17 號，分屬三個不同的傳本係統。甲本系統：斯 1215b、斯 3795、斯 5531e、斯 5535c、斯 5581b、斯 5618b，伯 3115（題記有“天復元年（901）五月十六日”字樣）、伯 3760vc，BD693a（北 8247，日 93），俄 Дх. 01591(3)，房山石經 201，以上 11 號首尾完整；另有伯 3932c（首殘尾殘）、房山石經 327（殘片），以上 2 號爲有殘缺者。乙本系統：伯 2374b、甘博 016f，兩卷均首尾完整。丙本系統：伯 3932d、斯 5679b，兩卷均首尾完整。現存三個系統的《續命經》均無三分的形式，内容均爲讚歎觀音等“西方三聖”，祈求護佑，並以偈的形式發十四願，願三寶長存、國王長壽等等，並最終發願願能值彌勒下生共入化城。經中並説若能誦一佛二菩薩（阿彌陀佛、觀世音菩薩，得大勢至菩薩）名者能得種種利益，能誦此經千遍便得解脱。此經最早見於《大周刊定衆經目録》，出現時間當在 695 年以前。李小榮根據此經未被《内典録》所收，且“觀世音”中“世”字不避唐太宗諱，認爲此經出於 664—695 年。清代以前歷代大藏經未收。《大正藏》據斯 1215b 號録入其第八十五册。今仍據《大正藏》録本所據原卷斯 1215b 號爲底本。新增參校甲本：甘博 016f 號。

南无大慈大悲救苦觀世音，唯願聖①手摩我頂，救護娑婆世界重罪者，安著涅槃解脱地。[唯愿十方世界海]②，供③養諸佛度一切。如影隨身④[觀世音]⑤，願恒受持，得不舍⑥利(離)⑦。西方阿彌陀佛、觀世音菩薩、得大勢至菩薩，有能誦此一佛、二菩薩名者，離生死苦，永不入地獄，恒逢⑧善知⑨識。有疑有難者，誦經千遍⑩，即得解脱。

一願三寶恒存立，二願甘⑪雨順時行，三願國王壽⑫萬歲，四願邊地無刀兵⑬，

五願三塗離苦難，六願百病盡除平⑭，七願衆生行慈孝，八願屠人不⑮殺生，

九願獄⑯囚速⑰得脱，十願法界普安寧。眼願莫見刀光刃，耳願不聞冤屈⑱聲，

---

① 聖，底本實作"琞"，乃"聖"之易位俗體。

② "唯願十方世界海"七字録本脱，據底本補。

③ "供"前録本録本誤衍一"每"字，玆據底本删。

④ 身，録本作"形"，據底本及甲本改。

⑤ "觀世音"三字録本脱，據底本及甲本補。

⑥ 舍，録本誤作"捨"，據底本及甲本改。

⑦ 利，此當爲"離"之音近借字。"利"字音力至切，來母至韵去聲；"離"字一音力智切，來母寘韵去聲；二字鈕同韵近，應可通假。

⑧ 逢，録本誤作"值"，據底本及甲本改。

⑨ 知，録本誤作"諸"，據底本及甲本改。

⑩ "誦經千遍"四字録本誤作"頌此經一千遍"，據底本改。

⑪ 甘，録本誤作"風"，據底本改。該字甲本作"風"。

⑫ 壽，甲本作"受"。

⑬ 兵，録本誤作"丘"，據底本改。

⑭ "除平"二字録本誤作"消除"，據底本改。此二字甲本作"消除"。

⑮ 不，録本誤作"莫"，據底本改。

⑯ 獄，録本誤作"牢"，據底本改。

⑰ 速，録本誤作"所"，據底本改。

⑱ "冤屈"二字録本誤作"怨殃"。

口願不用違[①]心語，手願不殺一衆生。總願當來值彌勒，連臂[②]相將入化城。

佛[③]説讀命經。

① 違，録本誤作“爲”。

② 臂，録本作“辟”，底本實作“肸”，乃“臂”之省筆異構而成的俗字。

③ “佛”字前甲本尚有：“佛告阿難：‘若善男子、善女人誦此經千遍，即得解脱。’”

No. 2890 佛説如來成道經

［題解］

中國人假託佛説所撰經典，作者不詳，一卷。《大周録》、《開元録》均將此經收入僞經録。敦煌文獻中保存有全經，共 11 號。斯 5649a，首尾全，首題“如來成道經”，尾題“如來成道經”；以上爲完整者，共 1 號。斯 1032，首殘尾全，尾題“佛説如來成道經”；斯 6269a，首全尾殘，首題殘；BD9145—1（陶 66）號，首殘尾全，無尾題；俄 Дx. 837，首全尾殘，首題“如來成道經”；俄 Дx. 2510a—2號，首全尾殘，首題“如來成道經”；俄 Дx. 3100（1），首殘尾全，尾題“□……□來成道經”；俄 Дx. 4018v，殘片，尾題“□……□來成道經”；俄 Дx. 5127，首殘尾殘；俄 Дx. 5874，首全尾殘，首題“佛説如來成道經”，尾題“佛説如來成道經”；甘博 016D，首全尾殘，僅存題名“佛説如來成道經”；以上爲有殘缺者，共10 號。其中俄 Дx. 2510a—2 號和 BD9145—1 號首尾相接，可以綴合。經文内容係描述釋迦牟尼行苦行，從而悟道成佛，獲得種種神通和殊勝的身相。經文旨在讚頌如來之偉大。結尾云：“若有信此，天必覆之；若當不信，寒凍無衣。若寫一卷，家富豐財；若寫兩卷，聰明智開。教人讀誦，横病不來。空中讚曰：‘不可思議！’”顯係中國人口吻。此經首見於完成於唐武周天策萬歲元年（695）的《大周刊定衆經目録》，判爲僞經。而此前編撰於唐麟德元年（664）的《大唐内典録》尚未著録此經，則《佛説如來成道經》可能在此 30 年間出現並流傳。清代以前歷代大藏經未收，《大正藏》據斯 1032 號録入其第八十五册。李文潔、林世田《〈佛説如來成道經〉與〈降魔變文〉關係之研究》一文以斯 5649a號爲底本，參以斯 1032 號、俄 Дx. 2510a—2 號＋BD9145—1 號對此經進行了録文（《敦煌學輯刊》2005 年第 4 期）。另，黄征、張涌泉《敦煌變文校注・降魔變文》中須達與國王對話的一段文字與此雷同(《敦煌變文校注·降魔變文》第560—561頁,中華書局1997年5月版)。今校注仍據《大正藏》本以斯1032號爲底本。新增校本:甲本,俄Дх00837號;乙本,斯5649a號;丙本,俄Дх.2510a—2號+BD9145—1號;丁本,李文潔、林世田録校本;戊本,黄征、張涌泉《敦煌變文校注·降魔變文》。

如是我聞:一時佛在南天竺國迦夷羅城。從生復死,從死復生①;無所不作②,無所不成;無所不曆,無所③不經;勤苦累劫,忍辱其形。生④在净飯王宫,號曰"悉達"之名。年過十九,知曉死生。二十未滿,騰越空(宫)⑤城。在於山裹,羅嶽仙亭,道王樹下,求死不生。日食麻麥,正念冥冥。苦行六載,損瘦其形。頭如蓬窠,項⑥如針釘⑦。肋如腐⑧屋之椽,眼如井底之星⑨。形體羸劣,似鬼之形。得道身長千尺,額廣然(能)⑩平;垂手得過其膝⑪,腳踏千福(輻)⑫輪行。身披□□□□□□□□(金蘭袈裟,手執錫杖)⑬之瓶。胸前"萬"字,了了分明。背上圓光,晃照暉盈⑭。師子王頰,毛

① 以上丙本殘。

② 作,丙本作"在"。

③ 所,甲本無。

④ 生,戊本作"長"。

⑤ 空,甲、戊二本作"宫"。"宫"字義長。《佛説未曾有因緣經》卷上:"釋迦如來爲太子時,娶我爲妻。奉事太子,如事天神,曾無一失,共爲夫婦。未滿三年,捨五欲樂,騰越宫城,逃至王田。"[T17n0754p575c21—c24]可資比勘。

⑥ 項,戊本同。丁本録作"頂",誤。

⑦ 戊本校:"'針釘'喻頸項之細。"

⑧ 腐,戊本作"朽"。

⑨ 戊本校:"'井底之星'喻眼之深凹。"

⑩ 然,戊本作"能"。戊本校:"能,如此,恁地。"

⑪ 正文開頭至此底本殘,以乙本爲底卷並參甲、丙、丁、戊四本補。

⑫ 福,丙本(BD9145—1號)作"輻"。"福"此當爲"輻"之借字(二字俱方六切,非母屋韻入聲,例可通假)。

⑬ "金蘭袈裟手執錫杖"八字録本及底本殘,據甲、乙、丙、丁四本補。

⑭ 戊本校:"'暉盈'形容項背圓潤光澤。"

蠡[①]旋生。出廣長舌，遍覆幽冥。照曜無極，勝日之明。見佛光者，永不死生。如來槃而不死，涅而不生；攪之不濁，澄之不清；擔復不重，點(敁)[②]復不輕；幽復不闇，顯復不明；名即不惜，利即不争；辱之不忿，寵之不榮；散復不壞，聚復不並；高而不危，下而[□][不][③]平[④]；夾而無伴，廣而異成；殺即不死，活即不生；白髮非老，少復非嬰；視之不見其體，聽之不聞其聲；大身彌輪八極、旻塞空庭，小則針穴裹走馬[⑤]、塵裹藏形；喫海變成蘇酪，指地瑠璃水精；捻山即知斤兩，豁海總作空坑；微塵算得其數，心知一切衆生；天宫樓閣，指即化城；所須皆得，不用功呈；行即蕩蕩而無礙，住則湛湛而不傾；拭[⑥]肉眼觀三世之事，用五眼常同如盲；居無非非[□][之][⑦]意，處無是是之情；超三乘之境外，越六度之衆生；振叫威烈，不使怕驚；攬[⑧]即不著，看即有形；無端出没，運轉自寧；瞼眼即萬里，開眼即停。此即非相可相，非名可名；燒而不灰，溺而不泥；臺(擡)[⑨]即不起，押(壓)[⑩]亦不摧；拾得物不歡喜，失物卻不悲

① 蠡，底本及甲本作“蝅”，乃“蠡”字之俗體。斯 328 號《伍子胥變文》：“越國賢臣范蝅諫越王曰：……”可助比勘。《干禄字書》：“蠡蠡：上俗，下正。”“蝅”當爲“蠡”進一步省減而成的俗體。不過該字此處乃“蠃”之借字。“蠃”，亦作“螺”。故“蝅旋”即“螺旋”，指像螺螄殼紋理的曲綫形。[唐]玄奘《大唐西域記·迦畢試國》：“又有如來髮，髮色青紺，螺旋右縈，引長尺餘，卷可半寸。”可資參證。

② 張小豔《敦煌佛經疑難字詞輯釋》一文認爲，“點”疑當讀爲“敁量”的“敁”。“點”、“敁”皆從“占”得聲，且《廣韻》中，“敁”音丁兼切，添韻端紐；“點”音多忝切，忝韻端紐，二者讀音相近(僅聲調略别)，可得相通。《集韻·沾韻》：“敁，敁挅，以手稱物。或作‘玷’。”《字彙·手部》：“掂，丁廉切，點平聲，手掂也。”“掂”爲“敁”的後起字，“敁量”、“掂量”皆爲同義連文(《中國訓詁學報》第二輯，商務印書館 2013 年版，第 165—183 頁)。

③ 不，録本及底本無，據甲、乙、丙、丁、戊五本補。

④ 平，戊本作“頃(傾)”。

⑤ 馬，丙本(BD9145—1 號)脱。

⑥ 拭，録本訛作“掛”，據底本改。

⑦ 之，録本及底本無，據甲、乙、丙、丁四本補。

⑧ 攬，乙、丙、丁三本作“攬”。

⑨ 臺，此當爲“擡”之借字(二字同爲徒哀切，定母咍韻平聲，例可通假)。該字甲、乙、丙、丁四本均作“擡”。

⑩ 押，此當爲“壓”之借字。《正字通·手部》：“押，與壓通。”

啼;大衆不樂樂,獨自不挃挃(恓恓)①;將刀斫不恨恨②,附藥療不治治(詒詒)③。二心俱一種,平等閦然④齊。分身百億,處處赴齊(齋)⑤。一名“悉⑥達”,二名“如來”。當讚之時,地動天雷;一切徒衆,各各所歸。若有信此,天必覆之;若當不信,寒凍無衣。若寫一卷,家富豐財;若寫兩卷,聰明智開。教人讀⑦誦,横病不來。空中讚曰:“不可思議!”

佛説⑧如來成道經。

---

① “挃挃”乃“恓恓(qī qī)”之訛。此二字戊本正作“恓恓”。戊本校:“恓恓,同‘悽悽’。”《玉篇·心部》:“悽,悽愴也,傷也。”[漢]王充《論衡·指瑞》:“聖人恓恓憂世,鳳皇、騏驎亦宜率教。”[唐]白居易《傷友》詩:“陋巷孤寒士,出門苦恓恓。”

② 戊本校:“恨恨:當是痛苦貌。”蕭旭認爲,“恨恨”當是怨恨義,而非痛苦貌。蕭説是。

③ “治治”與前句“恨恨”反義對舉,當爲“詒詒(詒詒)”之形訛。“詒詒”即“哈哈”,歡笑貌。伯2250號《净土五會念佛誦經觀行儀》卷下:“西方極樂樂哈哈,不顧閻浮不净財。舍宅園林離即有,衣裳百味遂心來。”戊本此二字作“該該”,且出校:“蔣禮鴻云:‘哈哈、咳咳,喜笑貌。“該該”就是“哈哈”、“咳咳”。’《説文》:‘咳,小兒笑也。’”

④ 戊本校:“閦,……陳治文校作‘珿’,音‘初六反’,義爲‘齊也’。按:‘珿’爲本字,俗亦作‘促’、‘娖’、‘齪’等。《廣雅·釋詁》:‘珿,齊也。’”

⑤ 齊,丁本據乙本録作“齋”,是。“赴齊”二字戊本作“過齋”。

⑥ 悉,底本、録本訛作“迷”,結合文意,據甲、乙、丁三本改(該字丙本殘)。

⑦ 甲本以下殘。

⑧ “佛説”二字乙本無。

No. 2891 佛説山海慧菩薩經

［題解］

中國人假託佛説所撰經典，又名《阿彌陀佛覺諸大乘觀身經》，著譯者不詳，一卷。敦煌文獻存有二號：斯 2538 號，首尾全，首題“阿彌陀佛覺諸大衆觀身經解脱品第一”，尾題“山海慧菩薩經”，背有雜寫“阿彌陀佛覺諸大衆觀身經一卷”。斯 3506 號，首殘尾全，無尾題。經文主要宣傳阿彌陀佛净土，宣傳三歸依，謂依此力可不入惡道，並稱頌持念此經的功德。此經與失譯人名《十往生阿彌陀佛國經》同一内容，兩經一廣一略。《大周刊定衆經目録》將此二經均判爲僞經。《大正藏》據斯 2538 號將廣本的《佛説山海慧菩薩經》録入其第八十五册。《敦煌寶藏》取經文首句題作“阿彌陀佛覺諸大衆觀身經”。今仍以《大正藏》所據卷斯 2538 號爲底本。參校甲本：斯 3506 號。

阿彌陀佛覺諸大衆觀身經解脱品第一

如是我聞：一時佛住業波國，與大比丘衆八萬人俱，大智本行，所作以達。其名曰“觀世音菩薩”、“大勢至菩薩”、“藥王菩薩”、“藥上菩薩”、“普賢菩薩”、“法自在王菩薩”、“師子吼菩薩”、“陀羅尼菩薩”、“虚空藏菩薩”、“德藏菩薩”、“寶藏菩薩”、“金藏菩薩”、“金剛藏菩薩”、“光明王菩薩”、“山海慧菩薩”、“華嚴王菩薩”、“珠寶王菩薩”、“月光王菩薩”、“日照王菩薩”、“三昧王菩薩”、“定自在王菩薩”、“大自在王菩薩”、“白像王菩薩”、“大威德王菩薩”、“無邊身菩薩”。如是等二十五菩薩摩訶薩，皆悉以達。

爾時復有八千聲聞緣覺，復有二萬諸梵天王及以大自在天王，復有萬二千大力持呪王及以四萬八千諸龍王等，復有一萬億羅刹王及以二千五通仙人，復有八萬四千諸須彌山王及以河海水神王等，及諸比丘、比丘尼、清信士、清信女，如是八部大衆皆在會中，共坐聽法。

爾時世尊處於道場七寶菩提樹下，其菩提樹高四十萬由旬。

爾時如來處在師子法坐上，爲諸大衆轉大法輪，雨大法雨，説禪定解脱、離八難法。説是法時，天雨七寶華。

爾時如來從頭頂上放大光明，青、黄、白、赤，上照三十三天，下照十八地獄，六種震動。云何名爲"六種震動"？天動，地動，大海動，諸山動，草木衆生動，一切地獄動，是故名爲"六種震動"。如來放光之時，地獄餓鬼皆得解脱，唯除一闡提不得解脱。

爾時阿難比丘即從坐起，於大衆中以偈讚佛：

"世尊大慈悲，一切諸法王，出現於世間，度諸生死流。

佛如金剛珠，無不歡喜者。是故諸大衆，今當合掌禮。

我等於今日，得值金剛寶，亦如盲眼人，得見日月光；

亦如日月王，能除生死闇；亦如風火王，燒滅一切惡；

亦如慈父母，見子有重病，日夜懷悲惱，思見無上師。

世尊大慈悲，出現於世間，廣度生死流。

得見世尊者，無有不解脱，是故諸大衆，願見無上尊。"

爾時阿難讚誦佛已，白佛言："世尊！一切衆生觀身之法，其事云何？唯願世尊爲我説之。"

佛告阿難："諦聽！諦聽！吾今爲汝説之。夫觀身之法，應當身心正定。身心定，即一切法定；一切法定，諸法亦定。若欲諸法定者，身心俱定。身心定者，不觀東西，不觀南北，不觀四維，不觀上下，不觀虚空，不觀外緣，不觀内緣，不觀身色，不觀色聲，不觀他行；不觀他身，但自觀身；不觀他惡，但自觀行；不觀色像，唯觀無緣。若能如是自觀身者，更無外事，唯有出息，唯有入息。若能知是數息坐者，當與持身法，當與身觸法，當與熱頂法。若能如是觀身中者，是爲正真觀身之法。除是觀身，十方諦求，在在處處，更無別法而得解脱。"

爾時阿難復白佛言:“世尊! 若能如是觀身坐者,得何三昧? 有何[1]功德?”佛言:“善哉! 善哉! 汝今發問。諦聽! 諦聽! 善思念之! 吾當爲汝説之。比丘、比丘尼,若有清信士、清信女净持戒行,不作諸惡,懃修禪定,得禪定以,不爲衆魔之所得便,當有五定。云何五定? 聲聞定,緣覺定,阿羅漢定,菩薩定,諸佛定。得是五定,復有五眼。云何五眼? 聲聞眼,緣覺眼,阿羅漢眼,菩薩眼,諸佛眼。得是五眼,復有五明。云何五明? 聲聞明,緣覺明,阿羅漢明,菩薩明,諸佛明。得是五明,復得五通。云何五通? 聲聞通,緣覺通,阿羅漢通,菩薩通,諸佛通。得是五通,復有五達。云何五達? 聲聞達,緣覺達,阿羅漢達,菩薩達,諸佛達。得是五達,復有五智。云何五智? 聲聞智,緣覺智,阿羅漢智,菩薩智,諸佛智。得是五智,復有五慧。云何五慧? 聲聞慧,緣覺慧,阿羅漢慧,菩薩慧,諸佛慧。得是五慧,以解一切法,了一切義,復有三無常。云何三無常? 一切衆生無常,聲聞無常,緣覺無常。解是三無常,復有三有常。云何三有常? 諸佛常,菩薩常,法僧常。得是三常,復能攝持正法。攝持正法以,復能常樂禪定。得是禪定以,復得四禪。得是四禪以,應自見身中事。[□□][自見][2]身中事以,得離煩惱。離煩惱以,自厭惡身。厭惡身以,即得阿羅漢身。得阿羅漢身以,得菩薩身。得菩薩身以,復得金剛三昧。得金剛三昧以,得法身、常身、金剛身、不壞身、安樂無邊身、常住身。”

佛語阿難:“汝向所問如是觀身坐者得何三昧、有何功德,如我所説,其義如是。”

爾時阿難復白佛言:“世尊! 除坐禪功德,誦經功德其事云何?”

佛告阿難:“有能讀誦一四句偈,功德無量無邊,不可思議。復次,阿難,若有法師善能解義,功德無量無邊,不可思議,亦復如是。”

阿難白佛:“布施功德,其事云何?”

佛告阿難:“有能一念歡喜捨財,功德無量無邊,亦不可思議。復次,阿難,汝今復聽:若復有人以飲食、衣服布施百千衆生,不如供養一病比丘功德

① 何,録本訛作“我”,據底本改。

② “自見”二字底本及録本無,據文義補。

無量無邊。復置是事，若復有人車馬布施、放萬億衆生，不如有人起立塔寺、供養三比丘功德無量無邊。復置是事，若復有人以百千庫藏布施一世界衆生，不如有人一發善心，發是向佛，一時之間，一念聽法，是人功德復無量無邊，不可思議，皆是菩提無上大因，大果大報。”

爾時阿難復白佛言：“世尊！若有比丘、比丘尼、清信士、清信女，能生一念善心，未來世中有菩提因不？我今心或(惑)，不能解了，唯願世尊爲我説之。”

佛告阿難：“我見世諦一切衆生信佛得自然，不信得道難。以何故？譬如有人常懷不善，誹謗比丘，有德無德，自生分别。以生誹謗相，當知是人必墮地獄。心或(惑)誹謗正法，亦復如是。”

爾時阿難聞佛作是説已，即從坐起，頭面禮佛，白言：“世尊！唯願爲諸大衆廣分别説。何以故？若廣説者，我等從今無有或(惑)心。何以故？如是説者，開我耳目。何以故？譬如盲人見衆色像，亦如聾者聞聲。譬如死囚上市欲殺，大自在王赦忽然而至，是人得活，即發聲言：‘快哉！我今還得是命！’復作是言：‘我等從今亦發無上菩提善心。’復作是言：‘我今若不發菩提心者，當知我身與牛無别。’”

阿難白佛：“是人因此苦事，得發善心，是故我今因問世尊。一切衆生亦發無上菩提善心，是故從今無有或(惑)者，百千衆生皆發無上菩提善心。”

爾時世尊復告阿難：“但自觀身，善力自然，正念自然，正法自然，解脱自然，三昧自然，涅槃自然。何以故？譬如有人精進直心，得正解脱，即便生天。是人不求解脱，解脱自至；不求生天，生天自至。何以故？譬如有人值國荒亂，破亡失土，遠至他國，使屬於他。是人食息，憶念父母，心不放捨。是人不時復自念言：‘我今以失本國，遠離父母，無由見之。’復自念言：‘且自觀身。我今屬他，無由解脱，唯有三寶無上大力。’是人爾時復不外念，即便斫木爲像，日日禮拜，未曾放捨。如是正念，或一年，或二年，能至三年。如是禮拜，善力自然，忽得還國，見其父母，無量歡喜。”

佛告阿難：“其實彼木未有恩力，但當是人正念因緣，善力所致。世間衆生正念解脱，亦復如是。”

爾時阿難復白佛言：“世尊！世間衆生若能如是正念解脱，應有生天，無一地獄餓鬼。”

佛告阿難:“世間衆生不得解脱生天,皆由多虚少實,無一正念。以是因緣,地獄者多,解脱者少。何以故?譬如有人於自父母及以師僧,外現孝順,内懷不孝,如是惡人雖未報至,待來不遠。世間衆生外現精進,内懷不實,誹謗正法,雖未交報①,前塗不遠。世間多虚少實,無有正念,不得解脱,亦復如是。”

佛告阿難:“汝向所説一切衆生亦應解脱,如我所説,其事如是。”

爾時阿難白佛言:“世尊!修何善根得正解脱?”

佛告阿難:“汝今善聽,正思正念,吾今爲汝説有十往生。云何十往生?一者觀身正念,常懷歡喜,已飲食衣服施佛及僧,往生阿彌陀。二者正念,甘妙良藥施一病比丘及以一切衆生,往生阿彌陀。三者正念,不害一生命,慈悲於一切,往生阿彌陀。四者正念,從師所受戒,净慧修梵行,心常懷歡喜,往生阿彌陀。五者正念,孝順於父母,敬重於師長,不懷憍逆心,往生阿彌陀。六者正念,往詣於僧坊,恭敬於塔寺,問法解一義,往生阿彌陀。七者正念,一日一宿中受持八戒齋,一日一宿中受持不破一,往生阿彌陀。八者正念,若能齋月齋日中遠離於房舍,常詣於善師,往生阿彌陀。九者正念,常能持净戒,懃修樂禪定,護法不惡口;若能如是行,往生阿彌陀。十者正念,若能無上道,不起誹謗心,精進持净戒,復教無智者流布是經法,覺化無量衆。如是諸人等,悉皆得往生。”

爾時阿難復白佛言:“世尊!一切衆生處在無明世界,不見過去佛、未來佛、現在佛。世尊!無明世界即是地獄,當何所歸?云何名爲‘戒之根本’?唯願世尊普爲説之。”

佛告阿難:“一切衆生若今現在不見過去佛、未來佛、現在佛,常當受持三歸名字。云何名爲‘三歸’?應作如是言:‘南無佛陀!南無達摩!南無僧伽!’云何‘南無佛陀!南無達摩!南無僧伽’?胡言‘南無佛陀’者,歸依佛;

---

① “交報”原指眼、耳、鼻、舌等六根交互受報。《楞嚴經》卷八:“此等皆是彼諸衆生自業所感,造十習因,受六交報……一切衆生六識造業,所招惡報從六根出。”後泛指報應。《太平廣記》卷一二一引[唐]張鷟《朝野僉載·張楚金》:“爲法自斃,所謂交報也。”

'達摩'者,歸依法;'僧伽'者,歸依僧。如是三歸依,即是戒本。如是受持,如是讀誦,如是憶念,如是正觀,當知是人世世生生,處處在在,三歸依力,常得正念,不入惡道,皆是三歸解脱之力。"

佛告阿難:"汝向所問'一切衆生處在無明世界,當何所歸',如我所説,其義如是。"

爾時阿難復白佛言:"世尊!若有比丘、比丘尼、清信士女受持是經,讀誦是經,正念是經,功德云何?"佛告阿難:"汝今善能發問。汝今諦聽,善思念之。吾今爲汝解説。若人無善根,不得聞是經;若人無本善,不得聞是法;若是一闡提,衆不聞是語。清净有戒者,今得聞是經。何以故?是經能度八難及以地獄餓鬼、阿修羅等。破戒五逆,悉皆解脱,唯有一闡提。"

阿難白佛:"世尊!往昔告舍利弗:'一切衆生皆是吾子,無有彼此。'云何不度一闡提人?"

佛告阿難:"汝今諦聽,世間死尸活以不。"

阿難白佛:"世間死尸若得活者,無有是處。"佛語阿難:"一闡提得道,亦無是處。"

阿難白佛:"世間死尸戒一日、二日、三日、四日、五日、六日、七日還得活者,其事云何?"

佛告阿難:"戒有死尸一日、二日、三日、四日、五日、六日、七日還得活者,即是一逆、二逆、三逆、四逆、能至五逆。如是之人,雖墮地獄,即生悔心。緣是悔心善力,即出地獄。如是出者,亦如死尸七日活度。於七日不得活者,即是一闡提。何以故?一闡提人無善根故。是故不度。"

佛告阿難:"汝向所問'云何不度一闡提人',如我所説,其義如是。"

菩薩見佛國往生品第二

爾時衆中有一菩薩,名爲"山海慧",威德自在,名聞十方,於大衆中,即從坐起,正衣服,爲佛作禮,前白佛言:"世尊!一切衆生所修習者,何等功德最爲第一?"

佛告山海慧:“汝今諦聽! 諦聽! 善思念之。吾今爲汝解説[①]。若有衆生以飲食、衣服布施一世界衆生,不如有人一時之間正念禮拜所得功德無量無邊,不可思議。復置是事,若得有人終身禮拜,不如有人活一生命功德復多。復置是事,若復有人活百千命,不如有人一發善心造立塔寺,以四事供養、供養四沙門功德復多。復置是事,若復有人供養百千沙門,不如有人一發善心、心懷歡喜、放一人出家功德復多。復置是事,若復有人放百千人出家,不如有人一發善心,處於大衆中一時聽法,解了一二字義功德復多。復置是事,若復有人處於大衆中解了百千義,不如有人安心坐禪、禪定樂功德復多,無量無邊,不可思議。復置是事,若復有人在於世間聞有百千經,不如有人願聞大方等涅槃‘常住’二字功德無量無邊,不可思議。何以故?‘常住’二字,過去佛、未來佛、現在佛如是三世諸佛之所修習所德(得)[②]功德。何以故?如是二字能除衆生過去世、未來世、現在世如是無量無邊生死重罪,除一闡提。除是罪以,得正解脱,即得往生阿彌陀國。以是因緣,涅槃義味於諸功德最爲第一。”

佛告山海慧:“汝向所説‘於諸功德何者功德最爲第一’,如我所説,其義[③]如是。”

爾時山海慧菩薩復白佛言:“世尊! 彼阿彌陀佛國有何[□][妙][④]樂,一切衆生皆願生彼?”

爾時世尊即告山海慧:“汝今應當起立,合掌正身,西面正念,觀阿彌陀國,願見阿彌陀佛。”

爾時一切大衆見山海慧菩薩起立合掌,亦皆起立,共觀阿彌陀佛。

爾時阿彌陀佛現大神通大光明,照山海慧菩薩身。

爾時山海慧菩薩即見阿彌陀國土所有莊嚴妙好之事。一切世界,悉皆七寶莊嚴。所有國土,七寶光照。七寶山,七寶地,七寶樹,七寶華,七寶塔,

---

① “説”前底本尚有一“脱”字,當係書手本欲書“説”而誤書“脱”字,發現後接書正字,而誤字並未塗去。録本失察,衍一“脱”字,兹據文意删。

② 德,此乃“得”之借字。《廣雅·釋詁三》:“德,得也。”

③ 以上文字甲本殘。

④ 妙,底本及《大正藏》無,據甲本補。

七寶坊,七寶池,八功德水,六味食,七寶鉢。日日[①]天雨七寶華,雨七寶衣。諸天仙人作諸音樂。彼阿彌陀佛國土清净莊嚴,真金羅網彌覆佛土。其有世界,悉皆寶樹莊嚴,妙好第一。彼國日日[②]法輪常轉。彼土人民,不習外事,正習内事;不習邪法,正習内法;不習外教,正習内教;不修外義,正修内義;不修外道,正修内道;不見外事,正見内事;不説外語,正説内語。所有衆生,七歲以上,歸依正法,口説方等語,耳聽方等聲,心解方等義。

爾時山海慧菩薩見阿彌陀佛處於道場七寶菩提樹下。其菩提樹高四十萬由旬。其下有師子坐。其師子坐高五百由旬,真金羅網彌覆坐上,阿彌陀佛處於法坐上,爲諸大衆轉大法輪,雨大法雨,説不退法;雨大法雨,説不退法輪。見是事時,亦見百億世界、百億海外、百億須彌山悉皆金色。阿彌陀佛現大神通力以,還攝光明以,百億世界土石諸山還復如故。

佛告山海慧菩薩:"汝向所問'阿彌陀國有何妙樂一切衆生皆願生彼',如汝所見,其事如是。"

時山海慧菩薩白佛言:"世尊!我等今者願一切衆生皆悉生彼,然後我等亦願生彼。"佛記之,曰[③]:"正觀正念,得正解脱,[□][皆][④]悉生彼。復次,山海慧,汝今如是發願,是大菩薩摩訶薩。"

爾時衆中有一菩薩摩訶薩,本姓"多羅",字"摩訶迦葉",具本神通,威德自在,於一切法悉以通達,常無所畏,於大衆中起立合掌,爲衆問事,白佛言:"世尊!如來是一切衆生大慈法王,普覆一切,放大光明,照諸十方一切世界。云何山海慧菩薩得見阿彌陀?一切衆生云何不見?當知如來實無平等。"

佛告迦葉:"汝今諦聽:譬如日月普照一切,盲者不見,非日月咎[⑤]。一切衆生罪重煩惱,不見如來,亦復如是。復次,迦葉,汝今復聽:一切衆生未有菩薩行,是故不得與菩薩一等。何以故?菩薩有大慈大悲、大善大力、大法

①② 日,録本訛作"月",據底本改。

③ 曰,底本及録本作"日",繫聯文義,當係"曰"之訛。

④ 皆,底本及《大正藏》無,據甲本補。

⑤ 咎,底本作"各",乃"咎"之俗體。《干禄字書》:"咎各:上通,下正。"

藏、大念大願、大因大緣、大乘大道、大喜大捨、大悲普覆，是故名爲‘菩薩大行’。復次，迦葉菩薩，復能爲一切衆生入於地獄，受大苦惱，不以爲難，所有罪者悉皆願度，是故名爲‘菩薩大行’。”

佛告迦葉：“山海慧菩薩有大威德，亦復如是。”

佛告迦葉：“汝向所問：‘云何菩薩得見如來？云何衆生不見如來？’如我所説，其義如是。”

迦葉白佛：“善哉！善哉！實如聖教。世尊！我等今者因佛神力，於此事中非爲不達，爲未來衆生問是義耳。”

爾時佛告山海慧菩薩：“汝今欲度一切衆生，應當受持是經。”

山海慧菩薩白佛言：“世尊！當何名此經？云何奉持？”

佛告山海慧：“汝今善聽：是經名爲‘阿彌陀爲諸大衆説觀身正念解脱三昧經’，二名‘度諸有流生死八難’，三名‘最後説法度有緣衆生、如來受持’。衆生雖無佛性，如是受持。衆生未有菩提因者，是經能與衆生開大菩提道，如是受持。衆生未有法身光明者，是經能與衆生作法身光明，如是受持。衆生未有三昧緣者，是經能與衆生開大三昧門，如是受持。衆生未至涅槃者，是經能與衆生得至涅槃，如是受持。衆生雖無信心，是經能與衆生除無量無邊生死重罪，除一闡提，如是受持。是經能度八難苦，如是受持。是經能與衆生閉大地獄門，如是受持。是經能與衆生破煩惱四魔，如是受持。是經能與衆生作大妙藥，如是受持。是經能與衆生除煩惱病，如是受持。是經能攝一切衆生，如是受持。是經能除害人惡鬼，殄滅四向，悉皆安穩，如是受持。”

佛告山海慧菩薩：“汝向所問‘當何名此經’，如我所説，其義如是。”

爾時山海慧菩薩白佛言：“世尊！頂受尊教。唯然，世有[①]衆生，多有誹謗。如是之人於後云何？”

佛告山海慧：“於後閻浮提或有比丘、比丘尼、清信士、清信女，見有讀誦是經，或相瞋恚心，懷誹謗緣，是誹謗正法。是故是人現身之中來致諸惡重病，身根不具，或得聾病、盲病、瘂病、癖病、鬼病、魅病、邪病、狂病、風病、冷病、熱病、痔病、水病、腫病，或亂失性病。如是等諸惡重病，世世在身。如是

① “有”前録本誤衍一“尊”字，據底本删。

致苦，坐卧不安，大便不通，小便不下，求生不得，求死不得；謗是經故，致苦如是。或時致死，復墮地獄，八萬劫中，受大苦惱，百千萬世未曾聞有外食之名；謗是經故，得罪如是。或時得出，生在人中牛、馬、猪、羊，爲人所殺，受大苦極；謗是經故，受苦如是。又復爲人，常生下處，百千萬世，不得自在；謗是經故，受苦如是。從此死以（已），還得人中，百千萬世，未曾聞有三寶名字；謗是經故，受苦如是。是故語汝：無智人中莫説是經；聞不解了，亦莫與説；正觀正念，如是之人，然後與説。常處空山，遠離五欲，如是等人，然後與説。若見有人孝順父母，恭敬師僧，如是等人，然後與説。若見有人慈悲喜捨，供養諸佛，如是等人，然後與説。若見有人心懷歡喜，恭敬沙門，無大無小，有德無德，有道無道，有法無法，心行正士，清信女，讀誦是經，流布是經，恭敬是經，不謗是經，信樂是經，供養是經，如是人輩，緣是信敬，我從今日常使二十五菩薩護持是人，常使是人無病無惱，諸惡鬼神亦不中害，亦不惱之，亦不得便，亦不見惡，亦不横死，常使是人卧安、睡安、夢安、覺安、起安、立安、行安，是人所至之處，皆悉得安。若復有人讀誦是經，應當正念，念報佛恩，然後與説，令説聽者得發善心。好説是經，説者、聽者悉皆往生阿彌陀國。不敬是經，説者、聽者墮於地獄。彼此敬重，説者、聽者得正解脱，世世生生、在在處處，不經八難，隨願往生阿彌陀國。”

爾時世尊説經欲竟，大地震動，放大光明，度明緣衆生。上照三十三天，下照十八地獄，一切餓鬼悉皆解脱，除一闡提。放光之時，百億世界，青、黄、赤、白，合以金色。閻浮提人皆見化佛坐寶蓮華。

爾時閻浮提人八萬四千皆得生天，八萬四千比丘神通自在，得法眼浄，［□］［八］①萬四千聲聞緣覺初住地，八萬恒河沙初住菩薩得四住地，十恒河沙諸大菩薩得不退不動地。

爾時諸梵天王及以四天王等皆作是言：“諸佛難值。”俱詣佛所，卻以頭面禮佛，白言：“世尊！我等今者亦當受持是經，護諸衆生。”

佛告四天王：“汝今受持是經，亦悉汝等後生西方阿彌陀國。”

復告二十五菩薩：“汝等今者亦當受持是經。”

① 八，底本及録本無，據文義補。

復告阿難:"汝等是吾利慧弟子,於我滅後受持是經,八萬劫中廣宣流布,使至賢劫千佛,使諸衆生普得聞知。"

爾時世尊作是語以(已),還攝光明以,百億世界、土石諸山,不净如本。佛説經竟,諸大菩薩、聲聞緣覺、阿難等天龍八部一切大衆,作禮歡喜,如説修行。

佛説山海慧菩薩經。

No. 2892 佛説現報當受經

［題解］

佛教典籍，著譯者不詳，一卷。敦煌文獻中保存有殘本，共 3 號：斯 2076，首殘尾全，尾題"佛説現報當受經一卷"，殘卷共有八十七行，内文每行固定十七字，共 1455 字，翟理斯判定它是第七世紀很好的寫本；俄 Дx. 00495，首殘尾殘；俄 Дx. 02252（見俄 Дx. 00495）。經文的主旨是講罪業報應。現存《現報當受經》殘本主要内容爲一説明因果不虚的故事，就一女子受種種劫難，後佛陀爲其説法，令得阿羅漢道，並訴説起所受諸苦及最後能見佛、得解脱，是由於前世如何的因由而成。最後經文借佛陀之口説明報應不虚，應謹言慎行。此經最早見於《大周刊定衆經目録》，判爲僞經，出現時間當在 695 年以前。清代以前歷代大藏經未收，《大正藏》據斯 2076 號録入其第八十五册。釋長梵對以斯 2076 號爲底本，參酌《大正藏》本对本經進行了録文，並將《佛説現報當受經》與《大方便佛報恩經・慈品》、《賢愚經・微妙比丘尼品》、《根本説一切有部毘奈耶雜事》、南傳的《長老尼的譬喻》加以比較，指出此五部經的整體情境架構及所要傳達的意旨内涵，其基本上是一致的，"判斷本寫卷是僞造經典的可能性比較低"（釋長梵《敦煌寫本〈佛説現報當受經〉初探》，《正觀雜誌》第十九期，2001 年 12 月 25 日）。今校注仍以《大正藏》録本所據卷斯 2076 號爲底本，釋長梵録本爲參校甲本。

□[1]政(正)[2]一人獨行,而無伴侣,即問之言:“姊今何故顔容媚麗,譙(憔)[3]悴如此? 爲何所苦?”

時女答言:“我之薄福,嫁得夫主,望相保守,不期一旦疾病死亡,家親捉我生埋塚中。逕得七日,爲諸群賊劫破此塚,欲求財物,將我還家,納用爲妻。賊師後時劫破一村,爲他所殺。收斂屍骸,而殯葬之。親屬將我,又復生埋。逕得三日,復爲野狐欲噉死屍,來坌[4]此塚,我因得出。父母眷屬,不相知聞。”

時長者子即語女言:“我妻始死,汝既無夫,我今二人共爲夫婦,能爾以否?”時此女人無所趣向,即然許之。相隨至家,共相愛念,即逕一年,便生一男。又於後時,復生一男。又於後時,更復懷姙[5]。臨月垂産,時長者子出外遊行,與諸朋伴共相飲會,至冥而還。其妻於後堅關門户,存(⿰𧾷存)[6]地生子,血露狼藉。夫還唤妻,妻爲生子,存(⿰𧾷存)踞在地,血露狼藉,不得開門。夫唤不應,拔刀破門,即問其妻:“我朝出外,比其迴還,唤汝開[7]門,而不應我,有何情異?”妻答夫言:“爲生子故,血露狼藉。”夫語妻言:“所生子者,今何所在?”其妻即將所生之子授與其夫。夫得此子,即用生蘇煎煮,限妻令食。妻不忍食,即拔利刀而欲斷命。妻爲貪命,遂便食子,一時都盡。至於明旦,其夫酒醒,即問妻言:“我昨冥還,醉酒悶迷,應無過失?”妻答夫言:“君昨冥還,唤我開門。我爲生子,不時開門。君斫門入,即便問我:‘有何情異?’我答君

---

[1] 首缺。

[2] 政,此當爲“正”之借字。《墨子·節葬下》:“上稽之堯、舜、禹、湯、文、武之道,而政逆之。”孫詒讓《閒詁》:“政、正通。”下用同“正”之“政”字徑括注其本字,不復校。

[3] 譙,《大正藏》本訛作“焦”,據底本改。此“譙”當爲“憔”之借字(“譙”字一音昨焦切,與“憔”同,例可通假),甲本即括注作“憔”。

[4] 坌,底本實作“坋”,乃“坌”之偏旁易位俗體。“坌”字方言爲“翻(土)”、“刨”義。[清]翟灝《通俗編·雜字》:“《北夢瑣言》載鼠狼齧蛇事云:‘於穴外坌土,恰容蛇頭。伺蛇出所坌處,度其回頭不及,齧而斷之。’按:‘坌’本塵土,即以爲撥塵土字,亦動静相借例耳。”今吴語尚謂“刨”爲“坋”,音“笨”,如説“坋田”、“坋地”、“坋芋頭”、“坋樹根”等。

[5] 姙,底本作“**⿱任身**”,同“姙”。《字彙補·身部》:“**⿱任身**,音姙,義同。”

[6] 存,此當讀如“⿰𧾷存”(“存”字《廣韻》徂尊切,與“⿰𧾷存”音同)。《集韻·魂韻》:“蹲,《説文》:‘踞也。’或作⿰𧾷存。”下“存”字同,徑括注其本字,不復校。

[7] 開,録本訛作“關”,據底本改。

言:‘爲生子故,血露狼藉。’君即從我索所生子。我授與君,君得此子,即用生蘇煎煮,限我令食。我不忍食,君即拔刀而欲殺我。我爲貪命,食子遂盡。”其夫聞説,即自低頭,極大慚愧,辭謝其婦:‘醉酒過失,願不爲恨,從今以後,誓不飲酒。’”

又於後時,其婦語夫:“我與父母分别以來,逕年度月,不知消息。我等二人及以兩子,往父母家,參承問訊。”時長者子即共其妻並及二子隨路而去。值天抗(亢)[1]熱,其夫即便止一樹下,避日[2]取陰,遂便失睡,忽爲黑蛇螫夫即死。其妻啼哭,抱持二子,即便前[□][行][3]。路值一水,坑長漂急,難可得度。先[4]送大子,至達岸上,始復欲迴,迎取小子。其子見母,即投趣水,而爲波浪之所没溺。復上岸上,欲抱大子,即爲虎狼之所食噉。是時女人呼天喚地:“有何惡業,今逢此苦?”即便前進,見父母家村中知識,借問之言:“見我父母、兄弟、眷屬悉平安不?”知識答曰:“汝家失火,大小悉皆爲火燒殺,並無人在。”時女聞之,轉復悶絶,無所趣向。

爾時世尊爲諸大衆説微妙法,即以天眼觀此女人,即告阿難:“汝持寶衣,迎此女人。”阿難受教,將以寶衣迎此女人,來至衆中,禮拜世尊,慚愧懺悔。佛爲説法,斷諸結漏,得羅漢果。

佛又告一切大衆:“汝等欲知此女前世之善惡事者,諦聽,善思念之,慎勿忘失!乃於過世無數劫時,有長者子,財富無量,取得一婦,逕年度月,並無兒息。時長者子即自思惟:‘我今財富,並無兒子,一旦無常,財無委付。’即於後時取得一妾,逕始一年,便生一男,面貌端政(正),長者憐念。是時大婦即自思惟:‘我爲大婦,並無兒子。始取妾來,未得多年,以(已)生一男。兒若長大,財當屬己[5],我必爲夫之所棄薄。我今宜應設諸方計,殺此小兒。’是時妾母出外不在,而是大妻内計以定,即用鐵針二枚刺兒顋上。小兒啼

---

① 抗,此當爲“亢”之借字(“亢”字一音苦浪切,與“抗”音同)。《廣雅·釋詁一》:“亢,極也。”

② 日,録本訛作“曰”,據底本改。

③ 行,底本、録本無,據文意補。

④ 先,録本訛作“光”,據底本改。

⑤ 己,録本訛作“已”,據底本改。

哭，痛不可言。妾母抱兒，莫知痛處，呼天喚地：'若有惡心、瞋心、疾(嫉)[①]心、妒心殺我子者，令其生生世世還受苦報。'是時大婦心自忏清[②]，即於夫前及於妾前而立呪誓：'我若惡心、嗔心、嫉心、妒心殺汝子者，令我生生世世還受女身，嫁得夫主，生埋塚中；令我生生世世若生兒者，還以生蘇煎煮食之；令我生生世世夫爲蛇螫、子爲水瀆、兒爲虎食，闔家大小悉皆爲火之所燒殺。'呪誓已訖，兒即死亡。是時大妻心自忏清[③]，而立呪誓言'無'。罪福(報)[④]如影隨形，不相放捨。而此大妻於五百世中，捨身受身，常受苦報。"

佛又告一切大衆："今爲汝等説此女人前世之時修何功德，而復值我以衣覆之，爲其説法，斷諸結漏，得羅漢道。時此女人於過去世無量劫時，家甚貧窮。有一辟支佛，從其教化。此女無錢，即解衣帶施辟支佛。由是因緣，所生端政(正)，恒生富家。雖復受如前苦，於五百世還得值我以衣覆之，爲其説法，斷諸結漏，得羅漢道。雖復得道，一日六時，常苦熱鐵從頂上入，痛徹於心。"

佛又告一切大衆："從今已往，慎勿惡心、瞋心、妒心，更相殺害，更相呪誓言'無'。罪報如影隨形，終不放捨。作善[□□][得善][⑤]，作惡得惡，終無我作他人受報。身雖滅壞，善惡不朽。如上所説，汝諦受持。"

爾時大衆及諸天龍八部鬼神有惡心者，皆生慈念，聞佛所説，頂戴受持。

佛説現報當受經一卷。

---

① 疾，此當爲"嫉"之借字(二字皆音秦悉切)。下文"我若嗯心、嗔心、嫉心、妒心殺汝子者，令我生生世世還受女身"，可助互勘。

②③ "忏清"費解，待考。

④ 繫聯文義，"福"字當爲"報"字之訛，下文"佛又告一切大衆：'從今已往，慎勿惡心、瞋心、妒心，更相殺害，更相呪誓言'無'。罪報如影隨形，終不放捨。'"可資比勘。

⑤ "得善"二字底本及録本無，據文意補。

No. 2893 佛説大辯邪正經

［題解］

佛教典籍，又名《大辯邪正經》、《大辯邪正法門經》，著譯者不詳，一卷。敦煌文獻中共有21號：伯2263，首尾全，首題“佛説大辯邪正法門品第一”，尾題“大辯邪正經”；伯3137d，首尾全，首題“佛説大辯邪正法門品第一”，尾題“大辯邪正經一卷”；北敦4010（麗10，北8297），首尾全，首題“佛説大辯邪正法門品□……□”，尾題“佛説大辯邪正經”；北敦14126（新326），首尾全，首題“佛説大辯邪正法門品第一”，尾題“佛説大辯邪正經”；以上爲完整者，共4號。伯4689，首殘尾全，尾題“佛説大辯邪正經”；北敦4548vb（崗48，北8204），首全尾殘，首題“佛説大辯邪正法門品第一”；北敦10274（臨403），首殘尾殘；北敦10397（臨526），殘片；北敦10553（臨662），殘片；北敦10618（臨747），殘片；北敦11163（臨1292）、首殘尾殘；北敦11338（臨1467），殘片；北敦11865（臨1994），殘片；俄Дx. 601，首殘尾殘；俄Дx. 4128，存2行11字，每行上部殘；甘博036號，首殘尾殘，存“文殊師利菩薩决疑品第七”至“文殊師利菩薩問八十種好品第十”；羽597，首殘尾全，尾題“佛説大辯邪正經一卷”；大谷文書4986，殘片；大谷文書4986v，殘片；國圖WB32（24），據施萍婷《日本公私收藏敦煌遺書叙録（三）》介紹，日國會圖書館藏敦煌寫經，小册子，每面5行，見《敦煌研究》1995年第4期；以上16號爲殘缺者。北敦13326，以上1號情况不詳。《大辯邪正經》現存寫本均有三分具足的形式，共分爲十一品，凡尾全之諸本，其後均包括一説明性文字：“玄奘及長年師及邪奢等於如來七寶窟中得此《如來大辨邪正甚深密藏經》一卷。”此經背景爲衆香城中，釋迦牟尼佛説法，提問者爲文殊菩薩。經文主要宣揚善知識的重要性，其次，對“十地菩薩”、“六趣”、“三十二相”、“八十種好”等種種名相造行了非同尋常的解釋，並重點提出了衆生即佛、心即是佛、煩惱即菩提的見解。此經最早見於《大周刊定衆經目録》，判爲僞經。出現時間當在 695 年以前。歷代大藏經未收，《大正藏》據伯 2263 號録入其第八十五册。張小豔將其中的 4 號殘卷綴合爲 2 組，進行了整理研究（張小豔《敦煌疑僞經四種殘卷綴合研究》，《宗教學研究》2015 年第 4 期）。今仍以《大正藏》録本所據原卷伯 2263 號爲底本。校本：甲本，伯 3137d 號；乙本，甘博 036 號。

佛説大辯邪正法門品第一

如是我聞：一時佛在衆香城中，領諸徒衆大會説法。於其城中，復有文殊師利菩薩、攝自在心菩薩、觀身二種空菩薩、觀身二種實菩薩、觀身不净菩薩、觀身無瑕穢菩薩，然其座下復有八万四千徒衆及十地菩薩。

十地菩薩品第二

何以故？"十地菩薩"者云何？一地決定信斷疑菩薩，二地能進道行菩薩，三地常念斷妄菩薩，四地常定不散緣菩薩，五地智慧充滿菩薩，六地能依本師教命菩薩，七地紹立先宗菩薩，八地不斷三寶體性菩薩，九地万行圓備菩薩，十地常樂我净菩薩。

文殊師利菩薩起請品第三

爾時衆中有一菩薩，名曰"文殊師利"，從座而起，胡跪合掌，白本師釋迦牟尼佛言："一切衆生從無始曠大劫來，輪迴六趣，流浪生死，終無間歇，受諸苦惱，至於今日。唯願本師釋迦牟尼佛大慈大悲、憐愍一切衆生，救護一切衆生，爲諸徒衆略説法要。"

佛言："文殊師利！諦聽！諦聽！善思念之！吾當爲汝分別解説[①]。一切衆生從無始曠大劫來輪迴六趣、流浪生死、終無間歇、受諸苦惱至於今日者，皆由本心。何以故？爲心從時至時，從日至日，從月至月，從年至年，心緣諸境，情染世塵。心常在亂不定，故身亦還然。"

① 説，録本訛作"脱"，據底本、甲本改。

佛告文殊師利:“汝今殷勤起請,整當其意。汝作何心?”

文殊師利菩薩言:“向者殷勤起請,爲諸徒衆略説法要。未知者望欲令知,未覺者望欲令覺,未悟者望欲令悟,未通者望欲令通,未證菩提者望欲令證菩提,未解安心者望欲令解安心。”

佛告文殊師利:“汝若學此安心妙法,先須[1]歸依真善知識。何以故?未知者令知,亦當歸依真善知識;未覺者令覺,亦當歸依真善知識;未悟者令悟,亦當歸依真善知識;未通者令通,亦當歸依真善知識;未證菩提者令證菩提,亦當歸依真善知識;未解安心者令解安心,亦當歸依真善知識。”

釋迦牟尼佛爲初心菩薩説斷六種見趣品第四

爾時文殊師利菩薩重白釋迦牟尼佛言:“八万四千徒衆同時發願,欲當歸依真善知識,先修何行?”

佛告文殊師利:“若有比丘、比丘尼、優婆塞、優婆夷歸依真善知識者,先斷六趣,然後始可歸依真善知識。何以故?‘六趣’者云何?一即不得妄起分別,二即不得故量是非,三即不得心生疑悔,四[□][即][2]不得意地懷疑,五即不得生增上慢,六即不得言教相違。先能斷此六種見趣,始可歸依真善知識。”

修道品第五

爾時釋迦牟尼佛歎此真善知識不可思議、不可稱量、不可比附,恐畏大衆心生疑悔,不能歸依真善知識,便爲大衆自説本因緣。

佛告大衆:“聽吾自説因地修道之時所得何等功德,所修何行,得成佛道。憶我往昔之時,於三大阿僧祇劫修學有爲功德,多諸過患,不會無爲道理,爲著相求,經三大阿僧祇劫受諸苦惱。於後遇逢大覺世尊在毘耶離城中五陰山下婆羅雙樹間功德林中,爲我略説法要,我遂能如説修行。大覺世尊等又教我在毘耶離城中入大等道場,經七七四十九日,遂證無生法忍,衆善

① 須,録本訛作“洹”,據底本、甲本改。

② 即,底本、録本無,據甲本補。

具足,百福莊嚴,万行圓備,遂成佛道。大覺世尊即與我摩頂授記。大覺世尊言:'願汝當來成道,號爲"本師釋迦牟尼佛",常爲一切衆生、爲四生慈父、六道導師,恒居三界,接引群迷,流傳此法,遞相囑付,莫使間斷,如虛空永無盡際。'"釋迦牟尼佛言:"我誓不違大覺世尊教命,爲是流傳此法,遞相囑付,不使間斷。是以今日勸諸大衆方便親近真善知識,必得大利益。但能如説修行,當來獲無上果,與我無異。"

文殊師利菩薩請問大利益品第六

爾時文殊師利菩薩重白釋迦牟尼佛曰:"'大利益'者云何?"佛言文殊師利:"'大利益'者無過,能翻一切惡爲一切善,此名'大利益'。"

文殊師利菩薩言:"何等人能翻一切惡爲一切善?"

佛言文殊師利:"能翻一切惡、爲一切善者,無過真善知識是也。何以故?善知識者,能向一事之中乃起万億等方便譬喻;善知識者,能破二見,歸依一體;善知識者,能迴三毒惡心爲一體三寶;善知識者,能制四毒惡蛇乃成四種威儀;善知識者,能迴五毒乃爲五戒;善知識者,能制六識,治作六齋;善知識者,能向七識之中求得七佛;善知識者,能迴八苦爲八解脱;善知識者,能迴妄想顛倒轉爲恒沙功德;善知識者,能迴無明爲慧日;善知識者,能迴煩惱爲菩提;善知識者,能迴貪、瞋、癡爲三業清净;善知識者,能迴瞋恚、疾(嫉)妒乃成四無量心;善知識者,能迴八邪歸入八正道分;善知識者,有大功德,不可思議,不可稱量,不可比附。若欲具説,窮劫不盡。"

文殊師利菩薩決疑品第七

爾[①]時文殊師利菩薩又問釋迦牟尼佛言:"弟子有一小疑,云何得[②]決?"釋迦牟尼佛言:"小疑者云何?"文殊師利菩薩言:"三世諸佛所置三乘妙法及説万億等方便教化一切衆生,皆令衆生存心向道,何爲一切衆生熾然流浪生死?"

① 以上文字乙本缺。

② 得,録本訛作"待",據底本及甲、乙二本改。

佛告文殊師利:"諦聽!諦聽!善思念之!吾當爲汝分别解説。一切衆生從無始以來熾然流浪生死者,只爲不會吾意。何以故?一切衆生若會吾意,與吾無異。"

佛言:"善哉!善哉!一切衆生唯會[吾][1]權[2]喻法門,何有衆生會吾大辯邪正甚深妙法?"

文殊師利菩薩聞説是事,歎未曾有,不可思議,復心生忙[3]怖,自責其身,舉身自撲,悶絶在地。良久得蘇,嗚呼長歎:"苦哉!痛哉!何期今日逢值法身父母,爲説此安心妙法及本因緣,又説大辯邪正甚深妙法。"

文殊師利菩薩又問大辯邪正法門品第八

爾時文殊師利菩薩重白本師釋迦牟尼佛言:"'大辯邪正甚深法'者,云何名爲是'正'?云何名爲是'邪'?"佛言:"文殊師利,'正'者亦有二種,'邪'者亦有二種。何以故?二種'邪'者,其義甚深:一者,離體求相,名爲'正中邪';二者,不信身中有佛,不信身中有法,貪著世事,隨遂因緣,常行顛倒,名爲'邪中邪'。二種'正'者,其義甚深:一者,離體求相,了知身中具有一體三寶,亦知身中具有恒沙功德,具信身中具有如來藏法身,名爲'正中正';二者,唯直識外,不識其内,多著相求,名爲'邪中正'。何以故?向者雖説四種邪正,唯有一事是真。何以故?譬如有人身欲遠行,至他方所。其程可有百万餘里,其道乃有八万四千種邪,唯有一道是真。自外八万三千九百九十九種道,皆並是邪,唯有一道是真。衆生欲度其正道者,云何得達前所?"

佛告文殊師利:"若有衆生往其正道者,要藉真善知識,結其善標而可得達前所。何以故?夫求道者先須求一,但能立一爲宗,万[4]法於中建立。佛置法門八万四千,若欲説真,皆當歸一。何以故?凡及與聖,亦成爲一。何

① 吾,録本脱,據底本及甲、乙二本補。
② 權,録本訛作"摧",據底本及甲、乙二本改。
③ 忙,録本訛作"忌",據底本及甲、乙二本改。
④ 万,録本訛作"方",據底本及甲、乙二本改。

以故？[□][背]①凡而求聖者，喻若棄水而求冰，是冰而是水，是水而是冰，冰外而無水，水外而無冰。煩惱與菩提，亦成爲一。何以故？背煩惱求菩提者，喻若去形而求影，是形而是影，是影而是形，形外而無影，影外而無形。心及與佛，亦成爲一。何以故？背心而求佛者，喻若背聲而求響，是聲而是響，是響而是聲，聲外而無響，響外而無聲。元②來是一，幻化兩名。何名是一？分別解説：一體外求，皆並是邪；一體内求，即成爲一。衆生分別有三。佛置三乘教律，若能了達諸法，'三'亦本來無'三'，'一'亦空名爲'一'。忽悟諸法性空，了知必竟寂滅，悟性無爲大道，始名無言無説。"

文殊師利菩薩又問三十二相品第九

爾時文殊師利菩薩重啓釋迦牟尼佛言："又問'三十二相'者云何？"

佛告文殊師利菩薩："諦聽！諦聽！吾當爲汝分別解説。三十二相者，其義有二：一者在凡夫中，名爲'三十二種惡相'；二者在賢聖中，名爲'三十二種善相'。何以故？三十二種惡相者，爲凡夫身中具有八苦、凡夫身中具有八難、凡夫身中具有八疑、凡夫身中具有八邪，四八三十二，名爲'三十二種惡相'。"

釋迦牟尼佛言："我於因地未逢大師已前時，亦復如是。自從逢大師已後，乃教我翻此八苦爲八解脱、翻此八難爲八自在、翻此八疑爲八種正信、翻此八邪歸入八正道，四八三十二，是名'三十二種善相'。何以故？二相中具有恒沙功德，不可具説。我若具説，窮劫不盡。"

文殊師利菩薩問八十種好品第十

爾時文殊師利菩薩重白釋迦牟尼佛言："又問'八十種好'云何？"

佛告文殊師利："汝當諦聽！諦聽！善思念之！吾當爲汝分別解説。'八十種好'者，其義甚深。何以故？斷得十惡，名爲'十善'；斷得五逆，名爲

① 背，底本、録本及甲本無，據乙本補。下文"背煩惱求菩提者"、"背心而求佛者"，亦可助勘。

② 元，録本訛作"无"，又回改爲繁體"無"。

'五敬順';制得七識,名爲'七佛';能迴八種邪命諂曲之風,爲八種微妙香風;制得六識,生六波羅蜜;不染六塵,名爲'六通';制迴六賊,爲六神王,防護法城。十善、五敬順,並爲七識。佛八種微妙風及六波羅蜜、六通性無生、六神防護法身,共成四十八種善帖、三十二相,總成八十種好。"①

校量功德品第十一

佛告文殊師利:"汝若是吾上足弟子,能報吾恩,應當存志。其志者云何?汝若能報吾恩,一一依吾教命,弘揚此法王,化一切衆生,證無生法忍,此爲存志。何以故?我昔曾聞定光如來及大覺世尊、菩薩摩訶薩、諸賢聖等證無生法忍,並由存志所能知之②。明知有志者,万行俱備;明知無志者,一行不成。何以故?我於往昔曾共八万四千徒衆校量存志功德,於此万行門中無過第一。甚難!甚難!希有之事。何以故?譬如有人造純銅像,數有万万,皆象人形,受持供養,此者爲難不?此者亦未爲難。何者爲難?若有善男子、善女人,聞説大辯邪正甚深妙法,即生信心,此者爲難。譬如有人造純銀像,數如恒河沙,受持供養,此者爲難不?此者亦未爲難。何者爲難?若有善男子、善女人,志孝於師僧父母、盡心徹到者,此者爲難。譬如有人造純金像,數如大地草木,受持供養,此者爲難不?此者亦未爲難。何者爲難?若有善男子、善女人,能除人法二我者,此則爲難。譬如有人純用真檀香木,起大浮圖,詣至梵天,及用七寶莊嚴,受持供養,此者爲難不?此者亦未爲難。何者爲難?若有善男子、善女人,流傳此法,遞相囑付,不使間斷者,此者爲難。譬如有人造七寶精屋,遍滿閻浮,受持供養,此者爲難不?此者亦未爲難。何者爲難?若有善男子、善女人,能依本師釋迦牟尼佛教命,修習存志功德,決定至成者,此者爲難。"

爾時衆中有八万四千徒衆,聞説是事,歡喜踊躍,歎未曾有。於時同發弘誓大願,修存志功德,如説修行。

雖持十二部,不能解邪正。恒爲邪見人,非爲覺法者。

---

① 乙本至此止。

② 之,録本訛作"文",據底本及甲本改。

心口不爲惡，身亦無所犯，能持此三事，速出生死淵。

雖讀千章，不得中義，不如一句，足可得道。

但有學者，審自思量，不得虛費功程、恒居迷路。

玄奘及長年師及邪奢等於如來七寶窟中得此《如來大辨邪正甚深密藏經》一卷。

大辨邪正經。①

［净土寺藏經］。②

① “大辨邪正經”五字甲本作“大辨邪正經一卷”。

② “净土寺藏經”五字録本脱，據底本補。

No. 2894 佛説三厨經

西國婆羅門達多羅及闍那崛多等奉詔譯

[題解]

中國人所撰佛教典籍，又名《三停五厨經》、《三亭厨經》、《停厨經》，一卷。經文謂佛臨涅槃説此三厨法："第一慈悲自覺自然厨，第二辟支四果聲聞無思厨，第三非有無非神自然厨。此三厨法若能誦之，令人不飢，湛然長生。"敦煌卷子及日本古寫經中存有全本，計 8 號。據曹凌研究，分屬四個傳本係統：（一）斯 2673、斯 2680，以上 2 號可綴接成一首全尾殘的寫卷。（二）伯 3032，首尾全，首題"佛説三厨經"，無尾題。（三）日本高野山持明院寫經，首尾全，首尾皆題"佛説三亭厨經"；日本高野山金剛三昧院寫經，首尾全，首尾皆題"佛説三亭厨經"。另有日本高山寺藏古寫經 3980 號，情况不詳。（四）伯 2637b，首尾全，首題"佛説停厨經"，無尾題；伯 2703b，首尾全，首題"佛説停厨經"，無尾題。現存四種異本中，異本（一）爲 8 世紀寫本，異本（二）從内容來看晚於異本（一）而早於異本（三）、異本（四）。後兩種異本並無相互參考的痕跡，屬於兩個平行發展的文本。斯 2673 卷首云："西國婆羅門達多羅及闍那崛多等奉詔譯。"研究者認爲，此經道教氣味甚濃，或爲中國道教徒在闍那崛多口授的基礎上編撰而成，或爲唐僧道端所撰。此經是考察佛、道兩教交流的重要材料，諸異本間的内容變遞也對探討疑僞經的形成有很高的參考價值。本經最早見於《開元録》之《疑惑再詳録》。伯 2703b 號背面抄寫了歸義軍曹氏政權時的狀，因此在敦煌地區的流傳可能延續到五代中晚期。清代以前歷代大藏經未收，《大正藏》據斯 2673 及斯 2680 兩卷補接的録本收入第八十五册。牧田諦亮《疑經研究》十二據斯 2673 與斯 2680 作了整理。李小榮《敦煌僞經〈佛説三厨經〉研究》據斯 2673、斯 2680、伯 2637 對此經進行了録本（李小榮《敦煌僞經〈佛説三厨經〉研究》，《戒幢佛學》第三卷，岳麓書社，2005年）。曹凌對該經做了作了較爲詳盡的解題並據現存敦煌卷子及日本古寫經對四個異本逐一進行了録校（見方廣錩主編《藏外佛教文獻》第十四輯，第229—256頁，中國人民大學出版社2010年8月版）。今仍以《大正藏》所據卷斯2673號十斯2680號爲底本。校本：甲本，伯3032號；乙本，曹凌録校本異本一。

第一慈悲自覺自然厨，第二辟支四果聲聞無思厨，第三非有無非神自然厨。此三厨法，若能誦之，令人不飢，湛然長生。

先當仰信三寶，恭敬三寶，恒須禮拜三寶，晨夜殷勤，常念不絶，孝養師僧、父母、親族，能學六波羅蜜，不惜身命，然後得傳。

此三厨法乃是三世諸佛菩薩自然厨，常住湛然不動累劫慈悲厨。此三厨法，佛垂涅槃時，對十方一切諸佛、菩薩前八部大衆中説此過、現、未來三世諸佛常住、湛然不動、累劫慈悲天厨法。而説偈言：

"東方木偈：一氣和太和，得一道皆太；和乃元一和，玄理同玄際。"

此是長生木偈，誦九十遍。

"南方火偈：不以意思意，亦不求無思；意而不復思，是事如是持。"

此是不熱火偈，誦三十遍。

"中央土偈：諸食氣結氣，非諸久定結；氣歸諸本氣，隨聚當隨泄。"

此是中央不飢土偈，誦一百二十遍。

"西方金偈：修理志理志，積修不扶埋；志而不修志，己①業無己②智。"

此是不寒金偈，誦七十遍。

"北方水偈：莫將心緣心，還莫住絶緣；心在莫存心，真則守真淵。"

此是不渴水偈，誦五十遍。

此慈悲厨，佛垂涅槃時，對十方一切諸佛、八部大衆中説此過、現、未來三世諸佛菩薩自然三厨，常住不飢不渴、不寒不熱、不老不少。一切聖衆湛

---

① 己，録本訛作"已"，據底本改。《集諸經禮懺儀卷上·佛説三厨經》"修利至離心，積修不扶離，志如修有心，己業無己智。"[T47n1982p465c20]可助勘。

② 己，録本訛作"已"，據底本改。

然不動自然三厨。若能受持一天厨名字者,或日日誦之,不念飲食。或逕百日不食,或逕十年、百年,或千年、萬年,逕微塵劫[①]念之,常住不動,不思飲食。猶如阿彌陀佛無量壽國等,無有異也。

佛告大衆:"行此法者,唯須存心信重三寶。能入深山學道者,始可行流通此法。若生疑不信、誹謗之者,不得輒傳。恐生毁謗者墮於惡道,是故不得妄傳於世。"

誦東方九十遍,乃至北方五十遍,總成一遍。若未飽者,如上更誦,不過兩遍即飽,不飢不渴。誦偈時,皆從寅爲初始,至人定分,作四時誦之。遍數多少,如前所説。又,初欲誦時,宜合[②]口動舌,轉斷[③]默誦,有津液下,可咽之。初一日至三日時,或小便色赤,勿以爲怪。初誦至第三日,身力極弱。過此三日,即得七日温。七日已後,身力漸强。法成,不宜誦之。百日已來,每夢見得世間上味,悉飽之;亦聞天香。滿三百日,功力圓備,欲食即食,不食不飢。

佛説三厨法一卷。

其天厨名字,有本具説。此本五行偈,即是天厨名字。此法南方崛多師口决受得[④]之。

一言得之土,三言得之火,五言得之水,七言得之金,九言得之木。東方木[□][誦][⑤]九十遍,南方火誦三十遍,中央土誦一百二十遍,西方金誦七十遍,北方水誦五十遍。從九十至北方五十遍,總成一遍。若未飽者,如上更誦,不過兩遍,必飽,不或(惑)。凡誦,從壬日起首,從寅爲初,至人定分,此可爲四時。誦如上法。

又,初欲得誦,宜令翻動舌、轉斷默誦,有津液,宜咽下。如後經二、三、四日間,一度小便,勿以爲怪。今只是一切衆生皆稟陰陽氣以成身,今既納氣天厨,所以通身能爲益事故爾。

---

① "不食,或逕十年、百年,或千年、萬年,逕微塵劫"十七字乙本脱。

② 合,録本訛作"令",據底本改。

③ "轉斷"二字甲本誤作"觸齒"。按:"轉"指轉念佛經,即誦經;"轉斷"指誦經一段結束。

④ 得,乙本脱。

⑤ 誦,底本及録本無,據文意補。

初誦至第三日，力最漸弱。過此日，即得七日[□□□][温，七日][①]已來去[②]，定成不疑。百日已來，每夢見得世間上味飲食。百日以後，即夢見得天上飲食，鼻所恒聞天食香氣。三百日竟，功德圓滿，即得道果也。唯願精進，斷三毒，慈悲衆生，歸敬三寶，恒念阿彌陀佛，至一年必得見佛，决定無疑。

三藏法師口云："欲求無上菩提、專心念定者，但患食多過，障修禪定，不得道果。先依《占察經》云，懺悔罪已，須於山林静谷、閑房静室，先結跏趺，左手置右手上，合兩目，令齒上下相著。端坐調和已，初依卯、酉、子、午四時，隨方面數，攝心默誦，如在齊（臍）[③]下，不得攀緣外境，從九十遍至五十遍。如其未飽，亦不過至兩遍即飽。正誦中間，時時以舌斷穴外津液咽之，其不飢渴。一偈一偈，於外（卯）[④]、酉、子、午中間常誦之，食此三厨滿七日，即知法成。不爲不至誠者，爲有福者，爲無罪者，爲得禪定者，爲至道果者，若誦此偈三百六十遍，即不飢。"

爾時世尊即説呪曰：

"那致㲉那致沙訶，烏那致摩訶，烏那致莎訶。"

前件法受持，須著净潔衣服。在静室内，然（燃）[⑤]種種名香，供養一切賢聖。然後誦前件法二十一遍度一壽，至須殷重，七日不得與人言説，大須慎之。不得見女人、畜生等。如乾渴，得飲牛乳並棗及漿。如欲得知厨神名者，我今説之：

"南無十偈伽末四婆。南無末伽摩志那。南無支鉢羅涕死。"

平旦向於辰地，鳴天鼓二七下，食玉漿。是諸善男子、善女人欲行此三厨法者，先於齋戒，至心然（燃）無價名香，至心密念前件厨神名字，作禮懺悔，乞祐助厨禮，作四十九禮。如是已，了了别識其形名，然後誦偈。若直誦偈一百日，一百日不飢。若求出世因緣、速證四果者，要當受持厨神名字。

---

① "温七日"三字底本及録本無，據文意補。上文："過此三日，即得七日温。七日已後，身力漸强。"可助比勘。

② 乙本校："'去'，原文如此，疑衍。"

③ 齊，此乃"臍"之借字。[清]朱駿聲《説文通訓定聲·履部》："齊，叚借爲'臍'。"

④ 外，此乃"卯"之形訛。上文"初依卯、酉、子、午四時，隨方面數"，可助互勘。

⑤ 然，後作"燃"。下用同"燃"之"然"字徑括注其本字，不復校。

世人不知，以口得言神名，心便不敬。若心慢上法，法不成，終無盡也。

四戊四己腸堅塞，四壬四癸不用食，六甲六丁太倉盈，五庚五辛五藏貞。①

仙人玉女事我神，天官行厨供養身，使我顔色常充悦，延年益壽數萬年。

佛説請三厨②食陀羅尼神呪：

"南無曷羅怛那，怛囉夜哪，豆留，豆留摩訶豆留，唵，急速訶尼攝，唵，急速訶尼攝。"

此陀羅尼别行法中行。至空閑無人之處，於平旦時，净水洗鉢，楊柳枝拂其鉢中，取净草一把，以净巾敷在草上。合其鉢盂，面向東[方]③，結跏趺坐，閉目，舌柱上齶，默誦上件呪一百八遍。開目視之，其食即至，恣意食之。如有餘食，誦前呪七遍，亦閉目，心思念云："餘食至本方所即去。"

佛説三厨經一卷。

助三厨　谷家法。

其後法别就一婆羅門得，將助三厨大要。

觀音受(授)④我法，仙人賜我糧。事隨五方色，青黑赤白黄。

和合得□(同)⑤餌，諸塵以自防。

即説呪曰：

"南無佛嗦，南無法嗦，南無僧嗦，南無娑利[婆]⑥莎嗦，莎訶。"(誦五十遍)

"如見如如，不如如見。有非空有，非自有，非他有。莎訶。"

此呪恐有惡魔來惱人，爲作障難。(誦五十遍。)

---

① 下文斯 2673 卷缺。録本補接部分所據本爲斯 2680 號《佛説三厨一卷》，僅一頁，當爲斯 2673 號《佛説三厨經》後之被割裂部分。

② "三厨"二字録本訛倒作"厨三"，據底本改。

③ 方，録本脱，據底本補。

④ 受，此乃"授"之古字。《説文·𠬪部》："受，相付也。"林義廣《文源》："授、受二字，古皆作'受'。"

⑤ 乙本校："'同'，底本此處空一字，據異本二補。"兹從之。

⑥ 婆，録本脱，據底本補。

No. 2895 佛説要行捨身經

[題解]

中國人假託佛説所撰經典，又名《佛説要行捨身功德經》、《捨身經》、《要行捨身經》、《佛説菩薩要行捨身經》、《諸佛要行捨身功德經》。《敦煌遺書總目索引新編》考定撰人爲姜静，一卷。敦煌文獻中有斯 0343v2、斯 0343v4、斯 1060a、斯 2044a、斯 2110b、斯 2624、斯 2926vb、斯 3203、斯 4318a、斯 5885、斯 6577a、斯 11941(未見底本，情况不詳，據曹凌《中國佛教疑僞經綜録》收録)，伯 2228，北敦 1369(張 69，北 8296)、北敦 2621(律 21，北 8294)、北敦 3874v1(金 74，北 6666)、北敦 5759a(奈 59，北 0076)、北敦 7326(鳥 26，北 8295)、北敦 8510(推 10，北 8663)、北敦 9150(陶 71)、北敦 9232—2(唐 53)、北敦 9845(朝 66)、北敦 11841(臨 1970)、北敦 14535(新 735)，俄 Дx. 2499、俄 Дx. 4289、俄 Дx. 4783、俄 Дx. 5254、俄 Дx. 7267、俄 Дx. 11238、俄 Дx. 11584，另有龍谷大學圖書館藏有一件，羽 222、羽 229、羽 282、羽 483，計 36 號。上列 36 號敦煌寫卷中，斯 2926vb 號、斯 6577a 號、伯 2228 號、北敦 2621 號、龍谷大學圖書館藏本、羽 282 號、羽 483 號等七件品相完好，其餘諸卷均有不同程度的殘缺。據張小豔研究，其中北敦 11841 號＋斯 4318a 號、俄 Дx. 2499 號＋北敦 14535 號、北敦 9845 號＋俄 Дx. 4289 號、俄 Дx. 7267 號＋俄 Дx. 4783 號内容均前後相續，可以綴接(張小豔《敦煌疑僞經四種殘卷綴合研究》，《敦煌研究》2016 年第 1 期)。經文主要宣傳能捨身者，可滅一切罪，未來當獲正等菩提。開頭寫佛欣然而笑，迦葉波問佛笑因緣，佛由此爲其説“捨身法”的功德，並説明捨身的具體方法，並特别説明，凡幫助行者捨身的人，也能獲得相同功德。在對捨身的行爲進行了説明之後，經文簡單敘述了一個在燃燈佛時的本生故事。經文同時提及了捨身的功德能够抵消死者在生前的罪孽。此經首見於《開元録》，其後《貞元録》承襲登録。《開元録》卷一八云："三紙餘，後有捨身願文，共有五紙。"又云："右一經，不知何人所造，邪黨盛行，經初題云：'三藏法師玄奘譯。'按法師所譯，無有此經，僞謬之情，昭然可見。"斯 2624 號尾有題記："清信弟子史苟仁爲七世父母、所生父母、前死後亡寫，開元十七年六月十五日記。"説明此經至遲在開元十七年已在敦煌地區流通。此經對中國佛教史上曾出現的自殘身體以供佛的風氣有一定的影響。該經後來在中土失傳，自二十世紀初由藏經洞面世以來，先後引起中外學者不同程度的關注和研究。1932 年 2 月，東京大藏出版社所出版的《大正藏》之第八十五卷，即以龍谷大學藏敦煌本爲底本、斯 2044 號爲甲本收録此經。1963 年，日本學者牧田諦亮發表《敦煌出土〈要行捨身經〉》一文，並在文後附有依據斯 6577a 爲底本、參酌諸本的該經的録本。此後臺灣學者王文顔、劉淑芬、劉滌凡，大陸學者宗舜法師、方廣錩、曹凌、張小豔等均從不同的角度對該經進行過研究。于淑健的《敦煌僞經〈佛説要行捨身經〉考略——兼及與三階教的關聯》一文在前人研究的基礎上，通過對目前所存與該經相關敦煌文獻的調查，對其産生與三階教的關聯、所附願文的性質、在中原及敦煌地區的流布情況作了進一步的探討（載於《宗教學研究》2015 年第 1 期）。今仍以《大正藏》所據卷龍谷大學藏敦煌本爲底本，斯 2044 號爲甲本。新增參校乙本：2110b 號。

如是我聞：一時佛在□□□□□□□（王舍城靈鷲山，與）①大苾芻衆千二百五□□□□□□□□□（十人俱，皆是大阿羅）②漢，大迦葉波而爲□□□□□□□（上首；並諸獨覺）③一千人俱，飛騰辟支而爲上首；諸大菩薩八千人俱，地藏菩薩而爲上首。大梵天王，釋提桓因四天大王，龍神八部，諸苾芻，苾芻尼，烏波索迦，烏波斯加。

爾時世尊於此衆中欣然而笑④，放大光明，照屍陀林及此大會。未久之間，其光還復，從口而入。端身而坐，正念不動。

---

① "王舍城靈鷲山與"七字底本殘，録本作缺文，據乙本補。

② "十人俱皆是大阿羅"八字底本殘，録本作缺文，據乙本補。

③ "上首並諸獨覺"六字底本殘，録本作缺文，據乙本補。

④ 笑，底本及録本作"矣"，當爲"笑"之形訛。今據乙本改。

爾時迦葉波即從座起，偏露右肩，遶三匝，即於佛前右膝著地，而白佛言："世尊！如來何故於此衆中欣然而笑，放大光明照屍陀林及此大會，未久之間，其光還復從口而入，端身而座，正念不動？唯願如來説其意志。"

佛言："善哉！善哉！善男子！汝當諦聽，善思念之。吾當爲汝説其要法。我以佛眼觀此林中捨身行者，未來當獲正等菩提。若有有情能發勝上捨身之意，心生平等，無有愛憎，不生慳悋；若能一發是心，雖未捨身，是人已過二乘之行百千萬倍，即共諸菩薩等一切同志；况捨身命，普及有情？如是功德，我若具説，不可窮盡。"

迦葉波白佛言："世尊！如來所言在屍陀林普及一切有情。是義不然，不名爲'普'。若是普者，水性有情，即無有分。唯願如來示我'普'義。"

佛言："善男子！我正許説，汝方即問。若有有情能施身分，分爲二分，一分水中，一分陸地。是人命欲終時，囑善知識同志願者，分割其身，以爲二分。是分身者所得功德，與捨身人功德無二。我念過去燃燈佛時，在舍衛國修菩提行，願捨身命、皮肉、筋骨，心心相續。彌勒於時爲我善友。我命既盡，即分二分，安置如法。慈氏合[①]掌即發願言：'以此微供，普及有情。水陸空行，一切都食。'緣是功德，無始已來，恒相值遇，共爲眷屬。次復作佛，即其人也。我因捨身，發大誓言。若有有情，飢食我肉，渴飲我血。既飲噉已，願令一切有情因食我肉發菩提心，離飢渴苦，未來當得法喜等食，資自性身。飲我血者，離諸愛渴，當獲法水，灌注心源，愛法王[②]資變化身。以是義故，疾得無上正等菩提。又，迦葉波我於因地初發心時，三度死捨，正第四生，即能生捨，不[□][生][③]貪愛。於空王佛時，以悟空理，即薩埵王子施身餓虎，飼於七子；亦作月光大王，廣惠千首；亦爲達拏太子，[□][布][④]施妻子[⑤]；亦爲慈力悲王，施軀於五夜叉，爲求法故，於雪山邊求半句偈，以施其身，餧其羅剎。我若廣説無始已來生捨身命，於百千劫不可説盡。何以故？都由因地

① 以上甲本缺。

② 王，甲、乙二本作"位"。

③ 生，底本及録本無，結合文意，據甲、乙二本補。

④ 布，底本及録本無，結合文意，據甲、乙二本補。

⑤ "妻"字下乙本殘。子，甲本作"兒"。

初發心時死捨身故。”

迦葉放(波)[①]白佛言:“世尊!如是等人但行捨身,功德無量。不審未施已前多生造罪先世惡業,捨身福報得滅以不?”

佛言:“善男子!若有有情多生殺害一切有情,遍娑婆界四重五逆,謗《方等經》,乃至食噉有情血肉,如是等罪,無量無邊。若有有情能施身分,普濟有情,除飢渴苦,如上之罪悉皆消滅,從無始已來所有殃咎速滅無餘。緣捨身故,即是大懺悔,悉(志)[②]誠慚愧。十方[□□][三世][③]一切諸佛皆共稱嘆。善男子!假使有人從無始已來作業,偷僧祇物,常住僧物,見前僧物,不净說法,大斗重秤,如是等罪,應入奈落迦傍生餓鬼,百千劫中不得解脱。恐獲來苦,即請召集娑訶世界三明六通具八解脱大阿羅漢,若凡、若聖,一切僧尼聚在一處,欲滅其罪,亦不可滅。何以[□][故][④]?即有百千殑伽娑訶世界一切衆僧清净衆海即不來集。以是因緣,罪難除滅。是故稱云:‘常住僧物,普通法界上至諸佛、下至沙彌[⑤]悉皆有分,不如有人於一切生處願捨此身皮肉筋骨、心心相續。如上之罪,悉皆消滅;天曹地府,所有薄籍自然除滅。’以是因緣,我見是利,故勸諸有情當施身分,必定獲得無上等覺。”

爾時世尊告彌勒菩薩言:“慈氏如是輩經,汝等護持,於贍部洲廣宣流布,無令斷絶。”

爾時彌勒菩薩白佛言:“世尊!如來滅後,惡世之中,若善男子、善女人發勇猛心,以身布施,一切有情爲檀波羅蜜故,如是等人,我於龍花初首,皆令得度。唯願佛日[⑥]更不有慮。”

大梵天王、釋提桓因四天大王、龍神八部、諸苾芻、苾芻尼、烏波索迦、烏波斯迦白佛言:“世尊!如此人輩,我等從今爲作衛護,不令有人作於留難。

---

① 放,此當爲“波”字之訛。甲本即作“波”。

② 悉,甲本作“志”。結合文意,當以“志”義長。

③ “三世”二字底本及録本無,結合文意,據甲本補。

④ 故,底本及録本無,結合文意,據甲本補。

⑤ “下至沙彌”四字底本及録本作“下沙至彌”,今據文意改。又,“至”字甲本作格“及”。

⑥ 日,底本及録本訛作“曰”,結合文意,據甲本改。

所以者何？如此人輩必定獲得無等正覺。”

爾時慶喜白佛言：“世尊！當何名之？”

佛告慶喜：“此經名‘諸佛要行捨身功德經’。”

爾時一切天人、阿素洛[□][等][1]，聞佛所説，信受奉行。

佛説要行捨身經。

捨身願文[2]

十方三世一切諸佛當證知：弟子某甲等從無始已來，及以今生，盡未來際，恒以内財外財生施死施。弟子某甲今生既盡，又復分段之身，血、肉、皮、骨、頭、目、髓、腦及以手足施與一切飢餓衆生，以償宿債，仰效菩薩苦行之蹤，捨身血肉至屍陀林。所捨身善根，以集、當集、現集一切善根，以此善願，共一切衆生生生之處，於身、命、財不生貪著，捨邪歸正，發菩提心，永除三障，永離貧窮，常見一切諸佛菩薩。

① 等，底本及録本無，結合文意，據甲本補。

② 《大正藏》録本出校：“底本無此願文，據甲本載之。”

No. 2896 示所犯者瑜伽法鏡經

[題解]

唐三階教僧人師利假託佛説所撰經典，又名《瑜伽法鏡經》。《開元録》《貞元録》均將此經收入僞經録。此經在敦煌文獻及吐魯番文書中存有殘本，共5號：斯2423，首殘尾全，尾題"佛説示所犯瑜伽法鏡經一卷"，並有題記；俄Дx.8366，殘片；俄Дx.16851，殘片；出口氏藏吐魯番文書233，殘片，首題"瑜伽法鏡經佛臨涅槃爲阿難説法住滅品第一"。以上爲有殘缺者，共4號。另有德國國家圖書館藏吐魯番文書Ch/U6981，殘片。或題作"室利末多翻譯"，或題作"菩提流志共寶思維譯"，二卷，或一卷。經文可分爲四部分：第一部分謂"佛臨涅槃爲阿難説法住滅品"，該品取自玄奘《佛臨涅槃記法住滅經》，改换增减，置於卷首。第二部分即《像法决疑經》。第三部分是《地藏菩薩讚歎法身觀行品》。第四部分是《常施菩薩所問品》。卷首序文謂係景龍元年(707)由菩提流志與寶思惟等人譯出。然智昇曾親自詢問菩提流志，流志回答："不曾翻譯此經。"故智昇辨此經爲師利僞造。據日僧安然所著《諸阿闍梨真言密教部類總録》卷上所載，日本入唐僧人宗睿求得《瑜伽法鏡經》二卷。宗睿在唐時間爲公元862—865年，則此經此時尚在中國流通，並曾傳到日本。清代以前歷代大藏經未收。斯2423號所存僅第三部分之後部及第四部分，《大正藏》據此卷收入第八十五册。今校本仍以《大正藏》所據卷斯2423號爲底本。

"□□□□□□□，□住智慧大□□，□□□□□在情，喻如意珠無價寶。

一切諸法禪觀中，是大相應觀行主，若得最勝相應法，於瑜伽中無與等。

或現梵釋四天王，或作外道大仙衆，或復變化作佛身，普遍法界能出現。

或現八臂菩薩等，或現三目光焰盛，彼得瑜伽自在者，能作世間種種身。

能擐慈悲大甲胄，執持歡喜以爲弓，巧射智慧善法箭，破彼無明微細中。

具大勢力能速疾，執持智慧堅鐵杵，摧彼無明煩惱礦，普遍碎盡無有餘。

一切力士中最尊，復執金剛火焰杵，爲欲調伏衆生故，即現金剛可畏身。

或復現作真金色，光明衆寶自莊嚴，爲救貧窮衆生故，即現轉輪聖王身。

若行微妙衆善業，能受種種勝樂果；若能如法教訓人，於彼平等無異見。

於彼飢渴熱惱者，爲作種種美飲食；若在疾病苦惱中，現作醫[①]王能救療。

於彼盲冥無智者，爲作清浄智慧眼，能行百億佛刹中，慈心調伏衆生故。

不患劬勞辭疲倦，久習慈悲以爲體，一切神足自在力，證得瑜伽登彼岸。

不顧好惡慈悲時，一切時中常能度，諂曲鬭諍最惡處，終不暫時起捨心。

容儀皎[②]然如日月，光明隨念應時發，迅疾速現如電光，照彼俱胝諸佛刹。

調伏無量衆生類，平等一時使清浄，普能變化諸佛身，一念之間悉皆現。

三界深廣如大海，普遍澇漉[③]諸有情，巧能張彼善法網，將入調伏佛法城。

由彼調伏網力故，遍能救漉諸衆生，隨所救接得濟者，安置法岸無暫停。

已度有情一切衆，猶如大海水中沙，出已即便示正道，佛法中勝勿須疑。

佛能執彼法鈴鐸，遍令一切普知聞，以彼振鈴傳法力，煩惱如海咸銷盡。

---

① 醫，底本作“毉”，乃“醫”字之俗體。《五經文字》卷上酉部：“醫，從巫俗。”慧琳《一切經音義》卷第一《大般若經》第四十九卷音義謂“醫”字“經文作毉，俗用，亦通”[T54n2128p317b10]。張涌泉認爲，醫之先爲巫，巫亦即醫，故“醫”字或從“巫”作“毉”。下文：“我於毘奈耶中，爲病苾芻，順世間醫，須食三種清浄肉者，是何等肉？”“或占相男女種種吉凶，或作醫師，或行呪術，並結呪索。”二句中“醫”底本均作“毉”，不復注。

② 皎，與“皎”同。《集韵·筱韵》：“皎，或從日。”

③ 結合文意，此處“澇”當爲涉下“漉”字偏旁類化而成的“撈”之俗字。《般若燈論釋》卷第十一《觀法品》第十八：“諸佛大悲，張大教網，撈漉天人。”[T30n1566p109a7]中“撈”字宫本即作“澇”。“撈漉”原指水中探物，此泛指救取。

譬如日光明相現，黑暗障目並蠲除，令彼愚癡無智人，煩惱銷[1]滅慧光净。

無明煩惱弊其目，一切雜染並隨行，爲欲利益衆生故，次第咸令獲清净。

隨諸衆生示神變，猶如明月水中現，邪智生盲惡衆生，佛對面前而不現。

譬如餓鬼臨大海，盡見海水皆枯竭，如是薄德惡衆生，口常説言無有佛。

此等薄德有情類，諸佛如來不能救，譬如生盲無目人，明珠對前而不見，

誰能有力令觀彼，無垢清净妙法身？譬如百億日光明，焰網相覆莫能見。

喻如少福諸天子，下界凡人猶不見，何況自在大天身，豈諸凡愚而得見？

於彼自在天色像，五通仙人尚不見，何况非天八部神，及惡衆生而能見？

要由承佛神力故，能與一切衆生樂，瑜伽觀者净其心，彼人聰惠（慧）即能見。

若有福德衆生者，常感諸佛在其前，圓光圍繞共莊嚴，復具三十二相好。

若知如是大精進，能見智惠（慧）深廣海，此等衆生當不久，功德廣大亦如海。

若能聽此妙伽他，自身修行及得見，捨命生大蓮華中，諸佛説法而能聽。”

爾時地藏菩薩摩訶薩説此頌已，頂禮佛足，還復本坐。

爾時世尊告地藏菩薩摩訶薩言：“善哉！善哉！善男子！汝能善説是妙伽他。若有人能受持、讀誦、繫念、思惟，是人即得一功諸佛無等法藏，亦得不忘諸佛智慧如來祕密藏，故不久於三界中即得解脱。既自解脱，亦令一切衆生而得解脱，能令聽者依我教行。”

説此語時，無量天人入一乘道，復有無量他方菩薩證得究竟不退轉位。

瑜伽法鏡經常施菩薩所問品第三

爾時衆中有一菩薩，名曰“常施”，承佛神力，從座而起，偏袒一肩，右膝著地，合掌向佛，而白佛言：“今有少疑，敢欲諮問。慮誠煩擾，恐傷聖心，唯

① 銷，録本誤作“鎖”，據底本改。

願世尊不[以][①]爲咎。"

爾時世尊告常施菩薩:"如來已度世間八法,恣汝所問,何須疑也。"

爾時常施菩薩白佛言:"世尊!如來入涅槃已,千五百年後,一切下劣諸有情等不復覩見如來變化色身,不聞真法義味。正法滅時,像法盡時,衆生惡心、惡意熾盛,無真實時。彼時衆生,若爲調伏?爲説何法?云何而住?云何修行?作何福業,最爲殊勝,免墮惡趣?唯願世尊哀愍解説。"

爾時世尊告常施菩薩言:"苦哉!苦哉!未來衆生,無少慈悲,數造惡業。何以故?當爾之時,一切衆生愚暗力故,不知己益,作福彌積,如妙高山,獲報甚少。善男子!未來世中,一切苾芻及苾芻尼、鄔波索迦、鄔波斯迦、國王、王子、大臣、官長、婆羅門、長者筏舍、戍[②]達羅等於我教法律儀之中無尊重心,於三寶所無恭敬心,無真法義少分,亦無由此所作一切衆善,一心求名、求利、求勝他故,無有一念作出世心。復次,善男子!未來世中,像法之時,無量惡事,作惡轉盛。云何惡事?何者是也?一切道俗,不識法軌,不依法行。一切俗人,無有方便。俗人設會求福之時,請唤苾芻及苾芻尼,恐來多故,起慳惜心,即便遣人,防門守户,不相識者,莫令放入;貧窮乞人、老病之者,亦不聽入。如此設會,徒喪[③]飲食,了無善分,復招罪業,由不平等施故。復有衆生一心爲自利故,希求福德,不爲利他,不取他教,見他修福,不能隨喜,助其少分。善男子!汝應當知如此衆生無有少福。復次,善男子!未來世時,復有諸衆生等見他舊時破塔、破寺、破經、破像,零落毀壞,無心修理,有人勸修,而作是言:'非我先宗眷屬所造,何用修爲?我寧更自造立新者,何假修故?'善男子!汝應知之,修理故者,得無造新根本功德,更得勝福。由此造立新者,不如修故之福無量無邊。復有衆生見他多人聚集一處作諸福業,及各隨力分而行布施,見他施已[④],嫉妬我慢,爲名聞故,傾自家中

① 以,録本脱,據底本補。

② 戍,録本誤作"式",據底本改。慧琳《一切經音義》卷第二《大般若波羅蜜多經》第一百五卷音義:"戍達羅:梵語也。古云'首陀羅',或云'首陀',即是農夫耕墾之儔也。"[T54n2128p321b20]

③ "喪"前録本衍一"衆"字,據底本删。

④ 已,録本誤作"己",據底本改。

所有財物，總用布施。如是之人，得福甚少。何以故？爲心姤故，無慈悲故。及見貧窮孤獨困厄乞人，見已，罵辱推擯驅逐，令出門外，不與一物。如是衆生，名爲‘顛倒作福’，名爲‘癡狂修福’，亦名‘不正作福’。如是善業，流轉諸有。彼諸人等於飢貧人上須起慈悲，縱多財物、金銀嚴具、衣服飲食、床卧敷具，如是等施，不惠[①]貧乏[②]，用財甚多，獲福甚少。汝應知之。復次，善男子！我於一時處處經中，爲衆説法。若有衆生，無巧方便，無慈悲者，種種布施，於阿僧祇劫中十方佛所及諸菩薩聲聞緣覺乃至己身，以用布施。爲供養故，彼人功德，寧爲多不？”

“甚多，世尊！”

佛告常施：“若有一人有慈悲者尊重之心，及有方便布施畜生一摶之食，此人功德勝前功德百千萬倍，無數無邊。何以故？以慈悲心愛樂布施，得大果故。以彼難得食故，無所希望故。復次，善男子！我於處處經中説布施者，爲令在家、出家人修慈悲心，布施貧窮孤老、惡疾重病、苦惱困厄乃至狗等，常行施[與][③]。於未來世，我諸弟子，不解我意，專施敬田，不施悲田。敬田者，名爲‘三寶’；悲田者，名爲‘貧窮孤老’乃至‘蟻子’。何以故？於未來世，此二種田，悲田最勝。復次，善男子！若有富貴之人，多饒財物，獨行布施，從年十二，至於百歲，爲求名聞，供養三寶；我説此人，功德甚少。不如復有多人同心，不問貧富貴賤、在家出家，共相勸化，若多若少，各隨力分，捨少財物，聚集一處，相續不絶，布施一切貧窮孤老，惡疾重病，困厄悲田；我説此人，福德最大。假使不施，念念之中，施功常生，無有窮盡。若有信心，隨喜之者，其所獲福，亦復如是。獨行布施，其福甚少。復次，善男子！未來世中，我諸弟子，樂好衣服，樂好飲食，樂求利養，爲癡愛所覆故，慳貪嫉姤，廣大積聚種種財物；於悲田中，了無施心，不修慈悲，專行恚怒；見他作福，詳共譏嫌，咸言此人邪命謟曲、求覓名利；若見貧窮乞者，輕賤毁弄；見人施與，復輕笑之，説其過惡，共讚毁言：‘出家之人，何用布施？佛如是説：出家苾芻，

① 惠，録本誤作“患”，據底本改。

② 乏，録本誤作“之”，據底本改。

③ 與，録本脱，據底本補。

合行二行：一者誦習，二者禪定及學多聞智慧。何用布施紛擾之事？’善男子！若於衆生無慈愍心，即去佛道甚懸遠也。是故，善男子！汝應當知，如是之人是魔眷屬。若有作善修福德者，若道若俗，説其過惡。如是等人，命終之後，墮大地獄，壽命長遠，地獄受苦。經歷多劫，從地獄死，墮餓鬼中，頭如太山，咽如針孔，腹如大海。經十二年，不聞水名，何况得見？受大飢餓，從餓鬼出，於五百世，墮畜生中。從畜生出，五百世中，生貧賤家，常受苦惱，無有一念適意之時。何以故？見他施時，不隨喜故，求他過故。復次，善男子！我於過去無量劫中，我爲貧窮受苦諸衆生故，遞相勸化，積物一處，以用布施。由此緣故，速得成佛。及十方世界、現在諸佛，亦從布施而得成佛。我於一切經中説諸波羅蜜，皆從布施，以爲初首。善男子！譬如一人雙足俱折，意欲遠涉，詣於寶所。此人能遠逝不？所求得不？”

“不也，世尊。何以故？爲無足故。”

世尊告曰：“彼人亦爾。於五波羅蜜中求覓成熟，乃至經於殑伽沙劫中不行布施，終不能到涅槃彼岸。何以故？若不布施，則無有戒；若無有戒，則無悲心；若無悲心，則無慈心；若無慈心，則不能忍；若無忍辱，則無精進；若無精進，則無禪定；若無禪定，則無智慧；無智慧故，常爲無量客塵煩惱之所得便。善男子！爲斯義故，此檀波羅蜜布施法門三世諸佛所共敬重；復化衆生，令於檀波羅蜜尊重布施。是故四攝法中，財攝最勝。善男子！我或一時讚歎持戒，我或一時讚歎忍辱，我或一時讚歎精進，我或一時讚歎禪定，我或一時讚歎智慧，我或一時讚歎頭陀，我或一時讚歎少欲知足，或復一時讚歎聲聞，或復一時讚歎獨覺，或復一時讚歎菩薩。如是種種，隨機不同。善男子！未來世中，多有罪業。苾芻不解我意，各執所見，遞相是非，不行我法。爲此義故，令我教法顛倒錯亂。實是佛法，説爲非法；實非佛法，説是佛法。作是説故，我此真法，便被破滅，但有少分相似法在。彼惡苾芻作如是説，像法亦滅。像法滅已，教法都盡。善男子！如是苾芻，不能解我甚深之義，亦不解我方便智慧。然不知時，昇師子座，自失威儀，爲他説法，隨文取義，不取真旨，違背實相。常自讚言：'我今所説，與佛無異。其餘法師，不閑(嫻)[①]法義。'誑惑道俗，自見己長。於大衆中，爲名利故，常讚己德。善男子！如是苾芻作是語者，墮大地獄，具受諸苦；從地獄出，輪轉生死。復次，善男子！諸惡苾芻，見他坐禪而起輕嫌，詳共譏論：'此人愚癡，何所修學？但唯慵嬾，有何禪定？詐現禪相，誑或(惑)[②]他人。不聽經論，無所知解，豈能坐禪？'善男子！如是之人作是語者，多劫受苦，無有出期。復次，善男子！如是諸惡苾芻，爲名利故，遞相是非，滅我真實法律，不依師學，自心坐禪，自執己見，以非爲是，不能分别是邪是正，向諸道俗常作是言：'我解禪法。''我能知實。''我能見是。'善男子！如是之人，滅我法眼，自墮地獄。復次，善男子！我諸惡弟子，自言'我解經律'，彼實不解。自身破戒，不能會解我真實義，作如是言：'世尊所説毘奈耶中，聽許食肉。'善男子！我若解説食肉之過，一切聲聞緣覺、初地菩薩，心皆迷悶，無所了知，情懷憂苦。善男子！如是等人，虚妄謗我。善男子！毘奈耶中，爲病患人，聽食三種清净肉者，皆是不可思議。汝應知之，善男子！吾從成佛已來，乃至今日，我聲聞弟子處處受肉食者，凡夫衆生見彼食已，作是念言：'實見食肉。'不知我有善巧方便，顛倒妄説，獲大重罪。復有衆生，見諸病患苾芻食肉之時，深入無量智慧法門。復有無量見者，斷下煩惱，斷上煩惱，斷中煩惱。復有苾芻，度脱衆生，出離生死，入如來道，得達彼岸。何以故？善男子！此是如來教化説法，不可思議，爲欲調伏一切衆生故。汝應知之，我聲聞弟子未曾食噉衆生肉也，况諸菩薩？我於毘奈耶中爲病苾芻順世間醫須食三種清净肉者，是何等肉？善男子！當知彼肉不從四大而生，不從胎生，不從卵生，不從濕生，不從化生，不與識合，不與命合，非實非虚。當知世間都無此肉，是我方便，作如是説。不解我意，自損己身。復次，善男子！未來世中，諸惡苾芻於國國、城城、村村、寺寺，處處講説經、律、論等，隨文取義，不達如來深密要義。善男子！我出於世爲大衆説食衆生肉，無有是處。若食肉者，無有慈悲。無慈悲者，非我

① 閑，此爲"嫻"之借字。清朱駿聲《説文通訓定聲·乾部》："閑，叚借爲嫻。"《史記·屈原賈生列傳》："博聞强志，明於治亂，嫻於辭令。""嫻"者，熟習也。

② 或，後作"惑"。

弟子，我非彼師。何以故？此大衆中，各有異性，各有異見，何况未來世者？善男子！今此衆中，或見如來住世一劫，或見如來入般涅槃，或有衆[①]生都不見我，或見我身，或不見我身，或見我身倍長三人，或見如來光明之身，或見大身，或見化身，或見報身，坐蓮華藏師子之座，菩薩圍繞，住於無量世界海中，隨大衆心而爲説法。或有見我法身同於虚空，無有色像，周遍法界，清净無礙。或有見我住娑羅雙樹間。或不見者。或見此地土沙礫石，惑（或）見此地種種樹林、土石、墻壁周匝圍繞，或見此地及墻壁等俱是七寶，或見四寶莊嚴，或見衆寶莊嚴，或見如來過去、未來、現在起行遊化之處。見如是等不可思議希有之事。何以故？一切衆生，業行不同，是故所見各異。善男子！如來終無異相，應如是知。復次，善男子！諸佛出世，令使一切依法行人皆悉遠離染著世間，亦復不離世間，顯示實相清净法界。以妙梵音，説清净法；以種種方便，攝諸衆生。若有不解，依我法者，不得攝受，不得利益。所以者何？爲一切衆生業行意樂各各不同。爲斯義故，於一切法中，所解各異。一切聲聞、緣覺以自力故，不測佛意，何况未來愚癡等輩？善男子！如是如來佛之威力，不可思議，應如是知。復次，善男子！像法時中，多有諸惡苾芻，不能解我善巧方便祕密之義。以彼愚癡，自在説法，隨文取義，不得深意。又亦不求祕密之義，而自稱言：‘我解佛之所説甚深之義，我亦能説甚深之義。’當知此人是三世諸佛怨家，滅我法眼；像法、正法，亦能滅盡。善男子！諸佛所説，有二種法：一是世諦，二是真諦。所聞法者，亦如是聽，亦如是修。若不解者，遠離真實，唯有像法。當爾之時，多有樂行惡行苾芻，不會真理，不信我之所説教法，執云‘非佛所説’。如是等人，爲邪見故，墮大地獄，多劫受苦。復次，善男子！未來世中，多有諸惡苾芻，自讚毁他，常作是言：‘我是法師。’‘我是律師。’‘我是頭陀。’此三種人，爲自讚故，能滅我法，更非餘人。善男子！我之教法，一切外道，而不能滅；魔王眷屬，亦不能滅。此三種人，以愚癡故，尚滅像法，何况正法？如是等人，增上慢故，顛倒説法，是律非律，錯教坐禪，以自高故，毁辱我法。如是等人，捨命之後，速疾墮於阿鼻地獄；譬如高山頂上射箭而下，如是等人，亦復如是，經歷多劫，受大苦惱。”

---

① 衆，録本誤作“或”，據底本改。

爾時常施菩薩白佛言:“世尊！如是等人,受地獄苦。罪惡衆生,何時得出?”

佛告常施菩薩言:“善男子！汝應當知,我説此罪惡衆生,於地獄中,多時受苦,餘業不盡,難有出期。復次,善男子！我滅度已,一千五百年後,我教法中,惡法漸興,非法羯磨出現於世。實非沙門,自稱沙門。實非梵行,自稱梵行。破戒苾芻,遍贍部洲,處處充滿,爲利養故,不修道德,棄捨我教,愛樂非法,多畜八種不净之物;自具十惡,不行十善;捨離律儀,未滿十夏,畜二沙彌,以承事己;與他小僧樂作依止,樂度俗人出家,將爲弟子,樂作和上及阿闍梨耶,樂與他人受其大戒;以自高故,令諸道俗輕賤我法,不生敬重。如是苾芻,墮諸惡趣。復次,善男子！未來世中,多諸道俗造諸寺舍、佛堂、塔廟,衢路道邊,處處充滿。及佛形像,或在山林曠野,或在道邊,或在巷路,多人闠閙,臭穢惡處,破落毁壞,無有一人發心修理。設有見者,便自念言:‘修他故者,不及造新。’爲名利故,遂造新寺及以塔廟。雖造塔寺,不生敬重。請僧在寺,不與飲食、衣服、卧具、湯藥,反更於中借取乞貸,飡噉僧食,及借床敷、氈褥、奴婢、畜生、車乘、莊田及諸珍寶、金銀等物。借貸不得,即便驅逐。如是檀越,墮三惡趣,經歷多時,受諸苦惱。善男子！未來世中,多諸官長,上、中、下類。如是官人,不信罪福,取諸四方僧物。如是等人,皆墮惡道。善男子！自今以後,不應取三寶財物、驅使三寶奴婢畜生、抑逼差科,乃至不應生一念之心,何况撾村(打)[①]、驅使奴婢?更從索物,下至索一斗、半斗。如其不與,反[②]被嗔責。起是惡心,皆墮惡道。復次,善男子！一切國王、王子、大臣、長者、居士、婆羅門等,教汝行法。若見衆僧,莫問多少,勿簡持戒、破戒及與大小,應生敬重,不得輕慢。若欲供養,隨其力分。若能家内清净設供、備辦飲食及净坐處,别有客僧入會,不禁門户,其心歡喜。若能如是普供養者,其福無量。若有俗人三業麁獷,打罵衆僧,惡心繫念,如是之

① 撾,《大正藏》本誤作“檛”,據底本改。又,敦煌寫本中“木”旁“扌”旁常混,“村”當爲“打”之换旁俗體。慧琳《一切經音義》卷第十六《大方廣三戒經》卷中音義:“撾打:上竹瓜反,《説文》:‘撾,捶也,打也,從木過’;下得冷反,《説文》:‘擊也,掊也,從手,丁聲。’”[T54n2128p404a15]

② 反,録本誤作“及”,據底本改。

人,墮諸惡道。若能三業調柔,如法供養,即生善道。復次,善男子!當爾之時,一切道俗若有欲作大福業者,宜並齊心,爲一切衆生聚集施物,無礙施與一切老病、貧窮、悲田乞人。如是布施雖少,功德甚多。復次,善男子!應修破寺、破塔、破像、破經,如前所説,得無量福。復次,善男子!於未來世,我法之中多有三寶被人輕賤,正以苾芻及苾芻尼不如法故。身披法服,經理俗務,市肆販賣,涉路往來。或復營農,貯積糶糴;或復使人,商賈求利;常行如是,非法活命。或作種種工巧之業,爲財利故,或作畫師,或作金師,或作木匠,或占候星宿,或作卜師,或占相男女種種吉凶,或作醫師,或行呪術並結呪索。或自歌儛(舞)[①],教他歌儛(舞);或樂群聚,競誇飲興,每常醉亂,酒酣無禮,不識尊卑,互相嘲謔;或時諂曲,爲他説法,以求人意;或時診候他脉,針炙治眼;或復坐禪,不能自正,以邪定法,占覩吉凶;或策使鬼神,説人禍福,專行此事,以求衣食;或有苾芻,託附俗官,爲動絃管,並共碁(棋)[②]博;或行媒媾,令彼歡喜;或假他勢力,侵削道俗,所得財物,分與俗官。如是苾芻尼等,專行如此非法之事,爲衣食故,以自活命,令諸俗人不生敬重。唯除菩薩利益衆生,及以憐愍此等人故。”

爾時世尊復告常施菩薩言:“善男子!未來世中,一切道俗多造惡業,造佛形像及菩薩像。或時雕刻,或復彩畫,將以販賣。一切道俗,爲功德故,買歸供養。行此事者,二俱得罪,墮於地獄,五百生中,常被他賣。何以故?爲行非法買賣像故。復次,善男子!未來世中,多有衆生,不知罪福。上祖已來,或自己身,所造佛像、經書、幡花、傘蓋賣與他人,以活妻子及邪行處用。善男子!此亦不應買賣。當爾之時,一切國王、宰相、城主、縣長、有勢力者,捉得此人,應重謫罰,驅令出國。復次,善男子!未來世中,一切道俗,造立形像,皆不具足,即便廢罷。或作半身。或手足不成。或有眼、耳、口、鼻,悉不成就,粗有影響而已。或造塔廟,不安形像。或造寺宇,亦不具足。彼若破壞,不肯修理。如此人輩,獲無量罪。復次,善男子!未來世中,諸惡苾

① 儛,録本作“舞”,據底本改。《字彙·人部》:“儛,與舞同。”下文“教他歌儛”中“儛”字録本亦作“舞”,徑改之,不復校。

② 《集韻·之韻》:“棊,或作‘碁’,通作‘棋’。”

芻，於所住寺，自共立制，若有四方客僧來住，莫令放入，令作食限，下至一日、二日；設多飲食，惜不供食。善男子！是諸苾芻，命終之後，墮於地獄餓鬼畜生。復次，善男子！未來世中，苾芻、苾芻尼及以沙彌以常住僧物如似己有，隨意取用，非時食噉，或與親友餘殘飲食，是諸苾芻及以沙彌乃至千佛出世永不聞法，常在三塗，無懺悔處。若共此人，同住居止，羯磨布薩，所作法事，悉不得成，復更得罪。復次，善男子！若有具犯四重、五逆，易救可懺；若侵損三寶乃至一豪一粟，自在取與，非時食噉，永沈苦海，終無出時，或現在世，受諸病苦。若共此人同住語論，往來狎習，日夜得罪。若不懺悔，不能永捨，彼人命終之後，墮於地獄。善男子！未來世中，多有苾芻及苾芻尼、鄔波索迦、鄔波斯迦、國王、太子、王子、大臣、官長、中宫妃后乃至家長，破戒惡行，無羞無耻，無慚無愧，不解懺悔；以是因緣，令法穢濁，當知即是三惡趣人。我以方便，令彼罪人隨所犯處，還從彼境慇重懺悔，罪得除滅，而得解脱。復次，善男子！未來世中，諸惡苾芻及苾芻尼，執著寺舍及所住處，如似俗人護己舍宅，不令他入，於我所説毘奈耶藏不能依法四月一移，戀著房舍，如毘舍遮。見餘苾芻住阿蘭若，威儀具足，衣鉢自隨，於其住處，四月一移，終不忘失。諸惡苾芻，見是事已，而便輕笑，咸作是言：'此之苾芻，志性不定，躁擾多務，失心狂亂，如顛病人，數作移動。'彼惡苾芻，自破戒行，見他行法，而生譏誚；以是因緣，獲大罪報，便墮地獄。復次，善男子！未來惡時，若苾芻、苾芻尼及諸俗人欲學大慈大悲心者，須忍受他惱、誹謗打駡。若有人能起此心者，即是我弟子，我亦是彼師。何以故？應作是念：'我過去世時，曾爲一切衆生父母、一切衆生，無始已來，亦曾與我而作父母、兄弟、姊妹、六親眷屬。'善男子！以是義故，於一切衆生，而起慈悲慇念，自觀己身，穢惡危脆，不生愛著。當爾之時，不惜身命，種種方便，救濟一切苦厄衆生。若有國主、大臣，若城邑、聚落主，若勢力長者、婆羅門等，天龍八部，宜應護持。及有苾芻，若男若女，應勸此人，不令退轉，助其勢力，莫令惡人爲作留難，不令惡人侵欺財物。如是助者，其人功德，説不可盡。善男子！當爾之時，若有施主起慈悲心，布施貧窮孤老、一切受苦衆生乃至蟻子，其人功德，無有窮盡。善男子！吾説此布施悲田所有功德，我若廣説，窮劫不盡。未來衆生，聞者歡喜，惑復迷悶。涅槃時到，爲汝略説，應如是知。"説此語已，默然而住。

爾時一切諸來大衆，聞世尊説像法時事及像法末時，又聞涅槃時到，舉體戰慄，身毛皆竪，悲啼號哭，不能自勝。

爾時世尊起大悲心，告諸大衆："止勿悲哭！世間法爾，有生必滅。一切諸法，悉皆無常，無主無我，涅槃空寂，無有過者。更莫啼泣，以法自裁。"

復告常施菩薩："且置是事。汝以何相觀如來耶？復以何相觀衆生乎？"

常施菩薩白佛言："世尊！我觀如來，亦非過去，亦非未來，亦非現在；不住此岸，不到彼岸，不住中間；非有非無，不起不滅；非色，非不色；非有爲，非無爲；非斷，非常；非有漏，非無漏；同虚空，等法性。從初成道，乃至涅槃，於其中間，不見如來説一句法，非同衆生見有出没、説法度人。如來境界，不可思議，不可以識識，不可以智知；出過三界，不離三界。衆生無能，輒惟忖之，設對目前，亦不能測。一切衆生之相，亦復如是：非有非無，非内非外，非聚非散，而常流轉，虚妄受苦；無始已來，執著我見，我見縛故，長夜受苦，無有窮盡。衆生之性，本來寂静。於未來世，一切衆生，亦皆空寂，有無俱空，如鏡中像，如水中月，如熱時炎，如健達縛城，如空中雲，如夢如①電，如幻如化，如嚮如泡。菩薩由是不捨衆生四大之相，爲若此也。執有我者，應如是觀。世尊！一切衆生②皆一心作，更無餘法。我觀衆生，相貌如是。此是不可思議，唯有如來自覺之法，非諸聲聞、緣覺及初地菩薩之所能量。當知如來於衆生所，有大悲心，應衆生機，普爲説法，無能過者。我今觀佛及諸衆生，爲若此也。"

爾時會中無量天人聞此語已，成發無上正等覺心，及獲聖果。

爾時世尊告常施菩薩言："善哉！善哉！善男子！汝之所説，正應如是。一切衆生，於如是觀。一切諸佛，亦如是觀，得無上道。善男子！此經中説菩薩之法及觀行法，應如是行四攝六度，應當如是觀衆生相。復次，善男子！行布施時，不觀福田及非福田，不求名聞。若見貧窮孤老一相苦相，應如是施，應如是觀。不見施者，不見受者，不見施物。三事體空，平等無礙，無有

---

① 如，録本誤作"知"，據底本改。

② 録本"一切衆生"下有四字缺文，底本實無字，兹據删。

住著。何以故？一切諸法無我，是真實法。所施之時，不望受報，現在、未來，人天勝樂。爲諸衆生，求無上道；令諸衆生，得無盡樂，故應如是施，爲欲攝取諸惡衆生、令住善法而行布施。我亦如是，攝諸衆生而行布施，如汝先説，不應住於有無之相而行布施。如是布施，最爲殊勝。若有見聞隨喜之者，彼人所獲善巧方便及殊勝福，應如是知。復次，善男子！譬如有人於夜夢中見種種事，或見自身而被繫縛，受種種苦，生大憂惱，然後得脱。即便更見，國人咸集，策立爲王，勢力自在，受大快樂，作是思惟：'我先受苦，今復自在，受大快樂。'作是念已，忽然睡覺，苦樂之事，莫知所在。如此夢事，非有非無。一切諸法，亦復如是。作是觀者，名爲'正觀'。"

説是法已，無量菩薩證得無上正等菩提，無量菩薩得入一生補處，無量菩薩各隨所修皆得昇進，無量人天得四聖果，無量聲聞入菩薩位，無量衆生發菩提心。

佛告常施菩薩："善男子！未來世中，四衆弟子得聞此經，發起信心、生歡喜者，所得功德無量無邊，如見我身，等無有異；若有誹謗不信、毀呰此經，如毀吾身，等無有異。"

爾時世尊告阿難言："及諸大衆，汝好受持，常莫忘失。此經一名'像法'，二名'決疑'，三名'濟拔安養貧窮孤獨'，四名'最下世界悲田勝法'，五名'示所犯者瑜伽法鏡'。如是受持。"

爾時一切大衆、苾芻、苾芻尼、鄔波索迦、鄔波斯迦、天、龍、藥叉、紗達縛、阿素洛、揭路荼、緊捺浴、莫呼洛伽、人非人等，聞佛所説，頂禮佛足，心大歡喜，信受奉行。各各嚴辦闍維之具，哀動天地。

佛説示所犯者瑜伽法鏡經一卷。

景龍元年歲次景午十二月二十三日，三藏法師室利末多(唐云"妙惠")於崇福寺翻譯，大興善寺翻經大德沙門師利筆受綴文，大慈恩寺翻經大德沙門道安等證義，大首領安達摩譯語，至景雲奉敕，太中大夫昭文館學士鄭喜王詳定。

奉敕祕書少監昭文館學士韋利器詳定。

奉敕正議大夫行太府寺卿昭文館學士沈佺期詳定。

奉敕銀青光禄大夫太子右諭德昭文館學士延悦詳定。

奉敕銀青光禄大夫黄門侍郎昭文館學士上柱國李乂[1]詳定。

奉敕工部侍郎昭文館學士上護軍盧藏用詳定。

奉敕左散騎常侍、昭文館學士權兼檢校右羽林將軍、上柱國、壽昌縣開國伯賈膺福詳定。

奉敕右散騎常侍、昭文館學士權兼檢校左羽林將軍、上柱國、高平縣開國侯徐彦伯詳定。

奉敕銀青光禄大夫、行中書侍郎、昭文館學士兼太子右庶子崔湜詳定。

奉敕金紫光禄大夫、行禮部尚書、昭文館學士、上柱國、晋國公薛稷詳定。

延和元年六月二十日,大興善寺翻經沙門師利檢校寫。

奉敕令昭文館學士等詳定,入目録訖流行。

---

① 乂,録本誤作"又",據底本改。李乂(647—714),字尚真,趙州房子人,以文章見稱,舉進士。景龍中,累遷中書舍人。

No. 2897 佛説天地八陽神呪經

唐三藏法師義净奉詔譯

[題解]

中國人假託佛説所撰經典,或認爲[唐]義净所造,又称"佛説八陽神咒經"、"天地八陽神咒經",一卷。經文認爲天地之間只有人最勝最上,貴於一切萬物。人之身心即是佛法器,亦是十二部大經卷。因此,人應當識心見性,修善背惡,以求解脱。歷代大藏經收有[晋]竺法護譯《八陽神呪》,與此經迥異。《貞元新定釋教目録》卷二八《僞妄亂真録》載有《天地八陽經》,一卷,應即此經。日本《卍字續藏》收此經,題作"[唐]義净譯",然歷代義净譯經録内無此經。敦煌本有題名下作"玄奘法師奉敕譯",然據歷代經録,玄奘亦未譯此經。劉元春的《〈佛説天地八陽神呪經〉辨析——兼談高昌回鶻佛教的社會文化意韻》一文對該經的行文結構和主要内容加以研究,認爲文中用漢字訓詁的方法解釋"人"字,還涉及中國道教的方術、傳統的五行學説及儒家的綱常禮教,實爲"'採摘'來、'雜糅'出的一部疑僞經"(見《西域研究》1996年第1期)。臺灣學者鄭朝通從唐代社會的整個三教調和背景出發,指出"本經卷之摻雜許多佛家之外的儒道思想於其中,甚至也摻有不少民間的道教信仰、陰陽五行、天文星占等内容,自然和諸真經間有極大的差異,也自然可以合理地懷疑該經卷確實屬於僞造","透過對其可疑之處的分析整理,探討本經卷造僞的時代意義與所反映的社會文化現象等等外緣關係"(鄭朝通《敦煌寫本〈佛説八陽神咒經〉之疑僞及其所反映的社會文化意義析論》,《第三屆全國研究生文學社會學論文集》,嘉義:南華大學,2004,第81—96頁)。敦煌文獻中有斯127、斯252、斯386、斯480、斯500、斯1062、斯1104、斯1222、斯1408、斯1472、斯1942、斯1979、斯2330、斯2643b、斯2910、斯3172、斯3234、斯3244、斯3324、斯3382、斯3468、斯3829、斯4287、斯 4288、斯 4360、斯 4820、斯 5261、斯 5352、斯 5373、斯 5543、斯 5673、斯 5716、斯 6266、斯 6384、斯 6424、斯 6451、斯 6667、斯 7298 號 1+斯 7298 號 2、斯 7330、斯 7592、斯 7794、斯 7937、斯 7988、斯 8234 號 b,伯 2098、伯 2181a、伯 3759a、伯 3897a、伯 3915e、伯 3924c、伯 4571、伯 5579f、伯 6016,BD8590 號 2(北 7610v,推 90)、BD210(北 7611,宇 10)、BD1979(北 7612,收 79)、BD2697(北 7613,律 97)、BD8357(北 7614,衣 57)、BD7050(北 7615,龍 50)、BD3238(北 7616,致 38)、BD6367(北 7617,鹹 67)、BD8077(北 7618,字 77)、BD0111(北 7619,黄 11)、BD4385(北 7620,出 85)、BD8176(北 7621,乃 76)、BD7450(北 7622,官 50)、BD1238(北 7623,列 38)、BD6609(北 7624,鱗 9)、BD2858(北 7625,調 58)、BD6117(北 7626,薑 17)、BD6387(北 7627,鹹 87)、BD2835(北 7628,調 35)、BD0441(北 7629,洪 41)、BD2061(北 7630,冬 61)、BD7925(北 7631,文 25)、BD7628(北 7632,皇 28)、BD1955(北 7633,收 55)、BD1573(北 7634,來 73)、BD7172(北 7635,師 72)、BD4785(北 7636,號 85)、BD5560(北 7637,珍 60)、BD2872(北 7638,調 72)、BD7932(北 7639,文 32)、BD7976(北 7640,文 76)、BD2684(北 7641,律 84)、BD8303(北 7642,衣 3)、BD7045(北 7643,龍 45)、BD8201(北 7644,服 1)、BD7369(北 7645,鳥 69)、BD8404(北 7646,裳 4)、BD6765(北 7647,潛 65)、BD1185(北 7648,宿 85)、BD2369(北 7649,餘 69)、BD8557(北 7650,推 57)、BD4427(北 7651,崑 27)、BD8443(北 7652,裳 43)、BD7633(北 7653,皇 33)、BD2972(北 7654,陽 72)、BD2711(北 7655,吕 11)、BD8610(北 7656,位 10)、BD3864(北 7657,金 64)、BD7754(北 7658,始 54)、BD5714(北 7659,奈 14)、BD8446(北 7660,裳 46)、BD2334(北 7661,餘 34)、BD2342(北 7662,餘 42)、BD8557(北 7650,推 57),俄 ф. 177、俄 ф. 273,俄 Дх. 137、俄 Дх. 230、俄 Дх. 324、俄 Дх. 502、俄 Дх. 509、俄 Дх. 593、俄 Дх. 594、俄 Дх. 1203、俄 Дх. 1332、俄 Дх. 1484、俄 Дх. 1586a、俄 Дх. 1747、俄 Дх. 1799、俄 Дх. 1809a、俄 Дх. 1869、俄 Дх. 1892、俄 Дх. 1894、俄 Дх. 1955、俄 Дх. 1958、俄 Дх. 2118、俄 Дх. 2133、俄 Дх. 2266、俄 Дх. 2330a、俄 Дх. 2348、俄 Дх. 2361、俄 Дх. 2568、俄 Дх. 2588、俄 Дх. 2626、俄 Дх. 2749、俄 Дх. 2750、俄 Дх. 2834、俄 Дх. 2852、俄 Дх. 2866、俄 Дх. 2868、俄 Дх. 2897、俄 Дх. 3085、俄 Дх. 3102b、俄 Дх. 3172、俄 Дх. 3457、俄 Дх. 3568、俄 Дх. 4312b,羽 79、羽 91、羽 215、羽 228、羽

260、羽 346、羽 595、羽 622、羽 636の一 R＋V，北大 D102，津藝 202(77・5・4541)、津藝 210(77・5・4549)，敦研 354(共存十行)，中國書店 069，臺圖 17(首残，尾題“佛説八陽神咒經”)，伍倫 19(首殘尾全，尾題“佛説八陽神咒經。清信俗弟子瓜州行軍兵馬都倉曹盧安多發心抄寫持誦，一心受持”)，招提 05(據施萍婷《日本公私收藏敦煌遺書叙録(二)》介紹，日唐招提寺藏敦煌寫經，尾題“佛説八陽神咒經”，首缺尾全，存 99 行，前 10 行殘，共四紙，見《敦煌研究》1994 年第 3 期)等，計 167 號。敦煌卷子中的諸多題記多爲八至十一世紀，反映該經在敦煌地區流傳的年代。其中羽 636の一 R＋V 號尾署:“佛説天地八陽神呪經。大蕃歲次戊辰(788)六月廿日，郭美順爲己身，保願所冤家債主、負財負命者，領功德分，發歡喜心，願悉解脱，病今痊滅，布施歡喜，同發正覺，謹寫。”日本《大正藏》將敦煌本與《卍字續藏》互校後，録入其第八十五册。鄭朝通的《敦煌寫本〈佛説八陽神咒經〉之疑僞析論》一文，通過敦煌寫本的書寫手法與思想内涵做了探討，並探究該寫本和真經之間的經文内容與思想内涵之差異處以及本經卷造僞的時代意義與所反映的社會文化現象等等(見《東方人文雜誌》2005 年第 3 期)。今校注仍據《大正藏》本所據《大日本續藏經》爲底本，斯 127 號爲參校甲本。新增校本:乙本，斯 480 號；丙本，斯 1408 號；丁本，斯 3324 號；戊本，斯 6667 號；己本，伯 2098 號；庚本，北大 D102 號；辛本，津藝 210(77・5・4549)號。

聞如是:一時佛在毘耶達摩城寥廓宅中，十方相隨，四衆圍繞。

爾時無礙菩薩在大衆中，即從座起，[□□□□][合掌向佛]①，而②白佛言:“世尊！此閻浮提衆生遞代相生，無始已來，相續不斷；有識者少，無識者多；念佛者少，不念佛者多；神通者少，不神通者多；持戒者少，破戒者多；精進者少，懈怠者多；智慧者少，愚癡者多；長壽者少，短命者多；禪定者少，散亂者多；富貴者少，貧賤者多；柔軟者少，剛强者多；布施者少，慳貪者多；信實者少，虚妄者多；被(致)③使世俗淺薄，官法荼毒，賦役煩重，百姓窮苦，取求難得，良由信邪倒見，獲如是苦。唯願世尊爲諸邪見衆生説其正見之法，

① “合掌向佛”四字録本無，據乙、丁、辛三本補。
② 而，乙本作“合掌向佛”。
③ 被，乙、丁、己三本作“致”。當以“致”字義長。

令得悟解，免於衆苦。”

佛言：“善哉！善哉！無礙菩薩！汝大慈悲，爲諸邪見衆生問於如來。正見之法，不可思議。汝等諦聽，善思念之。吾當爲汝分别演説天地八陽之經。此經過去諸佛已説，未來諸佛當説，現在諸佛今説。夫天地之間，爲人最勝最上者，貴於一切萬物。‘人’者，真也，正也，心無虚妄，身行正真。左‘丿’爲真，右‘乀’爲正，常行正真，故名爲‘人’。是知人能弘道以潤身，依道依人，皆成聖道。

復次，無礙菩薩！一切衆生既得人身，不能修福，背真向僞，造種種惡業，命將欲終，必沈苦海，受種種罪。若聞此經，信受[①]不逆，即得解脱諸罪之難，出於苦海，善神加護，無諸障礙，延年益壽，而無横夭。以信力故，獲如是福。何况有人盡能書寫，受持讀誦，如法修行？説其功德，不可稱，不可量，無有邊際。壽終之後，並得成佛。”

佛告無礙菩薩摩訶薩：“若有衆生，信邪倒見，即被邪魔外道、魑魅魍魎、鳥鳴百怪、諸惡鬼神競來惱亂，與其横病，惡種（腫）[②]惡注（疰）[③]，受其苦痛，無有休息，遇善知識爲讀此經三遍，是諸惡鬼皆悉消滅，病即除愈，身强力足。讀經功德，獲如是福。若有衆生多於淫欲、瞋恚、愚癡、慳貪、嫉妒，若見此經，信敬供養，即讀三遍，愚癡等惡並皆除滅，慈悲喜捨，得佛法分。

復次，無礙菩薩，若善男子、善女人等興有爲法，先讀此經三遍，築墻動土，安立家宅，南堂北堂，東廂西廂，厨舍密屋，門户井竈，碓磑庫藏，六畜欄圂，日遊、月殺、大將軍、太歲、黄幡、豹尾，五土地神，青龍、白虎、朱雀、玄武，六甲禁諱十二諸神，土府伏龍一切鬼魅，皆悉隱藏，遠屏四方，影銷影滅，不敢爲害，甚大吉利，得德[④]無量。善男子！興功之後，堂舍永安，屋宅牢固，富貴吉昌，不求自得。若遠行從軍，仕官興生，甚得宜利，門興人貴，百子千孫，

---

① 受，乙、丙、戊三本作“心”。

② “種”字一音之隴切，與“腫”音同，此當爲“腫”之借字。該字乙本正作“腫”，可參。

③ 注，乙本作“疰”。《廣雅・釋詁一》：“疰，病也。”王念孫疏證：“疰者，鄭注《周官・瘍醫》云：‘注，讀如注病之注。’……注與疰通。”

④ “得德”二字乙、丙、戊三本作“獲福”。

父慈子孝，男忠女貞，兄恭弟順，夫妻和睦，信義篤親，所願成就。若有衆生忽被縣官拘執、盜賊牽挽，暫讀此經三遍，即得解脱。若有善男子、善女人受持讀誦、爲他書寫八陽經者，設入水火，不被焚漂；或在山澤，虎狼猛獸屏跡，不敢[□□][博噬][1]；善神衛護，成無上道。

若復有人多於[□][妄][2]語綺語，惡口兩舌，若能受持讀誦此經，永除四惡過，得四無礙辯而成佛道。

若善男子、善女人等父母有罪，臨終之日，當墮地獄，受無量苦。其子即爲讀此經七遍，父母即離地獄而生天上，見佛聞法，悟無生忍，以成佛道。"

佛告無礙菩薩："毘婆尸佛時，有優婆塞、優婆夷心不信邪，敬崇佛法，書寫此經，受持讀誦，所作所爲，須作即作，一無所問。以正信故，兼行布施，平等供養，得無漏身，成菩提道，號曰'普光如來應正等覺'，劫名'大漏(滿)[3]'，國名'無邊'。但是人民行菩薩道無所得法，以是經威德，獲如是報。

復次，無礙菩薩，此八陽經行在閻浮提，在在處處，有八菩薩、諸梵天王、一切明[4]靈圍繞此經，香華供養，如佛無異。"

佛告無礙菩薩摩訶薩言："若善男子、善女人等爲諸衆生講説此經，深達實相，得甚深理，即知身心、佛身、法心。所以能知，即是智慧眼常見種種無盡色，色即是空，空即是色。受、想、行、識亦空，即是妙色身如來。耳常聞種種無盡聲，聲即是空，空即是聲，即是妙音聲如來。鼻常嗅種種無盡香，香即是空，空即是香，即是香積如來。舌常了種種無盡味，味即是空，空即是味，即是法喜如來。身常覺種種無盡觸，觸即是空，空即是觸，即是智明如來。意常思想，能分別種種無盡法，法即是空，空即是法，即是法明如來。

善男子！觀此六根顯現，人皆空，口常説之。若説善語，善法常轉，即成聖道。若説[5]邪語，惡法常轉，即墮地獄。善男子！善惡之理，不得不信。善男子！人之身心，是佛法器，亦是十二部大經卷也。無始已來，轉讀不盡，不

① "博噬"二字録本無，據乙、丙、戊三本補。
② 妄，録本無，據乙、丙、戊三本補。
③ 漏，乙、丙、戊三本作"滿"。"滿"字義長。
④ 明，丙、戊二本訛作"朋"。
⑤ "説"字前庚本殘。

損毫毛。如來藏經，唯識心見性者之所能知，非諸聲聞、凡夫所能知。善男子！讀誦此經，深解真理，即知身心是佛法器。若醉迷不醒，不了自心是佛法根本，流轉諸趣，墮於惡道，永沈苦海，不聞佛法名字。”

爾時，五百天子在大衆中，聞佛所説，得法眼净，皆大歡喜，即發無等等阿耨多羅三藐三菩提心。

無礙菩薩復白佛言：“世尊！人之在世，生死爲重。生不擇日，時至即生；死不擇日，時至即死。何因殯葬即問良辰吉日，然始殯葬；殯葬之後，還有妨害，貧窮者多，滅門者不少？唯願世尊爲諸邪見無智衆生説其因緣，令得正道，除其顛倒。”

佛言：“善哉！善哉！善男子！汝實甚能問於衆生生死之事、殯葬之法。汝等諦聽！吾當爲汝説智慧之理、大道之法。夫天地廣大清，日月廣長明。時年善美，實無有異。善男子！人王菩薩甚大慈悲，愍念衆生皆如赤子，下爲人主，作蓬民父母，順於俗人，教於俗法，造作曆日，頒[①]下[②]天下，令知時節。爲有平滿成收、開閉建除、定執破危之文[③]，愚人依字信用，無不免其凶禍。又使邪師厭鎮，説是道非，謾求邪神拜餓鬼，卻福招殃自受苦。如斯人皆返天時，逆地理，背日月之光明，没[④]闇室，違正道之廣路，恒尋邪徑，顛倒之甚也。善男子！産生時讀此經三遍，兒即易生，甚大吉利，聰明智慧，福德具足，而不中夭。死時讀此經三遍，一無妨害，得福無量。善男子！日日大好日，月月大好月，年年大好年，實無間隔，但辨即須殯葬。殯葬之日，讀此經七遍，甚大吉利，獲福無量，門榮人貴，延年益壽。命終之日，並得成聖道。善男子！殯葬之地，莫問東西南北，安穩之處，諸人愛樂，鬼神愛樂。即讀此經三遍，便以修榮（營）[⑤]安置墓内，永無災障，家富人興，甚大吉利。”

---

① 頒，底本、録本訛作“須”，結合文意，據乙、己二本改。該字庚本作“班”，乃“頒”之古字。

② 下，乙本作“之”。

③ “爲有平滿成收、開閉建除、定執破危之文”十六字乙、丙、戊、己、庚、辛六本均作“爲有平滿成收開除之字、執危破煞之文”。

④ 没，乙、丙、戊、己、庚、辛六本均作“常投”。

⑤ 榮，丙、戊二本作“營”。當以“營”字義長。

爾時，世尊欲重宣此義，而説偈言：

“營生善善日，休殯好好時，生死讀誦經，甚得大利益。

月月善明月，年年大好年，讀經即殯葬，榮華萬代[①]昌。”

爾時，衆中七萬七千人聞佛所説，心開意解，捨邪歸正，得佛法分，永斷疑惑，皆發[②]阿耨多羅三藐三菩提心[③]。

無礙菩薩復白佛言：“世尊！一切凡夫皆以婚媾爲親，先問相宜，後[④]取吉日，然始成親。成親之[⑤]後，富貴偕[⑥]老者少，貧窮[⑦]生離死别者多。一種信邪，如何而有差别？唯願世尊爲决衆疑。”

佛言：“善男子！汝等諦聽，當爲汝説。夫天陽地陰，月陰日陽，水陰火陽，女陰男陽。天地氣合，一切草木生焉；日月交通，四時八節明焉；水火相承，一切萬物熟焉；男女允諧，子孫興焉；皆是天之常道、自然之理、世諦之法。善男子！愚人無智，信其邪師，卜問望吉，而不修善，造種種惡業；命終之後，復得人身者，如指甲上土；墮於地獄，作畜餓鬼者[⑧]，如大地土。善男子！復得人身、正信修善者，如指甲上土；信邪造惡業者，如大地土。善男子！欲[⑨]結婚親，莫問水火相剋，胎胞相厭，年紀不同，唯看禄命書，知福德多少，以爲眷屬。呼迎之日，即讀此經三遍而[⑩]以成禮。此乃善善相因，明明相屬，門高人貴，子孫興盛，聰明利智，孝敬相承，甚大吉利，而無中夭，福德具足，皆成佛道。”

是時，有八菩薩承佛威神，得大總持，常處人間，和光同塵，破邪立正。其名曰：跋陀羅菩薩漏盡和，羅隣竭菩薩漏盡和，憍自兜菩薩漏盡和，那羅達

① 以上甲本殘。
② 發，甲本作“得”。
③ 心，甲本無。
④ 後，甲本作“復”。
⑤ “成親之”三字甲本作“已”。
⑥ 偕，甲本作“皆”。
⑦ 窮，甲本作“寒”。
⑧ “畜餓鬼者”四字甲本作“餓鬼畜生”。
⑨ 欲，甲本作“若”。
⑩ 而，甲本作“即”。

菩薩漏盡和，須彌深菩薩漏盡和，因桓達菩薩漏盡和，和輪調菩薩漏盡和，無緣觀菩薩漏盡和。

是八菩薩俱白佛言："世尊！我等於諸佛所受持，得陀羅尼神呪，而今説之。擁護受持讀誦八陽經者，永無恐怖，使一切不善之物，不得侵損讀經法師。"

即於佛前而説呪曰：

"阿佉尼(一)尼佉尼(二)阿毘羅(三)曼隸(四)曼多隸(五)娑婆訶。"

爾時，無邊身菩薩即從座起，前白佛言："世尊！云何名爲'八陽經'？唯願世尊爲諸聽衆解説其義，令得覺悟，速達本心，入佛知見，永斷疑悔。"

佛言："善哉！善哉！善男子！汝等諦聽。吾今爲汝解説八陽之經者。'八'者，分別也。'陽'者，明解也。明解大乘空無之理，了能分別八識因緣，空無所得。又云①八識名爲'經'，八陽名爲'緯'；經緯相交，以成經教；故名'八陽經'。'八'者八識。云何名'八識'？眼是色識，耳是聲識，鼻是香識，舌者是味識，身是觸識，意是分別識。六根是六識②，含藏識，阿賴耶識，是名曰'八識'。明了分別八識根源空無所得，即知兩眼是光明天，光明天中，即現日月光明世尊。兩耳是聲聞天，聲聞天中，即現無量聲如來。兩鼻是佛香天，佛香天中，即現香積如來。口是法味天，法味天中，即現法喜③如來。身是盧舍那天，盧舍那天中，即現成就盧舍那佛、盧舍那鏡像佛、盧舍那光明佛。意是無分別天，無分別天中，即現不動如來大光明佛。心是法界天，法界天中，即現空王如來。含藏識天，演出《阿那含經》、《大般涅槃經》；阿賴耶識天，演出《大智度論經》、《瑜伽論經》。善男子！佛即是法，法即是佛，合爲一相，即現大通智勝如來。"

佛説此經時，一切大地，六種震動，光照天地，無有邊際，浩浩蕩蕩，而無所名。一切幽冥，悉皆明朗。一切地獄，竝皆消滅。一切罪人，俱得離苦，皆發無上菩提心。

---

① "又云"二字底本、録本作"云何"，結合文意，據乙、丙、戊、庚四本改。
② "六根是六識"五字甲本無。
③ 喜，甲本作"慧"。

爾時，大衆之中，八萬八千菩薩，一時成佛，號曰“空王如來應正等覺”，劫名“離苦”，國號“無邊”。一切人民皆行菩薩六波羅蜜，逮無所得法。六萬六千比丘、比丘尼，優婆塞、優婆夷，得大總持，入不二法門。無數天龍、夜叉、乾闥婆、阿修羅、迦樓羅、緊那羅、摩睺羅伽、人非人等，得法眼凈，行菩薩道。

“復次，善男子！若復有人得官登位日，及入新宅之時，暫讀此經三遍，甚大吉利，善神加護，延年益壽，福德具足。善男子！若讀此經一遍，如讀一切經一部①。若書寫一卷，如書寫一切經一部。其功德不可稱，不可量等，空無有邊際。如斯人等，即成就聖道。

復次，無邊身菩薩摩訶薩，若有衆生不信正法，常生邪見，忽聞此經，即生誹謗，言‘非佛説’。是人現世得白癩病，惡瘡膿血，遍體交流，腥臊臭穢，人皆憎嫉。命終之日，即墮阿鼻無間地獄；上火徹下，下火徹上；鐵槍鐵叉，遍體穿穴；融銅灌口，筋骨爛壞；一日一夜，萬死萬生，受大苦痛，無有休息。謗斯經故，獲罪如是。”

佛爲罪人而説偈言：

“身是自然身，五體自然足，長乃自然長，老乃自然老。

生乃自然生，死乃自然死，求長不得長，求短不得短。

苦樂汝自當，邪正由汝己②，欲作有爲功，讀經莫問師。

千千萬萬世，得道轉法輪。”

佛説此經已，一切大衆得未曾有，心明意凈，歡喜踊躍，皆見諸相非相，入佛知見，悟佛知見，無入無悟，無知無見，不得一法，即涅槃樂故。此諸菩薩聖衆，天神地祇，皆悉歡喜奉行。

佛説天地八陽神呪經(終)③。

① 部，甲本作“遍”。

② 己，録本訛作“已”，據底本改。

③ 終，甲本作“一卷”。己本尾署：“於時同光四年丙戌之歲四月四日，弟子畫寶員一爲亡過父母作福，二爲闔家大小無諸災障、城皇役令，教多與闔家作福，寫此經者，於教奉行。”

No. 2898 佛説高王觀世音經

[題解]

中國人假託佛説所撰經典，著譯者不詳，一卷。經文内容主要稱頌觀音菩薩，謂念此經可救諸苦厄，火不能傷，刀兵立摧。據李小榮考證，該經經文最早刻録於西魏大統十三年(547)都邑主杜照賢之造像碑。正史中最早提到該經的是魏收撰於公元554年的《魏書》，該書卷八四《盧景裕傳》簡述了《高王觀世音經》的由來。最早詳記該經由來的是李德林(530—590)的《齊書》，可惜該書今不傳。另據道宣《大唐内典録》載："昔元魏天平年中，定州募士孫敬德在防，造觀音像。年滿將還，在家禮事。後爲賊所引，不堪拷楚，遂妄承罪。明日將决，其夜禮懺流淚，忽如睡夢，見一沙門教誦救生《觀世音經》。經有諸佛名，令誦千遍，得免苦難。敬覺，如夢所緣，了無參錯，遂誦一百遍。有司執縛向市，且行且誦。臨刑滿千，刀下斫之，折爲三段，皮肉不傷。易刀又斫，凡經三换，刀折如初。監司問之，具陳本末。以狀聞承相高歡，乃爲表請免死。因此廣行於世，所謂《高王觀世音》也。"(T55n2149p339a17—a26)敦煌文獻中有伯3920(14)號，首全尾全，首題"高王觀世音經"，尾題"高王觀世音經一卷"；俄Дx.531號，首殘尾殘；俄Дx.1592號，首殘尾全，尾題"高王觀世音經"；共三號。俄藏黑水城文獻TK.117，刻本，首全尾全，首題"高王觀世音經"，尾題"高王觀世音經"；TK.118，刻本，首全尾全，首題"高王觀世音經"，尾題"高王觀世音經"；此兩號經正文前皆有孫敬德持誦《高王觀世音經》靈驗故事。另有房山石經本一號，首全尾殘，首題"大王觀世音經"。《開元録》將此經列入《僞妄亂真録》，此後歷代大藏經均不收此經。日本《大正藏》據《卍字續藏》本收入第八十五册。李小榮以伯3920(14)爲底本、參照諸本對該經進行了録校，並對該經的形成歷史背景和結撰依據加以考析(見《〈高王觀世音經〉考析》,《敦煌研究》2003 年第 1 期)。今仍以《大正藏》本所據卷《大日本續藏經》爲底本,光武二年刊本爲參校甲本。新增校本:乙本,伯 3920(14)號;丙本,李小榮録校本。

[□□][南無][1]觀世音菩薩[2],南無佛,南無法,南無僧。佛國有緣,佛法相因。常樂我净,有緣佛法。南無摩訶般若波羅蜜是大神呪,南無摩訶般若波羅蜜是大明呪,南無摩訶般若波羅蜜是無上呪,南無摩訶般若波羅蜜是無等等呪。南無净光祕密佛、法藏佛、師子吼神足由[3]王佛、佛告[4]須彌登王佛、法護佛、金剛藏師子游戲佛、寶勝佛、神通佛、藥師琉璃光王[5]佛、普光功德山王佛、善住功德寶王佛、過去七佛、未來賢[6]劫千佛、千五百佛、萬五千佛、五百花勝佛、百億金剛藏佛、定光佛。六方六佛名號:東方寶光月殿月[7]妙尊音王佛,南方樹根花王佛,西方皂王神通焰花王佛,北方月殿清净佛,上方無數精進寶首佛,下方善寂[8]月音王佛。無量諸佛:多寶佛,釋迦牟尼佛,彌勒佛,阿閦佛,[□][阿][9]彌陀佛。中央一切衆生在佛世[10]界中者,行住於地上及在虚空中,慈憂於一切衆生,各令安穩休息,晝夜修持,心常求誦此經,能滅生死苦,消伏於毒害。那摩[11]大明觀世音,觀明觀世音,高明觀世音,開明觀世音,藥王菩薩,藥上菩薩,文殊師利[12]菩薩,普賢菩薩,虚空藏菩薩,

① “南無”二字底本無,今據甲本補。
② 甲本“觀世音菩薩”後細注“三説”二字。
③ 由,甲、乙、丙三本均作“幽”。
④ 告,甲本作“高”。
⑤ 王,甲、乙、丙三本無。
⑥ 賢,甲本作“現”。
⑦ 月,甲本無。
⑧ 寂,甲本作“積”。
⑨ 阿,底本無,今據甲本補。
⑩ 世,甲、乙、丙三本作“土”。
⑪ “那摩”二字甲本作“南無”。
⑫ “師利”二字甲本無。

地藏菩薩，清凉寶山億[1]萬菩薩[2]，普光[3]如來化勝菩薩，念念誦此偈。

七佛世尊即説呪曰：

“離波離波帝，求訶求訶帝，陀羅尼帝，尼訶羅帝，毘離尼帝，摩訶迦帝，真靈虔帝[4]，娑婆訶！”

十方觀世音，一切諸菩薩，誓願救衆生，稱名悉解脱。

若有智慧者[5]，慇懃爲解脱[6]，但是有因緣，讀誦口不綴（輟）[7]。

誦經滿千遍，念念心不絶，火焰不能傷，刀兵立摧折。

恚怒生歡喜，死者變成活。莫言此是虚，諸佛不妄説。

佛説高王觀世音經。[8]

高王觀世音，能救諸苦危[9]，臨危急難中，死者變成活[10]。

諸佛語不虚，是故應頂禮，持誦滿千遍，重罪皆消滅。

薄福不信者[11]，專貢[12]受持經。

念[13]八大菩薩名號：南無觀世音菩薩摩訶薩，南無彌勒菩薩摩訶薩，南無虚空藏菩薩摩訶薩，南無普賢菩薩摩訶薩，南無金剛手菩薩摩訶薩，南無妙

---

① “寶山億”三字甲本作“山臺”。

② “藥王菩薩……清凉寶山億萬菩薩”乙本無。

③ 光，乙、丙二本作“王”。

④ “摩訶迦帝真靈虔帝”八字乙本無。

⑤ “若有智慧者”乙本作“恐有智慧者”，丙本作“恐有薄福者”。

⑥ 脱，乙、丙二本作“説”。

⑦ 綴，乙、丙二本作“輟”。“綴”當爲“輟”之借字。《禮記·樂記》：“禮者，所以綴淫也。”鄭玄注：“‘綴’猶‘止’也。”伯2044V號《釋門文範》：“真言不綴，六時克念。”伯3699號《齋文》：“辰（晨）昏不綴於諮承，旦暮無虧於參問。”皆其用例。

⑧ “佛説高王觀世音經”八字甲本無，乙本作“高王觀世音經一卷”。乙、丙二本至此止。

⑨ 危，甲本作“厄”。

⑩ “死者變成活”五字甲本作“諸事得解脱拜念八菩薩”。

⑪ “諸佛語不虚……薄福不信者”甲本作“持誦滿千遍，薄福不信者，重罪皆消滅。諸佛語不虚，是故應頂禮，薄福不誦者”。

⑫ 貢，甲本作“負”。

⑬ 念，甲本無。

吉祥菩薩摩訶薩，南無除蓋障菩薩摩訶薩，南無地藏王菩薩摩訶薩。南無諸尊菩薩摩訶薩：願以此功德，普及於一切。誦滿一千遍，重罪皆消滅。[①]

佛說高王觀世音[②]經（終）。

① “南無觀世音菩薩摩訶薩……重罪皆消滅”甲本作“南無地藏菩薩，南無消災障菩薩，南無妙吉祥金剛手菩薩摩訶薩”。

② “佛說高王觀世音”七字甲本作“高王”。

No. 2899 妙法蓮華經·馬明菩薩品第三十

[題解]

中國人假託佛説所撰經典,作者不詳,一卷。敦煌文獻中存有 7 號:斯 2734b 號,首尾全,計二百一十四行;以上爲完整者,共 1 號。斯 3051 號,首殘尾殘;斯 4572 號,首殘尾殘;斯 5931 號,首殘尾殘;伯 3008 號,首殘尾殘;BD1211(北 6188,列 11)號,首殘尾全,存一百三十四行,尾題"妙法蓮華經第八";上圖 006(798463)號,首殘尾全,尾題"妙法蓮華經卷第三十";以上爲有殘缺者,共 6 號。經中叙述天地由變壞而生成,人類的出現、地獄、須彌山及四大部洲的情况;四大天王及直至三十三天的情况,鐵圍山及諸地獄、劫運;最後叙述閻浮提洲諸國的情况。此經名歷代經録未見著録,隋之後歷代經録載有僞經《妙法蓮花天地變異品》一卷,或即是。清代以前歷代大藏經未收此經。日本《大正藏》據斯 2734b 號收入第八十五册。今仍以《大正藏》本所據卷斯 2734b 號爲底本,擇取品相比較完好的上圖 006(798463)號爲參校甲本。

佛言:"地深二十億萬里。地下有潤澤,深二十億萬里。澤下有金粟,深二十億萬里。金粟下有金剛,深二十億萬里。金剛下有大水,深八十億萬里。水下有無極大風,深五百二十億萬里。剛維天地,制使不落。天地欲壞時,有七日出。二日出時,亭(停)[①]住不行;諸源流水,皆爲枯盡。三日出時,諸河水悉皆枯盡。四日出時,大河及江皆爲枯盡。五日出時,大海枯盡。六日出時,天

① 亭,此與"停"同。[清]段玉裁《説文解字注·高部》:"'亭'之引申爲停止,俗乃制'停'、'渟'字。"

下欝欝①，如陶家，如然(燃)火，有黑煙。七日出時，天下都火然(燃)燒盡，須彌山及天下萬物一切皆盡。② 其火盛熱，上燒諸天，六天皆盡。其火盛熱，徹至第十五光音天上。世間人民善多者死③，上生第十五天上；其善少者死，生他方國土。此間地獄中罪人皆生他方地獄中受罪。天地燒盡之後，有大風從他方來，持④雲上至第七天。下雨，其渧(滴)⑤大如車輪。如是澍雨，經億千萬歲。水長上至第七梵天，其雨乃上。上四面皆有大風，斷使不溢。風起撓動其水，億千萬歲，水乃耗減。次有風起，名'凈莊嚴'，揚動其水，波上生厚沫，化爲七寶，始作第六他化自在天宫。水漸耗減，凈莊嚴風起，吹水沫化爲七寶，次作第五化樂天宫。[□][水]⑥漸漸減，凈莊嚴風起，吹水沫化爲七寶，次作第四兜率天宫。水漸漸減，凈莊嚴風起，吹水沫化爲七寶，持⑦作第三夜摩天宫。水漸漸減，凈莊嚴風起，吹水沫化爲七寶，黄金白銀，水精琉璃，當天之中，作須彌山，高三百三十六萬里。水漸漸減，凈莊嚴風起，吹水沫化爲七寶，須彌山頂作第二忉利天宫。水漸漸減，凈莊嚴風起，吹水沫化爲七寶，當須彌山半腰，於四**⿱⿰垂殳耳**(埵)⑧上作四天王宫。水漸漸減，凈莊嚴風起，吹水沫化爲七寶。黄金、水

① 欝，此當爲"**⿰火欝**"之借字。《龍龕手鑑·火部》："**⿰火欝**"，同"爩"。《廣韻·物韻》："爩，煙氣。"故"欝欝"當即"爩爩"。

② 以上甲本殘。

③ "徹至第十五光音天上。世間人民善多者死"十七字甲本無。

④ 持，甲本作"時"。

⑤ 渧，甲本作"滴"。《正字通·水部》："渧，俗滴字。"

⑥ 水，底本及録本無，結合文意，據甲本補。

⑦ 持，録本訛作"次"，據底本改。

⑧ **⿱⿰垂殳耳**，録本訛作"聳"，據底本改。"**⿱⿰垂殳耳**"，同"**⿰耳垂**"。《龍龕手鑑·耳部》："**⿱⿰垂殳耳**"，"**⿰耳垂**"的俗字。蕭旭認爲，"**⿰耳垂**"即"埵"借字。亦作"堆"、"垛"、"**⿰阝朵**"、"塠"等字。慧琳《一切經音義》卷第四《大般若波羅蜜多經》第三百八十一卷音義："輪埵：下當果反。《通俗文》作'垛'，亦通也。"[T54n2128p330a9]又慧琳《一切經音義》卷第九《摩訶般若波羅蜜經》第三十五卷音義："輪埵：丁果反，小累也，今取其義。經文從'耳'從'玉'作'**⿰耳垂**'、'**⿰玉垂**'二形，非也。"[T54n2128p360b13]此言四大天王分别居住在水精堆、琉璃堆、黄金堆、白銀堆上的宫舍中，故言"四埵"。隋天臺智者大師説、門人灌頂録《金光明經文句》卷第五："北水精埵王，名毘沙門。"[T39n1785p73b11—12]正作"埵"字。又，甘博038(17—7)《樓炭經略》一卷："北方天王治水精⿱耳丰宫舍，去地百六十八萬里。""南方天王治琉璃⿱耳丰宫舍，去地(注轉下頁)

精作日，白銀、琉璃作月，及作星宿、諸尊神宫。水漸漸減，堅固風起，吹水沫化爲寶，作十寶山：一者金山，二者銀山，三者琉璃山，四者馬瑙山，五者車磲山，六者琥珀山，七者頗梨山，八者水精山，九者白玉山，十者紫金山；及作二十八部地天宫殿，正寶七種，餘雜寶一百二十種。安住風起，吹水沫化作鐵圍山，大鐵圍山周圍三千大千世界。次不動風起，吹清水爲海，極濁麁沫化成石山，渾濁者用成四大陸地；及作八萬小城、陸地、天地、地城已，地自然生地芝。後第十五天，上人漸漸來下，至六欲天中住。後復來下在地，或食地芝。食地芝後，貪著其味，身重不能復飛，福盡者作世間人，無復光明，人壽無量歲。地芝滅盡，後生地味，人民取共食之，壽數千萬億歲。地味滅盡，後地肥生，人民取共①食之，壽數千萬歲。之後地肥滅盡，有自然粳米生，人民共食之粳米；食粳米之後，其人少欲意者變爲男子形，多欲意者變女人；身變化男女之後，便生染愛，共於屏處行陰陽之事。第十五天上人福命盡者，下生婦人腹中爲胎，經三百日乃成爲人。從是以來，孚男育女，更相婚娶，六親成篤。當食粳米時，人壽數百萬歲，皆有諍競之心，雖食自然，更相偷奪，互相打拍。粳米滅盡，自然**䅘**生，便共分疆列畔，各自守護。由有愚人私相簒盗，不可禁制，便立王法。公卿百官，更相檢校，賞善罰惡，政法治國，不枉人民。人[□][民]②各各求輸衣食，以供[□][於]③王。當爾時，人壽五百歲。從是已後，共相低(牴)④突。負債不還者即變畜生身，飲水噉草，生即負重，

(續上頁注)百六十八萬里。"甘博 038(17—6)《樓炭經略》一卷："東方天王治黄金埀宫舍，去地百六十八萬里。""西方天王治白銀埀宫舍，去地百六十八萬里。"中"埀"即"**[illegible]**"字，亦"**睡**"之俗體，讀如"埵"。下讀如"埵"之"**[illegible]**"字徑括注其本字，不復校。

① 共，底本及録本作"黄"，結合文意，據甲本改。

② 民，底本及録本無，結合文意，據甲本補。

③ 於，底本及録本無，結合文意，據甲本補。

④ 低，此乃"牴"之借字。《説文・牛部》："牴，觸也。"慧琳《一切經音義》卷第七十九[T54n2128p818a18]："牴突"條："牴，相牴觸也。"黄征、張涌泉《敦煌變文校注・維摩詰經講經文(三)》"凡有行藏平隱作，低防禍幻(患)使心神。"中"低"亦與"牴"義同，即"牴突"。

死即剥皮。象、馬、牛、羊、驢、騾、駱駝、猪、狗、鷄、鳺(鶩?)①、鵝、鴨、能②、羆、虎、豹、犲、狼、麋、麈③、麞、鹿、雉、兔皆人化作。如是變化,不可稱數。當爾時,人慳貪者即變化餓鬼,身長四十里,舉足行時,支節頭相磨,如五百乘車聲;腹大,胭(咽)④如針;若見飲食時,化成火炭;若見恒河,化爲膿血;東西行求食,洋洞灌其胭(咽),一口入腹中,百節皆火然(燃)。如是苦惱,痛毒不可言。其爾時人造作十惡、殺生偷盗、邪淫妄言、兩舌惡口、謗語貪欲、瞋恚愚癡者,將至鐵圍兩山間,於十八地獄中而考(拷)治之:第一鑊湯地獄,第二鑪炭地獄,第三刀山地獄,第四劍樹地獄,第五黑闇地獄,第六寒冰地獄,第七火車地獄,第八刀兵地獄,第九火輪地獄,第十鐵鏉地獄,第十一銅柱地獄,第十二沸屎地獄,第十三拔舌地獄,第十四釘身地獄,第十五吐火地獄,第十六飲銅地獄,第十七愚癡地獄,第十八火城地獄。行十惡者,皆悉遍此十八地獄中受罪,一一地獄中經億千萬歲。彼地獄中一日一夜,當人間十二萬歲。如是長久,爾乃得出。復入畜生中,五千萬歲受鳥狩形。畜生罪畢,復入餓鬼中。五百萬歲,餓鬼罪畢,復生邊地夷狄之中,爲王所破,爲人奴婢。復五百世,爾乃罪畢;持五戒者,復得人身;行十善,得生天上;行道者得道。"

佛言:"須彌山北陸地名'欝單越',地方四十萬里。人壽千歲,身長大四尺,人面似地形正方。樹上生衣服及七寶瓔珞。地自然生粳米,味如甘露,食之無病。無尊無卑,其土人民受業常定,亦無中夭者。彼土人民無有乳養之者,生兒墮地,抱於道邊,令行人舒指内(納)⑤口中唼之,唼指七日,便得成人。往詣樹下,仰頭看樹,七寶瓔珞,衣服著體,無有染色擣治之苦,亦無割

① 此字録本訛作"鵜",底本、甲本均作"鳺"。"鳺"此當爲"鶩"之省旁易位而成的俗體。《禽經》:"水鶩澤成群,擾則逐。"張華注:"鶩,野鴨也。"

② 能,録本作"熊",據底本改。"能"本爲"熊"之一種。《説文·能部》:"能,熊屬。足似鹿。"

③ 麈,底本不清晰。該字甲本作"麏"。

④ 胭,此與"咽"同。《集韻·先韻》:"咽,……謂咽喉也。或作胭。"該字甲本作"咽"。下"洋洞灌其胭"中"胭"字同,徑括注其本字,不復校。

⑤ 内,今作"納"。[漢]王符《潛夫論·德化》:"是故凡立法者,非以司民短而誅過誤,乃以防姦惡而救禍敗,檢淫邪而内正道爾。"汪繼培箋:"内,讀爲納。"

截裁縫之勞。其國人民,端政無雙,於三天下,最爲第一。逢女爲婦,逢男爲夫。其人慈心,不殺生。龍王降雨,即雨妙華,彼土人民,取用嚴飾。生不相育,死不葬埋,大鳥銜尸,著無人之土,魂靈昇天,不逕惡趣。上持五戒,得生其國。

須彌山北日出時,山西日中,山南日没,山東夜半。須彌山高三百三十六萬里,其狀如細腰鼓形,下根入水亦三百三十六萬里,至金剛際。從頂至下根凡高六百七十二萬里,小鐵圍、小海水際已上高六百七十二萬里。入海水深六百七十二萬里,從頂至下根,凡高一千三百四十四萬里,小鐵圍山[①]圍此四天下。須彌山者,秦言'崑崙山',四寶合成:東面黄金,西面白銀,南面琉璃,北面水精。東面黄金,黄金光明,照東方虚空界悉作黄金色,彼方衆生謂言'黄天';西方白銀,白銀光明,照西方虚空界悉作白銀色,彼方衆生謂言'白天'也;南方琉璃,琉璃光明,照南方虚空界悉作琉璃色,此方衆生謂言'青天';北方水精,水精光明,照白天也。四寶光明所照諸方,悉同其色,無有崖岸。一切衆生空明濁翳,爲色所障,是故云'須彌山'也。得天眼者,爾乃得見。"

佛言:"須彌山東陸地名'弗波提',廣長三十二萬里。其地正圓,人面似地形,身長丈六,[□][六][②]百五十歲。其人慈心,不殺生。天雨雜寶,衣食自然。上持五戒,得生其國。須彌山東日出時,山北日中,山西日没,山南夜半。"

佛言:"須彌山西陸地名'拘耶尼',廣長三十六萬里。其地如半月形,人面似地形,身長二丈,壽二百五十歲。其人慈心,不殺生,天雨華鬘,衣食自然。中品持五戒,得生其國。須彌山西日出時,山南日中,山東日没,山北夜半。"

佛言:"須彌山南陸地名'閻浮提',廣長二十八萬里。其地上廣下狹,人面似地形。其土人民修業不定,受報不淳[③]。上壽百二十歲,中壽百歲,下壽

---

① 山,底本及録本作"小",結合文意,據甲本改。

② 六,底本及録本無,結合文意,據甲本補。

③ 淳,録本訛作"渟",據底本改。

八十歲。上身長丈二,中身一丈,下身八尺。少出多減[①],情諂僞,少於慈心,唯仰食力,無有自然。若天雨時,雨清冷水,以潤五穀及粟菓木。龍王降雨,等無差别。乃至劫欲盡時,人極惡,攬草成刀劍,即便相殺。當爾之時,壽命五歲。一切五穀,悉皆滅盡。衆生行業,所減不同。下品持五戒,生此國土。須彌山南日出時,山東日中,山北日没,山西夜半。”

佛言:“日去地八十四萬里,黄金作裹城,水精作外城,是以故天下常明。日行有三道:冬行南道,當冰山之上,是以故天下大寒;春、秋行中道,是故寒温適等;夏行北道,當人之上。又人北有三百三十六萬里金蓮華身,日之精故,天下大熱。日城縱廣正等,二千四十里,黄金、水精作城郭。人壽二百五十歲,身長十里,衣食自然。日天子者放千光明,普照百千國。其中亦有男女,行五戒十善,然(燃)燈照佛。修此功德,得生日中。”

佛言:“月去地八十四萬里,白銀作裹城,瑠璃作外城。月從始生一日,銀面轉向人;至十五日,正向人;是以故月滿,天下大明。從[□][十][②]六日以去,瑠璃面轉向人;至三十日,正向人;是天下大暝。月城縱廣高下千九百六十里,白銀瑠璃作城郭,人壽二百五十歲,身長十里,衣食自然。其中亦有男女,行五戒十善,然(燃)燈照佛。修此功德,得生月中。”

佛言:“五星者,東方歲星,南方熒惑星,西方太白星,北方辰星,中央鎮星,是名‘五星’。有三品:大、中、小。大星縱廣百二十里,中星八十里,小星四十里,皆用水精作城郭,去地八十四萬里,隨藍風而轉之,故不落也。”

佛言:“天有二十八宿,分主四方,以應四時,不失常度。東方七宿:角、亢、氐、房、心、尾、箕。南方七宿:井、鬼、柳、星、張、翼、軫。西方七宿:斗、牛[③]、女、虚、危、室、辟。北方七宿:奎、樓、胃、卯[④]、畢、觜、参。如今日月星宿悉是諸天宫殿,七寶莊嚴。玄處虚空、四時轉運、不失節度者,亦爲五風所持:一者持風,二者待風,三者助風,四者轉風,五者行風。以制仰之,不墜落

① 減,甲本作“滅”。

② 十,底本及録本無,結合文意,據甲本補。

③ “斗牛”二字録本訛作“升手”,據底本改。

④ 卯,録本作“昴”,據底本改。

也。星宿中人身長十丈，壽命二百五十歲，當今人間四百五十萬歲。人間二十五歲，於星宿天中一日一夜。衣食自然。項背日光，飛行自在。其中亦有男女，斯由人間受持五戒十善，得生其中。東方天王宮舍治須彌山半腰黄金𡐊(埵)①上，去地百六十八萬里。須彌山東天王名'提頭賴吒'，漢言'治國'，主一切乾闥婆毘舍闍鬼。治國天王壽五百歲，當今人間九百萬歲。人間五十歲爲四天王宮一日一夜，三十日爲一月，十二月爲一歲。衣食自然。其中亦有男女，身長二十里，行五戒十善得生其中。南方天王宮舍治須彌山半腰瑠璃𡐊(埵)②上，去地六十萬里。須彌山南方天王名'毘樓博叉'，漢言'增長'，主一切毒龍及富單那鬼。增長天王壽五百歲，當今人間九百萬歲。人間五十歲爲四天王宮一日一夜，三十日爲一月，十二月爲一歲。衣食自然。其中亦有男女，身長二十里，行五戒十善得生其中。西方天王宮舍治須彌半腰白銀𡐊(埵)③上，去地百六十八萬里。須彌山西天王名'毘樓勒奇'，漢言'難過'，主一切鳩槃茶薜荔多鬼。難過④天王壽五百歲，當今人間九百萬歲。人間五十歲爲四天王宮一日一夜，三十日爲一月，十二月爲一歲。衣食自然。其中亦有男女，身長二十里，行五戒十善得生其中。北方天王宮舍治須彌山半腰水精𡐊(埵)⑤上，去地百六十八萬里。須彌山北天王名'毘沙'，漢言'多⑥聞'，主一切夜叉羅剎鬼。多聞天王壽五百歲，當今人間九百萬歲。人間五十歲爲四天王宮一日一夜，三十日爲一月，十二月爲一歲。衣食自然。其中亦有男女，身長二十里。行五戒十善，得生其中。四天王宮中雖有日月歲數之名，無有日月之形。所以然者，四天王宮諸天人等，項背光明，展轉相照，無有晝夜，常明不瞑也。欲知無晝夜相者，但看蓮華開合，即便知也。蓮華敷時，即名爲'晝'；華合時，即名爲'夜'。四氣和適，不寒不熱，乃至三十三天重重皆爾。但彼日月年歲轉長，倍不相類也。四天王各領一方天下，常以月八日遣使者案行天下，伺察帝王、臣民、天龍、鬼神、蜎蜚、蚑行、

①②③⑤ 𡐊，録本訛作"聳"，據底本改。

④ 過，録本作"語"，據底本改。

⑥ 多，底本、甲本作"名"。[唐]慧苑撰《新譯〈大方廣佛華嚴經〉音義》卷上"毘沙門"條："此云'多聞'，謂此王福德多處知聞也。"[T54n2128p435a18]録本校是，然未出注，失真。

蠕動之類，心念口言，身行善惡，疏善記惡，毛分不錯。其行善者入天曹，行惡業者名入[①]四冥室。十四日太子下，十五日四天王自下，二十三日復遣使者下，二十九日復遣太子，三十日四天王復自下。日月五星，二十八宿，其中諸天人一切俱下，微伺世間帝王、臣民、諸龍、鬼神、含血之類，誰有孝養父母、敬事三尊、受持三歸五戒十善八齋、起塔造像、修諸功德、奉行六度、和慈四等、布施持戒、忍辱精進、一心智慧、慈悲喜捨、養育衆生者，即條藏（臧）不（否）[②]，上奏天帝釋。帝釋承書，關下天曹，[□][增][③]壽益算，滿其百年。臨命終時，諸天伎樂導從寶車，五百天女散華燒香而來迎之，上生天上天王之宫，衣則玄妙，食則餚饍，行則陵虚，住止華闕，目覩妙色，耳聽妙商，口甘百味，鼻嗅妙香，身服文綾，心遊净壃。斯之功德，十善爲糧。其行惡者，帝釋承書，關下地獄，閻羅大王即遣地獄五官，减壽奪算，名名（各各?）[④]射死。地獄長、士兵人持鐵索圍之。所見不同，口不能言，各隨所習，受其殃福，不可以財許求哀得脱。天無枉攬，平直無二，作罪得罪，作福得[□][福][⑤]，行道[□□][得道][⑥]，自作自得，非他授與。"

爾時，世尊即説偈言：

"十善得生天，五戒服人身；十惡墮地獄，低（牴）[⑦]突墮畜生。

忍辱得端政，瞋恚得醜陋；布施得大富，慳貪墮貧窮。"

[□□][佛言][⑧]："第二天名'忉利天'，名'釋提桓因'。其四鎮大臣者，

① 入，録本訛作"人"，據底本改。該字甲本亦作"入"，可參。

② 藏，此讀如"臧"（"藏"字《集韻》兹郎切，與"臧"音同）。《莊子·在宥》："不治天下，安藏人心。"成玄英疏："既問在宥不治，人心何以履善。"不，此乃"否"之借字。該字甲本即作"否"。《商君書·壹言》："秉權而立，垂法而治，以得奸於上而官無不，賞罰斷而器用有度。"高亨注："不與否古通用。《詩·大雅·抑》：'未知臧否'《釋文》：'否，惡也。'""藏不"即"臧否"。《左傳·隱公十一年》："師出臧否，亦如之。"杜預注："臧否，謂善惡得失。"

③ 增，底本及録本無，結合文意，據甲本補。

④ "名名"二字此似爲"各各"之訛，待考。

⑤ 福，底本及録本無，結合文意，據甲本補。

⑥ "得道"二字底本及録本無，結合文意，據甲本補。

⑦ 低，此乃"牴"之借字。參前注。

⑧ "佛言"二字底本無，據文義補。

四天王是也。三十[□][三]①天者,釋有三十二臣,通釋之身,故有三十三天。釋提桓因在摩尼寶殿上坐時,前面有八臣,後面有八臣,左面有八臣,右面有八臣。四八三十二,故有三十二輔臣。三公者,司徒公,司空公,司馬公。九卿者,八大尚書,八王使者,左社右稷,風伯雨師,雷公霹靂,左將軍,右將軍,前將軍,後將軍,四輔武衛,四鎮天王,五羅大王。太子使者,日月五星,二十八宿,鬼神將軍悉帝釋之官僚也。釋有皇后,名曰'悦意'。其身左右各有八萬四千資媚,於其面上復有八萬四千資容。此后資容於帝釋三十二那由他婇女最爲第一。須彌山頂去地高三百三十六萬里,山頂縱廣三百三十六萬里。城名'喜見',離四天王宮百六十八萬里,入海水復深三百三十六萬里,下根亦縱廣正等三百三十六萬里。其喜見城七寶莊嚴。其城縱廣正等,八萬四千由旬。帝釋宮殿於其中央。七寶宮殿,氍𣯫②毾㲪、金床玉机、綩綖軟細以敷其上。天繒寶蓐,以藉其體。劫波育衣,自然著身。妙寶天衣,以貫其首。真珠瓔珞,以自莊嚴。摩尼幰帳,張施其上。金鈴華□(鑷)③,周匝垂下。身色净好,端政無雙。頭髮紺青,目如明星,鼻如截銅,口如含丹。身毛孔中,優鉢華香。八百萬四千天女以相娱樂。喜見城中,諸天宮殿,其數無量,充滿中央。街巷道陌④,行行相當,俠(夾)⑤路寶樹,莖莖

① “三”字底本無,據文義補。“三十三天”,界名,梵語“忉利天”,譯作“三十三天”,爲欲界之第二天,在須彌山頂上。中央爲帝釋天,四方各有八天,故合成三十三天也。《佛地經論》五曰:“三十三天,謂此山頂四面各有八大天王,帝釋居中,故有此數。”《智度論》九曰:“須彌山高八萬四千由旬,上有三十三天城。”

② 《龍龕手鑑·毛部》:“𣯫”,“毹”的俗字。《説文新附》:“毹,氍毹也。”按:“氍毹”也作“氍𣯴”、“氍毢”、“氍𣯴”、“氍毹(毺)”、“𣯫毹”、“氍𣯴”、“氍𣯴”、“𣯫𣯴”、“氍𣯴”等形,以其國善於出産“氍𣯴”,因而其地得名“渠搜”,亦作“渠叟”、“渠度”、“渠渡”、“巨蒐”、“鼩渡”、“渠胥”。“𣯫”從“束”亦叟聲、疏聲字之音轉俗字。鄭知同指出:“作‘毹’譌體,‘俞’聲與‘溲’、‘𣯴’聲不相似。由‘𣯴’别作‘𣯴’,又譌作‘𣯴’,從‘臾’。《衆經音義》卷一四引葛洪《字苑》有‘𣯴’。因又作‘毹’,從俞聲也。”(鄭珍《説文新附考》,收入《續修四庫全書》第223册,上海古籍出版社2002年版,第305頁。)《龍龕手鑑》未能辨其致誤之由也。

③ 鑷,録本作缺文,據底本補。

④ 陌,底本及録本作“隔”,結合文意,據甲本改。

⑤ “俠”,此當爲“夾”之借字。《正字通·人部》:“俠,傍也,並也。與夾通。”

相望。俠(夾)[1][□][路][2]渠水,底布沈香,衆鳥遊戲,鵝鴨鴛鴦。暢和雅音,演妙宫商。彼諸宫殿,池流華樹,樓觀殿堂,薗苑沿池。八功德水,盈滿其中,其水香潔,味如甘露。何等爲八?一輕,二冷,三暖,四美,五清净,六不臭,七飲時調適,八飲已無患。八色蓮華,青、黄、赤、白、紅、紫、縹、緑,彌覆水上。青色青光,黄色黄光,赤色赤光,白色白光。玄黄朱紫,各如其色。帝釋出遊觀時,交露寶車,駕千疋馬,翱翔八方,自在無有限礙。廣説其中快樂之事,不可具説。人壽千歲,當今人間三千六百萬歲。人間百歲,於忉利天宫一日一夜。三十日爲一月,十二月爲一歲。衣食自然。揣食入口,經七日之中,即化身長四十里。行欲之法,如人間無異。生子之時,男從父膝化生,女從母膝化生,如今四歲小兒許。眼能徹視,耳能道聽,知化心念,自識宿命,項背光明,飛行自在。行五戒十善,得生其中。第三天名'炎摩天',壽二千歲,當今人間七千三百萬歲。人間二百歲,於炎摩天上一日一夜。三十日爲一月,十二月爲一歲。懸處虚空,衣食自然。炎摩天行欲之法,抱則成欲。男女化生,身長八十里。行五戒十善,得生其中。第四天名'兜率天',壽四千歲,當今人間一億八百萬歲。人間四百歲,於兜率天上一日一夜。三十日爲一月,十二月爲一歲,衣食自然。兜率諸天行欲之法,執手成欲。男女化生,身長百六十里。彼兜率天宫,一生補處菩薩常怖(步)[3]其中,爲諸天師,教授天人發菩薩心,住不退地。行五戒十善,得生其中。第五天名'化樂天',壽八千歲,當今人間二億一千六百萬歲。人間八百歲,於化樂天上一日一夜。三十日爲一月,十二月爲一歲。衣食自然。化樂諸天行欲之法,捉衣成欲。男女化生,身長三百二十里。行五戒十善,得生其中。第六天名'他化自在天',壽萬六千歲,當今人間四億三千二百萬歲。人間千六百歲,於第六天上一日一夜。三十日爲一月,十二月爲一歲。衣食自然。第六諸天行欲之法,視欲成欲。男女化生,身長六百四十里。第六天上城郭樓觀,七寶莊嚴。宫殿樓閣,浴池寶樹,皆以無量妙寶嚴飾,光明赫奕,超勝獨妙,不可

---

① "俠",此當爲"夾"之借字。參前注。

② 路,底本及録本無,結合文意,據甲本補。

③ 怖,此當讀爲"步"(二字均可音蒲故切)。《説文·步部》:"步,行也。"

具宜。婦女端正，容姿美妙。六天王者，受福超勝，魏魏堂堂，不可爲喻。行五戒十善，得生其中。從此已下六天，皆有男女受欲、揣食入口，故名‘欲界’。於此已上名‘色界天’。第七天名‘梵天’，去地極遠，難①可理論。喻以大石，縱廣四千里，今年此日下石，明年此日至地。其遠如是。從七天已上，無有女人之形，容貌微妙，如鏡中像。其爲天數，壽之一劫，見食即飽。行五戒十善加行一禪小增，得生其中。第八天名‘梵輔天’，壽二劫，見食即飽。行五戒十善加行一禪小增，得生其中。第九天名‘梵身天’，壽四劫，見食即飽。行五戒十善加行一禪小增，得生其中。第十天名‘梵眷屬天’，壽八劫，見食即飽。行五戒十善加行一禪小增，得生其中。第十一天名‘大梵天’，壽十六劫，見食即飽。行五戒十善加行一善小增，得生其中。第十二天名‘光天’，壽三十二劫，見食即飽。行五戒十善加行二禪小增，得生其中。第十三天名‘少光’，壽六十四劫，見食即飽。行五戒十善加行二禪小增，得生其中。第十四天名‘無量光天’，壽百二十八劫，見食即飽。行五戒十善加行二禪小增，得生其中。第十五天名‘光音天’，壽二百五十六劫，見食即飽。加行五戒十善，加行二禪小增，得生其中。第十六天名‘净天’，壽五百一十二劫，見食即飽。行五戒十善，加行三禪小增，得生其中。第十七天名‘少净天’，壽千二十四劫，見食即飽。行五戒十善，加行三禪小增，得生其中。第十八天名‘無量净天’，壽二千三十八劫，見食即飽。行五戒十善，加行三禪小增，得生其中。第十九天名‘遍净天’，壽四千九十六劫，見食即飽。行五戒十善，加行三禪小增，得生其中。第二十天名‘密身天’，壽八千一百九十二劫，見食即飽。行五戒十善，加行四禪小增，得生其中。第二十一天名‘小密身天’，壽萬六千三百八十四劫，見食即飽。行五戒十善，加行四禪小增，得生其中。第二十二天名‘無量密身天’，壽三萬二千七百六十八劫，見食即飽。行五戒十善，加行四禪小增，得生其中。第二十三天名‘密菓天’，壽六萬五千三百三十六劫，見食即飽。行五戒十善，加行四禪小增，得生其中。第二十四天名‘不煩天’，壽十三萬六百七十二劫，見食即飽。行五戒十善，加行四禪小增，得生其中。從此已上四天，不復還墮世間。所以者何？其有得阿

① 難，録本作“離”，據底本改。

那含道者，皆生其中，便於現身成阿羅漢道，不爲世業所拘，故不受劫所之名。第二十五天名‘不熱天’，識食即飽，行五戒十善四禪具，得生其中。第二十六天名‘善見天’，識食即飽。行五戒十善四禪具，得生其中。第二十七天名‘不善見天’，識食即飽。行五戒十善四禪具，得生其中。第二十八天名‘色究竟天’，識食即飽。行五戒十善四禪具，生其中。‘色究竟天’者，盡色界際，名爲‘究竟’，亦名‘有頂’。在色有之頂，名爲‘有頂’，亦名‘摩醯首羅者’、‘大自在’也。能王三千大千世界，故名爲‘大自在’。又名‘阿迦貳吒天’。‘阿迦貳吒天’者，亦是‘色界究竟天’之别名也。從此已上四天，名‘無色界’。欲界色界，諸天不見其形，故名‘無色界’。第二十九天名‘空處天’，壽一億五百萬劫，念食即飽。行五戒十善四禪度色浄，得生其中。第三十天名‘識處天’，壽二億一千萬劫，念食即飽。行五戒十善四禪滅悉浄，得生其中。第三十一天名‘不用處天’，壽四億二千萬劫，念食即飽。行五戒十善四禪斷永浄，得生其中。第三十二天名‘非相非非相處天’，壽八億四千萬劫，念食即飽。行五戒十善四禪念空浄，得生其中。從此已下四天，人身如中陰形，極世之受，名之‘小無爲’。其著樂，難可教化，故屬八難。若能覺苦斷苦、知盡行道、解空無相、無願之法，得出三界，名之‘阿羅漢’。”

佛言：“下至風輪際，上至非相非非相天，傍極鐵圍山畔，是名‘小世界’。從一小世界數至千小世界，有鐵圍山。周迴圍之，名爲‘小千’。小千合爲一。從一小千數至千，中合爲一。從一中千數至千世界，復以鐵圍山周圍之，是名‘三千’，合爲一。從一三千數至千世界，復以鐵圍周迴圍之，是名‘三千世界’，名‘一佛土’。小千鐵圍山高至第七天，厚亦爾，周圍小千國土。中千鐵圍山高至第十一天，厚亦爾，周圍中千國土。三千鐵圍山高至第十五天，厚亦爾，周圍三千國土。大千鐵圍山高至第二十四天，厚亦爾，周圍大千國土。以四天下須彌山四城，七重寶山及大海水八十億小洲。洲有一國，八十億國土悉居海中。小鐵圍内東西一千八百萬里，南北一千八百萬里，天下萬物悉在其中。於鐵圍山四面外、兩山中間、沃燋山下，各安十八地獄。於大海底復安十八阿鼻地獄。一四天下並有九十地獄，以爲圍遶。百億四天下合九百億地獄，地獄以爲眷屬。若人增上，心犯十惡，加作五逆罪，於九十地獄中治罪。雖犯上品十惡、不造五逆者，但於七十二地獄中治罪，不入十八阿鼻地獄治罪也。中品犯十惡，於三十六地獄中治罪人，爾乃得出。下品十惡者，但於一方十八地獄中治罪。若遍此十阿鼻地獄中治罪，足滿八萬四千劫，爾乃得出。若具犯阿鼻地獄，居大海水底，縱廣八千由旬，七重鐵城、七重鐵網彌覆城上。七重城内外有八萬四千刀山、八萬四千劍樹，充滿中間。於其四門，有四大銅狗，吐毒火滿阿鼻城中。有十八鬲，一一鬲中有十八苦事，所謂十八小熱地獄、十八黑闇地獄、十八寒冰地獄、十八灰河地獄、十八火車地獄、十八鑊湯地獄、十八沸屎地獄、十八刀山地獄、十八劍樹地獄、十八刺床地獄、十八鐵機地獄、十八鐵窟地獄、十八銅柱地獄、十八黑繩地獄、十八鐵丸地獄、十八尖石地獄、十八飲銅地獄。有如是等十八苦事，充滿其中。下火徹上，上火徹下。其中苦毒，不可具説。世間自有愚癡衆生，造作五逆，殺父殺母、殺師、殺阿羅漢、出佛身血、破佛塔寺、破和合僧、盗物、謗方等經、毁十方佛、破戒因果，作如是等無間重罪。其人命終，入阿鼻地獄，猶如射箭，經阿僧祇劫，備受衆苦，無有休息。故名'無間阿鼻地獄'。彼地獄一日一夜，當今人間日月歲數六十小劫。如是受罪，逕歷八萬四千大劫，爾乃行出，復入東方十八地獄中。南西北方，亦復如是。遍九十地獄，一一地獄中皆住億千萬歲，爾乃得出。復墮畜生中，象、馬、牛、羊、驢、[□][騾]①、駱駝、犬、豕、鷹、梟、鵄、鴨之中，數千萬歲，以肉供人。償其罪畢，從畜生出，乃得爲人，復爲奴婢，又五百世，常爲走使，不得自在。又生爲人，貧窮下賤，衣不蓋形，食不充口。復五百世，乃復爲人，由(猶)不及次。以是因緣，人身難得，佛世難得，佛世難值，經法難聞，衆僧難遇，明師難遭。以得人身，值佛聞法，宜應惻厲(策勵)②，行道爲先，難(護)③身口意，慎莫放逸。放逸者一失人根，萬劫不服。甚難，甚難，復得爲人！所謂劫者，極天地之始終，謂之一劫。劫有三品。何等三品？一者大劫。有一大城，縱廣高下百二十里，滿中盛芥子，人天過百年已，取一芥子别著一大城中。如是取盡，名'一大劫'。色界天人壽是八億四千萬劫，爾乃命盡。中劫者，有一大城，縱

① 騾，底本及録本無，結合文意，據甲本補。
② "惻厲"二字此當讀如"策勵"。
③ 此字底本不清晰，甲本作"護"。"難"當爲"護"之訛字。

廣高下八十[1]里，滿中盛芥子，人天過百年已，取一芥子別著一大城中，如是取盡，名爲‘中劫’。色界天人用是壽命，以數一劫二劫，極至十三萬六百七十二劫，爾乃命終。小劫者，有一大城，縱廣高下四十里，滿中盛芥子。人天過百年已，取一芥子別著一大城中。如是取盡，名‘一小劫’。是名‘三品劫’也。又無色界四空處天，樂寂滅樂。次有色界二十二天，樂禪定樂。次有欲界六天，樂五欲樂。三界雖樂，猶不免三災所壞。何謂三災？一者火災，二者水災，三者風災。小劫盡時，七日並出，焚燒天地，六天皆盡，故名‘火災’。中劫盡時，天降災雨，大如車輪；逕億千萬歲，其水洪起，高至二十四天；復逕億千萬歲，色界欲界所有大千鐵圍、中千鐵圍、小千鐵圍、七重寶山及四天下須彌寶山、二十四天宮殿，一切爛壞；是名‘水災’。大劫盡時，有惡風起，吹三千大千鐵圍山、百億鐵圍山、百億須彌山王、百億三十三天宮殿。山山相搏，令如粉塵，無有遺餘，三千世界皆悉空曠，是名‘風災日[2]’也[3]。《大樓炭經》一百二十卷，廣明世界中事。《大經》難見，是故此中略句其要耳。閻浮提縱廣正等，三十二萬里，通其山陵河池，故有爾也。宣數平壤之地，廣長二十八萬里。其中凡有十六大國，統八萬四千城。有八大國王、四大天子。東方有晋國天子，人民熾盛；南方有天竺國天子，土地多饒象；西方有大秦國天子，土地多金銀璧玉；北方有月氏國天子，土地多好馬。此閻浮提內，有十六萬億兵，聚有八萬四千。地中有六千四百種人，萬億嚮魚，有六千四百種鳥，有四千五百種狩，有二千四百種海。海中有[4]草，有八千種雜藥，有七百四十種香，有四十種寶，有百二十種正寶。海中有二千五百國。一百八十小國，噉五穀[5]。三百國，噉魚鱉黿鼉。有五大國王：第一大王主五百小國，王名‘斯利’，國土盡時，[□][事][6]佛少，事耶衆[7]。第二國王亦主五百小國，王

① “八十”二字底本及録本訛作“十八”。結合文意，據甲本乙正。

② 日，底本及録本訛作“曰”，並置於下“大”字前。結合文意，據甲本乙正。

③ 也，甲本無。

④ 有，底本及録本作“凡”，結合文意，據甲本改。

⑤ 穀，底本及録本作“聲”，結合文意，據甲本改。

⑥ 事，底本及録本無，結合文意，據甲本補。

⑦ “耶衆”二字底本及録本誤倒作“衆耶”，茲據文意乙。

名'加羅',土地出七寶。第三國王亦主五百小國,王名'不羅',土地出四十二種寶及百瑠璃。第四國王亦主五百小國。第五國王亦主五[1]百小國。五大城中人,多黑短小。五大城相去六十五萬里。從此諸國已外,但有海水,無有人民,去鐵圍山一百四十萬里。"[2]

① 五,底本及録本作"王",結合文意,據甲本改。

② 甲本尾題:"妙法蓮華經卷第三十。"

No. 2900 佛説齋法清净經

[題解]

中國人假託佛説所撰經典，又名《齋法清净經》，著譯者不詳，一卷。敦煌、吐魯番文獻中存有全經，計 15 號，分屬兩個不同的傳本系統：(一)伯 4500、龍谷大學圖書館藏敦煌本(據《大正藏》注文，未見原卷)、羽 216 號，以上 3 號首尾完整；伯 3295、斯 4548a，以上 2 號首殘尾全；斯 4866v，以上 1 號首全尾脱，僅抄文題"佛説齋法清净經"及文首"如是我聞：一時佛在竹林精舍"十九字。(二)北敦 14804b(新 1004)、斯 5646c，以上二卷首尾完整；斯 6269b(首全尾殘)、龍谷大學圖書館藏敦煌本 7008(首殘尾殘，存六行)、俄 Дx. 10418(殘片)+俄 Дx. 10304(殘片)，以上三卷爲有殘缺者，其中俄 Дx. 10418、俄 Дx. 10304 可綴合爲一卷；斯 8549、斯 11577a、德國印度藝術博物館藏吐魯番文獻 MIKⅢ98 號 4，以上 3 號情况不詳。經文主要叙述應依法持齋，否則即爲不清静，將會墮於餓鬼惡道中六十萬世乃至五百萬世，無論施齋者、受齋者均皆如此。内容爲：一時佛在竹林精舍，目連請問自己在入城乞食過程中看到的可怖惡鬼，佛爲解答，説明這些惡鬼均是造齋後破齋、或食他齋食不持齋導致的惡報。此經主旨在於説明受齋和設齋過程中主客雙方需要遵守的一些規範以及不遵守這些規範所會導致的惡報。經文結尾以一個簡短的流通分，目連承諾流布奉行此經作結。此經自隋《法經録》以下均被判爲僞經，出現時間當在 594 年以前，爲清以前歷代大藏經所不收，《大正藏》第八十五卷所據龍谷大學藏敦煌本屬於傳本系統(一)，未見原圖版，卷號不詳(現存龍谷大學藏敦煌本 7008 號僅存六行，與其底本當本非一卷)。陳祚龍曾對此經加以簡要的考察並對其全文進行了録校(陳祚龍《關於日本龍谷大學所藏的敦煌本〈佛説齋法清净經〉》，《海潮音》1984 年第 65 卷 4 月號)。張小豔《敦煌疑僞經三種殘卷綴合研究》(《浙江大學學報》人文社會科學版2016年第3期)對系統(二)中的俄Дx.10418、俄Дx.10304兩卷進行了綴合整理。今校注新增參校本:甲本,羽216號;乙本,斯5646c號;丁本,陳祚龍録校本。

如是我聞:一時佛在竹林精舍,與二百五十比丘、比丘尼、優婆塞、優婆夷及諸天龍八部鬼神、菩薩、摩訶薩一時①集會。是②大目揵③連從坐而起,爲佛作礼,而白佛言:"世尊!我昔日時④入城乞食,道逢見有數千萬人,頭如太⑤山,腹如須弥,咽頸如針;行步之時,如五百乘車聲,烟火熾⑥然。何罪所致?唯願世尊,爲我演説。"

佛言:"苦哉!苦哉⑦!"

[□][佛]⑧告目連曰⑨:"此餓鬼者,先世之⑩時,爲造齋食,供具食訖,中後破齋,便得如是罪報⑪。食他齋食、不持齋者,亦得是報⑫。若作齋訖,所有餘⑬食不得輒與不齋人食。過齋訖後,施主啓白⑭衆僧⑮,請⑯乞歡喜。所

① 時,丁本校作"期"。

② 是,丁本校作"時"。

③ 揵,甲本作"乹",乙本作"健",丁本校作"犍"。

④ 時,乙本無。

⑤ 太,乙本訛作"大"。

⑥ "火熾"二字底本訛作"大口",今結合文意,據甲、乙二本改。

⑦ "苦哉苦哉"乙本作"苦哉"。

⑧ 佛,底本及《大正藏》本無,結合文意,據乙本補。

⑨ 曰,乙本無。

⑩ 之,乙本無。

⑪ 報,乙本無。

⑫ "不持齋者亦得是報"八字乙本作"不待齋故得罪"。

⑬ 餘,乙本作"長"。

⑭ 白,丁本訛作"曰"。

⑮ "過齋訖後施主啓白衆僧"十字乙本作"過齋後主應白衆僧"。

⑯ 請,乙本無。

有餘[①]食，衆僧應施弟子，然後歡喜，隨口（自）[②]意用[③]。若不諮請，衆僧、施主二俱得罪[④]。”

目連答曰：“實如聖教。”

佛言：“一切檀越施[□][主][⑤]設法會，供齋調度。若能持齋者，可得與食。若不持齋者，不得輒食[⑥]，[□][食][⑦]此飯獲罪，無量無邊[⑧]。若能[⑨]一日持齋，得六十萬世餘糧。若[⑩]不持齋、食齋食者，六十萬世墮餓鬼中。何以故？此信施重食[⑪]，寧可[⑫]吞熱鐵丸，不食此飯。吞熱鐵丸，須臾間[⑬]耳[⑭]；食他信施，久受懃苦，五百萬世受餓鬼苦。但[⑮]有設會之處，一切如法作齋，不得懷俠（挾）[⑯]餘殘，歸[⑰]給親友、宗親[⑱]，食此餅飯[⑲]。若懷俠（挾）餘殘[⑳]，五百萬世在地獄中，有熱鐵輪左右而過，腋脅燋爛，受大苦惱[㉑]。一切齋食，不

① 餘，乙本作“長”。

② 口，甲本作“自”。“自”字義長。

③ “施弟子然後歡喜隨口意用”十一字乙本作“衆僧應布施歡喜隨意用”。

④ “若不諮請衆僧施主二俱得罪”十二字乙本作“若不布施衆僧得罪”。

⑤ 主，底本、録本脱，據甲本補。

⑥ “若能持齋者可得與食若不持齋者不得輒食”十八字乙本作“持齋者得食不持齋者不得食”。

⑦ 食，底本、録本無，據文意補。

⑧ “獲罪無量無邊”六字乙本無。

⑨ “若能”二字乙本無。

⑩ 若，乙本無。

⑪ 食，乙本作“故”。

⑫ 可，乙本無。

⑬ 間，乙本訛作“聞”。

⑭ 耳，底本、録本作“自”，誤。今結合文意，據甲本改。

⑮ 但，乙本無。

⑯ 俠，此當爲“挾”之訛字，丁本即校作“挾”。下“俠”字同，徑括住其正字，不復校。

⑰ “歸”字前乙本有一“食”字。

⑱ “親友宗親”四字乙本作“妻子”。

⑲ “餅飯”二字乙本作“飯餅”。

⑳ “懷俠餘殘”四字乙本作“腋底懷俠”。

㉑ “左右而過腋脅燋爛受大苦惱”十二字乙本作“左腋底出右腋底人（入）”。

可[①]不慎。一[②]粒米、麥，化作熱鐵丸。一切施主[③]欲設福會，於先嘗此食者[④]都是殘食。唐作[⑤]此會，不如不作。何以故？諸天鬼神不歡喜故[⑥]。此人於先嘗**餟**[⑦]者，亦五百萬世受餓鬼苦。自[⑧]今以後，欲得福者，好當清净，如上法作[□][齋][⑨]，净洗身手，麸[⑩]糠於先安置屏處藏蓋，實莫嘗**餟**[⑪]。如法作齋，可得福利，諸天歡喜，百神慶悦，善神擁護。經不虚言，福報如影響。此餓鬼本從人道中來。以不净手觸衆僧衣鉢，以不净手濁(觸)[⑫]沙門净食，以不净手著沙門食中，以不净食將施衆僧及與父母，後五百世墮餓鬼中，常[⑬]食不净；始欲上廁食噉糞屎[⑭]，即彼[⑮]廁神手把鐵杖，逆彼[⑯]餓鬼，不得近廁，恒食膿血、涕唾及蕩除惡汁，常守穢惡女婦[⑰]産生血污、不净以爲資糧；復逕五百萬世，墮在豬豚[⑱]、蜣蜋之中，常食臭穢不净之物。受斯苦切，累世懃苦，數千萬劫，無有出期，難得解脱，痛不可言。或以手觸身體男女根等，或[⑲]以此

① 可，甲本作“得”。

② 一，底本、録本作“不”，今結合文意，據甲、乙二本改。

③ “施主”二字乙本作“賢者”。

④ 者，乙本無。

⑤ 唐，丁本校作“廣”。按：“唐”字不誤，此爲“空”義。“唐作”義即“空作”。失譯人今附東晋録《佛説護净經》：“一切賢者施設福會，於先嘗啜此食，都作殘食。唐作此會，不如不作。”[T17n0748p565b22—b23]可助互勘。

⑥ “諸天鬼神不歡喜故”八字乙本作“諸天不歡鬼神不喜”。

⑦ **餟**，此當爲“哾”之换旁俗字。《字彙・口部》：“哾，嘗也。”其本字作“啜”。《正字通・口部》：“哾，俗歠字。《説文》作啜。”

⑧ “自”字前乙本有“神苦極劇”四字。

⑨ 齋，底本、録本無，今結合文意，據乙本補。

⑩ 麸，丁本訛作“麥”。

⑪ **餟**，此當爲“哾”之换旁俗字。參前注。

⑫ 濁，此當爲“觸”之訛字。該字甲本正作“觸”字，丁本亦校作“觸”。

⑬ 常，乙本作“嘗”。

⑭ 屎，甲本作“尿”。

⑮ “即彼”二字甲本作“則有”。

⑯ 彼，甲本作“打”。

⑰ “女婦”二字甲本作“婦人”。

⑱ 豚，甲、乙二本作“**猪**”。

⑲ 或，甲本作“即”。

手觸沙門、父母净食，以不净食著與沙門、父母，當致此殃。一切肉眼，不知罪福。自今已後，[□□□□][我諸弟子][1]欲得佐助衆僧作飯[2]食者，以清净身手捉衆僧食器，以清净手澍（洮）[3]米把麵，及以净[4]水作食，得福無量。自今以後，廣爲一切普使聞知，如説修行。”

目連白佛：“我當流布，不敢忘失，至心奉行。”

佛説齋法清净經。[5]

---

① “我諸弟子”四字底本及《大正藏》本無，結合文意，據甲本補。

② 飯，甲本作“飲”。

③ 澍，甲、乙二本作“洮”。“洮”字以長。《字彙補·水部》：“洮，與淘同。”

④ “净”後甲本有一“潔”字。

⑤ 甲本尾題：“佛説齋法清净經一卷。”乙本尾題：“佛説齋法清經一卷。於時大宋乾德七年(969)己巳歲四月十五日，大乘賢者兼當學禪録何江通，發心敬寫大小經三築子，計九卷，晝夜念誦，一心供養，故記之耳。”

No. 2901 佛説法句經

[題解]

中國人假託佛説所撰經典,作者不詳。伯 2308 號首題下有:“德真寺比丘僧樂真注。”該樂真或與著者有關,或爲《法句經疏》的作者。一卷或二卷。《大唐内典録》、《開元録》、《貞元録》均將此經收入僞經録。敦煌遺書及吐魯番文書中存有全本,共 24 號,可分爲兩個不同的傳本系統:(一)北大 D103,首尾全;斯 3968,首殘尾全。(二)伯 2308,首尾全,首題“法句經”,尾題“法句經一卷”;中村 090,首尾全,首題:“佛説法句經諸菩薩融心覺序品第一”,尾題“佛説法句經一卷”。以上 2 號爲完整者。另有斯 33(首殘尾殘)、BD3645(北 8666,爲 45,首殘尾殘)、BD3646(北 8667,爲 46,首殘尾殘)、BD3421(北 8668,露 21,首殘尾殘)、BD3417(北 8301,露 17,首殘尾全),以上 5 號可拼接成一首殘尾全的寫卷;BD2580(北 8665,歳 80,首殘尾殘)、BD3123(北 8664,騰 23,首殘尾殘)、BD3424(北 8669,露 24,首殘尾殘)、伯 3922a(首殘尾全)、伯 3924b(中殘)、斯 837(首殘尾殘)、斯 2021(首殘尾全)、斯 4106(首殘尾全)、斯 4666(首殘尾殘)、台中圖 119(丙)(首殘尾殘),以上 10 號爲有殘缺者。另有不能區别傳抄系統的寫卷斯 7614、斯 8495、斯 12213、津圖 67、出口氏所藏吐魯番文書 234 號(殘片),以上 5 號情况不詳。此外,敦煌遺書中有伯 2192、伯 3525b、斯 6220 三號《法句經疏》。斯 1612《丙午年比丘願榮轉經歷》著録《佛説法句經一卷》。從現存於敦煌遺書中的《法句經》寫卷來看,本經三分具足,説法地點爲“日月宫中勝藏殿上”,主要由不壞諸法菩薩、寶明菩薩和普光莊嚴菩薩與釋迦牟尼佛的對話構成,圍繞法空與親近善知識兩點展開。經文最後爲佛陀授記寶明菩薩及文殊師利菩薩請問此經功德等内容並以簡短的流通分結尾。《大唐内典録》在《僞經録》中列有:

“《法句經》,二卷。下卷寶明菩薩。”今敦煌本内正有“即爲寶明授記品”云云,故當爲經録所載之僞經,出現時間在664年以前。清代以前歷代大藏經未收,《大正藏》據中村090號及斯2021號録入其第八十五册。今整理仍以《大正藏》録本所據卷中村090號爲底本、斯2021號爲甲本,新增伯2308號爲乙本。乙本首題:“法句經,德真寺比丘僧樂真注。”

稽首十方大聖尊,曉達一切真如士,願欲利益諸群生,悉到涅槃安隱處。

弟子雖發如是心,所願迷冥不能解,惟請衆聖施慈悲,令我得入神通智。[①]

佛説法句經諸菩薩融心覺序品第一[②]

聞如是:一時婆伽婆[③]在日月宫中勝藏殿上,與大[④]菩薩摩訶薩十萬人俱。其名曰“勝積菩薩”、“普賢菩薩”、“文殊師利菩薩”、“金剛藏菩薩”、“金剛幢菩薩”、“金剛慧菩薩”、“觀世音菩薩”、“决定慧菩薩”、“彌勒菩薩”、“三世辯菩薩”、“常住願菩薩”、“勢力自在菩薩”、“无起作菩薩”、“常慈菩薩”、“常視一相光菩薩”。如是等菩薩摩訶薩十萬人俱。復有菩薩摩訶薩,名曰“寶明”,與無量比丘、比丘尼、優婆塞、優婆夷,百千萬人。復有無量天龍夜叉、護法善神及餘他方無數菩薩,皆悉集會。

不壞諸法菩薩説宿緣品第二

於是衆中有菩薩名“不壞諸法寶明”,承佛神力,前白佛言:“世尊!我於往昔然(燃)燈佛所出家學道。彼時名字‘等賢比丘’。爾時世尊即授於我今菩薩記,號曰‘不壞諸法’。”爾時寶明菩薩白佛言:“世尊!云何授我號爲‘寶

① 正文以上文字底本、録本無,據乙本補。

② “佛説法句經諸菩薩融心覺序品第一”乙本作:“法句經菩薩融心覺品者。”乙本此句前尚有:“稽首十方大聖尊,曉達一切真如士,願欲利益諸群生,悉到涅槃安隱處。弟子雖發如是心,所願遥冥不能解,惟請衆聖施慈悲,令我得入神通智。”

③ “婆伽婆”三字乙本作“薄伽梵”。

④ 大,録本訛作“天”,據底本改。

明'乎? 唯願世尊説此'實明'名字所以。"

佛言:"諦聽! 諦聽! 善思念之! 今爲大①衆求大②乘者説斯決定大乘微妙要法及汝名字金剛語句。"

爾時大③衆奉教如聽。

佛告實明菩薩:"善男子! 汝且觀此諸佛名字,爲是有耶? 爲是無耶? 爲有實耶? 爲無實耶? 善男子! 若名字是有,説食與人,應得充④飽。若得充⑤飽,一切飲食則無所用。何以故? 説食尋飽,不須食故。⑥ 若名字無者,定光如來不授我記及汝名字。如無授者,我不應得佛。善男子! 當知字句其以久如,以其如故,俻⑦題諸法,名字性空,不在有無。善男子! 若名字空者,於諸毁呰、誹謗、譏呵及以讚譽不應瞋喜。何以故? 誹謗、毁呰及以讚譽二俱空故。"

觀聲性空證實際品第三

"善男子! 若遇如上境界,應作是念:此音聲者爲大⑧爲小? 青黄赤白? 從何方來? 今來駡我,著我何處? 形相何似? 上下諦觀,都無所得。若無所得,不應生於瞋喜之心。作是觀已,堅持不捨,當知不久得阿耨多羅三藐三菩提。何以故? 觀音聲性空,證於如故。譬如有人夜想飛空,及其睡時見身飛行,菩薩摩訶薩亦復如是,觀聲性空,必得空證,乃知音聲但誑耳根,如⑨無實體。"

觀三處空得菩提品第四

"善男子! 菩薩摩訶薩欲得阿耨多羅三藐三菩提者,當觀三處。[□□

---

①②③ 大,録本訛作"天",據底本改。

④⑤ 充,録本訛作"无",據底本改。

⑥ 以上文字甲本缺。

⑦ 俻,《大正藏》原録者出校:"修=備㊙"。按:此字底本及甲、乙二本均作"俻",《大正藏》本訛作"修"。《玉篇·人部》:"俻",同"備"。

⑧ 大,録本訛作"天",據底本改。此字甲、乙二本亦作"大"。

⑨ 如,甲、乙二本均作"而"。

□□][何謂三處][①]？內、外、中間，是爲三處。於三處中無有實法，即爲解脱。'解脱'者，即菩提也。"

實明菩薩白佛言："世尊！三處觀者爲何謂也？"

佛告[②]實明："善男子！欲知三處，當修身觀。眼即爲内，色即爲外，心處中[③]間，是爲三處。或有衆生從無始已來不知三事虚之與實，妄起種種煩惱到或(惑)，是以我今教如實觀，令斷諸或(惑)。善男子！眼不自見，色不自名，心無形質，三事俱無。是故眼不自見，常處於内；色不自名，常處於外；心無形相，處無所在。善男子！眼不自見，屬諸因緣，緣非見相，眼即是空。色屬眼時，名'色'爲'色'；若眼性空，色亦無實。何以故？從空眼見，體無實故。善男子！菩薩摩訶薩知眼是空，於内無染；知色是空，於外無著；識心是空，滅於諸行；耳、鼻、舌、身、意亦復如是。[④] 善男子！知眼屬緣，見無自性，眼終日見，猶爲無見。色性屬眼，而不自名，終日名，猶爲無名。善男子！以斯空眼，常看空色，内外遍觀，心不可得；常求諸色，而不可得[⑤]。耳、聲、鼻、香、舌、味、身、觸、意、法亦復如是。善男子！應作是念：若眼與色非爲空者，眼住於内，不應辯外；色住於外，不應從眼；眼是有住，色亦有住；心是無爲，不應在有。何以故？有之與無性相違故。是故當知眼色與心虚通無礙。善男子！意即爲内，法即爲外，心處中間。意不自知，法不自名，心無形相，三事俱無。是故意不自知，常處於内；法不自名，常處於外；心無形相，實無處所。意不自知，屬諸因緣；緣非知相，意即是空；法屬意時，名'法'爲'法'。若意性空，法亦無實。何以故？從空意知體無性故。善男子！知意是空，於内無染；知法是空，於外無著；知心是空，滅於諸行；知意屬緣，知無自性。意終日知，猶爲無知。法性屬意，而不自名。名終日名，猶爲無名。以斯空意，常知空法，内外遍觀，心不可得。是故菩薩應作是念：'若意與法非爲空者，

---

① "何謂三處"四字底本無。結合文意，據甲本補。

② 告，甲本作"言"。

③ 中，甲本作"其"。

④ 此句後甲本尚有："善男子，菩薩摩訶薩知眼是空，於内無染；知色是空，於外無著；識心是空，滅於諸行；耳、鼻、舌、身、意亦復如是。"當屬誤衍。

⑤ 得，底本作"滿"。結合文意，據甲、乙二本改。

意住於内，不應辯外；法住於外，不應從意；意[①]是有住，法亦有住；心是無爲，不應在有。何以故？有之與無性相違故。當知意、法與心虚空[②]無礙。譬如陽炎，遠視似水，無智之人爲渴[③]所逼，急走向之，轉近轉滅。炎邊住者，知此地中本來無水，見彼走人，知其妄相，便生嗤笑，語走人言：‘此中無水，但陽氣耳，誑汝眼根。’彼人聞已，熱渴心息。色亦如是，凡夫無智，謂呼有實，爲欲渴所逼，生貪求相，熾然起心，趣向奔走。色相屬緣，轉觀[④]轉滅。證實相者知此陰中本來無色，本來無識，見凡夫人貪色疾走，知其妄想，便生嗤笑，爲説實法，語衆人言：‘陰中無陰，心中無心，念中無念，但緣氣耳，誑汝眼根。’若有智者聞已，妄渴心息。陰界諸入[⑤]，亦復如是。善男子！譬如凡夫夜夢見身種種光明，食百味食。復見遠行，至他方所，得好衣馬，侍從百万[⑥]。欻爾起瞋，尋命事力殺數千人。及其覺時，身光尋滅，亦不遠行，光明色相，空無所有。夢中行者，及與事力相殺之者，都無色相。色亦如是。一切衆生從無始已來黑闇崖下，無明被底，長夜睡眠，處於夢宅，妄見諸色，起一切法。若[⑦]男、若[⑧]女，生死涅槃，相殺相害，無有窮已。一切衆生，謂呼爲實。得道覺者，乃知虚妄，始知生死同涅槃相，男女諸色本性體空。善男子！若色如是，一切諸法亦復如然。如空谷響，如芭蕉堅，如水中月，如空中華，如石女兒，如電久住，如水龜毛，如走兔角，究竟無實。諸有智者，應除諸見，如世生盲，莫分别色。若不分别，當知不久得阿耨多羅三藐三菩提道。善男子[⑨]！一切衆生爲諸煩惱弊於慧目[⑩]，無眼生眼想；以斯忘想，見外境界，名之爲‘色’，如起貪著；以貪著故，流轉三有，如旋火輪，無有休也[⑪]。”

---

① 意，甲本無。
② 空，甲本作“通”。
③ 渴，底本作“得”。結合文意，據甲本改。
④ 觀，甲本作“推”。
⑤ “陰界諸入”四字甲本作“受想行識”。
⑥ 万，録本訛作“方”，據底本改。此字甲本亦作“万”，可參。
⑦⑧ 若，録本訛作“善”，據底本改。此字甲、乙二本亦作“若”，可參。
⑨ 子，底本及《大正藏》本作“女”，結合文意，據甲、乙二本改。
⑩ 目，録本訛作“因”，據底本改。此字甲本亦作“目”，可參。
⑪ 也，甲、乙二本作“已”。

親[①]近真善知識品第五

“善男子！一切衆生欲得阿耨多羅三藐三菩提者，當親近善知識，請問法要，必聞如斯甚深要句。”

爾時寶明菩薩白佛言：“世尊！云何是善知識？”

佛言：“善知識者，善解深法空相，無作，無生，無滅，了達諸法，從本已來究竟平等，無業無報，無因無果，性相如如，住於實際[②]，於畢竟空中熾然建立，是名‘善知識’。”

二十一種譬喻善知識品第六

“善男子！善知識者是汝父母，養育汝等菩提身故；善知識者是汝眼目[③]，示導汝等菩提路故；善知識者是汝脚足，荷負汝等離生死故；善知識者是汝梯橙，扶侍汝等至彼岸故；善知識者是汝飲食，能使汝等增長法身故；善知識者是汝寶衣[④]，覆蓋汝等功德[⑤]身故；善知識者是汝橋梁，運載汝等度有海故；善知識者是汝財寶，救攝汝等雖貧苦故；善知識者是汝日月，照曜汝等離黑闇故；善知識者是汝身命，護惜汝等無有時故；善知識者是汝鎧仗，降伏諸[⑥]魔得無畏故；善知識者是汝絙繩，挽拔[⑦]汝等離地獄故；善知識者是汝妙藥，療治汝等煩惱病故；善知識者是汝利刀，割斷汝等諸愛網故；善知識者是汝時雨，潤漬[⑧]汝等菩提牙（芽）[⑨]故；善知識者是汝明燈，能破汝等五蓋闇

---

① 親，甲、乙二本作“勸”。

② 際，録本訛作“除”，據底本改。此字甲、乙二本亦作“際”。

③ 目，録本訛作“因”，據底本改。此字甲、乙二本亦作“目”。又斯 2551 號《藥師經疏》：“善知識者是汝眼目，示導汝等菩提路故。”可助比勘。

④ 衣，録本訛作“依”，據底本改。此字甲、乙二本亦作“衣”。

⑤ 德，録本訛作“得”，據底本改。此字甲、乙二本亦作“德”。

⑥ “諸”字前甲、乙二本有“汝等”二字。

⑦ “挽拔”二字録本訛作“梳機”，據底本改。此二字甲、乙二本亦作“挽拔”。又，斯 2551 號《藥師經疏》：“善知識者，是汝絙繩，挽拔汝等離地獄故。”可助比勘。

⑧ 漬，録本訛作“清”，據底本改。此字甲、乙二本及斯 2551 號《藥師經疏》均作“漬”，可助比勘。

⑨ 牙，底本作“身”。結合文意，據甲、乙二本改。此字斯 2551 號《藥師經疏》作“牙”，可助比勘。

故;善知識者是汝善標,教示汝等趣正道故;善知識者是汝薪火,成熟汝等涅槃食故;善知識者是汝弓箭,射殺汝等煩惱賊故;善知識者是汝勇將[①],能破汝等生死軍故;善知識者是汝如來,破汝[②]煩惱至涅槃故。善男子！善知識者有如是無量功德,是故我今教汝親近。”

寶明聽衆等悲不自勝品第七

於是寶明與諸大[③]衆聞佛説此妙法及善知識甚深要法,舉聲號哭,淚下如雨,悲啼懊惱,不能自裁[④]。自念:“我身從曠劫已來爲善知識之所守護,是故今日值於如來,得聞深法。如是遇者,善知識力,非我力能。”自念:“我等從本已來未曾報恩,方便[⑤]親近。”説是語已,重復舉聲,悲號懊惱,槌胸大[⑥]哭。譬如有人新喪父母,號悼啼泣,死而復甦[⑦]。

爾時世尊見是事已,生憐愍心,即嘘長歎。以歎息故,振動三千大千世界,一切佛刹皆亦大動。

普光莊嚴菩薩等證信品第八

於是東方百千萬億阿僧祇土有國名“寶土”,佛名“寶相”。有菩薩名“普光莊嚴”,見此地動,白寶相佛言:“世尊！如此地動,是何瑞也?”

彼佛答言:“西方去此百千萬億阿僧祇土,有國名‘娑婆’,佛號‘釋迦牟

---

① 將,録本訛作“得”,據底本改。此字甲、乙二本及斯 2551 號《藥師經疏》均作“將”,可助比勘。

② “破汝”二字甲、乙二本作“能破汝等”。

③ 大,録本訛作“天”,據底本改。此字甲、乙二本及斯 2551 號《藥師經疏》均作“大”,可助比勘。

④ 裁,録本訛作“栽”,據底本改。此字甲、乙二本及斯 2551 號《藥師經疏》均作“裁”,可助比勘。“自裁”此指自制;自己约束。

⑤ “方便”二字録本作“便方”。按:底本“便方”间實有一倒乙號。此二字甲、乙二本作“方便”,可助比勘。

⑥ 大,録本訛作“天”,據底本改。此字甲、乙二本亦作“大”。

⑦ 甦,乃“蘇”之俗字。此字甲、乙二本作“蘇”。《集韻·模韻》:“穌,死而更生曰‘穌’。通作‘蘇’。俗作‘甦’,非是。”

尼’,爲諸衆生説於佛法,决定大乘,報善知識恩,故現斯瑞。”

普光莊嚴菩薩白寶相佛言:“世尊!我欲與此大①衆,俱至於彼娑婆世界,[□][至]②釋迦牟尼佛所,請問彼佛事善知識並問深法。”

寶相佛言:“善男子!今③正是時,宜速疾往。”

於是普光莊嚴菩薩與無量天菩薩各皆現身,坐寶蓮花師子之座,放大④光明,如大⑤力士,屈申⑥臂項來⑦至娑婆世界,在虚空中湛然而住。

爾時寶明菩薩見此光相,即白佛言:“世尊!此何光相?初未曾見。”

佛告大衆及寶明菩薩言:“此是寶相如來所諸天菩薩聞我爲汝説大乘經及善知識,現地動相,是以來到。”

寶明菩薩及諸大衆聞是語已,皆大歡喜,□□(整理)⑧衣服,侍⑨佛左右。

於是普光莊嚴菩薩於虚空中雨衆寶華。雨華已訖,尋至釋迦牟尼佛所,遶無數匝,合掌作禮,於一面立。

佛告普光莊嚴菩薩言:“善男子!汝發來時,汝之世尊氣力安否⑩?汝涉遠來,得無勞也⑪?”

普光莊嚴菩薩前禮佛足,答言:“時我世尊常命色力,更無他也。慇懃囑者,致問無量。”

於是衆中文殊師利菩薩謂普光莊嚴菩薩言:“諸善男子!汝等遠來何所諮請?”

普光莊嚴菩薩白文殊師利言:“大德,我承世尊説甚深法及善知識所有

①④⑤ 大,録本訛作“天”,據底本改。此字甲、乙二本亦作“大”。

② 至,底本無,結合文意,據甲、乙二本補。

③ 今,録本訛“令”,據底本改。此字甲、乙二本亦作“今”。

⑥ 申,録本訛作“身”,據底本改。此字甲、乙二本亦作“申”。

⑦ “項來”二字録本訛作“來須”,據底本改。此二字甲、乙二本亦作“項來”。

⑧ “整理”二字録本作缺文,底本存一“整”字,脱“理”字。今結合文意,據甲、乙二本補。

⑨ 侍,録本訛作“待”,據底本改。此字甲、乙二本亦作“侍”。

⑩ 否,甲本作“不”。

⑪ 也,乙本作“耶”。

功德，是故我來欲有諮請[1]事善知識所有功德。”

文殊師利言：“若有諮者，宜速發問。此諸大衆願樂欲聞。”

於是普光莊嚴菩薩知大衆意，前禮佛足，白佛言：“世尊！我等昔來慧力微弱，不能善解决定大乘深妙之義及善知識所[2]有恩德，如佛前説，恩重難議。唯願世尊爲諸大衆説於親近善知識法。”

佛言：“善哉！善哉！善男子！乃能爲諸衆生問如斯法。諦聽！諦聽！善思念之，當爲汝説。”

煩惱即菩提品第九

“善男子！善知識者有大功德，能令汝等於貪欲、瞋恚、愚癡、邪見、五蓋、五欲、衆塵勞中建立佛法，不起二[3]心，得大功德。譬如有人持[4]堅牢船度於大海，不動身心如(而)[5]到彼岸。善知識者亦復如是，以大願船，度[6]生死海，運載汝等，不動身心，到涅槃岸。善男子！譬如有人欲行嶮路，恃託一人善於伎藝，鎧仗備[7]有，並好寶車，駕以五馬，身心無畏，得達無難。善知識者亦復如是，法身壯大，善於方便，六度伎藝，慈悲鎧仗，皆悉備[8]有，乘[9]於大乘，駕五神通，運載汝等得無所畏，離於三塗生死諸難。善男子！譬如有人依[10]《楞伽》寶，服甘露[11]妙藥，消除諸病，命不中夭。善知識者亦復如是，

① “諮請”二字甲本作“所諮”。

② 所，底本及《大正藏》本作“不”，誤。今結合文意，據甲、乙二本改。

③ 二，底本及《大正藏》本誤作“一”。結合文意，據甲本改。

④ 持，乙本作“恃”。

⑤ 如，甲、乙二本作“而”。

⑥ 度，底本及《大正藏》本作“處”，誤。今結合文意，據甲本改。

⑦ 備，《大正藏》原録者出校：“修＝備甲”。按：此字底本及甲、乙二本均作“備”，録本訛作“修”。

⑧ 備，録本訛作“修”，據底本及甲、乙二本改。

⑨ 乘，録本訛作“來”，據底本及甲、乙二本改。

⑩ 依，甲、乙二本作“衣”，當爲“依”之同音借字。

⑪ 露，甲本無。

依大智[1]寶，服於法藥，消煩惱病，慧命無窮。善男子！譬如有人依師子王行諸獸中，無有[2]怖畏。善知識者亦復如是，若有依者，遊塵勞中，亦無所畏。善男子！譬如有人依須彌山，假使八風不能吹動。依善知識亦復如是，八難之風不能吹動。善男子！譬如有人依金翅鳥，遍觀大海，不畏諸災、魔竭魚難。依善知識亦復如是，逕生死海，不畏諸魔外道之難。善男子！善知識者，無量功德。廣欲[3]説者，窮劫不盡。”

求善知識不惜[4]内外壽命嫌疑品第十

“若有智者，見善知識應當供養、不惜身命，何况揣財、眷屬、妻兒及以國城如(而)得悋惜？若善知識諸有所作種種境界，不應起於毛髮疑心。所以者何？若有疑心，不得正受甚深法句。汝等大衆於善知識應斷疑念[5]。”

普光問如來慈[6]偈答品第十一

爾時普光莊嚴菩薩白佛言：“世尊！云何正受甚深法句？何謂甚深？”佛言：“勿作是問。若今説者，聲聞、緣覺及新發意菩薩聞説斯法，心所迫迮，斷壞善根。”

普光莊嚴菩薩白佛言：“世尊！爲我等輩方便演示[7]，與諸衆生作將來業。”

爾時世尊以偈頌曰：

“佛子善諦聽，我今如實説。一切諸法性，本來無所動。

諸佛依貪瞋，如[8]座於道場，塵勞諸佛種，本來無所動。

---

① “大智”二字甲、乙二本作“智慧”。

② 有，甲、乙二本作“所”。

③ “廣欲”二字甲、乙二本作“欲廣”。

④ 惜，録本訛作“借”，據底本及甲、乙二本改。

⑤ 念，甲、乙二本作“心”。

⑥ “來慈”二字甲本作“玆”。

⑦ 示，甲、乙二本作“説”。

⑧ 如，甲、乙二本作“而”。

五蓋及五欲，爲如來種性，常以是莊嚴，本來無所動。
淫欲及邪見，並餘結使等，究竟解脱相，本來無所動。
諸佛從本來，常處於三毒，長養於百法，如①成於世尊。
諸法從本來，無是亦無非，是非性寂滅，本來無所動。
一切諸衆生，實無有生滅，生滅即涅槃，本來無所動。
一切諸法相，從緣無起作，起作性如②如，本來無所動。
一切諸文字，無實無所依，俱同一寂滅，本來無所動。
説③諸布施福，於中三事空，究竟不可得，施福如野馬。
若説諸持戒，無善無威儀，戒性如虚空，持者爲迷到④。
若見瞋恚者，以忍爲羈⑤鞅；知瞋等陽炎，忍亦無所忍。
説諸精進業，爲增上慢説；無增上慢者，無善無精進。
若起精進心，是妄非精進；若能心不妄，精進無有崖⑥。
若學諸三昧，是動非坐禪，心隨境界流，云何名爲'定'？
[若學智慧者，是知尋爲業，從業而有報，是則智慧者。
智非文字説，亦復非因果，不離是諸法，是名'真智相'。]⑦
參羅及萬像，一法之所印，云何一法中，如⑧生種種見？
一亦不爲一，爲欲破諸數，淺智之所聞，見一以爲一。
若有聞此法，常修寂滅行，知行亦寂滅，是則⑨菩提道。
若欲證此法，親近善知識，善學諸方便，度脱於群生。
我今説此法，爲攝⑩有衆生；若無我見者，究竟無所⑪説。

---

①⑧ 如，甲、乙二本作"而"。
② 如，甲、乙二本作"相"。
③ 説，録本訛作"諸"，據底本及甲、乙二本改。
④ 到，甲、乙二本作"倒"。
⑤ 羈，乙本作"**覉**"。《玉篇》："**覉**，古文'羈'字。"
⑥ 崖，録本訛作"虚"，據底本及甲本改。
⑦ "若學智慧者……是名'真智相'"底本、《大正藏》本無，據乙本補。
⑨ 則，甲、乙二本作"即"。
⑩ 攝，甲本作"説"。
⑪ 所，甲、乙二本作"有"。

此是金剛句，決了諸邪見，一切外道輩，盡力無能壞。
若有諸衆生，得聞如是經，雖在三塗中，究竟清凉樂。
若聞此經名，及解一句義，必生諸佛國。何况讀誦者？
若有此經處，我恒在其中，爲護如是人，令得無上道。”
爾時世尊説此偈已，普光大衆得無生法忍。

即爲寶明授記品第十二

寶明菩薩尋得授記：“汝當來世過八十萬劫當得作佛，號‘寶明如來、應供、正遍知、明行足、善逝、世間解、無上士、調御丈夫、天人師、佛、世尊’。”

時有衆生純一大乘，更無聲聞、辟支佛名，國土嚴浄，過無量壽百千萬倍。與諸菩薩授記已訖，便欲捨坐。

傳持品第十三

爾時文殊師利菩薩前白佛言：“世尊！此經①當來在何等人手？以何因②緣得聞此經？”

佛言：“善男子！此經甚深，難可得聞。譬如金剛，一切凡夫不能覩見，唯除帝釋。此經亦爾，聲聞、緣覺所不能見，唯除菩薩。譬如師子，一切禽獸無敢向者，唯除龍王。此經亦爾，聲聞、緣覺斷絶悕望，唯除菩薩。假使有人純以真金滿四天下以用布施，不如聞此經名得福萬倍；假使有人純以七寶作諸③床榻④，以頗梨衣供養衆生，滿閻浮提，具⑤於一劫，不如聞此經名得福萬倍；若有善男子、善女人得聞此經者，當知是人親侍無數諸佛，殖衆德本，乃能得聞。善男子！此經當來至於八地菩薩之手。”

---

① 經，録本訛作“等”，據底本及甲本改。

② 因，底本作“恩”。結合文意，據甲、乙二本改。

③ 諸，録本訛作“詣”，據底本及甲、乙二本改。

④ 榻，甲、乙二本均作“搶”。《集運·盍運》：“搨，打也。或作搶。”然此義與文義不協。敦煌寫本中“扌”部“木”部常混。結合文意，此處“搶”爲“搨”之或體，而“搨”實爲“榻”之换旁俗字。

⑤ 具，録本訛作“界”，據底本及甲、乙二本改。

護經如眼、寧喪身命不怠[①]品第十四

佛告諸大衆及寶明菩薩:“汝護是經,如護眼目。寧喪身命,莫於此經中如[②]生懈怠。若有衆生於此經中生信心者,當知是人真佛弟子,無有疑也。”

爾時世尊説此經已,一切大衆天龍八部皆各歡喜,如法奉行。

[□□□□□□□][佛説法句經一卷][③]。

① 怠,録本訛作“急”,據底本及甲、乙二本改。

② “中如”二字乙本無,甲本作“而”。

③ “佛説法句經一卷”七字録本脱,據底本及甲本補。乙本此句作:“法句經一卷。”

No. 2902《法句經》疏

[題解]

佛典《法句經》注疏，作者不詳，或爲樂真，一卷。敦煌文獻中存有全疏，共2號：斯6220號，首殘尾殘，存17行；伯2325a號，首尾全，首題“法句經疏”，尾題“法句經疏一卷”。所疏乃一卷十四品本僞經《法句經》。卷首先釋《法句經》名，然後從明序分、辨正宗、明流通分三門釋義疏文。日本水野弘元認爲本疏約產生於七世紀中葉，作者可能與《攝論》學派有關。本疏是研究《法句經》及其流傳的重要資料。陳寅恪《敦煌本〈心王投陀經〉及〈法句經〉跋尾》一文曾對此經作簡略介紹（原刊於1939年《歷史語言研究所集刊》，後載自楊曾文、杜斗城主編《中國敦煌學百年文庫宗教卷[四]》第9頁，甘肅文化出版社1999年第1版）。清代以前歷代大藏經未收，《大正藏》據伯2325a號録入其第八十五册。今仍以《大正藏》本所據卷伯2325a號爲底本。新增參校本：甲本，斯6220號；乙本，中村090號《佛説法句經》。

夫至理無言，稱謂斯斷；玄宗幽寂，心行莫緣。稱謂斯斷故，則有言傷其旨；心行莫緣故，則作意失其真。所以掩室摩竭，用啓息言之[1]際；杜口毘耶，以通得意之路。斯皆理爲神御，故聖以之默。豈曰“無辯”？辯所不能言也。

[但以群生弱喪亡返，漂溺四流，依止空聚，長縈八苦，是故如來應生王

① 之，録本訛作“無”，據底本改。

宫，示戒[①]雙樹，將明生爲苦因，戒[②]爲樂本，使順[③]流者還原，迷途者改轍，息妄歸真，究竟常寂。廓靈宅以無疆，曜薩雲以幽燭，借微言以津道，託形象以傳旨。□□(故曰)[④]兵者，不祥之器，不獲已而用之；言者，不真之物，不獲已陳之。故始自鹿菀(苑)[⑤]，以四諦爲言初；終至鵠林，以三點爲圓極。其間散説，流過八億，象馱負而弗窮，龍宫溢而未盡。將令乘蹄以得兔，籍指以知月。知月則廢[⑥]指，得兔則妄(忘)[⑦]蹄[⑧]。故《經》言依義不依語，其在兹乎！雖復八万異徒，十二事則經論所明。辯其二種，其二是何？一者大乘滿字教門，二謂半字教門。"大乘滿字教門"者，辯其作、法二空无作因果，義足言周，理事備舉，説應大機，進成大行；運物中極，故明"大乘"；言周義足，稱爲"滿字"。"小乘半字教門"者，偏明生空有作四諦，談因果未窮，理事未備，説應小機，進分小行；運物未極，故曰"小乘"；言局義隱，名爲"半字"。今此經者，文雖簡略，義苞群典，衆經之總要，至極之深法，即是大乘滿字教門。

略知教所在，次釋題名。但諸經差别，得名不同。或有從人爲名，或□[⑨]就法彰目，或人事並陳，或法喻雙説。今此經者人皆爲名，佛是能説之人，法是可談之理也。天竺梵音號曰"佛陀"，此土[⑩]譯言名爲"覺者"，欲[⑪]明如來

①② 戒，底本作"㦸"，當爲"戒"之增旁俗字。

③ 順，録本訛作"恒"，據底本改。

④ "故曰"二字底本不清晰，兹據《高僧傳》卷第八[T50n2059p383a1]補。

⑤ 菀，乃"苑"之借字。《説文通訓定聲・乾部》："菀，叚借爲苑。"

⑥ 廢，底本作"度"，結合文意，兹據《高僧傳》卷第八[T50n2059p383a6]改。

⑦ 妄，此當爲"忘"之借字。該字《高僧傳》卷第八[T50n2059p383a6]正作"忘"。

⑧ 蹄，底本訛作"歸"，結合文意，兹據《高僧傳》卷第八[T50n2059p383a6]改。

⑨ "但以群生弱喪亡返……或有從人爲名，或"一段文字録本作缺文，今據底本補。

⑩ 土，録本訛作"出"，底本實作"圡"，乃"土"之贅點俗字。《隸變・衡方碑》："圡家于平陸。"顧藹吉注："'土'本無點，諸碑'士'或作'土'，故加點以别之。"

⑪ 欲，録本訛作"無"，底本實爲"欲"之手體。下文"二者證信序，阿難禀宣佛化，將示未聞，欲以聖言澤流萬代，故言'如是之法我從佛聞'，證已所傳深爲可信。從此立名，故云'證信序'。"中"欲"字同作此形，可資比勘。

獨秀重幽,孤明巨[①]夜,照達有無,解窮真俗,覺行圓滿,導悟群生,故稱爲"佛"。暢四辨於舌端,敷八音於聽表。談法性則名義俱空,論善友則功窮後際。衆乃慶所過而懷悲[②]。如來愁慜[③]之而感傷,遂使振及遐方,異土[④]雲集,再揚深法,極乎[⑤]無動(窮?)[⑥]。普光悟忍[⑦]於無生,寶明蒙記於十號,宣自金口,開[⑧]之彼意,故名爲"説"也。"法"者有其四種,謂理、教、行、果。今言"法句",則通收四門。"法"是所詮之旨,謂理行[⑨]果法;"句"是能詮之教,謂金剛之説。今爲對詮明旨,所以故須局三爲法,軌生物解,因以名焉。法不[⑩]自彰[⑪],顯在乎[⑫]教。文勢相屬,詮理義周,故名爲"句"。"經"者,此土之言,梵云"修多羅",良以此土之人貴重五經,義少相似[⑬],故番(翻)[⑭]譯家以"經"字代"修多羅"。"修多羅"有五義,出自廣文:一者"出生",出生諸義故;二者"勇(湧)[⑮]衆(泉)[⑯]",義味無盡故;三者"顯示",顯示諸義故;四者"繩墨",分辯邪正故;五者"結鬘",貫窮諸法故。經有二義:一"法",二"常"。"常"者,人雖古今,教儀恒定;"法"者,五經顯治道之得失、明人倫之是非也。

---

① 巨,録本訛作"臣",據底本改。斯 2474 號《佛爲心王菩薩説投陀經》卷上:"若夫至道圓明,虚無湛極。慈悲普攝,濟生死之深河;浮大寶舟,廣度四生之難。恩霑大道,迥拔三界之牢;惠鏡長懸,照無明之巨夜。"可參。

② 悲,録本訛作"之",據底本改。

③ 慜,録本訛作"愁",據底本改。

④ 土,録本訛作"出",據底本改。

⑤ 乎,録本訛作"樂",據底本改。

⑥ 動,似應爲"窮"之訛字,待考。

⑦ 以上文字甲本殘。

⑧ 開,録本訛作"聞",據底本改。該字甲本亦作"開",可參。

⑨ "行"録本誤置於"理"前,據底本改。

⑩ 不,録本訛作"分",據底本改。該字甲本亦作"不",可參。

⑪ 彰,甲本作"弘"。

⑫ 乎,録本訛作"平",據底本改。

⑬ 似,録本訛作"以",據底本改。

⑭ 番,此與"翻"同。該字甲本作"翻",可參。

⑮ 勇,此當爲"湧"之同音借字(二字同爲以母腫韻上聲)。

⑯ 衆,此當爲"泉"之訛字。同卷下文:"'多羅'五義,略舉二條:一謂'湧泉',二稱'繩墨。"可助互勘。

"多羅"五義,略舉二①條:一謂"湧泉",二稱"繩墨"。湧泉注而無竭,此義可以自"常";繩墨則辨定正邪,玆義又當其"法"也。"卷"謂卷舒。文無二軸,稱之"一"也。故云"佛説法句經一卷"也。

自下釋文,大判有三:初明序分;"佛告寶明"已下,次辨正宗;"爾時文殊"已下,明流通分。大聖説經,亦②有由致,故先明序。序義既興,宜陳奥旨,次辨正宗。正法既宣,非唯獨益當③時,遠被將來,使道光無絶,所以第三明流通分也。序義雖衆,無過有二:一者發起序,謂起化由藉大聖得説,託處假時,動地放光,有緣斯集,類藉此等起發正經啓化之由,故名"發起序"。二者證信序,阿難稟宣佛化,將示④未聞,欲以聖言澤流萬代,故言"如是之法我從佛聞",證己⑤所傳深爲可信;從此立名,故云"證信序"。文中初明證信序,"於是衆中"已下明發起序。初"證信"者,佛教阿難一切經初言⑥:"如是我聞,一時佛在某方某國某處爲某甲等若干人説"。經文雖六句,[要]⑦則唯三:一爲息諍,二示信相,第三證説。初言⑧"聞"者,謂阿難對衆陳己⑨飡受,聽説非他,故稱爲"聞",猶是"我聞"也。此則第一息諍法。若出"我聞"之外,則便有執,有執則起諍。今言"我從佛聞",則明己⑩無執,彼亦無諍也。又愛有二種:一者[五]⑪欲⑫愛,二者法愛。外道出家能斷欲⑬愛,不斷法愛,故情有所執。然佛弟子二愛並除,法愛既盡,執競都息,始稱"我聞",存於此也。"我"有三種:一者"見我",二者"慢我",三者"名字我"。阿難既是⑭無學聖人,見息惑盡,雖無二我,隨世流布,故有"名字我"也。"如是"者,示信相

① 二,底本、《大正藏》本作"六",結合文意,玆據甲本改。

② 亦,底本旁注"衣",《大正藏》本誤作"之衣"。玆據正。該字甲本作"必"。

③ 甲本自此止。

④ 示,録本訛作"來",據底本改。

⑤⑨⑩ 己,録本訛作"已",據底本改。

⑥ 言,録本訛作"云",據底本改。

⑦ 要,録本脱,據底本補。

⑧ 言,録本訛作"我",據底本改。

⑪ 五,録本脱,據底本補。

⑫⑬ 欲,録本訛作"我",據底本改。

⑭ 是,録本作"是是",中有一字爲衍文。今據底本删。

也，明有信之人能入佛法，信言"此經如是"，不信者言"此經不如是"也。故肇師言："如是者，信順之辭也。"夫信則所言之理順，理順則師資之道成。違之者正言而致返，還原之路絶。雖無豐約，非信不傳，故於經首創建"如是"也。"一時"者，自下時、方、人三事，證實非虚。"方"是説經之處。"人"謂菩薩等衆。"一時"者，説經時也，於此時中佛説如是經也；又，法王[①]啓運之日，大衆嘉集之晨，故言"一時"。"婆伽婆"者，標示[②]化主世尊總號也；破煩惱習，種智現前，覺一切法，號曰"婆伽婆"也。"在日月宫中"者，説經處也。下列衆有二：初明純衆，二明雜衆及他方衆也。前中初舉數列名，第二總結。"菩薩摩訶薩"者，通號也，若依梵本，應言"摩訶菩提薩埵質摢"。"摩訶"言"大"，"菩提"言"道"，"薩埵"名"衆生"，"質摢"言"心"，謂"大道心衆生"也。下明雜衆中有二：初明人天衆，亦云出家、在家衆；二明八部衆也。前中初明出家衆，二明俗衆。言"比丘、比丘尼"者，出家衆也。釋有四義：一、破煩惱；二、持浄戒；三、能怖魔；四、浄乞食，離四口食也。下明俗衆。"優婆塞"等，謂清信男女也。"復有大天"者，梵釋諸天也。下明八部衆。龍有三種：一、在地龍；二、在虚空；三、在海水之下。"夜叉"，漢言"輕捷神"，有三種：一、在地；二、在空；三、在下天，守宫城門。故《智度論》言："帝釋有九百九十九門，門别有十六，青衣夜叉守之；地夜叉但以財施，故不能飛空；天夜叉以車馬施，故能飛行。佛轉法輪時，地夜叉唱，空夜叉聞；空夜叉唱，天空夜叉聞；如是乃至梵天也。""神"者受善惡雜報，以人天而非人天，其形勝人而劣天，身輕微難見也。

自下第二，以明發起序。就中有二：初寶明陳昔蒙記請而立名因缘，第二如來正答[③]也。問[④]中有三：初承力請問[⑤]，彰已積習所依。言"承佛威神"者，聖德尊高，輒難啓問，自非降神下被，無由直請也。"燃燈佛"者，標其授記之尊，出家學道，正明又植善本也。"世尊即授"下，第二明記所立名。"爾

① 王，録本訛作"五"，據底本改。
② 示，録本訛作"於"，據底本改。
③ 答，録本訛作"道"，據底本改。
④ 問，録本訛作"而"，據底本改。
⑤ "請問"二字録本訛作"清而"，據底本改。

時寶明”下，第三問名字所由。但寶明今問，多爲審定其理，證成已解；又爲請首，因弘至道，望與時衆共聞深法。故言：“云何授我號爲‘寶明’乎？”下答中初文外略，明燃燈世尊立名遠意。第二就文分别，即明釋迦正答。言“遠意”者，但寶明歷待(侍)[①]先佛，功行不虧，今奉釋迦，將隣道記，燃燈佛爲遣其[②]所得，心假名字，以導如如，故復爲之彰號。先聖遠意既存斯旨，今佛釋迦述而不作，還就其所立廣明性空，詰[③]破其心，事同慈氏，蒙記一生，當得阿耨菩提。净名廣問：“爲用何生得授記乎？”乃至言：“‘如’者不二不異，云何獨授仁者當得菩提也？”就文分别者，於中有二：初明爲説敕聽思定，“諦”謂審諦。聽若不審，則有謬聞之過；聞之不思，便有退解之失[④]；思而不念，則文義俱喪。良以思而念之，則文義並存；聽無不審，則聞而不謬；故敕“諦聽！善思念[⑤]之”也。

下第二明其説意。於中有三：初、明聖心等被，普洽時機。二、“説斯決定”下，明所説法。言“大乘”者，如《起信論》説，大義有三，謂體、相、用也。三世諸佛之所遊履，運苞衆聖，圓成極果，名曰“大乘”也。三、明衆心忻賀，專心頂受，奉教而聽也。上序分文[⑥]記，下第二次明正宗。但衆生根[⑦]品萬殊，藉悟多端，大悲俯應，説其与欲[⑧]不同。文中有三：初從“此文”終至“世尊傷嘆”已來，正爲此土及餘方機緣已熟者初會説法。第二“於是東方”已下，次爲寶至世界普光大衆第二會説。第三“佛説經已，普光得忍”下，明二土[⑨]時衆聞法獲益也。前初會中文有四節：初正酬寶明所請。第二“菩薩欲得阿耨菩提”已下，因言顯理，廣明十八界空。第三“一切衆生欲得菩提”已下，勸

---

① 敦煌寫本中“亻”旁“彳”旁相亂，此“待”當爲“侍”之俗體。

② 其，録本訛作“立”，據底本改。

③ 詰，録本訛作“語”，據底本改。

④ 失，録本訛作“真”，據底本改。

⑤ “念”前録本衍一“成”字，今據底本删。

⑥ 文，録本訛作“又”，據底本改。

⑦ 根，録本訛作“招”，據底本改。

⑧ “其與欲”三字録本訛作“有兩會”，據底本改。

⑨ 土，録本訛作“出”，據底本改。

近善友。第四"於是"已下,實明大衆聞法慶憘[①]也。良以衆生無始已來尋名執義,起或(惑)爲業,輪迴生死,爾來不息,自非專修正觀、冥心至理、善友良緣,義無得返,所以勸觀名義性空並近善友也。

初文有二:初正説"名字空"義;第二"作是觀"下,明觀之利益。

初文復二:初正勸觀;第二"善男子若名字"已下,次勸捨著。

前文有三:初勸,次觀,第三結也。初云"且觀"者,將明[②]如通聖凡,窮上所以,前觀佛名,後方類釋也。下正觀中,初明名不定有,二明非無。但名無自體,託法而生,若有而爲實者,直説食名,聞便已足,何待進而方飽?故云"説食與人,應得充飽"也。下第二明非無者,上辯名依義立,不可爲有;此明義復依名,不可爲無也。文中初明佛智窮原。言"不空"者,若名字定無,空記何爲?故言"若字無者,不授我記及汝名"也。二若名字定無,便無授者,不應得佛。然昔蒙受記,今登正覺,"實明"名字因[③]義非虚,何得定無?故云"如無授者,我不應得佛"也。第三總結。云"當知字句其以久如"者,論實夫如也。不二不異,異便定有[④],二即定無。良由非定有,故隨因[⑤]何義不異;一切非定無,故雖[⑥]恒召法,未曾同彼。未曾同故,無定所屬;不異一切,故備題諸法也。下勸捨著也。但實明雖復久存學道,良未洞達音聲法門,於善惡言下猶難取捨,蒙佛授記,情生踴躍。今明毁譽等法,其唯是聲,聲賴[⑦]緣生,究竟空寂,豈容善惡於其間來?

文中有二:初舉所觀境。第二"若遇"已下,對境修觀,正明捨著。前中初牒,次勸,後復釋。勸中八風之内,略舉二條,則是違、順兩緣。違中有二:初毁呰、誹謗、誣[⑧]辱,以加良善;譏呵一種小過,則重爲譏責也。下明順意輕

① 憘,底本作"憘",當爲"憘"之俗體。"憘"與"喜"同,該字《大正藏》本徑録作"喜",未出注,不合原卷。

② 明,録本訛作"以",據底本改。

③⑤ 因,録本訛作"目",據底本改。

④ 有,録本訛作"意",據底本改。

⑥ 雖,録本訛作"墮",據底本改。

⑦ 賴,録本訛作"類",據底本改。

⑧ 誣,録本訛作"經",據底本改。

微之德。越分稱揚,名曰"讚譽"。此皆不實,如空谷響。衆生不了,妄謂爲有。理觀既無,何瞋何喜?

下對境修中有二:初明遇境興觀,拆之歸空,故言"此音聲者爲大爲小"乃至"都無所得"也。故《智論》言"風名憂檀那,觸臍而上出。是風七處觸,頂及齗齒唇,舌咽及以胸,是中語言生。凡夫不知此,或著起瞋癡"也。

"若無所得"下,第二正勸捨著。聲既自空,毁譽不實,云何妄生瞋喜之心也?

下第二觀益中有三:初法,次喻,後合。前中初牒上事,修觀立亦[①]招勝果,故言"作是觀已"乃至"當得菩提"。"阿"之言"無","耨多羅"言"上","三"稱"正","藐"之言"真"。"三"又云"正","菩提"稱"道",即是"無上菩提正真之道"也。

"何以故"下,第二釋。良由萬法性空,虚通曰道,觀聲亦爾。"何爲不證也"下,明喻、合兩文。纔相飛空,睡乃騰虚,菩提久現,則功不唐捐,故言"菩薩觀空亦[②]得證"也。

自下第二次觀界空也。内六根,外六塵,中間六識,合爲十八。文中有三:初明厭背生死,亦[③]須高栖空理,勸之修觀,令斷諸或(惑)。第二"譬如陽[④]炎"已下,明理隱難彰,借喻爲況。第三"諸有智者"已下,結觀修行,明觀所成益。前中有三:初舉果勸行其因。第二"或有衆生"已下,明觀修意。第三"眼不自見"已下,正明修觀,廣辯空義。前中復三:初舉果勸修,正明菩提體狀。第二賓明請問。第三"佛言"下,答也。

問曰:"三事本空,非今始空,體即菩提,無勞别證,何故乃言'欲得菩提,當觀三處'也?"釋言:菩提體性實無隱顯,但以無明所覆,有而不覺。要[⑤]須修觀,始方剋證。譬若[⑥]虚空,體[⑦]性雖净,然爲烟雲塵霧之所隱蔽,不可以空體性净,即文彰不除而自現也。文言"於三處中"等者,此三事無體,更相

①②③ 亦,録本訛作"衣",據底本改。

④ 陽,底本作"楊",當爲"陽"之記音字。

⑤ 要,録本訛作"安",據底本改。

⑥ 若,録本訛作"如",據底本改。

⑦ 體,録本訛作"證",據底本改。

依持，離有離無，不生不滅，名爲“不實”。不實性空，稱爲“解脱”也。“勸修意中教如實觀”者，眼等虚妄，誑或(惑)凡[①]夫，无其性也，以無生爲體故。今勸觀捨虚欲[②]實，色心妄法更不現前，貪、嗔等或(惑)自此衰喪。故《智論》言“内外十二入皆是魔網，虚誑不實；於此中生六種識，亦是魔網，虚誑不實。何者是實？唯有不二之法，謂無眼、無色，乃至無意、無法等，是名爲‘實’”也。下正觀中，但明眼色與心，餘者例令文别有三：初約無性辨空，空就因緣以釋。

第三“善男子應作是念”已下，據不住明空。今[③]言“空”者，空無、有無一切分别悉不相應也。前中初略述計情，第二申理正破。但執見不同，汎説有三：初一是毘曇人[④]計，謂凈色爲眼，非肉[⑤]天眼，所見是不障礙有對色，識住眼中，以瞻諸塵，名“自分眼見色”。第二成實人計，識在眼門，分别青、黄，即以識爲見。第三大乘學者，隨文取義立，根塵和合，方能見色。良由未達深旨，各隨己[⑥]執，計法有性，並云“能見”也。言“正破”者，但根塵等法並依藏識一心，因緣故[⑦]起，意無自體，誰[⑧]復爲能見也。今言“眼不自見”者，正是破辭。若謂眼有見性，則未曾不見，開即覩外青、黄、赤、白可能見。自體既不自見，豈[⑨]有見塵之[⑩]見。故《論》言：“是眼則不能，自見其己體。若不能自見，何能見餘物？”又，若不見自體，應自體非眼；然不見自體而是眼者，此則見非是眼，云何名“眼能見”？若爾，應有離見之眼、離眼之見也。彼云“眼是不可見、有對色故不自見”者，若爾，眼體既不爲他所見，云何能見他？如《百論》言：“四大非現見，云何生現見？”又，眼不自見而能見他者，亦應半見、

① 凡，録本訛作“犯”，據底本改。
② 欲，録本訛作“會”，據底本改。
③ 今，録本訛作“旨”，據底本改。
④ 人，録本訛作“八”，據底本改。
⑤ 肉，録本訛作“實”，據底本改。
⑥ 己，録本訛作“已”，據底本改。
⑦ 故，録本作“幻”。底本於“幻”旁注一“故”字，兹據正。
⑧ 誰，録本訛作“雖”，據底本改。
⑨ 豈，録本訛作“覺”，據底本改。
⑩ 之，録本訛作“立”，據底本改。

半非見。半見可名“眼”，半不見應“非眼”。次破識見，類前可知。故言“眼不自見”。既不自見，故知無性空也。

“色不自名”者，色體無心，不自言“色”，對眼彰自，假予[①]“色”名，故知無性也。

“心無形質”者，心若有體，應有所在。若言在内，不應緣境方生；定居其外，則身内無心，應同木石。内外推求，莫知其所，豈有形質也？故《起信論》言：“心無形求，十方求之，終不可得。”

下第三總結。眼色無性，則無所不在。故得眼住於内，色常處外。心無形質，的無所在也。

下約因緣，釋中有三：初明眼色相依，二俱無體。二明眼色既空，無所染著。三明菩薩了[②]知因緣寂滅，不壞假名而説諸法實相；亦可明法性自爾，本來空寂，衆生不達，計之爲實，妄取色塵，貪求無足也。前中初明眼藉緣生，所以爲空；二明空眼所見，色亦無實也。初明眼不自見等者，但眼爲見也，要藉五緣：一、賴根不壞，以爲所依；二、有色塵現前，在於可見；第三、中間無擁，亦[③]假其空；第四、塵無闇蔽，以明來照；第五、意識不亂，念欲取塵。一一諸緣，迭相依持，離有離無，不生不滅。何者？眼不自見，亦藉餘緣，不可爲有緣。不獨生，還[④]依眼矚，豈得爲無？非有故不生，非無故不滅。既離有離無，生滅俱泯，何得不空？故言“眼不自見，屬諸因緣”等也。然既眼藉餘緣，見無自性，執眼能見，理恐爲難。緣不自生，賴眼方矚，遍談色等，良爲未允[⑤]。諸緣無性，各[⑥]不自生，無性則空，空无共者而言和合見塵，義將安在？眼識既然，餘識亦爾，皆藉因託緣，方始覺聞，熾燃建立，未曾暫起也。

下明色空中，初明對眼爲色，二釋空眼所見體無實也。

下明無染中，初明三事俱空，故無所著。二例釋餘五也。言“識空滅諸

① 予，録本訛作“吊”，據底本改。
② 了，録本訛作“可”，據底本改。
③ 亦，録本訛作“衣”，據底本改。
④ 還，録本訛作“置”，據底本改。
⑤ 允，録本訛作“説”，據底本改。
⑥ 各，録本訛作“名”，據底本改。

行”者，識爲初心，相等從生。識性既空，所以諸行不起。亦可捨此取彼，稱之爲“行”。昔由妄計有實，緣令不住。今既悟達本無，則分別永亡，故言“滅於諸行”也。

下明因緣寂滅中有三：初明眼藉諸緣，見無自性，雖恒了境，未曾有生。色名從眼，名無自體；名終日名，不可爲實；不可爲實故，則用時恒寂；恒見恒名故，則寂時常用也。故言“知眼屬緣”乃至“名終日名，猶爲無名”也。

下第二，明眼色既空，心亦叵得，衆生不達，著之無厭，故言“以斯空眼常看空色”等也。下類釋可知也。

下約不住，明空道理，而言一切諸法無住爲性、非内非外、不在中間。然以凡小[①]之流分別未除，執眼爲内情，定住其内，色爲外塵，定在於外，故今遍破眼不局内，色亦非外。此雖破而不執，言而無當也。又中初牒，次釋，後結。釋中有二：初明眼色無住故空也。第二明心是無爲、相違不有、眼住於内等者。眼若有性，則定住於内；色有自體，則局在其外。然眼從緣起，覩色便生，不定在内，則眼無自性；色亦無定，對眼爲因；故知色無自體也。下第二明眼之與色若有自體者，則不藉緣生，故言眼是有作、色亦有作也。“心是無爲不在有”者，若謂“心無所在定爲無”者，不應緣有而生；然既對境則生，不可爲無。而不自起，何得爲“有”？非有故言“無”，不欲是其無；非無故言“有”，不欲是其有。言“無”不滯有，論者不累無。是以心不有，不可謂之“無”；心不無，不可謂之“有”；不有，故心相都寂；不無，故理無不契也。

“是故”下，第三總結眼、色但空也。又如一人，隨人見別，不礙於心，色非定有，心不定無，好醜狀貌，餘人不改。色復不無，心非是有，色之與心，空無有無，一切分別，迷不相應，所以虚通無礙也。

自下大文第二，舉喻彰法。文[②]中有三：初明炎隨渴想[③]，似[④]水無實。第二“如凡夫”已下，舉夢所見，究竟是空。

① 小，録本訛作“不”，據底本改。

② 文，録本訛作“又”，據底本改。

③ “渴想”二字録本訛作“陽於”，據底本改。

④ 似，録本訛作“以”，據底本改。

第三"若色"已下,廣引衆喻,以通觀門。前中初喻,次合。喻中初明炎隨心變,顯現似①水。愚者不知,自心現故,走而向之,望②濟其渴③。水從心生,似而不實,逼之則無,安可得乎?一切衆生,亦復如是,無始已來,妄習名言,重自心識,了隨重變,顯現似塵,而復不知似而無實,熾然貪求,造業流轉,故言"如炎似水"乃至"轉近轉滅"也。

下第二明智者呵責,息其妄念也。下明合喻。色法似有,狀如炎④水。愚者謂實,妄生追求,色從心現,體性自空,唐勞疲極,竟無所獲,故言"色亦如是"、凡謂有實乃至"轉推(觀?)⑤轉滅"也。下合上智者呵責,諸佛、菩薩了知色性體空,證之相應,如炎邊徑⑥者,見彼凡夫貪求妄色,愍而呵之,明陰從緣生,都無實法,但唯是似,誑或(惑)愚夫,何故自爲貪染、流轉生死?故言"證實相者知此陰中本來無色"乃至"若有智者……妄渴心息"也。

下明受等同色,幻起無實,故言"亦如是"也。

下明夢譬。依《智度論》説,夢有五種:若身中不調,若熱氣多,則夢見火,見黄見赤;若冷氣多,則多見水見白;若風氣多,則多見飛見黑;又,所聞見事多,若思惟念,故則夢見;或天與夢,欲令知未來事故。是五種夢皆無事而妄見也。衆生亦爾。身見力因緣故,妄計我所得;真如智覺,已知無實也。文中初喻,後合。喻文有二:初明夢心妄見,謂之爲"實"也。種種光明,即身中不調熱氣故。然又風氣偏多,所聞⑦見事,多或(惑)思惟,故則夢見飲食、行至他方乃至殺數千人等,故言"譬如凡夫"等也。及其下二,明夢覺塵無驗,知所見從夢心而現也。又夢見自身遠行他所、心緣善惡違順等者,但於睡時身心上見,更無别有,然以心隨或(惑)染,不覺妄念,非異⑧謂異⑨。此

① 似,録本訛作"以",據底本改。

② 望,録本訛作"聖",據底本改。

③ 渴,録本訛作"濁",據底本改。

④ 炎,録本訛作"災",據底本改。

⑤ 推,此似爲"觀"之訛字。乙本:"色亦如是。凡夫無智,謂呼有實,爲欲渴所逼,生貪求相,熾然起心,趣向奔走,色相屬緣,轉觀轉滅。"可助比勘。

⑥ 徑,録本訛作"經",據底本改。

⑦ 聞,録本訛作"中",據底本改。

⑧⑨ 異,録本訛作"實",據底本改。

義云何？如人夢中，或見惡獸、怨家種種逼迫驚怖之事，或復生聲[①]叫而雨淚。傍人了知惡事所逼，遂觸而喚之，睡人便覺，泣止聲亡。若如夢所見、定有別身遠行他處者，豈得此間纔喚聲振遠聞、彼身非此忽爾而覺也？又，夢見二心定爲異者，其人覺已，應無重緣夢所矚塵。又，不覺而覺，方名爲"覺"；二心若別，覺何所覺？又，覺者覺不覺，而復不覺之外別有覺者，亦可。或不自染，染於心；心不隨染，應染染。若心不隨染、染自染者，則夢者常夢應無覺。我以此當知睡夢兩身雖非定一，然不是異。非定一，故遂有安危不同；不是異，故所以觸而便覺。今時亦然。良由生死不離涅槃，無明迷故，謂爲外有。諸佛菩薩愍而語之，便悟身心本來寂滅。若如凡所見定爲異者，則衆生永沈生死，竟無證聖之期。縱令慈氏振喚，能仁復暉，累聖重光，亦無奈之何。又，《論》言雖復懃精進修行菩提道，若先非佛性，不應得成佛。故知生死涅槃雖不是一，亦[②]無兩體。不是一，故生死殊寂；體無二，故均平一味也。又，夢所見塵，餘人不覩，將知並從夢心而現。今時亦然，各自緣諸塵境界，互不相見，故知唯心。故《論》言一切分別則分別自心。故言"及其覺也，身光尋滅"及至"都[③]無色相"也。下第二合喻。初明衆生無始積習無明，望之如崖，覆蓋自心，事同於彼三界宅中無明，夢裏妄見諸塵，謂之爲實，此正合上"譬如凡夫，夜夢見身"等也。故言"色亦如是"乃至"謂呼爲實"也。二明無明睡覺，了知三界唯是一心，生死涅槃本性空寂，即合上"及其覺也，身光尋滅"等也。故言"得道覺者，乃知虛妄"等也。

自下廣陳八喻，以通觀門。文中初結上色空類收萬法，故言"若色如是"等也。下正釋。喻雖有八，義判爲兩：初之四喻約依他性，顯現以塵；後之四喻就分別性，究竟是無。故《攝論》言"幻等顯依他，説無顯分別"也。"如[□][空][④]谷嚮"者，聲依空谷，嚮應耳聞，屬諸因緣，竟無自體。諸法亦然，因緣幻起，究之無實，何得不空也？"如芭[□][蕉][⑤]堅"者，其樹無實，但有

① 聲，録本訛作"失"，據底本改。

② 亦，録本訛作"竟"，據底本改。

③ 都，録本訛作"尋"，據底本改。

④ 空，底本、《大正藏》本無，據乙本補。

⑤ 蕉，底本、《大正藏》本無，據乙本補。

皮葉，望之似有，柝之則空。諸法亦爾，誑人耳目，理觀皆無。故道如芭蕉無堅也。“如水中月”者，以月爲因，用水爲緣，因緣具足，遂令影現；但水無月，其影不生，不從内出；唯月無水，亦無影現，不從外來。彼此無力，各不能現，豈有自體和合共生？故《論》言“若破自性他性，即破‘共’義”。影若有體，應有來出之處。愚人不了，執之爲實；智者往觀，竟不可得。諸法亦然，但以無始無明，起或(惑)爲業，熏習藏識，即以無明或(惑)業爲因，藏識爲緣，因緣見故，報相斯現。推而究之，竟無來出之處，豈得爲實也？“如空中花”者，病眼因緣，妄見空花。花無自體，但由病眼而現。離眼之外，豈有一毫可得？萬法亦然，並由心現，此外則無，故《論》言“心生則種種法生，心滅則種種法滅”也。

下約分别性説。文中初釋，次結。“如石女兒”者，石女無兒，則善惡靡分。妄計興念，豈不謬乎？“如電久住”者，萬法無實，念念不亭，如電尋滅，何得久住？若住生終不滅，住滅終不生；良以滅故不住生，生故不住滅。滅故不住生，則生是空生；生故不住滅，滅則是空滅。生、滅尚空，焉得有住也？《論》言：“諸行生滅不住，無自性故空。”識等既然，色亦如是，始從嬰兒，終至老年，十時改變，一念不亭(停)，非空如何[①]也？龜毛[②]、兔角，類[前][③]可知也。

下第三觀益中有二：初明修之成益。第二“一切衆生”已下，明不修致損。前中復二：初牒，結上來修學觀人，勸勵智者當如法性而觀，離生離滅，離有離無，亦有亦無，非有非無等。如世生盲，未曾覩色，雖對青、黄，無可分别。行者觀色，知其性空，不應分别，故言“諸有智應除諸見”等也。下第二正明觀益。尋遇善友，久觀不已，自然悟無分别理。心與理冥，境與神會，不久當得阿耨菩提。故言“若不分别，當知不久得無上菩提”也。

下明不修損中有二：初明一切衆生心性無染，具足恒沙諸論功德，可謂自體有“大智慧光明”義乃至“自性清净”義，然爲無始無明客塵煩惱隱於自

① 何，録本訛作“幻”，據底本改。

② 毛，録本訛作“老”，據底本改。

③ 前，録本脱，據底本補。

心,不得顯用,妄執根塵,計之爲實,而增(憎)[①]愛深,故言"一切衆生爲諸煩惱弊於惠(慧)目"乃至"如起貪著"也。二明因之造業、往[②]還三界也。

自下大文第三,勸近善友。於中有三:初正勸寶明請問善智識相。第二"佛言"下,答。第三"善知識有如"下,總結也。

答中有二:初明善知識洞達深義,解窮法性,方可利人,堪爲善友。二明依解起行,隨緣益物,彰善友功能;亦可自明善友自利德,後明利他德也。前中復二:初舉智論境,直談法性理深。第二"了達"已下,舉境論智,正明善友功力。前中初總,次别。總者法性理玄,唯佛乃窮,諸餘小[③]聖,未測其原,名爲"深法"也。自下别明,即是三空門也。《智論》言:"觀諸法空名爲'空';於空中不可取相,是時空轉名'無相';無相中不應有所作,是時無相轉名'無作'。"以是三門觀世間,即是涅槃。何以故?涅槃空、無相、無作,世間亦如是。

彼問曰:"如經説涅槃一門,今何以説三?"

答曰:"法雖是一,而義有三。有[④]爲應度者有三,故説三門,有愛多者,見多者,愛見等者。見多者爲説空解脱門,觀一切法從因緣生,無有自性,無自性故空,空故諸見滅。愛多者爲説無作解脱門,見一切法無常苦從因緣生,見已[⑤]心厭離愛,則得入道。愛見等者,爲説無相解脱門;聞是男女等相無,故斷愛;一異等相無,故斷見也。故言'空、無相、無作'也。理體常寂,故無生滅。"

下明善友功力。初釋,後結。

釋中初總,次别。"了達諸法究竟平等"者,萬法雖衆,無性理同,名爲"平等"。别中初言"無業"者,業從緣生,竟無自體,安得爲有也?何者?且如殺業,亦[⑥]假衆緣:一、内心欲殺及貪、嗔、煩惱,以之爲因;二、有刀杖空明

① "增"、"憎"均音作滕切,此"增"乃"憎"之借字。
② 往,録本訛作"隨",據底本改。
③ 小,録本訛作"不",據底本改。
④ 有,録本訛作"存",據底本改。
⑤ 已,録本訛作"己",據底本改。
⑥ 亦,録本訛作"竟",據底本改。

及所殺境，以爲外緣。因緣具故，作業方成。來無所從，滅無所至。殺業既爾，盜等亦然。但心無或(惑)，縱有空明，業亦不成。雖有刀杖等具，若離於心及所起煩惱，業亦不成。因緣無性，各不自生。有無共法，内外推求，竟無所從。雖爲起者，所起如幻，何得有實？故《論》言"業不從緣生，不從非緣生，是故則無有能起於業者"也。"無報"者，報不自生，亦[①]從或(惑)業而生。煩惱與業自體尚空，所生果報豈得爲有？故《論》言"諸煩惱及業，是説身因緣。煩惱諸業空，何况於諸身"也。"無因無果"者，凡論因果之法，無有决定，離有離無，不生不滅，非先非後，亦非一時。何者？夫言"因"義，對"果"爲名，"果"若未生，"因"何所寄？要待"果"生，方受其名。故知無性何得爲有？又"因"無定，性隨緣改。而"果"若不生，未剋誰"因"甞容有實也。又"因"若有實而生"果"者，爲有故生？爲無故生？"果"若先有，不須更生，以先有故。若其先無，何由可生？先無性故。假令半有半無，而復相違，亦無"生"義。但"因"生"果"，不出此三。三中既無，"因"義安[②]在？"因"既由"果"得名，"果"復從"因"受稱。若"因"在先，可使從生名"果"。要由"果"生，方得爲"因"。則知先無體，何得[③]從生而云爲"果"？此雖"因""果"熾然，而恒寂滅也。"性"謂體性，起用爲相。性、相俱空，稱曰"如如"。如收萬法，統無不盡，名"住[④]實際"也。物從緣故不有，緣起故不無。雖不是於有無，而不捨於有無；無爲，而無所不爲；無相，亦無所不相；故言"於畢竟空中熾然建立"也。

下第二結。若能如上觀察，證之相應，方是衆生真善知識，故言"名善知識"也。

下明善友功能，隨機利物。於中約喻彰德，文有二十[⑤]一。前[⑥]一一文中皆有三句：初牒，次喻，三明善友功能、前生蒙益也。初云"父母"者，第二

---

① 亦，録本訛作"竟"，據底本改。
② 安，録本訛作"要"，據底本改。
③ 得，録本訛作"故"，據底本改。
④ 住，録本訛作"往"，據底本改。
⑤ "二十"二字録本訛作"十二"，據底本改。
⑥ 前，録本訛作"則"，據底本改。

喻也。此中借淺況深，故以父母爲譬。若校量功力，亦未方其大恩。世間父母養子，但成八尺危脆之身，容勉水、火等難。又怖之報恩，浩天罔極，況出世善友養育，終成三佛菩提金剛之體，遠離生死長劫等苦，無心求報也？何者？一切衆生身心萬法，皆由藏識而生。識不自生，復由惑業熏[1]習。此二相依，幻生果報。報從緣起，無有自體，從本已來不生不滅，即是性净菩提。故《起信論》言明“五陰法自性不生，則無有滅，本來涅槃故”。上經又言：“於三處中，無有實法，即爲解脱，‘解脱’者，即菩提也。”始從凡夫，上至諸佛，皆以之爲體。無始已來，無明不了，妄執我法，[流][2]轉生死。爾來無始諸佛、菩薩證之究竟，了知衆生與已同體，愍而不已，發大慈悲，遂語衆生：“汝之身心本來無生，究竟寂滅，與我無别，何故自生迷惑、沈溺三有？”然以衆生謂有，念動生滅，我所差别，因[3]屬無明心之解了功力，猶是本覺用。諸佛菩薩所有言教，從最清净法界慈悲心流，亦是本覺用。此二體同，而復用融。以體同、用融故，聞便信受，隨分思量。久思不已，遂悟自心緣境故生。生由於境，則起不屬心，未曾是生。境不自生，復從心起，雖非是生，亦不是滅。既無生無滅，本來空寂，豈非涅槃？但作此[4]觀，無明漸薄。所觀理顯，緣生觀智。觀智轉明，復顯於理。理爲所觀所乘，智是能觀能乘。境智相乘，三衹圓滿。所觀理顯，名爲“法身”，即性净菩提。能觀智滿，成應、化二身，即方便净菩提。如此大事，功由善友成辨（辦）[5]，故言“養育汝等菩提身故”。

“是汝眼目”者，昔未逢善友，無明所盲，造惡履危，顛墜三途，今蒙善友嘉誨，依之修習，方踐如來所行之迹，如人有目，遊之正道，故言“示導汝等菩提路故”。

“是汝脚足”者，隨逐惡人，則常没生死；善友護持，則清[6]昇出離；事同脚足遠有所涉，故言“荷負汝等離生死故”。

---

① 熏，録本訛作“重”，據底本改。

② 流，録本脱，據底本補。

③ 因，録本訛作“目”，據底本改。

④ 此，録本訛作“比”，據底本改。

⑤ 辨，此處當爲“辦”之訛俗體。

⑥ 清，録本訛作“請”，據底本改。

“是汝梯橙”者，又處生死，如在深坑，善友策勵，則階之有期，故言“扶侍[①]汝等至彼岸故”。

“是汝飲食”者，爲惡自纏，則損害法身，善友示教，令修解行，資成本性，譬同飲食，故言“能使汝等增長法身故”。

“是汝寶衣”者，無始已來，不善熏習，染污净心，漂輪五道，今依善友，修習破染，興净功德法身，不復[②]隨流，事同寶衣覆蓋，諸塵不染，故言“覆蓋汝等功德身故”。

“是汝橋梁”者，聖者慈悲，利物無厭，故能長處生死，濟度群品，譬如橋梁，載之無倦，故言“運載汝等度有海故”。“有”謂三有：欲有，色有，無色有。此之三有生死沈溺衆生，深而且廣，故譬之如海也。

“是汝財寶”者，一切衆生從本已來，具有無量本覺恒沙功德，但以無明隱覆，不得顯用於心。譬如窮子，亦同貧女寶藏，今蒙善友開導顯示，見真實身内明珠，似如長者出庫藏奇珍委付其子，故言“救攝汝等離貧苦故”。

“是汝日月”者，無明翳理，事同於暗，依憑善友，順理觀察，解生惑喪，如日除昏，故言“照曜汝等離黑暗故”。

“是汝身命”者，寶命重生，初(物?)[③]我俱然，此心相續，恒無間斷。聖人亦爾，護念衆生，未曾暫捨，現則安然自在、隨心所適，終獲[④]出世常身命財，故言“護惜汝等無有時故”。

“是汝鎧仗”者，鎧仗防身，則外息强怨；依友自固，則魔不能爲；故言“降伏汝等諸魔得無畏故”。“魔”謂四魔：一者煩惱魔，二謂陰魔，三曰天魔，四是外道也。

“是汝組繩”者，三界繫閉，猶如牢獄，善友慈悲，拔苦施安，如被囚執，仗人解縛[⑤]，故言“挽拔汝等離地獄故”。

---

① 侍，録本訛作“恃”，據底本改。
② 復，録本訛作“改”，據底本改。
③ 初，此似爲“物”之訛字，待考。
④ 獲，録本訛作“報”，據底本改。
⑤ “解縛”二字《大正藏》本訛作“維維”，據底本改。

“是汝妙藥“者，法能遣惑，事同良藥，禀之修行，擬無不碎，如人服餌①，藥行至處，有病斯遣，故言“療治汝等煩惱病故”也。

“是汝利刀”者，稽流生死，寔由於愛，罥②羅行者，事同其網；善友教導，竟能破裂，似如利刀，有物斯斷；故言“割斷汝等諸愛網故”也。

“是汝時雨”者，卉木將枯，雨潤便生，善友利人，則道牙(芽)兹茂，事同甘雨滂沱，萌牙(芽)普洽，故言“潤漬③汝等菩提牙(芽)故”也。

“是汝明燈”者，智體清潔，能造蓋纏，類以明燈，暗無不破，正由善友功力，此事方成，故“能破汝等五蓋暗故”。五蓋者，一貪欲，二瞋恚，三睡眠，四悼悔，五疑也。

“是汝善標”者，將度深河，望標④隣淺，漸蒙得達，無復沈溺之憂；親近善友，順教修行，生死大海，度亦⑤有期，故言“教示汝等趣正道故”。

“是汝薪火”者，依友習智，焚⑥蕩惑薪，功成大果，利益無崖，故言“成熟汝等涅槃食故”也。

“是汝弓箭”者，損害善根，其唯煩惱，劫人功德，譬之如賊，懃修正觀，滅⑦之在近，箭傷惡人，其類是同，故言“射殺汝等煩惱賊故”也。

“是汝勇將”者，强敵侵凌，則憑之猛將；生死大軍，亦⑧依善友方破；故言“能破汝等生死軍故”也。

“是如來”者，昔由無明在心，違背己體，理外分別，事同其志。今蒙善友修習，返本還無，故曰“如來”。煩惱是客，虚無體性，正智若生，不除自遣，故言“能破汝等煩惱至涅槃故”也。

第四勸近，如文可知也。

自下大文第四，實明大衆聞法慶喜。於中有三：初明聞法歡喜。第二

① 餌，録本訛作“飲”，據底本改。
② 罥，録本訛作“罩”，據底本改。
③ 漬，録本訛作“清”，據底本改。
④ 標，録本訛作“樓”，據底本改。
⑤⑧ 亦，録本訛作“竟”，據底本改。
⑥ 焚，底本作“禁”，乃“焚”字之訛。録本校是。
⑦ 滅，録本訛作“殄”，據底本改。

“自念”下，荷[1]善友恩深，身心摧[2]動。第三“爾時”已下，次明世尊悲念。

前中有二：初明寶明大衆聞上所説善友功能及聞深法，慶己[3]所得，悲喜交懷，故言“聞説妙法”乃至“悲啼懊惱，不能自裁”也。

自下第二，以今方古，推功於昔。如上所明，善友恩德利益衆生。其實若此，當知從本已來恒蒙善友慈悲，拔苦與樂，曉示深法，令修解行，令得此身並聞正法，並是善友功能，非我自力，故言“自念我身”乃至“如是遇者，善知識力，非我力能”也。

第二正荷恩深，浩天罔極，無始違背，無惡不造，未曾一報，順教修行。傷己[4]迷深，所以重復悲號。文中初法，次喻。故言“從本已來未曾報恩”乃至“死而復蘇”也。寶明既自傷己[5]迷，悲號若是，今時學者亦復須然。無始已來，恒蒙三保慈悲，示教利善，方獲道器之身。聞法造修，創始發心。先須知恩報德，順教修行，稱可聖心，則爲修法供養也。

自下第三，世尊悲念，振動大千，亦爲後念召集之端也。

自下第二念[6]説法。但衆生識無，感悟有時，理不虚應，導師弗失。上來説法一周，傷嘆寶明，異域同聞，有緣方集也。文中有三：初明普光大衆覩[7]事興念，故來聽法，並事善友。第二“於是普光知大衆意”已下，正明對機説授，教事善知識法。前文有四：初明因事興請，爲聽法之由；第二“寶相佛言”已下，述其所請，敕令速往；三明普光大衆蒙遂所期，咸來詣佛；第四世尊慰問也。前中復四：初明釋迦慈念，動地所及；二明普光覩瑞，陳疑請問；第三彼佛正答，現瑞所由；第四蒙决所疑，情生渴仰，遂請欲來聞此事友。故言“與此大衆”乃至“並聞正法”也。

第三詣佛中有六子句：初明普光既至，爲物居空意，示遠來求法，勸彼初學之心。二彰善友功能普周無外也。第三寶明覩事興請。第四如來正答。

---

① 荷，録本訛作“若”，據底本改。

② 摧，録本訛作“推”，據底本改。

③④⑤ 己，録本訛作“已”，據底本改。

⑥ 念，録本訛作“會”，據底本改。

⑦ 覩，録本訛作“都”，據底本改。下文：“二明普光覩瑞，陳疑請問。”中“覩”字底本字形與“覩事興念”中“覩”字同，可資互勘。

第五衆情忻踴,嚴儀待佛。下明普光雨花,遶佛方立也。下世尊慰問中復五:初正慰問,第二普光酬答,第三文殊問其來意,第四普光答,第五文殊申衆渴仰,催令速問也。

初云"汝之世尊氣力安不"者,但諸佛積行圓滿,正習俱亡,萬德皆備,何速[□][問][1]之? 又,如來隨順世俗歲寒之儀,故問之也。

自下大文第二,對機説授。中有三:初普光申請。第二如來善其所問,敕聽深説。第三正説。前中初普光嘆法深妙、善友難儀,自陳德節非己所解。第二"如佛前"下,牒答興請,正問親近善知識法,並如文也。下正説中有二:初説善知識。第二"爾時世尊"已下,次爲説法。前中復二:初説善友功力,令其慕德修恭。第二"若有智者"已下,正明事友儀式。初中有三:初總嘆,第二别釋,第三結也。前中總明善友功能:洞閑(嫺)深法,了達貪欲、嗔恚及衆塵勞並從緣生,無有實法,如幻如夢,畢竟是空。故《無行經》言:"貪嗔癡如幻,幻不異三毒。凡夫强分别,我貪我嗔恚。"善友慈悲,愍念衆生,無始已來,爲之疲勞,今教觀察,悟達本無,資成觀智,長養衆德。故言"能令汝等"乃至"不起一心,得大功德"也。

自下别中有六,皆初喻、後合。初之兩喻,正明善友悲願[2]弘深,救物爲念,即顯利他之德。第二一文,明善餌法藥,芸除惱病,彰自利德也。第三喻明悲智德滿,善能利物,所度衆生依之獲益也。前中有二:初一喻正明願心寛遠,濟物圓極。文中初喻,次合。故言"以大願船運載汝等到涅槃岸"也。自下第二,次喻,行窮善巧,悲心普洽也。然行之與[3]願,二事相須,闕一不可。若有願無行,其願云虚;有行無願,其行則孤;願行相扶,方是"大人"之謂。故前明願,次須辨行也。文中初喻,次合。但路遊峻嶮,要依智者方越。鎧仗防敵,車馬遠進,人物俱安,衆禍不累。故言"恃託一人善於伎藝"乃至"得達無難"。"藝"者六藝,謂書、數、射、御、禮、樂也。下合喻。生死絶難,

① 問,底本、《大正藏》本無,據文意補。

② 願,録本訛作"凡",據底本改。又,下文"以大願船運載汝等到涅槃岸"中"願"亦作此形,可助互勘。

③ 與,録本訛作"乞",據底本改。

事同嶮路，行者將過，亦依智人方便。所行六度，究竟圓滿，契本法身，德用自在。慈悲外拔，防護衆生。識欲知報，利益無到。利故得遠逾生死，諸難不及。故言“善識如是法身壯大”乃至“離於三途生死難”也。

下第二明自利德。如人衣（依）[①]寶，服天甘露，亦[②]無夭命之憂。善友亦爾，恒修智寶，以自防心，服餌真如一味之藥，煩惱雲消，逾增惠（慧）命。故言“善友亦能服於法藥，消煩惱病，惠（慧）命無窮”也。

自下三喻，明依之獲[③]安。初明獸中王也，其唯師子，依行空曠，則諸惡獸衆不能傷害。依友處深，亦復如是。若有依者，遊塵勞中，亦無所畏。下第二明須彌寶山高而且廣，八風漂鼓，未傾其志。善友亦然，證理究竟，固而難動。依之修習，世等人法豈能傾動也？故言“善友亦爾”乃至“不能吹動”也。下第三明金翅鳥王，其力雄猛，龍威雖大，尚非所擬，依之涉難，何慮危害？善友亦然，諸魔外道雖復熾盛，朗智一擬，邪徒自息，故言“乃至不畏諸魔外道之難”也。

第四總結如文也。

自下第二，事友儀式。於中有二：初明斷或（惑）修證，功由善友開導，隨逐詣捨身命，相續累劫，未報善友須臾之恩。况復身外所有財屬五家，又是罪本；妻、子是客[④]，復是深因；豈得戀惜，自墜長幽？故言“何况揣財”乃至“而得悋惜”也。二明大人善巧，利物多端，不可覩相妄見是非，自增或（惑）累，障修聖道。但自知眼瘺（弱）[⑤]，不能分别，勿得生疑，徒自妨道。文中初勸，次釋，後結。故言“若善知識諸有所作”乃至“應斷疑心”也。

自下第二説法中，曲有節四：初普光牒問深法，請其正受之儀。二明所説理深，大根方悟；小心迫迮，非其所受；如來正答，顯法殊勝。第三普光重請。第四如來偈誦酬答。於中二十四偈，分之爲三：初十八偈，正説其法；第

① 衣，此當爲“依”之借字。乙本《佛説法句經》：“善男子。譬如有人依《楞伽》寶，服甘露妙藥，消除諸病，命不中夭。善知識者，亦復如是。”可資比勘。

② 亦，録本訛作“衣”，據底本改。

③ 獲，録本訛作“報”，據底本改。

④ 客，録本訛作“若”，據底本改。

⑤ 瘺，録本訛作“翳”，據底本改。“瘺”字字書不載，當爲“弱”之增旁俗體。

二一偈，勸近善友；第三五偈，明起説所由，嘆教功能。前文有二：初九行偈説理法，第二九偈説行法也。前中復二：初明萬法平等，性恒不動，即説名所因[①]法。第三偈説名字性空，即是能因[②]名也。前中初總，次别。總中上半敕聽，明説當其理，簡異隨宜之教，故言"我今如實説"也。下明法性無動，本來寂滅，動名爲"執"。謂住生住滅，定有定無，故能緣生，令動分别之心，故名"動"；然萬法緣生，離生離滅，有無皆空，措情無地，故言"不動"也。故《花首經》言："衆緣所生法，我説即是空，亦爲是假名，亦是中道義。未曾有一法，不從衆緣生，是故一切法，無不是空者。"

自下别中有三：初明法空，二明衆生空，第三雙結也。前中初多偈明貪、嗔等或(惑)，從緣性空，即是法性之身；一切諸佛，證之成德。

初偈上三句明成德，第四句釋正[③]由法性自爾，迷即是凡，悟即成聖。若理亦不然，則聖無此力，當知法性本來不動也。下明五蓋、五欲，義同前釋也。

次一偈明淫欲、邪見、九結、十使皆無體實，即是解脱涅槃也。次一偈明染净性空，無有兩體，達染無生，即便爲净德；譬如高原之地不生蓮花，卑濕淤泥乃生此花；故言"常處於三毒，長養於白(百)[④]法"。

次一偈明是非屬情，法性無二。如有兩人互相是非，此則以彼爲非，自取其是；彼復自是，以非於此。此若定是非，則非於是；彼若定非是，則是於非；是非則無非可非，非是又無是可是。無是可是，雖是而無是；無非可非，雖非而無非。雖不是於是非，亦不離於是非，可謂法性無住而無所是，故則無所不是。無所不是，則是而無是。彼此難定乎一切是非，何爲不寂也？文中上半牒法無是無非，下明是非性滅，本無所動。

自下第三偈明衆生空。上三句明空，第四句釋。但名、色與識更相依起，顯現以生，未曾有實。離有離無，不生不滅，自體恒寂，即是涅槃也。亦可"衆"故非生，"生"故不滅；但言"衆生"，即離生離滅；故言"一切衆生實無

①② 因，録本訛作"自"，據底本改。

③ 正，録本訛作"已心"，據底本改。

④ 白，此當爲"百"之訛字。乙本《佛説法句經》正作"百"字。

有生滅”。何者？但陰陰相依，自體非有。衆故非生，依即恒持。非無故不滅，何得不生？況無生無滅，則生是空生，滅是空滅。生滅既空，豈非寂滅也？故言“生滅即涅槃，本來無所動”也。

下第三一偈，雙結。上半牒結，下明萬法緣生，性相皆空也。

下第二，明名字空。上半正明名離有無，下明寂滅空也。

第三名字空。上半正明名離有無，下明寂滅。此義云何？且如堂衆[①]多人聚，外有一人，久不相識，具録衆名，付之令認。雖復執名求法，竟不相應，故智（知）[②]名非定有；而復稱之，以名不差，非復定無。然有非定有，不可爲有；無不定無，不可爲無；有無不實，從本皆如；故云“俱同一寂滅”也。亦可“名”之與“義”，互相依持，各離有無，故言“俱寂滅”也。

下第二説行法中有二：初明依理起行，第二偈結勸修行。前中明施六[③]行，文即爲六：

初一偈明施行，上半明三事空，下明福無定實，良以能施心、所施物及以前因三事具之，方生施因，更相依持。究之無實福從而生，烏可得也？故云“施福如野馬”。

次一偈明戒藉緣生。又無持者，因緣生法，滅諸戲論。若言“我能持戒是所持”，能、所定執，斯爲倒矣。文中三句明戒性空，下句明持者爲倒。今明稱性興行，違則成倒，非謂默爾專爲非法，餘行亦然。下[④]明忍行。上半牒其情，計嗔[⑤]爲實，對之行忍；下明知、嗔等炎忍無所忍，正明依理起行。何者？嗔惱之生，無定所從，賴心依境，始方得起。若唯心無境，嗔不自生。但境無心，亦無得起。既心境無能，又無共法，内外推求，覓無起者。嗔尚無實，忍何所忍？了境無實，嗔性自無，此則名爲“法忍”。思惟解忍，故言“知嗔等陽[⑥]炎，忍亦無所忍”也。

---

① 衆，録本訛作“象”，據底本改。

② 智，此當爲“知”之借字。

③ 六，録本訛作“亦”，據底本改。

④ 下，録本訛作“今”，據底本改。

⑤ “計嗔”二字録本訛作“此唯八”，據底本改。

⑥ 陽，録本訛作“湯”，據底本改。

下偈明精進。初一偈半明説所爲，但未得謂“得”，名“增上慢”。佛爲此人説涅槃大果，非精進不剋。然衆生存有所得，斯並虚妄，何精進故也？云若起精心，是妄非精也。下半偈次明智者了知生死涅槃因緣幻起，從本一如，究竟空寂。故《大品》云：縱令有法過於此者尚談如幻，何况涅槃？是則心外無法，竟無所得；法外無心，復無能得。[能][1]、所平等，進而無懈，行合理成，不可以限而爲量；故言“若能心不妄，精進無有崖”也。下明定行。上半牒其事定，明有紛動之過；下釋所由。但存境住心，繫相修定，此乃心境紛然，動而非静，未若知心無起，性恒寂滅，不見心相，方爲正定。

下兩偈明慧行。但萬法平等，非定一、異；一則是常，異住是斷。斷、常二執，愚者所爲；智者深悟，豈存一、異？初偈明多依一成，則千萬不多。千萬若多，何得言“一一千一萬”乃至“一阿僧祇”？故言：“參羅及萬像，一法之所印。”又以一足一，置同前“一”，何得言“二”？又“一”同前而言“二”者，初亦應“二”，何獨言“二”[2]？理既如此，乃至無量數亦同然。故《智度論》言“初數爲一，但有一；一一故二。如是皆一，更無餘數。若皆是一，則無數”也。故言：“云何一法中，如生種種見？”

後偈明一能成千，則“一”不爲“一一”。若一應離之成二，以此而言，百千萬等若少[3]此一，則千萬不成。故知此一入千成千，入萬成萬，何得定一？破異故言“一”，不欲是其“一”，故言“一亦不爲一，爲欲破諸數”也。愚者尋言，妄生定執，故言“淺智之所聞，見一以爲一”也。

自下第三偈，結勸修行。然我心學法，但招漏報；菩提妙果，要唯無著。故今結勸修行，依理造修。上半正勸依理起行，下明行同理寂。但行託理成，理依行顯；能、所相依，二俱空寂；故言“知行亦寂滅，是即菩提道”也。

自下大文第二，勸近善友。上半[4]正勸，下明近之獲益。但理妙行深，難爲進習，自非杖託勝緣，無以修證，自利益人。聖道方圓，故言“善學諸方便，

---

① 能，録本脱，據底本補。

② 二，録本訛作“亦”，據底本改。

③ 少，録本訛作“千”，據底本改。

④ 半，録本訛作“來”，據底本改。

度脱於群生"也。

下大文第三説所爲中,初偈正明教起所由,本爲群生倒或(惑),若能達捨妄情,亡言契理,則究竟無説。上半正明説意,下明衆生無累,不復須説;故言"若無我見者,究竟無有説"也。

下四偈嘆教功能。初偈明契現之説,譬如金剛自固,降伏群邪莫爼也。上半破邪,下明外不能壞也。第二偈明聞教悟理,便能拔苦施安。上半正明悟理,下明處溺[救?]①生,逢苦不倦。何者?菩薩思念:"我及衆生並是因緣幻起,本來寂滅,物②我平等,同歸莫二。無始顛倒,違背此理,自愛、增(憎)③他,造集諸業,流轉生死,於今不息。自身既爾,一切衆生亦然。"由悟此理,發大慈悲,以己④之疾,愍於彼疾:"一切衆生既與我同體,衆生受苦即是我受,何得自安,無心濟拔?"由有此心,久處生死,在苦利人,不以爲盡,雖在三途中,究竟清凉樂也。下一偈明纔聞經名,聊解一句,便生净土,何况久蘊心口、如説修行也?第四一偈次明解行既圓,自然感德,大聖應機,在所護持也。故言"我恒在其中,爲護如是人,令得無上道"也。

上廣明深法澤被有緣,二衆機熟,聞皆領⑤悟。自下大文第三,次明聞法獲益也。於中有二:初明普光大衆聞法悟忍。《智論》言於無上法中"信受通達,無礙不退,名'無生忍'"也。第二寶明蒙記,於中有二:初正明受記,十號圓滿,始從"如來"終至"於佛是其名"也。二明因成所感,衆純無雜。但寶明久值諸佛,每聞深法,恒修正觀,無念爲德,故使成佛之時所有眷屬唯是清净大菩薩衆。如《净名經》言:"大乘心是菩薩净土,菩薩成佛時,大乘衆生來生其國"也。三明國界嚴净,過無量壽。但諸佛功高德滿,既無上下,依隨正感,理無優劣,但以所度衆生宜聞不同,故爾所君之土階差若此也。

自下第三,流通分也。於中初明勸學,二明付囑。前中有三:初明文殊請問持經之人,並問聞法因緣。第二如來正答。於中有二:初嘆理教甚深,

① 此處録本脱一字,底本似作"救",待考。

② 物,録本訛作"將",據底本改。

③ 增,此乃"憎"之借字。

④ 己,録本訛作"已",據底本改。

⑤ 領,録本訛作"飲",據底本改。

難爲值遇①,聞之獲益,福不可量。於中初明理教既深,見聞不易②,聲聞緣覺,判非其分。第二"假使③有人"已下,喻説校量,聞獲勝益,良由此經文勢起盡,唯明深法法性功德究竟無盡,聞之修習,福亦無窮也。

下第二答聞法因緣、持經功德。於中初明親侍多佛,又④值善根,方得聞經,隨分修習,而未能證,會佛即答聞因緣。二明七地已還,猶爲空有相,間其⑤功用。修八地已上,證會無生,不假功用,雙行無間,方爲究竟持經之人。故言"至八地菩薩之手"。此明舉終括始,勸學受持。二明大衆奉行。初言"寧喪身命,莫於此經而懈怠"者,無始已來,虚歷生死,終⑥而復始,未能不受一劫;身心大苦,竟無一豪法利。今得聞經,隨分修習,及爲無上菩提見佛之因,豈惜身命而不護持也?

《法句經》疏一卷。

---

① 遇,録本訛作"過",據底本改。
② 易,録本訛作"問",據底本改。
③ 使,録本訛作"文",據底本改。
④ 又,録本訛作"文",據底本改。
⑤ 其,録本訛作"有",據底本改。
⑥ 終,録本訛作"路",據底本改。

No. 2903 佛説無量大慈教經

[題解]

中國人假託佛説所撰經典，又名《大慈教經》、《慈教經》，作者不詳，一卷。敦煌文獻中有保留有全經，計 42 號，分屬三個不同的傳本系統：(一)北敦 943(北 8227，昃 43)、北敦 14125(新 325)、斯 6961、敦博 56b、羽 203 號，以上 5 號首尾完整；北敦 933(北 8234，昃 33，首殘尾全)、北敦 3731(北 8230，霜 31，首殘尾全)、斯 1018(首殘尾殘)、斯 5618a＋5618v(首殘尾全)、斯 7006＋斯 7156a＋斯 1627(首殘尾全)、甘圖 016(首殘尾全)，以上 9 號爲有殘缺者。(二)斯 110v，以上 1 號首尾完整；北敦 6189(北 8228，薑 89，首殘尾全)、北敦 6464a(北 8229，河 64，首殘尾全)、俄 Дх. 01588(殘片)，以上 3 號爲有殘缺者。(三)北敦 5242c(北 8231，夜 42)，以上 1 號首尾完整；北敦 6464b(北 8229，河 64，首全尾殘)＋北敦 6380(北 8233，鹹 80，首殘尾全)，以上 2 號可綴接成一首尾完整的文本。屬於前(一)或(二)的寫卷有北敦 10962(臨 1091，殘片)、北敦 11083(臨 1212，殘片)、斯 4308(首殘尾殘)＋北敦 10565(臨 694，殘片)＋北敦 9236(唐 57，殘片)、俄 Дх. 2723(殘片)、俄 Дх. 5465(殘片)＋俄 Дх. 6098(首殘尾全)、羽 306—3 號(首全尾殘)，以上 9 號爲有殘缺者。屬於前(二)或(三)的寫卷有北敦 7807(北 8232，制 7，首殘尾全)、北敦 9235(唐 56，首殘尾全)、北敦 9592(湯 13，首殘尾殘)、北敦 9862(朝 83，首殘尾殘)、斯 1726(首殘尾殘)、斯 4368(首殘尾全)、斯 4559(首殘尾殘)、羽 164 號(首殘尾全)、羽 467 號(首殘尾全)，以上 9 號爲有殘缺者。其中，北敦 9592 號＋北敦 9862 號＋北敦 9235 號，内容前後相續，可以綴接。北敦 12274、北敦 13797、斯 12199，以上 3 號情況不詳(據張小豔調查，曹凌《中國佛教疑僞經綜録》第 390—392 頁有關 37 號敦煌寫本《慈教經》的介紹中，所收北敦

13325、北敦13687b兩號情况不詳的，實爲素紙）。現存的三個傳本系統中，系統（一）篇幅最長，其前部文字相當於系統（二）的完整文本，而後部文字相當於系統（三）的完整文本。經文謂佛欲入涅槃，付法與阿難，囑令以方便之力，善化善育衆生，令出苦海。故特演説此經，謂衆生如持誦者，得免監獄、疾病、地獄三難。又謂稱我名者，悉聞悉見，隨聲往救。經中强調釋迦牟尼慈憫衆生，故出此經以救衆生，念此經者功德無量。經末有“汝等見振旦國”云云。經名初見於《大周刊定衆經目録》，判爲僞經，出現時間當在695年之前。根據道真的記録，可知10世紀此經仍在敦煌地區流通。清代以前的歷代大藏經未收，《大正藏》據斯1627號録入其第八十五册。張小豔《敦煌疑僞經四種殘卷綴合研究》（《敦煌研究》2016年第1期）對此經進行了整理研究。今仍以《大正藏》本所據卷斯1627號爲底本。新增校本：甲本，北敦14125（新325）號；乙本，敦博56b號。

爾[①]時世尊在舍衛城中大會説法。

爾時王舍城中多有衆生不信有佛，不信有法，不信有僧。

爾時阿難白佛言：“世尊！此人過去之時當墮何道？”

爾時世尊復語阿難：“此人過去之時當墮惡道，一百三十六劫悉皆入中。若遇善知識，免斯地獄之苦；不遇善知識，還墮地獄，輪回六道，處處經歷。”

爾時阿難白佛：“世尊！一切衆生貧賤不等，富貴不同；或生閻浮，或生邊界；言語殊方，種種異類；茹毛食血，不識文字；鳥棲露宿，禽獸同類。有端坐壽報，有客作無地。有經行在外，厭鎮[②]妻子。女卧鐵床，男抱銅柱，鐵叉叉身，鑊湯煎煮。”

“汝向所論種種衆苦，皆由此十惡之業。佛説此經，爲一切愚癡、不信佛法衆生，二为邪行众生，三为五逆不孝众生，故説此經。若有善男子、善女人等於此經中生清净信者，受持讀誦，晝夜奉持修行，此人過去之時定生西方極樂世界。若有衆生讀誦此經者生誹謗，見世舌即墮落。”

---

① 文首迄至下文“若有衆生聞是説者，心生歡喜，當知是人最上稀”文字部分底本殘，據甲本補。

② 鎮，乙本作“棄”。

爾時世尊復語阿難:“一切不信佛法衆生,二爲邪行衆生,三有不孝父母衆生,若見此經,更生輕慢,不肯受持,此人過去之時定墮阿鼻地獄,二名難間地獄,一百三十六劫悉皆入中,百劫千劫,無有出日,鐘聲(終生)① 不救。”

爾時阿難白佛言:“世尊!若有衆生行道繞須彌山無數匝,不如斷酒肉;造舍利塔廟遍十方大地如麻,不如斷酒肉;黄金百萬兩在六天布施,不如斷酒肉;將恒河沙等生命布施,不如斷酒肉。”

爾時世尊復語阿難:“若有衆生念阿彌陀佛國者,一斷酒肉,二斷五辛,三斷殺生,四斷邪行,誓修善行,如此之人,舉足一步,天堂自至。未[□][來]②受果,如樹提伽,受福無量。”

爾時世尊復語阿難:“我聞三歸五戒車,本是山中木。得聞大慈教經,死不墮地獄。”

爾時阿難白佛言:“大衆,我奉諸天、世尊、菩薩等教育衆生。若有衆生憶我語者,念我語者,受我語者,用我語者,我若不救,誓當不轉。”

爾時世尊答言:“阿難!我看一切衆生喻如赤子,憐愍亦然。若有衆生憶我之者,我若不救,誓當不轉。若有衆生造舍利塔廟遍十方大地,黄金百千萬兩在六天布施,不如念佛至心。”

爾時世尊復語阿難:“若有衆生將瓔珞寶珠、黄金白萬兩供養十方比丘,福德多不?”

言謂:“甚多,世尊!”

答言:“阿難!由(猶)不如舉足一步,向道場中。”

佛説此經,爲一切法界衆生,勸修净行。一切天人、阿修羅等聞佛所説,皆大歡喜,作禮而去,信受奉行。

爾時世尊厭離娑婆世界,入於涅槃。佛告阿難:“我去之時,未知回日。親囑汝等,令教衆生。汝盡心勞(撈)漉。”

爾時阿難白佛言:“世尊!衆生沉在苦海,無有出期。”

---

① “鐘聲”二字此當讀如“終生”。

② 來,甲本無,據乙本補。

爾時世尊復語阿難:“由汝等方便之力,善化善育,令出苦海。”

爾時阿難白佛言:“世尊!衆生愚癡,現前顛倒,棄其貴妻,逐他賤妾,下漏一種,無有二殊。衆生心别。”

爾時世尊開其經藏,演説妙言,利益衆生。若有衆生聞是説者,心生歡喜,當知是人最上稀①有。

爾時阿難白佛言:“世尊!唯有闡提衆生難化難育。”

爾時世尊答:“如牛耕田,由人所遣;獮猴作舞,由人所教;造罪衆生,由人所勸。”

爾時阿難白佛言:“世尊!若有衆生樂②生西方國者,緣我身及向我口、眼中[□][下]③不净,我亦不辭。”

佛語阿難:“此經大聖!若有衆生勤誦此經者,免得三難苦:一難禁囚,二難病人,三難地獄。”

爾時世尊告言:“阿難!我爲閻浮衆生難化難育故,開此經藏,出其殊别妙經,爲汝演説。若人現此經者不生清净,當知是人與我無業。一切經典廣説妙言、引度衆生、一稱我名者,悉聞悉見,隨聲往救。今身劫剥師僧者,死墮寒冰地獄;又生鑊中,爲他煮剥;如此等以,逕八万之劫;餘受畜生身以,逕五百劫;蠢動衆生皆悉作遍,後受人身;癃④殘盲跛,五百劫中恒受啞報。”

爾時世尊答言:“阿難!行不净行尼僧死墮鐵窟地獄中⑤,八万刀輪一時來下,斬截其身。”

爾時阿難白佛言:“如佛思量,此事超越三界。”

爾時世尊語阿難:“飲酒醉亂,死墮飲銅地獄中。”

爾時阿難白佛言:“世尊!酒之無命,何故戒之?”

爾時世尊復語阿難:“飲酒醉亂,不識尊親。我見振旦國有人因酒淫母,

---

① 以上文字底本殘,據甲本補。

② 樂,録本訛作“藥”,據底本改。

③ 下,底本無,據甲、乙二本補。

④ 癃,底本作“**㾏**”,與“癃”同。《説文·疒部》:“癃,疲病也。”《廣雅·釋言》:“**躄**,**㾏**也。”[清]王念孫疏證:“《説文》:‘**躄**,人不能行也’。癃,疲病也。足不能行,故謂之癃病。《史記·平原君傳》:‘躄者曰:臣不幸有疲癃之病’,是也,癃、**㾏**、**躄**、躄並同。”

⑤ 中,底本、録本誤置於“地獄”前。結合文意,據甲本乙正。

破其五戒,是以禁之。”

爾時世尊語諸大菩薩等:“我從成佛以來,於今五百餘劫,經典[①]披遍,讀誦周匝,未聞是言,未聞是説。若有衆生聞此經者,宿種善因,宿種善果,思尋此經,不可思量,不可稱盡。”

爾時如來語諸菩薩:“我説此語,重如太山。衆生聞者,輕如微塵。此法難聞,亦復難見。”

佛語阿難:“若有衆生聞此經者心生歎喜,如此之人盡心爲説。”

爾時世尊復語阿難:“我見衆生墮落三塗,若將刀割我身體;由(猶)斯可忍,我不忍見於衆生受大苦惱,酸悲忍苦;身上演出光明,遍照十方,有我緣者得見我身,無有緣者不見我想(相)[②]。”

爾時阿難白佛言:“世尊! 如何二種心一種衆生,則有見者,則無見者?”

爾時如來復語阿難:“日月普照,盲者不見。”

爾時阿難重白世尊:“云何是盲? 云何是明?”

爾時世尊答言:“阿難! 修福者是明,不修福者是盲。”

阿難復白佛言:“世尊! 修福者不見由何?”

世尊告阿難:“修福不見我身,障閉佛光,污埿三寶,是以不得見我。”

佛語菩薩:“聞是此經者心生歡喜,如子見母遠行得歸,如飢得食,如渴得漿。如此之人,盡心爲説。”

佛語阿難:“食肉之者,喻如群狗争骨,各各貪多;見其猪羊,常作殺想;見其臭肉,如猫趣鼠,專[③]心用意。今身信解佛法者,從人中來。今身不信佛者,從畜生中來。造罪不懺悔者,喻如運金填國(圕)[④],損其寶物。造罪悔者,如病得藥,還復差(瘥)損;汙[⑤]衣水洗,還得清净。”

---

① 典,底本作“曲”,當爲“典”之訛省。該字甲本正作“典”。《大正藏》本徑録作“典”,然未出注,不合原卷。

② 結合文意,此處“想”當爲“相”之訛字。

③ 專,録本訛作“惠”,今據底本改。

④ 國,此當爲“圕”之訛字。該字甲、乙二本正作“圕”。

⑤ 汙,録本訛作“汗”。今據底本改。

佛語普廣菩薩:"用我語者,一偈成佛。不信我者,喻如海中求針,狂(枉)[1]費功力,無得見日[2]。"

佛語諸菩薩:"今身盗他物者,來生與他作癡牛,令他苦打,非時苦使。受牛身以,遥(逕)[3]五百劫與他作奴,任他駈使。心是[4]逃避,令被捉得,苦刑印面,非理苦持。"

佛語菩薩:"伽藍中二種心:一者善心,二者惡心。云何爲'惡人'? 若有衆生入寺之時,唯從衆僧乞索,或求僧長短。或噉得(僧)[5]食,都無慚[6]愧,餅果菜茹,懷狹(挾)[7]歸家。如此之[□][人][8]死墮鐵叉地獄。云何名爲'善人'? 若有衆生入寺之時,見僧恭敬,見佛禮拜,受戒懺悔,捨於財物,經營三寶,不惜身命,護持大法。如此之人舉足一步,天堂自來,受果如樹提伽,[□][樹][9]提伽則名爲'最上善人'也。"

佛告大衆:"我向所論種種因果,此經一名'殊别',二名'殊勝',三名'菩薩'。若有衆生聞此經者,一發善心,得生净土。"

佛告菩薩:"聞我説者心生歎喜,如旱得水,苗稼蘇活。不受我語者,如石浸水,無有潤時。"

爾時阿難白佛言:"世尊! 汝等見振旦國有人從七歲修福至於百年,臨命終時破其五戒,此人得福以不?"

爾時世尊復語阿難:"喻如轂車上萬里之坂,臨頭飜車,連[10]本所損,何有

---

① 狂,此當爲"枉"之形訛。該字甲、乙二本正作"枉"。

② 日,録本訛作"曰"。今據底本改。

③ 遥,此當爲"逕"之形訛。該字甲、乙二本正作"逕"。

④ 是,甲本作"生",乙本作"常"。

⑤ 得,録本訛作"德",今據底本改。該字甲、乙二本作"僧"。"僧"字義長。

⑥ 慚,底本作"塹",當爲"慚"之訛字。該字甲、乙二本正作"慚"。《大正藏》本徑録作"慚",然未出注,不合原卷。

⑦ 狹,此當爲"挾"之形訛。該字甲本正作"挾"。

⑧ 人,底本及録本無,今據甲、乙二本補。

⑨ 樹,底本及録本無,今據甲、乙二本補。

⑩ 連,底本及録本訛作"速",結合文意,今據甲、乙二本改。

得期？縱取少多，如雲影日，片[①]時之光。喻如一口之食，能得久飽？”

佛語衆生：“我等廣説因緣，共同成佛，普勸衆生同修净行。”

一切世間天、人、阿修羅等聞佛所説，皆大歡喜，作禮而去。

佛説無量大慈教經一卷。

① 片，録本訛作“斥”，今據底本及甲、乙二本改。

No. 2904 佛説七千佛神符經

［題解］

中國人假託佛説所撰經典，又名《七佛神符經》、《益算經》、《益算神符經》、《七千佛神符益算經》，作者不詳，一卷。《大周刊定衆經目録》、《開元録》、《貞元録》均將此經收入僞經録。敦煌遺書及吐魯番文書中存有全本，共 20 號，可分爲兩個不同的傳本系統：（一）伯 2558a，以上 1 號首尾完整；伯 2723（首殘尾全）、伯 3022b（首全尾殘）、伯 4667a（首殘尾全）、斯 2708（首殘尾全），以上 4 號爲有殘缺者。（二）伯 2558b，以上 1 號首尾完整；北大 D104（1）（首殘尾全）、北敦 10021（臨 150，首殘尾殘，存 13 行），以上 2 號爲有殘缺者。不能區别傳本系統的寫本：俄 Дx. 03432（殘片）、俄 Дx. 6411（殘片）、俄 Дx. 8410（殘片，曹凌誤録爲俄 Дx. 8401 號）、俄 Дx. 8977（殘片）、俄 Дx. 9259（殘片）、俄 Дx. 9485（殘片）、俄 Дx. 14777（殘片）、大谷文書 4397（殘片），以上 8 號爲有殘缺者。斯 14079d、德國國家圖書館藏吐魯番文書 Ch989（殘片）、Ch2190（殘片）、Ch2860（殘片），以上 4 號情況不詳。兩系統的最大區别在於系統（一）在經文之後附録了神符十五道，而系統（二）没有。經文主要宣揚神符的功效，謂佩帶各種神符，可得諸佛保佑，添壽益算，破災招祥。經中道教因素甚濃，有不少道教語彙。自《大周刊定衆經目録》以來，一直被判爲僞經，出現時間當在 695 年之前。歷代大藏經未收，《大正藏》據斯 2708 號録入其第八十五册，屬系統（一）。牧田諦亮據伯 3022b 號亦曾對此經進行了録本（牧田諦亮《疑經研究》第一章，臨川書店 2014 年 7 月版）。曹凌對該經進行了介紹（曹凌《中國佛教疑僞經綜録》，上海古籍出版社，2011 年 12 月版，第 385—386 頁）。張小豔將其中的北敦 10021、北大 D104（1）二號殘卷綴合爲 1 組，進行了整理研究（張小豔《敦煌疑僞經四種殘卷綴合研究》,《宗教學研究》2015 年第 4 期)。今仍以《大正藏》本所據卷斯 2708 號爲底本。新增校本:甲本,伯 2558a 號;乙本,伯 2558b 號;丙本,北大 D104(1)號。

佛説救護益算身命、濟人疾病苦厄經。

跏跪合掌,一心除亂,衆惡消滅。

甲子將軍生我益算,七千佛所護人身,願得成就,一心除惡病。

甲戌將軍生我益算,七千佛所護人身,體中除患卻禍。

甲申將軍養我益算,七千佛救護人身,還歸三魂七魄。

甲午將軍與我益算,七千佛報護人①身,延年益算,年一百二十歲。

甲辰□□□□(將軍與我)②益算,七千佛守護人身,令不見惡。

□□□□(甲寅將軍)③救我益算,七千佛爲護人身,斷諸□□□□(惡魔。六百)④甲子從佛益算,人身命盡之者,□□□□(如來益算)⑤,千佛下生,與我益算。七千佛救護人□□□(身,算盡)⑥之者,益其食⑦算。七百七十佛下生,與我益算。七百七十佛下生,[□][人]⑧身疾病之者,菩薩破魔。三十五佛下生,與我益算,七百七十佛守護人身,令得堅强,勇猛精進。五十三佛下生,與我益算,七百七十[□][佛]⑨護人身命億千萬歲,常得佛道。六佛下生,與我益算;七百七十佛護人益⑩身命,開智慧憑(海)⑪,通達無礙。七佛下生,與我益算;三十五佛,護導人身,威儀無缺,衆魔自畏。八萬衆菩

---

① 以上文字底本殘,據乙本補。

② “將軍與我”四字底本殘,録本作缺文,據甲本補。“與”字乙本作“扶”。

③ “甲寅將軍”四字底本殘,録本作缺文,據甲、乙二本補。

④ “惡魔六百”四字底本殘,録本作缺文,據甲、乙二本補。

⑤ “如來益算”四字底本殘,録本作缺文,據甲、乙二本補。

⑥ “身算盡”三字底本殘,録本作缺文,據甲、乙二本補。

⑦ 食,甲、乙二本作“命”。

⑧ 人,底本及録本無,據甲、乙二本補。

⑨ 佛,底本及録本無,據甲、乙二本補。

⑩ 益,甲、乙二本無。

⑪ 憑,甲、乙二本作“海”。當以“海”字義長。

薩與我益算，七十三佛[□□][救我]①，願佛及諸菩薩並聲聞求辟支佛，是諸阿羅漢爲弟子益算。七千佛符打鍛，衆魔蠱道、山林社稷、郎岸北神，盡自消滅。千佛符打鍛，衆魔、風王竈②君、水龍③之神、土公盡自消滅。千佛符打鍛，五秏六嘘、惡夢悲啼、野道呪咀盡自消滅。破軍星主秏虚，武曲星主官事，廉貞星主口舌，文曲星主惡夢，禄存星主百鬼，巨門星注（主）④非尸，貪狼星主惡氣，左⑤北斗星注（主）生命，右⑥北斗星注（主）百鬼，三台星主護身命。第一怨星，第二良星，第三辟星，第四熒惑星，第五危星，能消災受難，辟除天下疫氣、疾病。奸非、魍魎、訪亂[□][之]⑦鬼皆去千萬里之外，急急如律令！

第一心開符，第二益算符，第三救護身命符，第四金木水火土不相刻符，第五注（主）生人阿姖⑧死鬼秏嘘（虚）⑨神符。所生之注（主），一切惡物見符散滅，急急如律令！

將軍在子六月壬子朔二十日癸丑開日⑩，千佛神符，保請百年。若月衰、日衰，若歲衰、時衰、日忌，當佩符之後，無有衰忌。千佛符厭，令其人過災度難，延年益算。受符以後，壽命延長。七千佛神符護⑪命，願受一百二十歲，得算備足符生之身。佩符之後，諸佛生我，諸經載我，光明照我，陰陽長我，

① "救我"二字底本及録本無，據乙本補。

② 竈，甲本作"電"，乙本作"雷"。

③ 龍，甲本作"神"。

④ 繫聯文義，此"注"當爲"主"之借字（"注"字一音之戍切，与"主"同）。下文"注"字同，徑括注其本字，不復校。

⑤ 左，底本、録本作"在"，誤。該字甲、乙二本均作"左"，可資比勘。茲據正。

⑥ 右，底本誤作"左"，録本進而訛作"在"。結合文意，底本"左"當爲"右"之誤書。該字甲、乙二本均作"右"。茲據正。

⑦ 之，底本及録本無，據乙本補。

⑧ 姖，録本訛作"姬"，據底本改。下文"第五注生人阿姖死鬼秏虚神"，録本亦訛作"姬"。徑改之，不復校。

⑨ 嘘，此當讀如"虚"。下文"第五注生人阿姖死鬼耗虚神符"，可助互勘。

⑩ 日，録本訛作"白"，據底本改。

⑪ 護，底本及録本作"請"，結合文意，據甲、乙二本改。

四時養我,五大(天)①將我,五雲蓋我,菩薩護我,六百甲子覆我,五帝助我,五音樂我,五兵衛我,星辰格我,五絲依(衣)②我,五香薰我,金床卧我,錦被覆我,仙人扶我,玉女侍我,青龍引我,白虎狹(挾)③我,守公候使④人受(愛)⑤我,五姓⑥敬我,萬姓榮我,長者順我,鄉里媚我,弓箭刀兵盜賊離我,虎狼蚖蛇避我,五毒蠱道避我之身。佩符之後,天開四通,百鬼不從,墮水不没,刀兵不傷,出入吉良,不逢禍殃,四方五岳,將軍所護,天⑦道備具,保宣在前;賢懷敬我,良藥與我,神符護我,百鬼避我,百神愛我,天門開我,地户出我,凉泉飲我,風霜雨師除道,當符前者死,逆符者亡。符厭死喪新舊注(主)雌雄破殃伏連之鬼,符厭山林社稷之鬼,符厭遊天之鬼,符厭赤舌之鬼,符厭比舍五土注(主)之鬼,符厭日遊土氣之鬼,符厭星⑧死之鬼,符厭客死之鬼,符厭兵死、獄死之鬼。弟子佩千佛符之後,四出行來,千道無窮,萬道無難,卧不惡夢,所求常得,所願從心。千佛法正如符所敕,急急如律令!⑨

第一心開符:;第二益算符:;第三救護身命符:;第四金木水土不相刻符:;第五注生人阿姖死鬼秏虚神符:;符厭死喪新舊注雌雄破伏連之鬼三世:;符厭遊天之之鬼:;符厭赤舌之鬼:;符厭比舍五土之鬼:;符厭日遊土氣之鬼: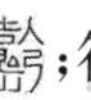;符厭星死之鬼:;符厭客死之鬼:;符厭兵死獄死之之鬼:;符厭界祥女祥之鬼:;符厭無辜之鬼: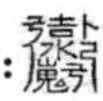。

佛説七千佛神符經。

---

① 大,甲、乙、丙三本作"天"。"大"當爲"天"之訛字。

② 依,此當爲"衣"之借字。此字甲本即作"衣",可參。

③ 狹,甲、乙、丙三本作"俠"。"狹"、"俠"皆當爲"挾"之形訛。

④ 使,甲、丙二本作"吏"。乙本作"史"。

⑤ 受,甲、乙、丙三本作"愛"。"愛"字義長。

⑥ "五姓"猶百姓。此二字甲、乙、丙三本正作"百姓"。

⑦ 天,底本及録本作"无",結合文意,據甲、乙二本改。

⑧ 星,底本作"星",當爲"星"之省筆俗體。甲本作"星"。下文"符厭星死之鬼"亦可比勘。

⑨ 乙本下文缺,尾題"佛説益算經"。

No. 2905 現在十方千五百佛名並雜佛同號

[題解]

佛教典籍,著譯者不詳,一卷。《十方千五百佛名經》,又名《賢劫十方千五百佛名經》。此經謂現在東南西北四維、上下等十方各有一百五十佛,十方共計一千五百佛。叙述十方佛的次序是:東、東南、南、西南、西、西北、北、東北、上、下;謂持誦這些佛名,各可得種種功德。《現在十方千五百佛名並雜佛同號一卷》則是對這一千五百佛在佛經中的出處加以考證摘録。敦煌文獻中存有斯2180一號,首殘尾全。清代以前歷代大藏經未收,《大正藏》據斯2180號録入其第八十五册。今校注仍以《大正藏》本所據原卷斯2180號爲底本。

□[1]能傷。若能一過,五體投地而爲作礼,口自宣説:"我今普禮一切十方三世諸佛,我今普禮一切十方三世諸佛。"至于千過[2],然後乃起,所得功德如上所説。

次有五十三佛,出在《藥王藥上經》:

若有善男子、善女人及餘一切衆生得聞是五十三佛名者,是人於百千万億阿僧祇劫不墮惡道。若復有人能稱是五十三佛名者,生生之處常得值遇十方諸佛。若復有人能至心敬礼五十三佛者,除滅四重、五逆及謗方等,皆悉清净,以是諸佛本誓願故,於念念中即得除滅如上諸罪。

---

① 首缺。

② 過,録本訛作"遍",據底本改。《素問·王版論要》:"八風四時之勝,終而復始,逆行一過,不復可數。"王冰注:"過,謂遍也。"

普光佛，普明佛，普净佛，多摩羅跋旃檀香佛，旃檀光佛，摩尼幢佛，歡喜藏摩尼寶積佛，一切世間樂見上大精進佛，摩尼幢燈光佛，惠(慧)炬照佛，海德光明佛，金剛堅彊普散金光佛，大彊精進勇猛佛，大悲光佛，慈力王佛，慈藏佛，旃檀窟莊嚴勝佛，賢善首佛，善意佛，廣莊嚴王佛，金華光佛，寶蓋照空自在力王佛，虚空寶華光佛，流離莊嚴王佛，普現色身光佛，不動智光佛，降伏諸魔王佛，齊光明佛，智慧勝佛，彌勒仙光佛，世净光佛，善寂月音妙尊智王佛，龍種上尊王佛，日月光佛，日月珠光佛，惠(慧)幡勝王佛，師子吼自在力王佛，妙音勝佛，常光幢佛，觀世燈佛，惠(慧)威燈王佛，法勝王佛，須彌光佛，須曼那華光佛，優曇鉢羅華殊勝王佛，大惠(慧)力王佛，阿閦毘歡喜光佛，無量音聲王佛，齊光佛，金海光佛，山海慧自在通王佛，大通光佛，一切法常滿王佛。

次有三十方佛，出《决定毘尼經》：

若有菩薩成五無間罪，犯於女人，或犯男子，或有手犯，犯塔，犯僧，如是等餘犯，菩薩應當於三十五佛邊所犯重罪，晝夜獨處，至心懺悔。懺悔法者，歸依佛，歸依法，歸依僧。

南無釋迦牟尼佛，南無金剛不壞身佛，南無寶光佛，南無龍尊王佛，南無精進軍佛，南無精進喜佛，南無寶火佛，南無寶月光佛，南無現無愚佛，南無寶月佛，南無無垢佛，南無離垢佛，南無勇施佛，南無清净佛，南無清净施佛，南無婆留那佛，南無水天佛，南無賢德佛，南無旃檀功德佛，南無無量氣光佛，南無光德佛，南無無憂佛，南無那羅延佛，南無功德花佛，南無蓮華光遊戲神通佛，南無財功德佛，南無德念佛，南無善名稱功德如來，南無蚳炎幢王如來，南無善遊步功德如來，南無戰鬪勝如來，南無善遊步如來，南無周匝莊嚴功德如來，南無寶蓮華遊步如來，南無寶蓮華善住娑羅樹王如來。

如是等一切世界諸佛世尊常住在世。是諸世尊當慈念我。若我此生，若於前生，從無始生死已來所作衆罪，若教他作，見作隨喜；若塔，若僧，若四方僧物，若自取，若教人取，見取隨喜；或作五逆無間重罪，若自作，若教他作，見作隨喜；十不善道，自作、教他，見作隨喜；所作罪障，或有覆藏，或不覆藏，應墮地獄、餓鬼、畜生及諸惡趣、邊地下賤及彌戾車；如是等處所作罪障，今悉懺悔。今諸佛世尊當證知我，當憶念我。

復於諸佛世尊前作如是言:"若我此生,若於餘生,曾行布施,或守净戒,乃至施與畜生一揣之食。或修净行,所有善根成就衆生,所有善根修行菩提,所有善根及無上智,所有善根一切合聚校計籌量皆悉迴向阿耨多羅三藐三菩提。如過去、未來、現在諸佛所作迴向,我亦如是迴向。"

次有六方三十八佛,出《阿彌陀讃一切諸佛所持之法經》:

復次,舍利弗!東方有佛名"阿閦如來"、"須彌幡如來[①]"、"大須彌如來"、"須彌光明如來"、"哀樂如來",南方有佛名"日月燈明如來"、"光明名號如來"、"大火炎種如來"、"須彌鐙如來"、"無量精進如來",西方有佛名"無量壽如來"、"無量幢如來"、"無量幡如來"、"大光如來"、"大光普遍如來"、"寶幢如來"、"净光如來",北方有佛名"大火炎種如來"、"喜樂音如來"、"莫能勝如來"、"從日興起如來"、"寶網光明如來",下方有佛名"師子如來"、"名稱遠聞如來"、"名聲光明如來"、"法名號如來"、"法幡如來"、"奉法如來",上方有佛名"梵音如來"、"最香如來"、"星王如來"、"香光明如來"、"大火炎種如來"、"異寶雜色華身如來"、"妙香樹王如來"、"寶蓮華如來"、"教授[②]一切諸事如來"、"須彌意如來"。

若善男子、善女人其聞此經諸佛名者,此輩衆生當爲諸佛之所護持,必當逮[③]得不退轉地,當成無上正真之道。如是,舍利弗!一心信樂,當廣宣傳,至心奉行。若使有人持我名字、執持懷抱此上諸佛名號字者,持此之福,至心願生阿彌陀佛國。若過去發願、若今發願、欲得往生阿彌陀佛國者,此輩衆生必當得住不退轉地,此等命終皆當往生阿彌陀佛國。又,舍利弗!若善男子、善女人欲得往生阿彌陀佛國者,常當至心念"阿彌陀佛"及上六方諸佛名,一心敬禮,莫令斷絶。"

次有五方,從東方至上方,有一百三十九佛,出在《稱揚諸佛功德經》。此《稱揚諸佛功德經》兩卷成,合五十五紙[④]半,紙有二十五行,行有十七字:

① "來"字底本脱,録本據文意補,然未出校,失真。

② 授,底本作"侵",當爲"授"字之訛。録本據文意改,然未出校,失真。

③ 逮,底本作"逯",乃"逮"之俗字。《干禄字書》:"逮逯:上及也,徒計反;俗音凸再反,非也。下人姓,音録。"

④ 紙,底本作"帋",乃"紙"字之異體。《廣韻·紙韻》:"帋",同"紙"。

東方五十三佛：寶海如來，寶英如來，寶成如來，寶光明如來，寶幡如來，寶光明如來，阿閦如來，大光明如來，無量音如來[①]，無量音如來，大名稱如來，寶光明如來，得大安穩如來，大光明如來，正音聲如來，無限浄如來，月音如來，無限名稱如來，月光如來，無垢光如來，浄光如來，日光如來，無量寶如來，蓮華尊如來，身尊如來，金光如來，梵自在王如來，金光明如來，金海如來，龍自在王如來，一切華香自在王如來，樹王如來，勇猛執持牢杖棄捨戰鬪如來，内豐珠光如來，無量香光明如來，師子嚮如來，大彊精進勇力如來，過出堅住如來，鼓音王如來，月英如來，超出衆花如來，世燈明如來，休多易寧如來，寶輪如來，常滅度如來，浄覺如來，無量寶化光明如來，須彌步如來，寶蓮華如來，一切衆寶普集如來，樹王豐長如來，轉不退轉法輪衆寶普集豐盈如來，圍繞特尊得浄如來。

次南方三十八佛：日月燈明如來，須彌如來，大須彌如來，超出須彌如來，喻如須彌如來，香象如來，圍繞香熏[②]如來，浄光如來，法最如來，香自在王如來，大集如來，香光明如來，火光如來，無量光如來，開光如來，月鐙光如來，月光如來，月光明如來，火光如來，集音如來，最威儀如來，光明尊如來，蓮華軍如來，蓮華嚮如來，多寶如來，師子吼如來，師子音如來，精進軍如來，金剛踊躍如來，度一切禪、絶衆疑如來，寶火侍從如來，無憂如來，地方持勇如來，最踊躍如來，自在至如來，無量音如來，錠光如來，寶光明如來。

次西方十五佛：阿彌陀如來，殊勝如來，集音如來，金剛步積如來，皂王神通如來，浄月幢稱光明王如來，妙樂如來，無量幢如來，無量幡如來，大光普遍如來，寶幢如來，浄光如來，寶上如來，樹根華王如來，維越莊嚴如來。

次北方六佛：德内豐嚴王如來，金剛堅强消伏壞散如來，寶火如來，寶月光明如來，賢最如來，寶蓮花步如來。

上方二十七佛：金寶光明如來，無量尊豐如來，無量離垢王如來，德首如來，無數精進興豐如來，無言勝如來，無愚豐如來，月英豐如來，無異光豐如

---

① 此處底本、録本複衍"無量音如來"五字，兹據文意删。

② 熏，底本實作"勲"，乃"熏"之同音借字（二字同爲許云切）。《大正藏》本徑録作"熏"，且未出校，失真。

來，最清净無量幢如來，迷空光明如來，好諦住准王如來，成就一切諸利豐如來，净慧德豐如來，净論幡如來，流離光最豐如來，寶德步如來，最清净德寶住如來，度真光明塔如來，無量慚愧全最豐如來，蓮華尊豐如來，净寶興豐如來，電燈幡王如來，法空燈如來，一切衆德成如來，賢幡幢王如來，一切寶緻色持如來，師子遊戲菩薩，師子住菩薩，堅勇精進菩薩，擊金剛惠(慧)菩薩。

下方七佛：斷疑拔欲除疑冥佛，意無恐懼衣毛不竪佛，師子佛，名稱遠聞佛，法名號佛，法幡佛，奉法佛。

東北方四佛：壞魔羅網獨步佛，師子吼佛，悲精進佛，梵天佛。

東南方三佛：成首佛，興光明佛，法幢尊佛。

西南方四佛：寶蓋照空佛，如寶佛，諦幢佛，梵幢佛。

西北方三佛：開化菩薩佛，見無恐懼佛，一乘度佛。

東方虚空、妙無塵垢、平等眼善、樂德相光、雜蓮華流離光、寶像身香上世光、一切莊嚴頂髻無量日月光、滿願成就、善化莊嚴、法界超出無量衆王佛。

彼有菩薩，名曰"無比"，授記次後，當得作佛，號曰"幻音熾然雜華光寶紅蓮華金炎體明顯柔濡無礙眼十方放光遍滿一切相王佛"。

十方各有百千億那由他佛，刹微塵數，同號"普明佛"。十方各有八十[①]不可説百千億那由他佛，刹微塵數，同號"普賢佛"。十方各有十不可説百千億那由他佛，刹微塵數，同號"普勝佛"。十方各有不可説佛，刹微塵數，同號"賢首佛"。十方各有十億佛，刹微塵數，同號"金剛藏佛"。十方各有百萬佛，刹微塵數，同號"金剛幢佛"。十方各有百萬佛，刹微塵數，同號"金剛幡佛"。十方各有十萬佛，刹微塵數，同號"普功德佛"。百千佛，刹微塵數，同號"勝境界佛"。十方各有萬佛，刹微塵數，同號"功德林佛"。十方各有萬佛，刹微塵數，同號"法慧佛"。十方各有十佛，刹微塵數，同號"普幢自在佛"。十方各有十佛，刹微塵數，同號"妙法佛"。萬佛世界，[□][刹][②]微塵數，同號"净心佛"。二萬億同號"威音王佛"，二萬億同號"釋迦牟尼佛"，二

① 十，録本訛作"千"，據底本改。
② 刹，底本及録本無，據文意補。

萬億同號"雲自在燈王佛",二萬億同號"日月燈明佛",百億同號"旃檀摩尼光佛",六百二十萬同號"見一切義佛",三十億同號"釋迦牟尼佛",九萬一十那由他同號"無色佛",百一同號"旃檀海佛",三萬億同號"弗沙佛",六百同號"光明佛",二萬同號"日月燈明佛",二萬同號"摩尼光佛",萬八千同號"山王佛",一萬同號"旃檀窟佛",九千同號"迦葉佛",八千同號"燈光佛",八千同號"定光佛",六千同號"衆生喜見佛",二千同號"雲自在燈王佛",二千同號"憍陳如佛",千二百同號"普明佛",一千同號"智熾尊音王佛",一千同號"增相尊音王佛",一千同號"離怖畏尊音王佛",一千同號"善無垢光尊音王佛",一千同號"蓮華香釋稱尊王佛",一千同號"閻浮檀金佛",一千同號"離法智龍王解脱覺世界海眼山王佛",過去莊嚴劫中"花光如來"等千佛,賢劫中"拘留孫如來"等千佛,未來星宿劫中"日光如來"等千佛,六百同號"散花佛",五百同號"日音王佛",五百同號"花上佛",五百同號"威德佛",五百同號"日藏尊王佛",五百同號"樂音王佛",百三同號"功德佛",百一同號"龍雷尊花光明王佛",一百同號"善智無垢雷音佛",九十同號"尊相衆生佛",九十同號"微妙音佛",八十四同號"音相佛",八十同號"勝尊大海智功德山力王佛",八十同號"智懃王佛",八十同號"師子步王佛",七十同號"普净光①王佛",七十同號"聚集珍寶功德佛",六十二同號"善寂佛",六十同號"光明熾珠王佛",五十同號"那羅延無勝藏佛",五十同號"智海王佛",四十同號"無上菩提尊王佛",四十同號"寶幢光明尊王佛",四十同號"大力尊音王佛",三十同號"光明藏佛",三十同號"蓮華香力增佛",二十同號"不思議王佛",二十同號"分别星宿稱王佛",十五同號"智山幢佛",十五同號"日明佛",十一同號"顯露法音佛",十同號"離音光明佛",九同號"智慧光明佛",九同號"功德法稱王佛",八同號"音聲佛",八同號"離恐稱王佛",七同號"不思議音佛",四同號"龍自在佛",三同號"師子遊戲佛",三同號"智藏佛",二同號"日光明佛",二同號"智覺山花王佛",二同號"功德山智覺佛",二同號"金剛師子佛",二同號"持戒光明佛",二同號"示現增益佛",二同號"無盡智山佛",二同號"寶光明佛",二同號"無垢智慧佛",二同號"師子稱佛",二同號"功德

① 光,録本訛作"花",據底本改。

通王佛”，二同號“雨法花佛”，二同號“遍滿大海功德王智慧和合佛”，二同號“功德力娑羅王佛”，二同號“無量功德大海智增佛”，二同號“山功德劫佛”，“金剛師子遊戲佛”，“善住功德寶王佛”，“普光功德山王佛”，“三昧上尊豐嚴王佛”，“多寶佛”，“寶勝佛”，“濡手幢真音王佛”。

現在十方千五百佛名並雜佛同號一卷。

No. 2906 三萬佛同根本神秘之印並法、龍種上尊王佛法

［題解］

佛教典籍，著譯者不詳，一卷。敦煌文獻中存有斯 2438、斯 2438v 二號，首殘尾殘，寫卷每紙中下半亦多有殘缺。此經未見諸家著録，是否有異名，或僞經别出一品，則不得而知。其内容混合佛典與中國民間方術思想，透過龍種上尊王佛與世尊的問答，説明神秘之印配合偏方，可降服一切惡鬼，役使百千萬金剛神，智慧通達；配帶此印，消無量劫五逆十重生死罪，永斷三途惡道。清代以前歷代大藏經未收，《大正藏》據斯 2438 號、斯 2438v 號録入其第八十五册疑僞部。今校注仍以《大正藏》本所據原卷斯 2438 號＋斯 2438v 號爲底本。

□①光紫色而□年，化爲流星。流星千年□爲浮水。金入水不耗反益，□太清。此飛仙之法，勿□酒二升，與茯苓合□。

絶穀仙方

胡麻之法□如，一名“三光之貴榮”，一名□昌，一名“含映”，一名“青襄”。是其葉食□好成熟者擣持土穢，隨意多少，湯□乾後蒸之，使微氣出，極溜通止，更［曝］②□曝。每至蒸時，要須快日。天陰不得［蒸］③□，復温而復蒸，都曝訖而後擣之，和以白蜜。□至服時，一

---

① 首缺。

② 曝，録本脱，據底本補。

③ 蒸，録本脱。按：底本該字尚可辨，兹據補。

服一枚,以日三時服之,可長生不死。□年▭十一月上亥日,收槐子熟好者,□著黄▭服之百日,上見天文。二百▭初服一枚,[後][1]▭又十月上建收槐子三升,▭枚,一年夜▭二年,万病皆除。服之三▭聰▭取章陸根三十斤,去惡▭陰乾,六十日末,篩方寸七▭取寶,立得不難,日行千▭金不傳。

去三尸方

恒以▭黄,雌黄,等分末之,以綿裹▭死出去壽五百年活。又,▭以酒和取。八月破除日和藥▭百病愈。服三節,耳目聰明,▭同光。上尸百日,中尸六十日,下▭鷄子。上尸黑,中尸青,下尸[白][2],▭伺人罪過,上奏天翁。世間▭洇其藥力,令人百病不愈▭五色。若不去三尸,但▭仙人,與日月同光,莫視凡下▭。

又方:七月十七日,去手爪足爪,吞腹中,去三尸▭。

又方:取蕪荑五升,乾桼(漆)[3]四兩,苟杞根四▭華水服,日一食。五日三尸虫於下部中出▭防護之,三日後自好,不須防。觀世音菩薩▭傍(螃)[4]蟹八枚,上好酒半升,▭末和▭肉身,日行萬里,奔馬趁不及▭從經劫數已來不曾見之。念▭說,令人狐疑顛倒。

採黄精□(方)[5]

▭洗卻惡皮毛,細切,一石水煮之,至▭黄末和作餅,日服如鷄子▭不老,聰明万倍,與天地相▭擣熟,以水一石煮。復内麻▭可,丸如鷄子大,日服三丸。十日已後,▭。服之百日,万病皆除,三二

---

① 後,録本脱。按:底本該字尚可辨,兹據補。

② 白,録本脱。按:底本該字尚可辨,兹據補。

③ 桼,録本訛作"柴",據底本改。《山海經·西山經》:"又西百二十裡,曰剛山,多桼木。"汪紱云:"桼即漆字。"

④ "傍"字一音步光切,與"螃"同音。此"傍"當爲"螃"之借字。

⑤ 方,録本作缺文,據底本補。

間即昇天矣。▭洗生搗，以生大豆黄末一升和合，作餅如常。以糖[①]▭服一餅，後日三餅，漸自不飢。至十日[已後][②]，▭睡眠自然，不須食。一年已後，昇▭，□□（一名）[③]“黄精”，二名“重樓”，三名“仙人”。餘糧▭天老日，天地所生草，有食之，令▭名曰“黄精餌”而食之，所以度世▭之，入口即死。人若信呴吻傷▭或（惑）乎！其草精者，葉似竹▭也。夫採以二月、八月，三月▭禁忌食梅。絶穀不飢▭大豆熬之。以上六味各五合，搗篩爲末，白蜜一斤▭可丸如李子大，頓吞服之，令人終不飢渴。▭皆須天氣晴明，先當清心齋戒，香湯沐浴▭可合和仙藥。

又治三尸法

取狼牙根□（陰）[④]乾，▭服之一方寸，七日三明虫下，得▭麻子二升，大豆一升（已上冬服）。麻子▭麻子亦炒和搗作末，每日一抄，□（三）[⑤]□□□（服之）[⑥]，▭服之[⑦]。若經一年，日行千里。

五芝□□烏□□□（麻油一）[⑧]▭茯苓半斤，椒四兩，錫半▭蜜二合，令▭日三服，食之三丸，以日出時▭及午時、申時▭年，頭白更黑，力徹虚空。□行千里。王喬□（傳）[⑨]▭五斤，水三石。於釜口稍稍添水煮之，可至一升。□（人）[⑩]即[⑪]▭之。又内白蜜一升，重湯中更煎

---

① 糖，録本訛作“爐”，據底本改。
② “已後”二字録本脱，兹據底本補。
③ “一名”二字底本殘，録本作缺文，據文意補。
④ 陰，録本作缺文，據底本補。
⑤ 三，録本作缺文，據底本補。
⑥ “服之”二字録本作缺文，據底本補。
⑦ 之，録本訛作“子”，今據底本改。
⑧ “麻油一”三字録本作缺文，據底本補。
⑨ 傳，録本作缺文，據底本補。
⑩ 人，録本作缺文，據底本補。
⑪ 即，録本訛作“品”，據底本改。

五升，▭騰躍自在。[1]

三萬佛同根本神祕之印並法

□□(如是)[2]我聞：一時佛在他化自在天，與諸大菩薩百▭超世間，其名曰“總持天菩薩”、“虚空菩薩”、“充明□□□菩薩”、“無量▭幢菩薩”、“無量身菩薩”、“金剛▭菩薩”、“觀世音菩薩”、“大▭鳴菩薩”、“天親菩薩”、“天津菩薩”、“▭菩薩”、“海眼菩薩”、“□□□文殊師利菩薩”等。有▭大菩薩摩訶薩，□有無量聲聞、緣覺▭□(清)[3]信男、□(清)[4]信女等，繞佛百匝，默然□□(而坐)[5]。

爾時▭莊嚴世□龍種上尊王佛將三十二万億呪▭提桓□□等類並諸眷屬，前後圍繞，▭諸□散花，香風吹林，處處普遍，光明照曜。□(大)[6]地六種震動。巡諸國土，來至自天上。其諸二十八天及諸日、月、星辰並隱没不現，及此自在天上，變爲金色菩薩所，威光並悉不□。

爾時彼龍種上尊王佛到如來所，無量問訊起□(居)[7]，□(卻)[8]□□(住一)[9]面。是時，□□(上王)[10]佛白言：“世尊！我無量劫來修集方□(術)[11]，▭此欲崇大法，願佛慈悲▭聲□言：“善哉！善哉！汝能發心，欲▭今速説，我及十方諸大如來助汝宣化。”

---

① 前文至此黄永武《敦煌寶藏》題作：“絶穀仙方、去三屍方。”

② “如是”二字底本殘，録本作缺文，據文意補。

③ 清，録本作缺文，據底本補。

④ 清，底本殘，録本作缺文，據文意補。

⑤ “而坐”二字底本殘，録本作缺文。按：據底卷所殘左半尚可辨“而坐”二字。兹據補。

⑥ 大，底本殘，録本作缺文，據文意補。

⑦ “居”字底本殘，録本作缺文。按：該字據底卷所殘左半尚可辨，兹據補。

⑧ 却，底本殘，録本作缺文，據文意補。

⑨ “住一”二字底本殘，録本作缺文。按：此二字據底卷尚可辨，兹據補。

⑩ “上王”二字底本殘，録本作缺文，據文意補。下文緊接：“時上王佛復白……”，可以互勘。

⑪ “術”字底本殘，録本作缺文。按：該字據底卷所殘右半尚可辨，兹據補。

時上王佛復白□(言)①:“［　　］有神印,前佛、後佛三万餘人,皆因此印得無上道究竟涅槃。世尊!若未得□(道)②□□□阿羅漢、辟支佛等,並下類凡夫初發心者,若求諸大方術,□□自在,先當取盧耶娑木方一寸八分,此云‘赤柳木’是,剋印持帶［　　］,千靈並顯,萬術自通。”

龍種上尊王佛法第一

先立壇,三日一上廁,一浴,然後剋印,含香水剋印,呪曰:

“毘耶提,摩辟馱兜,莎訶。”

念龍種上尊王□(佛)③一切遍,發願速□。

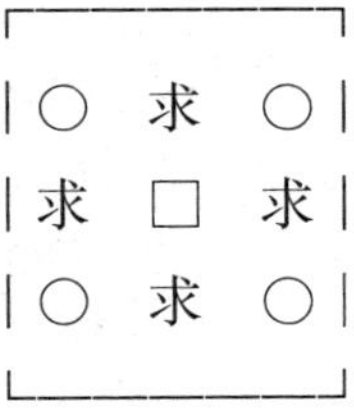

“世尊!若有諸善男子、善女人欲求無量百千萬□□(方)④術者,即尅此印,□□帛⑤作囊盛之,於膊上安之,無問⑥污净,隨所住□(處)⑦□□坐卧,百無妨礙。常念我名‘南無龍種□□(上尊)⑧王佛’。每須念之。”

龍種上尊王佛尅印法第一

“世尊!當尅印之際,□□□□默然除語,尅之［　　］發願,然後即受

---

① 言,底本殘,録本作缺文,據文意補。
② “道”字底本殘,録本作缺文。按:該字據底卷所殘右半尚可辨,兹據補。
③ “佛”字底本殘,録本作缺文。按:該字底卷尚可辨,兹據補。
④ “方”字底本殘,録本作缺文。按:該字底卷尚可辨,兹據補。
⑤ 帛,録本訛作“帛”,據底本改。
⑥ 問,録本訛作“得”,據底本改。
⑦ “處”字底本殘,録本作缺文。按:該字底卷尚可辨,兹據補。
⑧ “上尊”二字底本殘,録本作缺文,據文意補。下文“龍種上尊王佛尅印法第一”,可助互勘。

印。當受印之日，我及四衆□諸呪▭於黄昏受之。”

龍種上尊王佛帶印試效境相第一

“世尊！若欲帶之，□略云‘其印多聖顯少。’效作是言已即卧。若有上類利根凡夫，於白頭邊即有三丸黑摩尼心寶藥。若有下類凡夫，即於中夜時有鐘鳴。若□□□凡夫，即有異香來前。若有利根，即有此事。若中根，三日及有。若得藥時，勿令外人知覺，便一氣呑之，其人即與陀羅尼菩薩同位也。若得是相已，後至日滿，乃可即試印術方爾。”

試印效法第一

“世尊！若當帶▭□（試）[1]效力也。欲試之時，丁香七枚，以印印之一下，各擣碎，和水呑之，須臾即得□□（自心）[2]智。若欲求他心智者，亦取丁香二□（七）[3]，□□□乾呑之，即以印印口三下，立得他心智，預知三生之事。

又法：取死人髑髏一枚，無問［□□］［多少］[4]，以印□（印）[5]之七下，世間一切惡鬼並悉來降伏。

又法：若欲求役使百千万種神金剛等類，取桑根皮一斤煮令爛，去惡皮，以印印之，食次，復之，万鬼並來降伏，□□信息並亦預。

又法：取清净沙一升，以印印之，於四方□（散）[6]之，▭並悉得脱。

又法：取井華水三升，以印印之，四方散一切枯▭潤益。

又法：取黄沙三升，以印印之，埋於土中，一日變成黄金。

又法：取帶印人髮七枚，以印印之，擲在地中，變成黑地。

---

① “試”字底本殘，録本作缺文。按：該字底卷尚可辨，茲據補。

② “自心”二字底本殘，録本作缺文。按：此二字據底卷尚可辨，茲據補。

③ 七，録本作缺文，據底本補。

④ “多少”二字底本、録本無，據文意補。下文“取牛蘇一斤，練持白瓷椀盛，無問多少，以印印之”，可資比勘。

⑤ 印，録本作缺文。按：前一“印”字之重文號底卷尚可辨，茲據補。

⑥ “散”字底本殘，録本作缺文。按：該字底卷尚可辨，茲據補。

又法：帶印人取蛇，以印印之，各印一下，其蛇印（即?）[1]死。取之□□（方）[2]第一癩及瘻無申等患，以蛇少許與服，差（瘥）。

又法：若印人求出世間者，取水三□（升）[3]，煎取□□（一升）[4]以▭同洗面及脚，子時之間，從地踊出百寶蓮花，承印▭人求騰空者，取水三升，印之百遍，洗自立即便騰身而去。

又，發廣大心求万法術者，取椒一兩，取水三升煎之。▭以印印之三遍，分作三分。平旦時服一分，午時服一分，至夜間服一分。□（至）[5]▭悟相似，然後即得通達万法，上知三十三天，下知九十二億世界之▭苦衆生，並悉能救之。

又法：取乳頭香三兩，以印印之七遍，▭夜叉、羅刹及諸惡鬼皆發善心，奉事和上，亦▭□（印）[6]並□（來）[7]歸依。

又法：取牛蘇一斤，練持白瓷椀盛，無□（問）[8]多少，以印印之。日服三兩，服□（盡?）[9]自厭此身，爲我被惡賊侵陵捨身，他世得生佛前。

又法：若取白石七枚，以印印之，擲在水中，江神□□並來踊出，及諸毒龍並皆自歸依。

又法：取印▭成寶樓。世尊！其印前後有二万億佛，皆從是度。若□（有?）[10]▭□（善）[11]男子、善女人，但求得此印帶行，日滿亦與佛□（等）[12]▭。

---

① 此字底本左半殘，似作“即”。待考。
② “方”字底本殘，録本作缺文。按：該字底卷尚可辨，茲據補。
③ 升，底本殘，録本作缺文，據文意補。
④ “一升”二字底本殘，録本作缺文。按：此二字底卷尚可辨，茲據補。
⑤ “至”字底本殘，録本作缺文。按：該字底卷尚可辨，茲據補。
⑥ “印”字底本殘，録本作缺文。按：該字底卷尚可辨，茲據補。
⑦ “來”字底本殘，録本作缺文。按：該字底卷尚可辨，茲據補。
⑧ 問，録本作缺文，據底本補。
⑨ 此缺字底本不清晰，似作“盡”。待考。
⑩ 此缺字底本殘，似作“有”。待考。
⑪ 善，底本殘，録本作缺文，據文意補。
⑫ 等，録本作缺文，據底本補。

又法：但取印印隨意所須之處，立即▭爲灰。印與餘死人身全者，口中▭，以印印之，變成灰土。

又法：取□少▭。

又法：取松樹，以印印之，立變成花樹。

又法：▭取桃木六尺，以印印，將行意欲去處，隨意▭。

世尊！其印我自化身，付囑前人，□（令）[1]▭。又，世尊！此印若處世界，恒被▭知，唯有菩薩自在者即得之。餘者▭見。世尊！□□（法）[2]若有持帶此印印人，二十万種福不可具[3]□。□（略）[4]而說之：第一從無量世以來，輪迴六趣，三業重障，□（不?）[5]□□□□（值佛法，万）[6]▭見此印便即除滅，得清凉勝報。第二無量劫來▭□（不）[7]孝，出佛身血，殺阿羅僧，誹謗三明大士[8]，長□（處）[9]▭此印，便永除斷無量重障，得清净▭恒在地獄、餓鬼、畜生邊，▭無量百福莊嚴之身。第四▭頭數，若聞此印，便得除斷無量▭。第五從無量年來學種種法及諸方術，一圓此印▭□（惡）[10]報。第六從無量時來求禅[11]定□□（慧，達）[12]▭此印，便得通達無邊智慧之門▭便成無上道法。世尊！其印▭覺者，我當亦不取正覺▭自現，不假遠覓。

又法：取灰一升▭此世界，至於他方。

又法：取□□□印印之，服令▭。

---

① 令，録本作缺文，據底本補。

② 法，録本作缺文，據底本補。

③ 具，録本訛作“得”，據底本改。

④ 略，録本作缺文，據底本補。

⑤ 此缺字底本殘，似應作“不”。待考。

⑥ “值佛法，万”四字録本作缺文，據底本補。

⑦ 不，録本作缺文，據底本補。

⑧ 士，録本訛作“出”，今據底本改。

⑨ 處，録本作缺文，據底本補。

⑩ 惡，録本作缺文，據底本補。

⑪ 禅，録本訛作“緣”，今據底本改。

⑫ “慧達”二字録本作缺文，據底本補。

世尊！諸善男子但有緣者，□□一人、三人、百人、万[1]□（人）[2]▭持帶我領無量呪術，大仙恒□□（常願）[3]護▭。□（善）[4]哉！善哉！大士！汝能有如是力，不可思議。此□（法）[5]▭彼法及勑[6]十方諸大菩薩□（並）[7]亦令得聞。▭帶此印，於五濁惡世而得清▭衆恒常衛[8]助，呪乃作印帶之者▭過▭佛爲上首，皆從此印得度，現在亦隨此印得大▭此印而得度脱[9]。

世尊！但有諸善士等修□此印▭住坐卧悉但留心，令立即成就。"

説此語[10]時，▭俱從座起而白佛言："今者若有諸善▭香一兩，擣作末，以蜜和之，燒以印印，香▭法，令得與我等生於一處，□□（若有）[11]▭令得度之，無量大願悉▭。"

▭仙而爲上首，及獨仙人所爲庵▭阿婆仙而爲上首，及三明□□（大冥）[12]通神□（仙）[13]▭龍八部諸大鬼王及諸夜叉王、獸王▭王、鐵山王、大鐵山王、目真陀山王、□陀▭六欲天王並作是言："世尊！□□（若有）[14]▭恒常衛[15]護，悉不暫捨。"

▭徒衆皆大歡喜，一心修持，各奉▭於佛四面高聲讚佛，散花供

---

① 万，録本訛作"力"，今據底本改。
② 人，録本作缺文，據底本補。
③ "常願"二字録本作缺文，據底本補。
④ 善，底本殘，録本作缺文，據文意補。
⑤ 法，録本作缺文，據底本補。
⑥ 勑，録本訛作"物"，今據底本改。
⑦ 並，録本作缺文，據底本補。
⑧ 衛，録本訛作"術"，今據底本改。
⑨ 脱，録本訛作"得"，今據底本改。
⑩ 語，録本訛作"諸"，今據底本改。
⑪ "若有"二字録本作缺文，據底本補。
⑫ "大冥"二字録本作缺文，據底本補。
⑬ 仙，底本殘，録本作缺文，據文意補。
⑭ "若有"二字録本作缺文，據底本補。
⑮ 衛，録本訛作"術"，今據底本改。

養，□（禮）[①]□。

龍種上尊王佛消息萬神敕□法

凡欲作此印者，萬鬼來集，千神俱□（聚）[②]，□□（若帶）[③]此印，□（若）[④]□□□坐卧無量者，即當怜（?）[⑤]目取定。若得□（此）[⑥]□□□凡欲所作法，先以大母指掐離傳目□□□不得成。又有外作法中，上掐（指?）[⑦]□□□。若作此法，更不得成别□（法）[⑧]□□□□（法）[⑨]喜，並能作之。若修印人□□□意所坐處便印令□（變）[⑩]□□□

① 禮，録本作缺文，據底本補。
② 聚，録本作缺文，據底本補。
③ "若帶"二字録本作缺文，據底本補。
④ 若，録本作缺文，據底本補。
⑤ 怜，原卷不清晰，待考。
⑥ 此，録本作缺文，據底本補。
⑦ 此字底本不清晰，似作"指"。待考。
⑧⑨ 法，録本作缺文，據底本補。
⑩ 變，録本作缺文，據底本補。以下缺。

No. 2907 普賢菩薩行願王經

[題解]

印度大乘佛教經典,又名《普賢行願王經》、《普賢願經》,一卷。敦煌文獻中存有全本,計 20 號:斯 275(首全尾全)、斯 2324(首全尾全)、斯 2361(首全尾全)、BD6056a(芥 56,首全尾全)、BD7347(鳥 47,首全尾全),以上 5 號爲首尾完整者;斯 550b(首全尾殘)、斯 1487(首殘尾殘)、斯 4127(首全尾殘)、伯 3568(首全尾殘)、伯 4770(殘片,存 11 行)、伯 4998(首殘尾殘)、俄 Дx. 361(殘片,存 4 行)、北大 D081b(D105,首全尾殘)、北大 D106(首殘尾全)、BD1484(寒 84,首殘尾全)、BD7510(人 010,首全尾殘)、BD7757(始 57,首殘尾全)、BD8035(字 35,首殘尾全)、BD5252a(夜 52,首殘尾全)、渝博 9(首、中、尾均殘,共三紙,每紙 38 行),以上 15 號爲有殘缺者。通篇爲偈頌,係選頌普賢菩薩十大行願,謂修十大行願才能證入法界緣起,原爲《華嚴經·入法界品》中最精華的部分。敦煌本當出於中唐以前。伯 3568 號題作"大蕃國沙門無分別奉詔譯"。陸離《敦煌文書 P·3568〈普賢菩薩行願王經〉譯者吐蕃沙門無分別考》一文對無分别進行了考證,認爲他就是漢藏傳世史籍記載的贊普赤松德贊和赤德松贊在位時期的吐蕃著名僧人朗巴彌垜巴(rnam par mi rtog ba),又稱爲南撥特計波。(《敦煌研究》2008 年第 2 期)。歷代大藏經均未收。《大正藏》據斯 2324 號收入第八十五卷疑似部。左景權《〈大正新修大藏經〉第 85 卷——舊刊新評》一文認爲該經和第八十五卷第 2908 號《大方廣佛華嚴經普賢菩薩行願王品》"或爲《華嚴經》之一品,或别出單行",此二篇"收入《古逸》則可,收入《疑似》則大有可商。"(見林聰明主編《敦煌叢刊二集》之⑭所收左景權《敦煌文史學術》,第 62 頁,臺北新文豐出版股份有限公司,2000 年 8 月臺一版)。方廣錩亦認爲,該經爲傳世佛典所載，有明確的撰、譯人可考，歸入疑似部並不的當。今校注仍以《大正藏》本所據卷斯 2361 號爲底本，斯 2324 號爲甲本。新增校本：乙本，北大 D106 號；丙本，BD6056a 號。

盡諸十方世界尊，普遊三世人師子，我身口意具清净，是故今當遍稽首。

以普賢行諸願力，一切最勝相現前，俯身量等刹土塵，虔心率礼於大聖。

一微塵上衆塵佛，各於①其中佛子遶，是諸法界盡无邊，如來皆遍當勝解。

是諸德海量難盡，以言枝派②浩③无涯，諸佛功德敷演故，一切善願④我當讚。

最勝妙華及花鬘，最勝妙燈及鑪⑤香，音聲塗香及寶蓋，恭敬供養一切佛。

勝妙衣服及薰香，末香積裹等須弥，勝妙一切莊嚴具，恭敬供養於善遊。

深信普賢行願力，如是无上廣大施，此皆將獻於十方，恭敬供養一切佛。

爲以貪嗔癡爲因，身業口業及意業，若有所造於不善，如來⑥我今皆懺悔。

十方諸佛與菩薩，緣覺有學及无學，及與衆生諸功德，我當隨喜於一切。

十方諸界作燈者，願證无著佛菩薩，如是於諸大導師，我請轉於无上輪。

有佛欲取(趣)⑦於涅槃，爲利一切有請(情)⑧故，我以合掌當跪請，令願住劫刹土塵。

---

① 於，甲本作“居”。

② 派，底本作“泒”，乃“派”之俗體。《干禄字書》：“泒派：上俗下正。”“泒”又“泒”之俗。

③ 浩，底本及録本作“結”。結合文意，據甲、丙二本改。

④ 願，甲、丙二本作“逝”。

⑤ 鑪，甲本作“爐”。

⑥ 來，甲、丙二本作“是”。

⑦ 取，甲、丙二本作“趣”。“趣”字義長。

⑧ 請，當爲“情”之訛字。該字甲、丙二本正作“情”。《大正藏》録本徑作“情”，且未出校，失真。

禮拜供養與懺悔，隨喜啓發及勸請，我於積集少善根，皆用迴向大菩提。

過去十方諸善逝，住於世者皆供養，所有未來諸善逝，速令願滿證菩提。

盡於十方諸刹土，皆得廣大令清净①。菩提②樹下等覺尊，及諸佛子願圓滿。

所是十方有情類，願得无漏③常安樂，所是衆生諸法義，願所希望隨意成。

菩提諸行我當行，願生六趣智宿命，若於世界④受身時，願我出家果恒遂。

隨順修學諸最勝，普賢行行令圓滿，无垢清净尸羅等⑤，願常无缺无瑕穢。

天龍夜叉鳩槃荼，人及諸類發衆聲，各各所有一切音，我隨彼音爲説法。

調善精勤修十度，願常不忘⑥菩提心，所有諸惡成障者，如是皆願盡消滅。

業與煩惱諸魔道，行於世間得解脱⑦，不著於水喻蓮花，經空无礙如日月。

所有十方刹土中，惡趣衆苦盡消除，安⑧致有情安樂⑨處，饒益諸行利群品⑩。

能令圓滿菩提行，隨順衆生轉彼行，開示普賢菩薩行，盡未來劫行此行。

熟能與我同行行，願得與之常相隨，身業口業及意業，與彼行行願爲一。

---

① “皆得廣大令清净”七字甲本無。

② 提，底本及録本作“薩”。結合文意，據甲、丙二本改。

③ 漏，甲、丙二本作“病”。

④ 界，甲、丙二本作“世”。

⑤ 等，甲、丙二本作“行”。

⑥ 忘，甲本作“妄”。結合文意，“妄”此當爲“忘”之借字。

⑦ 以上文字乙本殘。

⑧ 安，甲、丙二本作“令”。

⑨ 樂，甲本作“隱”。

⑩ 品，丙本作“生”。

欲利[①]於我諸善友，開演普賢諸行者，如是願得常相遇，我不違背於彼意。

佛子圍繞大尊[②]師，願我常得親覩見，於中廣行大供養，盡未來劫无厭[③]惓。

恒持諸佛最妙法，菩薩之行令普示，爲凈普賢菩薩行，於未來劫我願行。

於三有中輪轉時，證得无盡福德智，定惠（慧）方便及解脱，願成諸得无盡藏。

一微塵上微塵刹，於一刹中无量佛，佛子圍繞居中尊，菩薩行行我瞻仰。

如是无邊衆方所，一毫髮上載三世，佛與刹土量如海，行行如海衆多劫。

一音言枝方大海，皆是諸佛清凈音，隨其衆意如（而）[④]敷演，願我常趣諸佛教。

遊於三世諸最勝，當轉无上法輪時，如上諸佛无盡教，我以惠（慧）力令善入。

所有未來衆多劫，於一刹那我當證，如是諸劫歷三世，刹那分中我當行。

遊於三世人師子，我於刹那盡瞻仰，常於諸佛上境界，如幻解脱力所證。

三世刹土衆莊嚴，盡用建立一塵上，如是无量諸方所，亦願佛刹遍莊嚴。

所有未來諸世證，盡證等覺轉法輪，示入涅槃證真際，我願行於諸佛前。

令諸神力速普往，以大乘力趣普門，以行行力普功德，諸大慈力普遍滿。

普於衆善諸福力，无有染著大智力，智惠（慧）方便諸定力，令正修行菩提力。

常以清凈諸業力，永除一切煩惱力，諸作魔力令无力，圓滿普賢行行力。

諸刹如海令諸凈，有情諸海令解脱，諸法如海令了見，智惠（慧）如海令善證。

行行如海令清凈，誓願如海令圓滿，諸佛如海令供養，歷劫如海行无倦。

---

① 利，甲本作“離”。

② 尊，乙本作“導”，丙本作“道”。

③ 厭，底本實作“猒”，録本徑作“猒”，且未出注，失真。

④ 如，録本誤作“而”，據底本改。此“如”讀若“而”。《玉篇・女部》：“如，而也。”

所遊三世最勝尊，菩提行願有衆多，用普賢行等覺已，如是我當盡[1]圓滿。

諸佛子中最爲尊，是故號之爲“普賢”，與此大智同行故，如是諸善悉迴向。

身口意業極清凈，行凈衆剎亦清凈，普賢如何善迴向，願我亦同於此行。

爲行極善普賢行，文殊大願亦當行，未來諸劫勿厭疲，菩薩此行皆圓滿。

如是等行勿有量，亦願諸福勿有量，處於如是无量行，一切變化願我知。

若有盡於虛空際，衆生无盡亦如是，盡於業與煩惱際，我之願際量亦然。

所有十方无量剎，衆寶莊嚴獻諸佛，人及諸大最勝樂，如剎塵劫將供養。

寧有聞此迴向經，隨順深信大菩提，唯於此中生一信，即成最勝功德聚。

若人發此普賢願，此乃遠離諸惡趣，又以棄絶諸惡友，是人速見阿弥陀。

此皆獲證最勝壽，善來於此壽人身，有如普賢大菩薩，皆能不久速成就。

誰以无明力所作，五无間等諸衆罪，其人誦此普賢願，應時速得永盡除[2]。

於諸色相及智惠(慧)，種族容質皆圓俻[3]，衆魔外道不能屈，道於三界咸供養。

爲利一切有情故，菩提樹下速安住，成等正覺轉法輪，降伏一切魔軍衆。

若此普賢行行願，受持讀誦解説者，此之果報唯佛知，无上菩提勿生惑。

譬如文殊威德智，普賢菩薩亦如是，我隨修學如彼行，是等諸善悉迴向。

遊於三世諸最勝，所可稱讚所迴向，我之如是衆善根，爲修普賢行迴向。

若我當於命終時，蠲除一切諸覆障，目所親覩弥陀已，遊彼極樂剎土中。

既到彼已如是願，誓得一切皆現前，令我此皆極圓滿，盡於世界利群生。

秀麗極樂佛道場，生於上妙蓮花上，親向弥陀世尊所，願我於此得授記。

我得最勝授記已，變化衆多百俱胝，令以惠(慧)力於十方，於諸有情作饒益。

普賢菩薩行願王經。

---

① 盡，録本誤作“令”，據底本改。

② 除，録本誤作“際”，據底本改。

③ 俻，録本誤作“滿”，據底本改。《玉篇·人部》：“俻，同‘備’。”

No. 2908 大方廣佛華嚴經普賢菩薩行願王品

［題解］

印度大乘佛教經典，《普賢菩薩行願王經》的異本，失譯者名，一卷。通篇爲偈頌，係選頌普賢菩薩十大行願：敬禮諸佛，稱讚如來，廣修供養，懺悔業障，隨喜功德，請轉法輪，請佛住世，常隨佛學，恒順衆生，普皆迴向。歷代大藏經均未收。敦煌文獻中存有斯 709、斯 2384 兩號，均首尾完整。與不空、般若譯本《普賢菩薩行願王經》相比，兩種敦煌本均缺第六十一、六十二兩頌。《大正藏》據斯 2384 號録入其第八十五册。左景權《〈大正新修大藏經〉第 85 卷——舊刊新評》一文認爲該經和第八十五卷第 2907 號《普賢菩薩行願王經》"或爲《華嚴經》之一品，或别出單行"，此二篇"收入《古逸》則可，收入《疑似》則大有可商。"（見林聰明主編《敦煌叢刊二集》之⑭所收左景權《敦煌文史學術》，第 62 頁，臺北新文豐出版股份有限公司，2000 年 8 月臺一版）。方廣錩亦認爲，該經敦煌本當出於中唐以前，爲傳世佛典所載，歸入疑似部並不的當。今整理本仍以《大正藏》本所據原卷斯 2384 號爲底本。新增參校甲本，斯 709 號。

應在十方刹土中，遊於三世人師子，彼等諸佛我无遺，以净身口意稽首。
爲修普賢行願力，諸佛現於意想中，俯身量等刹土塵，虔心敬礼諸最勝。
於一塵上微塵佛，居中佛子衆圍繞，如是法界盡无遺，諸佛滿中應信解。
彼諸德海歎无盡，妙響枝海衆言音，諸佛功德我稱揚，一切善逝我今讚。
最上妙花及花鬘，鈴鐸塗香及寶蓋，最上燈明及燒香，供養彼等諸最勝。
衆妙衣服及薰香，最上間錯莊嚴具，積妙香末等須弥，供養彼等諸最勝。
供養无上廣大者，以信持獻諸最勝，樂修普賢行者力，稽首供養諸最勝。

貪嗔癡力所持故，身業口業及意業，我曾所有造罪者，悉皆隨類别别懺。
十方最勝及佛子，緣覺聲聞學无學，衆生所修何福德，於彼我皆盡隨喜。
誰於十方作世燈，漸得菩提證无著，我於彼等諸導師，勸請轉於无上輪。
或樂趣於涅槃者，皆爲利樂諸有情，或樂住世刹塵劫，我當合掌應勸請。
礼拜供養及懺悔，勸請隨喜及啓發，我所積集少善根，皆爲迴向於菩提。
過去十方一切佛，誰住於世應供養，未來所有諸世尊，願證菩提速圓滿。
應是十方諸刹土，願皆廣大成清净，趣菩提樹等覺者，願諸佛子皆圓滿。
十方所有衆生類，願无病苦常安樂，衆生所有諸法義，願所希望同得成。
菩提之行我修行，願所生處知宿命，世世捨身受身處，願常出處成具足。
依諸最勝學修行，普賢之行爲圓滿，戒行无垢最清净，願无瑕缺常奉持。
天龍夜叉鳩槃荼，人及非人等諸類，隨其所有諸言音，我皆於彼爲説法。
淳善精勤修諸度，願常莫忘菩提心，所有諸障[①]成罪者，願皆消滅永无餘。
於業苦[②]等諸魔道，解脱逍遥行世間，不著於水若蓮花，修行无礙如日月。
所有刹量及方所，惡趣衆苦使消除，置諸有情安樂中，饒益諸趣群生類。
圓滿修習菩提故，隨入衆生諸行中，開示普賢諸行願，盡未來劫爲修行。
誰有同我行此行，願與彼等常相隨，身業口業及意業，與彼所行願爲一。
誰樂利我諸善友，開示普賢行願者，願與彼等常相逢，於彼永无違背意。
佛子所繞[③]衆道師，現前常得親瞻仰，於彼應行大供養，盡未來劫倦无時。
護持諸佛勝妙法，普示修行菩提者，若净普賢菩薩行，盡未來劫應修行。
於諸有中輪轉時，福德智慧獲无盡，定慧方便諸解脱，願成无盡諸德藏。
於一塵上微塵刹，彼刹无邊佛无量，居中佛子衆圍繞，行菩提行應瞻仰。
如是无盡諸方所，毫端之上三世量，佛海及與刹土海，劫海修行要應入。

---

① 障，録本訛作“幢”，據底本改。該字甲本亦作“障”，可助勘。
② 苦，録本訛作“若”，據底本改。該字甲本亦作“苦”。
③ 繞，底本、録本訛作“饒”，結合文意，據甲本改。

一言音枝諸語海，皆是諸佛净言枝，隨其諸趣所樂聲，常使入於佛音響。

遊於三世諸最勝，如法轉於諸法輪，彼等諸佛无盡音，以智慧力我應入。

若入未來諸劫時，刹那之頃我應入，誰於三世劫等量，刹那隨分入修行。

誰遊三世人師子，彼等刹那我瞻仰，常於彼等所行境，如幻解脱力入中。

誰以三世莊嚴刹，悉皆建立一塵上，如是无盡諸方所，入諸佛刹莊嚴中。

所有未來諸世燈，當成種覺轉法輪，示現涅槃趣真際，諸導師所我應往。

普及速疾諸神力，普及普門諸乘力，普及諸行福德力，普及普遍慈等力。

普及諸善福德力，无著所成大智力，智慧方便定慧力，真實成就菩提力。

能最清净諸業力，破壞一切苦惱力，摧伏一切諸魔力，圓滿普賢行行力。

諸衆刹海令清净，諸有情海令解脱，諸衆法海令得見，諸衆智海令得觀。

諸衆行海令清净，諸衆願海令圓滿，諸佛衆海應供養，劫海修行无倦時。

誰遊三世諸最勝，菩提行願衆差别，修普賢行等覺已，彼盡无遺我圓滿。

諸佛子中最威勢，是故號之爲“普賢”，智者能同修彼行，是等諸善應迴向。

身業口業意業净，諸行清净衆刹净，普賢如何盡迴向，願我亦同於彼行。

皆善普賢之行故，文殊之行亦應行，盡未來劫倦无時，彼之所作應圓滿。

願所修行无有量，願諸福德亦无邊，雖住无量諸勝行，彼諸神變要應知。

盡於虚空所有際，衆生无量際亦然，所有業際煩惱際，我之願際量亦爾。

應是十方无量刹，以寶莊嚴獻諸佛，人及諸賢衆妙樂，經劫塵刹持布施。

誰聞如是迴向經，於勝菩提生信解，若能於此一生信，即成最勝功德聚。

誰發普賢此行願，是即捨離諸惡趣，亦名“遠離諸惡友”，是人速見阿彌陀。

是等獲最安樂壽，現世亦招如意樂，普賢菩薩如云何，此等不久亦如是。

誰爲无明力所轉，造五无間等諸罪，若能稱此普賢行，速疾消滅永无餘。

智慧端嚴諸相具，種族毫尊悉圓滿，如魔外道无能如，三界一切咸供養。

速趣自在菩提樹，爲利有情坐於彼，成等正覺轉法輪，降伏一切魔軍衆。

誰於普賢此行願，受持讀誦及開演，彼之果報唯佛知，於勝菩提莫疑惑。

文殊雄猛及所知，普賢菩薩亦如是，我依彼範而修行，此等諸善悉迴向。

遊於三世諸最善，於迴向中最上者，我以此等諸善根，爲修普賢行迴向。

我若臨欲命終時，除遣一切諸蓋障，現前親覩彌陀尊，速往遊於極樂國。
到彼此等諸行願，願悉分明皆現前，如是无遺我圓滿，盡於世界利群生。
極樂殊麗佛道場，生彼勝妙蓮華中，親於最善彌陀前，願我於中得授記。
我於彼所授記已，獲得无量億神通，以智慧力遍十方，於諸衆生廣饒益。
大方廣佛華嚴經普賢菩薩行願王品。

No. 2909 佛説地藏菩薩經

[題解]

中國人假託佛説所撰經典,作者不詳,一卷。敦煌文獻中存有全經,計 20 號。其中斯 431、斯 2247、斯 5458d、斯 5531c、斯 5535d、斯 5618c、斯 5677c、斯 6257b,伯 2289c、伯 3748b、伯 3760vb、伯 3932d,BD3862(北 8276,金 62)、BD7281(北 8277,帝 81),上博 48(41379)(16)、上圖 062(812481)、甘博 016B 等 17 號首全尾全,爲完整者;另有斯 5672(首全尾殘)、俄 Дх. 2636(首殘尾全)2 號,爲有殘缺者;另有伯 2873a 圖版不清晰,無法識别。此經謂地藏菩薩住在南方瑠璃世界,不忍見地獄衆生受苦,即從南方來到地獄中,與閻羅王共同斷案。經中云:"若有人造地藏菩薩像、寫地藏菩薩經及念地藏菩薩名,此人定得往生西方極樂世界。此人捨命之日,地藏菩薩親自來迎,常得與地藏菩薩共同一處。"此經與民間流行的地藏菩薩信仰及敦煌地區廣爲流行的三階教有關。清代以前歷代大藏經未收,《大正藏》據敦煌本録入其第八十五册。《大正藏》本出注:"㊓大英博物館藏敦煌本,斯 197。"按:《大正藏》注文有誤,斯 197 號乃《大乘無量壽經》,所據底本實爲斯 6257b 號。今校注仍以《大正藏》所據卷斯 6257b 號爲底本。新增參校本:甲本,斯 431 號;乙本,斯 5535d 號;丙本,斯 5618c 號;丁本,斯 5677c 號。

爾時地藏菩薩住在南方瑠璃世界,以净天眼觀地獄之①中受苦衆生,鐵

① 之,丙本無。

碓擣[①]，鐵磨[②]磨[③]，鐵犁耕[④][□][舌][⑤]，鐵鋸解[□][身][⑥]，鑊湯湧沸，猛火旦(亘)天[⑦]。飢則吞熱鐵丸[⑧]，渴[□][則][⑨]飲[□][其][⑩]銅汁，受諸苦惱，無有休息。地藏菩薩不忍見之，即從南方來到地獄中，與[⑪]閻羅王共同一處，别床而座。有四種因緣：一者恐閻羅王斷罪不憑(平)[⑫]，二者恐文案交錯，三者[□][恐][⑬]未合死，四者[□][恐][⑭]受罪了，出地獄池邊[⑮]。[□□□□□□□□□□□□□□][有其四種因緣，所以來到地獄之中][⑯]。若有善男子、善女人造地藏菩薩像，寫《地藏菩薩經》，及[⑰]念地藏菩薩名[⑱]，此人定得往生西方極樂世界[□□□□□□□□□□□□□□□□□□□□□][阿彌陀佛前，蓮花化生，不可思議，具六神通，經歷十方][⑲]，從一佛國至一佛國，從一天

---

① 擣，甲本作"搗"，乃"擣"之俗字。《干禄字書》："搗擣(擣)：上俗下正。"慧琳《音義》卷一〇《仁王護國陀羅尼經》音義："擣，經文從鳥作搗，俗字也。非正體。"乙本作"禱"，當爲"擣"之借音字。

② 磨，甲本作"磑"。郭璞注《方言》云："磑即磨也。"

③ 磨，甲本作"磑"。

④ 耕，甲、丙二本作"秥"，乃"耕"之俗字。《干禄字书》："秥耕：上俗下正。"

⑤ 舌，底本、録本無，據甲本補。

⑥ 身，底本、録本無，據甲本補。

⑦ 旦，此當爲"亘"之訛字。結合文意，據甲本、丙本改。"亘天"即漫天，連天。南唐劉崇遠《金華子雜編》卷下："既入其舍，視之，不見有火；纔出門外，望之，則又光焰亘天。"亦其例。

⑧ 丸，丙本無。

⑨ 則，底本、録本無，據文意補。

⑩ 其，底本、録本無，據甲本補。

⑪ 與，甲本無。

⑫ 憑，丁本同，甲、丙二本作"平"。"憑"字並母蒸韻平聲，"平"字並母庚韻平聲，二字聲同韻近，"憑"當爲"平"之音近借字。

⑬⑭ 恐，底本、録本無，據甲本補。

⑮ "池邊"二字乙、丙、丁三本同。甲本作"遲"。按：結合文意，當以"遲"字義長。

⑯ "有其……地獄之中"十四字底本、録本無，據甲本補。

⑰ 及，甲本無。

⑱ 名，甲本作"經及名者"，乙、丙、丁三本作"名者"。

⑲ "阿彌陀佛前……經歷十方"二十一字底本、録本無，據甲本補。

堂至一天堂。若有人造地藏菩薩像、寫[①]《地藏菩薩經》及念地藏菩薩名[②]，此人定得往生西方極樂世界。此人[③]捨命之日，地藏菩薩親自來迎，常得[④]與地藏菩薩共同一處。

[□□□□□□□□□□□□□□□][佛説此經已，一切世間天人、阿修羅等][⑤]，聞佛所説，皆大歡喜，信受奉行。

佛説地藏菩薩經一卷。

① 寫，甲本作"念"。

② 名，乙本、丙本作"名者"。

③ "及念地藏菩薩名……此人"二十一字甲本無。

④ 得，甲本無。

⑤ "佛説此經已……阿修羅等"十五字底本、録本無，據甲本補。

No. 2910 金有陀羅尼經

[題解]

印度大乘佛教經典，翻譯者不詳，一卷。敦煌文獻中存有全經，有斯 481、斯 1152、斯 1818、斯 1211、斯 2069、斯 3544、斯 3954、斯 4202、斯 5923、斯 6702、斯 6760、斯 6838、斯 6840，俄 дх. 2624，BD5511(北 7562，珍 11)、BD5699(北 7563，李 99)、BD5801(北 7564，菜 001)、BD5304(北 7565，光 004)、BD2166(北 7566，藏 066)、BD0631(北 7567，日 031)、BD7625(北 7568，皇 025)、BD1266(北 7569，列 066)、BD5702(北 7570，奈 002)、BD6003(北 7571，芥 003)、BD6433(北 7572，河 033)、BD6262(北 7573，海 062)、BD1343(北 7574，張 043)、BD6202(北 7575，海 002)、BD6020(北 7576，芥 020)、BD6231(北 7577，海 031)、BD2252(北 7578，閏 052)、BD1940(北 7579，收 040)、BD6513(北 7580，淡 013)、BD5916(北 7581，重 016)、BD5176(北 7582，稱 076)、BD8092(北 7583，字 092)、BD7751(北 7584，始 051)、BD7244(北 7585，帝 044)、BD8069(北 7586，字 069)、BD7360(北 7587，鳥 060)、BD6701(北 7588，潛 001)、BD8512(北 7589，推 012)、BD7051(北 7590，龍 051)、BD2936(北 7591，陽 036)、BD5233(北 7592，夜 033)、BD1774(北 7593，往 074)、BD5879(北 7595，菜 079)、BD8111(北 7596，乃 011)、BD8401(北 7597，裳 001)、BD5163(北 7598，稱 063)、BD6890(北 7599，羽 090)、BD7193(北 7600，師 093)、BD7453(北 7601，官 053)、BD7038(北 7602，龍 038)、BD1815(北 7603，秋 015)、BD1676(北 7604，暑 076)、BD5753(北 7605，奈 053)、BD5237(北 7606，夜 037)、BD8460(北 7607，裳 060)、BD0381(北 7608，宙 081)、BD2552(北 7609，歲 052)，羽 289R、羽 424 等，計 63 號。不少卷子背有藏文，或翻譯于敦煌陷吐蕃時，譯者或爲法成。此經寫卷大抵爲吐蕃時期及歸義軍初期所寫，《大正藏》據

敦煌本録入其第八十五册疑似部。據方廣錩考證,該經爲傳世佛典所載,有明確的撰、譯人可考,歸入疑似部並不的當。《大正藏》録本出校:"㊊大英博物館藏敦煌本,斯494。"按:《大正藏》注文有誤,斯494號乃《大般若菠蘿蜜多經》卷第二百五十四。經核,《大正藏》所據原卷實爲斯2069號。今整理本仍以《大正藏》所據卷斯2069號爲底本。新增校本:甲本,斯481號。

如是我聞:一時薄伽梵住如離篇(册)①,與藥叉□□(大將)②金剛手俱。

爾時天[□][帝]③百施往世尊所。到已,頂礼佛足,退□□□(坐一面)④。坐一面已,天帝百施白佛言:"世尊!我入戰陣而鬪戰時,以阿修羅幻惑呪術藥力,墮於負處,□□(而知)⑤已不?唯然,願⑥世尊慈愍於我,爲令摧伏阿修羅衆幻惑呪術及⑦藥力故,善説最勝大密之呪。"

時薄伽梵告天帝百施曰:"憍尸迦!如是!如是!與阿修羅而鬪戰時,實以明呪、祕呪藥力而墮負處。憍尸迦!爲哀愍故,今説明呪。欲令幻惑時呪退散,鬪戰諍訟悉皆消滅,一切祕呪及諸藥等而得斷除,説於明呪。"

爾時薄伽梵説大金有明呪曰:"我今爲説三無數劫諸餘外道行者,遍遊罣形而起惡思,作諸障礙。我從彼來所有幻惑,一切明呪悉能降伏,六度圓滿,斷除諸餘外道行者遍遊罣形諸惱亂。因明呪、祕呪藥及一切諸魔朋黨,大明之呪。憍尸迦!汝當攝受諸有情故,受持最勝大祕密呪。"

天帝白言:"如是,世尊!唯然受教。"

爾時世尊即説金有大明呪曰:"怛也他唵,希你⑧希你,希離希離,命離命離,希明離,你希你希,你希囉祕你,乾佐那波羝,哺羝哆滿怛囉,阿地訖梨

① 篇,録本訛作"筭",據底本、甲本改。"篇"乃"册"之古隸體。《廣韻·麥韻》:"篇","册"的古文。

② "大將"二字底本、録本作缺文,據甲本補。

③ 帝,底本、録本及甲本均無,據文意補。

④ "坐一面"三字底本無,録本作缺文,據甲本補。

⑤ "而知"二字底本殘,録本作缺文,據甲本補。

⑥ 願,甲本無。

⑦ 及,甲本無。

⑧ 你,録本作"儞",據底本、甲本改。下"你"字同,徑改之,不復校。

羝，閉羝閉羝，閉哆滿怛囉，阿地迦囉羝，訶那訶那，訶婆訶婆，親馱親馱，頻那頻那，薄伽跋羝，佐曳祕佐曳，攢婆你悉談婆你，畔馱你，牟訶你，阿牟伽爍羝，馱囉你，訖利那訖梨那，迦多奈磨那婆，攢婆也攢婆也，畔佐也畔佐也，悉談婆也，悉噉婆也，畔馱也畔馱也，牟訶也牟訶也。所有一切，若天幻惑，若龍幻惑，若藥叉幻惑，若羅刹幻惑，若緊那羅幻惑，若乾闥婆幻惑，若阿修羅幻惑，若莫呼洛迦幻惑，若大腹行幻惑，若持明呪幻惑，若持明呪成就王幻惑，若仙幻惑，若持一切明呪幻惑，若群生幻惑，若一切幻惑。囉羅囉羅，囉佐也，囉佐也，妒磨覩磨，妒妒磨[①]，囉婆囉婆，囉婆那，作割蘭單，伽蘭他你，訶那訶那，薩婆鞞哆，奢咄嚧難，悉談婆也，秀延悉談婆也，蘇南悉談婆也，婆嚧難悉談婆也，惡你寅悉談婆也，欝乾，哆梨哆梨，梨馱，囉羝惟，馱囉寧，波奢訶悉羝，弊奢他也婆世那，若有於我能爲怨敵諸賊嗔恚具惡心鬪諍極諍欲作一切無利益者，訶那訶那，哆訶哆訶，波[②]佐波[③]佐，半佐也半佐也，攢婆也攢婆也，悉談婆也悉談婆也，半馱也半馱也，牟訶也牟訶也，摩訶牟訶你，薄伽跋羝孑訶。於一切怖畏嬈惱疾疫，願守護我壼馱孑訶。”

“憍尸迦！若善男子，若善女人，若王，若王大臣，能憶念此金有明呪者，彼無他怖畏，於彼部黨他所敵軍不能侵惱。亦非天，亦非龍，亦非藥叉，亦非乾闥婆，亦非阿修羅，亦非緊那羅，亦非莫呼洛迦，亦非持明呪者，亦非飛空母等，亦不非時而持壽命，明呪、祕呪一切諸藥不能爲害。他所敵軍不能侵遶，他所敵軍而不傷命，刀不能害，水火、毒藥、明呪、祕呪一切諸藥而不能侵，還著於彼。自作、教[□][他][④]，隨喜造罪彼之處所。憍尸迦！是故净信苾芻、苾芻尼、烏波索迦、烏波斯迦、善男子、善女人等，以此明呪呪水七遍，自洗[⑤]其身，能護於身。若有欲令於一切怖畏、一切嬈惱、一切疫疾、一切明呪、一切祕呪、一切諸藥、一切厭蠱而超過者，當念此金有明呪。若王，若王大臣，若欲摧他軍衆，伏他軍衆，亦當念此金有明呪。若呪綫七遍，作七結

① “妒妒磨”三字甲本作“妒磨”。

②③ 波，甲本作“婆”。

④ 他，録本無，據甲本補。

⑤ 洗，甲本作“澆”。

已，繫於身上。若呪水七遍，能護自身。若有書寫於一切怖畏無障礙陀羅尼，或能受持，或繫腋下，若置高幢入軍陣者，善安得脱。以此金呪威神之力，内族眷囑善安超過，未成能成。若欲摧伏諸明呪者，於白綫上呪七遍已，作七結者，能繫摧伏。若欲摧諸幻惑者，取塚間土呪七遍已而散擲者，能摧幻惑。論競之時，欲禁其口，取秦萩蘸呪七遍已而嚙嚼者，一切言論悉能對答。受持讀誦而稱讚者，一切諸罪悉皆消滅。卻往於彼造作之者及思惟所，或繫於繩及水自護者，於彼身上一切明呪、祕呪諸藥不能爲害，未成辨者悉能成辨，彼所求事一切順從。”

時薄伽梵説是經已，天帝百施聞佛所説，信受奉行。

金有陀羅尼經一卷。

No. 2911 讚僧功德經

[題解]

中土僧人據《阿含經》改編而成的偈頌，編集者不詳，一卷。敦煌文獻中存有 17 號。其中，北敦 6278—2（北 8260，海 78，首全尾殘）、斯 1549（首殘尾全）兩卷字體相同，係同一寫卷割裂而成，前後可拼接成一首尾完整的卷子；斯 2643a，首全尾全；北敦 970（北 8263，昃 70），首全尾全；羽 640，首全尾全，中間有部分殘脱；以上爲基本完整者。另有斯 2420（首殘尾全）、斯 2540a（首殘尾殘）、斯 5912（首全尾殘，存 5 行）、斯 5954（首殘尾全）、斯 6115（首殘尾殘）、斯 10319（首殘尾殘）、北敦 3940（北 8264，生 40，首殘尾全）、北敦 8262（北 8261，服 62，首殘尾全）、北敦 8322（北 8262，衣 22，首殘尾全）、津圖 112—1（首殘尾殘）、俄 Дx. 6020（首殘尾殘）＋北敦 9365（周 86，首殘尾殘），以上 12 號爲有殘缺者。其中，俄 Дx. 6020、北敦 9365 兩號内容前後相接，行款、字跡相同，書風相似，當爲同一寫卷所裂。另，斯 2643a、斯 6115、北 8263（昃 70）4 號均署“詞辯菩薩譯”。此經通篇爲七言偈頌，共二百四十八句，從各方面讚頌僧寶的功德。認爲僧是“如來清净衆”，常當敬重植福田。反復告誡不可誹謗僧衆，以免遭受惡報。經中有“我末法中出家人”、“傳持世尊末代教”，卷首第一句“《阿含經》中略集出”，説明作者的身份、大致年代及寫作概況。清代以前歷代大藏經未收，《大正藏》據斯 2420 號録入其第八十五册疑似部。（《大正藏》録本出注：“㊊大英博物館藏敦煌本，斯 652。”按：斯 652 號乃原編號，現編爲斯 2420 號。）周紹良曾以北敦 970（北 8263，昃 70）爲底本，參校斯北敦 3940、北敦 6278—2、北敦 8262、北敦 8322、斯 1549、斯 2420、2643a、斯 6115 等 8 件對此經進行了校録，認爲該經並非經典，而是詞文，是俗講師爲俗講而編撰的（周紹良《〈讚僧功德經〉校録並解説》，敦煌吐魯番學會編《敦煌吐魯番研究論文集》，第87—96頁，漢語大辭典出版社1991年版）。方廣錩在論及敦煌吐魯番時期龍興寺經藏雜有若干疑僞經時，指出北敦841（北679，盈41）號背《癸未年八月十一日於藏經内點勘經教現有部袟數目》中，即載有《讚僧功德經》等五部疑僞經（方廣錩《敦煌寺院所藏大藏經概貌》，載自《藏外佛教文獻》第八輯，第398頁，宗教文化出版社2003年6月版）。張小豔對此經殘卷進行了整理研究，認爲從此勘經録所載經目看，當時的僧人的確是將《讚僧功德經》當作經典看待的，然因其内容乃中土僧人據《阿含經》改編而成的偈頌，故學界多將其視爲疑僞經（張小豔《敦煌疑僞經四種殘卷綴合研究》，《敦煌研究》2016年第1期）。今校注仍以《大正藏》所據卷斯2420號爲底本。新增校本：甲本，斯1549號；乙本，北敦6278—2（北8260，海78）號；丙本，斯6115號。

《阿含經》中略集出，歎大□□□□□（德僧聽我説）[①]，□□□□□□□（世尊出廣長舌相）[②]，以大梵音讚僧寶。

如地堅牢□□□（承萬物）[③]，□□□□□□□（任持有情非情類）[④]。我末法中出家人，常住僧讚□□□（亦如是）[⑤]。

□□□□□□□（諸願誓重不退者）[⑥]，志求菩提微妙果，於濁苦惡世界中，常在如來清净衆。

僧中或有求四果，或以證果在僧中，此等八輩諸上人，和合僧中常不斷。

或有頭陀常乞食，或有山間樂寂静，乃至於微細戒中，不犯如來嚴命教。

或有深廣學智慧，或有息慮習諸禪，並[⑦]皆集在僧衆中，猶如百川歸大海。

---

① “德僧聽我説”五字底本殘，録本作缺文，今據乙、丙二本補。

② “世尊出廣長舌相”七字底本殘，録本作缺文，今據乙本補。

③ “承萬物”三字底本殘，録本作缺文，今據乙、丙二本補。

④ “任持有情非情類”七字底本殘，録本作缺文，今據乙本補。

⑤ “亦如是”三字底本殘，録本作缺文，今據乙本補。

⑥ “諸願誓重不退者”七字底本殘，録本作缺文，今據乙本補。

⑦ 並，乙本作“普”。

殊勝妙寶大德僧，長養衆生功德種，能與人天勝果者，無過佛法僧寶衆。

善心僧中施掬水，獲福多於大海量，微塵尚可有算期，僧中施寶無有盡。

若人當來求遠離，越於生死貧窮河，應當速疾志誠心，於僧寶中樹①因果。

於此最妙良福田，若有種植功德子，當來收獲無邊畔，由（猶）如雲中含大雨。

施者不籌量受②者，平等奉施無二心，是人方可能堪任，受人天中勝如果。

無量功德具莊嚴，大悲世尊弟子衆，凡人肉眼難分別，由（猶）如灰覆於火上。

或有外現犯戒相，内祕無量諸功德，應當信順崇重之，賢聖愚凡不可測。

或有外現具威儀，或示未能捨其欲，外相人觀謂凡夫，不妨内即是其聖。

由（猶）③如四種庵羅果，生熟難分不可別，如來弟子亦如是，有戒無戒亦難辨。

是故殷勤勸諸人，不聽毀駡僧寶衆，若欲不沈淪苦海，常當敬重植良田。

若④欲□（天）⑤中受樂者，亦當供養苾芻僧，勿以凡夫下劣心，分別如來弟子衆。

若有清信士女等，能於一⑥念生信心，平等供養苾芻僧，是人獲得無量報。

若於僧中起邪見，當來定墮三惡道，世尊親自以梵音，金口弘宣誠不妄。

寧以利刀割其舌，或以捻杵碎其身，不應一念嗔恚心，謗毀如來浄僧衆。

寧以吞大熱鐵丸，寧使⑦口中出猛焰，不應戲論以一言，毀駡出家清浄衆。

---

① 樹，乙本作“種”。

② 受，録本訛作“度”，據底本改。該字乙、丙二本亦作“受”，可助勘。

③ 由，録本訛作“内”，據底本改。該字乙、丙二本亦作“由”，可助勘。

④ 若，録本訛作“常”，今據底本改。

⑤ 天，録本作缺文，今據底本補。

⑥ 一，録本訛作“十”，據底本改。該字乙、丙二本亦作“一”，可助勘。

⑦ 使，底本、録本作“便”，結合文意，今據乙本改。

寧以利刀自屠割，殘害支節毁肌膚，不應戲笑調凡愚，何呪打駡苾芻衆？
寧以自手挑兩目，寧於多劫受生盲，其於習行離欲人，不應惡眼而瞻視。
寧毁精舍及制多，寧焚七寶舍利塔，勿於僧中出惡言，誹謗如來清净衆。
毁塔之人自墮落，經無量劫受諸苦，好説衆僧短長者，自墮亦引無量衆。
是故智者善思量，勿於僧中起輕慢，善自防護口業非，莫談此持彼犯戒。
若一惡言毁沙門，當墮泥犁受極苦，從地獄出得人身，即招聾盲瘖瘂報。
世間多有愚劣人，談説僧尼諸過惡，因兹墮落惡道中，永劫沈淪没苦海。
大悲世尊禮大衆，尊敬和合大德僧，諸佛尚自致慇懃，何况凡夫輕慢衆？
世間多有信心人，崇重世尊弟子者，聞説三寶短長時，恐[1]於僧中起邪見。
因此退敗諸善人，毁壞如來清净衆，不見賢劫千世尊，是故智者應思忖。
昔有俱迦離苾芻，以一惡言駡僧衆，猶落鉢頭磨地獄，舌被犁耕數萬段。
亦有迦葉佛弟子，謗毁無量世間人，承斯惡業捨殘形，還受耕舌地獄苦。
沙門懷忿毁諸人，尚招無量口業報，何况無戒白衣人，駡僧免墮惡道者？
是故智人不應駡，乃至草木塼瓦等，况毁清净出家人，習行離欲善法者。
縱使欲火熾燒心，點污尸羅清净戒，不久速能自懺除，還入如來聖衆位。
如人暫迷失其道，有目還能尋本路，苾芻雖犯世尊禁，雖然暫犯還能滅。
如人平地蹶脚時，有足還能而速起，苾芻雖暫缺尸羅，雖犯不久還能補。
猶如世間金寶器，雖破其價一種貴，木器縱然全不漏，不可比於破寶器。
破禁苾芻雖無戒，初心出家功德勝，百千萬億白衣人，功德縱多不及彼。
出家弟子能堪任，繼嗣如來末代法，萬德無量在俗人，不能須臾弘聖教。
最下犯禁破戒僧，供養由（猶）獲萬億報，是故世尊讚勝因，天上人中受尊貴。
是故殷勤勸諸人，勿毁如來僧寶衆，今生習惡因緣故，當來業成亦毁佛。
緣兹身口意業支，永斷世間人天種，當墮三塗惡道中，億劫沈淪無休息。
若於清衆起正信，無有毁謗名僧罪，常能防護口業過，不談如來僧寶衆。

---

① 恐，録本訛作“怨”，今據底本改。

若人於僧有罵罪，應須志誠速求懺。[①] 於僧勿起憍慢心，來生受苦必當悔。

如僧刹那有功德，其福不容於大地，何况經月累歲年，堅持如來嚴禁戒？

是人持戒功德報，佛於一劫説不盡，况餘凡俗知其邊，福等虚空無有量？

當知功德廣莊嚴，釋迦如來僧寶衆，是故不聽在家者，毁辱打駡出家僧。

縱見沙門犯戒時，當寬其意勿嫌毁，如入芳叢採妙花，不應摘選枯枝葉。

廣大清净佛法海，多有持戒精修者，其中縱有犯威儀，白衣不應生毁謗。

譬如田中新苗稼，於中亦有稗莠草，應可一種敬良田，不應揀選生分别。

是以世尊制諸人，不聽毁謗沙門衆，唯當尊重生敬心，同此受勝諸天報。

佛日滅没雖久遠，僧寶連暉傳法燈，由(猶)如龍王降甘雨，大地萠芽普洽潤。

和合僧寶亦如是，雨於如來妙法雨，滋潤枯渇諸群生，長養善牙(芽)功德種。

於多劫中宿植田，得爲如來弟子衆，處在賢聖法海中，飲妙解脱甘露味。

傳持世尊末代教，流化十方諸國土，利益一切諸衆生，令佛法輪恒不絶。

佛法久後滅没時，伽藍精舍毁成聚，龕塔尊像併荒良(凉)[②]，設欲供養難可得。

壁畫僧形不可見，何况得聞於正法？人身難得生人中，佛法難逢今已遇。

如何於妙良福田，不種當來功德種？冥路懸遠不可達，當辦資糧備前所。

善福田中不種植，當來嶮路之資糧。是故諸人應善思，聞經僧中應惠施。

依經我略讚僧寶，功德無量遍虚空，迴施一切諸群生，願共當來值彌勒。

[讚僧功德經一卷]。[③]

---

① 乙本至此止。甲本此前殘。

② 良，甲本作“梁”。“良”、“梁”皆當爲“凉”之借字(三字皆音吕張切)。

③ “讚僧功德經一卷”七字録本脱，今據底本補。

No. 2912 佛説無常三啓經

[題解]

葬儀時所用印度佛教經典,又名《無常三啓經》、《無常經》、《三啓經》,[唐]義净譯,一卷。敦煌文獻中存有全經,有斯 153、斯 311、斯 573、斯 1103、斯 1479、斯 2540b、斯 2926、斯 3887、斯 4007、斯 4164、斯 4529、斯 4713b、斯 5138、斯 5160、斯 5280、斯 5447a、斯 5660vb、斯 6367c,伯 2181、伯 3163、伯 3924a、伯 5585,BD1367(北 6664,張 067)、BD2392 號 C(北 6665,餘 092)、BD3874 號 B2(北 6666,金 074)、BD7779 號 B(北 6667,始 079)、BD8234(北 6668,衣 024)、BD0535(北 6669,荒 035)、BD1030(北 6670,辰 030)、BD3608(北 6671,爲 008)、BD3554(北 6672,結 054)、BD8477(北 6673,裳 077)、BD8561(北 6674,推 061)、BD7376(北 6675,鳥 076)、BD7609(北 6676,皇 009)、BD8155 號 1(北 6677,乃 055)、BD7043(北 6678,龍 043),俄 Дx01124、俄 Дx02833、俄 Дx02845、俄 Дx02853,津藝 193(77・5・4532)(1)、津藝 202(77・5・4541)(1);另有李盛鐸舊藏 1 號,今收入羽(日本杏雨書屋藏敦煌文獻羽田亨編號)658 號。計 44 號。《根本説一切有部毘奈耶雜事》卷第十八:"送喪苾芻可令能者誦《三啓無常經》,並説伽他爲其呪願。"[T24n1451p287a1—a2]故此經是佛教葬儀時所用。經文主要内容是佛説世間有老、病、死,故不可愛。主旨叫人不要留念世間,應等觀生死。在序分前、流通分後,各有一長段偈頌。這種結構形式,爲佛典中之所僅見。這兩段偈頌當即是所謂的"伽他"。敦煌遺書出土後,《大正藏》誤作"疑似"而收入其第八十五册。今校注仍以《大正藏》所據原卷斯 153 號爲底本。新增校本:甲本,津藝 193(77・5・4532)(1)號;乙本,斯 2540b 號。甲、乙二本首題:"佛説無常經,亦名'三啓經'。"

□□□□□□□ □□□□□□□ □□□□□□□ □□□□□□□□

□□□□□□□ □□□□□□□ □□□□□□□ □□□□□□□□

□□□□□□□ □□□□□□□ □□□□□□□(稽首歸依無上士[①],

常起弘誓大悲心,爲濟有情生死流,令得涅槃安隱處。大捨防非忍無倦,

一心方便正慧力,自利、利他悉圓滿,故號"調御天人師"。稽首歸依妙法藏,

三四二五理圓明,七八能開四諦門)[②],修者咸到無爲岸。

法雲法雨潤群生,能除熱惱蠲衆病,難化之徒使調順,隨機引導非强力。

稽首歸依真聖衆,八輩上人能離染,金剛智杵破邪山,永斷无始相纏縛。

始從鹿苑至雙林,隨佛一代弘真教,各稱本緣行化已,灰身滅智證無生。

稽首總敬三寶尊,是謂正因能普濟,生死迷愚鎮沈溺,咸令出離至菩提。

生者皆歸死,容顔盡變衰,强力病所侵,無能免斯者。

假使妙高山,劫盡皆散壞,大海深無□(底)[③],亦復皆枯竭。

大地及日月,時至皆歸盡,未曾有一事,不被無常吞。

上生非相處,下至轉輪王,七寶鎮隨身,千子常圍繞。

如其壽命盡,須臾不暫停,還漂死海中,隨緣受衆苦。

循環三界内,猶如汲井輪,亦如蠶作繭,吐絲還自縛。

無上諸世尊,獨覺聲聞衆,尚捨無常身,何况諸凡夫?

父母及妻子,兄弟並眷屬,目觀生死隔,云何不愁歎?

是故勸諸子,諦聽真實法,共捨無常處,當行不死門。

佛教如甘露,除熱得清凉,一心應善聽,能滅諸煩惱。

---

① "稽首歸依無上士"五字甲本作"稽首歸無依上士",結合文意,據乙本録。

② 以上文字底本缺,録文作缺文,據甲、乙二本補。

③ "底"字底本殘,録文作缺文,據甲、乙二本補。

如是我聞：一時薄伽梵在室羅伐城逝多林給孤獨園。爾時佛告諸苾芻："有三種法於諸世間，是不可愛，是不光澤，是不可念，是不稱意。何者爲三？謂老、病、死。汝諸苾芻！此老、病、死於諸世間，實不可愛，實不光澤，實不可念，實不稱意。若老、病、死世間無者，如來應正等覺，不出於世，爲諸衆生説所證法及調伏事。是故應知此老、病、死於諸世間，是不可愛，是不光澤，是不可念，是不稱意。由此三事，如來應正等覺，出現於世，爲諸衆生説所證法及調伏事。"

爾時世尊重説頌曰：

"外事莊采咸歸壞，内身衰變亦同然，唯有勝法不滅亡，諸有智人應善察。

此老病死皆共嫌，形儀醜惡極可猒（厭），少年容貌暫時停，不久咸悉成枯悴。

假使壽命滿百年，終歸不免無常逼，老病死苦常隨逐，恒與衆生作無利。"

爾時世尊説是經已，諸苾芻衆、天、龍、藥叉、乾達婆、阿蘇洛等皆大歡喜，信受奉行。

常求諸欲境，不行於善事，云何保形命，不見死來侵？

命根氣欲盡，支節悉分離，衆苦與死俱，此時徒歎恨。

兩目俱翻上，死刀隨業下，意想並慞惶，無能相救濟。

長喘連胸急，噎氣喉中乾，死王催伺命，親屬徒相守。

諸識皆昏昧，行入險城中，親知咸棄捨，任黑繩牽去。

將至琰摩王，隨業而受報，勝因生善道，惡業墮泥犁。

明眼無過慧，黑闇不過癡，病不越怨家，大怖無過死。

有生皆必死，造罪苦切身，當勤策三業，恒修於福智。

眷屬皆捨去，財貨任他將，但持自善根，險道充粮食。

譬如路傍樹，暫息非久停，車馬及妻兒，不久皆如是。

譬如群宿鳥，夜聚旦隨飛，死去別親知，乖離亦如是。

唯有佛菩提，是真歸依處，依經我略説，智者善應思。

天阿蘇羅藥叉等，來聽法者應至心，擁護佛法使長存，各各勤行世尊教。

諸有聽徒來至此，或在地上或居空，常於人世起慈心，日夜自身依法住。

願諸世界常安隱，無邊福智益群生，所有罪業並銷除，遠離衆苦歸圓寂。

恒用戒香塗瑩體，常持定服以資身，菩提妙花遍莊嚴，隨所住處常安樂。

佛說無常三啓經一卷。

（初、後讚歎，乃是尊者馬鳴取經意而集造；中是正經，金口所說，事有三開，故云"三啓"也。）

No. 2913 佛説七女觀經

[題解]

印度佛教經典,譯者不詳,一卷。敦煌文獻中存有全經,有斯 1548b(首尾完整)、斯 5839(首殘尾全)二號。經中叙述冥緣王有七女,覺世無常,不飾華裝。有一次出城遊玩,於塚間見一死屍。姐妹七人繞屍三匝,涕零號哭,各説一偈。認爲人命無常,應勤修福德。忉利天下凡,問七女所欲,七女所願皆屬"無想",後皆得道果。此經與[吴]支謙譯《七女經》完全相同。據歷代經録所載:[西晋]竺法護譯有《七女本經》,一卷;[乞伏秦]沙門釋聖堅譯《七女本經》,一卷;另有失譯之《七女本經》、《七女經》各一卷。以上四經均佚。敦煌本《七女本經》或即上述四本之一,後被收入《大正藏》第八十五卷,誤入疑似部。今校注仍以《大正藏》所據卷斯 1548b 號爲底本。新增校本:甲本,斯 5839 號。

聞如是:一時佛説七女觀經。昔冥緣王有七女,覺世非常,不著繒綵衣服,不著指鐶臂釧,不捉香油塗身,歲三長齋,月六齋。姊妹相將,詣父王殿前,稽首白王:"女等前身積罪無福,今值女身,處其深宫,眼無所見,求王放女出城遊觀。"

王告女言:"我作天下之父[①]、萬基之主,有苑園、浴池[②]、華臺、樓觀,亦可觀之,何用出城觀乎?"女對王曰:"雖有苑園、浴池、華臺、樓觀可悦樂耳,非女遊觀之處。"王即聽之。

---

① 父,録本訛作"文",據底本改。

② 池,録本訛作"地",據底本改。

出城東門，到其塜間，見一死屍，膖脹爛臰(臭)[①]，狐狼踐蹹，形骸異處。姊妹相將，遶屍三匝，涕零號泣：“我等女身，會當如是。”

姊妹七人，各説一偈言。

第一女説偈言：

“□□(世人)[②]重其身，如似好寶珠。企視鵝容步，姿則欲入居。

□死棄塜間，禽獸競共疽。一切皆如是，何用於世殊？”

第二女説偈言：

“譬如一身居，人去宅無光，身死如(而)神誓(逝)[③]，乃知此非常。

今覩死尸觀，忽然遇豺狼。一切皆如是，安得有久長？”

第三女説偈言：

“譬如馬駕車，車破而馬去，四大解散時，魂神依何住？

初集四大時，來從何所處？乃知此非常，唯福可恃怙。”

第四女説偈言：

“譬如好城墎，衆人樂安居，所求未厭足，何其忽空虚？

人命如草木，春長冬以枯，唯有修福德，智慧隨身軀。”

第五女説偈言：

“人之不修福，譬如乘船渡，四大乖[④]離時，如船捨岸去。

地定風不動，火微水還故。身非神常宅，安得久長處？”

第六女説偈言：

“如人好莊嚴，[⑤]形著諸繒綵，自縱取時榮，故使欲人待。

---

① 《玉篇·自部》：“臰”，“臭”的俗字。

② “世人”二字底本殘存左半，録本作缺文。《經律異相卷第三十四·波羅奈國王七女與帝釋共語五》：“第一女言：‘世人重其身，好衣加寶香，綺視雅容步，姿則欲人觀。’”[T53n2121p185c18]可助勘。

③ [清]朱駿聲《説文通訓定聲·泰部》：“逝，叚借爲誓。”誓，此則當爲“逝”之借字。

④ 乖，録本訛作“乘”，據底本改。

⑤ 以上文字甲本殘。

侹[①]然不動摇，其神安所在？觀世塚間屍，將來宜應改。”

第七女説偈言：

“如雀在瓶中，羅縠[②]覆其口，縠[③]穿雀飛去，神明隨所受。

四大和合時，如雀瓶中有。唯有修善福，智慧隨身首。”

第四忉利天王從天來下，到諸女前，問女言：“汝等何所求？欲使汝得之。”

諸女良久不答。

復問女言：“汝等何所求？欲使汝得之。”

一女言：“乞願無根無鬚，無枝無葉，於其中生，是則爲樂。”

一女復願：“常無五欲，常處寂静，耳飡法音，目覩聖教，是則爲樂。”

一女復願：“幽幽冥冥，猶如虚空，登願玄覺，常覩聖容，是則爲樂。”

---

① 侹，底本、甲本實作“傾”。“傾”字不見於字書。結合文意，該字當爲“侹”之增旁俗字。《經律異相卷第三十四・波羅奈國王七女與帝釋共語五》：“第六女言：‘人死依塼卧，形具尚鮮好。挻然不動摇，厥神安所在？’”[T53n2121p186a1—a2]《大正藏》出校：“挻＝侹【宋】【元】【明】【宫】。”“挻”亦借字，正當作“侹”。《廣韻・迥韻》：“侹，直也。”“侹然”即僵直地躺著不動。《説文・人部》：“侹，箸地。”桂馥義證：“箸地者，吾鄉謂倒地卧爲侹。”上揭該字《大正藏》本校作“侹”，是，然未出注説明，失真。

② 縠，底本作“縏”。漢字構件“士”俗書常與“声”相混。斯 2423 號《示所犯者瑜伽法鏡經》：“能擐慈悲大甲胄，執持歡喜以爲弓，巧射智慧善法箭，破彼無明微細中。具大勢力能速疾，執持智慧堅鐵杵，摧彼無明煩惱𣪊，普遍碎盡無有餘。”《字彙補・殳部》：“𣪊，同轂。”該字《大正藏》本正作“轂”。中村不折 144 號《佛説波(决)罪福經卷》：“破我法者，是我弟子，非他人也。飲食行步，坐起服飾，故與世間人無有異也。諸天不樂，不復降屈。災業流行，水草不調。五榖不收，梨庶饑覲。水榖不滋，食之無味。面無精光，民多疾病，腹腸不和。”文中兩處“榖”字《大正藏》本均作“穀”。《齊民要術・五穀》：“《山海經》曰：‘崐崘墟……上有木禾，長五尋，大五圍。’郭璞曰：‘木禾，榖類也。’”《大字典》編纂者引後例時按：“《齊民要術校釋》作‘穀’；《山海經》郭璞亦作‘穀’。”“榖”蓋“穀”之左上部“士”換成“声”，左下部的“禾”省訛成“木”，偏旁移位而成的俗字。“榖”則又爲“槃”字之訛(右上部訛“殳”成“攵”)。與此相類，上例中的“縏”亦當爲“縠”左上部構件替换成“声”移位而成的俗體。“縠”指縐紗一類的絲織品。《説文・糸部》：“縠，細縳也。”《文選・宋玉〈神女賦〉》：“動霧縠以徐步兮，拂墀聲之珊珊。”李善注：“縠，今之輕紗，薄如霧也。”

③ 縠，底本、甲本作“縏”，乃“縠”之俗體。參前注。

天帝語諸女言:"止! 止! 汝之所願無想,吾不能得,日月中王使汝得之。"於是七女皆得道果。

佛説七女觀經。

No. 2914 佛説觀經

[題解]

佛教禪觀法類經典,編集者不詳,一卷。敦煌文獻存有兩號:斯 2585 號,首尾完整,兩面書寫,尾題:"佛説觀經一卷。"伯 3835c 號,首全尾殘。主旨講禪觀法,共收録"觀十方佛法"、"坐禪法要五門"、"修白骨觀法"、"觀佛三昧"、"無量壽佛觀"等五種禪觀法,並作了具體介紹。此經或爲中國人據後秦鳩摩羅什譯《思惟略要法》及曇摩密所譯《五門禪經要用法》抄集而成。歷代經録中均未見著録,歷代大藏經亦未收,後被《大正藏》收入第八十五册。今校注仍以《大正藏》所據卷斯 2585 號爲底本。新增參校甲本,伯 3835c 號。

觀十方佛法:

念觀十方佛者,坐①觀東方,廓然大光,唯見一佛結跏趺坐,舉手説法。心明觀察,光明相②好,盡③然明了,常繫在心,不令外緣。心若餘念,攝念令還。如是見者,便增至十佛。即(既)④見十佛,增至百佛,乃至千佛,乃至无量无邊佛。若近者,則便轉遠廣博,但見諸佛光光相接。心明觀察得如是者,復觀想東南方,亦如上觀。既得成已,乃至西方,乃至十方,亦復如是。

---

① 坐,甲本作"座"。

② 相,甲本作"想"。

③ 盡,底本不清晰,《大正藏》録作"書"。結合文意,據甲本改。

④ 即,甲本作"既"。"既"字義長。

既向方方皆見佛説法與(已)①,當復一時往觀十方佛,一念所緣,周遍得見。定心成就者,於定中見十方佛皆與己説法,疑網悉除,得無生忍。若有宿業因緣不見諸佛者,當一日一夜,六時懺悔,勸請隨喜,漸得見佛也。縱使諸佛不爲説法,是人心得安樂,無諸患也。

《五門禪要經》云:坐禪法要五門:一者安般,二者不浄,三慈心,四觀緣,五念佛。安般、不浄二門,觀緣此三門,有内外境界;念佛、慈心,緣外境界。所以五門者,隨衆生病:若亂心多者,教以安般;若貪受多者,教以不浄;瞋恚多者,教以慈心;若著我多,教以因緣;若没②没心者,教以念佛,乃一心觀佛。若觀佛時,當至心觀佛相好,了了分别已,然後閉目,憶念在心;若明了,即開目極心,觀之明了,然後還坐,正身意係念如前,如對真佛。明了無異,即白師云:"係念③見佛無異。"師言:"汝還本坐,係念額上,一心念佛。"爾時,額上有佛像相,從一至十,乃至無邊。若行人所見多佛從額上出者,若去身乃遠而還者,乃見大乘人也。三乘人所出,佛還近身,作地金色。此諸佛盡入於[□□][地。地]④平如掌,浄如鏡,觀己身明浄如地。此名"念佛三昧境界"。得是境界已,白師云:"此好境界。"此名"初門觀"也。復令⑤係念在心,然後觀佛,即見諸佛從心出,乃手執瑠璃仗(杖)⑥,仗(杖)兩頭出三乘人,光焰有大小。如是出已,末⑦後[見]⑧佛執仗,在心正立而住。末後住佛迴身還入,

① 與,甲本作"已"。此處"與"當爲"已"之借字。魚攝字與止攝字混同互通,兩漢前即然。《詩·角弓》:"民胥傚矣。"《潛夫論·班禄》引"胥"作"斯"。《史記·灌夫傳》:"何爲首鼠兩端?""鼠"字《後漢書·鄧訓傳》、《西羌傳》作"施"。《易·繫辭下》:"則居可知矣。"《釋文》:"居,鄭、王肅音'基'。"又,斯 1073 號《和菩薩戒文》中"舉身遍體皆紅爛"一句,載有同文的斯 4301 卷"舉"即作"奇"。亦可參。

② "没"字前底本、録本衍一"不"字,結合文意,據甲本删。

③ 以下甲本殘。

④ "地地"二字底本、録本無。今結合文意,據《五門禪經要用法》[T15n619p325c28]補。

⑤ 令,録本訛作"今",據底本改。

⑥ "仗"字一音直兩切,與"杖"音同。此"仗"乃"杖"之借字。下"杖"字同,不復校。

⑦ 末,録本訛作"未",據底本改。

⑧ "見"字脱,據底本補。

先去佛盡來隨入①。若小乘人,入盡則止。若大乘人入已,悉從身毛孔滿於四海,上至有頂,下至風際。如是明已,還來入②身,如净瑠璃。所以光明還來入③身者,欲示踴猛健疾,境界相好。如是已,如師。[□][師]④云:"此名'一切念處'。以能生諸定,故名'念處'。"是邪道上杖者,定相;光者,智慧相也。此内凡夫境也。

復令捨前二觀,係心在臍⑤,即一心觀臍。觀臍不久,覺臍有動相。諦觀不亂,見臍有物,如鴈⑥卵,其色鮮白,即再白師。師云:"汝更觀在處。"乃觀已有蓮華,琉璃爲莖,黄金爲臺,臺上有佛,結跏趺坐。第一佛如臍中,復有蓮華,上復有佛結跏趺坐。如是展轉相出,乃至大海邊。末後一佛還入第二佛臍,第二佛還入第三佛臍。如是展轉還入,乃至人臍佛。令爲一一佛入⑦行人臍中已,行人自諸毛孔之迴(遍)⑧出蓮華,滿虚空中,如垂寶瓔珞。如是出生諸蓮花盡入,行人乃身體柔軟輕悦,自見己身明净,如雜寶色,即以白師。[□][師]⑨云:"大善! 成定相也。"

復令有(又)觀臍中,即見頂有五瑞相。觀已,見有一佛有(又)光中結⑩跏趺坐。更觀佛有物,即見佛口中種種蓮華出。出已,遍滿大地。更觀五光

① 入,底本、録本訛作"人",結合文意,據《五門禪經要用法》[T15n619p326a6]改。

② 入,底本、録本訛作"人",結合文意,據《五門禪經要用法》[T15n619p326a8]改。

③ 入,底本、録本訛作"人",結合文意,據《五門禪經要用法》[T15n619p326a9]改。

④ 師,底本、録本无,結合文意,據《五門禪經要用法》[T15n619p326a10]補。

⑤ 臍,底本作"斉",乃"齊"字俗體。《正名要録》"正行者正體註脚稍訛"類"齊"下註脚爲"斉"。《改併四聲篇海·文部》引《玉篇》:"斉,音齊,等也,中也,疾也。"然結合文意,此處"齊"當爲"臍"之借字。《素問·腹中論》:"肓之原在齊下。"齊,一本作"臍"。下文"臍"字底本皆作此形,徑改之,不復校。

⑥ 鴈,録本訛作"鷹",據底本改。該字《五門禪經要用法》[T15n619p326a16]亦作"鴈",可助勘。

⑦ 入,録本訛作"人",據底本改。

⑧ 迴,此當爲"遍"之訛字。該字《五門禪經要用法》[T15n619p326a23]即作"遍",可助勘。

⑨ 師,底本、録本無,結合文意,據《五門禪經要用法》[T15n619p326a26]補。

⑩ 結,底本爲"**跍**"。《玉篇·足部》:"**跍**,行也。"然此義施於文中難以解讀。揣摩文意,此處"**跍**"當爲涉下"跏趺"二字偏旁類化而成的"結"之换旁俗字。

中佛，見臍中五師子出已，食出蓮華已，還入五色光中佛臍中。師子入已，五光及佛即入此頂，名"師子奮迅三昧定相"也。

行人觀光入佛身已，行人作金色已，見臍中有物，如日月明淨。見已，白師。師云言："更觀。"即見佛於腋下及腰中出。凡四佛。乃出已，一一佛放無量日光，日光明淨。因日光見四天下色，上至有頂，下至風際，總皆明了，如見掌中，無所罣礙，名爲"清淨解脱"也。若見此已，還見四佛從出處如(而)入。入已，復見焰光，前入後出，後入前出，左出右入，右出左入。如是竟見自身明淨及水四邊圓滿淨光，名爲"念佛三昧"，在四禪境界也。

修白骨觀法：先觀身，皮肉筋脉總壞盡，唯白骨連。色如珂雪，光亦如是。若不見者，譬如癩病人，醫語言："須飲血色同乳者，即當差(瘥)。"其家人令作銀器盛血，即令飲之。云："汝病差(瘥)也。"其病人云："血，我當不喫。"語云："白乳，汝肯不見中物悉皆白色耶？汝罪故見是血也。但作乳想，莫念血想也。"如是七日，即變爲乳也。何況實是白骨而不能見也？乃見骨人[①]，骨人之中其心生滅相續，如綫貫珠。如是所見，及觀外身亦如是。若心故精進，不懈怠，如鑽燧見煙，穿井見溼，得水不久。若心静，即行住坐卧皆見白骨，了了如水澄清則見面相，濁則不見也。

觀佛三昧。佛爲法王[②]，能令人得種種善法，是故坐禪之人先當念佛。念佛者，能令无量罪滅也。人若念佛，佛亦念人。譬如王念於人，怨家不能侵害。念佛亦耳。惡法敬爲患也。或云："佛不在世，云何憶念之？"人[□][之][③]自信，無過於眼[④]，當觀如好佛像，如見真佛也。先從肉髻眉毫下至足，復至肉髻，相相諦觀，還於静處，閉目思念，係心在像，不令他緣。若有餘想，收之令還。心自觀察，如意得見，是名"觀緣定"也。當作是念云："我亦不往，像亦不來。乃見佛者，當由心定想住也。"得觀佛言已，然後進觀生身，便得見之，如對面無異也。念心馳散，多緣惡法。當如乳母看子，不令作惡。

① 人，底本作"人人"。結合文意，中有一"人"字當爲衍文，兹據删。

② 底本正面文字至此止，下爲寫卷背面内容。

③ 之，底本、録本無，結合文意，據《五門禪經要用法》[T15n619p327a13]補。

④ 眼，底本、録本訛作"服"，結合文意，據《五門禪經要用法》[T15n619p327a13]改。《五門禪經要用法》作："人之自信，無過於眼。"可助比勘。

或心不肯住，即責之云："生老病死苦，常來逼切。若生天上，樂著妙欲，無有治心。若墜惡道，恐怖苦惱，即善心不生也。今遇佛教，當至心念佛。"種種責已，念心行住坐觀常得見佛也。然後更進生身，禪定已，展轉則易生身觀。

法[□][身][1]觀者，既以觀像心隨相成就，即斂意入定，即得見。當因心於像，以念生身，觀云："如坐於菩提樹下，光明顯[2]照相奇特。又如鹿苑中爲五比丘説四諦法時。又如耆舍崛山放大光明爲大衆説般若法時，隨用一處，係念在心，不令散亂。心想既得住，即便見佛，乃舉身快樂，貫徹四支。譬如熱得清凉，寒遇温室，世間之樂，無已(以)[□][爲][3]喻。法身觀[4]者，已於空中見佛生身，當因生身觀内法身十力、四無所畏、十八不共法大悲無量善業。如人先見金瓶内有寶珠，所以法身真妙，神智無比，無近無遠，無難無易。無邊世界悉在目前，無有一法而不知者，一切法無所不了。是故行人當專念，不令散亂。若心有餘緣，即攝之，令還復。復次，一切命過者，知當死時，先失[5]諸根，如投火[6]坑，發至梵天，甚大怖畏。無邊死賊，唯佛力能救拔，興種種人天涅槃樂。復次，一切諸佛，世世常爲一切衆生故，不惜身命。如釋迦佛爲太子時，出遊見癩人，即敕醫[□□□□][人治之。醫][7]言："須得生人血，飲之乃差(瘥)矣。"太子云："是人難得，一死一生，即不可也。"即以自身與之，令病愈矣。佛爲一切衆生，亦復如是。佛恩深過父母也[8]。假使一切人悉爲一分。二分之[9]中當念佛，不應餘念。如是種種功德隨念行

① "身"字底本、録本無，據《五門禪經要用法》[T15n619p327b1]補。

② 顯，録本訛作"頭"，據底本改。

③ 爲，底本、録本無，據《五門禪經要用法》[T15n619p327b9]補。

④ "觀"前底本、録本衍一"法"字，結合文意，據《五門禪經要用法》[T15n619p327b9]删。

⑤ 失，底本、録本訛作"悉"，結合文意，據《五門禪經要用法》[T15n619p327b16]改。

⑥ 火，底本、録本訛作"大"，結合文意，據《五門禪經要用法》[T15n619p327b16]改。

⑦ "人治之醫"四字底本、録本無，據《五門禪經要用法》[T15n619p327b21]注⑥補，據該注，"敕醫"後【宋】【元】【明】【宫】四本均有"人治之醫"四字。

⑧ "也"前底本、録本衍一"過"字，結合文意，據《五門禪經要用法》[T15n619p327b24]删。

⑨ 之，録本訛作"分"，結合文意，據《五門禪經要用法》[T15n619p327b25]改。

事。若此念成,斷除結縛,乃至可得無生忍。若不得定,即生六欲天中,最尊第一,後生諸佛前也。

無量壽佛觀:無量壽觀者,有二種人。鈍根者,先觀額上一寸無皮,但見赤骨,念念在心,不令他緣。心若有餘念,攝之令還。如是成已,令變赤骨,方可一寸,令白如雪。既如是已,令觀自身,皆白骨,亦如雪色。得成已,又觀身骨,作琉璃色,光明清净,觀徹表裏。如是見已,又令琉璃身中放日光,自近及[①]遠,遍滿閻浮,唯見光明。又攝其光,入於身中。既入盡已,復放如初。凡諸觀行,從易及難,初少後多。從身中放日光已,即於光中觀阿彌陀佛。其佛身放大光明,向西端坐。相諦觀,然後總觀其身,結跏趺坐,如紫金山,係念在之妙相,不令他緣。若有餘念,收之令還,與佛對坐無異。如是不久,便可得見也。若利根者,乃便觀作日光然光明,想法界光明,乃於光中觀之,便可見佛也。行者若欲生爲净土者,當作是觀也。乃觀諸法實相云:"世間如夢如幻,皆無實者。但以顛倒虚妄之□(法)[②],横起煩惱,受諸罪報。如人見小兒共争瓦、石、土、木等,便生瞋悶。觀諸世間,亦復如是。"當與大悲,誓願度一切有情,常伏其心,修行二忍,所爲衆生忍、法忍也。衆生忍者,若恒沙等衆生加[③]惡心于己分,乃不生瞋恚也;種種恭敬,不生歡喜也。又觀衆生,無先無後;若有先者,則無因緣,是即無初;若無初者,亦無中、後。如是觀者,□(不)[④]墮常、斷二邊。用安隱道,觀諸衆生,不生邪見,是名"衆生忍"也。法忍者,當觀諸清净,畢竟空想。心無罣礙,能忍,是名"法忍"也。新發心者,雖未得此法忍者,當如是修習也。又觀諸畢竟空想,而於衆生常興大悲。凡有善事,無皆迴向,願生無量壽佛國也。

佛説觀經一卷。

---

① 及,録本訛作"乃",據底本改。

② 法,録本作缺文,據底本補。

③ 加,録本訛作"扣",據底本改。

④ 不,底本不清晰,録本作缺文,據《思惟略要法》[T15n617p300b17]補。

No. 2915 救諸衆生一切苦難經

[題解]

中國人所撰經典，或認爲作者爲惠通，又名《救諸衆生苦難經》，一卷。敦煌文獻中有斯 136a(首殘尾全)、斯 414a(首尾完整)、斯 470a(首尾完整)、斯 1184a(首尾完整)、斯 1185(首尾完整)、斯 2649(首尾完整)、斯 3126a(首尾完整)、斯 3417(首尾完整)、斯 3685(首尾完整)、斯 3696(首尾完整)、斯 4479a(首尾完整)、斯 4924(首尾完整)、斯 5060(首尾完整)、斯 5256a(首尾完整)、斯 5679c(首全尾殘)、斯 6060(首全尾殘)、斯 6469v(存四行八句，《敦煌寶藏》原題"五言詩一首"，實乃《救諸衆生苦難經》末之"勸善偈")、斯 12508(存四行八句，右上部殘，乃《救諸衆生苦難經》末之"勸善偈")，伯 2653c(首全尾殘)、伯 2953a(首全尾全)、伯 3117a(首尾完整)、伯 3857a(首殘尾全)，北敦 7338(北 8282，鳥 38，首尾完整)、北敦 7606(北 8283，皇 6，首尾完整)、北敦 8063(北 8284，字 63，首殘尾全)、北敦 8108(北 8285，乃 8，首尾完整)、北敦 9244(唐 65，首尾完整)、北敦 9312(周 33，首尾完整)、北敦 9964v(臨 93，殘片，存 6 行)、北敦 10024—2(臨 153，存 14 行，每行下部殘)、北敦 14804(新 1004，首尾完整)，俄 Дx. 966(首殘尾殘)、俄 Дx. 1251—1(首殘尾殘)＋俄 Дx. 1464—1(首殘尾殘)、俄 Дx. 1574b(首殘尾殘)＋俄 Дx. 1838(首殘尾殘)、俄 Дx. 1609—1(首殘尾殘)＋俄 Дx. 2035—1(首殘尾殘)、俄 Дx. 1708—1(首殘尾殘)＋俄 Дx. 2399—1(首殘尾殘)、俄 Дx. 2057—1(首殘尾殘)、俄 Дx. 2586A(首殘尾殘)、俄 Дx. 4401(首尾完整)、俄 Дx. 6263(殘片)、俄 Дx. 6638(殘片)、俄 Дx. 6765(首全尾殘，存 3 行)、俄 Дx. 9912(殘片)、俄 Дx. 10348(殘片)，北大 D108(首尾完整)，上圖 061(812480)(1)(首尾完整)，國博 57(首尾完整)，羽 253(首尾完整)、羽 313—1(首尾完整)、羽 578—1(首尾完整)、羽 697(首尾完整)等,總計 55 號。經文大意爲天臺山中有一年老師僧,年紀大約九百歲。正月、二月,師僧悲哭,眼中泣血,告弟子惠通:黄河以北,相、魏之地,衆生有難;三月、四月,鬼兵亂起;八月、九月以來大末劫,衆生死盡;但若行善,寫此經者,可以免禍至心讀誦、普念彌勒者,得成佛道。據此,此經當曾流傳於河北一帶。清代以前歷代經録中均未見著録,歷代大藏經亦未收,後被《大正藏》據斯 136 號收入第八十五册。圓空對該經進行過考察及校録(圓空《〈新菩薩經〉、〈勸善經〉、〈救諸衆生一切苦難經〉校録及流傳背景之探討》,《敦煌研究》1992 年第 1 期)。張子開、張琦以俄 Дх. 4401 爲底本,對該經進行了重新録校,並作了較爲深入的探析,認爲:"天臺山中有一老師"乃託辭,真實作者爲惠通;該經誕生於相州和魏州一帶,時當安史之亂初期,即叛軍即將攻佔相州和魏州的唐天寶十五年(756)農曆正月、二月之交;據斯 4924 號卷末題記"貞元九年正月廿三日下",則至少在公元 793 年此經就已傳至敦煌地區(《映照安史之亂的唐代民間彌勒信仰實物——敦煌寫本〈救諸衆生一切苦難經〉新探》,《西南民族大學學報》人文社科版,2009 年第 1 期)。張秀清也對該經的紀年進行過研究(張秀清《〈新菩薩經〉、〈勸善經〉、〈救諸衆生一切苦難經〉的紀年分布考察——以敦煌寫經爲例》,《黑龍江史志》,2010 年第 18 期)。張小豔在前人整理、研究基礎上,通過殘字拼接、内容接續、行款相同、字跡書風近似等不同角度的比較分析,將俄 Дх. 6765+2057—1 號、俄 Дх. 10348+6263 號綴合爲二組(張小豔《敦煌本〈新菩薩經〉、〈勸善經〉、〈救諸衆生苦難經〉殘卷綴合研究》,《復旦學報》社會科學版 2015 年第 6 期)。今校注仍以《大正藏》録本所據原卷斯 136a 號爲底本。新增參校本,甲本,北大 D108 號;乙本,羽 578(1)號;丙本,圓空校録本;丁本,張子開、張琦校録本。

天台山中有一老師,年可九□□□□□□□(百岁。正月、二月,天)[①]神悲哭,眼中泣血,唱言:"苦□□□□□□□(哉! 苦哉! 衆生死盡。)"[②]第

① "百歲正月二月天"七字底本殘,録本作缺文。今據甲、乙、丙、丁四本補。

② "哉苦哉衆生死盡"七字底本殘,録本作缺文。今據甲、乙、丙、丁四本補。

(弟)[①]子惠通,合掌頂禮,眼中泣淚,□□□□(啓言:"有此)[②]災難,如何得免?"師報言:"惠通！□□□□□(我見閻浮提)[③]衆生,亡没[□□][者衆][④],普[⑤]念彌勒□□□□□□□□(救諸衆生。中國黄河)[⑥]已(以)北[⑦],相魏之地,正在其中。愚□□□□□□□(癡之子,不覺不知)[⑧]。三月、四月,鬼兵亂起,無邊無際。八月、九月□□□(已來,大)[⑨]末劫[□][中][⑩],衆生行善,鬼兵自滅,天地黑闇,得免[⑪]□□(災難)[⑫]。寫一本,免一門;寫兩本,免六親;寫三本,免一村。流傳者,是第(弟)子。謗此經者,入阿鼻地獄,無有出期。見此經不寫者,滅門。至心讀誦者,得成佛道。"

[□□□][勸善偈][⑬]:

黑風西北起,東南興[⑭]鬼兵,永常天地闇,何得心□□(不驚)[⑮]?

先須斷酒宍(肉)[⑯],貪嗔更莫生,人能慎此事,佛道一時□(行)[⑰]。

救諸衆生一切苦難經一卷。

---

① 第,此乃"弟"之借字。録本徑作"弟",不合原卷。下"第"字同,徑括其注本字,不復校。

② "啓言有此"四字底本殘,録本作缺文。今據甲、乙、丙、丁四本補。

③ "我見閻浮提"五字底本殘,録本作缺文。今據甲、乙、丙三本補。丁本無"提"字。

④ "者衆"二字底本、録本無,今據丁本補。

⑤ 普,甲、乙、丙三本作"並"。

⑥ "救諸衆生,中國黄河"八字底本殘,録本作缺文。今據甲本補。"衆"字乙、丙、丁三本作"蒼"。

⑦ 北,底本及録本作"比"。今結合文意,據甲、乙、丙三本改。

⑧ "癡之子不覺不知"七字底本殘,録本作缺文。今據甲、乙、丙、丁四本補。

⑨ "已來大"三字底本殘,録本作缺文。今據甲、乙、丙、丁四本補。

⑩ 中,底本、録本無,今據乙本補。

⑪ "得免"二字乙本脱。

⑫ "災難"二字底本殘,録本作缺文,今據甲本補。"災"字丙本作"此"。"災難"二字丁本作"此災"。

⑬ "勸善偈"三字底本、録本無,今據丁本補。

⑭ 興,乙、丙二本作"鎮"。"興鬼兵"三字丁本作"鬼來"。

⑮ "不驚"二字底本殘,録本作缺文,今據甲、乙、丙、丁四本補。

⑯ 《干禄字書·入聲》:"宍、肉,上俗下正。"録本徑作"肉",不合原卷。

⑰ "行"字底本殘,録本作缺文。今據甲、乙、丙、丁四本補。

No. 2916 勸善經一卷

［題解］

中國人所撰經典，作者不詳，一卷。敦煌文獻中有斯 417（首尾完整）、斯 912（首尾完整）、斯 1185v（首尾完整）、斯 1349—2（首尾完整）、斯 1592（首尾完整）、斯 2853（首殘尾殘）、斯 2882（首尾完整）、斯 3485v（首殘尾全）、斯 3687（首尾完整）、斯 3792（首尾完整）、斯 3871（首尾完整）、斯 4739（首尾完整）、斯 4923（首尾完整）、斯 5113（首尾完整）、斯 6265（下半殘），伯 2608（首尾完整）、伯 2650（首尾完整）、伯 3036（首尾完整）、伯 3463（首尾完整）、伯 3498（首尾完整）、伯 3624（首尾完整）、伯 4872（首全尾殘）、伯 5021F（首殘尾殘，存 5 行，尾題“甲申歲正月廿三日下”），北敦 4304（北 8288，出 4，首尾完整）、北敦 6922（北 8289，翔 22，首尾完整）、北敦 7681V（北 6691，皇 81，首殘尾殘，存 4 行）、北敦 8421（北 8287，裳 21，首尾完整）、北敦 15251（新 1451，首尾完整，尾題“貞元十九年下”），俄 Дх327（首殘尾殘、上下殘缺）＋360（首殘尾殘、上下殘缺）＋1452（首殘尾殘、上下殘缺）＋2978（首殘尾殘、上下殘缺）、俄 Дх. 1246（下部殘缺）、俄 Дх. 1786（首全尾殘）、俄 Дх. 2753（首殘尾殘）＋3079（首殘尾殘）＋3080（首殘尾殘）、俄 Дх. 4942（殘片）、俄 Дх. 5463（首殘尾全）、俄 Дх. 7234（殘片）、俄 Дх. 10329—2（殘片），甘博 016a（首尾完整）、北大 D109（首殘尾全）、北大 D110（首尾完整），上圖 95（書手誤題“勸諸衆生苦難經”，首尾完整，尾題“貞元十九年正月廿三日下”），台圖 137（首尾完整），津圖 137（首尾完整），故宫新 8764（首尾完整），伍倫 28 號（首尾完整，首題“勸善經一卷”，尾題“貞元十九年甲申岁正月廿三日”），羽 197（首全尾殘）、羽 288（首尾完整，尾題“貞元十九年正月廿三日下”）等，計 51 號；另有上博 3325、散 450/李、藤井 52（據施萍婷《日本公私收藏敦煌遺書叙録

〔二〕》介紹，京都藤井有鄰館藏，題“勸善經一卷”，尾部有“貞元十九年三日下”字樣，見《敦煌研究》1994 年第 3 期）三號均未見原卷，情况不詳；總計共 54 號。經中主要内容是勸衆生每日念“阿彌陀佛”一千口，斷惡行善。宣揚抄寫此經可以免禍，並謂不久可見太平。此經内容與《新菩薩經》大體相同，其差别僅在於叙事的繁簡和次序的先後，應是在《新菩薩經》丙本的基礎上改寫而成。歷代經録中均未見著録，歷代大藏經亦未收，後被《大正藏》據斯 417 號録入其第八十五册。牧田諦亮《疑經研究》第一章據伯 2650 號對此經進行了録文（牧田諦亮《疑經研究》，第 77 頁，京都大學人文科學研究所，1976 年 3 月）。圓空的《〈新菩薩經〉、〈勸善經〉、〈救諸衆生一切苦難經〉校録及流傳背景之探討》（《敦煌研究》1992 年第 1 期）對該經加以考察並以斯 1349 爲底本、斯 417 等爲參校本進行過校録，于賡哲《〈新菩薩經〉、〈勸善經〉背後的疾病恐慌——試論唐五代主要疾病種類》（《南開學報》哲學社會科學版，2006 年第 5 期）、張秀清《〈新菩薩經〉、〈勸善經〉、〈救諸衆生一切苦難經〉的紀年分布考察——以敦煌寫經爲例》（《黑龍江史志》，2010 年第 18 期）先後從不同角度對該經進行過研究。張小豔在前人整理、研究基礎上，通過殘字拼接、内容接續、行款相同、字跡書風近似等不同角度的比較分析，將俄 Дx327＋360＋1452＋2978 號與俄 Дx. 4942 號綴合爲一組（張小豔《敦煌本〈新菩薩經〉、〈勸善經〉、〈救諸衆生苦難經〉殘卷綴合研究》，《復旦學報》社會科學版 2015 年第 6 期）。今校注仍以《大正藏》所據卷斯 417 號爲底本。新增校本：甲本，甘博 016A 號；乙本，北大 D110 號；丙本，圓空校録本。

敇　左丞相賈耽頒下諸州，[勸]①善之衆生②每日念“阿彌陀佛”一千口，斷惡行善。今年大熟③，無人收苅。有數衆（種）④病死：第一虐病[□]

---

① 勸，録本脱，據底本補。

② “勸善之衆生”一句，甲、乙二本作“勸善諸衆生”，丙本作“普勸衆生”。

③ 熟，録本誤作“熱”，據底本改。

④ 衆，此當爲“種”字之同音借字（二字《廣韻》皆可音之用切）。該字乙、丙二本均作“種”，可資比勘。

[死]①，第二天行病死，第三赤白痢病死，第四赤眼病死，第五[□][女]②人産病③死，第六水痢病死，第七風病死。今勸衆生，寫此經[□□][一本]④，免一門難；寫[□][兩]⑤本，[□][免]⑥六親。見此經不寫者，滅門。門上傍(牓)⑦之，得過此難。無福者不可得見此經。其經從南來。正月八日，雷電霹靂，空中有一童子，年四歲。又見一老人，在路中。見一蛇身萬尺，人頭鳥足⑧，遂呼老人曰："爲太山崩，要女人萬萬衆，須得牛⑨萬萬頭⑩。著病難差(瘥)，寫此經者，得免此難。不信者，但看四月一日，三家使一牛，五男同一婦。僧尼巡門，難(勸?)⑪寫此經，流傳聖人真言。若被⑫卒⑬風吹⑭卻，不免[□][此]⑮難。[□□□□□□□□□□□□□□□□□□□□□□□][聖人流傳真言，報諸衆生，莫信邪師。見聞者]⑯相勸[□][念]⑰'阿彌陀佛'，不久見太平時。"⑱

勸善經一卷。

---

① 死，底本、録本無，據甲、乙、丙三本補。

② 女，底本、録本無，據丙本補。

③ 病，甲、乙、丙三本作"生"。

④ "一本"二字，底本、録本無，據甲、乙二本補。

⑤ 兩，底本、録本無，據甲、乙、丙三本補。

⑥ 免，底本、録本無，據甲、乙、丙三本補。

⑦ 傍，此當爲"牓"之訛字。斯 5256b 號《新菩薩經一卷》："若不寫者，滅門。門上牓之，得過此難。"可參。

⑧ 足，録本作缺文，據底本及甲、乙、丙三本補。

⑨ 牛，録本誤作"片"，據底本改。

⑩ 頭，録本誤作"顧"，據底本改。

⑪ 難，丙本所據卷斯 1349 號作"勸"。"勸"字義長，諸本"難"似爲"勸"之訛字。

⑫ 被，録本誤作"袚"，據底本改。

⑬ 卒，録本誤"卂"，據底本改。

⑭ 吹，録本誤"吻"，據底本改。

⑮ 此，底本無，據甲、乙、丙三本補。

⑯ "聖人流傳真言……見聞者"十七字底本無，據甲、乙、丙三本補。

⑰ "念"字底本無，據甲、乙、丙三本補。

⑱ 甲本尾題："貞元拾玖年廿三日下。"乙本尾題："貞元玖年正月廿三日下。"丙本尾題："貞元十五年甲申岁正月廿三日。"

No. 2917A 新菩薩經一卷

[題解]

中國人所撰經典，作者不詳，一卷。敦煌文獻中共存有 78 件。據圓空的《〈新菩薩經〉、〈勸善經〉、〈救諸衆生一切苦難經〉校録及流傳背景之探討》一文研究，其傳本可分三個系統。甲本：僅斯 622 號一件，被收入《大正藏》第 2917B 號《新菩薩經》。乙本有：斯 3091 號 3（首尾完整）、斯 3442 號 2（首尾完整）、斯 5303（首尾完整）、斯 5654（首全尾殘，存 5 行）、斯 11521、斯 12501B—2、北敦 7120（北 8286，師 20）（首尾完整）、北敦 9231 號 1（唐 52）（首殘尾殘，存 2 行）、北敦 9231 號 2（唐 52）（首尾完整）、俄 ф. 215（首尾完整）、俄 Дx. 4034（殘片）、俄 Дx. 5155 號 1（首殘尾殘，存 5 行）、俄 Дx. 5155 號 2（首殘尾全，存 6 行）、羽 247—1（首尾完整）、羽 249（首尾完整）、羽 637VA（首殘尾全），計 16 件；丙本有：斯 136b（首尾完整）、斯 407 號 2（首尾完整）、斯 414b（首尾完整）、斯 470b（首尾完整）、斯 521 號 1（首尾完整）、斯 521 號 2（首尾完整）、斯 1066（首尾完整）、斯 1592（首尾完整）、斯 1689 號 2（首尾完整）、斯 2320 號 2（首尾完整）、斯 2649b（首尾完整）、斯 3126v（首尾完整）、斯 3417b（首尾完整）、斯 3790（首尾完整）、斯 4479b（首尾完整）、斯 4747（首全尾殘）、斯 5020（首尾完整）、斯 5060（首尾完整）、斯 5244（首尾完整）、斯 5256b（首尾完整）、斯 5929 號 2（首尾完整），伯 2668b（首尾完整）、伯 2953b（首全尾殘）、伯 2983P1（首殘尾殘，存 5 行）、伯 3117b（首全尾殘）、伯 3857b（首全尾殘），北敦 7338（北 8282，鳥 38）（首全尾殘）、北敦 7338（北 8283，皇 6）（首尾完整）、北敦 8063（北 8284，字 63）（首尾完整）、北敦 8108（北 8285，乃 8）（首尾完整）、北敦 9230—1（唐 51，首尾完整）、北敦 9230—2（唐 51，首尾完整）、北敦 9244 號 2（唐 65，首全尾殘，存 4 行，其中後 2 行上大半殘）、北敦 9312 號 2（周 33，首全尾殘，存 10 行）、北敦 10024 號 1（臨 153，殘片），俄 Дх. 299（首尾完整）、俄 Дх. 1251—2（首殘尾殘）＋俄 Дх. 1464（首殘尾殘）、俄 Дх. 1609—2（首殘尾殘）＋俄 Дх. 2035—2（首殘尾殘）、俄 Дх. 1708—2（首殘尾殘）＋俄 Дх. 2399—2（首殘尾殘）、俄 Дх. 2057—2（首殘尾殘）、俄 Дх. 2586a（首殘尾殘）、俄 Дх. 2774b（首殘尾殘）＋俄 Дх. 2796b（首殘尾殘）、俄 Дх. 4537v（殘片）、俄 Дх. 4572（殘片）、俄 Дх. 4736（殘片）、俄 Дх. 6601（殘片）、俄 Дх. 10329—1（殘片）、俄 Дх. 10339（首全尾全，共 11 行，每行下半殘），上圖 061（812480）（2）（首尾完整），臺圖 113（首尾完整），津圖 139—2（首尾完整），津圖 140（首尾完整），國博 57（首尾完整），羽 252—1（首尾完整）、羽 314（首尾完整）、羽 578—2（首尾完整）、羽 713（首尾完整）等，計 61 號。上述三種不同類型，結構大體相同，均爲勸念佛、預示災禍、勸寫經、説明經的由來等。《大正藏》第 2917A 號《新菩薩經》所據底本爲斯 136b 號，屬於丙本系統。清以前歷代經録中均未見著録，歷代大藏經亦未收。斯 136b 號謂此經係“西凉州正月二日盛中時，雷鳴雨聲，有一石下，大如斗等。石遂兩片，即見此經。”經首謂“賈耽頒下諸州”。故此經當出於河西，時代當在晚唐。不少寫卷均有年代題記，大抵是吐蕃統治時期。圓空的《〈新菩薩經〉、〈勸善經〉、〈救諸衆生一切苦難經〉校録及流傳背景之探討》（《敦煌研究》1992 年第 1 期）、于賡哲《〈新菩薩經〉、〈勸善經〉背後的疾病恐慌——試論唐五代主要疾病種類》（《南開學報》哲學社會科學版，2006 年第 5 期）、張秀清《〈新菩薩經〉、〈勸善經〉、〈救諸衆生一切苦難經〉的紀年分布考察——以敦煌寫經爲例》（《黑龍江史志》，2010 年第 18 期）先後對該經進行過整理或研究。張小豔在前人整理、研究基礎上，通過殘字拼接、内容接續、行款相同、字跡書風近似等不同角度的比較分析，將丙本系統《新菩薩經》的 8 號殘卷（片）綴合爲四組（張小豔《敦煌本〈新菩薩經〉、〈勸善經〉、〈救諸衆生苦難經〉殘卷綴合研究》，《復旦學報》社會科學版 2015 年第 6 期）。今校注仍以《大正藏》本所據原卷斯 136b 號爲底本。新擇校本：甲本，斯 4479 號；乙本，斯 5256b 號；丙本，北 8283（皇 6）號；丁本，俄 Дх00299 號；戊本，斯 5020 號。

賈耽①頒下諸州：衆生每日念“阿彌陀佛”一千口，斷惡行善。今年大熟②，無人收苅。有數種病死：第一虐病死，第二天行病死，第三卒[□][病]③死，第四腫病死，第五産生④死，第六患腹死，第七血⑤癰死，第八風黄病死，第九水裹(痢)⑥死，第十患眼死。勸諸衆生，寫一本，免一身；寫兩本，免一門；寫三本，免一村。若不寫者，滅門。門上傍(牓)⑦之，得過此難。但看七、八月，三家使一牛，五男同一婦。僧尼巡門，勸寫此經。其經西涼州[□][来]⑧，正月二日盛中時，雷鳴雨聲。有一石下，大如斗等。石遂兩片，即見此經。報諸衆生，今載⑨饒患。[□□□□□□□□][善寫此經，得免斯咎。]⑩

新菩薩經一卷。

① 乙、丁二本“賈耽”二字前有一“敕”字。

② 熟，録本誤作“熱”，據底本改。又，丙本“大熟”前脱一“年”字。

③ “病”字底本、録本無，結合文意，據乙本補。

④ 生，録本訛作“坐”，據底本改。此字丁本亦作“生”，可助勘。

⑤ 血，丙本無。

⑥ 裹，丁本作“李”。結合文意，“裹”、“李”均當爲“痢”之音近借字(“裹”、“李”均良士切，來母止韻上聲；“痢”音力至切，來母至韻去聲)。乙、丙二本即作“痢”，可助勘。

⑦ 傍，甲本作“謗”。傍、謗均當爲“牓”之訛字。乙、丙二本即作“牓”，可助勘。

⑧ 來，底本、録本無，據文意補。

⑨ 載，録本誤作“戴”，據底本改。

⑩ “善寫此經，得免斯咎”八字底本、録本無，據戊本補。乙本下尾題：“丁卯年七月廿三日寫此經流傳，記。”

No. 2917B 新菩薩經

[題解]

中國人所撰經典，作者不詳，一卷。敦煌卷子中存有斯 622 一號，首殘尾全，存 11 行(《斯坦因劫經録》、《敦煌寶藏》誤定名“勸善經”)。經文内容與前 No. 2917A《新菩薩經一卷》大致相同，均是勸念佛、預示災禍、勸寫經、説明經的由來等。此經當爲與前 No. 2917A《新菩薩經一卷》不同傳抄系統的異本，歷代經録中均未見著録，歷代大藏經亦未收，後被《大正藏》據斯 622 號收入其第八十五册。圓空的《〈新菩薩經〉、〈勸善經〉、〈救諸衆生一切苦難經〉校録及流傳背景之探討》(《敦煌研究》1992 年第 1 期)對該經進行了整理，于賡哲的《〈新菩薩經〉、〈勸善經〉背後的疾病恐慌——試論唐五代主要疾病種類》(《南開學報》哲學社會科學版，2006 年第 5 期)、張秀清《〈新菩薩經〉、〈勸善經〉、〈救諸衆生一切苦難經〉的紀年分布考察——以敦煌寫經爲例》(《黑龍江史志》，2010 年第 18 期)也對該經進行過研究。今校注仍以《大正藏》本所據原卷斯 622 號爲底本，圓空整理本爲參校甲本。

□[①]率□大小念百萬口阿彌陀佛，五百身中不入□□。菩薩説

---

① 首缺。

今年[①]八匡(月)[②]九匡(月)太山崩,須九萬億□(人)[③],亦須九千億牛。第一患死,第二卒死,第三産坐(生)[④]死,第四不持齋死,第五腸肚熱死,第六自絞死。今年禾荳熟,恐無人[⑤]收[⑥]度[⑦]。今年即好。信者,寫一通,免身;寫二通,免闔家;寫三通,免一村。若聞不寫,即滅門。若有轉讀此經者,皆度苦難。不信,即身滅。經從西凉州縣來,在彼城東門口,四𠥱(月)雷鳴,雨下一石如斗,破兩片,遂見此經。轉示衆生,得福無量。

長安四季(年)[⑧]五𠥱(月)十五日。

---

① 年,底本及録本作"𠦚"。𠦚,由"千千万万"構成,包含武周皇朝"天授万年"、"千秋万歲"的寓意。但是在書寫過程中上面的兩個"万"往往會寫成"刀"或"力"。該字是在小篆基礎上變形而成的。[宋]趙與時《賓退録》卷五:"唐《君臣正論》載武后改易新字,如以'山水土'爲'地','千千万万'爲'年'……"下"年"字底本及録本同,徑録爲正字,不復校。

② "出"、"生"同義,"匡"乃武周新字"𠥱(月)"之改换義符的異體字。下"𠥱"字同,不復校。

③ 結合文意,缺字當爲"人"字。

④ 坐,此當爲"生"之訛字。斯 136b 號《新菩薩經一卷》:"有數種病死:第一虐病死,第二天行病死,第三卒[病]死,第四腫病死,第五産生死,第六患腹死……"可助勘。

⑤ 人,底本、録本作"𤯔"。《集韻·真韻》:"人,《説文》:'天地之性最貴者也。'唐武后作'𤯔'。"

⑥ "收"字前録本誤衍一"無"字,兹據底本删。

⑦ 甲本於此處出注:"此處按大意,應在'亦須九千億牛'後。"

⑧ 《説文·禾部》:"季,穀熟也。從禾,千聲。"邵瑛《群經正字》:"今經典作'年'。"伯 2014 等號《五代本切韻》—平聲先韻:"年,禾熟曰年,作'季熟',奴前反。"故宫博物院藏《王仁昫刊謬補缺切韻·先韻》:"年,奴賢反,載。正作'季'。"《九經字樣》禾部:"季年:上《説文》,從禾,從千聲;下經典相承隸變。"

No. 2918 法句譬喻經多聞品第三(譬喻第一則)

［題解］

本文乃［晋］沙門法炬、法立合譯《法句譬喻經·多聞品第三》的第一則譬喻故事(該品涵蓋四則譬喻故事)，與《大正藏》第四册據《高麗藏》本排印之第211號《法句譬喻經·多聞品第三》基本相同。《大正藏》第八十五册所據本乃斯1638號，編者誤收入"疑似"部。該號卷背有"釋家勸化愚頑經"字樣，《敦煌寶藏》即據以爲題，《大正藏》編纂者則誤作"釋家觀化還愚經"。《敦煌遺書總目索引》題爲"釋家勸化愚頑經"，並説明："此爲晋法炬、法立合譯之《法句譬喻經》第一卷一品之别行單出者。"《敦煌遺書總目索引新編》訛作"釋迦勸化愚頑經(首題)"。按：據張涌泉師考證，斯1638號卷背"釋家勸化愚頑經"七字乃斯坦因的中國助手蔣孝琬翻檢藏經洞藏卷時倉促所擬，不足爲憑；且該卷乃《法句譬喻經》古抄本的散頁，而非"别行單出者"(張涌泉《敦煌寫本文獻學》第573—574頁，甘肅教育出版社2013年12月版)。陳祚龍指出了第八十五册該文原題的不當，並對其全文加以校訂(陳祚龍《籀讀敦煌古抄〈釋家勸化愚頑經〉以後》，《海潮音》1984年第65卷4月號)。然陳氏仍襲以蔣孝琬"釋家勸化愚頑經"爲題，亦非允當。今校注仍以《大正藏》本所據原卷斯1638號爲底本，並據經文内容重新擬題。校本：甲本，陳祚龍校録本；乙本，《大正藏》本第四册第211號《法句譬喻經·多聞品第三》。

昔舍衛國，有一貧家，夫婦慳惡，不信道德。佛愍其愚，現爲沙門，詣門分衛，時夫不在。其婦駡詈，無有道理。沙門語曰："吾爲道士，乞匄(丐)[1]自

---

① 匄，與"丐"同。字見《正字通》，亦見《玉篇》。録本作"匃"，亦與"丐"同，然迻録失真。

活，不惡罵詈，唯望一食耳！"主人婦曰："若汝立死，食尚叵得；況今平健，欲望我食？但稽留時節，不如早去。"於是沙門住立其前，戴眼[①]杼氣，便現立死，身體膖脹，鼻口蟲出，腹潰腸爛，不净流漫。其婦見此，恐怖失聲，棄而捨走。於是道人忽然捨去，去捨（舍）[②]數里，坐樹下息。其夫來歸，道中見婦，怪其驚怖。其婦語夫："有一沙門，見怖如此。"夫大瞋恚，問："爲所在？"婦曰："已去，想亦未遠。"夫即執弓帶刀，尋迹往逐，張弓拔刀，奔走直前，欲斫道人。道人即化作瑠璃城，以自圍繞。其人遶城數匝，不能得入，[即][③]問道人："何不開門？"道人曰："欲所門開，棄汝弓刀。"其人自念："當隨其語，若當得入，手捲（拳）[④]加之。"尋棄弓刀，門故不開。語道人曰："已棄弓刀，門何不開？"道人曰："吾使汝棄心中惡意弓刀耳！非謂手中弓刀也！"於是其人心驚體悸："道人神聖，乃知我心。"即便叩頭悔過，啓道人曰："我有弊妻，不識真人，使我與怨。願小垂慈，莫便[□][見][⑤]捨。今欲將來，勸令修道。"即起還歸。其妻問曰："沙門所在？"其夫具説神[□][變][⑥]之德。"今者在彼，卿[⑦]宜自往，改悔滅罪。"於是夫妻至道人所，五體悔過，願爲弟子。長跪問曰："道人神變，聖達乃爾；有瑠璃城，堅固難踰；志明意定，永無憂[⑧]患。行何[⑨]

① 戴，録本訛作"載"，甲本訛同，據底本改。《黄帝内經素問》卷四："'戴眼'謂睛不轉而仰視也。"《景岳全書》卷四十五："戴眼證：凡痘瘡灌膿之後，或大汗大瀉之後，多有目睛上吊或露白者，謂之'戴眼'。此精氣爲膿血汗液所耗，乃太陽少陰真陰虧竭大虚之證。"《類經》卷十八："岐伯曰：'太陽之脉其終也，戴眼，反折，瘈瘲，其色白，絶汗乃出，出則死矣。''戴'者，戴於上也，謂目睛仰視而不能轉也。"

② 捨，此當爲"舍"之借字。該字乙本[T4n211p578b14]正作"舍"。該字甲本亦録作"舍"。

③ 即，《大正藏》録本脱，據底本補。

④ 捲，通"拳"。《史記·孫子吳起列傳》："夫解雜亂紛糾者不控捲，救鬬者不搏撠，批亢擣虚，形格勢禁，則自爲解耳。"司馬貞索隱："謂解雜亂紛糾者，當善以手解之，不可控捲而擊之。捲，即'拳'也。"該字甲本亦録作"拳"。

⑤ 見，底本、録本無，據乙本[T4n211p578b27]補。

⑥ 變，底本、録本無，據乙本[T4n211p578b29]補。

⑦ 卿，録本訛作"鄉"，甲本訛同，據底本改。

⑧ 憂，甲本誤作"尤"。

⑨ 何，甲本誤作"保"。

道德,致此神妙也?"道人答曰:"吾博學無厭,奉法不懈,精進持戒,慧不放逸,緣是得道,自到泥洹。"

於是道人因説偈言:

"多聞持堅固,奉法爲垣墻,精進難踰毁,從是戒慧成。

多聞令志明,已明[1]智慧增,智則博解義,見義行法安。

多聞能除憂[2],能以定爲歡,善説甘露法,自知得泥洹。

聞爲知法律,解疑亦見□(正)[3],從聞捨[4]非法,行至不死處。"

道人説偈已,現佛光相,洪暉赫奕,照耀天地。夫婦驚愕,精神戰懼,改怨洗心,頭腦打地,壞二十億惡,得須陀洹道。

① 明,甲本誤作"有"。

② 憂,甲本誤作"尤"。

③ 正,録本作缺文,底本實爲"正"之手體。乙本:"多聞能持故,奉法爲垣墻。精進難踰毁,從是戒慧成。多聞令志明,已明智慧增。智則博解義,見義行法安。多聞能除憂,能以定爲歡。善説甘露法,自致得泥洹。聞爲知法律,解疑亦見正。從聞捨非法,行到不死處。"[T4n211p578c7—c14]可資比勘。

④ 捨,甲本誤作"舍"。

No. 2919 佛母經

[題解]

中國人假託佛説所撰經典,又名《大般涅槃經佛母品》、《大般涅槃經佛爲摩耶夫人説偈品經》、《大般涅槃摩耶夫人品經》、《佛説佛母經》。作者不詳,一卷。此經是中國人以《摩訶摩耶經》卷下"佛臨涅槃母子相見"爲題材,糅以中國傳統的孝道和印度佛教的無常思想所撰的經典,對研究印度佛教在中國的流傳與變異具有重要價值。敦煌文獻中存有此經計 41 號。據李際寧的研究,本經在流傳過程中出現各種異本,大體可分成四類。(一)伯 2055b 號一件,首題"大般涅槃摩耶夫人品經",尾題"佛母經",首題下僞署"京安國寺大德安法師譯"。本系統的最大特點是在經的首尾增加了兩段情節:經首第一段是釋迦牟尼臨般涅槃將經律論付囑弟子事,另一段是釋迦牟尼臨般涅槃前阿難爲魔所迷、釋迦牟尼令文殊菩薩持咒解救事;經末段,敘述迦葉從雞足山趕往拘屍那國禮遇佛足事(見李際寧《敦煌疑僞經典〈佛母經〉考察》,《北京圖書館館刊》1996 年第 4 期)。(二)共有 2 號:以北敦 743(北 6628,月 43)爲代表,首殘尾全,卷尾題作"大般涅槃經佛母品";另有北敦 9188b(唐 9)號,首殘尾殘,僅存七行。本系統的最大特點是在六種夢兆上。(三)共有 15 號:斯 5865(首尾俱全)、斯 6960a(首殘尾全)、伯 3919a(首全尾殘)、北敦 3782(北 6625,霜 82,首殘尾全))、北敦 6815(北 6626,羽 15,首殘尾全)、北敦 7497(北 6624,官 97,首殘尾全)、北敦 7999(北 6627,文 99,首殘尾全)、俄 Дх00825(首殘尾殘)、俄 Дх. 2267(首殘尾殘)、俄 Дх. 3774(殘片)、俄 Дх. 4580(殘片)、俄 Дх. 4888(殘片)、俄 Дх. 11648(殘片)、羽 226(首殘尾全)、羽 293(首全尾殘,存 6 行),題作"佛母經"、"佛説佛母經"、"大般涅槃經佛母品"。(四)有 21 號:斯 1371(首尾俱全)、斯 2084a(首尾俱全)、斯 3306(首尾俱全)、斯 5215(首尾俱全)、斯 5581c(首尾俱全)、斯 5677b(首尾俱全)、斯 6367a(首尾俱全)、伯 3136a(首殘尾殘)、伯 4654+伯 4576(該兩號可綴合)、伯 4799(殘片,存 5 行)、北敦 2511(北 6629,歲 11,首尾俱全)、北敦 3781(北 8211,霜 81)、北敦 7390(北 6630,鳥 90,首尾俱全)、北敦 14644B(新 844,首殘尾殘,存 7 行)、俄 ф. 259(首殘尾全)、俄 Дх. 5940(殘片)、俄 Дх. 5899(殘片)、羽 93(首殘尾全)、甘博 096(首殘尾全)、上博 48(41379)(14)(首尾俱全),題作"佛母經"或"大般涅槃經佛母品"。本系統的最大特點是多出一段無常偈。另有俄 Дх. 2047(首殘尾殘)+俄 Дх. 2101(首殘尾殘)不明系統。李際寧曾對四個異本分别進行了校録(見方廣錩主編《藏外佛教文獻》第一輯,第 374—391 頁,宗教文化出版社 1995 年 12 月版)。各異本雖文字互有差異,但題材、結構、思想内容均相同。大體謂釋迦牟尼將入涅槃,遣優波離上忉利天給其母摩耶夫人送訊。摩耶夫人前此已有六種惡夢之凶兆,聞訊急忙下凡。其時釋迦牟尼已裝棺入斂。摩耶夫人繞棺悲號。釋迦從金棺現身,爲説無常偈。摩耶夫人返迴忉利天。天地震動,淚如雨下。在敦煌地區,此經被視爲消災薦福的要典。歷代經録中均未見著録,歷代大藏經亦未收,後被《大正藏》據斯 2084a 號録入其第八十五册,應屬於上述四類中的系統(四)部分。張小豔亦對此經進行了整理研究(張小豔《敦煌疑僞經四種殘卷綴合研究》,《敦煌研究》2016 年第 1 期),但誤將斯 6269 號《佛説如來成道經》收入系統(四)中。今校注仍以《大正藏》本所據原卷斯 2084a 號爲底本。新增校本:甲本,斯 1371 號;乙本,斯 3306 號;丙本,斯 5581c 號。"佛母經"三字,乙本作"佛母經一卷"(首有破殘),丙本作"佛説佛母經一卷"。

爾時世尊入般涅槃,倚卧雙[□][林]①,告諸大衆:"吾今[□□][背痛]②,欲般涅槃,不見阿難及吾迦葉。來時語言:'吾與汝不相見也。'"

即使憂波梨③往詣④刀⑤利天上:"告吾母知:舉身疼痛,不可思議。願母

① 林,底本、録本無,據甲、乙二本補。

② "背痛"二字底本、録本無,據甲本補。

③ 梨,丙本作"離"。

④ 詣,丙本作"藝"。

⑤ 刀,甲本作"忉"。

早來,礼敬三寶。"

爾時佛母於其中夜作六種惡夢:一者夢見須[□][弥][1]山崩;二者夢見四海枯竭;三者夢見五月下[2]霜;四者夢見寶幢[3]摧斫,幡花崩倒;五者夢見四火來燒我身;六者夢見兩乳自然流出。

爾時佛母説夢未訖,正見憂波梨從空而來。口問:"聖人從何方來,顏容顚頓,面色無光,狀似怯人?"

爾□(時)[4],憂波梨哽咽聲嘶,量(良)久[5]不語,告言:"佛母!佛母!我如來大師作(昨)[6]夜子時,捨大法身,入般涅槃。故遣[7]我來告請眷屬。"爾時佛母聞此語以,渾塠自摸(撲)[8],如須彌山崩;遍體血[9]現,如波羅奢花;悶絶躃地。時有二天女,將水噀之,量(良)久還惺。

爾時佛母將諸徒衆,恭敬圍遶,從刀[10]利天下,至娑羅雙樹間,正見如來殯斂以訖,唯有僧伽梨衣疊著棺邊,鉢盂、錫杖掛其樹上,有二師子自刭而死,十大弟子向天號哭。爾時佛母手携此物而作是言:"此是我子生存在日

---

① 須,録本誤作"珍",據底本改。"弥"字底本脱,據甲本補。

② 下,丙本作"降"。

③ "幢"字後底本及録本均有一"幡"字,當係涉下文"幡花崩倒"而誤書,今據甲本、丙本删。

④ 時,録本作缺文,據甲本補。

⑤ 繫聯文義,"量"當爲"良"之同音借字("量"字《廣韻·陽韻》一音吕張切,與"良"字同)。前一例中"量久不語"一語中"量"字斯 5677 正作"良",可證。又,底本下文:"爾時佛母聞此語以,渾塠自撲,如須彌山崩,遍體血現,如波羅奢花,悶絶躃地。時有二天女,將水噀之,量久還惺。"末句伯 3919 作"以冷水灑面,良久乃蘇","量"字亦作"良"。北 6624、北 6625、北 6626 諸卷"量"字均作"良",皆可證。斯 328《伍子胥變文》:"子胥行至潁水旁,渴乏饑荒難進路。遥聞空裏打沙聲,屈節斜身便即住。慮恐此處人相掩,撚脚攢形而映樹。量久穩審不須驚,漸向樹間偷眼覷。"亦其例。"量久"亦即"良久",義爲"很久"。下"量"字同,不復校。

⑥ 作,此當爲"昨"之形訛。該字甲本正作"昨",可助勘。

⑦ 遣,録本誤作"遺",今據底本及他卷改。

⑧ 摸,此當爲"撲"之訛俗字。該字甲本即作"撲",可資比勘。

⑨ 血,録本及底本誤作"而",今據甲、丙二本改。

⑩ 刀,甲本作"忉"。

持用此物化導衆生，此物今無主也。”爾時佛母遶棺三匝，卻住一面，𢩮(抆)淚[①]而言：“告言慈子：汝是我子，我是汝母。汝今入般涅槃，云何不留半偈之法？”

爾時如來聞母喚聲，金棺自開，卻坐千葉蓮花臺上，爲母說法：“世間苦空，諸行無常，是生滅法。生滅滅已，寂滅爲樂。”

爾時佛母聞此法以，心生歡喜，還歸本天。未至天所，住[②]立虛空，心生慈悲，嗚呼大哭。天地震動，淚下如雨。雲中百鳥，皆作哭聲。一切恩愛，會有別離；[一切江河，会有枯竭；一切丛林，会有摧折][③]。何期[④]如來□□(入般)[⑤]涅槃！[⑥]

大般涅槃經佛[母品][⑦]。

① 𢩮，録本訛作“悶”，兹據正。該字甲本作“惘”。“門”、“文”古音相轉，“𢩮”、“閔”、“惘”皆“抆”之借字。“抆淚”即擦拭眼淚。字亦作“抆”。《楚辭·九章·悲回風》：“孤子唫而抆淚兮，放子出而不還。”洪興祖補注：“抆，音‘吻’，拭也。”[漢]王褒《洞簫賦》：“故聞其悲聲，則莫不愴然累欷，擎涕抆淚。”[南朝·宋]謝靈運《折楊柳行》：“妻妾牽衣袂，抆淚沾懷抱。”例中“抆”字義亦同。

② 住，丙本作“佇”。

③ “一切江河……會有摧折”十六字録本脱，據底本、甲本補。

④ 期，録本及底本作“其”，今據甲、乙、丙三本改。

⑤ “入般”二字底本作缺文，今據甲、乙、丙三本補。

⑥ 此句下甲本有“王懷定”三字。

⑦ “母品”二字録本脱，據底本補。甲本結尾作“佛母經一卷”，丙本結尾作“佛説佛母經一卷”。

No. 2920 僧伽和尚欲入涅槃説六度經

[題解]

中國人所撰經典，又名《僧伽和尚經》，作者不詳，似爲僧伽和尚本人（僧伽和尚爲唐中宗時泗州普照王寺〔後更名爲普光王寺〕僧人，逝後被時人視爲佛陀供養），一卷。敦煌文獻中有斯 2565a（首全尾殘）、斯 2754（首全尾全）、伯 2217（首全尾全）、散 1563（情况不詳），共 4 號。經中以僧伽和尚自述的口吻，自稱已輪回世間無數劫，教化衆生，因閻浮提衆生多作惡業，不信佛法，故今欲入涅槃。以後像法世界滿，正法興時，與彌勒尊佛同時下生，共坐化城，救度善緣。自稱本居於東海，後至西方，教化衆生，號爲"釋迦牟尼佛"。又從西方胡國中來生於閻浮，涅槃後，舍利本骨願住泗州。經中謂："吾當度六種之人：第一度者，孝順父母，敬重三寶；第二度者，不殺衆生；第三度者，不飲酒食肉；第四度者，平等好心，不爲偷盗；第五度者，頭陀苦行，好修橋梁並諸功德；第六度者，憐貧念病，布施衣食，拯濟窮無。"歷代經録中均未見著録，歷代大藏經亦未收，後被《大正藏》據斯 2754 號録入其第八十五册。羅世平的《敦煌泗州僧伽經像與泗州和尚信仰》一文對僧伽和尚的生平、自唐以降僧伽經像的流傳作了詳盡的考察，指出："敦煌寫本《僧伽和尚經》則以佛經的形式，將民間對僧伽的信仰熱忱更推進一步，爲崇祀僧伽提供依據。……這部僞經的流傳，對唐宋及後代的宗教生活起著不可低估的作用。"（載自楊曾文、杜斗城主編《中國敦煌學百年文庫宗教卷（一）》，第 360 頁，甘肅文化出版社 1999 年第 1 版）今校注仍《大正藏》所據斯 2754 號爲底本。新增校本：甲本，伯 2217 號；乙本，斯 2565a 號。

吾告於閻浮提中善男子、善女人：吾自生閻浮爲大慈父，教化衆生，輪迴世間，經今無始曠劫，分身万億，救度衆生。爲見閻浮提衆生多造惡業，不信佛法，惡業者多，吾①不忍見，吾身便入涅槃。

舍利形像，遍於閻浮，引化衆生。以後像法世界滿、正法興時，吾與彌勒尊佛同時下生，共坐化城，救度善緣。元居本宅在於東海，是過去先世净土。緣爲衆生頑愚難化，不信佛法，多造惡業，吾離本處，身至西方，教化衆生，號爲"釋迦牟尼佛"。東國遂被五百毒龍陷爲大海，一切衆生沈在海中，化爲黿鼉魚鼈。吾身已後卻從西方胡國中來，生於閻浮，救度善緣佛性種子。吾見閻浮衆生遍境凶惡，自相吞食，不可開化，吾今遂入涅槃。

舍利本骨②，願住泗州。已後若有善男子、善女人慈心孝順，敬吾形像，長齋菜食，念吾名字，如是之人，散在閻浮。吾③愍見惡世力（刀）④兵競起，一切諸惡逼身，不得自在。吾後與彌勒尊佛下生本國，足踏海水枯竭，遂使諸天龍神、八部聖衆在於東海中心⑤修造化城，金銀爲壁，琉璃爲地，七寶爲殿。吾後至閻浮，與流佛法，唯傳此經，教化善緣六度弟子，歸我化城，免在閻浮受其苦難，悉得安穩，衣食自然，長受極樂。天魔外道，弱水隔之，不來爲害。吾當度六種之人：第一度者，孝順父母，敬重三寶；第二度者，不殺衆生；第三度者，不飲酒食肉；第四度者，平等好心，不爲偷盜；第五度者，頭陀苦行，好修橋梁並諸功德；第六度者，憐貧念病，布施衣食，拯⑥濟窮無。如此善道六度之人，吾先使百童子領上寶船，載過弱水，免使沈溺，得入化城。若不是吾六度之人，見吾此經，心不信受，毀謗正法，當知此人宿世罪根，身受惡報，或逢盜賊兵瘴而死，或被水火焚漂，或被時行惡病，遭官落獄。不善衆生皆受無量苦惱，死入地獄，無有出期，万劫不復人道。善男子、善女人書寫此經，志意受持，若逢劫水劫火、黑風天暗，吾放⑦無量光明，照汝因緣，俱來

① 吾，甲本無。
② 此下乙本脱。
③ 吾，底本無，録本據文意補。甲本正有"吾"字。
④ 力，此當爲"刀"之訛字，甲本正作"刀"。
⑤ "中心"二字甲本作"心中"。
⑥ 拯，録本訛作"極"，據底本及甲本改。
⑦ 放，録本訛作"故"，據底本及甲本改。

佛國,同歸化城,悉得解脱。

南無僧伽,南無僧禁吒,莎訶達多姪他耶,唵,跋勒攝,娑婆訶。

僧伽和尚經。

[恩會][1]

① “恩會”二字録本脱,據底本補。

字詞索引

(一) 語詞索引

A

C

D

F

G

(二) 俗字索引

L

M

N

P

W

X

Y

Z

徵引及參考文獻

一、古代傳世、出土典籍暨現當代著作

B

[1]《白居易文集校注》(全四册),唐白居易撰,中華書局 2011 年 1 月版

[2]《〈抱樸子·内篇〉校釋》(增訂本),王明撰,中華書局 2011 年 2 月版

[3] 秦公、劉大新編著《碑别字新編》(修訂本),文物出版社,2016 年 3 月第 1 版

[4]《北京大學藏敦煌文獻》(全二册),北京大學圖書館、上海古籍出版社編,上海古籍出版社 1995 年 11 月版

[5]《北齊書》(全二册),唐李百樂撰,中華書局 2003 年 7 月版

[6]《北史》(全十册),唐李延壽撰,中華書局 2003 年 7 月版

[7]《辨僞與存真:敦煌學論集》,榮新江著,上海古籍出版社 2010 年 3 月版

C

[8]《曾有西風半點香:敦煌藝術名物叢考》,揚之水著,生活·讀書·新知三聯書店 2012 年 1 月版

[9]《禪籍方俗詞研究》,雷漢卿,巴蜀書社 2010 年 11 月版

[10]《禪宗概要》,方立天撰,中華書局 2011 年 1 月版

[11]《陳國燦吐魯番敦煌出土文獻史事論集》,陳國燦,上海古籍出版社 2012 年 9 月版

[12]《重刊〈洛陽伽藍記·山濤論〉》,[北魏]楊衒之著、徐高阮校注,中

華書局 2013 年 7 月版

[13]《初唐佛典辭彙研究》,王紹峰撰,安徽教育出版社 2004 年 8 月版

[14]《出土文獻與古文字研究(第六輯)》(全二册),復旦大學出土文獻與古文字研究中心編,上海古籍出版社 2015 年 2 月版

[15]《楚辭補注》,宋洪興祖補注、白化文等校,中華書局 2015 年 1 月版

[16]《春秋左傳注》,楊伯峻校注本,中華書局 2009 年 10 月版

[17]《春秋左傳集解》(全五册),戰國左丘明撰,晋杜預集解,李夢生整理,鳳凰出版社 2010 年 9 月版

[18]《辭彙訓詁論稿》,王云路撰,北京語言文化大學出版社 2002 年 7 月版

[19]《詞詮》,楊樹達撰,中華書局 2004 年 7 月版

[20]《〈辭源〉研究論文集》,史建橋、喬永、徐從權著,商務印書館 2009 年 9 月版

D

[21]《大正新修大藏經》,大藏經刊行會編,臺北新文豐出版公司 1983 年 1 月修訂版

[22]《大藏經總目提要:文史藏》(全二册),陳士强著,上海古籍出版社 2008 年 4 月版

[23]《大藏經總目提要:經藏》(全三册),陳士强著,上海古籍出版社 2007 年 8 月版

[24]《大谷大學所藏敦煌古寫經》(全二册),大谷大學 1965—1972 年版

[25]《大谷文書集成》,小田義久主編,京都:法藏館,1984—2010 年版

[26]《大唐新語》,唐劉肅編,許德楠、李鼎霞校,中華書局 2004 年 5 月版

[27]《當代敦煌學者自選集·鄭阿財敦煌佛教文獻與文學研究》,鄭阿財著,上海古籍出版社 2011 年 10 月版

[28]《鄧文寬敦煌天文曆法考索》,鄧文寬著,上海古籍出版社 2010 年 12 月版

［29］《東漢碑刻復音詞研究》，劉志生著，巴蜀書社 2007 年 5 月版

［30］《東漢疑僞佛經的語言學考辨研究》，方一新等著，人民出版社 2012 年 5 月版

［31］《讀書雜誌》，清王念孫撰，徐煒君等校點，上海古籍出版社 2015 年 7 月版

［32］《杜詩詳注》（全五册），唐杜甫撰，清仇兆鼇注，中華書局 1979 年 10 月版

［33］《敦煌寶藏》（全一百四十卷），黄永武編，臺北新文豐出版公司 1981—1986 年版

［34］《敦煌本佛教靈驗記校注並研究》，楊寶玉著，甘肅人民出版社 2009 年 8 月版

［35］《敦煌本〈太玄真一本際經〉輯校》，葉貴良著，巴蜀書社 2010 年 12 月版

［36］《敦煌本太玄真一本際經思想研究》，黄昆威著，巴蜀書社 2011 年 11 月版

［37］《敦煌本〈太上洞玄靈寶無量度人上品妙經〉輯校》，葉貴良校，四川大學出版社 2012 年 3 月版

［38］《敦煌本堪輿文書研究》，關長龍著，中華書局 2013 年 1 月版

［39］《敦煌壁畫藝術與疑僞經》，殷光明著，民族出版社 2006 年 12 月版

［40］《敦煌表狀箋啓書儀輯校》，趙和平輯校，江蘇古籍出版社 1997 年 8 月版

［41］《敦煌邊塞文學研究》，邵文實著，甘肅教育出版社 2007 年 4 月版

［42］《敦煌變文校注》，黄征、張涌泉校注，中華書局 1997 年 5 月版

［43］《敦煌變文傳播研究》，胡連利著，人民出版社 2008 年 12 月版

［44］《敦煌變文的口頭傳統研究》，富世平著，中華書局 2009 年 11 月版

［45］《敦煌變文字義通釋》，蔣禮鴻著，浙江大學出版社 2016 年 10 月版

［46］《敦煌殘拾（繁體豎排版）》，中國書店出版社編，中國書店出版社 2009 年 6 月版

［47］《敦煌的借貸：中國中古時代的物質生活與社會，（法）童丕著，余

欣、陳建偉譯，中華書局2003年1月版

[48]《敦煌佛教經録輯校》(上下)，方廣錩輯校，江蘇古籍出版社1997年8月版

[49]《敦煌佛儒道相關醫書釋要》，李應存、史正剛著，民族出版社2006年12月版

[50]《敦煌佛教音樂文學研究》，李小榮著，福建人民出版社2007年9月版

[51]《敦煌佛教律儀制度研究》，湛如著，中華書局2011年1月版

[52]《敦煌佛經字詞與校勘研究》，曾良著，厦門大學出版社2010年11月版

[53]《敦煌佛典語詞和俗字研究——以敦煌古佚和疑僞經爲中心》，于淑健著，上海古籍出版社，2012年4月版

[54]《敦煌服飾文化研究》，竺小恩著，浙江大學出版社2011年6月版

[55]《敦煌賦匯》，張錫厚編，江蘇古籍出版社2003年2月版

[56]《敦煌古籍叙録》，王重民著，中華書局2010年11月版

[57]《敦煌古代體育圖録》，李重申等著，甘肅教育出版社2011年7月版

[58]《敦煌古代遊戲》，王義芝、胡同慶著，讀者出版集團、甘肅少年兒童出版社2012年7月版

[59]《敦煌講唱文學寫本研究》，(日)荒見泰史著，中華書局2010年3月版

[60]《敦煌劫餘録》，陳垣著，新文豐出版公司1985年版《敦煌叢刊初集》第3册

[61]《敦煌卷子》，臺北石門圖書公司1976年影印臺灣"中央圖書館"藏敦煌寫卷

[62]《敦煌歷史文化藝術》，聶鋒、祁淑虹著，甘肅人民出版社1996年12月版

[63]《敦煌蒙書研究》，鄭阿財、朱鳳玉編著，甘肅教育出版社2002年12月版

［64］《敦煌秘笈》（全九册），日本武田科學振興財團影印杏雨書屋藏（原羽田亨藏）敦煌文獻，大阪，2009 年 10 月—2013 年 3 月版

［65］《敦煌密教文獻論稿》，李小榮著，人民文學出版社，2003 年 7 月版

［66］《敦煌民俗：絲路明珠傳風情》，譚蟬雪著，甘肅教育出版社 2006 年 6 月版

［67］《敦煌民間結社研究》，孟憲實著，北京大學出版社 2009 年 4 月版

［68］《敦煌莫高窟北區石窟》（全三册），文物出版社 2004 年版

［69］《敦煌人物志》，李富華、姜德治等著，甘肅人民出版社 2008 年 11 月版

［70］《敦煌社會經濟文獻詞語論考》，張小豔著，上海人民出版社 2013 年 10 月版

［71］《敦煌石窟藝術研究》，段文傑著，甘肅人民出版社 2007 年 8 月版

［72］《敦煌石室地志殘卷考釋》，王仲犖著，中華書局 2007 年 11 月版

［73］《敦煌石窟造像思想研究》，賴鵬舉著，文物出版社 2009 年 8 月版

［74］《敦煌書儀語言研究》，張小豔著，商務印書館 2007 年 6 月版

［75］《敦煌俗字研究》，張涌泉著，上海教育出版社 1996 年 12 月版

［76］《敦煌俗字典》，黄征著，上海教育出版社 2005 年 5 月版

［77］《敦煌俗字研究》（第二版），張涌泉著，上海教育出版社 2015 年 12 月版

［78］《敦煌吐魯番本文選》，饒宗頤編，中華書局 2000 年 5 月版

［79］《敦煌吐魯番文書與唐史研究》，李錦繡著，福建人民出版社 2006 年 3 月版

［80］《敦煌吐魯番文書與唐代西域史研究》，劉安志著，商務印書館 2011 年 2 月版

［81］《敦煌·吐魯番社會經濟文獻辭彙研究》，黑維强著，民族出版社 2010 年 11 月版

［82］《敦煌文書學》，林聰明著，新文豐出版公司 1991 年 8 月版

［83］《敦煌文獻語言詞典》，蔣禮鴻主編，杭州大學出版社 1994 年 9 月版

[84]《敦煌文學叢考》,項楚著,上海古籍出版社 1991 年 4 月版

[85]《敦煌文獻字義通釋》,曾良著,厦門大學出版社 2001 年 3 月版

[86]《敦煌文獻叢劄》,曾良著,浙江古籍出版社 2010 年 5 月版

[87]《敦煌文獻與佛教研究》,李德龍著,中央民族大學出版社 2010 年 5 月版

[88]《敦煌文學文獻叢稿》(增訂本),伏俊璉著,中華書局 2011 年 7 月版

[89]《敦煌文獻名物研究》,杜朝暉著,中華書局 2011 年 12 月版

[90]《敦煌文獻·考古·藝術綜合研究:紀念向達先生誕辰 110 周年國際學術研討會論文集》,樊錦詩等編,中華書局 2011 年 12 月版

[91]《敦煌文獻服飾詞研究》,葉嬌著,中國社科出版社 2012 年 6 月版

[92]《敦煌西漢金山國文學考述》,顔廷亮著,甘肅人民出版社 2009 年 4 月版

[93]《敦煌西域文明與中國傳統文化叢書:唐代涉醫文學與醫藥文化》,郭樹芹著,人民出版社 2012 年 7 月版

[94]《敦煌西域文明與中國傳統文化叢書:洮岷花兒與西北民族民俗文化研究》,柯楊、武文著,人民出版社 2012 年 7 月版

[95]《敦煌西域文明與中國傳統文化叢書:甘肅儺文化研究》,胡穎等著,人民出版社 2012 年 7 月版

[96]《敦煌西域文明與中國傳統文化叢書:河西寶卷與敦煌文學研究》,慶振軒著,人民出版社 2012 年 7 月版

[97]《敦煌小説合集》,竇懷永、張涌泉著,浙江文藝出版社 2010 年 2 月版

[98]《敦煌寫本書儀研究》,趙和平著,臺北新文豐出版公司 1993 年 4 月版

[99]《敦煌寫卷〈春秋經傳集解〉校證》,李索著,中國社會科學出版社 2005 年 8 月版

[100]《敦煌寫經殘片》(全一册),北京師範大學出版社 2006 年版

[101]《敦煌寫本宅經葬書校注》,金身佳著,民族出版社 2007 年 1 月版

［102］《敦煌寫本宅經校録研究》，陳于柱著，民族出版社 2007 年 3 月版

［103］《敦煌寫本類書〈勵忠節鈔〉研究》，屈直敏著，民族出版社 2007 年 8 月版

［104］《敦煌寫本相書研究》，王晶波等著，民族出版社 2010 年 1 月版

［105］《敦煌寫本文獻學》，張涌泉著，甘肅教育出版社 2013 年 12 月版

［106］《敦煌新本六祖壇經》，楊曾文著，宗教文化出版社 2011 年 5 月版

［107］《敦煌行草集字與創作》，故宫博物院編，紫禁城出版社 2011 年 4 月版

［108］《敦煌學大辭典》，季羡林主編，上海辭書出版社 1998 年 12 月版

［109］《敦煌學研究論著目録》（1908—1997），鄭阿財、朱鳳玉主編，臺北漢學研究中心 2000 年 4 月版

［110］《敦煌學十八講》，榮新江著，北京大學出版社 2001 年 8 月版

［111］《敦煌學新論》，榮新江著，甘肅教育出版社 2002 年 9 月版

［112］《敦煌學通論》，劉進寶著，甘肅教育出版社 2002 年 9 月版

［113］《敦煌學概論》，姜亮夫著，北京出版社 2004 年 1 月版

［114］《敦煌學國際研討會論文集》，國家圖書館善本特藏部敦煌吐魯番學資料研究中心編，北京圖書館出版社 2005 年 3 月版

［115］《敦煌學・日本學：石塚晴通教授退職紀念論文集》，［日］石塚晴通編，上海辭書出版社 2005 年 12 月版

［116］《敦煌學・日本學：石塚晴通教授退職紀念論文集》，［日］石塚晴通編，上海辭書出版社 2005 年 12 月版

［117］《敦煌學與敦煌文化》，柴劍虹著，上海古籍出版社 2007 年 4 月版

［118］《敦煌道經寫本及辭彙研究》，葉貴良著，巴蜀書社 2007 年 10 月版

［119］《敦煌懸泉置〈四時月令詔條〉整理與研究》，黄人二著，武漢大學出版社 2010 年 8 月版

［120］《敦煌學術史：事件、人物與著述》，劉進寶著，中華書局 2011 年 2 月版

［121］《敦煌學研究文庫：百年來敦煌文學研究之考察》，朱鳳玉著，鄭

炳林、樊錦詩編，民族出版社 2012 年 5 月版

［122］《敦煌學與佛教雜稿》，白化文著，中華書局 2013 年 4 月版

［123］《敦煌學・日本學續編》，［日］石塚晴通編，上海辭書出版社 2013 年 11 月版

［124］《敦煌研究院學術文庫：敦煌吐蕃統治時期石窟與藏傳佛教藝術研究》，樊錦詩著，敦煌研究院編，讀者出版集團、甘肅教育出版社 2012 年 9 月版

［125］《敦煌遺書總目索引》，王重民、劉銘恕等編，商務印書館 1962 年 5 月版

［126］《敦煌遺書總目索引新編》，敦煌研究院編，施萍婷主撰稿，邰惠莉助編，中華書局 2000 年 7 月版

［127］《敦煌藝術宗教與禮樂文明》，姜伯勤著，中國社會科學出版社 1996 年 11 月版

［128］《敦煌音義匯考》，張金泉、許建平著，杭州大學出版社 1996 年 12 月版

［129］《敦煌語文叢説》，黄征著，臺北新文豐出版公司 1996 年 5 月版

［130］《敦煌語言文字學研究》，黄征著，甘肅教育出版社 2002 年 12 月版

［131］《敦煌願文集》，黄征、吴偉，岳麓書社 1995 年 11 月版

E

［132］《俄藏敦煌文獻》（全十七册），俄羅斯科學院東方研究所編，上海古籍出版社 1992 年 12 月—2001 年 9 月版

［133］《俄藏黑水城文獻》（全二十五册），上海古籍出版社 1996 年 12 月—2016 年 11 月版

［134］《俄藏敦煌契約文書研究》，乜小紅著，上海古籍出版社 2009 年 3 月版

［135］《俄藏黑水城漢文非佛教文獻整理與研究》（上、中、下册），孫繼民等著，北京師範大學出版社 2012 年 3 月版

［136］《二十世紀的敦煌學》，郝春文著，上海古籍出版社 2006 年 12

月版

[137]《二十二種大藏經通檢》,童瑋著,中華書局 1997 年 7 月版

[138]《二十世紀的近代漢語研究》,袁賓等編著,書海出版社 2001 年 12 月版

F

[139]《法藏敦煌西域文獻》(全三十四册),上海古籍出版社、法國國家圖書館編,上海古籍出版社 1995 年 10 月—2005 年 3 月版

[140]《法國敦煌學精粹》(共三册),耿升譯、鄭炳林編,甘肅人民出版社 2011 年 4 月版

[141]《方廣錩敦煌遺書散論》,方廣錩著,上海古籍出版社 2010 年 12 月版

[142]《傅斯年圖書館藏敦煌遺書》(全一册),方廣錩主編,臺北"中央研究院"歷史語言研究所 2013 年 12 月版

[143]《佛典與中古漢語辭彙研究》,朱慶之著,臺北:文津出版社 1992 年 7 月版

[144]《佛典疑僞經研究與考録》,王文顔著,臺北:臺北文津出版社 1997 年 4 月版

[145]《佛教典籍選刊:神會和尚禪話録》,楊曾文校,中華書局 1996 年 7 月版

[146]《佛教典籍選刊:法苑珠林校注》,唐釋道世著;周叔迦、蘇晋仁校注,中華書局 2013 年 12 月版

[147]《佛教靈驗記研究——以晋唐爲中心》,劉亞丁著,四川出版集團巴蜀書社 2006 年 7 月版

[148]《佛教藝術與敦煌學名著譯叢:涅槃和彌勒的圖像學》,宫治昭等著、敦煌研究院編,文物出版社 2009 年 8 月版

[149]《佛教語言闡釋——中古佛經辭彙研究》,顔洽茂著,杭州大學出版社 1997 年 11 月版

[150]《佛教與漢語史研究——以日本資料爲中心》,梁曉虹著,上海古籍出版社 2008 年 3 月版

［151］《佛經釋詞》，李維琦著，岳麓書社 1993 年 2 月版

［152］《佛經續釋詞》，李維琦著，岳麓書社 1999 年 3 月版

［153］《佛經詞語匯釋》，李維琦著，湖南師範大學出版社 2004 年 9 月版

［154］《佛經音義與漢語辭彙研究》，梁曉虹、徐時儀、陳五云著，商務印書館 2005 年 12 月版

［155］《佛經音義與漢字研究》，陳五云著，鳳凰出版社 2010 年 9 月版

［156］《佛經:敘事文學與唐代小説研究》，孫鴻亮著，人民出版社 2008 年 9 月版

［157］《佛祖統紀校注》（全三册），志盤著，上海古籍出版社 2012 年 11 月版

G

［158］《高僧傳》，梁代釋慧皎撰、湯用彤校注，中華書局 1992 年 10 月版

［159］《甘肅省藏敦煌文獻》（全六册），甘肅人民出版社 1999 年 9 月—12 月版

［160］《古代漢語學研究系列:浙藏敦煌文獻校録整理》（套裝全二册），黄征、張崇依著，上海古籍出版社 2012 年 6 月版

［161］《古籍修復與裝幀》，潘美娣著，上海人民出版社 2013 年 7 月版

［162］《古今字音對照手册》（新 1 版），丁聲樹編著，李榮參訂，中華書局 1981 年 10 月版

［163］《古文獻整理與古漢語研究》，吴金華著，江蘇古籍出版社 2001 年 10 月版

［164］《古文字詁林》（全十二册），李圃主編，上海教育出版社 1999 年 12 月—2004 年 10 月版

［165］《古文字譜系疏證》（全四册），黄德寬著，商務印書館 2007 年 5 月版

［166］《古文字與古文獻論集》，郭永秉著，上海教育出版社 2011 年 6 月版

［167］《關中隋唐佛教藝術研究》，白文著，陝西師範大學出版社 2012 年 12 月版

［168］《管錐編》，錢鍾書著，三聯書店 2007 年 12 月版

［169］《廣雅疏證》，清王念孫撰，江蘇古籍出版社 1984 年 4 月版

［170］《廣雅詁林》，徐復著，江蘇古籍出版社 1992 年 7 月版

［171］《郭在貽文集》，郭在貽著，中華書局 2002 年 5 月版

［172］《〈郭迻經音〉研究》，鄭賢章著，湖南師範大學出版社 2010 年 8 月版

［173］《國家圖書館藏敦煌遺書》（一百四十六册），北京圖書館出版社 2005 年 10 月—2012 年 5 月版

［174］《國家圖書館藏敦煌遺書研究論著目録索引（1900—2001）》，申國美編，北京圖書館出版社 2001 年 1 月版

［175］《國家哲學社會科學成果文庫：中國三階教史》，張總著，社會科學文獻出版社 2013 年 3 月版

［176］《國語》，戰國左丘明著，三國吴韋昭注，胡文波校，上海古籍出版社 2015 年 8 月版

H

［177］《郝春文敦煌學論集》，郝春文著，上海古籍出版社 2010 年 12 月版

［178］《韓愈集》，卞孝萱、張清華編選，鳳凰出版社 2014 年 10 月版

［179］《漢傳佛教因明研究》，鄭偉宏著，中華書局 2007 年 10 月版

［180］《漢晋遺簡識小七種》，陳槃著，上海古籍出版社 2009 年 11 月版

［181］《漢書》（全四册），漢班固撰，唐顔師古注，中華書局 2012 年 4 月版

［182］《漢唐佛寺文化史》（上、下），張弓著，中國社會科學出版社 1997 年 12 月版

［183］《漢魏晋南北朝碑誄文研究》，黄金明著，北京人民文學出版社 2005 年 3 月版

［184］《漢魏晋南北朝韻部演變研究》，羅常培著、周祖謨譯，中華書局 2007 年 6 月版

［185］《漢魏兩晋南北朝佛教史》（增訂本），湯用彤著，北京大學出版

社,2001 年 1 月版

[186]《漢魏六朝詩歌語言論稿》,王云路著,陝西人民教育出版社 1997 年 11 月版

[187]《漢魏六朝詩六種·曹子建詩注》,黄節校注,人民文學出版社 2008 年 3 月版

[188]《漢魏六朝漢文佛經標誌被動句研究》,安俊麗著,鳳凰出版社 2010 年 10 月版

[189]《漢文佛教大藏經研究》,李富華、何梅著,宗教文化出版社 2003 年 1 月版

[190]《漢譯佛典文體及其影響研究》,李小榮著,上海古籍出版社 2010 年 8 月版

[191]《漢語辭彙語法史論文集》,蔣紹愚著,商務印書館 2000 年 9 月版

[192]《漢語辭彙論稿》,韓陳其著,江蘇古籍出版社 2002 年 1 月版

[193]《漢語辭彙史新探》,汪維輝著,上海人民出版社 2007 年 12 月版

[194]《漢語大字典》(九卷本,第二版),漢語大字典編撰委員會編,四川出版集團、湖北長江出版集團、四川辭書出版社、崇文書局 2010 年 4 月版

[195]《漢語大詞典》(十四卷本,二十三册),羅竹風著,上海辭書出版社 2011 年 8 月版

[196]《漢語古文字字形表》,徐中舒主編,中華書局 2010 年 10 月版

[197]《漢語俗字研究》,張涌泉著,岳麓書社 1995 年 4 月版

[198]《漢語俗字叢考》,張涌泉著,中華書局 2000 年 1 月版

[199]《漢語俗字研究》(增訂本),張涌泉著,商務印書館 2010 年 1 月版

[200]《漢語同源字詞叢考》,殷寄明著,東方出版中心出版社 2007 年 1 月版

[201]《漢語言文字文獻學》,高尚榘著,社會科學文獻出版社 2007 年 12 月版

[202]《漢字古音手册》,郭錫良著,北京大學出版社 1986 年 11 月版

[203]《漢字源流》,曾憲通、林志强著,中山大學出版社 2011 年 3 月版

[204]《後漢書》(全十二册),南朝宋代范曄撰,中華書局 1965 年 5 月版

［205］《後漢書集解》（全二册），王先謙撰，中華書局 1984 年 2 月版

［206］《胡適學術代表作》（全三册），胡適著，安徽教育出版社 2007 年 1 月版

［207］《淮南鴻烈集解》（全二册），劉文典撰，中華書局 1989 年 5 月版

［208］《慧皎〈高僧傳〉研究》，紀贇著，上海古籍出版社 2009 年 3 月版

［209］《慧琳〈一切經音義〉研究》，姚永銘著，江蘇古籍出版社 2003 年 1 月版

J

［210］《集韻校本》（上中下），趙振鐸著，上海辭書出版社 2012 年 12 月版

［211］《季羡林文集》（第一卷至第二十四卷），季羡林著，江西教育出版社 1996 年 12 月版

［212］《甲骨文字詁林》（全四册），于省吾編，中華書局 1996 年 5 月版

［213］《甲骨文合集釋文》（共四册），胡厚宣編，中國社會科學出版社 2009 年 12 月版

［214］《蔣禮鴻集》，蔣禮鴻著，浙江教育出版社 2001 年 8 月版

［215］《校勘學概論》（增訂本），張涌泉、傅傑，江蘇教育出版社 2007 年 4 月版

［216］《晋書》（全十册），唐房玄齡等撰，中華書局 1974 年 11 月版

［217］《近代漢語研究概況》，蔣紹愚著，北京大學出版社 1994 年 11 月版

［218］《近代漢語探源》，江藍生著，商務印書館 2000 年 2 月版

［219］《近代漢語文獻整理與研究》，李申著，河北教育出版社 2002 年 12 月版

［220］《近代漢語辭彙論稿》，崔山佳著，巴蜀書社 2006 年 3 月版

［221］《近代漢語語法資料彙編》（唐五代卷），劉堅、蔣紹愚彙編，商務印書館 2007 年 6 月版

［222］《近代漢語語法資料彙編》（宋代卷），劉堅、蔣紹愚彙編，商務印書館 2007 年 6 月版

[223]《〈經典釋文〉匯校》,唐陸德明撰,中華書局 2006 年 7 月版

[224]《經典與歷史:敦煌道經研究論集》,劉屹編,人民出版社 2011 年 9 月版

[225]《景德傳燈録譯注》(全五册),北宋道原著,顧宏義注,上海書店出版社 2010 年 1 月版

[226]《舊唐書》(全十六册),後晋劉昫等撰,中華書局 1975 年 5 月版

[227]《舊學新知》,張涌泉著,浙江大學出版社 1999 年 12 月版

[228]《舊唐書辭彙研究》,張能甫著,巴蜀書社 2002 年 8 月版

[229]《居延敦煌漢簡出土遺址實地考察論文集》,張德芳、孫家洲編,上海古籍出版社 2012 年 1 月版

[230]《居延漢簡研究/摹廬叢著》,陳直著,中華書局 2009 年 6 月版

K

[231]《楷書部件演變研究》,梁春勝,綫裝書局 2012 年 12 月版

[232]《康熙字典》(標點整理本),漢語大詞典編纂處整理,上海辭書出版社 2008 年 8 月版

[233]《〈可洪音義〉研究》,韓小荆著,巴蜀書社 2009 年 10 月版

L

[234]《歷代避諱字彙典》,王彦坤著,中華書局 2009 年 7 月版

[235]《梁書》(全三册),唐姚思廉撰,中華書局 1973 年 5 月版

[236]《梁武帝蕭衍考略》,柏俊才著,上海古籍出版社 2008 年 12 月版

[237]《兩漢紀》(全二册),張烈點校,中華書局 2002 年 6 月版

[238]《林悟殊敦煌文書與夷教研究》,林悟殊著,上海古籍出版社 2011 年 12 月版

[239]《劉禹錫集箋證》(全三册),唐劉禹錫著、瞿蜕園箋證,上海古籍出版社 1989 年 10 月版

[240]《柳宗元集》(全四册),唐柳宗元著,中華書局 1979 年 10 月版

[241]《六臣注〈文選〉》,梁蕭統編,唐李善注,中華書局 2012 年 5 月版

[242]《六朝詩歌語詞研究》,王云路著,黑龍江教育出版社 1999 年 8 月版

［243］《龍龕手鏡》(高麗本)，遼釋行均編，中華書局 2006 年 4 月版

［244］《〈龍龕手鏡〉研究》，鄭賢章著，湖南師範大學出版社 2004 年 9 月版

［245］《魯國堯自選集》，魯國堯著，大象出版社 1999 年 7 月版

［246］《洛陽伽藍記校注》，北魏楊衒之(撰)著、范祥雍校，上海古籍出版社 2011 年 10 月版

［247］《論語正義》，清劉寶楠撰，中華書局 1990 年 3 月版

［248］《〈論衡〉與東漢佛典詞語比較研究》，胡敕瑞著，巴蜀書社 2002 年 11 月版

［249］《〈吕氏春秋〉新校釋》(全二册)，戰國吕不韋注，陳奇猷校釋，上海古籍出版社 2002 年 4 月版

［250］《旅順博物館藏敦煌本六祖壇經》，旅順博物館編，上海古籍出版社 2011 年 5 月版

［251］《旅順博物館藏敦煌本六祖壇經》(全一册)，上海古籍出版社 2011 年 4 月版

［252］《旅順博物館藏トルファン出土漢文仏典斷片選影》(旅順博物館藏新疆出土漢文佛經選粹)，旅順博物館、龍谷大學共編，京都:法藏館，2006 年 10 月版

M

［253］《鳴沙餘韻・解説篇》，矢吹慶輝著，岩波書店，昭和八年(1933)四月五日初版

［254］《墨子校注》(全二册)，吴毓江撰，孫啓治點校，中華書局 2006 年 2 月版

N

［255］《南齊書》(簡體字本)，梁蕭子顯撰，中華書局 2016 年 3 月版

［256］《南史》，唐李延壽撰，中華書局 2016 年 5 月版

［257］《寧可談敦煌》，寧可著、何兹全編，湖南少年兒童出版社 2011 年 7 月版

Q

[258]《齊民要術譯注》,繆啓愉、繆桂龍撰,上海古籍出版社 2009 年 3 月版

[259]《潛夫論箋校正》,漢王符著,清汪繼培箋、彭鐸校正,中華書局 1985 年 9 月版

[260]《切韻研究》(校訂本),邵榮芬著,中華書局 2008 年 12 月版

[261]《慶賀饒宗頤先生 95 華誕敦煌學國際學術研討會論文集》,中央文史研究院、敦煌研究院、香港大學饒宗頤學術館編,中華書局 2012 年 12 月版

[262]《全唐文》(套裝共十二册),清董誥等著,中華書局 1983 年 11 月版

[263]《全唐文補編》(上中下),陳尚君校,中華書局 2005 年 9 月版

[264]《全唐詩》(全二十五册),清彭定求等編著,中華書局 1960 年 4 月版

[265]《全宋詩》(全七十二册),北京大學古文獻研究所編,1999 年 12 月第 1 版

R

[266]《日本寧樂美術館藏吐魯番文書》,陳國燦、劉永增編,文物出版社 1997 年版

[267]《日本佛教史》(新版),楊曾文著,人民出版社 2008 年 6 月版

[268]《日本漢學史》,李慶著,上海人民出版社 2010 年 12 月版

[269]《日藏漢籍善本書録》(共三册),嚴紹璗著,中華書局 2007 年 4 月版

[270]《〈入唐求法巡禮行記〉辭彙研究》,董志翹著,中國社會科學出版社 2000 年 11 月版

[271]《入唐求法巡禮行記》,[日] 圓仁著,廣西師範大學出版社編,廣西師範大學出版社 2007 年 12 月版

S

[272]《三國志》(全五册),晉陳壽撰,中華書局 1982 年 7 月版

［273］《三井文庫别館藏品圖録敦煌寫經——北三井家》(全一册),便利堂 2004 年 1 月版

［274］《三危佛光:莫高窟的營建》,王惠民著,甘肅教育出版社 2007 年 12 月版

［275］《山海經校譯》,袁珂校譯,上海古籍出版社 1985 年 7 月版

［276］《上海博物館藏敦煌文獻》(全二册),上海古籍出版社 1993 年 6 月版

［277］《上海圖書館藏敦煌吐魯番文獻》(全四册),上海古籍出版社 1999 年 8 月版

［278］《盛世遺風:敦煌的民俗》,譚蟬切著,甘肅教育出版社 2008 年 9 月版

［279］《詩詞曲語詞彙釋》,張相著,中華書局 1985 年 9 月版

［280］《詩詞曲語辭例釋》(第二次增訂本),王鍈著,中華書局 2005 年 2 月版

［281］《詩集傳》,宋朱熹注,鳳凰出版社(原江蘇古籍出版社)2007 年 1 月版

［282］《十三經注疏》(上下),上海古籍出版社、上海世紀出版集團編,上海古籍出版社 1997 年 7 月版

［283］《史記》,漢司馬遷撰,中華書局 1982 年版

［284］《世説新語》,南朝宋代劉義慶撰,鳳凰出版社 2010 年 10 月版

［285］《〈世説新語〉校釋》,龔斌校釋,上海古籍出版社 2012 年 2 月版

［286］《〈世説新語〉箋疏》,余嘉錫箋疏,中華書局 2007 年 10 月版

［287］《説文通訓定聲》,清朱駿聲編著,中華書局 1984 年 6 月版

［288］《説文解字義證》(套裝上下册),清桂馥著,中華書局 1987 年 8 月版

［289］《説文釋例》,清王筠撰著,中華書局 1987 年 12 月版

［290］《説文解字系傳》,南唐徐鍇著,中華書局 1987 年 10 月版

［291］《説文解字注》,漢許慎撰,清段玉裁注,上海古籍出版社 1988 年 2 月第 2 版

［292］《説文解字》，漢許慎撰，宋徐鉉校訂，中華書局 1999 年 12 月版

［293］《説文古籀補三種(附索引)》，吴大澂、丁佛言、强運開輯，中華書局 2011 年 6 月版

［294］《説文與訓詁研究論集》，宋永培著，商務印書館 2013 年 2 月版

［295］《説苑校證》，漢劉向撰、向宗魯校證，中華書局 1987 年 7 月版

［296］《四庫全書總目》(上下)，清永瑢編，中華書局 1965 年 6 月版

［297］《斯坦因所獲吐魯番文書研究》(修訂本)，陳國燦著，武漢大學出版社 1997 年 1 月版

［298］《斯坦因第三次中亞考古所獲漢文文獻(非佛經部分)》(全二册)，沙知、吴思芳編，上海辭書出版社 2005 年 8 月版

［299］《宋書》(全八册)，梁沈約撰，中華書局 1974 年 10 月版

［300］《宋本廣韻》，北京市中國書店 1982 年 6 月版

［301］《隋唐佛教》，郭朋著，齊魯書社 1980 年 3 月版

［302］《隋唐佛教史稿》，湯用彤著，中華書局 2016 年 6 月版

T

［303］《太平御覽》，宋李昉等撰，中華書局 1985 年 10 月版

［304］《太平廣記》(套裝共十册)，宋李昉撰，中華書局 2011 年 12 月版

［305］《台東區立書道博物館圖録》(全一册)，二玄社 2004 年 3 月版

［306］《台東區立書道博物館所藏中村不折舊藏禹域墨書集成》(全三册)，日本文部科學省科學研究費特定領域研究(東ァジア出版文化の研究)総括班 2005 年 3 月發行

［307］《壇經譯注》，魏道儒譯，中華書局 2010 年 12 月版

［308］《唐代公文書研究》，中村裕一著，東京：汲古書院 1996 年 12 月版

［309］《唐後期五代宋初敦煌僧尼的社會生活》，郝春文著，中國社會科學出版社 1998 年 12 月版

［310］《唐會要》(全二册)，宋王溥撰，上海古籍出版社 2006 年 12 月版

［311］《唐禮摭遺——中古書儀研究》，吴麗娱著，商務印書館 2002 年 11 月版

［312］《唐宋注疏十三經》(全四册)，中華書局編輯部編，中華書局 1998

年 11 月版

[313]《唐宋筆記語辭匯釋》(第二次修訂本),王鍈著,中華書局 2014 年 6 月版

[314]《唐五代禪宗史》,楊曾文著,中國社會科學出版社,2006 年 11 月版

[315]《唐五代佛寺輯考》,李芳民著,商務印書館 2006 年 7 月版

[316]《唐五代佛典音義研究》,黃仁瑄著,中華書局 2011 年 3 月版

[317]《唐五代西北方音》,羅常培著,商務印書館 2012 年 2 月版

[318]《唐五代語言詞典》,江藍生、曹廣順著,上海教育出版社 1997 年 11 月版

[319]《唐語林校正》(全二册),宋王讜撰,周勳初校正,中華書局 2008 年 1 月版

[320]《唐五代韻書集存》,周祖謨著,中華書局 1983 年 7 月版

[321]《天津藝術博物館藏敦煌文獻》(全七册),上海古籍出版社、天津市藝術博物館編,上海古籍出版社 1996 年 6 月—1997 年 6 月版

[322]《天津文物公司藏敦煌寫經》(全一册),文物出版社 1998 年 10 月版

[323]《圖解中國著名佛教寺院》,張馭寰著,當代中國出版社 2012 年 7 月版

[324]《吐魯番出土文書》(全四册),唐長孺主編,文物出版社 1992 年 10 月版

[325]《吐魯番柏孜克裏克石窟出土漢文佛教典籍》(全二册),新疆維吾爾自治區吐魯番學研究院著,文物出版社 2007 年 10 月版

[326]《吐蕃統治河隴西域時期制度研究:以敦煌新疆出土文獻爲中心》,陸離著,中華書局 2011 年 3 月版

[327]《吐蕃統治河隴西域時期制度研究》,陸離著,民族出版社 2011 年 11 月版

W

[328]《王梵志詩校輯》,唐王梵志著,張錫厚校輯,中華書局 1983 年 10

月版

[329]《王梵志詩研究》(上、下),朱鳳玉著,臺灣學生書局 1986 年 8 月—1987 年 11 月版

[330]《王重民向達先生所攝敦煌西域文獻舊照片合集》30 册,國家圖書館出版社 2007 年 12 月版

[331]《王梵志詩校注》(增訂本),唐王梵志著、項楚注,上海古籍出版社 2010 年 6 月版

[332]《王梵志詩辭彙研究》,曹翔著,南京大學出版社 2013 年 12 月版

[333]《望山楚簡文字編》,程燕著,中華書局 2007 年 11 月版

[334]《魏晋南北朝碑别字研究》,陸明君著,文化藝術出版社 2009 年 1 月版

[335]《魏晋南北朝釋家傳記研究:釋寶唱與〈比丘尼傳〉》,劉飄著,岳麓書社 2009 年 8 月版

[336]《魏晋南北朝石刻文字》,郭瑞主編,南方日報出版社 2010 年 8 月版

[337]《魏晋南北朝史論集續編》,周一良著,北京大學出版社 1991 年 11 月版

[338]《魏晋南北朝史劄記》(補訂本),周一良著,中華書局 2015 年 1 月版

[339]《魏晋南北朝語詞例釋》,蔡鏡浩著,江蘇古籍出版社 1990 年 11 月版

[340]《魏晋隋唐殘墨》1 册,安徽美術出版社 1996 年 9 月版

[341]《文選》,梁蕭統編,唐李善注,中華書局 1997 年 11 月版

[342]《文史中國:世界的敦煌》,顧虹著,上海古籍出版社 2011 年 12 月版

[343]《〈文心雕龍〉譯注》,劉勰著,王運熙、周鋒譯注,上海古籍出版社 1998 年 4 月版

[344]《文字學概要》,裘錫圭著,商務印書館 2013 年 7 月版

[345]《吴震敦煌吐魯番文書研究論集》,吴震著,上海古籍出版社 2009

年 12 月版

X

[346]《小學名著六種》,中華書局編輯部編,中華書局 1998 年 11 月版

[347]《項楚敦煌語言文學論集》,項楚著,上海古籍出版社 2011 年 3 月版

[348]《新編訓詁學綱要》,孫永選、闞景忠編,齊魯書社 2007 年 12 月版

[349]《新編諸子集成》(全六十一册),譚戒甫等著、沈文倬等校,中華書局 2011 年 8 月版

[350]《新出吐魯番文書及其研究》,柳洪亮著,新疆人民出版社 1997 年 4 月版

[351]《新出魏晋南北朝墓誌疏證》,羅新、葉煒著,中華書局 2016 年 5 月版

[352]《新獲吐魯番出土文獻》(全二册),榮新江等主編,中華書局 2008 年 4 月版

[353]《新獲吐魯番出土文獻研究論集》,榮新江、李肖、孟憲實、沈衛榮編,中國人民大學出版社 2010 年 11 月版

[354]《〈新集藏經音義隨函録〉研究》,鄭賢章著,湖南師範大學出版社 2007 年 12 月版

[355]《新世紀敦煌學論集》,項楚、鄭阿財編,巴蜀書社 2003 年 3 月版

[356]《新唐書》,宋歐陽修等撰,中華書局 1975 年 2 月版

[357]《續禪宗編年史》,白石虎月著,酒井本店 1943 年版

[358]《續資治通鑒》(全十二册),清畢沅編,中華書局 2014 年 9 月版

[359]《玄應〈衆經音義〉研究》,徐時儀著,中華書局 2005 年 3 月版

[360]《玄奘年譜》,楊廷福撰,上海古籍出版社 2011 年 12 月版

[361]《學林》,宋王觀國撰,田瑞娟點校,中華書局 1988 年 1 月版

[362]《荀子集解》(全二册),清王先謙撰,中華書局 1988 年 9 月第 1 版

[363]《訓詁類稿》,董志翹著,四川大學出版社 1999 年 3 月版

[364]《訓詁問學叢稿》,王繼如著,江蘇古籍出版社 2001 年 1 月版

Y

［365］《鹽鐵論校注》(全二册)，王利器校注，中華書局 1992 年 7 月版

［366］《顔之推全集譯注》，張靄堂譯注，齊魯書社 2004 年 9 月版

［367］《顔氏家訓集解》(增補本)，王利器著，中華書局 2011 年 4 月版。

［368］《顔氏家訓》，檀作文譯注，中華書局 2016 年 2 月版

［369］《晏子春秋集釋》(增訂本)(套裝上下册)，吴則虞撰，國家圖書館出版社 2011 年 10 月版

［370］《一切經音義：三種校本合刊(套本上中下册)》，徐時儀校注，上海古籍出版社 2008 年 12 月版

［371］《一切經音義刻本用字研究》，王華權著，廣西師範大學出版社 2011 年 4 月版

［372］《疑難字考釋與研究》，楊寶忠著，中華書局 2005 年 3 月版

［373］《疑難字續考》，楊寶忠著，中華書局 2011 年 4 月版

［374］《疑經研究》，牧田諦亮著，臨川書店 2014 年 7 月版

［375］《藝文類聚》(全二册)，唐歐陽詢撰，汪紹楹校，上海古籍出版社 1999 年 5 月版

［376］《英藏敦煌文獻(漢文佛經以外部分)》(全十四册)，四川人民出版社 1990 年 9 月—1995 年 5 月版

［377］《英藏黑水城文獻》(全五册)，上海古籍出版社 2005 年 1 月—2010 年 6 月版

［378］《英藏敦煌醫學文獻圖影與注疏》，王淑民著，人民衛生出版社 2012 年 11 月版

［379］《英國國家圖書館藏敦煌遺書》(四十册)，方廣錩、吴芳思(英)主編，廣西師範大學出版社 2011 年 9 月—2014 年 8 月版

［380］《瀛涯敦煌韻輯》，姜亮夫著，浙江古籍出版社 1990 年 10 月版

［381］《庾子山集注》(全三册)，北周庾信撰，清倪璠注，中華書局 1980 年 10 月版

［382］《禹貢錐指》，清胡渭撰、鄒逸麟整理，上海古籍出版社 2013 年 11 月版

［383］《語文叢稿》，王鍈著，中華書局 2006 年 4 月版

［384］《語文叢稿續編》，王鍈著，中華書局 2013 年 3 月版

［385］《語言學文集——考證、義理、辭章》，魯國堯著，上海人民出版社 2008 年 7 月版

［386］《語言文獻論集》，蔣宗福著，巴蜀書社 2002 年 9 月版

［387］《元曲釋詞》，顧學頡、王學奇著，中國社會科學出版社 1990 年 10 月版

［388］《原本玉篇文字研究》，朱葆華著，齊魯書社 2004 年 9 月版

［389］《遠傳的衣缽：日本傳衍的敦煌佛教文學》，王曉平著，寧夏人民出版社 2005 年 6 月版

［390］《遊仙窟校注》，唐張文成著，李時人、詹緒左校，中華書局 2010 年 5 月版

［391］《云笈七籤》，宋張君房編，中央編譯出版社 2016 年 11 月版

Z

［392］《藏外佛教文獻》（1—16 輯），方廣錩著，北京宗教文化出版社 1995 年 12 月—2011 年 11 月版

［393］《早期漢譯佛經的來源與翻譯方法初探》，李煒著，中華書局 2011 年 11 月版

［394］《趙和平敦煌書儀研究》，趙和平著，上海古籍出版社 2011 年 3 月版

［395］《浙藏敦煌文獻》（全一册），浙江教育出版社 2000 年 7 月版

［396］《正續一切經音義》（日本獅谷白蓮社影印本，全五册），上海古籍出版社 1986 年 10 月版

［397］《鄭阿財敦煌佛教文獻與文學研究》，鄭阿財著，上海古籍出版社 2011 年 10 月版

［398］《中古的佛教與社會》，劉淑芬著，上海古籍出版社，2008 年 1 月版

［399］《中古敦煌佛教社會化論略》，馬德、王祥偉著，中國社會科學出版社 2010 年 3 月版

［400］《中古佛教僧官制度和社會生活》，謝重光著，商務印書館 2015 年 5 月版

［401］《中古漢語語詞例釋》，王云路、方一新，吉林教育出版社 1992 年 7 月版

［402］《中古及近代法制文書語言研究——以敦煌文書爲中心》，王啓濤著，巴蜀書社 2003 年 4 月版

［403］《中古近代漢語詞彙學》（上下），方一新著，商務印書館 2010 年 11 月版

［404］《中國藏黑水城漢文文獻》（全十册），國家圖書館出版社 2008 年 10 月版

［405］《中國禪宗史》，釋印順著，中華書局 2010 年 6 月版

［406］《中國敦煌學百年文庫・語言文字卷》，項楚、張涌泉主編，甘肅文化出版社 1999 年 1 月版

［407］《中國敦煌學論著總目》，樊錦詩、李國、楊富學著，甘肅人民出版社 2010 年 8 月版

［408］《中國佛教典籍選刊：五燈會元》（套裝上中下册），宋普濟著，中華書局 1984 年 10 月版

［409］《中國佛教典籍選刊：宋高僧傳》（上下册），讚寧著、范祥雍校，中華書局 1987 年 8 月版

［410］《中國佛教典籍選刊：大乘起信論校釋》，梁真諦校注，高振農編，中華書局 1992 年 4 月版

［411］《中國佛教典籍選刊：出三藏記集》，梁釋僧佑編，中華書局 1995 年 11 月版

［412］《中國佛教源流》，高振農著，九州出版社 2006 年 6 月版

［413］《中國佛教與傳統文化》，方立天著，中國人民大學出版社，2010 年 1 月版

［414］《中國佛教通史（學術版）》（共十五卷），賴永海編，鳳凰出版傳媒集團、江蘇人民出版社 2010 年 11 月版

［415］《中國佛教疑僞經綜録》，曹凌著，上海古籍出版社 2011 年 12

月版

[416]《中國佛教文化史》(全五册),孫昌武著,中華書局 2013 年 1 月版

[417]《中國古代標點符號發展史》,管錫華著,巴蜀書社 2002 年 10 月版

[418]《中國古代佛教文物》,隋璐、劉毅編,南開大學出版社 2010 年 7 月版

[419]《中國古代文學作品選》(先秦兩漢魏晋南北朝部分),鄧魁英主編,北京師範大學出版社 1987 年 4 月版

[420]《中國古書校讀法》,宋子然著,巴蜀書社 2004 年 8 月版

[421]《中國古佚書輯本目録解題》,孫啓治、陳建華撰,上海古籍出版社 2009 年 5 月版

[422]《中國國家圖書館藏敦煌遺書》(七册),江蘇古籍出版社 1999 年 4 月—2001 年 9 月版

[423]《中國國家圖書館藏敦煌遺書總目録・新舊編號對照卷》,方廣錩著,中國人民大學出版社 2013 年 4 月版

[424]《中國歷代文學作品選》,朱東潤主編,上海古籍出版社 2002 年 6 月版

[425]《中國文獻學》,張舜徽撰,上海古籍出版社 2011 年 12 月版

[426]《中國社會科學院敦煌學研究回顧與前瞻學術研討會論文集(繁體版)》,黄正建編,上海古籍出版社 2012 年 3 月版

[427]《中國書店藏敦煌文獻》(全一册),中國書店 2007 年 8 月版

[428]《中國寫本大藏經研究》,方廣錩著,上海古籍出版社 2006 年 12 月版

[429]《中國學術名著提要(宗教卷)》,陳士强編,復旦大學出版社 1997 年 4 月版

[430]《中華字海》,冷玉龍等編,中華書局、中國友誼出版公司 1994 年 9 月版

[431]《周紹良先生紀念文集》,白化文著,北京圖書館出版社 2006 年 8 月版

［432］《周書》（全三册），唐令狐德棻等撰，中華書局 1971 年 11 月版

［433］《周叔迦説佛》，周叔迦著，中華書局 2006 年 1 月版

［434］《朱鳳玉敦煌俗文學與俗文化研究》，朱鳳玉著，上海古籍出版社 2011 年 12 月版

［435］《著名中年語言學家自選集：項楚卷》，項楚著，安徽教育出版社 2002 年 4 月版

［436］《著名中年語言學家自選集・汪維輝卷》，汪維輝著，上海古籍出版社 2011 年 10 月版

［437］《著名中年語言學家自選集：張涌泉卷》，張涌泉著，上海古籍出版社 2011 年 12 月版

［438］《祝鴻熹漢語論集》，祝鴻熹著，中華書局 2003 年 4 月版

［439］《莊子集釋》（全三册），清郭慶藩撰、王孝魚點校，中華書局 2012 年 2 月版

［440］《資治通鑒》（全二十册），宋司馬光編著，元胡三省音注，中華書局 2012 年 3 月版

［441］《祖堂集》，南唐静筠二禪師編，上海古籍出版社 2011 年 12 月版

［442］《祖堂集校注》，張美蘭校注，商務印書館 2009 年 12 月版

［443］《〈祖堂集〉語法研究》，張美蘭著，商務印書館 2003 年 9 月版

二、已刊單篇論文

A

［1］《“阿練”與“練師”考釋》，楊君，《社科縱横》2003 年 8 月版

B

［2］《白話俗語詞研究的百年歷程》，徐時儀，《文獻》2000 年第 1 期

［3］《百年中古漢語辭彙研究述略》，王云路，《浙江大學學報》2001 年第 4 期

［4］《百年佛教疑僞經研究略述——以經録爲中心的考察》，張淼，《敦煌學輯刊》2008 年第 1 期

［5］《變文假借字譜》，張金泉，《杭州大學學報》1984 年增刊，古籍研究

所論文專輯

[6]《别本〈大目乾連冥間救母變文〉研究》,王繼如,《敦煌研究》,1998年第3期

[7]《"别紙"考釋》,陳静,《敦煌學輯刊》1999年第1期

[8]《北大藏D079號敦煌寫卷與莫高窟第100窟千佛圖像》,米德昉,《石河子大學學報》(哲學社會科學版)2015年04期

[9]《北京大學圖書館藏本〈諸文要集〉一卷研究》,王三慶,《慶祝吴其顯先生八秩華誕敦煌學特刊》,臺北文津出版社2001年版

C

[10]《常用詞歷時更替劄記》,汪維輝,《語言研究》1998年第2期

[11]《"承"有"聞"義補説》,汪維輝,《南京師範大學文學院學報》2003年第1期

[12]《重慶市圖書館館藏敦煌寫本殘卷〈大通方廣經〉考辨》,華海燕、袁佳紅,《重慶師範大學學報》(哲學社會科學版)2015年01期

[13]《出土文獻和學術方略》,董乃斌,《文藝研究》2001年第3期

[14]《初唐長安宗教宣傳與國家寺觀命名的儒家化趨向》,季愛民,《古代文明》2012年第3期

[15]《詞語考源疏解八則》,曾良,《厦門大學學報》1998年第4期

[16]《詞語考辨二則》,劉百順,《語言研究》2003年第2期

[17]《從語言文字的角度看敦煌文獻的價值》,張涌泉,《中國社會科學》2001年第2期

[18]《從敦煌書儀看中國中古社會》,陶冶,《絲綢之路》2010年第2期

[19]《從漢語文字學的角度看〈大正藏〉第八十五卷的研究價值》,于淑健,《魯東大學學報》2006年第1期

[20]《從漢語史角度看古籍注釋、校點例》,馮春田,《山東圖書館學刊》2010年第2期

[21]《從〈維摩詰經〉管窺同經異譯在辭彙發展中的重要地位》,江傲霜,《上饒師範學院學報》2006年第2期

[22]《〈傳法寶記〉的作者及其禪學思想》,王書慶、楊富學,《敦煌研究》

2006 年第 5 期

[23]《傳入日本的中國佛教疑僞經典》,京户慈光(日),《敦煌學輯刊》1996 年版

D

[24]《〈大目乾連冥間救母變文〉校議》,郭在貽、張涌泉、黄征,《安徽師範大學學報(人文社會科學版)》,1989 年第 1 期

[25]《〈大目乾連冥間救母變文並圖一卷並序〉的一個未見著録的節抄卷》,顔廷亮,《社科縱横》,1994 年第 4 期

[26]《大正藏經所收敦煌本勘同若干》,金山真瓜(日),《佛教學》1938 年第 4 期

[27]《〈大正新修大藏經〉第 85 卷——舊刊新評——〈敦煌文書發凡〉之一章》,左景權,《敦煌吐魯番文獻研究論集》(第 2 輯),北京大學出版社 1983 年版

[28]《〈大正新修大藏經〉評述》,方廣錩,載《聞思》,華文出版社,1997 年 3 月

[29]《〈大正新修大藏經〉平議二題》,顔洽茂,《漢語史學報》第 2 輯,上海教育出版社 2002 年版

[30]《〈大正新修大藏經〉疑難字例釋》,孫建偉,《青海師範大學學報》(哲學社會科學版)2016 年 04 期

[31]《大型字典編纂中與俗字相關的若干問題——〈漢語大字典〉中華字海〉讀後》,張涌泉,《中國社會科學》1997 年第 4 期

[32]《〈大藏經〉詞語劄記》,楊繼光,《長沙電力學院學報》(社科版)2003 年第 2 期

[33]《大力加强近代漢字的研究》,張涌泉,《浙江教育學院學報》2003 年第 6 期

[34]《〈大藏經〉斷句首創與致誤條陳——以〈出曜經〉爲例》,朱惠仙,《江西社會科學》2005 年版

[35]《〈大正藏〉本〈法華義疏〉校疑十七例——以 P. 2346 號爲對校本》,吴建偉,《圖書館雜誌》2010 年第 9 期

［36］《〈大正藏〉本〈佛説觀佛三昧海經〉校讀記》，王光輝、曾昭聰，《圖書館理論與實踐》2013 年 10 期

［37］《〈大正藏〉本〈梁皇懺〉標點校勘舉誤》，錢汝平，《圖書館理論與實踐》2007 年第 5 期

［38］《〈大正藏〉本〈妙法蓮華經釋文〉校勘十例》，陳源源，《合肥師範學院學報》2012 年 01 期

［39］《〈大正藏〉本〈優婆塞戒經〉校勘劄記》，劉顯，《蘭台世界》2012 年 18 期

［40］《〈大正藏〉阿含部佛教醫學簡述》，葉陽舸、李兆健，《上海中醫藥大學學報》2015 年 01 期

［41］《〈大正藏〉第八十五卷詞語輯釋》，于淑健，《敦煌研究》2004 年第 6 期

［42］《〈大正藏〉第八十五卷（敦煌卷）誤例淺析》，于淑健，《南京師大學報》2005 年第 2 期

［43］《〈大正藏〉第八十五卷字詞考辨》，于淑健，《哈爾濱工業大學學報》2005 年第 6 期

［44］《〈大正藏〉第八十五卷俗字誤校示例》，于淑健，《敦煌學研究》，首爾出版社 2006 年 4 月版

［45］《〈大正藏〉第八十五册注文舉誤》，于淑健，《説文學研究》第四輯，綫裝書局 2010 年 1 月版

［46］《〈大正藏〉譯經在漢語史上的語料價值》，安俊麗，《鹽城師範學院學報》（人文社會科學版）2009 年第 6 期

［47］《〈大正藏〉疑難字考釋（二）》，李國英，《古漢語研究》（哲學社會科學版）2015 年 02 期

［48］《〈大正藏〉疑難字考釋（三）》，李國英，《民俗典籍文字研究》2014 年 02 期

［49］《〈大正藏〉疑難字考釋（四）》，李國英，《勵耘語言學刊》2014 年 02 輯

［50］《〈大正藏〉中〈大明度經〉校勘劄記》，季琴，《淮北師範大學學報》

(哲學社會科學版)2012 年 05 期

[51]《大型字典單字釋義問題再議》,朱城,《語言研究》2006 年第 1 期

[52]《地藏菩薩十齋日》,張總整理本,方廣錩主編《藏外佛教文獻》第 7 輯,第 348—371 頁,宗教文化出版社,2000 年 6 月版

[53]《東漢六朝佛經詞語劄記》,方一新,《語言研究》2000 年第 2 期

[54]《東晋居士劉遺民形象的塑造》,徐文明,《蘇州大學學報》(哲學社會科學版)2012 年 04 期

[55]《讀〈藏外佛教文獻〉第一輯》,黄征、楊芳茵,《杭州大學學報》1998 年第 1 期

[56]《讀字典》,魯國堯,《社會掠影》2001 年第 1 期

[57]《〈敦煌碑銘讚輯釋〉補校舉隅》,姬慧,《重慶科技學院學報》(社會科學版)2010 年第 7 期

[58]《敦煌本〈持誦金剛經靈驗功德記〉綜論》,鄭阿財,《敦煌學》第 20 輯,1995 年版

[59]《敦煌本〈大智度論〉校正〈大正藏〉本廿八例》,劉顯,《中華文化論壇》2015 年 08 期

[60]《敦煌本〈道安法師念佛讚文〉探賾》,于淑健,《新疆大學學報(哲學・人文社會科學版)》2016 年第 5 期

[61]《敦煌本〈佛説父母恩重經〉研究》,張涌泉,《文史》1999 年第四輯

[62]《敦煌本〈佛説妙好寶車經研究〉》,蔡榮婷,項楚、鄭阿財主編《新世紀敦煌學論集》,巴蜀書社 2003 年 3 月版

[63]《敦煌本〈父母恩重經〉殘卷綴合研究》,張小豔,《安徽大學學報》哲學社會科學版,2015 年第 33 期

[64]《敦煌本〈普賢菩薩説證明經〉》,花庵,《香港佛教月刊》1967 年 6 月版

[65]《敦煌本〈首羅比丘經〉文本内容及其創作時代考》,楊梅,見於"人文學術的中國語境"學術研討會論文集,2006 年 9 月

[66]《敦煌本〈新菩薩經〉、〈勸善經〉、〈救諸衆生苦難經〉殘卷綴合研究》,張小豔,《復旦學報》社會科學版 2015 年第 6 期

［67］《敦煌本〈心王投陀經〉及〈法句經〉跋尾》，陳寅恪，原刊於 1939 年《歷史語言研究所集刊》，後載自楊曾文、杜斗城主編《中國敦煌學百年文庫宗教卷（四）》，第 9 頁，甘肅文化出版社 1999 年第 1 版

［68］《敦煌本〈盂蘭盆經讚述〉兩種辨正》，張小艷，《文獻》2014 年第 6 期

［69］《敦煌變文詞語校釋》，陳秀蘭，《古漢語研究》2002 年第 2 期

［70］《敦煌變文詞語瑣記》，江藍生，《語言研究》1985 年第 1 期

［71］《敦煌變文詞語雜釋》，張生漢，《語言研究》1996 年第 1 期

［72］《敦煌變文疑難俗語詞考釋》，楊小平，《宗教學研究》2010 年第 1 期

［73］《敦煌變文中的文字替代現象》，俞允海，《湖州師專學報》1988 年第 1 期

［74］《敦煌草書寫卷〈大乘起信論略述卷上〉考訂》，黄征，《南京師範大學文學院學報》，2003 年第 2 期

［75］《敦煌殘卷篇名考五則》，曾良、任西西，《藝術百家》2009 年第 2 期

［76］《敦煌出土〈要行捨身經〉》，牧田諦亮，收入西域文化研究會編《西域文化研究》第六，第 187 頁，京都：法藏館，1963 年版

［77］《敦煌道氤集〈御注金剛經宣演〉考》，平井宥慶（日），載自《印度學佛學研究》卷二十二・一，1973 年 12 月

［78］《敦煌佛教文獻部分寫卷的著録及定名問題》，蔣宗福，《宗教學研究》2006 年第 1 期

［79］《敦煌佛教疑僞經語言研究的價值》，于淑健，《藝術百家》2010 年 5 期

［80］《敦煌佛經詞語考釋》，景盛軒、徐之明，《貴州教育學院學報》（社會科學）2006 年第 1 期

［81］《敦煌佛經疑難字詞考辨三則》，張小艷，載自《出土文獻與古文字研究》第六輯，上海古籍出版社 2015 年 2 月版

［82］《敦煌古抄〈梁朝傅大士頌金剛經〉之考證和校訂》，陳祚龍，載自《國際漢學會議論文集》，1981 年 10 月，臺北

[83]《敦煌漢文禪籍研究略史》,田中良昭(日)著、楊富學譯,《敦煌學輯刊》1995 年第 1 期

[84]《敦煌曆書詞語考釋五則》,于正安,《求索》2010 年第 1 期

[85]《敦煌普賢信仰考論》,張子開,《山東大學學報》(社會科學版)2006 年第 4 期

[86]《敦煌社會經濟文獻詞語略考》,董志翹,《語文研究》2002 年第 3 期

[87]《敦煌社邑文書詞語補釋》,王建軍,《古籍整理與研究學刊》2007 年第 3 期

[88]《敦煌泗州僧伽經像與泗州和尚信仰》,羅世平,載自楊曾文、杜斗城主編《中國敦煌學百年文庫宗教卷(一)》第 360 頁,甘肅文化出版社 1999 年第 1 版)

[89]《敦煌俗别字新考(上)》,汪泛舟,《敦煌研究》2006 年第 1 期

[90]《敦煌俗文學中的别字異文和唐五代西北方音》,邵榮芬,《中國語文》1963 年第 3 期

[91]《敦煌俗語詞輯釋》,黄征,《語言研究》1994 年第 1 期

[92]《敦煌〈壇經〉寫本的代用字》,吴士田,《高等函授學報》(哲學社會科學版)2010 年第 2 期

[93]《敦煌、吐魯番文獻詞語考釋》,李占平、黑維强,《古籍整理研究學刊》2010 年第 1 期

[94]《敦煌僞經〈佛説三厨經〉研究》,李小榮,《戒幢佛學》2005 年第 1 期

[95]《敦煌僞經〈佛説要行捨身經〉考略——兼及與三階教的關聯》,于淑健,《宗教學研究》2015 年第 1 期

[96]《敦煌文牒詞語校釋》,劉敬林,《敦煌學輯刊》2003 年第 1 期

[97]《敦煌文史學術》,左景權,載自林聰明主編《敦煌叢刊二集》之 14,臺北新文豐出版股份有限公司,2000 年 8 月臺一版

[98]《敦煌文書類化字研究》,張涌泉,《敦煌研究》1995 年第 4 期

[99]《敦煌文獻辭彙研究法四題》,曾昭聰,《合肥師範學院學報》2010

年第 2 期

[100]《敦煌文獻詞語考釋五則》,曾良,《語言研究》2000 年第 4 期

[101]《敦煌文獻的寫本特徵》,張涌泉,《敦煌學輯刊》2010 年第 1 期

[102]《敦煌文獻斷代研究例》,張秀清,《古籍整理與研究學刊》2007 年第 3 期

[103]《敦煌文獻密宗信仰研究的開創之作——再讀〈敦煌密教文獻論稿〉》,張涌泉,《敦煌研究》2004 年第 2 期

[104]《敦煌文獻習見詞句省書例釋》,張涌泉,《浙江師範大學學報》(社會科學版)2011 年第 2 期

[105]《敦煌文獻語詞校釋叢劄》,施謝捷,《敦煌研究》1999 年第 4 期

[106]《〈敦煌文獻語言詞典〉指瑕》,蔣莉、楊小平,《四川文理學院學報》2010 年第 1 期

[107]《敦煌文獻中的佛教勸善詩》,朱鳳玉,載自白化文主編《周紹良先生紀念文集》第 509—511 頁,北京圖書館出版社 2006 年 8 月第一版

[108]《〈敦煌文獻字義通釋〉釋義商榷舉例》,葉貴良,《敦煌研究》2002 年第 3 期

[109]《敦煌小説整理研究百年:回顧與思考》,張涌泉,《文學遺産》2010 年第 1 期

[110]《敦煌寫卷中佛教偈頌歌讚的性質及其内容》,王志鵬,《敦煌研究》2006 年第 5 期

[111]《敦煌寫本殘卷〈大通方廣經〉考辨》,華海燕、袁佳紅,《圖書館學刊》2015 年 01 期

[112]《敦煌寫本的避諱特點及其對傳統寫本抄寫時代判定的參考價值》,竇懷永、許建平,《敦煌研究》2004 年第 4 期

[113]《敦煌寫本〈佛説八陽神咒經〉之疑僞析論》,鄭朝通,《東方人文雜誌》2005 年第 3 期

[114]《敦煌寫本〈佛説現報當受經〉初探》,釋長梵,《正觀雜誌》第十九期,2001 年 12 月 25 日

[115]《敦煌寫本概述》,[日]藤枝晃,《敦煌研究》1996 年第 2 期

［116］《敦煌寫本功德記釋録獻疑》，劉瑶瑶、楊曉宇，《蘭州大學學報》(社會科學版)2010 年第 2 期

［117］《敦煌寫本功德記讀校劄記》，楊曉宇，《甘肅社會科學》2010 年第 2 期

［118］《〈敦煌寫本功德記讀校劄記〉辨正》，付義琴、趙家棟，《圖書館理論與實踐》2013 年第 11 期

［119］《敦煌寫本解夢書語言文化校讀四則》，趙静蓮，《青海民族大學學報》(社會科學版)2010 年第 2 期

［120］《敦煌寫本邈真讚所見真堂及其相關問題研究——關於莫高窟供養人物畫像研究之一》，鄭炳林，《敦煌研究》2006 年第 6 期

［121］《敦煌寫本中的印沙佛禮儀》，侯錦郎(日)著，耿升譯，《中國敦煌吐魯番學會研究通訊》1986 年第 1 期

［122］《敦煌寫本中的〈地藏菩薩十齋日〉》，蘇遠鳴，載自《法國敦煌學精粹》(2)，第 390—423 頁，甘肅人民出版社 2011 年 4 月版

［123］《敦煌醫學文獻醫方篇疑難字詞考》，沈澍農，《南京中醫藥大學學報》(社會科學版)1999 年 12 月創刊號

［124］《敦煌遺書〈泉州千佛新著諸祖師頌〉研究》，李玉昆，《敦煌學輯刊》1995 年 6 月版

［125］《敦煌遺書中的佛教文獻及其價值》，方廣錩、許培玲，《西域研究》1996 年第 1 期

［126］《敦煌疑僞經〈佛母經〉考察》，李際寧，《北京圖書館館刊》1996 年版

［127］《敦煌疑僞經的語言問題——以〈普賢菩薩説證明經〉爲例》，鄭阿財，《敦煌吐魯番研究》第八卷，北京大學出版社 2005 年版

［128］《敦煌疑僞經四種殘卷綴合研究》，張小豔，《宗教學研究》2015 年第 4 期

［129］《敦煌疑僞經四種殘卷綴合研究》，張小豔，《敦煌研究》2016 年第 1 期

［130］《敦煌疑僞經三種殘卷綴合研究》，張小豔，《浙江大學學報》人文

社會科學版 2016 年第 3 期

[131]《敦煌疑僞經語料年代考察——以〈佛説現報當受經〉爲例》,邵天松,《漢語史學報》2012 年第 12 輯

[132]《敦煌已入藏佛教文獻簡目》,方廣錩,《敦煌研究》2006 年第 3 期

[133]《敦煌音義寫卷若干俗字重考》,鄭賢章,《敦煌研究》2003 年第 1 期

[134]《敦煌願文在漢語辭彙史上的研究價值》,曾良,《文獻》2000 年第 1 期

[135]《敦煌字詁——並、並、並考辨》,黄征,《南京師範大學文學院學報》2000 年第 4 期

[136]《敦煌宗教及其文化的世俗化和庶民化》,顏廷亮,《蘭州教育學院學報》2000 年第 2 期

E

[137]《俄敦 18974 號等字書碎片綴合研究》,張涌泉,《浙江大學學報》(人文社會科學版)2007 年第 3 期

[138]《20 世紀 80 年代以來中古漢語辭彙研究的回顧與反思》,史光輝,福州大學學報(哲學社會科學版)2004 年第 3 期

[139]《20 世紀的敦煌變文語言研究》,陳明娥,《敦煌學輯刊》2002 年第 1 期

[140]《20 世紀的唐代辭彙研究》,方一新,《浙江教育學院學報》2003 年第 6 期

[141]《20 世紀以來的兩漢辭彙研究綜述》,馬蓮,《南都學壇》(人文社會科學學報)2005 年第 6 期

F

[142]《翻譯佛經語料年代的語言學考察——以〈大方便佛報恩經〉爲例》,方一新,《古漢語研究》2003 年第 3 期

[143]《梵漢對音與中古音研究》,儲泰松,《古漢語研究》1998 年第 1 期

[144]《〈梵網經〉菩薩戒的特點及現代啓示》,夏德美,《法音》2014 年 03 期

[145]《佛典詞語零劄》,陳文傑,《古漢語研究》2002 年第 2 期

[146]《佛典詞語校釋七則》,王顯勇撰,《西部學刊》2013 年 10 期

[147]《佛典文獻辭彙研究的現狀與展望》,曾昭聰、劉玉紅,《暨南學報》(哲學社會科學版)2010 年第 2 期

[148]《佛教大藏經及其刻印述略》,劉俊熙,《上海大學學報》2000 年第 1 期

[149]《佛教對漢語文字辭彙的影響》,張箭,《成都大學學報》(社科版)2004 年第 2 期

[150]《佛教戒律文獻釋詞》,錢群英,《語言研究》2004 年第 2 期

[151]《佛教詞語對漢語的影響》,王領,《白城師範學院學報》2008 年第 1 期

[152]《佛經詞語考釋四則》,汪維輝,《浙江大學學報》2005 年第 5 期

[153]《佛經詞語釋義三則》,楊繼光,《古漢語研究》2006 年第 3 期

[154]《佛經詞語研究現狀綜述》,江傲霜,《涪陵師範學院學報》2006 年第 4 期

[155]《佛經釋詞再續(六則)》,李維琦,《古漢語研究》2001 年第 2 期

[156]《佛經字詞劄記六則》,曾良、李偉大,《文史》2013 年 04 期

[157]《〈佛説父母恩重經〉寫本與變相》,馬世長,引自《敦煌石窟研究國際討論會文集・石窟考古》,遼寧美術出版社 1990 年 10 月版

[158]《佛説妙好寶車經》,胡適,載自楊曾文、杜斗城主編《中國敦煌學百年文庫宗教卷(二)》第 37—38 頁,甘肅文化出版社 1999 年第 1 版

[159]《〈佛説如來成道經〉與〈降魔變文〉關係之研究》,李文潔、林世田,《敦煌學輯刊》2005 年第 4 期

[160]《〈佛説天地八陽神咒經〉辨析——兼談高昌回鶻佛教的社會文化意藴》,劉元春,《西域研究》1996 年第 1 期

[161]《〈佛説相好經〉校録補正》,張小豔,《敦煌學輯刊》2012 年 03 期

[162]《佛陀跋陀羅於中國華嚴宗、禪宗、净土宗貢獻新探》,周曉微,《宗教學研究》2015 年 03 期

[163]《傅大士和〈金剛經〉》,[日] 松崎清浩,載《宗學研究》第 24 號,

1982 年 3 月

[164]《傅大士研究》第八章《敦煌寫本〈梁朝傅大士頌金剛經〉》(第 249—293 頁),張勇,臺北法鼓文化事業股份有限公司,1999 年 1 月

G

[165]《〈高王觀世音經〉考析》,李小榮,《敦煌研究》2003 年第 1 期

[166]《古漢語詞義衍生途徑新説綜論》,宋亞云,《語言研究》2005 年第 1 期

[167]《古籍數位化視野中的〈大正藏〉與佛典整理》,方廣錩撰,《上海師範大學學報》(哲學社會科學版)2015 年 04 期

[168]《古籍整理的規範問題——以敦煌文獻爲中心》,黄征撰,《敦煌研究》2017 年第 2 期

[169]《古今字再論》,劉新春,《語言研究》2003 年第 4 期

[170]《關於〈大目乾連冥間救母變文〉一段唱詞的校釋》,項楚,《敦煌研究》,1992 年第 4 期

[171]《關於〈大正藏〉中"釋門應用文範"抄録訛誤的再研究》,李軍,《西藏大學學報》(社會科學版)2012 年 01 期

[172]《關於敦煌地區佛教及其文化的歷史進程》,顏廷亮,《蘭州教育學院學報》1999 年第 3 期

[173]《關於敦煌地區佛教及其文化的歷史進程(續)》,顏廷亮,《蘭州教育學院學報》1999 年第 4 期

[174]《關於敦煌地區早期宗教問題》,顏廷亮,《敦煌研究》2010 年第 1 期

[175]《關於日本龍谷大學所藏的敦煌本〈佛説齋法清净經〉》,陳祚龍,《海潮音》1984 年第 65 卷 4 月號

H

[176]《漢魏六朝時期標誌被動句式的並存與競争——基於〈大正藏〉語料的調查》,安俊麗,《内蒙古大學學報》2010 年第 6 期

[177]《漢文佛經詞語例釋》,鄭賢章,《語言科學》2006 年第 3 期

[178]《漢譯佛經誦讀方式的來源》,伏俊璉,《敦煌研究》2002 年第 2 期

[179]《漢譯佛經與傳統文獻詞語通釋二則》，何亞南，《古漢語研究》2000 年第 4 期

[180]《漢譯佛經中“臭穢”的特殊意義探討》，康振棟，《華南理工大學學報》2004 年第 1 期

[181]《〈漢語大字典〉釋義商兑》，周志鋒，《台州師專學報》1997 年第 4 期

[182]《〈漢語大字典〉的功臣——讀周志鋒著〈大字典論稿〉》，汪維輝，《古漢語研究》2001 年第 1 期

[183]《〈漢語大字典〉未識字考》，鄧福禄，《語言科學》2006 年第 5 期

[184]《〈漢語大詞典〉未收詞語舉隅》，朱惠仙，《浙江工業大學學報》2007 年第 2 期

[185]《〈漢語大詞典〉閱讀劄記》，譚代龍，《青海師範大學學報》2004 年第 1 期

[186]《漢語俗字的生成、應用、傳播》，陳寶勤，《語言文字應用》2005 年第 2 期

[187]《漢語俗字續考(之一)——利用文獻材料考釋俗字》，楊寶忠，《河北大學學報》2002 年第 1 期

[188]《漢語俗字新考》，張涌泉，《浙江大學學報》2005 年第 1 期

[189]《“捍勞”校釋匡正》，張涌泉、郭昊，《古漢語研究》2004 年第 1 期

[190]《“和尚”的語源及其形義的演變》，儲泰松，《語言研究》2002 年第 1 期

[191]《〈和菩薩戒文〉考論》，于淑健，《敦煌研究》2008 年第 1 期

[192]《〈慧琳音義〉與大型字書的編撰》，姚永銘，《嘉興高等專科學校學報》1998 年第 4 期

J

[193]《記敦煌寫本的佛經》，王重民，載自楊曾文、杜斗城主編《中國敦煌學百年文庫宗教卷(二)》，第 106 頁，甘肅文化出版社 1999 年第 1 版

[194]《季羡林與佛教研究》，方廣錩，《敦煌研究》2002 年第 1 期

[195]《“叫化”考源》，席嘉，《重慶大學學報》2005 年第 6 期

［196］《簡論同源詞和同源字》，張興亞，《殷都學刊》1996 年第 3 期

［197］《簡述漢魏六朝詩歌中的新詞及其分類》，王云路，《語言研究》1997 年第 2 期

［198］《簡述漢文佛典對梵文語法介紹及其對中國古代語法學發展的影響》，孫良明，《古漢語研究》1999 年第 4 期

［199］《近五十年來的中古漢語辭彙研究》，王啓濤，《四川師範大學學報》2003 年第 1 期

［200］《近二十年來敦煌文獻的收藏、整理與刊布》，夏生平，《敦煌研究》2008 年第 5 期

［201］《“經行”、“應時”與“前卻”》，李維琦，《古漢語研究》1997 年第 3 期

［202］《〈經律異相〉中的“匱惜”與“遺惜”》，曹嫄、張美蘭，《漢語史研究集刊》2016 年 01 期

［203］《〈經律異相〉(5—11 卷)校讀劄記》，趙家棟、董志翹，《南京師範大學文學院學報》2012 年 03 期

［204］《鳩摩羅什同支謙、竺法護譯經中語詞的比較(續)》，胡湘榮，《古漢語研究》1994 年第 3 期

［205］《“弖”字探源》，張涌泉，《古籍整理與研究學刊》1994 年第 1 期

K

［206］《考釋佛經中疑難詞語例説》，李維琦，《湖南師範大學社會科學學報》2003 年第 4 期

［207］《“口”、“嘴”辨析》，張薇，《語言教學與研究》2005 年第 2 期

L

［208］《〈楞伽師資記〉序》，胡適，載自楊曾文、杜斗城主編《中國敦煌學百年文庫宗教卷(四)》，第 170—171 頁，甘肅文化出版社 1999 年第 1 版

［209］《〈隸釋〉釋詞》，曾述忠、儲小昆，《語言研究》2005 年第 2 期

［210］《〈梁朝傅大士頌金剛經〉概述及頌文英譯》，衍空，係衍空法師 1994 年之“倫敦大學碩士學位論文”，未見出版

［211］《〈梁朝傅大士頌金剛經〉版本源流考述》，張勇，《敦煌文學論集》

(第403—426頁),四川人民出版社1997年12月版

[212]《六朝詞語考釋漫記》,方一新,《古漢語研究》2002年第1期

[213]《〈六度集經〉詞語例釋》,李維琦,《古漢語研究》1995年第1期

[214]《〈六度集經〉詞語訓釋三則》,彭小琴,《宗教學研究》2006年第1期

[215]《〈六度集經〉俗語詞例釋》,夏廣興,《上海師範大學學報》2002年第5期

[216]《六世紀的僞經與僧團整頓》,李静傑,《敦煌學輯刊》1997年第1期

[217]《〈龍龕手鏡〉闕失略論》,鄭賢章,《古漢語研究》2001年第4期

[218]《〈龍龕手鏡〉俗字叢考(一)》,鄭賢章,《古漢語研究》2004年第1期

[219]《〈龍龕手鏡〉未識俗字考辯》,鄭賢章,《語言研究》2002年第2期

[220]《〈龍龕手鏡〉疑難字考釋》,鄧福禄,《語言研究》2004年第3期

[221]《〈廬山遠公話〉校補》,郭在貽、黄征、張涌泉,《新疆文物》1988年4月版

[222]《論佛經訓詁方法》,張幼軍,《古漢語研究》2006年第2期

[223]《論傅大士〈金剛經頌〉》,張子開,《原學》1995年8月版

[224]《論〈説文〉俗字研究及其意義》,黄宇鴻,《河南師範大學學報》2002年第6期

[225]《論俗字研究與大型字典的編纂》,周志鋒,《辭書研究》1999年第3期

[226]《論體裁語言研究對辭書編纂的意義》,張小豔,《浙江大學學報》(人文社會科學版)2005年第5期

[227]《論異文在訓詁中的作用》,邊星燦,《浙江大學學報》1998年第3期

[228]《論中古漢語》,趙振鐸,《樂山師範學院學報》2001年第3期

[229]《略論避諱在古籍版本鑒定中的作用》,劉廣紅,《社科縱横(新理論版)》2007年第2期

［230］《略論漢文佛典異譯在漢語辭彙研究上的價值——以“小品般若”漢文異譯爲例》，胡敕瑞，《古漢語研究》2004 年第 3 期

［231］《略談漢文大藏經的編藏理路及其演變》，方廣錩，《世界宗教研究》2012 年第 01 期

M

［232］《“𡨴”字考》，張小豔，《語言研究》2003 年第 1 期

［233］《明清俗語詞考釋》，周志鋒，《古漢語研究》2004 年第 3 期

P

［234］《“壞(pī)”和“壞(huài)”》，張涌泉，《語文建設》2001 年第 12 期

［235］《〈譬喻經〉校讀條劄》，張國良，《内江師範學院學報》2015 年 11 期

［236］《評〈佛經續釋詞〉》，方一新、王云路，《語言研究》1999 年第 2 期

［237］《評〈漢語俗字研究〉》，蔣冀騁，《古漢語研究》1996 年第 4 期

Q

［238］《前涼寫本〈法句經〉及有關問題》，秦明智，《敦煌學輯刊》1982 年 3 月

R

［239］《日本漢籍古寫本俗字研究與敦煌俗字研究的一致性——以日本國寶〈毛詩鄭箋殘卷〉爲中心》，王曉平，《藝術百家》2010 年第 1 期

［240］《日本書道博物館藏〈法句譬喻經〉異文考釋四則》，梁紅燕，《齊齊哈爾大學學報》(哲學社會科學版)2012 年 03 期

S

［241］《〈三階佛法〉所屬系統淺議》，楊學勇，《文獻》2010 年第 1 期

［242］《僧伽和尚及遺書〈僧伽欲入涅槃説六度經〉有關問題考》，孫曉崗，《西北民族研究》1998 年第 2 期

［243］《删字符號卜與敦煌文獻的解讀》，張小豔，《敦煌研究》2003 年第 3 期

［244］《釋“弁”》，李家浩，《古文字研究》第一輯，中華書局，1979 年 8 月

［245］《釋慧净之生平與著作的參考資料小集——敦煌古抄内典雜記

之一》，陳祚龍，載自《敦煌學園零拾》(下)，臺灣商務印書館，1986 年版

［246］《〈釋名〉隱含語源綫索探繹》，陳建初，《古漢語研究》2007 年第 2 期

［247］《釋“輦”“輿”及其它》，閆豔，《藝術百家》2010 年第 2 期

［248］《矢吹慶輝與英藏敦煌文獻攝影》，王冀青，國家圖書館善本特藏部敦煌吐魯番學資料研究中心編《敦煌學國際研討會論文集》，第 296—319 頁，北京圖書館出版社 2005 年 3 月第 1 版

［249］《試論敦煌寫本類書的校勘價值——以〈勵忠節抄〉爲例》，張涌泉，《敦煌研究》2003 年第 2 期

［250］《試論敦煌佛經異文研究的價值和意義——以〈大般涅槃經〉爲例》，景盛軒，《敦煌研究》2004 年第 5 期

［251］《試論漢語俗字研究的意義》，張涌泉，《中國社會科學》1996 年第 2 期

［252］《試論〈齊民要術〉的語料價值》，汪維輝，《古漢語研究》2004 年第 4 期

［253］《試論審辨敦煌寫本俗字的方法》，張涌泉，《敦煌研究》1994 年第 4 期

［254］《試探魏晋南北朝時期凉州佛教發展興盛的原因》，李守杯，《黑龍江史志》2010 年第 3 期

［255］《〈世説新語〉疑難詞語考索》，董志翹，《古漢語研究》2007 年第 2 期

［256］《〈首都博物館藏敦煌吐魯番文獻經眼録〉補遺與考證》，邢鵬，《首都博物館論叢》2014 年第 28 期

［257］《〈首羅比丘見五百仙人並見月光童子經〉校録》，白化文，中國敦煌·吐魯番學會第三次年會論文，1998 年 8 月

［258］《〈首羅比丘經〉若干問題探索》，温玉成，《佛學研究》第 205—209 頁，1999 年第 8 期

［259］《〈首羅比丘經〉中月光童子形象的佛道淵源》，陳星宇，見《學理論》2014 年第 18 期，第 145—146＋153 頁

［260］《“雙”字小考》,張涌泉,《語文建設》2000 年第 3 期

［261］《説“蔔煞”》,張涌泉,《文獻》2010 年第 4 期

［262］《説“措大”》,江藍生,《語言研究》1995 年第 1 期

［263］《説“擋”》,張涌泉,《語文建設》2000 年第 4 期

［264］《俗語詞研究與古籍整理》,郭在貽,《社會科學戰綫》1983 年第 4 期

［265］《俗語詞研究與敦煌文獻的整理》,張涌泉,《文史》1998 年版

［266］《俗字考釋中的音韻問題——〈漢語俗字叢考〉讀後》,姚永銘,《語言研究》2000 年第 4 期

［267］《俗字研究的幾個問題》,姚永銘,《古漢語研究》2003 年第 3 期

［268］《俗字與古籍校勘七題》,曾良,《文獻》2007 年第 2 期

T

［269］《〈太平經〉詞語詮釋》,王云路,《語言研究》1995 年第 1 期

［270］《曇曠與敦煌寫本〈大乘百法明門論開宗義記〉的研究》,釋依昱,載自楊曾文、杜斗城主編《中國敦煌學百年文庫宗教卷(二)》第 400 頁,甘肅文化出版社 1999 年第 1 版

［271］《談早期漢譯佛經在大型語文辭書編纂方面的價值——以東漢支婁迦讖譯〈道行般若經〉爲例》,史光輝,《浙江學刊》2003 年第 5 期

［272］《唐代法照“五會念佛”的藝術特徵》,代巨集,《交響》(西安音樂學院學報)2015 年 04 期

［273］《唐代墓誌語詞考釋》,羅維明,《古漢語研究》1995 年第 4 期

［274］《唐宋敦煌世俗佛教的經典及其功用》,李正宇,《蘭州教育學院學報》1999 年第 1 期

［275］《唐五代詞語考釋》,董志翹,《古漢語研究》2000 年第 1 期

［276］《〈唐宋筆記語辭匯釋〉研究特色述略》,袁本良,《貴州大學學報》2004 年第 6 期

［277］《唐宋詩詞釋詞二則》,曹海東,《語言研究》2006 年第 1 期

［278］《唐五代韻書與敦煌文獻的解讀》,張小豔,《敦煌研究》2008 年第 5 期

[279]《"停騰"辨》,黄大祥,《敦煌研究》2004 年第 5 期

[280]《同形詞與漢語辭彙史研究》,姚永銘,《古漢語研究》2006 年第 2 期

W

[281]《晚唐五代宋初敦煌佛教信仰特點初探》,党燕妮,《世界宗教研究》2007 年第 2 期

[282]《〈王梵志詩校輯〉讀後記》,潘重規,《敦煌學》1985 年版

[283]《〈王梵志詩校輯〉商榷》,蔣紹愚,《北京大學學報》1985 年第 5 期

[284]《王梵志詩"阿你"釋義商兑——兼論王梵志詩異文整理之不足》,曹翔,《中華文化論壇》2010 年第 1 期

[285]《魏晉南北朝佛經詞釋》,顔洽茂,《杭州大學學報》1996 年第 1 期

[286]《魏晉南北朝文詞語劄記》,陳秀蘭,《語言研究》2003 年第 3 期

[287]《魏晉南北朝小説語詞校釋劄記》,方一新,《杭州師範學院學報》2000 年第 1 期

[288]《〈魏書〉俗語詞輯釋》,黄征,《語文研究》2003 年第 2 期

[289]《五十年來的漢語俗字研究》,陳建裕,《平頂山師專學報》1999 年第 3 期

X

[290]《"細供"考》,盛朝暉,《敦煌學輯刊》1996 年第 2 期

[291]《〈賢愚經〉語詞劄記》,鄭賢章、漆灝,《古漢語研究》2005 年第 1 期

[292]《〈降魔變文〉校注商補》,俞曉紅、詹緒左,《安徽師範大學學報》(人文社會科學版)2010 年第 1 期

[293]《"殍"字考辨》,葉貴良,《語言研究》2004 年第 3 期

[294]《"心"旁誤作"辵(辶)"旁例釋》,張小豔,《古漢語研究》2004 年第 2 期

[295]《新編佛經詞典初論》,蔣冀騁,《語言研究》2003 年第 1 期

[296]《新校重訂敦煌古抄〈和菩薩戒文〉》,陳祚龍,《敦煌學園零拾》(下册),臺灣商務印書館印行,民國七十五年(1986)五月初版

［297］《〈新菩薩經〉、〈勸善經〉、〈救諸衆生一切苦難經〉校録及流傳背景之探討》，圓空，《敦煌研究》1992 年第 1 期

［298］《〈新菩薩經〉、〈勸善經〉背後的疾病恐慌——試論唐五代主要疾病種類》，于賡哲，《南開學報》2006 年第 5 期

［299］《〈新菩薩經〉、〈勸善經〉、〈救諸衆生一切苦難經〉的紀年分布考察——以敦煌寫經爲例》，張秀清，《黑龍江史志》，2010 年第 18 期

［300］《〈興起行經〉語詞劄記》，方一新，《福州大學學報》2000 年第 1 期

［301］《訓詁學與漢語史研究》，董志翹，《語言研究》2005 年第 2 期

Y

［302］《藥師如來本願經疏》，伍小劼，方廣錩主編《藏外佛教文獻》第 16 輯，第 176—254 頁，宗教文化出版社，2011 年第 11 月版

［303］《研究敦煌俗字應注意的幾個問題》，張涌泉，《杭州師範學院學報》1995 年第 4 期

［304］《幽靈的節日——中國中世紀的信仰與生活》，［美］太史文著、侯旭東譯，浙江人民出版社，1999 年版

［305］《1949 年前敦煌文學的收集、著録和整理》，吴光正、曹金鐘，《學術交流》2005 年第 1 期

［306］《疑僞經典和佛教藝術探例》，張總，見敦煌研究院編《2000 年敦煌學國際學術討論會文集——紀念敦煌藏經洞發現暨敦煌學百年・石窟藝術卷》，甘肅民族出版社 2003 年 9 月版

［307］《以可洪〈隨函録〉考漢語俗字（續）》，鄭賢章，《古漢語研究》2007 年第 1 期

［308］《映照安史之亂的唐代民間彌勒信仰實物——敦煌寫本〈救諸衆生一切苦難經〉新探》，張子開、張琦，《西南民族大學學報》（人文社科版）2009 年第 1 期

［309］《御注〈金剛般若波羅蜜經〉宣演》卷上，定源整理本，載自方廣錩主編《藏外佛教文獻》第十五輯，中國人民大學出版社 2010 年 8 月版

［310］《月光明王出世信仰及敦煌寫卷〈首羅比丘經〉借明王以聚衆抗胡的思想研究》，蕭登福，《敦煌學》第 27 輯，第 347—366 頁，2008 年 2 月版

[311]《"云雨"漫筆》,王云路,《古漢語研究》2000 年第 3 期

Z

[312]《〈雜寶藏經〉詞語隨劄》,夏廣興,《蘇州鐵道師範學院學報》(社會科學版)2002 年第 2 期

[313]《〈讚僧功德經〉校録並解説》,周紹良,《敦煌學吐魯番學研究論文集》,上海漢語大詞典出版社 1990 年版

[314]《早期佛典詞語雜俎》,陳文傑,《宗教學研究》1999 年第 2 期

[315]《早期漢譯佛經與中古漢語詞語溯源》,曹小雲,《合肥師範學院學報》2010 年第 4 期

[316]《中古阿含部佛經詞語例釋》,黄優良,《泉州師範學院學報》2005 年第 5 期

[317]《中土佛教文獻詞語零劄》,董志翹,《南京師大學報》2004 年第 5 期

[318]《中古佛經詞語與辭書書證溯源》,曾昭聰、朱惠仙,《台州學院學報》2003 年第 2 期

[319]《中古佛經中的字序對换雙音詞舉例》,曾昭聰,《古漢語研究》2005 年第 1 期

[320]《中古佛經中的委婉語考析》,曾昭聰,《廣州大學學報》2005 年第 2 期

[321]《中古漢語辭彙研究綜述》,王云路,《古漢語研究》2003 年第 2 期

[322]《中古漢語詞義求證法論略》,方一新,《浙江大學學報》2002 年第 5 期

[323]《中古漢語詞語考釋三論》,宋聞兵,《寧波大學學報》2005 年第 3 期

[324]《中古律部漢譯佛經語詞劄記》,張建勇,《中國海洋大學學報》(社會科學版)2005 年第 6 期

[325]《字海釋疑鑄新篇——讀楊寶忠〈疑難字考釋與研究〉》,張涌泉、張小豔,《古漢語研究》2007 年第 1 期

[326]《字形的演變與用法的分工》,張涌泉,《古漢語研究》2008 年第

4 期

[327]《專書辭彙研究三維方法論》,車淑婭,《天津大學學報》(社會科學版)2005 年第 2 期

[328]《籀讀敦煌古抄〈釋家勸化愚頑經〉以後》,陳祚龍,《海潮音》1984 年第 65 卷 4 月號

三、學位論文、出站報告

B

[1]《〈北京大學圖書館藏敦煌文獻〉俗字研究》,陶美玲撰,南開大學碩士學位論文,2014 年 5 月

[2]《北圖藏敦煌漢文寫經〈金光明經〉異文研究》,高静怡撰,廣西大學碩士論文 2013 年 6 月

C

[3]《禪宗語言研究》,張勝珍撰,南開大學博士學位論文,2005 年 4 月

D

[4]《〈大正藏〉第八十五卷録文考訂及語言研究》,于淑健撰,南京師範大學碩士論文,2003 年 6 月

[5]《〈大正藏〉第八十五卷(敦煌卷)研究》,于淑健撰,南京師範大學博士論文,2006 年 6 月

[6]《〈大正藏〉音注研究》,陽欣撰,廣西師範大學碩士學位論文,2002 年 2 月

[7]《〈大莊嚴論經〉辭彙研究》,漆灝撰,湖南師範大學碩士學位論文,2005 年 4 月

[8]《道安疑僞經判别標準研究》,李素潔撰,上海師範大學碩士學位論文,2007 年 4 月

[9]《道宣文獻語彙研究》,王紹峰撰,四川大學博士後研究工作報告,2004 年 6 月

[10]《東漢佛經辭彙研究》,史光輝撰,浙江大學博士學位論文,2001 年 5 月

[11]《敦煌〈八陽經〉漢文寫本考》,羅慕君撰,浙江師範大學碩士論文 2015 年 5 月

[12]《敦煌本〈大乘無量壽經〉寫本考暨俗字匯輯》,左麗萍撰,浙江師範大學碩士論文 2014 年 6 月

[13]《敦煌本〈大智度論〉寫本考》,郭曉燕撰,浙江師範大學碩士論文 2015 年 5 月

[14]《敦煌本道液〈净名經〉疏解二種異文研究》,趙丹撰,浙江師範大學碩士論文 2013 年 5 月

[15]《敦煌本〈法華經〉注疏研究》,吴建偉撰,上海師範大學碩士論文 2012 年 4 月

[16]《敦煌本〈佛頂尊勝陀羅尼經〉寫本考暨俗字匯輯》,楊楊撰,浙江師範大學碩士論文 2015 年 5 月

[17]《敦煌本〈老子〉俗字研究》,嚴燕汝撰,南京師範大學碩士論文 2012 年 5 月

[18]《敦煌本斯 4155、斯 415 與斯 2221〈金光明經〉整理與研究》,袁廣香撰,湖南師範大學碩士論文 2013 年 5 月

[19]《敦煌本斯 6772、斯 2025、斯 0686〈維摩詰所説經〉整理與研究》,姚瑶撰,湖南師範大學碩士論文 2013 年 5 月

[20]《敦煌本王梵志詩異文研究》,張娜撰,哈爾濱師範大學碩士論文 2015 年 6 月

[21]《敦煌本〈維摩經〉注疏叙録》,曾曉紅撰,上海師範大學碩士學位論文,2008 年 2 月

[22]《敦煌本〈維摩詰經〉異文研究》,張瑞蘭撰,浙江師範大學碩士論文 2013 年 4 月

[23]《敦煌本〈藥師琉璃光如來本願功德經〉寫本考》,劉豔紅撰,浙江師範大學碩士論文 2015 年 5 月

[24]《敦煌本〈瑜伽師地論〉寫本考》,徐鍵撰,浙江師範大學碩士論文 2014 年 5 月

[25]《敦煌本〈正法念處經〉寫本考和異體字研究》,劉騰撰,浙江師範

大學碩士論文 2014 年 5 月

[26]《敦煌變文唱詞代詞研究》,李敏撰,山西師範大學碩士論文 2014 年 5 月

[27]《敦煌變文名物研究》,張春秀撰,南京師範大學博士論文 2013 年 11 月

[28]《敦煌變文三考》,張芷萱撰,四川師範大學碩士論文 2015 年 5 月

[29]《敦煌變文同素異序詞研究》,韓茜撰,西北大學碩士學位論文,2009 年 6 月

[30]《敦煌變文同義連文研究》,吴盼撰,杭州師範大學碩士論文 2013 年 5 月

[31]《敦煌變文中的教化思想研究》,伊昕舟撰,山東師範大學碩士論文 2013 年 6 月

[32]《敦煌變文中"了"的語法化考察》,宋新宇撰,山東大學碩士論文 2013 年 5 月

[33]《敦煌禪宗文獻研究》,蔣宗福撰,四川大學博士學位論文,2002 年 10 月

[34]《敦煌〈大寶積經〉寫本考暨異體字匯輯》,邱湘撰,浙江師範大學碩士論文 2014 年 5 月

[35]《敦煌大姓與前凉、西凉政治》,許世紅撰,西北師範大學碩士論文 2015 年 5 月

[36]《敦煌〈梵網經〉寫本考暨俗字匯輯》,孟雪撰,浙江師範大學碩士論文 2014 年 6 月

[37]《敦煌佛經感應記研究:以〈普賢菩薩説證明經〉、〈金光明經〉、〈金剛經〉爲研究範圍》,何慧麗撰,臺灣國立政治大學碩士學位論文,1985 年度

[38]《敦煌漢簡用字研究》,王姣撰,西北師範大學碩士論文 2014 年 5 月

[39]《敦煌及西北地方出土的竹木筆研究》,周蓓娜撰,浙江大學碩士論文 2012 年 5 月

[40]《敦煌類書〈勵忠節鈔〉用字研究》,彭婷婷撰,南京師範大學碩士

論文 2012 年 5 月

[41]《敦煌〈楞嚴經〉寫本考暨俗字匯輯》，康小燕撰，浙江師範大學碩士論文 2014 年 4 月

[42]《敦煌三卷本〈王梵志詩集〉辭彙研究》，秦潔撰，揚州大學碩士論文 2012 年 4 月

[43]《敦煌民間詩歌辭彙研究》，劉昊撰，浙江師範大學碩士論文 2012 年 4 月

[44]《敦煌社邑轉貼的定年與紀年方式略論》，吴明亮撰，南京師範大學碩士論文 2012 年 5 月

[45]《敦煌史籍抄本與僧人的社會生活》，王豔玲撰，西北師範大學碩士論文 2013 年 5 月

[46]《〈敦煌石窟僧詩校釋〉校補》，徐珊珊撰，南京師範大學碩士論文 2014 年 4 月

[47]《敦煌世俗文賦賦體韻文用韻研究》，仝正濤撰，南京師範大學碩士論文 2014 年 5 月

[48]《敦煌書儀述論及選注》，杜海撰，蘭州大學碩士論文 2012 年 5 月

[49]《敦煌俗字論辨》，唐帥彬撰，南京師範大學碩士論文 2012 年 5 月

[50]《敦煌俗賦與古代小説關係研究》，馬麗京撰，中國海洋大學碩士論文 2012 年 6 月

[51]《敦煌俗字偏旁研究》，李豔撰，杭州師範大學碩士論文 2016 年 6 月

[52]《敦煌吐魯番本兵書文獻探微》，潘超撰，浙江大學碩士論文 2012 年 5 月

[53]《敦煌文獻避諱研究》，竇懷永撰，浙江大學博士學位論文，2007 年 5 月

[54]《敦煌文獻 P. 2494〈楚辭音〉殘卷研究》，高力敏撰，西北師範大學碩士論文 2013 年 5 月

[55]《敦煌文獻〈父母恩重經〉研究》，李沛雷撰，青海師範大學碩士論文 2015 年 5 月

［56］《敦煌文獻〈韓朋賦〉研究》，姜竹萍撰，青海師範大學碩士論文 2013 年 6 月

［57］《敦煌文獻〈妙法蓮花經講經文〉研究》，黄唤平撰，四川師範大學碩士論文 2016 年 6 月

［58］《敦煌文獻中的〈目連變文〉研究》，羅皓月撰，四川師範大學碩士論文 2015 年 5 月

［59］《敦煌寫本佛經題記研究——以唐宋寫經爲中心》，魏郭輝撰，蘭州大學博士學位論文，2009 年 6 月

［60］《敦煌寫本祭悼文研究》，龔澤軍撰，四川大學博士學位論文，2005 年 1 月

［61］《敦煌寫本類書〈語對〉辭彙研究》，王祺撰，西北師範大學碩士論文 2014 年 6 月

［62］《敦煌寫本〈四分律〉俗字研究》，金雙平撰，南京師範大學碩士論文 2014 年 5 月

［63］《敦煌寫本〈珠玉抄〉研究》，韓巧梅撰，西北師範大學碩士論文 2012 年 5 月

［64］《敦煌寫卷中古俗字研究》，肖倩撰，南京師範大學碩士論文 2014 年 5 月

［65］《敦煌研究院藏佚本〈維摩詰經注〉寫卷研究》，陶家駿撰，蘇州大學博士論文 2013 年 6 月

［66］《敦煌遺書 P. 4022＋P. 3636〈某學郎書抄殘卷（710—762）〉校注研究》，陳光文撰，蘭州大學碩士論文 2012 年 6 月

［67］《敦煌遺書〈佛説佛名經〉（二十卷本）研究》，張磊撰，上海師範大學碩士學位論文，2008 年 4 月

［68］《敦煌遺書及其中的文學所反映的浮土信仰研究》，武玉秀撰，揚州大學博士論文 2012 年 4 月

［69］《敦煌遺書中的唐宋尺牘研究》，王使臻撰，蘭州大學博士論文 2012 年 5 月

［70］《敦煌音義書寫卷綜合整理與研究》，汪璞贇撰，華中師範大學博

士論文 2014 年 5 月

[71]《敦煌願文別字異文材料所反映的語音問題》,李海玲撰,浙江大學大學碩士論文 2013 年 5 月

[72]《〈敦煌願文集〉復音詞研究》,張琴撰,南京師範大學碩士論文 2012 年 5 月

[73]《〈敦煌願文集〉副詞研究》,薛倩倩撰,南京師範大學碩士論文 2012 年 5 月

[74]《敦煌願文校考》,劉亞麗撰,河北大學碩士論文 2012 年 6 月

[75]《敦煌〈篆書千字文〉字形研究》,高美林撰,廣西大學碩士論文 2014 年 6 月

E

[76]《俄藏黑水城漢文佛經附屬文獻辭彙研究》,于薇撰,寧夏大學碩士論文 2012 年 3 月

[77]《俄藏黑水城漢文文學及醫學類文獻辭彙研究》,趙陽撰,寧夏大學碩士論文 2012 年 3 月

[78]《二陳治史旨趣比較研究》,朱家元撰,中南民族大學碩士論文 2012 年 5 月

F

[79]《法藏公元 755 年至 855 年敦煌漢文紀年寫卷俗字研究及應用》,曾少林撰,廣西大學碩士學位論文,2015 年 5 月

[80]《法藏歸義軍時期敦煌漢文寫卷俗字研究及應用》,肖冰萌撰,廣西大學碩士學位論文,2014 年 6 月

[81]《〈佛本行集經〉辭彙研究》,楊會永撰,浙江大學博士學位論文,2005 年 5 月

[82]《佛經翻譯對中古漢語辭彙和語法的影響》,王慶撰,北京師範大學博士學位論文,2004 年 5 月

[83]《〈父母恩重經〉研究》,藺利瓊撰,河北師範大學碩士論文 2012 年 5 月

G

[84]《〈干禄字書〉所收俗字與敦煌俗字比較研究》,薛皖東撰,南京師範大學碩士論文 2013 年 4 月

[85]《〈甘肅藏敦煌文獻〉俗字研究》,王翠撰,南京師範大學碩士論文 2014 年 5 月

[86]《甘肅漢簡書法風格研究》,李丹撰,西北師範大學碩士論文 2012 年 5 月

[87]《甘肅曲子戲研究——以敦煌曲子戲和民勤曲子戲爲例》,李成秀撰,西北師範大學碩士論文 2013 年 5 月

[88]《〈根本説一切有部毗奈耶破僧事〉辭彙研究》,譚代龍撰,四川大學碩士學位論文,2002 年 1 月

[89]《公元 618 至 755 年法藏敦煌漢文紀年寫卷楷書俗字研究》,趙曜曜撰,廣西大學碩士學位論文,2012 年 6 月

[90]《古漢語"亡"、"無"用法研究》,王利霞撰,西南大學碩士學位論文,2009 年 5 月

[91]《歸義軍時期的敦煌寺院經濟簡論》,曾誠撰,南京師範大學碩士學位論文,2014 年 4 月

[92]《國家圖書館與敦煌學》,劉波撰,河北大學博士學位論文,2013 年 5 月

H

[93]《漢唐敦煌索氏研究》,姚彩玉撰,西北師範大學碩士論文 2012 年 6 月

[94]《〈漢語大詞典〉中敦煌語料研究》,錢惠敏撰,杭州師範大學碩士論文 2012 年 6 月

[95]《〈漢語大字典·異體字表〉研究》,劉美霞撰,福建師範大學碩士學位論文,2009 年 5 月

[96]《漢至唐甘肅出土牛車冥器和圖像的初步研究》,馮宇霞撰,西北師範大學碩士論文 2014 年 6 月

[97]《河西走廊魏晋十六國壁畫墓題榜調查與研究》,曹宇撰,西北師

範大學碩士論文 2014 年 6 月

[98]《黑水城文獻〈六十四卦圖歌〉研究》,李偉撰,四川師範大學碩士論文 2013 年 5 月

[99]《徽州文書檔案開發利用研究》,張蓓撰,安徽大學碩士論文 2014 年 6 月

J

[100]《基於〈漢語大詞典〉的漢簡新詞新義研究》,謝飛撰,安徽大學碩士論文 2012 年 4 月

[101]《鳩摩羅什五種譯經復音詞研究》,王玥雯撰,武漢大學碩士學位論文,2004 年 5 月

[102]《九、十世紀敦煌佛教的民間社會關懷》,王祥偉撰,西北師範大學碩士學位論文,2005 年 5 月

[103]《津藝藏〈妙法蓮花經〉五代寫卷異文研究》,劉芬撰,南京師範大學碩士學位論文,2015 年 5 月

K

[104]《考古學視域下的漢晋河西地區飲食文化研究》,楊吉寧撰,西北師範大學碩士論文 2015 年 5 月

L

[105]《兩漢簡帛異體字研究》,王玉蛟撰,西南大學碩士論文 2013 年 6 月

[106]《論二十四孝的佛教起源》,郁倩雲撰,山東大學碩士論文 2015 年 12 月

[107]《論姜亮夫在文字學方面的研究》,王磊撰,江西師範大學碩士論文 2012 年 4 月

[108]《論鳩摩羅什的佛典翻譯及其歷史貢獻》,馬麗撰,東北師範大學碩士學位論文,2007 年 1 月

[109]《〈龍龕手鏡〉又音字研究》,李敬飛撰,華中科技大學碩士論文 2015 年 5 月

[110]《論松讚干布時期吐蕃法律制度》,羅軍桑布撰,山東大學碩士論

文 2012 年 5 月

[111]《論周一良先生對魏晋南北朝時期史學發展研究的貢獻》,周曉撰,華中科技大學碩士論文 2013 年 1 月

M

[112]《莫高窟第 254 窟降魔變中"魔怪"造型研究》,王闊撰,中國美術學院碩士論文 2014 年 5 月

[113]《莫高窟 61 窟〈五臺山圖〉靈異瑞現研究》,李偉撰,西北師範大學碩士論文 2015 年 6 月

N

[114]《寧夏境内西夏塔的研究與保護》,張媛撰,西北師範大學碩士論文 2015 年 5 月

Q

[115]《七寺本〈玄應音義〉文字研究》,吴繼剛撰,西南大學博士論文 2012 年 5 月

[116]《秦漢紀時制度研究——以出土文獻爲中心》,蘇莉撰,安徽大學碩士論文 2012 年 5 月

[117]《區域社會史視野下的敦煌禄命書研究》,陳於柱撰,蘭州大學博士學位論文,2009 年 6 月

R

[118]《日藏玄應〈一切經音義〉寫本研究》,虞思徵撰,西北師範大學碩士論文 2014 年 6 月

S

[119]《三國佛經中的雙賓句式》,石琳撰,四川大學碩士學位論文,2005 年 1 月

[120]《三國支謙譯經辭彙研究》,季琴撰,浙江大學博士學位論文,2004 年 5 月

[121]《僧一行研究——盛唐的天文、佛教與政治》,吴慧撰,上海交通大學博士學位論文,2009 年 4 月

[122]《〈説無垢稱經〉異文研究》,任璐撰,貴州師範大學碩士論文 2015

年 5 月

[123]《試論陳垣佛教史學》,樊霞撰,淮北師範大學碩士論文 2014 年 5 月

[124]《俗字與字形描述方法研究》,屈探春撰,南京師範大學碩士論文 2015 年 9 月

[125]《隋唐時期敦煌令狐氏述論——以令狐熙家族爲中心》,潘玉渠撰,西南大學碩士論文 2013 年 4 月

T

[126]《唐代邊塞詩特定背景研究——由漢至唐從中原赴西域路綫的考察》,何央央撰,浙江大學碩士學位論文,2012 年 5 月

[127]《唐代佛教官寺制度研究》,聶順新撰,復旦大學博士學位論文,2012 年 4 月

[128]《唐代寺院教育初探》,周亮濤撰,山東師範大學碩士學位論文,2015 年 5 月

[129]《唐代中日漢籍交流研究》,郭艾敏撰,河南大學碩士學位論文,2013 年 4 月

[130]《〈唐護法沙門法琳别傳〉研究》,張倩倩撰,安徽大學碩士論文 2013 年 5 月

[131]《唐後期五代宋初敦煌金光明寺研究》,陳卿撰,上海師範大學碩士學位論文 2014 年 2 月

[132]《唐後期五代宋初敦煌三界寺研究》,王秀波撰,上海師範大學碩士學位論文 2014 年 5 月

[133]《唐五代敦煌語音研究》,王新華撰,山東大學博士學位論文,2008 年 5 月

[134]《唐五代宋初敦煌社邑的幾個問題》,張曉磊撰,蘭州大學碩士學位論文 2012 年 6 月

[135]《唐五代宋初敦煌開元寺研究》,陳菡旖撰,上海師範大學碩士學位論文 2015 年 5 月

[136]《唐五代宋時期敦煌靈圖寺研究》,高雪撰,上海師範大學碩士學

位論文 2016 年 5 月

[137]《唐五代宋時期敦煌靈圖寺研究》,高雪撰,上海師範大學碩士學位論文 2016 年 5 月

[138]《吐蕃王朝法制研究》,黎同柏撰,中央民族大學博士學位論文 2013 年 5 月

[139]《吐魯番出土文書疑難詞語考釋》,王啓濤撰,浙江大學博士後研究工作報告,2005 年 4 月

[140]《吐魯番出土醫方文書探略》,巴音其其格撰,新疆師範大學碩士學位論文 2015 年 6 月

W

[141]《晚唐五代宋初敦煌尼寺研究》,江嵐撰,首都師範大學碩士學位論文,2008 年 5 月

[142]《晚唐五代宋初敦煌民間佛教信仰研究》,党燕妮撰,蘭州大學博士學位論文,2009 年 5 月

[143]《王重民目録學研究芻議》,陳香萍撰,黑龍江大學碩士論文 2012 年 5 月

[144]《〈王梵志詩〉名詞、動詞、形容詞研究》,張琪撰,四川師範大學碩士論文 2012 年 4 月

[145]《〈往五天竺國傳〉研究》,楊玉君撰,中央民族大學碩士論文 2013 年 6 月

[146]《我國五代十國時期圖書收藏活動的研究》,趙淼撰,河北大學碩士論文 2012 年 6 月

[147]《〈維摩詰經〉變文的傳播特徵研究》,張智文撰,天津外國語大學碩士論文 2015 年 1 月

[148]《〈維摩詰經〉文獻與文學研究》,楊瑰瑰撰,華中師範大學博士論文 2012 年 3 月

[149]《魏晋南北朝譯經疑問代詞研究》,沈林林撰,南京師範大學碩士學位論文,2006 年 3 月

[150]《文本、圖像與儀軌——唐宋之間敦煌地藏信仰的圖像研究》,張

書彬撰，中國美術學院碩士論文 2012 年 5 月

[151]《五臺山佛教音樂中保存唐曲子的考證研究》，曹琳撰，山西大學碩士論文 2013 年 6 月

[152]《五～十世紀敦煌寺院財産管理研究》，高斯撰，湖南大學碩士論文 2012 年 6 月

[153]《〈伍子胥變文〉辭彙研究》，龍敏思撰，四川師範大學碩士論文 2014 年 4 月

X

[154]《响堂山北齊石刻經研究》，于亞龍撰，河北師範大學碩士論文 2015 年 6 月

[155]《向達與敦煌學研究》，姜忠傑撰，南京師範大學碩士論文 2014 年 5 月

[156]《〈修行地道經〉異文研究》，陳瑩撰，湖南師範大學碩士論文 2010 年 5 月

[157]《〈續高僧傳〉校讀研究》，李明撰，安徽大學碩士論文 2014 年 5 月

[158]《玄應〈音義〉之異體字研究》，張新朋撰，河北大學碩士學位論文，2005 年 6 月

[159]《玄應〈衆經音義〉異文研究——以高麗藏本、磧砂藏本爲基礎》，耿銘撰，上海師範大學博士學位論文 2008 年 4 月

Y

[160]《〈一切經音義〉文字研究》，王華權撰，上海師範大學博士學位論文 2012 年 11 月

[161]《英藏敦煌社會歷史文獻釋文語言文字研究》，龔元華撰，廣西大學碩士學位論文 2012 年 6 月

[162]《英藏敦煌契約、社邑文書名量詞研究》，楊帆撰，西南大學碩士學位論文 2012 年 5 月

[163]《英藏敦煌中醫藥文獻疑難字詞考證》，朱若林撰，南京中醫藥大學碩士學位論文 2014 年 6 月

Z

[164]《浙藏敦煌文獻解題目録》,張崇依撰,南京師範大學碩士論文2012年4月

[165]《中古道書語言研究》,馮利華撰,浙江大學博士學位論文,2003年11月

[166]《中古家族三調:唐帝國邊境城鎮的三個家族》,王晶撰,蘭州大學碩士論文2012年6月

[167]《中古同經異譯佛典辭彙比較研究——以竺法護和鳩摩羅什譯經爲例》,汪禕撰,南京師範大學碩士學位論文,2005年4月

[168]《〈中國書店藏敦煌文獻〉俗字研究》,戴明珠撰,南京師範大學碩士論文2014年5月

[169]《中國中古維摩詰信仰研究》,何劍平撰,四川大學博士後研究工作報告,2004年3月

四、電子文獻

[1] CBETA(2016版),中華電子佛典協會

[2]《佛學電子辭典》(FoDict)v3.7.34,中華佛典寶庫網站

[3]《漢字寶典》3.4,國學大師網站

[4]《漢語大詞典》,國學大師網站

[5] 敦煌佛教全書,佛都信息港網站

[6] 國際敦煌項目(International DunHuang Project,簡稱IDP)網站

[7] 文淵閣四庫全書電子版,上海人民出版社、迪志文化出版有限公司

[8]《四部叢刊》原文及全文檢索電子版,北京大學圖書館善本部藏上海涵芬樓影印本,北京書同文數字化技術有限公司

後　記

當校注的最後一稿殺青之時，已是 2017 年 7 月中旬。推開窗户，汩汩熱浪頃刻間奔襲而入。不遠處，大大小小青中泛紅的石榴盞盞燈籠似的綴滿碧緑的梢頭。高大的梧桐樹冠上，茂密的老槐枝葉間，無數隻蟬的合唱漸入高潮。放眼遠眺，在熾熱的陽光下，左前方山青如黛，天文臺、頭陀嶺，襯之以藍天白雲，如入畫中。不知不覺之中，時令已入盛夏。忽然想起春節期間曾答應陪愛人一起到梅花山走走，言猶在耳，現在看來只有再待來年了。

自從 2000 年讀研期間接受業師黄征教授的建議從事《大正藏》中敦煌古佚和疑僞經的整理研究工作以來，不知不覺之中，冷板凳已扎扎實實地坐了十七個年頭。十七年來，除了教學之外，四處奔波查閱敦煌文獻和相關資料，手捧比磚塊還要沉的《大正藏》與相關的敦煌卷子逐字逐句的比對，爬梳搜羅，字斟句酌，斷句、校勘、輯佚……這一切似乎漸漸地成了一種習慣。每天晚上十一點之前是很少能睡覺的，兩眼昏花、腰酸背痛也漸漸成了新的常態。“言之非難，行之爲難”，大約還是三十年前刚入大學時，第一次讀桓寬《鹽鐵論》，這句話就給我很大的觸動。多年的佛教文獻校理經歷，使我對此感觸尤深。校勘工作如掃落葉，佛典的校勘則既需要深厚的佛學修養和扎實的文字、訓詁學功底，更需要有淡泊名利、耐得寂寞、甘於奉獻的勇氣和恒心，唯有不馳於空想，不騖於虚聲，以求真的態度日積月累作踏實的工夫，方能有所成就。在年輕時，我就意識到自己的天資並無過人之處，但也知道自己還能有一點點做事的韌勁。靠着這股坐冷板凳的笨功夫，我從一個毫無佛學和訓詁學根底的門外漢起步，一點一滴，邊做邊學，逐字、逐句、逐篇，靠着時間的力量，終於將數百萬字的古佚和疑僞經的校勘、整理工作做完了。

而且這一切,很長時間裏都是在没有任何科研經費支持的比較艱難的情况下進行的。

《大正藏》第八十五册的校注工作首先是在黄征老師的提議下展開的,在一開始時便得到了黄征老師在校勘體例諸方面的悉心指導。黄征和張涌泉合著的《敦煌變文校注》、黄征和吴偉合著的《敦煌願文集》及黄征的《敦煌草書寫卷〈大乘起信論略述卷上〉考訂》、《〈大目乾連冥間救母變文〉校議》、《P. 2173〈御注金剛般若波羅蜜經宣演〉卷上校録》等相關論文對本書中敦煌古佚經的整理研究具有重要參考價值。此課題後來於 2011 年成功申報了教育部規劃基金項目,黄征老師也是課題組的主要成員。在 2015 年底結項評審期間,南京師範大學的董志翹教授、徐朝東教授都對本書稿的進一步完善提出了許多有益的建議。在後來的一年多時間的修訂過程中,博後時的業師浙江大學張涌泉教授在百忙之中抽出時間審讀書稿並對校注的書名、前言及第一篇校注部分提出了許多寶貴的意見。復旦大學的張小豔教授亦在繁忙的工作之餘擠出寶貴時間對書稿的緒論及古佚經的部分録文認真審讀,並提出了許多中肯的修改意見。特别令我感動的是摯友蕭旭兄自從受我所托之後,於 2016 年底專門調休假期,從頭至尾認真審閲了書稿,從録文的句讀、字詞到校記的撰寫爲我提出了約 300 條修訂意見,幫我避免了不少訛誤,同時還毫無保留地爲我提供了相關資料。可以説,正是得益於各位老師、學友的睿智卓識和無私相助,本書才得以不斷完善。

校注工作完成後,400 餘萬字的書稿的出版又是一件令人發愁的事。張涌泉老師對此十分關心,嘗試和四川辭書出版社聯繫申報國家古籍整理出版資助,並爲此作出了很大的努力。恰此同時,經黄征老師的介紹,江蘇鳳凰出版社鄭重承諾免費出版本書稿。編輯部副主任郭馨馨女士第一時間和我聯繫,並從編輯到出版的各個環節都設身處地地爲我着想。本書稿後來由鳳凰出版社附帶申報了國家古籍整理出版資助並最終獲得了成功,郭馨馨師妹付出了很多辛勞。江蘇鳳凰出版社社長倪培翔先生對本書的出版也非常關心,多次過問進展情况。出版社的美編室主任姜嵩先生和其他各位先生對書稿的排版、裝幀等工作亦竭心盡力。在此一並表示衷心的感謝!

誠如我在本書的緒論部分中所言,囿於個人的學力,同時由於第八十五册録文所據敦煌原卷部分圖版(特别是《敦煌寶藏》中的部分圖版)不够清晰,加之佛教義理艱深,文意、句讀需反復揣摩,不易準確把握,致使《大正藏》原録文的部分字詞、標點尚有待於進一步考證、推敲;有部分録文所依據底本分别來自於松本文三郎、山本悌二郎氏及大屋德城氏等私人收藏家所藏敦煌寫本,同時也有個别録文來自於如村山龍平藏本、寬文十年寫本、石山寺藏寫本等日本藏經以及朝鮮桐花寺藏刊本,或無法看到所據敦煌原卷,或底本無可查考,只能採用他校、本校、理校等方法加以重新校理。凡此種種,儘管本書力求還原每篇佛典的原貌,每篇録文都至少經過了前後八次的核校打磨,致力於踐行左景權先生所倡導的"爲大於細,圖難於易",盡最大努力將錯謬減少到最低限度,但仍難避免有諸多不足之處。學術之昌明,有賴於後出之轉精,在此誠懇地希望得到各位前賢時彦的批評斧正。

時間上推100年前,即公元1917年的5月下旬,矢吹慶輝正在東京的巢鴨宗教大學展出他於前一年6月至11月间在大英博物院所拍攝的敦煌文獻中的古佚佛教典籍的無底版黑白照片。他可能無法料到,他當時及後來所拍攝的被掠至歐洲、後編入《大正藏》"古佚部"和"疑似部"的中國古代珍稀佚典,因當時種種客觀條件的限制,加之編纂者自身對中國文化的隔膜、録校的粗疏,一百年後要由一個中國的研究者花十七年的時間來重新校録整理。敦煌文獻的劫散飄零,文化傳承之艱難和時境變遷,令人心生一種難以言狀的感慨。

"靡不有初,鲜克有终",一項當初看似很難勝任的工作現在終於接近尾聲,心裏不免有片刻的輕鬆兼欣慰之感,但隨之而來的則更多是對家人的深深的歉意。十七年來,不僅我自己,連我的家人也幾乎很少有過完全放鬆休閑的時間。曾經一次一次地承諾週末陪愛人一起去逛逛商場,或節假日全家一起去看看海、爬爬山,但最終一次一次都成了未能兑現的空頭支票。我的愛人後來對此似乎也不抱什麽奢望了,在我全身心投入敦煌古佚和疑僞經校勘整理工作的這麽多年裏,幾乎獨自一人承擔起了操持家務、撫養和教育孩子等家庭的重擔,而且任勞任怨,毫無怨言。我能用心專注並最終做完这件事情,是和我愛人的理解及默默犧牲、全力支持分不開的。

弘一大師曾説過,學佛的應照佛所指示的方法去修學,成就一個究竟圓滿的人生。我儘管不是虔誠的佛教徒，但對所在研究領域愈來愈濃的興趣和多年來養成的習慣都促使我做事應做到善始善終。完成《大正藏》中敦煌古佚和疑僞經的校理工作，也許是冥冥之中與佛有緣，是領着全家人進行的一次時間漫長的修行，但願是在追求究竟圓滿的人生過程中邁出的一步吧。

于淑健

2017年7月16日於金陵紫金山下寓所書齋